Dr. Burmeister

Ausgesondert siehe
Beleg-Nr. 2/2023

Gemeinschaftskommentar zum Kündigungsschutzgesetz und zu sonstigen kündigungsschutzrechtlichen Vorschriften

mitbegründet von

Dr. Friedrich Becker †, Richter am Bundesarbeitsgericht und
Honorarprofessor an der Gesamthochschule Kassel
und
Wilfried Hillebrecht †, Vorsitzender Richter am Bundesarbeitsgericht

bearbeitet von

Dr. Peter Bader, Vizepräsident des Hessischen Landesarbeitsgerichts
Dr. Gerhard Etzel, Vorsitzender Richter am Bundesarbeitsgericht a. D.
Dr. Ernst Fischermeier, Vorsitzender Richter am Bundesarbeitsgericht
Dr. Hans-Wolf Friedrich, Richter am Bundesarbeitsgericht und Honorarprofessor
an der Technischen Universität Clausthal
Jürgen Griebeling, Richter am Hessischen Landesarbeitsgericht
Dr. Gert-Albert Lipke, Präsident des Landesarbeitsgerichts Niedersachsen und
Honorarprofessor an der Technischen Universität Braunschweig
Dr. Thomas Pfeiffer, Ordentlicher Professor an der Universität Heidelberg,
Richter am Oberlandesgericht a. D.
Dr. Friedhelm Rost, Vorsitzender Richter am Bundesarbeitsgericht und Honorarprofessor
an der Universität Marburg
Dr. Andreas Michael Spilger, Vorsitzender Richter am Sächsischen Landesarbeitsgericht und
Lehrbeauftragter an der Universität Konstanz, vormals Stellvertretendes Mitglied des
Verfassungsgerichtshofes des Freistaates Sachsen
Norbert Vogt, Rechtsanwalt, Vorsitzender Richter am Thüringer Finanzgericht a. D.
Horst Weigand, Landesschlichter Berlin
Dr. Ingeborg Wolff, Vizepräsidentin des Bundessozialgerichts a. D.

Gesamtredaktion:
Dr. Gerhard Etzel, Vorsitzender Richter am Bundesarbeitsgericht a. D.

8., neu bearbeitete und erweiterte Auflage

Luchterhand 2007

Bibliografische Information der Deutschen Bibliothek

Die Deutsche Bibliothek verzeichnet diese Publikation in der Deutschen Nationalbibliografie; detaillierte bibliografische Daten sind im Internet über http://dnb.ddb.de abrufbar.

ISBN 978-3-472-06390-2

Zitiervorschlag
KR-Etzel 8. Aufl., § 15 KSchG Rz 7; KR-Rost 8. Aufl., ArbNähnl. Pers. Rz 12; KR-Weigand 8. Aufl., §§ 21, 22 BBiG Rz 5; KR-Bader 8. Aufl., § 17 TzBfG Rz. 6; KR-Lipke 8. Aufl., ÄArbVtrG Rz 6; KR-Wolff 8. Aufl., SozR Rz 10

---

www.wolterskluwer.de
www.luchterhand-fachverlag.de

Alle Rechte vorbehalten.
Luchterhand – eine Marke von Wolters Kluwer Deutschland GmbH.
© 2007 by Wolters Kluwer Deutschland GmbH, Heddesdorfer Straße 31, 56564 Neuwied.

Das Werk einschließlich aller seiner Teile ist urheberrechtlich geschützt.
Jede Verwertung außerhalb der engen Grenzen des Urheberrechtsgesetzes ist ohne Zustimmung des Verlages unzulässig und strafbar. Das gilt insbesondere für Vervielfältigungen, Übersetzungen, Mikroverfilmungen und die Einspeicherung und Verarbeitung in elektronischen Systemen.

Umschlaggestaltung: Ute Weber, GraphikDesign, Geretsried
Satz: PL Software, Frankfurt am Main
Druck und Binden: Lego Print, Italy

Gedruckt auf säurefreiem, alterungsbeständigem und chlorfreiem Papier.

Vorwort

Seit Erscheinen der 7. Auflage sind mehr als zwei Jahre vergangen. In dieser Zeit sind wichtige Gesetze in Kraft getreten. Vor allem das Allgemeine Gleichbehandlungsgesetz (AGG) ist bei der Kommentierung vieler Vorschriften zu berücksichtigen. Die Rechtsprechung des EuGH hat zur Korrektur einiger Gesetzesauslegungen geführt und den Gesetzgeber bei europarechtswidrigen Umsetzungen zum Handeln gezwungen. So ist jetzt die Änderung des § 14 Abs. 3 TzBfG auf den Gesetzesweg gebracht worden, die bereits in der vorliegenden Auflage kommentiert wird. Die Gesetzesänderungen sowie die Weiterentwicklung der Rechtsprechung haben eine Neuauflage des Kommentars erforderlich gemacht.

Jürgen Griebeling ist in den Kreis der Autoren neu eingetreten und hat die Kommentierung des § 1 KSchG übernommen.

Gesetzgebung, Rechtsprechung und Schrifttum sind nach dem Stand vom 1. Dezember 2006 berücksichtigt.

Die Verfasser

Verzeichnis der Bearbeiter

Bader:	BEEG §§ 18, 19 MuSchG §§ 9, 10 TzBfG §§ 1, 3–5, 17–23
Etzel:	KSchG §§ 15, 16 BetrVG §§ 102–105 BPersVG §§ 47, 72, 79, 108 SGB IX §§ 85–92
Fischermeier:	BBiG § 24 BGB §§ 624–626
Friedrich:	KSchG §§ 4–6, 13 UmwG §§ 322–324
Griebeling:	KSchG § 1
Lipke:	ÄArbVtrG BEEG § 21 BGB § 620 HRG §§ 57a–f TzBfG §§ 14 Abs. 1–3, 15, 16
Pfeiffer:	AGG, BGB §§ 612a, 613a
Rost:	KSchG §§ 2, 3, 7, 8, 12, 14 ArbNähnl. Pers.
Spilger:	KSchG §§ 1a, 9–11 BGB §§ 622, 623 TzBfG § 14 Abs. 4
Vogt:	EStG §§ 3, 24, 34
Weigand:	KSchG §§ 17–26 ArbPlSchG § 2 BBiG §§ 21, 22 BetrVG § 78a BGB § 628 Internationales Arbeitsrecht –IPR – (EGBGB Art. 27–28, 30–36) InsO §§ 113, 120–128, Anhang I und II NATO-ZusAbk Art. 56 ParlKSch (GG Art. 48 Abs. 2, AbgG § 2) SeemG §§ 62–68, 71–74, 78 VO(EG) 44/2001 Art. 18–21
Wolff:	Allgemeine Grundsätze des Sozialrechts – SozR – SGB III §§ 37b, 143, 143a, 144, 147a

Inhaltsverzeichnis

	Seite
Vorwort	V
Verzeichnis der Bearbeiter	VII
Literaturverzeichnis	XV
Abkürzungsverzeichnis	XXIX
Kommentar	1
Entscheidungsregister	2659
Stichwortverzeichnis	2699

Einzelübersicht zum Kommentar
KSchG – Kündigungsschutzgesetz

Erster Abschnitt: Allgemeiner Kündigungsschutz

§ 1	Sozial ungerechtfertigte Kündigungen (Griebeling)	1
§ 1a	Abfindungsanspruch bei betriebsbedingter Kündigung (Spilger)	203
§ 2	Änderungskündigung (Rost)	239
§ 3	Kündigungseinspruch (Rost)	310
§ 4	Anrufung des Arbeitsgerichts (Friedrich)	318
§ 5	Zulassung verspäteter Klagen (Friedrich)	427
§ 6	Verlängerte Anrufungsfrist (Friedrich)	492
§ 7	Wirksamwerden der Kündigung (Rost)	504
§ 8	Wiederherstellung der früheren Arbeitsbedingungen (Rost)	514
§ 9	Auflösung des Arbeitsverhältnisses durch Urteil des Gerichts; Abfindung des Arbeitnehmers (Spilger)	517
§ 10	Höhe der Abfindung (Spilger)	552
§ 11	Anrechnung auf entgangenen Zwischenverdienst (Spilger)	578
§ 12	Neues Arbeitsverhältnis des Arbeitnehmers; Auflösung des alten Arbeitsverhältnisses (Rost)	602
§ 13	Außerordentliche, sittenwidrige und sonstige Kündigungen (Friedrich)	612
§ 14	Angestellte in leitender Stellung (Rost)	710

Zweiter Abschnitt: Kündigungsschutz im Rahmen der Betriebsverfassung und Personalvertretung

§ 15	Unzulässigkeit der Kündigung (Etzel)	733
§ 16	Neues Arbeitsverhältnis; Auflösung des alten Arbeitsverhältnisses (Etzel)	773

Dritter Abschnitt: Anzeigepflichtige Entlassungen

§ 17	Anzeigepflicht (Weigand)	775
§ 18	Entlassungssperre (Weigand)	808
§ 19	Zulässigkeit von Kurzarbeit (Weigand)	815
§ 20	Entscheidungen der Agentur für Arbeit (Weigand)	826
§ 21	Entscheidungen der Zentrale der Bundesagentur für Arbeit (Weigand)	838
§ 22	Ausnahmebetriebe (Weigand)	839
Anhang:	Richtlinie des Rates 98/59/EG zur Angleichung der Rechtsvorschriften der Mitgliedstaaten über Massenentlassungen	844

Vierter Abschnitt: Schlußbestimmungen

§ 23	Geltungsbereich (Weigand)	849
§ 24	Anwendung des Gesetzes auf Betriebe der Schiffahrt und des Luftverkehrs (Weigand)	872

§ 25	Kündigung in Arbeitskämpfen (Weigand)	878
§ 25a	Berlin-Klausel (Weigand)	888
§ 26	Inkrafttreten (Weigand)	888

ÄArbVtrG – Gesetz über befristete Arbeitsverträge mit Ärzten in der Weiterbildung

§§ 1–3	Befristung von Arbeitsverträgen (Lipke)	893

AGG – Allgemeines Gleichbehandlungsgesetz

§§ 1–16, 22, 23 AGG (Pfeiffer)		903
Anhang I:	Richtlinie des Rates 76/207/EWG zur Verwirklichung des Grundsatzes der Gleichbehandlung von Männern und Frauen hinsichtlich des Zugangs zur Beschäftigung, zur Berufsbildung und zum beruflichen Aufstieg in bezug auf die Arbeitsbedingungen	962
Anhang II:	Richtlinie 2002/73/EG des Europäischen Parlaments und des Rates vom 23. September 2002 zur Änderung der Richtlinie 76/207/EWG des Rates zur Verwirklichung des Grundsatzes der Gleichbehandlung von Männern und Frauen hinsichtlich des Zugangs zur Beschäftigung, zur Berufsbildung und zum beruflichen Aufstieg sowie in Bezug auf die Arbeitsbedingungen	965
Anhang III:	Richtlinie des Rates 97/80/EG über die Beweislast bei Diskriminierung aufgrund des Geschlechts	973
Anhang IV:	Richtlinie 2000/43/EG des Rates zur Anwendung des Gleichbehandlungsgrundsatzes ohne Unterschied der Rasse oder der ethnischen Herkunft	976
Anhang V:	Richtlinie 2000/78/EG des Rates zur Festlegung eines allgemeinen Rahmens für die Verwirklichung der Gleichbehandlung in Beschäftigung und Beruf	983

ArbNähnl. Pers. – Arbeitnehmerähnliche Personen (HAG, HGB) (Rost) 993

ArbPlSchG – Gesetz über den Schutz des Arbeitsplatzes bei Einberufung zum Wehrdienst

§ 2	Kündigungsschutz für Arbeitnehmer, Weiterbeschäftigung nach der Berufsausbildung (Weigand)	1053

BBiG – Berufsbildungsgesetz

§ 21	Beendigung (Weigand)	1067
§ 22	Kündigung (Weigand)	1067
§ 24	Weiterarbeit (Fischermeier)	1107

BEEG – Gesetz zum Elterngeld und zur Elternzeit

§ 1	Berechtigte	1111
§ 4	Bezugszeitraum	1112
§ 15	Anspruch auf Elternzeit	1112
§ 16	Inanspruchnahme der Elternzeit	1113
§ 18	Kündigungsschutz (Bader)	1114
§ 19	Kündigung zum Ende der Elternzeit (Bader)	1132
§ 20	Zur Berufsbildung Beschäftigte, in Heimarbeit Beschäftigte	1138
§ 21	Befristete Arbeitsverträge (Lipke)	1139

BetrVG – Betriebsverfassungsgesetz

§ 78a	Schutz Auszubildender in besonderen Fällen (Weigand)	1157
§ 102	Mitbestimmung bei Kündigungen (Etzel)	1178
§ 103	Außerordentliche Kündigung in besonderen Fällen (Etzel)	1277
§ 104	Entfernung betriebsstörender Arbeitnehmer (Etzel)	1323
§ 105	Leitende Angestellte (Etzel)	1341

BGB – Bürgerliches Gesetzbuch

§ 119	Anfechtbarkeit wegen Irrtums	1351
§ 123	Anfechtbarkeit wegen Täuschung oder Drohung	1351
§ 242	Leistung nach Treu und Glauben	1351
§ 314	Kündigung von Dauerschuldverhältnissen aus wichtigem Grund	1351
Vorbemerkungen zu §§ 612a, 613a BGB – Erläuterungen zu den Europarechtlichen Einflüssen auf das Kündigungsrecht (Pfeiffer)		1352
§ 612a	Maßregelungsverbot (Pfeiffer)	1358
§ 613a	Betriebsinhaberwechsel (Pfeiffer)	1364
Anhang:	Richtlinie des Rates 2001/23/EG zur Angleichung der Rechtsvorschriften der Mitgliedstaaten über die Wahrung von Ansprüchen der Arbeitnehmer beim Übergang von Unternehmen, Betrieben oder Unternehmens- oder Betriebsteilen	1440
§ 615	Vergütung bei Annahmeverzug	
Hinweis:	Erläuterungen bei §11 KSchG Rz 11 ff. (Spilger)	
§ 620	Ende des Dienstverhältnisses (Lipke)	1445
§ 622	Kündigungsfrist bei Arbeitsverhältnissen (Spilger)	1477
§ 623	Schriftform der Kündigung (Spilger)	1554
Anhang:	Erläuterungen zu § 14 Abs. 4 TzBfG (Spilger)	1608
§ 624	Kündigungsfrist bei Verträgen über mehr als fünf Jahre (Fischermeier)	1626
§ 625	Stillschweigende Verlängerung (Fischermeier)	1633
§ 626	Fristlose Kündigung aus wichtigem Grund (Fischermeier)	1642
§ 628	Vergütung, Schadenersatz bei fristloser Kündigung (Weigand)	1786

BPersVG – Bundespersonalvertretungsgesetz

§ 47	Besonderer Schutz bei außerordentlicher Kündigung, Versetzung und Abordnung (Etzel)	1805
§ 108 Abs. 1	Außerordentliche Kündigung in besonderen Fällen (Etzel)	1805
§ 72	Mitwirkung des Personalrats (Etzel)	1808
§ 79	Mitwirkung bei Kündigungen (Etzel)	1808
§ 108 Abs. 2	Beteiligung bei Kündigung (Etzel)	1809

Eignungsübungsgesetz – Gesetz über den Einfluß von Eignungsübungen der Streitkräfte auf Vertragsverhältnisse der Arbeitnehmer und Handelsvertreter sowie auf Beamtenverhältnisse

Hinweis: Erläuterungen zu §§ 1-3 bei § 2 ArbPlSchG Rz 43 (Weigand)

EStG – Einkommensteuergesetz

§ 3 aF	Steuerfreie Einnahmen (Vogt)	1823
§ 24	Entschädigungen (Vogt)	1823
§ 34	Außerordentliche Einkünfte (Vogt)	1823
§ 52 Abs. 4a	Anwendungsvorschriften (Vogt)	1823

EV – Einigungsvertrag

Hinweis: Erläuterungen zu Kapitel XIX Sachgebiet A Abschnitt III Nr. 1 Abs. 5 der Anlage I EV bei § 626 BGB Rz 474 ff. (Fischermeier) sowie bei § 23 TzBfG Rz 19 f. (Bader)

GG – Grundgesetz

Hinweis: Erläuterungen zu Art. 3, 5, 6, 9, 12, 33 GG bei § 13 KSchG Rz 179 ff. (Friedrich)

HAG – Heimarbeitsgesetz

Hinweis: Erläuterungen zu §§ 29, 29a bei ArbNähnl. Pers. Rz 98 ff. (Rost)

HRG – Hochschulrahmengesetz

§ 57a	Befristung von Arbeitsverträgen (Lipke)	1857
§ 57b	Befristungsdauer (Lipke)	1881
§ 57c	Privatdienstvertrag (Lipke)	1912

§ 57d	Wissenschaftliches Personal an Forschungseinrichtungen (Lipke)	1915
§ 57e	Studentische Hilfskräfte (Lipke)	1918
§ 57f	Erstmalige Anwendung (Lipke)	1920

InsO – Insolvenzordnung

§ 113	Kündigung eines Dienstverhältnisses (Weigand)	1925
§ 120	Kündigung von Betriebsvereinbarungen (Weigand)	1956
§ 121	Betriebsänderungen und Vermittlungsverfahren (Weigand)	1956
§ 122	Gerichtliche Zustimmung zur Durchführung einer Betriebsänderung (Weigand)	1956
§ 123	Umfang des Sozialplans (Weigand)	1952
§ 124	Sozialplan vor Verfahrenseröffnung (Weigand)	1953
§ 125	Interessenausgleich und Kündigungsschutz (Weigand)	1957
§ 126	Beschlußverfahren zum Kündigungsschutz (Weigand)	1966
§ 127	Klage des Arbeitnehmers (Weigand)	1971
§ 128	Betriebsveräußerung (Weigand)	1972
Anhang I:	Anspruch auf Insolvenzgeld nach dem SGB III (Weigand)	1973
Anhang II:	Richtlinie des Rates 80/987/EWG zur Angleichung der Rechtsvorschriften der Mitgliedstaaten über den Schutz der Arbeitnehmer bei Zahlungsunfähigkeit des Arbeitgebers	1996

IPR – Internationales Arbeitsrecht

Art. 27	EGBGB	Freie Rechtswahl (Weigand)	2001
Art. 28	EGBGB	Mangels Rechtswahl anzuwendendes Recht (Weigand)	2001
Art. 30	EGBGB	Arbeitsverträge und Arbeitsverhältnisse von Einzelpersonen (Weigand)	2001
Art. 31	EGBGB	Einigung und materielle Wirksamkeit (Weigand)	2002
Art. 32	EGBGB	Geltungsbereich des auf den Vertrag anzuwendenden Rechts (Weigand)	2002
Art. 34	EGBGB	Zwingende Vorschriften (Weigand)	2002
Art. 35	EGBGB	Rück- und Weiterverweisung; Rechtsspaltung (Weigand)	2002
Art. 36	EGBGB	Einheitliche Auslegung (Weigand)	2003
Art. 18–21		Verordnung (EG) Nr. 44/2001 des Rates über die gerichtliche Zuständigkeit und die Anerkennung und Vollstreckung von Entscheidungen in Zivil- und Handelssachen (Weigand)	2033

MuSchG – Mutterschutzgesetz

Vorbemerkungen zu §§ 9, 10 (Bader)		2037
§ 9	Kündigungsverbot (Bader)	2041
§ 10	Erhaltung von Rechten (Bader)	2094

NATO-ZusAbk – Zusatzabkommen zum NATO-Truppenstatut

Art. 56	Kündigungsrecht für die bei den Stationierungskräften beschäftigten deutschen Arbeitnehmer (Weigand)	2105

ParlKSch – Kündigungsschutz für Parlamentarier

Art. 48 Abs. 2 GG	Unzulässigkeit der Kündigung (Weigand)	2122
§§ 2 ff. AbgeordnetenG	Schutz der freien Mandatsausübung (Weigand)	2122

SeemG – Seemannsgesetz

Vorbemerkungen (Weigand)		2156
§ 62	Ordentliche Kündigung (Weigand)	2168
§ 63	Kündigungsfristen (Weigand)	2173
§ 64	Außerordentliche Kündigung gegenüber dem Besatzungsmitglied (Weigand)	2177
§ 65	Außerordentliche Kündigung gegenüber dem Besatzungsmitglied aus anderen Gründen (Weigand)	2180
§ 66	Außerordentliche Kündigung bei Verlust des Schiffs (Weigand)	2181
§ 67	Außerordentliche Kündigung durch das Besatzungsmitglied (Weigand)	2182

§ 68	Außerordentliche Kündigung durch das Besatzungsmitglied aus weiteren Gründen (Weigand)	2184
§ 68a	Schriftform der außerordentlichen Kündigung (Weigand)	2185
§ 78	Anwendung der Vorschriften des Dritten Abschnitts auf den Kapitän (Weigand)	2185
§ 71	Zurücklassung (Weigand)	2187
§ 72	Rückbeförderungsanspruch (Weigand)	2188
§ 73	Heuerzahlung während der Rückbeförderung (Weigand)	2188
§ 74	Fortfall des Rückbeförderungsanspruchs (Weigand)	2189

SozR – Allgemeine Grundsätze des Sozialrechts (Wolff)   2193

SGB III – Sozialgesetzbuch III: Arbeitsförderung

§ 37b	Frühzeitige Arbeitssuche	2251
§ 143	Ruhen des Anspruchs bei Arbeitsentgelt und Urlaubsabgeltung (Wolff)	2252
§ 143a	Ruhen des Anspruchs bei Entlassungsentschädigung (Wolff)	2261
§ 144	Ruhen des Anspruchs bei Sperrzeit (Wolff)	2280
§ 147a	Erstattungspflicht des Arbeitgebers (Wolff)	2313
Hinweis:	Erläuterungen zum Insolvenzgeld in Anhang I zu §§ 113, 120 ff. InsO (Weigand)	

SGB VI – Sozialgesetzbuch VI: Gesetzliche Rentenversicherung
Hinweis: Erläuterungen zu § 41 Satz 2 SGB VI bei § 13 KSchG Rz 259f (Friedrich), § 14 TzBfG Rz 214-214g u. § 23 TzBfG Rz 24-27 (Bader)

SGB IX – Sozialgesetzbuch IX: Rehabilitation und Teilhabe behinderter Menschen

Vorbemerkungen zu §§ 85-92 (Etzel)		2335
§ 85	Erfordernis der Zustimmung (Etzel)	2343
§ 86	Kündigungsfrist (Etzel)	2343
§ 87	Antragsverfahren (Etzel)	2343
§ 88	Entscheidung des Integrationsamtes (Etzel)	2343
§ 89	Einschränkungen der Ermessensentscheidung (Etzel)	2343
§ 90	Ausnahmen (Etzel)	2344
§ 91	Außerordentliche Kündigung (Etzel)	2378
§ 92	Erweiterter Beendigungsschutz (Etzel)	2393

TVG – Tarifvertragsgesetz
Hinweis: Erläuterungen zu § 12a TVG bei ArbNähnl. Pers. Rz 7 ff. (Rost)

TzBfG – Teilzeit- und Befristungsgesetz

§ 1	Zielsetzung (Bader)	2397
§ 3	Begriff des befristet beschäftigten Arbeitnehmers (Bader)	2400
§ 4	Verbot der Diskriminierung (Bader)	2414
§ 5	Benachteiligungsverbot (Bader)	2422
§ 14	Zulässigkeit der Befristung, Abs. 1 – 3 (Lipke)	2423
Hinweis:	Erläuterungen zu § 14 Abs. 4 TzBfG im Anhang zu § 623 BGB (Spilger)	
§ 15	Ende des befristeten Arbeitsvertrages (Lipke)	2558
§ 16	Folgen unwirksamer Befristung (Lipke)	2568
§ 17	Anrufung des Arbeitsgerichts (Bader)	2573
§ 18	Information über unbefristete Arbeitsplätze (Bader)	2599
§ 19	Aus- und Weiterbildung (Bader)	2602
§ 20	Information der Arbeitnehmervertretung (Bader)	2606
§ 21	Auflösend bedingte Arbeitsverträge (Bader)	2608
§ 22	Abweichende Vereinbarungen (Bader)	2621
§ 23	Besondere gesetzliche Regelungen (Bader)	2631
Anhang:	Richtlinie des Rates 1999/70/EG zu der EGB-UNICE-CEEP-Rahmenvereinbarung über befristete Arbeitsverträge	2640

Inhaltsverzeichnis

UmwG – Umwandlungsgesetz
Kündigungs(schutz)recht bei Umwandlungen – Ein Überblick –

§ 322	Gemeinsamer Betrieb (Friedrich)	2647
§ 323	Kündigungsrechtliche Stellung (Friedrich)	2647
§ 324	Rechte und Pflichten bei Betriebsübergang (Friedrich)	2647

Hinweis: Weitere Sondervorschriften sind in der Kommentierung zu § 13 KSchG (Friedrich) erläutert, s. hierzu die Übersicht § 13 KSchG Rz 204.

Literaturverzeichnis

Adomeit Kündigung und Kündigungsschutz im Arbeitsverhältnis, 1962
AKGG-*(Bearbeiter)* s. *Denninger/Hoffmann-Riem/Schneider*
Altvater/Hamer/Ohnesorg/Peiseler Bundespersonalvertretungsgesetz mit Wahlordnung und ergänzenden Vorschriften, Kommentar, 5. Aufl. 2004
v. Alvensleben Die Rechte der Arbeitnehmer bei Betriebsübergang im Europäischen Gemeinschaftsrecht, 1992
Ambs/Feckler/Götze/Hess/Holst/Knickrehm/Lampe/Marschner/Masuch/Müller/Müller-Kohlenberg/Rademacher/ Schweitzer/Wagner Gemeinschaftskommentar zum Arbeitsförderungsrecht, Loseblattausgabe (zit.: GK-SGB III-*Bearbeiter*)
Annuß/Thüsing Teilzeit- und Befristungsgesetz, Kommentar, 2. Aufl. 2006 (zit.: *Annuß/Thüsing-Bearbeiter*)
Anschütz Die Verfassung des Deutschen Reiches vom 11. Aug. 1919, 14. Aufl., Berlin 1933
AnwaltKomm-*(Bearbeiter)* s. *Dauner-Lieb/Heidel/Ring*
APS-*(Bearbeiter)* s. *Ascheid/Preis/Schmidt*
Arnold/Gräfl/Hemke/Imping/Lehnen/Rambach/Spinner Teilzeit- und Befristungsgesetz, 2005 (zit.: *Arnold/Gräfl-Bearbeiter*)
ArbRBGB-*(Bearbeiter)* s. *Schliemann*
Ascheid Beweislastfragen im Kündigungsschutzprozeß, 1989
Ascheid Kündigungsschutzrecht, 2. Aufl. 2001
Ascheid/Bader/Dörner/Leinemann/Mikosch/Schiltz/Vossen/Wenzel Gemeinschaftskommentar zum Arbeitsgerichtsgesetz, Loseblattausgabe (zit.: GK-ArbGG/*Bearbeiter*)
Ascheid/Preis/Schmidt Kündigungsrecht, Großkommentar, 2. Aufl. 2004 (zit.: APS-*Bearbeiter*)
Auffarth/Müller Kündigungsschutzgesetz, 1960
Aye/Heinke/Marburger Mutterschutzrecht und Mutterschaftshilfe, Loseblattausgabe

Bachner/Köstler/Matthießen/Trittin Arbeitsrecht bei Unternehmensumwandlung und Betriebsübergang, 2. Aufl. 2003
Backmeister/Trittin/Mayer Kündigungsschutzgesetz mit Nebengesetzen, Kommentar, 3. Aufl. 2004
Bader/Brum/Dörner/Wenzel Kündigungsschutzgesetz, Kommentar einschließlich der §§ 620-628 BGB, Loseblattausgabe (zit.: BBDW-*Bearbeiter*)
Bader/Creutzfeldt/Friedrich Arbeitsgerichtsgesetz, Kommentar, 4. Aufl. 2006
Bamberger/Roth Kommentar zum Bürgerlichen Gesetzbuch, 2. Aufl. 2007
Barnhofer Kurzarbeit zur Vermeidung betriebsbedingter Kündigung, Diss. 1995
Barschel/Gebel Landessatzung für Schleswig-Holstein, Kommentar, 1976
Bauer Arbeitsrechtliche Aufhebungsverträge, 7. Aufl. 2004
Bauer Sprecherausschußgesetz mit Wahlordnung, 2. Aufl. 1990
Bauer Unternehmensveräußerung und Arbeitsrecht, 1983
Bauer/Boewer (Hrsg.) Festschrift Peter Schwerdtner zum 65. Geburtstag, 2003
Bauer/Krieger Kündigungsrecht – Reformen 2004, 2004
Bauer/Röder Taschenbuch zur Kündigung, 2. Aufl. 2000
Baumann Konkurs und Vergleich, 2. Aufl. 1981
Baumbach/Hopt Handelsgesetzbuch, Kommentar, 32. Aufl. 2006
Baumbach/Hueck GmbH Gesetz, Kommentar, 18. Aufl. 2006
Baumbach/Lauterbach/Albers/Hartmann Zivilprozessordnung, Kommentar, 64. Aufl. 2006
BBDW-*(Bearbeiter)* s. *Bader/Brum/Dörner/Wenzel*
Becker/Braasch Recht der ausländischen Arbeitnehmer, 2. Aufl. 1986
Becker/Danne/Lang/Lipke/Mikosch/Steinwedel Gemeinschaftskommentar zum Teilzeitarbeitsrecht, 1987 (zit.: GK-TzA/*Bearbeiter*)
Becker/Falkenberg/Feichtinger/Fuchs/Moser/Stuhl Kündigung von Arbeitsverhältnissen durch den Arbeitgeber, 1983
Becker/Kreikebaum Zeitarbeit – gewerbsmäßige Arbeitnehmerüberlassung, 2. Aufl. 1982
Becker/Wulfgramm Kommentar zum Arbeitnehmerüberlassungsgesetz, 3. Aufl. 1985/86
Becker/Wulfgramm Entscheidungssammlung zum Arbeitnehmerüberlassungsgesetz (EzAÜG), seit 1995 herausgegeben von Leinemann/Düwell
Beckerle Die Abmahnung, 9. Aufl. 2005

Bemm/Lindemann Seemannsgesetz, Kommentar, 4. Aufl. 1999
Bengelsdorf Aufhebungsvertrag und Abfindungsvereinbarung, 4. Aufl. 2004
Benze/Föhr/Kehrmann/Kieser/Lichtenstein/Schwegler/Unterhinninghofen Mitbestimmungsgesetz '76, Kommentar zur Praxis, 1977
Bergmann/Möhrle/Heß Datenschutzrecht, Handkommentar, Loseblattausgabe
Berkowsky Die Beteiligung des Betriebsrats bei Kündigungen (zit.: *Berkowsky*), 1996
Berkowsky Die betriebsbedingte Änderungskündigung (zit.: Betriebsbedingte Änderungskündigung), 2000
Berkowsky Die betriebsbedingte Kündigung (zit.: Betriebsbedingte Kündigung), 5. Aufl. 2002
Berkowsky Die personen- und verhaltensbedingte Kündigung, 4. Aufl. 2005
Bernzen/Sohnke Verfassung der Freien Hansestadt Hamburg, Kommentar mit Entscheidungsregister, 1977
Berscheid Konkurs, Gesamtvollstreckung, Sanierung, 1992
Beseler/Düwell/Göttling Arbeitsrechtliche Probleme bei Betriebsübergang, Betriebsänderung, Unternehmensumwandlung, 2. Aufl. 2005
Besgen/Prinz Neue Medien und Arbeitsrecht, 2006
Bezani Die krankheitsbedingte Kündigung, Diss. 1994
BGB-RGRK-*(Bearbeiter)* Das Bürgerliche Gesetzbuch mit besonderer Berücksichtigung der Rechtsprechung des Reichsgerichts und des Bundesgerichtshofes, Kommentar, 12. Aufl., 1975 – 1999
Bichlmeier/Oberhofer Konkurs-Handbuch III, Das Gesamtvollstreckungsverfahren in Ostdeutschland, 2. Aufl. 1994
Blank/Blanke/Klebe/Kümpel/Wendeling-Schröder/Wolter Arbeitnehmerschutz bei Betriebsaufspaltung und Unternehmensteilung, 2. Aufl. 1987
Blanke EBR-G Europäische Mitbestimmung – SE, 2. Aufl. 2006
Bleistein BetrVG Betriebsverfassung in der Praxis, 3. Aufl. 1977
Bleistein/Matthes Einstellung, Urlaub, Krankheit, Kündigung, 1981
Bley/Mohrbutter Vergleichsordnung, 4. Aufl. 1979/1981
Blümich EStG – KStG – GewStG, Einkommensteuergesetz, Körperschaftsteuergesetz, Gewerbesteuergesetz, Loseblattausgabe
BMMS-*(Bearbeiter)* s. *Braun/Mühlhausen/Munk/Stück*
Boeckel Befristete Arbeitsverträge mit den Regelungen durch das Beschäftigungsförderungsgesetz, 4. Aufl. 1991
Böhm/Börgmann Befristete Arbeitsverhältnisse, 1990
Boecken Unternehmensumwandlungen und Arbeitsrecht, 1996
Boecken/Spieß Vom Erwerbsleben in den Ruhestand, 2002
Boewer Teilzeit- und Befristungsgesetz, Kommentar für die Praxis, 2. Aufl. 2003 (zit.: *Boewer*)
Böhle/Lutz Rationalisierungsschutzabkommen, 1974
Böhle-Stamschräder/Kilger Konkursordnung, 15. Aufl. 1987
Böhle-Stamschräder/Kilger Vergleichsordnung, 11. Aufl. 1986
Böhm/Spiertz/Sponer/Steinherr Bundes-Angestelltentarifvertrag, BAT-Kommentar, Loseblattausgabe
Böhmer/Epskamp (Hrsg.) Ungeschützte Arbeitsverhältnisse im Hochschulbereich, 1991
Boerner Altersgrenzen für die Beendigung von Arbeitsverhältnissen in Tarifverträgen und Betriebsvereinbarungen; 1992
Bösche Die Rechte des Betriebsrats bei Kündigungen, 1979
Boldt/Röhsler Bundesurlaubsgesetz, 2. Aufl. 1968 mit Nachtrag 1971
Bonner Kommentar/(Bearbeiter) s. *Dolzer/Vogel/Graßhof*
Bopp Kündigung und Kündigungsprozeß im Arbeitsrecht, 1980
Borgwardt/Fischer/Janert Sprecherausschußgesetz für leitende Angestellte, 2. Aufl. 1990
Brackmann Handbuch der Sozialversicherung, Loseblattausgabe
Braun/Mühlhausen/Munk/Stück Berufsbildungsgesetz, Kommentar, 2004 (zit.: BMMS-*Bearbeiter*)
Brecht Heimarbeitsgesetz, 1977
Brecht BetrVG Betriebsverfassungsgesetz, 1972
Brenneis Der Maßstab der sozialen Rechtfertigung einer Änderungskündigung im Lichte legislativen Wollens und Kündigungsschutzrechtlicher Prinzipien, 1998
Breuckmann Entgeltreduzierung unter besonderer Berücksichtigung der Änderungskündigung, 2004
Brill/Matthes/Oehmann Insolvenz- und Zwangsvollstreckungsrecht, 1976
Bröhl Die außerordentliche Kündigung mit notwendiger Auslauffrist, 2005
Brox Allgemeiner Teil des BGB, 29. Aufl. 2005

Brox/Rüthers Arbeitskampfrecht, 2. Aufl. 1982
Buchholz Betriebsbedingte Kündigung, 7. Aufl. 1986
Buchner/Becker Mutterschutzgesetz und Bundeserziehungsgeldgesetz, Kommentar, 7. Aufl. 2003
Bührig/Wittholz/Paulsen Kommentar zum Kündigungsschutzgesetz, 1952
Bürger/Oehmann/Matthes/Göle-Sander/Kreizberg (Hrsg.) Handwörterbuch des Arbeitsrechts für die tägliche Praxis (HwB AR), Loseblattausgabe
Bund der Richterinnen und Richter der Arbeitsgerichtsbarkeit (BRA) Stellungnahme zu Vorschlägen zur Reform des Bestandsschutzrechts, vom 2.4.2003
ders. Stellungnahme zum »Entwurf eines Gesetzes zu Reformen am Arbeitsmarkt; BT-Drs. 15/1204 vom 24.6.2003«, vom 12.7.2003
Bundesvereinigung der Deutschen Arbeitgeberverbände (BDA) Stellungnahme der Bundesvereinbarung zum Referentenentwurf eines Gesetzes zur Reform am Arbeitsmarkt, vom 12.6.2003
Burkardt Der arbeitsrechtliche Aufhebungsvertrag, 2004
Buschke Befristete Arbeitsverträge nach dem Beschäftigungsförderungsgesetz 1985, 1989
Buschmann/Dieball/Stevens-Bartol Das Recht der Teilzeitarbeit, Kommentar für die Praxis, 2. Aufl. 2001 (zit.: TZA-*Bearbeiter*)
Buschmann/Ulber Arbeitszeitgesetz, Basiskommentar, 4. Aufl. 2004
Busemann/Schäfer Kündigung und Kündigungsschutz im Arbeitsverhältnis, 5. Aufl. 2006

Catenhusen Die Stasi-Überprüfung im öffentlichen Dienst der neuen Bundesländer, 1999
Clemens/Scheuring/Steingen Kommentar zum Bundes-Angestelltentarifvertrag BAT, Loseblattausgabe
Coen Das Recht auf Arbeit und der Bestandsschutz des gekündigten Arbeitsverhältnisses, 1979
Collardin Aktuelle Rechtsfragen der Telearbeit, 1995
Cramer Schwerbehindertenrecht, Kommentar, 6. Aufl. 2006

Dassau Die allgemeine Interessenabwägung im Rahmen des § 1 Abs. 2 S. 1 Kündigungsschutzgesetz unter besonderer Berücksichtigung der Rechtsprechung des Bundesarbeitsgerichts, Diss. 1988
Däubler Das Arbeitsrecht 1, 15. Aufl. 1998
Däubler Das Arbeitsrecht 2, 11. Aufl. 1998
Däubler Das soziale Ideal des Bundesarbeitsgerichts, 1975
Däubler Gläserne Belegschaften? – Datenschutz für Arbeiter, Angestellte und Beamte, 3. Aufl. 1993
Däubler Tarifvertragsrecht, 3. Aufl. 1993
Däubler (Hrsg.) Arbeitskampfrecht, 2. Aufl. 1987
Däubler/Kittner/Lörcher (Hrsg.) Internationale Arbeits- und Sozialordnung, 1990
Däubler/Kittner/Klebe BetrVG Betriebsverfassungsgesetz, Kommentar, 10. Aufl. 2006 (zit.: DKK-*Bearbeiter*)
Däubler/Klebe/Wedde Bundesdatenschutzgesetz, Basiskommentar, 2. Aufl. 2006
Däubler-Gmelin Frauenarbeitslosigkeit, 1979
Dalichau/Grüner SGB III – Arbeitsförderung, Kommentar, Loseblattausgabe
Dauner-Lieb/Heidel/Ring BGB, Band 2.2, Anwaltkommentar, 2005 (zit.: AnwaltKomm-*Bearbeiter*)
Dehmer Die Betriebsaufspaltung, Steuerrecht, Umwandlung und Bilanzierung, Gesellschafts-, Pacht- und Arbeitsrecht, 2. Aufl. 1987
Denninger/Hoffmann-Riem/Schneider Kommentar zum Grundgesetz, Kommentar, Loseblattausgabe (zit.: AKGG-*Bearbeiter*)
Dersch/Volkmar Arbeitsgerichtsgesetz, 6. Aufl. 1955
Deutscher Gewerkschaftsbund (DGB) (Hrsg.) Arbeitnehmer- und Gewerkschaftsrechte, Änderungen seit 1998 und geplante Neuregelungen, 2002
Dieterich/Müller-Glöge/Preis/Schaub (Hrsg.) Erfurter Kommentar zum Arbeitsrecht, 7. Aufl. 2007 (zit.: ErfK-*Bearbeiter*)
Dietz/Nikisch Arbeitsgerichtsgesetz, 1954
Dietz/Richardi Bundespersonalvertretungsgesetz, Kommentar, 2. Aufl. 1978
Diller Gesellschafter und Gesellschaftsorgane als Arbeitnehmer, 1994
DKK-(*Bearbeiter*) s. *Däubler/Kittner/Klebe*
DLW-(*Bearbeiter*) s. *Dörner/Luczak/Wildschütz*
Dörner Schwerbehindertengesetz, Loseblattausgabe (eingestellt 2001)
Dörner Der befristete Arbeitsvertrag, 2004 (zit.: *Dörner* Befr. Arbeitsvertrag)
Dörner/Luczak/Wildschütz (Hrsg.) Handbuch des Fachanwalts Arbeitsrecht, 5. Aufl. 2006 (zit.: DLW-*Bearbeiter*)
Dörr/Schmidt Neues Datenschutzgesetz, Handkommentar, 2. Aufl. 1992

Literaturverzeichnis

Dolzer/Vogel/Graßhof (Hrsg.) Bonner Kommentar zum Grundgesetz, Loseblattausgabe (zit.: Bonner Kommentar/ *Bearbeiter*)
Dornbusch/Wolff KSchG, Kommentar zum Kündigungsschutzgesetz und zu den wesentlichen Nebengesetzen, 2004
Dorndorf/Weller/Hauck/Höland/Kriebel/Neef Heidelberger Kommentar zum Kündigungsschutzgesetz, 4. Aufl. 2001 (zit.: HK-*Bearbeiter*)
Dreher Das Arbeitsverhältnis zwischen Vertragsschluß und vereinbarter Arbeitsaufnahme, 1998
Dreher/Tröndle Strafgesetzbuch, Kommentar, 53. Aufl. 2006
Düwell/Weyand Agenda 2010: Das neue Kündigungs- und Abfindungsrecht, 2004
Duvigneau Die gerichtliche Auflösung des Arbeitsverhältnisses gegen Abfindungszahlung gemäß §§ 9, 10 KSchG im System des allgemeinen Kündigungsschutzrechts, Diss. 1995

Edel Die Entwicklung des Mutterschutzes in Deutschland, 1993
Egli Die Verdachtskündigung nach schweizerischem und deutschem Recht, 2000
Eisel Kommentar zum Mutterschutzgesetz, Loseblattausgabe
Emmerich/Sonnenschein Konzernrecht, 5. Aufl. 1993
Engel Konventionalstrafen im Arbeitsvertrag, 1990
Ensthaler (Hrsg.) Gemeinschaftskommentar zum Handelsgesetzbuch mit UN-Kaufrecht, 7. Aufl. 2007
Erdmann/Anthes Betriebsstillegungsverordnung, 2. Aufl. 1932
Erdmann/Jürging/Kammann Betriebsverfassungsgesetz, 1972
ErfK-(*Bearbeiter*) s. Dieterich/Müller-Glöge/Preis/Schaub
Erichsen/Ehlers (Hrsg.) Allgemeines Verwaltungsrecht, 13. Aufl. 2006
Erman/(Bearbeiter) Bürgerliches Gesetzbuch, Handkommentar, 11. Aufl. 2004
Ernst Beendigung von Arbeitsverhältnissen, 1993
Eser Arbeitsrecht in Multinationalen Unternehmen, 1994
Esslinger Die Anknüpfung des Heuervertrages unter Berücksichtigung von Fragen des internationalen kollektiven Arbeitsrechts 1991
Etzel/Gerhold/Schlatmann/Faber Bundespersonalvertretungsgesetz, Kommentar, Loseblattausgabe
Evers Hochschullehreramt und Abgeordnetenmandat, 1976
Eyermann/Fröhler Verwaltungsgerichtsordnung, Kommentar, 12. Aufl. 2006
EzAÜG s. *Leinemann/Düwell*

Falke/Höland/Rhode/Zimmermann (Hrsg. BMA) Kündigungspraxis und Kündigungsschutz in der Bundesrepublik Deutschland, 1981
Feldes/Kamm/Peiseler Schwerbehindertenrecht, Basiskommentar, 8. Aufl. 2005
Felsner Arbeitsrechtliche Rahmenbedingungen von Unternehmensübertragungen in Europa, 1997
Fenski Beteiligungsrechte des Betriebsrats bei der Sozialauswahl, 1989
ders. Außerbetriebliche Arbeitsverhältnisse – Heim- und Telearbeit, 1994
Feser (Hrsg.) Arbeitsgerichtsprotokolle, 2. Aufl. 1982
Fiebig/Gallner (Hrsg.) Kündigungsschutzgesetz, Handkommentar, 2. Aufl. 2004 (zit.: HaKo-*Bearbeiter*)
Fischer / Goeres/Gronimus Personalvertretungsrecht des Bundes und der Länder, Loseblattausgabe
Fitting/Engels/Schmidt/Trebinger/Linsenmaier Kommentar zum BetrVG, 23. Aufl. 2006 (zit.: *Fitting*)
Fitting/Karpf Heimarbeitsgesetz, Kommentar, 1953
Fitting/Wlotzke/Wißmann Kommentar zum Mitbestimmungsgesetz, 2. Aufl. 1978
FK-InsO/(*Bearbeiter*) s. Wimmer
Flume Allgemeiner Teil des Bürgerlichen Rechts, 2. Band: Das Rechtsgeschäft, 4. Aufl. 1992
Föhr/Bobke Arbeitsrecht für Arbeitnehmer, 5. Aufl. 1993
Fohrbeck/Wiesand/Woltereck Arbeitnehmer oder Unternehmer? Zur Rechtssituation der Kulturberufe, Berlin 1976
Forsthoff Lehrbuch des Verwaltungsrechts, Band I Allgemeiner Teil, 10. Aufl. 1973
Francken/Hartmann/Bubeck Die Abfindung, 1999
Frank Das Schwerbehindertenrecht, 8. Aufl. 2004
Franz Der Abschluss des Aufhebungsvertrags, 2006
Franzen Der Betriebsinhaberwechsel nach § 613a BGB im internationalen Arbeitsrecht, 1994
Frerichs/Möller/Ulber Leiharbeit und betriebliche Interessenvertretung, 1981
Freuding Das Widerspruchsrecht des Arbeitnehmers beim Betriebsübergang, 1999
Frey/Pulte Betriebsvereinbarungen in der Praxis, 3. Aufl. 2005
Friauf (Hrsg.) Kommentar zur Gewerbeordnung, Loseblattausgabe

Gagel (Hrsg.) Sozialgesetzbuch III – Arbeitsförderung, Kommentar, Loseblattausgabe
Gagel/Vogt Beendigung von Arbeitsverhältnissen, 5. Aufl. 1996
Galperin/Löwisch Betriebsverfassungsgesetz, 6. Aufl. 1982 mit Nachtrag 1985
Gamillscheg Arbeitsrecht I, Arbeitsvertrags- und Arbeitsschutzrecht, 8. Aufl. 2000
Gamillscheg Internationales Arbeitsrecht, 1959
Gamillscheg Kollektives Arbeitsrecht, Band 1, 1997
Gamillscheg Grundrechte im Arbeitsrecht, 1989
Gaul Das Arbeitsrecht der Betriebs- und Unternehmensspaltung. Gestaltung von Betriebsübergang, Outsourcing, Umwandlung, 2002
Gaul Das Arbeitsrecht im Betrieb, 8. Aufl. 1986
Gaul Der Betriebsübergang, 2. Aufl. 1993
Gaul/Gajewski Die Betriebsänderung, 1993
Gedon/Spiertz Berufsbildungsrecht, Kommentar, Loseblattausgabe
Geffers/Schwarz Arbeitsförderungsgesetz, Kommentar, Loseblattausgabe
Geffert Beschäftigung wider Willen, Diss. 1994
Geffken/Busch Personalvertretungsgesetz, 2. Aufl. 1980
Geller Der vertragliche Ausschluß der ordentlichen Kündigung, 2001
Geller/Kleinrahm/Dickersbach/Kühne Die Verfassung des Landes Nordrhein-Westfalen, Kommentar, Loseblattausgabe
Gentges Prognoseprobleme im Kündigungsschutzrecht, 1995
Germelmann/Matthes/Prütting/Müller-Glöge Arbeitsgerichtsgesetz, Kommentar, 5. Aufl. 2004 (zit. GMPM-G/(*Bearbeiter*))
Gessert Schadensersatz nach Kündigung, Europäische Hochschulschriften 1987
GK-BetrVG/(*Bearbeiter*) s. *Kraft/Wiese/Kreutz/Oetker/Raab/Weber/Franzen*
GK-HGB/(*Bearbeiter*) s. *Ensthaler*
GK-SGB III/(*Bearbeiter*) s. *Ambs/Feckler/Götze/Hess/Holst/Knickrehm/Lampe/Marschner/Masuch/Müller/Müller-Kohlenberg/Rademacher/Schweitzer/Wagner*
GK-ArbGG/(*Bearbeiter*) s. *Ascheid/Bader/Dörner/Leinemann/Mikosch/Schütz/Vossen/Wenzel*
GK-BUrlG/(*Bearbeiter*) s. *Stahlhacke/Bachmann/Bleistein/Berscheid*
GK-SGB IX/(*Bearbeiter*) s. *Großmann/Schimanski*
GK-TzA/(*Bearbeiter*) s. *Becker/Danne/Lang/Lipke/Mikosch/Steinwedel*
GMPM-G-(*Bearbeiter*) s. *Germelmann/Matthes/Prütting/Müller-Glöge*
Gnann/Gerauer Arbeitsvertrag bei Auslandsentsendung, 2. Aufl. 2002
Gola/Wronka Handbuch für Arbeitnehmerdatenschutz, 1989
Gotthardt Arbeitsrecht nach der Schuldrechtsreform, 2. Aufl. 2003
Gottwald (Hrsg.) Insolvenzrechts-Handbuch, 3. Aufl. 2006
Goutier/Knopf/Tulloch Kommentar zum Umwandlungsrecht, 1996
Grafe Die Telearbeit, 1991
Gräfl/Arnold/Rambach/Imping/Lehnen/Spinner/Hemke Teilzeit- und Befristungsgesetz, Praxiskommentar, 2005
Grell Der Betriebsinhaberwechsel, 1957
Gröninger/Rost Heimarbeitsrecht, Loseblattausgabe
Gröninger/Thomas Mutterschutzgesetz, Kommentar, Loseblattausgabe
Gröninger/Thomas Schwerbehindertengesetz, Kommentar, Loseblattausgabe
Groß Das Anstellungsverhältnis des GmbH-Geschäftsführers im Zivil-, Arbeits-, Sozialversicherungs- und Steuerrecht, 1987
Großmann/Mönch/Rohr Bremisches Personalvertretungsgesetz, 1979
Großmann/Schimanski (Hrsg.) Gemeinschaftskommentar zum Sozialgesetzbuch IX, Loseblattausgabe (zit.: GK-SGB IX/*Bearbeiter*)
Großmann/Schneider Arbeitsrecht, 9. Aufl. 1995
Gross/Thon/Ahmad/Woitaschek Betriebsverfassungsgesetz, Kommentar (zit.: GTAW-*Bearbeiter*)
Grüll Kündigungsrecht im Arbeitsverhältnis, 2. Aufl. 1981
Grüner/Dalichau Bundeserziehungsgeldgesetz, Kommentar, Loseblattausgabe
Grunsky Arbeitsgerichtsgesetz, Kommentar, 7. Aufl. 1995
Grunsky/Moll Arbeitsrecht in der Insolvenz, 1997
GTAW-(*Bearbeiter*) s. *Gross/Thon/Ahmad/Woitaschek*
GS Heinze s. *Löwisch/Caspers*
Gusek Die Kündigung ordentlich unkündbarer Arbeitnehmer, 2005

Literaturverzeichnis

Gussen Die Fortgeltung von Betriebsvereinbarungen und Tarifverträgen beim Betriebsübergang, 1989
Gussen/Dauck Die Weitergeltung von Betriebsvereinbarungen und Tarifverträgen bei Betriebsübergang und Umwandlung, 2. Aufl. 1997
Hahn Die Verdachtskündigung unter Berücksichtigung einer gesetzlichen Regelung, 2004
Hailbronner/Geis (Hrsg.) Kommentar zum Hochschulrahmengesetz, Loseblattausgabe
HaKo-(*Bearbeiter*) s. *Fiebig/Gallner*
Hamann/Lenz Das Grundgesetz für die Bundesrepublik Deutschland vom 23. Mai 1949, 3. Aufl. 1970
Hambitzer Der Wiedereinstellungsanspruch des Arbeitnehmers nach wirksamer Kündigung, Diss. 1987
Hammer Berufsbildung und Betriebsverfassung, 1990
Hanau/Adomeit Arbeitsrecht, 13. Aufl. 2005; 14. Aufl. 2007
Hanau/Langanke/Preis/Widlak Das Arbeitsrecht der neuen Bundesländer, 1991
Hanau/Ulmer Mitbestimmungsgesetz, 1981
Hansen/Kelber/Zeißig Neues Arbeitsrecht, 2002
Hartmer/Detmer (Hrsg.) Hochschulrecht – ein Handbuch für die Praxis, 2004
 (zit.: Hochschulhdb-*Bearbeiter*)
HAS-(*Bearbeiter*) s. *Weiss/Gagel*
Hassenpflug Die Kündigung von Betriebsratsmitgliedern wegen Stillegung eines Betriebes oder einer Betriebsabteilung, 1989
Hauer Die Abmahnung im Arbeitsverhältnis, 1990
Hauck/Noftz Sozialgesetzbuch (SGB) IX, Kommentar, Loseblattausgabe
Hegner Das neue Arbeitsrecht, 2001
Heilmann Kommentar zum Mutterschutzgesetz, 2. Aufl. 1991
Heilmann Verdachtskündigung und Wiedereinstellung nach Rehabilitierung, 1964
Heinze Personalplanung, Einstellung und Kündigung – Mitbestimmungsrechte, 1982
Heise/Lessenich/Merten Das neue Arbeitsrecht auf einen Blick, 1997
Heither/Heither/Heither Arbeitsgerichtsgesetz, Kommentar, Loseblattausgabe
Helle Konzernbedingte Kündigungsschranken bei Abhängigkeit und Beherrschung durch Kapitalgesellschaften, 1988
Hennig/Kühl/Heuer Kommentar zum Arbeitsförderungsgesetz, Loseblattausgabe
Henssler/Braun Arbeitsrecht in Europa 2003
Henssler/Moll (Hrsg.) Kündigung und Kündigungsschutz in der betrieblichen Praxis, 2000
Henssler/Willemsen/Kalb Arbeitsrecht Kommentar, 2. Aufl. 2006 (zit.: HWK-*Bearbeiter*)
Herberger/Martinek/Rüßmann juris Praxiskommentar BGB, 2. Aufl. 2004 ff. (zit.: jPK-*Bearbeiter*)
Herkert/Töltl Das neue Berufsbildungsgesetz, Kommentar, Loseblattausgabe
Herschel/Steinmann Kündigungsschutzgesetz, 5. Aufl. 1961
Herrmann/Heuer/Raupach Einkommensteuer- und Körperschaftsteuergesetz mit Nebengesetzen, Kommentar, Loseblattasugabe (zit.: HHR-*Bearbeiter*)
Hess Insolvenzarbeitsrecht, Kommentar, 2. Aufl. 2000
Hess Kommentar zur Konkursordnung, 6. Aufl. 1998
Hess/Binz/Wienberg Gesamtvollstreckungsordnung, 4. Aufl. 1998
Hess/Pape InsO und EGInsO, 1995
Hess/Knörig Das Arbeitsrecht bei Sanierung und Konkurs, 1991
Hess/Löns Berufsbildungsrecht, 2. Aufl. 1978
Hess/Schlochauer/Worzalla/Glock Kommentar zum Betriebsverfassungsgesetz, 6. Aufl. 2003
 (zit.: HSWG-*Bearbeiter*)
Hesse Grundzüge des Verfassungsrechts der Bundesrepublik Deutschland, 20. Aufl. 1995
Hetzel Das Arbeitsverhältnis im Kleinbetrieb, Diss. 1983
Heymann/Kötter Kommentar zum Handelsgesetzbuch, 21. Aufl. 1971; Neuaufl. *Heymann* Handelsgesetzbuch, Kommentar, 2. Aufl. 1995 ff.
HGB-RGRK/(*Bearbeiter*) Reichsgerichtsräte-Kommentar zum Handelsgesetzbuch, 2. Aufl. 1953
HHR-(*Bearbeiter*) s. *Herrmann/Heuer/Raupach*
Hilger Das betriebliche Ruhegeld in: Abhandlungen zum Arbeits- und Wirtschaftsrecht, Hrsg.: Siebert, W., Bd. 8, 1959
Hinrichs Eine ohne Anhörung des Betriebsrats ausgesprochene Kündigung ist unwirksam, 1994
HK-(*Bearbeiter*) s. *Dorndorf/Weller/Hauck/Höland/Kriebel/Neef*
Hochschulhdb-(*Bearbeiter*) s. *Hartmer/Detmer*

Hoefs Die Verdachtskündigung, 2001
Hoffmann/Lehmann/Weinmann Mitbestimmungsgesetz, 1978
Holwe/Kossens/Pielenz/Räder Teilzeit- und Befristungsgesetz, Basiskommentar, 2. Aufl. 2006
Honstetter Die Prognoseentscheidung des Arbeitgebers im Kündigungsrecht, 1994
v. *Hoyningen-Huene* Kündigungsvorschriften im Arbeitsrecht, 2. Aufl. 1994
v. *Hoyningen-Huene/Linck* Kündigungsschutzgesetz, Kommentar, 13. Aufl. 2002
Hromadka Sprecherausschußgesetz, Kommentar, 1991
Hromadka/Maschmann Arbeitsrecht, Band I, 3. Aufl. 2005
H/S-*(Bearbeiter)* s. *Hümmerich/Spirolke*
HSWG-*(Bearbeiter)* s. *Hess/Schlochauer/Worzalla/Glock*
Hueck/Nipperdey Lehrbuch des Arbeitsrechts – Band I, 7. Aufl. 1963
Hueck/Nipperdey Lehrbuch des Arbeitsrechts – Band II, Halbband 1 und 2, 7. Aufl. 1967/1970
Hueck/Nipperdey/Stahlhacke Tarifvertragsgesetz, 4. Aufl. 1964
Hümmerich/Spirolke Das arbeitsrechtliche Mandat, 3. Aufl. 2005 (zit.: H/S-*Bearbeiter*)
Hunold Befristete Arbeitsverträge nach neuem Recht, 2001
HwB AR s. *Bürger/Oehmann/Matthes/Göle-Sander/Kreizberg*
HWK-*(Bearbeiter)* s. *Henssler/Willemsen/Kalb*
HzK-*(Bearbeiter)* s. *Mues/Eisenbeis/Legerlotz*

Ilbertz/Widmaier Bundespersonalvertretungsgesetz, Kommentar, 10. Aufl. 2004

Jaeger/Lent/Henckel Konkursordnung, 9. Aufl. 1982
Joost Betrieb und Unternehmen als Grundbegriffe im Arbeitsrecht, 1988
Junker Internationales Arbeitsrecht im Konzern, 1992
jPK-*(Bearbeiter)* s. *Herberger/Martinek/Rüßmann*

Kallmeyer/(Bearbeiter) Umwandlungsgesetz, Kommentar, 3. Aufl. 2006
Kammerer Personalakte und Abmahnung, 3. Aufl. 2001
Kappus Rechtsfragen der Telearbeit, 1986
KassArbR-*(Bearbeiter)* s. *Leinemann*
KDZ-*(Bearbeiter)* s. *Kittner/Däubler/Zwanziger*
Kehrmann/Pelikan Lohnfortzahlungsgesetz, 2. Aufl. 1973
Keller-Stoltenhoff Die rechtstatsächlichen Auswirkungen des § 613 a BGB im Konkurs, 1986
Kempen/Zachert TVG – Tarifvertragsgesetz, Kommentar für die Praxis, 4. Aufl. 2005
Kempff Grundrechte im Arbeitsverhältnis – Zum Grundrechtsverständnis des Bundesarbeitsgerichts, 1988
Kiel Die anderweitige Beschäftigungsmöglichkeit im Kündigungsschutz, 1990
Kiel/Koch Die betriebsbedingte Kündigung, 2000
Kilger/Schmidt Insolvenzgesetze – KO/VglO/GesO, Kommentar, 17. Aufl. 1997
Kilian/Borsum/Hoffmeister Telearbeit und Arbeitsrecht, 1986
Kirchhof (Hrsg.) EStG KompaktKommentar, 6. Aufl. 2006
Kirchhof/Söhn/Mellinghoff Einkommensteuergesetz, Kommentar, Loseblattausgabe
Kissel Arbeitskampfrecht, 2002
Kittel SGB IX – Rehabilitation und Teilhabe behinderter Menschen, Kommentar, Loseblattausgabe
Kittner Arbeits- und Sozialordnung, 30. Aufl. 2005
Kittner/Däubler/Zwanziger KSchR Kündigungsschutzrecht, Kommentar für die Praxis, 6. Aufl. 2004 (zit.: KDZ-*Bearbeiter*)
Kittner/Zwanziger (Hrsg.) Arbeitsrecht, Handbuch für die Praxis, 3. Aufl. 2005
Kitzinger Der GmbH-Geschäftsführer zwischen Arbeits- und Gesellschaftsrecht, 2001
Klebe/Ratayczak/Heilmann Betriebsverfassungsgesetz, Basiskommentar, 12. Aufl. 2005
Klebe/Schumann Das Recht auf Beschäftigung im Kündigungsschutzprozeß, 1981
Klein Der Abschluss eines Prozessvergleichs im arbeitsgerichtlichen Kündigungsschutzprozess und § 143 SGB III, 2001
Kleinebrink Abmahnung, 2. Aufl. 2003
Kliemt Formerfordernisse im Arbeitsverhältnis, 1995
Knigge/Keteben/Marschall/Wittrock Kommentar zum Arbeitsförderungsgesetz, 2. Aufl. 1988
Knopp/Kraegeloh Berufsbildungsgesetz, Kommentar, 5. Aufl. 2005
Knorr/Bichlmeier/Kremhelmer Handbuch des Kündigungsrechts, 4. Aufl. 1998 mit Nachtrag 1999
Koffka Arbeitsrechtliche Abmahnung als Rechtsinstitut, 1993

Literaturverzeichnis

Kohl Arbeit für alle, 1979
Kohte Betrieb und Unternehmen unter dem Leitbild des Organisationsvertrages, uv. Manuskript, 1987
Kontusch Der Wiedereinstellungsanspruch des Arbeitnehmers, 2004
Konzen Unternehmensaufspaltung und Organisationsänderungen im Betriebsverfassungsrecht, 1986
Konzen/Rupp Gewissenskonflikte im Arbeitsverhältnis, 1990
Köst Kommentar zum Mutterschutzgesetz, 1968
Kopp/Ramsauer VwVfG, Verwaltungsverfahrensgesetz, Kommentar, 9. Aufl. 2005
Kopp/Schenke VwGO, Verwaltungsgerichtsordnung, Kommentar, 14. Aufl. 2005
v. Koppenfels Die außerordentliche arbeitgeberseitige Kündigung bei einzel- und tarifvertraglich unkündbaren Arbeitnehmern, 1998
KPK-*(Bearbeiter)* s. *Sowka*
Kraft/Wiese/Kreutz/Oetker/Raab/Weber/Franzen Gemeinschaftskommentar zum Betriebsverfassungsgesetz, Band 1 (§§ 1-73b) und Band 2 (§§ 74-132), 8. Aufl. 2005 (zit.: GK-BetrVG/*Bearbeiter*)
Kramer Kündigungsvereinbarungen im Arbeitsvertrag, 1994
Kramer Rechtsfragen des Sprecherausschusses, 1993
Krasshöfer Die Beendigung des Arbeitsverhältnisses aufgrund Befristung oder Aufhebungsvertrag, 1997
Krasney Sozialversicherungsrechtliche Auswirkungen von Sozialplänen in der Bundesrepublik Deutschland, FS für Floretta zum 60. Geburtstag, 1983
Kraus Abfindungen zur Ablösung des Kündigungsschutzes – § 1a KSchG n.F., Diss. 2005 (zit.: Kraus, Diss.)
Krebber Internationales Privatrecht des Kündigungsschutzes bei Arbeitsverhältnissen, Diss. 1996/1997
Krebs Kommentar zum Arbeitsförderungsgesetz, Loseblattausgabe
Kreitner Kündigungsrechtliche Probleme beim Betriebsinhaberwechsel, 1989
Kropholler Studienkommentar BGB, 9. Aufl. 2006 (zit.: StudKBGB-*Bearbeiter*)
Kübel Personalrat und Personalmaßnahmen – Zur Beteiligung des Personalrats bei der Einstellung und Entlassung von Mitarbeitern, 1986
Küfner-Schmitt Die soziale Sicherheit der Telearbeiter, 1986
Küttner (Hrsg.) Personalbuch 1997, 1997
Kuntzmann-Auert Mutterschutzgesetz, 1968
Kunz/Thiel Arbeitsrecht, 1986

Lachwitz/Schellhorn/Welti HK-SGB IX, Kommentar, 2. Aufl. 2005
Lademann/Söffing/Brockhoff Kommentar zum Einkommensteuergesetz, Loseblattausgabe
Landmann/Rohmer Gewerbeordnung, Kommentar, Loseblattausgabe
Larenz/Wolf Allgemeiner Teil des deutschen Bürgerlichen Rechts, 9. Aufl. 2004
Larenz Lehrbuch des Schuldrechts – Band I, 14. Aufl. 1987
Larenz Lehrbuch des Schuldrechts – Band II, 13. Aufl. 1986
Leffler Das Heuerverhältnis auf ausgeflaggten deutschen Schiffen, 1978
Leinemann (Hrsg.) Kasseler Handbuch zum Arbeitsrecht (Bde. 1-2), 2. Aufl. 2000 (zit.: KassArbR-*Bearbeiter*)
Leinemann/Düwell Entscheidungssammlung zum Recht der Arbeitnehmerüberlassung und zum sonstigen drittbezogenen Personaleinsatz (EzAÜG), Loseblattausgabe
Leinemann/Linck Urlaubsrecht, Kommentar, 2. Aufl. 2001
Leinemann/Taubert Berufsbildungsgesetz, Kommentar, 2002
Leinemann/Wagner/Worzalla (Hrsg.) Handbuch des Fachanwalts Arbeitsrecht, 4. Aufl. 2005 (zit.: FA-ArbR/*Bearbeiter*)
Lenk Telearbeit, 1989
Lepke Kündigung bei Krankheit, 12. Aufl. 2006
Leymann Mobbing, 1993
Lieb Arbeitsrecht, 8. Aufl. 2003
Linck Die soziale Auswahl bei betriebsbedingter Kündigung, 1990
Lindemann Die Beendigung des Arbeitsverhältnisses in der Seeschiffahrt, 1975
Linke Richterliche Kontrolle der Befristung einzelner Arbeitsbedingungen, 1993
Linnenkohl Fragerecht und Auskunftspflicht bei Einstellungen im Hinblick auf Vorstrafen des Bewerbers, Schriftenreihe des Fachbereichs Wirtschaftswissenschaften der Gesamthochschule Kassel, Nr. 1/81
Littmann/Bitz/Pust Das Einkommensteuerrecht, Kommentar, Loseblattausgabe

Lohmeyer Die Abmahnung im Arbeitsverhältnis, Diss. 1988
Lokotsch Arbeitsrechtliche Probleme in der Schiffahrt, Diss. 1970
Louis Grundzüge des Datenschutzrechts, 1981
Löwisch Arbeitskampf- und Schlichtungsrecht, 1997 (zit.: Arbeitskampf)
Löwisch Befristete Vertragsverhältnisse programmgestaltender Mitarbeiter, 1983
Löwisch Kommentar zum Sprecherausschußgesetz, 2. Aufl. 1994
Löwisch/Caspers Auswirkungen des Gesetzes zur Reform am Arbeitsmarkt auf die betriebsbedingte Änderungskündigung, Gedächtnisschrift für Meinhard Heinze, 2004 (zit.: GS Heinze)
Löwisch/Rieble Tarifvertragsgesetz, Kommentar, 2. Aufl. 2004
Löwisch/Spinner Kommentar zum Kündigungsschutzgesetz, 9. Aufl. 2004
Lutter (Hrsg.)/*(Bearbeiter)* Umwandlungsgesetz, Kommentar, 3. Aufl. 2004
Lutter/Hommelhoff GmbH Gesetz, Kommentar, 16. Aufl. 2004
Lutter/Winter Umwandlungsgesetz, Kommentar, 3. Aufl. 2004
Lux Mitbestimmungsgesetz, Schriften zur Arbeitsrechts-Blattei, 1977
LzK-(Bearbeiter) s. *Neumann/Freitag*

Maaß Zulässigkeit von einzel- und tarifvertraglichen Befristungsabreden im Bühnenarbeitsrecht, 2004
Mager/Winterfeld/Göbel/Seelman Beschäftigungsförderungsgesetz 1985, 1985
MAH-ArbR/*Bearbeiter* s. *Moll*
Malcher Schwerbehindertengesetz mit Erläuterungen, 1986
v. Mangoldt/Klein/Starck Kommentar zum Grundgesetz, 5. Aufl. 2005 ff.
Martens Besondere Stellung und Pflichten der Besatzungsmitglieder nach dem SeemG unter Berücksichtigung des Charterwesens, Diss. 1977
Matthes Einstellung und Kündigung, 2. Aufl. 1976
Maunz/Dürig Grundgesetz, Kommentar, Loseblattausgabe (zit.: Maunz/Dürig-*Bearbeiter*)
Maunz/Schmidt-Bleibtreu/Klein/Bethge Bundesverfassungsgerichtsgesetz, Loseblattausgabe
Maus/Kremp Handbuch des Arbeitsrechts, Loseblattausgabe
Maus Kündigungsschutzgesetz, 1973
May Das bedingte Arbeitsverhältnis, 1990
Mayer Das außerdienstliche Verhalten von Arbeitnehmern, 2000
Mayer/Ralfs Rationalisierung und Rationalisierungsschutz, 2. Aufl. 1984
Medicus Allgemeiner Teil des BGB, 9. Aufl. 2006
Meilicke/Meilicke Kommentar zum Mitbestimmungsgesetz, 2. Aufl. 1976
Meinel/Heyn/Herms Teilzeit- und Befristungsgesetz, Kommentar, 2. Aufl. 2004 (zit.: MHH-*Bearbeiter*)
Meinhold Rechtliche Anforderungen an die Reduktion von Entgelten in der Unternehmenskrise, 1988
Meisel Die Mitwirkung und Mitbestimmung des Betriebsrats in personellen Angelegenheiten, 5. Aufl. 1984
Meisel/Hiersemann Mutterschutz und Mutterschaftshilfe, 2. Aufl. 1978 mit Nachtrag 1979
Meisel/Sowka Mutterschutz und Erziehungsurlaub, Kommentar, 5. Aufl. 1999
Meixner Neue arbeitsrechtliche Regelung 2004, 2004
Mengel Umwandlungen im Arbeitsrecht, 1997
Mentzel/Kuhn/Uhlenbruck Konkursordnung, 11. Aufl. 1994
Meyer Bestandsschutz der Arbeitsverhältnisse von Betriebsratsmitgliedern, 1980
Meyer Die Kündigung des Arbeitsverhältnisses wegen Sicherheitsbedenken, 1997
MHH-*(Bearbeiter)* s. *Meinel/Heyn/Herms*
Micus Das Arbeitsstatut deutscher Seeleute auf Schiffen unter fremder Flagge, Diss. 1976
Model/Müller Kommentar zum Grundgesetz, 11. Aufl. 1996
Mohrbutter Handbuch des gesamten Vollstreckungs- und Insolvenzrechts, 1974
Moll (Hrsg.) Münchener Anwaltshandbuch Arbeitsrecht, 2005 (zit.: MAH-ArbR/*Bearbeiter*)
Monnerjahn Das Arbeitsverhältnis in der deutschen Seeschiffahrt, 1964
Motive Motive zu dem Entwurf eines Bürgerlichen Gesetzbuchs für das Deutsche Reich
Motzer Die »positive Vertragsverletzung« des Arbeitnehmers, 1982
Müller Arbeitsrechtliche Aufhebungsverträge, 1991
Müller St. Der Auflösungsantrag des Arbeitgebers § 9 Abs. 1 Satz 2 KSchG, Diss. 2004
Müller-Glöge Arbeitsrecht in den neuen Bundesländern, 1998
ders. Tarifliche Regelungen der Kündigungsfristen und -termine, FS Schaub, 1998
Mues/Eisenbeis/Legerlotz (Hrsg.) Handbuch zum Kündigungsrecht, 2005 (zit.: HzK-*Bearbeiter*)
MünchArbR-*(Bearbeiter)* s. *Richardi/Wlotzke*

Literaturverzeichnis

MünchKomm-*(Bearbeiter)* s. *Rebmann/Säcker/Rixecker*
v. *Münch/Kunig* Grundgesetz – Kommentar, 5. Aufl. 2003
Nacke Die kündigungsrechtliche Stellung der Arbeitnehmer bei Umwandlungen nach dem Umwandlungsgesetz, 1999
Nagel Fristverträge an Hochschulen und Forschungseinrichtungen, 1986
Natzel Berufsbildungsrecht, 3. Aufl. 1982
Natzel Bundesurlaubsrecht, 1988
Natzel Das Eingliederungsverhältnis als Übergang zum Arbeitsverhältnis
Neubert/Becke Schwerbehindertengesetz, Handkommentar für die Praxis, 2. Aufl. 1986
Neue Richtervereinigung (NRV) Lockerung des Kündigungsschutzes, Stellungnahme zum Referentenentwurf eines Gesetzes zur Reform des Arbeitsmarktes vom 7.4.2003
Neuhausen Der im voraus erklärte Verzicht eines Arbeitnehmers auf Kündigungsschutz, 1993
Neuhausen Der betriebliche Geltungsbereich des KSchG, Diss. 1999
Neumann/Biebl Arbeitszeitgesetz, Kommentar, 14. Aufl. 2004
Neumann/Fenski Bundesurlaubsgesetz, Kommentar, 9. Aufl. 2003
Neumann/Freitag Lexikon zum Kündigungsrecht, Loseblattausgabe (zit.: LzK-*Bearbeiter*)
Neumann/Pahlen/Majerski-Pahlen Sozialgesetzbuch IX – Rehabilitation und Teilhabe behinderter Menschen, Kommentar, 11. Aufl. 2005
Neuvians Die arbeitnehmerähnliche Person, Berlin 2002
Nikisch Lehrbuch zum Arbeitsrecht Band I, 3. Aufl. 1961
Nikisch Lehrbuch zum Arbeitsrecht Band III, 2. Aufl. 1966
Nipperdey (Hrsg.), Die Grundrechte und Grundpflichten der Reichsverfassung, Kommentar zum zweiten Teil der Reichsverfassung, 3. Band, 1930

Obermüller/Hess InsO, 4. Aufl. 2003
Oetker Das Dauerschuldverhältnis und seine Beendigung, 1994
Oertmann Das Recht der Schuldverhältnisse, 1899
Orlowski Zeitliche Schranken des Schadensersatzanspruches des Arbeitnehmers aus § 628 Abs. 2 BGB unter besonderer Berücksichtigung des KSchG, Diss. 1984
Otten Heim- und Telearbeit, 1995
Otto Personale Freiheit und soziale Bindung, 1978
Otto Der Wegfall des Vertrauens in den Arbeitnehmer als wichtiger Grund zur Kündigung des Arbeitsverhältnisses, 2000 (zit.: Der Wegfall des Vertrauens)
Otto Die Änderungskündigung zur Entgeltreduzierung, 2001 (zit.: *Otto* Änderungskündigung)

Palandt/Bassenge/Brudermüller/Diederichsen/Edenhofer/Grüneberg/Heinrichs/Heldrich/Putzo/Sprau/Weidenkaff Bürgerliches Gesetzbuch, Kommentar, 65. Aufl. 2006 (zit.: *Palandt/Bearbeiter*)
Pallasch Der Beschäftigungsanspruch des Arbeitnehmers, Diss. 1993
Pape Die tarifvertragliche Unkündbarkeit, 2002
v. *Petkèwitsch* Grundstrukturen der arbeits-, sozial- und steuerrechtlichen Stellung deutscher Seeleute unter der Flagge der Republik Zypern, Bremen 1979
Pfarr Frauenförderung und Grundgesetz, 1988
Pfarr/Bertelsmann Diskriminierung im Erwerbsleben, 1989
Pfarr/Bertelsmann Gleichbehandlungsgesetz, 1985
Pfarr/Drüke Rechtsprobleme der Telearbeit, 1989
Pfeifer Die Mitbestimmung der Betriebsvertretungen der Zivilbeschäftigten im Spannungsfeld zwischen NATO und nationalem Recht, Diss. 1995
Pflaum Die Abmahnung im Arbeitsrecht als Vorstufe zur Kündigung, 1992
Pfohl Arbeitsrecht des öffentlichen Dienstes, 2002
Pietzko Der Tatbestand des § 613a BGB, 1988
Plander Der Betriebsrat als Hüter des zwingenden Rechts, 1982
Plande Flucht aus dem Normalarbeitsverhältnis: An den Betriebsräten und Personalräten vorbei?, 1990
Plüm Die arbeitsrechtliche Stellung des Abgeordneten, Diss. 1976
Pomberg Die Kündigung unkündbarer Arbeitnehmer, 2001
Pottmeyer Die Überleitung der Arbeitsverhältnisse im Falle des Betriebsinhaberwechsels nach § 613a BGB und die Mitbestimmung gemäß §§ 111 ff. BetrVG, 1987
Praxishandbuch Arbeits- und Sozialrecht 1993, Handbuch für die betriebliche Praxis, 1993
Precklein Prüfungsmaßstab bei der Änderungskündigung, 1995

Preis Grundfragen der Vertragsgestaltung im Arbeitsrecht, Habilitation 1992
Preis Prinzipien des Kündigungsschutzrechts bei Arbeitsverhältnissen, 1987 (zit.: *Preis* Prinzipien)
Preis Der Arbeitsvertrag, 2. Aufl. 2005 (zit.: *Preis* Arbeitsvertrag)
Preis/Kliemt/Ulrich Aushilfs- und Probearbeitsverhältnis, 2. Aufl. 2003
Pretzsch/Schalkhäuser/Rechenberg Das Recht der Arbeitnehmer bei den Streitkräften (Ausländische Mächte), Kommentar, 1955
Prütting Gegenwartsprobleme der Beweislast, 1983

Quander Betriebsinhaberwechsel bei Gesamtrechtsnachfolge, 1990

Rahmstorf Die Druckkündigung des Arbeitsverhältnisses, 1998
Raiser Mitbestimmungsgesetz, Kommentar, 4. Aufl. 2002
Ramm (Hrsg.) Entwürfe zu einem deutschen Arbeitsvertragsgesetz, 1992
Randerath Die Kampfkündigung des Arbeitgebers im kollektiven Arbeitskampfsystem, 1983
Rancke Die freien Berufe zwischen Arbeits- und Wirtschaftsrecht, Berlin 1978
Rebmann/Säcker/Rixecker Münchener Kommentar zum Bürgerlichen Gesetzbuch, Kommentar, 4. Aufl. 2000 ff.
Rehbinder Die Rechtsnatur der Arbeitsverhältnisse deutscher Arbeitnehmer bei den ausländischen Streitkräften – unter Berücksichtigung der Verhältnisse in West-Berlin, 1969
Reich Hochschulrahmengesetz, Kommentar, 9. Aufl. 2005
Reichling/Ross § 128 AFG, 1993
Reiserer Der GmbH-Geschäftsführer im Arbeits- und Sozialversicherungsrecht, 1995
Rewolle/Bader Kommentar zum Schwerbehindertengesetz, 1986
Richardi Arbeitsrecht in der Kirche, 4. Aufl. 2003
Richardi Betriebsverfassungsgesetz, Kommentar, 10. Aufl. 2006
Richardi/Reichold (Hrsg.) Gedenkschrift Wolfgang Blomeyer (Altersgrenzen und Alterssicherung im Arbeitsrecht), 2003
Richardi/Wlotzke Münchener Handbuch zum Arbeitsrecht, 2. Aufl. 2000 (zit.: MünchArbR-*Bearbeiter*)
Ring Gesetz über Teilzeitarbeit und befristete Arbeitsverträge, Anwaltkommentar, 2001
Ritzer Das Schwerbehindertengesetz, 4. Aufl. 1975
Rohlfing/Kiskalt/Wolff Handkommentar zur Gewerbeordnung, 3. Aufl. 1961
Rohwer-Nahlmann Schwerbehindertengesetz, Kommentar, Loseblattausgabe
Rolfs Teilzeit- und Befristungsgesetz, Kommentar, 2002
Rosenberg/Schwab/Gottwald Zivilprozessrecht, 16. Aufl. 2004
Rosenfelder Der arbeitsrechtliche Status der freien Mitarbeiter, 1982
Rost Die betriebsbedingte Kündigung in der Unternehmenskrise und bei Insolvenz, 1987
Ruhwedel Der Luftbeförderungsvertrag, 3 Aufl. 1997
Rumler Der Kündigungsschutz leitender Angestellter, 1990

Sadtler Die Bedeutung des Art. 48 GG und des Art. 160 WV für das Arbeitsrecht, 1968
Säcker/Oetker Einigungsvertrag, in: Erg.-Bd. zur 2. Aufl. des Münchener Kommentars zum Bürgerlichen Gesetzbuch, 1991
Sahmer/Busemann Arbeitsplatzschutzgesetz, Kommentar mit Erläuterungen zu ergänzenden wehr- und zivildienstrechtlichen Vorschriften, Loseblattausgabe
Sandmann/Marschall Arbeitnehmerüberlassungsgesetz, Kommentar, Loseblattausgabe
Schacht Der Übereilungsschutz beim arbeitsrechtlichen Aufhebungsvertrag, 2000
Schaps/Abraham Das deutsche Seerecht – Band 3, 3. Aufl. 1964
Schaub (Hrsg.) Arbeitsrechts-Handbuch, 11. Aufl. 2005 (zit.: *Schaub/Bearbeiter*)
Schaub/Neef/Schrader Arbeitsrechtliche Formularsammlung, 8. Aufl. 2004
Schaub/Schindele Kurzarbeit, Massenentlassung, Sozialplan, 1993
Schelp/Herbst Kommentar zum Bundesurlaubsgesetz, 1963
Schelp/Fettback Seemannsgesetz, 3. Aufl. 1976
Schiefer Teilzeitarbeit, 2001
Schiefer/Worzalla Das arbeitsrechtliche Beschäftigungsförderungsgesetz und seine Auswirkungen für die betriebliche Praxis, 1996
Schiefer/Worzalla Agenda 2010, Gesetz zu Reformen am Arbeitsmarkt, 2004
Schipp Die Stellung des leitenden Angestellten im Kündigungsschutzprozeß, 1992
Schipp/Schipp Arbeitsrecht und Privatisierung, 1996
Schlachter (Hrsg.) Tarifautonomie für ein neues Jahrhundert, FS Schaub zum 65. Geburtstag, 1998

Literaturverzeichnis

Schlegelberger/Geßler/Hefermehl/Schröder Handelsgesetzbuch, 5. Aufl. 1973
   (zit.: *Schlegelberger-Bearbeiter*)
Schlessmann Die Kündigung von Arbeitsverträgen, 1970
Schliemann (Hrsg.), Das Arbeitsrecht im BGB, Kommentierung der §§ 611 – 630 BGB, 2. Aufl. 2002
   (zit.: *ArbRBGB-Bearbeiter)*
Schmid/Trenk-Hinterberger Grundzüge des Arbeitsrechts, 3. Aufl. 2003
Schmid/Roßmann Das Arbeitsverhältnis der Besatzungsmitglieder in Luftfahrtunternehmen, 1997
Schmidt Die Richtlinienvorschläge der Kommission der Europäischen zu den atypischen Arbeitsverhältnissen, 1992
Schmidt (Hrsg.) Einkommensteuergesetz, Kommentar, 25. Aufl. 2006
Schmidt Gesellschaftsrecht, 4. Aufl. 2002
Schmidt, M. Die Richtlinienvorschläge der Kommission der Europäischen Gemeinschaften zu den atypischen Arbeitsverhältnissen, 1992
Schmidt/Koberski/Tiemann/Wascher Heimarbeitsgesetz, Kommentar, 4. Aufl. 1998
Schmidt-Bleibtreu/Klein (Hrsg.) Kommentar zum Grundgesetz, 10. Aufl. 2004
Schmitt Whistleblowing – »Verpfeifen« des Arbeitgebers, 2003
Schmitt/Hörtnagl/Stratz Umwandlungsgesetz Umwandlungssteuergesetz, Kommentar, 4. Aufl. 2006
Schnorr v. Carolsfeld Arbeitsrecht, 2. Aufl. 1954
Scholz Kommentar zum GmbH Gesetz, 9. Aufl. 2002
Schönefelder/Kranz/Wanka Sozialgesetzbuch III – Arbeitsförderung, Kommentar, Loseblattausgabe
Schönke/Baur Zwangsvollstreckungs-, Konkurs- und Vergleichsrecht, 10. Aufl. 1978
Schönke/Schröder Strafgesetzbuch, 27. Aufl. 2006
Schroeder-Printzen/Engelmann/Wiesner/von Wulffen Sozialgesetzbuch, Verwaltungsverfahren – SGB X –, 1981
Schüren/Hamann Arbeitnehmerüberlassungsgesetz, Kommentar, 3. Aufl. 2006
Schwab/Weth ArbGG, Kommentar zum Arbeitsgerichtsgesetz, 2004
Schwanda Der Betriebsübergang in § 613 a BGB, 1992
Schwedes Einstellung und Entlassung des Arbeitnehmers, 7. Aufl. 1993
Schwedes/Franz Seemannsgesetz, Kommentar, 2. Aufl. 1984
Schwerdtner Arbeitsrecht 1, 1999
Schwerdtner (Hrsg.) Arbeits- und Sozialordnung, 1992
Schwerdtner Die Auflösung des Arbeitsverhältnisses nach §§ 9, 10, 13 Abs. 1 Satz 3 KSchG, FS 50 Jahre Deutsches Anwaltsinstitut e.V. 2003
Seidemann Befristete Arbeitsverträge und ihre Beendigung an den Bühnen im Vergleich zum Rundfunk, 2002
Seiter Betriebsinhaberwechsel, 1980
Seitz Effektiver Kündigungsschutz im Mutterschutz- und Schwerbehindertenrecht, 1981
Semler/Stengel Umwandlungsgesetz, 2. Aufl. 2002
Sievers TzBfG, Kommentar zum Teilzeit- und Befristungsgesetz, 2003 (zit.: *Sievers*)
Simon/Franke/Sachs Handbuch der Verfassung des Landes Brandenburg, 1994
Silberberger Weiterbeschäftigungsmöglichkeit und Kündigungsschutz im Konzern, 1994
Simitis (Hrsg.) Bundesdatenschutzgesetz, Kommentar, 6. Aufl. 2006
Skuderis Die Weitergeltung von Tarifverträgen bei Betriebsübergängen nach § 613a Abs. 1 Satz 2 bis 4 BGB, 1999
Söllner/Waltermann Grundriß des Arbeitsrechts, 13. Aufl. 2003
Söllner/Reinert Personalvertretungsrecht, 2. Aufl. 1993
Soergel/Siebert Bürgerliches Gesetzbuch mit Einführungsgesetz und Nebengesetzen, 13. Aufl. 1999 ff.
Sowka (Hrsg.) Kündigungsschutzrecht, Kölner Praxiskommentar zum KSchG und zu sonstigen kündigungsrechtlichen Vorschriften, 3. Aufl. 2004 (zit.: *KPK-Bearbeiter)*
Spellbrink/Eicher (Hrsg.) Kasseler Handbuch des Arbeitsförderungsrechts, 2003
Spirolke/Regh Die Änderungskündigung, 2004
Spreng/Birn/Feuchte Die Verfassung des Landes Baden-Württemberg, Kommentar, 1954
SPV-*(Bearbeiter)* s. *Stahlhacke/Preis/Vossen*
Stahlhacke/Bachmann/Bleistein/Berscheid Gemeinschaftskommentar zum Bundesurlaubsgesetz, 5. Aufl. 1992 (zit.: GK-BUrlG / *Bearbeiter*)
Stahlhacke/Preis/Vossen Kündigung und Kündigungsschutz im Arbeitsverhältnis, 9. Aufl. 2005
   (zit.: *SPV-Bearbeiter*)
Stahmer/Kerls/Confurius Praxishandbuch Kündigung, Loseblattausgabe

Staudacher Internationale Betriebsverfassung, Diss. 1974
Staudinger BGB, Kommentar, 13. Aufl. 1993 ff.
Staudinger/Dilcher Kommentar zum Bürgerlichen Gesetzbuch (§§ 90-240), 12. Aufl. 1980
Staudinger/Gursky Kommentar zum Bürgerlichen Gesetzbuch (§§ 164-240), Neubearbeitung 2004 (§§ 182-185)
Staudinger/Neumann Kommentar zum Bürgerlichen Gesetzbuch (§§ 616-630), (Vorbemerkungen zu §§ 620ff.), Neubearbeitung 2002
Staudinger/Preis Kommentar zum Bürgerlichen Gesetzbuch (§§ 616-630), Neubearbeitung 2002 (§§ 620-622, 624-630)
Steck/Kossens Einführung zur Hartz-Reform, 2003
Stege/Weinspach/Schiefer Betriebsverfassungsgesetz, Handkommentar, 9. Aufl. 2002
Stein/Jonas (Hrsg.) *Kommentar zur Zivilprozeßordnung*, 22. Aufl. 2002 ff.
Steinherr Befristete Arbeitsverhältnisse, 2002
Stern Das Staatsrecht der Bundesrepublik Deutschland, Band I, 2. Aufl. 1984
Stern/Schmidt-Bleibtreu Einigungsvertrag und Wahlvertrag, 1990
Stevens-Bartol Bundeserziehungsgeldgesetz, Erläuterungen für die Praxis, 2. Aufl. 1989
Stoffels Der Vertragsbruch des Arbeitnehmers, 1994
StudKBGB-(*Bearbeiter*) s. *Kropholler*
Südkampf Interne Fehler bei Willenserklärungen des Betriebsrats, 1989

Tempelmann Arbeitsrechtliche Probleme bei Spaltungen nach dem Umwandlungsgesetz, Europäische Hochschulschriften Reihe II Rechtswissenschaft Bd. 3201, 2001
Theile Die Gewährung von Arbeitslosengeld im Zeitraum der rechtlichen Ungewissheit über den Fortbestand des Arbeitsverhältnisses, 1997
Theuerkauf Mutterschutzgesetz, Kommentar, 1954
Thiele/Terdenge Schwerbehindertenrecht, Handbuch zum Arbeitsrecht (HzA), Loseblattausgabe, Gruppe 7
Thieler Das Schwerbehindertengesetz, Kommentar, 1987
Thomas/Putzo Zivilprozessordnung, Kommentar, 27. Aufl. 2005
Töns/Dalheimer Mutterschaftshilfe und Mutterschutz, Loseblattausgabe
Trappe Kündigung und Kündigungsschutz im Arbeitsrecht, 2. Aufl. 1969
Tsatsos Die parlamentarische Betätigung von öffentlichen Bediensteten, 1970
Tschöpe Anwalts-Handbuch Arbeitsrecht, 4. Aufl. 2005 (zit.: *Tschöpe/Bearbeiter*)
Tschöpe Rechtsfolgen eines arbeitnehmerseitigen Widerspruchs beim Betriebsinhaberwechsel, 1984
Tschöpe Der arbeitgeberseitige Auflösungsantrag im Kündigungsschutzprozeß – offene Fragen, FS Schwerdtner, 2003
TZA-(*Bearbeiter*) s. *Buschmann/Dieball/Stevens-Bartol*

Ulber AÜG – Arbeitnehmerüberlassungsgesetz, Kommentar, 3. Aufl. 2006
Ulmer/Habersack/Henssler Mitbestimmungsrecht, 2. Aufl. 2006
Uppenbrink Das Europäische Mandat – Status der Abgeordneten des Europäischen Parlaments, Diss. 2004
Uttlinger/Breier/Kiefer/Hoffmann/Dassau Bundes-Angestelltentarifvertrag – BAT, Kommentar, Loseblattausgabe

Vogels/Noelte Vergleichsordnung, 3. Aufl. 1952
Volk Die Rechtsstellung der deutschen Zivilbeschäftigten bei den Stationierungskräften im Bundesgebiet und bei den alliierten Streitkräften in West-Berlin, Diss. 1972
Volz Die Kündbarkeit tariflich unkündbarer Arbeitnehmer, Diss. 2002

Wachter Wesensmerkmale der arbeitnehmerähnlichen Person, Berlin 1980
Walker Der Vollzug der Arbeitgebererbfolge mit einem vermeintlichen Erben, 1985
Wallmeyer Die Kündigung des Arbeitsvertrages aus wichtigem Grund, 1962
Wallner Die Änderungskündigung, 2005
Waniorek Gestaltungsformen der Teleheimarbeit, 1989
Wank Arbeitnehmer und Selbständige, 1988
Wank Telearbeit, 1997
Wannagat Lehrbuch des Sozialversicherungsrechts, 1965
Weber Schwerbehindertengesetz, Kommentar, Loseblattausgabe
Weber Berufsbildungsgesetz und Berufsbildungsförderungsgesetz, 13. Aufl. 1999

Literaturverzeichnis

Weber/Ehrich/Burmester Handbuch der arbeitsrechtlichen Aufhebungsverträge, 4. Aufl. 2004
Wedde Telearbeit, 2. Aufl. 1994
Wedde/Kunz Entgeltfortzahlungsgesetz, Basiskommentar, 3. Aufl. 2003
Weiß Abfindungsanspruch bei betriebsbedingter Kündigung, Diss. 2005 (zit.: *Weiß* Diss.)
Weiss/Gagel Handbuch des Arbeits- und Sozialrechts, Loseblattausgabe (zit.: HAS- [*Bearbeiter*])
Weiss/Weyand Betriebsverfassungsgesetz, Kommentar, 3. Aufl. 1994
Welti Die soziale Sicherung der Abgeordneten des Deutschen Bundestages, der Landtage und der deutschen Abgeordneten im Europäischen Parlament, Diss. 1998
Wenzel Kündigung und Kündigungsschutz, 6. Aufl. 1994
Wester/Schlüpers-Oehmen Arbeitsrecht: Betriebsverfassungs-, Personalvertretungs- und Mitbestimmungsrecht, 2. Aufl. 1984
Wickler Die Arbeitgeberkündigung bei rechtsgeschäftlichem Betriebsinhaberwechsel, 1985
Wickler (Hrsg.) Handbuch Mobbing-Rechtsschutz 2004
Wiedemann/Oetker/Wank Kommentar zum Tarifvertragsgesetz, 6. Aufl. 1999
Wiegand Kommentar zum Bundeserziehungsgeldgesetz, Loseblattausgabe
Wiegand (Hrsg.) Kommentar zum Schwerbehindertengesetz, Loseblattausgabe
Willemsen/Hohenstatt/Schweibert/Seibt Umstrukturierung und Übertragung von Unternehmen – Arbeitsrechtliches Handbuch, 2. Aufl. 2003
Willikonsky MuSchG, Kommentar, 2. Aufl. 2007
Wimmer (Hrsg.) Frankfurter Kommentar zur Insolvenzordnung, 4. Aufl. 2006 (zit.: FK-InsO/(*Bearbeiter*)
Windbichler Arbeitsrecht im Konzern, 1989
Winkler Die Kündigung wegen Tätigkeit für das MfS in der Praxis, Diss. 2003
Winterfeld Mutterschutz und Erziehungsurlaub, MuSchG und BErzGG mit Erläuterungen, 1986
Winterstein Die Zulässigkeit des Nachschiebens von Kündigungsgründen im Kündigungsschutzprozeß, 1987
Wohlgemuth Datenschutz für Arbeitnehmer, 2. Aufl. 1988
Wohlgemuth/Gerloff Datenschutzrecht, 3. Aufl. 2005
Wohlgemuth/Lakies/Malottke/Pieper/Proyer Berufsbildungsgesetz, Kommentar, 3. Aufl. 2006 (zit.: *Wohlgemuth/Bearbeiter*)
Wolf Die Abmahnung als Voraussetzung der verhaltensbedingten Kündigung durch den Arbeitgeber, 1990
Wolff/Bachof/Stober Verwaltungsrecht Band 1, 11. Aufl. 1999
Wolff/Bachof/Stober Verwaltungsrecht Band 2, 6. Aufl. 2000
Wolter Für ein besseres Arbeitsrecht, 1986
Wosnik Das Heuerverhältnis im seerechtlichen Arbeitsverhältnis und das Mitspracherecht der Schiffsbesatzung, Diss. 1972
Wulf-Mathies Warteschleife und Einigungsvertrag, 1992
Worzalla/Will/Mailänder/Worch/Heise Teilzeitarbeit und befristete Arbeitsverträge, 2001 (zit.: *Worzalla*)
Wullkopf Die Beschränkung der Meinungsfreiheit der Angestellten im öffentlichen Dienst, 1999

Zachert (Hrsg.) Die Wirkung des Tarifvertrags in der Krise, 1991
Zielke Politische Betätigung von Arbeitnehmern, 1999
Zinn/Stein Verfassung des Landes Hessen, Kommentar, Loseblattausgabe
Zippelius/Würtenberger Deutsches Staatsrecht, 31. Aufl. 2005
Zmarzlik/Zipperer/Viethen Mutterschutzgesetz, Kommentar, 9. Aufl. 2006
Zöller Zivilprozessordnung, Kommentar, 25. Aufl. 2005
Zöllner Maßregelungsverbote und sonstige tarifliche Nebenfolgenklauseln nach Arbeitskämpfen, 1977
Zöllner/Loritz Arbeitsrecht, 5. Aufl. 1998
Zwanziger Das Arbeitsrecht der Insolvenzordnung, 2. Aufl. 2002

Abkürzungsverzeichnis

aA	anderer Ansicht
AAG	Gesetz über den Ausgleich der Arbeitgeberaufwendungen für Entgeltfortzahlung
aaO	am angegebenen Ort
ABA	Arbeit, Beruf und Arbeitslosenhilfe (Zeitschrift)
AbgG	Abgeordnetengesetz
AbK	Abkommen
ABlEG	Amtsblatt der Europäischen Gemeinschaften
abl.	ablehnend
ABl.	Amtsblatt
ABM	Arbeitsbeschaffungsmaßnahme
Abs.	Absatz
abw.	abweichend
AcP	Archiv für civilistische Praxis (Zeitschrift)
ÄArbVtrG	Gesetz über befristete Arbeitsverträge mit Ärzten in der Weiterbildung
ABFG	Arbeitsrechtliches Beschäftigungsförderungsgesetz
aE	am Ende
AEVO	Ausbilder-EignungsVO gewerbliche Wirtschaft
aF	alte Fassung
AfA	Agentur für Arbeit
AFG	Arbeitsförderungsgesetz
AFG-ÄndG	Arbeitsförderungsgesetz-Änderungsgesetz
AFKG	Arbeitsförderungs-Konsolidierungsgesetz
AfNS	Amt für Nationale Sicherheit
AfP	Archiv für Presserecht (Zeitschrift)
AFRG	Arbeitsförderungs-Reformgesetz
AG	Die Aktiengesellschaft (Zeitschrift)
AG	Amtsgericht
AGB	Allgemeines Bürgerliches Gesetzbuch
AGB-DDR	Arbeitsgesetzbuch der Deutschen Demokratischen Republik
AGG	Allgemeines Gleichbehandlungsgesetz
AiB	Arbeitsrecht im Betrieb (Zeitschrift)
AK-GG	Alternativkommentar zum Grundgesetz
AktG	Aktiengesetz
Alhi	Arbeitslosenhilfe
allg.	allgemein(e)
AllgBergG	Allgemeines Preußisches Berggesetz
Alt.	Alternative
aM	anderer Meinung
AMBl.	Amtsblatt des Bayerischen Staatsministeriums für Arbeit und Sozialordnung
amtl.	amtlich
Amtl. Begr.	Amtliche Begründung
AN	Amtliche Nachrichten des Reichsversicherungsamtes
ANBA	Amtliche Nachrichten der Bundesanstalt für Arbeit
Ändabk.	Änderungsabkommen
ÄnderungsVO	Änderungsverordnung
Änderungs-TV	Änderungstarifvertrag
ÄndG	Änderungsgesetz
ÄndVO	Änderungsverordnung
AngKSchG	Gesetz über die Fristen für die Kündigung von Angestellten
Anh.	Anhang
Anl.	Anlage
Anm.	Anmerkung
ANS	Amt für Nationale Sicherheit

Abkürzungsverzeichnis

AnTV	Tarifvertrag für die Angestellten der deutschen Bundesbahn
AnwBl	Anwaltsblatt (Zeitschrift)
AO	Abgabenordnung
AOG	Gesetz zur Ordnung der nationalen Arbeit
AöR/AOR	Archiv des öffentlichen Rechts
AP	Arbeitsrechtliche Praxis (Entscheidungssammlung)
AR-Blattei	Arbeitsrecht-Blattei (Loseblattausgabe)
Arbeitgeber	Der Arbeitgeber (Zeitschrift)
ArbeitsplatzwechselVO	Arbeitswechsel-Verordnung
ArbG	Arbeitsgericht
ArbGeb	Der Arbeitgeber (Zeitschrift)
ArbGG	Arbeitsgerichtsgesetz
ArbKrankhG	Gesetz zur Verbesserung der wirtschaftlichen Sicherung im Krankheitsfalle
ArbNähnl.Pers.	Arbeitnehmerähnliche Personen
ArbNErfG	Gesetz über Arbeitnehmererfindungen
ArbPlSchG	Arbeitsplatzschutzgesetz
ArbRB	Arbeitsrechts-Berater (Zeitschrift)
ArbRBGB	Das Arbeitsrecht im BGB
ArbRBereinigG	Arbeitsrechtsbereinigungsgesetz
ArbRdGgw	Das Arbeitsrecht der Gegenwart
ArbSichG	Arbeitssicherstellungsgesetz
ArbuR, AuR	Arbeit und Recht (Zeitschrift)
ArbuSozPol	Arbeit und Sozialpolitik (Zeitschrift)
ArbuSozR	Arbeits- und Sozialrecht (Zeitschrift)
ArchöffR	Archiv für öffentliches Recht (Zeitschrift)
ArchPF	Archiv für das Post- und Fernmeldewesen (Zeitschrift)
ArGV	Arbeitsgenehmigungsverordnung
arg.	argumentum
ARS	Arbeitsrechtssammlung, Entscheidungen des Reichsarbeitsgerichts, der Landesarbeitsgerichte und Arbeitsgerichte (früher Bensheimer Sammlung)
ARsp	Arbeitsrechtsprechung
ARSt	Arbeitsrecht in Stichworten (Arbeitsrechtliche Entscheidungssammlung)
Art.	Artikel
ASiG	Arbeitssicherheitsgesetz
ASistG	Arbeitssicherstellungsgesetz
AT	Allgemeiner Teil
AT-Angestellte	außertarifliche Angestellte
ATG	Altersteilzeitgesetz
ATO	Allgemeine Tarifordnung für Arbeitnehmer des öffentlichen Dienstes
AuA	Arbeit und Arbeitsrecht (Zeitschrift)
AuB	Arbeit und Beruf (Zeitschrift)
Aufl.	Auflage
AÜG	Arbeitnehmerüberlassungsgesetz
AuR, ArbuR	Arbeit und Recht (Zeitschrift)
AuslG	Ausländergesetz
AVAVG	Gesetz über Arbeitsvermittlung und Arbeitslosenversicherung
AVG	Angestelltenversicherungsgesetz
AVO	Ausführungsverordnung
AVV	Allgemeine Verwaltungsvorschriften
AWD	Außenwirtschaftsdienst des Betriebsberaters (Zeitschrift)
ArbZG, AZG	Arbeitszeitgesetz
AZO	Arbeitszeitordnung
BA	Bundesagentur für Arbeit
BABl.	Bundesarbeitsblatt (Zeitschrift)
Bad.-Württ.LV	Landesverfassung Baden-Württemberg
BAG	Bundesarbeitsgericht
BAGE	Amtliche Sammlung der Entscheidungen des Bundesarbeitsgerichts

BAM	Bundesminister(ium) für Arbeit und Sozialordnung
BAnz	Bundesanzeiger
BArbBl.	Bundesarbeitsblatt
BAT	Bundes-Angestelltentarifvertrag
Bay.	Bayern
BayAmbl.	Bayerische Amtsblätter
BayBS	Bereinigte Sammlung des bayerischen Landesrechts
BayerArbMin	Bayerisches Staatsministerium für Arbeit und Sozialordnung, früher: Bayerisches Ministerium für Arbeit und soziale Fürsorge
Bayer. Verf.	Bayerische Verfassung
BayGBl.	Bayerisches Gesetzblatt
BayPersVG	Bayrisches Personalvertretungsgesetz
BayVerwBl.	Bayerische Verwaltungsblätter
BayVGH	Bayerischer Verwaltungsgerichtshof
BB	Der Betriebsberater (Zeitschrift)
BBDW(-Bearbeiter)	Bader/Bram/Dörner/Wenzel
BBG	Bundesbeamtengesetz
BBiG	Berufsbildungsgesetz
Bd.	Band
BDA	Bundesverband Deutscher Arbeitgeberverbände
BDI	Bundesverband der Deutschen Industrie
BDO	Bundesdisziplinarordnung
BDSG	Bundesdatenschutzgesetz
bea.	Beachte
bearb.	Bearbeitet
Bearb.	Bearbeiter(in)
BEEG	Bundeselterngeld- und -elternteilzeitgesetz
Begr.	Begründung
BehindR	Behindertenrecht (Zeitschrift)
Beil.	Beilage
Bek.	Bekanntmachung
Bem.	Bemerkung
Ber.	Bericht
ber.	berichtigt
Bergmann-VersorgScheinG	Bergmannversorgungsscheingesetz
Berl.Wirt.	Berliner Wirtschaft
BerlinFördG	Berlin-Förderungsgesetz
BErzGG	Bundeserziehungsgeldgesetz
bes.	besonders
BeschäftigtenschutzG	Beschäftigtenschutzgesetz
BeschFG 1985	Beschäftigungsförderungsgesetz 1985
BeschFG 1996	Beschäftigungsförderungsgesetz 1996
Beschl.	Beschluss
betr.	betrifft
BetrAVG	Gesetz zur Verbesserung der betrieblichen Altersversorgung
BetrR	Der Betriebsrat (Zeitschrift)
BetrVerf	Die Betriebsverfassung (Zeitschrift)
BetrVG	Betriebsverfassungsgesetz
BezAbgWG	Gesetz über die Wahl der hamburgischen Bezirksabgeordneten zu den Bezirksversammlungen
BezirksG	Bezirksgericht
BFinMm, BMinFin	Bundesfinanzminister(ium)
BFH	Bundesfinanzhof
BFHE	Amtliche Sammlung der Entscheidungen des Bundesfinanzhofs
BGB	Bürgerliches Gesetzbuch
BGB-RGRK	Bürgerliches Gesetzbuch – Reichsgerichtsrätekommentar
BGBl.	Bundesgesetzblatt

Abkürzungsverzeichnis

BGH	Bundesgerichtshof
BGHZ	Amtliche Sammlung der Entscheidungen des Bundesgerichtshofs in Zivilsachen
BGL	Betriebliche Gewerkschaftsleitung
BGremBG	Bundesgremienbesetzungsgesetz
BgSchWG	Gesetz über die Wahl zur hamburgischen Bürgerschaft
BGSG	Bundesgrenzschutzgesetz
BImSchG	Bundesimmissionsschutzgesetz
BK	Berliner Kommandantur
BKK	Die Betriebskrankenkasse (Zeitschrift)
Bl.	Blatt
Bln.	Berlin
BlStSozArbR	Blätter für Steuerrecht, Sozialversicherung und Arbeitsrecht (Zeitschrift)
BMA	Bundesminister(ium) für Arbeit und Sozialordnung
BMI	Bundesminister(ium) des Innern
BMF	Bundesminister(ium) der Finanzen
BMMS(-Bearbeiter)	Braun/Mühlhausen/Munk/Stück, Berufsbildungsgesetz
BMT	Bundes-Manteltarif
BMT-G	Bundesmanteltarifvertrag für Arbeiter der Gemeinden
BMTV	Bundesmanteltarifvertrag
BMVg	Bundesminister(ium) für Verteidigung
BPersVG	Bundespersonalvertretungsgesetz
BPräsWG	Gesetz über die Wahl des Bundespräsidenten durch die Bundesversammlung
BR	Der Betriebsrat (Zeitschrift)
BR	Bundesrepublik
Bra.	Brandenburg
BRAGO	Bundesgebührenordnung für Rechtsanwälte
BRAK-Mitt.	»BRAK-Mitteilungen« (früher Mitteilungen der Bundesrechtsanwaltskammer)
BR-Dr.	Bundesrats-Drucksache
BReg.	Bundesregierung
Breith.	Breithaupt
Breithaupt	Breithaupt (Hrsg.), Sozialgerichtliche Urteilssammlung
Brem.	Bremen
BremPersVG	Bremisches Personalvertretungsgesetz
BRG	Betriebsrätegesetz
BR-Info	Informationsdienst für Betriebsräte (Zeitschrift)
BR-Prot.	Bundesratsprotokolle
BRRG	Beamtenrechtsrahmengesetz
BRT	Bundesrahmentarif
BRTV	Bundesrahmentarifvertrag
BSeuchG	Bundesseuchengesetz
BSG	Bundessozialgericht
BSGE	Amtliche Sammlung der Entscheidungen des Bundessozialgerichts
BSHG	Bundessozialhilfegesetz
Bsp.	Beispiel
BStBl	Bundessteuerblatt
BSVG	Bergmannsversorgungsscheingesetz
BT	Bundestag
BT-AbgG	Bundestag-Abgeordnetengesetz
BT-Drucks.	Drucksache des Deutschen Bundestages
BT-Prot.	Bundestagsprotokolle
Buchst.	Buchstabe
BUKG	Bundesumzugskostengesetz
BundesbeamtenG	Bundesbeamtengesetz
BundesPersVG	Personalvertretungsgesetz des Bundes
BUrlG	Bundesurlaubsgesetz

Abkürzungsverzeichnis

BuW	Betrieb und Wirtschaft (Zeitschrift)
BVB	Besondere Vertragsbedingungen
BVerfG	Bundesverfassungsgericht
BVerfGE	Amtliche Sammlung der Entscheidungen des Bundesarbeitsgerichts
BVersG	Bundesversorgungsgesetz
BVerwG	Bundesverwaltungsgericht
BVwVfG	Verwaltungsverfahrensgesetz des Bundes
BW	Baden-Württemberg
BWG	Bundeswahlgesetz
bzgl.	bezüglich
BZRG	Bundeszentralregistergesetz
bzw.	beziehungsweise
CR	Computer und Recht (Zeitschrift)
DA	Durchführungsanweisungen der Bundesanstalt für Arbeit zum Kündigungschutzgesetz
DAG	Deutsche Angestelltengewerkschaft
DAngVers	Die Angestelltenversicherung (Zeitschrift)
DArbR	Deutsches Arbeitsrecht
DArbRdGgw	Das Arbeitsrecht der Gegenwart
DAV	Deutscher Anwaltsverein
DB	Der Betrieb (Zeitschrift)
DBl.BA-R	Dienstblatt der Bundesanstalt für Arbeit – Rechtsprechung
DBlR	Dienstblatt der Bundesanstalt für Arbeit, Ausgabe C – Rechtsprechung –
DDB	Das Deutsche Bundesrecht (Loseblattausgabe)
DDR	Deutsche Demokratische Republik
ders.	derselbe
DemobilmachungsVO	Demobilmachungs-Verordnung
DEVO	Datenerfassungs-Verordnung
DFB	Deutscher Fußballbund
DGB	Deutscher Gewerkschaftsbund
dgl.	desgleichen
dh	das heißt
dies.	dieselben
Diss.	Dissertation
DJT	Deutscher Juristentag
DJZ	Deutsche Juristenzeitung (1896–1936)
DKK	Däubler/Kittner/Klebe, Kommentar zum Betriebsverfassungsgesetz
DLW	Dörner/Luczak/Wildschütz, Handbuch Arbeitsrecht
DM	Deutsche Mark
DÖD	Der öffentliche Dienst (Zeitschrift)
DOK	Die Ortskrankenkasse (Zeitschrift)
Dok.	Dokument
DÖV	Die Öffentliche Verwaltung (Zeitschrift)
DR	Deutsches Recht
DRdA	Das Recht der Arbeit (Österr. Zeitschrift)
DRiA	Das Recht im Amt (Zeitschrift)
DRiG	Deutsches Richtergesetz
Drs.	Drucksache
DStR	Deutsche Steuer-Rundschau (51–61) – Deutsches Steuerrecht (62 ff.)
DRiZ	Deutsche Richterzeitung (Zeitschrift)
Drucks.	Drucksache
DSB	Datenschutzbeauftragter (Zeitschrift)
DStZ	Deutsche Steuer-Zeitung
DtZ	Deutsch-Deutsche Rechtszeitschrift
DuD	Datenschutz und Datensicherung (Zeitschrift)
DuR	Demokratie und Recht (Zeitschrift)
DÜVO	Datenübermittlungs-Verordnung

Abkürzungsverzeichnis

DUZ	Deutsche Universitätszeitung
DVBl.	Deutsches Verwaltungsblatt (Zeitschrift)
DVO	Durchführungsverordnung
DZWiR, DZWIR	Deutsche Zeitschrift für Wirtschaftsrecht, Deutsche Zeitschrift für Wirtschafts- und Insolvenzrecht
EArbGKomm.	Entwurf 1977 der Arbeitsgesetzbuch-Kommission
EDGB	Entwurf 1977 des Deutschen Gewerkschaftsbundes für ein Arbeitsverhältnisgesetz
EEK	Entscheidungssammlung zur Entgeltfortzahlung im Krankheitsfalle
EFG	Entscheidung der Finanzgerichte
EFTA	European Free Trade Association
EFZG	Entgeltfortzahlungsgesetz
EG	Europäische Gemeinschaft
EGBGB	Einführungsgesetz zum Bürgerlichen Gesetzbuch
EGInsO	Einführungsgesetz zur Insolvenzordnung
EGKO	Einführungsgesetz zur Konkursordnung
eGmbH	eingetragene Gesellschaft mit beschränkter Haftung
EG-EStRG	Einführungsgesetz zur Einkommensteuerreform
EGMR	Europäischer Gerichtshof für Menschenrechte
EGV	Vertrag zur Gründung der Europäischen Gemeinschaft
EheG	Ehegesetz
EhfG	Entwicklungshelfer-Gesetz
Eignungs-ÜbG, EignungsübungsG	Eignungsübungsgesetz
Einf.	Einführung
EinfG	Einführungsgesetz
EinigungsV	Einigungsvertrag
Einl.	Einlage
einschl.	einschließlich
EInsO	Entwurf zur Insolvenzordnung
EKD	Evangelische Kirche Deutschlands
ENeuOG	Eisenbahnneuordnungsgesetz
Entsch.	Entscheidung
Entsch.Kal.	Entscheidungskalender
Entw.	Entwurf
Erg.	Ergänzung
Ergänzungsbd.	Ergänzungsband
Erl.	Erlass, Erläuterungen
Erläut.	Erläuterungen
Ersk.	Die Ersatzkasse (Zeitschrift)
ESt	Einigungsstelle, Einkommensteuer
EStDV	Einkommensteuer-Durchführungsverordnung
EStG	Einkommensteuergesetz
EsVGH	Entscheidungssammlung des Hessischen und des Württembergisch-Badischen Verwaltungsgerichtshofes
etc.	et cetera
EU	Europäische Union
EuAbgG	Europaabgeordnetengesetz
EuG	Europäische Gemeinschaft
EuGH	Europäischer Gerichtshof
EuGVÜ	(Europ.) Übereinkommen v. 27. 9. 1968 über die Vollstreckung gerichtlicher Entscheidungen in Zivil- und Handelssachen
EuGVVO	EG-Verordnung Nr. 44/2001 über die gerichtliche Zuständigkeit und die Anerkennung und Vollstreckung von Entscheidungen in Zivil- und Handelssachen
EuR.	Europarecht
EuroAS	Informationsdienst zum Europäischen Arbeits- und Sozialrecht

Abkürzungsverzeichnis

EuZW	Europäische Zeitschrift für Wirtschaftsrecht
EV	Einigungsvertrag
e.V.	eingetragener Verein
evtl.	eventuell
EVÜ	Römisches EWG-Übereinkommen über das auf vertragliche Schuldverhältnisse anzuwendende Recht
EWG	Europäische Wirtschaftsgemeinschaft
EWGV	Vertrag zur Gründung der Europäischen Wirtschaftsgemeinschaft
EWG-VO	Europäische Wirtschaftsgemeinschaft-Verordnung
EWiR	Entscheidungen zum Wirtschaftsrecht (Zeitschrift)
EWS	Europäisches Währungssystem
EzA	Entscheidungssammlung zum Arbeitsrecht (Loseblattausgabe)
EzASD	EzA Schnelldienst (Zeitschrift)
EzAÜG	Entscheidungssammlung zum Arbeitnehmerüberlassungsgesetz, herausgegeben von Leinemann/Düwell (seit 1995), begründet von Becker/Wulfgramm (Loseblattausgabe)
EzBAT	Entscheidungssammlung zum Bundesangestelltentarifvertrag (Loseblattausgabe)
f.	folgende
FA	Fachanwalt Arbeitsrecht (Zeitschrift)
Fachreg.	Fachregister
FamRZ	Familienrechts-Zeitschrift
FAZ	Frankfurter Allgemeine Zeitung
FeiertagslohnzahlungsG	Gesetz zur Regelung der Lohnzahlung an Feiertagen
FEVS	Fürsorgerechtliche Entscheidungen der Verwaltungs- und Sozialgerichte
ff.	fortfolgende
FFG	Filmförderungsgesetz
FFVG	Gesetz über befristete Arbeitsverträge mit wissenschaftlichem Personal an Forschungseinrichtungen
FG	Finanzgericht
FGG	Gesetz über die freiwillige Gerichtsbarkeit
FIRG, FKPG	Gesetz zur Umsetzung Föderalen Konsolidierungsprogramm
FN, Fn	Fußnote
FinMin	Finanzminister(ium)
Frz.	Französisch
FS	Festschrift
GBl.	Gesetzblatt
GbR	Gesellschaft bürgerlichen Rechts
GdB	Grad der Behinderung
GedS	Gedächtnisschrift
GefStoffV	Gefahrstoffverordnung
gem.	gemäß
GemeindeO	Gemeindeordnung
GenG	Gesetz betreffend die Erwerbs- und Wirtschaftsgenossenschaften
GesamtvollstreckungsO, GesO	Gesamtvollstreckungsordnung
GewArch	Gewerbearchiv (Zeitschrift)
GewJB	Gewerkschaftsjahrbuch
GewMH	Gewerkschaftliche Monatshefte
GewO	Gewerbeordnung
GG	Grundgesetz
ggf.	gegebenenfalls
GK-ArbGG	Gemeinschaftskommentar zum Arbeitsgerichtsgesetz (Loseblattausgabe)
GK-BetrVG	Gemeinschaftskommentar zum Betriebsverfassungsgesetz
GK-BUrlG	Gemeinschaftskommentar zum Bundesurlaubsgesetz
GKG	Gerichtskostengesetz
GK-SchwbG	Gemeinschaftskommentar zum Schwerbehindertengesetz

Abkürzungsverzeichnis

GK-TzA	Gemeinschaftskommentar zum Teilzeitarbeitsrecht
GleiBG	Gleichberechtigungsgesetz
GmbH	Gesellschaft mit beschränkter Haftung
GmbHG	Gesetz betreffend die Gesellschaft mit beschränkter Haftung
GmbHRdSch.	GmbH-Rundschau (Zeitschrift)
GmBl.	Gemeinsames Ministerialblatt
GmS-OGB	Gemeinsamer Senat der obersten Gerichtshöfe des Bundes
GoA	Geschäftsführung ohne Auftrag
grds.	grundsätzlich
GrO	Grundordnung des kirchlichen Dienstes im Rahmen kirchlicher Arbeitsverhältnisse
Grunds.	Grundsatz, Grundsätze
GS, GrS, Gr. Sen.	Großer Senat
GS	Gesetzessammlung
GSG	Gesundheitsstrukturgesetz
GuG	Gesamtvollstreckungsunterbrechungsgesetz
GVBl.	Gesetz- und Verordnungsblatt
GVG	Gerichtsverfassungsgesetz
GVNW	Gesetz- und Verordnungsblatt Nordrhein-Westfalen
HAÄndG	Heimarbeitsänderungsgesetz
HAG	Heimarbeitsgesetz
HambPersVG	Hamburgisches Personalvertretungsgesetz
HandwO	Handwerksordnung
Hansa	Zentralorgan für Seeschifffahrt, Schiffbau und Hafen (Zeitschrift)
HAS(-Bearbeiter)	Weiss/Gagel (Hrsg.), Handbuch des Arbeits- und Sozialrecht
HB	Handelsblatt
HBG	Hessisches Beamtengesetz
HchB	Begründung des Herrenchiemseer Entwurfs zum Grundgesetz
HchE	Herrenchiemseer Entwurf zum Grundgesetz
HessAbgG	Hessisches Abgeordnetengesetz
Hess. LAG	Hessisches Landesarbeitsgericht
HessLV	Landesverfassung Hessen
HessPersVG	Hessisches Personalvertretungsgesetz
Hess. StaZ	Hessische Zeitschrift für Standesamtswesen
HessVGH	Hessischer Verwaltungsgerichtshof
HFR	Höchstrichterliche Finanzrechtsprechung
HFVG	Gesetz über befristete Arbeitsverträge mit wissenschaftlichem Personal an Hochschulen und Forschungseinrichtungen
HGB	Handelsgesetzbuch
HGO	Hessische Gemeindeordnung
HHG	Häftlingshilfegesetz
HHStrukG	Haushaltsstrukturgesetz
HK	Heidelberger Kommentar zum Kündigungsschutzgesetz
hL	herrschende Lehre
hM	herrschende Meinung
Hmb.	Hamburg
HO, HandwO	Handwerksordnung
HRG	Hochschulrahmengesetz
HRR	Höchstrichterliche Rechtsprechung
Hrsg.	Herausgeber
Hs.	Halbsatz
HSWG(-Bearbeiter)	Hess/Schlochauer/Worzalla/Glock, BetrVG, Kommentar
HVwVFG	Hessisches Verwaltungsverfahrensgesetz
HWK(-Bearbeiter)	Henssler/Willemsen/Kalb, Arbeitsrechtskommentar
HzA	Handbuch zum Arbeitsrecht (Loseblattausgabe)
HzK(-Bearbeiter)	Mues/Eisenbeis/Legerlotz/Laber, Handbuch zum Kündigungsrecht
IAA	Internationales Arbeitsamt

Abkürzungsverzeichnis

IAO	Internationale Arbeitsorganisation
IAR	Internationales Arbeitsrecht
idF	in der Fassung
idR	in der Regel
i.e.	im einzelnen
ieS	im engeren Sinne
ICOA-Abkommen	International Civil Aviation Organization
IG	Industriegewerkschaft
IHK	Industrie- und Handelskammer
ILO	International Labour Organization
InfAuslR	Informationsbrief Ausländerrecht (Zeitschrift)
info also	Information zum Arbeitslosengeld und zur Sozialhilfe (Zeitschrift)
Information StW	Information Steuer-Warte
insbes.	insbesondere
InsO	Insolvenzordnung
INSS	Instituto Nacional de Seguridad
IRP	Internationales Privatrecht
IPrax, IPRax	Praxis des Internationalen Privat- und Verfahrensrechts (Zeitschrift)
IPR-Grunds.	Grundsätze des Internationalen Privatrechts
IPRspr.	Die deutsche Rechtsprechung auf dem Gebiete des internationalen Privatrechts
iS	im Sinne
iSd	im Sinne des/der
ISR	Internationales Seeschifffahrtregister
iSv	im Sinne von
i.Ü.	im Übrigen
iVm	in Verbindung mit
IZPR	Internationales Zivilprozessrecht
JA	Juristische Arbeitsblätter
JArbSchG	Jugendarbeitsschutzgesetz
JAV	Jugend- und Auszubildendenvertretung
JbFfS	Jahrbuch der Fachanwälte für Steuerrecht
jPK	juris Praxiskommentar
JR	Juristische Rundschau (Zeitschrift)
Jura	Juristische Ausbildung (Zeitschrift)
JurA	Juristische Analysen
juris	Juristisches Informationssystem
jurisPR-ArbR	jurisPraxisReport Arbeitsrecht
JuS, Jus	Juristische Schulung (Zeitschrift)
JW	Juristische Wochenschrift (Zeitschrift)
JWG	Gesetz für Jugendwohlfahrt
JZ	Juristenzeitung (Zeitschrift)
KA	Kollektives Arbeitsrecht
Kap.	Kapitel
KapErhG	Kapitalerhöhungsgesetz
Kapitäns-MTV	Kapitäns-Manteltarifvertrag
KassArbR	Kasseler Handbuch zum Arbeitsrecht
KatSG	Katastrophenschutzgesetz
Kaug	Konkursausfallgeld
KBR	Konzernbetriebsrat
KFristG	Gesetz zur Vereinheitlichung der Kündigungsfristen
KG	Kammergericht, Kommanditgesellschaft
KG a. A.	Kommanditgesellschaft auf Aktien
KHG	Krankenhausgesetz
KirchE	Entscheidungen in Kirchensachen
KJ	Kritische Justiz (Zeitschrift)
KO	Konkursordnung

Abkürzungsverzeichnis

KOM	Kommissionsdokumente
KR	Gemeinschaftskommentar zum Kündigungsschutzgesetz und zu sonstigen kündigungsschutzrechtlichen Vorschriften (Kurzbezeichnung des vorliegenden Werkes)
KR-(Verfasser)	Zitierweise des vorliegenden Werkes
KreisG	Kreisgericht
KRG	Kontrollratsgesetz
krit.	kritisch
KritV	Kritische Vierteljahresschrift für Gesetzgebung und Rechtswissenschaft
KrV	Die Krankenversicherung (Zeitschrift)
KSch	Kündigungsschutz
KSchG	Kündigungsschutzgesetz
KTS	Konkurs-, Treuhand- und Schiedsgerichtswesen (Zeitschrift)
KündFG, KündFristG, KündigungsfristenG	Kündigungsfristengesetz
KVLG	Gesetz über die Krankenversicherung der Landwirte
kw-Vermerk	künftig wegfallender Vermerk
LAA	Landesagentur für Arbeit
LadenschlußG	Ladenschlussgesetz
LAG	Landesarbeitsgericht
LAG BW	Landesarbeitsgericht Baden-Württemberg
LAG Bln.	Landesarbeitsgericht Berlin
LAG Bay.	Landesarbeitsgericht Bayern
LAG Bra.	Landesarbeitsgericht Brandenburg
LAG Brem.	Landesarbeitsgericht Bremen
LAG Düsseld.	Landesarbeitsgericht Düsseldorf
LAG Hmb.	Landesarbeitsgericht Hamburg
LAG MV	Landesarbeitsgericht Mecklenburg-Vorpommern
LAG Nds.	Landesarbeitsgericht Niedersachsen
LAG RhPf	Landesarbeitsgericht Rheinland-Pfalz
LAG Saarl.	Landesarbeitsgericht Saarland
LAG SA	Landesarbeitsgericht Sachsen-Anhalt
LAG SchlH	Landesarbeitsgericht Schleswig-Holstein
LAbgG	Landesabgeordnetengesetz
LAGE	Entscheidungssammlung (Landesarbeitsgerichte)
LAGReport	Zeitschrift
Landkreis	Landkreisordnung
LFG, LFZG, LohnFG	Gesetz über die Fortzahlung des Arbeitsentgelts im Krankheitsfalle (Lohnfortzahlungsgesetz)
LG	Landgericht
lit.	Litera, Buchstabe(n)
LM	Lindenmaier/Möhring, Nachschlagewerk des Bundesgerichtshofs
LöschG	Löschungsgesetz
Loseblattslg.	Loseblattsammlung
LPersVG,	LPVG Landespersonalvertretungsgesetz
LPVG NW	Landespersonalvertretungsgesetz Nordrhein-Westfalen
LS	Leitsatz
LSG	Landessozialgericht
LStDV	Lohnsteuerdurchführungsverordnung
LTV	Lohntarifvertrag
LuftBO	Betriebsordnung für Luftfahrtgerät
LV	Landesverfassung
LVwVfG	Landesverwaltungsverfahrensgesetz
LwAnpG	Landwirtschaftsanpassungsgesetz
LzK(-Bearbeiter)	Neumann/Freitag, Lexikon zum Kündigungsrecht
m.	mit
MAH-ArbR(-Bearbeiter)	Moll (Hrsg.) Münchener Anwaltshandbuch Arbeitsrecht

MASG	Hessisches Gesetz zur Sicherung der Mandatsausübung
MAVO	Mitarbeiterordnung
maW	mit anderen Worten
max.	maximal
MBG	Mitbestimmungsgesetz
MDR	Monatsschrift für Deutsches Recht (Zeitschrift)
MedR	Medizinrecht (Zeitschrift)
mE	meines Erachtens
MfS	Ministerium für Staatssicherheit
Min.Bl.	Ministerialblatt
Min.Bl.Fin.	Ministerialblatt des Bundesministers der Finanzen
mind.	mindestens
Mio.	Million(en)
Mitbest.	Die Mitbestimmung (Zeitschrift)
MitbestG	Mitbestimmungsgesetz
MittHV	Mitteilungen des Hochschulverbandes (Zeitschrift) (ab 1996 Forschung und Lehre)
MK	Münchener Kommentar, Bürgerliches Gesetzbuch
mN	mit Nachweisen
MonMitbestG	Gesetz über die Mitbestimmung der Arbeitnehmer in den Aufsichtsräten und Vorständen der Unternehmen des Bergbaus und der Eisen und Stahl erzeugenden Industrie
Mot.	Motive
Mrd.	Milliarde(n)
MRK	Menschenrechtskonvention
MTA-BA	Manteltarifvertrag für Arbeiter des Bundes
MTL	Manteltarifvertrag für Arbeiter der Länder
MTV	Manteltarifvertrag
MTV-See	Manteltarifvertrag für die deutsche Seeschifffahrt
MünchArbR	Münchener Handbuch zum Arbeitsrecht
MünchKomm IZPR	Münchener Kommentar, Internationales Zivilprozessrecht
MünchKomm	Münchener Kommentar
MuSchG	Mutterschutzgesetz
MuSchV, MuSchVO	Mutterschutz-Verordnung
MV	Mecklenburg-Vorpommern
mwN	mit weiteren Nachweisen
mzN	mit zahlreichen Nachweisen
NA	Neues Arbeitsrecht (Loseblattausgabe), herausgegeben von Frey
Nachw.	Nachweise
NATO-ZusAbk., NATO-ZA	NATO-Zusatzabkommen
Nds.	Niedersachsen
NdsPersVG	Niedersächsisches Personalvertretungsgesetz
NdsVBl	Niedersächsische Verwaltungsblätter (Monatszeitschrift)
NDV	Nachrichtendienst des Deutschen Vereins für öffentliche und private Fürsorge
nF	neue Fassung
NF	Neue Folge
NGO	Non-Governmental Organization(s)
Nieders.	Niedersachsen
NJ	Neue Justiz (Zeitschrift)
NJW	Neue Juristische Wochenschrift (Zeitschrift)
NJW-RR	NJW Rechtsprechungs-Report
Not.	Notar
Nr.	Nummer
NRW	Nordrhein-Westfalen

Abkürzungsverzeichnis

nv	nicht veröffentlicht
NWB	Neue Wirtschaftsbriefe (Zeitschrift)
NVwZ	Neue Zeitschrift für Verwaltungsrecht
NZA	Neue Zeitschrift für Arbeits- und Sozialrecht (Zeitschrift)
NZS	Neue Zeitschrift für Sozialrecht (Zeitschrift)
og	oben genannte(n)
OGH	Oberster Gerichtshof
oHG	offene Handelsgesellschaft
OLG	Oberlandesgericht
Orchester	Orchester (Zeitschrift)
ÖTV	Gewerkschaft Öffentliche Dienste, Transport und Verkehr
OVG	Oberverwaltungsgericht
OVGE MüLü	Entscheidungen der Oberverwaltungsgerichte für das Land Nordrhein-Westfalen in Münster sowie für die Länder Niedersachsen und Schleswig-Holstein in Lüneburg
OWiG	Gesetz über Ordnungswidrigkeiten
ParlKSch	Kündigungsschutz für Parlamentarier
Persf, PersF	Personalführung (Zeitschrift)
PersonalR	Der Personalrat (Zeitschrift)
PersV	Die Personalvertretung (Zeitschrift)
PersVG-DDR	Personalvertretungsgesetz-DDR
pFV	positive Forderungsverletzung
PostG	Gesetz über das Postwesen
PostO	Postordnung
PostVerfG	Postverfassungsgesetz
PrAR	Praktisches Arbeitsrecht (Entscheidungssammlung)
PreußVerwBl.	Preußisches Verwaltungsblatt
Prot.	Protokoll
PStG	Personenstandsgesetz
PStG-AusführungsVO	Personenstandsgesetz-Ausführungs-Verordnung
PSV	Pensionssicherungsverein
R	Rückseite
RabelsZ	Zeitschrift für ausländisches und internationales Privatrecht, begründet von E. Rabel
RABl.	Reichsarbeitsblatt
RAG	Reichsarbeitsgericht
RAGE	Amtliche Sammlung der Entscheidungen des Reichsarbeitsgerichts
RAM	Reichsarbeitsministerium
RAW	Rechtsarchiv der Wirtschaft
rd.	rund
RdA	Recht der Arbeit (Zeitschrift)
RdErl.	Runderlaß
RDV	Recht der Datenverarbeitung (Zeitschrift)
rechtskr.	rechtskräftig
RegBl.	Regierungsblatt
RegE, RegEntw.	Regierungsentwurf
RegelungG	Regelungsgesetz
RG	Reichsgericht
RGBl.	Reichsgesetzblatt
RGRK(-Bearbeiter)	Kommentar zum BGB, 12. Aufl. (1974 ff.)
RGZ	Amtliche Sammlung der Entscheidungen des Reichsgerichts in Zivilsachen
RhPf	Rheinland-Pfalz
RiA	Das Recht im Amt (Zeitschrift)
Richtl.	Richtlinien
RIW-AWD	Recht der Internationalen Wirtschaft/Außenwirtschaftsdienst des Betriebsberaters (Zeitschrift)

Abkürzungsverzeichnis

Rn	Randnummer(n)
Rpfleger	Rechtspfleger (Zeitschrift)
RRG	Rentenreformgesetz
Rspr.	Rechtsprechung
RsprDienst	Rechtsprechungs-Dienst
RTV	Rahmentarifvertrag
RVO	Reichsversicherungsordnung
RWS	Recht und Wirtschaft der Schule
Rz	Randziffer
RzK	Rechtsprechung zum Kündigungsrecht (Entscheidungssammlung)
s.	siehe
S.	Seite/Satz
SA	Sachsen-Anhalt
SAM	Strukturanpassungsmaßnahmen
s.a.	siehe auch
Saarl.	Saarland
SachbezugsVo	Sachbezugs-Verordnung
Sächs. LAG	Sächsisches Landesarbeitsgericht
SächsPersVG	Sächsisches Personalvertretungsgesetz
SAE	Sammlung arbeitsrechtlicher Entscheidungen (Zeitschrift)
Sb.	Sonderband
SchBV	Schiffsbesetzungs-Verordnung
SchlH	Schleswig-Holstein
SchlHA	Schleswig-Holsteinische Anzeigen
SchwBeschG	Schwerbeschädigtengesetz
SchwbG	Schwerbehindertengesetz
SchwbWV	Dritte Verordnung zur Durchführung des Schwerbehindertengesetzes (Werkstättenverordnung Schwerbehindertengesetz)
SED	Sozialistische Einheitspartei Deutschlands
SeeAE	Sammlung See-Arbeitsrechtlicher Entscheidungen
SeemG	Seemannsgesetz
SfA	Schnellbrief für Personalwirtschaft und Arbeitsrecht
SG, SozG	Sozialgericht
SGb	Die Sozialgerichtsbarkeit (Zeitschrift)
SGB I	Sozialgesetzbuch, I. Buch: Allgemeiner Teil
SGB III	Sozialgesetzbuch, III. Buch: Arbeitsförderung
SGB IV	Sozialgesetzbuch, IV. Buch: Gemeinsame Vorschriften für die Sozialversicherung
SGB V	Sozialgesetzbuch, V. Buch: Gesetzliche Krankenversicherung
SGB VI	Sozialgesetzbuch, VI. Buch: Gesetzliche Rentenversicherung
SGB VII	Sozialgesetzbuch, VII. Buch: Gesetzliche Unfallversicherung
SGB VIII	Sozialgesetzbuch, VIII. Buch: Kinder- und Jugendhilfe
SGB IX	Sozialgesetzbuch, IX. Buch: Rehabilitation und Teilhabe behinderter Menschen
SGB X	Sozialgesetzbuch, X. Buch: Verwaltungsverfahren
SGB XI	Sozialgesetzbuch, XI. Buch: Soziale Pflegeversicherung
SGG	Sozialgerichtsgesetz
SH AbgG	Schleswig-Holsteinisches Abgeordnetengesetz
SKWPG	Spar-Konsolidierungsgesetz
SL	Saarland
Slg.	Sammlung der Rechtsprechung des Gerichtshofes der Europäischen Gemeinschaft
SM AusbV	Schiffsmechaniker-Ausbildungsverordnung
s.o.	siehe oben
sog.	so genannt(~e, ~er, ~es)
SoldG	Soldatengesetz
SozFort	Sozialer Fortschritt (Zeitschrift)

Abkürzungsverzeichnis

SozPlKonkG	Gesetz über den Sozialplan im Konkurs- und Vergleichsverfahren
SozR	Sozialrecht (Entscheidungssammlung), bearbeitet von Richtern des Bundessozialgerichts
SozSich	Soziale Sicherheit (Zeitschrift)
SozVers	Die Sozialversicherung (Zeitschrift)
Sp.	Spalte
SPersVG	Saarländisches Personalvertretungsgesetz
SprAuG, SprauG	Sprecherausschussgesetz
SpTrUG	Gesetz über die Spaltung der von der Treuhandanstalt verwalteten Unternehmen
SPV	Stahlhacke/Preis/Vossen, Kündigung und Kündigungsschutz im Arbeitsverhältnis
SR	Sonderregelung
ständ.	ständige
StillegungsVO	Stillegungs-Verordnung
StGB	Strafgesetzbuch
StPO	Strafprozessordnung
str.	streitig
st.Rspr.	ständige Rechtsprechung
StUG	Stasi-Unterlagen-Gesetz
Studk	Studienkommentar
StVollzG	Strafvollzugsgesetz
SVG	Soldatenversorgungsgesetz
TBC	Tuberkulose
teilw.	teilweise
ThürLAG	Thüringer Landesarbeitsgericht
ThürAbgG	Thüringer Abgeordnetengesetz
ThüringerPersVG	Thüringer Personalvertretungsgesetz
TO	Tarifordnung
TOA	Tarifordnung A für Angestellte im Öffentlichen Dienst
TOB	Tarifordnung B für Arbeiter im Öffentlichen Dienst
TranspR	Transport- und Speditionsrecht
TSchG	Tarifschiedsgericht
TV	Tarifvertrag
TV Al II	Tarifvertrag für die Arbeitnehmer bei den Stationierungsstreitkräften im Gebiet der Bundesrepublik Deutschland
TVG	Tarifvertragsgesetz
TVöD	Tarifvertrag für den öffentlichen Dienst
Tz	Textzahl
TzA	Teilzeitarbeitsrecht
TzBfG	Gesetz über Teilzeitarbeit und befristete Arbeitsverträge (Teilzeit- und Befristungsgesetz)
u.	und
u.a.	und andere, unter anderem
u.ä.	und ähnliches
UFiTA	Archiv für Urheber-, Film-, Funk- und Theaterrecht (Zeitschrift)
UFITA, ULA	Union der leitenden Angestellten
UmwBerG	Umwandlungsbereinigungsgesetz
UmwandlungsG, UmwG	Umwandlungsgesetz
UmwRBerG	Umwandlungsrecht-Bereinigungsgesetz
UN	Unternehmen
unstr.	Unstreitig
Unterabs.	Unterabsatz
unveröff., uv.	unveröffentlicht
UP	Unterzeichnungsprotokoll
UrhG	Urhebergesetz

UrlG	Urlaubsgesetz (eines Landes)
Urt.	Urteil
USK	Urteilssammlung für die gesetzliche Krankenversicherung
usw.	und so weiter
uU	unter Umständen
UWG	Gesetz gegen den unlauteren Wettbewerb
v.	von, vom
VA	Verwaltungsakt
VAA	Veröffentlichungen der Arbeitsgemeinschaft Arbeitsrecht im Deutschen Anwaltsverein
VAG	Versicherungsaufsichtsgesetz
VBG	Unfallverhütungsvorschrift der Berufsgenossenschaft
VBL	Versorgungsanstalt des Bundes und der Länder
VEB	Volkseigener Betrieb
Verf.	Verfassung
VerglO	Vergleichsordnung
VerfNRW	Verfassung des Landes Nordrhein-Westfalen
VergGr	Vergütungsgruppe
VermBG	Gesetz zur Förderung der Vermögensbildung der Arbeitnehmer
VermG	Gesetz zur Regelung offener Vermögensfragen
Veröff.	Veröffentlichung
VersR	Versicherungsrecht (Zeitschrift)
VersRAl	Beilage Ausland zur Zeitschrift »Versicherungsrecht«
VG	Verwaltungsgericht
VGH	Verwaltungsgerichtshof
VGHBW RSP Dienst	Rechtsprechungsdienst des Verwaltungsgerichtshofs Baden-Württemberg
vgl.	vergleiche
VglO	Vergleichsordnung
vH	von Hundert
Vhdl.	Verhandlung
VO	Verordnung
VOBl.	Verordnungsblatt
Voraufl.	Vorauflage
Vorb., Vorbem.	Vorbemerkung
vorl. LandarbO	vorläufige Landarbeitsordnung
VR	Verkehrsrecht
VRG	Vorruhestandsgesetz
VSSR	Vierteljahresschrift für Sozialrecht
WVV	Versicherungsvertragsgesetz
VwGO	Verwaltungsgerichtsordnung
VwVfG	Verwaltungsverfahrensgesetz
VwZG	Verwaltungszustellungsgesetz
WA	Westdeutsche Arbeitsrechtsprechung
WahlO	Wahlordnung
WahlO BPersVG	Wahlordnung zum Bundespersonalvertretungsgesetz
Warn.Rspr.	Warneyers Rechtsprechung
WehrpflG	Wehrpflichtgesetz
WeimRV	Weimarer Reichsverfassung
WIB	Wirtschaftliche Beratung, Zeitschrift für Wirtschaftsanwälte und Unternehmensjuristen
WissR	Wissenschaftsrecht (Zeitschrift)
WM, WPM	Wertpapier-Mitteilungen (Zeitschrift)
WRV	Weimarer Reichsverfassung
WSI	Wirtschafts- und Sozialwissenschaftliches Institut des DGB
WSI-Mitteilung	Mitteilungen des WSI (Zeitschrift)
WzS	Wege zur Sozialversicherung (Zeitschrift)
WZG	Warenzeichengesetz

ZA, ZusAbk.	Zusatzabkommen
ZA-NATO	Zusatzabkommen zu dem Abkommen zwischen den Parteien des Nordatlantikvertrages über die Rechtsstellung ihrer Truppen hinsichtlich der in der Bundesrepublik Deutschland stationierten ausländischen Truppen
ZAP	Zeitschrift für die Anwaltspraxis
ZAP ERW	Zeitschrift für die Anwaltspraxis, Entscheidungsreport Wirtschaftsrecht
ZAR	Zeitschrift für Ausländerrecht und Ausländerpolitik
ZAS	Zeitschrift für Arbeitsrecht und Sozialrecht (österr. Zeitschrift)
zB	zum Beispiel
ZBR	Zeitschrift für Beamtenrecht
ZBVR	Zeitschrift für Betriebsverfassungsrecht
ZDG	Zivildienstgesetz, Gesetz über den Zivildienst der Kriegsdienstverweigerer
ZfA	Zeitschrift für Arbeitsrecht
ZfS	Zentralblatt für Sozialversicherung, Sozialhilfe und Versorgung (Zeitschrift)
ZfSH	Zeitschrift für Sozialhilfe
ZfSH/SGB	Zeitschrift für Sozialhilfe/Sozialgesetzbuch
ZfSH/SGb	Zeitschrift für Sozialhilfe/Sozialgerichtsbarkeit
ZGR	Zeitschrift für Unternehmens- und Gesellschaftsrecht
ZHR	Zeitschrift für das gesamte Handels- und Wirtschaftsrecht
ZIAS	Zeitschrift für ausländisches und internationales Arbeits- und Sozialrecht
Ziff.	Ziffer
ZIP	Zeitschrift für Wirtschaftsrecht und Insolvenzpraxis
zit.	zitiert
ZivildienstG	Zivildienstgesetz
ZMR	Zeitschrift für Miet- und Raumrecht
ZPO	Zivilprozessordnung
ZRP	Zeitschrift für Rechtspolitik
ZSchG	Zivilschutzgesetz
ZSR	Zeitschrift für Sozialreform; Zeitschrift für Schweizerisches Recht
zT	zum Teil
ZTR	Zeitschrift für Tarifrecht
ZUM	Zeitschrift für Urheber- und Medienrecht
zust.	zustimmend
zutr.	zutreffend
ZVG	Zwangsversteigerungsgesetz
ZVglRW, ZVglRWiss	Zeitschrift für vergleichende Rechtswissenschaft
zZ	zurzeit

Kündigungsschutzgesetz (KSchG)

in der Fassung der Bekanntmachung vom 25. August 1969 (BGBl. I S. 1317).
Zuletzt geändert durch die Neunte Zuständigkeitsanpassungsverordnung vom 31. Oktober 2006
(BGBl. I S. 2407, 2433)

Erster Abschnitt
Allgemeiner Kündigungsschutz

§ 1 Sozial ungerechtfertigte Kündigungen (1) Die Kündigung des Arbeitsverhältnisses gegenüber einem Arbeitnehmer, dessen Arbeitsverhältnis in demselben Betrieb oder Unternehmen ohne Unterbrechung länger als sechs Monate bestanden hat, ist rechtsunwirksam, wenn sie sozial ungerechtfertigt ist.
(2) ¹Sozial ungerechtfertigt ist die Kündigung, wenn sie nicht durch Gründe, die in der Person oder in dem Verhalten des Arbeitnehmers liegen, oder durch dringende betriebliche Erfordernisse, die einer Weiterbeschäftigung des Arbeitnehmers in diesem Betrieb entgegenstehen, bedingt ist. ²Die Kündigung ist auch sozial ungerechtfertigt, wenn
1. in Betrieben des privaten Rechts
    a) die Kündigung gegen eine Richtlinie nach § 95 des Betriebsverfassungsgesetzes verstößt,
    b) der Arbeitnehmer an einem anderen Arbeitsplatz in demselben Betrieb oder in einem anderen Betrieb des Unternehmens weiterbeschäftigt werden kann

    und der Betriebsrat oder eine andere nach dem Betriebsverfassungsgesetz insoweit zuständige Vertretung der Arbeitnehmer aus einem dieser Gründe der Kündigung innerhalb der Frist des § 102 Abs. 2 Satz 1 des Betriebsverfassungsgesetzes schriftlich widersprochen hat,
2. in Betrieben und Verwaltungen des öffentlichen Rechts
    a) die Kündigung gegen eine Richtlinie über die personelle Auswahl bei Kündigungen verstößt,
    b) der Arbeitnehmer an einem anderen Arbeitsplatz in derselben Dienststelle oder in einer anderen Dienststelle desselben Verwaltungszweiges an demselben Dienstort einschließlich seines Einzugsgebietes weiterbeschäftigt werden kann

    und die zuständige Personalvertretung aus einem dieser Gründe fristgerecht gegen die Kündigung Einwendungen erhoben hat, es sei denn, daß die Stufenvertretung in der Verhandlung mit der übergeordneten Dienststelle die Einwendungen nicht aufrechterhalten hat.

³Satz 2 gilt entsprechend, wenn die Weiterbeschäftigung des Arbeitnehmers nach zumutbaren Umschulungs- oder Fortbildungsmaßnahmen oder eine Weiterbeschäftigung des Arbeitnehmers unter geänderten Arbeitsbedingungen möglich ist und der Arbeitnehmer sein Einverständnis hiermit erklärt hat. ⁴Der Arbeitgeber hat die Tatsachen zu beweisen, die die Kündigung bedingen.
(3) ¹Ist einem Arbeitnehmer aus dringenden betrieblichen Erfordernissen im Sinne des Absatzes 2 gekündigt worden, so ist die Kündigung trotzdem sozial ungerechtfertigt, wenn der Arbeitgeber bei der Auswahl des Arbeitnehmers die Dauer der Betriebszugehörigkeit, das Lebensalter, die Unterhaltspflichten und die Schwerbehinderung des Arbeitnehmers nicht oder nicht ausreichend berücksichtigt hat; auf Verlangen des Arbeitnehmers hat der Arbeitgeber dem Arbeitnehmer die Gründe anzugeben, die zu der getroffenen sozialen Auswahl geführt haben. ²In die soziale Auswahl nach Satz 1 sind Arbeitnehmer nicht einzubeziehen, deren Weiterbeschäftigung, insbesondere wegen ihrer Kenntnisse, Fähigkeiten und Leistungen oder zur Sicherung einer ausgewogenen Personalstruktur des Betriebes, im berechtigten betrieblichen Interesse liegt. ³Der Arbeitnehmer hat die Tatsachen zu beweisen, die die Kündigung als sozial ungerechtfertigt im Sinne des Satzes 1 erscheinen lassen.
(4) Ist in einem Tarifvertrag, in einer Betriebsvereinbarung nach § 95 des Betriebsverfassungsgesetzes oder in einer entsprechenden Richtlinie nach den Personalvertretungsgesetzen festgelegt, wie die sozialen Gesichtspunkte nach Absatz 3 Satz 1 im Verhältnis zueinander zu bewerten sind, so kann die Bewertung der Arbeitnehmer nur auf grobe Fehlerhaftigkeit überprüft werden.
(5) ¹Sind bei einer Kündigung aufgrund einer Betriebsänderung nach § 111 des Betriebsverfassungsgesetzes die Arbeitnehmer, denen gekündigt werden soll, in einem Interessenausgleich zwischen Arbeitgeber und Betriebsrat namentlich bezeichnet, so wird vermutet, dass die Kündigung

durch dringende betriebliche Erfordernisse im Sinne des Absatzes 2 bedingt ist. ²Die soziale Auswahl der Arbeitnehmer kann nur auf grobe Fehlerhaftigkeit überprüft werden. ³Die Sätze 1 und 2 gelten nicht, soweit sich die Sachlage nach Zustandekommen des Interessenausgleichs wesentlich geändert hat. ⁴Der Interessenausgleich nach Satz 1 ersetzt die Stellungnahme des Betriebsrates nach § 17 Abs. 3 Satz 2.

Literatur

– bis 2004 vgl. KR-Vorauflage –
Adam Anm. zu BAG 10.10.2002 – 2 AZR 472/01 – AP KSchG 1969 § 1 Verhaltensbedingte Kündigung Nr. 44; *ders.* Das Urteil des Bundesverfassungsgerichts im »Kopftuch-Streit« und seine Bedeutung für das Arbeitsrecht im öffentlichen Dienst, ZTR 2004, 450; *Altenburg/Leister* Die Verwertbarkeit mitbestimmungswidrig erlangter Beweismittel im Zivilprozess, NJW 2006, 469; *Annuß* Das Verbot der Altersdiskriminierung als unmittelbar geltendes Recht, BB 2006, 325; *ders.* Das Allgemeine Gleichbehandlungsgesetz im Arbeitsrecht, BB 2006, 1629; *Annuß/Bartz* Änderungskündigung schwer gemacht?, NJW 2006, 2153; *Annuß/Hohenstatt* Betriebsidentität und Sozialauswahl beim gemeinsamen Betrieb, NZA 2004, 420; *Bader* Das Gesetz zu Reformen am Arbeitsmarkt: Neues im Kündigungsschutzgesetz und im Befristungsrecht, NZA 2004, 65; *ders.* Ausgewählte Bezüge zu Ehe und Familie im Arbeitsrecht, FS Schwab S. 973; *Balders/Lepping* Das betriebliche Eingliederungsmanagement nach dem SGB IX, NZA 2005, 854; *Balle* Anm. zu BAG 23.11.2004 – 2 AZR 24/04 –, EWIR 2006, 181; *Bär* Die Herausnahme von Leistungsträgern aus der Sozialauswahl, AuR 2004, 169; *Bauer* Aktuelle Entwicklungen in Rechtsprechung und Praxis zur betriebsbedingten Kündigung, NZA 2004, Sonderbeil. Heft 18, S. 38; *Bauer/Winzer* Vom Personalleiter zum Pförtner?, BB 2006, 266; *Bayreuther* Die Durchsetzbarkeit des konzernweiten Kündigungsschutzes, NZA 2006, 819; *Bengelsdorf* Anm. zu BAG 11.12.2003 – EzA § 1 KSchG Verhaltensbedingte Kündigung Nr. 62; *Berkowsky* Betriebsübergang und Sozialauswahl widersprechender Arbeitnehmer, NZA 2004, 1374; *ders.* Vorrang der Änderungskündigung vor der Beendigungskündigung, NZA 2006, 697; *Besgen* Private Internetnutzung – Fristlose Kündigung oder Abmahnung?, SAE 2006, 117; *Birk/Burg* Die Dokumentation einer wirksamen betriebsbedingten Kündigung, BB 2006, Special 5, S. 2; *Bittner* »Islamisches Kopftuch« als Grund zur ordentlichen Kündigung einer Verkäuferin?, Jura 2004, 39; *Bonani/Naumann* Punkteschema oder Chaos bei der Sozialauswahl, ArbRB 2006, 111; *Braun* Neuerungen im Arbeitsrecht durch das Gesetz zu Reformen am Arbeitsmarkt, RiA 2004, 118; *ders.* Betriebliches Eingliederungsmanagement, ZTR 2005, 630; *Bröhl* Aktuelle Rechtsprechung des Bundesarbeitsgerichts zur Sozialauswahl, BB 2006, 1050; *Brors* Die Sozialauswahl nach der Reform des KSchG und im Rahmen der Richtlinie 2000/78/EG, AuR 2005, 41; *Brose* Die Auswirkungen des § 84 Abs. 1 SGB IX auf den Kündigungsschutz bei verhaltensbedingten, betriebsbedingten und personenbedingten Kündigungen, RdA 2006, 149; *Budde* Kirchenaustritt als Kündigungsgrund – Diskriminierung durch kirchliche Arbeitgeber vor dem Hintergrund der Antidiskriminierungsrichtlinie 2000/78 EG, AuR 2005, 353; *Burg* Sind Betriebsratsmitglieder bei Betriebsstilllegung mit in die Sozialauswahl einzubeziehen?, ZInsO 2005, 1202; *Busch* Ziel verfehlt – Weshalb das AGG keine Umsetzung des europarechtlich vorgegebenen Mindestschutzes darstellt, AiB 2006, 467; *ders.* AGG verfehlt das Ziel, PersR 2006, 322; *Buschmann* Vorwärts Kameraden, es geht zurück!, AuR 2004, 1; *Däubler* Neues zur betriebsbedingten Kündigung, NZA 2004, 177; *ders.* Offshoring und die Hilflosigkeit des Arbeitsrechts, NJW 2005, 30; *ders.* Das reformierte Kündigungsschutzrecht, AiB 2005, 387; *Debong* Kündigung des Arbeitsverhältnisses wegen Strafanzeige gegen den Arbeitgeber, ArztR 2004, 350; *Deich* Vorrang der Änderungskündigung vor der Beendigungskündigung – steht die »Verhandlungslösung« des BAG vor dem Aus?, Personalleiter 2004, 331; *Deinert* Die Verdachtskündigung – Neues zu einem alten Thema, AuR 2005, 285; *Depel/Raif* Ordentliche Kündigung wegen Minderleistungen, SAE 2005, 88; *Diehn* Kein Wiedereinstellungsanspruch durch Betriebsvereinbarung, BB 2006, 1794; *Diller* »Gesuchte« Kündigungsgründe, NZA 2006, 569; *Diller/Krieger/Arnold* Kündigungsschutzgesetz plus Allgemeines Gleichbehandlungsgesetz, NZA 2006, 887; *Dübbers/Dlovani* Der »Kopftreit« vor dem Bundesverfassungsgericht – ein Zwischenspiel, AuR 2004, 6; *Dütz* Rechtsschutz für kirchliche Bedienstete im individuellen Arbeitsrecht, insbes. Kündigungsschutzverfahren, NZA 2006, 65; *Emmert/Soulas* Fehler in der Namensliste, FA 2006, 101; *Ernst* Privates Surfen im Internet als Kündigungsgrund, DuD 2006, 223; *Feudner* Verlagerung von Arbeit ins Ausland: Grenzen des unternehmerischen Handlungsspielraums?, DB 2004, 982; *Fiedler/Küntzer* Die Verdachtskündigung und das Nachschieben von Kündigungsgründen, FA 2005, 264; *Fischer* Sozialauswahl und Widerspruch gegen Betriebsübergang – Neue Rechtslage durch § 1 Abs. 3 Satz 1 KSchG?, FA 2004, 230; *ders.* Unternehmensbezogener Interessenausgleich und Namensliste nach § 1 Abs. 5 KSchG, BB 2006, 1001; *ders.* Erlaubte und verbotene Privatnutzung des Internets am Arbeitsplatz, AuR 2006, 91; *Fischermeier* Zulässigkeit und Grenzen der Verdachtskündigung, FS ARGE Arbeitsrecht im DAV, S. 276; *Fleddermann* Grob fehlerhafte Sozialauswahl bei Kündigung über einen Interessenausgleich mit Namensliste, ZInsO 2004, 316; *Friemel/Walk* Die Kündigung wegen Schlecht- und Minderleistung, NJW 2005, 3669; *Fröhlich* Sozialauswahl – Gefährliche Doppelverdienerehe, LAG-Report 2005, 257; *Fuchs* Das Arbeitsrecht im Allgemeinen Gleichbehandlungsgesetz, ZESAR 2006, 391; *Gänßle* Verhaltensbedingte Kündigung bei Whistleblowing, FA 2005, 66; *Gaul* Sozialauswahl nach Widerspruch gegen Betriebsübergang, NZA 2005, 730; *ders.* Betriebsbedingte Kündigung mit Namensliste nach § 1 Abs. 5 KSchG, BB 2004,

2686; *Gaul/Bonanni* Agenda 2010 – Änderungen im Kündigungsrecht, bei befristeten Arbeitsverhältnissen und im BErzGG, ArbRB 2004, 48; *dies.* Unwirksamkeit einer betriebsbedingten Kündigung wegen rechtsmissbräuchlicher Ausgliederung, ArbRB 2004, 16; *dies.* Betriebsübergreifende Sozialauswahl und die Bedeutung von Versetzungsklauseln, NZA 2006, 289; *dies.* Mitbestimmungsrecht des Betriebsrats bei der Anwendung von Punkteschemata für die Sozialauswahl, BB 2006, 549; *Gaul/Emmert* Kündigung nach Auflösung eines gemeinsamen Betriebes, ArbRB 2004, 251; *Gaul/Kulejewski* Sozialauswahl zwischen Teil- und Vollzeitbeschäftigten, ArbRB 2005, 112; *Gaul/Lunk* Gestaltungsspielraum bei Punkteschemata zur betriebsbedingten Kündigung, NZA 2004, 184; *Gaul/Süßbrich* Betriebsbedingte Kündigung mit Namensliste – Anforderungen und Formulierungsbeispiel für die Praxis, ArbRB 2004, 224; *dies.* Die Bedeutung einer einzelvertraglichen Anrechnung von Vordienstzeiten für die Sozialauswahl, ArbRB 2006, 54; *Gaul/Süßbrich/Kulejewski* Keine krankheitsbedingte Kündigung ohne »betriebliches Eingliederungsmanagement«, ArbRB 2004, 308; *Gilberg* Statt Tat- und Verdachtskündigung: Die Vertrauenskündigung, DB 2006, 1555; *Grobys* Agenda 2010 im Jahre 2004 – »Reform« des Arbeitsmarkts und andere Missverständnisse, GmbHR 2004, R 73–74; *Grosjean* Kündigungsrechtliche Stellung im Ausland eingesetzter Arbeitnehmer, DB 2004, 2422; *Haag* Unzureichende Arbeitsleistung – Low Performance – Arbeitsrechtliche Konsequenzen, Personalleiter 2005, 204; *Haas/Salamon* Auswahlentscheidung bei der Besetzung von (freien) Arbeitsplätzen in anderen Betrieben gemäß § 1 II 2 KSchG, NZA 2006, 1192; *Hanau* Die wiederholte Reform des arbeitsrechtlichen Kündigungs- und Befristungsschutzes, ZIP 2004, 1168; *Helle* Die heimliche Videoüberwachung – zivilrechtlich betrachtet, JZ 2004, 294; *Hiekel* Kündigung nach Erwerberkonzept außerhalb der Insolvenz, BAG-Report 2005, 161; *ders.* Besonderheiten bei Befristung und betriebsbedingter Kündigung von Leiharbeitsverhältnissen, FS ARGE Arbeitsrecht im DAV, S. 333; *Höland/Kahl/Ullmann/Zeibig* Recht und Wirklichkeit der Kündigung von Arbeitsverhältnissen – Erste Erkenntnisse aus der Forschung, WSI-Mitteilungen 2004, 145; *Höland/Kahl/Zeibig* Wirklichkeit und Wahrnehmung des Kündigungsschutzes in den Arbeitsgerichten, WSI-Mitteilungen 2005, 561; *Horcher* Wann muss der Arbeitgeber einen Arbeitsplatz freikündigen? Oder gibt es einen Verdrängungswettbewerb außerhalb der Sozialauswahl?, NZA-RR 2006, 393; *Hümmerich/Mauer* Internet-Stellen als Einwand gegen die soziale Rechtfertigung betriebsbedingter Kündigungen, NZA 2004, 1135; *Insam* Ist die Druckkündigung nur als außerordentliche Kündigung zulässig?, DB 2005, 2298; *Jacobs/Naumann* Anm. zu BAG 5.12.2002 – 2 AZR 697/01 – EzA § 1 KSchG Soziale Auswahl Nr. 52; *Jaeger* Möglichkeiten und Grenzen der Anwendung des § 1 Abs. 5 KSchG, FS ARGE Arbeitsrecht im DAV, S. 890; *Kaiser* Die Unternehmerentscheidung bei betriebsbedingten Kündigungen, NZA Beil. 1/05 S. 31; *Kappenhagen* Die »neue« alte Namensliste nach § 1 Abs. 5 KSchG, FA 2004, 17; *Katins* Betriebsübergang und Sozialauswahl, FA 2005, 336; *Kiel* Die Kündigung unkündbarer Arbeitnehmer, NZA Beil. 1/05 S. 18; *Klaesberg* Das betriebliche Eingliederungsmanagement, PersR 2005, 427; *Kleinebrink* Auskunftsanspruch und Sozialauswahl – Bedeutung für den Kündigungsschutzprozess, ArbRB 2004, 161; *ders.* Agenda 2010: Schwerbehinderung – das neue Kriterium bei der Sozialauswahl, ArbRB 2004, 112; *ders.* Ermittlung von Unterhaltspflichten des Arbeitnehmers vor Sozialauswahl und Betriebsratsanhörung, DB 2005, 2522; *Klumpp* Anm. zu BAG 16.9.2004 – 2 AZR 406/03 – EzA § 1 KSchG Verhaltensbedingte Kündigung Nr. 64; *Kock* Rechtsprechungsübersicht zur personenbedingten Kündigung 2004/2005, BB 2005, 2350; *ders.* Besetzung von freien Arbeitsplätzen bei gleichzeitigem Personalabbau, NJW 2006, 728; *ders.* Weiterbeschäftigung trotz Wegfall des Arbeitsplatzes, MDR 2006, 961; *Kopke* Sozialauswahl zwischen Geburtenrückgang und Europarecht, NJW 2006, 1040; *Kossens* Neue Regeln im Arbeitsrecht, AuA 2004, 10; *Kramer* Internetnutzung als Kündigungsgrund, NZA 2004, 457; *ders.* Kündigung wegen privater Internetnutzung, NZA 2006, 194; *Krebber* Anm. zu BAG 21.4.2005, RdA 2006, 235; *Küttner* Altersstruktur und betriebsbedingte Kündigung, FS 50 Jahre BAG, S. 409; *Langer/Greiner* Versetzungsklauseln – Hemmnis bei der Kündigung, AuA 2005, 642; *Lakies* Die »Neuregelungen« des Kündigungsschutzgesetzes, NJ 2004, 150; *Lelley/Sabin* Rechtsprechungsänderung zum ultima-Ratio-Prinzip bei betriebsbedingten Kündigungen, DB 2006, 1110; *Löw* Betriebliches Eingliederungsmanagement – Die Auswirkungen auf krankheitsbedingte Kündigungen, MDR 2005, 608; *ders.* Betriebsbedingte Kündigung: Neues zur Sozialauswahl, AuA 2006, 266; *ders.* Sozialauswahl unter Beteiligung des gem. § 613a Abs. 6 BGB widersprechenden Arbeitnehmers? AuR 2006, 224; *Löwisch* Neuregelung des Kündigungs- und Befristungsrechts durch das Gesetz zu Reformen am Arbeitsmarkt, BB 2004, 154; *ders.* Auswege aus dem Kündigungsschutzrisiko?, FS 50 Jahre BAG, S. 423; *ders.* Kündigen unter dem AGG, BB 2006, 2582; *ders.* Anm. zu BAG 2.6.2005 – 7 AZR 158/04 – AP KSchG 1969 § 1 Soziale Auswahl Nr. 73; *ders.* Änderung des AGG, BB 2006, 2582; *Luke* Gilt die dreiwöchige Klagefrist des § 4 KSchG auch für den Wiedereinstellungsanspruch?, NZA 2005, 92; *Lunk* Die Sozialauswahl nach neuem Recht, NZA Beil. 1/05 S. 41; *Marczynski* Kündigung älterer Arbeitnehmer, Personal 2004, 56; *Maschmann* Die mangelhafte Arbeitsleistung, NZA Beil. 1/06, 13; *Matz* Die Unternehmerentscheidung im Kündigungsrecht, FA 2004, 66; *Mauer* Anm. zu BAG 11.12.2003 – 2 AZR 667/02 – AP KSchG 1969 § 1 Verhaltensbedingte Kündigung Nr. 48; *Meixner* Das Gesetz zu Reformen am Arbeitsmarkt – Neuregelungen zum Kündigungsrecht, zu befristeten Arbeitsverhältnissen, zum Arbeitszeitrecht sowie zum SGB III –, ZAP Fach 17, 719; *Mengel* Alte arbeitsrechtliche Realitäten im Umgang mit der neuen virtuellen Welt, NZA 2005, 752; *Mengel/Ullich* Arbeitsrechtliche Aspekte unternehmensinterner Investigations, NZA 2006, 240; *Menke* Betriebsbedingte Kündigung: Weiterbeschäftigung richtig anbieten, AuA 2006, 271; *Merzhäuser* Der Vorrang der Änderungskündigung vor der Beendigungskündigung – Neue Sichtweisen des BAG seit dem 21.4.2005, FS Leinemann S. 341; *Müller-Thele* Internet am

Arbeitsplatz – Neue Rechtsprechung des BAG, MDR 2006, 428; *Namendorf/Natzel* Betriebliches Eingliederungsmanagement – neue Wunderwaffe im Kündigungsrechtsstreit?, FA 2005, 162; *dies.* Betriebliches Eingliederungsmanagement nach § 84 Abs. 2 SGB IX und seine arbeitsrechtlichen Implikationen, DB 2005, 1794; *Oberhofer* Der Wiedereinstellungsanspruch, RdA 2006, 92; *Ohlendorf/Salamon* Interessenausgleich mit Namensliste im Zuständigkeitsbereich des Gesamtbetriebsrats, NZA 2006, 131; *Olbert* Probleme krankheitsbedingter Fehlzeiten – Krank ist nicht gleich arbeitsunfähig, AuA 2005, 528; *Otto* Anm. zu BAG 3.7.2003 – 2 AZR 235/02 – AP KSchG 1969 § 1 Verhaltensbedingte Kündigung Nr. 45; *Panzer* Kündigung wegen privater Internetnutzung am Arbeitsplatz, Der Personalleiter 2006, 16; *Perreng* Wiedereinführung der Namensliste, AiB 2004, 13; *dies.* Neuregelungen zum Kündigungsschutz ab 1.1.2004 – Gesetz zu »Reformen am Arbeitsmarkt«, PersR 2004, 45; *Perreng/Nollert-Borasio* Das Allgemeine Gleichbehandlungsgesetz, AiB 2006, 459; *dies.* Das Allgemeine Gleichbehandlungsgesetz, PersR 2006, 316; *Peter* Verfassungswidrigkeit des Interessenausgleichs mit Namensliste gem. § 1 Abs. 5 KSchG, FA 2006, 105; *Picker* Das Arbeitsrecht zwischen Marktgesetz und Machtansprüchen, ZfA 2005, 353; *Preis* Die »Reform« des Kündigungsschutzrechts, DB 2004, 70; *Preis/Greiner* Anm. zu BAG 12.4.2002 – 2 AZR 148/01 –, SAE 2004, 12; *Quecke* Die Änderung des Kündigungsschutzgesetzes zum 1.1.2004, RdA 2004, 86; *ders.* Sozialauswahl und Zuordnung von Arbeitnehmern bei Teilbetriebsübergang und gleichzeitiger Stilllegung des Restbetriebes, BAG-Report 2005, 97; *Reichel* Entwendung geringwertiger Sachen als Kündigungsgrund, AuR 2004, 250; *Reufels/Schmülling* Spesenbetrug als Kündigungsgrund, ArbRB 2005, 217; *Reuter* Unternehmerische Freiheit und betriebsbedingte Kündigung, RdA 2004, 161; *Richardi* Misslungene Reform des Kündigungsschutzes durch das Gesetz zu Reformen am Arbeitsmarkt, DB 2004, 486; *Röder/Krieger* (Mehr) Rechtssicherheit bei betriebsbedingten Kündigungen? – Der praktische Umgang mit Altersgruppen und Namensliste, DB 2005, 2578; *Rolfs* Der allgemeine Kündigungsschutz nach dem Gesetz zu Reformen am Arbeitsmarkt, Sozialer Fortschritt 2006, 34; *Rost* Neues zum Kündigungsrecht, NZA 2004 Sonderbeil. 1, S. 34; *Rüthers* Der geltende Kündigungsschutz – Beschäftigungsbremse oder Scheinproblem?, NJW 2006, 1640; *Sasse* Arbeitszeitbetrug und Kündigung ArbRB 2005, 242; *Sasse/Freihube* Die Anhörung bei der Verdachtskündigung, ArbRB 2006, 15; *Schaller* Wichtige Änderungen beim Kündigungsschutz zum 1. Januar 2004, RiA 2004, 166; *Schiefer* Betriebsbedingte Kündigung – Kündigungsursache und Unternehmerentscheidung, NZA-RR 2005, 1; *ders.* Die betriebsbedingte Kündigung, Personalleiter 2004, 294; *ders.* Die verhaltensbedingte Kündigung, Personalleiter 2004, 340; *ders.* Die personenbedingte Kündigung, Personalleiter 2005, 23; *ders.* Aktuelle Rechtsprechung zur betriebsbedingten Kündigung, Personalleiter 2006, 116; *Schiefer/Worzalla* Neues – altes – Kündigungsrecht, NZA 2004, 345; *Schmitz* Verhaltensbedingte Kündigung und Abmahnung – Ausschlussfristen, Verwirkung, Verzicht, ZMV 2005, 125; *Schlachter* Fristlose Kündigung wegen Entwendung geringwertiger Sachen des Arbeitgebers, NZA 2005, 433; *Schlewing* Das betriebliche Eingliederungsmanagement nach § 84 Abs. 2 SGB IX – Keine Wirksamkeitsvoraussetzung für die Kündigung wegen Krankheit, ZfA 2005, 485; *Schrader/Schubert* Die Ausgliederung oder: Wie weit reicht die unternehmerische Entscheidungsfreiheit (noch)?, NZA-RR 2004, 393; *Schrader/Straube* Der Interessenausgleich mit Namensliste: Wann ist die Sozialauswahl grob fehlerhaft?, ZInsO 2004, 432; *dies.* Die tatsächliche Beschäftigung während des Kündigungsrechtsstreits, RdA 2006, 98; *dies.* Die Änderungskündigung oder die Unzumutbarkeit der Zumutbarkeit, DB 2006, 1678; *Schul/Wichert* Schlechtleistung des Arbeitnehmers als Grund für verhaltens-, personen- oder betriebsbedingte Kündigung, DB 2005, 1906; *Schumacher-Mohr* Zulässigkeit einer betriebsbedingten Kündigung durch den Veräußerer bei Betriebsübergang, NZA 2004, 629; *Spinner* Die Rechtsprechung des Bundesarbeitsgerichts zur betriebsbedingten Kündigung 2004/2005, BB 2006, 154; *Stein* Die rechtsmissbräuchliche Strafanzeige, BB 2004, 1961; *Stryburg* Die Berücksichtigung des Doppelverdienstes als Merkmal der Sozialauswahl, FA 2005, 171; *Stück* Outsourcing – K.O. durch die Rechtsprechung?, AuA 2004, Heft 9 S. 10; *Thüsing/Wege* Sozialauswahl nach neuem Recht, RdA 2005, 12; *dies.* Behinderung und Krankheit bei Einstellung und Entlassung, NZA 2006, 136; *Tschöpe* Neues Kündigungsschutzrecht, MDR 2004, 193; *ders.* »Low Performer« im Arbeitsrecht, BB 2006, 213; *Vetter* Die Verdachtskündigung, Der Personalleiter 2005, 309; *ders.* Keine betriebsübergreifende Sozialauswahl, Der Personalleiter 2006, 47; *von Hoyningen-Huene* Die »missbräuchliche« Unternehmerentscheidung bei der betriebsbedingten Kündigung, FS 50 Jahre BAG, S. 409; *ders.* Anm. zu BAG 28.10.2004 – 8 AZR 391/03 –, RdA 2006, 44; *von Steinau-Steinrück/Hagemeister* Das neue betriebliche Eingliederungsmanagement, NJW-Spezial 2005, 129; *von Steinau-Steinrück/Hurek* Widerspruch nach § 613a BGB und Sozialauswahl NJW-Spezial 2005, 417; *v. Steinau-Steinrück/v. Vogel* »Nichtraucherprämien« und verhaltensbedingte Kündigung – viel Qualm um Nichts?, NJW-Spezial 2006, 177; *Waas* Neuere Entwicklungen im Europäischen Arbeitsrecht, ZESAR 2006, 289; *Walker* Die freie Unternehmerentscheidung im Arbeitsrecht, ZfA 2004, 501; *Waltermann* Altersdiskriminierung, ZfA 2006, 305; *Wank* Anm. zu *BAG* 20.4.2005 – 2 AZR 201/04 –, RdA 2006, 238; *ders.* Anm. zu BAG 21.4.2005 – 2 AZR 132/04 –, AP KSchG 1969 § 2 Nr. 79; *Wedde* Verdachtskündigung – Vidoüberwachung – Beweisverwertung – Mitbestimmung, AuR 2005, 457; *Wieland* Betriebsbedingte Kündigungen, AiB 2006, 343; *Wendeling-Schröder* Kündigung wegen Strafanzeige, RdA 2004, 374; *Willemsen/Annuß* Kündigungsschutz nach der Reform, NJW 2004, 177; *Willemsen/Schweibert* Schutz der Beschäftigten im Allgemeinen Gleichbehandlungsgesetz, NJW 2006, 2583; *Wolff* Allgemeines Gleichbehandlungsgesetz – Herausforderungen für die Betriebspraxis, AuA 2006, 512; *ders.* Verbot der Altersdiskriminierung – terra incognita im Arbeitsrecht, FA 2006, 260; *Zerres/Rhotert* Die Neuregelungen im allgemeinen Kündigungsschutzrecht, FA 2004, 2; *dies.* Das neue Kündigungsrecht nach der Agenda 2010, BuW 2004, 166; *Zimmer/Rupp* Namensliste durch Gesamtbetriebsrat, FA 2005, 259; *Zwanziger* Änderungen der Sozialauswahl im neuen Kündigungsschutzrecht, AiB 2004, 10.

Inhaltsübersicht
Kurz-Gliederung

	Rz		Rz
A. Entstehungsgeschichte des Kündigungsschutzrechts	1–14	F. Allgemeine Merkmale und Bedeutung des Begriffs der Sozialwidrigkeit	189–253a
B. Verfassungsrechtliche Grundlagen	15–26	G. Gründe für die soziale Rechtfertigung der Kündigung	254–728
C. Zweck des allgemeinen Kündigungsschutzes	27–30	H. Der Wiedereinstellungsanspruch	729–745
D. Rechtsnatur des allgemeinen Kündigungsschutzes	31–37	I. Ordentliche Kündigung nach dem Einigungsvertrag	746
E. Voraussetzungen des allgemeinen Kündigungsschutzes	38–188		

Detail-Gliederung

	Rz
A. Entstehungsgeschichte des Kündigungsschutzrechts	1–14
B. Verfassungsrechtliche Grundlagen	15–26
I. Kündigungsfreiheit	17
II. Kündigungsschutz	18–26
III. Verhältnis zum Antidiskriminierungsrecht	26a–26d
C. Zweck des allgemeinen Kündigungsschutzes	27–30
D. Rechtsnatur des allgemeinen Kündigungsschutzes	31–37
I. Einseitig zwingende Wirkung	31–33
II. Zulässigkeit von günstigeren Vereinbarungen	34, 35
III. Verzicht	36
IV. Fehlender Schutzgesetzcharakter	37
E. Voraussetzungen des allgemeinen Kündigungsschutzes	38–188
I. Persönlicher Geltungsbereich	39–89
1. Begriff des Arbeitnehmers	39
2. Besondere Arten des Arbeitsverhältnisses	40–68
a) Alliierte Streitkräfte	41
b) Aushilfsarbeitsverhältnis	42
c) Ausländische Arbeitnehmer	43, 44
d) Auszubildende, Anlernlinge, Volontäre, Praktikanten	45
e) Befristetes Arbeitsverhältnis	45
f) Einheitliches Arbeitsverhältnis mit mehreren Arbeitgebern	46
g) Faktisches Arbeitsverhältnis	47
h) Familienarbeitsverhältnis	48
i) Gruppenarbeitsverhältnis	49–56
j) Hafenarbeiter	57
k) Kirchlicher Dienst	58
l) Leiharbeitsverhältnis	59–61
m) Mittelbares Arbeitsverhältnis	62, 63
n) Probearbeitsverhältnis	64
o) Teilzeitarbeitsverhältnis	65, 66
p) Telearbeit	67
q) Tendenzunternehmen	68
3. Besondere verfassungsrechtliche Stellung des Arbeitgebers	69–79
a) Kirchlicher Dienst	70–74
b) Tendenzbetriebe	75–79
4. Ausgenommene Personengruppen	80–88a
a) Arbeitnehmerähnliche Personen	80
b) Beamte	81
c) Beschäftigte aus karitativen oder religiösen Gründen	82
d) Beschäftigte aus medizinischen oder erzieherischen Gründen	83
e) Entwicklungshelfer	84
f) Familienangehörige	85
g) Franchisenehmer	86
h) Gesellschafter sowie Mitglieder von juristischen Personen oder Personengesamtheiten	87
i) Organschaftliche Vertreter	88
j) Zwangsarbeiter	88a
5. Darlegungs- und Beweislast	89
II. Zeitlicher Geltungsbereich: Die Wartezeit	90–131
1. Begriff	90
2. Entstehungsgeschichte	91–93
3. Zulässigkeit von abweichenden Vereinbarungen	94–98
4. Berechnung der Wartezeit	99–107
5. Ununterbrochener Bestand des Arbeitsverhältnisses	108–118
6. Betriebsübergang	119, 120
7. Gesetzliche Anrechnungsregeln	121, 122
8. Kündigungen während der Wartezeit	123–128
9. Darlegungs- und Beweislast	129–131
III. Betrieblicher Geltungsbereich	132–148
1. Begriff des Betriebes	132–140
2. Begriff des Unternehmens	141–145
3. Begriff des Konzerns	146, 147
4. Darlegungs- und Beweislast	148
IV. Räumlicher Geltungsbereich	149, 150
V. Gegenständlicher Geltungsbereich	151–188

		Rz
1.	Begriff der Kündigung	151–156
	a) Allgemeines	151–153
	b) Ordentliche Kündigung	154–155
	c) Außerordentliche Kündigung	156
2.	Vereinbarungen über das ordentliche Kündigungsrecht	157
3.	Unwirksamkeit der Kündigung auch aus anderen Gründen als § 1 KSchG	158
4.	Darlegungs- und Beweislast für die Kündigung	159
5.	Abgrenzung gegenüber anderen Arten der Kündigung	160–171
	a) Kündigung durch den Arbeitnehmer	161–163
	b) Änderungskündigung durch den Arbeitgeber	164
	c) Außerordentliche Kündigung durch den Arbeitgeber	165–167
	d) Teilkündigung	168
	e) Vorsorgliche Kündigung	169
	f) Bedingte Kündigung	170
	g) Kündigung im Insolvenzverfahren	171
6.	Abgrenzung gegenüber anderen Beendigungsgründen	172–188
	a) Anfechtung des Arbeitsvertrages	173
	b) Berufung auf die Nichtigkeit des Arbeitsvertrages	174
	c) Zeitablauf und Zweckerreichung	175
	d) Auflösende Bedingung	176
	e) Aufhebungsvertrag	177
	f) Beendigung einer vorläufigen Einstellung	178–181
	g) Beendigung fehlerhafter Leiharbeitsverhältnisse	182
	h) Lösende Abwehraussperrung	183
	i) Tod des Arbeitnehmers	184, 185
	j) Tod und Liquidation des Arbeitgebers	186
	k) Entlassung von Dienstordnungsangestellten	187
	l) Abberufung nach AGB-DDR	188
F.	Allgemeine Merkmale und Bedeutung des Begriffs der Sozialwidrigkeit	189–253a
I.	Begriff der Sozialwidrigkeit	189–213
1.	Entwicklungsgeschichte	189–192
2.	Systematik des Gesetzes	193–200
	a) Generalklausel	194
	b) Widerspruchstatbestände	195
	c) Verhältnis der Generalklausel zu den Widerspruchstatbeständen	196–199
	d) Soziale Auswahl	200
3.	Unbestimmtheit des Rechtsbegriffs	201–213
	a) Gesetzliche Anhaltspunkte zur Konkretisierung	203–207
	b) Typologische Gesichtspunkte	208

		Rz
	c) Prüfungsmaßstab	209
	d) Interessenabwägung	210, 211
	e) Vereinbarung über die Sozialwidrigkeit	212
	f) Überprüfung in der Revisionsinstanz	213
II.	Der Grundsatz der Verhältnismäßigkeit	214–232
1.	Prävention	215a
2.	Abmahnung	216
3.	Möglichkeit einer anderweitigen Beschäftigung	217–232
	a) Vergleichbarer Arbeitsplatz	217–223
	b) Geänderte Arbeitsbedingungen	224–232
III.	Der Gleichbehandlungsgrundsatz	233, 234
IV.	Beurteilungszeitpunkt	235–237
V.	Kündigungsgründe	238–250
1.	Bekanntgabe der Gründe	238, 239
2.	Schriftformerfordernis	240, 241
3.	Nachschieben von Kündigungsgründen	242–247
	a) Nachträglich bekannt gewordene Kündigungsgründe	243, 244
	b) Bei der Kündigung bekannte Kündigungsgründe	245
	c) Nach der Kündigung entstandene Kündigungsgründe	246, 247
4.	Verzichtete und verwirkte Kündigungsgründe	248–250
VI.	Rechtsfolgen der Sozialwidrigkeit	251–253a
1.	Notwendigkeit der Klageerhebung	251
2.	Verhältnis zu sonstigen Unwirksamkeitsgründen	252
3.	Umdeutung einer unwirksamen ordentlichen Kündigung	253, 253a
G.	Gründe für die soziale Rechtfertigung der Kündigung	254–728
I.	Einteilung der Kündigungsgründe	254–259
II.	Darlegungs- und Beweislast	260–264
III.	Personenbedingte Gründe	265–394
1.	Begriff	265–267
2.	Verschulden	268
3.	Abmahnung	269, 270
4.	Prüfung der Sozialwidrigkeit in drei Stufen	271–277
	a) Fehlende Fähigkeit und Eignung des Arbeitnehmers	271
	b) Störungen des Arbeitsverhältnisses, Möglichkeiten einer anderweitigen Beschäftigung	272

	Rz		Rz
c) Interessenabwägung	273–277	– Beeinträchtigung betrieblicher Interessen	371, 373
5. Darlegungs- und Beweislast	278	– Interessenabwägung	374
6. Einzelne personenbedingte Gründe	279–394	dd) Kündigung wegen krankheitsbedingter dauernder Leistungsunfähigkeit	375–378
a) AIDS	280–283		
b) Alkohol- und Drogensucht	284–288		
c) Alter	289	ee) Kündigung wegen krankheitsbedingter Minderung der Leistungsfähigkeit	379–382
d) Arbeitsgenehmigung	290, 291		
e) Berufsausübungserlaubnis	292, 293		
f) Berufskrankheit	294	r) Kuraufenthalt	383
g) Betriebsgeheimnis	295	s) Leistungsfähigkeit	384–389
h) Betriebsunfall	296	t) Straftaten	390–393
i) Druckkündigung	297	u) Verdachtskündigung	393a-393i
j) Eheschließung, Ehescheidung	298–301	v) Wehrdienst	394
k) Ehrenamt	302	IV. Verhaltensbedingte Gründe	395–513
l) Eignung – fachliche und persönliche –	303–311	1. Begriff	395–399
		2. Verschulden	400, 401
m) Erwerbsminderung	312	3. Abmahnung	402, 403
n) Familiäre Verpflichtungen	313	4. Prüfung der Sozialwidrigkeit in drei Stufen	404–411
o) Gewissensentscheidung	314–316		
p) Haft	317, 318	a) Vertragswidriges Verhalten des Arbeitnehmers	404
q) Krankheit	319–382		
aa) Betriebliches Eingliederungsmanagement	324a-324e	b) Störungen des Arbeitsverhältnisses, Möglichkeit einer anderweitigen Beschäftigung	405–408
bb) Kündigung wegen häufiger Kurzerkrankungen	325–365		
– Negative Gesundheitsprognose	325–336	c) Interessenabwägung	409–411
		5. Darlegungs- und Beweislast	412, 413
– Beeinträchtigung betrieblicher Interessen	337–346	6. Einzelne verhaltensbedingte Gründe	414–513
– – Betriebsablaufstörungen	338–340	a) Abkehrmaßnahmen	415–417
– – Erhebliche wirtschaftliche Belastungen	341–345	b) Abwerbung	418–420
		c) Alkohol	421–426
– – Umsetzungsmöglichkeit	346	d) Anzeigen gegen Arbeitgeber	427–428
– Interessenabwägung	347–363	e) Arbeitskampf	429, 430
– – Ursachen der Erkrankung	348–351	f) Arbeitspapiere	431
– – Höhe der durchschnittlichen Ausfallquote	352	g) Arbeitspflichtverletzungen	432–449
		aa) Arbeitsverweigerung	433–437
– – Dauer des ungestörten Verlaufs des Arbeitsverhältnisses	353, 354	bb) Unerlaubte Arbeitsversäumnis	438–447
– – Alter des Arbeitnehmers	355	cc) Fehl-, Schlecht- und Minderleistungen	448, 449
– – Unterhaltspflichten	356	h) Außerdienstliches Verhalten	450–461
– – Schwerbehinderung	357	aa) Grundsatz	450–453
– – Situation auf dem Arbeitsmarkt	358	bb) Lebenswandel	454–456
		cc) Politische Betätigung	457, 458
– – Zumutbarkeit weiterer Überbrückungsmaßnahmen	359, 360	dd) Schulden, Lohnpfändungen	459–461
– – Höhe der Entgeltfortzahlungskosten	361, 362	i) Beleidigungen, Tätlichkeiten, Denunziationen, Kritik	462–466
– – Darlegungs- und Beweislast	363	j) Betriebsfrieden, betriebliche Ordnung	467–472
– Gerichtlicher Beurteilungsspielraum	364, 365	k) Druckkündigung	473, 474
cc) Kündigung wegen langanhaltender Krankheit	366–374	l) Pflichtwidrigkeiten bei Krankheit und Kuraufenthalten	475–488
– Negative Gesundheitsprognose	366–370		

Griebeling

	Rz
m) Mobbing und Benachteiligung	489, 490
n) Neben- und Konkurrenztätigkeiten	491–493
o) Sonstige Nebenpflichtverletzungen	494–499
p) Sexuelle Belästigungen am Arbeitsplatz	500
q) Strafbare Handlungen	501–511
r) Vorstrafen	512, 513
V. Betriebsbedingte Gründe	514–728
1. Dringende betriebliche Erfordernisse	515–536
a) Bedeutung des Kündigungsgrundes	515, 516
b) Außerbetriebliche Gründe	517, 518
c) Innerbetriebliche Gründe	519, 520
d) Grenzen der Unternehmerentscheidung	521–526
e) Wegfall des Bedürfnisses für Weiterbeschäftigung	527–532
f) Verschulden des Arbeitgebers	533
g) Gerichtliche Nachprüfung	534–536
2. Unternehmensbezug	537, 538
3. Konzernbezug	539–544
4. Möglichkeit einer anderweitigen Beschäftigung	545, 546
5. Interessenabwägung	547–549
6. Beurteilungszeitpunkt	550–552
7. Darlegungs- und Beweislast	553–559
8. Einzelne betriebsbedingte Gründe	560–602
a) Abbau und Umwandlung von Arbeitsplätzen (Vollzeitarbeit, Teilzeitarbeit, Anforderungsprofil)	561–563
b) Abkehrwille	564
c) Arbeitsmangel	565–567
d) Auftragsrückgang	568, 569
e) Betriebseinschränkungen	570–572
f) Betriebsinhaberwechsel	573–578
g) Betriebsstillegung	579–583
h) Drittfinanzierte Arbeitsverträge	584, 585
i) Druckkündigung	586
j) Gewinnverfall, Gewinnsteigerung	587, 588
k) Insolvenzverfahren	589
l) Konzernarbeitsverhältnis	590–592
m) Öffentlicher Dienst	593–597
n) Rationalisierungsmaßnahmen	598–601
o) Vorgesetztenwechsel	602
9. Auswahl der Arbeitnehmer	603–705
a) Allgemeines	603–606
b) Verhältnis zur anderweitigen Beschäftigung	607
c) Betriebsbezogenheit und betriebsübergreifende Sozialauswahl	608–613a

	Rz
d) Vergleichbarkeit der Arbeitnehmer	614–626
aa) Allgemeines	614–617
bb) Aufgabenbereich	618–620
cc) Direktionsrecht zur Umsetzung	621–622
dd) Horizontale und vertikale Vergleichbarkeit	623–624
ee) Teilzeitbeschäftigte	625–626
e) Verhältnis von Sozialauswahl zu betrieblichen Belangen	627–628
f) Berechtigte betriebliche Interessen	629-655
aa) Allgemeines	629–630
bb) Bestimmung durch Arbeitgeber	631
cc) Berufung des Arbeitnehmers auf betriebliche Interessen	632-633
dd) Kenntnisse, Fähigkeiten und Leistungen des Arbeitnehmers	634-639
ee) Ausgewogene Personalstruktur	640-651
ff) Sonstige Interessen	652-654
gg) Darlegungs- und Beweislast	655
g) Sozialauswahl	656–694
aa) Allgemeines	656–659
bb) Beabsichtigte Neueinstellungen	660, 661
cc) Arbeitnehmer ohne oder mit eingeschränktem Kündigungsschutz	662, 663
dd) Arbeitnehmer mit besonderem Kündigungsschutz und bei Freistellung von der Arbeit	664-667
ee) Vorläufig weiterbeschäftigte Arbeitnehmer	668
ff) Betriebsstillegung	669
gg) Soziale Kriterien	670–678f
– Allgemeines	670
– Dauer des Arbeitsverhältnisses	671, 672
– Lebensalter	673, 674
– Unterhaltspflichten	675–678
– Schwerbehinderung	678a
– Benachteiligungsverbote	678b, 678c
– Ermittlung der Kriterien	678d, 678e
– Gewichtung der Kriterien	678f
hh) Beurteilungsspielraum des Arbeitgebers	678g–678s
ii) Auskunftsanspruch des Arbeitnehmers	679–682
jj) Darlegungs- und Beweislast	683–690

	Rz
kk) Widerspruch des Betriebsrats	691
ll) Gerichtliche Nachprüfung	692–694
h) Kollektivrechtliche Richtlinien	695–702
i) Bezeichnung der Arbeitnehmer in einem Interessenausgleich	703–705
10. Widerspruchstatbestände	706–728
a) Kündigungsschutzrechtliche Bedeutung	706–710
b) Verstoß gegen eine Auswahlrichtlinie	711–714
c) Weiterbeschäftigung des Arbeitnehmers an einem anderen Arbeitsplatz zu unveränderten Arbeitsbedingungen	715–721
d) Weiterbeschäftigung des Arbeitnehmers nach zumutbaren Umschulungs- oder Fortbildungsmaßnahmen	722–725
e) Weiterbeschäftigung des Arbeitnehmers unter geänderten Arbeitsbedingungen	726–728
H. Der Wiedereinstellungsanspruch	729–745
I. Anspruchsgrundlagen	729–735
II. Betriebsbedingte Kündigung	736–738
III. Personenbedingte Kündigung	739
IV. Verhaltensbedingte Kündigung	740
V. Verdachtskündigung	741
VI. Geltendmachung des Wiedereinstellungsanspruchs	742–744
VII. Beteiligung des Betriebsrats	745
I. Ordentliche Kündigung nach dem Einigungsvertrag	746

Alphabetische Übersicht

Abbau von Arbeitsplätzen	561 f.
Abberufung AGB-DDR	188
abgestufte Darlegungs- und Beweislast	278, 553 ff.
Abkehrmaßnahmen	415 ff.
Abkehrwille	564
Abmahnung	216, 269 f., 402 f.
Abordnung im Konzern	540 f., 590
Absolute Kündigungsgründe	212
Abwerbung	418 ff.
AIDS	280 ff.
Alkoholmissbrauch	421 ff.
Alkoholsucht	284 ff.
Alkoholverbot	472
Altersgrenze	289
Altersstruktur	645
Angabe der Kündigungsgründe	238 f.
Anzeige- und Nachweispflichtverletzungen bei Krankheit	475 ff.
Anzeigen gegen Arbeitgeber	427 f.
Arbeitnehmerbegriff	39
Arbeitnehmerkündigung	161 f.
Arbeitsgenehmigung	290 f.
Arbeitskampf	429 f.
Arbeitsmangel	565 ff.
Arbeitspapiere	431
Arbeitspflichtverletzungen	432 ff.
Arbeitsversäumnis	438 ff.
Arbeitsverweigerung	433 ff.
Arbeitszeitbetrug	445
Arztbesuch	439
Aufenthaltserlaubnis	290
Aufhebungsvertrag	177
auflösende Bedingung	176
Auftragsrückgang/-mangel	568 f.
ausgewogene Altersstruktur	645
ausgewogene Personalstruktur	640 f.
Ausgleichsquittung	36
Aushilfsarbeitsverhältnis	42
Auskunftsanspruch des Arbeitnehmers	679 ff.
ausländerfeindliches Verhalten	470
ausländische Arbeitnehmer	43 f.
außerbetriebliche Kündigungsgründe	517 f.
außerdienstliches Verhalten	450 ff.
Aussperrung	183
Austauschkündigung	517
Auswahlrichtlinien	695 ff.
Auszubildende	45
Bauarbeitsgemeinschaft	135
Beamte	81
Bedarfsarbeitsverhältnis	66, 104
Bedingte Kündigung	170
Beförderungsstelle	225
Belästigung	489, 490
Beleidigungen	462 ff.
Benachteiligungsverbot bei der Sozialauswahl	678b, 678c
berechtigte betriebliche Interessen	629 f.
Berichte an Arbeitgeber (Denunziationen)	465
Berufsausübungserlaubnis	292 f.
Berufskrankheit	294
Beschwerde gegen Vorgesetzte	466
betriebliche Beeinträchtigungen	272, 274, 337 ff.
betrieblicher Geltungsbereich	132 ff.
Betriebsablaufstörungen	338 ff.
betriebsbedingte Kündigung	514 ff.
Betriebsbegriff	132 ff.
Betriebseinschränkung	570 ff.
Betriebsfrieden	467 ff.
Betriebsgeheimnis	295, 494
Betriebsstilllegung	579 ff.
Betriebsübergang	119 f., 573 ff.
betriebsübergreifende Sozialauswahl	608 ff.
Betriebsunfall	296
Beurteilungsspielraum des Arbeitgebers	678g ff.

	Rz		Rz
Beurteilungszeitpunkt	235 ff., 550 ff.	Interessenabwägung	210 f., 273 ff., 347 ff., 409 ff., 547 ff.
Beweislast, Darlegungs- und Beweislast	89, 129 ff., 148, 159, 260 ff., 278, 412 f., 553 ff., 683 ff.	Interessenausgleich	703 ff.
		Internet	496b
Dauer der Betriebszugehörigkeit	671 f.	Job-sharing-Verträge	52
dauernde Leistungsunfähigkeit	375 ff.	Kirchlicher Dienst	70 ff.
Diebstahl	503 f.	Klagefrist	251 f.
Dienstentlassung	187	Konkurrenztätigkeit	491 ff.
Dienstordnungsangestellte	81, 187	Konzern	118, 146 f., 539 ff. 590 ff.
Dienststelle	137	Krankfeiern	485 f.
Dienstvereinbarung	35	krankheitsbedingte Kündigung	319 ff.
Disziplinarmaßnahme	32	Kritik	466
Doppelverdienst	677, 678n	Kündigungsbegriff	151 ff.
dringende betriebliche Erfordernisse	515 ff.	Kündigungsfreiheit und Kündigungsschutz	17 ff., 123 ff.
drittmittelfinanzierte Arbeitsverträge	584 f.	Kündigungsgründe	238 ff., 254 ff.
Drogen	288	Kuraufenthalt	383
Druckkündigung	297, 473 f., 586	Kurzarbeit	530 ff.
Ehegattenarbeitsverhältnis	50 f.	Kurzerkrankungen	325 ff.
Ehescheidung	298 ff.	KW-Vermerke	594
Eheschließung	298 ff.	langandauernde Erkrankung	366 ff.
Ehrenamt	302	Lebensalter	26a ff., 289, 355, 673 f.
Eigengruppe	50 f., 53	Lebenswandel	454 ff.
Eignung	303 ff.	Leiharbeitsverhältnis	59 ff., 182
Eingliederungsmanagement	324a ff.	Leistungsbereich	304 f., 375 ff.
Einigungsvertrag	746	Leistungsfähigkeit	375 ff., 384 ff.
Entstehungsgeschichte	1 ff.	Leistungsmängel	448 f.
Entwicklungshelfer	84	Lohnfortzahlungskosten	341 ff., 361 f.
Entzug der Fahrerlaubnis	293	Lohnpfändungen	459 ff.
Ermittlung der Sozialkriterien	678d, 678e	Low Performer	384
Erwerbsminderung	312	Loyalitätspflichten	427 f.
fachliche Qualifikation	303	mangelnde fachliche Qualifikation	303 ff.
faktisches Arbeitsverhältnis	47	mangelnde persönliche Eignung	303 ff.
Familienarbeitsverhältnis	48	mehrere Arbeitgeber	46
Familienhaushalt	138	mehrere Kündigungsgründe	257 ff.
Form der Kündigung	151	Minderung der Leistungsfähigkeit	379 ff.
Franchisenehmer	86	Mischtatbestände	254 ff.
Geltungsbereich, betrieblicher und räumlicher	132 ff.	Missbrauchskontrolle	522 ff.
		mittelbares Arbeitsverhältnis	62 f.
Generalklausel	194	Mobbing	490
gerichtliche Nachprüfung	213, 534 ff., 692 ff.	Nachschieben von Kündigungsgründen	242 ff.
Gesellschafter	87	Nebenbeschäftigung	65
Gewichtung der Sozialkriterien	670a f.	Nebenbetriebe	139
Gewinnsteigerung	588	Nebenpflichtverletzung	494 ff.
Gewinnverfall	587	Nebentätigkeit	65, 491 ff.
Gewissensentscheidung	314 ff.	negative Gesundheitsprognose	325 ff., 366 ff.
Gleichbehandlungsgrundsatz, Gleichheitssatz	20, 233 f.	Nichtigkeit des Arbeitsvertrages	174
Gruppenarbeitsverhältnis	49 ff.	Öffentlicher Dienst	81, 137, 148, 218, 306, 593 ff.
Hafenarbeiter	57, 140	Pensionsalter	289
Haft	317 f.	Personalfragebogen	497
häufige Kurzerkrankungen	325 ff.	Personalstruktur bei der Sozialauswahl	640 ff.
Haushaltsplan	593 ff.	personenbedingte Kündigung	265 ff.
Heimkehrer	661	persönlicher Geltungsbereich	39 ff.
HIV-Infektion	281 ff.	Petitionsrecht	427, 466
HIV-Virus	281 ff.	Politische Aktivitäten	306 ff., 457 f., 468
Homosexualität	128	Praktikanten	45
innerbetriebliche Kündigungsgründe	519 f.	Probearbeitsverhältnis	64
Insolvenzverfahren	589		

Sozial ungerechtfertigte Kündigungen § 1 KSchG

	Rz		Rz
Privattelefonate	496a	Unfallverhütungsvorschriften	472
Prüfung der Sozialwidrigkeit	271 ff., 404 ff.	Unkündbarkeit	157, 664 ff.
Prüfungsmaßstab	209	Unpünktlichkeit	444
Punktesystem	678r ff., 699	Unterhaltspflichten	275, 411, 670, 675 ff.
		Unternehmensbegriff	141 ff.
Räumlicher Geltungsbereich	149 f.	Unternehmensbezug der betriebs-	
Rationalisierungsmaßnahmen	598 ff.	bedingten Kündigung	537 f.
Rationalisierungsschutzabkommen	34	Unternehmerentscheidung	521 ff.
Rauchverbot	472	Verdachtskündigung	393a ff.
Reinigungsarbeiten	597	Vereinbarungen über Kündigungsschutz	34
Revisionsinstanz	213, 694	Vergleichbarkeit der Arbeitnehmer	614 ff.
Schlecht-/Minder-/Fehlleistung	448 f.	verhaltensbedingte Kündigung	395 ff.
Schriftform	151, 240 f.	Verhältnismäßigkeitsgrundsatz	214 ff.
Schulden	459 ff.	Verschulden des Arbeitgebers bei	
Schutzgesetz	37	betriebsbedingter Kündigung	533
Schwerbehinderung bei der Sozialauswahl	678a	Verschulden des Arbeitnehmers	268, 400 f.
sexuelle Belästigungen	500	Verschwiegenheitspflicht	494
Sicherheitsbedenken	311	Verstoß gegen Auswahlrichtlinie	711 ff.
sittenwidrige Kündigung	26, 124, 126	vertikale Vergleichbarkeit	623 f.
Sozialauswahl	26c, 200, 603 ff., 656 ff.	Vertrauensmissbrauch	496
soziale Kriterien bei Sozialauswahl	670 ff.	Verwirkung der Kündigungsgründe	248, 250
soziale Rechtfertigung der Kündigung	254 ff.	Verzeihung	249a
Sozialplan	97, 255, 525	Verzicht auf Kündigungsschutz	36
Sozialwidrigkeit	189 ff., 271 ff., 404 ff.	Volontäre	45
Stechuhr	496, 503	Vorgesetztenwechsel	602
Stempelkarte	496, 503	vorläufige Einstellung	178 ff.
Straftaten	390 ff., 501 ff.	Vorsorgliche Kündigung	169
		Vorstrafen	512 f.
Tätlichkeiten	462 ff.	Wartezeit	26b, 90 ff.
Teilkündigung	168	Wegfall des Bedürfnisses für Weiter-	
Teilzeitarbeitsverhältnis	65 f.	beschäftigung	527 ff.
Telearbeit	67	Wehrdienst	122, 394, 664
Tendenzbetrieb	75 ff., 305	Weiterbeschäftigungsmöglichkeit	217 ff., 272, 405 ff.,
Tod des Arbeitgebers	186	545 f., 715 ff.	
Tod des Arbeitnehmers	184 f.	Widerspruchstatbestände	195, 706 ff.
Treu und Glauben	26, 124, 127	Wiedereinstellungsanspruch	729 ff.
Treuepflicht	418	wirtschaftliche Belastung	341 ff., 373
Trunkenheitsfahrt	293, 391		
Trunksucht	284 ff.	zeitlicher Geltungsbereich	90 ff.
		Zölibatsklausel	298
Umdeutung einer unwirksamen		Zurückbehaltungsrecht	429, 436
Kündigung	253 f.	Zwangsarbeiter	88a
Umsatzrückgang	517	Zweck des Kündigungsschutzes	27 f.
Umschulungs- und Fortbildungs-		Zweckerreichung	175
maßnahmen	722 f.	zwingende Wirkung	31 ff.
Umwandlung von Arbeitsplätzen	561 ff.		

A. Entstehungsgeschichte des Kündigungsschutzrechts

Im Dienstvertragsrecht wird durch die Kündigung das Ende der vertraglichen Beziehungen festgelegt. **1** Bedeutung hat die Kündigung hier erst mit dem Aufkommen der **Vertragsfreiheit** im 19. Jahrhundert erlangt. Die Vertragsfreiheit umfasst die Freiheit, eine rechtliche Bindung (Verpflichtung) einzugehen, und die Freiheit, sich von dieser Bindung zu lösen.

Die formale Vertragsfreiheit wirkte sich faktisch dahingehend aus, dass der Arbeitgeber den Arbeit- **2** nehmer bei zurückgehender Produktion jederzeit entlassen konnte, der Arbeitnehmer aber bei dem vorhandenen Überangebot an Arbeitskräften nur schwer einen neuen Arbeitsplatz finden konnte und, falls dies gelang, vom Arbeitgeber **diktierte Arbeitsbedingungen** hinnehmen musste, um den Arbeitsplatz zu erlangen. Die Vertragsfreiheit nutzte damit dem Arbeitnehmer als dem wirtschaftlich schwächeren Vertragspartner nichts und wirkte sich in erster Linie zu seinem Nachteil aus. Soziale Missstände gegen Ende des 19. Jahrhunderts waren die Folge.

3 Nach Beendigung des Ersten Weltkrieges (1918) verstärkten sich die Bestrebungen zur Schaffung von Arbeitnehmerschutzgesetzen, die die Vertragsfreiheit begrenzten. Hierzu gehörten insbes. die Vorschriften über den Kündigungsschutz, die erstmals durch das **Betriebsrätegesetz** v. 4.2.1920 (BRG 1920), und die **DemobilmachungsVO** v. 12.2.1920 eingeführt wurden. Der Kündigungsschutz sollte hierbei nicht nur der Erhaltung des Arbeitsplatzes als Einnahmequelle des Arbeitnehmers dienen, sondern auch die Bindung des Arbeitnehmers an den Betrieb im Interesse stabiler Sozialverhältnisse stärken.

4 Nach dem BRG 1920, das nur in Betrieben mit Betriebsrat galt, konnte der Arbeitnehmer beim Betriebsrat Einspruch gegen die Kündigung einlegen und bei Billigung des Einspruchs durch den Betriebsrat anschließend gegen den Arbeitgeber Klage erheben. Bei erfolgreicher Klage wurde der Arbeitgeber zur **Zahlung einer Entschädigung** verurteilt, deren Zahlung er bei Widerruf der Kündigung abwenden konnte. Der Arbeitnehmer selbst konnte eine Fortsetzung des Arbeitsverhältnisses nicht erzwingen. Nach der DemobilmachungsVO, die von 1920–1923 galt, bestand ein Entlassungsverbot, solange durch Arbeitszeitverkürzung bis zur Hälfte aller Arbeitnehmer beschäftigt werden konnte.

5 Das **Gesetz zur Ordnung der nationalen Arbeit** (AOG) v. 20.1.1934 sah einen Abbau der Beteiligung des Betriebsrats vor, erweiterte andererseits die Klagemöglichkeit auf Betriebe ohne Betriebsrat, wenn dort mindestens 10 Arbeitnehmer beschäftigt waren. Nach der **ArbeitsplatzwechselVO** v. 1.9.1939 war sowohl für die Kündigung durch den Arbeitgeber als auch für die Kündigung durch den Arbeitnehmer die Zustimmung des Arbeitsamtes erforderlich.

6 **Nach 1945** bis zum Erlass des Kündigungsschutzgesetzes v. 10.8.1951 herrschte in den verschiedenen Besatzungszonen weitgehende **Rechtszersplitterung** unter teilweiser Fortgeltung alter Vorschriften, teilweise existierten neue Regelungen und Richterrecht.

7 Im Gegensatz zum KSchG war für das BRG 1920, das AOG und die meisten nach 1945 erlassenen Ländergesetze (vgl. hierzu RdA 1951, 61 ff.) kennzeichnend, dass sie den Arbeitnehmern Schutz gegen eine Kündigung nur dann gewährten, wenn diese eine »**unbillige Härte**« darstellte. Der Verlust des Arbeitsplatzes spielte für die Entscheidung, ob eine solche Härte vorlag, zwar eine wesentliche Rolle; es waren dabei jedoch auch alle sonstigen irgendwie in Betracht kommenden Umstände zu werten, wie die wirtschaftlichen Verhältnisse des Arbeitnehmers, die Möglichkeit alsbaldiger anderweitiger Beschäftigung usw. Selbst in den Fällen einer »unbilligen Härte« führte dies nicht zur Unwirksamkeit der Kündigung; der Arbeitgeber hatte vielmehr ein Wahlrecht zwischen dem **Widerruf der Kündigung** und der **Zahlung einer Abfindung**.

8 Bereits der **Hattenheimer Entwurf** (vgl. zu dessen Inhalt *A. Hueck* RdA 1950, 65 ff.) sah in § 1 im Grundsatz die heutige Konzeption vor, die sich durch einen Schutz des Arbeitnehmers vor sozial ungerechtfertigten ordentlichen Kündigungen auszeichnet. Im Unterschied zur heutigen Rechtslage sah der Hattenheimer Entwurf nur eine dreimonatige Wartezeit für den Erwerb des allgemeinen Kündigungsschutzes vor. Eine Altersgrenze enthielt er nicht.

9 Der Regierungsentwurf (vgl. BT-Drs. 1. Wahlperiode Nr. 2090, S. 2 und S. 11, 12) übernahm im Wesentlichen die bereits im Hattenheimer Entwurf vorgesehene inhaltliche Ausgestaltung des § 1. Dies gilt auch für die Beibehaltung der dreimonatigen Wartezeit. Zur Rechtslage vor Inkrafttreten des KSchG 1951 vgl. *G. Müller* DRZ 1948, 122. Die im **KSchG 1951** (BGBl. I S. 499) enthaltene Altersgrenze von zwanzig Jahren wurde erst in der 3. Lesung des Bundestages in das Gesetz eingefügt. Die im Regierungsentwurf vorgesehene dreimonatige Wartezeit wurde auf sechs Monate ausgedehnt. Im Übrigen entsprach die inhaltliche Ausgestaltung des § 1 KSchG 1951 im Wesentlichen dem Regierungsentwurf.

10 Durch das **Erste Arbeitsrechtsbereinigungsgesetz** v. 14.8.1969 (BGBl. I S. 1106) wurde die Bestimmung in mehrfacher Hinsicht geändert. So wurde die bislang geltende **Altersgrenze** von zwanzig auf achtzehn Jahre herabgesetzt. Im Saarland galt diese Altersgrenze allerdings schon seit dem 1.1.1959 (vgl. Gesetz Nr. 628 v. 18.6.1958 ABl. 1959, S. 1249 Art. 7 § 23). Das Erste Arbeitsrechtsbereinigungsgesetz brachte weiterhin insofern eine Änderung, als die sechsmonatige **Wartezeit** des § 1 Abs. 1 KSchG nicht mehr nach der Dauer der tatsächlichen Beschäftigung, sondern nach dem rechtlichen Bestand des Arbeitsverhältnisses zu bestimmen ist. Außerdem wurde § 1 Abs. 3 KSchG dahin ergänzt, dass der Arbeitgeber die Gründe anzugeben hat, die zu der getroffenen sozialen Auswahl geführt haben (vgl. zu den Änderungen iE *Fitting* DB 1969, 1459; *Monjau* BB 1969, 1043 und *Wenzel* BB 1969, 1402).

11 Der Abs. 2 der Bestimmung wurde durch § 123 Nr. 1 des **BetrVG** v. 15.1.1972 (BGBl. I S. 17) sowie durch § 114 des Bundespersonalvertretungsgesetzes v. 15.3.1974 (BGBl. I S. 693) um die nunmehr im Gesetz aufgeführten vier **Widerspruchstatbestände** ergänzt.

Die Altersgrenze von achtzehn Jahren wurde durch das **Gesetz zur Änderung des KSchG** v. 5.7.1976 12
(BGBl. I S. 1769) mit Wirkung v. 9.7.1976 beseitigt (zum Fortfall der Altersgrenze vgl. iE *Becker* NJW
1976, 1486).

Durch das **Arbeitsrechtliche Beschäftigungsförderungsgesetz** v. 25.9.1996 (BGBl. I S. 1476) wurden die 13
Vorschriften zur Sozialauswahl ab 1.10.1996 völlig neu gestaltet. In Abs. 3 der Bestimmung wurde die
vorgeschriebene Sozialauswahl bei betriebsbedingten Kündigungen auf die sozialen Grunddaten Dauer der Betriebszugehörigkeit, Lebensalter und Unterhaltspflichten des Arbeitnehmers beschränkt. Die
berechtigten betrieblichen Interessen, die Vorrang vor einer Sozialauswahl haben, wurden näher umschrieben. In den neu geschaffenen Abs. 4 und 5 wurde geregelt, in welchem Umfang bestimmte kollektivrechtliche Regelungen zu betriebsbedingten Kündigungen gerichtlich überprüfbar sind (vgl. zu
den Änderungen iE *Bader* NZA 1996, 1125; *Coulin* PersR 1996, 461; *Däubler* BetrR 1997, 1; *Etzel* Blick durch
die Wirtschaft 21.10.1996, S. 10; *Fischermeier* NZA 1997, 1089; *Hinrichs* AiB 1996, 589; *Hold* AuA 1996,
365; *v. Hoyningen-Huene/Linck* DB 1997, 41; *Klebe* AiB 1996, 717; *Lakies* NJ 1997, 121; *Langer* ZAP Fach 17,
317; *Lorenz* DB 1996, 1973; *Mitsch/Richter* GewArch 1997, 1; *Preis* NJW 1996, 3369; *Preuß/Rosendahl* BetrR
1996, 137; *Sander* BuW 1997, 30; *Stahlhacke/Preis* WiB 1996, 1025; *Stückmann* AuA 1997, 5). Diese Änderungen wurden durch das Gesetz zu Korrekturen in der Sozialversicherung und zur Sicherung der Arbeitnehmerrechte v. 19.12.1998 (BGBl. I S. 3843) mit Wirkung v. 1.1.1999 weitgehend wieder zurückgenommen. Lediglich Abs. 4 S. 1 wurde in veränderter Form beibehalten (zu dieser Rechtslage vgl. *Bader*
NZA 1999, 64; *Däubler* NJW 1999, 601; *Lakies* NJ 1999, 74; *Löwisch* BB 1999, 102; *Preis* RdA 1999, 311).

Das **Gesetz zu Reformen am Arbeitsmarkt** v. 24.12.2003 (BGBl. I S. 3002) hat die durch das Arbeits- 14
rechtliche Beschäftigungsförderungsgesetz herbeigeführten Änderungen mit Wirkung v. 1.1.2004 im
Wesentlichen wiederhergestellt. Deshalb sind die zum Arbeitsrechtlichen Beschäftigungsförderungsgesetz erschienenen Beiträge (s.o. Rz 13) wieder aktuell. Gegenüber dem Arbeitsrechtlichen Beschäftigungsförderungsgesetz wurden lediglich als viertes zu beachtendes Kriterium bei der Sozialauswahl
die Schwerbehinderung eingeführt und die Regelung für Richtlinien zur Sozialauswahl in Betrieben
und Dienststellen (§ 1 Abs. 4 S. 2 und 3 aF KSchG) nicht wieder aufgenommen. Mit dem Regierungsentwurf zur Neuregelung befassen sich u.a. *Bauer/Preis/Schunder* (NZA 2003, 704), *Kleinebrink* (ArbRB
2003, 338) und *Löwisch* (NZA 2003, 689), mit den Gesetzesänderungen selbst *Bader* (NZA 2004, 65),
Buschmann (AuR 2004, 1), *Däubler* (NZA 2004, 177), *Gaul/Bonanni* (ArbRB 2004, 48), *Grobys* (GmbHR
2004, R 73), *Kappenhagen* (FA 2004, 37), *Kossens* (AuA 2004, 10), *Löwisch* (BB 2004, 154), *Meixner* (ZAP
Fach 17, 719), *Preis* (DB 2004, 70), *Quecke* (RdA 2004, 86), *Richardi* (DB 2004, 486), *Schiefer/Worzalla* (NZA
2004, 345), *Willemsen/Annuß* (NJW 2004, 177) und *Zerres/Rhotert* (FA 2004, 2 und BuW 2004, 166). Reformvorschläge von *Buchner* (NZA 2002, 53), *Hromadka* (NZA 2002, 783) und *Preis* (NZA 2003, 252) hat
der Gesetzgeber nicht aufgegriffen.

B. Verfassungsrechtliche Grundlagen

Grundrechte haben im Arbeitsrecht eine zentrale Bedeutung. Sie richten sich als Abwehrrechte in ers- 15
ter Linie gegen den Staat zum Schutz des einzelnen gegen Freiheitsbeschränkungen, insbes. durch
staatliche Gesetze. Größere praktische Bedeutung im Arbeitsrecht hat aber die vom Bundesverfassungsgericht angenommene Ausstrahlungswirkung der Grundrechte bei der Auslegung und Anwendung von gesetzlichen Regelungen, wozu auch die vor allem privatrechtlichen Generalklauseln (zB
§§ 138, 242, 315, 826 BGB) gehören, die im Arbeitsrecht Anwendung finden (*BVerfG* 7.2.1990 EzA § 90a
HGB Nr. 1; 15.1.1958 BVerfGE 7, 198). Hierbei sind die Grundrechte als »Richtlinien« zu beachten
(*BVerfG* 19.10.1993 EzA Art. 2 GG Nr. 8).

Im Kündigungsrecht haben das Grundrecht der Berufsfreiheit für beide Arbeitsvertragsparteien 16
(Art. 12 GG) und der Gleichheitssatz des Art. 3 GG besondere Bedeutung. Man kann zwischen der verfassungsrechtlichen Gewährleistung der Kündigungsfreiheit und den verfassungsrechtlichen Grundlagen des Kündigungsschutzes unterscheiden. Soweit der Kündigungsschutz des Arbeitnehmers verfassungsrechtlich gewährleistet ist, schränkt er die Kündigungsfreiheit des Arbeitgebers ein. Insoweit
entfaltet Art. 12 Abs. 1 GG eine Drittwirkung im Verhältnis von Arbeitgebern und Arbeitnehmern (*Hanau* FS Dieterich, S. 201).

I. Kündigungsfreiheit

Die Kündigungsfreiheit als Freiheit zur Beendigung von Verträgen ist wie die Vertragsfreiheit Aus- 17
fluss der **allgemeinen Handlungsfreiheit,** die durch Art. 2 Abs. 1 GG geschützt ist. Rechnet man den

Grundrechten auch die negative Freiheit zu, von ihren Gewährleistungen keinen Gebrauch zu machen (s. zur negativen Koalitionsfreiheit BVerfGE 10, 89, 102; 38, 281, 298), so ist das Recht, einen bestimmten Beruf und eine bestimmte Arbeit nicht auszuüben, von Art. 12 Abs. 1 GG mitgeschützt. Für den Arbeitnehmer findet die Kündigungsfreiheit deshalb ihre Grundlage in **Art. 12 GG** (s.a. *Badura* FS Berber, 1973, S. 11, 21), der als Spezialgrundrecht Art. 2 Abs. 1 GG vorgeht (s. etwa BVerfGE 9, 343; 60, 229). Für den Arbeitgeber beruht die Kündigungsfreiheit als Ausfluss der **unternehmerischen Entscheidungsfreiheit** auf Art. 12 Abs. 1, Art. 2 Abs. 1 GG sowie auf **Art. 14 GG**, soweit es darum geht, dass er mit der Kündigung zugleich über das Betreten seiner Betriebsstätte und der Verwendung seiner Betriebsmittel, sei es als Eigentümer oder als berechtigter Besitzer, entscheidet. In erster Linie relevant ist die Freiheit zur Disposition über den Umfang und die Zusammensetzung der Belegschaft für die Leistungsfähigkeit und die finanzielle Belastung eines Unternehmens (eingehend *BVerfG* 27.1.1998 EzA KSchG § 23 Nr. 17, zu B I 3 b bb).

II. Kündigungsschutz

18 Der Kündigungsschutz ist eine Ausprägung des **Sozialstaatsgedankens** (Art. 20 Abs. 1, Art. 28 Abs. 1 GG). Das Sozialstaatsgebot ist als Auftrag dahin zu verstehen, die grundlegenden realen Bedingungen für die Ausübung der Freiheitsrechte, auch des Art. 12 Abs. 1 GG, zu schaffen (s. etwa *Maunz/Dürig/Herzog* Art. 20 VIII Rz 46, 47, 49; *Maunz/Zippelius* § 18 III 2; *von Münch* vor Art. 1 Rz 17 ff.). Die Gewährleistung von Grundrechten ergibt sich auch aus der Verpflichtung zum Schutz der Menschenwürde gem. Art. 1 Abs. 1 S. 2 GG (BVerfGE 49, 89, 142). Die Ausstrahlungen des Sozialstaatsprinzips beeinflussen auch den Inhalt des Rechts auf Berufsfreiheit aus Art. 12 Abs. 1 GG. Die Berufsfreiheit ist deshalb nicht nur negativ gegen ungerechtfertigte staatliche Eingriffe geschützt. Sie umfasst vielmehr auch die grundlegenden realen Voraussetzungen für ihre Ausübung und entfaltet damit eine Schutzfunktion (APS-*Preis* Grundlagen A Rz 23). Dies bedeutet nicht, dass dem einzelnen ein Recht auf Arbeit i.S.d. Schaffung und Erhaltung von Arbeitsplätzen zusteht (*BVerfG* 27.1.1998 EzA § 23 KSchG Nr. 17, zu B I 1; BAG NJW 1964, 1921, 1922; *Maunz/Dürig/Scholz* Art. 12 Rz 44; *von Münch/Gubelt* Art. 12 Rz 25; **aA** *Schiffauer* EuGRZ 1981, 41). Einem solchen Recht stehen vor allem die Grundrechte des Arbeitgebers aus Art. 12 und 14 GG sowie die grundsätzliche Gewährleistung einer freien Wirtschaftsordnung durch das GG entgegen. Die Gewährleistung grundlegender Ausübungsbedingungen enthält auch keinen Anspruch auf Bereitstellung eines Arbeitsplatzes eigener Wahl und keine Bestandsgarantie für den einmal gewählten Arbeitsplatz (*BVerfG* 21.2.1995 EzA Art. 20 Einigungsvertrag Nr. 44; vgl. auch *Maunz/Dürig/Scholz* Art. 12 Rz 423; *von Münch/Gubelt* Art. 12 Rz 25).

19 Der sozialstaatlich gebotene Schutz der Berufsfreiheit umfasst jedoch den **Schutz vor willkürlichen und grundlosen Kündigungen**, weil ein ungerechtfertigter Entzug des Arbeitsplatzes angesichts dessen Bedeutung für die Berufsausübung des Arbeitnehmers nicht zugelassen werden darf. Ein Recht zur ungerechtfertigten Kündigung kann weder aus Grundrechten des Arbeitgebers abgeleitet werden, noch darf dem Arbeitnehmer das sozialstaatlich gebotene Minimum seiner Berufsausübung entzogen werden. Art. 12 Abs. 1 GG ist damit nicht nur Grundlage des Kündigungsschutzes, sondern eines allgemeinen Bestandsschutzes. Art. 12 Abs. 1 GG gebietet, den einzelnen in seinem Entschluss zu schützen, eine konkrete Beschäftigungsmöglichkeit in dem gewählten Beruf beizubehalten (*BVerfG* 24.4.1991 EzA Art. 13 Einigungsvertrag Nr. 1). Wird danach die Unzulässigkeit willkürlicher und grundloser Kündigungen als Minimum einer sozialstaatlich ausgestalteten Berufsfreiheit anerkannt, so bleibt dem Gesetzgeber dennoch ein weiter Ermessensspielraum für die Abwägung zwischen dem Recht des Arbeitnehmers auf Kündigungsschutz und dem Recht des Arbeitgebers auf Kündigungsfreiheit (vgl. *Oetker* RdA 1997, 9; *Preis* NZA 1997, 1256). Der aus Art. 12 Abs. 1 GG folgenden Schutzpflicht des Staates tragen die geltenden Kündigungsvorschriften hinreichend Rechnung (*BVerfG* 21.2.1995 EzA Art. 20 Einigungsvertrag Nr. 44; 24.4.1991 EzA Art. 13 Einigungsvertrag Nr. 1). Hierbei kann im Einzelfall eine verfassungskonforme Auslegung geboten sein, wobei bei Kündigungs- und Beendigungsregelungen der Grundsatz der Verhältnismäßigkeit zu berücksichtigen ist (vgl. *BVerfG* 24.4.1991 EzA Art. 13 Einigungsvertrag Nr. 1). Dieser gebietet, Eingriffe in die Freiheit der Arbeitsplatzwahl des Arbeitnehmers (Entzug des Arbeitsplatzes) nur in dem Umfang zuzulassen, der erforderlich ist, um berechtigte Interessen des Arbeitgebers zu wahren.

20 Bei grundsätzlich angemessenem Kündigungsschutz kann ferner eine gesetzlich festgelegte Differenzierung zwischen Arbeitnehmergruppen gegen den **Gleichheitssatz** des Art. 3 Abs. 1 GG verstoßen; in diesem Fall hat das *BVerfG* die benachteiligende Norm für nichtig oder die gleichheitswidrige Differenzierung für verfassungswidrig zu erklären (30.5.1990 EzA § 662 nF BGB Nr. 27). So hat das BVerfG

vor allem den unterschiedlichen Kündigungsschutz für Angestellte und Arbeiter in Hinblick auf unterschiedliche Kündigungsfristen für verfassungswidrig erklärt (BVerfGE 62, 256). Dabei hat das *BVerfG* betont, dass bei Regelungen, die die Freiheit der beruflichen Betätigung betreffen, der Gleichheitssatz der gesetzgeberischen Gestaltung engere Grenzen als sonst setze (BVerfGE 62, 256, 276). Der verfassungsrechtliche Gleichheitssatz kann insoweit auch als zusätzliche Grundlage für den Kündigungsschutz dienen. Der Gleichheitssatz hat aber lediglich formalrechtlichen Inhalt. Eine Verwirklichung kann nur im Hinblick auf bestimmte Ziele festgestellt werden, die nicht im Gleichheitssatz selbst enthalten, sondern diesem vorgegeben sind. Dies gilt auch bezüglich des Kündigungsschutzes, der nicht in Art. 3 GG verankert ist. Indem Art. 3 Abs. 1 GG willkürliche Ungleichbehandlung verbietet, setzt er den Vergleich mit anderen in vergleichbarer Lage voraus. Nur in dem Maß, in dem anderen Kündigungsschutz zusteht, kann der Kündigungsschutz im Gleichheitssatz Berücksichtigung finden.

Soweit die Rechtsordnung einem Arbeitnehmer **keinen Kündigungsschutz** gewährt (zB in Kleinbetrieben oder in den ersten 6 Monaten des Bestehens des Arbeitsverhältnisses), ist zu prüfen, ob hierbei die Grundrechtsposition des Arbeitnehmers den Interessen des Arbeitgebers in einer Weise untergeordnet wird, dass in Anbetracht der Bedeutung und Tragweite des betroffenen Grundrechts (Art. 12 Abs. 1 GG) von einem angemessenen Ausgleich nicht mehr gesprochen werden kann. Unter dieser Voraussetzung ist der Ausschluss vom Kündigungsschutz verfassungswidrig (*BVerfG* 27.1.1998 EzA § 23 KSchG Nr. 17). Liegt hingegen wegen sachlicher Differenzierung kein Verstoß gegen Art. 12 Abs. 1 GG vor, scheidet damit auch ein Verstoß gegen den Gleichheitssatz des Art. 3 Abs. 1 GG aus. Dies hat das *BVerfG* zB bei der Kleinbetriebsklausel des § 23 KSchG angenommen (s. hierzu KR-*Weigand* § 23 KSchG Rz 14 ff.). 21

Bei der Auslegung von Normen, die einen nicht grundrechtswidrigen Ausschluss vom Kündigungsschutz festlegen, ist die **konkrete Interessenlage von Arbeitgeber und Arbeitnehmer** zu berücksichtigen und bei der Überschreitung der Typisierungsbefugnis des Gesetzgebers eine am Gesetzeszweck ausgerichtete verfassungskonforme Auslegung der Gesetzesnormen vorzunehmen (*BVerfG* 27.1.1998 EzA § 23 KSchG Nr. 17 und 18). So hat das *BVerfG* im Hinblick auf die Interessenlage der Arbeitsvertragsparteien den Betriebsbegriff in § 23 KSchG neu bestimmt und in verfassungskonformer Auslegung des § 23 KSchG in der bis zum 30.9.1996 geltenden Fassung für die Berücksichtigung von Teilzeitkräften bei der Berechnung der Arbeitnehmerzahl bestimmte Anrechnungsgrundsätze aufgestellt (*BVerfG* EzA § 23 KSchG Nr. 17 und 18; s. iE KR-*Weigand* § 23 Rz 17). 22

Zur sechsmonatigen Wartezeit bis zum Beginn des Kündigungsschutzes nach § 1 KSchG ist in Hinblick auf die Interessenlage der Arbeitsvertragsparteien und in verfassungskonformer Auslegung nach dem Gesetzeszweck auf die Dauer des Arbeitsverhältnisses die Zeit eines vorangegangenen Arbeitsverhältnisses trotz rechtlicher Unterbrechung anzurechnen, wenn zwischen beiden Arbeitsverhältnissen ein enger sachlicher Zusammenhang besteht (s.u. Rz 108–113). 23

Ein spezielles Kündigungsverbot wegen Maßnahmen zur Bildung von Gewerkschaften oder des Beitritts zu diesen sowie zu sonstigen Arbeitnehmervereinigungen ergibt sich aus **Art. 9 Abs. 3 S. 2 GG**. Art. 9 Abs. 3 S. 2 GG schützt auch die koalitionsmäßige Betätigung. Deshalb dürfen auch rechtmäßige Arbeitskampfmaßnahmen nicht als Kündigungsgrund anerkannt werden. 24

Kündigungsschutzrechtliche Relevanz hat ferner **Art. 6 Abs. 4 GG**. Da jede Mutter Anspruch auf den Schutz und die Fürsorge der Gemeinschaft hat, dürfen ihr aus der Mutterschaft auch keine arbeitsrechtlichen Nachteile erwachsen. Dies wirkt sich auch durch einen verstärkten Bestandsschutz werdender Mütter aus. Dem Schutzauftrag des Art. 6 Abs. 4 GG trägt das geltende Mutterschutzrecht durch Kündigungsverbote Rechnung. Gesetzliche Durchbrechungen der Kündigungsvorschriften im Bereich des Mutterschutzrechts (zB im Einigungsvertrag) hat das *BVerfG* wegen Verstoßes gegen Art. 6 Abs. 4 GG für nichtig erklärt (*BAG* 24.4.1991 EzA Art. 13 Einigungsvertrag Nr. 1). 25

Bei **Arbeitnehmern ohne Kündigungsschutz** gewährleisten die **zivilrechtlichen Generalklauseln** den durch Art. 12 Abs. 1 GG gebotenen Mindestschutz der Arbeitnehmer (*BVerfG* 27.1.1998 EzA § 23 KSchG Nr. 17). In Betracht kommen insbes. § 138 BGB (Sittenwidrigkeit), § 242 BGB (Treu und Glauben), § 315 BGB (billiges Ermessen) und § 612a BGB (Maßregelungsverbot). Im Rahmen dieser Generalklauseln ist der objektive Gehalt der Grundrechte, vor allem Art. 12 Abs. 1 GG, zu beachten. Arbeitnehmer sind vor willkürlichen oder auf sachfremden Motiven beruhenden Kündigungen zu schützen, zB Kündigungen, die gegen ein Diskriminierungsverbot des Art. 3 Abs. 3 GG verstoßen. Soweit unter mehreren Arbeitnehmern eine Auswahl zu treffen ist, ist ein gewisses Maß an sozialer Rücksichtnahme geboten. Hierbei darf insbes. durch langjährige Mitarbeit erdientes Vertrauen in den Fortbestand 26 eines Arbeitsverhältnisses nicht unberücksichtigt bleiben (*BVerfG* 27.1.1998 EzA § 23 KSchG Nr. 17, zu B I 3 b cc). Eine Kündigung, die das gebotene Maß an sozialer Rücksichtnahme nicht wahrt, verstößt gegen Treu und Glauben (§ 242 BGB) und ist deshalb unwirksam (*BAG* 21.2.2001 EzA § 242 BGB Kündigung Nr. 1). Der über die Generalklauseln vermittelte Schutz darf andererseits nicht zu einer die gesetzliche Differenzierung missachtenden Angleichung des Bestandsschutzes außerhalb des Geltungsbereiches des KSchG an den innerhalb führen (*BVerfG* 27.1.1998 EzA § 23 KSchG Nr. 17, zu B I 3 b cc). So bewirken bei der sozialen Auswahl nur evidente Auswahlfehler zur Unwirksamkeit der Kündigung (*BAG* 21.2.2001 EzA § 242 BGB Kündigung Nr. 1, zu B I 4 b, d; 6.2.2003 EzA § 242 BGB 2002 Nr. 1, zu II 3 a). Zu Kündigungen während der Wartezeit näher unten Rz 123 – 128, 131; zu Kündigungen in Kleinbetrieben näher KR-*Weigand* § 23 KSchG Rz 55 – 69; zum Bestandsschutz nach §§ 138, 242 BGB eingehend KR-*Friedrich* § 13 KSchG Rz 111 – 175a, 258a, 259b, 229 – 257b).

III. Verhältnis zum Antidiskriminierungsrecht

26a Das am 18.8.2006 in Kraft getretene, der Umsetzung der EU-Richtlinien 2000/43/EG, 2000/78/EG, 2002/73/EG und 2004/113/EG dienende **Allgemeine Gleichbehandlungsgesetz (AGG)** v. 14.8.2006 (BGBl. I S. 1897) soll Benachteiligungen aus Gründen der Rasse oder wegen der ethnischen Herkunft, des Geschlechts, der Religion oder Weltanschauung, einer Behinderung, des Alters oder der sexuellen Identität u.a. beim Zugang zu einer Erwerbstätigkeit und bei den Beschäftigungs- und Arbeitsbedingungen einschließlich der Entlassungsbedingungen verhindern oder beseitigen (§§ 1, 2 Abs. 1 Nr. 1, 2, § 7 AGG). Das Verhältnis des AGG zum allgemeinen und besonderen Kündigungsschutz wird aus dem Gesetz nicht abschließend klar. Gemäß § 2 Abs. 4 AGG findet bei Kündigungen ausschließlich der allgemeine und besondere Kündigungsschutz Anwendung. Dies besagt zunächst, dass das KSchG ebenso wie die Bestimmungen des Sonderkündigungsschutzes auf Kündigungen wegen der in § 1 AGG genannten Merkmale anwendbar bleibt. Problematisch ist die Rechtslage, soweit das Kündigungsrecht den von den Richtlinien geforderten Schutz nicht gewährleistet. Dies dürfte im Anwendungsbereich des KSchG kaum der Fall sein, weil eine an ein geschütztes Merkmal anknüpfende und nach den Bestimmungen des AGG nicht gerechtfertigte Kündigung regelmäßig sozialwidrig sein dürfte. Zudem ist der Begriff der sozialen Rechtfertigung einer Kündigung unter Berücksichtigung der Vorgaben der Richtlinien europarechtskonform auszulegen (vgl. *Annuß* BB 2006, 325, 326; BBDW-*Bader* § 13 Rz 48e; *Bauer/Göpfert/Krieger* Nachtrag zu § 2 AGG Rz 62 ff., § 10 AGG Rz 46 ff.). Problematisch ist die Rechtslage nur, wenn objektiv ein nicht diskriminierender Kündigungsgrund vorliegt, der Arbeitgeber daneben aber zumindest auch aus diskriminierenden Motiven kündigt (s.u. Rz 209a). Da die Richtlinien entsprechende Ausnahmen nicht vorsehen, dürfte jedoch bei Kündigungen innerhalb der Wartezeit von § 1 Abs. 1 KSchG und außerhalb des betrieblichen Geltungsbereichs gem. § 23 KSchG angesichts der zurückhaltenden Anwendung der zivilrechtlichen Generalklauseln auf Kündigungen durch die Rechtsprechung (s.u. Rz 124 – 128) ein Umsetzungsdefizit bestehen. Dieses ist im Interesse der Vermeidung einer europarechtswidrigen Rechtslage durch eine den Vorgaben der Richtlinien Rechnung tragende europarechtskonforme Auslegung der §§ 138, 242, 612a BGB auszugleichen (*Annuß* BB 2006, 1629f.; *Perreng/Nollert-Borasio* AiB 2006, 459, 460; *Richardi* NZA 2006, 881, 886; BBDW-*Bader* § 13 Rz 48e; *Schlachter* ZESAR 2006, 391, 392 f.; ErfK-*Schlachter* § 2 AGG Rz 14 f.; für eine Unanwendbarkeit von § 2 Abs. 4 AGG *Busch* AiB 2006, 467, 468). Dies schließt die ebenfalls durch die Richtlinien vorgegebene Beweislastverteilung von § 22 AGG ein.

26b Im Anwendungsbereich von § 1 KSchG wirft vor allem das **Differenzierungskriterium Alter** Probleme auf. Die **Wartezeit** von § 1 Abs. 1 KSchG knüpft allerdings nicht an dieses Merkmal an, da sie altersunabhängig gilt. Angesichts ihrer relativen Kürze von sechs Monaten besteht auch kein hinreichender mittelbarer Bezug zu dem Merkmal Alter, wie es bei längeren Beschäftigungszeiten möglich ist.

26c Dagegen wird in der **Sozialauswahl** mit § 1 Abs. 3 S. 1 KSchG unmittelbar nach dem Alter differenziert, indem Arbeitnehmer mit steigendem Alter eine stärkere Stellung in der Sozialauswahl erwerben. Zudem steht das weitere Kriterium der Betriebszugehörigkeit in mittelbarem Zusammenhang mit dem Alter, da längere Beschäftigungszeiten ein bestimmtes Mindestalter voraussetzen. Auch die nach § 1 Abs. 3 S. 2, Abs. 4, 5 KSchG mögliche Bildung von Altersgruppen zur Sozialauswahl bewirkt Vor- und Nachteile wegen der Zugehörigkeit zu bestimmten Altersgruppen (vgl. *Bertelsmann* ZESAR 2005, 242, 249). Regelungen zur Behandlung des Kriteriums Alter in der Sozialauswahl waren in § 10 S. 3 Nr. 6, 7 AGG enthalten. Diese Regelungen waren trotz der Einfügung von § 2 Abs. 4 AGG nicht ohne praktische Bedeutung (so aber *Annuß* BB 2006, 1629, 1633). Sie waren als dem Ziel der Europarechtskonformität dienende Konkretisierung von § 1 Abs. 3 S. 1 KSchG zu verstehen und bei dessen Auslegung für bis zum Inkrafttreten der sie aufhebenden Regelung von Art. 8 Abs. 1 Nr. 1 a des Zweiten Gesetzes zur Änderung des Betriebsrentengesetzes (BGBl. I S. 2742) am 12.12.2006 zugegangene Kündigungen zu berücksichtigen (ErfK-*Schlachter* § 10 AGG Rz 8). Gesetzessystematisch hätten sie allerdings im KSchG aufgenommen werden müssen (vgl. *Reichold/Hahn/Heinrich* NZA 2005, 1270, 1275; *Bauer/Göpfert/Krieger* § 2 Rz 60).

Durch die Streichung von § 10 S. 3 Nr. 6, 7 AGG wird zwar die Aufsplitterung derselben Materie auf mehrere Gesetze beseitigt. Sie vergrößert indessen die **Gefahr der Europarechtswidrigkeit des deutschen Kündigungsschutzrechts** gerade im Rahmen der Sozialauswahl. Deswegen ist insbesondere der dies wegen seiner relativ unbestimmten Fassung zulassende § 1 Abs. 3 hinsichtlich des Kriteriums Alter in dem Sinn europarechtskonform auszulegen, dass das Alter nicht Selbstzweck, sondern als Indiz für die Chancen auf dem Arbeitsmarkt zu verstehen ist. Damit bleibt es bei der Wertung von § 10 S. 3 Nr. 6 AGG aF trotz der Streichung dieser Norm (vgl. *Löwisch* BB 2006, 2582; *Bauer/Göpfert/Krieger* Nachtrag zu § 2 AGG Rz 62 ff., § 10 Rz 46 ff.). Weiter sind die Regelungen von § 1 Abs. 3 – 5 KSchG, soweit sie hinsichtlich der **Beweislastverteilung** nicht den Richtlinienvorgaben entspricht, richtlinienkonform auszulegen (*Annuß* BB 2006, 325, 326). Auch hier hat es der Gesetzgeber versäumt, die Konsequenz der Herausnahme von Kündigungen aus dem Geltungsbereich des AGG zu ziehen und die europarechtlich gebotenen Regelungen in das KSchG aufzunehmen. Zu den Auswirkungen des Antidiskriminierungsrechts auf die Sozialauswahl Rz 645a, 651, 665 – 665d, 670a, 673, 678h, 683, 697, 703. **26d**

C. Zweck des allgemeinen Kündigungsschutzes

Der die **Grundsatznorm** des allgemeinen Kündigungsschutzes bildende § 1 KSchG gewährt Arbeitnehmern unter bestimmten Voraussetzungen einen Schutz vor sozial ungerechtfertigten ordentlichen Kündigungen des Arbeitgebers. Zweck des Kündigungsschutzes ist in erster Linie die Erhaltung des Arbeitsplatzes im Fall der Sozialwidrigkeit einer Kündigung (*BAG* 23.6.2005 EzA § 9 KSchG nF Nr. 52, zu II 2 a). Die rechtstechnische Ausgestaltung dieses Schutzes in Gestalt einer **nachträglichen Unwirksamkeitskontrolle** durch die Gerichte für Arbeitssachen (vgl. §§ 4 ff. KSchG) birgt allerdings die Gefahr in sich, dass der Arbeitnehmer in den Fällen einer längeren Prozessdauer nur wieder schwer in den Betrieb eingegliedert werden kann. Diese Gefahr wird dadurch gemildert, dass dem Arbeitnehmer unter den in § 102 Abs. 5 BetrVG und den entsprechenden Bestimmungen des Personalvertretungsrechts geregelten Voraussetzungen für die Dauer des Kündigungsrechtsstreits ein **kollektivrechtlicher Weiterbeschäftigungsanspruch** zusteht (vgl. hierzu KR-*Etzel* § 102 BetrVG Rz 193 ff.; §§ 72, 79, 108 Abs. 2 BPersVG Rz 58). Nach dem Beschluss des Großen Senats des *BAG* (27.2.1985 EzA § 611 BGB Beschäftigungspflicht Nr. 9) kann der Arbeitnehmer auch außerhalb der Regelungen der §§ 102 Abs. 5 BetrVG, 79 Abs. 2 BPersVG einen **arbeitsvertraglichen Weiterbeschäftigungsanspruch** unter den dort genannten Voraussetzungen während der Dauer des Kündigungsrechtsstreits geltend machen (vgl. hierzu KR-*Etzel* § 102 BetrVG Rz 269 ff.). Gleichwohl bewirkt § 1 KSchG statistisch nur in den seltensten Fällen nach einer ausgesprochenen Kündigung Bestandsschutz (vgl. *Höland/Kahl/Zeibig* WSI-Mitteilungen 2005, 561). **27**

Rechtspolitisch wird zunehmend eine Ersetzung des Bestandsschutzes durch reine Abfindungsregelungen gefordert, um Kündigungen kalkulierbarer zu machen und Kündigungsschutzprozesse zu vermeiden (etwa *Rühle* DB 1991, 1378; *Schiefer* NZA 2002, 770; *Bauer* NZA 2005, 1046). Derartigen Vorschlägen ist mit Skepsis zu begegnen. Einerseits dürfte eine solche Änderung weniger zu einer Reduzierung arbeitsgerichtlicher Verfahren als zu einer Konzentration auf andere Unwirksamkeitsgründe, etwa auf Diskriminierungsvorwürfe, führen. Andererseits wirkt das geltende Recht vor allem im Vorfeld von Kündigungen bestandssichernd, da es Arbeitgeber zu der Prüfung veranlasst, ob eine Kündigung sich als wirksam erweisen kann. Würde darauf verzichtet, bestünde jedenfalls für finanziell leistungsfähige Arbeitgeber keinerlei Anlass mehr, die Bestandsinteressen von Arbeitnehmern bei ihren Kündigungsentscheidungen mit zu berücksichtigen (vgl. *Bayreuther* NZA 2006, 417; *Huber* NZA 2005, 1340). **27a**

Eine **Verknüpfung** des **individuellen** mit dem **kollektiven Kündigungsschutz** des § 102 BetrVG bzw. § 79 BPersVG wird durch die Einbeziehung gewisser Widerspruchstatbestände in § 1 Abs. 2 KSchG erreicht (vgl. hierzu iE unter Rz 196 ff.) Die betreffenden **Widerspruchstatbestände** erhalten hierdurch insofern eine **Doppelfunktion**, als sie einerseits die Voraussetzung für einen vorläufigen Weiterbeschäftigungsanspruch bilden, andererseits Kriterien der Sozialwidrigkeit darstellen. Einen **mittelba- 28** ren **Kündigungsschutz** bewirken auch die Vorschriften über Massenentlassungen (§§ 17 ff. KSchG), die arbeitsmarktpolitischen Zwecken dienen und deren Nichtbeachtung zur Unwirksamkeit von Entlassungen führen kann (Reflexwirkung; s. iE KR-*Weigand* § 17 KSchG Rz 7 ff.).

29 Durch das Erfordernis der sozialen Rechtfertigung (§ 1 Abs. 2 und Abs. 3 KSchG) hat der Gesetzgeber das ordentliche Kündigungsrecht des Arbeitgebers im Interesse des **Bestandsschutzes** des **Arbeitsverhältnisses** eingeschränkt. In Abweichung zu dem früheren legislativen Grundmodell (s.o. Rz 7) hat die gerichtliche Feststellung der Sozialwidrigkeit der Kündigung zur Folge, dass das Arbeitsverhältnis für die Zeit nach Ablauf der Kündigungsfrist fortbesteht. Eines Widerrufs der Kündigung durch den Arbeitgeber bedarf es nicht. In vergütungsrechtlicher Hinsicht bedeutet dies, dass der Arbeitgeber in den Fällen eines obsiegenden Feststellungsurteils uU erhebliche Nachzahlungen an den Arbeitnehmer bzw. an die Arbeitsverwaltung (§ 615 BGB) zu erbringen hat. Eine Annäherung an das seitherige legislative Grundmodell wird aber dadurch erreicht, dass beide Arbeitsvertragsparteien bei Vorliegen der in §§ 1a, 9 KSchG genannten Voraussetzungen die Auflösung des Arbeitsverhältnisses herbeiführen können. Abgesehen von dem Sonderfall des § 14 Abs. 2 KSchG (vgl. dazu KR-*Rost* § 14 KSchG Rz 37–41) steht die Auflösung des Arbeitsverhältnisses aber nicht mehr im freien Belieben des Arbeitgebers.

30 In den Fällen eines **Auflösungsurteils** (§ 9 KSchG) kommt dem Merkmal der **Sozialwidrigkeit** eine anspruchsbegründende Funktion zu. Der soziale Besitzstand des Arbeitnehmers ist somit nicht nur in seinem rechtlichen Bestande, sondern auch in vermögensrechtlicher Hinsicht geschützt. Die Auflösung des Arbeitsverhältnisses gegen Zahlung einer Abfindung bedeutet für den Arbeitnehmer die Möglichkeit, den Verlust des sozialen Besitzstandes vermögensrechtlich zu kompensieren.

D. Rechtsnatur des allgemeinen Kündigungsschutzes

I. Einseitig zwingende Wirkung

31 Der allgemeine Kündigungsschutz ist insofern zwingendes Recht, als vorherige **abweichende Vereinbarungen zum Nachteil des Arbeitnehmers unwirksam** sind (allg. Ansicht, etwa *Löwisch/Spinner* vor § 1 Rz 98; *v. Hoyningen-Huene/Linck* Rz 7; MünchKomm-*Hergenröder* Einl. KSchG Rz 12; zur Sozialauswahl BAG 2.6.2005 EzA § 1 KSchG Soziale Auswahl Nr. 63, zu B I 4 b aa). Unzulässig sind nicht nur der vorherige völlige Ausschluss des allgemeinen Kündigungsschutzes, sondern auch jegliche Beschränkungen (zB Vereinbarung einer längeren Wartezeit oder Festlegung eines Mindestalters). Dies gilt sowohl für (vorherige) einzelvertragliche Vereinbarungen als auch für kollektivrechtliche Regelungen in Tarifverträgen und Betriebsvereinbarungen. Als unzulässige Beschränkung des allgemeinen Kündigungsschutzes sind auch einzelvertragliche Vereinbarungen bzw. entsprechende kollektivrechtliche Regelungen anzusehen, die bestimmte Tatbestände (zB Verstoß gegen Rauchverbote, Beleidigung von Vorgesetzten) zu absoluten Kündigungsgründen erklären (allg. Ansicht; vgl. statt aller *Löwisch/Spinner* vor § 1 Rz 98; *v. Hoyningen-Huene/Linck* § 1 Rz 8). Derartige Absprachen oder Regelungen haben lediglich insofern Bedeutung, als das Gericht die hierin zum Ausdruck gekommenen Wertvorstellungen der Parteien oder der Tarifvertragspartner bei der Interessenabwägung angemessen zu berücksichtigen hat. Der einseitig zwingende Charakter des allgemeinen Kündigungsschutzes ist auch bei **Richtlinien** über die **personelle Auswahl** bei Kündigungen (vgl. § 95 BetrVG) zu beachten. Solche Auswahlrichtlinien dürfen nicht gegen § 1 Abs. 3 S. 1 KSchG verstoßen und etwa allein auf die Dauer der Betriebszugehörigkeit abstellen, während die sonstigen notwendigen Sozialdaten (Lebensalter, Unterhaltspflichten, Schwerbehinderung des Arbeitnehmers) außer Betracht bleiben (vgl. BAG 11.3.1976 EzA § 95 BetrVG Nr. 1), sind aber gem. § 1 Abs. 4 KSchG nur auf grobe Fehlerhaftigkeit überprüfbar. Der zwingende Kündigungsschutz des KSchG kann dem Arbeitnehmer auch nicht im Rahmen der Rechtswahl iSd Art. 27 EGBGB entzogen werden (Art. 30 Abs. 1 EGBGB; s. hierzu KR-*Weigand* IPR Rz 26 ff.).

32 Abgesehen von den Dienstordnungsangestellten iSd §§ 351 ff. RVO (s.u. Rz 187) kann der Arbeitgeber wegen der zwingenden Ausgestaltung des Kündigungsschutzrechts keine einseitige Beendigung des Arbeitsverhältnisses in Gestalt einer Disziplinarmaßnahme oder **Betriebsbuße** vornehmen. Spricht der Arbeitgeber durch die auf Entlassung gerichtete Disziplinarmaßnahme keine Kündigung aus, was im Einzelfall durch Auslegung zu ermitteln ist, so führt diese Erklärung – vorbehaltlich der Umdeutung in eine Kündigung – nicht zur Beendigung des Arbeitsverhältnisses (BAG 28.4.1982 DB 1983, 775). Erklärt der Arbeitgeber dagegen eine **Kündigung** in **Gestalt** einer **Disziplinarmaßnahme,** kann der Arbeitnehmer Kündigungsschutzklage erheben und darüber hinaus gegen die Disziplinarmaßnahme-

Sozial ungerechtfertigte Kündigungen §1 KSchG

gerichtlich vorgehen. Das Betriebsverfassungs- und Personalvertretungsrecht enthält keine Ermächtigungsgrundlage zum Abschluss von Betriebs- oder Dienstvereinbarungen, aufgrund derer eine Entlassung im Disziplinarwege ausgesprochen werden kann (BAG 28.4.1982 aaO). Möglich ist nur, dass die Arbeitnehmervertretung etwa nach § 104 BetrVG mittels eines Initiativrechts die Entfernung eines Arbeitnehmers aus dem Betrieb verlangen kann. Reichen die vom Arbeitgeber für die Disziplinarmaßnahme angeführten Gründe zur sozialen Rechtfertigung der Kündigung aus, ist die Kündigung insoweit wirksam. Die Kündigungsschutzklage ist dann abzuweisen.

Anders als durch einzel- oder kollektivvertragliche Vereinbarungen kann durch **Gesetz** der allgemeine 33
Kündigungsschutz nach § 1 KSchG beschränkt werden, unter anderem auch durch Einführung neuer und Erweiterung der bisher nach § 1 KSchG zugelassenen Kündigungsgründe. Als Beispiel hierfür ist die Regelung der Anl. I Kap. XIX Sachgebiet A Abschn. III Nr. 1 Abs. 4 EV zu nennen, die in der Zeit vom 3.10.1990 bis 31.12.1993 für den **öffentlichen Dienst in den neuen Bundesländern** besondere Kündigungsgründe für eine ordentliche Kündigung vorsah. Über das Verhältnis dieser Vorschriften zu § 1 KSchG s. 4. Aufl. Rz 640.

II. Zulässigkeit von günstigeren Vereinbarungen

Wegen des **einseitig zwingenden Charakters** des allgemeinen Kündigungsschutzes ist es statthaft, 34
mit dem Arbeitnehmer **günstigere Vereinbarungen** abzuschließen. So kann der allgemeine Kündigungsschutz durch Parteivereinbarung oder kollektiv-rechtliche Regelung auch schon für Arbeitsverhältnisse, die noch nicht sechs Monate bestanden haben, eingeführt werden (vgl. BAG 18.7.1967 AP Nr. 8 zu § 1 KSchG und BAG 8.6.1972 AP Nr. 1 zu § 1 KSchG 1969; s. iE Rz 94 ff.). Ebenso ist es zB zulässig, durch entsprechende einzelvertragliche Vereinbarungen oder kollektivrechtliche Regelungen Arbeitnehmer in Kleinbetrieben (§ 23 KSchG) in den allgemeinen Kündigungsschutz einzubeziehen (APS-*Dörner* Rz 6; SPV-*Preis* Rz 325; MünchKomm-*Hergenröder* Einl. KSchG Rz 13). Die Auffassung von *Löwisch*, tarifvertraglich sei dies nur eingeschränkt möglich (DB 1998, 877, 881 f.; *Löwisch/Spinner* Rz 39), wird der Tarifautonomie nicht gerecht, die gerade die kollektive Wahrnehmung von Individualrechten gewährleistet (so zutr. SPV-*Preis* Rz 333). Die gesetzliche Ausgestaltung des allgemeinen Kündigungsschutzes schließt es weiterhin nicht aus, durch einzelvertragliche Vereinbarung (s.u. Rz 96) oder auf kollektivrechtlicher Ebene (zB durch tarifliche **Rationalisierungsschutzabkommen**) dem einzelnen Arbeitnehmer eine über den allgemeinen Kündigungsschutz hinausgehende kündigungsschutzrechtliche Position einzuräumen, zB durch die Notwendigkeit der Angabe des Kündigungsgrundes, den Ausschluss des ordentlichen Kündigungsrechts bei Erreichen eines bestimmten Lebensalters, Beschränkung des ordentlichen Kündigungsrechts auf personen- und verhaltensbedingte Gründe oder die Verpflichtung zur Zahlung von Abfindungen in den Fällen von sozial gerechtfertigten betriebsbedingten Kündigungen (APS-*Dörner* Rz 6; SPV-*Preis* Rz 331; s.a. Rz 157).

Der einseitig zwingende Charakter des allgemeinen Kündigungsschutzes steht auch nicht dem Ab- 35
schluss von **Dienst-** oder **Betriebsvereinbarungen** entgegen, aufgrund derer für die gesamte Belegschaft oder Teile der Belegschaft für einen bestimmten Zeitraum arbeitgeberseitige Kündigungen aus betriebsbedingten Gründen ausgeschlossen werden (*Löwisch/Spinner* vor § 1 Rz 96). Soweit derartige **Entlassungssperren** durch Tarifvertrag oder üblicherweise tariflich geregelt werden, greift allerdings die Tarifüblichkeitssperre des § 77 Abs. 3 BetrVG ein mit der Folge, dass entsprechende Betriebsvereinbarungen unwirksam sind (APS-*Dörner* Rz 6; MünchKomm-*Hergenröder* Einl. KSchG Rz 13).

III. Verzicht

Trotz des zwingenden Charakters des allgemeinen Kündigungsschutzes kann ein Arbeitnehmer **nach-** 36
träglich, dh nach Zugang der Kündigung, auf seine Ansprüche aus dem KSchG wirksam verzichten (allg. Ansicht, etwa BAG 25.9.1969 AP Nr. 36 zu § 1 KSchG; *v. Hoyningen-Huene/Linck* Rz 11). Wegen der weitreichenden Bedeutung eines solchen Verzichts muss die Ernsthaftigkeit des Verzichts **eindeutig erkennbar** sein. Ein derartiger Verzicht kann auch noch nach Rechtshängigkeit der Kündigungsschutzklage und Beginn des Kündigungsschutzprozesses in Gestalt einer sog. **Ausgleichsquittung** erklärt werden (vgl. BAG 29.6.1978 DB 1978, 1842; 3.5.1979 EzA § 4 KSchG nF Nr. 15; KR-*Friedrich* § 4 KSchG Rz 302–311). An die Ernsthaftigkeit und Eindeutigkeit einer entsprechenden Verzichtserklärung sind aber besonders strenge Voraussetzungen zu stellen (vgl. APS-*Dörner* Rz 13; *Kramer/Marhold* AR-Blattei SD 290 Rz 108 ff.; *Plander* DB 1986, 1873). Die Formulierung »Ich erkläre, dass mir auch aus Anlass der Beendigung des Arbeitsverhältnisses keine Ansprüche mehr zustehen« genügt nicht (BAG 3.5.1979 EzA § 4 KSchG nF Nr. 15; s. iE KR-*Friedrich* § 4 KSchG Rz 308).

36a Seit 1.1.2002 unterliegen vom Arbeitgeber iSv §§ 305, 310 Abs. 3 Nr. 2 BGB vorformulierte Ausgleichsquittungen der **Inhaltskontrolle** gem. §§ 305 ff BGB. Dies begrenzt deren Zulässigkeit unter drei Gesichtspunkten. Sie dürfen nicht überraschend oder mehrdeutig gem. § 305c Abs. 1 BGB gestaltet sein. Sie werden daher nicht Vertragsinhalt, wenn sie etwa unter einer falschen oder missverständlichen Überschrift (»Rückgabe Ihrer Unterlagen«) oder ohne besonderen Hinweis oder drucktechnische Hervorhebung verwendet werden (*BAG* 23.2.2005 NZA 2005, 1194, zu II 4 b; HaKo-*Fiebig* Rz 19; SPV-*Preis* Rz 1255; **a.A.** APS-*Dörner* Rz 14, 15). Weiter darf ihre Fassung nicht das Transparenzgebot von § 307 Abs. 1 S. 2 BGB verletzen, was insbes. eine klare Darstellung der wirtschaftlichen Folgen erfordert (*LAG Düsseld.* 13.4.2005 AuR 2005/383 L; *Lakies* AR-Blattei SD 35 Rz 273). Drittens benachteiligen sie den Arbeitnehmer regelmäßig iSv § 307 Abs. 1 S. 1 BGB entgegen Treu und Glauben unangemessen, wenn dieser keine kompensatorische Gegenleistung erhält (*LAG SchlH* 24.9.2003 NZA-RR 2004, 74; *LAG Hmb.* 29.4.2004 NZA-RR 2005, 151; *Lakies* AR-Blattei SD 35 Rz 274; SPV-*Preis* Rz 1255; s.a. KR-*Friedrich* § 4 KSchG Rz 311a). Nicht in Betracht kommt dagegen nach § 307 Abs. 3 S. 2 BGB etwa bei Abfindungsvereinbarungen eine Kontrolle der Angemessenheit von Leistung und Gegenleistung (*Thüsing/Leder* BB 2004, 42, 43 f.).

36b Der Arbeitnehmer kann auch in der Weise auf den allgemeinen Kündigungsschutz verzichten, dass er gegen eine sozial ungerechtfertigte Kündigung nicht oder nicht rechtzeitig (§§ 4–6 KSchG) klageweise vorgeht. In den zuletzt genannten Fällen gilt eine sozial ungerechtfertigte Kündigung als von Anfang an wirksam (§ 7 KSchG). In einem bloßen **Schweigen** des Arbeitnehmers gegenüber dem Arbeitgeber kann dagegen noch kein Verzicht gesehen werden (vgl. APS-*Dörner* Rz 16; *v. Hoyningen-Huene/Linck* Rz 12). Der Arbeitnehmer ist nicht dazu verpflichtet, den Arbeitgeber während der Klagefrist des § 4 KSchG über etwaige Klageabsichten zu unterrichten (vgl. allg. zum Verzicht auf kündigungsschutzrechtliche Positionen KR-*Fischermeier* § 626 BGB Rz 61 f.). Bei einer auf **Wunsch des Arbeitnehmers** erklärten arbeitgeberseitigen Kündigung verstößt es seit dem Inkrafttreten von § 623 BGB nicht ohne weiteres gegen Treu und Glauben, wenn der Arbeitnehmer sich gleichwohl auf den allgemeinen Kündigungsschutz beruft (so zur früheren Rechtslage *LAG Köln* 11.1.1984 DB 1984, 1150; *ArbG Wuppertal* 5.4.1979 DB 1980, 1127). Andernfalls würden die mit dem Schriftformgebot verfolgten Zwecke des Übereilungsschutzes und der schriftlichen Beweissicherung vereitelt (zum Verhältnis zwischen § 623 und § 242 BGB *BAG* 16.9.2004 EzA § 623 BGB 2002 Nr. 1, zu B I 2 c).

IV. Fehlender Schutzgesetzcharakter

37 Der in den §§ 1 ff. KSchG geregelte allgemeine Kündigungsschutz ist kein Schutzgesetz iSd § 823 Abs. 2 BGB, da dem Arbeitnehmer durch diese Bestimmungen **keine deliktsrechtliche geschützte Position** eingeräumt wird (allg. Ansicht vgl. etwa APS-*Dörner* Rz 19; *Löwisch/Spinner* vor § 1 Rz 105; *v. Hoyningen-Huene/Linck* Rz 19). Eine sozialwidrige Kündigung kann aber zugleich eine Verletzung der Ehre oder des allgemeinen Persönlichkeitsrechts des Arbeitnehmers darstellen und den Arbeitgeber nach den §§ 823 Abs. 1, 847 BGB zum Ersatz des immateriellen Schadens verpflichten (vgl. iE KR-*Spilger* § 10 KSchG Rz 77).

E. Voraussetzungen des allgemeinen Kündigungsschutzes

38 Die gesetzlichen Voraussetzungen des allgemeinen Kündigungsschutzes sind **in § 1 Abs. 1 KSchG nur unvollständig** geregelt. Weitere Regelungen über den persönlichen, betrieblichen und gegenständlichen Geltungsbereich enthalten die §§ 14, 23–25 KSchG (vgl. die Erl. zu diesen Bestimmungen).

I. Persönlicher Geltungsbereich

1. Begriff des Arbeitnehmers

39 S. KR-*Rost* ArbNähnl.Pers. Rz 15 – 20c.

2. Besondere Arten des Arbeitsverhältnisses

40 a) Alliierte Streitkräfte (Rz 41)
b) Aushilfsarbeitsverhältnis (Rz 42)
c) Ausländische Arbeitnehmer (Rz 43, 44)
d) Auszubildende, Anlernlinge, Volontäre und Praktikanten (Rz 45)
e) Befristetes Arbeitsverhältnis (Rz 45)

Sozial ungerechtfertigte Kündigungen § 1 KSchG

f) Einheitliches Arbeitsverhältnis mit mehreren Arbeitgebern (Rz 46)
g) Faktisches Arbeitsverhältnis (Rz 47)
h) Familienarbeitsverhältnis (Rz 48)
i) Gruppenarbeitsverhältnis (Rz 49–56)
j) Hafenarbeiter (Rz 57)
k) Kirchlicher Dienst (Rz 58)
l) Leiharbeitsverhältnis (Rz 59–61)
m) Mittelbares Arbeitsverhältnis (Rz 62, 63)
n) Probearbeitsverhältnis (Rz 64)
o) Teilzeitarbeitsverhältnis (Rz 65, 66)
p) Telearbeit (Rz 67)
q) Tendenzunternehmen (Rz 68)

a) Alliierte Streitkräfte

S. KR-*Weigand* Erl. zu Art. 56 NATO-ZusAbk.   41

b) Aushilfsarbeitsverhältnis

Der allgemeine Kündigungsschutz gilt auch für **Aushilfsarbeitsverhältnisse** (*Löwisch/Spinner* Rz 5).   42
Da Aushilfsarbeitsverhältnisse aber idR bereits vor Ablauf der sechsmonatigen Wartezeit enden, meist durch Zeitablauf oder durch Zweckerreichung (§ 620 Abs. 1, Abs. 2 BGB, § 15 Abs. 1, 2 TzBfG), kommt dem allgemeinen Kündigungsschutz insoweit kaum eine praktische Bedeutung zu. Vgl. allgemein zur Beendigung von Aushilfsarbeitsverhältnissen KR-*Spilger* § 622 BGB Rz 156 ff.

c) Ausländische Arbeitnehmer

Sofern auf ein **Arbeitsverhältnis** mit einem **ausländischen Arbeitnehmer** deutsches Arbeitsrecht zur   43
Anwendung gelangt (vgl. hierzu KR-*Weigand* Art. 27 ff. EGBGB Rz 1 ff.) gilt grundsätzlich auch der allgemeine Kündigungsschutz. Eine Besonderheit ergibt sich daraus, dass ausländische Arbeitnehmer einer **Arbeitsgenehmigung** (Arbeitserlaubnis-EU nach § 284 SGB III oder Aufenthaltstitel zur Ausübung einer Beschäftigung gem. §§ 4 Abs. 2, 18 ff., 39 ff. AufenthG) bedürfen. Die Aufnahme einer Arbeit ohne Arbeitsgenehmigung ist für den ausländischen Arbeitnehmer wie für den Arbeitgeber ordnungswidrig (§ 404 Abs. 2 Nr. 3, 4 SGB III). Ein ohne die erforderliche Arbeitserlaubnis oder Arbeitsberechtigung abgeschlossener Arbeitsvertrag ist nur dann ausnahmsweise nach § 134 BGB iVm § 284 SGB III bzw. § 4 Abs. 2 AufenthG nichtig, wenn nach der Absicht der Arbeitsvertragsparteien das Arbeitsverhältnis trotz Kenntnis des Genehmigungserfordernisses ohne die erforderliche Genehmigung durchgeführt werden soll (vgl. *BAG* 19.1.1977 EzA § 19 AFG Nr. 3; *Löwisch/Spinner* Rz 221; *Engels* RdA 1976, 168 ff.; *Hofherr* Die illegale Beschäftigung ausländischer Arbeitnehmer und ihre arbeitsrechtlichen Folgen S. 175: Nichtig nach § 138 BGB).

Das Auslaufen einer befristeten Arbeitserlaubnis oder die Ablehnung, eine Arbeitsgenehmigung zu   44
erteilen oder zu verlängern, führt nicht zur Nichtigkeit des Arbeitsvertrages nach § 134 BGB iVm § 284 SGB III, sondern nur zu einem Beschäftigungsverbot (*BAG* 16.12.1976 EzA § 19 AFG Nr. 1; 13.1.1977 EzA § 19 AFG Nr. 2; 19.1.1977 EzA § 19 AFG Nr. 3; 7.2.1990 EzA § 1 KSchG Personenbedingte Kündigung Nr. 8; *v. Hoyningen-Huene/Linck* Rz 196; MünchKomm-*Hergenröder* Rz 8; *Löwisch/Spinner* Rz 219, 220). Will der Arbeitgeber in diesen Fällen das Arbeitsverhältnis mit dem ausländischen Arbeitnehmer einseitig beenden, muss er es kündigen (hierzu s.u. Rz 290, 291).

d) Auszubildende, Anlernlinge, Volontäre und Praktikanten

S. KR-*Weigand* Erl. zu §§ 21, 22 BBiG.   45

e) Befristetes Arbeitsverhältnis

S. KR-*Lipke* Erl. zu § 620 BGB und TzBfG.

f) Einheitliches Arbeitsverhältnis mit mehreren Arbeitgebern

Ebenso wie auf Arbeitnehmerseite können auch auf Arbeitgeberseite mehrere Rechtssubjekte an ei-   46
nem Arbeitsverhältnis beteiligt sein. Für die Annahme eines einheitlichen Arbeitsverhältnisses ist ein

sich aus den Arbeitsvertragsbeziehungen oder aus sonstigen Rechtsgründen ergebender **rechtlicher Zusammenhang** zwischen den arbeitsvertraglichen Beziehungen des Arbeitnehmers zu den einzelnen Arbeitgebern erforderlich, der es verbietet, diese Beziehungen rechtlich getrennt zu behandeln (*BAG* 16.2.2006 EzA § 613a BGB 2002 Nr. 47, zu II 2 b). Es kommt darauf an, ob nach den Vorstellungen der Vertragsschließenden die einzelnen Vereinbarungen nur gemeinsam gelten und zusammen durchgeführt werden sollen. Dabei genügt es, wenn nur einer der Vertragspartner einen solchen Einheitlichkeitswillen hat, dieser aber dem anderen Partner erkennbar war und von ihm hingenommen wurde (*BAG* 27.3.1981 EzA § 611 BGB Nr. 25; krit. hierzu *Schwerdtner* ZIP 1982, 900). Ein einheitliches Arbeitsverhältnis kann regelmäßig nur von und gegenüber allen auf einer Vertragsseite Beteiligten gekündigt werden (sog. Gesamtkündigung). Dabei müssen die Kündigungsvoraussetzungen grundsätzlich im Verhältnis zu jedem der Beteiligten gegeben sein. Das Vorliegen eines Kündigungsgrundes iSd § 1 Abs. 2 KSchG im Verhältnis zu einem der beteiligten Arbeitgeber kann sich aber auch im Verhältnis zu den anderen Arbeitgebern auswirken (*v. Hoyningen-Huene/Linck* Rz 57; MünchKomm-*Hergenröder* Rz 17). Ein einheitliches Arbeitsverhältnis kann auch in Betracht kommen, wenn die beteiligten Arbeitgeber keinen einheitlichen Betrieb führen. Der Arbeitnehmer erwirbt den allgemeinen Kündigungsschutz im einheitlichen Arbeitsverhältnis bereits dann, wenn im Verhältnis zu einem der Arbeitgeber die gesetzlichen Voraussetzungen (§§ 1, 23 KSchG) vorliegen.

g) Faktisches Arbeitsverhältnis

47 Ist der Arbeitsvertrag nichtig oder wirksam angefochten (§ 142 BGB), so liegt ein sog. faktisches oder fehlerhaftes Arbeitsverhältnis vor, das durch beide Parteien aufgrund eines nicht fristgebundenen »Lossagungsrechts« jederzeit beendet werden kann (vgl. zum faktischen Arbeitsverhältnis *BAG* 16.9.1982 EzA § 123 BGB Nr. 22; 25.4.1963 AP Nr. 2 zu § 611 BGB Faktisches Arbeitsverhältnis; *Herschel* AuR 1983, 225; *Käßer* Der fehlerhafte Arbeitsvertrag, 1979, S. 7 ff.). Dieses wirkt zum letzten Tag der faktischen Tätigkeit des Arbeitnehmers (*BAG* 3.12.1998 EzA § 123 BGB Nr. 51, zu II 3 a). Da es sich bei der Lossagung nicht um eine Kündigung handelt, steht dem Arbeitnehmer kein Kündigungsschutz zu (allg. Ansicht, etwa *v. Hoyningen-Huene/Linck* Rz 54; HaKo-*Gallner* Rz 35; SPV-*Preis* Rz 33). Sieht der Arbeitgeber dagegen von einer Anfechtung des Arbeitsvertrages ab und kündigt er stattdessen, genießt der Arbeitnehmer den allgemeinen Kündigungsschutz (*Löwisch/Spinner* vor § 1 Rz 25).

h) Familienarbeitsverhältnis

48 Soweit Familienangehörige zur Erfüllung **familienrechtlicher Verpflichtungen** (§§ 1356, 1619 BGB) Arbeitsleistung erbringen, findet mangels Vorliegen eines Arbeitsverhältnisses der allgemeine Kündigungsschutz keine Anwendung (vgl. *Löwisch/Spinner* Rz 14; HaKo-*Gallner* Rz 36; *von Honingen-Huene/Linck* Rz 48 f.). Verwandtschaftliche Beziehungen stehen aber der Begründung eines Arbeitsverhältnisses nicht entgegen. Ob der Verwandte aufgrund eines Arbeitsvertrages Arbeit leistet, richtet sich in erster Linie nach dem erklärten Parteiwillen und nach den besonderen Umständen des Einzelfalles. Im Zweifel spricht für ein Arbeitsverhältnis insbes. die tatsächliche Zahlung einer regelmäßigen, unter Fremden üblichen Vergütung, die Einhaltung betriebsüblicher Arbeitszeiten und die Einordnung in die Direktions- und Weisungsverhältnisse des Betriebes (*BAG* 8.1.1970 AP § 528 ZPO Nr. 14; 19.7.1973 AP § 611 BGB Faktisches Arbeitsverhältnis Nr. 19, zu 1; 20.7.1993 EzA BGB § 613a Nr. 110, zu I 2 b; *Fenn* Die Mitarbeit in den Diensten Familienangehöriger 1970, S. 60 ff.; *ders.* FS F.W. Bosch zum 65. Geburtstag 1976, S. 186 ff.). Bei der Mitarbeit weitläufiger Verwandter liegt idR ein Arbeitsverhältnis vor, insbes. wenn durch dessen Beschäftigung eine Arbeitskraft eingespart wird (*Maus* Rz 23).

i) Gruppenarbeitsverhältnis

49 Eine Arbeitsgruppe kann vom Arbeitgeber aufgrund seines Direktionsrechts aus Arbeitnehmern mit individuellen Arbeitsverträgen zusammengestellt werden. Es liegt dann eine sog. **Betriebsgruppe** vor (*Soergel/Kraft* vor § 611 Rz 59; ErfK-*Preis* § 611 BGB Rz 191), für deren Mitglieder keine kündigungsrechtlichen Besonderheiten gelten (HaKo-*Gallner* Rz 40).

50 Auch für echte Gruppenarbeitsverhältnisse gilt der allgemeine Kündigungsschutz (*BAG* 21.10.1971 EzA § 1 KSchG Nr. 23). Gruppenarbeitsverhältnis ist ein Arbeitsverhältnis mit einer sog. **Eigengruppe**. Kennzeichnend für die diese ist, dass sie schon vor Abschluss eines Arbeitsvertrages selbständig gebildet wird und als Gruppe gebündelte Arbeitsverträge mit dem Arbeitgeber abschließt (ErfK-*Preis* § 611 BGB Rz 195). Als solche Eigengruppen kommen etwa Musikkapellen, Artistengruppen oder Akkordlohnkolonnen in Betracht. Einen Sonderfall der Eigengruppe bilden **Ehegattenverträge,** bei denen

sich Ehegatten gemeinsam zur Arbeitsleistung für einen gemeinsamen Zweck verpflichten, etwa als Hausmeisterehepaar, als Heimleiterehepaar oder zum Versehen des Büfettdienstes in einem Restaurant.

In den Fällen der Eigengruppe und der Ehegattenverträge ist die Leistung des einzelnen für den Arbeitgeber nur dann wirtschaftlich verwertbar und sinnvoll, wenn zugleich die Leistung des anderen Gruppenmitglieds angeboten wird. Kündigungsgründe bei einem Gruppenmitglied berechtigen daher zur Kündigung sämtlicher Gruppenmitglieder (s.u. Rz 53). Während bei der Betriebsgruppe der Arbeitgeber für die Gruppenbildung zuständig ist und die Gruppenbildung in seine Risikosphäre fällt, gehört bei der Eigengruppe die Gruppenbildung in deren Zuständigkeits- und Risikobereich. Wegen der **unterschiedlichen Risikoverteilung** bei der Betriebsgruppe und der Eigengruppe kann es nicht dem freien Belieben des Arbeitgebers überlassen werden, ob er ein Gruppenarbeitsverhältnis als Betriebsgruppe oder Eigengruppe organisiert. Da der Arbeitgeber grundsätzlich das Risiko der Personalauswahl und der Besetzung von Arbeitsplätzen trägt, ist eine **Verlagerung dieser Risiken** auf die Eigengruppe nur zulässig, **wenn** dafür ein **sachlich berechtigter Grund** besteht, weil zB die Art der Arbeitsleistung nur gemeinschaftlich erbracht werden kann, wie bei einer Musikergruppe wegen des Einübens des Zusammenspiels, oder wenn wie bei Ehegatten wegen der engen Lebensgemeinschaft zwischen den Arbeitnehmern die Aufteilung einer gemeinschaftlich übernommenen Arbeit diesen überlassen werden kann. Fehlt ein sachlich berechtigter Grund, missbraucht der Arbeitgeber regelmäßig seine Vertragsfreiheit, wenn er mehrere Arbeitnehmer als Eigengruppe anstellt und behandelt.

Diese Grundsätze (s.o. Rz 49 ff.) gelten auch für die sog. **Jobsharing-Verträge iSv § 13 TzBfG.** Diese sind ohne weiteres zulässig als voneinander unabhängige selbständige Teilzeitverträge (s.u. Rz 65 f.). Als Eigengruppe mit der Verlagerung des Personalauswahl- und Besetzungsrisikos auf die teilzeitbeschäftigten Arbeitnehmer darf der Arbeitgeber den Jobsharing-Vertrag dagegen regelmäßig nicht ausgestalten (s.a. *Ulber* BB 1982, 741; *Linnenkohl/Bauerochse* BB 1981, 1845; für eine modifizierte Betriebsgruppe *von Hoyningen-Huene* BB 1982, 1240). Unzulässig ist auf jeden Fall, ein Jobsharing-Verhältnis durch ein anderes zu bedingen (zur Kündigung von Jobsharing-Verträgen s.u. Rz 66).

Die **Eigengruppe** tritt dem Arbeitgeber stets als Einheit gegenüber. Die Gruppe kann als solche, zB als BGB-Gesellschaft, in ein Rechtsverhältnis zum Arbeitgeber treten. Dann liegt idR ein Dienst- oder Werkvertrag vor, so dass das Arbeitsrecht keine Anwendung findet. Möglich ist auch ein mittelbares Arbeitsverhältnis (s.u. Rz 62 f.). Es können aber auch die einzelnen Gruppenmitglieder gebündelte **Arbeitsverträge mit dem Arbeitgeber** abschließen (ErfK-*Preis* § 611 BGB Rz 196, 197). Dann liegt ein Gruppenarbeitsverhältnis im engeren Sinn vor. Die einzelnen Arbeitsverträge bilden in diesem Fall eine **Zweckgemeinschaft,** deren Auflösung nicht ohne weiteres im Belieben des Arbeitgebers steht. Deshalb kann der Arbeitgeber bei der Eigengruppe nicht einem einzelnen Arbeitnehmer, sondern **nur der ganzen Gruppe kündigen,** weil er sonst die Gruppe sprengen würde (*BAG* 21.10.1971 EzA § 1 KSchG Nr. 23; 9.2.1960 AP Nr. 39 zu § 626 BGB; *Rüthers* ZfA 1977, 1 ff.; ErfK-*Ascheid* Rz 62). Ebenso kann nicht ein einzelner Arbeitnehmer sein Arbeitsverhältnis kündigen, sondern nur alle Arbeitnehmer gemeinsam. Durch ausdrückliche Vereinbarung oder durch Auslegung unter Berücksichtigung der Interessenlage kann sich jedoch ergeben, dass einzelne Gruppenmitglieder kündigen können und ihnen gekündigt werden darf. Aus dem Erfordernis der Gesamtkündigung aller Arbeitsverhältnisse soll dem Arbeitgeber aber kein Nachteil entstehen. Er kann deshalb alle zur Eigengruppe gehörenden Arbeitsverhältnisse kündigen, sofern nur in der Person eines Arbeitnehmers ein Grund zur ordentlichen oder außerordentlichen Kündigung besteht. Die einzelnen Arbeitnehmer müssen sich, weil sie die Gruppenbildung in eigener Zuständigkeit beanspruchen, auch die Kündigungsgründe der anderen Arbeitnehmer zurechnen lassen (*BAG* 21.10.1971 EzA § 1 KSchG Nr. 23). Ist vor einer Kündigung eine Abmahnung erforderlich, ist mangels pflichtwidrigem Verhalten der anderen Mitglieder nur das betroffene Gruppenmitglied abzumahnen (aA *LAG SA* 8.3.2000 LAGE § 611 BGB Abmahnung Nr. 48). Die anderen Mitglieder sind jedoch über den Inhalt der Abmahnung zu unterrichten, da eine Kündigung nach erfolgloser Abmahnung auch ihnen gegenüber auszusprechen ist und sie so Einfluss auf das abgemahnte Gruppenmitglied zur Änderung seines Verhaltens nehmen können. Das **Erfordernis der Gesamtkündigung** gilt auch bei sog. Ehegattenverträgen, sofern diese Arbeitsverträge eine Zweckgemeinschaft bilden und die Aufrechterhaltung eines einzelnen Vertrags für den Arbeitgeber ohne Interesse ist (ErfK-*Ascheid* Rz 62).

Ob mit dem *BAG* (17.5.1962 EzA § 9 MuSchG aF Nr. 2) jedes Arbeitsverhältnis als durch den Bestand des anderen **auflösend bedingt** ansehen soll, ist zweifelhaft (s.a. *BAG* 21.10.1971 EzA § 1 KSchG Nr. 23); die auflösende Bedingung setzt eine darauf gerichtete Willenserklärung voraus. Dies wird sich als Vorstellung der Parteien nicht immer nachweisen lassen. Darüber hinaus ist die Vereinbarung einer auflösenden Bedingung auch unzulässig, weil dadurch das Arbeitsverhältnis aufgelöst werden könnte, ohne dass dem Arbeitnehmer eine Kündigungserklärung zugehen muß und er sich unter Umständen nicht auf die Beendigung einstellen kann (s. KR-*Bader* § 21 TzBfG Rz 10). Die Annahme einer **Zweckgemeinschaft** der Arbeitsverhältnisse lässt sich dagegen aus den Umständen des Einzelfalles ohne weiteres entnehmen. Für die Annahme einer Zweckgemeinschaft genügt, dass sich die Arbeitsverhältnisse gegenseitig ergänzen. Es ist nicht erforderlich, dass ein Arbeitsverhältnis als Hilfstätigkeit für das andere zu verstehen ist (*BAG* 21.10.1971 EzA § 1 KSchG Nr. 23 im Gegensatz zu *BAG* 17.5.1962 EzA § 9 MuSchG aF Nr. 2). Besteht eine solche Zweckgemeinschaft bei Ehegattenarbeitsverhältnissen, können nur beide Arbeitsverhältnisse durch Erklärung gegenüber beiden Ehegatten gemeinsam gekündigt werden (*BAG* 21.10.1971 EzA § 1 KSchG Nr. 23). Die Beendigung eines Arbeitsverhältnisses macht das andere Arbeitsverhältnis für den Arbeitgeber sinnlos, weil er die Arbeitsleistung des einzelnen auf Dauer nicht dem Vertragszweck entsprechend verwerten kann (s.a. Rz 51). Dies ergibt einen betriebsbedingten Kündigungsgrund oder ausnahmsweise einen wichtigen Grund zur Kündigung auch des anderen Arbeitsverhältnisses.

55 Fraglich ist, ob, wenn die bei einem Arbeitnehmer gegebenen Kündigungsgründe gegen den anderen Arbeitnehmer wirken, nicht auch besondere für den einen Arbeitnehmer bestehende **Kündigungsverbote** oder **Kündigungsbeschränkungen** dem anderen Arbeitnehmer zugute kommen, etwa die von § 85 SGB IX oder § 9 MuSchG. Sicher ist, dass die Ehefrau den Kündigungsschutz des MuSchG genießt, solange in der Person des Mannes keine Kündigungsgründe vorliegen. Fraglich ist aber, ob der Frau trotz § 9 MuSchG gekündigt werden kann, wenn in der Person des Mannes ein wichtiger Grund vorliegt. Das *BAG* (17.5.1962 EzA § 9 MuSchG aF Nr. 2) hat dies bejaht, wenn die Ehefrau nur Hilfstätigkeiten zur Tätigkeit des Mannes ausübt und ihr Arbeitsverhältnis durch den Bestand des Arbeitsverhältnisses des Mannes deshalb auflösend bedingt sei. In einer späteren Entscheidung (*BAG* 21.10.1971 EzA § 1 KSchG Nr. 23) bejaht das *BAG* dagegen in einem obiter dictum die **Drittwirkung des Kündigungsschutzes** und meint, dass der besondere Kündigungsschutz für die Frau auch dem Mann zugute komme (ebenso zB *LAG Düsseld.* 15.12.1964 BB 1965, 495; *Bulla* § 9 Rz 14). Man wird eine generelle Drittwirkung des Kündigungsschutzes nicht bejahen können, weil sonst der Arbeitgeber der Eigengruppe nicht kündigen könnte, solange nicht für jeden Arbeitnehmer ein Kündigungsgrund gegeben ist. Solange würde sonst jeder Arbeitnehmer im Individualarbeitsverhältnis Kündigungsschutz genießen. Da er sich bei der Eigengruppe von der Arbeit des anderen abhängig macht, muss er sich grundsätzlich auch die in dessen Person gegebenen Kündigungsgründe anrechnen lassen. Grundsätzlich ist deshalb auch beim Mutterschutz eine unmittelbare Drittwirkung des Kündigungsschutzes abzulehnen. Allerdings wird sich bei der ordentlichen Kündigung eine mittelbare Drittwirkung insofern ergeben, als die Schwangerschaft der Frau im Rahmen der sozialen Rechtfertigung bei der ordentlichen Kündigung des Mannes zu berücksichtigen ist und die soziale Rechtfertigung deshalb grds. entfallen wird. Auch bei der im Rahmen der außerordentlichen Kündigung vorzunehmenden Interessenabwägung sind Gesichtspunkte des Mutterschutzes mittelbar zu berücksichtigen.

56 Ist die Kündigung des Arbeitsverhältnisses auch unter Berücksichtigung dieser Gesichtspunkte dennoch gerechtfertigt, so muss der Arbeitgeber grds. **beiden Ehegatten kündigen** können, denn die Weiterbeschäftigung des Mannes ist ihm nicht zumutbar, und die Beschäftigung der Frau hat für sich allein wegen der Zweckgemeinschaft keinen Sinn.

j) Hafenarbeiter

57 Der allgemeine Kündigungsschutz findet sowohl auf das zwischen einem Hafenarbeiter und einer **Gesamthafenbetriebsgesellschaft** als auch auf das zwischen einem Hafenarbeiter und einem **Einzelhafenbetrieb** bestehende Arbeitsverhältnis Anwendung (*BAG* 30.5.1985 EzA § 1 KSchG Betriebsbedingte Kündigung Nr. 36; 23.7.1970 AP Nr. 3 zu § 1 Gesamthafenbetriebsgesetz; *v. Hoyningen-Huene/Linck* Rz 37). Gesamthafenbetrieb und Einzelhafenbetrieb bilden jeweils für sich einen Betrieb (*BAG* 30.5.1985 EzA § 1 KSchG Betriebsbedingte Kündigung Nr. 36).

k) Kirchlicher Dienst

58 S.u. Rz 70 ff.

l) Leiharbeitsverhältnis

Ein Leiharbeitsverhältnis ist eine spezifische Form eines drittbezogenen Personaleinsatzes, die durch eine bestimmte dreiseitige Rechtsbeziehung gekennzeichnet ist. Zwischen Ver- und Entleiher besteht ein Arbeitnehmerüberlassungsvertrag iSv § 12 AÜG und zwischen dem Verleiher und dem Arbeitnehmer der Arbeitsvertrag. Zwischen dem Entleiher und dem Arbeitnehmer fehlt dagegen eine vertragliche Beziehung. Notwendiger Inhalt des Überlassungsvertrages ist die Verpflichtung des Verleihers, dem Entleiher Arbeitnehmer zur Förderung von dessen Betriebszwecken zur Verfügung zu stellen, die dieser durch Ausübung des ihm übertragenen Direktionsrechts nach seinen Vorstellungen wie eigene Arbeitnehmer einsetzen kann. Damit enden die Pflichten des Verleihers. Hat er dagegen bestimmte Arbeitserfolge zu gewährleisten, handelt es sich nicht um Arbeitnehmerüberlassung, sondern um einen Werkvertrag (*BAG* 6.8.2003 EzA § 1 AÜG Nr. 13, zu II 1; 25.1.2005 EzA § 99 BetrVG 2001 Nr. 7, zu B II 4 b bb (1)). Bei der Arbeitnehmerüberlassung ist die Arbeitgeberstellung aufgespalten: Die Konkretisierung der Arbeitspflicht obliegt dem Entleiher, die Status- oder Stammrechte aus dem Arbeitsverhältnis verbleiben dagegen beim Entleiher (*BAG* 19.6.2001 EzA § 87 BetrVG1972 Arbeitszeit Nr. 63, zu B II 3).

Danach ist bei der Arbeitnehmerüberlassung idR **allein der Verleiher** kündigungsbefugt. Für das Arbeitsverhältnis zwischen Verleiher und Leiharbeitnehmer gelten die allgemeinen kündigungsschutzrechtlichen Vorschriften (*v. Hoyningen-Huene/Linck* Rz 39; HaKo-*Gallner* Rz 49). Eine betriebsbedingte Kündigung kommt etwa bei mangelnder Nachfrage nach der Arbeitskraft des Leiharbeitnehmers in Betracht. Für die Zeitarbeitsbranche typische kurzfristige Auftragslücken rechtfertigen eine Kündigung nicht. Zur Bestimmung des von Verleihunternehmen als Teil ihres Betriebsrisikos hinzunehmenden Zeitraums der Nichtbeschäftigung eines Leiharbeitnehmers ist jedenfalls seit dem Außerkrafttreten dieser Norm nicht mehr die Dreimonatsfrist von § 9 Nr. 3 AÜG heranzuziehen. Es kommt nach allgemeinen Grundsätzen (dazu Rz 568 f.) darauf an, ob zum Kündigungszeitpunkt die Prognose gerechtfertigt war, dass der Arbeitnehmer spätestens mit Ablauf der Kündigungsfrist auf unabsehbare Zeit oder für einen erheblichen Zeitraum nicht mehr beschäftigt werden kann (vgl. *BAG* 18.5.2006 NZA 2006, 1007 LS; *Dahl* DB 2003, 1626; *Hiekel* FS ARGE Arbeitsrecht im DAV S. 334, 340 ff.). In die Sozialauswahl einzubeziehen ist die Belegschaft des Verleihers, nicht aber die des Entleihers.

Etwas anderes gilt nur, wenn der Verleiher den Arbeitnehmer gewerbsmäßig überlassen hat, wenn er über die nach § 1 Abs. 1 S. 1, § 2 AÜG erforderliche Erlaubnis der Agentur für Arbeit nicht verfügt und wenn keiner der Ausnahmetatbestände von § 1 Abs. 1 S. 2, 3, Abs. 3 AÜG vorliegt. Dann ist der Arbeitsvertrag zwischen dem Verleiher und dem Arbeitnehmer gem. § 9 Nr. 1 AÜG unwirksam. An dessen Stelle tritt nach § 10 Abs. 1 AÜG ein Arbeitsverhältnis mit dem Entleiher, das einem vertraglich begründeten gleichsteht. Kündigungsbefugt ist in diesem Fall nur der Entleiher (*BAG* 30.1.1991 EzA § 10 AÜG Nr. 3, zu IV 4). Das KSchG gilt dann ihm gegenüber (*v. Hoyningen-Huene/Linck* Rz 39; HaKo-*Gallner* Rz 49). Für eine Sozialauswahl ist allein seine Belegschaft maßgeblich. Zur Berechnung der Wartezeit Rz 106.

m) Mittelbares Arbeitsverhältnis

Ein mittelbares Arbeitsverhältnis liegt vor, wenn ein Arbeitnehmer von einem Mittelsmann (Arbeitgeber erster Stufe) beschäftigt wird, der seinerseits selbst Arbeitnehmer eines Dritten (Arbeitgeber zweiter Stufe) ist und die Arbeit mit Wissen des Dritten unmittelbar für diesen geleistet wird (*BAG* 21.2.1990 EzA § 611 BGB Arbeitnehmerbegriff Nr. 32). Diese Gestaltungsform wird heute kaum mehr gewählt. In der Vergangenheit trat sie vor allem bei Orchestern auf, wo einzelne Musiker Arbeitsverhältnisse mit dem Orchesterchef und dieser ein Arbeitsverhältnis mit einer Rundfunkanstalt oder einer anderen kulturellen Institution schlossen (vgl. *BAG* 9.4.1957 AP Nr. 2 zu § 611 BGB Mittelbares Arbeitsverhältnis; 20.7.1982 EzA § 611 BGB Mittelbares Arbeitsverhältnis Nr. 1; s.a. Rz 50). Bei mittelbaren Arbeitsverhältnissen muss die **Kündigung zwischen den jeweiligen Vertragsparteien** ausgesprochen werden. Der mittelbare Arbeitgeber zweiter Stufe kann nur den Arbeitsvertrag mit dem Arbeitgeber erster Stufe kündigen, nicht dagegen den Arbeitsvertrag zwischen dem Arbeitgeber erster Stufe und dessen Arbeitnehmern (*von Hoyningen-Huene/Linck* Rz 61; MünchKomm-*Hergenröder* Rz 18). Auch die Kündigungsschutzklage ist gegen den jeweiligen Vertragspartner zu richten (*BAG* 9.4.1957 aaO). Dem Arbeitgeber zweiter Stufe kann jedoch unter besonderen Voraussetzungen aus dem Arbeitsvertrag mit dem Arbeitgeber erster Stufe ein Anspruch darauf zustehen, dass dieser den Arbeitsvertrag mit einem als untragbar empfundenen Arbeitnehmer kündigt (*BAG* 11.6.1959 AP Nr. 1 zu § 130 BGB). Ein Kündigungsgrund gegenüber den Arbeitnehmern kann sich dabei als verhaltensbedingte ordentliche Kündigung oder als außerordentliche Kündigung auch aus dem Verhalten gegenüber dem Arbeitgeber zweiter Stufe ergeben. Unterlässt der Arbeitgeber erster Stufe diese Kündigung, so bleibt dem Arbeitgeber zweiter Stufe nur die Kündigung des Arbeitsverhältnisses mit dem Arbeitgeber erster Stufe. Der Arbeitgeber erster Stufe kann dem Arbeitgeber zweiter Stufe auch eine Kündigungsbefugnis gegenüber den Arbeitnehmern nach § 185 BGB einräumen. Zur Kündigung bei gespaltenen Arbeitsverhältnissen im Konzern s.u. Rz 590 f.

63 Die Gestaltung des mittelbaren Arbeitsverhältnisses kann uU **für den Arbeitnehmer** nicht unerhebliche **Risiken** bergen, da die Frage der Sozialwidrigkeit einer Kündigung an den Verhältnissen des Arbeitgebers erster Stufe auszurichten ist. Kündigt etwa der Arbeitgeber zweiter Stufe dem Arbeitgeber erster Stufe und hat dieser deshalb für die Arbeitnehmer keine Beschäftigungsmöglichkeit mehr, kann er die Arbeitnehmer aus betriebsbedingten Gründen entlassen. Besonders schwach ist der Kündigungsschutz dann ausgeprägt, wenn der Arbeitgeber erster Stufe nicht ständig mehr als zehn Arbeitnehmer beschäftigt und daher ohne sozial rechtfertigende Gründe fristgerecht kündigen kann (§ 23 Abs. 1 S. 2 KSchG). Nachteile können sich für die Arbeitnehmer auch ergeben, wenn der Mittelsmann wirtschaftlich schwächer als der Arbeitgeber zweite Stufe ist. Das *BAG* (20.7.1982 EzA § 611 BGB Mittelbares Arbeitsverhältnis Nr. 1) verlangt deshalb für die rechtliche Anerkennung der Gestaltungsform des mittelbaren Arbeitsverhältnisses wegen der darin liegenden Gefahr der Umgehung arbeitsrechtlicher Schutzvorschriften in Anlehnung an die Rspr. zum befristeten Arbeitsvertrag einen **sachlich rechtfertigenden Grund** (abl. *Koller* Anm. AP § 611 BGB Mittelbares Arbeitsverhältnis Nr. 5). Der Arbeitgeber darf bei mehreren sich anbietenden Gestaltungsformen mit unterschiedlichem arbeitsrechtlichem Schutz nicht willkürlich die ihm günstigere wählen. Der sachliche Grund kann fehlen, wenn der Zweck einer Rechtsnorm unabhängig von der Absicht oder der Kenntnis einer Gesetzesumgehung von den Vertragspartnern objektiv vereitelt wird; insbes. liegt ein **Missbrauch der Gestaltungsform** vor, wenn der Arbeitgeber erster Stufe unternehmerische Entscheidungen nicht trifft und keinen Gewinn erzielen kann (*BAG* 20.7.1982 EzA § 611 BGB Mittelbares Arbeitsverhältnis Nr. 1). Die Klage ist dann gegen den Arbeitgeber zweiter Stufe zu richten (HaKo-*Gallner* Rz 46).

n) **Probearbeitsverhältnis**

64 Bei arbeitgeberseitigen ordentlichen Kündigungen im Rahmen eines Probearbeitsverhältnisses gilt der allgemeine Kündigungsschutz, wenn und sobald dieses über **die Wartezeit von § 1 Abs. 1 hinausgeht** (*LAG Frankf.* 13.3.1986 BB 1987, 477; *Wilhelm* NZA 2001, 818; *von Hoyningen-Huene/Linck* Rz 40). Auch durch eine Erprobungsvereinbarung kann der nicht dispositive Kündigungsschutz nicht abbedungen werden. Vgl. allgemein zur Beendigung von Probearbeitsverhältnissen KR-*Spilger* § 622 BGB Rz 153; KR-*Lipke* § 14 TzBfG Rz. 157 ff.

o) **Teilzeitarbeitsverhältnis**

65 Ein Teilzeitarbeitsverhältnis liegt vor, wenn der Arbeitnehmer regelmäßig weniger als die regelmäßige Arbeitszeit vergleichbarer vollbeschäftigter Arbeitnehmer des Betriebs arbeitet (§ 2 TzBfG). Das Teilzeitarbeitsverhältnis kann **befristet und unbefristet** vereinbart werden. Für die Befristung gelten die allgemeinen Grundsätze (s. KR-*Lipke* Erl. zu §§ 14, 15 TzBfG). Teilzeitarbeitnehmer fallen unabhängig vom Umfang ihrer Arbeitszeit unter den persönlichen Geltungsbereich des allgemeinen Kündigungsschutzes (*BAG* 13.3.1987 EzA § 1 KSchG Betriebsbedingte Kündigung Nr. 44; 9.6.1983 EzA § 23 KSchG nF Nr. 4; 21.6.1983 – 7 AZR 11/83 – nv; BBDW-*Bram* Rz 88; *v. Hoyningen-Huene/Linck* Rz 41; *Wank* ZIP 1986, 212). Der Umstand, dass Teilzeitarbeit in Form einer **Nebenbeschäftigung** ausgeübt wird, führt nicht zur Unanwendbarkeit des allgemeinen Kündigungsschutzes (*BAG* 13.3.1987 EzA § 1 KSchG Betriebsbedingte Kündigung Nr. 44; KDZ-*Kittner* Rz 9; *Löwisch/Spinner* Rz 6). Leisten Arbeitnehmer **in mehreren Arbeitsverhältnissen** Teilzeitarbeit bei unterschiedlichen Arbeitgebern, erwerben sie in jedem Teilzeitarbeitsverhältnis den allgemeinen Kündigungsschutz (KDZ-*Kittner* Rz 9; *v. Hoyningen-Huene/Linck* aaO; DW-*Wolff* Rz 19; **aA** *Adomeit* SAE 1988, 74; *Hahn* DB 1966, 1015; für eine Gesetzesänderung plädiert *Preis* Anm. EzA § 1 KSchG Betriebsbedingte Kündigung Nr. 44). Stehen Arbeitnehmer in mehreren Teilzeitarbeitsverhältnissen zu demselben Arbeitgeber, sind diese Teilzeitarbeitsverhältnisse als einheitliches Arbeitsverhältnis zu behandeln, weil andernfalls der Schutz gegen unzulässige Teilkündigungen und die zwingenden Vorschriften zur Änderungskündigung (§ 2 KSchG) umgangen werden könnten (MünchKomm-*Hergenröder* Rz 13)..

66 Die in §§ 12, 13 TzBfG geregelten **Erscheinungsformen der Teilzeitarbeit (Bedarfsarbeitsverhältnisse und Jobsharing-Arbeitsverhältnisse)** fallen ebenfalls unter den allgemeinen Kündigungsschutz (vgl.

allgemein zum Jobsharing-Arbeitsverhältnis *Eich* DB 1982, Beil. Nr. 9, S. 9; *v. Hoyningen-Huene* BB 1982, 1241; *Linnenkohl/Bauerochse* BB 1981, 1847; *Reuter* RdA 1981, 206; *Schüren* Jobsharing 1983, S. 153 ff. u. 178 ff.; *Ulber* BB 1982, 741). Die Jobsharing-Arbeitnehmer müssen jeweils für sich die sechsmonatige Wartezeit des § 1 Abs. 1 KSchG zurücklegen. Die einzelnen Arbeitsverhältnisse sind in ihrem Bestand voneinander unabhängig, dh sie können vom Arbeitgeber aus verschiedenen Gründen und zu jeweils unterschiedlichen Zeitpunkten gekündigt werden. Die Schaffung einer Bestandsabhängigkeit mittels einer auflösenden Bedingung würde auf eine objektiv funktionswidrige Arbeitsvertragsgestaltung und damit auf eine Umgehung des Kündigungsschutzes hinauslaufen. Eine derartige Vertragsregelung ist daher unwirksam (vgl. *Eich* aaO, S. 9; *KDZ-Däubler* § 13 TzBfG Rz 5; *APS-Preis* § 13 TzBfG Rz 6). Eine partnerbedingte Kündigung wie bei der Eigengruppe (vgl. *BAG* 21.10.1971 AP Nr. 1 zu § 611 BGB Gruppenarbeitsverhältnis) iS einer wechselseitigen Zurechnung der verhaltens- und personenbedingten Kündigungsgründe kommt beim Jobsharing-Arbeitsverhältnis ebenfalls nicht in Betracht. Nach § 13 Abs. 2 TzBfG ist die Kündigung gegenüber einem Jobsharing-Arbeitnehmer unwirksam, wenn sie allein wegen des Ausscheidens eines anderen Arbeitnehmers aus der Arbeitsplatzteilung erklärt wird. Dies gilt unabhängig von der Anwendbarkeit des KSchG, da § 13 TzBfG auf dessen Voraussetzungen nicht Bezug nimmt (*KDZ-Däubler* § 13 TzBfG Rz 4; *Annuß/Thüsing-Maschmann* § 13 Rz 22; *Sievers* § 13 Rz 23). Das Recht zur Änderungskündigung wegen des Ausscheidens eines anderen Arbeitnehmers aus der Arbeitsplatzverteilung zur Kündigung des Jobsharing-Arbeitsverhältnisses aus anderen Gründen bleibt nach § 13 Abs. 2 Satz 2 TzBfG unberührt. Eine Änderungs- oder Beendigungskündigung anlässlich des Ausscheidens des anderen Arbeitnehmers kommt insbes. dann in Betracht, wenn beide Arbeitnehmer voneinander abhängige Aufgaben ausgeführt haben und der Arbeitgeber für den ausgeschiedenen Arbeitnehmer keinen gleichwertigen Ersatz findet (*Annuß/Thüsing-Maschmann* § 13 Rz 23, 24; *Sievers* § 13 Rz 24).

p) Telearbeit

KR-*Rost* ArbNähnl. Pers. Rz 4a.   67

q) Tendenzunternehmen

S.u. Rz 75 ff.   68

3. Besondere verfassungsrechtliche Stellung des Arbeitgebers

Bei bestimmten Arbeitnehmergruppen wird aufgrund der besonderen verfassungsrechtlichen Stel- 69
lung des Arbeitgebers dessen Recht zur Lösung des Arbeitsverhältnisses gegenüber dem allgemeinen Kündigungsschutz des KSchG modifiziert oder erweitert und dementsprechend der **Kündigungsschutz** nach dem KSchG insoweit **eingeschränkt**.

a) Kirchlicher Dienst

Im kirchlichen Dienst beschäftigten Arbeitnehmern obliegen **besondere Loyalitätspflichten.** Nach 70
Art. 140 GG iVm Art. 137 Abs. 3 WRV ordnen und verwalten Kirchen und Religionsgemeinschaften ihrer Angelegenheiten selbständig. Diese **Garantie autonomer Selbstbestimmung** beschränkt sich nicht auf Glaubensfragen, sondern erfasst auch die karitativen und erzieherischen Einrichtungen der Kirchen, mit Hilfe derer sich die Kirchen aktiv bei der Erziehung und der sozialen Hilfe in ihrem Sinn beteiligen, etwa Kindergärten (*BAG* 25.4.1978 EzA § 1 KSchG Tendenzbetrieb Nr. 4) und Bekenntnisschulen (vgl. *BAG* 31.10.1984 EzA § 1 KSchG Tendenzbetrieb Nr. 16). Die Kirchen können sich zur Erfüllung ihres Auftrags der Organisationsformen des staatlichen Rechts bedienen und ihre Aufgaben etwa durch Vereine oder Stiftungen des privaten Rechts durchführen, die ebenfalls unter den Schutz von Art. 140 GG fallen (*BVerfG* 17.2.1981 EzA Art. 9 GG Nr. 32).

Auf kirchenrechtlicher Basis beschäftigte Personen wie Pfarrer oder Ordensschwestern sind nicht Ar- 71
beitnehmer und unterfallen daher dem KSchG nicht (s.u. Rz 82). Soweit die Kirchen zur Erfüllung ihrer Aufgaben Arbeitsverhältnisse abschließen, sind sie dagegen grundsätzlich an die allgemeinen Vorschriften des Arbeitsrechts gebunden. Art. 137 Abs. 3 WRV sieht die Kirchenautonomie nur in den Schanken des für alle geltenden Gesetzes vor. Die Kirche bestimmt aber nach der Rechtsprechung des *BVerfG* allein, welche **kirchlichen Grundverpflichtungen** als Gegenstand des Arbeitsverhältnisses bedeutsam sein können. Sie bestimmt verbindlich, was die »Glaubwürdigkeit der Kirche und ihrer Verkündigung erfordert«, was »spezifisch kirchliche Aufgaben« sind, was »Nähe« zu ihnen bedeutet,

welches die »wesentlichen Grundsätze der Glaubens- und Sittenlehre« sind und was als – ggf. schwerer – Verstoß gegen diese anzusehen ist (zur Festlegung kirchlicher Loyalitätspflichten *Mummenhoff* NZA 1990, 585). Diese Rechtsprechung hat der Gesetzgeber mit § 9 AGG aufgegriffen. Danach bleibt das Recht der Kirchen, berufliche Anforderungen für ihre Beschäftigten festlegen und deren loyale Beachtung verlangen zu können, durch das Gesetz unberührt. Die von der Religionsgemeinschaft vorgegebene Bewertung haben die ArbG als erste Stufe der Prüfung festzustellen und ihrer Entscheidung zugrunde zu legen (*BVerfG* 4.6.1985 EzA § 611 BGB Kirchliche Arbeitnehmer Nr. 24; *Rüthers* NJW 1986, 356; zur gerichtlichen Prüfung HaKo-*Gallner* Rz 47). Da nach Art. 4 (2) der Richtlinie 2000/78/EG jedoch auch bei kirchlichen Einrichtungen eine Ungleichbehandlung wegen der Religion oder Weltanschauung nur dann keine Diskriminierung ist, wenn diese Merkmale nach der Art der Tätigkeit eine wesentliche berufliche Anforderung sind, dürfte inzwischen europarechtlich zumindest eine Plausibilitätskontrolle der kirchlichen Vorgaben durch die staatlichen Gerichte geboten sein (für eine Verhältnismäßigkeitsprüfung *Perreng/Nollert/Borasio* AiB 2006, 459, 462; *Busch* AiB 2006, 467, 468 f.). Zudem lässt Art. 4 (2) der Richtlinie auch zugunsten von Kirchen nur Ungleichbehandlungen wegen der Religion oder Weltanschauung, nicht aber wegen anderer Diskriminierungsverbote zu (*Schlachter* ZESAR 2006, 391, 396). Zum Verhältnis zwischen dem Antidiskriminierungsrecht und dem kirchlichen Arbeitsrecht *Joussen* RdA 2003, 32; *Belling* NZA 2004, 885). Ein Verstoß gegen kirchliche Loyalitätsgebote kommt als personen-, verhaltens- oder betriebsbedingter Kündigungsgrund in Betracht (*Dütz* NJW 1990, 2030).

72 Gegen die Rechtsprechung des BVerfG wird angeführt, dass das BVerfG den Regelungsgehalt des Art. 137 Abs. 3 WRV verkannt habe (*Czermak* PersR 1995, 458; *Wieland* Der Staat, 1986, Heft 3), weil dieser die Kirchenautonomie nur innerhalb der Schranken des für alle geltenden Gesetzes feststellt, die Entscheidung des BVerfG aber dazu führe, dass sich die Religionsgemeinschaften unter Berufung auf ihr Selbstverständnis von der Bindung an das für alle geltende Gesetz befreien könnten (*ArbG Münster* 3.9.1986 BB 1987, 128, 130). Die kirchliche Selbstbestimmung betrifft jedoch nur die Festlegung der Loyalitätspflichten. Im Übrigen bleiben die **kündigungsrechtlichen Vorschriften**, insbes. auch die Interessenabwägung nach § 1 KSchG, § 626 BGB, **anwendbar** (s.a. *H. Weber* NJW 1986, 370 f.). Auch die Festlegung der Loyalitätspflichten ist den Kirchen nicht schrankenlos möglich. Vielmehr sind ihnen durch das allgemeine Willkürverbot (Art. 3 GG), durch die guten Sitten (§ 138 BGB) und den ordre public (Art. 6 EGBGB) Grenzen gesetzt (*BVerfG* 4.6.1985 aaO, zu 2 a; *Geck/Schimmel* AuR 1995, 179). Bei der Bestimmung dieser Grenzen ist auch zu berücksichtigen, in welcher Stellung und Funktion ein Arbeitnehmer tätig ist. Zu den Besonderheiten des kirchlichen Arbeitsverhältnisses vgl. auch *Klimpe-Auerbach* PersR 1988, 148; *Rüfner* FS der Rechtswissenschaftlichen Fakultät, Köln 1988, S. 797. Zur verfassungsrechtlichen Stellung der Kirchen vgl. *Wieland* BB 1987, 1633; *Hofmann* AR-Blattei, Kirchenbedienstete Entsch. 31.

73 Die Kirchenautonomie hindert die Gerichte nicht, in der zweiten Stufe der Prüfung das Vorliegen eines Kündigungsgrundes und die richtige Interessenabwägung durch den kirchlichen Arbeitgeber zu überprüfen (*BVerfG* 4.6.1985 EzA § 611 BGB Kirchliche Arbeitnehmer Nr. 24; *H. Weber* NJW 1986, 370; allgemein zum arbeitsgerichtlichen Rechtsschutz kirchlicher Bediensteter *Dütz* NZA 2006, 65). Den Kirchen ist es verwehrt, absolute ordentliche oder außerordentliche Kündigungsgründe festzulegen (*Dütz* NJW 1990, 2031). Jedoch sind auch bei der Interessenabwägung in Zusammenhang mit § 1 KSchG, § 626 BGB die Belange der Kirchen zur Wahrung ihrer Zielsetzungen und Aufgaben zu berücksichtigen (s. etwa *BAG* 14.10.1980 EzA § 1 KSchG Tendenzbetrieb Nr. 10), so dass neben den allgemeinen Kündigungsgründen auch dienstliches und außerdienstliches **Verhalten, das mit den kirchlichen Glaubensgrundsätzen in Widerspruch steht**, zur ordentlichen oder außerordentlichen Kündigung berechtigen kann. Insoweit ist die persönliche Eignung des Arbeitnehmers betroffen.

73a Ferner können die staatlichen Gerichte überprüfen, ob der kirchliche Arbeitgeber vor Ausspruch der Kündigung die **kirchliche Mitarbeitervertretung** ordnungsgemäß beteiligt hat. Bei nicht ordnungsgemäßer Beteiligung ist die Kündigung unwirksam (*BAG* 10.12.1992 EzA § 611 BGB Kirchliche Arbeitnehmer Nr. 38, zu II 1; 26.7.1995 EzA § 611 BGB Kirchliche Arbeitnehmer Nr. 41, zu II 1; zu den kirchlichen Mitarbeitervertretungen s. KR-*Etzel* § 102 BetrVG Rz 51a). Auch Entscheidungen eines kirchlichen Schlichtungsausschusses, etwa die Zustimmung zu einer Kündigung, sind durch die staatlichen Gerichte zu überprüfen. Sie sind unwirksam, wenn sie rechtsstaatlichen Mindestanforderungen und selbstgesetzten Regeln offensichtlich nicht entsprechen (*BAG* 21.5.1992 RzK III 3 Nr. 8). Nach der neueren, vom BVerfG bestätigten Rspr. des BGH unterliegen derartige innerkirchliche Entscheidungen einer Überprüfung durch die staatlichen Gerichte, soweit sie gegen Grundprinzipien der staatlichen

Rechtsordnung verstoßen, wie sie im allgemeinen Willkürverbot (Art. 3 Abs. 1 GG), im Begriff der guten Sitten (§ 138 BGB) und dem ordre public (Art 6 EGBGB) zum Ausdruck kommen (*BGH* 28.3.2003 NJW 2003, 2097, zu II 1 b, 4; *BVerfG* 27.1.2004 NJW 2004, 3099). Legen die Kirchen in allgemeinen Richtlinien fest, dass vor einer Kündigung bestimmte Verfahrensweisen einzuhalten sind (zB ein »klärendes Gespräch« mit dem Arbeitnehmer), führt ein Verstoß hiergegen zur Unwirksamkeit der Kündigung, sofern die Durchführung des Verfahrens nach einer schwerwiegenden Pflichtverletzung nicht zwecklos gewesen wäre (sog **Selbstbindung**, *BAG* 16.9.1999 EzA § 611 BGB Kirchliche Arbeitnehmer Nr. 45, zu II 2).

Eine **personen- oder verhaltensbedingte Kündigung** kommt danach in Betracht, wenn ein katholischer Arbeitnehmer einen geschiedenen Partner heiratet (*BAG* 25.5.1988 RzK I 8g Nr. 13; 18.11.1986 EzA § 611 BGB Kirchliche Arbeitnehmer Nr. 26 mit zust. Anm. *Dütz*; 31.10.1984 EzA § 1 KSchG Tendenzbetrieb Nr. 16; zust.: *Klar* NZA 1995, 1186: *BAG* 25.4.1978 EzA § 1 KSchG Tendenzbetrieb Nr. 4; krit. dazu *Weiss* AuR 1979, 28, 30; s. ferner Rz 298 f.) oder selbst geschieden ist und noch zu Lebzeiten des früheren geschiedenen Ehegatten einen anderen heiratet (*BAG* 14.10.1980 EzA § 1 KSchG Tendenzbetrieb Nr. 10; **aA** *Geck/Schimmel* AuR 1995, 180); wenn eine Arbeitnehmerin mit einem nicht laisierten katholischen Priester die Ehe schließt (*BAG* 4.3.1980 EzA § 1 KSchG Tendenzbetrieb Nr. 8) oder wenn ein Arbeitnehmer die Ehe bricht (*BAG* 16.9.1999 EzA § 611 BGB Kirchliche Arbeitnehmer Nr. 45, zu II 5), etwa falls eine Lehrerin in einer Benediktinerabtei jahrelang mit einem Priester, der als Schulleiter tätig ist, eine außereheliche Beziehung unterhält (*BVerfG* 31.1.2001 EzA § 611 BGB Kirchliche Arbeitnehmer Nr. 46); bei homosexueller Betätigung eines kirchlichen Mitarbeiters (*BAG* 30.3.1983 EzA § 1 KSchG Tendenzbetrieb Nr. 14); wenn einer katholischen Lehrkraft die kirchliche Lehrbeauftragung (»missio canonica«) entzogen wird (*BAG* 25.5.1988 EzA § 611 BGB Kirchliche Arbeitnehmer Nr. 27 mit zust. Anm. *Dütz*); wenn der Arbeitnehmer (Buchhalter in einem katholischen Jugendheim, Arzt in einem katholischen Krankenhaus) aus der Kirche austritt (vgl. *BVerfG* 4.6.1985 EzA § 611 BGB Kirchliche Arbeitnehmer Nr. 24; *BAG* 12.12.1984 EzA § 1 KSchG Tendenzbetrieb Nr. 17), bei der Einstellung den Kirchenaustritt verschweigt (vgl. *BAG* 4.3.1980 EzA § 1 KSchG Tendenzbetrieb Nr. 9) oder in der Öffentlichkeit für eine andere Glaubensgemeinschaft wirbt (*BAG* 21.2.2001 EzA § 611 BGB Kirchliche Arbeitnehmer Nr. 47). Je nach den Umständen kann auch die öffentliche Stellungnahme eines an einem katholischen Krankenhaus angestellten Arztes für den legalen Schwangerschaftsabbruch eine ordentliche Kündigung rechtfertigen (vgl. *BAG* 15.1.1986 – 7 AZR 545/85 – nv; 21.10.1982 EzA § 1 KSchG Tendenzbetrieb Nr. 12 mit krit. Anm. *Rüthers*; krit. auch *v. Hoyningen-Huene/Linck* § 1 Rz 258). Handelt es sich um den Verstoß gegen eine für die Kirche im Allgemeinen oder im Einzelfall besonders wichtige Pflicht, zB ein Ehebruch durch ein leitendes Mitglied der Mormonenkirche oder den Austritt aus der Kirche, ist eine Abmahnung nicht erforderlich. Auch eine außerordentliche Kündigung kommt in Betracht (*BAG* 24.4.1997 EzA § 611 BGB Kirchliche Arbeitnehmer Nr. 43 = AP Nr. 27 zu § 611 BGB Kirchendienst m. krit. Anm. *Thüsing; LAG RhPf.* 9.1.1997 LAGE § 611 BGB Kirchliche Arbeitnehmer Nr. 8). Bei der **Interessenabwägung** ist zu berücksichtigen, ob es sich um einen Tendenzträger handelt, dh einen Arbeitnehmer, der durch seine Arbeit an der Verwirklichung der religiösen Zielsetzung maßgeblich mitwirken soll. Bei Tendenzträgern wiegen Verstöße gegen religiöse Glaubenssätze schwerer als bei anderen kirchlichen Arbeitnehmern.

b) Tendenzbetriebe

Tendenzbetriebe sind Betriebe, die unmittelbar und überwiegend politischen, koalitionspolitischen, konfessionellen, karitativen, erzieherischen, wissenschaftlichen oder künstlerischen Bestimmungen dienen oder Zwecken der Berichterstattung oder Meinungsäußerung im Rahmen der Presse-, Rundfunk- und Filmfreiheit. Diese Tendenzbetriebe genießen nicht nur **Tendenzschutz** im Rahmen der Betriebsverfassung (§ 118 Abs. 1 BetrVG; hierzu KR-*Etzel* § 102 BetrVG Rz 13, § 103 BetrVG Rz 16, 16a). Der Tendenzschutz wirkt sich vielmehr auch auf die Rechte und Pflichten im Arbeitsverhältnis aus. Die Arbeitnehmer dürfen – auch außerdienstlich – grundsätzlich nicht der vom Unternehmer bestimmten Tendenz zuwiderhandeln. Zur betriebsverfassungsrechtlichen Problematik der Tendenzträgerfrage vgl. *G. Müller* FS Hilger/Stumpf, S. 477 ff.; *Mayer-Maly* BB 1983, 913.

Die Sonderstellung der Tendenzbetriebe ergibt sich aus der Gewährleistung des besonderen **Grundrechtsschutzes** für die Verfolgung ihrer jeweiligen geistig-ideellen Zielsetzung. Tendenzbetriebe sind etwa Zeitungsverlage, Buchverlage, Theater, Rundfunksender (auch private, vgl. *BAG* 27.7.1993 EzA § 118 BetrVG 1972 Nr. 61, zu B III 1), Gewerkschaften (*BAG* 6.12.1979 EzA § 1 KSchG Tendenzbetrieb Nr. 5) oder Privatschulen, sofern es sich nicht um Sprachschulen handelt, die ausschließlich Fremdsprachenunterricht nach einer bestimmten Methode erteilen und darüber hinaus keine erzieherischen Aufgaben verfolgen (*BAG* 7.4.1981 EzA § 118 BetrVG 1972 Nr. 25).

77 In Tendenzbetrieben haben insbes. die sog. **Tendenzträger,** dh die Arbeitnehmer, die durch ihre Arbeit an der Verwirklichung der geistig-ideellen Zielsetzung des Unternehmers mitwirken sollen, sich bei ihrer Tätigkeit nach dieser Tendenz zu richten und dürfen ihr nicht zuwiderhandeln. Nachhaltige Verstöße hiergegen können eine personen-, verhaltens- oder betriebsbedingte Kündigung, insbes. wegen mangelnder persönlicher Eignung, rechtfertigen (*BAG* 6.12.1979 EzA § 1 KSchG Tendenzbetrieb Nr. 5, s.u. Rz 305). Verstöße gegen arbeitstechnische und formale Vorgaben stellen noch keinen Eingriff in die Tendenz dar (*LAG Düsseld.* 23.11.1995 DB 1996, 943).

78 **Tendenzträger** sind zB Angestellte in einer Caritas-Geschäftsstelle, die unmittelbar karitative Aufgaben wahrnehmen (*BAG* 14.10.1980 EzA § 1 KSchG Tendenzbetrieb Nr. 10), Lehrer einer Privatschule, Redakteure (auch Redaktionsvolontäre) einer Tageszeitung (*BAG* 19.5.1981 EzA § 118 BetrVG 192 Nr. 30), Rechtssekretäre einer Gewerkschaft (*BAG* 6.12.1979 EzA § 1 KSchG Tendenzbetrieb Nr. 5) und Stimmführer und Solisten in einem Sinfonieorchester (*BAG* 3.11.1982 EzA § 15 KSchG nF Nr. 28).

79 **Keine Tendenzträger** sind etwa Schreibkräfte im internen Schreibdienst, Betriebshandwerker, Heizer und Putzkräfte in einem kirchlichen Altenheim (*LAG Mainz* 28.3.1980 NJW 1980, 2213).

4. Ausgenommene Personengruppen

a) Arbeitnehmerähnliche Personen

80 S. KR-*Rost* ArbNähnl.Pers. Rz 1 ff.

b) Beamte

81 Wegen der fehlenden Arbeitnehmereigenschaft gilt der allgemeine Kündigungsschutz nicht für auf öffentlichrechtlicher Grundlage Beschäftigte wie Beamte im staatsrechtlichen Sinn, Soldaten oder Referendare (*Löwisch/Spinner* Rz 15, 16). Sog. **Privatbeamte** (zB bei Privatbanken oder Versicherungen) sind dagegen Arbeitnehmer. Dies gilt ebenso für die **nichtbeamteten Bediensteten** (Arbeiter und Angestellte) **der juristischen Personen des öffentlichen Rechts** (zB Bund, Länder, Gemeinden, Körperschaften, Anstalten und Stiftungen des öffentlichen Rechts). Auf diesen Personenkreis ist der allgemeine Kündigungsschutz uneingeschränkt anwendbar. Endet das Arbeitsverhältnis eines Arbeiters oder Angestellten des öffentlichen Dienstes durch Ernennung zum Beamten, lebt es nach Rücknahme der Beamtenernennung nicht wieder auf (*BAG* 26.6.1997 – 8 AZR 369/96 – nv; 24.4.1997 AP Nr. 2 zu § 611 BGB Ruhen des Arbeitsverhältnisses). Unter den persönlichen Geltungsbereich des allgemeinen Kündigungsschutzes fallen auch Beamte, die nebenberuflich oder während des Ruhens des Beamtenverhältnisses Arbeitsleistungen auf privatrechtlicher Grundlage erbringen (*BAG* 13.3.1987 EzA § 1 KSchG Betriebsbedingte Kündigung Nr. 44; 27.6.2001 BAGE 98/157, zu II 2, 3). Die Abordnung eines Beamten zu einem privatrechtlichen Unternehmen begründet ohne weiteres kein Arbeitsverhältnis zu diesem (*LAG Nds.* 16.2.1999 ZTR 2000, 34). Für sog. **Dienstordnungs-Angestellte** der Sozialversicherungsträger gelten im Falle einer Dienstentlassung beamtenrechtliche Grundsätze (*BAG* 5.9.1986 NZA 1987, 636). Zur Prüfung der Rechtmäßigkeit solcher Entlassungen sind die Arbeitsgerichte zuständig (zu den Prüfungsmaßstäben *BAG* 11.11.1971 AP Nr. 31 zu § 611 BGB Dienstordnungs-Angestellte). Dies gilt auch bei einer Versetzung in den Ruhestand wegen Dienstunfähigkeit (*BAG* 20.10.1977 DB 1978, 990; s.u. Rz 187).

c) Beschäftigte aus karitativen oder religiösen Gründen

82 Personen, deren Beschäftigung nicht in erster Linie ihrem Erwerb dient, sondern vorwiegend durch Beweggründe karitativer oder religiöser Art bestimmt ist (zB Geistliche, Diakonissen, Ordensschwestern, Mönche, Missionare), steht wegen der fehlenden Arbeitnehmereigenschaft kein allgemeiner Kündigungsschutz zu (allg. Ansicht, etwa ErfK-*Ascheid* Rz 58; *Löwisch/Spinner* Rz 18; *v. Hoyningen-Huene/Linck* Rz 55 mwN). Dagegen hat das *BAG* hauptamtlich tätige Scientology-Mitglieder als Arbeitnehmer eingeordnet (22.3.1995 EzA Art 140 GG Nr. 26). Nicht ordensgebundene **Krankenschwestern oder Krankenpfleger** sind Arbeitnehmer und fallen unter den allgemeinen Kündigungsschutz. Für Rote-Kreuz-Schwestern hat das *BAG* (6.7.1995 EzA § 5 ArbGG 1979 Nr. 11; 3.6.1975, 20.2.1986 AP § 5 BetrVG 1972 Rotes Kreuz Nr. 1, 2) die Arbeitnehmereigenschaft unter Hinweis auf die Verbandszugehörigkeit dieses Personenkreises verneint (**aA** *Fitting* § 5 Rz 294; HK-*Dorndorf* Rz 32). Die Vereinbarun-

gen der sog. Gastschwestern mit einer DRK-Schwesternschaft e.V., durch die sich die Schwestern verpflichten, in einem von der Schwesternschaft besetzten Krankenhaus gegen Entgelt zu arbeiten, sind dagegen Arbeitsverträge (*BAG* 4.7.1979 EzAÜG Nr. 58). Durch diese entstehen auch iVm den für die DRK-Schwesternschaft typischen Gestellungsverträgen keine Arbeitsverhältnisse zum jeweiligen Krankenhausträger.

d) Beschäftigte aus medizinischen oder erzieherischen Gründen

Vom allgemeinen Kündigungsschutz ausgenommen sind Personen, deren Beschäftigung nicht in erster Linie ihrem Erwerb dient und die vorwiegend zu ihrer Heilung, Wiedereingewöhnung, sittlichen Besserung oder Erziehung beschäftigt werden (vgl. zur Begriffsbestimmung § 5 Abs. 2 Nr. 3, 4 BetrVG), da sie nicht Arbeitnehmer sind (*Löwisch/Spinner* Rz 19; *v. Hoyningen-Huene/Linck* Rz 55, 56). Es handelt sich dabei etwa um körperlich oder geistig Behinderte, Alkohol- oder Rauschgiftsüchtige, Fürsorgezöglinge, soweit sie in Anstalten oder sonstigen arbeitstherapeutischen Einrichtungen beschäftigt werden, und **Strafgefangene** (*BAG* 24.4.1969 AP Nr. 18 zu § 5 ArbGG; *LAG SchlH* 14.6.1976 BB 1976, 1127). Erwerbsfähige Hilfsbedürftige, deren Beschäftigung durch eine Mehraufwandsentschädigung gefördert wird (sog. »**Ein-Euro-Jobs**«), sind gem. § 16 Abs. 2 S. 2 SGB II nicht Arbeitnehmer. Sie besitzen keinen Kündigungsschutz (vgl. zur Vorgängerregelung *BAG* 17.5.2001 EzA § 1 KSchG Nr. 54, zu II 3, 4). 83

e) Entwicklungshelfer

Da das Rechtsverhältnis zwischen dem Träger des Entwicklungsdienstes und Entwicklungshelfern kein Arbeitsverhältnis ist (*BAG* 27.4.1977 EzA § 611 BGB Arbeitnehmerbegriff Nr. 10), ist der allgemeine Kündigungsschutz nicht anwendbar. Das Rechtsverhältnis **zwischen dem Entwicklungshelfer und dem ausländischen Projektträger** kann dagegen ein Arbeitsverhältnis sein (*BAG* 27.4.1977 EzA § 611 BGB Arbeitnehmerbegriff Nr. 10). Sofern auf das letzteres deutsches Recht anwendbar ist (hierzu *Echterhölter* AR-Blattei SD 660 Entwicklungshelfer), kann sich der Entwicklungshelfer insoweit auf den allgemeinen Kündigungsschutz berufen. Zur Rechtsnatur von Vorbereitungsverträgen zwischen dem Entwicklungshelfer und dem Träger der Entwicklungshilfe *BAG* 27.7.1977 DB 1977, 2335. 84

f) Familienangehörige

S.o. Rz 48. 85

g) Franchisenehmer

Franchisenehmer ist, wer sich im Rahmen eines Dauerschuldverhältnisses gegenüber dem Franchisegeber verpflichtet, den **Vertrieb bestimmter Waren und/oder Dienstleistungen** unter Verwendung von Namen, Warenzeichen, Ausstattung oder sonstigen Schutzrechten sowie der technischen Erfahrung des Franchisegebers und unter Beachtung des von diesem entwickelten Organisations- und Werbesystems zu vertreiben, wobei ihm vom Franchisegeber Beistand, Rat und Schulung gewährt wird und diesem auch gewisse Kontrollrechte zustehen (*Küstner* Anm. AP Nr. 1 zu § 84 HGB). Ein Franchisenehmer, der eigenverantwortlich tätig ist, eigene Arbeitnehmer auswählen und beschäftigen darf und der die Tätigkeit sowie Beginn und Ende der Arbeitszeit im Wesentlichen selbst bestimmt, ist nicht Arbeitnehmer (*BGH* 27.1.2000 EzA § 2 ArbGG 1979 Nr. 50, zu II 2, 3 b; *BAG* 24.4.1980 AP Nr. 1 zu § 84 HGB). Wird der Franchisenehmer dagegen in seiner Berufsausübung so stark eingeschränkt, dass er vollständig in die Organisation des Franchisegebers einbezogen wird und dadurch die Möglichkeit verliert, seine Tätigkeit im Wesentlichen frei zu gestalten, ist er jedoch Arbeitnehmer (*BAG* 16.7.1997 EzA § 5 ArbGG 1979 Nr. 24, zu II 5 a; *v. Hoyningen-Huene/Linck* Rz 36; KPK-*Meisel* Rz 22). 86

h) Gesellschafter sowie Mitglieder von juristischen Personen oder Personengesamtheiten

Diese Personen unterstehen nicht dem allgemeinen Kündigungsschutz, wenn die von ihnen erbrachte Tätigkeit **in Erfüllung gesellschaftsrechtlicher bzw. körperschaftsrechtlicher Verpflichtungen** erbracht wird (*BAG* 8.1.1970 AP Nr. 14 zu § 528 ZPO; *BSG* 27.7.1972 AP Nr. 4 zu § 539 RVO). Daneben kann ein Arbeitsverhältnis mit den jeweiligen juristischen Personen oder Personengesamtheiten begründet werden, sofern der Gesellschafter weisungsunterworfen Arbeit leistet (*BAG* 28.11.1990 EzA § 611 BGB Arbeitnehmerbegriff Nr. 37, zu II 2; 25.1.2000 AP § 1 BetrAVG Nr. 38, zu I 1 a, b; *v. Hoyningen-Huene/Linck* Rz 49 – 49d). So kann ein Gesellschafter einer GmbH oder ein Aktionär einer AG in einem Arbeitsverhältnis zu diesen juristischen Personen stehen. Voraussetzung ist allerdings, dass er nicht 87 tatsächlich oder rechtlich unternehmerische Leitungsmacht ausüben kann. Ein Mehrheitsgesellschafter kann daher nicht Arbeitnehmer der Gesellschaft sein. Auch ein über eine Sperrminorität verfügender Gesellschafter ist im Regelfall nicht Arbeitnehmer (*BAG* 6.5.1998 EzA § 611 BGB Arbeitnehmerbegriff Nr. 68, zu I 2 a). Umgekehrt berühren gesellschaftsrechtliche Konstruktionen, die nur zur Umgehung arbeits- und sozialrechtlicher Pflichten dienen, den Arbeitnehmerstatus und damit den allgemeinen Kündigungsschutz nicht (*Hess. LAG* 20.3.2000 LAGE § 611 BGB Arbeitnehmerbegriff Nr. 41: Aufnahme 54 polnischer Bauhandwerker in eine deutsche GbR für jeweils maximal drei Monate).

i) Organschaftliche Vertreter

88 Die zur gesetzlichen Vertretung einer juristischen Person berufenen Organe (zB Geschäftsführer einer GmbH oder Vorstandsmitglieder einer AG bzw. GmbH) sowie die organschaftlichen Vertreter von Personengesamtheiten (zB die geschäftsführenden Gesellschafter einer oHG oder KG) fallen nicht unter den allgemeinen Kündigungsschutz (vgl. hierzu *Rost* § 14 KSchG Rz 6–22). Auf **leitende Angestellte** findet der allgemeine Kündigungsschutz nach Maßgabe des § 14 Abs. 2 KSchG Anwendung (vgl. KR-*Rost* § 14 KSchG Rz 23 ff.).

j) Zwangsarbeiter

88a Eine auf Zwang und der Androhung von Gewalt beruhende Leistung fremdnütziger Arbeit begründet nicht den Arbeitnehmerstatus (*BAG* 16.2.2000 EzA § 2 ArbGG 1979 Nr. 49).

5. Darlegungs- und Beweislast

89 Die Darlegungs- und Beweislast für die persönlichen Voraussetzungen des allgemeinen Kündigungsschutzes trifft den Arbeitnehmer (*BAG* 9.2.1995 EzA § 1 KSchG Personenbedingte Kündigung Nr. 12, zu II 4; *Ascheid* Beweislastfragen S. 52; *Löwisch/Spinner* Rz 428). Er hat deshalb in Streitfall die Umstände darzulegen und zu beweisen, aus denen seine Arbeitnehmereigenschaft iSd KSchG (hierzu KR-*Rost* ArbNähnlPers Rz 15–20c) folgt. Dies entspricht dem allgemeinen Grundsatz, dass derjenige die Darlegungs- und Beweislast für den Arbeitnehmerstatus trägt, der sich auf diesen beruft. Geführt werden kann der Beweis durch Vorlage eines von den Parteien abgeschlossenen Arbeitsvertrag. Beruft sich der Vertragspartner demgegenüber auf ein Scheingeschäft oder eine nicht vereinbarungsgemäße Durchführung des Vertrages, muss er die dafür maßgeblichen Tatsachen darlegen und beweisen (*BAG* 9.2.1995 EzA § 1 KSchG Personenbedingte Kündigung Nr. 12, zu II 4; 13.2.2003 AP § 613a BGB Nr. 249, zu II 3 a).

II. Zeitlicher Geltungsbereich: Die Wartezeit

1. Begriff

90 Wartezeit ist der Zeitraum, der vergehen muss, bis der allgemeine Kündigungsschutz des § 1 KSchG eingreift. Zum Verhältnis der Wartefrist zum Antidiskriminierungsrecht s.o. Rz 26b.

2. Entstehungsgeschichte

91 Bis zur Änderung des § 1 Abs. 1 KSchG durch das **Erste Arbeitsrechtsbereinigungsgesetz** vom 14.8.1969 (BGBl. I S. 1106) war der Erwerb des Kündigungsschutzes von einer **sechsmonatigen ununterbrochenen Beschäftigung** im Betrieb oder Unternehmen abhängig. Für die Zurücklegung der Wartezeit war somit nicht der rechtliche Bestand des Arbeitsverhältnisses, sondern die tatsächliche Beschäftigung maßgebend. Verhältnismäßig kurzfristige Unterbrechungen der tatsächlichen Beschäftigung waren unschädlich (vgl. *BAG* 21.12.1967 AP § 1 KSchG Nr. 2 Wartezeit; 3.12.1964 AP § 1 KSchG Nr. 79). Entscheidend war eine wirtschaftliche und soziologische Betrachtung. Eine Unterbrechung der tatsächlichen Beschäftigung von fast zwei Monaten hat das *BAG* (3.12.1964 aaO) nicht mehr als unerheblich angesehen. Vgl. zur früheren Rechtslage auch *LAG Hamm* 21.2.1964 BB 1964, 681; *Vogt* BB 1956, 822.

92 Diese Rechtslage hat sich durch die seit dem 1.9.1969 geltende Neufassung des § 1 Abs. 1 KSchG insoweit geändert, als nicht mehr auf die ununterbrochene Beschäftigung, sondern auf den **ununterbrochenen rechtlichen Bestand** des Arbeitsverhältnisses abzustellen ist. Diese Änderung ist vorgenommen worden, weil die tatsächliche Beschäftigung häufig durch Krankheit, Urlaub, Kuraufenthalte und andere Anlässe unterbrochen wird und es deshalb unsicher war zu beurteilen, wann der Arbeitneh-

Sozial ungerechtfertigte Kündigungen   § 1 KSchG

mer im konkreten Fall seine Arbeitsleistung nur für eine verhältnismäßig unerhebliche Zeit nicht erbracht hatte (vgl. BT-Drs. V/3913 in Anlagen-Band 128 zu Art. 1 Nr. 1).

Durch diese Neufassung ist der ursprüngliche Gesetzeszweck abgeschwächt worden. Die sechsmonatige Wartezeit hatte ursprünglich den Sinn, dem Arbeitgeber die Möglichkeit einzuräumen, den Arbeitnehmer näher kennen zu lernen und zu erproben (vgl. die Begr. der Bundesregierung zu § 1 des Gesetzentwurfes, RdA 1951, 63 sowie die Stellungnahme des Bundesrates zum RegEntwurf, RdA 1951, 178). Durch das Abstellen auf den rechtlichen Bestand des Arbeitsverhältnisses wird bereits die **rechtliche Bindung** eines Arbeitnehmers **zu einem Betrieb oder Unternehmen** zum maßgeblichen Anknüpfungskriterium für den Erwerb des allgemeinen Kündigungsschutzes (vgl. zum veränderten Sinngehalt *BAG* 23.9.1976 EzA § 1 KSchG Nr. 35; 20.8.1998 EzA § 1 KSchG Nr. 50, zu II 1). Dadurch wird die Bedeutung des Erprobungszweckes relativiert (*BAG* 15.8.1984 EzA § 1 KSchG Nr. 40). 93

3. Zulässigkeit von abweichenden Vereinbarungen

Bei der Regelung über den ununterbrochenen sechsmonatigen Bestand eines Arbeitsverhältnisses handelt es sich insofern um einseitig **zwingendes Recht,** als Vereinbarungen **zum Nachteil des Arbeitnehmers unzulässig** sind (allg. Ansicht, etwa *Löwisch/Spinner* Rz 37; *v. Hoyningen-Huene/Linck* Rz 66; APS-*Dörner* Rz 23). Wegen des einseitig zwingenden Charakters der Wartezeit sind daher zB Vereinbarungen unzulässig, die den Erwerb des allgemeinen Kündigungsschutzes von einer tatsächlichen sechsmonatigen Beschäftigung abhängig machen oder die eine Verlängerung der Wartezeit enthalten. Unzulässige Umgehungen des nach sechsmonatigem Bestand des Arbeitsverhältnisses beginnenden Kündigungsschutzes sind auch Vereinbarungen, die die aus gesetzlichen Vorschriften folgende Anrechnung anderweitiger Zeiten auf die Wartezeit (s.u. Rz 121 f.) ausschließen. Dagegen sind ausdrückliche oder konkludente Vereinbarungen über den Ausschluss oder die Verkürzung der Wartezeit ebenso zulässig (*BAG* 8.6.1972 AP § 1 KSchG 1969 Nr. 1; 12.12.1957 AP § 276 BGB Verschulden bei Vertragsabschluss Nr. 2) wie über die Anrechnung von Vorbeschäftigungszeiten bei demselben oder einem anderen Arbeitgeber (*BAG* 2.6.2005 EzA § 1 KSchG Soziale Auswahl Nr. 63, zu B I 4 b aa; 24.11.2005 EzA § 1 KSchG Nr. 59, zu B 3 a). Selbst wenn Anrechnungsvereinbarungen in der Sozialauswahl ausnahmsweise unbeachtlich sind (s.u. Rz 672), muss der Arbeitgeber sich für die Wartefrist an ihnen festhalten lassen. 94

Eine stillschweigende Vereinbarung über die Vorverlagerung des Kündigungsschutzes kann angenommen werden, wenn ein Arbeitnehmer, bevor er seine bisherige Stelle aufgrund eines Angebots des neuen Arbeitgebers aufgibt, diesem gegenüber erklärt, er lege Wert auf eine **Dauerstellung** (*BAG* 8.6.1972 AP § 1 KSchG 1969 Nr. 1; 18.2.1967 AP § 1 KSchG Nr. 81). Allein in der Zusage einer Dauer- oder Lebensstellung liegt grundsätzlich noch nicht eine stillschweigende Einigung über einen vorzeitig einsetzenden Kündigungsschutz. Es müssen vielmehr besondere Umstände, etwa die Aufgabe einer anderweitigen unkündbaren Dauerstellung hinzutreten, deren Auslegung es im Einzelfall gestattet, ein auf Dauer angelegtes Arbeitsverhältnis mit einer solchen stillschweigenden Vereinbarung zu verbinden (vgl. *A. Hueck* Anm. zu AP Nr. 81 zu § 1 KSchG; *LAG* BW 5.6.1974 BB 1974, 887). In der Zusage einer Dauer- oder Lebensstellung kann uU eine stillschweigende Vereinbarung über die **Beschränkung** oder den **Ausschluss** des **ordentlichen Kündigungsrechts** mit Wirkung für den Arbeitgeber liegen (*BAG* 21.10.1971 AP § 611 BGB Gruppenarbeitsverhältnis Nr. 1; 7.11.1968 AP § 66 HGB Nr. 3; 26.1.1967 AP § 611 BGB Vertragsabschluß Nr. 2). Ergibt die Auslegung, dass keine Beschränkung des ordentlichen Kündigungsrechts gewollt war, ist die dem Arbeitnehmer gegebene Zusage einer Dauerstellung bei der Interessenabwägung angemessen zu berücksichtigen (*BAG* 21.10.1971 aaO; 17.4.1956 AP § 626 BGB Nr. 8). 95

Eine Anrechnungsvereinbarung kann in der Aufnahme eines beendeten Arbeitsverhältnisses zu den alten Bedingungen liegen (HaKo-*Gallner* Rz 56; *v. Hoyningen-Huene/Linck* Rz 67). Wird ein **abberufenes Mitglied des** gesetzlichen **Organs einer juristischen Person,** etwa ein GmbH-Geschäftsführer, nach der Abberufung im Rahmen eines Arbeitsverhältnisses mit gegenüber seinen früheren vergleichbaren Aufgaben weiterbeschäftigt, liegt darin idR eine schlüssige Vereinbarung der Anrechnung der Beschäftigungszeit als Organmitglied. Ein davon abweichender Wille des Arbeitgebers ist nur beachtlich, wenn er im Arbeitsvertrag deutlich zum Ausdruck gebracht wird (*BAG* 24.11.2005 EzA § 1 KSchG Nr. 59, zu B 3). 96

Wegen des einseitig zwingenden Charakters der gesetzlichen Wartezeit sind auch **kollektivrechtliche Regelungen** (zB in Tarifverträgen oder Betriebsvereinbarungen) zum Nachteil des Arbeitnehmers un- 97 zulässig (vgl. *BAG* 15.8.1984 EzA § 1 KSchG Nr. 40; APS-*Dörner* Rz 26; *v. Hoyningen-Huene/Linck* Rz 66; HK-*Dorndorf* Rz 62). Die Tarifvertragsparteien können aber von § 1 Abs. 1 KSchG zugunsten des Arbeitnehmers abweichen (*BAG* 14.5.1987 EzA § 1 KSchG Nr. 44 = AR-Blattei, Kündigungsschutz Entsch. 284 mit Anm. *Wang; Preis* NZA 1997, 1259; zu Unrecht unter Heranziehung des Grundsatzes der Verhältnismäßigkeit einschränkend *Löwisch/Spinner* Rz 39; *Löwisch* DB 1998, 882). Kann ein Arbeitgeber einzelvertraglich auf die Wartezeit verzichten, sind aufgrund der Tarifautonomie auch entsprechende tarifvertragliche Regelungen zulässig. Im Einzelfall ist durch Auslegung zu ermitteln, ob eine **Tarifvorschrift**, die unter bestimmten Voraussetzungen eine Anrechnung von früheren Beschäftigungszeiten auf die Dauer der Betriebszugehörigkeit vorsieht, auch auf die gesetzliche Wartezeit des § 1 Abs. 1 KSchG anwendbar ist (*BAG* 28.2.1990 EzA § 1 KSchG Nr. 47). Auf § 19 BAT/BAT-O trifft dies nicht zu (*BAG* 16.3.2000 EzA § 108 BPersVG Nr. 2, zu II 1 d). Sieht ein **Sozialplan** unter bestimmten Voraussetzungen einen Wiedereinstellungsanspruch vor, so kann hierin der Ausschluss der gesetzlichen Wartezeit für den Fall der Wiedereinstellung erblickt werden (*BAG* 5.7.1984 – 2 AZR 246/83 – nv).

98 Die Vereinbarung einer sechs Monate unterschreitenden Probezeit hat ohne weiteres nicht zur Folge, dass nach deren Ablauf der Kündigungsschutz vorzeitig eintritt (*ArbG Frankf./M.* 21.3.2001 RzK I 4 d Nr. 26). Dasselbe gilt für einen vollständigen Verzicht auf eine Probezeit, da dessen Erklärungswert nur auf die Nichtanwendbarkeit der Probezeitkündigungsfrist beschränkt ist (**aA** *LAG Köln* 15.2.2002 RzK I 4 d Nr. 28; APS-*Dörner* Rz 24). Durch eine tarifvertraglich vorgesehene Probezeit von mehr als sechs Monaten wird andererseits die Anwendbarkeit des allgemeinen Kündigungsschutzes nach Ablauf der sechsmonatigen Wartezeit des § 1 Abs. 1 KSchG nicht ausgeschlossen (*BAG* 15.8.1984 EzA § 1 KSchG Nr. 40). Dies gilt ebenso für eine einzelvertraglich festgelegte Probezeit von mehr als sechs Monaten (vgl. *LAG Frankf./M.* 13.3.1986 NZA 1987, 384).

4. Berechnung der Wartezeit

99 Bei der Berechnung der sechsmonatigen Wartezeit ist allein auf den **rechtlichen Bestand des Arbeitsverhältnisses** abzustellen. Unterbrechungen der Vollziehung des Arbeitsverhältnisses hemmen unabhängig von deren Anlass den Lauf der Frist nicht. Dies gilt gleichermaßen für vom Arbeitnehmer verschuldete Gründe, etwa schuldhafte Arbeitsversäumnis, wie für von ihm nicht zu vertretende, etwa Krankheit, Kur, Schwangerschaft, Elternzeit, Urlaub oder Arbeitskampf (vgl. *Löwisch/Spinner* Rz 41; KDZ-*Kittner* Rz 21; ErfK-*Ascheid* Rz 82). Auch wenn der Arbeitnehmer während der gesamten Dauer der Wartezeit **keine Arbeit** geleistet hat, ist die Berufung auf den Kündigungsschutz ohne Weiteres nicht rechtsmissbräuchlich (**aA** *Etzel* KR, 7. Aufl. Rz 115). Die Interessen des Arbeitgebers werden in diesem Fall dadurch ausreichend gewahrt, dass er sein Kündigungsrecht vor Ablauf der Wartefrist ausüben kann. Zur lösenden Aussperrung s.u. Rz 115, zur Gesamtrechtsnachfolge s.u. Rz 119, 120 und zu gesetzlichen Anrechnungsbestimmungen s.u. Rz 121, 122.

100 Für den **Beginn** der Wartezeit kommt es nicht auf den Zeitpunkt der tatsächlichen Arbeitsaufnahme, sondern auf den rechtlichen Beginn des Arbeitsverhältnisses an (*BAG* 20.8.1998 EzA § 1 KSchG Nr. 50, zu II 1; s.o. Rz 92). Dies ist der Zeitpunkt, zu dem nach den arbeitsvertraglichen Vereinbarungen der Parteien der Arbeitnehmer mit der Arbeit beginnen soll. Ist der Arbeitnehmer aus nicht von ihm zu vertretenden Gründen (zB Krankheit, Unfall, Kuraufenthalt) an der Arbeitsaufnahme verhindert, ist dies für den Beginn der Wartezeit ohne Einfluss. Dies gilt ebenso im Fall des Annahmeverzugs des Arbeitgebers (*Berger-Delhey* BB 1989, 980f.; *Löwisch/Spinner* Rz 51; SPV-*Preis* Rz 904). **Erscheint der Arbeitnehmer** dagegen aus Gründen, die von ihm zu vertreten sind (Urlaubsreise, Arbeitsunlust usw.) **nicht zur Arbeit**, beginnt die Wartezeit erst mit dem Zeitpunkt der tatsächlichen Arbeitsaufnahme (allg. Ansicht, etwa APS-*Dörner* Rz 30; ErfK-*Ascheid* Rz 70; zweifelnd MünchKomm-*Hergenröder* Rz 33). Der spätere Beginn muss in diesen Fällen nicht mit dem Grundsatz von Treu und Glauben begründet werden (so *v. Hoyningen-Huene/Linck* Rz 77; HaKo-*Gallner* Rz 67). Nimmt der Arbeitgeber ein solches Verhalten des Arbeitnehmers nicht zum Anlass für eine Kündigung und akzeptiert er die spätere Arbeitsaufnahme, kann das beiderseitige Verhalten als konkludente Abänderung des Vertragsbeginns ausgelegt werden.

101 Das **Ende der Wartezeit** ist idR nach § 188 Abs. 2 Alt. 2 BGB zu berechnen. Ein vor der Aufnahme der Tätigkeit geschlossener Arbeitsvertrag beginnt gem. § 187 Abs. 2 Satz 2 BGB mit dem vereinbarten Tag der Arbeitsaufnahme. Die Wartezeit endet daher mit dem Ablauf desjenigen Tages des sechsten Monats, der dem Tag vorhergeht, der durch seine Zahl dem Anfangstag der Frist entspricht. Auf den Zeitpunkt der Unterzeichnung des Arbeitsvertrages kommt es nicht an (*BAG* 27.6.2002 EzA §§ 187, 188 BGB Nr. 1, zu B I 2 b bb). Im Fall einer für den 1. April vereinbarten Arbeitsaufnahme endet die Wartezeit

Sozial ungerechtfertigte Kündigungen § 1 KSchG

am 30. September. Sofern die übrigen Voraussetzungen vorliegen, genießt der Arbeitnehmer dann ab 1. Oktober allgemeinen Kündigungsschutz. Etwas anderes gilt ausnahmsweise, wenn der Arbeitnehmer die Arbeit noch am Tag des Vertragsschlusses aufnimmt. Dann ist gem. § 187 Abs. 1 BGB der erste Tag nicht zu berücksichtigen (*BAG* 27.6.2002 EzA §§ 187, 188 BGB Nr. 1, zu B I 2 b bb (2)) mit der Konsequenz, dass nach § 188 Abs. 2 Alt. 1 BGB die Wartezeit an dem Tag des sechsten Monats endet, der durch seine Zahl dem Anfangstag der Frist entspricht (im vorstehenden Beispiel also am 1. Oktober).

Maßgeblich für den Erwerb des allgemeinen Kündigungsschutzes ist nicht der Ablauf der Kündigungsfrist, sondern der **Zeitpunkt des Zugangs der Kündigung** (allg. Ansicht, etwa *BAG* 20.7.1977 BAGE 29, 247; 16.3.2000 EzA § 108 BPersVG Nr. 2, zu II 1 a; *Löwisch/Spinner* Rz 52; *v. Hoyningen-Huene/Linck* Rz 68). Zur Bestimmung dieses Zeitpunkts vgl. KR-*Spilger* § 622 BGB Rz 121 ff. Verzögerungen des Kündigungsausspruchs durch die Einholung vorher erforderlicher Zustimmungen von Behörden etwa nach §§ 9 MuSchG, 18 BEEG oder durch personalvertretungsrechtliche Zustimmungs- und Zustimmungsersetzungsverfahren hemmen den Fristablauf nicht (für letztere **aA** *Etzel* KR, 7. Aufl. Rz 102; *Klabunde* ZTR 1992, 453). Derartige Regelungen dienen nicht der Hemmung des allgemeinen Kündigungsschutzes, sondern sollen einen zusätzlichen Schutz für die betroffenen Arbeitnehmer bewirken. Dagegen muss sich der Arbeitnehmer im Fall einer treuwidrigen **Zugangsvereitelung** so behandeln lassen, als ob ihm die Kündigung innerhalb der Wartefrist zugegangen ist. Dies setzt voraus, dass einerseits der Arbeitnehmer mit dem Zugang rechtserheblicher Erklärungen rechnen musste und gleichwohl nicht zur Ermöglichung des Zugangs geeignete Vorkehrungen traf, und andererseits der Arbeitgeber alles ihm Mögliche und Zumutbare unternahm, um den Zugang der Kündigung innerhalb der Wartefrist zu bewirken (*BAG* 22.9.2005 EzA § 130 BGB 2002 Nr. 5, zu II 2, 3; zum Kündigungszugang näher KR-*Friedrich* § 4 Rz 100 – 133b). 102

Von dem Grundsatz der Maßgeblichkeit des Kündigungszugangs ist entgegen der früher hM (etwa *BAG* 28.9.1978 EzA § 102 BetrVG 1972 Nr. 39; 18.8.1982 EzA § 102 BetrVG 1972 Nr. 48; 5.3.1987 RzK I 4 d Nr. 7) keine Ausnahme zu machen, wenn der Arbeitgeber die Kündigung **wenige Tage vor Ablauf der Wartezeit** erklärt, um den Erwerb des allgemeinen Kündigungsschutzes zu verhindern. Dem Arbeitgeber steht es frei, die gesamte Wartefrist bis zum letzten Tag auszuschöpfen. Das Ziel, einen Rechtsstreit über die soziale Rechtfertigung der Kündigung zu vermeiden, macht die Kündigung kurz vor Fristablauf nicht entgegen § 162 BGB treuwidrig, sondern entspricht dem Zweck von § 1 Abs. 1 KSchG. Treuwidrig kann eine solche Kündigung nur sein, wenn weitere Umstände hinzutreten (*BAG* 16.3.2000 EzA § 108 BPersVG Nr. 2, zu II 1 e; *LAG SchlH* 14.4.1998 LAGE § 242 BGB Nr. 4, zu 2 a; ErfK-*Ascheid* Rz 91, 92; DW-*Günther* Rz 53). Dazu genügt es nicht, dass der Arbeitgeber mit dem Kündigungsausspruch nicht bis zum letzten Tag abwartet, an dem die Wahrung der Kündigungsfrist noch möglich wäre (*BAG* 16.3.2000 EzA § 108 BPersVG Nr. 2, zu II 1 e). Entgegen § 162 BGB treuwidrig kann eine Kündigung erst sein, wenn überhaupt kein sachlicher Zusammenhang zwischen dem Anlass und dem Zeitpunkt des Ausspruchs der Kündigung besteht, etwa wenn der Arbeitgeber ohne sachlichen Grund erst zu einem wesentlich späteren als dem nächstmöglichen Termin kündigt (vgl. *Löwisch/Spinner* Rz 52; HaKo-*Gallner* Rz 69). Nicht treuwidrig handelt ein Arbeitgeber, der dem Arbeitnehmer in Zusammenhang mit einer Verlängerung der Kündigungsfrist eine angemessene Frist gewähren will, sich doch noch zu bewähren (*BAG* 7.3.2002 EzA § 611 BGB Aufhebungsvertrag Nr. 40, zu II 3 b). 103

Die dargestellten Grundsätze gelten unabhängig von Umfang und Lage der Arbeitszeit auch für **teilzeitbeschäftigte Arbeitnehmer**. Eine regelmäßig nur an zwei oder drei Tagen in der Woche beschäftigte Teilzeitkraft erwirbt daher ebenfalls nach einem sechsmonatigen ununterbrochenen Bestand des Arbeitsverhältnisses den allgemeinen Kündigungsschutz. Da das Teilzeitarbeitsverhältnis auch in Zeiten der Nichtbeschäftigung als Rechtsverhältnis fortbesteht, gelten hinsichtlich des Ablaufs der Wartezeit keine Besonderheiten (ErfK-*Ascheid* Rz 72; *v. Hoyningen-Huene/Linck* Rz 91; *Wank* ZIP 1986, 213). Nichts anderes gilt für Jobsharing- und für Bedarfsarbeitsverhältnisse (APS-*Dörner* Rz 35). 104

Veränderungen des Umfangs der Arbeitszeit, etwa die **Umwandlung** eines Vollzeit- **in ein Teilzeitarbeitsverhältnis**, und sonstige Arbeitsvertragsänderungen beeinträchtigen bei ununterbrochenem Fortbestehen eines Arbeitsverhältnisses zwischen den Parteien den Lauf der Wartezeit nicht (*BAG* 31.10.1975 EzA § 611 BGB Gratifikation, Prämie Nr. 48; APS-*Dörner* Rz 35), selbst wenn sie auf einer Änderungskündigung beruhten (*v. Hoyningen-Huene/Linck* Rz 90; MünchKomm-*Hergenröder* Rz 34; DW-*Günther* Rz 40, 41). 105

Ohne Einfluss auf die Berechnung der Wartezeit ist weiterhin, ob der Arbeitnehmer in dem maßgeblichen Zeitraum vorübergehend als **Arbeiter** oder zeitweise als **Angestellter** beschäftigt war (*BAG* 106

23.9.1976 EzA § 1 KSchG Nr. 35; *v. Hoyningen-Huene/Linck* Rz 78a). Dagegen zählen sonstige Zeiten, in denen der Betreffende nicht als Arbeitnehmer, sondern auf der Grundlage eines anderen Vertragsverhältnisses etwa als Geschäftsführer einer GmbH (*LAG Bremen* 24.10.1997 BB 1998, 223), als freier Mitarbeiter (*BAG* 11.12.1996 EzA § 242 BGB Rechtsmissbrauch Nr. 2, zu II 1), als Familienangehöriger in Erfüllung familienrechtlicher Verpflichtungen oder als Beamter tätig geworden ist, bei der Berechnung der Wartezeit nicht mit (*BAG* 17.5.2001 EzA § 1 KSchG Nr. 54, zu II 2). Das gilt auch für der Einstellung vorangehende Zeiten, in denen der Arbeitnehmer von einem Vorarbeitgeber in den Betrieb abgeordnet war (*LAG Köln* 10.3.2000 NZA-RR 2001, 32). Da ein **Leiharbeitnehmer** bei erlaubter gewerbsmäßiger Arbeitnehmerüberlassung sich lediglich im Verhältnis zum Verleiher in einem Arbeitsverhältnis befindet, kann die Zeit der Beschäftigung als Leiharbeitnehmer bei Begründung eines Arbeitsverhältnisses mit dem ehemaligen Entleiher ebenfalls nicht auf die Wartezeit angerechnet werden (*ArbG Bochum* 14.1.1982 DB 1982, 1623; *v. Hoyningen-Huene/Linck* Rz 78). Soweit allerdings wegen unerlaubter Arbeitnehmerüberlassung zwischen Entleiher und Leiharbeitnehmer ein Arbeitsverhältnis fingiert wird (Art. 1 § 10 Abs. 1 S. 1 AÜG), ist die Zeit seit dem Eintritt der Unwirksamkeit auf die Wartezeit anzurechnen (HaKo-*Gallner* Rz 81). War der Arbeitnehmer in einem **befristeten Arbeitsverhältnis** beschäftigt, ist diese Vertragszeit auf die Wartezeit anzurechnen, sofern er unmittelbar nach Fristablauf im Rahmen eines unbefristeten Arbeitsverhältnisses weiterbeschäftigt wird (*BAG* 12.2.1981 EzA § 611 BGB Probearbeitsverhältnis Nr. 5; HK-*Dorndorf* Rz 91; KDZ-*Kittner* Rz 22). Das gleiche gilt, wenn der Arbeitnehmer im Anschluss an ein unbefristetes Arbeitsverhältnis in einem befristeten Arbeitsverhältnis weiterbeschäftigt wird (*LAG Bln.* 8.7.1991 LAGE § 1 KSchG Nr. 9).

107 Bei der Berechnung der Wartezeit zu berücksichtigen sind Zeiten der **beruflichen Ausbildung** (*BAG* 2.12.1999 EzA § 622 BGB nF Nr. 60; 23.9.1976 EzA § 1 KSchG Nr. 35; BBDW-*Bram* Rz 93; *v. Hoyningen-Huene/Linck* Rz 78a; *Natzel* S. 295; **aA** *Friedemann* BB 1985, 1541). Für eine Einbeziehung der **Ausbildungszeit** in die **Wartezeit** spricht der in § 10 Abs. 2 BBiG festgelegte Grundsatz, wonach auf den Berufsausbildungsvertrag die für den Arbeitsvertrag geltenden Vorschriften und Rechtsgrundsätze entsprechend anzuwenden sind. Ein weiterer Hinweis auf die Einbeziehung der Ausbildungszeiten ergibt sich aus der Übergangsvorschrift des Art. 6 Abs. 3 des Ersten Arbeitsrechtsbereinigungsgesetzes v. 14.8.1969 (BGBl. I S. 1111). Danach galt § 1 Abs. 1 KSchG bis zum 31.12.1972 mit der Maßgabe, dass die Ausbildungszeit auf die sechsmonatige Wartefrist nur dann angerechnet werden durfte, wenn der Arbeitnehmer im Zeitpunkt der Kündigung das 20. Lebensjahr vollendet hatte. Mit dem Fortfall der Altersgrenze (vgl. Gesetz v. 8.7.1976 BGBl. I S. 1769) sind Ausbildungszeiten ohne Rücksicht auf das Lebensalter in die Wartezeit einzubeziehen. Dasselbe gilt für ein anderes Vertragsverhältnis iSv § 26 BBiG. Hingegen ist ein betriebliches **Praktikum**, das der beruflichen Fortbildung (§ 53 BBiG) gedient hat, nur dann auf die Wartezeit anzurechnen, wenn es im Rahmen eines Arbeitsverhältnisses abgeleistet worden ist (*BAG* 18.11.1999 EzA § 1 KSchG Nr. 52 = AR-Blattei ES 1020 Nr. 353 m. zust. Anm. *Kufer*; *LAG Hamm* 8.7.2003 BB 2003, 2237; vgl. auch *BAG* 22.1.2004 EzA § 23 KSchG Nr. 26, zu II 2). Sozialrechtlich geförderte Beschäftigungsverhältnisse, denen wie den sog. »**1-Euro-Jobs**« (§ 16 Abs. 2 S. 2 SGB II) kein Arbeitsverhältnis zugrunde liegt, sind auf die Wartefrist nicht anzurechnen. Sie dienen erst der Hinführung zu einem Arbeitsverhältnis (vgl. zu §§ 229 ff. SGB III aF *BAG* 17.5.2001 EzA § 1 KSchG Nr. 54, zu II 2 – 4). Anzurechnen sind dagegen **Arbeitsbeschaffungsmaßnahmen** (§§ 260 ff. SGB III), die auf der Grundlage eines Arbeitsverhältnisses durchgeführt werden (*BAG* 12.2.1981 EzA § 611 BGB Probearbeitsverhältnis Nr. 5; SPV-*Preis* Rz 908).

5. Ununterbrochener Bestand des Arbeitsverhältnisses

108 Die Wartezeit ist an einen **ununterbrochenen rechtlichen Bestand** des Arbeitsverhältnisses geknüpft. Dieser wird bei ununterbrochenem Fortbestehen des Arbeitsverhältnisses durch Änderungen des Arbeitsvertrages nicht berührt (s. Rz 105, 114). Nach Ansicht des *BAG* (grundlegend 23.9.1976 EzA § 1 KSchG Nr. 35; 6.12.1976 EzA § 1 KSchG Nr. 36) ist der in § 1 Abs. 1 KSchG verwendete Begriff des ununterbrochenen (rechtlichen) Bestandes des Arbeitsverhältnisses ebenso wie der Begriff der Betriebszugehörigkeit (richtiger Unternehmenszugehörigkeit, s. u. Rz 116). Rechtliche Unterbrechungen des Arbeitsverhältnisses wirken sich auf den Ablauf der Wartezeit des § 1 KSchG daher nicht anders aus als auf die Wartezeiten von §§ 622 Abs. 2 BGB, 4 BUrlG, dh es kommt auf einen engen sachlichen Zusammenhang mit dem früheren Arbeitsverhältnis an. Darüber herrscht jetzt im Schrifttum weitgehend Einigkeit (etwa BBDW-*Bram* Rz 94; *v. Hoyningen-Huene/Linck* Rz 83; APS-*Dörner* Rz 37; *Löwisch/Spinner* Rz 44; ErfK-*Ascheid* Rz 79; HaKo-*Gallner* Rz 85; MünchKomm-*Hergenröder* Rz 36; wegen der sich daraus ergebenden Rechtsunsicherheit krit. SPV-*Preis* Rz 910; KPK-*Meisel* Rz 25).

Das *BAG* (18.1.1979 EzA § 1 KSchG Nr. 39; 6.12.1976 EzA § 1 KSchG Nr. 36) hat dabei auf die Notwendigkeit einer einheitlichen Auslegung der §§ 1 Abs. 1 KSchG, 2 AngKSchG (inzwischen außer Kraft getreten), 622 Abs. 2 BGB und 4 BUrlG hingewiesen. Wegen der Gleichheit der Interessenlage ist es gerechtfertigt, zur Auslegung des § 1 Abs. 1 KSchG auf Rspr. und Schrifttum zu § 2 AngKSchG zurückzugreifen (hierzu *RAG* 21.1.1933 ARS 17, 271; 23.4.1938 ARS 32, 294; *LAG BW* 17.9.1959 AP Nr. 1 zu § 2 AngKSchG).

In den Fällen einer **rechtlichen Beendigung** des **seitherigen Arbeitsverhältnisses** ist somit mit der Rechtsprechung des *BAG* (10.5.1989 EzA § 1 KSchG Nr. 46 mit zust. Anm. *Löwisch* = AP § 1 KSchG 1969 Nr. 7 mit abl. Anm. *Berger-Delhey*) darauf abzustellen, ob das neue Arbeitsverhältnis mit dem seitherigen Arbeitgeber bzw. – zB bei einem Betriebsübergang – dessen Rechtsnachfolger in einem **engen sachlichen** Zusammenhang mit dem früheren Arbeitsverhältnis steht. Dabei kommt es insbes. auf Anlass und Dauer der Unterbrechung sowie auf die Art der Weiterbeschäftigung an. Je länger die Unterbrechung dauert, desto gewichtiger müssen die für den Zusammenhang sprechenden Gründe sein (*BAG* 20.8.1998 EzA § 1 KSchG Nr. 50 = AP § 1 KSchG 1969 Wartezeit Nr. 10 m. zust. Anm. *Schleusener*, zu II 1). Dasselbe gilt für Änderungen der Arbeitsbedingungen (APS-*Dörner* Rz 38). In aller Regel sind nur **kurzfristige rechtliche Unterbrechungen** von einigen Tagen oder wenigen Wochen unschädlich, so dass sie zu einer Anrechnung der seitherigen Dauer des Arbeitsverhältnisses führen, während bei langfristigen rechtlichen Unterbrechungen eine Anrechnung nicht in Betracht kommt. Das *BAG* sieht für den Regelfall einen Unterbrechungszeitraum von mehr als drei Wochen als anrechnungsschädlich an (9.8.2000 RzK I 4 d Nr. 24; 22.9.2005 NZA 2006, 429, zu II 1 c). Es hat bei Unterbrechungen von fünf Wochen (*BAG* 4.4.1990 RzK I 4 d Nr. 15), knapp sieben Wochen (*BAG* 22.5.2003 EzA § 242 BGB 2002 Kündigung Nr. 2), zwei Monaten (*BAG* 10.5.1989 aaO), 2 2/3 Monaten (*BAG* 11.11.1982 EzA § 620 BGB Nr. 61) sowie vier und fünf Monaten (*BAG* 18.1.1979 EzA § 1 KSchG Nr. 39; 22.9.2005 NZA 2006, 429, zu II 1) einen engen sachlichen Zusammenhang zwischen den beiden Arbeitsverhältnissen verneint. Eine feste zeitliche Grenze für das Bestehen eines engen sachlichen Zusammenhangs mit einem früheren Arbeitsverhältnis lässt sich nicht ziehen. Es kommt stets auf die Umstände des Einzelfalls an. So kann für unterbrochene Arbeitsverhältnisse eines Lehrers bei einer Unterbrechung von 1 ½ Monaten nur wegen Schulferien ggf. ein enger sachlicher Zusammenhang bejaht werden (*BAG* 20.8.1998 EzA § 1 KSchG Nr. 49; nach ErfK-*Ascheid* Rz 81 ist eine Unterbrechung, die die kürzeste gesetzliche Kündigungsfrist überschreitet, rechtserheblich). Dagegen kann eine neue Fächerkombination des Lehrers gegen einen Zusammenhang sprechen (*BAG* 16.3.2000 EzA § 108 BPersVG Nr. 2, zu II 1 c).

Die **Unterbrechungszeit** selbst ist auf die Wartezeit nicht anzurechnen, wenn die Parteien nichts anderes vereinbaren (*BAG* 17.6.2003 EzA § 622 BGB 2002 Nr. 1; *LAG Hamm* 20.12.1996 LAGE § 1 KSchG Nr. 10; ErfK-*Ascheid* Rz 77; **aA** APS-*Dörner* Rz 41 und für die Berechnung der Kündigungsfrist KR-*Spilger* § 622 BGB Rz 60). Die Anrechnung ändert nichts daran, dass das Arbeitsverhältnis während der Unterbrechung nicht bestanden hat. Die von der Gegenansicht herangezogenen Rechtsgedanken von §§ 210, 212 BGB aF, 207 ZPO aF betrafen nicht vergleichbare Sachverhalte.

Diese Grundsätze gelten auch für die Beschäftigungszeiten in einem **befristeten Arbeitsverhältnis**, wenn sich dem befristeten Arbeitsverhältnis ein unbefristetes oder befristetes Arbeitsverhältnis anschließt und zwischen beiden Arbeitsverhältnissen ein enger sachlicher Zusammenhang besteht (*BAG* 12.2.1981 EzA § 611 BGB Probearbeitsverhältnis Nr. 5; 9.2.2000 EzA § 1 BeschFG 1985 Klagefrist Nr. 2, zu b).

Auch bei langfristigen rechtlichen Unterbrechungen ist eine Anrechnung der Dauer des früheren Arbeitsverhältnisses auf eine Wartezeit möglich, wenn sich die **Anrechnung aus gesetzlichen Vorschriften** ergibt (s.u. Rz 121, 122) oder wenn die Parteien eine Anrechnungsvereinbarung treffen (s.o. Rz 94 – 96).

In den Fällen einer **rechtlichen Unterbrechung** des **Arbeitsverhältnisses nach zurückgelegter Wartezeit** gelten die oben (vgl. Rz 110 ff.) dargestellten Grundsätze entsprechend. Bei kurzfristigen Unterbrechungen des Arbeitsverhältnisses bedarf es daher keiner erneuten Wartezeit, sofern zwischen den beiden Arbeitsverhältnissen ein enger sachlicher Zusammenhang besteht. Erfolgt die Wiedereinstellung durch denselben Arbeitgeber dagegen erst nach einem längeren Zeitraum, so bedarf es einer entsprechenden Anrechnungsvereinbarung.

Unschädlich für den Lauf der Wartezeit ist eine **rechtliche Beendigung** des **seitherigen Arbeitsverhältnisses** stets dann, wenn sich **ohne zeitliche Unterbrechung** ein weiteres Arbeitsverhältnis mit demselben Arbeitgeber anschließt (*BAG* 23.9.1976 EzA § 1 KSchG Nr. 35). Dann ist im Unterschied zu

§ 1 KSchG   Sozial ungerechtfertigte Kündigungen

kurzfristigen rechtlichen Unterbrechungen kein enger sachlicher Zusammenhang zwischen den einzelnen Arbeitsverhältnissen erforderlich. Es kommt weder auf den Anlass der Beendigung des vorherigen Arbeitsverhältnisses noch auf die Art der Weiterbeschäftigung an. Auch bei einem völlig anderen Aufgabengebiet und ohne Anrechnungsvereinbarung ist daher in derartigen Fällen die Dauer des ersten Arbeitsverhältnisses auf die Wartezeit anzurechnen (*v. Hoyningen-Huene/Linck* Rz 82; SPV-*Preis* Rz 909; HaKo-*Gallner* Rz 83; MünchKomm-*Hergenröder* Rz 35; **aA** bei erheblichen Tätigkeitsänderungen *Löwisch/Spinner* Rz 43).

115 **Tatsächliche Unterbrechungen** der Arbeit sind ohne Einfluss auf den Ablauf der Wartezeit, sofern dadurch der rechtliche Bestand des Arbeitsverhältnisses nicht berührt wird (s.o. Rz 99). In den Fällen einer nach der Rspr. des *BAG* unter bestimmten Voraussetzungen zulässigen lösenden **Abwehraussperrung** (vgl. iE KR-*Weigand* § 25 KSchG Rz 14 ff.) kommt es zu einer rechtlichen Unterbrechung der Wartezeit. Soweit keine tarifvertraglichen Anrechnungsregelungen eingreifen, richtet sich hier die Frage der Anrechnung nach den oben dargestellten Grundsätzen (vgl. Rz 110 f.).

116 Für die Zurücklegung der Wartezeit genügt es, dass das Arbeitsverhältnis **in demselben Unternehmen** länger als sechs Monate bestanden hat. Daher ist das Erfordernis des ununterbrochenen rechtlichen Bestands des Arbeitsverhältnisses während der Wartezeit auch dann erfüllt, wenn der Arbeitnehmer während dieses Zeitraums **ohne zeitliche Unterbrechung in einem anderen Betrieb** des **gleichen Unternehmens** weiterbeschäftigt wird (*Berger-Delhey* BB 1989, 981; zu den Begriffen »Betrieb« und »Unternehmen« s.u. Rz 132 ff., 141 ff.). Bei der **Versetzung** eines Arbeitnehmers in einen anderen Betrieb des gleichen Unternehmens ist demgemäß die seitherige Betriebszugehörigkeit auf die Dauer der Wartezeit anzurechnen. Für die Zurücklegung der Wartezeit ist es ohne Belang, auf welcher Rechtsgrundlage (Direktionsrecht, Änderungskündigung, Änderungsvertrag usw.) der Arbeitnehmer versetzt wird (*Berger-Delhey* aaO; APS-*Dörner* Rz 43). Zur betriebsverfassungsrechtlichen Beurteilung der überbetrieblichen Versetzung vgl. *BAG* 22.11.2005 EzA § 99 BetrVG 2001 Versetzung Nr. 1, zu B I 2 d aa; GK-BetrVG/*Kraft* § 99 Rz 102 ff.; HSWG-*Schlochauer* § 99 Rz 57.

117 Wird ein Arbeitnehmer erst nach **einer zeitlichen Unterbrechung** in einem **anderen Betrieb des Unternehmens** weiterbeschäftigt, so ist dies für die Wartezeit dann ohne Bedeutung, wenn es sich nur um eine **tatsächliche Unterbrechung** (zB Krankheit, Urlaub) im Rahmen eines rechtlich fortbestehenden Arbeitsverhältnisses handelt (so für Sonderurlaub *BAG* 11.9.1979 – 6 AZR 702/77). Wird ein Arbeitnehmer dagegen nach der rechtlichen Beendigung des früheren Arbeitsverhältnisses nach einiger Zeit für einen anderen Betrieb des gleichen Unternehmens erneut eingestellt, liegt eine **rechtliche Unterbrechung** der **Unternehmenszugehörigkeit** vor. Dann gelten die oben (s.o. Rz 108 – 110a) dargestellten allgemeinen Anrechnungsgrundsätze entsprechend. Die Beschäftigungszeiten aus beiden Arbeitsverhältnissen werden zusammengerechnet, wenn die Unterbrechungsdauer nur **kurzfristig** ist und ein enger sachlicher Zusammenhang mit der früheren Beschäftigung des Arbeitnehmers besteht (APS-*Dörner* Rz 43). In den Fällen einer **langfristigen rechtlichen Unterbrechung** der **Unternehmenszugehörigkeit** bedarf es dagegen einer Anrechnungsvereinbarung. Ohne Einfluss auf die Wartezeit sind bei fortbestehender Arbeitgeberidentität **Umwandlungen** der **Unternehmensstruktur**, etwa Verschmelzungen und Spaltungen von Unternehmen (hierzu näher KR-Friedrich §§ 322, 323, 324 UmwG). Verbleibt in Zusammenhang mit derartigen Organisationsänderungen ein Arbeitnehmer in seinem Einstellungsbetrieb, wird der Lauf der Wartefrist nicht berührt. Wird er in eine andere Betriebsstätte versetzt, ist entsprechend dem Grundgedanken von § 323 Abs. 1 UmwG (s.u. Rz 120) die Dauer des Arbeitsverhältnisses vor der Umstrukturierung bei der Wartezeit ebenfalls zu berücksichtigen (KDZ-*Kittner* Rz 25; *v. Hoyningen-Huene/Linck* Rz 72, 72a). Wegen der in diesen Fällen fortbestehenden Arbeitgeberidentität bedarf es keines engen sachlichen Zusammenhangs zwischen den einzelnen Beschäftigungen (APS-*Dörner* Rz 44). Betrieb der Arbeitgeber dagegen bereits zu Beginn des Arbeitsverhältnisses mehrere Unternehmen, muss die Wartezeit in demselben Unternehmen erfüllt werden (*Löwisch/Spinner* § 1 Rz 46; HaKo-*Gallner* Rz 61).

118 Da die Wartezeit von § 1 Abs. 1 KSchG **nicht konzernbezogen** ausgestaltet ist, kann die bei einem anderen rechtlich selbständigen Konzernunternehmen zurückgelegte Beschäftigungszeit nicht ohne weiteres angerechnet werden (allg. Ansicht, etwa APS-*Dörner* Rz 45; MünchKomm-*Hergenröder* Rz 27; *v. Hoyningen-Huene/Linck* Rz 73). Im Unterschied zur Rechtslage im Betriebsverfassungsrecht nach § 8 Abs. 1 S. 2 BetrVG ist es dabei gleichgültig, ob es sich iSd Aktienrechts um einen Unterordnungs- oder Gleichordnungskonzern (§ 18 Abs. 1, Abs. 2 AktG) handelt. Die Anrechnung der bei einem anderen Konzernunternehmen zurückgelegten Betriebszugehörigkeit auf die Wartezeit ist nur möglich, wenn die Parteien eine Anrechnungsvereinbarung treffen. Diese kann auch stillschweigend geschlossen

werden, was im Einzelfall durch Auslegung der Versetzungsvereinbarung zu ermitteln ist. Ein entsprechender Parteiwille wird häufig anzunehmen sein, da die Rechtsposition des Arbeitnehmers durch den Wechsel im Konzern meist nicht verschlechtert werden soll (*Löwisch/Spinner* Rz 48; *v. Hoyningen-Huene/Linck* Rz 74; KDZ-*Kittner* Rz 26; aA HaKo-*Gallner* Rz 61). Auch die bei einem der Konzernmutter zu 100 % gehörenden Tochterunternehmen zurückgelegte Betriebszugehörigkeit ist dagegen ohne entsprechende Vereinbarung mangels Rechtsgrundlage auf die Wartezeit nicht anzurechnen (*Löwisch/Spinner* Rz 48; ebenso HaKo-*Gallner* Rz 61, die zu Recht die Möglichkeit einer Analogie verneint und Rechtsmissbräuchen mit dem Gedanken von Treu und Glauben begegnen will; aA *Etzel* KR, 7. Aufl. Rz 118; APS-*Dörner* Rz 45; KDZ-*Kittner* Rz 26). Etwas anderes gilt bei konzernbezogenen Arbeitsverträgen, bei denen ein unternehmensübergreifender Einsatz vorgesehen ist. So lange ein solcher Vertrag nicht aufgehoben wird, wird durch die Tätigkeit in anderen Konzernunternehmen die Wartezeit nicht unterbrochen, auch wenn mit diesen zusätzliche Arbeitsverträge geschlossen werden (ähnlich APS-*Dörner* Rz 45; HaKo-*Gallner* Rz 62; DW-*Wolff* Rz 50, die diesen Grundsatz allerdings zu Unrecht auf das herrschende Konzernunternehmen beschränken).

6. Betriebsübergang

Bei einem **rechtsgeschäftlichen Übergang** des **Betriebes** oder eines **Betriebsteiles** tritt der Erwerber 119 kraft Gesetzes in die bestehenden Arbeitsverhältnisse ein (§ 613a BGB). Die bei dem früheren Arbeitgeber zurückgelegte Dauer des Arbeitsverhältnisses wird daher auf die Wartezeit angerechnet. Dies gilt selbst dann, wenn das Arbeitsverhältnis kurz unterbrochen wird, das neue aber in engem sachlichen Zusammenhang zu dem alten steht (*BAG* 27.6.2002 EzA § 1 KSchG Nr. 55, zu B I 1 – 3; APS-*Dörner* Rz 46; MünchKomm-*Hergenröder* Rz 28). Allgemein zum Betriebsübergang KR-*Pfeiffer* Erl. zu § 613a BGB.

Eine Anrechnung der seitherigen Dauer des Arbeitsverhältnisses auf die Wartezeit findet auch in den 120 Fällen der **Gesamtrechtsnachfolge** (zB durch erbrechtliche Nachfolge gem. § 1922 BGB) statt, sofern der Gesamtrechtsnachfolger den Betrieb weiterführt. Auch die Gesamtrechtsnachfolge nach dem UmwG unterbricht nicht den rechtlichen Bestand des Arbeitsverhältnisses (*v. Hoyningen-Huene/Linck* Rz 76; HK-*Dorndorf* Rz 80; vgl. *BAG* 10.11.2004 EzA § 14 TzBfG Nr. 15, zu II 2 a). Dies wird durch § 323 Abs. 1 UmwG bestätigt, nach dem sich die kündigungsrechtliche Stellung eines Arbeitnehmers für die Dauer von zwei Jahren nach dem Wirksamwerden einer Umwandlung nicht verschlechtert (APS-*Dörner* Rz 44; HaKo-*Gallner* Rz 64, 65).

7. Gesetzliche Anrechnungsregeln

Eine **gesetzliche Anrechnung** ergibt sich aus § 10 Abs. 2 MuSchG, wonach das Arbeitsverhältnis nicht 121 als unterbrochen gilt, sofern die Arbeitnehmerin nach Ausübung des ihr gem. § 10 Abs. 1 MuSchG zustehenden Sonderkündigungsrechts innerhalb eines Jahres nach der Entbindung in ihrem bisherigen Betrieb wieder eingestellt wird (vgl. iE KR-*Bader* § 10 MuSchG Rz 32 – 53).

Nach § 6 Abs. 2 ArbPlSchG ist die Zeit des **Grundwehrdienstes** oder einer **Wehrübung** auf die Be- 122 triebszugehörigkeit anzurechnen. Nach § 16a Abs. 1 ArbPlSchG gilt dies auch, wenn der Wehrdienst als Soldat auf Zeit für bis zu zwei Jahre geleistet wird. Das gleiche gilt für Angehörige eines Mitgliedsstaates der Europäischen Union, die in ihrem Heimatland den Wehrdienst abgeleistet haben (Art. 7 Abs. 1 EWG-VO Nr. 1612/68). Da das Arbeitsverhältnis nach § 1 Abs. 1 ArbPlSchG während des Grundwehrdienstes oder einer Wehrübung rechtlich als ruhendes Arbeitsverhältnis fortbesteht, wird der Lauf der gesetzlichen Wartezeit nach § 1 Abs. 1 KSchG nicht unterbrochen. Für anerkannte Kriegsdienstverweigerer gilt § 6 Abs. 2 ArbPlSchG entsprechend (§ 78 Abs. 1 Nr. 1 ZDG). Ohne Einfluss auf den rechtlichen Bestand des Arbeitsverhältnisses und damit auf den Ablauf der gesetzlichen Wartezeit sind freiwillige Wehrübungen von bis zu sechs Wochen (§ 10 ArbPlSchG) und **Eignungsübungen** bis zur Dauer von vier Monaten pro Kalenderjahr (§ 1 Abs. 1 EignungsÜbG). Nach § 8 der VO zum EignungsÜbG ist die Zeit der Teilnahme an einer Eignungsübung auf die Dauer der Betriebszugehörigkeit anzurechnen. Anzurechnen auf die Wartezeit sind weiter die Zeiten der Heranziehung zum Brand- und Katastrophenschutzdienst (§ 21 Abs. 1 ZSG iVm den einschlägigen landesrechtlichen Bestimmungen, etwa §§ 11, 39 Abs. 2 Hess.BKG). Für **Soldaten auf Zeit** richtet sich die Anrechnung der Wehrdienstzeit auf die Betriebszugehörigkeit nach § 8 Abs. 3 SVG (*BAG* 30.1.1985 AP § 8 Soldatenversorgungsgesetz Nr. 5; 23.5.1984 AP § 16a ArbPlSchG Nr. 1). Soweit **ausländische Arbeitnehmer,** die nicht einem Mitgliedstaat der Europäischen Union angehören, in ihrem Heimatstaat einen verkürzten Grundwehrdienst von zwei Monaten ableisten müssen, führt dies nicht zu einer rechtlichen Unterbrechung des Arbeitsverhältnisses (*BAG* 7.9.1983 EzA § 626 BGB nF Nr. 87; 22.12.1982 EzA § 123 BGB Nr. 20; *Becker/Braasch* S. 80). Zeiten des verkürzten Grundwehrdienstes sind daher auf die Wartezeit anzurechnen, nicht aber längere Wehrdienstzeiten (HaKo-*Gallner* Rz 71). Allgemein zum Kündigungsschutz von Wehrpflichtigen KR-*Weigand* § 2 ArbPlSchG Rz 1 – 37.

8. Kündigungen während der Wartezeit

123 Für arbeitgeberseitige ordentliche **Kündigungen während der Wartezeit** gilt der **Grundsatz der Kündigungsfreiheit** (*BAG* 12.12.1957 AP Nr. 2 zu § 276 BGB Verschulden bei Vertragsabschluss). Zur Wirksamkeit einer derartigen Kündigung bedarf es nicht einer personen-, verhaltens- oder betriebsbedingten Rechtfertigung der Kündigung iSd § 1 Abs. 2 KSchG, sondern lediglich eines irgendwie einleuchtenden, nicht willkürlichen Grundes für die Rechtsausübung (*BAG* 25.4.2001 EzA § 242 BGB Kündigung Nr. 4, zu II 4 b). Dagegen hat der Arbeitgeber geltende Formvorschriften (zB tarifvertragliche Schriftformklauseln), Sonderkündigungsschutz wie §§ 9 MuSchG, 18 BErzGG und die im Einzelfall geltende Kündigungsfrist zu beachten. Außerdem hat er Arbeitnehmervertretungen, etwa gem. § 102 BetrVG den Betriebsrat, zu beteiligen. Insoweit gelten keine geringeren Anforderungen an die Mitteilungspflicht des Arbeitgebers nach § 102 Abs. 1 BetrVG als bei Arbeitnehmern mit Kündigungsschutz (näher *BAG* 18.5.1994 EzA § 102 BetrVG 1972 Nr. 85, zu II; 22.9.2005 EzA § 1 KSchG Nr. 58, zu II 4 b aa; KR-*Etzel* § 102 BetrVG Rz 62b).

124 Der **Grundsatz** der **Kündigungsfreiheit** gilt **nicht uneingeschränkt**. Eine während der Wartezeit erklärte fristgemäße Kündigung kann wegen einer unzulässigen Diskriminierung oder wegen Verstößen gegen Verbotsgesetze iSv **§ 134 BGB oder die Generalklauseln des BGB**, insbes. **§ 138 BGB** und **§ 242 BGB**, rechtsunwirksam sein. Dazu umfassend KR-*Friedrich* § 13 KSchG Rz 111 – 301c.

125 Zu den **gesetzlichen Verboten,** deren Verletzung gem. § 134 BGB zur Unwirksamkeit einer während der Wartezeit erklärten Kündigung führt, zählen insbes. die in Art. 3 Abs. 2, 3 GG enthaltenen **Diskriminierungsverbote** und das Grundrecht auf freie Meinungsäußerung (Art. 5 Abs. 1 GG). Dagegen ist das Grundrecht auf freie Wahl des Arbeitsplatzes (Art. 12 GG) kein die Unwirksamkeit einer während der Wartezeit erklärten Kündigung begründendes Verbotsgesetz (*BAG* 20.7.1977 EzA Art. 33 GG Nr. 7; 23.9.1976 EzA § 1 KSchG Nr. 35; *Maunz/Dürig* Art. 12 Rz 105; vgl. Rz 18). Allgemein zur verbotswidrigen Kündigung KR-*Friedrich* § 13 KSchG Rz 178 ff. sowie zur **arbeitsrechtlichen Bedeutung** der **Grundrechte** *Heither* Jahrbuch des öffentlichen Rechts der Gegenwart Bd. 33, 1984, S. 316 ff.

126 **Sittenwidrig** nach § 138 BGB ist eine während der Wartezeit erklärte ordentliche Kündigung des Arbeitgebers nur in besonders krassen Fällen. § 138 BGB verlangt die Einhaltung eines ethischen Minimums. Ein Verstoß kommt nur in Betracht, wenn die Kündigung auf einem verwerflichen Motiv des Kündigenden beruht, wie Rachsucht oder Vergeltung, oder wenn sie aus anderen Gründen dem Anstandsgefühl aller billig und gerecht Denkenden widerspricht (*BAG* 19.7.1974 AP § 138 BGB Nr. 32; 22.5.2003 EzA § 242 BGB 2002 Kündigung Nr. 2, zu B III 1). Ein Verstoß gegen die guten Sitten ist regelmäßig zu verneinen, wenn der Kündigung sachliche Überlegungen zugrunde liegen, und kann erst Recht nicht angenommen werden, wenn die Kündigung auf Tatsachen gestützt wird, die an sich geeignet sind, eine ordentliche Kündigung nach § 1 Abs. 2 und 3 KSchG zu rechtfertigen (*BAG* 23.9.1976 EzA § 1 KSchG Nr. 35; 24.4.1997 EzA § 611 BGB Kirchliche Arbeitnehmer Nr. 43, zu II 1 a). Eingehend zur sittenwidrigen Kündigung KR-*Friedrich* § 13 KSchG Rz 111–175a.

127 § 242 BGB bewirkt neben § 1 KSchG nur in beschränktem Umfang Kündigungsschutz insbes. für während der Wartezeit und in Kleinbetrieben erklärte fristgemäße Kündigungen des Arbeitgebers. Durch das KSchG wurden die Voraussetzungen und die Wirkungen des **Grundsatzes** von **Treu und Glauben** konkretisiert und begrenzt. Wegen des verfassungsrechtlichen Gewährleistung eines Mindestmaßes an Kündigungsschutz auch außerhalb des KSchG (s.o. Rz 18 – 21) kann dies jedoch nicht uneingeschränkt gelten (*BAG* 21.2.2001 EzA § 242 BGB Kündigung Nr. 1, zu B II 4 b; *BVerfG* 21.6.2006 NZA 2006, 913, zu III 1 a bb (1)). Das BAG nimmt daher in ständiger Rechtsprechung an, dass Umstände, die im Rahmen des § 1 KSchG zu würdigen sind, im Allgemeinen als Verstöße gegen Treu und Glauben nicht in Betracht kommen. Liegen jedoch Gründe vor, die nicht durch § 1 KSchG erfasst werden, kann eine während der Wartezeit erklärte Kündigung nach § 242 BGB nichtig sein (*BAG* 23.9.1976 EzA § 1 KSchG Nr. 35; 23.6.1994 EzA § 242 BGB Nr. 39; 22.5.2003 EzA § 242 BGB 2002 Kündigung Nr. 2, zu B II 1). Diese Formulierung ist missverständlich. Liegen Gründe vor, die eine Kündigung treuwidrig oder gar sittenwidrig iSv § 138 BGB erscheinen lassen, wird eine Kündigung im Geltungsbereich des KSchG regelmäßig nicht sozial gerechtfertigt sein können. Solche Gründe werden daher in aller Regel durch-

aus von § 1 KSchG erfasst (so zutr. SPV-*Preis* Rz 306). Tatsächlich gemeint ist, dass der Prüfungsmaßstab ein anderer, zugunsten des Arbeitgebers großzügigerer ist. Ausnahmen von dem Grundsatz der Kündigungsfreiheit außerhalb des KSchG erfordern besondere Umstände, aufgrund derer die Kündigung nach dem Grundsatz von Treu und Glauben als anstößig erscheint. Die Kündigung bedarf ohne weiteres keiner Begründung des Arbeitgebers, sondern lediglich eines irgendwie einleuchtenden, nicht willkürlichen Grundes. Diese vom *BAG* zur Rechtslage in Kleinbetrieben geprägte Formulierung (25.4.2001 EzA § 242 BGB Kündigung Nr. 4, zu II 4 b) lässt sich auf Kündigungen in der Wartezeit übertragen, da auch hier Kündigungen ohne jeden sachlichen Anlass willkürlich sind.

Mögliche Fälle einer treuwidrigen oder ungehörigen Kündigung sind **widersprüchliches Verhalten** des kündigenden Arbeitgebers (*BAG* 21.3.1980 EzA § 17 SchwbG Nr. 2), die **Missachtung des Rechts** des Arbeitnehmers auf Menschenwürde und freie Entfaltung seiner Persönlichkeit (*BAG* 23.6.1994 EzA § 242 BGB Nr. 39 mit abl. Anm. *v. Hoyningen-Huene* = SAE 1995, 103 mit zust. Anm. *Sandmann* = AiB 1995, 189 m. zust. Anm. *Kempff* = AuA 1995, 179 m. krit. Anm. *Papsthart*: Kündigung wegen Homosexualität des Arbeitnehmers), die **willkürliche Kündigung** (*BAG* 23.9.1976 EzA § 1 KSchG Nr. 35), die Zufügung über die reine Beendigung des Arbeitsverhältnisses hinausgehender weiterer, das gesamte berufliche Fortkommen des Arbeitnehmers in Frage stellender Nachteile (*BAG* 24.10.1996 RzK I 8l Nr. 22, zu II 3) sowie die **Kündigung zur Unzeit** oder **in verletzender Form** (*BAG* 5.4.2001 EzA § 242 BGB Nr. 3, zu II 2, 3; 12.7.1990 EzA § 613 BGB Nr. 90). In letzterem Fall erscheint es allerdings als fragwürdig, warum Ehrverletzungen in Zusammenhang mit einer an sich frei zulässigen Kündigung nicht nur zu Schadensersatzansprüchen des Arbeitnehmers, sondern zur Unwirksamkeit der Kündigung führen sollen. Bei einer Kündigung innerhalb der ersten sechs Monate eines Arbeitsverhältnisses bedarf es dem Zweck von § 1 Abs. 1 KSchG nach einer Sozialauswahl nicht (*LAG Nürnberg* 24.4.2001 AR-Blattei ES 1020.1.2 Nr. 19). Im **öffentlichen Dienst** kann sich die Treuwidrigkeit einer vor Ablauf der sechsmonatigen Wartezeit des § 1 Abs. 1 KSchG erklärten arbeitgeberseitigen Kündigung auch aus Art. 33 Abs. 2 GG ergeben, wenn der Arbeitnehmer zum Zeitpunkt der Kündigung aufgrund Art. 33 Abs. 2 GG einen Einstellungsanspruch gehabt hätte und der Arbeitgeber ihn deshalb zugleich mit dem Ablauf der Kündigungsfrist wieder hätte einstellen müssen (*BVerfG* 21.6.2006 NZA 2006, 913, zu III 1 a bb (2); *BAG* 12.3.1986 EzA Art. 33 GG Nr. 13). Allgemein zur treuwidrigen Kündigung KR-*Friedrich* § 13 KSchG Rz 229–257c. 128

9. Darlegungs- und Beweislast

Die Darlegungs- und Beweislast für die persönlichen Voraussetzungen des allgemeinen Kündigungsschutzes, insbes. die Arbeitnehmereigenschaft und den Ablauf der Wartezeit, trifft den **Arbeitnehmer** (*Ascheid* Beweislastfragen S. 52; *Mayer* in *Backmeister/Trittin/Mayer* Rz 52; HaKo-*Gallner* Rz 131, 132). Dazu gehört die Darlegung der Umstände, aus denen sich ergibt, dass das Arbeitsverhältnis zum Zeitpunkt des Zugangs der Kündigung **mindestens sechs Monate ununterbrochen bestanden** hat. Der Arbeitnehmer genügt seiner Darlegungslast, wenn er vorträgt, dass und wie das Arbeitsverhältnis sechs Monate vor Zugang der Kündigung begründet worden ist (*v. Hoyningen-Huene* Rz 94; HaKo-*Gallner* Rz 132; APS-*Dörner* Rz 49). Für das Vorliegen einer rechtlichen Unterbrechung oder Beendigung des Arbeitsverhältnisses ist dagegen der Arbeitgeber darlegungs- und beweispflichtig, da es sich um eine Einwendung handelt. Das gilt auch, wenn das Arbeitsverhältnis unstreitig tatsächlich unterbrochen war (*BAG* 16.3.1989 EzA § 1 KSchG Nr. 45 mit insoweit zust. Anm. *Marhold* = AP Nr. 6 zu § 1 KSchG 1969 Wartezeit mit zust. Anm. *Baumgärtl*; ErfK-*Ascheid* Rz 105). 129

In den Fällen einer rechtlichen Unterbrechung des Arbeitsverhältnisses ist der Arbeitnehmer darlegungs- und beweispflichtig dafür, dass ggf. eine ausdrückliche oder stillschweigende **Anrechnungsvereinbarung** zustande gekommen ist (*v. Hoyningen-Huene* Rz 94; KDZ-*Kittner* Rz 34) oder die Neueinstellung in einem engen sachlichen Zusammenhang mit dem zunächst beendeten Arbeitsverhältnis gestanden hat (*Ascheid* Beweislastfragen S. 58; DW-*Günther* Rz 54). Für die Vereinbarung eines Ausschlusses oder einer Verkürzung der Wartezeit ist ebenfalls der Arbeitnehmer darlegungs- und beweispflichtig (APS-*Dörner* Rz 51; HaKo-*Gallner* Rz 133). 130

Bei **Kündigungen während der Wartezeit** ist die Darlegungs- und Beweislast abgestuft. Da der Arbeitnehmer Einwendungen gegen die Kündigung geltend macht, hat zunächst er die Umstände darzulegen und ggf. zu beweisen, aus denen die Unwirksamkeit der Kündigung gem. der §§ 134, 138, 242, 612a BGB folgen soll. Ergibt sich aus dem Vortrag des Arbeitnehmers ein Unwirksamkeitsgrund, muss der Arbeitgeber nach § 138 Abs. 2 ZPO qualifiziert erwidern. Erfüllt er diese ihn treffende sekundäre Behauptungslast nicht, gilt der Unwirksamkeitsgrund nach § 138 Abs. 3 ZPO als zugestanden. Erwi- 131 dert der Arbeitgeber dagegen erheblich, muss der Arbeitnehmer Beweis für die Richtigkeit seiner Behauptungen führen (*BAG* 21.2.2001 EzA § 242 BGB Kündigung Nr. 1, zu B II 4 d cc; 22.5.2003 EzA § 242 BGB 2002 Kündigung Nr. 2, zu B II 2). Vgl. auch KR-*Friedrich* § 13 KSchG Rz 127, 175, 257.

III. Betrieblicher Geltungsbereich

1. Begriff des Betriebes

132 Das KSchG enthält keine eigenständige Definition des Betriebsbegriffs. Wie sich aus den Regelungen der §§ 1 Abs. 2 S. 2, 23 KSchG ergibt, gilt der allgemeine Kündigungsschutz **für Betriebe und Verwaltungen des privaten und des öffentlichen Rechts** (hierzu iE KR-*Weigand* § 23 KSchG Rz 24–54d). Ausnahmeregelungen bestehen für Seeschifffahrts- und Luftverkehrsbetriebe (vgl. KR-*Weigand* § 24 KSchG Rz 14–19) sowie für **Kleinbetriebe** iSv § 23 Abs. 1 S. 2 – 4 (vgl. KR-*Weigand* § 23 KSchG Rz 33–54d).

133 Zur Auslegung des dem KSchG zugrunde liegenden Betriebsbegriffs können die allgemeinen Grundsätze herangezogen werden, wie sie im Betriebsverfassungsrecht entwickelt worden sind (*BAG* 25.11.1980 EzA § 1 BetrVG 1972 Nr. 2; 23.9.1982 EzA § 1 BetrVG 1972 Nr. 23). Die Sonderregelungen der §§ 3, 4 BetrVG tragen dagegen Besonderheiten des Betriebsverfassungsrechts Rechnung und können daher im Kündigungsschutzrecht nicht übernommen werden (vgl. SPV-*Preis* Rz 887; s.u. Rz 139). Unter dem Begriff des Betriebes ist nach allgemeiner Auffassung die **organisatorische Einheit** zu verstehen, innerhalb derer ein Arbeitgeber allein oder mit seinen Arbeitnehmern mit Hilfe von technischen und immateriellen Mitteln arbeitstechnische Zwecke fortgesetzt verfolgt, die sich nicht in der Befriedigung von Eigenbedarf erschöpfen (etwa *BAG* 29.1.1987 EzA § 1 BetrVG 1972 Nr. 5; 26.8.1971 EzA § 23 KSchG Nr. 1; 3.6.2004 EzA § 23 KSchG Nr. 27, zu B I 1). Für den Betrieb kennzeichnend ist, dass seine Leitung insbes. die in personellen und sozialen Angelegenheiten wesentlichen Entscheidungen selbständig treffen kann (*BAG* 28.6.1995 EzA § 4 BetrVG 1972 Nr. 7, zu I 2; 14.5.1997 EzA § 8 BetrVG 1972 Nr. 8, zu B I 2). Unter Beachtung des Schutzzweckes des KSchG ist der Betriebsbegriff weit auszulegen (*BAG* 9.9.1982 EzA § 611 BGB Arbeitnehmerbegriff Nr. 1; vgl. auch B*VerfG* 27.1.1998 EzA § 23 KSchG Nr. 17, zu B II 4 a bb). Die Aufspaltung in Kleinbetriebe soll den Kündigungsschutz weder in seinem Geltungsbereich noch in der Sozialauswahl beeinträchtigen (SPV-*Preis* Rz 887).

134 Welcher arbeitstechnische Zweck mit dem Betrieb verfolgt wird, ist für die Anwendbarkeit des § 1 KSchG ohne Belang. Mangels einer gesetzlichen Ausnahmeregelung fallen auch **Einrichtungen** mit **karitativer, erzieherischer, künstlerischer** oder **religiöser Zielsetzung** (Krankenhäuser, Erziehungsheime, Kindergärten, Theater, kirchliche Einrichtungen usw.) unter den betrieblichen Geltungsbereich des § 1 KSchG (allgemeine Ansicht, vgl. KR-*Weigand* § 23 KSchG Rz 30). Zur kündigungsschutzrechtlichen Bedeutung des kirchlichen Selbstbestimmungsrechts s.o. Rz 70 – 74 sowie KR-*Fischermeier* § 626 BGB Rz 123 f. Unter den betrieblichen Geltungsbereich des § 1 KSchG fallen auch die von den **Stationierungsstreitkräften** unterhaltenen betrieblichen Einrichtungen und Verwaltungen (zu den kündigungsschutzrechtlichen Besonderheiten KR-*Weigand* NATO-ZA Rz 14 ff.).

135 Eine **Bauarbeitsgemeinschaft** ist ebenfalls ein Betrieb im kündigungsschutzrechtlichen Sinne (*v. Hoyningen-Huene/Linck* § 23 Rz 14; HaKo-*Pfeiffer* § 23 Rz 16). Der zur Bauarbeitsgemeinschaft gem. § 9 BRTV-Bau abgestellte Arbeitnehmer kann bei Vorliegen der gesetzlichen Voraussetzungen (§ 1 Abs. 1, § 23 KSchG) den allgemeinen Kündigungsschutz sowohl im Verhältnis zur Bauarbeitsgemeinschaft als auch im Rahmen des ruhenden Arbeitsverhältnisses zum Stammbetrieb in Anspruch nehmen (zur Kündigung derartiger Arbeitsverhältnisse iE *Knigge* DB 1982, Beil. Nr. 4, S. 12 ff.). Wegen der Betriebseigenschaft einer Bauarbeitsgemeinschaft sind die zu einer Bauarbeitsgemeinschaft abgeordneten Arbeitnehmer in die soziale Auswahl bei betriebsbedingten Kündigungen des Stammbetriebes nicht miteinzubeziehen (*LAG Bln.* 28.2.1983 EzA § 1 KSchG Betriebsbedingte Kündigung Nr. 20; s.a. Rz 609).

136 Ein **Gemeinschaftsbetrieb** (hierzu KR-*Weigand* § 23 Rz 47 – 51) ist kündigungsschutzrechtlich auch dann ein Betrieb iSd § 1 KSchG, wenn die durch die Führungsvereinbarung verbundenen Arbeitgeber verschiedene arbeitstechnische Zwecke verfolgen (*BAG* 13.6.1985 EzA § 1 KSchG Nr. 41; 23.3.1984 EzA § 23 KSchG Nr. 7). Dort sind wegen der einheitlichen Betriebsleitung bei der Prüfung bestehender Beschäftigungsmöglichkeiten und der Sozialauswahl auch Arbeitsplätze der Unternehmen zu berücksichtigen, die nicht Vertragsarbeitgeber des zu kündigenden Arbeitnehmers sind (*BAG* 18.10.2000 EzA § 14 KSchG Nr. 5, zu II 1 c cc (2)). Dies gilt so lange, bis der Gemeinschaftsbetrieb aufgelöst wurde (*BAG* 21.2.2002 EzA § 1 KSchG Wiedereinstellungsanspruch Nr. 7, zu B I 3), oder bis ein Beschluss über dessen Auflösung greifbare Formen angenommen hat und die Prognose gerechtfertigt ist, dass dieser bis

zum Ablauf der Kündigungsfrist vollzogen sein wird (*BAG* 24.2.2005 EzA § 1 KSchG Soziale Auswahl Nr. 59, zu B I 2, II 2 a – c). Vgl. weiter Rz 217, 545, 609.

Im **öffentlichen Dienst** passt der für die Privatwirtschaft entwickelte Betriebsbegriff nur für die sog. 137 öffentlichen Betriebe (hierzu KR-*Weigand* § 23 KSchG Rz 30). In der öffentlichen Verwaltung entspricht dem Betriebsbegriff die jeweilige organisatorische Verwaltungseinheit. Diese kann dienststellenübergreifend mehrere Hierarchieebenen umfassen (*BAG* 23.4.1998 EzA § 23 KSchG Nr. 19, zu II 3). Näher zum öffentlichen Dienst KR-*Weigand* § 23 KSchG Rz 28 – 30.

Ein **Familienhaushalt** ist kein Betrieb iSd KSchG. Hausangestellte haben daher keinen allgemeinen 138 Kündigungsschutz (allg. Ansicht, etwa KPK-*Meisel* § 1 Rz 36; KR-*Weigand* § 23 KSchG Rz 30 mwN). Arbeitnehmer in einem Anstaltshaushalt, etwa einem Erziehungsheim, sind dagegen in den allgemeinen Kündigungsschutz einbezogen.

Betriebsteile sind kündigungsschutzrechtlich nicht selbständig zu behandeln, auch wenn sie räumlich 139 weit vom Hauptbetrieb entfernt oder durch Aufgabenbereich und Organisation eigenständig sind und daher betriebsverfassungsrechtlich nach § 4 BetrVG als selbständiger Betrieb gelten. Das KSchG enthält keine § 4 BetrVG entsprechende Fiktion, sondern stellt allein auf die Reichweite der einheitlichen Betriebsleitung, d.h. auf die organisatorische Betriebseinheit ab (*BAG* 20.8.1998 EzA § 2 KSchG Nr. 31, zu II 2 a; 3.6.2004 EzA § 1 KSchG Soziale Auswahl Nr. 55, zu C 1; APS-*Moll* § 23 Rz 11 – 13; SPV-*Preis* Rz 1056, 1057; aA *Kania/Gilberg* NZA 2000, 680; für die Selbständigkeit iSv § 4 Abs. 1 S. 1 Nr. 2 BetrVG organisatorisch eigenständiger Betriebsteile *Etzel* KR, 7. Aufl. Rz 139; *v. Hoyningen-Huene/Linck* § 23 Rz 5, 9 f.; HaKo-*Pfeiffer* § 23 Rz 13). Die räumliche Einheit ist kein entscheidendes Kriterium, so dass auch **zentral gelenkte Verkaufsstellen** (Filialen) und einer einheitlichen Betriebsleitung unterstellte Betriebsstätten trotz räumlich weiter Entfernung vom Hauptbetrieb mit dem jeweiligen Hauptbetrieb zusammen einen Betrieb bilden (*BAG* 26.8.1971 EzA § 23 KSchG Nr. 1; 21.6.1995 EzA § 23 KSchG Nr. 14, zu II 3 b aa). Die vom allgemeinen Betriebsbegriff abweichende Bildung von Arbeitnehmervertretungen etwa aufgrund einer Regelung wie § 3 BetrVG oder wegen der Verkennung des Betriebsbegriffs bei deren Wahl ist für den allgemeinen Kündigungsschutz ebenfalls ohne Bedeutung, da dieser auch nicht der Disposition der Betriebspartner oder von Tarifvertragsparteien unterliegt (SPV-*Preis* Rz 888; s.o. Rz 31).

Als Betrieb iSd KSchG sind auch die **sog. Gesamthafenbetriebe** sowie **Einzelhafenbetriebe** anzuse- 140 hen (allg. Ansicht, etwa *BAG* 23.7.1970 AP § 1 Gesamthafenbetriebsgesetz Nr. 3; 30.5.1985 EzA § 1 KSchG Betriebsbedingte Kündigung Nr. 36; *v. Hoyningen-Huene/Linck* § 23 Rz 14). Zur Anwendung des § 1 KSchG auf Hafenarbeiter s.o. Rz 57.

2. Begriff des Unternehmens

Die gesetzliche Ausgestaltung des allgemeinen Kündigungsschutzes ist – abgesehen von der in § 1 141 Abs. 1 KSchG vorgeschriebenen Anrechnung der Unternehmenszugehörigkeit auf die Wartezeit und der Weiterbeschäftigungspflicht gem. § 1 Abs. 2 S. 2 KSchG – nach dem tradierten, auf die Entstehung aus dem BRG (s.o. Rz 3, 4) beruhenden Verständnis grds. **betriebs-** und **nicht unternehmensbezogen** (*BAG* 22.5.1986 EzA § 1 KSchG Soziale Auswahl Nr. 22; 14.10.1982 EzA § 15 KSchG nF Nr. 29; 18.10.1976 EzA § 1 KSchG Betriebsbedingte Kündigung Nr. 1). Nicht zu verkennen ist jedoch, dass der die betriebsverfassungsrechtliche Repräsentation eines Arbeitnehmerkollektivs regelnde Betriebsbegriff in vielerlei Hinsicht dem Individualrechtsverhältnis zwischen den Arbeitsvertragsparteien nicht gerecht wird und deshalb durch die Begriffe »Unternehmen« oder Arbeitgeber ersetzt werden muss (*Preis* RdA 2000, 257; SPV-*Preis* Rz 887).

Da die **Widerspruchstatbestände** des § 1 Abs. 2 S. 2 Nr. 1b und Nr. 2b KSchG bei der Prüfung von Wei- 142 terbeschäftigungsmöglichkeiten auf die **Verhältnisse im Unternehmen** bzw. eines gesamten Verwaltungszweiges abstellen, ist insoweit für den Kündigungsschutz das Unternehmen und nicht der Betrieb maßgebend (vgl. *Wiedemann/Strohn* Anm. zu *BAG* AP Nr. 3 zu § 1 KSchG Betriebsbedingte Kündigung). Entsprechend ist für die Wartefrist von § 1 Abs. 1 KSchG die Unternehmens- und nicht die Betriebszugehörigkeit ausschlaggebend, sofern es nicht zu einem Wechsel in der Identität des Arbeitgebers kommt (s.o. Rz 99, 108, 116 – 120). Nach Ansicht des *BAG* (22.5.1986 EzA § 1 KSchG Soziale Auswahl Nr. 22) ist die Pflicht zur sozialen Auswahl (§ 1 Abs. 3 KSchG) aber nur betriebsbezogen (s. aber Rz 608 ff.).

Das KSchG enthält keinen eigenständigen Unternehmensbegriff. Nach dem auch im des Betriebsver- 143 fassungsrecht gebrauchten Begriff des Unternehmens ist hierunter eine **organisatorische Einheit** zu verstehen, innerhalb der der Unternehmer allein oder in Gemeinschaft mit seinen Mitarbeitern mit Hilfe von sachlichen und immateriellen Mitteln bestimmte, hinter dem arbeitstechnischen Zweck des Betriebes liegende wirtschaftliche oder ideelle Zwecke verfolgt (*Richardi* § 1 Rz 51 ff. mwN). Diese Einheit geht über ihren Rechtsträger hinaus. Rechtsfähig ist nicht sie selbst, sondern nur ihr Träger, der als Arbeitgeber Vertragspartner der Arbeitnehmer ist (HK-*Dorndorf* Rz 69; MünchKomm-*Hergenröder* Rz 25).

144 Ein Unternehmen kann lediglich einen Betrieb oder zahlreiche Betriebe allein oder gemeinsam mit anderen Unternehmen betreiben (APS-*Preis* Grundlagen C Rz 87; HK-*Dorndorf* Rz 68). Ob die **Hauptverwaltung** eines Unternehmens einen eigenständigen Betrieb iSd KSchG bildet, richtet sich nach den jeweiligen organisatorischen und räumlichen Umständen des Einzelfalls. Besteht eine enge organisatorische und räumliche Verbindung zu einer bestimmten Betriebsstätte durch eine einheitliche Gesamtleitung, handelt es sich um einen Betrieb iSd KSchG.

145 Im **öffentlichen Dienst** entspricht dem Unternehmensbegriff der Begriff des **Verwaltungszweiges** (vgl. § 1 Abs. 2 S. 2 Nr. 2 KSchG, § 79 Abs. 1 Nr. 3 BPersVG). Verwaltungszweige sind zB die Finanz-, die Justiz-, die Arbeits- und die Wehrbereichsverwaltung. Ebenso wie in der Privatwirtschaft allgemein das Merkmal der Arbeitgeberidentität vorausgesetzt wird, muss es sich auch im öffentlichen Dienst um denselben öffentlichrechtlichen Arbeitgeber handeln. Bei der Bestimmung der Weiterbeschäftigungsmöglichkeit in einer anderen Dienststelle desselben Verwaltungszweiges enthält das Gesetz mit § 1 Abs. 2 S. 2 Nr. 2 KSchG, § 79 Abs. 1 Nr. 3 BPersVG insofern eine **räumliche Beschränkung,** als sich die Weiterbeschäftigungspflicht nur auf denselben Dienstort einschließlich seines Einzugsgebietes erstreckt. Für den Begriff des Einzugsgebietes gelten nach § 75 Abs. 1 Nr. 3 BPersVG die im Umzugskostenrecht maßgeblichen Grundsätze. Einzugsgebiet ist danach gem. § 3 Abs. 1c BUKG das Gebiet, das auf einer üblicherweise befahrenen Strecke nicht mehr als 30 km vom Dienstort entfernt ist (*BAG* 6.8.2002 EzA § 75 BPersVG Nr. 2; 22.9.2005 EzA § 1 KSchG Betriebsbedingte Kündigung Nr. 141, zu B III 1 a; *Lorenzen/Rehak* § 75 Rz 58). Bei tarifvertraglichen Erweiterungen dieses Gebietes sind jedenfalls außerhalb liegende Beschäftigungsmöglichkeiten nicht zu prüfen (BAG 22.9.2005 EzA § 1 KSchG Betriebsbedingte Kündigung Nr. 141, zu B III 2 b).

3. Begriff des Konzerns

146 Da der Begriff des Konzerns im Gesellschaftsrecht (vgl. die Legaldefinition in § 18 AktG), im Steuerrecht und im Betriebsverfassungsrecht (*BAG* 21.10.1980 EzA § 54 BetrVG 1972 Nr. 1) als die **Zusammenfassung von rechtlich selbständigen Unternehmen** definiert wird, kann der Konzern auch im Kündigungsschutzrecht nicht als einheitliches Unternehmen behandelt werden (*Wiedemann/Strohn* Anm. zu *BAG* 18.10.1976 AP Nr. 3 zu § 1 KSchG 1969 Betriebsbedingte Kündigung). Das schließt es aber nicht aus, dass aufgrund besonderer Vertragsgestaltung die Tätigkeit in anderen Konzernunternehmen auf die Wartezeit des § 1 KSchG anzurechnen ist (s.o. Rz 118) und dass ausnahmsweise die Verhältnisse im Konzern für die soziale Rechtfertigung einer Kündigung von Bedeutung sein können (s.u. Rz 539 – 544, 590 – 592). Zum **Begriff des herrschenden Unternehmens** im Konzern s. KR-*Weigand* § 17 KSchG Rz 98b.

147 Eine Ausnahme von dem Grundsatz der kündigungsschutzrechtlichen Selbständigkeit der einzelnen Konzernunternehmen ist auch dann nicht anzuerkennen, wenn das herrschende Konzernunternehmen das gesamte Stamm- oder Grundkapital eines abhängigen Konzernunternehmens besitzt (*Helle* S. 182; **aA** *Etzel* KR, 7. Aufl. Rz 147). Dann kann allerdings uU eine – ggf. konkludente – Konzernbezugsvereinbarung vorliegen (s.u. Rz 541). Allgemein zum Arbeitsverhältnis im Konzern *Henssler* Der Arbeitsvertrag im Konzern 1983; *Martens* FS 25 Jahre BAG, 1979, S. 367; *ders.* FS Hilger/Stumpf 1983, S. 437; *Konzen* ZfA 1982, 305; *Schäfer* NZA 1988, Beil. 1, S. 31; *Windbichler* Arbeitsrecht im Konzern, 1989.

4. Darlegungs- und Beweislast

148 Die Darlegungs- und Beweislast für die Tatsachen, aus denen sich ergeben soll, dass die Ausnahmeregelungen für Kleinbetriebe gem. § 23 Abs. 1 S. 2 und 3 KSchG eingreifen, weil in dem Betrieb idR zehn bzw. fünf oder weniger Arbeitnehmer ausschließlich der zu ihrer Berufsbildung beschäftigt werden, **trägt entgegen der Rechtsprechung des BAG der Arbeitgeber** (s. KR-*Weigand* § 23 KSchG Rz 54a ff. mit umfassenden Nachw. zum Meinungsstand).

IV. Räumlicher Geltungsbereich

Der in § 1 KSchG geregelte allgemeine Kündigungsschutz gilt für alle **im Geltungsbereich des Grundgesetzes** liegenden Betriebe, gleichgültig ob es sich um Betriebe deutscher oder ausländischer Unternehmen handelt. Er erfasst auch im Inland beschäftigte ausländische Arbeitnehmer mit deutschem Arbeitsvertragsstatut (*LAG Düsseld.* 21.5.1996 BB 1996, 2411; vgl. iE *Becker/Braasch* Rz 122 ff.), nicht aber ausländische Betriebe deutscher Unternehmen (*BAG* 9.10.1997 EzA § 23 KSchG Nr. 16, zu II 2).

149

Obwohl es sich beim Allgemeinen Kündigungsschutz um zwingendes Recht handelt (vgl. Rz 31 ff.), können die Arbeitsvertragsparteien in Fällen von **Auslandsberührung** nach dem Grundsatz der Privatautonomie das maßgebliche Kündigungsrecht selbst bestimmen (*BAG* 19.6.1986 EzA § 1 KSchG Betriebsbedingte Kündigung Nr. 39; 9.11.1977 EzA § 102 BetrVG 1972 Nr. 31; 10.4.1975 AP Internationales Privatrecht – Arbeitsrecht Nr. 12; HaKo-*Gallner* Rz 93; *Reiserer* NZA 1994, 673; weitergehend – Auslandsberührung nicht erforderlich – ErfK-*Ascheid* Rz 10; *v. Hoyningen-Huene/Linck* Einl. Rz 82; APS-*Dörner* Rz 54). Die Wahlfreiheit der Arbeitsvertragsparteien ist nicht auf nachgiebiges Recht beschränkt (vgl. allg. zu den im Kündigungsschutzrecht geltenden international privatrechtlichen Grundsätzen KR-*Weigand* Art. 27 ff. EGBGB Rz 1 ff.).

150

V. Gegenständlicher Geltungsbereich

1. Begriff der Kündigung

a) Allgemeines

Unter einer (Beendigungs-)Kündigung ist eine **einseitige empfangsbedürftige rechtsgestaltende Willenserklärung,** durch die das Arbeitsverhältnis für die Zukunft aufgelöst werden soll, zu verstehen (zum Kündigungsbegriff *Preis* S. 109 ff.). Auch die Bestätigung einer Kündigung kann eine selbständige Kündigungserklärung enthalten (*LAG Düsseld.* 7.12.1995 LAGE § 130 BGB Nr. 20). Für die Beurteilung, ob eine rechtsgeschäftliche Erklärung einer Partei als Kündigung des Arbeitsverhältnisses zu verstehen ist, ist maßgeblich, wie der Erklärungsempfänger nach der allgemeinen Verkehrssitte und unter Berücksichtigung von Treu und Glauben die ihm zugegangene Erklärung auffassen musste. Der kündigende Arbeitgeber braucht nicht ausdrücklich die Worte »kündigen« oder »Kündigung« zu gebrauchen. Er muss aber eindeutig seinen Willen zum Ausdruck bringen, das Arbeitsverhältnis durch eine einseitige Gestaltungserklärung für die Zukunft lösen zu wollen (*BAG* 11.6.1959 AP § 130 BGB Nr. 1; 23.1.1958 AP § 1 KSchG Nr. 50; *LAG Frankf./M.* 13.8.1982 AuR 1983, 281). Die Mitteilung des Arbeitgebers an den Arbeitnehmer, dieser habe die Arbeit zu einem bestimmten Zeitpunkt eingestellt und deshalb betrachte er – der Arbeitgeber – das Arbeitsverhältnis zu diesem Zeitpunkt als beendet, ist daher keine Kündigungserklärung (*LAG Nürnberg* 8.2.1994 NZA 1995, 174). Auch in der bloßen Suspendierung von der Arbeit kann keine Kündigung des Arbeitsverhältnisses gesehen werden (*LAG Hamm* 7.7.1994 AP Nr. 8 zu § 620 BGB Kündigungserklärung), ebenso wenig in der Kündigung eines sog. Freistellungsvertrages (*LAG Köln* 20.8.1998 AiB NL 1999, Nr. 1, S. 1). Seit 1.5.2000 ist für die Kündigung **Schriftform** vorgeschrieben (§ 623 BGB; s. iE KR-*Spilger* § 623 BGB). Die **Angabe eines Kündigungsgrundes** ist bei der Erklärung der Kündigung grds. nicht erforderlich, kann aber gesetzlich vorgeschrieben (§ 22 Abs. 3 BBiG nF; KR-*Weigand* §§ 21, 22 BBiG Rz 92 ff.) oder vertraglich vereinbart werden (s.o. Rz 34). Als einseitiges Rechtsgeschäft ist die Kündigung grds. **bedingungsfeindlich.** Die Verbindung mit einer unzulässigen Bedingung führt zur Unwirksamkeit der Kündigung (*BAG* 15.3.2001 EzA § 620 BGB Kündigung Nr. 2). **Kündigungsberechtigt** sind die Parteien des Arbeitsvertrages, die sich auch durch einen Bevollmächtigten vertreten lassen können (ErfK-*Ascheid* Rz 33; s. im Übrigen KR-*Friedrich* § 13 KSchG Rz 284 ff.). Kündigt auf Seiten des Arbeitgebers ein **Bevollmächtigter,** ist die Kündigung nach den allgemeinen Grundsätzen unternehmensbezogener Willenserklärungen regelmäßig dem Arbeitgeber zuzurechnen, auch wenn bei Ausspruch der Kündigung auf das Vertretungsverhältnis nicht ausdrücklich hingewiesen wird (*BAG* 31.1.1996 EzA § 102 BetrVG 1972 Nr. 90, zu II 2 a).

151

Die Anzeige des Arbeitgebers, der befristet abgeschlossene Arbeitsvertrag werde nicht verlängert, ist **keine Kündigung** (*BAG* 15.3.1978 EzA § 620 BGB Nr. 34; 26.4.1979 EzA § 620 BGB Nr. 39). Will der Arbeitnehmer hingegen geltend machen, das befristete Arbeitsverhältnis bestehe fort, weil die **Befristung unwirksam** sei, muss er innerhalb von drei Wochen nach dem vereinbarten Ende des befristeten Arbeitsvertrages Feststellungsklage erheben, dass das Arbeitsverhältnis auf Grund der Befristung nicht beendet ist (§ 17 S. 1 TzBfG; s. hierzu KR-*Bader* § 17 TzBfG Rz 15 ff).

152

153 Von der Beendigungskündigung ist die **Änderungskündigung** zu unterscheiden, die zwar auch eine Beendigung des gesamten Arbeitsverhältnisses bewirken kann, aber mit dem Angebot einer Fortsetzung des Arbeitsverhältnisses zu geänderten Bedingungen verbunden ist (hierzu KR-*Rost* § 2 KSchG Rz 8 ff.).

b) Ordentliche Kündigung

154 Zum Begriff s. KR-*Spilger* § 622 BGB Rz 67 ff.

155 Der gegenständliche Geltungsbereich des § 1 KSchG erstreckt sich auch auf **ordentliche Kündigungen** des Arbeitgebers im Rahmen **befristeter Arbeitsverhältnisse,** sofern die sonstigen gesetzlichen Voraussetzungen (zB Ablauf der Wartezeit, Mindestbeschäftigtenzahl) vorliegen. Eine derartige ordentliche Kündigung ist gem. § 15 Abs. 3 TzBfG nur zulässig, wenn dies in einem anwendbaren Tarifvertrag vorgesehen ist oder die Arbeitsvertragsparteien dies ausdrücklich oder zumindest stillschweigend vereinbart haben. Bei einem wirksam befristeten Arbeitsverhältnis (hierzu iE KR-*Lipke* § 14 TzBfG Rz 1 ff. und § 15 TzBfG Rz 20 ff.) ist ohne eine derartige Abrede nur eine außerordentliche Kündigung möglich. Sind dagegen die Befristungs- und Bedingungsabreden unwirksam, befindet sich der Arbeitnehmer in einem ordentlich kündbaren Arbeitsverhältnis von unbestimmter Dauer (zu den Kündigungsfristen vgl. § 16 TzBfG).

c) Außerordentliche Kündigung

156 Zum Begriff s. KR-*Fischermeier* § 626 BGB Rz 22 ff.

2. Vereinbarungen über das ordentliche Kündigungsrecht

157 Das **Recht zur ordentlichen Kündigung** kann durch einzelvertragliche **Vereinbarungen** für beide Arbeitsvertragsparteien (zB stillschweigend durch den Abschluss eines wirksam befristeten Arbeitsvertrages) **ausgeschlossen werden** (*BAG* 19.6.1980 EzA § 620 BGB Nr. 47; 8.10.1959 AP § 620 BGB Schuldrechtliche Kündigungsbeschränkung Nr. 1). Der Ausschluss kann sich auch allein auf das ordentliche Kündigungsrecht des Arbeitgebers beziehen (vgl. *BAG* 28.11.1968 DB 1969, 710; s.o. Rz 34). Auch durch kollektivrechtliche Regelungen (zB in Tarifverträgen zum Schutz älterer Arbeitnehmer oder in Rationalisierungsschutzabkommen) kann das ordentliche Kündigungsrecht des Arbeitgebers nicht für besonders schutzbedürftige Arbeitnehmergruppen ausgeschlossen oder Beschränkungen unterworfen werden, die über den allgemeinen Kündigungsschutz nach § 1 KSchG hinausgehen (vgl. etwa *BAG* 27.6.2002 EzA § 626 BGB Unkündbarkeit Nr. 8; *Preis* NZA 1997, 1259; *Etzel* ZTR 2003, 210). Dabei dürfen Teilzeitbeschäftigte gegenüber Vollzeitbeschäftigten nicht schlechter gestellt werden (*BAG* 13.3.1997 EzA § 2 BeschFG 1985 Nr. 52). Zur außerordentlichen Kündigung bei Ausschluss der ordentlichen s. KR-*Fischermeier* § 626 BGB Rz 301 – 306. Rechtlich zulässig ist eine Vereinbarung, die die ordentliche Kündigung von der **vorherigen Zustimmung** eines Dritten abhängig macht (*v. Hoyningen-Huene* Anm. AR-Blattei ES 1020 Nr. 336; *Kramer* S. 63; zweifelnd *BAG* 10.11.1994 EzA § 9 KSchG nF Nr. 43; 28.4.1994 EzA § 37 GmbH-Gesetz Nr. 1), zB des Betriebsrats oder der Gesellschafterversammlung einer Gesellschaft, da es sich gegenüber dem zulässigen Ausschluss des ordentlichen Kündigungsrechts um ein Minus handelt (*Kramer* aaO). Dagegen ist eine Vereinbarung unzulässig, die die vereinbarte Zustimmung eines Dritten zur ordentlichen Kündigung auch noch nachträglich zulässt. Dann wäre bei fehlender vorheriger Zustimmung beim Ausspruch der Kündigung völlig ungewiss, ob diese Bestand hat. Dies wäre mit dem Grundsatz der Rechtsklarheit, der für Kündigungen gilt (vgl. *BAG* 27.6.1969 AP Nr. 1 zu § 626 BGB Bedingung; SPV-*Preis* Rz 248, 249), unvereinbar (*BAG* 10.11.1994 EzA § 9 KSchG nF Nr. 43). Soweit danach eine ordentliche Kündigung ausgeschlossen ist, kommt auch eine betriebsbedingte ordentliche Kündigung nicht in Betracht (zur Sozialauswahl s.u. Rz 639 f.). Zur Rechtslage bei der außerordentlichen Kündigung vgl. KR-*Fischermeier* § 626 BGB Rz 57 ff.

3. Unwirksamkeit der Kündigung auch aus anderen Gründen als § 1 KSchG

158 Ist die ordentliche Kündigung des Arbeitgebers bereits aus **anderen Gründen unwirksam,** steht dies der Anwendung von § 1 KSchG nicht entgegen. Der Arbeitnehmer kann nicht auf die Geltendmachung einzelner Unwirksamkeitsgründe verzichten (**a.A.** *Etzel* KR, 7. Aufl. Rz 158; *Monjau* RdA 1959, 366). Er kann über den Bestand des Arbeitsverhältnisses als Rechtsverhältnis nur einheitlich disponieren. Zudem müssen nach der seit 1.1.2004 geltenden Rechtslage alle Unwirksamkeitsgründe mit einer

einheitlichen Kündigungsschutzklage gem. § 4 KSchG gerichtlich geltend gemacht werden. Bestehen nach dem von den Parteien vorgetragenen Sachverhalt mehrere Unwirksamkeitsgründe, kann der Arbeitnehmer als Kläger dem Gericht nicht eine bestimmte Reihenfolge und einen bestimmten Rahmen der Prüfung vorschreiben. Er kann die Prüfung nur durch seinen Sachvortrag beeinflussen. Umgekehrt muss er bestimmte Unwirksamkeitsgründe im Prozess nicht ausdrücklich geltend machen. Ergeben sich diese aus dem vorgetragenen und feststehenden Sachverhalt, hat das Gericht von sich aus zu subsumieren (vgl. *BAG* 15.11.2001 EzA § 140 BGB Nr. 24, zu B I 1 b). Auch die **Revisionszulassung** kann nicht auf bestimmte Unwirksamkeitsgründe beschränkt werden (*BAG* 14.11.1984 AP § 626 BGB Nr. 89 unter Aufgabe von *BAG* 2.6.1982 EzA § 12 SchwbG Nr. 10). Zur Zulässigkeit eines Auflösungsurteils bei mehreren Unwirksamkeitsgründen vgl. KR-*Spilger* § 9 KSchG Rz 27 ff.

4. Darlegungs- und Beweislast für die Kündigung

Die Darlegungs- und Beweislast für den Ausspruch einer schriftlichen ordentlichen arbeitgeberseitigen Kündigung **hängt vom Streitgegenstand des jeweiligen Rechtsstreits ab**. Bei einer Kündigungsschutzklage gem. § 4 KSchG hat der Arbeitnehmer deren Vorliegen darzulegen und zu beweisen, wenn der Arbeitgeber den Ausspruch einer ordentlichen Kündigung bestreitet. Beruft sich der Arbeitgeber auf andere Unwirksamkeits- oder Auflösungsgründe, liegt im Rahmen eines auf Feststellung des Fortbestandes eines Arbeitsverhältnisses gem. § 256 ZPO die Darlegungs- und Beweislast für die Tatsachen, aus denen er eine Beendigung des Arbeitsverhältnisses herleiten will, beim Arbeitgeber (*Ascheid* Beweislastfragen, S. 197; HK-*Dorndorf* Rz 157; HaKo-*Gallner* Rz 135). Ein Ausweichen auf einen solchen Antrag zur Vermeidung von Beweisschwierigkeiten hinsichtlich des Ausspruchs einer Kündigung kommt nach der Neufassung von § 4 KSchG nicht mehr in Betracht.

159

5. Abgrenzung gegenüber anderen Arten der Kündigung

Die **Abgrenzung** der **ordentlichen arbeitgeberseitigen Kündigung** gegenüber anderen Kündigungsformen ist insofern von Bedeutung, als davon die Anwendbarkeit des in § 1 KSchG geregelten allgemeinen Kündigungsschutzes abhängt. Der gegenständliche Anwendungsbereich von § 1 KSchG ist auf vom Arbeitgeber erklärte ordentliche Kündigungen beschränkt.

160

a) Kündigung durch den Arbeitnehmer

Der allgemeine Kündigungsschutz gilt nicht, wenn allein der Arbeitnehmer das Arbeitsverhältnis außerordentlich oder ordentlich kündigt. Die Kündigungserklärung muss **eindeutig** sein. Sie bedarf der **Schriftform** (§ 623 BGB; s. hierzu KR-*Spilger* Erl. zu § 623 BGB). Der Arbeitnehmer kann **jederzeit** das Arbeitsverhältnis **ordentlich kündigen,** sofern dies nicht vertraglich ausgeschlossen ist (zur Zulässigkeit von Kündigungsbeschränkungen iE KR-*Spilger* § 622 BGB Rz 109 ff. und KR-*Fischermeier* § 626 BGB Rz 57 ff.). Bei **beiderseitigen Kündigungen** kann dagegen der allgemeine Kündigungsschutz eingreifen, etwa wenn eine vom Arbeitnehmer erklärte außerordentliche Kündigung mangels Vorliegens eines wichtigen Grundes iSd § 626 BGB unwirksam ist. Hat der Arbeitgeber in diesem Fall seinerseits das Arbeitsverhältnis ordentlich gekündigt, ist dessen Kündigung bei Vorliegen der übrigen gesetzlichen Voraussetzungen nach § 1 KSchG zu prüfen. Das Interesse des Arbeitnehmers an der Feststellung der Sozialwidrigkeit einer arbeitgeberseitigen Kündigung fehlt wegen einer vor oder gleichzeitig mit Ablauf der Kündigungsfrist erklärten außerordentlichen arbeitnehmerseitigen Kündigung nur, wenn die Wirksamkeit der außerordentlichen arbeitnehmerseitigen Kündigung unstreitig oder rechtskräftig festgestellt ist (*BAG* 11.2.1981 EzA § 4 KSchG nF Nr. 20). Das **Feststellungsinteresse** für eine Kündigungsschutzklage entfällt auch nicht allein deswegen, weil der Arbeitnehmer neben der Feststellung **Schadensersatz** nach § 628 Abs. 2 BGB fordert. Nur wenn er erklärt, auch im Falle seines Unterliegens mit den auf § 628 Abs. 2 BGB gestützten Klageanträgen weder das Arbeitsverhältnis fortsetzen zu wollen noch dessen Auflösung gem. § 9 KSchG zu begehren, fehlt es an einem Feststellungsinteresse für die Kündigungsschutzklage (*BAG* 11.2.1981 EzA § 4 KSchG nF Nr. 20). Zum Schadensersatzanspruch s. KR-*Weigand* § 628 BGB Rz 19 ff.

161

Zur **außerordentliche Kündigung** durch den Arbeitnehmer s. KR-*Fischermeier* § 626 BGB Rz 463.

162

Der Arbeitnehmer kann eine Eigenkündigung nach allgemeinen Grundsätzen **anfechten,** u.a. wegen widerrechtlicher Drohung des Arbeitgebers mit einer ordentlichen oder außerordentlichen Kündigung. Hierzu KR-*Fischermeier* § 626 BGB Rz 49.

163

b) Änderungskündigung durch den Arbeitgeber

164 Das Hauptabgrenzungsmerkmal der unter § 1 KSchG fallenden ordentlichen Beendigungskündigung gegenüber der vom Arbeitgeber erklärten ordentlichen oder außerordentlichen Änderungskündigung ist das **Fehlen eines Änderungsangebotes**. In den Fällen einer Ablehnung oder nicht fristgerechten Annahme des Änderungsangebotes durch den Arbeitnehmer wird die ordentliche Änderungskündigung funktional zu einer Beendigungskündigung (vgl. KR-*Rost* § 2 KSchG Rz 177; zum Prüfungsmaßstab KR-*Rost* § 2 KSchG Rz 85 ff.). Zur außerordentlichen Änderungskündigung vgl. KR-*Fischermeier* § 626 BGB Rz 198 ff.

c) Außerordentliche Kündigung durch den Arbeitgeber

165 Gegenüber der vom Arbeitgeber erklärten außerordentlichen Kündigung bestehen keine Abgrenzungsschwierigkeiten, wenn diese fristlos erklärt wird (zur **fristlosen Kündigung** iE KR-*Fischermeier* § 626 BGB Rz 27 f.).

166 Ist der Arbeitgeber zur fristlosen Kündigung berechtigt, kann er auch **mit einer sozialen Auslauffrist** kündigen, weil dies die mildere Maßnahme ist, und die Länge der Frist nach seinem Belieben bestimmen (vgl. etwa KR-*Fischermeier* § 626 BGB Rz 29 ff., 304 – 306; SPV-*Preis* Rz 588). Wird die außerordentliche Kündigung mit einer Auslauffrist erklärt, kann dies insbes. zu Auslegungsschwierigkeiten führen, wenn die vom Arbeitgeber gewählte Auslauffrist der Dauer der Kündigungsfrist entspricht. Aber auch bei einer kürzeren Auslauffrist kann etwa die Möglichkeit eines Irrtums des Arbeitgebers über die Dauer der Kündigungsfrist nicht auszuschließen sein. Für die Auslegung, ob in derartigen Fällen eine außerordentliche oder eine ordentliche Kündigung vorliegt, ist es unerheblich, ob nach dem gegebenen Sachverhalt der Kündigende auch eine außerordentliche Kündigung hätte erklären müssen bzw. können (*BAG* 19.6.1980 EzA § 620 BGB Nr. 47; 12.9.1974 AP TVAL II Nr. 44; 8.6.1972 AP § 13 KSchG 1969 Nr. 1). Wegen des Ausnahmecharakters der außerordentlichen Kündigung muss der Kündigende vielmehr **eindeutig erkennbar zum Ausdruck bringen,** dass es sich um eine außerordentliche befristete Kündigung aus wichtigem Grund handeln soll (*BAG* 23.1.1958 AP § 1 KSchG Nr. 50; 13.1.1982 EzA § 626 nF Nr. 81; 15.12.2005 EzA § 4 KSchG nF Nr. 72, zu B I 2 f cc, dd). Nur dann ist die Kündigung als außerordentliche Kündigung zu verstehen, deren Wirksamkeit nach den Maßstäben des § 626 BGB zu beurteilen ist. Andernfalls kann das Arbeitsverhältnis nicht aus wichtigem Grund aufgelöst werden, selbst wenn ein wichtiger Grund iSd § 626 Abs. 1 BGB vorliegt (*BAG* 19.6.1980 EzA § 620 BGB Nr. 47). In diesen Fällen ist die Wirksamkeit der Kündigung nach den Maßstäben einer ordentlichen Kündigung zu prüfen. Zu den Voraussetzungen für die **Umdeutung** einer **unwirksamen außerordentlichen Kündigung in eine ordentliche Kündigung** *BAG* 13.8.1987 EzA § 140 BGB Nr. 12; KR-*Friedrich* § 13 KSchG Rz 75 ff.

167 Eine aufgrund von **Kündigungsbeschränkungen** (zB durch Tarifvertrag) **unzulässige ordentliche Kündigung** kann auch nicht gem. § 140 BGB in eine befristete außerordentliche Kündigung umgedeutet werden. Eine solche **Umdeutung** scheitert bereits daran, dass ein nichtiges Rechtsgeschäft lediglich in ein anderes Rechtsgeschäft umgedeutet werden kann, das gleiche oder weniger weitgehende Folgen hat (*BAG* 3.11.1982 EzA § 15 KSchG nF Nr. 28; 12.9.1974 AP TVAL II Nr. 44; *LAG BW* 31.3.1960 BB 1960, 742). Dagegen ist die Umdeutung in ein Auflösungsangebot möglich (vgl. Rz 253a; KR-*Friedrich* § 13 KSchG Rz 354).

d) Teilkündigung

168 Die nach hM (etwa *BAG* 4.2.1958 AP Nr. 1 § 620 BGB Teilkündigung; 7.10.1982 EzA § 315 BGB Nr. 28; 19.6.2001 EzA § 118 BetrVG 1972 Nr. 73, zu II 2 c) unzulässige **Teilkündigung** zielt auf die Änderung bestimmter Arbeitsbedingungen ab. Ihre Abgrenzung gegenüber der von § 1 KSchG allein erfassten ordentlichen arbeitgeberseitigen Beendigungskündigung ist daher unproblematisch (zur Teilkündigung iE KR-*Rost* § 2 KSchG Rz 51 ff.). Die Ausübung eines **Leistungsbestimmungsrechts** über den Umfang der Arbeitszeit iSv § 12 TzBfG durch den Arbeitgeber ist ebenfalls keine § 1 KSchG unterfallende Kündigung.

e) Vorsorgliche Kündigung

169 Der Arbeitgeber kann eine ordentliche Kündigung auch vorsorglich für den Fall aussprechen, dass das Arbeitsverhältnis nicht bereits durch eine früher wirkende weitere Kündigung oder einen anderen Beendigungstatbestand aufgelöst sein sollte. Eine derartige **vorsorgliche Kündigung** ist eine unbedingte Kündigung und deshalb zulässig, weil der Kündigungsempfänger weiß, dass das Arbeitsverhältnis

Sozial ungerechtfertigte Kündigungen § 1 KSchG

auf jeden Fall beendet werden soll und für ihn deshalb keine Unsicherheit besteht (*BAG* 12.10.1954 § 3 KSchG Nr. 5; *LAG Bln.* 14.12.1998 ZTR 1999, 223; *LAG Köln* 6.2.2002 NZA-RR 2003, 18, zu II 1; APS-*Preis* Grundl. D Rz 17). Die vorsorgliche Kündigung steht nur unter dem Vorbehalt, dass sie gegenstandslos wird, wenn feststeht, das das Arbeitsverhältnis bereits zu einem früheren Zeitpunkt endete. Sie ist daher auch – bei Vorliegen der übrigen Voraussetzungen – nur nach § 1 KSchG zu überprüfen, wenn die zeitlich vorhergehenden Beendigungsgründe nicht zu einer Auflösung des Arbeitsverhältnisses geführt haben. Die Klagefrist von § 4 KSchG gilt auch für vorsorgliche Kündigungen (vgl. KR-*Friedrich* § 4 KSchG Rz 230). Vorsorgliche Kündigungen empfehlen sich, wenn sich nach einem in seiner Wirksamkeit streitigem ersten Beendigungstatbestand neue kündigungsbegründende Umstände ergeben haben oder wenn aus formellen Gründen Zweifel an der Wirksamkeit einer früheren Kündigung bestehen. Zur vorsorglichen Kündigung im Übrigen KR-*Rost* § 2 KSchG Rz 54; KR-*Friedrich* § 4 KSchG Rz 269 – 273; § 13 KSchG Rz 110.

f) Bedingte Kündigung

Eine bedingte (außerordentliche oder ordentliche) Kündigung ist **unwirksam, wenn der Eintritt der Bedingung von einem ungewissen Ereignis außerhalb des Einflussbereichs des Kündigungsempfängers, insbes. von der Beurteilung des Kündigenden oder eines Dritten abhängt** (*BAG* 27.6.1968 EzA § 626 BGB Nr. 9; 19.12.1974 EzA § 305 BGB Nr. 6; 15.3.2001 EzA § 620 BGB Kündigung Nr. 2). Die Unzulässigkeit einer derartigen Kündigung folgt aus dem das Kündigungsrecht beherrschenden Grundsatz der Rechtsklarheit. Die Interessenlage ist hier ähnlich wie bei einem bedingten Auflösungsvertrag (vgl. KR-*Fischermeier* § 626 BGB Rz 48). Zulässig ist eine bedingte Kündigung, wenn der Beendigungseintritt allein vom Willen des Kündigungsempfängers abhängt, sog. Potestativbedingung (*BAG* 27.6.1968 EzA § 626 BGB Nr. 9; 19.12.1974 EzA § 305 BGB Nr. 6; 15.3.2001 EzA § 620 BGB Kündigung Nr. 2; APS-*Preis* Grundl. D Rz 14 – 16). Dies ist bei Änderungskündigungen der Fall, da bei diesen die Annahme des Änderungsangebotes allein vom Willen des Kündigungsempfängers abhängt (KR-*Rost* § 2 KSchG Rz 13 – 15). 170

g) Kündigung im Insolvenzverfahren

S. KR-*Weigand* Erl. zur InsO. 171

6. Abgrenzung gegenüber anderen Beendigungsgründen

Der **gegenständliche Geltungsbereich** des § 1 KSchG ist auf ordentliche arbeitgeberseitige Kündigungen beschränkt (vgl. Rz 151 ff.). Nicht unter den allgemeinen Kündigungsschutz fallen insbes. die folgenden **sonstigen Beendigungstatbestände:** 172

a) Anfechtung des Arbeitsvertrages

S. KR-*Fischermeier* § 626 BGB Rz 44 ff. 173

b) Berufung auf die Nichtigkeit des Arbeitsvertrages

S. KR-*Fischermeier* § 626 BGB Rz 46b, 46c. 174

c) Zeitablauf und Zweckerreichung

S. KR-*Lipke* § 620 BGB. 175

d) Auflösende Bedingung

S. KR-*Lipke* § 620 BGB. 176

e) Aufhebungsvertrag

S. KR-*Fischermeier* § 626 BGB Rz 47–50a, 367–370. 177

f) Beendigung einer vorläufigen Einstellung

Wurde in einem Unternehmen mit idR mehr als 20 Arbeitnehmern ein Arbeitnehmer ohne Zustimmung des Betriebsrats gem. § 100 Abs. 1, 2 BetrVG oder den entsprechenden Vorschriften des Perso- 178 nalvertretungsrechts **vorläufig eingestellt** und ist der Arbeitgeber nach der rechtskräftigen Zurückweisung seiner Anträge nach § 99 Abs. 4 oder § 100 Abs. 2 S. 3 BetrVG durch § 100 Abs. 3 BetrVG zur Aufhebung der Maßnahme binnen zwei Wochen nach Eintritt der Rechtskraft verpflichtet, unterfällt dies nicht § 1 KSchG. Das Mitbestimmungsrecht bei Einstellungen betrifft die Eingliederung von Arbeitnehmern in den Betrieb, d.h. den Beginn der tatsächlichen Beschäftigung, und nicht den Abschluss des der Einstellung zugrunde liegenden Arbeitsvertrages. Dieser kommt ohne die Beteiligung des Betriebsrats zustande (*BAG* 2.7.1980 AP § 101 BetrVG 1972 Nr. 5; 5.4.2001 EzA § 626 BGB nF Nr. 186, zu II 2 c cc (3)). Daher kann die Aufhebung der Einstellung den Bestand des Arbeitsvertrages nicht berühren. Dieser unterliegt nicht der Mitbestimmung. Dasselbe gilt, wenn ein Arbeitnehmer ohne Beteiligung des Betriebsrats eingestellt wird und der Betriebsrat die **Aufhebung der Einstellung** gem. § 101 BetrVG durchsetzt. Auch dies führt lediglich zu einem Beschäftigungsverbot, das den rechtlichen Bestand des Arbeitsverhältnisses nicht beeinträchtigt (*BAG* 5.4.2001 EzA § 626 BGB nF Nr. 186, zu II 2 c cc (3)). Um das Arbeitsverhältnis zu beenden, bedarf es einer personenbedingten Kündigung, die ggf. § 1 KSchG unterfällt, wenn dessen allgemeine Voraussetzungen, insbes. der Ablauf der Wartezeit von § 1 Abs. 1 KSchG, erfüllt sind. Dies gilt nur dann nicht, wenn das Arbeitsverhältnis unter der auflösenden Bedingung der betriebsverfassungsrechtlichen Zulässigkeit der Einstellung stand (vgl. *BAG* 17.2.1983 EzA § 620 BGB Nr. 2, zu B II 2 b cc).

179 Streitig ist, ob die rechtskräftige Zurückweisung des Zustimmungsersetzungsantrags oder des Antrags auf Feststellung der dringenden Erforderlichkeit der vorläufigen Durchführung der Einstellung automatisch zur Auflösung des Arbeitsverhältnisses des vorläufig eingestellten Arbeitnehmers führt (so *Etzel* KR, 7. Aufl. Rz 178; *Fitting* § 100 Rz 18). Nach einer einschränkenden Ansicht gilt dies nur, wenn der Arbeitgeber den Arbeitnehmer bei der Begründung des Arbeitsverhältnisses über die Vorläufigkeit der Einstellung aufgeklärt hat und es sich nicht um eine Versetzung aus einem anderen Betrieb des Arbeitgebers handelt (*Richardi/Thüsing* § 100 Rz 50, 52). Daneben wird angenommen, dass zur Beendigung des Arbeitsverhältnisses zwar eine Kündigung erforderlich sei, dass der Arbeitgeber aber ohne die Einhaltung von Kündigungsschutzbestimmungen und Kündigungsfristen frei kündigen könne, wenn er den Arbeitnehmer über die Sach- und Rechtslage vor Abschluss des Arbeitsvertrages aufgeklärt hat (HSWG-*Schlochauer* § 100 Rz 40, 41). Tatsächlich gibt es keine Rechtsgrundlage für die Annahme, die Entscheidung nach § 100 Abs. 3 S. 1 BetrVG könnte die arbeitsvertragliche Stellung des an dem Verfahren nicht beteiligten Arbeitnehmers beeinträchtigen. Die durch die Entscheidung beendete Maßnahme ist die vorläufige Einstellung und nicht der Bestand des Arbeitsverhältnisses. Der Arbeitgeber muss daher auch nach einer für ihn negativen Entscheidung gem. § 100 Abs. 3 S. 1 BetrVG das Arbeitsverhältnis nach den allgemeinen Regeln unter Beachtung bestehender Kündigungsschutzvorschriften kündigen (so auch *Boemke* ZfA 1992, 473, 508); HK-*Dorndorf* Rz 138, 139; *Löwisch/Spinner* Rz 59; GK-BetrVG-*Kraft/Raab* § 100 Rz 44 – 47; GTAW-*Woitaschek* § 100 Rz 13; ErfK-*Ascheid* Rz 99; ErfK-*Kania* § 100 BetrVG Rz 9; SPV-*Preis* Rz 32; MünchKomm-*Hergenröder* Rz 53). Eine außerordentliche Kündigung kommt allenfalls ausnahmsweise in Betracht.

180 Will der Arbeitgeber das Arbeitsverhältnis vor dem in § 100 Abs. 3 BetrVG genannten Zeitpunkt beenden, muss er ebenfalls – ggf. unter Beachtung von § 1 KSchG – ordentlich kündigen. Dies gilt gleichermaßen, wenn er das Arbeitsverhältnis bereits aufgrund der Einwendungen des Betriebsrats vor Einleitung eines Beschlussverfahrens nach § 100 Abs. 2 BetrVG kündigt. Ob der Betriebsrat die Zustimmung zu Recht oder zu Unrecht verweigert hat, ist für die Prüfung der sozialen Rechtfertigung nicht relevant.

181 Erhebt der Betriebsrat keine Einwendungen gegen die vorläufige Einstellung, bedarf es keines Beschlussverfahrens gem. § 100 Abs. 2 BetrVG. Verweigert er seine Zustimmung nach § 99 Abs. 3 BetrVG, kann der Arbeitgeber ein **Zustimmungsersetzungsverfahren** nach § 99 Abs. 4 BetrVG einleiten und die Berechtigung des Widerspruchs gerichtlich überprüfen lassen. Will er statt dessen das Arbeitsverhältnis mit dem vorläufig eingestellten Arbeitnehmer beenden, bedarf es wiederum einer Kündigung nach den vorstehenden Grundsätzen.

g) Beendigung fehlerhafter Leiharbeitsverhältnisse

182 S. KR-*Fischermeier* § 626 BGB Rz 56.

h) Lösende Abwehraussperrung

183 S. KR-*Weigand* § 25 KSchG Rz 14–27.

Sozial ungerechtfertigte Kündigungen § 1 KSchG

i) Tod des Arbeitnehmers

Verstirbt der Arbeitnehmer, ist § 1 KSchG anwendbar, wenn der Todesfall **nach dem Ablauf der Kündigungsfrist** eintritt und er zuvor Kündigungsschutzklage erhoben hatte. Dann können die Erben den Kündigungsschutzprozess nach den Regeln der §§ 239, 246, 250 ZPO fortführen und den Fortbestand des Arbeitsverhältnisses zeitlich beschränkt bis zum Termin des Ablebens sowie mit einem Leistungsantrag die ggf. bis zu diesem Zeitpunkt begründeten Vergütungsansprüche gem. § 615 BGB geltend machen (vgl. BAG 6.11.1997 EzA § 1 KSchG Betriebsbedingte Kündigung Nr. 96; 8.2.1980 – 7 AZR 65/78 – nv; *Galperin* RdA 1966, 363; *Gärtner* AuR 1974, 135). Verstirbt der Arbeitnehmer in der ggf. kurzen Zeit zwischen dem Ablauf der Kündigungsfrist und vor dem der Klagefrist von § 4 bzw. deren Verlängerung nach §§ 5, 6 KSchG, können seine Erben Kündigungsschutzklage erheben (HaKo-*Gallner* § 4 Rz 95; *von Hoyningen-Huene/Linck* § 4 Rz 36). Näher KR-*Friedrich* § 4 Rz 82, 83. Zur Frage eines Auflösungsurteils KR-*Spilger* § 9 KSchG Rz 34 f. 184

Verstirbt der Arbeitnehmer vor Ablauf der Kündigungsfrist, ist § 1 KSchG nicht anwendbar, da die bereits erklärte Kündigung **keine Gestaltungswirkung** entfalten konnte. Die Beendigung des Arbeitsverhältnisses tritt aufgrund des Todes des Arbeitnehmers ein, da dieser die gem. § 613 S. 1 BGB in Person zu leistende Arbeit auf Dauer nicht mehr erbringen kann. Einer Kündigung bedarf es dann nicht mehr (ErfK-*Müller-Glöge* § 620 BGB Rz 31; näher KR-*Friedrich* § 4 Rz 84). Hatte der Arbeitnehmer jedoch bereits ein rechtskräftiges Auflösungsurteil erwirkt, können die Erben die vom Gericht festgelegte Abfindung verlangen (vgl. KR-*Spilger* § 9 KSchG Rz 33). 185

j) Tod und Liquidation des Arbeitgebers

Der Tod des Arbeitgebers führt **nicht zur Beendigung des Arbeitsverhältnisses.** Die Erben treten vielmehr nach dem Grundsatz der Gesamtrechtsnachfolge (§ 1922 BGB) in die Arbeitsverhältnisse ein. Hatte der verstorbene Arbeitgeber eine ordentliche Kündigung erklärt, kann der Arbeitnehmer gegen die Erben Kündigungsschutzklage erheben bzw. einen bereits anhängigen Kündigungsrechtsstreit nach §§ 239, 246, 250 ZPO gegen diese fortsetzen. Wird der Betrieb von den Rechtsnachfolgern infolge des Todes des Arbeitgebers nicht weitergeführt, müssen sie kündigen, um eine Beendigung der Arbeitsverhältnisse der im Betrieb beschäftigten Arbeitnehmer herbeizuführen (ErfK-*Müller-Glöge* § 620 BGB Rz 32). Die Kündigung ist dann nach den Grundsätzen der Betriebsstilllegung zu prüfen (s.u. Rz 579 – 583). Zur Erbengemeinschaft als Arbeitgeber KR-*Friedrich* § 4 KSchG Rz 95. Die **Liquidation** und anschließende Löschung einer Handelsgesellschaft im Handelsregister führt ebenfalls allein nicht zur Beendigung ihrer Arbeitsverhältnisse. Es bedarf vielmehr des Ausspruchs ordentlicher Kündigungen seitens des Liquidators. Eine außerordentliche Kündigung ist dagegen in der Liquidation ebenso wie im Insolvenzverfahren regelmäßig nicht gerechtfertigt, sofern das Recht zur ordentlichen Kündigung nicht ausgeschlossen ist (BAG 25.10.1968 EzA § 626 BGB Nr. 10). Eine im Handelsregister gelöschte GmbH verliert im Kündigungsrechtsstreit nicht ihre Parteifähigkeit, wenn sie noch über vermögensrechtliche Ansprüche verfügt, etwa über Ersatzansprüche gegen ihren Liquidator. Eine entsprechende substantiierte Behauptung des Klägers genügt (BAG 25.9.2003 EzA § 50 ZPO 2002 Nr. 2, zu II 1 b; DLW-*Dörner* A Rz 266; vgl. auch BAG 9.7.1981 EzA § 50 ZPO Nr. 1; krit. *Stumpf* Anm. BAG AP § 50 ZPO Nr. 4; *Theil* JZ 1982, 372). 186

k) Entlassung von Dienstordnungsangestellten

Der allgemeine Kündigungsschutz gilt nicht für **Dienstentlassungen** der bei den Sozialversicherungsträgern beschäftigten **Dienstordnungsangestellten** (vgl. Rz 81). Bei einer fristgerechten Entlassung als Disziplinarmaßnahme und einer Kündigung handelt es sich um unterschiedlich zu beurteilende Rechtsinstitute (BAG 25.2.1998 AP § 611 BGB Dienstordnungsangestellte Nr. 69; 28.4.1982 EzA § 87 BetrVG 1972 Betriebsbuße Nr. 5). Die Dienstentlassung ist eine Dienststrafe und bedeutet für den betroffenen Arbeitnehmer ein Unwerturteil, während eine ordentliche Kündigung keinen Sanktionscharakter hat. In ihrer Wirkung auf das Dienstverhältnis und in ihren äußeren Merkmalen entspricht die Dienstentlassung einer ordentlichen fristgemäßen Kündigung. Sie ist ebenso wie eine Kündigung eine einseitige rechtsgestaltende Willenserklärung, die darauf gerichtet ist, ein privatrechtliches Dienstverhältnis für die Zukunft zu beenden (BAG 5.9.1986 AP § 15 KSchG 1969 Nr. 27). Zur **fristlosen Dienstentlassung** als Dienststrafe KR-*Fischermeier* § 626 BGB Rz 51 ff. Zur Kündigung in Gestalt einer Disziplinarmaßnahme s.o. Rz 32. 187

l) **Abberufung nach AGB-DDR**

188 Der allgemeine Kündigungsschutz galt nicht für **Abberufungen** nach § 62 ff. AGB-DDR, die bis 31.12.1991 in den neuen Bundesländern noch fortgalten. Durch Abberufung seitens des Arbeitgebers endeten Arbeitsverhältnisse, die durch Berufung begründet wurden (§ 62 Abs. 1 AGB-DDR). Da die §§ 62 ff. AGB-DDR seit 1.1.1992 nicht mehr in Kraft sind, gilt seither das allgemeine Kündigungsrecht. Daher können die durch Berufung begründeten und am 1.1.1992 noch nicht beendeten Arbeitsverhältnisse vom Arbeitgeber einseitig nur durch eine Kündigung beendet werden, für die die Vorschriften des KSchG gelten. Zur außerordentlichen Kündigung s. KR-*Fischermeier* § 626 BGB Rz 475.

F. Allgemeine Merkmale und Bedeutung des Begriffs der Sozialwidrigkeit

I. Begriff der Sozialwidrigkeit

1. Entwicklungsgeschichte

189 Der in § 1 Abs. 2 und 3 KSchG verwendete Begriff der »**sozial ungerechtfertigten**« Kündigung ist in der **Entwicklungsgeschichte** des individuellen Kündigungsschutzes insofern ein Novum, als sowohl das BRG 1920 als auch das AOG vom Grundsatz der Wirksamkeit einer vom Arbeitgeber erklärten ordentlichen Kündigung ausgingen. Dabei hatte der Betriebsrat (Arbeiter- oder Angestelltenrat) nach dem **BRG 1920** die Funktion einer Sperrinstanz. Der Arbeitnehmer musste sich zunächst unter Berufung auf die in § 86 BRG 1920 geregelten vier Einspruchsgründe an das für ihn zuständige betriebsverfassungsrechtliche Vertretungsorgan wenden und konnte erst nach einer vom Betriebsrat abgegebenen positiven Stellungnahme auf den Einspruch gegen die Kündigung klagen. Nach dem BRG 1920 waren jedoch auch die Arbeitsgerichte nicht in der Lage, dem Arbeitnehmer einen effektiven Schutz des Bestandes seines Arbeitsverhältnisses zu gewähren. Nach einem vom Gericht für begründet erachteten Einspruch hatte der Arbeitgeber nach § 87 BRG 1920 die Möglichkeit, die Weiterbeschäftigung des Arbeitnehmers gegen Gewährung einer Entlassungsentschädigung abzulehnen.

190 Durch das **AOG** wurde die für das BRG 1920 charakteristische Verknüpfung insofern abgebaut, als die vom Arbeitnehmer zu erhebende Widerrufsklage nicht mehr von einer positiven Stellungnahme des Betriebsrats abhängig war. Dabei näherte sich das **AOG** insofern dem im KSchG 1951 verwirklichten legislativen Grundmodell an, als es in § 56 in Gestalt einer **Generalklausel** die Voraussetzungen für einen vom Arbeitnehmer zu erklärenden Widerspruch gegen die Kündigung festlegte. Da das BRG 1920 bereits in § 84 Abs. 1 Nr. 4 den allgemeinen Einspruchsgrund der »**unbilligen Härte**« kannte, bedeutete die ebenfalls auf dieses Merkmal abstellende Generalklausel des § 56 AOG keine wesentliche Verbesserung des individuellen Kündigungsschutzes.

191 Durch das erstmals im KSchG 1951 verwendete Institut der »sozial ungerechtfertigten« Kündigung wurde der individuelle Kündigungsschutz maßgeblich verbessert. Während das BRG 1920 und das AOG von dem Grundsatz der Wirksamkeit der vom Arbeitgeber erklärten Kündigung ausgingen und dem Arbeitnehmer nur die Möglichkeit eines Einspruches bzw. Widerspruchs gegen die gültige Kündigung einräumten, wurde durch das KSchG 1951 erstmals das **Prinzip** des **Bestandsschutzes** in das individuelle Kündigungsschutzrecht eingeführt. Dieser Grundsatz wurde jedoch nur eingeschränkt verwirklicht. Eine sozial ungerechtfertigte Kündigung ist zunächst lediglich mit der Folge schwebend unwirksam, dass sie in den Fällen einer nicht rechtzeitigen Klage des Arbeitnehmers nach § 7 KSchG als von Anfang an wirksam gilt. Eine weitere Durchbrechung des Bestandsschutzprinzips ist die Möglichkeit einer gerichtlichen Auflösung des Arbeitsverhältnisses auf Antrag des Arbeitgebers (vgl. §§ 9 Abs. 1 S. 2, 14 Abs. 2 S. 2 KSchG). Obgleich der Grundsatz der Unwirksamkeit einer sozial ungerechtfertigten Kündigung nur unvollkommen im KSchG 1951 verwirklicht worden ist, bedeutet die heute noch im Gesetz enthaltene Generalklausel des § 1 Abs. 2 S. 1 KSchG eine wesentliche Verstärkung des individuellen Kündigungsschutzes. Durch den Verzicht auf das mit subjektiven Momenten belastete Merkmal der »unbilligen Härte« und das Abstellen auf die einer größeren Objektivierung zugänglichen Kündigungsgründe ist der Arbeitsplatzschutz verbessert worden.

192 Die ursprünglich rein individualrechtlich konzipierte Grundsatznorm des § 1 KSchG ist durch die Einfügung der Widerspruchstatbestände in § 1 Abs. 2 S. 2 und 3 KSchG mit kollektivrechtlichen Elementen des Kündigungsschutzes verknüpft worden. Diese auf das **BetrVG 1972** (BGBl. I S. 13) und die Neufassung des **BPersVG** vom 15.3.1974 (BGBl. I S. 693) zurückgehende Gesetzesänderung hat das Verständnis des § 1 KSchG nicht unerheblich erschwert. Dies gilt insbes. für das Verhältnis der Generalklausel des § 1 Abs. 2 S. 1 KSchG zu den in § 1 Abs. 2 S. 2 und 3 KSchG erwähnten Widerspruchstat-

Sozial ungerechtfertigte Kündigungen § 1 KSchG

beständen (hierzu *BAG* 6.6.1984 AP § 1 KSchG 1969 Betriebsbedingte Kündigung Nr. 16; 17.5.1984 EzA § 1 KSchG Betriebsbedingte Kündigung Nr. 32). Als **wesentlicher entwicklungsgeschichtlicher Aspekt** ist dabei festzuhalten, dass die Einfügung der in § 1 Abs. 2 S. 2 und 3 KSchG enthaltenen **Widerspruchstatbestände** gem. der Gesetzesbegründung auch dazu diente, den **individuellen Kündigungsschutz zu verbessern** (BT-Drs. VI/2729 [unter IV 3 S. 7]; BT-Drs. VI/1786, S. 32, 33).

2. Systematik des Gesetzes

Wesentlich für die Erschließung des Sinngehaltes des § 1 KSchG ist die **Systematik** des **Gesetzes**. Zu beachten ist, dass die Bestimmung vom Gesetzgeber nicht einheitlich erlassen worden ist (zur Entwicklungsgeschichte s.o. Rz 189 ff.). 193

a) Generalklausel

Von zentraler Bedeutung für die inhaltliche Ausgestaltung des allgemeinen Kündigungsschutzes ist 194 der **Begriff der »sozial ungerechtfertigten« Kündigung.** Eine Konkretisierung dieses Begriffes enthält das Gesetz zunächst in Gestalt der **Generalklausel** des § 1 Abs. 2 S. 1 KSchG. Der Begriff der »sozial ungerechtfertigten« Kündigung wird darin jedoch nicht positiv umschrieben, sondern lediglich negativ begrenzt. Als Umstände, die eine Kündigung sozial rechtfertigen, enthält die **Generalklausel drei Fallgruppen**: Personenbedingte und verhaltensbedingte Gründe sowie dringende betriebliche Erfordernisse. Bei diesen Tatbeständen handelt es sich um sog. **relative Gründe der Sozialwidrigkeit,** da es zur Beurteilung der sozialen Rechtfertigung grundsätzlich einer an den Umständen des Einzelfalles orientierten Interessenabwägung bzw. Sozialauswahl bedarf (*BAG* 13.9.1973 EzA § 102 BetrVG 1972 Nr. 7; *v. Hoyningen-Huene/Linck* Rz 118; HaKo-*Pfeiffer* Rz 147; krit. *Herschel* DB 1984, 1523; *Löwisch/Spinner* Rz 63 ff.; ErfK-*Ascheid* Rz 141; *LAG Düsseld.* 12.12.1983 DB 1984, 618). Die Gegenansicht, die davon ausgeht, dass vorliegende Kündigungsgründe nicht durch eine Interessenabwägung beseitigt werden könnten, missversteht deren Zweck. Sie dient nicht der Relativierung von Kündigungsgründen, sondern der Bewertung, ob bestimmte Vertragsstörungen das Gewicht eines Kündigungsgrundes haben. Der Begriff der sozialen Rechtfertigung setzt jedenfalls bei personen- und verhaltensbedingten Gründen eine Bewertung der gegenläufigen Interessen voraus. Das bedeutet allerdings regelmäßig nicht, dass die Interessenabwägung gewichtigen Vertragsstörungen die Eignung als Kündigungsgrund nehmen könnte. Zur Interessenabwägung iE s.u. Rz 210 f.

b) Widerspruchstatbestände

Bei den in § 1 Abs. 2 S. 2 und 3 KSchG geregelten **Widerspruchstatbeständen** handelt es sich demge- 195 genüber um **absolute Gründe** der **Sozialwidrigkeit. Liegen sie vor,** bedarf es keiner Interessenabwägung mehr (*BAG* 6.6.1984 AP § 1 KSchG 1969 Betriebsbedingte Kündigung Nr. 16; 13.9.1973 EzA § 102 BetrVG 1972 Nr. 7). Die Sozialwidrigkeit der Kündigung folgt dann unmittelbar aus einem begründeten Widerspruch des zuständigen betriebsverfassungsrechtlichen bzw. personalvertretungsrechtlichen Vertretungsorgans. Der Widerspruch muss ordnungsgemäß, insbes. form- und fristgerecht, eingelegt worden sein (zu den Voraussetzungen eines ordnungsgemäßen Widerspruches KR-*Etzel* § 102 BetrVG Rz 142 ff.). Weiter ist erforderlich, dass entweder der vom Betriebsrat bezeichnete oder ein anderer der in § 1 Abs. 2 S. 2 und 3 KSchG genannten Widerspruchsgründe zum Zeitpunkt der Kündigungserklärung objektiv vorlag. Ebenso wie bei den in § 1 Abs. 2 S. 1 KSchG genannten relativen Gründen der Sozialwidrigkeit kommt es auch hier auf die **objektive Rechtslage** zum Zeitpunkt des Zugangs der Kündigung an (hierzu iE Rz 235 ff.).

c) Verhältnis der Generalklausel zu den Widerspruchstatbeständen

Das **Verhältnis** zwischen der **Generalklausel** des § 1 Abs. 2 S. 1 KSchG und den **Widerspruchstatbe-** 196 **ständen** des § 1 Abs. 2 S. 2 und 3 KSchG war umstritten (vgl. *Löwisch* DB 1975, 349; *Preis* S. 97 ff.). Nach einer Mindermeinung (insbes. *Gumpert* BB 1972, 50; *Meisel* DB 1972, 1679; *Wagener* BB 1972, 1973; *LAG Frankf.* 27.2.1973 DB 1973, 1607) sollten die speziellen Gründe der Sozialwidrigkeit nach § 1 Abs. 2 S. 2 und 3 KSchG nur dann beachtlich sein, wenn der Betriebsrat aus einem dieser Gründe nach § 102 Abs. 2 S. 1 iVm Abs. 3 BetrVG form- und fristgerecht der Kündigung widersprochen hat. Nach heute allgemeiner Meinung sind gem. der mit der Neufassung des § 1 Abs. 2 S. 2 und S. 3 KSchG verfolgten gesetzgeberischen Zielvorstellung (vgl. BT-Drs. VI/2729, S. 7; BT-Drs. VI/1786, S. 32, 33), den individuellen Kündigungsschutz der Arbeitnehmer zu verbessern, die in den Widerspruchstatbeständen des § 1 Abs. 2 S. 2 und 3 KSchG umschriebenen besonderen Merkmale der Sozialwidrigkeit bei der allgemeinen Prüfung der Sozialwidrigkeit nach § 1 Abs. 2 S. 1 KSchG zu berücksichtigen, da sie **gesetzliche Konkretisierungen** des § 1 Abs. 2 S. 1 KSchG zugrunde liegenden **Grundsatzes der Verhältnismäßigkeit** (ultima-ratio-Prinzip, s.u. Rz 214 ff.) sind (*BAG* 13.9.1973 EzA § 102 BetrVG 1972 Nr. 7; 15.12.1994 EzA § 1 KSchG Betriebsbedingte Kündigung Nr. 76, zu B II 1; 24.6.2004 EzA § 1 KSchG Betriebsbedingte Kündigung Nr. 132, zu B II 2 a; *v. Hoyningen-Huene/Linck* Rz 500 – 503; MünchKomm-*Hergenröder* Rz 73, 74; *Richardi/Thüsing* § 102 Rz 198, 199). Sie folgen aus dem gesetzlichen Tatbestandsmerkmal »bedingt«, das ein Kausalitätserfordernis begründet (SPV-*Preis* Rz 918).

197 Daher kann sich der Arbeitnehmer **auch ohne Widerspruch des Betriebsrats** und in **betriebsratslosen Betrieben** auf **Weiterbeschäftigungsmöglichkeiten** iSv § 1 Abs. 2 S. 2 Nr. 1b, 2b KSchG berufen. Da nach § 1 Abs. 2 S. 2 Nr. 1b, 2b KSchG bei einem entsprechenden Widerspruch der Arbeitnehmervertretung die Möglichkeit einer Weiterbeschäftigung auf Unternehmensebene zu prüfen ist und die soziale Rechtfertigung der Kündigung insoweit unternehmensbezogen ist, ist auch der Grundsatz der Verhältnismäßigkeit entsprechend auszulegen. Der Arbeitgeber ist daher zur Weiterbeschäftigung des Arbeitnehmers auf einem **freien Arbeitsplatz** in einem **anderen Betrieb** des Unternehmens oder in einer **anderen Dienststelle** des dem Unternehmen nach § 1 Abs. 2 S. 2 Nr. 2b KSchG gleichgestellten Verwaltungszweiges unabhängig von einem Widerspruch des Betriebsrats oder Personalrats nach § 1 Abs. 2 S. 1 KSchG verpflichtet (*BAG* 22.5.1986 EzA § 1 KSchG Soziale Auswahl Nr. 32; 17.5.1984 EzA § 1 KSchG Betriebsbedingte Kündigung Nr. 32 = SAE 1986, 273 m. zust. Anm. *Schulin*; *v. Hoyningen-Huene/Linck* Rz 144 f.; SPV-*Preis* Rz 918, 1003; *Berkowsky* Betriebsbedingte Kündigung § 4 Rz 25 ff., 33 ff.; *Müller* ZfA 1982, 489; *Weller* AuR 1986, 228). Der Kündigungsschutz ist hinsichtlich der Weiterbeschäftigungsmöglichkeiten **arbeitgeberbezogen** (vgl. *BAG* 17.5.1984 EzA § 1 KSchG Betriebsbedingte Kündigung Nr. 32; *Preis* HAS § 19 F Rz 23).

198 Der Widerspruchsgrund des § 1 Abs. 2 S. 2 Nr. 1a, 2a KSchG **(Verstoß gegen eine Auswahlrichtlinie)**, der nur bei einer betriebsbedingten Kündigung in Betracht kommt (KR-*Etzel* § 102 BetrVG Rz 156 ff.), ist ebenfalls auch ohne entsprechenden Widerspruch der Arbeitnehmervertretung bei der Prüfung von § 1 Abs. 2 S. 3 KSchG zu berücksichtigen. Zwar ist es problematisch, dies aus dem allgemeinen Gleichheitssatz von Art. 3 Abs. 1 GG herzuleiten (so *Etzel* KR, 7. Aufl. Rz 198; *Löwisch* DB 1975, 350). § 1 Abs. 2 S. 2 KSchG soll es dem Betriebs- bzw. Personalrat gerade ermöglichen, über die Entstehung der absoluten Unwirksamkeitsgründe unter Berücksichtigung kollektiver Interessen zu disponieren. Dies ist nicht ohne weiteres sachwidrig. Auswahlrichtlinien gem. § 95 BetrVG sind jedoch in der Regel Betriebsvereinbarungen (zu deren Rechtsnatur näher GK-BetrVG/*Kraft/Raab* § 95 Rz 4, 5, mwN). Sie gelten daher nach § 77 Abs. 4 S. 1 BetrVG im einzelnen Arbeitsverhältnis unmittelbar und zwingend und binden den Arbeitgeber aus diesem Grund bei der Sozialauswahl normativ. Damit schränken sie das Ermessen des Arbeitgebers bei der Sozialauswahl ein und bewirken auch ohne Widerspruch der Arbeitnehmervertretung über § 1 bs. 3 KSchG relativen Kündigungsschutz.

199 Damit hat die Kennzeichnung der Widerspruchsgründe des § 1 Abs. 2 S. 2 und 3 KSchG als **absolute Gründe** der Sozialwidrigkeit **wenig Bedeutung.** Besteht eine anderweitige Weiterbeschäftigungsmöglichkeit iSv § 1 Abs. 2 S. 2 und 3 KSchG, ist die Kündigung stets auch nach § 1 Abs. 2 S. 1 KSchG unwirksam, da das ultima-ratio-Prinzip nicht ein Teil der Interessenabwägung, sondern der Prüfung der Erforderlichkeit der Kündigung ist. Liegt ein Verstoß gegen eine Auswahlrichtlinie vor, folgt auch daraus unmittelbar und ohne vorherige Interessenabwägung die Unwirksamkeit der Kündigung. Bei den Widerspruchsgründen des § 1 Abs. 2 S. 2 und 3 KSchG handelt es sich zwar um absolute Gründe der Sozialwidrigkeit. Sie wirken aber auch ohne Widerspruch des Betriebsrats zwingend. Ein Widerspruch des Betriebsrats kann allerdings die Darlegungslast des Arbeitnehmers erleichtern, weil er sich die Begründung des Betriebsrats zu eigen machen kann.

d) Soziale Auswahl

200 In **systematischer Hinsicht** kommt der in § 1 Abs. 3 KSchG geregelten Verpflichtung des Arbeitgebers zur **sozialen Auswahl** insofern eine Sonderstellung zu, als sie nur bei betriebsbedingten Kündigungen vorzunehmen ist und es sich hierbei zwar um einen die vorläufige Weiterbeschäftigung auslösenden Widerspruchstatbestand (vgl. § 102 Abs. 3 Nr. 1 BetrVG) handelt, der aber mangels Erwähnung in § 1 Abs. 2 S. 2 und 3 KSchG **keinen absoluten Grund der Sozialwidrigkeit** darstellt. Die Frage, ob eine durch dringende betriebliche Erfordernisse iSd § 1 Abs. 2 S. 1 KSchG bedingte Kündigung wegen eines Fehlers in der sozialen Auswahl gleichwohl sozialwidrig ist, richtet sich daher allein nach § 1 Abs. 3 KSchG. Einem etwaigen **Widerspruch des Betriebsrats** kommt auch **keine indizielle Bedeutung** zu (aA *Galperin/Löwisch* § 102 Rz 88). Wegen Einzelheiten zur sozialen Auswahl s.u. Rz 603 ff.

Sozial ungerechtfertigte Kündigungen § 1 KSchG

3. Unbestimmtheit des Rechtsbegriffs

Bei dem Begriff der »sozial ungerechtfertigten« Kündigung handelt es sich nicht im engeren Sinn um einen **unbestimmten Rechtsbegriff,** da er durch die Generalklausel des § 1 Abs. 2 S. 1 KSchG und die Regelungen von § 1 Abs. 2 S. 2, 3, Abs. 3 – 5 KSchG ergänzt und konkretisiert wird. Nur die in § 1 Abs. 2 S. 1 KSchG genannten Umstände (personen-, verhaltens- oder betriebsbedingte Gründe) können eine Kündigung sozial rechtfertigen (SPV-*Preis* Rz 915, 916; ErfK-*Ascheid* Rz 107; HaKo-*Pfeiffer* Rz 137, 138; APS-*Dörner* Rz 61). Auf andere Umstände, zB politische, allgemeine wirtschaftliche oder konzernbedingte Gründe, kann sich der Arbeitgeber zur sozialen Rechtfertigung der Kündigung nicht berufen (*Löwisch/Spinner* Rz 62; HaKo-*Pfeiffer* Rz 148). Durch die Rechtsprechung des *BAG* werden die zur Kündigung geeigneten Gründe durch die Aufstellung bestimmter Auslegungsgrundsätze näher konkretisiert. 201

Wegen der Unbestimmtheit auch der erläuternden Begriffe (personen-, verhaltens-, betriebsbedingt) ist eine jeden Einzelfall präzise erfassende Konkretisierung unmöglich. Vielmehr muss der Richter im vorbezeichneten Rahmen den Regelungsgehalt der Norm für jeden Einzelfall unter Berücksichtigung der jeweiligen Umstände neu bestimmen. Das bedeutet nicht, dass § 1 KSchG eine an Billigkeitsgesichtspunkten orientierte Rechtsprechung zulässt. Vielmehr sind die sich aus der Norm ergebenden gesetzlichen Wertungen zu konkretisieren (SPV-*Preis* Rz 915; HaKo-*Pfeiffer* Rz 137, 138; APS-*Dörner* Rz 61). Dabei haben die Tatsacheninstanzen bei der Beurteilung der die Sozialwidrigkeit bedingenden Gründe einen **Beurteilungsspielraum** (st.Rspr. des *BAG*, etwa 12.10.1979 EzA § 1 KSchG Betriebsbedingte Kündigung Nr. 12 mwN). Dies gilt ebenso für die Frage, ob der Arbeitgeber bei der Auswahl des gekündigten Arbeitnehmers soziale Gesichtspunkte ausreichend berücksichtigt hat (*BAG* 12.10.1979 EzA § 1 KSchG Betriebsbedingte Kündigung Nr. 12). 202

a) Gesetzliche Anhaltspunkte zur Konkretisierung

Gesetzliche Anhaltspunkte für eine inhaltliche Bestimmung des **Begriffs** der **Sozialwidrigkeit** sind zunächst in der Generalklausel des § 1 Abs. 2 S. 1 KSchG enthalten. Danach kommen als Umstände, die eine Kündigung sozial rechtfertigen können, personen-, verhaltens- und betriebsbedingte Gründe in Betracht. Diese Gründe müssen die Kündigung »**bedingen**«, dh nicht nur verursachen, sondern als letzte von möglichen anderweitigen personellen Maßnahmen (zB Abmahnung, Versetzung, Änderungskündigung) erforderlich machen. In dieser gesetzlichen Formulierung liegt eine Anerkennung des – das gesamte Kündigungsschutzrecht beherrschenden – **Grundsatzes der Verhältnismäßigkeit** (hierzu KR-*Fischermeier* § 626 BGB Rz 251 ff.; KR-*Rost* § 2 KSchG Rz 106a; *Pachtenfels* BB 1983, 1479; *Preis* S. 254 ff.; *Wagner* NZA 1986, 632; *Zitscher* BB 1983, 1285). Wegen der Einzelheiten s.u. Rz 214 ff. 203–205

Spezielle gesetzliche Merkmale der Sozialwidrigkeit enthalten die in § 1 Abs. 2 S. 2 und 3 KSchG geregelten Widerspruchstatbestände. Diese gesetzliche Konkretisierung (vgl. zur Entstehungsgeschichte s.o. Rz 189 ff.) beruht teilweise auf Grundsätzen, die von der Rechtsprechung zur Auslegung der Generalklausel des § 1 Abs. 2 S. 1 KSchG bereits erarbeitet worden waren. Soweit danach eine Kündigung für sozialwidrig erklärt wird, wenn die Möglichkeit einer Weiterbeschäftigung an einem anderen Arbeitsplatz besteht, folgt dies bereits aus dem Grundsatz der Verhältnismäßigkeit (s.o. Rz 197). 206

Eine auf die **betriebsbedingte Kündigung** beschränkte **Konkretisierung** der Sozialwidrigkeit ist § 1 Abs. 3 KSchG, wonach auch Fehler in der **sozialen Auswahl** die Sozialwidrigkeit einer Kündigung begründen können (zur sozialen Auswahl iE s.u. Rz 603 ff.). Durch § 1 Abs. 4, 5 KSchG wird die Möglichkeit eröffnet, mittels kollektivvertraglicher Regelungen die Prüfungsdichte der sozialen Rechtfertigung einer betriebsbedingten Kündigung erheblich zu reduzieren. 207

b) Typologische Gesichtspunkte

Anhand der sich aus dem Gesetz ergebenden Vorgaben hat sich die **Rechtsprechung** bemüht, für jeden der drei gesetzlichen Fallgruppen für die soziale Rechtfertigung einer Kündigung besondere Prüfungsmaßstäbe zu entwickeln und innerhalb dieser drei Obergruppen **typische Fallgruppen** zu bilden, für die wiederum besondere Rechtsgrundsätze zur sozialen Rechtfertigung gelten. Die typischen Fallgruppen können allerdings nicht erschöpfend sein. Sie erfassen also nicht alle Kündigungssachverhalte der jeweiligen Obergruppe. Der Vorteil dieser **typologischen Methode** besteht darin, dass für bestimmte Fallgruppen jeweils spezielle Beurteilungsmaßstäbe erarbeitet werden können. Auf diese Weise wird sowohl dem Bedürfnis nach Rechtssicherheit als auch dem Erfordernis der Einzelfallge- 208 rechtigkeit eher Rechnung getragen als durch bloße Generalklauseln oder eine die Tatbestände der Sozialwidrigkeit abschließend regelnde gesetzliche Kasuistik.

c) Prüfungsmaßstab

209 Maßstab für die soziale Rechtfertigung einer Kündigung ist die Frage, ob die vorliegenden personen-, verhaltens- oder betriebsbedingten Umstände bei verständiger Würdigung der Interessen der Vertragsparteien und des Betriebes **die Kündigung als billigenswert und angemessen** erscheinen lassen (*BAG* 3.5.1978 EzA § 1 KSchG Betriebsbedingte Kündigung Nr. 8; 22.7.1982 EzA § 1 KSchG Verhaltensbedingte Kündigung Nr. 10; 11.12.2003 EzA § 1 KSchG Verhaltensbedingte Kündigung Nr. 62, zu B I 2 a; soweit *Preis* – SPV Rz 915 – diese Formel als »überkommene Billigkeitsklausel« kritisiert, mit der sich heute kein Kündigungsrechtsstreit entscheiden lasse, ist einzuwenden, dass die Rechtsprechung dies auch nicht versucht; es geht nur um eine erste Einordnung des Begriffs der sozialen Rechtfertigung, die als Grundlage für eine weitere Konkretisierung dient). Es muss eine erhebliche Beeinträchtigung der unternehmerischen Interessen vorliegen, die dem Arbeitgeber die Fortsetzung des Arbeitsverhältnisses über die Kündigungsfrist hinaus **unzumutbar** macht (*v. Hoyningen-Huene/Linck* Rz 120, 121, 127; HaKo-*Pfeiffer* Rz 139). Dabei kommt es auf den **objektiven Anlass** für eine Kündigung und nicht auf die möglicherweise dahinter stehenden subjektiven Beweggründe des Arbeitgebers an (*BAG* 2.6.1960 AP § 626 BGB Nr. 42; 22.5.2003 EzA § 242 BGB 2002 Kündigung Nr. 2, zu B III 2 b). Anders als bei der Kündigung aus wichtigem Grund ist nicht erforderlich, dass dem Arbeitgeber auch die befristete Fortsetzung des Arbeitsverhältnisses nicht mehr zuzumuten ist (*BAG* 12.8.1976 AP § 1 KSchG 1969 Nr. 3; APS-*Dörner* Rz 64; ErfK-*Ascheid* Rz 114). Entscheidende Bedeutung kommt bei der Prüfung der Kündigungsgründe dem **Prognoseprinzip** zu (s.u. Rz 271 f., 406, 527; ausführlich hierzu *Preis* NZA 1997, 1076 f.; gegen das Prognoseprinzip *Rüthers* NJW 1998, 1437). Letztlich geht es bei der Prüfung um eine Abwägung der gegenseitigen Interessen der Arbeitsvertragsparteien (APS-*Preis* Grundl. H Rz 23 – 26).

209a Der Prüfungsmaßstab des **objektiven Vorliegens eines Kündigungsgrundes** zum Zeitpunkt des Kündigungszugangs gilt gem. § 2 Abs. 4 AGG auch dann, wenn der Arbeitgeber subjektiv (auch) aus iSv § 1 AGG **diskriminierenden Motiven** kündigt. Das kann etwa der Fall sein, wenn der Arbeitgeber eine Kündigung wegen der ethnischen Herkunft oder dem Geschlecht des Arbeitnehmers ausspricht und ihm der objektiv bestehende Kündigungsgrund noch gar nicht bekannt ist, etwa wenn eine Unterschlagung des Arbeitnehmer erst nach der Kündigung festgestellt wird, oder wenn ihm ein objektiver Kündigungsgrund gelegen kommt, um einen ihm wegen eines Merkmals von § 1 AGG missliebigen Arbeitnehmer entlassen zu können. § 2 Abs. 4 AGG soll gerade gewährleisten, dass es bei dem Maßstab von § 1 KSchG bleibt (vgl. BT-Drs. 16/2022). Dies dürfte bei europarechtskonformer Auslegung der Entschädigungsregelung von § 15 AGG mit den Vorgaben der Richtlinie 2000/78/EG vereinbar sein, da europarechtlich zwar effektive Sanktionen von Diskriminierungen auch bei der Entlassung erforderlich sind, dies aber nicht auf den in vielen EU-Staaten ohnehin kaum gewährleisteten Bestandsschutz beschränkt ist. Kündigt der Arbeitgeber bei bestehendem Kündigungsgrund jedenfalls auch aus diskriminierenden Motiven, führt dies nicht zur Unwirksamkeit der Kündigung, sondern begründet Ansprüche des Arbeitnehmers auf materiellen und/oder immateriellen Schadensersatz nach § 15 AGG (eingehend *Diller/Krieger/Arnold* NZA 2006, 887; *Bauer/Göpfert/Krieger* § 2 AGG Rz 61 ff., 66 ff.; *Löwisch* BB 2006, 2189 f.; **aA** BBDW-*Bader* § 13 Rz 48e: Unwirksamkeit der Kündigung). Etwas anderes gilt nur, wenn der Arbeitgeber auch das Verbot der herausgreifenden Kündigung (s. Rz 234) verletzt und gegenüber anderen Arbeitnehmern keine Kündigung ausspricht, obwohl bei ihnen derselbe objektive Kündigungsgrund vorliegt (*Löwisch* BB 2006, 2189, 2190). Dann ist die herausgreifende Kündigung sozial ungerechtfertigt.

d) Interessenabwägung

210 Um den Besonderheiten des jeweiligen Einzelfalls gerecht zu werden, erfordert die Beurteilung der Sozialwidrigkeit bei einer personen- oder verhaltensbedingten Kündigung eine umfassende **Interessenabwägung** (st.Rspr. des *BAG*, etwa 7.3.1980 EzA § 1 KSchG Betriebsbedingte Kündigung Nr. 14; 26.6.1975 EzA § 1 KSchG 1969 Betriebsbedingte Kündigung Nr. 1; zur dogmatischen Begründung des Prinzips der Interessenabwägung *Preis* S. 184 ff.), während bei einer betriebsbedingten Kündigung für eine Interessenabwägung idR kein Raum ist (s.u. Rz 547 ff.). Durch die zunehmende Differenzierung der Prüfung, insbes. der der Verhältnismäßigkeit, ist die Bedeutung der Interessenabwägung geringer geworden, da zunächst als Elemente der Interessenabwägung betrachtete Kriterien, etwa das Abmah-

Sozial ungerechtfertigte Kündigungen § 1 KSchG

nungserfordernis bei verhaltensbedingten Gründen, in andere Prüfungsstufen verschoben wurden (SPV-*Preis* Rz 922).

Die Interessenabwägung muss **alle wesentlichen Umstände des Einzelfalles berücksichtigen,** die für 211 und gegen eine Weiterbeschäftigung des Arbeitnehmers auf seinem bisherigen Arbeitsplatz sprechen, und vollständig und widerspruchsfrei sein. Da es um die **soziale** Rechtfertigung der Kündigung geht, können insoweit auch die sozialen Verhältnisse des Arbeitnehmers, also seine soziale Schutzbedürftigkeit, berücksichtigt werden (**aA** *Preis* NZA 1997, 1078; SPV-*Preis* Rz 922). Der Bezug der Interessen des Arbeitnehmers zur beruflichen oder zur Privatsphäre ist nur für deren Gewichtung von Bedeutung. Je geringer der Bezug zum Kündigungsgrund und je größer der zur Privatsphäre ist, desto geringeres Gewicht haben die Interessen in der Abwägung. Führt die Abwägung der vertragsbezogenen Interessen zu einem eindeutigen Ergebnis, haben sonstige Gesichtspunkte, etwa Unterhaltspflichten, keine Bedeutung. In Grenzfällen können sie dagegen entscheidend sein (*BAG* 27.2.1997 EzA § 1 KSchG Verhaltensbedingte Kündigung Nr. 51, zu II 3; 20.1.2000 EzA § 1 KSchG Krankheit Nr. 47, zu B III 5 a). Welche Umstände jeweils gegeneinander abzuwägen sind, richtet sich u.a. nach der **Art des Kündigungsgrundes**. Es ist daher nicht möglich, einen Katalog von wesentlichen Umständen aufzustellen, der in jedem Einzelfall der Interessenabwägung zugrunde zu legen ist. Wegen Einzelheiten zur Interessenabwägung vgl. die Erl. zu den einzelnen Kündigungsgründen (s.u. Rz 273 ff., 409 ff., 547 ff.).

e) Vereinbarung über die Sozialwidrigkeit

In **einzelvertraglichen Vereinbarungen** und in **kollektiven Regelungen** finden sich bisweilen Bestim- 212 mungen, die bezwecken, den **Begriff** der **Sozialwidrigkeit** zu konkretisieren. Dabei werden idR beispielhaft typische Sachverhalte aufgezeigt, bei deren Vorliegen eine ordentliche arbeitgeberseitige Kündigung sozial gerechtfertigt sein soll (zB Verstöße gegen ein Rauchverbot, häufiges unentschuldigtes Fehlen, Beleidigungen des Arbeitgebers). Wegen der zwingenden Natur des Kündigungsschutzes (s.o. Rz 31 ff.) können jedoch keine Regelungen getroffen werden, die zum Nachteil des Arbeitnehmers das Recht der ordentlichen arbeitgeberseitigen Kündigung über den gesetzlichen Rahmen des § 1 KSchG erweitern (*BAG* 28.11.1968 EzA § 1 KSchG Nr. 12). Deshalb ist es unzulässig, durch einzelvertragliche Vereinbarungen oder kollektivrechtliche Regelungen sog. **absolute Kündigungsgründe** zu schaffen (APS-*Dörner* Rz 68). Die Dringlichkeit des Kündigungsgrundes ist zwingend einzelfallbezogen zu prüfen und daher der einzel- bzw. kollektivvertraglichen Disposition entzogen. Dies schließt es nicht generell aus, einzel- oder kollektivvertragliche Vereinbarungen über die Sozialwidrigkeit ordentlicher arbeitgeberseitiger Kündigungen bei der Einordnung der Kündigungsrelevanz bestimmter Umstände zu berücksichtigen (vgl. *BAG* 7.3.1980 EzA § 1 KSchG Betriebsbedingte Kündigung Nr. 14). Bei vom Arbeitgeber gestellten Arbeitsvertragsklauseln ist nach § 307 Abs. 1 S. 1, Abs. 2 Nr. 1 BGB allerdings eine Abweichung vom Gesetzesrecht zu Lasten des Arbeitnehmers regelmäßig nicht möglich. Dagegen können die Reaktion des Arbeitgebers auf bestimmte Vertragsstörungen beschreibende Regelungen, etwa in Dienstanweisungen, eine **Selbstbindung** begründen (*BAG* 25.4.1996 EzA § 1 KSchG Personenbedingte Kündigung Nr. 14, zu B II 3; 16.9.1999 EzA § 611 BGB Kirchliche Arbeitnehmer Nr. 45, zu II 2). Unzulässig sind kollektivrechtliche Regelungen, die bei betriebsbedingten Kündigungen von dem gesetzlichen Erfordernis der sozialen Auswahl (§ 1 Abs. 3 KSchG) entweder völlig absehen oder **nicht sozialbezogene Auswahlkriterien** festlegen (*BAG* 11.3.1976 EzA § 95 BetrVG Nr. 1 mit Anm. *Gamillscheg*; LAG Bln. 5.10.1965 AP § 1 KSchG Betriebsbedingte Kündigung Nr. 17).

f) Überprüfung in der Revisionsinstanz

Die Sozialwidrigkeit einer Kündigung unterliegt im **Revisionsverfahren** nur einer **eingeschränkten** 213 **Nachprüfung.** Da es sich um die Auslegung eines unbestimmten Rechtsbegriffs handelt, kann das Revisionsgericht nur nachprüfen, ob das Berufungsgericht den Begriff der Sozialwidrigkeit verkannt hat, ob es bei der Subsumption des Sachverhalts unter § 1 KSchG Denkgesetze oder allgemeine Erfahrungssätze verletzt hat, ob es bei der gebotenen Interessenabwägung, bei der dem Tatrichter ein Beurteilungsspielraum zusteht, alle wesentlichen Umstände berücksichtigt hat und ob die Entscheidung in sich widerspruchsfrei ist (st.Rspr. des BAG, etwa *BAG* 27.2.1997 EzA § 1 KSchG Verhaltensbedingte Kündigung Nr. 51; 26.1.1995 EzA § 1 KSchG Verhaltensbedingte Kündigung Nr. 46). Die Beurteilung, ob die tatsächlichen Besonderheiten des Einzelfalles geeignet sind, die Kündigung sozial zu rechtfertigen, obliegt dem Tatrichter. Ist das Berufungsgericht von einem zutreffenden Begriff der Sozialwidrigkeit ausgegangen, beruhen die Erwägungen, ob die dafür maßgeblichen tatsächlichen Voraussetzungen vorgelegen haben, nur dann auf einer Rechtsverletzung, wenn der Tatrichter nicht alle maßgebenden Umstände berücksichtigt, den ihm vorbehaltenen Beurteilungsspielraum überschritten hat oder wenn ihm bei den tatsächlichen Feststellungen Verfahrensverstöße unterlaufen sind, die von der Revision ordnungsgemäß gerügt worden sind. Diese Grundsätze gelten entsprechend für die Anfechtung von Arbeitsverträgen (*BAG* 16.11.1979 EzA § 123 BGB Nr. 19).

II. Der Grundsatz der Verhältnismäßigkeit

214 Mit der Kündigung eines Arbeitsverhältnisses greift der Arbeitgeber regelmäßig in die Existenzgrundlage des Arbeitnehmers ein. Ein solcher für den Arbeitnehmer regelmäßig schwerwiegender Eingriff muss nach § 1 Abs. 2 S. 1 KSchG durch Gründe in Person oder Verhalten des Arbeitnehmers oder durch dringende betriebliche Erfordernisse **bedingt** sein. Dies begründet ein Kausalitätserfordernis; die Kündigung des Arbeitgebers muss wegen des Kündigungsgrundes notwendig und nicht durch für den Arbeitnehmer mildere Mittel zu vermeiden sein (SPV-*Preis* Rz 918; APS-*Dörner* Rz 65, 66; *v. Hoyningen-Huene/Linck* Rz 140; ErfK-*Ascheid* Rz 123; KDZ-*Kittner* Rz 49; HaKo-*Pfeiffer* Rz 143; MünchKomm-*Hergenröder* Rz 99, 100). Daraus leitet das BAG den **Grundsatz der Verhältnismäßigkeit** und des **Übermaßverbots** ab (**ultima-ratio-Prinzip**; grundlegend *BAG* 30.5.1978 EzA § 626 BGB nF Nr. 66; abl. *Rüthers* NJW 1998, 1437; 2002, 1603). Im Interesse des Inhalts- und Bestandsschutzes muss der Arbeitgeber zunächst ihm zumutbare alternative Möglichkeiten ergreifen, bevor er in Bestand oder Inhalt des Arbeitsverhältnisses eingreift. Falls er dies tut, darf er immer nur von dem für den Arbeitnehmer mildesten und ihm noch zumutbaren Mittel Gebrauch machen. Dies beruht auf dem in § 1 Abs. 2 S. 1 KSchG enthaltenen Kausalitätserfordernis und wird durch die Tatbestände von § 1 Abs. 2 S. 2, 3 KSchG konkretisiert (*BAG* 15.8.2002 EzA § 1 KSchG Nr. 56, zu B I 3 b; 24.6.2004 EzA § 1 KSchG Betriebsbedingte Kündigung Nr. 132, zu B II a 2 a; SPV-*Preis* Rz 918; APS-*Preis* Grundl. H Rz 65, 67 – 72; MünchKomm-*Hergenröder* Rz 101, 102). Zudem folgt aus § 2 Abs. 2 S. 2 Nr. 2 SGB III eine diesen kündigungsschutzrechtlichen Maßstab zumindest bestätigende sozialrechtliche Aufgabe für Arbeitgeber.

215 Danach kommt eine Beendigungskündigung, gleichgültig ob sie auf betriebs-, personen- oder verhaltensbedingte Gründe gestützt wird, **als äußerstes Mittel** (ultima ratio) erst in Betracht, wenn sie zur Beseitigung betrieblicher Beeinträchtigungen geeignet und erforderlich ist (*v. Hoyningen-Huene/Linck* Rz 140; APS-*Dörner* Rz 66; ErfK-*Ascheid* Rz 123). Die Prüfung, ob sie im Verhältnis zu dem verfolgten Zweck angemessen erscheint, ist dagegen eine Frage der Interessenabwägung. Als mildere Mittel gegenüber einer Kündigung kommen vor allem die Abmahnung und eine Weiterbeschäftigung auf einem anderen Arbeitsplatz, ggf. zu geänderten Arbeitsbedingungen, in Betracht, nicht hingegen Betriebsbußen wegen Verstoßes gegen die betriebliche Ordnung (*BAG* 17.1.1991 EzA §1 KSchG Verhaltensbedingte Kündigung Nr. 37; HaKo-*Fiebig* Rz 290). Weiter ist der Arbeitgeber nach § 84 SGB IX in bestimmten Fällen zur Durchführung von Präventationsmaßnahmen verpflichtet. Ist eine Kündigung danach nicht gerechtfertigt, fehlt ein Kündigungsgrund. Der Grundsatz der Verhältnismäßigkeit kommt nicht erst bei der Interessenabwägung zum Tragen (*BAG* 2.11.1989 RzK I 5g Nr. 33).

1. Prävention

215a Nach § 84 Abs. 1 SGB IX hat der Arbeitgeber bei Eintreten personen-, verhaltens- oder betriebsbedingter Schwierigkeiten im Arbeitsverhältnis **schwerbehinderter Menschen** oder ihnen **Gleichgestellter** möglichst frühzeitig die Schwerbehindertenvertretung, den Betriebs- bzw. Personalrat und das Integrationsamt einzuschalten, um Möglichkeiten zur möglichst dauerhaften Sicherung des Arbeitsplatzes einschließlich der zur Verfügung stehenden Hilfen zur Beratung und finanziellen Förderung zu erörtern. Gemäß § 84 Abs. 2 SGB IX ist bei allen Arbeitnehmern, die innerhalb eines Jahres länger als sechs Wochen arbeitsunfähig sind, ein sog. **betriebliches Eingliederungsmanagement** durchzuführen (s.u. Rz 324a ff.). Mangels einer entsprechenden Rechtsgrundlage führen Verstöße gegen diese Bestimmungen nicht unmittelbar zur Unwirksamkeit einer aus den in ihnen genannten Gründen ausgesprochenen Kündigung (vgl. *LAG Hamm* 29.3.2006 LAGE § 1 KSchG Krankheit Nr. 39; für die Erforderlichkeit des Nachweises, das Eingliederungsmanagement zumindest versucht zu haben, aber *v. Steinau-Steinrück/Hagemeister* NJW-Spezial 2005, 129). Die Regelungen konkretisieren jedoch zumindest indirekt den kündigungsschutzrechtlichen Grundsatz der Verhältnismäßigkeit (*LAG Bln.* 27.10.2005 LAGE § 1 KSchG Krankheit Nr. 37, zu 2.2; HK-SGB IX-*Trenk-Hinterberger* § 84 Rz 17, 38; für eine Berücksichtigung im Rahmen der Interessenabwägung dagegen BBDW-*Bram* Rz 116a; gegen jegliche kündigungsrechtliche Relevanz von § 84 Abs. 2 SGB IX *ArbG Halberstadt* 11.5.2005 AuA 2005, 567; DLW-*Dörner* D Rz 478a; SPV-*Preis* Rz 1230a; ErfK-*Rolfs* § 84 SGB IX Rz 1; *Schlewing* ZfA 2005, 485, 493 ff.; *Balders/Lepping* NZA 2005, 854, 857; *Namendorf/Natzel* FA 2005, 162, 164; *Gaul/Süßbrich/Kule-*

jewski ArbRB 2004, 308, 311; *Löw* MDR 2005, 608, 609; entspr. zu § 84 Abs. 1 SGB IX KR-*Etzel* Vor §§ 85 – 92 SGB IX Rz 36). Zwar sind die in ihnen vorgesehenen Verfahren nicht selbst mildere Mittel gegenüber einer Kündigung (in diese Richtung aber *Brose* RdA 2006, 149, 154; *Klaesberg* PersR 2005, 427, 429). Diese dienen jedoch der Feststellung, ob es andere Mittel zur Beseitigung einer Vertragsstörung gibt als die Kündigung und bezwecken damit deren Vermeidung. Führt der Arbeitgeber diese Verfahren unter Verstoß gegen § 84 Abs. 1, 2 SGB IX nicht durch, trägt er nach dem Rechtsgedanken der Beweisvereitelung (vgl. etwa BAG 24.6.1999 EzA § 326 BGB Nr. 1, zu III 3 c aa) das Feststellungsrisiko. Stehen im Kündigungsschutzprozess die Voraussetzungen von § 84 Abs. 1 oder Abs. 2 SGB IX fest, hat der Arbeitgeber substantiiert darzulegen, dass die Durchführung der Verfahren kein die Kündigung vermeidbar machendes Ergebnis erzielt hätte. Bestreitet der Arbeitnehmer darauf erheblich, trägt der Arbeitgeber die Beweislast.

2. Abmahnung

Vor jeder verhaltensbedingten Kündigung ist zu prüfen, ob den Interessen des Arbeitgebers durch eine Abmahnung ausreichend Rechnung getragen werden kann. Eine Abmahnung kommt grundsätzlich dann in Betracht, wenn der Arbeitnehmer selbst die Störungen des Arbeitsverhältnisses für die Zukunft beheben kann und die Abmahnung **geeignet ist,** in zumutbarer Frist **die störungsfreie Fortsetzung des Arbeitsverhältnisses zu den vereinbarten Bedingungen zu bewirken** (*Rüthers/Henssler* ZfA 1988, 45). Wegen der Einzelheiten zur Abmahnung s. KR-*Fischermeier* § 626 BGB Rz 253 – 284. **216**

3. Möglichkeit einer anderweitigen Beschäftigung

a) Vergleichbarer Arbeitsplatz

Der Arbeitgeber muss nach dem Grundsatz der Verhältnismäßigkeit vor jeder ordentlichen Beendigungskündigung von sich aus dem Arbeitnehmer eine beiden Parteien **zumutbare Weiterbeschäftigung auf einem freien vergleichbaren (gleichwertigen) Arbeitsplatz** im Unternehmen zuweisen, falls eine solche Weiterbeschäftigungsmöglichkeit besteht (*BAG* 29.3.1990 EzA § 1 KSchG Soziale Auswahl Nr. 29; *v. Hoyningen/Huene-Linck* DB 1993, 1187 mwN); andernfalls ist die **Kündigung unwirksam** (KDZ-*Kittner* Rz 365). Bilden zwei oder mehrere Unternehmen einen **Gemeinschaftsbetrieb**, sind sämtliche Arbeitsplätze des Betriebs bei der Prüfung von Weiterbeschäftigungsmöglichkeiten einzubeziehen (*BAG* 18.10.2000 EzA § 14 KSchG Nr. 5, zu II 1 c cc (1); 22.3.2001 RzK I 5 c Nr. 135). Dies endet mit der Auflösung des gemeinsamen Betriebes (*BAG* 21.2.2002 EzA § 1 KSchG Wiedereinstellungsanspruch Nr. 7, zu B I 3), sofern nicht die einheitliche personelle Betriebsleitung faktisch fortgeführt wird (*BAG* 24.2.2002 EzA § 1 KSchG Soziale Auswahl Nr. 59, zu B I 3). Zur Zumutbarkeit einer Weiterbeschäftigung bei personenbedingten Kündigungsgründen s.u. Rz 272, bei verhaltensbedingten Kündigungsgründen s.u. Rz 407, bei betriebsbedingten Kündigungsgründen s.u. Rz 545. **217**

Die **Weiterbeschäftigungspflicht** ist auch dann **unternehmensbezogen**, wenn der Betriebsrat der Kündigung nicht widersprochen hat. Dies gilt **entsprechend für betriebsratslose Betriebe** (näher s.o. Rz 196, 197). Im **öffentlichen Dienst** ist nach der gesetzgeberischen Wertung von § 1 Abs. 2 S. 2 Nr. 1b, 2b KSchG nicht die einzelne Beschäftigungsdienststelle, sondern der gesamte **Verwaltungszweig** maßgeblich, dem sie angehört. Darüber hinaus kann eine dem öffentlichen Arbeitgeber zuzurechnende Weiterbeschäftigungsmöglichkeit auch dann bestehen, wenn dieser die bisherige Verwaltungsaufgabe und die Verwaltungsorganisation einer Dienststelle durch Gesetz oder Erlass auflöst, um zumindest teilweise vergleichbare Aufgaben im Rahmen einer neu gebildeten Strukturform und Verwaltungsorganisation in einem anderen Verwaltungszweig auszuführen (*BAG* 6.2.1997 – 2 AZR 50/56 –, insoweit nv; *v. Hoyningen-Huene/Linck* Rz 144a). **218**

Frei sind Arbeitsplätze, die zum Zeitpunkt des Zugangs der Kündigung unbesetzt sind. Arbeitsplätze, **bei denen im Zeitpunkt der Kündigung** mit hinreichender Sicherheit **vorhergesehen werden kann, dass sie** bis zum Ablauf der Kündigungsfrist oder in absehbarer Zeit nach Ablauf der Kündigungsfrist – sofern die Überbrückung dieses Zeitraums dem Arbeitgeber zumutbar ist – **frei werden,** sind ebenfalls als frei zu behandeln (*BAG* 15.12.1994 EzA § 1 KSchG Betriebsbedingte Kündigung Nr. 75 = AiB 1995, 465 mit zust. Anm. *Mittag*, zu B II 1 a, b; vgl. *BAG* 7.2.1991 EzA § 1 KSchG Personenbedingte Kündigung Nr. 9 mit Anm. *Kraft/Raab*; zust. *v. Hoyningen-Huene* Anm. EzA § 1 KSchG Betriebsbedingte Kündigung Nr. 77; *Preis* NZA 1997, 1082; abl. *Tschöpe* EWiR 1995, 599; *Schiefer* NZA 1995, 666; krit. *Oetker* SAE 1996, 123). Zumutbar ist dem Arbeitgeber im Allgemeinen jedenfalls die Überbrückung des Zeitraums, die zur Einarbeitung des neu eingestellten Arbeitnehmers bzw. Stellenbewerbers benötigt **219** wird. Die Dauer einer Probezeitvereinbarung kann dazu je nach den Umständen als Anhaltspunkt dienen (*BAG* 15.12.1994 EzA § 1 KSchG Betriebsbedingte Kündigung Nr. 75, zu B II 1 b; *LAG Köln* 7.11.1997 LAGE § 1 KSchG Betriebsbedingte Kündigung Nr. 50; *LAG Nürnberg* 15.3.1994 LAGE § 102 BetrVG 1972 Nr. 40; APS-*Kiel* Rz 602; KPK-*Meisel* Rz 978). Eine Verpflichtung zur Freikündigung der Arbeitsplätze nicht vergleichbarer Arbeitnehmer besteht nicht (*Horcher* NZA-RR 2006, 393, 394). Die Beschäftigung von **Leiharbeitnehmern** steht der Berücksichtigung der Stelle nicht entgegen, sofern der Arbeitgeber den Überlassungsvertrag mit dem Entleiher in zumutbarer Zeit beenden kann. Etwas anderes gilt, wenn die dauerhafte Beschäftigung von Leiharbeitnehmern auf der Stelle durch ein unternehmerisches Konzept bedingt ist (*v. Hoyningen-Huene/Linck* Rz 396; APS-*Kiel* Rz 606; HaKo-*Gallner* Rz 630; APS-*Ascheid* Rz 419; *Horcher* NZA-RR 2006, 393, 401). Allein die momentane Beschäftigung von Leiharbeitnehmern ist noch nicht ein solches Konzept (so aber *Löwisch/Spinner* Rz 276). Nicht frei sind Arbeitsplätze, deren Inhaber **vorübergehend ihre Arbeitsleistung nicht erbringen**, zB wegen krankheitsbedingter Arbeitsunfähigkeit, Urlaub, Mutterschutz, Elternzeit oder Wehrdienst (MünchKomm-*Hergenröder* Rz 112; KDZ-*Kittner* Rz 372a; KPK-*Meisel* Rz 975). Auch auf die reguläre Personalfluktuation kann der Arbeitgeber nicht verwiesen werden (*BAG* 15.12.1994 EzA § 1 KSchG Betriebsbedingte Kündigung Nr. 75, zu B II 1 b; APS-*Kiel* Rz 605).

220 **Vergleichbar** ist ein Arbeitsplatz, wenn er den Fähigkeiten des Arbeitnehmers entspricht und der Arbeitgeber den Arbeitnehmer **aufgrund seines Weisungsrechts** ohne Änderung seines Arbeitsvertrages weiterbeschäftigen kann. Die Vergleichbarkeit der Arbeitsplätze hängt damit von der jeweiligen inhaltlichen Ausgestaltung des Arbeitsvertrages, insbes. vom Inhalt einer etwaigen Versetzungsklausel, ab (*BAG* 29.3.1990 EzA § 1 KSchG Soziale Auswahl Nr. 29; 15.12.1994 EzA § 1 KSchG Betriebsbedingte Kündigung Nr. 75, zu B II 1 c; HK-*Weller/Dorndorf* Rz 908 f.; APS-*Kiel* Rz 609). Wenn etwa ein Arbeitnehmer für ein ganz bestimmtes Projekt eingestellt wird und dieses wegfällt, ist ein freier Arbeitsplatz in einem anderen Projekt kein vergleichbarer Arbeitsplatz (aA *LAG Köln* 8.6.1994 BB 1994, 1865); insoweit kommt aber ein Änderungsangebot in Betracht (s.u. Rz 224 ff.). Ob der freie Arbeitsplatz den Fähigkeiten des Arbeitnehmers entspricht, hängt vom **Anforderungsprofil** für diesen Arbeitsplatz ab, dessen Festlegung grundsätzlich der freien unternehmerischen Entscheidung des Arbeitgebers unterliegt (*BAG* 7.11.1996 EzA § 1 KSchG Betriebsbedingte Kündigung Nr. 88). Ist ein vergleichbarer freier Arbeitsplatz vorhanden, ist eine gleichwohl ausgesprochene betriebsbedingte Kündigung unwirksam.

221 Der Arbeitgeber ist **nicht verpflichtet,** zur Ermöglichung der Weiterbeschäftigung **einen neuen Arbeitsplatz zu schaffen** (*BAG* 3.2.1977 EzA § 1 KSchG Betriebsbedingte Kündigung Nr. 7). Ob der Arbeitnehmer auf einem anderen besetzten Arbeitsplatz beschäftigt werden kann, ist nur bei einer betriebsbedingten Kündigung im Rahmen der sozialen Auswahl (§ 1 Abs. 3 KSchG) zu prüfen. Hat der Arbeitgeber jedoch zu einem Zeitpunkt, als der Wegfall des Arbeitsplatzes des gekündigten Arbeitnehmers absehbar war, einen **freien geeigneten Arbeitsplatz durch eine Neueinstellung oder eine Versetzung besetzt,** ist es dem Rechtsgedanken von § 162 BGB nach rechtsmissbräuchlich, wenn er sich gegenüber dem gekündigten Arbeitnehmer auf einen fehlenden freien Arbeitsplatz beruft (*BAG* 25.4.2002 EzA § 1 KSchG Betriebsbedingte Kündigung Nr. 121, zu B III 2 b bb; 24.11.2005 NZA 2006, 665, zu B IV 2, V 2; *LAG Bln.* 29.8.1988, RzK I 5c Nr. 28; *Busch* NZA 2000, 755 f.; *Gaul/Kühnreich* BB 2003, 255). Das Gleiche gilt, wenn der Arbeitgeber nach einer offensichtlich unwirksamen Kündigung (zB wegen fehlender Anhörung des Betriebsrats) einen freien Arbeitsplatz besetzt und nach rechtskräftiger Feststellung der Unwirksamkeit der Kündigung unter Hinweis auf die Neubesetzung eine erneute Kündigung ausspricht. Dem Arbeitgeber ist die Berufung auf das Fehlen einer Weiterbeschäftigungsmöglichkeit verwehrt, wenn er diesen Zustand selbst treuwidrig herbeigeführt hat (*BAG* 21.9.2000 EzA § 1 KSchG Betriebsbedingte Kündigung Nr. 106, zu II 2 d ee; 6.12.2001 EzA § 1 KSchG Betriebsbedingte Kündigung Nr. 115; APS-*Dörner* Rz 608).

222 Geht ein Arbeitsverhältnis infolge einer **Spaltung** oder Teilübertragung **nach dem Umwandlungsgesetz** auf ein anderes Unternehmen über, verschlechtert sich dadurch gem. § 323 Abs. 1 UmwG die kündigungsrechtliche Stellung des Arbeitnehmers für die Dauer von zwei Jahren nicht. Streitig ist, ob dies dazu führt, dass auch nach einer Spaltung Beschäftigungsmöglichkeiten in dem jeweils anderen Unternehmen des Vorliegens eines Kündigungsgrundes zu berücksichtigen sind. Die Unternehmen seien gehalten, die Versetzungsmöglichkeit im Umwandlungsvertrag zu gewährleisten (so etwa *Etzel* KR, 7. Aufl. Rz 222; KR-*Friedrich* § 323 UmwG Rz 41; KDZ-*Zwanziger* § 323 UmwG Rz 2; BBDW-*Bram* Rz 305a; *Löwisch/Spinner* Rz 286; *v. Hoyningen-Huene/Linck* § 23 Rz 9c). Das BAG ist in Zusammenhang mit der Sozialauswahl der Auffassung gefolgt, dass § 323 Abs. 1 UmwG ausschließlich Nachteile durch die

Spaltung erfasst, die unmittelbar die rechtliche Stellung des Arbeitnehmers betreffen, nicht aber indirekte oder reflexartige Nachteile wie die Verkleinerung des in die Sozialauswahl einzubeziehenden Personenkreises (*BAG* 22.9.2005 EzA § 113 InsO Nr. 18, zu II 1 b, 3 a). Dies ist auf freie Weiterbeschäftigungsmöglichkeiten zu übertragen. Auch ohne Spaltung wäre der Arbeitnehmer nicht gegen einen Wegfall alternativer Beschäftigungsmöglichkeiten geschützt gewesen. Es handelt sich daher nicht um unmittelbar auf der Spaltung beruhende Rechtsnachteile. Zu berücksichtigen sind freie Arbeitsplätze bei abgespalteten Unternehmen daher nur, wenn der Arbeitnehmer ausnahmsweise einen konzernbezogenen Kündigungsschutz besitzt oder die gespaltenen Unternehmen einen Gemeinschaftsbetrieb fortführen (APS-*Steffan* § 323 UmwG Rz 6).

Unterlässt es der Arbeitgeber, vor dem Ausspruch von betriebsbedingten Kündigungen die Möglichkeit einer anderweitigen Beschäftigung auf einem vergleichbaren freien Arbeitsplatz zu prüfen, führt dies nicht unmittelbar zur Sozialwidrigkeit der Kündigung (*BAG* 3.2.1977 EzA § 1 KSchG Betriebsbedingte Kündigung Nr. 7). Es handelt sich insoweit lediglich um **eine im Interesse des Arbeitgebers liegende Obliegenheit** (APS-*Kiel* Rz 585). Entscheidend ist, ob die Umsetzung des Arbeitnehmers auf einen anderen freien Arbeitsplatz zum Zeitpunkt der Kündigung tatsächlich möglich war (*v. Hoyningen-Huene/Linck* Rz 39; ErfK-*Ascheid* Rz 416). An einer derartigen Möglichkeit fehlt es auch dann, wenn **der Betriebs- bzw. Personalrat einer Versetzung** nach § 99 BetrVG **nicht zustimmt**. Ein Zustimmungsersetzungsverfahren braucht der Arbeitgeber nicht durchzuführen (*BAG* 29.1.1997 EzA § 1 KSchG Krankheit Nr. 42; *v. Hoyningen-Huene/Linck* Rz 144b; **aA** BBDW-*Bram* Rz 302 bei offenkundiger Unbegründetheit des Widerspruchs). Nach Ansicht des *BAG* (13.9.1973 EzA § 102 BetrVG 1972 Nr. 7; so auch APS-*Ascheid* Rz 420) soll das auch gelten, wenn der Betriebsrat seine Zustimmung zu einer personellen Maßnahme zur Vermeidung der Kündigung zwar nicht verweigert hat, der Arbeitgeber aber im Kündigungsschutzverfahren vorträgt, dass ein nach § 99 Abs. 2 BetrVG beachtlicher Grund vorgelegen habe und der Betriebsrat daher seine Zustimmung zulässigerweise verweigert hätte. Der Arbeitgeber muss aber zumindest ermitteln, ob der Betriebsrat diese Auffassung teilt und eine Anhörung gem. § 99 Abs. 1 BetrVG durchführen (KDZ-*Kittner* Rz 383). Nur dann steht fest, ob der Versetzung tatsächlich ein Hindernis entgegensteht. **223**

b) Geänderte Arbeitsbedingungen

Ist kein vergleichbarer Arbeitsplatz frei, kann auch die Möglichkeit **einer beiden Parteien zumutbaren Weiterbeschäftigung** auf einem freien Arbeitsplatz im Betrieb oder im Unternehmen zu geänderten Arbeitsbedingungen zur Unwirksamkeit der Kündigung führen. Die Weiterbeschäftigung auf einem freien Arbeitsplatz zu geänderten Arbeitsbedingungen ist regelmäßig nur geboten, wenn es sich um **gleichwertige oder geringwertigere Arbeitsbedingungen** handelt. Die Gestaltung des Stellenprofils und der erforderlichen Qualifikation der Arbeitnehmer unterliegt der unternehmerischen Disposition des Arbeitgebers, die von den Arbeitsgerichten zu respektieren ist, wenn sie einen nachvollziehbaren Bezug zu den auszuführenden Arbeiten hat (*BAG* 24.6.2004 EzA § 1 KSchG Betriebsbedingte Kündigung Nr. 132, zu B II 2 a; 7.7.2005 EzA § 1 KSchG Betriebsbedingte Kündigung Nr. 138, zu II 4 b). Innerhalb dieses Rahmens kann der Arbeitnehmer sich nicht auf aus seiner Sicht günstigere betriebswirtschaftliche Alternativen berufen (*BAG* 23.6.2005 EzA § 2 KSchG Nr. 54, zu B I 1 b aa). **224**

Der Arbeitgeber ist nicht gehalten, dem Arbeitnehmer zur Vermeidung einer Beendigungskündigung einen freien Arbeitsplatz mit höherwertigen (besseren) Arbeitsbedingungen (**»Beförderungsstelle«**) anzubieten. Durch den Grundsatz der Verhältnismäßigkeit soll das Arbeitsverhältnis nur in seinem bisherigen Bestand und Inhalt geschützt werden (*BAG* 29.3.1990 EzA § 1 KSchG Soziale Auswahl Nr. 29 m. zust. Anm. *Preis*; 23.11.2004 EzA § 1 KSchG Betriebsbedingte Kündigung Nr. 134, B II 2 a). Gestaltet der Arbeitgeber aber bei im Wesentlichen gleich bleibender Tätigkeit einen Arbeitsplatz so um, dass er zu einer Beförderungsstelle wird, entfällt der bisherige Beschäftigungsbedarf nicht ohne weiteres, so dass eine Weiterbeschäftigung des bisherigen Arbeitsplatzinhabers auf der Beförderungsstelle in Betracht kommt (**aA** *v. Hoyningen-Huene/Linck* Rz 398a). Voraussetzung ist, dass der Arbeitnehmer seinen Fähigkeiten und seiner Ausbildung nach für die umgestaltete Tätigkeit geeignet ist. Auch die Änderung eines Stellenprofils unterliegt der lediglich auf Unsachlichkeit zu überprüfenden Disposition des Arbeitgebers (*BAG* 10.11.1994 EzA § 1 KSchG Betriebsbedingte Kündigung Nr. 77, zu B I 2, 3; 16.12.2004 EzA § 1 KSchG Betriebsbedingte Kündigung Nr. 136, zu B II 4 a). Weiter darf die neue Stelle nicht nach Bedeutung und Verantwortung, etwa durch mit ihr verbundene Leitungsfunktionen, so viel anspruchsvoller sein, dass es sich um einen neuen Arbeitsbereich handelt (*BAG* 18.10.2000 EzA § 14 KSchG Nr. 5, zu II 1 c bb). Der Zusammenschluss zweier Betriebe führt auch bei einer Vergrößerung **225** der Verantwortung nicht ohne weiteres zum Wegfall beider Betriebsleiterpositionen (*BAG* 18.10.2000 EzA § 14 KSchG Nr. 5, zu II 1 c cc (2)).

226 Verbreitet wurde angenommen, ein Arbeitsplatz sei dem Arbeitnehmer nur zumutbar, wenn er seinem sozialen und wirtschaftlichen Status entspricht. Dies wurde verneint, wenn die neue Tätigkeit eine erheblich geringere Qualifikation erfordert (*Tschöpe* BB 2000, 2632 f.) oder erheblich niedriger vergütet wird (*Gaul/Kühnreich* BB 2003, 256), sofern der Arbeitnehmer nicht von sich aus zu erkennen gibt, dass er mit diesen Arbeitsbedingungen einverstanden ist (*Etzel* KR, 7. Aufl. Rz 225). Nach der früheren Rspr. des **Bundesarbeitsgerichts war der Arbeitgeber zum Angebot eines freien Arbeitsplatzes verpflichtet.** Er musste dabei gegenüber dem Arbeitnehmer unmissverständlich klarstellen, dass bei Ablehnung des Änderungsangebots eine Kündigung beabsichtigt sei und dem Arbeitnehmer eine einwöchige Überlegungsfrist einräumen, sofern der Arbeitnehmer das Angebot nicht vorbehaltlos und endgültig ablehnte (*BAG* 27.9.1984 EzA § 2 KSchG Nr. 5, zu B II 3; 25.2.1988 RzK I 5c Nr. 26; 29.11.1990 RzK I 5a Nr. 4, zu II 1, 3). Diese Rspr. wurde verbreitet kritisiert, insbes. weil sie sich zu weit von den gesetzlichen Vorgaben von § 2 KSchG entfernte (etwa *Etzel* KR, 7. Aufl. Rz 228; APS-*Dörner* Rz 90; *v. Hoyningen-Huene/Linck* Rz 146 – 150; SPV-*Preis* Rz 1010; *LAG Köln* 26.8.2004 LAGE 2 KSchG Nr. 46a; *LAG Hamm* 31.9.2004 AuR 2005, 117 LS).

227 Diese Rspr. hat das Bundesarbeitsgericht zu Recht aufgegeben (*BAG* 21.4.2005 EzA § 2 KSchG Nr. 52, 53). Nach der neuen Rspr. gelten folgende Grundsätze:

– Der Grundsatz der Verhältnismäßigkeit gebietet es dem Arbeitgeber, dem Arbeitnehmer zur Vermeidung einer Beendigungskündigung auch geringerwertige verfügbare Stellen anzubieten. Ob diese für den Arbeitnehmer zumutbar sind, obliegt allein dessen privatautonomer Entscheidung und ist vom Arbeitgeber nicht zu prognostizieren. Ist eine Teilzeitbeschäftigung, die allein zum Bestreiten des Lebensunterhalts nicht ausreicht, die einzige Alternative, ist diese ebenfalls anzubieten. Allenfalls in Extremfällen, in denen das Angebot etwa beleidigenden Charakter hätte, kann es unterbleiben. Das BAG verweist insoweit beispielhaft auf das Angebot einer Pförtnerstelle an den bisherigen Personalchef.

– Mangels gesetzlicher Grundlage muss das Angebot nicht vor dem Ausspruch einer Kündigung unterbreitet werden. Es kann auch im Rahmen einer Änderungskündigung gemacht werden.

– Das neuen Arbeitsbedingungen können in Verhandlungen vor der Kündigung angeboten werden. Akzeptiert der Arbeitnehmer sie, bedarf es keiner Kündigung. Nimmt er sie unter Vorbehalt an, kündigt er damit eine Änderungsschutzklage an. Der Arbeitgeber kann dann unter erneuter Unterbreitung des Angebots eine Änderungskündigung aussprechen, deren soziale Rechtfertigung auf eine Änderungsschutzklage des Arbeitnehmers geprüft wird. Dasselbe gilt, wenn der Arbeitnehmer sich zu dem Angebot nicht äußert.

– Lehnt der Arbeitnehmer das Änderungsangebot ab, muss sich der Arbeitgeber ebenfalls regelmäßig auf eine Änderungskündigung beschränken, da nicht auszuschließen ist, dass der Arbeitnehmer zur Weiterarbeit unter geänderten Bedingungen bereit ist, wenn deren soziale Rechtfertigung gerichtlich festgestellt wird. Eine Beendigungskündigung ist nur dann gerechtfertigt, wenn der Arbeitnehmer unmissverständlich erklärt, auch in diesem Fall nicht zur Weiterarbeit zu den neuen Bedingungen bereit zu sein. Die Möglichkeit der Änderungsschutzklage muss in den Verhandlungen vor der Kündigung daher angesprochen worden sein.

– Spricht der Arbeitgeber eine Beendigungskündigung aus, ohne dass diese Voraussetzungen erfüllt sind, ist sie sozial ungerechtfertigt. Die Darlegungs- und Beweislast für die endgültige und definitive Ablehnung des Angebots trägt der Arbeitgeber (§ 1 Abs. 2 S. 4 KSchG). Auf die Frage, ob der Arbeitnehmer das Änderungsangebot auch dann akzeptiert hätte, wenn der Arbeitgeber sich auf eine Änderungskündigung beschränkt hätte, kommt es nicht an. Maßgeblich ist nur, ob sich der Arbeitnehmer auf die bestehende Weiterbeschäftigungsmöglichkeit im Prozess widerspruchsfrei berufen hat.

228 Diese Rspr. korrigiert die Friktionen der bisherigen Rspr. im Verhältnis zu den gesetzlichen Vorgaben von § 2 KSchG und schafft dadurch Rechtsklarheit, dass Arbeitgeber regelmäßig zur **Beschränkung auf eine Änderungskündigung** gehalten sind, wenn anderweitige Beschäftigungsmöglichkeiten bestehen (zust. *Merzhäuser* FS Leinemann S. 341, 345 f.; **aA** *Kock* NJW 2006, 728; *Annuß/Bartz* NJW 2006, 2153). Dadurch werden in der Praxis häufig wenig ergiebige Beweiserhebungen über den genauen Verlauf der Verhandlungen der Arbeitsvertragsparteien vor der Kündigung und wenig fundierte Spe-

kulationen über die hypothetische Reaktion des Arbeitnehmers auf eine fiktive Änderungskündigung vermieden. Zur Kündigung entschlossene Arbeitgeber sollten zur Vermeidung von Beweisschwierigkeiten ihr Änderungsangebot und die Reaktion des Arbeitnehmers auf dieses schriftlich dokumentieren (zum praktischen Vorgehen s.u. Rz 613a; *Bauer/Winzer* BB 2006, 266; *Lelley/Sabin* DB 2006, 1110).

Sind **mehrere freie Stellen** vorhanden, muss der Arbeitgeber nach den allgemeinen Grundsätzen der 229 Verhältnismäßigkeit (s. KR-*Rost* § 2 KSchG Rz 106a) die Stelle anbieten, die für den Arbeitnehmer gegenüber der bisherigen Stelle am wenigsten nachteilig ist (*BAG* 22.9.2005 EzA § 81 SGB IX Nr. 10, zu II 2 d aa; *Bauer/Winzer* BB 2006, 266, 268 f.). Steht ein freier Arbeitsplatz nur für begrenzte Zeit zur Verfügung, ist dem Arbeitnehmer eine **befristete Weiterbeschäftigung** anzubieten. Der Arbeitgeber kann ggf. eine entsprechende Änderungskündigung aussprechen (vgl. *BAG* 25.4.1996 EzA § 2 KSchG Nr. 25, zu II 1).

Konkurrieren mehrere Arbeitnehmer um freie Arbeitsplätze, gelten die Regeln der Sozialauswahl 230 nach § 1 Abs. 3 KSchG (dazu s.u. Rz 546, 612 – 613a).

Nach dem Grundsatz der Verhältnismäßigkeit muss der Arbeitgeber vor Ausspruch einer Beendi- 231 gungskündigung auch prüfen, ob eine Weiterbeschäftigung des Arbeitnehmers zu geänderten Arbeitsbedingungen nach zumutbaren **Umschulungs- und Fortbildungsmaßnahmen** möglich ist. Er ist verpflichtet, dem Arbeitnehmer ein entsprechendes Angebot zu unterbreiten und sein Einverständnis einzuholen (vgl. § 1 Abs. 2 S. 3 KSchG), wenn mit hinreichender Sicherheit voraussehbar ist, dass nach Abschluss der Maßnahme ein freier Arbeitsplatz aufgrund der durch die Fortbildung oder Umschulung erworbene Qualifikation besteht. Eine neue Beschäftigungsmöglichkeit muss der Arbeitgeber nicht schaffen (*BAG* 7.2.1991 EzA § 1 KSchG Personenbedingte Kündigung Nr. 9 m. krit. Anm. *Kraft/Raab*, zu B II 2 a). Zu zumutbaren Umschulungs- und Fortbildungsmaßnahmen s. Rz 722 ff.. Bei **Schwerbehinderten** sind die Möglichkeiten gem. § 81 Abs. 4 SGB IX zu berücksichtigen. Ist eine Versetzung erforderlich, muss sich der Arbeitgeber um die Zustimmung des **Betriebsrats** gem. § 99 BetrVG bemühen. Die Durchführung eines Zustimmungsersetzungsverfahrens kann vom Arbeitgeber nur ausnahmsweise verlangt werden, etwa wenn er kollusiv mit dem Betriebsrat zusammenwirkte oder bei einem offensichtlich unbegründeten Widerspruch (so generalisierungsfähig für den Fall eines vorhergehenden Verfahrens beim Integrationsamt *BAG* 22.9.2005 EzA § 81 SGB IX Nr. 10, zu II 2 e, 3 b aa).

Aus dem Verhältnismäßigkeitsgrundsatz ergibt sich ein **Vorrang der Änderungskündigung vor der** 232 **Beendigungskündigung** (*BAG* 27.9.1984 EzA § 2 KSchG Nr. 5; 18.10.2000 EzA § 14 KSchG Nr. 5, zu II 1 c dd; SPV-*Preis* Rz 1007; aA *v. Hoyningen-Huene/Linck* Rz 142, die meinen, der Arbeitgeber habe bei einer möglichen Weiterbeschäftigung des Arbeitnehmers auf einem anderen freien Arbeitsplatz keine Wahl zwischen mehreren Möglichkeiten, so dass es nicht um den Grundsatz der Verhältnismäßigkeit gehe). Dem Arbeiteber steht es aber frei, bei verringertem Arbeitskräftebedarf statt mehrerer Änderungskündigungen zur Arbeitszeitverkürzung eine Beendigungskündigung oder statt einer Beendigungskündigung mehrere Änderungskündigungen auszusprechen (*BAG* 19.5.1993 EzA § 1 KSchG Betriebsbedingte Kündigung Nr. 73 mit Anm. *Raab*; *Preis* NZA 1998, 457).

III. Der Gleichbehandlungsgrundsatz

Wegen der individuellen Ausgestaltung des allgemeinen Kündigungsschutzes ist der **Gleichbehand-** 233 **lungsgrundsatz** nach hM bei der Beurteilung der Sozialwidrigkeit einer Kündigung **nicht zu berücksichtigen** (*BAG* 28.4.1982 EzA § 2 KSchG Nr. 4; 22.2.1979 EzA § 103 BetrVG 1972 Nr. 23; 21.10.1968 AP Art. 9 GG Arbeitskampf Nr. 41; *LAG Hamm* 20.12.1967 DB 1968, 446; *v. Hoyningen-Huene/Linck* Rz 153; *Böhm* DB 1977, 2448; aA *Thür. LAG* 23.11.1992 LAGE § 620 BGB Gleichbehandlung Nr. 1, zu 3 a; SPV-*Preis* Rz 319 – 324; APS-*Preis* Grundlagen J Rz 58 – 62; insbes. für die Unzulässigkeit einer sog. herausgreifenden Kündigung bei einem wilden Streik auch *Buchner* RdA 1970, 230; *Frey* Der Grundsatz der Gleichbehandlung im Arbeitsrecht 1954, S. 33; *Kempf* DB 1977, 1413; *Kittner* BB 1974, 1488; *Rüthers* Anm. zu AP Nr. 41 zu Art. 9 GG Arbeitskampf). Der Einzelfallbezug ist jedoch kein durchgreifendes Argument für die grundsätzliche Unanwendbarkeit des Gleichbehandlungsgrundsatzes. Er bewirkt nur, dass wegen der Unterschiede der verschiedenen Einzelfälle keine gleich zu behandelnden Sachverhalte vorliegen. Ungleiches ist auch dem Gleichbehandlungsgrundsatz nach ungleich zu behandeln (*BAG* 15.11.1995 AP §§ 22, 23 BAT Lehrer Nr. 44, zu II 3 d). Ungleich können verschiedene Fälle schon durch eine unterschiedliche Beschäftigungsdauer sein.

Diese rechtstheoretische Frage hat deshalb wenig praktische Relevanz, weil auch nach hM die Un- 234 gleichbehandlung gleich gelagerter Sachverhalte im Einzelfall den Schluss zulassen kann, dass dem

§ 1 KSchG   Sozial ungerechtfertigte Kündigungen

Arbeitgeber die Fortsetzung des Arbeitsverhältnisses mit dem gekündigten Arbeitnehmer zumutbar ist (*BAG* 22.2.1979 EzA § 103 BetrVG 1972 Nr. 23) und eine **herausgreifende Kündigung** unzulässig sei (*BAG* 13.10.1955 AP § 13 KSchG Nr. 3, zu 3; 22.2.1979 aaO, zu 2 a). Ggf. habe der Arbeitgeber darzulegen, warum er nicht allen in vergleichbarer Lage befindlichen Arbeitnehmern gekündigt hat (ErfK-*Ascheid* Rz 154; *v. Hoyningen-Huene/Linck* Rz 154, 154a). Die individuelle Ausgestaltung des allgemeinen Kündigungsschutzes schließe es nicht aus, eine etwaige **Selbstbindung** des **Arbeitgebers** bei der Interessenabwägung angemessen zu berücksichtigen (*Röhsler* DB 1957, 992). Habe der Arbeitgeber in der Vergangenheit bei bestimmten Pflichtverletzungen stets und nicht nur wegen der Besonderheiten des Einzelfalls keine kündigungsrechtlichen Folgen gezogen, sondern sich mit milderen Maßnahmen begnügt, könne diese Selbstbindung bei der Interessenabwägung berücksichtigt werden (*Etzel* KR, 7. Aufl. Rz 233, 234; HK-*Dorndorf* Rz 319). Die Annahme einer Selbstbindung bei der Kündigung ist problematisch. Der Arbeitgeber will sich mit der Behandlung eines Einzelfalls regelmäßig nicht für die Zukunft binden. Das Absehen von einer Kündigung in früheren Fällen ist eher geeignet, einen **Vertrauenstatbestand** zu begründen. Bei verhaltensbedingten Kündigungen kann eine bestimmte Praxis des Arbeitgebers in der Vergangenheit das Vertrauen der Arbeitnehmer auslösen, dass ein bestimmtes Verhalten nicht ohne weiteres zur Kündigung führt. Dann wird regelmäßig zunächst der Ausspruch einer Abmahnung erforderlich sein. Auf derselben Zeitebene gilt der Gleichbehandlungsgrundsatz uneingeschränkt. So kann der Arbeitgeber nicht durch willkürliches Herausgreifen eines von mehreren an bestimmten Pflichtverletzungen vergleichbar beteiligten Arbeitnehmern ein Exempel statuieren. Bei betriebsbedingten Kündigungen wird der Gleichbehandlungsgrundsatz durch § 1 Abs. 3 KSchG konkretisiert (SPV-*Preis* Rz 320). Vgl. zum Gleichbehandlungsgrundsatz im Übrigen KR-*Fischermeier* § 626 BGB Rz 307 ff.

IV. Beurteilungszeitpunkt

235 Maßgeblicher **Zeitpunkt für die Beurteilung** der Sozialwidrigkeit sind die objektiven Verhältnisse zum Zeitpunkt des **Zugangs der Kündigungserklärung** (st.Rspr., etwa *BAG* 30.1.1963 AP Nr. 50 zu § 626 BGB; 10.10.1996 EzA § 1 KSchG Betriebsbedingte Kündigung Nr. 87; 27.2.1997 EzA § 1 KSchG Wiedereinstellungsanspruch Nr. 1; 21.4.2005 EzA § 1 KSchG Soziale Auswahl Nr. 62, zu B I 1; allg. Ansicht im Schrifttum, etwa APS-*Dörner* Rz 70; *v. Hoyningen-Huene/Linck* Rz 156; *Löwisch/Spinner* Rz 78; KDZ-*Kittner* Rz 56). Wegen des Charakters der Kündigung als empfangsbedürftige Willenserklärung nicht maßgeblich sind die Verhältnisse beim Absenden der Kündigungserklärung. Daher sind auch Umstände, die zwischen der Absendung und dem Zugang des Kündigungsschreibens liegen, zu berücksichtigen (*BAG* 1.5.1977 – 2 AZR 221/76 – nv; *LAG Düsseld.* 12.4.1976 BB 1976, 1226; *Frey* ArbuR 1969, 140; **aA** *Herschel* Anm. zu *BAG* AP § 1 KSchG Nr. 39).

236 Auch **vor dem Beginn des Arbeitsverhältnisses** liegende Ereignisse oder Umstände können eine ordentliche arbeitgeberseitige Kündigung sozial rechtfertigen (APS-*Dörner* Rz 71; ErfK-*Ascheid* Rz 157; für die außerordentliche Kündigung *BAG* 17.8.1972 EzA § 626 BGB nF Nr. 22; 5.4.2001 EzA § 626 BGB nF Nr. 187, zu B I 1). Voraussetzung ist, dass sie das Arbeitsverhältnis beeinträchtigen und dem Arbeitgeber nicht schon bei Vertragsschluss bekannt waren. In diesen Fällen kann dem Arbeitgeber uU auch ein Recht zur Anfechtung gem. §§ 119, 123 BGB zustehen (*v. Hoyningen-Huene/Linck* Rz 156; vgl. auch *BAG* 14.12.1979 EzA § 119 BGB Nr. 11).

237 Kündigungsgründe, die erst **nach Zugang der Kündigung** entstehen, können nur eine weitere Kündigung sozial rechtfertigen (*BAG* 27.2.1997 EzA § 1 KSchG Wiedereinstellungsanspruch Nr. 1, zu II 2 c). Dies bedeutet nicht, dass die die Kündigung rechtfertigenden Umstände in jedem Fall zum Kündigungszeitpunkt feststehen müssen. Je nach Kündigungsgrund können auch zum Kündigungszeitpunkt anzustellende Prognosen maßgeblich sein (*BAG* 21.4.2005 EzA § 1 KSchG Soziale Auswahl Nr. 62, zu B I 1; 2.6.2005 EzA § 1 KSchG Soziale Auswahl Nr. 63, zu B I 2 b). Nachträglich entstandene Kündigungsgründe haben insofern Bedeutung, als sie die ursprünglichen Kündigungsgründe aufhellen und ihnen uU ein anderes Gewicht geben können. Besondere Relevanz können nachträgliche Umstände bei der Verdachtskündigung erhalten (vgl. KR-*Fischermeier* § 626 BGB Rz 210 ff.). Fallen nach Zugang der Kündigung Kündigungsgründe weg, berührt dies die Wirksamkeit der Kündigung nicht (*BAG* 27.2.1997 EzA § 1 KSchG Wiedereinstellungsanspruch Nr. 1, zu II 4). Bei betriebs- oder personenbedingten Kündigungen und bei Verdachtskündigungen kann dann jedoch ein **Wiedereinstellungsanspruch des Arbeitnehmers** entstehen (s.u. Rz 729 ff).

V. Kündigungsgründe

1. Bekanntgabe der Gründe

Der Arbeitgeber ist nach § 1 KSchG nicht verpflichtet, eine ordentliche Kündigung bei deren Ausspruch zu begründen (allg. Ansicht, etwa KDZ-*Däubler* Einl. Rz 187; *v. Hoyningen-Huene/Linck* Rz 159). Die **fehlende Angabe der Kündigungsgründe** im Kündigungsschreiben führt deshalb nicht zur Sozialwidrigkeit der Kündigung (*BAG* 21.3.1959 AP § 1 KSchG Nr. 55). Besteht für den Arbeitgeber keine anderweitige einzelvertragliche oder kollektivrechtliche Verpflichtung, kann er sich darauf beschränken, die Kündigungsgründe erst im Kündigungsschutzprozess darzulegen (zur Darlegungs- und Beweislast s.u. Rz 260 ff.). Da der Betriebsrat nach § 102 Abs. 2 S. 4 BetrVG den Arbeitnehmer, soweit dies erforderlich erscheint, vor Abgabe seiner Stellungnahme anhören soll, ergibt sich insoweit für den Arbeitnehmer die Möglichkeit, bereits zu einem früheren Zeitpunkt die vom Arbeitgeber dem Betriebsrat mitgeteilten Kündigungsgründe zu erfahren (hierzu KR-*Etzel* § 102 BetrVG Rz 94). Zum Begründungszwang der Kündigung von Berufsausbildungsverhältnissen KR-*Weigand* §§ 21, 22 BBiG Rz 94, 95.

238

Verlangt der Arbeitnehmer nach Zugang der Kündigung eine Bekanntgabe der Kündigungsgründe, ist der Arbeitgeber aufgrund einer **arbeitsvertraglichen Nebenpflicht** dazu gehalten, unverzüglich die Kündigungsgründe mitzuteilen. Die Nichterfüllung oder nicht rechtzeitige Erfüllung dieser arbeitsvertraglichen Nebenpflicht führt nicht zur Sozialwidrigkeit der Kündigung, sondern lediglich zu Schadensersatzpflichten des Arbeitgebers (APS-*Dörner* Rz 116; KDZ-*Däubler* Einl. Rz 188). Zu den erstattungsfähigen Schäden des Arbeitnehmers gehören insbes. die Kosten eines bei rechtzeitiger Bekanntgabe der Kündigungsgründe nicht durchgeführten Kündigungsrechtsstreits. Nicht erstattungsfähig sind allerdings nach § 12a Abs. 1 S. 1 ArbGG die Kosten eines Prozessbevollmächtigten durch Zeitversäumnis entgangene Einnahmen.

239

2. Schriftformerfordernis

Ist der Arbeitgeber aufgrund **einzelvertraglicher Vereinbarung** dazu verpflichtet, im Kündigungsschreiben die Kündigungsgründe anzugeben, ist jeweils durch Auslegung (§ 133 BGB) zu ermitteln, ob darin ein qualifiziertes Schriftformerfordernis **mit konstitutiver Wirkung** liegt. Ist dies der Fall, ist die Kündigung bei fehlender Angabe der Kündigungsgründe formnichtig (§ 125 BGB). Ergibt die Auslegung dagegen, dass die Angabe der Kündigungsgründe lediglich der Klarstellung oder Beweissicherung dienen soll, tritt diese Rechtsfolge nicht ein. Ist im Arbeitsvertrag die Versendung der Kündigung mit Angabe der Kündigungsgründe durch **eingeschriebenen Brief** vereinbart, liegt hierin in aller Regel eine konstitutive Schriftformklausel (*BAG* 20.9.1979 EzA § 125 BGB Nr. 5). Die konstitutive Wirkung ist jedoch auf die Schriftform beschränkt und erfasst nicht die Versendungsart. Deshalb kann auch eine Übermittlung per Telefax genügen (*BGH* 21.1.2004 NJW 2004, 1320, zu II 1).

240

Soweit **qualifizierte Schriftformklauseln** in **Betriebsvereinbarungen** oder **Tarifverträgen** enthalten sind, führt deren Verletzung nach § 125 S. 1 BGB zur Nichtigkeit der Kündigung (*BAG* 25.8.1977 EzA § 125 BGB Nr. 3; 27.3.2003 EzA § 125 BGB 2002 Nr. 1, zu II 3 a). In welchem Umfang die Gründe angegeben werden müssen, hängt vom Inhalt der jeweiligen Norm ab. Meist können für die Auslegung eines Begründungszwangs die zu §§ 15 Abs. 3 BBiG aF, 22 Abs. 3 BBiG nF entwickelten Grundsätze herangezogen werden (hierzu KR-*Weigand* §§ 21, 22 BBiG Rz 94 f.). Danach ist keine volle Substantiierung wie im Prozess zu verlangen. Der Arbeitgeber muss aber die für die Kündigung maßgebenden Tatsachen im Kündigungsschreiben so genau bezeichnen, dass der Arbeitnehmer sich darüber klar werden kann, ob er die Kündigung anerkennen oder gegen sie vorgehen soll. Eine Beschränkung auf pauschale Schlagworte und Werturteile genügt nicht (*BAG* 27.3.2003 EzA § 125 BGB 2002 Nr. 1, II 3 a aa; 25.3.2004 EzA § 626 BGB 2002 Unkündbarkeit Nr. 4, zu C III 1). In der Begründung nicht genannte Gründe können auch dann nicht nachgeschoben werden, wenn sie dem Arbeitgeber bei der Kündigung nicht bekannt waren (*BAG* 22.2.1972 EzA § 15 BBiG Nr. 1, zu 2). Wurden die Gründe im Kündigungsschreiben dagegen hinreichend angegeben, können sie verstärkende Umstände noch in den Kündigungsschutzprozess eingeführt werden (*BAG* 1.7.1999 EzA § 15 BBiG Nr. 13, zu II 1 b). Zugunsten des Arbeitgebers kann eine solche Norm wegen des Günstigkeitsprinzips nicht abgeändert werden (zur Geltung von § 4 Abs. 3 TVG bei tariflichen Schriftformklauseln *BAG* 14.6.1994 EzA § 7 BUrlG Übertragung Nr. 21, zu I 1 b).

241

§ 1 KSchG   Sozial ungerechtfertigte Kündigungen

3. Nachschieben von Kündigungsgründen

242 Bei der Frage, ob und ggf. in welchem Umfang der Arbeitgeber zum **Nachschieben** von **Kündigungsgründen** befugt ist, sind verschiedene Fallkonstellationen denkbar, die jeweils einer eigenständigen rechtlichen Beurteilung bedürfen (hierzu ausf. *Winterstein* S. 30 ff.).

a) Nachträglich bekannt gewordene Kündigungsgründe

243 Kündigungsgründe, die dem Arbeitgeber bei **Ausspruch der ordentlichen Kündigung noch nicht bekannt waren,** können **kündigungsschutzrechtlich uneingeschränkt nachgeschoben werden,** wenn sie bereits vor Zugang der Kündigung entstanden waren (*BAG* 11.4.1985 EzA § 102 BetrVG 1972 Nr. 62). Maßgeblich für die Beurteilung der Sozialwidrigkeit einer Kündigung ist allein die objektive Rechtslage zum Zeitpunkt des Zugangs der Kündigungserklärung und nicht der subjektive Wissensstand des Arbeitgebers zu diesem Zeitpunkt (s.o. Rz 235). Es kommt nicht darauf an, ob die nachträglich bekannt gewordenen Kündigungsgründe mit den ursprünglichen Kündigungsgründen in einem zeitlichen und sachlichen Zusammenhang stehen. Dies gilt auch, wenn der Kündigungsgrund ausgetauscht wird oder die Kündigung durch das Nachschieben der Kündigungsgründe einen völlig anderen Charakter bekommt (*LAG Düsseld.* 15.7.1997 – 6 Sa 430/97; *Löwisch/Spinner* Rz 87; SPV-*Preis* Rz 186, 187; offen gelassen von *BAG* 18 1.1980 EzA § 626 BGB nF Nr. 71).

244 Streitig ist, ob und ggf. unter welchen Voraussetzungen der Arbeitgeber aus **betriebsverfassungsrechtlichen Gründen** daran gehindert ist, bei Ausspruch der Kündigung bereits entstandene und nachträglich bekannt gewordene Kündigungsgründe im Kündigungsschutzprozess nachzuschieben (zum Meinungsstand KR-*Etzel* § 102 BetrVG Rz 185 – 190b). Nach der Ansicht des *BAG* (11.4.1985 EzA § 102 BetrVG 1972 Nr. 62) können betriebsverfassungsrechtlich solche Kündigungsgründe im Kündigungsschutzprozess nachgeschoben werden, wenn der Arbeitgeber zuvor den Betriebsrat zu diesen erneut angehört hat (s. aber KR-*Etzel* § 102 BetrVG Rz 189).

b) Bei der Kündigung bekannte Kündigungsgründe

245 Für **Kündigungsgründe,** die bereits **vor Ausspruch der Kündigung entstanden** und dem **Arbeitgeber bekannt gewesen** sind, besteht nach § 1 KSchG ebenfalls **kein Verwertungsverbot.** Da es für die Beurteilung der Sozialwidrigkeit allein auf die objektive Rechtslage zum Zeitpunkt des Zugangs der Kündigungserklärung ankommt (s.o. Rz 235) und der Arbeitgeber nach § 1 KSchG nicht zur Angabe der Kündigungsgründe verpflichtet ist (s.o. Rz 238), ergeben sich aus dem allgemeinen Kündigungsschutz keine Beschränkungen. Jedoch kann das Nachschieben von Kündigungsgründen ebenso wie der Kündigungsausspruch sich wegen **Verwirkung** unzulässig sein, insbes. wenn dadurch die rechtlichen Verteidigungsmöglichkeiten des Arbeitnehmers erheblich erschwert werden. Im gekündigten Arbeitsverhältnis kann der Arbeitnehmer allerdings auch nach längerer Zeit nicht ohne weiteres darauf vertrauen, dass der Arbeitgeber sein materiellrechtlich bestehendes Recht zum Nachschieben nicht ausüben wird (*BAG* 20.8.1998 RzK I 5 h Nr. 46, zu II 3; dagegen eine Verwirkung eines erst mehr als zwei Jahre nach Ausspruch der Kündigung in den Prozess eingeführten, mit den anderen Kündigungsgründen nicht in Zusammenhang stehenden Grundes annehmend *LAG SA* 15.11.1995 ZTR 1996, 521). Daher wird häufig das Umstandsmoment fehlen (zur Verwirkung weiter s.u. Rz 250). Für den Arbeitgeber kann sich auch **aus betriebsverfassungsrechtlichen Gründen** ein **Verwertungsverbot** im Kündigungsschutzprozess ergeben. Zum Kündigungszeitpunkt bekannte, dem Betriebsrat gleichwohl nicht gem. § 102 BetrVG mitgeteilte Kündigungsgründe können generell nicht zur Begründung der ausgesprochenen Kündigung verwertet werden (eingehend KR-*Etzel* § 102 BetrVG Rz 185e, 186).

c) Nach der Kündigung entstandene Kündigungsgründe

246 Kündigungsgründe, die erst **nach Zugang der Kündigung** entstanden sind, können eine bereits ausgesprochene Kündigung nicht sozial rechtfertigen. Ein Nachschieben solcher Kündigungsgründe ist daher ausgeschlossen. Die Einführung derartiger Kündigungsgründe in einem anhängigen Kündigungsschutzprozess kann jedoch insofern von Bedeutung sein, als damit die ursprünglichen Kündigungsgründe uU ein anderes Gewicht bekommen können (s.o. Rz 235, 237). Dies gilt entsprechend für nach dem Zugang der Kündigung eingetretene **Entlastungstatsachen,** insbes. bei der Verdachtskündigung. Im Allgemeinen kommt hier aber nur ein Wiedereinstellungsanspruch in Betracht (s.u. Rz 741; vgl. *v. Hoyningen-Huene/Linck* Rz 266, 407).

Sozial ungerechtfertigte Kündigungen   § 1 KSchG

Dem Arbeitgeber steht es frei, nachträglich entstandene Kündigungsgründe zum Anlass einer **erneu-** 247
ten – vorsorglichen – Kündigung zu nehmen. Allein in der Berufung auf einen nachträglich entstandenen Kündigungsgrund liegt ohne weiteres keine erneute ordentliche Kündigung (SPV-*Preis* Rz 186 Fn 80; **aA** *BAG* 3.5.1956 AP § 626 BGB Nr. 9; *BGH* 28.4.1960 AP § 626 BGB Nr. 41). Nach dem Grundsatz der Kündigungsklarheit bedarf es vielmehr einer eindeutigen Erklärung, aus der für den Arbeitnehmer zweifelsfrei erkennbar ist, dass auf den nachträglich entstandenen Kündigungsgrund eine erneute Kündigung gestützt werden soll. Zur Rechtslage bei der außerordentlichen Kündigung KR-*Fischermeier* § 626 BGB Rz 192, 193.

4. Verzichtete und verwirkte Kündigungsgründe

Verzichtete oder **verwirkte Kündigungsgründe** sind alleine nicht dazu geeignet, eine Kündigung so- 248
zial zu rechtfertigen. Sie können lediglich **unterstützend** bei der Abwägung der eigentlichen Kündigungsgründe herangezogen werden (*BAG* 21.2.1957 AP § 1 KSchG Nr. 22; *v. Hoyningen-Huene/Linck* Rz 157 – 158a; APS-*Preis* Grundl. D Rz 100).

Der Arbeitgeber kann auf ein auf einen bestimmten Grund gestütztes, aktuell bestehendes Kündi- 249
gungsrecht ausdrücklich oder durch schlüssiges Verhalten **verzichten**. Es handelt sich um eine einseitige empfangsbedürftige Willenserklärung, die gem. § 130 Abs. 1 S. 2 BGB nur bis zu ihrem Zugang widerrufen werden kann (*BAG* 6.3.2003 EzA § 626 BGB 2002 Nr. 3, zu B I 1). An einen Verzicht durch schlüssiges Verhalten sind im Interesse der Rechtssicherheit strenge Anforderungen zu stellen. Es müssen deutliche Anhaltspunkte vorliegen, die den Willen des Arbeitgebers, auf die Geltendmachung bestimmter Kündigungsgründe zu verzichten, erkennbar in Erscheinung treten lassen. Dies kann dadurch geschehen, dass der Arbeitgeber wegen eines Fehlverhaltens des Arbeitnehmers nur eine Abmahnung ausspricht (*BAG* 10.11.1988 EzA § 611 BGB Abmahnung Nr. 18). Behält sich der Arbeitgeber jedoch gleichzeitig eine Kündigung vor, tritt keine Verzichtswirkung ein (*BAG* 6.3.2003 EzA § 626 BGB 2002 Nr. 3, zu B I 1, 2 b). Auch eine Ermahnung kann – je nach ihrem jeweiligen Erklärungsgehalt – eine Verzichtswirkung haben (SPV-*Preis* Rz 8; ErfK-*Ascheid* Rz 166; KDZ-*Däubler* Einl. Rz 207; **aA** *v. Hoyningen-Huene/Linck* Rz 294 wegen der fehlenden Kündigungsandrohung; aber gerade dies kann den Eindruck verstärken, dass das Arbeitsverhältnis nicht gefährdet ist). Spricht der Arbeitgeber gleichzeitig eine Kündigung und eine Ab- oder Ermahnung aus, kann der Arbeitnehmer regelmäßig nicht von einem Kündigungsverzicht ausgehen, da der Arbeitgeber das Kündigungsrecht gerade ausübt. Kündigt der Arbeitgeber unter der Bedingung, dass der Arbeitnehmer nicht innerhalb einer bestimmten Frist sein Verhalten ändert oder sich entschuldigt, kann es sich um eine zulässige Potestativbedingung (s.o. Rz 170) handeln, die mit dem Eintritt der Bedingung Verzichtswirkung auslöst. Meist indiziert eine solche Bedingung jedoch, dass der Arbeitgeber selbst davon ausgeht, dass die Vertragsstörung noch beseitigt werden kann. Dann fehlt ohnehin ein Kündigungsgrund. In der Rücknahme einer Kündigung allein, die vielfältige Gründe haben kann, liegt kein Verzicht auf den Kündigungsgrund (*Löwisch/Spinner* Rz 91). Vgl. auch KR-*Fischermeier* § 626 BGB Rz 61 – 63.

Verbreitet wird angenommen, es gebe neben dem Verzicht die Möglichkeit der **Verzeihung** von Kün- 249a
digungsgründen. Diese sei nicht eine Willens-, sondern eine Gesinnungserklärung und könne die spätere erneute Geltendmachung des Grundes rechtsmissbräuchlich machen (APS-*Preis* Grundl. D Rz 103; HK-*Dorndorf* Rz 323; *v. Hoyningen-Huene/Linck* Rz 157; ErfK-*Ascheid* Rz 165; KDZ-*Däubler* Einl. Rz 207). Diese Ansicht führt in die Irre. Entweder macht der Arbeitgeber eine unjuristische moralische Aussage, die ihn rechtlich nicht bindet, oder er gibt nach dem maßgeblichen Empfängerhorizont eine bindende Verzichtserklärung ab, die den allgemeinen Regeln des Rechts der Willenserklärungen unterliegt (*Löwisch/Spinner* Rz 90).

Nach den allgemeinen Grundsätzen der **Verwirkung** kann das Recht zum Kündigungsausspruch ent- 250
fallen, wenn der Kündigende in Kenntnis des Kündigungsgrundes längere Zeit (hierzu KR-*Rost* § 7 KSchG Rz 36 ff.) die Kündigung nicht ausspricht, obwohl ihm dies möglich und zumutbar war (Zeitmoment), dadurch beim Kündigungsempfänger das berechtigte Vertrauen erweckt hat, die Kündigung werde unterbleiben und der Kündigungsempfänger sich auf den Fortbestand des Arbeitsverhältnisses eingerichtet hat, sog. Umstandsmoment (*BAG* 21.2.1957 AP § 1 KSchG Nr. 22; 15.8.2002 EzA § 1 KSchG Nr. 56, zu B I 2 a; *Herschel* Anm. zu BAG AP Nr. 63 zu § 626 BGB). Ein Kündigungssachverhalt kann durch Zeitablauf so an Bedeutung verlieren, dass eine Kündigung nicht mehr gerechtfertigt ist. Es ist treuwidrig, wenn der Arbeitgeber einen Kündigungsgrund »auf Vorrat« bereithält, um ihn bei passender Gelegenheit einzusetzen und ein beanstandungsfrei fortgesetztes Arbeitsverhältnis zu einem beliebigen Zeitpunkt zu kündigen (*BAG* 20.8.1998 RzK I 5 h Nr. 46, zu II 2; 15.8.2002 EzA § 1

Griebeling   67

KSchG Nr. 56, zu B I 2 b). Im Unterschied zur Verwirkung nachgeschobener Kündigungsgründe (hierzu s.o. Rz 245) begründet ein solches passives Verhalten eher ein berechtigtes Vertrauen des Arbeitnehmers auf das Fortbestehen des Arbeitsverhältnisses. Voraussetzung ist allerdings, dass der Arbeitgeber den Kündigungsgrund kennt und dem Arbeitnehmer dies bekannt ist (*BAG* 15.8.2002 EzA § 1 KSchG Nr. 56, zu B I 3 c). Der Arbeitgeber kann auch den Ausgang von Ermittlungs- oder Strafverfahren abwarten und den Sachverhalt nach dem Bekanntwerden weiterer Umstände neu bewerten und dann erst kündigen (*BAG* 15.8.2002 EzA § 1 KSchG Nr. 56, zu B I 3 d bb, cc). Allgemein zur Verwirkung KR-*Rost* § 7 KSchG Rz 36 ff.; KR-*Friedrich* § 13 KSchG Rz 304 – 310b.

VI. Rechtsfolgen der Sozialwidrigkeit

1. Notwendigkeit der Klageerhebung

251 Eine nach § 1 KSchG sozialwidrige Kündigung ist zunächst **schwebend unwirksam.** Nur wenn der Arbeitnehmer rechtzeitig gem. §§ 4–6 KSchG gegen die Kündigung klagt, kann vom Arbeitsgericht die Unwirksamkeit der Kündigung festgestellt werden. Andernfalls gilt die Kündigung nach § 7 KSchG als von Anfang an wirksam, sofern nicht ausnahmsweise von § 7 KSchG nicht erfasste Unwirksamkeitsgründe vorliegen (hierzu iE KR-*Rost* § 7 KSchG Rz 1 – 6).

2. Verhältnis zu sonstigen Unwirksamkeitsgründen

252 Ist eine ordentliche Kündigung nicht nur sozialwidrig, sondern darüber hinaus aus **anderen Gründen unwirksam,** kann der Arbeitnehmer im Kündigungsschutzprozess sämtliche oder lediglich einzelne Unwirksamkeitsgründe vortragen (s.o. Rz 158). Macht er innerhalb der Klagefrist zunächst andere Unwirksamkeitsgründe geltend, gilt für die Berufung auf die Sozialwidrigkeit und weitere Unwirksamkeitsgründe nach § 6 KSchG eine verlängerte Anrufungsfrist (iE KR-*Friedrich* § 6 KSchG Rz 8 ff.).

3. Umdeutung einer unwirksamen ordentlichen Kündigung

253 Eine sozialwidrige oder aus anderen Gründen unwirksame ordentliche Kündigung kann weder in eine **außerordentliche Kündigung** (mit oder ohne soziale Auslauffrist) noch in eine **Anfechtung** (zB wegen §§ 119 Abs. 2, 123 BGB) umgedeutet werden (*BAG* 3.11.1982 AP Nr. 12 zu § 15 KSchG 1969; *LAG Köln* 4.7.1996 LAGE § 620 BGB Kündigungserklärung Nr. 6; APS-*Preis* Grundlagen D Rz 119, 121). Da diese Gestaltungsrechte weitgehende Folgen für den Arbeitnehmer haben und insbes. eine früher eintretende Beendigungswirkung haben, scheidet eine derartige Umdeutung aus (s.o. Rz 167).

253a Nicht ausgeschlossen ist dagegen die **Umdeutung** einer sozialwidrigen oder aus anderen Gründen unwirksamen ordentlichen Kündigung in ein Vertragsangebot zur einverständlichen Beendigung des Arbeitsverhältnisses zum Ablauf der Kündigungsfrist. Da ein **Auflösungsangebot** nicht dazu geeignet ist, das Arbeitsverhältnis aufgrund einseitiger Gestaltungswirkung zu beenden, handelt es sich gegenüber der ordentlichen arbeitgeberseitigen Kündigung um ein Rechtsgeschäft mit weniger weit reichenden Folgen, so dass § 140 BGB einer Umdeutung nicht entgegensteht. Eine derartige Umdeutung kann nur dann angenommen werden, wenn es dem mutmaßlichen Willen des Arbeitgebers entspricht, auch bei Unwirksamkeit der ordentlichen Kündigung das Arbeitsverhältnis zum Ablauf der Kündigungsfrist beenden zu wollen. Aufgrund § 623 BGB kommt nur dann ein Aufhebungsvertrag zustande, wenn Arbeitgeber und Arbeitnehmer die Aufhebung des Arbeitsvertrages auf einer Urkunde **schriftlich vereinbaren** (s. hierzu KR-*Spilger* § 623 BGB Rz 108, 109).

G. Gründe für die soziale Rechtfertigung der Kündigung

I. Einteilung der Kündigungsgründe

254 Die in der **Generalklausel** des § 1 Abs. 2 S. 1 KSchG enthaltene **Einteilung der Kündigungsgründe** in personen-, verhaltens- und betriebsbedingte Gründe geht von der idealtypischen Vorstellung aus, dass die einzelnen Kündigungssachverhalte jeweils nur einem dieser Bereiche zuzuordnen sind. In der Praxis gibt es jedoch Kündigungsgründe, die zwei oder gar alle drei dieser Gruppen berühren (sog. **echte Mischtatbestände**). Eine exakte Einordnung der **Kündigung** ist in diesen Fällen wegen der unterschiedlichen Wirksamkeitsvoraussetzungen der personen-, verhaltens- und betriebsbedingten Kündigung zwar wichtig, oft aber nur schwer möglich (zu den Abgrenzungskriterien s.u. Rz 265 ff.). Davon unterschieden werden sog. **unechte Mischtatbestände,** auch als Doppeltatbestände bezeichnet, bei denen die Kündigung auf mehrere unabhängige und verschiedenen Gruppen zuzuordnende Sachver-

Sozial ungerechtfertigte Kündigungen § 1 KSchG

halte gestützt wird (zur Differenzierung MünchKomm-*Hergenröder* Rz 92; *Löwisch/Spinner* Rz 73, 75; *v. Hoyningen-Huene/Linck* Rz 167, 174; APS-*Dörner* Rz 82, 84).

Bei **echten Mischtatbeständen** soll sich nach der Rspr. des Bundesarbeitsgerichts die Abgrenzung in 255 erster Linie danach richten, aus welchem der Kündigungstatbestände die sich auf das Arbeitsverhältnisses nachteilig auswirkende Störung vorwiegend herrührt (sog. **Sphärentheorie**, *BAG* 31.1.1996 EzA § 626 BGB Druckkündigung Nr. 3; 13.3.1987 EzA § 1 KSchG Betriebsbedingte Kündigung Nr. 44; 21.11.1985 EzA § 1 KSchG Nr. 42; ebenso *Etzel* KR, 7. Aufl. Rz 256; *v. Hoyningen-Huene/Linck* Rz 174; KDZ-*Kittner* Rz 58; BBDW-*Bram* Rz 107; *Schulin* SAE 1986, 279). Dieser Rspr. wird in der Literatur verbreitet vorgeworfen, sie beruhe auf »konturenlosen Billigkeitserwägungen« und verwische die Dogmatik der Kündigungstatbestände. Bei echten Mischtatbeständen sei die Wirksamkeit der Kündigung unter allen in Betracht kommenden Gesichtspunkten zu prüfen (etwa SPV-*Preis* Rz 925 – 927; KR-*Fischermeier* § 626 BGB Rz 162, 163; APS-*Dörner* Rz 83; *Löwisch/Spinner* Rz 75, 76; ErfK-*Ascheid* Rz 163; MünchKomm-*Hergenröder* Rz 98).

An dieser Diskussion fällt auf, dass die meisten diskutierten Fallgestaltungen überhaupt keine 256 Mischtatbestände sind. Ist etwa eine Kündigung wegen einer zu Betriebsstörungen führenden längeren Arbeitsunfähigkeit des Arbeitnehmers ausgesprochen worden, liegt die Ursache der Vertragsstörung allein in der Person des Arbeitnehmers. Dass der krankheitsbedingte Ausfall des Arbeitnehmers zu Störungen im Betrieb führt, ändert daran nichts, da diese Störungen nur die Folgen der Arbeitsunfähigkeit sind. Auswirkungen auf den Betrieb sind generell Wirksamkeitsvoraussetzung für personen- und verhaltensbedingte Kündigungen, ohne diese damit zu betriebsbedingten zu machen. Zwischen verhaltens- und personenbedingten Gründen kann klar danach unterschieden werden, ob es sich um ein steuerbares Verhalten handelt oder nicht. Das Problem ist daher in erster Linie durch eine exakte Ermittlung der Ursache des Kündigungsgrundes zu lösen (so zutr. KR-*Fischermeier* § 626 BGB Rz 163; APS-*Dörner* Rz 83). Liegt tatsächlich ein Mischtatbestand vor, veranlasst der alternative Tatbestand von § 1 Abs. 2 S. 1 KSchG (» ... durch Gründe, die in der Person **oder** in dem Verhalten ... liegen, **oder** durch dringende betriebliche Erfordernisse ...«) eine Prüfung unter allen rechtlichen Gesichtspunkten. Eine Rechtfertigung der Kündigung unter einem dieser Aspekte genügt für ihre Wirksamkeit. Eingehend zu diesen Problemen KR-*Fischermeier* § 626 BGB Rz 159 – 165.

Von den echten Mischtatbeständen zu unterscheiden sind **Kündigungen, die auf mehrere Kündi-** 257 **gungssachverhalte gestützt** werden und die ihrerseits verschiedenen Kategorien von Kündigungsgründen angehören. Dies ist etwa der Fall, wenn der Arbeitgeber eine Kündigung gleichzeitig auf Pflichtwidrigkeiten des Arbeitnehmers, häufigen krankheitsbedingten Arbeitsausfall und auf geringeren Arbeitsanfall wegen Absatzschwierigkeiten stützt. Im Unterschied zu den echten Mischtatbeständen bestehen hier mehrere voneinander unabhängige Vertragsstörungen. In solchen Fällen ist nach der Rspr. des BAG jeder Sachverhalt zunächst für sich allein darauf zu überprüfen, ob er zur sozialen Rechtfertigung der Kündigung geeignet ist. Ist die Kündigung danach noch nicht gerechtfertigt, soll noch in einheitlicher Betrachtungsweise geprüft werden, ob die einzelnen Kündigungsgründe in ihrer Gesamtheit in Abwägung der Interessen der Vertragspartner und des Betriebes die Kündigung als billigenswert und angemessen erscheinen lassen (*BAG* 22.7.1982 EzA § 1 KSchG Verhaltensbedingte Kündigung Nr. 10; 21.11.1985 EzA § 1 KSchG Nr. 42; 20.11.1997 EzA § 1 KSchG Verhaltensbedingte Kündigung Nr. 52, zu II 2; ebenso KPK-*Schiefer/Heise* Rz 166).

Auch diese Rspr. ist in der Literatur umstritten. Zum Teil wird eine Gesamtabwägung der verschie- 258 denen Kündigungsgründe ganz abgelehnt (SPV-*Preis* Rz 926). Zum Teil wird angenommen, dem Arbeitnehmer könnten unternehmerische Entscheidungen des Arbeitgebers nicht zugerechnet werden. Dagegen sei es sachgerecht, personen- und verhaltensbedingte Gründe, die für sich genommen eine Kündigung nicht sozial rechtfertigen können, einer ganzheitlichen Betrachtungsweise zu unterziehen. Durch diese dem Arbeitnehmer zuzurechnenden Gründen wird das Arbeitsverhältnis insgesamt belastet (*Etzel* KR, 7. Aufl. Rz 259; *v. Hoyningen-Huene/Linck* Rz 169 – 173; APS-*Dörner* Rz 86). Nach einer dritten Auffassung ist eine Gesamtabwägung nur innerhalb der Kategorien der personen-, verhaltens- und betriebsbedingten Gründe durchzuführen (KassArbR-*Isenhardt* 6.3 Rz 442; KDZ-*Kittner* Rz 59; ErfK-*Ascheid* Rz 162, 164; HaKo-*Pfeiffer* Rz 149).

Zutreffenderweise sind nicht verschiedene Kündigungsgründe einheitlich zu betrachten. Handelt es 259 sich tatsächlich um Kündigungsgründe, rechtfertigen sie die Kündigung für sich. Das eigentliche Problem ist, ob Vertragsstörungen, die alleine nicht als Kündigungsgrund ausreichen, durch ihre **Kumulation** zu einem Kündigungsgrund werden. Dies erfordert einen **Sachzusammenhang** zwischen den

Griebeling 69

Störungen. So sind nicht einschlägig abgemahnte und deshalb als verhaltensbedingter Kündigungsgrund nicht ausreichende Privattelefonate nicht geeignet, einer wegen fehlender betrieblicher Erfordernisse oder einer unzureichenden Sozialauswahl unwirksamen betriebsbedingten Kündigung doch noch zur Wirksamkeit zu verhelfen. Dagegen können erhebliche krankheitsbedingte Fehlzeiten das Gewicht einer unentschuldigten Fehlzeit erhöhen, da jeweils das Interesse des Arbeitgebers an der vertragsgemäßen Einsetzbarkeit des Arbeitnehmers berührt ist. Dieses Beispiel belegt, dass ein Sachzusammenhang nicht nur innerhalb der Kategorien der personen-, verhaltens- und betriebsbedingten Gründe bestehen kann. Umgekehrt begründen Störungen innerhalb derselben Kategorie nicht zwingend einen Sachzusammenhang. Ist eine krankheitsbedingte Kündigung wegen einer positiven Gesundheitsprognose ungerechtfertigt, wird sie nicht dadurch wirksam, dass der Arbeitnehmer aktuell nicht über eine für seine Tätigkeit erforderliche Lizenz verfügt, wenn aber mit deren alsbaldigen Erlangung zu rechnen ist. Beide Störungen ergänzen sich nicht. Anders wäre es, wenn der Arbeitnehmer erst nach der Wiederherstellung seiner Arbeitsfähigkeit etwa nach einer Alkoholtherapie die Wiedererteilung seines für seine Arbeitsleistung erforderlichen, aber entzogenen Führerscheins beantragen könnte und sich dadurch ein langwieriges Verwaltungsverfahren mit unsicherem Ausgang anschließen würde. Hier kumulieren sich gleichartige Störungen mit der Konsequenz, dass das kündigungsrechtliche Gewicht der Interessen des Arbeitgebers an der Vertragslösung steigt.

II. Darlegungs- und Beweislast

260 Nach § 1 Abs. 2 S. 4 KSchG hat der **Arbeitgeber** die Tatsachen zu beweisen, die die Kündigung bedingen. Den **Arbeitnehmer** trifft dagegen die Darlegungs- und Beweislast für das Vorliegen der für die Anwendbarkeit des allgemeinen Kündigungsschutzes notwendigen Voraussetzungen (hierzu s.o. Rz 89, 129 ff., 148). Nach § 1 Abs. 3 S. 3 KSchG hat der Arbeitnehmer weiterhin die Tatsachen darzulegen und ggf. zu beweisen, aus denen sich ein Fehler in der sozialen Auswahl ergibt (dazu s.u. Rz 683 ff.).

261 Zu den die **Kündigung bedingenden Tatsachen** gehören alle Umstände, die eine Kündigung als personen-, verhaltens- oder betriebsbedingt erscheinen lässt. Der Arbeitgeber genügt der ihm obliegenden Darlegungslast nur, wenn er im Einzelnen die Umstände, die die Kündigung bedingen, **durch Anführung konkreter Tatsachen** schildert (BAG 2.11.1983 EzA § 1 KSchG Krankheit Nr. 13; 7.12.1978 EzA § 1 KSchG Betriebsbedingte Kündigung Nr. 10; ausführlich Ascheid Beweislastfragen S. 61 ff.). Tatsachen sind konkrete, nach Raum und Zeit bestimmte, der Vergangenheit oder der Gegenwart angehörende Geschehnisse oder Zustände (BAG 18.18.2000 EzA § 14 KchG Nr. 5, zu II 1 c cc (4); 19.11.1997 EzA § 611 BGB Arbeitnehmerbegriff Nr. 63, zu II 2 c). Nicht ausreichend sind schlagwortartige Angaben (zB Umsatzrückgang, Absatzschwierigkeiten, Änderung der Organisationsstruktur) oder pauschale Werturteile etwa hinsichtlich einer angeblichen Ungeeignetheit des Arbeitnehmers.

262 Die Erforderlichkeit **substantiierter Darlegungen** erstreckt sich nicht nur auf die unmittelbaren Kündigungstatsachen, sondern auch auf solche Umstände, die **Rechtfertigungsgründe** für das Verhalten des Arbeitnehmers ausschließen (BAG 12.8.1976 EzA § 1 KSchG Nr. 33; 16.3.2000 EzA § 626 BGB nF Nr. 179, zu II 1 b aa; Sieg RdA 1962, 139). Der Umfang der dem Arbeitgeber obliegenden Darlegungslast ist jedoch davon abhängig, wie sich der Arbeitnehmer auf seinen Vortrag einlässt (BAG 22.11.1973 EzA § 1 KSchG Nr. 28; 22.7.1982 EzA § 1 KSchG Verhaltensbedingte Kündigung Nr. 10), so dass **Darlegungs- und Beweislast abgestuft sind** (hierzu von Altrock DB 1987, 433). Der Arbeitgeber braucht nicht alle denkbaren Rechtfertigungsgründe zu widerlegen, sondern nur die vom Arbeitnehmer geltend gemachten. Wird etwa eine Kündigung auf unberechtigtes Fernbleiben gestützt, ist es Sache des Arbeitnehmers, im Kündigungsschutzprozess den Vorwurf unter genauer Angabe der Gründe, die ihn daran gehindert haben, seine Arbeitsleistung zu erbringen, zu bestreiten. Macht er dabei geltend, er sei krank gewesen, braucht er nicht auf ein ärztliches Attest zu verweisen. Er muss aber substantiiert darlegen, woran er erkrankt war und weshalb er nicht zur Arbeit erscheinen konnte. Konkretisiert der Arbeitnehmer auf diese Weise einen Rechtfertigungsgrund, ist es Sache des Arbeitgebers, die rechtfertigenden Umstände zu entkräften (BAG 18.10.1990 RzK I 10h Nr. 30).

263 Die gesetzliche Beweislastregel des § 1 Abs. 2 S. 4 KSchG bezieht sich auch auf die in den **Widerspruchstatbeständen** des § 1 Abs. 2 S. 2 und 3 KSchG genannten Umstände, und zwar unabhängig davon, ob der Betriebsrat der Kündigung form- und fristgerecht widersprochen hatte. Dies gilt insbes. für die Frage der **anderweitigen Beschäftigungsmöglichkeiten** (BAG 5.8.1976 EzA § 1 KSchG Krankheit Nr. 2). Auch hinsichtlich der Widerspruchstatbestände gilt jedoch eine abgestufte Darlegungs- und Beweislast. Danach hat zunächst der Arbeitnehmer konkret aufzuzeigen, wie er sich eine ander-

weitige Beschäftigung vorstellt (*BAG* 7.2.1991 EzA § 1 KSchG Personenbedingte Kündigung Nr. 9 m. zust. Anm. *Kraft/Raab*; *BAG* 3.7.1977 AP Nr. 4 zu § 1 KSchG 1969 Betriebsbedingte Kündigung). Das gilt auch für Arbeitnehmer eines Großunternehmens (*BAG* 25.2.1988 RzK I 5c Nr. 26). Erst daraufhin hat der Arbeitgeber darzulegen und zu beweisen, weshalb diese Vorstellungen nicht zu realisieren sind.

Der Umfang der Darlegungs- und Beweislast richtet sich im Übrigen maßgeblich nach der **Art des jeweiligen Kündigungsgrundes**, so dass wegen der jeweils zu beachtenden Besonderheiten auf die Erläuterungen zu den einzelnen Kündigungsgründen zu verweisen ist. 264

III. Personenbedingte Gründe

1. Begriff

Das Gesetz enthält in § 1 Abs. 2 S. 1 KSchG weder eine Definition des personenbedingten Grundes 265 noch nennt es Beispiele oder sieht einen abschließenden Katalog möglicher personenbedingter Gründe vor. Nach der Gesetzessystematik müssen aber personenbedingte von betriebs- und verhaltensbedingten Gründen abgegrenzt werden. Während sich betriebsbedingte Gründe auf den Arbeitsplatz des Arbeitnehmers beziehen (s.u. Rz 515 ff.; *Rüthers/Henssler* ZfA 1988, 39 f.), geht es bei verhaltensbedingten Gründen **um Vertragspflichten verletzende Handlungen und Unterlassungen des Arbeitnehmers** und bei personenbedingten um seine **persönlichen Verhältnisse und Eigenschaften** (*BAG* 11.12.2003 EzA § 1 KSchG Verhaltensbedingte Kündigung Nr. 62, zu B III 2 a; 24.2.2005 EzA § 1 KSchG Personenbedingte Kündigung Nr. 18, zu B II 1).

Ein personenbedingter Grund liegt vor, wenn der Arbeitnehmer nicht nur vorübergehend **die Fähig-** 266 **keit und Eignung nicht besitzt**, die geschuldete Arbeitsleistung ganz oder teilweise zu erbringen (*Rüthers/Henssler* ZfA 1988, 44). Ob er die Fähigkeit und Eignung in der Vergangenheit besessen hat, ist unerheblich. Maßgeblich ist die zukünftige Fähigkeit zur Vertragserfüllung. Eine personenbedingte Rechtfertigung setzt typischerweise voraus, dass zum Kündigungszeitpunkt die Prognose gerechtfertigt ist, dass der Arbeitnehmer jedenfalls über einen längeren Zeitraum nicht zur Erbringung seiner arbeitsvertraglichen Pflichten in der Lage sein wird (vgl. SPV-*Preis* Rz 1189; APS-*Dörner* Rz 120).

Fehlende Steuerbarkeit ist das entscheidende Kriterium der personenbedingten Kündigung in Ab- 267 grenzung zu verhaltensbedingten Gründen (APS-*Dörner* Rz 120, 265; HK-*Dorndorf* Rz 359; SPV-*Preis* Rz 1190; HaKo-*Gallner* Rz 427; MünchKomm-*Hergenröder* Rz 136; ErfK-*Ascheid* Rz 286; *v. Hoyningen-Huene/Linck* Rz 185 – 185b; *Rost* Betriebliche Praxis, S. 38; *Leuchten/Zimmer* BB 1999, 1974). Wurde die Störung des Arbeitsverhältnisses durch ein steuerbares Verhalten des Arbeitnehmers ausgelöst, handelt es sich um eine verhaltensbedingte Kündigung. Die Störung muss dem Arbeitnehmer als Vertragspflichtverletzung vorwerfbar sein (*BAG* 3.6.2004 EzA § 23 KSchG Nr. 27, zu B III 1). Plastisch ausgedrückt liegt ein Grund in der Person vor, wenn der Arbeitnehmer will, aber nicht kann; verhaltensbedingt ist ein Grund, wenn der Arbeitnehmer kann, aber nicht will (so zutr. *v. Hoyningen-Huene/Linck* Rz 185b). Demgegenüber hat das *BAG* die Nichtwahrnehmung der Möglichkeit, ein Leistungshindernis in der Person des Arbeitnehmers durch steuerbares Verhalten zu beseitigen, personenbedingten Gründen zugeordnet (4.6.1997 EzA § 626 BGB nF Nr. 168; ebenso *Etzel* KR, 7. Aufl. Rz 266). Dies verwischt die Abgrenzung zwischen personen- und verhaltensbedingten Gründen. Verhält sich etwa ein erkrankter Arbeitnehmer genesungswidrig oder unterlässt es ein Arbeitnehmer schuldhaft, eine für seine Tätigkeit erforderliche Lizenz zu erwerben, **verhält** er sich vertragswidrig, was gerade Kennzeichen der verhaltensbedingten Kündigung ist (s.u. Rz 395). In solchen Fällen liegen echte oder unechte Mischtatbestände vor, die eine Prüfung der sozialen Rechtfertigung einer Kündigung sowohl unter verhaltens- als auch unter personenbedingten Aspekten erforderlich machen (s.o. Rz 254 – 259). So verstanden ist die personenbedingte Kündigung ein **Auffangtatbestand** für Sachverhalte, bei denen eine Vertragsstörung weder auf einem steuerbaren Verhalten des Arbeitnehmers noch auf unternehmerischen Gründen aus der Sphäre des Arbeitgebers beruht (SPV-*Preis* Rz 1190; aA *Rüthers/Henssler* ZfA 1988, 45, die die verhaltensbedingte Kündigung als Auffangtatbestand für die Fälle ansehen, in denen eine personenbedingte Kündigung nicht möglich ist). Zur dogmatischen Einordnung der personenbedingten Kündigung vgl. im Übrigen *Preis* S. 433 ff.

2. Verschulden

Ob der Arbeitnehmer das Fehlen seiner Fähigkeit und Eignung zur Erbringung der Arbeitsleistung 268 **verschuldet** hat, ist unerheblich (SPV-*Preis* Rz 1189; HaKo-*Gallner* Rz 427). Trifft ihn ein Verschulden (zB selbst verschuldete Arbeitsunfähigkeit), kann dies verhaltensbedingt zu würdigen sein (s.o.

Rz 267). Jedenfalls ist dies im Rahmen der Interessenabwägung zu Lasten des Arbeitnehmers zu berücksichtigen. Trifft den Arbeitgeber ein Verschulden, etwa wenn der Arbeitnehmer wegen fehlender Sicherheitsvorrichtungen einen Arbeitsunfall erleidet, ist dies im Rahmen der Interessenabwägung zugunsten des Arbeitnehmers zu berücksichtigen (*BAG* 5.7.1990 EzA § 1 KSchG Krankheit Nr. 32; APS-*Dörner* Rz 122; *Löwisch/Spinner* Rz 187).

3. Abmahnung

269 Ob auch bei personenbedingten Kündigungsgründen eine Abmahnung als milderes Mittel gegenüber einer Kündigung in Betracht kommt, hängt davon ab, ob die fehlende Steuerbarkeit der Unfähigkeit der Vertragsausführung für den Arbeitnehmer als notwendiges Merkmal der personenbedingten Kündigung angesehen wird. Ordnet man wie hier (s.o. Rz 267) steuerbare Verhaltensweisen generell der Kündigung aus Gründen im Verhalten des Arbeitnehmers zu, besteht bei personenbedingten Gründen **kein Raum für eine Abmahnungsobliegenheit**, da nicht steuerbare Zustände vom Arbeitnehmer auch nach Abmahnung nicht geändert werden können (so auch SPV-*Preis* Rz 1190; *v. Hoyningen-Huene/Linck* Rz 185a; APS-*Dörner* Rz 131; HaKo-*Gallner* Rz 427; HK-*Dorndorf* Rz 371a; Münch-Komm-*Hergenröder* Rz 139; *Quecke* ZTR 2003, 8). Die Abmahnungsobliegenheit setzt die Möglichkeit eines steuerbaren Verhaltens voraus (*BAG* 4.6.1997 EzA § 626 BGB nF Nr. 168, zu II 1 d; KR-*Fischermeier* § 626 BGB Rz 262).

270 Wird dagegen steuerbares Verhalten in Zusammenhang mit der Fähigkeit und Eignung des Arbeitnehmers zur ordnungsgemäßen Erbringung der Arbeitsleistung der Kündigung aus Gründen in der Person zugeordnet, kann es konsequenterweise nach dem Grundsatz der Verhältnismäßigkeit erforderlich sein, den Arbeitnehmer vor der Kündigung durch Abmahnung zur Beseitigung des Leistungshindernisses anzuhalten (*BAG* 15.8.1994 EzA § 1 KSchG Nr. 8; 4.6.1997 EzA § 626 BGB nF Nr. 168, zu II 1 d; *Etzel* KR, 7. Aufl. Rz 269). Zur Abmahnung ausführlich KR-*Fischermeier* § 626 BGB Rz 253 ff.

4. Prüfung der Sozialwidrigkeit in drei Stufen

a) Fehlende Fähigkeit und Eignung des Arbeitnehmers

271 Die Prüfung der Sozialwidrigkeit einer personenbedingten Kündigung ist **in drei Stufen** vorzunehmen (allg. Meinung, vgl. APS-*Dörner* § 1 KSchG Rz 123). Diese Drei-Stufen-Prüfung wurde zur krankheitsbedingten Kündigung entwickelt (grundlegend *BAG* 16.2.1989 EzA § 1 KSchG Krankheit Nr. 25). Die personenbedingte Kündigung betrifft die Fähigkeit und Eignung des Arbeitnehmers, die geschuldete Leistung zu erbringen. Fehlt diese Fähigkeit oder Eignung im Kündigungszeitpunkt oder ist sie erheblich beeinträchtigt, kann dies eine personenbedingte Kündigung rechtfertigen, wenn mit der alsbaldigen (Wieder-)Herstellung der Fähigkeit und Eignung zur ordnungsgemäßen Erbringung der Arbeitsleistung nicht gerechnet werden kann (sog. **Prognose-Prinzip, erste Stufe**).. Die Beeinträchtigung der Leistungsfähigkeit des Arbeitnehmers muss jedoch nicht zwingend am Tag des Kündigungszugangs vorliegen. Maßgeblich ist die Prognose vom Zeitpunkt des Kündigungszugangs auf den Ablauf der Kündigungsfrist und darüber hinaus (vgl. ErfK-*Ascheid* Rz 177, 178).

b) Störungen des Arbeitsverhältnisses, Möglichkeit einer anderweitigen Beschäftigung

272 Weitere Voraussetzung einer personenbedingten Kündigung ist, dass im Zeitpunkt der Kündigung **zu erwarten ist, dass** die fehlende oder beeinträchtigte Fähigkeit und Eignung zur Erbringung der Arbeitsleistung über den Ablauf der Kündigungsfrist hinaus zu konkreten Störungen des Arbeitsverhältnisses führt, die **auch künftig** über einen längeren Zeitraum andauern werden und die durch eine Umsetzung des Arbeitnehmers nicht beseitigt werden können (**zweite Stufe**). Besteht die **Möglichkeit einer zumutbaren anderweitigen Beschäftigung** auf einem der Fähigkeit und Eignung des Arbeitnehmers entsprechenden freien Arbeitsplatz in demselben Betrieb oder in einem anderen Betrieb des Unternehmens, entfällt der Kündigungsgrund (*BAG* 5.8.1976 EzA § 1 KSchG Krankheit Nr. 2; 2.11.1989 RzK I 5g Nr. 33; ErfK-*Ascheid* Rz 177, 180; iE s.o. Rz 217 ff.). Das Gleiche gilt, wenn der Arbeitgeber bei körperlichen Beeinträchtigungen des Arbeitnehmers durch Ausübung seines Direktionsrechts einen leidensgerechten Arbeitsplatz frei machen kann (s.u. Rz 296; HaKo-*Gallner* Rz 440). Soweit eine Weiterbeschäftigung zu geänderten Arbeitsbedingungen in Betracht kommt, hat der Arbeitgeber ggf. eine Änderungskündigung auszusprechen (s.o. Rz 224 ff.). Ferner ist ggf. zu prüfen, ob eine Weiterbeschäftigung des Arbeitnehmers nach zumutbaren Umschulungs- oder Fortbildungsmaßnahmen möglich

ist (*BAG* 10.3.1977 EzA § 1 KSchG Krankheit Nr. 4). Eine derartige Weiterbeschäftigungsmöglichkeit kann sich beispielsweise dann ergeben, wenn ein Arbeitnehmer aus krankheitsbedingten Gründen nicht mehr dazu in der Lage ist, eine bislang von ihm verrichtete körperliche schwere Arbeit auszuüben und in demselben Betrieb oder in einem anderen Betrieb des Unternehmers ein geeigneter Arbeitsplatz mit geringeren körperlichen Anforderungen frei ist, auf dem er nach einer zumutbaren Umschulung weiterbeschäftigt werden könnte (iE s.u. Rz 722 ff.).

c) **Interessenabwägung**

In einer **dritten Stufe** ist eine Interessenabwägung vorzunehmen. Hierbei trifft die Auffassung, dass bei der personenbedingten Kündigung an das Erfordernis der Interessenabwägung (s.o. Rz 210 f.) besonders strenge Anforderungen zu stellen sind (*Dassau* S. 39), in dieser Allgemeinheit nicht zu (ebenso *Rüthers/Henssler* ZfA 1988, 44; SPV-*Preis* Rz 1200). Richtig ist, dass im Gegensatz zur verhaltensbedingten Kündigung, die auf eine schuldhafte Vertragsverletzung gestützt wird (s.u. Rz 400), dem Arbeitnehmer kein rechtswidriges Verhalten vorgeworfen wird, das sich bei der Interessenabwägung zu seinen Ungunsten auswirken kann. Ferner sind persönliche Umstände des Arbeitnehmers (s.u. Rz 275) von besonderem Gewicht, wenn sich aus der Art des Kündigungsgrundes (zB Krankheit, Betriebsunfall, krankheits- oder altersbedingte Leistungsschwäche) ein **erhöhtes soziales Schutzbedürfnis des Arbeitnehmers** ergibt. In diesen Fällen ist eine besonders sorgfältige Abwägung der Arbeitnehmerinteressen gegenüber den betrieblichen, betriebstechnischen oder wirtschaftlichen Interessen des Arbeitgebers geboten (*BAG* 25.11.1982 EzA § 1 KSchG Krankheit Nr. 10; 10.12.1956 AP Nr. 21 zu § 1 KSchG; 20.10.1954 AP Nr. 6 zu § 1 KSchG). 273

Bei der Interessenabwägung ist iE zu prüfen, ob der Arbeitgeber die aufgrund des personenbedingten Kündigungsgrundes eingetretenen **Störungen des Arbeitsverhältnisses billigerweise noch hinnehmen muss** oder ob die Kündigung bei verständiger Würdigung in Abwägung der Interessen der Vertragsparteien und des Betriebs als billigenswert und angemessen erscheint (*BAG* 23.1.1958 AP Nr. 50 zu § 1 KSchG; *v. Hoyningen-Huene/Linck* Rz 180 mwN). 274

Hierbei sind **auf Seiten des Arbeitnehmers zu seinen Gunsten u.a.** zu berücksichtigen die Dauer seiner Betriebszugehörigkeit, ein höheres Lebensalter, der ungestörte Ablauf des Arbeitsverhältnisses, seine Chancen auf dem Arbeitsmarkt, der Umfang seiner Unterhaltsverpflichtungen, zu denen auch Unterhaltspflichten aus einer eingetragenen Lebenspartnerschaft gehören (*Kleinebrink* ArbRB 2003, 21), sowie besondere soziale Schutzbedürftigkeit, zB Krankheit oder Schwerbehinderung (*BAG* 20.1.2000 EzA § 1 KSchG Krankheit Nr. 47; *Lingemann* BB 2000, 1835). Von besonderer Bedeutung ist, ob der personenbedingte Kündigungsgrund ursächlich mit der Dauer der Beschäftigung (zB Nachlassen der Leistungsfähigkeit nach jahrelanger schwerer körperlicher Arbeit im Betrieb) oder der Art der vom Arbeitnehmer zu erbringenden Arbeitsleistung (zB besonders gesundheitsschädigende Arbeit) zusammenhängt oder auf betriebliche Verhältnisse (zB Staubluft) zurückzuführen ist, was bejahendenfalls zugunsten des Arbeitnehmers zu bewerten ist (*BAG* 5.7.1990 EzA § 1 KSchG Krankheit Nr. 32). **Zu Ungunsten des Arbeitnehmers** ist zu berücksichtigen, wenn er den personenbedingten Kündigungsgrund schuldhaft herbeigeführt hat, zB wenn einem Berufskraftfahrer infolge einer privaten Trunkenheitsfahrt der Führerschein entzogen wurde (vgl. *v. Hoyningen-Huene/Linck* Rz 183). Auch kann ein ggf. langer Überbrückungszeitraum aufgrund eines verhältnismäßig jungen Alters gegen den Arbeitnehmer sprechen (*BAG* 17.6.1999 EzA § 1 KSchG Wiedereinstellungsanspruch Nr. 4, zu II 2 b dd). 275

Auf Seiten des Arbeitgebers ist zu berücksichtigen, ob er der Beeinträchtigung seiner betrieblichen oder wirtschaftlichen Interessen mit anderen angemessenen Maßnahmen begegnen kann. Hierbei ist auch zu prüfen, ob der Arbeitnehmer **die erforderliche Eignung** und Fähigkeit **in absehbarer Zeit (wieder-) erlangen** kann (*BAG* 5.8.1976 AP Nr. 1 zu § 1 KSchG 1969 Krankheit). Bei einer **dauernden Unfähigkeit des Arbeitnehmers,** die geschuldete Arbeitsleistung zu erbringen (s.u. Rz 375 ff.), ist die Kündigung im Allgemeinen sozial gerechtfertigt, wenn nicht eine besondere Ausnahmesituation vorliegt (*BAG* 10.12.1987 RzK I 5g Nr. 22; 21.2.1985 RzK I 5g Nr. 10), die den Arbeitgeber zur Schaffung eines leidensgerechten Arbeitsplatzes verpflichtet, zB wenn er den Kündigungsgrund zu vertreten hat (Nichtbeachtung von Unfallverhütungsvorschriften). Bei einer **bloßen Minderung der Leistungsfähigkeit oder bei absehbarer Behebung des personenbedingten Mangels** (s.u. Rz 379) ist insbes. zu prüfen, ob der Arbeitgeber die betrieblichen Störungen ggf. durch Umorganisation (vgl. *LAG Nds.* 18.10.1995 LAGE § 1 KSchG Personenbedingte Kündigung Nr. 13), Einstellung einer Aushilfskraft oder sonstige Überbrückungsmaßnahmen beheben kann. 276

276a Dem Arbeitnehmer entgegenkommende Angebote des Arbeitgebers im Rahmen von **Vergleichsverhandlungen** können nicht ohne weiteres zu dessen Lasten berücksichtigt werden; sie haben nur begrenzte Aussagekraft über die Zumutbarkeit etwa einer befristeten Weiterbeschäftigung (generalisierungsfähig zur außerordentlichen Kündigung BAG 17.3.2005 EzA § 15 KSchG Nr. 58, zu II 4 b).

277 Bei der Interessenabwägung steht den Tatsacheninstanzen ein in der Revisionsinstanz nur beschränkt nachprüfbarer **Beurteilungsspielraum** zu (s.o. Rz 213).

5. Darlegungs- und Beweislast

278 Der **Arbeitgeber** trägt die Darlegungs- und Beweislast für die personenbedingten Kündigungsgründe (§ 1 Abs. 2 S. 4 KSchG). Er hat im Einzelnen die Tatsachen darzulegen und ggf. zu beweisen, aus denen die fehlende Eignung bzw. Fähigkeit des Arbeitnehmers zur Erbringung einer ordnungsgemäßen Arbeitsleistung folgt. Die pauschale Begründung, ein Mitarbeiter sei fachlich ungeeignet, reicht nicht aus (LAG RhPf. 30.7.2001 EzA-SD 2001, Heft 16, S. 8). Allerdings ist es nicht immer möglich, aus den vom Arbeitgeber dargelegten oder bewiesenen Tatsachen auf eine auch künftig fehlende oder beeinträchtigte Eignung oder Fähigkeit des Arbeitnehmers zu schließen; insoweit ist die Einholung eines **Sachverständigengutachtens** erforderlich. Zur Darlegungs- und Beweislast für das Fehlen eines freien Arbeitsplatzes s.o. Rz 263.

6. Einzelne personenbedingte Gründe

279 Auch wenn die soziale Rechtfertigung einer personenbedingten Kündigung stets nach den dargestellten Kriterien (s.o. Rz 271 ff.) zu beurteilen ist, sind diese wegen der jeweiligen Besonderheiten bei den einzelnen personenbedingten Gründen von unterschiedlichem Gewicht. Dies soll bei folgenden Tatbeständen aufgezeigt werden:

a) AIDS (Rz 280–283)
b) Alkohol- und Drogensucht (Rz 284–288)
c) Alter (Rz 289)
d) Arbeitsgenehmigung (Rz 290, 291)
e) Berufsausübungserlaubnis (Rz 292, 293)
f) Berufskrankheit (Rz 294)
g) Betriebsgeheimnis (Rz 295)
h) Betriebsunfall (Rz 296)
i) Druckkündigung (Rz 297)
j) Eheschließung, Ehescheidung (Rz 298–301)
k) Ehrenamt (Rz 302)
l) Eignung – fachliche und persönliche – (Rz 303–311)
m) Erwerbsminderung (Rz 312)
n) Familiäre Verpflichtungen (Rz 313)
o) Gewissensentscheidung (Rz 314–316)
p) Haft (Rz 317, 318)
q) Krankheit (Rz 319–382)
r) Kuraufenthalt (Rz 383)
s) Leistungsfähigkeit (Rz 384–389)
t) Straftaten (Rz 390–393)
u) Verdachtskündigung (Rz 393a–393i)
v) Wehrdienst (Rz 394)

a) AIDS

280 AIDS kann wie jede andere Krankheit eine personenbedingte Kündigung wegen lang andauernder Erkrankung oder häufiger Kurzerkrankungen rechtfertigen (v. Hoyningen-Huene/Linck Rz 187; Heilmann BB 1989, 1416; Hinrichs AiB 1988, 8; Klak BB 1987, 1346 f.; Lepke RdA 2000, 89; Richardi NZA 1988, 79; zur krankheitsbedingten Kündigung s.u. Rz 319 ff.).

281 Von AIDS zu unterscheiden ist die **Infektion mit dem HIV-Virus,** die dem Ausbruch der AIDS-Erkrankung vorausgeht und zunächst oft über viele Jahre zu keinen gesundheitlichen Beschwerden führt. Die Infektion als solche beeinträchtigt damit nicht die Eignung des Arbeitnehmers für die Erfüllung seiner arbeitsvertraglichen Pflichten und ist kein Kündigungsgrund (Berkowsky NZA-RR 2001,

403). Verursacht die Tätigkeit des Arbeitnehmers jedoch die Gefahr, dass Arbeitskollegen oder Dritte mit dem HIV-Virus – etwa in Krankenhäusern – infiziert werden können, liegt wegen der Gefährdung Dritter ein personenbedingter Kündigungsgrund vor, der nach den dargestellten Grundsätzen (s.o. Rz 271 ff.) eine Kündigung sozial rechtfertigen kann, wenn ein gefährdungsfreier Einsatz des Arbeitnehmers nicht möglich ist (*v. Hoyningen-Huene/Linck* Rz 187; APS-*Dörner* Rz 224; ErfK-*Ascheid* Rz 245; *Lepke* RdA 2000, 90 f.).

Nimmt der Arbeitgeber hingegen allein eine ihm bekannt gewordene HIV-Infektion des Arbeitnehmers zum Anlass, das Arbeitsverhältnis zu kündigen, ist die Kündigung gem. § 242 BGB **treuwidrig**, weil sie den Arbeitnehmer bewusst wegen eines Umstandes benachteiligt, der jedenfalls vorläufig zu keinen Beeinträchtigungen des Arbeitsverhältnisses führt (APS-*Dörner* Rz 225; HaKo-*Gallner* Rz 454; *Wank* Anm. EzA § 138 BGB Nr. 23; **aA** *v. Hoyningen-Huene/Linck* Rz 188; *Haesen* RdA 1988, 163; *Kramer* Anm. AP Nr. 46 zu § 138 BGB; *Lepke* DB 1987, 1301; offen gelassen von *BAG* 16.2.1989 EzA § 138 BGB Nr. 23). Nicht sitten- oder treuwidrig ist eine Kündigung dagegen, wenn der Arbeitnehmer in Zusammenhang mit seiner HIV-Infektion Handlungen begeht, die das Arbeitsverhältnis konkret negativ berühren (*BAG* 16.2.1989 EzA § 138 BGB Nr. 23). 282

Darüber hinaus kommt die Kündigung eines HIV-infizierten Arbeitnehmers nach den Grundsätzen der **Druckkündigung** (s.u. Rz 586) in Extremfällen in Betracht, wenn die Belegschaft von der Infektion erfährt und vom Arbeitgeber die Kündigung verlangt, obwohl dieser die Belegschaft darüber aufgeklärt hat, dass eine akute Ansteckungsgefahr nicht besteht (*ArbG Bln.* 16.6.1987 NZA 1987, 637; HK-*Dorndorf* § 1 Rz 450; *v. Hoyningen-Huene/Linck* Rz 189; HaKo-*Gallner* Rz 456; *Lepke* DB 1987, 1299). 283

b) Alkohol- und Drogensucht

Befindet sich eine Alkoholkrankheit in einem Stadium, in dem die Trunksucht medizinischen Krankheitswert hat (vgl. *BAG* 9.4.1987 EzA § 1 KSchG Krankheit Nr. 18; 7.12.1972 EzA § 1 LohnFG Nr. 30; *BSG* 18.6.1968 BSGE 28, 114; *Feichtinger* AR-Blattei SD 1000.1 Rz 44 ff. mwN; *Hagen/de Vivie* ZTR 1988, 33; *Lepke* DB 1982, 173), gelten die **allgemeinen Grundsätze der krankheitsbedingten Kündigung** (*BAG* 13.12.1990 RzK I 5g Nr. 40; 9.4.1987 EzA § 1 KSchG Krankheit Nr. 18; *LAG Hamm* 2.5.1986 LAGE § 1 KSchG Personenbedingte Kündigung Nr. 4; hierzu s.u. Rz 319 ff.). Im fortgeschrittenen Stadium der Alkoholabhängigkeit kann bei längerer Arbeitsunfähigkeit von einer lang anhaltenden Krankheit (s.u. Rz 366 ff.) ausgegangen werden (*Lepke* DB 2001, 273). Eine bestehende Alkoholabhängigkeit begründet bei fehlender Therapiebereitschaft des Arbeitnehmers eine negative Gesundheitsprognose (*BAG* 9.4.1987 EzA § 1 KSchG Krankheit Nr. 18) und kann eine Kündigung rechtfertigen, sofern diese betriebliche Interessen erheblich beeinträchtigt (*LAG Hamm* 8.2.2005 AuR 2005, 343). Wegen fehlender Therapiebereitschaft kann auch eine verhaltensbedingte Kündigung in Betracht kommen (s.u. Rz 421). 284

Die Umstände, die zur Trunksucht geführt haben, sind im Rahmen der **Interessenabwägung** angemessen zu berücksichtigen. Es gibt keinen Erfahrungssatz, wonach die chronische Trunkenheit in aller Regel eine selbst verschuldete Krankheit ist (*BAG* 1.6.1983 EzA § 1 LohnFG Nr. 69). Dies gilt entgegen der Auffassung des *BAG* (7.12.1989 RzK I 5g Nr. 7) auch bei einem Rückfall nach einer zunächst erfolgreichen Entwöhnungskur und längerer Abstinenz (*ArbG Hmb.* 10.1.1994 RzK I 5g Nr. 57; APS-*Dörner* Rz 230; *Fleck/Körkel* BB 1995, 723; *Hinrichs* AiB 1991, 278). Maßgebend ist die Beurteilung im Einzelfall. Ist ein Verschulden feststellbar, ist dies zu Lasten des Arbeitnehmers zu berücksichtigen (*Bengelsdorf* NZA-RR 2002, 63). Bei einem Rückfall nach einer Entziehungskur kommt es für die Frage der Gesundheitsprognose auch auf die Ursachen der erneuten Erkrankung an. Zur Frage des Verschuldens bei Suchterkrankungen *BAG* 10.6.1969 EzA § 1 KSchG Nr. 13; *BVerwG* 22.10.1980 ZBR 1981, 354; zum Verschulden bei Rückfällen *Hoß* MDR 1999, 912; *Fleck/Körkel* BB 1995, 722 mwN. 285

Der Arbeitgeber ist nach dem Grundsatz der Verhältnismäßigkeit verpflichtet, dem Arbeitnehmer zunächst die **Durchführung einer Entziehungskur zu ermöglichen** (*BAG* 17.6.1999 EzA § 1 KSchG Wiedereinstellungsanspruch Nr. 4, zu II 2 b bb; *LAG Hamm* 19.9.1986 NZA 1987, 669; *LAG Frankf.* 26.6.1986 AuR 1987, 275; HK-*Dorndorf* Rz 444; *Lipke* DB 1978, 1544; *Schwan/Zöller* ZTR 1996, 63; krit. *Lepke* DB 2001, 277). Das gilt auch bei einem unverschuldeten Rückfall nach zunächst erfolgreicher Entziehungskur (weitergehend *LAG Hamm* 4.9.2001 LAGE § 1 KSchG Krankheit Nr. 35). Auf diese Obliegenheit kann sich der Arbeitnehmer dem Grundsatz von Treu und Glauben (§ 242 BGB) nach nicht berufen, wenn der Arbeitgeber keine Kenntnis von der Alkoholkrankheit hatte, weil der Arbeitnehmer sie auch in Krankengesprächen gegenüber dem Arbeitgeber verheimlichte (*BAG* 17.6.1999 EzA § 1 KSchG Wiedereinstellungsanspruch Nr. 4, zu II 2 b bb). Weigert sich der Arbeitnehmer, eine Entziehungskur 286 durchzuführen, rechtfertigt dies eine **negative Gesundheitsprognose** (*BAG* 9.4.1987 EzA § 1 KSchG Krankheit Nr. 18). Eine nach Ausspruch der Kündigung durchgeführte Entziehungskur kann nicht zur Korrektur der Gesundheitsprognose herangezogen werden (*LAG SchlH* 24.7.2001 RzK I 5 g Nr. 80; KPK-*Schiefer/Heise* § 1 Rz 297).

287 Der Genuss von Alkohol während der Arbeitszeit kann bei Nichtvorliegen einer Trunksucht ein **verhaltensbedingten Kündigungsgrund sein** (dazu s.u. Rz 421 ff.; weitergehend *Lepke* DB 2001, 275, der eine verhaltensbedingte Kündigung für möglich hält, wenn bei einem Alkoholkranken noch die Einsichtsfähigkeit in die Vertragswidrigkeit seines noch steuerbaren Verhaltens bestehe). Die **Nichtoffenbarung einer Trunksucht** bei der Einstellung begründet nur dann einen Anfechtungs- oder verhaltensbedingten Kündigungsgrund, wenn der Arbeitnehmer wegen der Trunksucht nicht in der Lage ist, die arbeitsvertraglich geschuldete Arbeitsleistung ordnungsgemäß zu erbringen (*ArbG Kiel* 21.1.1982 BB 1982, 804), etwa bei einem Berufskraftfahrer. Allgemein zum Alkoholmissbrauch und dessen Auswirkung auf das Arbeitsverhältnis *Lipke* DB 1978, 1543; *Günther* BB 1981, 499.

288 Die Grundsätze über die krankheitsbedingte Kündigung (s.u. Rz 319 ff.) finden auch auf eine **Drogensucht** des Arbeitnehmers Anwendung. Das Gleiche gilt für eine krankhafte **Spielsucht** (*ArbG Bremen* 21.7.1998 AiB NL 1999, Nr. 3, S. 13). In der Anfangsphase kann darüber hinaus eine verhaltensbedingte Kündigung in Betracht kommen (*Lepke* DB 1982, 176).

c) Alter

289 Das Lebensalter eines Arbeitnehmers ist für sich **kein personenbedingter Kündigungsgrund** (*BAG* 28.9.1961 AP Nr. 1 zu § 1 KSchG Personenbedingte Kündigung; 6.7.1977 – 4 AZR 116/76 – nv; *v. Hoyningen-Huene/Linck* Rz 194; *Stahlhacke* DB 1989, 2329). Dies gebietet die bei der Auslegung von § 1 KSchG zu berücksichtigende Richtlinie 2000/78/EG (*Löwisch/Spinner* Rz 216; s. Rz 26a). Dasselbe gilt gem. § 41 Abs. 4 S. 1 SGB VI für den Erwerb eines Anspruchs auf gesetzliche Altersrente und gem. § 8 Abs. 1 ATG für die Möglichkeit der Inanspruchnahme von Altersteilzeit. Wirkt sich das Alter auf die Durchführung des Arbeitsverhältnisses – insbes. leistungsbedingt – nachteilig aus, kommt nach den allgemeinen Grundsätzen eine personenbedingte Kündigung in Betracht (zur Leistungsfähigkeit s.u. Rz 384 ff.). Bei betriebsbedingten Kündigung ist das Lebensalter eines der wichtigsten sozialen Auswahlkriterien (s.u. Rz 673, 674, 678n). Zur Möglichkeit der Bewahrung einer bestimmten Altersstruktur s.u. Rz 640 ff. und zur individual- und kollektivvertraglichen Zulässigkeit von Altersgrenzen KR-*Lipke* § 14 TzBfG Rz 214 – 214g, KR-*Bader* § 21 TzBfG Rz 31 – 40.

d) Arbeitsgenehmigung

290 Das Fehlen einer für die Beschäftigung eines ausländischen Arbeitnehmers erforderlichen Arbeitsgenehmigung (Arbeitserlaubnis oder Arbeitsberechtigung) sowie das **Erlöschen** einer solchen können wegen des sich daraus ergebenden Beschäftigungsverbots nach §§ 284 Abs. 1 S. 1 SGB III, 18 AufenthG eine personenbedingte Kündigung rechtfertigen (*BAG* 7.2.1990 EzA § 1 KSchG Personenbedingte Kündigung Nr. 8 mit zust. Anm. *Hergenröder* = AiB 1991, 32 mit abl. Anm. *Schirge*; *Becker/Braasch* S. 92; *Eichenhofer* NZA 1987, 732; *Hanau* FS 25 Jahre BAG, S. 188; *v. Hoyningen-Huene/Linck* Rz 197; *Löwisch/Spinner* Rz 220). Die Vereinbarung einer entsprechenden auflösenden Bedingung ist jedoch unwirksam, weil damit die sonst notwendige Interessenabwägung umgangen wird (*LAG Köln* 18.4.1997 LAGE § 1 KSchG Personenbedingte Kündigung Nr. 15). Das **Erlöschen** einer **Aufenthaltserlaubnis** ist dagegen kein personenbedingter Kündigungsgrund, wenn trotz Ablaufs der befristeten Aufenthaltserlaubnis der Aufenthalt des ausländischen Arbeitnehmers als erlaubt gilt (§ 5 Abs. 1 Nr. 3 ArGV; § 69 Abs. 3 AuslG) und der Arbeitnehmer eine gültige Arbeitsgenehmigung besitzt (*ArbG Hmb.* 2.3.1992 BB 1993, 1223). Lehnt die Agentur für Arbeit in solchen Fällen gleichwohl die Verlängerung einer zwischenzeitlich abgelaufenen Arbeitsgenehmigung ab, kann dies eine personenbedingte Kündigung rechtfertigen (*LAG Hamm* 18.10.1984 ARSt 1986, 14). Ist die Arbeitsgenehmigung zunächst erloschen, aber über die **erneut beantragte Arbeitsgenehmigung noch nicht rechtskräftig entschieden,** ist hinsichtlich der Störung des Arbeitsverhältnisses (zweite Stufe, s.o. Rz 272) darauf abzustellen, ob für den Arbeitgeber im Zeitpunkt des Zugangs der Kündigung mit der Erteilung der Erlaubnis in absehbarer Zeit nicht zu rechnen war und der Arbeitsplatz für den Arbeitnehmer ohne erhebliche betriebliche Beeinträchtigungen nicht offen gehalten werden konnte (*BAG* 7.2.1990 EzA § 1 KSchG Personenbedingte Kündigung Nr. 8).

291 Der Arbeitgeber ist nicht verpflichtet, mit der ordentlichen Kündigung abzuwarten, bis die Ablehnung der Arbeitsgenehmigung rechtskräftig geworden ist. Ist im Zeitpunkt des Zugangs der Kündigung

mit der Erteilung der Arbeitsgenehmigung in absehbarer Zeit nicht zu rechnen und kann der Arbeitsplatz für den Arbeitnehmer ohne betriebliche Beeinträchtigungen nicht offen gehalten werden, ist eine Kündigung regelmäßig sozial gerechtfertigt (*BAG* 7.2.1990 EzA § 1 KSchG Personenbedingte Kündigung Nr. 8; *LAG Hamm* 9.2.1999 LAGE § 1 KSchG Personenbedingte Kündigung Nr. 16; *v. Hoyningen-Huene/Linck* Rz 197). Eine außerordentliche Kündigung wegen Fehlens der Arbeitsgenehmigung ist idR unzulässig (*Engels* RdA 1976, 174). Eine verhaltensbedingte ordentliche Kündigung kann in Betracht kommen, wenn sich der ausländische Arbeitnehmer nicht oder nicht rechtzeitig um die Erteilung bzw. Verlängerung der Arbeitsgenehmigung bemüht. Im Fall der irrtümlichen Annahme des Arbeitgebers, eine notwendige Arbeitsgenehmigung sei erloschen, kommt mangels Vorliegens einer objektiven Vertragsstörung eine verhaltensbedingte Kündigung ebenso wenig in Betracht (*BAG* 20.2.1986 RzK I 5h Nr. 2) wie bei einer Einstellung durch den Arbeitgeber in Kenntnis der fehlenden Erlaubnis (*Löwisch/Spinner* Rz 222). Dagegen kann bei einer Täuschung des Arbeitgebers über deren Vorliegen neben einer Anfechtung des Arbeitsvertrages sogar eine außerordentliche Kündigung in Betracht kommen, insbes. wenn der Arbeitgeber dadurch der Gefahr eines gegen ihn gerichteten Ordnungswidrigkeitenverfahrens ausgesetzt wird (*LAG Nürnberg* 27.7.1994 LAGE § 626 BGB Nr. 81, zu 2 a; KR-*Fischermeier* § 626 BGB Rz 433; HaKo-*Gallner* Rz 470). Allg. zu Arbeitsverhältnissen mit ausländischen Arbeitnehmern s.o. Rz 43 f. sowie *Becker/Braasch* S. 91 ff.

e) Berufsausübungserlaubnis

Werden einem Arbeitnehmer die zu seiner Berufsausübung notwendigen **öffentlichrechtlichen Befugnisse** wirksam **entzogen** oder fehlen sie von vornherein, führt dies nicht zur Nichtigkeit des gleichwohl geschlossenen Arbeitsvertrages (*BAG* 11.7.1980 EzA § 134 BGB Nr. 11). Dies kann jedoch ein personenbedingter Grund für eine Beendigungs- oder Änderungskündigung sein, wenn mit der (Wieder-)Erteilung der Lizenz in absehbarer Zeit nicht zu rechnen ist und keine Möglichkeit zu einer anderweitigen Beschäftigung, unter Umständen auch zu schlechteren Arbeitsbedingungen, besteht (*BAG* 18.3.1981 AP Nr. 2 zu § 611 BGB Arbeitsleistung; 25.4.1996 EzA § 1 KSchG Personenbedingte Kündigung Nr. 14, zu B II 1, 2; 7.12.2000 EzA § 1 KSchG Personenbedingte Kündigung Nr. 15, zu II 2, 5). Für den Arbeitgeber besteht in derartigen Fällen ein **gesetzliches Beschäftigungsverbot;** er kommt daher nicht in Annahmeverzug (*BAG* 6.3.1974 AP Nr. 29 zu § 615 BGB). Dies gilt etwa für eine nach landesgesetzlichen Bestimmungen erforderliche **schulaufsichtliche Genehmigung** zur Einstellung eines Lehrers (*BAG* 11.12.1987 RzK I 5h Nr. 4). Bei der Kündigung einer Lehrkraft **wegen fehlender Lehrbefähigung** handelt es sich um einen personenbedingten Kündigungsgrund, weil der Lehrkraft die Fähigkeit und Eignung für ihren Arbeitsplatz fehlt (aA *BAG*, das bei der Kündigung einer Lehrkraft wegen fehlender Lehrbefähigung einen Mischtatbestand von personen- und betriebsbedingten Gründen annimmt; vgl. *BAG* 17.5.1984 EzA § 1 KSchG Betriebsbedingte Kündigung Nr. 32; 26.2.1986 – 7 AZR 519/84 – nv sowie 23.8.1984 – 2 AZR 390/83 – nv; **aA** *Schulin* SAE 1986, 279, der einen ausschließlich betriebsbedingten Kündigungsgrund annimmt).

Wird einem **U-Bahn-Zugfahrer** wegen Volltrunkenheit als Kraftfahrer außerhalb des Dienstes der Führerschein entzogen, verliert er damit nicht seine Fahrerlaubnis als U-Bahn-Zugfahrer, jedoch können uU Rückschlüsse auf die Zuverlässigkeit als U-Bahn-Zugfahrer gezogen werden, die ggf. nach einer erfolglosen Abmahnung zu einer personenbedingten Kündigung berechtigen (*BAG* 4.6.1997 EzA § 626 BGB nF Nr. 168). Wird einem als **Kraftfahrer** beschäftigten Arbeitnehmer wegen Trunkenheit am Steuer auf einer Privatfahrt die **Fahrerlaubnis** entzogen, kann dies eine personenbedingte Kündigung rechtfertigen (*BAG* 16.8.1990 RzK I 5h Nr. 18; 25.4.1996 EzA § 1 KSchG Personenbedingte Kündigung Nr. 14, zu B II 1; *LAG Nds.* 9.9.2003 LAGE § 1 KSchG Personenbedingte Kündigung Nr. 19). Das Gleiche gilt für Lkw-Beifahrer, wenn der Arbeitgeber nur Mitarbeiter mit Fahrerlaubnis der Klasse II als Beifahrer einsetzt. Diese organisatorische Unternehmerentscheidung ist von den Gerichten nicht auf ihre Zweckmäßigkeit überprüfbar (*BAG* 16.8.1990 aaO). Wird die **Fluglizenz** eines Verkehrsflugzeugführers ungültig, kann dies eine personenbedingte Kündigung rechtfertigen, wenn keine Aussicht besteht, dass der Pilot die Erneuerung seiner Fluglizenz in absehbarer Zeit erreichen kann. Soweit die zuständige Behörde eine Erneuerung der Lizenz ablehnt, ist die Rechtmäßigkeit dieser Entscheidung nicht von den mit dem Kündigungsschutzprozess befassten Arbeitsgerichten, sondern allein von der zuständigen Erlaubnisbehörde (bei Piloten etwa das Luftfahrtbundesamt) und ggf. von den Verwaltungsgerichten zu prüfen (*BAG* 7.12.2000 EzA § 1 KSchG Personenbedingte Kündigung Nr. 15, zu II 3). Führt der Arbeitgeber dagegen selbst Eignungsprüfungen durch, ist deren Ergebnis von den Arbeitsgerichten – ggf. im Kündigungsschutzprozess – zu überprüfen (*BAG* 25.4.1996 EzA § 1 KSchG Personenbedingte Kündigung Nr. 14, zu B II 1 a, 2).

f) Berufskrankheit

294 Beruht eine Erkrankung ursächlich auf der vom Arbeitnehmer ausgeübten Beschäftigung, so sind bei der Interessenabwägung besonders **strenge Maßstäbe** an die **Prüfung** der **Sozialwidrigkeit** anzulegen (BAG 20.10.1954 AP § 1 KSchG Nr. 6; LAG Köln 8.7.1982 AuR 1983, 27). Dies gilt insbes. dann, wenn der Arbeitgeber die Berufskrankheit schuldhaft (zB durch das Unterlassen von notwendigen Schutz- und Sicherheitsmaßnahmen) herbeigeführt hat. Im Übrigen ist zu unterscheiden, ob die Berufskrankheit zu einer lang anhaltenden **Arbeitsunfähigkeit** (s.u. Rz 366 ff.), zu häufigen **Kurzerkrankungen** (s.u. Rz 325 ff.), zu einer **Leistungsminderung** (s.u. Rz 379 ff.) oder zum **Fortfall** der **Eignung** (s.u. Rz 303 ff.) führt.

g) Betriebsgeheimnis

295 Besteht aufgrund verwandtschaftlicher oder freundschaftlicher Beziehungen zu einem in einem Konkurrenzunternehmen tätigen Mitarbeiter die durch tatsächliche Anhaltspunkte begründete Gefahr des Verrats von Betriebs- oder Geschäftsgeheimnissen, kann dies bei **Arbeitnehmern in Vertrauenspositionen** ein personenbedingter Kündigungsgrund sein (LAG Stuttgart 19.12.1952 BB 1953, 236; LAG BW 31.10.1967 DB 1968, 359; LAG Hmb. 27.3.1969 BB 1970, 1096). Der Verrat von Betriebs- oder Geschäftsgeheimnissen an ein Konkurrenzunternehmen ist dagegen ein verhaltensbedingter Grund (s.u. Rz 494).

h) Betriebsunfall

296 Ebenso wie bei einer Berufskrankheit (s.o. Rz 294) sind auch bei einer ordentlichen Kündigung, die wegen der Folge eines Betriebsunfalls (zB lang anhaltende Arbeitsunfähigkeit, häufige Kurzerkrankungen oder geminderte Leistungsfähigkeit) erklärt wird, **strenge Maßstäbe** an die **Interessenabwägung** zu stellen. Dies gilt ferner für die Prüfung anderweitiger Beschäftigungsmöglichkeiten (BAG 9.7.1964 DB 1964, 1523; LAG Düsseld. 4.9.1978 DB 1979, 607; 17.10.1972 DB 1973, 2307). Um eine anderweitige Beschäftigung des durch den Betriebsunfall behinderten Arbeitnehmers zu ermöglichen, muss der Arbeitgeber uU einen anderen Arbeitnehmer durch Ausübung seines Direktionsrechts versetzen (BAG 29.1.1997 EzA § 1 KSchG Krankheit Nr. 42; s. ferner Rz 376). Ist ein behinderter Arbeitnehmer nur noch in der Lage, zeitlich verkürzt zu arbeiten, so ist eine personenbedingte Beendigungskündigung nur dann sozial gerechtfertigt, wenn keine geeigneten Teilzeitarbeitsplätze zur Verfügung stehen und es dem Arbeitgeber aufgrund der betrieblichen Gegebenheiten nicht zuzumuten ist, einen entsprechenden Arbeitsplatz zu schaffen. Bei der Interessenabwägung ist auch zu berücksichtigen, ob der Betriebsunfall vom Arbeitgeber oder Arbeitnehmer zu vertreten ist (Lepke Rz 142; Weller ArbRdGgw 1982, S. 89).

i) Druckkündigung

297 Eine Kündigung, die der Arbeitgeber mit einer Drucksituation seitens der Belegschaft oder Dritter begründet, kann als personenbedingte Kündigung gerechtfertigt sein, zB wenn auf den Arbeitgeber **wegen der fehlenden fachlichen oder persönlichen Eignung** des Arbeitnehmers Druck ausgeübt wird (BAG 31.1.1996 EzA § 626 BGB Druckkündigung Nr. 3); s. im Übrigen Rz 586.

j) Eheschließung, Ehescheidung

298 Die Verheiratung oder die Eingehung einer eingetragenen Lebenspartnerschaft (Kleinebrink ArbRB 2003, 22) ist bereits wegen der Wertentscheidung von Art. 6 GG allein weder ein personen- noch ein verhaltensbedingter Kündigungsgrund. Erst recht sind **Zölibatsklauseln** als Umgehung des allgemeinen Kündigungsschutzes und wegen Verstoßes gegen Art. 6 Abs. 1, Art. 1, 2 GG nichtig (BAG 10.5.1957 AP Art. 6 Abs. 1 GG Ehe und Familie Nr. 1). Verstößt die Ehe oder die eingetragene Lebenspartnerschaft eines von einem kirchlichen Arbeitgeber beschäftigten Arbeitnehmers jedoch gegen fundamentale Grundsätze der kirchlichen Glaubens- und Sittenlehre oder gegen Bestimmungen des Kirchenrechts, kann dies eine ordentliche Kündigung aus personenbedingten Gründen rechtfertigen (BAG 25.5.1988 RzK I 8g Nr. 13: Eheschließung einer im kirchlichen Dienst stehenden Religionslehrerin mit einem geschiedenem Katholiken; BAG 31.10.1984 EzA § 1 KSchG Tendenzbetrieb Nr. 16: Ehe einer an einem katholischen Gymnasium beschäftigten Lehrerin mit einem geschiedenen Mann; BAG 4.3.1980 AP Nr. 3 zu Art. 140 GG: Ehe der Leiterin eines katholischen Pfarrkindergartens mit einem nicht laisierten katholischen Priester. Zur Beurteilung der sozialen Rechtfertigung einer derartigen ordentli-

chen Kündigung bedarf es einer an den Besonderheiten des Einzelfalles orientierten umfassenden Interessenabwägung, in deren Rahmen das verfassungsrechtlich verbürgte **Selbstordnungs- und Selbstverwaltungsrecht der Kirche** (Art. 140 GG iVm Art. 137 Abs. 3 WRV) gegenüber den Grundrechten des Arbeitnehmers (zB Art. 6 Abs. 1 GG) abzuwägen ist (*BAG* 4.3.1980 aaO; s.o. Rz 70 ff.).

Auch im Hinblick auf die Bedeutung des verfassungsrechtlich garantierten Selbstbestimmungsrechts 299 der Kirchen im Bereich des Kündigungsschutzrechts (vgl. *BVerfG* 4.6.1985 EzA § 611 BGB Kirchliche Arbeitnehmer Nr. 24 und s.o. Rz 71 ff.) kann ein schwerwiegender Verstoß gegen den Grundsatz der Unauflöslichkeit der Ehe nur bei solchen kirchlichen Mitarbeitern eine ordentliche Kündigung rechtfertigen, die **in einer spezifischen Nähe zu der von der betreffenden kirchlichen Institution wahrzunehmenden Aufgabe** stehen. Für die übrigen kirchlichen Mitarbeiter (zB Handwerker, Schreibkräfte, Reinigungs- und Küchenpersonal) ist eine nach kanonischem Recht unwirksame Eheschließung in aller Regel kein personen- oder verhaltensbedingter Kündigungsgrund (*Dütz* Anm. zu *BAG* AP Nr. 20 zu Art. 140 GG; *Rüthers* NJW 1985, 359; *Weber* NJW 1986, 370). Zur **außerordentlichen Kündigung** gegenüber kirchlichen Mitarbeitern vgl. KR-*Fischermeier* § 626 BGB Rz 123 f.

Der Umstand, dass ein **Ehegatte ebenfalls erwerbstätig** ist, ist kein personenbedingter Kündigungs- 300 grund, da er keine Vertragsstörung auslöst. Der durch die Erwerbstätigkeit des Ehegatten erzielte Verdienst kann aber bei einer betriebsbedingten Kündigung im Rahmen der sozialen Auswahl berücksichtigt werden (s.u. Rz 677).

Die **Ehescheidung** eines Arbeitnehmers ist kein Kündigungsgrund. Hatten die Ehepartner ein Ar- 301 beitsverhältnis miteinander geschlossen, wird durch die Zerrüttung oder Scheidung der Ehe weder das Arbeitsverhältnis automatisch aufgelöst, noch stellt dies allein einen Kündigungsgrund dar. Die Auswirkungen einer Scheidung oder der Trennung einer andersartigen Partnerschaft können allerdings Kündigungsgründe in der Person oder im Verhalten eines Arbeitnehmers auslösen, wenn Spannungen aufgrund der Trennung zu erheblichen Störungen des Arbeitsverhältnisses führen (*BAG* 9.2.1995 EzA § 1 KSchG Personenbedingte Kündigung Nr. 12, zu II 6 a; *LAG Köln* 28.11.2002 LAGE § 1 KSchG Personenbedingte Kündigung Nr. 18; nach *ArbG Passau* 14.9.1995 BB 1996, 115, genügt es bei einem Arbeitnehmer in leitender Funktion, dass das Vertrauensverhältnis aufgrund der Ehescheidung gestört ist).

k) Ehrenamt

Die Übernahme eines **politischen Mandats** ist weder ein personen- noch ein verhaltensbedingter Kün- 302 digungsgrund. Dies gilt auch für das Fernbleiben eines politischen Mandatsträgers von der Arbeit zwecks Teilnahme an Sitzungen von politischen Gremien (*LAG Düsseld.* 7.1.1966 BB 1966, 288). Für bestimmte politische Mandatsträger gilt darüber hinaus ein besonderer Kündigungsschutz (hierzu KR-*Weigand* ParlKSchG Rz 10 ff.). Die Wahrnehmung von ehrenamtlichen Funktionen **in Vereinigungen mit karitativer, künstlerischer, religiöser oder sportlicher Zielsetzung** stellt ebenfalls für sich keinen personen- oder verhaltensbedingten Kündigungsgrund dar. Nur wenn durch dieses außerdienstliche Verhalten das Arbeitsverhältnis konkret berührt wird, kann dies uU eine Kündigung sozial rechtfertigen.

l) Eignung – fachliche und persönliche

Fehlende körperliche und/oder geistige Eignung für die Ausübung der vertraglich geschuldeten Ar- 303 beitsleistung ist grds. ein personenbedingter Kündigungsgrund (*v. Hoyningen-Huene/Linck* Rz 211). Die fehlende Eignung kann beruhen auf einer mangelnden **fachlichen Qualifikation,** zB mangelhafte Kenntnisse und Fertigkeiten im erlernten und ausgeübten Beruf, dem Nichtbestehen erforderlicher Prüfungen, dem Fehlen der erforderlichen beruflichen Qualifikationsnachweise (*BAG* 15.8.1984 EzA § 1 KSchG Nr. 40; *LAG Düsseld.* 25.11.1960 BB 1961, 333; *LAG BW* 22.4.1958 BB 958, 776) oder gestiegenen Anforderungen infolge einer Änderung des Anforderungsprofils des Arbeitsplatzes (*Hunold* NZA 2000, 802). Auch eine **persönliche Ungeeignetheit** etwa aus gesundheitlichen oder charakterlichen Gründen kommt als personenbedingter Kündigungsgrund in Betracht (*BAG* 29.7.1976 EzA § 1 KSchG Nr. 34; *LAG Düsseld.* 26.11.1954 DB 1955, 196; *LAG Bln.* 9.12.1954 BB 1955, 834; *LAG Bayern* 11.2.1955 BB 1955, 966; *LAG Kiel* 3.4.1958 BB 1958, 810). Eine Ungeeignetheit kann insbes. auf beschränkter Leistungsfähigkeit beruhen (s.u. Rz 384 ff.). Persönliche Ungeeignetheit eines Arbeitnehmers soll sich auch aus der Gefahr ergeben, dass er als Mitglied der Scientology-Organisation Personen, die er als Arbeitnehmer psychologisch zu betreuen hat, mit den Ideen von Scientology beeinflusst (vgl. *LAG Bln.*

11.6.1997 LAGE § 626 BGB Nr. 112). Das BAG hat angenommen, ein in einer Vertrauensstellung beschäftigter Arbeitnehmer sei deshalb persönlich ungeeignet, weil er sich ohne Not hoch verschuldete, dies in relativ kurzer Zeit zu häufigen Lohnpfändungen führte und er nach Art und Höhe der Schulden voraussichtlich noch längere Zeit in ungeordneten wirtschaftlichen Verhältnissen leben wird (BAG 15.10.1992 RzK I 5h Nr. 23; ebenso APS-*Dörner* Rz 334). Diese Rspr. darf jedoch nicht zu unfundierten Vorverurteilungen führen. Erforderlich sind zumindest konkrete Anhaltspunkte für den Verdacht, der Arbeitnehmer könne sich pflichtwidrig verhalten. Häufige Lohnpfändungen können uU auch eine verhaltensbedingte Kündigung rechtfertigen (s.u. Rz 459 ff.).

303a Einschlägige **Vorstrafen** können die persönliche Eignung eines Arbeitnehmers beeinträchtigen (s.u. Rz 390 f.). Nicht einschlägige Vorstrafen (zum Begriff s.u. Rz 512) und Verurteilungen, die nicht in das polizeiliche Führungszeugnis aufzunehmen sind, rechtfertigen dagegen eine Kündigung wegen mangelnder persönlicher Eignung grundsätzlich nicht (LAG Bln. 22.3.1996 DB 1997, 101). Auch besondere **sexuelle Neigungen** (zB Betreiben eines Swingerclubs, sadomasochistische Sexualpraktiken) allein beeinträchtigen die persönliche Eignung eines Arbeitnehmers nicht (LAG Hamm 19.1.2001 EzA-SD 2001, 16, S. 8; ArbG Bln. 7.7.1999 ZTR 2000, 185). Ebenso ist **Transsexualität** kein Kündigungsgrund, auch wenn sich der Arbeitnehmer einer Geschlechtsumwandlung unterzieht (EuGH 30.4.1996 NJW 1996, 2421; *Berkowsky* NZA-RR 2001, 458). Bei einer gesundheitsbedingten Ungeeignetheit finden die Grundsätze über krankheitsbedingte Kündigungen Anwendung (s.u. Rz 319 ff.). Wiederholter privater **Alkoholmissbrauch** kann die charakterliche Eignung eines Berufskraftfahrers für seinen Beruf beeinträchtigen und in krassen Fällen ggf. nach einer Abmahnung eine personenbedingte Kündigung rechtfertigen (s.a. Rz 425).

304 Ist der Eignungsmangel nicht behebbar und damit personenbedingt, bedarf es vor der Kündigung **keiner Abmahnung** (BAG 31.10.1984 EzA § 1 KSchG Tendenzbetrieb Nr. 16; 18.1.1980 EzA § 1 KSchG Verhaltensbedingte Kündigung Nr. 7; HK-*Dorndorf* Rz 371a; *Leuchten/Zimmer* BB 1999, 1975; s.o. Rz 269, 270). Kann der Arbeitnehmer den Mangel dagegen beheben, handelt es sich um eine verhaltensbedingte Kündigung mit der Konsequenz, dass nach den allgemeinen Grundsätzen (s.u. Rz 402; KR-*Fischermeier* § 626 BGB Rz 253 – 281) eine Abmahnungsobliegenheit des Arbeitgebers besteht.

305 In **Tendenzbetrieben** können **tendenzbezogene Leistungsmängel**, dh wenn die von einem Tendenzträger erbrachte Arbeitsleistung dem Tendenzzweck zuwiderläuft, eine mangelnde Eignung des Tendenzträgers begründen. Zur sozialen Rechtfertigung einer gegenüber einem dem Kommunistischen Bund Westdeutschlands angehörenden **DGB-Rechtsschutzsekretär** erklärten ordentlichen Kündigung BAG 6.12.1979 EzA § 1 KSchG Tendenzbetrieb Nr. 5. Zu personenbedingten Kündigungsgründen **im kirchlichen Bereich** s.o. Rz 74, 298 f.

306 Im **öffentlichen Dienst** kann sich die persönliche Ungeeignetheit eines Arbeitnehmers aus der **aktiven Betätigung in verfassungsfeindlichen Organisationen** ergeben. Dabei kann die persönliche Eignung nicht allein aufgrund der Mitgliedschaft des Arbeitnehmers in einer verfassungsfeindlichen Organisation beurteilt werden. Vielmehr ist eine Gesamtabwägung aller maßgeblichen dienstlichen und außerdienstlichen Umstände notwendig. Erforderlich ist, dass die politische Betätigung in die Dienststelle hineinwirkt, wobei die jeweils wahrzunehmende **dienstliche Funktion** und die **Aufgabenstellung** der **Behörde** zu berücksichtigen sind. Es muss aus konkreten Umständen auf die Ungeeignetheit des Arbeitnehmers für seine Arbeitsaufgabe geschlossen werden können. Solche Umstände können sich aus dem bisherigen dienstlichen oder außerdienstlichen Verhalten sowie insbes. aus einem durch Anhörung zu ermittelnden Verfassungsverständnis des Arbeitnehmers ergeben (BAG 28.9.1989 EzA § 1 KSchG Verhaltensbedingte Kündigung Nr. 28; vgl. zur persönlichen Eignung für den öffentlichen Dienst BVerfG 22.5.1975 BVerfGE 39, 334; BAG 22.5.1975 AP Art. 33 Abs. 5 GG Nr. 2; 23.9.1976 EzA § 1 KSchG Nr. 35; 20.7.1977 BB 1977, 1549; 6.6.1984 EzA § 1 KSchG Verhaltensbedingte Kündigung Nr. 12; 12.3.1986 EzA Art. 33 GG Nr. 13).

307 **Sonstige politische Aktivitäten** in Gegenwart und Vergangenheit beeinträchtigen die persönliche Eignung eines Arbeitnehmers, wenn sie Zweifel an der Einstellung des Arbeitnehmers zum demokratischen Rechtsstaat erwecken, die ihm übertragene Arbeitsaufgabe es aber erfordert, dass er die Werte eines solchen Rechtsstaates glaubwürdig vertritt. Dies trifft etwa für **Lehrer** zu, da sie den Schülern die Grundlagen des demokratischen Rechtsstaates nahe zu bringen haben. Innere Vorbehalte dagegen schwächen ihre Überzeugungskraft als Vorbild und beeinträchtigen ihre Eignung für den Lehrerberuf (BVerfG 8.7.1997 EzA Art. 20 EinigungsV Nr. 58). Die wesentliche Erkenntnisquelle für die innere Einstellung eines Arbeitnehmers sind sein Verhalten und seine Einstellung in der Vergangenheit, wozu zB

auch eine herausgehobene parteipolitische Betätigung für die SED in der DDR gehören kann. Entscheidend ist die **Prognose** im Zeitpunkt der Kündigung, die aufgrund einer konkreten und einzelfallbezogenen Würdigung der gesamten Persönlichkeit des Lehrers darauf abzustellen hat, ob sich etwa eine frühere innere Einstellung des Lehrers gegen die Grundwerte eines demokratischen Rechtsstaates gewandelt hat. Für diese Würdigung ist bei einem Lehrer in der DDR sein Verhalten nach der Wende von besonderer Bedeutung (*BVerfG* 8.7.1997 EzA Art. 20 EinigungsV Nr. 58; *Preis/Stoffels* RdA 1996, 221).

Frühere **Tätigkeiten** eines Arbeitnehmers des öffentlichen Dienstes **für das Ministerium für Staatssi-** 308 **cherheit der DDR,** die nach Kap. XIX Sachgebiet A Abschn. III Nr. 1 Abs. 5 Nr. 2 der Anl. I zum EV eine außerordentliche Kündigung rechtfertigen, werden idR auch eine ordentliche Kündigung wegen persönlicher Ungeeignetheit sozial rechtfertigen. Im Rahmen von § 1 KSchG ist aber das **Prognoseprinzip** zu beachten, dh. eine zukunftsbezogene Betrachtung anzustellen (*BAG* 27.3.2003 RzK I 5 h Nr. 67). Deshalb ist es nicht ausgeschlossen, dass im Einzelfall eine nach Abs. 5 Nr. 2 EV berechtigte Kündigung iSv § 1 Abs. 2 KSchG nicht sozial gerechtfertigt ist, weil das Verhalten des Arbeitnehmers nach der Wende Zweifel an seiner persönlichen Eignung ausgeräumt hat (*BAG* 13.3.1997 RzK I 5h Nr. 39).

Erfordert es die Arbeitsaufgabe eines **Arbeitnehmers des öffentlichen Dienstes** nicht, dass er sich mit 309 den Grundwerten eines demokratischen Rechtsstaates innerlich identifiziert, sondern liegt die Störung des Arbeitsverhältnisses allein darin, dass er sich aktiv in einer verfassungsfeindlichen politischen Organisation betätigt und dabei **den Staat in unangemessener Weise** angreift, ist eine Kündigung wegen fehlender persönlicher Eignung nur nach einer vorherigen erfolglosen **Abmahnung** gerechtfertigt (*BAG* 12.3.1986 RzK I 1 Nr. 10). Entbehrlich ist eine Abmahnung, wenn sie nach den konkreten Umständen des Einzelfalles keinen Erfolg verspricht.

Die persönliche Eignung eines Arbeitnehmers des öffentlichen Dienstes ist auch beeinträchtigt, wenn 310 er **zulässigerweise gestellte Fragen** zur Überprüfung seiner Eignungsvoraussetzungen **vorsätzlich falsch beantwortet.** Denn dies lässt auf einen charakterlichen Mangel (Unehrlichkeit) schließen und erweckt Zweifel, ob sich der Arbeitnehmer künftig loyal gegenüber seinem Arbeitgeber verhalten wird (*BAG* 13.9.1995 EzA Art. 20 EinigungsV Nr. 46). Bei Arbeitnehmern, die aus dem öffentlichen Dienst der DDR übernommen wurden, ist der Arbeitgeber berechtigt, nach einer früheren Tätigkeit für das Ministerium für Staatssicherheit (MfS) und nach früheren Parteifunktionen zu fragen, weil die Wahrnehmung solcher Funktionen Zweifel an der Eignung begründen und Anlass zur näheren Prüfung geben kann (*BVerfG* 8.7.1997 EzA Art. 20 EinigungsV Nr. 57; *VerfGH Bln.* 17.12.1997 JR 1999, 317; *BAG* 9.7.1998 RzK I 5h Nr. 43). Auch nach der Abgabe einer Verpflichtungserklärung zur Zusammenarbeit mit dem Ministerium für Staatssicherheit kann der Arbeitgeber fragen (*BAG* 13.6.1996 EzA § 1 KSchG Verhaltensbedingte Kündigung Nr. 48). Nach Betätigungen, die vor dem Jahre 1970 abgeschlossen waren, darf nach Auffassung des Bundesverfassungsgerichts jedoch nicht gefragt werden, weil sie keine oder nur äußerst geringe Bedeutung für den Fortbestand des Arbeitsverhältnisses haben könnten (*BVerfG* 8.7.1997 EzA Art. 20 EinigungsV Nr. 57; 4.8.1998 NZA 1998, 1329). Die vorsätzliche Falschbeantwortung einer zulässigerweise gestellten Frage rechtfertigt idR eine Kündigung wegen fehlender persönlicher Eignung (*BAG* 9.7.1998 RzK I 5h Nr. 43: Falschbeantwortung der Frage nach einer Spitzeltätigkeit für das MfS, die bis in das Jahr 1974 hineinreichte; 26.8.1993 EzA Art. 20 EinigungsV Nr. 24: wahrheitswidrige Versicherung, keine Verpflichtungserklärung gegenüber dem Ministerium für Staatssicherheit abgegeben zu haben), selbst wenn der MfS-Verstrickung als solche eine Kündigung nicht sozial rechtfertigen kann (*BAG* 18.10.2000 RzK I 5h Nr. 56). **Besondere Umstände des Einzelfalles** können aber eine andere Beurteilung rechtfertigen, zB ein entschuldbarer Verbotsirrtum (*BAG* 13.3.1997 – 2 AZR 506/96 – nv), die untergeordnete Stellung des Arbeitnehmers oder wenn die Tätigkeit für die Stasi sehr lange zurückliegt oder nicht schwerwiegend war (*BAG* 4.12.1997 EzA § 1 KSchG Verhaltensbedingte Kündigung Nr. 53; 1.7.1999 RzK I 5h Nr. 50: Zurverfügungstellung einer konspirativen Wohnung im Jahre 1989; 16.9.1999 RzK I 5l Nr. 157: Jugendliches Alter – 18 Jahre – im Zeitpunkt der Stasi-Tätigkeit; vgl. auch *BVerfG* 21.7.1999 NZA 1999, 1095). Die **Nichtbeantwortung** einer zulässigerweise gestellten Frage steht einer Falschbeantwortung nicht gleich (*BAG* 10.10.1996 – 2 AZR 552/95 – nv). Falsch- oder Nichtbeantwortung zulässigerweise gestellter Fragen können uU auch eine verhaltensbedingte Kündigung rechtfertigen. Die **fehlende Zustimmung des Personalrats** zu einem Personalfragebogen gibt dem Arbeitnehmer nicht das Recht, eine individualrechtlich zulässigerweise gestellte Frage wahrheitswidrig zu beantworten (*BAG* 2.12.1999 EzA § 94 BetrVG 1972 Nr. 4).

Im militärischen und polizeilichen Bereich können auch **Sicherheitsbedenken** die persönliche Unge- 311 eignetheit eines Arbeitnehmers begründen. Hierzu bedarf es seitens des öffentlichen Arbeitgebers der Darlegung entsprechender Umstände unter Anführung greifbarer Tatsachen, die den Sicherheitsbereich konkret beeinträchtigen (*BAG* 20.7.1989 EzA § 2 KSchG Nr. 11; 28.2.1963 und 27.9.1960 AP § 1 KSchG Sicherheitsbedenken Nr. 3 und 1), wozu auch die finanzielle Belastung durch auf längere Zeit zu tilgende Verbindlichkeiten, die teilweise auf Verurteilungen wegen eines Vermögensdeliktes zurückgehen, gehören kann (*LAG Köln* 9.5.1996 ZTR 1997, 188). Die bloße Erklärung einer Dienststelle, dass Sicherheitsbedenken bestünden, genügt nicht (*BAG* 21.3.1996 RzK I 5h Nr. 30).

m) Erwerbsminderung

312 Voll erwerbsgemindert ist, wer wegen Krankheit oder Behinderung auf nicht absehbare Zeit außerstande ist, unter den üblichen Bedingungen des allgemeinen Arbeitsmarktes mindestens drei Stunden täglich erwerbstätig zu sein oder wer als Behinderter wegen Art oder Schwere der Behinderung nicht auf dem allgemeinen Arbeitsmarkt tätig sein kann (§ 43 Abs. 2 S. 2 SGB VI). Aus dieser Regelung folgt, dass selbst volle Erwerbsminderung **nicht automatisch Arbeitsunfähigkeit** bedeutet. Volle oder teilweise Erwerbsminderung setzt insbes. nicht voraus, dass der Arbeitnehmer eine bisher vertraglich geschuldete Tätigkeit nicht mehr ausüben kann (*BAG* 14.5.1986 EzA § 7 BUrlG Nr. 45). Auf Erwerbsminderung des Arbeitnehmers allein kann eine personenbedingte Kündigung daher nicht gestützt werden. Vielmehr kommt bei voller oder teilweiser Erwerbsminderung nur eine Kündigung nach den Grundsätzen der krankheitsbedingten Kündigung (s.u. Rz 319 ff.), wegen Leistungsminderung (s.u. Rz 379 ff.) oder wegen der dauernden Unfähigkeit, die vertraglich geschuldete Arbeitsleistung zu erbringen (s.u. Rz 375 ff.), in Betracht. Das gleiche gilt bei einer vollen Erwerbsminderung auf Zeit, dh wenn der Rentenversicherungsträger eine Rente wegen voller Erwerbsminderung nur für eine begrenzte Zeit bewilligt (*LAG BW* 13.1.1988 RzK I 5h Nr. 5).

n) Familiäre Verpflichtungen

313 Ebenso wie der Familienstand (zu Eheschließung und Ehescheidung s.o. Rz 298 ff.). nicht als personen- oder verhaltensbedingter Kündigungsgrundgeeignet ist, bilden auch familiäre Verpflichtungen für sich allein keinen in der Person oder im Verhalten des Arbeitnehmers liegenden Kündigungsgrund. Nur wenn aufgrund der familiären Verpflichtungen das **Arbeitsverhältnis konkret beeinträchtigt wird**, etwa durch Schlechtleistungen oder ständige Verspätungen, kann darauf eine verhaltensbedingte Kündigung gestützt werden (s.u. Rz 438 ff., 448 f.). Eine konkrete Beeinträchtigung liegt weiterhin dann vor, wenn der Arbeitnehmer aufgrund der familiären Verpflichtungen nicht mehr dazu in der Lage ist, die für ihn geltende Arbeitszeit einzuhalten und nur verkürzt im Rahmen eines Teilzeitarbeitsverhältnisses arbeiten kann (zur Kündigung einer Halbtagskraft wegen Bedarfs einer Ganztagskraft *ArbG Koblenz* 22.1.1975 BB 1975, 788).

o) Gewissensentscheidung

314 Weigert sich ein Arbeitnehmer aus Gewissensgründen, eine ihm zugewiesene und nach dem Arbeitsvertrag und den betrieblichen Verhältnissen nicht zu erwartende Arbeit auszuführen, muss der Arbeitgeber diese **Gewissensentscheidung respektieren;** er darf dann dem Arbeitnehmer im Rahmen billigen Ermessens (§ 106 S. 1 GewO) solche Arbeiten nicht zuweisen. Die Unmöglichkeit, den Arbeitnehmer entsprechend zu beschäftigen, kann allerdings ein personenbedingter Kündigungsgrund sein, wenn eine andere Beschäftigungsmöglichkeit für den Arbeitnehmer nicht besteht (*BAG* 24.5.1989 EzA § 611 BGB Direktionsrecht Nr. 3 = AP § 611 BGB Gewissensfreiheit Nr. 1 m. zust. Anm. *Kraft* = SAE 1991, 1 m. zust. Anm. *Bydlinski* = AuR 1990, 265 m. zust. Anm. *Mayer*; 22.5.2003 EzA § 242 BGB 2002 Kündigung Nr. 2, zu B II 5 b dd, ee; ErfK-*Ascheid* Rz 260; aA *Berger-Delhey* Anm. AP § 611 BGB Gewissensfreiheit Nr. 1).

315 Das **Leistungsverweigerungsrecht** des Arbeitnehmers setzt voraus, dass er dem Arbeitgeber seinen Gewissenskonflikt offenbart. Er hat konkrete Tatsachen darzulegen, aus denen sich ergibt, dass ihm wegen einer aus einer spezifischen Sachlage folgenden Gewissensnot heraus nicht zuzumuten ist, die an sich vertraglich geschuldete Leistung zu erbringen. Die für den Arbeitnehmer bestehende Gewissensnot und die Ernsthaftigkeit seiner Entscheidung muss erkennbar sein (sog. subjektiver Gewissenskonflikt). Die Relevanz und Gewichtigkeit der Gewissensbildung unterliegt dann keiner weiteren gerichtlichen Kontrolle (*BAG* 24.5.1989 EzA § 611 BGB Direktionsrecht Nr. 3; 20.12.1984 EzA § 1 KSchG Verhaltensbedingte Kündigung Nr. 16 = AP Nr. 27 zu § 611 BGB Direktionsrecht m. krit. Anm. *Brox*).

316 **Kein Leistungsverweigerungsrecht hat** der Arbeitnehmer, wenn er schon bei Abschluss des Arbeitsvertrages damit rechnen musste, mit derartigen Tätigkeiten beschäftigt zu werden (*BAG* 20.12.1984

EzA § 1 KSchG Verhaltensbedingte Kündigung Nr. 16). Wer zB einen Arbeitsvertrag mit dem Inhaber eines Rüstungsbetriebes abschließt, muss damit rechnen, dass ihm der Rüstung dienende Tätigkeiten zugewiesen werden. Kein Leistungsverweigerungsrecht besteht ferner, wenn es sich um Übergangsarbeiten handelt, die aufgrund der konkreten Sachlage dringend geboten sind (*BAG* 24.5.1989 EzA § 611 BGB Direktionsrecht Nr. 3), oder wenn es dem Arbeitnehmer nicht gelingt, seine Gewissensnot und die Ernsthaftigkeit seiner Gewissensentscheidung darzulegen. In diesen Fällen kommt eine verhaltensbedingte Kündigung wegen unberechtigter Arbeitsverweigerung in Betracht (vgl. *v. Hoyningen-Huene/Linck* Rz 216; zur verhaltensbedingten Kündigung s.u. Rz 433 ff.).

Das durch eine religiöse Überzeugung motivierte sichtbare **Tragen religiöser Symbole** – etwa eines **islamischen Kopftuchs** durch eine Verkäuferin in einem Kaufhaus – kann eine personenbedingte Kündigung nur rechtfertigen, wenn es dadurch zu konkreten Störungen des Arbeitsverhältnisses kommt. Angesichts des Gewichts der Religionsfreiheit (Art. 4 GG, 9 EMRK) genügt es nicht, dass der Arbeitgeber negative Reaktionen von Kunden befürchtet und das öffentliche Tragen bestimmter Symbole in seinem Betrieb untersagen will (*BAG* 10.10.2002 EzA § 1 KSchG Verhaltensbedingte Kündigung Nr. 58, zu B II 2 b, 3 d, m. krit. Anm. *Rüthers* = AP Nr. 44 zu § 1 KSchG Verhaltensbedingte Kündigung m. krit. Anm. *Adam* = RdA 2003, 241 m. zust. Anm. *Preis/Greiner* = AR-Blattei ES 1020 Nr. 370 m. zust. Anm. *Dieterich*; zust. *Hoevels* NZA 2003, 702; *Bittner* Jura 2004, 39; **aA** als Vorinstanz *Hess. LAG* 21.6.2001 AP § 611 BGB Gewissensfreiheit Nr. 2). Dies ist verfassungsrechtlich nicht zu beanstanden (*BVerfG* 30.7.2003 EzA § 1 KSchG Verhaltensbedingte Kündigung Nr. 58a m. abl. Anm. *Rüthers*). Dem Arbeitgeber bleibt es aber unbenommen mit dem Arbeitnehmer einzelvertraglich zu vereinbaren, dass der Arbeitnehmer kein Kopftuch tragen soll; eine solche Vereinbarung ist wirksam (*Preis/Greiner* RdA 2003, 247). Im öffentlichen Dienst bedarf es einer gesetzlichen Regelung, wenn das Tragen eines Kopftuchs verboten werden soll, zB bei Lehrern (*BVerfG* 24.9.2003 NJW 2003, 3111; krit. hierzu *Dübbers/Dlovani* AuR 2004, 10).

316a

p) Haft

Strafhaft und Untersuchungshaft hindern den Arbeitnehmer, die vertraglich geschuldete Arbeitsleistung zu erbringen und können daher eine personenbedingte, je nach Art und Ausmaß der betrieblichen Auswirkungen auch eine außerordentliche Kündigung rechtfertigen (*BAG* 22.9.1994 EzA § 1 KSchG Personenbedingte Kündigung Nr. 11; 15.11.1984 EzA § 626 BGB nF Nr. 95). Welche voraussichtliche Dauer der Haft zu erheblichen betrieblichen Beeinträchtigungen führt, richtet sich nach den Umständen des Einzelfalles (hierzu *LAG RhPf.* 12.4.1999 EzA SD 1999 Nr. 21, S. 7; *LAG Bln.* 19.8.1985 RzK I 6a Nr. 14; *ArbG Hbg.* 30.5.2001 NZA-RR 2002, 246). Der Arbeitgeber hat dies im Einzelfall darzulegen (*BAG* 20.11.1997 RzK I 6a Nr. 154). Dem Arbeitgeber kann es zumutbar sein, an der Erlangung des Status als Freigänger mitzuwirken, sofern nicht Störungen von Betriebsablauf oder -frieden konkret zu befürchten sind. Im Rahmen der Interessenabwägung ist zu prüfen, ob der Arbeitgeber für die voraussichtliche Dauer der Haft betriebliche Beeinträchtigungen durch **zumutbare Überbrückungsmaßnahmen** vermeiden kann. Wegen der eigenen Verantwortlichkeit des Arbeitnehmers für die Arbeitsverhinderung sind hierbei dem Arbeitgeber zur Überbrückung des Ausfalles geringere Anstrengungen und Belastungen zuzumuten als bei vom Arbeitnehmer nicht zu vertretenden Umständen, wie zB bei einer krankheitsbedingten Arbeitsverhinderung (*BAG* 22.9.1994 EzA § 1 KSchG Personenbedingte Kündigung Nr. 11; vgl. auch *Berkowsky* Personenbedingte Kündigung S. 79).

317

Ob die der Haft des Arbeitnehmers zugrunde liegenden Straftaten eine personenbedingte Kündigung rechtfertigen können, ist eine Frage der Eignung (s.o. Rz 303). Hat der Arbeitnehmer die Straftat im dienstlichen Bereich begangen, kommt auch eine verhaltensbedingte Kündigung in Betracht (s.u. Rz 501 ff.).

318

q) Krankheit

Kündigungen wegen Krankheit sind der in der Praxis **häufigste Fall der personenbedingten Kündigung** (*Dassau* S. 41 will die krankheitsbedingte Kündigung wegen der zu berücksichtigenden betrieblichen Interessen zur betriebsbedingten Kündigung rechnen). **Krankheit im medizinischen Sinn** ist ein regelwidriger körperlicher oder geistiger Zustand, der die Notwendigkeit der Heilbehandlung zur Folge hat (*BAG* 5.4.1976 EzA § 1 LohnFG Nr. 48). Der **arbeitsrechtliche Krankheitsbegriff** knüpft an diese Begriffsbestimmung an (*BAG* 25.6.1981 BB 1982, 805; *Lepke* Rz 56 ff.), so dass insbes. auch psychosomatische Erkrankungen sowie **Suchtkrankheiten** (zur Trunksucht s.o. Rz 284 ff.) eine krankheitsbedingte Kündigung sozial rechtfertigen können. Krankheiten sind **keine Behinderungen** iSd Richtlinie 2000/78/EG. Diese erfasst nur Menschen, deren Teilhabe am Berufsleben für einen langen Zeitraum

319

eingeschränkt ist. Eine rein krankheitsbedingte Kündigung unterliegt daher nicht dem Antidiskriminierungsrecht (*EuGH* 11.7.2006 EzA EG-Vertrag 1999 Richtlinie 2000/78 Nr. 1).

320 Der für die Praxis bedeutsamste Fall der krankheitsbedingten Entlassung ist die **Kündigung** wegen **häufiger Kurzerkrankungen** (hierzu APS-*Dörner* Rz 138 ff.; BBDW-*Bram* Rz 121 ff.; HK-*Dorndorf* Rz 379 ff.; *v. Hoyningen-Huene/Linck* Rz 220 ff.; *Löwisch/Spinner* Rz 204 ff.; HaKo-*Gallner* Rz 507 ff.; SPV-*Preis* Rz 1222; *Lepke* Rz 113 ff.; aus der umfangreichen Rspr. *BAG* 29.7.1993 EzA § 1 KSchG Krankheit Nr. 40; 5.7.1990 EzA § 1 KSchG Krankheit Nr. 32; 7.12.1989 EzA § 1 KSchG Krankheit Nr. 30; 7.11.1985 EzA § 1 KSchG Krankheit Nr. 17; 10.11.2005 NZA 2006, 655). Zur **Unterrichtung des Betriebsrats** bei einer beabsichtigten Kündigung wegen Erkrankungen gem. § 102 Abs. 1 BetrVG KR-*Etzel* § 102 BetrVG Rz 63 – 63b.

321 Häufige langfristige Erkrankungen können ausnahmsweise sogar eine **außerordentliche Kündigung** aus wichtigem Grund rechtfertigen (*BAG* 18.10.2000 EzA § 626 BGB Krankheit Nr. 3; 16.12.1960 AP Nr. 3 zu § 133c GewO). Eine außerordentliche Kündigung aus krankheitsbedingten Gründen kommt ferner bei ordentlich unkündbaren Arbeitnehmern in Betracht (*BAG* 12.7.1995 EzA § 626 BGB nF Nr. 156 m. zust. Anm. *Kania*; 18.10.2000 EzA § 626 BGB Krankheit Nr. 3). Näher KR-*Fischermeier* § 626 BGB Rz 425 – 429.

322 Eine krankheitsbedingte Kündigung kann **während der Erkrankung des Arbeitnehmers** ausgesprochen werden, es sei denn, sie ist durch eine Tarifnorm – zB § 21 Abs. 6 Bundesrahmentarifvertrag für Apothekenmitarbeiter (vgl. *BAG* 5.2.1998 EzA § 8 EFZG Nr. 1) – verboten (*Becker-Schaffner* ZTR 1997, 49). Eine krankheitsbedingte Arbeitsunfähigkeit schließt es auch nicht aus, dass der Arbeitgeber bei Vorliegen von verhaltens- oder betriebsbedingten Gründen das Arbeitsverhältnis wegen dieser Umstände kündigt. Dies gilt insbes. bei **Pflichtwidrigkeiten während der Krankheit** (dazu s.u. Rz 475 ff..) oder einer wegen Arbeitsmangel erforderlichen Kündigung während der Krankheit (*LAG Düsseld.* 7.11.1974 BB 1975, 1067; *ArbG Kiel* 18.12.1956 BB 1957, 439). Im Einzelfall kann es dem Arbeitgeber aber zumutbar sein, bei einem Auftragsmangel zunächst die Genesung des Arbeitnehmers abwarten (*LAG Bln.* 14.1.2000 NZA-RR 2001, 187). Eine personenbedingte Kündigung wegen Krankheit kommt mangels tatsächlich bestehender Arbeitsunfähigkeit nicht in Betracht, wenn der Arbeitnehmer die Krankheit lediglich vortäuscht. Dann kann allerdings eine Kündigung aus verhaltensbedingten Gründen gerechtfertigt sein (hierzu s.u. Rz 485 f.).

323 Die **Überprüfung** einer **krankheitsbedingten Kündigung** hat – wie jede andere personenbedingte Kündigung (s.o. Rz 271 ff.) – in **drei Stufen** zu erfolgen (st.Rspr. des *BAG*, etwa 29.7.1993 EzA § 1 KSchG Krankheit Nr. 40; 29.4.1999 EzA § 1 KSchG Krankheit Nr. 46; 10.11.2005 NZA 2006, 55, zu B I 2 a). Zunächst bedarf es einer **negativen Prognose** hinsichtlich des weiteren **Gesundheitszustandes** des zu kündigenden Arbeitnehmers (»fehlende Fähigkeit und Eignung«). Sodann ist zu prüfen, ob die **entstandenen** und **prognostizierten Fehlzeiten** zu einer **erheblichen Beeinträchtigung** der **betrieblichen Interessen** führen. In der dritten Stufe wird mit **einer einzelfallbezogenen Interessenabwägung** geprüft, ob die erheblichen betrieblichen Beeinträchtigungen zu einer **billigerweise nicht mehr hinzunehmenden betrieblichen oder wirtschaftlichen Belastung** des Arbeitgebers führen. Ist dies zu bejahen, ist die Kündigung aus personenbedingten Gründen sozial gerechtfertigt. Da die Krankheit stets ein personenbedingter Kündigungsgrund ist, kommt es nicht darauf an, ob die Krankheit eine Kündigung aus betrieblichen Gründen unumgänglich notwendig macht (*BAG* 23.9.1992 RzK I 5g Nr. 50) bzw. ob für die Kündigung im betrieblichen Interesse ein objektiver Sachzwang besteht (so aber *Boewer* NZA 1988, 678).

324 Bei der Überprüfung einer krankheitsbedingten Kündigung in drei Stufen (s.o. Rz 323) ist zwischen Kündigungen wegen häufiger Kurzerkrankungen (s.u. Rz 325 ff.), wegen lang anhaltender Krankheiten (s.u. Rz 366 ff.), wegen krankheitsbedingter dauernder Leistungsunfähigkeit (s.u. Rz 375 ff.) und wegen krankheitsbedingter Minderung der Leistungsfähigkeit (s.u. Rz 379 ff.) zu unterscheiden. In allen Fallgruppen stellt sich die Frage, ob vor der Kündigung ein betriebliches Eingliederungsmanagement durchzuführen ist (s.u. Rz 324a ff.).

aa) Betriebliches Eingliederungsmanagement

324a Mit dem am 1.5.2004 in Kraft getretenen Gesetz zur Förderung der Ausbildung und Beschäftigung schwerbehinderter Menschen vom 23.4.2004 (BGBl. I S. 606) wurde durch die Neufassung von § 84 Abs. 2 SGB IX eine Verpflichtung für Arbeitgeber zur Durchführung eines sog. betrieblichen Eingliederungsmanagements begründet, wenn ein Arbeitnehmer innerhalb eines Jahres länger als sechs Woein bezogen auf das jeweilige Leiden aussagekräftiger Zeitraum in der Vergangenheit (*BAG* 10.11.2005 NZA 2006, 655, zu B II 2 b aa (3)). Streitig ist, ob der Prognosezeitraum zumindest zwei Jahre umfassen muss (so *LAG Hamm* 4.12.1996 LAGE § 1 KSchG Krankheit Nr. 26, zu 1; HaKo-*Gallner* Rz 507; APS-*Dörner* Rz 206, 207; BBDW-*Bram* Rz 124 a) oder ob zumindest bei noch nicht länger bestehenden Arbeitsverhältnissen auch eine Zeitdauer von etwa fünfzehn Monaten ausreichen kann (so HK-*Dorndorf* Rz 391; KDZ-*Kittner* Rz 84 c; *v. Hoyningen-Huene/Linck* Rz 227 a; ErfK-*Ascheid* Rz 233). Der von letzterer Ansicht herangezogene Leitsatz des Urteils des *BAG* vom 19.5.1993 (RzK I 5g Nr. 54) trägt diese Auffassung nicht, da er das zugrunde liegende Urteil nicht wiedergibt. Dort wird darauf hingewiesen, dass eine Zeitspanne von zwei bis drei Jahren eine sichere Prognose zulasse (zu II 2 a). Dass der 2. Senat gleichwohl eine nach Ablauf von 13 Monaten nach Beginn des Arbeitsverhältnisses und elf Monaten seit der ersten Arbeitsunfähigkeit ausgesprochene Kündigung als möglicherweise gerechtfertigt ansah, beruhte darauf, dass der Kläger innerhalb der elf Monate 327 Tage arbeitsunfähig war. Dies veranlasste den Senat zur Zurückweisung mit dem Hinweis, es sei vom LAG zu prüfen, ob nicht eine Kündigung wegen lang andauernder Erkrankung vorliege. Eine Aussage über den Prognosezeitraum für häufige Kurzerkrankungen enthält das Urteil nicht. Dieser ist wegen der Vielzahl unterschiedlicher Krankheitsbilder nicht schematisch zu bestimmen (SPV-*Preis* Rz 1222). Regelmäßig werden aber Zeiträume von weniger als zwei Jahren zu sehr von Zufällen geprägt, als dass eine fundierte Prognose möglich wäre (HaKo-*Gallner* Rz 507). Ggf. können bereits vor dem Arbeitsverhältnis aufgetretene Krankheiten berücksichtigt werden. Ist allein wegen der bisherigen Fehlzeiten eine negative Prognose nicht zu begründen, entfällt die Indizwirkung. Der Arbeitgeber kann den Beweis der negativen Gesundheitsprognose dann auch durch andere Umstände führen, etwa ein vorliegendes **ärztliches Gutachten** (*BAG* 23.6.1983 EzA § 1 KSchG Krankheit Nr. 12; APS-*Dörner* Rz 207).

Im Übrigen ist für die Prognose zu berücksichtigen, ob die Erkrankungen eine steigende, gleich bleibende oder fallende **Tendenz** aufweisen (bei fallender Tendenz ist besondere Vorsicht geboten) und ob sie mit einer gewissen **Häufigkeit** (Anzahl der Krankheitsperioden) und mit einer gewissen **Regelmäßigkeit** (zeitlicher Abstand zwischen den Krankheitsperioden) auftreten (*BAG* 6.9.1989 EzA § 1 KSchG Krankheit Nr. 26). Die Bewertung dieser Umstände sowie die für eine Prognose ist Sache der Tatsacheninstanzen, denen hierbei ein **Ermessensspielraum** zusteht. In der Revisionsinstanz kann nur nachgeprüft werden, ob der Ermessensrahmen für die aus Fehlzeiten abgeleitete Prognose eingehalten worden ist (*BAG* 2.11.1989 RzK I 5g Nr. 32; 6.9.1989 aaO; 26.5.1977 EzA § 102 BetrVG 1972 Nr. 30). 331

Es gibt **keinen festen Mindestumfang** der zukünftig zu erwartenden Fehlzeiten (*BAG* 16.2.1989 EzA § 1 KSchG Krankheit Nr. 25, zu B III 1 c cc, 2 a; 6.9.1989 EzA § 1 KSchG Krankheit Nr. 28, zu III 2 a; *Löwisch/Spinner* Rz 205; **aA** *LAG Hamm* 4.12.1996 LAGE § 1 KSchG Krankheit Nr. 26, das eine Krankheitsquote von weniger als 12–14 % der Jahresarbeitszeit im Allgemeinen noch nicht als kündigungsrelevant ansieht). Dieser ist erst bei der Prüfung der sozialen Rechtfertigung der Kündigung in der zweiten Stufe (betriebliche Beeinträchtigung) und in der dritten Stufe (nicht mehr hinzunehmende Belastung) von Bedeutung (s.u. Rz 338, 352). Insbes. muss die Sechs-Wochenfrist von § 3 Abs. 1 S. 1 EFZG nicht überschritten werden (APS-*Dörner* Rz 145; **aA** ErfK-*Ascheid* Rz 233; DW-*Günther* Rz 82). 332

Hat der Arbeitgeber die Fehlzeiten in der Vergangenheit ordnungsgemäß dargelegt (s.o. Rz 329) und sich auf die Indizwirkung dieser Fehlzeiten für die Zukunft berufen, ist es **Sache des Arbeitnehmers, die Indizwirkung zu erschüttern** (aA offenbar APS-*Dörner* Rz 216, der eine Erleichterung mit Hilfe des Anscheinsbeweises ablehnt). Er muss gem. § 138 Abs. 2 ZPO dartun, weshalb zukünftig mit einer hinreichenden Reduzierung der Fehlzeiten zu rechnen sei. Ist er über seinen Gesundheitszustand nicht ausreichend unterrichtet, haben die Ärzte aber ihm gegenüber seine künftige gesundheitliche Entwicklung positiv beurteilt, genügt es, wenn der Arbeitnehmer die vom Arbeitgeber behaupteten künftigen Fehlzeiten bestreitet und die ihn behandelnden Ärzte von der Schweigepflicht entbindet (*BAG* 6.9.1989 EzA § 1 KSchG Krankheit Nr. 26, zu B 1 1 b; 17.6.1999 EzA § 1 KSchG Wiedereinstellungsanspruch Nr. 4, zu II 2 b aa), wobei es genügt, wenn sich aus den Auskünften der behandelnden Ärzte Zweifel an der Negativprognose ergeben (*BAG* 7.11.2002 EzA § 1 KSchG Krankheit Nr. 50). Die Entbindung von der Schweigepflicht kann formlos gegenüber dem Zeugen, der Gegenpartei oder dem Gericht erklärt werden (*BAG* 12.1.1995 RzK I 5g Nr. 58). Sie ist auch zulässig, wenn sich der Arbeitnehmer vorprozessual geweigert hatte, die ihn behandelnden Ärzte von der Schweigepflicht zu befreien (*BAG* 12.4.2002 EzA § 1 KSchG Krankheit Nr. 49, zu II 5 d bb (2)). Hat der Arbeitnehmer seine Ärzte nicht konsultiert, ist seine Berufung auf die behandelnden Ärzte unzutreffend und als Ausforschungsbeweis unzulässig (vgl. *BAG* 6.9.1989 EzA § 1 KSchG Krankheit Nr. 26, zu I 1 b). Die Entbindung von der ärztlichen Schweigepflicht reicht nur aus, wenn damit zugleich zum Ausdruck gebracht wird, die Ärz- 333

§ 1 KSchG   Sozial ungerechtfertigte Kündigungen

te hätten die gesundheitliche Entwicklung positiv beurteilt (*BAG* 13.6.1996 RzK I 5g Nr. 63; *LAG RhPf* 28.8.1997 ZTR 1998, 472; HK-*Dorndorf* Rz 395). Die Vorlage eines ärztlichen Attestes über den derzeitigen Gesundheitszustand des Arbeitnehmers genügt nicht, da damit nichts über den künftigen Gesundheitszustand des Arbeitnehmers gesagt ist (*BAG* 2.11.1989 RzK I 5g Nr. 31). Ebenso wenig reicht es aus, wenn ein Arbeitnehmer, der an verschiedenen schwerwiegenden Krankheiten leidet, geltend macht, nach Abschluss einer im Kündigungszeitpunkt vorgesehenen Kur sei er arbeitsfähig gewesen, ohne anzugeben, welche seiner Krankheiten nach Ansicht seiner Ärzte durch die Kur günstig beeinflusst werden konnte (*BAG* 12.12.1996 RzK I 5g Nr. 66).

334 Sind dem Arbeitnehmer die ärztlichen Diagnosen und Prognosen bekannt, hat er sie nach § 138 Abs. 2 ZPO im Prozess konkret vorzutragen, soweit ihm dies als medizinischem Laien zuzumuten ist (vgl. *LAG SchlH* 3.11.2005 LAGE § 1 KSchG Krankheit Nr. 38, zu 2 a). Ein »Zwischenbeweisverfahren« über den Umfang der Kenntnisse des Arbeitnehmers scheidet nach Ansicht des *BAG* regelmäßig aus (*BAG* 6.9.1989 EzA § 1 KSchG Krankheit Nr. 26, zu B I 1 b). Dies hindert jedoch nicht daran, die Darstellung des Arbeitnehmers auf ihre Glaubhaftigkeit zu würdigen. Zumindest die Art der jeweiligen Erkrankung ist einem Arbeitnehmer regelmäßig bekannt und von ihm daher im Prozess darzulegen. Zudem ist die Einholung ärztlicher Auskünfte regelmäßig zumutbar, da die Diagnose und die prognostizierte Krankheitsentwicklung für einen Arbeitnehmer idR verständlich sind (APS-*Dörner* Rz 211; *v. Hoyningen-Huene/Linck* Rz 228b; **aA** HaKo-*Gallner* Rz 549). Die Darlegung konkreter Krankheitsursachen ist jedenfalls erforderlich, wenn der Arbeitnehmer sich auf eine betriebliche Verursachung berufen will (*BAG* 17.6.1999 EzA § 1 KSchG Wiedereinstellungsanspruch Nr. 4, zu II 2 b). Trägt der Arbeitnehmer die **konkreten Umstände** seiner Beschwerden und deren Ausheilung bzw. Abklingen vor, ist dieser Vortrag nur beachtlich, wenn diese geeignet sind, die Indizwirkung der Fehlzeiten zu beseitigen (*BAG* 16.8.1990 RzK I 5g Nr. 41; 6.9.1989 EzA § 1 KSchG Krankheit Nr. 26, zu B I 1 d), zB wenn er vorträgt, die bisherigen Fehlzeiten seien auf eine Bronchitis zurückzuführen, er habe deshalb eine Kur durchgeführt, die Bronchitis sei nunmehr ausgeheilt. Ferner kann die Indizwirkung erschüttert werden, wenn der Arbeitnehmer substantiiert darlegt, dass hinsichtlich der bisherigen Erkrankungen ihrer Natur nach oder aufgrund ihrer Entstehung keine Wiederholungsgefahr besteht, zB wenn er vorträgt, dass eine Fehlzeit auf einem Armbruch oder einer Blinddarmoperation beruht.

335 Trägt der Arbeitnehmer zu den vom Arbeitgeber dargelegten Fehlzeiten nichts vor, gilt die **Behauptung des Arbeitgebers**, künftig sei mit entsprechend hohen Fehlzeiten zu rechnen, gem. § 138 Abs. 3 ZPO **als zugestanden** (*BAG* 6.9.1989 EzA § 1 KSchG Krankheit Nr. 26, zu B II 2 b aa; 2.11.1989 RzK I 5g Nr. 32; APS-*Dörner* Rz 212). Das Gleiche gilt, wenn der Arbeitnehmer die Indizwirkung der Fehlzeiten unsubstantiiert bestreitet (*LAG Köln* 17.6.1994 LAGE § 1 KSchG Krankheit Nr. 18). Demgegenüber kann der Arbeitnehmer nicht einwenden, nach der für das Arbeitsverhältnis maßgebenden gesetzlichen, tariflichen oder vertraglichen Regelung müsse er im Krankheitsfall für bis zu drei Ausfalltage keine Arbeitsunfähigkeitsbescheinigung vorlegen. Die Nachweispflicht gilt nur für die Entgeltfortzahlung und hat nichts mit der Darlegungslast im Kündigungsschutzprozess zu tun (*BAG* 6.9.1989 EzA § 1 KSchG Krankheit Nr. 26, zu B II 2 b aa).

336 Hat der Arbeitnehmer Umstände vorgetragen, die geeignet sind, die Indizwirkung der bisherigen Fehlzeiten zu erschüttern, ist der **Arbeitgeber beweispflichtig** dafür, dass es bei der Indizwirkung bleibt. Der Arbeitnehmer muss über die Erschütterung der Indizwirkung hinaus nicht den Gegenbeweis führen, dass nicht mit weiteren häufigen Erkrankungen zu rechnen sei (*BAG* 6.9.1989 EzA § 1 KSchG Krankheit Nr. 26; **aA** offensichtlich *Kasper* NJW 1994, 2987, der den Arbeitnehmer für verpflichtet hält, die Indizwirkung zu »entkräften«). Der Arbeitgeber kann den Beweis führen, dass die vom Arbeitnehmer vorgetragenen Umstände entweder nicht zutreffen oder die Indizwirkung nicht erschüttern. Hatte der Arbeitgeber bestimmte Krankheitsursachen behauptet, aus denen eine negative Gesundheitsprognose hergeleitet werden kann (zB chronische Bronchitis oder Gastritis), muss er sie ebenfalls im Bestreitensfall beweisen. Gelingt der Beweis, der meist nur mit der Zeugenaussage des behandelnden Arztes oder einem Sachverständigengutachten geführt werden kann, bleibt es bei der Indizwirkung. Das gleiche gilt, wenn der Arbeitnehmer eine Beweisführung unmöglich macht, weil er den vom Arbeitgeber benannten behandelnden Arzt nicht von der Schweigepflicht entbindet (*Becker-Schaffner* BB 1992, 558) oder sich weigert, sich einer Begutachtung zu unterziehen (ErfK-*Ascheid* Rz 207). Konnte er dies aus gesundheitlichen Gründen nicht, kann ihm jedoch keine Beweisvereitelung vorgeworfen werden. Allerdings kann ein solcher Umstand für eine negative Gesundheitsprognose sprechen (*BAG* 13.5.2004 EzA § 626 BGB 2002 Krankheit Nr. 2, zu III). Fehlt dem Gericht medizinisches Fachwissen, muss es ein arbeitsmedizinisches Gutachten einholen (*BAG* 6.9.1989 EzA § 1 KSchG

Krankheit Nr. 26, zu B II 2 b cc). Besteht nach der Beweisaufnahme ernsthaft die Möglichkeit eines von der bisherigen Entwicklung abweichenden Geschehensablaufs, dh einer geringeren Krankheitsanfälligkeit, ist die Indizwirkung erschüttert und eine negative Gesundheitsprognose nicht möglich (*BAG* 6.9.1989 EzA § 1 KSchG Krankheit Nr. 26).

– **Beeinträchtigung betrieblicher Interessen**

Bei der Prüfung der sozialen Rechtfertigung einer personenbedingten Kündigung geht es in der **zweiten Stufe** um Störungen des Arbeitsverhältnisses (s.o. Rz 272). Bei einer krankheitsbedingten Kündigung müssen die prognostizierten Fehlzeiten zu einer **erheblichen Beeinträchtigung der betrieblichen Interessen führen**. Hierbei kommen zwei Arten von Beeinträchtigungen in Betracht, nämlich Betriebsablaufstörungen und erhebliche wirtschaftliche Belastungen des Arbeitgebers (st.Rspr. des *BAG*; zB 6.9.1989 EzA § 1 KSchG Krankheit Nr. 27). 337

– – **Betriebsablaufstörungen**

Betriebsablaufstörungen sind als Kündigungsgrund geeignet, wenn es sich um **schwerwiegende Störungen** im Produktionsprozess handelt, die nicht durch mögliche Überbrückungsmaßnahmen vermieden werden können (*BAG* 16.2.1989 EzA § 1 KSchG Krankheit Nr. 25 m. krit. Anm. *Schüren/Feuerborn*; abl. *Schwerdtner* DB 1990, 378). Derartige **Störungen** können etwa im Stillstand von Maschinen, in einem Rückgang der Produktion wegen kurzfristig eingesetzten und erst einzuarbeitenden oder gar nicht beschaffbaren Ersatzpersonals, in der Überlastung des verbliebenen Personals oder im Abzug von an sich benötigten Arbeitskräften aus anderen Arbeitsbereichen liegen (*BAG* 16.2.1989 EzA § 1 KSchG Krankheit Nr. 25). Von Bedeutung ist auch die Stellung des Arbeitnehmers im Betrieb. Arbeitnehmer in Schlüsselpositionen sind schwerer ersetzbar als Arbeitnehmer in untergeordneter Position. Bei herausgehobenen Positionen können uU auch nur geringe Fehlzeiten eine Kündigung rechtfertigen (*BAG* 29.8.1984 RzK I 5g Nr. 9: 7,2 % = 20 Arbeitstage jährlich bei einem Kraftfahrer im ärztlichen Notfalldienst; aA *Bezani* S. 43 f., der eine krankheitsbedingte Kündigung bei einer zu erwartenden Fehlzeit von weniger als 6 Wochen im Regelfall für nicht gerechtfertigt hält). Nicht schwerwiegende Störungen, zB gelegentliche Überstunden von Mitarbeitern, muss der Arbeitgeber hinnehmen (*BAG* 15.2.1984 EzA § 1 KSchG Krankheit Nr. 15). 338

Störungen im Produktionsprozess sind nicht schwerwiegend, wenn sie durch mögliche und zumutbare **Überbrückungsmaßnahmen** vermieden werden können. Hierzu gehören der Einsatz eines Arbeitnehmers aus einer vorgehaltenen Personalreserve, Umorganisation der Arbeit, Neueinstellung einer Aushilfskraft, was aber bei Kurzerkrankungen nur selten in Betracht kommen dürfte (vgl. *BAG* 16.2.1989 EzA § 1 KSchG Krankheit Nr. 25 m. krit. Anm. *Schüren/Feuerborn*). Hat der Arbeitgeber bisher den Arbeitsausfall durch Einstellung einer Aushilfe, Umsetzung eines Arbeitnehmers oder Heranziehung eines Springers oder eines Leiharbeitnehmers überbrückt und ist er dazu auch künftig in der Lage, liegt keine hinreichende Betriebsablaufstörung vor (*BAG* 2.11.1989 RzK I 5g Nr. 31; 7.12.1989 RzK I 5g Nr. 34; 17.6.1999 EEK II, 244, zu II 3). Entsprechendes gilt beim Ausfall von Arbeitnehmern, die durch einen Springer ersetzt werden könnten, wenn der Arbeitgeber für sie keine Personalreserve im Rahmen einer durchschnittlichen Krankheitsquote vorhält, obwohl ihm dies zumutbar ist (vgl. *Herbst/Wohlfahrth* DB 1990, 1823). Ob der Arbeitgeber während der Ausfallzeit des Arbeitnehmers zur Lohnfortzahlung verpflichtet ist, ist für die Frage der Betriebsablaufstörung unerheblich (*BAG* 7.12.1989 aaO). 339

Der Arbeitgeber ist für das Vorliegen von Betriebsablaufstörungen **darlegungs- und beweispflichtig**. Dazu gehört auch die Schilderung, dass und aus welchen Gründen schwerwiegende Störungen im Betriebsablauf nicht durch mögliche Überbrückungsmaßnahmen vermieden werden können oder welcher Mehraufwand zur ihrer Vermeidung erforderlich ist (*BAG* 17.6.1999 EEK II, 244, zu II 2 b). Macht der Arbeitgeber geltend, der Ausfall des erkrankten Arbeitnehmers habe bisher nicht durch seine Personalreserve überbrückt werden können, hat er iE darzulegen, welche Ausfallzeiten durch die Personalreserve und ggf. welche Ausfallzeiten durch Überstunden des Stammpersonals bisher ausgeglichen werden konnten (*BAG* 2.11.1989 RzK I 5g Nr. 31). Maßgebend ist, ob während der konkreten Ausfallzeiten tatsächlich Springer zur Verfügung standen, zB weil zu dieser Zeit die allgemeine Fehlzeitenquote unterdurchschnittlich war und Springer frei waren, und künftig mit einer ähnlichen Entwicklung zu rechnen ist (*BAG* 7.12.1989 RzK I 5g Nr. 34). Zweifel gehen zu Lasten des Arbeitgebers. 340

– – **Erhebliche wirtschaftliche Belastungen**

Als erhebliche wirtschaftliche Belastung, die eine krankheitsbedingte Kündigung rechtfertigen kann, sind auch **Entgeltfortzahlungskosten** für den erkrankten Arbeitnehmer geeignet (st.Rspr. des *BAG* 341

§ 1 KSchG   Sozial ungerechtfertigte Kündigungen

seit 23.6.1983 EzA § 1 KSchG Krankheit Nr. 12; nachfolgend etwa 29.7.1993 EzA § 1 KSchG Krankheit Nr. 40 mit zust. Anm. *Weslau/Haupt;* 20.1.2000 EzA § 1 KSchG Krankheit Nr. 47; 10.11.2005 NZA 2006, 655, zu B I 2 a; **aA** SPV-*Preis* Rz 1223; *Berkowsky* Personenbedingte Kündigung S. 57; *Ide* AuR 1980, 229; *Kittner* Anm. EzA § 1 KSchG Krankheit Nr. 26; *Popp* DB 1981, 2611; DB 1986, 1461; *Stein* BB 1985, 605; krit. zur Rspr. des *BAG* auch *Schwerdtner* DB 1990, 375; nach ErfK-*Ascheid* Rz 231 ist auf den durch die Krankheit des Arbeitnehmers eingetretenen Produktions- und den damit verbundenen Einnahmeverlust abzustellen; ausschlaggebend für den Kündigungsgrund ist aber die Störung des arbeitsvertraglichen Synallagmas). Der Schutzzweck der Entgeltfortzahlungsbestimmungen und der des allgemeinen Kündigungsschutzes ist nur partiell identisch (*Schukai* DB 1976, 2016; *Birkner-Kuschyk/Tschöpe* DB 1981, 270; *Weller* ArbRdGgw Bd. 20, 1982, S. 83; krit. *Weber/Hoß* DB 1993, 2432). Die Heranziehung der Entgeltfortzahlungskosten als Kündigungsgrund verstößt nicht gegen das **Maßregelungsverbot** von § 612a BGB, da eine personenbedingte Kündigung nicht an eine Rechtsausübung des Arbeitnehmers iS dieser Norm, sondern an eine Störung des arbeitsvertraglichen Austauschverhältnisses anknüpft (*BAG* 16.2.1989 EzA § 1 KSchG Krankheit Nr. 25; HK-*Dorndorf* Rz 406; *Lepke* Rz 154; **aA** *Preis* DB 1988, 1444). Diese Rspr. wird inzwischen weitgehend akzeptiert (etwa HaKo-*Gallner* Rz 517; BBDW-*Bram* Rz 130; MünchKomm-*Hergenröder* Rz 178).

342 Erheblich ist die wirtschaftliche Belastung, wenn für den erkrankten Arbeitnehmer voraussichtlich jährlich Entgeltfortzahlungskosten **für einen Zeitraum von mehr als sechs Wochen** aufzuwenden sind (*BAG* 5.7.1990 EzA § 1 KSchG Krankheit Nr. 32; 29.7.1993 EzA § 1 KSchG Krankheit Nr. 40; 20.1.2000 EzA § 1 KSchG Krankheit Nr. 47; 10.11.2005 NZA 2006, 655, zu B I 2 a; krit. hierzu *Preis* Anm. AP § 1 KSchG 1969 Krankheit Nr. 20; ErfK-*Ascheid* Rz 242). Dies gilt auch dann, wenn die Fehlzeiten des Arbeitnehmers zu keinen Betriebsablaufstörungen führen und der Arbeitgeber keine Personalreserve vorhält (*BAG* 29.7.1993 EzA § 1 KSchG Krankheit Nr. 40). Der Betrag der Entgeltfortzahlungskosten für sechs Wochen muss nicht noch um einen bestimmten Mindestbetrag überschritten werden (*BAG* 13.12.1990 RzK I 5g Nr. 42, zu B II 2 c cc; für die Erforderlichkeit einer Überschreitung der für sechs Wochen anfallenden Kosten um mindestens 50 % BBDW-*Bram* Rz 133). Ebenso wenig ist erforderlich, dass Entgeltfortzahlungskosten bezogen auf die bisherige Gesamtdauer des Arbeitsverhältnisses für durchschnittlich mehr als sechs Wochen jährlich aufzuwenden waren (*BAG* 13.8.1992 EzA § 1 KSchG Krankheit Nr. 36). Entgeltfortzahlungskosten bis zu sechs Wochen jährlich hält das Gesetz hingegen im Rahmen der Regelungen über die Entgeltfortzahlung für zumutbar. Sie können deshalb auch eine Kündigung nicht sozial rechtfertigen (*BAG* 6.9.1989 EzA § 1 KSchG Krankheit Nr. 28 mit Anm. *Oetker*). Andererseits bedeuten Entgeltfortzahlungskosten von mehr als sechs Wochen jährlich nicht stets, dass damit die Kündigung sozial gerechtfertigt ist. Insoweit kommt es noch auf die Interessenabwägung an (*BAG* 13.6.1990 RzK I 5g Nr. 38; 10.11.2005 aaO, zu B I 2 a; s.a. Rz 347 ff.).

343 **Tarifliche Regelungen,** die für einzelne Arbeitnehmer jährliche Entgeltfortzahlungsansprüche von mehr als sechs Wochen vorsehen, verändern den kündigungsrechtlichen Maßstab nicht. Solche Regelungen berühren nicht die für die soziale Rechtfertigung der Kündigung maßgebliche gesetzliche Wertung. Nur wenn sich aus dem Tarifvertrag hinreichend deutlich ergibt, dass damit dem Arbeitnehmer auch ein verstärkter Kündigungsschutz gewährt werden soll, ist dies zu beachten (ebenso HaKo-*Gallner* Rz 518; BBDW-*Bram* Rz 134; für einen Anspruch auf Zuschuss zum Krankengeld *BAG* 6.9.1989 EzA § 1 KSchG Krankheit Nr. 28, zu III 2).

344 Bei der Frage der künftig zu erwartenden Entgeltfortzahlungskosten bleiben solche Fehlzeiten aus der Vergangenheit unberücksichtigt, bei denen **keine Wiederholungsgefahr** besteht (s.o. Rz 328 ff.), ferner Ausfallzeiten, für die keine Entgeltfortzahlungspflicht mehr besteht, weil die einzelne Krankheit den Zeitraum von sechs Wochen überschritten hat und stets wieder auftritt, bevor ein neuer Entgeltfortzahlungsanspruch entstanden ist (*BAG* 7.12.1989 RzK I 5g Nr. 34). Andererseits sind als weitere wirtschaftliche Belastung des Arbeitgebers die die Vergütung des Arbeitnehmers übersteigenden Mehrkosten für eine Ersatzkraft zu berücksichtigen, nicht jedoch die Kosten für eine Vorhaltereserve (*BAG* 12.4.1984 DB 1985, 873). Treten neben Betriebsablaufstörungen Entgeltfortzahlungskosten für weniger als sechs Wochen pro Jahr auf, sind erstere für die soziale Rechtfertigung ausschlaggebend. Letztere können in der Interessenabwägung berücksichtigt werden (für eine Kumulierung APS-*Dörner* Rz 160; ErfK-*Ascheid* Rz 234; *v. Hoyningen-Huene/Linck* Rz 233c).

344a **Gegenüberzustellen** sind die **Bruttovergütung**, die der Arbeitnehmer für sechs Wochen Arbeitsunfähigkeit erhalten würde, und die tatsächlich in dem betreffenden Jahr geleistete **Bruttoentgeltfortzahlung**. Arbeitgeberanteile zur Sozialversicherung bleiben unberücksichtigt, da sie ohnehin angefallen wären (BBDW-*Bram* Rz 135). Dasselbe gilt für Sonderzahlungen wie Weihnachts- und Urlaubsgeld

(KDZ-*Kittner* Rz 84a; beschränkt auf echte Gratifikationen HaKo-*Gallner* Rz 520; **aA** v. *Hoyningen-Huene/Linck* Rz 234a; APS-*Dörner* Rz 162; dann müssen derartige Leistungen aber auf beiden Seiten einbezogen werden, was die Berechnung nur unnötig verkompliziert). Kosten für Leiharbeitnehmer sind nur für die Kündigung wegen Betriebsablaufstörungen relevant (vgl. *BAG* 17.6.1999 EEK II, 244, zu II 2 b; **aA** BBDW-*Bram* Rz 135a).

Der Arbeitgeber ist **darlegungs- und beweispflichtig** für die zu erwartenden Entgeltfortzahlungskosten. Er hat darzulegen, dass von ihm in der Vergangenheit (mindestens in den letzten zwei Jahren; s.o. Rz 330) Entgeltfortzahlungskosten für einen Zeitraum von jährlich mehr als sechs Wochen für Ausfallzeiten aufzuwenden waren, die auch künftig zu besorgen sind. Ein spezifizierter Vortrag, auf welchen Betrag sich der den Zeitraum von sechs Wochen übersteigende Entgeltfortzahlungsanteil beläuft, ist aber nicht erforderlich (*BAG* 13.12.1990 RzK I 5g Nr. 42). 345

– – **Umsetzungsmöglichkeit**
Führen die zu erwartenden Fehlzeiten auf dem bisherigen Arbeitsplatz zu einer **erheblichen Beeinträchtigung der betrieblichen Interessen**, ist nach dem Grundsatz der Verhältnismäßigkeit zu prüfen, ob der Arbeitnehmer nicht auf einem freien oder freizumachenden (s.u. Rz 376) Arbeitsplatz untergebracht werden kann, auf dem keine betrieblichen Beeinträchtigungen mehr zu erwarten sind. Diese Verpflichtung besteht unabhängig davon, ob die Erkrankungen auf betriebliche Tätigkeiten zurückzuführen sind. Besteht eine Umsetzungsmöglichkeit, führt die Krankheit nicht zu einer erheblichen Beeinträchtigung der betrieblichen Interessen (*BAG* 2.11.1989 RzK I 5g Nr. 33; 24.11.2005 NZA 2006, 665, zu B IV 1). Den Arbeitgeber trifft die Darlegungs- und Beweislast dafür, dass die Kündigung durch den in der Person des Arbeitnehmers liegenden Grund bedingt ist, ohne dass eine andere Beschäftigung möglich wäre. Bestreitet der Arbeitnehmer nicht die negative Gesundheitsprognose, so genügt nach den Grundsätzen der abgestuften Darlegungs- und Beweislast zunächst der Vortrag des Arbeitgebers, die Weiterbeschäftigung zu gleichen Bedingungen führe zu einer erheblichen Beeinträchtigung der betrieblichen Interessen. Es obliegt dann dem Arbeitnehmer darzulegen, wie er sich eine anderweitige Beschäftigung vorstellt, bei der Beeinträchtigungen durch die Krankheit nicht eintreten. Erst dann muss der Arbeitgeber eingehend darlegen, aus welchen Gründen eine Umsetzung nicht möglich ist (*BAG* 2.11.1989 aaO). Äußert er sich nicht, geht dies zu seinen Lasten (*LAG Nürnberg* 21.1.2003 LAGE § 1 KSchG Krankheit Nr. 34). Zur Schaffung eines neuen Arbeitsplatzes ist der Arbeitgeber nicht verpflichtet (*LAG Düsseld.* 4.5.1995 LAGE § 1 KSchG Krankheit Nr. 20). Eine Umgestaltung des Arbeitsplatzes kommt zur Vermeidung einer außerordentlichen Kündigung in Betracht (*BAG* 12.7.1995 EzA § 626 BGB nF Nr. 156). 346

– **Interessenabwägung**
Bei der Prüfung der sozialen Rechtfertigung ist **in der dritten Stufe** eine **Interessenabwägung** vorzunehmen, dh es ist zu prüfen, ob die betrieblichen Beeinträchtigungen aufgrund der Besonderheiten des Einzelfalles vom Arbeitgeber **billigerweise noch hinzunehmen sind** oder ihn überfordern (st.Rspr. des *BAG*, etwa 29.7.1993 EzA § 1 KSchG Krankheit Nr. 40; 12.7.1995 EzA § 626 BGB nF Nr. 156; 20.1.2000 EzA § 1 KSchG Krankheit Nr. 47; 10.11.2005 NZA 2006, 655, zu B I 2 a; aus dem Schrifttum *Berkowsky* BB 1981, 910; *Ide* AuR 1980, 228; *Popp* DB 1981, 2611; *Weller* ArbRdGgw Bd. 20, 1982, S. 86). Es gibt **keine generellen Maßstäbe** zur Ermittlung der **zeitlichen, betrieblichen und wirtschaftlichen** Umstände, die der Arbeitgeber noch hinnehmen muss (*BAG* 23.6.1983 EzA § 1 KSchG Krankheit Nr. 12; 10.3.1977 EzA § 1 KSchG Krankheit Nr. 4; *Eser* BB 1985, 1474; *Lepke* Rz 103 ff.; *SPV-Preis* Rz 1231 ff.; *Popp* AuR 1979, 46; *Weller* ArbRdGgw Bd. 20, 1982, 85; **aA** *Schukai* DB 1976, 2015; *Weisemann* BB 1977, 1767; *LAG Hamm* 17.2.1981 BB 1981, 733; *LAG SchlH* 6.4.1981 DB 1981, 1547). Auf eine bestimmte Fehlquote (zB von jährlich 15–25 vH) als Grenze für die zeitliche und wirtschaftliche Belastung des Arbeitgebers ist nicht abzustellen (*BAG* 2.11.1983 EzA § 1 KSchG Krankheit Nr. 13; **aA** APS-*Dörner* Rz 170; *LAG Hamm* 29.7.1982 BB 1983, 701; *Schwerdtner* DB 1990, 378). Ebenso wenig kann die allgemeine (abstrakte) Ungewissheit, wann der im Kündigungszeitpunkt erkrankte Arbeitnehmer an seinen Arbeitsplatz zurückkehrt und seine vertraglich geschuldete Arbeitsleistung wieder aufnimmt, die Kündigung sozial rechtfertigen (*BAG* 19.5.1993 RzK I 5g Nr. 54). Es kommt vielmehr auf die konkreten Umstände des Einzelfalles an. 347

Bei der Interessenabwägung sind danach insbes. folgende Umstände zu berücksichtigen: 348

– – **Ursachen der Erkrankung**
Ist die Erkrankung auf **betriebliche Ursachen** zurückzuführen, ist dies zugunsten des Arbeitnehmers zu berücksichtigen (*Preis* Krankheit im Arbeitsverhältnis S. 111). Die Fehlquote der nach ihrer Beanspruchung vergleichbaren Arbeitnehmer kann hierfür ein Indiz geben. Der Arbeitgeber trägt die **Dar-

§ 1 KSchG Sozial ungerechtfertigte Kündigungen

legungs- und Beweislast dafür, dass ein solcher Kausalzusammenhang nicht besteht (*BAG* 7.11.2002 EzA § 1 KSchG Krankheit Nr. 50, zu B I 2 c dd (a); 5.7.1990 EzA § 1 KSchG Krankheit Nr. 32; 6.9.1989 EzA § 1 KSchG Krankheit Nr. 27). Der Arbeitnehmer hat jedoch gem. § 138 Abs. 2 ZPO zunächst Umstände darzulegen, die auf einen solchen Zusammenhang schließen lassen. Er hat die Krankheiten bestimmten Ursachen zuzuordnen, um dem Arbeitgeber eine Erwiderung zu ermöglichen. Allein die Entbindung des behandelnden Arztes von der Schweigepflicht genügt nicht (*BAG* 17.6.1999 EzA § 1 KSchG Wiedereinstellungsanspruch Nr. 4, zu II 2 b).

349 Trägt der Arbeitnehmer derartige Umstände vor, genügt der Arbeitgeber seiner **Darlegungslast**, wenn er die betriebliche Tätigkeit des Arbeitnehmers schildert und einen ursächlichen Zusammenhang mit den Fehlzeiten bestreitet. Der Arbeitnehmer muss dann die behandelnden Ärzte von der Schweigepflicht entbinden. Dann ist es Sache des Arbeitgebers, für die fehlende Kausalität zwischen Arbeitsbedingungen und Erkrankungen Beweis anzutreten (*BAG* 6.9.1989 EzA § 1 KSchG Krankheit Nr. 27). Der Beweis wird idR nur durch den behandelnden Arzt oder einen medizinischen Sachverständigen geführt werden können (*BAG* 5.7.1990 EzA § 1 KSchG Krankheit Nr. 32; 7.11.2002 EzA § 1 KSchG Krankheit Nr. 50, zu B I 2 c dd (a)).

350 Können betriebliche Verhältnisse (zB Staubluft) nur iVm einer **besonderen Anlage des Arbeitnehmers** (zB erhöhte Reizbarkeit des Bronchialsystems) zu häufigen Erkrankungen des Arbeitnehmers führen, braucht der möglichen Mitursächlichkeit der betrieblichen Umstände kein ausschlaggebendes Gewicht beigemessen zu werden (*BAG* 5.7.1990 EzA § 1 KSchG Krankheit Nr. 32; **aA** *Pflüger* DB 1995, 1764, der dem Arbeitgeberinteresse nur bei Vorliegen von Unzumutbarkeitsgründen – etwa Existenzgefährdung – Vorrang einräumen will).

351 Beruhen Erkrankungen des Arbeitnehmers auf seinem **Verschulden** (zB Unfälle infolge unvorsichtigen Verhaltens) oder auf ungewöhnlicher außerdienstlicher Beanspruchung (zB Nebentätigkeit unter Überschreitung der Höchstarbeitszeit nach dem ArbZG, übermäßige sportliche Betätigung), ist dies zu seinen Lasten zu berücksichtigen (HK-*Dorndorf* Rz 417).

– – Höhe der durchschnittlichen Ausfallquote

352 im Betrieb (*Preis* Krankheit im Arbeitsverhältnis S. 111). Je geringer die Fehlzeiten über der durchschnittlichen Ausfallquote liegen, um so mehr ist dies zugunsten des Arbeitnehmers zu berücksichtigen.

– – Dauer des ungestörten Verlaufs des Arbeitsverhältnisses

353 Je länger das Arbeitsverhältnis ungestört, dh ohne krankheitsbedingte Fehlzeiten, in der Vergangenheit dauerte, desto mehr Rücksichtnahme schuldet der Arbeitgeber (HK-*Dorndorf* Rz 418). Als »Störung« in diesem Sinne sind **auch geringfügige Fehlzeiten** unter sechs Wochen jährlich anzusehen (*BAG* 6.9.1989 EzA § 1 KSchG Krankheit Nr. 28 m. krit. Anm. *Oetker*) und solche Fehlzeiten, bei denen keine Wiederholungsgefahr besteht (*BAG* 2.11.1989 RzK I 5g Nr. 32).

354 Hatte der Arbeitgeber bei der Einstellung des Arbeitnehmers Kenntnis von dessen Alter und einer **chronischen Erkrankung,** muss er längere Fehlzeiten hinnehmen als bei anderen Arbeitnehmern, die in diesem Alter nicht an chronischen Erkrankungen leiden (*BAG* 10.6.1969 EzA § 1 KSchG Nr. 13).

– – Alter des Arbeitnehmers

355 Stand ein Arbeitnehmer lange oder gar sein gesamtes Berufsleben in dem Arbeitsverhältnis, ist dem Arbeitgeber im fortgeschrittenen Alter des Arbeitnehmers eine höhere Belastung durch Fehlzeiten und die dadurch entstehenden Kosten zuzumuten (*LAG Köln* 28.8.2001 NZA-RR 2002, 465, zu 2.3; *LAG Bln.* 28.8.2001 NZA-RR 2002, 465). Soweit es um Entgeltfortzahlungskosten geht, ist eine auf unbestimmte Zeit zu erwartende Belastung um so höher, je jünger der Arbeitnehmer ist (*BAG* 6.9.1989 EzA § 1 KSchG Krankheit Nr. 28; 20.1.2000 EzA § 1 KSchG Krankheit Nr. 47, zu B III 3; **aA** *Preis* Krankheit im Arbeitsverhältnis S. 100; HK-*Dorndorf* Rz 420). Dies diskriminiert jüngere Arbeitnehmer nicht entgegen der Richtlinie 2000/78/EG, da die zu prognostizierende unterschiedliche Dauer der Belastung des Arbeitgebers durch überdurchschnittliche Fehlzeiten die Differenzierung nach Art. 6 Abs. 1 S. 1 der Richtlinie rechtfertigt. Bei einem 40-jährigen Arbeitnehmer ist zB noch erhebliche Zeit mit Belastungen durch Entgeltfortzahlung zu rechnen (*BAG* 27.11.1991 RzK I 5g Nr. 45; 2.11.1989, RzK I 5g Nr. 31), während dies bei einem 59-jährigen überschaubar ist.

– – Unterhaltspflichten

356 des Arbeitnehmers (*BAG* 27.11.1991 RzK I 5g Nr. 45; 6.9.1989 EzA § 1 KSchG Krankheit Nr. 26; **aA** *Oetker* Anm. EzA § 1 KSchG Krankheit Nr. 28), zu denen auch Unterhaltspflichten aus einer eingetragenen Lebensgemeinschaft gehören (*Kleinebrink* ArbRB 2003, 21). Je mehr Unterhaltspflichten der Arbeitneh-

mer trägt, um so höheren sozialen Schutz verdient er (*BAG* 20.1.2000 EzA §1 KSchG Krankheit Nr. 47 m. krit. Anm. *Rolfs, zu* B III 5 a; *Becker-Schaffner* ZTR 1997, 51; *Lingemann* BB 2000, 1836 f.; **aA** *Ascheid* Betriebliche Praxis, S. 81; *Hoß* MDR 1999, 783; ArbRB 2002, 380; *Schwerdtner* Brennpunkte des Arbeitsrechts 1998, S. 236; nach *Preis* Krankheit im Arbeitsverhältnis S. 111 tritt dieser Umstand bei der Interessenabwägung »in den Hintergrund«).

– – **Schwerbehinderung**
des Arbeitnehmers (*BAG* 20.1.2000 aaO, zu B III 5 b; 24.11.2005 EzA §1 KSchG Krankheit Nr. 51, zu B VI). 357

– – **Situation auf dem Arbeitsmarkt**
kann zugunsten des Arbeitnehmers berücksichtigt werden, wenn er – ggf. auch nach Umschulungen – nur schwer einen neuen Arbeitsplatz finden kann (*BAG* 22.2.1980 EzA §1 KSchG Krankheit Nr. 5; KDZ-*Kittner* Rz 52, 94; *Becker-Schaffner* ZTR 1997, 51; **aA** *Schwerdtner* aaO, S. 235; *Preis* Krankheit im Arbeitsverhältnis S. 111, will diesem Gesichtspunkt nur eine untergeordnete Bedeutung beimessen). 358

– – **Zumutbarkeit weiterer Überbrückungsmaßnahmen**
(*BAG* 6.9.1989 EzA §1 KSchG Krankheit Nr. 26 und 27). Hält der Arbeitgeber **keine Personalreserve** vor, ist zu prüfen, ob ihm weitere Überbrückungsmaßnahmen (zB Überstunden der Belegschaft, Einstellung einer Ersatzkraft) zumutbar sind, was insbes. bei Kleinbetrieben idR zu verneinen ist. Hält der Arbeitgeber eine Personalreserve vor, kann dies insbes. die Belastung mit Entgeltfortzahlungskosten unzumutbar machen (s.u. Rz 361), ohne dass daneben noch weitere den Betrieb belastende Auswirkungen vorliegen müssten (*BAG* 6.9.1989 EzA §1 KSchG Krankheit Nr. 26 und 27). Kommt es trotz Vorhaltens einer für den durchschnittlichen Personalausfall ausreichenden Personalreserve zu Betriebsablaufstörungen (s.o. Rz 338 ff.), ist auch dies zugunsten des Arbeitgebers zu berücksichtigen. 359

Die Zumutbarkeit weiterer Überbrückungsmaßnahmen hängt auch von der **Stellung des Arbeitnehmers im Betrieb** ab (*BAG* 22.2.1980 EzA §1 KSchG Krankheit Nr. 5). Je unentbehrlicher der Arbeitnehmer für den Betrieb ist, um so weniger sind dem Arbeitgeber weitere Überbrückungsmaßnahmen zumutbar. In diesen Fällen kann das Interesse des Betriebes an einer endgültigen Besetzung der Position mit einem anderen Bewerber höher zu bewerten sein als das Interesse des häufig arbeitsunfähigen Arbeitnehmers an der Erhaltung seines Arbeitsplatzes (zB die einzige Fremdsprachenkorrespondentin eines exportorientierten Spezialbetriebs mit besonderen Fachausdrücken fällt häufig aus). Auch die wirtschaftliche Lage des Unternehmens ist bei der Zumutbarkeitsprüfung zu berücksichtigen (*BAG* 22.2.1980 EzA §1 KSchG Krankheit Nr. 5; *Becker-Schaffner* ZTR 1997, 51). 360

– – **Höhe der Entgeltfortzahlungskosten**
Hier ist zunächst zu prüfen, ob krankheitsbedingte Ausfälle auch bei anderen Arbeitnehmern, die eine vergleichbare Arbeit unter ähnlichen Bedingungen verrichten, besonders häufig zu verzeichnen sind. Ist die **Ausfallquote bei den Arbeitskollegen** auch besonders hoch, kann nur eine ganz erheblich höhere (überdurchschnittliche) Ausfallquote eine Kündigung rechtfertigen (*BAG* 10.5.1990 RzK I 5g Nr. 37; 16.2.1989 EzA §1 KSchG Krankheit Nr. 25; 18.9.1986 RzK I 5g Nr. 18; **aA** *Schwerdtner* DB 1990, 375). Abgesehen davon kann aber allein die zu erwartende wirtschaftliche Belastung des Arbeitgebers mit außergewöhnlich hohen Entgeltfortzahlungskosten für ihn unzumutbar sein und die Kündigung rechtfertigen (*BAG* 13.6.1990 RzK I 5g Nr. 38; 16.2.1989 EzA §1 KSchG Krankheit Nr. 25). Es ist hierbei auf die Kosten des konkreten Arbeitsverhältnisses abzustellen und nicht auf die Gesamtbelastung des Betriebes mit Entgeltfortzahlungskosten und dessen wirtschaftliche Belastung (*Tschöpe* BB 2001, 2112; nach *Berkowsky*, NZA-RR 2001, 399, sind auch die dem Arbeitgeber zur Überbrückung des Produktivitätsausfalls infolge der Fehlzeit des erkrankten Arbeitnehmers entstehenden Kosten einzubeziehen). Unerheblich ist, ob der Arbeitgeber hohe Gewinne erzielt (*BAG* 22.5.1986 RzK I 5g Nr. 16). 361

Die Rechtfertigung der Kündigung durch hohe Entgeltfortzahlungskosten verstößt nicht **gegen das Maßregelungsverbot von** §612a BGB (s.o. Rz 341). 362

– – **Darlegungs- und Beweislast**
Als darlegungs- und beweispflichtige Partei (§ 1 Abs. 2 S. 4 KSchG) hat der **Arbeitgeber** alle Umstände vorzutragen, die bei der Interessenabwägung zu berücksichtigen sind. Soweit es sich um für den Arbeitnehmer günstige Tatsachen handelt, die nur dem Arbeitnehmer bekannt sind, muss dieser sie so in den Prozess einführen, dass sich der Arbeitgeber hierauf sachlich einlassen kann. Der Arbeitgeber hat im Streitfall diese Umstände zu widerlegen (*BAG* 6.9.1989 EzA §1 KSchG Krankheit Nr. 27; *Ascheid* Beweislastfragen, S. 109 f.). 363

§ 1 KSchG Sozial ungerechtfertigte Kündigungen

– **Gerichtlicher Beurteilungsspielraum**

364 Dem LAG steht bei der Prüfung der Frage, ob die Voraussetzungen für eine sozial gerechtfertigte Kün-
–365 digung vorliegen, in allen drei Stufen ein in der Revisionsinstanz **nur beschränkt nachprüfbarer Beurteilungsspielraum** zu. In der Revisionsinstanz kann nur nachgeprüft werden, ob das LAG die vom BAG aufgestellten Rechtsgrundsätze beachtet und bei der Subsumtion den gesamten Sachverhalt gewürdigt und hierbei nicht gegen Denkgesetze und allgemeine Erfahrungssätze verstoßen hat (*BAG* 26.5.1977 EzA § 102 BetrVG 1972 Nr. 30; 7.11.2002 EzA § 1 KSchG Krankheit Nr. 50, zu B I 2 a; s. im Übrigen Rz 213).

cc) **Kündigung wegen lang anhaltender Krankheit**
– **Negative Gesundheitsprognose**

366 Auch bei einer Kündigung wegen lang anhaltender Erkrankung ist eine negative Gesundheitsprognose erforderlich Die Arbeitsunfähigkeit muss **im Zeitpunkt des Zugangs der Kündigung** noch bestehen und **für voraussichtlich längere oder nicht absehbare Zeit** andauern (*BAG* 29.4.1999 EzA § 1 KSchG Krankheit Nr. 46; 6.2.1992 RzK I 5g Nr. 45; 25.11.1982 EzA § 1 KSchG Krankheit Nr. 10; *LAG Nürnberg* 19.12.1995 LAGE § 1 KSchG Nr. 23). Maßgebend sind die objektiven Verhältnisse im Zeitpunkt des Zugangs der Kündigung, auch wenn der behandelnde Arzt eine andere Prognose erstellt hat (*BAG* 21.2.2001 EzA § 1 KSchG Krankheit Nr. 48). Auf die bisherige Dauer der Arbeitsunfähigkeit kommt es nicht an; jedoch kann eine bisher lang anhaltende Erkrankung eine Indizwirkung entfalten (HaKo-*Gallner* Rz 557) und ist zugunsten des Arbeitgebers bei der Interessenabwägung zu berücksichtigen (*LAG Nürnberg* 19.12.1995 aaO; HK-*Dorndorf* Rz 426; *Lepke* Rz 92 f.; **aA** *LAG Köln* 25.8.1995 LAGE § 4 KSchG Nr. 30; 19.12.1995 LAGE §1 KSchG Krankheit Nr. 22, das eine hinreichende Dauer in der Vergangenheit von mehreren Monaten für erforderlich hält; *Becker-Schaffner* ZTR 1997, 50; ErfK-*Ascheid* Rz 214: Ablauf einer sechswöchigen Frist erforderlich). Es müssen im Übrigen objektive Anhaltspunkte für ein langfristiges Fortdauern der Arbeitsunfähigkeit bestehen (*BAG* 15.8.1984 EzA § 1 KSchG Krankheit Nr. 16), zB wenn die Wiederherstellung der Arbeitsfähigkeit fraglich und die Dauer der Arbeitsunfähigkeit nach einer Hüftoperation ungewiss ist. Die Feststellung einer bestimmten künftigen Mindestdauer der Arbeitsunfähigkeit kann nicht gefordert werden (HK-*Dorndorf* Rz 430), da es für die Rechtfertigung der Kündigung darauf ankommt, ob die im Einzelfall getroffene Prognose zu einer Beeinträchtigung betrieblicher Interessen führt und die darauf aufbauende Interessenabwägung zugunsten des Arbeitgebers ausfällt (s.o. Rz 337 ff., 347 ff.). Allerdings liegt bei einer zu erwartenden Fehlzeit bis zu sechs Wochen im Allgemeinen keine lang andauernde Krankheit in diesem Sinne (vgl. *Bezani* S. 38).

367 Anders als bei häufigen Kurzerkrankungen können aus der bisherigen Dauer der Arbeitsunfähigkeit keine Schlüsse für die Zukunft gezogen werden. Der den Krankheitsbefund nicht kennende Arbeitgeber sollte den Arbeitnehmer vor einer Kündigung nach der voraussichtlichen Dauer seiner Arbeitsunfähigkeit fragen. Dauert die Arbeitsunfähigkeit mehr als sechs Wochen pro Jahr an, muss der Arbeitgeber gem. § 84 bs. 2 SGB IX ein **betriebliches Eingliederungsmanagement** einleiten (s.o. Rz 324a ff.), das für den Arbeitnehmer freiwillig ist und dessen Ergebnis für die Prognose maßgeblich sein kann. Dies beendet die Kontroverse, ob Arbeitnehmer verpflichtet sind, auf Aufforderung des Arbeitgebers ein **ärztliches Attest vorzulegen** (so *Etzel* KR, 7. Aufl. Rz 367; **aA** *Ascheid* Betriebliche Praxis, S. 71; *Lepke* Rz 100; krit. auch *Preis/Greiner* SAE 2004, 12, 14).

368 Im Prozess hat ein schon längere Zeit erkrankter Arbeitnehmer näher darzulegen, ob und ggf. wann aufgrund welcher Diagnose und welcher zum Kündigungszeitpunkt bereits eingeleiteter Therapiemaßnahmen mit einer Wiederherstellung der Arbeitsfähigkeit zu rechnen ist. Bestreitet der Arbeitgeber derartigen Vortrag, muss er die noch längere oder unvorhersehbare Dauer der Arbeitsunfähigkeit beweisen, was meist nur mit Hilfe eines medizinischen Sachverständigengutachtens möglich sein wird (*BAG* 25.11.1982 EzA § 1 KSchG Krankheit Nr. 19). Dem Arbeitnehmer ist es nicht verwehrt, sich im Kündigungsschutzprozess auf ein ärztliches Zeugnis zu berufen, auch wenn er sich vorprozessual geweigert hat, die ihn behandelnden Ärzte von der Schweigepflicht zu entbinden (*BAG* 12.4.2002 EzA § 1 KSchG Krankheit Nr. 49). Insgesamt gelten für die **Darlegungs- und Beweislast** entsprechende Grundsätze wie bei der Kündigung wegen Kurzerkrankungen (s.o. Rz 333 – 336).

369 Da es auf die Prognose im Zeitpunkt des Zugangs der Kündigung ankommt, ist ein neuer Geschehensablauf nach Zugang der Kündigung, der eine andere Prognose rechtfertigt, unerheblich (*BAG* 17.6.1999 EzA § 1 KSchG Wiedereinstellungsanspruch Nr. 4; 27.11.1991 RzK I 5g Nr. 45; 6.9.1989 EzA § 1 KSchG Krankheit Nr. 27). Ebenso wie bei Kurzerkrankungen kann die **spätere Entwicklung der**

Sozial ungerechtfertigte Kündigungen § 1 KSchG

Krankheit als Indiz für die Prognose zum Kündigungszeitpunkt gewürdigt werden (s.o. Rz 326). Hätte nach dem wissenschaftlichen Erkenntnisstand im Zeitpunkt der Kündigung eine andere Prognose getroffen werden müssen als die von den behandelnden Ärzten tatsächlich zugrunde gelegte, ist die zutreffende Prognose maßgebend (*BAG* 10.11.1983 aaO; **aA** *LAG Hamm* 24.6.1999 NZA 2000, 320).

Ist aufgrund eines ärztlichen Krankheitsbefundes eine negative Gesundheitsprognose gerechtfertigt, 370 ist es Sache des Arbeitnehmers, diese **Prognose zu erschüttern** und stubstantiiert vorzutragen, inwiefern aufgrund der derzeitigen ärztlichen Behandlungsweise eine alsbaldige Wiederherstellung der Arbeitsfähigkeit für die vertragsgemäß geschuldete Arbeit zu erwarten ist. Der allgemeine Vortrag, bei der derzeitigen Behandlung bestehe eine konkrete Heilungschance, genügt insoweit nicht (*BAG* 19.5.1993 RzK I 5g Nr. 53).

– **Beeinträchtigung betrieblicher Interessen**

Ist im Zeitpunkt der Kündigung mit der **Wiederherstellung der Arbeitsfähigkeit innerhalb der** 371 **nächsten 24 Monate** nach Kündigungsausspruch nicht zu rechnen, steht dies einer dauernden Leistungsunfähigkeit gleich, so dass die Grundsätze zur Kündigung wegen krankheitsbedingter dauernder Leistungsunfähigkeit (s.u. Rz 375 ff.) anzuwenden sind. Dann bedarf es keiner zusätzlichen Beeinträchtigung betrieblicher Interessen (*BAG* 29.4.1999 EzA § 1 KSchG Krankheit Nr. 46 mit krit. Anm. *Kraft* = SAE 2000, 14 mit zust. Anm. *Gitter*, zu II 3 a; 12.4.2002 EzA § 1 KSchG Krankheit Nr. 49 m. zust. Anm. *Kamanabrou* = AP Nr. 65 zu § 1 KSchG 1969 m. krit. Anm. *Schiefer*, zu II 5 c; vgl. auch *BAG* 21.5.1992 EzA § 1 KSchG Krankheit Nr. 38 = SAE 1994, 1 mit zust. Anm. *Hromadka*; weniger weitgehend *LAG RhPf* 22.5.1992 BB 1992, 2219, das auch nach einer ununterbrochenen Erkrankung von nahezu zwei Jahren und der Zuerkennung einer Erwerbsunfähigkeitsrente für die nächsten zwei Jahre eine Kündigung nur zulässt, wenn sie durch wichtige betriebliche Belange gefordert wird). Vor der Kündigung liegende Krankheitszeiten sind nicht zu berücksichtigen (*BAG* 12.4.2002 EzA § 1 KSchG Krankheit Nr. 49, zu II 5 c; **aA** *Hoß* ARbRB 2003, 379).

In anderen Fällen ist in der **zweiten Stufe** (erhebliche Beeinträchtigung der betrieblichen Interessen) 372 ist insbes. zu prüfen, ob der Arbeitnehmer unter Ausübung des Direktionsrechts auf einem **leidensgerechten Arbeitsplatz** weiter beschäftigt werden kann. Eine Freikündigung kann dagegen nicht verlangt werden (*BAG* 29.1.1997 EzA § 1 KSchG Krankheit Nr. 42 mit krit. Anm. *Streckel* = SAE 1998, 15 mit zust. Anm. *K. Gamillscheg* = EWiR 1997, 615 mit zust. Anm. *Krasshöfer*, zu II 1 c; *Lingemann* BB 1998, 1107). Erfordert der Einsatz die Zustimmung des Betriebsrats nach § 99 BetrVG, muss der Arbeitgeber einen entsprechenden Antrag stellen. Zur Durchführung eines Zustimmungsersetzungsverfahrens ist er dagegen idR nicht verpflichtet (*BAG* 29.1.1997 EzA § 1 KSchG Krankheit Nr. 42, zu II 1 d; allg. s.o. Rz 321). Weiter ist zu prüfen, ob die voraussichtliche Ausfallzeit durch **Einstellung einer Aushilfskraft** überbrückt werden kann. Dies ist dem Arbeitgeber für die Dauer von 24 Monaten idR zumutbar (*BAG* 29.4.1999 EzA § 1 KSchG Krankheit Nr. 46, zu II 3 a; 12.4.2002 EzA § 1 KSchG Krankheit Nr. 49, zu II 5 c), sofern diese nach angemessener Einarbeitungszeit fachlich geeignet ist. Auch die unbefristete Einstellung von Ersatzkräften kann zumutbar sein; darlegungspflichtig für Hinderungsgründe ist der Arbeitgeber (*BAG* 29.4.1999 EzA § 1 KSchG Krankheit Nr. 46, zu II 4 a).

Eine erhebliche wirtschaftliche Belastung des Arbeitgebers mit **Entgeltfortzahlungskosten** kommt im 373 Allgemeinen bei Langzeiterkrankten nicht in Betracht, weil der Entgeltfortzahlungszeitraum begrenzt ist (*BAG* 7.12.1989 RzK I 5g Nr. 34). Unter Umständen können aber weiterzuzahlende Sondervergütungen (Urlaubsgeld, Jahresvergütungen) und Mehrkosten für Ersatzkräfte, die die ersparte Vergütung des erkrankten Arbeitnehmers deutlich übersteigen, zu einer nicht hinzunehmenden Belastung des Arbeitgebers führen (vgl. im Übrigen Rz 337 ff., 346).

– **Interessenabwägung**

In der **dritten Stufe** (Interessenabwägung) sind die gleichen Erwägungen anzustellen wie bei Kurzer- 374 krankungen (s.o. Rz 347 ff.). Mögliche **Überbrückungsmaßnahmen** können vom Arbeitgeber uU billigerweise nicht verlangt werden, wenn bei Ausspruch der Kündigung völlig ungewiss ist, wann und ob der Arbeitnehmer jemals wieder arbeiten kann und dem Arbeitgeber durch den längeren Ausfall ernsthafte betriebliche Schwierigkeiten entstehen. Das gilt jedenfalls dann, wenn der Arbeitgeber zunächst längere Zeit wartet, ehe er kündigt (*BAG* 15.8.1984 EzA § 1 KSchG Krankheit Nr. 16: 4 1/2 Jahre). Bei besonderer Schutzbedürftigkeit des Arbeitnehmers kann für den Arbeitgeber aber die Fortsetzung des Arbeitsverhältnisses zumutbar sein (*LAG Hmb.* 29.3.1995 AiB 1995, 604).

dd) Kündigung wegen krankheitsbedingter dauernder Leistungsunfähigkeit

375 Die dauernde Unmöglichkeit, die geschuldete Arbeitsleistung zu erbringen, führt auf Dauer **zu einer erheblichen Störung des Arbeitsverhältnisses**. Auf eine negative Prognose hinsichtlich künftiger Krankheitszeiten kommt es daher nicht mehr an (*BAG* 21.2.1985 RzK I 5g Nr. 10). Die auf Dauer bestehende Leistungsunfähigkeit muss vom Gericht festgestellt werden. Fehlt ihm hierzu die erforderliche Fachkunde, muss es ein Sachverständigengutachten einholen (*BAG* 28.2.1990 EzA § 1 KSchG Personenbedingte Kündigung Nr. 5). Die Ungewissheit der Wiederherstellung der Arbeitsfähigkeit steht einer krankheitsbedingten dauernden Leistungsunfähigkeit dann gleich, wenn in den nächsten 24 Monaten mit einer anderen Prognose nicht gerechnet werden kann (s.o. Rz 371).

376 Damit ist regelmäßig auch eine **erhebliche betriebliche Beeinträchtigung** (zweite Stufe) verbunden (*BAG* 12.4.2002 EzA § 1 KSchG Krankheit Nr. 49, zu II 5 c; 22.9.2005 EzA § 81 SGB IX Nr. 10, zu II 1 a). *Basedau* (AuR 1991, 301) hält diese Prüfung für entbehrlich, da das dauernde tatsächliche Unvermögen, die vertraglich geschuldete Leistung zu erbringen, als Kündigungsgrund ausreiche (in diesem Sinne auch HK-*Dorndorf* Rz 432). Eine betriebliche Beeinträchtigung besteht zwar ausnahmsweise nicht, wenn die Arbeitsleistung des Arbeitnehmers für den Arbeitgeber überhaupt keinen Wert hat, dh überflüssig ist (*BAG* 28.2.1990 EzA § 1 KSchG Personenbedingte Kündigung Nr. 5; 30.1.1986 NZA 1987, 55). Dann wird jedoch regelmäßig ein betriebsbedingter Kündigungsgrund vorliegen. Stets zu prüfen ist aber, ob der Arbeitnehmer auf einem anderen Arbeitsplatz weiterbeschäftigt werden kann, auf dem er voll einsatz- und leistungsfähig sein könnte (s.o. Rz 346). Hierbei hat der Arbeitgeber für den Arbeitnehmer auch einen leidensgerechten Arbeitsplatz freizumachen, wenn er den dort beschäftigten Arbeitnehmer im Rahmen seines Direktionsrechts auf einen anderen freien Arbeitsplatz umsetzen bzw. versetzen kann. Handelt es sich hierbei um eine mitbestimmungspflichtige Versetzung, braucht der Arbeitgeber aber bei einer Zustimmungsverweigerung des Betriebsrats ein gerichtliches Zustimmungsersetzungsverfahren nicht durchzuführen und den leidensgerechten Arbeitsplatz demgemäß nicht frei zu machen. Die zu Rz 342 erläuterten Grundsätze gelten entsprechend. Die Schaffung eines zusätzlichen leidensgerechten Arbeitsplatzes oder die Umgestaltung vorhandener Arbeitsplätze kann der Arbeitnehmer nicht verlangen (*LAG Köln* 19.12.1995 LAGE § 1 KSchG Krankheit Nr. 22; Ausnahme s.u. Rz 377), sofern es sich nicht nur um geringfügige Änderungen der Betriebsorganisation oder die Ausstattung des Arbeitsplatzes mit einfachen technischen Hilfsmitteln handelt (vgl. *LAG Hamm* 14.1.1999 RzK I 5g Nr. 72).

377 Ist die Kündigung danach »an sich« personenbedingt, kann eine **Interessenabwägung** nur in seltenen Ausnahmefällen zugunsten des Arbeitnehmers ausfallen, etwa wenn der Arbeitnehmer aufgrund schwerwiegender persönlicher Umstände besonders schutzbedürftig ist (*LAG Hmb.* 30.6.1999 LAGE § 1 KSchG Krankheit Nr. 30: dauernde Unfähigkeit zur Erbringung der vertraglich geschuldeten Leistung infolge eines vom Arbeitgeber verschuldeten Arbeitsunfalls) und dem Arbeitgeber die Weiterbeschäftigung unter diesen Umständen, ggf. auf einem neu zu schaffenden Arbeitsplatz, zuzumuten ist. Dies hat das *BAG* bei einem 50 Jahre alten ausländischen Arbeitnehmer, der Invalide ist und einem studierenden Sohn Unterhalt zu leisten hat, verneint (21.2.1985 RzK I 5g Nr. 10; zu weitgehend *LAG Köln* 21.6.1996 ZTR 1987, 89, das es als kündigungserschwerend ansieht, wenn die gesundheitliche Beeinträchtigung durch den Arbeitsplatz mit verursacht worden ist). Der dauernden Leistungsunfähigkeit können nicht Gesundheitsschädigungen gleichgestellt werden, die bei einer Weiterbeschäftigung des Arbeitnehmers voraussichtlich eintreten, aber von ihm in Kauf genommen werden (s.u. Rz 379).

378 Ist ein auf Dauer leistungsunfähiger Arbeitnehmer ordentlich unkündbar, kommt auch eine **außerordentliche Kündigung** in Betracht, wobei der Arbeitgeber eine der ordentlichen Kündigungsfrist entsprechende Auslauffrist einzuhalten hat (eingehend KR-*Fischermeier* § 626 BGB Rz 132 ff., 425 ff.).

ee) Kündigung wegen krankheitsbedingter Minderung der Leistungsfähigkeit

379 Die krankheitsbedingte Minderung der Leistungsfähigkeit kann ein personenbedingter Kündigungsgrund sein (*BAG* 26.9.1991 EzA § 1 KSchG Personenbedingte Kündigung Nr. 10 mit zust. Anm. *Raab* = SAE 1993, 225 mit Anm. *Schiefer/Köster*; 5.8.1976 EzA § 1 KSchG Krankheit Nr. 2). Für die Prüfung gelten die allgemeinen Voraussetzungen einer Kündigung wegen dauerhafter Leistungsminderung (s.u. Rz 384 ff.) und daneben die dreistufige Prüfung der krankheitsbedingten Kündigung. Auch bei einer krankheitsbedingten Minderung der Leistungsfähigkeit kann das Arbeitsverhältnis als **Austauschverhältnis gestört sein** (erste Stufe). Es ist zu prüfen, ob die Minderung der Leistungsfähigkeit auf Dauer anhält. Insoweit gelten die Erwägungen zu Rz 375 ff., wobei die eingetretene Minderung der Leis-

tungsfähigkeit zunächst für eine Fortdauer dieses Zustandes spricht. Steht jedoch nach ärztlicher Feststellung das Ende der Leistungsminderung bevor, ist eine Kündigung sozial ungerechtfertigt (*ArbG Ulm* 27.3.1962 DB 1962, 912). Ist – auch aufgrund einer ärztlichen Stellungnahme – damit zu rechnen, dass sich bei einer Weiterarbeit auf dem vertragsgemäßen Arbeitsplatz der **Gesundheitszustand** des **Arbeitnehmers verschlechtern wird,** rechtfertigt dies keine personenbedingte Kündigung »aus Fürsorge« (*Hess. LAG* 11.2.1997 LAGE § 1 KSchG Personenbedingte Kündigung Nr. 14; *LAG Köln* 21.12.1995 LAGE § 1 KSchG Krankheit Nr. 24; KDZ-*Kittner* Rz 140; **aA** *LAG Hamm* 27.2.1986 RzK I 5h Nr. 3), es sei denn, die zu erwartenden Gesundheitsschäden würden die Leistungsfähigkeit des Arbeitnehmers auf Dauer erheblich beeinträchtigen. Wenn allerdings aufgrund einer objektiven Prognose mit erheblichen künftigen Fehlzeiten gerechnet werden muss, kommt eine krankheitsbedingte Kündigung in Betracht (*LAG Köln* LAGE § 1 KSchG Krankheit Nr. 24).

Die Minderung der Leistungsfähigkeit muss zu einer **erheblichen Beeinträchtigung der betrieblichen Interessen** führen (zweite Stufe). Hier gelten die allgemeinen Voraussetzungen der Kündigung wegen Leistungsminderungen (s.u. Rz 384 ff). 380

Auch bei einer krankheitsbedingten Leistungsminderung hat der Arbeitgeber zu prüfen, ob der Arbeitnehmer **auf einem** seinem Leistungsvermögen entsprechenden **anderen Arbeitsplatz** in demselben Betrieb oder in einem anderen Betrieb des Unternehmens **weiterbeschäftigt werden kann** (*BAG* 5.8.1976 EzA § 1 KSchG Krankheit Nr. 2), wobei auch die Möglichkeiten des Freimachens eines anderen Arbeitsplatzes (s.o. Rz 376) und einer Weiterbeschäftigung im Rahmen eines Teilzeitarbeitsverhältnisses zu erwägen sind (*BAG* 2.2.1973 EzA § 626 BGB nF Nr. 23; *Klages* BB 1983, 1223). Im Kündigungsschutzprozess hat **der Arbeitgeber** zunächst **darzulegen,** dass eine anderweitige Beschäftigung nicht möglich oder zumutbar ist. Der Arbeitnehmer hat seinerseits darzutun, wie er sich seine weitere Beschäftigung vorstellt; es kann von ihm jedoch nicht verlangt werden, dass er bestimmte offene Arbeitsplätze im Beschäftigungsbetrieb oder in anderen Betrieben des Unternehmens benennt. Der Arbeitgeber hat vielmehr ggf. darzulegen und zu beweisen, dass ein entsprechender freier Arbeitsplatz nicht vorhanden ist (*BAG* 5.8.1976 EzA § 1 KSchG Krankheit Nr. 2). 381

Für die **Interessenabwägung** (dritte Stufe) gelten die allgemeinen Grundsätze für krankheitsbedingte Kündigungen (s.o. Rz 347 ff.). 382

r) Kuraufenthalt

Unterzieht sich der Arbeitnehmer zur Erhaltung, Besserung oder Wiederherstellung seiner Erwerbstätigkeit einer Kur, rechtfertigt die dadurch ausgelöste Fehlzeit weder einen personen- noch eine verhaltensbedingte Kündigung (*LAG Düsseld.* 19.3.1963 BB 1963, 938; *LAG BW* 9.1.1964 DB 1964, 228; *ArbG Gelsenkirchen* 20.11.1975 BB 1976, 184). Schließt sich die Kur an eine längere krankheitsbedingte Arbeitsunfähigkeit an, ist es dem Arbeitgeber zuzumuten, **die Durchführung der Kur abzuwarten,** bevor er eine krankheitsbedingte Kündigung ausspricht (s. aber Rz 333 aE). Dies gilt insbes., wenn nach ärztlicher Erkenntnis mit einem Erfolg der Kur zu rechnen ist (*Lepke* Rz 106). Der Arbeitnehmer hat den Arbeitgeber rechtzeitig über eine bewilligte Kur zu unterrichten. Ein Verstoß gegen diese Pflicht kann uU ein verhaltensbedingter Kündigungsgrund sein (*LAG Düsseld.* 6.5.1955 DB 1955, 900; *LAG Frankf.* 29.1.1982 AuR 1983, 186). In Fällen einer **Alkohol-** oder **Drogensucht** ist der Arbeitgeber nach dem Verhältnismäßigkeitsgrundsatz ebenfalls dazu verpflichtet, dem Arbeitnehmer vor Ausspruch einer Kündigung zunächst die Durchführung einer Entziehungskur zu ermöglichen (s.o. Rz 286). Eine Kündigung wegen Verschweigens einer Entziehungskur ist idR sozialwidrig (*LAG BW* 7.7.1981 DB 1982, 707). 383

s) Leistungsfähigkeit

Eine **unterdurchschnittliche Leistungsfähigkeit** eines Arbeitnehmers (sog. »Low Performer«) kann auf unterschiedlichen Ursachen beruhen. Neben Krankheiten (zur krankheitsbedingten Leistungsminderung Rz 379 ff.) kommen als Ursachen ein altersbedingtes Nachlassen der Leistungsfähigkeit, fehlende Motivation und mangelnde Bereitschaft oder Fähigkeit zum Erwerb des notwendigen Fachwissens in Betracht. Leistungsdefizite können eine Kündigung aus personenbedingten Gründen sozial rechtfertigen, wenn der Arbeitnehmer zwar sein subjektives Leistungspotential ausschöpft, dieses aber den Anforderungen des Arbeitsplatzes nicht gerecht wird und keine angemessene Gegenleistung für die arbeitsvertragliche Vergütung ist. Eine verhaltensbedingte Kündigung kommt dagegen in Betracht, wenn der Arbeitnehmer sein subjektives Leistungspotential nicht ausschöpft und damit pflicht- 384

§ 1 KSchG   Sozial ungerechtfertigte Kündigungen

widrig handelt (*BAG* 11.12.2003 EzA § 1 Verhaltensbedingte Kündigung Nr. 62, zu B I 2 b; 3.6.2004 EzA § 23 KSchG Nr. 27, zu B III 1; zur Schlechtleistung s.u. Rz 448 f.). Bei **unbehebbaren Leistungsmängeln** ist eine vorherige **Abmahnung entbehrlich** (*BAG* 18.1.1980 EzA § 1 KSchG Verhaltensbedingte Kündigung Nr. 7); im Übrigen ist sie – auch bei leitenden Mitarbeitern – stets in Betracht zu ziehen (*LAG Köln* 23.5.2002 DB 2003, 451). Nach der Abmahnung ist dem Arbeitnehmer genügend Zeit zu geben, um seine Leistungen zu steigern und etwa fehlende Fach- oder Sprachkenntnisse zu erwerben (*Hess. LAG* 26.4.1999 LAGE § 1 KSchG Verhaltensbedingte Kündigung Nr. 71; 19.7.1999 LAGE § 1 KSchG Betriebsbedingte Kündigung Nr. 55). Zur fehlenden fachlichen Eignung als personenbedingter Kündigungsgrund s.o. Rz 303 ff.

385 Welche Leistung geschuldet ist, bestimmt sich primär nach den arbeitsvertraglichen Abreden. Diese werden durch die Ausübung des Direktionsrechts und das subjektive Leistungsvermögen des Arbeitnehmers konkretisiert. Das BAG geht von einem **subjektiven Leistungsbegriff** aus. Der Arbeitnehmer muss tun, was er soll, und zwar so gut, wie er kann. Die Arbeitspflicht orientiert sich dynamisch an der jeweiligen Leistungsfähigkeit des Arbeitnehmers. Diese muss er ausschöpfen (*BAG* 11.12.2003 EzA § 1 Verhaltensbedingte Kündigung Nr. 62, zu B I 2 b, c; für die Verpflichtung zur Erbringung einer »objektiven Normalleistung« dagegen *v. Hoyningen-Huene/Linck* Rz 253a – c).

386 Trotz Ausschöpfung der persönlichen Leistungsfähigkeit unterdurchschnittliche Leistungen eines Arbeitnehmers können eine personenbedingte Kündigung rechtfertigen, wenn sie den Arbeitnehmer für die geschuldete Tätigkeit ungeeignet machen oder wenn der Arbeitgeber keine angemessene Gegenleistung erhält. Von einer **erheblichen Minderleistung** kann ausgegangen werden, wenn die Leistungen des Arbeitnehmers die **Durchschnittsleistung** vergleichbarer Arbeitnehmer um mindestens **ein Drittel unterschreiten**. Eine personenbedingte Beendigungs- oder Änderungskündigung kommt dann in Betracht, wenn in Zukunft nicht mit einer Wiederherstellung des Gleichgewichts von Leistung und Gegenleistung zu rechnen ist (*BAG* 11.12.2003 EzA § 1 Verhaltensbedingte Kündigung Nr. 62, zu B I 2 d, III 2 d). Die Bestimmung der Durchschnittsleistung ist häufig kompliziert. In begrenztem Umfang können die etwa durch ein Leistungslohnsystem festgestellten Leistungen vergleichbarer Kollegen herangezogen werden, die ihrerseits allerdings über- oder unterdurchschnittlich leistungsfähig sein können (*BAG* 11.12.2003 EzA § 1 Verhaltensbedingte Kündigung Nr. 62, zu B I 2 c d).

387 Eine Kündigung wegen Minderleistungen setzt weiter voraus, dass **kein milderes Mittel** zur Wiederherstellung der Vertragsparität zur Verfügung steht. In Betracht kommt insoweit die Beschäftigung auf einem anderen Arbeitsplatz oder – ggf. nach einer Änderungskündigung – unter Reduzierung der Vergütung (*BAG* 11.12.2003 EzA § 1 Verhaltensbedingte Kündigung Nr. 62, zu B III 2 d).

388 Schließlich bedarf es einer **eingehenden Interessenabwägung**, in der insbes. der Schutzwürdigkeit älterer und langjährig beschäftigter Arbeitnehmer Rechnung getragen werden muss (*BAG* 11.12.2003 EzA § 1 Verhaltensbedingte Kündigung Nr. 62, zu B III 2 d). Einen normalen altersbedingten Abfall der Leistungsfähigkeit hat der Arbeitgeber hinzunehmen (*BAG* 6.7.1977 – 4 AZR 116/75 – nv; 16.3.1961 AP Nr. 2 zu § 1 KSchG Verhaltensbedingte Kündigung; *Lepke* Rz 126; *Opolony* AR-Blattei SD 1020.5 Rz 35; *Schiefer* NZA 1994, 536). Nur wenn der Leistungsabfall gegenüber vergleichbaren Arbeitnehmern erheblich stärker in Erscheinung tritt, kommt eine Kündigung in Betracht (*LAG Hamm* 1.2.2005 BB 2005, 2245 LS; *v. Hoyningen-Huene/Linck* Rz 253). Erhebliches Gewicht hat ggf. auch der Umstand, dass eine Leistungsminderung auf einer unverschuldeten Erkrankung beruht, vor allem wenn diese betrieblich veranlasst wurde (*BAG* 11.12.2003 EzA § 1 Verhaltensbedingte Kündigung Nr. 62, zu B III 2 d). Maßgeblich ist weiter, in welchem Maß die Leistungen unter dem Durchschnitt liegen. So ist es einem Arbeitgeber unzumutbar, einen über längere Zeit völlig erfolglosen Verkaufsmitarbeiter weiterzubeschäftigen (*BAG* 3.6.2004 EzA § 23 KSchG Nr. 27, zu B III 5).

389 Die **Darlegungs- und Beweislast** ist abgestuft. Der Arbeitgeber hat zunächst die von ihm über längere Zeit festgestellten Leistungsmängel eingehend darzulegen und die von ihm beanstandeten Arbeitsergebnisse des Arbeitnehmers, ggf. ihm bekannte Ursachen und sowie die Durchschnittsleistung vergleichbarer Arbeitnehmer zu schildern. Darauf hat der Arbeitnehmer sich qualifiziert einzulassen. Er kann die Richtigkeit oder die Aussagekraft der Feststellungen des Arbeitgebers konkret bestreiten und/oder entlastende Gesichtspunkte wie altersbedingten Leistungsabfall oder betriebliche Ursachen plausibel darlegen. Hierauf hat der Arbeitgeber substantiiert zu erwidern. Gelingt ihm dies, trägt er die Beweislast (*BAG* 11.12.2003 EzA § 1 Verhaltensbedingte Kündigung Nr. 62, zu B I 2 d; 3.6.2004 EzA § 23 KSchG Nr. 27, zu B III 2).

Sozial ungerechtfertigte Kündigungen § 1 KSchG

t) Straftaten

Es ist zu unterscheiden zwischen Straftaten im **dienstlichen Bereich** (zB Diebstahl von Firmeneigentum) und im **außerdienstlichen Bereich**. Erstere verletzen den Arbeitsvertrag und können daher eine verhaltensbedingte ordentliche oder außerordentliche Kündigung rechtfertigen. **Außerdienstliche Straftaten** verstoßen nicht gegen den Arbeitsvertrag, **können** aber die **Eignung des Arbeitnehmers für die vertraglich geschuldete Tätigkeit beeinträchtigen** und damit Grund einer personenbedingten Kündigung sein (*v. Hoyningen-Huene/Linck* Rz 255). Eine strafgerichtliche Verurteilung wegen einer vom Arbeitnehmer nach wie vor bestrittenen Straftat kann ebenfalls Anlass einer personenbedingten Kündigung sein, wenn bereits die Verurteilung als solche erhebliche betriebliche Interessen beeinträchtigt (*BAG* 8.6.2000 EzA § 15 KSchG nF Nr. 50, zu B II 2 b – d: Verurteilung wegen sexueller Belästigung einer Kollegin). 390

Einzelfälle (außerdienstlich): Ladendiebstahl in der Freizeit zu Lasten einer Konzernschwester des Arbeitgebers (*BAG* 20.9.1984 EzA § 1 KSchG Verhaltensbedingte Kündigung Nr. 14); Ladendiebstahl und Vergehen gegen das Opiumgesetz durch eine Lehrerin (*BAG* 23.9.1976 EzA § 1 KSchG Nr. 35); Ladendiebstahl einer bei der Staatsanwaltschaft beschäftigten Gerichtshelferin (*LAG Frankf.* 4.7.1985 LAGE § 626 BGB Nr. 22); Steuerhinterziehung eines Angestellten der Finanzverwaltung (*BAG* 21.6.2001 EzA § 626 BGB nF Nr. 189 [außerordentliche Kündigung]; *LAG Düsseld.* 20.5.1980 EzA § 626 BGB nF Nr. 72); Trunkenheit am Steuer auf einer Privatfahrt bei einem Berufskraftfahrer (*BAG* 22.8.1963 AP Nr. 51 zu § 626 BGB) oder einem U-Bahn-Zugfahrer (*BAG* 4.6.1997 EzA § 626 BGB nF Nr. 168); Trunkenheit am Steuer mit anschließender Fahrerflucht beim Leiter einer Kfz-Prüfstelle (*LAG Köln* 25.8.1988 LAGE § 626 BGB Nr. 34); Unfallflucht eines auf einer Privatfahrt verunglückten Berufskraftfahrers (*ArbG Kassel* 12.4.1973 AuR 1973, 315). 391

Auch der **dringende Verdacht** einer außerdienstlichen Straftat kann uU eine personenbedingte Kündigung rechtfertigen, zB der Verdacht eines Bankeinbruchs in einer fremden Bank bei einem Bankkassierer. Es gelten hier die Grundsätze für eine Verdachtskündigung (s.u. Rz 393a ff.). 392

Von einer mangelnden Eignung wegen einer außerdienstlichen Straftat ist die personenbedingte Kündigung wegen Arbeitsverhinderung infolge einer **Straf- oder Untersuchungshaft** (s.o. Rz 317 f.) zu unterscheiden. 393

u) Verdachtskündigung

Eine Verdachtskündigung ist nicht nur als außerordentliche, sondern auch als ordentliche Kündigung möglich (hM, etwa *BAG* 30.4.1987 EzA § 626 BGB Verdacht strafbarer Handlung Nr. 3; *Löwisch/Spinner* Rz 232; *v. Hoyningen-Huene/Linck* Rz 260; aA *Belling* RdA 1996, 234, der von einer Kündigung wegen verdachtsbedingten Vertrauenswegfalls spricht, die nur unter den Voraussetzungen des § 626 Abs. 1 BGB möglich sei; aA ferner *Dörner* NZA 1993, 875 ff.; *Naujok* AuR 1998, 398 und *Schütte* NZA 1991, Beil. 2, S. 21 f., die die Zulässigkeit einer Verdachtskündigung generell ablehnen). Eine ordentliche – statt einer außerordentlichen – Verdachtskündigung kommt insbes. in Betracht, wenn der Arbeitgeber die Zwei-Wochen-Frist des § 626 Abs. 2 BGB zum Ausspruch einer außerordentlichen Kündigung versäumt hat (*Schwerdtner* Brennpunkte des Arbeitsrechts 2001, S. 257) oder wenn ihm trotz des zerstörten Vertrauens die Fortsetzung des Arbeitsverhältnisses, ggf. auf einem anderen Arbeitsplatz, bis zum Ablauf der Kündigungsfrist zumutbar ist (aA *Schwerdtner* aaO: Verdachtskündigung nur zulässig, wenn wichtiger Grund zur fristlosen Kündigung vorgelegen hat). Die Verdachtskündigung ist als **personenbedingte Kündigung einzuordnen**, weil sie nicht ein bestimmtes bewiesenes Verhalten voraussetzt, sondern einen auf objektive Indizien gestützten Verdacht, der zum Wegfall des zur Vertragsfortsetzung erforderlichen Vertrauens in die Person des Arbeitnehmers führt. Sie beruht daher auf einer Eigenschaft der Person des Arbeitnehmers und nicht auf dessen Verhalten (*Fischermeier* FS ARGE Arbeitsrecht im DAV S. 275, 280; KR-*Fischermeier* § 626 BGB Rz 211 mwN zum Streitstand; aA *Etzel* KR, 7. Aufl. Rz 505). 393a

Eine **ordentliche Verdachtskündigung** liegt vor, wenn der Arbeitgeber eine fristgerechte Kündigung zumindest hilfsweise damit begründet, es sei gerade der Verdacht eines strafbaren oder vertragswidrigen Verhaltens des Arbeitnehmers, der **das für die Fortsetzung des Arbeitsverhältnisses erforderliche Vertrauen zerstört** habe (etwa *BAG* 20.8.1997 EzA § 626 BGB Verdacht strafbarer Handlung Nr. 7, zu II 1 B; 10.2.2005 EzA § 1 KSchG Verdachtskündigung Nr. 3, zu B I 3). Der Arbeitgeber kann allerdings selbst dann, wenn er nur einen Verdacht hegt, die Verfehlung des Arbeitnehmers als sicher hinstellen und mit dieser Begründung die Kündigung erklären (vgl. *Grunsky* ZfA 1977, 173). Eine Kündi- 393b gung wegen behaupteter Pflichtverletzungen ist nicht als Verdachtskündigung zu behandeln, wenn der Vorwurf, bestimmte Pflichtverletzungen begangen zu haben, auf Schlussfolgerungen des Arbeitgebers beruht oder wenn ihm nach dem Ergebnis der Beweisaufnahme im Kündigungsprozess nicht der volle Beweis für seine Behauptung gelingt, sondern nur ein begründeter Verdacht nicht auszuschließen ist. Die Beurteilung einer Kündigung als Verdachtskündigung hängt davon ab, ob der Arbeitgeber die Kündigung auf einen Verdacht oder auf bestimmte Pflichtwidrigkeiten stützt (aA *Dörner* NZA 1992, 869, der jede Kündigung wegen einer Straftat bis zur rechtskräftigen Entscheidung über die Kündigungsschutzklage als Verdachtskündigung ansieht).

393c Ebenso wie bei der außerordentlichen Verdachtskündigung können auch bei der ordentlichen Verdachtskündigung die den Verdacht begründenden Tatsachen oder die Auswirkungen des Verdachts auf den Betrieb, seine Kunden und die übrigen Arbeitnehmer für sich allein genommen bereits das notwendige Vertrauen in die Redlichkeit des Arbeitnehmers erschüttern und deshalb eine Kündigung rechtfertigen (*BAG* 4.6.1964 EzA § 626 BGB Nr. 5; *LAG SchlH* 31.1.1985 BB 1985, 1017; aA *Moritz* NJW 1978, 405, der die außerordentliche und ordentliche Verdachtskündigung auf Arbeitnehmer in besonderer Vertrauensstellung beschränken will), zB der sich aus dem Verhalten des Arbeitnehmers ergebende Verdacht, er sei trotz Krankschreibung nicht arbeitsunfähig (s.a. Rz 485 f.). Die durch eine **Untersuchungshaft** bedingte Abwesenheit eines Arbeitnehmers ist für sich kein verhaltensbedingter Kündigungsgrund. Die Haftanordnung kann indessen ein Indiz für das Vorliegen eines schwerwiegenden Tatverdachts sein, da sie nach § 112 StPO einen Haftgrund erfordert (*BAG* 6.11.2003 EzA § 626 BGB 2002 Verdacht strafbarer Handlung Nr. 2, zu B II 2 a; zur Untersuchungshaft als personenbedingtem Kündigungsgrund s. Rz 317). Dasselbe gilt für die **Anklageerhebung** und die Eröffnung des Hauptverfahrens (*LAG Köln* 31.10.1997 LAGE § 626 BGB Verdacht strafbarer Handlung Nr. 7) sowie im umgekehrten Sinn für einen Freispruch (*BAG* 6.11.2003 EzA § 626 BGB 2002 Verdacht strafbarer Handlung Nr. 2, zu B II 2 a). Die **Einstellung eines staatsanwaltschaftlichen Ermittlungsverfahrens** schließt eine Verdachtskündigung nicht aus. Es bleibt dann dem Arbeitgeber unbenommen, einen entsprechenden Tatverdacht zu beweisen (*BAG* 20.8.1997 EzA § 626 BGB Verdacht strafbarer Handlung Nr. 7).

393d An eine **Verdachtskündigung** sind **besonders strenge Anforderungen** zu stellen. Es muss der schwerwiegende Verdacht einer arbeitsvertraglichen Pflichtverletzung bestehen (*BAG* 5.5.1994 RzK I 8c Nr. 32; 14.9.1994 EzA § 626 BGB Verdacht strafbarer Handlung Nr. 5 [zust. *Appel/Gerken* AuR 1995, 201; abl. *Dörner* AiB 1995, 663). Dieser Verdacht muss sich aus objektiven, im Zeitpunkt der Kündigung vorliegenden Tatsachen ergeben (*BAG* 14.9.1994 EzA § 626 BGB Verdacht strafbarer Handlung Nr. 5). Auf die subjektive Wertung des Arbeitgebers kommt es nicht an. Vielmehr ist nur ein solcher Verdacht als Kündigungsgrund geeignet, der einen verständigen und gerecht abwägenden Arbeitgeber zum Ausspruch der Kündigung veranlassen kann (*BAG* 10.2.2005 EzA § 1 KSchG Verdachtskündigung Nr. 3, zu B II 2 a: Belastendes Zeugnis eines zuverlässigen, unvoreingenommenen Kollegen). Der Verdacht einer fahrlässigen Schlechtleistung genügt nicht (*LAG Düsseld.* 25.7.2003 AuR 2004, 37). Der Verdacht muss ferner dringend sein. Bei kritischer Prüfung muss sich ergeben, dass eine auf Indizien, dh konkrete Tatsachen gestützte große Wahrscheinlichkeit für die Tat gerade dieses Arbeitnehmers besteht. Dies kann bei einer überraschenden Koinzidenz mehrerer für sich bereits ungewöhnlicher Vorfälle der Fall sein (*BAG* 10.2.2005 EzA § 1 KSchG Verdachtskündigung Nr. 3, zu B II 2 a, b). Nicht nur das Gewicht des Verdachtes muss schwer sein, sondern auch die Pflichtverletzung selbst, deren der Arbeitnehmer verdächtigt wird. Eine Verdachtskündigung kommt nur in Betracht, wenn auch die entsprechende Tatkündigung gerechtfertigt wäre (*BAG* 12.8.1999 EzA § 626 BGB Verdacht strafbarer Handlung Nr. 8; 6.7.2000 RzK I 8c Nr. 54). Eine vorherige Abmahnung ist nicht erforderlich, da der Verdacht ohnehin schwerwiegend sein muss (*Schwerdtner* Brennpunkte des Arbeitsrechts 2001, S. 256; vgl. auch *Quecke* ZTR 2003, 9).

393e Ferner muss der Arbeitgeber alles ihm Zumutbare zur **Aufklärung des Sachverhaltes** getan haben. Hierzu gehört, dass er dem verdächtigen Arbeitnehmer Gelegenheit zur Stellungnahme gibt (*BAG* 23.3.1972 EzA § 626 BGB nF Nr. 11). Die **Anhörung** des **Arbeitnehmers** ist sowohl bei der ordentlichen als auch bei der außerordentlichen **Verdachtskündigung Wirksamkeitsvoraussetzung** für die **Kündigung** (*BAG* 11.4.1985 EzA § 102 BetrVG 1972 Nr. 62; 26.9.2002 EzA § 626 BGB 2002 Verdacht strafbarer Handlung Nr. 1; *Wlachojiannis* BuW 2003, 785; krit. *Dörner* NZA 1992, 870; abl. *Lücke* BB 1997, 1845), wobei der Arbeitgeber die spätere Kündigung auf ihm bei der Kündigung bekannte Tatsachen nur stützen kann, wenn er hierzu den Arbeitnehmer vorher angehört hat (*Lücke* BB 1998, 2263). Der Arbeitgeber ist aber nicht verpflichtet, vor Ausspruch einer zweiten (ordentlichen) Verdachtskündigung den

Sozial ungerechtfertigte Kündigungen §1 KSchG

Arbeitnehmer erneut anzuhören, wenn er diese vorsorgliche Kündigung auf den gleichen Sachverhalt wie die erste (außerordentliche) Kündigung stützt (*BAG* 9.8.1990 RzK I 8c Nr. 18). Eine Anhörung ist entbehrlich, wenn der Arbeitnehmer nicht zur Mitwirkung an der Aufklärung der Vorfälle bereit ist (*LAG RhPf* 9.10.1997 ZTR 1998, 278). Für die Anhörung ist **keine bestimmte Form** vorschrieben; sie kann daher auch schriftlich durchgeführt werden (*Fischer* BB 2003, 51).

Bleibt trotz zumutbarer Aufklärungsmaßnahmen ein schwerer Verdacht gegen den Arbeitnehmer bestehen, dann bedarf es wie bei jeder ordentlichen Kündigung einer umfassenden **Interessenabwägung**. Hierbei sind neben der Dauer der Betriebszugehörigkeit sowie dem Lebensalter die Persönlichkeit und Stellung des Arbeitnehmers im Betrieb zu berücksichtigen. Eine besondere Vertrauensstellung oder die Erwartung, dass die Weiterbeschäftigung besondere Gefahren für den Arbeitgeber mit sich bringt, sind ebenfalls zu berücksichtigen (*BAG* 5.4.2001 EzA § 626 BGB Verdacht strafbarer Handlung Nr. 10). 393f

Auch für die ordentliche Verdachtskündigung kommt es zwar grds. auf die Tatsachen an, die zum **Zeitpunkt** des **Zugangs** der **Kündigung** objektiv vorgelegen haben (*BAG* 15.5.1986 – 2 AZR 397/85 – nv). Dies besagt aber lediglich, dass es für die Beurteilung der sozialen Rechtfertigung einer ordentlichen Verdachtskündigung auf die subjektiven Vorstellungen des Arbeitgebers zum Zeitpunkt des Kündigungszugangs nicht ankommt. Bei der Verdachtskündigung kann im Lauf des Kündigungsrechtsstreits der ursprüngliche Verdacht durch später bekannt gewordene Umstände abgeschwächt, verstärkt oder gar völlig ausgeschlossen werden. Auch diese Umstände sind entscheidungserheblich, wenn sie objektiv zum Zeitpunkt des Zugangs der Kündigung vorgelegen haben (*BAG* 14.9.1994 EzA § 626 BGB Verdacht strafbarer Handlung Nr. 5). Die Gerichte haben dem Vorbringen des Arbeitnehmers, mit dem er sich von dem ihm gegenüber vorgebrachten Verdacht reinigen will, durch eine vollständige Aufklärung des Sachverhalts nachzugehen (*BAG* 18.11.1999 EzA § 626 BGB Verdacht strafbarer Handlung Nr. 9). Ergeben sich **nach Ausspruch der Verdachtskündigung** für den Arbeitnehmer entlastende Umstände (zB ein rechtskräftiger Freispruch im Strafverfahren), können diese neuen Tatsachen nicht berücksichtigt werden, aber aufgrund nachwirkender Fürsorgepflicht des Arbeitgebers einen **Wiedereinstellungsanspruch** begründen (s.u. Rz 741; KR-*Fischermeier* § 626 BGB Rz 233 f. mwN). 393g

Der **Verdacht** einer strafbaren Handlung oder einer schweren Pflichtwidrigkeit ist ein **eigenständiger Kündigungsgrund** iSd **§ 102 BetrVG** dar (*BAG* 3.4.1986 EzA § 102 BetrVG 1972 Nr. 63; 13.9.1995 EzA § 626 BGB Verdacht strafbarer Handlung Nr. 6 mit Anm. *Kraft*). Stützt der Arbeitgeber dem Betriebsrat gegenüber eine beabsichtigte ordentliche Kündigung allein auf den Vorwurf, der kündigende Arbeitnehmer habe eine bestimmte Straftat begangen, ist es ihm kollektivrechtlich durch § 102 BetrVG verwehrt, die wegen einer als nachgewiesen erachteten Straftat erklärte ordentliche Kündigung später auf den Verdacht einer entsprechenden Straftat zu stützen (*BAG* 3.4.1986 EzA § 102 BetrVG 1972 Nr. 63). In solchen Fällen kommt als adäquates kündigungsrechtliches Mittel eine hilfsweise zu erklärende Verdachtskündigung nach einer entsprechenden hilfsweisen Unterrichtung des Betriebsrats nach § 102 BetrVG in Betracht. In Betrieben ohne Betriebsrat kann der Arbeitgeber den Kündigungsgrund »Verdachtskündigung« im Kündigungsschutzprozess unbeschränkt nachschieben (*BAG* 21.6.1995 RzK I 8c Nr. 37). Eine Verdachtskündigung bleibt wirksam, wenn im Lauf des Kündigungsschutzverfahrens der Verdacht bewiesen wird (*BAG* 6.12.2001 EzA § 626 BGB Verdacht strafbarer Handlung Nr. 11, zu B II; 3.7.2003 EzA § 1 KSchG Verdachtskündigung Nr. 2, zu II 2 e aa). 393h

Ein rechtskräftiges Urteil, in dem eine ordentliche Verdachtskündigung für unwirksam erklärt worden ist, hindert den Arbeitgeber nicht daran, später (zB nach einer rechtskräftigen Verurteilung des Arbeitnehmers im Strafverfahren) eine **ordentliche Kündigung wegen einer begangenen Tat** zu erklären (vgl. zur außerordentlich Kündigung *BAG* 12.12.1984 EzA § 626 BGB nF Nr. 97). Ist eine wegen einer Straftat des Arbeitnehmers erklärte außerordentliche Kündigung rechtskräftig für unwirksam erklärt worden, weil die Straftat nicht erwiesen sei, hindert dies den Arbeitgeber nicht, wegen eines nach wie vor bestehenden Verdachts erneut fristgerecht zu kündigen (*BAG* 6.9.1990 RzK I 8e Nr. 19). Wegen der unterschiedlichen Streitgegenstände steht in diesen Fällen die **Rechtskraft** des ersten Kündigungsurteils einer erneuten Sachentscheidung über die zweite Kündigung nicht entgegen. Da beide Kündigungen auf unterschiedliche Begründungen gestützt sind, ergeben sich auch aus dem **Präklusionsprinzip** keine Beschränkungen (*BAG* 12.12.1984 EzA § 626 BGB nF Nr. 97). Zu weiteren Einzelheiten und zur **außerordentlichen Verdachtskündigung** s. KR-*Fischermeier* § 626 BGB Rz 210 ff. 393i

§ 1 KSchG Sozial ungerechtfertigte Kündigungen

v) Wehrdienst

394 Während der Zeit des Grundwehrdienstes oder einer Wehr- oder Eignungsübung genießen deutsche Arbeitnehmer und Arbeitnehmer aus EU-Staaten einen besonderen Kündigungsschutz (s. iE die Erl. bei KR-*Weigand* § 2 ArbPlSchG). Auch die Ableistung des verkürzten Grundwehrdienstes von zwei Monaten durch **ausländische Arbeitnehmer aus Nicht-EU-Staaten** rechtfertigt weder eine ordentliche noch eine außerordentliche Kündigung (*BAG* 7.9.1983 EzA § 626 BGB nF Nr. 87; 22.12.1982 EzA § 123 BGB Nr. 20). Ein **längerer ausländischer Wehrdienst** (zB von 12 Monaten) eines Nicht-EU-Ausländers kann ein personenbedingter Grund iSv § 1 Abs. 2 S. 1 KSchG sein, der eine Kündigung dann sozial rechtfertigt, wenn der Ausfall des Arbeitnehmers zu einer erheblichen Beeinträchtigung betrieblicher Interessen führt (zweite Stufe) und nicht durch zumutbare Maßnahmen, zB Einstellung einer Aushilfskraft, zu überbrücken ist (Interessenabwägung – dritte Stufe; *BAG* 20.5.1988 EzA § 1 KSchG Personenbedingte Kündigung Nr. 3 = AP Nr. 9 zu § 1 KSchG 1969 Personenbedingte Kündigung mit Anm. *Kothe* und Anm. *Rüthers/Henssler* = SAE 1990, 255 m. Anm. *Winterfeld* = EWiR 1989, 1028 mit Anm. *Hanau*).

IV. Verhaltensbedingte Gründe

1. Begriff

395 Das Gesetz enthält in § 1 Abs. 2 S. 1 KSchG weder eine Definition des Begriffs des verhaltensbedingten Grundes noch zählt es beispielhaft einzelne Umstände auf, die als Gründe im Verhalten des Arbeitnehmers in Betracht kommen. In Abgrenzung zur personenbedingten Kündigung, die die Eignung und Fähigkeit des Arbeitnehmers betrifft (s.o. Rz 265 ff.), ist die verhaltensbedingte Kündigung dadurch gekennzeichnet, dass sie ein **vertragswidriges Verhalten** des Arbeitnehmers voraussetzt (*Preis* DB 1990, 632; *Tschöpe* BB 2002, 778; **aA** *Adam* NZA 1998, 286, der auch Kündigungsgründe aus der Privatsphäre des Arbeitgebers und des Arbeitnehmers anerkennt; s. im Übrigen KR-*Fischermeier* § 626 BGB Rz 137 ff.). Weiter ist ein **steuer- und zurechenbares Verhalten** und die **Vorwerfbarkeit** des vertragswidrigen Verhaltens (Verschulden) erforderlich (s. eingehend Rz 267; HaKo-*Fiebig* Rz 166, 195; HK-*Dorndorf* Rz 531; **aA** *BAG* 21.1.1999 EzA § 626 BGB nF Nr. 178, zu II 4; *Etzel* KR, 7. Aufl. Rz 395; *Rüthers/Henssler* ZfA 1988, 44; *Berkowsky* Personenbedingte Kündigung S. 82 und RdA 2000, 114). Damit wird eine systematisch klare und für die Praxis nachvollziehbare Trennungslinie zwischen personen- und verhaltensbedingten Kündigungsgründen gezogen: Hat der Arbeitnehmer vorwerfbar gegen Pflichten aus dem Arbeitsvertrag verstoßen, kommt eine verhaltensbedingte Kündigung in Betracht. Beruht eine Vertragsstörung nicht auf einer vorwerfbaren Verletzung von Haupt- und Nebenpflichten aus dem Arbeitsvertrag, kann eine personenbedingte Kündigung des Arbeitnehmers gerechtfertigt sein (*Preis* aaO; *Hillebrecht* ZfA 1991, 119).

396 Die von der Gegenansicht angeführten Beispiele (vgl. *Rüthers/Henssler* ZfA 1988, 44; *Etzel* KR, 7. Aufl. –397 Rz 396) begründen nichts anderes: Wenn ein mit einfachen Arbeiten beschäftigter Arbeiter wegen unverschuldeter partieller Zurechnungsunfähigkeit Firmeneigentum beschädigt oder Vorgesetzte tätlich angreift, ist er trotz genereller Eignung für die Tätigkeit aus krankheitsbedingten Gründen für den Arbeitsplatz ungeeignet, sofern Wiederholungsgefahr besteht. Dasselbe gilt für eine Alkoholkrankheit, die zwar nicht zu hohen Fehlzeiten führt, deren Folgen das Arbeitsverhältnis aber etwa durch Unpünktlichkeiten und Beschädigungen stört. Hier passt nicht die für verhaltensbedingte Kündigungen typische Verschuldensprüfung, sondern die für personenbedingte Kündigungen geltende Prüfung, ob unzumutbare Betriebsstörungen ausgelöst werden und ob insoweit eine negative Zukunftsprognose besteht.

398 Im Unterschied zur außerordentlichen Kündigung müssen die verhaltensbedingten Gründe bei der ordentlichen Kündigung nicht so schwerwiegend sein, dass sie für den Arbeitgeber die Unzumutbarkeit der Fortsetzung des Arbeitsverhältnisses bis zum Ende der Kündigungsfrist oder bis zur vereinbarten Beendigung des Arbeitsverhältnisses begründen. Erforderlich ist ein Verhalten des Arbeitnehmers, durch das **das Arbeitsverhältnis konkret beeinträchtigt** wird (*BAG* 5.11.1992 RzK I 5i Nr. 81; 20.9.1984 EzA § 1 KSchG Verhaltensbedingte Kündigung Nr. 14). Dabei ist nicht vom Standpunkt des jeweiligen Arbeitgebers auszugehen; es gilt vielmehr ein **objektiver Maßstab**. Als **verhaltensbedingter Kündigungsgrund** kommt daher nur ein solcher **Umstand** in Betracht, der einen **unvoreingenommenen Dritten zur Kündigung bestimmen** kann (*BAG* 2.11.1961 AP Nr. 3 zu § 1 KSchG Verhaltensbedingte Kündigung; 13.3.1987 EzA § 611 BGB Abmahnung Nr. 5; 17.6.2003 EzA § 1 KSchG Verhaltensbedingte Kündigung Nr. 59, zu II: »Ruhig und verständig urteilender Arbeitgeber«). Damit scheidet zB die erst-

malige Begehung eines Bagatelldelikts als verhaltensbedingter Kündigungsgrund aus. Im Übrigen ist zu berücksichtigen, dass verhaltensbedingte Umstände, die als wichtiger Grund iSv § 626 Abs. 1 BGB geeignet sind (hierzu KR-*Fischermeier* § 626 BGB Rz 137 ff.), auch als verhaltensbedingte Gründe iSd § 1 Abs. 2 S. 1 KSchG in Betracht kommen. Ob im Einzelfall eine außerordentliche oder nur eine ordentliche Kündigung berechtigt ist, kann nur anhand einer umfassenden Interessenabwägung entschieden werden (hierzu s.u. Rz 409 ff.). Zur Bedeutung des Gleichbehandlungsgrundsatzes s.o. Rz 233 ff. Eine soziale Auswahl kommt lediglich bei einer betriebsbedingten, nicht aber bei einer verhaltens- oder personenbedingten Kündigung in Betracht (*LAG BW* 30.9.1982 DB 1983, 125).

Nach der früher vertretenen **Bereichslehre** sollten verhaltensbedingte Gründe in vier **Fallgruppen** unterteilt werden (s. iE KR-*Fischermeier* § 626 BGB Rz 166 – 170), nämlich in Pflichtwidrigkeiten im **Leistungsbereich** (zB Schlecht- oder Fehlleistungen), Verstöße gegen **die betriebliche Ordnung** (zB gegen ein Rauch- oder Alkoholverbot), Störungen im personalen **Vertrauensbereich** (zB Vollmachtsmissbrauch, Annahme von Schmiergeldern) und in Verletzungen arbeitsvertraglicher **Nebenpflichten** (zB Verstöße gegen die Gehorsams-, Treue- und Geheimhaltungspflicht). Dies hat kaum noch praktische Bedeutung, da die Unterteilung kaum Erkenntnisgewinne bringt (vgl. KR-*Fischermeier* § 626 BGB Rz 171). 399

2. Verschulden

Bei fehlendem Verschulden kommt eine verhaltensbedingte Kündigung regelmäßig nicht in Betracht (s.o. Rz 267, 395). Nicht erforderlich ist ein vorsätzlicher Verstoß des Arbeitnehmers gegen Vertragspflichten. Es genügen **fahrlässige Pflichtwidrigkeiten,** dh das Außerachtlassen der im Verkehr erforderlichen Sorgfalt (§ 276 BGB). Der Grad des Verschuldens ist – neben dem Gewicht der Auswirkungen der Vertragspflichtverletzung auf die Interessen des Arbeitgebers – das wesentliche Entscheidungskriterium (vgl. *BAG* 21.1.1999 EzA § 626 BGB nF Nr. 178, zu II 4). Ein **Rechtsirrtum** (Verbotsirrtum) ist bei der Interessenabwägung zugunsten des Arbeitnehmers zu berücksichtigen (*BAG* 13.3.1997 – 2 AZR 506/96 – insoweit nv; 12.4.1973 EzA § 611 BGB Nr. 12; 14.2.1978 EzA Art. 9 GG Arbeitskampf Nr. 22). Eine Gegenüberstellung mit ihn belastenden Zeugen kann der Arbeitnehmer vom Arbeitgeber nicht verlangen (*BAG* 18.9.1997 EzA § 626 BGB nF Nr. 169). 400

Dem gekündigten Arbeitnehmer ist uU ein **Beratungsverschulden eines Dritten zuzurechnen**. Nach der Rspr. des BAG ist die unberechtigte Verweigerung der Arbeitsleistung durch einen Verbotsirrtum nur gerechtfertigt, wenn der Arbeitnehmer bei zweifelhafter Rechtslage nach sorgfältiger Erkundigung und Prüfung der Rechtslage zu der Überzeugung gelangte, zur Arbeitsleistung nicht verpflichtet zu sein (*BAG* 14.10.1960 AP § 123 GewO Nr. 24). Dieser Maßstab wird inzwischen verbreitet herangezogen (etwa *LAG Bln.* 17.5.1993 LAGE § 626 BGB Nr. 72, zu I b; APS-*Dörner* § 626 BGB Rz 218). Der Arbeitnehmer kann das Prüfungsrisiko jedoch nicht vollständig auf Dritte verlagern. Vertraut er bei unsicherer Rechtslage auf eine bestimmte Auskunft, handelt er auf eigenes Risiko (*BAG* 12.4.1973 AP § 611 BGB Direktionsrecht Nr. 24, zu II 7; *Hess. LAG* 13.6.1995 LAGE § 1 KSchG Verhaltensbedingte Kündigung Nr. 49; näher zum Verschulden in Zusammenhang mit Rechtsirrtümern *Kliemt/Vollstädt* NZA 2003, 357). Zudem kommt die Zurechnung eines Beratungsverschuldens nach § 278 S. 1 BGB in Betracht. Bedient sich ein Vertragspartner eines Rechtsberaters, etwa eines Rechtsanwalts oder eines Rechtssekretärs einer Gewerkschaft, um zu klären, wie er den Vertrag zu erfüllen hat, wird dieser **Erfüllungsgehilfe**. Ein Verschulden des Rechtsberaters muss der Arbeitnehmer sich dann zurechnen lassen (KR-*Fischermeier* § 626 BGB Rz 144), da die Einschaltung von Erfüllungsgehilfen gem. § 278 S. 1 BGB nicht zu Lasten des Vertragspartners geht. Allerdings kann ein Handeln des Arbeitnehmers unter Inanspruchnahme professioneller Rechtsberatung bei der Prüfung einer Wiederholungsgefahr und in der Interessenabwägung zugunsten des Arbeitnehmers zu berücksichtigen sein. Ist eine Kündigung wegen eines durch einen Rechtsberater veranlassten Beratungsverschuldens sozial gerechtfertigt (zB wenn ein Arbeitnehmer auf Anraten seines Rechtsanwalts die Arbeitsleistung verweigert, obwohl er entgegen der Auffassung des Anwalts kein Zurückbehaltungsrecht hat), verbleibt dem Arbeitnehmer wegen der damit verbundenen Verletzung des Beratungsvertrages der Regress gegen den ihn vertretenden Rechtsanwalt oder Verband (eingehend zur Zurechnung von Beratungsverschulden *Griebeling* NZA 2002, 838, 841 f.). 400a

Darlegungs- und beweispflichtig dafür, dass der Arbeitnehmer schuldhaft ihm obliegende Vertragspflichten verletzt hat, **ist der Arbeitgeber** (*BAG* 17.4.1956 AP § 626 BGB Nr. 8; aA *Sieg* RdA 1962, 139). Dies gilt ebenso für Umstände, die einen Entschuldigungs- oder Rechtfertigungsgrund für das Verhalten des Arbeitnehmers ausschließen (*BAG* 24.11.1983 EzA § 626 BGB nF Nr. 88; 6.8.1987 DB 1988, 451 401

§ 1 KSchG   Sozial ungerechtfertigte Kündigungen

unter Aufgabe von *BAG* 16.6.1976 EzA § 611 BGB Treuepflicht Nr. 1, wonach der Arbeitnehmer darlegungs- und beweispflichtig für den Umfang einer Nebentätigkeitsgenehmigung sei). Durch diese Darlegungs- und Beweislastverteilung wird der Arbeitgeber nicht überfordert. Nach den Grundsätzen der **abgestuften Darlegungs- und Beweislast** richtet sich der Umfang des vom Arbeitgeber zu verlangenden Vortrags danach, wie substantiiert der Arbeitnehmer sich auf das Vorbringen des Arbeitgebers einlässt. § 138 Abs. 2 ZPO verpflichtet den Arbeitnehmer, den näher dargelegten Vorwurf, mit dem der Arbeitgeber die Kündigung rechtfertigen will, substantiiert zu bestreiten und ggf. substantiiert einen Rechtfertigungsgrund darzulegen (*Ascheid* Beweislastfragen S. 133; *Reinecke* NZA 1989, 585). So hat zB der Arbeitnehmer gegenüber dem Vorwurf, unberechtigt gefehlt zu haben, die Gründe anzugeben, die ihn daran gehindert haben, seine Arbeitsleistung zu erbringen (*BAG* 18.10.1990 RzK I 10h Nr. 30). Geschieht das nicht oder nicht ausreichend, so sind die vom Arbeitgeber vorgetragenen Tatsachen nach § 138 Abs. 3 ZPO als zugestanden anzusehen (allg. zur abgestuften Darlegungs- und Beweislast im Kündigungsschutzprozess von *Altrock* DB 1987, 433).

3. Abmahnung

402 Nach dem das Kündigungsschutzrecht beherrschenden **Grundsatz der Verhältnismäßigkeit** (s.o. Rz 214 ff.; *KR-Fischermeier* § 626 BGB Rz 251 ff.) ist der Arbeitnehmer bei einem pflichtwidrigen Verhalten grundsätzlich zunächst abzumahnen, es sei denn die Abmahnung ist nicht Erfolg versprechend, oder es geht um besonders schwere Pflichtverletzungen, deren Rechtswidrigkeit für den Arbeitnehmer ohne weiteres erkennbar und bei denen eine Hinnahme des Verhaltens durch den Arbeitgeber ausgeschlossen war. Dies gilt sowohl für Störungen im **Leistungsbereich** als auch für Störungen im **Vertrauensbereich**. Rechtfertigt ein Vorfall mangels Abmahnung eine außerordentliche Kündigung nicht, kommt auch eine ordentliche verhaltensbedingte Kündigung nicht in Betracht (*BAG* 13.9.1995 EzA § 626 BGB Verdacht strafbarer Handlung Nr. 6, zu II 2). Wegen der Einzelheiten der Abmahnungsobliegenheit vgl. die Darstellung der entsprechenden Rechtslage bei der außerordentlichen verhaltensbedingten Kündigung von KR-*Fischermeier* § 626 BGB Rz 253 – 284.

403 **Darlegungs-** und **beweispflichtig** für das Vorliegen einer ordnungsgemäßen Abmahnung und für die Richtigkeit der abgemahnten Pflichtwidrigkeiten **ist der Arbeitgeber** (*LAG Frankf.* 23.12.1986 BB 1987, 1463; HK-*Dorndorf* Rz 698; *Sartorius/Rambach* ZAP Fach 17, S. 145). Er hat auch die Tatsachen darzulegen und im Bestreitensfalle zu beweisen, aus denen sich die Entbehrlichkeit einer Abmahnung ergibt (HK-*Dorndorf* Rz 701). Auch hier gilt eine **abgestufte Darlegungslast**. Der Arbeitgeber genügt daher zunächst seiner Darlegungslast, wenn er vorträgt, dass er den Arbeitnehmer wegen bestimmter Leistungs- oder Verhaltensmängel unter Hinweis auf die Bestands- oder Inhaltsgefährdung seines Arbeitsverhältnisses abgemahnt hat. Bestreitet der Arbeitnehmer dies, hat der Arbeitgeber im Einzelnen die Tatsachen vorzutragen, aus denen sich eine ordnungsgemäße Abmahnung oder die ausnahmsweise Entbehrlichkeit einer Abmahnung ergibt. Dabei sind auch die abgemahnten Pflichtwidrigkeiten in zeitlicher und gegenständlicher Hinsicht iE zu schildern. Schlagwortartige Angaben (wie »ständiges Zuspätkommen«, »wiederholte Trunkenheit am Arbeitsplatz«, »schlechte/zu geringe Arbeitsleistung«) reichen nicht aus. Im Kündigungsschutzprozess kann sich der Arbeitgeber auf ordnungsgemäß abgemahnte Leistungs- oder Verhaltensmängel nicht berufen, wenn er es versäumt hat, den **Betriebsrat** im Rahmen des Anhörungsverfahrens nach § 102 BetrVG hierüber zu unterrichten (*BAG* 18.12.1980 EzA § 102 BetrVG 1972 Nr. 44, zu B II).

4. Prüfung der Sozialwidrigkeit in drei Stufen

a) Vertragswidriges Verhalten des Arbeitnehmers

404 Auch die Prüfung der Sozialwidrigkeit einer verhaltensbedingten Kündigung ist dreistufig (HK-*Dorndorf* Rz 495 – 511; SPV-*Preis* Rz 612, 625; BBDW-*Bram* Rz 161, 162; ähnlich *BAG* 17.6.2003 EzA § 1 KSchG Verhaltensbedingte Kündigung Nr. 59, zu B II; weiter diff. HaKo-*Fiebig* Rz 172, der die zweite Stufe in eine Prüfung der Negativprognose und eine der Vermeidbarkeit der Kündigung aufspaltet). Zunächst ist ein vertragswidriges Verhalten des Arbeitnehmers festzustellen (**erste Stufe**; s.o. Rz 395 f.).

b) Störungen des Arbeitsverhältnisses, Möglichkeit einer anderweitigen Beschäftigung

405 Das vertragswidrige Verhalten muss zu konkreten Störungen des Arbeitsverhältnisses führen. Dabei ist zu beachten, dass die Vertragsverletzung an sich im Allgemeinen schon eine Störung des Arbeitsverhältnisses bedeutet, es jedoch entscheidend darauf ankommt, ob sie auch in Zukunft zu befürchten

ist (sog. Prognoseprinzip) und die Störung auch nicht durch eine Umsetzung beseitigt werden kann. Das gilt auch für Störungen im Vertrauensbereich (*Enderlein* RdA 2000, 325). Nur dann handelt es sich um eine zur Kündigungsrechtfertigung geeignete rechtserhebliche Störung des Arbeitsverhältnisses (**zweite Stufe**). Nach dem Prognoseprinzip ist zu prüfen, ob eine Wiederholungsgefahr besteht, dh zu befürchten ist, der Arbeitnehmer werde auch in Zukunft gleichartige Pflichtverletzungen begehen, oder ob das vergangene Ereignis wegen der Schwere der Vertragsverletzung – selbst ohne Wiederholung – sich auch künftig weiter belastend auswirkt (*BAG* 4.6.1997 RzK I 6a Nr. 148; 21.11.1996 EzA § 1 KSchG Verhaltensbedingte Kündigung Nr. 50; 16.8.1991 EzA § 1 KSchG Verhaltensbedingte Kündigung Nr. 41; 17.1.1991 EzA § 1 KSchG Verhaltensbedingte Kündigung Nr. 37; **aA** *Fromm* BB 1995, 2579: Es muss die Störung der »Ordnung der betrieblichen Sozialeinheit« zu befürchten sein). Aus der Beharrlichkeit vergangener Pflichtverletzungen und der Höhe des Verschuldens lässt sich ggf. eine negative Zukunftsprognose ableiten (*LAG Hamm* 30.5.1996 NZA 1997, 1056). Eine ungünstige Prognose ist nicht gerechtfertigt, solange eine erforderliche Abmahnung unterblieben ist (s.o. Rz 402). Das Gleiche gilt, wenn sich ein Arbeitgeber etwa in einer Dienstordnung **selbst gebunden** hat, bei bestimmten Verhaltensverstößen vor Ausspruch einer Kündigung mit dem Arbeitnehmer ein klärendes Gespräch zu führen und ein solches Gespräch unterlässt (*BAG* 16.9.1999 EzA § 611 BGB Kirchliche Arbeitnehmer Nr. 45).

Verlangt der Arbeitgeber als Voraussetzung für ein Absehen von der Kündigung vom Arbeitnehmer ein **Schuldeingeständnis** oder eine **Entschuldigung**, bringt er damit meist zum Ausdruck, dass für ihn die Fortsetzung des Vertragsverhältnisses noch zumutbar ist. In diesem Fall muss er sich auch dann auf ein milderes Mittel als die Kündigung beschränken, wenn der Arbeitnehmer die gewünschte Erklärung ablehnt. Die Verweigerung derartiger Erklärungen ist für sich kein Kündigungsgrund (*Hess. LAG* 2.5.2003 LAGE § 626 BGB Nr. 152, zu II 2 a). 405a

Besteht die **Möglichkeit einer zumutbaren anderweitigen Beschäftigung** auf einem freien Arbeitsplatz in demselben Betrieb oder in einem anderen Betrieb des Unternehmens, entfällt der Kündigungsgrund. Nach dem **Grundsatz der Verhältnismäßigkeit** hat der Arbeitgeber vor jeder Beendigungskündigung zu prüfen, ob eine Um- oder Versetzung des Arbeitnehmers auf einen anderen Arbeitsplatz möglich und zumutbar ist (*BAG* 31.3.1993 EzA § 626 BGB Ausschlussfrist Nr. 5; 6.10.2005 EzA § 1 KSchG Verhaltensbedingte Kündigung Nr. 66, zu B I 2 e; im Übrigen s.o. Rz 217 ff.). 406

Eine **anderweitige Beschäftigung** an einem anderen Arbeitsplatz ist dem Arbeitgeber grds. nur dann **zumutbar**, wenn ein freier Arbeitsplatz verfügbar ist, auf dem der Arbeitnehmer die verlangte Tätigkeit anforderungsgerecht ausführen kann und objektive Anhaltspunkte dafür bestehen, dass der Arbeitnehmer bei einem Einsatz auf diesem Arbeitsplatz **das beanstandete Verhalten nicht fortsetzen wird** (zB bei einem Streit mit einem bestimmten Arbeitskollegen), es sich also um arbeitsplatz- und nicht um arbeitgeberbezogene Pflichtverstöße handelt (*BAG* 16.1.1997 RzK I 5i Nr. 124; 8.6.2000 EzA § 626 BGB nF Nr. 182, zu B III 1; 6.10.2005 EzA § 1 KSchG Verhaltensbedingte Kündigung Nr. 66, zu B I 2 e). Steht die vom Arbeitnehmer begangene Pflichtwidrigkeit (zB Pflichtverletzungen im Krankheitsfall) in keinem ursächlichen Zusammenhang mit dem bisherigen Arbeitsplatz, wird durch eine Versetzung in aller Regel die Wiederholungsgefahr nicht beseitigt. Sie ist dann kein geeignetes milderes Mittel. Auch bei nicht arbeitgeberbezogenen Gründen ist eine Weiterbeschäftigung an einem anderen Arbeitsplatz nicht zumutbar, wenn der Arbeitnehmer Vertragpflichten erheblich verletzt hat (*BAG* 6.10.2005 EzA § 1 KSchG Verhaltensbedingte Kündigung Nr. 66, zu B I 2 e: Tätlichkeit am Arbeitsplatz). 407

Eine **unternehmensbezogene Weiterbeschäftigungspflicht** besteht auch dann, wenn der Betriebs- oder Personalrat einer ordentlichen Kündigung wegen einer solchen Möglichkeit nicht widersprochen hat (*BAG* 22.5.1986 EzA § 1 KSchG Soziale Auswahl Nr. 22; 17.5.1984 EzA § 1 KSchG Betriebsbedingte Kündigung Nr. 32; ferner s.o. Rz 218). Eine verhaltensbedingte ordentliche Kündigung ist daher sozialwidrig, wenn der Arbeitnehmer auf einem anderen freien Arbeitsplatz des Betriebes oder eines anderen Betriebes des Unternehmens hätte weiterbeschäftigt werden können (s.o. Rz 217 ff). Zur **Weiterbeschäftigung zu geänderten Arbeitsbedingungen** s.o. Rz 224 ff. Zu den Voraussetzungen und Grenzen der Weiterbeschäftigungspflicht bei verhaltensbedingten Kündigungen *Moritz* DB 1985, 229. 408

c) Interessenabwägung

In einer **dritten Stufe** ist eine Interessenabwägung vorzunehmen. Bei einer verhaltensbedingten Kündigung bedarf es ebenfalls einer sorgfältigen und umfassenden Interessenabwägung (allg. zur Interessenabwägung s.o. Rz 210 f.). Dabei ist das Interesse des Arbeitnehmers am Erhalt seines Arbeitsplatzes 409

§ 1 KSchG   Sozial ungerechtfertigte Kündigungen

bis zum regulären Ende des Arbeitsverhältnisses mit dem Interesse des Arbeitgebers an der Auflösung des Arbeitsverhältnisses zum Ablauf der Kündigungsfrist abzuwägen. Ist der Arbeitgeber eine juristische Person oder eine Personengesamtheit, ist nicht von den persönlichen Interessen einzelner Gesellschafter auszugehen. Maßgeblich ist vielmehr das objektive Arbeitgeberinteresse (BAG 2.11.1961 AP § 1 KSchG Verhaltensbedingte Kündigung Nr. 3). Sozial gerechtfertigt ist die Kündigung, wenn sie bei verständiger Würdigung in Abwägung der Interessen der Vertragsparteien und des Betriebs **billigenswert und angemessen** erscheint (BAG 22.7.1982 EzA § 1 KSchG Verhaltensbedingte Kündigung Nr. 10).

410 Auch im Bereich der verhaltensbedingten Gründe gibt es **keine absoluten Kündigungsgründe**. Es bedarf vielmehr stets der Beurteilung, ob die tatsächlichen Besonderheiten des Einzelfalles die soziale Rechtfertigung der Kündigung begründen. Bei der Interessenabwägung hat der Tatrichter alle wesentlichen Umstände zu würdigen, d.h. die belastenden wie die entlastenden Momente. Dabei hat er insbes. zu beachten, dass eine an sich den Arbeitgeber zur ordentlichen Kündigung berechtigende Pflichtwidrigkeit des Arbeitnehmers nur aufgrund **besonderer Umstände des Einzelfalles** (zB wegen einer erhöhten sozialen Schutzbedürftigkeit infolge bestehender Unterhaltsverpflichtungen oder infolge Alters; im Übrigen s.u. Rz 411) nicht dazu geeignet ist, die Kündigung sozial zu rechtfertigen (Preis DB 1990, 688; Dassau S. 39; LAG Köln 25.1.1995 BB 1995, 1194, nach dem der Arbeitgeber nach einer langen, unbelasteten Betriebszugehörigkeit des Arbeitnehmers auch wiederholtes unberechtigtes Fehlen in gewissem Umfang hinnehmen muss; zur unverschuldeten Zwangslage BAG 21.5.1992 EzA § 1 KSchG Verhaltensbedingte Kündigung Nr. 43 mit Anm. Kraft = SAE 1993, 145 mit Anm. v. Stebut). Da hier die Vertragsverletzung der eigentliche Kündigungsgrund ist, ist es – auch bei der Verletzung von vertraglichen Nebenpflichten – zur sozialen Rechtfertigung der Kündigung nicht erforderlich, dass es auch zu **nachteiligen Auswirkungen im Bereich des Arbeitgebers** gekommen ist. Solche nachteiligen Auswirkungen können aber bei der Interessenabwägung zu Lasten des Arbeitnehmers berücksichtigt werden (BAG 16.8.1991 EzA § 1 KSchG Verhaltensbedingte Kündigung Nr. 41 mit krit. Anm. Rüthers/Müller; **aA** BAG 7.12.1988 EzA § 1 KSchG Verhaltensbedingte Kündigung Nr. 26 mit abl. Anm. Rüthers).

411 Auf Seiten des Arbeitgebers können bei der Interessenabwägung u.a. **folgende Umstände** berücksichtigt werden (hierzu auch LAG Hamm 30.5.1996 NZA 1997, 1056; Hoß MDR 1998, 871): Gesichtspunkte der Arbeits- und Betriebsdisziplin, Betriebsablaufstörungen, Aufrechterhaltung der Funktionsfähigkeit des Betriebes oder des Unternehmens, Eintritt eines Vermögensschadens, hohe Wiederholungsgefahr, Schädigung des Ansehens in der Öffentlichkeit sowie Schutz der übrigen Belegschaft. Demgegenüber kommen **auf Seiten des Arbeitnehmers** insbes. die **folgenden Gesichtspunkte** in Betracht (vgl. auch LAG Hamm 30.5.1996 aaO; Hoß aaO): Art, Schwere und Häufigkeit der vorgeworfenen Pflichtwidrigkeiten, zusammenfassende Betrachtung gleichartiger Pflichtverstöße (LAG Bln. 5.12.1995 ZTR 1996, 521), Grad des Verschuldens sowie früheres Verhalten des Arbeitnehmers, Mitverschulden oder Mitveranlassung des Arbeitgebers (BAG 18.11.1999 EzA § 626 BGB Verdacht strafbarer Handlung Nr. 9, zu II 1 c aa: Schaffung einer »Verführungssituation« durch Ehrlichkeitstest), Dauer der Betriebszugehörigkeit und des ungestörten Verlaufs des Arbeitsverhältnisses, Lebensalter, Umfang der Unterhaltsverpflichtungen – auch aus einer eingetragenen Lebenspartnerschaft –, weil sie für die soziale Lage des Arbeitnehmers von Bedeutung sind (BAG 27.2.1997 EzA § 1 KSchG Verhaltensbedingte Kündigung Nr. 51; Lingemann BB 2000, 1835; **aA** APS-Dörner Rz 437; ErfK-Ascheid Rz 323 f.; Schwerdtner Brennpunkte des Arbeitsrechts 1998, S. 236; Becker-Schaffner ZTR 1997, 7; v. Hoyningen-Huene/Linck Rz 278a), Chancen auf dem Arbeitsmarkt (**aA** Schwerdtner aaO, S. 235), bevorstehende Freistellungsphase der Altersteilzeit (LAG Düsseld. 11.5.1005 LAGE § 626 BGB 2002 Nr. 6, zu II 2), besondere soziale Schutzbedürftigkeit, zB Krankheit oder Schwerbehinderung (HaKo-Fiebig Rz 292; abw. Rüthers/Franke Anm. EzA § 1 KSchG Verhaltensbedingte Kündigung Nr. 37, die personenbezogene Abwägungsmerkmale nur ausnahmsweise – wann? – berücksichtigen wollen; vgl. die Zusammenstellung bei Bitter/Kiel RdA 1995, 33). Dem Arbeitnehmer entgegenkommende Angebote des Arbeitgebers im Rahmen von **Vergleichsverhandlungen** können nicht ohne weiteres zu dessen Lasten berücksichtigt werden; sie haben nur begrenzte Aussagekraft über die Zumutbarkeit etwa einer befristeten Weiterbeschäftigung (vgl. generalisierungsfähig zur außerordentlichen Kündigung BAG 17.3.2005 EzA § 15 KSchG nF Nr. 59, zu II 4 b). Bei der Wertung dieser Umstände steht dem Tatsachenrichter ein in der Revisionsinstanz nachprüfbarer **Beurteilungsspielraum** zu (zur revisionsgerichtlichen Überprüfung s.o. Rz 213).

Sozial ungerechtfertigte Kündigungen　§ 1 KSchG

5. Darlegungs- und Beweislast

Dem **Arbeitgeber** obliegt die Darlegungs- und Beweislast für die verhaltensbedingten Kündigungsgründe (§ 1 Abs. 2 S. 4 KSchG). Er hat die der Kündigung zugrunde liegenden Umstände iE zu schildern und die behaupteten Pflichtverletzungen nach Ort, Zeit und genauem Inhalt oder Ablauf näher zu beschreiben. Nicht ausreichend sind pauschale Werturteile oder Schlagworte wie »häufiges Zuspätkommen«, »Arbeitsverweigerung«, »Beleidigungen« (*BAG* 26.6.1997 RzK I 5 i Nr. 126, zu B I 2 a; 19.11.1997 EzA § 611 BGB Arbeitnehmerbegriff Nr. 63, zu II 2 c; *Ascheid* Beweislastfragen S. 117; *Hunold* BB 2003, 2346). Beruft sich der Arbeitnehmer auf Rechtfertigungsgründe oder ein schuldloses Verhalten, hat der Arbeitgeber dies zu widerlegen. Soweit es sich um abmahnungspflichtige Tatbestände handelt (vgl. KR-*Fischermeier* § 626 BGB Rz 253 ff.), hat der Arbeitgeber insbes. darzulegen, zu welchem Zeitpunkt und wegen welchen vertragswidrigen Verhaltens er den Arbeitnehmer abgemahnt hat (s.o. Rz 403; vgl. auch *Becker-Schaffner* BB 1992, 559). Für ein Verschulden des Arbeitnehmers ist der Arbeitgeber ebenfalls darlegungs- und beweisbelastet (s.o. Rz 401). Zu den Umständen, die der Arbeitgeber darzulegen und im Bestreitensfalle zu beweisen hat, gehört ggf. das Fehlen eines freien Arbeitsplatzes, auf dem der Arbeitnehmer hätte weiterbeschäftigt werden können (*BAG* 22.7.1982 EzA § 1 KSchG Verhaltensbedingte Kündigung Nr. 10). 412

Auch bei einer verhaltensbedingten Kündigung gilt eine **abgestufte Darlegungs- und Beweislast** (vgl. oben Rz 262 f.; *v. Altrock* DB 1987, 433). So kann sich der Arbeitgeber zunächst auf die Behauptung beschränken, dass kein zumutbarer freier Arbeitsplatz vorhanden ist, auf dem der Arbeitnehmer weiterbeschäftigt werden könnte, wovon im Allgemeinen auch ohne ausdrücklichen Vertrag des Arbeitgebers ausgegangen werden kann. Erst wenn der Arbeitnehmer konkret aufzeigt, wie er sich eine anderweitige Beschäftigung vorstellt, muss der Arbeitgeber darlegen und ggf. beweisen, dass ein solcher freier Arbeitsplatz nicht vorhanden oder nicht zumutbar ist (vgl. *BAG* 20.1.1994 EzA § 1 KSchG Betriebsbedingte Kündigung Nr. 74). 413

6. Einzelne verhaltensbedingte Gründe

Im Folgenden soll ein Überblick gegeben werden über die **wichtigsten Fallgruppen** der verhaltensbedingten Kündigung. Dabei kann lediglich aufgezeigt werden, ob und gegebenenfalls unter welchen Voraussetzungen eine Pflichtverletzung an sich dazu geeignet ist, einen verhaltensbedingten Grund iSd § 1 Abs. 2 S. 1 KSchG darzustellen. Da eine abschließende Entscheidung über die Sozialwidrigkeit einer verhaltensbedingten Kündigung nur unter Berücksichtigung der jeweiligen Umstände des Einzelfalles möglich ist, kann der nachfolgende Katalog, der keinen Anspruch auf Vollständigkeit erhebt, in der Praxis nur eine erste Orientierung sein: 414

a) Abkehrmaßnahmen (Rz 415–417)
b) Abwerbung (Rz 418–420)
c) Alkohol (Rz 421–426)
d) Anzeigen gegen Arbeitgeber (Rz 427–428)
e) Arbeitskampf (Rz 429, 430)
f) Arbeitspapiere (Rz 431)
g) Arbeitspflichtverletzungen (Rz 432–449)
　aa) Arbeitsverweigerung (Rz 433–437)
　bb) Unerlaubte Arbeitsversäumnis (Rz 438–447)
　cc) Fehl-, Schlecht- und Minderleistungen (Rz 448, 449)
h) Außerdienstliches Verhalten (Rz 450–461)
　aa) Grundsatz (Rz 450–453)
　bb) Lebenswandel (Rz 454–456)
　cc) Politische Betätigung (Rz 457, 458)
　dd) Schulden, Lohnpfändungen (Rz 459–461)
i) Beleidigungen, Tätlichkeiten, Denunziationen, Kritik (Rz 462–466)
j) Betriebsfrieden, betriebliche Ordnung (Rz 467–472)
k) Druckkündigung (Rz 473, 474)
l) Pflichtwidrigkeiten bei Krankheit und Kuraufenthalten (Rz 475–488)
m) Mobbing (Rz 489, 490)
n) Neben- und Konkurrenztätigkeiten (Rz 491–493)
o) Sonstige Nebenpflichtverletzungen (Rz 494–499)
p) Sexuelle Belästigungen am Arbeitsplatz (Rz 500)

q) Strafbare Handlungen (Rz 501–511)
r) Vorstrafen (Rz 512, 513).

a) Abkehrmaßnahmen

415 Der von einem Arbeitgeber geäußerte **Abkehrwille** rechtfertigt für sich allein weder eine außerordentliche noch eine ordentliche verhaltensbedingte Kündigung (*BAG* 22.10.1964 AP § 1 KSchG Betriebsbedingte Kündigung Nr. 16; *LAG München* 29.11.1974 DB 1975, 1129; *Herschel* NJW 1952, 364; *v. Hoyningen-Huene/Linck* Rz 305; *Opolony* AR-Blattei SD 1020.7 Rz 11; SPV-*Preis* Rz 679). Dies gilt insbes., wenn der Arbeitnehmer sich aus gesundheitlichen Gründen um einen anderen Arbeitsplatz mit leichteren Arbeitsbedingungen bemüht (*LAG BW* 12.4.1966 DB 1967, 1139). Zur Kündigungsrechtfertigung nicht ausreichend sind Maßnahmen des Arbeitnehmers, die lediglich der Vorbereitung einer eigenen Existenzgründung oder der Begründung eines anderweitigen Arbeitsverhältnisses dienen. Ein Arbeitnehmer verstößt nicht gegen seine Vertragspflichten, wenn er während des Arbeitsverhältnisses den Übertritt zu einem Konkurrenzunternehmen oder die Gründung eines eigenen Konkurrenzunternehmens vorbereitet (*BAG* 30.1.1963, 7.9.1972 und 16.1.1975, AP Nr. 3, 7 und 8 zu § 60 HGB). Nur wenn **zu den Vorbereitungshandlungen Arbeitsvertragsverletzungen hinzutreten** (zB Abwerbung von Kunden und Arbeitskollegen, Aufnahme einer nebenberuflichen Tätigkeit bei einem Konkurrenzunternehmen, Verrat von Betriebs- oder Geschäftsgeheimnissen), kann dies eine verhaltensbedingte Kündigung sozial rechtfertigen. Der abkehrwillige Arbeitnehmer hat bis zur Beendigung des Arbeitsverhältnisses alles zu unterlassen, was den Arbeitgeber schädigen könnte (*BAG* 26.1.1995 EzA § 626 BGB nF Nr. 155). Hat der Arbeitnehmer seinen ernsthaft und eindeutig erklärten Abkehrwillen bereits durch den Abschluss eines Arbeitsvertrages mit einem Konkurrenzunternehmen verwirklicht, hat er dies auf Befragen des seitherigen Arbeitgebers mitzuteilen. Ein Verstoß gegen diese ihm nach Treu und Glauben obliegende **Offenbarungspflicht** kann uU ein verhaltensbedingter Kündigungsgrund sein (*LAG Hamm* 14.2.1968 DB 1968, 1182; *Opolony* aaO). Zur außerordentlichen Kündigung wegen Abkehrmaßnahmen KR-*Fischermeier* § 626 BGB Rz 405.

416 –417 Bei **Spezial-** und **Mangelberufen** kann eine ordentliche Kündigung gegenüber einem abkehrwilligen Arbeitnehmer auch aus **dringenden betrieblichen Erfordernissen** sozial gerechtfertigt sein. Dies ist etwa anzunehmen, wenn der Arbeitgeber die Möglichkeit hat, für den abkehrwilligen Arbeitnehmer eine sonst nur schwer zu findende Ersatzkraft einzustellen (*BAG* 22.10.1964 EzA § 1 KSchG Nr. 2; *Ostholt* DB 1956, 112; **aA** KDZ-*Kittner* Rz 306; HK-*Dorndorf* Rz 774) und infolge der Einstellung der Ersatzkraft das Bedürfnis für die Weiterbeschäftigung des abkehrwilligen Arbeitnehmers entfällt. Vor Ausspruch der Kündigung hat sich der Arbeitgeber jedoch zunächst über die Ernsthaftigkeit des Abkehrwillens durch Befragung des Arbeitnehmers zu vergewissern. Ist dieser bereit, von einer Eigenkündigung abzusehen, kommt eine Arbeitgeberkündigung regelmäßig nicht in Betracht (*LAG München* 26.11.1974 DB 1975, 1129). Zu einer Anhörung des Arbeitnehmers ist der Arbeitgeber insbes. verpflichtet, wenn der Abkehrwille des Arbeitnehmers bislang lediglich in Form spontaner Absichtserklärungen oder Unmutsäußerungen gegenüber Arbeitskollegen in Erscheinung getreten ist.

b) Abwerbung

418 Aufgrund der ihnen obliegenden **Treuepflicht** ist es Arbeitnehmern verwehrt, dem bisherigen Arbeitgeber für eine spätere Konkurrenztätigkeit Arbeitnehmer in rechtswidriger Weise abzuwerben. Eine Abwerbung liegt dann vor, wenn ein Dritter versucht, einen durch Arbeitsvertrag gebundenen Arbeitnehmer zur Beendigung seines Arbeitsverhältnisses zu bestimmen (*Gierke* RdA 1972, 17; *Klaas* NZA 1984, 313). Abwerbender kann auch ein Arbeitnehmer des Betriebes sein, dem der wegen eines Arbeitsplatzwechsels angesprochene Arbeitnehmer angehört (*Gierke* aaO, S. 19; *Röder/Hahn* Abwerbung von Arbeitnehmern, AR-Blattei SD 30, Rz 75 f.). Angesichts der Vertragsfreiheit ist eine Abwerbung erst dann unzulässig, wenn **besondere Umstände** das Verhalten des Abwerbenden **rechtswidrig oder sittenwidrig machen** (*BAG* 22.11.1965 AP ist § 611 BGB Abwerbung ist; *Gierke* aaO, S. 19; *Schröder* DB 1964, 1298; SPV-*Preis* Rz 680 sieht bereits in der bloßen Abwerbung einen Verstoß des Abwerbenden gegen seine vertragliche Schutz- und Treuepflicht; ähnlich *Busch/Dendorfer* BB 2002, 304). Wirbt ein Arbeitnehmer in sittenwidriger Weise (zB durch Verleitung zum Vertragsbruch) Arbeitskollegen ab, liegt darin ein grober Verstoß gegen seine Treuepflicht. Unter Berücksichtigung der Wertungen von Art. 2 Abs. 1, Art. 5 Abs. 2 und Art. 12 GG ist es dagegen rechtmäßig, wenn ein Arbeitnehmer sich mit Kollegen über berufliche Aussichten unterhält und sich die Beteiligten über einen Arbeitsplatzwechsel verständigen (*Gierke* aaO, S. 19; *Röder/Hahn* aaO, Rz 77) oder wenn ein Arbeitnehmer, der sich selbständig machen will, Arbeitskollegen wegen eines Arbeitsplatzwechsels zu ihm anspricht (*LAG RhPf* 17.2.1992 LAGE § 626 BGB Nr. 64).

Maßgeblich für die Rechts- oder Sittenwidrigkeit einer Abwerbung sind die Umstände des Einzelfalles. Unter Umständen kann bereits eine **versuchte Abwerbung von Arbeitnehmern**, insbes. von Spezialkräften, eine außerordentliche oder eine verhaltensbedingte ordentliche Kündigung rechtfertigen (*LAG Bln.* 6.12.1962 DB 1963, 871; *LAG Düssel.* 15.10.1969 DB 1969, 2352; 9.12.1964 BB 1965, 235; *LAG Saarbrücken* 20.1.1965 BB 1965, 457). Ist die Abwerbung in einer gegen die guten Sitten verstoßenden Handlungsweise erfolgt, ist der Arbeitnehmer gem. § 826 BGB zu Schadensersatz verpflichtet (zum sittenwidrigen Abwerben von Arbeitskräften *BGH* 14.11.1967 AP Nr. 13 zu § 826 BGB; *Klaas* NZA 1984, 313; *Lufft* NJW 1961, 2000). 419

Die in Rz 415 dargestellten Grundsätze gelten für die **Abwerbung von Kunden** entsprechend (*BAG* 23.5.1985 – 2 AZR 268/84 – nv). Bis zum Ende des Arbeitsverhältnisses hat der Arbeitnehmer alles zu unterlassen, was den Arbeitgeber schädigen könnte. Zu Konkurrenztätigkeiten s.u. Rz 493. Zur außerordentlichen Kündigung wegen Abwerbung KR-*Fischermeier* § 626 BGB Rz 406. 420

c) Alkohol

Alkoholmissbrauch im Betrieb kann eine verhaltensbedingte Kündigung rechtfertigen, wenn dieser die Hauptpflicht des Arbeitnehmers zur Arbeitsleistung beeinträchtigt oder wenn er zur Verletzung von Nebenpflichten führt, etwa wegen des Alkoholgenusses nicht sicher arbeiten kann oder andere gefährden kann (*BAG* 26.1.1995 EzA § 1 KSchG Verhaltensbedingte Kündigung Nr. 46; *Bengelsdorf* NZA 2001, 995; *v. Hoyningen-Huene* DB 1995, 142 f.; *Schwan/Zöller* ZTR 1996, 65). Unerheblich ist, ob er alkoholisiert zur Arbeit erscheint oder erst im Betrieb Alkohol zu sich nimmt. Ist der Arbeitnehmer **alkoholkrank**, ist eine verhaltensbedingte Kündigung idR wegen fehlenden Verschuldens ungerechtfertigt (s.o. Rz 400 f.; aA *Bengelsdorf* BuW 2003, 345; nach *Willemsen/Brune* DB 1988, 2309, scheidet eine verhaltensbedingte Kündigung dann aus, wenn der Arbeitgeber die Alkoholkrankheit kennt oder der Arbeitnehmer sich alsbald nach Zugang der Kündigung darauf beruft); jedoch kann eine fehlende Therapiebereitschaft eines alkoholkranken Arbeitnehmers als Verstoß gegen die vertragliche Nebenpflicht, sich um Gesundung zu bemühen (s.u. Rz 481), eine verhaltensbedingte Kündigung rechtfertigen (*Gottwald* AuA 1997, 237 und NZA 1997, 637; aA *Künzl* NZA 1988, 122). Im Übrigen kommt bei Alkoholkrankheit eine personenbedingte Kündigung in Betracht (s.o. Rz 284 ff.; nach *Künzl* AuR 1995, 207 und BB 1993, 1586 ist bei Suchterkrankungen die personenbedingte Kündigung die einzig mögliche). 421

Alkoholbedingte **Schlecht- oder Minderleistungen** können wie jede sonstige Schlecht- oder Minderleistung eine verhaltensbedingte Kündigung rechtfertigen (s. Rz 448 f.), unter Umständen auch eine außerordentliche Kündigung (hierzu KR-*Fischermeier* § 626 BGB Rz 442). Bei Alkoholkrankheit des Arbeitnehmers gilt aber Rz 421 entsprechend. 422

Ob vor einer verhaltensbedingten Kündigung wegen Alkoholmissbrauchs eine erfolglose **Abmahnung** erforderlich ist, richtet sich nach den allgemeinen Grundsätzen (*BAG* 26.1.1995 EzA § 1 KSchG Verhaltensbedingte Kündigung Nr. 46; *Hemming* BB 1998, 2000; *v. Hoyningen-Huene* DB 1995, 146; KR-*Fischermeier* § 626 BGB Rz 253 ff.) und ist idR zu bejahen (*Künzl* AuR 1995, 212; *Schwan/Zöller* ZTR 1996, 64 f.). Zur Zulässigkeit einer außerordentlichen Kündigung s. KR-*Fischermeier* § 626 BGB Rz 407. 423

Verstößt ein Arbeitnehmer gegen ein **betriebliches Alkoholverbot**, kann – ggf. nach erfolgloser vorheriger Abmahnung – eine verhaltensbedingte Kündigung sozial gerechtfertigt sein, auch wenn es nicht zu konkreten Störungen im betrieblichen Ablauf kommt (*BAG* 22.7.1982 EzA § 1 KSchG Verhaltensbedingte Kündigung Nr. 10; *LAG Hamm* 15.12.1989 LAGE § 1 KSchG Verhaltensbedingte Kündigung Nr. 26; *LAG Köln* 11.9.1987 LAGE § 1 KSchG Verhaltensbedingte Kündigung Nr. 14; *Lepke* DB 1982, 173, 175; *Tschöpe* BB 2002, 781). Besteht kein Alkoholverbot, ist ein moderater Alkoholkonsum vor Arbeitsbeginn oder in Pausen zulässig, sofern sich der Arbeitnehmer nicht in einen die Arbeitsleistung beeinträchtigenden Zustand versetzt, was schnell der Fall sein kann (*BAG* 26.1.1995 EzA § 1 KSchG Verhaltensbedingte Kündigung Nr. 46). Maßgeblich für das Gewicht eines Verstoßes gegen ein Alkoholverbot sind die betrieblichen Gepflogenheiten sowie die regionalen und branchenspezifischen Gebräuche (*BAG* 22.7.1982 EzA § 1 KSchG Verhaltensbedingte Kündigung Nr. 10; 26.1.1995 EzA § 1 KSchG Verhaltensbedingte Kündigung Nr. 46). Verstößt ein im Ausland eingesetzter Arbeitnehmer gegen ein dort bestehendes generelles gesetzliches Alkoholverbot, kann dies nach erfolgloser Abmahnung eine ordentliche Kündigung sozial rechtfertigen (*LAG Frankf.* 10.12.1986 LAGE § 1 KSchG Betriebsbedingte Kündigung Nr. 11, *Bengelsdorf* NZA 2001, 994). 424

425 Bei **Berufskraftfahrern** oder bei Arbeitnehmern, von denen im Fall der Alkoholisierung wegen der ihnen übertragenen Aufgaben (zB Kranführer, Chirurg) besondere Gefahren für die übrigen Belegschaft oder Dritte ausgehen, besteht auch ohne ausdrückliche Anordnung ein generelles Alkoholverbot. kann uU auch schon ein einmaliger Verstoß gegen das Alkoholverbot während der Arbeitszeit eine verhaltensbedingt Kündigung rechtfertigen (*LAG* Hamm 13.9.1974 DB 1974, 2164; 22.12.1977 DB 1978, 750; *LAG Sachsen* 26.5.2000 LAGE § 626 BGB Nr. 130a; ErfK-*Ascheid* Rz 341; *Becker-Schaffner* ZTR 1997, 11). Für Berufskraftfahrer gilt auch ohne ausdrückliches Alkoholverbot die arbeitsvertragliche Nebenpflicht, jeden die Fahrtüchtigkeit beeinträchtigenden Alkoholgenuss während des Dienstes und vor Dienstantritt zu unterlassen (*BAG* 23.9.1986 EzA § 87 BetrVG 1972 Betriebliche Ordnung Nr. 12). Alkoholmissbrauch im privaten Bereich – auch im Straßenverkehr – berechtigt dagegen nicht zu einer verhaltensbedingten Kündigung (**aA** *Adam* NZA 1998, 286), kann aber die charakterliche Eignung eines Berufskraftfahrers für seinen Beruf in Frage stellen, so dass eine personenbedingte Kündigung in Betracht kommt (*BAG* 4.6.1997 EzA § 626 BGB nF Nr. 168). Berufskraftfahrer sind bei der Einstellung verpflichtet, auf eine bestehende Alkoholsucht hinzuweisen. Das Verschweigen dieses Eignungsmangels ist idR ein Grund für eine verhaltensbedingte Kündigung (*ArbG Kiel* 21.1.1982 BB 1982, 804). Führt die Trunkenheit auf einer Privatfahrt zum **Entzug der Fahrerlaubnis**, kann der Arbeitgeber das Arbeitsverhältnis eines Berufskraftfahrers uU aus personenbedingten Gründen ordentlich kündigen (s.o. Rz 391; vgl. auch *BAG* 22.8.1963 AP Nr. 51 zu § 626 BGB, wonach sogar eine außerordentliche Kündigung gerechtfertigt sein soll; vgl. ferner *BAG* 30.5.1978 EzA § 626 BGB nF Nr. 66; *LAG SchlH* 16.6.1986 NZA 1987, 669).

426 Im Streitfall hat **der Arbeitgeber** die Alkoholisierung und die darauf beruhenden Beeinträchtigungen des Arbeitnehmers **darzulegen und zu beweisen** (*BAG* 26.1.1995 EzA § 1 KSchG Verhaltensbedingte Kündigung Nr. 46) sowie – nach dem Prognoseprinzip – auch, dass eine Wiederholungsgefahr besteht und sich der Arbeitnehmer Alkoholmissbrauch auch zukünftig belastend auswirkt, was ggf. eine vorherige erfolglose Abmahnung erforderlich macht (*Bengelsdorf* NZA 2001, 997). Mit Einverständnis des Arbeitnehmers kann zur Feststellung des Alkoholisierungsgrades eine Messung mit einem **Alkomat** oder eine Blutprobe vorgenommen werden; gegen den Willen des Arbeitnehmers sind solche Maßnahmen unzulässig (*BAG* 26.1.1995 EzA § 1 KSchG Verhaltensbedingte Kündigung Nr. 46 = AP Nr. 34 zu § 1 KSchG 1969 Verhaltensbedingte Kündigung m. zust. Anm. *Fleck*; *v. Hoyningen-Huene* DB 1995, 142). Andererseits hat der Arbeitgeber dem Arbeitnehmer, falls dieser es von sich aus wünscht, Gelegenheit zu geben, den Verdacht einer Alkoholisierung durch entsprechende Messungen auszuräumen, falls betriebliche Möglichkeiten (Alkomat, Werksarzt) hierzu vorhanden sind (*BAG* 16.9.1999 EzA § 626 BGB Krankheit Nr. 2 = AP Nr. 159 zu § 626 BGB m. zust. Anm. *Fleck*). Ist die Blutalkoholkonzentration nicht festgestellt, kann der Nachweis der Trunkenheit des Arbeitnehmers durch Indizien geführt werden. Hierzu gehören eine Alkoholfahne, gerötete Augen, Ausfallerscheinungen (lallende Sprache, schwankender Gang, Ausbalancieren des Gewichts), Aggressivität, Lethargie (*BAG* 26.1.1995 aaO; *Künzl* AuR 1995, 209; vgl. auch *Krasney* AuR 2000, 125). Auch die Weigerung eines Arbeitnehmers, den Verdacht einer Alkoholisierung durch Einleitung einer Blutalkoholuntersuchung zu widerlegen, kann vorhandene Indizien verstärken (*LAG Hamm* 11.11.1996 LAGE § 1 KSchG Verhaltensbedingte Kündigung Nr. 56).

d) Anzeigen gegen Arbeitgeber

427 Anzeigen des Arbeitnehmers bei staatlichen Ermittlungsbehörden gegen einen gesetzwidrig handelnden Arbeitgeber oder einen seiner Repräsentanten (sog. Whistleblowing) sind **kein Kündigungsgrund**, wenn es um **außerdienstliche Vorgänge** geht oder es sich bei den Straftaten um **abgeschlossene Vorgänge** handelt (*BVerfG* 2.7.2001 EzA § 626 nF BGB Nr. 188; *Sasse/Stelzer* ArbRB 2003, 18). Dasselbe gilt, wenn der Arbeitnehmer bei einer Nichtanzeige **sich selbst einer Strafverfolgung aussetzen** würde, wenn eigene **Rechtsgüter des Arbeitnehmers gefährdet** sind und bei schwerwiegenden Straftaten des Arbeitgebers (*BAG* 3.7.2003 EzA § 1 KSchG Verhaltensbedingte Kündigung Nr. 61, zu II 4 b; *Müller* NZA 2002, 436). Macht ein Angestellter des öffentlichen Dienstes von seinem **Petitionsrecht** Gebrauch und weist er dabei auf Missstände in seinem Amt hin, rechtfertigt dies ebenfalls keine Kündigung.

427a Im Übrigen können Anzeigen des Arbeitnehmers dann eine verhaltensbedingte Kündigung rechtfertigen, wenn er **nicht zuvor erfolglos eine innerbetriebliche Klärung versucht** hat, um ggf. den Arbeitgeber oder seine Mitarbeiter von ihrer Handlungsweise **durch entsprechende Hinweise und Vorhalte abzubringen**, es sei denn, dass eine Abhilfe nicht zu erwarten ist (*BAG* 3.7.2003 EzA § 1 KSchG

Sozial ungerechtfertigte Kündigungen § 1 KSchG

Verhaltensbedingte Kündigung Nr. 61; zu den Voraussetzungen einer fristlosen Kündigung *LAG Frankf.* 12.2.1987 LAGE § 620 BGB Nr. 28; krit. zur Rspr. *Preis* S. 366). Entsprechendes gilt für einen Arbeitnehmer, dem die Verantwortung für die Sicherheit betrieblicher Einrichtungen übertragen ist. Ihm steht erst dann das Recht zu, Bedenken gegen den sicheren Zustand dieser Einrichtungen bei allen zuständigen behördlichen Stellen zu erheben, wenn er zuvor vergeblich bei innerbetrieblichen Stellen auf Abhilfe hingewirkt hat (*BAG* 14.12.1972 EzA § 1 KSchG Nr. 27; *v. Hoyningen-Huene/Linck* Rz 312; SPV-*Preis* Rz 692).

Macht der Arbeitnehmer jedoch in einer **Strafanzeige** gegen den Arbeitgeber oder einen seiner Repräsentanten **wissentlich oder leichtfertig falsche Angaben** oder erstattet er eine Anzeige ausschließlich in **Schädigungsabsicht**, kann dies eine ordentliche Kündigung rechtfertigen (*BAG* 3.7.2003 EzA § 1 KSchG Verhaltensbedingte Kündigung Nr. 61, zu II; *Berkowsky* NZA-RR 2001, 16). Dasselbe gilt für eine bewusst vorsätzliche **Falschinformation der Presse** (*BAG* 23.10.1969 EzA § 13 KSchG Nr. 3; 30.3.1984 – 2 AZR 362/82 – nv) und für bewusst falsche Zeugenaussagen vor staatlichen Behörden. Wird ein Arbeitnehmer in einem strafrechtlichen Ermittlungsverfahren von der Staatsanwaltschaft als Zeuge vernommen und belastet er dabei den Arbeitgeber, ohne leichtfertig falsch auszusagen, ist dies dagegen kein Kündigungsgrund, auch wenn der Arbeitnehmer die Staatsanwaltschaft freiwillig aufgesucht hat (*BVerfG* 2.7.2001 EzA § 626 nF BGB Nr. 188, zu II 1 b cc). Eine Kündigung wegen einer den Arbeitgeber belastenden **wahrheitsgemäßen Zeugenaussage** kann sogar eine unzulässige Maßregelung iSv § 612a BGB sein (*LAG SA* 14.2.2006 LAGE § 612a BGB 2002 Nr. 1). Zur außerordentlichen Kündigung in diesen Fällen KR-*Fischermeier* § 626 BGB Rz 408. 428

e) Arbeitskampf

Die Teilnahme eines Arbeitnehmers an rechtmäßigen Arbeitskampfmaßnahmen (Streik, Boykott) rechtfertigt weder eine außerordentliche noch eine ordentliche Kündigung (allg. Ansicht, etwa *BAG* 17.12.1976 EzA Art. 9 GG Arbeitskampf Nr. 19). Bei der **Beteiligung an rechtswidrigen Arbeitskampfmaßnahmen** (zur Abgrenzung zwischen rechtmäßigen oder rechtswidrigen Arbeitskämpfen KR-*Weigand* § 25 KSchG Rz 16 ff.) steht dem Arbeitgeber nach der Rechtsprechung des *BAG* (21.4.1971 EzA Art. 9 GG Arbeitskampf Nr. 6; 14.2.1978 EzA Art. 9 GG Arbeitskampf Nr. 24) ein Wahlrecht zwischen der lösenden Aussperrung und dem Ausspruch einer außerordentlichen Kündigung zu. Da es sich bei rechtswidrigen Arbeitsniederlegungen um steuerbares Verhalten handelt, bedarf eine Kündigung regelmäßig einer vorherigen Abmahnung (*BAG* 17.12.1976 EzA Art. 9 GG Arbeitskampf Nr. 19). Nach der Rechtsprechung des *BAG* (21.10.1969 EzA § 626 BGB nF Nr. 1; 17.12.1976 aaO) ist bei der Teilnahme an rechtswidrigen Arbeitskampfmaßnahmen auch eine sog. **herausgreifende Kündigung** einzelner Arbeitnehmer zulässig. Ist die Rechtswidrigkeit eines Streiks für den Arbeitnehmer nicht erkennbar (zB bei einem Streik einer tarifunzuständigen Gewerkschaft), berechtigt die Streikteilnahme den Arbeitgeber idR weder zu einer außerordentlichen noch zu einer ordentlichen Kündigung (*BAG* 29.11.1983 EzA § 626 BGB nF Nr. 89). Eine außerordentliche oder ordentliche Kündigung kommt auch dann nicht in Betracht, wenn mehrere Arbeitnehmer zu Recht von einem **Zurückbehaltungsrecht** Gebrauch machen (s.u. Rz 436). 429

Protestarbeitsniederlegungen einzelner Arbeitnehmer sind ebenfalls kein Kündigungsgrund, sofern die Voraussetzungen für die Ausübung eines Zurückbehaltungsrechts vorliegen (s.u. Rz 436). Die Beteiligung an einem nach Ansicht des *BAG* (5.3.1985 EzA Art. 9 GG Arbeitskampf Nr. 57) rechtswidrigen **Sympathiestreik** kann nach vorheriger Abmahnung eine verhaltensbedingte Kündigung rechtfertigen, sofern für den Arbeitnehmer die Rechtswidrigkeit des Streiks erkennbar war (zur Abmahnung in derartigen Fällen vgl. *ArbG Heilbronn* 19.6.1985 ARSt 1986, 15; *ArbG München* 6.11.1984 AuR 1986, 27). Zur **arbeitskampfbedingten außerordentlichen Kündigung** KR-*Fischermeier* § 626 BGB Rz 410. 430

f) Arbeitspapiere

Die **rechtzeitige Vorlage** der Arbeitspapiere (Lohnsteuerkarte, Sozialversicherungsnachweis, ggf. Gesundheitszeugnis, Arbeitserlaubnis) gehört zu den arbeitsvertraglichen Nebenpflichten des Arbeitnehmers, da der Arbeitgeber ansonsten die ihm obliegenden öffentlichrechtlichen Abführungs- und Kontrollpflichten nicht erfüllen kann. Verstößt der Arbeitnehmer trotz wiederholter Abmahnung gegen die Vorlagepflicht, kann dies ein verhaltensbedingter Kündigungsgrund sein (*LAG Düsseld.* 23.2.1961 BB 1961, 677, wonach sogar eine außerordentliche Kündigung in Betracht kommen kann). Zur außerordentlichen Kündigung in derartigen Fällen KR-*Fischermeier* § 626 BGB Rz 411. 431

§ 1 KSchG   Sozial ungerechtfertigte Kündigungen

g) Arbeitspflichtverletzungen

432 Verstößt der Arbeitnehmer trotz Abmahnung gegen die ihm obliegende Arbeitspflicht, kommt eine verhaltensbedingte Kündigung in Betracht. Eine Kündigung ist aber nur dann sozial gerechtfertigt, wenn der Arbeitnehmer nicht nur objektiv, sondern auch **rechtswidrig und schuldhaft** gegen die **Arbeitspflicht** verstößt (*BAG* 25.10.1984 EzA § 273 BGB Nr. 3, zu II 2, 3). Wenn der Arbeitnehmer aufgrund einer bestimmten Gesetzeslage oder einer vorausgegangenen höchstrichterlichen Rechtsprechung zu der Ansicht gelangt ist und gelangen konnte, eine Arbeit verweigern zu dürfen, liegt ein **unverschuldeter Rechtsirrtum** vor (*BAG* 12.4.1973 EzA § 611 BGB Nr. 12). Eine schuldhaft falsch erteilte Auskunft eines Rechtsberaters (Rechtsanwalt, Gewerkschaftssekretär) kann dem Arbeitnehmer dagegen zuzurechnen sein (s. iE Rz 400a). Im Folgenden werden die für die Praxis wichtigsten Formen der Arbeitspflichtverletzungen dargestellt.

aa) Arbeitsverweigerung

433 Verweigert der Arbeitnehmer trotz Abmahnung die ihm vertragsgemäß obliegende Arbeit, rechtfertigt dies je nach den Umständen des Einzelfalles eine außerordentliche oder ordentliche Kündigung. Die Zuweisung der vom Arbeitnehmer abgelehnten Arbeit muss im Rahmen des Direktionsrechts des Arbeitgebers billigem Ermessen (§ 106 S. 1 GewO) entsprechen, sonst fehlt es an der vertraglichen Verpflichtung zur Erbringung der vom Arbeitgeber geforderten Arbeitsleistung (APS-*Dörner* Rz 282). Bei einer **beharrlichen Arbeitsverweigerung** (hierzu KR-*Fischermeier* § 626 BGB Rz 412) ist in aller Regel eine außerordentliche Kündigung gerechtfertigt. Dies setzt eine bewusste und nachhaltige Verweigerungshaltung voraus, wozu das Außerachtlassen einer Weisung ohne weiteres nicht ausreicht. Befolgt der Arbeitnehmer dagegen auch nach einer Abmahnung eine Weisung nicht, kann schon eine Arbeitsverweigerung in einem Einzelfall beharrlich sein (*BAG* 31.1.1985 EzA § 8a MuSchG Nr. 5, zu B I 1; 21.11.1996 EzA § 1 KSchG Verhaltensbedingte Kündigung Nr. 50, zu II 4 a; 5.4.2001 EzA § 626 BGB nF Nr. 186, zu II 2 a, 3 b). Maßgeblich für das Kündigungsrecht ist, ob eine Wiederholungsgefahr besteht oder ob sich die Verweigerungshaltung auch künftig belastend auswirken kann (*BAG* 21.11.1996 EzA § 1 KSchG Verhaltensbedingte Kündigung Nr. 50, zu II 4 a). Schließlich ist regelmäßig ein Verschulden des Arbeitnehmers erforderlich. Er darf sich nicht in einem unverschuldeten **Rechtsirrtum** befunden haben (*BAG* 12.4.1973 AP § 611 BGB Direktionsrecht Nr. 24, zu II 7, 25.10.1984 EzA § 273 BGB Nr. 3, zu II 2; s.o. Rz 432). Bei einem nicht entschuldigten Irrtum kann dem Arbeitgeber die Beschränkung auf eine ordentliche Kündigung zumutbar sein (*ArbG Marburg* 31.1.1967 BB 1967, 1294). Dasselbe gilt, wenn die Weigerungshaltung eines langjährig beanstandungsfrei beschäftigten Arbeitnehmers auf arbeitsbedingten Problemen in der Zusammenarbeit mit einem Kollegen beruht (*LAG Hamm* 25.9.1997 LAGE § 1 KSchG Verhaltensbedingte Kündigung Nr. 59).

434 Die **Nichtwahrnehmung** von arbeitsvertraglich geschuldeten **Teilaufgaben** kann nach vorheriger Abmahnung eine verhaltensbedingte Änderungskündigung sozial rechtfertigen (*BAG* 21.11.1985 EzA § 1 KSchG Nr. 42). Weigert sich ein Arbeitnehmer trotz vorheriger Abmahnung, eine ihm zugewiesene zumutbare **andere Arbeit** zu übernehmen, rechtfertigt dies idR eine verhaltensbedingte Beendigungskündigung (*BAG* 31.3.1983 – 2 AZR 398/82 – nv); die Anordnung des Arbeitgebers in Ausübung seines Direktionsrechts muss aber billigem Ermessen entsprechen (*ArbG Bln.* 6.5.1998 AiB 1998, 599). Bei einer **mitbestimmungspflichtigen Versetzung** (§ 99 BetrVG) ist ein Arbeitnehmer nicht verpflichtet, seine Arbeitsleistung an dem anderen Arbeitsplatz zu erbringen, solange keine Zustimmung des Betriebsrats oder deren rechtskräftige gerichtliche Ersetzung vorliegt oder eine vorläufige Durchführung nicht gem. § 100 BetrVG zulässig ist (*BAG* 30.9.1993 EzA § 99 BetrVG 1972 Nr. 118; APS-*Dörner* Rz 284; **aA** v. *Hoyningen-Huene/Linck* Rz 317 ff.). Ein Arbeitnehmer verstößt ferner gegen die ihm gegenüber dem Arbeitgeber obliegende **Pflicht zu loyalem Verhalten,** wenn er die Arbeitskollegen auffordert, ihre Vertragspflichten durch Arbeitsverweigerung nicht oder nicht ordnungsgemäß zu erfüllen (*BAG* 12.9.1985 – 2 AZR 501/84 – nv). Das Verhalten eines Arbeitnehmers, einen ihm zulässigerweise zugewiesenen **neuen Arbeitsplatz** trotz wiederholter Aufforderung zur Arbeitsaufnahme **nicht anzunehmen,** zB wegen monotoner Tätigkeit (*LAG Hmb.* 3.11.1999 NZA-RR 2000, 304), und statt dessen nicht zur Arbeit zu erscheinen, kann einen wichtigen Grund für eine außerordentliche oder einen verhaltensbedingten Grund für eine ordentliche Kündigung darstellen (*BAG* 21.5.1981 EzA § 615 BGB Nr. 40). Das Gleiche gilt für die Ablehnung eines tarifvertraglich vorgesehenen zumutbaren anderweitigen Beschäftigungsangebotes nach dem Wegfall der bisherigen Tätigkeit (*BAG* 2.2.2006 NZA 2006, 880 LS) und für die Weigerung, einer mit dem Betriebsrat vereinbarten neuen Arbeitszeitregelung nachzukommen (*ArbG Frankf./Main* 8.10.1997 LAGE § 1 KSchG Verhaltensbedingte Kündigung Nr. 68).

Sozial ungerechtfertigte Kündigungen § 1 KSchG

Steht dem Arbeitnehmer dagegen etwa wegen eines pflichtwidrigen Verhaltens des Arbeitgebers oder 435
wegen einer unverschuldeten persönlichen Zwangslage ein **Leistungsverweigerungsrecht** zu, ist die
Nichterfüllung der Arbeitspflicht nicht rechtswidrig (*BAG* 8.5.1996 EzA § 273 BGB Nr. 5; 19.2.1997 EzA
§ 273 BGB Nr. 7: Gesundheitsgefährdende Arbeitsbedingungen; 21.5.1992 EzA § 1 KSchG Verhaltensbedingte Kündigung Nr. 43: Personensorge für eigenes Kind; 22.12.1982 EzA § 123 BGB Nr. 20: Einberufung zum abgekürzten türkischen Wehrdienst; *ArbG Stuttg.* 25.11.1986 AiB 1987, 166: Teilnahme am
Begräbnis des Vaters in der Türkei; zu Lohnrückständen Rz 436). Die **fehlende Zustimmung des Betriebsrats zur Einstellung** begründet für den Arbeitnehmer nur dann ein Leistungsverweigerungsrecht, wenn der Betriebsrat sich auf die Verletzung seines Mitbestimmungsrechts beruft und die Aufhebung der Einstellung verlangt (*BAG* 5.4.2001 EzA § 626 BGB nF Nr. 186). Ein **gekündigter
Arbeitnehmer** braucht nach Ablauf der Kündigungsfrist einer Arbeitsaufforderung des Arbeitsgebers
während des Kündigungsschutzprozesses nicht nachzukommen, solange der Arbeitgeber die Kündigung nicht zurücknimmt, solange ein der Klage stattgebendes Urteil nicht rechtskräftig ist oder der
Arbeitgeber nicht unmissverständlich klarstellt, das Urteil gegen sich gelten zu lassen (*BAG* 9.5.1996
EzA § 626 BGB nF Nr. 161, zu II 1 b; *LAG MV* 23.11.2000 LAGE § 611 BGB Beschäftigungspflicht Nr. 43).
Ist der Arbeitnehmer ein neues Arbeitsverhältnis eingegangen, besteht weiter innerhalb der Frist von
§ 12 S. 1 KSchG und ggf. bis zum Ablauf der für de Kündigung des neuen Arbeitsverhältnisses erforderlichen Frist keine Arbeitspflicht (s. KR-*Rost* § 12 KSchG Rz 17–19). Bei verfassungskonformer Auslegung von § 106 S. 1 GewO iVm Art. 4 Abs. 1 GG darf der Arbeitgeber dem Arbeitnehmer keine Arbeit
zuweisen, die den Arbeitnehmer in einen vermeidbaren **Gewissens- oder Glaubenskonflikt** bringt
(*BAG* 24.5.1989 EzA § 611 BGB Direktionsrecht Nr. 3: Verweigerung der Mitarbeit an der Entwicklung
eines Medikaments für militärische Zwecke; 20.12.1984 EzA § 1 KSchG Verhaltensbedingte Kündigung
Nr. 16: Verweigerung des Drucks von Prospekten und Werbebriefen mit nationalsozialistischem Inhalt). Eine aus Gewissensnot vorgenommene Arbeitsverweigerung rechtfertigt daher eine verhaltensbedingte Kündigung nicht (*BAG* 20.12.1984 EzA § 1 KSchG Verhaltensbedingte Kündigung Nr. 16;
ArbG Bln. 27.3.1986 AuR 1986, 315), es sei denn, es kommt infolge der Arbeitsverweigerung zu konkreten, nicht behebbaren betrieblichen Störungen oder wirtschaftlichen Einbußen des Arbeitgebers (*BAG*
10.10.2002 EzA § 1 KSchG Verhaltensbedingte Kündigung Nr. 58). In Betracht kommt eine personen-
oder betriebsbedingte Kündigung, wenn der Arbeitnehmer nicht anderweitig einsetzbar ist. Entsprechendes gilt, wenn der Arbeitnehmer Arbeiten verweigert, weil sie mit seinem religiösen Glauben unvereinbar sind oder weil er religiöse Pflichten wie Pflichtgebete während der Arbeitszeit oder Pflichten
an einem Feiertag seiner Religionsgemeinschaft wahrnehmen will (*LAG Hamm* 18.1.2002 NZA 2002,
675; *Adam* NZA 2003, 1375; *Grabau* BB 1991, 1257), oder Arbeitsanweisungen, zB kein islamisches
Kopftuch zu tragen, nicht befolgt (*BAG* 10.10.2002 EzA § 1 KSchG Verhaltensbedingte Kündigung
Nr. 58; s.a. Rz 303).

Keine unzulässige Arbeitsverweigerung liegt vor, wenn der Arbeitnehmer ein Zurückbehaltungsrecht 436
geltend machen kann. Dem Arbeitnehmer steht nach § 273 Abs. 1 BGB ein **Zurückbehaltungsrecht** an
seiner **Arbeitsleistung** zu, wenn der Arbeitgeber seine Vergütungspflicht nicht oder nicht rechtzeitig
erfüllt, sofern es sich nicht nur um verhältnismäßig geringfügige Beträge handelt (*BAG* 25.10.1984 EzA
§ 273 BGB Nr. 3, zu II 3, 6; 9.5.1996 EzA § 626 nF BGB Nr. 161, zu II 1 c). Auch die Ausübung eines Zurückbehaltungsrechts steht unter dem Vorbehalt von § 242 BGB. Deshalb ist seine Ausübung wegen
unverhältnismäßig geringer Gegenforderungen unzulässig (so schon *RG* 20.6.1905 RGZ 61, 128, 133).
Zu berücksichtigen ist, dass Arbeitnehmer regelmäßig auf laufendes Arbeitseinkommen angewiesen
sind. Deshalb kann etwa ein Rückstand von knapp 60 % eines Monatsgehalts ausreichen (*Thür. LAG*
19.1.1999 LAGE § 273 BGB Nr. 1). Die Ausübung des Zurückbehaltungsrechts kann auch bei einer nur
kurzfristigen Zahlungsverzögerung rechtsmissbräuchlich sein (*LAG Nürnberg* 19.1.1999 AuR 1999, 402
LS).

Eine Arbeitspflichtverletzung liegt ferner nicht vor, wenn sich der Arbeitnehmer weigert, gesetzlich 437
unzulässige Mehrarbeit (zB an Sonn- und Feiertagen) zu verrichten (*LAG Düsseld.* 21.1.1964 DB 1964,
628; *LAG BW* 16.3.1967 BB 1967, 1294) oder während gesetzlich vorgeschriebener Ruhepausen (Lenk-
zeitüberschreitung) zu arbeiten (*ArbG Passau* 23.8.1996 BB 1997, 160). Die **Verweigerung gesetzlich zulässiger Über- oder Mehrarbeit** kann demgegenüber dann eine verhaltensbedingte Kündigung rechtfertigen, wenn der Arbeitnehmer ohne Tarifvertrag, Betriebsvereinbarung oder Arbeitsvertrag zur
Leistung von Über- oder Mehrarbeit verpflichtet ist (*LAG Köln* 27.4.1999 RzK I 5i Nr. 155; HK-*Dorndorf*
Rz 742), sofern die Anordnung billigem Ermessen (§ 106 S. 1 GewO) entspricht, dh insbes. dem Arbeitnehmer zumutbar ist (*ArbG Göttingen* 12.8.1955 AP Nr. 11 zu § 1 KSchG). Weiter muss der Arbeitgeber
unter Berücksichtigung der beiderseitigen Interessen eine angemessene Ankündigungsfrist wahren,

die es dem Arbeitnehmer ermöglicht, sich auf zumutbare Weise auf die Inanspruchnahme seiner Arbeitskraft einzurichten. Dabei kann die viertägige Frist von § 12 Abs. 2 TzBfG ein Anhaltspunkt sein (*ArbG Frankf./M.* 26.11.1998 LAGE § 626 BGB Nr. 125). Für Teilzeitarbeitnehmer ist die Leistung von Überstunden im Hinblick auf die zumeist bestehenden familiären Verpflichtungen häufig unzumutbar (*Berkowsky* NZA-RR 2001, 10, wenn die Stundenreduzierung auf dem Willen des Arbeitnehmers beruht). In betrieblichen Notsituationen sind dagegen Teilzeitarbeitnehmer ebenso wie die Vollzeitarbeitnehmer zur Leistung von Überstunden verpflichtet (*LAG SchlH* 26.6.2001 EzA-SD 2001 Nr. 20, S. 6). Die Verweigerung direkter **Streikarbeit ist** kein Kündigungsgrund (*BAG* 25.7.1957 AP Nr. 3 zu § 615 BGB Betriebsrisiko).

bb) Unerlaubte Arbeitsversäumnis

438 Eine ordentliche Kündigung wegen Verletzung der Arbeitspflicht kann weiter in Betracht kommen, wenn der Arbeitnehmer wiederholt trotz entsprechender Abmahnung vorzeitig den Arbeitsplatz verlässt (sog. **unbefugtes Verlassen des Arbeitsplatzes**). Bei erheblichen Arbeitsversäumnissen oder beträchtlichen Störungen des Betriebsablaufs kann uU auch eine außerordentliche Kündigung gerechtfertigt sein (*LAG BW* 16.3.1967 BB 1967, 1294; *LAG Düsseld.* 27.6.1961 DB 1961, 1264; *LAG Bremen* 31.1.1962 BB 1962, 599).

439 Durch eine **eigenmächtige Freizeitnahme** verstößt der Arbeitnehmer gegen seine Arbeitspflicht. Dies gilt ebenso, wenn der Arbeitnehmer wiederholt aus Arbeitsunlust der Arbeit unentschuldigt fernbleibt (**Arbeitsbummelei**; zur außerordentlichen Kündigung in solchen Fällen KR-*Fischermeier* § 626 BGB Rz 409). Ein derartiges Verhalten ist nach erfolgloser Abmahnung dazu geeignet, eine ordentliche Kündigung sozial zu rechtfertigen (*LAG Düsseld.* 16.3.1978 DB 1978, 1698; *ArbG Marburg* 20.8.1963 BB 1964, 86). Der Arbeitnehmer ist auch nicht dazu befugt, sich für geleistete Mehrarbeit eigenmächtig Freizeit etwa durch Verlängerung seiner Pausen zu gewähren (*LAG Düsseld.* 19.9.1961 BB 1961, 1325). Davon ist eine Ausnahme zu machen, wenn zwischen zwei Arbeitsschichten nicht die gesetzlich vorgeschriebene Ruhezeit liegt (*LAG Frankf.* 7.11.1956 AP Nr. 28 zu § 1 KSchG). **Geringfügige Arbeitsversäumnisse** rechtfertigen eine ordentliche Kündigung, wenn dies trotz entsprechender Abmahnung wiederholt und eigenmächtig geschieht (*LAG BW* 4.6.1964 DB 1964, 1032). Sind **Arzt- oder Zahnarztbesuche** nur während der Arbeitszeit durchführbar, hat der Arbeitgeber dem Arbeitnehmer die notwendige Freizeit zu gewähren. Dies gilt entsprechend für die Stellensuche (§ 629 BGB). Bei **Schäden am Kraftfahrzeug** ist der Arbeitnehmer nur dann dazu berechtigt, der Arbeit fernzubleiben, wenn die Benutzung von öffentlichen Verkehrsmitteln entweder nicht möglich oder nicht zumutbar ist (*LAG Düsseld.* 10.1.1958 BB 1958, 627).

440 Eine **eigenmächtige Selbstbeurlaubung** des Arbeitnehmers kann als Arbeitsverweigerung eine verhaltensbedingte, ggf. auch fristlose Kündigung rechtfertigen, ohne dass es einer einschlägigen Abmahnung bedarf. Von einem Arbeitnehmer ist regelmäßig zu erwarten, dass er seinen Urlaubsanspruch erforderlichenfalls gerichtlich, auch durch Erwirkung einer einstweiligen Verfügung, durchsetzt anstatt seinem Arbeitsplatz eigenmächtig fernzubleiben (*BAG* 20.1.1994 EzA § 626 BGB nF Nr. 15, zu B II 2; 22.1.1998 EzA § 626 BGB Ausschlussfrist Nr. 11, zu B II 3; 16.3.2000 EzA § 626 BGB nF Nr. 179, zu II 1 b bb). Dies gilt für einen eigenmächtigen Urlaubsantritt wie für eine eigenmächtige Urlaubsverlängerung. Auch derartige Sachverhalte sind jedoch nicht absolute, eine Kündigung in jedem Fall rechtfertigende Kündigungsgründe. Vielmehr sind die Umstände des Einzelfalles ausschlaggebend. Bei der Prüfung der Erforderlichkeit der Kündigung und ggf. im Rahmen der Interessenabwägung ist insbes. zu berücksichtigen, ob der Arbeitgeber dem Urlaubswunsch hätte entsprechen müssen und die Urlaubserteilung rechtswidrig verweigerte (*BAG* 20.1.1994 EzA § 626 BGB nF Nr. 15, zu B II 2 c, d; 22.1.1998 EzA § 626 BGB Ausschlussfrist Nr. 11, zu B II 3). Zugunsten des Arbeitnehmers ist auch zu berücksichtigen, wenn der Arbeitgeber ohne ausreichende betriebliche Notwendigkeit den Betriebsablauf nicht so organisiert hat, dass über Urlaubsanträge rechtzeitig, dh in angemessener Zeit vor dem Beginn des beantragten Urlaubs, entschieden wird (*BAG* 22.1.1998 EzA § 626 BGB Ausschlussfrist Nr. 11, zu B II 3).

441 Diese Grundsätze gelten nicht nur für den Erholungsurlaub, sondern auch für **unbezahlten Sonderurlaub,** da der Arbeitnehmer auch hier weder zum eigenmächtigen Antritt noch zur eigenmächtigen Verlängerung befugt ist. Erschleicht sich der Arbeitnehmer die Gewährung der Freizeit durch Vorspiegelung unwahrer Tatsachen (zB angebliche schwere Erkrankung naher Familienangehöriger), berechtigt dies den Arbeitgeber idR zu einer außerordentlichen oder ordentlichen Kündigung (zum **Erschleichen einer Arbeitsbefreiung** zwecks Ausübung einer Nebentätigkeit *LAG Düsseld.* 27.10.1960 BB 1961,

678). Zur außerordentlichen Kündigung in derartigen Fällen KR-*Fischermeier* § 626 BGB Rz 452 ff. **Ausländische Arbeitnehmer**, die einen verkürzten **Wehrdienst** in ihrem Heimatstaat ableisten müssen, sind verpflichtet, den Arbeitgeber unverzüglich über den Zeitpunkt der Einberufung zu unterrichten und auf Verlangen des Arbeitgebers die Richtigkeit der Angaben durch eine entsprechende behördliche Bescheinigung des Heimatstaates nachzuweisen. Verletzt ein ausländischer Arbeitnehmer schuldhaft diese arbeitsvertragliche Nebenpflicht und gerät der Arbeitgeber dadurch in eine mit zumutbaren Überbrückungsmaßnahmen nicht behebbare Zwangslage, kann dies je nach den Umständen eine ordentliche Kündigung rechtfertigen (*BAG* 7.9.1983 EzA § 626 BGB nF Nr. 87). Eine eigenmächtige Arbeitsbefreiung zur Wahrnehmung eines Wehrdienstes von zwölf Monaten kann ebenfalls eine ordentliche Kündigung rechtfertigen (*BAG* 20.5.1988 DB 1988, 1170).

Urlaubsüberschreitungen berechtigen nicht zur Kündigung, wenn **besondere Umstände** es gebieten, dem Interesse des Arbeitnehmers am Fortbestand des Arbeitsverhältnisses demjenigen des Arbeitgebers an einer Beendigung den Vorrang einzuräumen, zB Kenntnis des Arbeitgebers vom Grund der Urlaubsüberschreitung, Unaufschiebbarkeit der Reise aus der Sicht des Arbeitnehmers, langjährige völlig störungsfreie Dauer des Arbeitsverhältnisses, Fehlen von Betriebsstörungen (*LAG Hamm* 30.5.1990 LAGE § 1 KSchG Verhaltensbedingte Kündigung Nr. 29). **442**

Krankheitsbedingte Urlaubsüberschreitungen rechtfertigen bei nachgewiesener Arbeitsunfähigkeit für sich keine verhaltens- oder personenbedingte Kündigung. Soweit häufige Urlaubserkrankungen zu unzumutbaren betrieblichen Beeinträchtigungen führen, kann eine **personenbedingte Kündigung** in Betracht kommen (*LAG Köln* 8.8.1983 DB 1984, 619). Eine Kündigung wegen häufiger Urlaubserkrankungen kann aus **verhaltensbedingten Gründen** sozial gerechtfertigt sein, wenn vom Arbeitgeber bewiesen wird, dass die Krankheit vorgetäuscht und die Urlaubsverlängerung damit erschlichen worden ist (*LAG Düssed.* 27.4.1981 BB 1981, 1274; 15.1.1986 DB 1996, 1180; *Graefe* BB 1981, 1472). **443**

Der Arbeitnehmer verletzt durch nicht pünktliches Erscheinen am Arbeitsplatz seine Arbeitspflicht (*BAG* 25.7.1957 BB 1957, 1220). **Wiederholtes unentschuldigtes Fehlen und wiederholte Verspätungen** des Arbeitnehmers sind daher nach vorheriger Abmahnung geeignet, eine ordentliche verhaltensbedingte Kündigung sozial zu rechtfertigen (*BAG* 27.2.1997 EzA § 1 KSchG Verhaltensbedingte Kündigung Nr. 51; 17.1.1991 EzA § 1 KSchG Verhaltensbedingte Kündigung Nr. 37 mit krit. Anm. *Rüthers/Franke*; *BAG* 24.3.1988 RzK I 5i Nr. 35). Entsprechendes gilt in Betrieben mit Gleitarbeitszeit bei wiederholten **Verstößen gegen die Kernarbeitszeitregelung** (*LAG München* 5.12.1988 DB 1989, 283; *Riedmaier* PersV 1993, 150). Beruht eine Verspätung allerdings auf unvorhersehbaren Vorfällen, etwa Naturereignissen, liegt keine Pflichtwidrigkeit vor. Beruhen Verspätungen auf einem vorwerfbaren Verhalten des Arbeitnehmers, sind im Rahmen der **Interessenabwägung** insbes. die Ursachen (zB familiäre Verpflichtungen), die Häufigkeit und Dauer der Verspätungen sowie die unbelastete Dauer des Arbeitsverhältnisses zu berücksichtigen (*LAG Köln* 7.12.1995 LAGE § 1 KSchG Verhaltensbedingte Kündigung Nr. 50). Weiterhin sind die Auswirkungen auf den betrieblichen Ablauf zu beachten. **444**

Macht der **Gesundheitszustand** eines **Arbeitnehmers** eine pünktliche Arbeitsaufnahme unmöglich, gelten für eine deswegen erklärte ordentliche Kündigung die Grundsätze der krankheitsbedingten Kündigung (s.o. Rz 319 ff.). **Täuscht ein Arbeitnehmer** den Arbeitgeber **über verspätete Arbeitsaufnahmen** (zB durch unrichtige Eintragungen in Zeiterfassungskarten oder durch **Vorstempeln**), handelt es sich um **Arbeitszeitbetrug**. Bei derartigen Verfehlungen ist vor Ausspruch der Kündigung idR eine Abmahnung nicht erforderlich und ggf. auch eine außerordentliche Kündigung gerechtfertigt (*BAG* 12.8.1999 EzA § 123 BGB Nr. 53; 21.4.2005 EzA § 91 SGB IX Nr. 1, zu B II 1, 2; 24.11.2005 EzA § 626 BGB 2002 Nr. 12, zu II 3 b; vgl. KR-*Fischermeier* § 626 BGB Rz 268). Will der Arbeitnehmer demgegenüber fehlenden Arbeitsanfall einwenden, trägt er die Darlegungslast (*BAG* 7.7.2005 EzA § 626 BGB 2002 Nr. 10, zu B II 2 b cc). **445**

Der Arbeitnehmer verstößt auch dann gegen die ihm obliegende Arbeitspflicht, wenn er ohne Erlaubnis während der Arbeitszeit **Privatarbeiten** verrichtet und damit die Arbeit unterbricht. Ein derartiges Verhalten ist nach vorheriger Abmahnung geeignet, eine verhaltensbedingte Kündigung sozial zu rechtfertigen (*ArbG Ulm* 17.5.1962 BB 1962, 843). **446**

Private Telefongespräche während der Arbeitszeit verletzen die Arbeitspflicht, weil durch sie die Arbeit unterbrochen wird. Sie rechtfertigen unter bestimmten Voraussetzungen eine verhaltensbedingte Kündigung (s. Rz 496a). Ähnliches gilt für das **Surfen im Internet** vom Arbeitsplatz aus (s.u. Rz 496b). **447**

cc) Fehl-, Schlecht- und Minderleistungen

448 Der Arbeitnehmer schuldet eine Arbeitsleistung, die er bei **angemessener Anspannung seiner individuellen Kräfte und Fähigkeiten** erbringen kann (zum subjektiven Leistungsbegriff s.o. Rz 384, 385). Eine unter Ausschöpfung des persönlichen Leistungsvermögens erbrachte, nur objektiv unterdurchschnittliche Leistung rechtfertigt eine verhaltensbedingte Kündigung nicht, sondern allenfalls eine personenbedingte (s.o. Rz 379 ff., 384 ff.). Für eine verhaltensbedingte Kündigung erforderlich ist eine **pflichtwidrige Fehl-, Schlecht- oder Minderleistung** (*BAG* 11.12.2003 EzA § 1 Verhaltensbedingte Kündigung Nr. 62, zu B I 2 b; 3.6.2004 EzA § 23 KSchG Nr. 27, zu B III 1; HaKo-*Fiebig* Rz 356). Besitzt der Arbeitnehmer die persönliche und fachliche Qualifikation, können wiederholte Leistungsmängel – idR nach vorheriger Abmahnung (s.o. Rz 384) – eine verhaltensbedingte Kündigung rechtfertigen (zur **Schlechtleistung** *BAG* 26.6.1997 RzK I 5i Nr. 126: Brüskierung von Kunden; 15.8.1984 EzA § 1 KSchG Nr. 40; 22.7.1982 EzA § 1 KSchG Verhaltensbedingte Kündigung Nr. 10; 29.7.1976 EzA § 1 KSchG Nr. 34; zur **Fehlleistung** *LAG Hamm* 13.4.1983 DB 1983, 1930; *LAG Brem.* 13.10.1965 DB 1966, 80; zur **Minderleistung** *BAG* 11.12.2003 EzA § 1 Verhaltensbedingte Kündigung Nr. 62, zu B I 2 d, e: Leistungsdefizit von einem Drittel; 3.6.2004 EzA § 23 KSchG Nr. 27, zu B III 2, 3: Völlige Erfolglosigkeit eines Verkäufers über mehr als ein Jahr; *LAG Hamm* 13.4.1983 DB 1983, 1930: Zurückbleiben um ca. 50 % hinter der Leistung vergleichbarer Arbeitnehmer; *Hunold* BB 2003, 2345). Bei besonders gravierenden Fehlleistungen ist eine vorherige Abmahnung im Allgemeinen entbehrlich, zB wenn ein Lehrer während des Schulunterrichts einen »Witz« mit menschenverachtendem Charakter erzählt (*BAG* 5.11.1992 RzK I 5i Nr. 81) oder wenn ein Krankenpfleger unter Missachtung ärztlicher Weisungen erhebliche Gesundheitsbeeinträchtigungen verursacht (*BAG* 15.11.2001 EzA § 21 SchwbG 1986 Nr. 12, zu B I 3). Zur außerordentlichen Kündigung wegen Schlechtleistung KR-*Fischermeier* § 626 BGB Rz 442. Zu **tendenzbezogenen Leistungsmängeln** s.o. Rz 305.

449 **Darlegungs- und beweisbelastet** für das Vorliegen von Leistungsmängeln sowie für eine vorherige Abmahnung ist nach § 1 Abs. 2 S. 4 KSchG der **Arbeitgeber**. Die einzelnen Leistungsmängel hat er dabei so konkret wie möglich zu bezeichnen, und zwar unter Schilderung der konkreten Pflichtverletzungen sowie unter Darlegung der einzelnen Fehler. Durch pauschale Werturteile über die von einem Arbeitnehmer erbrachten Arbeitsleistungen genügt der Arbeitgeber seiner Darlegungslast nicht. Zu einem schlüssigen Vortrag gehört vielmehr die Darlegung, worin das Versagen eines Arbeitnehmers iE besteht, welche Fehl- oder Schlechtleistungen ihm zur Last zu legen sind und welche Mängel in der fachlichen oder persönlichen Qualifikation vorliegen (*BAG* 15.8.1984 EzA § 1 KSchG Nr. 40). Dabei ist auch der herangezogene Vergleichsmaßstab substantiiert vorzutragen (APS-*Dörner* Rz 281). Zur Darlegungslast bei Minderleistungen gelten die Regeln für die personenbedingte Kündigung entsprechend (dazu s.o. Rz 389).

h) **Außerdienstliches Verhalten**

aa) **Grundsatz**

450 Ein außerdienstliches Verhalten (zB strafbare Handlungen, Verkehrsverstöße, politische Betätigung, rechtsextreme Aktivitäten) des Arbeitnehmers kann nach der st.Rspr. des *BAG* eine ordentliche Kündigung nur dann sozial rechtfertigen, wenn das Arbeitsverhältnis konkret berührt wird (26.5.1977 EzA § 611 BGB Beschäftigungspflicht Nr. 2; 20.9.1984 EzA § 1 KSchG Verhaltensbedingte Kündigung Nr. 14; 24.9.1987 EzA § 1 KSchG Verhaltensbedingte Kündigung Nr. 18; 21.6.2001 EzA § 626 BGB nF Nr. 189, zu B I 2 a). Zur außerordentlichen Kündigung in derartigen Fällen KR-*Fischermeier* § 626 BGB Rz 414. Diese Rechtsprechung ist unscharf, weil sie sich nicht an den gesetzlichen Kündigungsgründen orientiert. Geht man vom Begriff der verhaltensbedingten Kündigung aus, kann ein außerdienstliches Verhalten des Arbeitnehmers eine Kündigung **aus verhaltensbedingten Gründen** nur rechtfertigen, wenn es sich dabei zugleich um ein **vertragswidriges Verhalten** handelt (HK-*Dorndorf* Rz 808). Ist das außerdienstliche Verhalten nicht vertragswidrig (zB eine strafbare Handlung im Privatbereich durch Arbeitnehmer außerhalb des öffentlichen Dienstes), scheidet zwar eine verhaltensbedingte Kündigung aus; jedoch kann aus einem außerdienstlichen Verhalten des Arbeitnehmers ggf. geschlossen werden, dass ihm die **Eignung** für die vertraglich geschuldete Tätigkeit fehlt (zB Trunkenheit am Steuer auf einer Privatfahrt bei einem Berufskraftfahrer – *BAG* 22.8.1963 AP § 626 BGB Nr. 51), so dass eine personenbedingte Kündigung in Betracht kommt (*Backmeister/Trittin/Mayer* Rz 243; s.a. Rz 390 f.).

451 Ein vertragswidriges Verhalten eines Arbeitnehmers im außerdienstlichen Bereich kommt nur in Betracht, wenn darauf bezogene **Nebenpflichten** des Arbeitnehmers bestehen. Sie können durch Gesetz,

einzelvertragliche Vereinbarung oder kollektivrechtliche Normen (Tarifvertrag, Betriebsvereinbarung) begründet werden. So bestimmte etwa § 8 Abs. 1 BAT für die Angestellten des öffentlichen Dienstes: »Der Angestellte hat sich so zu verhalten, wie es von den Angehörigen im öffentlichen Dienst erwartet wird. Er muss sich durch sein gesamtes Verhalten zur freiheitlich demokratischen Grundordnung iSd Grundgesetzes bekennen.« Maßgebend ist hier im Einzelfall, ob das außerdienstliche Verhalten in der Öffentlichkeit als Fehlverhalten gewertet wird (*Scheuring* ZTR 1999, 337); insoweit kommt auch eine außerordentliche Kündigung in Betracht, zB bei der Verbreitung ausländerfeindlicher Pamphlete (*BAG* 14.2.1996 EzA § 626 BGB nF Nr. 160) oder bei Totschlag (*BAG* 8.6.2000 EzA § 626 BGB nF Nr. 182). Ohne besondere Dienstbezogenheit ausgeübte sexuelle Neigungen (zB Betreiben eines Swingerclubs) außerhalb des Dienstes sind dagegen in aller Regel kein Kündigungsgrund (*LAG Hamm* 19.1.2001 RzK I 5 h Nr. 58).

Darüber hinaus besteht nach **§ 242 BGB (Treu und Glauben)** die allgemeine Pflicht der Arbeitsvertragsparteien, bei der **Abwicklung des Vertragsverhältnisses** dafür zu sorgen, dass Person, Eigentum und sonstige Rechtsgüter des anderen Vertragsteils nicht verletzt werden, und alles zu unterlassen, was geeignet ist, das gegenseitige vertragsnotwendige Vertrauen zu erschüttern (*Dütz* Anm. EzA § 626 nF BGB Nr. 91 mwN). Mit Recht weist *Dütz* (aaO) darauf hin, dass solche Nebenpflichten nur »bei Abwicklung des Schuldverhältnisses« bestehen – also im Allgemeinen während des Dienstes –, weil Nebenpflichten keinen isolierten Eigenzweck haben, sondern nur dazu dienen, die Erbringung der Hauptleistung zu gewährleisten und die gesamte Abwicklung des Schuldverhältnisses zu sichern.« Die Abwicklung des Arbeitsverhältnisses ist aber zB betroffen, wenn der Arbeitnehmer durch außerdienstliches Verhalten das vertragsnotwendige Vertrauen erschüttert (s. zB Rz 482). Hingegen geht es zu weit, aus der arbeitsvertraglichen Treuepflicht das Gebot abzuleiten, auch im außerdienstlichen Bereich die Interessen des Arbeitgebers an der Verwirklichung der unternehmerischen Zielsetzung und dessen Wettbewerbsinteressen loyal zu beachten (aA *Lansnicker/Schwirtzek* DB 2001, 866). **452**

Damit dürften Nebenpflichten nur in seltenen Fällen auf das außerdienstliche Verhalten des Arbeitnehmers einwirken, so dass aus dem außerdienstlichen Verhalten eines Arbeitnehmers im Allgemeinen **kein verhaltensbedingter Kündigungsgrund** hergeleitet werden kann. Aus außerdienstlichem Verhalten kann aber ggf. auf eine fehlende Eignung des Arbeitnehmers geschlossen werden, die eine personenbedingte Kündigung rechtfertigen kann. Ferner kann außerdienstliches Verhalten (zB ausländerfeindliche Äußerungen) zu Störungen des Betriebsfriedens führen, die dann uU eine Druckkündigung rechtfertigen können (hierzu s.u. Rz 586). **453**

bb) Lebenswandel

Ein sog **lockerer oder unsittlicher** Lebenswandel ist weder ein verhaltensbedingter noch ein personenbedingter Kündigungsgrund (*LAG Bln.* 3.11.1964 DB 1965, 1291; *LAG BW* 3.4.1967 BB 1967, 757; *ArbG Passau* 11.12.1997 BB 1998, 326; *ArbG Siegburg* 8.7.1986 EzA § 1 KSchG Verhaltensbedingte Kündigung Nr. 17). Das gilt auch für häufige Spielbankbesuche (*LAG Hamm* 14.1.1998 LAGE § 626 BGB Nr. 119). **Intime Beziehungen** zwischen volljährigen Mitarbeitern und Mitarbeiterinnen berechtigen den Arbeitgeber nur dann zur ordentlichen Kündigung, wenn hierdurch die Arbeitsleistung oder die betriebliche Zusammenarbeit beeinträchtigt werden (*LAG Düssfeld.* 24.2.1969 DB 1969, 667). Dies gilt auch für ehewidrige Beziehungen zwischen Arbeitnehmern. Ein intimes Verhältnis zwischen Vorgesetzten und Auszubildenden oder jugendlichen Mitarbeitern rechtfertigt dagegen idR eine ordentliche Kündigung gegenüber dem Vorgesetzten, und zwar aus dem Gesichtspunkt der **mangelnden persönlichen Eignung** (*v. Hoyningen-Huene/Linck* Rz 323). Das gleiche gilt für intime Beziehungen zwischen einem Krankenhausarzt und einem Patienten (*BAG* 18.10.1990 RzK I 5i Nr. 64). **454**

Für **Mitarbeiter** von **kirchlichen Einrichtungen** bestehen im außerdienstlichen Bereich gesteigerte sittliche Verhaltensanforderungen (vertragliche Nebenpflicht), sofern sie zu den Funktionsträgern zu zählen sind. Zu kirchlichen Arbeitsverhältnissen s.o. Rz 70 ff. **455**

Mitarbeiter in **Tendenzbetrieben,** die zu den Tendenzträgern (s.o. Rz 75 ff.) gehören, dürfen auch außerdienstlich nicht gegen die Tendenz ihres Betriebes agieren. Dies ist zB der Fall, wenn ein zu den sog. Tendenzträgern zählender Mitarbeiter tendenzfeindliche Äußerungen in Massenmedien abgibt oder wenn sich ein derartiger Arbeitnehmer außerdienstlich in einer Organisation betätigt, die den Tendenzen seines Arbeitgebers zuwiderläuft. Dann kann eine Kündigung gerechtfertigt sein (*BAG* 6.12.1979 EzA § 1 KSchG Tendenzbetrieb Nr. 5: Ordentliche Kündigung eines Gewerkschaftssekretärs wegen politischer Betätigung im Kommunistischen Bund Westdeutschland; *LAG Bln.* 6.12.1982 EzA **456**

§ 1 KSchG Tendenzbetrieb Nr. 11). Dies gilt aber nicht für die übrigen Mitarbeiter (zB gewerbliche Arbeiter) von Tendenzunternehmen. Zur Tendenzförderung als arbeitsrechtliche Pflicht *Buchner* ZfA 1979, 355; zur Kündigung von Tendenzträgern wegen außerdienstlichen Verhaltens *Dudenbostel/Klas* AuR 1979, 300.

cc) Politische Betätigung

457 Die politische Betätigung eines Arbeitnehmers (auch **im außerdienstlichen Bereich**) kann nach der st. Rspr. des *BAG* dann als verhaltensbedingter Kündigungsgrund in Betracht kommen, wenn **das Arbeitsverhältnis** hierdurch **konkret beeinträchtigt** wird (28.9.1989 EzA § 1 KSchG Verhaltensbedingte Kündigung Nr. 28; 6.6.1984 EzA § 1 KSchG Verhaltensbedingte Kündigung Nr. 12; 6.12.1979 EzA § 1 KSchG Tendenzbetrieb Nr. 5). Diese Auffassung ist **verfehlt**. Eine politische Betätigung eines Arbeitnehmers im außerdienstlichen Bereich kommt vielmehr als verhaltensbedingter Kündigungsgrund nur in Betracht, wenn darin ein vertragswidriges Verhalten liegt (s.o. Rz 450). Dies kann für Angestellte des öffentlichen Dienstes zutreffen, die sich in einer verfassungsfeindlichen Partei engagieren und damit gegen § 8 Abs. 1 S. 2 BAT verstoßen (vgl. auch *BAG* 6.6.1984 EzA § 1 KSchG Verhaltensbedingte Kündigung Nr. 12). Die politische Betätigung eines Arbeitnehmers kann aber seine **persönliche Eignung** beeinträchtigen, so dass eine personenbedingte Kündigung in Betracht kommt (s.a. Rz 306 ff.).

458 Von der bloßen politischen Betätigung zu unterscheiden sind **Arbeitspflichtverletzungen,** die mit der politischen Betätigung verbunden sind und ihrerseits eine Kündigung rechtfertigen können, zB eigenmächtiges Fernbleiben von der Arbeit zur Teilnahme an einer politischen Veranstaltung oder Verteilung von politischem Propagandamaterial während der Arbeitszeit. Für politische Meinungsäußerungen kann der Arbeitnehmer den Schutz des Art. 5 Abs. 1 GG in Anspruch nehmen (*Kissel* NZA 1988, 145; *Schaub* RdA 1979, 137). Wird der Arbeitgeber aber durch politische Meinungsäußerungen des Arbeitnehmers diskriminiert und in der öffentlichen Meinung herabgesetzt, beeinträchtigt der Arbeitnehmer damit auch das vertragsnotwendige Vertrauen bei der Abwicklung des Arbeitsverhältnisses, so dass eine verhaltensbedingte Kündigung gerechtfertigt sein kann (*BAG* 28.9.1972 EzA § 1 KSchG Nr. 25). Zur politischen Betätigung des Arbeitnehmers im **Betrieb** als verhaltensbedingten Kündigungsgrund s.u. Rz 468 f. Zur **außerordentlichen Kündigung wegen politischer Betätigung** s. KR-*Fischermeier* § 626 BGB Rz 115 ff.

dd) Schulden, Lohnpfändungen

459 **Schulden** des Arbeitnehmers gehören zur **privaten Lebensführung** und sind für sich kein Kündigungsgrund (allg. Ansicht, etwa *BAG* 4.11.1981 EzA § 1 KSchG Verhaltensbedingte Kündigung Nr. 9; *Berkowsky* NZA-RR 2001, 68). Dies gilt selbst für Arbeitnehmer, denen Vermögenswerte anvertraut sind. Die Überschuldung eines in einer **Vertrauensstellung** beschäftigten Arbeitnehmers kann aber dessen persönliche Ungeeignetheit begründen und damit eine personenbedingte Kündigung rechtfertigen (s.o. Rz 303).

460 Führen die Schulden zu **Lohnpfändungen,** berechtigt dies den Arbeitgeber nicht ohne weiteres zur außerordentlichen oder ordentlichen Kündigung (*BAG* 15.10.1992 EzA § 1 KSchG Verhaltensbedingte Kündigung Nr. 45; 4.11.1981 EzA § 1 KSchG Verhaltensbedingte Kündigung Nr. 9; HK-*Dorndorf* Rz 830; *v. Hoyningen-Huene/Linck* Rz 343; **aA** *LAG Hamm* 21.9.1977 DB 1977, 2237; *Brill* DB 1976, 1816). Nach der Rspr. des BAG kann jedoch in **Ausnahmefällen,** in denen über einen längeren Zeitraum hinweg zahlreiche Lohnpfändungen und dadurch erhebliche Verwaltungsarbeiten beim Arbeitgeber anfallen, die nach objektiver Beurteilung zu wesentlichen Störungen in der betrieblichen Organisation oder im Arbeitsablauf führen, etwa in der Lohnbuchhaltung oder in der Rechtsabteilung, eine ordentliche Kündigung in Betracht kommen, weil der Arbeitnehmer durch die von ihm zu vertretenden Lohnpfändungen die Interessen des Arbeitgebers bei der Vertragsabwicklung beeinträchtigt (*BAG* 4.11.1981 EzA § 1 KSchG Verhaltensbedingte Kündigung Nr. 9; BBDW-*Bram* Rz 225; *Wenzel* Rz 237–240; *Wisskirchen* S. 141, nimmt insoweit einen personenbedingten Kündigungsgrund an). Dies überzeugt nicht. Die Bearbeitung von Vollstreckungsmaßnahmen durch den Arbeitgeber als Drittschuldner ist keine Leistung zugunsten des Arbeitnehmers, sondern die Erfüllung einer **staatsbürgerlichen Pflicht** gegenüber den Vollstreckungsgläubigern, die dem Interesse der Allgemeinheit an einer effektiven Forderungsvollstreckung dient (*BGH* 18.5.1999 NJW 1999, 2276, zu I 2 a aa; 19.10.1999 NJW 2000, 651, zu II 2 a). Der Arbeitgeber ist zur Realisierung seiner Forderungen auf diese gleichermaßen angewiesen. Dem Zweck der Forderungspfändung würde es diametral entgegenstehen, wenn diese ein Anlass für den Verlust des Arbeitsplatzes des Schuldners sein könnte.

Sozial ungerechtfertigte Kündigungen § 1 KSchG

Entgegen der Auffassung des *BAG* (4.11.1981 EzA § 1 KSchG Verhaltensbedingte Kündigung Nr. 9; **461** ebenso BBDW-*Bram* Rz 225) ist bei einer Kündigung wegen zahlreicher Lohnpfändungen – wenn man dies schon als Vertragspflichtverletzung einordnet – der vorherige vergebliche Ausspruch **einer Abmahnung** erforderlich (ebenso *LAG Bln.* 10.10.1978 DB 1979, 605; *LAG Hamm* 21.9.1977 DB 1977, 2237; *Berkowsky* NZA-RR 2001, 68; ErfK-*Ascheid* Rz 356; *Lepke* RdA 1980, 194; *Nickel* SAE 1983, 209).

i) **Beleidigungen, Tätlichkeiten, Denunziationen, Kritik**

In der früheren arbeitsrechtlichen Gesetzgebung (§§ 123 Abs. 1 Nr. 5 und 133c Abs. 1 Nr. 5 GewO; § 72 **462** Abs. 1 Nr. 4 HGB) war ausdrücklich anerkannt, dass Tätlichkeiten und grobe Beleidigungen gegenüber dem Arbeitgeber oder dessen Vertreter dazu geeignet sind, dem Arbeitgeber ein Recht zur außerordentlichen Kündigung zu geben. Da es sich bei den gesetzlich erwähnten Tatbeständen nur um besondere Erscheinungsformen des wichtigen Grundes handelte, hat sich an dieser Rechtslage durch das Inkrafttreten des Ersten Arbeitsrechtsbereinigungsgesetzes vom 14.8.1969 (BGBl. I S. 1106) nichts geändert. **Tätlichkeiten** gegenüber dem Arbeitgeber oder **grobe Beleidigungen** des **Arbeitgebers oder dessen Vertreters**, die nach Form oder Inhalt eine erhebliche Ehrverletzung für den Betroffenen bedeuten, sind **ein wichtiger Grund iSd § 626 Abs. 1 BGB** und ein verhaltensbedingter Grund iSd § 1 Abs. 2 KSchG (*BAG* 6.11.2003 EzA § 1 KSchG Verhaltensbedingte Kündigung Nr. 60: Vorwurf der Rechtsbeugung gegen Vorgesetzten; *BAG* 10.10.2002 EzA § 626 BGB 2002 Unkündbarkeit Nr. 1, zu B I 3 a; SPV-*Preis* Rz 705; s. im Übrigen KR-*Fischermeier* § 626 BGB Rz 415). Deshalb können sie um so mehr ein ordentlicher verhaltensbedingter Kündigungsgrund sein (*BAG* 11.7.1991 RzK I 5i Nr. 68; 24.6.2004 EzA § 1 KSchG Verhaltensbedingte Kündigung Nr. 65; *LAG Schl* 4.11.1998 – 2 Sa 330/98: Verbreitung den Arbeitgeber beleidigender Nachrichten im Internet trotz vorheriger Abmahnung). Dies gilt ebenso für die **Bedrohung** von Vorgesetzten (*LAG Frankf.* 31.10.1986 LAGE § 626 BGB Nr. 27). Für das Vorliegen eines Kündigungsgrunds ist es unerheblich, ob der Arbeitnehmer inner- oder außerhalb des Dienstes handelte. Durch das beleidigende oder drohende Verhalten hat er das vertragsnotwendige Vertrauen des Arbeitgebers bei der Abwicklung des Arbeitsverhältnisses beeinträchtigt. Die Frage eines dienstlichen oder außerdienstlichen Vergehens kann aber bei der Interessenabwägung eine Rolle spielen. Zu Ehrverletzungen als Kündigungsgrund *Schmitz-Scholemann* BB 2000, 926.

In **minder schweren Fällen** kann ggf. eine außerordentliche Kündigung ungerechtfertigt sein und nur **463** eine ordentliche Kündigung in Betracht kommen (*LAG Brem.* 4.3.1964 DB 1964, 628; *LAG Düssel.* 26.5.1964 DB 1964, 1416; *LAG München* 15.11.1977 BB 1978, 964). Eine ehrverletzende Äußerung ist insbes. dann weniger schwerwiegend, wenn der Arbeitgeber bzw. dessen Vertreter eine besondere Schärfe in die Auseinandersetzung gebracht und dadurch den Arbeitnehmer gereizt hat (*BAG* 19.12.1958 AP § 133c GewO Nr. 1; 22.12.1956 AP § 626 BGB Nr. 13). Im Rahmen der **Interessenabwägung** sind im Übrigen insbes. die folgenden Umstände zu berücksichtigen: Betrieblicher oder branchenüblicher Umgangston, Bildungsgrad und psychischer Zustand des Arbeitnehmers, Gesprächssituation (zB Anwesenheit von Dritten, Ernsthaftigkeit der beleidigenden Äußerung, Provokation durch Arbeitgeber, vgl. *LAG Köln* 7.12.1995 LAGE § 1 KSchG Verhaltensbedingte Kündigung Nr. 50, sowie Ort und Zeitpunkt des Geschehens. **Äußerungen über Vorgesetzte**, selbst wenn sie unwahr oder ehrenrührig sind, sind nicht zu verwerten, wenn sie **im Kollegenkreis** in der sicheren und berechtigten Erwartung gemacht werden, sie würden nicht über den Kreis der Gesprächsteilnehmer hinaus dringen (*BAG* 21.10.1965 AP § 1 KSchG Verhaltensbedingte Kündigung Nr. 5; 30.11.1972 AP § 626 BGB Nr. 66 mit krit. Anm. *Wolf* und *Bienert*). Dies gilt nicht, wenn der Arbeitnehmer die Vertraulichkeit selbst aufhebt (*BAG* 10.10.2002 EzA § 626 BGB 2002 Unkündbarkeit Nr. 1, zu B I 3 c).

Tätlichkeiten gegenüber Arbeitskollegen sind an sich als wichtiger Grund zur außerordentlichen **464** Kündigung geeignet und kommen daher erst recht als verhaltensbedingter Grund für eine ordentliche Kündigung in Betracht (*BAG* 6.10.2005 EzA § 1 KSchG Verhaltensbedingte Kündigung Nr. 66, zu B I 2), wobei es vor Ausspruch der Kündigung regelmäßig keiner Abmahnung bedarf (*BAG* 12.3.1987 EzA § 102 BetrVG 1972 Nr. 71; 31.3.1993 EzA § 626 BGB Ausschlussfrist Nr. 5; 6.10.2005 EzA § 1 KSchG Verhaltensbedingte Kündigung Nr. 66, zu B I 2 d). **Beleidigungen gegenüber anderen Mitarbeitern** (zB Arbeitskollegen, Mitgliedern von betriebsverfassungsrechtlichen Organen) können uU dann ein verhaltensbedingter Kündigungsgrund sein, wenn durch sie der Betriebsfrieden nachhaltig gestört wird (*BAG* 15.12.1977 EzA § 626 BGB nF Nr. 61; 13.10.1977 EzA § 74 BetrVG 1972 Nr. 3).

Denunziationen von Arbeitskollegen, insbes. von Vorgesetzten, können uU eine ordentliche Kündi- **465** gung rechtfertigen (*LAG Köln* 15.1.1996 RzK I 5i Nr. 114; SPV-*Preis* Rz 695). Dies gilt insbes. für die Weitergabe vertraulicher Äußerungen im privaten Bereich (*BAG* 21.10.1965 AP § 1 KSchG Verhaltensbedingte Kündigung Nr. 5). Stellen dagegen weitergegebene Äußerungen von Arbeitskollegen strafbare Handlungen dar (zB üble Nachreden oder Verleumdungen gegenüber Mitarbeitern), scheidet idR eine Kündigung gegenüber dem Denunzianten aus. Eine derartige Rechtslage besteht auch dann, wenn der Arbeitnehmer dem Arbeitgeber von betrieblichen Vermögensdelikten (zB Unterschlagung von Firmengeldern oder Diebstahl von Firmeneigentum) Mitteilung macht (*BAG* 18.6.1970 EzA § 611 BGB Arbeitnehmerhaftung Nr. 1).

466 Eine ordentliche Kündigung kommt nicht in Betracht, wenn der Arbeitnehmer in sachlicher Form fachliche Kritik an Vorgesetzen (*ArbG Frankf./M* 16.8.2001 RzK I 5 i Nr. 170) oder **Kritik** an Missständen im Betrieb äußert (*LAG Düsseld.* 5.1.1956 BB 1956, 818). Dies gilt insbes. für kritische Stellungnahmen im Rahmen von Betriebsversammlungen (*BAG* 22.10.1964 EzA § 44 BetrVG Nr. 1). Kritische öffentliche Äußerungen eines Arbeitnehmers über seinen Arbeitgeber, die weder eine Schmähkritik noch eine Formalbeleidigung darstellen, stehen unter dem Schutz des Grundrechts der Meinungsfreiheit des Art. 5 Abs. 1 GG (*BVerfG* 16.10.1998 AuR 1999, 36). In grobem Maß unsachliche Angriffe, die zur Untergrabung der Position eines Vorgesetzten führen können, muss der Arbeitgeber dagegen nicht hinnehmen. Kündigungsrechtlich ausschlaggebend ist nicht die strafrechtliche Würdigung. Eine einmalige Ehrverletzung ist kündigungsrechtlich um so schwerwiegender, je unverhältnismäßiger und überlegter sie ausgeführt wird (*BAG* 17.2.2000 – 2 AZR 927/98 –, nv, zu II 1; 10.10.2002 EzA § 626 BGB 2002 Unkündbarkeit Nr. 1, zu B I 3 a). Bei der Auslegung einer mehrdeutigen Äußerung sind die Umstände, die zu der Äußerung geführt haben, umfassend zu berücksichtigen. Eine dem Arbeitnehmer ungünstigere Auslegungsmöglichkeit kann nur zugrunde gelegt werden, wenn eine andere Deutung mit überzeugenden Gründen ausgeschlossen werden kann (*BAG* 24.6.2004 EzA § 1 KSchG Verhaltensbedingte Kündigung Nr. 65, zu B III 2 a cc; 12.1.2006 NZA 2006, 917, zu II 1 b cc). Ist der Arbeitnehmer für die Sicherheit betrieblicher Einrichtungen verantwortlich, kann er sachliche Kritik bei allen zuständigen Stellen erheben (*BAG* 14.12.1977 AP § 1 KSchG Verhaltensbedingte Kündigung Nr. 8). Bei Arbeitnehmern des öffentlichen Dienstes ist es kein verhaltensbedingter Kündigungsgrund, wenn diese vom **Petitionsrecht** Gebrauch machen und dabei auf Missstände in ihrem Amt hinweisen (*BAG* 18.6.1970 AP § 1 KSchG Nr. 82).

j) Betriebsfrieden, betriebliche Ordnung

467 Zur arbeitsvertraglichen Treuepflicht eines Arbeitnehmers gehört es, den Betriebsfrieden zu wahren, dh mit dem Arbeitgeber und den Arbeitskollegen vertrauensvoll zusammenzuarbeiten, deren Privatsphäre zu achten und private Konflikte nicht in den Betrieb zu tragen (*Berkowsky* NZA-RR 2001, 19). Wird der **Betriebsfrieden** durch Handlungen gestört, die das friedliche Zusammenarbeiten der Arbeitnehmer untereinander und mit dem Arbeitgeber erschüttern oder nachhaltig beeinträchtigen und nachteilige betriebliche Auswirkungen (zB Störung des Arbeitsablaufes) haben, kann eine verhaltensbedingte ordentliche Kündigung gerechtfertigt sein (*BAG* 15.12.1977 EzA § 626 BGB nF Nr. 61).

468 Als derartige Handlungen kommen insbes. **politische Betätigungen** im betrieblichen Bereich mit verfassungsfeindlicher Zielsetzung (*BAG* 15.12.1977 EzA § 626 BGB nF Nr. 61) in Betracht. Das Tragen einer **politischen Plakette** im Betrieb ist für sich alleine kein Kündigungsgrund (*BAG* 9.12.1982 EzA § 626 BGB nF Nr. 86; HK-*Dorndorf* Rz 769; *v. Hoyningen-Huene/Linck* Rz 331; zu politischen Plaketten im Betrieb *v. Hoyningen-Huene/Hofmann* BB 1984, 1050). Das in § 74 Abs. 2 S. 3 BetrVG enthaltene Verbot der parteipolitischen Betätigung im Betrieb gilt nur für Arbeitgeber und Betriebsrat, nicht dagegen für die übrigen Arbeitnehmer (hM, vgl. statt aller *v. Hoyningen-Huene/Linck* aaO; zum Begriff der parteipolitischen Betätigung *BVerfG* 28.4.1976 EzA § 74 BetrVG 1972 Nr. 1). Parteipolitische Meinungsäußerungen sind auch im Betrieb regelmäßig durch das Grundrecht der Meinungsfreiheit (Art. 5 GG) geschützt und daher kündigungsrechtlich irrelevant. Der Arbeitnehmer ist aber aufgrund einer arbeitsvertraglichen Nebenpflicht gehalten, politische (insbes. parteipolitische) Betätigungen im Betrieb zu unterlassen, die zu einer konkreten Störung des Betriebsfriedens oder des Arbeitsablaufs führen (*Berger-Delhey* PersV 1995, 392 für den öffentlichen Dienst). Führt eine politische Betätigung (zB das Tragen einer Politplakette) im Einzelfall zu einer konkreten Störung des Betriebsfriedens (zB zu Beschwerden einer erheblichen Anzahl von Arbeitnehmern) oder des Arbeitsablaufs (zB zu zeitlich nicht unerheblichen Arbeitsniederlegungen), kann nach vorheriger Abmahnung eine ordentliche Kündigung gerechtfertigt sein (*LAG Düsseld.* 14.6.1984 BB 1984, 1619: Unzulässigkeit einer ordentlichen Kündigung wegen **Friedensaktivitäten**; *ArbG Köln* 28.3.1984 BB 1985, 663).

469 Eine **außerordentliche Kündigung** kommt dagegen wegen des Grundsatzes der Verhältnismäßigkeit erst bei schwerwiegenden Störungen des Betriebsfriedens oder des Arbeitsablaufs in Betracht (*ArbG*

Sozial ungerechtfertigte Kündigungen § 1 KSchG

Aachen 27.8.1980 AuR 1981, 218; **aA** *BAG* 9.12.1982 EzA § 626 BGB nF Nr. 86; *LAG Düsseld.* 29.1.1981 DB 1981, 1986; *LAG Hamm* 14.8.1980 DB 1981, 106; *ArbG Iserlohn* 30.1.1980 BB 1980, 415, wonach das Tragen einer Politplakette [»**Anti-Strauß-Plakette«**] den Arbeitgeber bereits dann zu einer außerordentlichen Kündigung berechtigt, wenn das Verhalten des Arbeitnehmers durch dessen Meister, einen Mitarbeiter und ein Mitglied des Betriebsrates missbilligt wird). Angestellte Lehrer im öffentlichen Dienst sind nach § 8 BAT verpflichtet, während ihres Schuldienstes keine »**Anti-Atomkraft-Plaketten«** zu tragen (*BAG* 2.3.1982 EzA Art. 5 GG Nr. 10; für deren Zulässigkeit in der Privatwirtschaft *ArbG Hmb.* 18.4.1978 EzA Art. 5 GG Nr. 3; zu dieser Problematik auch *Lisken* NJW 1980, 1503; *Mummenhoff* DB 1981, 2539). Zur **Meinungsfreiheit** im Arbeitsrecht *Buchner* ZfA 1982, 49 ff.

Eine ordentliche Kündigung wegen Störung des Betriebsfriedens kommt weiterhin bei folgenden Verhaltensweisen im Betrieb in Betracht: **470**

– **Rechtsextreme Aktivitäten** (*Polzer/Powietzka* NZA 2000, 972);
– **Ausländerfeindliches Verhalten** (*LAG RhPf.* 10.6.1997 BB 1998, 163; *ArbG München* 16.1.1995 RzK I 5i Nr. 102; *ArbG Siegburg* 4.11.1993 NZA 1994, 698; *Berkowsky* Personenbedingte Kündigung S. 101; *Tschöpe* BB 2002, 782; *Krummel/Küttner* NZA 1996, 76), zB Verbreitung einer »Witzesammlung« mit ausländerfeindlichem und sexistischem Inhalt (*LAG Köln* 10.8.1999 EzA-SD 2000, Heft 9, S. 13), wobei allerdings zu beachten ist, dass allgemeine Äußerungen (zB »Die Ausländer müssen hier raus«) vom Grundrecht der Meinungsfreiheit (Art. 5 Abs. 1 GG) gedeckt sein können (*Berkowsky* NZA-RR 2001, 17; vgl. *Schmitz-Scholemann* BB 2000, 926). Drastische ausländerfeindliche oder antisemitische Äußerungen rechtfertigen im Allgemeinen eine Kündigung ohne vorherige Abmahnung (*Hoß* MDR 1998, 877);
– Erzählen eines **antisemitischen Witzes** (*BAG* 5.11.1992 RzK I 5I Nr. 81);
– **Diskriminierung des Arbeitgebers** oder von **Mitgliedern des Betriebsrates**, zB durch bewusst wahrheitswidrige Behauptungen in betrieblichen Flugblättern (*BAG* 13.10.1977 EzA § 74 BetrVG 1972 Nr. 3; 26.5.1977 EzA § 611 BGB Beschäftigungspflicht Nr. 2) oder antisemitistische Äußerungen ihnen gegenüber (*ArbG Brem.* 29.6.1994 BB 1994, 1586);
– **Denunzierung** von Arbeitskollegen (vgl. Rz 465);
– **Mobbing** (vgl. Rz 489 f.);
– **Beleidigungen des Arbeitgebers** oder dessen **Vertreters** (vgl. Rz 462);
– **Sexuelle Belästigungen** am Arbeitsplatz (vgl. Rz 500);
– **Intime Beziehungen** von Vorgesetzten zu Auszubildenden;
– **Streitigkeiten oder tätliche Auseinandersetzungen** unter Arbeitskollegen (vgl. Rz 464).

Bei einem Streit zwischen zwei Arbeitnehmern, der den geordneten Betriebsablauf gefährdet, trifft den Arbeitgeber eine **Vermittlungspflicht** (*BAG* 14.5.1964 AP § 242 BGB Kündigung Nr. 5). Das gilt unabhängig davon, ob es sich um einen Streit zwischen gleichgestellten oder einander nachgeordneten Arbeitnehmern handelt und ob sie einfache Arbeiten oder Dienste höherer Art zu verrichten haben. Für die Pflicht, sich bei einem Streit vermittelnd einzuschalten, gelten die für die Abmahnung bestehenden Grundsätze entsprechend (zur Abmahnung KR-*Fischermeier* § 626 BGB Rz 253 ff.). Eine Vermittlungspflicht des Arbeitgebers entfällt, wenn eine gütliche Beilegung des Streites von vornherein zwecklos erscheinen muss. Dies ist etwa der Fall, wenn einer der Arbeitnehmer eine gütliche Einigung abgelehnt und die Zusammenarbeit mit dem anderen Arbeitnehmer endgültig und vorbehaltlos verweigert hat. Eine Vermittlungspflicht des Arbeitgebers entfällt auch, wenn durch den Streit das Vertrauensverhältnis zwischen einem der Arbeitnehmer und dem Arbeitgeber zerstört ist. **471**

Fragen der **Ordnung des Betriebes** werden oft durch Betriebsvereinbarungen gem. § 87 Abs. 1 Nr. 1 BetrVG geregelt. Auch ohne Vorliegen einer solchen Arbeitsordnung haben Arbeitnehmer alles zu unterlassen, was dazu geeignet ist, den reibungslosen Ablauf des betrieblichen Zusammenlebens zu stören. Verstößt ein Arbeitnehmer gegen die ihm nach der Arbeitsordnung obliegenden Verhaltenspflichten, kann nach vorheriger Abmahnung eine ordentliche Kündigung gerechtfertigt sein. Dies gilt bspw. in den folgenden Fällen: Verstöße gegen ein betriebliches **Rauchverbot** (*LAG Düsseld.* 17.6.1997 LAGE § 1 KSchG Verhaltensbedingte Kündigung Nr. 58; *LAG Hannover* 23.1.1952 BB 1952, 291; *Künzl* ZTR 1999, 537); Verletzung eines betrieblichen **Alkoholverbotes** (vgl. Rz 424); Einnahme von Drogen während der Arbeitszeit (APS-*Dörner* § 1 KSchG Rz 306); Verweigerung von **Kontrolluntersuchungen** beim Verlassen des Betriebes (*ArbG Essen* 1.9.1959 DB 1960, 61); **Verunreinigung von Toiletten** (*LAG SchlH* 28.7.1977 BB 1978, 44); wiederholte Verstöße gegen **Unfallverhütungsvorschriften** nach entsprechender Unterweisung (*LAG Hamm* 11.9.1997 RzK I 5 i Nr. 133). Zur außerordentlichen Kündigung in derartigen Fällen KR-*Fischermeier* § 626 BGB Rz 416 und 440. **472**

k) Druckkündigung

473 Eine Druckkündigung liegt dann vor, wenn von der Belegschaft, vom Betriebsrat, von der Gewerkschaft, vom Entleiher (bei einem Leiharbeitsverhältnis) oder von Kunden des Arbeitgebers **unter Androhung von Nachteilen** (zB Androhung von Kündigungen, Verweigerung der Zusammenarbeit; Abbruch der Geschäftsbeziehungen) **die Entlassung eines bestimmten Arbeitnehmers verlangt wird** (*BAG* 18.9.1975 EzA § 626 BGB Druckkündigung Nr. 1; *Blaese* DB 1988, 178). Eine **Druckkündigung** kommt sowohl als außerordentliche Kündigung (vgl. iE KR-*Fischermeier* § 626 BGB Rz 204 ff.) als auch in Gestalt einer ordentlichen Kündigung in Betracht (**aA** *Berkowsky* NZA-RR 2001, 452 f.: kein Kündigungsgrund). Die **erste Form** der Druckkündigung zeichnet sich dadurch aus, dass das **Entlassungsbegehren objektiv** durch das **Vorliegen** eines **verhaltens- oder personenbedingten Grundes** iSv § 1 Abs. 2 S. 1 KSchG gerechtfertigt ist. In diesem Fall steht es im Ermessen des Arbeitgebers, ob er von dem ihm zustehenden Kündigungsrecht Gebrauch macht (*BAG* 31.1.1996 EzA § 626 BGB Druckkündigung Nr. 3, zu II 5 a). Da hier die Kündigung nicht wegen des Druckes, sondern aus verhaltens- oder personenbedingten Gründen gerechtfertigt ist, kann man sie als **unechte Druckkündigung** bezeichnen.

474 Fehlt es dagegen an einem verhaltens- oder personenbedingten Kündigungsgrund, kommt als **zweite Form** der eine Kündigung aus **betriebsbedingten Gründen** in Betracht (*BAG* 31.1.1996 EzA § 626 BGB Druckkündigung Nr. 3, zu II 5 a; 19.6.1986 EzA § 1 KSchG Betriebsbedingte Kündigung Nr. 39; HaKo-*Gallner* Rz 484; *v. Hoyningen-Huene/Linck* Rz 205 sehen diese zweite Form der Druckkündigung unter den von der Rspr. aufgestellten Voraussetzungen als personenbedingte Kündigung an). Zur **echten Druckkündigung** s.u. Rz 586.

l) Pflichtwidrigkeiten bei Krankheit und Kuraufenthalten

475 Bei krankheitsbedingter Arbeitsunfähigkeit obliegen dem Arbeitnehmer eine Reihe von **vertraglichen Nebenpflichten,** bei deren schuldhafter Verletzung je nach den Umständen des Einzelfalles eine außerordentliche oder ordentliche Kündigung in Betracht kommt (*BAG* 15.1.1986 EzA § 626 BGB nF Nr. 100; *LAG Hamm* 16.12.1982 BB 1983, 1601; *Lepke* Rz 329 ff.). In aller Regel ist dabei jedoch eine vorherige **Abmahnung** erforderlich (HK-*Dorndorf* Rz 753; *Lepke* NZA 1995, 1090; zur Abmahnung KR-*Fischermeier* § 626 BGB Rz 253 ff.). Im Einzelnen handelt es sich dabei im Wesentlichen um die **Anzeigepflicht, die Nachweispflicht, die Verpflichtung zu gesundheits- und heilungsförderndem Verhalten sowie die Rückmeldepflicht.** Bei der Festlegung eines Kurzeitpunktes hat der Arbeitnehmer auf betriebliche Interessen Rücksicht zu nehmen.

476 Der Arbeitnehmer ist verpflichtet, dem Arbeitgeber **die Arbeitsunfähigkeit** und deren voraussichtliche Dauer, ggf. auch die Fortdauer der Arbeitsunfähigkeit, **unverzüglich**, dh ohne schuldhaftes Zögern (§ 121 Abs. 1 BGB) **anzuzeigen** (§ 5 Abs. 1 EFZG). Eine entsprechende Mitteilungspflicht besteht auch bei Maßnahmen der medizinischen Vorsorge und Rehabilitation (§ 9 Abs. 2 EFZG). Soweit keine kollektivrechtlichen oder arbeitsvertraglichen Formvorschriften bestehen, ist die Mitteilung in jeder geeigneten Form möglich. Da es sich bei der Anzeigepflicht nicht um eine höchstpersönlich zu erfüllende Pflicht handelt, kann der Arbeitnehmer auch Boten (zB Arbeitskollegen oder Ehegatten) zur Mitteilung einschalten. Für eine unterbliebene oder verspätete Übermittlung durch diese Personen hat er nach § 278 BGB einzustehen. Ein einmaliger schuldhafter Verstoß gegen die Anzeigepflicht rechtfertigt weder eine ordentliche noch eine außerordentliche Kündigung. Verstößt der Arbeitnehmer trotz vorheriger **Abmahnung** erneut schuldhaft gegen die ihm obliegende Anzeigepflicht, indem er das Vorliegen einer krankheitsbedingten Arbeitsunfähigkeit nicht oder nicht rechtzeitig mitteilt, ist dies an sich als verhaltensbedingter Kündigungsgrund geeignet, auch wenn es nicht zu einer konkreten Störung der Arbeitsorganisation oder des Betriebsfriedens kommt (*BAG* 23.9.1992 RzK I 5i Nr. 79; 16.8.1991 EzA § 1 KSchG Verhaltensbedingte Kündigung Nr. 41 mit Anm. *Rüthers/Müller*; *Feichtinger* AR-Blattei SD 1000.2 Rz 209 ff.; vgl. auch *BAG* 31.8.1989 EzA § 1 KSchG Verhaltensbedingte Kündigung Nr. 27). Das Auftreten von Betriebsablaufstörungen ist erst bei der Interessenabwägung zu berücksichtigen (*BAG* 23.9.1992 aaO). Auch ein Verstoß gegen die Pflicht zur unverzüglichen Anzeige der Fortdauer der Arbeitsunfähigkeit kann nach erfolgloser Abmahnung eine verhaltensbedingte Kündigung rechtfertigen (*BAG* 7.12.1988 RzK I 5i Nr. 44; *LAG Köln* 1.6.1995 ZTR 1996, 131).

477 Eine **außerordentliche Kündigung** kommt dagegen etwa dann in Betracht, wenn dem Arbeitgeber infolge der Verletzung der Anzeigepflicht ein Schaden oder ein sonstiger schwerwiegender Nachteil entstanden ist (*LAG Nds.* 13.3.1967 AuR 1967, 318). Dies gilt ebenso für den Fall, dass sich der Arbeitneh-

mer weigert, der Anzeigepflicht nachzukommen und sich entsprechend verhält (*LAG Bln.* 12.1.1965 BB 1965, 749).

Angestellte in verantwortlicher Stellung sind bei einer plötzlichen Erkrankung verpflichtet, soweit 478 es die Erkrankung erlaubt, den Arbeitgeber darüber zu unterrichten, was in ihrem Aufgabenbereich zu geschehen hat, sofern ihre Anwesenheit aus dringenden Gründen (zB Probelauf einer Maschine) erforderlich ist (*BAG* 30.1.1976 EzA § 626 BGB nF Nr. 45).

Dauert die Arbeitsunfähigkeit mehr als drei Kalendertage an, hat der Arbeitnehmer eine **ärztliche Be-** 479 **scheinigung** über die Arbeitsunfähigkeit sowie deren voraussichtliche Dauer spätestens am darauf folgenden Arbeitstag **vorzulegen**. Dauert die Arbeitsunfähigkeit länger als in der Bescheinigung angegeben, hat der Arbeitnehmer eine neue ärztliche Bescheinigung vorzulegen (§ 5 Abs. 1 S. 2 und 4 EFZG). Bei unbefristet bescheinigter Arbeitsunfähigkeit braucht er keine weiteren Bescheinigungen vorzulegen (*LAG Köln* 9.6.1995 LAGE § 1 KSchG Verhaltensbedingte Kündigung Nr. 48). Verstößt der Arbeitnehmer trotz vorheriger **Abmahnung** erneut schuldhaft gegen die Nachweispflicht, liegt darin idR ein verhaltensbedingter Kündigungsgrunds iSd § 1 Abs. 2 S. 1 KSchG (weitergehend *LAG Hamm* 16.12.1982 BB 1983, 1601, wonach bei einem betrieblichen Aushang, in dem die Verpflichtung zur rechtzeitigen Vorlage einer Anschlussarbeitsunfähigkeitsbescheinigung enthalten ist, eine Abmahnung entbehrlich sei). Eine **außerordentliche Kündigung** kommt dagegen **nur bei Vorliegen erschwerender Umstände** in Betracht (*BAG* 15.1.1986 EzA § 626 BGB nF Nr. 100; s. im Übrigen KR-*Fischermeier* § 626 BGB Rz 426 f.).

Nach der Wiederherstellung der Arbeitsfähigkeit hat sich der Arbeitnehmer beim Arbeitgeber zur Ar- 480 beitsaufnahme zurückzumelden. Eine derartige **Rückmeldepflicht** besteht selbst dann, wenn sich der Arbeitnehmer subjektiv noch für arbeitsunfähig hält. Vergütungsrechtlicher ist die Rückmeldung Voraussetzung für den Eintritt des Annahmeverzuges (§ 615 BGB). Bleibt der Arbeitnehmer nach Wiederherstellung der Arbeitsfähigkeit weiterhin der Arbeit fern, verstößt er gegen die Arbeitspflicht. Der Arbeitgeber ist nicht seinerseits dazu verpflichtet, dem Arbeitnehmer nach Ablauf des in der ärztlichen Arbeitsunfähigkeitsbescheinigung angegebenen Zeitpunktes zur Arbeitsaufnahme aufzufordern (*Lepke* Rz 414). Ein einmaliger Verstoß gegen die Rückmeldepflicht berechtigt den Arbeitgeber idR noch nicht zu einer ordentlichen Kündigung. Dies gilt insbes. für geringfügige Verzögerungen der Arbeitsaufnahme (etwa ein oder zwei Tage). Verstößt der Arbeitnehmer trotz vorheriger **Abmahnung** wiederholt gegen die Rückmeldepflicht, kann dies eine ordentliche Kündigung rechtfertigen (*LAG Düsseldorf.* 15.9.1955 DB 1956, 164). Bei langfristigen Verzögerungen der Arbeitsaufnahme kommt uU sogar eine außerordentliche Kündigung in Betracht (*BAG* 16.3.2000 EzA § 626 BGB nF Nr. 179, zu II 1 b).

Nach hM in Literatur und Rspr. (vgl. die Nachw. bei *Lepke* Rz 410 ff.) ist ein arbeitsunfähig erkrankter 481 Arbeitnehmer verpflichtet, alles zu unterlassen, was geeignet ist, seine Krankheit zu verlängern oder den Heilungsprozess zu verzögern. Während die hM in der **Verpflichtung des Arbeitnehmers zu gesundheits- und heilungsförderndem** Verhalten eine vertragliche Nebenpflicht sieht, nimmt eine Mindermeinung (*Künzl* NZA 1998, 122 und NZA 1999, 744; *Lepke* DB 1974, 432 ff.; *ders.* Rz 412; *ArbG Bln.* 9.10.1974 DB 1974, 2212) nur eine Obliegenheit des Arbeitnehmers zur Schadensfernhaltung an. Da das außerdienstliche Verhalten des Arbeitnehmers während krankheitsbedingter Arbeitsunfähigkeit Auswirkungen auf die Leistungsfähigkeit des Arbeitsverhältnisses hat, ist nicht nur die eigene Rechtssphäre des Arbeitnehmers betroffen. Mit der hM ist daher von einer arbeitsvertraglichen Nebenpflicht zu gesundheits- und heilungsförderndem Verhalten auszugehen (*Gottwald* NZA 1999, 180; *Houben* NZA 2000, 128). Geringfügige Verstöße gegen diese Pflicht (zB Überschreitung der vom Arzt festgesetzten Ausgehzeit) rechtfertigen insbes. dann keine Kündigung, wenn sie nicht zu einer Verzögerung des Genesungsprozesses führen.

Dagegen ist idR eine verhaltensbedingte ordentliche Kündigung gerechtfertigt, wenn der Arbeitneh- 482 mer trotz vorheriger Abmahnung **durch gesundheitswidriges Verhalten den Heilungsprozess ernsthaft gefährdet**, weil er durch eine Verzögerung des Heilungsprozesses die Erfüllung seiner Arbeitspflicht verhindert (vgl. *BAG* 13.11.1979 EzA § 1 KSchG Verhaltensbedingte Kündigung Nr. 6; *LAG Düsseldorf.* 17.5.1978 BB 1978, 1264; *LAG Frankf.* 10.9.1981 BB 1982, 1857; *LAG Nds.* 11.8.1977 DB 1978, 749; *Lepke* Rz 434; entsprechend wegen der Zerstörung das Vertrauens des Arbeitgebers in seine Redlichkeit *BAG* 26.8.1993 EzA § 626 BGB nF Nr. 148; *LAG Hamm* 28.8.1991 LAGE § 1 KSchG Verhaltensbedingte Kündigung Nr. 3; APS-*Dörner* Rz 321; dies kommt aber nicht in jedem Fall genesungswidrigen Verhaltens in Betracht). Zu untersuchen ist, ob das vom Arbeitgeber beanstandete Verhalten tatsächlich genesungsgefährdend ist. Dafür ist das jeweilige Krankheitsbild ausschlaggebend. So beeinträchtigen körperliche Aktivitäten nicht in jedem Fall die Genesung (*LAG Köln* 9.10.1998 LAGE § 1 KSchG Verhaltensbedingte Kündigung Nr. 73; *LAG Hamm* 16.9.2005 AuA 2006, 497), sondern können sie sogar fördern. Ob es zu einer tatsächlichen Verzögerung des Heilungsprozesses kommt, ist dagegen nicht entscheidend (*LAG Hamm* 28.5.1998 LAGE § 1 KSchG Verhaltensbedingte Kündigung Nr. 69; APS-*Dörner* Rz 321; **aA** *Lepke* Rz 436; ferner *Künzl/Weinmann* AuR 1996, 261, die Umstände verlangen, die eine Verzögerung vermuten lassen). Maßgeblich ist der Grad des Verschuldens. Auch wenn sich ein therapiefähiger Arbeitnehmer trotz Abmahnung nicht einer notwendigen Therapiemaßnahme unterzieht (zB bei einer Alkoholkrankheit), kann dies eine Kündigung sozial rechtfertigen (*Gottwald* NZA 1999, 180). Bei einer groben Verletzung der Pflicht zu gesundheitsförderndem Verhalten (zB Aufnahme einer anderweitigen Erwerbstätigkeit) kann eine Abmahnung entbehrlich sein (*LAG Hamm* 28.5.1998 LAGE § 1 KSchG Verhaltensbedingte Kündigung Nr. 69) und uU auch eine außerordentliche Kündigung in Betracht kommen (*LAG Frankf.* 15.8.1985 BB 1986, 198; *LAG München* 9.9.1982 DB 1983, 1931; *LAG Nds.* 1.9.1983 BB 1984, 1233).

483 Bestehen begründete Zweifel, ob der Arbeitnehmer nur vorübergehend durch Krankheit an der Arbeitsleistung verhindert oder auf Dauer berufs- oder erwerbsunfähig ist, hat er sich auf Verlangen des Arbeitgebers **einer ärztlichen Untersuchung zu unterziehen.** Eine Weigerung des Arbeitnehmers kann eine verhaltensbedingte und nach erfolgloser Abmahnung ggf. auch eine außerordentliche Kündigung rechtfertigen (*BAG* 6.11.1997 EzA § 626 BGB nF Nr. 171). Sonstigen ärztlichen Untersuchungen hat sich der Arbeitnehmer nur dann zu unterziehen, wenn dies gesetzlich, tariflich oder einzelvertraglich festgelegt ist, zB arbeitsmedizinische Vorsorgeuntersuchungen aufgrund von Unfallverhütungsvorschriften (*ArbG Kiel* 17.9.1980 DB 1981, 588). Das gilt auch für **private Krankenkontrollen** durch den Arbeitgeber (*ArbG Köln* 30.4.1970 DB 1970, 1598). Entscheidet sich ein Arbeitnehmer, nach einer erfolgreichen Entziehungskur die zunächst aufgenommenen **Besuche in einer Selbsthilfegruppe** von anonymen Alkoholikern **abzubrechen,** weil er sich überfordert fühlt, verletzt er keine arbeitsvertraglichen Pflichten, selbst wenn er dem Arbeitgeber den Besuch einer solchen Gruppe vortäuscht (*LAG Düsseld.* 25.2.1997 LAGE § 1 KSchG Verhaltensbedingte Kündigung Nr. 57).

484 **Nebenbeschäftigungen** während einer tatsächlich bestehenden Arbeitsunfähigkeit können eine Kündigung nur dann rechtfertigen, wenn sie den Heilungsprozess verzögern oder wenn es sich um Wettbewerbstätigkeit handelt (*BAG* 26.8.1993 EzA § 626 BGB nF Nr. 148; *LAG Hamm* 8.3.2000 RzK I 5 i Nr. 161; *LAG Köln* 9.10.1998 ZTR 1999, 139; krit. *Pauly* DB 1982, 1282).

485 **Täuscht** der **Arbeitnehmer** das Vorliegen einer **krankheitsbedingten Arbeitsunfähigkeit vor,** verstößt er gegen die Arbeitspflicht und kann wegen beharrlicher Arbeitsverweigerung fristlos entlassen werden (*BAG* 26.8.1993 EzA § 626 BGB nF Nr. 148; *LAG Frankf.* 27.6.1991 LAGE § 626 BGB Nr. 63; *Künzl/ Weinmann* AuR 1996, 257; *Lepke* Rz 437 ff. mwN). Erst recht ist eine ordentliche verhaltensbedingte Kündigung möglich, der idR keine Abmahnung voranzugehen hat (*Subatzus* AuA 2002, 174). Die **Ankündigung des »Krankfeierns«** oder einer zukünftigen Erkrankung für den Fall, dass der Arbeitgeber dem Arbeitnehmer nicht bestimmte Vergünstigungen gewährt (Urlaub, Freistellung usw.), kann je nach den Umständen eine außerordentliche oder verhaltensbedingte ordentliche Kündigung rechtfertigen (*BAG* 17.6.2003 EzA § 626 BGB 2002 Nr. 4; 5.11.1992 EzA § 626 nF BGB Nr. 143). Das gilt auch, wenn der Arbeitnehmer später tatsächlich erkrankt (*BAG* 17.6.2003 EzA § 626 BGB 2002 Nr. 4; 5.11.1992 EzA § 626 nF BGB Nr. 143; *Berkowsky* NZA-RR 2001, 59 f.; *v Hoyningen-Huene/Linck* Rz 341; *Lepke* NZA 1995, 1091; *Schiefer* NZA 1994, 540 f.). Ein solches Verhalten hat nötigenden Charakter. Im Einzelfall ist aber der genaue Erklärungswert der Aussage des Arbeitnehmers zu würdigen und insbes. zu untersuchen, ob dieser nur auf eine bestehende oder sich schon abzeichnende Erkrankung hinweisen wollte (vgl. *LAG Köln* 26.2.1999 RzK I 6 a Nr. 173).

486 Auch der bloße **Verdacht** der **Simulation** einer **krankheitsbedingten Arbeitsunfähigkeit** kann nach hM eine ordentliche oder außerordentliche Kündigung rechtfertigen, und zwar unter dem Gesichtspunkt des Verdachts einer strafbaren Handlung (Betrug oder versuchter Betrug) oder einer schweren Pflichtverfehlung (zur Verdachtskündigung im Krankheitsfall *Kalb* ArbRdGgw, Bd. 3, 1966, S. 82 ff.; *Lepke* NZA 1995, 1091; *LAG BW* 27.11.1967 BB 1968, 426; *LAG Frankf.* 13.10.1972 DB 1972 2359). Als Verdachtsmomente können dabei insbes. **gesundheitswidrige Verhaltensweisen, häufige Urlaubserkrankungen** (*LAG Düsseld.* 15.1.1986 DB 1986, 1180) sowie nachhaltige anderweitige Tätigkeiten während bescheinigter Arbeitsunfähigkeit (*Künzl/Weinmann* AuR 1996, 259) in Betracht kommen. Ähnlich wie im Strafrecht ist in solchen Fällen eine Wahlfeststellung (Verdacht der Simulation einer Krankheit oder eines Verstoßes gegen die Pflicht zu gesundheitsförderndem Verhalten) möglich (*Lepke* Rz 454; *LAG Hamm* 8.10.1970 DB 1970, 2380). Eine verhaltensbedingte Kündigung kann auch dann sozial ge-

Sozial ungerechtfertigte Kündigungen § 1 KSchG

rechtfertigt sein, wenn ein begründeter dringender Verdacht besteht, dass der Arbeitnehmer eine **Arbeitsunfähigkeitsbescheinigung mit unredlichen Mitteln erlangt** hat (*LAG Düsseld.* 3.6.1981 EzA § 626 BGB nF Nr. 78; *LAG SchlH* 28.11.1983 DB 1984, 1355).

Ändert ein Arbeitnehmer **die Krankheitsdaten** seiner Arbeitsunfähigkeitsbescheinigung zu seinem   487
Vorteil, berechtigt dies den Arbeitgeber idR zu einer außerordentlichen Kündigung (*LAG Brem.* 15.2.1985 BB 1985, 1129). Dasselbe gilt, wenn ein Arbeitnehmer eine krankheitsbedingte Arbeitsunfähigkeit vortäuscht, um eine Urlaubsverlängerung zu erreichen (*BAG* 10.8.1983 – 7 AZR 369/81 – nv).

Die **Darlegungs-** und **Beweislast** dafür, dass der Arbeitnehmer die ihm bei Erkrankung obliegenden   488
Nebenpflichten verletzt hat, trägt im Kündigungsschutzprozess der **Arbeitgeber** (§ 1 Abs. 2 S. 4 KSchG). Dies gilt auch, wenn der Arbeitgeber eine ordentliche Kündigung damit begründet, dass der Arbeitnehmer vertragswidrig nicht zur Arbeit erschienen sei und der Arbeitnehmer sich auf eine krankheitsbedingte Arbeitsunfähigkeit beruft (*BAG* 12.8.1976 EzA § 1 KSchG Nr. 33). Der Umfang der dem Arbeitgeber obliegenden Darlegungslast richtet sich dabei nach der **Einlassung des Arbeitnehmers**. Der Arbeitgeber braucht daher bei einer Arbeitsversäumnis, die er zum Anlass einer ordentlichen Kündigung genommen hat, im Kündigungsschutzprozess nicht von vornherein alle nur denkbaren Rechtfertigungsgründe zu widerlegen. Der Arbeitnehmer muss vielmehr den Vorwurf, unberechtigt gefehlt zu haben, unter genauer Angabe der Gründe bestreiten. Stattdessen kann er eine ärztliche Arbeitsunfähigkeitsbescheinigung vorlegen. Ist sie ordnungsgemäß ausgefüllt, hat sie hohen Beweiswert und begründet die Vermutung ihrer Richtigkeit (*BAG* 21.3.1996 EzA § 123 BGB Nr. 42, zu B I 2 e). Der Arbeitgeber hat darauf Umstände darzulegen und zu beweisen, die zu ernsthaften Zweifeln an der behaupteten und ggf. attestierten Erkrankung Anlass geben (*BAG* 26.8.1993 EzA § 626 BGB Nr. 148; 21.3.1996 EzA § 123 BGB Nr. 42; zur Widerlegung von ärztlichen Arbeitsunfähigkeitsattesten *Becker* DB 1983, 1253). Dabei ist zu prüfen, ob die vom Arbeitgeber angeführten Umstände mit der vom Arbeitnehmer behaupteten Erkrankung vereinbar sind. So schließt eine Auslandsreise während einer Krankschreibung das Vorliegen einer Krankheit nicht in jedem Fall aus (*BAG* 21.3.1996 EzA § 123 BGB Nr. 42, zu B I 2 e). Kann der Arbeitnehmer die von ihm behauptete Arbeitsunfähigkeit nicht durch ein ärztliches Attest belegen, muss er im Einzelnen darlegen, woran er erkrankt war und weshalb er deswegen nicht zur Arbeit erscheinen konnte. Gelingt ihm dies nicht, gilt die Behauptung des Arbeitgebers, der Arbeitnehmer habe unberechtigt gefehlt, nach § 138 Abs. 3 ZPO als zugestanden (*BAG* 23.9.1992 RzK I 5i Nr. 79). Andernfalls hat der Arbeitgeber die Darstellung des Arbeitnehmers zu widerlegen.

m) Mobbing und Benachteiligung

Gemäß §§ 1, 9 Abs. 1, 2 AGG hat der Arbeitgeber darauf hinzuwirken, dass **nicht gerechtfertigte Be-**   489
nachteiligungen aus Gründen der Rasse oder wegen der ethnischen Herkunft, des Geschlechts, der Religion oder Weltanschauung, einer Behinderung, des Alters oder der sexuellen Identität unterbleiben. Nach § 7 Abs. 1 AGG dürfen Beschäftigte nicht aus einem dieser Gründe benachteiligt werden. Verstößt ein Arbeitnehmer gegen dieses Verbot, hat der Arbeitgeber die im Einzelfall geeigneten, erforderlichen und angemessenen Maßnahmen zur Unterbindung der Benachteiligung wie Abmahnung, Umsetzung, Versetzung oder Kündigung zu ergreifen (§ 12 Abs. 3 AGG). Diese Regelung konkretisiert – wie bisher § 4 Abs. 1 BeschSchG – den kündigungsrechtlichen Grundsatz der Verhältnismäßigkeit (vgl. *BAG* 25.3.2004 EzA § 626 BGB 2002 Nr. 6, zu B II 2). Stehen geeignete mildere Mittel nicht zur Verfügung, ist der Arbeitgeber in schweren Fällen nach dieser Regelung nicht nur iSv § 1 KSchG berechtigt, sondern sogar verpflichtet, den benachteiligenden Arbeitnehmer zu entlassen. Dies wird insbes. in Betracht kommen bei Belästigungen nach § 2 Abs. 3 AGG (zur sexuellen Belästigung s. u. Rz 500), also bei unerwünschten Verhaltensweisen, die bezwecken oder bewirken, dass die Wünsche des Betroffenen verletzt und ein von Einschüchterungen, Anfeindungen, Erniedrigungen, Entwürdigungen oder Beleidigungen gekennzeichnetes Umfeld geschaffen wird.

Mobbing ist eine besonders schwerwiegende Form der Belästigung iSv § 3 Abs. 3 AGG. Dabei handelt   490
es sich um das **systematische Anfeinden**, Schikanieren oder Diskriminieren von Arbeitnehmern untereinander oder durch Vorgesetzte (*BAG* 15.1.1997 EzA § 37 BetrVG 1972 Nr. 133; *BSG* 14.2.2001 AP Nr. 1 zu § 611 BGB Mobbing; *Thür. LAG* 10.4.2001 LAGE Art. 2 GG Persönlichkeitsrecht Nr. 2; *Berkowsky* NZA-RR 2001, 61; *Wickler* DB 2002, 481). Wer einen Arbeitskollegen mobbt oder andere dazu auffordert, stört den Betriebsfrieden, weil er das friedliche Zusammenarbeiten der Arbeitnehmer untereinander nachhaltig beeinträchtigt. Dies ist an sich geeignet, eine verhaltensbedingte Kündigung zu rechtfertigen (s.o. Rz 470; *Thür. LAG* 10.4.2001 LAGE Art. 2 GG Persönlichkeitsrecht Nr. 2; *Benecke*

NZA-RR 2003, 231; HaKo-*Fiebig* Rz 406). Zur Erforderlichkeit einer Abmahnung s.o. Rz 402 f. In der Praxis bereitet vor allem das Erkennen und der Beweis der für Mobbing sprechenden Umstände Schwierigkeiten (vgl. BAG 15.1.1997 EzA § 37 BetrVG 1972 Nr. 133). Das *Thür. LAG* (10.4.2001 LAGE Art. 2 GG Persönlichkeitsrecht Nr. 2) will deshalb der Aussage des Mobbingopfers bei der richterlichen Überzeugungsbildung ein besonderes Gewicht beimessen. Dies ist prozessrechtlich aber nicht haltbar, da es keinen zur Begründung eines Anscheinsbeweises geeigneten Erfahrungssatz gibt, dass die Behauptungen Mobbingvorwürfe geltend machender Arbeitnehmer regelmäßig zutreffen. Im Gegenteil wird die Behauptung, gemobbt worden zu sein, in der Praxis zum Teil dazu genutzt, von eigenen Pflichtverletzungen abzulenken. Wer **sich zur Entschuldigung auf Mobbing berufen will**, hat dies durch konkrete Tatsachen zu substantiieren (HaKo-*Fiebig* Rz 406a), die der Arbeitgeber dann widerlegen muss.

n) Neben- und Konkurrenztätigkeiten

491 Arbeitnehmer sind grundsätzlich berechtigt, **unselbständige Nebenbeschäftigungen** oder **selbständige Nebentätigkeiten** aufzunehmen. Dabei haben sie die gesetzlichen Höchstarbeitszeiten des ArbZG zu beachten. Eine Einschränkung dieser Betätigungsfreiheit kann sich aus kollektivrechtlichen oder einzelvertraglichen Regelungen (zB in Gestalt von Zustimmungserfordernissen oder Nebentätigkeitsverboten) ergeben. Eine jegliche Nebentätigkeit bzw. Nebenbeschäftigung erfassende Vertragsklausel oder Tarifnorm ist nach der bisherigen Rspr. verfassungskonform, dh unter Beachtung der in Art. 12 GG zum Ausdruck gekommenen Wertvorstellungen auszulegen (*BAG* 26.8.1976 EzA § 626 BGB nF Nr. 49; 30.5.1978 EzA § 60 HGB Nr. 11), und zwar in der Weise, dass nur solche Nebentätigkeiten bzw. Nebenbeschäftigungen von einer vorherigen Zustimmung des Arbeitgebers abhängig gemacht werden dürfen oder verboten werden können, **an deren Unterlassung der Arbeitgeber ein berechtigtes Interesse hat** (*BAG* 15.3.1990 RzK I 5i Nr. 60). Dies ist etwa der Fall, wenn durch die Ausübung der Nebentätigkeit bzw. Nebenbeschäftigung die vertraglich geschuldeten Leistungen beeinträchtigt werden, etwa bei einem nebenberuflichen Tätigwerden während der Arbeitszeit oder während der Arbeitsunfähigkeit (*BAG* 13.11.1979 EzA § 1 KSchG Verhaltensbedingte Kündigung Nr. 6; krit. hierzu *Pauly* DB 1981, 1282; *LAG Düsseld.* 17.5.1978 BB 1978, 1264). Nunmehr ist für die Beurteilung regelmäßig § 307 BGB maßgeblich. Danach sind zu weitgehende und intransparente Klauseln gem. § 307 Abs. 1 S. 1, 2, Abs. 2 Nr. 1 BGB unwirksam. An ihre Stelle tritt die sich aus § 242 BGB ergebende allgemeine Verpflichtung (vgl. *BAG* 18.1.1996 EzA § 242 BGB Auskunftspflicht Nr. 5, zu I 2 b aa), keine die Durchführung des Arbeitsverhältnisses beeinträchtigenden oder in Konkurrenz zum Arbeitgeber stehende Tätigkeiten auszunehmen (*Lakies* AR-Blattei SD 35 Rz 353 – 355). Eine Kündigung wegen **Nebenbeschäftigungen** während der **Arbeitsunfähigkeit** kommt idR nur in Betracht, wenn es sich um eine unerlaubte Konkurrenztätigkeit handelt oder der Heilungsprozess gefährdet wird (*BAG* 26.8.1993 EzA § 626 nF BGB Nr. 148; *LAG Hamm* 8.3.2000 BB 2000, 1787; s.a. Rz 482). Die Übernahme der formalen Stellung eines organschaftlichen Vertreters einer Kapital- oder Personengesellschaft fällt nicht unter ein vertragliches Nebentätigkeitsverbot, sofern das betreffende Unternehmen nicht im Wettbewerb mit dem Arbeitgeber steht (*BAG* 26.8.1976 EzA § 626 BGB nF Nr. 49).

492 Handelt es sich dagegen um eine **genehmigungspflichtige oder verbotene Nebentätigkeit** bzw. Nebenbeschäftigung, wozu auch eine Tätigkeit unter Überschreitung der Höchstarbeitszeitgrenzen des ArbZG gehört (*Hunold* NZA 1995, 559), rechtfertigt ein Verstoß gegen diese Verhaltenspflichten nach vorheriger Abmahnung idR eine verhaltensbedingte Kündigung (*BAG* 15.3.1990 RzK I 5i Nr. 60; *LAG Frankf.* 31.7.1980 AuR 1981, 219). In schwerwiegenden Fällen kann auch eine außerordentliche Kündigung in Betracht kommen, etwa bei einer Tätigkeit während einer krankheitsbedingten Arbeitsunfähigkeit oder während des Erholungsurlaubs (*BAG* 26.8.1993 EzA § 626 BGB Nr. 148; *LAG Düsseld.* 17.5.1978 BB 1978, 1264).

493 Dem Arbeitnehmer ist während des Bestehens des Arbeitsverhältnisses, auch nach einer unwirksamen Kündigung (vgl. KR-*Fischermeier* § 626 BGB Rz 462; aA APS-*Dörner* Rz 325), jede Form von **Konkurrenztätigkeit** verboten (*BAG* 3.5.1983 und 16.6.1976, AP § 60 HGB Nr. 8, 10; 17.10.1969 EzA § 60 HGB Nr. 2). Dies gilt auch für Leiharbeitnehmer (*LAG Bln.* 9.2.1981 DB 1981, 1095). Das für kaufmännische Angestellte ausdrücklich normierte Wettbewerbsverbot des § 60 HGB enthält einen für alle Arbeitnehmer zutreffenden allgemeinen Rechtsgedanken. Eine unerlaubte Konkurrenztätigkeit liegt vor, wenn der Arbeitnehmer im eigenen Namen und Interesse seine Dienste und Leistungen Dritten im Marktbereich des Arbeitgebers ohne dessen Zustimmung anbietet. Bleibt streitig, ob und in welchem Umfang der Arbeitgeber dem Arbeitnehmer eine Konkurrenztätigkeit gestattet hat, trägt der Arbeitgeber

Sozial ungerechtfertigte Kündigungen § 1 KSchG

die **Darlegungs- und Beweislast** dafür, dass die vom Arbeitnehmer behauptete Gestattung nicht vorliegt (*BAG* 6.8.1987 EzA § 626 BGB nF Nr. 109). Zu den vom Arbeitgeber nach § 1 Abs. 2 S. 4 KSchG zu beweisenden, die Kündigung bedingenden Tatsachen gehören auch die Umstände, die einen Entschuldigungs- oder Rechtfertigungsgrund auszuschließen sollen (*BAG* 12.8.1976 EzA § 1 KSchG Nr. 33; 6.8.1987 EzA § 626 BGB nF Nr. 109). Verletzt der Arbeitnehmer durch unerlaubte Konkurrenz seine Vertragspflichten, rechtfertigt dies je nach den Umständen des Einzelfalls eine außerordentliche oder ordentliche Kündigung (*BAG* 6.8.1987 EzA § 626 BGB nF Nr. 109), wobei eine vorherige erfolglose Abmahnung im Allgemeinen nicht erforderlich ist (*LAG Frankf.* 6.11.1986 LAGE § 1 KSchG Verhaltensbedingte Kündigung Nr. 10). Bloße **Vorbereitungshandlungen**, die noch nicht in den Geschäftsbereich des Arbeitgebers eindringen wie die Anmietung von Betriebsräumen, der Einkauf von Einrichtungsgegenständen oder die Beschaffung von Materialien, sind dagegen keine vertragswidrigen Konkurrenztätigkeiten (*BAG* 22.2.1980 – 7 AZR 236/78 – nv; 30.5.1978 EzA § 60 HGB Nr. 11). Unzulässig ist ein »Vorfühlen« bei potentiellen Kunden, auch wenn es noch nicht zu Geschäftsabschlüssen kommt (*BAG* 26.1.1995 RzK I 6a Nr. 113; 28.9.1989, RzK I 6a Nr. 58). Die Beteiligung des Ehegatten des Arbeitnehmers an einem Konkurrenzunternehmen als Gesellschafter und Geschäftsführer rechtfertigt ohne weiteres nicht den Verdacht von Konkurrenz (*LAG Köln* 11.10.2005 BB 2006, 1455 LS), kann aber uU die Eignung des Arbeitnehmers in Frage stellen (s.o. Rz 295). Zur außerordentlichen Kündigung KR-*Fischermeier* § 626 BGB Rz 460 ff.

o) **Sonstige Nebenpflichtverletzungen**

Werden Nebenpflichten des Arbeitnehmers durch Gesetz, einzelvertragliche Vereinbarung, Tarifvertrag oder Betriebsvereinbarung begründet, können Verstöße gegen diese, ggf. nach einer erfolglosen Abmahnung, eine verhaltensbedingte Kündigung rechtfertigen, zB wenn ein Arbeitnehmer sich beharrlich **weigert**, an einer von der Berufsgenossenschaft durch Unfallverhütungsvorschriften vorgeschriebenen **Vorsorgeuntersuchung teilzunehmen** (*LAG Düsseld.* 31.5.1996 BB 1996, 2099) oder Sicherheitsbestimmungen einzuhalten (*LAG RhPf* 14.4.2005 NZA-RR 2006, 194, zu II 2 b) und wenn er wiederholt gegen ein im Betrieb zwingend vorgeschriebenes **Rauchverbot** verstößt (*LAG Düsseld.* 17.6.1997 LAGE § 1 KSchG Verhaltensbedingte Kündigung Nr. 58; ferner s.o. Rz 472). Zu den zahlreichen sonstigen Nebenpflichten gehört insbes. die **Verschwiegenheitspflicht**. Danach ist es dem Arbeitnehmer untersagt, Geschäfts- oder Betriebsgeheimnisse unbefugt an Dritte, insbes. an Konkurrenten des Arbeitgebers weiterzugeben oder sonst wie zu verwerten. Für betriebsverfassungsrechtliche Funktionsträger ist die Verschwiegenheitspflicht ausdrücklich gesetzlich normiert (vgl. § 79 BetrVG). Verstößt der Arbeitnehmer **schuldhaft** gegen diese Pflicht, rechtfertigt dies idR eine außerordentliche Kündigung. Bei einer nur objektiven Pflichtverletzung kommen dagegen keine kündigungsrechtlichen Sanktionen in Betracht (*BAG* 4.4.1974 EzA § 15 KSchG nF Nr. 1). Besteht der durch objektive Umstände begründete Verdacht des **Verrats** von **Geschäfts-** oder **Betriebsgeheimnissen**, kann eine Verdachtskündigung gerechtfertigt sein (*LAG BW* 31.10.1967 DB 1968, 359), etwa wenn ein Arbeitnehmer vor seinem bevorstehenden Ausscheiden Betriebsgeheimnisse umfassende betriebliche Daten privat speichert (*LAG Köln* 17.8.2001 RzK I 8 c Nr. 65). Zur außerordentlichen Kündigung wegen Verletzung von Verschwiegenheitspflichten KR-*Fischermeier* § 626 BGB Rz 457.

Ein Arbeitnehmer, der sich bei der Ausführung seiner Aufgaben Vorteile versprechen lässt oder entgegennimmt, die dazu bestimmt oder geeignet sind, ihn in seinem geschäftlichen Verhalten zu beeinflussen, verstößt gegen das **Schmiergeldverbot** und handelt damit idR so massiv vertragswidrig, dass auch ohne vorherige Abmahnung eine außerordentliche Kündigung gerechtfertigt ist. Auf eine Schädigung des Arbeitgebers kommt es dabei nicht an. Ausreichend ist allein die Gefahr, dass der Arbeitnehmer nicht mehr allein die Interessen des Arbeitgebers wahrnehmen könnte (*BAG* 15.11.1995 EzA § 102 BetrVG 1972 Nr. 89, zu II 3 b; 21.6.2001 EzA § 626 BGB Unkündbarkeit Nr. 7, zu B III 2 a, c; 17.3.2005 EzA § 626 BGB 2002 Nr. 9, zu B III). Die Annahme geringfügiger Aufmerksamkeiten wie Taschen- oder Wandkalendern und Kugelschreibern oder des Angebots einer Tasse Kaffee ist dagegen nicht pflichtwidrig. **Geldgeschenke** sind generell keine Aufmerksamkeiten in diesem Sinn, auch wenn sie für eine Kaffeekasse bestimmt sind (*BAG* 15.11.2001 EzA § 626 BGB nF Nr. 192, zu II 3, 4). Auch wenn es sich nicht um Schmiergelder handelt, kann der Arbeitgeber mit einem Arbeitnehmer wirksam vereinbaren, dass dieser Belohnungen oder Geschenke in Zusammenhang mit seiner dienstlichen Tätigkeit nur mit Zustimmung des Arbeitgebers annimmt. Verstöße hiergegen können nach erfolgloser Abmahnung eine Kündigung sozial rechtfertigen (*BAG* 17.6.2003 RzK I 5 i Nr. 181). Dagegen hat das BAG angenommen, die Forderung und Entgegennahme einer »Vermittlungsprovision« von einem Arbeitskollegen dafür, dass der Arbeitgeber ihn eingestellt hat, genüge zur Kündigungsrechtfertigung nicht,

§ 1 KSchG   Sozial ungerechtfertigte Kündigungen

wenn es weder zu einer konkreten Beeinträchtigung des Arbeitsverhältnisses noch zu einer konkreten Gefährdung im Vertrauensbereich gekommen ist (*BAG* 24.9.1987 EzA § 1 KSchG Verhaltensbedingte Kündigung Nr. 18 mit krit. Anm. *Löwisch*).

496 Ein **Vertrauensmissbrauch** berechtigt den Arbeitgeber jedenfalls dann zu einer verhaltensbedingten, ggf. auch zu einer außerordentlichen Kündigung, wenn der Arbeitnehmer hiervon einen persönlichen Nutzen hat (*BAG* 3.7.2003 EzA § 1 KSchG Verdachtskündigung Nr. 2: Unberechtigte Buchung von Meilengutscheinen für Ehemann durch Angestellte einer Fluggesellschaft; *ArbG Düsseld.* 10.2.1961 BB 1961, 863: Vorlage unrichtiger Besuchsberichte; *Hess. LAG* 20.8.2004 NZA-RR 2005, 301: Manipulation von Urlaubsdaten; *ArbG Neumünster* 2.4.1981 BB 1981, 974: Mitnahme von Arbeitsgeräten zur Privatnutzung am Wochenende; *LAG SchlH* 28.1.1999 ARST 1999, 105 und *LAG Hamm* 26.1.1995 LAGE § 1 KSchG Verhaltensbedingte Kündigung Nr. 47: Verstoß gegen betriebliche Personalrabattsregelung durch Weitergabe von Waren an Dritte; *ArbG Marburg* 27.5.1994 RzK I 5i Nr. 94: Unerlaubte Einsichtnahme in die Personalakten von Arbeitskollegen). Je nach den Umständen kann eine vorherige Abmahnung erforderlich sein (s. KR-*Fischermeier* § 626 BGB Rz 256 ff.). Zur außerordentlichen Kündigung in derartigen Fällen KR-*Fischermeier* § 626 BGB Rz 445 ff. Die Gewährung eines Scheinkredits durch einen Bankangestellten kann eine verhaltensbedingte Kündigung rechtfertigen (*BAG* 21.1.1988 EzA § 394 ZPO Nr. 1). Das unbefugte **Abfragen** einer Geheimliste vom **Computer** oder ein sonstiger **unerlaubter Zugriff auf das EDV-System** des Arbeitgebers können – in schwerwiegenden Fällen auch ohne Abmahnung – einen verhaltensbedingten Kündigungsgrund darstellen (*BAG* 25.11.1981 – 7 AZR 463/79 – nv; *LAG Köln* 24.7.2002 LAGE § 1 KSchG Verhaltensbedingte Kündigung Nr. 80: Löschen gespeicherter Kundendaten; *LAG SchlH* 15.11.1989 RzK I 5i Nr. 54). Zur Feststellung einer kündigungsrechtlich erheblichen Pflichtwidrigkeit bedarf es einer klaren Kompetenzabgrenzung hinsichtlich des Datenzugriffs (*LAG Köln* 29.9.1982 DB 1983, 124). Ohne einschlägige Abmahnung eine Kündigung rechtfertigen kann auch die unerlaubte Installation eigener Software im betrieblichen EDV-System, etwa eines Anonymisierungsprogramms (*BAG* 12.1.2006 EzA § 1 KSchG Verhaltensbedingte Kündigung Nr. 68, zu B III 2). Der **Missbrauch von Kontrolleinrichtungen**, zB Manipulationen bei der Gleitzeitarbeit (falsche Ausfüllung des Arbeitszeitnachweises) oder der Stempelkarte (unbefugtes Stempeln durch Dritte) berechtigen im Allgemeinen zur außerordentlichen, jedenfalls aber zu einer verhaltensbedingten Kündigung (s.o. Rz 445). Zu den Nebenpflichten des Arbeitnehmers gehört es weiter, den Arbeitgeber **nicht in Misskredit** zu bringen. Diese Nebenpflicht verletzt ein Bankangestellter, der privat seinem Gläubiger vorspiegelt, sein Arbeitgeber verzögere die Erledigung eines Überweisungsauftrags (*BAG* 15.10.1992 RzK I 5i Nr. 80).

496a **Privattelefonate** werden angesichts des Umstands, dass bestimmte private Angelegenheiten (Arzt- und Behördentermine usw.) häufig nur schwer außerhalb der Arbeitszeit erledigt werden können, verbreitet von Arbeitgebern akzeptiert, wenn sie sich in einem maßvollen Rahmen bewegen, keine besonderen Kosten etwa durch Auslandsgespräche oder besonders teure Rufnummern auslösen und die Arbeitsleistung nicht nennenswert beeinträchtigen. Sie können unter diesen Voraussetzungen deshalb nur nach einer sie verbietenden betrieblichen Regelung und einer einschlägigen Abmahnung Kündigungsgrund sein (*LAG Nds.* 13.1.1998 LAGE § 1 KSchG Verhaltensbedingte Kündigung Nr. 63; *LAG Köln* 2.7.1998 LAGE § 1 KSchG Verhaltensbedingte Kündigung Nr. 66; *LAG Hamm* 30.5.2005 NZA-RR 2006, 353, zu A III 1). Unerlaubt und heimlich geführte umfangreiche Privattelefonate auf Kosten des Arbeitgebers kommen dagegen auch ohne Abmahnung sogar als Grund für eine außerordentliche Kündigung in Betracht (*BAG* 5.12.2002 EzA § 123 BGB 2002 Nr. 1, zu B I 3 a; 4.3.2004 EzA § 103 BetrVG 2001 Nr. 3, zu B III 1), ebenso die Nutzung von Sex-Hotlines während der Arbeitszeit nach Vornahme technischer Manipulationen (*LAG Köln* 13.3.2002 LAGE § 626 BGB Verdacht strafbarer Handlung Nr. 15).

496b Ähnliche Maßstäbe gelten für die private **Nutzung betrieblicher Computeranlagen** und des betrieblichen **Intranet**. Der Arbeitnehmer kann jedoch nicht davon ausgehen, dass der Arbeitgeber die Einrichtung von Dateien mit pornografischem oder strafbarem Inhalt billigen wird (*BAG* 7.7.2005 EzA § 626 BGB 2002 Nr. 10, zu B III 2; 27.4.2006 NZA 2006, 977, zu B II 2 e; *LAG München* 14.4.2005 LAGE § 626 BGB Nr. 5b; *ArbG Frankf./M* 2.1.2002 NZA 2002, 1093). Dann kommt auch ohne vorherige Abmahnung eine ordentliche, bei Straftaten wie der Speicherung von Kinderpornografie auch eine fristlose Kündigung in Betracht. Hinsichtlich der Nutzung des **Internet** geht das BAG davon aus, dass sie ohne eine im Prozess vom Arbeitnehmer darzulegende Genehmigung des Arbeitgebers regelmäßig nicht zulässig ist und damit als Kündigungsgrund geeignet ist. Allenfalls eine kurzfristige private Nutzung während der Arbeitszeit sei gerade noch hinnehmbar (*BAG* 7.7.2005 EzA § 626 BGB 2002 Nr. 10, zu B II 2, 3; vgl. auch 27.4.2006 aaO, zu B II 2). Dies weicht von der bisherigen, etwas großzügigeren Instanzrspr. ab (vgl. *Hess. LAG* 13.12.2001 LAGE § 626 BGB Nr. 136; *LAG Köln* 17.2.2004 NZA-RR 2005, 136, zu 2; *ArbG Wesel* 21.3.2001 NJW 2001, 2490; *ArbG Düssold.* 1.8.2001 NZA 2001, 1386; *ArbG Frankf./ M* 2.1.2002 aaO) und erscheint jedenfalls hinsichtlich einer Bagatellnutzung, etwa dem Einsehen von Fahrplänen, als zu weitgehend. Hier bestehen deutliche Parallelen zur Fallgruppe der Privattelefonate. Völlig zutreffend ist aber, dass Arbeitnehmer nicht davon ausgehen können, dass der Arbeitgeber ein ausschweifendes Surfen im Internet hinnehmen wird. Dies löst einerseits Gefahren der Vireninfizierung aus und ist andererseits Arbeitszeitbetrug. Will der Arbeitnehmer demgegenüber fehlenden Arbeitsanfall einwenden, trägt er die Darlegungslast (*BAG* 7.7.2005 EzA § 626 BGB 2002 Nr. 10, zu B II 2 a, b cc). Zur Internetnutzung *Beckschulze* DB 2003, 2777; *Hunold* NZA-RR 2003, 62; *Kramer* NZA 2004, 457; 2006, 194; *Fischer* AuR 2005, 91; *Mengel* NZA 2005, 752; *dies.* BB 2004, 1445, 2014).

Der Arbeitnehmer ist auch nach seiner Einstellung verpflichtet, Fragen des Arbeitgebers, die für das **497** Arbeitsverhältnis von Bedeutung sind, ggf. in einem **Personalfragebogen**, zutreffend zu beantworten, etwa nach seiner Vor- und Ausbildung (*BAG* 7.9.1995 EzA § 242 BGB Auskunftspflicht Nr. 4). Im öffentlichen Dienst darf der Arbeitgeber den Arbeitnehmer nach der Abgabe einer Verpflichtungserklärung zur Zusammenarbeit mit dem Ministerium für Staatssicherheit (MfS) der DDR befragen (*BAG* 13.6.1996 EzA § 1 KSchG Verhaltensbedingte Kündigung Nr. 48), ferner nach einer Tätigkeit für das MfS und nach Funktionen in politischen Parteien und Massenorganisationen der DDR (*BAG* 7.9.1995 EzA § 242 BGB Auskunftspflicht Nr. 4). Die **vorsätzliche Falschbeantwortung** solcher Fragen auch vor der Einstellung (vgl. *Ehrich* DB 2000, 427), kann, ggf. auch ohne Abmahnung, wegen der damit verbundenen Störung des Vertrauensverhältnisses eine verhaltensbedingte Kündigung rechtfertigen (*BAG* 27.3.2003 RzK I 5 h Nr. 67; 20.8.1997 RzK I 5i Nr. 129). Auch außerhalb des öffentlichen Dienstes kann es Arbeitsstellen geben, deren Besetzung der Arbeitgeber von der wahrheitsgemäßen Beantwortung der Fragen nach etwaiger MfS-Verstrickung abhängig machen kann, zB bei einem Zeitungsredakteur (*BAG* 13.6.2002 EzA § 1 KSchG Verhaltensbedingte Kündigung Nr. 57; 25.10.2001 EzA § 626 BGB nF Nr. 191). Die fehlende Zustimmung des Personalrats zu einem Personalfragebogen berechtigt den Arbeitnehmer nicht, eine in dem Fragebogen individualrechtlich zulässigerweise gestellte Frage wahrheitswidrig zu beantworten (*BAG* 2.12.1999 EzA § 94 BetrVG 1972 Nr. 4 = SAE 2000, 341 m. zust. Anm. *Gitter*). Im Rahmen der Interessenabwägung ist jedoch zu prüfen, ob eine einmalige Unehrlichkeit des Arbeitnehmers Auswirkungen auf die konkret auszuübende Tätigkeit oder auf ein schützenswertes Vertrauen des Arbeitgebers in seine Arbeitnehmer hat oder ob die Unehrlichkeit ansonsten ohne Auswirkungen im Arbeitsverhältnis ist (*BAG* 13.6.1996 EzA § 1 KSchG Verhaltensbedingte Kündigung Nr. 48). Die **Nichtbeantwortung** zulässigerweise gestellter Fragen steht einer Falschbeantwortung nicht gleich (*BAG* 10.10.1996 ZTR 1997, 88). Die Falschbeantwortung von zulässigen Fragen vor der Einstellung berechtigt den Arbeitgeber auch zur Anfechtung des Arbeitsvertrags wegen arglistiger Täuschung (hierzu KR-*Fischermeier* § 626 BGB Rz 46; **aA** KDZ-*Kittner* Rz 209d: nur Anfechtung, keine Kündigung zulässig).

Die Weigerung des Arbeitnehmers, zu einer vom Arbeitgeber angeordneten **Rücksprache** zu kommen, **498** ist dann ein verhaltensbedingter Kündigungsgrund, wenn es sich um eine wichtige Unterredung (zB Vertragsverhandlungen mit Kunden) handelt und dem Arbeitnehmer das Erscheinen zumutbar und möglich ist. Eine außerordentliche Kündigung kommt dagegen nur in schwerwiegenden Fällen (zB bei einer hartnäckigen Weigerung, an einem wichtigen Gespräch teilzunehmen) in Betracht (*LAG Düsseld.* 22.3.1966 DB 1966, 947). Bei Gesprächen mit dem Arbeitgeber oder von Arbeitskollegen darf der Arbeitnehmer nicht **heimlich ein aufnahmebereites Tonbandgerät** mit sich führen; andernfalls besteht ein verhaltensbedingter Kündigungsgrund (*LAG RhPf* 18.9.1996 NZA 1997, 826); in minderschweren Fällen kann eine Abmahnung ausreichen (*LAG SchlH* 26.7.2001 RzK I 5 i Nr. 169).

Wegen des in § 84 Abs. 3 BetrVG enthaltenen Benachteiligungsverbots ist eine Kündigung ausge- **499** schlossen, wenn der Arbeitnehmer nach dem Vorbringen einer **Beschwerde** es ablehnt, im Büro des Vorgesetzten zu erscheinen (*LAG Düsseld.* 6.12.1977 DB 1978, 751). Die Ausübung des dem Arbeitnehmer nach § 84 BetrVG zustehenden **Beschwerderechts** kann für sich eine Kündigung nicht rechtfertigen. Das Benachteiligungsverbot des § 84 Abs. 3 BetrVG gilt auch für die Erhebung einer Beschwerde beim Betriebsrat nach § 85 Abs. 1 BetrVG (*Fitting* § 85 Rz 6a; GK-*Wiese* § 85 Rz 26). Wird die Kündigung ausschließlich auf die Ausübung dieses Rechts gestützt, ist sie wegen Verstoßes gegen ein gesetzliches Verbot nach § 134 BGB nichtig. Auch eine Beschwerde nach §§ 84, 85 BetrVG kann allerdings wegen ihres Inhalts oder ihrer Begleitumstände eine verhaltensbedingte Kündigung rechtfertigen, wenn etwa bewusst unrichtige schwere Anschuldigungen gegen den Arbeitgeber oder den Betriebsrat erhoben werden (GK-*Wiese* § 84 Rz 34).

p) Sexuelle Belästigungen am Arbeitsplatz

500 Sexuelle Belästigungen am Arbeitsplatz verletzen arbeitsvertragliche Pflichten (§§ 1, 3 Abs. 4, 4, 12 AGG bzw. gem. § 23 Abs. 1 AGG bei vor dem 18.8.2006 begangenen Handlungen § 2 Abs. 3 BeschSchG aF). Sexuelle Belästigung ist nach der Legaldefinition von § 3 Abs. 4 AGG ein unerwünschtes sexuell bestimmtes Verhalten, das bezweckt oder bewirkt, dass die Würde der betroffenen Person verletzt wird, insbes. wenn ein von Einschüchterungen, Anfeindungen, Erniedrigungen, Entwürdigungen oder Beleidigungen gekennzeichnetes Umfeld geschaffen wird. Als derartige Handlungen in Betracht kommen körperliche Berührungen, Bemerkungen sexuellen Inhalts sowie Zeigen und sichtbares Anbringen pornographischer Darstellungen. Diese Voraussetzungen erfüllen unerwünschte anzügliche Bemerkungen, intime Fragen, Aufforderungen zu sexuellen Handlungen und körperliche Kontakte wie das Umlegen des Armes um die Schultern oder gar das Berühren von Geschlechtsorganen (*BVerwG* 15.11.1996 NJW 1997, 958; 12.11.1997 AuR 1998, 459 LS; *LAG Hamm* 13.2.1997 BB 1997, 1485). Gemäß § 12 Abs. 3 AGG hat der Arbeitgeber sexuellen Belästigungen durch Abmahnung, Umsetzung, Versetzung oder Kündigung entgegenzuwirken. Eine Kündigung ist durch § 12 Abs. 3 AGG gerechtfertigt, wenn keine andere Maßnahme ausreicht (*BAG* 25.3.2004 EzA § 626 BGB 2002 Nr. 6, zu B II 2; *Merzodko/Rinne* ZTR 2000, 308). Bei besonderer Intensität können sie auch eine **außerordentliche Kündigung** rechtfertigen (*BAG* 25.3.2004 EzA § 626 BGB 2002 Nr. 6, zu B I 2 a, II 3; *LAG Hamm* 22.10.1996 NZA 1997, 769; *Hess. LAG* 27.1.2004 AuR 2005, 342 LS; *Berkowsky* NZA-RR 2001, 63; Beispiele bei *Mästle* BB 2002, 251 f.). Der nicht erwiesene Verdacht einer sexuellen Belästigung rechtfertigt eine Kündigung des beschuldigten Arbeitnehmers nur unter den Voraussetzungen einer Verdachtskündigung (*BAG* 8.6.2000 EzA § 15 KSchG nF Nr. 50, zu B II 3 c). Andererseits kann die **wahrheitswidrige Behauptung** einer sexuellen Belästigung durch einen Vorgesetzten eine verhaltensbedingte Kündigung rechtfertigen (*LAG RhPf* 16.2.1996 LAGE § 1 KSchG Verhaltensbedingte Kündigung Nr. 54; *Hess. LAG* 3.5.2005 – 15 Sa 1454/04 – nv).

q) Strafbare Handlungen

501 Strafbare Handlungen des Arbeitnehmers kommen nur dann als verhaltensbedingte Gründe für eine ordentliche Kündigung in Betracht, wenn sie zugleich einen Verstoß gegen arbeitsvertragliche Pflichten bewirken (s.o. Rz 450). Dies kann bei **Angestellten des öffentlichen Dienstes** im Hinblick auf ihre außerdienstlichen Pflichten nach §§ 6, 8 Abs. 1 BAT auch für bedeutsame außerdienstliche Straftaten bejaht werden (*BAG* 8.6.2000 EzA § 626 BGB nF Nr. 182: Totschlag; 20.11.1997 EzA § 1 KSchG Verhaltensbedingte Kündigung Nr. 52; *Polzer/Powietzka* NZA 2000, 974 für Volksverhetzung; aA *LAG Köln* 7.7.1999 EzA-SD 2000, Heft 9, S. 12). Eine in der Praxis bedeutsame Fallgruppe zeichnet sich dadurch aus, dass die außerdienstlich begangenen Straftaten sich unmittelbar auf die **Eignung** des betreffenden Arbeitnehmers auswirken und dann eine personenbedingte Kündigung rechtfertigen können (s.o. Rz 390 f.; ebenso ErfK-*Ascheid* Rz 365). Bei **Arbeitnehmern in besonderer Vertrauensstellung**, insbes. bei solchen, die mit der Wahrnehmung von Aufsichtsfunktionen betraut sind, kann auch die **unterlassene Meldung** strafbarer Handlungen anderer Arbeitnehmer ein verhaltensbedingter Kündigungsgrund sein (*ArbG Stuttg.* 9.12.1981 DB 1982, 1626). Das Gleiche gilt, wenn ein Arbeitnehmer gegen den Arbeitgeber gerichtete Straftaten von Arbeitskollegen in seinem Arbeitsbereich (zB Diebstahl von Arbeitsmaterial) dem Arbeitgeber nicht meldet, obwohl Wiederholungsgefahr besteht (*LAG Hamm* 29.7.1994 BB 1994, 2352) oder wenn ein Bewährungshelfer einen flüchtigen Häftling in seiner Wohnung aufnimmt (*Sächs. LAG* 17.12.1997 LAGE § 1 KSchG Verhaltensbedingte Kündigung Nr. 61).

502 Begeht der Arbeitnehmer in **Ausübung** (zB Verkehrsdelikte eines Berufskraftfahrers bei Dienstfahrten) oder bei **Gelegenheit der Arbeitsleistung** (zB Diebstähle bei Kunden des Arbeitgebers, Tätlichkeiten gegenüber Arbeitskollegen) oder in den Geschäftsräumen des Arbeitgebers **Straftaten**, wird das Arbeitsverhältnis regelmäßig erheblich beeinträchtigt (*BAG* 30.5.1978 EzA § 626 BGB nF Nr. 66; 6.11.2003 EzA § 626 BGB 2002 Verdacht strafbarer Handlung Nr. 2, zu B II 2 b). Dabei hängt es maßgeblich von den Umständen des Einzelfalles ab, ob darin ein wichtiger Grund für eine außerordentliche Kündigung oder ein verhaltensbedingter Grund für eine ordentliche Kündigung liegt. Eine Abmahnung ist im Allgemeinen entbehrlich (zu Ausnahmen s.u. Rz 504), da der Arbeitnehmer nicht mit einer Billigung durch den Arbeitgeber rechnen kann (aA *ArbG Hmb.* 21.9.1998 AiB 1999, 177). Erschwerend wirkt es, wenn der Arbeitnehmer die Tat innerhalb seines arbeitsvertraglichen Aufgabenbereichs verübt und eine ihm obliegende Obhutspflicht verletzt (*BAG* 27.3.2003 EzA § 611 BGB Persönlichkeitsrecht Nr. 1, zu B I 1; 10.2.2005 EzA § 1 KSchG Verdachtskündigung Nr. 3, zu B I 3).

Eine **außerordentliche Kündigung** kann insbes. dann in Betracht kommen, wenn durch die strafbare 503
Handlung Rechte oder Rechtsgüter des Arbeitgebers oder andere Arbeitnehmer verletzt oder konkret
beeinträchtigt werden. Dies ist etwa der Fall beim **Missbrauch von Kontrolleinrichtungen** (*LAG Düsseld.* 18.4.1967 DB 1967, 1096; 21.9.1976 DB 1977, 501); bei **unrichtigen Stundenbescheinigungen** (*BAG* 13.8.1987 RzK I 5i Nr. 31) und falschem Gebrauch einer Arbeitszeiterfassungsanlage, etwa einer Stempelkarte für einen Kollegen (*BAG* 21.4.2005 EzA § 91 SGB IX Nr. 1, zu B II 1; 24.11.2005 EzA § 626 BGB 2002 Nr. 12, zu II 3 b); bei **Änderungen auf der Stempelkarte** (*LAG Bln.* 6.6.1988 RzK I 5i Nr. 38; *LAG Hamm* 20.2.1986 DB 1986, 1338); bei **Spesenbetrug** (*BAG* 2.6.1960 und 22.11.1962 AP Nr. 42 und 49 zu § 626 BGB); bei der **Abgabe falscher Besuchsberichte** (*ArbG Düssel.* 10.2.1961 BB 1961, 863); bei **Verkehrsdelikten** eines **Berufskraftfahrers** auf Dienstfahrten (*ArbG Essen* 8.5.1963 DB 1964, 76); bei **Diebstahl oder Unterschlagung** (*BAG* 20.9.1984 EzA § 626 BGB nF Nr. 91; 20.9.1984 EzA § 1 KSchG Verhaltensbedingte Kündigung Nr. 14); bei **Tätlichkeiten** gegenüber Arbeitskollegen (*BAG* 30.9.1993 RzK I 5i Nr. 85); bei Tätlichkeiten und **groben Beleidigungen** gegenüber dem Arbeitgeber oder dessen Stellvertreter (s.o. Rz 462).

In **minder schweren Fällen** kann eine **ordentliche Kündigung** gerechtfertigt sein, zB bei einer 504
Schwarzfahrt des Arbeitnehmers (*LAG Frankf.* 16.11.1961 BB 1962, 563), in Einzelfällen noch nicht ein- –511
mal diese, etwa bei einer einmaligen Entgleisung eines langjährig beschäftigten Angestellten (*BAG* 30.9.1993 RzK I 5i Nr. 85). Bei **Bagatellstraftaten** (zB unberechtigte Wegnahme einer Zigarette; Entwendung von drei Briefumschlägen) kommt idR nur eine Abmahnung in Betracht (*LAG Köln* 30.9.1999 AiB 2000, 775; *ArbG Hmb.* 2.10.2000 RzK I 5 i Nr. 163). Handelt es sich aber um Arbeitnehmer in einer besonderen Vertrauensstellung, kann auch bei der rechtswidrigen und schuldhaften Entwendung einer im Eigentum des Arbeitgebers stehenden Sache von geringem Wert sogar eine außerordentliche Kündigung gerechtfertigt sein (*BAG* 12.8.1999 EzA § 626 BGB Verdacht strafbarer Handlung Nr. 8; KR-*Fischermeier* § 626 BGB Rz 445). Zur kündigungsrechtlichen Bedeutung von **Vorstrafen** s.u. Rz 512 f.

r) Vorstrafen

Eine verhaltensbedingte ordentliche Kündigung kann auch in Betracht kommen, wenn der Arbeitneh- 512
mer bei der Einstellung auf ausdrückliches Befragen **einschlägige Vorstrafen verschweigt**, um seine
Einstellungschancen nicht zu beeinträchtigen (*BAG* 15.1.1970 AP § 1 KSchG Verhaltensbedingte Kündigung Nr. 7; 15.12.1957 EzA § 123 BGB Nr. 1). Für die Frage, welche Vorstrafen einschlägig sind, kommt es nicht auf die subjektive Einstellung des Arbeitgebers an; entscheidend ist die Art des zu besetzenden Arbeitsplatzes (*BAG* 7.2.1964 AP § 276 BGB Verschulden bei Vertragsabschluß Nr. 6; 15.1.1970 aaO; 20.5.1999 EzA § 123 BGB Nr. 52, zu B I 1 b bb). Je nach der Art des zu besetzenden Arbeitsplatzes darf etwa nach **Vorstrafen auf vermögensrechtlichem Gebiet** (zB bei einem Bankkassierer oder bei einem Finanzbuchhalter), nach **verkehrsrechtlichen Vorstrafen** (zB bei einem Berufskraftfahrer) oder nach Vorstrafen **aus dem Bereich der Sexualdelikte** (zB bei einem Lehrer oder Erzieher) gefragt werden. Je nach den Umständen darf der Arbeitgeber den Bewerber auch **nach laufenden Ermittlungsverfahren** fragen und von ihm verlangen, während eines längeren Bewerbungsverfahrens anhängig werdende einschlägige Ermittlungsverfahren nachträglich mitzuteilen, etwa bei der Einstellung in den Polizeivollzugsdienst (*BAG* 20.5.1999 EzA § 123 BGB Nr. 52, zu B I 1 b cc – ee).

Bei inhaltlich oder zeitlich **unpräzisen Fragen** trägt der Arbeitgeber das Risiko einer unzutreffenden 513
Beantwortung. Hier gilt nichts anderes als bei einer unzulässigen Fragestellung. Die wahrheitsbedingte Beantwortung einer unzulässigen Frage ist keine arglistige Täuschung iSd § 123 BGB (*BAG* 15.1.1970 AP Nr. 7 zu § 1 KSchG Verhaltensbedingte Kündigung; 5.10.1995 EzA § 123 BGB Nr. 41, zu II 1; 6.2.2003 EzA § 611a BGB 2002 Nr. 1, zu B I 2). Eine ordentliche Kündigung kommt in diesen Fällen ebenso wenig in Betracht wie eine Anfechtung des Arbeitsvertrages wegen arglistiger Täuschung (vgl. KR-*Fischermeier* § 626 BGB Rz 46).

V. Betriebsbedingte Gründe

1. Dringende betriebliche Erfordernisse

a) Bedeutung des Kündigungsgrundes

Eine arbeitgeberseitige ordentliche Kündigung ist nach § 1 Abs. 2 S. 1 KSchG sozial gerechtfertigt, 514
wenn sie durch **dringende betriebliche Erfordernisse, die einer Weiterbeschäftigung des Arbeitneh-** –515
mers in diesem Betrieb entgegenstehen, bedingt ist. Es muss im Zeitpunkt des Ablaufs der Kündigungsfrist ein **Arbeitskräfteüberhang** bestehen (*BAG* 30.5.1985 EzA § 1 KSchG Betriebsbedingte Kün-

digung Nr. 36). Während die personen- und verhaltensbedingten Gründe in der Sphäre des Arbeitnehmers liegen, handelt es sich bei »dringenden betrieblichen Erfordernissen« um Umstände, die dem Einflussbereich des Arbeitgebers in dessen Eigenschaft als Unternehmer unterliegen. Durch diese legislative Grundentscheidung ist anerkannt, dass das Bestandsschutzinteresse des einzelnen Arbeitnehmers zurückzutreten hat, wenn die betrieblichen Verhältnisse einen Personalabbau erforderlich machen. Angesichts dieses legislativen Grundmodells kann de lege lata nicht angenommen werden, dass dem einzelnen Arbeitnehmer ein absolut geschütztes **Recht am Arbeitsplatz** iSd § 823 Abs. 1 BGB zusteht (zu dieser Problematik *BAG* 30.9.1970 AP Nr. 2 zu § 70 BAT; *Bauer* RdA 1983, 137; *Hedemann* RdA 1953, 121; *Herschel* RdA 1960, 121; *ders.* DB 1973, 80; *ders.* BB 1977, 708; *Schwerdtner* ZfA 1977, 47). Es besteht vielmehr nur ein durch die Bestimmungen des individuellen und kollektiven Kündigungsschutzes konkretisierter relativer Bestandsschutz des Arbeitsverhältnisses. Der fehlende absolute Charakter dieses Schutzes zeigt sich besonders deutlich bei der betriebsbedingten Kündigung, die zu einem entschädigungslosen Verlust des Arbeitsplatzes führen kann, obgleich der Arbeitnehmer weder durch seine Person noch durch sein Verhalten Anlass zur Kündigung gegeben hat (zur rechtspolitischen Diskussion *Becker/Rommelspacher* ZRP 1976, 40; *Grunewald* ZRP 1996, 472; *Notter* DB 1976, 727; *Otto* RdA 1975, 68; *Nickel* AuR 1975, 91; *Zöllner* Verhandlungen des 52. Dt. Juristentages, Bd. I, D 91 ff.).

516 Wegen der Abhängigkeit von zahlreichen Marktdaten ist der Personalbedarf eines Betriebes keine konstante Größe, sondern unterliegt insbes. konjunkturellen, saisonalen und branchenspezifischen Einflüssen. Die **Notwendigkeit quantitativer, struktureller und qualitativer Anpassungsprozesse innerhalb der Belegschaft** wird durch den Gesetzgeber dadurch anerkannt, dass er dem Arbeitgeber die Möglichkeit einräumt, beim Vorliegen dringender betrieblicher Erfordernisse sich von den nicht mehr benötigten Arbeitskräften zu trennen bzw. sie – ggf. nach erforderlichen Umschulungs- oder Fortbildungsmaßnahmen – auf anderen Arbeitsplätzen weiterzubeschäftigen. Ebenso wie bei personen- und verhaltensbedingten Gründen hat der Gesetzgeber darauf verzichtet, durch eine Legaldefinition oder durch die Anführung von Beispielen den in § 1 Abs. 2 S. 1 KSchG verwandten Begriff der **»dringenden betrieblichen Erfordernisse«** zu konkretisieren. So lässt sich diesem Begriff nur entnehmen, dass die betrieblichen Erfordernisse eine gewisse Belastungsgrenze erreicht haben müssen, um die Kündigung zu rechtfertigen (*Preis* HAS § 19 F Rz 46). Durch die Verwendung dieses **unbestimmten Rechtsbegriffs** wollte der Gesetzgeber offenbar auch dem Umstand Rechnung tragen, dass im Betriebsablauf eine Fülle **außerbetrieblicher, dh vom Betrieb nicht beeinflussbarer Faktoren** (gesamtwirtschaftliche Rezessionserscheinungen, branchenspezifische Strukturveränderungen, technologische Entwicklung, Drittmittelkürzung usw.) für einen Abbau von Personal ursächlich sind. Aber auch **innerbetriebliche Faktoren**, dh vom Unternehmer veranlasste Maßnahmen (technisch oder organisatorisch bedingte Änderungen des Arbeitsablaufs, Rationalisierungsmaßnahmen usw.), können ein »dringendes betriebliches Erfordernis« für eine Kündigung sein, wenn sie zum Wegfall von Arbeitsplätzen führen. Dementsprechend unterscheidet das BAG zwischen außerbetrieblichen und innerbetrieblichen Gründen für die Kündigung (*BAG* 30.5.1985 EzA § 1 KSchG Betriebsbedingte Kündigung Nr. 36; 7.12.1978 EzA § 1 KSchG Betriebsbedingte Kündigung Nr. 10; zur Bedeutung dieser Entscheidung vgl. *Hillebrecht* ZfA 1991, 98).

b) Außerbetriebliche Gründe

517 Außerbetriebliche Gründe sind von der Betriebsgestaltung und -führung unabhängige Umstände, **die einen konkreten Bezug zum Betrieb des Arbeitgebers haben** und sich auf bestimmte Arbeitsplätze auswirken, zB Auftragsmangel, Rohstoffmangel, Umsatzrückgang (*Hillebrecht* ZfA 1991, 93). Dagegen sind **arbeitsmarkt-, beschäftigungs- oder sozialpolitische Aspekte keine kündigungsschutzrechtlich relevanten externen Faktoren** (*BAG* 13.3.1987 EzA § 1 KSchG Betriebsbedingte Kündigung Nr. 44; *Preis* DB 1988, 1391 f.; krit. *Hahn* DB 1988, 1015). Bei diesen Faktoren fehlt es an einem konkreten Bezug zum Betrieb. Will zB ein Arbeitgeber aus beschäftigungs-, arbeitsmarkt- oder sozialpolitischen Gründen einen Personalaustausch vornehmen, um anstelle der entlassenen Arbeitnehmer Arbeitslose einzustellen (sog. **Austauschkündigung**), fehlt es an einem dringenden betrieblichen Erfordernis (HK-*Weller/Dorndorf* Rz 964). Das gilt auch, wenn der Arbeitgeber durch die Einstellung von Schwerbehinderten die Pflichtplatzquote nach § 71 SGB IX erfüllen will (*Preis* HAS § 19 F Rz 57).

518 Außerbetriebliche Faktoren sind nur dann betriebsbedingte Kündigungsgründe, wenn sie einen **Überhang** an **Arbeitskräften auslösen**, durch den mittelbar oder unmittelbar das Bedürfnis zur Weiterbeschäftigung eines oder mehrerer Arbeitnehmer entfällt (*BAG* 30.5.1985 EzA § 1 KSchG Betriebsbeding-

te Kündigung Nr. 36; 13.3.1987 EzA § 1 KSchG Betriebsbedingte Kündigung Nr. 44; *Hillebrecht* ZfA 1991, 93). Mit Recht weist *Ascheid* (Rz 238) darauf hin, dass der Wegfall einer Beschäftigungsmöglichkeit für einen Arbeitnehmer ohne Willensakt des Arbeitgebers, die sog. »**Unternehmerentscheidung**«, nicht denkbar ist (in diesem Sinn auch *Berkowsky* Betriebsbedingte Kündigung S. 60; *v. Hoyningen-Huene* NZA 1994, 1011). Dem Arbeitgeber bleibt es zB unbenommen, bei einem Auftragsrückgang keine Arbeitnehmer zu entlassen, sondern auf Vorrat zu produzieren. Andererseits kann er sich entschließen, die Anzahl der zur Verfügung gestellten Beschäftigungsmöglichkeiten – entsprechend den erteilten Aufträgen – den objektiv tatsächlich vorhandenen Beschäftigungsmöglichkeiten anzupassen. Damit beruft er sich auf eine unmittelbare Kausalkette zwischen außerbetrieblichem Grund und Wegfall des Bedürfnisses zur Beschäftigung einer bestimmten Anzahl von Arbeitnehmern und muss sich daran messen lassen (sog. »**Selbstbindung**« **des Arbeitgebers**; BAG 15.6.1989 EzA § 1 KSchG Betriebsbedingte Kündigung Nr. 63; 11.9.1986 RzK I 5c Nr. 13). In den meisten Fällen sind jedoch außerbetriebliche Faktoren nur der **Anlass für eine gestaltende Unternehmerentscheidung**, dh für innerbetriebliche Maßnahmen, die nach den zu Rz 519 f. dargestellten Grundsätzen zu beurteilen sind, ohne dass es auf die zugrunde liegenden außertariflichen Faktoren ankommt (BAG 26.1.1984 RzK I 5c Nr. 7; *Stahlhacke* DB 1994, 1363).

c) **Innerbetriebliche Gründe**

Innerbetriebliche Gründe sind **alle betrieblichen Maßnahmen** auf technischem, organisatorischem **519** oder wirtschaftlichem Gebiet, durch die der Arbeitgeber seine Entscheidung über die der Geschäftsführung zugrunde liegenden Unternehmenspolitik im Hinblick auf den Markt oder hinsichtlich der unternehmensinternen Organisation des Betriebes und der Produktion verwirklicht und **die sich auf Beschäftigungsmöglichkeiten im Betrieb auswirken** (*Hillebrecht* ZfA 1991, 94). Der Arbeitgeber trifft hier eine **Unternehmerentscheidung**, die zur Folge hat, dass ein Überhang an Arbeitskräften herbeigeführt wird und damit das Bedürfnis für die Weiterbeschäftigung eines oder mehrerer Arbeitnehmer entfällt (BAG 6.12.2001 RzK I 5 c Nr. 133; 26.9.1996 EzA § 1 KSchG Betriebsbedingte Kündigung Nr. 86; 30.5.1985 EzA § 1 KSchG Betriebsbedingte Kündigung Nr. 36). Der Arbeitgeber kann durch eine entsprechende unternehmerische Gestaltung seines Betriebes oder seines Unternehmens den Personalbedarf und damit auch die Notwendigkeit eines etwaigen Personalabbaus weitgehend selbst bestimmen, etwa durch die Durchführung von Rationalisierungsmaßnahmen, durch die Einführung neuer Arbeitsmethoden und Fertigungsverfahren, durch die Einschränkung und Stilllegung des Betriebes oder von Betriebsteilen, durch die Verlegung von Betriebsteilen oder der Verlagerung von Produktionen, durch den Zusammenschluss mit anderen Betrieben, durch Änderungen der Betriebsorganisation, des Betriebszweckes oder der Betriebsanlagen. Die unternehmerische Entscheidung kann sich auch darauf beschränken, Arbeitsplätze abzubauen, um Kosten zu sparen (*LAG Köln* 31.8.1994 LAGE § 1 KSchG Betriebsbedingte Kündigung Nr. 26; s.u. Rz 561), oder einen bestimmten Arbeitnehmer aus dem Betrieb zu entfernen, um Schaden vom Betrieb abzuwenden (sog. echte Druckkündigung, s.u. Rz 586). Das Kündigungsrecht verpflichtet den Arbeitgeber nicht, bestimmte betriebliche Organisationsstrukturen, Betriebsabläufe und Standorte beizubehalten und geplante Organisationsänderungen nicht durchzuführen. Ob und ggf. welche innerbetrieblichen Maßnahmen der Arbeitgeber ergreift, um den sich ständig ändernden Marktdaten wie der Auftragslage, der betrieblichen Wettbewerbssituation, währungspolitischen Aspekten und branchenspezifischen Strukturveränderungen Rechnung zu tragen, liegt bis zur Grenze der Willkür in **seinem unternehmerischen Ermessen** (BAG 21.2.2002 EzA § 2 KSchG Nr. 45, zu II 2).

Der Arbeitgeber kann beispielsweise trotz Auftragsrückgangs die Produktion uneingeschränkt fort- **520** setzen und versuchen, durch Werbemaßnahmen oder eine entsprechende Preispolitik einen etwaigen Produktionsüberhang abzubauen. Auf eine Verschlechterung der Auftragslage kann er aber auch mit einem **Abbau von Arbeitsplätzen** (Betriebseinschränkung) reagieren mit der Folge, dass wegen der geringeren Zahl der Arbeitsplätze Arbeitskräfte ganz oder teilweise freigesetzt werden. Er kann sich auch zum Aufbau einer Personalreserve etwa bei hochspezialisierten Fachkräften oder bei einer angespannten Arbeitsmarktlage entschließen, sofern dies die Finanzlage des Unternehmens zulässt (BAG 22.10.1987 RzK I 5c Nr. 23). Als alternative Maßnahme kommen ferner zeitliche (Abbau von Überstunden, Verkürzung der betrieblichen Arbeitszeit, Einführung von Kurzarbeit) oder finanzielle (Abbau von Gratifikationen oder übertariflichen Zulagen) **Anpassungsentscheidungen** in Betracht. Hierbei kann der **Betriebsrat** dem Arbeitgeber **Vorschläge zur Sicherung und Förderung der Beschäftigung** machen. Diese können insbes. eine flexible Gestaltung der Arbeitszeit, die Förderung von Teilzeitarbeit und Altersteilzeit, neue Formen der Arbeitsorganisation, Änderungen der Arbeitsverfahren und

Arbeitsabläufe, die Qualifizierung der Arbeitnehmer, Alternativen zur Ausgliederung von Arbeit oder ihrer Vergabe an andere Unternehmen sowie zum Produktions- und Investitionsprogramm zum Gegenstand haben (§ 92a Abs. 1 BetrVG). Der Arbeitgeber hat die Vorschläge mit dem Betriebsrat zu beraten und für den Fall, dass er die Vorschläge für ungeeignet hält, dies zu begründen (§ 92a Abs. 2 S. 1 – 2 BetrVG). Kommt der Arbeitgeber dieser Beratungs- und Begründungspflicht nicht nach, verletzt er damit zwar eine betriebsverfassungsrechtliche Pflicht. Die Freiheit seiner Unternehmerentscheidung wird aber durch § 92a Abs. 2 BetrVG nicht eingeschränkt, so dass ein Verstoß gegen § 92a Abs. 2 BetrVG keine Auswirkungen auf sein Kündigungsrecht hat (*Schiefer* NZA 2002, 772).

d) Grenzen der Unternehmerentscheidung

521 Angesichts der Vielzahl der unternehmerischen Reaktionsmöglichkeiten stellt sich die Frage, ob und gegebenenfalls in welchen Grenzen die **unternehmerische Entscheidung**, die zum Wegfall von Arbeitsplätzen führt, einer **justiziellen Kontrolle** unterworfen werden soll. Das Gesetz selbst gibt hierauf keine eindeutige Antwort. Im Schrifttum und in der Rechtsprechung entwickelten sich daher bereits bald nach Inkrafttreten des KSchG 1951 unterschiedliche Meinungen darüber, ob die Arbeitsgerichte befugt seien, unternehmerische Entscheidungen auf ihre Notwendigkeit und Zweckmäßigkeit hin zu überprüfen. Dabei standen sich zwei **extreme Meinungspositionen** gegenüber, die teils für eine uneingeschränkte Überprüfung (etwa *Diekhoff* AuR 1957, 197; *Joachim* BB 1955, 1114; *Kaufmann* NJW 1953, 1047; *Molitor* BB 1953, 34; *Schmidt* RdA 1954, 170; *Schüler* AuR 1954, 54; *LAG Frankf.* 25.11.1953 BB 1954, 228; *LAG Stuttg.* 19.5.1954 BB 1954, 806), teils für eine völlige Freiheit der Unternehmerentscheidung eintraten (etwa *Auffarth/Müller* § 1 Rz 200; *Herschel/Steinmann* § 1 Rz 42a; *Eberl* BB 1954, 447; *Galperin* BB 1954, 1117; *Rappenecker* BB 1958, 47; *LAG Brem.* 29.10.1952 BB 1953, 356; *LAG Düsseld.* 6.3.1953 BB 1953, 356; *LAG Mannheim* 11.3.1955 BB 1955, 574).

522 Das *BAG* geht in st.Rspr. von dem **Grundsatz** der **freien Unternehmerentscheidung** aus. Danach sind die Gerichte für Arbeitssachen nicht befugt, unternehmerische Entscheidungen auf ihre Zweckmäßigkeit und Notwendigkeit hin zu prüfen. Eine gerichtliche Überprüfung kann sich nur darauf erstrecken, ob die Unternehmerentscheidung tatsächlich getroffen wurde und ob sie **offenbar unsachlich, unvernünftig oder willkürlich** ist (sog. **Missbrauchskontrolle;** etwa *BAG* 26.9.2002 EzA § 1 KSchG Betriebsbedingte Kündigung Nr. 124, zu II 1 b; 26.9.1996 EzA § 1 KSchG Betriebsbedingte Kündigung Nr. 86; 10.11.1994 EzA § 1 KSchG Betriebsbedingte Kündigung Nr. 77; 17.1.1991 RzK I 5c Nr. 38; 24.10.1979 EzA § 1 KSchG Betriebsbedingte Kündigung Nr. 13; 7.12.1978 EzA § 1 KSchG Betriebsbedingte Kündigung Nr. 10 mwN sowie für den öffentlichen Dienst *BAG* 26.6.1975 EzA § 1 KSchG Betriebsbedingte Kündigung Nr. 1). Dieser Ansicht ist zu folgen. Sie hat im Schrifttum und in der Rspr. der Instanzgerichte weitgehend Zustimmung gefunden (vgl. aus der Literatur *Löwisch/Spinner* Rz 256; *v. Hoyningen-Huene/Linck* Rz 371 f., 411; *v. Hoyningen-Huene* NZA 1994, 1011; *Meisel* BB 1963, 1058; *Monjau* BB 1967, 1211; *G. Müller* DB 1962, 1538; *ders.* ZfA 1982, 483; *Wigo Müller* DB 1975, 2130; *Preis* HAS § 19 F Rz 41; *Reuter* NZA 1989, 241; aufgrund des Tatbestandsmerkmals »dringend« für eine beschränkte Kontrolle der Unternehmerentscheidung SPV-*Preis* Rz 953; aA KDZ-*Kittner* Rz 256: Herausnahme der Unternehmerentscheidung aus der gerichtlichen Kontrolle nur gerechtfertigt, wenn es um »die Bestimmung der der Geschäftspolitik zugrunde liegenden Unternehmenspolitik« geht; *B. Preis* DB 2000, 1122, der eine Überprüfung der Unternehmerentscheidung auf ihre wirtschaftliche Notwendigkeit verlangt, wenn sie auf die Veränderung der Arbeitsorganisation unterhalb der Qualität einer Betriebsänderung ausgerichtet ist; für eine weitergehende Kontrolle auch *Boeddinghaus* AuR 2001, 11; *Kühling* AuR 2003, 92; *Pauly* ZTR 1997, 115; *Stein* BB 2000, 457, KJ 2001, 282, AuR 2003, 99; anders *Schwerdtner* ArbR I, S. 176, der sich gegen jegliche gerichtliche Kontrolle von Unternehmerentscheidungen ausspricht; ebenso *Möhn* ZTR 1995, 356; nach *Polzer* S. 42 ff. müssen Unternehmerentscheidungen betriebliche Erfordernisse iSv § 1 Abs. 2 KSchG begründen, was nur zu bejahen sei, wenn die Bedingungen, unter denen die arbeitstechnischen Zwecke verfolgt werden, geändert werden; zur Rspr. der Instanzgerichte etwa *LAG SchlH* 13.10.1998 LAGE § 1 KSchG Betriebsbedingte Kündigung Nr. 52 [krit. zur Rspr des BAG]; für eine weitergehende Überprüfung *ArbG Bocholt* 22.6.1982 DB 1982, 1938; dazu krit. *Vollmer* DB 1982, 1933).

523 Die drei Begriffe der offenbaren Unsachlichkeit, Unvernünftigkeit und Willkür haben keine eigenständige Bedeutung (vgl. aber der Versuch einer Systematisierung von APS-*Kiel* Rz 467a – 470). Sie umschreiben das Ziel, eine **Rechtsmissbrauchskontrolle** zu gewährleisten (vgl. *BAG* 23.11.2004 EzA § 1 KSchG Betriebsbedingte Kündigung Nr. 134, zu B I 1 d cc). Dementsprechend wird in der Rspr. häufig nicht unter die drei Begriffe subsumiert; vielmehr werden Begriffe wie »missbräuchlich« und

Sozial ungerechtfertigte Kündigungen §1 KSchG

»rechtsmissbräuchlich« gebraucht (vgl. etwa *BAG* 26.9.2002 EzA § 1 KSchG Betriebsbedingte Kündigung Nr. 124, zu II 1 d, e cc; 22.4.2004 EzA § 2 KSchG Nr. 50, zu B I 4). Rechtsmissbräuchlich sein kann eine Unternehmerentscheidung, wenn sie keinen erkennbaren wirtschaftlichen Sinn hat oder wenn ihr außer dem bloßen Wollen keinerlei sachliche Erwägung zugrunde liegt (*Ascheid* Rz 291), etwa eine Betriebsstilllegung, um eine bevorstehende Betriebsratswahl zu verhindern (APS-*Kiel* Rz 470). Rechtsmissbräuchlich kann auch der Aufbau paralleler, jeweils dem Weisungsrecht des Arbeitgebers unterliegender Betriebsstrukturen sein, die dazu dienen, eine Belegschaft durch eine andere iSv Austauschkündigungen zu ersetzen und ersterer damit den Kündigungsschutz zu entziehen (*BAG* 26.9.2002 EzA § 1 KSchG Betriebsbedingte Kündigung Nr. 124, zu II 1 d, e; *ArbG Bln.* 17.2.2000 AuR 2001, 72). Dasselbe gilt für eine Unternehmerentscheidung, die lediglich den Zweck hat, die Sozialauswahl zu umgehen (*BAG* 2.6.2005 EzA § 1 KSchG Soziale Auswahl Nr. 61, zu II 2 b). Als missbräuchlich wird weiter eine Unternehmerentscheidung betrachtet, wenn sie rechtswidrig ist, also unmittelbar zu Gesetzes-, Tarif- oder Vertragsverstößen führt oder einer Gesetzesumgehung dient (*BAG* 26.9.2002 EzA § 1 KSchG Betriebsbedingte Kündigung Nr. 124, zu II 1 d; 22.4.2004 EzA § 2 KSchG Nr. 50, zu B I 4; SPV-*Preis* Rz 946). Hier sollte eher von einer wegen ihrer Rechtswidrigkeit unbeachtlichen Entscheidung gesprochen werden. So ist die Unternehmerentscheidung, Stellen entgegen einer tariflichen Besetzungsregelung abzubauen, schlicht nicht zu berücksichtigen, da der Arbeitgeber zur Besetzung der Stellen verpflichtet ist (vgl. *BAG* 17.6.1999 EzA § 1 KSchG Betriebsbedingte Kündigung Nr. 103).

Zu berücksichtigen ist, dass die **arbeitgeberseitige Kündigung selbst** zwar auch eine **Unternehmerentscheidung ist**, aber nicht nur auf Rechtsmissbrauch überprüfbar ist, sondern nach dem Willen des Gesetzgebers daraufhin, ob »dringende betriebliche Erfordernisse« vorliegen (*BAG* 17.6.1999 EzA § 1 KSchG Betriebsbedingte Kündigung Nr. 102). Abgesehen davon ist die Kündigung immer nur die Folge einer anders lautenden Unternehmerentscheidung (*BAG* 20.2.1986 EzA § 1 KSchG Betriebsbedingte Kündigung Nr. 37; *Mayer-Maly* ZfA 1988, 213; *Preis* DB 1988, 1388). Würde die Kündigung nicht als Folge weitergehender Überlegungen, sondern ohne Grund ausgesprochen, wäre sie willkürlich und schon aus diesem Grund nicht bindend. Daraus folgt andererseits, dass die vom Arbeitgeber geltend gemachte Unternehmerentscheidung ursächlich für die Kündigung sein muss, wenn sie überhaupt erheblich sein soll (*LAG Köln* 27.7.1994 NZA 1995, 634). **524**

Für die Auffassung des BAG zu der nur eingeschränkt überprüfbaren Unternehmerentscheidung spricht auch die Ausgestaltung der dem Betriebsrat im Fall von Betriebsänderungen nach §§ 111, 112, 112a BetrVG zustehenden Beteiligungsrechte. Nach diesen Bestimmungen unterliegt der unternehmerische Willensbildungsprozess keinem erzwingbaren Mitbestimmungsrecht; ein sich auf die Durchführung der unternehmerischen Entscheidung beziehender **Interessenausgleich** kann nur auf freiwilliger Basis erzielt werden. Das dem Betriebsrat nach §§ 111, 112, 112a BetrVG zustehende Mitbestimmungsrecht bei der Aufstellung eines **Sozialplanes** bezieht sich ausschließlich nur auf den Ausgleich oder die Milderung der wirtschaftlichen Nachteile, die den Arbeitnehmern infolge der geplanten Betriebsänderung entstehen. Eine uneingeschränkte justizielle Kontrolle der unternehmerischen Entscheidung im Rahmen eines Kündigungsschutzprozesses würde daher den in den §§ 111, 112, 112a BetrVG zum Ausdruck gekommenen Wertungen widersprechen, die letztlich eine Konkretisierung der dem Unternehmer nach Art. 2, 12, 14 GG zustehenden wirtschaftlichen Betätigungsfreiheit darstellen. Zur Berufsfreiheit des Art. 12 Abs. 1 GG gehört zB auch das Recht des Unternehmers, sein Unternehmen aufzugeben und selbst darüber zu entscheiden, welche Größenordnung es haben soll (*BAG* 5.2.1998 EzA § 626 BGB Unkündbarkeit Nr. 2). Wegen der Unwägbarkeiten, die mit wirtschaftlichen Entscheidungen verbunden sind, wäre eine richterliche **Korrektur der Unternehmerentscheidung** auch **kaum sachlich zu rechtfertigen** (*Reuter* RdA 1989, 245). **525**

Gleichwohl besteht hinsichtlich der sozialen Folgen von unternehmerischen Maßnahmen zwischen der kollektivrechtlichen Ausgestaltung der Beteiligungsrechte nach §§ 111, 112, 112a BetrVG und der in § 1 KSchG enthaltenen individualrechtlichen Konzeption der betriebsbedingten Kündigung eine **sachlich nicht gerechtfertigte Disharmonie.** Diese liegt darin, dass den Arbeitnehmern bei Betriebsänderungen für den Verlust des sozialen Besitzstandes ein finanzieller Ausgleich gewährt wird, obwohl die vom Arbeitgeber in diesen Fällen erklärten Kündigungen nach § 1 Abs. 2 KSchG durch dringende betriebliche Erfordernisse sozial gerechtfertigt sind (vgl. *BAG* 22.1.1980 EzA § 111 BetrVG 1972 Nr. 11; 22.5.1979 EzA § 111 BetrVG 1972 Nr. 7; 17.2.1981 EzA § 112 BetrVG 1972 Nr. 21; hierzu *G. Müller* ZfA 1982, 502). Vollzieht sich der Personalabbau dagegen in der Weise, dass keine Betriebsänderung iSd §§ 111 ff. BetrVG vorliegt, läuft der Arbeitnehmer Gefahr, dass er keinerlei finanziellen Ausgleich **526** für den Verlust seines sozialen Besitzstandes erhält. Die unterschiedliche Ausgestaltung des allgemeinen und des kollektiven Kündigungsschutzes verstößt wegen der unterschiedlichen betrieblichen Funktionszusammenhänge nicht gegen Art. 3 Abs. 1 GG (*BAG* 22.5.1979 EzA § 111 BetrVG 1972 Nr. 7; *G. Müller* ZfA 1982, 502). De lege ferenda ist aber zu erwägen, dem Arbeitnehmer bei betriebsbedingten Kündigungen stets einen Nachteilsausgleich für den Verlust des Arbeitsplatzes zu gewähren (*Becker/Rommelspacher* ZRP 1976, 40 ff.; *Mayer/Ralfs* S. 142 ff.; *Notter* DB 1976, 772).

e) Wegfall des Bedürfnisses für Weiterbeschäftigung

527 Eine wesentliche Aufgabe der Arbeitsgerichte im Kündigungsschutzprozess ist bei außer- wie bei innerbetrieblichen Kündigungsgründen die **Kausalitätsprüfung**. Durch die außerbetrieblichen Faktoren oder infolge der getroffenen Unternehmerentscheidung muss das Bedürfnis für die Weiterbeschäftigung des von der Kündigung betroffenen Arbeitnehmers direkt oder mittelbar aufgrund einer Sozialauswahl entfallen sein. Wird das Beschäftigungsvolumen im Betrieb nicht reduziert, fehlt ein dringendes betriebliches Erfordernis zur Beendigung eines Arbeitsverhältnisses (*BAG* 7.3.1996 EzA § 1 KSchG Betriebsbedingte Kündigung Nr. 84; 2.6.2005 EzA § 1 KSchG Soziale Auswahl Nr. 63, zu I 2 a). Kündigungen, die vor der Unternehmerentscheidung über den Wegfall von Arbeitsplätzen ausgesprochen werden, sind nicht durch dringende betriebliche Erfordernisse bedingt (*BAG* 13.6.2002 EzA § 1 KSchG Betriebsbedingte Kündigung Nr. 120). Nach dem Prognoseprinzip muss bei Ausspruch der Kündigung (s.u. Rz 550) aufgrund einer vernünftigen betriebswirtschaftlichen Prognose davon auszugehen sein, dass zum Zeitpunkt des Kündigungstermins eine Beschäftigungsmöglichkeit nicht mehr besteht (*BAG* 12.4.2002 EzA § 1 KSchG Betriebsbedingte Kündigung Nr. 118 m. zust. Anm. *Hergenröder* = RdA 2003, 171 m. abl. Anm. *Bauer/Baeck*; *Matz* FA 2003, 70). Hat sich der Arbeitgeber an einer Ausschreibung unter Aufträgen beteiligt, über die noch nicht entschieden ist, kann nicht ohne weiteres von der Erfolglosigkeit dieser Bewerbung ausgegangen werden (*BAG* 12.4.2002 EzA § 1 KSchG Betriebsbedingte Kündigung Nr. 118). Ebenso wenig fehlt es an einem Kündigungsgrund, so lange der Arbeitgeber noch ernsthafte Verhandlungen mit einem an der Übernahme des Betriebs interessierten Unternehmen führt (vgl. *BAG* 29.9.2005 EzA § 1 Betriebsbedingte Kündigung Nr. 140, zu II 2 b).

528 Das Merkmal der **Dringlichkeit** ist Ausdruck des das gesamte Kündigungsschutzrecht beherrschenden **Grundsatzes der Verhältnismäßigkeit** (ultima-ratio-Prinzip) (zum Grundsatz der Verhältnismäßigkeit vgl. Rz 214 ff.) Nach der st.Rspr. des *BAG* (etwa 29.11.1990 RzK I 5a Nr. 4; 20.2.1986 EzA § 1 KSchG Betriebsbedingte Kündigung Nr. 37; 17.10.1980 EzA § 1 KSchG Betriebsbedingte Kündigung Nr. 15), der das Schrifttum weitgehend gefolgt ist (etwa *Buchner* DB 1984, 504; *v. Hoyningen-Huene/ Linck* Rz 378 ff.; *Schaub* § 131 Rz 26; ders. NZA 1987, 217; SPV-*Preis* Rz 918 f.; aA KPK-*Schiefer/Meisel* Rz 1036 f.; *Schwerdtner* ArbR I, S. 176), darf demgemäß der Arbeitgeber erst dann betriebsbedingte Kündigungen aussprechen, wenn es ihm nicht möglich ist, der betrieblichen Lage durch **andere Maßnahmen** auf technischem, organisatorischem oder wirtschaftlichem Gebiet (zB durch Abbau von Überstunden, Vorverlegung der Werksferien, Kündigung von Arbeitnehmerüberlassungsverträgen bei Leiharbeitnehmern) als durch die Kündigung zu entsprechen. Eine Unternehmerentscheidung ist insoweit daraufhin überprüfbar, ob sie eine Beendigungskündigung unvermeidbar macht oder ob das geänderte unternehmerische Konzept nicht auch durch andere Maßnahmen verwirklicht werden kann (*BAG* 18.1.1990 EzA § 1 KSchG Betriebsbedingte Kündigung Nr. 65). Die ordentliche Kündigung muss **wegen der betrieblichen Lage unvermeidbar** sein (APS-*Kiel* Rz 562), weil der Arbeitnehmer auf der Grundlage der getroffenen Unternehmerentscheidung nicht mehr vertragsgerecht beschäftigt werden kann (*Schaub* BB 1993, 1091). Dies ist zB zu verneinen, wenn der Arbeitgeber die Arbeitsplätze zwar beibehalten, sie künftig aber nur mit Leiharbeitnehmern besetzen will (*LAG Brem.* 30.1.1998 LAGE § 1 KSchG Betriebsbedingte Kündigung Nr. 47; s.a. Rz 598).

529 Die nach dem Gesetz vorgeschriebene **Dringlichkeitsprüfung** bedeutet nicht, dass die Unternehmerentscheidung auf etwaige Sozialwidrigkeit zu prüfen ist. Es bedarf insbes. **keiner Prüfung,** ob die vom **Arbeitgeber** erwarteten **Vorteile** in einem »vernünftigen Verhältnis« zu den **Nachteilen** stehen, die der **Arbeitnehmer** durch die Kündigung erleidet (*BAG* 30.4.1987 EzA § 1 KSchG Betriebsbedingte Kündigung Nr. 47). Das ultima-ratio-Prinzip erfordert lediglich die Einhaltung einer bestimmten Rangfolge bei der Durchführung personeller Maßnahmen. Es gilt insbes. der **Vorrang von Änderungskündigungen** gegenüber **betriebsbedingten Beendigungskündigungen** (*BAG* 29.11.1990 RzK I 5a Nr. 4; 27.9.1984 EzA § 2 KSchG Nr. 5; s.a. Rz 232). Danach hat der Arbeitgeber einem wegen voraussichtlichen Wegfalls seines Arbeitsplatzes kündigungsbedrohten Arbeitnehmer auch einen erheblich geringer vergüteten freien Arbeitsplatz anzubieten, wenn der Arbeitnehmer für diesen Arbeitsplatz

geeignet ist; andernfalls ist eine nach Wegfall des bisherigen Arbeitsplatzes ausgesprochene Kündigung sozialwidrig, selbst wenn inzwischen der andere Arbeitsplatz besetzt ist (s.o. Rz 227).

Die Dringlichkeit einer Beendigungskündigung ist demgemäß nur zu bejahen, wenn die Kündigung im Interesse des Betriebes notwendig ist, dh wenn unter Berücksichtigung der geltend gemachten außerbetrieblichen Umstände (s.o. Rz 517 f.) und unter Beachtung einer getroffenen Unternehmerentscheidung (s.o. Rz 519 f.) keine alternativen Maßnahmen auf technischem, organisatorischem oder wirtschaftlichem Gebiet zumutbar und durchführbar sind (BAG 29.11.1990 RzK I 5a Nr. 4; 17.10.1980 EzA § 1 KSchG Betriebsbedingte Kündigung Nr. 15 mwN). Dies wird auch durch § 2 Abs. 1 S. 2 Nr. 2 SGB III verdeutlicht, wonach die Arbeitgeber »**vorrangig durch betriebliche Maßnahmen die Inanspruchnahme von Leistungen der Arbeitsförderung sowie Entlassungen von Arbeitnehmern vermeiden**« sollen (hierzu *Preis* NZA 1998, 449; *Gagel* BB 2001, 358, der von einer Klarstellung und Verstärkung der bisherigen Auslegung des § 1 KSchG spricht). Eine weitergehende Bedeutung, insbes. eine über die Rechtsprechung des BAG hinausgehende Überprüfbarkeit der Unternehmerentscheidung – etwa auf Zweckmäßigkeit – kann dieser Vorschrift nicht entnommen werden, zumal es sich nur um eine Sollvorschrift handelt, die eher einem Appell des Gesetzgebers gleichkommt (APS-*Kiel* Rz 565; *Bauer/Haußmann* NZA 1997, 1101; *Beckschulze* BB 1998, 793; *Ettwig* NZA 1997, 1152 f.; *Guldan* AuB 1998, 71; *Niesel* NZA 1997, 584; *Rolfs* NZA 1998, 18 f.; *Rüthers* NJW 1998, 283 f.; Stellungnahme der BReg. DB 1998, 1134; aA *Bepler* AuR 1999, 219; *Kittner* NZA 1997, 975; *Schaub* NZA 1997, 810). Eine **vorherige Anhörung des Arbeitnehmers** vor Ausspruch einer betriebsbedingten Kündigung mag im Hinblick auf anderweitige Beschäftigungsmöglichkeiten im Einzelfall zweckmäßig sein, ist mangels gesetzlicher Grundlage aber **nicht erforderlich** (aA ArbG Gelsenkirchen 26.9.1998 EzA § 242 BGB Nr. 41). Zur Darlegungs- und Beweislast s.u. Rz 553.

529a

Der Grundsatz der Verhältnismäßigkeit zwingt **den Arbeitgeber nicht**, vor Ausspruch einer betriebsbedingten Kündigung die **Arbeitszeit aller Arbeitnehmer auf Dauer zu verkürzen** (LAG Hamm 15.12.1982 ZIP 1983, 212, *Löwisch/Spinner* Rz 299; *Vollmer* DB 1982, 1933; aA ArbG Bocholt 22.5.1982 DB 1982, 1938). Abgesehen davon, dass dem Arbeitgeber durch tarifrechtliche Arbeitszeitvorschriften eine derartige **Arbeitszeitgestaltung** häufig verwehrt ist (*Vollmer* aaO), würde hierdurch der Arbeitgeber zu einer unternehmerischen Entscheidung gezwungen, die ihrerseits wieder einen Eingriff in kündigungsschutzrechtlich (§ 2 KSchG) geschützte Rechtspositionen der anderen Arbeitnehmer darstellen würde. Umgekehrt kann der Arbeitgeber im Hinblick auf eine von ihm getroffene Organisationsentscheidung nicht gezwungen werden, anstelle mehrerer Änderungskündigungen eine geringere Anzahl von Beendigungskündigungen auszusprechen (*BAG* 19.5.1993 EzA § 1 KSchG Betriebsbedingte Kündigung Nr. 73 mit zust. Anm. *Raab* = AP Nr. 31 zu § 2 KSchG 1969 mit zust. Anm. *Waas* = SAE 1994, 150 mit zust. Anm. *Steinmeyer*; LAG Hamm 22.3.1996 LAGE § 2 KSchG Nr. 18).

530

Hingegen kann dem Arbeitgeber im Kündigungsschutzprozess vorgehalten werden, er habe Kündigungen durch **Einführung von Kurzarbeit** vermeiden können. Voraussetzung hierfür ist, dass es sich um einen voraussichtlich nur vorübergehenden Arbeitsrückgang handelt. Die Frage, ob der Arbeitgeber **zur Vermeidung betriebsbedingter Kündigungen** Kurzarbeit einführen muss, ist im Schrifttum und in der Rspr. der Instanzgerichte umstritten (vgl. etwa ErfK-*Ascheid* Rz 392 f.; *Löwisch/Spinner* Rz 303 ff.; *Hillebrecht* ZIP 1985, 260; *Schulin* Anm. zu BAG EzA § 1 KSchG Soziale Auswahl Nr. 20; *Vollmer* DB 1982, 1933; LAG Düsseld. 21.6.1983 DB 1984, 565; LAG Hamm 8.3.1983 DB 1984, 464). Das *BAG* hatte ursprünglich im Urteil vom 25.6.1964 (AP § 1 KSchG Betriebsbedingte Kündigung Nr. 13) entschieden, eine umfassende Interessenabwägung erfordere die Prüfung, ob der Arbeitgeber betriebsbedingte Kündigungen durch die Einführung von Kurzarbeit habe abwenden können. Nur wenn dies nicht der Fall sei, seien die Kündigungen durch dringende betriebliche Erfordernisse bedingt. Bei dieser Frage ist zu berücksichtigen, dass es sich um einen kollektivrechtlichen Tatbestand handelt. Nach § 87 Abs. 1 Nr. 3 BetrVG kann der Betriebsrat die Einführung von Kurzarbeit verlangen und ggf. über einen Spruch der Einigungsstelle erzwingen (*BAG* 4.3.1986 EzA § 87 BetrVG 1972 Nr. 17). Die Entscheidung, ob zur Vermeidung von Entlassungen Kurzarbeit eingeführt werden soll oder nicht, unterliegt damit der **Entscheidung beider Betriebspartner**. Dies ist auch im Rahmen der Prüfung von § 1 Abs. 2 KSchG zu beachten. Lehnt der Betriebsrat die Einführung von Kurzarbeit ausdrücklich ab, verstößt der Arbeitgeber nicht gegen das ultima-ratio-Prinzip, wenn er anstelle einer an sich möglichen Einführung von Kurzarbeit Entlassungen vornimmt (vgl. APS-*Kiel* Rz 575; *Löwisch/Spinner* Rz 306; *Preis* HAS § 19 F Rz 126). Dies gilt ebenso, wenn sich die Belegschaft in einer Betriebsversammlung gegen die Einführung von Kurzarbeit ausgesprochen hat (*BAG* 7.2.1985 EzA § 1 KSchG Soziale Auswahl Nr. 20). Setzt sich der Arbeitgeber bei einem voraussichtlich nur vorübergehenden Arbeitsrückgang gleich-

531

§ 1 KSchG   Sozial ungerechtfertigte Kündigungen

wohl nicht mit dem Betriebsrat zwecks Einführung von Kurzarbeit in Verbindung, obwohl dadurch Kündigungen vermeidbar gewesen wären, und spricht er stattdessen betriebsbedingte Kündigungen aus, sind die **Kündigungen nach dem ultima-ratio-Prinzip unwirksam** (*Preis* DB 1988, 1391; SPV-*Preis* Rz 1021; KDZ-*Kittner* Rz 288). In diesem Rahmen ist im Kündigungsschutzprozess zu prüfen, ob die Kündigung durch Einführung von Kurzarbeit hätte vermieden werden können (ebenso *Berkowsky* Betriebsbedingte Kündigung S. 81; ähnlich KDZ-*Kittner* aaO; vgl. auch *Barnhofer* S. 138 ff.; **aA** *BAG* 11.9.1986 EzA § 1 KSchG Betriebsbedingte Kündigung Nr. 54; 4.3.1986 EzA § 87 BetrVG 1972 Nr. 17; HK-*Weller/Dorndorf* Rz 936; zweifelnd *LAG SchlH* 29.9.1988 RzK I 5c Nr. 29; nach *v. Hoyningen-Huene/ Linck* Rz 388a, *Denck* ZfA 1985, 261, *Rost* S. 58 und *Vollmer* DB 1982, 1934 soll die Entscheidung des Arbeitgebers, statt der Einführung von Kurzarbeit Kündigungen auszusprechen, auf Missbrauch überprüfbar sein). Das gilt insbes. und ohne Einschränkungen **auch für Betriebe ohne Betriebsrat.**

532 Hat der Arbeitgeber Kurzarbeit eingeführt, ist eine betriebsbedingte Kündigung nur sozial gerechtfertigt, wenn über die Gründe, die zur Einführung von Kurzarbeit geführt haben, **weitergehende inner- oder außerbetriebliche Gründe** vorliegen, die ergeben, dass nicht nur vorübergehend, sondern auf unbestimmte Dauer für den gekündigten Arbeitnehmer das Bedürfnis zur Weiterbeschäftigung entfallen ist (*BAG* 26.6.1997 EzA § 1 KSchG Betriebsbedingte Kündigung Nr. 93; 17.10.1980 EzA § 1 KSchG Betriebsbedingte Kündigung Nr. 15; *v. Hoyningen-Huene/Linck* Rz 389).

f)   Verschulden des Arbeitgebers

533 Die Annahme einer Betriebsbedingtheit scheitert nicht daran, dass der Arbeitgeber die zur Entlassung führenden betrieblichen Verhältnisse durch eigene Fehldispositionen (falsche Preiskalkulation, technische oder organisatorische Mängel, riskante Finanzierungen, Spekulationsgeschäfte usw.) verursacht hat (*LAG Köln* 25.8.1994 LAGE § 1 KSchG Betriebsbedingte Kündigung Nr. 27). Da es sich bei derartigen unternehmerischen Fehldispositionen nicht um vertragliche oder deliktsrechtliche Pflichtwidrigkeiten handelt, ist es verfehlt, in diesem Zusammenhang von Verschulden zu sprechen. Jedenfalls kommt es auf ein Verschulden des Arbeitgebers nicht an. Kündigungsschutzrechtlich **relevant sind grundsätzlich nur die innerbetrieblichen Auswirkungen** der möglicherweise fehlerhaften unternehmerischen Entscheidungen auf den betrieblichen Personalbedarf. Zur Missbrauchskontrolle s.o. Rz 522.

g)   Gerichtliche Nachprüfung

534 In vollem Umfang gerichtlich nachprüfbar ist die Frage, **ob die** vom Arbeitgeber getroffene Unternehmerentscheidung, dh die geltend gemachten **außerbetrieblichen und innerbetrieblichen Faktoren tatsächlich vorliegen und sich dahin auswirken, dass für die Weiterbeschäftigung** des gekündigten Arbeitnehmers **kein Bedürfnis** mehr besteht (*BAG* 7.12.1978 EzA § 1 KSchG Betriebsbedingte Kündigung Nr. 10; 7.7.2005 EzA § 1 KSchG Betriebsbedingte Kündigung Nr. 138, zu II 4 a; *Ascheid* DB 1987, 1144; *Borrmann* DArbRdGgW Bd. 24, S. 71; *Löwisch/Spinner* Rz 436; *Schaub* NZA 1987, 218; *ders.* BB 1993, 1092). Voll nachprüfbar ist daher die Frage, ob und ggf. in welchem Umfang durch eine technologische Rationalisierungsmaßnahme Arbeitsplätze ganz oder teilweise fortgefallen sind. Nur wenn aufgrund entsprechender Tatsachen feststeht, dass für die Beschäftigung einer oder mehrerer Arbeitnehmer infolge von außer- oder innerbetrieblichen Gründen kein Bedürfnis mehr besteht, kann die Betriebsbedingtheit einer Kündigung bejaht werden (*BAG* 30.5.1985 EzA § 1 KSchG Betriebsbedingte Kündigung Nr. 36). **Nicht erforderlich** ist, dass die veränderten betrieblichen Verhältnisse zum **Wegfall** eines **bestimmten Arbeitsplatzes** oder gar des Arbeitsplatzes des gekündigten Arbeitnehmers führen. Es genügt ein ggf. mittelbarer **Kausalzusammenhang** zwischen den **außer- oder innerbetrieblichen Gründen** und dem **betrieblichen Überhang an Arbeitskräften** (*BAG* 13.3.1987 EzA § 1 KSchG Betriebsbedingte Kündigung Nr. 44; 16.12.2004 EzA § 1 KSchG Betriebsbedingte Kündigung Nr. 136, zu B II 1). Welchem Arbeitnehmer unter vergleichbaren Arbeitskräften dann gekündigt werden kann, entscheidet sich nach den Grundsätzen der Sozialauswahl.

535 Es ist Sache des Arbeitgebers, ob er **außerbetriebliche Umstände** (zB Auftragsrückgang) **zum Anlass nimmt, eine innerbetriebliche Maßnahme** (zB Verringerung der Zahl der Arbeitsplätze) **zu treffen**. Trifft er eine solche Unternehmerentscheidung, ist diese nur auf offenbare Unsachlichkeit, Unvernünftigkeit und Willkür zu überprüfen (s.o. Rz 522). Unterlässt er eine solche Unternehmerentscheidung und beruft sich nur auf den außerbetrieblichen Umstand als Kündigungsgrund, tritt insoweit eine **Selbstbindung des Arbeitgebers** ein (*Ascheid* Rz 273; NZA 1991, 876). Es ist dann zu prüfen, ob der außerbetriebliche Grund vorliegt und tatsächlich zum Wegfall des Beschäftigungsbedürfnisses für

eine bestimmte Anzahl von Arbeitnehmern führt (*BAG* 30.5.1985 EzA § 1 KSchG Betriebsbedingte Kündigung Nr. 36). Führt zB ein Auftragsrückgang unmittelbar zur Verringerung einer bestimmten Arbeitsmenge, ist zu prüfen, ob ein Auftragsrückgang in behauptetem Umfang vorliegt und in welchem Ausmaß er sich auf die Arbeitsmenge bestimmter Arbeitnehmer auswirkt (*BAG* 15.6.1989 EzA § 1 KSchG Betriebsbedingte Kündigung Nr. 63 mit zust. Anm. *Rotter*). Bei **innerbetrieblichen Maßnahmen** müssen tatsächliche Feststellungen hinsichtlich der Frage getroffen werden, ob sich durch organisatorische oder technische Änderungen der Arbeitsanfall für bestimmte Arbeitnehmer oder einzelne Arbeitnehmergruppen quantitativ oder qualitativ verändert hat. Nimmt der Arbeitgeber außerbetriebliche Gründe (zB Umsatzrückgang) zum Anlass für eine innerbetriebliche Maßnahme, die zum Wegfall von Arbeitsplätzen führt (zB Betriebseinschränkung), braucht nicht geprüft zu werden, inwiefern der außerbetriebliche Grund zum Wegfall des Beschäftigungsbedürfnisses für eine bestimmte Anzahl von Arbeitnehmern geführt hat; vielmehr ist allein entscheidend, ob und für wie viele Arbeitnehmer durch die innerbetriebliche Maßnahme ein Beschäftigungsbedürfnis entfallen ist (*BAG* 26.1.1984 RzK I 5c Nr. 7; 24.10.1979 EzA § 1 KSchG Betriebsbedingte Kündigung Nr. 13).

Voll nachprüfbar von den Arbeitsgerichten ist nicht nur die Frage, **ob** überhaupt eine **unternehmerische Entscheidung vorliegt** (*BAG* 20.3.1986 EzA § 2 KSchG Nr. 6; 20.2.1986 EzA § 1 KSchG Betriebsbedingte Kündigung Nr. 37), sondern auch, **ob sie tatsächlich durchgeführt ist,** wobei es genügt, dass die Planung bereits greifbare Formen angenommen hat (*BAG* 4.12.1986 RzK I 5c Nr. 17). Ebenfalls voll nachprüfbar ist die Frage, ob für den Arbeitnehmer die Möglichkeit der Weiterbeschäftigung auf einem anderen Arbeitsplatz besteht. Wegen der Darlegungs- und Beweislast s.u. Rz 553 ff.; zur Nachprüfung in der Revisionsinstanz s.o. Rz 213. 536

2. Unternehmensbezug

Das Gesetz knüpft bei der betriebsbedingten Kündigung an die Verhältnisse im Betrieb und nicht an die im Unternehmen an. Dieser legislatorische Ansatzpunkt muss angesichts der wirtschaftlichen Entwicklung, die sich durch zunehmende Unternehmenskonzentration auszeichnet, bei der die maßgebenden Entscheidungen nicht auf Betriebs-, sondern auf Unternehmens- oder Konzernebene getroffen werden, als zu eng betrachtet werden. Aufgrund der Gesetzeslage ist im Bereich der betriebsbedingten Kündigung gleichwohl zu beachten, dass das KSchG grundsätzlich **betriebsbezogen** ist (*BAG* 14.10.1982 EzA § 15 KSchG nF Nr. 29; 22.5.1986 EzA § 1 KSchG Soziale Auswahl Nr. 22; *Wiedemann* Anm. zu *BAG* AP Nr. 2 zu § 1 KSchG 1969 Konzern). Dies gilt insbes. für die **Betriebsbedingtheit** von Kündigungen sowie für die **Sozialauswahl** (*BAG* 22.5.1986 EzA § 1 KSchG Soziale Auswahl Nr. 22). Im Bereich des **öffentlichen Dienstes** entspricht dem Betrieb die Dienststelle (*BAG* 17.5.1984 EzA § 1 KSchG Betriebsbedingte Kündigung Nr. 32). Zum **Betriebsbegriff** s.o. Rz 132 ff. 537

Eine Durchbrechung der **Betriebsbezogenheit** enthält § 1 Abs. 1 KSchG insofern, als er bei der Frage der Zurücklegung der **Wartezeit** nicht auf die Betriebs-, sondern auf die **Unternehmerzugehörigkeit** abstellt (hierzu iE s.o. Rz 91 ff. sowie zum Begriff des Unternehmens s.o. Rz 141 ff.). In den **Widerspruchstatbeständen** des § 1 Abs. 2 S. 2 Nr. 1b, 2b, S. 3 KSchG wird bei der Frage der **anderweitigen Weiterbeschäftigung** ebenfalls auf die **Unternehmensebene** bzw. auf den Verwaltungszweig (an demselben Dienstort einschließlich seines Einzugsgebietes) abgestellt. Daher gilt auch für die betriebsbedingte Kündigung, dass der Kündigungsschutz hinsichtlich der **Weiterbeschäftigungspflicht** des Arbeitgebers unternehmensbezogen ist (*BAG* 17.5.1984 EzA § 1 KSchG Betriebsbedingte Kündigung Nr. 32; *Löwisch/Spinner* Rz 283; *v. Hoyningen-Huene/Linck* Rz 391; *SPV-Preis* Rz 936). Die Möglichkeit, den Arbeitnehmer in einem anderen Betrieb des Unternehmens oder in einer anderen Dienststelle desselben Verwaltungszweiges an demselben Dienstort einschließlich seines Einzugsgebietes weiterzubeschäftigen, ist auch dann nach der Generalklausel des § 1 Abs. 2 S. 1 KSchG zu berücksichtigen, wenn der Betriebsrat bzw. Personalrat einer ordentlichen Kündigung deswegen nicht widersprochen hat (*BAG* 17.5.1984 EzA § 1 KSchG Betriebsbedingte Kündigung Nr. 32). 538

3. Konzernbezug

Der allgemeine Kündigungsschutz ist auch bei der betriebsbedingten Kündigung **nicht konzernbezogen**. Der Schutz des Bestandes des Arbeitsverhältnisses umfasst ohne weiteres nicht die Verpflichtung zum Arbeitgeberwechsel. Daher ist eine Kündigung nicht deshalb unwirksam, weil die Möglichkeit der Weiterbeschäftigung in einem anderen Konzernunternehmen besteht (*BAG* 14.10.1982 EzA § 15 KSchG nF Nr. 29; 27.11.1991 EzA § 1 KSchG Betriebsbedingte Kündigung Nr. 72 mit zust. Anm. *Rüthers/Franke* = AP Nr. 6 zu § 1 KSchG 1969 Konzern mit zust. Anm. *Windbichler*; 18.9.2003 EzA § 1 539

KSchG Soziale Auswahl Nr. 53; 23.11.2004 EzA § 1 KSchG Betriebsbedingte Kündigung Nr. 135, zu B III 2 b aa; *Windbichler* SAE 1987, 133; *Helle* S. 71). Das BAG macht davon Ausnahmen, wenn sich ein anderes Konzernunternehmen ausdrücklich zur Übernahme bereit erklärt oder sich eine Übernahmeverpflichtung unmittelbar aus dem Arbeitsvertrag oder anderen vertraglichen Absprachen ergibt. Dann ist der Arbeitgeber verpflichtet, zunächst eine Unterbringung des Arbeitnehmers in einem anderen Konzernbetrieben zu versuchen, bevor er betriebsbedingt kündigt. Voraussetzung sei ein bestimmender gesellschaftsrechtlicher oder faktischer Einfluss des Arbeitgeberunternehmens auf das andere Konzernunternehmen (BAG 14.10.1982 EzA § 15 KSchG nF Nr. 29; 21.2.2002 EzA § 1 KSchG Wiedereinstellungsanspruch Nr. 7; 23.11.2004 EzA § 1 KSchG Betriebsbedingte Kündigung Nr. 135, zu B III 2 b bb; ebenso *Rost* FS Schwerdtner S. 169, 173; *Gaul/Kühnreich* BB 2003, 256; **aA** *Feudner* DB 2002, 1109 f.). Ein anderes Konzernunternehmen kann durch wiederholte Beschäftigung des Arbeitnehmers bei diesem ein berechtigtes Vertrauen begründen, dass er bei Wegfall seines Arbeitsplatzes bei seinem Vertragsarbeitgeber übernommen werde (BAG 23.11.2004 EzA § 1 KSchG Betriebsbedingte Kündigung Nr. 135, zu B III 2 b bb; *Rost* aaO, S. 172). Nach anderer Ansicht trifft bei einem konzernweiten Einsatz eines Arbeitnehmers den Gesamtkonzern eine erhöhte Verantwortung mit der Konsequenz, dass eine konzernbezogene Beschäftigungspflicht entsteht, der sich einzelne Konzernunternehmen nicht entziehen könnten (SPV-*Preis* Rz 1015; *Martens* FS 25 Jahre BAG, S. 375).

540 Maßgeblich für die betriebsbedingte Kündigung eines konzernbezogenen Arbeitverhältnisses ist, ob es dem die Arbeitgeberstellung innehabenden Unternehmen möglich und zumutbar ist, den Arbeitnehmer noch weiterzubeschäftigen. Dies bestimmt sich nach dem arbeitsvertraglichen Rahmen, dem gesellschaftsrechtlichen Einfluss und den in Unternehmen und Konzern getroffenen bindenden unternehmerischen Entscheidungen, die auch hier nur einer Missbrauchskontrolle unterliegen (BAG 26.9.2002 EzA § 1 KSchG Betriebsbedingte Kündigung Nr. 124, zu II 1). Dabei sind die folgenden Konstellationen zu unterscheiden.

541 Bilden zwei Konzernunternehmen einen **gemeinsamen Betrieb,** sind nach allgemeinen Grundsätzen (s.o. Rz 217) sämtliche Arbeitsplätze dieses Betriebs in die Prüfung von Weiterbeschäftigungsmöglichkeiten und der sozialen Auswahl einzubeziehen (*Helle* S. 71). Besteht das **Arbeitsverhältnis** auf Arbeitgeberseite **mit mehreren Konzerngesellschaften,** sind die bei allen dieser Unternehmen bestehenden Beschäftigungsmöglichkeiten maßgeblich (*Rost* FS Schwerdtner S. 169, 171; APS-*Kiel* Rz 593; vgl. BAG 21.1.1999 EzA § 1 KSchG Nr. 51, zu II 3 b). Zu berücksichtigen ist aber, dass allein durch eine Abordnung eines Arbeitnehmers an ein anderes Konzernunternehmen kein Arbeitsverhältnis mit diesem entsteht. Die vorübergehende Arbeitnehmerüberlassung im Konzern ist nicht erlaubnispflichtig (§ 1 Abs. 3 Nr. 2 AÜG). Außerhalb gemeinsamer Betriebe oder Arbeitsverhältnisse ist grundsätzlich auch bei enger wirtschaftlicher Verflechtung die rechtliche Selbständigkeit der einzelnen Unternehmen zu respektieren (BAG 26.9.2002 EzA § 1 KSchG Betriebsbedingte Kündigung Nr. 124, zu II 1 c aa).

542 Ist der Arbeitgeber wegen der Zustimmung eines anderen Konzernunternehmens oder wegen seiner gesellschaftsrechtlichen Stellung in der Lage, den Arbeitnehmer aufgrund einer **Abordnung** auf einem freien Arbeitsplatz in einem anderen Konzernunternehmen weiterzubeschäftigen, hat er diese Möglichkeit als milderes Mittel gegenüber der Kündigung auch nicht konzernbezogen beschäftigter Arbeitnehmer zu ergreifen. Weiter hat er zugunsten nach dem Arbeitsvertrag oder dessen tatsächlicher Durchführung auch **in anderen Konzerngesellschaften eingesetzten Arbeitnehmern** ihm ggf. zustehende Rechte als (auch mittelbarer) Gesellschafter der anderen Unternehmen auszuschöpfen (APS-*Kiel* Rz 594; HaKo-*Gallner* Rz 628). Zwar ist in der gesetzlichen Vorgabe von § 1 Abs. 2 S. 2 KSchG nur von einer Weiterbeschäftigung im Unternehmen, nicht aber im Konzern die Rede. Bei dieser Regelung wurde jedoch die spezifische Situation konzernbezogener Arbeitsverhältnisse mit deren besonderen Beschäftigungsrisiken nicht bedacht, so dass eine erweiternde Auslegung nicht ausgeschlossen, sondern geboten ist. Für nicht konzernbezogene Arbeitsverhältnisse steht der klare Gesetzeswortlaut einer solchen Auslegung dagegen außerhalb von Missbrauchsfällen entgegen (**aA** für herrschende Unternehmen KDZ-*Kittner* Rz 395). Zu berücksichtigen ist, dass auch der konzernrechtliche Einfluss von Mehrheitsgesellschaftern Grenzen hat (*Bayreuther* NZA 2006, 819, 821). So können Minderheitsgesellschafter mit Sperrminorität Abordnungen verhindern. Der Vorstand einer Aktiengesellschaft handelt eigenverantwortlich (§ 76 Abs. 1 AktG). Kann der Arbeitgeber die Abordnung nicht durchsetzen, verbleibt die Obliegenheit, sich nach Weiterbeschäftigungsmöglichkeiten für Arbeitnehmer mit konzernbezogenen Arbeitsverhältnissen bei anderen Konzerngesellschaften zu erkundigen und diese ggf. um Zustimmung zu einer Abordnung zu ersuchen. Unterlässt er dies und hätte der Arbeitnehmer andernfalls weiter beschäftigt werden können, ist die Kündigung sozial nicht gerechtfertigt (APS-*Kiel* Rz 596;

Fiebig DB 1983, 584; *Helle* S. 169; *Rost* FS Schwerdtner S. 174; *Welslau* Anm. LAGE § 1 KSchG Betriebsbedingte Kündigung Nr. 22). Das Fehlen anderweitiger Einsatzmöglichkeiten im Konzern hat der Arbeitgeber ggf. nach Einholung von Auskünften anderer Konzerngesellschaften im Prozess substantiiert darzulegen und zu beweisen. Wegen der regelmäßig fehlenden Kenntnisse sind die Anforderungen an den Vortrag des Arbeitnehmers reduziert (*BAG* 21.1.1999 EzA § 1 KSchG Nr. 51, zu II 3 a, 4; KDZ-*Kittner* Rz 389a). Nicht zumutbar ist eine Abordnung, wenn diese zu einer nicht durch § 1 Abs. 3 Nr. 2 AÜG privilegierten dauerhaften Arbeitnehmerüberlassung führen würde und dadurch das Arbeitsverhältnis gem. § 9 Nr. 1, § 10 AÜG auf das andere Unternehmen übergehen würde. Die Fortsetzung des Arbeitsverhältnisses mit einem anderen Arbeitgeber kann nicht auf § 1 KSchG gestützt werden, sondern bedarf einer zusätzlichen Rechtsgrundlage (s.u. Rz 543).

Eine **Übernahme des Arbeitsverhältnisses durch ein anderes Konzernunternehmen** auf einen dort vorhandenen freien Arbeitsplatz bedarf der Zustimmung dieses Unternehmens. Liegt eine Zustimmung vor oder kann der Vertragsarbeitgeber eine solche durch seinen gesellschaftsrechtlichen Einfluss herbeiführen, hat er diese Möglichkeit zu nutzen und einer Vertragsübernahme zuzustimmen, anstatt das Arbeitsverhältnis zu kündigen. Es gilt dasselbe wie bei Abordnungsmöglichkeiten (s.o. Rz 542). Verweigert die andere Gesellschaft dagegen die Vertragsübernahme, kann sie dazu nicht allein durch Abreden zwischen den Arbeitsvertragsparteien verpflichtet werden. Auch eine abhängige Konzerngesellschaft genießt außerhalb des Anwendungsbereiches der §§ 613a BGB, 323 UmwG Vertragsfreiheit und kann nicht durch einen Vertrag zu ihren Lasten durch Dritte zur Begründung von Rechtsverhältnissen gezwungen werden (*Bayreuther* NZA 2006, 819, 821). Erforderlich ist dazu vielmehr eine **rechtsverbindliche Einstellungszusage**, die allerdings auch konkludent erteilt werden kann. Allein eine – auch langfristige – Beschäftigung des Arbeitnehmers im Rahmen einer Abordnung hat einen derartigen Erklärungswert nicht. Besteht eine Übernahmezusage, ist diese im Zweifel auf ein Arbeitsverhältnis zu den Konditionen des bisherigen Arbeitsverhältnisses mit dem alten Arbeitgeber unter Anrechnung der Beschäftigungszeit bei diesem gerichtet. Gerichtlich geltend zu machen ist sie gegenüber dem Unternehmen, das die Zusage gegeben hat. Kündigt der alte Arbeitgeber wegen der Verweigerung der Übernahme durch die andere Gesellschaft und beruft sich der Arbeitnehmer auf die Unwirksamkeit dieser Kündigung aus anderen Gründen, muss er gegen beide Unternehmen – zur Vermeidung widersprüchlicher Ergebnisse zweckmäßigerweise in einem Verfahren – Klage erheben (*Bayreuther* NZA 2006, 819, 824). Zum **Kündigungsschutz im Konzernarbeitsverhältnis** s.u. Rz 590 ff. **543**

Sozial ungerechtfertigt ist eine betriebsbedingt begründete Kündigung des Vertragsarbeitgebers, wenn die zugrunde liegende **Unternehmerentscheidung missbräuchlich** ist. Dies kommt insbes. bei der Verlagerung von unverändert – ggf. reduziert – fortbestehenden Arbeitsaufgaben an abhängige Konzerngesellschaften, die letztlich den Charakter einer konzerninternen Austauschkündigung haben, weil die Arbeitnehmer der abhängigen Gesellschaft nach wie vor den Weisungen des alten Arbeitgebers unterliegen (*BAG* 26.9.2002 EzA § 1 KSchG Betriebsbedingte Kündigung Nr. 124, zu II 1). Sofern nicht ohnehin ein Betriebsübergang vorliegt, können konzerninterne Tätigkeitsverlagerungen ähnlich zu würdigen sein, deren Zweck sich darin beschränkt, den Arbeitnehmern des bisher die Tätigkeiten erbringenden Unternehmens den Kündigungsschutz zu entziehen (APS-*Kiel* Rz 595). **544**

4. Möglichkeit einer anderweitigen Beschäftigung

Nach dem **Grundsatz der Verhältnismäßigkeit** ist stets zu prüfen, ob die Kündigung durch eine anderweitige Beschäftigung des Arbeitnehmers hätte vermieden werden können. Ist die Weiterarbeit an einem anderen freien Arbeitsplatz, über den der Arbeitgeber verfügen kann, möglich und zumutbar, ist die Kündigung weder dringend noch durch ein betriebliches Erfordernis bedingt (*BAG* 6.8.1987 RzK I 5c Nr. 22). Näher s.o. Rz 217 – 232. **545**

Sind in einem anderen Betrieb des Unternehmens **Arbeitsplätze frei, ist ihre Zahl aber geringer als die Zahl der zu entlassenden Arbeitnehmer,** die dort weiterbeschäftigt werden könnte, hat der Arbeitgeber nach den Grundsätzen der Sozialauswahl (s.u. Rz 670 ff.) den Arbeitnehmern die Weiterbeschäftigung in dem anderen Betrieb anzubieten, die am sozial schutzbedürftigsten sind (*BAG* 25.4.2002 EzA § 1 KSchG Betriebsbedingte Kündigung Nr. 121, zu B III 2 b cc (1); *LAG Düssseld.* 9.7.1993 LAGE § 1 KSchG Soziale Auswahl Nr. 12, zu 2; *LAG Hamm* 30.6.1989 RzK I 5d Nr. 27; HK-*Weller/Dorndorf* Rz 915; APS-*Kiel* Rz 642). Zur Erforderlichkeit der Sozialauswahl, wenn in verschiedenen Betrieben des Unternehmens Arbeitsplätze wegfallen und nur eine geringere Zahl von Arbeitsplätzen zur Verfügung steht, s.u. Rz 613. Zur Möglichkeit einer anderweitigen Beschäftigung zu geänderten Bedingungen s.o. Rz 224 ff. **546**

5. Interessenabwägung

547 Die Rechtsprechung des *BAG* zur Erforderlichkeit einer einzelfallbezogenen Interessenabwägung auch bei betriebsbedingten Kündigungen entwickelte sich wechselhaft. Nach der älteren Rspr. (etwa *BAG* 4.2.1960 AP § 1 KSchG Betriebsbedingte Kündigung Nr. 5; 3.5.1978 EzA § 1 KSchG Betriebsbedingte Kündigung Nr. 8) war eine betriebsbedingte Kündigung nur dann sozial gerechtfertigt, wenn die betrieblichen Gründe bei verständiger Würdigung in Abwägung der Interessen der Vertragsparteien und des Betriebes die Kündigung als billigenswert und angemessen erscheinen lassen. Abzuwägen war nach dieser Auffassung das Bestandsschutzinteresse des Arbeitnehmers gegenüber den betrieblichen Bedürfnissen, wobei ein objektiver Maßstab zugrunde zu legen war. Die Interessenabwägung war nach dieser Rspr. dann fehlerhaft, **wenn die mit einer betriebsbedingten Kündigung zu erwartenden wirtschaftlichen Vorteile zu den sozialen Nachteilen,** die sich für die betroffenen Arbeitnehmer ergeben, **in keinem vernünftigen Verhältnis stehen.** Gegen diese Ansicht ist im Schrifttum eingewandt worden, dass die ökonomischen Interessen des Arbeitgebers an einem Personalabbau und die sozialen Schutzinteressen des Arbeitnehmers an dem Fortbestand des Arbeitsverhältnisses inkommensurable Größen seien (*Schwerdtner* ArbR I S. 177; *Herschel* Anm. zu *BAG* EzA § 1 KSchG Betriebsbedingte Kündigung Nr. 14).

548 Später hat das *BAG* diese Grundsätze erheblich eingeschränkt. Danach kann sich bei betriebsbedingten Kündigungen die Abwägung der beiderseitigen Interessen **nur in seltenen Ausnahmefällen** zugunsten des Arbeitnehmers auswirken Dem Arbeitgeber kann eine zumeist nur vorübergehende Weiterbeschäftigung etwa zuzumuten sein, wenn der Arbeitnehmer aufgrund schwerwiegender persönlicher Umstände besonders schutzbedürftig ist (*BAG* 24.10.1979 EzA § 1 KSchG Betriebsbedingte Kündigung Nr. 13; 7.2.1985 EzA § 1 KSchG Soziale Auswahl Nr. 20; 30.4.1987 EzA § 1 KSchG Betriebsbedingte Kündigung Nr. 47; 19.12.1991 RzK I 5c Nr. 41). Danach kann die Interessenabwägung bei einer an sich betriebsbedingten Kündigung nur noch in sozialen Härtefällen zur Sozialwidrigkeit der Kündigung führen (*BAG* 16.6.2005 EzA § 1 KSchG Betriebsbedingte Kündigung Nr. 137, zu II 2 c).

549 Auch die Reduzierung der Interessenabwägung auf soziale Härtefälle wird verbreitet als inkonsequent abgelehnt. Während bei personen- und verhaltensbedingten Kündigungen die Interessenabwägung zum Kündigungsgrund gehört, weil nur so beurteilt werden kann, ob das Gewicht einer Vertragsbeeinträchtigung die Kündigung rechtfertigt, sei mit der Feststellung der dringenden betrieblichen Erfordernisse unter Einbezug einer fehlenden zumutbaren Weiterbeschäftigungsmöglichkeit der gesetzliche Kündigungsgrund gegeben, sofern die Sozialauswahl (§ 1 Abs. 3 KSchG) fehlerfrei ist, so dass **für eine zusätzliche Interessenabwägung kein Raum mehr sei** (*LAG* Brem. 9.1.1998 – 4 Sa 11/97; *Etzel* KR, 7. Aufl. Rz 549; *Bitter/Kiel* RdA 1994, 346; *Ehmann/Sutschet* JURA 2001, 153; HK-*Weller/Dorndorf* Rz 942; *v. Hoyningen-Huene/Linck* Rz 137; *Kiel* S. 128; KPK-*Schiefer/Heise* Rz 153; *Löwisch/Spinner* Rz 273; SPV-*Preis* Rz 922; krit. auch *Hillebrecht* ZfA 1991, 95; **aA** *Kühling* AuR 2003, 92; *Stein* KJ 2001, 282: umfassende Interessenabwägung). Das *BAG* prüft die Interessenabwägung bei betriebsbedingten Kündigungen meist nicht und hat sich auch von der eingeschränkten Rspr. distanziert (20.1.2005 EzA § 18 BErzGG Nr. 7, zu II 3 d aa; 16.6.2005 EzA § 1 KSchG Betriebsbedingte Kündigung Nr. 137, zu II 2 c). Es ist aber keineswegs zwingend, die Regelungen von § 1 Abs. 2 S. 2, 3, Abs. 3 KSchG als abschließend zu verstehen. Eine Interessenabwägung in Ausnahmefällen wäre auch bei der betriebsbedingten Kündigung geeignet, in besonderen Fällen unzumutbare Härten zu vermeiden.

6. Beurteilungszeitpunkt

550 Maßgeblicher Zeitpunkt für die Prüfung der Sozialwidrigkeit ist auch bei der betriebsbedingten Kündigung der **Zugang der Kündigungserklärung** (*BAG* 30.5.1985 EzA § 1 KSchG Betriebsbedingte Kündigung Nr. 36; 6.6.1984 AP Nr. 16 zu § 1 KSchG 1969 Betriebsbedingte Kündigung; allg. zum Beurteilungszeitpunkt s.o. Rz 235 ff.). Dabei gelten folgende Besonderheiten: Abzustellen ist auf die zum Zeitpunkt des Zugangs der Kündigung bestehenden betrieblichen Verhältnisse im Beschäftigungsbetrieb, wozu auch eine Prognose für die Zeit nach dem Entlassungstermin gehört. Bei der Prüfung **anderweitiger Beschäftigungsmöglichkeiten** sind auch die Verhältnisse in den anderen Betrieben des Unternehmens maßgeblich (*BAG* 17.5.1984 EzA § 1 KSchG Betriebsbedingte Kündigung Nr. 32; 21.4.2005 EzA § 2 KSchG Nr. 53, zu B II 2). Arbeitsplätze, die zum Zeitpunkt des Kündigungszugangs noch besetzt sind, aber **während der Kündigungsfrist** oder ggf. später (s.o. Rz 219) **frei werden,** sind ebenfalls zu berücksichtigen (*BAG* 6.6.1984 aaO; 15.12.1994 EzA § 1 KSchG Betriebsbedingte Kündigung Nr. 75, zu B II 1 a, b). Innerbetriebliche Maßnahmen wie Rationalisierungsmaßnahmen oder die Stilllegung des Betriebes oder von Betriebsteilen rechtfertigen eine betriebsbedingte Kündigung erst, wenn

sie im Zeitpunkt des Zugangs der Kündigung **greifbare Formen angenommen haben**. Ist dies der Fall, kann die Kündigung unter den Voraussetzungen des § 1 Abs. 2 und 3 KSchG ausgesprochen werden, wenn nach betriebswirtschaftlichen Erkenntnismethoden absehbar ist, dass spätestens mit dem Ablauf der Kündigungsfrist kein Bedürfnis mehr für die Weiterbeschäftigung des Arbeitnehmers besteht (*BAG* 27.9.1984 EzA § 613a BGB Nr. 40; 19.6.1991 EzA § 1 KSchG Betriebsbedingte Kündigung Nr. 70; 18.1.2001 EzA § 1 KSchG Betriebsbedingte Kündigung Nr. 109, zu 2 a; 24.2.2005 EzA § 1 KSchG Soziale Auswahl Nr. 59, zu B I 1). Der tatsächliche Eintritt der prognostizierten Entwicklung nach Ausspruch der Kündigung kann Rückschlüsse auf die Ernsthaftigkeit und Plausibilität der Prognose zulassen (*BAG* 27.11.2003 EzA § 1 KSchG Betriebsbedingte Kündigung Nr. 128). Auch bei durch außerbetriebliche Gründe veranlassten Kündigungen kommt es nicht entscheidend darauf an, ob im Zeitpunkt der Kündigungserklärung, sondern ob mit dem Ablauf der Kündigungsfrist mit dem Wegfall des Bedürfnisses zur Weiterbeschäftigung zu rechnen ist (*LAG* Nds. 16.3.2001 EzA-SD 2001, Heft 12, S. 13).

Bei einer auf betriebliche Gründe gestützten **außerordentlichen Kündigung** ergeben sich besondere 551 Probleme aus der Frage, wann die Ausschlussfrist von § 626 Abs. 2 BGB in Lauf gesetzt wird. Dazu eingehend KR-*Fischermeier* § 626 BGB Rz 329; SPV-*Preis* Rz 826 – 830.

Beim nachträglichen Wegfall der betriebsbedingten Gründe kommt ein **Wiedereinstellungsanspruch** 552 in Betracht (s.u. Rz 729 ff.).

7. Darlegungs- und Beweislast

Die in § 1 Abs. 2 S. 4 KSchG enthaltene Beweislastregelung, dergemäß der Arbeitgeber die Kündi- 553 gungstatsachen zu beweisen hat, gilt auch für betriebsbedingte Kündigungen. Danach ist der **Arbeitgeber darlegungs- und beweispflichtig** dafür, dass dringende betriebliche Erfordernisse die Kündigung bedingen. Er hat im Kündigungsschutzprozess sowohl die **innerbetrieblichen Gründe** (zB Art, Zeitpunkt und Umfang einer organisatorischen oder technischen Rationalisierungsmaßnahme) unter Aufzeigung der Auswirkungen auf die konkret betroffenen Arbeitsplätze als auch die maßgeblichen **externen Faktoren** (zB Rohstoffverknappung, währungspolitische Auswirkungen bei exportorientierten Unternehmen) im Einzelnen **so konkret darzulegen,** dass sie vom Arbeitnehmer mit Gegentatsachen bestritten und vom Gericht überprüft werden können. Durch schlagwortartige Formulierungen (etwa Auftragsmangel, Umsatzrückgang, betriebliche Umorganisation) genügt der Arbeitgeber seiner Darlegungspflicht nicht (*BAG* 20.2.1986 EzA § 1 KSchG Betriebsbedingte Kündigung Nr. 37; 24.10.1979 EzA § 1 KSchG Betriebsbedingte Kündigung Nr. 13; 7.12.1978 EzA § 1 KSchG Betriebsbedingte Kündigung Nr. 10; 17.6.1999 EzA § 1 KSchG Betriebsbedingte Kündigung Nr. 102, zu II 2 a). Besteht die Entscheidung des Arbeitgebers nur darin, den Personalbestand zu reduzieren, hat er substantiiert darzulegen und ggf. zu beweisen, wie sich der Personalabbau auf den betrieblichen Ablauf auswirken soll, etwa Leistungsverdichtung oder Arbeitsstreckung (*LAG Köln* 24.8.1999 AiB 2000, 694), und es sich dabei nicht um eine nur vorübergehende Maßnahme handelt (s.u. Rz 561).

Für das Gericht muss aufgrund eines entsprechenden Tatsachenvortrags insbes. erkennbar sein, ob 554 und weshalb durch innerbetriebliche Maßnahmen oder durch außerbetriebliche Ursachen **das Bedürfnis für die Weiterbeschäftigung eines oder mehrerer Arbeitnehmer entfallen ist** (*BAG* 30.5.1985 EzA § 1 KSchG Betriebsbedingte Kündigung Nr. 36; 1.7.1976 EzA § 1 KSchG Betriebsbedingte Kündigung Nr. 4). So hat zB ein Bauunternehmer, der drei von zehn Maurern wegen Auftragsrückgangs kündigt und die Kündigung ausschließlich auf den Auftragsrückgang stützt, substantiiert und nachvollziehbar darzulegen, welche Aufträge er bisher für die Beschäftigung von zehn Maurern hatte, in welchem Umfang die Aufträge zurückgegangen sind und dass sich daraus der Wegfall des Beschäftigungsbedürfnisses für drei Maurer ergebe (*BAG* 30.5.1985 EzA § 1 KSchG Betriebsbedingte Kündigung Nr. 36). Besteht die unternehmerische Organisationsentscheidung darin, eine Hierarchieebene abzubauen und die den bisher dort beschäftigten Arbeitnehmer zugewiesenen Aufgaben neu zu verteilen, hat der Arbeitgeber diese Entscheidung so zu konkretisieren, dass nachgeprüft werden kann, ob der Arbeitsplatz des betroffenen Arbeitnehmers tatsächlich weggefallen ist und die Entscheidung nicht offensichtlich unsachlich oder willkürlich ist. Der Arbeitgeber muss insbes. darlegen, in welchem konkreten Umfang die bisher von den Arbeitnehmern ausgeübten Tätigkeiten zukünftig noch anfallen und wie sie vom verbliebenen Personal ohne überobligatorische Leistungen erledigt werden können (*BAG* 17.6.1999 EzA § 1 KSchG Betriebsbedingte Kündigung Nr. 102, zu II 2 e; 27.9.2001 EzA § 14 KSchG Nr. 6, zu B I 2 b). Fehlt ein derartiger Sachvortrag, ist dem Gericht eine Subsumtion der Kündigungstatsachen nicht möglich mit der Folge, dass der Kündigungsschutzklage stattzugeben ist. Substantiierten Sachvortrag des Arbeitgebers kann der Arbeitnehmer häufig gem. § 138 Abs. 4 ZPO **mit Nichtwissen** bestreiten, da

§ 1 KSchG   Sozial ungerechtfertigte Kündigungen

die Auftragsentwicklung und Zustandekommen und Inhalt unternehmerischer Entscheidungen häufig seiner Wahrnehmung entzogen ist (BAG 29.6.2000 EzA § 126 InsO Nr. 2, zu B IV 2 c bb). Soweit er aufgrund seiner bisherigen Tätigkeit über Kenntnisse von Einsatzmöglichkeiten verfügt, hat er substantiiert zu erwidern (BAG 17.6.1999 EzA § 1 KSchG Betriebsbedingte Kündigung Nr. 102, zu II 2 e). Dann ist vom Arbeitsgericht über die streitigen Tatsachen **Beweis zu erheben.** Zur gerichtlichen Nachprüfung betrieblicher Maßnahmen und außerbetrieblicher Faktoren s.o. Rz 534 ff.

555 Zu den die Kündigung bedingenden Tatsachen iSd § 1 Abs. 2 S. 4 KSchG gehören auch die **Umstände, die die Dringlichkeit von betriebsbedingten Entlassungen begründen.** Der Arbeitgeber hat daher im Einzelnen darzutun und ggf. zu beweisen, dass die Kündigung nicht durch andere betriebliche Maßnahmen wie dem Abbau von Überstunden oder eine Einstellungssperre hätte vermieden werden können. Die **Darlegungslast** ist **abgestuft.** Der Arbeitgeber kann sich zunächst auf die allgemeine Behauptung beschränken, eine Weiterbeschäftigung des Arbeitnehmers sei nicht möglich. Es ist dann Sache des Arbeitnehmers, konkret aufzuzeigen, wie er sich eine Weiterbeschäftigung vorstellt. Die Bezeichnung eines bestimmten Arbeitsplatzes ist allerdings idR nicht erforderlich, sondern nur die der Art der Beschäftigung. Der Arbeitnehmer kann auch erläutern, zu welchen geänderten Vertragsbedingungen eine Fortsetzung des Arbeitsverhältnisses aus seiner Sicht möglich ist. Darauf obliegt es dem Arbeitgeber, eingehend zu erläutern und ggf. zu beweisen, aus welchen wirtschaftlichen, organisatorischen oder technischen Gründen die vom Arbeitnehmer aufgezeigte Beschäftigung nicht möglich oder nicht zumutbar ist (BAG 24.3.1983 EzA § 1 KSchG Betriebsbedingte Kündigung Nr. 21; 15.12.1994 EzA § 1 KSchG Betriebsbedingte Kündigung Nr. 75, zu B II 2 c aa; 15.8.2002 EzA § 1 KSchG Betriebsbedingte Kündigung Nr. 123, zu II 1 c aa). Dazu genügt etwa der Beweis, dass ein vom Arbeitnehmer bezeichneter Arbeitsplatz anderweitig besetzt oder dass der Arbeitnehmer für diesen nicht geeignet ist (ausführlich *Ascheid* Beweislastfragen S. 151 ff.).

556 Wegen der beschränkten Überprüfbarkeit einer **Unternehmerentscheidung** (s.o. Rz 521 ff.) ist der Arbeitgeber nicht verpflichtet, die für diese maßgeblichen betriebswirtschaftlichen Erwägungen offen zu legen. Er hat jedoch das Zustandekommen und den Inhalt der Entscheidung darzulegen und ggf. zu beweisen, wozu auch die Erläuterung gehört, wann und – bei Gesellschaften – von wem sie getroffen wurde (BAG 17.6.1999 EzA § 1 KSchG Betriebsbedingte Kündigung Nr. 102, zu II 1 b, 2 a). Nähere Darlegungen sind entbehrlich, wenn aus feststehenden Indiztatsachen auf das Vorliegen der Unternehmerentscheidung geschlossen werden kann, etwa aus der Einleitung von Verhandlungen über einen Interessenausgleich, der Erstattung einer Massenentlassungsanzeige, der Kündigung von Miet- und Pachtverträgen für den Betrieb und der Beendigung der Geschäftsbeziehungen mit Lieferanten und Kunden (BAG 10.10.1996 EzA § 1 KSchG Betriebsbedingte Kündigung Nr. 87, zu B II 1 b (1) (b); 21.6.2001 EzA § 15 KSchG Nr. 53, zu II 1 b aa). Für eine beschlossene und tatsächlich durchgeführte Unternehmerentscheidung spricht im Allgemeinen die Vermutung, dass sie auf sachlichen Gründen beruht (BAG 30.4.1987 EzA § 1 KSchG Betriebsbedingte Kündigung Nr. 47), Rechtsmissbrauch also die Ausnahme ist. Der Arbeitnehmer hat daher im Kündigungsschutzprozess die Umstände darzulegen und im Streitfall zu beweisen, aus denen sich ergeben soll, **dass eine innerbetriebliche Maßnahme offenbar unsachlich, unvernünftig oder willkürlich ist** (allg. Ansicht, etwa BAG 17.10.1980 EzA § 1 KSchG Betriebsbedingte Kündigung Nr. 15; 21.2.2002 EzA § 2 KSchG Nr. 45, zu II 3 c; BBDW-*Bram* Rz 263; *Denck* ZfA 1985, 260), ggf. mit der Erleichterung des Anscheinsbeweises (BAG 24.10.1979 EzA § 1 KSchG Betriebsbedingte Kündigung Nr. 13).

557 Rückt die eigentliche **Organisationsentscheidung in unmittelbare Nähe zum Kündigungsentschluss**, etwa die Entscheidung zum dauernden Personalabbau, lässt sich die Vermutung, dass sie regelmäßig auf sachlichen Gründen beruht, nicht aufrechterhalten (*Schrader* NZA 2000, 404; *Bitter* DB 1999, 1216; aA *Hümmerich/Spirolke* NZA 1998, 799). Andernfalls könnte jeder Arbeitgeber, der ein Arbeitsverhältnis ohne sachlichen Anlass beenden will, die Kündigung mit Personalabbau begründen. Unternehmerentscheidung und Kündigung wären praktisch deckungsgleich (*Schrader* aaO). Der **Arbeitgeber** muss daher in diesem Falle zur Begründung der dringenden betrieblichen Erfordernisse die Unternehmerentscheidung **hinsichtlich ihrer organisatorischen Durchführbarkeit und hinsichtlich des Begriffs »Dauer« näher darlegen** und ggf. beweisen, um so dem Gericht die Überprüfung zu ermöglichen, ob die Unternehmerentscheidung nicht offenbar unsachlich, unvernünftig oder willkürlich ist (BAG 22.5.2003 EzA § 1 KSchG Betriebsbedingte Kündigung Nr. 126, zu B I 1 d cc; 17.6.1999 EzA § 1 KSchG Betriebsbedingte Kündigung Nr. 102 m. abl. Anm. *Rieble* = AP Nr. 101 zu § 1 KSchG 1969 Betriebsbedingte Kündigung m. zust. Anm. *Ehmann/Krebber* = SAE 2000, 279 m. zust. Anm. *Singer/v. Finkenstein* = AiB 2000, 361 m. abl. Anm. *Hinrichs* = NJ 1999, 665 m. krit. Anm. *Lakies* = EWiR 1999, 1179 m.
–559

zust. Anm. *Junker*; krit. *Franzen* NZA 2001, 805; **aA** *Feudner* NZA 2000, 1141, der eine bloße Personalreduzierung mit einer Teilstilllegung vergleicht, die allenfalls einer begrenzten Willkürkontrolle unterliege). Im Übrigen gelten auch insoweit die Grundsätze der abgestuften Darlegungs- und Beweislast. Baut der Arbeitgeber zB ohne Organisationsänderung und ohne Auftragsrückgang zur Kostenersparnis Personal ab, kann er dies damit begründen, dass die Arbeitnehmer in der Vergangenheit nicht ausgelastet gewesen seien und deshalb die anfallende Arbeit vom verbliebenen Personal miterledigt werden könne, wobei ggf. anzugeben ist, welche Arbeiten auf die einzelnen Mitarbeiter verteilt werden. Wendet der gekündigte Arbeitnehmer nunmehr substantiiert ein, die verbliebenen Arbeitnehmer seien damit überfordert und die Personalreduzierung deshalb offenbar unsachlich (s.u. Rz 561), hat der Arbeitgeber darzulegen und ggf. zu beweisen, dass und weshalb keine Überforderung vorliegt. Liegt eine **Organisationsänderung** vor, muss der Arbeitgeber die darauf beruhende zukünftige Entwicklung der Arbeitsmenge anhand einer näher konkretisierten Prognose darstellen und angeben, wie die anfallenden Arbeiten vom verbliebenen Personal ohne überobligatorische Leistungen erledigt werden können (*BAG* 10.10.2002 RzK I 5 c Nr. 148). Das Gericht ist insoweit **nicht** auf eine **Plausibilitätskontrolle** beschränkt (**aA** *Matz* FA 2003, 70).

8. Einzelne betriebsbedingte Gründe

Zur Konkretisierung des unbestimmten Rechtsbegriffes der dringenden betrieblichen Erfordernisse 560 sind von der Rechtsprechung und dem Schrifttum eine Reihe von Fallgruppen herausgearbeitet worden, deren rechtliche Besonderheiten im folgenden dargestellt werden sollen. Angesichts der Vielgestaltigkeit der betrieblichen Vorgänge und der außerbetrieblichen Faktoren beansprucht der nachfolgende Katalog von betriebsbedingten Kündigungsgründen und Kündigungsbereichen keinen Anspruch auf Vollständigkeit:

a) Abbau und Umwandlung von Arbeitsplätzen (Vollzeitarbeit, Teilzeitarbeit, Anforderungsprofil) (Rz 561–563)
b) Abkehrwille (Rz 564)
c) Arbeitsmangel (Rz 565–567)
d) Auftragsrückgang (Rz 568, 569)
e) Betriebseinschränkungen (Rz 570–572)
f) Betriebsinhaberwechsel (Rz 573–578)
g) Betriebsstilllegung (Rz 579–583)
h) Drittfinanzierte Arbeitsverträge (Rz 584, 585)
i) Druckkündigung (Rz 586)
j) Gewinnverfall, Gewinnsteigerung (Rz 587, 588)
k) Insolvenzverfahren (Rz 589)
l) Konzernarbeitsverhältnis (Rz 590–592)
m) Öffentlicher Dienst (Rz 593–597)
n) Rationalisierungsmaßnahmen (Rz 598–601)
o) Vorgesetztenwechsel (Rz 602)

a) Abbau und Umwandlung von Arbeitsplätzen (Vollzeitarbeit, Teilzeitarbeit, Anforderungsprofil)

Zur **unternehmerischen Entscheidungsfreiheit** gehört die Gestaltungsfreiheit über Standort, Größe 561 und Organisation des Betriebes. Der Arbeitgeber hat sein unternehmerisches Ziel, die Produktionsmethoden und die Zahl der Arbeitsplätze festzulegen und zu bestimmen, mit welchen Produktionsmitteln die Unternehmenszwecke verfolgt werden. Das Kündigungsschutzrecht steuert nicht unternehmerische Entscheidungen. Im Kündigungsschutzprozess ist daher kein Raum für die Überprüfung derartiger Entscheidungen auf ihre betriebswirtschaftliche Zweckmäßigkeit, sondern nur für eine Missbrauchskontrolle (vgl. etwa *BAG* 9.5.1996 EzA § 1 KSchG Betriebsbedingte Kündigung Nr. 85, zu B I 2 c; 24.4.1997 EzA § 2 KSchG Nr. 26, zu II 2 a; 27.9.2001 EzA § 2 KSchG Nr. 41, zu I 1 c; 21.2.2002 EzA § 2 KSchG Nr. 45, zu II 2; 24.6.2004 EzA § 1 KSchG Betriebsbedingte Kündigung Nr. 132, zu B II 2 a; *Bitter* DB 2000, 1762; *Henssler* Betriebliche Praxis, S. 99; *v. Hoyningen-Huene* NZA 1994, 1911; *Stahlhacke* FS Schwerdtner S. 205; *Tenczer/Stahlhacke* Anm. LAGE § 1 KSchG Soziale Auswahl Nr. 16; **aA** *LAG Düsseld.* 18.11.1997 LAGE § 1 KSchG Betriebsbedingte Kündigung Nr. 46; *Thür. LAG* 20.4.1998 DB 1998, 2474; *Preis* NZA 1997, 1080; *Quecke* DB 2000, 2429 und NZA 1999, 1247, der nur einen Personalüberhang als Kündigungsgrund anerkennt; zur Missbrauchskontrolle s.o. Rz 521 – 526). Auch die Entscheidung des

Arbeitgebers, den Personalbestand auf Dauer zu reduzieren, gehört zu den unternehmerischen Maßnahmen, die zum Wegfall von Arbeitsplätzen führen und damit den entsprechenden Beschäftigungsbedarf entfallen lassen können (*BAG* 17.6.1999 EzA § 1 KSchG Betriebsbedingte Kündigung Nr. 101). Der Arbeitgeber kann sowohl das Arbeitsvolumen als auch das diesem zugeordnete Arbeitskraftvolumen und damit deren Verhältnis zueinander festlegen (*BAG* 22.5.2003 EzA § 1 KSchG Betriebsbedingte Kündigung Nr. 126, zu B I 2 a; 23.11.2004 EzA § 1 KSchG Betriebsbedingte Kündigung Nr. 134, zu B I 1 a). Eine mit Personalabbau verbundene **Leistungsverdichtung für die verbleibenden** Arbeitnehmer ist als Teil des unternehmerischen Konzeptes hinzunehmen (*BAG* 24.4.1997 EzA § 2 KSchG Nr. 26, zu II 2 a; 2.6.2005 EzA § 1 KSchG Soziale Auswahl Nr. 63, zu B I 2 a; *Fischermeier* NZA 1997, 1090; *v. Hoyningen-Huene* aaO; *Löwisch/Spinner* Rz 259; *Tenczer/Stahlhacke* aaO; **aA** HK-*Dorndorf* Rz 879; *Preis* NZA 1995, 247), solange dadurch von den übrigen Arbeitnehmern **keine überobligatorischen Leistungen** verlangt werden (*BAG* 17.6.1999 EzA § 1 KSchG Betriebsbedingte Kündigung Nr. 101, zu III 2 d bb; AP § 2 KSchG Nr. 63, zu II 2 c; *Fischermeier* aaO). Ein Arbeitgeber, der eine größere als die geschuldete Arbeitsleistung verlangt, handelt vertragswidrig und überschreitet damit die Grenzen einer zulässigen Unternehmerentscheidung (s.o. Rz 523). Dies gilt für das Volumen der Arbeitszeit wie für die Intensität der Arbeitsleistung (zur geschuldeten Arbeitsleistung Rz 385). Die bloße Absicht, **Personalkosten zu senken**, rechtfertigt keine Beendigungskündigung, weil der Beschäftigungsbedarf nicht entfällt, sondern allenfalls eine Änderungskündigung (hierzu KR-*Rost* § 2 KSchG Rz 107a ff.). Zur Rechtfertigung einer Beendigungskündigung bedarf es darüber hinaus zusätzlich einer auf den Wegfall oder die Änderung des Anforderungsprofils einer bestimmten Stelle gerichteten Entscheidung (*BAG* 22.5.2003 EzA § 1 KSchG Betriebsbedingte Kündigung Nr. 126, zu B I 2 b; 23.11.2004 EzA § 1 KSchG Betriebsbedingte Kündigung Nr. 134, zu B I 1 b).

562 Zur unternehmerischen Entscheidungsfreiheit kann auch die Entscheidung gehören, ob und inwieweit **Teilzeit- oder Vollzeitarbeitsplätze** eingerichtet werden. Dann liegt die Umwandlung von Teilzeit- in Vollzeitarbeitsplätze und umgekehrt im unternehmerischen Ermessen. Diese Entscheidung ist nicht auf sachliche Gründe, sondern ebenfalls nur auf Rechtsmissbrauch überprüfbar (**aA** *Rheinfelder/Zwanziger* DB 1996, 678). Der Abschluss von Arbeitsverträgen mit unterschiedlichen Arbeitszeiten genügt dazu allerdings nicht. Die unterschiedlichen Arbeitszeiten müssen Ausdruck einer bestimmten unternehmerischen Konzeption sein, die die verschiedenen Volumina voraussetzt (*BAG* 3.12.1998 EzA § 1 KSchG Soziale Auswahl Nr. 37, zu II 4; 22.4.2004 EzA § 2 KSchG Nr. 50, zu B I 2 – 4; 15.7.2004 EzA § 1 KSchG Soziale Auswahl Nr. 54, zu C III 2).

563 Zur unternehmerischen Entscheidungsfreiheit gehört es ferner, die **Anforderungsprofile** für eingerichtete Arbeitsplätze festzulegen (*BAG* 7.11.1996 EzA § 1 KSchG Betriebsbedingte Kündigung Nr. 88; 24.6.2004 EzA § 1 KSchG Betriebsbedingte Kündigung Nr. 132, zu B II 2 a). Dies umfasst auch die Änderung der Anforderungsprofile (*BAG* 18.10.2000 EzA § 14 KSchG Nr. 5, zu II 1 c bb; APS-*Kiel* Rz 479). Erfüllt der bisherige Arbeitsplatzinhaber nicht das geänderte Anforderungsprofil, kann eine personenbedingte Kündigung in Betracht kommen (s.o. Rz 303; vgl. auch *BAG* 29.1.1997 RzK I 5c Nr. 82). Gestaltet der Arbeitgeber bei im wesentlich gleich bleibender Tätigkeit einen Arbeitsplatz so um, dass dieser zu einer **Beförderungsstelle** wird, liegen keine dringenden betrieblichen Gründe zur Kündigung vor, wenn der Arbeitnehmer seinen Fähigkeiten und seiner Vorbildung nach geeignet ist, die Arbeitsleistung auf dem umgestalteten Arbeitsplatz zu erbringen (näher s.o. Rz 225). Im Übrigen ist der Arbeitgeber bei einer Änderung des Anforderungsprofils verpflichtet, im zumutbaren Rahmen dem Arbeitnehmer eine Fortbildung oder Umschulung zu ermöglichen, damit er das geänderte Anforderungsprofil erfüllen kann (*Mauer/Holthausen* NZA 2003, 1373 f.).

b) Abkehrwille

564 Als betriebsbedingter Kündigungsgrund kommt auch die Notwendigkeit in Betracht, für einen abkehrwilligen Arbeitnehmer **eine sonst schwer zu findende Ersatzkraft einstellen zu müssen** (näher s.o. Rz 516). Ein eindeutig und ernsthaft erklärter Abkehrwille kann weiterhin einer sozialen Auswahl nach § 1 Abs. 3 S. 2 KSchG entgegenstehen (*LAG Freiburg* 10.11.1955 AP Nr. 16 zu § 1 KSchG). Zur kündigungsrechtlichen Behandlung von Abkehrmaßnahmen s.o. Rz 415 ff.; KR-*Fischermeier* § 626 BGB Rz 405.

c) Arbeitsmangel

565 Eine auf Arbeitsmangel gestützte Kündigung ist nur dann betriebsbedingt, wenn die ihn verursachenden außerbetrieblichen Faktoren oder die innerbetrieblichen Maßnahmen, mit denen auf einen Rück-

gang der Auslastung reagiert werden soll, **greifbare Formen** angenommen haben (*BAG* 24.10.1979 EzA § 1 KSchG Betriebsbedingte Kündigung Nr. 13; 4.12.1986 RzK I 5c Nr. 17) und die Prognose rechtfertigen, dass spätestens mit Ablauf der Kündigungsfrist das Bedürfnis für die Beschäftigung des betroffenen Arbeitnehmers entfallen wird. Maßgeblich ist nicht der konkrete Arbeitsplatz des betroffenen Arbeitnehmers, sondern der Beschäftigungsbedarf innerhalb der Gruppe der vergleichbaren Arbeitnehmer (*BAG* 30.5.1985 EzA § 1 KSchG Betriebsbedingte Kündigung Nr. 36, zu B II 1). Nach dem das Kündigungsrecht beherrschenden ultima-ratio-Prinzip hat der Arbeitgeber zu prüfen, ob an Stelle von betriebsbedingten Kündigungen eine Arbeitsstreckung etwa durch den Abbau von Überstunden möglich und zumutbar ist (s.o. Rz 528). Es liegt im unternehmerischen Ermessen des Arbeitgebers, ob er bei einem Wegfall von Beschäftigungsmöglichkeiten nur einen Teil der überzähligen Arbeitnehmer entlässt und die übrigen zB als Personalreserve behält (*BAG* 7.5.1998 EzA § 1 KSchG Interessenausgleich Nr. 6).

Auch **Witterungsgründe,** die die Ausführung bestimmter Arbeiten für längere Zeit unmöglich machen, können eine betriebsbedingte Kündigung rechtfertigen. Dies gilt aber nicht, wenn im Zeitpunkt der Kündigung bereits absehbar ist, wann der betreffende Arbeitsplatz nach Ablauf der Kündigungsfrist erneut zur Verfügung steht, und dem Arbeitgeber die Überbrückung dieses Zeitraums zumutbar ist (*BAG* 7.3.1996 EzA § 1 KSchG Betriebsbedingte Kündigung Nr. 84; *Schwab* AR-Blattei ES 1020 Nr. 338; APS-*Kiel* Rz 555). Bei der Wiederaufnahme des Betriebes nach einer witterungsbedingten Kündigung hat der betroffene Arbeitnehmern einen **Wiedereinstellungsanspruch,** wobei der Arbeitgeber bei verringertem Beschäftigungsbedarf die Wiedereinstellungen nach den Grundsätzen der Sozialauswahl vorzunehmen hat (APS-*Kiel* § 1 Rz 556; s.u. Rz 738). 566

Während einer Kurzarbeitsperiode sind betriebsbedingte Kündigungen nicht ausgeschlossen (*BAG* 17.10.1980 EzA § 1 KSchG Betriebsbedingte Kündigung Nr. 16). Hat ein Arbeitgeber wegen eines vorübergehenden Arbeitsmangels (§ 170 SGB III) Kurzarbeit eingeführt, ist eine Kündigung nur dann durch dringende betriebliche Erfordernisse sozial gerechtfertigt, wenn über die Gründe, die zur Einführung von Kurzarbeit geführt haben, hinaus **weitergehende inner- oder außerbetriebliche Gründe vorliegen,** die das Bedürfnis zur Weiterbeschäftigung des gekündigten Arbeitnehmers nicht nur vorübergehend, sondern auf unbestimmte Dauer entfallen lassen (*BAG* 26.6.1997 EzA § 1 KSchG Betriebsbedingte Kündigung Nr. 93, zu II 2 a). Dazu bedarf es einer an objektive Umstände, insbes. die Auftragslage anknüpfenden Prognose (*LAG Düsseld.* 3.6.1982 DB 1982, 1935). Sind Arbeitsstreckungsmaßnahmen erfolglos geblieben, hat der Arbeitgeber gleichwohl darzulegen, dass für einen oder mehrere Arbeitnehmer das Bedürfnis für Weiterbeschäftigung entfällt (**aA** *LAG Düsseld.* 3.6.1982 aaO). Eine generelle auf Dauer angelegte Arbeitszeitverkürzung der übrigen Arbeitnehmer wird dagegen nicht durch den Grundsatz der Verhältnismäßigkeit gebotenen (*LAG Hamm* 15.12.1982 BB 1983, 253; **aA** *ArbG Bocholt* 22.6.1982 DB 1982, 1938; hierzu krit. *Vollmer* DB 1982, 1933 sowie Rz 547). 567

d) Auftragsrückgang

Eine Verminderung des Umsatzes durch einen geringeren Auftragseingang ist erst dann ein betriebsbedingter Kündigungsgrund, wenn dies zu einem derartigen Rückgang des Arbeitsanfalls, etwa zu einer Produktionseinschränkung, führt, dass dadurch **für einen oder mehrere Arbeitnehmer das Bedürfnis zur Weiterbeschäftigung entfällt** (*BAG* 30.5.1985 EzA § 1 KSchG Betriebsbedingte Kündigung Nr. 36, zu B II 1; 24.10.1979 EzA § 1 KSchG Betriebsbedingte Kündigung Nr. 13; 7.12.1978 EzA § 1 KSchG Betriebsbedingte Kündigung Nr. 10). Bei Kündigungsausspruch muss voraussehbar sein, dass spätestens zum Zeitpunkt des Kündigungstermins eine Beschäftigungsmöglichkeit für den gekündigten Arbeitnehmer nicht mehr vorhanden sein wird (*BAG* 11.3.1998 RzK I 5 c Nr. 108). Dabei ist nicht erforderlich, dass sich der durch Auftragsmangel oder sonstige Absatzschwierigkeiten bewirkte Rückgang des Arbeitsanfalls konkret und unmittelbar auf den Arbeitsplatz des gekündigten Arbeitnehmers ausgewirkt hat. Es kommt vielmehr darauf an, ob ein Überhang an Arbeitskräften entstanden ist, durch den unmittelbar oder mittelbar das Bedürfnis zur Weiterbeschäftigung eines oder mehrerer Arbeitnehmer entfallen ist (*BAG* 30.5.1985 EzA § 1 KSchG Betriebsbedingte Kündigung Nr. 36, zu B II 1). 568

Beruft sich der Arbeitgeber auf einen durch Auftragsmangel ausgelösten Beschäftigungsrückgang, muss er substantiiert und nachvollziehbar darlegen, aus **welchen betriebswirtschaftlichen Gründen** von einem bestimmten Auftragsrückgang auf den behaupteten Rückgang der erforderlichen Arbeitskraft und damit **auf die Entstehung eines bestimmten Arbeitskräfteüberhangs** geschlossen werden kann (*BAG* 30.5.1985 EzA § 1 KSchG Betriebsbedingte Kündigung Nr. 36, zu B II 1; APS-*Kiel* Rz 486). 569

Das finanzielle Auftragsvolumen ist dabei häufig wenig aussagekräftig, da das Verhältnis zwischen dem Auftragsvolumen und der zur Auftragserfüllung erforderlichen menschlichen Arbeitskraft oft nicht linear ist. Maßgeblich ist die **anfallende Arbeitszeit**. Es ist eine Relation zwischen Auftragsmenge und der zur Verfügung stehenden Arbeitszeit herzustellen (*LAG Bln.* 20.5.1997 LAGE § 1 KSchG Betriebsbedingte Kündigung Nr. 45). Kurzfristige Auftragslücken rechtfertigen keine Kündigung (*LAG Köln* 10.12.1998 AiB 2000, 55), sondern ggf. die Einführung von Kurzarbeit. Ist ein Auftragsrückgang Anlass einer den Betrieb umstrukturierenden oder einschränkenden Unternehmerentscheidung, die zum Abbau bestimmter Arbeitsplätze führt, unterliegt diese nach dem allgemeinen Maßstab nur einer Missbrauchskontrolle (s.a. Rz 522 – 524, 577; zur Arbeitnehmerüberlassung Rz 60).

e) Betriebseinschränkungen

570 Eine Einschränkung des ganzen Betriebes oder wesentlicher Betriebsteile, die wesentliche Nachteile für die Belegschaft oder erhebliche Teile der Belegschaft zur Folge haben kann, ist eine mitwirkungsbedürftige Betriebsänderung iSv § 111 S. 3 Nr. 1 BetrVG, deren Umsetzung ggf. eine betriebsbedingte Kündigung rechtfertigen kann. Eine Betriebseinschränkung setzt nicht notwendig eine Verringerung der sächlichen Betriebsmittel voraus. Auch ein **bloßer Personalabbau** unter Beibehaltung der sächlichen Betriebsmittel kann eine mitwirkungsbedürftige Betriebseinschränkung sein (*BAG* 4.12.1979 EzA § 111 BetrVG 1972 Nr. 9; 22.1.2004 EzA § 1 KSchG Interessenausgleich Nr. 11, zu C III 1 a). Erforderlich ist eine erhebliche Personalreduzierung, wobei die Zahlen- und Prozentangaben in § 17 Abs. 1 KSchG über die Anzeigepflicht bei Massenentlassungen, jedoch ohne den dort festgelegten Zeitraum, als Maßstab herangezogen werden. Für Großbetriebe wird die in § 17 Abs. 1 KSchG enthaltene Staffel in der Weise eingeschränkt, dass eine Betriebseinschränkung erst bei einer Entlassung von 5 % der Belegschaft angenommen werden kann (*BAG* 22.1.2004 EzA § 1 KSchG Interessenausgleich Nr. 11, zu C III 1 a).

571 Unabhängig davon, ob bei einem bloßen Personalabbau die in § 17 Abs. 1 KSchG und § 112a Abs. 1 BetrVG enthaltenen Grenzwerte erreicht werden, ist die Wirksamkeit der Kündigungen nach den §§ 1 ff. KSchG zu beurteilen. Eine Betriebseinschränkung kann zB in der **Schließung einer Niederlassung** (*BAG* 19.12.1991 RzK I 5c Nr. 41) **oder Abteilung oder in der Stilllegung von Betriebsanlagen** bestehen. Die **Möglichkeit einer anderweitigen Beschäftigung** im Betrieb oder in einem anderen Betrieb des Unternehmens ist auch bei einer auf eine Betriebseinschränkung gestützten ordentlichen Kündigung zu prüfen (hierzu s.o. Rz 217 ff.). Vgl. im Übrigen aus der Rspr.: *BAG* 18.9.1997 EzA § 1 KSchG Betriebsbedingte Kündigung Nr. 97: **Produktionsverlagerung ins Ausland**; *LAG SchlH* 10.2.1995 LAGE § 1 KSchG Betriebsbedingte Kündigung Nr. 31 und *LAG Köln* 28.1.1994 LAGE § 1 KSchG Betriebsbedingte Kündigung Nr. 24: **Verlagerung bisheriger betriebseigener Aktivitäten auf Fremdfirmen**; *BAG* 13.8.1992 RzK I 5c Nr. 42 : Auflösung des Forschungsbereichs einer privaten Hochschule; 15.11.1990 RzK I 5f Nr. 12: **Stilllegung einer Betriebsabteilung**; 1.7.1976 EzA § 1 KSchG Betriebsbedingte Kündigung Nr. 4: Schließung einer technischen Betriebsabteilung; *LAG Düsseld.* 23.6.1961 DB 1961, 1264: **Stilllegung einer Maschine**).

572 **Keine** Betriebseinschränkung liegt vor, wenn der Arbeitgeber auf bestimmten Arbeitsplätzen den Arbeitsablauf umgestaltet und die Arbeiten in **eine andere Abteilung verlagert**. Sind nach wie vor im Wesentlichen die gleichen Arbeiten zu verrichten und die bisherigen Arbeitsplatzinhaber zur Erledigung dieser Arbeiten persönlich und fachlich geeignet, besteht kein dringendes betriebliches Erfordernis zur Kündigung. Das gilt auch, wenn es sich bei den umgestalteten Arbeitsplätzen nunmehr um Beförderungsstellen handelt (näher s.o. Rz 225).

f) Betriebsinhaberwechsel

573 Gemäß § 613a Abs. 4 S. 1 BGB ist die Kündigung durch den bisherigen Arbeitgeber oder durch den neuen Betriebsinhaber wegen des Übergangs eines Betriebes oder eines Betriebsteils unwirksam. Dabei handelt es sich um ein eigenständiges Kündigungsverbot iSv § 13 Abs. 3 KSchG, § 134 BGB (näher KR-*Pfeiffer* 613a BGB Rz 178, 179). Dieses wirkt nur, wenn **der Betriebsübergang der alleinige Beweggrund** für die Kündigung war (KR-*Pfeiffer* § 613a BGB Rz 186 ff.). **§ 613a Abs. 4 BGB und § 1 KSchG stehen selbständig nebeneinander.** Arbeitnehmer, deren Arbeitsverhältnis im Zeitpunkt des Zugangs der Kündigung weniger als sechs Monate bestanden hat (§ 1 Abs. 1 KSchG), unterliegen damit nur § 613a Abs. 4 S. 1 BGB, nicht aber dem allgemeinen Kündigungsschutz (§§ 1–14 KSchG). Dasselbe gilt für Arbeitnehmer in einem Kleinbetrieb iSv § 23 Abs. 1 KSchG (KR-*Pfeiffer* § 613a BGB Rz 183).

Sozial ungerechtfertigte Kündigungen §1 KSchG

Da nach § 613a Abs. 4 S. 2 BGB das Recht zur Kündigung aus anderen Gründen unberührt bleibt, greift 574
das Kündigungsverbot des § 613a Abs. 4 S. 1 BGB nicht ein, wenn der Veräußerer aus Gründen kündigt, die die Voraussetzungen eines dringenden betrieblichen Erfordernisses iSv § 1 Abs. 2 KSchG erfüllen (zB Arbeitsmangel, Auftragsrückgang, Rationalisierungsmaßnahmen). Durch einen bevorstehenden Betriebsübergang wird der Veräußerer eines Betriebs oder eines Betriebsteils **nicht daran gehindert,** bei Vorliegen außer- oder innerbetrieblicher Gründe **unternehmerische Entscheidungen zu fällen,** die er auch ohne den Betriebsübergang getroffen hätte, und die zur Folge haben, dass das Bedürfnis zur Weiterbeschäftigung für einen oder mehrere Arbeitnehmer entfällt. So kann er organisatorische oder technische Rationalisierungsmaßnahmen vornehmen, um die Rentabilität des Betriebs zu erhöhen (*BAG* 18.7.1996 EzA § 613a BGB Nr. 142).

Liegen die zur Begründung der Kündigung angeführten außer- oder innerbetrieblichen Gründe zum 575
Zeitpunkt des Kündigungszugangs dagegen objektiv nicht vor, ist die Kündigung bereits nach § 1 Abs. 2 S. 1 KSchG sozial ungerechtfertigt (für den Fall einer angeblichen Betriebsstilllegung *BAG* 27.9.1984 EzA § 613a BGB Nr. 40). Auf die Frage, ob eine derartige Kündigung auch nach § 613a Abs. 4 S. 1 BGB oder wegen Umgehung dieser Vorschrift unwirksam ist, kommt es nur bei Arbeitnehmern an, die vom Geltungsbereich von § 1 KSchG gem. §§ 1 Abs. 1, 23 Abs. 1 KSchG nicht erfasst werden (zur Auslegung des § 613a Abs. 4 S. 2 BGB KR-*Pfeiffer* § 613a BGB Rz 191 ff.).

Bei Vorliegen dringender betrieblicher Erfordernisse iSv § 1 Abs. 2 KSchG hat der Veräußerer gleich- 576
wohl zu prüfen, ob die Möglichkeit besteht, den Arbeitnehmer in einem anderen Betrieb des Unternehmens oder in einem von der Veräußerung nicht betroffenen Betriebsteil **weiterzubeschäftigen.** Im Fall eines bevorstehenden Teilbetriebsübergangs muss der Arbeitgeber einem davon betroffenen Arbeitnehmer die Weiterbeschäftigung auf einem freien Arbeitsplatz anbieten, sobald er damit rechnen muss, der Arbeitnehmer werde dem Übergang seines Arbeitsverhältnisses widersprechen (*BAG* 15.8.2002 EzA § 1 KSchG Betriebsbedingte Kündigung Nr. 123). Besteht keine Möglichkeit zur Weiterbeschäftigung, hat der Veräußerer idR nach § 1 Abs. 3 KSchG eine **Sozialauswahl** durchzuführen (s. iE KR-*Pfeiffer* § 613a BGB Rz 118 ff.).

Der Umstand, dass außer- oder innerbetriebliche Gründe in einem kausalen Zusammenhang zum Be- 577
triebsübergang stehen, hindert den Veräußerer nicht daran, Gründe zum Anlass einer Unternehmerentscheidung zu machen, die ihrerseits zum Fortfall des Weiterbeschäftigungsbedürfnisses für einen oder mehrere Arbeitnehmer führt (*BAG* 26.5.1983 EzA § 613a BGB Nr. 34). Da der Betriebsübergang als solcher kein dringendes betriebliches Erfordernis iSd § 1 Abs. 2 KSchG darstellt, muss der Veräußerer andere inner- oder außerbetriebliche Gründe darlegen, die ihn dazu veranlasst haben, Entlassungen vorzunehmen. Der Veräußerer kann auch wirksam auf der Grundlage eines **Sanierungskonzepts des Erwerbers** kündigen, wenn dessen Durchführung zum Zeitpunkt des Kündigungszugangs schon greifbare Formen angenommen hatte (*BAG* 20.3.2003 EzA § 613a BGB 2002 Nr. 9, zu II 1 c; *Gaul* FS Schwerdtner S. 657; *Willemsen* ZIP 1983, 415; *Vossen* BB 1984, 1558; näher KR-*Pfeiffer* § 613a BGB Rz 189). Dies setzt allerdings voraus, dass zu diesem Zeitpunkt bereits rechtsverbindliche Vereinbarungen zwischen dem Veräußerer und dem Erwerber über den Betriebsübergang sowie konkrete Pläne über die Durchführung der vom Erwerber beabsichtigten Betriebsänderungen vorliegen (*BAG* 20.3.2003 EzA § 613a BGB 2002 Nr. 9). Nach dem Betriebsübergang ist der bisherige Arbeitgeber nicht mehr zur Kündigung berechtigt (*BAG* 24.5.2005 EzA § 613a BGB 2002 Nr. 35, zu II 1 b).

Der **Erwerber eines Betriebs** oder eines Betriebsteils kann nach der Übernahme bei Vorliegen der ge- 578
setzlichen Voraussetzungen von § 1 Abs. 2, 3 KSchG **betriebsbedingte Kündigungen aussprechen.** Den Betriebsübergang als solchen kann er allerdings nicht zum Anlass einer Kündigung nehmen (§ 613a Abs. 4 S. 1 BGB). Zur Person des mit einer Kündigungsschutzklage in Anspruch zu nehmenden Beklagten s. KR-*Pfeiffer* § 613a BGB Rz 205 ff.).

g) Betriebsstilllegung

Entschließt sich der Arbeitgeber etwa wegen Alters oder aus wirtschaftlichen Gründen, seinen Betrieb 579
stillzulegen, ist dies eine Unternehmerentscheidung, die nicht auf die Notwendigkeit und Zweckmäßigkeit nachzuprüfen ist (*BAG* 22.5.1986 EzA § 1 KSchG Soziale Auswahl Nr. 22; APS-*Kiel* Rz 487; zur eingeschränkten gerichtlichen Nachprüfbarkeit von Unternehmerentscheidungen s.o. Rz 522). Eine Betriebsstilllegung setzt **den ernsten und endgültigen Entschluss des Unternehmers voraus, die Betriebs- und Produktionsgemeinschaft zwischen Arbeitgeber und Arbeitnehmern** für einen längeren, wirtschaftlich nicht unerheblichen Zeitraum **aufzuheben** (*BAG* 27.9.1984 EzA § 613a BGB Nr. 4,

Griebeling 149

§ 1 KSchG
Sozial ungerechtfertigte Kündigungen

26.2.1987 EzA § 613a BGB Nr. 57; 21.6.2001 EzA § 15 nF KSchG Nr. 53; zum Begriff der Betriebsstilllegung iE KR-*Etzel* § 15 KSchG Rz 78 ff.). Bei einer juristischen Person oder Personengesellschaft ist dazu kein Beschluss des für die Auflösung einer Gesellschaft zuständigen Organs erforderlich. Es genügt, dass ein Organ der Gesellschaft, zB der Geschäftsführer, die Entscheidung zur Stilllegung des Betriebs getroffen hat, wenn ungeachtet der Wirksamkeit gem. den das Innenverhältnis der Gesellschaft regelnden Normen im Kündigungszeitpunkt davon auszugehen ist, dass die Betriebsstilllegung planmäßig erfolgen und nicht durch einzelne Gesellschafter oder andere Organe der Gesellschaft über den Kündigungstermin hinaus verzögert oder gar verhindert wird (*BAG* 11.3.1998 EzA § 1 KSchG Betriebsbedingte Kündigung Nr. 99, zu II 1 c; 5.4.2001 EzA § 1 KSchG Betriebsbedingte Kündigung Nr. 110, zu II 3; 8.4.2003 EzA § 55 InsO Nr. 4, zu II 1 b; **aA** *Plander* NZA 1999, 505). Ein Betriebsübergang ist keine Betriebsstilllegung (*BAG* 3.10.1985 RzK I 5f Nr. 3). Auch die Eröffnung eines Insolvenzverfahrens bedeutet noch keine Betriebsstilllegung (*BAG* 27.11.1986 RzK I 5f Nr. 6). Die Stilllegung des gesamten Betriebes ist regelmäßig ein **dringendes betriebliches Erfordernis** iSv § 1 Abs. 2 S. 1 KSchG (*BAG* 27.2.1987 EzA § 1 KSchG Betriebsbedingte Kündigung Nr. 46; 27.9.1984 EzA § 613a BGB Nr. 4; 7.6.1984 EzA § 22 KO Nr. 4; *v. Hoyningen-Huene/Linck* Rz 414; *Löwisch/Spinner* Rz 328; **aA** *Kühling* AuR 2003, 92).

579a Ausnahmsweise ist die Betriebsstilllegung kein Kündigungsgrund, wenn mit dem Arbeitnehmer **Altersteilzeit** im Blockmodell vereinbart wurde und dieser sich bereits in der **Freistellungsphase** befindet (*BAG* 5.12.2002 EzA § 1 KSchG Betriebsbedingte Kündigung Nr. 125 m. abl. Anm. *Nicolai* = AP Nr. 125 zu § 1 KSchG 1969 Betriebsbedingte Kündigung m. zust. Anm. *Stück* = RdA 2003, 230 m. zust. Anm. *Hanau* = EWiR 2004, 119 m. zust. Anm. *Herbst* = DZWIR 2003, 285 m. zust. Anm. *Flitsch*; zust. *Berkowsky* ZfPR 2003, 91; krit. *Schweig/Eisenreich* BB 2003, 1434). Kündigungen in der **Arbeitsphase** sind hingegen nicht ausgeschlossen (*BAG* 23.2.2005 EzA § 209 InsO Nr. 4, zu II 4 b; 16.6.2005 EzA § 1 KSchG Betriebsbedingte Kündigung Nr. 137, zu II; *LAG Düsseld.* 27.5.2003 NZA-RR 2003, 635). Liegt zwischen dem Ende der Kündigungsfrist und dem Beginn der Freistellungsphase nur ein kurzer Zeitraum, kann dem Arbeitgeber jedoch eine Überbrückung zumutbar sein. Dann steht der Grundsatz der Verhältnismäßigkeit einer betriebsbedingten Kündigung entgegen (vgl. *Hess. LAG* 22.4.2004 – 14 Sa 1244/03 – nv; **aA** *BAG* 16.6.2005 EzA § 1 KSchG Betriebsbedingte Kündigung Nr. 137, zu II 3: Ein Monat verbleibender Arbeitsphase).

579b Eine wegen Betriebsstilllegung erklärte ordentliche Kündigung ist schon vor dem Zeitpunkt der Betriebsstilllegung sozial gerechtfertigt, wenn die auf eine Betriebsstilllegung gerichtete unternehmerische Entscheidung zum Zeitpunkt des Zugangs der Kündigung **bereits greifbare Formen angenommen hat** und eine vernünftige betriebswirtschaftliche Betrachtung die Prognose rechtfertigt, dass der Arbeitnehmer nach dem Auslaufen der Kündigungsfrist entbehrt werden kann (*BAG* 19.6.1991 EzA § 1 KSchG Betriebsbedingte Kündigung Nr. 70 mit zust. Anm. *Kraft/Raab*; 18.1.2001 EzA § 1 KSchG Betriebsbedingte Kündigung Nr. 111; 24.2.2005 EzA § 1 KSchG Soziale Auswahl Nr. 59, zu B I 1). Es genügt, wenn sich der Arbeitgeber entschließt, ab sofort keine neuen Aufträge mehr anzunehmen, allen Arbeitnehmern zum nächstmöglichen Kündigungstermin zu kündigen und zur Abarbeitung der vorhandenen Aufträge eigene Arbeitnehmer nur noch während der jeweiligen Kündigungsfristen einzusetzen (*BAG* 18.1.2001 EzA § 1 KSchG Betriebsbedingte Kündigung Nr. 109 = AP Nr. 115 zu § 1 KSchG 1969 Betriebsbedingte Kündigung m. zust. Anm. *Schrader* = SAE 2002, 47 m. zust. Anm. *Mummenhoff*, zu 2 b; 7.3.2002 EzA § 1 KSchG Betriebsbedingte Kündigung Nr. 116, zu B II 2 a; 7.7.2005 EzA § 1 KSchG Betriebsbedingte Kündigung Nr. 139, zu II 1). Hingegen fehlt es an einem endgültigen Stilllegungsentschluss, wenn der Arbeitgeber im Zeitpunkt der Kündigung noch in Verhandlungen über eine Veräußerung des Betriebes steht (*BAG* 10.10.1996 EzA § 1 KSchG Betriebsbedingte Kündigung Nr. 87 = EWiR 1997, 273 mit zust. Anm. *Plander* = BetrR 1997, 36 mit zust. Anm. *Harazini*) oder wenn er nur vorsorglich mit der Begründung kündigt, der Betrieb solle zu einem bestimmten Zeitpunkt stillgelegt werden, falls eine Veräußerung scheitere (*BAG* 27.9.1984 EzA § 613a BGB Nr. 4; ähnlich *LAG Bln.* 5.5.2001 EzA-SD 14/2001, S. 13; vgl. KR-*Pfeiffer* § 613a BGB Rz 187). Gegen eine endgültige Stilllegungsabsicht spricht, wenn dem Arbeitgeber vor Kündigungsausspruch ein Übernahmeangebot zugeht, das wenige Tage später zu konkreten Übernahmeverhandlungen führt (*BAG* 29.9.2005 EzA § 1 KSchG Betriebsbedingte Kündigung Nr. 140, zu II 2 b). Ist andererseits im Zeitpunkt des Zugangs der Kündigung die Betriebsstilllegung endgültig geplant und bereits eingeleitet, **behält sich der Arbeitgeber** aber **eine Betriebsveräußerung** vor, falls sich eine Chance biete (*BAG* 7.3.1996 RzK I 5f Nr. 22), und gelingt dann später doch noch eine Betriebsveräußerung, bleibt es bei der sozialen Rechtfertigung der Kündigung. Es liegt dann keine Umgehung des § 613a Abs. 1 BGB vor (*BAG* 19.6.1991 EzA § 1 KSchG Betriebsbedingte Kündigung Nr. 70; 28.4.1988 EzA § 613a BGB Nr. 80 m. Anm. *Löwisch*). Es kommt jedoch ein Wiedereinstellungsanspruch des Arbeitnehmers in Betracht (s.u. Rz 736 ff.).

Sozial ungerechtfertigte Kündigungen § 1 KSchG

Die unternehmerische Entscheidung zur Betriebsstilllegung kann auch **ein Pächter** treffen, wenn er 580
seine Stilllegungsabsicht unmissverständlich äußert, allen Arbeitnehmern kündigt, den Pachtvertrag
zum nächstmöglichen Zeitpunkt auflöst, seine Betriebsmittel veräußert und die Betriebstätigkeit vollständig einstellt (*BAG* 27.4.1995 EzA § 613a BGB Nr. 126; 21.1.1988 EzA § 613a BGB Nr. 73; 26.2.1987
EzA § 613a BGB Nr. 587). Entsprechendes gilt für die Betriebsstilllegung **durch einen Mieter** (*BAG*
22.5.1997 RzK I 5f Nr. 25). Wird die Betriebsstilllegung etappenweise durchgeführt, hat der Arbeitgeber bei jeder Etappe die Grundsätze der **Sozialauswahl** zu beachten, selbst wenn nur noch wenige Arbeitnehmer mit Abwicklungsarbeiten beschäftigt werden (*BAG* 20.1.1994 EzA § 1 KSchG Betriebsbedingte Kündigung Nr. 74, zu B III 3 a; APS-*Kiel* Rz 493). Die für die Betriebsstilllegung maßgeblichen
Grundsätze gelten auch für die **Schließung einer Niederlassung,** sofern keine Weiterbeschäftigungsmöglichkeit besteht (*BAG* 19.12.1991 RzK I 5c Nr. 41).

Eine wegen einer Betriebsstilllegung erklärte Kündigung gehört zu den Kündigungen aus anderen 581
Gründen iSd § 613a Abs. 4 S. 2 BGB (*BAG* 27.9.1984 EzA § 613a BGB Nr. 49). Dazu ist allerdings Voraussetzung, dass nach der objektiven Rechtslage eine Betriebsstilllegung und **nicht nur eine Betriebspause oder Betriebsunterbrechung** vorliegt (vgl. KR-*Etzel* § 15 KSchG Rz 88). Qualifiziert der Arbeitgeber
rechtsirrig einen Sachverhalt als Betriebsübergang, der bei zutreffender rechtlicher Würdigung eine
Betriebsstilllegung darstellt, ist die Wirksamkeit der Kündigung nach der objektiven Rechtslage (Betriebsstilllegung) zu beurteilen (*BAG* 9.2.1989 RzK I 5e Nr. 12). Eine in Zusammenhang mit einer geplanten Betriebsveräußerung stehende vorübergehende Betriebsunterbrechung ist kein dringendes
betriebliches Erfordernis iSv § 1 Abs. 2 S. 1 KSchG (*BAG* 27.2.1987 EzA § 1 KSchG Betriebsbedingte
Kündigung Nr. 46; 27.9.1984 EzA § 613a BGB Nr. 49).

Ist die ordentliche Kündigung durch tarif- oder einzelvertraglich ausgeschlossen, ist eine Betriebsstill- 582
legung geeignet, eine **außerordentliche Kündigung** zu rechtfertigen, sofern keine Möglichkeit zur
Weiterbeschäftigung in einem anderen Betrieb des Unternehmens besteht. Der Arbeitgeber muss dabei allerdings die gesetzliche oder tarifvertragliche Kündigungsfrist einhalten, die gelten würde, wenn
die ordentliche Kündigung nicht ausgeschlossen wäre (näher KR-*Fischermeier* § 626 BGB Rz 155,
158, 301 ff., 329, 417).

Die **Darlegungs- und Beweislast** für das Vorliegen einer Betriebsstilllegung **trägt der Arbeitgeber** (§ 1 583
Abs. 2 S. 4 KSchG). Er muss insbes. darlegen, dass der Stilllegungsentschluss bereits zum Zeitpunkt
des Zugangs der Kündigung von ihm gefasst gewesen ist, und substantiiert vortragen, dass die zur
Betriebsstilllegung erforderlichen Maßnahmen zum Zeitpunkt des Kündigungszugangs bereits greifbare Formen angenommen hatten (zur Darlegungs- und Beweislast näher s.o. Rz 553 – 559). Bei der
Stilllegung von Betrieben in Unternehmen, in denen idR mehr als zwanzig wahlberechtigte Arbeitnehmer beschäftigt werden, handelt es sich um **sozialplanpflichtige Betriebsänderungen** iSd §§ 111 ff.
BetrVG. Dies gilt ebenso für eine Stilllegung wesentlicher Betriebsteile (§ 111 S. 3 Nr. 1, § 112 BetrVG).
Auch bei Betriebsänderungen ist der Arbeitnehmer nicht daran gehindert, sich auf den allgemeinen
Kündigungsschutz der §§ 1–14 KSchG zu berufen. Es ist unzulässig, Leistungen aus einem Sozialplan
davon abhängig zu machen, dass der Arbeitnehmer keine Kündigungsschutzklage erhebt (*BAG*
20.12.1983 EzA § 112 BetrVG 1972 Nr. 29; 31.5.2005 EzA § 112 BetrVG 2001 Nr. 14, zu II 1). Die Sozialplanleistungen können jedoch aufschiebend bedingt von der rechtskräftigen Abweisung der Kündigungsschutzklage abhängig gemacht werden. Zudem können die Betriebspartner neben den Sozialplanleistungen zusätzliche Leistungen für ihre Kündigung akzeptierende Arbeitnehmer (sog.
Turboprämie) vorsehen (*BAG* 31.5.2005 EzA § 112 BetrVG 2001 Nr. 14, zu II 2, 3).

h) Drittfinanzierte Arbeitsverträge

Bei drittfinanzierten Arbeitsverträgen ist die Entscheidung des (meist öffentlichen) Dienstmittelge- 584
bers, **die Zuwendungen etwa** für ein bestimmtes Forschungsvorhaben **zu kürzen oder völlig zu streichen,** für sich allein kein betriebsbedingter Kündigungsgrund (*BAG* 20.2.1986 EzA § 1 KSchG Betriebsbedingte Kündigung Nr. 37; *Lakies* NZA 1995, 299; *Pülander* DB 1982, 1218). Der Drittmittelempfänger
muss vielmehr seinerseits entscheiden, ob er ggf. aus eigenen oder anderen Mitteln einen subventionierten Aufgabenbereich fortführen oder einschränken will. Führt die Entscheidung des Drittmittelempfängers zum Wegfall oder zur Einschränkung der geförderten Aufgabenbereiche, kann dies eine
Kündigung der Arbeitsverhältnisse der dort beschäftigten Arbeitnehmer rechtfertigen (*BAG*
30.10.1987 RzK I 5c Nr. 25; 29.11.1985 RzK I 5c Nr. 11; HK-*Weller/Dorndorf* Rz 990; *Lakies* aaO). Entschließt sich der Drittmittelempfänger zur Fortführung der bislang drittfinanzierten Aufgabenbereiche und stellt er andere Tätigkeiten ein, können die hiervon betroffenen Arbeitnehmer betriebsbedingt

entlassen werden (*Lakies* aaO). Die **Entscheidung des Drittmittelempfängers** unterliegt nur einer Missbrauchs- und Willkürkontrolle (*BAG* 24.8.1989 RzK I 5c Nr. 32; 30.10.1987 RzK I 5c Nr. 24; 7.12.1978 EzA § 1 KSchG Betriebsbedingte Kündigung Nr. 10; 24.10.1979 EzA § 1 KSchG Betriebsbedingte Kündigung Nr. 13). Bei der Kürzung oder Streichung von Drittmitteln hat der Arbeitgeber zu prüfen, ob eine Weiterbeschäftigung der betroffenen Arbeitnehmer auf anderen freien Arbeitsplätzen möglich ist (*BAG* 21.6.1990 RzK I 5c Nr. 37). Der Drittmittelempfänger hat bei notwendig werdenden Entlassungen die Auswahl der zu entlassenden Arbeitnehmer nach Maßgabe des § 1 Abs. 3 KSchG vorzunehmen (*Berkowsky* ZfPR 2003, 117; *Lakies* NZA 1995, 300). Auch die vergleichbaren Arbeitnehmer, deren Arbeitsplätze nicht von der Drittmittelkürzung betroffen sind, sind daher in die Sozialauswahl einzubeziehen (*LAG Köln* 7.4.1995 LAGE § 1 KSchG Betriebsbedingte Kündigung Nr. 33).

585 Die bloße **Ungewissheit über den Wegfall oder die Bewilligung weiterer Drittmittel** ist kein Kündigungsgrund. Vielmehr muss im Zeitpunkt des Ausspruchs der Kündigung bei vernünftiger Betrachtung die Prognose gerechtfertigt sein, dass mit Ablauf der Kündigungsfrist keine weiteren Drittmittel für die Beschäftigung des Arbeitnehmers zur Verfügung stehen und das einschlägige Projekt aufgegeben wird (APS-*Kiel* Rz 516). Das gilt auch, wenn in dem Zeitpunkt, in dem eine solche Prognose möglich ist, der Arbeitnehmer aufgrund inzwischen erreichter Beschäftigungszeiten nicht mehr ordentlich kündbar sein wird (*BAG* 24.8.1989 RzK I 5c Nr. 32).

i) Druckkündigung

586 Ist eine Druckkündigung (zum Begriff s.o. Rz 473 f.) nicht aus verhaltens- oder personenbedingten Gründen gerechtfertigt, kann sie in seltenen Ausnahmefällen als betriebsbedingte Kündigung gerechtfertigt sein (*BAG* 18.9.1975 EzA § 626 BGB Druckkündigung Nr. 1; 19.6.1986 EzA § 1 KSchG Betriebsbedingte Kündigung Nr. 39; 31.1.1996 EzA § 626 BGB Druckkündigung Nr. 3, zu II 5 a; APS-*Kiel* Rz 521, HaKo-*Gallner* Rz 484 und *v. Hoyningen-Huene/Linck* Rz 205 sehen diese Form der Druckkündigung als personenbedingte Kündigung an; die Störung geht dann jedoch nicht von der Person des Arbeitnehmers aus, sondern hat inner- oder außerbetriebliche Ursachen). Soweit die Gegenansicht (HK-*Weller/Dorndorf* Rz 997 f.; KDZ-*Kittner* Rz 333; *Blaese* DB 1988, 180; SPV-*Preis* Rz 985) die betriebsbedingte Druckkündigung ganz ablehnt, da das Recht nicht dem Unrecht weichen müsse, berücksichtigt sie nicht, dass der Druck auf den Arbeitgeber meist nicht rechtswidrig sein wird. Vertragspartner des Arbeitgebers sind regelmäßig in ihrer Entscheidung frei, unter welchen Bedingungen sie Vertragsbeziehungen aufrechterhalten und welches Personal des Arbeitgebers sie akzeptieren. Ähnliches gilt für Arbeitnehmer. Auch bei rechtswidrigen Drohungen kann es dem Arbeitgeber unzumutbar sein, den Eintritt erheblicher Schäden zu riskieren, wenn ein milderes Mittel als die Kündigung fehlt.

586a Voraussetzung einer betriebsbedingten Druckkündigung ist, dass **der Arbeitgeber sich zunächst schützend vor den betroffenen Arbeitnehmer stellt und alle zumutbaren Mittel einsetzt**, um die Belegschaft oder die Personen, von denen der Druck ausgeht, von ihrer Drohung abzubringen (*BAG* 18.9.1975 EzA § 626 BGB Druckkündigung Nr. 1; 19.6.1986 EzA § 1 KSchG Betriebsbedingte Kündigung Nr. 39; 31.1.1996 EzA § 626 BGB Druckkündigung Nr. 3, zu II 5 a; *Mayer-Maly* RdA 1979, 356). Nur wenn daraufhin trotzdem ein bestimmtes Verhalten wie Streik oder Massenkündigung in Aussicht gestellt wird und dem Arbeitgeber dadurch **schwere wirtschaftliche Schäden** drohen, kann die Kündigung betriebsbedingt sozial gerechtfertigt sein. Dabei muss die Kündigung nach dem Grundsatz der Verhältnismäßigkeit das einzig praktisch in Betracht kommende Mittel sein, um die Schäden abzuwenden (*BAG* 19.6.1986 EzA § 1 KSchG Betriebsbedingte Kündigung Nr. 39). Eine vorherige Anhörung des Arbeitnehmers vor Ausspruch der Kündigung ist zu empfehlen, aber nicht Wirksamkeitsvoraussetzung für die Kündigung (*BAG* 19.4.1990 EzA § 626 BGB Druckkündigung Nr. 2). Diese Grundsätze sind auch dann anzuwenden, wenn Kunden des Arbeitgebers die Entlassung des Arbeitnehmers unter Androhung des Abbruchs von Geschäftsbeziehungen verlangen (*BAG* 26.6.1997 RzK I 8d Nr. 8; 19.6.1986 EzA § 1 KSchG Betriebsbedingte Kündigung Nr. 39; *LAG Bln.* 18.8.1980 DB 1980, 2195; *LAG Frankf.* 10.12.1986 LAGE § 1 KSchG Betriebsbedingte Kündigung Nr. 11; *v. Hoyningen-Huene/Linck* Rz 201). Hat der Arbeitgeber selbst die Drucksituation in vorwerfbarer Weise herbeigeführt, macht er sich bei einer wirksamen Kündigung gegenüber dem Arbeitnehmer wegen positiver Vertragsverletzung schadenersatzpflichtig (ErfK-*Ascheid* Rz 282; *Löwisch/Spinner* Rz 335). Bei einer **AIDS-Erkrankung** kann ebenfalls eine Druckkündigung in Betracht kommen (*ArbG Bln.* 16.6.1987 NZA 1987, 637). Bei **Leiharbeitsverhältnissen** setzt eine betriebsbedingte Druckkündigung auch voraus, dass keine anderweitigen Einsatzmöglichkeiten in anderen Entleiherbetrieben bestehen. Zur Druckkündigung s. im Übrigen KR-*Fischermeier* § 626 BGB Rz 204 ff.

j) Gewinnverfall, Gewinnsteigerung

Gewinnverfall (**Unrentabilität**) kann für den Arbeitgeber **Anlass sein, bestimmte** wirtschaftliche, technische oder organisatorische **Maßnahmen** auf der Betriebs- oder Unternehmerebene **durchzuführen** (*Hillebrecht* ZFA 1991, 93; zur Bedeutung der wirtschaftlichen Lage des Arbeitgebers für die soziale Rechtfertigung einer betriebsbedingten Kündigung *Borrmann* DArbRdGgw Bd. 24, S. 71). Es handelt sich hierbei um **unternehmerische Entscheidungen,** die nur einer Missbrauchskontrolle unterliegen (s.o. Rz 522). Der Entschluss, die Lohnkosten zu senken, ist allein keine die Gerichte bindende Unternehmerentscheidung, weil durch diesen Entschluss noch nicht das Bedürfnis für die Weiterbeschäftigung eines oder mehrerer Arbeitnehmer entfällt (*BAG* 20.3.1986 EzA § 2 KSchG Nr. 6). Trifft der Unternehmer aufgrund des Motivs, Lohnkosten einzusparen, konkrete Maßnahmen zur Umstrukturierung des Betriebs, die das Bedürfnis zur Weiterbeschäftigung einer bestimmten Anzahl von Arbeitnehmern entfallen lassen, liegt dagegen ein betriebsbedingter Kündigungsgrund vor. Eine solche Maßnahme kann auch in dem bloßen Entschluss bestehen, Arbeitsplätze abzubauen (s.o. Rz 561; **aA** *Preis* HAS § 19 F Rz 48). 587

Das Gleiche gilt, wenn der Arbeitgeber zur **Steigerung des Betriebsergebnisses** unternehmerische Entscheidungen trifft, die zum Wegfall von Arbeitsplätzen führen. Auch solche Entscheidungen unterliegen nur einer Missbrauchskontrolle, wobei Missbrauch nicht allein deshalb bejaht werden kann, weil der Arbeitgeber den Gewinn eines bereits rentablen Unternehmens steigern will (*Hillebrecht* ZfA 1991, 110; *Henssler* Betriebliche Praxis, S. 105; APS-*Kiel* Rz 471; **aA** *ArbG Gelsenkirchen* 28.10.1997 EzA § 1 KSchG Betriebsbedingte Kündigung Nr. 100 m. krit. Anm. *Hamacher;* SPV-*Preis* Rz 998; KDZ-*Kittner* Rz 341: bei anhaltend positiver Ertragssituation; vgl. auch *Fendner* NZA 2000, 1143: Überprüfung auf allgemeingesetzliche Beschränkungen). Gewinne können für die Existenz oder Entwicklung eines Unternehmens notwendig sein, um Investitionen zu tätigen oder Rücklagen zu bilden (*Hillebrecht* aaO). Zudem gehört es zur unternehmerischen Freiheit, über die Zahl der Arbeitsplätze zu disponieren (s.o. Rz 519 f.). 588

k) Insolvenzverfahren

Mit der Eröffnung des Insolvenzverfahrens **bestehen die Arbeitsverhältnisse** der Belegschaftsmitglieder gemäß § 108 Abs. 1 S. 1 InsO mit der Insolvenzmasse fort. Da der Betrieb vom Insolvenzverwalter weitergeführt werden kann, ist die Insolvenzeröffnung als solche keine zur Kündigung berechtigende Betriebsstilllegung (*BAG* 27.11.1986 RzK I 5f Nr. 6). § 113 InsO begründet keinen selbständigen Kündigungsgrund; er beeinträchtigt die Anwendbarkeit von § 1 KSchG nicht (*BAG* 29.9.2005 EzA § 1 KSchG Betriebsbedingte Kündigung Nr. 140, zu II 1). Der Insolvenzverwalter kann betriebsbedingt ordentlich kündigen, sofern dafür **dringende betriebliche Erfordernisse** iSv § 1 Abs. 2 S. 1 KSchG vorliegen (*BAG* 16.9.1982 EzA § 1 KSchG Betriebsbedingte Kündigung Nr. 18). Da der Insolvenzverwalter in die Arbeitgeberstellung des Insolvenzschuldners eintritt, hat er bei betriebsbedingten Kündigungen auch uneingeschränkt die **Pflicht zur sozialen Auswahl** zu beachten (*BAG* 16.9.1982 EzA § 1 KSchG Betriebsbedingte Kündigung Nr. 18; **aA** *LAG Hamm* 21.5.1985 ZIP 1986, 246); dies gilt selbst im Fall der Masseärmut (*BAG* 23.2.2005 EzA § 209 InsO Nr. 4, zu II 4 b). Für das Vorliegen dringender betrieblicher Erfordernisse ist der Insolvenzverwalter darlegungs- und beweispflichtig (*BAG* 23.3.1984 ZIP 1984, 1524). Näher zur Kündigung im Insolvenzverfahren KR-*Weigand* §§ 113, 120 ff. InsO. 589

l) Konzernarbeitsverhältnis

Konzernarbeitsverhältnis ist ein Arbeitsverhältnis, bei dem zwischen einem Arbeitnehmer und mehreren Konzernunternehmern gleichzeitig arbeitsvertragliche Beziehungen bestehen. So werden in Konzernen häufig Arbeitnehmer **zu rechtlich selbständigen Tochtergesellschaften** in das In- und Ausland **abgeordnet.** Dabei sind verschiedene rechtliche Vertragsgestaltungen denkbar. Es ist insbes. möglich, dass mehrere Arbeitsverhältnisse nebeneinander begründet werden. Die Abordnung kann sich aber auch gem. § 1 Abs. 3 Nr. 2 AÜG im Rahmen eines **echten Leiharbeitsverhältnisses** vollziehen (dazu *Becker/Wulfgramm* Art. 1 § 1 Rz 112 ff.; *Becker/Kreikebaum* S. 51; *Heinze* ZfA 1976, 183 ff.). Es ist weiter möglich, dass der entsandte Arbeitnehmer insofern eine Doppelstellung einnimmt, als er einerseits in arbeitsvertraglichen Beziehungen zur Muttergesellschaft verbleibt, andererseits in dienstvertragliche Beziehungen zum Tochterunternehmen tritt (zB bei Übernahme einer Vertreterstellung). Hat sich die Muttergesellschaft verpflichtet, einen zu einem Tochterunternehmen abgeordneten Arbeitnehmer nach Beendigung wieder in ihrem Betrieb zu beschäftigen, kann das die rechtliche Folge haben, dass sie ihm bei Beendigung der Abordnung nicht mit der Begründung kündigen 590

§ 1 KSchG   Sozial ungerechtfertigte Kündigungen

darf, sein Arbeitsplatz sei besetzt und ein anderer gleichwertiger stehe nicht zur Verfügung (*BAG* 28.11.1968 EzA § 1 KSchG Nr. 12; zu den im Falle von Abordnungen möglichen Vertragsgestaltungen *BAG* 17.8.1972 EzA § 626 BGB nF Nr. 16; 24.8.1972 AP § 611 BGB Gemischter Vertrag Nr. 2; 27.10.1960 AP § 5 ArbGG 1953 Nr. 14).

591 Ist der Arbeitnehmer gleichzeitig **aufgrund mehrerer Arbeitsverträge bei verschiedenen Konzernunternehmen** beschäftigt, besteht ein **einheitliches Arbeitsverhältnis** (*BAG* 27.3.1981 EzA § 611 BGB Nr. 25; krit. *Schwerdtner* ZIP 1982, 900). Ein derartiges Arbeitsverhältnis kann nur von allen Konzernunternehmen gleichzeitig gekündigt werden. Eine betriebsbedingte Kündigung kommt hier nur dann in Betracht, wenn betriebliche Erfordernisse in allen Konzernunternehmen vorliegen (s.o. Rz 541). Allerdings kann sich ein Kündigungsgrund in einem Unternehmen (zB Fortfall eines Teilarbeitsplatzes bei einem Konzernunternehmen) auch bei den übrigen Konzernunternehmen auswirken, etwa bei einer aufgabenmäßigen Verknüpfung, und bei Fehlen alternativer Beschäftigungsmöglichkeiten zumindest eine Änderungskündigung rechtfertigen.

592 Zum Konzernbezug beim **Kündigungsschutz für Arbeitnehmer von Konzernunternehmen** s.o. Rz 539 – 544. Zum Personalabbau im Konzern *Abbrent* BB 1988, 756.

m) Öffentlicher Dienst

593 Die für **Rationalisierungsmaßnahmen** in der Privatwirtschaft geltenden kündigungsschutzrechtlichen Grundsätze (s.u. Rz 598 ff.) gelten für Sparmaßnahmen im öffentlichen Dienst entsprechend (*Neumann* RdA 1979, 372; *Plander* DB 1982, 1216; *Berkowsky* Betriebsbedingte Kündigung § 5 Rz 88). Eine mit einer Unternehmerentscheidung vergleichbare Entscheidung eines öffentlichen Arbeitgebers liegt vor, wenn in einem **Haushaltsplan** einer Körperschaft des öffentlichen Rechts eine konkret bezeichnete Stelle gestrichen wird, ein **kw-Vermerk** angebracht oder wenn eine Stelle aus einem **Personalbedarfsplan** gestrichen wird. Dann kann eine Kündigung aus innerbetrieblichen Gründen iSv § 1 Abs. 2 KSchG gerechtfertigt sein (*BAG* 3.5.1978 EzA § 1 KSchG Betriebsbedingte Kündigung Nr. 8; 22.5.2003 EzA § 1 KSchG Betriebsbedingte Kündigung Nr. 126, zu B I 2 a; 23.11.2004 EzA § 1 KSchG Betriebsbedingte Kündigung Nr. 134, zu B I 1 a). Das Gleiche gilt auch, wenn ein Landesgesetzgeber für einen bestimmten Mindestpersonalschlüssel senkt und die zuständige Dienststelle den Personalbestand entsprechend reduziert (*LAG SA* 16.5.2000 LAGE § 1 KSchG Betriebsbedingte Kündigung Nr. 56a), wenn die Aufsichtsbehörde einer Hochschule im Wege der Ersatzvornahme einen Personalbedarfsplan auferlegt (*BAG* 18.11.1999 EzA § 1 KSchG Betriebsbedingte Kündigung Nr. 104, zu II 2 a) oder wenn der Stadtrat einer Stadtgemeinde die Verwaltung beauftragt, in einem bestimmten Bereich den Personalbestand um eine bestimmte Zahl zu reduzieren (*BAG* 22.5.2003 EzA § 1 KSchG Betriebsbedingte Kündigung Nr. 126). Derartige Entscheidungen unterliegen im Kündigungsschutzprozess lediglich einer Missbrauchskontrolle (*BAG* 3.5.1978 EzA § 1 KSchG Betriebsbedingte Kündigung Nr. 8). Insbesondere muss der öffentliche Arbeitgeber nicht die organisatorische Durchführbarkeit der Vorgaben des Haushaltsgesetzgebers darlegen. Diese allein definieren den vom Haushaltsgesetzgeber politisch zu verantwortenden Beschäftigungsbedarf (*BAG* 23.11.2004 EzA § 1 KSchG Betriebsbedingte Kündigung Nr. 134, zu B I 1 d cc). Wird hingegen vom Haushaltsgesetzgeber nur allgemein eine bestimmte Zahl von Stelleneinsparungen vorgeschrieben, bedarf es der Umsetzung durch die Dienststellenleitung, die konkret zu entscheiden hat, in welchen Bereichen wie viele Stellen abgebaut werden sollen (19.3.1998 EzA Art. 20 EinigungsV Nr. 62, zu II 2 b bb; *Lingemann/Grothe* NZA 1999, 1073; *Teske* FS Stahlhacke S. 35 ff.).

593a Die **konkrete Durchführung** getroffener Entscheidungen unterliegt aber in **vollem Umfang der gerichtlichen Nachprüfung** (APS-*Kiel* Rz 534). Es gelten insoweit die unter Rz 534 dargestellten Grundsätze entsprechend. Ebenfalls voll nachprüfbar ist die Frage, ob durch die im Haushaltsplan vorgesehenen allgemeinen Einsparungsmaßnahmen für einzelne Arbeitnehmer **das Bedürfnis zur Weiterbeschäftigung entfällt**. Es kann daher etwa vom Gericht überprüft werden, ob die Verwaltung lediglich aufgrund eines Messziffernsystems schematisch vorgegangen ist, ohne festzustellen, ob bei einzelnen Dienststellen Arbeitsmangel oder ein entsprechender Stellenüberhang gegeben ist (*BAG* 26.6.1975 EzA § 1 KSchG Betriebsbedingte Kündigung Nr. 1).

594 Das Anbringen eines **kw-Vermerkes** an einer Personalstelle in einem Haushaltsplan ist dann ein dringendes betriebliches Erfordernis iSv § 1 Abs. 2 KSchG, wenn eine bestimmte oder bestimmbare Frist für den Wegfall der Stelle angegeben wird (*BAG* 6.8.1978 EzA § 1 KSchG Betriebsbedingte Kündigung Nr. 9; *Berkowsky* Betriebsbedingte Kündigung § 5 Rz 90; *Lakies* NZA 1997, 748 f.). Dagegen reicht es

Sozial ungerechtfertigte Kündigungen § 1 KSchG

nicht aus, wenn mit dem Anbringen des kw-Vermerks die innerbetriebliche Entscheidung über den Wegfall der konkreten Stelle noch nicht abschließend getroffen wurde, die Verwaltung vielmehr zwischen verschiedenen Möglichkeiten einer Umsetzung der kw-Vermerke wählen kann (BAG 19.3.1998 EzA Art. 20 Einigungsvertrag Nr. 62, zu II 2 b bb; SPV-*Preis* Rz 989; *Lingemann/Grothe* NZA 1999, 1973). In diesem Fall bedarf es noch eines auf den Stellenbedarf der jeweiligen Dienststelle zugeschnittenen Konzepts der zuständigen Verwaltung (BAG 18.11.1999 EzA § 1 KSchG Betriebsbedingte Kündigung Nr. 104; *Preis* HAS § 19 F Rz 87). Ein ministerieller Erlass ist als solcher ebenfalls noch kein dringendes betriebliches Erfordernis (BAG 29.5.1985 – 7 AZR 248/84 – nv).

Es liegt im nur auf Missbrauch überprüfbaren Unternehmerinteresse des öffentlichen Dienstherrn, ob bestimmte Aufgabenbereiche von Angestellten, Beamten oder Soldaten wahrgenommen werden sollen. Es ist daher ein dringendes betriebliches Erfordernis, wenn im öffentlichen Dienst **eine von einem Angestellten besetzte Dienststelle**, die nach dem Stellenplan als Beamtendienstposten ausgewiesen ist, **mit einem Beamten besetzt** und deshalb dem Angestellten gekündigt werden soll (BAG 26.2.1957 AP § 1 KSchG Nr. 23; 21.9.1999 EzA § 1 KSchG Betriebsbedingte Kündigung Nr. 106, zu III 2 c; **aA** HK-*Weller/Dorndorf* § 1 Rz 1001). Erfüllt jedoch der bisherige Stelleninhaber das Anforderungsprofil der Beamtenstelle und die Voraussetzungen für eine Berufung in ein Beamtenverhältnis, besteht kein dringendes betriebliches Erfordernis zu seiner Kündigung (BAG 21.9.1999 EzA § 1 KSchG Betriebsbedingte Kündigung Nr. 106, zu III 2 c, d). Dagegen hat ein öffentlicher Arbeitgeber regelmäßig ein dringendes betriebliches Interesse daran, eine Lehrkraft, die keine Lehrbefähigung besitzt, durch einen voll ausgebildeten beamteten Lehrer zu ersetzen (BAG 17.5.1984 EzA § 1 KSchG Betriebsbedingte Kündigung Nr. 32; 23.8.1984 – 2 AZR 390/83 – nv). Für eine Prüfung der Zweckmäßigkeit der Besetzung der Stelle mit einem Beamten ist kein Raum. Sollen Aufgabenbereiche zukünftig von **Soldaten** wahrgenommen werden, kann darin ebenfalls ein dringendes betriebliches Erfordernis zur Kündigung liegen (BAG 29.1.1986 EzA § 102 BetrVG 1972 Nr. 64). Auch in solchen Fällen muss der öffentliche Arbeitgeber prüfen, ob der Arbeitnehmer anderweitig beschäftigt werden kann (s.o. Rz 217 ff.).   595

Die **Weiterbeschäftigungspflicht beschränkt sich nicht auf die Beschäftigungsdienststelle.** Der öffentliche Arbeitgeber hat vielmehr zu prüfen, ob der Arbeitnehmer in einer anderen Dienststelle desselben Verwaltungszweiges an demselben Dienstort einschließlich seines Einzugsgebietes weiterbeschäftigt werden kann. Eine derartige Weiterbeschäftigungspflicht besteht selbst dann, wenn die zuständige Personalvertretung keine entsprechenden Einwendungen vorgebracht hat (BAG 17.5.1984 EzA § 1 KSchG Betriebsbedingte Kündigung Nr. 32).   596

Auch im öffentlichen Dienst rechtfertigt die **Fremdvergabe** bestimmter Tätigkeiten, etwa die **von Reinigungsarbeiten, auf private Unternehmen** eine betriebsbedingte Kündigung der dadurch nicht mehr benötigten Arbeitnehmer, sofern kein Betriebsteilübergang iSv § 613a Abs. 1 S. 1 BGB vorliegt (BAG 7.3.1980 EzA § 1 KSchG Betriebsbedingte Kündigung Nr. 14; 3.5.1978 EzA § 1 KSchG Betriebsbedingte Kündigung Nr. 8; zur Anwendbarkeit von § 613a BGB im öffentlichen Dienst KR-*Pfeiffer* § 613a BGB Rz 77 ff.).   597

n) Rationalisierungsmaßnahmen

Rationalisierungsmaßnahmen sind **innerbetriebliche technische oder organisatorische Veränderungen**, die mit dem Ziel durchgeführt werden, die Ertragslage des Unternehmens zu verbessern. Eine solche Maßnahme kann auch darin liegen, dass der Arbeitgeber seine **Arbeitgeberstellung aufgibt** und durch Änderung der Betriebsorganisation die Arbeiten nur noch durch freie Mitarbeiter ausführen lässt (BAG 9.5.1996 EzA § 1 KSchG Betriebsbedingte Kündigung Nr. 85 mit krit. Anm. *Franzen*, zu B I 2 c; 26.9.1996 EzA § 1 KSchG Betriebsbedingte Kündigung Nr. 86, zu II 2 c; ErfK-*Ascheid* Rz 411 nimmt insoweit eine Betriebsstilllegung an; **aA** *Preis* NZA 1997, 1079, der von einer unzulässigen Austauschkündigung spricht) oder bisher von ihm wahrgenommene Aufgaben an Fremdfirmen »outsourced« (BAG 26.9.1996 EzA § 1 KSchG Betriebsbedingte Kündigung Nr. 86, zu II 2 c; 12.4.2002 RzK I 5 c Nr. 139; 16.12.2004 EzA § 1 KSchG Betriebsbedingte Kündigung Nr. 136, zu B II 2 b aa), soweit darin nicht ein gem. § 613a Abs. 4 BGB eine Kündigung nicht rechtfertigender Betriebsteilübergang liegt (ErfK-*Ascheid* Rz 418). Will er hingegen die Aufgaben einem anderen Unternehmen übertragen, gegenüber den Beschäftigten dieses Unternehmens aber auch weiterhin im Wesentlichen selbst die für die Durchführung der Arbeit erforderlichen Weisungen erteilen und damit die **wesentlichen Arbeitgeberfunktionen beibehalten**, entfällt nicht die Beschäftigungsmöglichkeit im Betrieb. Daher fehlt in diesem Fall ein dringendes betriebliches Erfordernis für eine Kündigung (BAG 26.9.1996 EzA § 1 KSchG Betriebsbedingte Kündigung Nr. 86, zu II 2 d; 16.12.2004 EzA § 1 KSchG Be-   598

§ 1 KSchG   Sozial ungerechtfertigte Kündigungen

triebsbedingte Kündigung Nr. 136, zu B II 2 b aa). Das Gleiche gilt, wenn der Arbeitgeber Arbeitnehmer entlassen will, um an ihrer Stelle Leiharbeitnehmer einer Verleihgesellschaft zu beschäftigen (*LAG Brem.* 30.1.1998 LAGE § 1 KSchG Betriebsbedingte Kündigung Nr. 47) oder wenn er eine in sein Unternehmen voll eingegliederte Organgesellschaft gründet, der er Teilbereiche seines Betriebs überträgt, weil die Unternehmerentscheidung insoweit offenbar willkürlich ist (*BAG* 26.9.2002 EzA § 1 KSchG Betriebsbedingte Kündigung Nr. 124 m. abl. Anm. *Thüsing/Stolljes* = SAE 2003, 233 m. krit. Anm. *Adomeit* = DZWIR 2003, 240 m. zust. Anm. *Adam*; krit. *Gaul/Bonanni* ArbRB 2004, 16; *Annuß* NZA 2003, 783).

599 Der Entschluss zur Durchführung von technischen oder organisatorischen Rationalisierungsmaßnahmen unterliegt lediglich einer gerichtlichen Missbrauchs- und Willkürkontrolle (s.o. Rz 522; ErfK-*Ascheid* Rz 431). Eine Maßnahme wie die Fremdgabe von Arbeiten ist nicht bereits deshalb willkürlich, weil sie zu keiner Kostenersparnis führt (**aA** *LAG Düsseld.* 11.10.2001 RzK I 5 c Nr. 132). Die betriebswirtschaftliche Zweckmäßigkeit einer Umstrukturierungsmaßnahme ist im Kündigungsschutzprozess nicht zu prüfen (*BAG* 22.4.2004 EzA § 2 KSchG Nr. 50, zu B I 6). **Gerichtlich voll überprüfbar** sind dagegen **die personellen Folgewirkungen** von Rationalisierungsmaßnahmen. Dazu gehört vor allem die Prüfung, ob und ggf. in welchem Umfang durch eine Rationalisierungsmaßnahme das Bedürfnis zur Weiterbeschäftigung von Arbeitnehmern weggefallen ist (zur gerichtlichen Nachprüfbarkeit s.o. Rz 534 ff.). Bei einem nur teilweisen Fortfall der Arbeitsaufgaben, die der Arbeitgeber nunmehr in einer Halbtagstätigkeit ausführen lassen will, ist er verpflichtet, dem betroffenen Arbeitnehmer die **Weiterbeschäftigung in Form eines Teilzeitarbeitsverhältnisses** anzubieten (*LAG Köln* 1.2.1995 LAGE § 1 KSchG Betriebsbedingte Kündigung Nr. 29; *LAG Düsseld.* 6.5.1977 DB 1977, 1370; APS-*Kiel* Rz 578). Führt eine Organisationsänderung dazu, dass ein in seiner Gesundheit beeinträchtigter Arbeitnehmer nur noch in einer Weise beschäftigt werden könnte, die sein Leiden verschlimmert, ist eine ordentliche Kündigung gerechtfertigt, wenn der Arbeitnehmer **die gesundheitsbeeinträchtigende Beschäftigung ablehnt** (*BAG* 6.11.1997 EzA § 1 KSchG Betriebsbedingte Kündigung Nr. 96).

600 Rationalisierungsmaßnahmen rechtfertigen nur dann eine betriebsbedingte Kündigung, wenn sie zum Zeitpunkt der Kündigung **bereits greifbare Formen** angenommen haben (s.o. Rz 550). Auch ohne Widerspruch des Betriebsrats hat der Arbeitgeber bei Rationalisierungsmaßnahmen zu prüfen, ob eine anderweitige Beschäftigung mit oder ohne Umschulung im Betrieb oder in einem anderen Betrieb des Unternehmens in Betracht kommt (hierzu iE s.o. Rz 217 ff.). Zu Einzelfällen etwa *BAG* 27.6.2002 RzK I 5 c Nr. 143: Fremdvergabe von Laborarbeiten durch ein Krankenhaus; 12.4.2002 RzK I 5 c Nr. 139: Fremdvergabe von Malerarbeiten durch eine Wohnungsgenossenschaft; 22.3.1990 RzK I 5c Nr. 36: **Übernahme der Aufgaben eines Arbeitnehmers durch den Arbeitgeber selbst**; 10.10.2002 EzA § 1 KSchG Betriebsbedingte Kündigung Nr. 122: Abbau einer Hierarchieebene und Neuverteilung der Arbeitsaufgaben.

601 Soweit Arbeitnehmern in **Rationalisierungsschutzabkommen** über den gesetzlichen Kündigungsschutz nach § 1 Abs. 2, 3 KSchG hinausgehende Rechtspositionen eingeräumt wurden (zB **Unkündbarkeit** bei Erreichen bestimmter Altersgrenzen oder einer bestimmten Dauer der Betriebszugehörigkeit, Abfindungen oder Wiedereingliederungshilfen), bestehen gegen die Wirksamkeit derartiger Regelungen wegen des insoweit geltenden Günstigkeitsprinzips keine Bedenken (*BAG* 20.2.1986 AP § 4 TVG Rationalisierungsschutz Nr. 1; *Becker* AuR 1981, 333; 367; *Mayer/Ralfs* S. 147 ff.; *Schaub* RdA 1981, 373). Den Arbeitnehmern steht es in derartigen Fällen frei, die Wirksamkeit rationalisierungsbedingter Kündigungen nach § 1 Abs. 2, 3 KSchG gerichtlich überprüfen zu lassen und sich darüber hinaus auf die Rechte aus dem Rationalisierungsschutzabkommen zu berufen (*BAG* 3.5.1978 EzA § 1 KSchG Betriebsbedingte Kündigung Nr. 8). Ist die ordentliche Kündigung nach dem Rationalisierungsschutzabkommen ausgeschlossen, sind unter Verstoß gegen die tarifvertragliche Unkündbarkeitsvorschrift ausgesprochene ordentliche Kündigungen nach § 134 BGB unwirksam. Es handelt sich um einen sonstigen Unwirksamkeitsgrund iSv § 13 Abs. 3 KSchG (vgl. *Schaub* aaO). Wird das Kündigungsrecht des Arbeitgebers bei Rationalisierungsmaßnahmen von besonderen Voraussetzungen abhängig gemacht, liegt darin eine tarifrechtlich zulässige Konkretisierung des allgemeinen Kündigungsschutzes (*BAG* 7.3.1980 EzA § 1 KSchG Betriebsbedingte Kündigung Nr. 14). Zum Rationalisierungsschutz und Grenzen der Tarifmacht im Einzelnen *Becker* aaO; *Bulla* DB 1980, 108 und 158; *Böhle/Lutz* Rationalisierungsschutzabkommen, Göttingen 1974; *Mayer/Ralfs* S. 74 ff.; sowie allgemein zu tarifvertraglichen Kündigungsbeschränkungen KR-*Spilger* § 622 BGB Rz 109 ff.

Sozial ungerechtfertigte Kündigungen § 1 KSchG

o) Vorgesetztenwechsel

Das **Auswechseln von Führungskräften ist kein betriebsbedingter Grund** für die Kündigung von 602
Mitarbeitern, die der Führungskraft unmittelbar unterstellt waren. Eine betriebsbedingte Kündigung
ist gegenüber diesem Personenkreis nur bei Vorliegen der allgemeinen gesetzlichen Voraussetzungen
des § 1 Abs. 2, 3 KSchG möglich (vgl. *LAG BW* 29.8.1973 DB 1973, 2454).

9. Auswahl der Arbeitnehmer

a) Allgemeines

Die in § 1 KSchG geregelte soziale Auswahl gehört seit Inkrafttreten des KSchG zu den **zentralen** 603
Streitpunkten der betriebsbedingten Kündigung (vgl. zu der bis 31.12.2003 geltenden Gesetzesfassung die Nachw. bei *Etzel* KR, 7. Aufl. Rz 603).

Problematisch war nach der bis 31.12.2003 geltenden Rechtslage vor allem die **mangelnde Vorherseh-** 604
barkeit der gerichtlichen Entscheidung (hierzu *Meisel* BB 1963, 1059; *Preis* S. 415; *Weng* DB 1978, 887).
Dies lag insbes. an Unsicherheiten bei der Abgrenzung des für die Auswahl in Betracht kommenden
Arbeitnehmerkreises, am fehlenden gesetzlichen Katalog der zu berücksichtigenden Sozialdaten, an
Meinungsverschiedenheiten über die Wertigkeit der einzelnen Sozialdaten wegen des Fehlens eines
eindeutigen gesetzlichen Bewertungsmaßstabes, an der Frage der Berücksichtigung und des Stellenwertes von Leistungsgesichtspunkten und an der Verteilung der Darlegungs- und Beweislast. Zur Sozialauswahl nach der bis 31.12.2003 geltenden Rechtslage *Etzel* KR, 6. Aufl. Rz 603 – 705.

Durch das am 1.1.2004 in Kraft getretene Gesetz zu Reformen am Arbeitsmarkt sind diese Unsicher- 605
heiten in zwei Punkten beseitigt worden: Der Gesetzgeber hat die zwingend zu berücksichtigenden
Sozialdaten enumerativ und abschließend festgelegt (Dauer der Betriebszugehörigkeit, Lebensalter,
Unterhaltspflichten, Schwerbehinderung). Weiter ist geregelt, dass Arbeitnehmer nicht in die Sozialauswahl einzubeziehen sind, wenn **ihre Weiterbeschäftigung im berechtigten betrieblichen Interesse liegt,** insbes. wegen ihrer Kenntnisse, Fähigkeiten und Leistungen oder zur Sicherung einer ausgewogenen Personalstruktur des Betriebes. Die angeführten weiteren Unsicherheiten bestehen
unverändert weiter. Hinzu kommen jetzt Unsicherheiten bei der Auslegung der gesetzlichen Neuregelung (zur Neuregelung die Nachweise s.o. Rz 14). Ob die vom Gesetzgeber erstrebte bessere Berechenbarkeit der vorzunehmenden Sozialauswahl (BT-Drs. 13/4612, S. 9, zu der in der Zeit vom
1.10.1996 bis 31.12.1998 geltenden Regelung, die mit der jetzigen Regelung fast identisch ist) erreicht
wurde, erscheint zweifelhaft (*Beduhn* AuR 1996, 488; *Buschmann* AuR 2004, 1; *Leinemann* BB 1996, 1381;
Willemsen/Annuß NJW 2004, 177; *Zerres/Rhotert* FA 2004, 2).

Eine Verpflichtung zur sozialen Auswahl der betriebsbedingt zu kündigenden Arbeitnehmer besteht 606
nach dem Gesetzeswortlaut **nur bei einer ordentlichen Kündigung.** Wenn ausnahmsweise eine außerordentliche Kündigung aus betriebsbedingten Gründen zulässig ist, weil der betreffende Arbeitnehmer ordentlich unkündbar ist, steht diese außerordentliche Kündigung einer ordentlichen Kündigung gleich, so dass die Maßstäbe der Sozialauswahl nach § 1 Abs. 3 KSchG entsprechend
anzuwenden ist (*BAG* 5.2.1998 EzA § 626 BGB Unkündbarkeit Nr. 2, zu II 3 e; *Bitter/Kiel* FS Schwerdtner
S. 21; *Etzel* ZTR 2003, 213; HK-*Dorndorf* Rz 1019). Es wäre ein Wertungswiderspruch, den kündigungsrechtlich besser gestellten Arbeitnehmer bei der Sozialauswahl schlechter zu stellen. Soweit in **Tarifverträgen** entfristete ordentliche Kündigungen aus betriebsbedingten Gründen vorgesehen sind, ist
ebenfalls eine soziale Auswahl erforderlich (*BAG* 4.6.1987 EzA § 1 KSchG Soziale Auswahl Nr. 25).

b) Verhältnis zur anderweitigen Beschäftigung

Das Verhältnis der in § 1 Abs. 3 KSchG geregelten Verpflichtung zur sozialen Auswahl zu der nach § 1 607
Abs. 2 S. 1 – 3 KSchG zu prüfenden Möglichkeit einer anderweitigen Beschäftigung des Arbeitnehmers
ist wie folgt zu bestimmen: Die Verpflichtung des Arbeitgebers zur sozialen Auswahl dient dem Ziel,
bei unvermeidbaren Kündigungen aus dem Kreis der vergleichbaren Arbeitnehmer (dazu s.u.
Rz 614 ff.) den sozial stärksten Arbeitnehmer ausfindig zu machen. Dies ist stets derjenige Arbeitnehmer, der **aufgrund seiner Sozialdaten am wenigsten auf seinen Arbeitsplatz angewiesen** ist (*BAG*
24.3.1983 EzA § 1 KSchG Betriebsbedingte Kündigung Nr. 21; 19.4.1979 EzA § 1 KSchG Betriebsbedingte Kündigung Nr. 11; 20.1.1961 und 26.6.1964 AP § 1 KSchG Betriebsbedingte Kündigung Nr. 7, 15). Die
Möglichkeit einer **anderweitigen Beschäftigung** im Betrieb oder in einem anderen Betrieb des Unternehmens (s.o. Rz 217 ff.) betrifft dagegen die **Frage, ob** und ggf. in welchem Umfang **betriebsbedingte**

§ 1 KSchG Sozial ungerechtfertigte Kündigungen

Kündigungen durch innerbetriebliche Umsetzungen oder überbetriebliche Versetzungen auf freie Arbeitsplätze **vermieden werden können**. Durch dem Arbeitgeber zumutbare und mögliche Umsetzungen vermindert sich somit die Anzahl der zu entlassenden Arbeitnehmer. Reicht die Anzahl der für Versetzungen in Betracht kommenden freien Arbeitsplätze nicht aus, um den erforderlichen Personalabbau ausgleichen zu können, sind die betroffenen Arbeitnehmer nach den Maßstäben des § 1 Abs. 3 KSchG zu bestimmen (*BAG* 30.5.1985 EzA § 1 KSchG Betriebsbedingte Kündigung Nr. 24, zu B II 1). Besteht dagegen die Möglichkeit einer anderweitigen Beschäftigung, führt dies zur Unwirksamkeit einer gleichwohl erklärten Kündigung.

c) **Betriebsbezogenheit und betriebsübergreifende Sozialauswahl**

608 Im Unterschied zur Berücksichtigung anderweitiger Beschäftigungsmöglichkeiten, die nach § 1 Abs. 2 KSchG unternehmensbezogen ausgestaltet ist, fehlt es an einer entsprechenden Regelung für die soziale Auswahl. Deshalb ist diese betriebsbezogen. **Arbeitnehmer anderer Betriebe** eines Unternehmens oder eines Konzerns sind **nicht einzubeziehen** (*BAG* 25.4.1985 EzA § 1 KSchG Betriebsbedingte Kündigung Nr. 35; 13.9.1995 EzA § 1 KSchG Nr. 48, zu II 1 c; 3.6.2004 EzA § 1 KSchG Soziale Auswahl Nr. 55, zu C I; 2.6.2005 EzA § 1 KSchG Soziale Auswahl Nr. 61, zu II 2 a; *v. Hoyningen-Huene/Linck Rz* 434 ff.; APS-*Kiel* Rz 663; BBDW-*Bram* Rz 320; HaKo-*Gallner* Rz 716; KDZ-*Kittner* Rz 435; ErfK-*Ascheid* Rz 476; *Linck* AR-Blattei SD 1020.1.2 Rz 9 f.; *Weller* AuR 1986, 230; für einen teilweise betriebsübergreifenden »tätigkeitsbezogenen Betriebsbegriff« SPV-*Preis* Rz 887 f., 1055; *Preis* RdA 2000, 257, 276; für eine räumlich allein durch die Reichweite des arbeitsvertraglichen Direktionsrechts des Arbeitgebers begrenzte Sozialauswahl *Berkowsky* NZA 1996, 294; unzutreffend *LAG Frankf.* 15.10.1957 und 13.11.1957 AP § 1 KSchG Nr. 45, 46, wonach sich die Auswahl bei größeren Betrieben nicht auf den gesamten Betrieb zu erstrecken habe). Wollte man Arbeitnehmer anderer Betriebe des Unternehmens in die Sozialauswahl einbeziehen und führte dies zur Entlassung solcher Arbeitnehmer, wären diese Kündigungen nicht »durch dringende betriebliche Erfordernisse, die einer Weiterbeschäftigung des Arbeitnehmers in **diesem** Betrieb entgegenstehen«, bedingt. Das gilt auch dann, wenn die gekündigten Arbeitnehmer aufgrund ihres Arbeitsvertrages nach dem Direktionsrecht des Arbeitgebers in einen anderen Betrieb auf einen freizukündigenden Arbeitsplatz versetzt werden könnten (*BAG* 2.6.2005 EzA § 1 KSchG Soziale Auswahl Nr. 61, zu II 2 b; 15.12.2005 EzA § 1 KSchG Soziale Auswahl Nr. 66, zu II 3). Ein Austausch zwischen den Belegschaften mehrer Betriebe ist mit § 1 Abs. 3 KSchG nicht bezweckt (APS-*Kiel* Rz 663b).

609 Zum **auswahlrelevanten Personenkreis** gehören **alle von einem betriebsbedingten Personalabbau betroffenen vergleichbaren Arbeitnehmer des Beschäftigungsbetriebes**, ohne Rücksicht auf die Größe des Betriebes sowie ohne Rücksicht darauf, ob ihre Arbeitsplätze räumlich nahe beieinander liegen (HK-*Dorndorf* Rz 1022, 1026). Auch **bei räumlich weit entfernten Betriebsabteilungen und Betriebsteilen**, die iSd Betriebsverfassungsgesetzes als selbständige Betriebe gelten (§ 4 Nr. 1 BetrVG), erstreckt sich die Sozialauswahl auf alle Betriebsteile und Betriebsabteilungen (*BAG* 21.6.1995 RzK I 5d Nr. 50; 3.6.2004 EzA § 1 KSchG Soziale Auswahl Nr. 55, zu C I; *LAG SA* 11.1.2000 BB 2001, 103; APS-*Kiel* § 1 Rz. 664; *Müller* MDR 2002, 492; *Schiefer* NZA-RR 2002, 170; aA *Kania/Gilberg* NZA 2000, 680). **Betrieben mehrere Unternehmen einen Gemeinschaftsbetrieb**, bezieht sich die soziale Auswahl wegen der einheitlichen Betriebsleitung auf den gesamten Betrieb; sie ist insoweit **unternehmensübergreifend** (*BAG* 5.5.1994 EzA § 1 KSchG Soziale Auswahl Nr. 31 = AP Nr. 23 zu § 1 KSchG 1969 m. zust. Anm. *Mummenhoff*; 24.2.2005 EzA § 1 KSchG Soziale Auswahl Nr. 59, zu B II 2 a; 22.9.2005 EzA § 113 InsO Nr. 18, zu II 3 b; *LAG Köln* 25.4.2001 NZA-RR 2002, 422; *Linck* AR-Blattei SD 1020.1.2 Rz 20). Nach der Auflösung eines Gemeinschaftsbetriebs erstreckt sich die Sozialauswahl nur auf den Betrieb bzw. Betriebsteil, der dem einzelnen Unternehmen verbleibt (*BAG* 13.9.1995 EzA § 1 KSchG Nr. 48; 24.2.2005 EzA § 1 KSchG Soziale Auswahl Nr. 59, zu B II 2 a; 22.9.2005 EzA § 113 InsO Nr. 18, zu II 3 b). Dies gilt auch, wenn der Gemeinschaftsbetrieb zwar im Kündigungszeitpunkt noch besteht, aber bereits feststeht, dass er spätestens mit Ablauf der Kündigungsfrist aufgelöst sein wird (*LAG Hbg.* 29.8.2002 RzK I 5 d Nr. 112; *LAG Bln.* 15.11.2002 LAGE § 1 KSchG Gemeinschaftsbetrieb Nr. 1; vgl. auch *LAG SchLH* 8.5.2003 NZA-RR 2004, 79). **In einem Betrieb des Baugewerbes** erstreckt sich die soziale Auswahl grds. nicht auf Arbeitnehmer, die für eine Arbeitsgemeinschaft freigestellt worden sind (*BAG* 26.2.1987 EzA § 1 KSchG Soziale Auswahl Nr. 24; s.a. Rz 681). Im **öffentlichen Dienst** tritt an die Stelle des Betriebs die Dienststelle, innerhalb derer die Sozialauswahl vorzunehmen ist (*Schröder* ZTR 1995, 396), wobei auch räumlich weit entfernte Teile einer Dienststelle einzubeziehen sind (*BAG* 21.6.1995 aaO; **aA** *Lingemann/Grothe* NZA 1999, 1075). Konzernweit finden die Grundsätze der sozialen Auswahl keine Anwendung (*BAG* 22.5.1986 aaO; *Windbichler* SAE 1987, 133).

Sozial ungerechtfertigte Kündigungen § 1 KSchG

Führen an einer **Spaltung** oder **Teilübertragung** nach dem **Umwandlungsgesetz** beteiligte Rechtsträ- 610
ger einen Betrieb gemeinsam weiter, gilt dieser als Betrieb iSd Kündigungsschutzrechts (§ 322 UmwG).
Insoweit regelt das Umwandlungsgesetz nur, was schon nach allgemeinen Grundsätzen für den Gemeinschaftsbetrieb gilt, nämlich dass alle dort beschäftigten vergleichbaren Arbeitnehmer in die Sozialauswahl einzubeziehen sind. Steht ein Arbeitnehmer vor dem Wirksamwerden einer Spaltung oder
Teilübertragung zu dem übertragenden Rechtsträger in einem Arbeitsverhältnis, verschlechtert sich
nach § 323 Abs. 1 UmwG seine kündigungsrechtliche Stellung auf Grund der Spaltung oder Teilübertragung für die Dauer von zwei Jahren ab dem Zeitpunkt ihres Wirksamwerdens nicht. Das bedeutet
nicht, dass für diesen Zeitraum bei einer betriebsbedingten Kündigung auch die vergleichbaren Arbeitnehmer der abgespaltenen oder übertragenen Betriebsteile unternehmensübergreifend in die Sozialauswahl einzubeziehen sind. Dies ist mangels Austauschbarkeit faktisch nicht möglich und nicht
Zweck der Regelung von § 323 Abs. 1 UmwG, der lediglich die Rechtsstellung, dh die für die Beurteilung der Wirksamkeit einer Kündigung heranzuziehenden Rechtsnormen absichern soll (*BAG*
22.9.2005 EzA § 113 InsO Nr. 18, zu II 3 a; *Bauer/Lingemann* NZA 1994, 1060; *Löwisch/Spinner* Rz 348; **aA**
Bachner NJW 1995, 2884; AuA 1996, 220; *Düwell* NZA 1996, 397; *Kallmeyer* ZIP 1994, 1757; *Linck* AR-Blattei SD 10.20.1.2 Rz 16; s.a. Rz 222).

Bei Kündigungen im Zusammenhang mit einem **Betriebsübergang** sind bei einer betriebsbedingten 611
Kündigung durch den Betriebsveräußerer vor dem Betriebsübergang nur die vergleichbaren Arbeitnehmer des übergehenden Betriebes in die Sozialauswahl einzubeziehen (*Linck* AR-Blattei SD 1020.1.2
Rz 18), sofern der Veräußerer nicht ein auf den zukünftigen Betrieb bezogenes unternehmerisches
Konzept des Erwerbers realisiert (hierzu KR-*Pfeiffer* § 613a BGB Rz 189). Dann sind konsequenterweise
alle Arbeitnehmer des künftig vereinten Betriebes einzubeziehen (APS-*Steffan* Rz 194, APS-*Kiel*
Rz 668). Wird nur ein **Betriebsteil** übertragen, sind bei einer Kündigung vor dem Betriebsteilübergang
alle Arbeitnehmer des Betriebes in die Sozialauswahl einzubeziehen (*BAG* 28.10.2004 EzA § 1 KSchG
Soziale Auswahl Nr. 56, zu II 3 c). Bei einer Kündigung nach der Übertragung kann dagegen nur noch
die Belegschaft des verbliebenen Betriebsteils berücksichtigt werden (vgl. *LAG Köln* 18.2.2004 NZA-RR
2005, 189, zu II 1, 4 a). Wird der Betrieb nach dem Betriebsübergang in einen Betrieb des Erwerbers eingegliedert, sind bei einer betriebsbedingten Kündigung durch den Betriebserwerber alle vergleichbaren Arbeitnehmer des Übernehmerbetriebes, dh sowohl die übernommenen als auch die bisherigen
Arbeitnehmer, in die Sozialauswahl einzubeziehen (*v. Hoyningen-Huene/Linck* Rz 441; *Linck* AR-Blattei
SD 1020.1.2 Rz 20; *Löwisch/Spinner* vor § 1 Rz 71; **aA** *Henckel* ZTR 1984, 235). Zur Sozialauswahl nach
einem Widerspruch des Arbeitnehmers gegen den Übergang des Arbeitsverhältnisses auf den Betriebserwerber s. KR-*Pfeiffer* § 613a BGB Rz 118 ff.

Verlagert der Arbeitgeber Tätigkeiten und Arbeitsplätze einer bestimmten Abteilung **in einen ande-** 612
ren Betrieb des Unternehmens und will er bei dieser Gelegenheit die Zahl der betroffenen Arbeitsplätze verringern, hat er unter den betroffenen Arbeitnehmern eine Sozialauswahl vorzunehmen, da
die betriebliche Einheit bezogen auf diese Arbeitsplätze noch besteht (*BAG* 10.11.1994 EzA § 1 KSchG
Betriebsbedingte Kündigung Nr. 77, zu I 4, 5; *Schiefer* NZA 1995, 668; APS-*Kiel* Rz 644). Das gilt auch,
wenn die Arbeit in dem anderen Betrieb höher vergütet wird, sofern sie dieselbe oder zumindest ganz
überwiegend gleich geblieben ist (*BAG* 5.10.1995 EzA § 1 KSchG Betriebsbedingte Kündigung Nr. 82 =
SAE 1996, 389 m. abl. Anm. *Meisel*, zu II 3 a, b). Besetzt der Arbeitgeber zunächst die in dem neuen Betrieb verbleibenden Arbeitsplätze ohne Beachtung sozialer Gesichtspunkte und kündigt er erst danach
den nicht übernommenen Arbeitnehmern, liegt darin eine **unzulässige Umgehung der Sozialauswahl** (*BAG* 10.11.1994 EzA § 1 KSchG Betriebsbedingte Kündigung Nr. 77, zu B I 6).

Fallen in einem Betrieb mehrere Arbeitsplätze weg und ist in einem anderen Betrieb des Unterneh- 613
mens eine geringere Zahl vergleichbarer Arbeitsplätze frei, hat der Arbeitgeber ebenfalls eine Sozialauswahl vorzunehmen (s.o. Rz 546). Dasselbe gilt, wenn **in mehreren Betrieben** eines Unternehmens **Arbeitsplätze wegfallen und in anderen Teilen des Unternehmens freie Arbeitsplätze für die
bisherigen Arbeitsplatzinhaber vorhanden sind, die Zahl der freien Arbeitsplätze aber geringer ist
als die Zahl der wegfallenden Arbeitsplätze** (HK-*Dorndorf* Rz 1032; APS-*Dörner* Rz 101; APS-*Kiel*
Rz 642, 643; *Kiel* S. 91; *Schmitt* S. 97; *v. Hoyningen-Huene/Linck* Rz 400e – h; *Löwisch/Spinner* Rz 285; KDZ-*Kittner* Rz 512; *Berkowsky* NJW 1996, 295; *Däubler* AiB 1995, 464; dem zuneigend *BAG* 21.9.2000 EzA § 1
KSchG Betriebsbedingte Kündigung Nr. 107 = SAE 2001, 253 m. zust. Anm. *Joussen*, zu B IV 2 b;
22.9.2005 EzA § 1 KSchG Betriebsbedingte Kündigung Nr. 141, zu B III 3 b aa; **aA** *Schiefer* NZA 1995,
664; für eine auf den Rahmen des Direktionsrechts beschränkte analoge Anwendung von § 1 Abs. 3
und für eine Beschränkung auf § 315 BGB im Übrigen *Maas/Salamon* NZA 2006, 1192; für eine Abwä-

gung nach §§ 315, 242 BGB unter Einbeziehung betrieblicher Belange *Bauer/Winzer* BB 2006, 266, 269; für eine tätigkeitsbereichsbezogen unternehmensweite Sozialauswahl *Preis* RdA 2000, 257, 276; SPV-*Preis* Rz 887 f., 1055). Die Sozialauswahl ist zwar nach § 1 Abs. 3 KSchG betriebsbezogen. Es ist aber eine entsprechende Anwendung dieser Vorschrift geboten, da eine planwidrige Regelungslücke und eine der innerbetrieblichen Sozialauswahl vergleichbare Konkurrenzsituation vorliegt. Für eine auf die Generalklauseln von §§ 315, 242 BGB beschränkte Abwägung fehlen geeignete Maßstäbe; die Wertungen von § 1 Abs. 3 KSchG konkretisieren die Generalklauseln und damit als speziellere Regelungen vorrangig. Unternehmerischen Interessen ist dadurch Rechnung zu tragen, dass § 1 Abs. 3 S. 2 KSchG betriebsübergreifend auf das Unternehmen zu beziehen ist (*Dorndorf* aaO).

613a Bei größeren personellen Maßnahmen kann die Notwendigkeit einer betriebsübergreifenden Sozialauswahl erhebliche Schwierigkeiten verursachen, insbes. bei hierarchisch und ihren Anforderungen nach unterschiedlichen Tätigkeiten in mehreren Betrieben an unterschiedlichen Orten. Hier sollten zunächst die unternehmensweit betroffenen Arbeitnehmer und ihre individuelle Schutzbedürftigkeit ermittelt werden. Sodann sollten die unternehmensweit freien oder in absehbarer Zeit frei werdenden (s.o.. Rz 219) Stellen geprüft und festgestellt werden, welche Arbeitnehmer für welche Stellen nach ihren Fähigkeiten und ihrer hierarchischen Einordnung geeignet sind. Darauf ist nach den Kriterien der Sozialauswahl festzustellen, gegenüber welchen Arbeitnehmern Beendigungskündigungen und gegenüber welchen Versetzungen bzw. Änderungskündigungen ausgesprochen werden. Größere Rechtssicherheit kann dadurch erzielt werden, dass den schutzbedürftigsten Arbeitnehmern die für sie in Betracht kommenden Stellen zunächst unter Fristsetzung und Hinweis auf die ansonsten drohende Beendigung des Arbeitsverhältnisses und auf den Änderungsschutz nach § 2 KSchG angeboten werden. Lehnen sie das Angebot auch für den Fall seiner sozialen Rechtfertigung ab (s.o. Rz 227), kann eine Beendigungskündigung ausgesprochen werden und der Arbeitsplatz dem seiner Schutzbedürftigkeit nach nächstfolgenden Arbeitnehmer angeboten werden (instruktiv *Bauer/Winzer* BB 2006, 266, 269 – 272; vgl. auch APS-*Kiel* Rz 645; *Schmitt* S. 111 ff.).

d) Vergleichbarkeit der Arbeitnehmer

aa) Allgemeines

614 Die soziale Auswahl nach § 1 Abs. 3 S. 1 KSchG erstreckt sich innerhalb des Betriebes nur auf Arbeitnehmer, die **miteinander verglichen werden können.** Die Vergleichbarkeit der in die soziale Auswahl einzubeziehenden Arbeitnehmer richtet sich in erster Linie nach objektiven, dh **arbeitsplatzbezogenen Merkmalen** und damit nach der bisher ausgeübten Tätigkeit (*BAG* 28.10.2004 EzA § 1 KSchG Soziale Auswahl Nr. 56, zu II 3 b dd; 3.6.2004 EzA § 1 KSchG Soziale Auswahl Nr. 55, zu II 2 a; 29.3.1990 EzA § 1 KSchG Soziale Auswahl Nr. 29 m. zust. Anm. *Preis*; 7.2.1985 EzA § 1 KSchG Soziale Auswahl Nr. 20 = SAE 1988, 149 mit zust. Anm. *Färber*; *Dudenbostel* DB 1984, 826; *Löwisch/Spinner* Rz 349; nach *v. Hoyningen-Huene* NZA 1994, 1013 sind die entscheidenden Kriterien für die Vergleichbarkeit die Berufsausbildung sowie die im Laufe der Beschäftigung gewonnenen beruflichen Erfahrungen; auf die Qualifikation stellt auch LAG Hamm 13.11.1987 RzK I 5c Nr. 25 ab), aber auch nach der Qualifikation (s.u. Rz 618). Dabei ist zunächst festzustellen, ob und ggf. **welche Arbeitsplätze** durch innerbetriebliche Maßnahmen oder durch außerbetriebliche Ursachen ganz oder teilweise **zum Fortfall gekommen sind**. Auszugehen ist bei der Prüfung von dem Arbeitsplatz, der wegfällt (*BAG* 7.4.1993 EzA § 1 KSchG Soziale Auswahl Nr. 30, zu II 5 a; APS-*Kiel* Rz 672; *Löwisch/Spinner* Rz 349; KDZ-*Kittner* § 1 Rz 447; DW-*Dornbusch/Volk* Rz 515).

615 Bei einer Reihe von betrieblichen Gründen (zB bei einem allgemeinen Personalabbau oder bei einer produktionsbezogenen Einschränkung des Fertigungsbetriebes) lassen sich die unmittelbar betroffenen Arbeitnehmer nicht ohne weiteres ermitteln. Feststellbar ist in diesen Fällen meist nur eine quantitative Gruppenbetroffenheit (*LAG Düsseld.* 3.6.1982 DB 1982, 1935). Bei **rein quantitativen Anpassungsprozessen** geht es zumeist darum, dass jeweils in bestimmten Arbeitnehmergruppen (zB Abteilungsleiter, Meister, Vorarbeiter, Facharbeiter, Hilfsarbeiter) ein personeller Überhang abzubauen ist. Bei derartigen Fallkonstellationen ist von einer **gruppenspezifischen Betrachtungsweise** auszugehen (*W. Müller* DB 1975, 2134; **aA** *Weng* DB 1978, 885). Die Angehörigen der jeweiligen betrieblichen Funktionsgruppe (zB die Gruppe der kaufmännischen oder technischen Abteilungsleiter) bilden jeweils einen auswahlrelevanten Personenkreis. Innerhalb solcher Funktionsgruppen können Arbeitsplätze entfallen, ohne dass sie sich bestimmten Arbeitnehmern zuordnen lassen. Damit sind die Arbeitsplätze sämtlicher Arbeitnehmer der Gruppe unmittelbar betroffen.

Sozial ungerechtfertigte Kündigungen § 1 KSchG

Nach Ermittlung der konkret betroffenen Arbeitsplätze ist zu untersuchen, ob im Betrieb Arbeitsplätze 616
mit identischen oder mit vergleichbaren Aufgabenbereichen vorhanden sind. Vergleichbar sind (nur)
alle Arbeitnehmer, die **austauschbar** sind, dh deren Funktion auch von den Arbeitnehmern wahrgenommen werden könnte, deren Arbeitsplatz weggefallen ist (*BAG* 9.10.1986 RzK I 5d Nr. 16; 28.10.2004
EzA § 1 KSchG Soziale Auswahl Nr. 56, zu II 3 b dd).

Die Vergleichbarkeit der Arbeitnehmer setzt im Einzelnen voraus, dass die betroffenen Arbeitnehmer 617
auf einem vorhandenen Arbeitsplatz tatsächlich und rechtlich einsetzbar sind. In die Sozialauswahl
können nur solche Arbeitnehmer einbezogen werden, deren **Aufgabenbereich** miteinander vergleichbar ist (**tatsächliche Einsetzbarkeit**, s.u. Rz 618 – 620). Weiter muss der Arbeitgeber in der Lage sein,
den Arbeitnehmer, dessen Arbeitsplatz wegfällt, nach den arbeitsvertraglichen Vorgaben kraft seines
Direktionsrechts auf den in Betracht kommenden anderen Arbeitsplatz umzusetzen bzw. zu versetzen (**rechtliche Einsetzbarkeit**, s.u. Rz 621 ff.). Schließlich können nur Arbeitnehmer auf derselben
Ebene der Betriebshierarchie in die Sozialauswahl einbezogen werden (**horizontale Vergleichbarkeit**;
s.u. Rz 623 f.).

Diese Grundsätze bedürfen einer Anpassung, wenn der Arbeitgeber wegen des Wegfalls des Arbeits- 617a
platzes eines betriebsverfassungsrechtlichen Funktionsträgers einen anderen Arbeitsplatz **freikündigt**,
um seine Pflichten nach § 15 Abs. 4, 5 KSchG zu erfüllen (hierzu KR-*Etzel* § 15 KSchG Rz 126 ff.), und
dafür mehrere vergleichbare Arbeitnehmer vorhanden sind. In diesem Fall geht die die Kündigung veranlassende Störung nicht von einem der Arbeitsplätze der in die Sozialauswahl einzubeziehenden Arbeitnehmer aus, sondern von einem anderen, der nicht notwendig vergleichbar ist und sich bisher sogar
auf einer höheren Ebene der Betriebshierarchie befunden haben kann. Hier fehlt ein Anlass zur Anwendung des Kriteriums der Austauschbarkeit der in die Sozialauswahl einzubeziehenden Arbeitnehmer, da diese nicht untereinander ausgetauscht werden müssen. Geeignet und damit austauschbar sein
muss lediglich der den Sonderkündigungsschutz genießende Mandatsträger. Die Auswahl erstreckt
sich dann auf alle Arbeitnehmer, die auf nach den Kriterien von § 15 Abs. 5 KSchG in Betracht kommenden Arbeitsplätzen beschäftigt werden, die dem Mandatsträger zumutbar sind und auf der seiner
bisherigen Position am nächsten liegenden Ebene der Betriebshierarchie angesiedelt sind.

bb) Aufgabenbereich

Der Aufgabenbereich eines Arbeitnehmers ist gekennzeichnet durch die **ausgeübte Tätigkeit** und die 618
für den Arbeitsplatz erforderliche **Qualifikation**. Bei **völliger Identität der Aufgabenbereiche** spielen
wegen der uneingeschränkten Austauschbarkeit qualifikationsbezogene Merkmale bei der Bestimmung des auswahlrelevanten Personenkreises keine Rolle (*W. Müller* DB 1975, 2134; *Weng* DB 1978,
885). Bei einer nur **partiellen Identität der Aufgabenbereiche**, die durch eine funktionsbezogene Betrachtung festzustellen ist, ist weiter zu prüfen, ob der unmittelbar vom Wegfall seines Arbeitsplatzes
betroffene Arbeitnehmer mit Arbeitnehmern, die im Betrieb eine vergleichbare Aufgabenstellung innehaben, ausgetauscht werden kann (sog. subjektive Ebene). Erforderlich ist nicht, dass die Arbeitnehmer bereits bisher identische Aufgaben ausgeführt haben, sondern dass der Arbeitnehmer, dessen Arbeitsplatz entfällt, nach seiner beruflichen Erfahrung und Qualifikation die Tätigkeit der in die
Auswahl einzubeziehenden Arbeitnehmer ggf. nach einer kurzen Einarbeitungszeit übernehmen
könnte (*BAG* 29.3.1990 EzA § 1 KSchG Soziale Auswahl Nr. 29; 3.12.1998 EzA § 1 KSchG Soziale Auswahl Nr. 37, zu II 3 b; 23.11.2004 EzA § 1 KSchG Betriebsbedingte Kündigung Nr. 134, zu B II 3 a aa;
2.6.2005 EzA § 1 KSchG Soziale Auswahl Nr. 63, zu B I 4 a aa). Die Festlegung des Anforderungsprofils
der anderen Arbeitsplätze obliegt der freien unternehmerischen Entscheidung des Arbeitgebers (*BAG*
7.11.1996 EzA § 1 KSchG Betriebsbedingte Kündigung Nr. 88 mit krit. Anm. *Söllner*). Die **Eingruppierung** kann für die Feststellung der Vergleichbarkeit der Arbeitnehmer in engen Grenzen herangezogen
werden (*BAG* 25.4.1985 EzA § 1 KSchG Betriebsbedingte Kündigung Nr. 35; 10.11.1994 EzA § 1 KSchG
Betriebsbedingte Kündigung r. 82, zu II 3 c; *Preis* DB 1984, 2247). Bei Hilfstätigkeiten kommt der identischen Eingruppierung ein ausreichender Indizwert zu (*BAG* 5.12.2002 EzA § 1 KSchG Soziale Auswahl Nr. 50). Umgekehrt steht bei identischem Aufgabenbereich eine unterschiedliche Vergütung der
Vergleichbarkeit nicht entgegen (*LAG Nds.* 27.9.2000 – 8 Sa 1409/97 – nv).

Gesundheitliche Leistungsmängel des betroffenen Arbeitnehmers stehen seiner Qualifikation und 619
damit einer Vergleichbarkeit mit anderen Arbeitnehmern nicht entgegen (KDZ-*Kittner* Rz 459; *v. Hoyningen-Huene/Linck* Rz 452; HK-*Dorndorf* Rz 1050). Sind die Gesundheitsmängel erheblich, können sie
lediglich eine personenbedingte Kündigung wegen dauernder Minderung der Leistungsfähigkeit
rechtfertigen (s.o. Rz 375 ff.). Reichen sie nicht für eine personenbedingte Kündigung aus, würde ihre

Berücksichtigung bei der Vergleichbarkeit von Arbeitsplätzen zur Aushöhlung des Kündigungsschutzes gegen personenbedingte Kündigungen führen. Allerdings können gesundheitliche Leistungsmängel, die für eine personenbedingte Kündigung nicht ausreichen, bei der Prüfung der betrieblichen Interessen iSv § 1 Abs. 3 S. 2 KSchG berücksichtigt werden (APS-*Kiel* Rz 676; s.u. Rz 637, 648).

620 Arbeitnehmer sind nur dann austauschbar, wenn der unmittelbar vom Arbeitsplatzwegfall betroffene Arbeitnehmer aufgrund seiner fachlichen Qualifikation oder wegen der Art des Arbeitsplatzes des in die Auswahl einbezogenen Arbeitnehmers auf diesem ggf. **nach einer relativ kurzen Einarbeitungszeit einsetzbar** ist (*Meisel* BB 1963, 1060; *Weng* DB 1978, 885). Der aktuelle Stand der Kenntnisse und Fähigkeiten hat erhebliche Bedeutung (*BAG* 5.5.1994 EzA § 1 KSchG Soziale Auswahl Nr. 31; zu eng *LAG Köln* 11.4.1997 RzK I 5 d Nr. 59, das zur Ermittlung der Dauer der Einarbeitungszeit nur auf allgemeine Erfahrungswerte ohne Berücksichtigung individueller Besonderheiten abstellt). Ein arbeitsplatzbezogener Routinevorsprung hat bei der Vergleichbarkeit außer Betracht zu bleiben (*BAG* 25.4.1985 EzA § 1 KSchG Betriebsbedingte Kündigung Nr. 35; *Dudenbostel* DB 1984, 828; *Färber* NZA 1985, 176; *Hillebrecht* VVA 1984, 177). Welcher Einarbeitungszeitraum dem Arbeitgeber zugemutet werden kann, hängt von den **Umständen des Einzelfalles** ab, insbes. von der Dauer der Betriebszugehörigkeit, der beruflichen Vorbildung und dem Lebensalter des Arbeitnehmers (*LAG Brem.* 3.5.1996 LAGE § 1 KSchG Soziale Auswahl Nr. 16; das *BAG* – 25.4.1985 EzA § 1 KSchG Betriebsbedingte Kündigung Nr. 35 und 15.6.1989 EzA § 1 KSchG Soziale Auswahl Nr. 27 – spricht von einer »kurzen Einarbeitszeit« und hält in dem Urteil vom 5.5.1994 – EzA § 1 KSchG Soziale Auswahl Nr. 31 – eine Einarbeitungszeit von drei Monaten für zu lang; für ein Abstellen auf die im Betrieb übliche Probezeit APS-*Kiel* § 1 KSchG Rz 675; *v. Hoyningen-Huene/Linck* Rz 451; *Färber* aaO; für einen Zeitraum bis zu sechs Monaten *ArbG Wetzlar* 26.7.1983 DB 1983, 2785). Der Arbeitgeber ist aber **nicht verpflichtet, einen Arbeitnehmer umzuschulen,** damit dieser aufgrund der zusätzlichen Qualifikation auf einem anderen Arbeitsplatz eingesetzt werden kann, der mit einem Arbeitnehmer besetzt ist, der sozial besser gestellt ist (*Dudenbostel* aaO; *Färber* aaO; *Löwisch/Spinner* § 1 Rz 350; *Hillebrecht* aaO).

cc) **Direktionsrecht zur Umsetzung**

621 Arbeitnehmer sind nur dann austauschbar und damit vergleichbar, wenn der Arbeitgeber den Arbeitnehmer kraft seines Direktionsrechts **einseitig auf den anderen Arbeitsplatz versetzen** kann (*BAG* 15.6.1989 EzA § 1 KSchG Soziale Auswahl Nr. 27; 29.3.1990 EzA § 1 KSchG Soziale Auswahl Nr. 29 m. zust. Anm. *Preis*; 28.10.2004 EzA § 1 KSchG Soziale Auswahl Nr. 56, zu II 3 b dd; 24.5.2005 EzA § 613a BGB 2002 Nr. 37, zu II 3 a; *Oetker* FS Wiese S. 346 f.; *Schiefer* NZA-RR 2002, 172; SPV-*Preis* Rz 1051 ff.; **aA** HK-*Dorndorf* Rz 1043 ff.; *Löwisch/Spinner* Rz 352; krit. auch *Preis* NZA 1997, 1083). Beschränkungen der Ausübung des Direktionsrechts durch den Vorbehalt billigen Ermessens nach § 106 S. 1 GewO sind dabei nicht zu berücksichtigen (vgl. *BAG* 3.6.2004 EzA § 1 KSchG Soziale Auswahl Nr. 55, zu C II 2 b). Danach scheidet eine Vergleichbarkeit von Arbeitsplätzen in allen Fällen aus, in denen eine anderweitige Beschäftigung nur aufgrund einer Vertragsänderung oder Änderungskündigung in Betracht kommt (*BAG* 29.3.1990 EzA § 1 KSchG Soziale Auswahl Nr. 29). Das gilt selbst dann, wenn es sich um vom Tätigkeitsfeld her vergleichbare Arbeitnehmer anderer Arbeitsbereiche handelt (*BAG* 17.2.2000 EzA § 1 KSchG Soziale Auswahl Nr. 43 m. krit. Anm. *Kittner* = AP Nr. 46 zu § 1 KSchG 1969 Soziale Auswahl m. krit. Anm. *Kassen*), wenn der Arbeitnehmer vor einer Vertragsänderung in dem anderen Arbeitsbereich tätig war (*BAG* 17.9.1998 EzA § 1 KSchG Soziale Auswahl Nr. 36 m. zust. Anm. *Gutzeit* = AP Nr. 36 zu § 1 KSchG Soziale Auswahl m. zust. Anm. *Oetker* = SAE 1999, 167m. zust. Anm. *Langenbucher*) oder wenn die Begrenzung des Direktionsrechts lediglich darauf beruht, dass sich die Arbeitsbedingungen im Laufe der Zeit auf einen bestimmten Arbeitsplatz konkretisiert haben (*BAG* 3.6.2004 EzA § 1 KSchG Soziale Auswahl Nr. 55, zu C II 2 b; APS-*Kiel* Rz 680).

622 Der Arbeitgeber ist **nicht verpflichtet, eine Vergleichbarkeit von Arbeitnehmern** dadurch **herzustellen,** dass er einem sozial schutzwürdigeren Arbeitnehmer eine Weiterbeschäftigung zu geänderten (gleich günstigen, günstigeren oder ungünstigeren) Arbeitsbedingungen anbietet, um ihm dadurch einen Arbeitsplatz zu verschaffen, der zur Zeit mit einem sozial besser gestellten Arbeitnehmer besetzt ist, dem dann nach sozialen Gesichtspunkten gekündigt werden müsste (*BAG* 29.3.1990 EzA § 1 KSchG Soziale Auswahl Nr. 29; 28.10.2004 EzA § 1 KSchG Soziale Auswahl Nr. 56, zu II 3 b dd; 24.5.2005 EzA § 613a BGB 2002 Nr. 37, zu II 3 a). Eine solche Arbeitsvertragsänderung wäre eine unzulässige Vertragsgestaltung zu Lasten eines Dritten, nämlich des dann zu kündigenden Arbeitnehmers (APS-*Kiel* Rz 677; *Gaul* NZA 1992, 675). Zudem soll dem Arbeitgeber nicht zugemutet werden, uU neben einer Kündigungsschutzklage auch noch einer Änderungsschutzklage des sozial schutzwürdige-

ren Arbeitnehmers ausgesetzt zu sein. Der betroffene Arbeitnehmer kann auch eine Vergleichbarkeit mit anderen Arbeitnehmern nicht dadurch herstellen, dass er sich im Hinblick auf eine bevorstehende Kündigung mit einer Versetzung auf deren Arbeitsplatz einverstanden erklärt.

dd) Horizontale und vertikale Vergleichbarkeit

In die Sozialauswahl sind generell nur Arbeitnehmer derselben Ebene der Betriebshierarchie einzubeziehen (»**horizontale Vergleichbarkeit**«). **Arbeitnehmer auf anderen Ebenen der Betriebshierarchie (»vertikale Vergleichbarkeit«) bleiben außer Acht** (*BAG* 4.2.1993 RzK I 5d Nr. 31; 29.3.1990 EzA § 1 KSchG Soziale Auswahl Nr. 29 m. zust. Anm. *Preis*; *v. Hoyningen-Huene/Linck* Rz 445, 447 mwN). Von einem Teil des Schrifttums wird die vertikale Vergleichbarkeit bei einer Bereitschaft des zu kündigenden Arbeitnehmers, zu geänderten Bedingungen weiterzuarbeiten, für zulässig gehalten (*Dudenbostel* DB 1984, 826; *Hillebrecht* VVA 1984, 177; *Rost* ZIP 1982, 402; *Schaub* NZA 1987, 221; **aA** *Färber* NZA 1985, 175; *Löwisch/Spinner* Rz 357; *v. Hoyningen-Huene/Linck* Rz 446 b; *Jobs* DB 1986, 539; *Schulin* Anm. EzA § 1 KSchG Soziale Auswahl Nr. 20). 623

Das *BAG* lehnt eine **vertikale Vergleichbarkeit** bei der sozialen Auswahl zu **Recht ab** (29.3.1990 EzA § 1 KSchG Soziale Auswahl Nr. 29; 3.6.2004 EzA § 1 KSchG Soziale Auswahl Nr. 55, zu C II 1). Die Anerkennung der vertikalen Vergleichbarkeit würde eine dem Gesetz widersprechende Übertragung der Grundsätze der Erforderlichkeit und Verhältnismäßigkeit auf das Verhältnis der Arbeitnehmer untereinander bedeuten. Auf diese Grundsätze kann sich nach der Systematik der betriebsbedingten Kündigung der Arbeitnehmer nur gegenüber dem Arbeitgeber, nicht aber gegenüber anderen Arbeitnehmern berufen. Gegen die Anerkennung einer vertikalen Vergleichbarkeit spricht darüber hinaus und vor allem, dass sie zur Bestandsschutzgefährdung von Arbeitsverhältnissen führt, die nicht unmittelbar von außer- oder innerbetrieblichen Gründen betroffen sind. Das Abstellen auf das Einverständnis des Arbeitnehmers vor oder unmittelbar nach der Kündigung bewirkt, dass der auswahlrelevante Personenkreis von der Reaktion der zu kündigenden oder der gekündigten Arbeitnehmer abhängig ist. Da es für die soziale Rechtfertigung einer betriebsbedingten Kündigung auf die Verhältnisse zum Zeitpunkt des Kündigungszugangs ankommt (s.o. Rz 550 ff.), hätte die Berücksichtigung einer späteren Einverständniserklärung des Arbeitnehmers zudem eine nachträgliche Erweiterung des auswahlrelevanten Personenkreises zur Folge. Bei einem Abstellen auf ein vorheriges Einverständnis des Arbeitnehmers (so *Hillebrecht* VVA 1984, 177) bestehen zwar diese Bedenken nicht. Die Anerkennung einer vertikalen Vergleichbarkeit führt aber auch dann zu einer **zweckwidrigen Interpretation der sozialen Auswahl** iS eines dringenden betrieblichen Erfordernisses gegenüber nicht unmittelbar betroffenen Arbeitnehmern (*Färber* NZA 1985, 178; *Jobs* DB 1986, 539; *Schulin* Anm. EzA § 1 KSchG Soziale Auswahl Nr. 20). 624

ee) Teilzeitbeschäftigte

Teilzeit- und vollzeitbeschäftigte Arbeitnehmer sind nach der Rspr. des BAG in der Sozialauswahl vergleichbar, wenn es dem Arbeitgeber mit der beabsichtigten betriebsbedingten Kündigung allein um die **Reduzierung des** zur Verfügung stehenden **Arbeitsvolumens** geht. Dann kann er nach den Grundsätzen der Sozialauswahl Arbeitsverhältnisse beenden, bis das von ihm angestrebte Gesamtvolumen der Reduzierung erreicht ist, ohne dass es auf den konkreten Umfang der Arbeitszeit der betroffenen Arbeitnehmer ankommt. Verbleibt danach ein nennenswertes Restvolumen, muss sich der Arbeitgeber nach dem Grundsatz der Verhältnismäßigkeit gegenüber dem sozial schutzwürdigsten der zu entlassenden Arbeitnehmer auf eine Änderungskündigung beschränken und ihm die Fortsetzung seines Arbeitsverhältnisses im Umfang der verbleibenden Arbeitszeit anbieten (*BAG* 3.12.1998 EzA § 1 KSchG Soziale Auswahl Nr. 37, zu II 4; 12.8.1999 EzA § 1 KSchG Soziale Auswahl Nr. 41, zu II 2 a; 22.4.2004 EzA § 1 KSchG Soziale Auswahl Nr. 53, zu B II 2 a; 15.7.2004 EzA § 1 KSchG Soziale Auswahl Nr. 54, zu C III 2 a). Dies gilt auch bei Arbeitnehmern in Altersteilzeit mit einer Halbierung ihrer Arbeitszeit über die gesamte Laufzeit des Altersteilzeitarbeitsverhältnisses (*Bredehorn* Personalwirtschaft 7/2003, S. 61). Anders ist die Rechtslage, wenn der unterschiedliche Umfang der Arbeitszeitvolumina der betroffenen Arbeitnehmer auf einem **unternehmerischen Konzept** des Arbeitgebers beruht. Dann sind die Arbeitnehmer nicht austauschbar, da Arbeitnehmer mit abweichender Arbeitszeit den vom Stellenabbau unmittelbar betroffenen Arbeitnehmer nicht ersetzen können. In solchen Fällen sind Arbeitnehmer nur vergleichbar, wenn die Unternehmerentscheidung einer Missbrauchskontrolle (s.o. Rz 521 ff.) nicht standhält (*BAG* 3.12.1998 EzA § 1 KSchG Soziale Auswahl Nr. 37, zu II 4; 12.8.1999 EzA § 1 KSchG Soziale Auswahl Nr. 41, zu II 2 a; 22.4.2004 EzA § 1 KSchG Soziale Auswahl Nr. 53, zu B II 2 b; 15.7.2004 EzA 625

§ 1 KSchG   Sozial ungerechtfertigte Kündigungen

§ 1 KSchG Soziale Auswahl Nr. 54, zu C III 2 b). Weiter sind Arbeitnehmer nicht austauschbar, wenn zu ihrer Weiterbeschäftigung eine Änderung des vertraglichen Arbeitszeitvolumens erforderlich wäre (*BAG* 10.11.1983 – 2 AZR 317/82 – nv; 24.5.2005 EzA § 613a BGB 2002 Nr. 37, zu II 3 b; *Schröder* ZTR 1995, 397 f.; **aA** *LAG Köln* 20.8.1993 DB 1994, 147). Diese Grundsätze gelten wegen der analogen Interessenlage nicht nur im Verhältnis zwischen Teilzeit- und Vollzeitbeschäftigten, sondern auch zwischen Teilzeitbeschäftigten mit unterschiedlicher Arbeitszeit (*BAG* 15.7.2004 EzA § 1 KSchG Soziale Auswahl Nr. 54, zu C III 2 d). Auch die Verhältnisse im **öffentlichen Dienst** rechtfertigen keine Abweichung (*BAG* 12.8.1999 EzA § 1 KSchG Soziale Auswahl Nr. 41, zu II 2 b). Im Prozess muss der Arbeitgeber sein unternehmerisches Konzept nachvollziehbar darlegen (*BAG* 12.8.1999 EzA § 1 KSchG Soziale Auswahl Nr. 41, zu II 2 b; 22.4.2004 EzA § 1 KSchG Soziale Auswahl Nr. 53, zu B II 2 b, d).

626 Diese Rspr. ist **mit europäischem Recht vereinbar** (*EuGH* 26.9.2000 EzA § 1 KSchG Soziale Auswahl Nr. 45) und im Grundsatz zu billigen (zust. *Linck* AR-Blattei SD 1020.1.2 Rz 69; *Kort* SAE 1999, 274; *Oetker* RdA 1999, 264). Sie entspricht den in § 4 Abs. 1 und § 8 Abs. 4 TzBfG zum Ausdruck kommenden gegenläufigen Wertungen des Gesetzgebers, die einerseits der Förderung von Teilzeitarbeit durch Verhinderung von Benachteiligungen Teilzeitbeschäftigter dienen, andererseits aber sachliche unternehmerische Dispositionen unberührt lassen wollen (*BAG* 15.7.2004 EzA § 1 KSchG Soziale Auswahl Nr. 54, zu C III 2 c). Diese Rspr. bedarf aber unter zwei Gesichtspunkten einer Einschränkung. Einerseits können geringfügige, im betrieblichen Alltag unproblematisch zu überbrückende Unterschiede zwischen den Arbeitszeiten der in Betracht kommenden Arbeitnehmer einen Ausschluss der Vergleichbarkeit nicht rechtfertigen. Andererseits muss den den §§ 4 Abs. 1, 8, 9 TzBfG zugrunde liegenden Zwecken dadurch Rechnung getragen werden, dass die Sozialauswahl generell nicht ausgeschlossen ist, wenn ein Arbeitnehmer mit unterschiedlicher Arbeitszeit zu einer einvernehmlichen Anpassung seiner Arbeitszeit bereit ist (ähnlich *Hess. LAG* 14.7.1997 LAGE § 1 KSchG Soziale Auswahl Nr. 23; *Löwisch/Spinner* Rz 355; *HK-Dorndorf* Rz 1046; *Rühle* DB 1994, 834; **aA** *v. Hoyningen-Huene/Linck* Rz 443c).

e)   Verhältnis von Sozialauswahl zu berechtigten betrieblichen Interessen

627 Die Feststellung eines »berechtigten« betrieblichen Interesses des Arbeitgebers an der Weiterbeschäftigung bestimmter Arbeitnehmer iSv § 1 Abs. 3 S. 2 KSchG setzt eine **Abwägung** des Gewichts dieses Interesses mit den durch die Wertungen von § 1 Abs. 3 S. 1 KSchG geschützten sozialen Interessen des Arbeitnehmers voraus. Dementsprechend ist bei der Prüfung zunächst eine Sozialauswahl zwischen allen in Betracht kommenden Arbeitnehmern durchzuführen und sodann zu untersuchen, ob das Ergebnis der Auswahl aufgrund betrieblicher Interessen des Arbeitgebers zu korrigieren ist (vgl. *BAG* 12.4.2002 EzA § 1 KSchG Soziale Auswahl Nr. 48 = AP Nr. 56 zu § 1 KSchG 1969 m. abl. Anm. *Bauer/Krieger*, zu II 4 b bb; 5.12.2002 EzA § 1 KSchG Soziale Auswahl Nr. 52, zu B I 3 c bb (2); *LAG Düsseld.* 4.3.1998 BB 1998, 1268; *LAG Sachsen* 24.3.2005 AuR 2005, 384; *BBDW-Bram* § 1 Rz. 318d; *Buschmann* AuR 2004, 2; *Däubler* NZA 2004, 181; *HK-Dorndorf* § 1 Rz 1097 ff.; *Kittner* AuR 1997, 184; *Löwisch* BB 2004, 155; *Löwisch/Spinner* Rz 342; *Preis* NJW 1996, 3370 und NZA 1997, 1086; *Richardi* DB 2004, 487; *Schwedes* BB 1996, Beil. 17 S. 3; *Willemsen/Annuß* NJW 2004, 178; *Zwanziger* AiB 2004, 11 f. und DB 1997, 2176; **aA** *Etzel* KR, 7. Aufl. Rz 627; *Ascheid* RdA 1997, 338; *Bader* NZA 2004, 73 und 1996, 1129; *Berkowsky* Betriebsbedingte Kündigung S. 137; *Berscheid* BuW 1997, 632; *HaKo-Gallner* Rz 712, 715; *v. Hoyningen-Huene/Linck* DB 1997, 43 f.; *Giesen* ZfA 1997, 153; *Künzl* ZTR 1996, 396; *Lakies* NJ 1997, 124; *Linck* AR-Blattei ES 1020.1.2 Rz 109; *Pauly* BDR 1997, 515; *Schiefer* DB 1997, 1520; *Schiefer/Worzalla* NZA 2004, 349 f.; *Thüsing/Stelljes* BB 2003, 1675; *Wlotzke* BB 1997, 418).

628 Der Gesetzeswortlaut ist nicht zwingend iSd Gegenauffassung zu verstehen. Zwar könnte die Anordnung »sind nicht einzubeziehen« für einen Ausschluss der von § 1 Abs. 3 S. 2 KSchG erfassten Arbeitnehmer sprechen. Dem stehen jedoch systematische Gründe entgegen. Steht das Ergebnis der Sozialauswahl und damit die sich aus ihr ergebende neue Personalstruktur nicht fest, lässt sich noch nicht abschließend feststellen, welche betrieblichen Interessen an der Herausnahme bestimmter Arbeitnehmer bestehen. Dann kann unter das Tatbestandsmerkmal »berechtigtes betriebliches Interesse« nicht subsumiert werden.

f)   Berechtigte betriebliche Interessen

aa) Allgemeines

629 Betriebliche Interessen können gem. § 1 Abs. 3 S. 2 KSchG dazu führen, dass der Arbeitgeber bestimmte Arbeitnehmer nicht in die Sozialauswahl einbeziehen muss (sog. Leistungsträger; s. Gesetzentwurf

Sozial ungerechtfertigte Kündigungen § 1 KSchG

BT-Drs. 15/204 S. 11). Während nach der bis 31.12.2003 geltenden Gesetzesfassung berechtigte betriebliche Bedürfnisse die Weiterbeschäftigung bestimmter Arbeitnehmer »bedingen« mussten, muss nunmehr die Weiterbeschäftigung im betrieblichen Interesse liegen. Aus den Worten »betriebliche Bedürfnisse« und »bedingen« wurde gefolgert, dass die Weiterbeschäftigung der betreffenden Arbeitnehmer zur Aufrechterhaltung eines ordnungsgemäßen Betriebsablaufs oder zur Leistungsfähigkeit des Betriebs notwendig ist (*Etzel* KR, 6. Aufl. Rz 673). Dies ist nun nicht mehr erforderlich (*Bader* NZA 1996, 1129; *Berscheid* BuW 1997, 634; *Fischermeier* NZA 1997, 1092; *Heise/Lessenich/Merten* Arbeitgeber 1977, 58; *Kittner* AuR 1997, 187; *Schwedes* BB 1996, Beil. 17 S. 3; aA *LAG Düsseld.* 4.3.1998 BB 1998, 1268; *Löwisch* NZA 1996, 1011; zweifelnd *Stahlhacke/Preis* WiB 1996, 1031). Nach dem Willen des Gesetzgebers soll den betrieblichen Interessen größeres Gewicht beigemessen werden (BT-Drs. 15/204, S. 11).

Als »berechtigt« sind vom Arbeitgeber geltend gemachte betriebliche Interessen nur dann anzuerkennen, wenn sie dem Betrieb gemessen an dem vom Arbeitgeber frei bestimmten Unternehmenszweck einen **nicht unerheblichen Vorteil** bringen, der bei einer Sozialauswahl nicht zu erreichen wäre (*Fischermeier* NZA 1997, 1092; *Bader* NZA 2004, 73; 1996, 1129; *Zwanziger* AiB 2004, 11; *v. Hoyningen-Huene/Linck* DB 1997, 43, stellen darauf ab, ob die Weiterbeschäftigung wegen des betrieblichen Interesses geboten erscheint; nach *Löwisch* – BB 2004, 155 – kommt es darauf an, ob die Weiterbeschäftigung aus der Sicht eines verständigen Arbeitgebers erforderlich ist; *Preis* NZA 1997, 1087 verlangt sachliche Gründe; aA *Heise/Lessenich/Merten* Arbeitgeber 1997, 5: Plausibilitätsprüfung; *Schiefer* DArbRdGgw Bd. 34, S. 100: Missbrauchskontrolle; in diesem Sinne auch HK-*Dorndorf* § 1 Rz 1100). Interessen, die nicht geeignet sind, dem vom Arbeitgeber bestimmten Unternehmenszweck zu dienen, oder dem Betrieb keinen erheblichen Vorteil bringen, können nicht als berechtigt anerkannt werden. Der insoweit **darlegungs- und beweispflichtige Arbeitgeber** (s.u. Rz 655) muss durch konkreten Sachvortrag die nicht unerheblichen Vorteile für den Betrieb so darlegen, dass nachgeprüft werden kann, ob die geltend gemachten betrieblichen Interessen an der Weiterbeschäftigung eines Arbeitnehmers als »berechtigt« anerkannt werden können (vgl. *BAG* 20.4.2005 EzA § 1 KSchG Sozialplan Nr. 60, zu B II 2 a). Pauschale Angaben wie »erhebliche Erfahrung«, »große Handfertigkeit« und »umfangreiches theoretisches Wissen« genügen dazu nicht (*BAG* 12.4.2002 EzA § 1 KSchG Soziale Auswahl Nr. 48, zu II 4 e). Die gesetzlichen Tatbestände der besonderen Kenntnisse, Fähigkeiten und Leistungen sowie der ausgewogenen Personalstruktur sind **Regelbeispiele** und – wie der Gebrauch des Wortes »insbesondere« belegt – nicht abschließend zu verstehen (*Fischermeier* aaO; *v. Hoyningen-Huene/Linck* DB 1997, 43). Dem Arbeitgeber kann jedoch nicht außerbetriebliche Umstände, etwa persönliche oder familiäre Interessen, als betriebliche Interessen geltend machen. So kann er nicht Arbeitnehmer nur deshalb von der Sozialauswahl ausnehmen, weil sie mit ihm verwandt sind (*BAG* 26.10.1995 AP 1 TVG Tarifverträge: DDR, zu 1 b bb; aA *LAG RhPf* 18.11.2002 – 4 Sa 25/02). 630

bb) Bestimmung durch Arbeitgeber

Ebenso wie zur freien Unternehmerentscheidung des Arbeitgebers die Festlegung gehört, welche Zwecke er mit seinem Unternehmen verfolgt, wie er es organisiert und mit wie vielen Mitarbeitern er es betreibt, steht es ihm auch frei, die betrieblichen Interessen festzulegen, mit denen er den Unternehmenszweck erreichen will. Ob diese Interessen als »berechtigt« anzuerkennen sind, unterliegt der gerichtlichen Nachprüfung (s.o. Rz 630). Arbeitnehmer ihrerseits können nicht berechtigte betriebliche Interessen festlegen und unter Berufung darauf ihre Herausnahme aus der Sozialauswahl verlangen (*Ascheid* RdA 1997, 338; *Bader* NZA 1996, 1129; *Berkowsky* Betriebsbedingte Kündigung, 4. Aufl. S. 139; *Berscheid* BuW 1997, 635; *v. Hoyningen-Huene/Linck* DB 1997, 43; *Pauly* MDR 1997, 516; *Wlotzke* BB 1997, 418; aA *Buschmann* AuR 1996, 288; *Kittner* AuR 1997, 188). Andererseits können sie sich uU auf vom Arbeitgeber festgelegte betriebliche Interessen berufen und deshalb ihre Herausnahme aus der Sozialauswahl fordern (s.u. Rz 632 f.). 631

cc) Berufung des Arbeitnehmers auf betriebliche Interessen

Ein Arbeitnehmer kann sich gegenüber einer Kündigung grundsätzlich nicht darauf berufen, seine Weiterbeschäftigung liege im betrieblichen Interesse (s.o. Rz 631). Anders ist es jedoch, wenn der Arbeitgeber ein betriebliches Interesse für andere Arbeitnehmer geltend macht, das einer Sozialauswahl entgegensteht. In diesem Fall kann der zur Kündigung vorgesehene Arbeitnehmer sich **auf das vom Arbeitgeber** frei **bestimmte betriebliche Interesse berufen** (*Bader* NZA 2004, 74). Dies folgt aus der Änderung des Wortlauts des § 1 Abs. 3 S. 2 KSchG. Nach der Neufassung des Satzes 2 beschränkt sich das Gesetz nicht mehr darauf zu bestimmen, unter welchen Voraussetzungen eine Kündigung nicht 632

§ 1 KSchG   Sozial ungerechtfertigte Kündigungen

wegen fehlerhafter Sozialauswahl angegriffen werden kann. Vielmehr regelt es zwingend, dass Arbeitnehmer nicht in die Sozialauswahl einzubeziehen sind, wenn ihre Beschäftigung im berechtigten betrieblichen Interesse liegt.

633 Hat der Arbeitgeber etwa geltend gemacht, zur Erhaltung einer leistungsstarken Mitarbeiterschaft könne er nicht Arbeitnehmer entlassen, die überdurchschnittliche Akkordergebnisse erzielten (zB mehr als 120 %) und deshalb seien die Arbeitnehmer X und Y aus der Sozialauswahl herauszunehmen, kann sich ein zur Kündigung vorgesehener Arbeitnehmer darauf berufen, er erziele ein ebenso überdurchschnittliches Akkordergebnis, so dass seine Weiterbeschäftigung im betrieblichen Interesse liegt. Der Arbeitgeber muss sich hier an seinen eigenen Vorgaben festhalten lassen (sog. **Selbstbindung des Arbeitgebers**; hierzu s.a. Rz 518).

dd) Kenntnisse, Fähigkeiten und Leistungen des Arbeitnehmers

634 Mit den Begriffen »Kenntnisse, Fähigkeiten und Leistungen« werden die sog. Leistungsträger des Betriebs erfasst. Es geht nur um die Kenntnisse, Fähigkeiten und Leistungen von an sich vergleichbaren Arbeitnehmern. Erfordert ein Arbeitsplatz bestimmte Kenntnisse und Fähigkeiten des Arbeitsplatzinhabers (sog. **Anforderungsprofil**), ist dieser mit auf Arbeitsplätzen, die diese Kenntnisse und Fähigkeiten nicht erfordern, beschäftigten Arbeitnehmern nicht vergleichbar, so dass schon wegen fehlender Vergleichbarkeit eine Sozialauswahl unter den betreffenden Arbeitnehmern nicht in Betracht kommt.

635 Es ist Sache des Arbeitgebers, besondere Kenntnisse und Fähigkeiten von Mitarbeitern auf vergleichbaren Arbeitsplätzen darzulegen, die er für die Erreichung des Unternehmenszieles für erforderlich hält. Dann obliegt es dem Gericht zu prüfen, ob die vom Arbeitgeber hervorgehobenen Kenntnisse und Fähigkeiten als »berechtigte« betriebliche Interessen anzuerkennen sind (s.o. Rz 630).

635a Kenntnisse beziehen sich auf Fakten, die der Arbeitnehmer aufgrund seiner Ausbildung, seiner bisherigen beruflichen Tätigkeit oder sonstigen Lebensführung erlangt hat (*Ascheid* RdA 1997, 338). Als **besondere Kenntnisse** kommen zB in Betracht erweiterte Kenntnisse durch Teilnahme an Schulungen, Sprachkenntnisse, besondere Fachkenntnisse, oder durch langjährige Berufserfahrung erworbene Kenntnisse (KPK-*Schiefer/Meisel* Rz 1230 – 1233). Fähigkeiten betreffen die Eignung des Arbeitnehmers, die vertraglich übernommenen Aufgaben zu erfüllen (*Ascheid* RdA 1997, 338). Als **besondere Fähigkeiten** können zB besondere fachliche Qualifikationen für die Durchführung uU nur selten anfallender Spezialarbeiten (*Löwisch/Spinner* Rz 383), vielseitige Verwendbarkeit und die Fähigkeit zur Wahrnehmung von Führungsaufgaben oder zur Lösung von Konflikten unter Arbeitskollegen angesehen werden (*Löwisch/Spinner* Rz 384).

636 Dem Arbeitgeber obliegt es ggf. auch, die jeweils **erforderliche Zahl der Mitarbeiter** mit bestimmten Fähigkeiten und Kenntnissen festzulegen und im Streitfall konkret darzulegen, welche Vorteile die Weiterbeschäftigung dieser Arbeitnehmer für den Betrieb bringt (s.o. Rz 630). Sind mehr Arbeitnehmer mit speziellen Kenntnissen und Fähigkeiten vorhanden als benötigt, hat er die Auswahl unter ihnen nach sozialen Gesichtspunkten vorzunehmen (*Ascheid* RdA 1997, 339; *Löwisch/Spinner* Rz 383). § 1 Abs. 3 S. 1 KSchG ist insoweit entsprechend anwendbar. Damit sind die Bedenken von *Willemsen/Annuß* (NJW 2004, 178) gegen eine grundsätzliche Herausnahme der Leistungsträger vor einer Sozialauswahl gegenstandslos.

637 Zu den Fähigkeiten des Arbeitnehmers zählt auch seine **körperliche Eignung** zur Erfüllung der Anforderungen der übertragenen Tätigkeit (*BAG* 26.10.1995 AP 1 TVG Tarifverträge: DDR, zu 1 b bb). Das bedeutet unter anderem, dass bei einer **erheblich geringeren Krankheitsanfälligkeit** bestimmter Arbeitnehmer deren Weiterbeschäftigung im betrieblichen Interesse liegen kann (*v. Hoyningen-Huene/Linck* 12. Aufl., Rz 479a; **aA** HK-*Dorndorf* Rz 1113 f.; *Preis* NZA 1997, 1084; *Löwisch/Spinner* Rz 387). Auf die Frage, ob anderen Arbeitnehmern, die in die Sozialauswahl einzubeziehen sind, auch aus personenbedingten Gründen gekündigt werden könnte, kommt es nicht an. Es geht nicht um das Vorliegen der Voraussetzungen einer krankheitsbedingten Kündigung, sondern umgekehrt um die Frage, ob die Weiterbeschäftigung des konkurrierenden, weniger krankheitsanfälligen Arbeitnehmers ein berechtigtes betriebliches Interesse des Arbeitgebers ist.

638 Leistungen beziehen sich auf den Umfang und die Güte der erledigten Arbeit (*Ascheid* RdA 1997, 338). **Besondere Leistungen** liegen vor, wenn ein Arbeitnehmer wesentlich leistungsstärker ist als der gekündigte Arbeitnehmer (KPK-*Schiefer/Meisel* Rz 1239). **Erhebliche Leistungsunterschiede** konnten

auch schon nach der bis 30.9.1996 geltenden Gesetzeslage die Weiterbeschäftigung bestimmter Arbeitnehmer ohne Rücksicht auf ihre Sozialdaten bedingen. Das Bundesarbeitsgericht hat aber die Notwendigkeit einer Weiterbeschäftigung im betrieblichen Interesse gefordert (*BAG* 24.3.1983 EzA § 1 KSchG Betriebsbedingte Kündigung Nr. 21). Eine solche Notwendigkeit ist jetzt nicht mehr erforderlich. Vielmehr ist bei erheblichen Leistungsunterschieden von Arbeitnehmern im Allgemeinen ein berechtigtes betriebliches Interesse anzuerkennen, den leistungsstärkeren Arbeitnehmer zu behalten. Der Arbeitgeber kann auch festlegen, wie viele Arbeitnehmer ein bestimmtes Leistungsniveau erreichen müssen, um das Unternehmensziel zu erreichen, zB bei Akkordarbeiten zehn Arbeitnehmer mit einem jährlichen Akkorddurchschnitt von 110 %, bei Fließbandarbeiten zehn Arbeitnehmer mit einem unterdurchschnittlichen Ausschuss. Unter diesen ist ggf. in entsprechender Anwendung von § 1 Abs. 3 S. 1 KSchG eine Sozialauswahl vorzunehmen. Der Arbeitgeber kann auch spezielle Leistungen einzelner Arbeitnehmer als betriebliches Interesse festlegen, das der Einbeziehung in die Sozialauswahl entgegensteht, zB verwirklichte betriebliche Verbesserungsvorschläge oder besonders gute Beziehungen zu bestimmten Kunden und Lieferanten, die bei einem Ausscheiden verloren gehen und damit zu einem Umsatzrückgang führen könnten (*Löwisch/Spinner* Rz 385).

Die Entscheidung des Arbeitgebers zur Hervorhebung bestimmter Kenntnisse, Fähigkeiten und Leistungen ist daraufhin überprüfbar, ob sie dem Betrieb einen nicht unerheblichen Vorteil bringt (s.o. Rz 630). Dabei kommt es nach der Rechtslage seit 1.1.2004 auf die wirtschaftliche Situation des Unternehmens nicht mehr an. Auch bei Unternehmen mit guter Ertragslage kann die Weiterbeschäftigung von Leistungsträgern im berechtigten betrieblichen Interesse liegen (*Löwisch/Spinner* Rz 395). 639

ee) Ausgewogene Personalstruktur

Die Sicherung einer ausgewogenen Personalstruktur ist seit 1.1.2004 vom Gesetzgeber ausdrücklich als mögliches berechtigtes betriebliches Interesse anerkannt worden (dies war nach bisherigem Recht streitig; bejahend *ArbG Senftenberg* 15.8.1996 ZTR 1996, 566; verneinend *Sächs. LAG* 10.6.1996 LAGE § 1 KSchG Soziale Auswahl Nr. 17; *LAG Köln* 29.6.1995 BB 1995, 2661). § 1 Abs. 3 S. 2 KSchG erkennt nur die **Erhaltung** einer ausgewogenen Personalstruktur als berechtigtes betriebliches Interesse an, nicht aber deren Herstellung, dh eine Veränderung der bisherigen Personalstruktur (*BAG* 23.11.2000 EzA § 1 KSchG Soziale Auswahl Nr. 46 = AP Nr. 114 zu § 1 KSchG 1969 m. zust. Anm. *Bütefisch*; *LAG Düsseld.* 17.3.2000 DB 2000, 1572; *APS-Kiel* Rz 749; *Bader* NZA 2004, 74 und 1996, 1129; *Fischermeier* NZA 1997, 1093; *v. Hoyningen-Huene/Linck* DB 1997, 43; *Löwisch* NZA 1996, 1011; *Preis* NJW 1996, 3371; **aA** *Heise/Lessenich/Merten* Arbeitgeber 1997, 58; *Schiefer* ArbRdGgw 34, 1997, S. 99). Dies entspricht dem Willen des Gesetzgebers des Jahres 1996, der ausdrücklich von der »Erhaltung« einer ausgewogenen Personalstruktur spricht und sich hierbei auf die 4. Aufl. dieses Kommentars (§ 1 KSchG Rz 598a) bezieht, in dem die Herstellung einer gesunden Altersstruktur abgelehnt wurde. Zudem wird diese Auslegung durch die unterschiedliche Fassung der Regelung von § 125 Abs. 1 S. 1 Nr. 2 InsO belegt, nach der eine Sozialauswahl nicht zu beanstanden ist, wenn durch sie eine ausgewogene Personalstruktur erhalten **oder geschaffen** wird. 640

Unter Sicherung einer ausgewogenen Personalstruktur ist die Aufrechterhaltung der **bisherigen Personalstruktur** des Betriebes zu verstehen (*Ascheid* RdA 1997, 338; *Berkowsky* Betriebsbedingte Kündigung, 4. Aufl. S. 140 f.; *Fischermeier* NZA 1997, 1093; *Löwisch/Spinner* Rz 391). Der Auffassung, dass für die Sicherung der Personalstruktur die Struktur bereits ausgewogen ist (*Bader* NZA 1996, 1129; *Wlotzke* BB 1997, 418), ist nicht zu folgen (*Fischermeier* aaO; *Heise/Lessenich/Merten* Arbeitgeber 1997, 58). Der Gesetzeswortlaut ist zwar missverständlich, nach dem Sinn des Gesetzes soll aber die Verhinderung einer Verschlechterung der Personalstruktur als berechtigtes betriebliches Interesse anerkannt werden. Wenn danach jedenfalls eine ausgewogene Personalstruktur gesichert werden kann, ist es erst recht zulässig, eine weitere Verschlechterung einer schon unbefriedigenden Personalstruktur zu verhindern (*Fischermeier* aaO; *Heise/Lessenich/Merten* aaO). 641

Der Begriff »Personalstruktur« geht über den Begriff »Altersstruktur« hinaus (*BAG* 28.8.2003 EzA § 125 InsO Nr. 1, zu B II 3 b bb (3); zweifelnd *Lakies* NJ 1997, 124; *Preis* NZA 1997, 1084). Unter »Personalstruktur« ist die **Zusammensetzung der Belegschaft nach bestimmten Eigenschaften** zu verstehen, zB nach dem Alter, nach der Leistung, nach bestimmten Verhaltensweisen (Pflichtverletzungen), nach Fehlzeiten oder nach dem Geschlecht. 642

Personalstrukturen betreffen stets eine **Mehrzahl von Personen** mit bestimmten Eigenschaften. Daher werden solche Strukturen durch die Entlassung weniger Arbeitnehmer im Allgemeinen nicht wesent- 643

§ 1 KSchG   Sozial ungerechtfertigte Kündigungen

lich berührt und demgemäß auch nicht wesentlich verschlechtert. Gleichwohl lässt sich dem Gesetz nicht entnehmen, dass das Merkmal der ausgewogenen Personalstruktur nur bei Massenentlassungen anwendbar ist (*Linck* AR-Blattei SD 1020.1.2 – Stand 1997 – Rz 89; **aA** *Preis* NJW 1996, 3371 und NZA 1998, 1085), auch wenn dies in der Praxis der Hauptanwendungsfall sein dürfte (vgl. BAG 23.11.2000 EzA § 1 KSchG Soziale Auswahl Nr. 46). Allerdings sind an die Darlegungslast des Arbeitgebers erhöhte Anforderungen zu stellen, wenn er bei nur wenigen betriebsbedingten Kündigungen einzelne Arbeitnehmer unter Berufung auf eine bestimmte Personalstruktur nicht in die Sozialauswahl einbeziehen will (*Fischermeier* NZA 1997, 1083).

644   Der Arbeitgeber kann zur Erhaltung einer bestimmten Personalstruktur innerhalb des in Betracht kommenden Personenkreises **abstrakte Gruppen mit unterschiedlichen Strukturmerkmalen** bilden und aus jeder Gruppe die gleiche Prozentzahl für Kündigungen vorsehen. Innerhalb der Gruppen ist dann die Sozialauswahl vorzunehmen. Der Arbeitgeber hat bei der Gruppenbildung einen gewissen **Beurteilungsspielraum** (BAG 20.4.2005 EzA § 1 KSchG Soziale Auswahl Nr. 60, zu II 1 b), der allerdings durch Diskriminierungsverbote begrenzt ist (s.u. Rz 645a, 649) und darauf überprüfbar ist, ob die Gruppen nach unsachlichen Gesichtspunkten oder gar zielgerichtet zur Kündigung einzelner Arbeitnehmer gebildet wurden (*Fischermeier* NZA 1997, 1093; *v. Hoyningen-Huene/Linck* DB 1997, 43).

645   Die Erhaltung einer ausgewogenen **Altersstruktur** bedeutet nach hM, dass das Verhältnis der älteren zu den jüngeren Mitarbeitern in etwa gleich bleibt (**aA** *Stückmann* AuA 1997, 8, nach dem zunächst alle jüngeren Arbeitnehmer, die eine Überalterung des Personalbestandes verhindern würden, aus der Sozialauswahl auszunehmen sind). Der Arbeitgeber kann nach dem bisherigen Verständnis der Norm Altersgruppen innerhalb des zur Sozialauswahl anstehenden Personenkreises bilden, etwa Gruppen der bis 30-jährigen, 31-40-jährigen, 41-50-jährigen, 51-60-jährigen und älter als 60-jährigen Arbeitnehmern, und aus diesen Gruppen anteilmäßig gleich viele Arbeitnehmer (zB 10 %) entlassen; die Sozialauswahl ist dann innerhalb der einzelnen Gruppen vorzunehmen (BAG 23.11.2000 EzA § 1 KSchG Soziale Auswahl Nr. 46, zu B III 4; *Hess.* LAG 24.6.1999 NZA-RR 2000, 74; *Berkowsky* Betriebsbedingte Kündigung, 4. Aufl. S. 190; *Gaul/Lunk* NZA 2004, 189; *Siedel* ZTR 1996, 452; *Berscheid* AnwBl 1995, 14). Das BAG hat auch die Bildung von Altersstufen in Fünfjahresschritten für zulässig angesehen (20.4.2005 EzA § 1 KSchG Soziale Auswahl Nr. 60, zu II 1 b).

645a Ob diese Rechtslage nach dem Ablauf der Umsetzungsfrist der Richtlinie 2000/78/EG und dem Urteil des *EuGH* im Fall Mangold/Helm (25.11.2005 EzA § 14 TzBfG Nr. 21) aufrechterhalten werden kann, erscheint fraglich (vgl. *Willemsen/Schweibert* NJW 2006, 2583, 2586; **aA** *APS-Kiel* Rz 755n; *BBDW-Bram* Rz 323f; *Braun* FA 2006, 260, 262). Derartige Altersgruppensysteme knüpfen direkt an ein bestimmtes Alter an und benachteiligen die jeweils jüngsten Gruppenmitglieder unmittelbar wegen ihres Alters, während die jeweils ältesten wegen ihres Alters bevorzugt werden. Es wird sachlich kaum zu rechtfertigen sein, dass bspw. ein schutzbedürftigerer 51-jähriger entlassen werden kann, um einen weniger schutzbedürftigen 49-jährigen im Interesse einer »ausgewogenen« Altersstruktur weiterbeschäftigen zu können. Der EuGH wendet den Verhältnismäßigkeitsgrundsatz bei der Prüfung des Vorliegens zulässiger objektiver und angemessener Ungleichbehandlungen wegen des Alters iSv Art. 6 Abs. 1 der Richtlinie strikt an und lässt solche Differenzierungen nur zu, wenn die Erfordernisse des Gleichbehandlungsanspruchs so weit wie möglich mit denen des angestrebten Zieles in Einklang gebracht werden (*EuGH* 25.11.2005 EzA § 14 TzBfG Nr. 21, Tz 65). Weitergehende Pauschalisierungen sind damit nicht vereinbar (vgl. *Bröhl* BB 2006, 1050, 1052). Derartige Regelungen sind daher umso problematischer, je weiter sie sich den eigentlichen betrieblichen Interessen entfernen. Diese liegen regelmäßig eher in der Leistungsfähigkeit der Belegschaft und nicht im Lebensalter ihrer Mitglieder. In solchen Fällen ist eine an objektive Leistungsdaten anknüpfende Gruppenbildung sachlich gerechtfertigt wie eine durch Altersgruppenbildung davon abstrahierende. Anders ist die Lage, wenn nach dem unternehmerischen Konzept nach die Zugehörigkeit zu einer bestimmten Altersstufe für die Tätigkeit erforderlich ist (*Bertelsmann* ZESAR 2005, 242, 249; instruktiv der dem Urteil des *BAG* vom 23.11.2000 EzA § 1 KSchG Soziale Auswahl Nr. 46, zugrunde liegende Sachverhalt, in dem verhindert werden sollte, dass sich die Belegschaft von Kindergärten auf die Großmüttergeneration reduziert; für die Erforderlichkeit einer Begründung mit besonderen betrieblichen Interessen auch *KDZ-Kittner* Rz 495h, 495i). Dies ist jedoch eher ein Problem des Kündigungsgrundes als der Sozialauswahl, da dann nach dem unternehmerischen Konzept die Arbeitnehmer bestimmter Altersstufen nicht austauschbar sind.

646   Eine Gruppenbildung nach **Ausbildung** und **Qualifikation** ist zulässig (BAG 28.8.2003 EzA § 125 InsO Nr. 1, zu B II 3 b bb (3)). Zur Personalstruktur gehört auch die **Leistungsstärke** der Belegschaft (in diesem Sinne auch der Gesetzentwurf der Fraktionen CDU/CSU und FDP, BR-Drs. 13/4612, S. 14; *Löwisch*

BB 2004, 155; *Löwisch/Spinner* Rz 391; *Meixner* ZAP Fach 17, 723; **aA** APS-*Kiel* Rz 755o). Erhaltung der Leistungsstärke der Belegschaft bedeutet, dass das Verhältnis der leistungsstärkeren zu den leistungsschwächeren Arbeitnehmern in etwa gleich bleibt (*Schiefer/Worzalla* NZA 2004, 349). Der Arbeitgeber kann daher zB für die Mitarbeiter, die für eine Sozialauswahl in Betracht kommen, eine Leistungsbeurteilung anfertigen lassen, dann drei Gruppen bilden (Arbeitnehmer mit überdurchschnittlichen, durchschnittlichen und unterdurchschnittlichen Leistungen) und aus diesen Gruppen anteilig gleich viele Arbeitnehmer entlassen.

Zur Personalstruktur gehört die ggf. unterschiedliche **Vertragstreue** der Belegschaft, da auch Pflichtverletzungen die Personalstruktur beeinträchtigen. Die Erhaltung der Struktur der Vertragstreue der Belegschaft bedeutet, dass das Verhältnis der vertragstreuen zu den weniger vertragstreuen Arbeitnehmern in etwa gleich bleibt. Der Arbeitgeber kann daher zB unter den zur Sozialauswahl anstehenden Arbeitnehmern Gruppen nach der Zahl der ihnen erteilten Abmahnungen bilden, etwa jeweils eine Gruppe mit Arbeitnehmern ohne Abmahnung, mit einer Abmahnung und mit mehr als einer Abmahnung in den letzten zwei Jahren. Aus diesem Gruppen kann er anteilmäßig gleich viele Arbeitnehmer entlassen. Damit wird kein »Schlamperprivileg« eingeführt (so aber *Däubler* NZA 2004, 182), sondern es kann verhindert werden, dass der Arbeitgeber nach den Grundsätzen der Sozialauswahl erheblich mehr vertragstreue als andere Arbeitnehmer entlassen muss. 647

Zur Personalstruktur gehören weiter unterschiedlich hohe krankheitsbedingte Fehlzeiten der Arbeitnehmer (*Löwisch/Spinner* Rz 392; **aA** HK-*Dorndorf* 2. Aufl. Rz. 1117). Die Erhaltung der Struktur der **Fehlzeiten der Belegschaft** bedeutet, dass das Verhältnis der Arbeitnehmer mit hohen zu den Arbeitnehmern mit geringeren Fehlzeiten in etwa gleich bleibt. Der Arbeitgeber kann daher etwa unter den in Betracht kommenden Arbeitnehmern vier Gruppen mit unterschiedlich hohen Fehlzeiten in den letzten beiden Jahren bilden, etwa Arbeitnehmer ohne Fehlzeiten, mit durchschnittlichen Fehlzeiten unter sechs Wochen jährlich, mit durchschnittlichen Fehlzeiten zwischen sechs und zwölf Wochen jährlich und mit durchschnittlichen Fehlzeiten von mehr als zwölf Wochen jährlich. Hierbei muss es sich allerdings um solche Fehlzeiten handeln, die auch künftig zu erwarten sind (s.o. Rz 350 ff.). Aus den so gebildeten Gruppen kann der Arbeitgeber anteilmäßig gleich viele Arbeitnehmer entlassen. 648

Zur Personalstruktur kann auch die Zusammensetzung der Belegschaft nach dem **Geschlecht**, dh die ungefähre Aufrechterhaltung des Verhältnisses der Zahl der männlichen Arbeitnehmer zur Zahl der weiblichen Arbeitnehmerinnen, gehören, wenn diese im Einzelfall durch besondere Interessen des Arbeitgebers gerechtfertigt ist, zB bei einer Theaterbelegschaft (vgl. *LAG Köln* 19.7.1996 AR-Blattei ES 800 Nr. 128; **aA** *Preis* NZA 1997, 1084; *Fischermeier* NZA 1997, 1093). Da eine solche Differenzierung unmittelbar an die durch die Richtlinie 2002/73/EG und Art. 3 Abs. 2 GG geschützte Zugehörigkeit zu einem Geschlecht anknüpft, sind an die Rechtfertigungsgründe hohe Anforderungen zu stellen (KDZ-*Kittner* Rz 495j). Das Geschlecht muss unverzichtbare Voraussetzung für die Tätigkeit sein (HaKo-*Gallner* Rz 764). Ggf. kann der Arbeitgeber aus den Gruppen der männlichen und weiblichen Mitarbeiter anteilig gleich viele Arbeitnehmer entlassen. Je nach den betrieblichen Gegebenheiten sind **weitere Personalstrukturen** denkbar, an deren Erhaltung der Arbeitgeber ein Interesse hat. Unzulässig ist jedoch die Verfolgung von Personalstrukturen, wenn dies gegen ein **Diskriminierungsverbot** verstößt, zB in Hinblick auf die Gewerkschaftsmitgliedschaft – Art. 9 Abs. 3 S. 2 GG –, eine Schwerbehinderung oder die Staatsangehörigkeit – Art. 3 Abs. 3 GG – (*Fischermeier* aaO; *Lunk* NZA Beil. 1/2005, 41, 47). 649

Dem Arbeitgeber ist es bei Entlassungen unbenommen, **mehrere Personalstrukturen** geltend zu machen, deren Erhaltung im betrieblichen Interesse liegt. So kann er sich etwa gleichzeitig auf eine ausgewogene Altersstruktur und die Erhaltung der Leistungsstärke der Belegschaft berufen und zB bei einer Entlassungsquote von 10 % aus dem vergleichbaren Personenkreis 5 % nach Altersgruppen und 5 % nach Leistungsgruppen zur Entlassung auswählen (s.o. Rz 645 f.). 650

Es ist Sache des Arbeitgebers, **die Art der Personalstruktur zu benennen**, die er aufrechterhalten will, und die Kriterien für die Bildung von Gruppen zur Sicherung der entsprechenden Personalstruktur aufzustellen. Diese Entscheidungen des Arbeitgebers sind daraufhin **überprüfbar, ob sie im berechtigten betrieblichen Interesse liegen**, d.h. ob die Sicherung der vom Arbeitgeber benannten Personalstruktur dem Betrieb einen nicht unerheblichen Vorteil bringt (s.o. Rz 630) und die Gruppenbildung nach sachlichen Gesichtspunkten erfolgte (s.o. Rz 644). Eine besonders strenge Prüfung der sachlichen Rechtfertigung der Gruppenbildung ist geboten, wenn diese an Diskriminierungstatbestände wie Alter und Geschlecht anknüpfen. Ist kein erheblicher Vorteil ersichtlich oder sind die Gruppen nach unsachlichen Gesichtspunkten gebildet worden, sind die Entscheidungen des Arbeitgebers unbeachtlich 651

§ 1 KSchG   Sozial ungerechtfertigte Kündigungen

und die betroffenen Arbeitnehmer insoweit in die Sozialauswahl einzubeziehen. Zu Darlegungs- und Beweislast im Übrigen s.u. Rz 655.

ff) Sonstige Interessen

652 Als sonstige vom Arbeitgeber bestimmte berechtigte betriebliche Interessen (s. Rz 629 ff.) kommen insbes. solche Umstände in Betracht, die sich auf die Aufrechterhaltung eines **geordneten Betriebsablaufs** beziehen (vgl. die Beispiele bei *Vogt* DB 1984, 1476), zB die Einplanung eines Arbeitnehmers für künftige Führungsaufgaben, eine erhöhte Kooperationsbereitschaft bestimmter Arbeitnehmer (zB bei Teamaufgaben) und die Bereitschaft zu auswärtigen Einsätzen oder Notdiensten (vgl. auch *v. Hoyningen-Huene/Linck* NZA 1994, 1015).

653 Bei **Massenentlassungen** kann der Arbeitgeber zur Gewährleistung eines geordneten Betriebsablaufs für jeden Funktionsbereich, etwa für jede Betriebsabteilung, die Zahl der vergleichbaren Arbeitnehmer festlegen, die für den ungestörten Arbeitsprozess erforderlich sind (*Löwisch/Spinner* Rz 393). Diese sind für jeden Funktionsbereich nach sozialen Gesichtspunkten auszuwählen. Unter den restlichen Arbeitnehmern aller Funktionsbereiche ist dann die Sozialauswahl zur Kündigung vorzunehmen (*Löwisch/Spinner* Rz 393).

654 **Vertragsgerechtes Verhalten und fehlerfreie Arbeitsleistungen** allein sind ausnahmslos keine Gründe, einzelne Arbeitnehmer der Sozialauswahl zu entziehen, weil andernfalls sozial schutzwürdigere Arbeitnehmer entlassen werden könnten, auch wenn eine personen- oder verhaltensbedingte Kündigung nicht gerechtfertigt wäre. Dies wäre ein Verstoß gegen Prinzipien des Kündigungsrechts (*Löwisch/Spinner* Rz 386 f.). Vertragstreue und Arbeitsleistungen können aber Gesichtspunkte bei der Erhaltung einer Personalstruktur darstellen (s.o. Rz 645 f.).

gg) Darlegungs- und Beweislast

655 Darlegungs- und beweispflichtig für das Vorliegen berechtigter betrieblicher Interessen an der Weiterbeschäftigung bestimmter Arbeitnehmer ist der **Arbeitgeber** (*BAG* 28.3.1957 AP § 1 KSchG Nr. 25; 25.4.1985 EzA § 1 KSchG Betriebsbedingte Kündigung Nr. 35; 23.11.2000 EzA § 1 KSchG Soziale Auswahl Nr. 46, zu B III 4 c; 20.4.2005 EzA § 1 KSchG Soziale Auswahl Nr. 60, zu B II 2 a; *Fischermeier* NZA 1997, 1092; *Zwanziger* AuR 1997, 431; *v. Hoyningen-Huene/Linck* § 1 Rz 492a). Es handelt sich dabei ebenfalls um Tatsachen, die die Kündigung iSv § 1 Abs. 1 S. 4 KSchG bedingen. Seiner Darlegungslast genügt der Arbeitgeber nur, wenn er im Einzelnen die Kriterien der Gruppenbildung und die bisherige Personalstruktur schildert, den Unternehmenszweck und das betriebliche Interesse bezeichnet sowie die Vorteile des betrieblichen Interesses für den Unternehmenszweck substantiiert darlegt (*BAG* 20.4.2005 EzA § 1 KSchG Soziale Auswahl Nr. 60, zu B II 2 a; *BBDW-Bram* Rz 323e). Er hat ferner die aus der Sozialauswahl ausgenommenen Arbeitnehmer namentlich zu benennen und substantiiert darzulegen, dass diese Arbeitnehmer die Voraussetzungen des von ihm geltend gemachten betrieblichen Interesses erfüllen. **Schlagwortartige Angaben** (zB die Bezeichnung einer vergleichbaren Arbeitnehmerin als »Spitzenkraft« oder der pauschale Hinweis auf unterschiedliche Krankheitsquoten) **reichen** für einen substantiierten Sachvortrag **nicht aus** (*BAG* 20.4.2005 EzA § 1 KSchG Sozialplan Nr. 60, zu B II 2 a; *Bader* NZA 2004, 74). Im Streitfall muss der Arbeitgeber die von ihm vorgetragenen Tatsachen beweisen. Bei Massenkündigungen (zB im Zusammenhang mit der Stilllegung von Betriebsteilen) hat er darzulegen und ggf. zu beweisen, in welchem Umfang der Austausch vergleichbarer Arbeitnehmer zwischen den verschiedenen Betriebsteilen möglich ist, ohne dass der ordnungsgemäße Ablauf des Betriebes gestört wird (*BAG* 5.12.2002 EzA § 1 KSchG Soziale Auswahl Nr. 52; 25.4.1985 EzA § 1 KSchG Betriebsbedingte Kündigung Nr. 35). Zur Darlegungs- und Beweislast des Arbeitgebers bei der sozialen Auswahl s.u. Rz 683 ff.

g) Sozialauswahl

aa) Allgemeines

656 Bevor es bei einer betriebsbedingten Kündigung zu einer Sozialauswahl kommen kann, müssen **folgende Voraussetzungen** erfüllt sein:

1. Zunächst ist zu prüfen, ob durch dringende betriebliche Erfordernisse das Bedürfnis zur Weiterbeschäftigung für einen einzelnen oder eine bestimmte Anzahl von Arbeitnehmern entfällt (Kausalitätsebene). Bei dieser ersten Stufe handelt es sich – abgesehen von der nur eingeschränkt nachprüf-

Sozial ungerechtfertigte Kündigungen   § 1 KSchG

baren Unternehmerentscheidung (s.o. Rz 522) – um eine vom Gericht **voll überprüfbare Wertung von Kausalitätsfaktoren** für den quantitativen, qualitativen und strukturellen Bedarf an Arbeitskräften eines bestimmten Betriebes (zur gerichtlichen Nachprüfung s.o. Rz 534 ff.).

2. Eine Weiterbeschäftigung auf einem anderen freien Arbeitsplatz im Unternehmen, ggf. zu anderen Arbeitsbedingungen, ist nicht möglich (s.o. Rz 217 ff.).

3. Innerhalb des Betriebes (s.o. Rz 608 ff.) ist der mit dem Arbeitnehmer vergleichbare Personenkreis zu ermitteln (s.o. Rz 614 ff.).

4. Aus dem verbleibenden Personenkreis scheiden die Arbeitnehmer aus, denen aus besonderen Gründen nicht betriebsbedingt gekündigt werden kann (s.u. Rz 664 ff.).

Sind diese Voraussetzungen erfüllt, hat der Arbeitgeber unter den verbleibenden Arbeitnehmern die Arbeitnehmer, denen gekündigt werden soll, **unter ausreichender Berücksichtigung der Dauer der Betriebszugehörigkeit, des Lebensalters, der Unterhaltspflichten und einer eventuellen Schwerbehinderung** auszuwählen (s.u. Rz 670 ff.). Ggf. hat er dabei kollektivrechtliche Auswahlrichtlinien zu beachten (s.u. Rz 695 ff.). Aus der Liste der danach für eine Kündigung in Betracht kommenden sozial stärkeren Arbeitnehmern kann er die Arbeitnehmer herausnehmen, deren Weiterbeschäftigung durch berechtigte betriebliche Bedürfnisse bedingt ist (s.u. Rz 673 ff). 657

§ 1 Abs. 3 KSchG verlangt **nicht in jeder Hinsicht fehlerfreie Auswahlüberlegungen** des Arbeitgebers. Auch wenn eine erforderliche Sozialauswahl ganz unterblieben ist, ist die Kündigung sozial gerechtfertigt, wenn sie nach dem Maßstab von § 1 Abs. 3 KSchG unter Berücksichtigung des Beurteilungsspielraums des Arbeitgebers (s.u. Rz 678g ff.) »richtig« ist (BAG 24.2.2000 EzA § 102 BetrVG 1972 Nr. 104, zu III 2 c cc; 24.2.2005 EzA § 1 KSchG Soziale Auswahl Nr. 59, zu B III 1 a). Ein fehlerhaftes Vorgehen des Arbeitgeber begründet aber eine **tatsächliche Vermutung** für ein fehlerhaftes Ergebnis, die der Arbeitgeber zu widerlegen hat (s.u. Rz 687). Selbst iSd §§ 1, 7 AGG **diskriminierende Überlegungen** bei der Auswahl des zu kündigenden Arbeitnehmers führen bei objektiv richtigem Ergebnis nicht zu einem Verstoß gegen § 1 Abs. 3 KSchG, sondern stattdessen zu Schadensersatzansprüchen nach § 15 AGG (näher s.o. Rz 209a; eingehend *Diller/Krieger/Arnold* NZA 2006, 887). 657a

Eine fehlerhafte Auswahlentscheidung bewirkt bei einer **Mehrzahl von Kündigungen** nicht zwingend die Unwirksamkeit aller Kündigungen gegenüber sozial schwächeren Arbeitnehmern. Vielmehr sind andere Kündigungen trotz des Auswahlfehlers sozial gerechtfertigt, **wenn der Arbeitnehmer selbst bei Berücksichtigung des Beurteilungsspielraums des Arbeitgebers auch bei einer zutreffenden Sozialauswahl als sozial stärkerer Arbeitnehmer zu kündigen gewesen wäre** (LAG Nds. 23.2.2001 LAGE § 1 KSchG Soziale Auswahl Nr. 36; LAG Hamm 31.8.1994 LAGE § 1 KSchG Soziale Auswahl Nr. 13; APS-*Kiel* Rz 776; so jetzt auch BAG 9.11.2006 – 2 AZR 812/05 – Pressemitteilung 68/06; **aA** BAG 18.10.1984 EzA § 1 KSchG Betriebsbedingte Kündigung Nr. 34; *Zerres/Rhotert* FA 2004, 4). In diesem Fall ist die Berufung auf den Fehler in der Sozialauswahl zwar nicht rechtsmissbräuchlich, aber unbegründet. Die sozialen Daten des Arbeitnehmers sind nämlich iSv § 1 Abs. 3 S. 1 KSchG ausreichend berücksichtigt, weil sein Arbeitsverhältnis in jedem Fall zu kündigen gewesen wäre. Entlässt der Arbeitgeber zB bei zwei betriebsbedingten Kündigungen einen 35-jährigen ledigen Arbeitnehmer mit zehnjähriger Betriebszugehörigkeit und einen 45-jährigen ledigen Arbeitnehmer mit 20-jähriger Betriebszugehörigkeit, kündigt er das Arbeitsverhältnis eines 25-jährigen ledigen Arbeitnehmers mit zweijähriger Betriebszugehörigkeit aber nicht, kann sich nur der 45-jährige Arbeitnehmer auf die fehlerhafte Sozialauswahl berufen. Der 35-jährige Arbeitnehmer wäre auch bei zutreffender Sozialauswahl zu entlassen gewesen. Dies ist auch dann hinzunehmen, wenn der 45-jährige Arbeitnehmer die Kündigung akzeptiert. Maßgebend für die Wirksamkeit der Kündigung sind die Verhältnisse im Zeitpunkt des Zugangs der Kündigung (s.o. Rz 235 ff.). Die gegenteilige Auffassung kann bei Massenentlassungen bewirken, dass sich uU eine Vielzahl gekündigter Arbeitnehmer darauf berufen kann, dass ein einziger ungekündigter Arbeitnehmer sozial weniger schutzwürdig ist als sie. Für ein solches Ergebnis fehlt angesichts des begrenzten Prüfungsmaßstabs von § 1 Abs. 3 S. 1 KSchG eine hinreichende Rechtsgrundlage (*Bitter/Kiel* RdA 1994, 358; HK-*Dorndorf* Rz 1164 f.; *v. Hoyningen-Huene/Linck* Rz 485 ff.). Hat allerdings der Arbeitgeber die Auswahl nach einem rechtlich fehlerhaften Auswahlsystem vorgenommen und lässt sich nicht ausschließen, dass bei einem ordnungsgemäßen Auswahlsystem im Rahmen des dem Arbeitgeber zustehenden Beurteilungsspielraums (s.u. Rz 678g ff.) der betroffene Arbeitnehmer nicht zur Kündigung angestanden hätte, kann sich jeder der betroffenen Arbeitnehmer auf die fehlerhafte Sozialauswahl in Hinblick auf einen ungekündigten Arbeitnehmer berufen. Diese Unsicherheit hat der Arbeitgeber zu vertreten (vgl. APS-*Kiel* Rz 777 ff.). 658

659 Die Regelung über die Sozialauswahl (§ 1 Abs. 3 KSchG) ist **zwingend** und nicht dispositiv (APS-*Kiel* Rz 720). Sie kann weder durch einzelvertragliche noch durch kollektivrechtliche Vereinbarung unmittelbar verändert werden, auch nicht zugunsten einzelner Arbeitnehmer, da sich eine solche Regelung zu Lasten anderer Arbeitnehmer auswirken würde (BAG 2.6.2005 EzA § 1 KSchG Soziale Auswahl Nr. 63, zu B I 4 b aa). Fehlerhaft ist die Sozialauswahl daher auch dann, wenn der Arbeitgeber durch **Vereinbarung mit den beteiligten Arbeitnehmern** einen sozial schwächeren anstelle eines sozial stärkeren Arbeitnehmers entlässt und ein dritter entlassener Arbeitnehmer zwar sozial stärker als der ebenfalls entlassene, aber sozial schwächer als der im Betrieb verbliebene Arbeitnehmer ist (**Unzulässigkeit einer Austauschkündigung**). Eine solche Austauschkündigung ist dagegen zulässig, wenn im Ergebnis soziale Gesichtspunkte noch ausreichend berücksichtigt sind (BAG 7.12.1995 EzA § 1 KSchG Soziale Auswahl Nr. 35, mit abl. Anm. *Schwarze* = BB 1996, 1994 mit abl. Anm. *Keppeler*; s.a. Rz 678o).

bb) Beabsichtigte Neueinstellungen

660 Vom Arbeitgeber beabsichtigte Neueinstellungen sind bei der sozialen Auswahl nicht zu Lasten der betroffenen Arbeitnehmer zu berücksichtigen, und zwar selbst dann nicht, wenn **der Bewerber** etwa wegen seines Alters oder seines Gesundheitszustandes **in besonderem Maß sozial schutzbedürftig** ist. Das Kündigungsschutzgesetz gewährt Bestandsschutz für bestehende Arbeitsverhältnisse, nicht aber einen Einstellungsanspruch für Betriebsfremde. Das gilt auch im Hinblick auf Art. 33 GG **für den öffentlichen Dienst** (*LAG BW* 27.5.1993 RzK I 5c Nr. 48) und wenn der Arbeitgeber einen **schwerbehinderten Menschen** einstellen will, um seine Pflichtplatzquote nach § 71 SGB IX zu erfüllen. Einerseits haben Schwerbehinderte keinen individuellen Einstellungsanspruch zu Lasten bestehender Arbeitsverhältnisse und andererseits enthält § 71 SGB IX keinen Anhaltspunkt dafür, den Bestandsschutz von Arbeitsplatzinhabern zugunsten schwerbehinderter Bewerber zu beschränken (*Preis* HAS § 19 F Rz 57; aA *Neumann/Pahlen/Majerski-Pahlen* § 71 Rz 7; *Gröninger/Thomas* § 44 Rz 4 mwN).

661 Der Arbeitgeber ist **nicht dazu verpflichtet**, bei **Neu- oder Wiedereinstellungen unter den Bewerbern die Grundsätze der sozialen Auswahl zu beachten** (BAG 15.3.1984 EzA § 611 BGB Einstellungsanspruch Nr. 2). Etwas anderes gilt, wenn der Arbeitgeber im Anschluss an betriebsbedingte Kündigungen Arbeitnehmer wieder einstellt, weil der Kündigungsgrund weggefallen ist und die Arbeitnehmer deshalb einen Wiedereinstellungsanspruch haben (s.u. Rz 736 ff.). Machen mehr Arbeitnehmer einen berechtigten Wiedereinstellungsanspruch geltend, als Arbeitsplätze zur Verfügung stehen, hat der Arbeitgeber unter den Bewerbern in entsprechender Anwendung von § 1 Abs. 3 KSchG eine Sozialauswahl vorzunehmen (s.u. Rz 738).

cc) Arbeitnehmer ohne oder mit eingeschränktem Kündigungsschutz

662 Arbeitnehmer, die keinen individuellen Kündigungsschutz genießen, dh Arbeitnehmer, die die Wartezeit des § 1 Abs. 1 KSchG noch nicht erfüllt haben oder die in Kleinbetrieben mit regelmäßig mehr als fünf, aber nicht mehr als zehn Arbeitnehmern beschäftigt werden und nicht über Kündigungsschutz gem. § 23 Abs. 1 S. 3 KSchG verfügen, sind in den auswahlrelevanten Personenkreis **nicht einzubeziehen** (*Schiefer* NZA-RR 2002, 177; aA *Müller* MdR 2002, 494; *Oetker* FS Wiese S. 337). Diese Arbeitnehmer können bei einer Kündigung noch nicht das Fehlen eines dringenden betrieblichen Erfordernisses geltend machen, so dass auch für die Berufung auf eine fehlerhafte Sozialauswahl kein Raum ist (BAG 25.4.1985 EzA § 1 KSchG Betriebsbedingte Kündigung Nr. 35; 18.10.2000 EzA § 15 KSchG nF Nr. 51, zu I 1 c; *Jobs* DB 1986, 540; *Horcher* NZA-RR 2006, 393, 394f.). Aus der gesetzgeberischen Wertung von § 1 Abs. 1 KSchG ergibt sich, dass diese Arbeitnehmer grundsätzlich vor den unter den allgemeinen Kündigungsschutz fallenden Arbeitnehmern zu entlassen sind, es sei denn, es liegen die Voraussetzungen des § 1 Abs. 3 S. 2 KSchG vor (BAG 25.4.1985 EzA § 1 KSchG Betriebsbedingte Kündigung Nr. 35; APS-*Kiel* Rz 687; *Linck* AR-Blattei SD 1020.1.2 Rz 43; aA HK-*Dorndorf* Rz 1057; *v. Hoyningen-Huene/Linck* Rz 460, die die Auffassung vertreten, Arbeitnehmern ohne allgemeinen Kündigungsschutz sei stets vor Arbeitnehmern mit Kündigungsschutz zu kündigen).

663 Hingegen ist unter **leitenden Angestellten** iSd § 14 Abs. 2 KSchG (*Becker* ZIP 1981, 1168 ff.), die nach dieser Vorschrift nur einen eingeschränkten Kündigungsschutz genießen, eine Sozialauswahl vorzunehmen, da § 1 KSchG insoweit keine Einschränkung enthält.

dd) Arbeitnehmer mit besonderem Kündigungsschutz und bei Freistellung von der Arbeit

664 In die soziale Auswahl sind nur solche Arbeitnehmer einzubeziehen, die aus demselben dringenden betrieblichen Erfordernis entlassen werden können (*LAG Köln* 29.9.1993 LAGE § 1 KSchG Soziale Aus-

wahl Nr. 7). Daher scheiden aus dem auswahlrelevanten Personenkreis trotz im Übrigen bestehender Vergleichbarkeit Arbeitnehmer aus, bei denen eine **ordentliche arbeitgeberseitige Kündigung gesetzlich ausgeschlossen ist** (*Berkowsky* Betriebsbedingte Kündigung S. 101 ff.; *Löwisch/Spinner* Rz 359; *v. Hoyningen-Huene/Linck* Rz 453; SPV-*Preis* Rz 1071). Dazu zählen **betriebsverfassungsrechtliche Funktionsträger** iSv § 15 KSchG (*BAG* 17.6.1999 EzA § 1 KSchG Betriebsbedingte Kündigung Nr. 103, zu III 3 b; 23.11.2004 EzA § 1 KSchG Betriebsbedingte Kündigung Nr. 134, zu B II 3 a cc (1); zu diesem Personenkreis KR-*Etzel* § 15 KSchG Rz 11 ff.), **Wehr- und Zivildienstleistende** (§§ 2, 10 ArbPlSchG; § 2 EignungsübungsG; § 78 Abs. 1 Nr. 1 ZDG) und **befristet beschäftigte Arbeitnehmer,** deren Arbeitsverhältnis nach § 15 Abs. 3 TzBfG nicht kündbar ist, weil es durch Zeitablauf endet (*v. Hoyningen-Huene/ Linck* Rz 455; *Ascheid* RdA 1997, 335; *Linck* AR-Blattei SD 1020.1.2 Rz 33; *Oetker* FS Wiese S. 338). Auszuklammern bei der sozialen Auswahl sind auch die unter den **mutterschutzrechtlichen Kündigungsschutz** (§ 9 MuSchG) fallenden Arbeitnehmerinnen, sofern nicht ausnahmsweise die Zustimmung der für den Arbeitsschutz zuständigen obersten Landesbehörde oder der von ihr bestimmten Stelle vorliegt (§ 9 Abs. 3 MuSchG). Dies gilt ebenso für Arbeitnehmer, die unter den besonderen Kündigungsschutz § 18 BEEG fallen. **Schwerbehinderte** Arbeitnehmer, die den besondere Kündigungsschutz der §§ 85 ff. SGB IX genießen, scheiden ebenfalls aus dem auswahlrelevanten Personenkreis aus, sofern nicht die Zustimmung des Integrationsamtes zur Kündigung vorliegt (*Berkowsky* Betriebsbedingte Kündigung § 6 Rz 108; APS-*Kiel* Rz 691; *v. Hoyningen-Huene/Linck* Rz 454). Der Arbeitgeber ist nicht verpflichtet, die Zustimmung des Integrationsamtes zur Kündigung einzuholen (SPV-*Preis* Rz 1073; HaKo-*Gallner* Rz 741; *Löwisch/Spinner* Rz 359; ErfK-*Ascheid* Rz 472; *Quecke* RdA 2004, 86, 87; **aA** *Gragert* FS Schwerdtner S. 57, wenn der geschützte Arbeitnehmer offensichtlich sozial stärker ist als vergleichbare ungeschützte Arbeitnehmer; für eine Antrags-, nicht aber eine Klageobliegenheit MünchArbR-*Berkowsky* § 135 Rz 96).

Nach der am 18.8.2006 in Kraft getretenen Bestimmung von § 10 S. 3 Nr. 7 AGG sollten individual- oder kollektivvertragliche **Regelungen der Unkündbarkeit** von Arbeitnehmern wegen des Erreichens eines bestimmten Alters oder einer bestimmten Betriebszugehörigkeit zulässig sein, soweit dadurch nicht der Kündigungsschutz anderer Beschäftigter in der Sozialauswahl grob fehlerhaft gemindert wird. Die Regelung wurde durch Art. 8 Abs. 1 Nr. 1a des zum 12.12.2006 in Kraft getretenen Zweiten Gesetzes zur Änderung des Betriebsrentengesetzes (BGBl. I S. 2742 ff.) wieder aufgehoben, da es sich bei ihr um ein Redaktionsversehen gehandelt habe. Dies ist eine erneute Fehleinschätzung des Gesetzgebers, da eine entsprechende Regelung europarechtlich geboten sein dürfte (s. Rz 665d). § 10 S. 3 Nr. 7 AGG gilt damit unmittelbar nur für zwischen dem 18.8.2006 und dem Außerkrafttreten der Norm zugegangene Kündigungen (*Löwisch* BB 2006, 2582, 2583). 665

Die Auslegung der § 1 Abs. 3 S. 1 KSchG ergänzenden Norm von § 10 S. 3 Nr. 7 AGG (vgl. Rz 26c) warf verschiedene Fragen auf. Ihr Zweck war darin zu sehen, die in Deutschland verbreiteten, wegen ihres Anknüpfens an Alter und Beschäftigungsdauer wegen der Richtlinie 2000/78/EG problematischen Unkündbarkeitsregelungen iSv Art. 6 Abs. 1 der Richtlinie zu rechtfertigen. Angesichts dieses Zweckes erfasste sie **alle** in Arbeitsverträgen, Tarifverträgen, Betriebs- und Dienstvereinbarungen vorgesehenen **Einschränkungen des Rechts zur betriebsbedingten Kündigung unabhängig von ihrer Reichweite**, d.h. sowohl den Ausschluss der ordentlichen als auch den der außerordentlichen betriebsbedingten Kündigung und unabhängig davon, ob die Regelung Ausnahmen enthält oder nicht. Diese Regelungen stehen nach der bisher überwiegenden, wenn auch sehr umstrittenen Auffassung der Vergleichbarkeit der von ihnen geschützten mit nicht geschützten Arbeitnehmern in der Sozialauswahl entgegen (s. Rz 666). Es handelte sich daher nicht um eine unzulässige Absenkung des Schutzniveaus iSv Art. 8 Abs. 2 der Richtlinie. § 10 S. 3 Nr. 7 AGG sollte nach Auffassung von *Löwisch* (BB 2006, 2189, 2191) aufgrund des Gebrauchs des Wortes »und« nur Kündigungseinschränkungen erfassen, die kumulativ auf die Kriterien Alter und Betriebszugehörigkeit abstellen. Trotz der für diese Ansicht sprechenden, aufgrund des Wortes »oder« abweichenden Fassung von § 10 S. 3 Nr. 8 AGG war dem nicht zu folgen (so auch *Bauer/Göpfert/Krieger* § 10 Rz 46). Da die Richtlinie 2000/78/EG jede altersbedingte Diskriminierung untersagt, würde eine solche Auslegung den europarechtlichen Vorgaben nicht genügen. 665a

Nach § 10 S. 3 Nr. 7 AGG neu war der Vorbehalt der **grob fehlerhaften Minderung des Kündigungsschutzes** anderer Arbeitnehmer. Folgt man der bisher überwiegenden Auffassung, sind Unkündbarkeitsregelungen jedoch abgesehen von zielgerichteten Umgehungstatbeständen rechtmäßig und damit regelmäßig nicht grob fehlerhaft (s. Rz 666). So war der Vorbehalt aber nicht zu verstehen. Verhindert werden soll eine nach dem Maßstab von § 1 Abs. 3 KSchG grob fehlerhafte Einschränkung der Rechts- 665b position nicht besonders geschützter Arbeitnehmer in der Sozialauswahl. Erforderlich war daher die Prüfung, ob bei einem Vergleich der Schutzbedürftigkeit ansonsten vergleichbarer Arbeitnehmer die Entlassung des nicht besonders geschützten Arbeitnehmers im Vergleich zu den besonders geschützten Arbeitnehmern nach den Wertungen von § 1 Abs. 3 KSchG grob fehlerhaft wäre. In diesem Fall galt eine **gesetzliche Einschränkung des Sonderkündigungsschutzes**, da dieser unter den genannten Voraussetzungen nicht mehr als iSv Art. 6 Abs. 1 der Richtlinie gerechtfertigt behandelt wurde. Als Maßstab für die grobe Fehlerhaftigkeit waren die zu § 1 Abs. 4, Abs. 5 S. 2 KSchG entwickelten Grundsätze (dazu Rz 697) heranzuziehen (*Bauer/Göpfert/Krieger* § 10 Rz 49). Damit waren Unkündbarkeitsregelungen nicht mehr anwendbar, die von einem bestimmten Lebensalter an Sonderkündigungsschutz bereits nach kurzer Beschäftigungsdauer gewähren, insbesondere gegenüber jüngeren Arbeitnehmern, die langjährig beschäftigt wurden und erhebliche Unterhaltspflichten zu tragen haben oder schwerbehindert sind (vgl. *Rieble/Zedler* ZfA 2006, 273, 299; *Löwisch* BB 2006, 2189, 2191; *Bauer/Göpfert/Krieger* § 10 Rz 50). Da die grobe Fehlerhaftigkeit nur im Einzelfall festgestellt werden kann, waren Sonderkündigungsschutz begründende Normen oder Vertragsklauseln nicht nichtig. Sie konnten nur aufgrund der erforderlichen Abwägung im Einzelfall unanwendbar sein (*Löwisch* BB 2006, 2189, 2191; *Wolff* AuA 2006, 512, 515; *Bauer/Göpfert/Krieger* § 10 Rz 49). Waren sie unanwendbar, konnte der Arbeitgeber das Arbeitsverhältnis des besonders geschützten Arbeitnehmers ordentlich betriebsbedingt kündigen.

665c Ob die mit § 10 S. 3 Nr. 7 AGG verbundene Anerkennung der Zulässigkeit der Benachteiligung Jüngerer in der Sozialauswahl aufgrund der Geltung an das Alter anknüpfender Unkündbarkeitsklauseln einer Überprüfung ihrer **Vereinbarkeit mit der Richtlinie 2000/78/EG** standgehalten hätte, ist nicht abschließend zu prognostizieren. Angesichts des Vorbehalts der groben Fehlerhaftigkeit und angesichts der massiven Benachteiligung älterer Arbeitnehmer in weiten Teilen des Arbeitsmarktes dürfte dies allerdings vorsichtig zu bejahen sein (in diese Richtung auch *Waltermann* NZA 2005, 1265, 1269; *Bertelsmann* ZESAR 2005, 242, 247). Die Verhinderung der Arbeitslosigkeit Älterer ist gemäß Art. 6 Abs. 1 S. 2 a der Richtlinie ein legitimes Ziel. In vielen Branchen können Unkündbarkeitsregelungen für ältere Arbeitnehmer auch als durch Art. 7 Abs. 1 der Richtlinie gerechtfertigte positive Maßnahme betrachtet werden.

665d Die Aufhebung von § 10 S. 3 Nr. 7 AGG führt **nicht zur generellen Unwirksamkeit arbeits- und tarifvertraglicher Kündigungsbeschränkungen** nach §§ 2 Abs. 2 Nr. 1, 7 Abs. 1, 2 GG (in diese Richtung aber *Löwisch* BB 2006, 2582). Grundlage der These der Unwirksamkeit solcher Regelungen ist die Auffassung, der Ausnahmetatbestand von § 2 Abs. 4 AGG erfasse nur den gesetzlichen, nicht aber tarif- oder arbeitsvertraglich begründeten Kündigungsschutz. Für diese Annahme ergibt sich jedoch weder aus dem Gesetzeswortlaut noch aus dem Normzweck eine hinreichende Grundlage. Das Bestehen und die Reichweite des gesetzlichen Kündigungsschutzes ist ohnehin in großem Umfang von arbeits- und tarifvertraglichen Regelungen abhängig, etwa von der Bestimmung der Arbeitsaufgabe des Arbeitnehmers und der Bestandsdauer des Arbeitsverhältnisses. Beide Ebenen greifen ineinander und sind nicht sinnvoll zu trennen. Zudem wollte der Gesetzgeber mit § 2 Abs. 4 AGG wie mit der Streichung von § 10 S. 3 Nr. 7 AGG die bisherige Rechtslage bewahren und nicht grundlegend ändern. Daher ist mit der bisherigen hM (s. Rz 666) von der grundsätzlichen Zulässigkeit arbeits- und tarifvertraglicher Kündigungsbeschränkungen auszugehen. Gleichwohl gebietet auch hier die Richtlinie 2000/78/EG eine europarechtskonforme Einschränkung (*Bauer/Göpfert/Krieger* Nachtrag zu § 10 Rz 46 ff.). Die Auswirkungen der durch die Unkündbarkeitsbestimmungen bewirkten Einschränkung der Sozialauswahl müssen iSv Art. 6 Abs. 1 der Richtlinie verhältnismäßig sein. Welche Grenzen sich daraus im Einzelnen ergeben, ist bisher kaum abzuschätzen. Zu weitgehend erscheint es, generell eine ausreichende Berücksichtigung der Kriterien von § 1 Abs. 3 S. 1 zu verlangen (so *Bauer/Göpfert/Krieger* Nachtrag zu § 10 Rz 46 ff.). Anbieten könnte es sich, den Maßstab von § 10 S. 3 Nr. 7 AGG aF zur Auslegung von § 1 Abs. 3 KSchG weiter heranzuziehen. Der Gesetzgeber hat mit der Aufhebung von § 10 S. 3 Nr. 7 AGG diesen Maßstab nicht verworfen. Er hielt die Norm lediglich wegen § 2 Abs. 4 AGG für überflüssig. Folgt man dieser Auffassung, bleibt es bei den unter Rz 665b, 665c dargestellten Regeln.

666 Nach der Rechtslage vor dem 18.8.2006 waren Arbeitnehmer in die Sozialauswahl nicht einzubeziehen, deren Arbeitsverhältnis **aufgrund einer Tarifnorm ordentlich unkündbar** ist (*Ascheid* RdA 1997, 335; *Conze* ZTR 1987, 106; *Gift* RdA 1969, 76; *HK-Dorndorf* Rz 1055; *Jobs* DB 1986, 578; *Künzl* ZTR 1996, 389; *Meisel* DB 1991, 94; *Pollmann* S. 23; *SPV-Preis* Rz 1074; *LAG Nds*. 11.6.2001 LAGE § 1 KSchG Soziale Auswahl Nr. 37; *ArbG Kassel* 5.8.1976 DB 1976, 1675; in diese Richtung auch *BAG* 4.12.1997 EzA § 1 KSchG Wiedereinstellungsanspruch Nr. 3, zu B II 5 d bb; **aA** *ArbG Cottbus* 17.5.2000 RzK I 5d Nr. 94; *Frischmann* ZTR 1996, 348; *Gragert* FS Schwerdtner S. 59 f.; *v. Hoyningen-Huene/Linck* Rz 456; *Linck* AR-

Sozial ungerechtfertigte Kündigungen § 1 KSchG

Blattei SD 1020.1.2 Rz 37; *Löwisch* DB 1998, 881; *Rieble* NZA 2003, 1244; *Zwanziger* DB 2000, 2168: Einbeziehung von tariflich unkündbaren Arbeitnehmern nur dann, wenn die Sozialauswahl grob fehlerhaft iSv § 1 Abs. 4 KSchG wäre; diff. nach den tariflichen Regelungen im Hinblick auf Schutzpflichten aus Art. 12 Abs. 1 GG APS-*Kiel* Rz 695 ff.). Diese Arbeitnehmer waren durch eine zu ihren Gunsten wirkende und deshalb zulässige Tarifnorm gegen jede ordentliche und damit auch gegen eine betriebsbedingte Kündigung durch den Arbeitgeber geschützt. Dasselbe galt, soweit keine tarifliche Regelung besteht, auch für entsprechende **Betriebsvereinbarungen** (aA *Rieble* NZA 2003, 1245) und für eine **einzelvertraglich vereinbarte ordentliche Unkündbarkeit** (LAG Bra. 29.10.1998 LAGE § 1 KSchG Soziale Auswahl Nr. 29; BBDW-*Bram* Rz 319; HK-*Dorndorf* aaO; *Pauly* AuR 1997, 98; *Pollmann* S. 23; SPV-*Preis* Rz 1074; aA *Sächs.* LAG 28.3.1996 LAGE § 1 KSchG Soziale Auswahl Nr. 18; *Gragert* aaO S. 62 und APS-*Kiel* KSchG Rz 700, wenn der Arbeitgeber bei der Zusage individuellen Kündigungsschutzes ohne sachlichen Grund zwischen vergleichbaren Arbeitnehmern differenziert; ferner *Künzl* ZTR 1996, 389). Die Gegenauffassung, dergemäß derartige Kündigungsverbote wegen eines Verstoßes gegen die zwingende Vorschrift von § 1 Abs. 3 KSchG unwirksam seien, soweit sie unkündbare Arbeitnehmer bei betriebsbedingten Kündigungen von der Sozialauswahl ausnehmen (*Berkowsky* Betriebsbedingte Kündigung § 6 Rz 112, 125; *v. Hoyningen-Huene/Linck* Rz 456 ff.; *Linck* AR-Blattei SD 1020.1.2 Rz 39, die in einer einzelvertraglichen Vereinbarung zudem insoweit einen unzulässigen Vertrag zu Lasten Dritter sehen), verkannte, dass sich die Kündigungsverbote nicht gegen andere Arbeitnehmer richten und deren Kündigungsschutz beschränken wollen. Wurde ein tarifliches oder einzelvertragliches Kündigungsverbot dagegen mit dem Ziel vereinbart, bestimmte Arbeitnehmer von der Sozialauswahl auszunehmen, zB unmittelbar vor einem geplanten Personalabbau, ist eine solche Vereinbarung wegen einer unzulässiger Umgehung von § 1 Abs. 3 KSchG unwirksam (*Sächs.* LAG 10.10.2001 LAGE § 1 KSchG Soziale Auswahl Nr. 38; *ArbG Marburg* 11.12.1998 AuR 1999, 493; *Ascheid* RdA 1997, 335; *Bitter/Kiel* FS Schwerdtner S. 27; *Müller* MDR 2002, 495; für eine vergleichbare Konstellation auch BAG 2.6.2005 EzA § 1 KSchG Soziale Auswahl Nr. 63, zu B I 4 b aa). Davon abgesehen verfolgen tarifliche und einzelvertragliche Kündigungsverbote **ausschließlich den zulässigen Zweck, den Arbeitnehmer vor ordentlichen Kündigungen zu schützen.** Wirken sich solche Regelungen bei späteren betriebsbedingten Kündigungen zu Lasten anderer Arbeitnehmer aus, handelt es sich lediglich um einen unbeachtlichen Reflex. Es gilt nichts anderes, als wenn der Arbeitgeber durch Änderungen des Anforderungsprofils bestimmter Stellen oder Versetzungen die soziale Reihenfolge der Arbeitnehmer im auswahlrelevanten Personenkreis verändert und so den Kündigungsschutz bei einer späteren Sozialauswahl beeinflusst. Daß der Gesetzgeber der Sozialauswahl iSv § 1 Abs. 3 KSchG keinen absoluten Vorrang einräumt, zeigen im Übrigen die der Sozialauswahl entgegenstehenden gesetzlichen Kündigungsverbote, etwa bei befristeten Arbeitsverträgen.

Weiter sind Arbeitnehmer, die im Zeitpunkt der Kündigung noch **für längere Zeit arbeitsunfähig oder von der Arbeit freigestellt** sind (zB unbezahlter Sonderurlaub für ein Jahr, Freistellungsphase in der Block-Altersteilzeit, s.a. Rz 579), nicht in die soziale Auswahl einzubeziehen, da durch ihre Kündigung kein besetzter Arbeitsplatz im Betrieb frei würde. Das gilt auch für Arbeitnehmer, die für eine Arbeitsgemeinschaft (zB im Baugewerbe) freigestellt sind (BAG 26.2.1987 EzA § 1 KSchG Soziale Auswahl Nr. 24; aA *Künzl* ZTR 1986, 389; *Pollmann* S. 65 f.; diff. HK-*Dorndorf* Rz 1051 f.), es sei denn, diese Arbeitnehmer sind mit Arbeitnehmern des Betriebs bei Ablauf der Kündigungsfrist austauschbar (*Ascheid* RdA 1997, 335). 667

ee) **Vorläufig weiterbeschäftigte Arbeitnehmer**

Auch während einer vorläufigen Weiterbeschäftigung des Arbeitnehmers nach § 102 Abs. 5 BetrVG oder aufgrund des allgemeinen Weiterbeschäftigungsanspruchs bis zum rechtskräftigen Abschluss des Kündigungsschutzprozesses kann das Arbeitsverhältnis gekündigt werden (vgl. KR-*Etzel* § 102 BetrVG Rz 221, 296). Deshalb sind diese Arbeitnehmer auch **in die Sozialauswahl einzubeziehen.** Es wäre sachlich nicht zu rechtfertigen, wenn Arbeitnehmer, die um den Fortbestand ihres Arbeitsverhältnisses kämpfen, besser gestellt würden als vergleichbare Arbeitnehmer, deren Arbeitsverhältnis noch ungekündigt ist (APS-*Kiel* Rz 690; HK-*Dorndorf* Rz 1058: *v. Hoyningen-Huene/Linck* Rz 461; KDZ-*Kittner* Rz 442; *Künzl* ZTR 1996, 387; *Linck* AR-Blattei SD 1020.1.2). 668

ff) **Betriebsstilllegung**

Bei Betriebsstilllegungen ist für eine Sozialauswahl kein Raum, wenn der Arbeitgeber die Arbeitsverhältnisse **aller Arbeitnehmern zu demselben Termin kündigt**, auch wenn er die Kündigungen wegen 669 unterschiedlich langer Kündigungsfristen zeitlich gestaffelt ausspricht (*BAG* 10.10.1996 NZA 1997, 92, zu II 3 a; 27.10.2005 EzA § 613a BGB 202 Nr. 42, zu II 2 d), da der Wegfall des Beschäftigungsbedarfs zum Kündigungstermin maßgeblich ist. Dasselbe gilt, wenn der Arbeitgeber allen Arbeitnehmern im gleichen Zeitpunkt zum nächstmöglichen Kündigungstermin kündigt, obwohl die Arbeitsverhältnisse dann zu unterschiedlichen Zeitpunkten enden. Zweck der Sozialauswahl ist es nicht, eine Verlängerung der Kündigungsfrist trotz des Wegfalls aller Beschäftigungsmöglichkeiten zu bewirken (*BAG* 18.1.2001 EzA § 1 KSchG Betriebsbedingte Kündigung Nr. 109, zu 3; 7.3.2002 EzA § 1 KSchG Betriebsbedingte Kündigung Nr. 116; 22.9.2005 EzA § 113 InsO Nr. 18, zu II 3 e). Bei einer etappenweisen Betriebsstilllegung hat der Arbeitgeber dagegen mit Ausnahme der letzten bei jeder Etappe eine Sozialauswahl vorzunehmen (*BAG* 16.9.1982 EzA § 1 KSchG Betriebsbedingte Kündigung Nr. 18; 10.10.1996 aaO, zu II 3 a).

gg) Soziale Kriterien
– Allgemeines

670 Schon nach dem bis 1.1.2004 geltenden Recht waren die **Dauer der Betriebszugehörigkeit, das Lebensalter, Unterhaltspflichten und eine Schwerbehinderung** unerlässliche soziale Gesichtspunkte, die bei der Sozialauswahl zu berücksichtigen waren (s. *Etzel* KR, 6. Aufl. Rz 644). Diese Auswahlgesichtspunkte sind seit 1.1.2004 die **allein maßgebenden Kriterien** der Sozialauswahl. Die Beschränkung der Sozialauswahl auf diese sozialen Kriterien ist **verfassungsgemäß** (zweifelnd *Beduhn* AuR 1996, 488, wegen der Benachteiligung weiblicher Teilzeitkräfte, die nach einer Familienpause in das Berufsleben zurückkehren). Insbesondere steht das Grundrecht auf freie Wahl des Arbeitsplatzes (Art. 12 Abs. 1 GG) und das Sozialstaatsprinzip (Art. 20 GG) nicht entgegen. Der Gesetzgeber hat bei der Verwirklichung des Sozialstaatsprinzips einschließlich von Regelungen zur Wahl des Arbeitsplatzes einen weiten Ermessensspielraum (vgl. *BVerfG* 21.2.1995 BVerfGE 92, 140, 150; 23.1.1990, BVerfGE 81, 156, 189; *v. Münch/Kunig* Art. 20 Rz 10 m.w.N.). Deshalb ist es nicht erforderlich, dass er bei der Sozialauswahl schutzwürdigen Personen einen besonderen Vorrang einräumt, wenn er deren Schutz auf andere Weise gewährleistet hat (zB Schwangere und Eltern, denen der besondere Kündigungsschutz nach dem MuSchG und BEEG gewährt wurde). Das Sozialstaatsprinzip gebietet es nicht, dass der Gesetzgeber einen weitergehenden Kündigungsschutz bei der Sozialauswahl gewährt (*Fischermeier* NZA 1997, 1089; *Löwisch/Spinner* Rz 384; *Preis* NJW 1996, 3370; **aA** *Däubler* BetrR 1997, 3; *Kittner* AuR 1997, 183 ff.; *Klebe* AiB 1996, 718; *Stückmann* AuA 1997, 7). Im Übrigen hat es der Arbeitgeber in der Hand, diesen Personenkreis dadurch aus der Sozialauswahl herauszunehmen, dass er die erforderliche behördliche Zustimmung zur Kündigung nicht beantragt und sie damit »unkündbar« belässt. Eine Verpflichtung des Arbeitgebers, die Zustimmung zur Kündigung zu beantragen, besteht nicht (s.o. Rz 664). Im Übrigen kann der Arbeitgeber im Rahmen seines Beurteilungsspielraums außer den vier maßgeblichen Sozialdaten weitere soziale Kriterien berücksichtigen (s.u. Rz 678m ff.).

670a Die Beschränkung der Sozialauswahl auf die vier Kriterien wurde durch die zum 18.8.2006 in Kraft getretene, bei der Auslegung von § 1 Abs. 3 S. 1 KSchG zu berücksichtigende Regelung von § 10 S. 3 Nr. 6 AGG aF (s.o. Rz 26c) nicht in Frage gestellt. Danach durfte dem Kriterium Alter kein genereller Vorrang eingeräumt werden. Vielmehr sollten die **Besonderheiten des Einzelfalls** und die **individuellen Unterschiede** der zu vergleichenden Arbeitnehmer entscheiden, insbes. ihre Chancen auf dem Arbeitsmarkt. Dies war nicht so zu verstehen, dass bei der Sozialauswahl wiederum eine umfassende Abwägung aller in Betracht kommenden sozialen Gesichtspunkte geboten war; eine derartige Revision hätte eine Änderung von und nicht nur eine Bezugnahme auf § 1 Abs. 3 S. 1 KSchG erfordert. Vielmehr waren die individuellen Besonderheiten der Arbeitnehmer in Zusammenhang mit den vier gesetzlichen Kriterien angemessen abzuwägen. Neu war allerdings, dass die **Chancen auf dem Arbeitsmarkt** ausdrücklich als wesentlicher Abwägungsgesichtspunkt genannt wurden. Dabei handelte es sich jedoch nicht um ein selbständiges fünftes Abwägungskriterium. Vielmehr waren die vier gesetzlichen Kriterien in erster Linie unter dem Gesichtspunkt zu prüfen, ob sie sich auf die Chancen der betroffenen Arbeitnehmer auf dem Arbeitsmarkt positiv oder negativ auswirken. Dies schränkte den Beurteilungsspielraum des Arbeitgebers ein (s.u. Rz 678h).

670b § 10 S. 3 Nr. 6 AGG aF ist durch Art. 8 Abs. 1 a des zum 12.12.2006 in Kraft getretenen Zweiten Gesetzes zur Änderung des Betriebsrentengesetzes (BGBl. I S. 2742) aufgehoben worden. Die Norm gilt daher unmittelbar nur für zwischen dem 18.8.2006 und dem Inkrafttreten der Novellierung zugegangene Kündigungen (*Löwisch* BB 2006, 2582, 2583). Trotz der Aufhebung von § 10 S. 3 Nr. 6 AGG aF kann angesichts der nicht nur das aufsteigende Alter schützenden europarechtlichen Vorgaben der Richtlinie

Sozial ungerechtfertigte Kündigungen § 1 KSchG

2000/78/EG das Auswahlkriterium »Alter« **nicht allein als höheres Lebensalter** verstanden werden. Dieses allein ist kein legitimes Differenzierungsziel iSv Art. 6 Abs. 1 der Richtlinie. Ein geeigneter Rechtfertigungsgrund für Differenzierungen wegen des Alters können nur **altersbedingt geringere Chancen auf dem Arbeitsmarkt** sein. Diese korrespondieren keineswegs generell mit aufsteigendem Alter (aA *Bauer/Göpfert/Krieger* Nachtrag zu § 10 AGG Rz 41 ff.). Angesichts der strikten Verhältnismäßigkeitsprüfung durch den *EuGH* (25.11.2005 EzA § 14 TzBfG Nr. 21, Tz 65) ist vielmehr eine nach den jeweiligen Chancen der verschiedenen Altersstufen auf dem Arbeitsmarkt differenzierend wertende Betrachtung erforderlich (so auch *Annuß* BB 2ßß6, 325, 326; *Löwisch* BB 2006, 2582, 2583; ErfK-*Schlachter* § 10 AGG Rz 8). Zwar werden in der Regel die Chancen älterer Arbeitnehmer schlechter sein. In atypischen Fällen kann jedoch auch ein niedrigeres Alter zugunsten des Arbeitnehmers sprechen (etwa bei schlechteren Chancen junger, über wenig Berufserfahrung verfügender Arbeitnehmer) oder das Alter zu einem neutralen Faktor werden (zB generell sehr schlechte oder sehr gute Arbeitsmarktlage in einer bestimmten Branche). Damit sind die Wertungen von § 10 S. 3 Nr. 6 AGG aF bei der Auslegung von § 1 Abs. 3 weiter zu beachten (*Löwisch* BB 2006, 2582, 2583). Dies mag die Auswahlentscheidung für Arbeitgeber (weiter) erschweren, führt aber wegen des weiten Beurteilungsspielraums bei der Auswahl (vgl. Rz 678g) nicht zu einer unzumutbaren Rechtsunsicherheit (aA *Bauer/Göpfert/Krieger* § 10 Rz 43; *Willemsen/Schweibert* NJW 2006, 2583, 2586). Näher Rz 673.

– **Dauer des Arbeitsverhältnisses**

Je länger ein Arbeitsverhältnis zu demselben Arbeitgeber bzw. dessen Rechtsvorgänger dauert, um so mehr richtet sich der Arbeitnehmer darauf ein und vertraut auf dessen Fortbestand. Dieses Vertrauen verdient Schutz. Dies stimmt auch mit der gesetzgeberischen Wertung überein, in § 10 KSchG bei der Höhe einer Abfindung nach der Dauer des Arbeitsverhältnisses zu differenzieren und in § 1 Abs. 1 KSchG den Beginn des Kündigungsschutzes an die Dauer des Arbeitsverhältnisses in demselben Unternehmen zu knüpfen. 671

Da danach sowohl in § 1 Abs. 1 KSchG als auch in § 1 Abs. 3 S. 1 KSchG die Dauer des Arbeitsverhältnisses Kriterium für den Kündigungsschutz ist (in Abs. 1 für den Beginn und in Abs. 3 S. 1 für die Verstärkung des Schutzes), ist sie nach den gleichen Maßstäben zu bestimmen. Daher sind bei der Sozialauswahl **frühere Beschäftigungszeiten** im Unternehmen wie bei der Berechnung der Wartezeit zu berücksichtigen (*BAG* 6.2.2003 EzA § 1 KSchG Soziale Auswahl Nr. 51; 2.6.2005 EzA § 1 KSchG Soziale Auswahl Nr. 61, zu II 2 b; *v. Hoyningen-Huene/Linck* Rz 467a; *Linck* S. 87 f.; weitergehend *Löwisch/Spinner* Rz 367; zur Berechnung der Wartezeit s.o. Rz 99 ff.). Durch Vereinbarung zwischen Arbeitgeber und Arbeitnehmer können darüber hinaus ebenso wie bei der Wartezeit an sich nicht anrechnungsfähige frühere Beschäftigungszeiten bei demselben Arbeitgeber und Zeiten der Beschäftigung bei einem anderen Unternehmen auf die Dauer der Betriebszugehörigkeit angerechnet werden (*BAG* 2.6.2005 EzA § 1 KSchG Soziale Auswahl Nr. 63, zu B I 4 b aa; *v. Hoyningen-Huene/Linck* Rz 467a; *Künzl* ZTR 1996, 390; **aA** *Matz* FA 2003, 168, der dies als unzulässigen Vertrag zu Lasten Dritter ansieht). Bei einem rechtsgeschäftlichen **Betriebsübergang** zählen die beim Betriebsveräußerer verbrachten Zeiten mit, da der Erwerber gem. § 613a BGB die Rechte und Pflichten aus den beim Betriebsübergang bestehenden Arbeitsverhältnissen übernommen hat. Auch Zeiten, in denen das **Arbeitsverhältnis geruht** hat (zB Wehrdienst, Elternzeit), sind bei der Dauer der Betriebszugehörigkeit zu berücksichtigen, da auch in diesen Zeiten das Arbeitsverhältnis fortbestanden hat (*Linck* AR-Blattei SD 1020.1.2 Rz 71; *Löwisch/Spinner* Rz 367). 672

– **Lebensalter**

Das Auswahlkriterium »Alter« schützt nach dem bisherigen Verständnis der Norm das ansteigende Alter. Dieser Schutz ist kein Selbstzweck. Er soll in erster Linie den verbreitet zum Alter umgekehrt proportionalen Arbeitsmarktchancen von Arbeitnehmern Rechnung tragen. Hinzu kommt die mit dem Alter typischerweise abnehmende Mobilität. Da die Richtlinie 2000/78/EG nicht nur Diskriminierungen wegen des höheren, sondern auch wegen des niedrigeren Alters untersagt (*Schmidt/Senne* RdA 2002, 80; *Annuß* BB 2006, 325), ist die Vereinbarkeit dieser Auslegung mit den europarechtlichen Vorgaben offen, da sie undifferenziert steigendes Alter privilegiert und zudem wegen des Kriteriums »Dauer der Betriebszugehörigkeit« ältere Arbeitnehmer häufig doppelt bevorzugt (*Richardi* NZA 2006, 881, 884; *Röder/Krieger* FA 2006, 199, 200; *Waas* ZESAR 2006, 289, 292). Dies wurde in der Literatur vor der Entscheidung des *EuGH* in der Rechtssache Mangold/Helm (25.11.2005 EzA § 14 TzBfG Nr. 21) als unproblematisch erachtet (etwa SPV-*Preis* Rz 1102; APS-*Kiel* Rz 713; HaKo-*Gallner* Rz 748; *Schmidt/Senne* RdA 2002, 80, 84; *Linsenmaier* RdA Sonderbeilage Heft 5/2003, 22, 32; *Waltermann* NZA 2005, 1265, 1269; *Reichold/Hahn/Heinrich* NZA 2005, 1270, 1275; *Lunk* NZA Beilage 1/2005, 41, 43), insbes. weil es 673 sich um eine nach Art. 6 Abs. 1 S. 1, 2 a der Richtlinie zugelassene Maßnahme der Beschäftigungspolitik und eine nach Art. 7 Abs. 1 zulässige positive Maßnahme zum Ausgleich der Nachteile älterer Arbeitnehmer handele. Dies trifft jedoch nur zu, soweit im Einzelfall tatsächlich derartige Nachteile bestehen. Pauschalisierungen dürften allenfalls begrenzt zulässig sein (vgl. *Bröhl* BB 2006, 1050, 1052 f.), da der EuGH den sich aus Art. 6, 7 der Richtlinie ergebenden Grundsatz der Verhältnismäßigkeit strikt anwendet und eine Wahrung des Gleichbehandlungsgrundsatzes fordert, soweit dies mit dem angestrebten Ziel zu vereinbaren ist (*EuGH* 25.11.2005 aaO, Tz 65). Letztlich kommt es auf die jeweilige Lage auf dem jeweils einschlägigen Arbeitsmarkt an (*Annuß* BB 2006, 325, 326; 1629, 1633 f.; *Löwisch* BB 2006, 2582, 2583; ErfK-*Schlachter* § 10 AGG Rz 8; **aA** *Bauer/Göpfert/Krieger* Nachtrag zu § 10 AGG Rz 41 ff., die in dem Kriterium »ansteigendes Alter« einen hinreichenden Bezug zu den jeweiligen Chancen auf dem Arbeitsmarkt sehen; s. auch Rz 670b).

674 Beim Lebensalter handelt es sich daher um eine **ambivalente Größe,** dessen sozialer Stellenwert sich weder generell noch im Einzelfall exakt festlegen lässt (*BAG* 24.3.1983 EzA § 1 KSchG Betriebsbedingte Kündigung Nr. 21; 21.1.1999 EzA § 1 KSchG Soziale Auswahl Nr. 39, zu II 2 b bb). Für die Beschäftigungschancen eines Arbeitnehmers kommt es auch auf seine Qualifikation, seine Berufserfahrung und seinen Gesundheitszustand an (*BAG* 18.1.1990 EzA § 1 KSchG Soziale Auswahl Nr. 28; APS-*Kiel* Rz 714). Die Bedeutung des Lebensalters steigt typischerweise zunächst kontinuierlich an und nimmt mit zeitlicher Nähe zum Renteneintritt wieder ab (*LAG Nds.* 23.5.2005 LAGE § 1 KSchG Soziale Auswahl Nr. 51, zu I 1 a; APS-*Kiel* Rz 713).

– **Unterhaltspflichten**

675 Der dritte unerlässliche Auswahlgesichtspunkt der Unterhaltspflichten ist ebenso wie das Lebensalter hinsichtlich seiner sozialen Wertigkeit eine **ambivalente Größe.** Der soziale Aussagewert dieses Gesichtspunkts hängt von zahlreichen anderen Faktoren ab (zB Alter, Einkünfte, Gesundheitszustand, Unterbringung der unterhaltsberechtigten Personen, Unterhaltsleistungen von Dritten, Höhe des Familieneinkommens), ist aber in Zeiten hoher Arbeitslosigkeit von besonderem Gewicht (*Lingemann* BB 2000, 1835).

676 Unter Unterhaltspflichten sind schon aus Gründen der Rechtsklarheit die gesetzlichen Unterhaltspflichten im Familienverband zu verstehen (*LAG Düsseld.* 4.11.2004 LAGE § 1 KSchG Soziale Auswahl Nr. 47, zu A II 3 b bb (1); *Löwisch/Spinner* Rz 369). Dazu gehören auch Unterhaltspflichten nach §§ 5, 16 LPartG (*Bader* FS Schwab S. 973, 975). Die dadurch für den Arbeitnehmer bestehenden **Belastungen** sind in die Sozialauswahl einzubeziehen. Daher kommt es auf die Anzahl der Unterhaltsberechtigten an, aber auch auf die Höhe der Unterhaltsleistungen, zu denen der Arbeitnehmer verpflichtet ist (*LAG Hamm* 21.8.1997 LAGE § 102 BetrVG 1972 Nr. 62; *v. Hoyningen-Huene/Linck* Rz 468a; *Linck* AR-Blattei SD 1020.1.2 Rz 84; in diesem Sinne auch *Ascheid* RdA 1997, 336; *Preis* NZA 1997, 1084). Wollte man nur auf die Anzahl der Unterhaltsberechtigten abstellen (so *Fischermeier* NZA 1997, 1094), müsste zB unberücksichtigt bleiben, dass der Ehegatte des Arbeitnehmers aufgrund eigenen Arbeitseinkommens seinen eigenen Lebensunterhalt bestreiten kann. Dann hätte die Berücksichtigung von Unterhaltspflichten nur einen statistischen Wert. Nach dem Sinn des Gesetzes sollen mit der Berücksichtigung von Unterhaltspflichten aber die damit verbundenen Belastungen des Arbeitnehmers in die Sozialauswahl einbezogen werden (ebenso HK-*Dorndorf* Rz 1075; *Fröhlich* LAG-Report 2005, 257, 259).

677 Folgerichtig mindert sich die Unterhaltspflicht des Arbeitnehmers, wenn andere Personen entsprechende Unterhaltsleistungen erbringen. Das gilt insbes., wenn der Ehegatte auch Arbeitseinkommen erzielt (sog. **Doppelverdienst**). In diesem Fall verringert sich die Pflicht des Arbeitnehmers zu Unterhaltsleistungen sowohl gegenüber dem Ehegatten als auch ggf. gegenüber gemeinsamen Kindern (*LAG Düsseld.* 4.11.2004 LAGE § 1 KSchG Soziale Auswahl Nr. 47, zu A II 3 b bb (2); ErfK-*Ascheid* Rz 499; KPK-*Schiefer/Meisel* Rz 1197; *Löwisch/Spinner* Rz 371). Die damit ggf. verbundene mittelbare Benachteiligung von Frauen, deren Ehemänner Arbeitseinkommen beziehen, ist hinzunehmen, da die gesetzlich gebotene Einbeziehung von Unterhaltslasten sachlich gerechtfertigt ist (HK-*Dorndorf* Rz 1077). Etwas anderes gilt für den Aspekt, den Lebensunterhalt mit dem Einkommen des Ehegatten zu bestreiten (s.u. Rz 678n).

678 Der Dauer des Arbeitsverhältnisses und dem Lebensalter kommt gegenüber dem Auswahlkriterium der Unterhaltspflichten kein genereller oder absoluter Vorrang zu. Es gibt weder einen gesetzlichen noch sonst allgemeinverbindlichen Bewertungsmaßstab dafür, wie die einzelnen Sozialdaten zueinander ins Verhältnis zu setzen sind (*BAG* 18.10.1984 EzA § 1 KSchG Betriebsbedingte Kündigung Nr. 34). Deshalb ist auch eine schematische Betrachtung abzulehnen. Es bedarf vielmehr einer **einzelfallbezo-**

genen Abwägung (*BAG* 9.10.1986 RzK I 5d Nr. 16; 8.8.1985 EzA § 1 KSchG Soziale Auswahl Nr. 21; APS-*Kiel* Rz 721; *Linck* S. 113 f.). Eine besonders starke Gewichtung der Unterhaltspflichten gegenüber den Kriterien Alter und Betriebszugehörigkeit kann im Rahmen des Ermessens des Arbeitgebers vertretbar sein, da diese zeitbezogenen Kriterien miteinander in Zusammenhang stehen (*BAG* 5.12.2002 EzA § 1 KSchG Soziale Auswahl Nr. 49, zu B III 5; für eine starke Gewichtung von Unterhaltspflichten *Kopke* NJW 2206, 1040).

– **Schwerbehinderung**

Die Schwerbehinderung war bereits nach der Rechtslage vor dem 1.1.2004 bei der Sozialauswahl zwingend zugunsten des betroffenen Arbeitnehmers zu berücksichtigen (*BAG* 18.1.1990 EzA § 1 KSchG Soziale Auswahl Nr. 28; APS-*Kiel* Rz 722; *Bütefisch* S. 248). Wer schwerbehindert ist, ergibt sich aus der gesetzlichen Definition von § 2 SGB IX. Unter § 1 Abs. 3 S. 1 KSchG fallen dem Rechtsgedanken § 68 Abs. 1 SGB IX nach auch Schwerbehinderten gleichgestellte behinderte Menschen (*Gaul/Lunk* NZA 2004, 185; *Löwisch* BB 2004, 154; *Schiefer/Worzalla* NZA 2004, 345, 347; *Quecke* RdA 2004, 86, 87 f.; *Bader* NZA 2004, 65, 74). Eine Anerkennung als Schwerbehinderter nach § 69 SGB IX ist nicht erforderlich, wohl aber wegen ihres konstitutiven Charakters die behördliche Gleichstellungsentscheidung (*Löwisch* BB 2004, 154 f.; *Bauer/Powietzka* NZA-RR 2004, 505, 508). Der Arbeitgeber braucht die Schwerbehinderung nur zu berücksichtigen, wenn sie ihm bekannt ist (*Schiefer/Worzalla* NZA 2004, 345, 347; *Quecke* RdA 2004, 86, 88; *Bader* NZA 2004, 65, 74; für eine Erkundigungspflicht des Arbeitgebers APS-*Kiel* Rz 725c). Die für den Sonderkündigungsschutz nach §§ 85 ff. SGB IX geltende einmonatige Mitteilungsfrist für den Arbeitnehmer (hierzu KR-*Etzel* §§ 85 – 90 SGB IX Rz 14 ff.) ist für die Sozialauswahl nur insoweit von Bedeutung, als die Kündigung des Schwerbehinderten bereits nach §§ 85 SGB IX, 134 BGB unwirksam wird, wenn der Arbeitnehmer die Frist wahrt. Für die Sozialauswahl ist das Kriterium der Schwerbehinderung nur relevant, wenn das Integrationsamt der Kündigung des schwerbehinderten Menschen zum Kündigungszeitpunkt bereits zugestimmt hatte (s.o. Rz 664). Welches Gewicht der Schwerbehinderung bei der Sozialauswahl zukommt, hängt von den Umständen des Einzelfalles ab. Es bedarf auch insoweit einer einzelfallbezogenen Abwägung. Ggf. sind betriebliche Ursachen der Schwerbehinderung zu berücksichtigen (*Bütefisch* S. 248 f.). Der die Berücksichtigung weiterer Kriterien nicht ausschließende Charakter von § 1 Abs. 3 S. 1 KSchG lässt auch die Einbeziehung von die Kriterien der Schwerbehinderung nicht erfüllenden, die Chancen des Arbeitnehmers auf dem Arbeitsmarkt gleichwohl erheblich beeinträchtigenden sonstigen Behinderungen zu (so zu der vor dem 1.1.2004 geltenden Rechtslage *BAG* 17.3.2005 EzA § 1 KSchG Soziale Auswahl Nr. 58).

– **Benachteiligungsverbote**

Durch eine Reihe sozialgesetzlicher Bestimmungen ist festgelegt, dass bestimmte Umstände nicht zuungunsten des Arbeitnehmers bei der sozialen Auswahl herangezogen werden dürfen. Zu diesen gehören die Inanspruchnahme von **Altersteilzeit** (§ 8 Abs. 1 ATG), die Einberufung des Arbeitnehmers zum **Wehrdienst** (§ 2 Abs. 2 ArbPlSchG), die Teilnahme an **Eignungsübungen** (§ 3 Abs. 10 ArbPlSchG) sowie die Teilnahme an Einsätzen und **Ausbildungsveranstaltungen des Zivilschutzes** (§§ 9 Abs. 2 und 13 Abs. 3 des Gesetzes über den Zivilschutz v. 9.8.1976 BGBl. I S. 2109). Für **Heimkehrer** besteht darüber hinaus ein besonderer Kündigungsschutz (§ 8 des Heimkehrergesetzes v. 19.6.1950 BGBl. I S. 931).

Für die nicht unter § 15 KSchG fallenden **betriebsverfassungsrechtlichen Funktionsträger** (zB Mitglieder des Wirtschaftsausschusses, einer Einigungsstelle, einer tariflichen Schlichtungsstelle oder einer betrieblichen Beschwerdestelle) ist im Rahmen der sozialen Auswahl das betriebsverfassungsrechtliche **Behinderungsverbot des § 78 BetrVG** zu beachten (zum Verbotsgesetzcharakter dieser Bestimmung *Richardi/Thüsing* § 78 Rz 11 ff.; *Fitting* § 78 Rz 4). Dem Arbeitgeber ist es daher verwehrt, die Mitarbeit eines Arbeitnehmers in diesen betriebsverfassungsrechtlichen Einrichtungen bei der Auswahlentscheidung zu dessen Nachteil zu berücksichtigen. Da § 78 BetrVG auch eine Bevorzugung dieses Personenkreises aufgrund ihrer Tätigkeit verbietet, ist es ebenfalls unzulässig, diesen Umstand zugunsten des Arbeitnehmers bei der sozialen Auswahl zu berücksichtigen.

– **Ermittlung der Kriterien**

Da der Vergleich der Kriterien Dauer des Arbeitsverhältnisses, Lebensalter, Unterhaltspflichten und ggf. Schwerbehinderung Grundlage jeder Sozialauswahl ist, muss sich der Arbeitgeber von diesen Kenntnis verschaffen. Dabei kann er sich im Normalfall auf die von den Arbeitnehmern gemachten Angaben für die **Personalakten** und die **Lohnsteuerunterlagen** beschränken. Er muss vor der Kündigung nur weitere Ermittlungen aufnehmen, wenn Anhaltspunkte zu Zweifeln an der Vollständigkeit und Richtigkeit der vorliegenden Daten besteht. Führen falsche oder unzureichende Angaben des Arbeitnehmers zu einer unzutreffenden Sozialauswahl und deshalb zur Kündigung des Arbeitnehmers, kann er sich im Kündigungsschutzprozess nach Treu und Glauben (§ 242 BGB) nicht auf **nicht mitgeteilte Auswahlgesichtspunkte** berufen (LAG BW 9.11.1990 LAGE § 102 BetrVG 1972 Nr. 25; LAG Hamm 21.8.1997 LAGE § 1 KSchG Soziale Auswahl Nr. 21, zu 1.3.5; LAG Köln 12.11.1999 FA 2000, 201 LS, zu I 3; HaKo-*Gallner* Rz 750; entsprechend für das Kriterium der Schwerbehinderung *Quecke* RdA 2004, 86, 88; *Bader* NZA 2004, 65, 74; **aA** LAG Hamm 29.3.1985 LAGE § 1 KSchG Soziale Auswahl Nr. 1, zu I 2 c; APS-*Kiel* Rz 725; SPV-*Preis* Rz 1106; *v. Hoyningen-Huene/Linck* Rz 465; KDZ-*Kittner* Rz 471). Die Gegenansicht steht im Widerspruch zu dem allgemeinen Grundsatz, dass mit Ausnahme der Verdachtskündigung der Arbeitnehmer vor der Kündigung nicht zur Sachverhaltsaufklärung angehört werden muss (BAG 18.9.1997 EzA § 626 BGB nF Nr. 169, zu II 2 a; 27.3.2002 AP EV Anl. I Art. XIX Nr. 28, zu B II 2). Zudem ist der Arbeitnehmer für die Unterrichtung des Arbeitgebers über Änderungen seiner Personalien verantwortlich (BAG 29.1.1997 EzA § 611 Aufhebungsvertrag Nr. 27, zu II 1 b; 24.11.2005 EzA § 1 KSchG Krankheit Nr. 1, zu B I 2 b). Der Arbeitgeber kann sich daher grundsätzlich auf die Richtigkeit der Angaben des Arbeitnehmers und die Eintragungen in dessen Steuerkarte verlassen. Andernfalls wären umfangreichere personelle Maßnahmen kaum auf zumutbare Weise rechtssicher durchzuführen. Arbeitnehmer müssen damit rechnen, dass sich ihr Arbeitgeber auf Angaben in der Steuerkarte verlässt, wenn sie keine anderweitigen Angaben machen (BAG 24.11.2005 EzA § 1 KSchG Krankheit Nr. 1, zu B I 2 b).

678e Führen unzutreffende Angaben eines Arbeitnehmers zur Kündigung eines anderen Arbeitnehmers, ist der Arbeitnehmer dem Arbeitgeber zum **Schadenersatz** verpflichtet, wozu die Kosten eines verlorenen Kündigungsschutzprozesses und Annahmeverzugslohnzahlungen an den gekündigten Arbeitnehmer gehören können.

– **Gewichtung der Kriterien**

678f Wie sich inzwischen auch aus § 10 S. 3 Nr. 6 AGG ergibt, räumt der Gesetzgeber **keinem der vier sozialen Grunddaten einen Vorrang** ein (BAG 5.12.2002 EzA § 1 KSchG Soziale Auswahl Nr. 49, zu III 4; 2.6.2005 EzA § 1 KSchG Soziale Auswahl Nr. 63, zu B I 4 b bb (3)). Damit hat jedes der vier Grunddaten an sich **gleiches Gewicht** (*ArbG Passau* 18.8.1997 RzK I 5 d Nr. 60; *Bader* NZA 1996, 1128; *Klebe* AiB 1996, 718; *Zwanziger* AiB 2004, 11; *Ascheid* RdA 1997, 336; wegen § 10 KSchG für ein besonderes Gewicht der Beschäftigungsdauer *Löwisch/Spinner* Rz 375; diese Norm unterscheidet sich aber in Wortlaut und Zweck). Es fehlen verbindliche Bewertungsmaßstäbe dafür, wie die einzelnen Sozialdaten zueinander ins Verhältnis zu setzen sind (BAG 18.10.1984 EzA § 1 KSchG Betriebsbedingte Kündigung Nr. 34; 21.7.2005 EzA § 125 InsO Nr. 2, zu II 1 c bb). Die Kriterien können je nach Branche, Arbeitsmarktlage und Persönlichkeit des Arbeitnehmers unterschiedliche Bedeutung haben. Damit ist eine objektive Gewichtung der Kriterien unmöglich; dem Arbeitgeber können daher keine abstrakten Vorgaben hinsichtlich der Gewichtung der Kriterien gemacht werden (BAG 5.12.2002 EzA § 1 KSchG Betriebsbedingte Kündigung Nr. 49, zu B III 1). Der Arbeitgeber hat bei der Gewichtung vielmehr einen **Beurteilungsspielraum** (s.u. Rz 678g ff.).

hh) **Beurteilungsspielraum des Arbeitgebers**

678g –678i Da der Gesetzgeber vom Arbeitgeber bei der Sozialauswahl nur eine »ausreichende« Berücksichtigung der sozialen Grunddaten Dauer der Betriebszugehörigkeit, Lebensalter, Unterhaltspflichten, Schwerbehinderung verlangt, hat er damit einerseits klargestellt, dass der Arbeitgeber weitere Sozialdaten nicht zu berücksichtigen braucht (*Löwisch* BB 2004, 154), andererseits wird dem Arbeitgeber damit bei der Gewichtung der sozialen Grunddaten ein Beurteilungsspielraum eingeräumt (BAG 15.6.1989 EzA § 1 KSchG Soziale Auswahl Nr. 27). Der vom BAG (18.10.1984 EzA § 1 KSchG Betriebsbedingte Kündigung Nr. 34; 5.12.2002 EzA § 1 KSchG Soziale Auswahl Nr. 49) teilweise verwendete Begriff »Bewertungsspielraum« hat keinen eigenen Aussagewert (HaKo-*Gallner* Rz 752). Bei der Auslegung ist von der gesetzlichen Vorgabe der lediglich ausreichenden Berücksichtigung der Kriterien und der Unmöglichkeit der Bestimmung allgemein verbindlicher Kriterien auszugehen. Das BAG nimmt daher an, dass der Arbeitgeber alle vier Kriterien zwar berücksichtigen muss, deren Bedeutung aber selbst gewichten kann. Die Auswahl muss lediglich jedem der vier Kriterien noch ausreichend Rechnung tragen; nur insoweit ist sie gerichtlich überprüfbar. Diesen Anforderungen können im Einzelfall verschiedene Auswahlergebnisse entsprechen. Die aus Sicht des Gerichts optimale Wahl muss der Arbeitgeber nicht treffen. Damit können sich im Ergebnis nur deutlich schutzwürdigere Arbeitnehmer auf 1 Abs. 3 S. 1 KSchG berufen (BAG 5.12.2002 EzA § 1 KSchG Soziale Auswahl Nr. 49, zu B III 3, 4 a; 2.6.2005 EzA § 1 KSchG Soziale Auswahl Nr. 63, zu B I 4 b bb (2)). Dagegen lässt sich eine Be-

Sozial ungerechtfertigte Kündigungen   § 1 KSchG

schränkung der Überprüfung auf grobe Fehlerhaftigkeit bereits wegen der Gesetzessystematik nicht begründen (SPV-*Preis* Rz 1116; **aA** *Etzel* KR, 7. Aufl. Rz 678h; *Zerres/Rhotert* FA 2004, 3; BuW 2004, 167). Dann wären § 1 Abs. 4, Abs. 5 S. 2 KSchG überflüssig (HaKo-*Gallner* Rz 753).

Bei der Gewichtung der Kriterien sind auch sich **im Zeitpunkt der Kündigung abzeichnende Ent-** 678j **wicklungen** zu berücksichtigen, die mit hoher Wahrscheinlichkeit in naher Zukunft zu sozialen Belastungen oder Entlastungen führen. Letzteres kommt etwa in Betracht, wenn ein unterhaltsberechtigtes Kind unmittelbar vor dem Beginn einer eigenen Berufstätigkeit steht, ersteres etwa bei einer dem Arbeitgeber bekannten Schwangerschaft der Ehefrau des Arbeitnehmers (*ArbG Bln.* 16.2.2005 BB 2006, 1455 LS).

Im Gegensatz zu der vor dem 1.1.2004 geltenden Rechtslage braucht der Arbeitgeber keine weiteren 678k sozialen Gesichtspunkte zu berücksichtigen, so dass eine individuelle Abschlussprüfung der Auswahl nicht erforderlich ist. Auswahlrichtlinien ermöglichen damit nicht nur eine Vorauswahl, sondern können vom Arbeitgeber zur **abschließenden Ermittlung** der sozial schutzwürdigsten Arbeitnehmer herangezogen werden.

Der Arbeitgeber ist aber nicht gezwungen, ausschließlich nach von ihm aufgestellten Auswahlrichtli- 678l nien zu verfahren oder bei einer individuellen Auswahl nur Betriebszugehörigkeit, Lebensalter, Unterhaltspflichten und Schwerbehinderung heranzuziehen. Vielmehr kann er nach seinem freien Ermessen innerhalb seines Beurteilungsspielraums **weitere soziale Kriterien berücksichtigen** (ebenso *Ascheid* RdA 1997, 337; *Däubler* BetrR 1997, 2; *v. Hoyningen-Huene/Linck* DB 1997, 42; *Klebe* AiB 1996, 718; *Schiefer* ArbRdGgw. 1996, Rz N 41; *Löwisch/Spinner* Rz 376; **aA** HK-*Dorndorf* 2. Aufl. Rz 1061, 1088; *Pauly* MDR 1997, 513). Dies folgt daraus, dass er die vier sozialen Grunddaten nur »ausreichend« berücksichtigen muss und der Gesetzgeber selbst von der Möglichkeit ausgeht, dass der Arbeitgeber bei der Sozialauswahl weitere Kriterien heranziehen kann. Denn er hat § 2 Abs. 2 ArbPlSchG unverändert gelassen, wonach bei betriebsbedingten Kündigungen bei der Auswahl der zu Entlassenden der Wehrdienst eines Arbeitnehmers nicht zu dessen Ungunsten berücksichtigt werden darf. Weiter gilt nach wie vor § 8 Abs. 1 ATG, wonach bei der sozialen Auswahl die Möglichkeit zur Inanspruchnahme von Altersteilzeit nicht zum Nachteil des Arbeitnehmers berücksichtigt werden darf (s.a. Rz 703). Diese Vorschriften wären überflüssig, wenn bei der Sozialauswahl ohnehin nur die vier Grunddaten berücksichtigt werden dürften.

Obwohl die Entwurfsbegründung zum Gesetz zu Reformen am Arbeitsmarkt (BR-Drs. 15/204, S. 11) 678m davon ausgeht (*Willemsen/Annuß* NJW 2004, 178), ist eine **Beschränkung** der weiteren sozialen Auswahlgesichtspunkte auf Umstände, die in einem unmittelbaren spezifischen Zusammenhang mit den Grunddaten stehen oder sich aus betrieblichen Gegebenheit herleiten, die evident einsichtig sind, nicht geboten. Diese Auffassung hat im Gesetzeswortlaut keinen Niederschlag gefunden.

Als weitere soziale Auswahlgesichtspunkte kommen insbes. die folgenden Umstände in Betracht: 678n

– Die **Schwangerschaft** einer Arbeitnehmerin (*BAG* 24.3.1983 EzA § 1 KSchG Betriebsbedingte Kündigung Nr. 21), die aber nur relevant werden kann, wenn die zuständige Behörde die Kündigung gem. § 9 Abs. 3 MuSchG für zulässig erklärt hat.

– Der schlechte **Gesundheitszustand** des Arbeitnehmers (*BAG* 18.1.1990 EzA § 1 KSchG Soziale Auswahl Nr. 28; **aA** *Willemsen/Annuß* NJW 2004, 178) sowie dessen ggf. betriebliche Ursachen (zB Arbeitsunfall oder eine durch die betriebliche Tätigkeit bedingte Berufskrankheit; vgl. *Bütefisch* S. 242 ff.). Erkrankungen von Familienangehörigen gehören hingegen nicht zu den unmittelbar persönlichen Umständen des Arbeitnehmers, wohl aber die besondere **Pflegebedürftigkeit naher Familienangehöriger**, sofern sie mit besonderen Kosten verbunden ist, die dem Arbeitnehmer als gesetzliche Unterhaltsleistung zur Last fallen (APS-*Kiel* Rz 718; KDZ-*Kittner* Rz 475; *Linck* AR-Blattei SD 1020.1.2 Rz 86; **aA** *Bütefisch* S. 250). Freiwillige Leistungen des Arbeitnehmers gehören zu seiner nicht zu berücksichtigenden privaten Lebensführung.

– Ansprüche des Arbeitnehmers auf **Alters- und ggf. Betriebsrente** nach Vollendung des 65. Lebensjahres können zu seinen Ungunsten berücksichtigt werden (HaKo-*Gallner* Rz 757; HK-*Dorndorf* Rz 1983; KDZ-*Kittner* Rz 477; *Rost* ZIP 1982, 1398; *ArbG Wetzlar* 27.1.1987 BB 1987, 760; **aA** *Bütefisch* S. 263). Dagegen ist es trotz Aufhebung von § 41 Abs. 4 S. 2 SGB VI aF, der dies ausdrücklich regelte, nicht gerechtfertigt, den Umstand, dass ein noch nicht 65-jähriger Arbeitnehmer berechtigt ist, vorgezogenes Altersruhegeld zu beantragen, zum Nachteil des Arbeitnehmers zu berücksichtigen (*Bütefisch* S. 261; **aA** HK-*Dorndorf* aaO). Zur Vermeidung einer gegen §§ 1, 7 AGG verstoßenden Benachteiligung wegen des Alters und ggf. bei entsprechenden vorgezogenen Rentenansprüchen wegen des Geschlechts oder der Schwerbehinderung muss es dem Arbeitnehmer überlassen bleiben, ob er die mit dem vorgezogenen Altersruhegeld verbundenen Versorgungsnachteile hinnehmen will. Einkünfte des Arbeitnehmers aus anderer Erwerbstätigkeit und existenzsichernde **Vermögensverhältnisse** des Arbeitnehmers oder seines Ehepartners bleiben unbeachtlich (ebenso *LAG Köln* 3.5.2000 LAGE § 1 KSchG Soziale Auswahl Nr. 33; APS-*Kiel* Rz 724; *Ascheid* RdA 1997, 337; *Bütefisch* S. 258; *Künzl* ZTR 1996, 391; *Linck* S. 101 ff.; **aA** *BAG* 26.4.1964 AP Nr. 15 zu § 1 KSchG Betriebsbedingte Kündigung), weil sie zur privaten Lebensführung des Arbeitnehmers gehören und jeder Bezug zum konkreten Arbeitsplatz fehlt. Das gilt erst recht für privates Vermögen des Ehegatten (*LAG Köln* 3.5.2000 LAGE § 1 KSchG Soziale Auswahl Nr. 33).

- Einkünfte des Ehegatten, der sog. **Doppelverdienst**, sind nicht zu berücksichtigen, soweit es darum geht, dass der Arbeitnehmer durch das Einkommen seines Ehepartners anderweitig versorgt ist. Darin läge eine unzulässige **mittelbare Diskriminierung von Frauen**, weil Männer im Durchschnitt ein erheblich höheres Arbeitseinkommen als Frauen erzielen und deshalb Frauen öfters als Männer das höhere Arbeitseinkommen des Ehepartners als Versorgungselement entgegengehalten werden kann (APS-*Kiel* § 1 KSchG Rz 723 mwN; **aA** *LAG Düssed.* 4.11.2004 LAGE § 1 KSchG Soziale Auswahl Nr. 47, zu A II 3 b bb). Zudem würde eine Verpflichtung zur Berücksichtigung von Doppelverdienst gegen Art. 6 Abs. 1 GG verstoßen, da dann Anlass der Kündigung die familiäre Bindung wäre (*BAG* 5.12.2002 EzA § 1 KSchG Soziale Auswahl Nr. 49, zu B III 4 b; *Fröhlich* LAG-Report 2005, 257, 259). Zur Minderung der Unterhaltspflichten bei Doppelverdienst s.o. Rz 677.

- Die **Vermittelbarkeit des Arbeitnehmers auf dem Arbeitsmarkt**, dh seine Arbeitsmarktchancen, wurde ebenfalls als mögliches zusätzliches Auswahlkriterium betrachtet (*BAG* 24.3.1983 EzA § 1 KSchG Betriebsbedingte Kündigung Nr. 21; KDZ-*Kittner* Rz 469; *Löwisch/Spinner* Rz 376; *Berkowsky* Betriebsbedingte Kündigung § 6 Rz 166; **aA** *Ascheid* RdA 1997, 337; *Bütefisch* S. 252; *Linck* S. 99 f.; *Willemsen/Annuß* NJW 2004, 178). Mit dem Inkrafttreten von § 10 S. 3 Nr. 6 AGG sind die Chancen auf dem Arbeitsmarkt bereits generell bei der Gewichtung der gesetzlichen Auswahlkriterien einzubeziehen (s.o. Rz 670a, 678h). Allgemeine arbeitsmarkt- und sozialpolitische Aspekte sind dagegen nicht zu berücksichtigen (APS-*Kiel* Rz 724).

678o Der **Arbeitsplatzverzicht eines Vaters zugunsten seines Sohnes** darf bei der Sozialauswahl zugunsten des Sohnes berücksichtigt werden, zumal dieser im Verhältnis zum Vater vorrangig zum Unterhalt verpflichtet ist (*BAG* 7.12.1995 EzA § 1 KSchG Soziale Auswahl Nr. 35 m. abl. Anm. *Schwarze* = BB 1996, 1992 m. abl. Anm. *Keppeler*; zust.: HK-*Dorndorf* Rz 1077; *Löwisch* Rz 335; **aA** KDZ-*Kittner* Rz 473). **Personenbedingte Kündigungsgründe** (zB gesundheitliche Leistungsmängel, krankheitsbedingte Fehlzeiten) und **verhaltensbedingte Kündigungsgründe** dürfen als soziale Auswahlgesichtspunkte nicht berücksichtigt werden, können aber ggf. eine personenbedingte oder verhaltensbedingte Kündigung rechtfertigen (*Ascheid* RdA 1997, 337).

678p Will der Arbeitgeber zusätzliche soziale Kriterien berücksichtigen, muss gewährleistet sein, dass nach der danach vorgenommenen Auswahl bei einer **Endkontrolle** die gesetzlichen **Sozialdaten noch ausreichend berücksichtigt sind.** Dazu sind die vorgeschriebenen Sozialdaten Betriebszugehörigkeit, Lebensalter, Unterhaltspflichten, Schwerbehinderung der zur Kündigung ausgewählten und der nicht gekündigten Arbeitnehmer miteinander zu vergleichen. Hatte der Arbeitgeber ein Punktesystem für die vorgeschriebenen Sozialdaten aufgestellt und erreicht danach ein im Hinblick auf andere soziale Kriterien zur Entlassung vorgesehener Arbeitnehmer eine wesentlich höhere Punktzahl als ein ungekündigter Arbeitnehmer, kann dies für eine nicht ausreichende Berücksichtigung von Dauer der Betriebszugehörigkeit, Lebensalter, Unterhaltspflichten und Schwerbehinderung sprechen.

678q Um diesem Dilemma zu entgehen, stehen dem Arbeitgeber zwei Wege offen: Er kann innerhalb eines Punktesystems eine **Höchstzahl von Punkten** festsetzen, die für soziale Kriterien außerhalb der vorgeschriebenen Sozialdaten vergeben werden können. Verbleiben danach etwa ¾ der Punkte für die vorgeschriebenen Sozialdaten, sind sie in ausreichendem Umfang berücksichtigt.

678r Der Arbeitgeber kann ferner ein **Punktesystem** aufstellen, das in **weit gefächerte Altersgruppen und Gruppen von Betriebszugehörigkeitszeiten** gegliedert ist, Unterhaltspflichten und Schwerbehinderungen einbezieht und im Vergleich noch eine ausreichende Berücksichtigung der vorgeschriebenen Sozialdaten enthält, zB

- **Lebensalter:** Bis 20 J.: 1 Pkt.; 21-27 J.: 2 Pkt.; 28-34 J.: 3 Pkt. usw.;

- **Betriebszugehörigkeit** bis 5 J.: 1 Pkt.; 6-10 J.: 2 Pkt ; 11-15 J.: 3 Pkt. usw.;
- **Unterhaltspflichten, die mit Unterhaltsleistungen verbunden sind:** Je Pers.: 2 Pkt;
- **Schwerbehinderung**: je 10 Grad Behinderung: 1 Pkt.

Bei diesem Punktesystem sind Lebensalter, Dauer der Betriebszugehörigkeit, Unterhaltspflichten und Schwerbehinderung in jeweils nicht unbeachtlichem Umfang und damit ausreichend berücksichtigt. Wegen der geringeren Differenzierung gegenüber sonstigen Punktesystemen werden im Allgemeinen mehrere Arbeitnehmer die gleiche Punktzahl aufweisen. Unter diesen Arbeitnehmern kann der Arbeitgeber die Auswahl nach weiteren sozialen Kriterien vornehmen.

Entschließt sich der Arbeitgeber dazu, außer der Dauer der Betriebszugehörigkeit, dem Lebensalter, den Unterhaltspflichten und der Schwerbehinderung weitere soziale Kriterien zu berücksichtigen, tritt eine **Selbstbindung** ein. Andernfalls könnte der Arbeitgeber unter Berufung auf weitere soziale Kriterien willkürlich Arbeitnehmer zur Kündigung auswählen, was dem Willkürverbot bei Kündigungen widerspräche (s. KR-*Friedrich* § 13 KSchG Rz 354). Daher kann sich jeder gekündigte Arbeitnehmer auf die vom Arbeitgeber herangezogenen weiteren sozialen Kriterien berufen und geltend machen, danach sei er sozial schutzwürdiger als bestimmte weiterbeschäftigte Kollegen (*Fischermeier* NZA 1997, 1094). Dies ist dann im Kündigungsschutzprozess zu überprüfen. 678s

ii) Auskunftsanspruch des Arbeitnehmers

Nach § 1 Abs. 3 S. 1 KSchG hat der Arbeitgeber auf Verlangen des Arbeitnehmers diesem gegenüber die Gründe anzugeben, die zu der getroffenen sozialen Auswahl geführt haben. Diese gesetzliche Auskunftspflicht begründet für den Arbeitnehmer einen materiellrechtlichen Auskunftsanspruch. Die Regelung dient primär dem Zweck, dem Arbeitnehmer **eine rechtzeitige Abwägung der mit einer Kündigungsschutzklage verbundenen Prozessrisiken zu ermöglichen** (*Löwisch/Spinner* Rz 400; *W. Müller* DB 1975, 2135). Die Vorschrift bezweckt weiterhin, den Arbeitnehmer in die Lage zu versetzen, einen etwaigen Fehler in der sozialen Auswahl rügen zu können (§ 1 Abs. 3 S. 3 KSchG). Die dem Arbeitgeber obliegenden Auskunftspflicht hat die prozessuale Auswirkung, dass für die soziale Auswahl eine **abgestufte Verteilung der Darlegungslast zwischen Arbeitgeber und Arbeitnehmer** gilt (iE s.u. Rz 683 ff.). 679

Im Unterschied zu § 626 Abs. 2 S. 3 BGB regelt das Gesetz nicht, in welchem Zeitraum der Arbeitgeber dem Auskunftsverlangen des Arbeitnehmers nachzukommen hat. Wegen der Vergleichbarkeit der Interessenlage ist es gerechtfertigt, die in § 626 Abs. 2 S. 3 BGB angeordnete **unverzügliche Mitteilung** (der Kündigungsgründe) auf die Regelung des § 1 Abs. 3 S. 1, 2. Hs. KSchG zu übertragen (*v. Hoyningen-Huene* Rz 490; *Preis* HAS § 19 F Rz 261). Beide Mitteilungspflichten dienen dem Zweck, den Arbeitnehmer möglichst rasch nach Zugang der Kündigung in die Lage zu versetzen, die in einem Kündigungsrechtsstreit zu erwartenden Prozessrisiken abzuwägen. Auch bei einem bereits anhängigen Kündigungsrechtsstreit hat der Arbeitgeber dem Auskunftsverlangen des Arbeitnehmers unverzüglich nachzukommen, da für den Arbeitnehmer ansonsten die Gefahr besteht, dass er hinsichtlich der Rüge eines etwaigen Auswahlfehlers in Darlegungs- und Beweisschwierigkeiten gerät. Dabei kann in der Erhebung der Kündigungsschutzklage unter pauschaler Berufung auf eine fehlerhafte Sozialauswahl idR die Geltendmachung des Auskunftsbegehrens gesehen werden (vgl. *W. Müller* aaO). An das Auskunftsverlangen des Arbeitnehmers sind im Übrigen keine übertriebenen formalen Anforderungen zu stellen. Es genügt vielmehr jeder **Vortrag des Arbeitnehmers,** der seine Erwartung erkennen lässt, **zunächst möge der Arbeitgeber die** von ihm für maßgeblich gehaltenen **Gründe für die soziale Auswahl nennen** (BAG 21.7.1988 EzA § 1 KSchG Soziale Auswahl Nr. 26; 8.8.1985 EzA § 1 KSchG Soziale Auswahl Nr. 21). Der Arbeitnehmer muss daher nicht ausdrücklich erklären, er verlange Auskunft. 680

Die in § 1 Abs. 3 S. 1, 2. Hs. KSchG angeordnete Mitteilungspflicht erstreckt sich **nicht auf die Darlegung der Kündigungsgründe** (hierzu s.o. Rz 553). Der Auskunftsanspruch bezieht sich nach dem Gesetzeswortlaut allein auf die Gründe, die zu der getroffenen sozialen Auswahl geführt haben. Eine bestimmte Form ist für die von dem Arbeitgeber zu erteilende Auskunft nicht vorgeschrieben; es genügt daher eine **mündliche Unterrichtung** (aA *ArbG Hmb.* 29.3.1993 RzK I 5d Nr. 32). Der Arbeitgeber hat danach dem Arbeitnehmer schriftlich oder mündlich die von ihm herangezogenen **Auswahlkriterien als solche sowie deren Gewichtung** (insoweit abl. *Schellenberg* PERSONAL 1989, 246) und die Namen der Arbeitnehmer mitzuteilen, die nach seiner Ansicht in die Sozialauswahl einzubeziehen sind (*Ascheid* RdA 1997, 339). Eine vollständige Auflistung der Sozialdaten aller vergleichbaren Arbeitneh- 681 mer des Betriebs ist nicht erforderlich. Andererseits reicht die abstrakte Mitteilung der Auswahlkriterien (zB Berufsgruppe, Alter, Dauer der Betriebszugehörigkeit, Familienstand) sowie deren Gewichtung allein nicht aus, weil daraus nicht ersichtlich ist, welche konkreten Arbeitnehmer nach Ansicht des Arbeitgebers zum auswahlrelevanten Personenkreis gehören (*BAG* 21.7.1988 EzA § 1 KSchG Soziale Auswahl Nr. 26; krit. hierzu *Wolf* EWiR 1989, 613). Die Mitteilungspflicht erstreckt sich **auch auf die Darlegung der betrieblichen Interessen,** die einer Auswahl nach sozialen Gesichtspunkten vorgehen, und die Benennung der Arbeitnehmer, die deshalb von der Sozialauswahl ausgenommen sind (*BAG* 17.11.2005 EzA § 125 InsO Nr. 4, zu 2 c aa; APS-*Kiel* Rz 732; *Ascheid* RdA 1997, 339; *Berkowsky* Betriebsbedingte Kündigung § 6 Rz 232; *Löwisch/Spinner* Rz 402; *v. Hoyningen-Huene/Linck* Rz 490). Dies ergibt sich zwar nicht aus dem Wortlaut, wohl aber aus dem Sinn und Zweck des Gesetzes. Bei Unkenntnis der für den Arbeitgeber maßgeblichen betrieblichen Gründe ist es dem Arbeitnehmer nicht möglich, die getroffene Auswahlentscheidung anzugreifen. Nur wenn der Arbeitnehmer Kenntnis davon erhält, aus welchen Gründen der Arbeitgeber die Weiterbeschäftigung eines oder mehrerer bestimmter Arbeitnehmer für notwendig erachtet, kann er sich darüber Klarheit verschaffen, ob für den Arbeitgeber überhaupt soziale Gesichtspunkte für die von ihm getroffene Auswahlentscheidung maßgeblich waren. Im Übrigen ist der Arbeitgeber im Kündigungsschutzprozess ohnehin darlegungs- und beweispflichtig für das Vorliegen berechtigter betrieblicher Interessen an der Weiterbeschäftigung bestimmter Arbeitnehmer.

682 Verstößt der Arbeitgeber gegen die ihm obliegende Mitteilungspflicht, indem er dem Auskunftsverlangen des Arbeitnehmers nicht, nicht rechtzeitig, nicht wahrheitsgemäß oder unvollständig nachkommt, führt dies nicht unmittelbar zur Sozialwidrigkeit der Kündigung (*Löwisch/Spinner* Rz 403; *v. Hoyningen-Huene/Linck* Rz 491; *LAG Hamm* 25.2.1977 DB 1977, 1055). Maßgeblich für die Frage, ob ein Fehler in der sozialen Auswahl vorliegt oder ob es ausnahmsweise keiner Auswahl nach sozialen Gesichtspunkten bedarf (§ 1 Abs. 3 S. 2 KSchG), ist allein die objektive Rechtslage (s. aber Rz 686 f.). Dem Arbeitnehmer steht es auch frei, sich durch andere Erkenntnisquellen (zB Befragung von Arbeitskollegen, Einschaltung des Betriebsrats) über die auswahlrelevanten Fakten zu unterrichten und diese Kenntnisse in den Kündigungsschutzprozess einzuführen. Gleichwohl ist die **schuldhafte Verletzung** der Mitteilungspflicht durch den Arbeitgeber nicht ohne jegliche Rechtsfolgen. Da es sich insoweit um eine gesetzlich angeordnete Nebenpflicht handelt, macht sich der Arbeitgeber wegen einer Pflichtverletzung (§ 280 BGB) **schadenersatzpflichtig,** sofern er dieser Pflicht schuldhaft nicht, nicht rechtzeitig oder nicht ordnungsgemäß nachkommt (*Löwisch/Spinner* Rz 403; *v. Hoyningen-Huene/Linck* aaO; *Monjau* BB 1969, 1043; *ArbG Kiel* 7.6.1978 BB 1978, 1167). Zu den erstattungsfähigen Schäden gehören insbes. die **Prozesskosten** (APS-*Kiel* Rz 733; vgl. *BAG* 17.8.1972 AP § 626 BGB Nr. 65 für den Fall der schuldhaften Verletzung der dem Arbeitgeber nach § 626 Abs. 2 S. 3 BGB obliegenden Mitteilungspflicht).

jj) Darlegungs- und Beweislast

683 Nach § 1 Abs. 3 S. 3 KSchG trägt der Arbeitnehmer die Beweislast für die eine nicht ausreichende Berücksichtigung der Kriterien der Sozialauswahl maßgeblichen Tatsachen. Die **Mitteilungspflicht** nach § 1 Abs. 3 S. 1, 2. Hs. KSchG bewirkt prozessual aber eine **Abstufung der Darlegungslast** zwischen Arbeitgeber und Arbeitnehmer (str., s.u. Rz 684). Diese Interessenbewertung konkretisiert prozessual das Prinzip der Sachnähe. Sie ist allerdings nicht mehr aufrechtzuerhalten, wenn der Arbeitnehmer Tatsachen glaubhaft macht, die eine **unmittelbare oder mittelbare Diskriminierung** wegen eines der in § 1 AGG aufgeführten Kriterien, insbes. wegen des Alters, vermuten lassen. Zwar ist die Beweislastregel von § 22 AGG wegen § 2 Abs. 4 AGG nicht unmittelbar anwendbar. Mit dem Ablauf der Umsetzungsfrist der Richtlinie 2000/78/EG gebietet deren Art. 10 Abs. 1 aber eine entsprechende Beweislastverteilung. Daher ist in solchen Fällen § 1 Abs. 3 S. 3 KSchG europarechtskonform einzuschränken und § 22 AGG mit der Konsequenz entsprechend anzuwenden, dass der Arbeitgeber nach der Glaubhaftmachung eines Diskriminierungstatbestandes diesen zu widerlegen und dessen Nichtvorliegen zu beweisen hat (*Löwisch* BB 2006, 2189, 2190). Zur Darlegungs- und Beweislast bei Auswahlrichtlinien und Namenslisten s.u. Rz 697, 703, 703h.

684 Nach der inzwischen kaum noch umstrittenen st.Rspr. des *BAG* ist – außerhalb von Diskriminierungstatbeständen – für die zwischen Arbeitgeber und Arbeitnehmer abgestufte Darlegungslast **in der sozialen Auswahl** zu unterscheiden zwischen verschiedenen Verfahrensabschnitten des Kündigungsschutzprozesses und zwischen den Fällen der Unkenntnis und der Kenntnis des Arbeitnehmers von den für die Sozialauswahl rechtserheblichen Tatsachen. In beiden Konstellationen hat der Arbeitneh-

Sozial ungerechtfertigte Kündigungen § 1 KSchG

mer aufgrund der ihm nach § 1 Abs. 3 S. 3 KSchG obliegenden Beweislast auch die Darlegungslast für die objektive Unrichtigkeit der Sozialauswahl (*BAG* 24.3.1983 EzA § 1 KSchG Betriebsbedingte Kündigung Nr. 21; 8.8.1985 EzA § 1 KSchG Soziale Auswahl Nr. 21; 5.5.1994 EzA § 1 KSchG Soziale Auswahl Nr. 31, zu II 3 b aa; 24.5.2005 EzA § 613a BGB 2002 Nr. 35, zu III 2 d; zust. etwa APS-*Kiel* Rz 780 ff.; *v. Hoyningen-Huene/Linck* Rz 493 ff.; *Löwisch/Spinner* Rz 439; früher **aA** *v. Altrock* DB 1987, 439; *Berkowsky* NJW 1983, 1297; *Dudenbostel* AuR 1984, 298; *ders.* DB 1986, 1175; *Tschöpe* NJW 1983, 1890; *Westhoff* DB 1983, 2465).

Nach dieser Rspr. genügt der Arbeitnehmer bei Unkenntnis der für die Sozialauswahl rechtserheblichen Tatsachen zunächst seiner Darlegungslast, wenn er **pauschal die soziale Auswahl beanstandet** und den Arbeitgeber auffordert, die Gründe mitzuteilen, die ihn zu der Auswahl veranlasst haben. Im Umfang seiner materiellrechtlichen Auskunftspflicht **geht damit die Darlegungslast auf den Arbeitgeber über.** Als auskunftspflichtige und darlegungsbelastete Partei hat der Arbeitgeber sodann die Gründe darzulegen, die ihn subjektiv zu der von ihm getroffenen Auswahl veranlasst haben (s.o. Rz 681). 685

Kommt der Arbeitgeber der ihm im Rahmen **seiner Auskunftspflicht** obliegenden Darlegungslast **nicht oder nicht vollständig nach,** führt dies beim Arbeitnehmer zu einer beschränkten Befreiung von der ihm nach § 1 Abs. 3 S. 3 KSchG obliegenden Darlegungs- und Beweislast (*BAG* 21.12.1983 EzA § 1 KSchG Betriebsbedingte Kündigung Nr. 29). Es bedarf daher insoweit keiner weiteren Darlegungen seitens des Arbeitnehmers, da er die Rüge der fehlerhaften Sozialauswahl gerade und nur deswegen nicht weiter konkretisieren kann, weil der Arbeitgeber seiner Auskunftspflicht hinsichtlich der von ihm angestellten Auswahlüberlegungen nicht nachgekommen ist (*BAG* 21.12.1983 aaO; 8.8.1985 EzA § 1 KSchG Soziale Auswahl Nr. 21). Vielmehr genügt er dann seiner Darlegungslast allein dadurch, dass er pauschal die soziale Auswahl beanstandet (*BAG* 21.7.1988 EzA § 1 KSchG Soziale Auswahl Nr. 26). Trägt der Arbeitgeber darauf nichts weiter vor, ist die Kündigung als sozialwidrig zu behandeln. Ein Arbeitgeber, der die erforderlichen Auskünfte nicht erteilt, bestreitet die Behauptung des Arbeitnehmers, die Sozialauswahl sei verfehlt, nicht substantiiert. Dann gilt gem. § 138 Abs. 3 ZPO die Behauptung des Arbeitnehmers als zugestanden (*Ascheid* Beweislastfragen, S. 176 f.). 686

Kommt der Arbeitgeber der ihm hinsichtlich seiner subjektiven Auswahlüberlegungen obliegenden Darlegungslast vollständig nach und war die Auswahl danach zutreffend, trägt der Arbeitnehmer wieder die volle Darlegungs- und Beweislast für eine objektiv fehlerhafte Auswahlentscheidung. Ergeben sich aus dem Vortrag des Arbeitgebers dagegen **Auswahlfehler**, braucht der Arbeitnehmer zunächst nichts weiter darzulegen. Dann spricht eine **vom Arbeitgeber auszuräumende tatsächliche Vermutung** dafür, dass auch das Auswahlergebnis objektiv fehlerhaft und die Kündigung daher sozialwidrig ist (*BAG* 18.10.1984 EzA § 1 KSchG Betriebsbedingte Kündigung Nr. 33; 15.6.1989 EzA § 1 KSchG Soziale Auswahl Nr. 27 mit Anm. *Hergenröder*; 24.2.2005 EzA § 1 KSchG Soziale Auswahl Nr. 59, zu B III 1 a; *Preis* DB 1984, 2250). Der Arbeitgeber muss dann näher darlegen, weshalb trotz eines fehlerhaften Auswahlverfahrens die Auswahl nach dem Maßstab von § 1 Abs. 3 KSchG zutreffend ist (*BAG* 18.10.1984 § 1 KSchG Betriebsbedingte Kündigung Nr. 33; 20.10.1983 EzA § 1 KSchG Betriebsbedingte Kündigung Nr. 28). 687

Fehlt es an den Voraussetzungen für eine solche tatsächliche Vermutung, muss der Arbeitnehmer die objektive Fehlerhaftigkeit der sozialen Auswahl im Einzelnen durch substantiierten Tatsachenvortrag darlegen. Dabei kann er insbes. Umstände vorbringen, die sich auf die Frage des auswahlrelevanten Personenkreises beziehen, zB dass der Arbeitgeber den Kreis der auswahlrelevanten Arbeitnehmer zu eng gezogen habe; hierbei muss er im Einzelnen begründen, warum er mit Arbeitnehmern einer bestimmten Gruppe vergleichbar ist (*BAG* 5.12.2002 EzA § 1 KSchG Soziale Auswahl Nr. 52). Er kann weiterhin etwaige Unrichtigkeiten bei den Sozialdaten der vergleichbaren Arbeitnehmer rügen. Kennt **der Arbeitnehmer** die Namen der vergleichbaren Arbeitnehmer und deren Sozialdaten, **muss er die weniger schutzbedürftigen Arbeitnehmer unter Angabe von deren Sozialdaten namentlich benennen** (*BAG* 18.10.1984 EzA § 1 KSchG Betriebsbedingte Kündigung Nr. 33; 24.3.1983 EzA § 1 KSchG Betriebsbedingte Kündigung Nr. 21; **aA** *Dudenbostel* AuR 1984, 298; *ders.* DB 1986, 1175; *Falkenberg* DB 1984, 1988). 688

Bei der Prüfung, welcher der vergleichbaren Arbeitnehmer sozial weniger schutzbedürftig ist, handelt es sich um die **dem Gericht vorbehaltene Anwendung des materiellen Kündigungsschutzrechts** (§ 1 Abs. 3 KSchG). Das Arbeitsgericht ist weder bei der Feststellung des auswahlrelevanten Personenkreises noch bei der Würdigung der Frage, ob der Arbeitgeber bei seiner Auswahlentscheidung die maß- 689 gebenden sozialen Grunddaten ausreichend berücksichtigt hat, an die Meinung der jeweils darlegungsbelasteten Prozesspartei gebunden. Kennt der Arbeitnehmer selbst die Zahl und die Namen der vergleichbaren Arbeitnehmer sowie deren soziale Grunddaten, genügt der Arbeitnehmer der ihm obliegenden Darlegungslast, wenn er die **auswahlrelevanten Tatsachen** vorträgt, aus denen sich ergibt, dass die vom Arbeitgeber getroffene Auswahlentscheidung unter Berücksichtigung seines Beurteilungsspielraums objektiv fehlerhaft ist. Das Gericht hat dann unter Zugrundelegung des Bewertungsmaßstabs von § 1 Abs. 3 KSchG zu prüfen, ob unter den vergleichbaren Arbeitnehmern weniger sozial schutzbedürftige Mitarbeiter sind. Der gekündigte Arbeitnehmer kann insoweit eine namentliche Konkretisierung vornehmen. Diese ist für das Gericht lediglich eine unverbindliche Rechtsmeinung (*Linck* DB 1990, 1869).

690 Gegen die Offenlegung der Sozialdaten vergleichbarer Arbeitnehmer durch den Arbeitgeber gegenüber dem zu kündigenden Arbeitnehmer oder gegenüber dem Gericht bestehen **keine datenschutzrechtlichen Bedenken** (*BAG* 24.3.1983 EzA § 1 KSchG Betriebsbedingte Kündigung Nr. 21; *LAG Bln.* 6.7.1982 DB 1983, 125; *Achenbach* NZA 1984, 278; *Rost* ZIP 1982, 1405; **aA** *Rasch* DB 1982, 2296; *Wolf* EWiR 1989, 613). Bei den für die Auswahlentscheidung des Arbeitgebers maßgeblichen Sozialdaten handelt es sich zwar um personenbezogene Daten iSd § 1 Abs. 2 BDSG. Die auswahlrelevanten Sozialdaten werden in größeren Betrieben zumeist in Personalinformationssystemen gespeichert, die die Voraussetzungen einer Datei iSd § 1 Abs. 2 BDSG erfüllen. Es handelt sich nicht um eine unerlaubte Übermittlung der Sozialdaten, wenn der Arbeitgeber in Erfüllung der ihm nach § 1 Abs. 3 S. 1, 2. Hs. KSchG auferlegten Mitteilungspflicht und der ihm obliegenden Darlegungslast die auswahlrelevanten Sozialdaten im Kündigungsrechtsstreit offen legt. Die gesetzliche Mitteilungspflicht von § 1 Abs. 3 S. 1, 2. Hs. KSchG rechtfertigt die Datenübermittlung gem. § 3 Abs. 1 Nr. 1 BDSG (*BAG* 24.3.1983 EzA § 1 KSchG Betriebsbedingte Kündigung Nr. 21; *LAG Bln.* 6.7.1982 aaO; *Rost* ZIP 1982, 1405). Da den Arbeitgeber im Umfang der Mitteilungspflicht eine entsprechende Darlegungslast trifft (s.o. Rz 683 ff.), begeht der Arbeitgeber mit der Offenbarung von auswahlrelevanten Sozialdaten im Kündigungsrechtsstreit keine strafbare Handlung nach §§ 23 Abs. 1, 41 Abs. 1 Nr. 1 BDSG (ebenso *Achenbach* aaO; **aA** *Rasch* DB 1982, 2297).

kk) Widerspruch des Betriebsrats

691 Die in § 1 Abs. 3 S. 1 KSchG enthaltene Verpflichtung des Arbeitgebers, bei betriebsbedingten Kündigungen eine Auswahl nach sozialen Gesichtspunkten vorzunehmen, entspricht dem in § 102 Abs. 3 Nr. 1 BetrVG geregelten Widerspruchstatbestand (hierzu im Einzelnen KR-*Etzel* § 102 BetrVG Rz 149 ff.). Der **Widerspruch des Betriebsrats gegen die Kündigung wegen fehlerhafter Sozialauswahl ist kein Unwirksamkeitsgrund** für die gleichwohl ausgesprochene Kündigung. Die rechtliche Wirkung eines auf Mängel in der sozialen Auswahl gestützten ordnungsgemäß eingelegten Widerspruchs des Betriebsrats (zur Ordnungsmäßigkeit des Widerspruchs KR-*Etzel* § 102 BetrVG Rz 142 ff.) beschränkt sich auf die Begründung der in § 102 Abs. 5 BetrVG angeordneten **einstweiligen Weiterbeschäftigungspflicht**. Für die Sozialwidrigkeit einer betriebsbedingten Kündigung ist es daher ohne Belang, ob der Betriebsrat Mängel in der sozialen Auswahl nicht oder nicht ordnungsgemäß gerügt oder ob er unter Hinweis auf angebliche Fehler in der sozialen Auswahl Widerspruch eingelegt hat. Da für die Reaktion des Betriebsrats die unterschiedlichsten Gründe maßgeblich sein können (zB Unkenntnis der notwendigen Tatsachen, unzutreffende rechtliche Beurteilung, organisationspolitische Erwägungen), ist es auch **verfehlt, in einer Zustimmung des Betriebsrats eine tatsächliche Vermutung für die soziale Rechtfertigung der Kündigung zu sehen** (*BAG* 30.11.1956 AP Nr. 26 zu § 1 KSchG). Das Gericht hat vielmehr unabhängig von der Reaktion des Betriebsrats die soziale Auswahl allein anhand der objektiven Rechtslage, dh unter Beachtung der in § 1 Abs. 3 bis 5 KSchG geregelten Voraussetzungen zu prüfen. Der von ihm dabei zugrunde zu legende Prüfungsmaßstab ist ebenfalls unabhängig von der Stellungnahme des Betriebsrats.

ll) Gerichtliche Nachprüfung

692 Bei der Frage, ob der Arbeitgeber bei der Auswahlentscheidung die sozialen Daten nicht oder nicht ausreichend berücksichtigt hat, handelt es sich um die Anwendung eines sog. unbestimmten Rechtsbegriffs (*BAG* 12.10.1979 EzA § 1 KSchG Betriebsbedingte Kündigung Nr. 12; 26.6.1964 AP Nr. 15 zu § 1 KSchG Betriebsbedingte Kündigung). Im Unterschied zu der nur in beschränktem Umfang nachprüfbaren Unternehmerentscheidung unterliegt die vom Arbeitgeber getroffene Auswahlentscheidung **nicht nur einer Missbrauchs- und Willkürkontrolle**. Ob der Arbeitgeber im Einzelfall die sozialen

Grunddaten Dauer der Betriebszugehörigkeit, Lebensalter, Unterhaltspflichten und Schwerbehinderung ausreichend berücksichtigt hat oder nicht, ist von den Gerichten für Arbeitssachen voll überprüfbar, sie sind aber auf die Überprüfung beschränkt, ob der Arbeitgeber den sich aus dem Gesetz ergebenden Beurteilungsspielraum überschritten hat (s.o. Rz 678g ff.). Die Gerichte sind nicht befugt, ihre eigene Bewertung und Gewichtung der sozialen Kriterien an die Stelle der Bewertung des Arbeitgebers zu setzen, etwa durch Aufstellung eines Punkteschemas (BAG 24.3.1983 EzA § 1 KSchG Betriebsbedingte Kündigung Nr. 21). Ergibt die gerichtliche Überprüfung, dass der Arbeitgeber seinen Beurteilungsspielraum überschritten hat, ist die Kündigung unwirksam.

Uneingeschränkt nachprüfbar ist weiterhin die Frage, ob die Weiterbeschäftigung eines oder mehrerer Arbeitnehmer **im berechtigten betrieblichen Interesse** liegt (§ 1 Abs. 3 S. 2 KSchG). Hierbei handelt es sich ebenfalls um unbestimmte Rechtsbegriffe, die von den Arbeitsgerichten aufgrund eigener Wertung der relevanten Tatsachen auszufüllen und anzuwenden sind. 693

In der **Revisionsinstanz** unterliegt die Anwendung der in § 1 Abs. 3 KSchG enthaltenen unbestimmten Rechtsbegriffe **nur einer beschränkten Nachprüfung**. Die Nachprüfung erstreckt sich lediglich darauf, ob das LAG den Rechtsbegriff verkannt hat oder ob bei der Unterordnung des Sachverhalts unter die Rechtsnorm Denkgesetze oder allgemeine Erfahrungssätze verletzt sind, ob alle vernünftigerweise in Betracht zu ziehenden Einzelumstände berücksichtigt worden sind und ob das Urteil in sich widerspruchsfrei ist (BAG 12.10.1979 EzA § 1 KSchG Betriebsbedingte Kündigung Nr. 12; 20.10.1983 EzA § 1 KSchG Betriebsbedingte Kündigung Nr. 28; 2.6.2005 EzA § 1 KSchG Soziale Auswahl Nr. 63, zu B I 1). Dem LAG steht auch bei der Entscheidung, ob der Arbeitgeber bei der Auswahl des gekündigten Arbeitnehmers die sozialen Grunddaten ausreichend berücksichtigt hat, ein in der Revisionsinstanz nur beschränkt nachprüfbarer Beurteilungsspielraum zu. Dabei obliegt es grds. dem LAG, im Einzelfall zu beurteilen, ob die vom Arbeitgeber vorgenommene Gewichtung der Sozialdaten noch ausreichend ist (BAG 12.10.1979 EzA § 1 KSchG Betriebsbedingte Kündigung Nr. 12). 694

h) Kollektivrechtliche Richtlinien

Eine kollektivrechtliche Verklammerung der sozialen Auswahl kann sich daraus ergeben, dass ein Tarifvertrag, eine Betriebsvereinbarung nach § 95 BetrVG oder eine personalvertretungsrechtliche Dienstvereinbarung Richtlinien über die **personelle Auswahl** bei betriebsbedingten Kündigungen **regelt**. Enthält ein Tarifvertrag derartige Bestimmungen, werden damit betriebliche Fragen geregelt, weil es um eine einheitliche Verfahrensweise im Betrieb bei betriebsbedingten Kündigungen und die künftige Zusammensetzung der Belegschaft geht. Deshalb gelten diese Regelungen als Betriebsnormen gem. § 3 Abs. 2 TVG für alle Arbeitnehmer von Betrieben bzw. Dienststellen, deren Arbeitgeber tarifgebunden ist (SPV-Preis Rz 1158; Fischermeier NZA 1997, 1095). **Auswahlrichtlinien** iSv § 95 BetrVG sind Grundsätze, die zu berücksichtigen sind, wenn bei personellen Einzelmaßnahmen unter mehreren Arbeitnehmern auszuwählen ist. Ein Punkteschema für eine Sozialauswahl ist auch dann eine Richtlinie iSv § 95 BetrVG, wenn es nicht generell für die Zukunft, sondern nur auf konkret bevorstehende Kündigungen angewendet werden soll (BAG 26.7.2005 EzA BetrVG 2001 § 95 Nr. 1, zu B II 1 a). Wegen der ausdrücklichen Benennung einer Betriebsvereinbarung »nach § 95 des Betriebsverfassungsgesetzes« erfasst § 1 Abs. 4 KSchG Auswahlrichtlinien in einem Interessenausgleich nicht (**aA** Kittner AuR 1997, 186). Regelungen für einen Interessenausgleich enthält § 1 Abs. 5 KSchG. Auf dem Gebiet des Personalvertretungsrechts kann nur eine schriftliche Dienstvereinbarung als eine dem § 95 BetrVG »entsprechende Richtlinie« (§ 1 Abs. 4 S. 1 KSchG) angesehen werden (APS-Kiel Rz 762; Fischermeier aaO; **aA** Coulin PersR 1996, 461: Auch Auswahlrichtlinien des obersten Dienstherrn gem. § 70 Abs. 2, § 69 Abs. 3 BPersVG). 695

Auswahlrichtlinien dürfen **nicht gegen zwingendes Gesetzesrecht verstoßen** und damit auch nicht gegen die Wertungen von § 1 Abs. 3 KSchG. Insoweit hat sich gegenüber der bis 31.12.2003 geltenden Rechtslage nichts geändert (hierzu BAG 15.6.1989 EzA § 1 KSchG Soziale Auswahl Nr. 27; 20.10.1983 EzA § 1 KSchG Betriebsbedingte Kündigung Nr. 28). Zur zwingenden Regelung des § 1 Abs. 3 KSchG gehört auch die Festlegung des Kreises der in die soziale Auswahl einzubeziehenden Arbeitnehmer (LAG Hamm 26.9.2001 AP § 95 BetrVG 1972 Nr. 40; APS-Kiel Rz 759; HaKo-Gallner Rz 780; v. Hoyningen-Huene/Linck DB 1997, 44). Auswahlrichtlinien, die die Gruppe der vergleichbaren Arbeitnehmer enger ziehen als § 1 Abs. 3 KSchG, sind unwirksam; allerdings steht den Betriebspartnern bei der Festlegung der Gruppe der vergleichbaren Arbeitnehmer ein **Beurteilungsspielraum** zu (BAG 15.6.1989 EzA § 1 KSchG Soziale Auswahl Nr. 27; Löwisch/Spinner Rz 397). Das berechtigte betriebliche Interesse an der Weiterbeschäftigung bestimmter Arbeitnehmer, das diese von der Einbeziehung in die Sozialauswahl 696

§ 1 KSchG   Sozial ungerechtfertigte Kündigungen

ausschließt, darf als Auswahlgesichtspunkt ebenfalls in Auswahlrichtlinien festgelegt werden, aber nicht weitergehend, als es § 1 Abs. 3 S. 2 KSchG erlaubt (s.o. Rz 629 ff.; *Ascheid* RdA 1997, 341, hält insoweit nur eine freiwillige Betriebsvereinbarung für zulässig). Hingegen können Auswahlrichtlinien die **Geltendmachung von an sich berechtigten betrieblichen Interessen durch den Arbeitgeber ausschließen;** zB einen Verzicht auf die Sicherung einer ausgewogenen Altersstruktur im Interesse älterer Arbeitnehmer. Es steht dem Arbeitgeber frei, ob er berechtigte betriebliche Interessen gegenüber einer Sozialauswahl geltend machen will.

697 Die eigentliche Bedeutung von Auswahlrichtlinien bei betriebsbedingten Kündigungen liegt in der **Festlegung der sozialen Kriterien** für die Sozialauswahl. Regeln die Richtlinien, wie die sozialen Gesichtspunkte Dauer der Betriebszugehörigkeit, Lebensalter, Unterhaltspflichten und Schwerbehinderung des Arbeitnehmers im Verhältnis zueinander zu bewerten sind, etwa durch ein Punkteschema, können diese Festlegungen **nur auf grobe Fehlerhaftigkeit überprüft werden** (§ 1 Abs. 4 S. 1 KSchG; *Preuß/Rosendahl* BetrR 1996, 137 halten dies für rechtsstaatlich inakzeptabel). Insoweit steht den Tarif- und Betriebspartnern der gleiche Beurteilungsspielraum zu wie dem Arbeitgeber (hierzu s.o. Rz 678g ff.). Dies gilt nicht für formlose Regelungsabreden zwischen Arbeitgeber und Betriebsrat (APS-*Kiel* Rz 758; *Kleinebrink* ArbRB 2003, 181). § 1 Abs. 4 KSchG ist **europarechtskonform eingeschränkt auszulegen,** wenn der Arbeitnehmer eine Benachteiligung wegen eines der in § 1 AGG aufgeführten Merkmale glaubhaft macht. Dann trägt in entsprechender Anwendung von § 22 AGG der Arbeitgeber die Beweislast, dass keine Diskriminierung vorliegt. Da Art. 10 der Richtlinie 2000/78/EG keine Ausnahme für Auswahlrichtlinien vorsieht, bedarf es wie allgemein bei der Sozialauswahl (s.o. Rz 683) trotz § 2 Abs. 4 AGG dieser Einschränkung. **Grob fehlerhaft ist** die Gewichtung der Sozialdaten, wenn sie jede Ausgewogenheit vermissen lässt, dh wenn einzelne der vier Sozialdaten überhaupt nicht, eindeutig unzureichend oder mit eindeutig überhöhter Bedeutung berücksichtigt wurden (*BAG* 5.12.2002 EzA § 1 KSchG Soziale Auswahl Nr. 52; *Bader* NZA 2004, 75, 1999, 70 und NZA 1996, 1131; *Däubler* NZA 2004, 183; HaKo-*Gallner* Rz 781; *v. Hoyningen-Huene/Linck* DB 1997, 44; *Kittner* AuR 1997, 187; *Lorenz* DB 1996, 1974; *Löwisch* Rz 384 und BB 2004, 156; *Schiefer/Worzalla* NZA 2004, 352; zu § 125 InsO vgl. 21.7.2005 EzA § 125 InsO Nr. 2, zu II 1 c bb; 17.11.2005 EzA § 125 InsO Nr. 4, zu 2 c bb bbb), zB wenn ein unerlässliches Sozialdatum deutlich in den Hintergrund tritt.

698 Dagegen ist weder die Festlegung des Kreises der in die Sozialauswahl einzubeziehenden Arbeitnehmer noch die Festlegung der berechtigten betrieblichen Interessen zur Weiterbeschäftigung bestimmter Arbeitnehmer durch eine Auswahlrichtlinie nur auf grobe Fehlerhaftigkeit nachprüfbar (*Bader* NZA 2004, 75). Daher ist bei der Festlegung des Kreises der in die Sozialauswahl einzubeziehenden Arbeitnehmer die Auswahlrichtlinie daraufhin überprüfbar, ob die Betriebspartner den ihnen zustehenden Beurteilungsspielraum (s.o. Rz 696) eingehalten haben (*Zerres/Rhotert* BuW 2004, 168; **aA** *Schiefer/Worzalla* NZA 2004, 351), die Festlegung der berechtigten betrieblichen Interessen ist als Rechtsfrage voll überprüfbar (HK-*Dorndorf* Rz 1145 ff.).

699 Die Auswahlrichtlinien können sich darauf beschränken, Regeln für eine **Vorauswahl** zu treffen und dem Arbeitgeber die Endauswahl überlassen (*BAG* 31.3.2005 NZA 2006, 56, zu B III 3 a). Sie können aber auch – meist durch ein Punkteschema (s.o. Rz 678k) – den **Kreis der auszuwählenden Arbeitnehmer abschließend festlegen** (*v. Hoyningen-Huene/Linck* DB 1994, 44; *Künzl* ZTR 1996, 396; *Pauly* MDR 1997, 517; in diesem Sinn auch *LAG Düsseld.* 17.3.2000 DB 2000, 1572; **aA** HK-*Dorndorf* Rz 1131; *Lakies* NJ 1997, 125 und *Nielebock* AiB 1997, 91, die eine abschließende Auswahlentscheidung des Arbeitgebers verlangen; so auch APS-*Kiel* Rz 770 für Ausnahmefälle; *Klebe* AiB 1996, 718). Ist hierbei die Gewichtung der vier Grunddaten nicht grob fehlerhaft, kann der Arbeitgeber danach verfahren, da die Bewertung gem. § 1 Abs. 4 KSchG vom Gesetz anerkannt wird und der Arbeitgeber selbst gem. § 1 Abs. 3 KSchG bei der Sozialauswahl keine weiteren sozialen Kriterien zu berücksichtigen braucht (*Fischermeier* NZA 1997, 1096). Ihm kann es aber nicht verwehrt werden, besonders schwerwiegende individuelle soziale Gesichtspunkte, die in der Richtlinie nicht ihren Niederschlag gefunden haben, zusätzlich zu berücksichtigen, zB eine Schwerbehinderung infolge Arbeitsunfalls (APS-*Kiel* Rz 770).

700 Sind Auswahlrichtlinien aus irgendeinem Grund rechtsunwirksam, führt dies nicht ohne weiteres zur Rechtsunwirksamkeit einer darauf gestützten Kündigung. Vielmehr ist in diesem Fall stets zu prüfen, ob die Kündigung **nach dem Maßstab des § 1 Abs. 3 KSchG** wirksam ist (*BAG* 18.10.1984 EzA § 1 KSchG Betriebsbedingte Kündigung Nr. 33; 20.10.1983 EzA § 1 KSchG Betriebsbedingte Kündigung Nr. 28; APS-*Kiel* Rz 769; *Kleinebrink* ArbRB 2003, 183). Auch unrichtige Auswahlüberlegungen können zufällig zu einem zutreffenden Ergebnis führen (*Fischermeier* NZA 1997, 1096). Sind die Auswahlrichtlinien hingegen wirksam, sind Kündigungen, die der Arbeitgeber unter Verstoß gegen die Richtlinien

erklärt, unabhängig von einem Widerspruch des Betriebsrats, unwirksam (*Galperin/Löwisch* § 102 Rz 93; *Löwisch* DB 1975, 352 *ders.* BB 2004, 155; **aA** *Gift* ZfA 1974, 141; *Gumpert* BB 1972, 50). Stützt der Betriebsrat den Widerspruch gegen eine Kündigung auf den Verstoß gegen eine Auswahlrichtlinie, begründet dies einen Weiterbeschäftigungsanspruch des Arbeitnehmers nach § 102 BetrVG (s. KR-*Etzel* § 102 BetrVG Rz 193 ff.) und begründet einen selbständigen Unwirksamkeitsgrund für die Kündigung (s.u. Rz 711).

Die Geltung einer Auswahlrichtlinie hindert den Arbeitgeber nicht daran, sich gegenüber dieser Richtlinie auf **berechtigte betriebliche Interessen** zu berufen, die die Weiterbeschäftigung bestimmter Arbeitnehmer erfordern, die nach der Richtlinie an sich zur Kündigung auszuwählen wären. Enthält die Auswahlrichtlinie aber auch Regelungen zu den berechtigten betrieblichen Interessen, muss sich der Arbeitgeber an diese halten (s.o. Rz 696). **701**

Hinsichtlich des **Auskunftsanspruchs des Arbeitnehmers** und der **Darlegungs- und Beweislast** gelten die zur Sozialauswahl dargestellten Grundsätze entsprechend (s.o. Rz 679 ff., 683 ff.). **702**

i) Bezeichnung der Arbeitnehmer in einem Interessenausgleich

Bei mitbestimmungspflichtigen **Betriebsänderungen** (§ 111 BetrVG), zB Personalabbau durch Massenentlassungen, können Arbeitgeber und Betriebsrat in einem Interessenausgleich namentlich die Arbeitnehmer bezeichnen, denen gekündigt werden soll. In diesem Fall wird **vermutet, dass die Kündigung durch dringende betriebliche Erfordernisse** iSv Abs. 2 **bedingt ist** (§ 1 Abs. 5 S. 1 KSchG). Die **Sozialauswahl** kann dann nur auf **grobe Fehlerhaftigkeit** geprüft werden, § 1 Abs. 5 S. 2 KSchG. § 1 Abs. 5 KSchG ist trotz der mit ihm bewirkten einschneidenden Verschlechterung der Position des Arbeitnehmers im Kündigungsschutzprozess und trotz des Umstandes, dass dem Arbeitnehmer regelmäßig die Widerlegung der Vermutung aus § 1 Abs. 5 S. 1 KSchG mangels genauer Kenntnisse über den Kündigungsgrund nicht möglich sein wird, **verfassungsgemäß** (*LAG Nds.* 30.6.2006 EzA-SD 21/ 2006 Nr. 1; *Thüsing/Stelljes* BB 2003, 1673, 1676). Die Gegenansicht (*Peter* FA 2006, 105; für eine Art. 12 Abs.1 GG berücksichtigende abgestufte Darlegungs- und Beweislast APS-*Kiel* Rz 785b) verkennt, dass Arbeitnehmer im Anwendungsbereich der Norm nicht rechtlos gestellt werden. Ihnen wird zwar regelmäßig der sonst durch § 1 Abs. 1 – 3 KSchG gewährleistete Bestandsschutz genommen. An dessen Stelle treten jedoch die Kompensationsregelungen der §§ 111 ff. BetrVG. Das GG gebietet nicht die Gewährung von Bestandsschutz anstelle der mitbestimmten Umsetzung einer Betriebsänderung auf der Grundlage von Interessenausgleich und Sozialplan. Die Norm bedarf jedoch wie Auswahlrichtlinien einer **europarechtskonformen Einschränkung**, wenn der Arbeitnehmer eine Benachteiligung wegen eines der Kriterien von § 1 AGG glaubhaft macht. Dann ist die Beweisregel von § 22 AGG entsprechend heranzuziehen mit der Konsequenz, dass der Arbeitgeber zu beweisen hat, dass keine Diskriminierung vorliegt. Hier gelten die Ausführungen unter Rz 683, 697 entsprechend. **Änderungskündigungen** werden von § 1 Abs. 5 KSchG nicht erfasst, da sie in § 1 Abs. 5 KSchG anders als in der Parallelvorschrift von § 125 Abs. 1 S. 1 Nr. 1 InsO nicht erwähnt sind (ebenso *Däubler* NZA 2004, 184; *Gaul/Bonanni* ArbRB 2004, 49; **aA** *Kappenhagen* FA 2004, 38; *Löwisch* BB 2004, 157; *Richardi* DB 2004, 488). Die Vermutung des § 1 Abs. 5 KSchG erstreckt sich nur auf einen – nicht erzwingbaren – Interessenausgleich über eine Betriebsänderung iSv § 111 BetrVG (APS-*Kiel* Rz 785c; *Löwisch* RdA 1997, 80; *Zwanziger* DB 1997, 2175; **aA** *Schiefer* DB 1997, 1519), nicht auf sonstige Vereinbarungen zwischen Arbeitgeber und Betriebsrat über betriebliche Veränderungen, in denen die zu entlassenden Arbeitnehmer benannt sind (*Gaul* AuA 1998, 168). Sie gilt ferner nur für die im Interessenausgleich geregelte Betriebsänderung, nicht aber für andere betriebliche Kündigungsgründe (*ArbG Ludwigshafen* 11.3.1997 DB 1997, 1339). Die ausdrückliche Beschränkung auf § 111 BetrVG bedeutet, dass § 1 Abs. 5 KSchG **im öffentlichen Dienst unanwendbar** ist (hierzu *Hamer* PersR 1997, 357). **703**

(1) Der Interessenausgleich muss wirksam sein (SPV-*Preis* Rz 1166 f; *Löwisch* RdA 1997, 80). Er muss den Grundsätzen von Recht und Billigkeit iSv § 75 Abs. 1 BetrVG entsprechen und mit dem für das Arbeitsverhältnis **zuständigen Betriebsrat** geschlossen werden (APS-*Kiel* Rz 785c; *Löwisch/Spinner* Rz 411). Dies ist im Normalfall der gem. §§ 1, 4 BetrVG für den Betrieb bzw. Teilbetrieb, in dem die Betriebsänderung durchgeführt wird, gewählte. Ggf. kann sich die Zuständigkeit auch aus einem Übergangs- oder Restmandat gem. §§ 21a, 21b BetrVG ergeben. Gelten abweichende Regelungen iSv § 3 BetrVG, ist der nach diesen zuständige Betriebsrat zu beteiligen. Fehler bei der Wahl des Betriebsrats beeinträchtigen die Zuständigkeit des gewählten Gremiums für den Bereich, in dem die Wahl durchgeführt wurde, bis zum rechtskräftigen Abschluss einer Anfechtung nach § 19 BetrVG nicht, sofern die Wahl nicht ausnahmsweise wegen besonders gravierender Fehler nichtig ist. Dazu genügt die Verkennung **703a**

des Betriebsbegriffs nach der einschlägigen Rspr. nicht (etwa *BAG* 3.6.2004 EzA § 1 KSchG Soziale Auswahl Nr. 55, zu B).

(2) Für den Interessenausgleich zuständig können auch **Gesamt- oder Konzernbetriebsräte** sein. Fehlt eine Delegation iSv §§ 50 Abs. 2, 58 Abs. 2 BetrVG, ist dazu eine originäre Zuständigkeit iSd §§ 50 Abs. 1, 58 Abs. 2 BetrVG erforderlich. Der Gesamtbetriebsrat ist originär zuständig, wenn sich die Betriebsänderung auf alle oder mehrere Betriebe eines Unternehmens auswirkt und deshalb eine einheitliche Regelung notwendig ist. Dies ist der Fall, wenn der Betriebsänderung ein unternehmenseinheitliches Konzept zugrunde liegt (*BAG* 24.1.1996 EzA § 113 BetrVG 1972 Nr. 24, zu I 1, 2; 8.6.1999 EzA § 111 BetrVG 1972 Nr. 37, zu III 2; 11.12.2001 EzA § 50 BetrVG 1972 Nr. 18, zu II 1 b). Dies gilt auch dann, wenn der mit der betriebsübergreifenden Betriebsänderung verbundene Personalabbau auf einen der betroffenen Betriebe beschränkt ist (*Hess. LAG* 18.10.2005 AuR 2006, 174 LS). Für die originäre Zuständigkeit des Konzernbetriebsrats gelten sinngemäß auf die Konzernebene bezogen dieselben Kriterien (*BAG* 20.12.1995 EzA § 58 BetrVG 1972 Nr. 1, zu III 1 a; GK-BetrVG/*Kreutz* § 58 Rz 17 ff., 28).

(3) Zum Teil wird angenommen, auch bei grundsätzlicher Zuständigkeit von Gesamt- oder Konzernbetriebsrat liege die **Zuständigkeit für die Namensliste** gem. § 1 Abs. 5 S. 1 KSchG immer bei den örtlichen Betriebsräten, da es sich dabei nur um eine Frage der innerbetrieblichen Sozialauswahl handele (*Däubler* NZA 2004, 177, 183 f.; *Fischer* BB 2004, 1001). Dies trifft nicht zu (*Gaul* BB 2004, 2686, 2687; *Zimmer/Rupp* FA 2005, 259; *Ohlendorf/Salamon* NZA 2006, 131). Im Unterschied zu der Zuständigkeit für einen Sozialplan, die sich tatsächlich von der für den Interessenausgleich unterscheiden kann (*BAG* 11.12.2001 EzA § 50 BetrVG 1972 Nr. 18, zu II 1 c), ist die Namensliste Teil des Interessenausgleichs. Für eine einheitliche beteiligungspflichtige Maßnahme ist eine Kompetenzaufspaltung nicht möglich; die §§ 50 Abs. 1, 58 Abs. 1 BetrVG betreffen die jeweilige Angelegenheit iSd Betriebsverfassungsrechts insgesamt (vgl. GK-BetrVG/*Kreutz* § 50 Rz 20, § 58 Rz 20). Zudem ist die Festlegung der zu entlassenden Arbeitnehmer bei einem betriebsübergreifenden Interessenausgleich keineswegs rein betriebsbezogen, sondern integraler Bestandteil der unternehmens- oder konzernweiten Gesamtregelung. Nur auf dieser Ebene kann geklärt werden, welche Arbeitnehmer entlassen und welche – ggf. nach betriebsübergreifenden Versetzungen – in welchem Betrieb weiterbeschäftigt werden sollen. Die erforderlichen Kenntnisse über die betrieblichen Verhältnisse werden durch die Entsendung gem. §§ 47 Abs. 2, 55 Abs. 1 S, 2 BetrVG gewährleistet und müssen erforderlichenfalls durch Nutzung der Informationsrechte gem. § 80 Abs. 2 BetrVG ergänzt werden.

(4) Der Interessenausgleich muss **schriftlich niedergelegt** und von Arbeitgeber und Betriebsrat unterzeichnet werden (§ 112 Abs. 1 S. 1 BetrVG), nach Einschaltung einer Einigungsstelle auch von deren Vorsitzenden (§ 112 Abs. 3 S. 3 BetrVG). Da die Anwendung des § 1 Abs. 5 KSchG voraussetzt, dass die Namensliste der zu entlassenden Arbeitnehmer in den Interessenausgleich aufzunehmen ist, erstreckt sich das **Schriftformerfordernis auch auf die Namensliste**. Wird die Namensliste getrennt vom Interessenausgleich erstellt, reicht es aus, wenn sie von den Betriebspartnern unterzeichnet ist und in ihr auf den Interessenausgleich oder im Interessenausgleich auf sie Bezug genommen ist (*BAG* 22.1.2004 EzA § 1 KSchG Interessenausgleich Nr. 11, zu B III 4 a; 21.2.2002 EzA § 1 KSchG Interessenausgleich Nr. 10, zu B I 3 d; weitergehend *Perreng* AiB 2004, 14: Bezugnahme in beiden Dokumenten erforderlich). Unschädlich ist es ferner, wenn in dem Interessenausgleich auf eine nicht unterzeichnete Liste der zu entlassenden Arbeitnehmer verwiesen wird, die dem Interessenausgleich beigefügt und mit ihm körperlich fest verbunden ist, zB durch Heftklammern (*BAG* 6.12.2001 EzA § 1 KSchG Interessenausgleich Nr. 9; 7.5.1998 EzA § 1 KSchG Interessenausgleich Nr. 6; *Löwisch* BB 2004, 156; vgl. auch BGHZ 40, 255). Ebenso reicht es aus, wenn Interessenausgleich und Namensliste eine unterzeichnete **Urkundeneinheit** bilden, was zB zu bejahen ist, wenn sich dies aus fortlaufender Paginierung, einheitlicher grafischer Gestaltung und inhaltlichem Zusammenhang des Textes zweifelsfrei ergibt (*BAG* 7.5.1998 EzA § 1 KSchG Interessenausgleich Nr. 6, zu II 1 b; *BGH* 24.9.1997 BB 1998, 288, zu III 6 c; *Berscheid* ZAP ERW 1998, 20) und die nicht unterzeichnete Namensliste – sei es auch als »Anhang« oder als »Anlage« – dem Interessenausgleich in der numerischen Reihenfolge der Seiten vor der letzten unterzeichneten Seite beigefügt ist (*Schiefer/Worzalla* NZA 2004, 353). Die bloße Bezugnahme im Interessenausgleich auf eine nicht unterzeichnete Liste ohne feste körperliche Verbindung mit ihr und ohne Urkundeneinheit genügt hingegen nicht dem Schriftformerfordernis (*ArbG Ludwigshafen* 11.3.1997 DB 1997, 1339; *Kohte* BB 1998, 949; **aA** offenbar *ArbG Kiel* 5.9.1997 DB 1998, 926; *Schiefer* DB 1998, 927), zB wenn der Interessenausgleich und die nicht unterzeichnete Namensliste nur mit einer Büroklammer verbunden sind.

703b Der Interessenausgleich muss **vor der Kündigungserklärung** des Arbeitgebers abgeschlossen worden sein (*Zwanziger* AuR 1997, 428). Es genügt, wenn ein Interessenausgleich vor dem Ausspruch der Kündigung durch eine weitere Betriebsvereinbarung um eine Namensliste ergänzt wird (*ArbG Wuppertal* 10.12.1997 DB 1998, 926; *Schiefer* DB 1998, 927). Hingegen reicht es nicht aus, wenn der Interessenausgleich zwar vor Abgabe der Kündigungserklärung abgeschlossen und unterzeichnet wird, die Namensliste jedoch erst nach Ausspruch der Kündigung (*ArbG Offenbach* 18.6.1997 AiB 1997, 728; vgl. auch *LAG RhPf* 17.10.1997 LAGE § 1 KSchG Interessenausgleich Nr. 2).

Namentliche Bezeichnung iSv § 1 Abs. 5 KSchG heißt, dass jeder der zu entlassenden Arbeitnehmer **703c** **mit seinem Namen, ggf. auch Vornamen oder Spitznamen** so bezeichnet wird, dass er identifiziert werden kann (*Löwisch* BB 2004, 156; KPK-*Schiefer/Meisel* Rz 1316). Es ist eine abschließende Festlegung der zu kündigenden Arbeitnehmer erforderlich (*BAG* 6.12.2001 EzA § 1 KSchG Interessenausgleich Nr. 9). Die Bezeichnung der Abteilung, in denen die zu entlassenden Arbeitnehmer beschäftigt sind, genügt nicht (KPK-*Meisel* aaO; *Löwisch* RdA 1997, 81; *Zwanziger* AuR 1997, 427). Ebenso wenig genügt es, wenn in dem Interessenausgleich nur die Zahl der zu entlassenden Arbeitnehmer angegeben wird und ein Punkteschema, nach dem sie auszuwählen sind. Hingegen kann eine sog. »Negativ-Liste«, in der die Arbeitnehmer benannt sind, denen nicht gekündigt werden soll, dann ausreichend sein, wenn damit für Arbeitgeber und Betriebsrat zweifelsfrei feststeht, dass allen anderen (namentlich feststehenden) Arbeitnehmern des Betriebs oder der Abteilung gekündigt werden soll (*ArbG Essen* 6.5.1997 EB 1998, 925; *Schiefer* DB 1998, 927; *Schiefer/Worzalla* NZA 2004, 353; aA *Löwisch* BB 2004, 156). Ebenso reicht es aus, wenn die Kündigung im Interessenausgleich von dem Widerspruch des Arbeitnehmers gegen den Übergang seines Arbeitsverhältnisses gem. § 613a BGB abhängig gemacht wird (*BAG* 24.2.2000 EzA § 1 KSchG Interessenausgleich Nr. 7).

Die namentliche Bezeichnung von Arbeitnehmern in einem **Sozialplan** steht einer Benennung in ei- **703d** nem Interessenausgleich dann gleich, wenn zwischen Arbeitgeber und Betriebsrat Einigkeit darüber besteht, dass die benannten Arbeitnehmer zu entlassen sind (*Ascheid* RdA 1997, 342; *Fischermeier* NZA 1997, 1097; *Schiefer/Worzalla* NZA 2004, 352). In Wahrheit handelt es sich insoweit um keine Regelung eines Sozialplans, der nur die wirtschaftlichen Nachteile der entlassenen Arbeitnehmer ausgleichen oder mildern soll (§ 112 Abs. 1 S. 2 BetrVG), sondern um einen Interessenausgleich (falsa demonstratio). Das bedeutet andererseits, dass die namentliche Bezeichnung in einem durch Spruch der Einigungsstelle zustande gekommenen Sozialplan nicht ausreicht (*Ascheid* RdA 1997, 342 f.; *Fischermeier* aaO), unabhängig davon, dass die Einigungsstelle damit ihre Kompetenz überschritten hat.

Da es sich um eine ihm günstige Regelung handelt, hat der **Arbeitgeber** deren Voraussetzungen, d.h. **703e** die Vermutungsbasis **darzulegen und zu beweisen**. Der Arbeitgeber hat im Prozess daher darzulegen und erforderlichenfalls zu beweisen, dass eine Betriebsänderung iSv § 111 BetrVG vorliegt und ein rechtswirksamer Interessenausgleich mit Namensliste (s.o. Rz 703a – 703b) zustande gekommen ist (*BAG* 17.11.2005 EzA § 1 KSchG Soziale Auswahl Nr. 64, zu I 1; *Kohte* BB 1998, 949 f.; vgl. auch *Bader* NZA 1996, 1133; *Fischermeier* NZA 1997, 1097).

Ist eine Betriebsänderung iSv § 111 BetrVG und ein wirksamer Interessenausgleich mit Namensliste **703f** bewiesen oder festgestellt, gilt abgesehen von Diskriminierungstatbeständen (hierzu s.o. Rz 703) die gesetzliche Vermutung, dass die Kündigung durch dringende betriebliche Erfordernisse bedingt ist. Die Vermutung der dringenden betrieblichen Erfordernisse begründet eine gesetzliche Vermutung iSv § 292 ZPO, die im Kündigungsschutzprozess zu einer **Beweislastumkehr** führt. Die Darlegungs- und Beweislast für das Fehlen dringender betrieblicher Erfordernisse trägt damit der Arbeitnehmer (*BAG* 7.5.1998 EzA § 1 KSchG Interessenausgleich Nr. 5; 29.9.2005 EzA § 1 KSchG Betriebsbedingte Kündigung Nr. 140, zu II 2 c; *LAG Düssed.* 9.10.1997 DB 1998, 926; *Bader* NZA 1996, 1125; *Löwisch* RdA 1997, 81; *Perreng* AiB 2004, 16; *Schiefer* DB 1997, 2177; aA *LAG Düssed.* 4.3.1998 BB 1998, 1268; *Zwanziger* DB 1997, 2175, die die Darlegungslast für das Vorliegen dringender betrieblicher Erfordernisse dem Arbeitgeber auferlegen; für eine sekundäre Behauptungslast des Arbeitgebers APS-*Kiel* Rz 785o). Durch die Bezugnahme auf die dringenden betrieblichen Erfordernisse iSd Abs. 2 erstreckt sich die **Vermutung auch darauf, dass der Arbeitnehmer an keinem anderen Arbeitsplatz in demselben Betrieb weiterbeschäftigt werden kann** (*BAG* 7.5.1998 EzA § 1 KSchG Interessenausgleich Nr. 5), nicht hingegen darauf, dass keine Weiterbeschäftigungsmöglichkeit in einem anderen Betrieb des Unternehmens oder nach zumutbaren Umschulungs- und Fortbildungsmaßnahmen oder unter geänderten Arbeitsbedingungen besteht (*Däubler* NZA 2004, 183; *Fischermeier* NZA 1997, 1097; *Kohte* BB 1998, 950; in diesem Sinne auch *Hold* AuA 1996, 367; **aA** *Bader* NZA 1996, 1133; *Gaul* AuA 1998, 169; *Schiefer* DB 1998, 927). Die Vermutung erstreckt sich im Fall eines **Betriebsübergangs** auch nicht darauf, dass die Kündigung nicht wegen des Betriebsübergangs erfolgt ist, wie sich aus einem Umkehrschluss zu § 128 Abs. 2 InsO ergibt (*Däubler* aaO; *Zwanziger* BB 1997, 627 und DB 1997, 2179). Für die letzteren Fälle bleibt es bei den allgemeinen Regeln der Darlegungs- und Beweislast für betriebsbedingte Kündigungen bzw. Kündigungen wegen eines Betriebsübergangs.

703g Im Streitfall hat demgemäß der Arbeitnehmer darzulegen und erforderlichenfalls zu beweisen, dass keine dringenden betrieblichen Erfordernisse für die Kündigung vorliegen, dh dass sein Arbeitsplatz nicht weggefallen ist oder eine anderweitige Beschäftigungsmöglichkeit in demselben Betrieb besteht. Erforderlich ist substantiierter Tatsachenvortrag, der die Betriebsbedingtheit der Kündigung nicht nur in Zweifel zieht, sondern ausschließt (*BAG* 7.5.1998 EzA § 1 KSchG Interessenausgleich Nr. 5; 21.2.2002 EzA § 1 KSchG Interessenausgleich Nr. 10; 22.1.2004 EzA § 1 KSchG Interessenausgleich Nr. 11, zu B III 7; *Bader* NZA 1996, 1133; *Hinrichs* AiB 1996, 591; *Löwisch* NZA 1996, 1011 ff.; *Fischermeier* NZA 1997, 1097; *Schiefer* NZA 1997, 916). Eine substantiierte Darlegung des Arbeitgebers zur Betriebsbedingtheit der Kündigung kann nicht verlangt werden (*Schiefer* aaO; **aA** *ArbG Bonn* 5.2.1997 EzA § 1 KSchG Interessenausgleich Nr. 1; *Zwanziger* DB 1997, 2175 und AuR 1997, 429). Hinsichtlich der Weiterbeschäftigungsmöglichkeit in einem anderen Betrieb, nach zumutbaren Umschulungs- oder Fortbildungsmaßnahmen oder unter geänderten Arbeitsbedingungen richtet sich die Darlegungs- und Beweislast nach den allgemeinen Grundsätzen (s.o. Rz 553 ff.). Steht nach dem Ergebnis der mündlichen Verhandlung fest, dass die Kündigung etwa mangels einer endgültigen Absicht zur Betriebsstilllegung nicht sozial gerechtfertigt ist, besteht für die Vermutung kein Raum mehr (*BAG* 29.9.2005 EzA § 1 KSchG Betriebsbedingte Kündigung Nr. 140, zu II 2 c).

703h Die **soziale Auswahl** der im Interessenausgleich benannten Arbeitnehmer kann abgesehen von Diskriminierungstatbeständen (hierzu s.o. Rz 703) **nur auf grobe Fehlerhaftigkeit** (s.o. Rz 697) überprüft werden (§ 1 Abs. 5 S. 2 KSchG). Weitergehend als in Abs. 4 ist damit nicht nur die Bewertung der vier maßgebenden Sozialdaten zueinander, sondern die Sozialauswahl insgesamt nur auf grobe Fehler überprüfbar. Das bedeutet, dass auch die **Nichteinbeziehung anderer Arbeitnehmer wegen fehlender Vergleichbarkeit oder wegen berechtigter betrieblicher Interessen** nur auf grobe Fehler überprüft werden kann (*LAG Köln* 1.8.1997 LAGE § 1 KSchG Interessenausgleich Nr. 1; *LAG Düsseld.* 11.9.1997 DB 1998, 926; *ArbG Kiel* 5.9.1997 DB 1998, 926; *Bader* NZA 2004, 75; *Gaul* AuA 1998, 170; *Gießen* ZfA 1997, 174; *Kappenhagen* FA 2004, 38 f.; *Löwisch* RdA 1997, 81; *Neef* NZA 1997, 69; *Schiefer* NZA 1997, 917 und DB 1997, 1520; *Thüsing/Stellies* BB 2003, 1675 f.; in diesem Sinn auch *Ascheid* RdA 1997, 343; **aA** *Kohte* BB 1998, 951 ff.; *Stahlhacke/Preis* Nachtrag 1996, Rz N 56 und WiB 1996, 1032; *Zwanziger* AuR 1997, 434; das *BAG* – 7.5.1998 EzA § 1 KSchG Interessenausgleich Nr. 5 – bezieht die eingeschränkte Überprüfbarkeit auch auf die Festlegung der vergleichbaren Arbeitnehmer, lässt aber ausdrücklich offen, ob auch die Herausnahme von Arbeitnehmern wegen berechtigter betrieblicher Interessen nur auf grobe Fehler überprüfbar ist). Die Abgrenzung des auswahlrelevanten Personenkreises ist der erste Schritt zur Sozialauswahl. Dies wird dem Zweck des Gesetzes gerecht, die Zulässigkeit einer Kündigung für Arbeitgeber und Arbeitnehmer besser berechenbar zu machen (BT-Drs. 13/4612 S. 13). Damit muss der hinsichtlich der sozialen Kriterien ohnehin beweisbelastete Arbeitnehmer (§ 1 Abs. 3 S. 3 KSchG) im Streitfall darlegen und beweisen, dass die Nichteinbeziehung anderer Arbeitnehmer offensichtlich sachlich ungerechtfertigt und bzw. oder die Bewertung (Gewichtung) der vier sozialen Grunddaten jede Ausgewogenheit vermissen lässt und er bei zutreffender Bewertung schutzwürdiger ist als ein nicht gekündigter Arbeitnehmer. Nach den Regeln der abgestuften Darlegungs- und Beweislast hat allerdings der Arbeitgeber entsprechend § 1 Abs. 3 S. 1 letzter Hs. KSchG auf Verlangen des Arbeitnehmers zunächst die Gründe für die getroffene Sozialauswahl anzugeben. Unterlässt er dies, gilt die Kündigung ohne weiteres als sozial ungerechtfertigt. Erst nach Erfüllung der Auskunftspflicht trägt der Arbeitnehmer die volle Darlegungslast für die grobe Fehlerhaftigkeit der Sozialauswahl (*BAG* 21.2.2002 EzA § 1 KSchG Interessenausgleich Nr. 10, zu B I 5 b; 22.1.2004 EzA § 1 KSchG Interessenausgleich Nr. 11, zu B IV; *Kohte* BB 1998, 953 f.; iE s.o. Rz 679 ff.). Dies gilt entsprechend für die Gründe der Herausnahme von Leistungsträgern aus der Sozialauswahl gem. § 1 Abs. 3 S. 2 KSchG (*LAG Nds.* 30.6.2006 EzA-SD 21/2006 Nr. 1).

704 Die Vermutung der Betriebsbedingtheit der Kündigung und der Prüfungsmaßstab für die Sozialauswahl nach Abs. 5 S. 2 kommen nicht zum Zuge, **soweit sich die Sachlage** nach Zustandekommen des Interessenausgleichs **wesentlich geändert** hat (§ 1 Abs. 5 S. 3 KSchG). Eine wesentliche Änderung der Sachlage entspricht dem Wegfall der Geschäftsgrundlage (*BAG* 21.2.2001 EzA § 1 KSchG Interessenausgleich Nr. 8, zu II 3; 22.1.2004 EzA § 1 KSchG Interessenausgleich Nr. 11, zu B V) und ist dann anzunehmen, wenn die Betriebsänderung, auf die sich der Interessenausgleich bezieht, nicht mehr durchgeführt werden soll oder die Anzahl der im Interessenausgleich vorgesehenen Kündigungen erheblich verringert werden soll (*Bader* NZA 1996, 1133; *Fischermeier* NZA 1997, 1097). Eine geringfügige Erhö-

Sozial ungerechtfertigte Kündigungen § 1 KSchG

hung oder Verringerung der Anzahl der Kündigungen genügt nicht (*BAG* 22.1.2004 EzA § 1 KSchG Interessenausgleich Nr. 11, zu B V; *Bader* aaO; *Löwisch* BB 2004, 156; **aA** *Zwanziger* DB 1997, 2179). Maßgebender Zeitpunkt für die Beurteilung, ob sich die Sachlage wesentlich geändert hat, ist der Zeitpunkt des Zugangs der Kündigungen (*BAG* 21.2.2001 EzA § 1 KSchG Interessenausgleich Nr. 8, zu II 3; 22.1.2004 EzA § 1 KSchG Interessenausgleich Nr. 11, zu B V; *Fischermeier* NZA 1997, 1098; *Gaul* AuA 1998, 171; *Löwisch* RdA 1997, 82). Änderungen der Sachlage nach Ausspruch der Kündigung können lediglich einen Wiedereinstellungsanspruch begründen (s.u. Rz 729 ff.). Der Arbeitnehmer, der sich auf eine wesentliche Änderung der Sachlage beruft, trägt für diesen Ausnahmefall die Darlegungs- und Beweislast (*BAG* 22.1.2004 EzA § 1 KSchG Interessenausgleich Nr. 11, zu B V; APS-*Kiel* Rz 785q; *Bader* NZA 1996, 1133; *Fischermeier* NZA 1997, 1097 f.; *Schiefer* DB 1998, 928).

Der Interessenausgleich nach § 1 Abs. 5 S. 1 ersetzt die Stellungnahme des Betriebsrats, die der Arbeitgeber nach § 17 Abs. 3 S. 2 KSchG einer **Massenentlassungsanzeige** bei der Agentur für Arbeit beifügen muss (§ 1 Abs. 5 S. 4 KSchG). Das heißt: Wenn eine Betriebsänderung zu einer Massenentlassung iSv § 17 Abs. 1 KSchG führt, die der Arbeitgeber der Agentur für Arbeit anzeigen muss, genügt es, wenn er der Massenentlassungsanzeige ein Exemplar des Interessenausgleichs beifügt (*Bader* NZA 1996, 1133 f.; *Löwisch* RdA 1997, 82). Die Benennung der Arbeitnehmer im Interessenausgleich ersetzt dagegen **nicht die Anhörung des Betriebsrats** zu den Kündigungen dieser Arbeitnehmer nach § 102 BetrVG (*LAG Düssseld.* 21.4.1998 LAGE § 102 BetrVG 1972 Nr. 69; *Fischermeier* NZA 1997, 1100; *Hamm* AiB 1998, 208; *Löwisch* BB 2004, 157). Ebenso wenig wie die Zustimmung des Betriebsrats zu einer Kündigung entbindet die Benennung im Interessenausgleich den Arbeitgeber von der Anhörungspflicht nach § 102 BetrVG (*BAG* 28.8.2003 EzA § 102 BetrVG 2001 Nr. 4; 21.2.2002 EzA § 1 KSchG Interessenausgleich Nr. 10). Der Arbeitgeber braucht aber in diesem Anhörungsverfahren die dem Betriebsrat aus den Interessenausgleichsverhandlungen bekannten Tatsachen nicht erneut vorzutragen (*BAG* 20.5.1999 EzA § 102 BetrVG Nr. 102; 28.8.2003 EzA § 102 BetrVG 2001 Nr. 4). Dem Arbeitgeber bleibt es auch unbenommen, in Zusammenhang mit dem Interessenausgleich das Anhörungsverfahren nach § 102 BetrVG durchzuführen (*BAG* 20.5.1999 EzA § 102 BetrVG Nr. 102; *LAG Düssseld.* 9.10.1997 DB 1998, 926; *ArbG Wesel* 28.5.1997 NZA-RR 1997, 341; *Schiefer* DB 1998, 928); hierbei kann das Anhörungsverfahren schon dadurch abgeschlossen werden, dass der Betriebsrat im Interessenausgleich erklärt, er sei zu allen Kündigungen ordnungsgemäß angehört worden und das Anhörungsverfahren sei abgeschlossen (*BAG* 28.8.2003 EzA § 102 BetrVG 2001 Nr. 4).

10. Widerspruchstatbestände

a) Kündigungsschutzrechtliche Bedeutung

Durch § 123 Nr. 1 BetrVG 1972 (BGBl. I S. 17), sowie durch § 114 BPersVG v. 15.3.1974 (BGBl. I S. 693) wurde § 1 Abs. 2 KSchG durch die in S. 2 und 3 enthaltenen Widerspruchstatbestände ergänzt (zur Entstehungsgeschichte s.o. Rz 192). Die kündigungsschutzrechtliche Funktion der Widerspruchstatbestände besteht in einer **Verbesserung der inhaltlichen Ausgestaltung des individuellen Kündigungsschutzes** durch die Einbeziehung kollektivrechtlicher Elemente. Nach der inhaltlichen Konzeption des Gesetzes soll sich ein Arbeitnehmer, dessen Entlassung nach den Vorstellungen des zuständigen betriebsverfassungs- oder personalvertretungsrechtlichen Repräsentationsorgans gegen personelle Auswahlrichtlinien verstößt oder dessen Weiterbeschäftigung – sei es mit oder ohne Umschulung – möglich ist, auch individualrechtlich auf einen entsprechenden Widerspruch berufen können (zur Systematik des Gesetzes s.o. Rz 196 ff.). Ein auf die gesetzlichen Tatbestände gestützter frist- und ordnungsgemäßer Widerspruch (hierzu KR-*Etzel* § 102 BetrVG Rz 136 ff. und Rz 142 ff.) enthält damit eine Doppelfunktion: Er ist einerseits auslösender Faktor für die Begründung einer einstweiligen Weiterbeschäftigungspflicht (vgl. KR-*Etzel* § 102 BetrVG Rz 193 ff.), andererseits ist er einen **absoluter Grund der Sozialwidrigkeit**, sofern sich im Kündigungsschutzprozess seine Begründetheit, dh seine Übereinstimmung mit der objektiven Rechtslage ergibt (s.o. Rz 195).

Die in § 1 Abs. 2 S. 2 und 3 KSchG geregelten Widerspruchstatbestände entsprechen inhaltlich in vollem Umfang den Regelungen der §§ 102 Abs. 3 Nr. 2 – 5 BetrVG, 79 Abs. 1 Nr. 2–5 BPersVG. Die ebenfalls als Widerspruchstatbestand ausgestaltete Rügemöglichkeit hinsichtlich der sozialen Auswahl (vgl. § 102 Abs. 3 Nr. 1 BetrVG bzw. § 79 Abs. 1 Nr. 1 BPersVG) ist dagegen kein Unwirksamkeitsgrund (s.o. Rz 691). Hat der Betriebs- bzw. Personalrat aus mehreren der in § 1 Abs. 2 S. 2 und 3 KSchG geregelten Gründen einer beabsichtigten Kündigung widersprochen, kann sich der Arbeitnehmer im Kündigungsschutzprozess auf das Vorliegen sämtlicher gerügter Widerspruchstatbestände berufen. Nach dem insoweit eindeutigen Gesetzeswortlaut genügt es jedoch bereits zur Begründung der Sozialwidrigkeit der Kündigung, wenn der Betriebs- bzw. Personalrat **zumindest aus einem der in § 1 Abs. 2 S. 2 und 3 KSchG geregelten Tatbestände** frist- und ordnungsgemäß **Widerspruch eingelegt hat** (*Galperin/Löwisch* § 102 Rz 92). Stellt sich im Kündigungsschutzprozess heraus, dass dieser Widerspruchsgrund nach der objektiven Rechtslage vorliegt, ist dies ein absoluter Grund für die Sozialwidrigkeit der Kündigung. Auf das Vorliegen vom Betriebs- oder Personalrat nicht zum Anlass eines Widerspruches genommener Tatbestände von § 1 Abs. 2 S. 2 und 3 KSchG kann sich der Arbeitnehmer zusätzlich berufen.

708 **Hat der Betriebs- bzw. Personalrat** dagegen **aus keinem der in § 1 Abs. 2 S. 2 und 3 KSchG geregelten Gründe widersprochen,** kann sich der Arbeitnehmer bei Vorliegen der in den Widerspruchstatbeständen geregelten Voraussetzungen gleichwohl auf diese berufen (*BAG* 17.5.1984 EzA § 1 KSchG Betriebsbedingte Kündigung Nr. 32; *Galperin/Löwisch* § 102 Rz 94; *Löwisch* DB 1975, 349; *Otto* SAE 1975, 6; *Weller* AuR 1986, 228). Eine Berücksichtigung sämtlicher der in den Widerspruchstatbeständen des § 1 Abs. 2 S. 2 und 3 KSchG geregelten Merkmale im Rahmen der Generalklausel von § 1 Abs. 2 S. 1 KSchG entspricht am ehesten der gesetzgeberischen Zielvorstellung, den individuellen Kündigungsschutz zu verbessern (vgl. zur Entstehungsgeschichte Rz 192 sowie zur kündigungsschutzrechtlichen Lage bei fehlendem Widerspruch Rz 196 ff.).

709 Kommt es überhaupt darauf an, hat der **Arbeitnehmer** im Streitfall **darzulegen und zu beweisen,** dass der Betriebsrat bzw. Personalrat **frist- und ordnungsgemäß widersprochen hat,** da es sich hierbei um eine für den Arbeitnehmer günstige Tatsache handelt (*Ascheid* Beweislastfragen S. 193; *v. Hoyningen-Huene/Linck* Rz 541).

710 **In betriebsratslosen Betrieben** kann der Arbeitnehmer lediglich das objektive Vorliegen der sich auf eine anderweitige Beschäftigungsmöglichkeit beziehenden Widerspruchstatbestände im Rahmen der Prüfung der Sozialwidrigkeit nach § 1 Abs. 2 S. 1 KSchG geltend machen. Der Widerspruchstatbestand des § 1 Abs. 2 S. 2 Nr. 1a und Nr. 2a (Verstoß gegen personelle Auswahlrichtlinien) scheidet in diesem Fall mangels Vorhandenseins eines betriebsverfassungsrechtlichen bzw. personalvertretungsrechtlichen Repräsentationsorgans aus.

b) Verstoß gegen eine Auswahlrichtlinie

711 Die Kündigung ist nach § 1 Abs. 2 S. 2 Nr. 1a KSchG sozial ungerechtfertigt, wenn sie gegen eine personelle Auswahlrichtlinie iSd § 95 BetrVG verstößt und der Betriebsrat oder eine andere nach dem BetrVG insoweit zuständige Vertretung der Arbeitnehmer aus diesem Grunde der beabsichtigten Kündigung **frist- und ordnungsgemäß widersprochen** hat (zur Frist- und Ordnungsgemäßheit eines Widerspruches KR-*Etzel* § 102 BetrVG Rz 136, 142 ff.). Eine Parallelbestimmung für den öffentlichen Dienst enthält § 1 Abs. 2 S. 2 Nr. 2a KSchG. Danach ist die Kündigung sozial ungerechtfertigt, wenn sie gegen eine personelle Auswahlrichtlinie (etwa iSv § 76 Abs. 2 Nr. 8 BPersVG) verstößt und die zuständige Personalvertretung aus diesem Grund fristgerecht Einwendungen gegen die beabsichtigte Kündigung erhoben hat, es sei denn, dass die Stufenvertretung in der Verhandlung mit der übergeordneten Dienststelle die Einwendungen nicht aufrecht erhalten hat. Beide Regelungen entsprechen inhaltlich in vollem Umfang den Widerspruchstatbeständen der §§ 102 Abs. 3 Nr. 2 BetrVG, 79 Abs. 1 Nr. 2 BPersVG, so dass hinsichtlich des Begriffes und des möglichen Inhalts von Auswahlrichtlinien auf die Erläuterungen zu diesen Bestimmungen verwiesen werden kann (vgl. KR-*Etzel* § 102 BetrVG Rz 156–162; § 79 BPersVG Rz 57–61).

712 Durch die Einbeziehung der personellen Auswahlrichtlinien in den individuellen Kündigungsschutz wird eine Verknüpfung mit dem kollektiven Kündigungsschutz hergestellt, und zwar dergestalt, dass **der objektive Verstoß des Arbeitgebers gegen eine personelle Auswahlrichtlinie** zwingend die Sozialwidrigkeit der Kündigung indiziert. Dies gilt allerdings nur dann, wenn die Auswahlrichtlinien nach § 95 BetrVG der gesetzlichen Wertung des § 1 Abs. 3 KSchG entsprechen (*BAG* 11.3.1976 EzA § 95 BetrVG 1972 Nr. 1; 20.10.1983 EzA § 1 KSchG Betriebsbedingte Kündigung Nr. 28; *Jobs* DB 1986, 541; *Weller* RdA 1986, 225; **aA** *Gamillscheg* Anm. AP Nr. 1 zu § 95 BetrVG 1972; *Zöllner* FS für G. Müller, S. 683 f.) und die sozialen Grunddaten (Betriebszugehörigkeit, Lebensalter, Unterhaltspflichten, Schwerbehinderung) im Verhältnis zueinander nicht grob fehlerhaft bewertet sind (§ 1 Abs. 4 KSchG). Fehlt es an einem wirksamen Widerspruch, kann sich der Arbeitnehmer gleichwohl auch auf einen objektiven Verstoß gegen eine wirksame personelle Auswahlrichtlinie berufen.

713 Die Begründetheit eines auf einen Verstoß gegen eine personelle Auswahlrichtlinie gestützten Widerspruchs kann nur im Rahmen einer nach §§ 4 – 6 KSchG zu erhebenden Kündigungsschutzklage über-

prüft werden. § 13 Abs. 3 KSchG findet keine Anwendung, da es sich nicht um einen sonstigen Unwirksamkeitsgrund der Kündigung, sondern um einen **speziellen Grund der Sozialwidrigkeit** handelt.

Darlegungs- und beweispflichtig dafür, dass eine Kündigung in Übereinstimmung mit bestehenden 714 personellen Auswahlrichtlinien erklärt worden ist, ist im Kündigungsschutzprozess der **Arbeitgeber** (*Ascheid* Beweislastfragen S. 194; *v. Hoyningen-Huene/Linck* Rz 543; *Löwisch/Spinner* Rz 444). Dies ergibt sich aus einer erweiternden Auslegung von § 1 Abs. 2 S. 4 KSchG. Bestehende Auswahlrichtlinien sind zwar keine Kündigungstatsachen iSd Norm, sie sind aber kollektivrechtliche Normen, die sich unmittelbar auf die personelle Konkretisierung der Auswahlentscheidung beziehen und damit aus Rechtsgründen die Kündigung bedingen. Der Arbeitgeber braucht nicht von sich aus die Übereinstimmung der Kündigung mit bestehenden Auswahlrichtlinien darlegen, sondern erst dann, **wenn der Arbeitnehmer sich auf deren angebliche Nichteinhaltung beruft.** Der Arbeitnehmer ist erst dann wieder darlegungs- und beweisbelastet (§ 1 Abs. 3 S. 3 KSchG), wenn der Arbeitgeber die von ihm berücksichtigten Auswahlkriterien, die von ihm zugrunde gelegten auswahlrelevanten Sozialdaten sowie den von ihm für maßgeblich erachteten Kreis vergleichbarer Arbeitnehmer dargelegt hat. Als darlegungsbelastete Partei muss **der Arbeitnehmer einen etwaigen Auswahlfehler konkret rügen**, indem er zB die Nichtbeachtung einzelner Bestimmungen aus den Auswahlrichtlinien im Einzelnen darlegt.

c) Weiterbeschäftigung des Arbeitnehmers an einem anderen Arbeitsplatz zu unveränderten Arbeitsbedingungen

Die Kündigung ist nach § 1 Abs. 2 S. 2 Nr. 1b KSchG sozial ungerechtfertigt, wenn der Betriebsrat unter 715 Hinweis auf eine im Betrieb oder in einem anderen Betrieb des Unternehmens objektiv bestehende Weiterbeschäftigungsmöglichkeit einer beabsichtigten Kündigung frist- und ordnungsgemäß widersprochen hat (zur Frist- und Ordnungsmäßigkeit eines Widerspruches KR-*Etzel* § 102 BetrVG Rz 136, 142). Um den Besonderheiten des öffentlichen Dienstes Rechnung zu tragen, enthält das Gesetz in § 1 Abs. 2 S. 2 Nr. 2b KSchG eine Parallelbestimmung. Danach ist die Kündigung sozial ungerechtfertigt, wenn der Arbeitnehmer an einem anderen Arbeitsplatz in derselben Dienststelle oder in einer anderen Dienststelle desselben Verwaltungszweiges an demselben Dienstort einschließlich seines Einzugsgebietes weiterbeschäftigt werden kann und die zuständige Personalvertretung aus diesem Grund Einwendungen erhoben hat, es sei denn, dass die Stufenvertretung in der Verhandlung mit der übergeordneten Dienststelle die Einwendungen nicht aufrechterhalten hat. Die in § 1 Abs. 2 Nr. 2b KSchG enthaltene Sanktion der absoluten Sozialwidrigkeit der Kündigung greift nur ein, **wenn sich der Arbeitgeber über die** fristgemäß vorgebrachten und durch die objektive Rechtslage begründeten **Einwendungen des zuständigen Personalvertretungsorgans** hinsichtlich einer bestehenden Weiterbeschäftigungsmöglichkeit des zu kündigenden Arbeitnehmers **hinwegsetzt** (*BAG* 6.6.1984 AP § 1 KSchG 1969 Betriebsbedingte Kündigung Nr. 16).

Der Regelungsgehalt des § 1 Abs. 2 S. 2 Nr. 1b und Nr. 2b KSchG deckt sich abgesehen von der kündi- 716 gungsschutzrechtlichen Verknüpfung mit dem Inhalt der Widerspruchstatbestände der §§ 102 Abs. 3 Nr. 3 BetrVG, § 79 Abs. 1 Nr. 3 BPersVG, so dass insoweit auf die Erläuterungen zu diesen Bestimmungen verwiesen werden kann (KR-*Etzel* § 102 BetrVG Rz 163–168, §§ 72, 79 BPersVG Rz 57–61). Zur kündigungsschutzrechtlichen Funktion der Widerspruchstatbestände s.o. Rz 706 ff.

Im **öffentlichen Dienst** ist die Weiterbeschäftigungspflicht über den Bereich der Dienststelle hinaus 717 auf den jeweiligen Verwaltungszweig, allerdings beschränkt auf den Dienstort einschließlich seines Einzugsgebietes, ausgedehnt worden. Einzugsgebiet ist entsprechend § 3 Abs. 1 Nr. 1c BUKG das Gebiet, das auf einer üblicherweise befahrenen Strecke nicht mehr als 30 km vom Dienstort entfernt ist (*BAG* 22.9.2005 EzA § 1 KSchG Betriebsbedingte Kündigung Nr. 141, zu B III 1 a; *LAG Köln* 23.2.1996 LAGE § 1 KSchG Betriebsbedingte Kündigung Nr. 36; *Lorenzen/Rehak* § 75 Rz 58; *Hamer* PersR 1997, 358; s.o. Rz 145). Die Unternehmensbezogenheit der Weiterbeschäftigung gilt auch dann, wenn der Betriebsrat bzw. Personalrat einer ordentlichen Kündigung deswegen nicht widersprochen hat (*BAG* 17.5.1984 EzA § 1 KSchG Betriebsbedingte Kündigung Nr. 32).

Im Unterschied zu dem ebenfalls als Widerspruchstatbestand ausgestalteten Verstoß gegen personelle 718 Auswahlrichtlinien (vgl. KR-*Etzel* § 102 BetrVG Rz 156) kommt eine anderweitige Beschäftigungsmöglichkeit **nicht nur bei betriebs-, sondern auch bei personen- und verhaltensbedingten Kündigungen** als Widerspruchsgrund in Betracht (*BAG* 22.7.1982 EzA § 1 KSchG Verhaltensbedingte Kündigung Nr. 10; *v. Hoyningen-Huene/Linck* Rz 530; iE s.o. Rz 217 ff., 272, 406 ff.). Bei personen- und verhaltensbedingten Gründen hängt es dabei weitgehend von der Art des jeweiligen Kündigungsgrundes ab, ob dem Arbeitgeber eine Versetzung auf einen anderen freien Arbeitsplatz mit im Übrigen unveränderten Arbeitsbedingungen zuzumuten ist. Da bei betriebsbedingten Kündigungen ausschließlich Gründe in der Sphäre des Arbeitgebers vorliegen, bedarf es bei diesen keiner Zumutbarkeitserwägungen (zur Weiterbeschäftigungsmöglichkeit bei betriebsbedingten Kündigungen iE s.o. Rz 545 f.).

719 Eine Weiterbeschäftigungsmöglichkeit iSd Widerspruchstatbestände des § 1 Abs. 2 S. 2 Nr. 1b und Nr. 2b KSchG besteht nur dann, wenn der Arbeitnehmer zu im Übrigen unveränderten Arbeitsbedingungen **an einem anderen freien Arbeitsplatz** im Betrieb oder in einem anderen Betrieb des Unternehmens weiterbeschäftigt werden kann (*BAG* 12.9.1985 EzA § 102 BetrVG 1972 Nr. 61). Fallen in verschiedenen Betrieben eines Unternehmens mehrere Arbeitsplätze weg, ist aber nur ein Arbeitsplatz im Unternehmen frei, auf dem die betroffenen Arbeitnehmer weiterbeschäftigt werden könnten, hat der Arbeitgeber in entsprechender Anwendung von § 1 Abs. 3 KSchG eine Sozialauswahl vorzunehmen (s.o. Rz 613). Der **Arbeitgeber ist nicht verpflichtet, einen anderen gleichwertigen Arbeitsplatz** (zB durch Umorganisation, Produktionsverlagerung) **zu schaffen,** wenn hierfür kein betriebliches Bedürfnis besteht (APS-*Kiel* Rz 600). Ob der Arbeitnehmer auf einem anderen besetzten Arbeitsplatz mit im Übrigen unveränderten Arbeitsbedingungen weiterzubeschäftigen ist, ist eine Frage der sozialen Auswahl zwischen ihm und dem Arbeitsplatzinhaber (iE s.o. Rz 603 ff.). Auf diesen Gesichtspunkt kann ein Widerspruch nach § 1 Abs. 2 S. 2 Nr. 1b und Nr. 2b KSchG nicht gestützt werden, da nur der für die vorläufige Weiterbeschäftigung relevante Widerspruchstatbestand der §§ 102 Abs. 3 Nr. 1 BetrVG, § 79 Abs. 1 Nr. 1 BPersVG in Betracht kommt. Die Möglichkeit der **Weiterbeschäftigung** eines Arbeitnehmers **auf dem bisherigen Arbeitsplatz ist da**gegen ein geeigneter **Widerspruchsgrund** (KR-*Etzel* § 102 BetrVG Rz 163 ff.; *Fitting* § 102 Rz 47; **aA** *BAG* 12.9.1985 EzA § 102 BetrVG 1972 Nr. 61; *LAG Hmb.* 27.9.1982 DB 1983, 126; *v. Hoyningen-Huene/Linck* Rz 531a). Allerdings kann der Betriebsrat mit seinem Widerspruch nicht die zum Fortfall des Arbeitsplatzes führende Unternehmerentscheidung angreifen (s. iE KR-*Etzel* § 102 BetrVG Rz 164).

720 **Darlegungs- und beweispflichtig** dafür, dass die im Widerspruch enthaltenen Angaben hinsichtlich einer angeblich bestehenden Weiterbeschäftigungsmöglichkeit zu unveränderten Arbeitsbedingungen auf Betriebs- oder Unternehmensebene nicht gegeben sind, ist im Kündigungsschutzprozess der **Arbeitgeber** (*BAG* 22.7.1982 EzA § 1 KSchG Verhaltensbedingte Kündigung Nr. 10; *v. Hoyningen-Huene/Linck* Rz 542). Die dem Arbeitgeber gem. § 1 Abs. 2 S. 4 KSchG obliegende Darlegungs- und Beweislast erstreckt sich auch auf die Frage, ob eine Weiterbeschäftigung aus betriebsverfassungsrechtlichen (vgl. § 99 BetrVG) bzw. aus personalvertretungsrechtlichen (vgl. § 75 BPersVG) Gründen möglich war (hierzu KR-*Etzel* § 102 BetrVG Rz 163; *Rixecker* AuR 1983, 238 ff.). Der Arbeitgeber ist zur substantiierten Darlegung der Weiterbeschäftigungsmöglichkeit erst verpflichtet, **wenn sich der Arbeitnehmer** zuvor **auf die Begründetheit eines** hierauf gestützten **Widerspruchs berufen hat.** Stellt sich im Kündigungsschutzprozess die Begründetheit des Widerspruchs heraus, dh das Vorhandensein eines gleichwertigen freien Arbeitsplatzes im Beschäftigungsbetrieb oder in einem anderen Betrieb des Unternehmens, handelt es sich um einen absoluten Grund für die Sozialwidrigkeit der Kündigung (*BAG* 6.6.1984 AP § 1 KSchG Betriebsbedingte Kündigung Nr. 16; 13.9.1973 EzA § 102 BetrVG 1972 Nr. 8). Dies gilt allerdings nur unter der Voraussetzung, dass dem Arbeitgeber eine derartige Weiterbeschäftigung nach Ablauf der Kündigungsfrist auch aus betriebsverfassungsrechtlichen bzw. personalvertretungsrechtlichen Gründen möglich war (vgl. §§ 99 BetrVG, 75 BPersVG):

721 Diese Verteilung der Darlegungs- und Beweislast gilt auch, wenn der Arbeitnehmer sich auf das Vorhandensein einer Weiterbeschäftigungsmöglichkeit zu unveränderten Arbeitsbedingungen im Betrieb oder in einem anderen Betrieb des Unternehmens beruft, selbst wenn der Betriebsrat aus diesem Grund nicht, nicht fristgemäß, nicht ordnungsgemäß oder aus einem anderen Grund widersprochen hat (*BAG* 22.7.1982 EzA § 1 KSchG Verhaltensbedingte Kündigung Nr. 10). Es finden die **Grundsätze zur abgestuften Darlegungs- und Beweislast** Anwendung (s.o. Rz 555). Dies gilt ebenso in betriebsratslosen Betrieben.

d) **Weiterbeschäftigung des Arbeitnehmers nach zumutbaren Umschulungs- oder Fortbildungsmaßnahmen**

722 Die Kündigung ist nach § 1 Abs. 2 S. 3 KSchG weiter dann sozial ungerechtfertigt, wenn der Betriebsrat unter Hinweis auf eine im Betrieb oder in einem anderen Betrieb des Unternehmens nach zumutbaren Umschulungs- oder Fortbildungsmaßnahmen bestehende Weiterbeschäftigungsmöglichkeit einer beabsichtigten Kündigung frist- und ordnungsgemäß widersprochen hat (zur Frist- und Ordnungsge-

mäßheit eines Widerspruchs KR-*Etzel* § 102 BetrVG Rz 136 ff., 142 ff.). Dieser Widerspruchstatbestand gilt entsprechend für den öffentlichen Dienst. Eine von einem öffentlichen Arbeitgeber erklärte Kündigung ist daher ebenfalls sozialwidrig, wenn der Arbeitnehmer nach zumutbaren Umschulungs- oder Fortbildungsmaßnahmen an einem anderen Arbeitsplatz in derselben Dienststelle oder in einer anderen Dienststelle desselben Verwaltungszweiges an demselben Dienstort einschließlich seines Einzugsgebietes (s.o. Rz 717) weiterbeschäftigt werden kann und die zuständige Personalvertretung aus diesem Grund Einwendungen erhoben hat, es sei denn, dass die Stufenvertretung in der Verhandlung mit der übergeordneten Dienststelle die Einwendungen nicht aufrechterhalten hat. **Der Regelungsgehalt** beider Vorschriften **deckt sich** – von der kündigungsschutzrechtlichen Verknüpfung abgesehen – **mit dem Inhalt der Widerspruchstatbestände des § 102 Abs. 3 Nr. 4 BetrVG bzw. des § 79 Abs. 1 Nr. 4 BPersVG**, so dass insoweit auf die Erläuterungen zu diesen Bestimmungen verwiesen werden kann (vgl. KR-*Etzel* § 102 BetrVG Rz 169–171, §§ 72, 79 BPersVG Rz 57–61). Vgl. allgemein zur kündigungsschutzrechtlichen Funktion der Widerspruchstatbestände Rz 706 ff. Durch die in § 1 Abs. 2 S. 3 KSchG enthaltene Bezugnahme auf die in § 1 Abs. 2 S. 2 KSchG enthaltenen Widerspruchstatbestände ist klargestellt, dass sich die Weiterbeschäftigungspflicht in den Fällen zumutbarer Umschulungs- oder Fortbildungsmaßnahmen ebenfalls **auf die Unternehmensebene** erstreckt.

Das KSchG enthält keine Legaldefinition für die in § 1 Abs. 2 S. 3 KSchG verwandten Begriffe der Umschulungs- oder Fortbildungsmaßnahmen. Zur Begriffsbestimmung kann auf die in §§ 1, 53, 58 BBiG enthaltenen Legaldefinitionen zurückgegriffen werden. Unter dem Begriff der Umschulung sind danach Maßnahmen zu verstehen, die der Vermittlung von Kenntnissen und Fertigkeiten für eine andere berufliche Tätigkeit als der bisherigen dienen. Charakteristisches Merkmal der **Umschulung** ist das Ziel, dem Arbeitnehmer die notwendige fachliche Qualifikation für die Ausübung eines anderen Berufes zu vermitteln. **Fortbildungsmaßnahmen** dienen demgegenüber dem Zweck, den Arbeitnehmer in die Lage zu versetzen, **den gestiegenen Anforderungen in seinem Beruf** durch die Vermittlung der notwendigen Kenntnisse und Fähigkeiten **gerecht werden zu können** (APS-*Kiel* Rz 617). 723

Eine Pflicht zur Umschulung oder zur Durchführung von Fortbildungsmaßnahmen besteht für den Arbeitgeber nur, wenn bei Ausspruch der Kündigung feststeht oder mit hinreichender Sicherheit voraussehbar ist, dass nach Abschluss dieser Maßnahmen **ein geeigneter freier Arbeitsplatz** im Beschäftigungsbetrieb oder in einem anderen Betrieb vorhanden ist. Ein neuer Arbeitsplatz muss nicht eingerichtet werden (*BAG* 7.2.1991 EzA § 1 KSchG Personenbedingte Kündigung Nr. 9, zu B II 2 a). Einen Anspruch auf Umschulung für einen Arbeitsplatz mit besseren Arbeitsbedingungen, d.h. auf eine Beförderung hat der Arbeitnehmer nicht (*v. Hoyningen-Huene* NZA 1994, 1012). Es kommt nicht darauf an, ob der Arbeitnehmer nach der Umschulung auf den neuen Arbeitsplatz kraft Direktionsrechts des Arbeitgebers versetzt werden könnte (**aA** *Gaul* BB 1995, 2422), denn die Umschulung ist ohnehin nur mit Zustimmung des Arbeitnehmers möglich. Darüber hinaus muss dem Arbeitgeber die Durchführung von Umschulungs- oder Fortbildungsmaßnahmen zumutbar sein. Zur Prüfung der Zumutbarkeit bedarf es einer **Interessenabwägung** (*BAG* 29.7.1976 AP Nr. 1 zu § 373 ZPO). Der Widerspruchsgrund besteht nicht, wenn seine Erfüllung dem Arbeitgeber auch bei ausreichender Berücksichtigung der Interessen des Arbeitnehmers nach Treu und Glauben nicht zuzumuten ist. Das kann zB dann der Fall sein, wenn der Aufwand der Umschulung unverhältnismäßig groß ist, sich über einen längeren Zeitraum hinzieht (offen gelassen von *BAG* 7.2.1991 EzA § 1 KSchG Personenbedingte Kündigung Nr. 9) oder deren Erfolg angesichts des Alters oder des Bildungsgrades des Arbeitnehmers ungewiss erscheint, wobei ggf. auch der Kündigungsgrund (zB mangelnde Eignung) mitberücksichtigt werden kann (*Gaul* BB 1995, 2426). Die Umschulungs- oder Fortbildungsmaßnahmen müssen auch **für den Arbeitnehmer zumutbar** sein (*v. Hoyningen-Huene/Linck* Rz 539) und bedürfen daher dessen Zustimmung (vgl. KR-*Etzel* § 102 BetrVG Rz 169c). Zum Zumutbarkeitsbegriff iSd § 1 Abs. 2 S. 3 KSchG *Preis* S. 164 ff. 724

Hinsichtlich der **Darlegungs- und Beweislast** gelten die Ausführungen zur Weiterbeschäftigungsmöglichkeit unter unveränderten Arbeitsbedingungen entsprechend (s.o. Rz 720). Der Arbeitgeber hat darüber hinaus die Umstände darzulegen und ggf. zu beweisen, die gegen die Zumutbarkeit von Umschulungs- oder Fortbildungsmaßnahmen sprechen. 725

e) Weiterbeschäftigung des Arbeitnehmers unter geänderten Arbeitsbedingungen

Eine Kündigung ist nach § 1 Abs. 2 S. 3 KSchG sozialwidrig, wenn der Betriebsrat unter Hinweis auf eine im Betrieb oder in einem anderen Betrieb des Unternehmens bestehende Weiterbeschäftigungsmöglichkeit unter geänderten Arbeitsbedingungen, **mit der der betroffene Arbeitnehmer einverstan-** 726 den ist, einer beabsichtigten Kündigung frist- und ordnungsgemäß widersprochen hat (zur Frist- und Ordnungsgemäßheit eines Widerspruches KR-*Etzel* § 102 BetrVG Rz 136 ff., 142 ff.). Dieser Widerspruchstatbestand gilt ebenfalls entsprechend für den öffentlichen Dienst. Eine von einem öffentlichen Arbeitgeber erklärte ordentliche Kündigung ist daher ebenfalls sozialwidrig, wenn der Arbeitnehmer mit seinem Einverständnis unter geänderten Arbeitsbedingungen an einem anderen Arbeitsplatz in derselben Dienststelle oder in einer anderen Dienststelle desselben Verwaltungszweiges an demselben Dienstort einschließlich seines Einzugsgebietes weiterbeschäftigt werden kann und die zuständige Personalvertretung aus diesem Grund Einwendungen erhoben hat, es sei denn, dass die Stufenvertretung in der Verhandlung mit der übergeordneten Dienststelle die Einwendungen nicht aufrechterhalten hat. **Der Regelungsgehalt** beider Vorschriften **deckt sich** von der kündigungsschutzrechtlichen Verknüpfung abgesehen **mit dem Inhalt der Widerspruchstatbestände der §§ 102 Abs. 3 Nr. 5 BetrVG, 79 Abs. 1 Nr. 5 BPersVG,** so dass insoweit auf die Erläuterungen zu diesen Bestimmungen verwiesen werden kann (vgl. KR-*Etzel* § 102 BetrVG Rz 172–175, §§ 72, 79 BPersVG Rz 57–61). Vgl. allgemein zur kündigungsschutzrechtlichen Funktion der Widerspruchstatbestände Rz 706 ff.

727 Eine Weiterbeschäftigung zu geänderten Arbeitsbedingungen setzt voraus, dass der Arbeitnehmer auf einem anderen **freien Arbeitsplatz** im Betrieb oder in einem anderen Betrieb des Unternehmens (etwa mit einem geänderten Aufgabenbereich oder mit einer kürzeren Arbeitszeit) weiterbeschäftigt werden kann (*LAG Bln.* 16.8.1982 AuR 1983, 281). Eine Weiterbeschäftigung auf einer freien Beförderungsstelle braucht der Arbeitgeber nicht in Betracht zu ziehen, da dies über den mit dem Kündigungsschutzgesetz bezweckten Bestandsschutz hinausginge (*BAG* 29.3.1990 EzA § 1 KSchG Soziale Auswahl Nr. 29). Auf die Begründetheit eines Widerspruchs des Betriebsrats bzw. Personalrats kann sich der Arbeitnehmer im Kündigungsschutzprozess nur dann mit Erfolg berufen, wenn er vor Erhebung des Widerspruches sein Einverständnis mit einer Weiterarbeit zu geänderten Arbeitsbedingungen erklärt hat (KR-*Etzel* § 102 BetrVG Rz 172b; *Löwisch/Spinner* Rz 452). Erweist sich der frist- und ordnungsgemäß eingelegte Widerspruch im Kündigungsschutzprozess als begründet, handelt es sich um einen absoluten Grund für die Sozialwidrigkeit der Kündigung (*BAG* 13.9.1973 EzA § 102 BetrVG 1972 Nr. 7). Vgl. im Übrigen zur Frage der Weiterbeschäftigungsmöglichkeit zu geänderten Arbeitsbedingungen ohne Widerspruch des Betriebsrats Rz 224 ff.

728 Hinsichtlich der **Darlegungs- und Beweislast** gelten die Ausführungen zur Weiterbeschäftigungsmöglichkeit unter unveränderten Arbeitsbedingungen entsprechend (s.o. Rz 720). Beruft sich der Arbeitnehmer auf das Vorhandensein einer Weiterbeschäftigungsmöglichkeit unter geänderten Arbeitsbedingungen, obgleich der Betriebsrat aus diesem Grunde nicht, nicht fristgemäß, nicht ordnungsgemäß oder aus einem anderen Grund widersprochen hat, gelten die zu Rz 555 dargestellten Grundsätze zur **abgestuften Darlegungs- und Beweislast.**

H. Der Wiedereinstellungsanspruch

I. Anspruchsgrundlagen

729 Eine gesetzliche Regelung eines Wiedereinstellungsanspruchs nach rechtswirksamer Kündigung besteht nicht. Die Notwendigkeit eines Wiedereinstellungsanspruchs wird daraus hergeleitet, dass für die Beurteilung der Wirksamkeit einer Kündigung der Zeitpunkt ihres Zugangs maßgebend ist und eine danach wirksame Kündigung auch dann wirksam bleibt, wenn der Kündigungsgrund bei Beendigung des Arbeitsverhältnisses weggefallen ist. Die Verlagerung des Prüfungsmaßstabs vom Ende des Arbeitsverhältnisses auf den Zeitpunkt des Zugangs der Kündigung ist zwar aus Gründen der Rechtssicherheit und der Rechtsklarheit geboten, verlangt aber eine **Korrektur bei nachträglicher Änderung der maßgeblichen Umstände** (*BAG* 28.6.2000 EzA § 1 KSchG Wiedereinstellungsanspruch Nr. 5). Ein Wiedereinstellungsanspruch wird daher überwiegend bejaht (hM; *BAG* 27.2.1997 EzA § 1 KSchG Wiedereinstellungsanspruch Nr. 1 m. zust. Anm. *Kania* = AiB 1997, 615 m. zust. Anm. *Hinrichs*; 4.12.1997 EzA § 1 KSchG Wiedereinstellungsanspruch Nr. 3 m. zust. Anm. *Hergenröder* = AiB 1998, 408 m. zust. Anm. *Dornieden*; 28.6.2000 aaO mwN; APS-*Kiel* Rz 787; HK-*Weller/Dorndorf* Rz 946; *v. Hoyningen-Huene* Rz 156a ff.; für eine Beschränkung auf Verdachtskündigungen *Ricken* NZA 1998, 464; *v. Stein* RdA 1991, 91; **aA** *Adam* ZTR 1999, 113; *Kaiser* ZfA 2000, 205). Bei einer generellen Ablehnung eines Wiedereinstellungsanspruchs würde das durch Art. 12 Abs. 1 GG geschützte Recht des Arbeitnehmers, seinen Arbeitsplatz nicht grundlos zu verlieren, in einem wichtigen Bereich ausgehöhlt (*BAG* 27.2.1997 EzA § 1 KSchG Wiedereinstellungsanspruch Nr. 1). Als Rechtsgrundlage für einen Wiedereinstellungsanspruch werden die allgemeine Fürsorgepflicht des Arbeitgebers, die Verbote des rechtsmissbräuch-

lichen und widersprüchlichen Verhaltens (venire contra factum proprium), das Rechtsinstitut des Wegfalls der Geschäftsgrundlage, die Interessenwahrungspflicht des Arbeitgebers, der Vertrauensschutz und Grundrechtspositionen des Arbeitnehmers sowie für die Zeit nach Beendigung des Arbeitsverhältnisses die nachwirkende Fürsorgepflicht des Arbeitgebers herangezogen (vgl. die Nachw. bei *Kort* SAE 2001, 131, *Oetker* ZIP 2000, 643; *Raab* RdA 2000, 147; *Gotthardt* Anm. EzA § 1 KSchG Wiedereinstellungsanspruch Nr. 6). Da die Ursache für die Nichtberücksichtigung des nachträglichen Wegfalls des Kündigungsgrundes im Gesetz oder jedenfalls in der Gesetzesauslegung zu erblicken ist, liegt es näher, von einer **verdeckten Regelungslücke** zu sprechen (*Raab* RdA 2000, 152), die von den Gerichten unter Beachtung des Schutzzweckes des Art. 12 Abs. 1 GG zu schließen ist. Es geht insoweit um eine systemimmanente Rechtsfortbildung (*Raab* aaO; zust. *Kort* aaO), dh um eine erweiternde Auslegung des § 1 KSchG (*Zwanziger* BB 1997, 43, der an § 1 Abs. 3 KSchG anknüpft).

Danach ist davon auszugehen, dass der Wiedereinstellungsanspruch an eine wirksam gewordene 730 Kündigung anknüpft und der Arbeitgeber auf die Wirksamkeit der Kündigung vertrauen darf. Er verdient insoweit **Vertrauensschutz**. Voraussetzung für einen Wiedereinstellungsanspruch ist daher, dass der Arbeitgeber vor dem Wegfall bzw. vor dem Bekanntwerden des Wegfalls des Kündigungsgrundes noch keine Dispositionen getroffen hat, die eine Wiedereinstellung des Arbeitnehmers unmöglich machen oder mit betrieblichen Schwierigkeiten verbunden sind, und ihm die unveränderte Fortsetzung des Arbeitsverhältnisses zumutbar ist (*BAG* 27.2.1997 EzA § 1 KSchG Wiedereinstellungsanspruch Nr. 1; *LAG Hmb.* 26.4.1990 DB 1991, 1180; APS-*Kiel* Rz 789; *v. Hoyningen-Huene* Rz 156b ff.; *Bram/Rühl* NZA 1990, 754 f.; *Oetker* ZIP 2000, 647; *Raab* RdA 1990, 153), was zB zu verneinen ist, wenn er den in Betracht kommenden Arbeitsplatz wieder besetzt hat (*BAG* 28.6.2000 EzA § 1 KSchG Wiedereinstellungsanspruch Nr. 5). Ist aber der Kündigungsgrund weggefallen und damit ein Wiedereinstellungsanspruch des Arbeitnehmers entstanden, darf der Arbeitgeber diesen Anspruch nicht durch eine anderweitige Neubesetzung des Arbeitsplatzes treuwidrig vereiteln, wenn ihm der Wegfall des Kündigungsgrundes bekannt ist (*BAG* 28.6.2000 EzA § 1 KSchG Wiedereinstellungsanspruch Nr. 5). Vielmehr liegt es dann in seinem Interesse, dem Arbeitnehmer die Wiedereinstellung anzubieten. Andernfalls riskiert er es, dass er den entlassenen Arbeitnehmer wieder einstellen muss und den neu eingestellten Arbeitnehmer nicht sofort entlassen kann (s.u. Rz 742).

Da der Wiedereinstellungsanspruch an den Wegfall eines für die Kündigung notwendigen Kündi- 731 gungsgrundes anknüpft, entfällt er auch dann, wenn die Kündigung zu ihrer Wirksamkeit keines Kündigungsgrundes bedarf. Deshalb kommt für **Arbeitnehmer ohne Kündigungsschutz**, dh in den ersten sechs Monaten des Arbeitsverhältnisses und in Kleinbetrieben (§ 23 KSchG) ein Wiedereinstellungsanspruch nach wirksamer Kündigung nicht in Betracht (*LAG Hamm* 26.8.2003 NZA-RR 2004, 76; vgl. auch *Oetker* ZIP 2000, 647; *Raab* RdA 2000, 153). Ebenso besteht **nach Ablauf eines wirksam befristeten Arbeitsvertrags** kein Anspruch des Arbeitnehmers auf Wiedereinstellung, da ein Arbeitnehmer in einem befristeten Arbeitsverhältnis einen geringeren arbeitsvertraglichen Bestandsschutz genießt als ein Arbeitnehmer in einem unbefristeten Arbeitsverhältnis (*BAG* 20.2.2002 EzA § 620 BGB Nr. 189 = BB 2002, 1648 m. zust. Anm. *Maschmann*; **aA** *Auktor* ZTR 2003, 550). Zum Wiedereinstellungsanspruch nach Abschluss eines Aufhebungsvertrages s. *BAG* 21.2.2002 EzA § 1 KSchG Wiedereinstellungsanspruch Nr. 7 und KR-*Fischermeier* § 626 BGB Rz 49c.

Durch den Wiedereinstellungsanspruch soll der Mangel ausgeglichen werden, dass die Wirksamkeit 732 der Kündigung nach den gesetzlichen Vorgaben nicht nach den Verhältnissen im Zeitpunkt der Beendigung des Arbeitsverhältnisses beurteilt werden kann. Daraus folgt zweierlei:

1. Fällt der Kündigungsgrund erst **nach Ablauf der Kündigungsfrist** weg, dh erweist sich die bei Zu- 733 gang der Kündigung aufgestellte Prognose erst nach Ablauf der Kündigungsfrist als unrichtig, ist für einen Wiedereinstellungsanspruch grundsätzlich kein Raum (*BAG* 28.6.2000 EzA § 1 KSchG Wiedereinstellungsanspruch Nr. 5, zu II B 3 b; APS-*Kiel* Rz 790; *Beckschulze* DB 1998, 418; *Boewer* NZA 1999, 1177; *Grünzel* DB 2000, 1227; *Linck* FA 2000, 336; *Löwisch/Spinner* Rz 85; *Meinel/Bauer* NZA 1999, 580; *Oetker* ZIP 2000, 649; *Preis* Anm. LAGE § 611 BGB Einstellungsanspruch Nr. 1; *Raab* RdA 2000, 155; *Schiefer* DB 2000, 673; *Strathmann* DB 2003, 2438; *Zwanziger* BB 1997, 43; **aA** APS-*Dörner* Rz 75; *Bram/Rühl* NZA 1990, 756 f.; *Manske* FA 1998, 146). Der gesetzliche Zweck, dass bei Beendigung des Arbeitsverhältnisses ein Grund vorliegt, der die Kündigung iSv § 1 KSchG sozial rechtfertigt, ist erfüllt (*Preis* Anm. LAGE § 611 BGB Einstellungsanspruch Nr. 1). Der Arbeitsplatzverlust ist rechtmäßig eingetreten (*Oetker* ZIP 2000, 649). Zu Besonderheiten bei der betriebsbedingten Kündigung s.u. Rz 736 ff., bei der Verdachtskündigung s.u. Rz 741. Der Arbeitgeber kann den Wiedereinstellungsanspruch nicht dadurch ausschalten, dass er beschließt, die betriebliche Maßnahme, die

die Kündigungen rechtfertigt, erst nach Ablauf der Kündigungsfristen der betroffenen Arbeitnehmer rückgängig zu machen. Denn bereits durch diesen Beschluss entzieht er dem ursprünglichen Kündigungsgrund seine Rechtfertigung.

734 2. Da eine Kündigung auch dann sozialwidrig ist, wenn der Arbeitnehmer auf einem anderen Arbeitsplatz im Unternehmen weiterbeschäftigt werden kann (vgl. § 1 Abs. 2 S. 2 KSchG), hat der Arbeitgeber dem gekündigten Arbeitnehmer einen für ihn geeigneten frei werdenden oder neu geschaffenen freien Arbeitsplatz anzubieten (*Preis* S. 355). Dies gilt für Arbeitsplätze, die bis zum Ablauf der Kündigungsfrist frei werden oder bei denen bei Ablauf der Kündigungsfrist feststeht, dass sie in absehbarer Zeit nach Ablauf der Kündigungsfrist frei werden (s.o. Rz 217 ff.; *BAG* 28.6.2000 EzA § 1 KSchG Wiedereinstellungsanspruch Nr. 5: Wiedereinstellungsanspruch möglich, wenn sich zwischen Ausspruch der Kündigung und Ablauf der Kündigungsfrist Beschäftigungsmöglichkeit ergibt; kein Wiedereinstellungsanspruch, wenn anderweitige Beschäftigungsmöglichkeit erst nach Ablauf der Kündigungsfrist entsteht; vgl. auch *BAG* 6.8.1997 EzA § 1 KSchG Wiedereinstellungsanspruch Nr. 2; **aA** *Raab* RdA 2000, 154: Grundsätzlich kein Wiedereinstellungsanspruch, wenn es um eine Weiterbeschäftigung auf einem anderen (freien) Arbeitsplatz geht; ähnlich *Nicolai/Noack* ZfA 2000, 100). Insoweit steht dem Arbeitnehmer ein Wiedereinstellungsanspruch zu. Andererseits ändert ein Wiedereinstellungsanspruch an der Wirksamkeit der Kündigung nichts. Eine Korrektur der bei Zugang der Kündigung zutreffenden Prognose durch Gewährung eines Wiedereinstellungsanspruchs ist daher nur gerechtfertigt, wenn diese Prognose widerlegt ist. Bloße Zweifel an der Richtigkeit der Ausgangsprognose können einen Wiedereinstellungsanspruch nicht begründen (*Preis* S. 356).

735 Der Wiedereinstellungsanspruch besteht unabhängig davon, ob der Arbeitnehmer Kündigungsschutzklage erhoben hat. Er setzt gerade die Wirksamkeit der Kündigung voraus (APS-*Kiel* Rz 801; *Löwisch/Spinner* Rz 84). Ggf. kommt auch nur eine Wiedereinstellung **auf befristete Zeit** in Betracht, zB wenn sich herausstellt, dass der Kündigungsgrund nicht schon bei Beendigung des Arbeitsverhältnisses vorliegt, sondern erst zu einem späteren Zeitpunkt eintreten wird, oder ein freier Arbeitsplatz nur für befristete Zeit zur Verfügung steht (*Beckschulze* DB 1998, 419).

II. Betriebsbedingte Kündigung

736 Vor allem bei betriebsbedingten Kündigungen kommen Wiedereinstellungsansprüche in Betracht, wenn sich **die betrieblichen Verhältnisse nach Zugang der Kündigung verändern** und dringende betriebliche Erfordernisse zur Kündigung (§ 1 Abs. 2 S. 1 KSchG) nicht mehr vorliegen, zB bei der Rückgängigmachung einer organisatorischen oder technischen Rationalisierungsmaßnahme, Verbesserung der Auftragslage, Fortführung des Betriebes oder Betriebsveräußerung nach zuvor beabsichtigter Betriebsstilllegung (vgl. *BAG* 27.2.1997 EzA § 1 KSchG Wiedereinstellungsanspruch Nr. 1, zu II 4). Zum Wiedereinstellungsanspruch in der Insolvenz KR-*Weigand* §§ 113, 120 ff. InsO Rz 71a.

737 Wiedereinstellungsansprüche kommen grundsätzlich nur in Betracht, wenn der Kündigungsgrund bis zum Ablauf der Kündigungsfrist weggefallen ist (s.o. Rz 733). Handelt es sich jedoch um eine **einheitliche Maßnahme, die der Arbeitgeber in Etappen durchführt**, etwa wenn er Arbeitnehmer wegen einer beabsichtigten Betriebsstilllegung zeitlich gestaffelt entlässt, ist die Maßnahme erst durchgeführt, wenn die Kündigungsfrist des letzten betroffenen Arbeitnehmers abgelaufen ist. Fällt der Kündigungsgrund vor diesem Zeitpunkt weg, weil sich etwa der Arbeitgeber zur Fortführung des Betriebs entschließt, haben alle betroffenen Arbeitnehmer – auch diejenigen, deren Kündigungsfrist bereits abgelaufen ist – einen Wiedereinstellungsanspruch. Es gibt keinen sachlichen Grund dafür, der es rechtfertigen würde, dass von der Rückgängigmachung einer Unternehmerentscheidung nur diejenigen Arbeitnehmer profitieren, deren Kündigungsfrist zufällig noch nicht abgelaufen ist, die übrigen betroffenen Arbeitnehmer aber ihren Arbeitsplatz endgültig verlieren (*Raab* RdA 2000, 155). Diese Konstellation kann sich insbes. ergeben, wenn es nach Kündigungen wegen beabsichtigter Betriebsstilllegung nachträglich zu einem Betriebsübergang kommt, was zu einem Wiedereinstellungsanspruch gegen den Betriebserwerber führt (*BAG* 13.11.1997 EzA § 613a BGB Nr. 154; *Raab* RdA 2000, 163; weitergehend *Langenbucher* ZfA 1999, 299, 311 und *Oetker* ZIP 2000, 650, für die der Wiedereinstellungsanspruch nicht davon abhängt, dass der Betriebsübergang vor Ablauf von Kündigungsfristen stattfindet).

738 Stehen nach der Änderung der betrieblichen Verhältnisse weniger Arbeitsplätze zur Verfügung als Arbeitnehmer mit Wiedereinstellungsansprüchen, hat der Arbeitgeber die **Auswahl nach den Grundsät-**

zen des § 1 Abs. 3 KSchG vorzunehmen (APS-*Kiel* Rz 796; *Beckschulze* DB 1998, 420; HK-*Weller/Dorndorf* Rz 947; *Nicolai/Noack* ZfA 2000, 108; *Preis* Anm. LAGE § 611 BGB Einstellungsanspruch Nr. 1; Berücksichtigung sozialer Gesichtspunkte nach § 315 BGB: *Linck* FA 2000, 337; *Strathmann* DB 2003, 2440; Mitberücksichtigung sozialer Belange: *BAG* 28.6.2000 EzA § 1 KSchG Wiedereinstellungsanspruch Nr. 5; 4.12.1997 EzA § 1 KSchG Wiedereinstellungsanspruch Nr. 3; Interessenabwägung: *LAG Köln* 10.1.1989 LAGE § 611 BGB Einstellungsanspruch Nr. 1; aA *Bram/Rühl* NZA 1990, 757; *Raab* RdA 2000, 157).

III. Personenbedingte Kündigung

Auch bei personenbedingten Kündigungen kann der Kündigungsgrund **nachträglich wegfallen**, zB 739 wenn der Arbeitgeber das Arbeitsverhältnis mit einem ausländischen Arbeitnehmer kündigt, weil diesem die Arbeitserlaubnis entzogen worden ist, die Arbeitserlaubnis aber wider Erwarten vor Ablauf der Kündigungsfrist wieder erteilt wird. In diesen Fällen besteht nach den dargestellten Grundsätzen ein Wiedereinstellungsanspruch (*Preis* S. 355; *Raab* RdA 2000, 153; *Strathmann* DB 2003, 2438). Dies gilt auch für die **krankheitsbedingte Kündigung** (*Bram/Rühl* NZA 1990, 754; *Hambilzer* S. 89 ff., 131 ff.; *Mathern* NJW 1996, 820 f.; *Löwisch/Spinner* Rz 83; aA *Zwanziger* BB 1997, 43). Es reicht jedoch nicht aus, dass die ursprüngliche Gesundheitsprognose lediglich erschüttert wird, zB durch Abnahme der Krankheitszeiten, Durchführung einer Kurmaßnahme, Vorlage eines neuen ärztlichen Gutachtens. Vielmehr ist erforderlich, dass die Ausgangsprognose widerlegt wird und eine positive Prognose feststeht (*Löwisch/Spinner* Rz 83; *Raab* RdA 2000, 153; vgl. auch *BAG* 17.6.1999 EzA § 1 KSchG Wiedereinstellungsanspruch Nr. 4 = SAE 2000, 93 m. zust. Anm. *Nicolai* = ZBVR 2000, 106 m. zust. Anm. *Ilbertz*), was nur selten möglich sein dürfte, etwa nach der Entdeckung eines neuen wirkungsvollen Heilmittels (*Preis* Anm. LAGE § 611 BGB Einstellungsanspruch Nr. 1 spricht insoweit von »Wunderheilungen«), zumal diese Prognose vor Ablauf der Kündigungsfrist feststehen muss (*BAG* 27.6.2001 EzA § 1 KSchG Wiedereinstellungsanspruch Nr. 6 m. zust. Anm. *Gotthardt* = AP Nr. 10 zu § 1 KSchG 1969 Wiedereinstellung m. krit. Anm. *Ricken*).

IV. Verhaltensbedingte Kündigung

Bei verhaltensbedingten Kündigungen ist ein Wiedereinstellungsanspruch **ausgeschlossen** (*Raab* RdA 740 2000, 153). Hier beruht die negative Prognose auf dem Verhalten des Arbeitnehmers, idR auf einer schuldhaften Pflichtverletzung. Diese kann nicht rückgängig gemacht werden. Das bloße Wohlverhalten und entsprechende Erklärungen des Arbeitnehmers bis zum Ablauf der Kündigungsfrist können allenfalls zu Zweifeln an der Richtigkeit der Ausgangsprognose Anlass geben. Die erforderliche Widerlegung der Ausgangsprognose (s.o. Rz 739) liegt darin nicht (vgl. *Preis* S. 357).

V. Verdachtskündigung

Bei Anwendung der dargestellten Grundsätze (s.o. Rz 729 ff.) käme bei der Verdachtskündigung ein 741 Wiedereinstellungsanspruch kaum in Betracht, weil sich bei einer ordentlichen Kündigung ein zunächst begründeter Verdacht bis zum Ablauf der Kündigungsfrist nur in seltenen Fällen ausräumen lassen dürfte und bei einer fristlosen Kündigung ein Wiedereinstellungsanspruch wegen der sofortigen Beendigung des Arbeitsverhältnisses sofort ausschiede. Dies ist sachlich nicht gerechtfertigt. Anlass der Verdachtskündigung ist ein vermutetes Verhalten des Arbeitnehmers, das nicht bewiesen ist, aber wegen des Verdachts zum Vertrauensverlust führt. Stellt sich nachträglich heraus, dass der Arbeitnehmer die ihm vorgeworfene Pflichtverletzung nicht begangen hat, steht damit fest, dass der die Kündigung tragende Verdacht von Anfang an unberechtigt war. Dann besteht einerseits kein berechtigtes Interesse des Arbeitgebers an der Aufrechterhaltung der Rechtsfolge des Verdachts und andererseits ein **berechtigtes Rehabilitationsinteresse des Arbeitnehmers** (*BAG* 14.12.1956 AP Nr. 3 zu § 611 BGB Fürsorgepflicht; *Langer* NZA 1991, Beil. 3, S. 27). Dies rechtfertigt nach § 242 BGB einen zeitlich nicht begrenzten Wiedereinstellungsanspruch (KR-*Fischermeier* § 626 BGB Rz 234; *Fischermeier* FS ARGE Arbeitsrecht im DAV S. 276, 287; APS-*Dörner* § 626 BGB Rz 370). Gerade wegen des Anknüpfens an einen bloßen, wenn auch schwerwiegenden Verdacht wäre es unangemessen, dem Arbeitnehmer den Wiedereinstellungsanspruch deshalb zu versagen, weil ihm der Nachweis seiner Unschuld erst nach dem Ausspruch der Kündigung gelingt. Wegen des berechtigten Rehabilitationsinteresses des Arbeitnehmers kann es dem Arbeitgeber auch zumutbar sein, für den zu Unrecht Verdächtigten einen Arbeitsplatz freizukündigen, zumindest wenn dieser mit einem Arbeitnehmer ohne Kündigungsschutz besetzt ist (*Langer* aaO). Nur wenn der Arbeitnehmer inzwischen aus anderen Gründen hätte

§ 1 KSchG   Sozial ungerechtfertigte Kündigungen

entlassen werden können (zB Wegfall des Arbeitsplatzes, Änderung des Anforderungsprofils des Arbeitsplatzes) oder wenn er wegen des Zeitablaufs die erforderliche Qualifikation für seinen Arbeitsplatz nicht mehr besitzt und in absehbarer Zeit nicht mehr erlangen kann, besteht kein Wiedereinstellungsanspruch.

VI. Geltendmachung des Wiedereinstellungsanspruchs

742 Für die Geltendmachung des Wiedereinstellungsanspruchs besteht **keine bestimmte Frist**; es gelten die allgemeinen Verwirkungsgrundsätze (*Oetker* ZIP 2000, 651; *Raab* RdA 2000, 154; *Zwanziger* BB 1997, 45; **aA** *ArbG Frankf./Main* 20.7.1999 NZA -RR 1999, 580; *Kukat* BB 2001, 576 und *Meinel/Bauer* NZA 1999, 580: Spätestens drei Wochen nach Kenntnis der Wiedereinstellungsgründe; APS-*Kiel* Rz 801: Unverzüglich nach Kenntniserlangung und analog § 4 KSchG innerhalb von drei Wochen nach Ablehnung durch den Arbeitgeber Klageerhebung; *Beckschulze* DB 1998, 418: Nur bis zum Ablauf der Kündigungsfrist. Da Verwirkung ohne Kenntnis des Arbeitnehmers vom Wegfall des Kündigungsgrundes erst längere Zeit nach Beendigung des Arbeitsverhältnisses in Betracht kommen kann, liegt es im eigenen Interesse des Arbeitgebers, dem Arbeitnehmer bei Wegfall des Kündigungsgrundes eine Wiedereinstellung anzubieten, um Klarheit darüber zu gewinnen, mit wem er den Arbeitsplatz künftig besetzen soll (vgl. APS-*Kiel* Rz 798 und *Welslau* BuW 1998, 958, die eine Hinweispflicht des Arbeitgebers annehmen; nach *BAG* – 28.6.2000 EzA § 1 KSchG Wiedereinstellungsanspruch Nr. 5 = AP Nr. 6 zu § 1 KSchG 1969 Wiedereinstellung m. abl. Anm. *Otto* = RdA 2001, 243 m. krit. Anm. *Raab* – hängt eine Hinweispflicht des Arbeitgebers gem. § 242 BGB von den Umständen des Einzelfalles ab). Besetzt der Arbeitgeber hingegen den Arbeitsplatz neu, ohne den gekündigten Arbeitnehmer zu unterrichten, muss er bei einer Geltendmachung des Wiedereinstellungsanspruchs den Arbeitsplatz freikündigen (APS-*Kiel* Rz 799).

743 Eine Besonderheit besteht, wenn es nach einer wirksamen betriebsbedingten Kündigung zu einem **Betriebsübergang** kommt. Hier richtet sich der Wiedereinstellungsanspruch gegen den Betriebserwerber. Die Interessenlage des Betriebserwerbers ist in diesem Fall vergleichbar mit der Interessenlage des Betriebsveräußerers, der mit einem Widerspruch des Arbeitnehmers gegen den Übergang seines Arbeitsverhältnisses rechnen muss (*Oetker* ZIP 2000, 651). Dies rechtfertigt gleiche Geltendmachungsfristen (*BAG* 12.11.1998 EzA § 613a BGB Nr. 171; weitergehend *LAG Hamm* 11.5.2000 BB 2000, 1630). Der Wiedereinstellungsanspruch ist daher analog § 613a Abs. 6 S. 1 BGB innerhalb eines Monats nach der Unterrichtung über den Betriebsübergang geltend zu machen (zu dieser Frist KR-*Pfeiffer* § 613a BGB Rz 113 f.).

744 Der Arbeitnehmer trägt nach allgemeinen Regeln die **Darlegungs- und Beweislast** für die Umstände, die einen Wiedereinstellungsanspruch begründen, dh den nachträglichen Wegfall der Kündigungsgründe (*Oetker* ZIP 2000, 653; *Preis* S. 356). Der Arbeitgeber seinerseits trägt die Darlegungs- und Beweislast für die Tatsachen, die einem Wiedereinstellungsanspruch in dem begehrten Umfang entgegenstehen (*Oetker* aaO).

VII. Beteiligung des Betriebsrats

745 Ein **Mitbestimmungsrecht** nach § 99 BetrVG steht dem Betriebsrat bei der Wiedereinstellung **grundsätzlich nicht zu**, da für den Arbeitgeber ein Kontrahierungszwang besteht (*Richardi/Thüsing* § 99 Rz 35; *Oetker* ZIP 2000, 652; **aA** *Furier* AiB 1999, 249). Lediglich soweit der Arbeitgeber bei der Wiedereinstellung eine Auswahl nach § 1 Abs. 3 KSchG vorzunehmen hat (s.o. Rz 738), kommt ein Zustimmungsverweigerungsrecht des Betriebsrats nach § 99 Abs. 2 Nr. 1 BetrVG (Verstoß gegen § 1 Abs. 3 KSchG analog) in Betracht (*Fitting* § 99 Rz 39a; *Boewer* NZA 1999, 1182; *Richardi/Thüsing* aaO; *Sartorius* ZAP Fach 17, S. 574).

I. Ordentliche Kündigung nach dem Einigungsvertrag

746 Im öffentlichen Dienst der DDR war – auch bedingt durch den dirigistischen Staatsapparat – die Verwaltung in besonderem Maße aufgebläht. Um einen **raschen Abbau des Personalbestands und die Rückführung auf den notwendigen Umfang** auf unkomplizierte Weise zu ermöglichen, sah der Einigungsvertrag u.a. die Möglichkeit einer ordentlichen Kündigung aus enumerativ aufgeführten Kündigungsgründen vor (Anl. I, Kap. XIX, Sachgebiet A, Abschn. III Nr. 1 EV). Diese Vorschriften sind am 31.12.1993 außer Kraft getreten. Sie ließen Kündigungen wegen mangelnder fachlicher oder persönli-

cher Eignung, mangelndem Bedarf oder wegen Wegfall der Beschäftigungsstelle zu. Diese Umstände können nach wie vor eine Kündigung begründen, sind jedoch **nunmehr nach den Anforderungen des § 1 KSchG** zu beurteilen (hierzu BAG 13.3.1997 RzK I 5h Nr. 39; 10.10.1996 RzK I 5h Nr. 36). Zur Auslegung der einschlägigen Vorschriften des Einigungsvertrages s. 4. Aufl. Rz 640–677.

§ 1a Abfindungsanspruch bei betriebsbedingter Kündigung

(1) Kündigt der Arbeitgeber wegen dringender betrieblicher Erfordernisse nach § 1 Abs. 2 Satz 1 und erhebt der Arbeitnehmer bis zum Ablauf der Frist des § 4 Satz 1 keine Klage auf Feststellung, dass das Arbeitsverhältnis durch die Kündigung nicht aufgelöst ist, hat der Arbeitnehmer mit dem Ablauf der Kündigungsfrist Anspruch auf eine Abfindung. Der Anspruch setzt den Hinweis des Arbeitgebers in der Kündigungserklärung voraus, dass die Kündigung auf dringende betriebliche Erfordernisse gestützt ist und der Arbeitnehmer bei Verstreichenlassen der Klagefrist die Abfindung beanspruchen kann.
(2) Die Höhe der Abfindung beträgt 0,5 Monatsverdienste für jedes Jahr des Bestehens des Arbeitsverhältnisses. § 10 Abs. 3 gilt entsprechend. Bei der Ermittlung der Dauer des Arbeitsverhältnisses ist ein Zeitraum von mehr als sechs Monaten auf ein volles Jahr aufzurunden.

Literatur

– *bis 2004 vgl. KR-Vorauflage* –
Altenburg/Reufels/Leister Der Vorausverzicht auf den Abfindungsanspruch aus § 1a KSchG, NZA 2006, 71; *Bader* Das Gesetz zu Reformen am Arbeitsmarkt: Neues im Kündigungsschutzgesetz und im Befristungsrecht, NZA 2004, 65; *Bauer* Arbeitsrechtlicher Wunschkatalog für mehr Beschäftigung, NZA 2005, 1046; *Bauer/Krieger* Neuer Abfindungsanspruch – 1a daneben!, NZA 2004, 77; *Bauer/Preis/Schunder* Das Gesetz zu Reformen am Arbeitsmarkt – Reform oder nur Reförmchen?, NZA 2004, 195; *Bayreuther* Thesen zur Reform des Kündigungsschutzes, NZA 2006, 417; *Busch* Abfindung nur bei Klageverzicht jetzt auch in Sozialplänen?, BB 2004, 267; *Däubler* Neues zur betriebsbedingten Kündigung, NZA 2004, 177; *Eckert* Agenda 2010 Neue Chancen bei Kündigung und Befristung, AuA Sonderausgabe Januar 2004, 3; *Eichholz/Schmittmann* Abfindungsanspruch bei betriebsbedingter Kündigung und Insolvenz, ZInsO 2004, 409; *Giesen/Besgen* Fallstricke des neuen gesetzlichen Abfindungsanspruchs, NJW 2004, 185; *Gravenhorst* Systemfehler beim Kündigungsschutz und ihre Behebung, FA 2006, 194; *Grobys* Agenda 2010 im Jahr 2004 – und andere Missverständnisse, GmbHR 2004, R 73; *Hanau* Die wiederholte Reform des betriebsbedingten Kündigungs- und Befristungsschutzes, ZIP 2004, 1169; *ders.* Arbeitsrecht im ökonomischen Zerrspiegel, NJW 2005, 1173; *ders.* Das Arbeitsrecht in der Koalitionsvereinbarung vom 11.11.2005, ZIP 2006, 153; *Hergenröder* Pfändungs- und Insolvenzschutz arbeitsrechtlicher Abfindungsansprüche, ZVI 2006, 173; *Höland/Kahl/Ullmann/Zeibig* Recht auf Wirklichkeit der Kündigung von Arbeitsverhältnissen – Erste Erkenntnisse aus der Forschung, WSI.-Mitt. 2004, 145; *Jahn* Wie wirkt der Kündigungsschutz? ZAF 2 und 3/2005, 284; *Kraus* Abfindungen zur Ablösung des Kündigungsschutzes – § 1a KSchG n.F., 2005 (zit.: Kraus, Diss.); *Kossens* Neue Regeln im Arbeitsrecht, AuA 2004, 10; *Lakies* Die Neuregelungen des Kündigungsschutzgesetzes, NJ 2004, 150; *Löwisch* Neuregelungen des Kündigungs- und Befristungsrechts durch das Gesetz zu Reformen am Arbeitsmarkt, NZA 2004, 154; *Löwisch/Caspers* Auswirkungen des Gesetzes zu Reformen am Arbeitsmarkt auf die betriebsbedingte Änderungskündigung (Gedächtnisschrift für *Meinhard Heinze*), 2004, 565 (zit.: GS *Heinze*); *Mayer* Abfindung bei betriebsbedingter Kündigung nach Novellierung des KSchG, AiB 2004, 19; *Meixner* Das Gesetz zu Reformen am Arbeitsmarkt, ZAP 2004, 81; *Pfarr/Bothfeld/Kaiser/Kimmich/Peuker/Ullmann* REGAM-Studie: Die Kündigung-, Klage- und Abfindungspraxis in den Betrieben, BB 2004, 106; *dies.* REGAM-Studie: Hat das Kündigungsschutzgesetz präventive Wirkung?, BB 2004, 325; *Preis* Die »Reform« des Kündigungsschutzrechts, DB 2004, 70; *Quecke* Die Änderung des Kündigungsschutzgesetzes zum 1.1.2004, RdA 2004, 86; *Richardi* Misslungene Reform des Kündigungsschutzes durch das Gesetz zu Reformen am Arbeitsmarkt, DB 2004, 486; *Raab* Der Abfindungsanspruch gemäß § 1a KSchG, RdA 2005, 1; *Rolfs* Die betriebsbedingte Kündigung mit Abfindungsangebot, ZIP 2004, 333; *Schiefer/Worzalla* Agenda 2010 (Sonderausgabe FA-Spezial 2004); *Schmidt-Rolfes* Aufhebungs- und Abwicklungsvertrag unter Berücksichtigung der Abfindungsregelung nach § 1a KSchG, NZA Beilage 1/2005, 3; *Schneider/Ullmann* Abfindungszahlen in der Praxis, BB 2006, 14; *Thüsing* Der Abfindungsanspruch des § 1a KSchG, JuS 2006, 97; *Ulrici/Mohnke* Abfindung nach § 1a KSchG trotz Kündigungsschutzklage, NZA 2006, 77; *Weiß* Abfindungsanspruch bei betriebsbedingter Kündigung, Diss. Leipzig 2005 (zit.: *Weiß*, Diss.); *Willemsen/Annuß* Kündigungsschutz nach der Reform, NJW 2004, 177; *Wolff* Die qualifizierte Abfindungsvereinbarung nach § 1a KSchG – eher Steine als Brot für die Praxis, BB 2004, 378; *Zerres/Rhotert* Die Neuregelungen im allgemeinen Kündigungsschutzrecht, FA 2004, 2.

Inhaltsübersicht
Kurzgliederung

	Rz		Rz
A. Einleitung	1–22	F. Steuerrechtliche Fragen	147–149
B. Anspruchsvoraussetzungen	23–83	G. Sozialversicherungsrechtliche und arbeitslosen- bzw. arbeitsförderungsrechtliche sowie grundsicherungsrechtliche Fragen	150–156
C. Rechtsfolgen	84–130		
D. Durchsetzung des Anspruchs	131		
E. Verhältnis zu anderen Ansprüchen	132–146		

Detailgliederung

A. Einleitung 1–22
  I. Entstehungsgeschichte 1–9
  II. Normzweck 10
  III. Bedeutung der Norm 11–20
  IV. Abweichungen 21
  V. Geltungsbeginn 22
B. Anspruchsvoraussetzungen 23–83
  I. Arbeitgeberkündigung 23–30
    1. Arbeitgeber 23
    2. Art der Kündigung 24–28
      a) Ordentliche Kündigung 24
      b) Außerordentliche betriebsbedingte Kündigung (sog. Orlando-Kündigung) 25
      c) Umgedeutete Kündigung 26
      d) Änderungskündigung 27
      e) Anderer Beendigungstatbestand 28
    3. Schriftform 29–30
  II. Kündigung wegen dringender betrieblicher Erfordernisse nach § 1 Abs. 2 S. 1 und Arbeitgeberhinweis 31–62
    1. Kündigungsgrund 31
    2. Hinweis des Arbeitgebers 32–45
      a) Gegenstand 32
      b) Abfindungshöhe? 33
      c) Rechtsnatur 34–42
      d) Hinweis durch Arbeitgeber 43
      e) Form 44
      f) Bindung an den Hinweis 45
    3. Vom Gesetz abweichender Hinweis 46–62
      a) Unvollständiger oder modifizierender Hinweis 46–52
      b) Falscher Hinweis 53–57
      c) Hinweis auf eine von § 1a Abs. 2 KSchG abweichende Abfindungshöhe 58–60
      d) Umdeutung des vom Gesetz abweichenden Hinweises in Antrag auf Auflösungs- oder Abwicklungsvertrag? 61
      e) Hinweis ohne Rücksicht auf Wartefrist oder Geltung der Vorschriften des Ersten Abschnitts des KSchG oder Unwirksamkeitsgrund 62
  III. Unterlassen der Klageerhebung durch Verstreichenlassen der Klagefrist 63–83
    1. Art der zu unterlassenden Klage 63–65
    2. Verstreichen der Klagefrist (§ 4 S. 1 und S. 4 KSchG [Zustimmungsbedürftige Kündigung]) 66–71
    3. Verstreichenlassen 72–75
      a) Rechtsnatur 72
      b) Bindung an das Verstreichenlassen 73–74
      c) Rückäußerung des Arbeitnehmers vor Ablauf der Klagefrist 75
    4. Zulassung verspäteter Klage (§ 5) 76–77
    5. Verlängerte Anrufungsfrist (§ 6) 78
    6. Klagerücknahme 79–81
      a) Nach Ablauf der Klagefrist 79–80
      b) Klagerücknahme vor Ablauf der Klagefrist 81
      c) Ablauf der Kündigungsfrist vor Ablauf der Klagefrist 90a
    7. Fiktion der Klagerücknahme nach § 54 Abs. 5 S. 4 ArbGG 82–83
C. Rechtsfolgen 84–130
  I. Abfindungsanspruch 84–125
    1. Abfindung 84
    2. Rechtsnatur 85
    3. Entstehenszeitpunkt 86–90
      a) Ablauf der Kündigungsfrist 86–89
      b) Maßgebender Zeitpunkt bei Auslauffrist 90
      c) Ablauf der Kündigungsfrist vor Ablauf der Klagefrist 90a
    4. Abtretbarkeit 91
    5. Aufrechnung 92
    6. Pfändbarkeit 93–95
    7. Prozesskostenhilfe 96
    8. Vererblichkeit 97–98
    9. Fälligkeit 99
    10. Verzug und Verzögerungsschaden 100
    11. Verzinsung 101
    12. Insolvenz 102–104
    13. Familienrecht 105–106
    14. Erlass 107–108
    15. Tarifliche Ausschlussfristen, Abgeltungsklauseln und Ausgleichsquittungen 109–110

	Rz			Rz
16. Verjährung	111–112	II.	Schadensersatzansprüche	133–137
17. Rücktritt wegen nicht oder nicht vertragsgemäß erbrachter Leistung (§ 323 BGB)?	113	III.	Andere Abfindungsansprüche	138–146
		1.	Einzelvertragliche Abfindungen	138–139
18. Veränderung der anspruchsbegründenden Umstände	114–125	2.	Kollektivrechtliche Abfindungen (Tarifvertrag; Sozialplan)	140–143
a) Betriebsübergang	114–116			
b) Wiedereinstellungsanspruch	117–119	3.	Abfindungen nach § 113 BetrVG	144–145
c) Störung der Geschäftsgrundlage (§ 313 BGB)/ Irrtum über die Vergleichsgrundlage (§ 779 BGB)	120	4.	Abfindungen nach §§ 9, 10 KSchG	146
		F.	Steuerrechtliche Fragen	147–149
		G.	Sozialversicherungsrechtliche und arbeitslosen- bzw. arbeitsförderungsrechtliche sowie grundsicherungsrechtliche Fragen	150–156
d) Ende des Arbeitsverhältnisses vor Ablauf der Kündigungsfrist, der Klagefrist oder aufgrund neuen Beendigungstatbestandes	121–122			
		I.	Sozialversicherungsrechtliche Behandlung der Abfindung	150
		II.	Verhältnis zum Insolvenzgeld	151
e) (Vorsorgliche) Kündigung; Folgekündigung; wiederholter Arbeitgeberhinweis	123–125	III.	Ruhen des Anspruchs auf Arbeitslosengeld bei Entlassungsentschädigung	152–153
II. Höhe	126–130			
1. Gesetzliche Höhe	126–127	IV.	Ruhen des Anspruchs auf Arbeitslosengeld bei Sperrzeit	154
2. Monatsverdienst (§ 10 Abs. 3 KSchG)	128			
		V.	Erstattungspflicht nach § 147a SGB III	155
3. Dauer des Arbeitsverhältnisses	129–130			
D. Durchsetzung des Anspruchs; Streitwert	131	VI.	Abfindung als zu berücksichtigendes Einkommen nach § 11 SGB II	156
E. Verhältnis zu anderen Ansprüchen	132–146			
I. Entgeltansprüche	132			

A. Einleitung

I. Entstehungsgeschichte

Der frühere Bundeskanzler *Schröder* hat am 14.3.2003 eine Regierungserklärung unter der Überschrift 1 »Mut zum Frieden und Mut zur Veränderung« abgegeben. Vor dem *Deutschen Bundestag* präsentierte er den Reformkurs der seinerzeitigen *Bundesregierung* in den Bereichen Konjunktur und Haushalt, Arbeit und Wirtschaft sowie Soziale Sicherung. Diese Bereiche sollten mit dem Reformprogramm »Agenda 2010« weitreichend umstrukturiert werden und Anreize für Arbeit, Konsum und Investitionen bieten. Zu den Neuerungen, die der Bundeskanzler ankündigte, gehörten u.a. Veränderungen im Kündigungsschutz. Nach der Regierungserklärung soll der Arbeitnehmer bei betriebsbedingten Kündigungen »zwischen der Klage auf Weiterbeschäftigung und einer gesetzlich definierten und festgelegten Abfindungsregelung wählen können« (s. www.bundeskanzler.de/kanzler-news; *Bauer* NZA 2003, 366; *Löwisch* BB 2003, 738, 739). **Ergebnis** ist die am 1.1.2004 in Kraft getretene Regelung des § 1a KSchG. Die Ausweitung deren Anwendungsbereiches sehen die beabsichtigten arbeitsrechtlichen Reformen der **Großen Koalition** nach dem Koalitionsvertrag vom 11.11.2005 nicht vor.

Um eine **Neuerung** handelt es sich bei ihr lediglich insoweit, als im Kündigungsschutzgesetz bislang 2 eine entsprechende Regelung fehlte. Außerdem zeichnet die neue Regelung lediglich eine weit verbreitete außergerichtliche und gerichtliche Praxis über die Beendigung von Arbeitsverhältnissen und deren Modalitäten nach. Auch gesetzgeberisch handelt es sich nicht wirklich um eine Neuerung. Bereits nach dem Betriebsrätegesetz v. 4.2.1920 (RGBl. I S. 147) schuldete der Arbeitgeber selbst bei (gerichtlich) erfolgreichem »Kündigungseinspruch« und gleichwohl verweigerter Weiterbeschäftigung eine Entschädigung. Arbeitgeber hatten mithin bereits vor mehr als 80 Jahren die – im Übrigen über § 1a KSchG hinausgehende – Möglichkeit, sich selbst bei unwirksamer Kündigung, ausgesprochen aus welchem Grund auch immer, gegen Zahlung einer Abfindung von dem Arbeitsverhältnis »freizukaufen« (s. i.E. die Regelung in § 87 des Betriebsrätegesetzes von 1920). Selbst die damalige Abfindung knüpfte schon an Verdiensthöhe und Beschäftigungsjahre an. Auch ist nunmehr keine echte »Wahlmöglichkeit« geschaffen worden, weil der Abfindungsanspruch von einem »Hinweis« des Arbeitgebers abhängig gemacht ist.

3 Seit dem Inkrafttreten des Kündigungsschutzgesetzes sind nie die Fragen verstummt, ob nicht an die Stelle der Gewährung von Bestandsschutz ein Abfindungsrecht treten sollte (vgl. die Reformvorschläge von *Bauer* NZA 2002, 529; *Buchner* NZA 2002, 533; *Hromadka* AuA 2002, 261, NZA 2002, 783; ZfA 2002, 397; *Preis* NZA 2003, 252; *Neef* NZA 2000, 7; *Rüthers* NJW 2002, 1601; *Schiefer* NZA 2002, 770; *Willemsen* NJW 2000, 2779). Gestellt wurden die Fragen aus den unterschiedlichsten Richtungen und Motiven sowie mit den unterschiedlichsten Begründungen. Besonders hartnäckig wurde bis zuletzt die Auffassung vertreten, wonach der **Kündigungsschutzprozess** ohnehin keinen Bestandsschutz gewähre und alles auf das Ausscheiden gegen eine auszuhandelnde Abfindung hinauslaufe. Dies lässt sich möglicherweise empirisch oder anhand rechtstatsächlicher Erforschung tatsächlich durchgeführter Kündigungsschutzprozesse verifizieren. Eine **gesicherte** Erkenntnis der Wirkungen des KSchG ergäbe sich jedoch nur dann, wenn gleichzeitig erforscht würde, welche Kündigungen – mangels kündigungsschutzrechtlich tragfähigen Grundes – **nicht** ausgesprochen werden oder welche – wegen Vorliegens eines dem KSchG **konformen** Kündigungsgrundes – **akzeptiert** worden sind (zur Rechtswirklichkeit *Falke/Höland/Rhode/Zimmermann* RdA 1981, 300ff.; *Pfarr/Bothfeld/Kaiser/Kimmich/Peuker/Ullmann* BB 2004, 106ff.; *dies.* BB 2004, 325 [zur Frage der präventiven Wirkung des KSchG] dazu *Perreng* FA 2006, 193; *Jahn* ZAF 2 und 3/2005, 284-304; *Höland/Kahl/Ullmann/Zeibig* WSI-Mitt. 2004, 145 – 152; *Höland/Kahl/Zeibig* Zwischenbericht Kündigungspraxis und Kündigungsschutz im Arbeitsverhältnis v. 3.5.2005 www.kueprax.de; hierzu Kontroverse auf der 17. Jahrestagung des *Deutschen Anwaltsinstituts* zwischen *Höland* [Universität Halle] und *Wolf* [BDA] in Köln 2005, Bericht *Berrisch* FA 2006, 12, 14; *Schneider/Ullmann* BB 2006, 14 ff.).

4 Schon vor der Regierungserklärung wollte die *CDU* älteren Arbeitslosen die Möglichkeit eröffnen, sich bei Abschluss eines neuen Arbeitsvertrages eine Abfindung zusichern zu lassen, wenn sie für den Fall einer Kündigung auf eine Kündigungsschutzklage verzichten (CDU-Regierungsprogramm für 1998, S. 11f.). Die *FDP* war der Meinung, dass die heutige Form des Kündigungsschutzgesetzes ein Einstellungshemmnis sei und zugleich seine soziale Schutzfunktion verfehle. Denn es führe nur zu einer Vielzahl von Arbeitsgerichtsprozessen, die idR nicht den Arbeitsplatz erhielten, sondern ohnehin in Abfindungsregelungen mündeten. Den Arbeitnehmern sollte mehr Spielraum eingeräumt werden, welche Form des Kündigungsschutzes sie wollten. Daher sollten Arbeitnehmer und Arbeitgeber statt des Kündigungsschutzes eine Abfindungszahlung für den Fall der Kündigung vereinbaren können (FDP-Bürgerprogramm 2002, S. 6f.). Die politischen Forderungen finden seit einigen Jahren Entsprechungen bei einem Teil der Arbeitsrechtswissenschaft. *Neef* (NZA 2000, 7ff.) und *Willemsen* (NJW 2000, 2779ff.) haben die Anpassung des Kündigungsrechts an die Realität (die Abfindungspraxis) gefordert (ähnlich *Schiefer* NZA 2002, 770, 777). *Rüthers* hat das Nachdenken über ein Abfindungsgesetz angeregt. Es sollte die betriebs- und personenbedingten Kündigungen in der Weise regeln, dass bei Arbeitgeberkündigung, die nicht schlechthin willkürlich oder sittenwidrig ist, für beide Seiten vorhersehbare Abfindungszahlungen des Arbeitgebers fällig werden (NJW 2002, 1601, 1609 mit rechtsvergleichenden Hinweisen auf Dänemark, Finnland, Frankreich, Griechenland, Luxemburg, Spanien und teilweise Italien). Auch wird die Auffassung geäußert, dass einer Abfindungslösung statt Kündigungsschutz Art. 12 GG grds. nicht entgegenstehe, weil die Präventivwirkung der Abfindung vom BVerfG ausdrücklich anerkannt werde (*Hergenröder* ZfA 2002, 355, 375). Wiederum rechtsvergleichend und darüber hinaus mit einzelnen Regelungsmodellen zum Thema »Abfindung statt Kündigungsschutz« hat sich *Rebhahn* (RdA 2002, 272ff.) beschäftigt. Nach *Bauer* (NZA 2002, 529, 530; *ders.* NZA 2005, 1046) bietet es sich an, den allgemeinen Kündigungsschutz so zu novellieren, dass das Arbeitsverhältnis auf bloßen Antrag des Arbeitgebers oder des Arbeitnehmers durch Auflösungsurteil zum vorgesehenen ordentlichen Beendigungstermin gegen Zahlung einer Abfindung beendet wird. Lediglich dann, wenn die Gerichte für Arbeitssachen zu dem Ergebnis gelangten, dass eine sozial gerechtfertigte verhaltensbedingte oder personenbedingte Kündigung vorliege, solle es keinen Abfindungsanspruch geben. Damit würde auch mit der ungerechten Abfindungspraxis aufgeräumt, wonach es bei wirksamer ordentlicher betriebsbedingter Kündigung grds. keinen Abfindungsanspruch gäbe. In dieselbe Richtung gehen auch die Vorschläge von *Hromadka* (AuA 2002, 261ff.; NZA 2002, 783ff.; ZfA 2002, 397f.). Er hat einen Abfindungsanspruch für den Fall einer arbeitgeberseitigen Kündigung mit dem Ziel der Personalverringerung vorgeschlagen. *Buchner* (NZA 2002, 533ff.) hat ebenfalls den (differenzierteren) Übergang zu einem System von Schadensersatz- und Abfindungsregelungen angeregt. Auch *Preis* hat im Rahmen seiner Beiträge zu einer Reform des Bestandsschutzrechts im Arbeitsverhältnis eine Abfindung bei betriebsbedingter Kündigung vorgeschlagen (NZA 2003, 252, 255; zuvor bereits auf einer Tagung des *Deutschen Anwaltsinstituts*, vgl. FAZ v. 13.11.2002, S. 19). Aus **ökonomischer** Sicht s. *Donges/Eckhoff/Franz/Möschel/Neumann* (*Kronberger Kreis*), Flexibler Kündigungsschutz

im Arbeitsmarkt, 2004, dazu *Hanau* NJW 2005, 1173. Zur Reformdebatte auch *Bayreuther* NZA 2006, 417 ff. und *Gravenhorst* FA 2006, 194.

§ 1a KSchG in seiner geltenden Fassung geht zurück auf einen **Referentenentwurf** v. 24.4.2003, der unverändert in gleich lautende Gesetzentwürfe der *Bundesregierung* v. 18.6.2003 (BR-Drs. 421/03) und v. 2.9.2003 (BT-Drs. 15/1509) sowie einen gleich lautenden Gesetzentwurf der *Koalitionsfraktionen* v. 24.6.2003 (BT-Drs. 15/1204) »**zu Reformen am Arbeitsmarkt**« eingegangen und dann auch Gesetz geworden ist. Nicht durchgesetzt haben sich die Gesetzesanträge des *Landes Niedersachsen* einerseits (v. 2.7.2003 BR-Drs. 456/03) und der *Freistaaten Bayern* und *Sachsen* andererseits (v. 5.7.2003 BR-Drs. 464/03), die den Arbeitnehmern durch eine Öffnungsklausel im Kündigungsschutzgesetz (ebenfalls in einem vorgeschlagenen § 1a) die Option einräumen wollten, gegen die **vorherige** Vereinbarung einer Abfindung auf Kündigungsschutzklage (also **vor** Ausspruch der Kündigung und **ohne Rücksicht** auf den Kündigungsgrund) zu verzichten. Auch der entsprechende Gesetzentwurf der Fraktion der *CDU/CSU* zum Entwurf eines Gesetzes zur Modernisierung des Arbeitsrechts (BT-Drs. 15/1182) ist nicht Gesetz geworden. 5

In den **Begründungen** der Entwürfe eines **Gesetzes zu Reformen am Arbeitsmarkt** hat es (gleich lautend) u.a. geheißen (BT-Drs. 15/1204 S. 9), dass durch § 1a KSchG die kündigungsschutzrechtlichen Regelungen bei betriebsbedingten Kündigungen durch einen gesetzlichen Abfindungsanspruch des Arbeitnehmers ergänzt würden. Im Falle einer betriebsbedingten Kündigung werde den Arbeitsvertragsparteien ein Verfahren für eine einfache, effiziente und kostengünstige vorgerichtliche Klärung der Beendigung des Arbeitsverhältnisses angeboten. Der Arbeitnehmer könne entscheiden, ob er Kündigungsschutzklage erhebe oder darauf verzichte und stattdessen eine Abfindung beanspruche. Mit der im Gesetz geregelten Berechnung der Abfindungshöhe würde den Arbeitsvertragsparteien ein Standardverfahren zur Verfügung gestellt, dass einen fairen Interessenausgleich ermögliche, ohne die Arbeitsgerichte anrufen zu müssen. In der arbeitsgerichtlichen Praxis endeten viele Kündigungsschutzklagen vor Gericht mit einem Vergleich, indem das Arbeitsverhältnis gegen Abfindungszahlung beendet werde. Nur in seltenen Fällen komme es zur Fortsetzung des Arbeitsverhältnisses. In der öffentlichen Diskussion werde der Realitätsverlust des Kündigungsschutzrechts beklagt, der die wirklichen Interessen von Arbeitnehmern und Arbeitgebern in vielen praktischen Fällen ignoriere. Die Arbeitsvertragsparteien würden gezwungen, ineffiziente und kostenträchtige Kündigungsschutzprozesse zu führen, obwohl sie von vornherein nur an einer Beendigung des Arbeitsverhältnisses gegen eine angemessene Abfindungszahlung interessiert seien. Der vorgesehene Abfindungsanspruch des Arbeitnehmers habe zahlreiche Vorteile. Der Arbeitnehmer müsse nicht mehr den Weg über eine Kündigungsschutzklage gehen, um eine Abfindung zu erhalten. Er werde sich für die Abfindung entscheiden, wenn er eine Anschlussbeschäftigung schon in Aussicht habe, mit der Wirksamkeit der Kündigung rechnen müsse und auch bei Erfolg einer Kündigungsschutzklage ein belastetes Arbeitsklima befürchte. Durch die gesetzlich festgelegte Abfindungshöhe werde dem Arbeitnehmer die Sorge genommen, dass er keine angemessene Abfindung erhalte. Für den Arbeitgeber werde das Kündigungsrecht transparenter und kalkulierbarer. Der Arbeitgeber könne das Risiko vermeiden, dass die betriebsbedingte Kündigung einer gerichtlichen Überprüfung nicht standhält und er das während des Prozesses angefallene Arbeitsentgelt wegen Annahmeverzuges nachzahlen müsse. Er spare die »Transaktionskosten«, die er sonst zur sachgerechten Wahrung seiner rechtlichen Interessen aufwenden müsse. Die außergerichtliche Streitbeilegung werde auch die Arbeitsgerichtsbarkeit entlasten. Arbeitnehmer und Arbeitgeber müssten keine Einbußen ihrer bisherigen Rechtsposition befürchten. Denn dem Arbeitnehmer bleibe der kündigungsrechtliche Bestandsschutz auch bei betriebsbedingten Kündigungen erhalten. 6

Der *Bundesrat* hat in seiner 790. Sitzung am 11.7.2003 gem. Art. 76 Abs. 2 GG beschlossen, zu dem Gesetzentwurf der *Bundesregierung* dahingehend Stellung zu nehmen, dass sich dieser daran orientieren sollte, dass Arbeitnehmern durch eine Öffnungsklausel die Option eingeräumt wird, gegen die vorherige Vereinbarung einer Abfindung auf Kündigungsschutzklage zu verzichten (BT-Drs. 15/1509, S. 8. Auf S. 10 findet sich die **Gegenäußerung** der **Bundesregierung**). 7

In den schriftlichen Stellungnahmen für die **Öffentliche Anhörung von Sachverständigen** vor dem **Ausschuss für Wirtschaft und Arbeit** am 8.9.2003 ist die geplante Neuregelung des § 1a KSchG überwiegend auf Kritik gestoßen (Ausschuss-Drs. 15 [9]/560 v. 22.8.2003; Zusammenfassung der Anhörung selbst in BT-Drs. 15/1587). Seitens des *DGB* wurde darauf hingewiesen, dass entgegen der Regierungserklärung v. 14.3.2003 für den Arbeitnehmer kein eigenständiges Wahlrecht auf Abfindung eingeräumt werde. Die Regelung wirke sich lediglich zugunsten des Arbeitgebers aus. Sei dieser sich 8 seines Kündigungsgrundes sicher, werde er keine Abfindung anbieten. Sei er sich unsicher, werde er die Abfindung anbieten und so die Möglichkeit erhalten, die sich aus einer möglicherweise als unwirksam erweisenden Kündigung ergebenden Folgen oder diejenigen eines Kündigungsschutzprozesses zu minimieren bzw. auszuschließen (Ausschuss-Drs. S. 9f.). Nach der Auffassung der *Bundesvereinigung der Deutschen Arbeitgeberverbände* schaffe die Regelung des Abfindungsanspruchs weder mehr Rechtssicherheit noch entlaste sie insbes. kleine Arbeitgeber von der Undurchschaubarkeit des Kündigungsschutzes. Aufgrund der mit der Abfindungsoption verbundenen Kosten werde der Mittelstand von der Option kaum Gebrauch machen. Die vorgesehene Höhe der Abfindung sei mit 0,5 Monatsverdiensten pro Beschäftigungsjahr deutlich zu hoch (Ausschuss-Drs. S. 34; s. bereits *BDA*-Stellungnahme v. 12.6.2003 zum Referentenentwurf, S. 5). Das *Institut für Arbeitsmarkt- und Berufsforschung* der (vormaligen) *Bundesanstalt für Arbeit* hat für ein generelles Abfindungsprinzip plädiert und darauf hingewiesen, dass bereits heute personen- oder verhaltensbedingte Kündigungen vor Gericht mit »betrieblichen Erfordernissen« begründet und der wahre Kündigungsgrund verborgen werde (Ausschuss-Drs. S. 49 f.). *Ziemann* hat auf offene Fragen hingewiesen, die sich aus der Beschränkung der Regelung auf ordentliche betriebsbedingte Kündigungen sowie die Bestimmung einer Abfindungshöhe ergäben (Ausschuss-Drs. S. 71). *Henssler* hat darauf hingewiesen, dass aktuelle Untersuchungen zeigten, dass entgegen einer verbreiteten Vorstellung die weit überwiegende Mehrheit der betriebsbedingten Kündigungen derzeit ohne Abfindung zur Beendigung des Arbeitsverhältnisses führte. Eine Reform müsse daher weiterhin zwischen rechtmäßigen und rechtswidrigen betriebsbedingten Kündigungen differenzieren, wenn sie nicht zu erheblichen Mehrbelastungen der Arbeitgeber führen solle (Ausschuss-Drs. S. 77). *Hanau* hat die vorgesehene Abfindungsregelung als nicht mehr als ein Placebo bezeichnet. Denn der nachträgliche Verzicht auf die Kündigungsschutzklage gegen Abfindung sei schon immer möglich gewesen. Mit Placebos ließen sich aber keine Seuchen bekämpfen, zumal § 1a KSchG eine Reihe von Unklarheiten enthalte, die Abfindungsvereinbarungen eher erschweren als erleichtern könnten. Das betreffe die Berechnung der Abfindung und die Folgen eines Zahlungsverzuges (Ausschuss-Drs. S. 87; ebenso *ders.* FAZ v. 8.12.2003, S. 11). Nach *Rieble* ist die Abfindungslösung des Regierungsentwurfs halbherzig. Das gewollte Ergebnis, dass Arbeitgeber und Arbeitnehmer sich auf einen Verzicht auf das Kündigungsschutzverfahren einigen könnten, also einen Vertrag schlössen, komme in § 1a KSchG nicht zum Ausdruck. Dies sei unklug, weil damit das Vertragsrecht für die Zweifelsfragen ausgeschaltet werde, ob sich Hinweis des Arbeitgebers und Annahme des Arbeitnehmers deckten. Auch für Willensmängel (Anfechtung) müsste man erst etwas gequält zum Recht der Willenserklärung gelangen (Ausschuss-Drs. S. 91). Die Stellungnahme von *Klosterkemper* deckt sich im Wesentlichen mit derjenigen der *Bundesvereinigung der Deutschen Arbeitgeberverbände* (Ausschuss-Drs. S. 97). *Bäumer* hält die Regelung für zu bürokratisch. Außerdem fehle eine klare, mindestens den Arbeitgeber bindende Regelung. Um die Prozessrisiken zu vermeiden, die Arbeitsgerichte zu entlasten und die Planbarkeit zu erhöhen, sollte lediglich dem Arbeitnehmer ein Wahlrecht zwischen Kündigungsschutzklage oder Abfindung eingeräumt werden (Ausschuss-Drs. S. 104). Auch *Gneiting* plädierte für ein echtes Arbeitnehmerwahlrecht bei betriebsbedingter Kündigung und monierte die Einschränkung auf die betriebsbedingte Kündigung (Ausschuss-Drs. S. 107ff.). *Buchner* sieht in der Neuregelung mehr oder weniger nur die Bestätigung der schon bestehenden Befugnis der Arbeitsvertragsparteien, auf das Führen eines Kündigungsschutzprozesses gegen die Gewährung einer Abfindung zu verzichten. Die Regelung bedeute keine Korrektur des geltenden Kündigungsschutzes. Sie schade nicht, bringe aber auch nichts (Ausschuss-Drs. S. 119). In dieselbe Richtung geht auch die Ansicht von *Eckert*, der die Regelung angesichts der schon bestehenden Praxis leerlaufen sieht (Ausschuss-Drs. S. 129 f.).

9 Ungeachtet der Sachverständigen-Stellungnahmen hat der *Ausschuss für Wirtschaft und Arbeit* in seiner Beschlussempfehlung und seinem Bericht v. 24.9.2003 (BT-Drs. 15/1587 v. 25.9.2003) die vorgeschlagene Regelung in § 1a KSchG unverändert gelassen. § 1a KSchG ist als Art. 1 Nr. 2 des **Gesetzes zu Reformen am Arbeitsmarkt** v. 24.12.2003 am 1.1.2004 in Kraft getreten, nachdem der *Bundesrat* die Änderungen im Kündigungsschutzrecht durch dieses Gesetz am 19.12.2003 hat passieren lassen.

II. Normzweck

10 Normzweck ist nach der **Gesetzesbegründung** die Ergänzung der kündigungsschutzrechtlichen Regelungen bei betriebsbedingter Kündigung um einen **gesetzlichen** Abfindungsanspruch. Weiter geht es um das Zur-Verfügung-Stellen eines »**Standardverfahrens**«, das einen fairen Interessenausgleich ermöglicht, ohne die Arbeitsgerichte anrufen zu müssen (BT-Drs. 15/1204, S. 9 und S. 12, nähere Einzelheiten s.o. Rz 6).

III. Bedeutung der Norm

Die Norm wird in der Rechtspraxis (auch bei einem Anspruch eines Gesetzes auf eine **benigna interpretatio** nach seinem Inkrafttreten) aus mehreren Gründen **keine signifikante Bedeutung** erlangen (richtig *Wolff* BB 2004, 378, 381). Dies ergibt sich bereits aus der gesetzlichen **Beschränkung auf betriebsbedingte Kündigungen** (auch wenn – entgegen dem dies suggerierenden Gesetzeswortlaut – dringende betriebliche Erfordernisse, die einer Weiterbeschäftigung des Arbeitnehmers entgegenstehen, nicht vorliegen, sondern nur **geltend** gemacht werden müssen, Rz 31). Der Anwendungsbereich der Norm wird weiter dadurch eingeschränkt, dass die Abfindungsoption für den Arbeitnehmer von dem nach § 1a Abs. 1 S. 2 KSchG vorgesehenen **Hinweis** des Arbeitgebers **abhängig** ist. Nicht etwa kann der Arbeitnehmer, der eine Kündigung zu gewärtigen hat oder dem diese bereits erklärt ist, eine Abfindung beanspruchen, so sich nicht ein Abfindungsanspruch aus anderem Rechtsgrund ergibt (etwa aus §§ 9 und 10 KSchG, aus § 113 BetrVG, aus kollektivvertraglicher oder aus einzelvertraglicher Anspruchsgrundlage). Geschmälert wird der Wert der Norm dadurch, dass ein zur Kündigung entschlossener Arbeitgeber, der sich des Kündigungsgrundes sicher ist, kein Abfindungsangebot unterbreiten wird. Kommt es nicht zu einer einvernehmlichen Regelung, wird der gekündigte Arbeitnehmer wie bisher Kündigungsschutzklage mit dem Ziel führen, eine Abfindung im Rahmen eines Prozessvergleichs zu erzielen. Prozessieren wird auch weiter derjenige gekündigte Arbeitnehmer, dem es um den Bestand seines Arbeitsverhältnisses (wie es vermehrt der Fall ist) geht und der sich hierbei Chancen ausrechnet oder aber hofft, unter dem Druck der Kündigungsschutzklage eine höhere Abfindung zu erzielen, als sie das Gesetz in § 1a Abs. 2 KSchG vorsieht (ähnlich *Bauer* NZA 2003, 366, 368; *Preis* DB 2004, 70, 75; *Richardi* DB 2004, 486, 488), ein Titulierungsinteresse hat oder nicht das Insolvenzrisiko tragen möchte. Dieser Druck steigt mit der Dauer des Kündigungsschutzprozesses in dem Maße, in dem der Arbeitgeber einem Nachzahlungsanspruch nach § 615 S. 1 BGB ausgesetzt ist, so nicht zur Meidung des Prozessrisikos eine Prozessbeschäftigung verabredet wird. Zu befürchten steht auch, dass gerade der Hinweis des Arbeitgebers auf einen Abfindungsanspruch bei dem Arbeitnehmer den Eindruck erweckt, dass sich der Arbeitgeber seines Kündigungsgrundes nicht sicher ist. Der Hinweis auf den Abfindungsanspruch könnte – maW – geradezu als Einladung dazu verstanden werden, die Kündigung gerichtlich überprüfen zu lassen und ggf. in diesem Zusammenhang eine höhere als die gesetzlich vorgesehene Abfindung zu erzielen. Von der Erhebung einer Kündigungsschutzklage wird in Sonderheit nicht derjenige Arbeitnehmer abgehalten, der über einen Abfindungsanspruch einen Titel benötigt, was aber § 1a Abs. 1 S. 1 KSchG nicht gewährt. Schließlich ist darauf hinzuweisen, dass die Höhe der Abfindung von 0,5 Monatsverdiensten in wirtschaftsschwachen Regionen **praxisuntauglich** ist (vgl. die Feststellungen *Sächs. LAG* 23.8.2005 – 1 Sa 141/05 – S. 10; s. a. *Bayreuther* NZA 2006, 417, 418). So sieht selbst der Sozialtarifvertrag für die Neuen Bundesländer lediglich eine Abfindung in Höhe von 0,25 Monatsverdiensten pro Jahr der Beschäftigung vor, weswegen die 2. Mitgliederversammlung der TdL am 26.3.2004 keine Bedenken dagegen erhoben hat, dass bei Kündigungen im Geltungsbereich des Tarifvertrages **keine** Erklärungen nach § 1a KSchG abgegeben werden. Das deckt sich mit Auswertungen der Rechtsprechung (NZA 1999, 342/349: *ArbG Chemnitz* 0,25; *ArbG Karlsruhe* 0,2; *ArbG Nürnberg* 0,25). Gerichtliche Vergleichsvorschläge auf der Grundlage von 0,5 Monatsverdiensten werden von Arbeitgebern nicht selten mit dem Hinweis abgelehnt, dass man sich eine derartige Abfindung nicht leisten könne und sich nicht des Eingehungsbetruges schuldig machen wolle; lieber nehme man eine Niederlage im Kündigungsschutzprozess hin. Die für weite Bereiche praxisferne Abfindungshöhe (und überdies ihre mangelnde Flexibilität: *Berger-Delhey* ZTR 2004, 77, 78) wird im Übrigen zu vermehrten Kündigungsschutzklagen mit dem Ziel der Erlangung »der« gesetzlichen Abfindung führen. Sozialpläne werden sich ebenfalls daran orientieren und wohl »verteuern«. Auch ist die Festschreibung einer individuellen Aspekten unzugänglichen Abfindungshöhe unglücklich (vgl. ähnlich *Eckert* AuA Sonderausg. 1/2004, 47).

Aus dem Vorstehenden ergibt sich, dass es bei der bisherigen Praxis des Arbeitslebens und bei der bisherigen Gerichtspraxis bleiben wird: Wer als kündigender Arbeitgeber eine Abfindung anbieten kann und will, wird dies – wie bisher – im Rahmen eines Aufhebungs- oder Abwicklungsvertrages tun. Dadurch haben beide Vertragsparteien sofort Klarheit über das Schicksal des Arbeitsverhältnisses und die Abfindung. In Sonderheit muss der Arbeitgeber nicht zuwarten, ob der Arbeitnehmer nun die Klagefrist verstreichen lässt oder nicht. Dies ist von Bedeutung nicht nur dann, wenn die einzuhaltende Kündigungsfrist kürzer als die Klagefrist ist.

Durch die Einfügung des § 1a hat sich das KSchG im Ergebnis nicht von einem Bestandsschutz- zu einem Abfindungsgesetz gewendet. Bei der zugelassenen Abfindungslösung wird der vom KSchG erstrebte Bestandsschutz lediglich in einen Geldausgleich »umgemünzt«, was im Übrigen **verfassungsgemäß** ist (vgl. *BVerfG* 27.1.1998 BVerfGE 97, 169, 180; speziell für § 1a KSchG ebenso *Kamanabrou* RdA 2004, 333, 339 f.; für ein Zurück zum Bestandsschutz durch Ausschluss des Annahmeverzuges: *Boecken/Topf* RdA 2004, 19 ff.).

14 § 1a KSchG ist in Praxis und Literatur, wie bereits bei der Sachverständigenanhörung im Gesetzgebungsverfahren (dazu s.o. Rz 8), nicht freundlich aufgenommen worden. Der *Deutsche Anwaltverein* hat durch seinen Arbeitsrechtsausschuss unter dem 13.3.2003 zur Reform des Kündigungsschutzes Stellung genommen (NZA aktuell 2003, VIII ff.). Der Ausschuss plädiert für eine grundlegende Umgestaltung des gesetzlichen Kündigungsschutzes dahingehend, dass künftig jeder unter das Gesetz fallende Arbeitnehmer, dem aus betriebs- oder personenbedingten Gründen (nicht aber aus berechtigten verhaltensbedingten Gründen) gekündigt wird, eine gesetzlich festgelegte Grundabfindung erhält. Der (Gesetz gewordene) Vorschlag des § 1a KSchG im Referentenentwurf stelle keine inhaltliche Neuregelung oder Alternative zur bisherigen tatsächlichen und rechtlichen Lage dar. Mit der Formulierung, der gesetzliche Abfindungsanspruch setze den »Hinweis« (also das Angebot) des Arbeitgebers in der Kündigungserklärung voraus, werde der vermeintliche Anspruch des Arbeitnehmers auf die bloße Möglichkeit reduziert, ein (lediglich der Mindesthöhe nach festgeschriebenes) Angebot der Arbeitgeber anzunehmen. Es bleibe bei der Freiwilligkeit (aaO, IX). Der *Bund der Richterinnen und Richter der Arbeitsgerichtsbarkeit* hat in einer Stellungnahme zu Vorschlägen zur Reform des Bestandsschutzrechts v. 2.4.2003 einen Abfindungsanspruch im Falle fehlerhafter Sozialauswahl bei ansonsten gerechtfertigter betriebsbedingter Kündigung vorgeschlagen (S. 8 der Stellungnahme). In der Stellungnahme des *Bundes* v. 12.7.2003 zu dem Regierungsentwurf bzw. dem Entwurf der Koalitionsfraktionen wurde auf einzelne Schwächen hingewiesen, so etwa darauf, ob § 1a Abs. 2 S. 3 KSchG bei einem Zeitraum von sechs oder weniger Monaten auch eine **Abrundung** zulasse (S. 15 der Stellungnahme) oder wie es sich bei Klagerücknahme oder im Verhältnis zu anderen Abfindungen verhalte (S. 16f. der Stellungnahme). Die Fachgruppe Arbeitsrecht der *Neuen Richtervereinigung* hat unter dem 7.7.2003 die Aufnahme einer flankierenden Regelung zur **Sperrzeit** im SGB III angemahnt und die Beschränkung lediglich auf eine betriebsbedingte Kündigung und hierbei auf eine ordentliche Kündigung kritisiert. *Bauer* hat unter Zustimmung von *Preis* den »Anspruch« auf eine Abfindung als eine Augenwischerei bezeichnet, welche Regelung ersatzlos gestrichen gehöre (*Bauer/Preis/Schunder* NZA 2003, 704, 705; s.a. *Bauer* Sonderbeil. NZA Heft 21 2003, 47, 49; ähnlich *Grobys* GmbHR 2004, R 73). *Preis* hat darauf hingewiesen (aaO), dass es dem Arbeitnehmer auch um das Titulierungsinteresse hinsichtlich seines Anspruchs gehe. Er hat die Frage aufgeworfen, ob dem Arbeitnehmer geraten werden könne, im Vertrauen auf die Zahlungsbereitschaft des Arbeitgebers die Klagefrist verstreichen zu lassen. Als konstitutive Norm sei § 1a KSchG ein »rechtliches Nullum« (*Preis* DB 2004, 70, 75). *Düwell* (FA 2003, 170, 172) hat zur Frage nach dem Sinn und Unsinn eines Abfindungsgesetzes allgemein darauf hingewiesen, dass ein Abfindungszwang Kündigungen verteuere. Nur 32 % aller Beendigungen von Arbeitsverhältnissen beruhten auf einer Arbeitgeberkündigung. Nur 15 % der Gekündigten bekämen eine mit dem Arbeitgeber ausgehandelte Abfindung. Von den Gekündigten hätten nur 11 % vor dem Arbeitsgericht Kündigungsschutzklage erhoben (*Düwell* aaO, 172 f., mN). *Link/Grienberger-Zingerle* lehnen die Option auf Abfindung nach Kündigung als Verkomplizierung des Systems ab. Die Prozessflut werde nicht eingedämmt. Es trete keine Entlastung, sondern eine zusätzliche Belastung der Betriebe ein, da es nur um eine Option des Arbeitnehmers gehe (AuA 2003, 20, 21). *Schulte* äußert sich ebenfalls skeptisch. Der Arbeitnehmer könnte der Versuchung unterliegen, die ihm vom Arbeitgeber angebotene Abfindung in einem Kündigungsschutzprozess im Vergleichswege zu erzielen oder sogar eine höhere Abfindung »auszureizen« (AuA 2003, 23). Ein Schritt zu größerer Flexibilisierung wäre nach der Auffassung von *Thüsing* nur ein Abfindungsanspruch nach alleiniger Wahl des Arbeitgebers gewesen (NJW 2003, 1989, 1990). *Wolter* erkennt in jeder Abfindungslösung eine Einschränkung des Kündigungsschutzes (NZA 2003, 1068 f.). Lediglich *Löwisch* hat sich dahin geäußert, dass der Regelung die Aussicht auf einen begrenzten Erfolg nicht von vornherein abgesprochen werden könne. Zwar könnten und würden Aufhebungsverträge gegen Abfindung auch künftig geschlossen werden, wo das den Parteien als angemessen erscheine. Wo das aber nicht geschehe, übe eine feste gesetzliche Regelung, welche eine Abfindung in bestimmter Höhe vorsieht, auf beide Seiten einen starken Anreiz aus, sich nicht auf die Unwägbarkeiten eines Kündigungsschutzprozesses einzulassen. Die (Gesetz gewordene) Regelung des Regierungsentwurfs sei allerdings unausgegoren. Zwar könne den anspruchsauslösenden Akten rechtsgeschäftlicher Charakter zugemessen werden. Unklar seien aber die Auswirkungen einer nachträglichen Klagezulassung nach § 5 KSchG und eines Geltendmachens der Unwirksamkeit der Kündigung im Rahmen der verlängerten Anrufungsfrist des § 6 KSchG. Außerdem müsste bei nachträgli-

Abfindungsanspruch bei betriebsbedingter Kündigung § 1a KSchG

cher Klagezulassung eine geleistete Abfindung ohne die Möglichkeit der Berufung auf den Wegfall der Bereicherung nach Maßgabe der §§ 346 bis 348 BGB zurückgefordert werden können, eine Harmonisierung mit der Insolvenzordnung (da der Abfindungsanspruch lediglich einfache Insolvenzforderung ist) erfolgen und das Verhältnis zur Sperrzeitregelung des § 144 SGB III und zur Erstattungspflicht des Arbeitgebers nach § 147a SGB III geregelt werden (*Löwisch* NZA 2003, 659, 693f.). Letzteres hatte bereits auch *Bader* (BBDW, § 9 aktuell [Ergänzungslieferung von August 2003] Rz. 9 s. weiter *ders.* BBDW Rz 18a, 19) angemahnt. Wegen weiterer rechtstechnischer Einzelheiten wird auf die **folgende Kommentierung** hingewiesen sowie insbes. auf *Grobys* (DB 2003, 2174 ff.), BBDW-*Bader* (Rz. 1 bis 23); *ders.* (NZA 2004, 65), *Preis* (DB 2004, 70), *Willemsen/Annuß* (NJW 2004, 177) und *Löwisch* (BB 2004, 154).

Eine **umfassende Zusammenstellung der Vor- und Nachteile** der Regelung für Arbeitnehmer und Arbeitgeber (die so oder ähnlich auch von anderen Autoren hervorgehoben werden) hat *Maschmann* vorgenommen (AuA 2003, 6, 7, 8):

Vorteile für den Arbeitnehmer:
– früher Abfindungsanspruch nur bei Massenentlassung; jetzt auch bei »Individualkündigung«
– kein »Abfindungspoker« mehr, sondern gesetzlicher Anspruch
– Kalkulierbarkeit der Abfindung, da Höhe gesetzlich vorgegeben
– Arbeitnehmer braucht keinen »fiktiven« Bestandsschutzprozess zu führen, um eine Abfindung zu erhalten
– Abfindungen auch bei an sich rechtswirksamer Kündigung
– relativ schnelle Gewissheit über das »Ob« und »Wie« der Abfindung.

Nachteile für den Arbeitnehmer:
– Abfindungen nach alten Recht (§§ 9, 10 KSchG) mitunter höher
– (zu) schnelle Erledigung des Rechtsstreits, da nach Verstreichenlassen der Drei-Wochen-Frist zur Erhebung der Kündigungsschutzklage kein Übergang mehr zum Bestandsschutz
– keine richterliche Prüfung der Kündigung
– erneuter Streit bei Durchsetzung der Abfindung, da Arbeitnehmer auf den normalen Klage- und Vollstreckungsweg verwiesen wird (günstiger: gerichtlicher Vergleich als Vollstreckungstitel)
– Abfindung nicht insolvenzgeschützt
– sozialversicherungsrechtliche Auswirkungen der Abfindung auf Sperr- und Ruhenszeiten nach SGB III noch offen; vor allem bei Vorfeldabsprachen
– Abfindungen entstehen erst nach Ablauf der Kündigungsfrist
– (mittlerweile) Wegfall der Steuerfreiheit (s. Rz 148) gem. § 3 Nr. 9 EStG aF (ebenso *Hanau* ZIP 2006, 153, 159).

Vorteile für den Arbeitgeber:
– zügige Abwicklung einer Kündigung, da bereits nach drei Wochen Gewissheit über deren Wirksamkeit
– kein Annahmeverzugs-Risiko
– rechtssichere Beendigung des Arbeitsverhältnisses
– Quasi-Anerkennung des »Abwicklungsvertrages«
– keine Möglichkeit zum Widerruf / zur Anfechtung seitens des Arbeitnehmers
– kein »Abfindungspoker« mehr, sondern gesetzlicher Anspruch
– Kalkulierbarkeit der Abfindung, da Höhe gesetzlich vorgegeben
– Beendigung des Arbeitsverhältnisses durch betriebsbedingte Kündigung, auch wenn diese an sich nicht wirksam wäre
– Wahlmöglichkeit des Arbeitgebers: Entstehen des Abfindungsanspruchs hängt allein von seinem Hinweis ab.

Nachteile für den Arbeitgeber:
– Ungewissheit während der Drei-Wochen-Frist gibt Arbeitnehmer Drohpotential, eine höhere als die gesetzliche Abfindung zu verlangen
– alte Rechtslage mit den bekannten Nachteilen, wenn sich Arbeitnehmer doch für Klage entscheiden
– früher Abfindungsanspruch nur bei Massenentlassung, jetzt auch bei »Individualkündigung«
– Abfindung auch bei an sich rechtswirksamer Kündigung (allerdings Steuerung durch Arbeitgeberhinweis)
– erneuter Streit bei der Durchsetzung der Abfindung, da Arbeitnehmer auf den normalen Klage- und Vollstreckungsweg verwiesen wird

- keine beschleunigte Beendigung des Arbeitsverhältnisses, da Kündigungsfrist einzuhalten ist (s. aber Rz 121)
- Abfindungsanspruch nicht bei personen-, verhaltensbedingter und außerordentlicher Kündigung (s. aber Rz 25)
- Auswirkungen der Abfindung auf SGB III nicht gesetzlich geregelt
- Risiko von Wiedereinstellungsansprüchen.

20 Dieser Zusammenstellung hinzuzufügen ist lediglich, dass eine ganze Reihe rechtstechnischer Einzelheiten noch nicht geklärt sind, was gewisse Risiken für beide Teile birgt, die aber mit jeder Neuregelung einherzugehen pflegen.

IV. Abweichungen

21 Aufgrund seines **arbeitsmarktpolitischen Geltungsgrundes** und weil ein **gesetzlicher** Anspruch geschaffen werden sollte, lässt sich das Verfahren nach § 1a KSchG weder einzelvertraglich noch kollektivrechtlich (das KSchG bestimmt seine modifizierbaren Regelungen abschließend, zB durch § 1 Abs. 4 KSchG) **ex ante** ausschließen. Zulässig ist es aber, für den Fall einer Kündigung, insbes. einer betriebsbedingten, ein Vorgehen nach § 1a KSchG zu verabreden (entgegen der *BAG* 20.6.1985 AP Nr. 33 zu § 112 BetrVG 1972 bestätigenden Entscheidung *BAG* 31.5.2005 EzA § 112 BertrVG 2001 Nr. 14 [**krit.** auch *Thüsing* DB 2005, 2634, 2635] kann jetzt wohl auch in Sozialplänen die Abfindungszahlung vom Nichterheben einer Kündigungsschutzklage abhängig gemacht werden; einzelvertraglich war dies schon bislang statthaft, vgl. *BAG* 15.2.2005 DB 2005, 2245; *LAG SA* 17.6.2003 LAGE § 14 TzBfG Nr. 10b [für Befristungskontrollfrage]), soweit es dadurch nicht zu einer unzulässigen Kündigungs- oder Klagebeschränkung kommt und der Arbeitnehmer sein Wahlrecht erkennen kann (vgl. *BAG* 3.5.2006 – 4 AZR 189/05 – Pressemitteilung Nr. 31/06 »Turboprämien«). **Unberührt** bleibt nach **bislang allg. Ansicht** die Möglichkeit (sowie die Praxis), **Aufhebungs-** bzw. **Ausscheidens-, Auflösungs-** oder **Abwicklungsverträge** zu schließen, **in Sonderheit ohne dass die Voraussetzungen** zum Abfindungsanspruch nach § 1a KSchG dem Grunde oder/und zur Höhe nach erfüllt sein müssen (also auch bei personen- oder verhaltensbedingtem Kündigungsgrund, zu geringerer oder höherer Abfindung [aA nur *Meinel* DB 2003, 1438, 1439 bei Arbeitgeberangebot einer § 1a Abs. 2 KSchG unterschreitenden Abfindung]). Insbesondere lässt sich den Parteien aus Gründen des Verfassungsrechts keine bestimmte Abfindungshöhe gesetzlich vorschreiben, wenn sie eine von § 1a Abs. 2 S.1 KSchG abweichende Abfindung **verabreden** (s. Rz 59, 60). Schließlich könnten sie sich auch ohne Abfindung voneinander trennen. Erst recht kann der Arbeitgeber nicht gezwungen werden, das Verfahren nach § 1a KSchG zu wählen, so er nicht bei Kündigung mehrerer Arbeitnehmer einzelne oder Gruppen von ihnen aus sachfremden Gründen diskriminiert (*Löwisch* Rz 3). Eine nach Maßgabe des § 1a KSchG **entstandene** Abfindungsforderung unterliegt – obzwar es sich um einen gesetzlichen Anspruch handelt (oben Rz 6) – der Parteidisposition, kann also verändert oder gar erlassen (Rz. 107 f.) werden. Denn der Arbeitnehmer hätte **nach** Ausspruch der Kündigung sogar auf die Erhebung einer Kündigungsschutzklage **verzichten** können (vgl. KR-*Friedrich* § 4 KSchG Rz 296 ff.).

V. Geltungsbeginn

22 Erster Geltungstag des § 1a KSchG war der 1.1.2004, obwohl Feiertag. Frühestens ab diesem Zeitpunkt müssen die anspruchsbegründenden Merkmale verwirklicht werden. Frühere Teilakte, zB ein Arbeitgeberhinweis in der von § 1a Abs. 1 S. 2 KSchG vorgesehenen Art, führen lediglich zu einem vertraglichen Abfindungsanspruch außerhalb des § 1a KSchG, in Sonderheit ohne Rücksicht auf die gesetzliche Abfindungshöhe in Abs. 2. Auch die Kündigung muss nach dem 31.12.2003 zugegangen sein (HWK-*Quecke* Rz 1). Mit einer Anwendbarkeit der §§ **4, 7 KSchG nF** auf eine noch im Jahr 2003 zugegangenen Kündigung (*BAG* 9.2.2006 EzA § 4 KSchG nF Nr. 72) hat dies nichts zu tun!

B. Anspruchsvoraussetzungen

I. Arbeitgeberkündigung

1. Arbeitgeber

23 Die anspruchsauslösende Kündigung muss vom **Arbeitgeber** herrühren. Das ist dieser selbst oder eine zu seiner organschaftlichen oder rechtsgeschäftlichen Vertretung befugte Person. **Unzureichend** ist, wenn zwar der Hinweis nach § 1a Abs. 1 S. 2 KSchG vom Arbeitgeber oder einer vertretungsberech-

tigten Person herrührt (bzw. ihm zuzurechnen ist), nicht aber die Kündigung (oder umgekehrt). Unzureichend ist **auch** eine vom Arbeitgeber unter Hinweis auf dringende betriebliche Erfordernisse veranlasste sog. Eigenkündigung des Arbeitnehmers. **Entstehungsvoraussetzung** des Anspruches ist **nicht** eine nach Maßgabe des § 102 Abs. 1 BetrVG erforderliche **Betriebsratsanhörung**. Geboten ist diese aus **Praktikabilitätsgründen** allerdings dann, wenn ein **Scheitern** des Verfahrens gem. § 1a KSchG nicht auszuschließen ist. Geboten aus **Rechtsgründen** ist sie, wenn anderenfalls der Grundsatz der vertrauensvollen Zusammenarbeit (§ 2 Abs. 1 BetrVG) verletzt würde, oder nach Maßgabe des § 82 Abs. 2 S. 2 BetrVG (*BAG* 16.11.2004 EzA § 82 BetrVG 2001 Nr. 1; das Mitbestimmungsrecht nach § 102 BetrVG bleibt durch das Verfahren nach § 1a KSchG unberührt [f. Abwicklungsverträge *BAG* 28.6.2005 NZA 2006, 48]).

2. Art der Kündigung

a) Ordentliche Kündigung

Durch die Bezugnahme in § 1a Abs. 1 S. 1 auf § 1 Abs. 2 S. 1 KSchG und hierbei auf eine Kündigung wegen dringender betrieblicher Erfordernisse ergibt sich, dass der Abfindungsanspruch nach § 1a KSchG eine **ordentliche** Kündigung voraussetzt (*Quecke* RdA 2004, 86, 95; *Bader* NZA 2004, 65, 70; *Willemsen/Annuß* NJW 2004, 177, 182; *Giesen/Besgen* NJW 2004, 185, 186; *Däubler* NZA 2004, 177, 178; *Rolfs* ZIP 2004, 333, 334; **abw.** *Grobys* DB 2003, 2174). Denn die Vorschriften über das Recht zur außerordentlichen Kündigung eines Arbeitsverhältnisses werden nach § 13 Abs. 1 S. 1 durch das Kündigungsschutzgesetz nicht, mithin auch nicht durch § 1a des Gesetzes, berührt. Die Beschränkung auf die ordentliche Kündigung ergibt sich im Übrigen auch aus der Gesetzesbegründung (BT-Drs. 15/1204, S. 12). Keine Rolle spielt es, wenn ordentlich nur bei Zahlung einer Abfindung oder Entlassungsentschädigung gekündigt werden kann, weil dies so vorgesehen ist (tariflich oder arbeitsvertraglich etwa). **Dann** stellt sich nur die Frage der Abfindungsanrechnung (dazu Rz 138ff.). Es genügt, wenn mit fristloser Kündigung **hilfsweise** ordentlich gekündigt oder **wiederholt** gekündigt wird und **hierfür** der Abfindungshinweis erfolgt. **Allerdings** entsteht der Abfindungsanspruch dann nur, wenn sich fristlose Kündigung oder Erstkündigung als unwirksam erweisen sollten und keine Klage gegen die hilfsweise Kündigung oder die Folgekündigung erhoben wird.

24

b) Außerordentliche Kündigung (sog. Orlando-Kündigung)

Allerdings ist es gerechtfertigt, § 1a KSchG – ungeachtet § 13 Abs. 1 S. 1, Abs. 3 KSchG – **entsprechend** anzuwenden auf die **außerordentliche**, aus **dringenden betrieblichen Erfordernissen** heraus ausgesprochene Arbeitgeberkündigung einzel- oder tarifvertraglich an sich **unkündbarer Arbeitnehmer** (BBDW-*Bader* Rz. 7; *ders.* NZA 2004, 65, 70f.; *Preis* DB 2004, 70, 73; *Wolff* BB 2004, 378, 379; *Lakies* NJ 2004, 150, 153; ErfK-*Ascheid/Oetker* Rz 3; MünchKomm-*Hergenröder* Rz 9; SPV-*Preis* Rz 1167c; ähnlich *Grobys* DB 2003, 2174 sowie *Willemsen/Annuß* NJW 2004, 177, 182; für den Fall der Einhaltung einer Auslauffrist auch *Maschmann* AuA 2003, 6, 7f. **aA** *Nägele* AiB 2003, 274, 275). Denn der Arbeitgeber kann sich nicht völlig des Rechts zur Kündigung begeben. Lediglich eine der sich bei ordentlicher Kündigung ergebenden Kündigungsfrist entsprechende **Auslauffrist** ist einzuhalten (wegen dieser Zwitterstellung »Orlando«-Kündigung« nach *Bröhl* FS Schaub, S. 55 ff.). Damit steht im Ergebnis die außerordentliche betriebsbedingte Kündigung einzelvertraglich oder tarifvertraglich unkündbarer Arbeitnehmer der ordentlichen betriebsbedingten Kündigung gleich. In diesem Zusammenhang wäre es nicht einsichtig, wenn der »Unkündbare« weniger Rechte (also keinen Abfindungsanspruch) erwerben können sollte als ein nur nach den Maßgaben des Ersten Abschnitts des Kündigungsschutzgesetzes über den Allgemeinen Kündigungsschutz kündbarer Arbeitnehmer. **Allerdings** wird man die **Einhaltung der maßgebenden Auslauffrist** verlangen müssen, weil nach der Gesetzesbegründung der Abfindungsanspruch bei »fristloser« Kündigung nicht entstehen soll (BT-Drs. 15/1204, S. 12).

25

c) Umgedeutete Kündigung

Eine erst durch (wenn auch zulässige: *BAG* 15.11.2001 AP Nr. 13 zu § 140 BGB) **Umdeutung** einer fristlosen Kündigung gewonnene ordentliche Kündigung genügt nicht. Entscheidend ist die Qualifikation der Kündigung bei ihrem Ausspruch. Zur **vorsorglichen** Kündigung und zur **Folgekündigung** s. Rz 123f.

26

d) Änderungskündigung

27 § 1a KSchG betrifft auch eine **Änderungskündigung** wegen dringender betrieblicher Erfordernisse, wenn **neben** dem Änderungsangebot der Hinweis nach § 1a Abs. 1 S. 2 KSchG erfolgt (und das Änderungsangebot abgelehnt bzw. nicht angenommen wird, *Däubler* NZA 2004, 177, 178; ErfK-*Ascheid/ Oetker* Rz 3). Dies ergibt sich schon daraus, dass zum Zeitpunkt des Ausspruchs der Kündigung die Annahme des mit ihr verbundenen Änderungsangebots noch offen ist und die beendigende Wirkung eintreten kann (ähnlich *Maschmann* AuA 2003, 6, 8). Der Arbeitnehmer hat – maW – die Wahl, ob er sich auf das Änderungsangebot einlässt, die Kündigung bekämpft oder den Abfindungsanspruch nach § 1a KSchG erwerben möchte. Die bloße Erklärung des Vorbehaltes nach § 2 KSchG ohne spätere Änderungsschutzklage führt nach § 7 KSchG zur Wirksamkeit der Kündigung unter Erlöschen des Vorbehalts und damit zum **Fortbestand** des Arbeitsverhältnisses **zu geänderten Bedingungen**. Für diesen Fall besteht kein Abfindungsanspruch (aA *Löwisch/Caspers* GS Heinze S. 569). Denn nach § 1a Abs. 1 S. 1 KSchG entsteht ein Abfindungsanspruch nur bei **Beendigung** des Arbeitsverhältnisses, wie sich aus dem Entstehenszeitpunkt »Ablauf der Kündigungsfrist« ergibt, woran es bei fortbestehendem Arbeitsverhältnis aber fehlt. Demnach wird die Abfindung für den **Verlust** des Arbeitsplatzes gewährt, **nicht zum Ausgleich** sich aufgrund wirksamer Änderungskündigung **verschlechternder Arbeitsbedingungen**. Der Arbeitnehmer hat in dieser Situation auch nicht die Wahlmöglichkeit zwischen Fortführung des Arbeitsverhältnisses oder Abfindung. § 1a KSchG bezieht sich schon seiner Stellung im Gesetz nach nicht auf die ihm folgende Regelung in § 2 KSchG den Vorbehalt bei Änderungskündigung betreffend. Und § 1a Abs. 1 S. 1 KSchG bezieht sich ausdrücklich nur auf die zu unterlassende Kündigungsschutzklage nach § 4 **S. 1** KSchG (worauf *Wolff* [BB 2004, 378, 379] in diesem Zusammenhang zutr. hinweist), nicht die Änderungsschutzklage nach § 4 **S. 2** KSchG. Lediglich bei **Ablehnung** des Änderungsangebotes kann der Abfindungsanspruch entstehen (vgl. MünchKomm-*Hergenröder* Rz 10; SPV-*Preis* Rz 1167d m.w.N.) sowie im Falles eines **nicht** nach § 2 KSchG fristgerecht erklärten Vorbehaltes aufgrund seiner Unbeachtlichkeit. Der Arbeitnehmer kann sich auch nicht darauf berufen, wegen des Arbeitgeberhinweises die Klagefrist verstreichen lassen zu haben (und an sich damit den Abfindungsanspruch habe auslösen wollen). Gegen diese Möglichkeit streitet, dass die Rechtsfolge des § 7 KSchG **willensungebunden** ist und dass der Vorbehalt erklärt war, was den Willen zur Fortsetzung des Arbeitsverhältnisses dokumentiert.

e) Anderer Beendigungstatbestand

28 Ein **anderer** Beendigungstatbestand als eine Kündigung ist nicht anspruchsbegründend. Endet das Arbeitsverhältnis **ohnehin** (etwa aufgrund Befristung oder Aufhebung), geht ein **gleichwohl** eingeschlagenes Verfahren nach § 1a KSchG an sich ins Leere. Allerdings wird sich der Arbeitgeber **dann** nicht auf den abfindungslosen anderen Beendigungstatbestand berufen dürfen. Zur Folge eines »überholenden« Kündigungstatbestandes s. Rz 121f.

3. Schriftform

29 Die Kündigung, die § 1a KSchG meint, hat **schriftlich** zu erfolgen. Dies ergibt sich nicht nur aus § 623 BGB, sondern auch aus dem Hinweis in § 1a Abs. 1 S. 1 auf § 4 S. 1 KSchG. Denn nach § 4 S. 1 KSchG beginnt der Lauf der Klagefrist, die der Arbeitnehmer nach § 1 a Abs. 1 S. 2 KSchG verstreichen lassen kann, nach Zugang der **schriftlichen** Kündigung.

30 Eine **nicht** schriftliche Kündigung genügt lediglich dann, wenn die fehlende Schriftform nach Maßgabe des § 242 BGB nicht geltend gemacht werden kann (Einzelheiten KR-*Spilger* § 623 BGB Rz 200 ff., 204 ff.).

II. Kündigung wegen dringender betrieblicher Erfordernisse nach § 1 Abs. 2 S. 1 und Arbeitgeberhinweis

1. Kündigungsgrund

31 Voraussetzung nach § 1a Abs. 1 S. 1 KSchG ist, dass der Arbeitgeber wegen dringender betrieblicher Erfordernisse nach § 1 Abs. 2 S. 1 KSchG »kündigt« und hierauf nach Maßgabe des § 1a Abs. 1 S. 2 KSchG »hinweist«. Dies bedeutet lediglich, dass die Kündigung auf dringende betriebliche Erfordernisse **gestützt** sein muss (die Kündigung als betriebsbedingt **bezeichnet** sein muss, Gesetzesbegr. BT-Drs. 15/1204, S. 12; vgl. *Giesen/Besgen* NJW 2004, 185, 186; SPV-*Preis* Rz 1167e m.w.N.). Dies bedeutet nicht, dass der geltend gemachte **Kündigungsgrund** wahr ist oder die Kündigung gar trägt (hM,

BBDW-*Bader* Rz. 8a; *ders.* NZA 2004, 65, 71; *Grobys* DB 2003, 2174, 2176; *Kossens* AuA 2004, 10, 11; *Maschmann* AuA 2003, 6, 7; *Preis* DB 2004, 70, 73; *Willemsen/Annuß* NJW 2004, 177, 182; *Wolff* BB 2004, 378, 379; *Lakies* NJ 2004, 150, 153; **aA** *Rolfs* ZIP 2004, 333, 334; *Thüsing* JuS 2006, 97, 101 [wenigstens betriebliche Interessen]; **zu den Folgen eines falschen Hinweises** s. Rz 53 – 57) oder die Kündigung entgegen dem zu weit gefassten Wortlaut des § 13 Abs. 3 KSchG bereits aus anderen (oder allein) als den in § 1 Abs. 2 und 3 KSchG bezeichneten Gründen rechtsunwirksam ist (HWK-*Quecke* Rz 7). Dies ergibt sich schon daraus, dass eine verbindliche Prüfung der Rechtswirksamkeit der Kündigung nur durch die Gerichte für Arbeitssachen vorgenommen werden könnte. Da sich der Prüfungsmaßstab nach der Art der Kündigung richtet, könnten auch nur die Gerichte für Arbeitssachen verbindlich darüber befinden, ob es sich überhaupt um eine aus dringenden betrieblichen Erfordernissen heraus ausgesprochene Kündigung handelt und nicht etwa um eine personenbedingte oder verhaltensbedingte Kündigung, für die § 1 a KSchG aber nicht gilt. § 1a KSchG hätte wenig Sinn, wenn es bei Streit um Kündigungsgrund und dessen Tragfähigkeit jetzt doch noch über diese Fragen zu einer gerichtlichen Auseinandersetzung über das Vorliegen einer Anspruchsvoraussetzung des § 1a Abs. 1 KSchG kommen könnte, etwa weil der Arbeitgeber unter Hinweis auf einen »wahren« anderen Kündigungsgrund die Abfindung nicht zahlen möchte. Der Hinweis auf den Kündigungsgrund schließt allerdings nicht aus, in einem **Kündigungsprozess** nicht betriebsbedingte Kündigungsgründe **nachzuschieben** (keine »Selbstbindung«, vgl. *Giesen/Besgen* NJW 2004, 185, 188), so denn keine anderen Rechtsvorschriften entgegenstehen (wie etwa § 102 Abs. 1 BetrVG bei fehlender Betriebsratsanhörung zu den nachgeschobenen Gründen). Auf das **Fehlen** dringender betrieblicher Erfordernisse kann sich der Arbeitgeber in einem um die Abfindung geführten Streit **nicht** berufen (§ 242 BGB, HWK-*Quecke* Rz 8).

2. Hinweis des Arbeitgebers

a) Gegenstand

Der Arbeitgeber hat darauf **hinzuweisen**, dass die Kündigung auf **dringende betriebliche Erfordernisse** gestützt ist und der Arbeitnehmer **bei Verstreichenlassen der Klagefrist** »die« Abfindung beanspruchen kann. Dieser Hinweis muss zwar **nicht wörtlich, aber wenigstens der Sache nach** (BBDW-*Bader* Rz 8a; *Wolff* BB 2004, 378, 379; *Meixner* ZAP 2004, 81, 89; *Däubler* NZA 2004, 177, 178; unklar *Eckert* AuA Sonderausg. 1/04, 48) und **insbes. komplett** erfolgen. Ein Hinweis lediglich auf die dringenden betrieblichen Erfordernisse oder auf das Entstehen eines Abfindungsanspruches bei Verstreichenlassen der Klagefrist ist unzureichend (näher zu Hinweisen, die vom Gesetz abweichen, unter Rz 46 ff.). Zu Beginn und Ablauf der Klagefrist braucht sich der Hinweis nicht zu verhalten (*Wolff* BB 2004, 378, 379). Der Hinweis ist **unabdingbare** Anspruchsvoraussetzung (anders die im Berufungsverfahren durch *LAG SA* 28.9.2005 – LAGE § 1a KSchG Nr. 2 m. Anm. *Wege* sowie Anm. *Mohnke* AuA 2006, 177 – abgeänderte **unverständliche** Entscheidung *ArbG Halberstadt* 2.11.2004, juris; Inhaltsangabe durch *Mohnke* AuA 2005, 567). 32

b) Abfindungshöhe?

Entbehrlich ist ein Hinweis auf die **Höhe** der Abfindung (vgl. das Wort »die« in § 1a Abs. 1 S. 2 KSchG; *Giesen/Besgen* NJW 2004, 185, 186; *Maschmann* AuA 2003, 6, 10). Denn diese ergibt sich nach § 1 Abs. 2 KSchG aus dem Gesetz (ebenso SPV-*Preis* Rz 1167 f.). Falls ein **fehlerhafter** Hinweis auf die Höhe der Abfindung dergestalt erfolgt, dass ein niedrigerer als der gesetzlich vorgesehene Betrag ausgeworfen wird, hat der Arbeitnehmer dennoch die Abfindung in der gesetzlich vorgesehenen Höhe zu beanspruchen. Sollte sich aus dem Hinweis ein höherer als der gesetzlich vorgesehene Abfindungsanspruch ergeben, ist durch Auslegung zu ermitteln, ob der Arbeitgeber tatsächlich eine höhere Abfindung hat ausloben wollen oder sich lediglich bei der – etwa an § 1a Abs. 2 KSchG orientierten – Errechnung der Abfindungshöhe geirrt hat. Sollte der Arbeitgeberhinweis insoweit, als er die Höhe der Abfindung nach § 1a Abs. 2 KSchG übersteigt, als das Versprechen eines Aufstockungsbetrages verstanden werden, kommt zwar nicht dem Verstreichenlassen der Klagefrist (insoweit) die anspruchsbegründende Wirkung zu (aA i.E. MünchKomm-*Hergenröder* Rz 19). Allerdings ist in Betracht zu ziehen, ob der Arbeitnehmer insoweit nicht nach Maßgabe des § 151 S. 1 BGB das Versprechen ohne Erklärung gegenüber dem Arbeitgeber angenommen hat. Dadurch würde zu dem gesetzlichen (s. Rz 6, 85) Abfindungsanspruch ein vertraglich geschuldeter Aufstockungsbetrag hinzutreten. **Einzelheiten** zu Folgen eines Hinweises auf eine **von § 1a Abs. 2 KSchG abweichende Abfindungshöhe** s. Rz 58 – 60. 33

c) Rechtsnatur

34 Die Rechtsnatur des **Arbeitgeberhinweises** war bereits vor dem Inkrafttreten des § 1a KSchG strittig und ist es auch weiterhin. Dabei ließen und lassen sich **mehrere Meinungsströme** feststellen. *Rieble* hat bei der Sachverständigenanhörung vor dem *Ausschuss für Wirtschaft und Arbeit* darauf hingewiesen, dass durch das Anknüpfen an einen Hinweis das **Vertragsrecht ausgeschaltet** würde (Ausschuss-Drs. 15 [9] 560, 91). Von einem **nicht rechtsgeschäftlich**, sondern **gesetzlich begründeten** Anspruch sprechen auch *Willemsen/Annuß* (NJW 2004, 177, 182). Demgegenüber hat der *Deutsche Anwaltverein* in seiner Stellungnahme zu dem Referentenentwurf den Hinweis als **Angebot** verstanden (NZA aktuell 2003 [Heft 13], VIII, XII). Auch weitere Stellungnahmen gingen in dieselbe Richtung. *Grobys* erkannte in dem Hinweis eine **rechtsgeschäftliche Erklärung** (DB 2003, 2174; ebenso *Rolfs* ZIP 2004, 333, 335). *Löwisch* maß und misst dem Hinweis **rechtsgeschäftlichen Charakter** bei (NZA 2003, 689, 694; *ders.* BB 2004, 154, 157) und erkennt auf der Seite des Arbeitnehmers einen »**Klageverzichtsvertrag**« (»pactum de non petendo«, BB 2004, 154, 158; *ders.* Rz 4, 5, 6; ebenso *Meixner* ZAP 2004, 81, 88), worauf die **Gesetzesbegründung** hindeuten könnte (BT-Drs. 15/1204, S. 12). *Bader* (BBDW Rz. 5) sieht in dem Hinweis eine **Willenserklärung** (ebenso *ders.* NZA 2004, 65, 70). Nach *Preis* hat § 1a KSchG einen **rechtsgeschäftlichen** Teil; und zwar führe die Annahme eines Angebots zu einem (rechtsgeschäftlich begründeten) gesetzlichen Mindestanspruch (*Preis* DB 2004, 70, 71, 72; SPV-*Preis* Rz 1167). Ähnlich auch *Thüsing/Stelljes* (BB 2003, 1673, 1677): Zustandekommen des Anspruchs erfordere eine den Willen beider voraussetzende **Einigung**. Aufgrund des Zusammenhangs mit der Kündigungserklärung erkennen *Giesen/Besgen* (NJW 2004, 185) in dem Hinweis eine **empfangsbedürftige Willenserklärung**. *Wolff* (BB 2004, 378) sieht in ihm ein **rechtsgeschäftliches Angebot**. Von einer **geschäftsähnlichen Handlung** hingegen gehen *Maschmann* (AuA 2003, 6, 10) und *Thüsing* (JuS 2006, 97, 98) aus. Unklar äußert sich *Eckert* (AuA Sonderausg. 1/04, 48): **Fiktion** der Annahmeerklärung ohne Willenserklärung, aber Einverständnis mit der Kündigung. Für *Bauer/Krieger* (NZA 2004, 77, 78) kommt nach § 1a KSchG ein **Abwicklungsvertrag** zustande, für *Dornbusch/Wolff* (Rz 3) eine **qualifizierte Abfindungsvereinbarung**, für *Raab* (RdA 2005, 1, 4) ergibt sich eine Parallele zur Auslobung gem. § 657 BGB.

35 Auch der Rechtscharakter des **Verstreichenlassens** wird unterschiedlich beurteilt. Eine **rechtsgeschäftliche** Sicht vertreten hier namentlich *Löwisch* (NZA 2003, 689, 694; *ders.* BB 2004, 154, 157), *Preis* (DB 2004, 70, 71, 72) sowie *Thüsing/Stelljes* (BB 2004, 1673, 1677), *Rolfs* (ZIP 2004, 333, 335) und *Wolff* (BB 2004, 378) sowie *Ascheid/Oetker* (ErfK Rz 4). Von einem **Realakt bzw. einer Tathandlung** gehen hingegen *Grobys* (DB 2003, 2174), *Bader* (BBDW, Rz. 5; *ders.* NZA 2004, 65, 70), *Thüsing* (JuS 2006, 97, 98 f.), *Hanau* (ZIP 2004, 1169, 1176) sowie *Quecke* (HWK Rz 5, 14) aus. *Giesen/Besgen* (NJW 2004, 185) legen sich insoweit **nicht fest**, meinen aber, dass das Verstreichenlassen der Klagefrist als Unterlassen mangels Tathandlung auch **keinen Realakt** darstelle.

36 Die aufgeworfenen Fragen nach der Rechtsnatur des Arbeitgeberhinweises und des Verstreichenlassens der Klagefrist sind keineswegs rein akademischer Natur. **Dabei bietet es sich an, beide Elemente gemeinsam zu betrachten. Denn nur in ihrer Summe wirken sie anspruchsbegründend** (ausf. *Kraus* Diss., S. 81 – 126; *Weiß* Diss., S. 8 – 80; **Andeutung** einer »einzelvertraglich vereinbarten« Abfindung **jetzt** auch *BAG* [1. Senat] 31.5.2005 EzA § 112 BetrVG 2001 Nr. 14, wenn auch nur **dem »Charakter« nach**).

37 Bei einer ausschließlich **rechtsgeschäftlichen Betrachtungsweise** wären **sämtliche** Regelungen des Bürgerlichen Gesetzbuches über die **Geschäftsfähigkeit**, die **Willenserklärung**, den **Vertrag**, die **Bedingung** und **Zeitbestimmung**, die **Vertretung** und **Vollmacht** sowie über die **Einwilligung** und **Genehmigung** auf den Arbeitgeberhinweis oder/und das Verstreichenlassen der Klagefrist anwendbar. Von der rechtsgeschäftlichen Sicht nicht weit ist auch der Schritt zu der Annahme, der Abfindungsanspruch würde durch eine Art **Vertrag** sui generis ausgelöst, und zwar einen solchen, der durch das Unterlassen einer Prozesshandlung (der Klageerhebung) nach einem arbeitgeberseitigen Abfindungsangebot zustande kommt. Damit würden auch die Regelungen des Bürgerlichen Gesetzbuches über das **Recht der Schuldverhältnisse** – insbes. über Schuldverhältnisse aus Verträgen – mit allen sich daraus ergebenden Konsequenzen anwendbar. Dagegen streitet jedoch, dass der Gesetzgeber nach der Regierungsbegründung lediglich ein das Arbeitsverhältnis unproblematisch beendendes »**Verfahren**« hat zur Verfügung stellen wollen. Hätte dem Gesetzgeber eine rechtsgeschäftliche oder gar vertragliche Lösung vorgeschwebt, hätte es der Regelung nicht bedurft. Es hätte – wenn überhaupt – ein deklaratorischer Hinweis auf die Möglichkeit des Abschlusses eines Auflösungsvertrages oder Abwicklungsvertrages genügt. Allein dies rechtfertigt es, den Arbeitgeberhinweis und das Verstreichenlassen der Klagefrist nicht rechtsgeschäftlich zu verstehen. Vielmehr handelt es sich bei dem **Arbeitgeberhin-**

weis um eine **geschäftsähnliche Handlung**. Bei dem Verstreichenlassen der Klagefrist handelt es sich um einen **Realakt**.

Geschäftsähnliche Handlungen sind auf einen tatsächlichen Erfolg gerichtete Erklärungen, deren 38
Rechtsfolgen kraft Gesetzes eintreten (*Palandt/Heinrichs* BGB, Überblick vor § 104 Rz 6 mit dem Nachw. der einschlägigen Rspr. des BGH in Zivilsachen und der hM in der Lit.). Zu ihnen gehören bspw. die Mahnung, Fristsetzungen, Abhilfeverlangen, das Erteilen einer Rechnung, das Verlangen von Schadensersatz, Aufforderungen, Androhungen, Weigerungen und insbes. Mitteilungen und Anzeigen (*Palandt/Heinrichs* aaO). Gerade um eine derartige **Mitteilung** handelt es sich bei dem Arbeitgeberhinweis nach § 1a Abs. 1 S. 2 KSchG. Das ergibt sich schon aus dem **Wortlaut**. Das Gesetz redet gerade nicht von »Antrag« oder »Angebot« (einer Abfindung). Außerdem hat nach dem Gesetz der Hinweis »in der Kündigungserklärung« zu erfolgen. Daraus ergibt sich zwar, dass der Hinweis **im Rahmen** einer rechtsgeschäftlichen Erklärung erfolgt. Er ist dieser aber gerade nicht gleichgestellt. Sonst hätte in die Richtung formuliert werden müssen, dass die Kündigung »unter Abgabe eines Hinweises ...« zu erfolgen habe oder ähnlich. Entscheidender für die Einstufung als geschäftsähnliche Handlung ist aber, dass sich der Hinweis nicht auf die Abfindungshöhe beziehen muss, obwohl doch diese immerhin die **Gegenleistung** für die Aufgabe des Arbeitsverhältnisses ist (vgl. in Abgrenzung zu Anspruch auf Sozialplanabfindung *BAG* 25.9.1996 AP Nr. 105 zu § 112 BetrVG 1972). Vielmehr hat der Hinweis die Gegenleistung (die Abfindung) nur dem Grunde nach zu erwähnen. An einer »**essentialia negotii**«, der Abfindungshöhe, fehlt es. Diese ergibt sich – eben wie bei einer geschäftsähnlichen Handlung – aus dem **Gesetz**, und zwar aus § 1a Abs. 2 KSchG. Allein **aus dem Gesetz** ergibt sich auch, dass der Abfindungsanspruch **allein mit dem Verstreichenlassen der Klagefrist** entsteht. Das entspricht nicht den Regelungen der §§ 145 ff. BGB über das Zustandekommen eines Vertrages. Insbesondere bestimmt nicht etwa der Arbeitgeber nach § 148 BGB eine Annahmefrist von drei Wochen. Vielmehr ergibt sich auch diese wiederum (allein) aus dem **Gesetz** (§ 4 S. 1 KSchG) und kann in Falle des § 4 S. 4 KSchG unberechenbar (**und damit dem Willen entzogen**) werden (so man den Abfindungsanspruch im Falle des § 4 S. 4 KSchG nicht auflösend bedingt sieht, vgl. Rz 71). Auch das Wirksamwerden der Kündigung, welches die anspruchsauslösende Beendigung des Arbeitsverhältnisses erst begründet, tritt aufgrund **gesetzlicher** Anordnung nach § 7 KSchG ein. Dabei ist anspruchsauslösender Beendigungstatbestand die **Kündigung**. Käme es demgegenüber anspruchsauslösend darauf an, dass seitens des Arbeitnehmers ein arbeitgeberseitiger **Antrag** angenommen wird, wäre – maW – die Beendigung des Arbeitsverhältnisses (auch) vom Willen des Arbeitnehmers abhängig, stellte sich die Frage, warum dies nicht gem. § 623 BGB schriftlich zu dokumentieren sein sollte, was gegen eine vertragsrechtliche Lösung streitet (ähnlich *Schmidt-Rolfes* NZA Beil. 2/2005, 3, 7; eine nach § 516 Abs. 2 BGB formfreie Handschenkung stellt die Aufgabe des Arbeitsplatzes nicht dar, wenn dafür eine Abfindung fließt). Denn bei einer rechtsgeschäftlichen Betrachtung von Arbeitgeberhinweis und Verstreichenlassen der Kündigungsfrist wäre die Nähe zum – **allerdings nach § 623 BGB formbedürftigen** – Auflösungsvertrag unverkennbar. Dass auch der Hinweis »willentlich« erfolgt, stuft ihn allein nicht von einer geschäftsähnlichen Handlung zu einer rechtsgeschäftlichen Betätigung hoch.

Dies leitet auch zu der Annahme über, dass es sich bei dem **Verstreichenlassen der Klagefrist** ebenfalls 39
nicht handelt (obzwar die **Gesetzesbegründung** eine »Entscheidung« suggeriert, vgl. BT-Drs. 15/1204, S 12, lässt sie dann doch die »formale« Voraussetzung des Verstreichenlassens genügen, aaO). Dabei ist das Verstreichenlassen der Klagefrist **nicht einmal eine geschäftsähnliche Handlung**. Denn eine geschäftsähnliche Handlung setzt wenigstens eine **Erklärung** (die »Wahl« zwischen Klage auf Abfindung wegen § 263 Abs. 1 BGB sogar ausdrücklich; eine der Fiktion der Annahme einer Schenkung gem. **§ 516 Abs. 2 S. 2 BGB** entsprechende Regelung enthält § 1a KSchG übrigens gerade **nicht**; die Regelung lässt sich auch nicht entsprechend heranziehen, weil es sich bei der Aufgabe des Arbeitsverhältnisses gegen Zahlung einer Abfindung nicht um eine Schenkung handelt) voraus. Dabei handelt es sich bei einem Unterlassen in Form des Verstreichenlassens einer Klagefrist, einem Schweigen im Rechtsverkehr also, nach allgemeinen Grundsätzen schon nicht um eine Willenserklärung, geschweige denn um ein Rechtsgeschäft. Es ist auch nicht so, dass das Gesetz hier dem Schweigen des Arbeitnehmers rechtsgeschäftlichen Erklärungswert beilegen würde. Denn anspruchsbegründend ist das Unterlassen einer Prozesshandlung, die – wenn sie vorgenommen würde – nicht ihrerseits gleichzeitig eine rechtsgeschäftliche Erklärung darstellt (so nicht Doppelnatur, etwa bei Prozessvergleich). Es ist zumindest schwer erklärbar, warum gerade das **Gegenteil** einer Handlung, die schon ihrerseits **keine** Willenserklärung darstellt, nunmehr als Willenserklärung eingeordnet werden soll. Dagegen streitet insbes., dass das Kündigungsschutzgesetz selbst in seinen §§ 5

§ 1a KSchG   Abfindungsanspruch bei betriebsbedingter Kündigung

und 6 Korrekturmöglichkeiten für die Fälle zur Verfügung stellt, in denen nicht rechtzeitig Kündigungsschutzklage erhoben ist. Diese Bestimmungen sind **ersichtlich abschließend**. Demgegenüber würde ein rechtsgeschäftliches Verständnis des Verstreichenlassens der Klagefrist dazu führen, dass aus Gründen des Rechts der Willenserklärung oder aus rechtsgeschäftlichen Gründen, mithin aus Gründen des materiellen Rechts, die Rechtsfolge des Verstreichenlassens (des Wirksamwerdens der Kündigung nach § 7 KSchG) beseitigt oder ihr Eintritt gehindert werden könnte. Es geht um nicht mehr und nicht weniger als um die Frage, ob – über §§ 5 und 6 KSchG hinaus – im Anwendungsbereich des § 1a KSchG Willensmängel, mit denen das Verstreichenlassen behaftet ist, die Folgen der Fristversäumung verhindern können (ist etwa der Arbeitnehmer durch **Täuschung** zum »Verstreichenlassen« bestimmt worden, wäre bei rechtsgeschäftlicher Sichtweise die Anfechtbarkeit nach § 124 Abs. 1, Abs. 3 BGB binnen Jahresfrist/binnen 10 Jahren Ausschlussfrist möglich. Die Fristen des § 5 KSchG betragen hingegen nur 2 Wochen bzw. 6 Monate). Dagegen würde (jedenfalls bei Einordnung der Klagefrist als – auch – **prozessualer Frist**; so *BAG* 26.6.1986 AP Nr. 14 zu § 4 KSchG 1969; zum Streitstand *Francken* Verschulden des Prozessbevollmächtigten, 1989, S. 28 ff.) die Regelung in § 231 Abs. 1 ZPO sprechen, wonach es einer Androhung der gesetzlichen Folgen der Versäumung **nicht** bedarf und dass diese von selbst eintreten, sofern nicht die Zivilprozessordnung einen auf Verwirklichung des Rechtsnachteils gerichteten Antrag erfordert. Auch hier zeigt sich wieder der willensunabhängige Automatismus (»von selbst ein«), den das Versäumen der Klagefrist hat. Bei einem Realakt – hier zudem noch in Form einer **Tathandlung durch Unterlassen** – wird sich im Übrigen eine Willensbetätigung häufig nicht feststellen lassen. Dafür reicht der bloße Zugang der Kündigungserklärung iVm dem Arbeitgeberhinweis, bspw. bei tatsächlicher Unmöglichkeit der Kenntnisnahme infolge Abwesenheit, nicht aus. Insoweit hilft auch § 151 S. 1 BGB nicht weiter (obzwar durch die **Gesetzesbegründung** der Sache nach wohl gemeint, wenn es heißt: »eine ausdrückliche Erklärung des Arbeitnehmers, dass er die gesetzliche Abfindung beanspruchen will, wird nicht gefordert« [BT-Drs. 15/1204, S. 12]). Danach kommt zwar ein Vertrag durch die Annahme eines Antrages zustande, **ohne** dass die Annahme dem Antragenden gegenüber **erklärt** zu werden braucht, wenn eine solche Erklärung nach der Verkehrssitte nicht zu erwarten ist oder der Antragende auf sie verzichtet hat. **Unabhängig davon**, ob diese Voraussetzungen überhaupt vorliegen (*Wolff* [BB 2004, 378] geht von einem **Verzicht** des Arbeitgebers auf den Zugang der Annahme aus), verzichtet auch § 151 S. 1 BGB nicht auf die **Annahme an sich**, die sich in irgendeiner Form erst einmal feststellen lassen müsste (der *BGH* [14.10.2003 NJW 2004, 287] fordert ein »als Willensbetätigung zu wertendes **nach außen hervortretendes** Verhalten des Angebotsempfängers«!), wobei auch für eine **konkludente** oder **schlüssige** Annahme nichts anderes gilt. Nicht einmal die Einreichung eines mit dem Angebot auf Abschluss einer Abfindungsvereinbarung zu deren Erfüllung übersandten Schecks genügt, wenn sonstige Umstände das Fehlen eines wirklichen Annahmewillens ergeben (vgl. *BGH* 28.3.1990 BGHZ 111, 97, 101f.). Für das Verstreichenlassen ergibt sich aus den für eine Zulassung verspäteter Kündigungsschutzklagen vorgesehenen Fristen von **zwei Wochen** bzw. **sechs Monaten** in § 5 Abs. 3 KSchG, dass jedenfalls **vor deren Ablauf** ohne Erklärung gegenüber dem Arbeitgeber **nie** auf die Betätigung eines Annahmewillens geschlossen werden kann. **Frühestens** nach Fristablauf **könnte** man den Zugang von Kündigung und Arbeitgeberhinweis genügen lassen, weil es **dann** nur noch um die Annahme eines dem Arbeitnehmer lediglich vorteilhaften Angebots ginge (erst **dann** ist die Kündigung auch im Wege der nachträglichen Klagezulassung nicht mehr anfechtbar und wirksam). Lediglich in **diesem** Fall reicht es für § 151 S. 1 BGB gewöhnlich aus, dass das Angebot nicht durch eine nach außen erkennbare Willenserklärung des Begünstigten **abgelehnt** wird (vgl. *BGH* 12.10.1999 NJW 2000, 276, 277). Eine Annahme nach Ablauf von uU **sechs Monaten** ist aber nicht das Verstreichenlassen, das § 1a Abs. 1 S. 1 KSchG meint. Gemeint ist das Verstreichenlassen der Klagefrist von **drei Wochen**, was es rechtsdogmatisch zu erklären gilt. Außerdem erlangt der Arbeitnehmer durch das Verstreichenlassen nicht lediglich einen Vorteil in Form der Abfindung. Denn er verliert –mit dem Klagerecht- **uno actu** sein Arbeitsverhältnis. Damit ist **seine** Leistung »bewirkt« iS eines Vorganges gem. § 362 Abs. 1 BGB, der nach hM auch nicht konsensual gedeutet wird (vgl. *Palandt/Heinrichs* § 362 BGB Rz 5 f.).

40 Nach dem Vorstehenden ist es nur konsequent, dass die Gesetzesbegründung von einem **gesetzlichen** Abfindungsanspruch (also eben nicht: von einem **vertraglichen** Anspruch) ausgeht (Rz 6, 85). Das zeigt auch die **Zusammenschau** der anspruchsbegründenden Elemente. Sie zeigt, dass der Arbeitgeberhinweis jedenfalls nicht mit einem ohne weiteres rechtsgeschäftlich zu erklärenden Unterlassen korrespondiert, sondern bestenfalls mit der **gesetzlichen Fiktion** einer Annahmeerklärung (so *Schaub/Linck* § 131 Rz 62). Auch dies streitet wiederum für die Qualifizierung des Hinweises als **geschäftsähnliche Handlung**.

Die sich aus der hier vertretenen Sichtweise zur Rechtsnatur von Arbeitgeberhinweis und dem Verstreichenlassen der Klagefrist ergebenden Konsequenzen bleiben der folgenden Kommentierung rechtstechnischer Einzelheiten vorbehalten. Abstrakt ist lediglich Folgendes festzuhalten: 41

Sowohl die rechtliche Behandlung **geschäftsähnlicher Handlungen** als auch die rechtliche Behandlung von **Realakten** ist weitgehend geklärt. Auf die **Mehrzahl** der **geschäftsähnlichen Handlungen** sind die Vorschriften über **Willenserklärungen** entsprechend anwendbar, nämlich über die **Geschäftsfähigkeit** (§§ 104ff. BGB), das **Wirksamwerden** (§§ 130ff. BGB), die **Auslegung** (§§ 133, 157 BGB), die **Stellvertretung** (§§ 164ff. BGB), **Einwilligung und Genehmigung** (§§ 182ff. BGB) und die **Willensmängel** (§§ 116ff. BGB). Dabei ist lediglich nicht schematisch zu verfahren. Bei jedem Handlungstyp ist seiner Eigenart und der typischen Interessenlage Rechnung zu tragen (vgl. i.E. mit Nachweisen *Palandt/Heinrichs* aaO Rz. 7). **Realakte (oder Tathandlungen)**, die kraft Gesetzes eine nicht an den Willen gebundene Rechtsfolge auslösen, sind zB Verbindung, Vermischung oder Verarbeitung (§ 946ff. BGB), Besitzerwerb gem. § 844 Abs. 2 BGB oder auch ein Schatzfund (§ 984 BGB). **Die Regeln für Rechtsgeschäfte sind unanwendbar**. Dabei ist der gekündigte Arbeitnehmer, der die Klageerhebung nach Arbeitgeberhinweis unterlässt, nicht schutzlos, wenn er etwa geschäftsunfähig oder in der Geschäftsfähigkeit beschränkt ist. Denn der Hinweis hat nach § 1a Abs. 1 S. 2 KSchG »in« der Kündigungserklärung zu erfolgen, die aber gegenüber Geschäftsunfähigen oder nicht voll Geschäftsfähigen nur nach Maßgabe des § 131 BGB wirksam werden kann. Die Einordnung des Verstreichenlassens der Klagefrist als Realakt wirkt sich – maW – nicht zu Lasten eines geschäftsunfähigen oder in der Geschäftsfähigkeit beschränkten Arbeitnehmers aus. 42

d) Hinweis durch Arbeitgeber

Der Hinweis hat durch den Arbeitgeber zu erfolgen. Das ist entweder dieser selbst oder eine zu seiner organschaftlichen oder rechtsgeschäftlichen Vertretung befugte Person. Anspruchsauslösend ist demgemäß nur ein Hinweis, der vom Arbeitgeber selbst herrührt oder ihm zuzurechnen ist. Wegen § 153 BGB hat der Tod des Arbeitgebers, der natürliche Person ist, keinen Einfluss auf das Zustandekommen des Abfindungsanspruches, wenn der Hinweis in der Welt ist (vgl. *Löwisch* Rz 10). 43

e) Form

Der Hinweis des Arbeitgebers hat nach § 1a Abs. 1 S. 2 KSchG »in der Kündigungserklärung« zu erfolgen. Da aufgrund der Bezugnahme in § 1 Abs. 1 S. 1 KSchG auf § 4 S. 1 KSchG die **schriftliche** Kündigung gemeint ist, bedarf **auch der Hinweis** dieser Form (**Gesetzesbegr.** BT-Drs. 15/1204, S. 12; BBDW-*Bader* Rz. 8; *ders.* NZA 2004, 65, 71; *Bauer* Sonderbeil. zu NZA Heft 21/2003, 47, 49; *Willemsen/Annuß* NJW 2004, 177, 182; *Giesen/Besgen* NJW 2004, 185, 186). Dieser hat – maW – wie die Kündigung selbst **den Anforderungen** zu genügen, die nach § 623 BGB Wirksamkeitsvoraussetzungen einer Kündigung sind (*Bauer/Krieger* NZA 2004, 77; allgemein dazu KR-*Spilger* § 623 BGB). Unwirksam wäre demgemäß ein Hinweis, der separat oder losgelöst von der Kündigungserklärung (aA *Wolff* BB 2004, 378, 379) oder gar lediglich mündlich erteilt wird (vgl. *Eckert* AuA Sonderausg. 01/04, 48; *Wolff* BB 2004, 378, 379). Ist der Hinweis lediglich mündlich erteilt worden, ist eine Bindung an ihn dennoch für den Fall in Erwägung zu ziehen, dass der Arbeitnehmer lediglich von einer fristgerechten Klageerhebung hat abgehalten und durch den Formverstoß gleichzeitig der Abfindungsanspruch hat vermieden werden sollen (weitergehend *Bauer/Krieger* aaO; **abl.** MünchKomm-*Hergenröder* Rz 18; *Raab* RdA 2005, 1, 5). Insoweit ist auch die Zulassung einer verspäteten Klage nach § 5 KSchG in Erwägung zu ziehen. 44

f) Bindung an den Hinweis

Aus der Rechtsnatur des Hinweises (ähnlich *Thüsing* JuS 2006, 97, 100), jedenfalls aus §§ 145, 147 Abs. 2 BGB ergibt sich, das dieser (vor Ablauf der Klagefrist) weder (einseitig) zurückgenommen oder (**nach** Zugang**,** vgl. § 130 Abs. 1 S. 2 BGB! *Maschmann* AuA 2003, 6, 11) widerrufen werden kann (*Giesen/Besgen* NJW 2004, 185, 186). Möglich ist es nur, von dem Hinweis etwa bei **fehlender Geschäftsfähigkeit** (§§ 104ff. BGB) oder **Willensmängeln** (§§ 116ff. BGB) abzurücken, also in Sonderheit auch wegen Irrtums (aber nur **einheitlich** für Kündigung und Abfindungsangebot, ErfK-*Ascheid/Oetker* Rz 4) anzufechten (zu versehentlich falschen Hinweisen und zur versehentlichen Angabe einer von § 1a Abs. 2 KSchG abweichenden Höhe s. Rz 53ff., 58ff.), *Maschmann* AuA 2003, 6, 11. Unbenommen ist es den Parteien, **nach** Zugang des Hinweises abzumachen, dass der Hinweis gegenstandslos sein soll. Die Möglichkeit hierfür ergibt sich daraus, dass die Parteien auch ein durch den entstandenen Abfindungsan- 45 spruch begründetes Schuldverhältnis nachträglich nach Maßgabe des § 397 BGB erlassen könnten (Rz 107).

3. Vom Gesetz abweichender Hinweis
a) Unvollständiger oder modifizierender Hinweis

46 Bei einem **unvollständigen** oder **modifizierenden** Arbeitgeberhinweis (Fehlen eines seiner konstituierenden Elemente nach § 1a Abs. 1 S. 2 KSchG oder bei Fehlen der Schriftform; Bestimmung einer von der Klagefrist abweichenden Annahmefrist gem. § 148 BGB; Verweis auf anderen Entstehungszeitpunkt des Abfindungsanspruches als den Ablauf der Kündigungsfrist; Hinweis auf bestimmte Anspruchsgrundlage außerhalb des § 1a KSchG – Tarifvertrag, Sozialplan [*LAG Hamm* 7.6.2005 LAGE § 1a KSchG Nr. 1; *LAG BW* 26.6.2006 BB 2006, 2140, Rev. anhängig *BAG* 1 AZR 663/06], Arbeitsvertrag – Aufstellen über § 1a KSchG hinausgehender Bedingungen, Modifikation in der Rechtsfolge [Entstehungszeitpunkt, Fälligkeit, Ratenzahlung – zur Höhe Rz 58 ff.]) entsteht **kein** Abfindungsanspruch nach § 1a KSchG (*Willemsen/Annuß* NJW 2004, 177, 183; *Giesen/Besgen* NJW 2004, 185, 186).

47 Der Hinweis kann allenfalls nach § 140 BGB **umgedeutet** werden in einen **Antrag** auf **Abschluss eines Abwicklungsvertrages** dahingehend, dass dann, wenn gegen die gleichzeitig ausgesprochene Kündigung nicht geklagt wird, eine Abfindung versprochen sein soll (vgl. *Giesen/Besgen* NJW 2004, 185, 187; *Thüsing/Stelljes* BB 2003, 1673, 1677). **Abwicklungs-** und nicht **Auflösungsvertrag** deshalb, weil ein Auflösungsvertrag nach § 623 BGB der **Schriftform** bedürfte. Diesem Erfordernis wäre mit dem bloßen Verstreichenlassen der Klagefrist durch den Arbeitnehmer nicht genügt. Beendigungstatbestand ist – wie auch sonst bei einem Abwicklungsvertrag – nicht der Vertrag als solcher, sondern die ausgesprochene (nach § 623 BGB der Schriftform bedürftige) Kündigung, die wirksam wird. Wird der Antrag angenommen, kommt der angesonnene Abwicklungsvertrag zustande. Dabei ist es Tatfrage, ob das bloße Verstreichenlassen die Annahmeerklärung darstellt. Auch konkludentes oder schlüssiges Verhalten bedarf einer Erklärung. **Untätigkeit** stellt – so nicht ausdrücklich angeordnet – **keine** rechtsgeschäftliche Willenserklärung dar. Auch § 151 S. 1 BGB hilft nicht weiter. Denn die Vorschrift entbindet nicht von dem Vorliegen einer rechtsgeschäftlichen **Willensbetätigung**. Diese muss lediglich nicht gegenüber dem Antragenden erklärt werden. Auch ist die Feststellung einer irgendwie gearteten **Annahmehandlung** hier nicht deshalb entbehrlich, weil der Arbeitgeber durch seinen Hinweis auf eine **Annahmeerklärung verzichtet** hätte (so aber *Wolff* BB 2004, 378) oder der Arbeitnehmer mit der angenommenen Abfindung lediglich einen **Vorteil** erwürbe. Auf die **Annahmehandlung** (die Willensbetätigung) kann nicht verzichtet werden. Und das Verstreichenlassen der Klagefrist führt gleichzeitig zu dem nachteiligen Erfolg des Verlustes des Arbeitsverhältnisses (**aA** *Giesen/Besgen* aaO; wie hier i.E. *Willemsen/Annuß* NJW 2004, 177, 183; vgl. oben Rz 39).

48 Sollte der Arbeitnehmer die Klagefrist im Vertrauen auf die Zahlung einer Abfindung verstreichen lassen haben, kommt **bei Verschulden des Arbeitgebers** (wegen schuldhaft unvollständigen Hinweises) ein Anspruch auf Schadensersatz aus § 280 Abs. 1 BGB oder, im Falle vorsätzlich sittenwidriger Schädigung, aus § 826 BGB in Betracht. Der Anspruch aus § 280 Abs. 1 BGB setzt allerdings voraus, dass der **vollständige** Hinweis auch eine Verpflichtung des Arbeitgebers aus dem Schuldverhältnis (aus dem Arbeitsverhältnis) darstellt. Dies wird man annehmen können. Zwar ist der Arbeitgeber nicht verpflichtet, das »Verfahren« nach § 1a KSchG zu nutzen. Er ist auch nicht verpflichtet, eine Abfindung nach Maßgabe des § 1a KSchG anzubieten. Macht er jedoch aus Sicht des Arbeitnehmers von dem Verfahren Gebrauch, trägt er auch das Risiko der Unvollständigkeit seines Hinweises. Rechtsfolge ist, dass der Arbeitgeber nach § 249 Abs. 1 BGB den Zustand herzustellen hat, der bestehen würde, wenn der zum Ersatz verpflichtende Umstand nicht eingetreten wäre. Das kann – wie gesagt: nur bei schuldhaftem Verhalten des Arbeitgebers – dazu führen, dass aus Gründen des Schadensersatzrechts dennoch die Abfindung nach § 1a KSchG zu zahlen ist, die wegen unvollständigen Hinweises an sich nicht zu zahlen wäre (i.E. ebenso *Grobys* DB 2003, 2174, 2176 f. d. Fall, dass Arbeitnehmer und Arbeitgeber ungeachtet ihres Fehlens vom Vorliegen der Voraussetzungen des § 1a KSchG ausgehen).

49 Als weitere Rechtsfolge kommt (bei **fehlendem Verschulden des Arbeitnehmers**) die Möglichkeit eines Antrages auf nachträgliche Zulassung der Klage nach § 5 KSchG in Betracht, also jedenfalls dann, wenn der Arbeitnehmer im Vertrauen auf das Entstehen eines Abfindungsanspruchs die Klagefrist hat verstreichen lassen (wegen der Rechtsfolgen eines **erfolgreichen** Antrages auf nachträgliche Klagezulassung wird auf Rz 76 verwiesen). Vertreter einer rechtsgeschäftlichen Sichtweise des Verstreichenlas-

sens (s.o. Rz 35) müssten ggf. auch eine Irrtumsanfechtung zulassen (s. zB *Grobys* DB 2003, 2174, 2176; Einzelheiten dieser Konsequenz bei MünchKomm-*Hergenröder* Rz 31 ff.), was – bei Erfolg – zur Verpflichtung zur Rückgewähr einer geleisteten Abfindung führt (*Grobys* aaO).

Sowohl im Rahmen eines Schadensersatzanspruches als auch im Falle eines Antrages auf nachträgliche Klagezulassung wird zu prüfen sein, inwieweit nicht der Arbeitnehmer Kenntnis von den einen Abfindungsanspruch nach § 1a KSchG begründenden Voraussetzungen hatte oder hätte haben müssen (immerhin **gilt** § 1a KSchG aus Gründen des Staatsrechts). Dies kann im Rahmen eines **Mitverschuldenseinwandes** (§ 254 BGB) bis zum Ausschluss eines Schadensersatzanspruchs führen bzw. dazu, dass der Antrag auf nachträgliche Klagezulassung zurückzuweisen ist. 50

Bei Vorliegen sämtlicher Voraussetzungen wird der Arbeitnehmer **wählen** können, ob er den Antrag auf Abschluss eines Abwicklungsvertrages annimmt, (bei fehlender Annahme des Antrages) Schadensersatz fordert oder nach § 5 KSchG vorgeht. 51

Ficht der Arbeitgeber (zur Anfechtung durch den Arbeitgeber MünchKomm-*Hergenröder* Rz 29 f.) seinen **unvollständigen** Hinweis (deswegen) erfolgreich wegen **Irrtums** an, entsteht ebenfalls kein Abfindungsanspruch. Denn dieses würde einen erneuten (wirksamen) – also vollständigen – Hinweis voraussetzen. Bei erfolgreicher Irrtumsanfechtung hat der Arbeitnehmer aber uU die vorstehende Wahlmöglichkeit. Lediglich auf den infolge der Irrtumsanfechtung nichtigen Abwicklungsvertrag kann er nicht zurückgreifen. 52

b) Falscher Hinweis

Weist der Arbeitgeber (alternativ oder kumulativ) auf einen **anderen Kündigungsgrund als auf dringende betriebliche Erfordernisse** hin, **nennt** er dringende betriebliche Erfordernisse als Kündigungsgrund, **obzwar sie nicht vorliegen**, oder erklärt er, dass **keine** Abfindung erwachse, ist zu unterscheiden: Im **ersten** und im **dritten** Fall entsteht **kein** Abfindungsanspruch, weil es an einem maßgebenden Entstehungsmerkmal für einen Abfindungsanspruch nach § 1a KSchG fehlt. Im **zweiten** Fall **entsteht** der Abfindungsanspruch, weil der Kündigungsgrund nicht wahr zu sein braucht (s.o. Rz 31). 53

Allerdings hat im **ersten** Fall der Arbeitnehmer dann, wenn er die Klagefrist im Vertrauen auf eine Abfindung trotz **nicht gesetzeskonformen** Grundes hat verstreichen lassen, diejenigen Rechte, die er in einer derartigen Situation bei einem **unvollständigen** Hinweis unter den dort genannten Voraussetzungen hat. Auf die Ausführungen dazu (s.o. Rz 48ff.) wird verwiesen. 54

Im **zweiten** Fall (**vorgeschobener** Kündigungsgrund) kann der Arbeitnehmer bei Gewahrwerden des **wahren** Grundes mit einem Antrag auf nachträgliche Zulassung der Kündigungsschutzklage reagieren (vgl. BBDW-*Bader* Rz. 8a; *ders.* NZA 2004, 65, 71; *Giesen/Besgen* NJW 2004, 185, 187; *Preis* DB 2004, 70, 74; **aA** *Schiefer/Worzalla* Agenda 2010 Rz 157, die den Arbeitnehmer auf Erkundigungsmöglichkeiten verweisen). In Betracht kommt auch ein Schadensersatzanspruch aus § 280 Abs. 1 BGB oder ggf. sogar aus § 826 BGB (*Bader* aaO; SPV-*Preis* Rz 1167 f.), wobei aber der Schadensausgleich in der Wiederherstellung des Arbeitsverhältnisses liegen dürfte, was sich über eine nachträgliche Klagezulassung nach § 5 KSchG leichter bewerkstelligen lässt. Einer Rückforderung einer in dieser Konstellation bereits **geleisteten** Abfindung aus Bereicherungsrecht steht § 814 BGB **nicht** entgegen. Denn zunächst **entstanden** ist der Abfindungsanspruch ja. Vertreter einer rechtsgeschäftlichen Sichtweise (s.o. Rz 35) müssen konsequenterweise auch die Möglichkeit einer Irrtumsanfechtung (hier: nach § 123 BGB) in Betracht ziehen (so *Bauer/Krieger* NZA 2004, 77; *Lakies* NJ 2004, 150, 154; MünchKomm-*Hergenröder* Rz 32). Dem Fall eines vorgeschobenen Kündigungsgrundes steht in der rechtlichen Behandlung gleich die **arglistige Täuschung** des Arbeitgebers hinsichtlich seiner **Zahlungsfähigkeit** (*Bauer/Krieger* aaO). Die Frist der Anfechtbarkeit bei **Täuschung** beträgt nach § 124 Abs. 1 BGB 1 Jahr, die Ausschlussfrist nach § 124 Abs. 3 BGB 10 Jahre. 55

Im **dritten** Fall, also bei dem Hinweis dahingehend, dass es eine Abfindung nicht gebe, hat der Arbeitnehmer, der die Klagefrist hat verstreichen lassen, die vorstehenden Rechte nicht. Weder ist ihm eine Abfindung angeboten worden noch hat er im Vertrauen auf eine Abfindung die Klagefrist verstreichen lassen. Anders wäre nur zu entscheiden, wenn **gleichzeitig** ein **anderer** Grund oder **zu Unrecht** dringende betriebliche Erfordernisse als Kündigungsgrund genannt worden wären, und es **deshalb** zum Verstreichen der Klagefrist gekommen ist. Auch dann gibt es allerdings mangels Angebotes keine Abfindung, und zwar weder aus Abwicklungsvertrag noch im Wege des Schadensersatzes. Lediglich ein Antrag auf nachträgliche Zulassung der Kündigungsschutzklage ist in Betracht zu ziehen. 56

57 Ist der Arbeitgeberhinweis **versehentlich** falsch und lässt man deswegen eine **Irrtumsanfechtung** für den Arbeitgeber zu, löst dies auch im **zweiten** Fall keinen Abfindungsanspruch aus (**aA** wohl *Eckert* AuA Sonderausg. 1/04, 49). Denn dann wird nicht nur kein anspruchsbegründender Kündigungsgrund vorgespiegelt, sondern überhaupt kein gesetzeskonformer Grund genannt. Da es im Falle erfolgreicher Irrtumsanfechtung auch nicht zu einem Abwicklungsvertrag kommt, ist entsprechend den vorstehenden Ausführungen bei verstrichener Klagefrist im Falle von **Arbeitgeberverschulden** ein Schadensersatzanspruch und bei **fehlendem Verschulden des Arbeitnehmers an der Fristversäumung** die Möglichkeit eines Antrages auf nachträgliche Klagezulassung nach § 5 KSchG in Betracht zu ziehen. **Keine** Irrtumsanfechtung des **Arbeitgebers** findet statt, falls die Kündigung wirksam gewesen **wäre** (**Rechtsirrtum** des Arbeitgebers; vgl. auch *Eckert* aaO)

c) Hinweis auf eine von § 1a Abs. 2 abweichende Abfindungshöhe

58 Das **Fehlen einer Angabe der Abfindungshöhe** bzw. das **Fehlen ihrer Bezifferung** sind **unschädlich** (vgl. ErfK-*Ascheid/Oetker* Rz 5; *Bader* NZA 2004, 65, 71; *Raab* RdA 2005, 1, 6). Denn zur Abfindungshöhe muss sich der Arbeitgeberhinweis nicht verhalten (s.o. Rz 33). Nach dem Gesetzestext (§ 1a Abs. 1 S. 2 KSchG) genügt der Hinweis, dass der Arbeitnehmer »die« Abfindung beanspruchen kann. »Die« Abfindung ist diejenige in § 1a Abs. 2 KSchG. Da hier die Abfindungshöhe gesetzlich geregelt ist, bedarf es des Hinweises auf die Höhe nicht, um einen Anspruch auf Abfindung eben in gesetzlicher Höhe zu begründen.

59 **Verhält** sich der Arbeitgeberhinweis zur Höhe und **weicht** er – gemessen an § 1a Abs. 2 KSchG – nach oben ab, so ist zu unterscheiden: **Geschieht dies versehentlich**, kommt eine Irrtumsanfechtung in Betracht (**demgegenüber** soll nach *Maschmann* [AuA 2003, 6, 10], *Bauer/Krieger* [NZA 2004, 77, 78] und *Preis* [DB 2004, 70, 72] wohl – unkorrigierbar – die **gesetzliche** Höhe geschuldet sein). Hat der Arbeitnehmer bereits die Klagefrist im Vertrauen auf die Höhe der Abfindung verstreichen lassen, kommt bei erfolgreicher Anfechtung zwar kein Anspruch aus Abwicklungsvertrag in Betracht. Hat aber der Arbeitnehmer **bei Verschulden** des Arbeitgebers im Vertrauen auf die **Höhe** der Abfindung die Klagefrist verstreichen lassen, kommt – über den nach § 122 BGB zu ersetzenden Schaden hinaus – ein Anspruch auf Ersatz der entgangenen Abfindung nach § 280 Abs. 1 BGB in Betracht. Alternativ ist auch hier an die Möglichkeit einer nachträglichen Klagezulassung zu denken. Ist der Arbeitgeber in seinem Hinweis allerdings **absichtlich** nach oben abgewichen, schuldet er den **Sockelbetrag aus** § 1a KSchG in der sich aus Abs. 2 jener Vorschrift ergebenden Höhe, den **Aufstockungsbetrag** aus **ergänzendem** Abwicklungsvertrag, so vom Arbeitnehmer **angenommen** (jedenfalls den **versprochenen** Betrag, i.E. ebenso *Maschmann* und *Bauer/Krieger* jeweils aaO, sowie *Preis* aaO, 73).

60 Weist der Arbeitgeberhinweis auf eine § 1a Abs. 2 KSchG **unterschreitende Abfindungshöhe** hin, ist **ebenfalls** zu unterscheiden: Geschieht dies **versehentlich**, so findet eine Irrtumsanfechtung nicht statt. Denn die Höhe der Abfindung ergibt sich aus Gesetz, und zwar aus § 1a Abs. 2 KSchG (**wie hier insoweit** i.E. auch *Maschmann, Bauer/Krieger* und *Preis*, jeweils aaO). Sie ist mithin **vom Willen unabhängig**, weswegen auch nicht ein Willensmangel durch Irrtumsanfechtung beseitigt werden kann. Es liegt ein unbeachtlicher **Rechtsirrtum** vor. Weist der Arbeitgeberhinweis **absichtlich** eine § 1a Abs. 2 KSchG unterschreitende Abfindungshöhe aus, so ist das Ergebnis Folge einer Auslegung: Wollte der Arbeitgeber »das Verfahren« nach § 1a KSchG einschlagen, hat er die **höhere** gesetzliche Abfindung nach § 1a Abs. 2 KSchG zu zahlen (wohl auch *Raab* RdA 2005, 1, 8). Erfolgt der Hinweis auf eine niedrigere Abfindung jedoch im Gefolge der Absicht, **einen Abwicklungsvertrag anzutragen**, besteht (**bei feststellbarer Annahme durch den Arbeitnehmer**) auch nur der Anspruch auf die niedrigere Abfindung (so i.E. auch *Grobys* DB 2003, 2174, 2176; *Maschmann* aaO; *Bauer/Krieger* aaO; *Giesen/Besgen* NJW 2004, 185, 187; *Willemsen/Annuß* NJW 2004, 177, 183; aA *Meinel* DB 2003, 1438, 1439), und zwar **dogmatisch** nicht aus § 1a KSchG, sondern eben aus Vertrag. Hat der Arbeitnehmer **hier** die Klagefrist in **Unkenntnis** der gesetzlichen Höhe verstreichen lassen, kommt ein Anspruch auf die **gesetzliche** Höhe (mithin auf die Differenz gegenüber der hingewiesenen Höhe) **nur** im Wege des Schadensersatzanspruches in Betracht, etwa wenn der Arbeitgeber dem Arbeitnehmer schuldhaft suggeriert hat, sein Hinweis entspreche der gesetzlichen Höhe. Hier wird allerdings stets die Möglichkeit eines den Schadensersatzanspruch mindernden oder gar ausschließenden Mitverschuldens (§ 254 BGB) zu prüfen sein, weil sich die Abfindungshöhe immerhin aus Gesetz ergibt. Auch hier ist die Möglichkeit eines Antrages auf nachträgliche Klagezulassung in Erwägung zu ziehen. Da es sich aber bei der Abfindungshöhe um eine gesetzliche handelt, wird der Erfolg eines derartigen Antrages im Wesentlichen davon abhängen, ob der Arbeitgeber die **Unkenntnis** des Arbeitnehmers von der gesetzlichen Abfindungshöhe ausge-

nutzt hat. Im Falle **arglistiger Täuschung** ist der Abwicklungsvertrag darüber hinaus nach § 123 BGB **anfechtbar**.

d) **Umdeutung des vom Gesetz abweichenden Hinweises in Antrag auf Auflösungs- oder Abwicklungsvertrag?**

Die **Möglichkeit der Umdeutung** eines vom Gesetz abweichenden Hinweises in einen Antrag auf Abschluss eines **Abwicklungsvertrages** (und – wegen § 623 BGB – nicht auf Antrag eines **Auflösungsvertrages**) ist im Rahmen der vorstehenden Erörterungen eines **unvollständigen** Arbeitgeberhinweises erläutert worden, weswegen auf sie Bezug genommen werden kann. **Vom Grundsatz her wird stets zu prüfen sein, ob die Parteien dem vom Arbeitgeber eingeschlagenen Weg des »Verfahrens« nach § 1a KSchG haben folgen wollen oder (vollständig oder partiell) einen Abwicklungsvertrag geschlossen haben** (oder dies wollten; für **analoge** Anwendbarkeit der Vorschrift *Weiß* Diss., S. 103 – 125). 61

e) **Hinweis ohne Rücksicht auf Wartefrist oder Geltung der Vorschriften des Ersten Abschnitts des KSchG oder Unwirksamkeitsgrund**

Das Erfüllen der **sechsmonatigen Wartezeit** (§ 1 Abs. 1 KSchG) ist an sich Anwendungsvoraussetzung für § 1a KSchG, der auf § 1 Abs. 2 S. 1 KSchG verweist und damit **mittelbar** auf § 1 Abs. 1 KSchG Bezug nimmt (dass Beschäftigte vor Ablauf von sechs Monaten nicht einbezogen sind folgt schon aus der »Aufrundungsregel« des § 1a Abs. 2 S. 3 KSchG). Ein Arbeitgeberhinweis **außerhalb** des **Anwendungsbereichs** des § 1a KSchG kann damit lediglich den Charakter eines Antrages auf Verstreichenlassen der Klagefrist gegen eine Abfindung haben. Anders sieht es aus, wenn **Unsicherheit** darüber herrscht (bei **eindeutig** fehlendem allgemeinen Kündigungsschutz besteht weder ein rechtliches noch praktisches Bedürfnis für einen Hinweis, SPV-*Preis* Rz 1167b), ob die Wartefrist absolviert ist. Dann ist es gerechtfertigt, auf die gerade strittigen Fragen ausklammern sollende Regel in § 1a KSchG zurückzugreifen (aA i.E. *Maschmann* AuA 2003, 6, 7; HWK-*Quecke* Rz 7; **unerheblich** ist die Wartefrist zufolge *Giesen/Besgen* NJW 2004, 185, 186). Allerdings entbindet dies nicht davon, der Berechnung der Abfindung die Jahresfrist des § 1a Abs. 2 S. 1 KSchG bzw. die Aufrundungsregel der Frist von 6 Monaten nach dessen S. 3 zugrunde zu legen. Als Rechtsfolgenregelungen stehen diese Fristen der entsprechenden Anwendung des **Abs. 1** nicht entgegen, insbes auch die Frist von 6 Monaten nicht, wenn Streit über die Erfüllung der sechsmonatigen Wartefrist herrscht. **Entsprechendes** gilt, wenn über die **Geltung** der Vorschriften des Ersten Abschnitts des KSchG, also an den Voraussetzungen in § 23 KSchG (der wegen seines Abs. 1 S. 2 § 1a KSchG im **Kleinbetrieb** an sich **nicht** zur Anwendung bringt), Streit besteht (**aA** *Eckert* AuA Sonderausg. 1/04, 49; wohl auch ErfK-*Ascheid/Oetker* Rz 3; HWK-*Quecke* Rz 7; wie **hier zum betrieblichen und persönlichen** Anwendungsbereich des KSchG *Wolff* BB 2004, 378, 379). **AA** ausf. *Kraus* Diss., S. 127 – 130; *Weiß* Diss., S. 80 – 86. Unerheblich ist schließlich, ob die Kündigung iSd **§ 13 Abs. 3 KSchG** bereits aus anderen (oder allein) aus den in § 1 Abs. 2 und 3 KSchG bezeichneten Gründen rechtsunwirksam ist; denn sie muss ja nur auf dringende betriebliche Erfordernisse **gestützt** sein (Rz 31; vgl. *Quecke* RdA 2004, 86, 95). 62

III. Unterlassen der Klageerhebung durch Verstreichenlassen der Klagefrist

1. Art der zu unterlassenden Klage

Zu unterlassen ist nach § 1a S. 1 KSchG eine Klage auf Feststellung, dass das Arbeitsverhältnis durch die Kündigung nicht aufgelöst ist. Das ist **jedenfalls** die Klage nach § 4 S. 1 KSchG (zu **ihr** KR-*Friedrich* § 4 KSchG Rz 17 ff., Rz 19 ff). Eine Zahlungsklage oder eine Klage auf tatsächliche Beschäftigung erfüllt diese Voraussetzungen nicht, so nicht – wenigstens der Sache nach – Zwischenfeststellungsklage erhoben ist oder sich die Klage auf einen nach Ablauf der Kündigungsfrist liegenden Zeitraum bezieht und – inzidenter – die **Rechtsunwirksamkeit** der Kündigung geltend gemacht wird (§ 6 KSchG; ohne auf § 6 rekurrierend BBDW-*Bader* Rz. 11; *Löwisch* NZA 2003, 689, 694; *ders.* Rz 17; *Preis* DB 2004, 70, 74; *Willemsen/Annuß* NJW 2004, 177, 183; *Wolff* BB 2004, 378, 380; *Bauer/Krieger* NZA 2004, 77, 79; **aA** *Grobys* DB 2003, 2174, 2175; *Giesen/Besgen* NJW 2004, 185, 188). Diese Voraussetzung kann auch im Rahmen einer **Widerklage** oder **Prozessaufrechnung** im Rahmen eines bereits anhängigen Rechtsstreits zwischen den Arbeitsvertragsparteien eintreten. Anspruchsschädlich ist – jedenfalls – eine solche Klage, die ein Wirksamwerden der Kündigung nach § 7 KSchG zu verhindern in der Lage ist. Eine lediglich auf Einhaltung der **Kündigungsfrist** gerichtete Klage gehört dazu **nicht** (s näher Rz 67). Zu einer die Anrufungsfrist **nach § 6 KSchG verlängernden Klage** s. auch unten Rz 78 und zur Folge eines **Wiedereinstellungsanspruchs** unten Rz 117ff. 63

64 Einer Klage auf Feststellung, dass das Arbeitsverhältnis durch die Kündigung nicht aufgelöst ist, steht eine allgemeine Feststellungsklage nach § 256 Abs. 1 ZPO des Inhalts, festzustellen, dass das Arbeitsverhältnis fortbesteht, dann gleich, wenn damit die Kündigung (und nicht ein anderer Beendigungstatbestand, etwa eine Befristung) angegriffen sein soll. Entscheidend ist also nicht der Wortlaut des angekündigten Antrages der erhobenen Klage, sondern sein **durch Auslegung zu ermittelnder Sinn**. Möglich ist allerdings, Kündigungsschutzklage **hilfsweise** zu erheben, wenn sich bereits vor Ablauf der Klagefrist Streit um die Höhe der Abfindung ergibt (*Nägele* ArbRB 2003, 274, 276; KDZ-*Kittner* Rz 38). Der auf Zahlung der Abfindung gerichtete Hauptantrag ist zu diesem Zeitpunkt zwar noch unbegründet. Der Hilfsantrag, der dem Hauptantrag widersprechen darf (*Thomas/Putzo-Reichold* § 260 Rz 8) hindert das Entstehen des Hauptanspruches jedoch nicht, da der Kündigungsschutz nur **sekundäres** Ziel ist.

65 Anspruchsausschließend ist auch die gegen eine mit einem Abfindungshinweis versehene **Änderungskündigung** gerichtete Klage. Eine Änderungsschutzklage nach wirksam erklärtem Vorbehalt (§§ 2, 4 S. 2 KSchG) führt nicht deshalb zu einem Anspruch, nur weil sich § 1a Abs. 1 S. 1 KSchG lediglich auf § 4 **S. 1** KSchG bezieht. Denn bei einem unter Vorbehalt angenommenen Änderungsangebot entsteht **von vornherein** kein Abfindungsanspruch nach § 1a KSchG, auch nicht wahlweise (s.o. Rz 27).

2. Verstreichen der Klagefrist
(§ 4 S. 1 und S. 4 [Zustimmungsbedürftige Kündigung])

66 Die Klagefrist **ist** iSv § 1a Abs. 1 S. 2 KSchG verstrichen, wenn bis zum Ablauf der **Frist des § 4 S. 1 KSchG**, mithin innerhalb von drei Wochen nach Zugang der schriftlichen Kündigung, keine Klage auf Feststellung (oder eine solche iS Rz 63) erhoben ist, dass das Arbeitsverhältnis durch die Kündigung **nicht aufgelöst** ist (§ 1a Abs. 1 S. 1 KSchG). Eine **nicht fristgerechte** Klage ist **nicht** anspruchsschädlich (**aA** wohl *Bauer* Sonderbeil. NZA Heft 21/03, 47,49; *Giesen/Besgen* NJW 2004, 185, 186; *Grobys* DB 2003, 2174, 2175; *Preis* DB 2004, 70, 74; *Willemsen/Annuß* NJW 2004, 177, 182; **wie hier** aber *Raab* RdA 2005, 1, 10), so nicht mit einem erfolgreichen Antrag nach § 5 KSchG verbunden (s. Rz 76).

67 Eine Klage auf **Feststellung des Fortbestandes des Arbeitsverhältnisses** bis zu dem sich **bei Einhaltung der Kündigungsfrist** ergebenden Termin bei **falscher Kündigungsfrist** erfüllt diese Voraussetzung nicht. Denn sie hat einen **anderen Streitgegenstand**. Die Auflösung des Arbeitsverhältnisses **an sich** steht nicht in Rede (so dass sich der Gesetzeszweck des § 1a KSchG verwirklicht), sondern lediglich der **Zeitpunkt** (später oder – bei Lösungsinteresse des Arbeitnehmers – auch früher). § 1a Abs. 1 S. 1 KSchG verweist im Übrigen auf die Frist »**des § 4 S. 1 KSchG**«. Diese Regelung betrifft jedoch **nur** die Frage, **ob** das Arbeitsverhältnis **endet oder nicht** (Gesetzesbegr. BT-Drs. 15/1204, S. 9; **wie hier** KR-*Rost* § 7 KSchG Rz 3b; *Bauer/Krieger* NZA 2004, 77, 78; *Dollmann* BB 2004, 2073 ff.; *Raab* RdA 2004, 321, 325 f.; SPV-*Preis* Rz 1167j; *LAG RhPf* 21.4.2005 NZA-RR 2005, 583; *LAG Hamm* 23.5.2005 NZA-RR 2005, 580, 581 ff.; **so jetzt auch** *BAG* 15.12.2005 -2 AZR 148/05- Pressemitteilung Nr. 81/05; *BAG* 9.2.2006 – 6 AZR 283/05 – Pressemitteilung Nr. 9/06; **aA** BBDW-*Bader* Rz. 15; *ders.* NZA 2004, 65, 72; *Löwisch* BB 2004, 154, 158 f., beide setzen sich mit der Gesetzesbegründung nicht auseinander; **aA** auch BBDW-*Wenzel* § 4 Rz 35b; *Matthiesen/Shea* AuA 2005, 208 ff.; *Kampen/Winkler* AuR 2005, 171 ff.; *Dewender* DB 2005, 337 ff.; *Zimmer* FA 2004, 34, 36; *ArbG Stralsund* 16.11.2004 – 5 Ca 215/04 -, rkr., zit. nach *Matthiesen/Shea* aaO). Sie betrifft ausdrücklich nur das Geltendmachen der **Rechtsunwirksamkeit** einer Kündigung (so auch Gesetzesbegr. aaO, S. 13). Dazu gehört die Einhaltung der Kündigungsfrist gerade **nicht** (s. auch die Beispiele der Gesetzesbegr. aaO), so nicht eine **außerordentliche** Kündigung Streitgegenstand ist, um die es bei § 1 a KSchG jedoch (so nicht mit Auslauffrist erklärt, oben Rz 25) – ebenfalls – gerade **nicht** geht.

68 Die Erhebung der Klage erfolgt nach § 253 Abs. 1 ZPO durch Zustellung eines Schriftsatzes (Klageschrift). Soll durch die Zustellung die Drei-Wochen-Frist gewahrt werden, so tritt diese Wirkung **nach** § 167 ZPO bereits mit Eingang der Klageschrift bei Gericht ein, wenn die Zustellung **demnächst** erfolgt. Eine am letzten Tag der Drei-Wochen-Frist eingehende Kündigungsschutzklage dient im Zweifel der Fristwahrung, so dass die Zustellung auf den Eingangstag der Klageschrift rückwirkt und so seitens des Klägers alles Erforderliche getan ist, dass die Zustellung auch demnächst erfolgen kann.

69 Für die Fristberechnung gelten §§ 222 Abs. 1 ZPO, 187 Abs. 1, 188 Abs. 2 BGB, 222 Abs. 2 ZPO.

70 Für § 1a KSchG bedeutet Vorstehendes zusammengefasst und im Ergebnis, dass die Klagefrist spätestens verstrichen ist, wenn nicht **vor Ablauf** des letzten Tages der Drei-Wochen-Frist Kündigungsschutzklage bei Gericht eingegangen ist.

Abfindungsanspruch bei betriebsbedingter Kündigung § 1a KSchG

Ausnahmsweise läuft die Klagefrist, soweit die Kündigung der Zustimmung einer Behörde bedarf, 71
nach § 4 S. 4 KSchG erst von der Bekanntgabe der Entscheidung der Behörde an den Arbeitnehmer ab.
Obzwar sich § 1a Abs. 1 S. 1 KSchG auf § 4 S. 1 KSchG bezieht, ist Satz 4 dadurch nicht »ausgeschaltet«,
weil er Satz 1 für eine besondere Fallkonstellation **modifiziert**. In dieser Situation ist der Abfindungsanspruch nach Ablauf der Klagefrist von drei Wochen auflösend bedingt (§ 158 Abs. 2 BGB) durch eine
den Fristablauf des § 4 S. 4 KSchG wahrende Klage (im Ergebnis so auch *Giesen/Besgen* NJW 2004, 185,
188 unter Hinweis auf den nach der Gesetzesbegründung möglicherweise leerlaufenden Anwendungsbereich des Satzes 4, wenn auch die Fälle einer fehlenden behördlichen Zustimmung allein unter
die Frist des Satzes 1 fielen).

3. Verstreichenlassen

a) Rechtsnatur

Das bloße Verstreichenlassen stellt keine Annahme einer arbeitgeberseitig angetragenen Abfindung 72
im rechtsgeschäftlichen Sinne dar. Denn der arbeitgeberseitige Hinweis auf die Rechtsfolge des Verstreichenlassens der Klagefrist stellt seinerseits keine Willenserklärung und mithin keinen seinerseits
durch (rechtsgeschäftliche) Annahme annahmefähigen Antrag im rechtsgeschäftlichen Sinne dar (s.o.
Rz 34ff.). Der Arbeitnehmer muss den Hinweis nicht einmal gelesen haben (ErfK-*Ascheid/Oetker* Rz 7),
geschweige denn in der Form des § 623 BGB annehmen (vgl. *Dornbusch/Wolff* Rz 8). Es kommt mithin
nur auf das Verstreichenlassen als **Realakt** an. Dieser besteht in dem Unterlassen einer Prozesshandlung (der Klageerhebung). Wegen der Einzelheiten wird auf die **Erörterung der Rechtsnatur des Verstreichenlassens im Zusammenhang mit derjenigen der Rechtsnatur des Arbeitgeberhinweises** verwiesen (s.o. Rz 34 ff. bis Rz 42).

b) Bindung an das Verstreichenlassen

Aus der Rechtsnatur folgt, dass das Geschehen des Verstreichenlassens weder zurückgenommen noch 73
widerrufen oder wegen Irrtums angefochten werden kann (aA *Löwisch* BB 2004, 154, 158; *Preis* DB 2004,
70, 73 f.; SPV-*Preis* Rz 1167e). Selbst eine Einigung der Parteien darüber, dass die Klagefrist nicht verstrichen sei, ist unbehelflich, wenn die Frist verstrichen ist. Denn es handelt sich um eine **gesetzliche
Frist**, deren Verlängerung – da Gegenteiliges nicht bestimmt ist – der Dispositionsbefugnis der Parteien entzogen ist (vgl. § 224 Abs. 2, Abs. 1 ZPO).

Korrigierbar ist das Verstreichenlassen lediglich nach Maßgabe des § 5 KSchG (nachträgliche Klagezu- 74
lassung) unter den dort genannten Voraussetzungen, wozu insbes. ein vom Gesetz abweichender Hinweis gehören kann (s.o. Rz 46ff.), oder im Falle des § 6 KSchG (vgl. *Giesen/Besgen* NJW 2004, 185; i.E.
ebenso ErfK-*Ascheid/Oetker* Rz 4).

c) Rückäußerung des Arbeitnehmers vor Ablauf der Klagefrist

Äußert sich der Arbeitnehmer vor Ablauf der Klagefrist inhaltlich zu dem Arbeitgeberhinweis, muss 75
unterschieden werden: **Lehnt** er die angesonnene Abfindung **ab**, führt das **nicht** zum Erlöschen des
Hinweises nach § 146 BGB, welche Vorschrift nur **rechtsgeschäftliche** Anträge betrifft, worum es sich
aber bei dem Hinweis nicht handelt (s.o. Rz 37f.). Verstreicht die Klagefrist, entsteht der Anspruch **dennoch**. Erklärt sich der Arbeitnehmer unter **Erweiterungen**, **Einschränkungen** oder **sonstigen Änderungen**, gilt dies nach § 150 Abs. 2 BGB als **arbeitnehmerseitiger** Antrag. Geht der Arbeitgeber hierauf
ein, gilt die Abrede der Parteien. Geht er nicht darauf ein oder schweigt er, entsteht **auch hier** mit dem
Verstreichen der Klagefrist der Abfindungsanspruch.

4. Zulassung verspäteter Klage (§ 5 KSchG)

Im Rechtssinne **nicht** verstrichen ist die Klagefrist, wenn es zu einer Zulassung einer verspäteten Kla- 76
ge nach Maßgabe des § 5 KSchG kommt. Dies bedeutet, dass das Entstehen des Abfindungsanspruchs
nach § 1a KSchG gewissermaßen **auflösend bedingt** ist (BBDW-*Bader* Rz. 12; ders. NZA 2004, 65, 71;
Wolff BB 2004, 378, 380; ErfK-*Ascheid/Oetker* Rz 8). Diese Bedingung besteht darin, dass es nicht zu einer
(rechtskräftigen) nachträglichen Zulassung der Kündigungsschutzklage nach § 5 KSchG **kommt** (*Bader* aaO; *Giesen/Besgen* NJW 2004, 185, 188; *Grobys* NJW 2004, 2174, 2175; s.a. die Forderung von *Bauer*
Sonderbeil. NZA Heft 21/03, 47, 50). Demgegenüber halten andere Autoren schon das **Stellen** eines
Antrages nach § 5 KSchG für anspruchsschädlich (*Löwisch* NZA 2003, 689, 694; ders. Rz 15; *Preis* DB
2004, 70, 74; *Willemsen/Annuß* NJW 2004, 177, 182; *Raab* RdA 2005, 1, 9). **Dagegen spricht**, dass der Ar-

beitnehmer die Klagefrist objektiv hat verstreichen lassen, wie es § 1a Abs. 1 KSchG aber fordert. Richtigerweise **hindert** die Antragstellung zunächst nur das Entstehen des Abfindungsanspruchs (*Bader* aaO; zum **Hilfsantrag** s. Rz 77). Tritt die Bedingung **ein**, **entfällt** der Abfindungsanspruch (vgl. § 158 Abs. 2 BGB). Eine bereits geleistete Zahlung kann (lediglich) nach § 812 Abs. 1 S. 2, Alt. 1 BGB (BBDW-*Bader* Rz. 13; *Giesen/Besgen* NJW 2004, 185, 188; *Grobys* DB 2003, 2174, 2175; vgl. auch ErfK-*Ascheid/Oetker* Rz 8; **nicht** nach den die Berufung auf die Entreicherung nach § 818 Abs. 3 BGB ausschließenden Regelungen in §§ 346 bis 348 BGB, wie von *Löwisch* [NZA 2003, 689, 694] und *Bauer* [Sonderbeil. NZA Heft 21/03, 47, 50] während des Gesetzgebungsverfahrens gefordert; *Bauer/Krieger* [NZA 2004, 77] wenden §§ 346 bis 348 BGB **entsprechend** an; bei einem schuldrechtlichen Verständnis des Verfahrens nach § 1a KSchG ist das aufgrund der Regelung in **§ 326 Abs. 4 BGB** wegen »Befreiung von der Gegenleistung« möglich) zurückgefordert werden (weshalb es sich anbietet, den Arbeitnehmer bei Auszahlung einen Klageverzicht erklären zu lassen, ErfK-*Ascheid/Oetker* Rz 8). Allerdings kann sich der Arbeitgeber nunmehr einem **Nachzahlungsanspruch** aus § 615 BGB ausgesetzt sehen. Ein **erfolgloser** oder **zurückgenommener** Antrag auf nachträgliche Klagezulassung ist **nicht** anspruchsschädlich, weil es **nicht** zur Fiktion der **rechtzeitigen** Klageerhebung kommt (**aA** ErfK-*Ascheid/Oetker* Rz 7). Insoweit ist die Situation eine **andere** als bei der **Rücknahme** einer zunächst erhobenen Klage (s.u. Rz 79 ff.).

77 An die Möglichkeit der Zulassung einer verspäteten Klage nach § 5 KSchG ist im Rahmen des § 1a KSchG insbes. dann zu denken, wenn dem Arbeitnehmer seitens des Arbeitgebers ein falscher Hinweis, etwa hinsichtlich des maßgebenden Kündigungsgrundes, erteilt wurde (s.o. Rz 53 ff.). Möglich ist es auch, die Abfindung einzuklagen und **hilfsweise** die Zulassung zu beantragen (KDZ-*Kittner* Rz 38). **Dies** hindert die Entstehung des Anspruches **nicht**, weil sich Haupt- und Hilfsantrag widersprechen dürfen (*Thomas/Putzo-Reichold* § 260 Rz 8) und die Zulassung nur **sekundäres** Ziel ist.

5. Verlängerte Anrufungsfrist (§ 6 KSchG)

78 Der Arbeitnehmer ist auch dann **nicht untätig** iSd § 1a Abs. 1 S. 1 KSchG, wenn er innerhalb der Klagefrist von drei Wochen klageweise Ansprüche für die Zeit nach Ablauf der Kündigungsfrist verfolgt und inzident – ausdrücklich oder konkludent – die Unwirksamkeit der im Wege stehenden Kündigung geltend macht. Denn dann hält er sich über § 6 KSchG die Option einer Feststellungsklage nach § 4 S. 1 KSchG offen. Solange entsteht der Abfindungsanspruch nicht. Er ist aufschiebend bedingt (§ 158 Abs. 1 BGB) durch die Rücknahme der Leistungsklage (**aA** wohl *Preis* DB 2004, 70, 75, wonach die **Möglichkeit** der Feststellungsklage dem Anspruch »entgegensteht«).

6. Klagerücknahme

a) Nach Ablauf der Klagefrist

79 Ein Abfindungsanspruch entsteht nicht dadurch, dass eine rechtzeitig erhobene Kündigungsschutzklage nach Ablauf der Klagefrist wieder **zurückgenommen** wird (vgl. *Preis* DB 2004, 70, 75; *Giesen/Besgen* NJW 2004, 185, 188; *Willemsen/Annuß* NJW 2004, 177, 182; *Wolff* BB 2004, 378, 380; ErfK-*Ascheid/Oetker* Rz 4, 7; SPV-*Preis* Rz 1167g; *LAG SA* 28.9.2005 LAGE § 1a KSchG Nr. 2 m. Anm. *Wege* sowie Anm. *Mohnke* AuA 2006, 177). Dem steht der Wortlaut des § 1a Abs. 1 S. 1 KSchG entgegen, nach dem das **Nichterheben** der Kündigungsschutzklage Tatbestandsmerkmal ist. Eine diesbezügliche Klarstellung wie in der Stellungnahme des *BRA* (v. 12.7.2003, S. 16) wäre wünschenswert gewesen. Keine »Erhebung« der Klage iSd § 1a Abs. 1 S. 1 KSchG liegt vor, wenn die Rücknahme **vor** Zustellung (§ 253 Abs. 1 ZPO) erfolgt (*Däubler* NZA 2004, 177, 178; KDZ-*Kittner* Rz 12).

80 Daran ändert sich auch nichts durch § 269 Abs. 3 S. 1 HS. 1 ZPO, wonach dann, wenn die Klage zurückgenommen wird, der Rechtsstreit als nicht anhängig geworden anzusehen ist. Dies würde das gesetzgeberische Ziel konterkarieren, einen Abfindungsanspruch bei betriebsbedingter Kündigung unter Vermeidung einer Anrufung der Gerichte zu begründen. Diesem Ziel widersprechen würde es insbes., wenn etwa der Arbeitnehmer zunächst die Entwicklung des Kündigungsschutzprozesses abwartet und die Klage bei sich abzeichnender Erfolglosigkeit zurücknimmt, um nun doch in den Genuss einer Abfindung zu gelangen. Denn dann wäre der Abfindungsanspruch wieder abhängig vom Kündigungsrechtsstreit und dem voraussichtlichen Obsiegen bzw. Unterliegen seiner Parteien. Um die Beseitigung eben dieser Unwägbarkeiten aber ist es dem Gesetzgeber mit der Schaffung des § 1a KSchG gegangen. Im Übrigen betrifft § 269 Abs. 3 S. 1 Hs. 1 ZPO nur die **Rechtshängigkeit**, die rückwirkend entfällt (*Löwisch* Rz 8). Bei einer rechtsgeschäftlichen Sichtweise des Verfahrens nach § 1a KSchG ergibt

sich das Erlöschen des Abfindungsangebots schon daraus, dass es durch die Klageerhebung abgelehnt (§ 146 BGB) und die Abfindung neu angetragen werden müsste (ähnlich *Bauer/Krieger* NZA 2004, 77, 78 f.). Unbenommen bleibt es den Parteien allerdings, die Zahlung der Abfindung für den Fall und ungeachtet der Klagerücknahme (dennoch) zu verabreden (vgl. *Löwisch* Rz 9). Für **vertragliche** Abfindungszusagen bei Nichterheben einer Klage galten die vorstehenden Grundsätze schon früher (vgl. *LAG SA* 17.6.2003 LAGE § 14 TzBfG Nr. 10b).

b) Klagerücknahme vor Ablauf der Klagefrist

Eine Klagerücknahme **vor** Ablauf der Klagefrist hat ebenfalls und aus denselben Gründen keine den Abfindungshinweis wieder aufleben lassende Wirkung (*Grobys* DB 2003, 2174, 2175; **aA** BBDW-*Bader* Rz. 11). 81

7. Fiktion der Klagerücknahme nach Maßgabe des § 54 Abs. 5 S. 4 ArbGG

Erscheinen oder verhandeln beide Parteien in der Güteverhandlung vor dem Arbeitsgericht nicht, ist nach § 54 Abs. 5 S. 1 ArbGG das Ruhen des Verfahrens anzuordnen. Nach Satz 2 dieses Absatzes ist auf Antrag einer Partei Termin zur streitigen Verhandlung zu bestimmen. Satz 3 desselben Absatzes bestimmt, dass dieser Antrag nur innerhalb von sechs Monaten nach der Güteverhandlung gestellt werden kann. Und nach Satz 4 jenes Absatzes gilt, dass nach Ablauf der Frist § 269 Abs. 3 bis 5 ZPO entsprechend anzuwenden sind. **Dies bedeutet, dass die Klage nach Fristablauf als zurückgenommen und der Rechtsstreit nach § 269 Abs. 3 S. 1 Hs. 1 ZPO als nicht anhängig geworden anzusehen ist.** 82

Auch für diese Fiktion der Klagerücknahme gelten die Ausführungen zur erklärten Klagerücknahme (s.o. Rz 79ff.) entsprechend. Dies bedeutet, dass auch nicht durch ein Herbeiführen der Wirkungen einer Klagerücknahme durch das Unterlassen eines fristgerechten Antrages nach § 54 Abs. 5 S. 3 ArbGG der Abfindungsanspruch nach § 1a KSchG doch noch begründet werden kann, wenn ungeachtet des Arbeitgeberhinweises zunächst geklagt worden war. 83

C. Rechtsfolgen

I. Abfindungsanspruch

1. Abfindung

Die Abfindung ist das **vermögensrechtliche Äquivalent** für die Aufgabe des Arbeitsverhältnisses. Ihr kommt damit eine **Entschädigungsfunktion** zu. Darüber hinaus hat sie **Abgeltungscharakter**, wenn mit der Gewährung des Abfindungsbetrages alle unmittelbaren mit dem Verlust des Arbeitsplatzes verbundenen vermögensrechtlichen und immateriellen Nachteile des Arbeitnehmers abgegolten werden sollen (Einzelheiten mit Nachw. d. entspr. Rspr. des *BAG* KR-*Spilger* § 10 KSchG Rz. 11). Gerichtet ist der Anspruch auf eine **Geldleistung**. 84

2. Rechtsnatur

Der Abfindungsanspruch nach § 1a KSchG ist ein gesetzlicher Anspruch (s.o. Rz 6). 85

3. Entstehenszeitpunkt

a) Ablauf der Kündigungsfrist

Der Abfindungsanspruch nach § 1a KSchG entsteht nach Abs. 1 S. 1 der Regelung »mit dem Ablauf der Kündigungsfrist«. Es handelt sich mithin nicht lediglich um eine Regelung der Fälligkeit (zu **ihr** Rz 99; **hM**, *Giesen/Besgen* NJW 2004, 185, 186; *Willemsen/Annuß* NJW 2004, 177, 181; *Preis* DB 2004, 70, 72; *Bader* NZA 2004, 65, 71; *Wolff* BB 2004, 378, 381; *Däubler* NZA 2004, 177, 178; HWK-*Quecke* Rz 19; *Dornbusch/Wolff* Rz 19; MünchKomm-*Hergenröder* Rz 20; *Schaub / Linck* § 132 Rz 65; SPV-*Preis* Rz 1167e; *ArbG Siegen* 9.6.2005 NZA 2005, 935; *LAG Hamm* 8.11.2005 LAGE § 1a KSchG Nr. 3; **aA** ErfK-*Ascheid/Oetker* Rz 10: Entstehen mit Ablauf der 3-Wochen-Frist des § 4 S. 1 KSchG; ebenso *Löwisch* Rz 22, weil der Arbeitnehmer mit dem Klageverzicht seine Gegenleistung erbracht habe). Die Frist berechnet sich nach §§ 187 Abs. 1, 188 Abs. 2 BGB (Einzelheiten KR-*Spilger* § 622 BGB Rz 121 – 139), nicht aber gilt § 193 BGB (KR-*Spilger* § 622 BGB Rz 139 mN; **aA** ErfK-*Ascheid/Oetker* Rz 10), so dass der Anspruch am ersten Tage (oder, bei stundenweiser Kündigungsfrist oder bei ordentlicher entfristeter Kündigung – etwa aufgrund tariflicher Regelung – in der nächsten Stunde bzw. sofort nach Zugang) nach Ablauf (oder, bei 86

§ 1a KSchG   Abfindungsanspruch bei betriebsbedingter Kündigung

Entfristung, nach Zugang) entstanden ist. Bis dahin trägt der Arbeitnehmer das **Insolvenzrisiko**, hat aber wohl eine – wenn auch nicht vererbliche (Rz 98) – **Anwartschaft** (BBDW-*Bader* Rz 14) und kann Vorausabtretung vornehmen (Rz 91).

87 Maßgebend ist die **gesetzliche**, die **tarifvertragliche** oder die **einzelvertragliche** Kündigungsfrist (der Zeitpunkt der rechtlich zutreffenden Beendigung des Arbeitsverhältnisses: SPV-*Preis* Rz 1167j), die einzelvertragliche auch dann, wenn (zulässigerweise, § 622 Abs. 5 und 6 BGB) erst mit Blick auf die auszusprechende Kündigung abgemacht.

88 Ist mit **unzureichender** Frist gekündigt worden, entsteht der Anspruch erst mit Ablauf der **zutreffenden** Kündigungsfrist (*Bauer/Krieger* NZA 2004, 77; **s.a. Rz 121**). Macht der Kündigende nicht von der Möglichkeit einer Kündigung zum nächst zulässigen, sondern in zulässiger Weise zu einem später gelegenen (zulässigen) Kündigungstermin Gebrauch, entsteht die Abfindung mit dem Ablauf der sich somit ergebenden (im Ergebnis gewählten) Kündigungsfrist.

89 Zum Ende des Arbeitsverhältnisses vor Ablauf der Kündigungsfrist (insbes. **fristlose Kündigung** oder **Tod des Arbeitnehmers** nach zunächst ordentlicher Kündigung und Arbeitgeberhinweis s.u. Rz 121).

b) Maßgebender Zeitpunkt bei Auslauffrist

90 Bei einer (hier befürworteten, o. Rz 25) Anwendung des § 1a KSchG auch auf die außerordentliche betriebsbedingte Kündigung tarifvertraglich oder einzelvertraglich »unkündbarer« Arbeitnehmer entsteht der Abfindungsanspruch **mit Ablauf der bei einer derartigen Kündigung zu wahrenden Auslauffrist (so auch BBDW-Bader Rz 7)**. Diese wird idR der Kündigungsfrist entsprechen, die im Falle der ordentlichen Kündbarkeit des Arbeitsverhältnisses bei Ausspruch einer ordentlichen Kündigungsfrist zu wahren sein würde.

c) Ablauf der Kündigungsfrist vor Ablauf der Klagefrist

90a Der Ablauf der **Klagefrist** bleibt auch dann tatbestandliche Voraussetzung für das Entstehen des Anspruches, wenn die maßgebende **Kündigungsfrist** (zB aufgrund tariflicher Regelung) kürzer als die Klagefrist ist.

4. Abtretbarkeit

91 Mit seiner Entstehung ist der Abfindungsanspruch **abtretbar**. Dem steht der Entschädigungscharakter nicht entgegen. Denn durch die Abtretung ändert sich der Forderungsinhalt nicht (§ 399 BGB). Dieser bleibt **vermögensrechtlicher** Natur, da auf eine **Geldleistung** gerichtet. Eine **Vorausabtretung** ist möglich, weil die Abfindungsforderung bereits vor ihrer Entstehung nach Grund, Schuldner sowie Höhe bezeichnet werden kann (vgl. auch KR-*Spilger* § 10 KSchG Rz 15 mwN).

5. Aufrechnung

92 Wegen der grds. bestehenden Pfändbarkeit der Abfindungsforderung (vgl. Rz 93 ff.) kann seitens des Arbeitgebers die **Aufrechnung** mit Gegenansprüchen erklärt werden. Das Aufrechnungsverbot nach § 394 BGB, wonach eine Aufrechnung gegenüber einer unpfändbaren Forderung unzulässig ist, greift allerdings dann ein, wenn das **Vollstreckungsgericht** auf den entsprechenden Pfändungsschutzantrag des Arbeitnehmers hin einen Teil der Abfindung nach § 850i ZPO für unpfändbar zu erklären **hätte** (vgl. dazu Rz 95). Im letztgenannten Fall ist die Aufrechnung mit Gegenansprüchen des Arbeitgebers in Höhe des unpfändbaren Teils der Abfindung ausgeschlossen. Im Rahmen einer Prozessaufrechnung vor **Gerichten für Arbeitssachen** obliegt die Ermittlung des unpfändbaren Teils der Abfindung dem **Prozessgericht**. Zwar ist die Zuständigkeit der Vollstreckungsgerichte eine ausschließliche (§ 802 ZPO) Zuständigkeit der **Amtsgerichte** (§ 764 ZPO). **Deren** Zuständigkeit ist aber nur für die Mitwirkung bei **Vollstreckungshandlungen** vorgesehen (§ 764 Abs. 1 ZPO), worunter die **Prozessaufrechnung** jedoch nicht fällt. Deshalb entscheidet das **Arbeitsgericht** auch über die Höhe des unpfändbaren Teils der Abfindung. Dies ergibt sich übrigens auch positiv aus der Regelung in § 17 Abs. 2 S. 2 GVG, wonach das Gericht des zulässigen Rechtswegs den Rechtsstreit unter **allen** in Betracht kommenden rechtlichen Gesichtspunkten entscheidet. Eine Verrechnung von Betriebsrenten-Ansprüchen mit Abfindungen nach § 1a KSchG jedoch ist aufgrund § 3 BetrAVG iVm § 134 BGB nichtig (vgl. *BAG* 24.3.1998 EzA § 3 BetrAVG Nr. 5).

6. Pfändbarkeit

Die nach § 1a KSchG zu zahlende Abfindung ist »**Arbeitseinkommen**« iSd § 850 ZPO. Der in § 850 ZPO verwandte Begriff des »Arbeitseinkommens« umfasst nicht nur den eigentlichen Arbeitslohn, sondern auch alle sonstigen sich aus dem Arbeitsverhältnis ergebenden Entgeltansprüche des Arbeitnehmers. Die Abfindung nach § 1a KSchG ist zwar kein **unmittelbares** Arbeitsentgelt, sondern eine Entschädigung dafür, dass der Arbeitnehmer seinen Arbeitsplatz verliert, obzwar der Kündigungsgrund keiner gerichtlichen Kontrolle unterzogen wurde. Sie dient aber – wie sonstige Geldleistungen des Arbeitgebers aus dem Arbeitsverhältnis – idR der Sicherung des Lebensunterhalts des Arbeitnehmers und seiner Familie. 93

Die rechtliche Einordnung der Abfindung als »Arbeitseinkommen« iSd § 850 ZPO hat zur Folge, dass ein formularmäßig erlassener **Pfändungs- und Überweisungsbeschluss** auch die Abfindung nach § 1a KSchG erfasst. 94

Für die Abfindung nach § 1a KSchG gelten allerdings **nicht** die Pfändungsgrenzen des § 850c ZPO, da es sich insoweit nicht um Arbeitseinkommen handelt, das für einen »**fest umrissenen Zeitraum**« gezahlt wird. Die Abfindung nach § 1a KSchG stellt eine »**nicht wiederkehrend zahlbare Vergütung**« iSv § 850i ZPO dar (wegen der Rechtsfolgen s. KR-*Spilger* § 10 KSchG Rz 17). 95

7. Prozesskostenhilfe

Aus der Einordnung der Abfindung als Arbeitseinkommen folgt auch, dass es sich dabei **nicht um Vermögen** handelt, das **als solches** im Prozesskostenhilfe-Verfahren einzusetzen wäre. **Berücksichtigungsfähig** ist die Abfindung allerdings im Rahmen der Berechnung des einzusetzenden **Einkommens**, weil der Arbeitnehmer nach Zufluss frei verfügen kann (**aA** *BAG* 22.12.2003 – 2 AZB 23/03 – nur RVGreport 2004, 196: »kein zeitraumbezogenes Einkommen, sondern Vermögensbestandteil«, ebenso die dort nachgewiesene überwiegende Meinung in Rspr. und Lit.; jetzt auch *BAG* 24.4.2006 EzA-SD 2006 Nr. 11, 12). S. näher KR-*Spilger* § 10 KSchG Rz 17a. 96

8. Vererblichkeit

Der Abfindungsanspruch ist ab dem Zeitpunkt seines Entstehens (s.o. Rz 86ff.) **vererblich**. Denn er ist auf eine **Geldleistung** gerichtet und nicht höchstpersönlicher Natur. 97

Voraussetzung der Vererblichkeit ist, dass der Arbeitnehmer das Entstehen des Abfindungsanspruchs **erlebt** (vgl. *Giesen/Besgen* NJW 2004, 185, 186). Das ist im Falle des Todes des Arbeitnehmers **vor** Ablauf der **Kündigungsfrist** (= Entstehungsvoraussetzung) nicht der Fall (vgl. *LAG Hamm* 8.11.2005 LAGE § 1a KSchG Nr. 3). Wegen § 613 S. 1 BGB, wonach die Arbeit im Zweifel in Person zu leisten ist, **endet** das Arbeitsverhältnis (im Todesfalle), weswegen es nicht mehr zum anspruchsbegründenden Ablauf der Kündigungsfrist kommt. Vererblich ist **in dieser** Situation auch nicht eine irgendwie geartete »Abfindungs-**Anwartschaft**« (wohl auch BBDW-*Bader* Rz. 14; *ders.* NZA 2004, 65, 71). Entsprechendes gilt, wenn der Arbeitnehmer vor Ablauf der **Klagefrist** verstirbt. Hier kann die Klageerhebung von ihm nicht mehr unterlassen werden (*Bauer/Krieger* NZA 2004, 77). 98

9. Fälligkeit

Der Abfindungsanspruch wird **mit** seiner **Entstehung** (s.o. Rz 86ff.) fällig (ebenso SPV-*Preis* Rz 1167l). Die (einseitige) Bestimmung einer **späteren** Leistungszeit durch den Arbeitgeber ist unbeachtlich. **Möglich** ist aber die Bestimmung einer **späteren** Leistungszeit **nach** Entstehen des Anspruchs durch Parteivereinbarung (vgl. § 271 Abs. 1 BGB; *Wolff* BB 2004, 378, 381). 99

10. Verzug und Verzögerungsschaden

Einer **verzugsbegründenden** Mahnung bedarf es **nicht**. Denn für die Leistung ist eine **Zeit nach dem Kalender** dadurch bestimmt (bestimmbar), § 286 Abs. 2 Nr. 1 BGB, dass der Anspruch nach dem Vorstehenden **mit seinem Entstehen** fällig wird, was sich nach dem berechenbaren Ablauf der Kündigungsfrist richtet (vgl. BBDW-*Bader* Rz 14a). Mit Ablauf des Fälligkeitstages ist ein **Verzögerungsschaden** nach Maßgabe der §§ 280 Abs. 1, 2, 286 BGB zu ersetzen. 100

11. Verzinsung

101 **Verzugszinsen** sind mit Ablauf des Fälligkeitstages des Abfindungsanspruchs zu entrichten. Einer verzugsbegründenden Mahnung bedarf es nicht. Denn für die Leistung der Abfindung ist eine Zeit nach dem Kalender dadurch bestimmt (bestimmbar), § 286 Abs. 2 Nr. 1 BGB, dass der Anspruch nach dem Vorstehenden **mit seinem Entstehen** fällig wird, was sich nach dem berechenbaren Ablauf der Kündigungsfrist richtet (vgl. Rz 100) und, wenn diese kürzer als die Klagefrist sein sollte (Rz 90a), nach **deren ebenfalls** berechenbaren Ablauf.

12. Insolvenz

102 In der **Insolvenz** des Arbeitgebers stellt die **entstandene** Abfindungsforderung eine **Insolvenzforderung** nach §§ 38, 108 Abs. 2 InsO dar. Mangels Einbeziehung in § 124 InsO (Sozialplan vor Verfahrenseröffnung, vgl. *Löwisch* NZA 2003, 689, 694) gibt es weder die dort vorgesehene Widerrufsmöglichkeit noch kann der Arbeitnehmer bei der Aufstellung eines Sozialplanes im Insolvenzverfahren berücksichtigt werden. Der Arbeitnehmer, der nicht geklagt hat, trägt also das **Insolvenzrisiko**. Bei Fälligkeit des Anspruches **nach** Insolvenzantrag und **vor** Verfahrenseröffnung bliebe nur der Versuch einer **Besicherung**, die aber aus praktischen und/oder rechtlichen Gründen (Zustimmung des vorl. Verwalters zur Sicherungsmaßnahme, Anfechtbarkeit) höchst unsicher ist (vgl. *Eichholz/Schmittmann* ZInsO 2004, 409, 411). Das bloße Entstehen des Anspruches **nach** Eröffnung begründet weder eine Masseverbindlichkeit nach § 55 Abs. 1 Nr. 1 noch Nr. 2 InsO, da die Verbindlichkeit weder durch »Handlungen des Verwalters« begründet wurde noch aus einem »gegenseitigen Vertrag« resultiert (*Eichholz/Schmittmann* aaO, 411 f.).

103 Um eine **Masseverbindlichkeit** nach § 55 Abs. 1 Nr. 1 InsO handelt es sich allerdings, wenn der **Insolvenzverwalter** den Abfindungsanspruch ausgelöst hat, also **er** wegen dringender betrieblicher Erfordernisse gekündigt und hierauf sowie auf einen Abfindungsanspruch im Falle des Verstreichenlassens der Klagefrist hingewiesen hat (vgl. *Maschmann* AuA 2003, 6, 11; zur Abfindung aus Prozessvergleich mit dem den Kündigungsrechtsstreit gegen den Schuldner fortsetzenden Verwalter vgl. BAG 12.6.2002 NZA 2002, 974).

104 **Wiederholt der Insolvenzverwalter** die Kündigung **ohne neuen Grund allein**, um die – je nach Sachlage – günstigere Kündigungsfrist gem. § 113 S. 2 InsO zu nutzen (vgl. BAG 22.5.2003 EzA § 113 InsO Nr. 12), wirkt sich das nur auf die **Frist**, **nicht** auf den – noch durch den Schuldner zur Entstehung gebrachten (entstehenden) – Abfindungsanspruch aus (**aA** *Nägele* ArbB 2003, 274, 275). Denn dann geht es der Sache nach nur um eine Fristverkürzung. Auch die Folgekündigung des Verwalters darf dann allerdings nicht gerichtlich angegriffen werden.

13. Familienrecht

105 Lebt der Arbeitnehmer im Güterstand der **Zugewinngemeinschaft** nach § 1363 BGB, so tritt gem. § 1384 BGB bei Ehescheidung für die Berechnung des Zugewinns nach § 1373 BGB anstelle der Beendigung des Güterstandes der Zeitpunkt der Rechtshängigkeit des Scheidungsantrages (§§ 253, 622 ZPO). Bewertungsstichtag für das **Endvermögen** (§ 1365 BGB) ist dabei der **Tag der Zustellung des Scheidungsantrages**. Dies verhindert, dass der ausgleichspflichtige Ehegatte den Zugewinn zum Nachteil des anderen während des Scheidungsverfahrens verringert. Da auch **Forderungen** zum Vermögen gehören, unterliegt eine bereits vor dem Stichtag entstandene **Abfindung** dem Zugewinnausgleich (offen gelassen von *BGH* 21.4.2004 NJW 2004, 2675, 2676). Dies ist unabhängig davon, ob die Abfindung vor oder nach dem Stichtag **ausbezahlt** wird. Entsteht der Anspruch auf die Abfindung hingegen **danach**, ist sie nicht ausgleichspflichtig. Sie kann aber bei der Berechnung des **nachehelichen Unterhalts** zu berücksichtigen sein (*Bauer* Abfindungen und Alternativen, in: Arbeitsrecht 1999, Tagungsband zum RWS-Forum, S. 276).

106 Die familiengerichtliche Rechtsprechung behandelt Abfindungen **unterhaltsrechtlich** als Einkommen, **güterrechtlich** hingegen als **Vermögen** (s. *Klingelhöffer* BB 1997, 2216).

14. Erlass

107 Die Abfindung kann **nach Entstehen** des darauf gerichteten Anspruchs **erlassen** werden. Dem steht nicht entgegen, dass es sich um einen **gesetzlichen** Anspruch handelt. Denn der Arbeitnehmer könnte **nach** ausgesprochener Kündigung die Klagefrist für die Erhebung einer Kündigungsschutzklage selbst

dann verstreichen lassen, wenn er vom Arbeitgeber **nicht** auf einen Abfindungsanspruch und dessen Voraussetzungen hingewiesen worden wäre. Sogar auf den Kündigungsschutz hätte er vertraglich verzichten können (s. KR-*Friedrich* § 4 KSchG Rz 296 ff.). **Nicht** möglich ist nach Auffassung von *Altenburg/ Reufels/Leister* (NZA 2006, 71, 74 ff.) ein Verzicht auf den noch **in seiner Entstehung** befindlichen (nur noch vom Ablauf der Kündigungsfrist abhängigen) Anspruch. Aus § 1a KSchG lässt sich ein entsprechendes gesetzliches Verbot (§ 134 BGB) jedoch mE nicht herleiten, solange der Verzicht mit einer Gegenleistung des Arbeitgebers einhergeht (so jedenfalls der Beispielsfall der Autoren, aaO, 71). Als Maßstab in dieser Situation böte sich **§ 138 Abs. 2 BGB** an, bei dessen Auslegung auf den Normzweck des § 1a KSchG, einen »fairen« Interessenausgleich zu ermöglichen (Rz 10), rekurriert werden könnte.

Nicht möglich ist allerdings der **antizipierte** Verzicht auf einen Abfindungsanspruch für den Fall, dass 108 seitens des Arbeitgebers auf diesen und seine Voraussetzungen hingewiesen werden sollte. Denn dadurch würde sich der Arbeitnehmer noch **vor** Anspruchsentstehung einer gesetzlich eingeräumten Wahlmöglichkeit zwischen Kündigungsschutzklage und Abfindungsanspruch begeben.

15. Tarifliche Ausschlussfristen, Abgeltungsklauseln und Ausgleichsquittungen

Tarifvertragliche Ausschlussfristen, wonach Ansprüche auf Vergütung sowie alle sonstigen Ansprü- 109 che aus dem Arbeitsverhältnis verfallen, wenn diese nicht innerhalb eines bestimmten Zeitraums nach Fälligkeit dem anderen Vertragspartner gegenüber schriftlich geltend gemacht worden sind, erfassen **keine** Abfindungen nach § 1a KSchG (**aA** BBDW-*Bader* Rz. 16; *ders.* NZA 2004, 65, 72; *Maschmann* AuA 2003, 6, 11; *Meixner* ZAP 2004, 81, 91). Denn mit dem Ablauf der Kündigungsfrist besteht hinsichtlich der Zahlungsverpflichtung des Arbeitgebers Rechtsklarheit. Es wäre zumindest treuwidrig, wenn sich der Arbeitgeber der **aus seinem eigenen Ansinnen** resultierenden Abfindungspflicht entziehen wollte. Insoweit verhält es sich nicht anders als bei einem **unstreitig** gestellten oder **anerkannten** Anspruch gerade zum Ende des Arbeitsverhältnisses.

Abgeltungsklauseln und **Ausgleichsquittungen** anlässlich einer Beendigung des Arbeitsverhältnis- 110 ses betreffen in aller Regel nicht Abfindungen nach § 1a KSchG, **die gerade für die Aufgabe des Arbeitsplatzes** »angeboten« wurden.

16. Verjährung

Abfindungsansprüche unterliegen der **regelmäßigen** Verjährungsfrist von drei Jahren nach § 195 BGB 111 (*Maschmann* AuA 2003, 6, 11). Diese (regelmäßige) Verjährungsfrist beginnt nach § 199 Abs. 1 BGB mit dem Schluss des Jahres, in dem der Anspruch entstanden ist und der Arbeitnehmer von den Anspruch begründenden Umständen und der Person des verpflichteten Arbeitgebers Kenntnis erlangt oder ohne grobe Fahrlässigkeit erlangen müsste. Aufgrund der **Hinweispflicht** nach § 1a Abs. 1 S. 2 KSchG wird das Erlangen der Kenntnis iSd § 199 Abs. 1 BGB in aller Regel anzunehmen sein (ebenso SPV-*Preis* Rz 1167l).

Die für **Schadensersatzansprüche** vorgesehenen Höchstfristen nach § 199 BGB finden auf Abfin- 112 dungsansprüche nach § 1a KSchG keine Anwendung, weil es sich hierbei nicht um Schadensersatzansprüche handelt.

17. Rücktritt wegen nicht oder nicht vertragsgemäß erbrachter Leistung (§ 323 BGB)?

Leistet der Arbeitgeber die Abfindung nicht oder nicht rechtzeitig, löst dies **nicht** das Rücktrittsrecht 113 nach § 323 BGB aus. § 323 BGB ist nur auf einen **gegenseitigen Vertrag** anwendbar, also etwa auf eine Ausscheidensvereinbarung, in der der Arbeitsplatz für die Abfindung aufgegeben wird. Bei dem »Verfahren« nach § 1a KSchG handelt es sich jedoch nicht schon um einen Vertrag, sondern um den einen **gesetzlichen** Anspruch auslösenden Vorgang (s.o. Rz 6, 85). Damit fehlt – anders als bei einer Ausscheidensvereinbarung – ein enormes Druckmittel zur Erlangung der Abfindung (Drohung mit dem nach § 323 BGB **verschuldensfrei** möglichen Rücktritt und damit mit der Fortsetzung des Arbeitsverhältnisses – aus Arbeitgebersicht übrigens eine weitere Schwäche der Vorschrift!).

18. Veränderung der anspruchsbegründenden Umstände

a) Betriebsübergang

Kommt es nach Arbeitgeberhinweis gem. § 1a Abs. 1 S. 2 KSchG während des Laufes der Kündigungs- 114 frist zu einem Betriebsübergang iSd § 613a Abs. 1 S. 1 BGB, **ist zu unterscheiden**:

115 Kommt es auch zu einem Übergang des Arbeitsverhältnisses, entsteht der noch vom früheren Arbeitgeber ausgelöste Abfindungsanspruch nicht mehr gegen diesen, sondern gegen den neuen Inhaber. Denn Entstehenszeitpunkt für den Abfindungsanspruch nach § 1a KSchG ist der Ablauf der Kündigungsfrist, welche sich aber (erst) bei dem **neuen** Inhaber verwirklicht. Rechtsgrund ist dafür § 613a Abs. 1 S. 1 BGB. Eine **Mithaftung des bisherigen Arbeitgebers** nach § 613a Abs. 2 S. 1 BGB tritt **nicht** ein, weil sie sich nur auf Verpflichtungen bezieht, die **vor** dem Zeitpunkt des Übergangs »entstanden« sind. Der bloße Arbeitgeberhinweis nach § 1a Abs. 1 S. 2 KSchG begründet die Entstehung der Verpflichtung jedoch erst mit Ablauf der Kündigungsfrist. Das Arbeitsverhältnis endet also (erst) bei dem neuen Betriebsinhaber unter Entstehen des Abfindungsanspruchs. Auch hier ist aber Voraussetzung, dass der Arbeitnehmer die Klagefrist verstreichen lässt. Erhebt der Arbeitnehmer **Kündigungsschutzklage gegen den neuen Inhaber**, obwohl die Kündigung nicht von diesem herrührt, entsteht der Anspruch ebenso wenig wie bei einer gegen den **früheren** Arbeitgeber gerichteten Klage. Denn dann kommt es zu einem Kündigungsrechtsstreit (wenn auch gegen die falsche Partei), was § 1a KSchG aber gerade vermeiden will.

116 **Widerspricht** der Arbeitnehmer dem Übergang seines Arbeitsverhältnisses – wirksam – nach Maßgabe des § 613a Abs. 6 BGB (oder liegt in Wahrheit kein Betriebsübergang vor), endet dieses nicht bei dem neuen Betriebsinhaber, sondern bei dem alten Arbeitgeber. **Dieser** wird mithin auch Schuldner der Abfindung.

b) Wiedereinstellungsanspruch

117 Macht der Arbeitnehmer nach erfolgter Kündigung vor oder nach Ablauf der Klagefrist wegen den Kündigungsgrund verändernder Umstände **erfolgreich** (entgegenstehen kann allerdings die Annahme oder das Einfordern der Abfindung; zum Abfindungsvergleich BAG 28.6.2000 EzA § 1 KSchG Wiedereinstellungsanspruch Nr. 5; HWK-*Quecke* Rz 17) klageweise einen **Wiedereinstellungsanspruch** (vgl. iE KR-*Griebeling* § 1 KSchG Rz 729 ff.) geltend, ist zu unterscheiden:

118 Geschieht dies noch **binnen der Kündigungsfrist**, kann die Abfindung bei Ablauf der Kündigungsfrist nicht verlangt werden. Zwar setzt ein Wiedereinstellungsanspruch gerade **keine** unwirksame Kündigung bzw. das **fehlende Geltendmachen ihrer Unwirksamkeit** (§ 1a Abs. 1 S. 1 KSchG) voraus, sondern eben eine **nachträgliche** Veränderung des Kündigungsgrundes. Damit kann das Arbeitsverhältnis an sich mit Ablauf der Kündigungsfrist enden. Es widerspricht jedoch dem **Grundsatz von Treu und Glauben** (§ 242 BGB), wenn der Arbeitnehmer mit dem Wiedereinstellungsanspruch im Ergebnis den ununterbrochenen Fortbestand des Arbeitsverhältnisses erstrebt und gleichwohl eine Kündigungsabfindung beansprucht, die (nur) für den Fall der **Beendigung** des Arbeitsverhältnisses vorgesehen ist.

119 Entsprechendes gilt, wenn der Arbeitnehmer einen Wiedereinstellungsanspruch **nach Ablauf der Kündigungsfrist** geltend macht. Hier kann eine nach Ablauf der Kündigungsfrist entstandene Abfindung aus den vorstehenden Gründen nicht gefordert werden; eine bereits geleistete Abfindung ist zurückzugewähren (§ 812 Abs. 1 S. 2 Alt. 1 BGB: Wegfall des rechtlichen Grundes; aA *Rolfs* ZIP 2004, 333, 339 und ErfK-*Ascheid/Oetker*: Rücktrittsrecht des Arbeitgebers). Denkbar ist allenfalls, dass der Arbeitnehmer im Falle einer zwischenzeitlichen **Unterbrechung** des Arbeitsverhältnisses einen **Teilbetrag** beanspruchen kann bzw. behalten darf. Dies wird im Wesentlichen davon abhängen, wann sich die den Ausspruch der Kündigung bedingenden Umstände (noch während der Kündigungsfrist, nach deren Ablauf, ggf. nach welcher Zeit) geändert haben.

c) Störung der Geschäftsgrundlage (§ 313 BGB)/Irrtum über die Vergleichsgrundlage (§ 779 BGB)

120 Die Regelungen über die Störung der Geschäftsgrundlage bei **Verträgen** (§ 313 BGB) finden auf das Verfahren nach § 1a KSchG keine Anwendung, da **kein Vertrag** (s.o. Rz 36ff.). Deshalb kann auch keine Abfindungsanpassung nach § 313 Abs. 1 oder Abs. 2 BGB verlangt werden oder ein Rücktrittsrecht nach § 313 Abs. 3 S. 1 BGB ausgeübt werden. Ohne Einfluss auf den Abfindungsanspruch bleibt es mithin, wenn der (ohnehin nur geltend zu machende [s.o. Rz 31]) Kündigungsgrund wegfällt (etwa weil eine Betriebsschließung durch Betriebsveräußerung vermieden werden kann). Unanwendbar ist auch § 779 BGB betr. den Irrtum über die Vergleichsgrundlage. Denn auch danach ist ein **Vertrag** vorausgesetzt (zum Vorstehenden aA *Löwisch* Rz 13).

d) Ende des Arbeitsverhältnisses vor Ablauf der Kündigungsfrist, der Klagefrist oder aufgrund neuen Beendigungstatbestandes

Verkürzen die **Parteien** nach Kündigung und Arbeitgeberhinweis die **Kündigungsfrist**, berührt dies 121 den Abfindungsanspruch im Zweifel nicht (ob damit [gleichzeitig] der Entstehenszeitpunkt des Abfindungsanspruches vorverlegt werden soll, ist Auslegungsfrage). Etwas anderes ist es, wenn das Arbeitsverhältnis vor Ablauf der Kündigungsfrist (oder der Klagefrist nach Ablauf einer kürzeren Kündigungsfrist, vgl. *Bauer/Krieger* NZA 2004, 77) oder zu deren Ablauf aufgrund eines **anderen Beendigungstatbestandes**, etwa aufgrund einer verhaltensbedingten außerordentlichen Arbeitgeberkündigung oder infolge Todes des Arbeitnehmers (§ 613 S. 1 BGB; *Giesen/Besgen* NJW 2004, 185, 186; *Wolff* BB 2004, 378, 381) oder einer von ihm selbst erklärten Kündigung (sog. Eigenkündigung) endet (zum Tod des Arbeitgebers, der natürliche Person ist s. Rz 43; zum Tod des Arbeitnehmers s. Rz 98 sowie *LAG Hamm* 8.11.2005 LAGE § 1a KSchG Nr. 3). Bei einer derartigen »Überholung« der Kündigungsfrist oder/und des Kündigungsgrundes kommt es nicht mehr zu der aufgrund dringender betrieblicher Erfordernisse heraus intendierten fristgerechten Beendigung des Arbeitsverhältnisses. Auch das Verfahren nach § 1a KSchG ist gewissermaßen überholt, so dass hieraus kein Abfindungsanspruch (mehr) entstehen kann. Eines Rückgriffs auf die (ohnehin nicht anwendbare, Rz 120) Regelung über die Störung der Geschäftsgrundlage bedarf es zur Begründung dieses Ergebnisses nicht; maßgebend ist vielmehr, dass die iRd Verfahrens nach § 1a KSchG in Lauf gesetzte Kündigungsfrist nicht mehr **kausal** zur Beendigung des Arbeitsverhältnisses führt. Endet das Arbeitsverhältnis aufgrund kurzer Kündigungsfrist vor Ablauf der Klagefrist, entsteht der Abfindungsanspruch mit Ablauf der Klagefrist (s. Rz 86 ff., 90a), es sei denn, der Arbeitnehmer stürbe vorher; denn dann kann er nicht mehr die Erhebung einer Kündigungsschutzklage unterlassen; eine durch den Erben erhobene Klage ginge ins Leere (*BAG* 15.12.1960 AP Nr. 21 zu § 3 KSchG; *Löwisch* Rz 10). Setzen die Parteien hingegen **einvernehmlich** einen **neuen Beendigungstatbestand**, schließen sie etwa einen das Arbeitsverhältnis vor Ablauf der laufenden Kündigungsfrist beendenden **Aufhebungsvertrag**, ist die Situation keine andere als die der einvernehmlichen Verkürzung der Kündigungsfrist. Im Zweifel soll hierdurch das in Gang gesetzte Entstehen des Abfindungsanspruchs aus § 1a KSchG nicht abgebrochen werden, so nicht gerade auch eine Neuregelung der Abfindung erfolgt. Demgegenüber soll nach der **Gesetzesbegründung** der Abfindungsanspruch **nicht** entstehen, wenn das Arbeitsverhältnis zu einem früheren Zeitpunkt (vor Ablauf der Kündigungsfrist) beendet wird, »insbesondere (Hervorhebung durch Autor) durch eine fristlose Kündigung aus wichtigem Grund« (BT-Drs. 15/1204, S. 12).

Wiederholt ein Insolvenzverwalter die Kündigung **ohne neuen Grund** allein, um die – je nach Sach- 122 lage – günstigere Kündigungsfrist gem. § 113 S. 2 InsO zu nutzen (vgl. *BAG* 22.5.2003 EzA § 113 InsO Nr. 12), wirkt sich das nur auf den Beendigungszeitpunkt, nicht auf einen noch durch den Schuldner zur Entstehung gebrachten (entstehenden) Abfindungsanspruch aus (näher Rz 104).

e) (Vorsorgliche) Kündigung; Folgekündigung; wiederholter Arbeitgeberhinweis

Eine (vorsorglich) erklärte Kündigung **ohne** Arbeitgeberhinweis nach § 1a Abs. 1 S. 2 KSchG unter- 123 bricht ein bereits in Gang gesetztes Verfahren nach § 1a KSchG **nicht** und **beseitigt** in Sonderheit einen bereits **entstandenen** Abfindungsanspruch **nicht rückwirkend**. Anders ist dies nur, wenn die Kündigung das Arbeitsverhältnis **vor** Ablauf der durch die Erstkündigung in Lauf gesetzten Kündigungsfrist beenden sollte. Fällt der **Kündigungstermin zusammen**, kann dies das Entstehen des Anspruchs nicht mehr verhindern.

Entsprechendes gilt für eine später zugehende **Folgekündigung** ohne Arbeitgeberhinweis. Enthält 124 nach vorhergehender Kündigung erstmals die Folgekündigung den Arbeitgeberhinweis, ist dieser im Zweifel nur für den Fall der Unwirksamkeit der Erstkündigung erteilt. Ist der Kündigungstermin jedoch derselbe und wird Klage gegen beide Kündigungen unterlassen, entsteht der Abfindungsanspruch.

Wird der **Arbeitgeberhinweis** im Zusammenhang mit einer vorsorglichen Kündigung oder einer Fol- 125 gekündigung **wiederholt**, entsteht der Abfindungsanspruch selbst dann nicht nochmals (zusätzlich), wenn der Kündigungstermin mit demjenigen der Erstkündigung zusammenfällt. Denn im Zweifel geht es bei einer vorsorglichen Kündigung oder einer Folgekündigung lediglich um die Korrektur eines möglichen Wirksamkeitsmangels der Erstkündigung, so dass dem wiederholten Arbeitgeberhinweis nur deklaratorische Bedeutung zukommt.

II. Höhe

1. Gesetzliche Höhe

126 Die **Höhe** der Abfindung beträgt nach § 1a Abs. 2 KSchG **0,5 Monatsverdienste für jedes Jahr (nicht: Kalenderjahr)** des Bestehens des Arbeitsverhältnisses, **wobei § 10 Abs. 3 KSchG entsprechend gilt**. Die Bestimmung einer **Höchstgrenze** wie in § 10 Abs. 2 S. 1 KSchG **fehlt**. Bei der Ermittlung der Dauer des Arbeitsverhältnisses ist dabei ein Zeitraum von mehr als sechs Monaten auf ein volles Jahr **aufzurunden** (bei **darunter** liegendem Zeitraum ist **keine Abrundung** statthaft).

127 Die Höhe ist für den Arbeitgeber nicht disponibel. Ein etwaiger Hinweis darauf, dass zwar eine Abfindung beansprucht werden könne, diese aber lediglich eine die gesetzliche unterschreitende Höhe habe, ist unbeachtlich. Ein derartiger einschränkender Hinweis des Arbeitgebers führt auch nicht dazu, dass **kein** Abfindungsanspruch entsteht. Denn der Hinweis des Arbeitgebers nach § 1a Abs. 1 S. 2 KSchG hat sich zur Höhe der Abfindung nicht zu verhalten. Ausführungen zur Höhe können Bedeutung lediglich dann erlangen, wenn der Arbeitgeber ersichtlich nicht das den Abfindungsanspruch nach § 1a Abs. 1 KSchG auslösende Verfahren hat wählen, sondern den Abschluss eines Aufhebungs- oder Abwicklungsvertrages unter Angebot einer Abfindungszahlung hat antragen wollen. Beachtlich sein kann eine Äußerung des Arbeitgebers zur Höhe der Abfindung ferner dann, wenn er eine die gesetzlich vorgesehene Höhe überschreitende Abfindung anbietet. Insofern ist durch Auslegung zu ermitteln, ob ein entsprechender Aufstockungsbetrag zugesagt werden sollte. Dazu wird sich der Arbeitnehmer aufgrund § 151 S. 1 BGB uU nicht besonders erklären müssen (vgl. o. Rz 39). Zu Einzelheiten der Folgen eines Hinweises auf eine von § 1a Abs. 2 KSchG abweichende Abfindungshöhe s. Rz 58ff.

2. Monatsverdienst (§ 10 Abs. 3 KSchG)

128 § 1a Abs. 2 S. 2 KSchG verweist zur Definition des **Monatsverdienstes** auf § 10 Abs. 3 KSchG. Nach § 10 Abs. 3 KSchG gilt als Monatsverdienst, was dem Arbeitnehmer bei der für ihn maßgebenden regelmäßigen Arbeitszeit **in dem Monat, in dem das Arbeitsverhältnis endet**, an Geld und Sachbezügen zusteht. Das ist **nicht** ein **hypothetischer** Verdienst im Aufrundungszeitraum nach Abs. 2 S. 3, welche Rundung sich im Übrigen nur auf die **Dauer** des **Arbeitsverhältnisses** bezieht. Auf die auf § 10 Abs. 3 KSchG bezogene Kommentierung wird verwiesen (KR-*Spilger* § 10 KSchG Rz 27 bis 34).

3. Dauer des Arbeitsverhältnisses

129 Nach § 1a Abs. 2 S. 3 KSchG ist bei der Ermittlung der Dauer des Arbeitsverhältnisses ein Zeitraum von **mehr** als sechs Monaten auf ein volles Jahr (**nicht**: Kalenderjahr) **aufzurunden**. Im Übrigen erfolgt die Berechnung der Dauer des Arbeitsverhältnisses nach den für die Bestimmung der sechsmonatigen Wartefrist des § 1 Abs. 1 KSchG maßgeblichen Grundsätzen. Dies gilt ebenso für die Frage der Anrechnung von früheren Beschäftigungszeiten. Anrechenbare Beschäftigungszeiten sind unabhängig davon zu berücksichtigen, wo sie zurückgelegt worden sind (neue oder alte Bundesländer oder Ausland etwa); insoweit ist eine »Herkunftsbenachteiligung« nicht statthaft (Art. 3 Abs. 3 GG). Das Anknüpfen an die Dauer des Arbeitsverhältnisses stellt keine nach **AGG** oder **Europarecht** unzulässige mittelbare Altersdiskriminierung dar; für Kündigungen gilt das AGG wegen dessen § 2 Abs. 4 schon nicht. Europarechtlich liegt eine – nachgelassene – »besondere Entlassungsbedingung« vor (s. KR-*Spilger* § 10 KSchG Rz 40). Ohnehin darf an das Dienstalter angeknüpft werden (*EuGH* 3.10.2006 – C-17/05).

130 Die **Abrundung** eines Zeitraumes von **bis** zu sechs Monaten ist gesetzlich **nicht** vorgesehen (anders Vorschlag BRA Stellungnahme v. 12.7.2003, S. 15). Das ist rechtlich und praktisch auch nicht erforderlich, weil einem Arbeitnehmer, der die sechsmonatige Wartezeit des § 1 Abs. 1 KSchG noch nicht zurückgelegt hat, ordentlich ohne Grund gekündigt werden kann. Macht der Arbeitgeber allerdings bei **strittiger** Dauer des Bestehens des Arbeitsverhältnisses von dem Verfahren nach § 1a KSchG Gebrauch (s. Rz 62), wird man auch – entsprechend § 5 BUrlG – eine Teilabfindung zulassen müssen, wenn sich bei Streit um die Abfindungshöhe ein lediglich sechs Monate oder kürzer bestehendes Arbeitsverhältnis herausstellt. Versagen lässt sich der Anspruch dann nicht mit dem Argument, § 1a KSchG sei ja gar nicht anwendbar, wiewohl ein Abfindungshinweis gem. § 1a Abs. 1 S. 2 KSchG erteilt war.

D. Durchsetzung des Anspruchs; Streitwert

131 Bei Erfüllungsverweigerung ist der Abfindungsanspruch klageweise (wegen der Subsidiarität der Feststellungsklage vorrangig im Wege der **Leistungsklage**) **vor den Gerichten für Arbeitssachen** zu

verfolgen (vgl. BBDW-*Bader* Rz. 16; *Bauer/Preis/Schunder* NZA 2003, 704, 705). In einem derartigen Rechtsstreit ist das Vorliegen sämtlicher tatbestandlicher Voraussetzungen für den Abfindungsanspruch nach § 1a Abs. 1 KSchG hinsichtlich des Anspruchsgrundes und nach § 1a Abs. 2 KSchG hinsichtlich der Anspruchshöhe zu prüfen und über strittige anspruchsbegründende oder die Anspruchshöhe bestimmende Tatsachen Beweis zu erheben. Dabei hat die Darlegungs- und Beweislast der **Arbeitnehmer**. Erleichtert wird ihm diese Last dadurch, dass ein (**schriftlicher**, s.o. Rz 45) **Arbeitgeberhinweis** zu erfolgen hat. Die Leistungsklage kann mit dem **Hilfsantrag** verbunden werden, die Kündigungsschutzklage nachträglich zuzulassen, falls es nicht zur Verurteilung in die Abfindung kommt (KDZ-*Kittner* Rz 38). **Streitwert** ist der Nennwert der Forderung. Das Hinzurechnungsverbot des § 42 Abs. 4 S. 1 Hs. 2 GKG greift nicht, da sich der Streit auf die Abfindung und deren Höhe beschränkt (vgl. *Meixner* ZAP 2004, 81, 92 f.).

E. Verhältnis zu anderen Ansprüchen

I. Entgeltansprüche

Die dem Arbeitnehmer bis zum Ablauf der Kündigungsfrist zustehenden **Entgeltansprüche** (zB aus §§ 611, 615, 616 BGB, § 3 EFZG, § 7 Abs. 4 BUrlG) werden durch die Abfindung nicht berührt. Eine dem Arbeitnehmer zustehende **Karenzentschädigung** iSd § 74 Abs. 2 HGB wird nicht durch die Abfindung ersetzt. Ein **Nachzahlungsanspruch aus § 615 BGB** entsteht für die Zeit nach Ablauf der Kündigungsfrist **wegen Beendigung des Arbeitsverhältnisses** nicht. 132

II. Schadensersatzansprüche

Die einem Arbeitnehmer nach § 1a KSchG zustehende Abfindung schließt einen Schadensersatzanspruch auf Zahlung des Arbeitsentgelts für eine Zeit nach Beendigung des Arbeitsverhältnisses aus. Die Abfindung stellt eine Entschädigung eigener Art für die Auflösung des Arbeitsverhältnisses dar und hat demgemäß auch die Funktion, dem Arbeitnehmer einen pauschalen Ausgleich für die Vermögens- und Nichtvermögensschäden zu gewähren, die sich aus dem Verlust des Arbeitsplatzes ergeben. 133

Ausgeschlossen durch die Abfindung sind jedoch nur solche Schadensersatzansprüche, die sich unmittelbar auf den Verlust des Arbeitsplatzes beziehen. Dagegen kann der Arbeitnehmer neben der Abfindung **solche** Schadensersatzansprüche geltend machen, die mit dem Verlust des Arbeitsplatzes nicht in einem unmittelbaren Zusammenhang stehen. Hierzu zählen insbes. Schadensersatzansprüche wegen unrichtiger Erteilung von Auskünften oder unzutreffender Beurteilung in Zeugnissen sowie der verspäteten Herausgabe der Arbeitspapiere. *Ulrici/Mohnke* (NZA 2006, 77) beschäftigen sich in dem Zusammenhang mit der **Verletzung einer Auskunftspflicht** (etwa aus § 1 Abs. 3 S. 1 Hs. 2 KSchG) mit der Frage, ob der Arbeitnehmer Anspruch auf die Abfindung gem. § 1a KSchG **im Wege des Schadensersatzes** haben kann, **obwohl** Kündigungsschutzklage erhoben wurde (die bei zutreffender Auskunft mit der Aussicht auf die hingewiesene Abfindung **unterblieben** wäre). Das ist nur ausnahmsweise der Fall. Voraussetzung wäre, dass die Auskunftspflicht dazu bestimmt ist, dem Arbeitnehmer durch die Erweiterung seines Kenntnisstandes die Wahl zwischen Inanspruchnahme der Abfindung und Klage zu erleichtern (*Ulrici/Mohnke* aaO, 78, 79, 80). Dies trifft zB für § 1 Abs. 3 S. 1 Hs. 2 KSchG nicht zu. Außerdem hat diese Vorschrift nur innerprozessuale Bedeutung für den Kündigungsschutzprozess (*Ulrici/Mohnke* aaO, 78 f., 80). 134

Da eine nicht nach Maßgabe des § 7 KSchG rechtswirksame Kündigung im Falle ihrer Unwirksamkeit eine **Pflichtverletzung aus dem Schuldverhältnis** darstellen kann, kommt für den Arbeitnehmer die vorzeitige Beendigung des Arbeitsverhältnisses durch eine außerordentliche Kündigung in Betracht. Dann kann er unter den Voraussetzungen des § 628 Abs. 2 BGB den Arbeitgeber, also bei schuldhaftem Verhalten, auf Schadensersatz in Anspruch nehmen. Ist der Arbeitnehmer durch den Arbeitgeber auf einen Abfindungsanspruch nach § 1a Abs. 1 S. 2 KSchG hingewiesen worden, steht ihm ein **Wahlrecht** zu, und zwar dergestalt, dass er zwischen dem Schadensersatz nach § 628 Abs. 2 BGB und der Abfindung wählen kann. 135

An einen deliktsrechtlichen Schadensersatzanspruch aus § 826 BGB ist dann zu denken, wenn sich das den Abfindungsanspruch nach § 1a KSchG begründende Verhalten des Arbeitgebers als vorsätzliche sittenwidrige Schädigung darstellen sollte (s. bereits o. Rz 48, 54). 136

Im Falle einer rechtsunwirksamen und auch nicht nach § 7 KSchG wirksam werdenden Kündigung kann der Arbeitnehmer **anstelle** der Abfindung neben Schadensersatz wegen der durch die Kündi- 137 gung vorgekommenen Pflichtverletzung unter den Voraussetzungen des § 253 BGB auch einen Schmerzensgeldanspruch haben (etwa wenn die Kündigung eine Verletzung der Berufsehre darstellt).

III. Andere Abfindungsansprüche

1. Einzelvertragliche Abfindungen

138 Die Voraussetzungen des § 1a KSchG und seine Rechtsfolgen gelten nicht für **einzelvertraglich** vereinbarte Abfindungen, etwa in Auflösungs- oder Aufhebungsverträgen, Ausscheidensvereinbarungen oder Abwicklungsverträgen, gleich, ob vor- oder außergerichtlich oder im Rahmen eines gerichtlichen Vergleiches verabredet.

139 Insoweit kann es zu **Abgrenzungsproblemen** führen, wenn das Verfahren nach § 1a KSchG nicht eingehalten wird, etwa bei fehlerhaftem Arbeitgeberhinweis oder Rückäußerung des Arbeitnehmers vor Ablauf der Klagefrist. Dazu oben Rz 46ff. und Rz 75.

2. Kollektivrechtliche Abfindungen (Tarifvertrag; Sozialplan)

140 § 1a KSchG gilt auch nicht für kollektivrechtliche Abfindungsregelungen, bspw. in Gestalt tariflicher Entlassungsabfindungen bzw. Übergangsgeldern oder in Form von Sozialplanabfindungen.

141 Sollte in Tarifverträgen oder Betriebsvereinbarungen auf § 1a KSchG verwiesen werden, ist dies – da nur deklaratorisch – ohne weiteres zulässig. Entgegen *BAG* 20.6.1985 (AP Nr. 33 zu § 112 BetrVG 1972) dürfte es ohne Verstoß gegen § 612a BGB nunmehr auch zulässig sein, die Zahlung einer Abfindung vom Nichterheben einer Kündigungsschutzklage abhängig zu machen. Immerhin würde einem gesetzlichen Modell gefolgt (allerdings wird dann die Abfindungshöhe § 1a Abs. 2 KSchG zu entsprechen haben). Unzulässig wäre lediglich eine Modifikation der Anspruchsvoraussetzungen oder/und der Rechtsfolgen des § 1a KSchG, bspw. hinsichtlich des Zeitpunkts des Entstehens des Abfindungsanspruchs oder seiner Höhe, da es sich um einen **gesetzlichen** Anspruch (Rz 6, 85) handelt. Allerdings dürfte die Bestimmung einer die gesetzliche Abfindung nach § 1a Abs. 2 KSchG **übersteigenden** Abfindungshöhe als günstigere Rechtsfolge (vgl. § 4 Abs. 3 TVG) zulässig sein. Zur Tarifdispositivität des § 1a KSchG im Übrigen s. bereits Rz 21.

142 Setzt eine kollektivrechtliche Abfindung eine **wirksame** Kündigung voraus (wie idR jedweder Sozialplan), schließt dies eine Abfindung **nach § 1a KSchG** nicht aus. Eine Anrechnung erfolgt nicht (BBDW-*Bader* Rz 23; *ders.* NZA 2004, 65, 72; *Willemsen/Annuß* NJW 2004, 177, 183; **aA** *Giesen/Besgen* NJW 2004, 185, 186). Eine Anrechnungsregelung ist in der kollektivrechtlichen Anspruchsgrundlage zulässig (und erforderlich: *Däubler* NZA 2004, 177, 178), nicht aber im Rahmen eines Vorbehalts o.ä. bei einer nach § 1a KSchG entstehen sollenden Abfindung. Eine durch den *BRA* (Stellungnahme v. 2.4.2003, S. 10, v. 12.7.2003, S. 15 f.) vorgeschlagene Anrechnungsregelung fehlt.

143 Infolge der Einführung des § 1a KSchG steht die Rechtsprechung des *BAG* (20.12.1983 BB 1984, 203) in Frage, ob in Sozialplänen die Abfindung von einem **Klageverzicht** abhängig gemacht werden kann, weil § 1a KSchG ein derartiger Verzicht zugrunde liege (vgl. *Busch* BB 2004, 267 ff.; zur dogmatischen Frage nach einem Klageverzicht *Löwisch* BB 2004, 154, 158).

3. Abfindungen nach § 113 BetrVG

144 Eine Abfindung nach § 113 BetrVG als **Nachteilsausgleich** kann der Arbeitnehmer **neben** der Abfindung nach § 1a KSchG beanspruchen. Denn beide Ansprüche setzen eine rechtswirksame bzw. jedenfalls rechtswirksam **gewordene** Kündigung voraus. Der Arbeitnehmer muss sich auch nicht eine Abfindung nach § 1a KSchG auf eine Abfindung nach § 113 BetrVG anrechnen lassen. Derartiges ergibt sich auch nicht durch die Verweisung in § 113 Abs. 1 letzter Hs. BetrVG auf § 10 KSchG. Denn § 10 KSchG ist nicht zu entnehmen, dass und inwieweit aus anderem Rechtsgrund geschuldete Abfindungen anzurechnen sind. Die vom *BRA* vorgeschlagene Anrechnung von Abfindungen nach § 113 BetrVG ist nicht geregelt worden (*BRA* Stellungnahme v. 2.4.2003, S. 10).

145 Jedes andere Ergebnis (etwa Abfindung nach § 113 BetrVG unter Anrechnung der Abfindung nach § 1a KSchG [oder umgekehrt]) würde dazu führen, dass ein die Abfindung nach § 113 BetrVG schuldender Arbeitgeber über § 1a KSchG von Schuldgrund und Schuldhöhe herunterkommen könnte. Derartiges aber hat der Gesetzgeber mit Einführung des § 1a KSchG im Rahmen des Betriebsverfassungsgesetzes nicht nachgelassen. Übersehen werden darf auch nicht, dass der Abfindung nach § 113 BetrVG auch

Sanktionscharakter wegen der Abweichung des Unternehmers von einem Interessenausgleich zukommt. Demgegenüber hat der Abfindungsanspruch nach § 1a KSchG keinen Sanktionscharakter. Dies ergibt sich schon daraus, dass der Abfindungsanspruch unter den Voraussetzungen des § 1a Abs. 1 KSchG auch dann entsteht, wenn sich die auszusprechende Kündigung im Falle ihrer Überprüfung als wirksam erwiesen hätte. **Rechtmäßiges** Arbeitgeberverhalten jedoch ist nicht sanktionierbar. Insofern spielt es auch keine Rolle, dass der Anspruch auf Nachteilsausgleich und derjenige aus § 1a KSchG auch dem Ausgleich wirtschaftlicher Nachteile dient, was lediglich im Verhältnis zwischen Nachteilsausgleich und **Sozialplananspruch** zu einer Anrechnung führt (*BAG* 20.11.2001 EzA § 113 BetrVG 1972 Nr. 29).

4. Abfindungen nach §§ 9, 10 KSchG

Abfindungsansprüche können nicht gleichzeitig aus § 1a **und** aus §§ 9, 10 KSchG entstehen. Denn §§ 9, 10 KSchG erfordern eine Kündigungsschutzklage, § 1a KSchG hingegen erfordert gerade das Fehlen einer solchen. Entsprechendes gilt für die auf § 9 Abs. 1 S. 2 KSchG verweisende Vorschrift nach Art. 56 Abs. 2 a) **NATO-ZusAbk**. 146

F. Steuerrechtliche Fragen

Endet das Arbeitsverhältnis aufgrund des Verstreichenlassens der Klagefrist, hat dies dieselben einkommensteuer- bzw. lohnsteuerrechtlichen Folgen, die auch sonst bei der **Beendigung der Erzielung** von Einkünften aus nichtselbständiger Arbeit auftreten. 147

Zur früheren **Steuerfreiheit** von **Abfindungen** nach § 3 Nr. 9 EStG aF s. KR-*Vogt* §§ 3, 24, 34 EStG Rz. 1 bis 35, 54 bis 75. Zu den Übergangsregelungen nach der aufgrund Art. 1 Nr. 4 des Gesetzes zum Einstieg in ein steuerliches Sofortprogramm (BGBl. I S. 3682) verfügten Fassung des § 52 Abs. 4a EStG speziell für § 1a KSchG *Tschöpe* NZA 2006, 23 f. 148

Zur **unverändert** gebliebenen **Steuerermäßigung** bei **Abfindungen** nach § 24 Nr. 1a und b EStG iVm § 34 Abs. 1 und 2 EStG (Entschädigungen/Tarifermäßigung) s. KR-*Vogt* §§ 3, 24, 34 EStG Rz 36 bis 45/ 46 bis 53/54 bis 75. 149

Abfindungen nach § 1a KSchG sind steuerrechtlich nicht anders zu behandeln.

G. Sozialversicherungs- und arbeitslosenversicherungs- bzw. arbeitsförderungsrechtliche sowie grundsicherungsrechtliche Fragen

I. Sozialversicherungsrechtliche Behandlung der Abfindung

Soweit Abfindungen ausschließlich als Entschädigung für den Verlust des Arbeitsplatzes gezahlt werden, unterliegen sie **nicht** der Beitragspflicht zur Sozialversicherung. Sozialversicherungspflichtig ist aber **der** Teil der Abfindung, der als Arbeitsentgelt iSd § 14 Abs. 1 SGB IV anzusehen ist. Eine Abfindung nach § 1a KSchG unterliegt auch dann nicht der Beitragspflicht zur Sozialversicherung, wenn für sie Einkommen oder Lohnsteuer abzuführen ist. Allerdings darf in der Abfindung kein Arbeitsentgelt »**versteckt**« sein (vgl. KR-*Spilger* § 10 KSchG Rz 92 mwN, sowie ausführlich KR-*Wolff* SozR Rz 15 ff., 16a [betr. § 1a KSchG]). 150

II. Verhältnis zum Insolvenzgeld

Zu den Bezügen aus einem Arbeitsverhältnis iSv § 183 Abs. 1 S. 2 SGB III gehören zwar nicht nur Lohnforderungen ieS, sondern alle Ansprüche, die dem Arbeitnehmer aus seinem Arbeitsverhältnis als Gegenwert für die geleistete Arbeit oder das Zur-Verfügung-Stellen der Arbeitskraft erwachsen. Abfindungen nach § 1a KSchG stellen allerdings insoweit keine »Bezüge aus dem Arbeitsverhältnis« dar, als sie als Entschädigung für den Verlust des Arbeitsplatzes gezahlt werden. 151

III. Ruhen des Anspruchs auf Arbeitslosengeld bei Entlassungsentschädigung

Hat der Arbeitslose wegen der Beendigung des Arbeitsverhältnisses eine Abfindung, Entschädigung oder ähnliche Leistung (Entlassungsentschädigung) erhalten oder zu beanspruchen und ist das Arbeitsverhältnis ohne Einhaltung einer der ordentlichen Kündigungsfrist des Arbeitgebers entsprechenden Frist beendet worden, so ruht nach § 143a Abs. 1 SGB III der Anspruch auf Arbeitslosengeld 152 von dem Ende des Arbeitsverhältnisses an bis zu dem Tage, an dem das Arbeitsverhältnis bei Einhaltung dieser Frist geendet hätte. Diese Frist beginnt mit der Kündigung, die der Beendigung des Arbeitsverhältnisses vorausgegangen ist. Ist die ordentliche Kündigung des Arbeitsverhältnisses durch den Arbeitgeber ausgeschlossen, so gilt bei zeitlich unbegrenztem Ausschluss eine Kündigungsfrist von 18 Monaten, bei zeitlich begrenztem Ausschluss oder bei Vorliegen der Voraussetzungen für eine fristgebundene Kündigung aus wichtigem Grund die Kündigungsfrist, die ohne den Ausschluss der ordentlichen Kündigung maßgebend gewesen wäre.

153 Auch wenn die Abfindung nach § 1a Abs. 1 S. 1 KSchG erst mit Ablauf der Kündigungsfrist entsteht, kann sich unter den vorstehend genannten Voraussetzungen ein Ruhenstatbestand verwirklichen. Die Kündigungsfrist ist etwa auch dann nicht eingehalten, wenn die Parteien vor oder nach Ausspruch der Kündigung einen früheren als den gesetzlich, tarifvertraglich oder einzelvertraglich maßgebenden Kündigungstermin verabreden (etwa um den Abfindungsanspruch früher entstehen zu lassen); i.E. KR-*Wolff* § 143a SGB III Rz 22. Wendet man § 1a KSchG auch auf die außerordentliche betriebsbedingte Kündigung »unkündbarer« Arbeitnehmer an (wie hier Rz 25), sind – soweit es um den Ruhenstatbestand geht – die nach § 143a Abs. 1 SGB III vorgesehenen Kündigungsfristen maßgebend. **Insges.** KR-*Wolff* § 143a SGB III Rz 1–67.

IV. Ruhen des Anspruchs auf Arbeitslosengeld bei Sperrzeit

154 Im Zuge der Einfügung des § 1a KSchG hat der Gesetzgeber nicht die Frage geregelt, ob die Zahlung einer Abfindung als Gegenleistung für die Aufgabe des Arbeitsplatzes unter Verstreichenlassen der Klagefrist für eine Kündigungsschutzklage eine zum Ruhen des Anspruchs auf Arbeitslosengeld führende Sperrzeit nach § 144 SGB III begründet. Die Praxis wird sich dabei auf die arbeitslosenversicherungsrechtliche Behandlung von Abwicklungsverträgen einzustellen haben, welche Situation § 1a KSchG gewissermaßen nachbildet. Danach könnte mit einer Sperrzeit wegen Arbeitsaufgabe nach § 144 Abs. 1 Nr. 1 SGB III jedenfalls **dann** zu rechnen sein, wenn sich Arbeitgeber und Arbeitnehmer im Vorfeld auf die Durchführung des »Verfahrens« nach § 1a KSchG geeinigt haben sollten und das Verhalten des Arbeitnehmers nicht allein in der bloßen Hinnahme der unter Hinweis auf den Abfindungsanspruch erklärten Kündigung liegen sollte. Schwierigkeiten ergeben sich insoweit vor allem dann, wenn man das »Verfahren« nach § 1a KSchG **rechtsgeschäftlich** versteht. Denn **dann** wäre die Mitwirkung des Arbeitnehmers am Arbeitsplatzverlust uU sogar ohne Absprache im Vorfeld evident. Der Erfolg der Vorschrift wird sich uU gerade erst dann einstellen, wenn sie arbeitslosenversicherungsrechtlich hinreichend flankiert ist. **Wegen der Einzelheiten** wird auf KR-*Wolff* § 144 SGB III Rz 18 mit Rz 17 zur Lösung des Arbeitsverhältnisses nach § 1a KSchG verwiesen. Das *BSG* (12.7.2006 – B 11a AL 47/05 R – Medien-Information Nr. 24/06) »erwägt« keine Sperrzeit bei **Aufhebungsvertrag** »unter Heranziehung der Grundsätze des § 1a KSchG künftig jedenfalls dann, wenn die Abfindungshöhe die in § 1a Abs. 2 KSchG vorgesehene nicht überschreitet«. Schädlich dürfte danach erst recht nicht sein, wenn von § 1a KSchG Gebrauch gemacht wird.

V. Erstattungspflicht nach § 147a SGB III

155 Anwendungsprobleme wirft § 1a KSchG auch hinsichtlich der Erstattungspflicht des Arbeitgebers nach § 147a SGB III auf, weil nach dessen Abs. 1 Nr. 4 die Regelung gerade in § 7 KSchG **keine** Anwendung findet und eine **Bindung** der Arbeitsverwaltung an eine arbeitsgerichtliche Entscheidung über die Rechtfertigung der Kündigung (§ 147a Abs. 1 Nr. 4 Hs. 2 SGB III) **mangels Vorliegens einer solchen** nicht eintritt. Das Problem erledigt sich aufgrund der Übergangsregelung in § 434l Abs. 3 SGB III, aufgrund derer sich § 147a SGB III seinerseits durch Zeitablauf ab 1.2.2006 erledigt hat (vgl. *Eicker/Schlegel-Henke* SGB III § 147a Rz 378; *Eicher/Schlegel-Spellbrink* SGB III § 434l Rz 24). **Wegen der Einzelheiten** s. KR-*Wolff* § 147a SGB III Rz 54b, auch zur Frage, ob sich eine rechtsgeschäftliche Sichtweise des § 1a KSchG auswirken würde.

VI. Abfindung als zu berücksichtigendes Einkommen nach § 11 SGB II

156 Bei der Abfindung nach § 1a KSchG handelt es sich um »zu berücksichtigendes **Einkommen**« iSd § 11 **SGB II** iSd Anspruchsvoraussetzungen für **Leistungen nach SGB II** betr. die **Grundsicherung für Arbeitsuchende** (etwa **Arbeitslosengeld II, Sozialgeld,** vgl. *Löschau/Marschner* Praxishandbuch SGB II, 2004, Rz 305), und zwar um »einmalige« Einnahmen iSd § 2 Abs. 2 der Alg–II-VO.

Änderungskündigung § 2 KSchG

§ 2 Änderungskündigung ¹Kündigt der Arbeitgeber das Arbeitsverhältnis und bietet er dem Arbeitnehmer im Zusammenhang mit der Kündigung die Fortsetzung des Arbeitsverhältnisses zu geänderten Arbeitsbedingungen an, so kann der Arbeitnehmer dieses Angebot unter dem Vorbehalt annehmen, dass die Änderung der Arbeitsbedingungen nicht sozial ungerechtfertigt ist (§ 1 Abs. 2 Satz 1 bis 3, Abs. 3 Satz 1 und 2). ²Diesen Vorbehalt muss der Arbeitnehmer dem Arbeitgeber innerhalb der Kündigungsfrist, spätestens jedoch innerhalb von drei Wochen nach Zugang der Kündigung erklären.

Literatur

– *bis 2004 vgl. KR-Vorauflage –*
Vgl. die Angaben zum allgemeinen Schrifttum über die Kündigung und zum Kündigungsschutz vor § 1 KSchG.
Annuß Der Vorrang der Änderungskündigung vor der Beendigungskündigung, NZA 2005, 434; *Annuß/Bartz* Änderungskündigung schwer gemacht, NJW 2006, 2153; *Bauer/Winzer* Vom Personalleiter zum Pförtner?, BB 2006, 266; *Benecke* Die »überflüssige Änderungskündigung« – ein Scheinproblem, NZA 2005, 1092; *dies.* Flexibilisierungsklauseln im Arbeitsrecht und AGB-Kontrolle, AuR 2006, 337; *Bergwitz* Zur Wirksamkeit von Widerrufsvorbehalten in Formulararbeitsverträgen, AuR 2005, 210; *Berkowsky* Vorrang der Änderungskündigung vor der Beendigungskündigung, NZA 2006, 697; *Boewer* Ist die Rechtsprechung des Bundesarbeitsgericht zur Änderungskündigung noch zu halten?, FS Bartenbach 2004, S. 587; *Breuckmann* Entgeltreduzierung unter besonderer Berücksichtigung der Änderungskündigung, Diss. Mainz 2003; *Decruppe/Uters* Arbeitszeitpolitik durch die Judikatur?, AuR 2006, 347; *Diekmann/Bieder* Wirksamkeit von Widerrufsvorbehalten in Formulararbeitsverträgen bei der Gewährung freiwilliger Leistungen, DB 2005, 722; *Edenfeld* Änderungskündigung – Sekt oder Selters, RdA 2006, 177; *Fischer, U.* Warum die betriebsbedingte Änderungskündigung zur »schlichten« Vergütungsabsenkung ein rechtliches und ökonomisches Schattendasein führt, FS AG Arbeitsrecht im DAV, 2006, S. 257; *Giesen* Bezugnahmeklauseln – Auslegung, Formulierung und Änderung, NZA 2006, 625; *Hanau* Neueste Rechtsprechung zum flexiblen Arbeitsverhältnis: Erfurter Allerlei oder neues Rezept?, ZIP 2005, 1661; *Hanau/Hromadka* Richterliche Kontrolle flexibler Entgeltregelungen in allgemeinen Arbeitsbedingungen, NZA 2005, 73; *Hohenstatt/Kock* Die ordentliche Änderungskündigung mit sofortiger Wirkung, NZA 2004, 524; *Hümmerich/Welslau* Beschäftigungssicherung trotz Personalabbau, NZA 2005, 610; *Junker* Die unmögliche Änderungskündigung, SAE 2006, 219; *Klebeck* Unklarheiten bei arbeitsvertraglicher Bezugnahmeklausel, NZA 2006, 15; *Kock* Besetzung von freien Arbeitsplätzen bei gleichzeitigem Personalabbau, NJW 2006, 728; *Kramer* Formerfordernisse im Arbeitsverhältnis als Grenzen für den Einsatz elektronischer Kommunikationsmittel, DB 2006, 502; *Lelley/Sabin* Rechtsprechungsänderung zum ultima-ratio-Prinzip bei betriebsbedingten Kündigungen, DB 2006, 1110; *Lindemann* Einseitige Leistungsbestimmungsrechte auf dem Prüfstand, AuR 2004, 201; *Löwisch/Caspers* Auswirkungen des Gesetzes zu Reformen am Arbeitsmarkt auf die betriebsbedingte Änderungskündigung, Gedächtnisschrift für Meinhard Heinze, 2005, S. 565; *Lunk* Die Sozialauswahl nach neuem Recht, NZA 2005, Beil. 1, S. 41; *Mohnke* Weiterbeschäftigung richtig anbieten, AuA 2006, 274; *Ohlendorf/Salamon* Massenänderungskündigung zur Arbeitszeitreduzierung, FA 2006, 229; *Preis* Widerrufsvorbehalte auf dem höchstrichterlichen Prüfstand, NZA 2004, 1014; *Preis/Lindemann* Änderungsvorbehalte – Das BAG durchschlägt den gordischen Knoten, NZA 2006, 632; *Reinecke* Vertragskontrolle im Arbeitsrecht nach der Schuldrechtsreform, NZA 2004, Sonderbeil. zu Heft 18, S. 27; *ders.* Flexibilisierung von Arbeitsentgelt und Arbeitsbedingungen nach dem Schulrechtsmodernisierungsgesetz, NZA 2005, 953; *Reiserer/Powietzka* Änderungskündigung zur Entgeltsenkung, BB 2006, 1109; *Röder/Krieger* Arbeitnehmerüberlassung – Kein Ausweg aus der equal-pay-Falle?, DB 2006, 2122; *Schmimmelpfennig* Inhaltskontrolle eines formularmäßigen Änderungsvorbehalts, NZA 2005, 603; *Schmalenberg* Befristung von einzelnen Vertragsbedingungen, FS AG Arbeitsrecht im DAV, 2006, S. 155; *Schrader/Straube* Die Änderungskündigung oder die Zumutbarkeit der Unzumutbarkeit, DB 2006, 1678; *Stoffels* Altverträge nach der Schuldrechtsreform, NZA 2005, 726; *Strick* Freiwilligkeitsvorbehalt und Widerrufsvorbehalt – Der Wille als Bedingung, NZA 2005, 723; *Stück* Verschlechternde Änderung und Vereinheitlich freiwilliger Sozialleistungen am Beispiel von Jubiläumsleistungen, DB 2006, 782; *Tschöpe* »Low Performer« im Arbeitsrecht, BB 2006, 213; *Wolter* Die Wirksamkeit der Theorie der Wirksamkeitsvoraussetzungen, RdA 2006, 137; *Zundel* Die neue Flexibilität im Arbeitsrecht durch das BAG, NJW 2006, 2304.

Inhaltsübersicht

		Rz			Rz
A.	Einleitung und Überblick	1–7c	IV.	Annahme unter Vorbehalt bei fehlendem Kündigungsschutz	7a–7c
	I. Entstehungsgeschichte	1, 2	B.	Begriffsbestimmung	8–34
	II. Rechtszustand vor der Neuregelung	3–6		I. Kündigung	8–11
	III. Sinn und Zweck der Regelung	7			

		Rz
	1. Kündigung durch den Arbeitgeber	8
	2. Echte Kündigung	9–11
II.	Kündigung und Änderungsangebot	12–15
	1. Zusammengesetztes Rechtsgeschäft	12
	2. Bedingte oder unbedingte Kündigung	13–15
III.	Sachlicher Zusammenhang zwischen Kündigung und Änderungsangebot	16
IV.	Zeitliche Abfolge von Änderungsangebot und Kündigung	17–27
	1. Angebot vor oder bei Kündigung?	18–19
	2. Angebot folgt der Kündigung nach	20–27
V.	Begriff der Änderung	28
VI.	Form der Änderungskündigung	28a
VII.	Arten der Änderungskündigung	29–34
	1. Ordentliche Änderungskündigung	29
	2. Außerordentliche Änderungskündigung	30–33
	3. Massenänderungskündigung	34
C.	Abgrenzungsfragen	35–54k
I.	Problemstellung	35
II.	Direktionsrecht	36–46
	1. Begriffsbestimmung	36
	2. Inhalt und Umfang	37–43b
	3. Gerichtliche Überprüfbarkeit	44
	4. Beispiele aus der Rechtsprechung	45, 46
III.	Widerrufsvorbehalt	47–50
IV.	Teilkündigung	51–53
V.	Teilzeitanspruch	53a
VI.	Vorsorgliche Kündigung	54
VII.	Erweiterung des Direktionsrechts durch Tarifvertrag	54a–54g
VIII.	Ablösende Betriebsvereinbarung	54h
IX.	Befristete Vertragsänderung	54i, 54j
X.	Wegfall der Geschäftsgrundlage	54k
D.	Annahme des Änderungsangebots unter Vorbehalt	55–77a
I.	Sinn der Regelung	55
II.	Rechtsnatur des Vorbehalts	56–59
III.	Form des Vorbehalts	60–66
	1. Erklärung gegenüber dem Arbeitgeber	60
	2. Erklärung durch schlüssiges Verhalten	61–66
IV.	Frist zur Erklärung des Vorbehalts	67–76a
	1. Kündigungsfrist und Dreiwochenfrist	67–69
	2. Zugang der Erklärung	70–73
	3. Vorbehalt nach Klageerhebung	74–76a
V.	Ablehnung des Angebotes	77, 77a
E.	Die Sozialwidrigkeit der Änderungskündigung	78–112b
I.	Ältere Lehre und Rechtsprechung	78–83
II.	Wortlaut des Gesetzes	84
III.	Annahme des Angebots unter Vorbehalt	85–88

		Rz
IV.	Ablehnung des Angebots	89–96
V.	Prüfungsmaßstab	97–98a
VI.	Grundsätze der Sozialwidrigkeit	99–106e
	1. Personen-, verhaltens- und betriebsbedingte Gründe	99–102
	2. Sozialauswahl	103–103e
	3. Ablehnung des Angebots als verhaltensbedingter Grund	104–105
	4. Zumutbarkeit und Billigkeit	106
	5. Grundsatz der Verhältnismäßigkeit	106a–106d
	6. Beurteilungszeitpunkt	106e
VII.	Betriebsbedingte Kündigung – Einzelheiten und Beispiele aus der Rechtsprechung	107–112b
	1. Gewinnverfall oder Unrentabilität	107a–107e
	2. Senkung übertariflicher Löhne und Herabgruppierungen	108–109a
	3. Streichung von Zulagen	110
	4. Versetzung auf einen anderen Arbeitsplatz	111
	5. Änderung des Arbeitsumfangs und der Arbeitszeiten	112
	6. Änderungskündigung durch Insolvenzverwalter	112a–112b
F.	Die Beteiligung des Betriebsrats bei der Änderungskündigung	113–145b
I.	Anhörung des Betriebsrats nach § 102 BetrVG	113–121
	1. Anhörung des Betriebsrats	113–115b
	2. Widerspruch des Betriebsrats	116, 117
	3. Weiterbeschäftigung nach Ablehnung des Angebots	118
	4. Weiterbeschäftigung nach Annahme des Angebots	119, 120
	5. Fehlerhafte Anhörung	121
II.	Versetzung und Umgruppierung § 99 BetrVG	122–142
	1. Regelung des § 99 BetrVG	122, 123
	2. Grundsätzliches Verhältnis der Verfahren nach §§ 99, 102 BetrVG	124–130
	3. Verbindung beider Verfahren	131
	4. Zustimmung des Betriebsrats in beiden Verfahren	132–134
	5. Zustimmung des Betriebsrats nur zur Versetzung	135
	6. Widerspruch des Betriebsrats zur Versetzung	136–142
III.	Mitbestimmung nach § 87 BetrVG	143–145b
G.	Verfahren nach Annahme des Angebots unter Vorbehalt	146–175
I.	Antrag zur Änderungsschutzklage	147–157
II.	Beschäftigung während des laufenden Verfahrens	158–159
III.	Rücknahme der Änderungskündigung	159a
IV.	Beweislast	160, 161

Änderungskündigung   § 2 KSchG

		Rz			Rz
V.	Streit über fristgerechten Vorbehalt	162–165	I.	Allgemeine Unwirksamkeitsgründe	179a
VI.	Auflösung des Arbeitsverhältnisses	166–171c	II.	Schwerbehindertenschutz	180, 181
VII.	Urteil	172, 173	III.	Mutterschutz	182
VIII.	Wertfestsetzung	174, 175	IV.	ArbPlSchG	183
H.	Verfahren nach Ablehnung des Vertragsangebots	176–178	V.	§ 15 KSchG	184, 185
I.	Unwirksamkeit der Änderungskündigung aus sonstigen Gründen	179–186	VI.	BetrVG	186

A. Einleitung und Überblick

I. Entstehungsgeschichte

§ 2 KSchG ist durch das **Erste Arbeitsrechtsbereinigungsgesetz** vom 14.8.1969 (BGBl. I S. 1106) in das 1
KSchG eingefügt worden und seit dem 1.9.1969 in Kraft. Neben § 2 KSchG brachte das Erste Arbeitsrechtsbereinigungsgesetz mit den §§ 4 S. 2, 7 Hs. 2 und 8 weitere die Änderungskündigung betreffende Regelungen. Die Vorschriften müssen im Zusammenhang gesehen werden. Die Aufteilung auf verschiedene Paragraphen ergibt sich aus der Systematik des KSchG. Die Neufassung geht zurück auf einen **Entwurf der Bundesregierung** vom 24.2.1969 (BT-Drs. V/3913), dessen § 1a der späteren Fassung des § 2 KSchG entsprach (in Anlehnung wohl insbes. an einen von *Bötticher* FS für Molitor, S. 123, 136 f. entwickelten Vorschlag; s.a. *Richardi* ZfA 1971, 95; *Schwerdtner* FS 25 Jahre BAG, S. 558). Der Regierungsentwurf sah im Unterschied zu der Gesetz gewordenen Regelung insbes. vor, dass bei Feststellung der Sozialwidrigkeit der Änderungskündigung erst ab Rechtskraft dieser Entscheidung für das Arbeitsverhältnis wieder die Arbeitsbedingungen gelten sollten, die vor der Vertragsänderung bestanden (§ 6a RegE). Die Regelung war modifiziert dahin, dass bei Ansprüchen, die von der Dauer der Beschäftigung zu bestimmten Bedingungen abhängen, eine Unterbrechung der früheren Arbeitsbedingungen nicht angenommen werden sollte (§ 6a Abs. 2 RegE). Darüber hinaus sollte den Gerichten das Recht eingeräumt werden, bei besonderer Unbilligkeit einen angemessenen Ausgleich für die durch die zeitweilig geänderten Vertragsbedingungen entstandenen Verluste zuzusprechen. Begründet wurde diese Regelung damit, dass auf diese Weise auch die Interessen des Arbeitgebers angemessen berücksichtigt werden sollten (Begründung zum RegE, BT-Drs. V/3913, S. 8, 9).

Gegen diese Fassung erhob der **Bundesrat** in seiner Stellungnahme Einwendungen, unter anderem 2
mit dem berechtigten Hinweis auf den sowohl in rechtlicher als auch tatsächlicher Hinsicht nicht befriedigenden Absatz 3, der sicherlich zu großen Anwendungsschwierigkeiten in der Praxis geführt hätte (BT-Drs. V/3913, S. 14). Die vom Bundesrat vorgeschlagene Fassung des § 6a des Entwurfs erlangte dann, trotz zunächst aufrechterhaltenen Standpunktes der Bundesregierung (s. die Gegenäußerung der Bundesregierung zu dem Änderungsvorschlag des Bundesrates, BT-Drs. V/3913) als § 8 Gesetzeskraft, nachdem sich auch der Bundestagsausschuss für Arbeit ihr angeschlossen hatte (BT-Drs. V/4376, S. 2, 7).

II. Rechtszustand vor der Neuregelung

Das KSchG enthielt bis zu diesem Zeitpunkt **keine die Änderungskündigung betreffende Regelung**. 3
§ 2 KSchG hat auch kein sonstiges gesetzgeberisches Vorbild. Es war aber seit Inkrafttreten des KSchG fast völlig einhellige Auffassung, dass auch auf die Änderungskündigung das KSchG anwendbar war. Die in der Kündigung angetragene Änderung musste insbes. sozial gerechtfertigt sein iSd § 1 KSchG (vgl. aus der älteren Literatur *Auffarth/Müller* § 1 Rz 45; *Bötticher* FS Molitor 1962, S. 123 f.; *Galperin* DB 1958, 799 f.; *Herschel/Steinmann* § 1 Rz 13; *Hueck/Nipperdey* I, S. 549; *Nikisch* I, S. 769; *Tophoven* DB 1960, Beil. Nr. 16, S. 1 f.; BAG in st.Rspr., vgl. etwa BAG 26.2.1957 AP Nr. 23 zu § 1 KSchG; 15.2.1957 AP Nr. 33 zu § 1 KSchG; 12.1.1961 AP Nr. 10 zu § 620 BGB Änderungskündigung; abw. wohl lediglich *Meissinger* DB 1954, 194).

Dem Arbeitnehmer wurde bereits das Recht eingeräumt, die Änderung unter dem **Vorbehalt** einer ge- 4
richtlichen Überprüfung der sozialen Rechtfertigung der geänderten Bedingungen **anzunehmen** (*Auffarth/Müller* § 1 Rz 48; *Bötticher* FS Molitor 1962, S. 137, 138; *Galperin* DB 1958, 802; *Gramm* DB 1954, 722; *Monjau* DB 1959, 708; *Nikisch* FS Sitzler 1956, S. 284; *LAG Stuttg.* 11.6.1952 RdA 1952, 358). Ungeklärt

war dabei allerdings, ob der Arbeitgeber **verpflichtet** war, sich auf die bedingte Annahme des Angebots durch den Arbeitnehmer einzulassen (bejahend *Gramm* aaO; abl. *Galperin* aaO; wohl auch *Nikisch* aaO).

5 Streit bestand vor allem über die Frage des **Prüfungsmaßstabes der Sozialwidrigkeit**. Während nach einer Auffassung wie bei der normalen Kündigung lediglich auf die Beendigung des Arbeitsverhältnisses und deren Rechtfertigung abgestellt werden sollte, verlangte eine damals wohl schon als herrschend zu bezeichnende Gegenmeinung, die Prüfung auf die Sozialwidrigkeit der geänderten Arbeitsbedingungen auszurichten (vgl. iE Rz 78–83).

6 Die erstmalige gesetzliche Regelung beruht auf diesen in der Vergangenheit herausgebildeten Grundsätzen. Eine Klarstellung erfolgte insbes. für das Verfahren der Annahme der angebotenen Vertragsänderung unter Vorbehalt. Nicht abschließend geregelt ist die Streitfrage des Prüfungsmaßstabes der Sozialwidrigkeit (darauf weisen zu Recht hin *v. Hoyningen-Huene/Linck* Rz 1). Die zwischenzeitlich erfolgten gesetzlichen Neuregelungen – zuletzt zum 1.1.2004 – haben § 2 KSchG selbst nicht abgeändert, durch die Anbindung an § 1 aber nicht unberührt gelassen (zB in der Frage der Sozialauswahl oder der Geltendmachung der Unwirksamkeit gem. §§ 4 S. 2, 7 KSchG).

III. Sinn und Zweck der Regelung

7 Sinn und Zweck der gesetzlichen Regelung ergeben sich aus der besonderen Zielrichtung der Änderungskündigungen. Sie richtet sich **nicht** in erster Linie auf die **Beendigung** des Arbeitsverhältnisses, sondern auf seine **Weiterführung** zu geänderten Bedingungen. Im Vordergrund steht nicht der Bestandsschutz des Arbeitsverhältnisses, sondern der **Vertragsinhaltsschutz** (vgl. HK-*Weller/Hauck* Rz 2; *v. Hoyningen-Huene/Linck* Rz 2; *Hromodka* NZA 1996, 1, 3; *Löwisch* ZfA 1986, 6; *Schwerdtner* FS 25 Jahre BAG, S. 55; *Richardi* ZfA 1971, 92, 93; *BAG* 7.6.1973 EzA § 626 BGB nF Nr. 29 = SAE 1975, 100 m. Anm. *Fenn*, s. dort unter 3; 13.6.1986 EzA § 620 BGB Nr. 85; 19.5.1993 EzA § 1 KSchG Betriebsbedingte Kündigung Nr. 73; 26.1.1995 EzA § 2 KSchG Nr. 22; 21.2.2002 EzA § 2 KSchG Nr. 45; krit. ErfK-*Ascheid/Oetker* Rz 2). Der Arbeitnehmer, der die angebotene Änderung als sozial ungerechtfertigt ablehnt und eine entsprechende gerichtliche Prüfung einleitet, liefe Gefahr, den Arbeitsplatz zu verlieren, wenn das Gericht seine Auffassung nicht teilt, ohne dass ihm dann noch die Möglichkeit der Annahme der geänderten Vertragsbedingungen verbliebe. Um dieses Risiko auszuschalten, war ihm schon früher teilweise das Recht eingeräumt worden, die Änderungen unter Vorbehalt anzunehmen (s.o. Rz 4). Die gesetzliche Regelung schafft nunmehr Klarheit, indem sie ausdrücklich die Möglichkeit eröffnet, das Angebot der Fortsetzung des Arbeitsverhältnisses zu geänderten Bedingungen anzunehmen unter dem Vorbehalt, dass diese nicht sozial ungerechtfertigt sind. Damit hat es der Arbeitnehmer in der Hand, sich in **jedem Fall den Arbeitsplatz zu erhalten.** Dies muss als der eigentliche Zweck der getroffenen Regelung angesehen werden (vgl. auch Begr. zum RegE, BT-Drs. V/3913, S. 8; vgl. allgemein zur Vorbehaltserklärung im Arbeitsrecht *Trenkle* NZA 2000, 1089).

IV. Annahme unter Vorbehalt bei fehlendem Kündigungsschutz

7a Nach der zum 1.1.2004 in Kraft getretenen Neuregelung des § 23 Abs. 1 S. 2 KSchG **gelten die §§ 4 – 7 KSchG jetzt auch für Arbeitnehmer in Betrieben, auf die mangels entsprechender Beschäftigtenzahl der erste Abschnitt des KSchG im Übrigen keine Anwendung findet**. Diese Arbeitnehmer genießen dann zwar nicht den Schutz des § 1 KSchG – können also nicht Sozialwidrigkeit der Kündigung bzw. Änderungskündigung geltend machen –, müssen aber alle anderen Unwirksamkeitsgründe (zB fehlerhafte Beteiligung des Betriebsrats) gleichfalls in der Form und Frist des § 4 KSchG geltend machen (s. KR-*Weigand* § 23 KSchG Rz 33a; zu den Ausnahmen KR-*Rost* § 7 KSchG Rz 3b). Von der Anwendung nicht ausgenommen sind auch die auf die Änderungskündigung nach § 2 KSchG bezogenen § 4 S. 2 KSchG und § 7 2. Hs. KSchG. Damit stellt sich die Frage, ob nicht auch bei einer solchen Konstellation **im »kündigungsschutzfreien« Raum** der Arbeitnehmer im Falle einer immerhin denkbaren Änderungskündigung **die Änderung unter dem Vorbehalt ihrer Wirksamkeit** – die mangels Anwendbarkeit des § 1 KSchG aber nicht nach sozialer Rechtfertigung zu beurteilen ist – annehmen und eine Änderungsschutzklage nach Maßgabe des § 4 S. 2 KSchG erheben kann. Der Gesetzeswortlaut des § 2 KSchG scheint dem zu widersprechen. § 2 S. 1 KSchG kennt nach wie vor nur die Annahme unter dem Vorbehalt der sozial gerechtfertigten Änderung. § 4 S. 2 KSchG nF verweist auch nicht schlicht auf die Unwirksamkeit der Änderung, sondern trennt – wie auch § 4 S. 1 KSchG – ausdrücklich: Die Klage ist zu richten auf Feststellung, dass die Änderung sozial ungerechtfertigt oder aus anderen Gründen rechtsunwirksam ist. Dies könnte dafür sprechen, das Verfah-

Änderungskündigung § 2 KSchG

ren nach §§ 2, 4 S. 2 und 7 2. Hs. KSchG nur für Kündigungen vorzuhalten, in denen der Arbeitnehmer die Sozialwidrigkeit geltend macht oder mindestens auch geltend machen kann, weil er den Kündigungsschutz nach § 1 KSchG genießt.

Andererseits verweist § 23 S. 2 KSchG in vollem Umfang auf §§ 4, 7 KSchG – nimmt also das Änderungsschutzverfahren nach § 4 S. 2 KSchG gerade nicht aus. Außerdem ist schon bisher anerkannt, dass etwa auch bei der außerordentlichen Änderungskündigung das besondere Änderungsschutzverfahren angewandt werden kann, obwohl auch dort der Arbeitnehmer nicht die Sozialwidrigkeit der Änderung geltend macht, sondern das Fehlen eines wichtigen Grundes. Begründet wird dies mit dem Zweck des § 2 KSchG, dem Arbeitnehmer den Arbeitsplatz (zu geänderten Bedingungen) zu erhalten, ihm aber trotzdem die Überprüfung der Kündigung zu ermöglichen; wenn aber der Arbeitnehmer die Möglichkeit der Überprüfung nur auf demselben Verfahrenswege wie bei der ordentlichen Kündigung erlangen könne, bestehe auch kein einsichtiger Grund, ihm dann die Möglichkeit der Überprüfung unter Vorbehalt zu versagen (s. iE Rz 30 f.). Diese Erwägungen lassen sich ohne weiteres auf den – jetzt neuen – Fall übertragen, dass der Arbeitnehmer im an sich kündigungsschutzfreien Kleinbetrieb die Unwirksamkeit der Kündigung aus anderen Gründen als dem der Sozialwidrigkeit nach Maßgabe der §§ 4, 7 KSchG geltend machen muss. Auch hier wäre es widersprüchlich, dem Arbeitnehmer einerseits das besondere Kündigungsschutzverfahren aufzudrängen und ihn insoweit mit Arbeitnehmern, auf die das Kündigungsschutzgesetz in vollem Umfang Anwendung findet, gleichzusetzen, andererseits ihm aber die Möglichkeit der Annahme unter Vorbehalt entsprechend § 2 S. 2 KSchG zu versagen. Es sprechen also **gute Gründe dafür, in allen Fällen, in denen der Arbeitnehmer die Unwirksamkeit der Kündigung nach Maßgabe der §§ 4, 7 KSchG geltend machen muss, auch die Möglichkeit der Annahme einer Änderungskündigung unter dem Vorbehalt der Wirksamkeit** der Änderung in zumindest entsprechender Anwendung von § 2 KSchG einzuräumen (so zu recht HaKo-*Gallner* § 2 KSchG Rz 67). Dabei sei auch daran erinnert, dass die Möglichkeit einer Annahme unter Vorbehalt schon in Erwägung gezogen wurde, bevor sie in § 2 KSchG dann überhaupt erst Gesetz wurde (s. Rz 4). Der Gesetzgeber sollte dies allerdings in §§ 2, 4, 23 klarstellen.

Konsequenterweise muss dann diese Möglichkeit nicht nur dem Arbeitnehmer im Kleinbetrieb gem. § 23 S. 2 KSchG eröffnet sein, sondern **auch demjenigen Arbeitnehmer**, der zwar in einem dem KSchG unterfallenden Betrieb beschäftigt ist, aber **mangels Erfüllung der Wartezeit nach § 1 Abs. 1 S. 1 KSchG noch keinen Kündigungsschutz** iSd § 1 KSchG genießt: Auch dieser ist nämlich verpflichtet, die Unwirksamkeit einer während der Wartezeit ausgesprochenen Kündigung nach Maßgabe der §§ 4, 7 KSchG geltend zu machen (*Richardi* NZA 2003, 765). Faktisch dürfte es allerdings in Fällen des erst kurzfristig bestehenden Arbeitsverhältnisses kaum zu einer Änderungskündigung kommen.

B. Begriffsbestimmung

I. Kündigung

1. Kündigung durch den Arbeitgeber

»Kündigt der Arbeitgeber das Arbeitsverhältnis und bietet er dem Arbeitnehmer im Zusammenhang mit der Kündigung die Fortsetzung des Arbeitsverhältnisses zu geänderten Bedingungen an ...« – das ist die vom Gesetzgeber gewählte Umschreibung des **Begriffes der Änderungskündigung.** § 2 KSchG bezieht sich nach seinem eindeutigen Wortlaut nur auf die **Kündigung** des Arbeitsverhältnisses **durch den Arbeitgeber.** Das entspricht der in § 1 KSchG getroffenen Regelung. Eine Änderungskündigung **durch den Arbeitnehmer** ist gleichfalls zulässig (*Hueck/Nipperdey* I, S. 550; KPK-*Bengelsdorf* Teil H § 2 Rz 3, *Löwisch* NZA 1988, 634). Sie dürfte in der Praxis selten vorkommen. Der vollzeitbeschäftigte Arbeitnehmer, der nicht oder nicht mehr mit voller Arbeitszeit arbeiten will oder kann und deshalb eine Teilzeitbeschäftigung anstrebt, kann jetzt von den Möglichkeiten des § 8 TzBfG Gebrauch machen (s. Rz 53 a), soweit diese nicht greifen, wäre an eine Änderungskündigung zu denken (vgl. auch *Löwisch* aaO). Der Arbeitnehmer muss – soweit er nicht außerordentlich kündigt – die Kündigungsfrist einhalten. Nimmt der Arbeitgeber das Angebot nicht an, bleibt es bei der Beendigung des Arbeitsverhältnisses (vgl. dazu auch *Hromadka* RdA 1992, 261). Zur Massenänderungskündigung durch die Arbeitnehmer s. Rz 34 und KR-*Weigand* § 25 KSchG Rz 30. Im Rahmen des KSchG muss die arbeitnehmerseitige Änderungskündigung außer Betracht bleiben.

2. Echte Kündigung

9 § 2, 2. Hs. KSchG setzt voraus, dass der Arbeitgeber das Arbeitsverhältnis **kündigt**. Die Änderungskündigung ist eine **echte Kündigung** in dem Sinne, dass sie die Beendigung des gesamten Arbeitsverhältnisses bewirken kann (*v. Hoyningen-Huene/Linck* Rz 5; *Löwisch/Knigge* Anm. zu *BAG*, AP Nr. 1 zu § 626 BGB Änderungskündigung; *Richardi* ZfA 1971, 93; *Schwerdtner* FS 25 Jahre BAG, S. 556; *BAG* 30.5.1980 AP Nr. 8 zu § 611 BGB Arzt-Krankenhaus-Vertrag; vgl. auch schon *BAG* 12.1.1961 AP Nr. 10 zu § 620 BGB Änderungskündigung). Hierin unterscheidet sie sich insbes. von der **Teilkündigung** (s.u. Rz 51). Zur Beendigung des Arbeitsverhältnisses kommt es dann, wenn der Arbeitnehmer nicht bereit ist, unter geänderten Bedingungen weiterzuarbeiten und gegen die Kündigung nicht vorgeht oder im Rechtsstreit unterliegt.

10 Als echte Kündigung unterliegt die Änderungskündigung den an eine Kündigung formal zu stellenden Anforderungen (zur Schriftform gem. § 623 BGB s. Rz 28 a; iE KR-*Spilger* § 623 BGB). Sie muss vor allem **deutlich und unmissverständlich** den Willen des Arbeitgebers erkennen lassen, das Arbeitsverhältnis zu beenden (s. zu den entsprechenden Anforderungen an die Kündigungserklärung KR-*Griebeling* § 1 KSchG Rz 151 ff.; *Becker-Schaffner* BB 1991, 129; *Linck* AR-Blattei SD 1020.1.1 Rz 5; *BAG* 2.12.1981 EzA §§ 22–23 BAT Nr. 25; 27.9.1984 EzA § 2 KSchG Nr. 5; vgl. auch *BAG* 30.5.1980 aaO; zu den Anforderungen an die **Bestimmtheit** des Angebotes s. jetzt vor allem *BAG* 16.9.2004 EzA § 623 BGB 2002 Nr. 2 = AP Nr. 78 zu § 2 KSchG 1969 m. krit. Anm. *Löwisch*; *LAG RhPf* 15.3.2002 NZA-RR 2002, 670; *LAG Bln*. 13.1.2000 NZA-RR 2000, 302; *LAG Köln* 23.4.1999 NZA-RR 1999, 522; *LAG Frankf.* 9.4.1990 RzK I 7a Nr. 20; *LAG Hamm* 25.7.1986 LAGE § 2 KSchG Nr. 4; *LAG RhPf* 6.2.1987 LAGE § 2 KSchG Nr. 6; *Hromadka* DB 2002, 1323; zu Bestimmtheitsgebot und Schriftform iE s.u. Rz 28a).

10a Nach der früheren (s. jetzt aber Rz 10b) Auffassung des BAG musste das Angebot eine Weiterbeschäftigung zu geänderten Bedingungen **auf unbestimmte Zeit** enthalten. Biete der Arbeitgeber nur die befristete Fortsetzung des Arbeitsverhältnisses zu geänderten Bedingungen an, sei kein Raum für ein Änderungsschutzverfahren nach §§ 2, 4 S. 2 KSchG. Eine Befristung könne nicht auf ihre soziale Rechtfertigung iSd § 1 KSchG überprüft werden. Für sie sei maßgebend, ob ein sachlicher Grund iSd ständigen Rechtsprechung des BAG zum befristeten Arbeitsvertrag vorliege (*BAG* 17.5.1984 EzA § 1 KSchG Betriebsbedingte Kündigung Nr. 32 unter II 1 der Gründe; zust. *Ascheid* Rz 467; *Löwisch* NZA 1988, 634; vgl. zur befristeten Änderung einzelner Bedingungen des Arbeitsvertrages Rz 54g). Diese Rechtsprechung war auf berechtigte Kritik gestoßen (vgl. insbes. *v. Hoyningen-Huene/Linck* Rz 8a; *Schaub* in: Hromadka, Änderung, S. 74; *Plander* NZA 1993, 1057, 1060; *LAG Bln*. 3.7.1995 LAGE § 2 KSchG Nr. 17; *ArbG Magdeburg* 14.7.1994 AuA 1995, 138). § 2 KSchG ist eine solche Beschränkung nicht zu entnehmen. Es liegt ein mit einer Kündigung verbundenes Angebot der Weiterbeschäftigung vor – mehr verlangt § 2 KSchG nicht. Die Bedenken, eine Befristung könne nur auf ihre sachliche Rechtfertigung – früher nach den Grundsätzen der ständigen Rechtsprechung zur Befristung von Arbeitsverhältnissen, jetzt nach § 14 TzBfG –, nicht aber auf die soziale Rechtfertigung geprüft werden, sind im Ergebnis nicht überzeugend. Für die Beurteilung der Sozialwidrigkeit der Änderungskündigung kommt es darauf an, ob bei entsprechendem Erfordernis der Änderung der bisherigen Arbeitsbedingungen der Arbeitgeber dem Arbeitnehmer solche Änderungen anbietet, die für diesen unter Berücksichtigung des Verhältnismäßigkeitsgrundsatzes annehmbar sind (s.u. Rz 98). In diesem Zusammenhang ist zu prüfen, ob das **Angebot einer nur befristeten Weiterbeschäftigung sachlich gerechtfertigt** ist. Ist es das nicht, ist das Änderungsangebot nicht annehmbar im vorstehenden Sinne. Dies führt zur Sozialwidrigkeit der Änderungskündigung. Es geht also entgegen der früheren Auffassung des BAG nicht darum, die Befristung auf ihre soziale Rechtfertigung hin zu überprüfen (so wohl auch *Schaub* in: Hromadka, aaO; ähnlich *v. Hoyningen-Huene/Linck* Rz 9; *Linck* AR-Blattei SD 1020.1.1 Rz 14; *Plander* NZA 1993, 1060).

10b Dieser Kritik hat das **BAG** Rechnung getragen und **geht nunmehr unter Aufgabe der früheren Rechtsprechung** gleichfalls davon aus, dass auch **die nachträgliche Befristung** eines zunächst auf unbestimmte Zeit eingegangenen Arbeitsverhältnisses **im Wege der Änderungskündigung erfolgen kann** (*BAG* 25.4.1996 EzA § 2 KSchG Nr. 25 = SAE 1997, 50 m. teilw. krit. Anm. *Weber*; s.a. *BAG* 8.7.1998 EzA § 620 BGB Nr. 152; zust. HK-*Weller/Hauck* Rz 19; KDZ-*Zwanziger* Rz 161; KPK-*Bengelsdorf* Teil H Rz 15; *Weber/Ehrich* BB 1996, 2253; gegen die geänderte Rechtsprechung aber *Berkowsky* § 20 Rz 39; *ders.* NZA-RR 2003, 454; SPV-*Preis* Rz 1259; *Wallner* S. 123). Die Frage, ob die angebotene Befristung sachlich gerechtfertigt ist, beurteilt sich dabei jetzt nach § 14 TzBfG (s. etwa *Annuß/Thüsing* § 14 TzBfG Rz 12ff.; iE KR-*Lipke* § 14 TzBfG Rz 11 ff.). Sie fließt auch nach Auffassung des BAG als Vorfrage in die Prüfung der sozialen Rechtfertigung der Änderung ein – fehlt es an einem solchen Grund (s. dazu auch *BAG* 24.1.1996 EzA § 620 BGB Nr. 139; 8.7.1998 EzA § 620 BGB Nr. 152; s. dazu auch APS-*Künzl* Rz 21), ist die

Änderung sozialwidrig. Zu Recht stellt das *BAG* klar, dass die Änderungskündigung auch bei sachlicher Berechtigung der Befristung noch aus anderen Gründen sozialwidrig sein kann, so etwa bei fehlerhafter Sozialauswahl (vgl. auch *Annuß/Thüsing* § 14 TzBfG Rz 13; KR-*Lipke* § 14 TzBfG Rz 11). Zur fristgerechten Geltendmachung auch des Unwirksamkeitsgrundes sachgrundlose Befristung s. iE KR-*Lipke* § 14 TzBfG Rz 11. Zur Befristung einzelner Vertragsbedingungen s.u. Rz 54i.

Das bloße **Angebot einer Vertragsänderung** stellt keine Änderungskündigung dar, wenn nicht zugleich der Wille des Arbeitgebers deutlich wird, bei einer Ablehnung des Angebots das Arbeitsverhältnis zu beenden (HK-*Weller/Hauck* Rz 11; *Linck* AR-Blattei SD 1020.1.1 Rz 4; vgl. auch *LAG Frankf.* 9.4.1990 RzK I 7a Nr. 20). Nimmt der Arbeitnehmer ein solches Angebot an, liegt eine – zulässige – einverständliche Änderung des Arbeitsverhältnisses vor. Lehnt er das Angebot ab, muss der Arbeitgeber nunmehr eine Kündigung aussprechen, will er die Änderung durchsetzen. Dabei kann er allerdings gegebenenfalls auf das Änderungsangebot Bezug nehmen (s.u. Rz 18). **11**

II. Kündigung und Änderungsangebot

1. Zusammengesetztes Rechtsgeschäft

Zur Kündigung hinzukommen muss als zweiter Akt das **Angebot der Fortsetzung des Arbeitsverhältnisses** zu geänderten Bedingungen. Insoweit ist es berechtigt, von einem aus zwei Willenserklärungen zusammengesetzten Rechtsgeschäft zu sprechen. Dabei ist jedoch zu berücksichtigen, dass es sich um einen im tatsächlichen wie rechtlichen Sinne **einheitlichen Tatbestand** handelt (*Galperin* aaO; *BAG* 7.6.1973 AP Nr. 1 zu § 626 BGB Änderungskündigung unter II 2b der Gründe; 16.9.2004 EzA § 623 BGB 2002 nF Nr. 2). **12**

2. Bedingte oder unbedingte Kündigung

Die Verknüpfung der Kündigung und des Änderungsangebots kann rechtlich in verschiedener Weise geschehen: Es kann eine **unbedingte Kündigung** ausgesprochen werden, neben der die Fortsetzung des Arbeitsverhältnisses angeboten wird. Daneben ist der Ausspruch einer **bedingten Kündigung** zulässig, wobei die – aufschiebende – Bedingung in der Ablehnung des Änderungsangebotes durch den Arbeitnehmer liegt (*v. Hoyningen-Huene/Linck* Rz 10; HK-*Weller/Hauck* Rz 9; nach *Schwerdtner* FS 25 Jahre BAG, S. 556, ist diese Form im Zweifel als gewollt anzusehen). **13**

Das war schon vor Inkrafttreten der gesetzlichen Regelung allgemein anerkannt. § 2 KSchG hat daran nichts geändert. Der Wortlaut spricht zwar für die Variante der unbedingten Kündigung verbunden mit einem selbständigen Änderungsangebot. Er schließt jedoch den Fall der bedingten Änderungskündigung nicht aus. Es ist auch nicht ersichtlich, dass der Gesetzgeber diese Möglichkeit der Änderungskündigung entgegen der bis dahin ganz allgemein geltenden Rechtsauffassung einschränken wollte. Dies gilt um so mehr, als dem Unterschied eine sachliche Bedeutung nicht zuzumessen ist *BAG* 30.5.1980 AP Nr. 8 zu § 611 BGB Arzt-Krankenhaus-Vertrag). **14**

Die Annahme einer **bedingten Kündigung** ist nicht etwa deshalb unzulässig, weil die Kündigung als einseitiges Rechtsgeschäft grds. bedingungsfeindlich ist. Es ist seit langem anerkannt, dass eine Kündigung dann unter einer Bedingung ausgesprochen werden kann, wenn der Eintritt der Bedingung vom Willen des Kündigungsempfängers abhängig ist, also unter einer sog. **Potestativbedingung** (vgl. *v. Hoyningen-Huene/Linck* aaO; *Linck* AR-Blattei SD 1020.1.1 Rz 15; *Hohmeister* BB 1994, 1778; *Schwerdtner* aaO; *BAG* 27.6.1968, AP Nr. 1 zu § 626 BGB Bedingung). Eine Ungewissheit des Kündigungsempfängers über die Beendigung des Arbeitsverhältnisses, welche ansonsten gegen die Wirksamkeit einer bedingten Kündigung sprechen mag, besteht hier nicht. Er hat es in der Hand, die Bedingung abzulehnen oder anzunehmen und so für sich selbst alle Zweifel darüber auszuräumen, ob das Arbeitsverhältnis beendet wird oder nicht. **15**

III. Sachlicher Zusammenhang zwischen Kündigung und Änderungsangebot

Der Arbeitgeber muss dem Arbeitnehmer im **Zusammenhang** mit der Kündigung ein **Änderungsangebot** machen. Entsprechend der besonderen Zielrichtung der Änderungskündigung ist ein sachlicher Zusammenhang grds. immer dann gegeben, wenn erkennbar ist, dass der Wille des Arbeitgebers nicht vorrangig auf die Beendigung des Arbeitsverhältnisses, sondern auf seine Fortsetzung zu anderen Bedingungen gerichtet ist (vgl. HK-*Weller/Hauck* Rz 17; *Becker-Schaffner* BB 1991, 129). Die Fortsetzung des Arbeitsverhältnisses zu geänderten Bedingungen muss aber **nicht das ausschließliche Motiv** des **16**

Arbeitgebers sein. Eine Änderungskündigung liegt auch dann vor, wenn der Arbeitgeber in erster Linie die Trennung von dem Arbeitnehmer wünscht und es lediglich in Kauf nimmt, dass der Arbeitnehmer das – nach den betrieblichen Verhältnissen mögliche und daher auch anzubietende (s.u. Rz 18 ff.) – Änderungsangebot annimmt. Erforderlich, aber auch ausreichend ist es, wenn der Arbeitgeber dem Arbeitnehmer gegenüber seinen Willen erklärt, das Arbeitsverhältnis zu den angebotenen geänderten Bedingungen fortzusetzen, die Weiterbeschäftigung jedoch von der Annahme dieses Angebots abhinge und im Falle der Ablehnung das Arbeitsverhältnis beendet sein solle (*BAG* 27.5.1982 DB 1984, 620).

IV. Zeitliche Abfolge von Änderungsangebot und Kündigung

17 Offen gelassen hat der Gesetzgeber die Frage der **zeitlichen Abfolge** von Kündigung und Änderungsangebot. Ein Zusammenhang kann dem Wortlaut nach vorliegen, wenn das Änderungsangebot der Kündigung vorgeht, mit ihr zugleich ausgesprochen wird oder wenn es nachträglich unter Bezugnahme auf die bereits ausgesprochene Kündigung folgt. Sinn und Zweck der gesetzlichen Regelung verlangen hier jedoch gewisse Einschränkungen.

1. Angebot vor oder bei Kündigung?

18 Das BAG verlangt vom Arbeitgeber, dass er bei Wegfall des bisherigen Arbeitsplatzes auch unaufgefordert vorrangig **vor einer Beendigungskündigung** dem Arbeitnehmer eine beiden Parteien zumutbare Weiterbeschäftigung auf einem freien Arbeitsplatz auch zu geänderten Bedingungen **anbietet** (*BAG* 27.9.1984 EzA § 2 KSchG Nr. 5 mit zust. Anm. *Kraft* = AP Nr. 8 zu § 2 KSchG 1969 mit abl. Anm. *v. Hoyningen-Huene*; s. zuletzt *BAG* 21.4.2005 EzA § 2 KSchG Nr. 52 und Nr. 53 – s. dazu näher Rz 18g). Damit hat das BAG seine frühere Rechtsprechung aufgegeben, wonach der Arbeitgeber eine Weiterbeschäftigung zu geänderten Bedingungen nur dann anzubieten brauchte, wenn der Arbeitnehmer sich vor, bei oder unmittelbar nach der Kündigung hiermit einverstanden erklärte (*BAG* 13.9.1973 EzA § 102 BetrVG 1972 Nr. 7). Zur außerordentlichen Kündigung war hiervon bereits in der Entscheidung vom 30.5.1978 (EzA § 626 BGB nF Nr. 66) Abstand genommen worden. Zur zeitlichen Abfolge von Änderungsangebot und Kündigung hatte das *BAG* (27.9.1984 EzA § 2 KSchG Nr. 5) ein »Vorverfahren« entwickelt. Danach hat der Arbeitgeber dem Arbeitnehmer **vor Ausspruch** einer Beendigungskündigung ein **Änderungsangebot** zu machen. Er hat dabei klarzustellen, dass bei Ablehnung des Angebotes eine Beendigungskündigung beabsichtigt ist. In Anlehnung an § 102 Abs. 2 S. 1 BetrVG räumt das BAG dem Arbeitnehmer eine **Überlegungsfrist** von einer Woche ein. Der Arbeitnehmer kann das Angebot endgültig **annehmen;** dann ist das Arbeitsverhältnis einvernehmlich abgeändert. Er kann es endgültig und vorbehaltlos **ablehnen** (s. zu den Anforderungen der Erklärung *LAG Bln.* 13.1.2000 LAGE § 2 KSchG Nr. 37). Dann ist der Weg frei für eine Beendigungskündigung. Der Arbeitnehmer kann in einem eventuellen Kündigungsschutzverfahren den Arbeitgeber nicht mehr darauf verweisen, dass eine Weiterbeschäftigung zu den – zuvor abgelehnten – Bedingungen möglich gewesen wäre.

18a Der Arbeitnehmer kann das Angebot aber auch unter einem § 2 KSchG entsprechenden **Vorbehalt annehmen;** der Arbeitgeber muss dann eine Änderungskündigung aussprechen. **Unterlässt** es der Arbeitgeber, dem Arbeitnehmer vor Ausspruch einer Beendigungskündigung ein mögliches und zumutbares Änderungsangebot zu unterbreiten, soll die Kündigung dann sozial ungerechtfertigt sein, wenn der Arbeitnehmer einem vor der Kündigung gemachten Vorschlag zumindest unter Vorbehalt **zugestimmt hätte.** Dies muss der Arbeitnehmer im Verfahren vortragen. Hat er nach Ausspruch der Kündigung ein Änderungsangebot abgelehnt, ist es eine Frage der tatrichterlichen Würdigung, ob angenommen werden kann, dass er ein entsprechendes Angebot vor Ausspruch der Kündigung unter Vorbehalt angenommen hätte (s. iE *BAG* 27.9.1984 EzA § 2 KSchG Nr. 5; HK-*Weller/Hauck* Rz 25; s. aber auch Rz 18h).

18b Diese Rechtsprechung war auf anhaltende Kritik gestoßen, die sich im Wesentlichen auf folgende Überlegungen stützt: Zuzustimmen ist der Anerkennung einer **Initiativlast** hinsichtlich des unaufgeforderten Angebotes auch bei der ordentlichen Kündigung. Die Unterscheidung zwischen außerordentlicher und ordentlicher Kündigung war in der Tat nicht gerechtfertigt (s. schon Anm. *G. Hueck* zu *BAG* AP Nr. 70 zu § 626 BGB). Die Beschränkung der Initiativlast auf dem Arbeitnehmer **zumutbare** freie Arbeitsplätze schützt den Arbeitgeber davor, den Betrieb gleichsam durchkämmen zu müssen auf der Suche nach irgendeinem freien Arbeitsplatz zu geänderten Bedingungen (s. iE zur Initiativlast des Arbeitgebers KR-*Griebeling* § 1 KSchG Rz 545). Zutreffend ist auch, dass die Kündigung dem **Angebot nachfolgen** kann und dass der Arbeitgeber bei Ausspruch der Kündigung auf das zuvor abgelehnte Angebot zurückgreifen kann (s. schon Rz 18). Richtig ist auch, dass der Arbeitgeber direkt zur

Beendigungskündigung greifen kann, falls der Arbeitnehmer die Annahme der geänderten Arbeitsbedingungen in Kenntnis der beabsichtigten Kündigung endgültig und vorbehaltlos ablehnt (s. aber Rz 105a).

Klarzustellen ist aber, dass der **Arbeitgeber nicht verpflichtet** ist, in jedem Fall zunächst eine solche **Verhandlungslösung zu versuchen** (missverständlich insoweit BAG 27.9.1984 EzA § 2 KSchG Nr. 5; dagen zu Recht ErfK-*Ascheid/Oetker* Rz 3; *v. Hoyningen-Huene* Anm. zu BAG AP Nr. 8 zu § 2 KSchG 1969; HK-*Weller/Hauck* Rz 26; *v. Hoyningen-Huene/Linck* Rz 12; KassArbR-*Isenhardt* 1.3 Rz 427; *Linck* AR-Blattei SD 1020.1.1 Rz 39 ff.; *Zöllner/Loritz* § 23 VI 2; so jetzt auch APS-*Künzl* Rz 37). Es besteht kein Anlass, dem Arbeitgeber das Recht zu nehmen, auch ohne vorherige Abklärung mit dem Arbeitnehmer direkt eine Änderungskündigung auszusprechen, indem er Angebot und Kündigung miteinander verbindet. Die Interessen des Arbeitnehmers sind durch § 2 KSchG hinreichend geschützt. Er kann innerhalb der Kündigungsfrist – längstens der Dreiwochenfrist des § 4 KSchG – frei wählen, ob er das Angebot ablehnen, ob er es endgültig oder unter Vorbehalt der sozialen Rechtfertigung annehmen will. Der zwingenden Einräumung einer zusätzlichen **Überlegungsfrist** vor der Kündigung **bedarf es nicht.** Hierfür reicht die Kündigungsfrist aus. Verlangt man eine Entscheidung des Arbeitnehmers bereits vor der Kündigung innerhalb der vom BAG (27.9.1984 EzA § 2 KSchG Nr. 5) auf eine Woche festgelegten Überlegungsfrist – endgültige Annahme, endgültige Ablehnung, Annahme unter einem § 2 KSchG entsprechenden Vorbehalt –, wären die Rechte des Arbeitnehmers entgegen § 2 KSchG verkürzt in allen Fällen, in denen die Kündigungsfrist länger als eine Woche – bis drei Wochen – ist. **18c**

Nicht beantwortet ist auch die Frage, wie ein **Schweigen** des Arbeitnehmers innerhalb der Wochenfrist zu deuten ist. Angesichts der vom BAG herangezogenen Analogie zu § 102 Abs. 2 S. 1 BetrVG läge es nahe, in entsprechender Anwendung des § 102 Abs. 2 S. 2 BetrVG im Falle unterbliebener Äußerung die Zustimmung zur angebotenen Änderung als erteilt anzusehen. Hiergegen bestehen jedoch Bedenken. Ein so einschneidender Tatbestand wie die – regelmäßig verschlechternde – Abänderung des Arbeitsverhältnisses unter Verzicht auf eine Überprüfung im Kündigungsschutzverfahren bedarf idR einer **eindeutigen Bestätigung.** Diese kann in dem bloßen Schweigen nicht gesehen werden. Andererseits kann ein Schweigen des Arbeitnehmers auch nicht als endgültige und vorbehaltlose – wie vom BAG verlangt – Ablehnung eines Änderungsangebotes angesehen werden. Auch diese wiederum bedürfte einer eindeutigen Willensmanifestierung. Die gleichen Bedenken bestehen gegen die Deutung des Schweigens als Annahme des Änderungsangebotes unter einem dem § 2 KSchG entsprechenden Vorbehalt. Es bleibt als unproblematische Deutung die Annahme, dass der Arbeitnehmer bis nach dem Ausspruch der Kündigung vorbehalten will, also den Weg wählen will, den § 2 KSchG ihm eröffnet (zust. KDZ-*Zwanziger* Rz 5; KPK-*Bengelsdorf* Teil H § 2 Rz 3). **18d**

Der Entscheidung des BAG (27.9.1984 EzA § 2 KSchG Nr. 5) kann also **nur insoweit Bedeutung** beigemessen werden, als der Arbeitgeber die Initiativlast in der Weise erfüllen **kann,** dass er dem Arbeitnehmer vor Ausspruch der Kündigung das Angebot unterbreitet, was in der Praxis durchaus sinnvoll sein kann (*v. Hoyningen-Huene/Linck* DB 1993, 1189). Es muss ihm aber auch die **Möglichkeit verbleiben, unaufgefordert** das Angebot der Fortsetzung des Arbeitsverhältnisses zu geänderten Bedingungen zugleich mit der Kündigung zu verbinden. Auf die vom BAG verlangte Einräumung einer **Überlegungsfrist** in ohnehin problematischer Anlehnung an § 102 Abs. 2 BetrVG kann es **nicht ankommen.** Sie wäre sinnvoll nur dann, wenn das Vorverfahren zwingend wäre und der Arbeitnehmer bereits vor der Kündigung eine endgültige Entscheidung über Annahme, Annahme unter Vorbehalt oder endgültige Ablehnung treffen müsste. Auf die darin liegende Verkürzung der Überlegungsfrist für den Arbeitnehmer wurde bereits verwiesen. Die zwingend vorgeschaltete Überlegungsfrist von einer Woche würde im Übrigen dazu führen, dass der Arbeitgeber vor jeder Änderungskündigung eine Frist von mindestens **zwei Wochen** einkalkulieren müsste: eine Woche für die Entscheidung des Arbeitnehmers und sodann eine weitere Woche für den Betriebsrat (darauf weist insoweit zu Recht hin *Wagner* NZA 1986, 632). Der Arbeitgeber muss nämlich dem Betriebsrat im Rahmen der Anhörung nach § 102 BetrVG erklären, ob er eine Beendigungskündigung oder eine Änderungskündigung aussprechen will (s. Rz 115). Diese Erklärung könnte er aber erst nach Ablauf der Überlegungsfrist abgeben, da sie von der Entscheidung des Arbeitnehmers abhinge. **18e**

Es besteht also **weder ein echtes Bedürfnis noch eine Möglichkeit** für die Annahme eines **obligatorischen Angebotes** der Fortsetzung des Arbeitsverhältnisses zu geänderten Bedingungen vor Ausspruch der Kündigung (so im Ergebnis *v. Hoyningen-Huene* aaO; *v. Hoyningen-Huene/Linck* aaO; KPK-*Bengelsdorf* Teil H § 2 Rz 3). Eine derartige Lösung verlangt schließlich auch **nicht der Verhältnismäßigkeitsgrundsatz** unter dem Aspekt, dass vor Ausspruch einer Änderungskündigung zunächst die **18f** einvernehmliche Abänderung als das mildere Mittel versucht werden müsste. Die Möglichkeit der endgültigen Annahme und der Annahme unter Vorbehalt bleibt dem Arbeitnehmer bei Gleichzeitigkeit von Angebot und Kündigung erhalten. Damit sind seine Interessen hinreichend gewahrt.

18g **Das BAG** ist in zwei Urteilen vom 21.4.2005 (EzA § 2 KSchG Nr. 52 m. krit. Anm. *Buchner* und EzA § 2 KSchG Nr. 53 = AP Nr. 79 zu § 2 KSchG 1969 m. krit. Anm. *Wank*) **dieser Kritik gefolgt und wendet die Grundsätze der Entscheidung vom 27.9.1984** (EzA § 2 KSchG Nr. 5) **nur noch eingeschränkt an.** Danach ist auch nach Auffassung des BAG nunmehr von **folgenden Grundsätzen auszugehen**: Der Arbeitgeber **muss** vor jeder ordentlichen Beendigungskündigung von sich aus dem Arbeitnehmer eine beiden Parteien objektiv mögliche und zumutbare Beschäftigung auf einem freien Arbeitsplatz auch zu geänderten Bedingungen **anbieten**. Er ist dabei nicht verpflichtet, in jedem Fall mit dem Arbeitnehmer eine einvernehmliche Lösung zu suchen. **Auch ohne vorherige Verhandlungen** mit dem Arbeitnehmer **kann er direkt eine Änderungskündigung** aussprechen, in dem er Angebot und Kündigung miteinander verbindet. Es ist dem Arbeitnehmer dabei grds. nur darum verwehrt, den Arbeitgeber bei einer ausgesprochenen Beendigungskündigung auf eine mögliche Änderungskündigung mit dem abgelehnten Inhalt zu verweisen, wenn er das Änderungsangebot **zuvor vorbehaltlos und endgültig abgelehnt hat**. Für die Annahme einer Ablehnung in diesem Sinne ist erforderlich, das der Arbeitnehmer unmissverständlich zu erkennen gibt, dass er unter keinen Umständen bereit ist, zu den geänderten Bedingungen zu arbeiten. Allein die Ablehnung eines der Kündigung vorangegangenen Angebots auf einvernehmliche Abänderung des Arbeitsvertrages durch den Arbeitnehmer enthebt den Arbeitgeber hingegen grds. nicht von der Verpflichtung, das Änderungsangebot mit einer nachfolgenden Beendigungskündigung erneut zu verbinden. **Eine Änderungskündigung darf lediglich in Extremfällen** unterbleiben, wenn der Arbeitgeber bei vernünftiger Betrachtung nicht mit einer Annahme des neuen Vertragsangebots durch den Arbeitnehmer rechnen konnte (zB Angebot einer Pförtnerstelle an den bisherigen Personalchef). Regelmäßig hat der **Arbeitnehmer selbst zu entscheiden, ob er eine Weiterbeschäftigung unter möglicherweise erheblich verschlechterten Arbeitsbedingungen für zumutbar hält** oder nicht. Der **Arbeitgeber trägt die Darlegungs- und Beweislast** dafür, dass der Arbeitnehmer das Änderungsangebot endgültig abgelehnt hat, d.h. dass er weder einvernehmlich noch unter dem Vorbehalt der Prüfung der sozialen Rechtfertigung iSd § 2 KSchG bereit war, zu den geänderten Bedingungen zu arbeiten (*BAG* 21.4.2005 EzA § 2 KSchG Nr. 52 u. Nr. 53; s. dazu auch – im Wesentlichen krit. – *Annuß* NJW 2006 2153; *Bauer/Winzer* BB 2006, 266; *Berkowsky* NZA 2006 697; *Edenfeld* RdA 2006, 177; *Kock* NJW 2006 728; *Lelley/Sabin* DB 2006, 1110; s.a. *Mohnke* AuA 2006, 274).

19 **Das BAG teilt nunmehr auch die Bedenken gegen die in der Entscheidung vom 27.9.1984** (EzA § 2 KSchG Nr. 5) **vertretene Auffassung** für den Fall, dass der Arbeitgeber es unterlässt, dem Arbeitnehmer vor Ausspruch einer Änderungskündigung ein mögliches und zumutbares Änderungsangebot zu unterbreiten, müsse die **hypothetische Bereitschaft des Arbeitnehmers** geprüft, ein vor Ausspruch der Kündigung unterbreitetes Änderungsangebot wenigstens unter Vorbehalt anzunehmen (s. jetzt *BAG* 21.4.2005 EzA § 2 KSchG Nr. 52 – fraglich, ob daran festzuhalten ist). Zu Recht weist insbes. *Preis* (Prinzipien des Kündigungsrechts bei Arbeitsverhältnissen, S. 302 f.; *ders.* NZA 1997, 1077) auf die fehlende Justiziabilität einer solchen Prüfung hin, die sich im Bereich der puren Spekulation bewege. Auf die Ermittlung eines hypothetischen Geschehensablaufs ist zu verzichten. Entscheidend allein ist vielmehr, dass eine **geeignete Weiterbeschäftigungsmöglichkeit objektiv vorhanden** war und der Arbeitnehmer sich im Verfahren hierauf **widerspruchsfrei beruft**. Hat der Arbeitnehmer zuvor erkennen lassen, dass er dieses Änderungsangebot in keinem Fall annehmen werde, ist sein Verhalten widersprüchlich und damit nicht erheblich (*Preis* aaO; zust. *Hillebrecht* ZfA 1991, 87, 114; so auch APS-*Künzl* Rz 39; *v. Hoyningen-Huene/Linck* § 1 Rz 150; *Kiel* Die anderweitige Beschäftigungsmöglichkeit im Kündigungsschutz, S. 114 f.; aA MünchArbR-*Berkowsky* Rz 53).

2. Angebot folgt der Kündigung nach

20 Fraglich erscheint hingegen, ob das **Änderungsangebot der Kündigung zeitlich nachgehen** kann. Dabei ist insbes. an den Fall zu denken, dass die geänderten Vertragsbedingungen noch nicht abschließend festgelegt und vom Arbeitgeber bei Ausspruch der Kündigung lediglich in Aussicht gestellt werden. Das Nachschieben eines präzisierten bzw. überhaupt eines Änderungsangebotes soll nach einer Auffassung bis zum Ablauf der Kündigungsfrist zulässig sein, wobei auch die Dreiwochenfrist zur Erhebung der Kündigungsschutzklage als äußerste Grenze genannt ist (*Schmidt* NJW 1971, 684); *Adomeit* (DB 1969, 2179) sieht in einem derartigen Sachverhalt zwar keine Änderungskündigung mehr, hält aber die Anwendung des § 2 KSchG durch den Wortlaut gedeckt und nicht zweckwidrig (s.a. Rz 25 f.).

Änderungskündigung § 2 KSchG

Soweit die Änderungskündigung in Form der **bedingten** Änderungskündigung (s. Rz 15) ausgespro- **21** chen wird, bestehen gegen die Verknüpfung der Kündigung mit einem erst in Aussicht gestellten Vertragsangebot grundlegende dogmatische Bedenken schon aus dem Recht der Bedingung. Wenn die Kündigung in ihrem Bestand von einer Bedingung abhängig gemacht werden soll, muss bei Ausspruch der Kündigung begriffsnotwendig die Art der Bedingung feststehen, da sonst von einer bedingten Kündigung nicht mehr gesprochen werden kann. Das ergibt sich aus dem Bestimmtheitsgrundsatz. Die mit einer Potestativbedingung versehene Kündigung wird deshalb als zulässig angesehen, weil der Arbeitnehmer als Kündigungsempfänger bei Ausspruch der Kündigung klar übersehen kann, ob es zu einer Beendigung des Arbeitsverhältnisses kommt oder nicht. Ist die Bedingung selbst noch unbestimmt, fehlt es für die Beendigung des Arbeitsverhältnisses an der erforderlichen Bestimmtheit. Bei der **bedingten Kündigung** ist also das Änderungsangebot grds. **spätestens** mit Ausspruch der Kündigung zu geben (so wohl auch HK-*Weller/Hauck* Rz 21; *Hueck/Nipperdey* I, S. 549; für diesen Fall verneint auch *Schaub* RdA 1970, 231 die Zulässigkeit einer zeitlichen Phasenverschiebung).

Eine Ausnahme wird teilweise angenommen für den Fall, dass die Kündigung **vorfristig** ausgespro- **22** chen wurde und unter ausdrücklichem Bezug auf die bereits ausgesprochene Kündigung als Änderungsangebot zwar nachgeschoben wird, dem Arbeitnehmer aber noch **vor dem Anlauf** der Kündigungsfrist zugeht (*Schaub* aaO; *ders*. in: Hromadka, Änderung, S. 75, 76; offen gelassen in *LAG RhPf* 6.2.1987 LAGE § 2 KSchG Nr. 6; **aA** KPK-*Bengelsdorf* Teil H § 2 Rz 17). Dem ist nur insoweit zuzustimmen, als in dem **Nachschieben des Angebots der erneute Anspruch einer Kündigung** – jetzt als Änderungskündigung – gesehen werden kann. Ob dies der Fall ist, ist eine Frage der Auslegung (vgl. auch KDZ-*Zwanziger* Rz 122; *Kiel/Koch* Rz 415; *Wallner* S. 43). Da an die Eindeutigkeit von Kündigungserklärungen strenge Anforderungen zu stellen sind (s. Rz 10), ist dem Arbeitgeber eine Klarstellung angeraten. Dies ist im Übrigen auch schon zur Formwahrung gem. § 623 BGB geboten (s. *BAG* 16.9.2004 EzA BGB 2002 § 623 Nr. 2 – s.u. Rz 28a). Eine Verkürzung der Erklärungsfrist nach § 2 S. 2 KSchG kann damit nicht ein, weil diese Frist erst mit Zugang des modifizierten Kündigung anläuft (so auch KDZ-*Zwanziger* Rz 121). Im nachträglichen Ausspruch einer Änderungskündigung dürfte regelmäßig die Rücknahme einer zunächst ausgesprochenen Beendigungskündigung bzw. einer Änderungskündigung mit einem anderen Änderungsangebot liegen.

Was für die bedingte Änderungskündigung gilt, kann für die **unbedingte Änderungskündigung, 23** welche mit einem Vertragsangebot verbunden ist, im Ergebnis nicht anders sein. Zwar bestehen bei einer nachträglichen Verknüpfung der Kündigung mit dem Änderungsangebot nicht die bei der bedingten Kündigung aufgezeigten dogmatischen Bedenken aus dem Recht der Willenserklärung (s.o. Rz 21). Eine sachliche Unterscheidung ist aber nicht gerechtfertigt. Da der Arbeitnehmer zum Änderungsangebot bis zum Ablauf der Kündigungsfrist, spätestens bis zum Ablauf der Dreiwochenfrist Stellung nehmen muss (s.u. Rz 67), hätte es der Arbeitgeber in der Hand, diese Überlegungsfrist des Arbeitnehmers nach Belieben zu verkürzen, indem er mit dem Änderungsangebot bis zum letzten Tage der Frist abwartete. Die vom Gesetz gewählte Verknüpfung von Kündigungsfrist und Vorbehaltsfrist wäre damit hinfällig. Man muss deshalb auch in diesem Fall Kündigung und Angebot als Einheit betrachten mit der Folge, dass das **Änderungsangebot zugleich** mit der Kündigung dem Arbeitnehmer zugehen muss (Gleichzeitigkeit von Kündigung und Änderungsangebot verlangt auch *BAG* 10.12.1975 AP Nr. 90 zu §§ 22, 23 BAT; APS-*Künzl* Rz 26; KPK-*Bengelsdorf* Teil H § 2 Rz 17; SPV-*Preis* Rz 769; zur Anhörung des Betriebsrats s.o. Rz 22). Dem Arbeitgeber steht bei entsprechender zeitlicher Konstellation bis zum letzten Kündigungstermin die Möglichkeit offen, die Kündigung zum selben Endzeitpunkt als Änderungskündigung zu wiederholen (s. dazu auch Rz 22). Es bleibt also bei dem Grundsatz, dass das **Änderungsangebot in jedem Fall spätestens zusammen mit dem Zugang der Kündigung** abgegeben werden muss. Nicht mehr zu berücksichtigen ist ein erst danach – möglicherweise erst im Laufe des Kündigungsschutzverfahrens – abgegebenes Änderungsangebot (so aber *Löwisch* NZA 1988, 633 f.; *ders*. Rz 10). Hiergegen sprechen neben der sich auf § 2 KSchG ergebenden Verknüpfung der Erklärungsfrist mit der Kündigungsfrist auch systematische Gründe. Maßgeblich für die Beurteilung der Wirksamkeit einer Kündigung ist der Zeitpunkt des Zugangs beim Empfänger (s. KR-*Griebeling* § 1 KSchG Rz 235). Wird ein Änderungsangebot erst zu einem späteren Zeitpunkt abgegeben bzw. ein schon vorliegendes Änderungsangebot später modifiziert, müssten in die Bewertung der Kündigung systemwidrig Umstände einbezogen werden, die zum Zeitpunkt der Kündigung noch gar nicht vorlagen.

Die Konsequenz aus der vorstehenden Auffassung ist, dass der Arbeitnehmer auf ein verspätetes An- **24** gebot des Arbeitgebers, das Arbeitsverhältnis zu veränderten Bedingungen fortzusetzen, sich nicht

§ 2 KSchG	Änderungskündigung

einlassen muss, da eine fristgerechte Änderungskündigung nicht vorliegt. Dabei ist je nach den Umständen des Einzelfalles zu entscheiden, ob die Kündigung als unbedingte Kündigung anzusehen ist oder ob – insbes. im Falle der künftigen Inaussichtstellung des Änderungsangebots – überhaupt noch keine wirksame Kündigung ausgesprochen worden ist.

25 Die Forderung nach Gleichzeitigkeit von Kündigung und Änderungsangebot dient dem **Schutz des Arbeitnehmers.** Ihm soll eine der Intention des Gesetzes entsprechende Überlegungsfrist eingeräumt werden (vgl. auch *BAG* 27.9.1984 EzA § 2 KSchG Nr. 5 unter B II 3c der Gründe). Das schließt einen Verzicht des Arbeitnehmers auf eine solche Frist nicht aus. Bietet der Arbeitgeber nachträglich die Fortsetzung des – gekündigten – Arbeitsverhältnisses zu geänderten Bedingungen an, kann sich der Arbeitnehmer damit einverstanden erklären. Damit ist die Kündigung einvernehmlich aus der Welt geschaffen.

26 Hat er bereits Kündigungsschutzklage gegen die Beendigungskündigung erhoben oder ist die Dreiwochenfrist noch nicht abgelaufen, kann er das Angebot des Arbeitgebers auch unter dem Vorbehalt annehmen, dass die jetzt angebotene Änderung nicht sozialwidrig ist (s. aber auch Rz 7a ff.). Zwar ist dies kein Fall der eigentlichen Änderungskündigung mehr. Der Arbeitgeber ist daher, im Unterschied zur echten Kündigung, auch nicht verpflichtet, die Annahme seines Angebots unter Vorbehalt zu akzeptieren. Liegt aber ein entsprechendes Einverständnis der Parteien vor, das Arbeitsverhältnis im Fall der Feststellung der Unwirksamkeit der angebotenen Bedingungen zu eben diesen Bedingungen weiterzuführen, bestehen keine Bedenken, das Änderungsschutzverfahren entsprechend § 2 KSchG durchzuführen (zust. *LAG Hamm* 13.10.1988 LAGE § 2 KSchG Nr. 7).

27 Hatte der Arbeitnehmer bereits die Kündigungsschutzklage gem. § 4 S. 1 KSchG erhoben, ist diese Klage **abzuändern** auf Feststellung, dass die Änderung der Arbeitsbedingungen unwirksam ist, § 4 S. 2 KSchG. Voraussetzung für eine derartige nachträgliche Überprüfung der Kündigung entsprechend einer Änderungskündigung ist jedoch in jedem Fall die rechtzeitige Erhebung der Kündigungsschutzklage innerhalb der Frist des § 4 KSchG. Diese Frist ist unverzichtbar.

V. Begriff der Änderung

28 Die Änderung der Arbeitsbedingungen wird regelmäßig für den Arbeitnehmer **ungünstiger** sein im Verhältnis zu den bisherigen Arbeitsbedingungen. Fälle einer Verbesserung der Arbeitsbedingungen durch Änderungskündigungen sind zwar nicht begriffsnotwendig ausgeschlossen, dürften aber kaum vorkommen, da hier regelmäßig eine vertragliche Einigung erzielt wird. Soll an den Arbeitsbedingungen **überhaupt nichts geändert** werden, liegt eine Änderungskündigung allerdings nicht vor (vgl. *BAG* 10.12.1975 AP Nr. 90 zu §§ 22, 23 BAT). Der Arbeitgeber ist aber auch nach dem Grundsatz der Verhältnismäßigkeit **nicht gehalten,** zur Vermeidung einer Beendigungskündigung dem Arbeitnehmer die Weiterbeschäftigung auf einem freien Arbeitsplatz zu **günstigeren Bedingungen** anzubieten (*BAG* 29.3.1990 EzA § 1 KSchG 1969 Soziale Auswahl Nr. 29 m. Anm. *Preis; Ascheid* Rz 308; *v. Hoyningen-Huene/Linck* DB 1993, 1185; **krit.** KDZ-*Kittner* § 1 Rz 412; vgl. auch *BAG* 10.11.1994 EzA § 1 KSchG Betriebsbedingte Kündigung Nr. 77).

VI. Form der Änderungskündigung

28a Gemäß § 623 BGB bedürfen die Beendigungen von Arbeitsverhältnissen durch Kündigung oder Auflösungsvertrag sowie die Befristung zu ihrer Wirksamkeit der Schriftform. Diese zum 1. Mai 2000 in Kraft getretene gesetzliche Regelung hat **Bedeutung auch für Änderungskündigungen**, die nach dem 30. April 2000 zugegangen sind. Zweifellos ist danach für die »**Kündigung als solche**« Schriftform erforderlich. Das wird schon daraus deutlich, dass die Änderungskündigung zur Beendigung des Arbeitsverhältnisses führen kann, wenn der Arbeitnehmer das Änderungsangebot auch nicht unter Vorbehalt annimmt. Richtiger Auffassung nach **bedarf aber auch das Änderungsangebot der Schriftform**, weil es Bestandteil der Kündigungserklärung ist (so jetzt auch BAG 16.9.2004 EzA § 623 BGB 2002 Nr. 2 = AP Nr. 78 zu § 2 KSchG 1969 m. krit. Anm. *Löwisch;* DKZ-*Däubler* § 623 BGB Rz 11; ErfK-*Müller-Glöge* § 623 BGB Rz 26; *Däubler* AiB 2000, 190; *Gaul* DStR 2000, 691; *Müller-Glöge/von Senden* AuA 2000, 199; *Caspers* RdA 2001, 30; *Hromadka* DB 2002, 1323; *Preis/Gotthardt* NZA 2000, 351; *Richardi/Annuß* NJW 2000, 1233; s. iE KR-*Spilger* § 623 BGB Rz 64). Eine Trennung von Kündigung und Angebot mit der Folge, dass der Arbeitgeber das Angebot auch mündlich abgeben kann (*Sander/Siebert* AuR 2000, 291 – das Ergebnis aber selbst als widersinnig ansehend), verkennt, dass Kündigung und Angebot eine Einheit bilden. Zu den Anforderungen an die Schriftform siehe KR-*Spilger* § 623 BGB Rz 97 ff.

Änderungskündigung § 2 KSchG

Der **Mangel der Schriftform** gehört zu den wenigen Unwirksamkeitsgründen, die **nicht innerhalb der Dreiwochenfrist** geltend gemacht werden müssen; diese läuft nach § 4 S. 1 KSchG nF nämlich erst mit Zugang der schriftlichen Kündigung an (s. KR-*Rost* § 7 KSchG Rz 3b; KR-*Friedrich* § 4 KSchG Rz 99). Das Recht, die Unwirksamkeit geltend zu machen, kann allerdings verwirken (KR-*Rost* § 7 KSchG Rz 33 f.). **Formfrei ist hingegen die Annahme des Änderungsangebotes** – sei es ohne Vorbehalt, sei es unter Vorbehalt iSd § 2 KSchG (ErfK-*Müller-Glöge* § 623 BGB Rz 26; BBDW-*Bram* Rz 17b; *Caspers* RdA 2001, 30; *Gaul* DStR 2000, 691; *Hromadka* DB 2002, 1323; *Kramur* DB 2006, 504; **aA** *Preis/Gotthardt* NZA 2000, 351). Zwar sollte die Annahme aus Beweisgründen schriftlich erklärt werden. Es besteht aber kein nach § 623 BGB verbindlicher Formzwang. Die Annahme des Angebotes führt nämlich nicht zur Aufhebung des Arbeitsverhältnisses iSd in § 623 BGB genannten Auflösungsvertrages, sondern nur zur Änderung des Arbeitsvertrages. Das Arbeitsverhältnis besteht fort. Allein der Umstand, dass dies zu geänderten Bedingungen geschieht, reicht nicht aus, um diesen Tatbestand einer Auflösung gleichzusetzen. Die Situation ist insoweit anders als bei der Fallgestaltung, in der ein bisheriger Arbeitnehmer zum Organ seines Arbeitgebers bestellt wird und der Arbeitsvertrag durch einen Dienstvertrag abgelöst wird (s. dazu KR-*Rost* KSchG § 14 Rz 6a).

Das (schriftliche) Änderungsangebot muss – wie jedes Angebot iSd § 145 BGB – eindeutig **bestimmt oder jedenfalls bestimmbar** sein (*BAG* 17.5.2001 EzA § 620 BGB Kündigung Nr. 3; 16.9.2004 EzA § 623 BGB 2002 Nr. 2). Dem gekündigten Arbeitnehmer muss klar sein, welche wesentlichen Arbeitsbedingungen künftig gelten sollen (s.a. Rz 10). Nur so kann er seine Entscheidung über Annahme oder Ablehnung des Angebotes treffen. Die fehlende Bestimmtheit führt zur Unwirksamkeit der Änderungskündigung (*BAG* 16.9.2004 EzA § 623 BGB 2002 Nr. 2). Dabei ist es für die **Wahrung der Schriftform ausreichend** – aber auch erforderlich –, dass der **Inhalt des Änderungsangebotes im Kündigungsschreiben hinreichend Anklang gefunden hat**. Durch die Beachtung der Formvorschriften des § 623 BGB soll die Beweisführung für die Existenz der Kündigungserklärung sowie den Inhalt des Änderungsangebotes gesichert werden. Zur Ermittlung des Inhalts bedarf es der Auslegung (§ 133 BGB). Bei formbedürftigen Rechtsgeschäften dürfen nach der sog. **Andeutungstheorie** (s. etwa *BGH* 17.2.2000 NJW 2000, 1569; *Palandt/Heinrichs* BGB § 133 Rz 19) auch außerhalb der Urkunde liegende Umstände berücksichtigt werden, wenn der einschlägige rechtsgeschäftliche Wille des Erklärenden in der formgerechten Urkunde einen – wenn auch unvollkommenen oder andeutungsweisen – Ausdruck gefunden hat (s. *BAG* 16.9.2004 EzA § 623 BGB 2002 Nr. 2). Hiervon ausgehend kann das nicht näher umschriebene Angebot an eine zunächst als Reinigungskraft tätige, dann aber zur Vorarbeiterin beförderten Arbeitnehmerin, sie künftig wieder »als Reinigungskraft einzusetzen«, auch unter Berücksichtigung es Schriftformerfordernisses dem Bestimmtheitsgebot entsprechen, wenn aufgrund der Gesamtumstände klar ist, welche konkreten Arbeitsbedingungen damit verbunden sind; zusätzlicher schriftlicher Angaben etwa über Einsatzort, Entgelthöhe (bei Anwendung des Tarifvertrages) bedarf es dann nicht (*BAG* 16.9.2004 EzA § 623 BGB 2002 Nr. 2). Es kann aber **nur empfohlen werden, die essentialia** der geänderten Arbeitsbedingungen **möglichst genau in das Änderungsangebot aufzunehmen**. Zum **Erfordernis der Einheitlichkeit der Urkunde** bei mehreren Blättern oder Texten bzw. bei Anlagen s. iE *Palandt/Heinrichs* § 126 Rz 4.

28b

VII. Arten der Änderungskündigung

1. Ordentliche Änderungskündigung

§ 2 KSchG erfasst nur die **ordentliche Kündigung**. Dies wird zwar nicht ausdrücklich gesagt, ist aber unstreitig. Insoweit besteht kein Unterschied zur Beendigungskündigung des § 1 KSchG, unter welcher gleichfalls lediglich die ordentliche Kündigung zu verstehen ist. § 2 S. 2 KSchG unterstreicht dies deutlich durch die Verknüpfung der Annahmefrist mit der bei einer ordentlichen Kündigung einzuhaltenden Kündigungsfrist (s. dazu auch *LAG Köln* 21.6.2002 NZA-RR 2003, 458).

29

2. Außerordentliche Änderungskündigung

Die Änderungskündigung ist auch als **außerordentliche Änderungskündigung** zulässig. Das ist seit langem anerkannt (vgl. schon *Hueck/Nipperdey* I, S. 550 zu Anm. 33a; *Nikisch* I, S. 703; s. jetzt HK-*Weller/Hauck* Rz 13; *v. Hoyningen-Huene/Linck* Rz 6; KDZ-*Zwanziger* Rz 8; *Moll* DB 1984, 1346; *Müller* NZA 1985, 309; *Schwerdtner* FS 25 Jahre BAG, S. 558; BAG in st. Rspr. seit *BAG* 14.10.1960 AP Nr. 25 zu § 123 GewO; 21.6.1995 EzA § 15 KSchG nF Nr. 43 m. Anm. *Bernstein*; s. zuletzt etwa *BAG* 2.3.2006 NZA 2006, 985 zur außerordentlichen betriebsbedingten Änderungskündigung bei Ausschluss der ordentlichen Kündigung; *LAG Köln* 30.11.1989 LAGE § 2 KSchG Nr. 10). Sie wird in der Praxis seltener in Betracht kom-

30

men, da bei Unzumutbarkeit der Weiterbeschäftigung des Arbeitnehmers auch nur bis zum Ablauf der Kündigungsfrist (s. § 626 Abs. 1 BGB) die Möglichkeit der Beschäftigung zu geänderten Bedingungen gleichfalls häufig ausscheidet. Denkbar ist sie auch in **Kombination mit einer ordentlichen Beendigungskündigung.** Zur außerordentlichen **Änderungskündigung** gegenüber einem nach § 15 KSchG vor ordentlicher Kündigung geschützten **Mandatsträger** s. *BAG* 6.3.1986 (EzA § 15 KSchG nF Nr. 34 sowie *BAG* 21.6.1995 EzA § 15 KSchG nF Nr. 43; s. Rz 184 und iE KR-*Etzel* § 15 KSchG Rz 18).

31 Ein **wichtiger Grund** für die außerordentliche Änderungskündigung setzt voraus, dass einerseits die Fortsetzung des Arbeitsverhältnisses zu den **bisherigen Bedingungen unzumutbar** und die alsbaldige Änderung der Arbeitsbedingungen unabweisbar notwendig ist. Die **Änderungen** müssen andererseits dem Gekündigten **zumutbar** sein. Beide Voraussetzungen müssen **kumulativ** vorliegen und sind jeweils gesondert zu prüfen (vgl. schon *BAG* 7.6.1973 EzA § 626 BGB nF Nr. 29; 25.3.1976 EzA § 626 BGB Änderungskündigung Nr. 1; 6.3.1986 EzA § 15 KSchG nF Nr. 34 unter B II 4b der Gründe; 21.6.1995 EzA § 15 KSchG nF Nr. 43; krit. *Löwisch* § 2 Rz 74; s. iE KR-*Fischermeier* § 626 BGB Rz 198 ff.). Bei einer **Änderung** der Arbeitsbedingungen **in mehreren Punkten** gelten diese Anforderungen für jeden einzelnen Änderungsvorschlag. Fehlt für **eine** der Änderungen der wichtige Grund, hat dies grds. die Unwirksamkeit der Änderungskündigung **insgesamt** zur Folge. Das Gericht kann nicht etwa die Änderung der Arbeitsbedingungen teilweise für wirksam erklären (*BAG* 6.3.1986 EzA § 15 KSchG nF Nr. 34; *Löwisch* Rz 28). Die Gesamtabwägung kann jedoch ergeben, dass der Arbeitnehmer eine einzelne, an sich unzumutbare Änderung hinnehmen muss oder der Arbeitgeber eine an sich berechtigte Änderungskündigung nicht aussprechen kann, weil eine besonders gewichtige Änderung für den Arbeitnehmer unannehmbar ist (*BAG* 7.6.1973 EzA § 626 BGB nF Nr. 29; s. zum Ganzen auch Rz 106b).

32 Fraglich ist, ob das Kündigungsschutzverfahren der §§ 2, 4 S. 2 KSchG auf die außerordentliche Änderungskündigung **entsprechend** angewendet werden kann, wenn der Arbeitnehmer gem. § 13 Abs. 1 S. 2 KSchG die Rechtsunwirksamkeit der außerordentlichen Kündigung nur nach Maßgabe der §§ 4 S. 1, 5–7 KSchG geltend machen kann. § 13 Abs. 1 S. 2 enthält keine Verweisung auf § 2 KSchG. Dennoch erfordert der Zweck des § 2 KSchG, dem Arbeitnehmer den Arbeitsplatz zu erhalten und trotzdem die Überprüfung der Wirksamkeit der Kündigung zu ermöglichen, eine **entsprechende Anwendung der Vorschrift** (krit. aber *Löwisch/Spinner* § 2 Rz 100; *Löwisch/Knigge* Anm. zu *BAG*, AP Nr. 1 zu § 626 BGB Änderungskündigung). Wenn die Rechtsunwirksamkeit der außerordentlichen Beendigungskündigung schon nach Maßgabe des für die ordentliche Beendigungskündigung vorgesehenen Verfahrens zwingend geltend zu machen ist, besteht kein vernünftiger Grund, dem Arbeitnehmer bei der außerordentlichen Änderungskündigung dann den Rückgriff auf das Verfahren der fristgerechten Änderungskündigung zu versagen (vgl. auch *BAG* 17.5.1984 AP Nr. 3 zu § 55 BAT m. zust. Anm. *Scheuring*). Das BAG verweist zu Recht darauf, dass es der Gesetzgeber bei Normierung der Änderungskündigung und der Änderungsschutzklage in §§ 2, 4 S. 2 KSchG 1969 offensichtlich übersehen hat, § 13 Abs. 1 S. 2 KSchG an die neuen Vorschriften anzupassen. Das gilt jetzt auch für die ab 1.1.2004 geltende Fassung der §§ 13 Abs. 1 S. 2, 4 KschG (s. dazu auch Rz 7a f.).

33 Zu Schwierigkeiten führt die entsprechende Anwendung des § 2 KSchG allerdings insoweit, als die außerordentliche Änderungskündigung **ohne Einhaltung einer Kündigungsfrist** erfolgt, innerhalb derer das Änderungsangebot unter Vorbehalt angenommen werden könnte. Der Arbeitnehmer wäre andererseits idR überfordert, sollte er unmittelbar auf die Kündigung hin sich erklären müssen, ob er das Angebot – ggf. unter Vorbehalt – annimmt oder nicht. Man wird ihm daher einräumen müssen, sich dem Arbeitgeber gegenüber zu dem Angebot **unverzüglich** zu erklären, also ohne schuldhaftes Zögern, § 121 Abs. 1 S. 1 BGB (*BAG* 19.6.1986 aaO; 27.3.1987 aaO; HK-*Weller/Hauck* Rz 15 u. Rz 111; *Zirnbauer* NZA 1995, 1975). Es ist nicht gerechtfertigt, auf die **fiktive Kündigungsfrist** abzustellen (so aber *Bopp* S. 84). Dem Arbeitnehmer ist die unverzügliche Entscheidung zuzumuten, der Arbeitgeber hat an ihr ein berechtigtes Interesse. Die Anknüpfung an eine fiktive Kündigungsfrist könnte dazu führen, dass der Arbeitnehmer zunächst bis zu drei Wochen ausscheidet und erst dann die Arbeit – zu geänderten Bedingungen – wieder aufnimmt. Eine solche Unterbrechung widerspricht dem Wesen des § 2 KSchG. Die dem Arbeitnehmer zustehende Frist muss kurz sein und wird im Regelfall einen bis höchstens zwei Tage nicht überschreiten dürfen (zust. HK-*Weller/Hauck* Rz 111; KPK-*Bengelsdorf* Teil H § 2 Rz 65; *Knorr/Bichlmeier/Kremhelmer* Kap. 13 Rz 3 gehen als Regelfrist von einer Woche aus, empfehlen aber Abgabe der Erklärung möglichst innerhalb von drei Tagen; vgl. auch *Becker-Schaffner* BB 1991, 131; APS-*Künzl* Rz 216 – höchstens eine Woche zur Deutung der sofortigen widerspruchslosen Weiterarbeit s. Rz 63b). Kündigt der Arbeitgeber dem Arbeitnehmer außerordentlich, aber unter Einhaltung einer **sozialen Auslauffrist** (zum Begriff der außerordentlichen Kündigung mit sozialer Auslauffrist vgl.

Änderungskündigung

KR-*Fischermeier* § 626 BGB Rz 29), so muss es allerdings ausreichen, wenn der Arbeitnehmer die Annahme der geänderten Arbeitsbedingungen unter Vorbehalt bis zum Ende der Auslauffrist, spätestens innerhalb von drei Wochen nach Zugang der Kündigung erklärt (zust. KPK-*Bengelsdorf* aaO). Das gilt erst recht in den Fällen einer ausnahmsweise zulässigen betriebsbedingten außerordentlichen Änderungskündigung gegenüber einem ordentlichen unkündbaren Arbeitnehmer, bei der eine der fiktiven Kündigungsfrist entsprechende Auslauffrist zwingend einzuhalten ist (s. BAG 2.3.2006 NZA 2006, 985; *Bröhl* aaO S. 193).

3. Massenänderungskündigung

Kündigt der Arbeitgeber zum Zwecke der Änderung der Arbeitsbedingungen mehreren Arbeitnehmern gleichzeitig und gleich lautend, spricht man von einer **Massenänderungskündigung.** Das gilt umgekehrt für gleich lautende Änderungskündigungen der Arbeitnehmer gegenüber dem Arbeitgeber. Streitig ist in diesem Zusammenhang insbes. die Frage der Abgrenzung der Massenänderungskündigung vom Arbeitskampf (vgl. dazu KR-*Weigand* § 25 KSchG Rz 30 ff.). Zur **außerordentlichen Änderungskündigung** gegenüber einem **Mandatsträger** im Zusammenhang mit einer Massenänderungskündigung vgl. BAG 6.3.1986 EzA § 15 KSchG nF Nr. 34; 9.4.1987 § 15 KSchG nF Nr. 37; s.a. BAG 21.6.1995 EzA § 15 KSchG nF Nr. 43; s. Rz 184 und KR-*Etzel* § 15 KSchG Rz 18.

34

C. Abgrenzungsfragen

I. Problemstellung

Die **Änderungskündigung** erstrebt die Änderung der Arbeitsbedingungen, indem sie sich des Mittels der Beendigung des bestehenden Arbeitsverhältnisses bedient. Sie ist nicht der einzige Weg zur Erreichung dieses Zieles. Eine Änderung der Arbeitsbedingungen kann unter bestimmten Voraussetzungen auch erreicht werden, ohne dass die Beendigung des Arbeitsverhältnisses – sei es auch nur bedingt – in Kauf genommen werden muss. Das gilt insbes. für die Art der auszuführenden Arbeit, die Versetzung an einen anderen Arbeitsplatz im Betrieb oder sogar in einen anderen Betrieb oder für die Entlohnung selbst. Es bedarf keiner besonderen Erwähnung, dass **ein** Mittel zur Abänderung der Arbeitsbedingungen der Abschluss einer entsprechenden **Vereinbarung** zwischen Arbeitgeber und Arbeitnehmer ist (vgl. dazu etwa *Hromadka* RdA 1992, 245 ff.; *Wank* in: Hromadka, Änderung, S. 35 ff.; zur befristeten Änderung einzelner Bedingungen s. Rz 54g). In Frage kommen aber auch einseitige Maßnahmen des Arbeitgebers, welche die Frage der Abgrenzung zur gleichfalls einseitigen Änderungskündigung stellen.

35

II. Direktionsrecht

1. Begriffsbestimmung

Die Änderungskündigung ist zu unterscheiden von der aufgrund des **Direktions-** oder **Weisungsrechts** des Arbeitgebers erfolgenden Änderung der Arbeitsbedingungen. Darunter ist zu verstehen das Recht, die Einzelheiten der vom Arbeitnehmer aufgrund des Arbeitsvertrages zu erbringenden Arbeitsleistung näher zu bestimmen, soweit dies im Vertrag selbst nicht abschließend geschehen ist. Dies gilt insbes. für den **Ort, die Art, die Zeit und die Reihenfolge der Arbeitsleistung** (vgl. grds. zum Direktionsrecht *Hunold* AR-Blattei SD 600; HK-*Weller/Hauck* Rz 31; *Hueck/Nipperdey* I, S. 158; MünchArbR-*Blomeyer* § 48 Rz 23 ff.; *Nikisch* I, S. 255; *Söllner* Einseitige Leistungsbestimmung im Arbeitsverhältnis 1996; ders. in: Hromadka, Änderung, S. 13; *Berger-Delhey* DB 1990, 2266; *Gaul* NZA 1990, 874; *Hromadka* RdA 1992, 235; ders. DB 1995, 1609 u. 2601; *Hunold* NZA-RR 2001, 337; *Leßmann* DB 1992, 1137; *Richter* DB 1989, 2378 u. 2430; *Weber/Ehrich* BB 1996, 2246; BAG 23.6.1993 EzA § 611 BGB Direktionsrecht Nr. 13; 11.10.1995 EzA § 242 BGB Betriebliche Übung Nr. 33; 30.8.1995 EzA § 611 BGB Direktionsrecht Nr. 14; 28.5.1997 EzA § 611 BGB Krankenhausarzt Nr. 7; 7.12.2000 EzA § 611 BGB Direktionsrecht Nr. 23; 23.11.2002 EzA § 520 ZPO 2002 Nr. 1). **Das Weisungsrecht ist nunmehr für alle Arbeitsverhältnisse einheitlich in § 106 GewO** geregelt (vgl. § 6 Abs. 2 GewO; bisher gem. § 121 GewO aF nur für Gesellen). Eine grds. sachliche Änderung ist damit nicht verbunden, die bisherige Rechtsprechung und Literatur kann im Wesentlichen weiter herangezogen werden (vgl. iE ErfK-*Preis* § 106 GewO Rz 5; *Borgmann/Faas* NZA 2004, 241; *Schöne* NZA 2002, 830; *Wisskirchen* DB 2002, 1886). § 106 S. 3 GewO stellt ausdrücklich klar, dass der Arbeitgeber bei Ausübung seines Ermessens auch auf Behinderungen des Arbeitnehmers Rücksicht zu nehmen hat.

36

2. Inhalt und Umfang

37 Ist der Arbeitgeber aufgrund des ihm zustehenden **Direktionsrechts** zur Änderung der Arbeitsbedingungen berechtigt, bedarf es **keiner Änderungskündigung.** Zum Problem der trotzdem ausgesprochenen Änderungskündigung Rz 106a–106c. Der Umfang des Direktionsrechts lässt sich nicht generell festlegen. Er ist abhängig von der zwischen den Parteien getroffenen einzelvertraglichen Regelung, aber auch von Betriebsvereinbarungen und tariflichen Bestimmungen und kann daher mehr oder weniger weit sein. Weniger Abgrenzungsprobleme dürfte es geben, soweit es um die Ausübung des Direktionsrechts im Rahmen der sog. **betrieblichen Ordnung** oder zum arbeitsbegleitenden Verhalten geht, also zB um die Einhaltung von Sicherheitsbestimmungen, Anweisungen zur Bedienung von Maschinen, Alkohol- oder Rauchverbote, Durchführung von Torkontrollen (*Hromadka* DB 1995, 2604 ff.; MünchArbR-*Richardi* § 12 Rz 57). Änderungen in diesem Bereich, also etwa die Anordnung eines bisher nicht bestehenden Rauchverbotes (vgl. dazu *LAG Frankf.* 6.7.1989 LAGE § 611 BGB Direktionsrecht Nr. 5; s.a. *BAG* 19.1.1999 EzA § 87 BetrVG 1972 Betriebliche Ordnung Nr. 24), werden schon nach allgemeinem Verständnis nicht unter den Begriff einer Kündigung subsumiert (zur Anordnung des Tragens angemessener Kleidung vgl. *LAG Hamm* 22.10.1991 LAGE § 611 BGB Direktionsrecht Nr. 11; s.a. *BAG* 1.12.1992 EzA § 87 BetrVG 1972 Betriebliche Ordnung Nr. 20 m. Anm. *v. Hoyningen-Huene*).

38 Schwieriger wird die Abgrenzung zwischen der aufgrund Direktionsrecht zulässigen und der eine Änderungskündigung erfordernden Änderung der Arbeitsbedingungen, wenn die **Arbeitspflicht** selbst, der Tätigkeitsbereich des Arbeitnehmers in Frage steht. Auch hier bestimmt sich der Umfang des Direktionsrechts in erster Linie nach den zwischen den Parteien getroffenen Vereinbarungen.

39 Das gilt vor allem für die Frage der **Versetzung,** also der Zuweisung eines anderen Arbeitsplatzes im Sinne eines anderen Tätigkeitsbereiches und/oder im Sinne einer örtlichen Versetzung (vgl. allg. Versetzung zur *v. Hoyningen-Huene/Boemke* Versetzung; *v. Hoyningen-Huene* NZA 1993, 145; s.a. Rz 122). Eine Verallgemeinerung ist nicht möglich (vgl. die Beispiele aus der Rechtsprechung in Rz 45, 46). Ist der Arbeitnehmer ganz allgemein etwa als Arbeiter in der Produktion eines Betriebes eingestellt worden, kann er auf jedem Arbeitsplatz eingesetzt werden, der nach seinem Tätigkeitsbild und nach der auf den Betrieb abgestellten Verkehrsauffassung in seinem Sozialbild gleichwertig ist (*BAG* 12.12.1984 EzA § 315 BGB Nr. 29; 30.8.1995 EzA § 611 BGB Direktionsrecht Nr. 14; *Hromadka* DB 1995, 2602; *v. Hoyningen-Huene/Linck* Rz 13a u. Rz 14; *Hunold* AR-Blattei SD 600 Rz 50 ff.; *ders.* NZA-RR 2001, 337). Wird hingegen ein ausgebildeter Facharbeiter als Schlosser eingestellt, deckt das Versetzungsrecht grds. nicht die Beschäftigung als Hilfsarbeiter bei Transportarbeiten, der Lohnbuchhalter kann nicht ohne weiteres mit einfachen Angestelltentätigkeiten beschäftigt werden (s. die Beispiele Rz 44 ff.). In **Notfällen** kann das Direktionsrecht erweitert sein (vgl. *BAG* 14.12.1961 AP Nr. 17 zu § 611 BGB Direktionsrecht; 8.10.1962 AP Nr. 18 zu § 611 BGB Direktionsrecht; 3.12.1980 EzA § 615 BGB Nr. 39; *Hromadka* DB 1995, 2602; MünchArbR-*Blomeyer* § 46 Rz 27; *Schaub* § 45 IV 2; *Berger-Delhey* DB 1990, 2268). Von einem Notfall kann in Anlehnung an § 14 Abs. 1 AZO (jetzt § 14 Abs. 1 ArbZRG) dann gesprochen werden, wenn dieser unabhängig vom Willen des Arbeitgebers eintritt und wenn dessen Folgen nicht auf andere Weise zu beseitigen sind (*BAG* 3.12.1980 EzA § 615 BGB Nr. 39). Ist die Arbeitspflicht arbeitsvertraglich nicht auf eine bestimmte Tätigkeit begrenzt, kann dem **Arbeitnehmer des öffentlichen Dienstes** grds. jede Tätigkeit übertragen werden, die den Merkmalen seiner Vergütungsgruppe und seinen Kräften und Fähigkeiten entspricht und im Übrigen ihm in billiger Weise zugemutet werden kann (*BAG* 20.1.1960 AP Nr. 8 zu § 611 BGB Direktionsrecht; 12.4.1973 EzA § 611 BGB Nr. 12; 27.4.1988 AP Nr. 4 zu § 10 TV ArbBundespost; 23.6.1993 EzA § 611 BGB Direktionsrecht Nr. 13; 30.8.1995 EzA § 611 BGB Direktionsrecht Nr. 14; 24.4.1996 EzA § 611 BGB Direktionsrecht Nr. 17 – s. dazu auch *Hohmeister/Küper* PersRat 1997, 89; 23.11.2002 EzA § 520 ZPO 2002 Nr. 1; *LAG RhPf* 13.4.1989 LAGE § 611 BGB Direktionsrechts Nr. 14; *LAG Köln* 29.1.1991 LAGE § 611 BGB Direktionsrecht Nr. 8). Dabei kommt es nicht darauf an, ob aus einzelnen Fallgruppen dieser Vergütungsgruppe ein Bewährungsaufstieg möglich ist. Der Gebrauch des Direktionsrechts kann jedoch im Einzelfall missbräuchlich sein, wenn dem Angestellten die Möglichkeit der Teilnahme am späteren Bewährungsaufstieg entzogen wird (*BAG* 2.12.1981 EzA § 22, 23 BAT Nr. 25; s.a. *BAG* 23.11.2002 EzA § 520 ZPO 2002 Nr. 1). Das Direktionsrecht erlaubt auch nicht die Übertragung einer Tätigkeit, die **geringerwertige Qualifikationsmerkmale** erfüllt und **nur im Wege des Bewährungsaufstiegs** den unveränderten Verbleib in der bisherigen Vergütungsgruppe ermöglicht (*BAG* 30.8.1995 EzA § 611 BGB Direktionsrecht Nr. 14; 24.4.1996 EzA § 611 BGB Direktionsrecht Nr. 17).

40 Auch bei nur allgemeiner Umschreibung bei der Einstellung kann die lang andauernde Zuweisung einer besonderen Tätigkeit zur **Konkretisierung der Arbeitspflicht** auf diese Tätigkeit führen (*Henni-*

Änderungskündigung § 2 KSchG

ge NZA 1999, 285; *Hromadka* DB 1995, 1613; *Hunold* AR-Blattei SD 600 Rz 79 ff.; *ders.* NZA-RR 2000, 337; *Weber/Ehrich* BB 1996, 2248; *BAG* 23.6.1992 EzA § 611 BGB Direktionsrecht Nr. 12; 24.4.1995 § 611 BGB Direktionsrecht Nr. 18; 7.12.2000 EzA § 611 BGB Direktionsrecht Nr. 23; *LAG RhPf* 5.7.1996 BB 1997, 474; *LAG Frankf.* 4.12.1986 LAGE § 611 BGB Direktionsrecht Nr. 3; *LAG Bln.* 29.9.1991 LAGE § 611 BGB Direktionsrecht Nr. 9; *ArbG Freiburg* 15.9.1987 DB 1988, 184; vgl. aber auch *LAG Köln* 23.2.1987 LAGE § 611 BGB Direktionsrecht Nr. 1; *LAG Bln.* 25.4.1988 DB 1988, 1228). Das gilt insbes. bei Zuweisung höherwertiger Arbeiten über einen längeren Zeitraum, denen gegenüber die Übertragung der ursprünglich vereinbarten Dienste eine Minderung der Stellung des Arbeitnehmers darstellte, welche sich nicht unbedingt in einem geringeren Lohn, sondern auch in einem geringeren Sozialprestige niederschlagen kann (vgl. schon *Hueck/Nipperdey* I, S. 202 zu Fn. 18). Die Frage, nach welchem **Zeitraum** eine derartige **Konkretisierung** mit entsprechender Reduzierung des Versetzungsrechts vorliegt, lässt sich wiederum nur nach den Umständen des Einzelfalles entscheiden (vgl. etwa *ArbG Freiburg* aaO – nach acht Jahren; *BAG* 21.1.1988 – AzR 533/87 – nv – grds. ja nach 10 Jahren hinsichtlich Lage der Arbeitszeit – s. aber auch *BAG* 11.10.1995 EzA § 242 BG Betriebliche Übung Nr. 33 – nein im öffentl. Dienst nach mehr als 10 Jahren; zu kurz *ArbG Lingen* 30.11.1988 AiB 1989, 92 – ja nach 4 Jahren; *BAG* 27.4.1988 aaO – nein nach 3,5 Jahren; 23.6.1992 EzA § 611 BGB Direktionsrecht Nr. 12 – nein nach 7 Jahren; 10.11.1992 AP Nr. 6 zu § 72 LPVG NRW – nein nach 7 Jahren; *LAG Düsseld.* 23.10.1991 LAGE § 611 BGB Direktionsrecht Nr. 10 – nein nach 10 Jahren; *LAG RhPf* 5.7.1996 BB 1997, 474 – nein nach 13 Jahren; *LAG Bln.* 29.4.1991 LAGE § 611 BGB Direktionsrecht Nr. 9 – nein nach 16 Jahren; *LAG Düsseld.* 23.6.1994 LAGE § 611 BGB Direktionsrecht Nr. 18 – nein nach 20 Jahren; *BAG* 24.4.1994 EzA § 611 BGB Direktionsrecht Nr. 18 – nein nach 26 Jahren (öffentl. Dienst). Vor allem ein Arbeitnehmer des **öffentlichen Dienstes** kann ohne besondere Anhaltspunkte auch bei **langjährigem Verzicht** des Arbeitgebers auf Ausübung seines Direktionsrechts **nicht darauf vertrauen,** diese Übertragung sei dauerhaft Vertragsinhalt geworden; dies gilt auch hinsichtlich des **Arbeitsortes** und der **Lage der Arbeitszeit** (*BAG* 11.10.1995 EzA § 242 BGB Betriebliche Übung Nr. 33; vgl. auch *LAG Köln* 5.2.1999 MDR 1999, 1006; s. weiter *Hennige* NZA 1999, 285; *Hunold* NZA-RR 2001, 337). Die **Konkretisierung** kann richtiger Auffassung nach aber als **einseitiges Schutzrecht** idR nur vom Arbeitnehmer geltend gemacht werden. Sie kann sich hingegen nicht zu seinen Lasten auswirken etwa bei der Sozialauswahl, indem sie den Kreis vergleichbarer Arbeitnehmer zu Ungunsten des Arbeitnehmers einschränkt (offen gelassen in *BAG* 15.8.2002 EzA § 1 KSchG Betriebsbedingte Kündigung Nr. 123; wie hier *v. Hoyningen-Huene/Linck* § 1 Rz 450).

Die Versetzung kann sich auch räumlich im Sinne eines Wechsels des Arbeitsortes auswirken. Auch **41** hier ist die zwischen den Parteien getroffene Vereinbarung vorrangig, Arbeitsort ist im Zweifel der Betrieb. Wird ein Arbeitnehmer von einem Arbeitgeber, der mehrere **Filialen** betreibt, ohne nähere vertragliche Bestimmungen in eine der Filialen eingestellt, dürfte sich idR die Arbeitspflicht auf diese Filiale jedenfalls dann beschränken, wenn die Filialen räumlich weit auseinander liegen, insbes. in verschiedenen Ortschaften (so schon *Nikisch* I, S. 261; s. aber auch *Hromadka* DB 1995, 2604; *MünchArbR-Blomeyer* § 46 Rz 80; zur Versetzung im Konzern s. *Maschmann* RdA 1996, 25). Wegen der einschneidenden Bedeutung der Frage des Beschäftigungsortes für den Arbeitnehmer kommt eine einseitige Versetzung in einen anderen Betrieb regelmäßig nur in Frage, wenn eine entsprechende vertragliche Regelung besteht (*Hromadka* aaO). Eine Ausnahme wird unter Umständen dann zu machen sein, wenn mit der Änderung des Arbeitsortes erhebliche Erschwerungen für den Arbeitnehmer nicht verbunden sind. Das kann der Fall sein, wenn etwa ein Kaufhaus am selben Ort mehrere Filialen unterhält (*Hromadka* aaO; *Hueck/Nipperdey* I, S. 206; vorsichtiger *Nikisch* aaO;). Ratsam erscheint in diesem Fall, die Frage des Arbeitsortes von vornherein **vertraglich eindeutig zu fixieren,** was gerade bei Unternehmen mit zahlreichen Filialen auch sehr häufig geschieht.

Eine Versetzung auf einen anderen Arbeitsplatz mit **geringerer Entlohnung** nur aufgrund des Direk- **42** tionsrechts wird mangels Vorliegens entsprechender einzelvertraglicher oder kollektiver Regelungen insbes. in der Rechtsprechung grds. abgelehnt (BAG in st.Rspr., vgl. schon *BAG* 11.6.1958 AP Nr. 2 zu § 611 BGB Direktionsrecht; 11.12.1984 EzA § 315 BGB Nr. 29; 30.8.1995 EzA § 611 BGB Direktionsrecht Nr. 14). Das gilt auch dann, wenn das bisherige **Arbeitsentgelt fortgezahlt** wird (vgl. etwa *BAG* 11.12.1984 EzA § 315 BGB Nr. 29; 30.8.1995 EzA § 611 BGB Direktionsrecht Nr. 14; *Hromadka* DB 1995, 2603). Dem ist grds. zuzustimmen. Insbesondere kann die Aufrechterhaltung des Arbeitsentgeltes nicht entscheidend sein, da die vertraglich geschuldete Tätigkeit auch nach dem Berufsbild und der Verkehrsauffassung einzuordnen ist. Andernfalls könnte der als Buchhalter oder als Schlosser eingestellte Arbeitnehmer doch mit Hilfsarbeiten beschäftigt werden, wenn nur das Arbeitsentgelt unverändert bliebe (s.o. Rz 39).

43 Eine **Einschränkung** ist allerdings dahin zu machen, dass eine effektive Lohnminderung dann der Versetzungsbefugnis nicht entgegensteht, wenn sie auf dem Wegfall von **Zulagen** wie Schmutz-, Nacht- oder Gefahrenzulage beruht, welche bei der neu zugewiesenen Tätigkeit nicht anfallen (s.a. *LAG Hamm* 30.6.1994 LAGE § 611 BGB Direktionsrecht Nr. 17). Diese Zulagen sind idR nicht essentieller Bestandteil des Arbeitsverhältnisses, sondern gelten nur besondere Erschwernisse ab, soweit diese tatsächlich gegeben sind. Auch hier gilt jedoch wieder der Vorrang der vertraglichen Vereinbarung. Es ist durchaus denkbar, dass eine Einstellung ausdrücklich für die Nachtschicht vereinbart wird mit Rücksicht auf die erhöhte Verdienstmöglichkeit oder mit Rücksicht auf besondere persönliche Umstände des Arbeitnehmers. Dann scheidet eine einseitige Versetzung durch den Arbeitgeber aus. Will der Arbeitgeber die beabsichtigte Änderung dennoch durchsetzen, muss er zur **Änderungskündigung** greifen. Unzulässig ist die einseitige Versetzung idR auch dann, wenn es sich um eine sog. **Funktionszulage** handelt, also etwa eine Zulage als Schichtmeister oder Vorarbeiter (vgl. aber für den öffentlichen Dienst *BAG* 10.11.1992 AP Nr. 6 zu § 72 LPVG NW m. abl. Anm. *v. Hoyningen-Huene*; krit. auch *v. Hoyningen-Huene/Linck* Rz 27). Anders als der Wegfall einer Schmutzzulage würde der Wegfall dieser Zulage Hand in Hand gehen mit der Zuweisung einer von der Art her geringerwertigen Tätigkeit – der Vorarbeiter wird wieder als einfacher Arbeiter beschäftigt –, so dass eine Versetzung ohne Änderungskündigung schon aus diesem Grund unzulässig ist.

43a Dem Direktionsrecht unterliegt grds. auch die **Lage der Arbeitszeit** (*BAG* 23.6.1992 EzA § 611 BGB Direktionsrecht Nr. 12; 11.10.1995 EzA § 242 BGB Betriebliche Übung Nr. 33; *LAG Bln.* 26.7.1993 LAGE § 611 BGB Direktionsrecht Nr. 16; *LAG Hamm* 30.6.1994 LAGE § 611 BGB Direktionsrecht Nr. 17; *Hromadka* DB 1995, 2603; *v. Hoyningen-Huene/Linck* Rz 18a; *MünchArbR-Blomeyer* § 48 Rz 142; *Hunold* NZA-RR 2001, 337; *Weber/Ehrich* BB 1996, 2247). Vereinbaren die Arbeitsvertragsparteien bei Abschluss des Vertrages die zu diesem Zeitpunkt im Betrieb geltende Regelung über Beginn und Ende der täglichen Arbeitszeit und die Verteilung der Arbeitszeit auf die einzelnen Wochentage, liegt darin keine individuelle Arbeitszeitvereinbarung, die gegenüber einer späteren Veränderung der betrieblichen Arbeitszeit durch Betriebsvereinbarung Bestand hat; der Arbeitnehmer, der aus **persönlichen Gründen an einer von der betriebsüblichen Arbeitszeit unabhängigen Lage der Arbeitszeit Interesse hat, muss dies mit dem Arbeitgeber auch dann vereinbaren,** wenn die zur Zeit des Abschlusses des Arbeitsvertrages geltende betriebliche Arbeitszeit seinen Interessen entspricht (*BAG* 23.6.1992 EzA § 611 BGB Direktionsrecht Nr. 12). Mangels einer entsprechenden Festlegung ist auch die **Umsetzung in Wechselschicht** im Wege des Direktionsrechts möglich (*BAG* 23.6.1992 EzA § 611 BGB Direktionsrecht Nr. 12; als nicht unproblematisch betrachtet dies *Hromadka* DB 1995, 2603; s. im Übrigen die Beispiele Rz 44 ff. – dort insbes. zur Umsetzung zwischen Tag- und Nachtschicht). Eine Festlegung kann sich aber auch aus besonderen Umständen ergeben, so etwa aus der vormittäglichen Beschäftigung von Teilzeitkräften mit Rücksicht auf nachmittags zu betreuende Kinder (vgl. auch HK-*Weller/Hauck* Rz 51).

43b Bei der **Ausübung des Direktionsrechts** ist der Arbeitgeber **nicht frei.** Soweit das Direktionsrecht nicht ohnehin durch Gesetz, Tarifvertrag, Betriebsvereinbarung oder auch durch einzelvertragliche Abrede (zur Konkretisierung s. Rz 40) beschränkt ist, darf es gem. § 315 BGB bzw. jetzt nach § 106 GewO auch im Übrigen nur nach **billigem Ermessen** ausgeübt werden (*BAG* 27.3.1980 EzA § 611 BGB Direktionsrecht Nr. 2; 12.12.1984 EzA § 315 BGB Nr. 29; 23.6.1993 EzA § 611 BGB Direktionsrecht Nr. 12; 24.4.1996 EzA § 611 BGB Direktionsrecht Nr. 18; zur Wahrung billigen Ermessens bei Ausübung eines tarifvertraglichen Bestimmungsrechts s. *BAG* 15.1.1987 EzA § 4 TVG Rundfunk Nr. 14; *Hromadka* DB 1995, 1611 ff.; *Hunold* NZA-RR 2001, 337; *Weber/Ehrich* BB 1996, 2248; s.a. Rz 49). Dazu gehört, dass **alle wesentlichen Umstände des Falles abgewogen und die beiderseitigen Interessen angemessen berücksichtigt sind** (s. nur *BAG* 23.6.1993 EzA § 611 BGB Direktionsrecht Nr. 12). Billigem Ermessen kann auch eine Umsetzung entsprechen, mit der der Arbeitgeber zwischen zwei Arbeitnehmern bestehenden Spannungen begegnen will; er ist nicht gehalten, anstelle der Umsetzung eine Abmahnung auszusprechen (*BAG* 24.4.1996 EzA § 611 BGB Direktionsrecht Nr. 18). Fallen in verschiedenen Betrieben eines Unternehmens Arbeitsplätze weg und ist die Weiterbeschäftigung nur eines Arbeitnehmers auf einem freien Arbeitsplatz eines dieser Betriebe möglich, so hat der Arbeitgeber bei der Besetzung dieses Arbeitsplatzes die sozialen Belange der betroffenen Arbeitnehmer nach § 315 BGB mitzuberücksichtigen (*BAG* 15.12.1994 EzA § 1 KSchG Betriebsbedingte Kündigung Nr. 76; s.a. *LAG Hamm* 17.2.1996 LAGE § 611 BGB Direktionsrecht).

Änderungskündigung § 2 KSchG

3. Gerichtliche Überprüfbarkeit

Verfügt der Arbeitgeber unter Berufung auf sein Weisungsrecht eine Änderung der Arbeitsbedingungen, insbes. eine Versetzung, kann der Arbeitnehmer sich hiergegen mit einer **Feststellungsklage** wenden. Diese Klage unterliegt **nicht** den Anforderungen des § 4 KSchG, da sie sich nicht gegen eine Kündigung richtet (*BAG* 30.8.1995 EzA § 611 BGB Direktionsrecht Nr. 14; 25.7.2002 EzBAT § 8 BAT Direktionsrecht Nr. 51; SPV-*Preis* Rz 1052; zum Streitwert einer solchen Klage s. *LAG Hamm* 24.7.1986 DB 1976, 1932; s.a. Rz 175). Zum Antrag vgl. etwa *Bopp* S. 80 – festzustellen, dass die vom Beklagten vorgenommene Änderung unzulässig ist. Die unwirksame Versetzung ist in aller Regel **nicht als Änderungskündigung umzudeuten** (*LAG Bln.* 27.11.1978 EzA § 140 BGB Nr. 6). Das ergibt sich schon aus der Überlegung, dass dem Arbeitgeber regelmäßig der Wille zur Kündigung des gesamten Arbeitsverhältnisses fehlen wird, da er davon ausgeht, die Abänderung der Arbeitsbedingungen durch das weniger einschneidende Mittel der Versetzung erreichen zu können. Hinzu kommt, dass Kündigungen eindeutig und unmissverständlich als solche ausgesprochen werden müssen, was hier nicht der Fall ist. Auch wird bei der Versetzung in vielen Fällen keine der Kündigungsfrist entsprechende Ankündigungsfrist eingehalten worden sein, wobei allerdings die Gewährung einer entsprechenden Frist allein aus der unwirksamen Versetzung noch keine Änderungskündigung macht. Schließlich dürfte die Umdeutung regelmäßig auch an der für die Änderungskündigung – einschließlich des Änderungsangebotes – nach § 623 BGB zu wahrenden Schriftform scheitern (*BAG* 16.9.2004 EzA § 623 BGB 2002 Nr. 2).

44

4. Beispiele aus der Rechtsprechung

Nachfolgend einige **Beispiele** aus der Rechtsprechung zur Frage des Verhältnisses der Änderungskündigung zum Direktionsrecht (s.a. *Hunold* AR-*Blattei* SD 600 Rz 158 ff.; *ders.* NZA-RR 2001, 337). Dabei ist zu berücksichtigen, dass maßgebend jeweils die Umstände des einzelnen Falles sind. Dies zeigen etwa die Entscheidungen zur Umsetzung in eine andere Schicht.

45

a) In den folgenden Fällen ist eine **Änderungskündigung als erforderlich** angesehen worden:

– **Herabsetzung der Arbeitszeit**, wenn Arbeitnehmer 1,5 Jahre mit 20 Wochenstunden beschäftigt wurde, obwohl im Arbeitsvertrag nur 10 Stunden vereinbart, *LAG Brem.* 20.5.1999 NZA-RR 2000, 14.

– Übertragung einer Tätigkeit im öffentlichen Dienst, die **geringerwertige Qualifikationsmerkmale** erfüllt und **nur im Wege des Bewährungsaufstiegs** den Verbleib in der bisherigen Vergütungsgruppe ermöglicht, *BAG* 30.8.1995 EzA § 611 BGB Direktionsrecht Nr. 14; 12.4.1996 EzA § 611 BGB Direktionsrecht Nr. 17.

– Einsatz einer jahrelang als **Dozentin** in der Sportlehrerausbildung eingesetzten Diplom-Sportlehrerin nur noch mit **Aufgaben des allgemeinen Hochschulsports**, *LAG Köln* 29.1.1991 LAGE § 611 BGB Direktionsrecht Nr. 8.

– Einsatz eines als **kaufmännischen Angestellten** eingestellten Arbeitnehmers mit anderen kaufmännischen Tätigkeiten, die zu einer dauerhaften Absenkung des qualitativen Niveaus der Arbeitsleistung führen **(Entzug einer Leitungsposition)**, *LAG Hamm* 13.12.1990 LAGE § 611 BGB Direktionsrecht Nr. 7.

– **Umsetzung von Frühschicht in Wechselschicht** nach mehr als vierjähriger Beschäftigung nur in Frühschicht, *ArbG Lingen* 30.11.1988 AiB 1988, 919, s. zum Schichtwechsel aber auch Rz 46.

– **Herausnahme aus Dreischichtbetrieb**, *ArbG Freiburg* 15.9.1987 DB 1988, 184.

– **Streichung** einer auf betrieblicher Übung beruhenden **bezahlten Pause** im Dreischichtbetrieb, *LAG Hamm* 7.1.1987 DB 1987, 896.

– Einsatz einer zwar als **Erzieherin** eingestellten, aber ausschließlich als **Lehrerin** beschäftigten Arbeitnehmerin als Erzieherin, *LAG Frankf.* 4.12.1986 LAGE § 611 BGB Direktionsrecht Nr. 3.

– **Einführung von Wechselschicht** statt Normalschicht, *LAG Frankf.* 27.11.1986 DB 1987, 1844; s a Rz 145a.

– **Streichung von Bereitschaftsdienst** im Zusammenhang mit der Betreuung außerschulischer Veranstaltungen bei einem Schulhausmeister, *BAG* 13.11.1986 EzA § 242 BGB Betriebliche Übung Nr. 20.

– Zuweisung eines **anderen Arbeitsplatzes** bei **Festschreibung** eines Arbeitsbereiches in einer Stellenbeschreibung, *ArbG Augsburg* 2.11.1982 AuR 1984, 118.

§ 2 KSchG   Änderungskündigung

- **Übergang in der Entlohnung** von einem Tarifvertrag zu einem anderen Tarifvertrag; die Änderungskündigung bedarf bei Schwerbehinderten der Zustimmung der Hauptfürsorgestelle, *ArbG Wilhelmshaven* 23.9.1975 ARSt 1976, 95.
- **Wegfall einer Überstundenpauschale,** die ohne Nachweis der Ableistung von Überstunden gezahlt wurde, *ArbG Husum* 21.11.1974 ARSt 1975, 96.
- Bei **jahrelangem Einsatz als Kraftfahrer** konzentriert sich das Arbeitsverhältnis auf diese Tätigkeit; die Zuweisung einer neuen Tätigkeit kann nicht mehr im Wege des Direktionsrechts geschehen, *LAG Düsseld.* 3.7.1974 DB 1974, 1967 = AuR 1974, 379.
- **Zuweisung einer anderen Tätigkeit** bei gleichzeitiger Kürzung einer übertariflichen Zulage ist keine Maßnahme im Rahmen des Direktionsrechts, *LAG Düsseld.* 31.1.1973 BB 1973, 1489.
- **Wegnahme von Teiltätigkeiten** zum Zwecke der Umwandlung von Arbeitszeit in Arbeitsbereitschaft und damit verbundene Kürzung der Bezüge, *LAG BW* 9.5.1972 AR-Blattei, Direktionsrecht und Gehorsamspflicht, Entsch. 13.
- Zur **Verlegung des Arbeitsortes,** *BAG* 14.6.1973 BB 1973, 1304.
- **Fünfjährige Ausübung** einer bestimmten Tätigkeit führt zu einer **Konkretisierung** des Arbeitsverhältnisses auf diese Tätigkeit; sie kann auch bei Verbleiben in der gleichen Lohngruppe nicht einseitig abgeändert werden, *LAG Bay.* 10.12.1969 ABlBayerArbMin 1971, C 3.
- Ein von der Deutschen Lufthansa eingesetzter Check-Purser kann nicht einseitig unter Streichung der Check-Zulage von seinen Check-Funktionen entbunden werden, da sich das Arbeitsverhältnis mit der Übernahme dieser Funktion auf einen **höherwertigen Arbeitsplatz konkretisiert** hat, *LAG Frankf.* 7.11.1968 DB 1969, 2043.
- Versetzung vom Außendienst mit der Befugnis zur Geschäftsvermittlung und Geschäftsabschlüssen in den **Innendienst,** *LAG Stuttg.* 24.10.1969 BB 1970, 173.
- **Kürzung übertariflicher Löhne,** *ArbG Wilhelmshaven* 16.5.1967, ARSt 1968, 83.
- Einseitige **Herabstufung** in eine niedrigere Lohngruppe, *BAG* 6.10.1965 AP Nr. 4 zu § 59 PersVG.
- **Versetzung eines Filialleiters** in eine Verkaufsstelle mit etwa 30 v.H. niedrigerem Einkommen, *LAG SchlH* 23.11.1964 BB 1965, 417.
- **Irrtümliche Einstufung** eines Arbeitnehmers im öffentlichen Dienst in eine zu hohe Vergütungsgruppe kann nur durch Änderungskündigung dem Tarif angepasst werden, *BAG* 19.10.1961 AP Nr. 13 zu § 1 KSchG Betriebsbedingte Kündigung, s. dazu aber auch Rz 46 u. Rz 108.
- Widerruf einer **Umsatzbeteiligung,** *LAG Düsseld.* 16.2.1962 BB 1962, 759.
- **Wegfall** jahrelang gewährter **Zusatzleistungen** (Freikohlen), *LAG Saarbrücken* 19.9.1962 DB 1962, 1343.

46 b) In den folgenden Fällen wurde eine **Änderungskündigung als nicht erforderlich** angesehen:

- **Anordnung der Ableistung der Arbeitszeit ausschließlich im Dienstgebäude** bei bisher freigestellter Arbeit auch außerhalb, *BAG* 11.10.1995 EzA § 242 BGB Betriebliche Übung Nr. 33.
- **Einführung von Wechselschicht** bei fehlender individueller Festlegung auf dem bisher üblichen Einschichtbetrieb, *BAG* 23.6.1992 EzA § 611 BGB Direktionsrecht Nr. 12; ähnlich *LAG Köln* 14.2.1997 NZA-RR 1997, 391; 26.5.1999 NZA-RR 1999, 517.
- Anweisung an **Bäckereifachverkäuferin,** die im Verkaufsraum installierte **Brötchenbackanlage zu bedienen,** *LAG Hamm* 8.6.1994 LAGE § 611 BGB Direktionsrecht Nr. 20.
- **Umsetzung in Tagschicht nach 10 Jahren ausschließlicher Nachtschicht** bei arbeitsvertraglich vereinbartem Einsatz im Ein- bis Drei-Schicht-Betrieb, *LAG Düsseld.* 23.10.1991 LAGE § 611 BGB Direktionsrecht Nr. 10.
- Einseitige anderweitige Festlegung der Arbeitszeit **(Wechsel von Nacht- zu Tagarbeit),** *LAG Bln.* 29.4.1991 LAGE § 611 BGB Direktionsrecht Nr. 9; ebenso *LAG Hamm* 30.6.1994 LAGE § 611 BGB Direktionsrecht Nr. 17.

Änderungskündigung § 2 KSchG

- **Entzug der Moderation einer Sendung** bei Redakteur einer Fernsehanstalt, soweit nicht ausdrücklich vertraglich vereinbart (unter Berücksichtigung des Gesichtspunktes der Programmvielfalt), *LAG RhPf* 13.4.1989 LAGE § 611 BGB Direktionsrecht Nr. 4.
- Einsatz einer in einem Gebäudereinigungsunternehmen tätigen **Raumpflegerin** an **verschiedenen Arbeitsstätten** mangels entgegenstehender anderer Vereinbarung, *LAG Bln.* 25.4.1988 LAGE § 611 BGB Direktionsrecht Nr. 2.
- **Umsetzung** eines Angestellten, der in der Führungsebene eine **Vertrauensposition** als Pressesprecher innehat, auf einen Posten als Vorstandsreferent mit anderem Aufgabengebiet – trotz langjähriger Tätigkeit keine Konkretisierung, *LAG Köln* 23.2.1987 LAGE § 611 BGB Direktionsrecht Nr. 1.
- Einseitige Befugnis des Arbeitgebers zur **Erhöhung der untertariflichen Wochenarbeitszeit** von 32 auf 36 Stunden bei tariflich regelmäßiger Wochenarbeitszeit von 40 Stunden und Fehlen einer wirksamen betrieblichen Übung, *BAG* 27.3.1987 DB 1987, 1996.
- **Wegfall** der den Angestellten gewährten Anrechnung einer **bezahlten Mittagspause** von 30 Minuten auf die Arbeitszeit bei tariflicher Verweisung auf die für Beamte jeweils geltenden arbeitszeitrechtlichen Bestimmungen, *BAG* 14.8.1986 EzA § 242 BGB Betriebliche Übung Nr. 19.
- Umsetzung einer **Verkäuferin** von der **Kinderabteilung** in die **Herrenabteilung**, *LAG Köln* 26.10.1984 NZA 1985, 258.
- Kann der Arbeitgeber nach dem Arbeitsverhältnis aus organisatorischen Gründen den **Beschaubezirk ändern,** bedarf es keiner Kündigung; allerdings ist nachzuprüfen, ob die Änderung aus organisatorischen Gründen erfolgte, *BAG* 19.5.1971 AP Nr. 12 zu § 611 BGB Fleischbeschauer-Dienstverhältnis.

III. Widerrufsvorbehalt

Neben dem allgemeinen Direktionsrecht kommt als Grundlage für eine einseitige Abänderung der Arbeitsbedingungen der sog. **Widerrufsvorbehalt** in Frage. Dabei handelt es sich um den **vertraglich ausdrücklich vorbehaltenen** Widerruf bestimmter Leistungen, von dem der Arbeitgeber Gebrauch macht. Im Unterschied zur Änderungskündigung steht auch hier eine allgemeine Beendigung des Arbeitsverhältnisses nicht zur Diskussion. Mit dem Direktionsrecht ist der Widerrufsvorbehalt insoweit verbunden, als es sich letztlich bei ihm um eine vertraglich vereinbarte Erweiterung des allgemeinen Direktionsrechts handelt. 47

Die Vereinbarung eines solchen Widerrufsvorbehaltes wird **grds. als zulässig erachtet** (*Hromadka* RdA 1992, 234; *ders.* DB 1995, 1609; *ders.* NZA 1996, 13; *v. Hoyningen-Huene/Linck* Rz 30; KDZ-*Zwanziger* Rz 66 ff.; MünchArbR-*Hanau* § 62 Rz 100 ff.; *Preis* Grundfragen, S. 432 ff.; *Gaul* ZTR 1998, 245; *Richardt* aaO S. 111 ff.; *Rost* FS Dieterich, S. 506; *Zöllner* NZA 1997, 121 ff.; *BAG* 20.3.1985 DB 1985, 1482; 15.11.1995 EzA § 2 KSchG Nr. 24; 28.5.1997 EzA § 611 BGB Krankenhausarzt Nr. 7). In der Praxis findet sich der Widerrufsvorbehalt vor allem im Zusammenhang mit der Vereinbarung **besonderer Zusatzleistungen**, hier wiederum besonders bei Gratifikationen. Die Grenzen der Zulässigkeit solcher Widerrufsvorbehalte ergeben sich zum einen aus den allgemeinen Grenzen der guten Sitten und Treu und Glauben bzw. jetzt vorrangig aus den mit der **Schuldrechtsreform** auch auf das Arbeitsverhältnis anwendbaren Bestimmungen über die **Vertragsinhaltskontrolle Allgemeiner Geschäftsbedingungen (s. dazu Rz 48b – 48f)**. Die vertragliche Vereinbarung eines Widerrufsvorbehaltes darf nach bisherigem Verständnis auch **nicht zur Umgehung des unverzichtbaren Kündigungsschutzes** nach dem KSchG führen. Daraus ist zu folgern, dass der Widerruf sich auf die für die Charakterisierung des Arbeitsverhältnisses nicht wesentlichen Zusatzbestimmungen zu beschränken hat. Der **Kernbestand des Arbeitsverhältnisses** darf nicht angetastet werden (vgl. *Ascheid* Rz 480; HK-*Weller/Hauck* Rz 44 u. Rz 78; MünchArb-*Hanau* § 62 Rz 100 ff.; *Gaul* aaO; *Isenhardt* FS Hanau, S. 224; *Rost* aaO; s.a. *Preis* FS Hanau, S. 68; *Schaub* RdA 1970, 230 f.; *Söllner* in: Hromadka, Änderung, S. 25 ff.; *BAG* 12.12.1984 EzA § 315 BGB Nr. 29; 21.4.1993 EzA § 2 KSchG Nr. 20 m. Anm. *Krause*; 15.11.1995 EzA § 2 KSchG Nr. 24; 7.8.2002 EzA § 315 BGB Nr. 51). Zu diesem Kernbereich gehört insbes. die Vergütungspflicht sowie die Arbeitspflicht (*BAG* 12.12.1984 EzA § 315 BGB Nr. 29; bedenklich *LAG SchlH* 14.12.1988 ZTR 1989, 238, wonach eine vertragliche Vereinbarung als zulässig angesehen wird, bei der die wöchentlichen Unterrichtsstunden eines Lehrers jeweils neu vereinbart werden bei Festlegung eines Höchstrahmens). Die Grenze liegt dort, wo durch den einseitigen Widerruf das Arbeitsverhältnis als ganzes sich ändern würde, so dass praktisch von einer Beendigung des alten und der Begründung eines neuen Arbeitsverhältnis- 48 ses gesprochen werden muss (vgl. *G. Hueck* aaO). Dieser Bereich bleibt der Änderungskündigung und damit der Prüfung am KSchG vorbehalten.

48a Eine solche grundlegende Störung des Leistungsgleichgewichts und damit einen **Eingriff in den kündigungsrechtlich geschützten Kernbereich hat das BAG verneint** etwa in Fällen, in denen sich das Widerrufsrecht bei unveränderter Tätigkeit auf Zulagen in Höhe von 25 % bis 30 % der Tarifvergütung (*BAG* 13.5.1987 EzA § 315 BGB Nr. 34) bzw. auf ca. 15 % (*BAG* 15.11.1995 EzA § 315 BGB Nr. 45; s. *Rost* FS Dieterich, S. 507) erstreckte. Bei Vorbehalten nach Änderung des Aufgabenbereichs sind Minderungen der Gesamtbezüge um ca. 15 bis 20 % (*BAG* 15.11.1995 EzA § 315 BGB Nr. 45; 7.10.1982 EzA § 315 BGB Nr. 28; 7.8.2002 EzA § 315 BGB Nr. 51) als zulässig angesehen worden. Wird der Aufgabenbereich eines Chefarztes aufgrund einer vertraglichen Entwicklungsklausel beschränkt, führt dies nicht schon deshalb zur Umgehung des Kündigungsschutzes, weil dadurch die Einnahmen für die Tätigkeit im dienstlichen Bereich auf etwa 75 % und die Gesamteinnahmen aus dienstlicher und genehmigter Nebentätigkeit auf ca. 60 bis 65 % seiner bisherigen Einnahmen sinken (*BAG* 28.5.1997 EzA § 611 BGB Krankenhausarzt Nr. 7).

48b Gem. § 23 AGBG galt für Verträge auf dem Gebiet des Arbeitsrechts bis zum 31.12.2001 eine sog. Bereichsausnahme. Arbeitsverträge unterstanden danach keiner Inhaltskontrolle für Allgemeine Geschäftsbedingungen. Die Rechtsprechung des BAG hatte aber ungeachtet dessen schon bisher über die Generalklauseln der §§ 138, 242, 315 BGB einzelne Grundsätze der AGB-Kontrolle als Ausdruck allg. Rechtsgebote angewandt, so vor allem das Transparenzgebot oder das Verbot überraschender Klauseln. Mit der zum 1.1.2002 vollzogenen **Schuldrechtsreform** ist diese Bereichsausnahme aufgehoben. Nunmehr unterliegen auch Arbeitsverträge – soweit sie nach Maßgabe der §§ 305, 306 BGB nF Allgemeine Geschäftsbedingungen enthalten – der Vertragsinhaltskontrolle nach §§ 307 ff. BGB. Das führt auch zu einem **neuen dogmatischen Ansatz bei Überprüfung der Zulässigkeit von Leistungsbestimmungsrechten einschl. des sog. Widerrufsvorbehalts** (vgl. aus der umfangreichen Literatur ErfK-*Preis* §§ 305 bis 310 BGB Rz 56 f.; *Annuß* BB 2002, 458; *Benecke* AuR 2006, 337; *Däubler* NZA 2001, 1329; *Gotthardt* ZIP 2002, 277; *Hanau/Hromadka* NZA 2005, 73; *Henssler* RdA 2002, 129; *Hromadka* FS Dieterich, S. 251; *Klebeck* NZA 2006, 15; *Lindemann* AuR 2002, 81; *Lingemann* NZA 2002, 181; *Preis* NZA 2004, 1014; *Reichold* ZTR 2002, 202; *Reinecke* NZA 2005, 953; *Sievers* NZA 2002, 1184; *Stoffels* NZA 2005, 726; s. weitere Angaben in Rz 48). Maßgebende Vorschriften sind jetzt §§ 307 bis 309 BGB. Einen Ansatzpunkt für **Leistungsbestimmungsrechte bietet § 308 Nr. 4 BGB**. Danach ist unwirksam die Vereinbarung eines Rechts des Verwenders, die versprochene Leistung zu ändern oder von ihr abzuweichen, wenn nicht die Vereinbarung der Änderung oder Abweichung unter Berücksichtigung der Interessen des Verwenders für den anderen Vertragsteil zumutbar ist. Dem Wortlaut nach bezieht sich die Klausel aber nur auf Leistungen des Verwenders – also des Arbeitgebers –, erfasst also nur klassische Widerrufsvorbehalte bzgl. des Entgelts. Änderungsvorbehalte bzgl. der Tätigkeit oder des Umfangs der Dauer der Arbeitszeit selbst – soweit sie sich nicht unmittelbar auf das Entgelt auswirken – wären danach nicht einbezogen. Will man nicht den Begriff Leistungen erweiternd auslegen, unterfallen die nicht unmittelbar das Entgelt beeinflussenden Leistungsbestimmungsrechte dann aber der **Kontrolle der Generalklausel** des § 307 BGB (vgl. auch *Däubler* NZA 2001, 1334; *Gotthardt* ZIP 2002, 285; ErfK-*Preis* §§ 305 bis 307 BGB Rz 53). Dies dürfte in den Auswirkungen kaum Unterschiede machen, da die Tatbestände der Zumutbarkeit und der unangemessenen Benachteiligung sich weitgehend überschneiden.

48c Die an §§ 307, 308 Nr. 4 BGB orientierte **Angemessenheitskontrolle bei Leistungsbestimmungsrechten** hat an folgenden Punkten anzusetzen: Der generellen Zulässigkeit von Leistungsbestimmungsrechten bzw. des Umfangs entsprechender Vorbehalte, dem Anlass für die Ausübung des Vorbehalts und dem Maßstab der Ausübungskontrolle (vgl. schon *Hromadka* FS Dieterich, S. 263; *Gotthardt* ZIP 2002, 285; zum Ganzen ErfK-*Preis* §§ 305 bis 307 BGB Rz 56 f.). Zum ersten lässt sich festhalten, dass die Vereinbarung von Leistungsbestimmungsrechten überhaupt **nach wie vor zulässig** ist und nicht per se zu einer unangemessenen oder unzumutbaren Benachteiligung führt. Das gesetzliche Leitbild – hier des Arbeitsvertrages –, an dem sich die AGB-Kontrolle grds. zu orientieren hat, steht dem nicht entgegen. Bei Dauerschuldverhältnissen besteht ein berechtigtes Bedürfnis nach einer Vertragsanpassung ohne die Notwendigkeit einer Vertragsbeendigung – gerade vor dem Hintergrund von Kündigungsschutzbestimmungen. Zu recht wird in diesem Zusammenhang auf das Mietrecht verwiesen, in dem der Gesetzgeber dem Bedürfnis nach Anpassung sogar mit der Einräumung des Rechts des Vermieters, unter bestimmten Voraussetzungen die Zustimmung zur angemessenen Erhöhung der Miete zu verlangen, Rechnung getragen hat (vgl. *Hromadka* aaO, S. 266; *Däubler* NZA 2001, 1335). Es bedarf also gar nicht erst des Rückgriffs auf § 310 Abs. 4 BGB, weil Besonderheiten des Arbeitsverhältnisses die

Zulässigkeit von Leistungsbestimmungsrechten erforderten. Bezogen auf den **Umfang von Leistungsbestimmungsrechten** wird man eine unangemessene Benachteiligung ohne weiteres in denjenigen Fällen annehmen müssen, die die Rechtsprechung **schon bisher als Eingriff in den Kernbereich des Arbeitsverhältnisses angesehen hat**, also etwa die nicht nur vorübergehende Änderung der Arbeitszeitdauer mit den entsprechenden Auswirkungen auf das Entgelt. Bei der variablen Gestaltung von Teilen des Arbeitsentgelts, die bisher auch unter Berücksichtigung des Kernbereichsgedankens in einem Umfang bis zur Größenordnung von etwa 30 % fallbezogen als hinnehmbar angesehen worden sind (s.o. Rz 48a), dürfte im Ergebnis auch bei Anwendung des neuen Prüfrasters keine grds. Änderung eintreten. So knüpft jetzt etwa das **BAG** im Urteil v. 12.1.2005 (EzA § 308 BGB 2002 Nr. 1 m. Anm. *Herresthal* = AP Nr. 1 zu § 308 BGB m. Anm. *Bergwitz* = SAE 2005, 307 m. Anm. *Kort*) **an die Maßstäbe der bisherigen Rechtsprechung an**, wenn es davon ausgeht, dass die Vereinbarung eines auf übertarifliche Leistungen bezogenen Widerrufsvorbehaltes in einem Formulararbeitsvertrag nach § 308 Nr. 4 BGB nur wirksam ist, wenn der **widerrufliche Anteil unter 25 bis 30 % der Gesamtvergütung** liegt (s. dazu weiter etwa auch *Diekmann/Bieter* DB 2005, 722; *Hanau* ZIP 2005, 1661; *Preis/Lindemann* AuR 2005, 229; *Schimmelpfennig* NZA 2005, 603; *Willemsen* NZA 2005, 1137). Nach *BAG* 7.12.2005 (EzA § 12 TzBfG Nr. 2 = AP Nr. 4 zu § 12 TzBfG m. Anm. *Lindemann*) darf bei einer Vereinbarung von Arbeit auf Abruf die einseitig vom Arbeitgeber abrufbare Arbeit des Arbeitnehmers **nicht mehr als 25 %** der vereinbarten wöchentlichen Mindestarbeitszeit betragen (s. dazu weiter etwa *Bauer* DB 2006, 950; *Preis/Lindemann* NZA 2006, 632; *Zundel* NJW 2006, 2304). Dabei kommt es gerade und auch nach den Grundsätzen der allg. AGB-Kontrolle nicht nur auf einzelne Kriterien – etwa einen prozentualen Anteil des veränderlichen Gehalts – an, sondern auf eine **umfassende Würdigung der vertraglichen Vereinbarung** insgesamt. So ist allg. bei der Prüfung zu berücksichtigen etwa die Art des Arbeitsverhältnisses und der Status des Arbeitnehmers. Einem Angestellten in gehobener Stellung wird man typischerweise eher einen Änderungsvorbehalt etwa hinsichtlich der Versetzung auf einen anderen Arbeitsplatz auch in einem anderen Betrieb und typischerweise auch eine flexiblere Vergütungsstruktur zumuten können als einem Arbeitnehmer in einer hierarchisch niedrigeren Position und mit niedrigerem Gesamteinkommen. Als weiteres Kriterium einer Angemessenheitskontrolle sind **kompensatorische Effekte** anerkannt (s. etwa *Hromadka* aaO, S. 270; *Lingemann* NZA 2002, 181). Zu berücksichtigen ist also, dass je nach Situation ein Leistungsbestimmungsrecht sich für die eine oder andere der Vertragsparteien günstiger oder ungünstiger auswirkt. Je weiter etwa das dem Arbeitgeber – insoweit zu dessen Vorteil – vorbehaltene Versetzungsrecht ist, desto größer ist auch der Schutz des Arbeitnehmers vor einer betriebsbedingten Kündigung, weil bei Wegfall des bisherigen Arbeitsplatzes für den betroffenen Arbeitnehmer das Spektrum vergleichbarer und damit in die Sozialauswahl einzubeziehender Arbeitsplätze erweitert wird.

Besonders hervorgehoben als Merkmal der Unangemessenheit hat der Gesetzgeber in § 307 Abs. 1 S. 2 BGB das **Transparenzgebot**; eine unangemessene Benachteiligung kann sich danach auch daraus ergeben, dass die vereinbarte Bestimmung nicht klar und verständlich ist. Bezogen auf den **Umfang der Leistungsbestimmungsrechte** verlangt dieses Gebot eine **möglichst konkrete Festlegung (BAG 12.1.2005 EzA § 308 BGB 2002 Nr. 1)**. Der variable Entgeltbestandteil muss also genau bezeichnet werden (Zulage bei laufendem Entgelt, Jahressonderleistung, Urlaubsgeld). Eine Klausel, wonach alle freiwilligen Leistungen widerruflich gewährt werden, dürfte dem nicht genügen. Bei Versetzungen muss klar sein, ob sich die Versetzung nur auf einen vergleichbaren Arbeitsplatz und nur auf Umsetzungen innerhalb des Betriebs oder auch auf einen anderen Betrieb des Unternehmens oder sogar unternehmensübergreifend bezieht. Auch das entspricht aber schon bisheriger ständiger Rechtsprechung bei der Vertragsinhaltskontrolle. **48d**

Neben der Prüfung des Umfangs des vorbehaltenen Leistungsbestimmungsrechts dürfte verstärkte Bedeutung zukommen der Frage der **Angemessenheit des Anlasses der Ausübung von Leistungsbestimmungsrechten** (s.a. *BAG* 12.1.2005 EzA § 308 BGB 2002 Nr. 1). Prinzipiell kommen als angemessen nur solche Gründe in Frage, die der spezifischen Unsicherheit der Entwicklung Rechnung tragen sollen. In Betracht kommen dabei vor allem die sich aus der wirtschaftlichen, technischen, personellen Entwicklung des Betriebes ergebenden Gründe, mogen diese auch auf unternehmerischen Entscheidungen beruhen. Die vertragliche Vereinbarung muss dabei möglichst konkret die Voraussetzungen festlegen, unter denen ein einseitiges Bestimmungsrecht ausgeübt werden kann. Die bisherige Rechtsprechung hat dieses Erfordernis der Klarstellung schon im Arbeitsvertrag nicht immer in dieser Notwendigkeit gesehen, hat allerdings bei der Ausübungskontrolle nach § 315 BGB die entsprechenden Gründe im Rahmen billigen Ermessens überprüft. Unter der jetzigen unmittelbaren Anwendung des § 307 BGB ist es **nicht mehr angängig, dass nur der Umfang des Leistungsbestimmungsrechts, nicht** **48e** aber zugleich ein Anlass für seine Ausübung im Vertrag bestimmt wird. Andererseits bleibt aber der besonderen Situation des Dauerschuldverhältnisses Rechnung zu tragen, die gerade darin besteht, dass die zukünftige Entwicklung mit ihren möglichen Anlässen nicht zu überblicken ist. Deshalb können nach wie vor keine übersteigerten Anforderungen an die Formulierung des Klauseltextes gestellt werden. Ob die Verweisung auf einen sachlichen Grund allein genügt, erscheint zumindest zweifelhaft. Dieser Gesichtspunkt überschneidet sich weitgehend mit dem billigen Ermessen der Ausübungskontrolle nach § 315 BGB. Sie erübrigt aber nicht die Festlegung konkreter Gründe für den Anlass der Ausübung des Leistungsbestimmungsrechts. Erwägenswert ist eine **Abstufung hinsichtlich Vertragsleistungen**, die in einem unmittelbaren **synallagmatischen Zusammenhang** mit der Arbeitsleistung stehen – typisch also laufende Zahlungen – und solchen, bei denen ein unmittelbarer Zusammenhang nicht vorliegt – also bspw. Jubiläumszahlungen oder Zahlungen anlässlich von Familienereignissen. Für die im unmittelbaren Gegenseitigkeitsverhältnis stehenden Leistungen wären etwa konkrete Widerrufsgründe zu verlangen, die vor dem Hintergrund der §§ 1, 2 KSchG bestehen können müssen; für die nicht synallagmatischen Leistungen jedenfalls willkürfreie und nachvollziehbare Gründe (s. etwa ErfK-*Preis* §§ 305 bis 310 BGB Rz 54). Allgemein lässt sich hinsichtlich des Gewichtes der im Vertrag zu umschreibenden Gründe auch unter dem Aspekt der §§ 307, 308 BGB festhalten, dass sie im angemessenen Verhältnis zum Umfang der vorbehaltenen Bestimmungsrechte stehen müssen. In diesem Sinne kann auch von einem triftigen Grund gesprochen werden (vgl. *Däubler* NZA 2001, 1336). Je schwerwiegender die Änderung, desto gewichtiger die Gründe, die sich u.U. dann an die Sozialwidrigkeitstatbestände des § 1 KSchG annähern könnten (vgl. schon *Hromadka* aaO S. 265). Hinsichtlich der Prüfung des Anlasses der Ausübung vorbehaltener Leistungsbestimmungsrechte und ihrer konkreten Festlegung im Vertrag ist also die Prognose einer **gewissen Verschärfung der bisherigen Rechtsprechung** vor allem unter dem Aspekt des Transparenzgebotes gerechtfertigt. Besonderheiten des Arbeitsrechts (§ 310 Abs. 4 BGB) stehen dem nicht entgegen. Zu berücksichtigen sind aber – wie in jedem Dauerschuldverhältnis –, dass gerade die Unsicherheit der künftigen Entwicklung die Zulassung von Leistungsbestimmungsrechten überhaupt erst rechtfertigt und diese **Zulässigkeit nicht durch zu hohe Anforderungen an die Festlegung der Änderungsgründe konterkariert** werden darf.

48f Die gesetzlichen Änderungen sind zum 1.1.2002 in Kraft getreten. Für Dauerschuldverhältnisse bedurfte es einer **Übergangsregelung**. Gem. Art. 229 § 5 EGBGB ist das Recht der AGB auf Neuverträge, die ab dem 1.1.2002 abgeschlossen worden sind, sofort anzuwenden. Für Verträge, die vor diesem Zeitpunkt abgeschlossen wurden, gilt das neue Recht erst ab dem 1.1.2003. Maßgebend ist das Datum, an dem die Einigung über den Vertrag zustande gekommen ist, nicht der Tag der tatsächlichen Arbeitsaufnahme. Für die sog. **Altverträge** sollte durch die zeitliche Verschiebung der Anwendbarkeit um ein Jahr eine **Anpassungsfrist** gewährt werden. Wie die Anpassung zu erfolgen hat, ist nicht geregelt. Soweit Altverträge kritische Klauseln enthalten, bietet sich in erster Linie eine Änderungsvereinbarung an. Ob der Arbeitnehmer zu einer solchen Änderung bereit ist, bleibt seiner Entscheidung überlassen. Verweigert er sich einer vertraglichen Anpassung, stellt sich die Frage einer einseitigen Anpassung des Vertrages. Diese könnte nur durch Änderungskündigung erfolgen. Voraussetzung hierfür wäre aber ein Kündigungsgrund, also idR ein sozial gerechtfertigter Grund iSd § 1 KSchG. **Allein** das durch die Änderung des Gesetzes veranlasste **Bestreben des Arbeitgebers, betriebs- oder unternehmensweit einheitliche Verträge herbeizuführen, dürfte noch kein dringendes betriebliches Erfordernis** iSd § 1 KSchG sein (**aA** wohl *Wiesinger* AuA 2002, 358). Dies setzt vielmehr voraus, dass überhaupt zunächst einmal die bisherige Vertragsbestimmung als unangemessen befunden ist und bei Anwendung der dann an ihre Stelle tretenden gesetzlichen oder im Wege der ergänzenden Vertragsauslegung gewonnenen Klausel bzw. bei ihrem totalen Wegfall es zu einer betrieblichen Störung käme, die hinzunehmen dem Arbeitgeber iSd § 1 KSchG auf Dauer nicht zuzumuten wäre.

49 Auch von dem zulässig vereinbarten Widerrufsvorbehalt kann der Arbeitgeber regelmäßig jedoch **nicht nach freiem Belieben** Gebrauch machen. Grundsätzlich unterliegt er einer an § 315 BGB ausgerichteten Prüfung dahin, dass er nach **billigem Ermessen** zu erfolgen hat (st.Rspr. des BAG, vgl. etwa *BAG* 13.5.1987 EzA § 315 BGB Nr. 34; 15.11.1995 EzA § 315 BGB Nr. 45 m. Anm. *Ahrens*; 28.5.1997 EzA § 611 BGB Krankenhausarzt Nr. 7; *G. Hueck* aaO; *Isenhardt* FS Hanau, S. 227; *Preis* FS Kissel, S. 879, 893; *Schaub* § 81 XI 3; *Söllner* Arbeitsrecht in der Verfassungsordnung des Grundgesetzes, S. 346). An dieser **Ausübungskontrolle** hat sich auch durch die **Schuldrechtsreform** (s. dazu Rz 48b – 48f) im Prinzip **nichts geändert (so jetzt auch BAG 12.1.2005 EzA § 308 BGB 2002 Nr. 1)**. Die Überprüfung des Widerrufs am billigen Ermessen mildert das Problem der schwierigen Abgrenzung zwischen unantastbarem Kernbereich und dem Widerrufsvorbehalt zugängigem Randbereich des Arbeitsverhältnisses. Wenn auch das billige Ermessen nicht iSe sozialen Rechtfertigung gem. § 1 KSchG zu verstehen ist, hat der

Arbeitnehmer doch einen in Grenzen dem Kündigungsschutz angenäherten Schutz vor willkürlichen einseitigen Änderungen der Arbeitsbedingungen (*Söllner* aaO S. 346 geht sogar davon aus, dass die Billigkeitskontrolle nach § 315 BGB der nach § 2 KSchG gebotenen Kontrolle in nichts nachsteht). Die Beweislast für die Einhaltung des billigen Ermessens trägt der Arbeitgeber (*BAG* 11.10.1995 EzA § 611 BGB Direktionsrecht Nr. 16).

Die Ausübung des Widerrufsvorbehaltes ist der **gerichtlichen** Überprüfung zugängig (*BAG* 12.1.2005 EzA § 308 BGB 2002 Nr. 1). Insoweit gilt im Wesentlichen das zu Rz 44 Gesagte. Die gem. § 256 ZPO idR als zulässig zu erachtende Feststellungsklage unterliegt nicht den Anforderungen des § 4 KSchG. Beruft sich der Arbeitgeber zu Unrecht auf einen ihm zustehenden Widerrufsvorbehalt, liegt darin regelmäßig keine Änderungskündigung. Der Arbeitgeber muss eine solche Änderungskündigung dann nachholen (zust. KPK-*Bengelsdorf* Teil H § 2 Rz 53). 50

IV. Teilkündigung

Mit dem Widerrufsvorbehalt eng verwandt ist die sog. **Teilkündigung.** Im Unterschied zur Änderungskündigung ist die Teilkündigung nicht auf die Beendigung des Arbeitsverhältnisses insgesamt ausgerichtet, sondern auf die Kündigung bestimmter einzelner Vertragsbestandteile. Sie berührt also den Fortbestand des Arbeitsverhältnisses nicht. Die Teilkündigung ist **grds. unzulässig,** da das Arbeitsverhältnis als Einheit zu betrachten ist, und nur als Ganzes gekündigt werden kann (vgl. ErfK-*Ascheid* Rz 7; *v. Hoyningen-Huene/Linck* Rz 28; *Hueck/Nipperdey* I, S. 551; *Nikisch* I, S. 702; *Schaub* § 123 III 6; *Hromadka* RdA 1992, 251; *ders.* DB 1995, 1609; BAG in st. Rspr., vgl. etwa *BAG* 14.11.1990 EzA § 622 BGB Teilkündigung Nr. 5; 22.1.1997 EzA § 622 BGB Teilkündigung Nr. 7; krit. jetzt aber SPV-*Preis* Rz 143; *Berkowsky* NZA 2003, 1133; *ders.* NZA-RR 2003, 452; *Wank* in: Hromadka, Änderung, S. 35, 48; *ders.* MünchArbR § 115 Rz 50; dagegen zutr. APS-*Künzl* Rz 75). 51

Eine **Ausnahme** soll nur dann gelten, wenn die Zulässigkeit der Teilkündigung **besonders vereinbart** war (vgl. die Entscheidungen des *BAG* aaO). Es erscheint jedoch aus Gründen der Rechtsklarheit angebracht, auch in diesen Fällen von einem **Widerrufsvorbehalt** zu sprechen und die vereinbarte »Teilkündigung« den insoweit entwickelten Grundsätzen zu unterwerfen. In Wahrheit wollen die Parteien nämlich gar keine Kündigung. Der Arbeitgeber will lediglich von seinem vorbehaltenen Recht Gebrauch machen, gewisse Teilvertragsbindungen einseitig aufzuheben. Das ist nichts anderes als der Fall des Widerrufsvorbehalts (so ausdrücklich *BAG* 7.10.1982 EzA § 315 BGB Nr. 28; s.a. auch *BAG* 14.11.1990 EzA § 622 BGB Teilkündigung Nr. 5 zur Kündigung eines Zusatzvertrages zum Chefarztvertrag; vgl. auch HK-*Weller/Hauck* Rz 75; *v. Hoyningen-Huene/Linck* Rz 30; *Hromadka* RdA 1992, 243; *ders.* DB 1995, 1603). Die **Gleichstellung mit dem Widerrufsvorbehalt** liegt um so näher, als die Teilkündigung nach allgemeiner Ansicht nicht vom KSchG erfasst wird.

Handelt es sich aber – unabhängig von der gewählten Bezeichnung als Teilkündigung – um einen Widerrufsvorbehalt, so gelten auch die für die Zulässigkeit des Widerrufsvorbehalts verlangten Voraussetzungen: Die »Teilkündigung« darf nicht zur Umgehung des KSchG führen. Ihre Überprüfung wenigstens nach billigem Ermessen ist daher angezeigt, wie sie für den Widerrufsvorbehalt gleichfalls verlangt wird (s. Rz 49). Den Bedenken, bei Auslegung der vereinbarten Teilkündigung als Widerrufsvorbehalt könnte der Arbeitnehmer eventueller Kündigungsfristen verlustig gehen (vgl. *Monjau* aaO), kann durch eine entsprechende Überprüfung im Rahmen des § 315 BGB Rechnung getragen werden: Es ist zu empfehlen, auch den Widerrufsvorbehalt – was ohnehin häufig geschieht – mit einer entsprechenden Ankündigungsfrist zu versehen. 52

Spricht der Arbeitgeber eine ausnahmsweise zulässige »Teilkündigung« aus, kann der Arbeitnehmer deren Wirksamkeit **überprüfen** lassen. § 4 KSchG findet keine Anwendung. Es gelten die zur Überprüfung des Widerrufsvorbehaltes bzw. der aufgrund des Direktionsrechts vorgenommenen Änderung aufgezeigten Grundsätze. Die **unwirksame Teilkündigung ist** grds. **nicht in eine Änderungskündigung umzudeuten** (vgl. iE Rz 44). Auch die Teilkündigung bedarf einer eindeutigen Erklärung. In der im Zusammenhang mit einer über die neue Zusammensetzung des Gehalts geäußerten – möglicherweise falschen – Rechtsansicht birgt noch keine Teilkündigung (*BAG* 22.1.1997 EzA § 622 BGB Teilkündigung Nr. 7). 53

V. Teilzeitanspruch

Eine eigenständige Möglichkeit der Änderung von Arbeitsbedingungen eröffnet nunmehr das am 1. Januar 2001 in Kraft getretene Gesetz über Teilzeitarbeit und befristete Arbeitsverträge (Teilzeit- und 53a

Befristungsgesetz – TzBfG) v. 21. Dezember 2000 (BGBl. I 1966). Gemäß § 8 Abs. 1 TzBfG kann ein **Arbeitnehmer**, dessen Arbeitsverhältnis länger als sechs Monate bestanden hat, **verlangen, dass seine vertraglich vereinbarte Arbeitszeit verringert wird**. Prinzipiell sollen Arbeitgeber und Arbeitnehmer über die gewünschte Verringerung der Arbeitszeit und über deren neue Verteilung Einvernehmen erzielen, § 8 Abs. 3 TzBfG. Der Arbeitgeber hat der Verringerung der Arbeitszeit zuzustimmen und ihre Verteilung entsprechend den Wünschen des Arbeitnehmers festzulegen, soweit betriebliche Gründe nicht entgegenstehen, § 8 Abs. 4 TzBfG (s. dazu jetzt *BAG* 18.2.2003 EzA § 8 TzBfG Nr. 3 m. Anm. *Ahrens*; 30.9.2003 EzA § 8 TzBfG Nr. 5; 27.4.2004 EzA § 8 TzBfG Nr. 10). Kommt es nicht zu einer solchen Vereinbarung, verringert sich die Arbeitszeit unter bestimmten Voraussetzungen entsprechend den Wünschen des Arbeitnehmers, gleiches gilt für die Festlegung der neuen Arbeitszeit, s. iE § 8 Abs. 5 TzBfG. Das Gesetz eröffnet also die Möglichkeit einer **einseitigen Änderung der Arbeitsbedingungen**, die im Ergebnis einer (sonst unzulässigen) Teilkündigung gleichkommt (vgl. auch *Kliemt* NZA 2001, 67). Ein **einseitiges Änderungsrecht** steht bei entsprechenden Voraussetzungen gem. § 8 Abs. 5 S. 4 TzBfG auch dem Arbeitgeber zu hinsichtlich der Lage der Arbeitszeit (vgl. *Beckschulze* DB 2000, 2598; *Däubler* ZIP 2000, 1961; *Kliemt* NZA 2001, 63; *Lindemann/Simon* BB 2001, 146; *Preis/Gotthardt* DB 2001, 145; *Straub* NZA 2001, 919; *ArbG Stuttg.* 5.7.2001 NZA 2001, 968; *ArbG Mönchengladbach* 30.5.2001 NZA 2001, 970; *ArbG Bonn* 20.6.2001 NZA 2001, 973). Zum **Kündigungsverbot des § 11 TzBfG** wegen der Weigerung eines Arbeitnehmers, von einem Vollzeit- in ein Teilzeitarbeitsverhältnis zu wechseln oder umgekehrt s. Rz 112.

VI. Vorsorgliche Kündigung

54 Von der Änderungskündigung ist schließlich auch die **vorsorgliche Kündigung** zu unterscheiden (vgl. etwa MünchArbR-*Wank* § 118 Rz 47, 48). Sie ist eine unbedingte Kündigung. Der Arbeitgeber behält sich dabei lediglich vor, seinen Kündigungsentschluss abzuändern, sei es durch eine Rücknahme der Kündigung, sei es durch ein nachträgliches Angebot der Fortsetzung zu geänderten Arbeitsbedingungen. Im Unterschied zur Änderungskündigung ist dieses **Inaussichtstellen aber unverbindlich**. Der Arbeitnehmer kann daraus keine Rechte herleiten, während der Arbeitgeber an das bei der Änderungskündigung abgegebene Angebot gebunden ist. Darüber hinaus wird als vorsorgliche Kündigung auch bezeichnet die Kündigung, welche für den Fall der **Unwirksamkeit** einer bereits ausgesprochenen Kündigung erklärt wird (vgl. schon *BAG* 12.10.1954 AP Nr. 5 zu § 3 KSchG; MünchArbR-*Wank* § 118 Rz 48). Beiden Formen entspricht die Änderungskündigung nicht. Im Zusammenhang mit ihr sollte daher der Begriff der vorsorglichen Kündigung vermieden werden.

VII. Erweiterung des Direktionsrechts durch Tarifvertrag

54a Die einzelvertraglich vorbehaltene einseitige Abänderung des Arbeitsverhältnisses durch den Arbeitgeber ist unwirksam, soweit in den Kernbereich des Arbeitsverhältnisses eingegriffen wird (s. *BAG* 12.12.1984 EzA § 315 BGB Nr. 29; s. Rz 48; s. aber auch *BAG* 12.3.1992 EzA § 4 BeschFG 1985 Nr. 1). Dies gilt vor allem für die Abänderung der Entlohnung und der Arbeitszeit und hier insbes. bei zeitabhängiger Vergütung. Derartige Vertragsgestaltungen stellen eine objektive Umgehung des Kündigungsschutzes dar in seiner besonderen Ausgestaltung des Inhaltsschutzes. **Zulässig** soll hingegen eine **tarifliche Regelung** sein, welche den Arbeitgeber in einem tariflich vorgegebenen Rahmen einseitig zur Kürzung der Arbeitszeit oder zur Übertragung einer anderen, auch niedriger zu vergütenden Tätigkeit berechtigt (*BAG* 26.6.1985 EzA § 1 TVG Nr. 19; 22.5.1985 AP Nr. 6 zu § 1 TVG Tarifverträge: Bundesbahn; 22.5.1985 AP Nr. 7 zu § 1 TVG Tarifverträge: Bundesbahn; 28.11.1984 AP Nr. 1 zu § 4 TVG Bestimmungsrecht; s.a. schon *BAG* 25.1.1978 EzA § 1 TVG Nr. 9; 28.9.1978 AP Nr. 4 zu § 1 TVG Tarifverträge: Rundfunk; 23.5.1973 EzA § 4 TVG Öffentlicher Dienst Nr. 1; s.a. *BAG* 12.3.1992 EzA § 4 BeschFG 1985 Nr. 1– tarifvertragliche Bestimmung der Dauer der Arbeitszeit nach Arbeitsanfall; einschränkend jetzt *BAG* 27.1.1994 EzA § 615 BGB Kurzarbeit Nr. 1; 18.10.1994 EzA § 615 BGB Kurzarbeit Nr. 2 – vgl. dazu auch *Beck* ZTR 1998, 159; *KDZ-Zwanziger* Rz 30 – einschränkend aber Rz 69 u. Rz83; *Friedhofen/Weber* NZA 1986, 145; *Konow* NZA 1987, 117; *Weber/Ehrich* BB 1996, 2247; *Plüm* DB 1992, 735; als bedenklich sieht diese Rechtsprechung allerdings an HK-*Weller/Hauck* Rz 65; *v. Hoyningen-Huene/Linck* Rz 22; vgl. auch *Linck* AR-Blattei SD 1020.1.1 Rz 28; MünchArbR-*Hanau* § 60 Rz 105 will den Tarifparteien nur einen gewissen Bewertungsspielraum lassen, wenn die einseitige Änderung der Arbeitsbedingungen nicht so wesentlich ist, dass der zwingende Schutz des KSchG zum Zuge kommen muss; s. jetzt auch *Hümmerich/Welslau* NZA 2005, 610 zum TV Ratio der Deutschen Telekom und der dort geregelten Versetzung in die unternehmensinterne Transfergesellschaft »Vivento«; s.a. *ArbG Düsseld.* 15.3.1989 DB 1989, 2079; *ArbG Dortmund* 15.1.1991 EzA § 4 TVG Bestimmungsklausel Nr. 1; *LAG*

Änderungskündigung § 2 KSchG

Köln 30.4.1991 LAGE § 4 TVG Chemische Industrie Nr. 3; gegen das *BAG* auch *LAG Düsseld.* 17.3.1995 LAGE § 2 KSchG Nr. 16; zum Ganzen *Rost* FS Dieterich, S. 505 ff.).

Eine derartige **Erweiterung des Direktionsrechts durch den Tarifvertrag** stellt nach Auffassung des BAG **keinen Verstoß gegen § 2 KSchG** dar. Die arbeitsvertragliche Rechtsposition des Arbeitnehmers werde nicht geändert, da der Arbeitgeber nur von einer ihm durch Tarifvertrag im Rahmen des Arbeitsvertrages eingeräumten Rechtsposition Gebrauch mache. Eine Änderungskündigung sei insoweit nicht zwingend vorgeschrieben (vgl. insbes. BAG 22.5.1985 AP Nr. 7 zu § 1 TVG Tarifverträge: Bundesbahn unter Hinweis auf frühere Rspr.). Die Einräumung eines derart erweiterten Direktionsrechts sei mit der Rechtsordnung vereinbar und widerspreche staatlichen Gesetzen nicht. **54b**

Dieser Rechtsprechung kann **nur mit Einschränkungen** gefolgt werden (s. *Rost* FS Dieterich, S. 509 ff.). Die Erweiterung des Direktionsrechts darf nicht zur Umgehung zwingender Kündigungsschutzbestimmungen führen, die zugleich einen Schutz vor Änderungen des Arbeitsvertrages enthalten. Den Tarifvertragsparteien ist zwar ein **größerer Gestaltungsfreiraum** zuzubilligen als den Parteien des Arbeitsvertrages (vgl. dazu etwa MünchArbR-*Hanau* § 60 Rz 105). Es ist davon auszugehen, dass infolge der gleichwertigen Stärke und der Sachkunde der Tarifvertragsparteien die Bestimmungen des Tarifvertrages den Interessen beider Seiten idR gerecht werden (vgl. etwa *BAG* 6.2.1985 EzA Art. 3 GG Nr. 17). Der Gesetzgeber räumt aus diesem Grunde auch in anderen Bereichen den Tarifvertragsparteien die Befugnis ein, einzelvertraglich nicht abdingbare gesetzliche Regelungen abzuändern (vgl. etwa § 622 Abs. 4 BGB; § 13 BUrlG). Auch ein Tarifvertrag kann aber **zwingende Kündigungsschutzvorschriften nicht ganz ausschalten** (s.a. HK-*Weller/Hauck* Rz 65, 66). Die Grenze liegt dort, wo die tarifliche Regelung nicht mehr als Konkretisierung der den Kündigungsschutzbestimmungen zugrunde liegenden Wertung angesehen werden kann (zur ähnlichen Problematik der Zulässigkeit von tariflichen Befristungsregelungen vgl. etwa KR-*Lipke* § 620 BGB Rz 132 ff.; *Löwisch/Rieble* Grundlagen Rz 26 sowie § 1 Rz 245; MünchArbR-*Hanau* § 62 Rz 105; vgl. *Rost* aaO; *Oetker* ZfA 2001, 302 ff.; *Schmidt* FS Dieterich, S. 585). Diese Grenze überschreitet etwa eine Regelung, die dem Arbeitgeber ohne jede Vorgabe und Einschränkung die Suspendierung des Arbeitsverhältnisses überlässt. § 15 Abs. 5 BAT-O, der dem Arbeitgeber ohne nähere Festlegung ein einseitiges Recht zur Einführung von Kurzarbeit einräumt, ist daher unwirksam (*BAG* 27.1.1994 EzA § 615 BGB Kurzarbeit Nr. 1; 18.10.1994 EzA § 615 BGB Kurzarbeit Nr. 2; KDZ-*Zwanziger* Rz 83). **54c**

Diese Begrenzung ist auch **verfassungsrechtlich geboten.** Art. 12 Abs. 1 S. 1 GG garantiert neben der freien Wahl des Berufs die freie Wahl des Arbeitsplatzes. Letztere bezieht sich sowohl auf die Entscheidung für eine konkrete Beschäftigung wie auch auf den Willen, diese beizubehalten oder aufzugeben. Das Grundrecht verleiht zwar keine Bestandsgarantie für den einmal gewählten Arbeitsplatz. Dem Staat obliegt aber eine aus Art. 12 Abs. 1 GG folgende Schutzpflicht. Diese hat der Gesetzgeber mit den geltenden Kündigungsschutzvorschriften erfüllt (*BVerfG* 24.4.1991 EzA Art. 13 Einigungsvertrag Nr. 1). Ein **gesetzlicher Mindeststandard des Kündigungsschutzes** ist danach grundrechtlich gewährleistet (vgl. auch *Hanau* FS Dieterich, S. 201 ff.). Tarifliche Regelungen, die diesen Mindeststandard nicht wahren, sind damit nicht zu vereinbaren (*BAG* 18.10.1994 EzA § 615 BGB Kurzarbeit Nr. 2; KDZ-*Zwanziger* Rz 69; *Rost* aaO, S. 515). **54d**

Die drei Entscheidungen vom 22.5.1985 und 26.6.1985 (aaO) genügten diesen Anforderungen wohl noch. Die jeweiligen tariflichen Regelungen (§ 9 TVAL II, § 16 Abs. 1 LTV DB) gaben einen Rahmen vor, der entsprechende Einschränkungen enthielt. So muss nach § 16 Abs. 1 LTV DB (s. *BAG* 22.5.1985 aaO) der Dienst die Zuweisung anderer Tätigkeiten erfordern, die zugewiesene Tätigkeit muss nach Befähigung, Ausbildung, körperlicher Eignung zumutbar sein. Nach § 9 TVAL II (*BAG* 26.6.1985 aaO) kann die Arbeitszeit einseitig ausgedehnt und wieder herabgesetzt werden, aber nur in einem Rahmen, der nach unten begrenzt ist durch die tariflich festgelegte Regelarbeitszeit von derzeit 40 Stunden wöchentlich. Das BAG lässt darüber hinaus eine Überprüfung der Änderung nach **§ 315 BGB** (s.o. Rz 49) dann zu, wenn der Tarifvertrag dem Arbeitgeber die einseitige Bestimmung der Arbeitsbedingungen einräumt (*BAG* 22.5.1985 aaO; 28.9.1977 EzA § 4 TVG Rundfunk Nr. 3). **54e**

Gegen die uneingeschränkte Erweiterung des Direktionsrechts sprechen auch noch andere Überlegungen. Tarifliche Regelungen unterliegen zwar **keiner Überprüfung auf** ihre Vereinbarkeit mit **§ 242 BGB** (*BAG* 12.3.1992 EzA § 4 BeschFG 1985 Nr. 1; 22.5.1985 aaO; 6.2.1985 aaO; *Friedhofen/Weber* NZA 1986, 147 halten die Rspr. des BAG allerdings nur für noch herrschend). Das ergibt sich aus dem **Normencharakter** tariflicher Regelungen. Den Gerichten steht eine entsprechende Inhaltskontrolle an § 242 BGB auch bei Gesetzen nicht zu. Die Tarifvertragsparteien sind allerdings gebunden an **Verfas-** **54f**

§ 2 KSchG   Änderungskündigung

sungsrecht, zwingendes Gesetzesrecht, gute Sitten und tragende Grundsätze des Arbeitsrechts (*BAG* 12.3.1992 EzA § 4 BeschFG 1985 Nr. 1; 19.10.1989 EzA § 2 VRG-Bauindustrie Nr. 4; vgl. KDZ-*Zwanziger* Rz 30; *von Stebut* Anm. zu *BAG* AP Nr. 1 zu § 1 TVG: Süßwarenindustrie unter 3 der Gründe; *Konow* DB 1987, 119 f.; *Plüm* DB 1992, 738 verlangt eine verfassungsorientierte Inhaltskontrolle, wobei insbes. die Einhaltung des Übermaßverbotes unter Persönlichkeits- und berufsrechtlichen Aspekten zu prüfen sei; s. aber auch *Oetker* ZfA 2001, 302 ff.; *Schmidt* FS Dieterich, S. 592). Hieraus ist für tarifvertragliche Erweiterungen des Direktionsrechts eine Grenze dahin zu ziehen, dass sie dem allgemeinen Willkürverbot aus Art. 3 S. 1 GG unterliegen und dass die Tarifvertragsparteien die Grenzen des ihnen zustehenden Ermessens einhalten, indem sie Regelungen schaffen, die der Eigenart des Sachverhaltes entsprechen und am Gedanken der Gerechtigkeit orientiert sind (*Wiedemann/Stumpf* TVG, Einl. Rz 132).

54g Zu den tragenden Grundsätzen des Arbeitsrechts zählt wiederum der Gedanke des **Sozialschutzes gegen eine freie Auflösung** und Abänderung von Arbeitsverhältnissen, wie er in §§ 1, 2 KSchG seinen Niederschlag gefunden hat. Dieser Grundsatz gebietet, dass die Tarifvertragsparteien das Direktionsrecht nicht ohne eine gewisse **Interessenabwägung** erweitern dürfen. Als Gesichtspunkte, die insoweit zu beachten sind, sind zu nennen etwa: dienstliches Erfordernis, Ausmaß einer Lohnminderung, Zumutbarkeit der neuen Beschäftigung nach Befähigung, Ausbildung, körperlicher Eignung, Berücksichtigung der persönlichen Verhältnisse. Einer tariflichen Regelung, die zwar eindeutige Vorgaben für die Ausübung des erweiterten Direktionsrechts setzt, die genannten Kriterien dabei aber überhaupt nicht einbezieht, müßte die Wirksamkeit auch deshalb versagt werden (*Konow* aaO verlangt einen sachgerechten Interessenausgleich).

VIII. Ablösende Betriebsvereinbarung

54h Vertraglich begründete Ansprüche der Arbeitnehmer auf betriebliche Sozialleistungen, die sich auf eine vom Arbeitgeber gesetzte Einheitsregelung oder eine Gesamtzusage gründen, können nach der Entscheidung des Großen Senats des *BAG* (16.9.1986 EzA § 77 BetrVG 1972 Nr. 16; s. aber auch *BAG* 28.3.2000 EzA § 77 BetrVG 1972 Ablösung Nr. 1) durch eine **nachfolgende Betriebsvereinbarung** in den Grenzen von Recht und Billigkeit **abgeändert** werden. Dies gilt grds. allerdings nur, wenn die Neuregelung insgesamt bei kollektiver Betrachtung nicht ungünstiger ist. Eine insgesamt ungünstigere Betriebsvereinbarung ist dann zulässig, wenn und soweit der Arbeitgeber wegen eines vorbehaltenen Widerrufs (s. dazu Rz 48) oder wegen Wegfalls der Geschäftsgrundlage (s. dazu Rz 54) die Kürzung oder Streichung von Leistungen verlangen kann. Wegen der Einzelheiten wird auf die Entscheidungen des *BAG* (aaO) verwiesen (vgl. auch *Blomeyer* DB 1987, 634; *Ahrend/Förster/Rühmann* BB 1987, Beil. Nr. 7; *Hromadka* RdA 1992, 247 ff.; *MünchArbR-Matthes* § 327 Rz 83 ff.; *Richardi* NZA 1987, 185; s. iE *Fitting* § 77 Rz 208).

IX. Befristete Vertragsänderung

54i Ein Änderungsangebot iSd § 2 S. 1 KSchG liegt nach der neueren Auffassung des BAG auch vor, wenn der Arbeitgeber im Zusammenhang mit einer Kündigung dem Arbeitnehmer die **befristete Weiterbeschäftigung** anbietet (*BAG* 25.4.1996 EzA § 2 KSchG Nr. 25; s. dazu Rz 10a u. 10b). Denkbar ist aber unabhängig von einer Kündigung die einvernehmlich **befristete Abänderung** des **Arbeitsvertrages** bzw. **einzelner Arbeitsbedingungen.** Sie kommt in der Praxis am ehesten vor etwa in der befristeten Übertragung anderer Tätigkeiten, in einer befristeten Änderung der Arbeitszeit oder in einer befristeten Änderung auf der Seite des Arbeitsentgeltes, hier insbes. bei Zulagen und Sozialleistungen (vgl. vor allem *Löwisch* ZfA 1986, 2, 3; *Wolf* RdA 1988, 270; *Hromadka* RdA 1992, 234, 243; *HK-Weller/Hauck* Rz 84; *Linck* S. 95 ff.; *Sievers* NZA 2002, 1185; *Preis* Grundfragen, S. 429 ff.; *Staudinger/Preis* § 620 BGB Rz 126 ff.; *Krause* Anm. zu *BAG* EzA § 2 KSchG Nr. 20). Derartige befristete Änderungen des Arbeitsvertrages sind nur **begrenzt zulässig.** Das KSchG gewährt nicht nur Bestandsschutz, sondern auch Vertragsinhaltsschutz (s. schon Rz 7). Dieser darf nicht umgangen werden. In Anknüpfung an die ständige Rechtsprechung des BAG zum befristeten Arbeitsvertrag wurde schon bisher angenommen, dass die im Rahmen eines unbefristeten Arbeitsvertrages erfolgende befristete Änderung einzelner Arbeitsbedingungen eines **sachlichen Grundes,** wenn bei unbefristeter Änderung die neuen Arbeitsbedingungen dem Änderungsschutz des KSchG unterliegen würden. Dies gilt sowohl für den Grund als auch für die Dauer der befristeten Änderung (*BAG* 13.6.1986 EzA § 620 BGB Nr. 85; 21.4.1993 EzA § 2 KSchG Nr. 20; *LAG RhPf* 13.11.1987 ZTR 1988, 102; *Löwisch* ZfA 1986, 1 ff.; vgl. auch schon *BAG* 12.12.1984 EzA § 315 BGB Nr. 29; nach *BAG* 21.4.1993 EzA § 2 KSchG Nr. 20 – m. Anm. *Krause* – liegt eine objektive Um-

Änderungskündigung § 2 KSchG

gehung des Änderungsschutzes noch nicht in der Befristung einer Provisionszusage, die neben das Tarifgehalt tritt und 15 % der Gesamtvergütung ausmacht.

Die Befristung einzelner Vertragsbedingungen konnte auch nicht auf § 1 BeschFG idF v. 25.9.1996 gestützt werden, bedurfte also weiterhin eines sachlichen Grundes (*BAG* 23.1.2002 EzA § 1 BeschFG 1985 Nr. 29). Diese Auffassung vertritt das BAG zu recht jetzt auch zu § 14 TzBfG. **§ 14 Abs. 1 TzBfG findet auf die Befristung einzelner Arbeitsbedingungen keine Anwendung** (*BAG* 14.1.2004 EzA § 14 TzBfG Nr. 8; 14.1.2004 EzA § 14 TzBfG Nr. 5; vgl. auch *BAG* 3.9.2003 EzA § 14 TzBfG Nr. 4, wonach auch das Schriftformerfordernis des § 14 Abs. 4 TzBfG keine Anwendung findet; *Annuß/Thüsing/Maschmann* § 14 TzBfG Rz 15; s.a. *Schmalenberg* FS 25 Jahre AG ArbR im DAV, S. 155). Die Befristung einer Arbeitsvertragsbedingung – bspw. die befristete Erhöhung der wöchentlichen Arbeitszeit – bedarf auch nach Inkrafttreten des TzBfG zu ihrer Wirksamkeit eines Sachgrundes, wenn durch die Befristung der gesetzliche Änderungskündigungsschutz umgangen werden kann (*BAG* 14.1.2004 EzA § 14 TzBfG Nr. 5). Das BAG hat aaO offen gelassen, ob für die Befristungskontrolle nach dem Inkrafttreten des Schuldrechtsmodernisierungsgesetzes v. 26.11.2001 für die Bestimmung des Sachgrundes weiterhin die von ihm entwickelten Regeln gelten oder ob die Inhaltskontrolle nach den Bestimmungen der §§ 307 ff. BGB in der seit dem 1.1.2002 geltenden Fassung vorzunehmen ist (so *Preis/Bender* NZA-RR 2005, 337; vgl. iE zum Meinungsstand KR-*Lipke* § 14 TzBfG Rz 12 ff. m. ausf. Nachw.). Bei befristeter Änderung einzelner Arbeitsbedingungen steht der Bestand des Arbeitsverhältnisses insgesamt nicht in Frage. Die soziale Schutzbedürftigkeit des Arbeitnehmers ist dementsprechend geringer anzusetzen. Dies ist bei Beurteilung der Frage, ob gemessen am **Vertragsinhaltsschutz** ein sachlicher Grund für die befristete Abänderung vorliegt, angemessen zu berücksichtigen (*BAG* 13.6.1986 EzA § 620 BGB Nr. 85 unter II 3a, cc der Gründe; HK-*Weller/Hauck* Rz 69; *Löwisch* ZfA 1986, 6, 7; krit. *Hromadka* RdA 1992, 244 f., der die Maßstäbe § 138 BGB bzw. §§ 242, 315 BGB entnehmen will). Auch die nachträgliche Befristung eines unbefristeten Arbeitsverhältnisses bedarf eines sachlichen Grundes, und zwar auch dann, wenn der Arbeitnehmer im Zeitpunkt der Vereinbarung bereits den allgemeinen Kündigungsschutz genießt; das gilt auch dann, wenn die Befristungsvereinbarung im Rahmen einer vom Arbeitgeber erklärten Änderungskündigung getroffen wird (*BAG* 13.6.1986 EzA § 620 BGB Nr. 85).

X. Störung der Geschäftsgrundlage

Zur Änderung vertraglicher Bedingungen können an sich auch die Grundsätze des **Wegfalles bzw. jetzt gem. § 313 BGB nF der Störung der Geschäftsgrundlage** führen. Die Rechtsfolge besteht im Allgemeinen in einer Anpassung des Vertrages an die geänderten Umstände. Im Verhältnis zur Änderungskündigung stellt jedoch der Wegfall der Geschäftsgrundlage keinen selbständigen Änderungsgrund dar (*BAG* 16.5.2002 EzA § 2 KSchG Nr. 46; 12.1.2006 EzA § 2 KSchG Nr. 56; s. aber auch *BAG* 27.3.2003 EzA § 2 KSchG Nr. 48). Daran hat sich auch nichts geändert durch die Regelung dieses Instituts jetzt in § 313 BGB nF (s. ErfK-*Preis* § 611 BGB Rz 477). Der Arbeitgeber hat sich grds. der Möglichkeit der Änderungskündigung zu bedienen, in deren Rahmen die Tatbestände zu würdigen sind, welche für den Wegfall der Geschäftsgrundlage herangezogen werden könnten (vgl. dazu *Ascheid* in: Hromadka, Änderung, S. 100 ff.; KR-*Fischermeier* § 626 BGB Rz 42, 43; zur Anpassung bei Rechtsprechungsänderung s.a. *Klebeck* NZA 2006, 20; *Giesen* NZA 2006, 631; s.u. Rz 107d).

D. Annahme des Änderungsangebots unter Vorbehalt

I. Sinn der Regelung

Gem. § 2 S. 1 KSchG kann der Arbeitnehmer das Angebot der Fortsetzung des Arbeitsverhältnisses zu geänderten Bedingungen unter dem **Vorbehalt** annehmen, dass die Änderung der Arbeitsbedingungen nicht sozial ungerechtfertigt ist. Diesen Vorbehalt muss er dem Arbeitgeber gegenüber innerhalb der Kündigungsfrist, spätestens jedoch innerhalb von drei Wochen nach Zugang der Kündigung erklären (§ 2 S. 2 KSchG). Mit dieser Regelung soll dem Arbeitnehmer das Risiko abgenommen werden, im Falle einer für ihn negativ ausgehenden Überprüfung der Sozialwidrigkeit den Prozess und den Arbeitsplatz zu verlieren. Schon vor der gesetzlichen Regelung wurde weitgehend die Möglichkeit einer Annahme der geänderten Bedingungen unter Vorbehalt bejaht. Unklar war jedoch vor allem, ob der Arbeitgeber verpflichtet war, sich auf den Vorbehalt einzulassen oder nicht (s.o. Rz 4; abl. etwa *Galperin* DB 1958, 802, 803; bejahend hingegen *Gramm* DB 1954, 722; eine Bindung wurde bejaht auch von *Bötticher* FS Molitor 1962, S. 137, 138; s.a. *Hueck* Anm. zu *BAG*, AP Nr. 17 zu § 620 BGB Änderungskündigung; vgl. auch *Auffarth/Müller* § 1 Rz 48). Die jetzige Regelung hat insoweit Klarheit gebracht, als der **Arbeitgeber die Annahme unter Vorbehalt nicht ablehnen darf.**

II. Rechtsnatur des Vorbehalts

56 Umstritten ist die **Rechtsnatur** des Vorbehalts. Teilweise wurde ihm lediglich **prozessuale** Bedeutung eingeräumt in dem Sinne, dass dem Arbeitnehmer kein subjektives Recht, sondern lediglich eine Klagemöglichkeit gewährt wird (*Adomeit* DB 1969, 2180; ihm folgend *Schaub* RdA 1970, 234). Begründet wurde dies vor allem mit der Erwägung, dass ein materieller Vorbehalt dem allgemeinen Vertragsrecht fremd sei, weil § 150 Abs. 2 BGB die Annahme eines Antrages unter Erweiterungen, Einschränkungen oder sonstigen Änderungen als Ablehnung betrachte, verbunden mit einem neuen Antrag.

57 Diese Argumentation ist **nicht zwingend.** Die bedingte Annahme eines Vertragsangebotes ist dogmatisch bedenkenfrei. Zwar braucht sich der Vertragspartner grds. nicht auf die Bedingung einzulassen, das schließt aber nicht aus, dass er – unter Umständen schon vor Abgabe des Angebots – dem Empfänger des Angebots das Recht einräumt, das Angebot unter einer Bedingung anzunehmen. Nichts anderes ordnet § 2 KSchG an: Er eröffnet dem Arbeitnehmer die Möglichkeit der bedingten Annahme des Änderungsangebots. Das mag von der Grundregel des § 150 Abs. 2 BGB abweichen, erscheint aber nicht als so »sensationell« (*Adomeit* aaO; krit. insoweit auch *Enderlein* ZfA 1992, 27), dass deshalb die Rechtsnatur des Vorbehalts allein prozessual sein müsste. Insbesondere ist es nicht gerechtfertigt, von einem Fall des offenen Dissenses zu sprechen (*Adomeit* aaO; *Schaub* aaO). Die Parteien sind sich über alle Punkte der Vertragsänderung einig. Der Arbeitnehmer kann das Angebot nur so annehmen, wie es vom Arbeitgeber unterbreitet wird, sonst läge allerdings ein Fall des § 150 Abs. 2 BGB vor. Lediglich die Wirksamkeit der Vertragsänderung hängt von einer Bedingung ab, der Bedingung nämlich, dass die Änderung sozial gerechtfertigt ist.

58 Dem Vorbehalt ist daher **materiell-rechtliche** Bedeutung beizumessen (*Ascheid* Rz 469; HK-*Weller/ Hauck* Rz 96; *v. Hoyningen-Huene/Linck* Rz 84; SPV-*Preis* Rz 1238; *BAG* 27.9.1984 EzA § 2 KSchG Nr. 5 unter B II 3c, cc der Gründe; krit. zum Ganzen *Enderlein* ZfA 1992, 21, 33, 34 – Annahme unter Vorbehalt in dem Sinne, dass der Arbeitnehmer dem Arbeitgeber die Möglichkeit zur einseitigen Vertragsänderung einräumt, deren Wirksamkeit von der sozialen Rechtfertigung abhängt; die Änderungskündigung habe damit die Wirkung einer Teilkündigung). Die Annahme unter Vorbehalt stellt sich dabei als Annahme unter einer **auflösenden Bedingung** dar (§ 158 Abs. 2 BGB; *v. Hoyningen-Huene/Linck* DB 1993, 1188). Dem widerspricht nicht die in § 8 KSchG getroffene Regelung, dass bei Feststellung der Sozialwidrigkeit – also bei Eintritt der Bedingung – die Änderungskündigung von Anfang an als unwirksam anzusehen ist. § 158 Abs. 2 BGB misst dem Eintritt einer auflösenden Bedingung allerdings keine Rückwirkung zu. § 159 BGB zeigt aber, dass die Parteien eine solche schuldrechtliche Rückwirkung vereinbaren können. Nichts anderes wird in § 8 KSchG angeordnet, wenn dort bestimmt wird, dass die Parteien so zu stellen sind, als ob die Kündigung von Anfang an rechtsunwirksam ist.

59 Auswirkungen zeigt die Frage der Rechtsnatur des Vorbehalts vor allem dann, wenn der Vorbehalt nicht fristgerecht erklärt wird. Nach der prozessualen Theorie müsste die Klage als unzulässig abgewiesen werden, nach der materiellen Theorie hingegen als unbegründet (s.a. *Ratajczak* S. 52; vgl. Rz 164).

III. Form des Vorbehalts

1. Erklärung gegenüber dem Arbeitgeber

60 Der Vorbehalt ist dem **Arbeitgeber** gegenüber zu erklären. Das muss nicht der Arbeitgeber persönlich sein, sondern können alle diejenigen sein, welche kündigungsberechtigt auf Arbeitgeberseite sind. Eine bestimmte Form schreibt das Gesetz nicht vor. Der Vorbehalt kann **schriftlich oder auch mündlich erfolgen.** Er unterliegt – anders als die Änderungskündigung selbst – **nicht der Formvorschrift des § 623 BGB** (s. dazu Rz 28a). Er muss den allgemein an eine Willenserklärung zu stellenden Voraussetzungen genügen, insbes. klar und eindeutig sein. Als Formulierungsvorschlag mag genannt sein: »Die mir am ... zugegangene Änderungskündigung nehme ich an unter dem Vorbehalt, dass die Änderung nicht sozial ungerechtfertigt oder aus anderen Gründen rechtsunwirksam ist!«.

2. Erklärung durch schlüssiges Verhalten

61 Die Annahme der geänderten Vertragsbedingungen unter Vorbehalt kann durch **schlüssiges Verhalten** erfolgen, wenn dieses eindeutig ist. Nicht eindeutig ist die **bloße Fortsetzung** des Arbeitsverhält-

Änderungskündigung § 2 KSchG

nisses zu den geänderten Bedingungen **nach Ablauf der Kündigungsfrist**. Sie kann zunächst als Einverständnis mit den vom Arbeitgeber angebotenen Bedingungen angesehen werden. Das wird regelmäßig dann der Fall sein, wenn die gem. § 4 KSchG einzuhaltende Frist für die Erhebung der Kündigungsschutzklage oder Änderungsschutzklage abgelaufen ist, der Arbeitnehmer also die Sozialwidrigkeit der geänderten Bedingungen nicht mehr geltend machen kann.

Arbeitet der Arbeitnehmer **nach Ablauf** der Kündigungsfrist, aber **vor Ablauf** der Dreiwochenfrist 62 (vgl. dazu Rz 63a) ohne Erklärung weiter, ist nach der Rspr. des BAG seinem Verhalten zwar nicht zwingend eine endgültige Annahme des Änderungsangebotes – damit zugleich ein Verzicht auf die Erhebung einer Kündigungsschutzklage – zu entnehmen, hierfür spricht aber eine große Wahrscheinlichkeit (*BAG* 19.6.1986 EzA § 2 KSchG Nr. 7 unter B IV 2 der Gründe; vgl. auch *LAG Köln* 10.2.2000 NZA-RR 2000, 303).

Dem ist zuzustimmen (so auch HK-*Weller/Hauck* Rz 102; *Löwisch/Spinner* Rz 24). Die **stillschweigende** 63 **Weiterarbeit** des Arbeitnehmers zu neuen Arbeitsbedingungen wird auch bei Fehlen einer Kündigung idR **als Einverständniserklärung** anzusehen sein (vgl. schon *BAG* 8.7.1960 EzA § 305 BGB Nr. 1; 17.7.1965 AP Nr. 101 zu § 242 BGB Ruhegehalt; vgl. dazu auch *Hennige* NZA 1998, 283; *Hromadka* RdA 1992, 246; *LAG Köln* 27.2.1998 LAGE § 2 KSchG Nr. 33; *LAG Hamm* 30.1.1997 LAGE § 2 KSchG Nr. 26). Dies gilt jedenfalls dann, wenn der Arbeitnehmer von der Durchführung der neuen Vertragsgestaltung unmittelbar und sogleich betroffen wird (*BAG* 20.5.1976 EzA § 305 BGB Nr. 9). Die Übertragung dieser Grundsätze auf den vorliegenden Fall ist gerechtfertigt. Der Vorbehalt nach § 2 KSchG ist innerhalb der Kündigungsfrist zu erklären (s.u. Rz 67). Geschieht dies nicht, muss das Verhalten des Arbeitnehmers so verstanden werden, dass er eine Änderungsschutzklage nicht erheben will (so auch SPV-*Preis* Rz 772). Der **Irrtum über die Wertung seines Verhaltens** kann den Arbeitnehmer zur Anfechtung der ihm zugerechneten Willenserklärung berechtigen gem. § 119 Abs. 1 BGB. Maßgebend für die unverzügliche Anfechtung gem. § 121 BGB ist der Zeitpunkt, zu dem der Arbeitnehmer erkennt bzw. hätte erkennen können, dass sein Verhalten als vorbehaltlose Annahme gewertet wird (vgl. dazu auch *BAG* 19.6.1986 EzA § 2 KSchG Nr. 7 – AR-Blattei Kündigungsschutz I A Entsch. Nr. 7 unter VI der Gründe m. Anm. *Löwisch/Abshagen*; *Löwisch* NZA 1988, 635; KDZ-*Zwanziger* Rz 125).

Der Arbeitnehmer kann zwar unabhängig von der Annahme unter Vorbehalt bis zum Ablauf der Drei- 63a wochenfrist Kündigungsschutzklage nach § 4 S. 1 KSchG erheben. Gegen eine solche Absicht spricht aber die stillschweigende Weiterarbeit zu den geänderten Bedingungen. Typisch wäre bei einer beabsichtigten Kündigungsschutzklage nämlich das Ausscheiden zum Ablauf der Kündigungsfrist. In der Tat liegt also bei **widerspruchsloser Weiterarbeit** des Arbeitnehmers **zu den neuen Bedingungen** eine große Wahrscheinlichkeit dafür vor, dass er das Angebot des Arbeitgebers **endgültig annehmen** will, damit aber auch auf die – zeitlich noch mögliche – Erhebung einer Kündigungsschutzklage verzichtet. Ein abweichender Wille des Arbeitnehmers müsste in irgendeiner Weise zum Ausdruck kommen, zB in der Mitteilung, er habe bereits einen Anwalt mit der Erhebung einer Klage beauftragt oder er behalte sich die Erhebung einer Kündigungsschutzklage vor.

Eine **Einschränkung** soll nach *BAG* (27.3.1987 EzA § 2 KSchG Nr. 10) bei der **außerordentlichen** Kün- 63b digung geboten sein. Da dem Arbeitnehmer die Möglichkeit eingeräumt ist, die Annahme unter Vorbehalt **unverzüglich** zu erklären (s. Rz 33), soll in der **sofortigen** widerspruchslosen Weiterarbeit auf dem neuen Arbeitsplatz idR noch **keine vorbehaltlose** Annahme des Änderungsangebotes gesehen werden. Dem Arbeitnehmer bliebe sonst überhaupt keine Überlegungsfrist. Solange er den Vorbehalt noch rechtzeitig in diesem Sinne, dh ohne schuldhaftes Zögern erklären kann, ist sein Verhalten noch nicht zwingend als vorbehaltlose und endgültige Annahme zu deuten (*BAG* 27.3.1987 EzA § 2 KSchG Nr. 10). Dem wird man für den Regelfall zustimmen können (s.a. *Hennige* NZA 1998, 284). Der Arbeitgeber kann die sich aus den gesetzlichen Wertungen des KSchG ergebende **Frist** zur unverzüglichen Erklärung auch **nicht einseitig** etwa dadurch **verkürzen,** dass er im Kündigungsschreiben darauf verweist, er gehe bei fehlendem Widerspruch vom Fortbestand des Arbeitsverhältnisses zu den geänderten Bedingungen aus (*BAG* 27.3.1987 EzA § 2 KSchG Nr. 10). Diese Frist gilt als **Mindestfrist** auch für die Erklärung der **vorbehaltlosen Annahme** des Änderungsangebotes. Die zu kurze Bestimmung der Frist im Änderungsangebot durch den Arbeitgeber **führt nicht zur Unwirksamkeit** der Kündigung. Sie setzt vielmehr die gesetzliche Annahmefrist des § 2 KSchG in Lauf (*BAG* 18.5.2006 NZA 2006, 621 = AuA 2006, 621 m. Anm. *Birnbaum*).

Liegt – nach Rz 62 die Ausnahme – eine vorbehaltlose Annahme des Änderungsangebotes trotz Wei- 64 terarbeit nicht vor und erhebt der Arbeitnehmer noch innerhalb der Dreiwochenfrist Kündigungsschutzklage des Inhalts, die Sozialwidrigkeit festzustellen, bringt er durch seine Weiterarbeit zu geänderten Bedingungen zum Ausdruck, dass er die Änderung der Arbeitsbedingungen im Falle des Unterliegens anzunehmen bereit ist. Dieser – schlüssige – Vorbehalt ist jedoch **nicht rechtzeitig**, nämlich bis zum Ablauf der Kündigungsfrist erklärt worden (s.u. Rz 67). Der Arbeitgeber braucht sich daher auf die bedingte Annahme des Angebotes durch den Arbeitnehmer nicht einzulassen. Eine solche Pflicht ergibt sich vor allem noch nicht allein daraus, dass er die Weiterarbeit des Arbeitnehmers über den Ablauf der Kündigungsfrist hinaus geschuldet hat. Dies kann geschehen sein in der Erwartung, dass der Arbeitnehmer von der Erhebung einer Kündigungsschutzklage absieht – also die Änderung endgültig annimmt – oder auch in der irrigen Annahme, der Arbeitnehmer habe sie bereits vorbehaltlos angenommen. Man wird daher dem Arbeitgeber das Recht geben müssen, nunmehr die Weiterbeschäftigung des Arbeitnehmers zu den geänderten Bedingungen zu verweigern mangels Vorliegens der Voraussetzung des § 2 S. 2 KSchG (so schon *Richardi* ZfA 1971, 97). Allerdings muss er dies unverzüglich erklären, nachdem er von der Erhebung der Kündigungsschutzklage erfährt. Beschäftigt er den Arbeitnehmer auch jetzt noch weiter, muss er dieses Verhalten als schlüssiges nachträgliches Eingehen auf den verspäteten Vorbehalt gegen sich gelten lassen. Dieser Sachverhalt kann dann entsprechend der Änderungskündigung im Änderungsschutzverfahren überprüft werden (s. dazu Rz 26).

65 Verweigert der Arbeitgeber die Weiterbeschäftigung, bleibt dem Arbeitnehmer bei entsprechender **Umstellung** des Klageantrags die Durchführung des allgemeinen Kündigungsschutzverfahrens. Insoweit gilt nichts anderes, als wenn der Arbeitnehmer das Änderungsangebot von vornherein abgelehnt hätte. Er läuft dann allerdings Gefahr, im Falle des Unterliegens im Kündigungsschutzverfahren den Arbeitsplatz zu verlieren.

66 Problematisch erscheint auch, ob zur Erklärung des Vorbehalts **die Erhebung der Kündigungsschutzklage ausreicht.** Richtiger Auffassung nach können Klage und Vorbehalt jedoch zeitlich miteinander verbunden werden (s.u. Rz 73). Hiervon ausgehend bestehen keine Bedenken, die bloße Erhebung der Kündigungsschutzklage als Vorbehaltserklärung anzusehen, wenn aus ihr hinreichend deutlich die Bereitschaft hervorgeht, das Arbeitsverhältnis zunächst zu geänderten Bedingungen fortzusetzen. Ausreichend – aber auch erforderlich – in diesem Sinne ist allerdings nur die Erhebung der sog. Änderungsschutzklage, die aus ihrem Antrag erkennen lässt, dass die soziale Rechtfertigung der geänderten Arbeitsbedingungen der Überprüfung unterzogen werden soll, § 4 S. 2 KSchG (wie hier *v. Hoyningen-Huene/Linck* Rz 89; *Knorr/Bichlmeier/Kremhelmer* Kap. 13 Rz 4; *Löwisch/Spinner* Rz 29). Erhebt der Arbeitnehmer lediglich die allgemeine Kündigungsschutzklage mit dem Antrag gem. § 4 S. 1 KSchG, lässt sich daraus allein nicht die Annahme des Änderungsangebots unter Vorbehalt entnehmen, es sei denn, die Klagebegründung bringt Klarheit. Beachtet werden muss, dass die fristgerechte Erhebung der Änderungsschutzklage nicht ohne weiteres auch den fristgerechten Zugang der Vorbehaltserklärung garantiert (s. dazu Rz 71).

IV. Frist zur Erklärung des Vorbehalts
1. Kündigungsfrist und Dreiwochenfrist

67 Den Vorbehalt muss der Arbeitnehmer dem Arbeitgeber **innerhalb** der Kündigungsfrist, spätestens jedoch **innerhalb von drei Wochen nach Zugang der Kündigung** erklären, § 2 S. 2 KSchG (missverständlich *Ascheid* Rz 469). Die Frist von drei Wochen folgt aus der Frist zur Anrufung des ArbG gem. § 4 KSchG. Sie begrenzt die Erklärungsfrist bei längerer Kündigungsfrist und führt in diesen Fällen zu einer begrüßenswerten Übereinstimmung der Fristen. Spätestens nach drei Wochen soll für den Arbeitgeber klar sein, ob und wie eine Fortsetzung des Arbeitsverhältnisses in Aussicht steht. Liegen die Kündigungsfristen über drei Wochen, bringt das Nebeneinander der zwei Fristen keine Probleme. Dies gilt nunmehr auch für die **gesetzlichen Grundkündigungsfristen,** nachdem diese durch das Gesetz zur Vereinheitlichung der Kündigungsfristen von Arbeitern und Angestellten vom 7.10.1993 (BGBl. I S. 1668) auf vier Wochen zum 15. oder zum Ende eines Kalendermonats festgesetzt worden sind. Auch soweit einzelvertraglich kürzere Kündigungsfristen vereinbart werden können in Betrieben mit nicht mehr als 20 Arbeitnehmern, darf die Frist jedenfalls vier Wochen nicht unterschreiten; die weitergehende einzelvertragliche Abkürzung der Frist bei zur vorübergehenden Aushilfe eingestellten Arbeitnehmern (§ 622 Abs. 5 Nr. 1 BGB) ist hier nicht einschlägig, da sie nur bei Arbeitsverhältnissen bis zur Dauer von drei Monaten zulässig ist, damit aber die sechsmonatige Wartezeit für das Eingreifen des Kündigungsschutzes nicht erreicht werden kann.

Änderungskündigung § 2 KSchG

Kündigungsfristen unter drei Wochen sind nur noch denkbar bei tariflichen Kündigungsfristen, die 68
aufgrund beiderseitiger Tarifbindung, Allgemeinverbindlichkeit oder zulässiger einzelvertraglicher
Bezugnahme auf das Arbeitsverhältnis Anwendung finden. Hier entsteht eine Diskrepanz insoweit,
als der Arbeitnehmer sich unter Umständen sehr schnell entscheiden muss, ob er ggf. unter geänderten Bedingungen weiterarbeiten will, während die Erhebung der Kündigungsschutzklage erst später
zu erfolgen braucht. Erklärt sich der Arbeitnehmer nicht rechtzeitig, kann er zwar immer noch die
Unwirksamkeit der Kündigung geltend machen, riskiert dann aber im Falle des Unterliegens den
endgültigen Verlust des Arbeitsplatzes. Diese Konsequenzen versucht eine Auffassung zu vermeiden,
welche die Erklärung des Vorbehalts ohne Rücksicht auf die Länge der Kündigungsfrist **innerhalb
von drei Wochen** nach Zugang der Kündigung zulässt (*Wenzel* MDR 1969, 976; *Schwerdtner* FS 25 Jahre BAG, S. 561 ff.). Dem kann nicht zugestimmt werden. Ist die Kündigungsfrist kürzer als drei Wochen, ist diese Frist maßgebend (*BAG* 19.6.1986 EzA § 2 KSchG Nr. 7; *LAG Hamm* 13.10.1988 LAGE § 2
KSchG Nr. 7; *v. Hoyningen-Huene/Linck* Rz 86; *Löwisch* NZA 1988, 635; *SPV-Preis* Rz 1239). Der von *Wenzel* (aaO) vertretenen Auffassung widerspricht der **Gesetzeswortlaut,** der als Obersatz die Erhebung
des Vorbehalts innerhalb der Kündigungsfrist fordert; die nachfolgende Erwägung der Dreiwochenfrist stellt demgegenüber lediglich eine Einschränkung dar, keine Erweiterung (als eindeutig sehen
den Wortlaut gleichfalls an *v. Hoyningen-Huene/Linck* aaO). Es kann keinem Zweifel unterliegen, dass
der Gesetzgeber die Regelung in diesem Sinn verstanden hat. In der Begründung zum Regierungsentwurf (BT-Drs. V/3913, S. 8) heißt es ausdrücklich: »Im Interesse der Rechtssicherheit muss der Arbeitnehmer diesen Vorbehalt innerhalb der Kündigungsfrist, oder falls diese länger als drei Wochen ist,
innerhalb von drei Wochen nach Zugang der Kündigung dem Arbeitgeber erklären.« Dieser Wille des
Gesetzgebers ist im Gesetzeswortlaut durchaus zum Ausdruck gekommen. Für die Annahme, der
Gesetzgeber habe die Möglichkeit der Herabsetzung von Kündigungsfristen nicht bedacht, liegen Anhaltspunkte nicht vor (so aber *Schwerdtner* FS 25 Jahre BAG, S. 560). Soweit *Schwerdtner* (FS 25 Jahre
BAG, S. 561) das alleinige Abstellen auf den klaren Wortlaut einer Rechtsnorm beim Gesetzgebungsstil der Gegenwart für mehr als fragwürdig hält, ist dieses Argument gleichfalls nicht tragfähig.
Schwerdtners Skepsis an der Arbeit des Gesetzgebers mag nicht unberechtigt sein. Das allein enthindet
aber noch nicht von der Verpflichtung, den – noch dazu klaren – Wortlaut eines Gesetzes zu respektieren als Anknüpfungs- und Ausgangspunkt jeder Auslegung. Im Übrigen stimmen hier Gesetzesmaterialien und Gesetzeswortlaut durchaus überein. Einzuräumen ist zwar, dass die Überlegungsfrist unter Umständen sehr kurz wird. Dies allein führt jedoch nicht zu solchen Unzuträglichkeiten, dass
deshalb eine vom Gesetz abweichende Auslegung zu rechtfertigen wäre. Es ist dem Arbeitnehmer
durchaus zuzumuten, sich innerhalb kurzer Frist darüber klar zu werden, ob er zu den geänderten
Bedingungen weiterarbeiten will, zumal auch der Arbeitgeber wissen muss, ob er mit einer zumindest vorläufigen Weiterbeschäftigung des Arbeitnehmers zu geänderten Arbeitsbedingungen rechnen
kann oder muss (s.a. *Schaub* aaO).

Die generelle Anknüpfung der Vorbehaltsfrist an die Dreiwochenfrist würde im Übrigen unter Um- 69
ständen zu dem unglücklichen Ergebnis führen, dass der Arbeitnehmer zunächst aus dem Arbeitsverhältnis ausscheidet – etwa bei einwöchiger Kündigungsfrist –, kurz vor Ablauf der Dreiwochenfrist
aber die geänderten Arbeitsbedingungen unter Vorbehalt annimmt und nunmehr weiterbeschäftigt
werden muss. Insgesamt gesehen können die Argumente *Wenzels* (MDR 1969, 975 f.) und *Schwerdtners*
(aaO) jedenfalls als nicht so schwerwiegend angesehen werden, dass ein Abweichen von der Regelung
des § 2 KSchG gerechtfertigt wäre. Dabei ist zuzugeben, dass manche Konsequenzen dieser doppelten
Fristbindung nicht glücklich sind (das verkennt auch *v. Hoyningen-Huene/Linck* aaO nicht; auch *Richardi* aaO hält die Regelung für wenig sinnvoll).

2. Zugang der Erklärung

Der Vorbehalt muss innerhalb der maßgebenden Frist dem Arbeitgeber erklärt, dh **zugegangen** sein. 70
Es kommt nicht auf den Zeitpunkt der Abgabe der Erklärung durch den Arbeitnehmer an. Für den Zugang gelten die allgemeinen Regelungen über den Zugang von Willenserklärungen, §§ 130 ff. BGB
(vgl. zum Zugang durch Teletax *LAG BW* 11.3.1998 MDR 1999, 368). Der Lauf der Frist selbst bestimmt
sich nach den §§ 187 ff. BGB. Der Tag des Zugangs der Änderungskündigung zählt nicht, § 187
Abs. 1 BGB. Da die Vorbehaltsfrist entweder der Kündigungsfrist gleicht oder der Dreiwochenfrist des
§ 4 KSchG, kann bezüglich der Einzelheiten auf die jeweiligen Erläuterungen zu diesen Fristen verwiesen werden (s. KR-*Spilger* § 622 BGB Rz 130 ff. u. KR-*Friedrich* § 4 KSchG Rz 98 ff.). **Versäumt der Arbeitnehmer die Frist, erlischt das Recht, den Vorbehalt zu erklären. Eine nachträgliche Zulassung**
des Vorbehalts entsprechend § 5 KSchG oder eine Wiedereinsetzung in den vorigen Stand entspre-

chend den §§ 230 f. ZPO ist nicht vorgesehen. Wegen des Ausnahmecharakters dieser Vorschriften kommt eine entsprechende Anwendung nicht in Frage.

71 Wird der Änderungsvorbehalt mit der Änderungsschutzklage verbunden, ist zu beachten, dass die **Wahrung der Klagefrist** und **die Wahrung der Dreiwochenfrist** zur Erklärung des Vorbehalts unterschiedlich beurteilt werden können. Die Erhebung der Klage am letzten Tag der Dreiwochenfrist kann zur Fristwahrung ausreichend sein. Gem. § 46 Abs. 2 ArbGG iVm §§ 495, 167 ZPO wird die Frist gewahrt, wenn die Klage vor Fristablauf bei dem Gericht eingereicht und die Zustellung an den Prozessgegner demnächst erfolgt. Das gilt jedoch nur für die Frist zur Klageerhebung, nicht aber für die Vorbehaltsfrist des § 2 S. 2 KSchG (zust. *LAG Hamm* 13.10.1988 LAGE § 2 KSchG Nr. 7; *Ascheid* Rz 469; HK-*Weller/Hauck* Rz 103; *v. Hoyningen-Huene/Linck* Rz 9a). § 167 ZPO findet nur dann Anwendung, wenn zur Wahrung der Frist gerade eine Klageerhebung oder eine Prozesshandlung erforderlich ist (vgl. *BAG* 4.11.1969 AP Nr. 3 zu § 496 ZPO zur Wahrung von Ausschlussfristen; *Richardi* ZfA 1971, 99). Das ist hier nicht der Fall. Es kann also bei Ausnutzung der Frist der Fall eintreten, dass zwar die Änderungsschutzklage noch als rechtzeitig erhoben angesehen wird, nicht aber der Vorbehalt. Der Arbeitnehmer kann das Kündigungsschutzverfahren dann – mit entsprechend geändertem Auftrag – durchführen, riskiert aber den Verlust des Arbeitsplatzes, es sei denn, der Arbeitgeber lässt sich auf den verspäteten Vorbehalt ein (s. dazu Rz 63).

72 *Richardi* (aaO) schlägt für den Fall eine **Ausnahme** vor, dass **die Kündigungsfrist länger** ist als die Dreiwochenfrist des § 4 KSchG. Dem ist zuzustimmen (so auch *LAG Hamm* 13.10.1988 aaO; **aA aber jetzt** *BAG* 17.6.1998 EzA § 2 KSchG Nr. 30, s. dazu Rz 73). Die Begrenzung auf die Dreiwochenfrist soll bewirken, dass spätestens bei Klageerhebung Klarheit darüber besteht, ob der Arbeitnehmer die geänderten Arbeitsbedingungen unter Vorbehalt annimmt. Läuft die Kündigungsfrist ohnehin länger als die Dreiwochenfrist, muss es für den Arbeitgeber ausreichen, wenn er mit der zunächst zugestellten Klage – aber noch vor Ablauf der Kündigungsfrist – zugleich den Vorbehalt mitgeteilt erhält.

73 Das BAG hat sich allerdings in seiner Entscheidung vom 17.6.1998 (EzA KSchG § 2 Nr. 30) **gegen eine solche Angleichung** der Annahmefrist an die Klagefrist ausgesprochen (wie das BAG: APS-*Künzl* Rz 216; *v. Hoyningen-Huene/Linck* Rz 9a; SPV-*Preis* Rz 1264; jetzt auch HK-*Weller/Hauck* Rz 103). Die dafür gegebene **Begründung überzeugt nicht**. Der vom BAG in Anspruch genommene »klare Gesetzeswortlaut« und der Sinn und Zweck der Regelung stehen einer erweiternden Auslegung nicht zwingend entgegen. Mit der Anknüpfung an die (prozessuale) Drei-Wochen-Frist des § 4 KSchG hat der Gesetzgeber hinreichend zu erkennen gegeben, dass er die Erhebung der Klage als zeitlich letzte Grenze für den rechtzeitigen Vorbehalt ansieht. Dies **lässt die Übertragung der für die prozessuale Frist geltenden Grundsätze auf die materielle Frist zu**. Das Gebot der Rechtssicherheit, auf die das BAG unter Berufung auf die Gesetzesmaterialien verweist, wird dadurch nicht entscheidend tangiert; es bleibt insoweit gewahrt, als der Vorbehalt in der rechtzeitig bei Gericht eingegangenen Klageschrift enthalten sein muss und dem Arbeitgeber mit Zustellung eben dieser Klageschrift bekannt wird. Die auch vom BAG (EzA KSchG § 2 Nr. 30) ausdrücklich als **wünschenswert angesehene Gleichstellung** der Fristen kann danach bereits auf Grund der bestehenden Gesetzeslage durch eine Sinn und Zweck der Vorschrift entsprechende Auslegung gewonnen werden, einer erst noch zu schaffenden gesetzlichen Neuregelung, die allerdings zur Klarstellung wünschenswert wäre, bedarf es nicht unbedingt. Die **Praxis** sollte sich aber auf die **Rspr. des BAG** einstellen.

3. Vorbehalt nach Klageerhebung

74 Der Vorbehalt kann **nicht mehr nach Erhebung der Kündigungsschutzklage** erklärt werden, wenn er
–75 nicht spätestens zusammen mit der Klage – sei es ausdrücklich, sei es schlüssig – erhoben wird (so auch HK-*Weller/Hauck* Rz 106 u. Rz 108). Das ist selbstverständlich, wenn die Kündigungsfrist bei Klageerhebung bereits abgelaufen ist oder zum selben Zeitpunkt abläuft. Ist die Kündigungsfrist jedoch länger als drei Wochen oder schöpft der Arbeitnehmer die Dreiwochenfrist nicht aus, kann die Kündigungsfrist noch laufen. Nach dem Wortlaut des Gesetzes wäre daran zu denken, in diesem Fall dem Arbeitnehmer trotz bereits erhobener Kündigungsschutzklage – gemeint ist hier allein die Klage mit dem Antrag gem. § 4 S. 1 KSchG, da die sog. Änderungsschutzklage gem. § 4 S. 2 KSchG regelmäßig schlüssig den Vorbehalt beinhaltet (s. Rz 66) – bis zum Ablauf von insgesamt drei Wochen nach Ausspruch der Kündigung das Recht einräumen, den Vorbehalt nachzuschieben. Das kann jedoch nicht richtig sein (so auch HK-*Weller/Hauck* Rz 108; KPK-*Bengelsdorf* Teil H § 2 Rz 74). Zum einen zeigt die Beschränkung der Erklärungsfrist auf den zur Erhebung der Kündigungsschutzklage zur Verfügung stehenden Zeitraum, dass spätestens mit der Erhebung der fristgerechten Kündigungsschutzklage

Klarheit bestehen soll, ob der Arbeitnehmer die geänderten Arbeitsbedingungen unter Vorbehalt annimmt oder nicht. Zum anderen kann der Arbeitnehmer jederzeit das Angebot des Arbeitgebers ausdrücklich ablehnen mit der Folge, dass dieser nicht mehr gebunden ist. Erhebt der Arbeitnehmer Kündigungsschutzklage mit dem allgemeinen Antrag, die Unwirksamkeit der Kündigung festzustellen, kann dies regelmäßig nur so verstanden werden, dass er sich generell gegen die Wirksamkeit der Kündigung als Beendigungskündigung wenden will. In der Erhebung dieser Kündigungsschutzklage muss daher eine schlüssige Ablehnung des Änderungsangebots gesehen werden. Dabei ist selbstverständlich, dass nicht nur der Antrag der Klage des Arbeitnehmers zu würdigen ist, sondern der gesamte Inhalt der Klageschrift. Lässt die so verstandene Klage also weder aus dem Antrag noch aus der Begründung den Willen des Arbeitnehmers erkennen, bei einem Unterliegen im Rechtsstreit zu den geänderten Bedingungen weiterzuarbeiten, erlischt damit das Recht zur Erklärung des Vorbehalts. Es ist dem Arbeitnehmer durchaus zuzumuten, sich spätestens bei Erhebung der Kündigungsschutzklage darüber im klaren zu sein, was er will.

Auch hier gilt, dass zwar die **Bindung** des Arbeitgebers an das Vertragsangebot **entfällt,** er sich aber **76** mit einer nach Erhebung der Kündigungsschutzklage und damit an sich verspäteten Annahme des Angebots unter Vorbehalt einverstanden erklären kann mit der Folge, dass dann das Verfahren als Änderungsschutzverfahren durchgeführt werden kann bei entsprechender Umstellung des Klageantrags (s.a. Rz 24 u. 26). Hat der Arbeitnehmer die Annahme unter Vorbehalt erklärt, ist er hieran für die **Dauer des Kündigungsschutzverfahrens gebunden** (vgl. auch *ArbG Mönchengladbach* 10.6.1986 DB 1986, 2089). Es kommt durch die Annahme zu einer materiell-rechtlich wirksamen Abänderung des Arbeitsvertrages, welcher allerdings unter der auflösenden Bedingung eines Obsiegens des Arbeitnehmers im Kündigungsschutzverfahren steht (vgl. Rz 58; KR-*Rost* § 8 KSchG Rz 3). Der Arbeitnehmer kann also nicht mehr einseitig seinen Vorbehalt zurücknehmen und statt der Änderungsschutzklage nunmehr eine Kündigungsschutzklage nach § 4 S. 1 KSchG führen (so jetzt auch *Becker-Schaffner* BB 1991, 133, 134; *ArbG Elmshorn* 20.8.1986, NZA 1987, 130). Erklärt sich der Arbeitgeber allerdings hiermit einverstanden, bestehen gegen eine Umstellung des Verfahrens keine Bedenken (**aA** *Kiel/Koch* Rz 424).

Im Übrigen ist der Arbeitnehmer nach Annahme des Änderungsangebotes unter Vorbehalt verpflichtet, bis zur **rechtskräftigen Entscheidung zu den geänderten Bedingungen** zu arbeiten (s. dazu auch **76a** Rz 158a). Will er dies nicht mehr, muss er seinerseits – unter Einhaltung der Kündigungsfrist – das Arbeitsverhältnis kündigen. Der Rechtsstreit erledigt sich dadurch nicht, wenn diese Kündigung – wie regelmäßig – zur Auflösung des Arbeitsverhältnisses nach dem Zeitpunkt führt, zu dem die Änderungskündigung ausgesprochen wurde. Kündigt der Arbeitnehmer – bei längerer Kündigungsfrist für den Arbeitgeber (denkbar nach zunächst erfolgter Annahme des Änderungsangebotes unter Vorbehalt) – zu einem vor Eintritt der Änderung liegenden Zeitpunkt, wird die erhobene Änderungsschutzklage unbegründet, da Voraussetzung für die Begründetheit ein im Zeitpunkt des Ablaufes der (Änderungs-)Kündigungsfrist bestehendes Arbeitsverhältnis ist.

V. Ablehnung des Angebotes

§ 2 KSchG regelt nur den Fall der **Annahme** der geänderten Vertragsbedingungen **unter Vorbehalt.** **77** Das bedeutet **nicht,** dass der Arbeitnehmer lediglich die Wahl zwischen der Annahme unter Vorbehalt und einer vorbehaltlosen Annahme hätte. Er kann nach wie vor das **Angebot** des Arbeitgebers überhaupt **ablehnen** und trotzdem die **Unwirksamkeit der Kündigung** geltend machen. Insoweit hat sich an dem Rechtszustand vor Einführung der gesetzlichen Regelung nichts geändert (allg. Ansicht vgl. *v. Hoyningen-Huene/Linck* Rz 82; als selbstverständlich voraussetzend *BAG* 7.6.1973 EzA § 626 BGB nF Nr. 29). Der Arbeitnehmer riskiert in diesem Fall allerdings den endgültigen Verlust des Arbeitsplatzes. Dieses Risiko wird er dann auf sich nehmen, wenn er zu den geänderten Bedingungen unter keinen Umständen weiterarbeiten will. Streitig ist vor allem, ob der Maßstab der Sozialwidrigkeit bei Ablehnung des Vorbehalts und anschließender Kündigungsschutzklage dem bei Annahme des Vorbehalts anzulegenden Maßstab entspricht (s. dazu Rz 89 ff.).

Gibt der Arbeitnehmer innerhalb der Frist des § 2 S. 2 KSchG **überhaupt keine Erklärung** ab – und **77a** zwar auch keine konkludente Annahmeerklärung –, stellt sich die Frage, **wie lange der Arbeitgeber an das Angebot gebunden ist**. Bisher wurde wohl überwiegend die Auffassung vertreten, § 2 S. 2 KSchG komme die Bedeutung einer Änderung bzw. gesetzlichen Konkretisierung der Fristen des § 147 BGB zu, wonach Vertragsangebote von einem Anwesenden an sich nur sofort angenommen werden können, das gegenüber einem Abwesenden abgegebene Angebot nur bis zu dem Zeitpunkt, bis zu dem der Antragende den Eingang der Antwort unter regelmäßigen Umständen erwarten darf. Damit wäre im Regelfall nach Ablauf der Frist des § 2 S. 2 KSchG der Arbeitgeber an sein Änderungsangebot nicht mehr gebunden und auch eine vorbehaltlose Annahme des Angebots nicht mehr möglich (so auch noch die 6. Aufl. Rz 77a; *Linck* AR-Blattei SD 1020.1.1 Rz 88; *Hromadka* DB 2002, 1324; *Wallner* S. 50; s.a. *LAG Hamm* 30.1.1997 LAGE § 2 KSchG Nr. 26). Demgegenüber vertritt das BAG nunmehr die Auffassung, **die vorbehaltlose Annahme des in einer Änderungskündigung enthaltenen Angebotes sei nicht an die Höchstfrist von drei Wochen gebunden** (*BAG* 6.2.2003 EzA § 2 KSchG Nr. 47 = AP Nr. 71 zu § 2 KSchG 1969 mit krit. Anm. *Raab*; dem BAG zust. Ha*Ko-Pfeiffer* § 2 KSchG Rz 27). Dies begründet das BAG vor allem mit der ganz anderen Interessenlage, wenn der Arbeitnehmer die Beendigung des Arbeitsverhältnisses als solche gar nicht angreifen will. Dem BAG ist **zuzustimmen**. Wie lange der Arbeitgeber gem. § 147 BGB noch mit einer Annahme des Änderungsangebotes rechnen muss, hängt von den Umständen des Einzelfalles ab. Das BAG (EzA § 2 KSchG Nr. 47) hat offen gelassen, ob dem Arbeitnehmer etwa die volle Kündigungsfrist (bejahend *Berkowsky* NZA-RR 2003, 458) oder eine kürzere Regelfrist zur Verfügung steht oder ob dem Planungsinteresse des Arbeitgebers stets dadurch Rechnung getragen werden muss, dass der Arbeitnehmer seine Entscheidung, ob er zu den neuen Arbeitsbedingungen weiter arbeiten will, eine angemessene Zeit vor Ablauf der Kündigungsfrist mitzuteilen hat. Will der Arbeitgeber insoweit Planungssicherheit haben, bleibt es ihm unbenommen, gem. § 148 BGB eine Frist zur (vorbehaltlosen) Annahme des Angebots zu setzen, die allerdings in keinem Fall kürzer sein darf als die Frist zur Annahme unter Vorbehalt gem. § 2 S. 2 KSchG (s. *BAG* 18.5.2006 NZA 2006, 1002; s.o. Rz 63).

E. Die Sozialwidrigkeit der Änderungskündigung

I. Ältere Lehre und Rechtsprechung

78 Einer der meist umstrittenen Punkte in der Diskussion um die Änderungskündigung war vor der 1969 erfolgten gesetzlichen Regelung die Frage, welcher **Maßstab** bei Beurteilung ihrer **Sozialwidrigkeit** anzulegen sei. Zu Recht weist das BAG darauf hin, dass im Schrifttum »so ziemlich alle Lösungsvorschläge« gemacht worden seien (*BAG* 7.6.1973 EzA § 626 BGB nF Nr. 29 m. ausführlichem Literaturnachw.).

79 Wegen der iE vertretenen Auffassungen in Literatur und Rspr. wird auf die Darstellung in der 5. Aufl.
–83 verwiesen, s. dort Rz 79–83; vgl. auch *Hromadka* NZA 1996, 1 ff.

II. Wortlaut des Gesetzes

84 § 2 S. 1 KSchG bestimmt nunmehr, der Arbeitnehmer könne das Vertragsangebot unter dem Vorbehalt annehmen, dass die **Änderung der Arbeitsbedingungen nicht sozial ungerechtfertigt sei.** Entsprechend verlangt § 4 S. 2 KSchG Erhebung der Klage dahin, dass die Änderung der Arbeitsbedingungen sozial ungerechtfertigt oder aus anderen Gründen rechtsunwirksam ist (s. dazu aber auch Rz 147 ff.). Angesichts dieser eindeutigen Formulierung kann kaum gesagt werden, der Gesetzgeber habe nicht oder nicht ausdrücklich Stellung genommen zu der Frage, inwieweit das Angebot zu berücksichtigen sei bei Prüfung der Sozialwidrigkeit. Indem der Gesetzgeber auf die soziale Rechtfertigung des Änderungsvorschlages abstellt, kommt eindeutig zum Ausdruck, dass hier der Schwerpunkt der dem Gericht obliegenden Prüfung liegt. Insoweit hat die gesetzliche Regelung eine Klarstellung gebracht (so schon *BAG* 7.6.1973 EzA § 626 BGB nF Nr. 29). Streit kann eigentlich angesichts dieser Sachlage nur noch entstehen darüber, ob eine andere Würdigung dann einsetzt, wenn der Arbeitnehmer die Änderung der Arbeitsbedingungen abgelehnt hat, also kein Verfahren gem. § 4 S. 2 KSchG anliegt, sondern ein normales Kündigungsschutzverfahren nach § 4 S. 1 KSchG (s. dazu etwa *Löwisch/Knigge* und *Lieb* Anm. zu *BAG*, AP Nr. 1 zu § 626 BGB Änderungskündigung; s. iE Rz 89 ff.).

III. Annahme des Angebots unter Vorbehalt

85 Nimmt der Arbeitnehmer die **Änderung unter Vorbehalt an,** indiziert schon der Gesetzestext die Ausrichtung der Prüfung auf die Berechtigung der Änderung, nicht der Beendigung des Arbeitsverhältnisses. Dies ist auch sachgerecht. Von einer endgültigen Beendigung des Arbeitsverhältnisses ist nach Annahme des Angebotes nicht mehr die Rede. Es steht fest, dass das Arbeitsverhältnis fortgesetzt wird. Gestritten wird nur noch über die Art der Fortsetzung. Wollte man immer noch prüfen, ob die Beendigung des Arbeitsverhältnisses – und zwar die endgültige Beendigung – sozial gerechtfertigt ist, müsste man einen hypothetischen Sachverhalt unterstellen (die »hypothetisch reine« Beendigungskündigung prüft denn auch *Schwerdtner* FS 25 Jahre BAG, S. 566).

Änderungskündigung § 2 KSchG

Die Prüfung auch des Änderungsangebots trägt allein dem Umstand Rechnung, dass Kündigung 86
und Änderungsangebot nicht beziehungslos nebeneinander stehen, sondern als **Einheit** zu sehen
sind, unabhängig von der jeweils gewählten Konstruktion (vgl. *v. Hoyningen-Huene/Linck* Rz 60; *BAG*
7.6.1973 EzA § 626 BGB nF Nr. 29; 16.9.2004 EzA § 623 BGB 2002 Nr. 2). Die Richtung der Änderungskündigung zielt eben nicht auf die Beendigung des Arbeitsverhältnisses ab. Angestrebt ist vielmehr
die Fortsetzung des Arbeitsverhältnisses, die Kündigung ist dabei nur »notwendiges Übel«, da die
Fortsetzung zu geänderten Bedingungen nur über sie zu erreichen ist. Der Gesetzgeber hat dieser
Tendenz Rechnung getragen, indem er die Möglichkeit eröffnete, den Streit über die Änderung austragen zu können, ohne das von keinem der Beteiligten letztlich gewollte Ausscheiden aus dem Arbeitsverhältnis eintreten zu lassen. Diesem von der normalen Kündigung unterschiedlichen Charakter der Änderungskündigung würde nicht Rechnung getragen, wollte man sie unterschiedslos wie
die auf Auflösung des Arbeitsverhältnisses zielende Kündigung behandeln. Gibt das KSchG sowohl
Bestandsschutz als auch Inhaltsschutz (vgl. *BAG* 19.5.1993 EzA § 1 KSchG Betriebsbedingte Kündigung Nr. 73; 7.6.1973 EzA § 626 BGB nF Nr. 29), ist es bei der Änderungskündigung eben gerade der
Inhaltsschutz, der tangiert wird. Das erfordert notwendigerweise ein Eingehen auf das Änderungsangebot.

Es ist daher inzwischen **überwiegend anerkannt**, dass jedenfalls dann, wenn der Arbeitnehmer das 87–88
Änderungsangebot unter Vorbehalt angenommen hat, bei Prüfung der Sozialwidrigkeit dieses Angebot nicht nur einzubeziehen ist, sondern im Mittelpunkt dieser Prüfung steht (vgl. insbes. *BAG*
7.6.1973 EzA § 626 BGB nF Nr. 29; 3.11.1977 AP Nr. 1 zu § 75 BPersVG; 28.4.1982 EzA § 2 KSchG Nr. 4;
13.10.1982 AP Nr. 1 zu § 60 MTB II; 19.5.1993 EzA § 1 KSchG Betriebsbedingte Kündigung Nr. 73; *Hromadka* NZA 1996, 1, 7; *v. Hoyningen-Huene/Linck* aaO; *Jobs* DB 1986, 1125; *Kittner* NZA 1997, 969; *Löwisch/Knigge* und *Lieb* jeweils Anm. zu *BAG*, AP Nr. 1 zu § 626 BGB Änderungskündigung; *Pauly* DB
1997, 2380; **aA** *Schwerdtner* FS 25 Jahre BAG, S. 562 ff.; *ders.* MünchKomm Anh. § 622 BGB Rz 553 ff.; ihm
folgend *Herschel* FS Gerhard Müller, S. 191, 207).

IV. Ablehnung des Angebots

Lehnt der Arbeitnehmer das Angebot **ab**, geht es mit der dann folgenden Kündigungsschutzklage al- 89
lerdings nur noch um die Beendigung des Arbeitsverhältnisses, eine Fortsetzung zu geänderten Bedingungen entfällt. Die Klage ist daher gem. § 4 S. 1 KSchG auf Feststellung zu richten, dass das Arbeitsverhältnis nicht aufgelöst worden ist. Das Gericht kann nun bei Überprüfung der Rechtfertigung
der Kündigung das – hinfällige, weil abgelehnte – Vertragsangebot nicht ignorieren und nur fragen,
ob sozial gerechtfertigte Gründe iSd § 1 KSchG für die **Beendigung** des Arbeitsverhältnisses vorlagen.

Richtig ist zwar, dass § 2 KSchG und § 4 S. 2 KSchG diesen Sachverhalt nicht ausdrücklich erfassen. Das 90
BAG spricht denn auch von dem über die »Fälle des § 2 KSchG« hinausgehenden Sachverhalt (*BAG*
7.6.1973 EzA § 626 BGB nF Nr. 29). Dies kann jedoch kein ausschlaggebendes Kriterium sein. Die **Einheit** zwischen Kündigung und Änderungsangebot bleibt von der Ablehnung des Angebots unberührt.
§ 2 KSchG räumt dem Arbeitnehmer ein Wahlrecht ein. Er kann – was er schon immer konnte – das
Angebot von vornherein ablehnen. Er kann es aber auch unter Vorbehalt annehmen, um sich auf jeden
Fall den Arbeitsplatz zu erhalten. Darin erschöpft sich die Bedeutung der Vorschrift. Wie auch der Arbeitnehmer sich entscheidet, steht fest, dass der Arbeitgeber nicht lediglich die Beendigung des Arbeitsverhältnisses erklärt hat, sondern zugleich eine Möglichkeit seiner Fortsetzung eröffnet hat.

Dass das Änderungsangebot auch bei Ablehnung des Arbeitnehmers nicht außer Betracht gelassen 91
werden darf, ergibt sich auch aus einem Vergleich mit § 1 KSchG. Gerade bei betriebsbedingter, aber
auch bei verhaltens- oder personenbedingter Kündigung ist zu fragen, ob eine Weiterbeschäftigung
des Arbeitnehmers an einem anderen Arbeitsplatz als mildere Maßnahme in Frage kommt. Das folgt
schon aus dem das gesamte Kündigungsschutzrecht beherrschenden Verhältnismäßigkeitsgrundsatz
(s.u. Rz 106a). Schöpft der Arbeitgeber diese Möglichkeit nicht aus, führt dies evtl. zur Sozialwidrigkeit
der von ihm ausgesprochenen Kündigung. Seinen konkreten Niederschlag hat dieser Grundsatz in § 1
Abs. 2 S. 2 KSchG gefunden (vgl. dazu und zur Frage, inwieweit auch ohne Widerspruch des Betriebsrats die Möglichkeit anderweitiger Beschäftigung zu überprüfen ist, KR-*Griebeling* § 1 KSchG Rz 545).
Es wäre wenig einleuchtend, einerseits das Änderungsangebot im Rahmen der Überprüfung einer Änderungskündigung deshalb unberücksichtigt zu lassen, weil es der Arbeitnehmer abgelehnt hat, andererseits im Rahmen eines normalen Kündigungsschutzverfahrens dem Arbeitgeber vorzuhalten,
dass er ein Änderungsangebot nicht abgegeben hat (darauf weist zu Recht hin *v. Hoyningen-Huene/
Linck* Rz 20; einschränkend insoweit auch *Schwerdtner* FS 25 Jahre BAG, S. 570; s.a. Rz 96).

92 Auch bei **Ablehnung des Änderungsangebotes** durch den Arbeitnehmer ist daher nicht auf die Beendigung des Arbeitsverhältnisses, sondern auf das **Änderungsangebot und seine soziale Rechtfertigung** abzustellen. Der Prüfungsmaßstab bleibt unverändert (nunmehr st.Rspr., zuletzt etwa BAG 22.4.2004 EzA § 2 KSchG Nr. 50; 23.6.2005 EzA § 2 KSchG Nr. 54; 12.1.2006 EzA § 2 KSchG Nr. 56; 18.5.2006 NZA 2006, 1092; HK-*Weller/Hauck* Rz 140; *Hromadka* NZA 1996, 3, 14; *v. Hoyningen-Huene/Linck* Rz 54; KassArbR-*Isenhardt* 1.3 Rz 429; *Becker-Schaffner* ZTR 1998, 196; *Kempff* DB 1979, 1400; *Pauly* DB 1997, 2380; *Precklein* S. 42 ff.; *Zirnbauer* NZA 1995, 1076; **aA** *Schwerdtner* FS 25 Jahre BAG, S. 567 ff.; *Herschel* FS Gerhard Müller, S. 191, 207: zweifelnd *Lieb* Anm. zu BAG AP Nr. 1 zu § 626 BGB Änderungskündigung; abl. *Löwisch/Knigge* Anm. zu BAG AP Nr. 1 zu § 626 BGB Änderungskündigung, die keine geringeren Anforderungen verlangen, als sie dem normalen Bestandskündigungsschutz entsprechen, ohne jedoch das Änderungsangebot ausdrücklich aus der Betrachtung auszuschließen; krit. auch *Berkowsky* § 20 Rz 17 ff.; *ders.* NZA 2000, 1129 ff.; *Boewer* BB 1996, 2618; vgl. zum Ganzen auch *Brenneis* aaO, S. 173 ff.). Deshalb von einem »milderen« Maßstab oder von einer Lockerung der Anforderungen an die soziale Rechtfertigung zu sprechen, ist unzutreffend (vgl. etwa *Löwisch/Knigge* aaO; bedenklich daher auch *LAG Bln.* 3.1.1978 AuR 1978, 279, wonach sich die Sozialwidrigkeit nach weniger strengen Maßstäben beurteile; *Moll* DB 1984, 1346 – die Rechtsprechung wende einen Prüfungsmaßstab an, der weniger streng sei als bei der Beendigungskündigung; vgl. jetzt auch *Heinze* FS von Maydell, S. 273, 274, der stärker auf die »Zweck-Mittel-Relation« abstellen möchte, was an die von *Wiedemann* RdA 1961, 5, vertretene Auffassung erinnert, je geringfügiger die Änderung, desto großzügiger seien die Anforderungen an den sachlichen Grund – dagegen ausdrücklich BAG 6.3.1986 EzA § 15 KSchG nF Nr. 34; s. dazu auch *Hromadka* DB 2002, 1322). **Der Maßstab als solcher ist nicht milder,** denn er setzt nach wie vor eine soziale Rechtfertigung voraus iSd § 1 KSchG. Milder ist die Maßnahme, die im Streit steht, denn im Unterschied zur bedingungslosen Beendigungskündigung eröffnet der Arbeitgeber eine Möglichkeit der Fortsetzung des Arbeitsverhältnisses.

92a Tatsächlich ist die Differenz zwischen den beiden Auffassungen wohl auch gar nicht so groß, wie sie auf den ersten Blick erscheinen mag (zust. *Isenhardt* FS Hanau, S. 233). *Schwerdtner* (FS 25 Jahre BAG, S. 574) ist durchaus einzuräumen, dass das »**Ob**« und das »**Wie**« der Änderung gerechtfertigt sein müssen. Insofern kann von **zwei Stufen** der Prüfung gesprochen werden. Wenn *Schwerdtner* aber allein auf die hypothetisch reine Beendigungskündigung abstellt, prüft er im Grunde nur das »Ob«. Das führt in all den Fällen zu nicht haltbaren Ergebnissen, in denen die hypothetisch reine Beendigungskündigung gerade deshalb unwirksam ist, weil die Möglichkeit der Fortbeschäftigung zu geänderten Bedingungen gegeben ist (*v. Hoyningen-Huene/Linck* Rz 57; das sieht wohl auch *Schwerdtner* FS 25 Jahre BAG, S. 570). Es kann also nicht gesagt werden, dass immer dann, wenn die reine **Beendigungskündigung** nicht gerechtfertigt ist, auch die **Änderungskündigung** – unabhängig vom Änderungsangebot – nicht wirksam sein kann. Nicht überzeugend ist auch die von *Schwerdtner* (FS 25 Jahre BAG, S. 574) weiter gezogene Konsequenz, für den Fall der Wirksamkeit einer reinen Beendigungskündigung sei zu prüfen, ob die Änderung sachlich angemessen und zumutbar sei. Wenn schon die Beendigungskündigung sozial gerechtfertigt wäre – also eine nach dem Grundsatz der Verhältnismäßigkeit strengere Maßnahme (s. Rz 106a) –, kann ein Änderungsangebot in keinem Fall unangemessen sein. Tatsächlich kann dieser Fall so auch nicht auftreten: Solange eine Weiterbeschäftigung zu geänderten Bedingungen noch möglich ist, ist eine reine Beendigungskündigung nicht gerechtfertigt. Dies zeigt deutlich, dass **Kündigung und Änderungsangebot zusammen** betrachtet werden müssen. *Schwerdtner* ist allerdings zuzustimmen, dass der Maßstab der Sozialwidrigkeit sich nicht im Vagen verlieren darf (FS 25 Jahre BAG, S. 575). Insbesondere muss sorgfältig geprüft werden, ob überhaupt eine Änderung dringend erforderlich ist (s. dazu Rz 97 ff.).

93 Die **Differenz** zwischen beiden Auffassungen **verliert** noch mehr an Bedeutung, wenn man mit dem BAG (s. dazu Rz 18 ff.) davon ausgeht, dass der Arbeitgeber dem Arbeitnehmer **unaufgefordert** vor Ausspruch einer Beendigungskündigung ein mögliches **Änderungsangebot** machen muss. Unterbreitet der Arbeitgeber dem Arbeitnehmer das Änderungsangebot vor der Kündigung und lehnt der Arbeitnehmer dieses Änderungsangebot endgültig ab, kann der Arbeitgeber eine reine Beendigungskündigung aussprechen (s.o. Rz 18). Rügt der Arbeitnehmer im Kündigungsschutzverfahren nach § 4 S. 1 KSchG die soziale Rechtfertigung dieser Kündigung, kann er dies jedenfalls nicht mit dem Argument tun, der Arbeitgeber hätte die Beendigungskündigung durch ein Änderungsangebot des zuvor gerade abgelehnten Inhaltes vermeiden können. Insofern spielt das Änderungsangebot in der Tat keine Rolle. Er kann aber **einwenden**, dass der Arbeitgeber ihm hätte einen freien Arbeitsplatz anbieten können zu Bedingungen, die zu einer **weniger einschneidenden Änderung** geführt hätten (s.a. Rz 96). Hierin läge eine Verletzung des Verhältnismäßigkeitsgrundsatzes. Die Frage, ob die Beschäftigung auf dem

vom Arbeitnehmer benannten freien Arbeitsplatz im Verhältnis zu dem angebotenen und abgelehnten Arbeitsplatz eine weniger einschneidende Änderung dargestellt hätte, lässt sich aber nur beantworten durch einen Vergleich mit der schon im Vorfeld angebotenen und definitiv abgelehnten Änderung. Dies wird wohl auch von den Vertretern der in Rz 88 wiedergegebenen abweichenden Auffassung nicht bestritten werden können. Obwohl also eine reine Beendigungskündigung vorliegt, kann das Änderungsangebot doch in die Prüfung einbezogen sein.

Nicht anders ist die Sachlage, wenn der Arbeitgeber zulässigerweise (s. dazu iE Rz 18a ff.) von der Durchführung des »**Vorverfahrens**« absieht, direkt eine Änderungskündigung ausspricht und der Arbeitnehmer die Annahme des Änderungsangebotes auch unter Vorbehalt ablehnt und jetzt Kündigungsschutzklage gem. § 4 S. 1 KSchG erhebt. Auch hier kann er die Unwirksamkeit der Änderungskündigung nicht damit begründen, der Arbeitgeber hätte die Kündigung durch eben das Änderungsangebot abwenden können, welches er selbst abgelehnt hat. Insoweit spielt dieses **Änderungsangebot** in der Tat **keine Rolle** bei der Prüfung der Sozialwidrigkeit. Keine Rolle spielt das Angebot auch dann, wenn es bereits an der Rechtfertigung fehlt, überhaupt eine Änderung – einerlei welche – vorzunehmen. Der Arbeitnehmer kann aber auch rügen, dass das Änderungsangebot sich weiter von den bisherigen Arbeitsbedingungen entfernt als erforderlich. Dann gilt wiederum, dass diese Prüfung notwendigerweise das **abgelehnte Änderungsangebot einbeziehen** muss, da nur so festgestellt werden kann, ob die vom Arbeitnehmer eingewandte anderweitige Weiterbeschäftigungsmöglichkeit das bisherige Arbeitsverhältnis weniger weit abändert. 94

Um es noch einmal zu verdeutlichen: Lehnt der Arbeitnehmer die Annahme des Änderungsangebotes unter Vorbehalt ab, sind **drei Fallgestaltungen** denkbar: 95

1. Die Prüfung ergibt, dass es schon an dringenden betrieblichen, persönlichen oder verhaltensbedingten Gründen für die Änderung **überhaupt fehlt**. Damit ist die Änderungskündigung schon deshalb unwirksam. Einer Prüfung des Änderungsangebotes bedarf es nicht mehr.

2. Die Prüfung ergibt, dass die **Fortsetzung** des Arbeitsverhältnisses zu den bisherigen Bedingungen – gemessen an den Kriterien des § 1 Abs. 2 KSchG – **nicht mehr möglich** ist. Unstreitig oder nachgewiesen **einzige** Möglichkeit der **Weiterbeschäftigung** zu geänderten Bedingungen ist diejenige, die der Arbeitgeber angeboten und der Arbeitnehmer **abgelehnt** hat. Eine Prüfung des Angebotes erfolgt wiederum nicht, die Änderungskündigung ist vielmehr als sozial gerechtfertigt anzusehen. Mangels Erklärung eines Vorbehaltes bedeutet dies, dass die vom Arbeitnehmer erhobene Klage nach § 4 S. 1 KSchG abgewiesen wird.

3. Die Fortsetzung des Arbeitsverhältnisses zu den bisherigen Bedingungen ist nicht **möglich,** der Arbeitnehmer wendet **aber Unverhältnismäßigkeit** des Änderungsangebotes ein. Hier **muss das Änderungsangebot** in die Prüfung **einbezogen** werden unabhängig von Ablehnung oder Annahme unter Vorbehalt, da nur so geklärt werden kann, ob eine Weiterbeschäftigung zu weniger einschneidend geänderten Bedingungen möglich war. Regelmäßig ein Fall der Variante 3 wird vorliegen, wenn es nicht um die Änderung durch Umsetzung auf einen anderen freien Arbeitsplatz geht, sondern um eine Verschlechterung der Arbeitsbedingungen bei an sich unverändertem Arbeitsplatz – insbes. also bei Lohnsenkungen (s. Rz 107a).

Diese Prüfung der **sozialen Rechtfertigung in zwei Stufen** stellt das *BAG* seit seiner Entscheidung vom 6.3.1986 (EzA § 15 KSchG nF Nr. 34 = AP Nr. 19 zu § 15 KSchG 1969 m. Anm. *Schlaeper*; *BAG* 21.6.1995 EzA § 2 KSchG Nr. 23; 24.4.1997 EzA § 2 KSchG Nr. 26; zuletzt etwa 23.6.2005 EzA § 2 KSchG Nr. 54; 12.1.2006 EzA § 2 KSchG Nr. 56; s.a. HK-*Weller/Hauck* Rz 144; *Zirnbauer* NZA 1995, 1076) deutlich heraus. Danach ist zu prüfen, ob die Änderung des Arbeitsverhältnisses unabweisbar geworden ist und ob die vorgesehenen Änderungen dem Gekündigten zumutbar sind. Hier kehren das **Ob und das Wie der Änderung** wieder. Beide Voraussetzungen müssen kumulativ vorliegen und sind jeweils gesondert zu prüfen. Im ersten Abschnitt ist zunächst nur zu fragen, ob überhaupt eine Änderung erforderlich ist. Wird dies verneint, ist die Kündigung schon deshalb unwirksam. Wird die Frage bejaht, ist im zweiten Abschnitt die angebotene Änderung zu untersuchen. Erst wenn diese Prüfung gleichfalls zugunsten des Kündigenden ausgeht (zum Prüfungsmaßstab s. Rz 97 ff.) kann die soziale Rechtfertigung bejaht werden. Bei Einhaltung dieser Prüfungsfolge ist sichergestellt, dass der Maßstab nicht »milder« ist oder gar in eine mehr oder weniger diffuse reine Billigkeitskontrolle abgleitet. Zu Recht distanziert sich das *BAG* (6.3.1986 EzA § 15 KSchG nF Nr. 34) von einer früheren missverständlichen Bezugnahme (*BAG* 7.6.1973 aaO) auf *Wiedemann* (RdA 1961, 5). Es ist eben nicht richtig, dass die Anforderungen an den »sachlichen« Grund je geringfügiger sein müssen, desto geringfügiger die Ände- 96 rung ist (*Wiedemann* aaO; ähnlich *Müller* NZA 1985, 310; *Rosendahl* BetrR 1990, 78; *LAG Hamm* 25.7.1986 LAGE § 2 KSchG Nr. 4; 5.9.1986 LAGE § 2 KSchG Nr. 5; krit. dazu auch *Schlaeper* Anm. zu *BAG* EzA § 15 KSchG nF Nr. 34). Diese Lösung vermischt unzulässig die beiden Prüfungsstufen, indem sie schon die Beantwortung des Ob der Änderung vom Wie der Änderung beeinflusst sein lässt. Man kann allenfalls sagen, dass die Voraussetzungen für eine Beendigungskündigung nicht vorzuliegen brauchen, aber nur deshalb nicht, weil eben eine Weiterbeschäftigung zu geänderten Bedingungen möglich ist (so *Hromadka* RdA 1992, 252; vgl. auch *Krause* DB 1995, 576). Am Problem vorbei geht auch die Auffassung, dass immer dann, wenn der Arbeitgeber habe eine Beendigungskündigung aussprechen können, er erst recht auf eine Änderungskündigung zurückgreifen könne (*Berger Delhey* DB 1991, 1573; missverständlich KPK-*Bengelsdorf* Teil H § 2 Rz 111). Eine Beendigungskündigung kann er eben solange nicht aussprechen, wie eine Weiterbeschäftigung zu geänderten Bedingungen noch möglich ist.

V. Prüfungsmaßstab

97 Es bleibt ein Prüfungsmaßstab zu finden, der flexibel genug ist, alle unterschiedlichen Sachverhalte zu erfassen, aber auch bestimmt genug, um wenigstens eine gewisse Rechtssicherheit zu garantieren. §§ 2, 4 S. 2 KSchG sprechen davon, dass die Änderung nicht sozial ungerechtfertigt ist. Wann eine Kündigung sozial ungerechtfertigt ist, ergibt sich aus § 1 KSchG, auf dessen Abs. 2 S. 1 bis 3 und Abs. 3 S. 1 und 2 § 2 S. 1 KSchG Bezug nimmt. Sozial ungerechtfertigt ist die Änderungskündigung danach dann, wenn die Änderung nicht durch Gründe, die in der Person oder dem Verhalten des Arbeitnehmers liegen oder durch dringende betriebliche Erfordernisse, die einer Weiterbeschäftigung zu unveränderten Bedingungen in diesem Betrieb entgegenstehen, begründet ist. Dieser am Gesetzestext orientierte Maßstab lässt sich entsprechend den zu § 1 KSchG entwickelten Grundsätzen präzisieren.

98 Das BAG stellt für die betriebsbedingte Änderungskündigung nunmehr in ständiger Rspr. darauf ab, ob dringende betriebliche Erfordernisse gem. § 1 Abs. 2 KSchG das Änderungsangebot bedingen und der Arbeitgeber sich bei einem an sich **anerkennenswerten Anlass** zur Änderungskündigung darauf beschränkt hat, nur **solche Änderungen** vorzuschlagen, die der Arbeitnehmer **billigerweise** hinnehmen muss (*BAG* 27.3.2003 EzA § 2 KSchG Nr. 48; 23.6.2005 EzA § 2 KSchG Nr. 54; 12.1.2006 EzA § 2 KSchG Nr. 56; 18.5.2006 NZA 2006, 1092). Diese Definition ist grds. brauchbar. Unglücklich erscheint allerdings das Erfordernis des billigerweise Hinnehmenmüssens. Es könnte vor dem Hintergrund der Diskussion um den angeblich milderen Prüfungsmaßstab der Änderungskündigung (s. Rz 92) zu der Annahme verleiten, die Änderungskündigung unterliege letztlich doch nur einer Art Billigkeitskontrolle (vgl. *Stahlhacke* DB 1994, 1361, 1368 mit der Feststellung, dass man bei der Änderungskündigung nicht über eine allgemeine Billigkeitsklausel hinausgekommen sei; krit. auch *Ahrens* Anm. zu *BAG* EzA § 2 KSchG Nr. 26). Dies ist nicht zutreffend und wird so vom BAG auch nicht verstanden (so auch *Hromadka* NZA 1996, 12; APS-*Künzl* Rz 183; HK-*Weller/Hauck* Rz 148; *v. Hoyningen-Huene/Linck* Rz 66). **Die Zumutbarkeit der angebotenen Änderung** beurteilt sich nach dem **Verhältnismäßigkeitsgrundsatz**, der für die Änderungskündigung in gleicher Weise gilt wie für die Beendigungskündigung (s. iE Rz 106a). Danach dürfen sich die angebotenen Änderungen nicht weiter vom Inhalt des bisherigen Arbeitsverhältnisses entfernen, als zur Erreichung des angestrebten Zieles unter Berücksichtigung des Inhaltsschutzinteresses des Arbeitnehmers unbedingt erforderlich ist. Der Arbeitgeber muss von mehreren freien Arbeitsplätzen denjenigen anbieten, der dem bisherigen Arbeitsplatz in einer Gesamtschau der Arbeitsbedingungen am nächsten kommt; das dem Arbeitnehmer angebotene neue Gehalt darf nur insoweit abgesenkt werden, wie zur Sanierung des Betriebes unabwendbar notwendig ist (s. *BAG* 23.6.2005 EzA § 2 KSchG Nr. 54). In diesem Sinne müssen die angebotenen neuen Arbeitsbedingungen »billigenswert« sein.

98a Hieran anknüpfend lässt sich der **Prüfungsmaßstab allgemein wie folgt umschreiben:** Die Änderungskündigung ist dann sozial gerechtfertigt, wenn der Fortsetzung des Arbeitsverhältnisses zu den bisherigen Bedingungen personenbedingte, verhaltensbedingte oder dringende betriebliche Gründe iSd § 1 Abs. 2 KSchG entgegenstehen und die angebotenen geänderten Bedingungen dem Verhältnismäßigkeitsgrundsatz entsprechen (ähnlich schon *BAG* 3.11.1977 AP Nr. 1 zu § 75 BPersVG unter IV 1 der Gründe; s. zuletzt *BAG* 23.6.2005 EzA § 2 KSchG Nr. 54; *v. Hoyningen-Huene/Linck* Rz 54, 64; *Löwisch* Rz 25).

Änderungskündigung § 2 KSchG

VI. Grundsätze der Sozialwidrigkeit
1. Personen-, verhaltens- und betriebsbedingte Gründe

Ausgehend von diesen Grundsätzen lassen sich einige **allgemeine Regeln herausstellen**. Vorweggenommen in dieser Definition ist, dass die Änderungskündigung nicht nur aus betriebsbedingten, sondern auch aus **personen- oder verhaltensbedingten** Gründen erfolgen kann. Das ergibt sich aus der Verweisung auf § 1 Abs. 2 KSchG in § 2 S. 1 KSchG. Dementsprechend sind auch die zu § 1 KSchG entwickelten allgemeinen Grundsätze zur Sozialwidrigkeit maßgebend (s. iE die Kommentierung von KR-*Griebeling* zu § 1 KSchG). Der **Schwerpunkt** dürfte allerdings bei der **betriebsbedingten Änderungskündigung** liegen. Zu denken ist an die Versetzung auf einen anderen Arbeitsplatz nach Wegfall des bisherigen Arbeitsplatzes, die Streichung übertariflicher Zulagen oder die Lohnminderung wegen schlechter wirtschaftlicher Lage, die Änderung der Arbeitszeitregelung aus betrieblichen Erfordernissen (Einzelheiten s. Rz 107 ff.; s. ausführlich auch *Wallner* S. 196 ff.). 99

Als **personenbedingte Gründe** für eine Änderungskündigung ist in erster Linie zu denken an krankheitsbedingte oder auf altersbedingt nachlassendem Leistungsvermögen beruhende Unfähigkeit, die vertraglich geschuldete Arbeitsleistung in der bisherigen Art oder dem bisherigen Umfang zu erbringen. Der das gesamte Kündigungsrecht beherrschende Grundsatz der Verhältnismäßigkeit wirkt sich hier in der Weise aus, dass der Arbeitgeber vor einer Beendigungskündigung prüfen muss, ob die Weiterbeschäftigung auf einem freien anderen Arbeitsplatz möglich ist, der den Leistungsbeeinträchtigungen Rechnung trägt (st.Rspr. vgl. schon *BAG* 5.8.1976 EzA § 1 KSchG Krankheit Nr. 2; 19.8.1976 EzA § 1 KSchG Krankheit Nr. 3; 3.11.1977 AP Nr. 1 zu § 75 BPersVG; 10.11.1983 Eza § 1 KSchG Krankheit Nr. 14; 22.9.2005 EzA § 81 SGB IX Nr. 10; HK-*Weller/Hauck* Rz 150; s. iE KR-*Griebeling* § 1 KSchG Rz 273). Leidet also etwa ein Arbeitnehmer an einer Allergie gegen bestimmte Stoffe, mit denen er an seinem bisherigen Arbeitsplatz in Berührung kommt, kann eine Änderungskündigung dahin erforderlich, aber auch berechtigt sein, dass der Arbeitnehmer auf einen freien Platz umgesetzt wird, an dem diese Stoffe nicht vorkommen (vgl. etwa *BAG* 3.11.1977 aaO – Weiterbeschäftigung einer an Wollallergie leidenden Näherin als Küchenhilfe). Ein personenbedingter Grund für eine Änderungskündigung kann auch fehlende Eignung des einer verfassungsfeindlichen Partei angehörenden Arbeitnehmers sein wegen Zweifeln an der Erfüllung seiner Loyalitätspflicht im öffentlichen Dienst – bezogen auf das konkrete Arbeitsgebiet oder die allgemeine Aufgabenstellung des öffentlichen Arbeitgebers (s. dazu *BAG* 20.7.1989 EzA § 2 KSchG Nr. 11). Auch die – nicht verhaltensbedingte – **Mindestleistung** eines Arbeitnehmers kann einen personenbedingten Grund für eine Änderungskündigung abgeben (s. dazu *BAG* 11.12.2003 EzA § 1 KSchG Verhaltensbedingte Kündigung Nr. 62; *Tschöpe* BB 2006, 213). 100

Auch **verhaltensbedingte Gründe** können eine Änderungskündigung rechtfertigen. Der Grundsatz der Verhältnismäßigkeit verlangt hier vor Ausspruch einer Änderungskündigung die Prüfung, ob die Möglichkeit der Beschäftigung auf einem freien Arbeitsplatz besteht, an dem das beanstandete Verhalten weniger stört (vgl. etwa *BAG* 22.7.1982 EzA § 1 KSchG Verhaltensbedingte Kündigung Nr. 10; 21.11.1982 EzA § 1 KSchG Nr. 42; HK-*Weller/Hauck* Rz 152; v. *Hoyningen-Huene/Linck* Rz 70c; KPK-*Bengelsdorf* Teil H § 2 Rz 115; *Moritz* DB 1985, 229; vgl. iE KR-*Griebeling* § 1 KSchG Rz 402; vgl. zum entsprechenden Problem bei Umsetzung im Wege des Direktionsrechts *BAG* 24.4.1996 EzA § 611 BGB Direktionsrecht Nr. 17). An eine Änderungskündigung ist insoweit in erster Linie zu denken in Fällen, in denen das beanstandete Verhalten sich nicht gegen den Arbeitgeber, sondern gegen Arbeitskollegen richtet, also bei Störungen des Betriebsfriedens. Hier kann es angezeigt sein, gerade dann, wenn die Störungen aus der Unverträglichkeit zweier bestimmter Arbeitnehmer resultieren, vor einer endgültigen Entfernung des Hauptschuldigen aus dem Betrieb eine Versetzung an einen anderen Arbeitsplatz zu versuchen, wozu die Änderungskündigung erforderlich ist, wenn das Direktionsrecht nicht ausreicht (vgl. auch *Löwisch/Spinner* Rz 79). In Betracht kommt aber etwa auch eine Änderungskündigung mit dem Ziel, den sich als Sicherheitsrisiko oder als unzuverlässig erweisenden Arbeitnehmer in einem weniger sensiblen Arbeitsbereich umzusetzen (vgl. *BAG* 20.7.1989 EzA § 2 KSchG Nr. 11 – Änderungskündigung eines Fernmeldehandwerkers bei der Deutschen Bundespost wegen DKP-Zugehörigkeit, vgl. dort auch zur Bewertung als personenbedingter Kündigungsgrund; zur Weigerung eines der DKP-Zugehörigkeit verdächtigten Arbeitnehmers, sich einer Sicherheitsprüfung zu unterziehen s. *LAG Hamm* 4.12.1987 RzK I 7c Nr. 5; Weiterbeschäftigung eines Leichenverbrenners im Krematorium als Gartenarbeiter – *LAG Bln.* 9.1.1989 LAGE § 2 KSchG Nr. 9). Der verschuldete Rückfall eines alkoholsüchtigen, ordentlich unkündbaren Dienststellenleiters kann eine fristlose Änderungskündigung (Herabgruppierung um zwei Vergütungsgruppen) rechtfertigen (*BAG* 7.12.1989 RzK I 7c Nr. 7). Vor 100a

Ausspruch einer verhaltensbedingten Änderungskündigung bedarf es wie bei der Beendigungskündigung grds. einer **Abmahnung** (*BAG* 21.11.1985 aaO; *LAG Hamm* 10.5.1983 ZIP 1983, 985; allgemein zur Abmahnung s. KR-*Griebeling* § 1 KSchG Rz 402).

100b Wird die Änderungskündigung mit einem Sachverhalt begründet, der sich auf mehrere der von § 1 Abs. 2 S. 1 KSchG erfassten Gründe stützt (sog. **Mischtatbestand**), richtet sich der Prüfungsmaßstab wie bei der Beendigungskündigung danach, aus welchem der im Gesetz benannten Bereiche die für die Kündigung auslösende Störung kommt (*BAG* 21.11.1985 aaO; s. zum Mischtatbestand allgemein KR-*Griebeling* § 1 KSchG Rz 256 ff.). Eine als Kündigungsgrund angeführte **Drucksituation ist alternativ** als verhaltens-, personen- oder betriebsbedingter Kündigungsgrund zu prüfen (*BAG* 31.1.1996 EzA § 620 BGB Druckkündigung Nr. 3).

101 § 2 S. 1 KSchG verweist auch auf **§ 1 Abs. 2 S. 2 KSchG.** Die dort genannten Tatbestände sind entsprechend zu berücksichtigen. Verstöße gegen eine Richtlinie nach § 95 BetrVG oder über die personelle Auswahl bei Kündigungen (§ 1 Abs. 2 S. 2 Ziff. 1a und Ziff. 2a KSchG) setzen voraus, dass der Tatbestand der Änderungskündigung von der Richtlinie erfasst wird, was insbes. bei Richtlinien über die personelle Auswahl bei Versetzungen in Frage kommen dürfte (§ 95 Abs. 1 S. 1 BetrVG). Die Möglichkeit der Weiterbeschäftigung an einem anderen Arbeitsplatz (§ 1 KSchG Abs. 1 S. 2 Ziff. 1b und Ziff. 2d KSchG) ist hier zu verstehen als die Möglichkeit der Weiterbeschäftigung ohne Änderung des Arbeitsvertrages. § 1 Abs. 2 S. 3 KSchG erfasst den Fall, dass der Arbeitnehmer nach möglichen Umschulungsmaßnahmen oder zu geänderten Bedingungen weiterbeschäftigt werden kann und sein Einverständnis hiermit erklärt hat. Hat der Betriebsrat oder die Personalvertretung aus einem dieser Gründe der Kündigung widersprochen, ohne dass der Arbeitgeber daraus Konsequenzen gezogen hat, und stellt sich der Widerspruch als begründet heraus, ist die Kündigung sozial ungerechtfertigt (vgl. zu den Einzelheiten KR-*Griebeling* § 1 KSchG Rz 706 ff.).

102 Bei **Weiterbeschäftigung an einem anderen Arbeitsplatz** gem. § 1 Abs. 2 S. 2 Ziff. 1b und Ziff. 2b KSchG ist gedacht offensichtlich an die Weiterbeschäftigung zu unveränderten Vertragsbedingungen, wie sich aus der Gegenüberstellung von § 1 Abs. 2 S. 2 und 3 KSchG ergibt. Da das Änderungsgebot der Änderungskündigung typischerweise eine Beschäftigung unter geänderten Vertragsbedingungen beinhaltet, kann sich dieses Änderungsangebot mit der vom Betriebs- oder Personalrat vorgeschlagenen Umsetzung an einen anderen Arbeitsplatz zu unveränderten Bedingungen nicht decken. Die Ablehnung des Änderungsangebotes durch den Arbeitnehmer lässt also den Widerspruch des Betriebsrats – weil regelmäßig auf eine andere als in der Änderungskündigung vorgeschlagene Beschäftigung gestützt – grds. unberührt. Auch § 1 Abs. 2 S. 3 KSchG hat für die Änderungskündigung Bedeutung nur insoweit, als sich die vom Betriebsrat bzw. der Personalvertretung aufgezeigte Weiterbeschäftigungsmöglichkeit zu geänderten Bedingungen nicht deckt mit der vom Arbeitgeber selbst schon vorgeschlagenen Änderung (vgl. auch *v. Hoyningen-Huene/Linck* Rz 80). Der Fall der Deckung von Änderungsangebot – welches dem Betriebsrat vor Ausspruch der Kündigung bei der Anhörung vorliegt – und Weiterbeschäftigung (vgl. *v. Hoyningen-Huene/Linck* aaO) kann dabei eigentlich nicht eintreten. Denkbar ist nur, dass der Betriebsrat die Möglichkeit einer Fortsetzung zu weniger einschneidend geänderten Bedingungen sieht und deshalb Widerspruch einlegt. Besteht diese Möglichkeit und bleibt der Arbeitgeber trotzdem bei seiner durchgreifenden Änderung, ist die Kündigung nicht sozial gerechtfertigt (*v. Hoyningen-Huene/Linck* aaO).

2. Sozialauswahl

103 Wird die Änderungskündigung auf **dringende betriebliche Erfordernisse** gestützt, ist eine **Sozialauswahl** vorzunehmen. Das ergibt sich eindeutig aus der in § 2 KSchG enthaltene Verweisung auf § 1 Abs. 3 S. 1 und 2 KSchG (so schon *BAG* 18.10.1984 EzA § 1 KSchG Betriebsbedingte Kündigung Nr. 34; ausführlich jetzt *BAG* 13.6.1986 EzA § 1 KSchG Soziale Auswahl Nr. 23; *LAG RhPf* 24.1.1986 LAGE § 2 KSchG Nr. 2; HK-*Weller/Hauck* Rz 155; *v. Hoyningen-Huene/Linck* Rz 75; KDZ-*Zwanziger* Rz 181; *Löwisch/Spinner* Rz 63; *Brill* AuR 1986, 238; *Hillebrecht* VAA 1983, 117; *Mummenhoff* FS *Kissel*, S. 773 ff.). Hinsichtlich der allgemeinen Grundsätze der Sozialauswahl s. KR-*Griebeling* § 1 KSchG Rz 603 ff. Die **besondere Zielsetzung** der Änderungskündigung – nicht Beendigung des Arbeitsverhältnisses, sondern Fortsetzung auf einem anderen Arbeitsplatz – erfordert eine gegenüber der Beendigungskündigung **teilweise abweichende Betrachtung**. Daran hat sich auch die zum 1.1.2004 in Kraft getretene **Neuregelung der Sozialauswahl** durch das Arbeitsmarktreformgesetz v. 24.12.2003 **nichts geändert**, die praktisch die v. 1.10.1996 bis 31.12.1998 geltende Regelung des Arbeitsrechtlichen Beschäftigungsförderungsgesetzes v. 25.9.1996 wieder übernommen hat (hinsichtlich der für die Zeit v. 1.1.1999 bis

Änderungskündigung § 2 KSchG

31.12.2003 geltenden Regelung des »Korrekturgesetzes« v. 19.12.1998, die ihrerseits der bis zum 30.9.1996 geltenden Rechtslage entsprach, wird auf die 6. Aufl. verwiesen (Rz 103 f.). Wie schon zum Arbeitsrechtlichen Beschäftigungsförderungsgesetz 1996 und zum Korrekturgesetz 1998 muss auch zum Arbeitsmarktreformgesetz festgestellt werden, dass der Gesetzgeber es erneut nicht für nötig gehalten hat, den Besonderheiten der Änderungskündigung im Hinblick auf die Sozialauswahl Rechnung zu tragen (vgl. zu den vorgehenden Gesetzesänderungen *Preis* NZA 1997, 1087 und RdA 1999, 321; *Fischermeier* NZA 2000, 738; krit. auch *Brenneis* FA 2000, 147). Dies gilt zum einen für die Vergleichbarkeit der betroffenen Arbeitnehmer. Während sich bei der Beendigungskündigung die Prüfung darauf beschränkt, ob die Arbeitnehmer nach ihrem bisher innegehabten Arbeitsplatz vergleichbar sind (vgl. KR-*Griebeling* § 1 KSchG Rz 614 ff.), ist bei der Änderungskündigung auch der ins Auge gefasste **neue Arbeitsplatz einzubeziehen. Vergleichbar** sind danach nur solche Arbeitnehmer, die zusätzlich **auch für die Tätigkeit, welche Gegenstand des Änderungsangebotes ist,** wenigstens **annähernd gleich geeignet** sind. Die Austauschbarkeit bezieht sich also auf den innegehabten und angebotenen neuen Arbeitsplatz (*BAG* 13.6.1986 EzA § 1 KSchG Soziale Auswahl Nr. 23; offen gelassen in: *BAG* 23.8.1990 RzK I 7b Nr. 10; dem BAG zust. v. *Hoyningen-Huene/Linck* Rz 76; KDZ-*Zwanziger* Rz 184; *Becker-Schaffner* BB 1991, 135; *Brenneis* FA 2000, 148; *Hromadka* RdA 1992, 256 f.; *Isenhardt* FS Hanau, S. 240; *Linck* S. 144 ff.; *Löwisch* NZA 1988, 638; krit. demgegenüber *Berkowsky* DB 1990, 834; *ders.* § 20 Rz 50 ff.; *Boewer* BB 1996, 2621; *Dänzer/Vanotti* AuR 1987, 182; KassArbR-*Isenhardt* 1.3. Rz 433; *Pollmann* S. 130 ff.; *Precklein* S. 125 ff.; *Preis* DB 1988, 1395; *Schwerdtner* NJW 1987, 1607; SPV-*Preis* Rz 1281a – wenn auch problematisch; krit. jetzt auch *Fischermeier* NZA 2000, 739). Der Kritik, dass auf diese Weise »Lernen auf Vorrat« bestraft werden kann (*Schwerdtner* aaO) ist zuzugeben, dass die Ergebnisse aus der Sicht des betroffenen Arbeitnehmers nicht immer ganz befriedigen mögen (als nicht immer sehr erfreulich sieht auch *Hromadka* aaO diese missliche, aber unabweisbare Konsequenz an; vgl. auch *Fischermeier* aaO). Dies gilt aber in gleicher Weise für die Lösung, die den neuen Arbeitsplatz aus der Prüfung ausblendet. Sie führt zum totalen Arbeitsplatzverlust des sozial stärkeren, aber für den freien anderen Arbeitsplatz nicht geeigneten Arbeitnehmers, während dieser sonst für beide vermieden werden kann.

103a Nach wie vor nicht berücksichtigt hat der Gesetzgeber auch die **Besonderheiten der Änderungskündigung bei der Prüfung der sozialen Betroffenheit** (vgl. zu den vorgehenden Gesetzesänderungen schon *Preis* NZA 1977, 1087 und RdA 1999, 321: Krasse redaktionelle Fehlleistung; s.a. *Rost* NZA 2004, Sonderbeil. Nr. 1, S. 3b – Redaktionsversehen im doppelten Rückfall). Anders als bei der Beendigungskündigung ist bei der Änderungskündigung bei Prüfung der **sozialen Betroffenheit an sich** nicht zu fragen, welchen Arbeitnehmer der Verlust des Arbeitsplatzes am härtesten trifft. Entscheidend ist vielmehr, **wem die Änderung** der Arbeitsbedingungen unter sozialen Gesichtspunkten **am ehesten zumutbar** ist (s. zur damaligen Gesetzesfassung *BAG* 19.5.1993 EzA § 1 KSchG Betriebsbedingte Kündigung Nr. 73; 13.6.1986 EzA § 1 KSchG Soziale Auswahl Nr. 23; 18.10.1984 AP Nr. 6 zu § 1 KSchG 1969 Soziale Auswahl m. Anm. *Löwisch*). Besteht die Änderung etwa in der Versetzung in einen anderen Betriebsteil oder Betrieb, kann sich die Belastung des Arbeitnehmers daraus ergeben, wie weit der Weg zur neuen Arbeitsstelle ist und welchen Verlust an Freizeit er erleidet (vgl. *BAG* 18.10.1984 aaO). Desgleichen kann etwa eine Änderung der Arbeitszeit einen Arbeitnehmer wegen familiärer Bindungen besonders hart treffen – die Umsetzung eines Vaters oder einer Mutter mit schulpflichtigen Kindern von der Vormittagsschicht in die Nachmittagsschicht oder überhaupt in Schichtarbeit, die Umsetzung eines bisher wegen der Betreuung der Kinder mit dem gleichfalls berufstätigen Ehegatten alternativ in Schicht arbeitenden Elternteils auf einen Arbeitsplatz mit fester Arbeitszeit. **Generell** ist zu prüfen, welchem Arbeitnehmer die **Umstellung leichter oder schwerer** fällt. Von Bedeutung sein können insoweit auch Faktoren wie Wendigkeit, schnelle Auffassungsgabe, Anpassungsfähigkeit und Gesundheitszustand (*BAG* 13.6.1986 EzA § 1 KSchG Soziale Auswahl Nr. 23; zust. *Kremhelmer/Bichlmeier/Knorr* S. 525 Rz 11; krit. *Ascheid* Kündigungsschutzrecht Rz 493, wonach diese Kriterien nur im Rahmen von § 1 Abs. 3 S. 2 KSchG bedeutsam sind; ähnlich *Löwisch* aaO).

103b Nach der seit 1.1.2004 geltenden Neuregelung sind jedoch die zu berücksichtigenden Auswahlgesichtspunkte wieder auf die Grundkriterien **Betriebszugehörigkeit, Unterhaltspflichten und Lebensalter** sowie jetzt Schwerbehinderung zurückgeführt worden (entsprechend dem Arbeitsrechtlichen Beschäftigungsförderungsgesetz 1996). Gerade diese »klassischen« Merkmale sind allerdings **weniger aussagekräftig für die besondere Situation der Änderungskündigung**. Insoweit und auch wegen der Unklarheit, ob § 1 Abs. 4 und Abs. 5 KSchG anzuwenden sind (s. dazu Rz 103c), wurde schon zur Änderung 1996 gerügt, dass der Gesetzgeber die Besonderheiten der Änderungskündigung bei Neuregelung nicht hinreichend berücksichtigt habe (eine krasse redaktionelle Fehlleistung nahm an *Preis* NZA 1997, 1087). **Bisher für die Sozialauswahl bei der Änderungskündigung herangezogene Faktoren**

§ 2 KSchG   Änderungskündigung

wie Wendigkeit, Anpassungsfähigkeit, Gesundheitszustand (*BAG* 13.6.1986 EzA § 1 KSchG Soziale Auswahl Nr. 23; krit. dazu aber schon *Ascheid* Rz 493, wonach diese Kriterien nur im Rahmen von § 1 Abs. 3 S. 2 KSchG bedeutsam seien; ähnlich *Löwisch* aaO), die durchaus sachgerechte Lösungen ermöglichten, sind daher **nicht mehr maßgeblich, soweit sie nicht in die Grundkriterien einfließen** (so auch APS-*Künzel* Rz 296; *Löwisch/Caspers* GS Heinze, S. 566; *Löwisch/Spinner* Rz 85; wohl auch *Lunk* NZA 2005, Beil. 1, S. 48). Der Arbeitgeber kann sie allerdings als zusätzliche soziale Kriterien berücksichtigen (s. dazu KR-*Griebeling* § 1 KSchG Rz 702). Auch hinsichtlich der Grundkriterien bleibt es jedoch dabei, dass ihre **Abwägung sich am Ziel der Änderungskündigung ausrichten muss** und ihnen daher jeweils nach der angestrebten Änderung unterschiedliches Gewicht zukommen kann (*v. Hoyningen-Huene/Linck* Rz 77; *Löwisch* Rz 44; *Fischermeier* NZA 1997, 1100; *Preis* NZA 1997, 1088). So spielt der Gesichtspunkt der Unterhaltspflichten nur dann eine Rolle, wenn die Änderung zu finanziellen Einbußen führt – sei es durch Verringerung des unmittelbaren Arbeitsentgelts, sei es durch zusätzliche Kosten wie Fahrtkosten bei neuem Arbeitsort. Geht es um die Versetzung auf einen anderen Arbeitsplatz, kann dem Lebensalter verstärkte Bedeutung zukommen, weil einem älteren Arbeitnehmer die Umstellung auf eine andere Tätigkeit schwerer fällt als einem jüngeren (vgl. auch *Preis* NZA 1997, 1088). Wie bei der Beendigungskündigung steht dem Arbeitgeber auch bei der Änderungskündigung hinsichtlich der zu treffenden Auswahl ein ausreichend zu bemessender **Bewertungsspielraum** zu (*BAG* 19.5.1993 EzA § 1 KSchG Betriebsbedingte Kündigung Nr. 73; 13.6.1986 EzA § 1 KSchG Soziale Auswahl Nr. 23; 18.10.1984 EzA § 1 KSchG Betriebsbedingte Kündigung Nr. 34).

103c Anwendbar auf die Sozialauswahl bei Änderungskündigungen sind auch die jetzt wieder geltenden Absätze 4 und 5 von § 1 KSchG (so auch *Löwisch/Caspers* GS Heinze S. 567; *Löwisch/Spinner* Rz 70; vgl. zum Arbeitsrechtlichen Beschäftigungsförderungsgesetz bzw. zum Korrekturgesetz schon *Preis* NZA 1997, 1087; *ders.* RdA 1999, 321; *Fischer* NZA 2002, 537; BBDW-*Bram* Rz 84; **aA** KDZ-*Zwanziger* Rz 181a). § 2 KSchG verweist nach wie vor nur auf § 1 Abs. 3 S. 1 und 2 KSchG. Hieraus wurde schon für § 1 Abs. 4 u. 5 KSchG aF teilweise gefolgert, diese seien bei Änderungskündigungen nicht einschlägig (*Kittner* AuR 1997, 190; KDZ-*Zwanziger* Rz 181a; *Löwisch* Rz 45 – anders aber in RdA 1997, 81; diff. *Preis* NZA 1997, 1087, der Abs. 5 anwenden wollte, soweit die Änderungskündigung im Zusammenhang mit einer Betriebsänderung iSd § 111 BetrVG steht). Dem ist aber auch für die Neuregelung nicht zuzustimmen. § 2 KSchG enthält keinen eigenen Begriff der »sozial ungerechtfertigten« Änderung, sondern übernimmt den in § 1 KSchG vorgegebenen Begriff. Dies verdeutlicht die Klammerverweisung auf § 1 Abs. 2 S. 1 und 3, Abs. 3 S. 1 und 2 KSchG. Zu den Tatbestandsmerkmalen einer sozial gerechtfertigten Kündigung gehört bei entsprechender Fallgestaltung die Durchführung einer Sozialauswahl. **Der Begriff der Sozialauswahl ist in § 1 Abs. 3 KSchG definiert.** § 1 Abs. 4 und 5 KSchG gehen aus von der Definition des Abs. 3 und ergänzen diese bzw. schränken sie in bestimmter Weise ein. Der Begriff bleibt aber ein einheitlicher. **§ 1 Abs. 4 und 5 KSchG sind daher auch für die Änderungskündigung anzuwenden** (vgl. schon zum Korrekturgesetz *Preis* RdA 1999, 321 – Redaktionsversehen im Rückfall; *Isenhardt* FS Hanau S. 243; so auch schon zu § 1 Abs. 4 u. 5 KSchG idF 1996 *Ascheid* RdA 1997, 334; *Fischermeier* NZA 1997, 1100; *Gießen* ZfA 1997, 161, 174; *Löwisch* RdA 1997, 81 – anders aber *Löwisch* Rz 45; *Schwedes* BB 1996, Beil. 17, 2, 4; *Zwanziger* BB 1997, 626; eine eingeschränkte Anwendung von § 1 Abs. 5 KSchG vertrat *Preis* NZA 1997, 1088; zweifelnd jetzt auch ErfK-*Ascheid/Oetker* § 2 KSchG Rz 56; *Lunk* NZA 2005, Beil. 1 S. 48). Für diese Lösung spricht auch, dass gerade § 1 Abs. 5 KSchG dem unstreitig auf Änderungskündigungen anzuwendenden § 125 Abs. 1 InsO nachgebildet ist (vgl. schon *Zwanziger* BB 1997, 626). Schließlich zweifelt auch niemand daran, dass für die Sozialauswahl bei Änderungskündigungen die Beweislastregel des § 1 Abs. 3 S. 3 KSchG gilt, obwohl auch insoweit eine gesetzliche Verweisung nicht vorliegt. Hinsichtlich der Einzelheiten der Sozialauswahl nach Maßgabe des § 1 Abs. 4 KSchG wird verwiesen auf KR-*Etzel* § 1 KSchG Rz 695 ff. Die Grundsätze der sozialen Auswahl gelten auch bei **Massenänderungskündigungen** (vgl. dazu jetzt *Preis* RdA 1999, 322). Zur Aufgabe der vom BAG bisher vertretenen »Dominotheorie« s. jetzt *BAG* 9.11.2006 – 2 AZR 812/05; s. iE KR-*Griebeling* § 1 KSchG.

3. Ablehnung des Angebots als verhaltensbedingter Grund

104 Die **bloße Ablehnung des Änderungsangebotes** durch den Arbeitnehmer stellt noch **keinen die Kündigung rechtfertigenden verhaltensbedingten Grund** dar. Der Arbeitnehmer hat das Recht, in jedem Fall um die Erhaltung der bisherigen Arbeitsbedingungen zu kämpfen und einen ihn schlechter stellenden Vorschlag abzulehnen (*BAG* 7.6.1973 EzA § 626 BGB nF Nr. 29; 27.9.1984 EzA § 2 KSchG Nr. 5 unter B II 3c, bb der Gründe; HK-*Weller/Hauck* Rz 143; *v. Hoyningen-Huene/Linck* Rz 54).

Änderungskündigung § 2 KSchG

Die Ablehnung eines der Kündigung **vorangegangenen** Angebotes auf einvernehmliche Abänderung 105
des Arbeitsverhältnisses durch den Arbeitnehmer enthebt den Arbeitgeber grds. nicht der Verpflichtung, das Änderungsangebot mit einer nachfolgenden Beendigungskündigung erneut zu verbinden (s. dazu jetzt *BAG* 21.4.2005 EzA § 2 KSchG Nr. 52 und EzA § 2 KSchG Nr. 53; s. iE Rz 18 ff.).

4. Zumutbarkeit und Billigkeit

Kein brauchbares Kriterium ist auch die insbes. in der älteren Rechtsprechung häufig gestellte Frage 106
allein, ob die Änderung den Umständen nach der **Billigkeit** entspricht (vgl. etwa *LAG Hamm* 2.11.1954 BB 1955, 258; *LAG Düsseld.* 22.6.1954 BB 1955, 258; *LAG Hmb.* 9.11.1954 ARSt XIII, Nr. 595; *ArbG Wilhelmshaven* 24.8.1955 ARSt XV, Nr. 610; vgl. zum Ganzen auch *Galperin* DB 1958, 839; *Tophoven* DB 1960, Nr. 16, S. 7). Der Gesetzgeber hat in § 1 KSchG Kriterien zur Frage der Sozialwidrigkeit an die Hand gegeben. In ihnen ist das Element der Billigkeit ohnehin enthalten, setzen sie doch eine Abwägung der Interessen sowohl des Arbeitgebers als auch des Arbeitnehmers voraus. Einer zusätzlichen Billigkeitsprüfung bedarf es daher nicht (krit. zur Billigkeit schon *BAG* 12.1.1961 AP Nr. 10 zu § 620 BGB Änderungskündigung unter IV der Gründe; s. jetzt auch *BAG* 23.6.2005 EzA § 2 KSchG Nr. 54; *Ratajczak* S. 117).

5. Grundsatz der Verhältnismäßigkeit

Auch die Änderungskündigung unterliegt dem das gesamte Kündigungsschutzrecht beherrschenden 106a
Grundsatz der Verhältnismäßigkeit (*BAG* 3.7.2003 DB 2004, 655; 23.11.2000 EzBAT § 53 BAT Änderungskündigung Nr. 18; 24.4.1997 EzA § 2 KSchG Nr. 26; 26.1.1995 EzA § 2 KSchG Nr. 21; 19.5.1993 EzA § 1 KSchG Betriebsbedingte Kündigung Nr. 73; 21.1.1993 EzA § 2 KSchG Nr. 18; 28.4.1982 EzA § 2 KSchG Nr. 4; s.a. *BAG* 28.10.1999 EzA § 15 KSchG nF Nr. 48; vgl. allgemein zum Grundsatz der Verhältnismäßigkeit KR-*Griebeling* § 1 KSchG Rz 237 ff.; KR-*Fischermeier* § 626 BGB Rz 251 ff.; *BAG* 30.5.1978 EzA § 626 BGB nF Nr. 66; 22.2.1980 EzA § 1 KSchG Krankheit Nr. 5; 27.1.1994 EzA § 615 BGB Nr. 80). Sie kommt daher erst dann in Betracht, wenn mildere Mittel nicht ausreichen, das mit ihr bezweckte Ziel zu erreichen. Zu denken ist etwa an eine vorherige Abmahnung bei verhaltensbedingter Änderungskündigung, an eine einvernehmliche Änderung der Arbeitsbedingungen. Weniger einschneidend ist die Umsetzung auf einen anderen Arbeitsplatz zu unveränderten oder zu nicht so weitgehend veränderten Bedingungen (s.a. schon Rz 102). Unverhältnismäßig ist auch ein Änderungsangebot, dessen Inhalt den **arbeitsrechtlichen Gleichbehandlungsgrundsatz verletzt** (*BAG* 3.7.2003 AP Nr. 74 zu § 2 KSchG 1969). Das **Angebot einer »freien Mitarbeit«** scheidet als milderes Mittel jedenfalls gegenüber der Fortsetzung des Arbeitsverhältnisses zu geänderten Bedingungen aus (*BAG* 21.2.2002 EzA § 2 KSchG Nr. 45). Ob der Arbeitgeber überhaupt – mangels anderweitiger Beschäftigungsmöglichkeiten – zum Angebot einer freien Mitarbeit verpflichtet ist, ist bisher höchstrichterlich nicht entschieden, aber eher zu verneinen (s.a. *BAG* 21.2.2002 EzA § 2 KSchG Nr. 45). Besteht für den Arbeitgeber die Möglichkeit, die beabsichtigte Änderung auf dem Wege des Direktionsrechts (s. dazu Rz 36 ff.) bzw. des zulässigen Widerrufs zu erreichen (s. dazu Rz 47 ff.), stellt dieser ein gegenüber der Änderungskündigung gleichfalls milderes Gestaltungsmittel dar, weil der Bestand des Arbeitsverhältnisses insgesamt nicht angegriffen wird. Eine dennoch ausgesprochene Änderungskündigung verstößt daher gegen den Verhältnismäßigkeitsgrundsatz und ist nicht sozial gerechtfertigt (so auch die frühere – s. aber jetzt Rz 106b – Rspr. des *BAG* 28.4.1982 AP Nr. 3 zu § 2 KSchG mit zust. Anm. von *v. Hoyningen-Huene*; 21.1.1988 RzK I 10b Nr. 9; 9.2.1989 RzK I 7a Nr. 15; 21.2.1991 RzK I 7a Nr. 23; s. jetzt auch *BAG* 24.8.2004 EzA § 2 KSchG Nr. 51, s. dazu Rz 106d; *LAG Köln* 26.1.1994 ZTR 1994, 375; APS-*Künzl* Rz 105; *Ascheid* Rz 478, 479; HK-*Weller/Hauck* Rz 83; *Berkowsky* BB 1999, 1267; *Boewer* BB 1996, 2618; *Gaul* DB 1999, 1913; *v. Hoyningen-Huene/Linck* DB 1993, 1188; *Krause* DB 1995, 575; *Precklein* S. 55; *Wirges* ZTR 1998, 64; *Zirnbauer* NZA 1995, 1074; **aA** *Löwisch* NZA 1988, 641; *Fischermeier* NZA 2000, 739; *ArbG Wuppertal* 18.11.1980 DB 1981, 779). Dabei kann es wegen des gleichen Prüfungsmaßstabes nicht darauf ankommen (s.o. Rz 95), ob der Arbeitnehmer die Änderung unter Vorbehalt angenommen hat oder nicht. Die Änderungskündigung stellt ihrerseits wieder ein milderes Mittel dar gegenüber der Beendigungskündigung (vgl. etwa die Rangfolge in: *BAG* 30.5.1978 EzA § 626 BGB nF Nr. 66 – Abmahnung, Versetzung, einverständliche Abänderung, ordentliche oder außerordentliche Änderungskündigung, ordentliche Beendigungskündigung, außerordentliche Beendigungskündigung; s.a. *BAG* 27.1.1994 EzA § 615 BGB Nr. 80; s. iE KR-*Griebeling* § 1 KSchG Rz 214; KR-*Fischermeier* aaO).

Abweichend von diesen Grundsätzen ist der Zweite Senat des BAG nunmehr gerade umgekehrt da- 106b
von ausgegangen, dass die **Änderungskündigung sozial gerechtfertigt ist, wenn die streitbefangene**

Änderung auch aufgrund eines vorbehaltenen Widerrufs (s. dazu Rz 47 ff.) **erreicht werden kann** und der – zugleich mit der Änderungskündigung ausgeübte – Widerruf billigem Ermessen entspricht; dies soll jedenfalls **dann gelten, wenn der Arbeitnehmer die Änderung unter Vorbehalt angenommen hat** (BAG 15.11.1995 EzA § 2 KSchG Nr. 24; 26.1.1995 EzA § 2 KSchG Nr. 22; 9.7.1997 EzA § 2 KSchG Nr. 22; 16.5.2002 EzA § 2 KSchG Nr. 46; s.a. schon BAG 21.2.1991 RzK I 7a Nr. 23; insoweit jetzt aber anderer Auffassung der Erste Senat des BAG 24.8.2004 EzA § 2 KSchG Nr. 51, s. dazu Rz 106d). Die Möglichkeit, eine Änderung der aktuellen Arbeitsbedingungen durch Ausübung des Direktionsrechts zu bewirken, führe bei Annahme des mit der Änderungskündigung verbundenen Angebots unter Vorbehalt nicht zur Unwirksamkeit der Änderung der Arbeitsbedingungen aus dem Gesichtspunkt der Verhältnismäßigkeit; unverhältnismäßig wäre allenfalls das Element der Kündigung, nicht dagegen das mit ihr verbundene Änderungsangebot; infolge der seitens des Arbeitnehmers erklärten Annahme unter Vorbehalt sei die Kündigung als solche jedoch gegenstandslos (BAG 26.1.1995, aaO). **Diese Rechtsprechung überzeugt nicht** (krit. auch APS-*Künzl* Rz 105 ff.; *v. Hoyningen-Huene/Linck* Rz 32b; *Berkowsky* § 20 Rz 7 ff.; *ders.* MünchArbR § 145 Rz 32; *ders.* NZA 2000, 1134; *ders.* NZA-RR 2003, 455; *Boewer* BB 1996, 2620; *ders.* FS-Bartenbach S. 587; *Enderlein* Anm. zu BAG AP Nr. 36 und Nr. 37 zu § 2 KSchG 1969; *Hromadka* DB 2002, 1323; *Preis* NZA 1997, 1088; wie das BAG aber BBDW-*Bram* § 2 Rz 6; ErfK-*Ascheid/Oetker* Rz 17 – bei zweifelhaftem Umfang des Direktionsrechts, s. aber auch Rz 22 –; wohl auch *Isenhardt* FS Hanau, S. 244; *Löwisch* NZA 1988, 641; LAG Bln. 29.11.1999 LAGE § 2 KSchG Nr. 36; LAG Chemnitz 12.5.1993 NJ 1993, 477). Sie berücksichtigt nicht hinreichend, dass **Kündigung und Änderungsangebot eine Einheit bilden** (s. schon Rz 90). Mit Annahme der Änderung ist die »Kündigung als solche« nicht gegenstandslos. Sie ist nach wie vor das entscheidende Element, das der Arbeitgeber einsetzt, um die Änderung der Arbeitsbedingungen zu erreichen. Richtig ist nur, dass sie nicht mehr zur Beendigung des Arbeitsverhältnisses führen kann. Für die Beurteilung ihrer Sozialwidrigkeit ist es aber gerade unerheblich, ob sie zur Beendigung oder zur Änderung der Arbeitsbedingungen führt (s. iE Rz 82 ff.).

106c Gegen eine Differenzierung danach, ob der Arbeitnehmer das Änderungsangebot angenommen hat oder nicht, spricht auch der Grundsatz, dass **maßgeblich für die Beurteilung der Kündigung der Zeitpunkt ihres Zugangs** ist (vgl. iE Rz 106d). Der Arbeitnehmer entscheidet sich aber erst danach über die Ablehnung des Angebots oder seiner Annahme unter Vorbehalt. Will man nicht auch für den Fall der Ablehnung des Angebots die Kündigung als sozial gerechtfertigt ansehen, falls dieselbe Änderung auf dem Wege des Widerrufs – oder allgemein der Ausübung des Direktionsrechts – erreicht werden könnte (diese Konsequenz, auf die zu Recht *Boewer* BB 1996, 2621 hinweist, will offensichtlich auch das BAG nicht ziehen), kommt man zu unterschiedlichen Ergebnissen in der Beurteilung der Sozialwidrigkeit aufgrund erst nachträglich eintretender Umstände (dagegen zu Recht auch *Berkowsky* § 20 Rz 9; *v. Hoyningen-Huene/Linck* Rz 32c). Die besseren Gründe sprechen daher dafür, die Änderungskündigung in jedem Fall als unverhältnismäßig und damit sozialwidrig anzusehen, wenn der Arbeitgeber das angestrebte Ziel erreichen konnte, ohne den Bestand des Arbeitsverhältnisses insgesamt in Frage zu stellen – unabhängig von der Reaktion des Arbeitnehmers. **Eine solche Kündigung ist eben nicht erforderlich und damit unverhältnismäßig**

106d Hiervon geht grds. nunmehr auch der Erste Senat des BAG aus (24.8.2004 EzA § 2 KSchG Nr. 51; s. dazu aber auch *Benecke* NZA 2005, 1092). Danach verstößt eine Änderungskündigung gegen den Grundsatz der Verhältnismäßigkeit, wenn es ihrer nicht bedarf, weil die angestrebte Änderung bereits aufgrund anderer Umstände eingetreten ist. Dies hat der Senat (24.8.2004 EzA § 2 KSchG Nr. 51) angenommen für den Fall, dass ein mit der (vorsorglichen) Änderungskündigung angestrebter **Wechsel vom Leistungs- zum Zeitlohn bereits aufgrund der normativen Wirkung einer Betriebsvereinbarung** eingetreten war. Die vom Arbeitnehmer erhobene Änderungsschutzklage nach § 4 S. 2 KSchG wurde **trotzdem abgewiesen**, weil ihre Begründetheit voraussetze, dass **zu dem Termin**, zu dem die Änderungskündigung ausgesprochen wurde, das Arbeitsverhältnis **noch zu den unveränderten Bedingungen bestand** (BAG 24.8.2004 EzA § 2 KSchG Nr. 51). Dieser Entscheidung ist **zuzustimmen**. Streitgegenstand einer Änderungsschutzklage nach § 4 S. 2 KSchG (alter wie neuer Fassung) ist nicht der Bestand des Arbeitsverhältnisses überhaupt, sondern – aufgrund der unter Vorbehalt erklärten Annahme nach § 2 S. 1 KSchG – die Änderung der Arbeitsbedingungen (s.a. Rz 156). Die Änderungsschutzklage zielt also auf die Feststellung, dass für das Arbeitsverhältnis nicht die im Änderungsangebot enthaltenen Bedingungen gelten. Dieser Feststellung steht die bereits aus anderen Gründen – etwa kraft Betriebsvereinbarung – eingetretene Änderung der Arbeitsbedingungen entgegen (so zu Recht BAG 24.8.2004 EzA § 2 KSchG Nr. 51; s.a. *Boewer* FS-Bartenbach, S. 589). Nimmt der Arbeitnehmer das Änderungsangebot allerdings **nicht unter Vorbehalt an** und erhebt eine **Kündigungsschutzklage** nach

Änderungskündigung § 2 KSchG

§ 4 S. 1 KSchG, bleibt es dann bei der Feststellung **der Unwirksamkeit der Änderungskündigung** wegen des – auch vom Ersten Senat angenommenen – Verstoßes gegen den Grundsatz der Verhältnismäßigkeit (s.a. Rz 103c). Diese Feststellung entspricht dem Streitgegenstand des § 4 S. 1 KSchG.

Enthält das Angebot des Arbeitgebers **eine Änderung** der bisherigen Arbeitsbedingungen **in mehreren Punkten,** muss die soziale Rechtfertigung für jeden einzelnen Punkt geprüft werden (vgl. zur außerordentlichen Änderungskündigung *BAG* 7.6.1973 EzA § 626 BGB nF Nr. 29; 6.3.1986 EzA § 15 KSchG nF Nr. 34; s. Rz 31; *LAG Bra.* 24.6.1996 LAGE § 2 KSchG Rz 22; zur ordentlichen Änderungskündigung *BAG* 18.10.2000 EzA § 14 KSchG Nr. 5; umfassend *BAG* 23.6.2005 EzA § 2 KSchG Nr. 54 – krit. dazu *Annuß* NJW 2006, 2153; *Schrader* DB 2006, 1678; zuletzt *BAG* 21.9.2006 – 2 AZR 120/06; s. weiter *LAG Köln* 21.6.2002 NZA-RR 2003, 247; *Sievers* NZA 2002, 1187). Bei einer vom Arbeitgeber angestrebten Änderung von Tätigkeit und Vergütung muss die Vergütungsänderung nur dann nicht selbständig gerechtfertigt sein, wenn sich die Höhe der Vergütung aus einem Vergütungssystem, etwa Lohn- oder Gehaltstarifvertrag ergibt, mit dem für die Eingruppierung maßgeblich auf die jeweiligen Tätigkeitsmerkmale abgestellt wird (sog. **Vergütungsautomatik**, *BAG* 18.10.2000 EzA § 14 KSchG Nr. 5; krit. dazu *Sievers* aaO, S. 1187). Genügt eine der beabsichtigten Änderungen den Anforderungen nicht – gerechtfertigt ist zwar die Umsetzung auf einen anderen Arbeitsplatz, nicht aber die gleichzeitige Kürzung der Arbeitszeit –, hat dies die Unwirksamkeit der gesamten Änderungskündigung zur Folge. Das Gericht kann nicht etwa die Änderungskündigung teilweise für wirksam erklären (*BAG* 25.10.1984 – 2 AZR 455/83 – nv; 6.3.1986 EzA § 15 KSchG nF Nr. 34; s. jetzt auch *BAG* 21.9.2006 – 2 AZR 120/06; vgl. aber auch *Löwisch* NZA 1988, 636, wonach das Gericht eine Umdeutung vornehmen kann; *Löwisch/Spinner* Rz 42; ähnlich BBDW-*Bram* Rz 54 – dem ist nicht zuzustimmen). Der Arbeitgeber kann die Änderungskündigung in diesem Fall auch nicht dadurch retten, dass er etwa in zweiter Instanz die beanstandete Änderung fallen lässt und sich auf die sozial gerechtfertigte Änderung beschränkt. Ihm bleibt nur der Ausspruch einer neuen Änderungskündigung mit einem bereinigten Änderungsangebot, es sei denn, der Arbeitnehmer erklärt sich mit einer eingeschränkten Änderung ohne Vorbehalt einverstanden. Wie bei der außerordentlichen Änderungskündigung (s. dazu Rz 31) kann aber die Gesamtabwägung auch hier ergeben, dass eine Änderung für sich geschen zwar nicht gerechtfertigt, aufs ganze gesehen aber so unwesentlich ist, dass sie der Annahme der sozialen Rechtfertigung nicht entgegensteht (s. *BAG* 7.6.1973 EzA § 626 BGB nF Nr. 29).

106e

Das **Änderungsangebot** hat sich bei der ordentlichen Änderungskündigung **an der Kündigungsfrist zu orientieren**. Der Arbeitnehmer ist **nicht verpflichtet**, auf einen Teil der ihm zustehenden Kündigungsfrist zu verzichten und **vorzeitig in eine Vertragsänderung mit schlechteren Arbeitsbedingungen** (insbes. eine Lohnminderung) **einzuwilligen** (s. schon *BAG* 21.4.2005 EzA § 2 KSchG Nr. 52; jetzt vor allem *BAG* 21.9.2006 – 2 AZR 120/06). Dies gilt jedenfalls für eine vorzeitige Änderung des Arbeitsentgelts, grds. aber auch für die Beschäftigung selbst (s. *BAG* aaO). Eine »ordentliche Änderungskündigung mit sofortiger Wirkung« hinsichtlich der Änderung der Beschäftigung als »dritte Form« neben der außerordentlichen und der ordentlichen Änderungskündigung (so *Hohenstatt/Kock* NZA 2004, 524) dürfte allenfalls in Ausnahmefällen in Betracht kommen.

106f

6. Beurteilungszeitpunkt

Keine Besonderheiten gelten für den **Zeitpunkt der Beurteilung** der Sozialwidrigkeit. Maßgeblich ist wie bei der Beendigungskündigung der Tag des Zugangs der Kündigungserklärung (s. iE KR-*Griebeling* § 1 KSchG Rz 235). Da das Änderungsangebot regelmäßig spätestens zusammen mit der Kündigung erfolgen muss (s.o. Rz 21–23), ist gesichert, dass das Angebot in dem für die Beurteilung maßgebenden Zeitpunkt vorliegt und in die Würdigung einbezogen werden kann (vgl. auch *BAG* 10.3.1982 EzA § 2 KSchG Nr. 3 zur Frage des maßgeblichen Zeitpunktes für die Beurteilung der tariflichen Zulässigkeit der Änderungskündigung).

106g

VII. Betriebsbedingte Kündigung – Einzelheiten und Beispiele aus der Rechtsprechung

Betriebsbedingte Änderungskündigungen lassen sich in **bestimmte typische Erscheinungsformen** fassen. Sie betreffen etwa die Senkung übertariflicher Löhne, die Streichung von Zulagen, die Herabgruppierung wegen Änderung des Aufgabengebietes oder die Versetzung auf einen anderen Arbeitsplatz. Die Einteilung in Gruppen und die Aufstellung allgemeiner Regeln entbindet jedoch nicht von der Aufgabe, die jeweiligen Besonderheiten des Einzelfalls zu prüfen (vgl. im Übrigen auch die Beispiele aus der Rspr. in Rz 45 f.). Auszugehen ist auch im Rahmen der Änderungskündigung von den insbes. von der Rechtsprechung entwickelten **allgemeinen Grundsätzen zur betriebsbedingten Kün-**

107

§ 2 KSchG   Änderungskündigung

digung – die Begriffe etwa der unternehmerischen Entscheidung (s. dazu etwa *BAG* 27.9.2001 EzA § 2 KSchG Nr. 41 = RdA 2002, 372 m. Anm. *Berkowsky*; 27.9.2001 EzA § 14 KSchG Nr. 6; 22.4.2004 EzA § 2 KSchG Nr. 50; 12.1.2006 EzA § 2 KSchG Nr. 56), der inner- oder außerbetrieblichen Kündigungsgründe haben in gleicher Weise Bedeutung (s. dazu allgemein etwa *BAG* 18.1.1990 EzA § 1 KSchG Betriebsbedingte Kündigung Nr. 65; 19.5.1993 EZA § 1 KSchG Betriebsbedingte Kündigung Nr. 73; zur betriebsbedingten Änderungskündigung ausführlich *Fischermeier* NZA 2000, 742; *Berkowsky* NZA 2000, 1129; *ders*. Die betriebsbedingte Änderungskündigung, 1999, S. 51 ff.; vgl. zu den allgemeinen Grundsätzen iE KR-*Griebeling* § 1 KSchG Rz 514 ff.).

1. Gewinnverfall oder Unrentabilität

107a Gewinnverfall oder Unrentabilität können auch ohne Rationalisierungsmaßnahmen und dadurch bedingten Wegfall des Arbeitsplatzes eine Änderungskündigung zur **Senkung der Lohnkosten** rechtfertigen. Dies gilt nach st. Rspr. des BAG dann, wenn die Unrentabilität bei unveränderten Lohnkosten zur **Stilllegung des Betriebes** oder eines Betriebsteiles führen müsste, letztlich also zum Wegfall der Arbeitsplätze aus wirtschaftlichen Gründen. In Frage kommt etwa ein Abbau übertariflicher Lohnbestandteile, von Zulagen oder sonstigen sozialen Leistungen, soweit nicht ein unabdingbarer tariflicher oder gesetzlicher Anspruch besteht (zuletzt *BAG* 12.1.2006 EzA § 2 KSchG Nr. 56; 23.6.2005 EzA § 2 KSchG Nr. 54; 27.3.2003 EzA § 2 KSchG Nr. 48; 16.5.2002 EzA § 2 KSchG Nr. 46; 27.9.2001 EzA § 2 KSchG Nr. 44 = BB 2002, 1914 m. Anm. *Spirolke*; 23.11.2000 EzA § 2 KSchG Nr. 40; 20.8.1998 EzA § 2 KSchG Nr. 31 m. Anm. *Thüsing*; 12.11.1998 § 2 KSchG Nr. 33 m. Anm. *Löwisch*; ebenso *Hillebrecht* ZIP 1985, 258 f.; *Dänzer-Vanotti/Engels* DB 1986, 1390; *v. Hoyningen-Huene/Linck* Rz 71b–72a; *KDZ-Zwanziger* Rz 170 ff. – krit. aber zum ganzen *Berkowsy* NZA-RR 2003, 452; *Buchner* FS Kraft, S. 23; *Fischer* NZA 2002, 536; *ders*. FS 25 Jahre AG ArbR im DAV, S. 257; *Gaul* DB 1999, 1916; *Heinze* FS von Maydell, S. 276; *v. Hoyningen-Huene* FS ArbG Rheinland-Pfalz, S. 227; *Isenhardt* FS Hanau, S. 239; *Kittner* NZA 1997, 968; *Krause* DB 1995, 574; *Müller* NZA 1985, 307; *Otto* S. 58 f.; *Precklein* S. 85 ff.; *Reiserer/Powietzka* BB 2006, 1109; *Spies* AuR 1994, 265; *LAG Bln*. 30.6.1997, LAGE § 2 KSchG Nr. 27; *ArbG Münster* 18.2.1987 BB 1987, 828; s.a. *LAG Düsseld*. 17.2.1998 NZA-RR 1998, 53; *LAG Bln*. 11.5.1998 LAGE § 2 KSchG Nr. 32; *LAG Hamm* 27.10.1999 NZA-RR 2000, 301; zur Problematik insgesamt s.a. *Breuckmann* Entgeltreduzierung unter besonderer Berücksichtigung der Änderungskündigung, 2004; *Rücker* Die betriebsbedingte Änderungskündigung zur Entgeltreduzierung, 2003). Demgegenüber wird das **Kriterium der Existenzgefährdung** oder der akuten Gefahr für die Arbeitsplätze teilweise als **zu eng** betrachtet und statt dessen etwa angenommen, die Erreichung einer angemessenen Rentabilität müsse als sachliches Interesse an einer Änderung ausreichen (so *Löwisch/Bernatz* Anm. zu BAG EzA § 2 KSchG Nr. 6; s.a. *Löwisch* § 2 Rz 38; *ders*. NZA 1988, 637; *Heinze* FS von Maydell, aaO; ähnlich KPK-*Bengelsdorf* Teil H § 2 Rz 99; *Schaub* in: Hromadka, Änderung, S. 94 – in Anlehnung an den Prüfungsmaßstab der betrieblichen Altersversorgung; ähnlich auch *LAG Köln* 15.6.1988 LAGE § 2 KSchG Nr. 8; s. aber auch *LAG Köln* 30.11.1989 LAGE § 2 KSchG Nr. 10; nach *Krause* DB 1995, 579, soll ausreichen, dass die Lohnkostensenkung Teil einer unternehmerischen Gesamtkonzeption ist zur langfristigen Sicherung der Arbeitsplätze; SPV-*Preis* Rz 779 stellen auf triftige Rentabilitätsinteressen ab, die ohne Anpassung absehbar in Beendigungskündigungen umschlagen müssen – vgl. auch *Preis* NZA 1995, 249; zur Änderungskündigung in der Insolvenz *Fischer* NZA 2002, 536).

107b Dem BAG ist zuzustimmen. Ausgangspunkt der Überlegung ist die Frage, ob dringende betriebliche Erfordernisse zu Einsparungen zwingen – ein bloß wirtschaftlich vernünftiger Zwang zu sparen reicht nicht aus. Ein dringendes betriebliches Erfordernis steht aber der Weiterbeschäftigung eines Arbeitnehmers erst dann entgegen, wenn der Arbeitsplatz wegfällt. Das gilt auch für die betriebsbedingte Änderungskündigung, bei der in der ersten Stufe zu prüfen ist, ob dringende betriebliche Erfordernisse der Weiterbeschäftigung zu den bisherigen Bedingungen entgegenstehen. Hier ist entsprechend der geänderten Zielrichtung zu fragen, **ob ohne die Änderungskündigung der Arbeitsplatz wegfiele** (*Hromadka* RdA 1992, 255 f.; *ders*. NZA 1996, 9, 10; *ders*. DB 2002, 1325 mit dem Vorschlag, die Zustimmung des Betriebsrats oder von 90 % der Belegschaft als Indiz für eine Gefährdung von Arbeitsplätzen zu nehmen; *v. Hoyningen-Huene* NZA 1994, 1009; *v. Hoyningen-Huene/Linck* Rz 72, 72a; KassArbR-*Isenhardt* 1.3 Rz 431; *KDZ-Zwanziger* Rz 170; vgl. auch *Wallner* S. 234 ff., der diese Änderungskündigung als ein von der Rspr. praeter legem entwickeltes Änderungsinstrument ansieht). Das – dementsprechende – dringende Bedürfnis, eine unselbständige Betriebsabteilung wegen hoher Kostenbelastung zu sanieren, begründet allein noch kein dringendes Erfordernis für eine Änderungskündigung zum Zwecke der Streichung außerbetrieblicher Zulagen gegenüber in der Werkstatt beschäftigten Arbeitnehmern; abzustellen ist vielmehr auf die wirtschaftlichen Verhältnisse im Bereich des gesamten Betriebes (*BAG*

Änderungskündigung   § 2 KSchG

11.10.1989 EzA § 1 KSchG Betriebsbedingte Kündigung Nr. 64; 20.8.1998 EzA § 2 KSchG Nr. 31 m. Anm. *Thüsing*; 12.11.1998 EzA § 2 KSchG Nr. 33 m. Anm. *Löwisch*; 1.7.1999 EzA § 2 KSchG Nr. 35; vgl. auch *Kiel/Koch* Rz 438, die unter gewissen Umständen sogar auf das Unternehmen abstellen wollen – ein überlegenswerter Ansatz).

Das Ausmaß der Senkung der Lohnkosten bestimmt sich nach dem allgemeinen Prüfungsmaßstab für die Änderungskündigung. Das angebotene neue Arbeitsentgelt darf nur soweit abgesenkt werden, wie zur Sanierung des Betriebes unabwendbar notwendig erscheint. Ein dringendes Bedürfnis setzt auch voraus, dass eine **Senkung der Kosten durch andere Maßnahmen** – zB Rationalisierung – **nicht möglich** ist. Der Arbeitgeber hat in einem derartigen Fall die Finanzlage des Betriebes, den Anteil der Personalkosten, die Auswirkungen der Senkung dieser Kosten für den Betrieb und die betroffenen Arbeitnehmer darzulegen, sowie Stellung zu nehmen zur Frage, warum andere Maßnahmen nicht in Betracht kommen (*BAG* 27.9.2001 EzA § 2 KSchG Nr. 44; 20.8.1998 EzA § 2 KSchG Nr. 31; 12.11.1998 EzA § 2 KSchG Nr. 33; 1.7.1999 EzA § 2 KSchG Nr. 35; vgl. *Hillebrecht* aaO; s.a. den der Entscheidung *BAG* 20.3.1986 aaO zugrunde liegenden Sachverhalt). Wird eine Entgeltkürzung nur mit **vorübergehenden wirtschaftlichen Verlusten** begründet, müssen die Arbeitnehmer jedenfalls billigerweise **keine Entgeltsenkung auf Dauer** hinnehmen (*BAG* 20.8.1998 EzA § 2 KSchG Nr. 31; 12.11.1998 EzA § 2 KSchG Nr. 33; 1.7.1999 EzA § 2 KSchG Nr. 35). Die **Entscheidung, die Lohnkosten zu senken**, ist für sich noch **keine** der gerichtlichen Überprüfung entzogene **unternehmerische Entscheidung** (s. *BAG* 20.3.1986 EzA § 2 KSchG Nr. 31; *LAG Bln.* 30.6.1997 LAGE § 2 KSchG Nr. 27; *LAG BW* 24.4.1995 LAGE § 2 KSchG Nr. 18; s. zur unternehmerischen Entscheidung KR-*Griebeling* § 1 KSchG Rz 522). Zur **Unternehmerentscheidung** gehört aber die Entscheidung über die Kapazität an Arbeitskräften und Arbeitszeit; dabei kann die Entscheidung auch darin liegen, **dauerhaft mit weniger Arbeitskräften zu arbeiten** (*BAG* 24.4.1997 EzA § 2 KSchG Nr. 26; *Hillebrecht* ZfA 1991, 107, 110; *Preis* NZA 1997, 1080; s. dazu auch *Kittner* NZA 1997, 970, 971).

107c

Die Änderungskündigung mit dem Ziel der Absenkung der Lohnkosten ist am ehesten als sog. **Massenänderungskündigung** denkbar, dh als Kündigung gegenüber allen oder jedenfalls einem Teil der Arbeitnehmer. In der Regel ist der Arbeitgeber aber **nicht berechtigt, einzelne Arbeitnehmer**, auch nicht allein die Arbeitnehmer einer mit Verlust arbeitenden Abteilung, **herauszugreifen** und ihr Entgelt einschneidend zu kürzen, während das Entgelt der überwiegenden Mehrzahl der Beschäftigten unangetastet bleibt (*BAG* 20.8.1998 EzA § 2 KSchG Nr. 31). Hat der Arbeitgeber mit einzelnen Arbeitnehmern **einzelvertraglich eine höhere Vergütung vereinbart**, als sie dem betriebsüblichen Niveau entspricht, ist es ihm **verwehrt, allein unter Berufung auf den Gleichbehandlungsgrundsatz** diese Vergütung dem Lohn der übrigen Arbeitnehmer anzupassen, mit denen er eine solche Lohnvereinbarung nicht abgeschlossen hat (*BAG* 1.7.1999 EzA § 2 KSchG Nr. 35; s.a. *BAG* 12.1.2006 EzA § 2 KSchG Nr. 56). Auch hier gilt, dass eine Änderungskündigung nur gerechtfertigt ist, wenn bei Weiterzahlung der höheren Vergütungen betrieblich nicht mehr auffangbare Verluste entstehen, die absehbar zu einer Reduzierung der Belegschaft oder sogar zu einer Schließung des Betriebes führen (*BAG* aaO, s. dort auch zur Darlegungslast des Arbeitgebers). Wird nur ein Teil der Löhne abgesenkt, bedarf es einer Erklärung, warum nicht gleichmäßig alle Mitarbeiter mit dem Gewinnverfall belastet werden. Der Arbeitgeber muss also darlegen, dass die **Verluste** gerade **aus dem betroffenen Bereich** kommen und durch die dort gezahlten unverhältnismäßig hohen Löhne – zB zu hohe Provisionssätze – mitbedingt sind (s. *BAG* 20.3.1986 EzA § 2 KSchG Nr. 6 – Verluste im Bereich Verkauf; 20.8.1998 EzA § 2 KSchG Nr. 31). Die Unrentabilität einer **unselbständigen Betriebsabteilung** stellt dann ein dringendes betriebliches Erfordernis dar, wenn sie auf das wirtschaftliche Ergebnis des Gesamtbetriebes durchschlägt und ohne Anpassung der Personalkosten Beendigungskündigungen nicht zu vermeiden wären (*BAG* 12.11.1998 EzA § 2 KSchG Nr. 33).

107d

Eine Änderungskündigung zur Entgeltsenkung ist auch **nicht allein deshalb sozial gerechtfertigt, weil eine neue gesetzliche Regelung** (hier § 9 Nr. 2 AÜG) die Möglichkeit vorsieht, durch Parteivereinbarung einen tariflich geregelten geringeren Lohn festzulegen, als er dem Arbeitnehmer bisher gesetzlich (wegen des equal-pay-Gebotes) zustand (*BAG* 12.1.2006 EzA § 2 KSchG Nr. 56 m. zust. Anm. *Hamann* = SAE 2006, 219 m. krit. Anm. *Junker* = AR-Blattei ES 1010.11 Nr. 18 m. Anm. *Glatzel* = AuA 2006, 558 m. Anm. *Möller*; wie das BAG *Thüsing/Pelzner* AÜG § 3 Rz 54; *Hamann* BB 2005, 2187; abl. aber *Röder/Krieger* DB 2006, 2122). Dies wird ähnlich zu sehen sein im Falle der angekündigten Rechtsprechungsänderung zu arbeitsvertraglichen Bezugnahmeklauseln (*BAG* 14.12.2005 NZA 2006, 607; so auch *Klebeck* NZA 2006, 20; für die Anpassung des Vertrages durch Änderungskündigung aber *Giesen* NZA 2006, 631).

107e

107f Nicht an den gleichen Maßstäben wie eine Änderungskündigung zur Entgeltsenkung zu messen ist eine **Änderungskündigung zur Anpassung vertraglicher Nebenabreden** (*BAG* 27.3.2003 EzA § 2 KSchG Nr. 48; 23.11.2000 EzA § 2 KSchG Nr. 40; zust. *Heinze* FS von Maydell, S. 19; krit. *Berkowsky* NZA 2003, 1130). Ein dringendes betriebliches Erfordernis zur Änderung der Arbeitsbedingungen kann in Betracht kommen, wenn die Parteien eine Nebenabrede zum Arbeitsvertrag (zB einen kostenlosen Bustransfer zum Arbeitsplatz) vereinbart haben, die an Umstände anknüpft, welche erkennbar nicht während der gesamten Dauer des Arbeitsverhältnisse gleich bleiben müssen. Haben die Parteien nicht von vornherein eine solche Nebenabrede mit einem Widerspruchsvorbehalt verknüpft – was zulässig (s.o. Rz 47) und zu empfehlen ist –, bedarf es zur Lösung von einer solchen Abrede wegen geänderter Umstände der Änderungskündigung. Zwar haben auch solche Nebenabreden letztlich immer eine gewissen Entgeltbezug. Sie betreffen jedoch regelmäßig nur Randbereiche und berühren das synallagmatische Verhältnis von Leistung und Gegenleistung nur mittelbar. Es ist daher auch **nicht geboten, eine entsprechende Änderungskündigung an dem gleichen strengen Maßstab** wie **die Änderungskündigung zur Entgeltabsenkung zu messen**, die unmittelbar in das Leistungsverhältnis eingreift (*BAG* 27.3.2003 EzA § 2 KSchG Nr. 48; 23.11.2000 EzA § 2 KSchG Nr. 40). Hiervon ausgehend hat das BAG etwa eine auf die Ersetzung der bisher kostenlosen Busbeförderung zum Arbeitsplatz durch Übernahme der Fahrtkosten für öffentliche Verkehrsmittel gerichtete Änderungskündigung für berechtigt angesehen, nach dem die Beförderung nur noch von wenigen Arbeitnehmern in Anspruch genommen wurde; eine entsprechende betriebliche »Notlage« ist nicht vorausgesetzt (*BAG* 27.3.2003 EzA § 2 KSchG Nr. 48). In gleicher Weise hat das BAG eine Änderungskündigung für gerechtfertigt angesehen, mit der die Umstellung der bisher pauschalen Bezahlung von Überstunden auf eine Spitzabrechnung der tatsächlich geleisteten Überstunden errricht werden sollte, nachdem Überstunden nur noch in einem deutlich geringeren Umfang als früher anfielen (*BAG* 23.11.2000 EzA § 2 KSchG Nr. 40). Diese Rechtsprechung trägt nicht zuletzt auch den nachhaltigen Bedenken gegen die zu strengen Anforderungen der Rechtsprechung bzgl. der Änderungskündigung zur Entgeltabsenkung Rechnung (zust. insoweit auch *Heinze* FS von Maydell, S. 278).

2. Senkung übertariflicher Löhne und Herabgruppierungen

108 Der **Inhaltsschutz des Arbeitsverhältnisses** erfasst den vertraglich vereinbarten Lohn, auch wenn er übertariflich ist. Zur Rückgruppierung des übertariflichen Lohnes auf den Tariflohn müssen daher Gründe iSd § 1 KSchG vorliegen (schon *BAG* 12.1.1961 AP Nr. 10 zu § 626 BGB Änderungskündigung; heute allgemein anerkannt). Zu den – im Vergleich zu § 1 Abs. 2, § 2 KSchG strengeren – Voraussetzungen für eine Änderungskündigung nach **§ 60 Abs. 2 des Manteltarifvertrages für Arbeiter des Bundes vom 27.2.1964** (MTB II) zum Zwecke der Rückgruppierung s. *BAG* 13.10.1982 AP Nr. 1 zu § 60 MTB II.

Ist ein Arbeitnehmer des öffentlichen Dienstes **irrtümlich** in eine **zu hohe Vergütungsgruppe** eingestuft worden, so sollte nach einer älteren Entscheidung des BAG die Anpassung an den Tarifvertrag der Änderungskündigung bedürfen; an einer solchen Kündigung habe der Arbeitgeber ein dringendes betriebliches Interesse, dem nicht dringendere Interessen des Arbeitnehmers entgegenstünden (*BAG* 19.10.1961 AP Nr. 13 zu § 1 KSchG Betriebsbedingte Kündigung; s. jetzt auch wieder *LAG Köln* 24.8.1987 ZTR 1988, 107; 17.3.1995 LAGE § 2 KSchG Nr. 15). Demgegenüber steht das BAG nunmehr auf dem Standpunkt, dass eine in Verkennung tariflicher Bestimmungen **rechtsgrundlos gezahlte tarifliche Vergütung ohne weiteres berichtigt werden kann, sofern nicht zugleich ein einzelvertraglicher Vergütungsanspruch besteht** (*BAG* 21.4.1982 EzA § 4 TVG Eingruppierung Nr. 1; 19.1.1986 AP Nr. 17 zu § 75 BPersVG; 23.4.1986 AP Nr. 118 zu § 22, 23 BAT 1975; 9.7.1997 EzA § 2 KSchG Nr. 27; 5.11.2003 AP §§ 22, 23 BAT Rückgruppierung Nr. 2; *LAG Köln* 26.1.1994, ZTR 1994, 374; vgl. allgemein *Kanz* ZTR 1989, 219; *Maurer* NZA 1993, 721; *Mehlich* DB 1999, 1319; s.a. *Kittner* NZA 1997, 972, 973; KPK-*Bengelsdorf* Teil H § 2 Rz 107; *Precklein* S. 109 ff.; *Seidel* PersRat 1995, 368; *Pieper* FS Hanau S. 250; *Wirges* ZTR 1998, 62; s.a. Rz 46). Ob ein **einzelvertraglicher Anspruch** besteht, ist eine Frage der Auslegung des Arbeitsvertrages. Das BAG hat bisher in der formularmäßigen Verweisung auf eine bestimmte Vergütungsgruppe idR nur die deklaratorische Erklärung gesehen, dass der Arbeitgeber dem Arbeitnehmer dasjenige zuweisen will, was ihm tariflich zusteht, hingegen nicht die konstitutive einzelvertragliche Zusage der Vergütung aus einer bestimmten Lohngruppe unabhängig von den tariflichen Voraussetzungen (vgl. etwa *BAG* 9.7.1997 EzA § 2 KSchG Nr. 27; 30.5.1990 EzA § 99 BetrVG 1972 Nr. 89; 18.5.1988 AP Nr. 2 zu §§ 22, 23 BAT Datenverarbeitung; enger wohl 28.11.1990 ZTR 1991, 159 und 15.3.1991 EzA § 2 KSchG Nr. 16 u. EzA § 2 KSchG Nr. 17 mit krit. Anm. *Rieble* – krit. dazu auch *Maurer* aaO; s.a. *BAG* 17.8.1994 AP Nr. 35 zu §§ 22, 23 BAT Lehrer). Liegt eine bestandsfeste einzelvertragliche Zusage vor, kann die irrtümliche Eingruppierung des Arbeitnehmers in eine zu hohe Vergütungsgruppe ein dringendes betriebliches Erfordernis für die Änderungskündigung zum Zwecke der Rückführung in die richtige Vergütungsgruppe abgeben (*BAG* 15.3.1991 EzA § 2 KSchG Nr. 16 u. EzA § 2 KSchG Nr. 17; krit. dazu *Kittner/Trittin* Rz 178; abzulehnen *Wirges* aaO, wonach grds. schon das haushaltsrechtliche Gebot der Sparsamkeit auch bei fehlendem Irrtum unter Abwägung des Vertrauensschutzes eine Änderungskündigung soll rechtfertigen können). Kündigt ein öffentlicher Arbeitgeber, der Eingruppierungen nur nach dem kollektiven Recht vornimmt, aber in der Übergangszeit bis zum Inkrafttreten eines die Eingruppierungsvoraussetzungen in zulässiger Weise verschlechternden Tarifvertrages noch eine Höhergruppierung vorgenommen hat, einem Arbeitnehmer im Wege der Änderungskündigung zur Herstellung der (jetzt) tarifgemäßen Vergütung, so ist diese Kündigung im Allgemeinen sozial gerechtfertigt (*BAG* 9.7.1997 EzA § 2 KSchG Nr. 27).

Ist aufgrund besonderer Leistungen ein **übertarifliches Arbeitsentgelt** zuerkannt worden, so ist die Änderungskündigung mit dem Ziel, die übertarifliche Einstufung rückgängig zu machen, nicht schon deshalb gerechtfertigt, weil die gleichen Leistungen vom Arbeitgeber jetzt nicht mehr als besondere beurteilt werden (*BAG* 24.5.1960 AP Nr. 2 zu § 620 BGB Änderungskündigung; so auch *ArbG Wilhelmshaven* 30.4.1971 ARSt 1971, 174).

109 Die Verordnung zur Regelung der **Krankenhauspflegesätze** vom 29.6.1972 (BGBl. I S. 1009) verbietet eine Änderungskündigung von **Altverträgen** nicht, rechtfertigt sie allein aber auch nicht (vgl. *BAG* 21.6.1978 EzA § 1 KSchG Nr. 37).

Die Befürchtung, eine Überprüfung nach dem KHG werde eine teilweise **Nichtanerkennung der Selbstkosten** und damit niedrigere Pflegesätze als beantragt ergeben, rechtfertigt nach *LAG Düsseld.* (24.6.1981 ARSt 1983, S. 14 Nr. 1011) **nicht** eine **Änderungskündigung** gegenüber einem **Chefarzt** mit dem Ziel der **Senkung der Bezüge.**

Nach *LAG Hamm* (5.9.1986 LAGE § 2 KSchG Nr. 5) ist eine Änderungskündigung mit dem Ziel des **Wegfalls einer Erschwerniszulage gerechtfertigt,** wenn diese bei Festsetzung der Pflegesätze keine Berücksichtigung mehr findet.

109a Entschließt sich der Arbeitgeber, **Mehrarbeit verstärkt durch Freizeitausgleich** abzugelten, so kann dies je nach den Umständen eine Änderungskündigung mit dem Ziel sozial rechtfertigen, von der vereinbarten pauschalierten Mehrarbeitsvergütung zur »Spitzabrechnung« der tatsächlich geleisteten Mehrarbeit überzugehen (*BAG* 23.11.2000 EzA § 2 KSchG Nr. 40).

Die Einführung einer **neuen Lohnfindungsmethode** (hier Umstellung auf leistungsbezogene Vergütung) allein stellt nach *LAG RhPf* (9.1.1997 LAGE § 2 KSchG Nr. 24; ähnlich auch *LAG Bln.* 21.8.1998 LAGE § 2 KSchG Nr. 34) keinen betriebsbedingten Kündigungsgrund gegenüber einem Arbeitnehmer dar, dessen Lohn sich aus Grundlohn und widerruflicher Gewinnbeteiligung zusammensetzt; auch der **Gleichbehandlungsgrundsatz** rechtfertigt danach die Kündigung **nicht,** selbst wenn 90 % der Belegschaft der Änderung zugestimmt hatte (zur sozialen Rechtfertigung einer Kündigung, mit der der Arbeitgeber einheitliche Arbeitsbedingungen im Betrieb herstellen will, s. jetzt auch *Bauer/ Meinel* NZA 2000, 187). Der Gleichbehandlungsgrundsatz dient allein zur Begründung von Rechten, nicht zu deren Einschränkung (*BAG* 16.5.2002 EzA § 2 KSchG Nr. 46; s.a. *BAG* 12.1.2006 EzA § 2 KSchG Nr. 56).

Zur außerordentlichen Änderungskündigung gegenüber einem nach § 15 KSchG geschützten Arbeitnehmer zum Zweck der Abgruppierung nach Abbau einer Hierarchiestufe s. *BAG* 17.3.2005 EzA § 15 KSchG nF Nr. 59 m. krit. Anm. *Bernstein*.

3. Streichung von Zulagen

110 Zu den Voraussetzungen für eine betriebsbedingte Änderungskündigung zum Zwecke der **Ablösung einer Sonderzuwendung** s. *LAG Bln.* 30.6.1997 (LAGE § 2 KSchG Nr. 27). Die Berufung auf den **Gleichbehandlungsgrundsatz** stellt für sich allein kein dringendes betriebliches Erfordernis für den im Wege der Änderungskündigung bezweckten **Abbau eines Mietzuschusses** dar (*BAG* 28.4.1982 EzA § 2 KSchG Nr. 4; vgl. allgemein zum Gleichbehandlungsgrundsatz KR-*Griebeling* § 1 KSchG Rz 233; s.a. *BAG* 1.7.1999 EzA § 2 KSchG Nr. 35; *LAG RhPf* 9.1.1997 LAGE § 2 KSchG Nr. 24). Gerechtfertigt ist nach *ArbG Hannover* (14.2.1980) eine Änderungskündigung, mit der eine ohne gesetzliche oder tarifliche Grundlage vom Arbeitgeber gezahlte **Kontoführungsgebühr** abgebaut wird.

§ 2 KSchG   Änderungskündigung

Die **innere Zwangslage bei Bewilligung einer Lohnzulage** rechtfertigt für sich keine spätere Änderung; die Änderung muss sachlich gerechtfertigt und zumutbar sein (*LAG Düsseld.* 21.5.1971 DB 1972, 100).

Gerechtfertigte Änderungskündigung, wenn **übertarifliche Zulagen** (hier: Hausbrand, Kohle) an die Belegschaft auf Weisung der Aufsichtsbehörde gestrichen werden (*LAG Saarbrücken* 19.9.1962 DB 1962, 1343). S. allgemein zur Änderung von »freiwilligen Sozialleistungen« jetzt *Stück* DB 2006, 782.

4. Versetzung auf einen anderen Arbeitsplatz

111 – Zur Verpflichtung des Arbeitgebers zur **Einrichtung eines »home-office-Arbeitsplatzes«** zur Vermeidung einer außerordentlichen betriebsbedingten Änderungskündigung bei tariflich ordentlich unkündbarem Arbeitnehmer, *BAG* 2.3.2006 NZA 2006, 985.

– **Verlagerung einer Vertriebsabteilung** an einen anderen Standort stellt eine unternehmerische Maßnahme dar, die eine Änderungskündigung rechtfertigen kann, **BAG** 27.9.2001 EzA § 2 KSchG Nr. 41 = RdA 2002, 372 m. Anm. **Berkowsky**.

– Zur Änderungskündigung wegen **Abbau einer Hierarchieebene,** *BAG* 27.9.2001 EzA § 14 KSchG Nr. 6.

– Zur Änderungskündigung bei **Umstellung des Konzeptes zum Einsatz von Krankenpflegern,** *LAG Düsseld.* 26.5.1999 DB 2000, 1029.

– **Wiederholter Verlust des Führerscheins** rechtfertigt (nur) außerordentliche Änderungskündigung, wenn der Arbeitnehmer als Müllwerker weiterbeschäftigt werden kann, *LAG Hamm* 20.4.1988 AuR 1989, 147.

– Der **gleichzeitige Einsatz mehrerer erster Konzertmeister** eines Staatsorchesters unterliegt der Organisationsfreiheit des Arbeitgebers – eine Änderungskündigung entgegenstehender Sonderdienstverträge ist daher gerechtfertigt, *LAG München* 30.7.1986 RzK I 7a Nr. 4.

– Wirksame Änderungskündigung mit dem Ziel einer Weiterbeschäftigung als **Sachbearbeiter der Lohnbuchhaltung** wegen Wegfalls des Arbeitsplatzes als **Leiter der Lohnabrechnung** durch Einführung des Paisy-Systems und Fehlens eines gleichwertigen Arbeitsplatzes, *LAG Düsseld.* 21.1.1983 DB 1983, 1931.

– Werden einem Arbeitnehmer die **für einen Wachdienst erforderlichen polizeilichen Befugnisse entzogen,** kann der Arbeitgeber eine Änderungskündigung aussprechen, *BAG* 18.3.1981 AP Nr. 2 zu § 611 BGB Arbeitsleistung.

– Eine fristlose Änderungskündigung soll nach *ArbG Kiel* 17.9.1980 DB 1981, 588 gerechtfertigt sein, wenn der Arbeitnehmer einer nach Unfallverhütungsvorschriften vorgesehenen ärztlichen **Vorsorgeuntersuchung nicht nachkommt** – Umsetzung eines Malers auf einen Arbeitsplatz als Reiniger.

– Bei **Ausscheiden einer Führungskraft kann die Sekretärin** nicht ohne weiteres abgelöst werden; die Änderungskündigung ist daher nicht sozial gerechtfertigt, *LAG BW* 20.8.1973 AP Nr. 1 zu § 2 KSchG 1969.

– Angebot eines geringerwertigen Arbeitsplatzes nach **Rationalisierungsmaßnahmen:** Die Kündigung ist gerechtfertigt, wenn der Arbeitgeber dem Arbeitnehmer die nach den betrieblichen Erfordernissen **bestmögliche Weiterbeschäftigung** angeboten hat, *LAG BW* 30.5.1968 PrAR § 2 KSchG Nr. 35.

– Die Änderungskündigung eines **Friedhofwärters,** dessen Angehörige nach seiner Einstellung ein Beerdigungsinstitut eröffnen, ist sozial gerechtfertigt, *ArbG Ludwigshafen* 9.3.1967 ARSt 1968, 168.

– Erhebliche und begründete **Zweifel** eines Arbeitgebers **an der Eignung** eines bei ihm als Omnibusfahrer beschäftigten Arbeitnehmers können eine Änderungskündigung als betriebsbedingt rechtfertigen, *BAG* 13.2.1964 AP Nr. 1 zu Art. 1 GG.

– Änderungskündigung eines **Angestellten zum Zwecke des Freimachens von im Stellenplan vorgesehenen Beamtendienststellen;** ein allgemeines dringendes betriebliches Interesse der Bundespost ist in diesem Fall anerkannt, so schon *BAG* 26.2.1957 AP Nr. 23 zu § 1 KSchG; vgl. auch *LAG BW* 11.3.1998 LAGE § 2 KSchG Nr. 33.

5. Änderung des Arbeitsumfangs und der Arbeitszeiten

Fallen infolge einer Rationalisierungsmaßnahme Arbeitsplätze weg, liegt es grds. in der **unternehmerischen Entscheidungsfreiheit**, ob der Arbeitgeber den Personalbestand der verringerten Arbeitsmenge durch mehrere Änderungskündigungen oder durch eine entsprechend geringere Zahl von Beendigungskündigungen anpasst (so im Ergebnis auch *Gaul* DB 1999, 1914; *Hromadka* RdA 1992, 255; *Schwerdtner* ZIP 1984, 10, 13; vgl. auch *Löwisch* BB 1993, 2371; *B. Preis* NZA 1997, 631). Der Arbeitgeber ist also nicht gehindert, bei Wegfall eines Arbeitsplatzes gegenüber zwei bisher vollbeschäftigten Arbeitnehmerinnen zwei Änderungskündigungen mit dem Ziel einer Halbtagsbeschäftigung auszusprechen statt einer Beendigungskündigung, wenn dem eine entsprechende Organisationsentscheidung für den Einsatz von Halbtagskräften zugrunde liegt (so jetzt BAG 19.5.1993 EzA § 1 KSchG Betriebsbedingte Kündigung Nr. 73 = AP Nr. 33 zu § 2 KSchG 1969 m. zust. Anm. *Waas;* BAG 24.4.1997 EzA § 2 KSchG Nr. 26; *LAG Chemnitz* 6.4.1993 LAGE § 2 KSchG Nr. 13 – Herabsetzung der Arbeitszeit von zwei Arbeitnehmerinnen statt einer Beendigungskündigung bei Arbeitsmangel; *LAG Hamm* 22.3.1996 LAGE § 2 KSchG Nr. 22; zu den Anforderungen an die unternehmerische Entscheidung s. jetzt auch *LAG Hamm* 26.9.1996 LAGE § 2 KSchG Nr. 23; vgl. auch schon *LAG München* 15.2.1984 ARSt 1985, 145). Dies folgt auch nicht aus dem Prinzip der Sozialauswahl unter dem Aspekt, dass bei nur einer Beendigungskündigung der sozial schutzbedürftigere Arbeitnehmer den unveränderten Arbeitsplatz behalten hätte (zur Sozialauswahl und Teilzeitbeschäftigung s.a. BAG 3.12.1998 EzA § 1 KSchG Soziale Auswahl Nr. 37; *Bauer* BB 1999, 1162; *Fischermeier* NZA 2000, 743; s. iE KR-*Griebeling* § 1 KSchG Rz 625 f.). In gleicher Weise wird man allerdings auch die **unternehmerische Organisationsentscheidung respektieren müssen, dem Arbeitsmangel durch Beendigungskündigungen zu begegnen** – also statt zweier Kündigungen mit dem Ziel einer Halbtagsbeschäftigung eine Beendigungskündigung auszusprechen (so auch HK-*Weller/Hauck* § 2 Rz 161; s. aber auch *Ohlendorf/Salamon* FA 2006, 229). Auch dies ist eine unternehmerische Entscheidung. Es besteht also keine Verpflichtung – aber grds. die Möglichkeit –, in jedem Falle vorrangig Änderungskündigungen gegenüber einer entsprechend höheren Zahl von Arbeitnehmern auszusprechen (bedenklich insoweit ArbG Bocholt 22.6.1982 DB 1982, 1938 – abgeändert durch *LAG Hamm* 15.12.1982 DB 1983, 507; s. dazu *Vollmer* DB 1982, 1933; wie hier auch *Däubler* AiB 1982, 132; *Hromadka* aaO; vgl. auch BAG 19.5.1993 EzA § 1 KSchG Betriebsbedingte Kündigung Nr. 73 unter II 2e der Gründe; neu diskutiert werden muss die Frage nach *Kittner* NZA 1997, 975; vgl. auch *Schaub* NZA 1997, 810; gegen *Schaub: Ettwig* NZA 1997, 1152). Entschließt sich der Arbeitgeber **auch bei unverändertem Arbeitsanfall** zu einer betrieblichen **Umorganisation**, die zu einer anderen zeitlichen Lage und zur Herabsetzung der Dauer der Arbeitszeit führt (hier Umwandlung einer Vollzeitstelle in zwei Teilzeitstellen), so handelt es sich **auch dabei** um eine im Ermessen des Arbeitgebers stehende **unternehmerische Entscheidung**, die im Kündigungsschutzverfahren nicht auf ihre Zweckmäßigkeit, sondern lediglich – zur Vermeidung von Missbrauch – auf offenbare Unvernunft oder Willkür zu überprüfen ist (BAG 22.4.2004 EzA § 2 KSchG Nr. 50). Ein **Missbrauch** der Organisationsfreiheit liegt **nicht schon dann** vor, wenn der Arbeitgeber die **Möglichkeit** hätte, auf die Reorganisation zu verzichten. Missbräuchlich ist die Entscheidung allerdings dann, wenn die Umgestaltung der Arbeitsabläufe sich als **rechtswidrige Maßregelung** (§ 612a BGB) erweist oder die Vorgaben des **Beschäftigungsschutzgesetzes** umgeht (s. BAG 22.4.2004 EzA § 2 KSchG Nr. 50). Wird eine Änderungskündigung mit dem Ziel der Weiterbeschäftigung des bisher vollbeschäftigten Arbeitnehmers mit **halber Stelle im öffentlichen Dienst auf eine Stellenplanreduzierung** gestützt, bedarf es eines auf den Stellenplan der jeweiligen Dienststelle zugeschnitten Konzepts der zuständigen Verwaltung (BAG 18.11.1999 EzA § 1 KSchG Betriebsbedingte Kündigung Nr. 104). Der **Beschluss einer Gemeinde**, die bisher als Vollzeitstelle geführte Stelle als Gleichstellungsbeauftragte **in eine halbe Stelle umzuwandeln**, kann eine Änderungskündigung zur entsprechenden Reduzierung der Arbeitszeit sozial rechtfertigen (BAG 23.11.2000 EzBAT § 53 BAT Änderungskündigung Nr. 18; vgl. auch *ArbG Marburg* 13.3.1998 LAGE § 1 KSchG Betriebsbedingte Kündigung Nr. 53).

Unzulässig ist jedoch die Kündigung eines Arbeitsverhältnisses **wegen der Weigerung eines Arbeitnehmers, von einem Vollzeit- in ein Teilzeitarbeitsverhältnis oder umgekehrt zu wechseln, § 11 TzBfG**. Dieses sich an sich schon aus dem Benachteiligungsverbot des § 611a BGB ergebende besondere Kündigungsverbot steht allerdings einer aus anderem Grunde erfolgten Änderungskündigung zur Veränderung der Arbeitszeit – etwa wegen Arbeitsmangel oder auch wegen einer entsprechenden Organisationsentscheidung – nicht entgegen, § 11 S. 2 TzBfG (so auch *Annuß/Thüsing* § 11 TzBfG Rz 7 ff.; *Bauer* NZA 2000, 1042; *Kiemt* NZA 2001, 69; *Preis/Gotthardt* DB 2000, 2069; *Sievers* § 11 TzBfG Rz 6).

§ 2 KSchG   Änderungskündigung

Nicht »billigerweise« (s. zu diesem Kriterium aber Rz 98) hinzunehmen braucht allerdings eine **Teilzeitbeschäftigte** die nach dem unternehmerischen Konzept für sie vorgesehene **Neuregelung der Lage der Arbeitszeit,** wenn diese sie im **Verhältnis zu Vollzeitbeschäftigten ohne sachlichen Grund benachteiligt** und damit gegen § 2 BeschFG verstößt (*BAG* 24.4.1997 EzA § 2 KSchG Nr. 26 m. krit. Anm. *Ahrens*). Dies hat das *BAG* (EzA § 2 KSchG Nr. 26) angenommen, wenn nach dem neuen Konzept die Teilzeitbeschäftigte jeden Samstag und in den umsatzstärksten Zeiten eingesetzt wird, während die Vollzeitkräfte im rollierenden System jede 6. Woche Samstag freigestellt werden. Eine auf diese Änderung gerichtete Kündigung ist sozialwidrig. **Sozialwidrig** ist auch eine Änderungskündigung, die auf einer **tarifwidrigen Arbeitszeitgestaltung beruht** (*BAG* 18.12.1997 EzA § 2 KSchG Nr. 28, s. dort auch zur Einführung von Samstagsarbeit als unternehmerische Entscheidung). Weitergehend hat das *BAG* in seiner Entscheidung vom 10.2.1999 (EzA § 2 KSchG Nr. 32) eine Änderungskündigung schon **aus sonstigen Gründen als nichtig** und nicht nur sozialwidrig angesehen, **wenn die angebotene Änderung gegen zwingende tarifliche Inhaltsnormen verstößt** (§ 4 Abs. 1 und Abs. 3 TVG, § 134 BGB). Dies hat das BAG bejaht für eine Änderungskündigung, mit der der Arbeitgeber die tarifwidrige Erhöhung der tariflichen Arbeitszeit von 35 auf 38,5 Stunden bei einer Lohnerhöhung von drei Prozent durchzusetzen versuchte. Für die Geltendmachung dieses Unwirksamkeitsgrundes bedarf es nicht der Einhaltung der Drei-Wochen-Frist (*BAG* aaO; krit. *Rieble* RdA 2000, 40; ausführlich jetzt *Quecke* NZA 2001, 812).

Die **geplante Erhöhung des Produktionsaufkommens** kann eine Änderungskündigung zum Zwecke des Einsatzes des bisher **einschichtig** arbeitenden Arbeitnehmers in **Wechselschicht** rechtfertigen. Insoweit liegt eine unternehmerische Entscheidung vor, die von den Arbeitsgerichten nicht auf ihre sachliche Rechtfertigung oder ihre Zweckmäßigkeit hin zu überprüfen ist, sondern nur darauf, ob sie offenbar unvernünftig oder willkürlich ist. Gerichtlich zu prüfen ist allerdings, ob das geänderte unternehmerische Konzept die Änderungskündigung unvermeidbar macht oder ob es nicht auch durch andere Maßnahmen verwirklicht werden kann – hier zB, indem der Arbeitgeber auf solche Arbeitnehmer zurückgreift, die freiwillig zum Einsatz in Wechselschicht bereit sind (*BAG* 18.1.1990 EzA § 1 KSchG Betriebsbedingte Kündigung Nr. 65).

Nach *LAG Hamm* (13.10.1988 RzK I 7a Nr. 13) kann die Änderungskündigung einer **teilzeitbeschäftigten Erzieherin** im Kindergarten mit dem **Ziel einer Vollzeitbeschäftigung** gerechtfertigt sein, wenn es aus pädagogischer Sicht erforderlich ist, dass die Kinder vor- und nachmittags von derselben Erzieherin betreut werden.

Nach *ArbG Bln.* (28.10.1983 AP Nr. 1 zu § 5 BeschFG 1985 m. Anm. *Schüren*) verstößt die Änderung der Arbeitsbedingungen einer **halbtags beschäftigten** Arbeitnehmerin dahingehend, dass sie künftig für den Fall der **Verhinderung** einer anderen Halbtagskraft den Arbeitsplatz **ganztags** zu besetzen hat **(job-sharing),** regelmäßig gegen Billigkeitsgrundsätze (s. zu job-sharing und Kündigung auch *Schüren* BB 1983, 2121; *Franke* DB 1985, 1635).

Eine Änderungskündigung zum Zwecke der **Herabsetzung der Arbeitszeit** kann nach *LAG Bln.* (15.6.1981 DB 1982, 334) gerechtfertigt sein, wenn der Arbeitnehmer dauernd erforderliche **Mehrarbeit ablehnt** und deshalb eine Arbeitskraft eingestellt werden muss, die die Gesamtarbeit verrichten soll.

Die Änderungskündigung zum Zwecke der **Herabsetzung der Arbeitszeit** ist nach *LAG RhPf* (26.5.1981 AuR 1982, 91) sozialwidrig, wenn kein Rückgang des Bedarfs an Arbeitsleistungen der geschuldeten Art eingetreten ist; dies kann anders sein, wenn organisatorische Veränderungen zu einer Änderung von Lage oder Dauer der Arbeitszeit führen.

Nach *LAG Bra.* (24.10.1996 LAGE § 2 KSchG Nr. 22) ist eine Änderungskündigung, mit der wegen einer Reduzierung des Arbeitsvolumens die **Arbeitszeit herabgesetzt werden soll, unwirksam, wenn die neue Arbeitszeit nicht verbindlich festgelegt** wird, sondern dem einseitigen Bestimmungsrecht des Arbeitgebers vorbehalten bleiben soll.

Änderungskündigung zum Zweck der **Heraufsetzung der Arbeitszeit** von bisher Halbtagsbeschäftigung auf Ganztagsbeschäftigung; die Umwandlung des Arbeitsplatzes kann eine nicht nachprüfbare unternehmerische Entscheidung sein (*LAG Hamm* 7.8.1980 ARSt 1981, S. 110 Nr. 1129; zust. *Becker-Schaffner* DB 1986, 1774; s. aber auch *LAG Hmb.* 20.11.1996 LAGE § 2 KSchG Nr. 25).

Trifft der Arbeitgeber die Entscheidung, **statt einer Teilzeitkraft wegen der Ausdehnung des Beschäftigungsvolumens eine Vollzeitkraft einzusetzen,** hat er diesen Arbeitsplatz zunächst der **Teilzeitkraft anzubieten;** andernfalls ist eine dieser gegenüber ausgesprochene Beendigungskündigung sozialwidrig, es sei denn, es besteht die hohe Wahrscheinlichkeit, dass sie diese Änderung auch unter dem Druck der Kündigung nicht angenommen hätte (*LAG Bln.* 10.11.1996 LAGE § 2 KSchG Nr. 20).

Zur Wirksamkeit einer Änderungskündigung gegenüber einer teilzeitbeschäftigten Musikschullehrerin, mit der durch **Erhöhung der öffentlichen Unterrichtsstunden** bei unveränderter Vergütung ua der **Ferienüberhang ausgeglichen** werden soll (*LAG RhPf* 26.3.1998 ZTR 1999, 75).

Nach *LAG Bln.* (31.3.1998 NZA 1998, 1061) rechtfertigt die durch einen **Interessenausgleich bzw. einer Betriebsvereinbarung legitimierte Einführung eines neuen Arbeitszeitsystems** im Regelfall die Änderungskündigung zur Anpassung dem entgegenstehender vertraglicher Arbeitsbedingungen (so *LAG Bln.* 8.4.1998 LAGE § 2 KSchG Nr. 35 zur Teilflexibilisierung der Arbeitszeit mit Zustimmung des Betriebsrats).

6. Änderungskündigung durch Insolvenzverwalter

§§ 125 bis 128 InsO (s. dazu iE KR-*Weigand* §§ 125–128 InsO) **gelten auch für Änderungskündigungen** (*Fischermeier* NZA 1997, 1009; *Löwisch* RdA 1997, 85; *Müller* NZA 1998, 1319; *Preis* NZA 1997, 1087; *Warrikoff* BB 1994, 2338, 2341; *Zwanziger* BB 1997, 626; *ders.* aaO § 125 InsO Rz 18). Das zeigt schon der Wortlaut, der in § 125 Abs. 1 Nr. 1 InsO ausdrücklich auch eine Vermutung aufstellt, dass dringende betriebliche Erfordernisse einer Weiterbeschäftigung zu unveränderten Bedingungen entgegenstehen. Es wird aber auch aus den Materialien des Gesetzgebungsverfahrens deutlich. In dem Bericht des Rechtsausschusses zum Entwurf der Insolvenzordnung ist hervorgehoben, dass der Begriff der Kündigung sowohl die Beendigungskündigung als auch die Änderungskündigung erfasst (BT-Drs. 12/7302, S. 169). Werden also in einem **Interessenausgleich zwischen Insolvenzverwalter und Betriebsrat Arbeitnehmer,** denen gekündigt werden soll, **namentlich bezeichnet,** wird gem. § 125 Abs. 1 Nr. 1 InsO vermutet, dass die Änderungskündigung durch dringende betriebliche Erfordernisse bedingt ist; die **soziale Auswahl** wird nach Maßgabe des § 125 Abs. 1 Nr. 2 InsO nur noch eingeschränkt auf grobe Fehlerhaftigkeit überprüft (s. zur Anwendung des entsprechenden § 1 Abs. 5 KSchG auf Änderungskündigungen Rz 103b). Nicht als zu ergreifendes milderes Mittel gegenüber einer Beendigungskündigung angesehen hat das BAG eine Änderungskündigung mit dem Ziel, zur Entlastung der Insolvenzmasse Forderungen des Arbeitnehmers in Altersteilzeit auf die vereinbarten Aufstockungsbeiträge zu beseitigen (*BAG* 16.6.2005 EzA § 113 InsO Nr. 17).

112a

Der Insolvenzverwalter kann gem. **§ 126 InsO im Beschlussverfahren die soziale Rechtfertigung der Änderungskündigung** feststellen lassen, wenn ein Interessenausgleich nicht fristgerecht zustande kommt oder ein Betriebsrat nicht besteht. **Die entsprechenden Vermutungs- bzw. Feststellungswirkungen erstrecken sich nach § 128 Abs. 2 InsO auch darauf, dass die Änderungskündigung nicht wegen eines Betriebsübergangs erfolgt.** Zu allen Einzelheiten s. KR-*Weigand* § 128 InsO. Anzuwenden auf die Änderungskündigung ist auch § 113 InsO (verkürzte Kündigungsfrist; *Fischermeier* NZA 1997, 1099, 1100; *Warrikoff* BB 1994, 2338; s. iE KR-*Rost* § 7 KSchG Rz 5a; KR-*Weigand* aaO).

112b

F. Die Beteiligung des Betriebsrats bei der Änderungskündigung

I. Anhörung des Betriebsrats nach § 102 BetrVG

1. Anhörung des Betriebsrats

Die Änderungskündigung ist eine **echte Kündigung,** da sie zur Beendigung des Arbeitsverhältnisses führen kann (s.o. Rz 9). Gem. § 102 Abs. 1 S. 1 BetrVG ist daher vor Ausspruch der Änderungskündigung **der Betriebsrat zu hören** (DKK-*Kittner* § 102 Rz 13; *Fitting* § 102 Rz 9; GK-*Raab* § 102 Anm. 30; *Hohmeister* BB 1994, 1179; HK-*Weller/Hauck* Rz 169; v. *Hoyningen-Huene/Linck* Rz 35; HSWG-*Schlochauer* § 102 Rz 14; *Hümmerich* RdA 2000, 354; *Richardi/Thüsing* § 102 Rz 268; *Schwerdtner* FS 25 Jahre BAG, S. 576; *Stück* MDR 2000, 1057; *BAG* 11.10.1989 EzA § 1 KSchG Betriebsbedingte Kündigung Nr. 64; 27.9.2001 EzA § 2 KSchG Nr. 44; diff. *Kallmeyer* DB 1973, 971). Entsprechendes gilt für die Beteiligung des Personalrats (s.a. *BAG* 23.11.2000 EzA § 2 KSchG Nr. 40 zur Bindungswirkung eines personalvertretungsrechtlichen Beschlussverfahrens).

113

Da die Anhörung des Betriebsrats **vor** der Kündigung zu erfolgen hat, ist eine Differenzierung danach, ob der Arbeitnehmer das Angebot ablehnt oder gem. § 2 KSchG unter Vorbehalt annimmt, nicht möglich (so aber schon für die Anhörung *Kallmeyer* aaO; s. dagegen etwa *Hohmeister* aaO). Solange dem Arbeitnehmer gegenüber die Kündigung noch nicht ausgesprochen worden ist, kann er sich zu dem Angebot

114

iSd § 2 S. 1 KSchG nicht äußern. Dies kann immer erst **nach Ausspruch** der Kündigung und damit auch **nach** Anhörung des Betriebsrats geschehen. Selbst wenn der Arbeitnehmer ein zunächst isoliert abgegebenes Änderungsangebot ausgeschlagen hat, hindert ihn das nicht, nach der Verknüpfung dieses Angebots mit einer Kündigung bis zum Ablauf der Kündigungsfrist bzw. zum Ablauf von drei Wochen nach Ausspruch der Kündigung das Angebot nach Maßgabe des § 2 KSchG doch anzunehmen. Die **Anhörung** des Betriebsrats ist daher **zwingend in jedem Fall vor Ausspruch der Änderungskündigung** erforderlich, unabhängig davon, wie der Arbeitnehmer später auf die Kündigung reagiert.

115 Die Durchführung des **Anhörungsverfahrens** entspricht im Prinzip dem Anhörungsverfahren vor Ausspruch einer ordentlichen Kündigung. Zu der Mitteilung der Kündigungsgründe gehört die Unterrichtung über die **Art der Kündigung** – also eine Änderungskündigung – und über das **Änderungsangebot** (*BAG* 27.9.2001 EzA § 2 KSchG Nr. 44). Im Falle einer betriebsbedingten Änderungskündigung sind jedenfalls dann die **Kündigungsfristen** der betroffenen Arbeitnehmer anzugeben, wenn sich erst daraus die **Tragweite der geplanten personellen Maßnahmen** (etwa die Reduzierung des Weihnachtsgeldes), bezogen auf das laufende oder das nachfolgende Kalenderjahr, ermitteln lässt (*BAG* 29.3.1990 EzA § 102 BetrVG 1972 Nr. 79 m. Anm. *Marhold;* vgl. auch schon *BAG* 3.4.1987 RzK III 1d Nr. 3; *ArbG Frankf.* 17.1.1990 RzK III 1d Nr. 6 – Mitteilung des Kündigungstermins jedenfalls bei Massenänderungskündigungen). Der Betriebsrat soll durch das Anhörungsverfahren in die Lage versetzt werden, sich ein eigenes Urteil über die Berechtigung der Kündigung zu bilden und darüber, ob ein Widerspruch nach § 102 Abs. 3 BetrVG sinnvoll ist. Das kann er nur, wenn er weiß, dass es sich um eine Änderungskündigung handelt und ihm das Änderungsangebot vorliegt. Zu Recht weist das *BAG* (aaO) darauf hin, dass die Kenntnis des Angebotes gerade im Hinblick auf die Widerspruchsgründe gem. § 102 Abs. 3 Ziff. 3–5 BetrVG unerlässlich ist (vgl. auch KR-*Etzel* § 102 BetrVG Rz 58 ff.). Wer allerdings das Änderungsangebot für die rechtliche Bewertung der Kündigung als irrelevant ansieht, braucht ihm auch im Rahmen des § 102 BetrVG keine Bedeutung beizumessen (konsequent *Schwerdtner* FS 25 Jahre BAG, S. 578). Bestehen auf Seiten des Betriebsrats Bedenken, so hat er diese innerhalb einer Woche dem Arbeitgeber schriftlich mitzuteilen, andernfalls gilt seine Zustimmung als erteilt. Zu den Einzelheiten des Anhörungsverfahrens vgl. KR-*Etzel* § 102 BetrVG Rz 46 ff. Zur Beteiligung des Personalrats s. KR-*Etzel* §§ 72, 79, 108 BPersVG Rz 11 ff. Hat der Personalrat fristgerecht Einwendungen gegen eine beabsichtigte (Änderungs-)Kündigung erhoben und unterlässt der Arbeitgeber eine nach den Vorschriften des einschlägigen PersVG vorgeschriebene Erörterung mit dem Personalrat, ist die Kündigung idR unwirksam (*BAG* 20.1.2000 EzA § 2 KSchG Nr. 39; s.a. *BVerwG* 9.12.1998 AP Nr. 3 zu § 74 LPVG Hessen).

115a Will der Arbeitgeber im **Falle der endgültigen Ablehnung** eines dem Arbeitnehmer vor Ausspruch der Kündigung unterbreiteten Änderungsangebotes eine **reine Beendigungskündigung** aussprechen **(s. dazu jetzt aber BAG 21.4.2005 EzA § 2 KSchG Nr. 52 u. Nr. 53; s. Rz 18 f)**, hat er dies dem Betriebsrat gegenüber **klarzustellen.** Anderenfalls deckt die Anhörung zur beabsichtigten Änderungskündigung nicht die vom Arbeitgeber nach Ablehnung des Angebotes ausgesprochene Beendigungskündigung (*BAG* 30.11.1989 EzA § 102 BetrVG 1972 Nr. 77). Diese sehr strenge Unterscheidung zeigt ein zusätzliches Risiko eines »vorgeschalteten Anhörungsverfahrens« (s. dazu Rz 18 f.). Auch deshalb kann nur **empfohlen werden, auch bei Ablehnung des Arbeitnehmers im Vorstadium im Zweifel doch eine Änderungskündigung auszusprechen** – also das abgelehnte Änderungsangebot mit der Kündigung noch einmal zu wiederholen (s.a. Rz 18g). Damit vermeidet der Arbeitgeber auch evtl. Beweisschwierigkeiten, wenn der Arbeitnehmer im späteren Verfahren die endgültige und vorbehaltlose Ablehnung des Angebotes bestreitet (s.a. Rz 105a).

115b Auch für die Änderungskündigung gilt, dass der Arbeitgeber sich im Änderungsschutzprozess **auf solche Gründe nicht stützen kann,** die er trotz Kenntnis dem Betriebsrat im Anhörungsverfahren **nicht mitgeteilt** hat (s. dazu iE KR-*Etzel* § 102 BetrVG Rz 185b). Hat also der Arbeitgeber etwa bei einer Änderungskündigung zum Zwecke der Streichung außertariflicher Zulagen wegen zu hoher Kostenbelastung den Betriebsrat nur über die wirtschaftlichen Verhältnisse einer unselbständigen Betriebsabteilung unterrichtet, ist es ihm im Änderungsschutzverfahren verwehrt, sich darauf zu berufen, dass die Ertragslage des gesamten Betriebes ein dringendes Sanierungsbedürfnis bedinge (*BAG* 11.10.1989 EzA § 1 KSchG Betriebsbedingte Kündigung Nr. 64; s. dazu Rz 107a).

2. Widerspruch des Betriebsrats

116 Gem. § 102 Abs. 3 BetrVG kann der Betriebsrat innerhalb der Frist des 102 Abs. 2 S. 1 BetrVG – also innerhalb einer Woche nach der Unterrichtung durch den Arbeitgeber – der Kündigung **widersprechen,**

Änderungskündigung § 2 KSchG

wenn einer der in § 102 Abs. 3 Ziff. 1–5 BetrVG abschließend aufgeführten Gründe vorliegt.

Für den Widerspruch nach Ziff. 1 – nicht ausreichende Berücksichtigung sozialer Gesichtspunkte – gelten keine Besonderheiten gegenüber der normalen Kündigung. Ein auf Ziff. 2 gestützter Widerspruch kommt nur insoweit in Frage, als die Richtlinie gem. § 95 BetrVG auch die Änderungskündigung berührt, was iE Auslegungsfrage ist. Beruft sich der Betriebsrat auf eine Weiterbeschäftigungsmöglichkeit nach Maßgabe der Ziff. 3–5, kann dies verständlicherweise nicht gerade die Möglichkeit sein, welche der Arbeitgeber dem Arbeitnehmer mit seiner Änderungskündigung anbietet. Ein solcher Widerspruch wäre unbeachtlich. Die Ziff. 3–5 haben Bedeutung für den Fall, dass der Betriebsrat eine Beschäftigung zu weniger einschneidend geänderten Bedingungen als möglich ansieht und seinen Widerspruch darauf stützt (s. dazu auch *LAG Köln* 5.11.1998 LAGE § 1 KSchG Betriebsbedingte Kündigung Nr. 54; s.a. Rz 101). 117

3. Weiterbeschäftigung nach Ablehnung des Angebots

Hat der Betriebsrat der beabsichtigten Kündigung frist- oder ordnungsgemäß **widersprochen** und spricht der Arbeitgeber die Kündigung trotzdem aus, woran er nicht gehindert ist, ist für das weitere Verfahren zu unterscheiden, ob der Arbeitnehmer das Änderungsangebot unter Vorbehalt annimmt oder es endgültig ablehnt. **Lehnt er es ab**, gelten keine Besonderheiten. Erhebt der Arbeitnehmer dann nach dem KSchG Klage auf Feststellung, dass das Arbeitsverhältnis durch die Kündigung nicht aufgelöst ist, kann er nach Maßgabe des **§ 102 Abs. 5 BetrVG die Weiterbeschäftigung** verlangen (*Fitting* § 102 Rz 14; *Löwisch/Kaiser* § 2 Rz 50; HSWG-*Schlochauer* § 102 Rz 173; *v. Hoyningen-Huene/Linck* Rz 79; *Richardi/Thüsing* § 102 Rz 280. Dabei geht es hier im Unterschied zur Weiterbeschäftigung nach Annahme des Angebots unter Vorbehalt um die Weiterbeschäftigung **zu den alten Bedingungen**. 118

4. Weiterbeschäftigung nach Annahme des Angebots

Nimmt der Arbeitnehmer hingegen das Änderungsangebot des Arbeitgebers **unter dem Vorbehalt** an, dass die Änderung nicht sozial ungerechtfertigt ist, erklärt er sich damit bereit, zunächst zu den geänderten Bedingungen weiterzuarbeiten bis zur endgültigen Klärung im Änderungsschutzprozess. Zu diesem Verhalten stünde es im Widerspruch, wollte er nunmehr gem. § 102 Abs. 5 BetrVG die Weiterbeschäftigung zu den alten Bedingungen verlangen. Bei der Lösung dieses Konflikts ist der im KSchG für die Änderungskündigung getroffenen Regelung der Vorrang zu geben. Der Arbeitnehmer muss sich an seiner ausdrücklich erklärten Bereitschaft festhalten lassen, **zunächst zu den geänderten Bedingungen** weiterzuarbeiten. Das ist der Preis dafür, dass ihm das Risiko des totalen Verlustes des Arbeitsplatzes abgenommen wird und der Arbeitgeber sich mit einer Annahme seines Angebotes unter Vorbehalt einverstanden erklären muss. Die Interessen des Arbeitnehmers sind hinreichend gem. § 8 KSchG gewahrt, da er für den Fall des Obsiegens rückwirkend so gestellt wird, als habe er ohne Unterbrechung zu den alten Bedingungen gearbeitet. Die **Weiterbeschäftigungsmöglichkeit gem. § 102 Abs. 5 BetrVG tritt demnach zurück,** wenn der Arbeitnehmer das Änderungsangebot unter Vorbehalt angenommen hat (HSWG-*Schlochauer* § 102 Rz 173; *Fitting* § 102 Rz 13; *Löwisch/Kaiser* § 102 Rz 50; GK-*Raab* § 102 Anm. 184; KPK-*Bengelsdorf* Teil H § 2 Rz 80; *Richardi/Thüsing* § 102 Rz 281; aA DKK-*Kittner/Bachner* § 102 Rz 251; für eine analoge Anwendung jetzt auch *Enderlein* ZfA 1992, 51 s. aber auch Rz 140, 141). 119

Dieses Ergebnis wird gestützt durch den **Wortlaut** des § 102 Abs. 5 BetrVG. Dort wird verlangt, dass der Arbeitnehmer nach dem KSchG Klage auf Feststellung erhoben hat, dass das Arbeitsverhältnis durch die Kündigung nicht aufgelöst ist. Dies ist aber der Antrag der Kündigungsschutzklage gem. § 4 S. 1 KSchG und nicht der Antrag der Änderungsschutzklage gem. § 4 S. 2 KSchG, den der Arbeitnehmer im Falle der Annahme der geänderten Vertragsbedingungen unter Vorbehalt zu stellen hat. 120

5. Fehlerhafte Anhörung

Führt der Arbeitgeber das Anhörungsverfahren **nicht** oder **nicht ordnungsgemäß** durch, ist die **Kündigung unwirksam**, § 102 Abs. 1 S. 3 BetrVG. Ob das Änderungsangebot des Arbeitgebers wirksam bleibt, bestimmt sich nach § 139 BGB. Die Frage dürfte in aller Regel zu bejahen sein mit der Folge, dass der Arbeitnehmer das Änderungsangebot endgültig annehmen und damit die Änderung des Arbeitsverhältnisses einverständlich herbeigeführt werden kann. Die Zielrichtung des Arbeitgebers bei der Änderungskündigung läuft gerade dahin, in erster Linie die Änderung des Arbeitsvertrags herbeizuführen, wobei die Kündigung nur als Hilfsmittel für den Fall eingesetzt wird, dass es nicht zu einer 121

Annahme des Angebotes kommt. Bei dieser Sachlage wird das Änderungsangebot regelmäßig auch ohne wirksame Kündigung als gewollt anzusehen sein (vgl. auch *v. Hoyningen-Huene/Linck* Rz 40; *Galperin/Löwisch* § 102 Rz 10; *Schwerdtner* FS 25 Jahre BAG, S. 576). Nimmt der Arbeitnehmer das Angebot nicht an, muss nach nunmehr ordnungsgemäß durchgeführtem Anhörungsverfahren eine erneute Änderungskündigung ausgesprochen werden.

II. Versetzung und Umgruppierung § 99 BetrVG

1. Regelung des § 99 BetrVG

122 Die Änderungskündigung wird häufig eine **Umgruppierung oder eine Versetzung** iSd § 99 Abs. 1 BetrVG auslösen. Als **Versetzung** in diesem Sinne ist nach der Legaldefinition des § 95 Abs. 3 BetrVG anzusehen die Zuweisung eines anderen Arbeitsbereichs, die voraussichtliche Dauer von einem Monat überschreitet oder die mit einer erheblichen Änderung der Umstände verbunden ist, unter denen die Arbeit zu leisten ist (vgl. DKK-*Kittner/Bachner* § 99 Rz 86; *Fitting* § 99 Rz 97 ff.; GK-*Kraft/Raab* § 99 Rz 55 ff.; HSWG-*Schlochauer* § 99 Rz 43 ff.; *Richardi* § 99 Rz 89 ff.; – jeweils mwN). **Umgruppierung** in diesem Sinne ist jede Einreihung in eine andere Vergütungsgruppe, wobei unerheblich ist, ob die Umgruppierung durch die Zuweisung einer anderen Tätigkeit veranlasst ist, oder bei unveränderter Tätigkeit zur Korrektur einer falschen Einstufung oder mit Rücksicht auf eine tarifliche Bewertung vorgenommen wird (vgl. *Fitting* § 99 Rz 78 ff.; *Löwisch/Kaiser* § 99 Rz 25; GK-*Kraft/Raab* § 99 Rz 40 ff.; HSWG-*Schlochauer* § 99 Rz 33 ff.; *Richardi/Thüsing* § 99 Rz 59 ff. – jeweils mwN; zur Umgruppierung s. aber auch Rz 142).

123 In Betrieben mit idR mehr als 20 wahlberechtigten Arbeitnehmern hat der Arbeitgeber den Betriebsrat vor jeder Einstellung, Eingruppierung, Umgruppierung und Versetzung **zu unterrichten nach Maßgabe des § 99 Abs. 1 BetrVG.** Der Betriebsrat kann seine Zustimmung zu der beabsichtigten Maßnahme verweigern aus den in § 99 Abs. 2 Ziff. 1–6 BetrVG abschließend aufgezählten Gründen. **Ohne die Zustimmung des Betriebsrates** kann die Maßnahme nicht durchgeführt werden. Der Arbeitgeber kann die **Ersetzung** der Zustimmung durch das ArbG beantragen, § 99 Abs. 4 BetrVG. Er kann auch gem. § 100 BetrVG eine **vorläufige Regelung** treffen, wenn dies aus sachlichen Gründen dringend erforderlich ist.

2. Grundsätzliches Verhältnis der Verfahren nach §§ 99, 102 BetrVG

124 Das **Nebeneinander** der Beteiligungsrechte führt zu **Konkurrenzproblemen.** Insbesondere hat der Widerspruch des Betriebsrats gegen die beabsichtigte Maßnahme im Rahmen des § 99 BetrVG eine Blockierung der Maßnahme zur Folge, während der Widerspruch gegen eine beabsichtigte Kündigung gem. § 102 BetrVG den Arbeitgeber nicht daran hindert, die Kündigung dennoch auszusprechen.

125 Es besteht kein zwingender Grund, eines der Mitbestimmungsverfahren hinter dem anderen zurück–127 treten zu lassen. Beide sind nach Voraussetzung und Wirkung durchaus unterschiedlich. Während § 102 BetrVG **nur bei Kündigungen** des Arbeitgebers eingreift, ist es für die Anwendung des § 99 BetrVG nicht von Belang, ob der beabsichtigten Maßnahme eine Kündigung oder das Einverständnis der Parteien zugrunde liegt oder ob sie auf dem Direktionsrecht des Arbeitgebers beruht. Misst man § 99 BetrVG gegenüber § 102 BetrVG die speziellere Bedeutung zu, fallen die Beteiligungsrechte im Übrigen unterschiedlich aus, je nach der Größe des Betriebes: In Betrieben mit mehr als 20 Arbeitnehmern verdrängt § 99 BetrVG den § 102 BetrVG, in Betrieben mit bis zu 20 Arbeitnehmern erfolgt die Beteiligung des Betriebsrates allein nach § 102 BetrVG.

128 Die **Gründe,** aus denen der Betriebsrat widersprechen kann (§ 99 Abs. 2 Ziff. 1–6 und § 102 Abs. 3 Ziff. 1–5 BetrVG) **decken sich nicht.** Während die in § 102 Abs. 3 Ziff. 1–5 BetrVG genannten Gründe in erster Linie dem individuellen Kündigungsschutz dienen, sind die in § 99 Abs. 2 Ziff. 1–6 BetrVG abschließend aufgezählten Gründe vorrangig auf die Wahrung der kollektiven betrieblichen Interessen ausgerichtet. Dementsprechend ist es denkbar, dass der Betriebsrat zu **unterschiedlichen Entscheidungen** kommt, also etwa keinen Widerspruch aus dem Gesichtspunkt des § 99 BetrVG, wohl aber Einwendungen gegen eine Änderungskündigung gerade dieses Arbeitnehmers aus dem Gesichtspunkt der sozialen Auswahl erheben kann, § 102 Abs. 3 Ziff. 1 BetrVG (*BAG* 30.9.1993 EzA § 99 BetrVG 1972 Nr. 118; vgl. *v. Hoyningen-Huene/Linck* Rz 42; s.a. *BAG* 3.11.1977 AP Nr. 1 zu § 75 BPersVG).

129 Schließlich sind auch die **Rechtsfolgen unterschiedlich.** Während die Kündigung trotz des Widerspruchs des Betriebsrats ohne weiteres ausgesprochen werden kann, verhindert der Widerspruch des

Betriebsrats im Falle des § 99 BetrVG die Vollziehung der Maßnahme. Der Arbeitgeber muss gem. § 99 Abs. 4 BetrVG die Ersetzung der Zustimmung durch das ArbG beantragen, wenn er die Maßnahme nicht gem. § 100 BetrVG vorläufig durchführen kann.

Bei dieser Unterschiedlichkeit der Mitbestimmungsverfahren kann nicht eine der Vorschriften als lex specialis gegenüber der anderen gesehen werden. Vielmehr müssen beide **Mitbestimmungsverfahren nebeneinander durchgeführt** werden, wenn die entsprechenden Voraussetzungen gegeben sind (so ausdrücklich *BAG* 30.9.1993 EzA § 99 BetrVG 1972 Nr. 118; s.a. schon *BAG* 3.7.1986 RzK III 1d Nr. 1; 22.9.2005 EzA § 81 SGB IX Nr. 10; DKK-*Kittner/Bachner* § 99 Rz 219; *Dietz/Richardi* § 79 BPersVG Rz 131 f.; *v. Hoyningen-Huene/Linck* aaO; HSWG-*Schlochauer* § 102 Rz 17; KDZ-*Zwanziger* Rz 186; *Richardi/Thüsing* § 102 Rz 273; *Griese* BB 1995, 463; vgl. auch *BAG* 3.11.1977 aaO, welches unter Verweis auf die gleich gelagerte Problematik des BetrVG für das Personalvertretungsrecht das Nebeneinander der entsprechenden Beteiligungsrechte des Personalrats bejaht). 130

3. Verbindung beider Verfahren

Die **Anhörung** des Betriebsrats gem. § 102 Abs. 1 BetrVG und die **Unterrichtung** nach § 99 Abs. 1 BetrVG können **miteinander verbunden** werden. Das dürfte sich idR als zweckmäßig erweisen. Die Verdoppelung der Mitbestimmungsrechte des Betriebsrats führt also nicht notwendig zu einem doppelten Beteiligungsverfahren (*v. Hoyningen-Huene/Linck* Rz 42; HSWG-*Schlochauer* § 102 Rz 17; *BAG* 3.11.1977 AP Nr. 1 zu § 75 BPersVG). Der Arbeitgeber muss allerdings dem Betriebsrat klar und unmissverständlich zu erkennen geben, dass er beide Verfahren einleiten will (vgl. *BAG* aaO). Die Mitteilung an den Betriebsrat muss sowohl den gem. § 99 Abs. 1 BetrVG an die Unterrichtung vor einer personellen Einzelmaßnahme als auch den gem. § 102 Abs. 1 BetrVG an die Anhörung vor der Kündigung zu stellenden Anforderungen genügen. Nach ordnungsgemäß eingeleiteten Beteiligungsverfahren läuft für den Betriebsrat eine Wochenfrist an, innerhalb derer er zu jeder der beiden beabsichtigten Maßnahmen Stellung nehmen kann, § 99 Abs. 3 BetrVG und § 102 Abs. 2 BetrVG. 131

4. Zustimmung des Betriebsrats in beiden Verfahren

Äußert sich der Betriebsrat innerhalb einer Woche **nicht,** so gilt seine Zustimmung sowohl zu der Kündigung als auch zu der personellen Maßnahme als erteilt, § 99 Abs. 3 BetrVG und § 102 Abs. 2 S. 2 BetrVG. Die Kongruenz der Fristen erleichtert die Zusammenfassung der Verfahren. Der Arbeitgeber kann dann die Kündigung aussprechen und nach Annahme des Änderungsangebotes durch den Arbeitnehmer diesen auf dem neuen Arbeitsplatz zunächst beschäftigen, ohne dass § 99 BetrVG entgegensteht. Lehnt der Arbeitnehmer das Angebot endgültig ab, kommt eine vorläufige Weiterbeschäftigung gem. § 102 Abs. 5 BetrVG nicht in Frage, da dort ein ordnungsgemäßer Widerspruch des Betriebsrats vorausgesetzt wird. 132

Gleiches gilt, wenn der Betriebsrat innerhalb der Wochenfrist der beabsichtigten Maßnahme sowohl aus dem Gesichtspunkt des § 99 BetrVG als auch aus dem des § 102 BetrVG **ausdrücklich zustimmt** oder im Falle des § 102 BetrVG abschließend erkennen lässt, dass er einen Widerspruch nicht erheben will. 133

Der Betriebsrat kann seine Stellungnahme gleichfalls **einheitlich** abgeben. Sie muss allerdings erkennen lassen, dass sie sich auf beide Verfahren beziehen soll. Stimmt der Betriebsrat lediglich der Versetzung zu, ist es Auslegungsfrage, ob damit zugleich der Änderungskündigung zugestimmt wird. Angesichts der unterschiedlichen Widerspruchsgründe ist dies nicht selbstverständlich. Es kann **nicht** angenommen werden, dass die Zustimmung zur Umgruppierung oder Versetzung idR auch die Zustimmung zur Änderungskündigung beinhaltet (so auch zum Personalvertretungsrecht; *BAG* 3.11.1977 AP Nr. 1 zu § 75 BPersVG; *Schwerdtner* FS 25 Jahre BAG, S. 579; **aA** *Meisel* BB 1973, 946). Im Zweifelsfall empfiehlt es sich daher für den Arbeitgeber, die Wochenfrist abzuwarten vor Durchführung der Maßnahme, da mangels ausdrücklicher widersprechender Stellungnahme der Betriebsrat bis dahin seine Zustimmung dann als erteilt gilt. 134

5. Zustimmung des Betriebsrats nur zur Versetzung

Bei – auch fingierter – **Zustimmung** des Betriebsrats zu beiden Maßnahmen erwachsen also aus dem doppelten Beteiligungsverfahren **keine Probleme.** Das gilt auch dann, wenn der Betriebsrat der beabsichtigten Versetzung aus dem Gesichtspunkt des § 99 BetrVG **zustimmt,** der dazu erforderlichen Änderungskündigung aus einem der in § 102 Abs. 3 BetrVG genannten Gründen hingegen **widerspricht.** Der Widerspruch gem. § 102 Abs. 3 BetrVG hindert den Arbeitgeber nicht, die beabsichtigte Kündi- 135 gung auszusprechen. Nimmt der Arbeitnehmer das Änderungsangebot unter Vorbehalt an und erhebt er Änderungsschutzklage, wird er zunächst zu den neuen Bedingungen beschäftigt. Lehnt er das Angebot ab und erhebt Kündigungsschutzklage, kommt eine Weiterbeschäftigung allenfalls nach § 102 Abs. 5 BetrVG zu den alten Bedingungen in Betracht.

6. Widerspruch des Betriebsrats zur Versetzung

136 Verweigert der Betriebsrat der beabsichtigten **Versetzung** gem. § 99 Abs. 2 BerVG seine **Zustimmung,** kommt es zu folgender Situation: Der Arbeitgeber kann die beabsichtigte Änderungskündigung als Individualmaßnahme dennoch aussprechen, unabhängig von der Reaktion des Betriebsrats im Rahmen des § 102 BetrVG (s. aber auch *BAG* 22.9.2005 EzA § 81 SGB IX Nr. 10 – der Arbeitgeber ist grds. **nicht verpflichtet**, ein Zustimmungsersetzungsverfahren nach § 99 BetrVG durchzuführen). **Lehnt der Arbeitnehmer das Änderungsangebot ab,** ergeben sich keine besonderen Probleme, da jetzt eine Weiterbeschäftigung zu geänderten Bedingungen endgültig ausscheidet (*Richardi* DB 1973, 1337; s.a. *v. Hoyningen-Huene/Linck* Rz 45).

137 Nimmt er hingegen das **Änderungsangebot unter Vorbehalt an,** ist der Arbeitgeber gehindert, den Arbeitnehmer auf dem vorgesehenen neuen Arbeitsplatz zu beschäftigen, weil es dazu der Zustimmung des Betriebsrats bedarf. Das gilt auch, wenn die Änderungsschutzklage abgewiesen wird. Die danach feststehende Fortsetzung des Arbeitsverhältnisses zu geänderten Bedingungen kann nicht ausgeführt werden. Hier geraten kollektivrechtliche und individualrechtliche Regelungen in einen Widerspruch, der einer Auflösung bedarf.

138 Betrachtet man die Zustimmung des Betriebsrats zur personellen Maßnahme gem. § 99 BetrVG **nicht als Wirksamkeitsvoraussetzung** der Individualmaßnahme (so etwa *Ehrich* NZA 1992, 733; *v. Hoyningen-Huene* RdA 1982, 205; *ders.* NZA 1993, 150; GK-*Kraft/Raab* § 99 Anm. 124; HSWG-*Schlochauer* § 102 Rz 17; *Matthes* DB 1974, 2007; *ders.* DB 1975, 1651; *Stege/Weinspach* § 99–101 Rz 152a; *BAG* 2.7.1980 AP Nr. 5 zu § 101 BetrVG 1972, hält den ohne Zustimmung des Betriebsrats geschlossenen Arbeitsvertrag für wirksam und lässt die Frage offen, ob dies auch für die Zuweisung einer anderen Tätigkeit gilt), muss die fehlende Zustimmung des Betriebsrats an sich auf das Änderungsschutzverfahren ohne Einfluss bleiben. Denkbar ist dann, dass im Änderungsschutzverfahren die Klage abgewiesen, damit aber zugleich das Fortbestehen des Arbeitsverhältnisses zu geänderten Bedingungen festgestellt wird, während andererseits im gleichzeitig eingeleiteten Beschlussverfahren über die Ersetzung der Zustimmung des Betriebsrats gem. § 99 Abs. 4 BetrVG der Antrag zurückgewiesen wird, mit der Folge, dass die Maßnahme nicht durchgeführt werden kann (diese Konsequenz zieht folgerichtig *Stege* DB 1975, 1511; vgl. auch *Richardi* aaO; s. dazu jetzt aber auch *BAG* 30.9.1993 EzA § 99 BetrVG 1972 Nr. 118; s. Rz 140 ff.). *Meisel* versucht dem vorzubeugen, indem er bei Verweigerung der Zustimmung die soziale Rechtfertigung der Änderung nicht als gegeben ansieht; bis zum Abschluss des Beschlussverfahrens über die Ersetzung der Zustimmung, soll das Änderungsschutzverfahren **ausgesetzt** werden (*Meisel* BB 1973, 947; dagegen ausdrücklich *Stege* aaO zu FN 54; soweit *v. Hoyningen-Huene* NZA 1993, 151 gleichfalls von einer Sozialwidrigkeit der Änderungskündigung ausgeht, ist diese Auffassung in Anm. zu *BAG* 30.9.1993, AR-Blattei ES 1700 Nr. 21 wieder aufgegeben worden).

139 Ein anderes Bild ergibt sich hingegen, wenn man in der Zustimmung des Betriebsrats eine **Wirksamkeitsvoraussetzung** auch der Änderungskündigung als Einzelmaßnahme sieht (so insbes. die ältere Rspr. u. Literatur, vgl. auch noch 3. Aufl.; jetzt wieder *Wirges* ZTR 1998, 67; *Wolter* RdA 2006, 141; *LAG BW* 10.1.1985 NZA 1985, 326; *LAG Frankf.* 18.3.1987 BB 1987, 2453; *LAG Frankf.* 18.3.1987 RzK III 1d Nr. 2; vgl. auch *BAG* 14.6.1972 AP Nr. 54 zu §§ 22, 23 BAT und 15.12.1976 EzA §§ 22, 23 BAT VergGR VIII, 2 Nr. 2 –; jeweils zur Frage der Übertragung einer höherwertigen Tätigkeit, welche mangels Zustimmung des Personalrats als unwirksam angesehen wird). Die streitige Änderung ist dann grds. **so lange unwirksam,** wie nicht die Zustimmung des Betriebsrats **ersetzt ist.** Spricht der Arbeitgeber die Kündigung aus, ohne ein Ersetzungsverfahren gem. § 99 Abs. 4 BetrVG einzuleiten, kann der Arbeitnehmer, der die Änderung unter Vorbehalt angenommen hat, die fehlende Zustimmung des Betriebsrats im Änderungsverfahren geltend machen. Es bedarf dabei nicht des Umwegs über die Sozialwidrigkeit (vgl. *Meisel* BB 1973, 946; s.o. Rz 138). Die fehlende Zustimmung ist als **selbständige Wirksamkeitsvoraussetzung** anzusehen, die wegen des erweiterten Streitgegenstandes im Änderungsschutzverfahren geprüft werden kann.

140 Das **BAG** vertritt nunmehr die Auffassung, die **fehlende Zustimmung des Betriebsrats nach § 99 BetrVG führe nicht zur Unwirksamkeit der Änderungskündigung** (30.9.1993 EzA § 99 BetrVG 1972

Änderungskündigung § 2 KSchG

Nr. 118 = AR-Blattei ES 1700 Nr. 21 m. insoweit zust. Anm. *v. Hoyningen-Huene;* 8.6.1995 RzK I 7a Nr. 30; zust. auch APS-*Künzl* Rz 140; DKK-*Kittner/Bachner* § 99 Rz 219; KDZ-*Zwanziger* Rz 188; HK-*Weller/Hauck* Rz 173; *Richardi/Thüsing* § 102 Rz 279; *Schaub* § 241 VI 1; HSWG-*Schlochauer* § 102 Rz 17; *Bartels* S. 125ff.; ablehnend aber ErfK-*Ascheid/Oetker* Rz 32, 33; *Wolter* RdA 2006, 141; s.a. *BAG* 27.1.1994 EzA § 615 BGB Nr. 80). Dem ist **zuzustimmen**. Versetzung iSd § 99 BetrVG meint die Zuweisung eines anderen Arbeitsbereichs. Die Mitbestimmung knüpft an die tatsächliche Übertragung der neuen Tätigkeit an. Das Mitbestimmungsrecht ist nicht davon abhängig, ob die angeordnete Maßnahme dem Arbeitnehmer gegenüber individualrechtlich zulässig ist. Bereits dies spricht gegen eine Verknüpfung der beiden Ebenen in der Weise, dass die Wirksamkeit der vertraglichen Änderung von der erfolgten Mitbestimmung abhängig gemacht wird. Zu einer funktionswidrigen Umgehung des Mitbestimmungsrechts, die mit der Theorie der Wirksamkeitsvoraussetzung verhindert werden soll, kann es nicht kommen, weil der Betriebsrat gem. § 101 BetrVG die Aufhebung einer unter Verletzung seines Mitbestimmungsrechts durchgeführten Maßnahme verlangen kann. Darüber hinaus bleibt die tatsächliche Zuweisung eines anderen Arbeitsplatzes unter Verletzung der Mitbestimmungsrechte des Betriebsrats betriebsverfassungsrechtlich gesehen unwirksam; der Arbeitnehmer braucht eine entsprechende Anweisung nicht zu befolgen (*BAG* 16.1.1988 EzA § 99 BetrVG 1972 Nr. 58 m. Anm. *Weber;* 26.1.1993 EzA § 99 BetrVG 1972 Nr. 109; 30.9.1993 EzA § 99 BetrVG 1972 Nr. 118; 8.6.1995 aaO; zust. HK-*Weller/Hauck* Rz 174; **aA** *v. Hoyningen-Huene/Boemke* S. 198; *v. Hoyningen-Huene* NZA 1993, 150; KPK-*Bengelsdorf* Teil H § 2 Rz 79; *Waltermann* SAE 1995, 367, 372). Das *BAG* weist zu Recht auch auf die Ungereimtheit hin, dass anderenfalls die Wirksamkeit der Kündigung in der Schwebe bleibe bis zur Klärung der gerichtlichen Ersetzung der Zustimmung (30.9.1993 EzA § 99 BetrVG 1972 Nr. 118). Dies widerspricht dem Grundsatz der Bedingungsfeindlichkeit der Kündigung als einseitige Willenserklärung.

Es sprechen daher die besseren Gründe dafür, dass die Wirksamkeit der eine mitbestimmungspflichtige Versetzung beinhaltenden Änderungskündigung nicht von der Zustimmung des Betriebsrats gem. § 99 BetrVG abhängig ist (s.a. schon Rz 138). Zu berücksichtigen bleibt aber, dass die Versetzung nicht durchgeführt werden kann vor Zustimmung des Betriebsrats oder deren Ersetzung durch das Gericht. Der Arbeitnehmer kann also trotz Annahme des Änderungsangebots unter Vorbehalt nicht auf den neuen Arbeitsplatz umgesetzt werden, es sei denn, der Arbeitgeber führe die Maßnahme gem. § 100 BetrVG vorläufig durch. Dies bedeutet, dass der Arbeitnehmer trotz Annahme der neuen Arbeitsbedingungen unter Vorbehalt zunächst weiterhin auf dem alten Arbeitsplatz eingesetzt werden muss (so auch *Däubler/Kittner/Klebe* § 102 Rz 251; KR-*Etzel* § 102 BetrVG Rz 199d; *Richardi/Thüsing* § 102 Rz 282; vgl. dazu auch Rz 158b). Wird die Änderungskündigung für sozial gerechtfertigt befunden, bleibt es aber bei der endgültigen Verweigerung der Zustimmung gem. § 99 BetrVG, steht zwar fest, dass der Arbeitgeber dem Arbeitnehmer gegenüber vertraglich die neue Tätigkeit zuweisen könnte. Wegen der betriebsverfassungsrechtlichen Sperre ist ihm dies aber unmöglich. Es bietet sich daher an, diesen Konflikt dahin zu lösen, dass die Parteien in **entsprechender Anwendung von § 275 Abs. 2 BGB von den geänderten Verpflichtungen frei werden** und das Arbeitsverhältnis zu den alten Bedingungen fortzusetzen ist (*BAG* 30.9.1993 EzA § 99 BetrVG 1972 Nr. 118 unter B III e, ff. der Gründe). Soweit die Beschäftigung zu den alten Bedingungen nicht mehr möglich ist, muss ggf. **dann eine Beendigungskündigung** ausgesprochen werden. Auch wenn die Wirksamkeit der Änderungskündigung nicht von der betriebsverfassungsrechtlichen Wirksamkeit der Versetzung abhängig ist und das Zustimmungsersetzungsverfahren daher nicht im echten Sinne des § 148 ZPO vorgreiflich ist, bestehen gegen eine aus prozessökonomischen Gründen erfolgende Aussetzung des Änderungsschutzverfahrens (oder ggf. umgekehrt auch das Zustimmungsersetzungsverfahren) in entsprechender Anwendung dieser Vorschrift keine Bedenken (ähnlich APS-*Künzl* Rz 145; KPK-*Bengelsdorf* Teil H § 2 Rz 130).

Besteht die **Änderung der Arbeitsbedingungen in einer Umgruppierung,** gelten die vorstehenden Ausführungen **entsprechend**. Die Mitbestimmung des Betriebsrats nach § 99 BetrVG ist hier erst recht keine Wirksamkeitsvoraussetzung. Dies gilt schon deshalb, weil es sich bei der **Umgruppierung nicht um einen Gestaltungsakt handelt**. Die Eingruppierung in eine Vergütungsgruppe folgt ohne weiteres aus der ausgeübten Tätigkeit. Dem Betriebsrat steht hier also kein Mitgestaltungsrecht, sondern lediglich ein Mitbeurteilungsrecht zu (vgl. etwa *BAG* 9.2.1993 EzA § 99 BetrVG 1972 Nr. 111). Die Wirksamkeit einer Änderungskündigung, mit der eine Herabgruppierung bewirkt werden soll, ist also nicht von der Zustimmung des Betriebsrats gem. § 99 BetrVG abhängig (*BAG* 30.9.1993 EzA § 99 BetrVG 1972 Nr. 118 unter II 3 der Gründe; MünchArbR-*Matthes* § 348 Rz 23; *Richardi/Thüsing* § 102 Rz 79; vgl. auch *BAG* 30.5.1990 EzA § 99 BetrVG 1972 Nr. 89).

III. Mitbestimmung nach § 87 BetrVG

143 Die mit der Änderungskündigung angestrebte Änderung der Arbeitsbedingungen kann zugleich eine **mitbestimmungspflichtige Maßnahme iSd § 87 BetrVG** sein. Dies gilt insbes. bei Vorliegen einer Massenänderungskündigung, mit der die Arbeitsbedingungen aller oder einer Gruppe von Arbeitnehmern geändert werden sollen. Als Beispiele seien genannt etwa die Einführung von Schichtarbeit (*BAG* 28.10.1986 EzA § 87 BetrVG 1972 Arbeitszeit Nr. 20) oder Änderung der betrieblichen Lohngestaltung iSd § 87 Abs. 1 Ziff. 10 BetrVG. Welche **Folgen eine Verletzung des Mitbestimmungsrechts** nach § 87 BetrVG auf die Individualmaßnahme hat, ist umstritten. Rechtsprechung und herrschende Lehre gehen aus von der Theorie der **Wirksamkeitsvoraussetzung**. Danach sind jedenfalls den Arbeitnehmer belastende Maßnahmen – das trifft auf eine regelmäßig zur Verschlechterung der Arbeitsbedingungen führende Änderungskündigung zu (s.a. Rz 28) – unwirksam, wenn sie unter Verletzung des Mitbestimmungsrechtes ergehen (*BAG* [GS] 3.12.1991 EzA § 87 BetrVG 1972 Betriebliche Lohngestaltung Nr. 30 m. Anm. *Gaul*; 16.9.1986 EzA § 77 BetrVG 1972 Nr. 16 unter C III 4 der Gründe; *BAG* 3.8.1982 EzA § 87 BetrVG 1972 Betriebliche Lohngestaltung Nr. 5 – zum Widerruf; 31.1.1984 EzA § 87 BetrVG 1972 Betriebliche Lohngestaltung Nr. 8 – zur Änderungskündigung; *LAG Frankf.* 27.11.1986 DB 1987, 1884 – zur Änderungskündigung bei Einführung von Schichtbetrieb; DKK-*Klebe* § 87 Rz 4; *Fitting* § 87 Rz 565 u. § 102 Rz 10; GK-*Wiese* § 87 Rz 92; HK-*Weller/Hauck* Rz 176; *v. Hoyningen-Huene* DB 1987, 1426; *Löwisch* NZA 1988, 640; *Säcker* ZfA 1972, Sonderheft S. 56 **aA** insbes. *Richardi* § 87 Rz 104 ff.; HSWG-*Worzalla* § 87 Rz 83 ff. – beide m. ausführlicher Darstellung und Nachw. der Gegenmeinungen).

144 Demgegenüber geht das **BAG nunmehr von einer differenzierteren Lösung** aus. Im Anschluss an die Grundsätze der Entscheidung vom 30.9.1993 (EzA BetrVG 1972 § 99 Nr. 118, s.o. Rz 140) nimmt der Zweite Senat im Prinzip auch für die Tatbestände des § 87 BetrVG an, dass die **Wirksamkeit der Individualmaßnahme Änderungskündigung von der unterbliebenen Beteiligung des Betriebsrats nicht berührt wird** (*BAG* 17.6.1998 EzA KSchG § 2 Nr. 30 = AP KSchG 1969 § 2 Nr. 49 m. krit. Anm. *H. Hanau* = SAE 2000, 238 m. zust. Anm. *Henssler*). Dies wurde entschieden für eine Änderungskündigung, mit der der Arbeitgeber die Abänderung einer Auslösungsregelung für den Einsatz auf einer auswärtigen Baustelle erreichen wollte. Die Maßnahme hatte ein Mitbestimmungsrecht nach § 87 Abs. 1 Nr. 10 BetrVG zur Folge, da die Auslösung auf einer vertraglichen Einheitsregelung beruhte, die der Arbeitgeber für den gesamten Betrieb allgemein abändern wollte. Der Zweite Senat hat angenommen, weder das kollektivrechtliche noch das individualrechtliche Erfordernis seien vorrangig. Eine **nicht mitbestimmte**, aber sozial gerechtfertigte **Änderungskündigung könne der Arbeitgeber lediglich nicht durchsetzen, solange die Mitbestimmungsrechte nicht durchgeführt worden seien** (*BAG* 17.6.1998 EzA KSchG § 2 Nr. 30; dem BAG zust. APS-*Künzl* Rz 157; ErfK-*Ascheid/Oetker* Rz 32; HK-*Weller/Hauck* Rz 176; *Fischermeier* NZA 2000, 742; *Otto* S. 181; im Ergebnis zust. auch *Löwisch/Spinner* Rz 115 – schwebende Unwirksamkeit der Änderungskündigung; s.a. *Löwisch/Kaiser* § 87 BetrVG Rz 15; teilw. zust. auch GK-*Wiese* § 87 Rz 121 – BAG bleibt auf halbem Wege stehen; **aA** *Fitting* BetrVG § 102 Rz 10; KDZ-*Zwanziger* Rz 189a; *Wolter* RdA 2006, 141).

145 **Diese Lösung lässt Fragen offen**. Die Vorstellung, dass individualrechtlich nur noch ein Anspruch auf eine geringere Lohnleistung besteht, der Arbeitgeber aber trotzdem zur Fortzahlung der höheren Vergütung verpflichtet sein soll, ist dogmatisch schwer einzuordnen. Sie ist bei der Versetzung auf einen anderen Arbeitsplatz eher nachzuvollziehen, da es insoweit nur um einen tatsächlichen Akt geht, die Vorstellung von einer individualrechtlichen Erweiterung des Direktionsrechts also näher liegt (vgl. *BAG* 30.9.1993 EzA BetrVG 1972 § 99 Nr. 118). Es stellt sich aber auch die weitere **Frage, ob die vom Zweiten Senat vertretene Lösung noch mit dem bisherigen Verständnis der Theorie der Wirksamkeitsvoraussetzung übereinstimmt**. Diese geht davon aus, **dass kollektive Regelungstatbestände zunächst mit dem Betriebsrat** abgeklärt werden sollen. Dieser Zweck kann unterlaufen werden, wenn der Arbeitgeber die mitbestimmungspflichtige Maßnahme auf dem Wege von Einzelvereinbarungen oder unter dem Druck von Änderungskündigungen durchsetzen und damit den Betriebsrat vor vollendete Tatsachen stellen könnte. Auch das Schutzbedürfnis des Arbeitnehmers gebietet die präventive Einschaltung des Betriebsrats. Er steht als einzelner einem Änderungsbegehren des Arbeitgebers – sei es in der Form des ausgeübten Direktionsrechts, des Angebots auf Vertragsänderung oder der einseitigen Änderungskündigung – in einer viel schwächeren Position gegenüber als der Betriebsrat als Organ der kollektiven Interessenvertretung. Sinn und Zweck der Mitbestimmung verlangen die Durchführung des Mitbestimmungsverfahrens als Wirksamkeitsvoraussetzung für den Arbeitnehmer benachteiligende individualrechtliche Maßnahmen.

Änderungskündigung § 2 KSchG

Da gerade die »präventive Einschaltung des Betriebsrats in den Willensbildungsprozess des Arbeitgebers« (so *Säcker* aaO) erforderlich ist, ergibt sich hieraus die weitere Folge, dass die Unwirksamkeit einer vom Arbeitgeber unter Verstoß gegen das Mitbestimmungsrecht getroffenen Maßnahme durch die **nachträgliche Zustimmung des Betriebsrats nicht geheilt** werden kann (so *Säcker* ZfA 1972, Sonderheft S. 59; *Fitting* § 87 Rz 569; *GK-Wiese* § 87 Rz 100; *v. Hoyningen-Huene* DB 1987, 1432; *Simitis/Weiss* DB 1973, 1243; auch *BAG* 31.1.1984 EzA § 87 BetrVG 1972 Betriebliche Lohngestaltung Nr. 8 stellt ausdrücklich auf die vorherige Beteiligung ab; abl. HSWG-*Schlochauer* aaO). 145a

Von diesen Grundsätzen scheint die Entscheidung des *BAG* vom 17.6.1998 (EzA KSchG § 2 Nr. 30) doch abgerückt, auch wenn der Senat ausdrücklich betont, es sei weiter an der Theorie der Wirksamkeitsvoraussetzung festzuhalten. Dabei ist das **Ergebnis durchaus überlegenswert**. Letztlich geht es um die Auflösung der Pattsituation, in die der Arbeitgeber in einem solchen Fall gerät. Muss erst die neue Auslösungsvereinbarung mit dem Betriebsrat vereinbart werden, bleibt offen, ob diese Betriebsvereinbarung überhaupt individuell umgesetzt werden kann, wenn die entsprechend günstigeren einzelvertraglichen Festlegungen erst nachträglich durch Änderungskündigung angeglichen werden müssen – in jedem Fall erhöht dies den zeitlichen Aufwand für die Umsetzung derartiger Maßnahmen erheblich. Müssten erst die Änderungskündigungen durchgeführt werden, hingen diese gleichsam in der Luft, bis die entsprechende betriebsverfassungsrechtliche Regelung nachgezogen hätte. Diese unglückliche Situation vermeidet die Lösung des BAG. Sie wirft aber die **Frage auf, ob die Verknüpfung der individualrechtlichen Ebene mit der kollektivrechtlichen Ebene nicht noch einmal überdacht werden muss**. Die Theorie der Wirksamkeitsvoraussetzung soll vorrangig die Mitbestimmungsrechte des Betriebsrats sichern; die Unwirksamkeit der Individualmaßnahme ist in erster Linie eine Reflexwirkung, nicht das eigentliche Schutzziel. Das Erfordernis einer solchen »Umweg-Regelung« schwindet in dem Maße, in dem der Betriebsrat als Träger der Mitbestimmungsrechte selbst die hinreichende Möglichkeit hat, für die Durchsetzung seiner Rechte Sorge zu tragen. Das lenkt die Blickrichtung aber auf den vom Bundesarbeitsgericht jetzt wieder anerkannten **allgemeinen Unterlassungsanspruch des Betriebsrats** im Bereich der Mitbestimmungsrechte nach § 87 BetrVG (*BAG* 3.5.1994 EzA BetrVG 1972 § 23 Nr. 36 m. Anm. *Raab*). Dieser Entscheidung lag ua auch die Erwägung zugrunde, dass die nur passive Sicherung der Mitbestimmungsrechte durch die Theorie der Wirksamkeitsvoraussetzung keinen ausreichenden Schutz gewähre, weil der Betriebsrat dann auf »Stellvertreterprozesse« angewiesen ist. Angesichts der sich an vielen Stellen – so eben auch bei der Änderungskündigung – zeigenden Schwierigkeiten, kollektivrechtliche und individualrechtliche Ebene miteinander zu harmonisieren, erscheinen daher **Überlegungen gerechtfertigt, ob es der Theorie der Wirksamkeitsvoraussetzung in ihrer bisherigen Ausprägung noch bedarf**, nachdem der Betriebsrat selbst ein Instrument hat, seine Rechte zu wahren. Im Ergebnis führt letztlich auch die Entscheidung des Zweiten Senats vom 17.6.1998 (EzA KSchG § 2 Nr. 30) in diese Richtung. Die Praxis sollte sich jedenfalls auf diese Entscheidung einstellen. 145b

G. Verfahren nach Annahme des Angebots unter Vorbehalt

Will der Arbeitnehmer **nach rechtzeitig erklärtem Vorbehalt die Unwirksamkeit** der angebotenen Vertragsänderung geltend machen, so muss er innerhalb von drei Wochen nach Zugang der Kündigung Klage erheben (§ 4 S. 2 KSchG). Für die Klage gelten bezüglich der **allgemeinen Form** und der **Fristberechnung keine** Besonderheiten, so dass auf die Erläuterungen zu § 4 KSchG verwiesen werden kann (s. KR-*Friedrich* § 4 KSchG). Die Erhebung der Klage am letzten Tage der Frist kann unter Umständen für die fristgerechte Annahme des Vorbehalts verspätet sein (s. Rz 71). 146

I. Antrag zur Änderungsschutzklage

Mit der zum 1.1.2004 in Kraft getretenen Neuregelung durch das Arbeitsmarktreformgesetz ist klargestellt, dass auch bei der Änderungskündigung **grds. alle Unwirksamkeitsgründe – nicht mehr nur die Sozialwidrigkeit – innerhalb von drei Wochen geltend gemacht werden müssen**. Der frühere Streit über die richtige Fassung des Antrages bei der Änderungsschutzklage – ob entsprechend dem Wortlaut von § 4 S. 2 KSchG aF nur auf Feststellung der Sozialwidrigkeit der Änderung gerichtet oder weitergehend allg. Feststellung der Unwirksamkeit der Änderung der Arbeitsbedingungen – ist damit obsolet (s. zum ganzen Vorlage Rz 147 f.). **Der Antrag sollte auf die Feststellung gerichtet werden, dass die Änderung der Arbeitsbedingungen durch die Kündigung vom ... zum ... rechtsunwirksam ist.** Im Hinblick auf den neugefassten § 6 KSchG wird aber auch eine dem genauen Wortlaut von § 4 S. 2 KSchG folgende Antragstellung »... dass die Änderung sozial ungerechtfertigt oder aus anderen Gründen rechtsunwirksam ist«, empfohlen (*Bader* NZA 2004, 68; s.a. KR-*Friedrich* § 4 KSchG Rz 285). 147–156

Streitgegenstand ist jedenfalls nicht ein einzelner Unwirksamkeitsgrund, sondern die Unwirksamkeit der Änderung schlechthin. Die Änderungsschutzklage zielt auf die Feststellung, dass für das Arbeitsverhältnis nicht die Arbeitsbedingungen gelten, die in dem mit der Kündigung verbundenen Änderungsangebot genannt sind (*BAG* 24.8.2004 EzA § 2 KSchG Nr. 51). Soweit überhaupt noch Unwirksamkeitsgründe außerhalb der Frist von § 4 KSchG geltend gemacht werden können (zB die fehlende Schriftform, s. KR-*Rost* § 7 KSchG Rz 3b), bleibt es wegen des umfassenden Streitgegenstandes dabei, dass auch diese Unwirksamkeitsgründe im Rahmen einer nach § 4 S. 2 KSchG bereits erhobenen Änderungsschutzklage geltend gemacht werden müssen (vgl. zum bisherigen Recht 6. Aufl. Rz. 155). Insoweit gilt nichts anderes als für die Geltendmachung dieser Gründe im Rahmen einer nach § 4 S. 1 KSchG erhoben Kündigungsschutzklage (s. dazu KR-*Friedrich* § 4 KSchG Rz 225 f.). Hat der Arbeitgeber statt einer möglichen und nach dem ultima-ratio-Prinzip daher vorrangigen Änderungskündigung nur eine Beendigungskündigung ausgesprochen und wird deren Unwirksamkeit festgestellt, wird damit nicht zugleich die Änderung der Arbeitsbedingungen festgestellt (*BAG* 27.1.1994 EzA § 615 BGB Nr. 80 m. Anm. *Kraft* s. dort auch zum Annahmeverzug in diesem Fall).

157 Die Änderungsschutzklage kann mit einer **allgemeinen Feststellungsklage** verbunden werden, die der konkret angegriffenen Kündigung nachfolgende Kündigungen erfasst (*Löwisch/Spinner* Rz 81; *Zirnbauer* NZA 1995, 1079; s. zur Feststellungsklage iE KR-*Friedrich* § 4 KSchG Rz 237 ff.). Spricht der Arbeitgeber eine weitere Änderungskündigung aus, bedarf es jedoch ggf. der **erneuten Erklärung einer Annahme des (neuen) Änderungsangebotes unter Vorbehalt;** andernfalls geht es insoweit nur noch um die Beendigung des Arbeitsverhältnisses. Eine **vorweggenommene Annahme** eines noch gar nicht abgegebenen Änderungsangebotes scheidet regelmäßig aus.

II. Beschäftigung während des laufenden Verfahrens

158 Während des **laufenden Änderungsschutzverfahrens** ist der Arbeitnehmer verpflichtet, zu den geänderten Bedingungen weiterzuarbeiten. Der Zeitpunkt, von dem ab die geänderten Bedingungen gelten, ist regelmäßig der des Ablaufs der Kündigungsfrist. Für die Dauer der Kündigungsfrist selbst hat der Arbeitnehmer auf jeden Fall noch das Recht, zu den alten Bedingungen weiterzuarbeiten. Eine kürzere »Änderungsfrist« läuft im Ergebnis auf eine Verkürzung der Kündigungsfristen hinaus und ist zumindest bei gesetzlich zwingenden Kündigungsfristen, wie die Verkürzung dieser Fristen selbst, unzulässig.

158a Der Arbeitnehmer hat zu den **geänderten** Arbeitsbedingungen bis zur **rechtskräftigen Feststellung** der Unwirksamkeit der Änderungskündigung **weiterzuarbeiten.** Er kann also nicht verlangen, bereits ab einem der Änderungsschutzklage stattgebenden Urteil erster Instanz trotz Fortführung des Rechtsstreites zu den alten Vertragsbedingungen weiterbeschäftigt zu werden (so auch *BAG* 18.1.1990 EzA § 1 KSchG Betriebsbedingte Kündigung Nr. 65; vgl. auch schon *BAG* 27.3.1987 EzA § 2 KSchG Nr. 10; *Thür. LAG* 18.12.1996 LAGE § 2 KSchG Nr. 21; HK-*Weller/Hauck* Rz 118; *v. Hoyningen-Huene/Linck* Rz 92; KDZ-*Zwanziger* Rz 30; *Knorr/Bichlmeier/Kremhelmer* Kap. 13 Rz 18; *Matthes* FS Gnade, S. 225, 227; *Bauer* BB 1986, 800; *Färber/Kappes* NZA 1986, 222; *Löwisch* NZA 1988, 639; *Schäfer* NZA 1985, 692; **aA** *Enderlein* ZfA 1992, 47 – ausgehend vom Verständnis der Annahme unter Vorbehalt als Einräumung der Befugnis zur einseitigen Vertragsumgestaltung. s.a. Rz 58; *Ratajczak* S. 101; s.a. Rz 158b für den Fall, dass die Beschäftigung auf dem neuen Arbeitsplatz wegen fehlender Zustimmung des Betriebsrats noch nicht zulässig ist). Die für die **Beendigungskündigung** entwickelten **Grundsätze zum Weiterbeschäftigungsanspruch** während des Kündigungsrechtsstreites **gelten hier nicht** (*BAG* [GS] 27.2.1985 EzA § 611 BGB Beschäftigungspflicht Nr. 9). Die Interessenlage ist nicht vergleichbar. Nach Annahme des Änderungsangebotes steht die Beendigung des Arbeitsverhältnisses nicht mehr im Streit. Es ist also nicht abzuwägen zwischen dem Interesse des Arbeitgebers an der Nichtbeschäftigung des gekündigten Arbeitnehmers, welches regelmäßig zum Erlass eines die Unwirksamkeit der Kündigung – auch vorläufig – feststellenden Urteils überwiegt, und dem Interesse des Arbeitnehmers an einer Beschäftigung überhaupt (s. *BAG* 27.2.1985 EzA § 611 BGB Beschäftigungspflicht Nr. 9 unter B II 4c aa der Gründe). Der **Arbeitnehmer wird** während des Änderungsschutzverfahrens **beschäftigt.** Der Gesetzgeber hat dem Interesse des Arbeitnehmers an einer unveränderten Aufrechterhaltung der Arbeitsbedingungen mit der Regelung des § 8 KSchG Rechnung getragen. Danach gilt die Änderungskündigung als von Anfang an unwirksam, wenn ein Gericht die Unwirksamkeit – dh nach richtigem Verständnis generell die Unwirksamkeit (vgl. Rz 145 ff.) – der Änderung der Arbeitsbedingungen feststellt. Gemeint ist hier die **rechtskräftige Feststellung** (s. KR-*Rost* § 8 KSchG Rz 9; *v. Hoyningen-Huene/Linck* Rz 97).

Hierfür spricht auch die **Entstehungsgeschichte** des § 8 KSchG, der in seinem ersten Entwurf sogar nur vorsah, dass die alten Arbeitsbedingungen erst wieder **ab Rechtskraft,** also nicht rückwirkend in Kraft treten sollten (s. KR-*Rost* § 8 KSchG Rz 1 f.). Gilt die Änderungskündigung aber erst mit Rechtskraft der Feststellung ihrer Sozialwidrigkeit als von Anfang an unwirksam, kann auch jetzt erst ein Anspruch auf Weiterbeschäftigung zu den alten Bedingungen entstehen. Diese Lösung ist **interessengerecht.** Die Verpflichtung, während des laufenden Verfahrens zu den geänderten Bedingungen zu arbeiten, ist der zumutbare Preis für den Ausschluss des Risikos, den Arbeitsplatz endgültig zu verlieren (zust. *Thür. LAG* 26.1.1996 LAGE § 2 KSchG Nr. 21). Erscheint dem Arbeitnehmer dieser Preis zu hoch, bleibt ihm die Möglichkeit, die Annahme des Änderungsangebotes unter Vorbehalt abzulehnen und eine Kündigungsschutzklage nach § 4 S. 1 KSchG zu erheben, in deren Verlauf er dann nach obsiegendem erstinstanzlichen Urteil – aber auch nur dann – entsprechend der Rechtsprechung des Großen Senats eine Weiterbeschäftigung zu unveränderten Bedingungen verlangen kann.

158b

Etwas **anderes muss dann gelten,** wenn die Beschäftigung zu den geänderten Bedingungen **nicht vollzogen werden kann,** weil es sich um eine gem. § 99 BetrVG mitbestimmungspflichtige Versetzung handelt, zu der aber die Zustimmung des Betriebsrats nicht vorliegt bzw. noch nicht ersetzt ist und die auch vom Arbeitgeber nicht nach Maßgabe des § 100 BetrVG vorläufig vollzogen werden kann. In diesem Fall ist der Arbeitnehmer trotz seines Einverständnisses mit den neuen Arbeitsbedingungen bis **zum rechtskräftigen Abschluss des Zustimmungsersetzungsverfahrens zu den alten Bedingungen zu beschäftigen** (offen gelassen *BAG* 18.1.1990 EzA § 1 KSchG Betriebsbedingte Kündigung Nr. 65; vgl. aber jetzt auch *BAG* 30.9.1993 EzA § 99 BetrVG 1972 Nr. 118 unter B I e, ff der Gründe; KR-*Etzel* § 102 BetrVG Rz 199d; wie hier *Griese* BB 1995, 463; HK-*Weller/Hauck* Rz 121; KDZ-*Zwanziger* Rz 188; wohl auch *Schwerdtner* FS 25 Jahre BAG, S. 580; **aA** v. *Hoyningen-Huene* NZA 1993, 150; *ders.* Anm. zu *BAG* 30.9.1993 AR-Blattei ES 1700 Nr. 21 – ausgehend von der Annahme, dass die fehlende Zustimmung des Betriebsrats die Beschäftigung auf dem neuen Arbeitsplatz vor rechtskräftigem Abschluss eines Verfahrens nach § 101 BetrVG nicht unzulässig macht; s. dazu auch Rz 141).

158c

Streiten die Parteien im Rahmen einer Änderungsschutzklage um die **Wirksamkeit des Vorbehaltes,** ist allerdings nicht nur der Inhalt, sondern auch der Bestand des Arbeitsverhältnisses streitig. Lehnt der Arbeitgeber die Weiterbeschäftigung zu den alten und zu den geänderten Bedingungen ab, kommt eine Verurteilung zur Beschäftigung nach Maßgabe der Entscheidung des Großen Senats (28.3.1985, EzA § 611 BGB Beschäftigungspflicht Nr. 9) **so lange nicht** in Betracht, wie nicht ein der **Änderungsschutzklage stattgebendes Urteil** vorliegt (*BAG* 28.3.1985 EzA § 767 ZPO Nr. 1). Stellt dieses Urteil die Wirksamkeit des Vorbehaltes fest, besteht jetzt ein Anspruch auf **Beschäftigung zu den geänderten Bedingungen** bis zum rechtskräftigen Abschluss entsprechend der normalen Änderungsschutzklage. Wird hiergegen die Unwirksamkeit des Vorbehaltes festgestellt und hat der Arbeitnehmer vorsorglich hilfsweise eine Kündigungsschutzklage nach § 4 S. 1 KSchG erhoben (s. dazu Rz 164), erfolgt die Weiterbeschäftigung zu den alten Bedingungen wie bei der von vornherein ohne Vorbehalt erhobenen Kündigungsschutzklage.

158d

Keine Bedenken bestehen allerdings dagegen, dass nach ausgesprochener Änderungskündigung und Annahme des Angebots unter Vorbehalt die Beteiligten die Fortsetzung des Arbeitsverhältnisses zu den **ursprünglichen Bedingungen bis zum Zeitpunkt der Entscheidung** über die Änderungsschutzklage vereinbaren (vgl. *Wenzel* MDR 1969, 977). Gewinnt der Arbeitnehmer in diesem Fall den Prozess, ist der gem. § 8 KSchG ansonsten vorzunehmende Ausgleich rückwirkend auf den Tag des Ausspruch der Kündigung gewissermaßen schon vorweggenommen. Verliert er, wird er von dem Tage der Rechtskraft an – ggf. nach Vereinbarung auch einem früheren Tage – verpflichtet, zu den geänderten Bedingungen zu arbeiten, ohne dass dann allerdings Ansprüche des Arbeitgebers auf Rückforderung irgendwelcher Leistungen für die Vergangenheit besteht; diese sind ihm abgeschnitten, weil er sich mit der vorläufigen Beschäftigung des Arbeitnehmers zu den alten Bedingungen einverstanden erklärt hat.

159

III. Rücknahme der Änderungskündigung

Als echte Kündigung (s. Rz 9) und damit einseitige, empfangsbedürftige Willenserklärung kann die Änderungskündigung grds. **nicht einseitig zurückgenommen** werden (vgl. KR-*Friedrich* § 4 KSchG Rz 51 ff.; *Thüsing* AuR 1996, 245; *BAG* 29.1.1981 EzA § 9 KSchG nF Nr. 10; 19.8.1982 EzA § 9 KSchG nF Nr. 14). Für eine anhängige Kündigungsschutzklage entfällt daher trotz Rücknahme der Kündigung nicht das Rechtsschutzinteresse. In der Erhebung der **Kündigungsschutzklage** liegt nach der Rechtsprechung des BAG **nicht die vorweggenommene Zustimmung** des Arbeitnehmers zur Rücknahme

159a

der Kündigung, welche zur Folge hätte, dass bei Rücknahme der Kündigung durch den Arbeitgeber die einverständliche Fortsetzung des Arbeitsverhältnisses bei gleichzeitiger Aufhebung der Kündigung anzunehmen wäre (*BAG* 19.8.1982 EzA § 9 KSchG nF Nr. 14). Danach kann der Arbeitnehmer in jedem Fall trotz Rücknahme der Kündigung die Auflösung des Arbeitsverhältnisses gem. § 9 KSchG verlangen; er kann diesen Antrag – was früher streitig war – auch noch nach Erklärung der Rücknahme stellen (vgl. iE KR-*Friedrich* § 4 KSchG Rz 63 ff.). **Lehnt** bei der Änderungskündigung der Arbeitnehmer **die Annahme des Änderungsangebotes unter Vorbehalt ab,** bestehen für die Beurteilung der Rücknahme der Kündigung gegenüber der reinen Beendigungskündigung keine Besonderheiten. **Nimmt** er jedoch **das Angebot unter Vorbehalt an,** ergibt sich eine andere Situation. Der Arbeitnehmer unterstreicht durch die Annahme seine Bereitschaft, auf jeden Fall im Betrieb weiterzuarbeiten. Eine Auflösungsmöglichkeit nach § 9 KSchG ist nicht gegeben (s.u. Rz 166). Die Erhebung der Änderungsschutzklage kann bei dieser Sachlage nur bedeuten, dass der Arbeitnehmer regelmäßig gleichzeitig seine **Zustimmung zur evtl. Rücknahme der Kündigung** und zur Fortsetzung des Arbeitsverhältnisses zu unveränderten Bedingungen erklärt. Die Verweigerung der Zustimmung wäre widersprüchlich und kann daher nicht beachtlich sein. Für den Fall der Änderungsschutzklage erscheint es also gerechtfertigt, die Klageerhebung als **antizipierte Zustimmung** zur Rücknahme der Änderungskündigung zu sehen. Nimmt also der Arbeitgeber im Laufe des Änderungsschutzverfahrens die Änderungskündigung zurück, ist sie als einvernehmlich aufgehoben zu betrachten (so auch *Ascheid* Rz 470). Der Rechtsstreit ist damit erledigt, was in entsprechenden Anträgen der Parteien und einer Entscheidung über die Kosten gem. § 91a ZPO – regelmäßig zu Lasten des Arbeitgebers – seinen Niederschlag finden muss (wie hier *Löwisch/Spinner* Rz 91 u. Rz 22; HK-*Weller/Hauck* Rz 124, 125). Der Arbeitnehmer arbeitet zu den alten Bedingungen weiter und hat Anspruch darauf, so gestellt zu werden, als habe er ununterbrochen zu diesen Bedingungen gearbeitet.

IV. Beweislast

160 Gem. § 1 Abs. 2 S. 4 KSchG hat der Arbeitgeber die Tatsachen zu **beweisen,** die die Kündigung bedingen. § 2 KSchG enthält keine entsprechende Vorschrift. Es fehlt auch eine ausdrückliche Verweisung auf § 1 Abs. 2 S. 4 KSchG. Trotzdem kann kein Zweifel bestehen daran, dass die **Verteilung der Beweislast im Änderungsschutzverfahren der des Kündigungsschutzverfahrens entspricht, der Arbeitgeber also die Tatsachen zu beweisen hat,** welche die Änderungskündigung bedingen. Das war für die Änderungskündigung vor der durch das Erste Arbeitsrechtsbereinigungsgesetz getroffenen Regelung selbstverständlich, da sie damals ohnehin unter § 1 KSchG subsumiert wurde, also auch dessen Beweislastregelung Anwendung fand. Es ist nicht ersichtlich, dass der Gesetzgeber an diesem Rechtszustand etwas ändern wollte, zumal ein sachgerechter Grund für eine unterschiedliche Regelung nicht besteht (so auch HK-*Weller/Hauck* Rz 132; *v. Hoyningen-Huene/Linck* DB 1993, 1191; vgl. auch *BAG* 21.1.1993 EzA § 2 KSchG Nr. 18 unter II 2b der Gründe).

161 Entsprechend der im § 1 Abs. 3 S. 2 KSchG getroffenen Regelung hat der **Arbeitnehmer** hingegen die Tatsachen zu **beweisen,** welche die Änderungskündigung **als sozial ungerechtfertigt** iSd § 1 Abs. 3 S. 1 KSchG erscheinen lassen. Auch hier bestehen keine Bedenken, die für die Kündigung getroffene Beweislastregelung für die Änderungskündigung zu übernehmen (allgemein zur Beweislast im Kündigungsschutzprozess *Ascheid* Beweislastfragen im Kündigungsschutzprozess; *Reinecke* NZA 1989, 577). Im Einzelnen wird auf die Erläuterungen zu § 1 KSchG verwiesen (KR-*Griebeling* § 1 KSchG Rz 553 ff.).

V. Streit über fristgerechten Vorbehalt

162 In der Praxis selten vorkommen dürfte der Fall, dass im Rahmen der Änderungsschutzklage darüber gestritten wird, ob der Arbeitnehmer den **Vorbehalt fristgerecht** iSd § 2 S. 2 KSchG erklärt hat. Dieser Streit scheidet vor allem dann aus, wenn der Arbeitgeber den Arbeitnehmer bei verspäteter Annahme des Vorbehalts in Kenntnis des Vorbehaltes zu den geänderten Bedingungen über die Kündigungsfrist hinaus weiterbeschäftigt. In der erfolgenden Weiterbeschäftigung liegt das zumindest schlüssige Einverständnis des Arbeitgebers mit der nur bedingten Annahme des Angebotes durch den Arbeitnehmer. Dieser Sachverhalt ist bei rechtzeitig erhobener Änderungsschutzklage der fristgerecht erfolgten Annahme unter Vorbehalt analog zu behandeln. Er kann im Änderungsschutzverfahren überprüft werden (s.o. Rz 63).

163 Dem Streit über die Rechtzeitigkeit der Annahme des Änderungsangebotes wird also regelmäßig ein Sachverhalt zugrunde liegen, bei dem der **Arbeitgeber sich weigert,** den Arbeitnehmer zu den geän-

derten Bedingungen weiterzubeschäftigen. Der Arbeitnehmer könnte in diesem Fall zwar Kündigungsschutzklage gem. § 4 S. 1 KSchG erheben. Dann läuft er jedoch Gefahr, im Falle des Unterliegens den Arbeitsplatz zu verlieren. Ist er also der Meinung, den Vorbehalt fristgerecht erklärt zu haben, kann er die Änderungsschutzklage erheben. Stellt sich in dem Verfahren heraus, dass der Vorbehalt fristgerecht erhoben wurde, hat das Gericht dann die Wirksamkeit der Änderung zu überprüfen. Verneint es sie, gibt es der Klage statt. Bejaht es sie, weist es die Klage ab. Mit dieser Klageabweisung steht fest, dass die geänderten Arbeitsbedingungen Geltung haben, der Arbeitnehmer also zu diesen Bedingungen zukünftig weiterzubeschäftigen ist (*Richardi* ZfA 1971, 106).

Kommt das Gericht zu der Auffassung, dass der Vorbehalt **nicht fristgerecht** erklärt wurde, weist es die Klage gleichfalls ab. Misst man der fristgerechten Annahme des Änderungsangebotes nur prozessuale Bedeutung zu, hat die Abweisung der Klage als **unzulässig** zu erfolgen (s.o. Rz 59). Nach der hier vertretenen Auffassung, wonach die Frist materieller Natur ist, erfolgt die Abweisung der Klage als **unbegründet**. Entsprechend dem geänderten Inhalt dieses Urteils steht damit jedoch nicht fest, dass der Arbeitnehmer zu den geänderten Bedingungen weiterzubeschäftigen ist. Die Abweisung der Klage bedeutet vielmehr lediglich die Verneinung der Befugnis des Arbeitnehmers, die geänderten Arbeitsbedingungen unter Vorbehalt anzunehmen (*Richardi* aaO). Dem Arbeitnehmer bleibt es unbenommen, die Beendigung des Arbeitsverhältnisses gem. § 4 S. 1 KSchG in Frage zu stellen (s. aber HK-*Weller/Hauck* Rz 130 mit berechtigtem Hinweis auf die idR abgelaufene Dreiwochenfrist). Es empfiehlt sich daher hier, **hilfsweise Kündigungsschutzklage** zu erheben für den Fall des Unterliegens im Änderungsschutzprozess (so auch HK-*Weller/Hauck* aaO). Dabei bestehen keine Bedenken, den Hilfsantrag einzuschränken auf den Fall des Unterliegens wegen Versäumung der fristgerechten Annahme des Änderungsangebots unter Vorbehalt (*Richardi* ZfA 1971, 109; vgl. auch *Dietz/Richardi* § 79 BPersVG Rz 136). Wird die Änderungsschutzklage nämlich mit der Begründung abgewiesen, die Änderung sei sozial gerechtfertigt, ist für die hilfsweise Kündigungsschutzklage kein Interesse, da diese notwendigerweise gleichfalls abgewiesen werden müsste. Der Prüfungsmaßstab der Sozialwidrigkeit ist hier wie dort derselbe (s. Rz 95). 164

Die hilfsweise Kündigungsschutzklage kann in analoger Anwendung des § 6 KSchG auch noch **nach Ablauf der Dreiwochenfirst** erhoben werden, wenn die Änderungsschutzklage rechtzeitig erhoben ist (*Richardi* aaO; HK-*Weller/Hauck* Rz 131; BAG 23.3.1983 EzA § 6 KSchG Nr. 1). 165

VI. Auflösung des Arbeitsverhältnisses

Eine **Auflösung des Arbeitsverhältnisses** gem. § 9 KSchG kommt nicht in Betracht, wenn der Arbeitnehmer sich bereit erklärt hat, das Änderungsangebot unter Vorbehalt anzunehmen (*Bauer* DB 1985, 1181; HK-*Weller/Hauck* Rz 126; *v. Hoyningen-Huene/Linck* § 9 Rz 17; *Linck* AR-Blattei SD 1020.1.1 Rz 115; *Löwisch/Spinner* Rz 90; SPV-*Preis* Rz 1249; *Becker-Schaffner* BB 1991, 135; *Müller* DB 2002, 2597; *Schaub* in: Hromadka, Änderung, S. 99; *Willemsen* NJW 2000, 2785 – auch zu rechtspolitischen Überlegungen; **aA** *Bauer/Krets* DB 2002, 1937. 166

§ 9 Abs. 1 KSchG stellt schon nach seinem **Wortlaut** ab auf das **Kündigungsschutzverfahren,** da Voraussetzung für die Auflösung die Feststellung der Unwirksamkeit der Kündigung ist. 167

Eine **entsprechende Anwendung** auf das Änderungsschutzverfahren ist **nicht gerechtfertigt.** Der Arbeitnehmer erklärt sich mit der Annahme der geänderten Vertragsbedingungen unter Vorbehalt bereit, in jedem Fall bei dem Arbeitgeber über den Kündigungszeitpunkt hinaus weiterzuarbeiten. An dieser Entscheidung muss er sich festhalten lassen. War er schon bereit, im Falle des Unterliegens selbst zu ungünstigeren Arbeitsbedingungen weiterzuarbeiten, kann er sich nicht auf die Auflösung des Arbeitsverhältnisses berufen, wenn die Unwirksamkeit der Änderung festgestellt und damit das alte Arbeitsverhältnis wieder in Vollzug gesetzt wird. Stellt das Gericht die Wirksamkeit der Änderungskündigung fest, kommt eine Auflösung ohnehin nicht in Betracht, obwohl der Arbeitnehmer auch dann weiterarbeiten muss. 168

Richtig ist zwar, dass auch **nach Erklärung des Vorbehalts** Spannungen zwischen den Parteien auftreten können, welche zu einer Belastung des Arbeitsverhältnisses führen. Dem Arbeitgeber bleibt es dann unbenommen, seinerseits das Arbeitsverhältnis zu kündigen. Haben die Unzuträglichkeiten ein solches Maß erreicht, dass sie eine fristlose Kündigung rechtfertigen, kann er zumindest gem. § 628 BGB Schadenersatz verlangen. Dieser Fall wird sich häufig decken mit den in § 9 Abs. 1 S. 1 KSchG geforderten Voraussetzungen. Das BAG hat allerdings seine Rechtsprechung aufgegeben, wonach der Begriff der Unzumutbarkeit in § 9 KSchG ebenso anzuwenden sei wie im Rahmen des § 626 BGB (*BAG* 169

26.11.1981 EzA § 9 KSchG nF Nr. 11; s. iE KR-*Spilger* § 9 KSchG Rz 38a). Zu prüfen ist – im Unterschied zu § 626 BGB – nicht, ob die befristete Zusammenarbeit unzumutbar ist, sondern ob die Fortsetzung des Arbeitsverhältnisses auf unbestimmte Zeit zumutbar ist. Insofern können auch Gründe für die Auflösung ausreichen, welche eine fristlose Kündigung nicht rechtfertigen. Das gibt jedoch keinen Anlass für die Aufgabe der hier vertretenen Auffassung, wonach die Auflösung nach Annahme des Änderungsangebotes unter Vorbehalt ausscheidet.

170 Nicht zwingend ist auch der Hinweis auf **die Möglichkeit der Auflösung,** wenn der Arbeitnehmer nach **Ablehnung des Änderungsangebotes im** Kündigungsschutzverfahren obsiegt (*Wenzel* MDR 1969, 977). In diesem Fall hat sich der Arbeitnehmer nicht für eine Weiterbeschäftigung unter jeden Bedingungen ausgesprochen. Der Sachverhalt ist nicht vergleichbar. Nimmt der Arbeitnehmer das Angebot unter Vorbehalt an, tut er dies in Kenntnis des Risikos, dass es im weiteren Verlauf des Rechtsstreits zu Spannungen kommen kann. Der Verlust der gem. § 9 KSchG sonst bestehenden Auflösungsmöglichkeit ist gewissermaßen der Preis, den er für die Ausschaltung des Risikos zahlt, den Arbeitsplatz überhaupt zu verlieren.

171 Wie problematisch es ist, die Auflösung des Arbeitsverhältnisses auch nach Annahme des Änderungsangebots zu bejahen, zeigt sich etwa in der Frage, **zu welchem Zeitpunkt** das Arbeitsverhältnis dann aufzulösen ist. Der übliche Zeitpunkt der Beendigung bei sozial gerechtfertigter Kündigung (§ 9 Abs. 2 KSchG) scheidet aus, weil das Arbeitsverhältnis über diesen Zeitpunkt hinaus fortgesetzt wurde, wenn auch zu geänderten Bedingungen. Deshalb wird auf den Zeitpunkt der Rechtskraft des Auflösungsurteils abgestellt (*Wenzel* aaO). Der Arbeitnehmer müsste also bis zu diesem Zeitpunkt im Betrieb weiterarbeiten. Eine derartige Weiterarbeit möglicherweise über längere Zeit steht aber im Widerspruch zu der Annahme, dass dem Arbeitnehmer die Fortsetzung des Arbeitsverhältnisses unzumutbar ist. Die gleichen Bedenken sprechen im Übrigen gegen eine **Ablösung nur der besseren Arbeitsbedingungen** durch eine angemessene Abfindung (so aber *Schaub* in Hromadka, Änderung, S. 100; so jetzt auch für leitende Angestellte iSd § 14 Abs. 2 KSchG *Rumler* S. 123 – s. dazu KR-*Rost* § 14 KSchG Rz 37; abl. insoweit auch *Bauer/Krets* DB 2002, 1937, die sich aber grds. für die Auflösungsmöglichkeit aussprechen, s.o. Rz 166). Es erscheint kaum vorstellbar, dass dem Arbeitnehmer die Weiterbeschäftigung zu den bisherigen Bedingungen unzumutbar, die zu den geänderten Bedingungen jedoch zumutbar sein soll. Die hier vertretene Auffassung vermeidet diese Diskrepanzen und führt zu klaren Ergebnissen (vgl. auch KR-*Spilger* § 9 KSchG Rz 30).

171a Nach Auffassung des *BFH* (10.10.1986 DB 1987, 515) wäre im Übrigen eine im Zusammenhang mit einer **Änderungskündigung gezahlte Abfindung nicht steuerfrei** iSd § 3 Ziff. 9 EStG, da es an einer Auflösung des Arbeitsverhältnisses fehlte. Keine Bedenken bestehen allerdings dann, wenn das Arbeitsverhältnis durch Kündigung endet und die Parteien anschließend einen neuen Arbeitsvertrag – zu geänderten Bedingungen – schließen; der Tatbestand einer Änderungskündigung liegt insoweit nicht vor (*BFH* 10.10.1986 aaO).

171b Der steuerrechtlichen entspricht die **sozialversicherungsrechtliche Bewertung**. Nach Auffassung des BSG ist eine **Abfindung, die wegen Verringerung der Wochenarbeitszeit** bei weiter bestehendem versicherungspflichtigem Beschäftigungsverhältnis gezahlt wird, **beitragspflichtiges Arbeitsentgelt** (*BSG* 28.1.1999 BSGE 83, 266). Gleiches gilt für eine **Abfindung, die wegen einer Rückführung auf die tarifliche Einstufung** bei weiter bestehendem Beschäftigungsverhältnis gezahlt wird (*BSG* 28.1.1999 EzA § 14 SGB IV Nr. 1; s. dazu auch *Udke* AuA 1999, 284).

171c Zur **Anwendung von § 1a KSchG** bei betriebsbedingten Änderungskündigungen s. KR-*Spilger* § 1a KSchG.

VII. Urteil

172 Stellt das angerufene Gericht die Sozialwidrigkeit oder sonstige Unwirksamkeit der Änderung fest, **gibt es der Klage statt.** Der Urteilstenor ist dabei entsprechend dem erweiterten Antrag zu fassen (s.o. Rz 154). Die Änderungskündigung gilt dann gem. § 8 KSchG **als von Anfang an unwirksam.** Ab Rechtskraft dieser Entscheidung ist der Arbeitnehmer wieder zu den früheren Bedingungen zu beschäftigen. Er ist so zu stellen, wie er bei ununterbrochener Beschäftigung zu diesen Bedingungen gestanden hätte. Insbesondere hat er Anspruch auf Zahlung der Lohndifferenz, wenn die Änderung in einer Herabstufung oder etwa in der Streichung übertariflicher Lohnbestandteile bestand. Der Zeitpunkt der Rechtskraft ist maßgebend auch für den Anlauf von Ausschluss- und Verjährungsfristen (KR-*Rost* § 8 KSchG Rz 12). Zu den Einzelheiten vgl. die Erläuterungen zu § 8 KSchG.

Änderungskündigung § 2 KSchG

Hält das Gericht hingegen die Änderung für wirksam, **weist es die Klage ab. Der Vorbehalt erlischt.** 173
Ein rückwirkender Ausgleich entfällt, da der Arbeitnehmer schon seit Annahme des Änderungsangebotes zu den sozial gerechtfertigten geänderten Bedingungen arbeitet. Will der Arbeitnehmer sich nunmehr seinerseits von den geänderten Arbeitsbedingungen lösen, muss er das Arbeitsverhältnis fristgerecht kündigen.

VIII. Wertfestsetzung

Nicht einheitlich beantwortet wird die Frage, nach welchen Kriterien der Streitwert einer Änderungs- 174
schutzklage festzusetzen ist (vgl. *Steffen* FA 1998, 308; s.a. die Übersicht bei *Berkowsky* NZA-RR 2003, 458; umfassende Angaben auch bei GK-ArbGG/*Wenzel* § 12 Rz 211 f.). Da im Änderungsschutzverfahren nicht mehr über die Beendigung des Arbeitsverhältnisses gestritten wird, sondern über die Berechtigung der Änderung, ist auch nur diese **Änderung maßgebend für die Wertfestsetzung.** Der Wert bemisst sich daher grds. nach der **Differenz** zwischen dem Wert der **alten** Arbeitsbedingungen und den **geänderten** Bedingungen. Nach einer Auffassung ist entsprechend § 42 Abs. 4 S. 1 GKG nF (§ 12 Abs. 7 S. 1 ArbGG aF) dabei als Höchstbetrag die **dreimonatige** Differenz einzusetzen (HK-*Weller/Hauck* § 2 Rz 137; KDZ-*Zwanziger* Rz 84; *Philippsen/Dörner* NZA 1987, 113; *LAG RhPf* 25.4.1985 NZA 1986, 34; vgl. auch *LAG Hamm* 15.6.1982 EzA § 12 ArbGG 1979 Streitwert Nr. 14; so jetzt grds. auch wieder *Thür. LAG* 14.12.1999 RzK I 101 Nr. 99; *LAG Bra.* 29.12.1999 JurBüro 2000, 209; unklar *Steffen* FA 1998, 308). Eine andere Auffassung will die Wertfestsetzung in diesem Fall nach **§ 42 Abs. 4 S. 2 GKG nF (§ 12 Abs. 7 S. 2 ArbGG aF)** vornehmen – also wie bei einem Rechtsstreit über wiederkehrende Leistungen oder über eine Eingruppierung, aber unter Beachtung der dreimonatigen vollen Vergütung als Obergrenze (KR-*Friedrich* § 4 KSchG Rz 292; *LAG Köln* 20.4.1982 EzA § 12 ArbGG 1979 Streitwert Nr. 13; *LAG München* 16.1.1984 LAGE § 12 ArbGG Streitwert Nr. 26; *LAG RhPf* 19.3.1999 LAGE § 12 ArbGG 1979 Streitwert Nr. 117; *LAG Köln* 19.8.1999 NZA-RR 1999, 662). Von einem **Regelwert von zwei Monatsvergütungen** geht aus *LAG Bln.* 29.5.1998 (LAGE § 12 ArbGG 1979 Streitwert Nr. 114; 17.7.1998 LAGE § 12 ArbGG 1979 Streitwert Nr. 119; jetzt auch *Hess. LAG* 18.2.1999 DB 1999, 1276, wenn es um die Änderung der Vergütung geht; s.a. *Steffen* AR-Blattei SD 160 Rz 118). Schließlich wird auch die Auffassung vertreten, idR sei der volle dreifache Wert des Monatseinkommens festzusetzen (*Berkowsky* NZA-RR 2003, 458).

Das BAG geht demgegenüber für die Wertberechnung gem. § 43 Abs. 3 GKG nF (§ 17 Abs. 3 GKG aF) 174a
iVm § 3 ZPO **grds. vom dreifachen Jahresbetrag des Wertes aus**; als Höchstgrenze sind die Regelungen in § 43 Abs. 4 GKG nF (§ 12 Abs. 7 S. 1 und 2 ArbGG aF) in der Weise entsprechend heranzuziehen, wobei der Streitwert keine der beiden dort genannten Grenzen überschreiten darf, sondern die niedrigere von beiden maßgeblich ist (*BAG* 23.3.1989 EzA § 12 ArbGG 1979 Streitwert Nr. 64 m. abl. Anm. *Schneider;* zust. *Grunsky* § 12 Rz 4e unter Aufgabe der bisher vertretenen Auffassung; *Becker-Schaffner* BB 1991, 137; *Linck* AR-Blattei SD 1020.1.1 Rz 116; wohl auch APS-*Künzl* Rz 331). **Dieser Auffassung sollte aus Gründen der Rechtseinheit gefolgt werden.** Rechtsgrundlage zur Bemessung und Festsetzung des Streitwertes sind nicht § 43 Abs. 4 S. 1 u. S. 2 GKG nF, sondern die §§ 39 ff. GKG sind. Danach ist aber grds. vom dreifachen Jahresbetrag auszugehen. Die in § 43 Abs. 4 GKG nF genannten Höchstgrenzen stellen demgegenüber bereits eine Einschränkung dar, so dass die weitere Beschränkung durch eine nur im Wege entsprechender Anwendung erreichbare Begrenzung auf den dreifachen Differenzbetrag in der Tat nicht zwingend ist. Hiervon ausgehend erscheint es dann annehmbar, dass der Streitwert der Änderungsschutzklage bei dieser Lösung häufig dem Wert der Kündigungsschutzklage entsprechen wird, weil die 36fache Differenz höher ist als drei volle Monatsvergütungen.

Die in jedem Fall – auch nach der vom BAG vertretenen Lösung – erforderliche Ermittlung des Wertes 175
der Änderungen ist nach § 3 ZPO vom Gericht zu bestimmen. Das begegnet idR dann keinen Schwierigkeiten, wenn sich diese Differenz auf der Seite des Arbeitnehmers in **Zahlen** zwischen **altem und zukünftigem Lohn** ablesen lässt. Denkbar ist jedoch auch der Fall der Änderungskündigung **ohne Änderung des tatsächlichen Einkommens** des Arbeitnehmers (*Hess. LAG* 18.2.1999 DB 1999, 1276 nimmt für diesen Fall einen Regelwert iHöhe eines Bruttomonatsverdienstes an). Als Beispiel mag genannt sein die Versetzung des angestellten Buchhalters auf einen vom Sozialprestige und nach der Berufsanschauung geringerwertigen Hilfsarbeiterposten bei unveränderten Bezügen. Diese Versetzung ist regelmäßig durch das Direktionsrecht nicht mehr gedeckt (s.o. Rz 42). Hier lässt sich die Differenz nur nach dem **Prestigeverlust** ermitteln, den der Arbeitnehmer erleidet und nach Gesichtspunkten der Rehabilitierung (so auch HK-*Weller/Hauck* Rz 138; als nichtvermögensrechtliche Streitigkeit sieht diesen Fall zu Unrecht an *LAG Bln.* 13.10.1980 EzA § 4 ArbGG 1979 Nr. 4). Diese Ge-

sichtspunkte sind nach *LAG Hamm* (15.6.1982 BB 1982, 1670) immer zu berücksichtigen, also auch dann, wenn eine **ziffernmäßige Differenz** vorliegt (bestätigt durch *LAG Hamm* 21.11.1985 LAGE § 12 ArbGG 1979 Streitwert Nr. 41; nach *LAG Hamm* 24.7.1986 DB 1986, 1932 gelten diese Grundsätze auch für allgemeine Feststellungsklagen über den Entzug von Funktionen ohne Änderungskündigung). Dem kann nicht gefolgt werden, wenn die Änderung allein in der Lohnsenkung liegt – denkbar zB beim Abbau übertariflicher Lohnbestandteile bei im Übrigen unveränderten Arbeitsbedingungen. In einem solchen Fall ist allein der ziffernmäßige Differenzbetrag maßgebend (s.a. *BAG* 23.3.1989 EzA § 12 ArbGG 1979 Streitwert Nr. 64). Dem *LAG Hamm* (24.7.1986 aaO) ist allerdings einzuräumen, dass auch in Fällen, in denen sich eine derartige Differenz ablesen lässt, eine angemessene Werterhöhung dann vorgenommen werden kann, wenn die Differenz das **wahre Interesse des Arbeitnehmers** unter dem Gesichtspunkt des Prestigeverlusts **nicht hinreichend** wiedergibt. Dies gilt insbes. bei eher symbolischen Lohnkürzungen um geringe Beträge, die aber verbunden sind mit einer erheblichen Änderung der Tätigkeit. Einen Anhaltspunkt kann dann die sonst übliche Bezahlung dieser Tätigkeit geben.

H. Verfahren nach Ablehnung des Vertragsangebots

176 Lehnt der Arbeitnehmer das Angebot ab, ergeben sich **keine Besonderheiten** gegenüber dem Kündigungsschutzverfahren. Will er die Rechtsunwirksamkeit der Kündigung geltend machen, muss er innerhalb von drei Wochen nach Zugang der Kündigung Kündigungsschutzklage gem. § 4 S. 1 KSchG erheben. Für die Klage wie für das Verfahren gelten keine Besonderheiten. Der Arbeitnehmer ist verpflichtet, alle Unwirksamkeitsgründe im Rahmen dieses Kündigungsschutzverfahrens geltend zu machen, da gem. § 4 S. 1 KSchG der Streitgegenstand jedenfalls nicht auf die Feststellung lediglich der Sozialwidrigkeit der Kündigung zu beschränken ist. Das unterstreicht die hier vertretene Auffassung, als Streitgegenstand der Änderungsschutzklage über den Gesetzesvorbehalt hinaus die Unwirksamkeit der Änderung anzusehen, nicht lediglich deren Sozialwidrigkeit (s.o. Rz 155).

177 Hält das Gericht die Änderungskündigung für **sozial gerechtfertigt** (zum Prüfungsmaßstab s.o. Rz 85 ff.), **weist es die Klage ab.** Es bleibt dann bei der Beendigung des Arbeitsverhältnisses zum Zeitpunkt des Ablaufs der Kündigungsfrist. Stellt das Gericht hingegen die Sozialwidrigkeit der Kündigung fest, gibt es **der Klage statt.** Der Arbeitnehmer ist dann zu den unveränderten alten Arbeitsbedingungen weiterzubeschäftigen. Soweit er, wie regelmäßig der Fall sein wird, während des Kündigungsschutzverfahrens nicht gearbeitet hat, steht ihm ein Anspruch auf Lohnzahlung nach Maßgabe der § 11 KSchG, § 615 BGB zu.

178 Für die **Auflösung** des Arbeitsverhältnisses gem. §§ 9, 10 KSchG gelten keine Besonderheiten (*BAG* 29.1.1981 EzA § 9 KSchG nF Nr. 10). Der **Streitwert** der Kündigungsschutzklage bemisst sich nach § 42 Abs. 4 S. 1 GKG nF. Im Unterschied zur Änderungsschutzklage ist hier auf den vollen Monatslohn abzustellen, nicht die Differenz zwischen alten und neuen Arbeitsbedingungen.

I. Unwirksamkeit der Änderungskündigung aus sonstigen Gründen

179 Die Änderungskündigung ist eine **echte Kündigung,** da sie die Beendigung des Arbeitsverhältnisses bewirken kann (s.o. Rz 9). Als solche unterliegt sie daher auch den für die Beendigungskündigung geltenden allgemeinen Kündigungsbeschränkungen und sonstigen Beschränkungen nach dem sog. Sonderkündigungsschutzbestimmungen (einhellige Meinung – s. die Nachw. in Rz 180 ff.; einschränkend zum Sonderkündigungsschutz jetzt aber *Hromadka* RdA 1992, 257; zur Geltendmachung s. KR-*Rost* § 7 KSchG Rz 14a ff.). Nach § 4 S. 2 KSchG in der seit dem 1.1.2004 geltenden Fassung sind jetzt grds. **alle Unwirksamkeitsgründe in der Form und der Frist der allgemeinen Kündigungsschutz- bzw. Änderungsschutzklage** geltend zu machen (s. dazu KR-*Friedrich* § 4 KSchG Rz 194 f.; KR-*Rost* § 7 KSchG Rz 3a ff.).

I. Allgemeine Unwirksamkeitsgründe

179a Unwirksamkeitsgründe können sich aus dem **allgemeinen Recht der Willenserklärung** ergeben, wie etwa der Verletzung von Formvorschriften (vgl. § 623 BGB, s. dazu Rz 28a), des Bestimmtheitsgrundsatzes, der fehlenden Vollmacht des Kündigenden (vgl. KR-*Rost* § 7 KSchG Rz 27). Die Änderungskündigung kann gegen die **guten Sitten** verstoßen, § 138 BGB oder gegen **Treu und Glauben,** § 242 BGB (vgl. iE KR-*Friedrich* § 13 KSchG Rz 167 ff. u. Rz 229 ff.). Unwirksam kann die Änderungskündigung auch sein wegen eines Verstoßes gegen **§ 613a Abs. 4 BGB**; wenn sie nämlich wegen eines Betriebsüberganges ausgesprochen wird (vgl. KR-*Rost* § 7 KSchG Rz 25a). Die ordentliche Änderungskündigung kann unzulässig sein, weil sie **vertraglich** oder **tarifvertraglich ausgeschlossen** ist (*BAG* 10.3.1982 EzA § 2 KSchG Nr. 3).

II. Schwerbehindertenschutz

Die gegenüber einem **schwerbehinderten Arbeitnehmer** ausgesprochene Änderungskündigung bedarf daher der vorherigen Zustimmung des Integrationsamtes, § 85 SGB IX (das am 1. Juli 2000 in Kraft getretene SGB IX hat die entsprechenden Bestimmungen des SchwbG abgelöst; s. zu den entsprechenden § 15 SchwbG aF *BAG* 30.9.1993 § 99 BetrVG 1972 Nr. 118 unter B IV der Gründe; *Gröninger/Thomas* § 85 Rz 56; *Jung/Cramer* § 15 Rz 9; SPV-*Preis* Rz 1260; *Neumann/Pahlen/Pahlen-Majewski* § 85 Rz 56; *BVerfG* 16.12.1959 AP Nr. 23 zu EzA § 14 SchwbG; s. iE KR-*Etzel* §§ 85–90 SGB IX Rz 6).

Dass dies gar nicht anders sein kann, ergibt sich aus folgender Überlegung: Lehnt der Arbeitnehmer das Änderungsangebot ab, bleibt eine in ihren Auswirkungen ganz »normale« Beendigungskündigung. Es geht dann um den Erhalt des Arbeitsplatzes des Schwerbehinderten. Die Sachlage unterscheidet sich nicht von der einer von vornherein auf unbedingte Beendigung des Arbeitsverhältnisses gerichteten Kündigung. Das Integrationsamt muss aber ihre Zustimmung bereits vor Ausspruch der Kündigung erteilen, zu einem Zeitpunkt also, zu dem die Entscheidung des Arbeitnehmers über Annahme oder Ablehnung des Angebots noch gar nicht getroffen sein kann. Wollte man also etwa bzgl. der Zustimmung des Integrationsamtes differenzieren zwischen der Änderungskündigung bei abgelehntem Angebot und der bei unter Vorbehalt angenommenem Angebot, ließe sich diese Differenzierung gar nicht durchführen.

Nach *BAG* 22.9.2005 (EzA § 81 SGB IX Nr. 10) ist die Pflicht des Arbeitgebers, einem schwerbehinderten Arbeitnehmer gem. § 81 Abs. 4 S. 1 Nr. 1 SGB IX einen seinen Fähigkeiten und Kenntnissen entsprechenden Arbeitsplatz zuzuweisen, auch zu berücksichtigen bei der Prüfung, ob eine Beendigungskündigung durch eine mit einer Änderungskündigung verbundene Versetzung auf einen solchen Arbeitsplatz vermieden werden kann. Widerspricht jedoch der Betriebsrat der Versetzung, ist idR davon auszugehen, dass eine dem Arbeitgeber zumutbare Weiterbeschäftigungsmöglichkeit nicht besteht. Der Arbeitgeber ist nur bei Vorliegen besonderer Umstände verpflichtet, ein Zustimmungsersetzungsverfahren nach § 99 Abs. 4 BetrVG durchzuführen. Solche Umstände können sich etwa ergeben aus einem kollusiven Zusammenwirken von Betriebsrat und Arbeitgeber oder aus einem offensichtlich unbegründeten Widerspruch.

III. Mutterschutz

Unwirksam ist auch die Änderungskündigung gegenüber einer Frau während der **Schwangerschaft und bis zum Ablauf von vier Monaten nach der Entbindung,** wenn dem Arbeitgeber zur Zeit der Kündigung die Schwangerschaft oder Entbindung bekannt war oder innerhalb zweier Wochen nach Zugang der Kündigung mitgeteilt wird, § 9 Abs. 1 S. 1 MuSchG (*Buchner/Becker* § 9 Rz 27; *Gröninger/Thomas* § 9 Rz 37; *Meisel/Sowka* § 9 Rz 77; s. KR-*Bader* § 9 MuSchG Rz 73). Will der Arbeitgeber in diesem Fall eine Änderung des Arbeitsverhältnisses erreichen, kann dies nur im Einvernehmen mit der Arbeitnehmerin erfolgen oder mit Zustimmung der für den Arbeitsschutz zuständigen Stelle gem. § 9 Abs. 3 MuSchG. Hat die Arbeitnehmerin **unverschuldet** von der Schwangerschaft **keine Kenntnis** gehabt und deshalb dem Arbeitnehmer innerhalb der zwei Wochen keine Mitteilung gemacht, behält sie den Schutz, wenn sie die Mitteilung unverzüglich nach Kenntniserlangung nachholt, § 9 Abs. 1 S. 1 MuSchG. Soweit § 9 Abs. 1 MuSchG aF für diesen Fall den Mutterschutz ausschloss, verstieß er gegen **Art. 6 Abs. 4 GG** und war daher nichtig (*BVerfG* 19.11.1979 EzA § 9 MuSchG nF Nr. 17; vgl. iE KR-*Bader* § 9 MuSchG Rz 56a, 56b). Unwirksam ist schließlich auch die Änderungskündigung während der **Elternzeit,** § 18 BEEG (vgl. iE KR-*Bader* § 18 BEEG).

IV. ArbPlSchG

Unzulässig ist weiter die Änderungskündigung gegenüber einem Wehrpflichtigen nach näherer Maßgabe des § 2 ArbPlSchG (s. zu den Einzelheiten KR-*Weigand* § 2 ArbPlSchG Rz 16 ff.).

V. § 15 KSchG

Auf die Änderungskündigung ist die Bestimmung des **§ 15 KSchG anwendbar. Betriebsratsmitglieder** und **Personalratsmitglieder** sowie der **sonstige dort genannte Personenkreis** genießen also Kündigungsschutz auch gegenüber Änderungskündigungen (vgl. etwa *Fitting* § 103 Rz 10; *v. Hoyningen-Huene/Linck* § 15 Rz 59; HSWG-*Schlochauer* § 103 Rz 19; *Löwisch* § 15 Rz 51; SPV-*Preis* Rz 991; *BAG* 21.6.1995 EzA § 15 KSchG nF Nr. 43; 7.10.2004 EzA § 15 KSchG nF Nr. 57 m. Anm. *Löwisch* = AP Nr. 56 zu § 15 KSchG 1969 m. Anm. *Schiefer*; 17.3.2005 EzA § 15 KSchG nF Nr. 59 m. Anm. *Bernstein*; s. KR-*Etzel* § 15 KSchG Rz 18).

185 Streitig ist allerdings die Frage der Behandlung der durch § 15 KSchG geschützten Personen im Rahmen einer sog. **Massenänderungskündigung** (s. KR-*Etzel* aaO). Nach ständiger und zutreffender Rechtsprechung des BAG **bleibt der Schutz** des § 15 KSchG auch in diesem Fall **erhalten** (*BAG* 7.10.2004 EzA *§ 15 KSchG nF Nr. 57*; 9.4.1987 EzA § 15 KSchG nF Nr. 37; 6.3.1986 EzA § 15 KSchG nF Nr. 34; so jetzt auch *v. Hoyningen-Huene/Linck* § 15 Rz 60; *Weber/Lohr* BB 1999, 2350; **aA** etwa *Fitting* § 103 Rz 10; *Löwisch/Spinner* § 15 Rz 59; *Richardi/Thüsing* § 78 Rz 27; § 78 Rz 26; *Stahlhacke* FS Hanau, S. 281; *Wallner* S. 110). Es kann jedoch in diesem Fall eine – durch § 15 KSchG nicht ausgeschlossene – **außerordentliche Änderungskündigung** aus betriebsbedingten Gründen gerechtfertigt sein (nach *BAG* 21.6.1995 EzA § 15 KSchG nF Nr. 43 m. Anm. *Bernstein* u. krit. Anm. *Oetker* = AP Nr. 36 zu § 15 KSchG 1969 m. krit. Anm. *Preis* = SAE 1996, 354 m. zust. Anm. *Mummenhoff* ist nicht mehr auf die fiktive Kündigungsfrist abzustellen; so noch *BAG* 6.3.1986 EzA § 15 KSchG nF Nr. 34; s. Rz 30 ff.; s. jetzt auch *Hilbrandt* NZA 1997, 465; *Preis* NZA 1997, 1080; zu Einzelheiten s. KR-*Etzel* aaO).

VI. BetrVG

186 Die Unwirksamkeit der Änderungskündigung kann sich ergeben aus einer **fehlerhaften Anhörung des Betriebsrates** nach § 102 BetrVG (s. Rz 113); zur Folge einer **Verletzung der Mitbestimmungsrechte nach § 87 BetrVG** oder **§ 99 BetrVG,** s. Rz 122 ff. u. Rz 138 ff.

§ 3 Kündigungseinspruch
[1]Hält der Arbeitnehmer eine Kündigung für sozial ungerechtfertigt, so kann er binnen einer Woche nach der Kündigung Einspruch beim Betriebsrat einlegen. [2]Erachtet der Betriebsrat den Einspruch für begründet, so hat er zu versuchen, eine Verständigung mit dem Arbeitgeber herbeizuführen. [3]Er hat seine Stellungnahme zu dem Einspruch dem Arbeitnehmer und dem Arbeitgeber auf Verlangen schriftlich mitzuteilen.

Literatur

– bis 2004 vgl. KR-Vorauflage –

Inhaltsübersicht

		Rz			Rz
A.	Einleitung	1–9	VII.	Bedeutung der Stellungnahme im Kündigungsschutzprozess	25, 26
	I. Entstehungsgeschichte	1	C.	Anwendungsbereich des § 3 KSchG	27–32
	II. Bedeutung und Verhältnis zu § 102 BetrVG	2–9	I.	Änderungskündigung	27
B.	Durchführung des Einspruchs	10–26	II.	Außerordentliche Kündigung	28
	I. Form	10, 11	III.	§ 14 Abs. 2 S. 1 KSchG	29
	II. Einlegung beim Betriebsrat	12–14	IV.	PersVG	30
	III. Frist	15–18	V.	Erweiterte Beteiligungsrechte des Betriebsrats	31, 32
	IV. Entscheidung des Betriebsrats	19, 20	D.	§ 3 KSchG – kein Schutzgesetz iSd § 823 Abs. 2 BGB	33–38
	V. Verhandlung mit dem Arbeitgeber	21, 22			
	VI. Schriftliche Stellungnahme	23, 24			

A. Einleitung

I. Entstehungsgeschichte

1 Der heutige § 3 KSchG war als **§ 2 KSchG** in der am 13.8.1951 in Kraft getretenen **ursprünglichen Fassung** des KSchG enthalten. Mit der Einführung der Regelung über die Änderungskündigung in dem jetzigen § 2 KSchG durch das **Erste Arbeitsrechtsbereinigungsgesetz** v. 14.8.1969, in Kraft seit dem 1.9.1969, wurde der seitherige § 2 neuer § 3. Die Änderung der Paragraphenzahl war nicht verbunden

ns Kündigungseinspruch § 3 KSchG

mit einer inhaltlichen Änderung. Der Wortlaut der Vorschrift blieb unverändert. Auch die zwischenzeitlichen Änderungen des KSchG und des BetrVG haben § 3 KSchG unberührt gelassen (s.a. Rz 7).

II. Bedeutung und Verhältnis zu § 102 BetrVG

Eine Beteiligung des Betriebsrats bei der Kündigung kannte schon das **Betriebsrätegesetz** vom 4.2.1920 (BRG 1920). In dem in diesem Gesetz erstmals geregelten Kündigungsschutz kam dem Betriebsrat eine entscheidende Rolle zu. Der einzelne Arbeitnehmer konnte den Kündigungsschutz nur über und durch den Betriebsrat geltend machen. Gem. § 84 BRG 1920 konnte der Arbeitnehmer innerhalb von fünf Tagen nach der Kündigung Einspruch erheben, indem er den Arbeiterrat oder Angestelltenrat anrief, und zwar bei Vorliegen ganz bestimmter, im Einzelnen in § 84 Ziff. 1–4 BRG 1920 geregelter Voraussetzungen. Bei der Anrufung musste der Arbeitnehmer die Gründe des Einspruchs darlegen und unter Beweis stellen (§ 86 S. 1 BRG 1920). Der Arbeiter- und Angestelltenrat hatte den Einspruch zu prüfen. Hielt er die Anrufung für begründet, so hatte er zu versuchen, eine Verständigung mit dem Arbeitgeber herbeizuführen. Gelang das innerhalb einer Woche nicht, so konnten der Arbeiter- oder Angestelltenrat oder der Arbeitnehmer selbst binnen weiterer fünf Tage das ArbG anrufen (§ 86 S. 3 BRG 1920).

Kündigungsschutz bestand danach nur in Betrieben, in denen ein Betriebsrat errichtet war. Dem Betriebsrat kam eine **Sperrfunktion** zu. Erachtete er den Einspruch des Arbeitnehmers gegen die Kündigung für unbegründet, war damit eine gerichtliche Überprüfung ausgeschlossen (vgl. zu den Einzelheiten die Erl. zu §§ 84 ff. BRG 1920, etwa bei *Flatow/Kahn-Freund* Betriebsrätegesetz, 13. Aufl. 1931 und *Mansfeld* Betriebsrätegesetz, 3. Aufl.).

Diese entscheidende Stellung des Betriebsrats im Kündigungsschutzverfahren hatte schon das **Gesetz zur Ordnung der nationalen Arbeit** v. 20.1.1934 (AOG) weitgehend aufgehoben. Gem. § 56 AOG konnte der Arbeitnehmer grds. **selbst** Klage beim ArbG gegen eine ihm gegenüber ausgesprochene Kündigung erheben. Die Existenz eines sog. Vertrauensrates als des an die Stelle des Betriebsrates getretenen Organs war nicht Voraussetzung für die Gewährung von Kündigungsschutz. Bestand ein solcher Vertrauensrat, hatte der Arbeitnehmer der Klage eines Bescheinigung des Vertrauensrats beizufügen, aus der sich ergab, dass die Frage der Weiterbeschäftigung im Vertrauensrat erfolglos beraten worden war (§ 56 Abs. 2 S. 1 AOG). Von der Beibringung der Bescheinigung konnte abgesehen werden, wenn der Gekündigte nachwies, dass er binnen fünf Tagen nach Zugang der Kündigung den Vertrauensrat angerufen, dieser aber die Bescheinigung innerhalb fünf Tagen nach dem Anruf nicht erteilt hatte (§ 56 Abs. 2 S. 2 AOG). Die **Bescheinigung** des Vertrauensrates oder der Nachweis der erfolglosen Anrufung des Vertrauensrates war allerdings **zwingende Voraussetzung** für die wirksame Klageerhebung (vgl. *Hueck/Nipperdey/Dietz* § 56 AOG Rz 26).

Die dem Betriebsrat demgegenüber gem. § 3 KSchG eingeräumte Beteiligung bei Ausspruch einer Kündigung tritt hinter diesen Regelungen zurück. Das KSchG hat den Kündigungsschutz **individualrechtlich** ausgestaltet (*v. Hoyningen-Huene/Linck* Rz 2; *KDZ-Kittner* § 3 Rz 2; *Moehn* NZA 1995, 114). Er ist nicht vom Bestehen eines Betriebsrats abhängig. Der Arbeitnehmer kann die Sozialwidrigkeit ohne Mitwirkung des Betriebsrats geltend machen. Der Kündigungseinspruch beim Betriebsrat ist nicht zwingend, sondern lediglich **fakultativ**. Er **hemmt nicht** einmal die Klagefrist des § 4 KSchG. Die praktische Bedeutung der Vorschrift ist dementsprechend gering (s.a. Rz 7).

Die eigentlichen Mitwirkungsrechte des Betriebsrats bei Kündigungen sind im **BetrVG** geregelt. Schon nach dem BetrVG 1952 war der Betriebsrat vor jeder Kündigung zu hören (§ 66 BetrVG 1952). Umstritten waren allerdings die Rechtsfolgen einer vom Arbeitgeber unterlassenen Anhörung. Nach der st. Rspr. des BAG sollte die Kündigung dann unwirksam sein, wenn der Arbeitgeber die Anhörung rechtswidrig, vorsätzlich und schuldhaft unterließ (vgl. schon *BAG* 15.9.1954 AP Nr. 1 zu § 66 BetrVG 1952; 27.3.1969 AP Nr. 30 zu § 66 BetrVG 1952; s.a. *Richardi/Thüsing* § 102 Rz 2).

Das geltende **Betriebsverfassungsgesetz** regelt die Beteiligung des Betriebsrats bei Kündigungen nunmehr in seinen §§ 102, 103. Danach ist die ohne vorherige Anhörung des Betriebsrats ausgesprochene Kündigung – ordentliche wie außerordentliche – unwirksam. Bei Kündigungen bestimmter Arbeitnehmer, welche betriebsverfassungsrechtliche Funktionen ausüben, bedarf es sogar der vorherigen Zustimmung des Betriebsrats (§ 103 BetrVG). § 102 Abs. 7 BetrVG bestimmt zwar ausdrücklich, dass die Vorschriften des KSchG über die Beteiligung des Betriebsrats unberührt bleiben (vgl. dazu *Richardi/Thüsing* § 102 Rz 307; *Fitting* § 102 Rz 133; s. iE KR-*Etzel* § 102 BetrVG Rz 267). Es liegt aber auf der Hand, dass angesichts dieser verstärkt ausgestalteten Beteiligung des Betriebsrats nach den betriebsverfassungsrechtlichen Bestimmungen § 3 KSchG nur noch **geringe Bedeutung** zukommt (darauf weisen schon *Auffarth/Müller* Rz 2 angesichts § 66 BetrVG 1952 hin; als gering wertet die Einspruchsmöglichkeit auch APS-*Künzl* Rz 3; ErfK-*Ascheid* Rz 4; *v. Hoyningen-Huene/Linck* Rz 12; so auch HK-*Hauck* Rz 2; KDZ-*Kittner* Rz 3; *Löwisch/Spinner* Rz 1; als »nicht ganz gering« *Brill* AuR 1977, 111; ähnlich BBDW-*Wenzel* Rz 8; vgl. auch *Rumler* S. 98; als »verkannte« Norm sieht § 3 KSchG allerdings an *Moehn* NZA 1995, 114; zust. *Fischer* NZA 1995, 1131).

8 Das gilt insbes. deshalb, weil der Betriebsrat nach § 102 BetrVG zwingend schon **vor Ausspruch** der Kündigung eingeschaltet werden muss und so mit der Angelegenheit befasst wird. Er hat dabei die Möglichkeit, den betroffenen Arbeitnehmer zu hören, und soll dies tun, soweit es für seine Entscheidung erforderlich scheint, § 102 Abs. 2 S. 4 BetrVG (vgl. dazu KR-*Etzel* § 102 BetrVG Rz 94; *Moehn* NZA 1995, 114 unterstellt zu unrecht, dass die Anhörung in kleineren und mittleren Betrieben idR nicht üblich sei; s. dazu jetzt auch APS-*Künzl* Rz 6). Insbes. kann er der Kündigung aus den in § 102 Abs. 3 BetrVG im Einzelnen angeführten Gründen widersprechen, was dem Arbeitnehmer gem. § 102 Abs. 5 BetrVG einen Weiterbeschäftigungsanspruch eröffnet. Widerspricht der Betriebsrat, so hat der Arbeitgeber dem Arbeitnehmer zusammen mit der Kündigung die schriftliche Stellungnahme des Betriebsrats vorzulegen (§ 102 Abs. 4 BetrVG). Wird trotz dieser vorausgegangenen Beteiligung des Betriebsrats die Kündigung ausgesprochen, dürfte in aller Regel auch ein nachträglicher Versuch des Betriebsrats, eine Verständigung herbeizuführen, wenig Erfolg haben. Wenn § 3 KSchG bei dieser Konstellation überhaupt noch einen Sinn hat, so den, bei **geändertem Sachverhalt nach Ausspruch der Kündigung** den Betriebsrat einschalten zu können und / oder dem Arbeitnehmer Gelegenheit zu geben, dem Betriebsrat **seine Sicht** der zur Kündigung führenden Gründe vorzutragen, soweit er dazu vorher keine Gelegenheit hatte (so auch HK-*Hauck* Rz 8; als durchaus sinnvoll sehen die Einschaltung des Betriebsrats in diesem Fall auch an BBDW-*Wenzel* Rz 8). Dies kann etwa der Fall sein, wenn der Betriebsrat entgegen § 102 Abs. 2 S. 4 BetrVG den Arbeitnehmer nicht angehört hat (*Löwisch/Spinner* Rz 3). Dazu bedürfte es aber nicht unbedingt einer **besonderen gesetzlichen Regelung,** an deren Verletzung keinerlei Sanktionen geknüpft sind. Es sollte für einen Betriebsrat, der seine Aufgabe ernst nimmt, selbstverständlich sein, auch nach Ausspruch einer Kündigung vorgebrachte Einwände des gekündigten Arbeitnehmers zu überprüfen und ggf. dem Arbeitgeber vorzutragen. Eine weitere Bedeutung liegt darin, dass der Betriebsrat gezwungen ist, auf Verlangen in jedem Fall und damit über § 102 Abs. 4 BetrVG hinaus eine schriftliche Stellungnahme gegenüber dem Arbeitnehmer abzugeben, § 3 S. 2 KSchG. Dies kann dem Arbeitnehmer dienlich sein bei Beurteilung der Frage, welche Erfolgschancen eine evtl. Kündigungsschutzklage hat (darauf weist zu recht hin *Löwisch/Spinner* aaO; zust. auch HK-*Hauck* Rz 7).

9 Dennoch bleiben **Zweifel an der Notwendigkeit** des Nebeneinanders der Regelung des BetrVG und des § 3 KSchG. Das gilt um so mehr, als der Anwendungsbereich des § 102 BetrVG den des § 3 KSchG nicht nur deckt, sondern übertrifft: Die Anhörung des Betriebsrats gem. § 102 BetrVG ist vor **jeder** Kündigung durchzuführen, unabhängig welcher Art – ordentlich oder außerordentlich – und unabhängig davon, ob bereits Kündigungsschutz besteht. Demgegenüber beschränkt sich die Einspruchsmöglichkeit des § 3 KSchG auf Arbeitnehmer, die Kündigungsschutz genießen, also mindestens sechs Monate ununterbrochen in einem Arbeitsverhältnis stehen; sie bezieht sich im Übrigen nur auf die ordentliche Kündigung (s.u. Rz 28; vgl. auch *Brill* AuR 1977, 110, 111).

9a Keine Anwendung findet § 3 KSchG auch in Betrieben, die nach § 23 KSchG nicht dem KSchG unterfallen, in denen aber wegen der unterschiedlichen Schwellenwerte durchaus ein – uU sogar dreiköpfiger – Betriebsrat bestehen kann, § 1 Abs. 1 iVm § 9 BetrVG; dieser ist dann natürlich nach § 102 BetrVG zu beteiligen. An der Unanwendbarkeit von § 3 KSchG ändert auch nichts, dass gem. § 23 KSchG in der seit 1.1.2004 geltenden Fassung das Erfordernis zur Geltendmachung der Unwirksamkeit einer Kündigung gem. § 4 KSchG – damit an sich auch dessen S. 3 – auch für Arbeitnehmer in Kleinbetrieben gilt. Die generelle Anwendung von § 3 KSchG ist gerade nicht geregelt. Überlegungen einer analogen Anwendung oder Bedenken wegen einer problematischen Ungleichbehandlung stellen sich angesichts der fehlenden Bedeutung von § 3 KSchG nicht.

B. Durchführung des Einspruchs

I. Form

10 Für den Einspruch ist eine bestimmte **Form** nicht vorgesehen. Er kann mündlich oder schriftlich erfolgen (HK-*Hauck* Rz 18; *v. Hoyningen-Huene/Linck* Rz 6; KDZ-*Kittner* Rz 5; *Schaub/Linck* § 135, 1).

Kündigungseinspruch

Der Einspruch bedarf **keiner Begründung** wie sie etwa § 86 S. 1 BRG 1920 zwingend verlangte. Der Arbeitnehmer sollte allerdings im eigenen Interesse dem Betriebsrat die Gründe mitteilen, die seiner Meinung nach die Kündigung als sozialwidrig erscheinen lassen, um ggf. die Entscheidungsgrundlage für den Betriebsrat zu erweitern (so auch HK-*Hauck* Rz 18). Der Begründungszwang scheidet schon deshalb aus, weil dem Arbeitnehmer oftmals die Kündigungsgründe nicht bekannt sind. 11

II. Einlegung beim Betriebsrat

Der Einspruch ist **beim Betriebsrat** einzulegen. Betriebsrat in diesem Sinne ist selbstverständlich auch der aus **einer Person** bestehende Betriebsrat in Betrieben mit idR 5 bis 20 wahlberechtigten Arbeitnehmern (§ 9 BetrVG). Nach dem BetrVG 1952 ergab sich insoweit eine Diskrepanz, als der Betriebsobmann zwar im Einspruchsverfahren gem. § 2 KSchG aF (§ 3 KSchG nF), beteiligt war, nicht hingegen nach § 66 BetrVG 1952. Die Mitwirkung bei der Kündigung war nämlich beschränkt auf Betriebe mit idR mehr als 20 wahlberechtigten Arbeitnehmern (§ 60 Abs. 1 BetrVG 1952). Diese Betriebe hatten aber mindestens einen dreiköpfigen Betriebsrat (§ 9 Abs. 1 BetrVG 1952). Insoweit ging § 3 KSchG über die im BetrVG geregelte Mitbestimmung sogar formal hinaus. Die Beteiligung des Betriebsrats bei Kündigungen gem. § 102 BetrVG enthält diese Beschränkung auf Betriebe bestimmter Größenordnungen nicht mehr, so dass der einköpfige Betriebsrat jetzt auch hinsichtlich seiner betriebsverfassungsrechtlichen Beteiligungsrechte dem mehrköpfigen Betriebsrat gleichgestellt ist. 12

Der Einspruch ist grds. an den **Betriebsratsvorsitzenden** zu richten. Er oder im Falle seiner Verhinderung sein Stellvertreter ist zur Entgegennahme von Erklärungen berechtigt, welche dem Betriebsrat gegenüber abzugeben sind (§ 26 Abs. 2 S. 2 BetrVG). Diese Ermächtigung gilt nicht nur für rechtsgeschäftliche Erklärungen, sondern für alle Mitteilungen auch nur tatsächlicher Art, wie sie der Einspruch nach § 3 KSchG darstellt (*Fitting* § 26 Rz 22, 23): Die Erklärung geht dem Betriebsrat zu, wenn sie dem Betriebsratsvorsitzenden zur Kenntnis gelangt. 13

Der Arbeitnehmer kann den Einspruch allerdings auch bei einem **einfachen Betriebsratsmitglied** anbringen, wenn nur klar ist, dass er den Betriebsrat in seiner Gesamtheit ansprechen will. Das Betriebsratsmitglied ist dann als **Empfangsbote** zu betrachten mit der Folge, dass der Einspruch dem Betriebsrat erst zugegangen ist, wenn das Betriebsratsmitglied den Betriebsratsvorsitzenden informiert (vgl. *Fitting* aaO; BAG 28.2.1974 EzA § 102 BetrVG 1972 Nr. 8; s. aber auch *Richardi/Thüsing* § 26 BetrVG Rz 33; *Linsenmaier* FS Wißmann, S. 378, 380). Das kann zwar zu einer Verzögerung des Verfahrens führen. Da aber die Wochenfrist des § 3 KSchG keine Ausschlussfrist ist (s.u. Rz 16), ist das unschädlich (s.a. Rz 22). 14

III. Frist

§ 3 S. 1 KSchG sieht die Einlegung des Einspruchs beim Betriebsrat binnen **einer Woche** nach der Kündigung vor. Maßgebend ist der Tag des Zugangs der Kündigung beim Arbeitnehmer (BBDW-*Wenzel* Rz 21). Die Frist berechnet sich gem. §§ 186 ff. BGB. Der Tag des Zugangs wird nicht mitgerechnet (§ 187 Abs. 1 BGB). Geht die Kündigung also etwa an einem Dienstag zu, endet die Frist mit Ablauf des Dienstags der nächsten Woche (vgl. § 188 Abs. 2 BGB). 15

Die Wochenfrist ist **keine Ausschlussfrist**. Der Betriebsrat kann einen verspäteten Einspruch entgegennehmen und ggf. einen Verständigungsversuch unternehmen. Bei richtigem Verständnis der ihm obliegenden Pflichten sollte der Betriebsrat dies regelmäßig tun (*Auffarth/Müller* § 2 Rz 3 sahen in einer Weigerung eines Betriebsrats sogar eine Amtspflichtverletzung; vgl. auch *Löwisch/Spinner* Rz 5; *v. Hoyningen-Huene/Linck* Rz 5). 16

Entsprechend gilt für den Arbeitgeber, dass er Verhandlungen mit dem Betriebsrat über den Einspruch nicht etwa allein deshalb ablehnen kann, weil der Arbeitnehmer die Wochenfrist versäumt hat (*Löwisch/Spinner* aaO). 17

Denkbar – wenn auch wohl selten – ist, dass die Kündigungsschutzklage erhoben wird, **bevor** die Wochenfrist des § 3 S. 1 KSchG abgelaufen ist. Der Einspruch beim Betriebsrat wird jedenfalls nach dem Wortlaut des § 3 KSchG dadurch nicht ausgeschlossen. Eine einschränkende Auslegung der Bestimmung ist nicht erforderlich. Immerhin ist die Möglichkeit einer Einigung durch die Vermittlung des Betriebsrats auch nach Klageerhebung nicht ausgeschlossen. Daher kann durchaus ein Interesse an der Einschaltung des Betriebsrats gem. § 3 KSchG bestehen. § 4 S. 3 KSchG scheint zwar von der Durchführung des Einspruchsverfahrens vor Erhebung der Kündigungsschutzklage auszugehen, da davon die 18

Rede ist, dass die Stellungnahme des Betriebsrats der Klage beizufügen ist (s.u. Rz 25). Dies kann jedoch zwanglos auch dahin ausgelegt werden, dass bei nachträglichem Einspruch die Stellungnahme der Klage nachgereicht werden soll.

IV. Entscheidung des Betriebsrats

19 Die **Entscheidung des Betriebsrats** über den Einspruch erfolgt durch Beschluss (§ 33 BetrVG). Die Zuweisung an einen Ausschuss gem. § 27 Abs. 2 S. 2 BetrVG oder gem. § 28 Abs. 1 BetrVG ist zulässig (*Löwisch/Spinner* Rz 7; HK-*Hauck* Rz 24; s.a. *BAG* 17.3.2005 EzA § 103 BetrVG 2001 Nr. 4): Hält der Betriebsrat den Einspruch für unbegründet, erübrigen sich an sich weitere Vermittlungsbemühungen. Es steht außer Frage, dass der Betriebsrat rechtlich nicht gehindert ist, auch bei einer als sozial gerechtfertigt erachteten Kündigung sich um eine Einigung der Parteien zu bemühen.

20 Erachtet der Betriebsrat den Einspruch des Arbeitnehmers für **begründet**, hat er gem. § 3 S. 2 KSchG zu versuchen, mit dem Arbeitgeber über eine **Verständigung** zu verhandeln. Ziel dieser Verständigungsbemühungen muss nicht unbedingt die Rücknahme der Kündigung sein. Denkbar sind auch Verhandlungen über eine Abfindung oder etwa die Verlängerung der Kündigungsfrist (vgl. *Brill* AuR 1977, 110). Besondere Formvorschriften über diese Verständigungsverhandlungen bestehen nicht. Ob und wann der Arbeitnehmer zu evtl. mündlichen Gesprächen hinzugezogen wird, muss nach den Gegebenheiten des Einzelfalls entschieden werden. Ein Recht auf Teilnahme besteht nicht. Gegen die Zuziehung etwa eines Gewerkschaftsvertreters oder eines Rechtsanwalts bestehen keine Bedenken.

V. Verhandlung mit dem Arbeitgeber

21 Bei den Verständigungsbemühungen nimmt der Betriebsrat lediglich eine **Vermittlerrolle** wahr. Er ist **nicht Vertreter** des Arbeitnehmers und kann daher grds. nicht mit Wirksamkeit für und gegen ihn irgendwelche Vereinbarungen mit dem Arbeitgeber treffen. Das gilt auch für eine einvernehmliche Rücknahme der Kündigung (HK-*Hauck* Rz 28; *v. Hoyningen-Huene/Linck* Rz 8; KDZ-*Kittner* Rz 7; *Löwisch/Spinner* Rz 6). Der Arbeitnehmer muss also dem Betriebsrat eine ausdrückliche **Vollmacht** erteilen, wenn dieser bindende Vereinbarungen mit dem Arbeitgeber soll abschließen können.

22 Hingegen ist der Betriebsrat berechtigt, ein **Angebot des Arbeitgebers** als **Empfangsbote** entgegenzunehmen zur Weitergabe an den Arbeitnehmer (s. Rz 14). An dieses Angebot ist der Arbeitgeber gebunden. Er kann sich nicht darauf berufen, das Angebot sei nur dem Betriebsrat und nicht dem Arbeitnehmer gegenüber abgegeben worden.

VI. Schriftliche Stellungnahme

23 Auf deren Verlangen hat der Betriebsrat seine **Stellungnahme** dem Arbeitnehmer bzw. dem Arbeitgeber **schriftlich** mitzuteilen (§ 3 S. 3 KSchG). Das gilt für die dem Einspruch stattgebende wie auch für die ihn als unbegründet ansehende Entscheidung. Von der Pflicht zur Stellungnahme ist der Betriebsrat nicht enthoben, wenn dem Arbeitnehmer oder dem Arbeitgeber bereits eine schriftliche Stellungnahme im Rahmen des Anhörungsverfahrens gem. § 102 BetrVG zugegangen ist. Dabei ist insbes. zu denken an den Fall des § 102 Abs. 4 BetrVG, wonach der Arbeitgeber, der entgegen dem Widerspruch des Betriebsrats nach § 102 Abs. 3 BetrVG eine Kündigung ausspricht, dem Arbeitnehmer mit der Kündigung eine Abschrift der Stellungnahme des Betriebsrats zuzuleiten hat. Die Verfahren sind **unabhängig** voneinander, § 102 Abs. 7 BetrVG (vgl. zu dem Verhältnis der Vorschriften *Brill* AuR 1977, 109). In dem Einspruchsverfahren können neue Gesichtspunkte auftauchen, die eine erneute Beschlussfassung sinnvoll machen (*v. Hoyningen-Huene/Linck* Rz 9; *Brill* aaO). Die Stellungnahme des Betriebsrats im Anhörungsverfahren braucht sich nicht mit der des Einspruchsverfahrens zu decken. Allerdings kommt der Stellungnahme des Betriebsrats im Rahmen des § 3 KSchG größere Bedeutung wohl nur zu, wenn der Betriebsrat noch keinen Widerspruch eingelegt hat (vgl. *Brill* aaO).

24 Keine ausreichende Stellungnahme ist die **bloße Mitteilung** des Ergebnisses der Beschlussfassung. Vielmehr ist eine **Begründung** der Entscheidung zu verlangen (*Löwisch/Spinner* Rz 5; *v. Hoyningen-Huene/Linck* Rz 10). Das ergibt sich ohne weiteres aus dem Sinn dieser Stellungnahme, den Beteiligten eine Entscheidungshilfe im Hinblick auf eine mögliche Einigung oder einen eventuell zu führenden Prozess zu geben. Hat der Betriebsrat im Rahmen des Anhörungsverfahrens nach § 102 BetrVG bereits eine schriftliche Stellungnahme abgegeben, kann bei unveränderter Sachlage die Berufung hierauf als genügend angesehen werden. Dies gilt allerdings nicht, wenn neue Gesichtspunkte aufgetaucht sind (BBDW-*Wenzel* Rz 34).

VII. Bedeutung der Stellungnahme im Kündigungsschutzprozess

Kommt es zu keiner Einigung und erhebt der Arbeitnehmer **Kündigungsschutzklage, soll** er diese Stellungnahme der Klage **beifügen** (§ 4 S. 3 KSchG). Unterlässt er es, hat dies keine unmittelbaren rechtlichen Folgen. Die Beifügung insbes. der den Einspruch als begründet ansehenden Entscheidung des Betriebsrats dürfte jedoch regelmäßig von besonderem Interesse für den klagenden Arbeitnehmer sein. Ihr kommt eine tatsächliche Bedeutung insoweit zu, als sie für die Entscheidung des Gerichts einen Hinweis geben kann vor allem dann, wenn die Kündigung auf betriebliche Belange gestützt wird oder die soziale Auswahl im Streit steht. Das Gericht ist zwar an die Beurteilung des Betriebsrats nicht gebunden (*Schaub/Linck* § 135 Rz 4). Es kann aber mit einer gewissen Wahrscheinlichkeit davon ausgehen, dass der Betriebsrat in diesem Bereich idR einen hinreichenden Überblick hat (vgl. HK-*Hauck* Rz 32; *v. Hoyningen-Huene/Linck* Rz 10; *Schaub* § 135, 4). Allerdings sollte dies nicht überschätzt werden. 25

Die Einlegung des Einspruchs durch den Arbeitnehmer ist abweichend von § 86 BRG 1920 **keine Wirksamkeitsvoraussetzung für** die Erhebung der Kündigungsschutzklage. Insbes. wird die **Dreiwochenfrist** zur Erhebung der Klage gem. § 4 S. 1 KSchG **nicht** durch die Einlegung des Einspruchs **gehemmt** oder **unterbrochen** (APS-*Künzl* Rz 10; *v. Hoyningen-Huene/Linck* Rz 5; *Löwisch/Spinner* Rz 24; für eine Hemmung jetzt aber *Moehn* NZA 1995, 114 – unklar, ob de lege lata oder de lege ferenda; krit. dazu *Rieble* Anm. zu BAG 3.5.1994 EzA § 99 BetrVG 1972 Nr. 122; für eine entsprechende Neuregelung aber auch *Fischer* NZA 1995, 1133). Ein diesbezüglicher Irrtum des Arbeitnehmers rechtfertigt in aller Regel keine nachträgliche Zulassung der Kündigungsschutzklage gem. § 5 KSchG (*Löwisch/Spinner* Rz 4; vgl. auch KR-*Friedrich* § 5 KSchG Rz 26). Der Arbeitnehmer darf auch nicht abwarten, bis der Betriebsrat seine begründete Stellungnahme gem. § 3 S. 3 KSchG vorlegt, da die Beifügung dieser Stellungnahme keine Klagevoraussetzung ist. 26

C. Anwendungsbereich des § 3 KSchG

I. Änderungskündigung

§ 3 KSchG findet Anwendung auch im Falle einer **Änderungskündigung** gem. § 2 KSchG (APS *Künzl* Rz 18; ErfK-*Ascheid* Rz 1). Dabei ist unerheblich, ob der Arbeitnehmer das Änderungsangebot abgelehnt oder ob er sich bereit erklärt hat, zu den geänderten Arbeitsbedingungen unter dem Vorbehalt weiterzuarbeiten, dass die Änderung sich nach gerichtlicher Überprüfung als wirksam herausstellt. Für das Einspruchsverfahren gelten insoweit keine Besonderheiten. Da Änderungsangebot und Kündigung eine zumindest tatsächliche Einheit bilden, hat der Betriebsrat auch bei Ablehnung des Angebots durch den Arbeitnehmer dieses Angebot bei seiner Würdigung zu berücksichtigen (vgl. KR-*Rost* § 2 KSchG Rz 89 ff.). 27

II. Außerordentliche Kündigung

Gem. § 13 Abs. 1 S. 2 KSchG kann die Rechtsunwirksamkeit einer **außerordentlichen Kündigung** nur nach Maßgabe des § 4 S. 1 und der §§ 5–7 KSchG geltend gemacht werden. Die Anwendung des § 3 KSchG ist nicht erwähnt (s.a. Rz 9). Es bestehen zwar an sich keine grundsätzlichen Bedenken gegen eine entsprechende Anwendung der Einspruchsregelung auch im Falle einer außerordentlichen Kündigung. Angesichts der geringen Bedeutung der Vorschrift und der ohnehin bestehenden Möglichkeit, den Betriebsrat zu Vermittlungsversuchen einzuschalten, ist ein Bedürfnis für eine Ausweitung des § 3 KSchG allerdings nicht ersichtlich (so im Ergebnis auch *Brill* AuR 1977, 110; BBDW-*Wenzel* Rz 15; *Spinti* AR-Blattei SD 1020.1 Rz 15). Die Mitwirkung des Betriebsrats auch bei der außerordentlichen Kündigung ist ohnehin durch § 102 BetrVG abgesichert. 28

Angesichts der völlig untergeordneten Bedeutung besteht auch kein sachlicher Anlass für die entsprechende Anwendung von § 3 KSchG auf die von der Rspr. entwickelte außerordentliche Kündigung mit zwingender Auslauffrist bei ordentlich unkündbaren Arbeitnehmern, auch wenn diese Kündigung hinsichtlich der Anhörung des Betriebsrats nach § 102 BetrVG bzw. der Beteiligung des Personalrats wie eine ordentliche Kündigung zu behandeln ist (*BAG* 18.1.2001 EzA § 626 BGB Krankheit Nr. 4).

III. § 14 Abs. 2 S. 1 KSchG

Keine Anwendung findet § 3 KSchG auf die Arbeitsverhältnisse von Geschäftsführern, Betriebsleitern und ähnlichen leitenden Angestellten, soweit diese zur selbständigen Einstellung oder Entlassung von Arbeitnehmern berechtigt sind, **§ 14 Abs. 2 S. 1 KSchG** (vgl. zu den Begriffen KR-*Rost* § 14 KSchG 29

Rz 23–32). Sie genießen zwar grds. den Kündigungsschutz des ersten Abschnittes des KSchG (ungenau insoweit *Fitting* § 102 BetrVG Rz 133). Die Herausnahme des § 3 KSchG ist konsequent, soweit gem. § 5 Abs. 3 BetrVG auf diese Personengruppen als sog. leitende Angestellte das BetrVG keine Anwendung findet, damit aber auch die Einschaltung des Betriebsrats im Rahmen der §§ 102, 103 BetrVG entfällt. Da der Geltungsbereich des § 14 Abs. 2 KSchG aber nicht deckungsgleich ist mit dem des § 5 Abs. 3 BetrVG, ist eine **einschränkende Auslegung** geboten dahin, dass Angestellten, die zwar zu dem in § 14 Abs. 2 S. 1 KSchG genannten Personenkreis gehören, nicht aber zugleich die Voraussetzungen des § 5 Abs. 3 BetrVG erfüllen, das Einspruchsrecht nach § 3 KSchG zusteht (s. iE KR-*Rost* § 14 KSchG Rz 36). Angesichts der fehlenden praktischen Bedeutung besteht allerdings kein Bedürfnis, leitenden Angestellten iSd § 5 Abs. 3 BetrVG in analoger Anwendung des § 3 KSchG ein ausdrückliches Einspruchsrecht beim Sprecherausschuss als dem für sie zuständigen Organ nach dem Sprecherausschussgesetz einzuräumen (so zu Recht *Rumler* S. 95 ff.; *Oetker* ZfA 1990, 43, 77; HaKo-*Gallner* Rz 9; unklar HK-*Dorndorf* § 14 Rz 30; **aA** *Hromadka* SprAuG § 31 Rz 20).

IV. PersVG

30 Nach § 98 BPersVG 1955 galten Vorschriften in anderen Gesetzen, die den Betriebsräten Befugnisse oder Pflichten übertrugen, entsprechend für die nach diesem Gesetz zu errichtenden **Personalvertretungen.** Damit fand § 3 KSchG entsprechende Anwendung bei Vorhandensein einer Personalvertretung. Eine dem § 98 BPersVG 1955 vergleichbare Bestimmung ist im derzeit geltenden BPersVG vom 15.3.1974 nicht mehr enthalten. Ein Einspruchsverfahren gem. § 3 KSchG zum Personalrat findet danach nicht statt. Das hindert den Personalrat nicht, auf Anregung des Arbeitnehmers oder auch aus eigener Initiative einen Verständigungsversuch mit dem Arbeitgeber vorzunehmen. Im Übrigen sichern die dem Personalrat gem. § 79 BPersVG zustehenden Mitwirkungsrechte bei Kündigung eine hinreichende Beteiligungsmöglichkeit. Für eine Anwendung des § 3 KSchG ist ohnehin kein Raum, wenn die ordentliche Kündigung nur mit Zustimmung des Personalrats ausgesprochen werden kann, vgl. etwa § 77 Abs. 1 Ziff. 2i HessPersVG.

V. Erweiterte Beteiligungsrechte des Betriebsrats

31 Gem. § 102 Abs. 6 BetrVG können Arbeitgeber und Arbeitnehmer vereinbaren, dass Kündigungen der Zustimmung des Betriebsrats bedürfen und bei Meinungsverschiedenheiten über die Berechtigung der Nichterteilung der Zustimmung die Einigungsstelle entscheidet. Eine derartige Vereinbarung bedarf der Form der **Betriebsvereinbarung**, eine Regelungsabrede genügt nicht (*BAG* 28.4.1998 EzA § 77 BetrVG 1972 Nachwirkung Nr. 1 m. Anm. *Krause*; zu den Einzelheiten vgl. KR-*Etzel* § 102 BetrVG Rz 243 ff.).

32 Besteht eine solche Vereinbarung, schließt das ein Einspruchsverfahren gem. § 3 KSchG nicht aus. Auch insoweit gilt die in § 102 Abs. 7 BetrVG bestätigte Unabhängigkeit der Beteiligungsverfahren nach dem BetrVG und nach dem KSchG. Der Betriebsrat bleibt trotz erteilter Zustimmung verpflichtet, nach Einspruch des Arbeitnehmers den Kündigungssachverhalt erneut zu überprüfen und ggf. mit dem Arbeitgeber einen Verständigungsversuch zu unternehmen. Dabei ist er nicht an seine zustimmende Entscheidung gebunden. Praktisch wird allerdings in diesen Fällen das Einspruchsverfahren idR ergebnislos verlaufen, da davon auszugehen ist, dass der Betriebsrat die Frage der Sozialwidrigkeit der Kündigung vor der erteilten Zustimmung hinreichend geprüft hat. Er wird also im Zweifel zu demselben Ergebnis kommen, es sei denn, es werden neue Gesichtspunkte vorgetragen, die dem Betriebsrat bei Erteilung der Zustimmung nicht bekannt waren.

D. § 3 KSchG – kein Schutzgesetz iSd § 823 Abs. 2 BGB

33 §§ 84–87 BRG 1920 wurden überwiegend als **Schutzgesetz** iSd § 823 Abs. 2 BGB angesehen. Zur Begründung wurde etwa darauf hingewiesen, dass die Mitwirkung des Betriebsrats bei Einzelkündigungen zwar »in erster Reihe im Interesse der Arbeitnehmerschaft als solcher, der Betriebsgemeinschaft und des Betriebs selbst ausgeübt wird«, aber »die §§ 84 ff. BRG doch auch den Schutz der wirtschaftlichen und sozialen Belange des gekündigten Einzelarbeitnehmers« bezwecken (*RAG* 4.1.1928 RAGE 1, 71; vgl. auch *Mansfeld* vor § 66 BRG Rz 7 zu § 23 BRG Rz 1; *Gester* AuR 1959, 329 zu Fn. 35; *Oehmann* RdA 1953, 21). Die Konsequenz hieraus war, dass bei einer rechtswidrigen und schuldhaften Verletzung der §§ 84 ff. BRG die Betriebsratsmitglieder sich ggf. gegenüber dem Arbeitnehmer **schadenersatzpflichtig** machten.

Unter Berufung insbes. auf diese zum BRG 1920 vertretene Auffassung wird daher auch für § 3 KSchG 34 teilweise die Meinung vertreten, es handle sich um ein **Schutzgesetz** iSd § 823 Abs. 2 BGB. Wenn die Bestimmung auch keinen entscheidenden Einfluss mehr auf die Kündigung habe, so sei sie als ein Teil des Kündigungsschutzes doch zum Schutz des Arbeitnehmers da (so insbes. *Oehmann* aaO). Dementsprechend wird grds. die Möglichkeit eines Schadensersatzanspruchs gegen ein am Einspruchsverfahren beteiligtes Betriebsratsmitglied bejaht. Dabei wird jedoch eingeräumt, dass praktisch ein derartiger Anspruch kaum Erfolg haben werde, da wegen der ungehinderten Klagemöglichkeit des Arbeitnehmers es meistens am Kausalzusammenhang zwischen dem schuldhaften Verhalten des Betriebsratsmitgliedes und dem eingetretenen Schaden fehle (*Oehman* aaO).

Gegen die Richtigkeit der § 3 KSchG als Schutzgesetz einordnenden Auffassung spricht nicht nur ihre 35 fehlende Praktikabilität. **Schutzgesetze** iSd § 823 Abs. 2 BGB sind diejenigen Rechtsnormen, die dem Schutz des einzelnen oder einzelner Personenkreise gegen die Verletzung bestimmter Rechtsgüter zu dienen bestimmt sind. Privatrechtliche Normen erfüllen diese Voraussetzungen grds. nur dann, wenn der Zweck einer besonderen Schutzgewährung gegen Rechtsverletzungen erkennbar ist, nicht hingegen, wenn sie – wie idR – nur den Macht- und Pflichtenkreis des Einzelnen bestimmen (*Erman/Schiemann* § 823 Rz 157; MünchKomm-*Wagner* § 823 BGB Rz 340 ff.; vgl. auch *Soergel/Zeuner* § 823 Rz 293 f.; *Staudinger/Hager* § 823 Rz G16 ff., jeweils mwN). Einen derartigen erkennbaren **besonderen Schutzzweck** gegen Rechtsverletzungen beinhaltet § 3 KSchG nicht. Das Einspruchsverfahren ist lediglich fakultativ. Der Arbeitnehmer braucht von ihm keinen Gebrauch zu machen. Es ist ohne jeden rechtlich erheblichen Einfluss auf das Kündigungsschutzverfahren selbst, hindert weder die Klageerhebung noch hemmt es die Klagefrist. Die vom Betriebsrat zu erteilende Stellungnahme »soll« der Klageschrift beigefügt werden. Unterlässt dies der Arbeitnehmer, bleibt das für die Klage ohne rechtlich erhebliche Folgen.

Dieser gegenüber dem BRG 1920 und auch gegenüber dem AOG **entscheidend eingeschränkten** Re- 36 gelung kann ein mit einer Schadenersatzdrohung bewehrter besonderer Schutzzweck iSd § 823 Abs. 2 BGB nicht entnommen werden. Voraussetzung dafür wäre zumindest eine **rechtliche Verknüpfung** des Handelns des Betriebsrats mit dem Kündigungsschutz in der Weise, dass der dem Arbeitnehmer zustehende Schutz nur durch eine bestimmte Reaktion des Betriebsrats eröffnet werden könnte. Als Beispiel mag neben der vorgenannten Regelung des BRG 1920 verwiesen werden auf das in § 102 Abs. 3 BetrVG enthaltene Widerspruchsrecht des Betriebsrats, welches erst die Möglichkeit der vorläufigen Weiterbeschäftigung nach § 102 Abs. 5 BetrVG gibt und von Bedeutung ist für die Prüfung der Sozialwidrigkeit im Rahmen des § 1 Abs. 2 S. 2 KSchG. Trotz dieser Verknüpfung wird aber nicht einmal § 102 Abs. 5 BetrVG als Schutzgesetz angesehen (als betriebsverfassungsrechtliche Vorschriften mit Schutzgesetzcharakter sehen *Fitting* § 1 Rz 218 an § 74 Abs. 2 BetrVG und § 79 BetrVG sowie die iE geregelten Schweigepflichten; vgl. auch HSWG-*Hess* vor § 1 Rz 33 ff.; GK-BetrVG/*Kraft/Franzen* § 1 BetrVG Rz 83; *Richardi/Thüsing* vor § 26 BetrVG Rz 15 u. § 79 BetrVG Rz 38).

§ 3 KSchG mit seiner allenfalls **tatsächlichen Einflussmöglichkeit** des Betriebsrats ist demnach zu se- 37 hen als privatrechtliche Regelung, welche lediglich das Verhältnis zwischen Arbeitnehmer, Arbeitgeber und Betriebsrat im Rahmen der Kündigung ausgestaltet. Dass diese Regelung für den Arbeitnehmer einen Schutz beinhaltet, steht dem nicht entgegen. Das KSchG insgesamt bezweckt den Schutz des Arbeitnehmers. Dennoch ist anerkannt, dass **§ 1 KSchG kein Schutzgesetz** iSd § 823 Abs. 2 BGB ist, der eine sozialwidrige Kündigung aussprechende Arbeitgeber sich also nicht schadensersatzpflichtig gem. § 823 Abs. 2 BGB macht (vgl. etwa *v. Hoyningen-Huene/Linck* § 1 Rz 19; LAG Köln 23.2.1988 NZA 1988, 548; s. iE KR-*Griebeling* § 1 KSchG Rz 37). Es fehlt hier wie dort an dem Zweck einer **besonderen Schutzgewährung** gegen Rechtsverletzungen, die privatrechtliche Normen erst zu einem Schutzgesetz werden lassen.

§ 3 KSchG ist daher **kein Schutzgesetz** iSd § 823 Abs. 2 BGB (APS-*Künzl* Rz 11; BBDW-*Wenzel* Rz 11; 38 ErfK-*Ascheid* Rz 8; HaKo-*Gallner* Rz 26; HK-*Hauck* Rz 12; *v. Hoyningen-Huene/Linck* Rz 19; KR-*Griebeling* § 1 KSchG Rz 37; *Löwisch/Spinner* Rz 8). Die Pflichtverletzung des Betriebsrats – also seiner Mitglieder, da haftbar nicht der Betriebsrat als Ganzes, sondern nur die Einzelmitglieder sind (vgl. *Richardi/Thüsing* vor § 26 Rz 8 ff.; *Fitting* § 1 Rz 209 ff.) – bei Prüfung des Einspruchs stellt keinen zum Schadensersatz verpflichtenden Verstoß iSd § 823 Abs. 2 BGB dar. Es bleiben allein die betriebsverfassungsrechtlichen Sanktionsmöglichkeiten, etwa die des § 23 Abs. 3 BetrVG (vgl. *Löwisch/Spinner* Rz 8; HaKo-*Gallner* Rz 26). Der Arbeitnehmer hat auch keinen gerichtlich durchsetzbaren Anspruch gegen den Betriebsrat auf Entgegennahme und Behandlung seines Einspruchs (zu Recht *Löwisch/Spinner* Rz 8).

§ 4 Anrufung des Arbeitsgerichts

¹Will ein Arbeitnehmer geltend machen, dass eine Kündigung sozial ungerechtfertigt oder aus anderen Gründen rechtsunwirksam ist, so muss er innerhalb von drei Wochen nach Zugang der schriftlichen Kündigung Klage beim Arbeitsgericht auf Feststellung erheben, dass das Arbeitsverhältnis durch die Kündigung nicht aufgelöst ist. ²Im Falle des § 2 ist die Klage auf Feststellung zu erheben, dass die Änderung der Arbeitsbedingungen sozial ungerechtfertigt oder aus anderen Gründen rechtsunwirksam ist. ³Hat der Arbeitnehmer Einspruch beim Betriebsrat eingelegt (§ 3), so soll er der Klage die Stellungnahme des Betriebsrats beifügen. ⁴Soweit die Kündigung der Zustimmung einer Behörde bedarf, läuft die Frist zur Anrufung des Arbeitsgerichts erst von der Bekanntgabe der Entscheidung der Behörde an den Arbeitnehmer ab.

Literatur

– bis 2004 vgl. *KR-Vorauflage* –

Vgl. auch die Angaben zum allg. Schrifttum über die Kündigung und zum Kündigungsschutz vor § 1 KSchG *Bader* Das Gesetz zu Reformen am Arbeitsmarkt: Neues in Kündigungsschutzgesetz und im Befristungsrecht, NZA 2004, 65 ff.; *Bauer/Krieger* Kündigungsrecht Reformen 2004, Köln 2004; *Bauer/Preis/Schunder* Gesetz zu Reformen am Arbeitsmarkt, NZA 2004, 195 ff.; *Berrisch* § 4 KSchG nF und die behördliche Zustimmung zur Kündigung, FA 2004, 6 f.; *ders.* Rechtliche Probleme bei der »Rücknahme« der Kündigung, FS Leinemann 2006, S. 315 ff.; *Biel* Aktuelles Arbeitsrecht: Examensrelevante Änderungen im Kündigungsschutz, JA 2005, 46 ff.; *Bielenski/Ullmann* Arbeitgeberkündigungen und Klagequote, Bundesarbeitsblatt Heft 10/2005 S. 4 ff.; *Birk/Burk* Die Dokumentation einer wirksamen betriebsbedingten Kündigung, BB-Special 5/2006, 2 ff.; *Brinkmann* Die Streitwerte bei Kündigungsstreitigkeiten, RVGreport 2005, 209 ff.; *ders.* Der Streitwert bei Kündigungen, JurBüro 2005, 119 ff.; *Buschmann* Vorwärts Kameraden, es geht zurück! Neue alte gesetzliche Regelungen ab 1.1.2004, AuR 2004, 1 ff.; *Däubler* Erfahrungen mit dem neuen Kündigungsrecht, Brennpunkte des Arbeitsrechts 2005, S. 1 ff.; *Dollmann* Konsequenzen der aktuellen BAG-Rechtsprechung zur Parteifähigkeit der GbR, ArbRB 2005, 30; *Etzel* Die unendliche Geschichte des Sonderkündigungsschutzes für Schwerbehinderte, FS Arbeitsgemeinschaft Arbeitsrecht, S. 241 ff.; *Gaul/Boewer* Aktuelles Arbeitsrecht Band 2/2003 Agenda 2010: Änderungen im Arbeitsrecht ... S. 329 ff.; *Gravenhorst* Bestandsstreit – Beschäftigung – Vergütung, FS Arbeitsgemeinschaft Arbeitsrecht, S. 313 ff.; *Groege* Die richtige Klage bei Kündigungen und befristeten Arbeitsverträgen, ArbRB 2006, 126 ff.; *Isenhardt/Böck* Erläuterungen zum Kündigungsrecht und Kündigungsschutzrecht, HzA Gruppe 5; *Löwisch* Neuregelung des Kündigungs- und Befristungsrechts durch das Gesetz zu Reformen am Arbeitsmarkt, BB 2004, 154 ff.; *Luke* Gilt die dreiwöchige Klagefrist des § 4 KSchG auch für den Wiedereinstellungsanspruch?, NZA 2005, 92 ff.; *Meixner* Das Gesetz zu Reformen am Arbeitsmarkt – Neuregelungen zum Kündigungsrecht, zu befristeten Arbeitsverhältnissen, zum Arbeitszeitrecht sowie zum SGB III, ZAP Fach 17 S. 719 ff.; *Moll* Ausgewählte arbeitsrechtliche Probleme in der Insolvenz, Brennpunkte des Arbeitsrechts 2005, S. 401 ff.; *Preis* Die »Reform« des Kündigungsschutzrechts, DB 2004, 70 ff.; *Quecke* Die Änderungen des Kündigungsschutzgesetzes zum 1.1.2004, RdA 2004, 86 ff.; *Richardi* Misslungene Reform des Kündigungsschutzes durch das Gesetz zu Reformen am Arbeitsmarkt, DB 2004, 486 ff.; *Rolfs* Die betriebsbedingte Kündigung mit Abfindungsangebot (§ 1a KSchG), ZIP 2004, 333 ff.; *ders.* Der allgemeine Kündigungsschutz nach dem Gesetz zu Reformen am Arbeitsmarkt, Sozialer Fortschritt (SF) 2006, 34 ff.; *Schmidt, J.* § 4 S. 4 KSchG und Gesetz zu Reformen am Arbeitsmarkt, NZA 2004, 79 ff.; *Stahlhacke* Zum Problemfeld der Klage nach § 4 KSchG, FS Leinemann 2006, S. 389 ff.; *Ulrici* Dreiwochenfrist auch für die Klage wegen Vertretungsmängel der Kündigung, DB 2004, 250 ff.; *Vossen* Betriebsübergang und Kündigungsschutzprozess, FS Leinemann 2006, S. 273 ff.; *Walter* Befristung und ordentliche Kündigung – das Ende einer unangemessenen Verbindung? –, AiB 2004, 225 ff.; *Willemsen/Annuß* Kündigungsschutz nach der Reform, NJW 2004, 177 ff.; *Zeising/Kröpelin* Die Geltung der Drei-Wochen-Frist des § 4 Satz 1 KSchG bei behördlichen Zustimmungserfordernissen – Realität oder bloße Fiktion ? DB 2005, 1626 ff.; *Zerres/Rhotert* Das neue Kündigungsrecht nach der Agenda 2010, BuW 2004, 166 ff.; *Zimmer* Sozialauswahl und Klagefrist ab 2004, FA 2004, 34 ff.

Inhaltsübersicht

	Rz
A. Einleitung und Überblick	1–10b
I. Entstehungsgeschichte	1–9
1. Das BRG von 1920	1
2. Der Rechtszustand nach dem AOG	2
3. Der Rechtszustand vor Inkrafttreten des KSchG	3–5
a) Die Landeskündigungsschutzbestimmungen der Nachkriegszeit	4

	Rz
b) Die Rechtsprechung zur Verwirkung des Klagerechts, soweit keine gesetzlichen Regelungen über Klagefristen vorhanden waren	5
4. Das KSchG 1951 und das KSchG 1969	6–9
5. Das Gesetz zu Reformen am Arbeitsmarkt 2003	9a
II. Sinn und Zweck der Regelung	10
B. Die Kündigungsschutzklage	11–223
I. Anwendungsbereich des § 4 KSchG	11–16f
II. Art der Klage	17–25a
1. Die Kündigungsschutzklage als Feststellungsklage	17–18a
2. Die Klage auf Abfindung als Feststellungsklage iSd § 4 KSchG	19
3. Die Klage auf Lohn als Feststellungsklage iSd § 4 KSchG	20, 21
4. Einzelfälle	22–25a
III. Wirkungen der Kündigungsschutzklage	26–50
1. Die Kündigungsschutzklage und das besondere Feststellungsinteresse iSd § 256 ZPO	26–29
2. Kündigungsschutzklage und Unterbrechung der Verjährung eines auf § 615 BGB gestützten Lohnanspruchs durch die Kündigungsschutzklage	30–36b
3. Wahrung von tarifvertraglichen Ausschlussfristen durch die Kündigungsschutzklage	37–50
a) Kündigungsschutzklage und die Wahrung einstufiger Ausschlussfristen	38–42
b) Kündigungsschutzklage und die Wahrung zweistufiger Ausschlussfristen	43–50
IV. Die »Rücknahme« der Kündigung und die Kündigungsschutzklage	51–73
1. Die »Rücknahme« der Kündigung vor Klageerhebung	51–62
2. Die »Rücknahme« der Kündigung nach Klageerhebung	63–73
V. Die Parteien des Kündigungsschutzprozesses	74–98
1. Der Arbeitnehmer	74–84
2. Der Arbeitgeber	85–97a
3. Unzulässigkeit der Nebenintervention eines dritten Arbeitnehmers	98
VI. Die Ausschlussfrist von drei Wochen für die Klageerhebung	99–138
1. Die Dreiwochenfrist und ihre Berechnung	99–135
a) Der Grundsatz	99

	Rz
b) Der Zugang der Kündigungserklärung	100–132
aa) Der Zugang der Kündigung gegenüber einem Anwesenden	100, 101
bb) Der Zugang der Kündigung gegenüber einem Abwesenden	102–118c
cc) Zugangshindernisse	119–131
dd) Der Zugang von Massenkündigungen	132
c) Unerheblichkeit tatsächlicher Kenntnisnahme	133
d) Darlegungs- und Beweislast	133b
e) Die Berechnung der Frist	134, 135
2. Die Rechtsnatur der Dreiwochenfrist	136–138
VII. Die Erhebung der Klage innerhalb der Dreiwochenfrist	139–169a
1. Die Art und Weise der Klageeinreichung	148
2. Der Mindestinhalt der Klageschrift	149–169a
VIII. Das Gericht, zu dem die Kündigungsschutzklage zu erheben ist	170–193
1. Grundsatz	170–185a
a) Die Erhebung der Klage bei dem örtlich zuständigen ArbG	171–180
b) Die Erhebung der Klage bei einem örtlich unzuständigen ArbG	181–185a
2. Die Erhebung der Klage bei einem ordentlichen Gericht	186, 186a
3. Die Erhebung der Klage bei einem sonstigen Gericht	187
4. Die Erhebung der Klage bei einem gem. § 101 Abs. 2 ArbGG anstelle der Arbeitsgerichtsbarkeit durch Tarifvertrag vorgesehenen Schiedsgericht	188–192
5. Die Anrufung eines Ausschusses, der das Güteverfahren vor dem ArbG ersetzt, iSd § 111 Abs. 2 ArbGG	193
IX. Ausnahmen von dem Lauf der Dreiwochenfrist ab Zugang der Kündigung	194–216
1. Vorbemerkung	194, 195
2. Der Zeitpunkt des Beginns des Laufs der Dreiwochenfrist bei Abhängigkeit der Kündigung von der Zustimmung einer Behörde	196–212a
3. Sonderregelung für die zum Wehrdienst Einberufenen und für die Wehrdienstleistenden	213–215

	Rz		Rz
4. Sonderregelung für die Besatzungsmitglieder von Seeschiffen, Binnenschiffen und Luftfahrzeugen	216	1. Der Klageantrag bei Annahme des Angebots unter Vorbehalt	285
X. Die Folgen der Versäumung der Dreiwochenfrist	217–223	2. Rücknahme der Änderungskündigung ohne Zustimmung des Arbeitnehmers vor Klageerhebung	286
C. Das Urteil im Kündigungsschutzprozess und seine Rechtskraft	224–273a	3. Rücknahme der Änderungskündigung ohne Zustimmung des Arbeitnehmers nach Klageerhebung	287
I. Die Rechtskraft und ihre Wirkungen im allgemeinen	224		
II. Der Streitgegenstand des Kündigungsschutzprozesses	225–249a	4. Einfluss des Todes des Arbeitnehmers auf den Änderungskündigungsrechtsstreit	288, 289
III. Das klageabweisende Urteil im Kündigungsschutzprozess	250–254		
IV. Das der Klage stattgebende Urteil	255–261	5. Der Streitgegenstand	290
V. Das Präklusionsprinzip	262–268	6. Die Rechtskraft	291, 291a
VI. Die erneute, die vorsorgliche und die wiederholte oder die Trotzkündigung	269–273	7. Streitwert	292
		F. Klagerücknahme, Klageverzicht, Verzicht auf Kündigungsschutz	293–312
VII. Einzelfragen	273a	I. Kündigungsschutz und Klagerücknahme	293, 294
D. Der Streitwert der Kündigungsschutzklage	274–282b	II. Kündigungsschutz und Klageverzicht (§ 306 ZPO)	295
E. § 4 KSchG und die Änderungskündigung	283–292	III. Verzicht auf Kündigungsschutz durch Vertrag	296–312
I. Grundsatz	283	1. Zulässigkeit des Verzichts auf den Kündigungsschutz im Allgemeinen	296–301
II. Die Kündigungsschutzklage bei Ablehnung des Angebots	284		
III. Die Kündigungsschutzklage bei Annahme des Angebots unter Vorbehalt	285–292	2. Verzicht auf den Kündigungsschutz durch Ausgleichsquittung	302–312

A. Einleitung und Überblick

I. Entstehungsgeschichte

1. Das BRG von 1920

1 Nach dem **BRG 1920** musste der Arbeitnehmer innerhalb von einer Frist von fünf Tagen nach der Kündigung beim Arbeiter- oder Angestelltenrat **Einspruch** einlegen (§ 84 Abs. 1 BRG). Hielt der Arbeiter- oder Angestelltenrat den Einspruch für begründet, so musste er versuchen, durch Verhandlungen mit dem Arbeitgeber eine »**Verständigung**« herbeizuführen (§ 86 Abs. 1 S. 2 BRG). Gelang das innerhalb einer Woche nicht, so konnten der Arbeiter- oder Angestelltenrat oder der Arbeitnehmer binnen weiteren fünf Tagen das ArbG anrufen (§ 86 Abs. 1 S. 3 BRG) und die sog. **Einspruchsklage** oder den sog. **Einspruchsprozess** durchführen.

2. Der Rechtszustand nach dem AOG

2 Das **AOG** bezeichnete die Klage des Arbeitnehmers als Klage auf Widerruf der Kündigung (**Kündigungswiderrufsklage** § 56 AOG). Sie musste innerhalb von 14 Tagen seit Zugang der Kündigung erhoben werden. Das AOG schaffte damit die drei Fristen des BRG ab und begnügte sich mit einer **Klagefrist von 14 Tagen**.

3. Der Rechtszustand vor Inkrafttreten des KSchG

3 Das AOG trat spätestens am 1. Januar 1947 durch das **Kontrollratsgesetz Nr. 40** vom 30.11.1946 außer Kraft. Während in einigen Ländern neue KSchG geschaffen wurden, die Klagefristen vorsahen, behalf man sich in anderen Ländern, in denen eine entsprechende Regelung nicht getroffen wurde, mit der aus der Generalklausel des § 242 BGB abgeleiteten Verwirkung des Klagerechts.

Anrufung des Arbeitsgerichts § 4 KSchG

a) **Die Landeskündigungsschutzbestimmung der Nachkriegszeit**

Einige Länder sahen Fristen für die Erhebung von Klagen gegen Kündigungen vor: **Bayern** (Art. 3 des Gesetzes Nr. 76, KSchG v. 1.8.1947 [BayGVBl. S. 165]); 4

Bremen. (§ 40 Abs. 1 des Ausführungsgesetzes zu Art. 47 der Landesverfassung der Freien Hansestadt Bremen [Bremisches BRG] v. 10. 1.1949 [Gesetzbl. der Freien Hansestadt Bremen, S. 7]);

Hessen. (§ 43 Abs. 1 des BRG für das Land Hessen v. 31.5.1948 [GVBl. S. 117]);

Württemberg-Baden (Gesetz Nr. 708 KSchG v. 18.8.1948 [RegBl. der Regierung Württemberg-Baden, S. 134]).

Baden. (§ 35 des Landesgesetzes über die Bildung von Betriebsräten [BRG] v. 24.9.1948 [BadVGBl. S. 209]);

Rheinland-Pfalz (Landesverordnung über die Errichtung und die Tätigkeit von Betriebsräten v. 15.5.1947 [VOBl. S. 258 ff.]);

Württemberg-Hohenzollern (§ 86 des BRG v. 21.5.1949 [RegBl. S. 153]);

Schleswig-Holstein (§§ 21, 22 des Gesetzes zur Regelung vordringlicher Angelegenheiten des Betriebsräterechts v. 3.5.1950 [GVBl. S. 169 ff.]);

Berlin. (Bek. v. 25.5.1948 [VOBl. für Groß-Berlin 1948, 310] iVm der Anordnung v. 24.11.1948 [VOBl. S. 502] über die Durchführung des Arbeitsplatzwechsels aufgrund der Bestimmungen des Kontrollratsbefehls Nr. 3 in I 1 sowie § 3 KSchG v. 20.5.1950 [VOBl. S. 173]).

b) **Die Rspr. zur Verwirkung des Klagerechts, soweit keine gesetzlichen Regelungen über Klagefristen vorhanden waren**

Soweit keine gesetzlichen Regelungen mit Bestimmungen über die Frist zur Klageerhebung vorhanden waren, behalf sich die **Rechtsprechung mit dem Grundsatz von Treu und Glauben** (§ 242 BGB) in seiner »rechtstheoretischen Präzisierung« der »Verwirkung« (*Wieacker* Zur rechtstheoretischen Präzisierung des § 242 BGB, 1956, Recht und Staat 193/194, S. 27 f.). 5

4. Das KSchG 1951 und das KSchG 1969

Die sog. »**Hattenheimer Entschließungen**« (RdA 1950, 63) sahen in § 3 bereits eine dem heutigen § 4 KSchG im Wesentlichen entsprechende Regelung vor. 6

In der Begründung zum **Entwurf eines KSchG der Bundesregierung** (Drs. I/2090, S. 13) ist zu § 3 des Entwurfs, dem späteren § 3 S. 1 und 2 KSchG 1951 nichts ausgeführt. 7

Im mündlichen **Bericht des Ausschusses für Arbeit** (20. Ausschuss) über den Entwurf eines KSchG (Drs. I/2384) ist aufgrund eines entsprechenden Beschlusses dem § 3 des Entwurfs der Bundesregierung der § 3 S. 3 des späteren KSchG 1951 angefügt worden. In der **parlamentarischen Beratung** hat § 3 des Entwurfs idF des Ausschusses für Arbeit keine Rolle gespielt. 8

Durch Art. 1 Ziff. 4 des **Ersten Arbeitsrechtsbereinigungsgesetzes** v. 14.8.1969 (BGBl. I S. 1969, 1106 ff. [1106]) wurde in § 3 KSchG 1951 der heutige § 4 S. 2 KSchG eingefügt. Dies geschah wegen der Aufnahme der **Änderungskündigung** in das KSchG mit §§ 2, 7 Hs. 2 und 8. Mit dem heutigen § 4 S. 2 KSchG sollte klargestellt werden, dass auch die Änderungskündigung mit der Kündigungsschutzklage angegriffen werden kann. Mit der aufgrund der Ermächtigung im Ersten Arbeitsrechtsbereinigungsgesetz vom 14.8.1969 (Art. 7 BGBl. I S. 1969, 1106 [1111]) erfolgten Neubekanntmachung wurde § 3 KSchG 1951 zu § 4 KSchG. 9

5. Das Gesetz zu Reformen am Arbeitsmarkt 2003

Mit dem **Gesetz zu Reformen am Arbeitsmarkt** vom 24.12.2003 (BGBl. I S. 3002 ff.), das am 1.1.2004 in Kraft getreten ist, wurden mit Art. 1 Nr. 2 in § 4 S. 1 KSchG die Wörter »**oder aus anderen Gründen rechtsunwirksam**« nach den Wörtern »sozial ungerechtfertigt« eingefügt. Nach der Begründung des Gesetzentwurfs (BT-Drs. 15/1204 S.25) soll für alle Fälle der Rechtsunwirksamkeit einer Arbeitgeberkündigung eine einheitliche Klagefrist gelten. Der Arbeitnehmer muss die Rechtsunwirksamkeit der Kündigung unabhängig vom Grund der Unwirksamkeit innerhalb einer Frist von drei Wochen nach 9a

Zugang der Kündigung geltend machen, und zwar nach Zugang der schriftlichen Kündigung. Denn es wurde in Satz 1 vor dem Wörtern »nach Zugang der« das Wort »schriftlichen« eingefügt. Zweck dieser Regelung ist, dass der Arbeitnehmer Klarheit über den Beginn der Klagefrist von drei Wochen erhält. Daraus folgt aber, dass § 4 KSchG auf mündliche Kündigungen und auf Kündigungen in Textformen, die nach der Formvorschrift des § 623 BGB unwirksam sind, nicht anwendbar ist (vgl. dazu und auf mögliche weitere nicht unter die Dreiwochenfrist fallende Unwirksamkeitsgründe KR-*Friedrich* § 13 KSchG Rz 226, 290a ff.). Der Arbeitnehmer kann diese Unwirksamkeitsgründe weiterhin bis zur Grenze der Verwirkung (vgl. dazu KR-*Friedrich* § 13 KSchG Rz 304 ff.) auch nach Ablauf der Dreiwochenfrist geltend machen.

Damit das auch für die Änderungskündigung gilt, fügte der Gesetzgeber in § 4 S. 2 KSchG nach den Wörtern »sozial ungerechtfertigt« ebenfalls die Wörter **»oder aus anderen Gründen rechtsunwirksam«** ein.

Die dreiwöchige Klagefrist wird also auch auf die Kündigungen erstreckt, die aus anderen Gründen als Sozialwidrigkeit rechtsunwirksam sind, wobei die Begr. des Gesetzentwurfes (BT-Drs. 15/1204 S.25) einige dieser Gründe unter Hinweis auf die 5. Aufl. dieses Kommentars (*Friedrich* § 13 KSchG Rz 177 ff.) aufzählt.

Der **besondere Streitgegenstand** der Kündigungsschutzklage ist nach dem insoweit unveränderten Text des § 4 S. 1 KSchG erhalten geblieben. Damit bleibt es bei den Fragestellungen im Zusammenhang mit dem allgemeinen Feststellungsantrag nach § 256 ZPO (vgl. dazu KR-*Friedrich* § 4 KSchG Rz 225 ff.). Bei der **Änderungskündigung** sollte der Antrag der neuen Fassung des Satzes 2 des § 4 KSchG angepasst werden, auch wenn § 6 KSchG an sich gewährleistet, dass Unwirksamkeitsgründe außerhalb des § 1 KSchG auch nach Ablauf der Dreiwochenfrist noch in das Verfahren eingebracht werden können, von §§ 61a Abs. 5, 67 ArbGG einmal abgesehen.

§ 4 KSchG nF ist auch auf Kündigungen anzuwenden, die noch im Jahre 2003 zugegangen sind, weil es keine Übergangsregelung gibt, so dass davon auszugehen ist, dass das Gesetz zu Reformen am Arbeitsmarkt mit dem Zeitpunkt seines In-Kraft-Tretens auch bereits zugegangene schriftliche Kündigungen erfasst mit der Maßgabe, dass die Klagefrist für die betroffenen Arbeitnehmer am 1.1.2004 begann und am 21.1.2004 endete. Die Fiktionswirkung der §§ 4, 7 KSchG nF trat danach mit Ablauf des 21.1.2004 ein (*BAG* 9.2.2006 – 6 AZR 283/05 – AP § 4 KSchG 1969 Nr. 56 unter Hinweis auf *LAG Köln* 23.6.2005 – 5 Sa 506/05 – NZA-RR 2006, 20 = ZTR 2006, 50).

II. Sinn und Zweck der Regelung

10 Die Kündigung, die dem KSchG unterliegt, ist unwirksam, wenn sie sozialwidrig ist (§ 1 Abs. 1 KSchG). Eine Kündigung kann außerdem aus anderen als den in § 1 Abs.2 und Abs.3 KSchG genannten Gründen rechtsunwirksam sein, arg. § 13 Abs.3 KSchG nF. Der Arbeitnehmer muss aber fristgerecht Kündigungsschutzklage erheben, wenn er sich auf die Unwirksamkeit der Kündigung berufen will. Das steht ganz in seinem Belieben. Unterlässt es der Arbeitnehmer, gegen die Kündigung nach § 4 KSchG innerhalb von drei Wochen das ArbG anzurufen, so gilt die Kündigung als von Anfang an rechtswirksam (§ 7 KSchG). Nach der Konstruktion des KSchG ist die Kündigung, gegen die fristgebunden vorgegangen werden muss, also nicht von vornherein unheilbar nichtig, sondern nur schwebend unwirksam. Der Sinn des § 4 KSchG wie auch der nachfolgenden §§ 5, 6, 7 KSchG ist es, im Interesse von Arbeitgeber und Arbeitnehmer, möglichst bald **Klarheit über den Weiterbestand oder das Ende des Arbeitsverhältnisses** zu schaffen. Die Neuregelung des KSchG hat die Klageerhebung an die Klagefrist von drei Wochen gebunden, um generell wenigstens in den meisten Fällen die Frage der Wirksamkeit der Kündigung nicht für längere Zeit in der Schwebe zu lassen. Dabei wurde der Geltungsbereich des § 4 KSchG erweitert, indem nahezu alle Rechtsunwirksamkeitsgründe erfasst werden und es nicht mehr darauf ankommt, ob der Betrieb als solcher oder ob der Arbeitnehmer dem KSchG unterliegen, arg. § 23 Abs. 1 S. 2 KSchG nF (s.u. Rz 11a, 11b). Die Zielsetzung, dass innerhalb kurzer Zeit Klarheit darüber besteht, ob der Arbeitnehmer die Kündigung hinnimmt, hat das BAG zu § 4 KSchG aF wiederholt betont (vgl. nur *BAG* 23.2.1978 EzA § 12 SchwbG Nr.4 [zu B III 3a der Gründe]; 27.4.2000 – 8 AZR/301/99). Mit anderen Worten: Die Frist des § 4 KSchG ist ihrem Zweck nach eine Überlegungsfrist (*BAG* 26.6.1986 EzA § 4 KSchG nF Nr.25; *Thür. LAG* 19.4.2001 EzA-SD 2001 Nr. 13, 8 = RzK I 10d Nr. 108).

10a Die Zahl der Arbeitgeberkündigungen liegt »eher in einer Größenordnung von zwei Millionen jährlich« bei einer Klagequote »in einer Größenordnung von 11 bis 15 %« (*Bielenski/Ullmann* BABl. 10/2005, 4 ff., 13), was die Bedeutung der Klage nach § 4 KSchG ansatzweise deutlich macht.

Wird die rechtzeitig erhobene Kündigungsschutzklage zurückgenommen, ist sie als nicht anhängig geworden anzusehen (§ 46 Abs. 2 ArbGG, § 269 Abs. 3 S. 1 ZPO). Sie kann innerhalb der Dreiwochenfrist erneut erhoben werden. Geschieht das nicht, gilt die Kündigung als von Anfang an wirksam (§ 7 KSchG), es sei denn, es liegen nicht von § 4 KSchG erfasste Unwirksamkeitsgründe vor, wie fehlende Schriftform der Kündigungserklärung iSd § 623 BGB. Die Rücknahme der Kündigungsschutzklage führt aber nicht zu einem Wiederaufleben des Abfindungsanspruchs nach § 1a KSchG. Die prozessuale Fiktion des § 269 Abs. 3 ZPO ist für den materiell-rechtlichen Tatbestand des § 1a KSchG ohne Bedeutung. Ziel des Gesetzgebers ist es, mit § 1a KSchG einen Abfindungsanspruch bei betriebsbedingter Kündigung unter Vermeidung eines Kündigungsschutzprozesses zu begründen (vgl. *BAG* 31.5.2005 EzA § 112 BetrVG 2001 Nr. 14 [II 1b cc]). Dieses Ziel wird durch eine gleichwohl erhobene Kündigungsschutzklage vereitelt. Eine spätere Klagerücknahme vermag daran nichts zu ändern (*LAG SA* 28.9.2005 LAGE § 1a KSchG Nr. 2; ErfK-*Ascheid/Oetker* 7. Aufl. § 1a KSchG Rz 7 mwN; SPV-*Preis* Rz 1167g mN Fn 959; Einzelheiten KR-*Spilger* § 1a KSchG Rz 79 ff.).

Einen **vorbeugenden Rechtsschutz** gegen eine vom Arbeitgeber angekündigte und vom Arbeitnehmer befürchtete Kündigung gibt es nicht. Der Arbeitnehmer muss den Zugang der Kündigung abwarten und kann dann nach Maßgabe des § 4 KSchG dagegen vorgehen. War vor Zugang der Kündigungserklärung Klage erhoben mit dem Antrage, festzustellen, dass die von der Beklagten nach Ablauf des Kündigungsverbots zum frühestmöglichen Zeitpunkt in Aussicht gestellte Kündigung unwirksam ist, so bezog sich das Klagebegehren auf die dann ausgesprochene Kündigung, auch wenn der Klageantrag erst nach Ablauf der Dreiwochenfrist der tatsächlich abgegebenen Kündigungserklärung angepasst wird (*BAG* 4.3.1980 EzA § 1 KSchG Tendenzbetrieb Nr. 8 [II]; vgl. auch *BAG* 1.12.1999 EzA § 620 BGB Hochschulen Nr. 20 [II] zur Entfristungsklage; BBDW-*Wenzel* § 4 Rz 130). Eine Klage mit dem Antrag, festzustellen, dass die Kündigung des Arbeitsverhältnisses »im Falle des Auszuges aus der ›vom Arbeitgeber‹ gemieteten Dienstwohnung« unzulässig sei, ist mangels Rechtsschutzinteresses unzulässig (*ArbG Kaiserslautern* Kammer Pirmasens 17.10.1990 ARSt 1991, 46 Nr. 18). **10b**

B. Die Kündigungsschutzklage

I. Der Anwendungsbereich des § 4 KSchG

Die Dreiwochenfrist ist einzuhalten, wenn die **Sozialwidrigkeit** der Kündigung oder andere Unwirksamkeitsgründe der schriftlich erklärten Kündigung geltend gemacht werden sollen. Obwohl das KSchG auf die ordentliche Kündigung zugeschnitten ist, zu denen auch die ordentliche entfristete und die ordentliche fast entfristete gehören (vgl. dazu KR-*Friedrich* § 13 KSchG Rz 24), schreibt § 13 Abs. 1 S. 2 KSchG vor, dass auch die Rechtsunwirksamkeit einer **außerordentlichen Kündigung** innerhalb der Dreiwochenfrist geltend zu machen ist. Die Unwirksamkeit der ordentlichen oder außerordentlichen Änderungskündigung ist innerhalb der Dreiwochenfrist geltend zu machen, arg. § 4 S. 2, § 13 Abs. 1 S. 2 KSchG. **11**

Die Dreiwochenfrist gilt auch für die **sittenwidrige Kündigung**. Das folgt aus § 13 Abs. 2 KSchG. § 13 Abs. 2 KSchG nF ordnet die entsprechende Anwendung des § 9 Abs. 1 und Abs. 2 KSchG und der §§ 10 bis 12 KSchG an, ohne das von der Einhaltung der dreiwöchigen Klagefrist abhängig zu machen, wie das nach § 13 Abs. 2 KSchG aF der Fall war (*Löwisch* BB 2004, 154, 159).

Die Dreiwochenfrist ist ferner einzuhalten für die Geltendmachung der Rechtsunwirksamkeit einer Befristung **(Entfristungsklage)**, § 17 TzBfG (BGBl. 2000 I S. 1966).

Bei der Geltendmachung der Unwirksamkeit einer ordentlichen oder außerordentlichen durch den **Insolvenzverwalter** ausgesprochenen Kündigung gelten keine Besonderheiten mehr, nachdem § 4 S. 1 KSchG nF nunmehr alle Unwirksamkeitsgründe erfasst. **§ 113 Abs. 2 InsO** ist folgerichtig als überflüssig vom Gesetzgeber ersatzlos aufgehoben worden (Gesetz zu Reformen am Arbeitsmarkt v. 24.12.2003 Art. 4 BGBl. I S. 3002 [3004]; vgl. nur *Zwanziger* BB 2005, 1682, 1684).

Aus der Einfügung der Wörter »mit Ausnahme der §§ 4 bis 7 und des § 13 Abs. 1 S. 1 und 2« nach dem Wort »gelten« in § 23 Abs. 1 S. 1 KSchG durch das Gesetz zu Reformen am Arbeitsmarkt v. 24.12.2003 (Art. 1 Nr. 7 BGBl. I S. 3002 [3003]) ergibt sich, dass die Klagefrist auch für Arbeitnehmer in Betrieben gilt, die nicht unter das KSchG fallen, also sog. Kleinbetriebe bzw. Kleinunternehmen (*Löwisch/Spinner* § 4 Rz 5). **11a**

11b Die Klagefrist greift auch bei Kündigungen innerhalb der ersten sechs Monate des Arbeitsverhältnisses, in denen der Arbeitnehmer wegen **Nichterfüllung der Wartezeit** noch keinen Kündigungsschutz iSd KSchG hat, § 1 Abs. 1 KSchG. Das ergibt sich zwar nicht ohne weiteres aus dem Gesetzeswortlaut, entspricht aber dem erkennbaren Willen des Gesetzgebers (*Bader* NZA 2004, 65, 68; BBDW-*Wenzel* § 4 KSchG Rz 11; *Richardi* NZA 2003,764, 765; *Zimmer* FA 2004, 34, 35; ErfK-*Kiel* § 4 KSchG Rz 1; *Löwisch/ Spinner* § 4 Rz 6; KPK-*Ramrath* § 4 KSchG Rz 3; *BAG* 9.2.2006 – 6 AZR 283/05 – AP § 4 KSchG 1969 Nr. 56 [I 2a]; *LAG Köln* 23.6.2005 – 5 Sa 506/05 – NZA-RR 2006, 19, 20; *LAG München* 22.2.2006 – 13 Sa 30/05 – [A II 1]).

11c Die Klagefrist des § 4 KSchG ist daher einzuhalten unabhängig davon, ob das Arbeitsverhältnis dem allgemeinen Kündigungsschutz unterliegt.

12 Von der Verpflichtung, im Falle der Kündigung die Dreiwochenfrist einzuhalten, bestehen noch folgende **Ausnahmen:**

13 **Angestellte in leitender Stellung** iSd § 14 Abs. 1 KSchG, also gesetzliche Vertreter von juristischen Personen, zur Vertretung von Personengesamtheiten berufene Personen (vgl. dazu KR-*Rost* § 14 KSchG Rz 6 ff.) sind vom allgemeinen Kündigungsschutz und damit auch von der Verpflichtung zur Einhaltung der Dreiwochenfrist ausgenommen.

Die Klagefrist erstreckt sich zwar grds. auf alle Unwirksamkeitsgründe, allerdings unbestritten mit Ausnahme der Schriftform des § 623 BGB, dazu KR-*Friedrich* § 13 KSchG Rz 226. Zu anderen möglichen nicht unter die Klagefrist fallenden Unwirksamkeitsgründe vgl. KR-*Friedrich* § 13 KSchG Rz 290a ff.

14 Auch bei einer **vorsorglichen Kündigung** muss innerhalb der Dreiwochenfrist Klage erhoben werden. Bei wirtschaftlichen Schwierigkeiten wird mitunter Arbeitnehmern »vorsorglich« gekündigt mit der Zusage, die Kündigung bei Besserung der Lage zurückzunehmen. Auch eine »vorsorgliche« Kündigung ist eine echte Kündigung. Der Arbeitnehmer muss sie deshalb innerhalb von drei Wochen mit der Kündigungsschutzklage angreifen, will er verhindern, dass sie gem. § 7 KSchG wirksam wird (*LAG Hamm* 13.11.1953 BB 1953, 979; *LAG Köln* 6.10.2005 – 6 Sa 843/05 – NZA-RR 2006, 353).

15 § 4 KSchG ist auch bei Kündigungen im Rahmen befristeter Arbeitsverhältnisse zu beachten. **Befristete Arbeitsverhältnisse enden,** ohne dass es einer Kündigung bedarf. Die Mitteilung des Arbeitgebers, das Arbeitsverhältnis ende wie vorgesehen mit Ablauf der Befristung, ist idR keine Kündigung, sondern eine Nichtverlängerungsmitteilung (*BAG* 15.3.1978 EzA § 620 BGB Nr. 34 [zu II 1 der Gründe]; 6.8.1997 – 7 AZR 156/96 – [II 2 mwN]). § 4 KSchG ist nach der Ansicht des *BAG* (26.4.1979 EzA § 620 BGB Nr. 25, dazu *V. Schmidt* AuR 1980, 320) nicht entsprechend auf eine Nichtverlängerungsmitteilung anzuwenden. Will der Arbeitnehmer geltend machen, **die Befristung sei unwirksam**, er befinde sich in einem unbefristeten Arbeitsverhältnis, hat er nach **§ 17 TzBfG** innerhalb von drei Wochen nach dem vereinbarten Ende des befristeten Arbeitsverhältnisses Klage – sog. »Entfristungs-, Befristungsschutz-, Befristungskontrollklage« – beim Arbeitsgericht zu erheben, dass das Arbeitsverhältnis aufgrund der Befristung nicht beendet ist. Diese Regelung trägt dem Umstand Rechnung, dass bei Streit um die Wirksamkeit einer Befristung wie bei Streit um Kündigungen, die unter das Kündigungsschutzgesetz fallen, um die Frage der Beendigung des Arbeitsverhältnisses gestritten wird. Von daher kann die Einführung der dreiwöchigen Klagefrist bei Befristungen nur als sinnvoll angesehen werden. Hinsichtlich der Einzelheiten wird auf KR-*Bader* § 17 TzBfG verwiesen. Will sich der Arbeitnehmer auf die Unwirksamkeit einer auflösenden Bedingung des Arbeitsverhältnisses berufen, ist die Dreiwochenfrist wegen der Verweisung in § 21 TzBfG auf § 17 TzBfG einzuhalten. Die Dreiwochenfrist ist einzuhalten, wenn der Arbeitsvertrag zwar befristet ist, aber eine Kündigungsmöglichkeit vor Ablauf der Befristung vorgesehen ist, was zulässig ist, § 15 Abs. 3 TzBfG (**aA** im Hinblick auf das Schuldrechtsmodernisierungsgesetz *Walter* AiB 2004, 225), und ordentlich oder außerordentlich (§ 626 BGB) gekündigt wird. Darauf, ob der Arbeitnehmer den allg. Kündigungsschutz genießt §§ 1, 23 KSchG, kommt es nicht mehr an, vgl. oben Rz 11a, 11b. Dagegen ist keine ordentliche Kündigung eines befristeten Arbeitsvertrages möglich bei [unwirksamer] auflösender Bedingung, *BAG* 19.6.1980 EzA § 620 BGB Nr. 47; vgl. im Übrigen KR-*Friedrich* § 13 KSchG Rz 37).

16 § 4 KSchG gilt nicht, auch nicht entsprechend, für **Maßnahmen**, die der Arbeitgeber **aufgrund** seines **Direktionsrechts** im Rahmen des Arbeitsverhältnisses oder aufgrund ihm eingeräumter besonderer vertraglicher Befugnisse trifft. In einem solchen Fall handelt es sich nicht um eine Kündigung, Änderungskündigung, sondern um das Recht zur einseitigen Änderung der Arbeitsbedingungen im Arbeitsverhältnis. Ob eine solche Maßnahme im Einzelfall noch vom Arbeitsvertrag und/oder Tarifver-

trag gedeckt ist oder nicht, also die Schwelle zur Änderungskündigung überschritten ist, ist häufig schwer zu entscheiden, zB *ArbG Düsseld.* 15.3.1989 DB 1989, 2079 (vgl. dazu KR-*Rost* § 2 KSchG Rz 36 ff.). Steht dem Arbeitgeber die Befugnis einseitiger Änderung der Arbeitsbedingungen zu, gelten das KSchG und damit § 4 nicht (vgl. zutr. *v. Hoyningen-Huene/Linck* § 2 Rz 13 ff. u. § 4 Rz 3). Daher ist die Dreiwochenfrist des § 4 KSchG auf Feststellungsklagen, die die Zulässigkeit und Wirksamkeit einer **Versetzung** des Arbeitnehmers durch den Arbeitgeber zum Gegenstand haben, die als Gestaltungsrecht aus dem Direktionsrecht des Arbeitgebers fließt, auch nicht entsprechend anwendbar (*BAG* 20.1.1960 AP Nr. 8 zu § 611 BGB Direktionsrecht [zust. *Nikisch*]; ebenso *BAG* 27.3.1980 EzA § 611 BGB Direktionsrecht Nr. 2 betr. Entzug eines Teils der Aufgaben). Ob Auszubildende, denen nach § 22 Abs. 2 Nr. 1 BBiG nur aus wichtigem Grund ohne Einhaltung einer Kündigungsfrist gekündigt werden kann, die Dreiwochenfrist bei der Klage gegen eine solche Kündigung einzuhalten haben, ist wegen des dann nur über § 13 Abs. 1 KSchG anwendbaren § 4 S. 1 KSchG bei § 13 KSchG erläutert (vgl. Rz 36 und KR-*Weigand* §§ 21, 22 BBiG Rz 121 ff.).

Ob die unter den Geltungsbereich des KSchG fallenden Arbeitnehmer bei einer **Anfechtung** des Arbeitsvertrages, genauer: der dem Arbeitsvertrag zugrunde liegenden Willenserklärung, durch den Arbeitgeber die Klagefrist des § 4 KSchG (iVm § 13 Abs. 1 KSchG) zu beachten haben, hat das *BAG* offen gelassen (14.12.1979 EzA § 119 BGB Nr. 11, abl. die hM, *v. Hoyningen-Huene/Linck* § 1 Rz 104 mwN; BBDW-*Wenzel* § 4 Rz 24 mwN; SPV-*Preis* Rz 147; APS-*Ascheid* § 4 Rz 16; ErfK-*Ascheid* 6. Aufl., § 4 KSchG Rz 5; *Löwisch/Spinner* Vor § 1 Rz 26; *Rolfs* SF 2006, 35, 39). Wenn das *BAG* (aaO) auf die Anfechtung nach § 119 Abs. 2 BGB, § 626 Abs. 2 BGB entsprechend anwendet, liegt es nahe, im Zuge dieser Gleichstellung der Anfechtung mit der (außerordentlichen) Kündigung auch § 4 KSchG (über § 13 Abs. 1 KSchG) analog anzuwenden (vgl. auch *Hönn* ZfA 1987, 90 f.; *Schwerdtner* Arbeitsrecht I, S. 26). 16a

§ 4 KSchG gilt nicht, auch nicht entsprechend, für die formlos mögliche Beendigungserklärung bei einem faktischen Arbeitsverhältnis (vgl. *BAG* 24.6.1981 – 7 AZR 198/79 – nv; *LAG Hamm* 29.3.1972 DB 1972, 711; *Bobrowski/Gaul* B III 17; APS-*Ascheid* § 4 Rz 16). § 4 KSchG setzt voraus, dass der Arbeitgeber objektiv eine Kündigung eines bestehenden wirksamen Arbeitsverhältnisses erklärt hat. Stellt eine Willenserklärung nach ihrem objektiven Erklärungswert keine Kündigung dar, ist kein Raum für § 4 KSchG. Gleichwohl ist die Frist des § 4 KSchG einzuhalten, wenn der Arbeitnehmer den Standpunkt vertritt, es handele sich nicht um ein faktisches Arbeitsverhältnis, sondern um einen wirksamen Arbeitsvertrag und in der schriftlichen Äußerung des Beendigungswillens liege eine Kündigung. 16b

Die (zB nach Nr. 8 Abs. 5 SR 2c BAT, § 2 Abs. 3 S. 2 TVöD hinsichtl. der Nebenabrede) zulässige **Teilkündigung** oder der **vorbehaltene Widerruf** (*BAG* 7.10.1982 EzA § 315 BGB Nr. 28) unterliegen nicht dem KSchG, womit auch die Dreiwochenfrist des § 4 S. 1 KSchG nicht anwendbar ist (*ArbG Lörrach* 2.6.1987 – 2 Ca 205/87). 16c

Die Klagefrist des § 4 S. 1 KSchG muss nicht eingehalten werden, wenn der Arbeitnehmer das Bestehen eines fingierten Arbeitsverhältnisses zum Entleiher iSd § 10 AÜG geltend macht (*Schüren* AÜG, 2. Aufl., § 10 Rz 124; *Sandmann/Marschall* AÜG, Stand 5/2003, Art. 1 § 10 Rz 15a; *Ulber* AÜG, 3. Aufl., § 10 Rz 47; *Boemke/Lembke* AÜG, 2. Aufl., § 10 Rz 82; *Thüsing/Mengel* AÜG, § 10 Rz 49). Es handelt sich um eine allg. Feststellungsklage nach § 256 ZPO, auf die § 4 KSchG nicht, auch nicht entsprechend anwendbar ist. Grenze ist – wie stets – Verwirkung, hier des Rechts, sich auf das Bestehen eines fingierten Arbeitsverhältnisses zum Entleiher zu berufen (*Schüren* aaO, § 10 Rz 125 ff.; *Ulber* aaO, § 10 Rz 47). 16d

Weitere Beendigungsgründe wie Aufhebungsvertrag, Wegfall der Geschäftsgrundlage, die auflösende Bedingung, die Berufung auf die Nichtigkeit des Vertrages werden von der dreiwöchigen Klagefrist nicht erfasst, was manche bedauern (*Bauer/Krieger* Rz 108). Bei einem Aufhebungsvertrag in Form eines Abwicklungsvertrages bleibt bei Anfechtung der diesem Vertrag zugrunde liegenden Willenserklärung durch den Arbeitnehmer die Arbeitgeberkündigung unberührt. Ist die Dreiwochenfrist bereits abgelaufen, stellt sich die Frage der nachträglichen Zulassung der Kündigungsschutzklage (dazu *Nebeling* NZA 2002, 1310; *Bauer/Krieger* Rz 109; KR-*Friedrich* § 5 KSchG Rz 21a, 40). 16e

Luke (NZA 2005, 92 ff.) plädiert für die Notwendigkeit der Einhaltung der dreiwöchigen Klagefrist des § 4 S. 1 KSchG auch für den **Wiedereinstellungsanspruch**, nachdem der Antrag auf Wiedereinstellung – bei dem Betriebsübernehmer – gestellt und von diesem abgelehnt worden war. 16f

II. Art der Klage

1. Die Kündigungsschutzklage als Feststellungsklage

17 Nach § 1 Abs. 1 KSchG ist die sozialwidrige Kündigung kraft Gesetzes rechtsunwirksam. Einer Klage – gleich welcher Art – bedarf es sonach an sich nicht. Nach § 7 KSchG gilt aber die sozialwidrige oder aus anderen Gründen rechtsunwirksame Kündigung als von Anfang an rechtswirksam, wenn der Arbeitnehmer die Rechtsunwirksamkeit der Kündigung nicht rechtzeitig gem. § 4 S. 1 KSchG (§§ 5 und 6 KSchG) geltend macht. Die Kündigung ist dann – abgesehen von der Zulassung verspäteter Klagen, § 5 KSchG – sachlich nicht mehr angreifbar. Daraus folgt, dass die Klage erforderlich ist, um die ursprünglich vorhandene Sozialwidrigkeit oder Rechtsunwirksamkeit aus anderen Gründen der Kündigung aufrechtzuerhalten. Aus dieser gesetzlichen Regelung ergibt sich, dass die **Kündigungsschutzklage** keine Gestaltungsklage (wie nach §§ 86 ff. BRG und §§ 56 ff. AOG), sondern eine **Feststellungsklage** ist. Das ist heute ganz allg. Meinung (*BAG* 2.4.1987 EzA § 626 BGB nF Nr. 108 [zu II 2 der Gründe] gegen *LAG Nds.* 7.2.1986 LAGE § 611 BGB Beschäftigungspflicht Nr. 14; 23.11.1984 DB 1985, 708, [wobei die Diskussion im Zusammenhang mit dem Beschluss des Großen Senats des *BAG* zum Weiterbeschäftigungsanspruch 27.2.1985 EzA § 611 BGB Beschäftigungspflicht Nr. 9, der von der Kündigungsschutzklage als Feststellungsklage ausgeht, ebenso *BAG* 26.6.1986 EzA § 4 KSchF nF Nr. 25 wieder aufgelebt war, vgl. zB *Künzl* DB 1986, 1280 ff.; *Löwisch* DB 1986, 2433; *Blanke* AuR 1987, 186 [Fn 6]; krit. *Bötticher* BB 1981, 1954; *Berkowsky* NJW 1982, 908; *Colneric* AuR 1984, 105 ff.; *Elisabeth Lehmann-Jessen* Diss. iur. Kiel 1995 »glaubt nachgewiesen zu haben, dass die Klage des jetzigen § 4 KSchG nicht als prozessuale Feststellungsklage, sondern als Gestaltungsklage vorbereitet und konzipiert worden ist«, S. 129 unter Hinweis auf bislang wohl nicht berücksichtigte Gesetzesmaterialien). Der Arbeitnehmer begehrt nicht die Veränderung eines bis zum Urteil bestehenden Rechtszustandes, sondern die Aufrechterhaltung der Unwirksamkeit der Kündigung wegen Sozialwidrigkeit oder aus anderen Gründen. Es geht also um die Feststellung der Rechtslage, die im Zeitpunkt des Zugehens der Kündigung bestanden hat. Dem trägt auch § 4 KSchG Rechnung, wenn es dort heißt, dass der Arbeitnehmer Klage beim ArbG auf Feststellung erheben muss, dass das Arbeitsverhältnis durch die Kündigung nicht aufgelöst ist. Das entspricht der Formulierung des § 1 Abs. 1 KSchG, nach der eine sozial ungerechtfertigte Kündigung rechtsunwirksam ist. Eine solche vermag das Arbeitsverhältnis nicht zu beenden.

18 Es ist allerdings nicht zu übersehen, dass die erfolgreiche Klage die Heilung der Sozialwidrigkeit oder das Wirksamwerden der aus anderen Gründen an sich unwirksamen Kündigung (§ 7 KSchG) ausschließt. Damit enthält sie doch so etwas wie ein **rechtsgestaltendes Element,** das bei der Frage, ob sich auch der Arbeitgeber und andere Personen, etwa Gläubiger des Arbeitnehmers, auf die Nichtigkeit der Kündigung berufen können, eine Rolle spielen kann.

18a Nach *Bötticher* (BB 1981, 1954) entfällt der Gegensatz zwischen Feststellungsklage und Gestaltungsklage, wenn man der Feststellungsklage eine die Unwirksamkeit erst auflösende Wirkung zubilligt. Er geht von einer aufschiebend bedingten Unwirksamkeit der Kündigung aus (bedingt durch das die Unwirksamkeit der Kündigung bestätigende Urt. letzter Instanz). Nach Eintritt der durch § 4 KSchG gesetzten Bedingungen gelte die Kündigung ohne Rücksicht auf die außerprozessuale Rechtslage als unwirksam. Jeder könne sich nun auf diese Unwirksamkeit berufen.

2. Die Klage auf Abfindung als Feststellungsklage iSd § 4 KSchG

19 Begehrt der Arbeitnehmer die Verurteilung des Arbeitgebers zur Zahlung einer **Abfindung** iSd §§ 9, 10 KSchG, so ist in einem solchen Antrag denknotwendig außer dem Antrag auf Auflösung des Arbeitsverhältnisses zugleich der Antrag auf Feststellung der Unwirksamkeit der Kündigung mitenthalten. Ohne vorherige Feststellung der Unwirksamkeit der Kündigung kann keine Abfindung zugesprochen werden. Die Feststellung der Unwirksamkeit einer Kündigung braucht nicht in der Urteilsformel zu erscheinen (vgl. iE KR-*Spilger* § 9 KSchG Rz 84). Eine Stellungnahme dazu in den Urteilsgründen reicht aus (*BAG* 19.8.1982, EzA § 9 KSchG nF Nr. 14; *BAG* 24.9.1987 – 2 AZR 4/87 – [zu II 3c der Gründe]). Deshalb bedarf es keines ausdrücklichen Antrages auf Feststellung der Unwirksamkeit der Kündigung, wenn die Auslegung des Antrages dazu führt, dass die entsprechende Feststellung gewollt ist (*BAG* 13.12.1956 AP Nr. 5 zu § 7 KSchG 1951; 23.6.1993 EzA § 64 ArbGG 1979 Nr. 30 [zu II 1c der Gründe]; vgl. auch *LAG BW* 3.6.1991 LAGE § 9 KSchG Nr. 20).

Anrufung des Arbeitsgerichts §4 KSchG

3. Die Klage auf Lohn als Feststellungsklage iSd §4 KSchG

Der Arbeitnehmer, der bereits **fällige Lohnansprüche** für Zeiten nach dem Ablauf der Kündigungsfrist (zB sechs Werktage oder zwölf Werktage nach sechsmonatiger Dauer des Arbeitsverhältnisses nach §12 Ziff. 1.1 des Bundestarifvertrages für das Baugewerbe [gewerbliche Arbeitnehmer] – BRTV-Bau) oder nach dem Zugang der fristlosen Kündigung hat, könnte geneigt sein, nur diese geltend zu machen in der Meinung, dabei inzidenter die Unwirksamkeit der Kündigung feststellen zu lassen. Eine derartige **Leistungsklage** auf Lohn genügt nicht (hM *v. Hoyningen-Huene/Linck* Rz 7; *BAG* 21.7.2005 EzA §125 InsO Nr. 2 [II 1 a bb]). Zwar kann ein der Klage stattgebendes Leistungsurteil nur ergehen, wenn das Gericht zu der Auffassung kommt, die Kündigung sei unwirksam, wobei es §§4, 7 KSchG zu beachten hat (*Herschel* AuR 1981, 324). Eine Feststellungsklage iSd §4 KSchG ist aber deswegen erforderlich, weil sich die Rechtskraftwirkung des Leistungsurteils nicht zugleich auf die Entscheidungsgründe erstreckt, in denen zum Ausdruck gebracht ist, dass die Kündigung unwirksam ist und das Arbeitsverhältnis nicht aufgelöst hat und daher der Lohnanspruch begründet ist. Auch die **Leistungsklage auf Weiterbeschäftigung** genügt nicht (zutr. *Wolf/Pfeiffer* AuR 1985, 37 f.; APS-*Ascheid* Rz 22). 20

Dieses auf den ersten Blick im Vergleich mit der oben erwähnten Abfindungsklage (vgl. Rz 19) nicht ganz einleuchtende Ergebnis wird dadurch abgemildert, dass der Arbeitnehmer, sofern er innerhalb der Dreiwochenfrist eine Lohnklage erhoben hat, noch zusätzlich den Feststellungsantrag stellen kann. Zur Begründung wird auf eine entsprechende Anwendung des §6 KSchG verwiesen (*BAG* 30.11.1961 AP Nr. 3 zu §5 KSchG 1951). Aus der entsprechenden Anwendung des §6 KSchG folgt zugleich, dass der noch fehlende Feststellungsantrag bis zum Schluss der mündlichen Verhandlung erster Instanz gestellt werden kann *BAG* 30.11.1961 AP Nr. 3 zu §5 KSchG [zu 4 der Gründe]; zust. *v. Hoyningen-Huene/Linck* Rz 7 mwN; vgl. auch KR-*Friedrich* §6 KSchG Rz 23). Mit dieser Lösung wird erreicht, dass die möglicherweise aus Unkenntnis allein erhobene Lohnklage nicht zur Fristversäumnis führt. Das ArbG hat gem. §139 ZPO (APS-*Ascheid* Rz 23: §278 ZPO) den Kläger auf die Möglichkeit der Klageerweiterung hinzuweisen. Auch wenn das ArbG unter Verletzung des §139 ZPO es versäumt hat, den Kläger auf die Möglichkeit hinzuweisen, dass er den Feststellungsantrag noch bis zum Schluss der mündlichen Verhandlung erster Instanz stellen kann, ist das in der Berufungsinstanz noch mehr möglich (*BAG* 30.11.1961 AP Nr. 3 zu §5 KSchG 1951 [zu 4 der Gründe]). Das BAG lässt daher trotz des §68 ArbGG die Zurückverweisung zu (*BAG* 30.11.1961 AP Nr. 3 zu §5 KSchG 1951 [zu 5 der Gründe]; zust. *v. Hoyningen-Huene/Linck* §6 Rz 12; vgl. aber KR-*Friedrich* §6 KSchG Rz 34 ff., 38). 21

4. Einzelfälle

Eine Kündigungsschutzklage kann auch durch Änderung oder **Erweiterung einer schon anhängigen Klage** erhoben werden. Eine Kündigungsschutzklage braucht nicht von vornherein als solche erhoben zu werden (*BAG* 9.3.1961 AP Nr. 31 zu §3 KSchG [zu II der Gründe]). Sie kann auch noch in der Berufungsinstanz durch **Klageänderung oder Klageerweiterung** erhoben werden (*BAG* 10.12.1970 EzA §3 KSchG Nr. 3). 22

Daraus ergibt sich, dass eine Feststellungsklage, die innerhalb der Dreiwochenfrist als **Widerklage** erhoben wird, ebenfalls ausreicht (sog. **Feststellungswiderklage** *LAG Hannover* 1.9.1952 AP 53 Nr. 122). 23

Auch ein **Hilfsantrag,** der innerhalb von drei Wochen nach Zugang der Kündigung dem Gericht gegenüber angekündigt wird und mit dem die Unwirksamkeit der Kündigung des Arbeitgebers geltend gemacht wird, reicht aus (*BAG* 21.12.1967 AP Nr. 33 zu §3 KSchG 1951). Bei Klage auf Feststellung, dass zwischen dem Unternehmen, bei dem der Arbeitnehmer beschäftigt war, gem. §10 AÜG ein Arbeitsverhältnis zustande gekommen ist, und hilfsweise Klage gegen den Arbeitgeber auf Feststellung, dass das Arbeitsverhältnis durch die Kündigung nicht aufgelöst ist, ist die Dreiwochenfrist nicht gewahrt: Fall der unzulässigen subjektiven eventuellen Klagenhäufung (offen geblieben in *BAG* 8.12.1988 EzAÜG §10 Fiktion Nr. 60 = EzAÜG Nr. 309 = RzK I 5i Nr. 45: Auch der Verleiher war »bei richtiger Auslegung des Klagebegehrens ... unbedingt verklagt« worden). Zwar geht das *BAG* 31.3.1993 EzA §4 KSchG nF Nr. 46) mit der hM (Nachw. B II 3b der Gründe, *LAG Hamm* 2.7.1992 LAGE §4 KSchG Nr. 23) davon aus, dass die **subjektive eventuelle Klagenhäufung** unzulässig ist, hält aber die hilfsweise erhobene Kündigungsschutzklage für fristwahrend: Der Kläger hat unmissverständlich zum Ausdruck gebracht, welche konkrete Kündigung er angreifen will und er trotz Zweifel an der Arbeitgeberstellung auch gegen die hilfsweise Verklagte die Unwirksamkeit der Kündigung geltend machen will. Der nach Auffassung des BAG gegebene prozessuale Mangel ist durch den Übergang zur 24

Friedrich 327

§ 4 KSchG   Anrufung des Arbeitsgerichts

unbedingten Klage behoben worden (abl. *Bakker* Anm. *BAG* 31.3.1993 EzA § 4 KSchG nF Nr. 46, der den unzulässigen Eventualantrag als Streitverkündung ansehen will, die er für fristwahrend hält; *Lüke* JuS 1996, 969 f.: Unbedingte Klageerhebung erforderlich, nur sie schaffe ein eindeutiges Prozessrechtsverhältnis; ähnlich *Schreiber* SAE 1996, 131). Die hilfsweise Kündigungsschutzklage »gegen den richtigen Arbeitgeber« erfüllt den Zweck des § 4 S. 1 KSchG (*LAG Hamm* 24.8.1998 BB 1999, 852 = RzK I 10c Nr. 38 = FA 1999, 263 = ARSZ 1999, 163 betr. Prozessstandschafter).

25 Nach der Entsch. des *BAG* v. 21.12.1967 (AP Nr. 33 zu § 3 KSchG 1951) kann der **Antrag des Arbeitnehmers auf Abweisung einer Widerklage,** mit der der Arbeitgeber die Feststellung der Wirksamkeit einer von ihm ausgesprochenen fristlosen Kündigung begehrt, uU eine Klage iSd § 4 KSchG ersetzen. In diesem Fall hatte der Arbeitnehmer, der Klage auf Feststellung der Wirksamkeit einer eigenen Kündigung erhoben hatte, mit einem Hilfsantrag auch die Feststellung der Unwirksamkeit einer fristlosen Kündigung in der Klageschrift geltend gemacht. Mit diesem Hilfsantrag hatte der Arbeitnehmer zu erkennen gegeben, dass er die fristlose Kündigung nicht hinnehmen wolle. Wenn er diesen angekündigten Hilfsantrag dann nicht stellt, so hat er damit nicht sein Einverständnis mit der Kündigung zum Ausdruck gebracht. Das ergibt sich aus seinem Antrag, die inzwischen erhobene Widerklage des Arbeitgebers auf Feststellung der Wirksamkeit seiner Kündigung hinzuweisen. Dieser Antrag hat die Funktion des Hilfsantrages übernommen (zust. *v. Hoyningen-Huene/Linck* Rz 8).

25a Dagegen wahrt eine bedingte Klage nicht die Frist des § 4 S. 1 KSchG, etwa weil erklärt wurde, »Die Klage soll nur insoweit als erhoben gelten, als Prozesskostenhilfe bewilligt wird« (*LAG SchlH* 9.2.2004 – 2 Ta 1/04). Der Klage unter einer aufschiebenden Bedingung kommt keine rückwirkende Kraft zu (*Sächs. LAG* 23.12.2005 – 3 Ta 362/05 – EzA-SD 14/2006 S. 13; vgl. *LAG Köln* 11.3.1996 LAGE § 4 KSchG Nr. 34; *LAG Nürnberg* 23.10.2003 LAGE § 114 ZPO 2002 Nr. 1; vgl. auch Rz 166a). Es bedarf einer unbedingten Klage (*LAG SchlH* 12.7.2004 – 2 Ta 113/04).

III. Wirkungen der Kündigungsschutzklage

1. Die Kündigungsschutzklage und das besondere Feststellungsinteresse iSd § 256 ZPO

26 Die Voraussetzungen des **§ 256 ZPO** brauchen für die Kündigungsschutzklage **nicht** nachgewiesen zu werden. Das **Feststellungsinteresse** ist schon deswegen stets gegeben, weil die Klageerhebung notwendig ist, um das Wirksamwerden der Kündigung gem. § 7 KSchG zu verhindern (hM *v. Hoyningen-Huene/Linck* Rz 14; *Schaub/Linck* § 136 I 2 Rz 8; *BAG* 11.2.1981 EzA § 4 KSchG nF Nr. 20; 4.2.1993 – 2 AZR 463/92 – nv; *Herschel* Anm. *BAG* 11.2.1981 AR-Blattei D Kündigungsschutz Entsch. 211; *ArbG Hmb.* 23.2.2005 – 18 Ca 131/04 – NZA-RR 2005, 306). Das Rechtsschutzinteresse für eine Kündigungsschutzklage entfällt dann, wenn das Arbeitsverhältnis auf Grund einer der angegriffenen Kündigung nachfolgenden Kündigung, gegen die nicht oder nicht fristgerecht vorgegangen wurde, zu demselben oder gar zu einem früheren Zeitpunkt geendet hat, zu dem die angegriffene erste Kündigung ausgesprochen wurde; auf die Rechtswidrigkeit der ersten Kündigung kommt es nicht mehr an (*BAG* 1.4.1982 – 2 AZR 1091/79 – nv; *LAG Bln.* 21.12.2005 – 9 Sa 1617,1758/05; **aA** *LAG Hamm* 13.11.1986 RzK I 10e Nr. 5 = ARSt 1988, 142 Nr. 1249). Umgekehrt entfällt das Rechtsschutzbedürfnis für eine Kündigungsschutzklage gegen eine sog. Nachkündigung (vgl. dazu Rz 269 ff.) nachträglich, wenn eine vorangegangene Kündigung das Arbeitsverhältnis zu einem früheren Zeitpunkt auflöst, als dies mit der nachfolgenden Kündigung beabsichtigt war. Die vorsorglich ausgesprochene Nachkündigung entfaltet keine Wirkung mehr (zutr. *LAG Hamm* 23.9.1999 ZIP 2000, 659 [3.1. aE]). Das Interesse des Arbeitnehmers an der Feststellung der Unwirksamkeit einer ordentlichen Arbeitgeberkündigung besteht auch dann, wenn der Arbeitnehmer selbst zu diesem oder einem früheren Termin gekündigt hatte und die Wirksamkeit dieser Kündigung streitig ist; ihre Wirksamkeit ist im Rahmen der Sachprüfung im Kündigungsschutzprozess als Vorfrage zu klären (*BAG* 11.2.1981 EzA § 4 KSchG nF Nr. 20, bestätigt von *BAG* 4.8.1983 – AZR 43/82 – nv bei fristloser Arbeitgeberkündigung nach vorausgegangener fristloser Eigenkündigung des Arbeitnehmers). § 4 KSchG setzt voraus, dass der Arbeitgeber objektiv eine Kündigung erklärt hat. Stellt eine Erklärung nach ihrem objektiven Erklärungswert keine Kündigung dar, so fehlt es von vornherein an dem in § 4 KSchG vorausgesetzten rechtlichen Interesse an der Erhebung der Kündigungsschutzklage (*BAG* 22.5.1980 – 2 AZR 613/78 – nv). Beruft sich der Arbeitgeber nicht auf einen anderen Beendigungssachverhalt (vgl. insoweit Rz 238), so ist ein Feststellungsinteresse nach § 256 ZPO nur dann anzuerkennen, wenn für den Arbeitnehmer die objektive, etwa durch entsprechendes Verhalten des Arbeitgebers begründete Besorgnis besteht, dass der Erklärung des Arbeitgebers die Bedeutung einer Kündigung beigelegt werden könnte (*BAG* aaO). Nimmt der im Kündigungsschutzprozess verklagte Arbeitgeber zB im Gütetermin die Kündigung zurück, so entfällt damit

nicht das Feststellungsinteresse (*BAG* 19.8.1982 EzA § 9 KSchG nF Nr. 11), und zwar unabhängig davon, wann der Arbeitnehmer einen Auflösungsantrag nach § 9 KSchG stellt (*LAG Hamm* 22.10.1981 ARSt 1982, Nr. 1198; *LAG Nds.* 19.1.1996 BB 1996, 1119 = RzK I 10e Nr. 15 mit krit. Anm. *Sonnemann*, der das Rechtsschutzinteresse nach einer angemessenen Überlegungsfrist nach Rücknahmeerklärung für nicht mehr gegeben hält; **aA** *LAG Frankf.* 16.1.1980 DB 1980, 1701; *ArbG Siegen* 14.12.1984 DB 1985, 975 jedenfalls für die Kündigungsschutzklage, weil das als Annahme des Angebots des Arbeitgebers zu werten sei oder er es annehmen könne, [anders für die allg. Feststellungsklage (?)], es sei denn, der Arbeitnehmer stelle einen Auflösungsantrag gem. § 9 Abs. 1 KSchG, vgl. Rz 60 ff.). **Das Feststellungsinteresse kann im Laufe des Rechtsstreits entfallen.** Hat der Arbeitnehmer den Übergang seines Arbeitsverhältnisses auf den angeblichen Betriebserwerber geltend gemacht und sich zugleich gegen die nach dem behaupteten Betriebsübergang ausgesprochene Kündigung durch den Insolvenzverwalter gewandt, so besteht kein rechtliches Interesse mehr an der Feststellung, die Kündigung des Insolvenzverwalters habe das Arbeitsverhältnis des Klägers nicht aufgelöst, wenn das Urteil des LAG mit der Feststellung, dass das Arbeitsverhältnis auf den Betriebserwerber übergegangen ist, insoweit rechtskräftig geworden ist. Die Klage gegen den Insolvenzverwalter ist in der Revisionsinstanz unzulässig geworden (*BAG* 10.12.1998 – 8 AZR 596/97). Hat sich der Arbeitnehmer in einem außergerichtlichen Vergleich zur Rücknahme der Kündigungsschutzklage verpflichtet und beruft sich der Arbeitgeber auf das Rücknahmeversprechen, dann fehlt es für die Weiterführung des Prozesses an dem von Amts wegen zu beachtenden rechtserheblichen Rechtsschutzinteresse mit der Folge, dass die Klage als unzulässig abgewiesen werden muss (*LAG Bln.* 26.7.1982 EzA § 4 KSchG nF Nr. 22). Das gilt sowohl für die Klage nach § 4 S. 1 KSchG als auch für die allg. Feststellungsklage nach § 256 ZPO auch dann, wenn die Parteien auf Grund Vertrages das zu einem früheren Zeitpunkt gekündigte Arbeitsverhältnis fortsetzen; der Arbeitnehmer hat kein schützenswertes Interesse daran, sich die vereinbarte Fortsetzung vom Gericht bestätigen zu lassen (*LAG SchlH* 9.7.1986 ARSt 1987 Nr. 1227 = DB 1986, 2334 = NZA 1988, 40; vgl. auch *LAG BW* 25.3.1987 NZA 1988, 37; *LAG Frankf.* 24.5.1991 LAGE § 4 KSchG Nr. 21; **aA** *Hess. LAG* 9.2.1995 LAGE § 4 KSchG Nr. 28 bei nach Kündigungstermin geschlossenem Aufhebungsvertrag zu einem späteren Zeitpunkt unter unzutr. Hinweis auf *LAG Hamm* 14.12.1984 LAGE § 4 KSchG Ausgleichsquittung Nr. 1 und *BAG* 3.5.1979 EzA § 4 KSchG nF Nr. 15 [II 3 b]; das Rechtsschutzinteresse ist entfallen, wenn der Aufhebungsvertrag oder die Ausgleichsquittung wirksam sind. Anders ist es, wenn der Aufhebungsvertrag oder die Ausgleichsquittung unwirksam sind. Dann ist über die Kündigung zu entscheiden, zutr. *LAG Hmb* 7.4.1994 LAGE § 4 KSchG Nr. 29).

Das Feststellungsinteresse ist auch dann gegeben, wenn der Arbeitnehmer inzwischen einen **anderen Arbeitsplatz** gefunden hat (SPV-*Vossen* Rz 1742; *v. Hoyningen-Huene/Linck* Rz 15 mwN). Nur das entspricht dem KSchG: Es geht um die Erhaltung des Arbeitsplatzes. Wenn der Arbeitnehmer, wozu er verpflichtet ist (§ 11 KSchG, § 615 BGB), während des Kündigungsschutzprozesses seine Arbeitskraft anderweitig zu verwerten sucht, um den Schaden möglichst gering zu halten, so kann ihm für seine Kündigungsschutzklage kein Nachteil erwachsen, wenn er dieser Verpflichtung folgt. Das folgt auch aus § 12 KSchG, der dem Arbeitnehmer nach obsiegendem Urteil die Wahl lässt, zu seinem alten Arbeitgeber zurückzukehren oder bei seinem neuen Arbeitgeber zu verbleiben. 27

Das gilt auch dann, wenn der Arbeitnehmer **von vornherein nicht** in das alte Arbeitsverhältnis **zurückkehren will.** Sein Interesse beschränkt sich zwar dann in aller Regel nur darauf, den entgangenen Lohn für die Zeit zwischen der sozialwidrigen Kündigung und dem ersten Tag des neuen Arbeitsverhältnisses, für den Lohn zu zahlen ist, zu erhalten (§ 12 S. 4 KSchG). Da dieser Lohnanspruch voraussetzt, dass die Kündigung unwirksam ist und das Arbeitsverhältnis nicht aufgelöst hat, muss nach dem oben Gesagten (vgl. Rz 20) der Arbeitnehmer auch in diesem Fall Kündigungsschutzklage erheben. Bei Zusammentreffen eines Kündigungsschutzprozesses mit einem Antrag auf Schadensersatz wegen Auflösungsverschuldens des Arbeitgebers (§ 628 Abs. 2 BGB) entfällt das Feststellungsinteresse für den Kündigungsschutzantrag nur, wenn der Arbeitnehmer unmissverständlich erklärt, auch für den Fall seines Unterliegens im Schadensersatzprozess weder das Arbeitsverhältnis fortsetzen zu wollen noch die gerichtliche Auflösung des Arbeitsverhältnisses gegen Festsetzung einer Abfindung zu begehren (*BAG* 11.2.1981 EzA § 4 KSchG nF Nr. 20 m. Anm. *M. Wolf* AP Nr. 9 zu § 4 KSchG 1969; *v. Hoyningen-Huene/Linck* Rz 16). 28

Es wurde bereits ausgeführt, dass eine Leistungsklage auf Lohn nicht zugleich die Kündigungsschutzklage umfasst (vgl. Rz 20). Daher schließt auch die Möglichkeit, **Leistungsklage** (hier in Form der Lohnklage) zu erheben, nicht wie sonst idR bei einer Feststellungsklage iSd § 256 ZPO (vgl. *Thomas/Putzo-Reichold* ZPO § 256 Rz 18) die Feststellungsklage des § 4 KSchG aus. 29

2. Kündigungsschutzklage und Unterbrechung der Verjährung eines auf § 615 BGB gestützten Lohnanspruchs durch die Kündigungsschutzklage

30 Die Feststellungsklage nach § 4 KSchG **unterbricht** nach der Rspr. des *BAG* (1.2.1960 EzA § 615 BGB Nr. 7; 29.5.1961 AP Nr. 2 zu § 209 BGB; 10.4.1963 EzA § 4 TVG Nr. 5 [zu a der Gründe]); 7.11.1991 EzA § 209 BGB Nr. 5; 7.11.2002 EzA § 206 BGB 2002 Nr.1 **nicht die Verjährung der Lohnansprüche noch tritt Hemmung** ein. Nach § 204 Abs. 1 BGB wird die Verjährung u.a. durch die Erhebung der Klage auf Leistung oder auf Feststellung des Anspruchs gehemmt. Damit ist eine Leistungs- oder Feststellungsklage gemeint, die sich auf einen Anspruch iSd § 194 BGB bezieht, dessen Verjährung durch die Klageerhebung gehemmt werden soll. Inwieweit eine Leistungsklage oder eine Feststellungsklage die Verjährung hemmt, hängt vom **Streitgegenstand** der Klage ab. Lohnansprüche sind nicht Streitgegenstand der Kündigungsschutzklage, unabhängig davon, was man als Streitgegenstand der Kündigungsschutzklage ansieht (dazu in anderem Zusammenhang Rz 225 ff.). Das der Kündigungsschutzklage stattgebende Urteil hat die Lohnansprüche bis zum Zeitpunkt des Erlasses des Urteils nicht festgestellt. Einmal ist es denkbar, dass nach dem Ausspruch der streitigen Kündigung das Arbeitsverhältnis auf andere Weise, etwa durch Fristablauf, Aufhebungsvertrag, Kündigung des Arbeitnehmers oder vom Arbeitnehmer nicht angegriffene Kündigung geendet hat; zum anderen hängen die Lohnansprüche auch bei Obsiegen im Kündigungsrechtsstreit dem Grund und der Höhe nach noch von anderen Voraussetzungen ab, etwa einem wirksamen Angebot der Arbeitsleistung (§ 615 BGB iVm §§ 293 ff. BGB) oder einem anderweitig erworbenen oder böswillig unterlassenen Zwischenverdienst (§ 615 BGB; im Ergebnis zust., aber mit anderer Begründung *Grunsky* FS für Kissel, S. 295).

31 Das BAG weist darauf hin, dass der Arbeitnehmer, um die Verjährung seiner Lohnansprüche zu vermeiden, **Zahlungsklage** oder **Feststellungsklage** unter den Voraussetzungen des **§ 256 ZPO** des Inhalts, dass ihm aus Annahmeverzug bestimmte Arbeitsvergütung zusteht, erheben kann (*BAG* 1.2.1960 EzA § 615 BGB Nr. 7 [zu I 2d der Gründe]).

32 Das ist deswegen unbefriedigend, weil der Arbeitnehmer eine derartige Klage erheben muss, obwohl über die Kündigungsschutzklage, von deren Ausgang diese Ansprüche abhängig sind, noch nicht rechtskräftig entschieden ist.

33 Der Arbeitnehmer, der einen Kündigungsschutzprozess führt, erhebt verständlicherweise schon aus **Kostengründen** keine derartige Klage, solange er nicht weiß, ob sein Kündigungsschutzprozess zu seinen Gunsten ausgeht. Oft wird er auch aus Unkenntnis gar nicht auf die Idee kommen, dass während des Kündigungsschutzverfahrens die Verjährungsfrist für Lohnansprüche gleichwohl läuft. Er wird es auch nicht verstehen, wenn das Gericht ihm sagt, dass ihm trotz seines gewonnenen Kündigungsschutzprozesses jedenfalls Teile seiner ihm entgangenen Arbeitsvergütung wegen Verjährung, auf die sich der Arbeitgeber berufen kann, nicht zugesprochen werden können.

34 Hat der Arbeitnehmer einen **Weiterbeschäftigungsanspruch** nach § 102 Abs. 5 BetrVG, so stellt sich das Problem nicht (zutr. *Wiedemann/Wank* § 4 TVG Rz 692). Denn der Arbeitnehmer wird weiterbeschäftigt und erhält seinen Lohn bis zum rechtskräften Abschluss des Kündigungsrechtsstreits. Die klageweise Geltendmachung des materiellrechtlichen Weiterbeschäftigungsanspruches (*BAG* GS 27.2.1985 EzA § 611 BGB Beschäftigungspflicht Nr. 9) enthält keine Geltendmachung von Lohnansprüchen. Mit ihm verfolgt ein Arbeitnehmer das Ziel, trotz des Streits über das Bestehen des Arbeitsverhältnisses für die Dauer des Bestandsstreits tatsächlich beschäftigt zu werden. Die Verjährung des Lohnanspruchs trotz Geltendmachung des Weiterbeschäftigungsanspruchs ist daher möglich. Es bedarf der Lohnklage, um die Verjährung zu vermeiden (*Wiedemann/Wank* § 4 TVG Rz 692).

35 Für die übrigen Fälle hat man versucht, auf verschiedenem Wege zu helfen: *Larenz* (Anm zu *BAG* 1.2.1960 SAE 1960, 81) möchte die Verjährungsfrist erst mit **Rechtskraft** des die Unwirksamkeit der Kündigung feststellenden Urteils beginnen lassen (ihm folgt *Bötticher* BB 1981, 1958 unter Hinweis auf § 11 KSchG). Das ist deswegen nicht gangbar, weil die Kündigung nach § 1 Abs. 1 KSchG von Anfang an bei Sozialwidrigkeit unwirksam ist. Ihre Wirksamkeit wird nicht etwa durch das Urt. vernichtet. Außerdem würde der Arbeitgeber erst nach Rechtskraft dieses Urteils in Annahmeverzug geraten (zutr. *v. Hoyningen-Huene/Linck* Rz 18). *Lüke* (NJW 1960, 1333) will mit einer Analogie zu § 202 BGB aF [jetzt § 205 BGB] helfen (vgl. auch *Konzen* SAE 1970, 279). Dieser Weg erscheint dem *BAG* (1.2.1960 EzA § 615 BGB Nr. 7) als »abwegig«, ebenso wie eine Anlehnung an § 203 BGB aF [jetzt § 206 BGB]. *Rewolle* (DB 1980, 1696) schlägt eine unbezifferte Feststellungsklage bei entsprechender Anwendung des § 209 BGB aF vor. *Becker/Bader* (BB 1981, 1716, ihnen folgen *Kosnopfel* BB 1988, 1819 und *Teske* (Anm. zu *BAG* 7.11.1991 aaO), befürworten die entsprechende Anwendung des § 209 Abs. 1 BGB aF. Diese habe zur

Folge, dass durch die Erhebung einer Kündigungsschutzklage die Verjährung hinsichtlich solcher Ansprüche des Arbeitnehmers unterbrochen werde, die in ihrem Bestand oder der Höhe nach von dem Ausgang des Kündigungsstreits abhängig seien. *A. Hueck* hat in seiner Anmerkung zu *BAG* (1.2.1960 AP Nr. 1 zu § 209 BGB) de lege ferenda die **analoge Anwendung der §§ 206, 207 aF BGB** vorgeschlagen (vgl. auch *v. Hoyningen-Huene/Linck* Rz 18), was heute den §§ 210, 211 BGB entspricht.

Dieser Weg erscheint gangbar, ohne dass es des Gesetzgebers bedarf. Ebenso wie mit § 210 BGB geschäftsunfähige oder in ihrer Geschäftsfähigkeit beschränkte Personen und mit § 211 BGB Erben und Nachlassgläubiger davor geschützt werden, dass ihre Ansprüche, die vorübergehend nicht eingeklagt werden können, verjähren, ist der Arbeitnehmer während des laufenden Kündigungsschutzprozesses vor dem Verjähren seiner von dem Ausgang dieses Prozesses abhängigen Ansprüche zu schützen, ohne dass es einer weiteren Klage bedarf, zumal davon auszugehen ist, dass der Arbeitgeber ohnehin bei Obsiegen des Arbeitnehmers dem Urteil Rechnung trägt und die Zahlungsansprüche des Arbeitnehmers erfüllt (abl. *Wiedemann/Wank* § 4 TVG Rz 691; *Becker/Bader* BB 1981, 1715; BBDW-*Wenzel* § 4 Rz 87 f.; SPV-*Vossen* Rz 1744). 36

Wegen der gefestigten Rspr. des BAG muss der Kläger eine zweite Klage erheben, um der etwaigen Verjährung zu entgehen, ggf. müssen auch die Bundesagentur für Arbeit klagen wegen geleisteten Arbeitslosengeldes oder gezahlter Arbeitslosenhilfe sowie der Sozialhilfeträger nach gewährter Sozialhilfe, auf die die Lohnansprüche des Arbeitnehmers insoweit übergegangen sind. Es kommt hinzu, dass, wenn bei erbittert geführtem Streit um mehrere Kündigungen in verschiedenen Prozessen die Zahlungsklage nach einem rechtskräftig abgeschlossen Kündigungsschutzverfahren »vergessen«, dh trotz Rechtskraft der insoweit vorgreiflichen Entscheidung(en) ohne triftigen Grund nicht betrieben wird, die Hemmung der Verjährung durch Rechtsverfolgung endet (§ 204 BGB, § 209 BGB aF). 36a

Da der Streitgegenstand der Kündigungsschutzklage Vergütungsansprüche nicht umfasst (vgl. Rz 30, 225), kann die Verjährung etwa noch nicht verjährter Ansprüche auch nicht durch die Erhebung der **Verfassungsbeschwerde** unterbrochen werden. Außerdem kommt der Verfassungsbeschwerde keine verjährungsunterbrechende Wirkung zu. § 209 Abs.1 BGB aF, § 204 BGB nF ist weder unmittelbar noch analog anwendbar. Die Verjährung ist auch nicht nach § 203 BGB aF, § 206 BGB nF gehemmt. Der Kläger hat nicht ohne eigenes Verschulden die Verjährungsfrist versäumt, ihm war die Erhebung einer Zahlungsklage mit schlüssigem Sachvortrag möglich (*BAG* 7.11.2002 EzA § 206 BGB 2002 Nr. 1; dazu *Hantel* NJ 2003, 560; Verfassungsbeschwerde eingelegt: – 1 BvR 1218/03) . 36b

3. Wahrung von tarifvertraglichen Ausschlussfristen durch die Kündigungsschutzklage

Mit den oben erörterten Problemen verwandt ist die Frage, ob die Erhebung der **Kündigungsschutzklage** ausreicht, um Ansprüche, die von der Unwirksamkeit der Kündigung abhängen, rechtzeitig innerhalb einer **tarifvertraglichen Ausschlussfrist** geltend zu machen. Das sind auch hier in erster Linie Ansprüche aus § 615 BGB. Dabei sind zwei Arten von Ausschlussfristen zu unterscheiden: Die sog. **einstufigen Ausschlussfristen** sehen die mündliche oder schriftliche Geltendmachung von Ansprüchen innerhalb einer bestimmten Frist nach Fälligkeit des Anspruchs oder nach Beendigung des Arbeitsverhältnisses vor. Die sog. **zweistufigen Ausschlussfristen** verlangen nach der erfolglosen mündlichen oder schriftlichen Geltendmachung binnen einer bestimmten Frist außerdem nach ausdrücklicher Ablehnung und/oder Verstreichen einer bestimmten Zeitspanne nach Geltendmachung des Anspruches noch eine gerichtliche Geltendmachung des Anspruches. 37

a) Kündigungsschutzklage und die Wahrung einstufiger Ausschlussfristen

Das BAG hat für den Bereich der **privaten Wirtschaft** mehrfach ausgesprochen, dass die Erhebung der Kündigungsschutzklage je nach Lage des Falles ein ausreichendes Mittel zur Ausschlussfrist wahrenden Geltendmachung von Ansprüchen sein kann, die während des Kündigungsschutzprozesses fällig werden und von seinem Ausgang abhängen, wenn die einschlägige Verfallklausel nur eine **formlose oder schriftliche Geltendmachung** verlangt (*BAG* in st.Rspr. zB 7.11.1991 EzA § 4 TVG Ausschlussfristen Nr. 93; 11.12.2001 EzA § 4 TVG Ausschlussfristen Nr 145; 10.7.2003 EzA § 4 TVG Ausschlussfristen Nr. 168; 26.4.2006 – 5 AZR 403/05 – AP § 4 TVG Ausschlussfristen Nr. 188 [II 2 a]). Das BAG hat dies mit der Erwägung begründet, das Gesamtziel des Kündigungsschutzbegehrens beschränke sich im Regelfall nicht auf die Erhaltung des Arbeitsplatzes, sondern sei auch auf die **Sicherung der Ansprüche** gerichtet, die durch den Verlust des Arbeitsplatzes möglicherweise verloren gingen. Dieses Ziel des Kündigungsschutzbegehrens sei dem Arbeitgeber im allg. auch klar erkennbar, sofern sich nicht 38 aus den Umständen ein anderer Wille des Arbeitnehmers ergebe. Diese Rspr. ist allg. gebilligt worden (vgl. *Wiedemann/Wank* § 4 TVG Rz 842, 858; *v. Hoyningen-Huene/Linck* Rz 20 mwN; aus der zweitinstanzlichen Rspr. zB *LAG Köln* 27.1.1994 ARSt 1994, 136; *LAG Düsseld.* 13.2.1998 MDR 1998, 784). Die Kündigungsschutzklage will Protest und Besitzstandswahrung verbinden (*Wiedemann* Anm. zu *BAG*, AP Nr. 56 bis 59 zu § 4 TVG Ausschlussfrist). Ist durch Erhebung der Kündigungsschutzklage die tarifliche Ausschlussfrist gewahrt, so müssen nach Rechtskraft des Urteils im Kündigungsschutzprozess die Lohnansprüche nicht erneut innerhalb der tariflichen Ausschlussfrist geltend gemacht werden, wenn der Tarifvertrag das nicht ausdrücklich vorsieht (*BAG* 9.8.1990 EzA § 4 TVG Ausschlussfristen Nr. 88). Die ausschlussfristwahrende Wirkung der Kündigungsschutzklage entfällt weder durch Klagerücknahme noch durch Nichtbetreiben des Kündigungsschutzprozesses (*BAG* 7.11.1991 EzA § 4 TVG Ausschlussfristen Nr. 93), krit. zum ganzen *Grunsky* FS für Kissel, S. 281 ff.

39 Auch für den Bereich des **öffentlichen Dienstes** ist anerkannt, dass die Kündigungsschutzklage für Gehaltsansprüche eine tarifliche Ausschlussfrist wahren kann (*BAG* 16.6.1976 EzA § 4 TVG Ausschlussfristen Nr. 27; 21.6.1978 AP Nr. 65 zu § 4 TVG Ausschlussfristen; 26.2.2003 EzA § 4 TVG Ausschlussfristen Nr. 161, [alle zu § 70 Abs. 1 BAT]; *LAG Düsseld.* 13.2.1998 MDR 1998, 784 zu § 49 Nr. 2b TV AL II). Der 3. Senat (EzA § 4 TVG Ausschlussfristen Nr. 27) macht allerdings die Einschränkung, dass wegen der in § 70 Abs. 1 BAT geforderten Schriftform eine Kündigungsschutzklage nur dann geeignet ist, die Ausschlussfristen zu wahren, wenn nach den gesamten Umständen der Arbeitgeber die Kündigungsschutzklage dahin verstehen musste, dass damit auch Gehaltsansprüche geltend gemacht werden. Das mag deshalb zutr. sein, weil im öffentlichen Dienst die besondere schriftliche Geltendmachung von Ansprüchen für den Verwaltungsapparat des öffentlichen Dienstes als unentbehrlich angesehen werden kann. Der 5. Senat (AP Nr. 65 zu § 4 TVG Ausschlussfristen) hat die Frage, ob diese Einschränkung für den Bereich des öffentlichen Dienstes berechtigt ist, offen gelassen. § 70 BAT verlangt keine gerichtliche Geltendmachung (*BAG* 4.2.1981 EzA § 70 BAT Nr. 13). Das ist auf § 37 TVöD übertragbar (gl. TVöD-*Hindahl* § 37 Rz 12).

40 Dass in diesen Fällen der Arbeitnehmer die Kündigungsschutzklage idR vor **Fälligkeit der Zahlungsansprüche** erhebt, ist unschädlich. Der Warnfunktion der Ausschlussfrist ist genügt, wenn der Arbeitnehmer seinen Anspruch vorzeitig geltend macht (*LAG Düsseld.* 13.2.1998 MDR 1998, 784; APS-*Ascheid* Rz 158). Es wäre unverständlicher Formalismus, nach Fälligkeit der Ansprüche eine erneute Geltendmachung zu verlangen. Anders ist es, wenn nach der tarifvertraglichen Ausschlussklausel die Ausschlussfrist erst mit rechtskräftigem Abschluss des Kündigungsschutzprozesses beginnt (vgl. *BAG* 22.10.1980 EzA § 4 TVG Ausschlussfristen Nr. 44; *v. Hoyningen-Huene/Linck* Rz 20). Die Erhebung einer Klage wahrt die Schriftform, wenn die Zustellung innerhalb der Ausschlussfrist erfolgt (*BAG* 8.3.1976 EzA § 4 TVG Ausschlussfristen Nr. 26). Das ist bei der Kündigungsschutzklage idR der Fall. Zu beachten ist, dass für die Geltendmachung der Lohnansprüche die Einreichung der Klage vor Ablauf der Ausschlussfrist und die Zustellung »demnächst« iSd § 167 ZPO (vgl. dazu Rz 140 ff.) nach Ablauf der Ausschlussfrist nicht ausreicht (*Wiedemann/Wank* § 4 TVG Rz 851).

41 Die **unterschiedliche Behandlung der einstufigen Ausschlussfrist und der Verjährung** begründet das BAG damit, dass § 209 BGB aF die Erhebung einer Leistungsklage oder Feststellungsklage voraussetze, die sich auf einen Anspruch iSd § 194 Abs. 1 BGB beziehe, dessen Verjährung unterbrochen werden solle. Daraus folge aber nicht, dass in der Erhebung einer Kündigungsschutzklage nicht zugleich eine Geltendmachung der Leistungsansprüche iSd Verfallklausel liegen könne (vgl. *BAG* 10.4.1963 EzA § 4 TVG Nr. 5).

42 Das ist deswegen zutr., weil die Verjährungshemmung eine Klage voraussetzt, die als **Streitgegenstand** den Anspruch aufweist, dessen Verjährung gehemmt werden soll. Bei der Wahrung einer einstufigen Verfallklausel geht es lediglich um die formlose oder schriftliche Geltendmachung der Ansprüche, was auch durch eine Kündigungsschutzklage geschehen kann, ohne dass sie zugleich Streitgegenstand dieser Klage sind oder werden. Daher kann *Becker/Bader* (BB 1981, 1709) nicht gefolgt werden, wenn sie meinen, Unterbrechung der Verjährung und Wahrung von Verfallklauseln durch Kündigungsschutzklage müssten gleichbehandelt werden, weil es sonst zu dem widersinnigen Ergebnis komme, dass in einem Falle dem Arbeitnehmer die Ansprüche erhalten blieben, im anderen Falle dagegen nicht. Dabei wird nicht gesehen, dass auch nach Wahrung der Ausschlussfrist durch die Kündigungsschutzklage die Verjährungsfristen gleichwohl laufen. Denn die Kündigungsschutzklage stellt sich nicht als gerichtliche Geltendmachung der Lohnansprüche iSd § 209 BGB aF, § 204 BGB nF dar.

b) Kündigungsschutzklage und die Wahrung zweistufiger Ausschlussfristen

Bei zweistufigen Ausschlussfristen – neben der außergerichtlichen wird auch eine gerichtliche Geltendmachung der Ansprüche verlangt – wird die erste Stufe durch die Erhebung der Kündigungsschutzklage gewahrt. Die gerichtliche Geltendmachung von Lohnansprüchen erfordert die Erhebung einer fristgerechten Zahlungsklage. Die Kündigungsschutzklage ersetzt die gerichtliche Geltendmachung von Lohnansprüchen nicht. Der Lohnanspruch ist nicht Gegenstand des Kündigungsschutzprozesses, wie immer man über den Streitgegenstand des Kündigungsprozesses denken mag. Wenn der Arbeitnehmer im Kündigungsschutzprozess unterliegt, steht zwar fest, dass er für die Zeit nach Beendigung des Arbeitsverhältnisses keinen Lohn mehr mit Erfolg beanspruchen kann. Gewinnt er den Kündigungsschutzprozess, so ist damit noch nicht geklärt, ob und in welcher Höhe er einen Vergütungsanspruch hat. Daraus folgt für das BAG, dass dann, wenn der Tarifvertrag **gerichtliche Geltendmachung** vorschreibt, nur die **Zahlungsklage** genügt. Die eindeutige Fassung der Tarifverträge lasse keine andere Auslegung zu (BAG in st.Rspr. vgl. zB 3.11.1961 SAE 1962, 155; 5.11.2003 EzA § 615 BGB 2002 Nr. 2; 26.4.2006 – 5 AZR 403/05 – AP § 4 TVG Ausschlussfristen Nr. 188; vgl. aus der zweitinstanzl. Rspr. zB LAG Köln 22.2.2006 – 9 Sa 1085/04 – mit dem Hinweis, dass es für die gerichtliche Geltendmachung nach § 167 ZPO nF auf den Zeitpunkt der Anhängigkeit ankommt). Ein auf Weiterbeschäftigung gerichteter Klageantrag enthält keine gerichtliche Geltendmachung von Zahlungsansprüchen (BAG 8.8.2000 EzA § 4 TVG Ausschlussfristen Nr. 133).

Das BAG hat zwar gesehen, dass zweistufige Ausschlussfristen für Lohnansprüche, die vom Ausgang des Kündigungsschutzverfahrens abhängig sind, unbefriedigend sind. Es führt zutr. aus, dass der betroffene Arbeitnehmer kein Verständnis dafür wird aufbringen können, dass er mit der Lohnklage ausgeschlossen sein soll, wenn er sich zunächst nur gegen die Kündigung wehrt, obwohl die Unwirksamkeit der Kündigung Voraussetzung seines Zahlungsanspruches ist. Außerdem führt die Ausschlussklausel zu unnützen Zahlungsprozessen, die Kosten verursachen und die ohnehin überlastete Arbeitsgerichtsbarkeit zusätzlich blockieren. Das BAG hat sich aber nicht dazu verstehen können, etwa durch eine im Schrifttum wiederholt angeregte einschränkende Auslegung solcher Ausschlussklauseln – Beginn der Frist für die gerichtliche Geltendmachung erst nach Rechtskraft des Kündigungsschutzurteils – zu einem anderen Ergebnis zu kommen. Es ist vielmehr der Auffassung, dass es Sache der Tarifvertragsparteien sei, für die Fälle der vorliegenden Art passende Ausschlussfristen zu ändern. Wenn die Tarifvertragsparteien in Kenntnis der Folgen und der Kritik die Tarifautonomie nicht dazu nutzen, den Sonderfall der Lohnklage nach einem vom Arbeitnehmer erfolgreich geführten vorgreiflichen Kündigungsschutzprozess anders zu regeln, müssten sie selbst die Verantwortung dafür tragen (BAG 9.8.1990 EzA § 4 TVG Ausschlussfristen Nr. 88 [zu 5 der Gründe]).

Vereinzelt haben die Tarifvertragsparteien im Hinblick auf die Rspr. des BAG die Ausschlussfristen geändert, wie § 16 Nr. 2 S. 2 BRTV Bau idF v. 3.2.1981 (dazu BAG 8.8.2000 EzA § 4 TVG Ausschlussfristen Nr. 133 [I 2 b bb (1)]; 5.11.2003 EzA § 615 BGB 2002 Nr. 2; 14.12.2005 EzA § 4 TVG Ausschlussfristen Nr. 184 [II 2 d aa]) und § 10 Abs. 2 MTV Drogerien in Bad.-Württ. (dazu Kosnopfel BB 1988, 1818) zeigen. Solche auf Kündigungsschutzprozesse (iSd § 4 KSchG, ggf. auch iSd § 256 ZPO außerhalb des Anwendungsbereiches des KSchG) bezogene Tarifvorschriften werden in der Rechtsprechung des BAG nicht auf andere Bestands(schutz)streitigkeiten erstreckt (BAG 12.11.1998 EzA § 615 BGB Nr. 92 [II 2 betr. streitigen Betriebsübergang]; 24.8.1999 EzA § 615 BGB Nr. 96; 8.8.2000 EzA § 4 TVG Ausschlussfristen Nr. 133 betr. Eigenkündigung des Arbeitnehmers).

Das entspricht zwar der Zurückhaltung des BAG, in irgendeiner Form in die **Tarifautonomie** einzugreifen (vgl. zB BAG 8.1.1970 EzA § 4 TVG Nr. 29 [zu 2b der Gründe]). Für diejenigen Arbeitnehmer, die nicht unter § 102 Abs. 5 BetrVG fallen und nach dem Widerspruch des Betriebsrates weiterbeschäftigt und weiterentlohnt werden, sollte dennoch erwogen werden, ob nicht mit der von A. Hueck für die Verjährung vorgeschlagene Analogie zu §§ 206, 207 jetzt §§ 210, 211 BGB (Anm. zu BAG 1.2.1960 AP Nr. 1 zu § 209 BGB) auch hier geholfen werden kann.

Es ist anerkannt, dass die **entsprechende Anwendung der §§ 206, 207 aF BGB auf gesetzliche Ausschlussfristen** möglich ist (BSG 28.11.1973 BSGE 36, 276; 27.1.1972 BSGE 34, 22; 11.6.1963 AP Nr. 1 zu § 206 BGB). Für **tarifvertragliche Ausschlussfristen** gilt nichts anderes. Denn nach § 1 Abs. 1 TVG enthält der Tarifvertrag »Rechtsnormen«. Die hM misst Tarifvertragsbestimmungen **Rechtssatzcharakter** bei (Wiedemann/Wank § 1 TVG Rz 40). Die Tarifautonomie beruht auf staatlicher Delegation hoheitlicher Rechtssetzungsbefugnis. Damit sind **tarifliche Ausschlussfristen wie gesetzliche** zu behandeln mit der Folge, dass die analoge Anwendung des Rechtsgedankens der §§ 206, 207, jetzt §§ 210, 211 BGB möglich ist. Diese Lösung trägt dem Sinn und Zweck der Ausschlussklausel Rechnung, möglichst bald klare Verhältnisse zu schaffen. Auch bei Ansprüchen aus § 615 BGB, die vom Ausgang des Kündigungsschutzprozesses abhängen, ist es sachgerecht, eine rasche Geltendmachung der Lohnansprüche nach Beendigung des Kündigungsschutzprozesses vom Arbeitnehmer zu fordern. Der Arbeitgeber soll nicht länger als unbedingt erforderlich darüber im unklaren gelassen werden, mit welchen Ansprüchen er im Hinblick auf die unwirksame Kündigung konfrontiert wird. Demgegenüber schlagen *Becker/Bader* (BB 1981, 1711) eine einschränkende Interpretation des Wortlautes der zweistufigen Ausschlussklauseln vor. Eine derartige Auslegung dürfte jedoch in Anbetracht der Tatsache, dass die Tarifvertragsparteien in Kenntnis der Rspr. des BAG die Ausschlussklauseln idR nicht geändert haben, nicht möglich sein.

47 Die Praxis wird sich auf die **st.Rspr. des BAG** einzustellen haben, wie die Entsch. des *BGH* (29.3.1983 AP Nr. 6 zu § 11 ArbGG 1979 Prozessvertreter) in einem entsprechenden Rechtsanwaltshaftungsfall deutlich zeigt. Darauf wird mit Recht immer wieder hingewiesen (vgl. zB *Lang* AnwBl. 1983, 554 f., 1984, 45 f.; *ders.* MDR 1984, 458 f.; *Weisemann* AnwBl. 1984, 174 ff.; *Schlee* AnwBl. 1988, 582; *Plüm* MDR 1993, 14 ff.; *Unterhinnighofen* AiB 1992, 471 [für die DGB-Rechtssekretäre]; *Borgmann/Haug* Anwaltshaftung, 3. Aufl., § 18 Rz 29). Die Rspr. des BAG hat auch Zustimmung gefunden (*Nipperdey* Band II, 1 § 32 III 3e mit Fn 41 f; *Schaub/Schaub* § 205 V 3 Rz 34; *Wiedemann/Wank* § 4 TVG Rz 864 ff.).

Besteht eine zweistufige tarifliche Verfallklausel, dass die Ausschlussfrist für die Geltendmachung von Ansprüchen, deren Bestand vom Ausgang eines Kündigungsschutzprozesses abhängig ist, erst mit dem Abschluss des Kündigungsschutzprozesses beginnt, kann der Arbeitnehmer solche Ansprüche vor diesem Zeitpunkt nicht fristwahrend geltend machen (*BAG* 22.10.1980 EzA § 4 TVG Ausschlussfristen Nr. 44; diff. *Becker/Bader* BB 1981, 1712). Besteht eine zweistufige tarifliche Ausschlussfrist und wird die ausschlussfristwahrende Klage zurückgenommen, so führt eine erneute Klage nach Ablauf der Verfallfrist nicht dazu, dass die Ausschlussfrist durch die erste Klage als eingehalten gilt; § 212 Abs. 2 S. 1 BGB aF ist nicht entsprechend anzuwenden (*BAG* 11.7.1990 EzA § 4 TVG Ausschlussfristen Nr. 84). Die Einreichung und Erhebung einer unzulässigen Feststellungsklage genügt den Anforderungen an den Tarifbegriff der gerichtlichen Geltendmachung iS einer zweistufigen tariflichen Ausschlussfrist nicht (*BAG* 29.6.1989 EzA § 4 TVG Ausschlussfristen Nr. 78).

48 Zu prüfen ist allerdings stets, ob die Frist für die gerichtliche Geltendmachung überhaupt zu laufen begonnen hatte. Macht ein Arbeitnehmer einen Anspruch vor Fälligkeit schriftlich geltend, so beginnt bei einer zweistufigen Ausschlussfrist die Frist für die gerichtliche Geltendmachung nicht vor der Fälligkeit des Anspruchs (*BAG* 13.2.2003 EzA § 4 Ausschlussfristen Nr. 162). Die zweistufige Verfallklausel des § 13 Abs. 3 MTV für die Arbeiter in der Druckindustrie in Bad.-Württ. idF vom 1. Januar 1974 verlangt nur nach ausdrücklicher Ablehnung der Ansprüche die Rechtshängigmachung und Klageerhebung. Das *BAG* (4.5.1977 EzA § 1 TVG Ausschlussfristen Nr. 31) hat die fehlende ausdrückliche Ablehnung nicht in dem Antrag des Arbeitgebers auf Abweisung der Kündigungsschutzklage gesehen. Sinn und Zweck einer derartigen tariflichen Regelung verlangten eine unmittelbar auf die Ansprüche selbst bezogene Ablehnungserklärung. Nur sie werde der gewollten Signalwirkung gerecht ([2 b]; ebenso *BAG* 29.1.1987 – 2 AZR 127/86 – zu § 13 MTV für die gewerblichen Arbeitnehmer der Druckindustrie im Gebiet der BRD in der ab 1.1.1979 geltenden Fassung; *BAG* 26.4.2006 – 5 AZR 403/05 – AP § 4 TVG Ausschlussfristen Nr. 188). Wenn nach dem Tarifvertrag der Fristbeginn für die gerichtliche Geltendmachung nur von der einfachen Ablehnung der Ansprüche des Arbeitnehmers durch den Arbeitgeber abhängt, so beginnt die Frist für die gerichtliche Geltendmachung mit der Erklärung des Arbeitgebers, er beantrage, die Klage abzuweisen (*BAG* 13.9.1984 EzA § 4 TVG Ausschlussfristen Nr. 62; 8.5.1985 AP Nr. 94 zu § 4 TVG Ausschlussfristen; 20.3.1986 EzA § 615 BGB Nr. 48; 26.4.2006 – 5 AZR 403/05 – AP § 4 TVG Ausschlussfristen Nr. 188).

49 Für eine **arbeitsvertraglich** vereinbarte zweistufige Ausschlussklausel gilt nach *BAG* 15.10.1981 – 2 AZR 548/79 – nv nichts anderes.

50 Die Kündigungsschutzklage allein reicht folgerichtig nicht aus, um den Urlaubsanspruch zu erhalten – die Erhebung der Kündigungsschutzklage ist nicht zugleich die Geltendmachung von Urlaubsansprüchen –, sondern es bedarf einer Aufforderung des Arbeitnehmers gegenüber dem Arbeitgeber, den Urlaub zu erteilen, um das Erlöschen des Urlaubs am Ende des Urlaubszeitraums abzuwenden, um ggf. den Urlaubsanspruch als Schadenersatzanspruch zu erhalten. Auch im gekündigten Arbeitsverhältnis besteht der Anspruch eines Arbeitnehmers auf Urlaubserteilung nur im Urlaubsjahr und ggf. im Übertragungszeitraum (*BAG* 1.12.1983 EzA § 7 BUrlG Nr. 30; 27.8.1986 EzA § 7 BUrlG Nr. 46;

17.1.1995 EzA § 7 BUrlG Nr. 98; 21.9.1999 EzA § 7 BUrlG Abgeltung Nr. 6; *Neumann/Fenski* BUrlG, 9. Aufl., § 7 Rz 74; vgl. *Weiler/Rath* NZA 1987, 339 ff.; zusammenfassend *Leinemann/Linck* Urlaubsrecht, 2. Aufl., § 7 Rz 147 ff.).

IV. Die »Rücknahme« der Kündigung und die Kündigungsschutzklage
1. Die »Rücknahme« der Kündigung vor Klageerhebung

Die Kündigung ist eine **einseitige, empfangsbedürftige rechtsgestaltende Willenserklärung,** die mit ihrem Zugang wirksam wird. 51

Die Kündigung wird dann nicht wirksam, wenn dem Kündigungsadressaten vorher oder gleichzeitig ein Widerruf zugeht (§ 130 Abs. 1 S. 2 BGB). Den Widerruf vor Zugang sollte man indes nicht als **Rücknahme** der Kündigung, sondern mit dem Gesetzeswortlaut als **Widerruf** bezeichnen. 52

Das Gesetz stellt entscheidend auf den **Zugang der Erklärung** ab, nicht auf die **tatsächliche Kenntnisnahme.** Wird die Kündigungserklärung in den Briefkasten eingeworfen, so ist der Zugang bewirkt, wenn und sobald mit der Entnahme zu rechnen ist (*Palandt/Heinrichs* § 130 Rz 6; s.a. Rz 103) mit der Folge, dass ein einseitiger Widerruf nicht mehr möglich ist, auch wenn der Kündigungsadressat von der Erklärung noch keine Kenntnis genommen hat (*Schwerdtner* ZIP 1982, 640). 53

Da mit dem Zugang der Kündigung die Gestaltungswirkung unmittelbar herbeigeführt wird, kann der Kündigende die einmal erfolgte Kündigung **nicht einseitig zurücknehmen** (*BAG* 21.2.1957 AP Nr. 22 zu § 1 KSchG; 29.1.1981 EzA § 9 KSchG nF Nr. 10; 19.8.1982 EzA § 9 KSchG nF Nr. 14; 17.4.1986 EzA § 615 BGB Nr. 47; *LAG Düsseld.* 16.1.1975 DB 1975, 1801; *LAG Frankf.* 16.1.1980 DB 1980, 1700 = BB 1981, 122; *Schaub/Linck* § 123 II 5 Rz 37; *SPV-Preis* Rz 235; *v. Hoyningen-Huene/Linck* Rz 27). 54

Wenn auch die **Erklärung der »Rücknahme« der Kündigung** die Kündigungserklärung nicht ungeschehen machen kann, so ist ihr nicht jede rechtliche Bedeutung abzusprechen. Sie ist als **Angebot des Kündigenden** anzusehen, entweder ein neues Arbeitsverhältnis abzuschließen oder das alte Arbeitsverhältnis fortzusetzen, bei bereits abgelaufener Kündigungsfrist mit rückwirkender Kraft. Dieses Angebot kann der Kündigungsadressat annehmen. Tut er das, was auch stillschweigend oder durch schlüssiges Handeln geschehen kann (vgl. § 625 BGB; vgl. zu dieser Bestimmung KR-*Fischermeier* § 625 BGB Rz 27 ff.), etwa dadurch, dass der Arbeitnehmer mit Wissen und ohne Widerspruch des Arbeitgebers die Arbeit wieder aufnimmt, so liegt darin der **Abschluss eines neuen Arbeitsvertrages oder die einverständliche Fortsetzung des alten Arbeitsverhältnisses.** Konzeptionell anders *Herschel* (Anm. *LAG Nürnberg* 5.9.1980 AR-Blattei D Kündigungsschutz Entsch. 207): Es liege eine Verfügung, kein Vertragsschluss vor. Bevor die Kündigung dem anderen Teil zugegangen ist, kann sie frei widerrufen werden (§ 130 Abs. 1 S. 2 BGB). Ist sie bereits zugegangen, so verfüge der Widerrufende als Nichtberechtigter; seine Verfügung werde erst dadurch wirksam, dass der andere Teil sie genehmige (§ 185 Abs. 2 BGB). Diese Konstruktion sei sachgerechter. Andernfalls müsse der Betriebsrat mitwirken, wenn das Arbeitsverhältnis schon vor Zugang des Widerrufs beendet werde (§ 99 Abs. 1 BetrVG; vgl. auch *Molitor* Die Kündigung, 2. Aufl., S. 147 f.). Dem steht entgegen, dass ein Widerruf nach Zugang nur möglich ist, wo er ausdrücklich zugelassen ist (*Palandt/Heinrichs* § 130 Rz 19 f.). Ob § 185 Abs. 2 BGB für einseitige Rechtsgeschäfte wie den Widerruf anwendbar ist, ist zweifelhaft, weil sie möglicherweise keine Verfügungen sind (vgl. *Flume* § 11, 5b). Der Betriebsrat ist dann nicht gefordert, wenn der Arbeitgeber die Folgen einer Kündigung, zu der der Betriebsrat gehört wurde, zu beseitigen versucht, das ursprüngliche Arbeitsverhältnis einverständlich fortgesetzt wird. 55

Entsprechendes gilt auch für eine dem Kündigungsschutzgesetz unterliegende ordentliche oder außerordentliche Kündigung, aber auch für Kündigungen, die aus anderen Gründen rechtsunwirksam sind. 56

Liegen **Gründe nach § 1 KSchG** oder **ein wichtiger Grund iSd § 626 Abs. 1 BGB** nicht vor oder sind andere Unwirksamkeitsgründe gegeben, so sind die Kündigungen unwirksam. Der Arbeitgeber als der Kündigende bringt dann mit der »Rücknahme« der Kündigung nur eine ohnehin feststehende Tatsache zum Ausdruck: Die Kündigung ist unwirksam. Nach § 7 KSchG bzw. § 13 Abs. 3 KSchG iVm § 7 KSchG wird die unwirksame Kündigung wirksam, wenn sie nicht mit der Kündigungsschutzklage angegriffen wird. Erhebt der Arbeitnehmer keine Klage, so wird die unwirksame Kündigung wirksam. Auch in diesem Falle ist eine einseitige »Rücknahme« der Kündigung nicht möglich (anders *LAG Düsseld.* 16.1.1975 DB 1975, 1801). Vielmehr kann der Arbeitnehmer an der Kündigung festhalten (zutr. *v.* 57

Hoyningen-Huene/Linck § 4 Rz 28). Das geschieht durch Verstreichenlassen der Klagefrist (zutr. SPV-*Preis* Rz 235; *Schwerdtner* ZIP 1982, 642).

58 Die »Rücknahme« ist als **Angebot des Arbeitgebers** zu werten, das Arbeitsverhältnis fortzusetzen. Dieses Angebot kann der Arbeitnehmer annehmen oder ablehnen. Hat der Arbeitnehmer keine Kündigungsschutzklage erhoben, bedarf es der Annahme dieses Angebotes, des Einverständnisses des Arbeitnehmers mit der »Rücknahme« (SPV-*Preis* Rz 235). In dem Moment, in dem der Arbeitnehmer zu erkennen gibt, dass er mit der Kündigung nicht einverstanden sei, was auch außergerichtlich durch Verlangen der Fortsetzung des Arbeitsverhältnisses geschehen kann, nimmt der Arbeitnehmer dieses Angebot an mit der Folge, dass das Arbeitsverhältnis zu den alten Bedingungen fortbesteht.

59 Das gilt auch dann, wenn die **Kündigung wirksam** ist (insoweit im Ergebnis *LAG Düsseld.* 16.1.1975 DB 1975, 1801, wenn auch nicht von antezipierter Zustimmung zur Rücknahme der Kündigung gesprochen werden sollte, wenn der Arbeitnehmer die Wirksamkeit der Kündigung leugnet und zugleich den Fortbestand des Arbeitsverhältnisses verlangt).

60 Man sollte in diesen Fällen nicht von einer **zulässigen Rücknahme** der Kündigung oder von Zustimmung zur Rücknahme der Kündigung sprechen (so aber *LAG Düsseld.* 16.1.1975 DB 1975, 1801).

61 Es handelt sich dabei vielmehr um die **einverständliche Fortsetzung des Arbeitsvertrages** mit dem alten Inhalt, also um eine vertragliche Vereinbarung, nicht um eine Rücknahme eines ohnehin unwirksamen Rechtsgeschäfts. Deshalb kann auch dem Urt. des *LAG Düsseld.* vom 29.7.1975 (EzA § 622 BGB nF Nr. 13) nicht gefolgt werden.

62 Bei der »Rücknahme« von Kündigungen, die **iSd § 13 Abs. 2 und 3 KSchG** unwirksam sind (vgl. KR-*Friedrich* § 13 KSchG 111 ff.), gilt nichts anderes: Wird eine schwangere Arbeitnehmerin, der ohne Zulässigerklärung durch die zuständige Stelle fristlos gekündigt wurde – die Kündigung ist wegen Verstoßes gegen § 9 MuSchG schlechthin nichtig (§ 134 BGB) –, vom Arbeitgeber aufgefordert, ihre Arbeit im Betrieb wieder aufzunehmen, so liegt darin entgegen *LAG Düsseld.* (6.8.1968 BB 1968, 977 = DB 1968, 2136) keine »Rücknahme der Kündigung«, auch keine »Rücknahme der fristlosen Entlassung«, sondern das Angebot des Arbeitgebers, das Arbeitsverhältnis fortzusetzen (zutr. SPV-*Preis* Rz 236; *LAG Düsseld.* 26.5.1975 EzA § 9 KSchG nF Nr. 2).

2. Die »Rücknahme« der Kündigung nach Klageerhebung

63 Hat der Arbeitnehmer Kündigungsschutzklage erhoben und erklärt der Arbeitgeber **im Laufe des Prozesses die »Rücknahme«** der Kündigung, so ist das ein Angebot an den Arbeitnehmer, das Arbeitsverhältnis durch die Kündigung nicht als beendet anzusehen, also unter Beseitigung der Kündigungswirkungen das Arbeitsverhältnis zu den bisherigen Bedingungen unverändert fortzusetzen, und der Sache nach die **Anerkennung des Klageanspruchs** (*BAG* 29.1.1981 EzA § 9 KSchG nF Nr. 10; 19.8.1982 EzA § 9 KSchG nF Nr. 14; *Bobrowski/Gaul* II, L II Rz 247). In der Rücknahme der Kündigung nach Klageerhebung liegt aber kein förmliches Anerkenntnis iSd § 307 ZPO (*LAG Hamm* 9.6.1981 ARSt 1982 Nr. 1033). Liegt ein **Anerkenntnis iSd § 307 ZPO** vor, so ist es Grundlage für den Antrag des klagenden Arbeitnehmers auf Erlass eines **Anerkenntnisurteils**, aber auch dann, wenn der Kläger ein streitiges Urteil wünscht (*BGH* 8.10.1953 BGHZ 10, 336). Die **Kosten des Prozesses** richten sich nach §§ 91, 93 ZPO. Es entstehen: 0,4 ermäßigte Verfahrensgebühr (§ 3 Abs. 2 GKG nF iVm Nr. 8211 GKG KV); für den Anwalt außer der 1,3 Verfahrensgebühr nach §§ 2 Abs. 2, 13 RVG iVm Nr. 3100 VV die volle 1,2 Terminsgebühr Nr. 3104 VV.

64 Dieses Angebot kann der Arbeitnehmer nach den allg. Regeln über den Vertragsabschluss gem. §§ 145 ff. BGB annehmen oder ablehnen (*BAG* 19.8.1982 EzA § 9 KSchG nF Nr. 14; *Berkowsky* DB 1984, 217; *Bernert* Anm. BAG AP Nr. 9 zu § 9 KSchG 1969; *Bauer* DB 1985, 1183). Die Annahme dieses Angebots kann in der Aufrechterhaltung der Kündigungsklage (**aA** SPV-*Preis* Rz 245) oder in der Erledigungserklärung nebst Kostenantrag (*BAG* 17.4.1986 EzA § 615 BGB Nr. 47) liegen; sie kann aus dem sonstigen Verhalten des Arbeitnehmers entnommen werden, wenn er keinen Antrag nach §§ 9, 10 KSchG gestellt hatte und diesen auch nicht unverzüglich stellt (**aA** *v. Hoyningen-Huene/Linck* Rz 31; *Knorr/Bichlmeier/Kremhelmer* Kap. 11 Rz 127; SPV-*Preis* Rz 245; wie hier MünchKomm-*Schwerdtner* 3. Aufl., vor § 620 BGB Rz 166; vgl. Rz 72). In der Tatsache der Erhebung der Kündigungsschutzklage allein ist die Annahme des Angebots nicht zu sehen (*LAG Nürnberg* 23.9.1992 LAGE § 75 HGB Nr. 1; ähnlich *LAG Frankf.* 16.1.1980 DB 1980, 1700 = BB 1981, 122: Der Gekündigte muss das in der »Rücknahme« der Kündigung liegende Angebot trotz der Kündigungsschutzklage noch annehmen oder [etwa durch

einen Antrag nach § 9 KSchG] ablehnen). Das Angebot zur Fortsetzung des Arbeitsverhältnisses wird bereits dann abgelehnt, wenn der Arbeitnehmer darauf hinweist, dass es bei der einmal ausgesprochenen Kündigung verbleibe und eine Grundlage für eine weitere vertrauensvolle Zusammenarbeit nicht mehr gegeben sei und damit für eine Weiterbeschäftigung wohl kein Raum mehr sei, und die Stellung eines Auflösungsantrages im laufenden Kündigungsrechtsstreit erwogen werde (*LAG Nürnberg* 5.9.1980 AR-Blattei D Kündigungsschutz Entsch. 207; 23.9.1992 LAGE § 75 HGB Nr. 1). In der Stellung des Auflösungsantrags gem. § 9 KSchG nach der erklärten »Rücknahme« der Kündigung liegt idR die Ablehnung des Arbeitgeberangebots, die Wirkungen der Kündigung rückgängig zu machen und das Arbeitsverhältnis fortzusetzen (*BAG* 19.8.1982 EzA § 9 KSchG nF Nr. 14). Während Einigkeit darüber besteht, dass die »Rücknahme« der Kündigung keine Wirkungen entfaltet, wenn der Antrag nach § 9 KSchG vor der Rücknahme bereits gestellt war (*LAG Hamm* 3.3.1982 ZIP 1982, 486 = DB 1982, 2706 = ARSt 1982, Nr. 1199; *ArbG Wilhelmshaven* 18.4.1980 ARSt 1980 Nr. 172) oder der Arbeitnehmer ihn noch unverzüglich stellt (zutr. *Schwerdtner* ZIP 1982, 639 ff.; dazu Rz 70 ff.), findet sich im Übrigen eine unterschiedliche Terminologie. Nach *BAG* (26.11.1981 EzA § 9 KSchG nF Nr. 11) enthält die Rücknahme der Kündigung im allg. auch das Angebot des Arbeitgebers, das Arbeitsverhältnis zu den bisherigen Bedingungen fortzusetzen, das der Arbeitnehmer durch die Erhebung der Kündigungsschutzklage bereits antezipiert angenommen haben kann (so auch *LAG Brem.* 25.1.1983 – 4 Sa 130/82 – insoweit nv; offen gelassen von *BAG* 29.1.1981 EzA § 9 KSchG nF Nr. 10). Oft wird auch von antezipierter Zustimmung des Arbeitnehmers zur Rücknahme der Kündigung des Arbeitgebers gesprochen (*LAG Hamm* 9.6.1981 ARSt 1982, Nr. 1236 = AR-Blattei D Kündigungsschutz Entsch. 218; *LAG Hamm* 3.3.1982 ZIP 1982, 468; *Bleistein/Matthes* Rz 953; *Schaub/Linck* § 123 II 5 Rz 37a). Das *BAG* hat in seiner Entsch. vom 19.8.1982 EzA § 9 KSchG nF Nr. 14 klargestellt, dass in der Erhebung der Kündigungsschutzklage keine antezipierte Zustimmung des Arbeitnehmers zur Rücknahme der Kündigung durch den Arbeitgeber liegt (zutr. auch *Schwerdtner* ZIP 1982, 642; *ders.* Jura 1986, 101). Nach SPV-*Preis* Rz 242 muss im Regelfall von einem Willen zur Fortsetzung des Arbeitsverhältnisses ausgegangen werden; im Zweifel müsse das richterliche Fragerecht (§ 139 ZPO) ausgeübt werden. Mit der Annahme des in der »Rücknahme« der Kündigung durch den Arbeitgeber liegenden Angebots, das Arbeitsverhältnis fortzusetzen, ist dann der Rechtsstreit in der Hauptsache erledigt (dazu, insbes. zur einseitigen Erledigungserklärung des Arbeitnehmers und zur etwaigen Befugnis des Arbeitnehmers, gleichwohl den Kündigungsrechtsstreit fortzusetzen, *Schwerdtner* ZIP 1982, 643; vgl. auch Rz 26). Der Arbeitgeber hat idR die Kosten des Kündigungsverfahrens zu tragen (§ 93 ZPO; vgl. *LAG Hamm* 9.6.1981 ARSt 1982, Nr. 1236). In einer solchen Situation wird nicht selten ein Vergleich des Inhalts geschlossen, dass Einigkeit darüber besteht, dass das Arbeitsverhältnis der Parteien über den Kündigungstermin hinaus zu den bisherigen Arbeitsbedingungen ungekündigt fortbesteht. Eine solche einvernehmliche Regelung ermöglicht anders als eine durch Urteil erstrittene Weiterbeschäftigung eine unbelastete Fortsetzung des Arbeitsverhältnisses, so dass eine Einigungsgebühr entstanden ist; der Arbeitgeber hat nicht nur den geltend gemachten Anspruch erfüllt, ein Anerkenntnis iSd der Nr. 1000 VV ist nicht gegeben (*LAG Nds.* 18.2.2005 LAGE § 11 RVG Nr. 1; *LAG Bln.* 8.6.2005 – 17 Ta 1623/05 – juris; *LAG Düssseld.* 15.8.2005 – 16 Ta 363/95 – LAGE § 11 RVG Nr. 1a; 15.8.2005 – 16 Ta 433/05 – LAGE § 11 RVG Nr. 1b; *LAG Köln* 2.9.2005 LAGE § 11 RVG Nr. 2). Voraussetzung ist allerdings, dass der Arbeitgeber die Kündigung **wegen ihrer Unwirksamkeit** zurücknimmt (SPV-*Preis* Rz 243 mwN Fn 22; *Schwerdtner* Jura 1986, 101). Beharrt der Arbeitgeber auf seiner Rechtsposition, dass die von ihm ausgesprochene Kündigung rechtswirksam sei, dann hat der Arbeitnehmer trotz formeller Rücknahme der Kündigung ein Interesse an der Klärung, ob die Kündigung rechtswirksam war. Der Arbeitnehmer muss nämlich sonst befürchten, dass ihm später diese zurückgenommene Kündigung vorgehalten und zur Stützung einer späteren Kündigung herangezogen wird (*LAG Hamm* 9.6.1981 AR-Blattei D Kündigungsschutz Entsch. 218; *BAG* 19.8.1982 EzA § 9 KSchG nF Nr. 14).

In beiden Fällen hat der Arbeitgeber dem Arbeitnehmer die **Arbeitsvergütung** für die Zeit zwischen Zugang der Kündigung (bei fristloser Kündigung) oder Ablauf der Kündigungsfrist (bei ordentlichen Kündigungen) bis zum Zeitpunkt der »Rücknahme« der Kündigung zu zahlen. Durch das Anerkenntnis bzw. die Vereinbarung, das Arbeitsverhältnis zu alten Bedingungen fortzusetzen, ist geklärt, dass der Arbeitgeber in Annahmeverzug geraten ist und daher gem. § 615 BGB die Arbeitsvergütung zu zahlen hat. Der Arbeitnehmer muss seine Arbeit unverzüglich wieder aufnehmen, will er sich nicht dem Vorwurf einer Verletzung arbeitsvertraglicher Pflichten aussetzen. 65

In der **Aufforderung** nach unwirksamer fristloser Entlassung, **die Arbeit wieder aufzunehmen,** liegt keine »Rücknahme der Kündigung«, wie das *LAG Düssseld.* meint (6.8.1968 BB 1968, 997 = DB 1968, 2136, allerdings zu § 9 MuSchG), ja dies ist nicht einmal geeignet, den Annahmeverzug des Arbeitge- 66 bers zu beenden, die Ablehnung dieser Aufforderung könne allenfalls ein böswilliges Unterlassen anderweitigen Erwerbs (§ 615 S. 2 BGB) darstellen (*BAG* 14.11.1985 EzA § 615 BGB Nr. 46; vgl. auch *BAG* 15.1.1986 EzA § 1 LFZG Nr. 79; **aA** *LAG Hamm* 18.10.1985 DB 1986, 1394; vgl. auch *LAG Hamm* 24.1.1984 ARSt 1984 Nr. 1058); der Annahmeverzug endet erst mit Abgabe der »Rücknahme«, des in ihr liegenden vorbehaltlosen Angebots auf Fortsetzung des Arbeitsverhältnisses (*Berkowsky* BB 1984, 218; *Bauer* DB 1985, 1183; *LAG Hamm* 22.10.1982 ARSt 1982 Nr. 1198 = ZIP 1982, 486).

67 Es ist denkbar, in dem Verhalten des Arbeitnehmers das Angebot zu sehen, das der Arbeitgeber durch »Rücknahme« der Kündigung oder Aufforderung, die Arbeit wieder aufzunehmen, annimmt (vgl. *LAG Hamm* 9.12.1953 AP 54 Nr. 117).

68 Dabei kann der Arbeitnehmer die Wiederaufnahme seiner Tätigkeit nicht von einer **Erklärung** des Arbeitgebers abhängig machen, dass die Zwischenzeit gem. § 615 BGB **bezahlt** werde (insoweit zutr. *LAG Düsseld.* 6.8.1968 BB 1968, 997 = DB 1968, 2136, allerdings zu § 9 MuSchG; zust. SPV-*Preis* Rz 243; anders *LAG Frankf.* 24.4.1957 DB 1957, 900; vgl. auch *BAG* 21.5.1981 EzA § 615 BGB Nr. 40; *Peter* DB 1982, 492 f.; *Weber* SAE 1982, 94 ff.).

69 In der Praxis wird immer wieder versucht, einem **Auflösungsantrag durch »Rücknahme«** der Kündigung zu **entgehen.** Häufig wird **nach »Rücknahme« der Kündigung noch** umgehend ein **Auflösungsantrag** gestellt, was ein Zeichen dafür sein kann, dass es dem Arbeitnehmer am Ende gar nicht um die Erhaltung des Arbeitsplatzes geht, sondern um eine Abfindung insbes. dann, wenn gleich zu Beginn der Güteverhandlung (§ 54 ArbGG) die »Rücknahme« der Kündigung erklärt wird.

70 Hat der Arbeitnehmer bereits vor der »Rücknahme« der Kündigung den Auflösungsantrag nach §§ 9, 10 KSchG gestellt, so kann diesem Antrag der Boden nicht dadurch entzogen werden, dass der Arbeitgeber die Kündigung »zurücknimmt« (allg. Ansicht: *BAG* 29.1.1981 EzA § 9 KSchG nF Nr. 10; zust. *Corts* SAE 1982, 103; *BAG* 19.8.1982 EzA § 9 KSchG nF Nr. 14; *v. Hoyningen-Huene/Linck* Rz 30; SPV-*Preis* Rz 244).

71 Nach dem Urt. des *LAG Hamm* (9.12.1953 AP 54 Nr. 117; wohl auch *LAG Hamm* 3.3.1982 ZIP 1982, 488) ist die Stellung des Auflösungsantrags nach »Rücknahme« der Kündigung nicht mehr zulässig. Dem steht entgegen, dass der Antrag nach §§ 9, 10 KSchG bis zum Schluss der letzten mündlichen Verhandlung in der Berufungsinstanz gestellt werden kann (§ 9 Abs. 1 S. 3 KSchG), Einzelheiten vgl. KR-*Spilger* § 9 KSchG Rz 20). Auf diesen Zeitpunkt stellt das *LAG Nds.* für die Erklärung ab, dass aus der Kündigung keine Rechte mehr hergeleitet werden (19.1.1996 BB 1996, 1119 = RzK I 10c Nr. 15). Durch die einseitige »Rücknahme« der Kündigung kann daher dem Arbeitnehmer das Recht, die Auflösung des Arbeitsverhältnisses gem. § 9 Abs. 1 KSchG zu beantragen, nicht genommen werden (*LAG Nürnberg* 5.9.1980 AMBl. 1981, C 13 = ARSt 1981 Nr. 1199; *LAG SchlH* 7.5.1981 AR-Blattei D Kündigungsschutz Entsch. 216). Das gilt nach *LAG Brem.* (25.1.1983 ARSt 1983, 78 Nr. 1099 = AuR 1983, 216) insbes. dann, wenn das Angebot einer Weiterbeschäftigung nicht mit den vorherigen Arbeitsbedingungen identisch ist.

72 Das Bedenken, dass durch den **nachträglichen Antrag** das KSchG in ein Abfindungsverschaffungsgesetz umfunktioniert wird, ist deswegen nicht ausschlaggebend, weil in einem solchen Fall der Auflösungsantrag des Arbeitnehmers häufig nicht begründet sein wird (*LAG Nürnberg* 5.9.1980 AMBl. 1981, C 13; zur Unzumutbarkeit der Fortsetzung des Arbeitsverhältnisses vgl. KR-*Spilger* § 9 KSchG Rz 36 ff.). Daher ist der hM zu folgen, dass auch nach der »Rücknahme« der Kündigung ein Auflösungsantrag nach §§ 9, 10 KSchG möglich ist. Allerdings muss der Arbeitnehmer diesen Antrag **unverzüglich** nach der Kündigungsrücknahme stellen (so zutr. *LAG Düsseld.* 26.5.1975 EzA § 9 KSchG nF Nr. 2; *LAG Frankf.* 9.3.1983 –10 Sa 700/82; *ArbG Siegen* 14.12.1984 DB 1985, 975; *Hueck* FS für Nipperdey, S. 104 ff.; *Schwerdtner* ZIP 1982, 642 f.; *ders.* Jura 1986, 101; MünchKomm-*Schwerdtner* vor § 620 BGB Rz 72; *Sonnemann* Anm. zu *LAG Nds.* 19.1.1996, BB 1996, 1119, 1120; *BAG* 19.8.1982 EzA § 9 KSchG nF Nr. 14; ohne auf die Frage der Unverzüglichkeit einzugehen, offen gelassen noch von *BAG* 29.1.1981 EzA § 9 KSchG nF Nr. 10; *LAG Nürnberg* 5.9.1980 aaO; krit. *Corts* SAE 1982, 104; **aA** *Thüsing* AuR 1996, 245, 248 f.; vgl. auch oben Rz 64). Andernfalls ist das in der »Rücknahme« der Kündigung durch den Arbeitgeber zu sehende Vertragsangebot als angenommen anzusehen (*Auffarth/Müller* § 1 Rz 108; **aA** SPV-*Preis* Rz 245).

72a Grundsätzlich kann über die Rechtswirksamkeit der Kündigung und über die Auflösung des Arbeitsverhältnisses nur einheitlich entschieden werden. Eine Aufteilung der Entsch. in ein Teilurteil wegen der Unwirksamkeit der Kündigung und ein Schlussurteil wegen Auflösung gegen Abfindung ist im allg. nicht zulässig (*BAG* 4.4.1957 AP Nr. 1 zu § 301 ZPO; 9.12.1971 AP Nr. 3 zu Art. 56 ZA-Nato-Truppenstatut, krit. *Corts* SAE 1982, 104 f.; *LAG Köln* 6.11.1998 – 4 (11) Sa 510/98 – betr. rechtskräftig gewordenes Teilversäumnisurteil hinsichtlich der Nichtauflösung des Arbeitsverhältnisses durch die Kündigung, späterer Abweisung des Auflösungsantrages als unzulässig, arg. § 9 Abs. 1 S. 3 KSchG). Das gilt nicht, wenn der Arbeitgeber hinsichtlich der Unwirksamkeit der Kündigung ein Anerkenntnis nach § 307 ZPO abgibt und der Arbeitnehmer einen Antrag nach § 9 KSchG gestellt hatte oder unverzüglich stellt. Das Arbeitsgericht muss in einem solchen Fall ein Teilanerkenntnisurteil erlassen, weil § 301 Abs. 2 ZPO nicht anwendbar ist und eine Teilbarkeit wegen des erforderlichen Antrags nach § 9 KSchG gegeben ist (*BAG* 29.1.1981 EzA § 9 KSchG nF Nr. 10; aA *LAG Köln* 25.4.1997 – 11 Sa 1395/96).

Trotz förmlichen Anerkenntnisses iSd § 307 ZPO und trotz Vertragsangebots seitens des Arbeitgebers, das Arbeitsverhältnis fortzusetzen, kann der **Arbeitnehmer** gem. § 12 KSchG **die Fortsetzung der Arbeit durch Erklärung gegenüber dem alten Arbeitgeber verweigern** (*LAG Hamm* 3.3.1982 ZIP 1982, 488; *Schwerdtner* ZIP 1982, 644). Dieses Recht des Arbeitnehmers kann der Arbeitgeber ebenso wenig wie sein Recht auf Auflösung des Arbeitsverhältnisses unter den Voraussetzungen der §§ 9, 10 KSchG durch »Rücknahme« der Kündigung vereiteln (*v. Hoyningen-Huene/Linck* Rz 32; SPV-*Preis* Rz 246). 73

V. Die Parteien des Kündigungsschutzprozesses

1. Der Arbeitnehmer

Die Entsch., ob die Unwirksamkeit der Kündigung geltend gemacht wird, also das Arbeitsverhältnis fortgesetzt werden soll, ist ein **höchstpersönliches Recht**, das nur dem Arbeitnehmer selbst zusteht. Nur er hat zu bestimmen, ob er Klage nach § 4 KSchG erheben will, selbst wenn Dritte ein Interesse an dem Fortbestand des Arbeitsverhältnisses haben (hM *v. Hoyningen-Huene/Linck* Rz 33; *Löwisch/Spinner* Rz 31; SPV-*Vossen* Rz 1793; *Besta* Die Regelung der Klageerhebungsfrist in §§ 4–6 KSchG, Diss. iur. Passau 1987, S. 17 ff. mwN S. 95 ff.). 74

So sind der **Pfändungsgläubiger** und der **Zessionar** von Lohnforderungen nicht berechtigt, die Kündigungsschutzklage zu erheben (*v. Hoyningen-Huene/Linck* Rz 34; *Löwisch/Spinner* § 4 Rz 32; *Galperin* RdA 1966, 363). 75

Fraglich ist, ob die **Krankenkasse**, die einem arbeitsunfähig erkrankten Arbeitnehmer Krankengeld gewährt hat und dem dann gekündigt worden ist, die Sozialwidrigkeit oder sonstige Unwirksamkeit der Kündigung im Hinblick auf § 115 SGB X, früher § 182 Abs. 10 RVO gegen den Arbeitgeber geltend machen kann. Die Krankenkasse kann nur selten geltend machen, dass ein Arbeitsverhältnis aus Anlass der Krankheit gekündigt worden ist und der Anspruch auf den gem. § 6 LFZG, jetzt § 8 EFZG fortzuzahlenden Lohn gem. § 115 SGB X übergegangen ist, soweit sie mit Krankengeld in Vorlage getreten ist. Auch die Krankenkasse ist **nicht berechtigt**, anstelle des Arbeitnehmers eine **Kündigungsschutzklage** gegen eine nicht aus Anlass der Erkrankung oder aus sonstigen Gründen ausgesprochene Kündigung **zu erheben** (*LAG Düsseld.* 18.8.1970 BB 1971, 131; *Feichtinger* DB 1983, 1202, 1205; *ders.* Entgeltfortzahlung im Krankheitsfall, Schriften zur AR-Blattei NF Bd. 6, 1999, Rz 834; *ders.* AR-Blattei SD 1000.3 Krankheit III Rz 584; *Feichtinger/Malkmus* EFZG 2003 § 8 Rz 45; *Kaiser/Dunkl/Hold/Kleinsorge* EFZG, 5. Aufl., § 8 Rz 41; *Müller/Berenz* EFZG, 3. Aufl., § 8 Rz 35). 76

Das gilt auch **für den Fall der fristlosen Kündigung**. Die Rechtsunwirksamkeit einer vom Arbeitgeber nicht aus Anlass der Erkrankung ausgesprochenen und vom Arbeitnehmer nicht angefochtenen fristlosen Kündigung kann die Krankenkasse nicht mit Erfolg vor dem ArbG geltend machen (*ArbG Bremerhaven* 10.6.1970 EEK II/208; *LAG Düsseld.* 18.8.1970 EEK II/019; zust. *Kehrmann/Pelikan* LFG, 2. Aufl., § 6 Rz 16; *Sabel* Anm. zu *ArbG Bremerhaven* aaO, zu *LAG Düsseld.* aaO, zu *LAG Bay.* 28.6.1972 EEK II/044; *Dockhorn* DB 1971, 1259 f.; *Brecht* LFG, 3. Aufl., § 6 Rz 6; *Töns* aaO; *Marburger* Gehalts- und Lohnfortzahlung im Krankheitsfall, 6. Aufl., S. 57; anders *LAG Bay.* 28.6.1972 EEK II/044). 77

Demgegenüber hat das *BAG* mit Urt. v. 29.11.1978 (EzA § 6 LFZG Nr. 9) und v. 2.12.1981 (EzA § 6 LFZG Nr. 20) den Standpunkt vertreten, dass sich die Krankenkasse auf die Unwirksamkeit der fristlosen Kündigung berufen könne, wenn der Arbeitnehmer keinen Kündigungsschutz iSd KSchG genieße (ebenso *LAG Frankf.* 21.11.1988 EEK I/981 betr. wegen Verstoßes gegen § 9 Abs. 1 S. 1 MuSchG unwirksame Kündigung). Dem dürfte der im Urt. vom 29.11.1978 nur unzureichend (zu 2e der Gründe) zum Ausdruck gekommene Gedanke zugrunde liegen, der Forderungsübergang diene der vom Gesetz gewollten Verteilung der durch die Krankheit des Arbeitnehmers entstandenen Kosten zwischen Krankenversicherung und Arbeitgeber. Es liege nicht im Belieben des Arbeitnehmers, diese Aufteilung zu 78 ändern und zu Lasten der Versicherungsgemeinschaft des Krankenversicherungsträgers zu verschieben. Das gelte jedenfalls dann, wenn der Arbeitnehmer, was die Kündigung anbelange, untätig bleibe und nicht zu erkennen gebe, dass er mit der fristlosen Kündigung einverstanden sei (zust. *Feichtinger* DB 1983, 1205, der auch auf die Substantiierungslast der Krankenkasse eingeht). Das BAG hat nichts dazu gesagt, welche Stellung der Arbeitnehmer in dem Prozess zwischen Krankenkasse und Arbeitgeber einnimmt. Zu denken ist an eine Nebenintervention iSd § 66 ZPO. Allerdings dürfte der Arbeitnehmer, der sich gegen eine fristlose Kündigung nicht wendet, kein anerkennenswertes Interesse daran haben, dass der Arbeitgeber oder die Krankenkasse obsiegt. Der Arbeitnehmer wird möglicherweise als Zeuge in den Prozess einbezogen, um zu erreichen, dass die fristlose Kündigung als unberechtigt angesehen wird. Unabhängig von dem Vorstehenden ist diese Rspr. deswegen überholt, weil das Gesetz zu Reformen am Arbeitsmarkt die Klagefrist des § 4 KSchG ohne Rücksicht darauf eingeführt hat, ob das Arbeitsverhältnis dem allgemeinen Kündigungsschutz unterliegt (s.o. Rz 11a–c). Unabhängig davon gilt Folgendes:

79 Zwar wird auch in Fällen fehlenden Kündigungsschutzes iSd KSchG die unwirksame Kündigung idR gem. § 7 KSchG, § 7 KSchG iVm § 13 KSchG wirksam. Die Kündigung ist aber gleichwohl unwirksam, wenn Gründe vorliegen, die von § 4 S. 1 KSchG, § 13 Abs. 3 KSchG nicht erfasst werden, in erster Linie mündliche Kündigungen und Kündigungen, die zwar in Textform, aber nicht formwirksam iSd § 623 Abs. 1 BGB erklärt wurden (dazu KR-*Friedrich* § 13 KSchG Rz 226). Es bleibt daher die Frage offen, ob es nicht auch in diesen Fällen dem Arbeitnehmer als sein höchstpersönliches Recht überlassen bleiben muss, die Kündigung anzugreifen oder nicht. Das BAG verneint diese Frage unter Hinweis auf das KSchG (zu 1b der Gründe). Es ist zweifelhaft, ob der Forderungsübergang der Krankenkasse die **Prozessführungsbefugnis** hinsichtlich der Geltendmachung der Unwirksamkeit der Kündigung gibt, obwohl der Arbeitnehmer – möglicherweise aus gutem Grunde – die Kündigung untätig hinnimmt und gegen sich gelten lässt. Immerhin erscheint es als bedenklich, dass die Krankenkasse den Arbeitnehmer in einen Prozess um die Wirksamkeit der Kündigung soll einbeziehen dürfen, den zu führen der Arbeitnehmer ersichtlich nicht gewillt ist. Hier muss die persönliche Entscheidung des Arbeitnehmers, die Kündigung hinzunehmen, wobei diese Entscheidung auch in dem Untätigbleiben des Arbeitnehmers zu sehen ist, Vorrang vor den finanziellen Belangen der Krankenkasse haben. Ob die Rspr. des BAG, der das *BSG* (23.2.1988 NZA 1988, 557) und ein Teil der Literatur gefolgt sind (vgl. die Nachw. 6. Aufl., Rz 79) in Anbetracht der wegen des Gesetzes zu Reformen am Arbeitsmarkt – Einhaltung der Klagefrist für nahezu alle Unwirksamkeitsgründe unabhängig vom Eingreifen des KSchG erforderlich – jedenfalls praktisch nur noch eingeschränkter Relevanz aufrecht erhalten werden wird, bleibt abzuwarten. Nach *LAG Bln.* (15.12.1977 ARSt 1978, Nr. 104) hat die Krankenversicherung einen Vergleich zwischen Arbeitnehmer und Arbeitgeber über die Beendigung des Arbeitsverhältnisses nach fristloser Arbeitgeberkündigung auch dann gegen sich gelten zu lassen, wenn der Lohnfortzahlungsanspruch auf sie übergegangen ist und dieser Anspruch durch den Vergleich zu ihrem Nachteil **beschränkt** wird. Das LAG Bln. weist in den Gründen zutr. darauf hin, dass der gesetzliche Forderungsübergang nicht die Wirkung haben darf, dass dem Arbeitnehmer **das höchstpersönliche und nicht übertragbare Recht, ein Arbeitsverhältnis einzugehen, zu erfüllen oder zu beenden, beeinträchtigt** werde. Das gilt nicht nur für einen nach fristloser Kündigung des Arbeitgebers abgeschlossenen Vergleich, der zur Beendigung des Arbeitsverhältnisses führt, sondern auch dann, wenn der Arbeitnehmer gegen die fristlose Kündigung nichts unternimmt, aus welchen Gründen auch immer (vgl. auch *BAG* 11.6.1976 EzA § 9 LFZG Nr. 4 u. 26.4.1978 EzA § 6 LFZG Nr. 8). Das gilt auch im Verhältnis zur BA: Vereinbart ein fristgerecht gekündigter Arbeitnehmer, der antragsgemäß Arbeitslosengeld erhält, nach erfolgreichem erstinstanzlichen Abschluss seiner Kündigungsschutzklage während des Laufs der Berufungsfrist mit dem Arbeitgeber außergerichtlich einen Abfindungsvergleich, so tritt ein Anspruchsübergang iSd § 143a Abs. 4 S. 2 SGB III nicht ein, weil Vergütungsfortzahlungsansprüche des Arbeitnehmers iSd § 143a Abs. 1 SGB III im Zeitpunkt des Vergleichsabschlusses mangels Rechtskraft des erstinstanzlichen Urteils noch nicht entstanden waren und daher nicht auf die BA übergegangen sein konnten. Ein solcher, das Arbeitsverhältnis rückwirkend zum Kündigungstermin (Ablauf der Kündigungsfrist) beendender Abfindungsvergleich ist grds. weder ein »Vertrag zu Lasten Dritter« (scil. der Bundesagentur für Arbeit) noch eine sittenwidrige Vertragsgestaltung (*LAG Frankf.* 9.2.1983 DB 1983, 1932; vgl. auch *BAG* 29.8.1968 EzA § 7 KSchG Nr. 5; *BAG* 13.1.1982 EzA § 9 KSchG nF Nr. 13; *BSG* 14.2.1978 EzS Arbeitslosengeld E 18).

79a Auf der anderen Seite begibt sich der Arbeitnehmer seiner Rechte gegen den Sozialleistungsträger, die von dem Fortbestand des Arbeitsverhältnisses abhängig sind, wenn er die Kündigungsschutzklage zurücknimmt und damit die Kündigung rückwirkend wirksam wird (vgl. zutr. *BSG* 12.8.1987 ZIP

Anrufung des Arbeitsgerichts § 4 KSchG

1987, 1400: Kein Kaug-Anspruch bei Rücknahme der Kündigungsschutzklage nach Ablehnung der Konkurseröffnung mangels Masse).

Machen der **Zessionar** aufgrund von Abtretung, die **Krankenkasse aufgrund gesetzlichen Forde-** 80
rungsüberganges oder der **Pfandgläubiger Lohnansprüche** für die Zeit nach Ablauf der Kündigungsfrist (oder für die Zeit nach Zugang der Erklärung der fristlosen Kündigung) gegen den Arbeitgeber geltend, **ehe über die** vom Arbeitnehmer erhobene **Kündigungsschutzklage** (oder die Klage gegen die fristlose Kündigung) **rechtskräftig entschieden** ist, so ist nach § 148 ZPO der Prozess auszusetzen oder die Klage als zZ unbegründet abzuweisen. Ist eine Kündigungsschutzklage noch nicht anhängig, ist aber die Dreiwochenfrist noch nicht abgelaufen, so kann an **Vertagung** gedacht werden (vgl. *v. Hoyningen-Huene/Linck* Rz 34).

Für den **Erben des Arbeitnehmers** gilt Folgendes: 81

Wenn der Arbeitnehmer **nach Zugang** der Kündigung während der Dreiwochenfrist oder den nach 82
§§ 5 und 6 KSchG maßgebenden Fristen, aber **nach Ablauf der Kündigungsfrist** stirbt, ist der Erbe berechtigt, Kündigungsschutzklage zu erheben und den **Lohn** bis zum Tode des Arbeitnehmers zu verlangen. Es muss verhindert werden, dass die Kündigung gem. § 7 KSchG wirksam wird. Mit einer Lohnklage allein – dem Erben steht der Lohn bis zum Zeitpunkt des Todes des Arbeitnehmers zu, wenn die Voraussetzungen des § 615 BGB gegeben sind – kann dieses Ziel nicht erreicht werden (vgl. Rz 20; zutr. *v. Hoyningen-Huene/Linck* Rz 35; *SPV-Preis* Rz 1793; *Löwisch/Spinner* Rz 33; *LAG Hamm* 19.9.1986 NZA 1987, 669).

Stirbt der Arbeitnehmer **nach Klageerhebung** und **nach Ablauf der Kündigungsfrist,** so gilt nichts 83
anderes (zutr. *v. Hoyningen-Huene/Linck* Rz 35). Das Arbeitsverhältnis wird in diesem Fall durch den Tod des Arbeitnehmers beendet. Wegen der Lohnansprüche bis zum Tode des Arbeitnehmers, die von dem Ausgang des Kündigungsrechtsstreits abhängen, hat der Erbe auch hier ein Interesse daran, die Unwirksamkeit der Kündigung feststellen zu lassen. Allerdings tritt eine **Unterbrechung des Verfahrens** ein bis zur **Aufnahme des Verfahrens durch die Erben** (§ 239 ZPO). Auch im Berufungsrechtszug kommt ein Aussetzungsantrag des Arbeitgebers nach § 246 Abs. 1 ZPO in Betracht.

Stirbt der Arbeitnehmer **vor Ablauf der Kündigungsfrist,** so endet das Arbeitsverhältnis mit dem 84
Tode des Arbeitnehmers. Hatte der Arbeitnehmer bereits vor seinem Tode Kündigungsschutzklage erhoben, so wird die von den Erben weiterverfolgte **Klage unschlüssig. Die Hauptsache** ist durch den Tod des Arbeitnehmers **erledigt**. Das gilt nicht nur für den Feststellungsantrag aus § 4 KSchG, sondern auch für den Antrag nach § 9 Abs. 1 KSchG, das Arbeitsverhältnis durch Urteil aufzulösen und den Arbeitgeber zur Zahlung einer Abfindung zu verurteilen. In einem solchen Fall ist ein auf **§ 91a ZPO** gestützter **Kostenantrag** angezeigt. Setzt der Erbe des Arbeitnehmers den Rechtsstreit gleichwohl in der Hauptsache fort, so ist die Klage mit der sich aus § 91 ZPO ergebenden Kostenfolge abzuweisen (*BAG* 15.12.1960 AP Nr. 21 zu § 3 KSchG; zust. *v. Hoyningen-Huene/Linck* Rz 36; *Löwisch/Spinner* Rz 33; *SPV-Preis* Rz 1793).

2. Der Arbeitgeber

Der Arbeitgeber ist zu verklagen. Er ist der **Arbeitsvertragspartner.** 85

Wer Arbeitgeber ist, ist in der Praxis nicht selten zweifelhaft. Insbesondere bei **Gesellschaften mit be-** 86
schränkter Haftung (GmbH) und bei **Kommanditgesellschaften,** insbes. bei der GmbH & Co KG wird mitunter gestritten, ob Arbeitgeber die Gesellschaft, der Geschäftsführer persönlich oder die GmbH-Komplementärin ist. Ist streitig, ob die GmbH oder der Geschäftsführer persönlich Arbeitgeber sind, können folgende Gesichtspunkte entscheidend sein: Nach § 36 GmbHG wird eine GmbH durch die in ihrem Namen von den **Geschäftsführern** vorgenommenen Geschäfte berechtigt und verpflichtet (vgl. § 78 Abs. 2 S. 1 AktG). Es ist gleichgültig, ob das Geschäft im Namen der Gesellschaft vorgenommen worden ist oder ob die Umstände ergeben, dass es nach dem Willen der Beteiligten für die Gesellschaft vorgenommen werden sollte. Auf den **Wortlaut** der vom Geschäftsführer abgegebenen Erklärung kommt es nicht entscheidend an. Aus den **Gesamtumständen** ist zu klären, wer Vertragspartner des Arbeitnehmers war. Nach der Verkehrsauffassung ist anzunehmen, dass ein Geschäftsführer dann, wenn er über eine Angelegenheit verhandelt, die die Gesellschaft betrifft, auch für diese handeln will (vgl. *Hachenburg/Schilling* GmbHG, 6. Aufl., 1956 ff. § 36 Rz 3). Auch die weitere Entwicklung des Arbeitsverhältnisses kann Aufschluss über den Arbeitgeber geben (vgl. *Staudinger/Coing* 11. Aufl., § 133 Rz 35). So lässt die Tatsache, dass die GmbH, vertreten durch ihren Geschäftsführer, die Kündigung

ausgesprochen hat, den **Rückschluss zu, dass die GmbH Arbeitgeberin war** (*BAG* 6.2.1975 – 2 AZR 6/74 – nv). Entsprechend ist bei der GmbH & Co KG zu prüfen, ob Arbeitgeber die KG, die GmbH oder der Geschäftsführer der GmbH persönlich ist.

87 Ist der Arbeitsvertrag **nichtig** oder eine ihn zugrunde liegende Willenserklärung **berechtigt angefochten** und war der Arbeitsvertrag **bereits in Vollzug gesetzt,** so ist das sog. **faktische Arbeitsverhältnis** entstanden. Zwar kann der Arbeitgeber sich durch einseitige Erklärung von dem faktischen Arbeitsverhältnis lösen, ohne durch das KSchG gebunden zu sein. Will der Arbeitnehmer gleichwohl Klage erheben, wobei es sich nicht um eine solche nach § 4 KSchG handelt, sondern nur um eine Feststellungsklage nach § 256 ZPO oder aber sogleich um eine Leistungsklage, so ist diese Klage gegen den zu richten, der die Arbeitsleistung im Rahmen des faktischen Arbeitsverhältnisses erhalten hat.

88 Handelt es sich um ein **mittelbares Arbeitsverhältnis** (vgl. dazu zB *Hueck/Nipperdey* I § 78, S. 788 ff.; *Schaub/Schaub* § 185; *Waas* RdA 1993, 153), so ist die Klage gegen den **Mittelsmann** zu richten (*BAG* 21.2.1990 EzA § 611 BGB Arbeitnehmerbegriff Nr. 32; vgl. *BAG* 9.4.1957 AP Nr. 2 zu § 611 BGB Mittelbares Arbeitsverhältnis; SPV-*Vossen* Rz 1791; *Nikisch* I § 24 III 4c, S. 235 Fn 26; APS-*Ascheid* Rz 39; *Röhsler* AR-Blattei SD 220.3 Arbeitsvertrag – Arbeitsverhältnis III Rz 81). Eine Kündigungsschutzklage gegen den mittelbaren Arbeitgeber ist nicht möglich. Wird die Kündigungsschutzklage des Arbeitnehmers gegen den unmittelbaren Arbeitgeber (zB Kapellmeister) abgewiesen, so steht fest, dass kein unmittelbares Arbeitsverhältnis mehr besteht. Damit entfällt auch ein mittelbares Arbeitsverhältnis (zB Rundfunk). Wird der Kündigungsschutzklage stattgegeben, so steht fest, dass das unmittelbare und damit auch das mittelbare Arbeitsverhältnis fortbestehen (*BAG* 9.4.1957 aaO; *A. Hueck* Anm. zu *BAG* 9.4.1957 aaO [zu 5 der Gründe]). Ausnahmsweise kann eine Klage, idR aber nur eine Leistungsklage, auch gegen den **wirtschaftlichen Empfänger** der Arbeitsleistung, den mittelbaren Arbeitgeber gerichtet werden, wenn der unmittelbare Arbeitgeber seine Verpflichtungen nicht erfüllt (*A. Hueck* Anm. zu *BAG* 9.4.1957 aaO [zu 5 der Gründe]). Kommt dem unmittelbaren Arbeitgeber (zB Hausmeister) keine Arbeitgeberfunktion zu und kann er keine unternehmerischen Entscheidungen treffen und Gewinn erzielen, ist er als verlängerter Arm des mittelbaren Arbeitgebers (zB Schulträger) gleichsam nur vorgeschoben, so liegt eine Gesetzesumgehung vor und der mittelbare Arbeitgeber erweist sich als der eigentliche Arbeitgeber (zutr. *Zeiss* SAE 1983, 49; vgl. *BAG* 20.7.1982 EzA § 611 BGB Mittelbares Arbeitsverhältnis Nr. 1). Ist ein derartiger »Durchgriff« wegen der tatsächlichen Umstände denkbar, ist es zweckmäßig, die Kündigungsschutzklage sowohl gegen den unmittelbaren als auch den mittelbaren Arbeitgeber zu richten (vgl. dazu *Röhsler* aaO Rz 82). Nach *LAG Bln.* (1.9.1989 LAGE § 611 BGB Arbeitnehmerbegriff Nr. 2) muss die Frist des § 4 S. 1 KSchG eingehalten werden, wenn der Arbeitnehmer den Hintermann seines vertraglichen Arbeitgebers in Anspruch nehmen will (zust. SPV-*Vossen* Rz 1791).

89 Ist der Arbeitnehmer in einem **Leiharbeitsverhältnis** (vgl. dazu *B. Hueck/Nipperdey* I § 54 IV, S. 521 ff.) beschäftigt, so ist die Klage gegen den **Verleiher** zu richten (*v. Hoyningen-Huene/Linck* Rz 37). Auch bei der **Arbeitnehmerüberlassung** ist der Verleiher zu verklagen (*v. Hoyningen-Huene/Linck* Rz 37; *Becker* AÜG, 3. Aufl., Art. 1 § 11 Rz 54 ff.; *Lang* AnwBl. 1981, 149). Das trifft nur dann nicht zu, wenn der Verleiher nicht die erforderliche Erlaubnis nach § 1 Abs. 1 AÜG besitzt. Es gilt dann gem. § 10 Abs. 1 AÜG zwischen dem Entleiher und dem Leiharbeitnehmer ein Arbeitsverhältnis »zu dem zwischen dem Entleiher und dem Verleiher für den Beginn der Tätigkeit vorgesehenen Zeitpunkt« als zustande gekommen.

90 Ist eine **offene Handelsgesellschaft (oHG) oder eine Kommanditgesellschaft (KG)** Arbeitgeber, so ist die Gesellschaft zu verklagen (vgl. §§ 124 Abs. 1, 161 Abs. 2 HGB). Sie ist Arbeitsvertragspartei (*LAG Bln.* 18.1.1982 EzA § 4 KSchG nF Nr. 21).

91 Soll mit der Feststellungsklage zugleich eine **Zahlungsklage** verbunden werden, etwa auf Arbeitsvergütung iSd § 615 BGB oder auf Zahlung einer Abfindung § 9, 10 KSchG, so ist es zweckmäßig, die Leistungsklage **auch gegen die einzelnen Gesellschafter** zu richten. Denn ein nur gegen die Gesellschaft erstrittenes Urteil wirkt nur gegen die Gesellschaft. Es berechtigt nicht nur Zwangsvollstreckung in das Vermögen der einzelnen Gesellschafter. Sind die Gesellschafter mit verklagt worden, so kann der Arbeitnehmer aus dem Leistungsurteil auch in das Vermögen der verurteilten Gesellschafter vollstrecken (§ 129 Abs. 4 HGB; *v. Hoyningen-Huene/Linck* Rz 39; SPV-*Vossen* Rz 1787a, 1790). Das gilt auch dann, wenn die Gesellschaft sich nach Rechtskraft des Urteils aufgelöst hat. Hinzu kommt, dass der Arbeitnehmer, hat er nicht zugleich die einzelnen Gesellschafter auf Leistung verklagt, mit seinen Forderungen aus § 615 BGB wegen der tariflichen Ausschlussfristen ausgeschlossen sein kann, wenn die

Vollstreckung gegen die Gesellschaft ergebnislos verlaufen ist und er nunmehr eine erneute Klage anstrengt, um einen Titel gegen die Gesellschafter zu erlangen. Wenn sich die Gesellschaft während des Rechtsstreits auflöst, so kann der Arbeitnehmer es bei einer Klage gegen die Gesellschaft (i. L.) belassen, wird aber tunlich die Klage gegen die Gesellschafter erweitern. Hat der Arbeitnehmer nur noch Interesse an der Verfolgung des Rechtsstreits **gegen die einzelnen Gesellschafter,** etwa wegen Vergütungsansprüchen aus § 615 BGB, so ist der Rechtsstreit nicht nach Berichtigung des Rubrums gegen den Gesellschafter fortzusetzen, sondern es bedarf einer **Klageänderung** in der Form des **gewillkürten Parteiwechsels** auf der Beklagtenseite (dazu *Thomas/Putzo-Hüßtege* § 50 Vorbem. 22).

Ist der Arbeitgeber eine **juristische Person** (GmbH, AG, rechtsfähiger Verein), so ist die Klage gegen diese zu richten. Eine GmbH und eine GmbH & Co KG verlieren ihre Parteifähigkeit nicht dadurch, dass sie während des Rechtsstreits aufgelöst, im Handelsregister gelöscht werden und vermögenslos sind, jedenfalls soweit lediglich die Feststellung begehrt wird, die Kündigung sei unwirksam (*BAG* 9.7.1981 EzA § 50 ZPO Nr. 1; 22.3.1988 EzA § 50 ZPO Nr. 2; *LAG Brem.* 22.11.1983 MDR 1984, 435 = ARSt 1984 Nr. 1198). Ist eine vermögenslose GmbH verklagt worden, die keinen Geschäftsführer hat, so kann nach *LAG Nds.* 22.10.1984 MDR 1985, 170 der Kläger die Bestellung eines Notgeschäftsführers oder eines Prozesspflegers beantragen. 92

Wird über das Vermögen einer GmbH das Insolvenzverfahren eröffnet, ist der bestellte Insolvenzverwalter ihr für die Vertretung zuständiges Vertretungsorgan. Die Klage ist gegen die GmbH, diese vertreten durch den amtlich bestellten Insolvenzverwalter X zu richten. (*LAG Hamm* 30.11.2000 DZWIR 2001, 284 = ZInsO 2001, 234; krit. *Weisemann* DZWIR 2001, 293). 92a

Der **nicht rechtsfähige Verein** ist als solcher zu verklagen (§ 50 Abs. 2 ZPO iVm § 46 Abs. 2 ArbGG; vgl. auch § 10 ArbGG). Parlamentsfraktionen waren und sind nicht rechtsfähige Vereine (*ArbG Bln.* 31.5.1989 NJW 1990, 935), soweit sie nicht aufgrund Gesetzes rechtsfähige Vereinigungen sind und klagen und verklagt werden können (zB § 46 Fraktionsgesetz BGBl. 1994 I S. 526 für Fraktionen von Mitgliedern des Bundestages). Die im Partnerschaftsregister eingetragene **Partnerschaftsgesellschaft** kann unter ihrem Namen verklagt werden, § 7 Abs. 2 PartGG (*Hess. LAG* 12.8.2005 - 17/10 Sa 2021/03; *Löwisch/Spinner* Rz 37; APS-*Ascheid* Rz 47). 93

Eine **Gesellschaft bürgerlichen Rechts (GbR)** war nach bisher vertretener Auffassung nicht selbständiger Arbeitgeber, wenn für die GbR Arbeitsverträge geschlossen werden. Träger der Arbeitgeberrechte und -pflichten waren die Gesellschafter. Sie nahmen die (Mit-)Arbeitgeberstellung gemeinschaftlich und verbunden zur gesamten Hand ein, auch wenn sie sich durch ein gemeinsam geschaffenes Vertretungsorgan ihrer Gesellschaft im Rechtsverkehr vertreten lassen (*BAG* 6.7.1989 EzA § 611 BGB Arbeitgeberbegriff Nr. 3). Dass eine GbR Arbeitgeberin ist, wie es in der Praxis heißt und was sich bei Bauunternehmen nicht selten findet, aber auch im Bereich des öffentlichen Dienstes vorkommt (*BAG* 6.7.1989 EzA § 611 BGB Arbeitgeberbegriff Nr. 3), war rechtlich gesehen nur eine verkürzte Ausdrucksweise für die Gesellschaft in ihrer gesamthänderischen Verbundenheit. In einem solchen Fall musste die Klage nach hM gegen alle Gesellschafter gemeinsam erhoben werden, auch wenn im Arbeitsvertrag als Arbeitgeber nur die GbR genannt war. Kündigungsschutzklagen gegen die GbR oder gegen einzelne Gesellschafter waren unzulässig (Nachw. 6. Aufl., Rz 94). Eine GbR war in diesem Sinne Arbeitgeber, wenn der Arbeitsvertrag unter einer gemeinsamen Bezeichnung der beteiligten Unternehmen (zB Arbeitsgemeinschaft Autobahnbrücke X) abgeschlossen wurde. Es handelte sich um eine gemeinsame Zweckverfolgung mehrerer Unternehmen (Einzelfirmen, Gesellschaften bürgerlichen Rechts, des Handelsrechts, juristischer Personen) in Form einer Gesellschaft iSd §§ 705 ff. BGB (vgl. *BAG* 27.3.1981 EzA § 611 BGB Nr. 25). Hatten sich Anwälte zu einer GbR zusammengeschlossen, so war nicht die »Kanzlei« als Ganzes, sondern es waren alle Anwälte zu verklagen. Nach *BGH* (29.1.2001 EzA § 50 ZPO Nr. 4) ist die (Außen-)Gesellschaft bürgerlichen Rechts rechtsfähig und parteifähig und kann als Gesellschaft unmittelbar klagen und verklagt werden, soweit sie durch Teilnahme am Rechtsverkehr eigene Rechte und Pflichten begründet. Die Rechtsfähigkeit der GbR reicht nur soweit, wie sie am Rechtsverkehr teilnimmt. Nur die sog. Außengesellschaft ist rechtsfähig. Ob eine solche vorliegt, kann im Einzelfall zweifelhaft sein. Soweit Arbeitnehmer beschäftigt werden, tritt die GbR diesen gegenüber regelmäßig als Außengesellschaft auf, ist insoweit (teil-)rechtsfähig und Arbeitgeberin (*Bährle* BuW 2004, 124, 125). Bedenken gegen die Arbeitgeberfähigkeit der GbR bestehen im Ergebnis nicht (*Diller* NZA 2003, 401, 402). Damit ist die **Kündigungsschutzklage** zwingend und ausschließlich **unmittelbar gegen die GbR** zu richten (*Diller* NZA 2003, 401, 404; *Bährle* BuW 2004, 124, 125; ErfK-*Kiel* § 4 KSchG Rz 21). Das *BAG* hat sich der Auffassung des BGH angeschlossen (1.12.2004 EzA § 50 ZPO 2002 Nr. 3), der sie mehrfach bestätigt hat (18.2.2002 AP ZPO § 50 Nr. 11; 15.1.2003 NJW 2003, 1043). Da- 94 bei ist ein vertretungsberechtigter Gesellschafter anzugeben, da diesem die Klage zuzustellen ist. Werden die einzelnen Gesellschafter verklagt, so werden die falschen Parteien verklagt, was die Dreiwochenfrist nicht zu wahren vermag. Nachdem der BGH in anhängigen Verfahren eine Rubrumsberichtigung statt eines Parteiwechsels für richtig hält (*BGH* 15.1.2003 NJW 2003, 1043), wird das auch sonst möglich sein: Werden die einzelnen Gesellschafter einer Gesellschaft bürgerlichen Rechts von einem Arbeitnehmer verklagt, so handelt es sich im Kern entgegen der äußeren Parteibezeichnung um eine Klage gegen die GbR (zust. *Sievers* Anm. zu *BAG* 1.12.2004 [EzA § 50 ZPO 2002 Nr. 3] jurisPR-ArbR 10/2005 Nr. 2, und zwar auch dann, wenn das Kündigungsschreiben nicht der Klage beigefügt war; vgl. *Garcia-Scholz* ProzRB 2003, 151; jedenfalls für anhängige Klagen gegen GbR-Gesellschafter bis zur Veröffentlichung des Urteils des *BAG* v. 1.12.2004 aaO; *Dollmann* ArbRB 2005, 30, 32). Im Passivprozess ist es – so *BGH* aaO [II 4] – wegen der persönlichen Gesellschafterhaftung für den Kläger – wie bei der OHG (vgl. Rz 91) – praktisch immer ratsam, neben der Gesellschaft auch die Gesellschafter persönlich zu verklagen, insbes. dann, wenn nicht sicher ist, ob eine Außengesellschaft mit Gesamthandsvermögen tatsächlich existiert, es also möglich ist, dass die Gesellschafter nicht als Gesamthandsgemeinschaft verpflichtet sind, sondern nur einzeln als Gesamtschuldner aus einer gemeinschaftlichen Verpflichtung schulden (§ 427 BGB). Bei einer nicht in Form einer BGB-Gesellschaft betriebenen Praxisgemeinschaft mehrerer Ärzte sind die Ärzte Arbeitgeber und zu verklagen, die die Arbeitskraft des Arbeitnehmers für ihre Zwecke verwerten, also weisungsbefugt sind (*ArbG Münster* 26.11.1986 BB 1987, 337). Bei sog. »Altverträgen« bedarf es der Auslegung, um zu ermitteln, wer Vertragspartner ist: Die GbR oder die Gesellschafter selbst (dazu *Bährle* BuW 2004, 124, 125; *Diller* NZA 2003, 401, 403).

94a Je nach den Umständen des Einzelfalles kann sich eine Arbeitgeberstellung aus § 164 Abs. 2 BGB ergeben. Gibt jemand nicht zu erkennen, dass er nur »Vertreter« des richtigen Arbeitgebers ist, so kann er selbst als Arbeitgeber in Anspruch genommen werden, zB der bei der Ehefrau angestellte Ehemann will einen Arbeitnehmer für den Betrieb seiner Ehefrau einstellen (*LAG Hamm* 19.9.1980 ARSt 1981 Nr. 1193) oder der Ehemann, der eine Einzelfirma »Baggerbetrieb« führt, will einen Fahrer für den Betrieb der Ehefrau »Baustoffhandel und Fuhrbetrieb« einstellen, nur der Ehemann erteilt Anweisungen, der Arbeitnehmer ist in beiden Bereichen tätig, die Lohnabrechnung weist einen Firmenstempel ohne Vornamen und ohne genaue Firmenbezeichnung auf. Gesellschafter einer GmbH i. Gr., die die Arbeitskraft eines Arbeitnehmers einer im Handelsregister gelöschten GmbH in Anspruch nehmen und Weisungen erteilen ohne Hinweis auf die noch nicht existente Gesellschaft, haben eine fingierte Arbeitgeberstellung – **Arbeitgeberstellung kraft Fiktion** – nach § 164 Abs. 2 BGB, wenn nicht davon auszugehen ist, dass eine BGB-Gesellschaft bestehend aus den künftigen GmbH-Gesellschaftern als Arbeitgeberin anzusehen ist (*LAG Hamm* 23.9.1982 ARSt 1984 Nr. 1042). Nach *ArbG Passau* können mehrere potentielle Arbeitgeber, die sich die Arbeitgeberstellung gegenseitig zuschieben, sämtlich verklagt werden und für Zahlungsansprüche als Gesamtschuldner in Anspruch genommen werden (22.6.1983 ARSt 1984, Nr. 1137).

95 Ist eine **Erbengemeinschaft** Arbeitgeberin, so sind alle Erben zu verklagen (*v. Hoyningen-Huene/Linck* Rz 41 mit weiterführender Begründung; *Löwisch/Spinner* § 4 Rz 37; *BBDW-Wenzel* § 4 Rz 46; SPV-*Vossen* Rz 1788; *LAG Köln* 10.10.1988 NZA 1989, 281 [282]). Führt ein **Testamentsvollstrecker** ein zum Nachlass gehörendes Handelsgeschäft als uneigennütziger Treuhänder fort, dh noch dazu im eigenen Namen und dann unter eigener persönlicher Haftung (»Treuhand-Lösung«), ist er Arbeitgeber. Anders ist es, wenn er auf Grund einer besonderen Bevollmächtigung des Erben das Geschäft in dessen Namen und unter dessen persönlicher Haftung (»Vollmacht-Lösung«) fortführt. Dann ist der Erbe Arbeitgeber (vgl. *BSG* 17.12.1987 – 12 RK 35/84).

Ob die Erbengemeinschaft Arbeitgeberin geworden ist, kann zweifelhaft sein. Nach *LAG Hamm* (7.10.2002 NZA-RR 2004, 125) sind gemeinsame Arbeitgeber einer Haushaltshilfe beide Eheleute, weshalb beim Tod eines Ehegatten das Arbeitsverhältnis mit dem überlebenden Ehegatten weiter besteht, nicht aber mit der Erbengemeinschaft.

96 Bei einem Betriebsübergang, § 613a BGB, sind (auch in der Insolvenz) folgende Situationen zu unterscheiden:

1. Kündigung durch den Veräußerer vor Betriebsübergang, Klage des Arbeitnehmers vor Betriebsübergang
2. Kündigung durch den Veräußerer vor Betriebsübergang, Klage des Arbeitnehmers nach Betriebsübergang

Anrufung des Arbeitsgerichts § 4 KSchG

3. Kündigung durch den Veräußerer nach Betriebsübergang
4. Kündigung durch den Erwerber nach Betriebsübergang.

Ist einem Arbeitnehmer **vor einem Betriebsübergang** iSd § 613a BGB gekündigt worden, so ist der bis- **96a** herige Arbeitgeber, der gekündigt hat, zu verklagen oder der Prozess gegen ihn fortzusetzen, er ist weiter passiv legitimiert oder prozessführungsbefugt (*BAG* in st.Rspr. zB 14.2.1978 EzA § 102 BetrVG 1972 Nr. 33; 24.5.2005 EzA § 613a BGB 2002 Nr. 32; *v. Hoyningen-Huene/Linck* Rz 38 mwN; SPV-*Vossen* Rz 1792; BBDW-*Wenzel* § 4 Rz 43; *Wollenschläger/Pollert* ZfA 1996, 547, 565; *Müller-Glöge* NZA 1999, 449, 456), und zwar unabhängig davon, ob die Klage vor oder nach Betriebsübergang erhoben wird. Der Arbeitgeber, der das Arbeitsverhältnis vor einem Betriebsübergang kündigt, ist für die gerichtliche Klärung der Kündigung auch bei Zustellung der Klage nach dem Betriebsübergang passivlegitimiert (*BAG* 18.3.1999 EzA § 613a BGB Nr. 179; 24.5.2005 EzA § 613a BGB 2002 Nr. 32; **aA** *LAG Hamm* 12.12.1996 LAGE § 613a BGB Nr. 60; 26.11.1998 ZInsO 1999, 302; 7.1.1999 ZInsO 1999, 363: Der neue Betriebsinhaber muss verklagt werden, wenn der Arbeitnehmer dem Betriebsübergang nicht widersprochen hat; der Rechtsstreit gegen den früheren Arbeitgeber kann nicht fortgesetzt werden, das ursprünglich gem. §§ 4, 7 KSchG gegebene Rechtsschutzinteresse sei entfallen; das Verfahren sei auf den Erwerber umzustellen; geschehe das nicht, sei die Klage als unzulässig abzuweisen, ähnlich *ArbG Bochum* 11.4.2000 ZInsO 2000, 572: Betriebsübergang nach Ausspruch der Kündigung während der Kündigungsfrist bei geltend gemachter Sozialwidrigkeit, weil der Eintritt der Fiktionswirkung des § 7 KSchG im Verhältnis zum Betriebserwerber unerheblich sei und die Kündigung des Veräußerers wegen Auftragsverlusts sozial gerechtfertigt sei). Für eine Klage gegen eine Änderungskündigung, Antrag nach § 4 S. 2 KSchG gilt nichts anderes (*LAG Düsseld.* 23.6.2005 – 11 Sa 483/05 – DB 2005, 2696).

Der Betriebsübergang während des Laufs der Kündigungsfrist führt zum Übergang des gekündigten Arbeitsverhältnisses auf den Erwerber und – ist die Kündigung unwirksam – zum ungekündigten Fortbestand des Arbeitsverhältnisses beim Erwerber (vgl. *LAG Bln.* 1.3.1983 AuR 1984, 119). Entsprechendes gilt im Falle der unwirksamen, vor Betriebsübergang ausgesprochenen fristlosen Kündigung: Das Arbeitsverhältnis geht als ungekündigtes auf den Erwerber über. Das gilt auch, wenn die ordentliche Kündigung unwirksam ist und nach Ablauf der Kündigungsfrist ein Betriebsübergang stattgefunden hat: Ungekündigter Fortbestand des Arbeitsverhältnisses beim Erwerber.

Ist der Übergang des Arbeitsverhältnisses auf den neuen Betriebsinhaber streitig, bedarf es einer **gesonderten Feststellungsklage** (iSd § 256 ZPO) **gegen den Übernehmer** (*BAG* 14.2.1978 § 102 BetrVG 1972 Nr. 33 für den Fall der Verpachtung; *LAG Brem.* 15.12.1995 LAGE § 613a BGB Nr. 46: Auch bzgl. des Pachtnachfolgers [Drittbetreibers], mit zutr. Anm. *Wahsner/Nötzel* AiB 1996, 625 f.; *Schwerdtner* Jura 1987, 264 für den Fall der Veräußerung; *LAG Frankf.* 17.12.1987 LAGE § 613a BGB Nr. 12 [auch zur Wirkung der Streitverkündung gegenüber dem jetzigen Betriebsinhaber im Kündigungs- oder Zahlungsprozess gegen den früheren Arbeitgeber im Verfahren auf Feststellung des Bestehens eines Arbeitsverhältnisses mit dem neuen Betriebsinhaber]; *Oberhofer* AuR 1989, 298 f.; **aA** *LAG BW* 20.3.1973 DB 1973, 1080, das eine Erstreckung der Kündigungsschutzklage auf den neuen Inhaber für möglich hält; *LAG Brem.* 14.6.1990 LAGE § 613a BGB Nr. 20 für den Feststellungsantrag, dass das Arbeitsverhältnis gem. § 613a BGB übergegangen ist, wenn der Arbeitnehmer sich gegen die (vorsorgliche) Kündigung durch den Erwerber mit einer Kündigungsschutzklage verbunden mit einer Feststellungsklage nach § 256 ZPO wehrt; vgl. auch *BAG* 15.12.1976 EzA § 613a BGB Nr. 10; 5.2.1991 EzA § 613a BGB Nr. 93 [zu B IV 2c aa der Gründe]; 4.3.1993 EzA § 613a BGB Nr. 107 [zu A 1b aa der Gründe]; *LAG Bln.* 28.10.1991 LAGE § 613a BGB Nr. 25: Das Urt. wirkt für und gegen den Rechtsnachfolger, **§ 265 Abs. 2 ZPO iVm § 325 Abs. 1 ZPO**; *BAG* 5.2.1991 EzA § 613a BGB Nr. 93; 4.3.1993 EzA § 613a BGB Nr. 107; *LAG Düsseld.* 23.6.2005 – 11 Sa 483/05 – DB 2005, 2696 [betr. Prozessvergleich über Beendigung des Arbeitsverhältnisses für einen nach dem Betriebsübergang liegenden Zeitpunkt] (allerdings nicht, wenn der behauptete Betriebsübergang bereits vor Eintritt der Rechtshängigkeit der Kündigungsschutzklage erfolgt war, *BAG* 18.3.1999 EzA § 613a BGB Nr. 179 [IV]); *LAG Düsseld.* 10.1.1997 LAGE § 613a BGB Nr. 57; *Hamann* Anm. zu *LAG Köln* 9.3.2006 – 14 Sa 146/06 – jurisPR-ArbR 27/06 Nr. 3; *Hillebrecht* NZA 1989 Beil. 4, S. 19; *Schaub* EWiR § 613a BGB 1992, 765 f.; vgl. auch *BAG* 21.3.1991 EzA § 615 BGB Nr. 68). Wird unter Abweisung der Klage im Übrigen festgestellt, dass das Arbeitsverhältnis durch die Kündigung des Insolvenzverwalters vom 28.11. zwar nicht am 28.2., sondern am 31.5. des Folgejahres geendet hat, so wirkt das Urteil auch gegenüber einem angeblichen Betriebsübernehmer bei einem behaupteten Betriebsübergang am 22.1.; die Klage nach § 256 ZPO gegen den angeblichen Betriebserwerber, dass das zwischen der Insolvenzschuldnerin bestehende Arbeitsverhältnis ab dem 22.1. auf den angeblichen Betriebsübernehmer übergegangen sei, ist für die Zeit ab 1.6. unbegründet; die Rechtskraft des Kündi-

§ 4 KSchG   Anrufung des Arbeitsgerichts

gungsschutzurteils steht entgegen (*Hess. LAG* 3.2.2004 – 1 Sa 1315/03 – mit Anm. *Berscheid* PraxisReportextra 2005, 40 ff.). Überträgt der kündigende Arbeitgeber seinen Betrieb vor Beendigung des Kündigungsschutzprozesses auf einen anderen, so hat dies bei rechtlichem Fortbestand des kündigenden Arbeitgebers keinen Einfluss auf den Kündigungsschutzprozess (*BAG* 14.2.1978 EzA § 102 BetrVG Nr. 33; *LAG Frankf.* 23.1.1987 LAGE § 1 KSchG Betriebsbedingte Kündigung Nr. 12).

96b Ein Arbeitnehmer, der die Arbeitgeberkündigung im Zusammenhang mit einem Betriebsinhaberwechsel für unwirksam hält, sollte Kündigungsschutzklage nach § 4 KSchG gegen den Veräußerer erheben. Allerdings steht bei gewonnenem Prozess nicht fest, dass der Erwerber in die Rechte und Pflichten aus dem gekündigten Arbeitsverhältnis eingetreten ist. Hilft ein klarstellender Tenor nicht, etwa dahin, dass das von dem Veräußerer auf den Erwerber übergegangene Arbeitsverhältnis des Klägers durch die vom beklagten Veräußerer am ... erklärte Kündigung nicht zum ... aufgelöst ist – §§ 265, 325 ZPO finden im Verhältnis zum Erwerber keine Anwendung, weil der Betriebsübergang bereits vor Eintritt der Rechtshängigkeit vollzogen wurde –, bleibt nur eine Feststellungsklage gem. § 256 ZPO gegen den Erwerber auf Fortbestand des Arbeitsverhältnisses mit ihm. Nach *ArbG Stade* 14.12.1987 DB 1988, 918 = AuR 1989, 148; *LAG Hamm* 9.3.1989 LAGE § 613a BGB Nr. 15; 17.5.1993 LAGE § 256 ZPO Nr. 7; 12.12.1996 LAGE § 613a BGB Nr. 60; 22.3.2001 NZA-RR 2002, 82; *ArbG Bochum* 11.4.2000 ZInsO 2000, 572, fehlt sogar das Rechtsschutzinteresse für die Feststellungsklage gegen den alten Arbeitgeber als Betriebsveräußerer, auch wenn dieser die Kündigung ausgesprochen hat, es sei denn, der Arbeitnehmer habe dem Übergang seines Arbeitsverhältnisses ausdrücklich widersprochen, die Klage gegen den Altarbeitgeber müsse in der Hauptsache für erledigt erklärt werden, solle die Abweisung als unzulässig vermieden werden (*LAG Hamm* 17.5.1993 LAGE § 256 ZPO Nr. 7), abl. *Schaub* EWiR § 613a BGB 1/1994, 33; *Tupai* Betriebsübergang [§ 613a BGB], S. 113 f.; *LAG Frankf.* 2.2.1989 LAGE § 613a BGB Nr. 16; *LAG Bln.* 28.10.1991 LAGE § 613a BGB Nr. 25). Ist gleichwohl rechtskräftig zwischen dem Arbeitnehmer und dem Altarbeitgeber entschieden, dass die Kündigung des Altarbeitgebers nach § 613a Abs. 4 S. 1 BGB unwirksam war, ist noch nicht rechtskräftig geklärt, dass dieses Arbeitsverhältnis tatsächlich übergegangen ist, weil es sich insoweit nur um eine Vorfrage handelt, auf die sich die Rechtskraft nicht erstreckt (*Hillebrecht* NZA 1989 Beil. 4 S. 10, 19; *BAG* 4.3.1993 EzA § 613a BGB Nr. 107 [zu A 1b bb der Gründe]).

Da eine evtl. subjektive Klagehäufung nach hM, der das *BAG* folgt (31.3.1993 EzA § 4 KSchG nF Nr. 46; 11.12.1997 EzA § 613a BGB Nr. 159), unzulässig ist (vgl. Rz 24, 97) und damit auch eine Klage gegen den bisherigen Arbeitgeber und hilfsweise gegen den vermuteten neuen Arbeitgeber auf Feststellung des Bestehens eines Arbeitsverhältnisses (*ArbG Bln.* 26.9.1991 ARSt 1992, 174 Nr. 1166), bleibt, wenn nicht kündigender Arbeitgeber und Erwerber zugleich verklagt werden sollen, nur der Weg der Streitverkündung (vgl. auch *Bakker* Anm. zu *BAG* aaO). Allerdings darf der Klage gegen den Erwerber nicht der Boden dadurch entzogen werden, dass die Klage gegen den seinerzeit gekündigt habenden Arbeitgeber mit den Rechtsfolgen aus § 7 KSchG iVm §§ 262, 269 Abs. 3 S. 1 ZPO zurückgenommen wird, wenn § 613a Abs. 4 BGB schon deshalb nicht in Betracht kam, weil der Betriebsübergang nach dem Kündigungstermin erfolgt war (*LAG Köln* 15.4.1998 – 10(11) Ta 58/98).

96c **Demgegenüber** wird zum Teil weiter differenziert: Nur die Kündigungsschutzklage vor dem Betriebsübergang ist gegen den Veräußerer zu richten. Die Kündigungsschutzklage, **die nach Betriebsübergang erhoben wird,** ist gegen den »materiell sachlegitimierten Erwerber« zu richten und eine Klage gegen den Veräußerer mangels Passivlegitimation als unbegründet abzuweisen (*Löwisch/Neumann* DB 1996, 474 ff.; *Löwisch/Spinner* Rz 39, 40; *Kreitner* FA 1998, 3; APS-*Ascheid* Rz 49). Bei Vollzug des Betriebsübergangs im Zeitraum zwischen Zugang der Kündigung und Eintritt der Rechtshängigkeit der Kündigungsschutzklage ist nach dieser Auffassung bei unklarer Sach- und Rechtslage auf Feststellung des ungekündigt übergegangenen Arbeitsverhältnisses und nur hilfsweise mit dem Kündigungsschutzantrag zu klagen (*Müller-Glöge* NZA 1999, 449, 456). Zur Vorsicht sollten sowohl der Kündigende als auch der Erwerber verklagt werden, und zwar unbedingt. Bei **Kündigungen des Betriebsveräußerers nach Betriebsübergang** ist dieser **nicht mehr passiv legitimiert**, soweit der Arbeitnehmer nicht darlegt, er habe dem Übergang seines Arbeitsverhältnisses widersprochen, weshalb es noch bei Ablauf der Kündigungs- bzw. Auslauffrist zu dem Betriebsveräußerer bestanden habe (*BAG* 9.10.1997 – 2 AZR 586/96 – [II 2]; *LAG Hamm* 22.3.2001 NZA-RR 2002, 82; vgl. APS-*Ascheid* Rz 49; vgl. auch *LAG Nürnberg* 26.9.1996 LAGE § 613a BGB Nr. 51 [B 1 c]; vgl. auch KR-*Pfeiffer* § 613a BGB Rz 205 ff.). Die Klage gegen den alten Arbeitgeber wahrt aber dann die Dreiwochenfrist, wenn dem Arbeitnehmer der Betriebsübergang unbekannt war oder er ihn bestreitet (APS-*Ascheid* § 4 Rz 49). Richtig ist allerdings, dass der Auflösungsantrag des Arbeitnehmers nach § 9 Abs. 1 S. 1 KSchG als selbständiger Antrag und als ein selbständiges prozessuales Institut des Kündigungsschutzrechts wegen eines Betriebsüberganges in der Kündigungsfrist nach dem Betriebsübergang nicht mehr mit Erfolg gegen den Veräußerer, sondern nur gegen den Erwerber gerichtet werden kann (*BAG* 20.3.1997 EzA § 613a BGB Nr. 148; *Löwisch/ Spinner* § 4 Rz 39), und zwar mit einem neuen Prozess oder dadurch, dass der Erwerber dem Kündigungsschutzprozess als Partei beitritt. Allerdings ist nach *BAG* (24.5.2005 EzA § 613a BGB 2002 Nr. 32) der Arbeitgeber, der vor dem Betriebsübergang eine Kündigung ausgesprochen hat, trotz des Verlustes der Arbeitgeberstellung durch den Betriebsübergang befugt, einen Auflösungsantrag jedenfalls in dem Fall zu stellen, in dem der Auflösungszeitpunkt zeitlich vor dem Betriebsübergang liegt.

Kündigt der Veräußerer nach Betriebsübergang, so ist der Veräußerer nur dann passiv legitimiert für die Kündigungsschutzklage, wenn der Arbeitnehmer vorträgt, er habe dem Übergang seines Arbeitsverhältnisses widersprochen, weshalb noch vor Ablauf der Kündigungsfrist ein Arbeitsverhältnis mit dem Veräußerer bestanden habe (*BAG* 9.10.1997 – 2 AZR 586/96 – nv; Hako-*Gallner* 2. Aufl. Rz 107). Ist das nicht der Fall – die Kündigungserklärung ging erst nach dem Betriebsübergang zu und hatte der Arbeitnehmer dem Betriebsübergang nicht widersprochen –, geht die Kündigung ins Leere. Es handelt sich um die Kündigung eines Nichtberechtigten. Ein Arbeitsverhältnis zwischen Veräußerer und dem Arbeitnehmer bestand nicht mehr. Für eine Klage auf Feststellung der Unwirksamkeit der Kündigung eines Nichtberechtigten fehlt das Rechtsschutzinteresse (*LAG Hamm* 22.3.2001 NZA-RR 2002, 82). Nach der Rechtsprechung des *BAG* (18.4.2002 EzA § 613a Nr. 207, 20.3.2003 EzA § 613a BGB 2002 Nr. 7; 27.10.2005 EzA § 613a BGB 2002 Nr. 42 [II1d]) führt die Klage gegen einen Betriebsveräußerer nur mit der Behauptung, der Betrieb sei bereits vor der Kündigung auf einen Erwerber übergegangen zur Unschlüssigkeit des Sachvortrags und damit zur Unbegründetheit der Klage. Ein Erfolg im Kündigungsschutzprozess setzt nach der punktuellen Streitgegenstandstheorie (dazu Rz 225 ff.) voraus, dass zum Zeitpunkt des Zugangs der Kündigung noch ein Arbeitsverhältnis besteht. Das gilt auch im Falle eines Betriebsübergangs. Allerdings kann ein Arbeitnehmer, wenn er die Klage nicht nur auf die infolge des Betriebsübergangs weggefallene Kündigungsbefugnis des Betriebsveräußerers stützt, sich auch das zu seinem Sachvortrag in Widerspruch stehende Vorbringen des Beklagten – ein Betriebsübergang habe gar nicht stattgefunden – wenigstens hilfsweise zu eigen machen und seine Klage auch darauf stützen unter Geltendmachung von Gründen, wonach die Kündigung unwirksam sein soll. Dann ist der Hauptsachevortrag zwar unschlüssig, nach dem Hilfsvorbringen indes schlüssig. **96d**

Nur wenn im Zeitpunkt des Zugangs der Kündigungserklärung das Arbeitsverhältnis nicht mehr bestanden hat, ist die Kündigungsschutzklage im Ergebnis unbegründet (*BAG* 15.12.2005 EzA § 613a BGB 2002 Nr. 45 [I 1 b aa]).

Bei einer Kündigung durch den Erwerber gelten die allgemeinen Regeln: Die Kündigungsschutzklage ist gegen den Erwerber zu richten. **96e**

Ist dem Arbeitnehmer unklar, ob ein Betriebsübergang stattgefunden hat, ist zu empfehlen, sowohl gegen den bisherigen Arbeitgeber als auch gegen den eventuellen Betriebserwerber vorzugehen, und zwar im Wege der subjektiven Klagenhäufung mit dem Kündigungsschutzantrag gem. § 4 S. 1 KSchG gegen den bisherigen Arbeitgeber, wenn dieser die Kündigung ausgesprochen hat, und mit dem Feststellungsantrag nach § 256 ZPO gegen den möglichen Betriebserwerber (*Ascheid* ArbRBGB, 2. Aufl., § 613a Rz 152; *Kreitner* FA 1998, 3; *Hamann* Anm. zu LAG Köln 9.3.2006 – 14 Sa 146/06 – jurisPR-ArbR 27/2006 Nr. 3). Dabei sollte der Betriebserwerber nicht nur bedingt verklagt werden; eine eventuelle subjektive Klagenhäufung ist unzulässig (zutr. *Kreitner* aaO, S. 3 unter Hinweis auf *BAG* 31.3.1993 EzA § 4 KSchG nF Nr. 46; HaKo-*Gallner* 2. Aufl. Rz 105; vgl. auch Rz 24, 96b). Hat nicht der bisherige Arbeitgeber die Kündigung ausgesprochen, so kann sich ein allgemeiner Feststellungsantrag gegen den bisherigen und eine Kündigungsschutzklage gegen den möglichen neuen Arbeitgeber anbieten. **97**

Vor **Bestellung eines Insolvenzverwalters** ist der Insolvenzschuldner zur Kündigung berechtigt und dieser zu verklagen. Das gilt auch nach Bestellung eines »**schwachen**« vorläufigen Insolvenzverwalters. Wird nach Ausspruch/Zugang der Kündigung das Insolvenzverfahren eröffnet, ist der Insolvenzverwalter zu verklagen, er ist Partei, eine Klage gegen die Gemeinschuldnerin macht den Insolvenzverwalter nicht zur Partei und wahrt deshalb auch nicht die Klagefrist (*LAG Köln* 17.8.2005 – 3(8) Sa 486/05 – EzA-SD 6/2006 S. 16; vgl. auch nachstehend). **97a**

Im Fall der Bestellung eines »**starken**« vorläufigen Insolvenzverwalters ist nur er berechtigt, Kündigungen auszusprechen und die Klage ist gegen ihn zu richten (*Moll* Brennpunkte, 2005, S. 402; vgl. iE *Zwanziger* Das Arbeitsrecht in der Insolvenz, 3.Aufl., § 185 InsO Rz 63 ff.).

Wird das Insolvenzverfahren eröffnet und kündigt der **Insolvenzverwalter**, so ist der Insolvenzverwalter in seiner Eigenschaft als Partei Kraft Amtes zu verklagen (*BAG* 17.1.2002 EzA § 4 KSchG nF Nr. 62; 27.3.2003 EzA § 113 InsO Nr. 13). Eine Klage gegen die Insolvenzschuldnerin macht den Insolvenzverwalter nicht zur Partei (*BGH* 5.10.1994 BGHZ 127, 156). Sie wahrt deshalb auch nicht die Klagefrist nach § 4 S. 1 KSchG (*BAG* 27.3.2003 EzA § 113 InsO Nr. 13). Nach anderen kann fristwahrend die Schuldnerin verklagt werden, weil der Insolvenzverwalter lediglich gesetzlicher Fremdliquidator sei (*LAG Hamm* 2.11.2000 – 4 Sa 1179/00 – juris; *ArbG Bln.* 6.8.2003 EzA-SD 2003 Nr. 22 S. 16).

Hatte (noch) die spätere Insolvenzschuldnerin gekündigt, ist ab der Insolvenzeröffnung der Insolvenzverwalter alleiniger richtiger Adressat der Kündigungsschutzklage (*Hess. LAG* 17.5.2002 – 15 Ta 77/02; jedenfalls kann nach Unterbrechung des Verfahrens durch Insolvenzeröffnung der Arbeitnehmer den Prozess gegen den Insolvenzverwalter aufnehmen [*LAG Köln* 30.1.2006 – 14(13) Sa 1359/05]; zu den verschiedenen Theorien Übersicht bei *Thomas/Putzo-Hüßtege* § 51 Rz 25 ff.; zu den Sorgfaltspflichten des Rechtsanwalts im Zusammenhang mit Insolvenzverfahren *Sasse* ArbRB 2003, 63f.; zur »Justizchirurgie« in diesen Fällen vgl. *Moll* aaO S. 413 und Rz 154 ff.).

3. Unzulässigkeit der Nebenintervention eines dritten Arbeitnehmers

98 Fraglich ist, ob ein im Kündigungsschutzprozess im Zusammenhang mit der sozialen Auswahl des § 1 Abs. 3 KSchG vom Arbeitnehmer als weniger schutzwürdig bezeichneter **anderer Arbeitnehmer** im Kündigungsschutzprozess die Stellung eines **Nebenintervenienten** (Streitgehilfen oder einer Nebenpartei) iSd § 66 ZPO erlangt. Das setzt voraus, dass das im Kündigungsschutzprozess ergehende Urt. die **Rechtsstellung** des dritten Arbeitnehmers betrifft. Das ist nicht der Fall. Es ist während des Kündigungsschutzprozesses nicht absehbar, ob dem als Austauschperson genannten dritten Arbeitnehmer gekündigt werden wird. Seine Position in einem nach einer etwaigen Kündigung angestrengten Prozess kann schon wegen der dazwischen liegenden Zeitspanne eine ganz andere sein als die des Arbeitnehmers, der ihn als weniger schutzwürdig in seinem Rechtsstreit benannt hat (*LAG Hamm* 17.6.1952 BB 1952, 665).

VI. Die Ausschlussfrist von drei Wochen für die Klageerhebung

1. Die Dreiwochenfrist und ihre Berechnung

a) Der Grundsatz

99 Die Kündigungsschutzklage muss innerhalb einer Frist von drei Wochen erhoben werden. Die Frist **beginnt** mit dem Zugang der schriftlichen Kündigung.

b) Der Zugang der Kündigungserklärung

aa) Der Zugang der schriftlichen Kündigung gegenüber einem Anwesenden

100 Die Unterscheidung zwischen der Kündigungserklärung unter Anwesenden und der Kündigungserklärung unter Abwesenden hat ihre Bedeutung im Wesentlichen dadurch verloren, dass der Gesetzgeber mit § 623 BGB ab 1.5.2000 für die Kündigung von Arbeitsverhältnissen die Schriftform eingeführt hat. § 623 BGB lautet in der letzten Fassung (v. 13.7.2001 BGBl. I S. 1542): Die Beendigung von Arbeitsverhältnissen durch Kündigung oder Auflösungsvertrag bedarf zu ihrer Wirksamkeit der Schriftform (der stehen gebliebene Plural »bedürfen« ist ein Redaktionsversehen im Zuge der Herausnahme des Schriftformerfordernisses für die Befristung aus dem BGB in das TzBfG und wurde bislang nicht beseitigt, was immer wieder kritisiert wird, vgl. zB *Hunold* Schnellbrief für Personalwirtschaft und Arbeitsrecht Nr. 6/2004, S. 2); die elektronische Form ist ausgeschlossen. Die unter Anwesenden mündlich erklärte Kündigung ist wegen der neuen Formvorschrift des § 623 BGB unwirksam, nach dem Gesetz zu Reformen am Arbeitsmarkt vom 24.12.2003 der nahezu einzige Fall der nicht unter die Klagefrist des § 4 S. 1 KSchG, § 4 S. 2, § 13 Abs.1 bis 3 KSchG fällt, nachdem das genannte Gesetz hinsichtlich des Beginns der Klagefrist auf den Zugang der **schriftlichen** Kündigung abstellt. Die Klagefrist wird also durch eine mündlich ausgesprochene Kündigung nicht in Gang gesetzt. Die Erklärung unter Anwesenden beschränkt sich auf den Fall der Übergabe eines Kündigungsschreibens.

101 Wird die schriftliche **Kündigungserklärung übergeben,** so ist das eine **Erklärung unter Anwesenden**. Die Wirksamkeit einer schriftlichen, unter Anwesenden übergebenen Erklärung richtet sich nach dem Zugang iSd § 130 Abs. 1 BGB (*BAG* 16.2.1983 EzA § 123 BGB Nr. 21; *Palandt/Heinrichs* § 130 Rz 13; *Schlüter* Anm. *LAG Hamm* 5.1.1979 EzA § 130 BGB Nr. 9). »Eine Kündigungserklärung muss nicht nur in der

vorgesehen Form ‚erstellt', sondern auch ‚zugegangen' sein« (*LAG Hamm* 4.12.2003 – 4 Sa 900/03 – LAGReport 2004, 37, 38 [zu 1.1] = BB 2004, 1341). Für den Zugang einer schriftlichen Kündigungserklärung unter Anwesenden ist nicht darauf abzustellen, ob der Empfänger die Verfügungsgewalt über das Schriftstück dauerhaft erlangt hat. Für den Zugang einer verkörperten Erklärung unter Anwesenden genügt die Aushändigung und Übergabe des Schriftstücks, so dass der Empfänger in der Lage ist, vom Inhalt der Erklärung Kenntnis zu nehmen. Für den Zugang eines Schriftstücks unter Anwesenden ist es ausreichend, wenn dem Adressaten das Schriftstück zum Durchlesen überlassen wird, es sei denn, dem Empfänger ist die für ein Verständnis nötige Zeit nicht verblieben. Ob die Erklärung tatsächlich gelesen wurde, ist unerheblich (*BAG* 4.11.2005 EzA § 130 BGB 2002 Nr. 4 [Revisionsurt. zur vorgen. Entsch.] m. zust. Anm. *Stefan Müller*). Wird dem Arbeitnehmer versehentlich das Original des Kündigungsschreibens zur Empfangsbestätigung vorgelegt und ihm nach Leistung der Unterschrift eine Fotokopie des Kündigungsschreibens zum Verbleib ausgehändigt, reicht das aus: Die Erklärung war in den Bereich des Empfängers gelangt und es war die Möglichkeit gegeben, von der Kündigung Kenntnis zu nehmen. Die Kündigungserklärung ist zugegangen (vgl. den Sachverhalt *LAG Hamm* 4.12.2003 aaO).

Überreicht der Arbeitgeber die eigenhändig unterschriebene Kündigungserklärung dem Arbeitnehmer, der sie durchliest und gegenzeichnet und anschließend dem Arbeitgeber zurückgibt, so ist die Kündigungserklärung zugegangen, mag die Rückgabe auch auf Wunsch des Arbeitgebers erfolgt sein: Der Arbeitnehmer hatte das Schreiben in seiner Verfügungsgewalt, es lag bei ihm, darüber zu entscheiden, ob er es zurückgibt oder nicht (*LAG RhPf* 31.3.2005 – 7 Ta 36/05 – juris).

Wird einem ausländischen Arbeitnehmer, der nicht lesen kann, ein in deutscher Sprache gehaltenes ausführliches Kündigungsschreiben übergeben, so ist der Zugang dieser Kündigungserklärung entgegen *LAG Hamm* (5.1.1979 EzA § 130 BGB Nr. 9; 24.3.1988 LAGE § 5 KSchG Nr. 32) nicht erst nach Ablauf einer angemessenen Zeitspanne vollzogen, die nach Treu und Glauben zur Erlangung einer Übersetzung erforderlich ist (zust. *Bleistein/Matthes* Rz 936, *Becker Schaffner* BB 1998, 422; *Däubler* AiB 2000, 86), sondern mit der Übergabe (zutr. *Schlüter* aaO). § 130 Abs. 1 BGB lässt eine derartige individualisierende Betrachtungsweise – das *LAG Hamm* 5.1.1979 (EzA § 130 BGB Nr. 9) will ein Kündigungsschreiben mit einem Satz als zugegangen ansehen, den ein halbwegs des Deutschen mächtiger Landsmann dem Arbeitnehmer erklären kann! (*Becker-Schaffner* aaO uU sogar eins mit zwei Sätzen) –, die auf die besonderen Behinderungen des Empfängers abstellt, von einer Erklärung tatsächlich Kenntnis zu nehmen, nicht zu. Sie würde zur Wiederbelebung der überwundenen Vernehmungstheorie und zu Unsicherheiten bei der Beurteilung des Zugangs führen (zutr. daher *LAG Bln.* 9.7.1987 – 6 Sa 40/87 [Übergabe des Kündigungsschreibens mit der Erklärung, es handele sich um eine fristlose Kündigung, als Zugang unter Anwesenden, ohne dass es darauf ankommt, wann der ausländische Arbeitnehmer sich eine Übersetzung des Textes selbst hätte verschaffen können]; vgl. auch Rz 102, 111). Dem Schutz sprachunkundiger Ausländer ist durch nachträgliche Zulassung der Kündigungsschutzklage nach § 5 Abs. 1 KSchG Rechnung zu tragen (*Schlüter* aaO; *Söllner* Anm. *LAG Hamm* AR-Blattei D Kündigung II Entsch. 19; vgl. dazu KR-*Friedrich* § 5 KSchG Rz 58; vgl. im Übrigen *Dehler* Die Zurechnung des Sprachrisikos bei Willenserklärungen, Diss. iur. Erlangen/Nürnberg 2002, Schriftenreihe Studien zur Rechtswissenschaft Band 103, S. 209 ff.; *Nord* Zugang und Fristwahrung 2004, Kooperation & Wettbewerb, Band 3, S. 188 ff.).

Lässt der Erklärungsempfänger die Kündigung, die ihm übergeben wurde, auf dem Tisch liegen, ohne sie gelesen zu haben, und verlässt er den Raum, so ist die Kündigung zugegangen. Sie war in seinen Machtbereich gelangt, und er konnte von ihr Kenntnis nehmen. Das reicht aus (vgl. *RG* 27.10.1905 RGZ 61, 414, 415; BBDW-*Wenzel* § 4 Rz 108c). Es kommt nicht darauf an, ob der Empfänger das ihm übergebene Schreiben tatsächlich liest (*BAG* 16.2.1983 EzA § 123 BGB Nr. 21). Der Adressat der Kündigungserklärung kann ihren Zugang nicht dadurch hinauszögern, dass er den Brief nicht öffnet (BBDW-*Wenzel* § 4 Rz 108c; *LAG Sachsen* 11.2.2003 – 7 Sa 292/02). Ebenso ist eine Kündigung zugegangen, wenn der Polier dem Arbeitnehmer sagt, dass ein Kündigungsschreiben für ihn in der Baubude bereit liege (*ArbG Kaiserslautern* 6.7.1977 ARSt 1978 Nr. 1018). Die Kündigung ist zugegangen, wenn der Arbeitgeber das Kündigungsschreiben mit den Worten, »Sie wissen, dass wir Ihnen kündigen«, überreichen will und der Arbeitnehmer die Annahme verweigert (vgl. *LAG Frankf.* 11.8.1988 RzK I 2c Nr. 8).

Dagegen ist eine Kündigung nicht in dem Zeitpunkt zugegangen, in dem sie in einem Umschlag zusammen mit dem üblichen Vorschuss (also Aushändigung mit der Lohntüte) übergeben wurde oder dem Arbeitnehmer im vorbeigehen wortlos in die Tasche der Arbeitshose hineingeschoben wurde. Wählt der Arbeitgeber einen Weg für die Übermittlung der Kündigungserklärung, der nicht der üblichen Form der Übermittlung von Willenserklärungen im Arbeitsverhältnis entspricht und bei dem die sofortige Kenntnisnahme durch den Arbeitnehmer gerade ausgeschlossen werden soll, um einen befürchteten unliebsamen Auftritt bei der Übergabe der Kündigung zu vermeiden, so ist der Zugang erst mit tatsächlicher Kenntnisnahme von der Kündigung durch den Arbeitnehmer eingetreten. Für die tatsächliche Kenntnisnahme des Arbeitnehmers von der Kündigung ist der Arbeitgeber beweispflichtig (*LAG Frankf.* 13.8.1982 ARSt 1983, Nr. 90). Diesen Beweis wird der Arbeitgeber kaum mit Erfolg führen können. Dagegen ist die Kündigung nicht zugegangen, wenn der Adressat des Kündigungsschreibens eigenmächtig Einblick in das Kündigungsschreiben nimmt, das ihm bis dahin noch nicht übergeben war (*LAG Hamm* 19.4.1985 BB 1985, 1915 = AuR 1986, 182 = ARSt 1987 Nr. 1070).

bb) Der Zugang der Kündigung gegenüber einem Abwesenden

102 Das Wirksamwerden der **Willenserklärung gegenüber Abwesenden** regelt § 130 Abs. 1 BGB. Danach wird eine Willenserklärung, die einem Abwesenden gegenüber abgegeben wird, in dem Zeitpunkt wirksam, in dem sie ihm zugeht. Die Kündigungserklärung ist zugegangen, wenn sie so in den **Machtbereich des Empfängers** gelangt ist, dass bei Annahme gewöhnlicher Verhältnisse damit zu rechnen ist, dass der Empfänger von ihr Kenntnis nehmen konnte (*BAG* seit 11.6.1959 AP Nr. 1 zu § 130 BGB; und wieder seit 9.8.1984 EzA § 1 KSchG Verhaltensbedingte Kündigung Nr. 11; 16.3.1988 EzA § 130 BGB Nr. 16; 2.3.1989 EzA § 130 BGB Nr. 22; 25.4.1996 EzA § 130 BGB Nr. 27; die vom 7. Senat 16.12.1980 EzA § 130 BGB Nr. 10 in Anlehnung an *Corts* DB 1979, 2081; *ders.* JA 1981, 570; *ders.* BlStSozArbR 1982, 3 vertretene abweichende Auffassung hat sich nicht durchgesetzt und wurde und wird überwiegend abgelehnt; zB *Wenzel* BB 1981, 1103; *Olshausen* JZ 1981, 633; vgl. zB SPV-*Preis* Rz 211 mit Fn 4; *v. Hoyningen-Huene/Linck* Rz 51; *Schaub/Linck* § 123 II 1b Rz 17; *Knorr/Bichlmeier/Kremhelmer* Kap. 4 Rz 53; vgl. im Übrigen *Palandt/Heinrichs* § 130 Rz 5; BGB-RGRK/*Krüger-Nieland* § 130 Rz 12; MünchKomm-*Einsele* § 130 Rz 9, 16 ff.; *Soergel/Hefermehl* 13. Aufl., § 130 Rz 8 ff.; *Erman/Palm* § 130 Rz 6 ff.; *Larenz/Wolf* AT § 26 III 2 b Rz 14; *Bork* AT 2. Aufl. Rz 622 f.).

Zu beachten ist, dass der Zugang unter Abwesenden nach § 623 BGB zunächst erfordert, dass die Kündigungserklärung der gesetzlichen Schriftform genügt. Gesetzliche Schriftform bedeutet nach § 126 Abs. 1 BGB die eigenhändige Unterzeichnung durch Namensunterschrift **oder** durch notariell beglaubigtes Handzeichen. Die schriftliche Form kann nach § 126 Abs. 3 BGB durch die notarielle Beurkundung ersetzt werden. Das Schriftformerfordernis ist zwingend. Abweichende Regelungen durch Tarifvertrag, Betriebsvereinbarung, Arbeitsvertrag sind wirkungslos. Auf in Tarifverträgen, Betriebsvereinbarungen, Arbeitsverträgen vereinbarte Schriftform kommt es nicht mehr an; der Verstoß gegen die dort vorgesehene Schriftform setzte die Dreiwochenfrist nicht in Gang, vielmehr handelte es sich um einen Fall des § 13 Abs. 3 KSchG, der mit einer Feststellungsklage iSd § 256 ZPO auch nach Ablauf der Dreiwochenfrist geltend gemacht werden konnte (vgl. 6. Aufl. § 13 KSchG Rz 226). Die mit § 623 BGB nunmehr gesetzlich eingeführte Schriftform gilt sowohl für die ordentliche als auch für die außerordentliche Kündigung. Auch die Änderungskündigung wird von der Schriftform erfasst. Sie kann zur Beendigung des Arbeitsverhältnisses führen, wenn die Änderung nicht angenommen wird und die Klage gegen die nicht unter Vorbehalt angenommene Änderungskündigung verloren geht. Daraus folgt, dass auch das mit der Kündigung verbundene Änderungsangebot der Schriftform unterliegt (BBDW-*Wenzel* § 4 Rz 108d mwN).

103 Der **Einwurf in den Briefkasten** an der Wohnung bewirkt Zugehen (*Herschel* Arbeitsrecht, 14. Aufl., S. 119), wenn und sobald mit der Leerung zu rechnen ist (*ArbG Celle* 26.6.1980 ARSt 1980 Nr. 1205; *LAG Frankf.* 27.5.1982 ARSt 1983 Nr. 1154; *LAG Nürnberg* 5.1.2004 EzA-SD Nr. 4/2004 S. 7: Ein durch Boten nach ortsüblicher, jedoch noch zu allgemein üblicher Postzustellzeit in den Hausbriefkasten des Arbeitnehmers eingeworfenes Kündigungsschreiben geht diesem noch am selben Tage zu), also nicht nachts. Der Zugang ist bei Einwurf in den Briefkasten zur Nachtzeit auf den Zeitpunkt der zu erwartenden Kenntnisnahme hinausgeschoben, also auf den nächsten Werktag zu dem Zeitpunkt, zu dem die Briefkastennachschau verkehrsüblich zu erwarten ist (hM: *BAG* 14.11.1984 EzA § 242 BGB Nr. 38 [Einwurf 19.30]; *BGH* 19.1.1955 LM § 130 BGB Nr. 2; *BGH* 10.2.1994 VersR 1994, 586; *Staudinger/Dilcher* § 30 Rz 25, 30, 44). Hält der Arbeitnehmer sich während der Krankheit oder sonstigen Freistellungen (Urlaub) gewöhnlich zu Hause auf oder arbeitet er zwar, lebt jedoch mit Personen zusammen, die tagsüber nicht dauernd oder für längere Zeit die Wohnung verlassen, so geht ihm ein Brief mit einer Kündigungserklärung, der erst erhebliche Zeit nach der allg. Postzustellung in seinen Wohnungsbriefkasten geworfen wird (16.30 Uhr), erst am nächsten Tag zu, weil er den Briefkasten alsbald nach der allg. Postzustellung überprüft oder von seinen Mitbewohnern überprüfen lässt. Nach den allg. Postzustell-

zeiten pflegen Arbeitnehmer nur dann ihren Wohnungsbriefkasten auf eingegangene Post zu überprüfen, wenn sie tagsüber arbeiten und allein stehend sind oder mit ebenfalls berufstätigen oder anderen am Tag üblicherweise abwesenden Personen zusammenleben (*BAG* 8.12.1983 EzA § 130 BGB Nr. 13). Es erscheint immerhin als zweifelhaft, ob eine derartige Differenzierung angebracht ist oder ob nicht besser in allen Fällen, in denen vor oder während üblicher Postzustellzeit – ggf. nach Auskunft der Deutschen Post AG – die Kündigungserklärung in den Briefkasten geworfen wird, vom Zugang der Kündigungserklärung noch an diesem Tage auszugehen ist, weil mit einer Leerung des Briefkastens noch am selben Tage gerechnet werden konnte (*BGH* 21.1.2004 EzA § 130 BGB 2002 Nr. 3, generalisierender *LAG Nürnberg* 5.1.2004 LAGE § 130 BGB 2002 Nr. 1: Nicht entscheidend, wann die Post im Zustellbereich des Empfängers üblicherweise ausgeliefert zu werden pflegt, sondern die berechtigte Erwartung des Erklärenden, wann mit einer Kenntnisnahme des Adressaten vom Erklärungsinhalt gerechnet werden kann, was wegen der gewöhnlichen Postzustellzeiten in den Vormittagsstunden der Fall ist, wenn eine Willenserklärung um 10.30 Uhr in den Hausbriefkasten geworfen wird), während in den Fällen, in denen nach üblicher Postzustellzeit der Brief mit der Kündigung durch den Boten eingeworfen wird, von einem Zugang am folgenden Tag auszugehen ist (vgl. *LAG Bln.* 7.5.1999 RzK I 2c Nr. 27). Andere gehen davon aus, dass der Kündigende sich nur nicht auf den Zeitpunkt eines solchen Zugangs mit Erfolg berufen kann, wenn es um die Wahrung einer Frist geht (*v. Olshausen* JZ 1981, 633; *Flume* AT II § 14, 3b; *John* AcP 184 [1984], 385 [408 ff.] abl. *Medicus* AT, 8. Aufl., Rz 275).

Ob weiterhin auf die üblichen Zustellzeiten der Deutschen Post AG abgestellt werden kann, die im Übrigen zunehmend sehr schwankend sind, ist wegen der sich verbreitenden Zustelldienste anderer Anbieter zu überdenken, die auch am Nachmittag und am frühen Abend noch zustellen – Einwurf bis 18 Uhr bewirkt noch Zustellung am selben Tage – (*Hunold* SPA 12/2004 S. 2; *Palandt/Heinrichs* § 130 Rz 6). Dem entspricht es, wenn nach *LAG Hamm* (26.5.2004 – 14 Sa 182/04 – EzA-SD 17/2004 S. 10) ein durch Boten gegen 12.40 Uhr in den Briefkasten des Arbeitnehmers eingeworfenes Kündigungsschreiben auch dann am selben Tage zugeht, wenn der normale Posteinwurf üblicherweise zwei Stunden früher erfolgt, wobei allerdings darauf abgestellt wird, dass bei einem berufstätigen Arbeitnehmer die übliche Kenntnisnahme der Post normalerweise dann erfolge, wenn er von der Arbeit nach Hause komme.

Eine Kündigung, die am letzten Tag der Sechsmonatsfrist des § 1 Abs.1 KSchG um 16.03 Uhr in den Wohnungsbriefkasten des Arbeitnehmers eingelegt wird, geht nach *LAG Bln.* (11.12.2003 – 16 Sa 1926/03 – AuA 5/2004 S. 44) jedenfalls dann noch an diesem Tage zu, wenn der Arbeitnehmer auf Grund der gegebenen Umstände – gescheiterte vorangegangene Verhandlungen über einen Aufhebungsvertrag – damit rechnen musste, dass der Arbeitgeber ein Kündigungsschreiben per Boten noch am selben Tage überbringen werde. Muss der Arbeitnehmer nach vorausgegangener Kündigungsandrohung mit einer Kündigung noch am selben Tage rechnen, hat er Anlass, noch am Nachmittag dieses Tages seinen Briefkasten zu überprüfen (*LAG Hamm* 26.5.2004 – 14 Sa 182/04).

Hat der Empfänger die Erklärung früher zur Kenntnis genommen als nach dem gewöhnlichen Ablauf zu erwarten war – der Arbeitnehmer entnimmt die um 23 Uhr in den Briefkasten geworfene Kündigungserklärung sogleich und liest sie –, ist der Zugang mit dieser Kenntnisnahme erfolgt, *Medicus* aaO, Rz 276; vgl. aber *LAG Düsseld.* 5.11.1987 LAGE § 130 BGB Nr. 10 für eine auf 1.1. datierte Arbeitnehmerkündigung, die bereits am 30.12. übergeben wurde, mit dem Hinweis darauf, dass die Kündigung erst zu einem bestimmten Zeitpunkt Rechtswirkung habe entfalten sollen.

Ist der vorhandene Briefkasten wegen Beschädigung (Hintertür offen) nur noch als **Restbriefkasten** vorhanden, so ist nach *LAG Frankf.* (31.7.1980 – 12 Sa 356/80) für den Zugang entscheidend, ob das Briefkastenfragment noch erkennbar ausreichend zur Aufnahme von Briefsendungen bestimmt war, etwa durch Namensaufschrift (ähnlich *LG Bln.* 30.9.1994 Grundeigentum 1994, 1383). Befindet sich nach dem Auszug des Arbeitnehmers gleichwohl noch im Hausflur ein Briefkasten mit dem Namen des Arbeitnehmers und hat er noch den Schlüssel dazu, so geht ein mit einfachem Brief versandtes Kündigungsschreiben mit dem Einwurf in den Briefkasten zu. Der Arbeitnehmer hat zu erkennen gegeben, dass seine »alte« Anschrift noch gilt und der Briefkasten noch zu seinem Empfangsbereich gehört. Auf den Zeitpunkt der Briefkastennachschau kommt es nicht an (*ArbG Gelsenkirchen* 31.8.1994 EzA § 130 BGB Nr. 25).

Sind Briefkästen oder ein Briefschlitz in der Wohnungs- oder Haustür nicht vorhanden – Postzustellung durch Einwurf in den Briefschlitz (dazu *LAG Düsseld.* 19.9.2000 LAGE § 130 BGB Nr. 21: Jedenfalls dann, wenn das im Mehrparteienhaus der Üblichkeit entsprach), dann ist der Zugang des Kündigungsschreibens dadurch bewirkt, dass der Brief unter der Haustür (*Enneccerus/Nipperdey* AT, § 158 Fn. 103a

§ 4 KSchG   Anrufung des Arbeitsgerichts

10) oder unter der Wohnungstür »voll« hindurchgeschoben wird (*LAG Hamm* 17.1.1975 ARSt 1977, Nr. 1013; *LAG Düsseld.* 7.12.1995 LAGE § 130 BGB Nr. 20; teilweises unter die Wohnungstürschieben reicht nach *ArbG Hagen* 1.4.1976 BB 1976, 1561 = DB 1976, 1159; *AG Elze* 3.10.1961 ZMR 1968, 13 nicht aus, weil Dritte die Möglichkeit haben, den Brief zu entfernen). Deswegen bewirkt auch der Einwurf des Kündigungsschreibens in den Gemeinschaftsbriefkasten eines von sieben Mietparteien bewohnten Hauses keinen Zugang (vgl. *LG Ruppin* 21.3.1997 NJW 1997, 2337 f.). Dagegen begnügt sich *ArbG Köln* (16.3.1981 BB 1981, 1642) damit, dass der Brief zwischen Tür und Türrahmen der Wohnungstür eingeklemmt wird (ähnlich *LAG Hamm* 25.2.1993 LAGE § 130 BGB Nr. 18, ausführlicher ARSt 1993, 118 Nr. 54 jedenfalls für Einfamilienhaus ohne Hausbriefkasten; *LAG Düsseld.* 12.10.1990 LAGE § 130 BGB Nr. 14: Geduldete Ablage der Post auf die Treppe im Hausflur, allerdings gestützt auf § 242 BGB, Zugangsvereitelung, vgl. Rz 125). Wird in solcher Weise vorgegangen, obwohl ein Briefkasten oder ein Briefeinwurf vorhanden ist, ist der Zugang erst dann gegeben, wenn der Adressat oder eine empfangsberechtigte Person die Kündigungserklärung tatsächlich findet (*Staudinger/Dilcher* § 130 Rz 23).

104 Bei Zusendung der Kündigungserklärung an eine **Postschließfachanschrift** ist der Zugang bewirkt, sobald mit der Abholung üblicherweise zu rechnen ist (vgl. *Hueck/Nipperdey* § 56 II 1 Fn. 1; *Schaub/Linck* § 123 II 1b Rz 18; *BAG* 24.10.1985 EzA § 794 ZPO Nr. 7), dh, der Zugang der Kündigung tritt mit dem Einlegen in das Fach ein, wenn zu dieser Zeit dort verkehrsüblich nachgesehen werden kann (*Staudinger/Dilcher* § 130 Rz 31). Das Einsortieren in ein falsches Schließfach bewirkt keinen Zugang (*OLG Kiel* 26.6.1916 OLGE 35, 310). **Postlagernde Sendungen** sind zugegangen, sobald für den Empfänger die Möglichkeit besteht, sie abzuholen. Das gilt nur, wenn der Arbeitnehmer eine postlagernde Anschrift angegeben hatte (*Staudinger/Dilcher* § 130 Rz 35).

105 Der Zugang einer schriftlichen Kündigung ist auch dann bewirkt, wenn sie in verkehrsüblicher Art in die tatsächliche Verfügungsgewalt des Empfängers oder eines anderen, **der berechtigt ist, für ihn Briefe entgegenzunehmen,** gelangt ist und es dadurch dem Empfänger möglich wird, von dem Schreiben Kenntnis zu nehmen (*BAG* 18.2.1977 EzA § 130 BGB Nr. 8; 16.1.1976 EzA § 130 BGB Nr. 5). Wenn diese Möglichkeit für den Empfänger unter gewöhnlichen Verhältnissen besteht, ist es unerheblich, wann er die Erklärung tatsächlich zur Kenntnis genommen hat oder ob er daran durch Krankheit oder andere besondere Umstände zunächst gehindert war.

106 Einer **besonderen Vollmacht** oder **Ermächtigung zur Entgegennahme** von schriftlichen Erklärungen **bedarf es nicht.** Zu den empfangsberechtigten Vertretern gehören nach der Verkehrsauffassung nicht nur die **Familienangehörigen** (*LAG Hamm* 28.7.1988 DB 1988, 1759 = BB 1988, 2110 = ARSt 1989, 53 Nr. 27; *LAG Nds.* 8.11.2002 NZA-RR 2003, 556: Entgegennahme durch Ehefrau bzw. Botenzustellung gegenüber Ehefrau, zur Beweisführung des Arbeitgebers in einem solchen Fall unter Berücksichtigung der EGMR-Rechtsprechung *Zwanziger* DB 1997, 776; *LAG Bln.* 16.11.1987 LAGE § 130 BGB Nr. 8: Mutter des Arbeitnehmers; *LAG Hmb.* 6.7.1990 LAGE § 130 BGB Nr. 16: Aushändigung an den Sohn, auch wenn er nicht im Haushalt lebt, [das ist nicht richtig, vgl. Rz 106b, der Sohn kann aber in diesem Fall Erklärungsbote des Kündigenden sein mit der Folge, dass Zugang mit der Übermittlung an den Arbeitnehmer gegeben ist, vgl. *Joussen* Jura 2003, 577, 579, vgl. den Fall *LAG Bln.* 17.8.2001 – 7 Ta 47/01: Übergabe an die Schwester als zufällig anwesende Besucherin, vgl. Rz 106b]; § 178 Abs. 1 ZPO ist auf den Zugang nach bürgerlichem Recht nicht anwendbar) – auch Lebensgefährte/in *LAG Brem.* 17.2.1988 ZTR 1988, 152 = DB 1988, 814 = AR-Blattei D Kündigung II Entsch. 38 = AR-Blattei ES 10.10.2 Nr. 38 = RzK I 2c Nr. 11 = ARSt 1989, 19 Nr. 1008 = NZA 1988, 548 = AuR 1988, 256 [auch gleichgeschlechtliche, vgl. *OVG Hmb.* 5.6.1987 NJW 1988, 1807 f.] – oder die **Hausangestellten** des Empfängers, sondern auch sein **Zimmervermieter** (*BAG* 16.1.1976 EzA § 130 BGB Nr. 5 unter Hinweis auf *RG* 8.2.1902 RGZ 50, 19; dazu *Moritz* BB 1977, 400; *LAG Hamm* 31.1.1985 ARSt 1985 Nr. 38; *ArbG Stade* 6.8.1990 BB 1991, 625).

106a Die Kündigungserklärung ist nicht zugegangen, wenn sie einem **Rechtsanwalt** übermittelt wird, der keine Empfangsvollmacht hat (Passivvertreter, § 164 Abs. 3 BGB). Dagegen ist die Kündigungserklärung zugegangen, wenn der Rechtsanwalt beauftragt wurde, gegen die Berechtigung der Kündigung vorzugehen. Dann war die Kündigung in den Machtbereich des Empfängers gelangt: Er hatte die Möglichkeit der Kenntnisnahme der Kündigungserklärung bei dem beauftragten Rechtsanwalt (vgl. *BGH* 13.2.1980 LM § 130 BGB Nr. 15 = BB 1980, 496 = NJW 1980, 990 = MDR 1980, 573). Auch die Prozessvollmacht, aufgrund derer eine Kündigung (zugleich) mit der allg. Feststellungsklage nach § 256 ZPO angegriffen wird, bevollmächtigt oder ermächtigt den Prozessbevollmächtigten zur Entgegennahme aller (Folge-)Kündigungen, soweit sie unter den Streitgegenstand der Feststellungsklage des § 256 ZPO (dazu Rz 225 ff., 237) fallen; es kommt nicht darauf an, ob und wann die Kündigung(en) auch dem Arbeitnehmer selbst zugegangen ist (sind) (*BAG* 21.1.1988 EzA § 4 KSchG nF Nr. 33; *LAG Frankf.* 27.1.1987 LAGE § 81 ZPO Nr. 1, insoweit bestätigt von *BAG* 17.10.1987 RzK I 2b Nr. 9; *LAG Düsseld.* 13.1.1999 – 12 Sa 1810/98 – ZInsO 1999, 544). Auf § 212a ZPO ist nicht abzustellen, wenn die Kündigungserklärung dem Anwalt des Arbeitnehmers direkt übermittelt wird (vgl. *ArbG Wiesbaden* 10.3.1993 ARSt 1993, Nr. 51), anders bei »Schriftsatzkündigung«, die vom Gericht dem Rechtsanwalt des Arbeitnehmers zugestellt wird. Die Prozessvollmacht (in anderer Sache) begründet grds. keine Berechtigung zum Empfang einer Kündigungserklärung (KR-*Fischermeier* § 626 BGB Rz 194 f.; *LG Hamburg* 12.3.1971 MDR 1972, 242; *LAG BW* 31.5.1967 BB 1967, 1424; *Staudinger/Dilcher* § 130 Rz 34, § 180 Rz 8).

Ist diejenige Person, der die Kündigungserklärung ausgehändigt wurde, nicht im obigen Sinne empfangsberechtigt, also weder Empfangsvertreter oder Empfangsbote, so ist diese Person (zB Hausbewohner, Nachbar, Rechtsanwalt) als Erklärungsbote des Absenders anzusehen mit der Folge, dass die Erklärung dem Empfänger erst zugeht, wenn sie ihm tatsächlich ausgehändigt wird oder sonst in seinen Machtbereich gelangt (*Staudinger/Dilcher* § 180 Rz 8 iVm § 130 Rz 49; *LAG BW* 31.5.1967 BB 1967, 1424; vgl. auch *BGH* 11.5.1979 LM § 130 BGB Nr. 13 = NJW 1979, 2032 = WPM 1979, 860; eingehend *Joussen* Jura 2003, 577 ff.). **106b**

Nach *LAG Frankf.* (22.1.1981 DB 1981, 1471 = ARSt 1981 Nr. 118 = AuR 1982, 131) geht eine einem im Urlaub in der Türkei befindlichen türkischen Gastarbeiter, der sich u.a. bei seiner Mutter aufhält, an die von Angehörigen des Arbeitnehmers in Erfahrung gebrachte Adresse seiner Mutter gesandte Kündigung erst dann zu, wenn ihm das Kündigungsschreiben von der Mutter ausgehändigt wird. Das ist richtig, weil der türkische Arbeitnehmer dort keinen eigenen Wohnsitz mehr hatte, was sich aus den nicht veröffentlichten Entscheidungsgründen ergibt. Andernfalls hätte die Entgegennahme des Briefes durch die Mutter als Familienangehörige den Zugang bewirkt (vgl. Rz 106; ähnlich: *LAG Hamm* 25.2.1988 LAGE § 130 BGB Nr. 11). Ähnlich ist es, wenn der Bote die Kündigungserklärung den Eltern des Arbeitnehmers, die wahrheitsgemäß erklärt haben, ihr Sohn wohne nicht mehr bei ihnen, mit dem Bemerken belässt, sie mögen ihrem Sohn das Schreiben aushändigen, wenn er sie besuche: Zugang erst, wenn die Eltern dem Sohn den Brief tatsächlich übergeben. **106c**

Ist der Empfänger **verreist**, so ist gleichwohl vom Zugang der Sendung auszugehen. Vom Empfänger ist im allg. zu erwarten, dass er sich die Post nachsenden lässt. **107**

Ob das auch für den Fall des **Urlaubs** oder der **Kur** oder eines **Krankenhausaufenthaltes** gilt, wird in der Rspr. nicht einheitlich beurteilt. **108**

Es wird angenommen, dass der Arbeitnehmer jedenfalls dann nicht für die Nachsendung seiner Post Sorge zu tragen hat, wenn er infolge Urlaub oder Kur ortsabwesend ist und er dem Arbeitgeber seine **Urlaubsanschrift mitteilt.** Schickt der Arbeitgeber die Kündigung gleichwohl an die Wohnanschrift, so soll in diesen Fällen vom Zugang der Kündigung erst dann auszugehen sein, wenn den Arbeitnehmer die Kündigung tatsächlich erreicht, der Arbeitnehmer in die Wohnung zurückgekehrt ist. Der Zugang wird erst mit der Rückkehr aus dem Urlaub angesetzt. Ist dem Arbeitgeber die Urlaubsanschrift bekannt, wird der Zugang der Kündigung erst mit der zeitgerechten Rückkehr des Arbeitnehmers aus dem Urlaub angenommen (*v. Hoyningen-Huene* JuS 1986, 899; so auch 1. Aufl.), jedenfalls soll sich der Arbeitgeber nach Treu und Glauben auf einen früheren Zugang nicht berufen dürfen (der Fall positiver Kenntnis des Arbeitgebers von der Urlaubsanschrift ist bislang vom Zweiten Senat des BAG nicht entschieden [in der Entscheidung des Siebten Senats v. 16.3.1988 – 7 AZR 587/87 – heißt es in einem obiter dictum – I 4 a – dass wirksamer Zugang eines an die Heimatanschrift des Arbeitnehmers gerichteten Kündigungsschreibens auch bei Kenntnis des Arbeitgebers von der urlaubsbedingten Ortsabwesenheit gegeben ist, was »in aller Regel« selbst dann gilt, »wenn der Arbeitnehmer seine Urlaubsanschrift dem Arbeitgeber mitgeteilt hat«]; nach *BAG* 2.3.1989 EzA § 130 BGB Nr. 22 ist es »unerheblich, ob ... Inhaftierung und ... Haftanstalt bekannt waren«). Deswegen sollte der Arbeitgeber tunlichst die Kündigung an die Urlaubs- oder Kuranschrift, am besten an beide Anschriften, also auch an die Wohnungsanschrift senden, damit ein uU fristwahrender (Kündigungsfristen, Ausschlussfrist des § 626 Abs. 2 BGB) Zugang gewährleistet wird (vgl. *Hueck/Nipperdey* § 56 II, S. 543 Fn 1; Abs. 3; vgl. aus der Rspr. *LAG Frankf.* 7.2.1952 RdA 1952, 240). **109**

War dem Arbeitgeber nur bekannt, dass der Arbeitnehmer wegen einer Kur oder wegen Urlaubs nicht zu Hause ist, hat der Arbeitnehmer dem Arbeitgeber die **Kur- oder Urlaubsanschrift nicht mitgeteilt** (wozu er nicht verpflichtet ist, insoweit zutr. *BAG* 16.12.1980 EzA § 130 BGB Nr. 10 für die Urlaubsanschrift, anders *LAG Bln.* 27.6.1963 BB 1964, 221 für die Kuranschrift) und ist sie ihm auch sonst nicht **110** bekannt geworden, soll nach einigen Gerichtsentscheidungen der Zugang der Kündigung erst nach (zeitgerechter) Rückkehr (aus dem Urlaub oder aus der Kur) eintreten (*BAG* 16.12.1980 EzA § 130 BGB Nr. 10; *LAG Hamm* 8.6.1967 DB 1967, 1272; 21.9.1977 ARSt 1978 Nr. 1240; *LAG München* 20.3.1974 AMBl. 1975, C 14 = ARSt 1975 Nr. 1204; *ArbG Rheine* 24.10.1966 DB 1966, 1975; vgl. auch *LAG Hamm* 23.3.1972 BB 1972, 711 u. *LAG Düsseld.* 29.4.1981 DB 1981, 1731; zust. *Kittner/Däubler/Zwanziger* § 132 BGB Rz 22; vgl. auch *Flume* AT d. Bürgerl. Rechts, Band 2, § 14 3e). Nach *LAG Frankf.* (9.7.1984 ARSt 1985, Nr. 1012) gilt das auch dann, »wenn der Arbeitgeber mit der urlaubsbedingten Abwesenheit des Arbeitnehmers rechnen musste«. Erkrankt eine ausländische Arbeitnehmerin im Anschluss an den in ihrem Heimatland verbrachten Urlaub arbeitsunfähig, so geht ihr nach *LAG Bln.* (11.3.1982 ZIP 1982, 614) eine an die Wohnungsanschrift im Inland gerichtete Kündigung jedenfalls dann zu, wenn der Arbeitgeber weder Kenntnis von der Erkrankung noch von dem weiteren Verbleib der Arbeitnehmerin im Ausland hatte. Überzieht ein Arbeitnehmer den ihm bewilligten Urlaub, dann ist ihm nach Treu und Glauben verwehrt, eine nach Ablauf der bewilligten Urlaubszeit in seinen Wohnungsbriefkasten eingeworfene Kündigung erst mit Rückkehr in seine Wohnung als zugegangen anzusehen; er muss den Zeitpunkt des Einwurfs in den Briefkasten als Zugangszeitpunkt gegen sich gelten lassen (*LAG Frankf.* 9.7.1984 ARSt 1985 Nr. 1012 = DB 1985, 552).

110a Wenn der Arbeitgeber den Arbeitnehmer vor Urlaubsantritt auf die Möglichkeit einer Kündigung hingewiesen hat oder wenn der Arbeitnehmer aufgrund der gegebenen Umstände mit einer Kündigung rechnen musste, soll der Arbeitnehmer gehalten sein, für die Nachsendung Sorge zu tragen (vgl. schon *LAG Hmb.* 15.4.1971 BB 1971, 914) oder seine Urlaubsanschrift bekannt zu geben (*Corts* DB 1979, 2084; vgl. auch *LAG Nürnberg* 21.8.1980 AMB. 1981, C 1 = ARSt 1981 Nr. 1099 für den Fall der vom Arbeitnehmer nicht eingehaltenen arbeitsvertraglichen Vereinbarung einer Pflicht zur Mitteilung der Urlaubsanschrift).

111 Von dem an objektiven und generellen Kriterien orientierten Zugangsbegriff des Bürgerlichen Rechts sollte im Arbeitsrecht nicht ohne Not abgewichen werden. Es kommt deshalb nur darauf an, ob die Kündigungserklärung so in den Machtbereich des Empfängers gelangt ist, dass bei Annahme gewöhnlicher Verhältnisse damit zu rechnen ist, dass der Empfänger von ihr Kenntnis nehmen konnte (vgl. Rz 102). Das hat auch für die urlaubs- oder kurbedingte Abwesenheit des Arbeitnehmers zu gelten, ohne dass es darauf ankommt, ob der Arbeitgeber von der Abwesenheit, der Urlaubs- oder Kuranschrift Kenntnis hatte oder nicht (zutr. *Brexel* S. 69 mwN in Fn 119). Der Kündigungsschutz geht dem Arbeitnehmer auch dann nicht verloren, wenn der Zugang der Kündigung während der Abwesenheit des Arbeitnehmers als eingetreten anzusehen ist: In diesen Fällen ist die Kündigungsschutzklage idR nach § 5 Abs. 1 KSchG nachträglich zuzulassen, weil regelmäßig davon auszugehen ist, dass der Arbeitnehmer bei urlaubs- oder kurbedingter Abwesenheit trotz Aufwendung aller ihm nach Lage der Umstände zuzumutenden Sorgfalt verhindert war, die Klage innerhalb von drei Wochen nach Zugang zu erheben (zutr. *Wenzel* BB 1981, 1031 f.; vgl. iE KR-*Friedrich* § 5 KSchG Rz 59). Auf ein normativ-spekulatives Element der berechtigten Erwartung der Kenntnisnahme braucht deswegen entgegen *Corts* (DB 1979, 2082 ff.) und *BAG* (16.12.1980 EzA § 130 BGB Nr. 10) nicht zurückgegriffen zu werden. Der Eintritt des Zugangs der Kündigungserklärung erst bei (zeitgerechter) Rückkehr des Arbeitnehmers (vgl. Rz 110) führt überdies dazu, dass eine außerordentliche Kündigung nach § 626 Abs. 1 BGB wegen der Fristbestimmung des § 626 Abs. 2 BGB bei urlaubs- oder kurbedingter Abwesenheit nicht mehr wirksam ausgesprochen werden kann (zutr. *Wenzel* BB 1981, 1032; vgl. *M. Wolf* Anm. EzA § 130 BGB Nr. 10). Da bei bekannter Urlaubsanschrift die Übermittlung der Kündigung an die Urlaubsadresse verlangt wird (vgl. Rz 109), hat der Arbeitgeber ggf. für den Zugang der Kündigung im Ausland zu sorgen. Selbst eingeschriebene Briefe mit Rückschein gewährleisten nicht den Nachweis des ordnungsgemäßen Zugangs: Es häufen sich die Fälle, in denen die betreffenden Arbeitnehmer bestreiten, den Rückschein unterschrieben zu haben; wer unterschrieben hat und ob diese Person empfangsberechtigt war, ist im nachhinein von der BRD aus weder für den Arbeitgeber noch für das Gericht feststellbar. Das läuft dann darauf hinaus, dass während eines Auslandsaufenthaltes nicht mehr wirksam gekündigt werden kann, und zwar nach einigen auch dann nicht, wenn der Arbeitnehmer den Urlaub unberechtigt überschritten hat (vgl. zB *LAG Düsseld.* 29.4.1981 DB 1981, 1731). An dem überkommenen Zugangsbegriff ist daher festzuhalten.

112 Daraus folgt, dass die Kündigungserklärung zugegangen ist, wenn der Arbeitgeber ein Kündigungsschreiben an die Wohnanschrift des urlaubs- oder kurabwesenden Arbeitnehmers richtet und der Brief in den Hausbriefkasten des Arbeitnehmers eingeworfen wird. Damit ist der Brief mit der Kündigungserklärung derartig in den Machtbereich des Empfängers gelangt, dass er unter gewöhnlichen Umstän-

Anrufung des Arbeitsgerichts § 4 KSchG

den davon Kenntnis nehmen konnte. Die urlaubs- oder kurbedingte Abwesenheit hindert weder den Zugang noch zögerte sie ihn bis zur Rückkehr aus dem Urlaub hinaus (*LAG Hamm* 30.7.1981 EzA § 130 BGB Nr. 11 mit Recht ausdrücklich gegen *BAG* 16.12.1980 EzA § 130 BGB Nr. 10; *LAG Hamm* 19.6.1986 LAGE § 5 KSchG Nr. 23; 28.2.1988 LAGE § 130 BGB Nr. 11; *LAG Bln.* 16.11.1987 LAGE § 130 BGB Nr. 8). Das *BAG* ist inzwischen von der in Rz 102 erwähnten abweichenden Entscheidung des 7. Senats vom 16.12.1980 EzA § 130 BGB Nr. 10, die auch Zustimmung gefunden hatte (*Bleistein/Matthes* Rz 938; *Corts* JA 1981, 570; *M. Wolf* Anm. EzA § 130 BGB Nr. 10; vgl. auch *Dorndorf* SAE 1987, 139 mwN; *Klevemann* Anm. zu *LAG Hamm* 25.2.1988 LAGE § 130 BGB Nr. 11) wieder abgerückt und vertritt die Ansicht, ein an die Heimatanschrift des Arbeitnehmers gerichtetes Kündigungsschreiben geht diesem grds. auch dann zu, wenn dem Arbeitgeber bekannt ist, dass der Arbeitnehmer während seines Urlaubs verreist ist (*BAG* 16.3.1988 EzA § 130 BGB Nr. 16 mit zust. Anm. *Adam;* 11.8.1988 – 2 AZR 11/88 – RzK I 2c Nr. 14 [Bestätigung von *LAG Bln.* 16.11.1987 LAGE § 130 BGB Nr. 8]; *BAG* 24.6.2004 EzA § 102 BetrVG 2001 Nr. 9; *LAG BW* 14.2.1990 LAGE § 130 BGB Nr. 13; *LAG Nds.* 8.11.2002 NZA-RR 2003, 556; zust. SPV-*Vossen* Rz 214; *Schaub/Linck* § 123 Rz 22; krit. *Klinkhammer* Anm. BAG EzA § 130 BGB Nr. 22; abl. *Popp* DB 1989, 1133 ff.; ganz anders »Urlaub als objektives Zugangshindernis« MünchKomm-*Schwerdtner* vor § 620 BGB Rz 119 f.; *Däubler* AiB 2000, 81, 85: Das BAG sollte zu seiner früheren Rspr. zurückkehren, nach der bei urlaubsbedingter Abwesenheit ein Zugang an der Heimatadresse nicht möglich war; ähnlich *ArbG Heilbronn* 20.12.1988 ARSt 1989 Nr. 53 in einem tatsächlich bes. liegenden Fall). Auch während der Untersuchungshaft oder während der Auslieferungshaft im Ausland geht dem Arbeitnehmer ein Kündigungsschreiben zu, auch wenn dem Arbeitgeber die Inhaftierung bekannt war (*BAG* 2.3.1989 EzA § 130 BGB Nr. 22 unter Bestätigung *LAG München* 2.3.1988 LAGE § 130 BGB Nr. 12; so schon *BAG* 8.12.1983 – 2 AZR 354/82 – RzK I 2c Nr. 6 (L) in Bestätigung von *LAG Düsseld.* 15.6.1982 EzA § 130 BGB Nr. 12). Das gilt nicht nur für den Einwurf des Kündigungsschreibens in den Hausbriefkasten, sondern auch, wenn einem Familienangehörigen des urlaubs- oder aus sonstigen Gründen abwesenden Arbeitnehmers das Kündigungsschreiben ausgehändigt wird (*BAG* 25.8.1978 – 2 AZR 693/76 – [Schwiegermutter]; 8.12.1983 RzK I 2c Nr. 6 [Ehefrau]; 11.8.1988 RzK I 2c Nr. 14 [Mutter]). Solange der Empfänger seine Wohnung nicht aufgibt, muss er sie als Ort gelten lassen, an dem man ihn nach der Verkehrsanschauung auch erreichen kann (zutr. SPV-*Preis* Rz 213). Begründet der Arbeitnehmer einen Zweitwohnsitz, von dem aus er seine Arbeitsstelle aufsucht, so geht die Kündigung daher auch dann an diesem Zweitwohnsitz zu, wenn der Arbeitnehmer krankheitsbedingt nicht am Zweitwohnsitz anwesend ist (*ArbG Stade* 6.8.1990 RzK I 2c Nr. 18 = BB 1991, 625; **aA** *LAG Düsseld.* 7.12.1995 LAGE § 130 BGB Nr. 20, erst recht kein Zugang, wenn dem Arbeitgeber bekannt war, dass sich der Arbeitnehmer an seinem Hauptwohnsitz aufhält, jedenfalls könne sich der Arbeitgeber nach § 242 BGB nicht auf den Zeitpunkt des Zugangs in der Zweitwohnung berufen).

Hat der Arbeitnehmer einen Nachsendeantrag gestellt oder sonst für die Übermittlung eingehender Post innerhalb angemessener Frist gesorgt, geht ihm die Kündigungserklärung erst an dem Ort zu, an dem sie ihn tatsächlich erreicht (*LAG Hamm* 28.2.1988 LAGE § 130 BGB Nr. 11; *Flume* AT IV, 3. Aufl., § 14 Nr. 3c S. 235), also Urlaubsort, Kurort, Krankenhaus, bei erfolgter Abreise wieder Wohnung. Hat der Arbeitgeber Kenntnis von der Abwesenheit, tut er gut daran, sich auf die Nachsendefrist einzustellen, damit Kündigungsfristen oder die Kündigungserklärungsfrist des § 626 Abs. 2 BGB gewahrt bleiben (vgl. *Flume* aaO). Spätestens mit der von der Deutschen Post AG zum 1. September 1997 vorgenommenen Gebührenerhöhung weist das **Einschreiben** drei Varianten auf:

Beim sog. »**Einwurf-Einschreiben**« vermerkt der Briefträger nur den Einwurf der eingeschriebenen Sendung in den Briefkasten oder in das Postfach des Empfängers. Hinsichtlich des Zugangs eines Einschreibens dieser Art gilt das in Rz 103 ff. Ausgeführte entsprechend. Es geht dem Empfänger mit Einwurf in den Hausbriefkasten oder mit Einlegen in das Postfach zu (zutr. *Dübbers* NJW 1997, 2503, 2504; *Gassen* BB 1998 Heft 12 S. IV; *Kim/Dübbers* NJ 2001, 65, 67 mwN Fn 26; *Reichert* NJW 2001, 2524; *Gaul/Otto* ArbRB 2003, 306, 308;).

Unmittelbar vor dem Einwurf oder dem Einlegen zieht der Mitarbeiter der Deutschen Post AG das sog. »Peel-off-Label«, das der Identifizierung der Sendung dient, von dieser ab und klebt es auf den vorbereiteten, auf die einzuwerfende Sendung bezogenen Auslieferungsbeleg. Auf diesem Beleg bestätigt der Postbedienstete nach dem Einwurf oder nach dem Einlegen diesen Vorgang. Der Absender wird davon nicht benachrichtigt. Er kann sich beim »Call-Center« der Deutschen Post AG (0 18 05/29 06 90) telefonisch über den Einwurf oder das Einlegen der Sendung erkundigen. Gegen Zahlung eines Entgelts erhält er einen Ausdruck des elektronisch archivierten Auslieferungsbelegs, auf dem Datum und Ort des Einwurfs oder des Einlegens sowie das Namenszeichen des Postmitarbeiters festgehalten sind. Über Namenszeichen, Dienstplan sowie das Label kann der Auslieferer ermittelt werden. Der Beweiswert des Einwurf-Einschreibens wird unterschiedlich beurteilt. Während zum Teil davon ausgegangen wird, dass der Einlieferungsbeleg zusammen mit der Reproduktion des Auslieferungsbelegs den Beweis des ersten Anscheins dafür begründet, dass die Sendung durch Einwurf in den Briefkasten oder durch Einlegen in das Postfach zugegangen ist (*AG Paderborn* 27.7.2000 NJW 2000, 3722, 3723; *Reichert* NJW 2001, 2523; *Kim/Dübbers* NJ 2001, 65, 67 mwN Fn 67; *Neuvians/Mensler* BB 1998, 1206, weitergehend SPV-*Preis* Rz 221; *Birk/Burk* BB-Special 5/2006 S. 13), sehen andere keinen verbesserten Nachweis des Zugangs einer Kündigungserklärung durch das Einwurf-Einschreiben (*LG Potsdam* 27.2.2000 NJW 2000, 3722; *Hohmeister* BB 1998, 1206; *Looschelders* VersR 1998, 1198; *Gaul/Otto* ArbRB 2003, 306, 308; *Vetter* DPL 2003, 150, 151; *Eschenauer* Arbeit und Arbeitsrecht 8/03, S. 25). Die von der Deutschen Post AG übermittelte Kopie des Auslieferungsbelegs beweist nur, dass die Deutsche Post AG, das »Call-Center«, eine entsprechende Erklärung abgegeben hat. Der Vortrag der mündlichen Auskunft des »Call-Centers« ist reiner Parteivortrag. Wird der Mitarbeiter der Deutschen Post AG ausfindig gemacht und als Zeuge benannt, wird er sich in den meisten Fällen nicht an den konkreten »Einwurf«, an das Einlegen gerade dieses Schriftstückes erinnern können, sondern lediglich bekunden, wenn er den Vorgang dokumentiert habe, sei es auch so erfolgt (dazu *Ramrath* Anm. zu BAG 7.11.2002 – 2 AZR 475/01 – AP § 620 BGB Kündigungserklärung Nr. 19 zu C Blatt 17; vgl. aber den Fall *LAG Hamm* 22.5.2002 LAGReport 2003,8 [II 4 c S. 10]). Nachdem die Rechtsprechung zum herkömmlichen Einschreiben – jetzt Übergabe-Einschreiben – aufgrund des Einlieferungsbelegs einen Beweis des ersten Anscheins nicht anerkannt hatte (vgl. Rz 113), ist nicht damit zu rechnen, dass sie diesen beim Einwurf-Einschreiben anerkennen wird (*Schaub/Linck* § 123 II 1 d Rz 27).

Das sog. **»Übergabe-Einschreiben« gibt es in zwei Versionen:**

Der Postbote lässt sich wie bisher den Empfang des Briefes quittieren, also wie bisher durch den Empfänger selbst oder durch einen Ersatzempfänger.

Zusätzlich kann **eigenhändige Übergabe an den Adressaten** gewählt werden: Der Brief wird nur dem Empfänger selbst oder einer mit besonderer Postvollmacht versehenen Person gegen Empfangsbestätigung ausgehändigt.

Für das Übergabe-Einschreiben ist zudem **Einschreiben mit Rückschein** möglich, »ein Beleg, den Sie nach der Auslieferung als Dokumentation erhalten.«

Alle Einschreiben werden mit einem computerlesbaren Etikett mit einem Streifenmuster, wie von Scanner-Kassen in Supermärkten, versehen. Damit wird es nach den Versprechen der Deutschen Post AG leichter, den Weg der Sendung zu verfolgen. Der Absender soll drei Tage nach Einlieferung der Sendung mit Erfolg nachfragen können, ob sie angekommen sei.

Nachstehendes gilt für das sog. **»Übergabe-Einschreiben«.**

113 Der Zugang einer **eingeschriebenen Sendung** ist nach der st. Rspr. des BAG (zuletzt *BAG* 25.4.1996 EzA § 130 BGB Nr. 27; 7.11.2002 EzA § 130 BGB 2002 Nr.1 [II 3 a]) und des BGH (zuletzt *BGH* 26.11.1997 EzA § 130 BGB Nr. 28) erst dann iSd § 130 BGB bewirkt, wenn sie dem Empfänger oder einer empfangsberechtigten Person **ausgehändigt** wird. Erst dadurch gelangt sie in den Machtbereich des Empfängers. Sie ist also noch nicht zugegangen, wenn der Postbote, der in der Wohnung niemanden angetroffen hat, einen **Benachrichtigungszettel** hinterlässt und den Brief auf dem Postamt niederlegt. Der Benachrichtigungszettel **ersetzt nicht den Zugang des eingeschriebenen Briefes**. Die Klagefrist nach § 4 S. 1 KSchG läuft also grds. ab Aushändigung des Übergabe-Einschreibens, also wenn der Brief tatsächlich bei der Post abgeholt wird (*ArbG Stuttg.* 23.11.2001 – 21 Ca 2762/01; vgl. im Übrigen Rz 124 ff.). Das *BAG* (3.4.1986 EzA § 18 SchwbG Nr. 7) weist ausdrücklich darauf hin, dass die Benutzung von Einschreibebriefen für die Wahrung von Fristen manchmal nicht ganz ungefährlich ist, obwohl die Öffentlichkeit weitgehend in der Verwendung von eingeschriebenen Sendungen ein besonders sicheres Mittel zur Übermittlung wichtiger Mitteilungen sieht.

Der **Praxis** ist daher anzuraten, einem Arbeitnehmer, dem die schriftliche Kündigung nicht persönlich im Betrieb im Beisein eines Mitarbeiters übergeben werden kann (*Birk/Burk* BB-Spcial 5/2006 S. 13), wobei man sich den Erhalt des Kündigungsschreibens bestätigen lassen sollte, und zwar unterhalb des Zusatzes »Kündigung erhalten am ...« (weil bei einer »Oberschrift« – Namenszug oberhalb des Zusatzes – damit ein Urkundenbeweis hinsichtlich des Zugangs der Kündigung nicht geführt werden kann, indes Fall freier Beweiswürdigung durch das Gericht, § 286 Abs.1 S. 1 ZPO; *LAG Bln.* 12.12.2002 LAGE § 286 ZPO 2002 Nr. 1) **die Kündigung durch einen Boten**, der den Inhalt der Kündigung kennt und gesehen hat, wie die Kündigung in den dazu gehörigen Umschlag gesteckt worden ist, gegen schriftliche Quittung zu übermitteln, bei Abwesenheit des Arbeitnehmers oder empfangsberechtigter Personen sollte der Brief in den Briefkasten geworfen und auf einem Zweitstück Ort, Datum und Uhrzeit vermerkt und vom Boten durch seine Unterschrift bestätigt werden (*Gaul/Otto* ArbRB 2003, 306, 309; *Vetter* DPL 2003, 150, 152; *Eschenauer* Arbeit und Arbeitsrecht 8/03, S. 26; *Hunold* Arbeit und Arbeitsrecht 3/03, S. 13; vgl. insoweit auch schon *Schwarz* NJW 1994, 893; Muster eines Protokolls *Hunold* Schnellbrief Arbeitsrecht Nr.8/1995, S. 5 f.; *ders.* Arbeit und Arbeitsrecht 3/2003, S. 13; aus der Rspr. instruktiv *LAG RhPf* 30.3.2005 – 9 Sa 26/09 – juris mit schulmäßiger Beweiswürdigung, dazu auch *Ramrath* Anm. zu *BAG* 7.11.2002 – 2 AZR 475/01 – AP § 620 BGB Kündigungserklärung Nr. 19 C Blatt 17; einschränkend *Mauer* BB 2003, 1182, 1183; vgl. ferner Rz 116, 130) oder wenigstens zugleich einen eingeschriebenen und einen einfachen Brief mit der Kündigungserklärung abzusenden (vgl. *Mauer* BB 2003, 1182, 1183). Bei nachweisbarer Absendung eines Übergabeeinschreibens und eines einfachen Briefes kann die Beweiswürdigung je nach den Gesamtumständen dazu führen, den Zugang als bewiesen anzusehen. Jedenfalls wird man den Arbeitnehmer nach Nachweis des Zugangs des Benachrichtigungszettels und der Absendung eines einfachen Briefes für verpflichtet halten müssen vorzutragen, warum er weder Zettel noch Brief gefunden haben könnte, etwa häufiges Aufbrechen des Briefkastens, Brandstiftung durch Unbekannte usw. Dies, weil in seiner Sphäre, müsste er ggf. auch beweisen. Besonders beim »Übergabe-Einschreiben«, das »eigenhändig« ausgefolgt werden soll, kann sich der Zugang verzögern, wenn der Empfänger nicht angetroffen wird. Allerdings kann sich ein Einschreiben mit Rückschein empfehlen. Mit dem Rückschein kann bewiesen werden, dass der Kündigungsadressat die Kündigung tatsächlich erhalten hat. Freilich zeigen sich in der Praxis Schwierigkeiten, insbes. mit Rückscheinen aus dem Ausland: In den Kündigungsschutzprozessen wird behauptet, nicht der Adressat habe den Rückschein unterschrieben, sondern ein Unbekannter. Ist der Rückschein nach vier Werktagen (Inland) nicht eingetroffen, ist an eine Zustellung durch den Gerichtsvollzieher (Inland) zu denken (vgl. Rz 116). Die Klagefrist läuft ab Aushändigung der eingeschrieben übersandten Kündigungserklärung (zur Zugangsverzögerung durch Nichtabholung vgl. Rz 124).

Im Übrigen gilt für eine eingeschriebene Sendung das gleiche wie für eine gewöhnliche Sendung, **114** wenn der Brief selbst und nicht der Benachrichtigungszettel ausgehändigt wird. Daraus folgt, dass ein Einschreiben durch Übergabe an einen Angehörigen des Empfängers (vgl. zB *LAG Bln.* 16.11.1987 LAGE § 130 BGB Nr. 8: Mutter des Arbeitnehmers; *LAG Hmb.* 6.7.1990 LAGE § 130 BGB Nr. 16: Sohn des Arbeitnehmers) wirksam zugestellt ist, wenn der zustellende Postbedienstete den Eindruck gewinnen durfte, der Ersatzempfänger sei genügend einsichtsfähig, um die unverzügliche Weitergabe der Sendung an den Empfänger erwarten zu lassen. Eine solche Erwartung verbietet sich auch bei dem elfjährigen Bruder des Empfängers nicht ohne weiteres (*BVerwG* 14.1.1986 Buchholz 442.05 § 51 PostO Nr. 2). Daraus folgt weiter, dass ein eingeschriebener Brief, der dem **Vermieter** ausgehändigt wird, in den Machtbereich des Empfängers gelangt ist (*BAG* 16.1.1976 EzA § 130 BGB Nr. 5; vgl. Rz 106; dazu *Moritz* BB 1977, 400, 403). Ein auf der Post zur Abholung bereitgelegtes Einschreiben darf an einen Ersatzempfänger (§ 13 Abs. 2 Post-Kundenschutz VO [PKV] v. 16.12.1995 BGBl. I S. 2016), der nicht zum Kreis der Abholungsberechtigten gehört, ausgehändigt werden (vgl. *BVerwG* 16.4.1984 Buchholz 340 § 4 VwZG Nr. 10 zu §§ 51 Abs. 3, 52 Abs. 5 PostO) jedenfalls dann, wenn eine Postvollmacht (§ 12 Abs. 2 S. 1 PKV) vorgelegt wird, es ist damit in den Machtbereich des Empfängers gelangt.

Eine per Einschreiben übersandte Kündigungserklärung geht dem Arbeitnehmer nicht zu, wenn dessen **114a** Ehefrau die Annahme verweigert und die Sendung daraufhin mit einem entsprechenden Vermerk an den Absender zurückgeht (*LAG Hamm* 30.7.1981 EzA § 130 BGB Nr. 11; 9.5.2006 – 1 Ta 72/06).

Für den Zugang einer Kündigung im Wege der **Postzustellung mit Postzustellungsurkunde** gilt **115** nichts anderes als für den Zugang eingeschriebener Sendungen. Die Kündigung ist nicht schon erfolgt durch die **Ersatzzustellung durch Niederlegung bei einer Postanstalt,** sondern erst in dem Moment, in dem der Arbeitnehmer die Kündigungserklärung bei der Post abgeholt hat. **§ 132 BGB** gilt nur für die Erklärung durch Vermittlung eines Gerichtsvollziehers auf die Postzustellung mit Postzustellungsurkunde. Bei Einwurf eines Benachrichtigungsscheins und Hinterlegung des zuzustellenden Schriftstücks bei der zuständigen Postfiliale wegen Abwesenheit des Empfängers ist § 132 BGB auch **nicht entsprechend** anwendbar (*BAG* 7.11.2002 EzA § 130 BGB 2002 Nr.1 [II 3 a]; 30.6.1983 EzA § 12 SchwbG Nr. 13; *LAG Düssel.* 8.12.1977 DB 1978, 752 mwN; allerdings soll die Post nicht zur förmlichen Zustellung verpflichtet sein, wenn die Aufgabe der Sendung nicht durch den Gerichtsvollzieher erfolgt ist, *BVerwG* 20.2.1981 NJW 1981, 2712, krit. *Schaub* § 123 II 1d Rz 24).

116 Nach § 132 Abs. 1 BGB gilt eine Willenserklärung auch dann als zugegangen, wenn sie durch **Vermittlung eines Gerichtsvollziehers** zugestellt worden ist. Die Zustellung erfolgt nach den Vorschriften der ZPO, also nach den §§ 166 ff. ZPO (dazu *Wunsch* JuS 2003, 277 ff.). Die Zustellung durch den Gerichtsvollzieher erfolgt idR **durch Übergabe**, § 177 ZPO. Übergabe ist die unmittelbare Aushändigung an den Zustellungsempfänger. Bei der Vermittlung der Zustellung durch den Gerichtsvollzieher hat auch die nach §§ 181 ZPO erfolgte **Ersatzzustellung durch Niederlegung** (zB bei einer Postagentur) **die Wirkung des Zuganges**. § 132 BGB ist nur anwendbar, wenn die Willenserklärung durch Vermittlung des Gerichtsvollziehers zugestellt wird (*BAG* 7.11.2002 EzA § 130 BGB 2002 Nr.1 [II 3 a]; 30.6.1983 EzA § 12 SchwbG Nr. 13), also nicht bei förmlicher Postzustellung im unmittelbaren Auftrag des Absenders (*BAG* 12.7.1984 – 2 AZR 290/83 – nv; vgl. Rz 115). Von der Zustellung durch Gerichtsvollzieher als Surrogat für das Zugehen wird bei anzubringenden Kündigungserklärungen in der Praxis zunehmend Gebrauch gemacht und durchaus empfohlen (*Gaul/Otto* ArbRB 2003, 306, 308; *Vetter* DPL 2003, 150, 151 f., wenngleich als »zeitaufwendig« bezeichnet; ähnlich *Eschenauer* Arbeit und Arbeitsrecht 8/2003, S. 26, vgl. auch Rz 130).

117 Der Arbeitnehmer ist verpflichtet, bei einem Wohnungswechsel seine **neue Anschrift dem Arbeitgeber unverzüglich mitzuteilen** (*H.-G. Meier* Schnellbrief Arbeitsrecht, Nr. 23/1996, S. 2, offen gelassen in *BAG* 18.2.1977 EzA § 130 BGB Nr. 8), was sich im Gegensatz zur Urlaubsanschrift, die den Arbeitgeber grds. nichts angeht (*BAG* 16.12.1980 EzA § 130 BGB Nr. 10, vgl. Rz 110), aus der arbeitsvertraglichen (Neben-)Pflicht ergeben dürfte, ggf., etwa in Notfällen, erreichbar zu sein. Die arbeitsvertragliche Nebenpflicht, seinem Arbeitgeber einen mit Adressenwechsel verbundenen Umzug unverzüglich mitzuteilen, wird nach *LAG Bln.* (17.1.2001 EzA-SD 2001 Nr. 22, S. 8 = RzK I 10d Nr. 109) auch dann noch erfüllt, wenn die Mitteilung unmittelbar nach vollzogenem Umzug erfolgt. Nach *BAG* (4.3.1965 AP Nr. 5 zu § 130 BGB) ist das nur zu verlangen, wenn der Arbeitnehmer mit rechtsgeschäftlichen Erklärungen des Arbeitgebers, insbes. mit Kündigungen rechnen muss.

118 Teilt der Arbeitnehmer bei Wohnungswechsel seine neue Anschrift nicht mit, so muss er im allgemeinen die sich daraus für den Zugang der brieflichen Erklärungen ergebenden Verzögerungen auf sich nehmen, gleich, ob er einen Postnachsendeauftrag erteilt hat oder nicht. Für die Rechtzeitigkeit der Erklärung ist der Zeitpunkt maßgebend, in dem der Zugang an die ursprüngliche Adresse erfolgt wäre (*Flume* AT II, 3. Aufl., § 14 Nr. 3c S. 235). Ab diesem fingierten Zeitpunkt läuft die Dreiwochenfrist (vgl. Rz 124). Nach *BAG* (18.2.1977 EzA § 130 BGB Nr. 8) kann der Arbeitnehmer, der seine Wohnung wechselt, die Änderung der Anschrift dem Arbeitgeber in der Weise mitteilen, dass er während seiner Erkrankung eine ärztliche Arbeitsunfähigkeitsbescheinigung einreicht, in der seine neue Anschrift eingetragen ist.

118a Ist der Aufenthalt des Arbeitnehmers unbekannt oder kann ein Zugang der Kündigung im Ausland nicht bewerkstelligt werden, kann an die Beantragung der öffentlichen Zustellung der Kündigung durch das Gericht gedacht werden. Die Kündigung gilt dann als zugestellt, wenn seit dem Aushang des Kündigungsschreibens an der Gerichtstafel zwei Wochen verstrichen sind (§§ 185 ff. ZPO, dazu *Wunsch* JuS 2003, 279 f.).

118b Wegen der Formvorschrift des § 623 BGB kann eine Kündigung nicht mehr wirksam durch **Telegramm**, Fernschreiben, **Telekopie**, **Telefax**, Matrizenabzug, Fotokopie, Btx-Telex oder E-Mail, SMS erklärt werden. Die modernen Textübermittlungstechniken können sämtlich nicht mehr für die Übermittlung einer wirksamen Kündigungserklärung genutzt werden (zutr. BBDW-*Wenzel* § 4 Rz 108e mwN).

118c Der Zeitpunkt des Zugangs verschiebt sich nicht dadurch, dass ein ausländischer Arbeitnehmer das in deutscher Sprache gehaltene Kündigungsschreiben mangels Sprachkenntnissen oder weil er nicht lesen kann, selbst nicht zur Kenntnis nimmt. Er konnte es aber zur Kenntnis nehmen dadurch, dass er sich unverzüglich um eine Übersetzung bemüht. Am Zugang der Kündigungserklärung ändert sich durch die Notwendigkeit, eine Übersetzung zu beschaffen, nichts. Es gilt das zu Rz 101 Ausgeführte entsprechend.

cc) Zugangshindernisse

119 Das *BAG* hat in seiner Entscheidung vom 22.9.2005 (EzA § 130 BGB 2002 Nr. 5 m. zust. Anm. *Nehls* Stbg 2006, 183) für einen Fall, in dem dem Arbeitgeber während der gesamten Dauer des Arbeitsverhältnisses die richtige Anschrift des Arbeitnehmers nicht bekannt war, ja, der Arbeitnehmer eine Arbeitsunfähigkeitsbescheinigung unter Angabe der nicht mehr zutreffenden Adresse übersandt hatte,

die Voraussetzungen für eine »**treuwidrige Zugangsvereitelung**« dahin zusammengefasst, dass sich der Empfänger einer Willenserklärung nach Treu und Glauben nicht auf den verspäteten Zugang der Willenserklärung mit Erfolg berufen kann, wenn er die Zugangsverzögerung selbst zu vertreten hat. Er muss sich dann so behandeln lassen, als habe der Erklärende die entsprechenden Fristen gewahrt (z.B. Kündigungsfrist, Zugang innerhalb der ersten sechs Monate des Arbeitsverhältnisses, Kündigungserklärungsfrist des § 626 Abs. 2 BGB). Wer aufgrund bestehender oder angebahnter vertraglicher Beziehungen mit dem Zugang rechtserheblicher Erklärungen zu rechnen hat, muss geeignete Vorkehrungen treffen, dass ihn derartige Erklärungen auch erreichen. Tut er dies nicht, liegt darin regelmäßig ein Verstoß gegen die durch Aufnahme von Vertragsverhandlungen oder durch den Abschluss eines Vertrages begründeten Sorgfaltspflichten gegenüber seinem Partner. Indes ist der Adressat auch bei schweren Sorgfaltsverstößen regelmäßig aber nur dann so zu behandeln, als habe ihn die Willenserklärung erreicht, wenn der Erklärende alles Erforderliche und ihm Zumutbare getan hat, damit seine Erklärung den Adressaten erreichen konnte (zu II 2 a). Im konkreten Fall wurde davon ausgegangen, dass der Arbeitnehmer seine ihm gegenüber dem Arbeitgeber obliegenden Sorgfaltspflichten schon dadurch erheblich verletzt hat, dass er nur eine Wohnung als Adresse mitgeteilt hat, an der er zu keinem Zeitpunkt des Bestehens des Arbeitsverhältnisses tatsächlich – etwa durch Botenzustellung – erreichbar war. Ein noch gravierenderer Pflichtverstoß wurde darin gesehen, dass der Arbeitnehmer zu einem Zeitpunkt, zu dem er bereits mit dem Zugang einer Kündigung rechnen musste, den von ihm verursachten Irrtum des Arbeitgebers über die tatsächliche Anschrift dadurch verstärkt hat, dass er als seine Adresse wiederum die nicht mehr zutreffende Anschrift angegeben hat. Im Lichte der zahlreichen Zustellversuche ist das BAG davon ausgegangen, dass der Arbeitgeber alle zumutbaren Möglichkeiten ausgeschöpft hat, dem Arbeitnehmer das Kündigungsschreiben zugehen zu lassen (zu II 2 b).

Geht infolge versäumter Zugangsvorkehrungen die Kündigungserklärung an den Arbeitgeber zurück, so ist der vergebliche Zustellversuch dem Zugang nicht gleichzusetzen. Vielmehr muss die **Zustellung unverzüglich erneut versucht** werden (*BAG* 18.2.1977 EzA § 130 BGB Nr. 8; *BGH* 26.11.1997 EzA § 130 BGB Nr. 28; Ausnahme: Annahmeverweigerung oder arglistige Zugangsvereitelung, der Arbeitnehmer muss sich so behandeln lassen, als sei ihm die Kündigung bereits im Zeitpunkt des ersten Zustellversuches zugegangen (*Looschelders* VersR 1998, 1198; abl. *MünchKomm-Eisele* § 130 Rz 34 ff. mit Fallgruppenbildung).

Verweigert der Erklärungsempfänger **die Annahme** der Kündigungserklärung ohne Grund, sei es, dass ein einfacher Brief oder ein eingeschriebener Brief vorgelegt wird, so gilt nach hM **die Erklärung auch ohne Wiederholung des Zustellversuchs als zugegangen** (*ArbG Solingen* 11.12.1979 ARSt 1981 Nr. 34; *KG* 9.2.1989 – 25 U 3910/88; wohl auch *BAG* 4.3.1965 AP Nr. 5 zu § 130 BGB; *Hueck/Nipperdey* § 56 II 2, S. 544 und Fn 3 mwN; *SPV-Preis* Rz 224 mit Fn 47; *Larenz/Wolf* AT § 26 VI 2 Rz 46), und zwar für den Zeitpunkt, zu dem der Adressat von dem Inhalt der Erklärung hätte Kenntnis nehmen können, Zugangsfiktion (vgl. *MünchKomm-Einsele* § 130 Rz 36). 120

Das wird damit begründet, dass der Empfänger die Möglichkeit hatte, den ihm vorgelegten Brief entgegenzunehmen, und damit der Brief in seinen Machtbereich gelangt ist. Ein **triftiger Grund für die Verweigerung der Annahme** liegt insbes. dann vor, wenn der vorgelegte Brief entweder **unfrankiert** oder **nicht richtig frankiert** ist und **Nachporto** verlangt wird (*Backmeister/Trittin/Mayer* Rz 33; *Kittner/Däubler/Zwanziger* 6. Aufl. § 132 BGB Rz 5). Das gilt auch bei unklarer Anschrift (*Kittner/Däubler/Zwanziger* 6. Aufl. § 132 BGB Rz 5). 121

Demgegenüber soll nach der Rspr. des RG und des RAG die Verweigerung der Annahme grds. den Zugang einer schriftlichen Willenserklärung verhindern (*RG* 5.1.1925 RGZ 110, 36; *RAG* 4.2.1941 DR 1941, 1797), es sei denn, der Erklärungsempfänger habe den Zugang arglistig verhindert, was voraussetze, dass der Empfänger entweder den Inhalt der Erklärung kenne oder mit dem Zugang der Erklärung rechne (vgl. auch *Flume* AT II, 3. Aufl., § 14 Nr. 3c, S. 236; *LAG Frankf.* 31.7.1980 ARSt 1981 Nr. 10/4). Nach *BGH* 27.10.1982 (DB 1983, 460 = BB 1983, 769 = NJW 1983, 929) muss sich der Adressat einer eingeschriebenen Briefsendung, der die Annahme grundlos verweigert, jedenfalls dann so behandeln lassen, als sei ihm das Schreiben im Zeitpunkt der Annahmeverweigerung zugegangen, wenn er im Rahmen vertraglicher Beziehungen mit rechtserheblichen Mitteilungen (zB Kündigungserklärung) des Absenders rechnen musste. Dem hat sich das BAG angeschlossen (*BAG* 3.4.1986 EzA § 18 SchwbG Nr. 7; 11.11.1992 EzA § 130 BGB Nr. 24 [zu III 4 der Gründe]; 7.11.2002 EzA § 130 BGB 2002 Nr. 1 [II3b]). Die Frage, ob im Falle grundloser Annahmeverweigerung die Möglichkeit der Kenntnisnahme allein ausreicht, um einen Zugang zu bejahen, ist offen geblieben. 122

123 Die Rspr. überzeugt nicht. Sie stellt auf einen nur schwer zu ermittelnden subjektiven Umstand ab: Musste der Empfänger mit einer bestimmten Erklärung rechnen?, – während die Frage, ob die Verweigerung der Annahme ohne triftigen Grund erfolgt ist, sich nach objektiven Maßstäben beurteilt. Daher ist bei Annahmeverweigerung ohne Grund der Zugang der Kündigungserklärung im Zeitpunkt des Angebots der Aushändigung anzunehmen, ohne dass es darauf ankommt, ob der Arbeitnehmer mit einer Kündigung rechnen musste. Ab diesem Zeitpunkt läuft die Dreiwochenfrist (vgl. Rz 124).

124 Für die verzögerliche oder unterbliebene Abholung des auf der Postanstalt niedergelegten per Einschreiben zugesandten Kündigungsschreibens gilt folgendes: Zwar ist der Empfänger einer Benachrichtigung über die Niederlegung eines eingeschriebenen Briefes nicht ohne weiteres gehalten, das für ihn niedergelegte Schriftstück abzuholen (*BGH* 3.11.1976 NJW 1977, 194, 195); er muss sich aber, falls mit einer Kündigungserklärung zu rechnen war, so behandeln lassen als sei es in seinen Machtbereich gelangt (*BAG* 15.11.1962 EzA § 130 BGB Nr. 2). Die Kündigungserklärung gilt als zugegangen, wenn sie trotz Einwurfs des Benachrichtigungszettels in den Hausbriefkasten vom Arbeitnehmer von der Post nicht abgeholt wird (*LG Bln.* 30.9.1994 Grundeigentum 1994, 1383 betr. Mieter). Ein missbräuchliches Verhalten liegt auch dann vor, wenn der Arbeitnehmer seinen Familienangehörigen die ausdrückliche Weisung erteilt hat, eingehende Postsendungen seines Arbeitgebers zurückgehen zu lassen (*BAG* 11.11.1992 EzA § 130 BGB Nr. 24; *LAG Hamm* 30.7.1981 EzA § 130 BGB Nr. 11). Das BAG hat den Zeitpunkt offen gelassen, in dem in seinem solchen Fall der Zugang anzunehmen ist.

125 In der Entsch. vom 18.2.1977 (EzA § 130 BGB Nr. 8) hat das *BAG* ausgeführt, dass der Arbeitnehmer die Kündigung dann **zu einem früheren Zeitpunkt** als erfolgt gegen sich gelten lassen muss, wenn es ihm nach Treu und Glauben verwehrt ist, sich auf eine Verspätung des Zugangs zu berufen. Ein solcher Fall ist nur dann anzunehmen, wenn das **Zugangshindernis dem Empfänger zuzurechnen ist,** der Erklärende nicht damit zu rechnen brauchte und er nach Kenntnis von dem noch nicht erfolgten Zugang unverzüglich erneut eine Zustellung vorgenommen hat; nicht erforderlich ist, dass der Empfänger den Zugang schuldhaft vereitelt hat; es reicht aus, wenn die Verzögerung auf Umstände zurückzuführen ist, die zu seinem Einfluss gehören, er also etwa den Benachrichtigungszettel erhalten hat oder die Unkenntnis von dessen Zugang zu vertreten hat. Der Arbeitnehmer hat in dem Zeitraum, in dem er mit einer Kündigung rechnen muss (Ankündigung einer Kündigung; Anhängigkeit eines Zustimmungsverfahrens beim Integrationsamt; laufendes Anhörungsverfahren beim Betriebsrat, § 102 BetrVG), seine Post sorgfältig durchzusehen (*BAG* 3.4.1986 EzA § 16 SchwbG Nr. 7), kann also zB nicht damit gehört werden, dass er den Benachrichtigungszettel über den Eingang des Einschreibens möglicherweise zusammen mit Werbematerial aus dem Hausbriefkasten entnommen und versehentlich weggeworfen hat (vgl. *LAG Frankf.* 18.2.1986 BB 1986, 1092 = ARSt 1987 Nr. 1243 betr. Urteilszustellung) oder dass Post ständig auf die Treppe im Hausflur gelegt wird und auf diese Weise die Benachrichtigung verloren gegangen ist (*LAG Düssel.* 12.10.1990 LAGE § 130 BGB Nr. 14). Nach *BAG* 3.4.1986 (aaO) muss sich der Arbeitnehmer, der Kenntnis von dem Benachrichtigungsschein hatte oder die Unkenntnis zu vertreten hat, so behandeln lassen als sei ihm das Kündigungsschreiben an dem Tag zugegangen, an dem der Benachrichtigungszettel über den Eingang des Einschreibens in den Briefkasten geworfen wurde. Das ist nicht zwingend, weil der Arbeitnehmer auch ohne Verstoß gegen Treu und Glauben gerade nicht zu Hause gewesen sein kann (Arztbesuch), als der Postzusteller seinen Zustellversuch vornahm. Auch bei erfolglosem Zustellversuch ohne Hinterlassung eines Benachrichtigungsscheins, wie es insbes. in kleinen Orten immer wieder zu beobachten ist – der Postbote versucht die persönliche Aushändigung während der nächsten Tage erneut – ist das nicht richtig, auch wenn letztlich eine Benachrichtigung hinterlassen wird. Es ist vielmehr vom Zugang der Kündigungserklärung an dem Tag auszugehen, an dem die unverzügliche Abholung der Kündigungserklärung möglich war, der nächste Werktag (*H.-G. Meier* Schnellbrief Arbeitsrecht, Nr. 23/1996, S. 2; vgl. im Übrigen MünchKomm-*Einsele* § 130 Rz 38 f.).

126 Der Arbeitnehmer muss sich also so behandeln lassen, als ob ihm die Kündigung zum **normalen Zeitpunkt** zugegangen wäre (*Hueck/Nipperdey* § 56 II 2, S. 544 f.; *Schaub* § 123 II 2d Rz 33; *Isenhardt* HzA Gruppe 5 Stand 07/2002, Rz 48). Das ist der Zeitpunkt, in dem **üblicherweise** ein eingeschriebener Brief, der nach Hinterlassung des Benachrichtigungszettels auf der Postanstalt niedergelegt wurde, abgeholt wird. Wirft der Postbote den **Benachrichtigungszettel** an einem Freitag ein, so dürfte davon auszugehen sein, wenn nicht andere Umstände dagegen sprechen, dass das Einschreiben als am Montag zugegangen anzusehen ist.

126a Auch wenn der Empfänger den Zugang des Einschreibens dadurch verzögert, dass er den eingeschriebenen Brief nicht unverzüglich bei der Postfiliale abholt, rechtfertigt dies nach *BAG* 25.4.1996 (EzA

§ 130 BGB Nr. 27) allerdings noch nicht, einen anderen Zugangszeitpunkt, etwa den der frühest möglichen Abholung des Einschreibens zu fingieren mit der Folge, dass mit diesem Zeitpunkt die Klagefrist des § 4 S. 1 KSchG beginnt, vielmehr tritt der Zugang erst dann ein, wenn der Adressat die Sendung innerhalb der mitgeteilten Aufbewahrungsfrist – eine Woche – abholt, es sei denn, der Arbeitgeber legt dar und beweist im Bestreitensfall, der Arbeitnehmer habe durch sein Verhalten den Lauf der Frist bewusst manipuliert, wie es etwa in dem der Entscheidung des *BAG* v. 7.11.2002 (EzA § 130 BGB 2002 Nr. 1) der Fall war: Der Arbeitnehmer wusste, dass ihm eine fristlose Kündigung zugehen wird, baute aber mit bedingtem Vorsatz Zugangshindernisse auf (vgl. Rz 128). Die Entscheidung v. 25.4.1996 hat jedenfalls im Ergebnis Zustimmung gefunden (*v. Hoyningen-Huene* Anm. EzA § 130 BGB Nr. 27; *Kothe-Heggemann* EWiR 1996, 967 f.; SPV-*Preis* Rz 224; *Kittner/Däubler/Zwanziger* §§ 130–132 Rz 8; HaKo-*Fiebig* 2. Aufl. Einl. Rz 54; APS-*Ascheid* Rz 24; *Franzen* JuS 1999, 194; *Höland* Jura 1998, 352; BBDW-*Wenzel* § 4 Rz 116), ist aber auch mit Recht auf Ablehnung gestoßen: Die Klagefrist läuft ab dem gem. § 162 BGB fingierten Zeitpunkt des Zugangs (*Ramrath* Anm. AP Nr. 35 zu § 4 KSchG 1996; *Herbert* NJW 1997, 1829; KPK-*Ramrath* § 4 Rz 22; *Larenz/Wolf* AT § 26 II 6 Rz 41). Nur das ist konsequent und ist in den Voraufl. vertreten worden. Das BAG stellt für die Klagefrist nicht auf § 162 BGB ab, sondern auf die Verwirkung des Klagerechts.

Verwirkung hat mit der vom Zugang der Kündigungserklärung an laufenden Klagefrist nichts zu tun. Wird der Zugang verzögert oder vereitelt, ist der Rechtsgedanke des § 162 BGB maßgebend: Der Arbeitnehmer muss sich so behandeln lassen, wie wenn die Kündigungserklärung zugegangen wäre. Ab diesem frühesten Zeitpunkt läuft die Klagefrist. Hinzu kommt, dass es misslich ist, dass nun zwischen Fristen, die der Arbeitgeber einzuhalten hat (Kündigungsfristen, Kündigungserklärungsfrist des § 626 Abs. 2 BGB), unterschieden werden muss. Während sich der Arbeitnehmer insoweit die Verzögerungen des Zugangs entgegen halten lassen muss, also die Einhaltung dieser Fristen fingiert wird, ist das bei der Klagefrist erst dann der Fall, wenn er bewusst den Lauf der Frist manipuliert hat. Hier wird ohne Not für die Klagefrist der Rechtsgedanke des § 162 BGB nicht mehr für maßgeblich angesehen. Gleichwohl wird sich die Praxis auf diese Entscheidung des BAG einzustellen haben. Sie schafft insoweit klare Verhältnisse.

Der Zweite Senat des BAG hat nicht den Fall entschieden, dass der Arbeitnehmer den Zugang des Einschreibens nicht nur verzögert, sondern vereitelt, indem er zB den eingeschriebenen Brief nicht abholt oder abholen lässt. Hier müsste konsequenterweise ein Zugang überhaupt verneint werden, es sei denn, der Empfänger verhindert rechtsmissbräuchlich die Aushändigung der Sendung oder holt das Einschreiben absichtlich nicht von der Postfiliale ab, um den Zugang der Kündigungserklärung zu vereiteln (*BAG* 15.11.1962 EzA § 130 BGB Nr. 2), und der Arbeitgeber, nachdem er nach Ablauf der Lagerfrist den eingeschriebenen Brief zurückerhalten haben wird, auf einen erneuten Zustellversuch verwiesen werden müssen. Allerdings ist bei Annahmeverweigerung oder arglistiger Zugangsvereitelung nach *BGH* 26.11.1997 (EzA § 130 BGB Nr. 28) ein erneuter Zustellungsversuch nicht erforderlich.

127 Dagegen stellt das *LAG Frankf.* 31.7.1986 LAGE § 130 BGB Nr. 5 in einem Fall, in dem der Arbeitnehmer vom Inhalt einer ihm zugesandten Einschreibesendung (Kündigung) aufgrund weiterer Vorkehrungen des Arbeitgebers (Durchschrift an den Arbeitnehmervertreter) tatsächlich Kenntnis erlangt hatte und deswegen seine Berufung darauf, der Inhalt der Einschreibesendung sei ihm nicht zugegangen, jedenfalls deswegen treuwidrig war, weil er die per Einschreiben versandte Kündigungserklärung durch Nichtabholen der Sendung von der Post während der postalischen Aufbewahrungsfrist selbst vereitelt hatte, was erst recht gilt, wenn ihm die Zusendung einer schriftlichen Kündigung avisiert war, auf den 15. als spätesten Zugang, obwohl der Benachrichtigungszettel erst am 15. durch den Postzusteller im Hausbriefkasten hinterlassen worden war nach erfolglosem Zustellversuch am Vortag. Das ist aufgrund der besonderen Umstände des Falles zutreffend; andernfalls wäre vom nächsten Werktag als Zugangstag auszugehen gewesen (vgl. auch *LAG Frankf.* 7.5.1987 LAGE § 130 BGB Nr. 7).

127a Eine Kündigung geht sonach nicht zu, wenn ein **Empfangsbote** die Annahme des Kündigungsschreibens verweigert, ohne dass der Arbeitnehmer auf die Annahmeverweigerung Einfluss genommen hatte (*BAG* 11.11.1992 EzA § 130 BGB Nr. 24; *LAG BW* 15.3.1994 – 7 Sa 109/93 – nv; **aA** *Schwarz* NJW 1994, 891; *Joussen* Jura 2003, 577, 581).

127b Eine Zugangsvereitelung durch den Arbeitnehmer liegt nicht vor, wenn der Arbeitgeber die ordentliche Kündigungsfrist wahren und dem Arbeitnehmer am letzten Tag des Monats die Kündigungserklärung am Arbeitsplatz übergeben will, der Arbeitnehmer aber bereits um 16.45 Uhr nicht mehr im Betrieb anwesend war: Dem Arbeitgeber standen noch mehrere Möglichkeiten offen, die Zustellung der Kündigung noch an diesem Tage vorzunehmen, etwa Übergabe in der Wohnung durch Mitarbeiter oder Boten (*LAG Köln* 10.4.2006 – 14(4)Sa 61/06 – NZA-RR 2006, 466).

128 Der Kündigende hat die **Darlegungs- und Beweislast** in solchen Fällen für die tatsächlichen Umstände, die den Einwand begründen sollen, der Arbeitnehmer berufe sich treuwidrig auf den verspäteten Zugang der Kündigung. Hat der Kündigende den Zugang des Benachrichtigungsscheins bewiesen, so reicht pauschales Bestreiten des Arbeitnehmers nicht aus, von dem Benachrichtigungsschein keine Kenntnis erhalten zu haben. Er muss konkrete Umstände vortragen, aus denen sich ergibt, dass er von dem Benachrichtigungsschein keine Kenntnis erlangt hat (*BAG* 3.4.1986 EzA § 16 SchwbG Nr. 7) oder, dass er zur alsbaldigen Abholung der niedergelegten Einschreibsendung nicht in der Lage oder dies ihm nicht zumutbar war. Der pauschale Hinweis auf »familiäre Belange« oder »Versorgung der Familie« reicht insoweit nicht aus. Das gilt erst recht, wenn der Arbeitnehmer weiß, dass ein Kündigungsschreiben an ihn unterwegs ist (*LAG Frankf.* 7.5.1987 LAGE § 130 BGB Nr. 7).

129 Ist der Arbeitnehmer **in Urlaub** gefahren, so muss er den Zugang des einfachen Briefes mit der Kündigung durch Einwurf in den Briefkasten gegen sich gelten lassen (vgl. Rz 111 f.). Das gilt auch für das »Einwurf-Einschreiben«. Dagegen ist ein **eingeschriebener Brief** in seiner Erscheinungsform des »Übergabe-Einschreibens« erst mit Abholung vom Postamt nach Urlaubsende zugegangen. Von einer treuwidrigen Vereitelung des Zuganges der Kündigungserklärung selbst kann keine Rede sein. Nach den postalischen Bestimmungen darf eine mit »eigenhändig« eingeschriebene Sendung nur dem Empfänger oder seinem Bevollmächtigten gegen Empfangsquittung, ein »Übergabe-Einschreiben« auch an Ersatzempfänger iSd Vorschriften der Deutschen Post AG ausgehändigt werden. Sie wird daher nicht wie gewöhnliche Sendungen in den Briefkasten gesteckt, sondern bei fehlender Übergabemöglichkeit auf der Postagentur niedergelegt. Der Arbeitgeber kann allenfalls davon ausgehen, dass der Arbeitnehmer dafür Sorge trägt, dass ihm in den Briefkasten geworfene Post (durch Nachbarn oder durch andere) nachgeschickt wird oder er einen Nachsendeantrag für einfache Post gestellt hat. Der Arbeitgeber muss stets damit rechnen, dass bei Abwesenheit des Arbeitnehmers der eingeschriebene Brief wegen der geschilderten postalischen Behandlung nicht in den Machtbereich des Empfängers gelangt. Das gilt auch dann, wenn der Arbeitnehmer nicht zur Arbeit erscheint und auch von seinem Wohnort abwesend ist. Hier hilft nur der (nachweisbare) Einwurf der Kündigungserklärung in den Hausbriefkasten.

130 Zunehmend taucht in den Prozessen die Behauptung auf, dass zwar der Umschlag per Einschreiben zugegangen sei, die Erklärung indes, die mit ihm angeblich versandt worden sei, sei nicht in ihm gewesen. Das ist nach *OLG Hamm* (15.10.1986 JurBüro 1987, Sp. 1165) eine rein theoretische Erwägung, ohne dass es dafür einen nachvollziehbaren Anhaltspunkt gebe. Das ist richtig, es sei denn, es werden Tatsachen dafür vorgetragen, dass die Willenserklärung nicht im Umschlag war, etwa Beobachtungen vor und beim Öffnen des Briefes. Nach *LAG Hamm* (22.5.2002 LAGReport 2003, 8, 10) bedarf es des Vortrags, dass es sich um eine Sendung ohne oder mit einem anderen Inhalt gehandelt habe, steht der Zugang der Sendung fest; das Bestreiten, eine Mitarbeiterin des Arbeitgebers habe in Kenntnis des Inhalts ein Kündigungsschreiben in einen Briefumschlag gesteckt und dann als Einwurf-Einschreiben aufgegeben, reicht nicht aus. Den Fall solcher Behauptungen greift *Hohmeister* (JA 1999, 260) auf und schlägt – neben der nicht immer möglichen persönlichen Übergabe unter Hinzuziehung eines Zeugen (vgl. Rz 116) – die Zustellung durch den Gerichtsvollzieher vor (vgl. Rz 116), um den lückenlosen Nachweis des Zugangs gerade dieses Kündigungsschreibens und nicht nur eines Schriftstückes oder gar nur eines Umschlags führen zu können: Der Gerichtsvollzieher erhält zusammen mit dem Zustellungsauftrag das unverschlossene Original der Kündigungserklärung und eine Kopie. Der Gerichtsvollzieher stellt das Original dem Empfänger zu, fertigt eine Zustellungsurkunde, beglaubigt die Kopie und händigt diese, verbunden mit der Zustellungsurkunde dem Auftraggeber aus. Alternativ verweist *Störr* (JA 1999, 822) zum Nachweis des Zugangs eines Schriftstückes mit einem bestimmten Inhalt – zB Kündigungserklärung – auf die Möglichkeit, einen Zeugen bei der Einlegung der Erklärung in den Umschlag, bei der Verschließung des Umschlages und anschließender Übergabe an den/die Mitarbeiter/in in der Postfiliale hinzuzuziehen und ein entsprechendes Protokoll zu fertigen (zum Sonderfall des Einwurfs von Geldbeträgen in bar in Hausbriefkästen vgl. *Wiese* NJW 2006, 1569 ff.).

131 Das in Rz 124–129a Ausgeführte gilt im Grunde auch für einfache Briefe (*BAG* 9.8.1984 EzA § 1 KSchG Verhaltensbedingte Kündigung Nr. 11 [zu 4a der Gründe], vgl. Rz 119–123). Der Zugang ist nach *ArbG Köln* (16.3.1981 BB 1981, 1643) gem. § 162 BGB zu fingieren, wenn der Arbeitnehmer durch das Nichtzurverfügungstellen eines Briefkastens oder einer ähnlichen Einrichtung für den Zugang des Kündigungsschreibens den Zugang fortgesetzt vereitelt. Der Arbeitnehmer hat die Verpflichtung, dafür zu

sorgen, dass an ihn gerichtete schriftliche Willenserklärungen auch zugehen können. Das ist im Ergebnis richtig, auch wenn eine Rechtspflicht zum Unterhalt von Empfangsvorrichtungen oder zum Treffen sonstiger Vorkehrungen für den Empfang von Willenserklärungen nicht mehr angenommen wird, sondern nur eine Obliegenheitsverletzung, die sich allerdings auf die Frage der Rechtzeitigkeit des Zugangs einer Willenserklärung auswirkt (vgl. *Martinek* JuS 1987, L 22 ff.). Das führt im Ergebnis dazu, dass der Arbeitnehmer sich nicht auf verspäteten Zugang mit Erfolg berufen kann, sondern sich so behandeln lassen muss, als sei die Kündigung im Zeitpunkt des ersten Zustellversuchs zugegangen.

dd) Der Zugang von Massenkündigungen

Massenkündigungen können wegen des gesetzlichen Schriftformerfordernisses des § 623 BGB nicht mehr **durch Aushang am schwarzen Brett** erfolgen. Diese zuweilen im **Tarifvertrag,** in einer **Betriebsvereinbarung** vorgesehene Möglichkeit ist entfallen (*Schaub* NZA 2000, 341; BBDW-*Wenzel* § 4 Rz 119; *Kittner/Däubler/Zwanziger* §§ 130–132 Rz 52; SPV-*Preis* Rz 222). **132**

c) Unerheblichkeit tatsächlicher Kenntnisnahme

Auf den Zeitpunkt, in dem der Arbeitnehmer **tatsächlich Kenntnis** von der Kündigungserklärung nimmt, kommt es nicht an. So reicht zB **die Aushändigung** der schriftlichen Kündigungserklärung aus, gleichgültig, ob der Arbeitnehmer das Schreiben liest oder nicht oder es gar nach Erhalt sofort verliert (vgl. Rz 105). Auch der **Zeitpunkt des Wirksamwerdens** der Kündigung, also der Zeitpunkt, zu dem gekündigt wird, ist nicht maßgebend. **133**

d) Darlegungs- und Beweislast

Die Darlegungs- und Beweislast für den Zugang der Kündigungserklärung trägt der kündigende Arbeitgeber. Nach allgemeinen Grundsätzen ist er für die für ihn günstige Tatsache darlegungs- und beweispflichtig (*LAG RhPf* 16.5.2006 – 5 Sa 149/06 – zur Darlegungslast; vgl. *LAG Hamm* 17.3.2005 – 16 Sa 912/04 – NZA-RR 2005, 547, allerdings für eine umstrittene Arbeitnehmerkündigung, auf die sich der Arbeitgeber beruft; in einem solchen Fall hat er die Darlegungs- und Beweislast, schulmäßige Beweiswürdigung !). Die Nichterweislichkeit des Zugangs geht zu seinen Lasten. Es gibt nach der überwiegenden Rspr. keinen Anschein für Zugang bei Versendung per Einschreiben (*BGH* 27.5.1957 BGHZ 24, 309 [312 f.]; 17.2.1964 NJW 1964, 1176 [1177]; *OLG Köln* 12.2.1986 JurBüro 1987 Sp. 1165; krit. *Schneider* MDR 1984, 281 ff.), und zwar auch dafür nicht, dass dem Adressaten eine Benachrichtigung darüber, dass bei der Post ein Einschreibebrief für ihn zur Abholung bereitliege, zugegangen ist (*OLG München* 16.5.1995 OLGR 1995, 238). Das gilt erst recht für gewöhnliche Briefe: Derjenige, der sich auf den Zugang eines abgesandten Briefes beruft, kann den ihm obliegenden Beweis nicht prima facie führen: Weder der Zugang noch der Verlust sind typisch (*BGH* aaO; *OGH* 23.11.1994 VersR 1995, 859; *Allgaier* VersR 1992, 1070 f.; *Tschentscher* CR 1991, 147 f.; krit. *M. Huber* JR 1985, 177 ff.; *Laumen* VersR 1992, 86; abw. *Schneider* MDR 1984, 281 ff.; *ders.* Beweis und Beweiswürdigung, 5. Aufl., Rz 590 ff. gegen ihn *Allgaier* ArchPF 1986, 35; vgl. auch *BVerfG* 10.3.1992 NJW 1992, 2217: Die Beweislast für den Zugang hindert nicht, die Versendung des Schreibens und die Tatsache, dass es nicht als unzustellbar zurückkam, als Beweisanzeichen für den Zugang anzusehen; vgl. auch *BVerfG* 15.5.1991 NJW 1991, 2757; *BFH* 14.3.1989 BB 1989, 2385 f.; Indizbeweis, nicht Prima-facie-Beweis; anders wohl *OLG Frankf.* 3.2.1995 VersR 1996, 90 f.). Das hat das *LAG Brem.* (5.9.1986 LAGE § 130 BGB Nr. 6) dahin präzisiert, dass dann, wenn der Arbeitnehmer vorträgt, sich nicht erinnern zu können, vor einem bestimmten Datum die Kündigung erhalten zu haben (zulässiges Bestreiten iSd § 138 Abs. 3 ZPO), der Arbeitgeber die volle Darlegungs- und Beweislast **auch für den Zeitpunkt** des Zugangs der Kündigung trage (vgl. *LAG BW* 8.10.1998 LAGE § 11 ArbGG 1979 Nr. 15: Beweislast beim Arbeitgeber, der aus früherem Zugang im Rechtssinne die Nichteinhaltung der Klagefrist ableitet). Es gibt keinen Beweis des ersten Anscheins dafür, dass eine vom Arbeitgeber als gewöhnlicher Brief abgesandte Kündigung im Stadtgebiet einer Großstadt den Empfänger binnen drei Tagen erreicht, ebenso *LAG Hamm* 25.2.1988 LAGE § 130 BGB Nr. 11. Dagegen wird der Einwurf in den Hausbriefkasten beim sog. Einwurf-Einschreiben nach den Versprechungen der Deutschen Post AG nachweisbar sein (vgl. Rz 113; vgl. auch Rz 128). Die Darlegungs- und Beweislast hinsichtlich der Einhaltung der Dreiwochenfrist liegt beim Kläger (vgl. Rz 170). **133a**

Zweifelhaft ist, ob abweichende arbeitsvertragliche Vereinbarungen hinsichtlich des Zugangs möglich sind. § 130 BGB ist an sich abdingbar (*Däubler* AiB 2000, 88; MünchKomm-*Eisele* § 130 BGB Rz 12; *BGH* 7.6.1995 NJW 1995, 2217). Über den Zugangszeitpunkt und die Zugangsform dürfte disponiert werden können (*Preis* Brennpunkte des Arbeitsrechts 2003, 59 f.). Es ist aber § 308 Nr. 6 BGB zu beachten (vgl. **133b** iE *Preis* aaO, S. 60; *ders.* Der Arbeitsvertrag 2002 »Zugangsfiktionen«, S. 1465 ff.; *Maurer* DB 2002, 1442 ff.).

e) Die Berechnung der Frist

134 Die **Klagefrist** wird wie folgt berechnet: Der Tag, an dem die Kündigungserklärung dem Arbeitnehmer zugeht, ist nach **§ 187 Abs. 1 BGB** nicht mitzurechnen. Die Frist beginnt am nächsten Tag. Die Frist endet dann nach **§ 188 Abs. 2 BGB** drei Wochen später an dem gleichen Wochentag, an dem die Kündigung zuging. Geht die Kündigung zB an einem Dienstag zu, so beginnt die Dreiwochenfrist am folgenden Mittwoch. Sie endet mit Ablauf des Dienstages nach drei Wochen (24.00 Uhr). Bei einer Kündigungsschutzklage, die durch Telefax eingelegt wird, genügt die vollständige Speicherung (Aufzeichnung) im Empfangsgerät des Gerichts vor Fristablauf (vgl. Rz 139). Fällt der letzte Tag der Frist auf einen Sonntag oder einen Sonnabend oder auf am Sitz des örtlich zuständigen Arbeitsgerichts staatlich anerkannten allgemeinen Feiertag (Zugang der Kündigung am Sonntag, einem staatlich anerkannten Feiertag oder einem Samstag [Sonnabend]), so endet die Frist erst am folgenden Werktag (**§ 222 Abs. 2 ZPO**, § 193 BGB).

135 Wird entgegen § 623 BGB und damit unwirksam mündlich gekündigt, so braucht die Dreiwochenfrist nicht eingehalten zu werden. Es handelt sich dann um einen Fall außerhalb des § 13 Abs. 3 KSchG (s. KR-*Friedrich* § 13 KSchG Rz 226 ff., 264). Die Frage der Fristberechnung stellt sich nicht. Wird zunächst unzulässig mündlich und anschließend schriftlich gekündigt, so läuft hinsichtlich der unzulässigen mündlichen Kündigung keine Dreiwochenfrist, Fall außerhalb des § 13 Abs. 3 KSchG. Hinsichtlich der anschließenden schriftlich erklärten Kündigung rechnet die Frist ab Zugang der schriftlichen Kündigungserklärung. Es gilt insoweit das unter Rz 134 Ausgeführte.

Wird die Kündigung vom 26.8. auf zweifachem Wege zugestellt – einmal durch Übersenden eines Briefes per Post, zum anderen durch Einschreiben/Rückschein –, handelt es sich um ein und dieselbe Kündigung, die mehrfach ausgesprochen und auch mehrmals zugegangen ist. Die rechtzeitige Klage gegen diese Kündigung macht hinreichend deutlich, dass der Arbeitnehmer sie nicht hinnehmen will, unabhängig davon, wie viele gleich lautende Exemplare ihn auf welchen Wegen auch immer wann erreichen; die Klagefrist rechnet ab dem Zeitpunkt des ersten Zugangs. Die Aufzählung sämtlicher »Kündigungen« von 26.8. im Antrag, etwa geordnet nach Zugangdaten und Zugangsform ist nicht erforderlich – aus anwaltlicher Sicht mag sie geboten sein (vgl. *LAG Köln* 30.1.2006 – 14(13) Sa 1359/05 – EzA-SD 14/2006 S. 11 = ArbuR 2006, 252).

Geht dem Arbeitnehmer ein Kündigungsschreiben mit Datum 2.3. per Einschreiben/Rückschein am 3.3. zu und erhält er einen Tag später per Einwurf-Einschreiben ein wortgleiches Kündigungsschreiben, das sich nur im Ausfertigungsdatum – 3.3. – und der Bezeichnung der Zustellart unterschied, sind nicht zwei Kündigungen ausgesprochen, sondern es liegt eine – doppelt verlautbarte – Kündigungserklärung vor, deren Zugang sichergestellt werden sollte, so dass die Klagefrist gewahrt ist, wenn der Kläger im Antrag nur »die Kündigung ... der Beklagten vom 2.3. ...« angreift, sich aber bereits in der Klageschrift mit dem in beiden Schreiben identischen Wortlaut auseinandersetzt; er hat deutlich gemacht, dass er sich gegen die Kündigung des Arbeitsverhältnisses zur Wehr setzt, die Wiederholung der Kündigung am 3.3. ist von dem Antrag erfasst (*LAG Bln.* 21.12.2005 – 9 Sa 1617, 1758/05 – Revision anhängig – 2 AZR 264/06).

2. Rechtsnatur der Dreiwochenfrist

136 Die Klagefrist von drei Wochen ist eine **Ausschlussfrist** (hM *BAG* 20.9.1955 AP Nr. 7 zu § 3 KSchG 1951; 28.4.1983 EzA § 5 KSchG Nr. 20; 26.6.1986 EzA § 4 KSchG nF Nr. 25; *LAG Düsseld.* 1.2.1972 DB 1972, 1975; *LAG Bln.* 17.8.1987 LAGE § 4 KSchG Nr. 4; *v. Hoyningen-Huene/Linck* Rz 53; BBDW-*Wenzel* § 4 Rz 103; *Löwisch* Rz 65; *Hohmeister* ZRP 1994, 141; *Wolmerath* AiB 1992, 76; *Langer* Ausschlussfristen, Rz 69), die dem materiellen Recht zuzuordnen ist (zutr. *Lepke* DB 1991, 2034 ff. mwN; *v. Hoyningen-Huene* Kündigungsvorschriften, 2. Aufl., S. 57; *Fischer* AiB 1987, 187; *Birk* JuS 1985, 785 Fn 50 mwN; *Helml* Jura 1996, 36 Fn 6; *Lüke* JuS 1996, 969 Fn 8; *Schönfelder* JuS 1997, 933, 995; *Zöllner/Loritz* § 23 VII 2; *Musielak/Werth* ZPO, 3. Aufl., § 85 Rz 10; *LAG Frankf.* 22.10.1999 – 2 Ta 487/99; vgl. *Däubler* IPrax 1992, 82, 83; anders *BAG* 2. Senat 26.6.1986 EzA § 4 KSchG nF Nr. 25 im Anschluss an *Vollkommer* AcP 161, 1962, 332 ff.: Die Dreiwochenfrist ist eine prozessuale Klageerhebungsfrist; bestätigt von *BAG* 2. Senat 6.8.1987 – 2 AZR 553/86 – [II 2 c]; 13.4.1989 EzA § 13 KSchG nF Nr. 4 [zu III 2b bb der Gründe]; *BAG* 24.6.2004 – 2 AZR 461/03 – [B I 1: Prozessuale Klageerhebungsfrist mit der materiell-rechtlichen Wirkung, dass die soziale Rechtfertigung einer Kündigung nicht weiter überprüft werden kann und mögliche Mängel der Sozialwidrigkeit geheilt werden, was im Lichte des § 4 S. 1 KSchG dahin zu ergänzen ist, dass sich das auch auf die Unwirksamkeit aus »anderen Gründen« iSd Bestimmung bezieht]; *LAG RhPf* 9.8.1989 LAGE § 5 KSchG Nr. 43; *Busemann/Schäfer* 4 Aufl., Rz 671: »prozessuale Frist«; zur dogmatischen Einordnung *Otto* Anm. *BAG* 28.4.1983 EzA § 5 KSchG Nr. 20 [IV]; *Vollkommer* Anm. *LAG Hamm* 7.11.1985 LAGE § 5 KSchG Nr. 22; 19.6.1986 LAGE § 5 KSchG Nr. 24 iS einer prozessualen Befugnis bzw. rein prozessualer Frist; *Löwisch/Spinner* § 4 Rz 78; SPV-*Vossen* Rz 1801, 1813: Prozessuale Klagefrist mit materiell-rechtlicher Wirkung; ErfK-*Ascheid* § 4 Rz 51: Prozessuale Frist, an deren Versäumung sich materiellrechtliche Folgen anschließen; diff. BBDW-*Wenzel* § 4 Rz 105: »Doppelnatur«; ähnlich wohl jetzt *v. Hoyningen-Huene/Linck* Rz 83; vgl. auch *Löwisch/Spinner* § 5 Rz 5: »Nicht nur prozessuale Frist, ... sondern auch ... materiellrechtliche Ausschlussfrist«; diff. *Berkowsky* NZA 1997, 353: »Die Versäumung der Klagefrist hat nur eine einzige, dem materiellen Recht zugeordnete Rechtsfolge: Eine der Sache nach sozial ungerechtfertigte Kündigung gilt mit Ablauf der Klagefrist als sozial gerechtfertigt .... Sie ist eine Prozesshandlung mit materiellrechtlicher Wirkung.«; vgl. auch Rz 217 und KR-*Friedrich* § 5 KSchG Rz 70). Hat der gekündigte Arbeitnehmer die Dreiwochenfrist versäumt, so wird die sozialwidrige oder aus anderen Gründen unwirksame schriftliche Kündigung nach § 7 KSchG wirksam.

Das Gericht hat von Amts wegen zu prüfen, ob der Kläger die Klagefrist eingehalten hat. Auch wenn **137** der Arbeitgeber sich im Prozess nicht ausdrücklich darauf beruft, der Arbeitnehmer habe die Dreiwochenfrist versäumt, ist die Einhaltung der Frist vom Gericht nachzuprüfen (*BAG* 20.9.1955 AP Nr. 7 zu § 3 KSchG 1951; 26.6.1986 EzA § 4 KSchG nF Nr. 25; *v. Hoyningen-Huene/Linck* Rz 53; aA *Gamillscheg* 7. Aufl., S. 504 f.; MünchKomm-*Schwerdtner* § 622 BGB Anh. Rz 200).

Die dreiwöchige Ausschlussfrist für die Klageerhebung ist **zwingend.** Das ergibt sich aus dem eindeu- **138** tigen Wortlaut des § 4 S. 1 KSchG. Wegen des zwingenden Charakters der Dreiwochenfrist können die Parteien die Frist nicht wirksam durch eine Vereinbarung verlängern oder verkürzen. Auch durch Betriebsvereinbarung oder Tarifvertrag ist eine Verlängerung oder Verkürzung der Frist nicht möglich. Auch kann der Arbeitgeber – etwa, um das Verfahren zu beschleunigen, – im Rahmen des Kündigungsschutzverfahrens nicht auf die Einhaltung der Klagefrist verzichten und den Arbeitnehmer vom Gericht so behandeln lassen als sei die Frist gewahrt. Er kann allenfalls die Angaben des Klägers über den Zugang der Kündigungserklärung hinnehmen, so dass die Frage der Einhaltung der Dreiwochenfrist nicht erheblich ist. Ergibt sich indes aus dem Vorbringen der Parteien, dass die Dreiwochenfrist versäumt sein könnte, so ist dem von Amts wegen nachzugehen. Eine vertragliche Verlängerung ist nicht zulässig (*Löwisch/Spinner* Rz 78; *v. Hoyningen-Huene/Linck* Rz 53; aA *Gamillscheg* 7. Aufl., S. 505). Allerdings wird vorgeschlagen, dass nach Erhalt einer Kündigung die Klagefrist von drei Wochen bis zu maximal drei Monaten durch Parteivereinbarung verlängerbar sein soll. Würde die Fristenregelung des § 4 S. 1 KSchG und des § 17 S. 1 TzBfG der Parteimaxime unterworfen, werde manches Verfahren nicht anhängig gemacht, weil mehr Zeit sei, die Erfolgsaussichten zu prüfen (vgl. Stellungnahme des Arbeitsrechtsausschusses des Deutschen Anwaltsvereins e.V. zu Vorschlägen aus Niedersachsen und Nordrhein-Westfalen zur Vereinfachung und Beschleunigung arbeitsgerichtlicher Verfahren, NZA 1997, Heft 7, S. VII). § 133 Abs. 3 des Diskussionsentwurfs eines ArbVG (*Henssler/Preis* auf Initiative der Bertelsmann-Stiftung abrufbar unter www.arbvg.de) sieht vor, dass die Klagefrist innerhalb eines Monats nach Zugang der Kündigung durch schriftliche Vereinbarung auf bis zu sechs Monate verlängert werden kann, was von *Gravenhorst* (NZA 2006, 1199 Fn 1) begrüßt wird. Ob eine solche Regelung sinnvoll ist, erscheint zum einen deswegen als zweifelhaft, weil am Ende doch geklagt wird, kommt eine Einigung nicht zustande, zum anderen ergeben sich Folgeprobleme, zB um die Wirksamkeit einer solchen Vereinbarung oder um die Frage des Annahmeverzugslohns für die Zeit der Verlängerung der Klagefrist.

VII. Die Erhebung der Klage innerhalb der Dreiwochenfrist

Die Klageerhebung iSd Zivilprozessordnung vollzieht sich in zwei Akten: **Einreichung der Klage-** **139** **schrift** mit den nötigen Abschriften oder **mündliche Anbringung** der Klage zur Niederschrift bei der Geschäftsstelle oder der Rechtsantragsstelle des ArbG **und Zustellung** einer beglaubigten Abschrift von Amts wegen. Erst damit ist die Klage erhoben und die Wirkungen der **Rechtshängigkeit** treten ein. Eine Klage ist iSd **§ 253 Abs. 5 ZPO** bei Gericht **eingereicht,** wenn die Klageschrift dem Gericht iSd § 130 Abs. 1 ZPO zugegangen ist. Es genügt, dass der Gewahrsam des Gerichts in einer für die Entgegennahme von Schriftsätzen üblichen Weise begründet wird. Bei der Übermittlung durch Telekommu-

§ 4 KSchG   Anrufung des Arbeitsgerichts

nikation genügt, dass die gesendeten Signale noch vor Ablauf des letzten Tages der Frist vom Telefaxgerät des Gerichts vollständig empfangen (gespeichert) wurden. Dass der Ausdruck des Empfangenen bei Gericht (teilweise) erst nach Fristablauf erfolgt, ist unerheblich (*BAG* 19.1.1999 EzA § 615 BGB Nr. 93; *BGH* 25.4.2006 – IV ZB 20/05 – BGHZ 167, 214 = NJW 2006, 2263; 5.9.2006 – VI ZB 7/06). Die Entgegennahme durch einen zur Entgegennahme sowie zur Beurkundung des Zeitpunktes des Eingangs zuständigen Beamten oder Angestellten ist nicht erforderlich (*Rosenberg/Schwab/Gottwald* § 65 II 2b Rz 6 ; *Thomas/Putzo-Hüßtege* § 167 Rz 7).

140 Dabei ist die **Klagefrist gewahrt,** wenn die Klage innerhalb drei Wochen beim ArbG **eingegangen** ist und die Klage **demnächst** dem Arbeitgeber **zugestellt wird** (§ 46 Abs. 2 ArbGG iVm § 495 ZPO iVm § 167 ZPO). § 167 ZPO ist auf die Wahrung der Klagefrist des § 4 KSchG anwendbar (*BAG* 13.7.1989 RzK I 8h Nr. 6 zu § 270 Abs. 3 ZPO aF). Die **Zustellung** ist dann iSd § 167 ZPO als »**demnächst erfolgt**« anzusehen, wenn die Klage in einer den Umständen nach angemessenen Frist ohne besondere von der Partei oder ihrem Vertreter zu vertretenden Verzögerung zugestellt wird (*Thomas/Putzo-Hüßtege* § 167 Rz 10 ff.; SPV-*Vossen* Rz 1807).

141 Der *BGH* (13.7.1972 DB 1972, 2108; 9.11.1994 NJW-RR 1995, 254) umschreibt **den Zweck dieser Regelung** dahin, der klagenden Partei die Verantwortung für solche Verzögerungen der Zustellung abzunehmen, auf die sie keinen Einfluss hat und die ausschließlich in dem Geschäftsablauf des zustellenden Gerichts begründet sind. Dagegen sind der klagenden Partei die Verzögerungen anzurechnen, die dadurch entstehen, dass sie nicht die in ihrem Einflussbereich liegenden Voraussetzungen für die von Amts wegen vorzunehmende Zustellung der Klageschrift schafft.

142 Verhältnismäßig geringfügige Verzögerungen, die auf einem nachlässigen Verhalten des Klägers beruhen, sind wegen der fehlenden Angabe einer Frist in § 167 ZPO unschädlich (vgl. *BAG* 31.1.1963 u. 23.1.1967 LM Nr. 9, 10 zu § 261b ZPO; *BGH* 27.9.1973 NJW 1974, 57).

143 Nach *BAG* (8.4.1976 EzA § 4 KSchG nF Nr. 10) ist in einem Fall, in dem die Anschrift des Beklagten mit »K-K Postfach 1267« angegeben war und die ladungsfähige Anschrift erst nach Aufforderung durch das Gericht zu den Gerichtsakten gelangt war, so dass es zu einer zehntägigen Verzögerung der Zustellung gerechnet ab Ablauf der Klagefrist und Zustellung der Klage gekommen war, die Zustellung noch »demnächst« erfolgt. Der BGH sieht eine der klagenden Partei zuzurechnende Verzögerung der Klagezustellung um bis zu 14 Tagen noch als geringfügig an und damit die Zustellung als »demnächst erfolgt« iSd § 270 Abs. 3 ZPO aF (*BGH* 1.12.1993 VersR 1994, 1073 mwN; 9.11.1994 NJW-RR 1995, 254; ähnlich *BAG* 13.5.1987 EzA § 209 BGB Nr. 3; 17.1.2002 EzA § 4 KSchG nF Nr. 62; *LAG Frankf.* 24.8.1998 BB 1999, 852: Zwei Wochen; großzügiger ArbG Bln. 6.8.2003 EzA-SD 2003, Nr. 22, 16: Bis zu einem Monat; *OLG Hamm* 4.10.1991 NJW-RR 1992, 480: Die Zustellung 19 Tage nach Fristablauf ist noch »demnächst« iSd § 270 Abs. 3 ZPO aF; *LAG Nürnberg* 8.10.2001 NZA-RR 2002, 212: »Demnächstige« Zustellung auch dann, wenn die Klage erst nach zwei Monaten zugestellt wird, dem Arbeitnehmer aber nur eine Verspätung von elf Tagen angelastet werden kann). Der Partei sind nur solche Verzögerungen zuzurechnen, die sie oder ihr Prozessbevollmächtigter bei gewissenhafter Prozessführung hätten vermeiden können. Das ist im Einzelfall zu ermitteln (*LAG Hamm* 23.11.2000 DZWIR 2001, 284 = ZInsO 2001, 234). Das *LAG München* 12.1.1982 ZIP 1983, 616 hält eine etwaige absolute Grenze auch bei zwanzig Kalendertagen zwischen Einreichung und Zustellung für noch nicht erreicht, wobei es nur auf den vom Kläger zu vertretenden Zeitraum ankommen kann (vgl. im Übrigen *Lang* AnwBl. 1984, 198 ff.; *Schlee* AnwBl. 1986, 530 f.; AnwBl. 1988, 233). Klageeingang bei Gericht 15.5., Zustellung an die zutreffende Anschrift der Niederlassung am 6.6., Rücksendung durch konzernangehörige Firma am 13.6., Eingang bei Gericht am 17.6., Anfrage beim Kläger, Mitteilung der Anschrift des Sitzes der Beklagten am 24.6., Eingang am 25.6., Zustellung am 28.6.:«demnächst«, zumal Beschäftigungsort des Klägers der Sitz der Niederlassung war (*ArbG Frankf.* 29.1.2003 – 9 Ca 4639/02). Die Angabe der Auslandsanschrift des Arbeitgebers reicht aus. Sie versetzt das ArbG in die Lage, die Klage dem Arbeitgeber im Wege der Rechtshilfe zuzustellen. Beantwortet der Arbeitnehmer eine Anfrage des Gerichts nach dem Ort seiner Tätigkeit nicht, liegt darin keine Unterbindung oder Verhinderung der Zustellung der Feststellungsklage durch den Arbeitnehmer. Die Notwendigkeit eines mehrwöchigen Zeitraumes für die Auslandszustellung verletzt das Gebot der alsbaldigen Zustellung nicht (*LAG Düsseld.* 13.2.1982 – 4 Sa 1372/80, insoweit nv). Der Arbeitnehmer dürfte gehalten sein, beim Arbeitsgericht in angemessener Zeit nachzufragen, ob eine Zustellung erfolgt ist. Es ist zu klären, ob eine Nachfrage zu einer früheren Zustellung geführt hätte (vgl. *BGH* 27.2.2006 – I ZR 237/03 – NJW-RR 2006, 1436 betr. Mahnbescheid).

143a Die Klagefrist des § 4 KSchG ist auch dann gewahrt, obwohl die Klage dem Arbeitgeber nicht demnächst zugestellt worden ist, wenn der Arbeitgeber die unterlassene Zustellung der Klageschrift nicht rügt, sondern zur Hauptsache verhandelt. Die unterlassene Zustellung einer Klage ist ein verzichtbarer Verfahrensmangel iSd § 295 Abs. 1 ZPO. Eine Heilung nach § 295 Abs. 1 ZPO tritt dann ein, wenn eine Partei den Mangel der Zustellung in der nächsten mündlichen Verhandlung nicht rügt, obwohl sie erschienen ist und der Mangel ihr bekannt ist oder bekannt sein muss (*LAG München* 12.11.1982, ZIP 1983, 616). Bei einem solchen Prozessverhalten ist die Klagefrist, die durch die nicht zugestellten Schriftsatz eingehalten werden sollte, als gewahrt anzusehen, wenn die Einreichung des Schriftsatzes und der Rügeverlust nach § 295 ZPO zueinander in demselben Verhältnis stehen wie eine der Einreichung der Klage demnächst folgende Zustellung (vgl. *BGH* 29.6.1957 BGHZ 25, 71 und *BGH* 24.6.1960 NJW 1960, 820). Mit der Heilung des Mangels der Zustellung durch die rügelose Verhandlung nach § 295 ZPO wird die Zustellung überflüssig. Der Rügeverlust bewirkt, dass der Rechtsstreit von dem Zeitpunkt an, in dem die Rüge nicht mehr rechtzeitig erhoben werden kann, rechtshängig geworden ist. Er führt dazu, dass die Klagefrist bereits mit der Einreichung der Klageschrift gewahrt ist (*BAG* 11.1.1979 –2 AZR 615/76 – [zu II 2b der Gründe] nv). Zu beachten ist, dass die unterlassene Zustellung der Klageschrift nach § 189 ZPO auch dadurch geheilt werden kann, dass dem Arbeitgeber der Schriftsatz formlos zugegangen ist. Eine Heilung nach § 189 ZPO setzt voraus, dass die Zustellung durch das Gericht beabsichtigt war und es sich nicht mit einer formlosen Übersendung begnügen wollte (*Thomas/Putzo-Hüßtege* § 189 Rz 7, hM für § 187 ZPO aF). Dann muss aber wenigstens festzustellen sein, dass die Zustellung der Klageschrift ausdrücklich verfügt war.

Eine infolge Parteiwechsels dem neuen Beklagten oder Prozessstandschafter nicht »demnächst« zugestellte Kündigungsschutzklage wahrt nach *ArbG Bln.* (10.3.1988, DB 1988, 1608) bei entsprechender Rüge (§ 295 ZPO) die Klagefrist nicht. Das ist nur dann richtig, wenn der Parteiwechsel noch innerhalb der Dreiwochenfrist erfolgte, andernfalls ist die Klagefrist ohnehin versäumt (vgl. Rz 157). 143b

Aus dem Vorstehenden ergibt sich, dass die **Klagefrist nicht gewahrt** ist, wenn der gekündigte Arbeitnehmer die Klage zwar rechtzeitig einreicht, zugleich aber, was nicht selten geschieht, den **Antrag** stellt, **die Klage noch nicht zuzustellen**, etwa weil noch Vergleichsverhandlungen schweben oder der Kläger die möglicherweise lange Kündigungsfrist in einem von einer Kündigungsschutzklage unbeschwerten Arbeitsverhältnis abwarten will und das Gericht diesem Antrag entspricht (sog. **vorsorgliche Klageerhebung**) und das zu einer nicht nur geringfügigen Verzögerung der Klagezustellung führt (*v. Hoyningen-Huene/Linck* Rz 56; *BBDW-Wenzel* § 4 Rz 125; *Bauer* Aufhebungsverträge [7. Aufl.] Rz II 90). Das Gericht wird den Kläger darauf hinzuweisen haben, dass die Einreichung der Klage allein nicht ausreichend ist. 144

Nicht selten bittet der Kläger auch darum, **wegen schwebender Vergleichsgespräche** von einer Terminsbestimmung vorerst abzusehen. **§ 216 Abs. 2 ZPO**, der auf den Kündigungsschutzprozess über § 46 Abs. 2 S. 1 ArbGG anwendbar ist, verpflichtet zur unverzüglichen Terminsbestimmung von Amts wegen. Außerdem ist die Klageschrift nach der Terminsbestimmung zusammen mit der Ladung dem beklagten Arbeitnehmer zuzustellen (§ 46 Abs. 2 ArbGG iVm §§ 497, 498, 271 ZPO). Eine Zustellung der Klage ohne Terminsbestimmung ist nur im Prozesskostenhilfeverfahren vorgesehen. Daraus ist zu folgern, dass der gekündigte Arbeitnehmer nicht berechtigt ist, durch einen entsprechenden Antrag die Klage zwar zuzustellen, aber nicht terminieren zu lassen. Die ZPO sieht eine solche Möglichkeit, wie dargestellt, nicht vor. Auch der Sinn und Zweck des § 4 KSchG, nämlich möglichst schnell zu klären, ob die mit der Klage angegriffene Kündigung tatsächlich unwirksam ist oder nicht, sowie die Pflicht zur besonderen Prozessbeschleunigung in Kündigungsrechtsstreitigkeiten nach § 61a ArbGG stehen dem entgegen. Der Kläger hat deshalb nicht die Befugnis, den Kündigungsrechtsstreit dadurch auf die lange Bank zu schieben, dass er einen Verhandlungstermin nicht wünscht (*v. Hoyningen-Huene/Linck* Rz 56; *LAG Hannover* 25.4.1953 AP Nr. 3 zu § 3 KSchG; **aA** *BBDW-Wenzel* § 4 Rz 125; *LAG Hannover* 5.12.1953 BB 1954, 132 unter Hinweis auf *Kaufmann* BB 1953, 391). 145

Folgt das Gericht gleichwohl dem Wunsch des klagenden Arbeitnehmers und **stellt es die Klage ohne Terminsbestimmung zu**, so ist die Klage auch ohne die Terminsbestimmung wirksam erhoben und die Dreiwochenfrist gewahrt (hM, vgl. *BGH* 21.11.1953 BGHZ 11, 175 [177]; *v. Hoyningen-Huene/Linck* Rz 56; *BBDW-Wenzel* § 4 Rz 125; *LAG Frankf.* 21.11.1974 ARSt 1975 Nr. 169, S. 171). 146

Die Praxis hilft dem Kläger, der bittet, von der Terminierung einstweilen abzusehen, damit, dass sie einen **zeitlich** etwas weiter **hinausgeschobenen Gütetermin** bestimmt. 147

§ 4 KSchG

1. Die Art und Weise der Klageeinreichung

148 Die Klage kann mittels einer **Klageschrift** (möglichst in dreifacher Fertigung) beim ArbG eingereicht werden. Die Klage kann auch **mündlich zu Protokoll der Geschäftsstelle** des ArbG angebracht werden, auch telefonisch zu Protokoll der Geschäftsstelle (Handelsblatt 9.10.1996, wie fernmündliche Einlegung des Einspruchs gegen Versäumnisurteil zu Protokoll der Geschäftsstelle, *LAG BW* 26.2.1971 BB 1971, 1104; vgl. aber die abw. Rspr. zur telefonisch eingelegten Berufung, *BGH* 26.3.1981 NJW 1981, 1627). Die telegrafische Klage wahrt die Frist (*BAG* 10.5.1962 AP Internat. Privatrecht Arbeitsrecht Nr. 6; BBDW-*Wenzel* § 4 Rz 85), desgleichen die fernschriftliche. Auch eine durch Telefax (Telekopie) eingelegte Klage wahrt die Frist (*LAG RhPf* 24.2.2001 LAGE § 4 KSchG Nr. 45; vgl. *BAG* 14.1.1986 EzA § 94 ArbGG 1979 Nr. 3 betr. Rechtsbeschwerde; *BGH* 11.10.1989 NJW 1990, 188 betr. Rechtsmitteleinlegung und -begründung; *BGH* 10.1.1990 NJW 1990, 990 betr. Klageschrift, § 623 BGB hat daran nichts geändert; im Prozessrecht können die modernen Kommunikationsmittel fristwahrend genutzt werden (zutr. BBDW-*Wenzel* § 4 Rz 123); vgl. Rz 165a.

2. Der Mindestinhalt der Klageschrift

149 Der **notwendige Inhalt** der Klageschrift ergibt sich aus **253 Abs. 2 ZPO**.

150 Die Klage muss das **angerufene Gericht bezeichnen**.

151 Der **Kläger**, der **Arbeitnehmer** und der **Beklagte**, also der **Arbeitgeber**, idR eine Firma, also die Parteien **müssen angegeben werden**. Das erfolgt durch die näheren Angaben gem. § 253 Abs. 2 ZPO iVm § 130 Nr. 1 ZPO. Die Parteien und ihre gesetzlichen Vertreter – zB die Geschäftsführer einer GmbH oder Aufsichtsrat gem. § 52 GmbHG, § 112 AktG (*OLG Brandenburg* 13.7.1999 – 6 U 286/96 – NJW 2001, Heft 40 S. VIII), im Insolvenzfalle Insolvenzverwalter als Fremdliquidator Vertretungsorgan nach der Vertreter- oder Organtheorie in Abkehr von der sog. Amtstheorie (*LAG Hamm* 23.11.2000 ZInsO 2001, 234 = DZWIR 2001, 284); die persönlich haftenden Gesellschafter einer oHG; die Vorstandsmitglieder einer AG; die GmbH-Komplementärin nebst ihrer Geschäftsführer einer GmbH u. Co. KG – sind »nach Namen, Stand oder Gewerbe, Wohnort ... zu bezeichnen« (§ 253 Abs. 2 iVm § 130 Nr. 1 ZPO; die Angabe der Anschriften ist nicht ausdrücklich vorgeschrieben, aber zwingendes Erfordernis einer ordnungsgemäßen Klageerhebung jedenfalls dann, wenn die Angabe ohne weiteres möglich ist, die Angabe der Anschrift des Arbeitgebers erst nach Ablauf der Dreiwochenfrist wirkt nicht zurück, *Sächs. LAG* 17.3.2004 – 2 Sa 948/02). **Einzelfirmen** müssen seit dem 1.4.2003 den Zusatz »eingetragener Kaufmann« (oder eine entsprechende Abkürzung wie »e.K.«) führen. Mit dem obligatorischen Hinweis in der Firma auf die Kaufmannseigenschaft soll auf eine klare praktische Grenzziehung zwischen den Firmen von Einzelkaufleuten und den Geschäfts- oder Etablissementsbezeichnungen von Kleingewerbetreibenden hingewirkt werden, die als Nichtkaufleute keine Firma führen dürfen (BT-Drs. 13/8444, S. 54). Ein Nichtkaufmann muss unter seinem bürgerlichen Namen verklagt werden, wobei zur Klarstellung hinzugefügt werden mag, welches Geschäft er betreibt (zB »Düsseldorfer Hof, Hotel und Restaurant«), vgl. iE *Gräve/Salten* MDR 2003, 1097 ff.

152 Das ist zur **Festlegung der Identität der Parteien** erforderlich. Darauf sollte in der Praxis mehr Sorgfalt verwandt werden. Es ist immer wieder zu beobachten, dass unvollständige Parteibezeichnungen zu Schwierigkeiten führen, insbes. bei der Zustellung der Klage und bei der Vollstreckung aus dem Urteil, etwa dem Abfindungsurteil.

153 Es ist zu beachten, dass eine **Kündigungsschutzklage der falschen Partei**, also nicht des gekündigten Arbeitnehmers, **oder gegen die falsche Partei**, also nicht gegen den Arbeitgeber oder den im Einzelfall (gesetzlich) vorgesehenen Prozessstandschafter (*ArbG Wiesbaden* 3.3.1982 BB 1982, 1791; vgl. Rz 157a), die Dreiwochenfrist nicht zu wahren vermag.

Klagt statt des gekündigten Arbeitnehmers eine andere Person, so kann das Aktivrubrum nicht berichtigt werden. Die Identität der Parteien ist nicht gegeben, wenn eine andere existierende Person klagt. Es kommt lediglich ein gewillkürter Parteiwechsel auf der Klägerseite in Betracht, der aber nur dann die Ausschlussfrist des § 4 S. 1 KSchG zu wahren vermag, wenn der **Parteiwechsel noch innerhalb der Dreiwochenfrist wirksam erfolgt** (*LAG Hamm* 26.3.1969 AuR 1969, 316; *ArbG Hagen* 18.2.1982 BB 1982, 1799; *Hess. LAG* 12.8.2005 – 17/11 Sa 2021/03).

Wird statt des Arbeitgebers, der die Kündigung ausgesprochen hat, der angeblich neue Betriebsinhaber im Wege des gewillkürten Parteiwechsels auf der Beklagtenseite verklagt, so kommt es für die Wahrung der Dreiwochenfrist auf den Zeitpunkt des Parteiwechsels (*BAG* 31.3.1993 EzA § 4 KSchG nF

Nr. 46) und nicht auf den Prozessbeginn an. Ist im Zeitpunkt des Parteiwechsels die Dreiwochenfrist abgelaufen, dann kann die Sozialwidrigkeit der Kündigung oder ihre Rechtsunwirksamkeit aus anderen Gründen gegen die neue Partei nicht mehr mit Erfolg geltend gemacht werden (*LAG Hamm* 17.8.1982 EzA § 4 KSchG nF Nr. 23; *LAG RhPf* 17.6.2002 – 7 Sa 167/02; *LAG Bln.* 26.6.2003 LAGReport 2003, 363 = EzA-SD 2003 Nr. 23 S. 13), es sei denn, die Kündigungsschutzklage wird nachträglich zugelassen, was aber in solchen Fällen häufig nicht der Fall ist (vgl. den Sachverhalt *LAG Frankf.* 4.1.2000 – 9 Sa 828/99, insoweit DB 2000, 1236 nicht mitgeteilt). Das gilt auch im Fall der nachträglichen subjektiven Klagehäufung, wenn der Kläger die Kündigungsschutzklage außerhalb der dreiwöchigen Klagefrist auf die »richtige« Partei erweitert (*LAG Hamm* 28.6.2000 BuW 2001, 440; *Hess. LAG* 17.5.2002 – 15 Ta 77/02 – Klage gegen die von der B GmbH ausgesprochenen Kündigungen gegen diese nach Eröffnung des Insolvenzverfahrens, Klageerweiterung nach Ablauf der Dreiwochenfrist auf den Insolvenzverwalter als Partei Kraft Amtes). Es fehlt an der Passivlegitimation, wenn der Arbeitnehmer einer GmbH & Co KG bei einer von der KG ausgesprochenen Kündigung nur den persönlich haftenden Gesellschafter, die GmbH, verklagt. Die Berichtigung des Passivrubrums kommt nicht in Betracht. Zwischen dem persönlich haftenden Gesellschafter und der Gesellschaft besteht keine Identität (*LAG Bln.* 18.1.1982 EzA § 4 KSchG nF Nr. 21; *BAG* 9.3.1961 AP Nr. 31 zu § 3 KSchG; 19.2.1970 EzA § 202 BGB Nr. 132; *Thür. LAG* 17.9.1997 LAGE § 4 KSchG Nr. 38c [II 2b dd]). Entsprechendes gilt, wenn der Kläger selbst vorträgt, eine tatsächlich existente GmbH habe die Kündigung ausgesprochen, gleichwohl eine ebenfalls existente AG (Muttergesellschaft) als vermeintlich richtige Arbeitgeberin verklagt (*LAG Köln* 19.5.1995 LAGE § 4 KSchG Nr. 27; ähnlich, wenn statt der S GmbH Frankfurt, die das Kündigungsschreiben ausgestellt hatte, gleichwohl die A GmbH Berlin verklagt wird, von der das Arbeitsverhältnis vor mehr als zehn Jahren auf die S GmbH übergegangen war, weil die A GmbH die richtige Arbeitgeberin sei; die ersichtlich gemeinte Partei war richtig bezeichnet, *Hess. LAG* 15.12.1995 – 9 Ta 486/95 –, insoweit nv). Wird der frühere Betriebsinhaber verklagt, obwohl der Erwerber, der den Arbeitnehmer von dem Betriebsübergang unterrichtet hatte, die Kündigung ausgesprochen hat, und findet der Parteiwechsel außerhalb der Dreiwochenfrist statt, so treten die Wirkungen des § 7 KSchG ein (*ArbG Frankf.* 24.4.2002 – 17 Ca 4258/01).

Welche Partei klagt und gegen welche Partei sich die Klage richtet, muss durch **Auslegung** ermittelt werden (vgl. *BGH* 24.1.1952 BGHZ 4, 334; *BAG* 22.1.1975 EzA § 268 ZPO Nr. 1; *OLG Celle* 27.9.1966 OLGZ 1967, 310; *Rosenberg/Schwab/Gottwald* § 41 II 1 Rz 3 ff.). Es kommt darauf an, welcher Sinn der von der klagenden Partei in der Klageschrift gewählten Parteibezeichnung bei objektiver Würdigung des Erklärungsinhalts zukommt, wobei etwa der Klageschrift beigefügte Unterlagen, wie das Kündigungsschreiben, Aufschluss darüber geben können, wer als beklagte Partei tatsächlich gemeint ist (*BAG* 27.11.2003 EzA § 4 KSchG nF Nr. 65). Ergibt sich die Unrichtigkeit der Parteibezeichnung aus dem Handelsregister und ist die Identität der Partei trotz der unzutreffenden Bezeichnung gewahrt, so ist die Berichtigung vorzunehmen (vgl. *LAG München* 10.2.1984 MDR 1985, 170). Selbst wenn sich der Kläger mit der Klage gegen die Kündigung durch seinen unmittelbaren Vorgesetzten, durch den Geschäftsführer der GmbH usw., wendet, sich aber aus dem der Klage beigefügten Kündigungsschreiben ergibt, wer die Kündigung ausgesprochen hat, so zeigt dies deutlich, gegen wessen Kündigung sich die Klage tatsächlich richten sollte. Das ArbG kann daraus entnehmen, dass nicht der Vorgesetzte, etwa der Geschäftsführer der GmbH persönlich, sondern der Arbeitgeber, sei er eine natürliche Person oder eine Gesellschaft, verklagt werden sollte. Die Klage wahrt die Dreiwochenfrist des § 4 KSchG. Das Passivrubrum ist zu berichtigen (*LAG Hamm* 21.8.1980 EzA § 4 KSchG nF Nr. 18: Klage gegen den als Transportunternehmer bezeichneten Geschäftsführer der GmbH unter Angabe der Anschrift der GmbH statt gegen die Autokran GmbH; *LAG Köln* 30.4.1986 LAGE § 4 KSchG Nr. 9: Klage gegen die ARO-Rohrleitungsbau GmbH statt richtig gegen ARO-GmbH Industrietechnische Anlagen, die sich rügelos unter falscher Bezeichnung auf den Prozess eingelassen hatte; *LAG Frankf.* 28.6.1985 – 14 Ta 46/85: Klage gegen den als Betreiber des Fachhandelsgeschäftes, in dem die Klägerin als Filialleiterin tätig war, bezeichneten Geschäftsführer der Einzelhandels GmbH; ähnlich *LAG Frankf.* 12.12.1989 AuR 1991, 152; *LAG Hamm* 4.11.1996 LAGE § 5 KSchG Nr. 84: Tatsächlich existierende juristische Person wird verklagt; allerdings war das Kündigungsschreiben der Klage beigefügt, das eine andere juristische Person ausgestellt hatte; sehr weitgehend: Die eine AG war nicht identisch mit der anderen AG, »Grenze der Berichtigung des Rubrums ist die Nämlichkeit der Partei«, *Hess. LAG* 15.12.1995 – 9 Ta 486/95 – insoweit nv; *LAG Hamm* 25.10.2000 ZInsO 2001, 240 = BuW 2001, 1012: Berichtigung des Rubrums möglich, wenn sich die »richtige Partei« im Kündigungsschutzprozess als Beklagte meldet; *BAG* 24.2.2000 – 8 AZR 145/99 – insoweit nv: Klage gegen die R.-Möbel Verwaltungsgesellschaft mbH, die unter ihrem Briefkopf die Kündigung ausgesprochen und im Auftrage der Arbeitgeberin unterzeichnet hatte; das Kündigungsschreiben war der Klage beigefügt; *BAG* 15.3.2001 EzA § 4 KSchG nF Nr.61; 21.2.2002 EzA § 4 KSchG nF Nr.63: Klage gegen die Sparkasse vertreten durch den Vorstand statt gegen den Zweckverband Sparkasse A [Art. 12 Abs.1 Bayerisches SparkassenG] unter Beifügung der vom Vorstandsvorsitzenden und einem weiteren Vorstandsmitglied im Namen des Zweckverbandes Sparkasse A unterschriebenen Kündigungserklärung; *BAG* 27.11.2003 EzA § 4 KSchG nF Nr.65: Klage gegen persönlich haftende Gesellschafterin einer OHG statt gegen diese; ergibt sich in einem Kündigungsschutzprozess etwa aus der Klageschrift beigefügten Kündigungsschreiben zweifelsfrei, wer als beklagte Partei gemeint ist, so liegt eine nach § 4 S. 1 KSchG rechtzeitige Klage auch dann vor, wenn bei Zugrundelegung des bloßen Wortlauts der Klageschrift eine andere existierende oder nicht existierende natürliche oder juristische Person als Partei in Betracht zu ziehen wäre). Eine Auslegung ist auch dann möglich, wenn die Klage gegen die existierende GmbH statt gegen die gleichfalls existierende KG gleichen Namens gerichtet wird (*BAG* 12.2.2004 EzA § 4 KSchG nF Nr. 66 gegen *LAG RhPf* 17.6.2002 – 7 Sa 167/02), anders, wenn die Klage bewusst gegen die U.A. GmbH gerichtet wurde mit dem Hinweis, diese sei trotz des Kündigungsschreibens der U. GmbH und trotz des Arbeitsvertrages mit der U. GmbH Arbeitgeberin, und dann erst die Erkenntnis reift, es sei doch die U. GmbH gemeint, keine Berichtigung des Passivrubruns, sondern Parteiwechsel auf der Passivseite (*LAG Bln.* 26.6.2003 LAGReport 2003, 363 = EzA-SD 2003 Nr. 23 S. 13) oder wenn der Arbeitnehmer trotz Rüge der Passivlegitimation dabei bleibt, dass er die Gesellschafter und Partner verklagt wissen will und den Parteiwechsel auf Beklagtenseite erst außerhalb der Frist des § 4 S. 1 KSchG vornimmt (*Hess. LAG* 12.8.2005 – 17/11 Sa 2021/03, Revision unter – 2 AZR 525/05 – anhängig). Demgegenüber liegt eine Klage gegen den falschen Arbeitgeber vor, die die Klagefrist nicht wahrt, wenn die Kündigung erkennbar in Vollmacht für den Arbeitgeber erklärt wird; der Bevollmächtigte ist nicht Arbeitgeber (*LAG RhPf* 13.12.2004 – 7 Sa 459/04 – für den Fall der Kündigungserklärung durch den Caritasverband der Diözese Speyer für die Kirchengemeinde, der vereinbarungsgemäß die Geschäftsführung für die Gemeinde übernommen hatte, was dem Arbeitnehmer jedenfalls durch einen vorausgegangenen Prozess, der gegen die »richtige« Arbeitnehmerin geführt wurde, bekannt war).

Die Auslegung der in der Klageschrift enthaltenen prozessualen Willenserklärungen ist uneingeschränkt auch in der Revisionsinstanz möglich (*BAG* 12.2.2004 EzA § 4 KSchG nF Nr. 66). Ein Beschluss, mit dem das ArbG das Passivrubrum »berichtigt«, ist nicht der materiellen Rechtskraft fähig, es handelt sich vielmehr um eine prozessleitende Verfügung, mit der das Gericht seine Auffassung darüber mitteilt, wen es aufgrund der von ihm vorgenommenen Auslegung der Klageschrift als Partei ansieht. Die »Rubrumsberichtigung« kann jederzeit abgeändert werden (*BAG* 27.11.2003 *EzA § 4 KSchG nF Nr. 64*). Die Frage, wer Partei auf Arbeitgeberseite ist, kann bei Bedarf auch durch ein Zwischenurteil geklärt werden (*BAG* 27.11.2003 EzA § 4 KSchG nF Nr. 65 unter Hinweis auf *BGH* 28.3.1995 AP ZPO § 50 Nr.8).

154a Eine derartige Auslegung ist grds. und speziell auch in Fällen der Klage gegen die spätere Insolvenzschuldnerin statt gegen den **Insolvenzverwalter** möglich (*LAG Hamm* 4.11.1996 LAGE § 5 KSchG Nr. 84).

Lässt sich der Klageschrift entnehmen, dass der Insolvenzverwalter die Kündigung ausgesprochen hat, oder auch nur, dass das Insolvenzverfahren gegen die Schuldnerin eröffnet worden ist, so wird regelmäßig eine Ergänzung des Beklagtenrubrums möglich sein. Das gilt erst recht, wenn der Klageschrift das Kündigungsschreiben beigefügt ist, aus dem sich ergibt, dass es sich um eine Kündigung des Insolvenzverwalters handelt, der demgemäß nach dem Zusammenhang der Klageschrift verklagt werden soll (*BAG* 17.1.2002 EzA § 4 KSchG nF Nr.62; 27.3.2003 EzA § 113 InsO Nr. 13). Bei Klage gegen die Insolvenzschuldnerin statt gegen den Insolvenzverwalter und Korrektur dieses Fehlers erst nach Ablauf der Dreiwochenfrist liegt nach dem *Thür. LAG* (28.3.2006 – 7 Sa 404/05) kein Parteiwechsel vor, weil in Auslegung der Klageschrift erkennbar gewesen sei, dass sich die Klage gegen den Insolvenzverwalter richte, dem sie auch zugestellt worden sei [also Bestimmung des »richtigen« Beklagten durch das Gericht ?] und der gegen die Berichtigung der Parteibezeichnung keine Bedenken gehabt habe. Hat der Arbeitnehmer gegen die von der späteren Insolvenzschuldnerin am 12.7. ausgesprochene Kündigung, nach am 20.7. erfolgter Eröffnung des Insolvenzverfahrens, am 30.7. Klage gegen die Gemeinschuldnerin unter Beifügung des Insolvenzeröffnungsbeschlusses Klage erhoben, ist die Klagefrist als gewahrt anzusehen und das Passivrubrum auf den Insolvenzverwalter zu berichtigen (*LAG Köln* 17.8.2005 – 3(8) Sa 486/05). Demgegenüber kommt eine Rubrumsberichtigung nach *LAG Bln.* (9.8.2005 – 11 Sa 688/05) nicht in Betracht, wenn die mit Zustimmung des vorläufigen Insolvenzverwalters erfolgte Kündigungserklärung durch die spätere Insolvenzschuldnerin am 27.5. zugegangen

Anrufung des Arbeitsgerichts § 4 KSchG

war, am 1.6. das Insolvenzverfahren eröffnet wurde, die Kündigungsschutzklage am 2.6. beim Arbeitsgericht einging, der Schuldnerin am 11.6. zugestellt wurde, es fehle an der Rechtshängigkeit, weil nicht dem Insolvenzverwalter zugestellt wurde; die Klagefrist des § 4 S. 1 KSchG iVm § 167 ZPO ist nicht gewahrt: Die Schuldnerin, deren Position der Insolvenzverwalter am 1.6. eingenommen hatte, konnte nicht mehr Partei des Kündigungsschutzverfahrens werden (Revision unter – 2 AZR 573/05 – anhängig).

Die Ablehnung einer Rubrumsberichtigung durch das ArbG hindert die Rechtsmittelinstanzen nicht **154b** daran, die Parteibezeichnung richtig zu stellen. Prozesserklärungen wie die Klageschrift sind auch in den Rechtsmittelinstanzen durch das Gericht von Amts wegen auszulegen (*BAG* 21.2.2002 EzA § 4 KSchG nF Nr. 63 [II 1 d]). Umgekehrt ist ein Beschluss, mit dem das ArbG vor Erlass eines Urteils das Rubrum berichtigt, nicht der materiellen Rechtskraft fähig (*BAG* 27.11.2003 EzA § 4 KSchG nF Nr. 65), so dass in den Rechtsmittelinstanzen eine Rubrumsberichtigung abgelehnt werden kann, etwa weil die Klageschrift die Auslegung nicht zulasse, in Wahrheit habe der Insolvenzverwalter beklagte Partei sein sollen (vgl. den *BAG* 17.1.2002 EzA § 4 KSchG nF Nr. 62 zugrunde liegenden Fall).

Ist der wirkliche Arbeitgeber bei **richtiger Auslegung** der Parteibezeichnung von Anfang an Partei des **155** Kündigungsschutzprozesses gewesen, also zunächst nur falsch oder ungenau bezeichnet worden, so liegt **in der späteren Änderung der Parteibezeichnung kein gewillkürter Parteiwechsel** auf der Beklagtenseite, sondern nur eine **Berichtigung der Parteibezeichnung**. Die Dreiwochenfrist bleibt gewahrt (*BAG* 6.2.1975 – 2 AZR 6/74 [zu II 2 der Gründe], nv; 18.7.1978 – 2 AZR 727/76 –, nv; 18.10.1979 – 2 AZR 110/79 –, nv; *LAG Köln* 10.10.1988 NZA 1989, 281; *LAG Nürnberg* 8.10.2001 NZA-RR 2002, 212 bei Angabe der Vertretungsbehörde statt des Freistaats als Arbeitgeber). Das gilt auch dann, wenn das Arbeitsverhältnis ursprünglich mit einer GmbH begründet war, das Arbeitsverhältnis zunächst wegen Einbringens der GmbH in eine andere Firma auf diese übergegangen ist und die aufnehmende Firma später in eine AG umgewandelt wurde und der Arbeitnehmer nach durch die AG erfolgter Kündigung gleichwohl die nicht mehr existierende GmbH verklagt, die ursprünglich den Arbeitsvertrag geschlossen hat. Der Arbeitnehmer will mit seiner Klage erkennbar seinen Arbeitgeber in Anspruch nehmen, nicht aber eine nicht mehr bestehende Firma (vgl. auch *BFH* 14.11.1986 BB 1987, 398).

Eine solche Berichtigung darf aber nicht dazu führen, dass eine neue Partei an die Stelle der bisherigen **156** Partei tritt und damit ohne vorangegangenes Verfahren einer Vollstreckung ausgesetzt wird (*LAG Bln.* 18.1.1982 EzA § 4 KSchG nF Nr. 21; vgl. *BAG* 24.8.1977 EzA § 319 ZPO Nr. 2; *Baumgärtel* in: FS für Schnorr von Carolsfeld, 1972, S. 19 ff.; instruktiv: *OLG Düsseld.* 31.1.1990 MDR 1990, 930, dazu *Vollkommer* MDR 1992, 642 mwN). Das käme einem gewillkürten Parteiwechsel auf der Beklagtenseite gleich. Dieser ist nur bei Zustimmung der bisher beklagten Partei und der in das Verfahren hineingezogenen Partei möglich. Der wirksam vorgenommene Parteiwechsel wahrt aber nur dann die Klagefrist des § 4 KSchG, wenn er noch innerhalb dieser Frist erfolgt (vgl. Rz 153).

Wegen der nur beispielhaft angedeuteten Schwierigkeiten (und – insbes. aus der Sicht des Rechtsan- **157** walts –, um Haftungsfälle zu vermeiden, dazu *Lang* AnwBl. 1983, 82 f.; *Rinsche* Die Haftung des Rechtsanwalts und des Notars, 4. Aufl., Rz I 335 ff.; *Borgmann/Jungk/Grams* Anwaltshaftung, 4. Aufl., Kap. XI § 50 Rz 24; *Vollkommer/Heinemann* Anwaltshaftungsrecht, 2. Aufl., Rz 793 ff.; *Hantel* NJ 1999, 592; *Wehrberger* AnwBl 2000, 684), sollte auf die genaue Bezeichnung der Parteien mehr Wert gelegt werden. Bei Zweifeln an der Arbeitgeberstellung sollten aus anwaltlicher Vorsicht im Wege der subjektiven Klagehäufung – unbedingt (vgl. Rz 24, 96b ,97) – die möglichen Arbeitgeber fristgerecht verklagt werden, um sicherzustellen, dass der »richtige« Arbeitgeber auf jeden Fall erfasst ist; die Abweisung der Klage gegen den oder die »falschen« Arbeitgeber muss in Kauf genommen werden (vgl. *LAG RhPf* 13.12.2004 – 7 Sa 459/04; *Gravenhorst* Anm. zu *BAG* 27.3.2003 – 2 AZR 272/02 EzA § 113 InsO Nr. 13; 27.11.2003 EzA § 4 KSchG nF Nr. 65; 12.2.2004 EzA § 4 KSchG nF Nr. 66).

Die **Stationierungsstreitkräfte** sind zwar **Arbeitgeber** mit allen Rechten und Pflichten (*BAG* **157a** 20.12.1957 AP Nr. 11 zu § 44 Truppenvertrag). Nach Art. 56 Abs. 8 des Zusatzabkommens vom 3.8.1959 zu dem Abkommen zwischen den Parteien des Nordatlantikvertrages über die Rechtstellung ihrer Truppen hinsichtlich der in der Bundesrepublik Deutschland stationierten ausländischen Truppen (BGBl. 1961 II S. 1218 idF d. Ändabk. v. 21.10.1971, BGBl. 1973 II S. 1022) sind Klagen gegen den Arbeitgeber aber gegen die Bundesrepublik Deutschland zu richten (*BAG* 29.1.1986 AP Nr. 2 zu § 48 TVAL II). Mit einer Klage gegen die Stationierungsstreitkräfte oder eine ihrer Dienststellen wird nach *ArbG Wiesbaden* (3.3.1982 BB 1982, 1791), *LAG Köln* (20.11.1987 LAGE § 5 KSchG Nr. 39), *ArbG Bln.* (10.3.1988 DB 1988, 1608 = NZA 1988, 277); *LAG Frankf.* (9.12.1988 AuR 1989, 386) und *LAG RhPf* (27.4.1990 LAGE

§ 4 KSchG Nr. 17 = NZA 1991, 613, vgl. auch *BAG* 13.7.1989 RzK I 8k Nr. 6) die Dreiwochenfrist des § 4 KSchG nicht eingehalten. Die Klage muss innerhalb der Frist gegen den gesetzlichen Prozessstandschafter, die Bundesrepublik Deutschland erhoben werden. Die Bundesrepublik hat die Vertretung den jeweiligen Bundesländern übertragen, die sich ihrerseits nach Landesrecht durch den Präsidenten der Oberfinanzdirektion oder den Regierungspräsidenten, manchmal auch durch diesen nachgeordnete Stellen vertreten lassen. Die örtliche Zuständigkeit richtet sich nach dem Sitz der Dienststelle oder Einrichtung (BBDW-*Wenzel* § 4 Rz 47 mit Beispiel für eine zutreffende Bezeichnung der Prozessstandschafterin bezogen auf Nordrhein-Westfalen). Diese Rechtslage besteht auch nach Herstellung der Einheit Deutschlands unverändert fort (*BAG* 15.5.1991 EzA § 1004 BGB Nr. 3 unter Hinweis auf BGBl. 1990 II S. 1250). Die Umstellung der Klage auf den gesetzlichen Prozessstandschafter ist keine Berichtigung der Parteibezeichnung, die dazu führt, dass die Dreiwochenfrist gewahrt bleibt (*LAG RhPf* 27.4.1990 NZA 1991, 613 = LAGE § 4 KSchG Nr. 17; aA *LAG Köln* 29.8.1986 – 6 Ta 200/86 – zit. bei *Schlee* AnwBl. 1986, 531; BBDW-*Wenzel* § 4 Rz 49 unter Hinweis auf *LAG Hamm* 16.10.1990 – 8 Ta 214/90 – nv; vgl. auch *BAG* 3.7.1969 AP Nr. 1 zu § 46 TVAL II). Es handelt sich um eine Parteiänderung; aus der Klageschrift ergibt sich nicht ohne weiteres, gegen wen sich die Klage in Wirklichkeit habe richten sollen (vgl. *LAG RhPf* 25.2.2005 – 8 Ta 6/05 – juris).

157b Zur nachträglichen Zulassung der Kündigungsschutzklage in solchen Fällen vgl. KR-*Friedrich* § 5 Rz 40a, 69b.

158 Die Klageschrift muss ferner die **Angabe des Klagegegenstandes** enthalten, also **die Bezeichnung der Kündigung,** die der Arbeitnehmer mit der Kündigung bekämpfen will. Außerdem muss der **Klagegrund** angegeben werden. Bei einer Kündigungsschutzklage beschränkt sich dieser nach richtiger Ansicht darauf, dass der Kläger vorträgt, bei wem er beschäftigt war und dass er die Kündigung für unwirksam halte (*BAG* 11.9.1956 AP Nr. 8 zu § 3 KSchG 1951; 21.5.1981 EzA § 4 KSchG nF Nr. 19; *v. Hoyningen-Huene/Linck* Rz 10). Das reicht zunächst deswegen aus, weil der Arbeitgeber **darlegungs- und beweispflichtig** ist, dass die Kündigung nicht wegen Sozialwidrigkeit unwirksam ist. Will der Arbeitnehmer nicht Sozialwidrigkeit, sondern »andere Gründe« geltend machen, muss er wenigstens einen bezeichnen.

Weitere Rechtsunwirksamkeitsgründe wird er tunlichst geltend machen, ihm bleibt aber die Möglichkeit, sie im Rahmen des § 6 KSchG nachträglich vorzutragen. Wird in der Kündigungsschutzklage das Datum der Kündigung unrichtig angegeben, besteht aber über Anlas und Umstände der Kündigung für den Arbeitgeber nach dessen Vorbringen keine Unklarheit, so ist die Klagefrist gewahrt. Das Datum kann während des Verfahrens berichtigt werden (*LAG Hamm* 4.6.1987 MDR 1987, 875 = AuR 1988, 56; 28.9.1992 NZA 1993, 864). Anders kann es sein, wenn mehrere Kündigungen ausgesprochen werden. Dann muss wegen der punktuellen Streitgegenstandslehre genau angegeben werden oder doch ersichtlich sein, welche Kündigung angegriffen wird (vgl. Rz 225 ff.).

159 Die **Darlegung aller klagebegründenden Tatsachen** – hier der Vortrag, der Kläger sei länger als sechs Monate bei dem Arbeitgeber beschäftigt, der betriebliche und der persönliche Geltungsbereich, § 23 KSchG, sei gegeben, also die den Kündigungsschutz des Arbeitnehmers begründenden Tatsachen – gehört zur **Schlüssigkeit des Sachvortrages bei der Kündigungsschutzklage** (unterstellt, die Behauptungen des Klägers sind richtig, rechtfertigen sie dann die begehrte Verurteilung), nicht zu deren Zulässigkeit. Fehlende Darlegungen zur Schlüssigkeit der Kündigungsschutzklage führen also nicht zur Unzulässigkeit der Kündigungsschutzklage (*BAG* 11.9.1956 AP Nr. 8 zu § 3 KSchG 1951; 9.3.1961 AP Nr. 31 zu § 3 KSchG 1951; 25.7.1974 – 2 AZR 369/73 – nv).

160 Weiter muss die Klageschrift einen **bestimmten Antrag** enthalten, etwa den, wie er in § 4 S. 1 KSchG vorgezeichnet ist, »festzustellen, dass das Arbeitsverhältnis durch die Kündigung vom (Datum) nicht aufgelöst ist«.

161 Mit Recht stellen Rechtsprechung (*BAG* 11.9.1956 AP Nr. 8 zu § 3 KSchG 1951; 9.3.1961 AP Nr. 31 zu § 3 KSchG 1951; 6.6.1958 AP Nr. 17 zu § 66 BetrVG; 10.5.1962 AP Nr. 6 zu IPR/Arbeitsrecht [zu I der Gründe betr. telegrafische Kündigungsschutzklage]; 21.5.1981 EzA § 4 KSchG nF Nr. 19; 17.2.1982 EzA § 15 SchwbG Nr. 1) und Literatur (vgl. SPV-*Vossen* Rz 1780; *Schaub* § 136 I 5 Rz 29; *Wenzel* MDR 1978, 104) **keine strengen Anforderungen an die Form der Kündigungsschutzklage.**

162 Die im Interesse der Arbeitnehmer an der Aufrechterhaltung des Arbeitsverhältnisses geschaffene Kündigungsschutzklage, die, wie die Praxis der ArbG zeigt, auch heute noch von den nicht rechtskundigen Arbeitnehmern selbst eingereicht wird, sollte nicht schon aus **formalen Gründen** scheitern. Daher ist eine großzügige, nicht am Wortlaut haftende Auslegung der Klageschrift und des § 253 ZPO angezeigt (*BAG* 11.9.1956 AP Nr. 8 zu § 3 KSchG 1951).

Dem entsprechend begnügen sich die ArbG idR mit der **Angabe des Arbeitgebers, des Datums der Kündigung und mit dem Hinweis, dass die Kündigung ungerecht sei** (*BAG* 11.9.1956 AP Nr. 8 zu § 3 KSchG 1951; *v.* Hoyningen-Huene/Linck Rz 10; *Schaub/Linck* § 136 I 5 Rz 27). **163**

Das *BAG* hat im Urteil vom 4.7.1974 – 2 AZR 458/73 – nv folgendes Schreiben des Arbeitnehmers an das ArbG für ausreichend angesehen: »Einspruch gegen die sozial ungerechtfertigte Kündigung meines Angestelltenverhältnisses durch die ... AG ... . Mit Schreiben vom ... hat die ... AG mir ohne Angabe von Gründen zum 30.4.1971 gekündigt ... gegen diese Kündigung erhebe ich aufgrund des KSchG Einspruch ... persönlicher Einspruch erfolgt zu meiner Sicherheit, um die Einspruchsfrist zu wahren«. Wenn fast drei Wochen nach einer Kündigung beim ArbG ein »Einspruch« gegen eine angeblich sozial nicht gerechtfertigte Kündigung erhoben wird und das ausdrücklich zur Wahrung der nach dem KSchG bestehenden »Einspruchsfrist« geschieht, kann dies in aller Regel nicht als »Einspruch« im technischen Sinne (des § 3 KSchG), sondern vernünftigerweise nur als Klageschrift iSd § 4 KSchG angesehen werden. Es reicht demnach aus, wenn aus dem Antrag iVm dem übrigen Vorbringen deutlich wird, dass sich der Arbeitnehmer nicht gegen irgendeine Kündigung des Arbeitgebers, sondern gegen die vom Arbeitgeber ausgesprochene Kündigung zur Wehr setzen will. Dabei ist es unschädlich, wenn sich die Kündigungsschutzklage unrichtigerweise gegen eine vermeintliche fristlose Kündigung statt gegen eine tatsächlich ausgesprochene ordentliche Kündigung richtet, sofern der Arbeitgeber nur eine Kündigung zu dem vom Arbeitnehmer beanstandeten Zeitpunkt erklärt hat (*BAG* 21.5.1981 EzA § 4 KSchG nF Nr. 19). Unrichtige Kündigungsdaten in der Klageschrift sind unschädlich, sofern nur feststeht, auf welche konkrete Kündigung die Klage abzielt (*LAG München* 4.2.1980 AMBl. 1980, C 42). Strengere Anforderungen an die Bestimmung des Klageantrages sind wegen des beschränkten Streitgegenstandes der Kündigungsschutzklage (dazu Rz 225 ff.) nur dann zu stellen, wenn der Arbeitgeber mehrere Kündigungen ausgesprochen hat und klargestellt sein muss, gegen welche Kündigung(en) mit der Klage vorgegangen werden soll (*BAG* 21.5.1981 EzA § 4 KSchG nF Nr. 19). **164**

Zu beachten ist aber, dass nach der Rspr. eine Kündigungsschutzklage, die entgegen §§ 253 Abs. 4, 130 Nr. 6 ZPO **ohne eigenhändige Unterschrift** des Klägers oder des mit der Führung des Rechtsstreits Bevollmächtigten (Rechtsanwalt, Gewerkschaftssekretär, sonstige Person) beim ArbG eingeht, grds. einen **prozessual unbeachtlichen Klageentwurf** darstellt. Eine derartige »Klage« wahrt die Dreiwochenfrist nicht (*BAG* 26.1.1976 EzA § 4 KSchG nF Nr. 9; *LAG RhPf* 24.2.2001 LAGE § 4 KSchG Nr. 45; krit. *Martens* NJW 1976, 1991). Die Unterschrift muss ein individuelles Schriftbild mit charakteristischen Merkmalen aufweisen und sich als eine die Identität des Unterzeichnenden ausreichende Kennzeichnung des Namens darstellen, die von Dritten nicht ohne weiteres nachgeahmt werden kann. Es ist nicht erforderlich, dass die Unterschrift lesbar ist oder einzelne Buchstaben zweifelsfrei erkennbar sind. Es genügt, dass ein Dritter, der den Namen des Unterzeichnenden kennt, diesen Namen aus dem Schriftbild noch herauslesen kann. Die Unterschrift muss auch erkennen lassen, dass es sich um eine endgültige Klage und nicht nur um die Abzeichnung eines Entwurfs handelt (vgl. *BAG* 29.7.1981 EzA § 518 ZPO Nr. 28; *Baumbach/Lauterbach/Albers/Hartmann* § 129 Rz 10; *Schlee* AnwBl. 1987, 486; 1988, 233). Eine bloße Paraphe reicht nicht aus (*BAG* 27.3.1996 EzA § 72 ArbGG 1979 Nr. 21 betr. Revisionsbegründungsschriftsatz). Dem Kläger kann allenfalls durch nachträgliche Zulassung der Kündigungsschutzklage geholfen werden, wenn die Voraussetzungen des § 5 KSchG vorliegen (vgl. dazu KR-*Friedrich* § 5 KSchG). Ausreichend ist die eigenhändige Unterzeichnung der Klageschrift durch den Bevollmächtigten mit dem Namenszug der klagenden Naturpartei (*LAG Frankf.* 5.12.1979 ARSt 1980, 144 Nr. 1173; **aA** wohl *VGH BW* 16.4.1996 Die Justiz 1997, 68 f.). Krit. zum Unterschriftserfordernis *Schlee* AnwBl. 1987, 486 mN; *Westerhoff* JR 1997, 485 ff. mwN. **130 165**

Dem Formerfordernis des § 130 Nr. 6 ZPO genügt eine durch **Telefax** oder **Telekopie** eingereichte Klage, wenn die Vorlage unterschrieben und die Unterschrift auf der Kopie wiedergegeben ist (*BAG* 14.1.1986 EzA § 94 ArbGG 1979; *BGH* 11.10.1989 NJW 1990, 188; *VGH Kassel* 17.8.1992 CR 1993, 455 zu § 124 Abs. 2 VerwGO; *Kittner/Däubler/Zwanziger* Rz 41; *v. Hoyningen-Huene/Linck* Rz 11; *Nohadani* S. 108 ff.; *Töpperwien* DRiZ 1999, 241 [242]; *Liwinska* MDR 2000, 500 [501]; *Busemann/Schäfer* 4. Aufl., Rz 669; vgl. auch *Hoppmann* VersR 1992, 1068; *Laghzaoui/Wirges* MDR 1996, 230 ff., *Pape/Notthoff* WiB 1997, 623 ff., *Elzer/Jacobi* ZIP 1997, 1821, 1828 ff.; *Laghzaoui/Wirges* AnwBl. 1999, 253; *Borgmann* AnwBl 1999, 50 zu den Sorgfaltspflichten des Anwalts beim Einsatz von Telefax; vgl. im Übrigen Rz 148). Weitergehend hält das *BVerwG* (19.12.1994 Jur-PC 1996, 246 ff. = NJW 1995, 2121) die per **Btx** erhobene Klage, bei der eine eigenhändige Unterschrift technisch nicht möglich ist, für formgerecht (ihm folgt *OLG* **165a**

Düssitel. 7.3.1995 JMBlNRW 1995, 129 f. = NJW 1995, 2177 betr. Beschwerdeschrift mit »**Btx/Datex J**« der Telekom). Das muss entsprechend für andere Onlinedienste gelten, auch wenn die Gerichte noch keine E-Mail Adressen zB im Internet oder bei CompuServe haben (*Biesdorfer* Blick durch die Wirtschaft v. 13.2.1997; *Ultsch* NJW 1997, 3007 ff.).

166 Allerdings liegt eine ordnungsgemäße Klage trotz fehlender Unterschrift dann vor, wenn sich aus einem dem Klageentwurf **beigefügten Schriftstück** ergibt, dass die Klage mit Wissen und Wollen des Verfassers bei Gericht eingegangen ist (vgl. BVerfG 19.2.1963 BVerfGE 15, 288 = NJW 1963, 755; BGH 24.5.1962 BGHZ 37, 156 = NJW 1962, 1724; BVerwG 14.2.1966 NJW 1966, 1043; BFH 3.10.1986 BB 1987, 188: Briefumschlag, der die maßgeblichen Schriftstücke enthält, vom Verfasser handschriftlich mit seiner Absenderangabe versehen; handschriftlich vollzogener Beglaubigungsvermerk ersetzt die Urschrift, BGH 5.3.1954 LM ZPO § 519 Nr. 14; 16.3.1987 – II ZB 3/87 – mitgeteilt bei *Schlee* AnwBl. 1987, 486 betr. Berufungsbegründung). Eine dem (von einem Rechtsanwalt verfaßten und bei Gericht eingereichten) Klageentwurf beiliegende vom Arbeitnehmer eigenhändig unterschriebene **Prozessvollmacht** reicht dazu nicht aus (BAG 26.1.1976 EzA § 4 KSchG nF Nr. 9; 26.6.1986 EzA § 4 KSchG nF Nr. 25; aA FG Hmb. 28.2.1990 EFG 1990, 434 = DB 1990, 1797). Dagegen genügt es, wenn einer vom Arbeitnehmer selbst verfassten, aber nicht unterzeichneten Klageschrift eine von ihm eigenhändig unterzeichnete Prozessvollmacht für einen Bevollmächtigten beigefügt ist (*LAG Nürnberg* 3.9.1982 AMBl. 1983 C 17). Es reicht auch aus, wenn aus einem innerhalb der Klagefrist nachgereichten Schriftsatz desselben Anwalts zu ersehen ist, dass die nicht unterschriebene Klage mit Wissen und Wollen des Rechtsanwalts eingereicht worden ist (*LAG Hamm* 20.7.1990 LAGE § 4 KSchG Nr. 18; vgl. *LAG RhPf* 24.2.2001 LAGE § 4 KSchG Nr. 45: Rechtzeitiges, aber unvollständig zu den Akten gelangtes Telefax, indes eigenhändig und handschriftlich beglaubigte Abschrift). Unterschreibt ein Rechtsanwalt, der nicht bevollmächtigt ist, die Kündigungsschutzklage, so können die bevollmächtigten Rechtsanwälte die Erhebung der Klage gem. § 89 Abs. 2 ZPO genehmigen, und zwar auch noch nach Ablauf der Klagefrist (*ArbG Bln.* 20.3.1990 EzA § 1 KSchG Personenbedingte Kündigung Nr. 4).

166a Wird die dem Antrag auf Gewährung von Prozesskostenhilfe beigefügte Klageschrift ausdrücklich als Kopie einer beabsichtigten Klage bezeichnet, die belegen soll, »dass die beabsichtigte Klage Aussicht auf Erfolg bietet«, so ist die Dreiwochenfrist nicht gewahrt, auch wenn der Rechtsanwalt die Kopie unterzeichnet hat. Es handelt sich allenfalls um eine unzulässige bedingte Klageerhebung; die Bedingung der Gewährung der Prozesskostenhilfe war nicht fristgerecht eingetreten, nachdem die Prozesskostenhilfeunterlagen erst nach Ablauf der Dreiwochenfrist eingegangen waren (*LAG Köln* 11.3.1996 LAGE § 4 KSchG Nr. 34). Zur Frage der nachträglichen Klagezulassung in einem solchen Fall vgl. KR-*Friedrich* § 5 KSchG Rz 28.

166b Die Dreiwochenfrist wird auch bei Klageerhebung durch einen **Rechtsbeistand** gewahrt, weil dessen Ausschluss nach § 11 Abs. 3 ArbGG sich nur auf das Auftreten in der mündlichen Verhandlung, nicht aber auf Prozesshandlungen außerhalb der mündlichen Verhandlung bezieht (BAG 26.9.1996 EzA § 11 ArbGG 1979 Nr. 13 m. zust., die verfassungsrechtl. Komponente betonender Anm. *Brehm* AP Nr. 2 zu § 11 ArbGG 1979; *Jost* JR 1997, 395; vgl. auch *Kreitner* EWiR 1997, 59 f.).

167 Für die Ordnungsmäßigkeit und damit Rechtzeitigkeit einer Klageerhebung im Kündigungsschutzprozess hält das BAG für ein **Massenverfahren** (über 200 Kündigungsschutzklagen) es für ausreichend, wenn nur einzelne Klageschriften von dem Prozessbevollmächtigten eigenhändig unterzeichnet sind, die Mehrzahl lediglich durch eine im Matrizenverfahren hergestellte Unterschrift des Prozessbevollmächtigten gedeckt sind, zugleich ein eigenhändig unterschriebener Schriftsatz des Prozessbevollmächtigten in den Kündigungsschutzverfahren innerhalb der Dreiwochenfrist beim ArbG eingegangen ist (BAG 14.2.1978 EzA § 102 BetrVG 1972 Nr. 33).

167a Das Fehlen einer ordnungsgemäßen Unterzeichnung verstößt gegen eine das Verfahren betreffende Vorschrift (§ 253 Abs. 4, § 130 Nr. 6 ZPO), auf deren Befolgung der Arbeitgeber als Prozessgegner nach § 295 Abs. 1 ZPO wirksam verzichten kann (*OLG Köln* 18.11.1996 NJW-RR 1997, 1291 mwN). Ist daher innerhalb der Dreiwochenfrist bei Gericht ein nicht unterzeichneter, jedoch im Übrigen den Erfordernissen einer Klageschrift entsprechender Schriftsatz eingegangen, so ist eine Heilung nach § 295 ZPO auch hinsichtlich der Dreiwochenfrist anzunehmen (BAG 26.6.1986 EzA § 4 KSchG nF Nr. 25, bestätigt von BAG 6.8.1987 – 2 AZR 553/86 – nv [II 2d betr. Unterzeichnung mit unleserlichem Schriftzug]), und zwar wie im Bereich der förmlichen Zustellung (§ 295 Abs. 1 ZPO; vgl. Rz 143a), ohne dass es entgegen dem BAG der Klassifizierung der Frist des § 4 KSchG als prozessuale Klageerhebungsfrist (vgl. insoweit Rz 136, 217) bedarf, dies schon im Hinblick auf die Ausführungen des BAG nicht, dass die Heilung des Mangels auch die Wahrung einer materiell-rechtlichen Frist einschließe (krit. *Borgmann* AnwBl. 1987, 138).

Zu beachten ist freilich, dass die Kündigungsschutzklage **in deutscher Sprache abgefaßt** sein muss (APS-*Ascheid* Rz 114; *Kittner/Däubler/Zwanziger* Rz 23). Gemäß § 184 GVG ist die Gerichtssprache deutsch. Daher dürfen die Gerichte nur die in deutscher Sprache abgefassten Schriftsätze beachten (vgl. *Kissel/Mayer* GVG, 4. Aufl., § 184 Rz 5; GK-ArbGG/*Bader* § 9 Rz 58; *Baumbach/Lauterbach/Albers/ Hartmann* § 184 GVG Rz 1; *Zöller/Gummer* § 184 GVG Rz 3; BAG 17.2.1982 EzA § 15 SchwbG Nr. 1 [II 2b]; BGH 14.7.1981 NJW 1982, 532; *OLG Hamburg* 8.9.1988 MDR 1989, 90; zur verfassungsrechtlichen Handhabung des Grundsatzes, dass die Gerichtssprache deutsch ist *BVerfG* 25.9.1985 NVwZ 1987, 785). Der in fremder Sprache abgefasste Schriftsatz hat keine fristwahrende Wirkung (*BSG* 22.10.1986 MDR 1987, 436 f. betr. in spanischer Sprache verfasste Berufungsschrift; *BayObLG* 23.12.1986 MDR 1987, 416). Das *FG Saarland* (30.9.1988 NJW 1989, 3112) legt angesichts des Zusammenwachsens des Rechts- und Wirtschaftslebens innerhalb der Länder der EG § 184 GVG dahin aus, dass eine in einer der maßgebenden Amtssprachen der EG abgefaßte Klageschrift jedenfalls dann als fristwahrend zu behandeln ist, wenn die Übersetzung der Klageschrift alsbald nachgereicht wird und es sich um eine Rechtsangelegenheit handelt, die im Gemeinschaftsrecht wurzelt. Im Interesse der Rechtssicherheit und Rechtsklarheit kann die Entsch. darüber, ob eine Frist eingehalten ist, nicht davon abhängen, ob das Gericht selbst ausreichende Sprachkenntnisse hat (so *BayVGH* 20.2.1975 NJW 1976, 1048; *LG Bln.* 31.5.1961 JR 1961, 384; MünchKomm-ZPO/*M. Wolf* 2. Aufl., § 184 GVG Rz 7), oder davon, ob das Gericht die Möglichkeit hat, eine Übersetzung zu beschaffen (so *OLG Frankf.* 13.3.1979 NJW 1980, 1173; *Schneider* MDR 1979, 534; *Wieczorek/K. Schreiber* ZPO, 3. Aufl., § 184 GVG Rz 10). Entgegen *OLG Frankf.* (13.3.1979 NJW 1980, 1173), *Geimer* NJW 1989, 2204 gebieten auch Art. 3 Abs. 3 und Art. 103 Abs. 1 GG keine andere Auslegung des § 184 GVG, zumal bei unverschuldeter Fristversäumung wegen mangelnder Beherrschung der deutschen Sprache eine nachträgliche Zulassung der Kündigungsschutzklage in Betracht kommen kann (vgl. dazu KR-*Friedrich* § 5 KSchG Rz 58; vgl. zur Wiedereinsetzung in den vorigen Stand, § 233 ZPO, *Baumbach/Lauterbach/Albers/Hartmann* § 184 GVG Rz 3; *Kissel/Mayer* GVG, 4. Aufl., § 184 Rz 21; BVerfG 10.6.1975 BVerfGE 40, 95 [100]; 7.4.1976 BVerfGE 42, 120; BGH 23.3.1977 VersR 1977, 646; BAG 17.2.1982 EzA § 15 SchwbG Nr. 1). In der Praxis sehen allerdings viele ArbG darüber hinweg; sie lassen es ausreichen, wenn irgendwie erkennbar ist, dass es sich um eine Kündigungsschutzklage handelt, gegen wen sie sich richtet und welche Kündigung angegriffen wird. **167b**

Der Arbeitnehmer kann sich bei Versäumung der Dreiwochenfrist des § 4 KSchG nicht mehr mit Erfolg auf die Sozialwidrigkeit der Kündigung oder auf ihre Rechtsunwirksamkeit aus anderen Gründen berufen, wenn er ursprünglich mit der Klage die Rechtsunwirksamkeit der Kündigung nicht auf Sozialwidrigkeit oder auf andere Gründe iSd § 4 S. 1 KSchG gestützt hatte, **sondern nicht von § 4 S. 1 KSchG erfasste Gründe – in erster Linie fehlende Formwirksamkeit iSd § 623 BGB –** geltend gemacht hat. Nur wenn die Klage innerhalb der Dreiwochenfrist erhoben wurde, verlängert sich nach § 6 KSchG die Frist zur Geltendmachung der Sozialwidrigkeit und anderer von § 4 S. 1 KSchG erfasster Unwirksamkeitsgründe bis zum Schluss der mündlichen Verhandlung erster Instanz (Einzelheiten vgl. KR-*Friedrich* § 6 KSchG). **168**

Hat der Arbeitnehmer entgegen § 4 S. 3 KSchG die Stellungnahme des **Betriebsrates der Klage nicht beigefügt**, so wird dadurch weder die Klage als solche unzulässig noch wird die Dreiwochenfrist nicht gewahrt. § 4 S. 3 KSchG ist nur als Sollvorschrift ausgestaltet. Der Arbeitnehmer soll nicht gezwungen werden, eine für ihn ungünstige Stellungnahme des Betriebsrates selbst vorzulegen. Das wird der Arbeitgeber idR in diesem Fall von sich aus tun, der ja gem. § 3 S. 3 KSchG vom Betriebsrat die schriftliche Stellungnahme beanspruchen kann (Einzelheiten vgl. KR-*Rost* § 3 KSchG). **169**

Die Kündigungsschutzklage (gegen eine fristlose Kündigung) wird nicht dadurch unzulässig, wenn die als Arbeitgeber verklagte GmbH während des Rechtsstreits aufgelöst wird, nach Anmeldung der Beendigung der Liquidation im Handelsregister gelöscht wird und kein verteilbares Vermögen mehr vorhanden ist (*BAG* 9.7.1981 EzA § 50 ZPO Nr. 1 »im Anschluss« an *BGH* 5.4.1979 BGHZ 74, 212; krit. *Grunsky* SAE 1982, 147; *Theil* JZ 1982, 373 f.; *Hirschberg* ZfA 1982, 608 f.; *BAG* 25.9.2003 EzA § 50 ZPO Nr. 2: Substantiierte Behauptung des Klägers, die GmbH habe noch Aktivvermögen, etwa Ersatzansprüche gegen den Liquidator reicht aus). **169a**

VIII. Das Gericht, zu dem die Kündigungsschutzklage zu erheben ist

1. Grundsatz

170 § 4 S. 1 KSchG schreibt vor, dass die Kündigungsschutzklage innerhalb von drei Wochen **beim ArbG** zu erheben ist. Dabei ist entscheidend, dass die Klage vor Ablauf der Klagefrist, also spätestens am letzten Tage der Frist entweder zu Protokoll der Geschäftsstelle des ArbG erklärt wird oder rechtzeitig schriftlich beim ArbG eingeht. Dabei genügt es, dass die an das ArbG adressierte Klageschrift fristgerecht bei einer etwa vorhandenen **gemeinsamen Briefannahmestelle** mehrerer Gerichte eintrifft (*LAG Düsseld.* 30.11.1998 AnwBl 2000, 203 betr. Berufungsschrift). Eine fehlerhaft an das Landesarbeitsgericht Berlin statt an das Arbeitsgericht Berlin adressierte Kündigungsschutzklage, die am letzten Tag der Klagefrist bei dem gemeinsamen Telefaxanschluss der für das Arbeitsgericht und das Landesarbeitsgericht Berlin eingerichteten gemeinsamen Einlaufstelle nach Dienstschluss eingeht, wahrt die Klagefrist an sich nicht; der Schriftsatz ist beim Landesarbeitsgericht eingereicht. Ein bei der gemeinsamen Einlaufstelle der Arbeitsgerichtsbarkeit in Berlin eingegangener Schriftsatz ist bei dem Gericht eingegangen, an das er adressiert ist. Fristwahrende Einreichung liegt erst mit dem Eingang beim zuständigen Gericht vor. Die fristwahrende Weiterleitung ist geschäftsordnungsmäßig nicht mehr möglich, wenn der Schriftsatz erst nach Dienstschluss bei der gemeinsamen Einlaufstelle eingeht (vgl. *BAG* 29.8.2001 EzA § 519 ZPO Nr. 12 betr. Berufungsbegründungsschrift); anders ist die Rechtslage in Hamburg: Die Schriftstücke gelten mit dem im Eingangsvermerk bezeichneten Zeitpunkt als beim zuständigen Gericht eingegangen (vgl. *BAG* 17.12.1968 BAGE 21, 263). Die Klagefrist muss aber als gewahrt gelten, wenn die Klage dem ArbG übergeben und »demnächst« iSd § 270 Abs. 3 ZPO zugestellt wird, weil anderenfalls ein Wertungswiderspruch zur Fristwahrung bei Einreichung der Klageschrift bei einem dem Rechtsweg nicht zugehörigen Gericht entstünde (vgl. Rz 187). Der Einwurf in den **Nachtbriefkasten oder Briefkasten des ArbG** bis 24.00 Uhr reicht ebenfalls aus. Der Einwurf in den Nachtbriefkasten bedeutet für den Arbeitnehmer lediglich eine Beweiserleichterung für den Nachweis des rechtzeitigen Eingangs der Klage bei Gericht. Der rechtzeitige Einwurf der Klage in den normalen Briefkasten bewirkt auch den fristgemäßen Eingang bei Gericht. Der Arbeitnehmer trägt die volle Darlegungs- und Beweislast für den rechtzeitigen Eingang der Klage bei Gericht (zutr., aber zu fallbezogen *BAG* 22.2.1980 EzA § 1 KSchG Krankheit Nr. 5; *LAG München* 29.11.1983 ARSt 1985 Nr. 1121). Die Frist ist gewahrt, wenn bis 24.00 Uhr die Klageschrift in einem Fach liegt, das der Verfügungsgewalt des Gerichts untersteht, als ein solches Fach ist auch ein Postfach anzusehen (vgl. *BGB* 19.6.1986 NJW 1968, 646 betr. per Telegramm an das OLG-Postfach adressierte sofortige Beschwerde). Weiter muss für die Wahrung der Frist die »**demnächst erfolgende Zustellung**« hinzukommen (vgl. Rz 140 ff.). Es ist ausreichend, wenn die Kündigungsschutzklage innerhalb der Frist bei Gericht eingeht und demnächst zugestellt wird. Ein die Frist des § 4 S. 1 KSchG iVm § 167 ZPO wahrender Eingang einer Kündigungsschutzklage beim Arbeitsgericht soll nach *LAG SA* 28.3.2000 – 11 Sa 494/99 – nicht vorliegen, wenn die Klage am letzten Tag der Klagefrist (21.8.) in einem von dem ArbG in der Poststelle des AG aufgestellten offenen Postkasten eingeworfen wird und AG und ArbG nicht über eine gemeinsame Posteingangsstelle verfügen und die Klage erst am 24.8. in den Diensträumen des ArbG eingegangen und mit einem entsprechenden Eingangsstempel versehen worden ist. Das ist deswegen unrichtig, weil der fristgerechte Eingang sowohl beim örtlich unzuständigen ArbG als auch bei einem Gericht eines anderen Rechtswegs ausreicht (vgl. Rz 181, 187). Außerdem muss sich das ArbG die von ihm eingerichtete Möglichkeit der Übermittlung von Schriftsätzen zurechnen lassen.

a) Die Erhebung der Klage bei einem örtlich zuständigen ArbG

171 Dem Wortlaut des § 4 S. 1 KSchG ist zu entnehmen, dass die Klage beim **örtlich zuständigen ArbG** zu erheben ist (aA *Lüke* JuS 1996, 969, NJW 1997, 970 ihm folgend *Berkowsky* NZA 1997, 352, 353: Es genügt die Klage vor dem auch örtlich unzuständigen Arbeitsgericht). Welches Gericht für die Kündigungsschutzklage örtlich zuständig ist, richtet sich nach § 46 Abs. 2 S. 1 ArbGG iVm §§ 12 bis 37 ZPO.

172 Ist der Arbeitgeber eine **natürliche Person,** so bestimmt sich sein allg. Gerichtsstand nach seinem **Wohnsitz** (§§ 12, 13 ZPO). Es ist also das **für** seinen Wohnsitz örtlich zuständige ArbG anzurufen. Der allg. Gerichtsstand **juristischer Personen** wird durch ihren **Sitz** bestimmt (§ 17 ZPO). Ist der Arbeitgeber eine juristische Person, so ist die Klage zu dem für den **Sitz der juristischen Person örtlich zuständigen ArbG** zu erheben.

173 Nach diesem allg. Gerichtsstand können auch sog. **besondere Gerichtsstände** begründet sein.

Anrufung des Arbeitsgerichts § 4 KSchG

Der besondere **Gerichtsstand der Niederlassung** (§ 21 ZPO) ist auch für die Kündigungsschutzklage **174**
nur dann gegeben, wenn der **Arbeitsvertrag von der Niederlassung aus** oder in der Niederlassung
(ab)geschlossen worden ist (*Grunsky* § 2 Rz 38; *Germelmann/Matthes/Prütting* § 2 Rz 166; *Stein/Jonas/Roth*
22. Aufl., § 21 Rz 20; *Zimmermann* ZPO, 6. Aufl., § 21 Rz 2; *BAG* 19.3.1996 EzA § 829 ZPO Nr.3; wohl
auch *LAG Frankf.* 31.7.1987 DB 1988, 816; nach *LAG München* 16.5.1950 AP 1951 Nr. 114 reicht es aus,
dass überhaupt Arbeitsverträge von der Niederlassung abgeschlossen werden; *ArbG Elmshorn*
9.4.1965, DB 1965, 980, auch wenn der Arbeitnehmer im Gewerbebetrieb des Hauptsitzes ausnahmslos
arbeitet; **aA** *Thomas/Putzo-Hüßtege* § 21 Rz 4; *Wieczorek/Hausmann* 3. Aufl., § 21 Rz 18 Fn 59; *Geimer* Internationales Zivilprozessrecht, 5. Aufl., Rz 1447; *ArbG Augsburg* 9.1.1980 IPRspr. 1980 Nr. 138 S. 440 ff.,
die darauf abstellen, ob sich der Arbeitsvertrag gerade auf die Niederlassung bezieht, der Arbeitnehmer also für eine selbständige Niederlassung iSv § 21 ZPO eingestellt und am Ort der Niederlassung
beschäftigt wurde; damit hat aber der Gerichtsstand der Niederlassung keine Bedeutung mehr; es
würde der Gerichtsstand des Erfüllungsortes, § 29 ZPO, ohnehin eingreifen; vgl. auch *Nagel/Gottwald*
Internationales Zivilprozessrecht, 5. Aufl., § 3 Rz 222).

Der **Gerichtsstand des Erfüllungsortes** (§ 29 ZPO) ist bei einer Kündigungsschutzklage idR der **Sitz** **175**
des Arbeitgebers. Etwas anderes gilt nur dann, **wenn alle wesentlichen Verpflichtungen aus dem**
Vertrag an einem anderen Ort zu erfüllen waren (zB in einer Außenstelle des Hauptbetriebes; vgl.
Grunsky § 2 Rz 39; *ArbG Frankf.* 29.1.2003 – 9 Ca 4639/02 – Beschäftigungsort des Arbeitnehmers). Ist
die Arbeitsleistung an **ständig wechselnden Orten** zu erbringen (zB Montagearbeiter), so richtet sich
der Erfüllungsort nach dem Ort des Betriebes, von dem aus der Arbeitnehmer seine Anweisungen erhält (*Grunsky* aaO; *ArbG Bamberg* 17.11.1986 ARSt 1988 Nr. 1200; *ArbG Kiel* 30.5.1996 DB 1996, 1784).
Wird das Arbeitsverhältnis im Zuständigkeitsbereich mehrerer Arbeitsgerichtsbezirke tatsächlich ausgeübt, so ist nach *LAG Düssel.* (19.12.1980 ARSt 1983 Nr. 1023) bei der Feststellung des Erfüllungsortes
darauf abzustellen, wo der Schwerpunkt der Arbeitstätigkeit liegt (sog. **Schwerpunkttheorie**, ebenso
LAG Bay. Kammern Nürnberg 31.1.1969 BB 1969, 1271; *ArbG Regensburg* 22.2.1989 BB 1989, 643). Lässt
sich dieser nicht feststellen, hat der Arbeitnehmer nach *LAG Düssel.* (aaO) unter mehreren zuständigen Gerichten ein Wahlrecht, ohne dass der Betriebssitz des Arbeitgebers allein ausschlaggebend ist
(**aA** *ArbG Regensburg* aaO: Der Firmensitz ist mangels eines besonderen Gerichtsstandes maßgebend).
Nicht ganz so weitgehend ist nach *BAG* 12.6.1986 EzA § 269 BGB Nr. 2 (auch zum EG-Übereinkommen
v. 27.9.1968 über die gerichtliche Zuständigkeit ... in Zivil- und Handelssachen, BGBl. II 1972, S. 774,
dazu auch *EuGH* 15.2.1989 DB 1989, 735 = AiB 1991, 209 m. weiterführender Anm. *Rudolph*; *EuGH*
9.1.1997, EuGHE I 1997, 57 ff. = NZA 1997, 231 ff. m. zutr. krit. Anm. *Mankowski* EWiR 1997, 222) Erfüllungsort für die Arbeitsleistung eines für die Bearbeitung eines größeren Bereichs angestellten Reisenden dessen Wohnsitz, wenn er von dort aus seine Reisetätigkeit ausübt, unabhängig davon, ob er täglich nach Hause zurückkehrt oder in welchem Umfang er vom Betrieb Weisungen für seine
Reisetätigkeit erhält (so auch schon *ArbG Bln.* 3.5.1985 AuR 1986, 249; *ArbG Bamberg* 17.11.1986 ARSt
1988 Nr. 1200; *LAG Frankf.* 10.2.1983 AuR 1983, 348; anders aber *LAG Frankf.* 6.6.1984 – 2 Sa 71/84; dem
BAG folgend *LAG BW* 5.11.1987 – 11 Sa 86/87). Dieser Auffassung ist nach *BAG* 3.11.1993 (EzA § 36
ZPO Nr. 18) auch für § 29 ZPO zu folgen. Die weite Auffassung des LAG Düssel. vermeidet unnötige
Verweisungen und wird von etlichen ArbG geteilt. Jedenfalls dürfte mit *BAG* 12.6.1986 und 3.11.1993
die immer wieder zitierte – obwohl nicht veröffentlichte – Entsch. des *LAG Saarbrücken* 2.4.1975 – 2 Sa
169/74 – überholt sein, nach der für eine Ärztebesucherin der Firmensitz (Berlin) wirtschaftlich-technischer Mittelpunkt des Arbeitsverhältnisses sei (vgl. *LAG Düssel./Köln* 19.12.1980 – 16 Sa 565/80:
Schwerpunkttheorie bei einem für mehrere unselbständige Filialen zuständigen Filialgruppenleiter;
LAG Nürnberg 30.9.1977 – 4 Sa 176/77: Projektleiter einer Arbeitsgruppe an einem anderen Ort als dem
Firmensitz; Projektort begründet die Zuständigkeit gem. § 29 Abs. 1 ZPO). Vgl. auch *BGH* 22.10.1987
(NJW 1988, 966): Grundsätzlich kein einheitlicher Erfüllungsort bei Handelsvertreterverhältnis für die
beiderseitigen Leistungen; dass der Schwerpunkt der vertraglichen Beziehungen am Ort der Tätigkeit
des Handelsvertreters liege, reiche für die Annahme dieses Ortes als einheitlicher Erfüllungsort nicht
aus. Die Meinungen in der Literatur sind geteilt. Nach *Krasshöfer-Pidde/Molkenbur* (NZA 1988, 263) und
Ostrop/Zumkeller (NZA 1994, 644; 1995, 16) sowie *Ehler* (DB 1995, 1849) verbleibt es bei dem allg. Gerichtsstand des Arbeitgebers nach § 17 ZPO. Andere gehen vom Wohnsitz des Arbeitnehmers aus, dort
erstelle er die Berichte, erledige die Korrespondenz und empfange Weisungen (*Schulz* NZA 1995, 14 ff.
mwN Fn 15). Arbeitet der Außendienstmitarbeiter im Bereich mehrerer Arbeitsgerichtsbezirke, so hat
er ein Wahlrecht: Er kann den Arbeitgeber an dessen allg. Gerichtsstand oder, da mehrere Erfüllungsorte vorliegen, an seinem Wohnsitz oder an einem ArbG, in dessen Bezirk er tätig ist, verklagen. Es
kommt nicht darauf an, wo der Schwerpunkt der Außendiensttätigkeit liegt. Hat der Arbeitnehmer zu

einem ArbG Klage erhoben, in dessen Bezirk er zumindest auch tätig ist, verbleibt es dabei. Eine Verweisung darf nicht erfolgen. Viele ArbG handhaben das auch so im Interesse der Parteien, jedenfalls des Arbeitnehmers. Zeitraubende Hin- und Herverweisungen und die Bestimmung des zuständigen Gerichts durch das *BAG* werden dadurch vermieden (vgl. das abschreckende Beispiel BAG 14.1.1994 EzA § 36 ZPO Nr. 19 sowie die Kritik von *Jauernig* NZA 1995, 12 ff.).

176 Die früher üblichen zuständigkeitsbegründenden Vereinbarungen über den Erfüllungsort, die in der Praxis zu zahlreichen Verweisungen an den Sitz des Hauptbetriebes (Unternehmens) geführt haben, sind durch § 29 Abs. 2 ZPO seit dem 1.4.1974 beseitigt worden (zutr. *Germelmann/Matthes/Prütting* § 2 Rz 162 mwN; **aA** *Grunsky* § 2 Rz 39a; MünchArbR-*Brehm* 2. Aufl., § 389 Rz 68; *Schaub* Arbeitsgerichtsverfahren, 7. Aufl., § 9 III 4a Rz 13 ff.; vom BAG bislang nicht entschieden).

177 Zu beachten ist allerdings § 48 Abs. 2 Nr. 1 ArbGG, nach der die Tarifvertragsparteien **im Tarifvertrag** die Zuständigkeit eines an sich örtlich unzuständigen ArbG festlegen können, u.a. für bürgerliche Rechtsstreitigkeiten zwischen Arbeitnehmern und Arbeitgebern »**aus einem Arbeitsverhältnis**«. Zu den »Rechtsstreitigkeiten aus einem Arbeitsverhältnis« gehören auch die Kündigungsschutzklagen (*Etzel* AR-Blattei D, Arbeitsgerichtsbarkeit V C II 2a 3).

178 Von dieser Möglichkeit hat zB der **Manteltarifvertrag für die Arbeitnehmer der DB AG** Gebrauch gemacht, der in § 14 Abs. 1 vorsieht, dass für Rechtsstreitigkeiten aus dem Arbeitsverhältnis das ArbG zuständig ist, in dessen Bezirk der Betrieb des Arbeitnehmers seinen Sitz hat. Dabei bestimmt sich der Betrieb iSd § 14 Abs. 1 MTV nach dem Tarifvertrag zur Zuordnung von Betriebsteilen und Nebenbetrieben (ZuordnungsTV), § 14 Abs. 2 MTV.

179 Eine solche tarifvertragliche Zuständigkeitsvereinbarung wirkt aber **nur gegenüber tarifgebundenen Parteien,** also wenn Arbeitgeber und Arbeitnehmer organisiert sind oder der Tarifvertrag für allgemeinverbindlich erklärt wurde (§ 5 Abs. 4 TVG). Wenn nicht beide Arbeitsvertragsparteien tarifgebunden sind und wenn der Tarifvertrag nicht für allgemeinverbindlich erklärt ist, die Parteien aber die **Anwendbarkeit des Tarifvertrages einzelarbeitsvertraglich vereinbart** haben, so gilt die Zuständigkeitsvereinbarung nach § 48 Abs. 2 S. 2 ArbGG, wenn der Tarifvertrag nach seinem räumlichen, fachlichen und personellen Geltungsbereich das Arbeitsverhältnis erfaßt (vgl. dazu GK-ArbGG/*Bader* § 48 Rz 99 ff.; *Hauck/Helml* ArbGG, 2. Aufl., § 48 Rz 21; *Schaub* Arbeitsgerichtsverfahren, § 9 IV 2 Rz 30; *Grunsky* § 48 Rz 17 aE).

180 Sind nach Vorstehendem **mehrere ArbG** örtlich zuständig (nach dem allg. Gerichtsstand, den bes. Gerichtsständen der Niederlassung oder des Erfüllungsortes), kann der Arbeitnehmer **wählen,** bei welchem ArbG er die Kündigungsschutzklage erheben will (§ 35 ZPO). Hat der Arbeitnehmer ein örtlich zuständiges ArbG angerufen, ist eine Verweisung nicht zulässig.

b) Die Erhebung der Klage bei einem örtlich unzuständigen ArbG

181 Die Dreiwochenfrist ist auch dann gewahrt, wenn die Klage bei einem **örtlich unzuständigen ArbG** eingeht und gem. § 48 Abs. 1 ArbGG iVm § 17a Abs. 3, 4 GVG an das örtlich zuständige ArbG verwiesen wird (*BAG* 31.3.1993, EzA § 4 KSchG nF Nr. 46 [B II 1]; *v. Hoyningen-Huene/Linck* Rz 57; *Kittner/ Däubler/Zwanziger* Rz 49; **aA** *Lüke* JuS 1996, 970). Dabei ist es unerheblich, wenn die Verweisung an das örtlich zuständige ArbG erst nach Ablauf der Dreiwochenfrist erfolgt, im Ergebnis ebenso *Berkowsky* NZA 1997, 352, 353. Indes muss alsbald nach der Klageeinreichung die Zustellung an den Arbeitgeber stattgefunden haben (*LAG* Bln. 2.1.1984 EzA § 4 KSchG nF Nr. 24; *LAG Hamm* 13.10.1988 LAGE § 2 KSchG Nr. 7).

182 Zur Wahrung der Dreiwochenfrist reicht auch die **formlose Abgabe durch das** örtlich unzuständige **ArbG** an das örtlich zuständige ArbG aus (*BAG* 16.4.1959 AP Nr. 16 zu § 3 KSchG 1951, das wohl jede Abgabe an das örtlich zuständige ArbG für ausreichend hält; dagegen *Herschel* in seiner Anmerkung ebenda). Die im Gesetz nicht ausdrücklich vorgesehene **formlose Weitergabe** einer Klageschrift an das örtlich zuständige ArbG ist funktional mit der Verweisung eines Rechtsstreits vergleichbar und dient zudem der Beschleunigung des Verfahrens. Wegen dieser funktionalen Vergleichbarkeit ist in den Fällen einer formlosen Abgabe einer Kündigungsschutzklage an das örtlich zuständige ArbG die Dreiwochenfrist als gewahrt anzusehen.

183 Allerdings muss die fristgerecht beim örtlich unzuständigen ArbG eingereichte Klage demnächst nach deren Weiterleitung dem Beklagten (Arbeitgeber) zugestellt werden (*BAG* 15.9.1977 – 2 AZR 333/76 – nv; vgl. auch *BAG* 13.5.1987 EzA § 209 BGB Nr. 3; zur demnächstigen Zustellung vgl. Rz 140 ff.).

Die Frist wird auch dann gewahrt, wenn der Kläger nur ausdrücklich darum bittet, **die Klage an das** 184
örtlich zuständige ArbG weiterzuleiten. Diese Bitte beseitigt die mit dem Eingang der Klageschrift eingetretenen Wirkungen nicht. Der Kläger hat nämlich durch Einreichen seiner Klage beim örtlich unzuständigen ArbG ersichtlich den Zweck verfolgt, die Dreiwochenfrist zu wahren. Das ist als ausreichend anzusehen (*BAG* 15.9.1977 – 2 AZR 333/76 – nv gegen *ArbG Bielefeld* 19.8.1975 BB 1976, 844 f.).

Die Frist wird nicht gewahrt, wenn der **Urkundsbeamte** der Geschäftsstelle eines örtlich unzuständigen ArbG eine Kündigungsschutzklage **im Wege der Rechtshilfe aufnimmt,** sie an das örtliche zuständige ArbG **weiterschickt** und sie dort **nicht rechtzeitig** innerhalb der Dreiwochenfrist **eingeht** (aA *Güntner* DB 1976, 150). 185

Im Verhältnis Stammgericht und Außenkammern und umgekehrt gilt folgendes: Wirft der Arbeitnehmer am letzten Tag der Dreiwochenfrist die an die – nach dem Geschäftsverteilungsplan zuständige – Außenkammer des ArbG adressierte Kündigungsschutzklage in den Nachtbriefkasten des Stammgerichts, so ist die Dreiwochenfrist gewahrt, auch wenn die am Stammgericht mit dem Postein- und -ausgang befasste Geschäftsstellenleiterin den Briefumschlag ungeöffnet mit der Sammelpost an die Außenkammern weiterleitet, nachdem sie zuvor auf dem Briefumschlag den Eingangsstempel angebracht hatte. Die Klage war rechtzeitig beim zuständigen ArbG eingegangen; ob die Klage der nach dem Geschäftsverteilungsplan zuständigen Kammer rechtzeitig vorliegt, ist unerheblich. Es handelt sich um ein Gericht. 185a

2. Die Erhebung der Klage bei einem ordentlichen Gericht

Die Frist wird auch durch Klageeinreichung beim **ordentlichen Gericht** (AG, LG) gewahrt, wenn die Klage an das ArbG – auch erst nach Fristablauf – verwiesen wird (§ 48 ArbGG iVm § 17a Abs. 2, 4 GVG). Es ist zwar richtig, dass nunmehr die Rechtswegvorschriften uneingeschränkt gelten (§§ 2, 48 ArbGG idF v. 26.6.1990 BGBl. I S. 1206) und damit die Abgrenzung zwischen den ordentlichen und den Arbeitsgerichten keine Frage der sachlichen Zuständigkeit mehr ist, sondern eine Frage des Rechtswegs (vgl. nur *Zöller/Gummer* Vorbem. zu §§ 17–17b GVG Rz 10 mwN). Die Wirkungen der Rechtshängigkeit bleiben aber erhalten (§ 17b Abs. 1 S. 2 GVG), und zwar sowohl in prozessualer als auch in materieller Hinsicht (GK-ArbGG/*Bader* § 48 Rz 74). Soweit durch die Klageerhebung eine Frist gewahrt wird, gilt die Wirkung der Rechtshängigkeit fort (*Zöller/Gummer* § 17b GVG Rz 3), die im Bereich der Arbeitsgerichtsbarkeit in §§ 261 Abs. 3, 262, 167 ZPO durch die Verweisung in § 46 Abs. 2 ArbGG geregelt ist (*Grunsky* § 46 Rz 46). Die Verweisung erhält insbes. die für die Klage vor dem Gericht, an das verwiesen wurde, etwa vorgeschriebene Wahrung der Klagefrist, wenn die Klage bei dem zunächst angerufenen Gericht rechtzeitig erhoben worden war (MünchKomm-ZPO/*M. Wolf* 2. Aufl., § 17b GVG Rz 7; *BGH* 13.3.2006 – II ZB 26/04 – BGHZ 166, 329 = NJW-RR 2006, 1113 mwN; *Kopp/Schenke* VwGO, 14. Aufl., § 41 Rz 26; *Sodann/Ziekow* VwGO, 2. Aufl., § 17b GVG Rz 6 f.; *Eyermann/Rennert* VwGO, 12. Aufl., § 41 (§§ 17 – 17b GVG) Rz 42; *BVerwG* 20.1.1993 DVBl. 1993, 563 f.; *Meyer-Ladewig/Keller/Leitherer* SGG, 8. Aufl., § 87 Rz 6). Das gilt auch, soweit das materielle Recht (zB § 209 BGB) an die Rechtshängigkeit anknüpft (*Zöller/Gummer* aaO; *Kissel/Mayer* GVG, 4. Aufl., § 17 Rz 43). Das gilt dann auch für die Erhebung der Kündigungsschutzklage vor dem ordentlichen Gericht; sie wahrt die Dreiwochenfrist (zutr. *Schaub* BB 1993, 1669; *Klimpe-Auerbach* AuR 1992, 113 f.; *Kissel* NZA 1995, 349; *Kittner/Däubler/Zwanziger* Rz 26; BBDW-*Wenzel* § 4 KSchG Rz 128; LAG SA 23.2.1995 LAGE § 4 KSchG Nr. 26; LAG Köln 10.7.1998 LAGE § 4 KSchG Nr. 41; *v. Hoyningen-Huene/Linck* Rz 57a; **aA** *Lüke* JuS 1996, 970: Eine Verweisung nach § 17a Abs. 2, 3 GVG reicht nur aus, wenn sie vor Fristablauf erfolgt). 186

Entsprechendes gilt für die formlose Abgabe der Kündigungsschutzklage an das ArbG durch das Gericht des unzulässigen Rechtsweges, wenn die Klage dort fristgerecht eingereicht war und vom ArbG »demnächst« (§ 167 ZPO) zugestellt wird (LAG SA 23.2.1995 LAGE § 4 KSchG Nr. 26a; krit. *Opolony* AR-Blattei SD 1020.3 Kündigungsschutz III Rz 121 f.; **aA** *ArbG Hanau* 30.5.1996 RzK I 10c Nr. 34, 75, das von Fristversäumung ausgeht, aber die rechtzeitig beim Amtsgericht angebrachte, indes erst nach Ablauf der Dreiwochenfrist beim ArbG aufgrund »Weiterleitung« eingegangene Klage nachträglich zugelassen hat, weil der Kläger mit einer rechtzeitigen Weitergabe habe rechnen können, dem folgend *Hess. LAG* 1.10.1996 LAGE § 5 KSchG Nr. 82, konsequent, weil bei unterstellter Fristversäumung lediglich Verschulden daran zu prüfen ist, dazu KR-*Friedrich* § 5 Rz 23 aE, aus den in Rz 182 genannten Gründen. Bedenken äußert *Bader* (NZA 1997, 905, 906 Fn 20), der eine förmliche Verweisung erwirkt wissen will. 186a

3. Die Erhebung der Klage bei einem sonstigen Gericht

187 Wird die Kündigungsschutzklage innerhalb der Dreiwochenfrist beim **Sozialgericht** oder beim **VG** eingereicht, so wird die Frist gewahrt, wenn die Klage auf Antrag – auch erst nach Fristablauf – an das ArbGG verwiesen wird (§ 173 VwGO iVm § 17a Abs. 2, 4 GVG; § 202 SGG iVm § 17a Abs. 2, 4 GVG; vgl. *Schaub* BB 1993, 1669; *Hilbrandt* NJW 1999, 3594, 3595, 3601).

Die Frist wird durch Anbringung einer Kündigungsschutzklage bei einem kirchlichen Gericht – zB Schlichtungsstelle nach dem Mitarbeitervertretungsgesetz der Ev. Kirche von Westfalen – nicht gewahrt (*Däubler/Kittner/Zwanziger* Rz 26 unter Hinweis auf *LAG Hamm* 24.1.1994 – 7 Sa 1941/93).

4. Die Erhebung der Klage bei einem gem. § 101 Abs. 2 ArbGG an Stelle der Arbeitsgerichtsbarkeit durch Tarifvertrag vorgesehenen Schiedsgericht

188 Nach § 101 Abs. 2 S. 1 ArbGG können **Tarifverträge** für bürgerliche Rechtsstreitigkeiten aus einem tarifunterworfenen Arbeitsverhältnis die Arbeitsgerichtsbarkeit durch die ausdrückliche Vereinbarung ausschließen und vorsehen, dass die Entsch. durch ein **Schiedsgericht** erfolgen soll, wenn der persönliche Geltungsbereich des Tarifvertrages überwiegend Bühnenkünstler, Filmschaffende, Artisten oder Kapitäne oder Besatzungsmitglieder iSd §§ 2 und 3 des SeemG umfasst. Solche Tarifverträge bestehen zur Zeit nur für den Bereich der Bühnen, nicht aber für die Seeschifffahrt (*Löwisch/Spinner* Rz 29, § 24 Rz 18). Die einzelarbeitsvertragliche Vereinbarung einer Schiedsklausel ist aber nur dann zulässig, wenn die ausgeübte Tätigkeit einer Berufsgruppe zuzuordnen ist, für die nach § 101 Abs. 2 S. 1 ArbGG bei Tarifbindung der Vorrang der Schiedsgerichtsbarkeit wirksam geregelt werden kann (*BAG* 6.8.1997 – 7 AZR 156/96).

189 Zu den Rechtsstreitigkeiten **aus** einem **Arbeitsverhältnis** iSd § 101 Abs. 2 ArbGG gehören auch **Kündigungsschutzklagen** (*v. Hoyningen-Huene/Linck* Rz 58; *Löwisch/Spinner* Rz 29; vgl. GK-ArbGG/*Mikosch* § 101 Rz 25; vgl. auch Rz 177). Die Klage ist innerhalb von drei Wochen nach Zugang der Kündigung beim Schiedsgericht einzureichen. Statt »Arbeitsgericht« ist zB »Schiedsgericht«, »Bühnenschiedsgericht« zu lesen (*Vogel* AR-Blattei SD 1030.2 Bühnenarbeitsrecht Rz 183).

190 Wird die Kündigungsschutzklage trotz einer wirksamen Schiedsklausel vor dem ArbG erhoben, kann der Arbeitgeber die **prozesshindernde Einrede des Bestehens eines Schiedsvertrages** erheben (§ 102 Abs. 1 ArbGG).

191 Erhebt der Arbeitgeber diese Einrede (keine Berücksichtigung von Amts wegen, *BAG* 30.9.1987 EzA § 611 BGB Bühnenengagementsvertrag Nr. 9), so ist die Klage als **unzulässig** abzuweisen. Eine Verweisung des Rechtsstreits ist gesetzlich nicht vorgesehen und wird daher nicht für möglich gehalten (*BAG* 24.9.1970 AP Nr. 37 zu § 3 KSchG 1951 mit insoweit krit. Anm. von *Herschel*; *Grunsky* § 102 Rz 2; GK-ArbGG/*Mikosch* § 102 Rz 6). Der Arbeitnehmer kann dann vor das **Schiedsgericht** ziehen. Die Abweisung der Klage als unzulässig kann er durch Klagerücknahme verhindern.

192 Wegen der in diesem Zusammenhang auftretenden Schwierigkeiten, die Dreiwochenfrist auch noch beim Schiedsgericht zu wahren, lässt es das *BAG* (24.9.1970 AP Nr. 37 zu § 3 KSchG) ausreichen, wenn der Arbeitnehmer rechtzeitig Kündigungsschutzklage zum ArbG erhoben hat und **binnen eines angemessenen Zeitraumes nach Rücknahme der Klage** (bzw. Abweisung der Klage als unzulässig), **wenn auch erst nach Ablauf der Klagefrist, Schiedsklage erhebt**.

5. Die Anrufung eines Ausschusses, der das Güteverfahren vor dem ArbG ersetzt, iSd § 111 Abs. 2 ArbGG

193 Da im **Berufsausbildungsbereich** nur außerordentliche Kündigungen (§ 15 Abs. 2 Nr. 1 BBiG) möglich sind, wird die Frage der Anrufung eines Ausschusses, der das Güteverfahren vor dem ArbG ersetzt, iSd § 111 Abs. 2 ArbGG des Zusammenhangs wegen bei § 13 KSchG behandelt (vgl. dort Rz 36; vgl. ferner KR-*Weigand* §§ 21, 22 BBiG Rz 121 ff.).

IX. Ausnahmen von dem Lauf der Dreiwochenfrist ab Zugang der Kündigung

1. Vorbemerkung

194 Für den Regelfall sieht das KSchG in seinem § 4 S. 1 die Erhebung der Kündigungsschutzklage innerhalb von drei Wochen nach Zugang vor (vgl. Rz 99 ff.).

Das gilt auch dann, wenn der Arbeitnehmer den **Betriebsrat** gem. § 3 KSchG eingeschaltet hat. Die 195
Anrufung des Betriebsrates ändert an dem Beginn des Laufs der Dreiwochenfrist ab Zugang der
Kündigung nichts (vgl. *ArbG Osnabrück* 5.10.1951 BB 1952, 174). Allerdings treten *Möhn* (NZA 1995,
114 f.) und *Fischer* (NZA 1995, 1133) dafür ein, dass durch den Einspruch nach § 3 KSchG die Klagefrist des § 4 KSchG gehemmt wird, um die Vorschrift des § 3 KSchG aufzuwerten. Dem ist wegen des
Anhörungsverfahrens nach § 102 BetrVG nicht zu folgen. Der Einspruch nach § 3 KSchG beeinflusst
den Lauf der Dreiwochenfrist nicht (*Kittner/Däubler/Zwanziger* § 3 Rz 9; *v. Hoyningen-Huene/Linck*
§ 3 Rz 5 nwN Fn 4; *Rieble* Anm. *BAG* 3.5.1994 EzA § 99 BetrVG Nr. 122 [II 3a]; KR-*Rost* § 3 KSchG
Rz 26).

2. Der Zeitpunkt des Beginns des Laufs der Dreiwochenfrist bei Anhängigkeit der Kündigung von der Zustimmung einer Behörde

Ist die **Zustimmung einer Behörde für die Kündigung** nötig, so läuft nach § 4 S. 4 KSchG die Dreiwo- 196
chenfrist erst von der Bekanntgabe der Entsch. der Behörde an den Arbeitnehmer an.

Aus dem Wortlaut des § 4 S. 4 KSchG wurde ganz überwiegend geschlossen, dass § 4 S. 4 KSchG nur 197
für die etwa erforderliche **nachträgliche Zustimmung** der Behörde zur Kündigung gilt. Wird die Zustimmung bereits vor der Kündigung erteilt oder ist die vorherige Zustimmung der Behörde erforderlich, wie das zB nach § 18 Abs. 1 BErzGG, § 85 SGB IX der Fall ist, verblieb es bei dem Lauf der Dreiwochenfrist ab Zugang der Kündigung nach § 4 S. 1 KSchG (*v. Hoyningen-Huene/Linck* Rz 61), es sei
denn, dass der behördliche Zustimmungsbescheid dem Arbeitnehmer ausnahmsweise nicht bereits
vor, sondern erst nach Zugang der Kündigung zugestellt wurde. Diese Ausnahme wurde aus Sinn und
Zweck des § 4 S. 4 KSchG abgeleitet. Während es in Fällen der vor Zugang der Kündigungserklärung
Arbeitgeber und Arbeitnehmer bekannt gegebenen Zustimmung bei der Bestimmung der Dreiwochenfrist nach § 4 S. 1 KSchG verblieb – die Dreiwochenfrist sollte in einem solchen Fall nicht zu Lasten
des Arbeitnehmers schon vor dem Zugang der Kündigungserklärung beginnen –, war im Falle der Bekanntgabe der behördlichen Entsch. an den Arbeitnehmer erst nach dem Zugang der Kündigung auf
den Zeitpunkt der Bekanntgabe des Zustimmungsbescheides abzustellen: Bis zu diesem Zeitpunkt
konnte der Arbeitnehmer auf eine mögliche Unwirksamkeit der Kündigung vertrauen und daher von
der Erhebung einer Kündigungsschutzklage absehen. Eine Mitteilung des Arbeitgebers – etwa zugleich mit der Kündigungserklärung –, dass der Kündigung zugestimmt worden ist, reichte nicht aus,
um gleichwohl die Dreiwochenfrist mit dem Zugang der Kündigungserklärung in Lauf zu setzen, weil
der Arbeitnehmer daraus nicht mit letzter Sicherheit entnehmen konnte, dass wirklich eine behördliche Zustimmung vorliegt und aus welchen Gründen sie erteilt wurde (*BAG* 17.2.1982 EzA § 15
SchwbG Nr. 1; *LAG Nürnberg* 28.7.1982 AMBl. 1983, C 11).

§ 4 S. 4 KSchG wurde daher nur wenig praktische Bedeutung beigemessen (vgl. nur ErfK-*Ascheid* 4. 198
Aufl., § 4 KSchG Rz 58). Dass nur dem Arbeitgeber und nicht oder nur verspätet dem Arbeitnehmer
der Zustimmungsbescheid zugestellt wird, dürfte selten vorkommen sein, so dass sich der Anwendungsbereich des § 4 S. 4 KSchG im Wesentlichen auf die nachträgliche Zustimmung beschränkt hat.

Die Bedeutung des § 4 S. 4 KSchG beschränkte sich somit im Wesentlichen auf die Kündigung **religiös,** 199
rassisch oder politisch Verfolgter. Nach Landesrecht kann diesem Personenkreis **nur mit auch nachträglich erteilbarer Zustimmung gekündigt werden** (vgl. für Baden-Württemberg Art. 2 des Gesetzes
Nr. 707 über den Kündigungsschutz der politisch Verfolgten 8.10.1947 [RegBl. 1947, S. 101], Fortgeltung von *BAG* 11.10.1957 AP Nr. 1 zu § 73 ArbGG 1953 anerkannt; für Berlin § 2 des Gesetzes zum
Schutze der Rechte aus Arbeitsverhältnissen von Arbeitnehmern und Beamten mit Wohnsitz im Sowjetsektor von Berlin oder in der sowjetischen Besatzungszone 8.11.1961 [GVBl. S. 1611] mit späteren
Änderungen, zuletzt 15.7.1969 [GVBl. S. 891]).

Erst die **Zustimmung der Behörde** macht eine solche **Kündigung formell wirksam.** Erst von diesem 200
Zeitpunkt an kann die Kündigung auf ihre etwaige Sozialwidrigkeit überprüft werden. Verweigert die
Behörde die Zustimmung oder wird diese erst später erteilt, so läuft die Frist erst von der Bekanntgabe
der Zustimmung an. Erst von diesem Zeitpunkt an weiß der Arbeitnehmer, dass die Kündigung sein
Arbeitsverhältnis beenden wird, wenn er nicht Kündigungsschutzklage erhebt (*v. Hoyningen-Huene/*
Linck Rz 60).

Hat die Behörde die Zustimmung erteilt, so gilt auch hier, dass **Rechtsmittel** des Arbeitnehmers den 201
Lauf der Frist nicht hemmen. Schon aus dem Wortlaut des § 4 S. 4 KSchG ergibt sich, dass die Frist zur
Anrufung des ArbG mit der Bekanntgabe, nicht erst mit der Rechts- oder Bestandskraft des Zustim-

mungsbescheides beginnt. Nur das ist im Interesse einer möglichst schnellen Klärung der etwaigen Sozialwidrigkeit der Kündigung sinnvoll (*v. Hoyningen-Huene/Linck* Rz 60 mwN).

202 In der Entscheidung vom 3.7.2003 (EzA § 113 InsO Nr. 14) hat der Zweite Senat des *BAG* zwar entschieden, dass nach § 113 Abs.2 S. 1 InsO, jetzt § 4 S. 1 KSchG in der Fassung des Gesetzes zu Reformen am Arbeitsmarkt, ein Verstoß der Kündigung gegen § 18 Abs. 1 BErzGG grds. innerhalb von drei Wochen nach Zugang der Kündigung klageweise geltend gemacht werden muss (vgl. KR-*Friedrich* § 13 KSchG Rz 212b), aber das Fehlen der nach § 18 Abs. 1 S. 2 BErzGG erforderlichen Zulässigkeitserklärung vom Arbeitnehmer bis zur Grenze der Verwirkung jederzeit geltend machen kann, wenn ihm die entsprechende Entscheidung der zuständigen Behörde nicht bekannt gegeben worden ist, § 113 Abs. 2 S. 2 InsO aF, § 4 Abs. 4 KSchG. Eine ohne Bekanntgabe der Zulässigkeitserklärung der Behörde an den Arbeitnehmer diesem gegenüber setze den Lauf der Dreiwochenfrist wegen § 4 S. 4 KSchG nicht in Gang. Damit teilt das BAG die von der bisherigen hM für richtig gehaltene Beschränkung des § 4 S. 4 KSchG auf Fälle nachträglicher Zustimmung nicht. Zur Begründung ist im Wesentlichen ausgeführt, die hM sei weder nach dem Wortlaut noch nach dem Sinn und Zweck der Vorschrift gerechtfertigt. Auch bei der Erteilung der erforderlichen Zustimmung vor Ausspruch der Kündigung mache die gesetzliche Regelung Sinn: Der Beginn der Klagefrist »erst von der Bekanntgabe der Entscheidung der Behörde an den Arbeitnehmer ab« bedeute, dass die Klagefrist bei Bekanntgabe der Bördenentscheidung, aber nicht vor Zugang der Kündigungserklärung beginne. Der Arbeitnehmer, der nicht wisse, ob und ggf. aus welchen Gründen die Behörde zugestimmt habe, sei in gleicher Weise schutzbedürftig, wenn eine vorherige wie wenn eine nachträgliche Zustimmung erforderlich sei. Richtig sei lediglich, dass früher ein § 4 S. 4 KSchG entsprechender Schutz regelmäßig dadurch gewährleistet gewesen sei, dass die Kündigung ohne Zustimmung der Behörde unwirksam sei und dies habe nach § 13 Abs.3 KSchG ohne Einhaltung der Klagefrist geltend gemacht werden können.

202a Im Hinblick auf § 4 S. 1 KSchG nF ist § 4 S. 4 KSchG, der unverändert geblieben ist, gerade wegen der Entscheidung vom 3.7.2003 (EzA § 113 InsO Nr. 14) ins Rampenlicht geraten. Während § 4 S. 1 KSchG nF den Grundsatz aufstellt, dass alle Unwirksamkeitsgründe von der Dreiwochenfrist erfasst sind, wird § 4 S. 4 KSchG neben der Schriftform als weitere **Ausnahme** angesehen. Die Reichweite des § 4 S. 4 KSchG in Bezug auf § 4 S. 1 KSchG nF ist allerdings umstritten: Es wird vertreten, dass Schwangere, Mitarbeiter/-innen in Elternzeit und behinderte Menschen nur dann binnen drei Wochen nach Zugang der Kündigungserklärung Klage erheben müssen, wenn ihnen mindestens gleichzeitig auch der Bescheid der Behörde zugestellt wurde, andernfalls läuft die Frist erst ab Zustellung des Bescheides. Erfasst sind danach die Fälle erteilter Zustimmung unter deren Zustellung an den Arbeitnehmer erst nach Zugang der Kündigung und der objektiv fehlenden Entscheidung der Behörde, unabhängig, ob beantragt oder nicht (*Zimmer* FA 2004, 34, 36; *Buschmann* AuR 2004, 1, 3; *Rolfs* ZIP 2004, 337 f.; *Gaul/Boewer* S. 329 f.; *Quecke* RdA 2004, 99). Dem stimmt *J. Schmidt* (NZA 2004, 79, 81 f.) zu mit der Ausnahme, dass der Arbeitgeber bei § 9 MuSchG und bei § 85 SGB IX keine Kenntnis von der Schwangerschaft der Arbeitnehmerin oder der Schwerbehinderteneigenschaft des Mitarbeiters/der Mitarbeiterin hat (dem folgt *Richardi* DB 2004, 486, 489). *J.-H. Bauer* will für den Fall, dass die Erteilung der erforderlichen behördlichen Zustimmung nach Ablauf einer bestimmten Zeit fingiert wird (nach geltendem Recht zB § 91 Abs.3 S. 2 SGB IX, § 88 Abs. 5 SGB IX für die ordentliche Kündigung idF des Gesetzes zur Förderung der Ausbildung und Beschäftigung schwerbehinderter Menschen vom 23.4.2004 (BGBl. I S. 606 [608] in Kraft ab 1.5.2004), § 4 S. 4 KSchG dahingehend einschränkend auslegen, dass die gesetzlich angeordnete Zustimmungsfiktion an die Stelle der Bekanntgabe der Behördenentscheidung tritt (NZA 2004, 196; vgl. auch *J.-H. Bauer/Krieger* Rz 118, S. 161f.). Das setzt aber voraus, dass dem Arbeitnehmer die Voraussetzungen der Zustimmungsfiktion bekannt sein müssen, was voraussetzt, dass der Arbeitnehmer über den Zeitpunkt des Eingangs des Antrags informiert wird. Ist das nicht der Fall, greift weiter § 4 S. 4 KSchG (zutr. *Preis* NZA 2004, 196). Nach *Löwisch* (BB 2004, 154, 159) ist die Auffassung des Zweiten Senats des *BAG* in der Entscheidung vom 3.7.2003 (EzA § 113 InsO Nr. 14) »jedenfalls nach der Neuregelung des KSchG nicht mehr richtig«. Das begründet er mit § 5 Abs. 1. S. 2 KSchG nF, der voraussetze, dass auch im Falle der nach § 9 MuSchG zustimmungsbedürftigen Kündigung entgegen dem BAG die Klagefrist an sich laufe, so dass es notwendig gewesen sei, der Arbeitnehmerin den Zugang zur nachträglichen Zulassung der Kündigungsschutzklage zu gewähren, wenn sie erst nach Ablauf der Frist von der Schwangerschaft erfahre. Was für die Zustimmungsbedürftigkeit nach § 9 MuSchG zutreffe, müsse in gleicher Weise für die Zustimmungsbedürftigkeit nach § 18 BErzGG und § 85 SGB IX gelten. Eine § 5 Abs.1 S. 2 KSchG für diese Fälle entsprechende Regelung fehle deswegen, weil der Arbeitnehmer in diesen Fällen die Umstände kenne, die ein Zustimmungserfordernis auslösten. Entscheidend ist, dass der Arbeitnehmer, der weiß, dass dem Arbeitgeber der Sonderkündigungsschutz bekannt ist, also eine behördliche Zustimmung erforderlich ist, von einem vom Arbeitgeber eingeleiteten Zustimmungsverfahren und/oder seinem Ausgang keine Kenntnis hat. Diese Unkenntnis soll ihm nicht zum Nachteil gereichen. Die Dreiwochenfrist läuft ab Bekanntgabe der Entscheidung an den Arbeitnehmer, mag die Kündigungserklärung auch bereits zugegangen sein, und zwar unabhängig davon, ob die Zustimmung erteilt wurde oder nicht (*Berrisch* FA 2004, 6). Ist dem Arbeitnehmer bekannt, dass der Arbeitgeber vom Sonderkündigungsschutz keine Kenntnis hat, dann kann er auch nicht davon ausgehen, dass ein Zustimmungsverfahren eingeleitet wurde. In diesem Fall muss er die Dreiwochenfrist des §4 S. 1 KSchG einhalten (*Preis* NZA 2004, 196). Weiß der Arbeitgeber nichts von der (beantragten) Schwerbehinderteneigenschaft des Arbeitnehmers, so hat er nach der Rspr. des *BAG* (5.7.1990 LAGE §15 SchwbG 1986 Nr. 3) den Arbeitgeber idR innerhalb eines Monats über die Anerkennung als Schwerbehinderter oder über die Beantragung zu unterrichten. Diese Frist ändert an der einzuhaltenden Dreiwochenfrist hinsichtlich der Kündigung nichts. Hat der Arbeitnehmer diesen Punkt nicht geltend gemacht, hilft ihm §6 KSchG oder »diese Frist und die Frist des §4 S. 1 KSchG müssten durch die Rechtsprechung ‚harmonisiert' werden« (*Preis* DB 2004, 77 Fn 79; *Biel* JA 2005, 46, 52 f.; *J. Schmidt* NZA 2004, 81, 82; dazu auch *Etzel* FS Arbeitsgemeinschaft S. 254 f.), was der Zweite Senat des BAG »erwägt«: Regelfrist von drei Wochen, innerhalb derer der Arbeitnehmer nach Zugang der Kündigung dem Arbeitgeber seine Schwerbehinderung oder den entsprechenden Feststellungsantrag mitteilen muss (12.1.2006 – 2 AZR 539/05 – EzA-SD 14/2006 S. 14 ff.). Damit passt auch §5 Abs. 1 S. 2 KSchG nF zusammen: Diese Bestimmung setzt voraus, dass die Arbeitnehmerin erst nach Ablauf der Dreiwochenfrist von der Schwangerschaft Kenntnis erlangt. Diese Regelung wurde zur Sicherung des Sonderkündigungsschutzes des §9 MuSchG für erforderlich gehalten, setzt aber gerade voraus, dass die Arbeitnehmerin, die selbst von ihrer Schwangerschaft nichts wusste, nicht erwarten konnte, dass der Arbeitgeber vor dem Ausspruch der Kündigung die Zustimmung zur Kündigung gem. §9 Abs.3 MuSchG beantragt hatte. §4 S. 4 KSchG greift nicht, da es auf eine Entscheidung einer Behörde (noch) nicht ankommen konnte (vgl. *Preis* NZA 2004, 196; *ders.* DB 2004, 77; *J. Schmidt* NZA 2004, 81; *Zeising/Kröpelin* DB 2005, 1626, 1629).

Somit ergeben sich folgende Fallgestaltungen: (vgl. auch HaKo-*Gallner* 2. Aufl., §4 KSchG Rz 113 ff.) 202b

Keine Beantragung der behördlichen Zustimmung (§9 Abs. 3 MuSchG, §18 Abs. 1 S. 2 BEEG, §85 SGB IX) und Kündigung, die Kündigung bedarf objektiv der Zustimmung der Behörde:

Fehlt die **Kenntnis** des Arbeitgebers der den besonderen Kündigungsschutz begründenden Umstände bei der Kündigung, **Fall des §4 S. 1 KSchG** (allerdings bei §18 Abs. 1 S. 2 BEEG nur beim Insolvenzverwalter denkbar, der sich indes auf seine Unkenntnis nicht mit Erfolg berufen kann, BAG 3.7.2003 EzA §113 InsO Nr. 14),

Bei Kenntnis des Arbeitgebers der den besonderen Kündigungsschutz begründenden Umstände – von der Stellung des Antrags auf die erforderliche Zustimmung darf der Arbeitnehmer ausgehen –, **Fall des §4 S. 4 KSchG**, und zwar unabhängig davon, ob der Antrag tatsächlich gestellt worden war oder bereits – positiv oder negativ – verbeschieden worden war,

§4 S. 4 KSchG gilt auch, wenn der Arbeitgeber während des Zustimmungsverfahrens kündigt, bevor eine behördliche Entscheidung vorliegt, seinen Antrag aber wieder zurücknimmt (*Berrisch* FA 2004, 6),

bei **Zustimmungsfiktion** (zB §91 Abs.3 S. 2 SGB IX, §88 Abs. 5 SGB IX) läuft die Frist des §4 S. 4 KSchG ab Kenntnis des Arbeitnehmers von der Zustimmungsfiktion (**aA** *Zeising/Kröpelin* DB 2005, 1626, 629 f.: es gelte die dreiwöchige Klagefrist ab Zugang der Kündigung, weil keine behördliche Entscheidung existiere, die dem Arbeitnehmer zugestellt werde).

Soweit §4 S. 4 KSchG eingreift, die erforderliche Zulässigkeitserklärung fehlt oder noch nicht dem Arbeitnehmer bekannt gegeben ist, ist das Klagerecht des Arbeitnehmers nicht nach der Dreiwochenfrist zeitlich begrenzt, Grenze ist die Verwirkung (vgl. dazu KR-*Friedrich* §13 KSchG Rz 304 ff.). Deswegen ist zutreffend kritisiert worden, durch den stehen gebliebenen Satz 4 des §4 KSchG werde in der Auslegung des *BAG* in seiner Entscheidung vom 3.7.2003 (EzA §113 InsO Nr. 14) die Intention des Gesetzgebers, die Klagefrist zu vereinheitlichen, teilweise unterlaufen (*J.-H. Bauer* NZA 2004, 195 f.; vgl. auch *Zeising/Kröpelin* DB 2005, 1626).

Rechtsprechung:

Erlangt die Arbeitnehmerin erst nach Zugang der schriftlichen Kündigungserklärung Kenntnis von der Schwangerschaft, ist §4 S. 4 KSchG nicht anzuwenden. Die Arbeitnehmerin ist gehalten, binnen drei

Wochen nach Zugang der Kündigungserklärung den Unwirksamkeitsgrund des § 9 Abs. 1 MuSchG geltend zu machen, war ihr das nicht möglich, hilft § 5 Abs. 1 S. 2 KSchG (dazu § 5 KSchG Rz 125a; *LAG Düsseld.* 10.2.2005 – 15 Ta 26/05 – NZA-RR 2005, 382; *LAG Hamm* 22.9.2005 – 8 Sa 974/05 – juris).

Ist dem – nicht offensichtlich – schwerbehinderten Arbeitnehmer wegen unterlassener Unterrichtung des Arbeitgebers über das Vorliegen einer Schwerbehinderung bekannt, dass dieser einen behördlichen Zustimmungsantrag gar nicht gestellt haben kann, so kann sich der Arbeitnehmer nicht mit Erfolg auf § 4 S. 4 KSchG berufen (*LAG Hamm* 22.9.2005 – 8 Sa 974/05 – juris).

203 Der **Kündigungsschutz für Frauen während** der **Schwangerschaft** und bis zum Ablauf von vier Monaten nach der Niederkunft ist so ausgestaltet, dass die Kündigung überhaupt unzulässig ist (§ 9 Abs. 1 MuSchG). Nach § 9 Abs. 3 MuSchG kann die für den Arbeitsschutz zuständige oberste Landesbehörde oder die von ihr bestimmte Stelle in besondern Fällen ausnahmsweise die Kündigung für zulässig erklären. Dieses **absolute Kündigungsverbot mit Erlaubnisvorbehalt** bedeutet, dass eine ohne Erlaubnis ausgesprochene Kündigung absolut nichtig ist, § 134 BGB (*BAG* 29.7.1968 EzA § 9 MuSchG nF Nr. 1; *Buchner/Becker* 7. Aufl. § 9 Rz 163; *Gröninger/Thomas* Stand 5/97 § 9 Rz 33, 35; *v. Hoyningen-Huene/Linck* Rz 64, § 13 Rz 83; *Meisel/Sowka* Mutterschutz und Erziehungsurlaub, 5. Aufl., § 9 Rz 104; *Zmarzlik/Zipperer/Viethen/Vieß* Mutterschutzgesetz/Mutterschaftsleistungen, 9. Aufl., § 9 Rz 47; *Heilmann* Mutterschutz, 2. Aufl., § 9 Rz 85; *Graue* Mutterschutzgesetz, § 9 Rz 18; *Willikonsky* MuSchG § 9 Rz 35). Die Klagefrist des § 4 S. 1 KSchG nF muss dann eingehalten werden, wenn zwar der Arbeitnehmerin, nicht aber dem Arbeitgeber die Schwangerschaft bekannt war. War sie ihr nicht bekannt, greift ergänzend § 5 Abs.1 S.2 nF KSchG (*Däubler* Brennpunkte 2005 S. 37).

204 Wird die Kündigung **ausnahmsweise** für **zulässig** erklärt (§ 9 Abs. 3 MuSchG) – die Kündigungssperre wird aufgehoben –, so ist diese Erlaubnis eine Zustimmung iSd § 4 S. 4 KSchG.. **§ 4 S. 4 KSchG** ist **anwendbar** (ErfK-*Schlachter* § 9 MuSchG Rz 18; **aA** *v. Hoyningen-Huene/Linck* Rz 64; *Gröninger/Thomas* Stand 5/2006 § 9 Rz 111: Fristbeginn mit Zugang der zugelassenen Kündigung, was nur richtig ist, wenn die positive Behördenentscheidung der Arbeitnehmerin bereits zugegangen war). Ist dem Arbeitgeber die Schwangerschaft bekannt, läuft die Dreiwochenfrist erst ab Bekanntgabe der – positiven oder negativen – Behördenentscheidung gegenüber der Arbeitnehmerin (ErfK-*Schlachter* § 9 MuSchG Rz 18). Allerdings ist eine wirksame Kündigungserklärung erst nach positiver Entscheidung der Behörde möglich (*BAG* 31.3.1993 EzA § 9 MuSchG nF Nr. 32). Ohne wirksame Zulässigkeitserklärung fehlt es der Kündigung an einem notwendigen Wirksamkeitserfordernis (*BAG* 25.3.2004 EzA § 9 MuSchG nF Nr. 40 [II 2 c aa]). Sollte die Arbeitnehmerin die Kenntnis des Arbeitgebers von der Schwangerschaft nur für möglich halten, ist tunlichst die Klagefrist ab Zugang der Kündigungserklärung einzuhalten. Denn für das Vorliegen des § 4 S. 4 KSchG trägt die Klägerin die Darlegungs- und Beweislast (*J. Schmidt* NZA 2004, 81).

205 Liegt die Erlaubnis für die Kündigung vor, kann die Kündigung unter dem Gesichtspunkt des § 9 MuSchG **formell wirksam** erklärt werden. Die Zulässigkeitserklärung muss im Zeitpunkt des Zugangs der Kündigung noch nicht bestandskräftig sein (*BAG* 17.6.2003 EzA § 9 MuSchG nF Nr. 39; 25.3.2004 EzA § 9 MuSchG nF Nr. 40 [II 2 c dd]). Die Dreiwochenfrist läuft dann ab Zugang der Kündigungserklärung, jedenfalls aber nach § 4 S. 4 KSchG mit Zugang der Erlaubnis bei der Arbeitnehmerin.

Legt die gekündigte Arbeitnehmerin gegen die Erlaubnis der Kündigung und gegen den Sofortvollzug Rechtsmittel ein, so hat das keinen Einfluss auf den Lauf der Dreiwochenfrist. Sie beginnt auch dann mit dem Zugang der Kündigung bei gleichzeitigem Zugang des Bescheides oder mit dem etwa danach liegenden Zugang der Erlaubnis. Die ausgesprochene Kündigung kann allerdings erst wirksam werden, wenn der Erlaubnisbescheid bestandskräftig wird, vorher ist die Kündigung zunächst »schwebend unwirksam« (*BAG* 17.6.2003 EzA § 9 MuSchG nF Nr. 39).

206 Der **Kündigungsschutz während der Elternzeit nach § 18 BErzGG** (jetzt BEEG) ist parallel zu dem Kündigungsschutz für werdende Mütter ausgestaltet. Elternzeit kann nicht nur von der Mutter, sondern auch vom Vater oder von anderen Personen (Adoptiv-, Stiefeltern und sonstigen Inhabern des Sorgerechts) in Anspruch genommen werden. Während der von § 18 Abs. 1 S. 1 BEEG erfassten Zeit darf der Arbeitgeber das Arbeitsverhältnis nicht kündigen. Die Kündigung eines im Erziehungsurlaub befindlichen Arbeitnehmers kann in besonderen Fällen ausnahmsweise für zulässig erklärt werden. Auch diese Erlaubnis ist eine Zustimmung iSd § 4 S. 4 KSchG. § 4 S. 4 KSchG ist anzuwenden. Wurde eine behördliche Entscheidung nicht beantragt [Elternzeit setzt notwendigerweise Kenntnis des Arbeitgebers voraus, arg. § 16 BErzGG bzw. § 16 BEEG], kann der Arbeitnehmer sein Klagerecht wegen § 4 S. 4 KSchG nur verwirken (*BAG* 3.7.2003 EzA § 113 InsO Nr. 14). § 4 S. 4 KSchG greift nicht nur,

wenn die Arbeitnehmerin oder der Arbeitnehmer die Zulässigkeitserklärung erst nach Zugang der Kündigung erhält; vgl. im Übrigen KR-*Bader* § 18 BEEG Rz 10 ff., 31 ff.

Für die **Schwerbehinderten** gilt folgendes: Nach § 85 SGB IX bedarf die Kündigung des Arbeitsverhältnisses eines schwerbehinderten Menschen durch den Arbeitgeber der **vorherigen Zustimmung des Integrationsamts**. Das gilt im Grundsatz auch für die außerordentliche Kündigung (§ 91 Abs. 1 SGB IX). Nur gilt im Falle einer in Aussicht genommenen außerordentlichen Kündigung die Zustimmung des Integrationsamtes als erteilt, wenn innerhalb von zwei Wochen nach Eingang des Antrages des Arbeitgebers auf Zustimmung das Integrationsamt eine Entscheidung nicht getroffen hat (§ 91 Abs. 3 SGB IX). Nach § 88 Abs. 5 SGB IX, angefügt durch das Gesetz zur Förderung und Beschäftigung schwerbehinderter Menschen vom 23.4.2004 (BGBl. I S. 606, 608), in Kraft ab 1.5.2004 gilt die Zustimmung des Integrationsamtes zur ordentlichen Kündigung als erteilt, wenn das Integrationsamt die Entscheidung über den Zustimmungsantrag nicht innerhalb eines Monats vom Tag des Eingangs an trifft, allerdings ist die Zustimmungsfiktion auf die Fälle Kündigung wegen Einstellung des Betriebs oder wegen der Auflösung einer Dienststelle (§ 89 Abs. 1 S. 1 SGB IX, und Kündigungen nach Insolvenzeröffnung (§ 89 Abs. 3 SGB IX) beschränkt. Alle Kündigungen, die den Schwerbehinderten gegenüber ohne (fiktive) Zustimmung des Integrationsamtes ausgesprochen werden, sind nichtig. § 134 BGB (etwas einschränkend *BAG* 17.2.1977 EzA § 12 SchwbG Nr. 2). Die Nichtigkeit kann der Schwerbehinderte nur noch nach § 4 S. 1 KSchG nF geltend machen, wenn dem Arbeitgeber die Schwerbehinderung nicht bekannt war (vgl. oben Rz 202). 207

War sie ihm bekannt, handelt es sich um einen Fall des § 4 S. 4 KSchG (vgl. oben Rz 201). 208

Die Dreiwochenfrist läuft ab Zugang der Kündigungserklärung bei gleichzeitiger oder davor liegender Bekanntgabe des Bescheides des Integrationsamtes, indes erst ab Bekanntgabe des Bescheides des Integrationsamtes, wenn einem schwerbehinderten Arbeitnehmer der Zustimmungsbescheid des Integrationsamtes erst nach Zugang der Kündigung zugestellt wird. Das Fehlen der nach § 85 SGB IX oder nach § 91 Abs. 3 SGB IX erforderlichen Zustimmungserklärung kann bis zur Grenze der Verwirkung geltend gemacht werden, wenn dem Arbeitnehmer die Entscheidung des Integrationsamtes nicht bekannt gegeben worden ist. Vgl. Rz 202a, dort auch zur Zustimmungsfiktion nach § 91 Abs. 3 S. 2 SGB IX; § 88 Abs. 5 SGB IX, vgl. auch Rz 207). 209

Es ist unerheblich, dass der Bescheid, mit dem die Zustimmung erteilt wurde und aufgrund dessen der Arbeitgeber kündigte, noch nicht bestands- oder rechtskräftig ist (vgl. *Düwell* in LPK-SGB IX § 88 Rz 24, § 91 Rz 21). Für die Wirksamkeit der Kündigung unter dem Gesichtspunkt der §§ 85, 91 SGB IX genügt es, dass dem Arbeitgeber im Zeitpunkt des Zugangs der Kündigung der Zustimmungsbescheid vorlag (*BAG* 15.5.1997, EzA § 123 BGB Nr. 48 [III 4]: Auf den Zeitpunkt der Abgabe der Kündigungserklärung kommt es nicht an), also eine Zustimmung wirksam erteilt, dh bei Zustimmung zur ordentlichen Kündigung zugestellt, arg. § 88 Abs. 3 SGB IX (*BAG* 16.10.1991 EzA § 18 SchwbG 1986 Nr. 2; *LAG Düsseld.* 25.8.1995 EzB AT § 53 BAT Schwerbehinderte Nr. 16), bei Zustimmung zur außerordentlichen Kündigung mündlich oder fernmündlich bekannt gegeben, arg. § 91 Abs. 3 SGB IX »getroffen« (*BAG* 15.11.1990 EzA § 21 SchwbG 1968 Nr. 3 gegen *LAG Köln* 20.3.1990 LAGE § 21 SchwbG Nr. 21), und zwar schriftlich (*LAG Düsseld.* 29.1.2004 DB 2004, 1108) war. Dem Schwerbehinderten braucht der Zustimmungsbescheid des Integrationsamtes (noch) nicht zugestellt worden zu sein (*BAG* 17.2.1982 EzA § 15 SchwbG Nr. 1). Die Zustellung auch an den Arbeitnehmer bleibt aber Wirksamkeitsvoraussetzung (*Neumann/Pahlen/Majerski-Pahlen* SGB IX, 10. Aufl., § 88 Rz 7, 10). Der Arbeitgeber kann kündigen, sobald er die Zustimmung hat, sei es des Integrationsamtes, aufgrund des Widerspruchsverfahrens oder aufgrund förmlichen Zustimmungsbescheides nach Verpflichtungsurteil iSd § 113 Abs. 5 S. 1 VwGO des VG (*LAG Saarl.* 14.5.1997 LAGE § 15 SchwbG 1986 Nr. 8). Wegen der Ausschlussfrist von einem Monat nach § 88 Abs. 3 SGB IX wird der Arbeitgeber auch sogleich kündigen – der Zeitpunkt der Zustellung des Zustimmungsbescheides an den Arbeitgeber (nicht der an den Arbeitnehmer) ist für den Beginn der in § 88 Abs. 3 SGB IX enthaltenen einmonatigen Kündigungsfrist maßgebend (*BAG* 16.10.1991 EzA § 18 SchwbG 1986 Nr. 2; *LAG Köln* 27.2.1997 LAGE § 18 SchwbG Nr. 1: Geht die Kündigung verspätet zu, ist sie unwirksam, vgl. KR-*Friedrich* § 13 KSchG Rz 211) – und bei einer außerordentlichen Kündigung muss er im Falle des § 91 Abs. 5 SGB IX unverzüglich kündigen, unabhängig davon, ob der Schwerbehinderte gegen die Erteilung der Zustimmung Widerspruch oder nach Bestätigung bzw. erstmaliger Erteilung der Zustimmung im Widerspruchsverfahren Anfechtungsklage beim VG erhebt (vgl. § 88 Abs. 4 SGB IX und iE *Neumann/Pahlen/Majerski-Pahlen* § 85 Rz 9 ff.). Durch die Einlegung von Rechtsmitteln gegen die Erteilung der Zustimmung wird der Lauf der Dreiwochenfrist nicht gehemmt (*BAG* 17.2.1982 EzA § 15 SchwbG Nr. 1; 25.11.1971 EzA § 4 KSchG nF Nr. 4; **aA** *LAG BW* 25.9.1967 AP 210

Nr. 34 zu § 3 KSchG zum SchwBeschG 1961, wie BAG die Lit., zB: *Kossens/von der Heide/Maaß* SGB IX, 2. Aufl., § 85 Rz 32; *Neumann/Pahlen/Majerski-Pahlen* § 85 Rz 7). Die Rechtsbehelfe haben keine aufschiebende Wirkung (§ 88 Abs. 4 bzw. § 91 Abs. 1 iVm § 88 Abs. 4 SGB IX).

211 In **Nordrhein-Westfalen** und im **Saarland** dürfen nach §§ 10 ff. bzw. § 11 des Gesetzes über einen Bergmannsversorgungsschein (Gesetz über einen Bergmannsversorgungsschein im Land NRW vom 20.12.1983 [GVBl. S. 635]; Gesetz Nr. 768 über einen Bergmannsversorgungsschein im Saarland 11.7.1962 [ABl. S. 605] idF v. 16.10.1981 [ABl. S. 825], abgedruckt bei *Nipperdey* Arbeitsrecht, Nr. 448, 449) einem **Bergmannsversorgungsscheininhaber nur mit Zustimmung der Zentralstelle ordentlich gekündigt** werden. Diese Bestimmung fällt unter § 4 S. 4 KSchG (*v. Hoyningen-Huene/Linck* Rz 63, ErfK-*Kiel* § 4 KSchG Rz 58; vgl. auch RGRK-BGB/*Boldt* § 630 BGB Anh. I §§ 10–12 BergmannsversorgungsscheinG NRW Rz 3 f.; *Warda/Wolmerath* Bergmannsversorgungsscheingesetz NRW 1995 § 10 Rz 1 ff.). Die außerordentliche Kündigung bedarf keiner Zustimmung. Die Bergmannsversorgungsscheininhaber im Lande Niedersachsen sind nach § 1 des Gesetzes über einen Bergmannsversorgungsschein im Lande Nieders. 6.1.1949 NdsGVBl. Sb. I S. 741, abgedr. bei *Nipperdey* Arbeitsrecht Nr. 447) den Schwerbeschädigten, heute schwerbehinderten Menschen gleichgestellt.

212 Wegen **kirchenrechtlicher Vorschriften,** die die Zustimmung der Kirchenleitung als Wirksamkeitsvoraussetzung vorschreiben, vgl. *LAG Kiel* 16.12.1953, AP Nr. 1 zu § 3 KSchG 1951 m. abl. Anm. von *Herschel* sowie *v. Hoyningen-Huene/Linck* Rz 63; *Güntner* DB 1976, 148.

212a Kein Fall des § 4 S. 4 KSchG ist die nach **§ 103 BetrVG** erforderliche Zustimmung des Betriebsrats zu außerordentlicher Kündigung gegenüber Betriebsratsmitgliedern sowie die nach § 47 iVm § 108 BPersVG oder den entsprechenden Bestimmungen der Landespersonalvertretungsgesetze oder im kirchlichen Bereich nach den Mitarbeitervertretungsgesetzen oder nach der Mitarbeitervertretungsordnung (MAVO) erforderlichen Zustimmung des Personalrats oder der Mitarbeitervertretung zur außerordentlichen Kündigung von Mitgliedern des Personalrats oder der Mitarbeitervertretung. Betriebsrat, Personalrat, Mitarbeitervertretung sind keine Behörden (*Löwisch* BB 2004, 159).

3. Sonderregelung für die zum Wehrdienst Einberufenen und für die Wehrdienstleistenden

213 § 2 Abs. 4 ArbPlSchG (idF der Bek. 14.4.1980 BGBl. I S. 425 [426]) schreibt eine **Hemmung der Frist** zur Erhebung der Kündigungsschutzklage vor: Geht dem Arbeitnehmer **nach der Einberufung** oder **während des Wehrdienstes** eine Kündigung zu, so beginnt die Frist des § 4 S. 1 KSchG erst zwei Wochen nach Ende des Wehrdienstes. Der Arbeitnehmer, dessen Arbeitsverhältnis dem KSchG unterliegt, hat damit vom Tag der Entlassung aus dem Wehrdienst an fünf Wochen Zeit für die Einreichung der Kündigungsschutzklage (vgl. dazu iE, auch zu den Motiven des Gesetzgebers für diese Regelung, *Sahmer/Busemann* ArbPlSchG Stand 10/2005, E § 2 Rz 20; vgl. auch BBDW-*Wenzel* § 4 Rz 136).

214 Entsprechendes gilt nach § 10 ArbPlSchG für die **freiwilligen Wehrübungen,** die in einem Kalenderjahr zusammen nicht länger als sechs Wochen dauern: Geht dem Arbeitnehmer, dessen Arbeitsverhältnis dem KSchG unterliegt, nach der Einberufung oder während der freiwilligen Wehrübung eine Kündigung zu, so beginnt die Dreiwochenfrist erst zwei Wochen nach dem Ende der Wehrübung (vgl. *Sahmer/Busemann* ArbPlSchG Stand 10/2005 E § 10 Rz 10 aE). Das gilt auch für den Wehrdienst als Soldat auf Zeit für die zunächst auf sechs Monate festgesetzte Dienstzeit und für die endgültig auf insgesamt nicht mehr als zwei Jahre festgesetzte Dienstzeit, § 16a ArbPlSchG (vgl. *Sahmer/Busemann* ArbPlSchG aaO, E § 16a Rz 8a).

215 Es ist aber folgendes zu beachten: Kündigt der Arbeitgeber dem Arbeitnehmer unter Verstoß gegen eine der in § 2 ArbPlSchG enthaltenen Kündigungsbeschränkungen, so ist die Kündigung wegen Verstoßes gegen gesetzliche Verbotsnormen nichtig (§ 134 BGB). Es handelt sich dann um einen Fall der »Rechtsunwirksamkeit aus anderen Gründen« iSd § 4 S. 1 KSchG mit der Folge, dass der Arbeitnehmer die Dreiwochenfrist und damit auch die Fünfwochenfrist ab Entlassung einzuhalten hat (vgl. zu § 2 ArbPlSchG: KR-*Friedrich* § 13 KSchG Rz 215).

4. Sonderregelung für die Besatzungsmitglieder von Seeschiffen, Binnenschiffen und Luftfahrzeugen

216 Zugunsten der **Arbeitnehmer der Schifffahrt** und **des Luftverkehrs** läuft nach § 24 Abs. 3 KSchG die Dreiwochenfrist nicht ab Zugang der Kündigung, sondern erst ab Rückkehr zum Sitz des Betriebes oder sie verlängert sich auf sechs Wochen, wenn das Besatzungsmitglied an einen anderen Ort im In-

land zurückkehrt (zu § 24 Abs. 3 S. 1 Var. 2 *LAG Hmb.* 7.5.2004 – 8 Ta 8/04), um der besonderen Erschwerung Rechnung zu tragen, die sich in Kündigungsfällen für die Besatzungsmitglieder wegen der besonderen Verhältnisse in der Schiff- und Luftfahrt für die Rechtsverfolgung ergeben können; vgl. dazu iE KR-*Weigand* § 24 KSchG Rz 26 ff.

X. Die Folgen der Versäumung der Dreiwochenfrist

Hat der Arbeitnehmer die Klagefrist **versäumt,** so gilt die Kündigung, wenn sie nicht aus Gründen rechtsunwirksam ist, die nicht von § 4 S. 1 KSchG erfasst sind, nach **§ 7 KSchG als von Anfang an rechtswirksam.** Der Mangel der Sozialwidrigkeit und die Rechtsunwirksamkeit aus anderen von § 4 S. 1 KSchG erfassten Unwirksamkeitsgründen wird geheilt. Die Kündigung ist dann sachlich nicht mehr angreifbar (*Birk* JuS 1986, 375 Fn 1). Da es sich bei der Dreiwochenfrist um eine Ausschlussfrist des materiellen Rechts handelt (*BAG* 20.9.1955 AP Nr. 7 zu § 3 KSchG 1951; 19.1.1961 AP Nr. 1 zu § 6 KSchG 1951), wie sich aus der Fiktion des § 7 KSchG ergibt, ist die verspätet erhobene Klage als **unbegründet abzuweisen** (*LAG Bln.* 5.9.1977 DB 1978, 591; 2.1.1968 DB 1968, 180; SPV-*Vossen* Rz 1825, 1812; BBDW-*Wenzel* § 4 Rz 104, 142; *Löwisch/Spinner* Rz 79, 90; *Holtermüller* S. 127; im Ergebnis ebenso *Vollkommer* AcP 161 [1962], 332 ff.). Daran hält auch das *BAG* 26.6.1986 (EzA § 4 KSchG nF Nr. 25) fest, obwohl es die Dreiwochenfrist als prozessuale Klageerhebungsfrist ansieht, mit der Begründung, die Versäumung der Frist habe unmittelbar den Verlust des Klagerechts zur Folge, das materielle Recht werde des Rechtsschutzes beraubt (dem folgend *v. Hoyningen-Huene/Linck* Rz 83). 217

Dagegen vertraten *Herschel/Steinmann* (§ 3 Rz 12), *Nikisch* (I, § 51 VII 2, S. 779) und *Rohwer-Kahlmann* (§ 3 Rz 4b) die Ansicht, bei Versäumung der Dreiwochenfrist sei die Klage ohne sachliche Prüfung durch Prozessurteil als **unzulässig abzuweisen,** weil die Einhaltung der Frist eine echte Prozessvoraussetzung sei. 218

Der **Unterschied beider Auffassungen** zeigt sich in Folgendem: Wird die Klage als unzulässig abgewiesen, so steht die Rechtskraft dieses Urteils einem neuen Verfahren, in dem die Rechtsunwirksamkeit der Kündigung aus anderen, von § 4 S. 1 KSchG nicht erfassten Gründen geltend gemacht wird, nicht entgegen. Die Folge davon ist, dass der Arbeitnehmer, der die Dreiwochenfrist versäumt hat und dessen Klage als unzulässig abgewiesen wurde, mit einer neuen Klage solche Unwirksamkeitsgründe behaupten kann, über die das Gericht zu befinden hat. Wird die Klage durch Sachurteil als unbegründet abgewiesen, so ist die Beendigung des Arbeitsverhältnisses durch die angefochtene Kündigung rechtskräftig festgestellt, so dass einem vom Arbeitnehmer angestrengten neuen Verfahren mit solchen Unwirksamkeitsgründen die Rechtskraft des die Kündigungsschutzklage als unbegründet abweisenden Sachurteils entgegensteht. 219

Der letzteren Ansicht ist zu folgen. Der Kläger hatte, bevor die Klage wegen Fristversäumung als unbegründet abgewiesen wurde, **Gelegenheit,** weitere Unwirksamkeitsgründe außer den des § 1 KSchG in den Prozess einzuführen. Dass er dies tun muss, um sicher zu gehen, mit den weiteren Unwirksamkeitsgründen nicht ausgeschlossen zu sein, ergibt sich aus § 4 S. 1 KSchG. Danach ist nicht Klage zu erheben mit dem Antrag festzustellen, dass die Kündigung sozial ungerechtfertigt ist, sondern dass das Arbeitsverhältnis durch die Kündigung nicht aufgelöst wurde. Damit ist nicht nur die Unwirksamkeit wegen Sozialwidrigkeit gemeint, sondern es sind alle Unwirksamkeitsgründe angesprochen. Ein Urteil, das feststellt, dass das Arbeitsverhältnis durch eine bestimmte Kündigung nicht aufgelöst wurde, stellt das Bestehen des Arbeitsverhältnisses rechtskräftig fest. Die Abweisung einer Klage auf Feststellung der Unwirksamkeit einer bestimmten Kündigung bzw. auf Feststellung, dass eine bestimmte Kündigung das Arbeitsverhältnis nicht aufgelöst hat, beinhaltet nicht nur die Feststellung, dass die Kündigung nicht sozialwidrig ist, sondern auch, dass andere Unwirksamkeitsgründe nicht vorliegen, das Arbeitsverhältnis aufgrund dieser bestimmten Kündigung aufgelöst wurde. 220

Aus dieser vom Gesetzgeber gewählten Konstruktion folgt, dass der Arbeitnehmer, sei es innerhalb oder außerhalb der Dreiwochenfrist, wegen angeblicher Sozialwidrigkeit der Kündigung Kündigungsschutzklage erhebt, in diesem Prozess auch **alle sonstigen Nichtigkeitsgründe** hinsichtlich der Kündigung geltend machen muss, will er vermeiden, dass er wegen der **Rechtskraftwirkung** eines rechtskräftig gewordenen Urteils, das sich nur mit der Dreiwochenfrist und der Sozialwidrigkeit und den anderen von § 4 S. 1 KSchG erfassten Rechtsunwirksamkeitsgründen befasst, mit den übrigen außerhalb der Reichweite des § 4 S. 1 KSchG liegenden Nichtigkeitsgründen ausgeschlossen ist. 221

Die nicht von § 4 S. 1 KSchG erfassten Nichtigkeitsgründe braucht der Arbeitnehmer aber nicht innerhalb der Dreiwochenfrist vorzubringen. Solange kein rechtskräftiges Urteil ergangen ist, können sie in 221a den Prozess eingebracht werden, § 6 KSchG greift nicht. Ob sie noch berücksichtigt werden, richtet sich in erster Instanz nach § 61a Abs. 5 ArbGG, § 296 ZPO, in zweiter Instanz nach § 67 ArbGG, § 528 ZPO.

222 Den umgekehrten Fall, nämlich den, dass der Kläger sich innerhalb der Dreiwochenfrist hinsichtlich der Unwirksamkeit der Kündigung nur auf andere als die in § 1 Abs. 2 und 3 KSchG genannten Gründe berufen hat, regelt § 6 KSchG dahin, dass der Kläger unabhängig von der Dreiwochenfrist die Sozialwidrigkeit der Kündigung noch bis zum Schluss der mündlichen Verhandlung erster Instanz geltend machen kann (Einzelheiten vgl. KR-*Friedrich* § 6 KSchG Rz 8 ff.).

223 Auch daraus kann nur gefolgert werden, dass ein die Klage abweisendes oder der Klage stattgebendes Urteil sich nicht auf einzelne Unwirksamkeitsgründe beschränkt, sondern feststellt, ob eine bestimmte Kündigung das Arbeitsverhältnis aufgelöst hat oder nicht, **gleichgültig, ob alle möglichen Unwirksamkeitsgründe vorgetragen waren oder nicht.**

C. Das Urteil im Kündigungsschutzprozess und seine Rechtskraft

I. Die Rechtskraft und ihre Wirkung im allgemeinen

224 Der Begriff **Rechtskraft** ist (s.o. Rz 221) iSd **materiellen oder sachlichen (inneren) Rechtskraft** gebraucht. Die materielle Rechtskraft eines Urteils bedeutet, dass der Inhalt des Urteils, nämlich die in ihm ausgesprochene Feststellung des Bestehens oder Nichtbestehens der von einer Partei beanspruchten Rechtsfolge in jedem späteren Verfahren, in dem dieselbe Rechtsfolge in Frage steht, maßgeblich bleibt. Die materielle Rechtskraft soll eine andere widersprechende Entscheidung verhindern. Der Richter soll im Interesse des Rechtsfriedens in einem zweiten Rechtsstreit an die frühere Entscheidung gebunden sein (*Rosenberg/Schwab/Gottwald* § 150 II 2 Rz 5 f., § 152). Gegenstand der materiellen Rechtskraft ist der aufgrund eines bestimmten Sachverhaltes abgeurteilte Anspruch, mit anderen Worten der **Streitgegenstand**, der sich im Klageantrag widerspiegelt (vgl. § 322 Abs. 1 ZPO). Daraus folgt, dass der **Umfang** der materiellen Rechtskraft und der mit dieser zusammenhängenden **Präklusionswirkung** sich nach dem **Streitgegenstand der Kündigungsschutzklage** bestimmt.

II. Der Streitgegenstand des Kündigungsschutzprozesses

225 Entspricht der Feststellungsantrag des Klägers dem Wortlaut des § 4 S. 1 KSchG, so ist nach hM Streitgegenstand die Frage, **ob das Arbeitsverhältnis aus Anlass einer ganz bestimmten Kündigung zu dem von dieser Kündigung gewollten Termin aufgelöst ist oder nicht** (sog. **punktuelle Streitgegenstandstheorie**; st.Rspr. des BAG, vgl. *BAG* 13.11.1958 AP Nr. 17 zu § 3 KSchG 1951; 17.11.1958 AP Nr. 18 zu § 3 KSchG 1951; 27.6.1955 AP Nr. 4 zu § 66 BetrVG 1952; 10.12.1970 EzA § 3 KSchG Nr. 3; vgl. aus der neueren Rspr. des BAG zB *BAG* 13.3.1997 EzA § 4 KSchG nF Nr. 57 [II 1]; 18.3.1999 EzA § 613a BGB Nr. 179 [IV]; vgl. aus der Literatur *Hueck* FS für Nipperdey 1955, S. 107; *v. Hoyningen-Huene/Linck* § 4 Rz 69 f.; *HK-Hauck* Rz 120; *Grunsky* Anm. zu AP Nr. 3 zu § 4 KSchG 1969; *Feichtinger/Huep* AR-Blattei SD 1010.8 Kündigung VIII Rz 396 ff.) oder die Frage, ob zwischen den Parteien vor Kündigungstermin ein Arbeitsverhältnis bestanden hat (*BAG* 20.9.2000 EzA § 611 BGB Arbeitnehmerbegriff Nr. 83 [I]; 26. Mai 1999 EzA § 611 BGB Arbeitnehmerbegriff Nr. 76; 16.3.1989 EzA § 1 KSchG Nr. 45 [zu II 2b der Gründe]; 12.1.1977 EzA § 4 KSchG nF Nr. 11; *LAG Köln* 8.3.1993 LAGE § 17a GVG Nr. 1). Denn im Rahmen einer Kündigungsschutzklage können die Parteien neben der Frage der Wirksamkeit der Kündigung auch darüber streiten, ob überhaupt ein Arbeitsverhältnis bestanden hat (*BAG* 20.9.2000 EzA § 611 BGB Arbeitnehmerbegriff Nr. 83 [I]; 26.5.1999 EzA § 611 BGB Arbeitnehmerbegriff Nr. 76; 28.10.1993 EzA § 2 ArbGG 1979 Nr. 26; 30.8.1993 EzA § 2 ArbGG 1979 Nr. 25; *LAG Köln* 8.3.1993 LAGE § 17a GVG Nr. 1; *LAG Hamm* 3.1.2006 – 6 Sa 814/05 [Arbeitsverhältnis statt freie Mitarbeit behauptet]; *ArbG Dessau* 1.12.1998 ZMV 1999, 94; *ArbG Gelsenkirchen* 1.12.1999 DZWIR 2000, 142: Frage des Bestandes des Arbeitsverhältnisses noch im Zeitpunkt des mit der Kündigungserklärung in Aussicht genommenen Kündigungstermins oder frühere Beendigung zB durch Arbeitnehmerkündigung, Aufhebungsvereinbarung u.a.). Das ergibt sich aus der – gleichsam vorausgesetzten – **Erweiterung des Streitgegenstandes auf den Bestand des Arbeitsverhältnisses zum Zeitpunkt Zugangs der Kündigung** (*BAG* 30.8.1993 EzA § 2 ArbGG 1979 Nr. 25 [zu III 3a aa der Gründe] bzw. **Zeitpunkt der mit der Kündigung beabsichtigten Beendigung des Arbeitsverhältnisses – Ablauf der Kündigungsfrist** (vgl. *BAG* 20.9.2000 – 5 AZR 271/99 – AP ArbGG 1979 § 2 Zuständigkeitsprüfung Nr. 8) –, »enger bestandsrechtlicher Streitgegenstandsbegriff«, krit. *H. Köhler* Der Streitgegenstand bei Gestaltungsklagen, S. 170 ff.). Eine Kündigungsschutzklage kann nur dann begründet sein, wenn zum Zeitpunkt der mit der Kün-

digung beabsichtigten Beendigung ein Arbeitsverhältnis bestand. Andernfalls kann nicht festgestellt werden, das Arbeitsverhältnis sei durch die Kündigung nicht aufgelöst worden (*BAG* 14.6.2006 – 5 AZR 592/05). Die Klage nach § 4 oder §§ 4, 13 KSchG kann in aller Regel keinen Erfolg haben, wenn nicht feststeht, dass bei Zugang der Kündigung ein Arbeitsverhältnis bestand (*BAG* 27.4.2006 – 2 AZR 360/05 – BB 2006, 2471 [B I 1]).

Daran hat sich durch das Gesetz zu Reformen am Arbeitsmarkt v. 24.12.2003 (BGBl. 2003, 3002) nichts geändert. Im Gegenteil: Durch die Erstreckung auf fast alle Unwirksamkeitsgründe einer vom Arbeitgeber erklärten Kündigung wurde der Streitgegenstand letztlich erweitert, auch wenn, wie in Rz 225 ausgeführt, „Streitgegenstand die Rechtswirksamkeit der Kündigung und der Bestand des Arbeitsverhältnisses zum Zeitpunkt des Zuganges der Kündigungserklärung ist« (dazu *Richardi* DB 2004, 489; *Preis* NZA 2004, 196; zweifelnd *LAG Düsseld.* 28.9.2005 –11(8) Sa 912/05). 225a

Demgegenüber wird die Ansicht vertreten, Streitgegenstand des Kündigungsschutzprozesses sei **der Bestand des Arbeitsverhältnisses zur Zeit der letzten mündlichen Verhandlung** – »weiter bestandsrechtlicher Streitgegenstandsbegriff« – (*Bötticher* FS für Herschel, S. 181; *ders.* BB 1952, 978; *ders.* BB 1959, 1032; *Lüke* JZ 1960, 203; *ders.* NJW 1961, 1390; *Zeuner* MDR 1956, 257 [259]; *Güntner* AuR 1974, 110 ff.; *LAG Stuttg.* 31.5.1967 BB 1967, 1423; vgl. auch *ArbG Wuppertal* 17.4.1980 DB 1980, 1800). 226

Für die hL vom punktuellen Streitgegenstand spricht der Wortlaut des § 4 S. 1 KSchG. Aus der Formulierung »Klage ... auf Feststellung, dass das Arbeitsverhältnis durch die Kündigung nicht aufgelöst ist«, lässt sich nicht unschwer ableiten, dass Streitgegenstand nur die Wirksamkeit einer bestimmten Kündigung ist (*v. Hoyningen-Huene/Linck* Rz 70; *Grunsky* Anm. zu AP Nr. 3 zu § 4 KSchG 1969). Überzeugender als dieses mehr formale Argument ist der Hinweis des *BAG* (13.11.1958 AP Nr. 17 zu § 3 KSchG 1951; 12.6.1986 EzA § 4 KSchG nF Nr. 31), es gebe eine ganze Reihe von Fällen, in denen ein Rechtsschutzbedürfnis bestehe, gerichtlich klären zu lassen, ob eine ganz bestimmte Kündigung das Arbeitsverhältnis beendet habe, während das Rechtsschutzbedürfnis für eine Feststellung, das Arbeitsverhältnis bestehe noch zum Zeitpunkt der letzten mündlichen Verhandlung, in der Tatsacheninstanz fehlen könne. So hat ein Arbeitnehmer, dem zunächst mehrfach fristlos wegen behaupteter Vertragsverletzungen und dann ordentlich aus dringenden betrieblichen Gründen gekündigt wurde, wegen der Ehrverletzung und der damit verbundenen etwaigen Erschwerungen seines weiteren beruflichen Werdegangs idR ein rechtliches Interesse an der Feststellung der Unwirksamkeit der fristlosen Kündigungen, während er ein Interesse an der Feststellung der ordentlichen Kündigung schon dann nicht mehr zu haben braucht, wenn er aus den fristlosen Kündigungen den Schluss zieht, der Arbeitgeber wolle mit ihm ohnehin nicht mehr weiter zusammenarbeiten und aus diesem Grund zum Ende der Kündigungsfrist einen neuen Arbeitsplatz sucht und findet. Damit ist Streitgegenstand im Kündigungsschutzverfahren nur die Wirksamkeit der konkreten Kündigung, aber wegen des Wortlautes des § 4 S. 1 KSchG nicht nur unter dem Gesichtspunkt der Sozialwidrigkeit, **sondern unter allen rechtlichen Gesichtspunkten** (aA *Bettermann* ZfA 1985, 1 ff., 16; *Boemke* RdA 1995, 211 ff.). 227

Wie sich das bei Versäumung der Dreiwochenfrist auswirkt, wurde bereits oben angesprochen (vgl. Rz 71 ff.). 228

Aus der Lehre vom punktuellen Streitgegenstand ergibt sich, dass das Gericht, wendet sich der Kläger gegen eine ihm gegenüber **gleichzeitig ausgesprochene außerordentliche und ordentliche Kündigung** des Arbeitsverhältnisses, beide Streitgegenstände erkennbar im Tenor erledigen muss, wenn der Arbeitnehmer gegen beide Kündigungen klagt. Dabei ist klarzustellen, dass der Kläger zunächst Feststellung begehrt, dass sein Arbeitsverhältnis durch die außerordentliche Kündigung nicht beendet worden ist. Außerdem begehrt der Kläger für den Fall, dass er mit diesem Feststellungsantrag Erfolg hat, im Wege der sog. »unechten Eventualklage« mit dem weiteren Feststellungsantrag, dass das Arbeitsverhältnis auch durch die ordentliche Kündigung nicht aufgelöst wurde (vgl. *Stein/Jonas/Schumann* 21. Aufl., § 260 Rz 24; *Thomas/Putzo-Reichold* § 260 Rz 8; *BAG* 19.12.1958 AP Nr. 1 zu § 133b GewO; 10.3.1977 EzA § 322 ZPO Nr. 3). Ist der Klage stattzugeben, so ist auszusprechen, dass das Arbeitsverhältnis weder durch die außerordentliche noch durch die ordentliche Kündigung aufgelöst ist. Kommt das Gericht zu dem Ergebnis, die außerordentliche Kündigung ist unwirksam, die ordentliche Kündigung dagegen wirksam, so ist im Urteilstenor auszusprechen, dass das Arbeitsverhältnis der Parteien durch die außerordentliche Kündigung nicht beendet worden ist, und im Übrigen die Klage abzuweisen (*BAG* 10.3.1977 EzA § 322 ZPO Nr. 3; 13.1.1982 EzA § 626 BGB nF Nr. 8). Dabei sollte zur **Klarstellung** in den Tenor aufgenommen werden, **bis zu welchem Zeitpunkt** das Arbeitsverhältnis aufgrund der ordentlichen, wirksamen Kündigung beendet worden ist. 229

230 Werden zwei Kündigungen zum gleichen Beendigungszeitpunkt nacheinander ausgesprochen (zB Kündigung vom 26. Juni zum 30. September und vorsorgliche Kündigung vom 30. Juni zum 30. September für den Fall, dass die erste Kündigung zB wegen Nichtanhörung oder fehlerhafter Anhörung des Betriebsrates unwirksam sein sollte), so erstreckt sich durch die Erhebung der Kündigungsschutzklage gegen die erste Kündigung die Rechtshängigkeit dieser Streitsache nicht von selbst auch auf die Rechtswirksamkeit der späteren Kündigung. Wenn beide Kündigungen auch das gleiche Arbeitsverhältnis betreffen und den gleichen Beendigungszeitpunkt vorsehen, so handelt es sich doch bei der Wirksamkeit der letzten Kündigung um einen anderen Streitgegenstand als bei dem Rechtsstreit, der wegen der Gültigkeit der ersten Kündigung anhängig wurde. Deshalb ist eine **gesonderte Kündigungsschutzklage** gegen die spätere Kündigung erforderlich, die durch **Klageerweiterung** der bei Gericht schwebenden ersten Kündigungsschutzklage erhoben werden kann (und im Kosteninteresse sollte, vgl. *LAG BW* 28.9.1988 BB 1989, 296 im Zusammenhang mit Prozesskostenhilfe: Die »Nachkündigung« ist durch kostengünstigere Klageerweiterung im Erstverfahren anzugreifen, nicht durch kostenintensive Durchführung eines weiteres Kündigungsfeststellungsverfahrens, zum unterschiedlichen Streitwert vgl. Rz 279), was innerhalb der Dreiwochenfrist des § 4 S. 1 KSchG zu geschehen hat (vgl. im Übrigen Rz 225). Ein innerhalb der Dreiwochenfrist eingehender Schriftsatz, mit dem der Arbeitnehmer sich eindeutig gegen die zweite Kündigung wendet, kann ausreichen (*LAG RhPf* 26.3.1986 ARSt 1987 Nr. 1199; *LAG Hamm* 8.5.2001 – 11 Sa 1490/00 – RzK I 7b Nr. 47), jedenfalls dann, wenn hinsichtlich der ersten Kündigung – auch – ein Antrag iSd § 256 ZPO gestellt wurde (vgl. Rz 249). Das Gericht hat dann über beide Kündigungen zu entscheiden. Hält das ArbG beide Kündigungen für wirksam, weist es die Klage ab. Hält es eine der Kündigungen für wirksam, sollte es nicht die Klage abweisen – weil das Arbeitsverhältnis mit Ablauf des 30.9. aufgrund der wirksamen Kündigung endete –, sondern feststellen, dass das Arbeitsverhältnis durch die eine wirksame Kündigung per 30.9. geendet hat, und im Übrigen die Klage abweisen; andernfalls gibt es Probleme, wenn der Arbeitnehmer hinsichtlich der vom ArbG für wirksam gehaltenen Kündigung in die Berufung geht und der Arbeitgeber sich auf den Standpunkt stellt, die andere Kündigung habe der Kläger nicht mehr angegriffen. Entsprechendes gilt bei ordentlicher Kündigung und – wegen vermutetem tariflichen Alterskündigungsschutzes – hilfsweiser außerordentlicher Kündigung mit sozialer Restlauffrist entsprechend der ordentlichen Kündigungsfrist. Hält das ArbG die außerordentliche Kündigung für wirksam, sollte es das festhalten und im Übrigen die Klage abweisen.

Umgekehrt reicht die fristgerechte Kündigungsschutzklage gegen die zeitlich nachfolgende zweite Kündigung nicht aus: Die erste Kündigung hat das Arbeitsverhältnis beendet, §§ 4, 7 KSchG, wenn sie nicht ihrerseits rechtzeitig angegriffen wurde (*BGH* 11.2.1999 NJW 1999, 1391: Anwaltshaftung).

Richtet sich der Klageantrag undifferenziert gegen die Kündigung vom 20. November ... und erwähnt die Klagebegründung nur die fristlose Kündigung, nicht aber die in demselben Kündigungsschreiben erklärte ordentliche Kündigung, so folgt aus dem in der Klageschrift enthaltenen Antragszusatz »und fortbesteht« und aus dem Antrag des Klägers auf vorläufige Weiterbeschäftigung, dass sich das Klagebegehren auch gegen die hilfsweise ordentliche Kündigung richtet (*BAG* 7.12.2000 – 2 AZR 460/99 – nv). Als Prozesshandlung ist der Klageantrag auslegungsfähig. Der Wortlaut tritt hinter Sinn und Zweck des Antrags zurück. Entscheidend ist der geäußerte Parteiwille, wie er aus Antrag, Begründung und sonstigen Umständen erkennbar wird (*BAG* 21.5.1981 EzA § 4 KSchG nF Nr. 19; 25.2.1988 EzA § 611 BGB Krankenhausarzt Nr. 1 [zu A II 1 der Gründe]; 16.3.1994 EzA § 4 KSchG nF Nr. 49 [zu III 2a der Gründe]). Zur erneuten und zur vorsorglichen Kündigung vgl. unter Rz 269.

Geht es um zwei vom Arbeitgeber zum selben Kündigungstermin ausgesprochene Kündigungen, so ist – ggf. in Auslegung des gestellten Antrages – einheitlich über beide Kündigungen zu entscheiden. Erweist sich eine Kündigung als wirksam, so ist die Klage gegen die andere Kündigung schon deshalb abzuweisen, weil ein kündbares Arbeitsverhältnis zum Kündigungstermin fehlt. Voraussetzung für die Feststellung, dass das Arbeitsverhältnis durch eine bestimmte Kündigung nicht aufgelöst ist, ist der Bestand des Arbeitsverhältnisses im Zeitpunkt der mit der Kündigung beabsichtigten Beendigung des Arbeitsverhältnisses – Zugang bei fristloser, Ablauf der Kündigungsfrist bei ordentlicher Kündigung (vgl. *Hess.LAG* 31.3.2003 – 16/12 Sa 1280/02 – und Rz 225, 255).

231 Ob eine »**unechte Eventualklage**« gegen eine **in einer außerordentlichen Kündigung enthaltene ordentliche Kündigung** (Umdeutung, § 140 BGB) gegeben ist, kann fraglich sein, wenn der Kläger in der Klageschrift nur einen Antrag auf Feststellung des Inhalts aufgenommen hat, dass das Arbeitsverhältnis durch die fristlose Kündigung nicht aufgelöst ist. Es geht darum, ob in dem in der Klageschrift ent-

haltenen Antrag des Klägers, dass die fristlose Kündigung unwirksam sei, zugleich ein dem § 4 KSchG entsprechender Antrag in Bezug auf die darin liegende ordentliche Kündigung steckt.

Nach *Dahns* will der Arbeitnehmer in aller Regel die Wirksamkeit der Kündigung unabhängig von deren rechtlichen Charakter bekämpfen, er möchte seinen Arbeitsplatz erhalten. Der Rechtsstreit geht um eine vom Arbeitgeber ausgesprochene Kündigung (BB 1953, 864; vgl. *BAG* 23.2.1969 AP Nr. 1 zu Art. 5 Abs. 1 GG Meinungsfreiheit), um die Wirksamkeit einer Kündigung, wenn auch zu verschiedenen Beendigungszeitpunkten, es sei denn, dem Vortrag des Klägers ist sein Wille zu entnehmen, den Streit auf die Frage zu beschränken, ob die Kündigung als außerordentliche unwirksam ist (vgl. *BAG* 15.11.1984 EzA § 626 BGB nF Nr. 95 [zu II 3b der Gründe]). 232

Richtigerweise wird darauf abzustellen sein, ob **konkrete Anhaltspunkte** dafür vorliegen, die eine Auslegung des Kündigungsschutzbegehrens des Klägers dahin zulassen, dass er **zugleich die fristgemäße Kündigung** angreifen will (*BAG* 15.2.1973 – 2 AZR 242/72 – nv; 27.9.1988 – 2 AZN 478/88 – nv). Das ist zB der Fall, wenn sich der Kläger schriftsätzlich gegen die Umdeutung wendet (*LAG Köln* 14.7.1987 LAGE § 140 BGB Nr. 5). 233

Hat der Arbeitnehmer dagegen **beantragt** festzustellen, dass das Arbeitsverhältnis durch die fristlose Kündigung vom … nicht am … aufgelöst wurde, sondern erst mit Ablauf der Kündigungsfrist am … endet, so ist klargestellt, dass der Arbeitnehmer sich nur gegen die außerordentliche Kündigung wenden will, die ordentliche Kündigung indes gegen sich gelten lässt. 234

Im Übrigen wird das Gericht in Ausübung seines Fragerechts (§ 139 ZPO) zu klären haben, ob auch die in der außerordentlichen Kündigung liegende ordentliche Kündigung angegriffen werden soll (*Nikisch* I § 51 X 4, S. 779). 235

Macht ein Arbeitnehmer im Rahmen einer Feststellungsklage iSd § 256 ZPO die Unwirksamkeit einer außerordentlichen Kündigung geltend und erklärt er, dass er sich gegen die in der außerordentlichen Kündigung möglicherweise liegende ordentliche Kündigung nicht wehre, nachdem sich der Arbeitgeber vorsorglich auf eine fristgemäße Beendigung des Arbeitsverhältnisses berufen hatte, dann ist Streitgegenstand nur, ob das Arbeitsverhältnis über den Zugang der außerordentlichen Kündigung hinaus bis zum Zeitpunkt der letzten mündlichen Verhandlung über die Feststellungsklage fortbestanden hat, wenn in diesem Zeitpunkt die ordentliche Kündigungsfrist noch nicht abgelaufen war (*BAG* 31.5.1979 EzA § 4 KSchG nF Nr. 16). 235a

Nach *BAG* (16.11.1970 EzA § 3 KSchG Nr. 2) gilt für den Fall, dass **neben einer fristlosen Kündigung zugleich vorsorglich eine ordentliche Kündigung ausgesprochen** wird, folgendes: Ein auf die fristlose Kündigung bezogener Feststellungsantrag des Arbeitnehmers wahrt die Dreiwochenfrist, wenn der Arbeitnehmer noch bis zum Schluss der mündlichen Verhandlung erklärt, auch die hilfsweise erklärte ordentliche Kündigung angreifen zu wollen. Sein Klageantrag ist dann in diesem weiten Sinne aufzufassen. Der Kläger hat jedenfalls die verlängerte Antragsfrist des § 6 KSchG gewahrt (KR-*Friedrich* § 6 Rz 17). 236

Ist der Kläger trotz Umdeutungsmöglichkeit – etwa aufgrund einer arbeitsvertraglichen Umdeutungsklausel – ausdrücklich bei seinem Antrag festzustellen, dass das Arbeitsverhältnis durch die außerordentliche Kündigung nicht aufgelöst wurde, verblieben und hat er seinen Antrag nicht auf die umgedeutete ordentliche Kündigung ausgedehnt, so muss im Urteil festgestellt werden, dass das Arbeitsverhältnis aufgrund in eine ordentliche Kündigung umgedeuteter außerordentlicher Arbeitgeberkündigung (vom, Datum) mit Ablauf der Kündigungsfrist (am, Datum) geendet hat. Dem Feststellungsantrag durfte nicht uneingeschränkt stattgegeben werden. Sein Feststellungsantrag ist dann so auszulegen, dass er die ordentliche Kündigung hinnimmt. Für eine Klageabweisung im Übrigen ist kein Raum. Der Arbeitgeber trägt die Kosten des Verfahrens (anders wohl *LAG Frankf.* 4.10.1985 LAGE § 140 BGB Nr. 4). Ist der Antrag hinsichtlich der außerordentlichen Kündigung dahin auszulegen, dass die ordentliche umgedeutete Kündigung mit angegriffen ist, und gibt das Arbeitsgericht der Feststellungsklage statt und weist es im Übrigen die Klage ab, so ist das so zu verstehen, dass das ArbG die umgedeutete ordentliche Kündigung iSd § 1 KSchG für wirksam hielt. Legt nur der Arbeitgeber Berufung ein, um seine außerordentliche Kündigung durchzusetzen, und war ein Fall der Umdeutung nicht gegeben oder lagen die Voraussetzungen des § 1 KSchG für eine ordentliche Kündigung ebenso wenig vor wie die des § 626 BGB für eine außerordentliche, so verbleibt es bei dem arbeitsgerichtlichen Urteil wegen des Verbots der reformatio in peius (§ 528 S. 2 ZPO), so wohl *LAG Frankf.* (4.10.1985 LAGE § 140 BGB Nr. 4). 237

238 Dem Kläger bleibt es unbenommen, neben der Kündigungsfeststellungsklage nach § 4 S. 1 KSchG eine Feststellungsklage **nach § 256 ZPO** zu erheben. Für eine derartige Feststellungsklage besteht unabhängig vom punktuellen Streitgegenstand der Kündigungsschutzklage das nach § 256 ZPO erforderliche Feststellungsinteresse jedenfalls dann, wenn nicht nur eine Kündigung angegriffen werden soll, sondern davon auszugehen ist, dass der Arbeitgeber andere Auflösungssachverhalte in den Prozess geltend macht, oder die Gefahr besteht, dass der Arbeitgeber weitere Kündigungen aussprechen wird. Das muss der Kläger deutlich machen. Eine Feststellungsklage des Inhalts, dass das zwischen den Parteien bestehende Arbeitsverhältnis fortbesteht, bestimmt den Fortbestand des Arbeitsverhältnisses bis zum Zeitpunkt der letzten mündlichen Verhandlung in der Tatsacheninstanz zum Streitgegenstand.

239 Es handelt sich nicht um eine Feststellungsklage iSd § 4 S. 1 KSchG, wenn der Arbeitgeber gar keine Kündigung erklärt hat, sondern es etwa um die Frage geht, ob das Arbeitsverhältnis durch diverse streitige **Anfechtungserklärungen** oder behauptete **Auflösungsverträge** sein Ende gefunden hat. In diesem Fall muss die Klage die Voraussetzungen des § 256 ZPO erfüllen (vgl. BAG 22.5.1980 – 2 AZR 613/78 – nv).

240 Problematisch kann das Verhältnis zwischen der Kündigungsschutzklage und der Feststellungsklage nach § 256 ZPO sein, wenn nur oder zumindest auch eine Kündigung des Arbeitgebers im Streit ist und der Arbeitnehmer **lediglich den Feststellungsantrag nach § 256 ZPO stellt.** Letztlich geht es um die Frage, ob der **unterschiedliche Streitgegenstand einer Feststellungsklage einerseits und einer Kündigungsschutzklage andererseits** der Erstreckung der Feststellungsklage auf die Kündigung entgegensteht. Das ist dann der Fall, wenn **nur** eine Kündigungsschutzklage nach § 4 KSchG geeignet ist, die Rechtsfolgen einer Kündigung bei einem dem KSchG unterliegenden Arbeitsverhältnis zu beseitigen.

241 Der Inhalt eines Klageantrages ist wie der jeder Prozesshandlung **auslegungsfähig.** Das erkennende Gericht kann den Antrag auslegen und ggf. umdeuten. Dabei kommt es (in entsprechender Anwendung des § 133 BGB) **auf den erklärten Willen, den Standpunkt des Erklärungsempfängers und die ihm erkennbaren Umstände an** (Rosenberg/Schwab/Gottwald § 65 III; Thomas/Putzo-Reichold Einl. III Rz 16; vgl. auch Rz 230 aE). Ggf. hat das Gericht auch auf die Stellung eines sachdienlichen Antrags hinzuwirken (§ 139 Abs. 1 ZPO).

241a Eine Klage, in deren Mittelpunkt die Feststellung der Unwirksamkeit einer Kündigung steht, ist als **Kündigungsschutzklage** aufzufassen, auch wenn der Klageantrag anders formuliert ist. Es müssen die Voraussetzungen des § 4 S. 1 KSchG gegeben sein, also vor allem die Einhaltung der Dreiwochenfrist. Diese kann nicht durch die Ausdehnung des Streitgegenstandes auf den Fortbestand des Arbeitsverhältnisses im Zeitpunkt der letzten mündlichen Verhandlung in der Tatsacheninstanz **umgangen** werden. Die allgemein auf den Bestand des Arbeitsverhältnisses gerichtete Feststellungsklage nach § 256 ZPO schließt die weniger weit greifende Kündigungsschutzklage nach § 4 KSchG ein (zutr. Mummenhoff JuS 1987, 893) und ist im Wege der Auslegung nur als solche zu verstehen (LAG RhPf 26.3.1986 LAGE § 4 KSchG Nr. 10) mit der Folge, dass es der Abweisung als unzulässig nicht bedarf, soweit Feststellung begehrt wird, dass das Arbeitsverhältnis unverändert fortbesteht (aA ArbG Siegen 14.12.1984 DB 1985, 975; vgl. auch Rz 243). Allerdings verlangt das BAG, dass der Arbeitnehmer einen Kündigungsschutzantrag nach § 4 S. 1 KSchG stellen muss, will er geltend machen, die Kündigung sei nach § 1 KSchG oder § 626 BGB unwirksam. Ein allgemeiner Feststellungsantrag genügt insoweit nicht (BAG 7.12.1995 EzA § 4 KSchG nF Nr. 56; 13.3.1997 EzA § 4 KSchG nF Nr. 57). Ein Antrag nach § 256 ZPO ist indes entsprechend auszulegen oder nach entsprechendem Hinweis nach § 139 ZPO als Kündigungsschutzantrag iSd § 4 S. 1 KSchG formulieren zu lassen.

242 Häufig verbirgt sich hinter der Feststellungsklage nach § 256 ZPO, dass das Arbeitsverhältnis weiter bestehe, **der Angriff auf mehrere Kündigungen.** Der Kläger hat aber nicht wegen jeder einzelnen Kündigung den Antrag entsprechend dem Wortlaut des § 4 S. 1 KSchG formulieren wollen. Es handelt sich dann um mehrere Kündigungsschutzklagen. Werden in der Klagebegründung mehrere Kündigungen angeführt, so ist hinsichtlich jeder Kündigung – soweit als sozialwidrig oder aus anderen von § 4 S. 1 KSchG erfassten Rechtsunwirksamkeitsgründen angegriffen anzusehen – zu prüfen, ob die Dreiwochenfrist eingehalten ist. Aus der punktuellen Streitgegenstandslehre folgt, dass die Rechtshängigkeit einer Kündigungsschutzklage den Arbeitnehmer nicht von der Notwendigkeit entbindet, gegen eine spätere (vorsorgliche) Kündigung ebenfalls rechtzeitig eine weitere Kündigungsschutzklage zu erheben. Der Kläger kann mehrere Kündigungsschutzklagen in einer Klage zusammenfassen.

Stellt er dabei den »weit gefassten« Antrag nach § 256 ZPO, so ist damit nichts anderes gemeint als die Bitte, die Unwirksamkeit jeder einzelnen Kündigung festzustellen.

Nicht selten wird eine Kündigungsschutzklage mit einer allgemeinen Feststellungsklage **verbunden** (festzustellen, dass die Kündigung vom … zum … unwirksam ist und das Arbeitsverhältnis weiterhin fortbesteht). Das ist dann geboten, wenn nicht nur eine Kündigung im Streit ist, sondern auch das **Bestehen eines Arbeitsverhältnisses überhaupt** oder **dessen Beendigung ohne Kündigung**, etwa durch einen vom Arbeitgeber behaupteten Auflösungsvertrag (dazu *Popp* BB 1988, 1180 f.). Das muss der Kläger deutlich machen, will er nicht Gefahr laufen, dass sein Antrag insoweit nur als Floskel angesehen wird, die sich auf die Folgen einer erfolgreichen Kündigungsschutzklage bezieht. In einem solchen Fall wird mitunter nur der allgemeine Feststellungsantrag gestellt. Dieser ist dann dahin auszulegen, dass **sowohl eine Kündigungsschutzklage** erhoben ist **als auch die Feststellungsklage nach § 256 ZPO**. Der Antrag nach § 4 S. 1 KSchG ist in diesem Feststellungsantrag mit enthalten. Nur aus Nachlässigkeit oder Bequemlichkeit ist er nicht gestellt worden. Die Dreiwochenfrist ist nur insoweit einzuhalten, als die Sozialwidrigkeit der Kündigung oder ihre Unwirksamkeit aus anderen von § 4 S. 1 KSchG erfassten Gründen geltend gemacht wird. Nur so wird die Heilung der wegen Sozialwidrigkeit oder aus von § 4 S. 1 KSchG erfassten Gründen unwirksamen Kündigung gem. § 7 KSchG verhindert. Besteht kein ersichtlicher Grund für den zusätzlichen Antrag iSd § 256 ZPO, so ist er als Antrag iSd § 4 S. 1 KSchG zu verstehen (*LAG RhPf* 26.3.1986 LAGE § 4 KSchG Nr. 10). Das hat insbes. die Rspr. des 8. Senats des BAG betont. Er prüft, ob der Arbeitnehmer tatsächlich eine selbständige Feststellungsklage erhoben hat. Das ist nach Auffassung des 8. Senats nicht schon dann der Fall, wenn die Fassung des Antrags seinem Wortlaut nach auch auf den Fortbestand des Arbeitsverhältnisses gerichtet ist. Die Auslegung des Antrags muss vielmehr ergeben, ob es dem Arbeitnehmer gerade auch selbständig auf den Fortbestand des Arbeitsverhältnisses ankommt, er also einen gegenüber der Kündigungsschutzklage erweiterten Streitgegenstand anhängig machen will. Daran fehlt es, wenn nur ein unselbständiges Fortbestehensbegehren vorliegt, der Arbeitnehmer etwa nur **floskelhaft** die Folgen einer erfolgreichen Kündigungsschutzklage formuliert. Befaßt sich die Antragsbegründung ausschließlich mit der Frage, ob eine ganz bestimmte vom Arbeitgeber ausgesprochene Kündigung wirksam ist, ist idR nicht von einer selbständigen allgemeinen Feststellungsklage auszugehen. Eine zulässige Feststellungsklage nach § 256 ZPO verlangt ein Feststellungsinteresse, das darzulegen ist. Einem Arbeitnehmer, der keine Ausführungen zur Frage des Fortbestandes seines Arbeitsverhältnisses macht, kann nicht unterstellt werden, er habe eine unzulässige Feststellungsklage erheben wollen. Vielmehr, so der 8. Senat weiter, werde üblicherweise zur Verdeutlichung des Klageerfolges der Fortbestand des Arbeitsverhältnisses in den Antrag nach §§ 4, 7 KSchG einbezogen (*BAG* 16.3.1994 EzA § 4 KSchG nF Nr. 49; *LAG Köln* 17.2.2004 – 5 Sa 1049/03 – NZA-RR 2005, 136). Es ist zwar richtig, dass die Auslegung des Klageantrages in der Zusammenschau mit seiner Begründung in vielen Fällen ergibt, dass ausschließlich ein Antrag mit dem Streitgegenstand des § 4 KSchG vorliegt, nicht aber ein solcher nach § 256 ZPO. Auch der 2. Senat ist im Ergebnis dieser Auffassung, wie sein Urteil vom 27.1.1994 (EzA § 4 KSchG nF Nr. 48) zeigt, in dem er im Anschluss an *Ascheid* (Rz 764 ff.) betont hat, dass die Feststellungsklage nach § 256 ZPO auch im Kündigungsschutzprozess ein Rechtsschutzinteresse voraussetzt. Dies besteht nicht schon deswegen, weil eine bestimmte näher bezeichnete Kündigung ausgesprochen worden ist. Es ist vielmehr erforderlich, dass der klagende Arbeitnehmer durch Tatsachenvortrag angebliche weitere Kündigungen oder Beendigungssachverhalte in den Prozess einführt oder wenigstens deren Möglichkeit anhand von tatsächlichen Umständen vorträgt und damit belegt, warum er über die Klage nach § 4 KSchG hinausgehende Antrag gerechtfertigt sein soll. Fügt der gekündigte Arbeitnehmer mit der Klageschrift – gleichsam prophylaktisch – diesem Antrag den Zusatz bei, dass das Arbeitsverhältnis unverändert fortbesteht – wie es im Hinblick auf die Rspr. des 2. Senats zu den nicht klar erkennbaren Prozess- oder Schriftsatzkündigungen fast zur Regel wurde –, so ist durch Ausübung des richterlichen Fragerechts (§ 139 ZPO) zu klären, was mit dem weitergehenden Antrag bezweckt wird. Erklärt der Arbeitnehmer sinngemäß, er habe nur unterstreichen wollen, das Arbeitsverhältnis bestehe fort, wenn die angegriffene Kündigung wirksam sei, so hat der weitergehende Antrag als »unselbständiges Anhängsel« keine eigene prozessrechtliche Bedeutung. Beruft sich der Kläger dagegen darauf, es könne ja sein, dass irgendwann einmal eine Erklärung durch den Arbeitgeber abgegeben werde, die eine Kündigung sein könne, ist diese weitergehende Klage als unzulässig abzuweisen.

Durch diese Rspr. ist die Praxis verunsichert worden. Der 2. Senat hatte nämlich mit seinen Entscheidungen zur zulässigen Verbindung beider Klagen – nach § 4 KSchG und nach § 256 ZPO – »eine praxisnahe Lösung für nicht klar erkennbare Prozess-/Schriftsatzkündigungen entwickelt« (*Molkenbur* EWiR § 4 KSchG 1/95, 176), womit u.a. die Entsch. des 2. Senats vom 21.1.1988 (EzA § 4 KSchG nF

Nr. 53) angesprochen ist. Dabei kann es ohne weiteres verbleiben. Denn ein Feststellungsinteresse für diese erweiterte Klage besteht jedenfalls bereits dann, wenn konkrete Anhaltspunkte dafür vorliegen, dass der Arbeitgeber weitere Beendigungsgründe geltend machen macht. Dazu reicht etwa der Hinweis aus, der Prozessbevollmächtigte der Arbeitgeberin habe ihr empfohlen, aus den wahrheitswidrigen Behauptungen der Arbeitnehmerin im vorliegenden Rechtsstreit die erforderlichen Konsequenzen zu ziehen. Jedenfalls mit Zugang dieses Schriftsatzes hat die Arbeitnehmerin mit einer weiteren Kündigung rechnen müssen (*BAG* 18.2.1993 – 2 AZR 618/92 – nv). Das Rechtsschutzinteresse kann sich auch im Laufe des Verfahrens ergeben, wegfallen oder wieder begründet werden (*BAG* 26.9.1991 RzK I 10b Nr. 16 [zu II 2a der Gründe]). **Maßgebender Zeitpunkt für das Feststellungsinteresse ist der jeweilige Schluss der mündlichen Verhandlung**, ggf. der Revisionsverhandlung (*Thomas/Putzo-Reichold* § 256 Rz 20 iVm § 253 Vorbem. Rz 11). Dieser differenzierenden Betrachtungsweise ist zu folgen. Es galt zwar inzwischen als Kunstfehler, dem Antrag iSd § 4 S. 1 KSchG nicht wenigstens hinzuzusetzen »und das Arbeitsverhältnis fortbesteht« (vgl. nur *Zirnbauer* NZA Beil. 3/1989, 35 ff., jedenfalls wurde dringend dazu angeraten, vgl. nur *Vollkommer/Weiland* Anm. *BAG* EzA § 4 KSchG nF Nr. 33; *Chr. Weber* Anm. *LAG Köln* LAGE § 4 KSchG Nr. 15; *Schaub* NZA 1990, 85), gerade um alle möglichen Auflösungssachverhalte, die aufkommen könnten, allemal einzufangen, behauptete Anfechtungen der den Arbeitsvertrag zugrunde liegenden Willenserklärung, Kündigungen, angeblich geschlossene Auflösungsverträge, insbes. auch die sog. Prozess- oder Schriftsatzkündigungen (vgl. *Däubler* Arbeitsrecht 2, 11. Aufl., Rz 1164 f.). **Es ist aber anzuerkennen, dass der allgemeine Feststellungsantrag nur zulässig ist, wenn der Arbeitnehmer insoweit ein Feststellungsinteresse nach den allgemeinen Grundsätzen des § 256 ZPO hat.** Fehlen jedwede Ausführungen zur Frage des Fortbestandes des Arbeitsverhältnisses, wie es in dem der Entsch. des *BAG* vom 16.3.1994 (aaO) zugrunde liegenden Fall war, so handelt es sich entweder nur um eine Feststellungsklage iSd § 4 KSchG oder darüber hinaus um eine Feststellungsklage iSd § 256 ZPO, die mangels Feststellungsinteresses als unzulässig abzuweisen ist (vgl. *LAG Hamm* 13.3.2001 – 11 Sa 724/00 – BuW 2002, 396). Daraus folgt freilich nicht, dass es nicht mehr sinnvoll ist, sich gegen eine Kündigung nicht nur mit einer Klage nach § 4 KSchG zur Wehr zu setzen, sondern mit dieser Klage eine allgemeine Feststellungsklage auf Fortbestand des Arbeitsverhältnisses zu unveränderten Bedingungen über den Kündigungstermin hinaus zu verbinden und damit zwei selbständige prozessuale Ansprüche zu verfolgen, was gem. § 260 ZPO in einer Klage zulässig ist. **Es muss dann aber spätestens in der letzten mündlichen Verhandlung klargestellt werden, wie die »kombinierte« Klage dazu zu verstehen ist, um eine Teilabweisung der Klage als unzulässig zu vermeiden.** Notfalls hat das Gericht gem. § 139 ZPO auf eine entsprechende Klarstellung zu dringen (*BAG* 21.1.1988 EzA § 4 KSchG nF Nr. 33; 27.1.1994 EzA § 4 KSchG nF Nr. 48; 16.3.1994 EzA § 4 KSchG nF Nr. 49; 7.12.1995 EzA § 4 KSchG nF Nr. 56; 13.3.1997 EzA § 4 KSchG Nr. 57; *v. Hoyningen-Huene/Linck* Rz 76). So lässt insbes. der 8. Senat noch in der Revisionsinstanz vom Arbeitnehmer klarstellen, dass seinem mit dem Antrag nach § 4 KSchG verbundener Antrag festzustellen, dass sein Arbeitsverhältnis fortbestehe, keine Bedeutung iSe Feststellungsklage nach § 256 Abs. 1 ZPO zukommen solle, sondern dass der Antrag allein den punktuellen Streitgegenstand der §§ 4, 7 KSchG umfasst, so dass es auf das Feststellungsinteresse für einen weitergehenden Antrag ebenso wenig ankommt wie auf eine Auslegung des Antrages (vgl. *BAG* 4.11.1993 EzA Art. 20 EV Nr. 28; 4.11.1993 EzA Art. 20 EV Nr. 29). Hat der Kläger seinen Antrag mit dem Zusatz »sondern ungekündigt fortbesteht«, selbst nur als Klage iSd § 4 S. 1 KSchG verstanden, wahrt dieser Antrag nicht die Klagefrist hinsichtlich anderer, später ausgesprochener Kündigungen (*Hess. LAG* 24.10.1994 LAGE § 4 KSchG Nr. 25; ähnlich *LAG Köln* 25.8.1995 LAGE § 4 KSchG Nr. 30).

245 Wendet sich der Kläger mit einer Kündigungsschutzklage gegen eine Kündigung mit einem entsprechend § 4 S. 1 KSchG formulierten Antrag und **behauptet der Arbeitgeber, gar nicht gekündigt zu haben,** sondern mit dem Kläger einen Auflösungsvertrag an einem ganz anderen Tag geschlossen zu haben, muss der Arbeitnehmer darlegen und ggf. beweisen, dass entgegen der Behauptung des Arbeitgebers doch gekündigt wurde, andernfalls ist die Klage schon aus diesem Grunde abzuweisen (*LAG Hamm* 13.3.2001 – 11 Sa 2157/99). Der Kläger wird unter diesen Umständen besser tun, **die Klage zu ändern** und den **Antrag** zu stellen, dass das Arbeitsverhältnis weiter bestehe (§ 256 ZPO). Damit ist dann Streitgegenstand der Fortbestand des Arbeitsverhältnisses zum Zeitpunkt der letzten mündlichen Verhandlungen in der ersten Instanz **und es ist Sache des Arbeitgebers, Beendigungstatbestände darzulegen und unter Beweis zu stellen.**

246 Hat der Arbeitnehmer zutr. eine **Feststellungsklage nach § 256 ZPO** erhoben, weil der Arbeitgeber, der nicht gekündigt hat, zB auf einen vom Kläger bestrittenen Abschluss eines Auflösungsvertrages hinweist, **und kündigt der Arbeitgeber dann im Verlaufe des Rechtsstreits,** so ist mit der auf Fest-

Anrufung des Arbeitsgerichts § 4 KSchG

stellung des Fortbestandes des Arbeitsverhältnisses gerichteten Klage die Unwirksamkeit dieser späteren Kündigung geltend gemacht, wenn der Arbeitnehmer diese Kündigung in den Prozess einführt, und zwar auch noch nach Ablauf der Dreiwochenfrist des § 4 S. 1 KSchG (*LAG RhPf.* 23.6.1998 LAGE § 4 KSchG Nr. 42). Dem entspricht es, dass eine Folgekündigung nicht mehr von dem allgemeinen Feststellungsantrag erfasst wird, wenn die Folgekündigung zwar vor Erlass des die Klage abweisenden erstinstanzlichen Urteils ausgesprochen worden war, jedoch erst in der Berufungsinstanz in das Verfahren eingeführt, der allgemeine Feststellungsantrag in der Berufungsinstanz durch einem § 4 S. 1 KSchG entsprechenden Antrag ersetzt wurde; der allgemeine Feststellungsantrag war nicht mehr anhängig (*LAG Bln.* 19.6.2000 – 18 Sa 305/00).

Wird **eine** oder werden **mehrere Kündigungen** erst **nach Erhebung einer Feststellungsklage nach § 256 ZPO ausgesprochen,** so erstreckt sich der allgemeine Feststellungsantrag stets auf alle Kündigungen, unabhängig davon, wann sie in den Prozess eingeführt wurden, also auch wenn die Dreiwochenfrist insoweit nicht gewahrt wurde (st.Rspr. des *BAG* seit 21.1.1988 EzA § 4 KSchG nF Nr. 33, zuletzt 16.3.1994 EzA § 4 KSchG nF Nr. 49; 7.12.1995 EzA § 4 KSchG nF Nr. 56; 13.3.1997 EzA § 4 KSchG nF Nr. 57; *LAG Köln* 11.8.1988 LAGE § 4 KSchG Nr. 15; *LAG SA* 23.4.1997 LAGE § 5 KSchG Nr. 93; *ArbG Frankf.* 22.5.2002 – 9 Ca 5838/01). Der Arbeitnehmer sollte unter teilweiser Einschränkung des Feststellungsantrags eine dem Wortlaut des § 4 KSchG angepasste Antragstellung vornehmen(*BAG* 12.5.2005 EzA § 4 KSchG nF Nr. 70 in Abkehr von 13.3.1997 EzA § 4 KSchG nF Nr. 57). 247

Lag bislang unabhängig von der Formulierung des Antrages nur eine Klage iSd § 4 S. 1 KSchG vor, muss der Kläger bei erneuter Kündigung fristgerecht diese angreifen oder daneben den allgemeinen Feststellungsantrag nach § 256 ZPO stellen. Ist die Feststellungsklage nach § 256 ZPO bereits erhoben, sei es zulässig, weil bereits ein angeblicher Aufhebungsvertrag in Rede stand (*LAG München* 17.9.1984 LAGE § 4 KSchG Nr. 14) oder eine angebliche Arbeitnehmerkündigung (*LAG RhPf.* 23.6.1998 LAGE § 4 KSchG Nr. 42), sei es unzulässig, weil es bislang nur um eine bestimmte Kündigung ging, so ist die Erhebung einer neuen Kündigungsschutzklage oder eine Klageerweiterung nicht nötig. Das ist Folge des umfassenden Streitgegenstandes der – jedenfalls dann zulässig werdenden – Feststellungsklage nach § 256 ZPO. Es genügt ein entsprechender **Prozessvortrag** des Klägers, mit dem er – wie auch sonst – **die Grenzen des umfassenden Streitgegenstandes der Feststellungsklage nach § 256 ZPO bestimmt.** Einer neuen Kündigungsschutzklage oder einer Klageerweiterung wegen der später erklärten Kündigung(en) steht die Rechtshängigkeit der schon erhobenen Feststellungsklage eben wegen des umfassenden Streitgegenstandes entgegen (vgl. *Böttcher* FS für Herschel 1955, S. 188 f.). Für eine mit der Kündigungsschutzklage nach § 4 KSchG verbundenen Klage nach § 256 ZPO – nur zulässig wegen konkret drohender weiterer Kündigungen (vgl. Rz 243) – soll das Rechtsschutzinteresse entfallen, wenn die dann tatsächlich ausgesprochenen Kündigungen mit gesonderten Kündigungsschutzklagen angegriffen werden (*BAG* 16.8.1990 EzA § 4 KSchG nF Nr. 38). 248

Vielmehr waren die Kündigungsschutzklagen hinsichtlich der Nachfolgekündigungen wegen anderweitiger Rechtshängigkeit unzulässig (zutr. *Vollkommer/Weinland* Anm. zu *BAG* 21.1.1988 EzA § 4 KSchG nF Nr. 33 [zu III der Gründe], vgl. *LAG Köln* 18.3.2004 – 10 Sa 903/02 – LAGReport 2005, 85; *v. Hoyningen-Huene/Linck* Rz 78). Im Lichte der neueren Rspr. des BAG ist die Entsch. vom 16.8.1990 (aaO) aber deswegen im Ergebnis zutr., weil der Sache nach nur ein Antrag mit dem Streitgegenstand des § 4 KSchG vorlag, der die erste Kündigung betraf. Der Kläger hatte nämlich keine Ausführungen zur Frage des Fortbestandes des Arbeitsverhältnisses gemacht, etwa auf konkret drohende Kündigungen oder auf einen sonstigen vom Arbeitgeber behaupteten Beendigungssachverhalt hingewiesen. Es liegt zwar in der Dispositionsfreiheit des Arbeitnehmers, ob er gegen die Folgekündigung weiter mit der bereits erhobenen allgemeinen Feststellungsklage oder mit einer neuen Klage nach § 4 KSchG vorgehen will (*BAG* 26.9.1991 RzK I 10b Nr. 16). Die sich möglicherweise abzeichnende Folge, dass die spätere Klage wegen anderweitiger Rechtshängigkeit und die früher erhobene wegen fehlenden Rechtsschutzinteresses abgewiesen wird, kann dadurch vermieden werden, dass entweder von einer neuen Klage nach § 4 KSchG abgesehen wird oder nur noch eines der beiden Verfahren weiterbetrieben wird oder die Feststellungsklage im ersten Prozess entsprechend klargestellt wird.

Der Kläger bestimmt den Umfang des Streitgegenstandes nicht nur durch den **Klageantrag** (der weit gefasst sein kann), sondern in erster Linie durch seinen **Tatsachenvortrag** stellt der Kläger klar, was er iE entschieden wissen will. Das kann eine **Einzelkündigung,** aber auch ein **Komplex von Kündigungen und anderen Auflösungssachverhalten** sein. Im Zweifel hat das Gericht durch Fragen (§ 139 ZPO) klarstellen zu lassen, was der Kläger gelten lassen will und was nicht.

§ 4 KSchG   Anrufung des Arbeitsgerichts

Wird neben dem Antrag nach § 4 KSchG ein allgemeiner Feststellungsantrag gestellt, und führt der Arbeitnehmer eine weitere Kündigung in den Prozess ein, ist diese vom Feststellungsantrag mit erfasst, und zwar unabhängig von der Einhaltung der Dreiwochenfrist, es ist zweckmäßigerweise ein weiterer entsprechender Antrag nach § 4 KSchG zu stellen (BAG 12.5.2005 EzA § 4 KSchG nF Nr. 70). Führt der Arbeitnehmer die Folgekündigung nicht ein, sollte es der Arbeitgeber tun. Verzichten beide darauf, kann der Arbeitnehmer die Folgekündigung nicht mehr mit Erfolg angreifen, wenn die allgemeine Feststellungsklage rechtskräftig als unzulässig abgewiesen worden war. Hat er Berufung eingelegt, kann die Folgekündigung in der Berufungsinstanz eingebracht werden (LAG Köln 16.3.2004 – 10 Sa 903/02 – LAGReport 2005, 85).

249 Der derzeitige Stand der Rechtsprechung, die ein großes literarisches Echo erfahren hat (vgl. zB Dütz/Singer Anm. zu BAG 16.3.1994 EzA § 4 KSchG nF Nr. 49; Boemke Anm. zu BAG 7.12.1995 AP Nr. 33 zu § 4 KSchG 1969; ders. RdA 1995, 211 ff.; ders. Anm. zu BAG 13.3.1997 WiB 1997, 931 f.; Dauner-Lieb Anm. zu BAG 13.3.1997 EzA § 4 KSchG nF Nr. 57; Wenzel DB 1997, 1869 ff.; Diller NJW 1996, 2141 ff.; Kampen AuR 1996, 172 ff.; Schwab NZA 1998, 342; Diller NJW 1998, 663; Lüke JuS 1998, 498; Stück JuS 1999, 275; SPV-Vossen Rz 1880 ff.; Boewer Der Kündigungsschutzprozess in: Henssler/Moll [Hrsg.] Kündigung und Kündigungsschutz in der betrieblichen Praxis 1999, S. 239, 242 ff.; Jaroschek/Lüken JuS 2001, 64; Nägele ArbRB 2002, 286 ff.) lässt sich wie folgt zusammenfassen: Die allgemeine Feststellungsklage ist nur dann zulässig, wenn Tatsachen vorgetragen werden, die ein Feststellungsinteresse ausmachen. Das kann der Hinweis auf – angedrohte – weitere Kündigungen, auf weitere Beendigungssachverhalte (zB Anfechtung der dem Arbeitsvertrag zugrunde liegenden Willenserklärung, vgl. zB Kündigung vom 18.2. und Anfechtung vom 10.8., BAG 21.3.1996 – 8 AZR 290/94 –, Aufhebungsverträge u.s.w.) sein, auf die der Arbeitgeber wohl zurückgreifen werde. Ein solcher Vortrag kann bis zum Schluss der mündlichen Verhandlung erster Instanz nachgeholt werden. Auch nach Ablauf der Dreiwochenfrist können Kündigungen in den Prozess eingeführt und deren Unwirksamkeit reklamiert werden (sog. »**Schleppnetztheorie**«, dazu iE Bitter DB 1997, 1407 ff.). In der Entscheidung vom 13.3.1997 EzA § 4 KSchG nF Nr. 57 hat der Zweite Senat seine Rechtsprechung verteidigt. Er hat sie dahingehend ergänzt, dass neuer Sachvortrag zur allgemeinen Feststellungsklage (§ 256 ZPO) bis zum Schluss der mündlichen Verhandlung in der Berufungsinstanz möglich ist. Das geht zwar über § 6 S. 1 KSchG hinaus, rechtfertigt sich aber dadurch, dass der Arbeitnehmer nicht nur aus formalen Gründen einen Kündigungsschutzprozess verlieren soll, wenn er es etwa unterlässt, innerhalb der Dreiwochenfrist eine weitere Kündigung anzugreifen. Hat der Kläger dem Antrag nach § 4 S. 1 KSchG einen allgemeinen Feststellungsantrag nach § 256 ZPO hinzugesetzt, dann kann und muss der Arbeitgeber davon ausgehen, dass der Arbeitnehmer nicht gewillt ist, auch nur einen Beendigungssachverhalt gegen sich gelten zu lassen. Der Arbeitnehmer hat deutlich zu machen, dass eine selbständige allgemeine Feststellungsklage erhoben wurde und dass es sich nicht nur um eine Floskel handelt, mit der die Folge einer erfolgreichen Kündigungsschutzklage umschrieben wird (vgl. Helml Jura 1997, 486, 491). Außerdem hat er, um die Abweisung als unzulässig zu vermeiden, spätestens bis zum Schluß der mündlichen Verhandlung in der Berufungsinstanz auf (die konkrete Gefahr) weitere(r) Kündigungen oder sonstige(r) Beendigungssachverhalte hinzuweisen, die voraussichtlich von der Gegenseite vorgebracht werden. Ist das nicht möglich und soll eine Abweisung der allgemeinen Feststellungsklage als unzulässig vermieden werden, bleibt die Rücknahme der allgemeinen Feststellungsklage, was aber, je nach dem Stand des Verfahrens, ggf. der Zustimmung der Gegenseite bedarf.

Mit anderen Worten: Streitgegenstand iSd § 4 S. 1 KSchG ist die Unwirksamkeit der Kündigung und der Bestand des Arbeitsverhältnisses im Zeitpunkt des Zugangs der außerordentlichen Kündigung oder des Ablaufs der Kündigungsfrist. Der Antrag nach § 4 S. 1 KSchG kann mit einem allgemeinen Feststellungsantrag nach § 256 ZPO verbunden werden. Streitgegenstand ist der Fortbestand des Arbeitsverhältnisses im Zeitpunkt der letzten mündlichen Verhandlung in der Tatsacheninstanz ungeachtet der nach dem Vortrag der Parteien in Betracht kommenden Beendigungssachverhalte (BAG 10.10.2002 EzA § 4 KSchG nF Nr. 64; 12.5.2005 EzA § 4 KSchG nF Nr. 70). Die Feststellungsklage setzt ein Rechtsschutzinteresse voraus, das die Einführung weiterer Kündigungen oder Beendigungssachverhalte in den Prozess erfordert oder wenigstens deren Möglichkeit glaubhaft macht (BAG 27.1.1994 EzA § 4 KSchG nF Nr. 48). Der Feststellungsantrag wahrt die Klagefrist des § 4 S. 1 KSchG auch bei weiteren Kündigungen, selbst dann, wenn die Feststellungsklage ursprünglich nach Vorstehendem unzulässig war (BAG 7.12.1995 EzA § 4 KSchG nF Nr. 56, 13.3.1997 EzA § 4 KSchG nF Nr. 57).

Für die Praxis bedeutet das, dass vorsichtshalber der allgemeine Feststellungsantrag zu stellen ist; die Abweisung als unzulässig ist in Kauf zu nehmen. Der Arbeitgeber sollte – schon um den Präklusionsfolgen zu entgehen (vgl. Rz 262 ff.) –, seinerseits alle Beendigungssachverhalte in den Prozess einführen, auf die er sich berufen will (vgl. *Bitter* aaO S. 1409; *Malter* Schnellbrief Arbeitsrecht, Nr. 17/1997, S. 2; *Ziemann* BRAK-Mitt. 1997, 244 ff.; *Diller* NJW 1998, 663 ff.; Anm. zu *BAG* 13.3.1997 AP Nr. 38 zu § 4 KSchG 1969; *N. Schwab* NZA 1998, 342 ff.). Bestehen Zweifel, hat die (der) Kammervorsitzende nach § 139 ZPO aufzuklären, welche Klage gemeint ist und ob die Voraussetzungen für eine zulässige Kombination von Kündigungsschutzklage mit allgemeiner Feststellungsklage vorliegen (*Bitter* aaO S. 1409).

Zwar bleiben wegen § 4 S. 1 KSchG nF für isolierte Klagen nach § 256 ZPO kündigungsrechtsbezogen 249a
nur wenige Fälle übrig – fehlende Schriftform iSd § 623 BGB, Kündigung durch falschen Arbeitgeber (vgl. dazu KR-*Friedrich* § 13 KSchG Rz 224), aber es bleiben die anderen Auflösungs-/Beendigungssachverhalte wie Aufhebungsvertrag, Anfechtung der dem Arbeitsvertrag zu Grunde liegenden Willenserklärung, die nicht § 4 S. 1 KSchG unterliegen und nur mit einer Feststellungsklage iSd § 256 ZPO erfasst werden können mit der Folge, dass es auch nach Inkrafttreten des Gesetzes zu Reformen am Arbeitsmarkt bei der »**Schleppnetztheorie**« bleiben wird (so die Einschätzung von *Preis/Bauer* NZA 2004, 196; vgl. auch *Richardi* DB 2004, 489; zurückhaltend *Ziemann* Anm. zu *BAG* 12.5.2005 [EzA § 4 KSchG nF Nr. 70], PraxisReportextra 2005, 160, der die Sinnhaftigkeit eines kombinierten Kündigungsschutz- und Feststellungsantrags im Lichte des § 6 S. 1 KSchG nF anzweifelt und empfiehlt, jede Kündigung innerhalb der Dreiwochenfrist mit Anträgen nach § 4 S. 1 KSchG anzugreifen – es bleiben aber etwaige andere Beendigungssachverhalte !).

III. Das klageabweisende Urteil im Kündigungsschutzprozess

Hat der Arbeitnehmer eine Kündigungsschutzklage mit dem Antrag nach § 4 S. 1 KSchG erhoben und 250
weist das Gericht die Klage ab, weil es die Kündigung für wirksam ansieht – sie sei weder sozialwidrig oder aus anderen Gründen rechtsunwirksam –, so steht mit Rechtskraft dieses Urteils **die Auflösung des Arbeitsverhältnisses durch die bestimmte Kündigung fest.** Damit ist positiv festgestellt, dass die Kündigung das Arbeitsverhältnis aufgelöst hat, und nicht nur, dass die Kündigung sozial gerechtfertigt oder aus anderen Gründen nicht unwirksam ist! Daraus folgt zugleich, dass der Arbeitnehmer die bestimmte Kündigung nicht mehr wegen anderer Mängel mit Erfolg angreifen kann (*BAG* 12.1.1977 EzA § 4 KSchG nF Nr. 11; 12.6.1986 EzA § 4 KSchG nF Nr. 31; *Hess.* LAG 28.2.2003 – 12 Sa 28/02; vgl. *v. Hoyningen-Huene/Linck* Rz 81; vgl. Rz 221).

Das gilt auch für den in der Praxis immer wieder auftretenden Fall, dass unter dem **Deckmantel einer** 251
Lohnklage für die Zeit nach dem Ablauf der Kündigungsfrist Arbeitsvergütung iSd § 615 BGB verlangt wird mit dem Vortrag, die Kündigung sei aus diesem oder jenem Grund unwirksam gewesen (vgl. *v. Hoyningen-Huene/Linck* Rz 81; *Herschel* AuR 1981, 324). Das gilt auch, wenn nach rechtskräftiger Feststellung im Kündigungsschutzprozess, dass die außerordentliche Kündigung als ordentliche wirksam war, und nach Klageabweisung im Übrigen Verdienstausfall für die Zeit nach Beendigung des Arbeitsverhältnisses als Schadensersatz geltend gemacht wird, weil die Kündigung eine positive Vertragsverletzung wegen Vertragsbruchs oder eine unerlaubte Handlung sei (*LAG Bln.* 19.11.1996 – 3 Sa 87/96 [II 1 b]). Widersprechen sich Kündigungsschutzurteil und Vergütungsurteil, ist § 580 Nr. 7 ZPO analog anzuwenden: Das Ergebnis des Zahlungsprozesses ist am Ende vom rechtskräftigen Ausgang des Kündigungsschutzprozesses abhängig (*U. Fischer* FA 1999, 112).

Voraussetzung für die Feststellung, dass das Arbeitsverhältnis durch eine bestimmte Kündigung nicht 252
aufgelöst ist, ist der Bestand eines Arbeitsverhältnisses im Zeitpunkt der mit der Kündigung beabsichtigten Beendigung des Arbeitsverhältnisses (Kündigungstermin, Ablauf der Kündigungsfrist). Haben die Parteien im Rahmen eines Kündigungsschutzprozesses mit dem gesetzlichen Antrag nach § 4 S. 1 KSchG schon über diese Vorfrage gestritten und weist das Gericht die Klage schon deswegen – als unbegründet (*ArbG Kaiserslautern* 30.5.1986 ARSt 1988 Nr. 20; *ArbG Gießen* 14.10.1986 AuR 1987, 418; *LAG Köln* 8.3.1993 LAGE § 17a GVG Nr. 1; *ArbG Dessau* 1.12.1998 ZMV 1999, 94; *ArbG Gelsenkirchen* 1.12.1999 DZWIR 2000, 142; *BAG* 20.9.2000 EzA § 611 BGB Arbeitnehmerbegriff Nr. 83) – ab, weil der Arbeitnehmer das **Vorliegen eines Arbeitsverhältnisses** nicht hat nachweisen können, so steht mit dieser Abweisung fest, dass das Arbeitsverhältnis nicht (mehr) besteht. Im Gegensatz zu der von ihm begehrten Feststellung, sein Arbeitsverhältnis sei durch eine bestimmte Kündigung nicht aufgelöst, wird festgestellt, dass es aufgelöst ist. Es ist zwar nicht deswegen aufgelöst, weil eine Kündigung wirksam ist, sondern deshalb, weil ein Arbeitsverhältnis nicht (mehr) bestand und eine Kündigung nicht mehr in Frage kam (*BAG* 17.11.1958 AP Nr. 18 zu § 3 KSchG; 15.1.1991 EzA § 303 AktG Nr. 1; **aA** *M. Wolf* Anm. AP Nr. 8 zu § 4 KSchG 1969, der den Bestand des Arbeitsverhältnisses ungeprüft voraussetzen will und

§ 4 KSchG   Anrufung des Arbeitsgerichts

nur prüft, ob durch die Kündigung das Arbeitsverhältnis aufgelöst werden konnte). Damit steht aber nicht rechtskräftig fest, zwischen den Parteien habe zu keiner Zeit ein Arbeitsverhältnis bestanden. Ob ein Arbeitsverhältnis zu einem früheren Zeitpunkt als zum Kündigungstermin bestanden hat, ist damit nicht entschieden (v. Hoyningen-Huene/Linck § 4 Rz 81). Der Arbeitnehmer kann Ansprüche aus einem Arbeitsverhältnis noch geltend machen (BAG aaO).

253 Hat der Arbeitgeber dem Arbeitnehmer gegenüber gleichzeitig eine **außerordentliche und eine ordentliche Kündigung** des Arbeitsverhältnisses ausgesprochen und klagt der Arbeitnehmer sowohl auf Unwirksamkeit der einen als auch der anderen Kündigung und hält das ArbG die außerordentliche Kündigung für unwirksam, die ordentliche Kündigung dagegen für wirksam, und legt nur der Arbeitgeber, nicht der Arbeitnehmer gegen das arbeitsgerichtliche Urteil Berufung ein, so kann der Arbeitnehmer wegen insoweit eingetretener formeller und materieller Teilrechtskraft des arbeitsgerichtlichen Urteils in der Revisionsinstanz den Antrag auf Feststellung der Unwirksamkeit der fristgerechten Arbeitgeberkündigung nicht mehr mit Erfolg weiterverfolgen (BAG 10.3.1977 EzA § 322 ZPO Nr. 3).

253a Die Kündigung gilt als rechtswirksam, jedoch steht damit nicht fest, dass die die Kündigung tragenden Gründe vorlagen (BAG 27.4.2000 – 8 AZR 301/98 – nv; ErfK-Kiel § 7 Rz 4; Kittner/Däubler/Zwanziger § 7 Rz 2; Löwisch/Spinner § 7 Rz 2; KR-Rost § 7 Rz 20a; aA Tschöpe DB 1984, 1522, 1532). Sinn und Zweck der Klagefrist und die daran geknüpfte Rechtsfolge der §§ 7, 13 Abs. 1 S. 2 KSchG gehen dahin, möglichst bald Klarheit über den Fortbestand oder das Ende des Arbeitsverhältnisses zu schaffen. Allein darum geht es, nicht jedoch darum, ob bestimmte Kündigungsgründe als gegeben erachtet werden. Steht nur die Beendigung des Arbeitsverhältnisses fest, muss zB geprüft werden, ob die Voraussetzung einer Vertragsstrafe – schuldhaftes vertragswidriges Verhalten des Arbeitnehmers – gegeben ist, auch wenn der Arbeitnehmer den Prozess um die Wirksamkeit der arbeitgeberseitigen fristlosen Kündigung verloren hatte oder gegen die außerordentliche Kündigung gar nicht erst gerichtlich vorgegangen war und die Fiktion der §§ 4, 7, 13 Abs. 1 S. 2 KSchG eingetreten ist.

254 War ein Antrag nach § 256 ZPO gestellt worden, so ist Streitgegenstand der Fortbestand des Arbeitsverhältnisses im Zeitpunkt der letzten mündlichen Verhandlung in der Tatsacheninstanz. Wird die Klage rechtskräftig abgewiesen, dann steht fest, dass im Zeitpunkt der letzten mündlichen Verhandlung ein Arbeitsverhältnis zwischen den Parteien nicht (mehr) bestanden hat.

IV. Das der Klage stattgebende Urteil

255 Wenn das Gericht die Kündigung für sozial ungerechtfertigt oder aus einem anderen Grunde für unwirksam hält und dem nach § 4 S. 1 KSchG formulierten Klageantrag **stattgibt,** so steht mit Rechtskraft des Urteils in diesem Prozess fest, dass das Arbeitsverhältnis **durch die bestimmte angegriffene Kündigung** zu dem bestimmten Termin **nicht aufgelöst ist.** Gegenstand der Rechtskraft des der Kündigungsschutzklage stattgegebenen Urteils ist also die Feststellung, dass das Arbeitsverhältnis durch die bestimmte Kündigung zu einem bestimmten Zeitpunkt (Ablauf der Kündigungsfrist, Kündigungstermin) nicht aufgelöst ist. Mit der Rechtskraft des Urteils im Kündigungsschutzprozess steht außerdem fest, dass im Zeitpunkt des Zugangs der Kündigung bzw Ablauf der Kündigungsfrist ein Arbeitsverhältnis zwischen den streitenden Parteien bestanden hat. Das ist entgegen der wohl hM in der Literatur (Grunsky Anm. AP Nr. 3 zu § 4 KSchG 1969; M. Wolf Anm. AP Nr. 8 zu § 4 KSchG 1969; Schwerdtner NZA 1987, 263 ff.; Künzl Erlanger FS für Schwab, 1990, S. 124 ff.; Boemke RdA 1995, 222 f.; v. Hoyningen-Huene/Linck Rz 89; SPV-Vossen Rz 1900, Löwisch/Spinner Rz 85 je mwN; vgl. auch Ganser-Hillgruber RdA 1997, 355, 358 f. und LAG Nürnberg 5.12.1995 LAGE § 4 KSchG Nr. 33) deswegen der Fall, weil der Bestand des Arbeitsverhältnisses im Zeitpunkt des Zugangs der Kündigungserklärung Voraussetzung für die Feststellung ist, dass das Arbeitsverhältnis durch die Kündigung nicht aufgelöst wurde. Andernfalls könnte jeder Arbeitgeber, der einen Kündigungsschutzprozess rechtskräftig verloren hat, sich darauf berufen, dass ein Arbeitsverhältnis gar nicht bestanden habe, es aufgrund einer bereits früher erklärten Anfechtung beendet worden sei, die Parteien vorher einen Aufhebungsvertrag geschlossen hätten u.ä. Es wird also rechtskräftig über das Bestehen rechtlicher Bindungen zwischen der Parteien entschieden (BAG 12.1.1977 EzA § 4 KSchG nF Nr. 11; 12.6.1986 EzA § 4 KSchG nF Nr. 31; 15.1.1991 EzA § 303 AktG Nr. 1; 26.8.1993 EzA § 322 ZPO Nr. 9; 5.10.1995 EzA § 519 ZPO Nr. 8; 11.11.2005 EzA § 626 BGB 2002 Nr. 11 [B I 1 b aa]; 27.4.2006 – 2 AZR 360/05 – BB 2006, 2471 [B I 1] mwN; LAG Hamm 25.10.2000 DZWIR 2001, 245; Hess. LAG 31.3.2003 – 16/12 Sa 1280/02 – wie hier HK-Hauck Rz 140; Knorr/Bichlmeier/Kremhelmer Kap. 11 Rz 96; Schaub NZA 1990, 85, 86; Habscheid RdA 1989, 88, 89 f.; HaKo-Gallner 2. Aufl., Rz 49 ff.; vgl. auch unten Rz 264 ff.). Die Folgen dieser Auffassung zeigt der dem

BAG v. 12.6.1986 zugrunde liegende Fall deutlich: Außerordentliche Arbeitgeberkündigung vom 13.8. zum 14.8., ordentliche Arbeitgeberkündigung vom 22.8. zum 8.9., Anfechtung des Arbeitsvertrages durch den Arbeitgeber am 16.10., selbständige Klagen gegen die zwei Kündigungen und die Anfechtung, Stattgabe der beiden Kündigungsschutzklagen durch das ArbG, über die Anfechtung entscheidet es bewusst nicht. Berufung des Arbeitgebers nur gegen das der Klage gegen die außerordentliche Kündigung stattgebende Urteil, das der Klage gegen die ordentliche Kündigung stattgebende Urteil wird rechtskräftig. Die Berufung kann schon deswegen keinen Erfolg haben, weil aufgrund des rechtskräftigen Urteils hinsichtlich der ordentlichen Kündigung rechtskräftig festgestellt ist, dass zum Zeitpunkt des Zugangs der ordentlichen Kündigung zwischen den Parteien ein Arbeitsverhältnis bestanden hat. Würde das LAG nunmehr entscheiden, dass das Arbeitsverhältnis bereits durch die außerordentliche Kündigung vom 13.8. am 14.8. beendet worden ist, würde es die materielle Rechtskraft des Urteils in dem Rechtsstreit um die Kündigung vom 22.8. missachten mit der Folge, dass zwei einander widersprechende rechtskräftige Urteile sich gegenüberstünden. Hier musste der Arbeitgeber auch gegen das Urteil zur ordentlichen Kündigung Berufung einlegen. Bleibt die Anfechtung: Die Entscheidung über die Anfechtung war an sich vorgreiflich, weil die begründete Anfechtung auf den Zeitpunkt des Endes des Arbeitsverhältnisvollzugs zurückwirkt (§ 142 BGB, *BAG* 3.12.1998 EzA § 123 BGB Nr. 51 mit krit. Anm. *Mankowski*). Das war der 14.8. Hier hätte der Arbeitgeber sinnvollerweise Feststellungswiderklage erhoben oder angeregt, die Verfahren zu verbinden oder das Verfahren über die ordentliche Kündigung auszusetzen. Wegen der Rechtskraft des Urteils über die ordentliche Kündigung steht aber nun fest, dass zum Zeitpunkt des Zugangs der ordentlichen Kündigung ein Arbeitsverhältnis bestanden hat. Die wirksame Anfechtung kann daher das Arbeitsverhältnis einen Tag nach Zugang der ordentlichen Kündigung auflösen, also zum ersten Tag, der nicht mehr von der Rechtskraft des Urteils über die ordentliche Kündigung erfasst wird (vgl. auch Rz 265 f.). Erging der Klage stattgebendes Versäumnisurteil gegen den »falschen« Arbeitgeber kann dieser sich gegen Annahmeverzugslohnforderungen für die Zeit nach dem Zugang der Kündigungserklärung bzw. Kündigungstermin mit der Behauptung zur Wehr setzen, es habe zwischen den Parteien ein Arbeitsverhältnis nicht bestanden (*LAG Düsseld.* 28.9.2005 – 11(8) Sa 912/05).

256 War ein **Antrag nach § 256 ZPO** gestellt worden, so ist Streitgegenstand der Fortbestand des Arbeitsverhältnisses bis zum Zeitpunkt der letzten mündlichen Verhandlung in der Tatsacheninstanz (vgl. Rz 237 ff.). Wird diesem Antrag stattgegeben und wird dieses Urteil rechtskräftig, so steht fest, dass im Zeitpunkt der letzten mündlichen Verhandlung ein Arbeitsverhältnis zwischen den Parteien besteht und durch kein Ereignis (Kündigung, Anfechtung, Auflösungsvertrag) beendet wurde (*BAG* 12.5.2005 EzA § 4 KSchG nF Nr. 70 [B I 2]).

257 Ein **Auflösungsurteil nach § 9 KSchG** als Gestaltungsurteil kommt nur in Betracht, wenn das Arbeitsverhältnis fortbesteht, weil die Kündigung (auch) sozialwidrig ist, also wenn der Klage stattzugeben ist. Stellt der Kläger als Arbeitnehmer den Auflösungsantrag, so verlangt er in erster Linie **Feststellung der Unwirksamkeit der Kündigung** (u.a.) wegen Sozialwidrigkeit und nur **zusätzlich Auflösung** des Arbeitsverhältnisses und Abfindung. Der Antrag ist bedingt für den Fall, dass das Gericht die Sozialwidrigkeit der Kündigung bejaht. Dieser zweite Antrag setzt also die Begründetheit des ersten voraus, dh das Arbeitsverhältnis darf nicht sein Ende gefunden haben, ehe über ihn entschieden werden kann. Ist der Feststellungsantrag unbegründet, so ist der Auflösungsantrag ohne weiteres hinfällig. Es handelt sich um einen »**uneigentlichen Eventualantrag**« (vgl. *BAG* 5.11.1964 EzA § 7 KSchG Nr. 1; *v. Hoyningen-Huene/Linck* § 9 Rz 24; *Herschel* Anm. *BAG* 26.10.1979 AR-Blattei D Kündigungsschutz Entsch. 195 [II]).

258 Auch der **Antrag des Arbeitgebers**, das Arbeitsverhältnis aufzulösen, setzt voraus, dass das Gericht (auch) die Sozialwidrigkeit der Kündigung bejaht. Der **Auflösungsantrag des Arbeitgebers** ist regelmäßig ein **echter Eventualantrag,** der neben dem Antrag auf Abweisung der Feststellungsklage steht und nur in Betracht kommt, wenn der Abweisungsantrag keinen Erfolg hat (vgl. *BAG* 4.4.1957, AP Nr. 1 zu § 301 ZPO; *v. Hoyningen-Huene/Linck* § 9 Rz 25 mwN; *Böhm* DPL 2004, 99; *Helml* JuS 2004, 43).

259 Der vorstehende Grundsatz gilt auch dann, wenn zwei Kündigungen nacheinander ausgesprochen worden sind, die auf die gleichen Kündigungsgründe gestützt sind und das Arbeitsverhältnis zum gleichen Zeitpunkt bei Rechtswirksamkeit beenden. Erst wenn das Gericht **beide Kündigungen** (zumindest auch) als **sozialwidrig** ansieht, kann es das Arbeitsverhältnis bei Zahlung einer Abfindung **auflösen** (*BAG* 29.4.1976 – 2 AZR 396/74 – nv).

260 Wegen weiterer Einzelheiten kann auf KR-*Spilger* Erl. zu § 9 KSchG verwiesen werden.

261 Hier ist nur noch zu betonen, dass es sich, sieht das Gericht den **Auflösungsantrag** als **begründet** an und löst es durch Urteil das Arbeitsverhältnis auf und verurteilt es den Arbeitgeber zur Zahlung einer Abfindung, auch um ein der **Kündigungsschutzklage stattgebendes Urteil** handelt. Das ist aus der Urteilsformel nicht ohne weiteres erkennbar, weil die Praxis sich idR auf die **Auflösungsformel** und die Verurteilung in die Abfindung beschränkt, um den **Tenor nicht** als **widerspruchsvoll** erscheinen zu lassen. Das aber wäre der Fall, wenn das Gericht zunächst dem Wortlaut des § 9 S. 1 1. Hs., § 4 S. 1 KSchG entsprechend tenoriert, dass das Arbeitsverhältnis durch die Kündigung nicht aufgelöst sei, zugleich aber die rückwirkende Auflösung des Arbeitsverhältnisses ausspricht. Dementsprechend braucht nach *BAG* (9.12.1955 AP Nr. 2 zu § 7 KSchG 1951; 13.12.1956 AP Nr. 5 zu § 7 KSchG 1951; 28.11.1968 EzA § 1 KSchG Nr. 12) bei Auflösung des Arbeitsverhältnisses durch Urteil im Urteilstenor die Unwirksamkeit der Kündigung nicht mehr ausgesprochen zu werden. Es genügt, wenn diese Feststellung in den Gründen getroffen wird (zust. *v. Hoyningen-Huene/Linck* § 9 Rz 51 mwN; im Ergebnis auch *Neumann* AR-Blattei SD 1020.6 Kündigungsschutz VI Rz 63).

V. Das Präklusionsprinzip

262 Die **Rechtskraftwirkung** schließt gem. § 322 ZPO **im Verhältnis der Parteien zueinander** jede hiervon abweichende gerichtliche Feststellung in einem neuen Verfahren aus. Die unterlegene Partei kann ein für sie günstigeres Ergebnis auch nicht dadurch erreichen, dass sie in einem späteren Verfahren andere Tatsachen vorbringt. Mit dem **Vortrag** solcher Tatsachen ist sie ebenso **ausgeschlossen** wie mit ihrem bisherigen Vorbringen. Diese Folge der Rechtskraftwirkung ist als sog. **Präklusionsprinzip** in Rspr. und Literatur anerkannt (*BAG* 13.11.1958 AP Nr. 17 zu § 3 KSchG 1951; *BGH* 30.5.1960 LM Nr. 27 zu § 322 ZPO; *Stein/Jonas/Leipold* § 322 Rz 228 ff.). Anderenfalls könnte das Ziel der Rechtskraft, Rechtsfrieden und Rechtsgewissheit zu schaffen, nicht erreicht werden. Das **Präklusionsprinzip** verwehrt der unterlegenen Partei, sich innerhalb der durch den Streitgegenstand gesetzten Grenzen nachträglich auf Tatsachen zu berufen, die schon z. Zt. der letzten mündlichen Verhandlung vorgelegen haben, unabhängig davon, ob sie damals der Partei bekannt gewesen sind oder nicht (*BAG* 12.4.1956 AP Nr. 11 zu § 626 BGB). Hat ein Rechtsstreit rechtskräftig sein Ende gefunden, so soll – von Fällen des Wiederaufnahmeverfahrens abgesehen – die entscheidende Frage nicht dadurch wieder aufgerollt werden können, dass der unterlegene Teil neue Tatsachen vorbringt.

263 Umgekehrt bedeutet das Präklusionsprinzip als notwendige Folge der Rechtskraftwirkung, dass die Parteien bei einem Streit über einen Streitgegenstand gehalten sind, in dem Rechtsstreit alles vorzutragen, was geeignet ist, mit ihrem Standpunkt durchzudringen (*BAG* 13.11.1958 AP Nr. 17 zu § 3 KSchG 1951). Darauf wurde bereits an anderer Stelle hingewiesen (vgl. Rz 221).

264 Das **Präklusionsprinzip** wirkt sich nach rechtskräftig abgeschlossenem Kündigungsrechtsstreit wie folgt aus: Ist die **Kündigungsschutzklage** rechtskräftig abgewiesen, so ist der unterlegene Arbeitnehmer daran gehindert, die Unwirksamkeit der Kündigung aus anderen als den im Kündigungsschutzverfahren vorgebrachten Gründen geltend zu machen. Mit der Abweisung der Klage auf Feststellung, dass das Arbeitsverhältnis durch eine bestimmte Kündigung nicht aufgelöst wurde, ist nicht nur die Sozialwidrigkeit der Kündigung rechtskräftig verneint, sondern auch ihre Unwirksamkeit aus anderen oder sonstigen von § 4 S. 1 KSchG nicht erfassten Gründen. Über die Frage, ob das Arbeitsverhältnis zu einem bestimmten Zeitpunkt bestanden hat oder nicht, ist nur einheitlich zu urteilen (*BAG* 13.11.1958 AP Nr. 17 zu § 3 KSchG 1951; 12.1.1977 EzA § 4 KSchG nF Nr. 11; 12.6.1986 EzA § 4 KSchG nF Nr. 31; *LAG Hessen* 18.10.2005 – 13 Sa 332/05 – NZA-RR 2006, 243, 244; *Hueck/Nipperdey* I § 64 VII 3, S. 651; § 64 VIII 2, S. 659 f.; abl. *Bettermann* ZfA 1985, 5 ff. [16]; *Schwerdtner* NZA 1987, 263; *Teske* Anm. EzA § 4 KSchG nF Nr. 31). Die Präklusionswirkung besteht nur, soweit es auf die Wirksamkeit der Beendigung des Arbeitsverhältnisses ankommt, also insbes. für Lohnansprüche (vgl. Rz 251). Die Präklusionswirkung erstreckt sich nicht auf die tragenden Kündigungsgründe. Deshalb ist im Prozess nur eine Vertragsstrafe wegen schuldhaften vertragswidrigen Verhaltens trotz feststehender Beendigung des Arbeitsverhältnisses aufgrund außerordentlicher Arbeitgeberkündigung haftungsbegründendes Verschulden des Arbeitnehmers zu prüfen (*BAG* 27.4.2000 – 8 AZR 301/99 – nv).

265 Ist im Kündigungsschutzprozess rechtskräftig entschieden, dass das **Arbeitsverhältnis** durch eine bestimmte Kündigung **nicht aufgelöst** wurde, so kann sich der unterlegene Arbeitgeber in einem späteren Verfahren nicht auf solche Tatsachen berufen, die eine Beendigung des Arbeitsverhältnisses zu einem früheren Zeitpunkt ergeben als zu dem, bzw. zu demselben wie dem, der im Kündigungsrechtsstreit maßgeblich war (*BAG* 12.1.1977 EzA § 4 KSchG nF Nr. 11; 12.6.1986 RzK 10m Nr. 7; **aA** *LAG Nürnberg* 5.12.1995 LAGE § 4 KSchG Nr. 33).

Steht rechtskräftig fest, dass die Arbeitgeberkündigung vom 24.4. das Arbeitsverhältnis zum 31.12. nicht aufgelöst hat, steht zugleich rechtskräftig fest, dass zum Kündigungstermin 31.12. ein Arbeitsverhältnis bestanden hat. Da eine gegenteilige Entscheidung auf Grund der weiteren am 28.5. zum 31.12. ausgesprochenen Kündigung nicht getroffen werden kann, hat die gegen die weitere Kündigung gerichtete Klage schon wegen der entgegenstehenden Rechtskraft des Urteils zur ersten Kündigung Erfolg: Der Bestand des Arbeitsverhältnisses am 31.12. steht rechtskräftig fest (*Hess.LAG* 31.3.2003 – 16/12 Sa 1280/02). Der Arbeitgeber hätte die weitere Kündigung in den Prozess um die erste Kündigung einführen müssen, ggf. durch Einlegung der Berufung gegen das Urteil zur ersten Kündigung, bei Vorliegen eines gesonderten Verfahrens gegen die weitere Kündigung wäre ein Antrag auf Verbindung der Verfahren möglich gewesen, jedenfalls aber die Auslegung, dass die Rechtskraft der Urteils gegen die erste Kündigung die weitere Kündigung nicht erfasst.

Dagegen ist der Arbeitgeber nicht daran gehindert, sich auf Tatsachen zu berufen, die **eine Beendigung des Arbeitsverhältnisses zu einem späteren Zeitpunkt ergeben** als zu dem, der im Kündigungsrechtsstreit maßgeblich war. Der Arbeitgeber ist nur daran gehindert, solche Tatsachen vorzubringen, die eine Beendigung zu einem früheren oder zu demselben Termin ergeben, der für die streitige Kündigung maßgeblich war. **266**

Beispiel: Fristlose Kündigung am 11. August. Der Arbeitnehmer erstreitet ein obsiegendes Urteil im Kündigungsschutzprozess (§ 13 Abs. 1 iVm § 4 S. 1 KSchG). In dem nachfolgenden Prozess um die Arbeitsvergütung nach § 615 BGB kann sich der Arbeitgeber nicht mehr mit Erfolg darauf berufen, dass das Arbeitsverhältnis im gegenseitigen Einvernehmen bereits am 10. August geendet habe. Damit ist er **ausgeschlossen (präkludiert).** Wohl kann er sich darauf berufen, der Arbeitnehmer habe am 25. Juli selbst zum 31. August ordentlich gekündigt, das Arbeitsverhältnis sei im gegenseitigen Einvernehmen am 13. August mit sofortiger Wirkung aufgehoben worden, dem Kläger sei am 6. und 8. September fristlos gekündigt worden (vgl. *BAG* 28.2.1995 EzA § 4 KSchG nF Nr. 51). Denn diese Tatsachenvorträge führen, unterstellt, der Arbeitgeber kann sie im Bestreitensfalle beweisen, zu einer Beendigung nach dem 11. August, dem Zeitpunkt, der für den Kündigungsrechtsstreit maßgebend war. Anders wäre es, wenn der Arbeitnehmer in dem Beispiel nicht oder nicht nur den Antrag nach § 4 S. 1 iVm § 13 Abs. 1 KSchG gestellt hätte, **sondern zulässig** – der angebliche Aufhebungsvertrag vom 13. August war eingeführt – **den allgemeinen Antrag nach § 256 ZPO.** Dann ist, liegt die letzte mündliche Verhandlung in der Tatsacheninstanz nach dem 13. August bzw. 31. August bei der Klage stattgebendem Urteil der Arbeitgeber mit diesem Vortrag in dem Zahlungsprozess um die Vergütung iSd § 615 BGB präkludiert. Es steht rechtskräftig fest, dass das Arbeitsverhältnis im Zeitpunkt der letzten mündlichen Verhandlung in der Tatsacheninstanz, die nach dem Zugang der außerordentlichen Kündigung vom 8. September liege, (noch) bestanden hat. Eine gegenteilige Feststellung ist nicht mehr möglich (*BAG* 9.3.1988 RzK I 10 m Nr. 11; vgl. auch *BAG* 31.5.1979 EzA § 4 KSchG nF Nr. 16). Zu beachten ist aber, dass etwa bei einem Versäumnisurteil vom 22. Februar, dass das Arbeitsverhältnis zwischen den Parteien nicht durch die ordentliche Kündigung vom 11. November zum 31. Dezember des Vorjahres geendet hat, sondern darüber hinaus ungekündigt zu den bisherigen Bedingungen fortbesteht, zur Bestimmung der inneren Rechtskraft auch das Klagevorbringen heranzuziehen ist. Zu klären ist, ob dem zweiten Teil des Antrags des Klägers, dem durch das Versäumnisurteil entsprochen wurde, eine rechtlich selbständige Bedeutung zukommt oder ob es sich dabei nur um eine rechtlich unselbständige Formulierung handelt, mit der kein eigener allgemeiner Feststellungsantrag iSd § 256 ZPO gestellt wurde. Erschöpfte sich das dem Versäumnisurteil zugrunde liegende Vorbringen des Klägers darin, dass die von der Beklagten am 11. November ausgesprochene Kündigung das Arbeitsverhältnis nicht aufgelöst habe, so zeigt diese Begründung, dass nicht von einer selbständigen allgemeinen Feststellungsklage auszugehen war und ist (vgl. Rz 243). Dem Versäumnisurteil kommt daher keine Präklusionswirkung hinsichtlich vom Arbeitgeber ausgesprochener Folgekündigungen zu (vgl. *BAG* 28.2.1995 EzA § 4 KSchG nF Nr. 51; *LAG SchlH* 6.4.1987 RzK I 10 m Nr. 9, von der Revisionsentsch. 9.3.1988 RzK I 10 m Nr. 11 nicht hinreichend beachtet). Entsprechendes gilt, wenn trotz allgemeinen Feststellungsantrags iSd § 256 ZPO der Kläger eine andere Kündigung in einem besonderen Verfahren mit einem Antrag nach § 4 S. 1 KSchG angegriffen hat: Diese Kündigung war nicht Streitgegenstand des Prozesses geworden. Der allgemeine Feststellungsantrag im ersten Verfahren erfasste jedenfalls diese Kündigung nicht; ihm droht die Abweisung als unzulässig, falls er nicht durch andere Beendigungssachverhalte »unterfüttert« worden war (vgl. den Fall *BAG* 10.10.2002 EzA § 4 KSchG nF Nr. 64).

Entsprechendes gilt auch für die **Voraussetzung** der Feststellung der Nichtauflösung des Arbeitsverhältnisses durch die Kündigung: Voraussetzung für die Feststellung der Nichtauflösung des Arbeits- **267** verhältnisses durch die Kündigung ist der **Bestand des Arbeitsverhältnisses** (jedenfalls noch) im Zeitpunkt des Zugangs der Kündigung. Alle Behauptungen des Arbeitgebers, dass vor diesem Zeitpunkt ein Arbeitsverhältnis gar nicht zustande gekommen sei, es nicht mehr bestanden habe, es nicht mehr mit ihm, den in Anspruch genommenen bestanden habe, können in einem Nachfolgeprozess nicht mehr mit Erfolg vorgebracht werden. Sie sind **ausgeschlossen (präkludiert**; *BAG* 13.11.1958 AP Nr. 17 zu § 3 KSchG 1951; 12.1.1977 EzA § 4 KSchG nF Nr. 11; 12.6.1986 RzK 10m Nr. 7).

268 Dementsprechend hindert die Rechtskraft des der Kündigungsschutzklage stattgebenden Urteils den Arbeitgeber daran, sich in einem späteren Verfahren zwischen denselben Parteien darauf zu berufen, **ein Arbeitsverhältnis habe niemals bestanden** (*BAG* 12.1.1977 EzA § 4 KSchG nF Nr. 11; *LAG Köln* 9.6.1983 – 8 Sa 35/83 – nv; *LAG Hamm* 25.10.2000 DZWIR 2001, 245, allerdings kann sich der Insolvenzverwalter mit Erfolg darauf berufen, das Arbeitsverhältnis sei bis zum Zeitpunkt der Insolvenzeröffnung zu Unrecht über die spätere Insolvenzschuldnerin abgewickelt worden).

Beispiel: Der Kläger erstreitet ein rechtskräftiges Versäumnisurteil, nach dem »das Arbeitsverhältnis zwischen den Parteien nicht durch die Kündigung vom 11.11.1991, dem Kläger zugegangen am 9.1.1992, zum 31.12.1991 geendet hat«. Der Gegner kündigte im April 1992 »sämtliche etwa bestehende Rechtsverhältnisse mit sofortiger Wirkung« auf und »vorsorglich ein ... bestehendes Arbeitsverhältnis mit sofortiger Wirkung, hilfsweise zum 30.6.1992«. Der Kläger erhob Klage vor dem ArbG mit dem Feststellungsbegehren, dass das Arbeitsverhältnis der Parteien nicht fristlos aufgelöst wurde, sondern bis zum 30.6.1992 fortbestanden hat. Der Gegner leugnete den Rechtsweg zu den Gerichten für Arbeitssachen, weil zwischen den Parteien kein Arbeitsverhältnis bestanden habe. Der Rechtsweg zu den Arbeitsgerichten ist deswegen gegeben, weil aufgrund des Versäumnisurteils rechtskräftig feststeht, dass am 9.1.1992 – Zugang der Kündigung vom 11.11.1991 – zwischen den Parteien ein Arbeitsverhältnis bestanden hat. Der Beklagte kann sich nicht mehr mit Erfolg darauf berufen, »ein Arbeitsverhältnis hat zwischen den Parteien tatsächlich nie bestanden«; **aA** *LAG RhPf* 4.9.1997 LAGE § 4 KSchG Nr. 36: Keine Präklusion durch erfolgreiche Kündigungsschutzklage für die Frage der Arbeitnehmereigenschaft, wenn kein Statusprozess geführt wurde. Er kann lediglich etwa geltend machen, nach dem 9.1.1992, aber noch vor Zugang der Kündigungen vom April 1992 sei ein freies Mitarbeiterverhältnis vereinbart worden (vgl. *BAG* 20.12.1995 – 5 AZB 28/95 – nv). Nichts anderes würde gelten, wenn der Kläger die Kombination von Kündigungsschutzklage mit allgemeiner Feststellungsklage gewählt hätte. Er hatte sich nur gegen die erklärte Kündigung zur Wehr gesetzt. Er hatte nicht darüber hinaus selbständig das Bestehen eines Arbeitsverhältnisses festgestellt wissen wollen. Eine Präklusionswirkung bis zum Zeitpunkt des Erlasses des Versäumnisurteils hat es damit nicht, auch wenn es entsprechend dem kombinierten Antrag verkündet worden war (*BAG* 28.2.1995 EzA § 4 KSchG nF Nr. 51; krit. *Künzl* EWiR 1995, 634).

VI. Die erneute, die vorsorgliche und die wiederholte oder die Trotzkündigung

269 Wenn der Arbeitgeber **erneut (»wiederholt«) kündigt** (zum Begriff *BAG* 21.1.1988 EzA § 4 KSchG nF Nr. 33 [zu B I der Gründe]), dann ist eine weitere Kündigungsschutzklage innerhalb der Dreiwochenfrist erforderlich, will der Arbeitnehmer diese nochmalige Kündigung nicht gegen sich gelten lassen. Im Fall der erneuten (außerordentlichen fristlosen) Kündigung am 5.2. nach Ausspruch der ordentlichen Kündigung vom 22.1. zum 31.3. und Erhebung der Kündigungsschutzklage gegen die ordentliche Kündigung mit einem Antrag iSd § 4 S. 1 KSchG (vgl. Rz 160; zum Feststellungsantrag nach § 256 ZPO vgl. Rz 249) gilt folgendes: Da Streitgegenstand der Kündigungsschutzklage die einzelne Kündigung ist, muss jede Kündigung durch eine gesonderte Kündigungsschutzklage angefochten werden. Daraus folgt, dass der Arbeitnehmer, der gegen die nachfolgende (außerordentliche, fristlose) Kündigung vorgehen will, insoweit innerhalb der Frist des § 4 KSchG Kündigungsschutzklage erheben muss, wenn er die Fiktion des § 7 KSchG (das Wirksamwerden der nachfolgenden Kündigung) vermeiden will, zumindest einen gesonderten Klageantrag hinsichtlich der späteren Kündigung stellen muss, um auf diese Weise im Wege der objektiven Klagehäufung die nachfolgende Kündigung in den laufenden Kündigungsprozess über die erste Kündigung einzuführen (zutr. *LAG BW* 18.7.1968 DB 1969, 1155; *LAG Düsseld.* 28.10.1980 DB 1981, 800 gegen *ArbG Wuppertal* 17.4.1980 DB 1980, 1800; *LAG Hamm* 13.8.1997 LAGE § 113 InsO Nr. 1). Spricht der Arbeitgeber **mehrere Kündigungen** aus, so muss sich der Arbeitnehmer, sofern er gegen die erste Kündigung nicht mit einem allgemeinen Feststellungsantrag iSd § 256 ZPO oder die Kündigungsschutzklage nicht mit dem allgemeinen Feststellungsantrag kombiniert hat (vgl. Rz 249), grds. gegen jede dieser »**Nachkündigungen**« binnen der dreiwöchigen Klagefrist des § 4 S. 1 KSchG zur Wehr setzen, weil es sich um verschiedene Kündigungserklä-

rungen handelt (*BAG* 26.8.1993 EzA § 322 ZPO Nr. 9; 7.3.1996 EzA § 1 KSchG 1969 Betriebsbedingte Kündigung Nr. 84) und weil ansonsten die Fiktion des § 7 Hs. 1 KSchG eingreift (*LAG Düsseld.* 13.1.1999 ZInsO 1999, 544; *LAG Hamm* 23.9.1999 ZIP 2000, 246). Nach Auffassung des *OLG Stuttgart* (24.3.1982 BB 1982, 864) reicht es aus, wenn der Arbeitnehmer, dem nach einer Kündigung vom 20.10. zum 30.6., gegen die er frist- und formgerecht geklagt hatte, die im Verlaufe des Rechtsstreits erklärte erneute Kündigung vom 27.12. zum 30.6. innerhalb der Frist des § 4 KSchG in einem Schriftsatz angreift und Ausführungen macht, denen zu entnehmen ist, dass er auch diese Kündigung für sozial ungerechtfertigt hält und ihr entgegentreten will (in einem Schadensersatzprozess wegen fehlerhafter Prozessführung). Das ist für die Kombination von Kündigungsschutzklage mit allgemeinem Feststellungsantrag zutreffend, und zwar unabhängig davon, wann die weitere Kündigung in den Prozess eingeführt wurde (vgl. oben Rz 249).

270 Das gilt auch für die **vorsorgliche Kündigung,** also eine für den Fall ausgesprochene Kündigung, dass einer früheren Kündigung vom Gericht die Rechtswirksamkeit versagt wird (*BAG* 12.10.1954 AP Nr. 5 zu § 3 KSchG 1951). Ist das Kündigungsschutzverfahren um die frühere Kündigung in den Tatsacheninstanzen noch nicht beendet, so kann die Unwirksamkeit der erneuten oder vorsorglichen Kündigung in dem laufenden Prozess geltend gemacht werden. Der Arbeitnehmer kann aber auch einen neuen Kündigungsschutzprozess anstrengen. In dem laufenden Kündigungsschutzverfahren kommt es immer wieder vor, dass durch den Prozessbevollmächtigten des Arbeitgebers erneut gekündigt wird, sog. Prozess- oder Schriftsatzkündigung (dazu *Weidemann* NZA 1989, 246 ff. und Rz 243) oder »schriftsätzliche Nachkündigung« (*LAG Düsseld.* 13.1.1999 ZInsO 1999, 544); zur Frage der Vollmacht dazu vgl. *KR-Friedrich* § 13 KSchG Rz 290. Der Arbeitnehmer bzw. sein Prozessbevollmächtigter müssen dann darauf achten, soll auch diese erneute Kündigung nicht hingenommen werden, dass diese erneute Kündigung entweder im laufenden Kündigungsschutzverfahren (durch Erstreckung des Streitgegenstandes des Rechtsstreits auf diese Kündigung, was auch im Antrag zum Ausdruck kommen sollte, vgl. dazu Rz 230) oder durch Erheben einer weiteren Kündigungsschutzklage innerhalb der Dreiwochenfrist angegriffen wird, jedenfalls aber von der »Schleppnetztheorie« des BAG erfasst wird, also im Wege der Kombination von Kündigungsschutzklage und allgemeinem Feststellungsantrag nach § 256 ZPO (vgl. Rz 249) von den Fällen sonstiger Mängel außerhalb des § 4 S. 1 KSchG dieser Kündigung einmal abgesehen, die ohnehin nur mit einem Antrag iSd § 256 ZPO zu verfolgen sind (vgl. *KR-Friedrich* § 13 KSchG Rz 311). Das gilt auch dann, wenn die »Nachkündigung« vom Insolvenzverwalter rein vorsorglich für den Fall der Rechtsunwirksamkeit der im Sequestrationsverfahren ausgesprochenen Kündigung erfolgte (*LAG Hamm* 23.9.1999 ZIP 2000, 246).

271 Kündigt der Arbeitgeber dem Arbeitnehmer unter Berufung auf dieselben Gründe wiederholt, die für die vom Arbeitnehmer mit Erfolg angegriffene frühere Kündigung maßgebend waren, also nach Rechtskraft des ersten Urteils (sog. **Trotzkündigung,** zum Begriff *BAG* 26.8.1993 EzA § 322 ZPO Nr. 9 [zu II 1 der Gründe], auch **Wiederholungskündigung** genannt, *BAG* 12.2.2004 EzA § 1 KSchG Betriebsbedingte Kündigung Nr. 129), so muss der Arbeitnehmer auch diese Kündigung mit der Kündigungsschutzklage innerhalb der Dreiwochenfrist angreifen, will er verhindern, dass sie wirksam wird (§ 7 KSchG), weil es sich um zwei verschiedene Kündigungserklärungen handelt.

272 Der rechtzeitig erhobenen Kündigungsschutzklage ist ohne weiteres stattzugeben, weil die Kündigungsgründe durch die frühere Entsch. als unzureichend bezeichnet und damit rechtskräftig aberkannt, **präjudiziert** sind (*BAG* 26.8.1993 EzA § 322 ZPO Nr. 9; 7.3.1996 EzA § 1 KSchG Betriebsbedingte Kündigung Nr. 84 [II 3]; 22.5.2003 EzA § 1 KSchG Betriebsbedingte Kündigung Nr. 127; 12.2.2004 EzA § 1 KSchG Betriebsbedingte Kündigung Nr. 129; *LAG SchlH* 24.1.1991 LAGE § 322 ZPO Nr. 2; *LAG Nieders.* 20.12.1994 LAGE § 1 KSchG Betriebsbedingte Kündigung Nr. 28; vgl. auch *LAG Hamm* 15.3.1988 LAGE § 4 KSchG Nr. 13, 22.9.1994 LAGE § 322 ZPO Nr. 3; *v. Hoyningen-Huene/Linck* Rz 91; *Ascheid* Rz 785; *ders.* FS für Stahlhacke 1995, S. 1 ff.; *ders.* APS Rz 148; *Burger* DPL 2003, 104 ff.).

273 Anders ist es, wenn die **Wirksamkeit der ersten Kündigung aus formellen Gründen** verneint wurde (zB fehlende oder unzureichende Anhörung des Betriebsrates; fehlende Zustimmung des Integrationsamtes zur Kündigung eines Schwerbehinderten; fehlende Zulassung der Kündigung gegenüber einer Schwangeren nach § 9 Abs. 3 MuSchG usw.), also die materiellen Gründe der Kündigung in diesem Prozess gar keine Rolle spielten, das Gericht über sie also gar nicht befunden hat. Auf diese Gründe kann sich der Arbeitgeber in dem Prozess um die zweite deswegen erfolgte Kündigung durchaus berufen (*BAG* 12.10.1954 AP Nr. 5 zu § 3 KSchG 1951; 12.4.1956 AP Nr. 11 zu § 626 BGB; 25.11.1982 EzA § 9 KSchG nF Nr. 15 [betr. fehlgeschlagene Umdeutung einer fristlosen Kündigung in eine ordentliche aus formalen Gründen]; 22.5.2003 EzA § 1 KSchG Betriebsbedingte Kündigung Nr. 127; 7.7.2005 EzA

§ 1 KSchG Betriebsbedingte Kündigung Nr. 138 [II 2]; *LAG Hamm* 29.5.1985 ARSt 1987 Nr. 1124; 16.1.2001 – 7 Sa 1833/00 [betr. fehlende Beteiligung der Mitarbeitervertretung, § 38 MVG-EKD und lang andauernde Erkrankung]; *v. Hoyningen-Huene/Linck* Rz 90; SPV-*Vossen* Rz 1903). Anders ist es auch, wenn im Vorprozess die Kündigung lediglich auf den Verdacht des Diebstahls gestützt wurde und der Arbeitgeber nunmehr zB aufgrund neuer tatsächlicher Erkenntnisse eine Kündigung wegen begangener Straftat ausgesprochen hat (*BAG* 26.8.1993 EzA § 332 ZPO Nr. 9 [zu II 2a der Gründe]). Die Qualität des jeweils geltend gemachten Kündigungsgrundes ist eine andere.

VII. Einzelfragen

273a Eine innerhalb der Kündigungsfrist vereinbarte Rücknahme der Kündigung wirkt sich wie folgt aus: Der Arbeitgeber kündigte dem Arbeitnehmer Anfang April ordentlich zum 30. Juni. Der Arbeitnehmer erhob verspätet Kündigungsschutzklage. Einen Antrag auf nachträgliche Zulassung der verspätet erhobenen Klage stellte er nicht. Der klagende Arbeitnehmer behauptete, während des Laufes der Kündigungsfrist sei vereinbart worden, die Kündigung solle keine Wirkung haben. Die Gerichte wiesen die Klage mit der Begründung ab, die Kündigung sei von Anfang an rechtswirksam gewesen (§ 7 KSchG). Dem Vortrag des Arbeitnehmers, die Kündigung sei »zurückgenommen« worden, sind die Gerichte nicht nachgegangen, weil er für den Streitgegenstand unerheblich sei (vgl. *BAG* 19.12.1978 – 2 AZR 165/77 – nv). Das Gericht hätte schon den Klageantrag entsprechend auslegen müssen, jedenfalls aber in Anbetracht des fehlenden Antrages nach § 5 KSchG anregen sollen (§ 139 ZPO), ob der Kläger nicht einen Feststellungsantrag iSd § 256 ZPO stellen wolle, und hätte dann in die Prüfung der behaupteten Vereinbarung eintreten müssen. Unter Zugrundelegung der punktuellen Streitgegenstandstheorie brauchte das Gericht sich nur mit der Kündigung zu befassen. Ist im Kündigungsschutzprozess rechtskräftig entschieden, dass das Arbeitsverhältnis durch eine bestimmte Kündigung zu einem bestimmten Zeitpunkt aufgelöst wurde, so kann sich der Arbeitnehmer später nicht mit Erfolg auf Tatsachen berufen, die die Beendigung zu diesem Zeitpunkt in Frage stellen. Der Arbeitnehmer ist mit diesem Vortrag präkludiert. Da er ihn aber gebracht hat, ist er damit nicht ausgeschlossen. Denn das Gericht hat darüber ausdrücklich nicht entschieden. Der Arbeitnehmer kann erneut klagen mit der Begründung, dass das Arbeitsverhältnis aufgrund Vereinbarung doch über den 30. Juni hinaus fortbestanden habe. Hat das Gericht bewusst nicht entschieden, ob die fristlose Kündigung in eine ordentliche umzudeuten ist, so liegt ein Teilurteil vor. Der Rechtsstreit bleibt wegen der ordentlichen Kündigung in der Instanz. Entscheidet es versehentlich darüber nicht, ist Ergänzungsurteil zu beantragen (§ 321 ZPO). Geschieht das nicht, kann der Arbeitgeber sich in einem späteren Prozess darauf berufen, das Arbeitsverhältnis sei fristgemäß beendet worden. Das Gericht hat lediglich zu prüfen, ob die Voraussetzungen für die Umdeutung vorlagen. Eine etwaige Sozialwidrigkeit der qua Umdeutung ordentlichen Kündigung ist geheilt, § 7 KSchG. Eine nachträgliche Zulassung der Klage, § 5 KSchG, kommt in Betracht, weil dem Arbeitnehmer nicht zuzurechnen ist, dass ein Ergänzungsurteil nicht beantragt wurde.

In diesen Zusammenhang gehört die Entscheidung des *LAG Düsseld.* vom 28.2.1997 (LAGE § 4 KSchG Nr. 35): Stellt das ArbG in einem Teilurteil fest, das Arbeitsverhältnis sei durch eine bestimmte Kündigung (17.6.) weder fristlos noch ordentlich zum 30.9. aufgelöst worden, und hat es über andere Kündigungen, die zu einer vor dem 30.9. liegenden Beendigung führen würden (außerordentliche vom 14.6. und 1.8.), nicht entschieden, so muss das LAG das Teilurteil aufheben und trotz § 68 ArbGG den Rechtsstreit an das ArbG zurückverweisen, auch wenn es die Auffassung des ArbG teilt, die Kündigung vom 17.6. sei als außerordentliche unwirksam. Es hat zutreffend darauf hingewiesen, dass das Teilurteil solange nicht bestätigt werden könne, bis über die außerordentlichen Kündigungen entschieden sei, anderenfalls der festgestellte Fortbestand des Arbeitsverhältnisses per 30.9. in Rechtskraft erwachse mit der Folge, dass sich der Arbeitgeber auf die außerordentlichen Kündigungen vom 14.6./1.8. nicht mehr erfolgreich berufen könne. Das könne ihm aber nicht abgeschnitten werden. Auf der anderen Seite konnte es die Überprüfung der weiteren Kündigungen nicht an sich ziehen; sie waren als Streitgegenstände in der Berufungsinstanz nicht angefallen.

D. Der Streitwert der Kündigungsschutzklage

274 Nach § 12 Abs. 7 ArbGG aF, jetzt § 42 Abs. 4 S. 1 GKG nF, ist für die **Wertberechnung bei** Rechtsstreitigkeiten über das Bestehen, das Nichtbestehen oder die Kündigung eines Arbeitsverhältnisses (auch **Ausbildungsverhältnisses**, *BAG* 22.5.1984 EzA § 64 ArbGG 1979 Nr. 14; krit. *Lappe* Anm. AP Nr. 7 zu § 12 ArbGG 1979; *LAG Frankf.* 20.6.1984 AnwBl. 1985, 100 = KostRspr ArbGG 12 Nr. 104 = AuR 1985,

62 = ARSt 1984 Nr. 1227; *LAG Düsseld.* 12.4.1984 EzA § 12 ArbGG 1979 Streitwert Nr. 30; *ArbG Siegen* 17.9.1982 AnwBl. 1984, 156; *LAG RhPf* 28.9.2005 – 5 Ta 216/05 – juris [für Kündigungsfeststellungsklage und arbeitgeberseitiger Feststellungswiderklage hinsichtlich anderer Beendigungszeitpunkte]; **Umschulungsverhältnis** wenn es als Arbeitsverhältnis anzusehen ist, *LAG BW* 17.11.2005 – 3 Ta 203/ 05 – juris; nicht freies Mitarbeiterverhältnis *BGH* 13.2.1986 EzA § 12 ArbGG 1979 Streitwert Nr. 37; nicht GmbH-Geschäftsführerverhältnis, *OLG Köln* 9.9.1994 AnwBl. 1995, 317 = NJW-RR 1995, 318; nicht Dienstverhältnis eines Organmitglieds, *LAG Düsseld.* 5.2.1998 LAGE § 12 ArbGG 1979 Streitwert Nr. 112) höchstens der Betrag des für die Dauer eines Vierteljahres zu leistenden Arbeitsentgelts maßgebend. Abzustellen ist auf das Arbeitsentgelt, das für die drei Monate zu zahlen ist, die dem streitigen Beendigungszeitpunkt nachfolgen. Es ist also das **Vierteljahr nach dem Zeitpunkt, zu dem die Kündigung wirksam werden soll**, entscheidend (*BAG* 19.7.1973 EzA § 12 ArbGG Nr. 1; *Tschöpe* Anwaltshandbuch Arbeitsrecht, 3. Aufl., Teil 5 J II 1 Rz 6). Arbeitsentgelt iS dieser Regelung sind alle Beträge, die der Arbeitgeber zu zahlen hat, einschließlich Zuschläge und regelmäßig anfallende Prämien (*Grunsky* § 12 Rz 4; *LAG Brem.* 1.11.1982 AnwBl. 1983, 38). Etwaige **Deputate** sind dabei nach ihrem allg. Wert mit zu berücksichtigen (*Tschischgale/Satzky* Das Kostenrecht in Arbeitssachen, 3. Aufl., S. 39). Die anteilige Berücksichtigung des vereinbarten **13. und 14. Monatsgehalts** ist »an sich möglich« (*LAG Frankf.* 23.11.1985 JurBüro 1986 Sp. 756; *Hess. LAG* 12.8.1999 NZA-RR 1999, 660) nach *LAG Köln* 17.11.1995 MDR 1996, 505 = NZA-RR 1996, 392 »bei der Berechnung des Vierteljahresinteresses anteilig zu berücksichtigen«, aber nicht ein 13. Monatsgehalt, wenn diese Sonderzuwendung – auch nur teilweise – **Gratifikation**scharakter hat (*LAG Bln.* 16.10.1985 LAGE § 12 ArbGG 1979 Streitwert Nr. 44; *LAG Nürnberg* 22.10.1984 ARSt 1985 Nr. 1177 für 13. Monatsgehalt und »Überstundenpauschalvergütung«, die das Bestehen des Arbeitsverhältnisses am 1.12. voraussetzen), auch nicht das 13. Monatsgehalt, das im Arbeitsvertrag zur Hälfte als »Weihnachtsgratifikation« und zur anderen Hälfte als »zusätzliches Urlaubsgeld« bezeichnet ist (*LAG Köln* 18.7.1994 LAGE § 12 ArbGG 1979 Streitwert Nr. 100). Anteilige Beträge für Weihnachts- und zusätzliches Urlaubsgeld sowie Jubiläumszuwendungen sind nicht zu berücksichtigen (*LAG Köln* 19.4.1982 DB 1982, 1226; aA *LAG Düsseld.* 28.6.1990 LAGE § 12 ArbGG 1979 Streitwert Nr. 84, es sei denn, es handelt sich um freiwillige, jederzeit widerrufliche Leistungen, *Grunsky* § 12 Rz 4a). **Trinkgelder** sind nicht zu berücksichtigen, weil sie nicht zu dem vom Arbeitgeber geschuldeten Arbeitsentgelt gehören (*LAG Köln* 23.6.2006 – 3 Ta 196/06 – NZA-RR 2006, 598).

Tantiemen sind als Beteiligung am Jahresgewinn und damit von der Arbeitsleistung unabhängig nicht werterhöhend zu berücksichtigen (*LAG Frankf.* aaO), anders eine sog. »Mindesttantieme«, dh einer der Höhe nach garantierte feste Vergütung, die auch bei Gewinnlosigkeit zu zahlen ist (*Hess. LAG* 29.5.2002 – 15 Ta 93/02: Fest zugesagte Jahrestantieme). Aufwendungsersatz ist kein Arbeitsentgelt. Zuwendungen (Sonderleistungen) wie Treueprämien, zusätzliche Urlaubsgelder und Gratifikationen haben nach *BAG* 24.3.1981 EzA § 12 ArbGG 1979 Streitwert Nr. 5 Gratifikationscharakter und bleiben bei der Streitwertfestsetzung unberücksichtigt, es sei denn, die Zuwendung habe ausschließlich Entgeltcharakter.

Daher rechnen **Fahrtkostenpauschalen** nicht mit, wenn der Arbeitnehmer entsprechende Aufwendungen hat, selbst wenn im Urlaubs- oder Krankheitsfall kein Abzug gemacht wird (*LAG BW* 16.8.1984 ARSt 1985 Nr. 1037 = AuR 1985, 197; vgl. im Übrigen *Hecker* AnwBl. 1984, 117). Im Kündigungsprozess eines Chefarztes sind nicht nur das effektive Gehalt, sondern auch die Einräumung von Nebentätigkeitsmöglichkeiten unter Einsatz von Personal und Ausstattung des Krankenhauses angemessen zu berücksichtigen (*LAG Hamm* 29.1.1976 AnwBl. 1976, 166 = BB 1976, 746; *LAG RhPf.* 18.6.1991 MedR 1992, 118 f; *H.-G. Meier* Streitwerte im Arbeitsrecht, 2. Aufl., Rz 168).

IdR ist von der **Bruttovergütung** des Arbeitnehmers auszugehen (*Hess. LAG* 21.1.1999 NZA-RR 1999, 156; 12.8.1999 NZA 1999, 660). Der **Nettolohn** soll nach *LAG Bln.* (7.1.1981 ARSt 1981 Nr. 1159 = AuR 1981, 353) maßgebend sein, wenn dieser als Arbeitsentgelt ausdrücklich vereinbart worden ist. Richtigerweise ist der vereinbarte Nettolohn auf Bruttobeträge umzurechnen (zutr. *LAG Düsseld.* 7.1.1991 LAGE § 12 ArbGG 1979 Streitwert Nr. 89; *Hess. LAG* 15.2.2002 – 15 Ta 497/01); der Bruttolohn ist geschuldet. **274a**

Bei einem **Umschüler**, der dann Arbeitnehmer iSd § 42 Abs. 4 S. 1 GKG ist, wenn die Umschulung in einem Betrieb stattfindet, der einem eigenen wirtschaftlichen Interesse folgt und nicht nur ausschließlich der Berufsbildung dient, wenn dabei die Ausbildung auf einem privatrechtlichen Vertrag zwischen Umschüler und der Bildungseinrichtung beruht und es sich nicht um schulische Berufsbildung handelt, wird nicht nur auf das Entgelt abgestellt, das der Umschüler von seinem Ausbilder erhält, sondern auf die Einkommenssituation des Umschülers insgesamt, so dass die etwaige Leistung der Bundesagentur für Arbeit zu berücksichtigen ist (*LAG BW* 17.11.2005 – 3 Ta 203/05).

275 Für die Wertberechnung bei Kündigungsschutzklagen ist es unerheblich, ob es sich um eine ordentliche oder außerordentliche Kündigung handelt.

In einer **auf künftige Leistungen** gekleideten Klage, bei der es eigentlich nur um die Frage geht, ob das Arbeitsverhältnis fortbesteht oder nicht, ist entsprechend dem Sinn und Zweck des § 12 Abs. 7 S. 1 ArbGG aF (jetzt § 42 Abs. 4 S. 1 GKG nF), der Gegenstandswert auf die dreifache Monatsvergütung nach oben zu beschränken; § 12 Abs. 7 S. 2 ArbGG aF (jetzt § 42 Abs.3 GKG nF), ist nicht anzuwenden (*LAG BW* 20.7.1982 AP Nr. 5 zu § 12 ArbGG 1979; *Hess. LAG* 2.9.1999 LAGE § 12 ArbGG 1979 Streitwert Nr. 119a).

276 Wendet sich der Kläger **nur gegen die fristlose Kündigung, lässt er sie aber als ordentliche gegen sich gelten,** so ist der Streitwert der Lohnbetrag, den er **in der Kündigungsfrist** zu erhalten hat bzw. zu erhalten hätte (zutr. *LAG Düsseld.* 20.3.1986 JurBüro 1986, Sp. 911 f. = KostRspr. § 12 ArbGG Nr. 142; *Hess. LAG* 21.1.1999 LAGE § 12 ArbGG 1979 Streitwert Nr. 117; vgl. *LAG SchlH* 30.11.2005 – 1 Ta 202/05 – EzA-SD 1/2006 S. 11, wenn das KSchG nicht anwendbar ist, es sei denn, es würden absolute Unwirksamkeitsgründe geltend gemacht), aber nicht mehr als der Betrag von drei Monatsverdiensten (es kommen Kündigungsfristen vor, die länger als drei Monate sind. In diesen Fällen bleibt es bei dem Höchstwert des § 12 Abs. 7 ArbGG aF (jetzt § 42 Abs. 4 GKG nF): Drei Monatsverdienste). Bei der Frage der Umdeutung einer fristlosen Kündigung (vom 5.9.) in eine fristgerechte (zum 31.3. des Folgejahres) hält das *LAG Hamm* als Streitwert zwei Monatsentgelte für angemessen (13.5.1986 LAGE § 12 ArbGG 1979 Streitwert Nr. 55). Ein sog. »Makelzuschlag« kommt nach *LAG Düsseld.* (aaO) jedenfalls dann nicht in Betracht, wenn der Kläger die fristlose Kündigung erkennbar nicht als Abwertung verstanden hat. Ist zum 30.9. gekündigt worden und hätte das Arbeitsverhältnis ohnehin am 30.11. geendet (zulässige Befristung mit Kündigungsmöglichkeit; vgl. Rz 15), so sind maximal zwei Monatseinkommen als Streitwert festzusetzen (vgl. *Müller/Bauer* S. 318 f.; *Bauer/Röder* S. 333).

277 Der Streitwert wird nach dem **pflichtgemäßen Ermessen** des Gerichts festgesetzt. Das Ermessen ist insoweit **gebunden,** als der **Streitwert drei Monatsbezüge** nicht übersteigen darf. Nach Auffassung der meisten LAG (*LAG Brem.* 25.10.1978 BB 1979, 683; *LAG Hamm* 11.6.1970 AP Nr. 9 zu § 12 ArbGG 1953; 20.4.1978 AP Nr. 25 zu § 12 ArbGG 1953; 7.12.1979 EzA § 12 ArbGG 1979 Nr. 1; 21.4.1981 EzA § 12 ArbGG 1979 Streitwert Nr. 4; 14.5.1981 AnwBl. 1982, 312; 7.3.1985 JurBüro 1986 Sp. 436; *LAG Düsseld.* 6.1.1975 EzA § 12 ArbGG Nr. 3; 8.6.1978 AnwBl. 1979, 25 u. 1.2.1982 EzA § 12 ArbGG 1979 Streitwert Nr. 11; *LAG Frankf.* 13.3.1971 AR-Blattei D, Arbeitsgerichtsbarkeit XIII Entsch. Nr. 58a; 8.6.1979 AnwBl. 1979, 389; 29.5.1981 ARSt 1982 Nr. 1104 = AuR 1982, 133 u. 2.11.1981, 26 = BB 1982, 52; *LAG München* 17.12.1979 AMBl. 1980, C 29; 29.6.1981 AMBl. 1981, C 38 = AP Nr. 4 zu § 12 ArbGG 1979; *LAG Köln* 6.5.1982 AnwBl. 1982, 393; *LAG Nds.* 8.2.1982 AnwBl. 1982, 315; 30.12.1982 NdsRpfl. 1983, 77; *LAG Bln.* 15.4.1980 AnwBl. 1981 = AuR 1981, 61; 4.1.1982 AnwBl. 1982, 393 u. 18.10.1982 AnwBl. 1983, 35; *LAG SchlH* 2.11.1981 AnwBl. 1982, 206) ist der Streitwert **regelmäßig auf drei Monatsverdienste** festzusetzen, es sei denn, dass sich das mit der Klage verfolgte Interesse auf einen kürzeren Zeitraum erstreckt (vgl. *Schaub* Arbeitsgerichtsverfahren, 7. Aufl., § 48 V 4b Rz 47, § 48 V 10c Rz 66; zust. *Bauer* Aufhebungsverträge, 6. Aufl., Rz 1128; *Müller/Bauer* S. 316 ff.; *Bauer/Röder* S. 332 f.; *Dieter Meyer* GKG, 7. Aufl., § 42 Rz 26:«quasi Regelstreitwert, der immer anzusetzen ist, wenn die Fortsetzung des Arbeitsverhältnisses auf unbestimmte Zeit begehrt wird«), und zwar unabhängig von der bisherigen **Dauer des Arbeitsverhältnisses.**

Dabei wird verkannt, dass der **Vierteljahresverdienst kein Regelstreitwert** ist, der nur bei Vorliegen besonderer Umstände unterschritten werden darf (*BAG* seit 25.1.1960 AP Nr. 7 zu § 12 ArbGG 1953; 9.4.1965 AP Nr. 16 zu § 72 ArbGG 1953 Streitwertrevision; 10.6.1977 EzA § 12 ArbGG Nr. 5; 24.1.1980 – 2 AZR 43/79 – nv). Der Streitwert kann durchaus niedriger angesetzt werden (zutr. *Grunsky* § 12 Rz 6; *Kösling* AuA 1995, 159; *BAG* 10.6.1977 EzA § 12 ArbGG Nr. 5; 20.3.1979 AP Nr. 32 zu § 72 ArbGG 1953; 24.3.1980 EzA § 64 ArbGG 1979 Nr. 3; 22.5.1984 EzA § 64 ArbGG 1979 Nr. 36; 30.11.1984 EzA § 12 ArbGG 1979 Streitwert Nr. 36). Nach dem vierten Leitsatz der genannten Entscheidung des *BAG* vom 30.11.1984 sind »bei einem typisierenden regelgebundenen Maßstab« dann, wenn nicht besondere Umstände eine Erhöhung oder Herabsetzung rechtfertigen, **bei einem Bestand des Arbeitsverhältnisses bis zu sechs Monaten ein Monatsverdienst, von sechs bis zwölf Monaten zwei Monatsverdienste und von mehr als einem Jahr drei Monatsverdienste anzusetzen.** Damit hat das BAG die Rspr., die zutreffend von § 12 Abs. 7 S. 1 ArbGG aF (jetzt § 42 Abs. 4 S. 1 GKG nF), als Rahmenregelung und nicht als Regelstreitwert ansieht, unnötig relativiert und schematisiert (zutr. LAG BW 14.10.1985 JurBüro 1986, Sp. 756). Der Beschluss des BAG ist für die Instanzgerichte nicht verbindlich und kann allenfalls als Richtschnur dienen, so dass der Gegenstandswert auch unter den Betrag von zwei Monatslöhnen festgesetzt werden kann, zB, wenn der Arbeitnehmer bei Zugang der Kündigung eben erst unter den Geltungsbereich des KSchG fiel (zutr. LAG BW 8.10.1986 LAGE § 12 ArbGG 1979 Streitwert Nr. 58 m. abl. Anm. *Schneider*).

Die meisten Landesgerichte sind daher idR bei ihrer früheren Rspr. geblieben oder zu ihr zurückgekehrt:

LAG Brem. (4. Kammer 28.2.1986 LAGE § 12 ArbGG 1979 Streitwert Nr. 49, anders 2. Kammer 29.1.1986 JurBüro 1986 Sp. 1080 f.; 9.7.1993 – 2 Ta 36/93 –);

LAG Düsseld. (17.10.1985 LAGE § 12 ArbGG 1979 Streitwert Nr. 41);

LAG Frankf. (4.11.1985 LAGE § 12 ArbGG 1970 Streitwert Nr. 45; 29.4.1986 BB 1986, 1512); *Hess. LAG* 21.1.1999 LAGE § 12 ArbGG 1979 Streitwert Nr. 116;

LAG Hmb. 15.5.1990 LAGE § 12 ArbGG 1979 Streitwert Nr. 85

LAG Hamm (27.6.1985 LAGE § 12 ArbGG 1979 Streitwert Nr. 38, 13.5.1986 LAGE § 12 ArbGG 1979 Streitwert Nr. 55);

LAG Köln (15.11.1985 LAGE § 12 ArbGG 1979 Streitwert Nr. 42; 8.4.1991 LAGE § 12 ArbGG 1979 Streitwert Nr. 92);

LAG Nds. (21.1.1986 LAGE § 12 ArbGG 1979 Streitwert Nr. 46; 23.5.1986 JurBüro 1986 Sp. 1868; 24.6.1985 KostRspr. ArbGG § 12 Nr. 122; 15.3.1988 JurBüro 1988 Sp. 855; 13.7.1993 AnwBl 1994, 152; 27.4.1995 – 9 Ta 141/95; anders 4. Kammer 5.8.1986 JurBüro 1987 Sp. 110 f., die dem BAG folgt);

LAG Nürnberg (1. Kammer 5.5.1986 LAGE § 12 ArbGG 1979 Streitwert Nr. 53; anders 6. Kammer, 5.6.1987 JurBüro 1987 Sp. 1384 f., die sich »im Interesse der Rechtssicherheit und -klarheit (auch) insoweit dem BAG« anschließt mit abl. Anm. *Mümmler*);

LAG München (21.11.1985 BayAMBl. 1986 C 29 = LAGE § 12 ArbGG 1979 Streitwert Nr. 50; 13.1.1986 BayAMBl. 1986 C 30 = LAGE § 12 ArbGG 1979 Streitwert Nr. 51);

LAG RhPf (19.7.1985 LAGE § 12 ArbGG 1979 Streitwert Nr. 40; 30.7.1985 ARSt 1987 Nr. 1086; 24.3.1986 LAGE § 12 ArbG 1979 Streitwert Nr. 54; 23.4.1987 LAGE § 12 ArbGG 1979 Streitwert Nr. 65; 14.1.1991 LAGE § 12 ArbGG 1979 Streitwert Nr. 88);

LAG BW (14.10.1985 JurBüro 1986 Sp. 756 = KostRspr. § 12 ArbGG Nr. 138);

LAG Sachsen 2.11.1999 NZA-RR 2001, 326 (Drei Bruttomonatsverdienste bei Bestand des Arbeitsverhältnisses von sechs bis zwölf Monaten);

LAG MV 17.10.1997 – 2 Ta 62/97.

Das *LAG Bln.* (4.6.1985 KostRspr. ArbGG § 12 Nr. 116 m. abl. Anm. *E. Schneider* = JurBüro 1987 Sp. 1707; 13.3.2001 LAGE § 12 ArbGG 1979 Streitwert Nr. 121), das *LAG Nürnberg* (23.6.1987 LAGE § 12 ArbGG 1979 Streitwert Nr. 78) und das *LAG SchlH* (16.10.2000 JurBüro 2001, 196) folgen dem BAG.

Bei der Bestimmung des Streitwerts ist von dem Klageantrag auszugehen. Ohne Bedeutung ist es, ob der Klageantrag Aussicht auf Erfolg hatte. Wird geltend gemacht, dass das Arbeitsverhältnis aufgrund der sozial ungerechtfertigten Kündigung nicht aufgelöst ist, so reduziert sich der Streitwert auch dann nicht etwa auf den Betrag des Lohnes für die Kündigungsfrist, wenn sich herausstellt, dass die streitige Kündigung – etwa wegen fehlender Mindestbeschäftigungszeit von sechs Monaten des § 1 KSchG – nicht unter die KSchG fällt (insoweit zutr. LAG Köln 6.5.1982 AnwBl. 1982, 393 u. 22.9.1982, AnwBl. 1983, 39; relativierend 22.7.1993 LAGE § 12 ArbGG Streitwert Nr. 92; Ausnahmsweise kann das Prozessziel – Einhaltung der zutr. Kündigungsfrist – auch mit Hilfe des Beklagtenvorbringens ermittelt werden; LAG Bln. 15.4.1980 AnwBl. 1981, 154 f.). Versteht man § 12 Abs. 7 S. 1 ArbGG aF (jetzt § 42 Abs. 4 S. 1 GKG nF) als Rahmenregelung, so kommt es nicht auf die soziale Stellung des Arbeitnehmers an (darauf stellen *Dersch/Volkmar* aaO u.a. auch ab), auch nicht auf die Schwierigkeit des Prozessstoffes, sondern auf die **Dauer des Arbeitsverhältnisses**. Je länger das Arbeitsverhältnis gedauert hat, desto schwerwiegender ist der Kündigungsschutzprozess für den Arbeitnehmer und daher auch sein Interesse an dem Fortbestand des Arbeitsverhältnisses höher. Das führt dazu, dass bei einem **Streit um** ein erst kurze Zeit bestehendes Arbeitsverhältnis ein niedrigerer Streitwert zugrunde zu legen sein wird (zutr. *Dersch/Volkmar* aaO). Dem entspricht es, dass viele ArbG den Streitwert etwa wie folgt festsetzen: Hat das **Arbeitsverhältnis** im Zeitpunkt des Zugangs der Kündigung über **sechs Monate bis ein Jahr angedauert,** ein halbes bis ein Monatsentgelt; hat das Arbeitsverhältnis im Zeitpunkt der Kündigung **ein bis zwei Jahre bestanden,** eineinhalb bis zwei Monatsvergütungen; hat das Arbeitsverhältnis im Zeitpunkt der Kündigung über **zwei Jahre bestanden,** zweieinhalb bis drei Monatsvergütungen, wobei drei Monatsgehälter als Streitwert jedenfalls dann festzusetzen sein sollten, wenn das Arbeitsverhältnis im Zeitpunkt der Kündigung drei Jahre bestanden hat (vgl. *LAG BW* 15.9.1986 – 3 Ta 77/86). Das *LAG SchlH* (16.10.2000 JurBüro 2001, 196) geht mit dem *BAG* (30.11.1984 aaO) idR bei einem Bestand des Arbeitsverhältnisses von bis zu sechs Monaten von einem Streitwert in Höhe eines Monatsentgelts, bei einer Bestandsdauer bis zu zwölf Monaten von zwei Monatsverdiensten und darüber hinaus von dem vollen Vierteljahresentgelt aus (vgl. *LAG Bln.* 13.3.2001 LAGE § 12 ArbGG 1979 Streitwert Nr. 121: Ein Monatsverdienst, wenn das Arbeitsverhältnis noch keine sechs Monate bestanden hat). Das *LAG RhPf* folgt dem im Grundsatz – »Staffelregelung« –, legt aber in st. Rspr. neben der bisherigen Vertragsdauer auch den Familienstand, die Kinderzahl, das Alter des Arbeitnehmers, seine wirtschaftliche und soziale Stellung der Streitwertfestsetzung zugrunde (27.1.1982 EzA § 12 ArbGG 1979 Streitwert Nr. 10; 23.4.1987 LAGE § 12 ArbGG 1979 Streitwert Nr. 65; 14.1.1991 LAGE § 12 ArbGG 1979 Streitwert Nr. 88; 11.10.2005 – 6 Ta 167/05 – [weniger als sechs Monate ein Monatsbruttoverdienst]; 8.9.2006 – 6 Ta 166/06 – [weniger als sechs Monate ein Monatsbruttoverdienst, auch wenn zwei Kündigungen angegriffen werden]; 18.11.2005 – 6 Ta 253/05 – [sechs bis 12 Monate zwei Monatsbruttoverdienste], 29.3.2006 – 8 Ta 55/06; dazu *Philippsen/Dörner* NZA 1987, 114). Im Interesse einer einheitlichen und nachvollziehbaren Handhabung sollte an der Dauer des Arbeitsverhältnisses als für die Streitwertfestsetzung in erster Linie maßgebliches Merkmal festgehalten werden (vgl. auch *Hecker* AnwBl. 1984, 114).

278a Der Antrag auf **Auskunft** über die vergleichbaren Arbeitnehmer und die Sozialauswahl wirkt nicht streitwerterhöhend; der Auskunftsanspruch ist Teil der Bestandsstreitigkeit und von dessen Wert erfasst (*LAG SchlH* 8.2.2006 – 2 Ta 12/06).

279 Die Bewertung **mehrerer zeitnah ausgesprochener Kündigungen – sog. Mehrfach- oder Folgekündigungen** – desselben Arbeitsverhältnisses, die Gegenstand eines Rechtsstreits, zu einem Rechtsstreit verbundener Verfahren sind oder in verschiedenen Verfahren erledigt werden, ist nach wie vor heftig **umstritten.** Mit der Beantwortung der Frage, ob der Vierteljahresverdienst ein Regelwert für jeden Beendigungsakt ist (so zB *LAG BW* 2.1.1991 JurBüro 1991, 667; *LAG Hmb.* 4. Kammer 8.2.1994 AnwBl. 1995, 318 f. = AnwGeb. 1994, 67 ff. = NZA 1995, 495 f. = RzK I 10e Nr. 65) und nur geprüft werden kann, ob für nachfolgende Beendigungsakte eine streitwertmäßige Privilegierung angebracht ist (so zB *LAG Hmb.* 1. Kammer 15.11.1994 LAGE § 12 ArbGG 1979 Streitwert Nr. 102), oder ob dem sozialen Anliegen des Gesetzgebers nur dann Rechnung getragen wird, wenn auch bei mehreren zeitnahen Kündigungen desselben Arbeitsverhältnisses, die gerichtlich bekämpft werden, der Höchstbetrag des § 12 Abs. 7 S. 1 ArbGG aF (jetzt § 42 Abs. 4 S. 1 GKG nF) nicht überschritten wird (so zB *LAG BW* 2.1.1991 JurBüro 1991, 667; *LAG Nds.* 8.2.1994 MDR 1994, 627 f.; 8.11.1996 NdsRpfl. 1997, 35 f. *LAG München* 20.7.2000 NZA-RR 2000, 661), sind die Weichen gestellt. Und in diesem Rahmen bewegt sich die Rspr.: Ist neben einer fristlosen Kündigung eine ordentliche Kündigung ausgesprochen worden, so beträgt der Streitwert auch dann nicht mehr als drei Monatsbezüge, wenn der Arbeitnehmer beide Kündigungen mit der Kündigungsschutzklage angreift (*LAG Frankf.* 12.3.1971 AR-Blattei D, Kündigungsschutz Entsch. 130 = ARSt 1971 Nr. 155; *LAG Köln* 13.4.2006 – 9 Ta 139/06 – [für den Fall einer außerordentlichen und zugleich vorsorglich erklärten ordentlichen Kündigung, die auf demselben Lebenssachverhalt beruhen]). Entsprechendes ist anzunehmen, wenn im Prozess die unwirksame außerordentliche Kündigung in eine ordentliche umgedeutet wird (GK-ArbGG/*Wenzel* § 12 Rz 259; *Schwab/Weth/Vollstädt* ArbGG § 12 Rz 247; *LAG Köln* 13.4.2006 – 9 Ta 139/06). Das gilt auch dann, wenn **mehrere Kündigungen** ausgesprochen wurden und in **einem Verfahren** behandelt werden (*BAG* 6.12.1984 EzA § 12 ArbGG 1979 Streitwert Nr. 34; *LAG Frankf.* 12.3.1971 aaO [aber auch bei mehreren in verschiedenen Rechtsstreiten angegriffenen Folgekündigungen nach Verbindung *LAG Frankf.* 27.2.1985 AuR 1986, 59 = ARSt 1985, Nr. 1130, und auch dann, wenn mehrere in verschiedenen Verfahren angegriffene, zeitnahe Folgekündigungen zu bewerten sind, *LAG Frankf.* 3.5.1985 AuR 1986, 185]; *LAG München* 15.9.1983 EzA § 12 ArbGG 1979 Streitwert Nr. 24; *ArbG Hannover* 15.4.1986 JurBüro 1986 Sp. 1866; *LAG Nds.* 8.2.1994 MDR 1994, 627 f.; 8.11.1996 NdsRpfl. 1997, 35 f.; *LAG Bln.* 2.12.1986 LAGE § 12 ArbGG 1979 Streitwert Nr. 61; 22.10.1984 KostRspr. ArbGG § 12 Nr. 108 = AuR 1985, 294 = ARSt 1985 Nr. 1103 [auch bei unterschiedlichen Zeitpunkten aus unterschiedlichen Gründen ausgesprochenen Kündigungen];

16.10.1985 LAGE § 12 ArbGG 1979 Streitwert Nr. 44; 21.2.1997 – 7 Ta 130/96 (Kost), 24.2.1997 – 7 Ta 134/96 (Kost), zit. nach *H.-G. Meier* aaO, Rz 190; **anders** 10.4.2001 LAGE § 12 ArbGG 1979 Streitwert Nr. 124a: Addition, keine Begrenzung auf den Wert des Vierteljahresverdienstes; *LAG RhPf* 18.4.1986 LAGE § 12 ArbGG 1979 Streitwert Nr. 59 [mehrere Kündigungen in einem Verfahren]; 13.6.2001 LAGE § 12 ArbGG 1979 Streitwert Nr. 124b [mehrere zeitlich nacheinander ausgesprochene auf dieselben Kündigungsgründe gestützte Kündigungen in einem Verfahren]; 11.10.2005 – 6 Ta 210/05 – [mehrere zeitlich auseinander liegende Kündigungen], 8.11.2005 – 4 Ta 263/05 – [mehrere Kündigungen: Einmaliger Ansatz des Höchstwerts]; 8.9.2006 – 6 Ta 166/06 – [betr. Klageerweiterung auf eine weitere knapp einen Monat später ausgesprochene Kündigung, auch hier »Staffelregelung«: ein Monatsbruttoentgelt, bei einem Arbeitsverhältnis, das noch keine sechs Monate bestanden hat]; *LAG BW* 12.6.1986 – 3(1) Ta 71/86 [ordentliche Kündigung, zwei Tage später außerordentliche, vorsorglich ordentliche Kündigung, Beendigungsakte stehen im inneren Zusammenhang sowohl hinsichtlich des zugrunde liegenden Sachverhalts als auch in zeitlicher Hinsicht, keine Zusammenrechnung (§ 5 ZPO), Obergrenze § 12 Abs. 7 S. 1 ArbGG aF]; *LAG Brem.* 21.8.1985 JurBüro 1986, 754, trotz mehrerer Streitgegenstände sind diese wirtschaftlich identisch, § 5 ZPO greift nicht ein; *LAG Nürnberg* 7.2.1992 NZA 1992, 617, Kündigungsschutzklage verknüpft mit Antrag nach § 256 ZPO, im Verlauf des Rechtsstreits im Wege Klageerweiterung mit Anträgen iSd § 4 KSchG angegriffene weitere Arbeitgeberkündigungen, Streitgegenstände wirtschaftlich identisch; anders 16.11.2004 – 5 Ta 214/04 – AGS 2005, 407 [bei etwa 14 Tage auseinander liegender verhaltensbedingter und betriebsbedingter Kündigung, die nicht auf einem im Wesentlichen einheitlichen Lebensvorgang beruhen]. Dieser Auffassung ist zu folgen. § 12 Abs. 7 S. 1 ArbGG begünstigt nicht die einzelne Kündigung, den einzelnen Beendigungsakt, sondern die »Rechtsstreitigkeit über das Bestehen ... eines Arbeitsverhältnisses«, wobei die Kündigung als Beispiel für einen Beendigungsstreit anzusehen ist. Auch bei mehreren Kündigungen geht es um die Beendigung eines Arbeitsverhältnisses. Daher ist es angebracht, dass es auch bei mehreren Kündigungen bei »höchstens« dem Vierteljahresverdienst als Streitwert zu verbleiben hat (*Satzky* RdA 1986, 361; *Grunsky* § 12 Rz 5).

Dem entsprechend beträgt der Streitwert maximal ein Vierteljahresverdienst bei einer auf einen Betriebsübergang gestützten Kündigungsschutzklage gegen den bisherigen Arbeitgeber und einer damit verbundenen Feststellungsklage gegen den Betriebsnachfolger: Bei beiden Anträgen, auch wenn sie gegen verschiedene Parteien gerichtet sind, geht es um das Fortbestehen eines Arbeitsverhältnisses (*LAG SchlH* 12.4.2005 – 1 Ta 85/04 – LAGReport 2005, 223; 28.7.2005 – 2 Ta 174/05 – ZIP 2005, 1984; *LAG Nürnberg* 13.7.2006 – 6 Ta 102/06; **aA** *LAG Köln* 19.5.2005 – 7 Ta 439/04 – EzA-SD 25/2005 S. 15: Je ein Vierteljahresverdienst); vgl. auch *Waas/Hanssen/Palonka* BB 2006, 2525, 2531 und Rz 282a.

Dagegen ist nach *LAG Düsseld.* 27.11.1980 (EzA § 12 ArbGG 1979 Nr. 2) für die zeitlich nachfolgende Kündigung ein besonderer Streitwert anzusetzen, der der Zeitdifferenz der Kündigungen entspricht (zB Kündigung zum 30.6., zweite Kündigung zum 30.7. = ein Monatsgehalt als Streitwert für die Folgekündigung; »**Differenztheorie**«, 8.7.1985 LAGE § 12 ArbGG 1979 Streitwert Nr. 39 gleich, ob die Kündigungen Gegenstand mehrerer Verfahren waren; liegen die Endzeitpunkte mindestens drei Monate auseinander und ist der Kündigungssachverhalt für die zweite Kündigung anders, so ist auch für die zweite Kündigung der Wert des Einkommens für drei Monate festzusetzen, *LAG Düsseld.* 24.5.1993 LAGE § 12 ArbGG 1979 Streitwert Nr. 99; 20.2.1996 AnwBl 1996, 296 = MDR 1996, 752; *LAG SchlH* 18.7.1975 JurBüro 1985, 1709; *LAG Köln* 19.7.1984 EzA § 12 ArbGG 1979 Streitwert Nr. 29, 23.6.2006 – 3 Ta 196/06 – NZA-RR 2006, 598; vgl. aber 8.3.1989 LAGE § 12 ArbGG 1979 Streitwert Nr. 79; *LAG RhPf* 12.5.1982 JurBüro 1982, 1381; ähnlich *dass.* 10.4.1987 ARSt 1988 Nr. 1220: Bei zwei Verfahren mit mehreren Kündigungen nach Bewertung des ersten mit dem Höchstbetrag des § 12 Abs. 7 S. 1 ArbGG »deutliche Herabsetzung« des Wertes des zweiten, wenn die Kündigungen in einem nahen sachlichen Zusammenhang stehen). Das *LAG Hmb.* 11.11.1983 AnwBl. 1984, 316; 30.5.1984 AnwBl. 1985, 98 = JurBüro 1985 Sp. 766; 7.8.1987 LAGE § 12 ArbGG 1979 Streitwert Nr. 67; 8.2.1994 AnwBl. 1995, 318 f. = NZA 1995, 495 f.; 15.11.1994 LAGE § 12 ArbGG 1979 Streitwert Nr. 102 und das *LAG SchlH* 23.8.1984 AnwBl. 1985, 99; 8.2.1994 NZA 1995, 495 f., 15.11.1994 LAGE § 12 ArbGG 1979 Streitwert Nr. 102 bewerten jeden Antrag getrennt und rechnen die Werte zusammen. Dem kann zugestimmt werden, soweit drei Monatslöhne nicht überschritten werden (so auch *LAG München* 21.4.1988 LAGE § 12 ArbGG 1979 Streitwert Nr. 76 bei mehreren Kündigungen im gleichen Kündigungsschutzverfahren). Nach *LAG Brem.* 13.2.1987 LAGE § 12 ArbGG 1979 Streitwert Nr. 62 (anders noch 21.8.1985 JurBüro 1986, 754 = Kost Rspr. § 12 ArbGG Nr. 137) ist bei mehreren Kündigungen, die innerhalb eines Dreimonatszeitraums ausgesprochen wurden, idR die erste Kündigung mit drei Monatslöhnen, jede weitere Kündigung wegen wirtschaftlicher Teilidentität mit dem Wert zu bemessen, der der Differenz des Lohnanspruchs für den Zeitraum zwischen dem ersten Beendigungszeitpunkt und zweiten bzw. dritten Beendigungszeitpunkt entspricht, der Mindestwert ist jedoch im Regelfall mindestens ein Monatslohn; ob die Kündigungen in einem oder mehreren Verfahren angegriffen wurden, ist unerheblich, bei mehreren Kündigungen in demselben Rechtsstreit werden die Streitwerte gem. § 5 ZPO addiert (ähnlich *Thür. LAG* 23.10.1996 LAGE § 12 ArbGG 1979 Streitwert Nr. 107: Zweite Kündigung regelmäßig Wert eines Monatsgehalts, dem folgt **jetzt das** *Hess. LAG* 21.1.1999 LAGE § 12 ArbGG 1979 Streitwert Nr. 116: Weitere Kündigungen in einem Zeitraum von sechs Monaten nach Zugang der ersten Kündigung regelmäßig eine Bruttomonatsvergütung ohne Rücksicht auf Kündigungsgründe, es sei denn – so die Modifizierung im Beschluss v. 20.4.2004 – 15 Ta 573/03 – (NZA-RR 2004, 432 = AR-Blattei ES 160.13 Nr. 261 = JurBüro 2005, 311) der Rechtsstreit gegen die erste Kündigung ist bei Ausspruch der weiteren Kündigungen bereits abgeschlossen. Ausnahme: keine selbständige Bewertung bei Umdeutung, bei außerordentlicher und zugleich oder kurzfristig danach hilfsweise ausgesprochener ordentlicher Kündigung, bei kurzfristigem Nachschieben einer zweiten Kündigung wegen formeller Mängel der ersten Kündigung; *ArbG Frankf.* 29.1.2003 – 9 Ca 4639/02; *LAG Köln* 8.3.1989 LAGE § 12 ArbGG 1979 Streitwert Nr. 79 mit Mindestwert von einem Monatsgehalt für die zweite Kündigung, ihm folgend *LAG Düsseld.* 20.2.1996 JurBüro 1996, 476 = AnwBl. 1996, 296 = MDR 1996, 752 und *LAG München* 8.5.1989 LAGE § 12 ArbGG 1979 Streitwert Nr. 81; 12.7.1989 JurBüro 1990, 40 f., allerdings ohne Regelwert für die erste Kündigung und ohne Mindestwert pro Kündigung; auch *LAG SA* 20.9.1995 LAGE § 12 ArbGG 1979 Streitwert Nr. 104. Das *LAG Hmb.* setzt wegen nahezu wirtschaftlicher Identität der Streitgegenstände für eine vorsorglich ausgesprochene auf denselben Grund gestützte Kündigung höchstens ein Monatsgehalt als Gegenstandwert an (23.4.1987 LAGE § 12 ArbGG 1979 Streitwert Nr. 64), wenn sie in einem weiteren Verfahren angegriffen wird. Auch das *LAG Hamm* bewertet jeden Antrag gesondert und rechnet die Werte zusammen, unabhängig davon, ob die Grenze von drei Monatslöhnen überschritten wird (vgl. zB 6.5.1982 EzA § 12 ArbGG 1979 Streitwert Nr. 15; 24.5.1984 AnwBl. 1985, 98 = NZA 1984, 356; 3.4.1986 LAGE § 12 ArbGG 1979 Streitwert Nr. 52; 9.6.1994 – 8 Ta 196/94 – nv, ihm folgend *LAG Nürnberg* 21.2.1985 LAGE § 12 ArbGG 1979 Streitwert Nr. 36). Es prüft, ob eine streitwertmäßige Privilegierung für die Folgekündigung(en) gerechtfertigt ist, was es zB für den Fall verneint, dass eine 2. Kündigung aus anderen Gründen vom Betriebserwerber ausgesprochen wurde, über die im verbundenen Verfahren mit entschieden wurde (9.1.1985 LAGE § 12 ArbGG 1979 Streitwert Nr. 32). Nach der Entsch. vom 31.8.1989 JurBüro 1990, 39 darf bei zeitnah ausgesprochenen Kündigungen der Streitwertrahmen des § 12 Abs. 7 S. 1 ArbGG nicht jeweils voll ausgeschöpft werden, sondern erst wieder dann, wenn der zwischen den Kündigungsterminen liegende Zeitraum mindestens sechs Monate umfasst (vgl. insoweit iE GK-ArbGG/*Wenzel* § 12 Rz 127 und Anm. zu *LAG SA* 20.9.1995 LAGE § 12 ArbGG 1979 Streitwert Nr. 104 [2 d]). Die in einem **besonderen Verfahren** angegriffene vier Monate später nachgeschobene ordentliche betriebsbedingte Kündigung bewertet es nicht wie das Ausgangsverfahren mit drei, sondern mit zwei Monatsentgelten. Nach *LAG Nürnberg* (23.6.1987 LAGE § 12 ArbGG 1979 Streitwert Nr. 71; 23.6.1987 LAGE § 12 ArbGG 1979 Streitwert Nr. 78) ist bei gesonderten Klagen gegen jede Kündigung der Streitwert für jede Klage unabhängig vom Wert einer Klage gegen eine frühere Kündigung festzusetzen, wobei grds. für jedes Verfahren der Höchstwert gem. § 12 Abs. 7 S. 1 ArbGG angesetzt werden kann (ähnl. *LAG BW* 23.12.1983 AnwBl. 1985, 99; *LAG Nds.* 3.1.1984 AnwBl. 1985, 99; *LAG München* 21.1.1985 BayAMBl. 1985 C 22, anders aber 13.10.1988 LAGE § 12 ArbGG 1979 Streitwert Nr. 77: Höhe des Zwischenverdienstes maßgebend, wenn zwischen den Beendigungsterminen weniger als drei Monate liegen).

Wird in einem Verfahren der Klage auf Feststellung des Fortbestandes des Arbeitsverhältnisses iSd § 256 ZPO (Unwirksamkeit der Befristung) eine Kündigungsschutzklage iSd § 4 S. 1 KSchG (gegen die »höchst vorsorglich« ausgesprochene Kündigung) nachgeschoben, so gilt die Höchstgrenze des § 12 Abs. 7 S. 1 ArbGG: der Wert des Streitgegenstandes ist höchstens ein Vierteljahresentgelt (*BAG* 6.12.1984 EzA § 12 ArbGG 1979 Streitwert Nr. 34 mit abl. Anm. *Schneider*).

Die Grundsätze der Mehrfachkündigung gelten nach *Hess. LAG* (10.12.2002 – 15 Ta 306/02, 18.8.2003 – 15 Ta 237/03) nur, wenn es um **Rechtsstreite zwischen denselben Parteien** geht, also nicht bei einer nachfolgenden Kündigung des Insolvenzverwalters nach vorausgegangener Kündigung des Arbeitgebers selbst.

Ist nicht nur ein **Antrag nach § 4 S. 1 KSchG** gestellt, sondern ein **weiterer Klageantrag, dass das Arbeitsverhältnis auch nicht durch andere Beendigungssachverhalte ende, sondern zu unveränderten Bedingungen über den Kündigungstermin hinaus fortbestehe**, so wirkt sich der Feststellungsantrag iSd § 256 ZPO – sog. **Schleppnetzantrag** (*Hartmann* Kostengesetze, 36. Aufl., § 42 GKG Rz 69) – jedenfalls dann nicht streitwerterhöhend aus, wenn andere Beendigungssachverhalte nicht vorgetragen worden waren, auch nicht die konkrete Gefahr solcher (*Thür. LAG* 3.6.1996 LAGE § 12 ArbGG 1979 Streitwert Nr. 106; *LAG Köln* 12.12.1996 LAGE § 12 ArbGG 1979 Streitwert Nr. 108; 8.9.1998 LAGE § 12 ArbGG 1979 Streitwert Nr. 115; 15.2.2005 LAGE § 42 GKG 2004 Nr. 4; *LAG Brem.* 29.3.2000 LAGE § 12 ArbGG 1979 Streitwert Nr. 120; *LAG Hmb.* 30.6.2005 – 8 Ta 5/05; *LAG Nürnberg* 1.7.2003 – 6 Ta 85/03 – AR-Blattei ES 160.13 Nr. 246; 1.8.2003 – 6 Ta 98/03 – AR-Blattei ES 160.13 Nr. 248 = MDR 2003, 1444 betr. Entfristungsklage; 2.12.2003 – 9 Ta 190/03 – NZA-RR 2004, 660 = AR-Blattei ES 160.13 Nr. 255 = MDR 2004, 718; *ArbG Dortmund* 13.6.2002 JurBüro 2003, 255). Das ist die Konsequenz der in Rz 238 ff. dargestellten Rechtsprechung zur Kombination von Kündigungsschutz- und allgemeiner Feststellungsklage. Dem folgt das *LAG Hamm* (3.2.2003 LAGE § 12 ArbGG 1979 Streitwert Nr.128) im Ergebnis, und zwar auch dann, wenn mit der Feststellungsklage nach § 256 ZPO etwaigen anderweitigen Kündigungen des Arbeitgebers entgegengetreten werden sollte, aber unabhängig davon, ob ein solcher Fall aber nicht eingetreten ist oder nicht (zweifelhaft, wenn tatsächlich ein weiterer Beendigungssachverhalt, zB eine Folgekündigung in den Prozess eingeführt wurde anders noch 6.2.2002 – 9 Ta 9/02: Addition wegen objektiver Klagehäufung gem. § 260 ZPO). Demgegenüber bewertet das *LAG Hessen* nunmehr den allgemeinen Feststellungsantrag mit einem Bruttomonatsgehalt (7.1.2005 – 15 Ta 688/04 – unter Aufgabe der Rspr. seit 21.1.1999 LAGE § 12 ArbGG 1979 Streitwert Nr. 116; 19.11.2001 – 15 Ta 85/01 – NZA-RR 2002, 384, ebenso früher *LAG Nürnberg* 26.6.2001 LAGE § 92 ZPO Nr. 1 für den unzulässigen allgemeinen Feststellungsantrag iSd § 256 ZPO, anders 27.11.2003 – 9 Ta 190/03 – BB 2005, 671; 2.12.2003 – 9 Ta 190/03 – NZA-RR 2004, 660).

Im Übrigen werden arbeitsgerichtliche Bestandsstreitigkeiten als Feststellungsklagen geführt. Diese Feststellungsklagen unterliegen der privilegierenden Streitwertbestimmung des § 12 Abs. 7 S. 1 ArbGG aF (jetzt § 42 Abs. 4 S. 1 GKG nF; GK-ArbGG/*Wenzel* § 12 Rz 286). Werden Kündigungsschutzklage und allgemeine Feststellungsklage kombiniert, hängt der Gesamtwert davon ab, ob die beiden Streitgegenstände wirtschaftlich identisch sind – dann keine Addition – oder nicht – dann Addition (vgl. *Lappe* Anm. zu *LAG Köln* 16.12.1993 Kost Rsp. ArbGG § 12 Nr. 239 = ARSt 1994, 57 für den Fall der subjektiven Klagenhaufung).

Wenn zugleich **mit** der **Kündigungsschutzklage Vergütungsforderungen** klageweise geltend gemacht werden, die **nach** der ausgesprochenen Kündigung fällig geworden sind, so sind beide Ansprüche trotz ihre prozessualen Selbständigkeit nach Auffassung des *BAG* (16.1.1968 AP Nr. 17 zu § 12 ArbGG 1953) **wirtschaftlich identisch** (§ 5 ZPO), da der Feststellungsanspruch die Rechtsgrundlage für die Vergütungsforderung bildet. Die beiden Streitwerte sind danach nicht zusammenzurechnen. Für die einheitliche Wertfestsetzung ist der sich aus dem Vergleich des nach § 12 Abs. 7 ArbGG aF (jetzt § 42 Abs. 4 GKG nF) mit dem Betrag von drei Monatsbezügen anzusetzenden Werts des Feststellungsantrages mit der Summe der geltend gemachten Vergütungsansprüche ergebende höhere Wert maßgebend (ebenso *LAG Saarbrücken* 8.7.1977 AnwBl. 1977, 252; *LAG Brem.* 1.11.1982 EzA § 61 ArbGG 1979 Nr. 9; 13.4.1989 LAGE § 12 ArbGG 1979 Streitwert Nr. 80; 25.8.2005 LAGE § 42 GKG 2004 Nr. 5; *LAG Nürnberg* 12.2.1988 LAGE § 12 ArbGG 1979 Streitwert Nr. 73; 21.7.1988 LAGE § 12 ArbGG 1979 Streitwert Nr. 74; 1.8.2003 – 6 Ta 98/03 – AR-Blattei ES 160.13 Nr. 248 betr. Entfristungsklage; 2.12.2003 – 9 Ta 190/03 – NZA-RR 2004, 660 = AR-Blattei ES 160.13 Nr. 255 = MDR 2004, 718; 14.7.2006 – 6 Ta 108/06 – m. zust. Anm. *Gravenhorst* jurisPR-ArbR 45/2006 Nr. 4; *LAG BW* 8.2.1990 – 8 Ta 16/90 – nv; 29.5.1990 JurBüro 1991, 210: Vierteljahreseinkommen Obergrenze; anders 16.8.1995 – 14 Ta 14/95; *LAG Köln* 21.11.1996 MDR 1997, 755; *ArbG Hannover* 30.12.1985 JurBüro 1986 Sp. 754 f.; *LAG Bln.* 1.6.1995 – 1 Ta 31/95 (Kost) – zit. nach *H.-G. Meier* aaO Rz 219; *LAG SA* 20.9.1995 LAGE § 12 ArbGG 1979 Streitwert Nr. 104; *LAG RhPf.* 10.6.1992 – 10 Ta 115/92 – zit. nach *H.-G. Meier* aaO Rz 220; 15.3.2006 – 2 Ta 51/06; 29.3.2006 – 8 Ta 55/06; vgl. *LAG Nds.* 17.9.1984 JurBüro 1985 Sp. 767; dass. 15.3.1988 JurBüro 1988 Sp. 855 m. abl. Anm. *Mümmler*; *Frank* Anspruchsmehrheit im Streitwertrecht 1986, S. 207; *Corts* NZA 1989, 592; *Steffen* AR-Blattei SD 160.13.1 Arbeitsgerichtsbarkeit XIII A Streitwert Rz 115; vgl. *Satzky* RdA 1986, 361; vgl. *Thomas/Putzo-Hüßtege* § 5 Rz 7 f.; abl. *Hecker* AnwBl. 1984, 122).

Das Kosteninteresse des klagenden Arbeitnehmers dürfte es gebieten, Leistungsansprüche, die vom Ausgang des Kündigungsrechtsstreits abhängen, im Wege eines unechten Hilfsantrages geltend zu machen, weil dieser nur streitwert- und damit gerichtskostenrelevant wird, wenn der Arbeitnehmer mit seinem Kündigungsschutzbegehren durchdringt (vgl. *Corts* NZA 1989, 592); hinsichtlich der Rechtsanwaltsgebühren dürfte gleichwohl zu addieren sein: Der Rechtsanwalt hat auftragsgemäß den Leistungsantrag als unechten Hilfsantrag gestellt und der Gegner hat sich gegen ihn verteidigt (*Schneider* Anm. II 2 zu *LAG Hamm* 28.7.1988 LAGE § 19 GKG Nr. 4; **aA** *LAG BW* 26.7.1989 – 1 Ta 36/89 – nv).

§ 4 KSchG   Anrufung des Arbeitsgerichts

280 Die meisten Gerichte rechnen die Streitwerte zusammen mit der Begründung, die Auffassung des BAG führe zur Prozessverdoppelung: Die Lohnansprüche würden eben in einem gesonderten Prozess geltend gemacht und in diesem werde der Streitwert ohne Berücksichtigung der Kündigungsschutzklage festgesetzt (*LAG Düsseld.* 13.7.1978 AnwBl. 1979, 26 mwN; 27.11.1980 EzA § 12 ArbGG 1979 Streitwert Nr. 2; 11.2.1985 JurBüro 1985 Sp. 767; 20.3.1986 JurBüro 1986 Sp. 911 f.; *LAG Hmb.* 2.3.1977 NJW 1977, 2377 = MDR 1977, 525; 15.5.1990 LAGE § 12 ArbGG 1979 Streitwert Nr. 85; *LAG Frankf.* 3.6.1970 NJW 1970, 2134 = ARSt 1971 Nr. 1038 u. 24.11.1965 AP Nr. 13 zu § 12 ArbGG 1953; *Hess. LAG* 1.8.1994 LAGE § 12 ArbGG 1979 Streitwert Nr. 101; 21.4.1999 – 15/6 Ta 655/98(A) – *LAG Kiel* 2.11.1981 AnwBl. 1982, 206; offen gelassen 12.1.1981 AnwBl. 1981, 503; *LAG BW* 27.11.1981 EzA § 12 ArbGG 1979 Streitwert Nr. 16; 12.2.1991 JurBüro 1991, 1479; *LAG Hamm* 26.11.1970 AR-Blattei D, Arbeitsgerichtsbarkeit XIII Entsch. 48 = MDR 1971, 428 = BB 1971, 961 = NJW 1971, 1286; 1.12.1977 AnwBl. 1978, 143; 6.5.1982 AnwBl. 1982, 394 = *Lappe* KostRspr. § 12 ArbGG Nr. 50; 11.11.1982 EzA § 12 ArbGG 1979 Streitwert Nr. 19; 24.11.1983 AnwBl. 1984, 149; 16.11.1998 – 5 Ta 511/98; *LAG Saarbrücken* 27.5.1981 MDR 1981, 788; 3.12.1984 JurBüro 1985 Sp. 592 f.; *ArbG Bln.* 2.1.1968 DB 1968, 180; *LAG Bln.* 15.10.1982 ARSt 1983 Nr. 1096 = AuR 1983, 314 = AnwBl. 1984, 151; 18.10.1982 AnwBl. 1983, 35; 4.6.1985 JurBüro 1985, 1707; 5.1.1996 – 7 Ta 120/97 (Kost); *LAG München* 22.5.1980 ARSt 1985 Nr. 1113; 29.6.1981 AP Nr. 4 zu § 12 ArbGG 1979; *LAG Brem.* 13.4.1989 LAGE § 12 ArbGG 1979 Streitwert Nr. 80, anders 24.3.1988 LAGE § 12 ArbGG 1979 Streitwert Nr. 69). Dem ist ein Teil der Literatur gefolgt (BBDW-*Wenzel* § 4 Rz 165; GK-ArbGG/*Wenzel* § 12 Rz 296 ff.; BCF-*Creutzfeldt* ArbGG 4. Aufl. Rz 62; *H.-G. Meier* aaO Rz 221 ff.).

Werden Vergütungen im Wege von Zahlungsanträgen oder Feststellungsanträgen **auf wiederkehrende Leistungen** (also auch mit Zukunftsbezug, dazu *BAG* 13.3.2002 EzA § 259 ZPO Nr. 1 [Klage auf künftige Vergütungsansprüche unzulässig ?!]) geltend gemacht, sind nach *Hess. LAG* (2.9.1999 – 15 Ta 465/99) nur 20 % des Wertes gem. § 12 Abs. 7 S. 2 ArbGG aF hinzuzusetzen, maximal drei Bruttomonatsentgelte, nach *LAG Hamm* (30.1.2002 LAGE § 12 ArbGG 1979 Streitwert Nr. 126) findet § 12 Abs. 7 S. 2 ArbGG aF keine Anwendung, vielmehr sind die bei Urteilserlass fälligen Teilbeträge in vollem Umfang, die Folgeansprüche insgesamt nur mit einem Monatsentgelt zu bewerten (in Abweichung von 17.3.1983 EzA § 12 ArbGG 1979 Streitwert Nr. 21, vgl. auch *BAG* 10.12.2002 EzA § 12 ArbGG 1979 Streitwert Nr. 68). Der Antrag auf künftige Zahlung monatlichen Gehaltes ist durch den Vierteljahresverdienst nach *LAG Nürnberg* (27.11.2003 – 9 Ta 190/03 – BB 2005, 671) begrenzt und wirkt neben dem Feststellungsantrag wegen der mit ihm vorliegenden wirtschaftlichen Identität nicht werterhöhend, wenn über die Höhe nicht gestritten wird und der Anspruch allein vom Ausgang des Feststellungsantrag abhängt (ebenso 2.12.2003 – 9 Ta 190/03 – NZA-RR 2004, 66 = AR-Blattei ES 160.13 Nr. 255 = MDR 2004, 718), was nach der Entscheidung vom 14.7.2006 – 6 Ta 108/06 – auch für außerdem geltend gemachte unstreitige rückständige Gehaltszahlungen gelten soll [rückständige Vergütungsansprüche – etwa aus Annahmeverzug – aus der Zeit **vor** Zugang der Kündigung, die mit derselben Klage geltend gemacht werden, erhöhen den Streitwert, zutr. *LAG Bremen* 25.8.2005 LAGE § 42 GKG 2004 Nr. 5; *LAG RhPf* 29.3.2006 – 8 Ta 55/06].

281 Trotz der Möglichkeit, dass Feststellungsantrag und Lohnzahlungsantrag in getrennten Prozessen gestellt werden können – von der Möglichkeit der Verbindung beider Verfahren gem. § 147 ZPO einmal abgesehen –, gebietet es der soziale Schutzzweck des § 12 Abs. 7 S. 1 ArbGG aF (jetzt § 42 Abs. 2 GKB nF) die Streitwertfestsetzung auf höchstens drei Monatsbezüge auch dann eingreifen zu lassen, wenn neben der Feststellungsklage Klage auf Arbeitsentgelt erhoben wird, das sich auf einem Zeitraum von höchstens drei Monaten bezieht (*Grunsky* § 12 Rz 5a). Immerhin ist zu bedenken, dass bei Feststellung der Unwirksamkeit der Kündigung durch das Gericht idR der Arbeitgeber nach Rechtskraft dieses Urteils die Konsequenzen daraus zieht und die Ansprüche des Arbeitnehmers aus § 615 BGB erfüllt mit der Folge, dass es einer Klage gar nicht bedarf. Dann ist es angemessen, wenigstens die Streitwerte nicht zusammenzurechnen, sondern nur den jeweils höheren zu nehmen (im Ergebnis ebenso *Stein/Jonas/Schumann* 19. Aufl. § 5 Rz 48 Fn 160; *Germelmann/Matthes/Prütting* ArbGG § 12 Rz 106 ff.; SPV-*Vossen* Rz 2074; *Hauck/Helml* ArbGG, § 12 Rz 28; *Schwab/Weth/Vollstädt* ArbGG § 12 Rz 234; *Mues/Eisenbeis/Legerlotz/Laber* Hdb. zum Kündigungsrecht, Teil 10 Rz 617 f.; vgl. auch *Wieczorek/Schütze/Gamp* 3. Aufl., § 5 Rz 16, 18). Zum Vergleichswert, wenn auch über nicht eingeklagte kündigungsabhängige Vergütungsansprüche, künftige Freistellung unter Fortzahlung der Bezüge bei gleichzeitigem Verzicht auf die Anrechnung etwaigen anderweitigen Verdienstes Einigung erzielt wird vgl. eingehend *Wenzel* Anm. *LAG SA* 20.9.1995 LAGE § 12 ArbGG 1979 Streitwert Nr. 104 [4]; *LAG Hamm* 18.11.1993 JurBüro 1994, 409; 17.3.1994 MDR 1994, 625; *BAG* 18.1.1996 EzA § 12 ArbGG 1979 Streitwert Nr. 66).

Wird neben der Kündigungsschutzklage in einem **anderen Verfahren** eine Leistungsklage verfolgt, so 281a
besitzt die Leistungsklage neben der Kündigungsschutzklage einen besonderen Streitwert. Das ist für die Vertreter der Auffassung, die Streitwerte seien zu addieren, wenn die Leistungsklage in demselben Verfahren verfolgt wird wie die Kündigungsschutzklage, selbstverständlich (vgl. Rz 280). Für die Mindermeinung (vgl. Rz 279, 281) ergibt sich das aus der Tatsache zweier getrennter Verfahren (*LAG BW* 27.9.1982 – 1 Ta 166/82, insoweit nv; *LAG RhPf* 10.6.1992 ARSt 1993, 162 Nr. 2037). Die neben der Kündigungsschutzklage in einem anderen Verfahren erhobene Leistungsklage auf Weiterzahlung des Gehalts über den Ablauf der Kündigungsfrist hinaus hat einen eigenen Streitwert, der nach *LAG BW* 27.9.1982 AP Nr. 6 zu § 12 ArbGG 1979 nicht § 12 Abs. 2 ArbGG zu entnehmen ist, sondern grds. auf die dreifache Monatsvergütung nach oben beschränkt ist, wenn es dabei praktisch um eine (weitere) in eine Klage auf künftige Leistung gekleidete Kündigungsschutzklage geht (vgl. auch *LAG BW* 20.7.1982 AP Nr. 5 zu § 12 ArbGG 1979; 6.11.1985 LAGE § 12 ArbGG 1979 Streitwert Nr. 47; 8.11.1985 LAGE § 12 ArbGG 1979 Streitwert Nr. 48; vgl. auch *LAG Hamm* 17.3.1983 EzA § 12 ArbGG 1979 Streitwert Nr. 21; *LAG Nürnberg* 18.4.1985 JurBüro 1986, 438, das eine Schätzung nach § 3 ZPO für den neben der Kündigungsschutzklage gestellten Antrag auf Gehaltsfortzahlung vornimmt, idR drei Monatsbezüge; handelt es sich um ein Verfahren, rechnet es die Werte zusammen; vgl. zum Ganzen *Vossen* DB 1986, 326).

Ob sich der zusammen mit der Kündigungsschutzklage geltend gemachte **Weiterbeschäftigungsan-** 281b
spruch werterhöhend auswirkt, wird nicht einheitlich beantwortet. Das *ArbG Münster* (28.1.1981 AuR 1982, 355 = BB 1981, 912; 21.10.1982 EzA § 12 ArbGG 1979 Streitwert Nr. 20; 28.3.1983 – 2 Ca 2014/82 – nv) versagt dem Weiterbeschäftigungsanspruch, der im Verfahren über die Kündigung verfolgt wird, jede eigenständige Bedeutung. Infolge der ausschließlich dem Kündigungsschutz gewidmeten Funktion sei der Wert des Beschäftigungsanspruchs im Wert des Kündigungsschutzantrages mit enthalten (im Ergebnis ebenso *LAG SchlH* 14.9.1984 LAGE § 12 ArbGG 1979 Streitwert Nr. 34; 16.4.1997 – 4 Ta 69/97; *LAG Saarland* 3.12.1984 JurBüro 1985, 592; *ArbG Mainz* 13.12.1985 DB 1986, 1184; *ArbG Lörrach* 20.10.1985 – 1 Ca 515/85 – nv; *ArbG Wetzlar* 4.2.1987 – 2 Ca 530/86 – nv). Wird die Weiterbeschäftigungsklage nicht streiterhöhend berücksichtigt, ist dies »nicht offenkundig fehlerhaft« (*BAG* 24.2.1982 – 7 AZR 688/79 – nv; 24.8.1983 – 7 AZR 558/81 – nv, »nicht offensichtlich ermessensfehlerhaft«, weil sich auch für die Weiterbeschäftigungsklage vertreten ließe, dass keine Streitwerterhöhung für die im Wege der Klagehäufung erhobene Zahlungsklage stattfinde [Hinweis auf *BAG* 16.1.1968 AP Nr. 17 zu § 12 ArbGG 1953, vgl. dazu Rz 279 b]; 29.11.1983 AP Nr. 78 zu § 626 BGB VII 2, insoweit nicht in EzA § 626 BGB nF Nr. 89). Mit der Begründung, der Weiterbeschäftigungsanspruch werde von dem Feststellungsanspruch ebenso wenig konsumiert wie ein geltend gemachter Zahlungsanspruch, es handele sich wie in jenem Fall um eine objektive Klagenhäufung, setzen viele Gerichte dem Streitwert nach § 12 Abs. 7 S. 1 ArbGG einen besonderen Wert für den Weiterbeschäftigungsanspruch hinzu. Der Wert des Weiterbeschäftigungsanspruchs wird von einigen Gerichten in Höhe des **Betrag eines Monatsgehalts** (*LAG BW* 27.1.1982 EzA § 12 ArbGG 1979 Streitwert Nr. 17; 15.12.1982 – 3 Sa 131/82 – nv; *LAG Hmb.* 11.11.1983 AnwBl. 1983, 316; 26.3.1992 LAGE § 19 GKG Nr. 14; 30.6.2005 – 8 Ta 5/05; *LAG RhPf* 16.4.1992 LAGE § 12 ArbGG 1979 Streitwert Nr. 98 = LAGE § 19 GKG Nr. 13; 19.3.1999 LAGE § 12 ArbGG 1979 Streitwert Nr. 117a; *Thür. LAG* 27.2.1996 AuR 1996, 196 = AuR 1996,250; *LAG Brem.* 20.11.1980 KostRspr. § 12 ArbGG Nr. 30 = AuR 1981, 285; *LAG Frankf.* 20.6.1984 EzA § 12 ArbGG 1979 Streitwert Nr. 32; 23.4.1999 NZA-RR 1999, 434; 16.5.2003 – 16 Ta 158/03; *LAG Nürnberg* 3.1.1989 NZA 1989, 862; 13.7.2006 – 6 Ta 102/06; *LAG München* 30.10.1990 LAGE § 19 GKG Nr. 12; *LAG Chemnitz* 14.6.1993 LAGE § 12 ArbGG 1979 Streitwert Nr. 97; *Sächs. LAG* 15.5.1997 LAGE § 12 ArbGG 1979 Streitwert Nr. 111; *LAG SA* 20.9.1995 LAGE § 12 ArbGG 1979 Streitwert Nr. 104 [II 1 aE]; *Thür. LAG* 27.2.1996 AuR 1996, 196 = AuA 1996, 250; *LAG Bln.* 13.3.2001 NZA-RR 2001, 436: Ein Drittel des Werts der Bestandstreitigkeit, höchstens ein Monatsverdienst; weitere Nachw. bei *Satzky* RdA 1986, 360 Fn 8) angenommen. Dem folgt ein Teil der Literatur (zB ErfK-*Ascheid* § 4 KSchG Rz 103; BCF-*Creutzfeldt* ArbGG 4. Aufl. § 12 Rz 45). Zum Teil wird von **eineinhalb Monatsgehältern** ausgegangen (*Schaub* Arbeitsgerichtsverfahren, 7. Aufl., § 48 V 10d Rz 67; *LAG Mainz* 23.7.1982 AnwBl. 1983, 36; 21.1.1986 ARSt 1987, Nr. 1142 bzw. die Hälfte des Wertes des jeweiligen Kündigungsschutzantrages, vgl. *Philippsen/Dörner* NZA 1987, 117; *LAG Saarl.* 12.12.1989 LAGE § 19 GKG Nr. 9; so zunächst auch *LAG Hamm* 7.12.1979 EzA § 12 ArbGG 1979 Nr. 1). Es werden auch **zwei Monatsgehälter** angesetzt (*LAG Köln* 19.4.1982 EzA § 12 ArbGG 1979 Streitwert Nr. 12; 4.7.1995 LAGE § 19 GKG Nr. 15; 31.7.1995 NZA 1996, 840; **anders** 19.5.2005 – 7 Ta 439/04; 23.6.2006 – 3 Ta 196/06 – NZA-RR 2006, 598: ein Monatsgehalt für einen als unechten Hilfantrag neben einem Feststellungsantrag »mitlaufenden« Weiterbeschäftigungsantrag); *LAG Düsseld.* 30.10.1980 EzA § 12 ArbGG Streitwert Nr. 1 23.8.1985 JurBüro 1985, 1710 = Kost Rspr. ArbGG § 12

Nr. 120; 17.5.1989 LAGE § 144 ZPO Nr. 16; 20.5.1997 – 7 Ta 120/97; *LAG Hamm* 15.10.1981 EzA § 12 ArbGG 1979 Streitwert Nr. 7; 6.5.1982 AnwBl. 1982, 394 = DB 1982, 1940; 11.11.1982 EzA § 12 ArbGG 1979 Streitwert Nr. 19; 17.3.1983 AnwBl. 1984, 149, 152; 24.11.1983 EzA § 61 ArbGG 1979 Nr. 10 [zu II 2 der Gründe]; 3.4.1986 LAGE § 12 ArbGG 1979 Streitwert Nr. 52; 11.9.1986 LAGE § 12 ArbGG 1979 Streitwert Nr. 56 [zwei Drittel des Wertes des Kündigungsfeststellungsantrags]; 8.8.1991 LAGE § 3 ZPO Nr. 7; *LAG Köln* 19.4.1982 aaO; *LAG Nds.* 27.8.1985 NdsRpfl. 1986, 219 [auch für den Fall der Geltendmachung des Weiterbeschäftigungsanspruchs in einem gesonderten Verfahren]; *LAG Bra.* 10.2.1994 – 2 Ta 23/94; 28.10.1997 – 2 Ta 129/97 – zit. nach *H.-G. Meier* aaO, Rz 290, 24.9.2003 – 6 Sa 118/03; *E. Schneider* Anm. EzA § 12 ArbGG 1979 Streitwert Nr. 20, EzA § 61 ArbGG 1979 Nr. 10, LAGE § 12 ArbGG 1979 Streitwert Nr. 34; *H.-G. Meier* aaO, Rz 292). Es wird aber auch von **drei Monatsgehältern** ausgegangen (*LAG Brem.* 20.11.1980 AuR 1981, 285 = ARSt 1981 Nr. 1050 mit d. Begr. der Weiterbeschäftigte habe volles Einkommen mit der Folge, dass analog § 12 Abs. 7 ArbGG aF der Betrag von drei Monatseinkommen maßgebend sei; *LAG Düsseld.* 6.8.1980 AnwBl. 1981, 36). Das *ArbG München* (18.2.1982 – 2 Ca 5856/81 – nv, mitgeteilt v. *Feichtinger* DB 1983, 940 Fn 28) geht gem. § 12 S. 1 2. Hs. ArbGG sogar von 36 Monatsgehältern aus. Allerdings muss nach *LAG Hamm* 3.4.1986 LAGE § 12 ArbGG 1979 Streitwert Nr. 52 und *Wenzel* Anm. *LAG SA* 20.9.1995 LAGE § 12 ArbGG 1979 Streitwert Nr. 104 bei Klagen gegen mehrere Kündigungen der Wert des Beschäftigungsanspruchs gemindert werden, wenn der einzelne Kündigungsfeststellungsantrag den Wert von drei Monatsbezügen nicht erreicht, also unter Zugrundelegung der Rspr. des LAG Hamm jeweils zwei Drittel des jeweiligen Kündigungsfeststellungsantrages, die dann zu addieren und der Summe der Werte der Kündigungsschutzklagen zuzuschlagen sind. Dem Zweck des § 12 Abs. 7 ArbGG und des § 5 ZPO entspricht es, den Weiterbeschäftigungsanspruch bei der Streitwertfestsetzung **außer Ansatz** zu lassen (*Coen* S. 119; *Dütz* Anm. EzA § 12 ArbGG 1979 Nr. 1; *Schumann* BB 1983, 506 ff.; *Grunsky* § 12 Rz 5c; im Ergebnis auch *Ramm* AuR 1986, 332). Hinzu kommt folgendes: Dem im Verhältnis zur Bestandsschutzklage **eventualkumulierten Beschäftigungsantrag** (ausdrücklich oder konkludent nur für den Fall des Erfolges des Feststellungsantrags gestellt; uneigentlicher Hilfsantrag, vgl. *Rütter* VersR 1989, 1241 ff; *BAG* 8.4.1988 EzA § 611 BGB Beschäftigungspflicht Nr. 30; *LAG Düsseld.* 17.5.1989 LAGE § 14 ZPO Nr. 16; **uneigentliche Eventualhäufung**, vgl. *LAG SchlH* 10.2.1987 AnwBl. 1988, 294; **unechter Hilfsantrag**, vgl. *LAG Bln.* 29.11.2005 – 17 Ta 1981/05: eine mit einer Kündigungsschutzklage verbundene unbedingte Klage auf vorläufige Weiterbeschäftigung stelle eine mutwillige Rechtsverfügung iSd § 114 ZPO dar) kommt kein eigener Gegenstandswert zu, weil er mit diesem eine wirtschaftliche Einheit bildet (*LAG BW* 16.6.1986 – 3(1) Ta 72/86; 27.8.1986 – 3 Ta 50/86; 8.2.1990 – 8 Ta 16/90 – nv, zust. *Mümmler* JurBüro 1988 Sp. 1157; im Ergebnis ebenso, aber unter Hinweis auf § 19 Abs. 4 GKG aF *LAG BW* 10.9.1987 JurBüro 1988, Sp. 1156; *LAG München* 2. Kammer 12.5.1987 LAGE § 19 GKG Nr. 5 [Vergleich], anders 5. Kammer 30.10.1990 LAGE § 19 GKG Nr. 12 [Addition bei Vergleich]; *ArbG Dortmund* 13.6.2001 JurBüro 2003, 255; *J. Becker/Glarenmann* NZA 1988, 207: § 19 Abs. 4 GKG, Weiterbeschäftigungsanspruch als unechter Hilfsantrag bleibt streitwertmäßig immer unberücksichtigt, da streitwertmäßig nicht höher als Kündigungsschutzantrag; ebenso *LAG Düsseld.* 13.7.1989 LAGE § 19 GKG Nr. 7; 13.7.1989 – 7 Ta 165/89 – JurBüro 1990 Sp. 243; 8.11.1990 LAGE § 19 GKG Nr. 10; 7.1.1991 LAGE § 12 ArbGG 1979 Streitwert Nr. 89; 27.7.2000 LAGE § 19 GKG Nr. 17; *LAG RhPf* 21.6.1990 LAGE § 19 GKG Nr. 11: Keine Addition, wenn über uneigentlichen Hilfsantrag nicht entschieden wird; *Hess. LAG* 23.4.1999 NZA-RR 1999,434, es sei denn § 19 Abs. 4 GKG aF [jetzt § 45 Abs. 4 GKG nF] greife ein; *LAG SchlH* 14.1.2003 AGS 2003, 169; vgl. *Satzky* RdA 1986, 361; **aA** *LAG SchlH* 10.2.1987, JurBüro 1987 Sp. 1057, AnwBl. 1988, 294, Zusammenrechnung nicht ausgeschlossen; *LAG RhPf* 16.4.1992 LAGE § 19 GKG Nr. 13 ausführlicher NZA 1992, 664 ff.: Für den Fall des Obsiegens ein Monatsgehalt; SPV-*Vossen* Rz 2072, 2073: Streitwertaddition auch bei Vergleich über den unechten Hilfsantrag, ebenso *LAG Köln* 11.7.1989 LAGE § 19 GKG Nr. 8 [Vergleich]; 12.12.1990 – 3 Ta 272/90 – nv, 23.6.2006 – 3 Ta 196/06; *LAG Köln* 27.3.1987 LAGE § 19 GKG Nr. 2: Streitwertaddition bei Klagerücknahme, § 19 Abs. 4 GKG aF nicht anwendbar, insoweit zust. *E. Schneider* Anm. aaO; *LAG Hamm* 28.7.1988 LAGE § 19 GKG Nr. 4: Addition bei Vergleich; 2.7.1998 – 4 Sa 2233/97 – [Addition, unerheblich, ob über Weiterbeschäftigungsanspruch entschieden], **differenzierend** für Gerichts- und Rechtsanwaltsgebühren *E. Schneider* Anm. aaO: wird über den eventualkumulierten Weiterbeschäftigungsanspruch nicht entschieden, keine Addition für Gerichtsgebühren [so *Hess.LAG* 26.6.1997 LAGE § 19 GKG Nr. 16], wohl aber für Anwaltsgebühren, was auch hinsichtlich des routinemäßig eingebrachten Weiterbeschäftigungsantrages als nicht unangemessen erscheint, vgl. Rz 279b; *Creutzfeldt* NZA 1996, 956, 961; *LAG München* 30.10.1990 LAGE § 19 GKG Nr. 12 [Vergleich]; *LAG Hmb.* 26.3.1992 LAGE § 19 GKG Nr. 14, anders *LAG Bln.* 1.12.2000 JurBüro 2001, 253: keine Streitwerterhöhung, wenn der Antrag nur für den Fall angekündigt war, dass sich der Arbeitgeber im Termin nicht erklären werde).

Bei objektiver Klagehäufung ist der höhere Wert maßgebend und damit regelmäßig der Wert des Feststellungsbegehrens (*LAG BW* 20.2.1987 – 4a Sa 78/86 – nv); vgl. auch W. *Ahlenstiel* VersR 1988, 233 f.

Wird der Weiterbeschäftigungsanspruch streitig, wird er zB trotz Feststellung der Unwirksamkeit der Kündigung im Hinblick auf die Entsch. des Großen Senats des *BAG* vom 27.2.1985 (EzA § 611 BGB Beschäftigungspflicht Nr. 9) wegen angenommenen überwiegenden Interesses des Arbeitgebers, den Arbeitnehmer nicht zu beschäftigen, nicht zugesprochen, so ist dem Arbeitnehmer – entsprechend dem Fall der Ablehnung des vom Arbeitnehmer gestellten Auflösungsantrags, der streitwertmäßig ebenfalls keine Rolle spielt, arg. § 12 Abs. 7 S. 1 2. Hs. ArbGG aF (jetzt § 42 Abs. 4 S. 1 GKG nF), als insoweit unterlegenen Partei gem. § 92 Abs. 1 ZPO ein angemessener Teil der Kosten aufzuerlegen, wobei zu berücksichtigen ist, dass regelmäßig die Sozialwidrigkeit der Kündigung den Hauptstreitpunkt bildet; sind durch den Weiterbeschäftigungsantrag keine besonderen Kosten entstanden, liegt es nahe, dem Arbeitgeber die gesamten Kosten gem. § 92 Abs. 2 1. Alt ZPO aufzuerlegen (vgl. *BAG* 28.1.1961 AP Nr. 8 zu § 7 KSchG 1951). Folgt man dem, so erübrigen sich die Auseinandersetzungen zwischen Rechtsschutzversicherern, rechtsschutzversicherten Arbeitnehmern und ihren Anwälten hinsichtlich der Kostentragung wegen des Weiterbeschäftigungsantrags (vgl. insoweit *AG Hmb.* 9.4.1987 NJW 1987, 2382; *AG Unna* 16.3.1992 VersR 1992, 739; *Löwisch* VersR 1986, 404 ff.; W. *Ahlenstiel* VersR 1988, 222 ff.; *Hümmerich* AnwBl. 1995, 326 f.). Werden allerdings Weiterbeschäftigungsanspruch und Vergütungen in einem gesonderten Verfahren geltend gemacht, sind die Werte zu addieren (insoweit richtig *ArbG Lörrach* 7.6.1988 – 1 Ca 250/88 – nv, vgl. auch *Corts* NZA 1989, 592).

Unberücksichtigt bleibt eine dem Arbeitnehmer geschuldete **Abfindung** iSd §§ 9, 10 KSchG (§ 42 Abs. 4 S. 1 2. Hs. GKG nF, früher § 12 Abs. 7 S. 1 2. Hs. ArbGG aF). Diese Bestimmung ist in der Praxis wenig bekannt, was immer wieder zu unnötigen Remonstrationen – sei es Streitwertbeschwerde nach § 68 GKG nF [für die Partei zur Streitwertherabsetzung, für den Anwalt aus eigenem Recht zur Streitwerterhöhung, vgl. *LAG Köln* 23.6.2006 – 3 Ta 196/06], sei es befristete [dazu *LAG RhPf* 17.10.2005 – 2 Ta 222/05] Beschwerde nach § 33 Abs. 3 RVG – führt. § 12 Abs. 7 S. 1 2. Hs. ArbGG aF ist durch das Gesetz 20.8.1975 (BGBl. I S. 2189 [2229]) eingefügt worden. Aber auch bereits vorher war anerkannt, dass eine Abfindung nicht dem Streitwert hinzugerechnet wird (*BAG* 25.1.1960 AP Nr. 7 zu § 12 ArbGG 1953; *Schaub* 1. Aufl., § 141 V 3, S. 546; *Hueck* 10. Aufl., § 9 Rz 38; *Tschischgale* 2. Aufl., S. 23). Der Betrag einer Abfindung ist auch dann dem Streitwert der Kündigungsschutzklage nicht hinzuzurechnen, wenn der Arbeitnehmer eine fest bezifferte Abfindung fordert, statt den Betrag in das Ermessen des Arbeitsgerichts zu stellen (*LAG Hamm* 21.10.1982 MDR 1983, 170 = AuR 1983, 124; *LAG Hmb.* 15.2.1984 AnwBl. 1984, 315; *LAG Nürnberg* 14.3.1985 ARSt 1987 Nr. 1008; *LAG Düsseld.* 20.7.1987 LAGE § 12 ArbGG 1979 Streitwert Nr. 66). Das gilt auch für den **Auflösungsantrag** als solchen (KR-*Spilger* § 9 KSchG Rz 94 mwN; GK-ArbGG/*Wenzel* § 12 Rz 227, 203 ff. mwN; *LAG Bra.* 17.4.2003 EzA-SD 2003 Nr. 11, 13 = RzK I 102 Nr. 124; *LAG Hmb.* 3.9.2003 LAGE § 12 ArbGG 1979 Streitwert Nr. 130, 30.6.2005 – 8 Ta 5/05; *LAG Bra.* 14.4.2003 LAGE § 12 ArbGG 1979 Streitwert Nr. 129; *LAG Nürnberg* 29.8.2005 – 2 Ta 109/05 – NZA-RR 2006, 44 = BB 2006, 168; *Sächs. LAG* 9.6.2005 – 4 Ta 390/04; 17.6.2005 – 4 Ta 119/05). Dem gegenüber ist nach *LAG Bln.* (30.12.1999 LAGE § 12 ArbGG 1979 Streitwert Nr. 119b) der Antrag des Arbeitnehmers auf Auflösung des Arbeitsverhältnisses gem. § 9 Abs. 1 S. 1 KSchG bei der Festsetzung des Streitwertes zum Zwecke der **anwaltlichen Gebührenberechnung** gesondert zu bewerten, und zwar mit dem Betrag einer Bruttomonatsvergütung (ebenso *ArbG Kiel* 1.7.1999 PersR 1999, 546 = NZA-RR 1999, 670; *LAG Hamm* 16.8.1989 NZA 1990, 328 = BB 1989, 2048: Zwei Drittel des Wertes des Feststellungsantrages, wenn nur der Auflösungsantrag des Arbeitnehmers in die Berufungsinstanz gelangt war), was zu einer Addition mit dem Gegenstandswert für den Kündigungsstreit auch dann führt, wenn der Betrag des Vierteljahrsverdienstes bereits erreicht ist (**anders** 17. Kammer 13.3.2001 LAGE § 12 ArbGG 1979 Streitwert Nr. 121 = NZA-RR 2001, 437 unter Hinweis auf § 12 Abs. 7 S. 1 Hs. 2 ArbGG aF; 5.3.2001 – 17 Ta 6032/01). Ein **Abfindungsanspruch aus dem Sozialplan** soll nach *LAG Frankf.* 25.2.1977 BB 1977, 1549 = AR-Blattei D, Arbeitsgerichtsbarkeit XIII Entsch. 83) nicht werterhöhend wirken, auch wenn der Anspruch davon abhängt, dass das Arbeitsverhältnis nicht fristlos gekündigt ist und die fristlose Kündigung im Streit ist. Dagegen hat nach *LAG Hamm* (15.10.1981 EzA § 12 ArbGG 1979 Streitwert Nr. 8; 20.10.1982 MDR 1983, 170) die (hilfsweise) beanspruchte Entlassungsentschädigung nach dem tarifvertraglich vereinbarten Rationalisierungsschutzabkommen bei der Streitwertfestsetzung nicht (analog § 12 Abs. 7 S. 1 Hs. 2 ArbGG aF) außer Betracht zu bleiben. Das soll nach einem obiter dictum auch für in einem Sozialplan vorgesehene Abfindung gelten. Die Auffassung des LAG Hamm ist deshalb zutreffend, weil die Abfindung aus einem Sozialplan oder einem Rationalisierungsschutzabkommen gerade eine wirksame idR betriebsbedingte Kündigung voraussetzt und nur die wirtschaftlichen Folgen der Kündigung bei den durch die Kündigung Betroffenen mildern soll, während §§ 9, 10 KSchG gerade eine unwirksame Kündigung voraussetzen und die Abfindung mit einem unechten Hilfsantrag geltend gemacht wird (vgl. Rz 257). Es geht um verschiedene Streitgegenstände (*LAG Hmb.* 19.9.2003 LAGE § 12 ArbGG 1979 Streitwert Nr. 131; vgl. *Hecker* AnwBl. 1984, 123). Entsprechendes gilt, wenn hilfsweise ein Antrag auf Zahlung des Nachteilsausgleichs nach § 113 BetrVG gestellt wird (*LAG Brem.* 15.3.1983 EzA § 12 ArbGG 1979 Streitwert Nr. 22; *LAG Hamm* 26.5.1989 LAGE § 19 GKG Nr. 6 für eine hilfsweise beanspruchte Abfindung iSd § 113 BetrVG; aA *LAG Düsseld.* 17.1.1985 LAGE § 12 ArbGG 1979 Streitwert Nr. 33; 18.7.1985 LAGE § 19 GKG Nr. 1: Der jeweils höhere Wert [zust. *Mümmler* JurBüro 1985 Sp. 746]). Geht es in dem Prozess dagegen allein um die Frage, ob eine Vereinbarung über die Zahlung einer Abfindung zustande gekommen war und ist der Abfindungsanspruch von einem anhängigen Kündigungsschutzprozess unabhängig, so ist der Streitwert der Betrag der Zahlungsklage; § 12 Abs. 7 S. 1 ArbGG aF ist nicht anwendbar (*LAG Düsseld.* 30.4.1981 EzA § 12 ArbGG 1979 Streitwert Nr. 3).

282a Wendet sich der Arbeitnehmer in getrennten Kündigungsschutzprozessen gegen zwei Arbeitgeber, die er als Gesamtschuldner und Gesamtgläubiger hinsichtlich seines Arbeitsverhältnisses ansieht, ist der Streitwert nicht in beiden Prozessen nach dem Höchstbetrag des § 12 Abs. 7 S. 1 ArbGG aF (jetzt § 42 Abs. 4 S. 1 GKG) zu bemessen (*LAG Hamm* 28.1.1982 BB 1982, 374 = AuR 1982, 323 = MDR 1982, 435 = AR-Blattei D, Arbeitsgerichtsbarkeit XIII Entsch. 123). Auch in einem solchen Fall ist der Streitwert an Hand der in Rz 278 angeführten Merkmale festzusetzen. Zu einer Verdoppelung der Streitwerte darf es dabei nicht kommen, vielmehr ist ein (fiktiver) Gesamtstreitwert zu bilden, der je nach Schwierigkeitsgrad und Arbeitsaufwand auf die beiden Prozesse aufzuteilen ist. Bei mehreren Kündigungsschutzklagen wegen derselben Kündigung gegen verschiedene Unternehmen (gegen den Kündigenden und gegen den Lohnzahlenden wegen möglichen Übergangs des Arbeitsverhältnisses) in verschiedenen Verfahren, so ist – anders als bei der gesamtschuldnerischen Inanspruchnahme (vgl. *LAG Hamm* 28.1.1982 aaO) – jeder Einzelprozess streitwertmäßig selbständig zu behandeln (*LAG Hamm* 7.3.1985 JurBüro 1986 Sp. 436). Zu »Mehrere Kündigungen – mehrere Arbeitgeber« vgl. *H.-G. Meier* aaO, Rz 214 f.

282b Wegen des Streitwerts bei Änderungskündigungen vgl. KR-*Rost* § 2 KSchG Rz 174 ff. u. hier Rz 292.

E. § 4 KSchG und die Änderungskündigung

I. Grundsatz

283 Auch eine Änderungskündigung – nicht nur eine ordentliche, sondern auch eine außerordentliche – muss innerhalb der Dreiwochenfrist des § 4 KSchG angegriffen werden, wenn der Arbeitnehmer die Rechtsfolgen des § 7 KSchG vermeiden will, dass die Kündigung als von Anfang an rechtswirksam gilt. Das ergibt sich aus § 4 S. 2 KSchG, der vorschreibt, im Fall einer Änderungskündigung sei Klage auf Feststellung zu erheben, dass die Änderung der Arbeitsbedingungen sozial ungerechtfertigt oder aus anderen Gründen rechtsunwirksam ist. Die Klageerhebung ist unabhängig davon notwendig, ob der Arbeitnehmer nach Ausspruch der **Änderungskündigung das Angebot** des Arbeitgebers **unter dem Vorbehalt** angenommen hat, dass die Kündigung der Arbeitsbedingungen sozial gerechtfertigt ist (§ 2 KSchG) **oder nicht.** Es gilt insoweit das oben Ausgeführte. Es muss aber eine Änderungskündigung vorliegen (dazu KR-*Rost* § 2 KSchG Rz 8 ff.). Hat der Arbeitnehmer das mit einer Änderungskündigung verbundene Angebot unter dem Vorbehalt des § 2 KSchG angenommen, kann er sich auf von § 4 S. 2 KSchG nicht erfasste andere Unwirksamkeitsgründe (zB Verstoß gegen die Schriftform des § 623 BGB) auch dann noch mit Erfolg berufen, wenn er Klage erst nach Ablauf der Dreiwochenfrist erhebt, es sei denn, der Vorbehalt enthalte den Verzicht auf solche Unwirksamkeitsgründe, wovon idR nicht auszugehen ist (vgl. *BAG* 28.5.1998 EzA § 2 KSchG Nr. 29). Bietet der Arbeitgeber dem Arbeitnehmer im Zusammenhang mit einer Kündigung nur noch eine befristete Weiterbeschäftigung an, so handelt es sich nicht um eine Änderungskündigung (*BAG* 17.5.1984 EzA § 1 KSchG Betriebsbedingte Kündigung Nr. 32; anders, wenn mit einer Änderungskündigung eine Befristung durchgesetzt werden soll: Fristgerechte Klage gegen die Änderungskündigung oder Entfristungsklage, *LAG SA* 16.6.1999 FuL 2000, 654).

II. Die Kündigungsschutzklage bei Ablehnung des Angebots

284 Hat der Arbeitnehmer **keinen Vorbehalt** (über den der Rechtsanwalt den Arbeitnehmer aufzuklären hat, will er einen Regress vermeiden! *OLG Hamm* 27.1.1987 – 28 U 74/86 – nv; *Schlee* AnwBl. 1987, 280) iSd § 2 KSchG erklärt, so handelt es sich um eine ganz normale Kündigungsschutzklage. Das gilt auch

dann, wenn der Arbeitnehmer tatsächlich weiterbeschäftigt wurde, und zwar aufgrund der angebotenen geänderten Bedingungen. Das Rechtsschutzbedürfnis für die Kündigungsschutzklage nach § 4 S. 1 KSchG würde nur dann fehlen, wenn die Weiterbeschäftigung im Rahmen des Änderungsangebots aufgrund einer vorbehaltlosen und endgültigen (konkludenten) Vereinbarung erfolgt wäre, das Arbeitsverhältnis unabhängig von der Wirksamkeit oder Unwirksamkeit der Kündigung zu den vom Arbeitgeber angebotenen neuen Bedingungen fortzusetzen (*BAG* 27.5.1982 – 2 AZR 178/80 – nv). Der Antrag richtet sich nach § 4 S. 1 KSchG. Die Änderungskündigung ist auch ohne Vorbehalt wie eine Änderungskündigung mit Vorbehalt zu prüfen (vgl. Rz 290). Sie wirkt aber dann, wenn sie Bestand haben sollte, wie eine Beendigungskündigung. Es gilt das zu § 4 Ausgeführte uneingeschränkt (vgl. auch KR-*Rost* § 2 KSchG Rz 176 bis 178).

III. Die Kündigungsschutzklage bei Annahme des Angebots unter Vorbehalt

1. Der Klageantrag bei Annahme des Angebots unter Vorbehalt

Hat der Arbeitnehmer das **Angebot unter Vorbehalt angenommen**, so sieht § 4 S. 2 KSchG Klage (»Änderungsschutzklage« nach § 4 S. 2 KSchG) mit dem **Antrag** vor, festzustellen, dass die Änderung der Arbeitsbedingungen sozial ungerechtfertigt oder aus anderen Gründen rechtsunwirksam ist. Die Wirksamkeit der Änderungskündigung hängt von der sozialen Rechtfertigung der Vertragsänderung (*BAG* 19.5.1993 EzA § 1 KSchG Betriebsbedingte Kündigung Nr. 73 [II 1]) und nach der Neufassung des § 4 S. 2 KSchG durch das Gesetz zu Reformen am Arbeitsmarkt vom Fehlen anderer Unwirksamkeitsgründe iSd § 4 S. 1 KSchG nF ab (aufschlussreich, wenngleich zum alten Recht *Berkowsky* AuA 2000, 586 f.). Über den Wortlaut des § 4 S. 2 KSchG hinaus ist insgesamt die Rechtswirksamkeit der Änderung der Vertragsbedingungen angesprochen. Ob deswegen nicht besser ein Antrag des Inhalts zu stellen ist, dass die Änderung der Arbeitsbedingungen durch die Kündigung vom ... unwirksam ist, wird nicht einheitlich beantwortet; im Lichte der Änderung durch das Gesetz zu Reformen am Arbeitsmarkt wird ein Klageantrag entsprechend der Neufassung empfohlen, weil möglicherweise die Gefahr besteht, dass ungeachtet § 6 KSchG andere Unwirksamkeitsgründe nicht in die gerichtliche Prüfung einbezogen würden (*Bader* NZA 2004, 68; vgl. im Übrigen KR-*Rost* § 2 KSchG Rz 147 bis 157). 285

2. Rücknahme der Änderungskündigung ohne Zustimmung des Arbeitnehmers vor Klageerhebung

Der Arbeitgeber kann die Änderung der Arbeitsbedingungen im Ergebnis **einseitig zurücknehmen**. Der Arbeitnehmer hat durch seinen Vorbehalt erklärt, dass er auf jeden Fall gewillt ist, das Arbeitsverhältnis mit dem Arbeitgeber fortzusetzen, sei es nun zu den alten oder zu den neuen Bedingungen. **Der Vorbehalt ist als Angebot** anzusehen, zu den alten Bedingungen weiterzuarbeiten. Nimmt der Arbeitgeber die Änderungskündigung zurück, so liegt darin die Annahme des Angebots des Arbeitnehmers. Der Arbeitnehmer und der Arbeitgeber haben sich wieder auf den ursprünglichen Vertragsinhalt geeinigt (im Ergebnis ebenso *v. Hoyningen-Huene/Linck* Rz 45). 286

3. Rücknahme der Änderungskündigung ohne Zustimmung des Arbeitnehmers nach Klageerhebung

In der **Rücknahme der Kündigung** liegt ein **Anerkenntnis des Klageanspruchs**. Wird ein förmliches Anerkenntnis nicht abgegeben, so ist der Rechtsstreit in der Hauptsache erledigt. In der Rücknahme der Kündigung ist die Annahme des Angebots des Arbeitnehmers, das er durch den Vorbehalt gemacht hat, durch den Arbeitgeber zu sehen mit der Folge, dass eine Einigung über den Fortbestand des Arbeitsverhältnisses zu den alten Bedingungen erzielt wurde. Es ist lediglich noch über die Kosten des Rechtsstreits zu befinden, die idR der Arbeitgeber zu tragen haben wird, § 93, 91a ZPO (vgl. zum ganzen *v. Hoyningen-Huene/Linck* Rz 46). 287

4. Einfluss des Todes des Arbeitnehmers auf den Änderungskündigungsrechtsstreit

Mit dem Tod des Arbeitnehmers ist das Arbeitsverhältnis beendet. Die Erben können, wenn der Arbeitnehmer den Vorbehalt erklärt hatte, entweder selbst klagen oder aber die vom Arbeitnehmer schon begonnene Klage fortsetzen. Der Prozess geht dann nur noch darum ob für die Zeit zwischen Ende der Kündigungsfrist und dem Tod des Arbeitnehmers die alten oder die geänderten Bedingungen gegolten haben. 288

289 Die Erben dürften indes nur dann ein Feststellungsinteresse haben, wenn der Arbeitnehmer hätte unter verschlechterten Vergütungsbedingungen weiterarbeiten sollen. Dann stehen den Erben, wenn sie obsiegen, die **Differenzbeträge** zu (vgl. zum ganzen *v. Hoyningen-Huene/Linck* Rz 49).

5. Streitgegenstand

290 Streitgegenstand ist nach dem Wortlaut des § 4 S. 2 KSchG die **Sozialwidrigkeit der Änderung der Arbeitsbedingungen und ihre Rechtsunwirksamkeit aus anderen Gründen** (vgl. KR-*Rost* § 2 KSchG Rz 150). Nach *BAG* (29.1.1981 EzA § 15 KSchG nF Nr. 26; 29.9.1983 EzA § 15 KSchG nF Nr. 32) sind zumindest dann, wenn der Arbeitnehmer nicht mit dem Antrag nach § 4 S. 2 KSchG klagt, sondern allg. die Unwirksamkeit der Änderung der Arbeitsbedingungen durch eine bestimmte Kündigung geltend macht, wie bei der Kündigungsschutzklage nach § 4 S. 1 KSchG (dazu Rz 219 ff.) alle Unwirksamkeitsgründe zu prüfen. Wegen der gebotenen Gleichstellung mit der gewöhnlichen Kündigungsschutzklage ist es angebracht, trotz des § 4 S. 2 KSchG als **Streitgegenstand die generelle Unwirksamkeit der Änderung anzusehen** (*BAG* 23.3.1983 EzA § 6 KSchG Nr. 1 [3]; offen gelassen von *BAG* 21.1.1993 EzA § 2 KSchG Nr. 18 [zu II der Gründe: Auch bei § 4 S. 2 KSchG entsprechendem Klageantrag sind andere von § 4 S. 1 und S. 2 KSchG nF nicht erfasste Unwirksamkeitsgründe zu prüfen, wenn in der Klagebegründung geltend gemacht]; vgl. zum alten Recht *v. Hoyningen-Huene/Linck* Rz 44, 93; *Boewer* BB 1996, 2618 f.; aA *Schreiber* SAE 1989, 136 f.; vgl. KR-*Rost* § 2 KSchG Rz 155). Das hat zur Folge, dass in diesem Verfahren alle auch nicht von § 4 S. 1 und S. 2 KSchG erfasste Unwirksamkeitsgründe der Änderungskündigung vorzubringen sind, wie fehlende Schriftform, anderenfalls der Arbeitnehmer nach rechtskräftiger Abweisung seiner Klage damit ausgeschlossen ist (zutr. zum alten Recht *Boewer* aaO; aA wohl *Hessel* AR-Blattei D, Kündigungsschutz I A Bl. 6 R). Sonstige nicht unter § 4 S. 1 und S. 2 KSchG fallende Unwirksamkeitsgründe können auch außerhalb der Dreiwochenfrist geltend gemacht werden (vgl. Rz 383).

6. Die Rechtskraft

291 Ist die Klage abgewiesen, so steht **mit Rechtskraft** des Urteils fest, dass an die Stelle der alten Arbeitsbedingungen die geänderten mit Ablauf der Kündigungsfrist getreten sind. Die Änderungskündigung hat sich aus keinem Grunde als unwirksam erwiesen. Weitere Unwirksamkeitsgründe können trotz § 4 S. 2 KSchG in einem neuen Verfahren nicht mehr erfolgreich geltend gemacht werden (*v. Hoyningen-Huene/Linck* Rz 44 aE; *Hess. LAG* 28.2.2003 – 12 Sa 28/02). Hat der Arbeitnehmer rechtskräftig **obsiegt,** so sind die bisherigen Arbeitsbedingungen weiterhin maßgebend. Der Arbeitgeber hat nach § 8 KSchG die alten Arbeitsbedingungen wieder herzustellen (vgl. KR-*Rost* § 8 KSchG Rz 9 ff.).

Eine rechtskräftige Abweisung durch Prozessurteil führt nach dem Ablauf der Fristen der §§ 4 S. 1, 5 Abs. 3 S. 2 KSchG dazu, dass der Arbeitnehmer mit Erfolg keine neue Kündigungsschutzklage erheben kann; es greift die Fiktion des § 7 KSchG, bei außerordentlichen Kündigungen iVm § 13 Abs.1 S. 2 KSchG. Der Arbeitnehmer kann sich mit Erfolg lediglich auf nicht von § 4 KSchG erfasste Rechtsunwirksamkeitsgründe berufen (vgl. zum alten Recht *Hess. LAG* 28.2.2003 – 12 Sa 28/02).

Die Annahme des Angebots unter Vorbehalt kann der Arbeitnehmer nicht mehr wirksam zurücknehmen und von der Änderungsschutzklage auf einen Beendigungsstreit übergehen (*ArbG Elmshorn* 20.8.1986 NZA 1987, 130; vgl. auch KR-*Friedrich* § 6 KSchG Rz 29a).

7. Streitwert

292 Ist bei einer Änderungskündigung der Vorbehalt gem. § 2 KSchG nicht oder nicht fristgerecht erklärt, handelt es sich um einen Fall des § 42 Abs. 4 S. 1 GKG nF (§ 12 Abs. 7 S. 1 ArbGG aF): Es wird um eine Kündigung gestritten, also um den Fortbestand des Arbeitsverhältnisses überhaupt (»Beendigungsrechtsstreit« *BAG* 12.9.1980 – 7 AZR 775/78 – nv; *LAG BW* 17.9.1982 – 1 TA 198/82 – nv; 26.6.1985 – 1 Ta 111/85; GK-ArbGG/*Wenzel* § 12 Rz 211; *Schaub/Linck* § 137 VI 2 Rz 49; *Wenzel* MDR 1969, 976); es gelten in diesem Fall für die **Streitwertfestsetzung** die oben Rz 274 ff. dargestellten Grundsätze.

Bei **Annahme** der Änderung der Arbeitsbedingungen **unter Vorbehalt** ist die Bemessung des Streitwerts umstritten. Da wegen des Vorbehalts feststehe, dass das Arbeitsverhältnis auf jeden Fall fortbestehe (im Falle der Wirksamkeit der Änderung zu den geänderten Bedingungen), wird in unmittelbarer Anwendung des § 42 Abs. 4 S. 1 GKG nF (§ 12 Abs. 7 S. 1 ArbGG aF; GK-ArbGG/*Wenzel* § 12 Rz 212 ff., 217; *LAG Hamm* 8.12.1985 LAGE § 12 ArbGG 1979 Streitwert Nr. 43; 19.10.1989 LAGE § 12 ArbGG 1979 Streitwert Nr. 82) bis zu einem Vierteljahresentgelt (§ 3 ZPO) oder »entsprechend« § 12

Abs. 7 S. 1 ArbGG als Höchstbetrag die **dreimonatige Differenz** eingesetzt (KR-*Rost* § 2 KSchG Rz 174 und die dort genannten und außerdem *LAG Bln.* 7.11.1977 AP Nr. 24 zu § 12 ArbGG 1953; 8.7.1996 – 7 Ta 43/96 (Kost); *ArbG Bln.* 10.3.1970 DB 1970, 1036; *Ratajczak* S. 127; *LAG BW* 17.9.1982 aaO; 19.4.1985 AnwBl. 1985, 588 f. [zzgl. etwaiger weiterer mit der Änderungskündigung verbundener vermögensrechtlicher Einbußen: Umwandlung vom Angestellten- in ein Arbeiterverhältnis ein Monatslohn wegen der kürzeren Kündigungsfristen]). Letztere Handhabung der Streitwertbemessung bei Annahme der Änderungskündigung unter Vorbehalt führt häufig zu lächerlich geringen Streitwerten (vgl. *Frohner* BB 1980, 1529), die in keiner Weise der Bedeutung der Änderungskündigung und der Schwierigkeiten eines Änderungsschutzprozesses Rechnung tragen (zust. *Berkowsky* NZA-RR 2003, 458). Wird einem Angestellten das Gehalt um 30 Euro gekürzt, etwa mit der Begründung, sein Gehalt müsse dem Betriebsniveau angepasst werden, so bedeutet das nach dieser Auffassung einen Streitwert von 90 Euro, wobei nicht einmal vom Streitwert her die Berufung möglich ist, weil die Wertfestsetzung im Urteil die Höhe der Beschwer begrenzt (GK-ArbGG/*Schütz* § 61 Rz 19 ff. mwN), wenn die Berufung nicht ausdrücklich zugelassen wird. Dabei ist nicht nur zu berücksichtigen, dass der im Urteil festgesetzte Wert idR auch Grundlage für die Höhe der Vergütung des Rechtsanwaltes ist, die dem häufig rechtlich und tatsächlich schwierigen Änderungskündigungsschutzprozess in etwa angemessen sein sollte, sondern auch, dass eine für den Arbeitgeber erfolgreiche Änderungskündigung idR für den Arbeitnehmer einen nicht **unerheblichen Prestigeverlust** darstellt. Damit ist die Frage für den Arbeitnehmer, ob die Änderungskündigung wirksam ist oder nicht, nicht nur wegen der etwaigen materiellen Einbuße bedeutsam, sondern auch aus sonstigen Gründen, was sich nur in einem erhöhten Streitwert ausdrücken kann. Deshalb war in der 1. Aufl. (Rz 292) die analoge Anwendung des § 12 Abs. 7 S. 2 ArbGG vorgeschlagen worden, allerdings mit der Begrenzung auf den Höchstrahmen des § 12 Abs. 7 S. 1 ArbGG, was jetzt dem Abstellen auf den dreijährigen Unterschiedsbetrag entsprechend § 42 Abs. 3 GKG nF, § 23 Abs. 1 S. 1 RVG iVm der entsprechenden Anwendung des § 42 Abs. 4 S. 1 GKG nF als »Kappungsgrenze« entspräche. Dem ist die Rspr. zT gefolgt (*LAG Köln* 20.4.1982 EzA § 12 ArbGG 1979 Streitwert Nr. 13 für eine im Wege der Änderungskündigung vorgenommene Rückgruppierung; 16.9.1986 JurBüro 1987 Sp. 625; 22.3.1999 LAGE § 28 BRAGO Nr. 44a; 26.1.2005 LAGE § 42 GKG 2004 Nr. 3 für eine angenommene Tätigkeitsänderung unter Aufstockung zur Vollzeitbeschäftigung; 12.5.2005 – 7 Ta 32/05 – NZA-RR 2006, 47 = EzA-SD 25/2005, 16 für eine auf unbefristete Vergütungsreduzierung gerichtete Änderungskündigung; *LAG München* 16.1.1984 EzA § 12 ArbGG 1979 Streitwert Nr. 28 für eine zum Zweck der Verringerung laufender finanzieller Leistungen ausgesprochene Änderungskündigung; 31.5.1985 AP Nr. 10 zu § 12 ArbGG 1979; *LAG Brem.* 5.5.1987 LAGE § 12 ArbGG 1979 Streitwert Nr. 63; zust. *Hecker* AnwBl. 1984, 119; **abl.** *LAG Hamm* 15.6.1982 EzA § 12 ArbGG 1979 Streitwert Nr. 14; *LAG Frankf.* 10.4.1985 NZA 1986, 35 = ARSt 1985 Nr. 1198 = DB 1986, 1400; 18.2.1999 MDR 1999, 945 = JurBüro 1999, 475 = DB 1999, 1276; *LAG RhPf* 25.4.1985 LAGE § 12 ArbGG 1979 Streitwert Nr. 37; *LAG BW* 18.6.1990 JurBüro 1990 Sp. 1268; *Wenzel* aaO).

Demgegenüber pauschaliert das *LAG Düssel.* (30.8.1984 EzA § 12 ArbGG 1979 Streitwert Nr. 35; 21.8.1986 JurBüro 1987 Sp. 625; 8.11.1990 LAGE § 12 ArbGG 1979 Streitwert Nr. 87) unabhängig davon, ob der betroffene Bereich bezifferbar ist, den Streitwert auf zwei Monatslöhne (so jetzt auch *LAG Bln.* 29.5.1998 LAGE § 12 ArbGG 1979 Streitwert Nr. 114; 17.7.1998 LAGE § 12 ArbGG 1979 Streitwert Nr. 119).

Das *LAG Frankf.* (10.4.1985 aaO) nimmt einen »Regelwert von einem Monatsbezug« an (ebenso 18.2.1999 MDR 1999, 945 = JurBüro 1999, 475 = DB 1999,1276, wenn es nicht um eine Änderung der Vergütung geht).

Berkowsky (NZA-RR 2003, 458) favorisiert die Festsetzung des Streitwerts auf idR drei Monatseinkommen, auch eine unter Vorbehalt angenommene Änderungskündigung sei eine Kündigung.

Pauschalen mögen praktikabel sein, sind aber nicht begründbar. Nach *BAG* 23.3.1989 EzA § 12 ArbGG 1979 Streitwert Nr. 64 ist in Anwendung der §§ 12 ff. GKG aF, insbes. § 17 Abs. 3 GKG aF iVm § 3 ZPO grds. vom dreifachen Jahresbetrag des Wertes der Änderung auszugehen, allerdings dürfe der Gebührenstreitwert keine der in § 12 Abs. 7 S. 1 und S. 2 ArbGG aF genannten Grenzen überschreiten. Sei dies der Fall, gelte die niedrigste Obergrenze. Dem sind die Instanzgerichte überwiegend nicht gefolgt (*LAG Hamm* 19.10.1989 aaO; *LAG Düssel.* 8.11.1990 LAGE § 12 ArbGG 1979 Streitwert Nr. 87; zust. aber *LAG RhPf* 25.2.1991 LAGE § 12 ArbGG 1979 Streitwert Nr. 91; 19.3.1999 LAGE § 12 ArbGG 1979 Streitwert Nr. 117a; *LAG Hmb.* 28.10.1996 JurBüro 1997, 593 f. »aus Gründen der Rechtseinheit« = LAGE § 12 ArbGG 1979 Streitwert Nr. 110; *Sächs. LAG* 2.1.1997 LAGE § 12 ArbGG 1979 Streitwert Nr. 109). Die in der 1. Aufl. (Rz 292) vorgeschlagene analoge Anwendung des § 12 Abs. 7 S. 2 ArbGG aF (jetzt § 42 Abs. 3 GKG nF) ist zu starr. Sie berücksichtigt nicht, dass § 12 Abs. 7 S. 1 ArbGG aF (jetzt § 42 Abs. 4 S. 1 GKG nF) nur einen Höchstrahmen darstellt, der nicht ausgeschöpft werden muss (vgl. Rz 277), was auch für Änderungskündigungen zu beachten ist. Außerdem ist zu berücksichtigen, dass die analoge Anwendung des § 12 Abs. 7 S. 2 ArbGG aF (jetzt § 42 Abs. 3 GKG nF) nicht weiterhilft, wenn der Lohn oder das Gehalt oder sonstige geldwerte Leistungen durch eine Änderungskündigung nicht berührt werden. Dann fehlt eine monatliche Entgeltdifferenz. Die Streitwertfestsetzung muss richtigerweise nach §§ 3 ff. ZPO erfolgen, wobei § 12 Abs. 7 S. 1 ArbGG aF (jetzt § 42 Abs. 4 S. 1 GKG nF) den Streitwert auf höchstens drei Monatsbezüge begrenzt (*LAG BW* 26.11.1990 – 11 Sa 121/89 – nv). Geht es um Einkommensänderungen, so ist idR nicht von der vierteljährlichen Einkommensdifferenz auszugehen, sondern unter Berücksichtigung des regelmäßig mit einer für den Arbeitgeber erfolgreichen Änderungskündigung für den Arbeitnehmer verbundenen nicht unerheblichen Prestigeverlustes von einem demgegenüber höheren Streitwert, wobei die Dauer der Betriebszugehörigkeit eine Rolle spielen kann. Nach *LAG Hamm* (21.5.1974 AuR 1974, 313; 15.6.1982 EzA § 12 ArbGG 1979 Streitwert Nr. 14; 21.11.1985 LAGE § 12 ArbGG 1979 Streitwert Nr. 43; 24.7.1986 AnwBl. 1986, 544 = DB 1986, 1932; 19.10.1989 LAGE § 12 ArbGG 1979 Streitwert Nr. 82; *LAG BW* 1.8.1991 – 8 Ta 68/91 – für den Fall der Klage auf Annahme einer Arbeitsvertragsänderung; anders 3. Kammer 29.10.1991 JurBüro 1992 Sp. 627; § 3 ZPO ungeachtet § 12 Abs. 7 S. 1 ArbGG aF) ist der Streitwert zwischen der vierteljährlichen Einkommensdifferenz und dem Vierteljahreseinkommen nach dem individuellen wirtschaftlichen Interesse des Arbeitnehmers festzusetzen, bei der auch Gesichtspunkte des Prestiges und der Rehabilitation zu berücksichtigen sind (ebenso GK-ArbGG/*Wenzel* § 12 Rz 217). Werden Lohn oder Gehalt oder sonstige geldwerte Leistungen durch die Änderungskündigung nicht berührt (zB Versetzung ohne Änderung der Bezüge), so kann der Gegenstandswert nicht mangels einer monatlichen Entgeltdifferenz Null sein; eine Schätzung im Rahmen der Wertgrenze des § 12 Abs. 7 S. 1 ArbGG aF (jetzt § 42 Abs. 4 S. 1 GKG nF) ist angebracht (*LAG BW* 17.9.1982 aaO; 2.1.1991 DB 1991, 1840), wobei der Gesichtspunkt des Prestiges oder die Rehabilitation zu berücksichtigen sind (KR-*Rost* 2 KSchG Rz 175; *LAG Hamm* 8.7.1982 EzA § 12 ArbGG 1979 Streitwert Nr. 26 [1.000 DM bei Versetzung in 800m entfernte Filiale bei unveränderten Bezügen 1.800 DM und nicht erkennbarem disziplinarischen Hintergrund]; *LAG Bln.* 3.8.1982 AuR 1983, 124 = ARSt 1983 Nr. 1135]. Wenn Gegenstand der unter Vorbehalt angenommenen Änderungskündigung eine **Befristung** ist, sind nach *Hess. LAG* 15.7.2003 – 15 Ta 186/03 – drei Bruttomonatsvergütungen anzusetzen.

Das *LAG Köln* (26.1.2005 LAGE § 42 GKG 2004 Nr. 3) greift auf den Hilfswert des § 23 Abs. 3 RVG (4.000 €) zurück, wenn dem Sachverhalt keine Anhaltspunkte für eine Bezifferung des wirtschaftlichen Werts zu entnehmen sind.

Der Weiterbeschäftigungsanspruch hat bei vorbehaltener Annahme der Änderungskündigung nach § 2 KSchG keinen eigenen Wert (*LAG BW* 19.4.1985 AnwBl. 1985, 588 [589] = AuR 1986, 59 = DB 1985, 1539 = ARSt 1985 Nr. 1148; **aA** LAG *Köln* 26.1.2005 LAGE § 42 GKG 2004 Nr. 3: Ein Monatsbruttoverdienst).

Für die Bewertung einer außerordentlichen Kündigung bei Annahme unter Vorbehalt gilt nichts anderes (GK-ArbGG/*Wenzel* § 12 Rz 218).

F. Klagerücknahme, Klageverzicht, Verzicht auf Kündigungsschutz

I. Kündigungsschutz und Klagerücknahme

293 Der Arbeitnehmer kann die **Kündigungsschutzklage** bis zum Stellen der Anträge ohne Einwilligung des Arbeitgebers **zurücknehmen** (§ 54 Abs. 2 S. 1 ArbGG). Sobald der Arbeitgeber zur Hauptsache mündlich verhandelt hat, ist seine Einwilligung zur Klagerücknahme erforderlich. **Der Zeitpunkt,** der für die Zustimmungsbedürftigkeit der Klagerücknahme maßgebend ist, ist **der des Beginns der Begründung des Klageabweisungsantrages in der Sache.** Dabei ist die Stellung des Klageabweisungsantrages ausreichend, wenn erkennbar ist, ob der Abweisungsantrag auf Sachabweisung oder auf ein Prozessurteil gerichtet ist (vgl. *Rosenberg/Schwab/Gottwald* § 130 II 2a; *Walther* Klageänderung und Klagerücknahme, Erlanger juristische Abhandlungen Band 3, Köln 1969, S. 33 f.; *Thomas/Putzo-Reichold* § 269 Rz 9). Das bedeutet, dass die Klagerücknahme ohne Einwilligung des Arbeitgebers nicht nur im Gütetermin (§ 54 ArbGG), sondern noch in der Verhandlung vor der Kammer möglich ist, solange der Abweisungsantrag auf Sachabweisung durch den Arbeitgeber noch nicht gestellt ist.

294 Wird die Klage wirksam ohne oder mit Einwilligung des Beklagten zurückgenommen, so ist der **Rechtsstreit als nicht anhängig geworden anzusehen** (§ 269 Abs. 3 S. 1 1. Hs. ZPO). Daraus folgt, dass,

war im Zeitpunkt der Rücknahme die Dreiwochenfrist des § 4 KSchG abgelaufen, die Kündigung jedenfalls nach § 7 KSchG wirksam geworden ist (vgl. *v. Hoyningen-Huene/Linck* Rz 42; *BAG* 24.9.1987 – 2 AZR 4/87 – nv; 26.6.2002 EzA § 17 TzBfG Nr. 2). War die Dreiwochenfrist noch nicht abgelaufen, so steht einer erneuten Erhebung der Kündigungsschutzklage binnen Ablauf der Dreiwochenfrist nichts im Wege. Begründet der Arbeitnehmer die »Rücknahme« der Kündigungsschutzklage ausschließlich damit, ab einem bestimmten Zeitpunkt eine neue Stellung gefunden zu haben, und verfolgt er den Anspruch auf Annahmeverzugslohn für die Zeit nach Ablauf der Kündigungsfrist bis zum Beginn des neuen Arbeitsverhältnisses weiter, so ergibt die Auslegung, dass er nur für die Zukunft am Arbeitsverhältnis nicht festhalten will, gleichwohl aber an dem Ziel, die Unwirksamkeit der Kündigung feststellen zu lassen, festhalten will. Von dieser Feststellung hängen die Annahmeverzugslöhne ab (*LAG Köln* 28.2.2002 LAGReport 2003, 7; vgl. Rz 20 f.).

II. Kündigungsschutz und Klageverzicht (§ 306 ZPO)

Verzichtet der klagende Arbeitnehmer auf den mit der Klage geltend gemachten Feststellungsanspruch iSd § 4 KSchG (**§ 306 ZPO**), so ist auf Antrag des beklagten Arbeitgebers die Klage wegen des Verzichts als **unbegründet** abzuweisen. Es handelt sich also um eine Sachabweisung. Mit Rechtskraft des Verzichtsurteils steht wegen der eingetretenen Unklagbarkeit des Anspruchs fest, dass die Kündigung wirksam ist und das Arbeitsverhältnis mit Ablauf der Kündigungsfrist aufgelöst ist oder aufgelöst werden wird. Nach dem Verzichtsurteil steht der erneuten Klage gegen dieselbe Kündigung die Rechtskraft entgegen (vgl. *v. Hoyningen-Huene/Linck* Rz 42). 295

III. Verzicht auf Kündigungsschutz durch Vertrag

1. Zulässigkeit des Verzichts auf den Kündigungsschutz im Allgemeinen

Es ist anerkannt, dass ein Arbeitnehmer **nicht im voraus auf den Kündigungsschutz wirksam verzichten** kann. Das gilt sowohl für den besonderen Kündigungsschutz (zB § 9 MuSchG; § 85 SGB IX; § 15 KSchG) als auch für den allgemeinen Kündigungsschutz. Ein derartiger Verzicht ist weder vor Beginn des Arbeitsverhältnisses noch nach Beginn des Arbeitsverhältnisses für eine künftige Kündigung möglich (*v. Hoyningen-Huene/Linck* § 1 Rz 10, § 15 Rz 2; *SPV-Preis* Rz 872, 1253 ff.; *BAG* 19.12.1974 EzA § 305 BGB Nr. 6; *LAG Bln.* 7.1.1964 BB 1964, 966; *LAG Düssel.* 27.2.1979 EzA § 4 KSchG nF Nr. 14; *LAG Frankf.* 21.11.1986 – 13 Sa 455/86 – nv; *LAG München* 29.10.1987 BB 1988, 348). 296

Dann hat der Wunsch des Arbeitnehmers, der Arbeitgeber möge ihm kündigen, kündigungsrechtlich keine Bedeutung. Hielte man den Arbeitnehmer an diesem Verlangen fest, kommt das einem Vorausverzicht auf den Kündigungsschutz gleich. Der Arbeitnehmer ist nicht gehindert, sich gegen eine Kündigung des Arbeitgebers mit einer Kündigungsschutzklage zu wehren (*LAG Frankf.* 24.4.1987 LAGE § 4 KSchG Verzicht Nr. 1; *ArbG Bochum* 3.4.1981 ARSt 1981, 191 Nr. 1242). Grenze ist – wie stets – § 242 BGB (KR-*Griebeling* § 1 KSchG Rz 36b; *ArbG Wuppertal* 5.4.1979 DB 1980, 1127 = Versicherungswirtschaft 1980, 979; *LAG Bln.* 31.10.1988 LAGE § 9 MuSchG Nr. 9; unzulässige Rechtsausübung; *LAG Köln* 11.1.1984 DB 1984, 1150; 24.10.1990 LAGE § 242 BGB Prozessverwirkung Nr. 4). 296a

Dagegen kann der Arbeitnehmer auf den Kündigungsschutz nach Ausspruch der Kündigung und bereits vor Ablauf der Dreiwochenfrist wirksam verzichten. Das ergibt sich daraus, dass der Arbeitnehmer **die Kündigung hinnehmen** kann (*BAG* 6.4.1977 EzA § 4 KSchG nF Nr. 12; 25.9.1969 AP Nr. 36 zu § 3 KSchG 1951; 3.5.1979 EzA § 4 KSchG Nr. 15; *LAG Düssel.* 2.10.1992 LAGE § 4 KSchG Nr. 22; *SPV-Preis* Rz 1253; *Stahlhacke* NJW 1968, 581; *Hueck/Nipperdey* I § 63, S. 624 f.; für eine Ausdehnung des Verzichtsverbots auf die Klagefrist des § 4 KSchG treten *Herschel* Anm. zu *BAG* 6.4.1977 AP Nr. 4 zu § 4 KSchG 1969; MünchKomm-*Schwerdtner* 3. Aufl., § 622 BGB Anh. Rz 161 mwN Fn 574 ein). Dem Arbeitnehmer steht es frei, eine Kündigung gegen sich gelten zu lassen, gleichgültig, ob sie sozialwidrig oder aus anderen Gründen iSd § 4 S. 1 KSchG nF oder aus Gründen, die nicht von § 4 S. 1 KSchG nF erfasst sind, unwirksam ist (vgl. *BAG* 3.5.1979 aaO [II 2 a]). Er kann mit dem Arbeitgeber – vergleichsweise – vereinbaren, dass das Arbeitsverhältnis aufgrund der Kündigung – zu einem bestimmten Zeitpunkt endet (*BAG* 25.4.1991 EzA § 611 BGB Gratifikation, Prämie Nr. 85 zu II 2 der Gründe mwN). Erhebt der Arbeitnehmer keine Kündigungsschutzklage, so wird die sozialwidrige oder aus anderen Gründen unwirksame Kündigung von Anfang an wirksam (§ 7 KSchG). Geht der Arbeitnehmer gegen eine wegen nicht von § 4 S. 1 KSchG nF erfassten Gründen unwirksame Kündigung nicht vor, so wird diese Kündigung dadurch faktisch wirksam, dass der Arbeitnehmer nach einem aufgrund des Einzelfalles festzusetzenden Zeitablauf das Recht **verwirkt**, gegen die Kündigung vorzugehen (vgl. dazu KR- 297

Friedrich § 13 KSchG Rz 304 ff.). Deshalb ist die auf der Kopie des Kündigungsschreibens vom Arbeitnehmer unterzeichnete Erklärung, der vier Monate von der Verpflichtung zur Arbeitsleistung unter Fortzahlung der Bezüge unwiderruflich bis zum Ausscheiden freigestellt wird, »Wie mit Ihnen bereits besprochen, erklären Sie sich ausdrücklich bereit, aus Anlass der Ihnen ausgesprochenen Kündigung von Ihrem Recht, Kündigungsschutzklage zu erheben, keinen Gebrauch zu machen«, für die Annahme eines Verzichts als ausreichend anzusehen (*LAG RhPf* 22.7.1997 LAGE § 4 KSchG Verzicht Nr. 3: »Ich nehme die Kündigung an und verzichte auf ein Klagerecht«; *LAG Nds.* 26.9.1999, LAGE § 4 KSchG Verzicht Nr. 4: »Ich verzichte ausdrücklich auf die Erhebung einer Kündigungsschutzklage«; zwingende tarifvertragliche Kündigungsfrist nicht erfaßt, § 4 Abs. 4 TVG; *LAG Köln* 22.2.2000 LAGE § 4 KSchG Verzicht Nr. 6: »Zur Kenntnis genommen und hiermit einverstanden«, sehr weitgehend, anders *LAG Düsseld.* 19.10.1999 LAGE § 4 KSchG Verzicht Nr. 5 für »Kündigung erhalten und mit dem Inhalt einverstanden«, allerdings bei verschiedenen weiteren Punkten in der Kündigungserklärung; vgl. auch *LAG Köln* 7.11.1997 LAGE § 4 KSchG Verzicht Nr. 2: Kündigung als fristlose nicht »akzeptiert«, wohl aber als ordentliche fristgemäße Kündigung in der Probezeit bei Aufforderung, das Arbeitsverhältnis abzuwickeln »zur Vermeidung einer entsprechenden arbeitsgerichtlichen Klage«; *ArbG Düsseld.* 4.10.1999 DB 2000, 2022: Verzicht auf einen – möglicherweise bestehenden – Widereinstellungsanspruch mit der Erklärung: »Ich verzichte auf ein Recht, das Fortbestehen des Arbeitsverhältnisses geltend zu machen« nach Erhalt der Kündigungserklärung; *Thür. LAG* 5.9.2000 – 7 Sa 654/99: »Kündigung anerkannt, keine Anforderungen mehr an die Firma ...« vor Erhebung der Kündigungsschutzklage, damit ist deutlich gemacht, dass gegen die Kündigung keine Einwendungen erhoben werden, das ist eindeutig, Anerkennung der Kündigung und Klage gegen die Kündigung schließen sich aus, konsequent ergänzende Bestätigung, dass »Anforderungen« an die Firma nicht mehr bestehen; *LAG Hamm* 9.10.2003 – 11 Sa 515/03 – NZA 2004, 242: Aushändigung schriftlicher betriebsbedingter Kündigung, Arbeitnehmer unterschreibt Empfangsbestätigung und auch den gesondert unter die Kündigungserklärung gesetzten Text »Den Fortbestand des Arbeitsverhältnisses über den 31.12.2002 hinaus werde ich nicht geltend machen.« Zug um Zug gegen schriftliche Zusage einer Abfindung von 5.000 Euro). Der Klageverzicht muss vom Arbeitgeber nicht gesondert gegengezeichnet werden so dass § 623 BGB nicht verletzt ist. Eine Klageverzichtsvereinbarung unterliegt nicht dem Widerrufsrecht nach §§ 312, 355 BGB (*LAG Hamm* aaO).

298 In einem **bloßen Schweigen** des Arbeitnehmers gegenüber dem Arbeitgeber nach Ausspruch der Kündigung liegt **kein Verzicht** (*Hueck/Nipperdey* I § 63, 2, S. 625 Fn. 6; *v. Hoyningen-Huene/Linck* § 1 Rz 12; vgl. KR-*Griebeling* § 1 KSchG Rz 36b). Der Arbeitnehmer hat bei ordentlicher oder außerordentlicher Kündigung drei Wochen, bei einer nicht in den Bereich des § 4, § 13 Abs. 1 S. 2, § 13 Abs. 2, § 13 Abs. 3 KSchG fallenden Kündigung angemessene Zeit sich zu überlegen, ob er gegen die Kündigung vorgehen will. Er ist nicht verpflichtet, den Arbeitgeber über etwaige Klageabsichten zu informieren.

299 Dagegen wird in der Einigung über die Zahlung einer Abfindung ein Verzicht auf den Kündigungsschutz zu sehen sein (*Hueck/Nipperdey* I, § 63, 2, S. 625 Fn 6). Davon ist aber dann nicht auszugehen, wenn der Arbeitgeber während des Laufs des Kündigungsrechtsstreits eine Abfindung **einfach auszahlt, der Arbeitnehmer sie faktisch annimmt** (vgl. *BAG* 30.11.1977 – 5 AZR 716/76 – nv).

300 Wenn sich der Arbeitnehmer mit dem Arbeitgeber nach Ausspruch der Kündigung über eine **vorübergehende Weiterbeschäftigung einigt,** so ist ein Verzicht auf den (weitergehenden) Kündigungsschutz anzunehmen (*Hueck/Nipperdey* I § 63, 2, S. 625 Fn 6).

300a Erklärt sich ein Arbeitnehmer, demgegenüber eine Kündigungsabsicht oder eine Kündigungserklärung eröffnet wurde, auf die bei dieser Gelegenheit angebotenen Möglichkeit, aus »optischen Gründen« selbst kündigen zu können, dazu bereit, so erklärt er damit nach *LAG Frankf.* (13.2.1980 ARSt 1981 Nr. 1067) zugleich, dass er keine gerichtlichen Schritte unternehmen werde und mit der Aufhebung des Arbeitsverhältnisses einverstanden sei (ähnlich *LAG Saarl.* 3.12.1980 ARSt 1981 Nr. 59 = AuR 1981, 283: Ausspruch der außerordentlichen und vorsorglich der ordentlichen Kündigung, der Arbeitnehmer erklärt, das sei gar nicht nötig, es sei schon in Ordnung, er nehme das erste an; vgl. auch *LAG Köln* 11.1.1984 DB 1984, 1150).

301 In der Praxis spielen unter dem Gesichtspunkt des Verzichts auf den Kündigungsschutz im Allgemeinen nur die sog. **Ausgleichsquittungen** eine Rolle. Die Arbeitgeber legen sie in den Kündigungsschutzverfahren vor mit dem Hinweis, dass in diesen ein Verzicht auf den Kündigungsschutz erklärt wurde.

2. Verzicht auf den Kündigungsschutz durch Ausgleichsquittung

Ausgleichsquittungen werden idR in Verbindung mit der Aushändigung der Arbeitspapiere, etwaigen Restlohnes, etwaiger Abgeltung nicht mehr in Natur gewährten Urlaubs den Arbeitnehmern vorgelegt und von ihnen unterschrieben. Im Allgemeinen ist das Erstaunen und die Überraschung der Arbeitnehmer groß, wenn der Arbeitgeber dem Gericht die Ausgleichsquittung mit dem Bemerken vorlegt, damit sei der Prozess wohl ausgestanden. 302

Ob der Arbeitnehmer mit der Unterzeichnung einer Ausgleichsquittung auf den Kündigungsschutz verzichtet hat, hängt nach der Praxis der Gerichte von dem **Wortlaut der Ausgleichsquittung** ab. 303

Die früher häufig anzutreffende Formulierung »ich bestätige, keine weiteren Ansprüche gegen die Firma mehr zu haben« oder »Ansprüche an die Firma ... habe ich nicht mehr« (wie bei *LAG Düsseld.* 16.8.1966 AP Nr. 3 zu § 611 BGB), bezieht sich nach ihrem Wortlaut auf **Ansprüche** des Arbeitnehmers gegen den Arbeitgeber. Sie stellt klar, dass zwischen dem Arbeitnehmer und dem Arbeitgeber aus dem bestandenen Arbeitsverhältnis kein Anspruch (iSd § 194 BGB, nämlich das Recht, von dem anderen ein Tun oder Unterlassen zu fordern) mehr besteht. Damit sind vor allem **Zahlungsansprüche** angesprochen, also **Lohnansprüche** einschließlich die Bezahlung etwaiger Mehr- oder Überarbeit, Feiertagsbezahlung usw., soweit nicht gesetzliche Vorschriften den Verzicht auf derartige Ansprüche verhindern (zB § 4 Abs. 4 TVG). Aus dem Verzicht auf Leistungen für die Zeit, in der der Arbeitnehmer bei dem Arbeitgeber gearbeitet hat, **kann nicht auf das Einverständnis mit der Beendigung des Arbeitsverhältnisses** und damit auf den Verzicht auf den Kündigungsschutz geschlossen werden. Eine derartige Formulierung wird daher nicht als Verzicht auf den Kündigungsschutz verstanden (*LAG Düsseld.* aaO [zu 4 der Gründe]). 304

Dagegen hat die Rspr. einen Verzicht auf den Kündigungsschutz dann angenommen, wenn der Arbeitnehmer nicht nur auf die Ansprüche aus dem Arbeitsverhältnis verzichtet, **sondern auch auf die aus seiner Beendigung**. Damit hatte sie die in der Praxis früher (vgl. aber noch *ArbG Kaiserslautern Kammer Pirmasens* 20.1.1992 ARSt 1992, 168 Nr. 69) übliche Formulierung »Ansprüche aus dem Arbeitsverhältnis und seiner Beendigung habe ich nicht mehr« (*LAG Düsseld.* aaO [zu 3 der Gründe Bl. 4]) abgesegnet. Aufgrund der Sätze »Damit sind alle meine Ansprüche aus dem Arbeitsverhältnis abgegolten. Ich erkläre ausdrücklich, dass mir aus Anlass der Beendigung des Arbeitsverhältnisses keine Ansprüche mehr zustehen«, die im Text der Ausgleichsquittung durch Fettdruck aus dem übrigen Text der Ausgleichsquittungen hervorgehoben waren, und dem Zusatz: »Diese Bescheinigung habe ich sorgfältig gelesen«, hat das *BAG* einen Verzicht auf die Geltendmachung der Sozialwidrigkeit der Kündigung angenommen (25.9.1969 EzA § 1 KSchG Nr. 14). Zu demselben Ereignis kam das *BAG* aufgrund der Formulierung »und bestätige hiermit ..., dass damit sämtliche Ansprüche aus dem Arbeitsverhältnis und seiner Beendigung, gleich aus welchem Rechtsgrunde, ausgeglichen sind. Gegen die Kündigung werden von mir keine Einwendungen erhoben. Ich erkläre ausdrücklich, diese Bescheinigung sorgfältig gelesen zu haben« (6.4.1977 EzA § 4 KSchG nF Nr. 12; vgl. ferner *LAG Düsseld.* 2.9.1976 DB 1977, 871 u. 6.12.1976 AuR 1977, 281). 305

Nach dieser Entscheidung konnte ein derartiger Verzicht auch noch **nach Rechtshängigkeit der Kündigungsschutzklage** und **Beginn des Kündigungsschutzprozesses** erklärt werden. Allerdings stellte das BAG an die Eindeutigkeit der entsprechenden Verzichtserklärung besonders strenge Anforderungen, wobei nach Auffassung des *BAG* ein Verzicht auf die Rechte aus dem KSchG kaum deutlicher als mit dem genannten Wortlaut zum Ausdruck gebracht werde (6.4.1977 EzA § 4 KSchG nF Nr. 12, Bl. 2 R der Gründe). 306

Diese von der Rspr. entwickelten Grundsätze wurden überwiegend gebilligt (vgl. zB *Grüll* S. 147; *Staudinger/Neumann* 12. Aufl., vor § 620 BGB Rz 151). 307

Dem entsprach es, dass das *BAG* im Urt. v. 29.6.1978 (EzA § 4 KSchG nF Nr. 13) eine »Ausgleichsquittung« mit dem Satz »es bestehen nunmehr keinerlei Rechte aus dem Arbeitsverhältnis« als nicht ausreichend angesehen hat. Es hat betont, dass ein Verzicht auf den Kündigungsschutz, der je nach Lage des Falles einen Vergleich, einen Aufhebungsvertrag oder ein Klagerücknahmeversprechen bedeuten kann, aus Gründen der Rechtsklarheit in der Urkunde selbst unmissverständlich zum Ausdruck kommen muss, etwa in der Weise, dass der Arbeitnehmer erklärt, er wolle von seinem Recht, das Fortbestehen seines Arbeitsverhältnisses geltend zu machen, Abstand nehmen oder eine mit diesem Ziel bereits erhobene Klage nicht durchführen. Nur dann ist nach der Auffassung des BAG sichergestellt, dass der Arbeitnehmer bei Unterschriftsleistung die Tragweite seiner Erklärung erkennt und 308 dass spätere Unklarheiten über den Erklärungswillen des Arbeitnehmers weitgehend ausgeräumt sind. Der zitierte Satz lasse den Willen des Arbeitnehmers, auf Erhebung oder Durchführung der Kündigungsschutzklage zu verzichten, nicht erkennen. Der Text unterscheide nicht zwischen den Rechten aus dem Arbeitsverhältnis und den Rechten aus Anlass der Beendigung des Arbeitsverhältnisses. In der Entscheidung v. 3.5.1979 (EzA §4 KSchG nF Nr. 15, bestätigt von *BAG* 17.5.2001 EzA §620 BGB Kündigung Nr. 3 [II 2 b]) hat das BAG den Grundsatz bestätigt, dass der Arbeitnehmer auch in einer sog. Ausgleichsquittung auf die Erhebung oder Durchführung der Kündigungsschutzklage verzichten kann und ein solcher Verzicht in der Urkunde selbst zweifelsfrei zum Ausdruck kommen muss. Es hat aber unter Aufgabe der oben genannten Entscheidung v. 25.9.1969 (EzA §1 KSchG Nr. 14) entschieden, dass die in einer Ausgleichsquittung enthaltene Wendung »Ich erkläre hiermit, dass mir aus Anlass der Beendigung des Arbeitsverhältnisses keine Ansprüche mehr zustehen«, nicht geeignet ist, die vertragliche Verpflichtung des Arbeitnehmers zu begründen, auf Erhebung oder Durchführung der Kündigungsschutzklage zu verzichten. Eine derartige Ausgleichsquittung lasse den Willen des Arbeitnehmers – der Arbeitnehmer hatte bereits Kündigungsschutzklage erhoben, über die schon eine erfolglose Güteverhandlung stattgefunden hatte mit dem Ergebnis, dass Kammertermin anberaumt worden war unter gleichzeitiger Anordnung der Zeugenladung und des persönlichen Erscheinens des Klägers – auf die Durchführung der bereits erhobenen Kündigungsschutzklage zu verzichten, nicht erkennen. In Betracht kommt nach dieser Entscheidung des BAG für einen Verzicht auf die weitere Durchführung der Kündigungsschutzklage nur ein vertragliches Klagerücknahmeversprechen, ein Aufhebungsvertrag oder ein Vergleich, nicht aber die hier vom Arbeitnehmer unterschriebene Erklärung. **Der Sonderfall der Unterzeichnung einer Ausgleichsquittung nach Rechtshängigkeit der Kündigungsschutzklage bzw. nach Beginn des Kündigungsschutzprozesses dürfte mit dieser Entscheidung geklärt sein** (vgl. zB *ArbG Osnabrück* 28.7.1981 ARSt 1981 Nr. 165; *LAG Bln.* 26.7.1982 EzA §4 KSchG nF Nr. 22 = ZIP 1982, 1352). Bleiben die Fälle der **Ausgleichsquittung vor Erhebung einer Kündigungsschutzklage**. Der 5. Senat des *BAG* hat am 20.8.1980 (EzA §8 LFZG Nr. 7) für den Verzicht auf einen etwaigen Lohnfortzahlungsanspruch durch eine Ausgleichsquittung entschieden, dass ein dem Wortlaut nach eindeutiger Forderungsverzicht – die Bestätigung, die Arbeitspapiere, restlichen Lohn erhalten zu haben, Erklärung, dass damit alle Ansprüche aus dem Arbeitsverhältnis abgegolten seien und keine Forderungen mehr gegen die Firma bestünden, ganz gleich aus welchem Rechtsgrunde, wird nur als Quittung über den Erhalt der Papiere und möglicherweise als Anerkenntnis der Richtigkeit der Lohnabrechnung angesehen – insoweit nur vorliegt, wenn sich aus den Umständen ergibt, dass der Arbeitnehmer diese Bedeutung seiner Unterschrift (nämlich, dass er damit auf einen etwaigen Lohnfortzahlungsanspruch verzichtet) erkannt hat. Überträgt man diese Entscheidung auf den Verzicht auf Kündigungsschutz durch eine – allgemein gehaltene, den Kündigungsschutz aber erfassende – Ausgleichsquittung, so dürfte ein Verzicht auf Kündigungsschutz durch eine derartige Ausgleichsquittung nicht mehr möglich sein (*Apel* S. 108 ff.). Das *BAG* hat (20.6.1985 EzA §4 KSchG Ausgleichsquittung Nr. 1) in der Formulierung »Ich erhebe gegen die Kündigung keine Einwendungen und werde mein Recht, das Fortbestehen des Arbeitsverhältnisses geltend zu machen, nicht wahrnehmen oder eine mit diesem Ziel erhobene Klage nicht durchführen« als wirksamen Klageverzicht (pactum de non petendo) angesehen. Dem ist zu folgen. Die Erklärung ist eindeutig. Das trifft auch auf die Formulierung zu, dass Einverständnis mit dem Ausscheiden bestehe und der Arbeitnehmer auf das Klagerecht verzichte (*LAG Köln* 24.11.1999 LAGE §4 KSchG Ausgleichsquittung Nr. 4; vgl. auch Rz 297). Bedenklich ist die Entscheidung des *LAG Hamm* (14.12.1984 LAGE §4 KSchG Ausgleichsquittung Nr. 1), die die Sätze »Ich erkläre ferner, dass mir aus der Beendigung des Arbeitsverhältnisses keine Ansprüche – gleich welcher Art – mehr zustehen. Gegen die Kündigung erhebe ich keine Einwendungen.« als Verzicht auf den Kündigungsschutz ausreichen lässt, auch wenn die Kündigungsschutzklage bereits anhängig gemacht, aber dem Arbeitgeber noch nicht zugestellt war. Aus Gründen der Rechtsklarheit ist zu fordern, dass die Quittung über den Erhalt der Arbeitspapiere und die Erklärung über den Verzicht auf den Kündigungsschutz auf zwei gesonderten Formularen erscheinen, die getrennt zu unterzeichnen sind. Nur dann ist sichergestellt, dass der Arbeitnehmer bei Unterschriftsleistung die Tragweite seiner Erklärung erkennt und dass spätere Unklarheiten über den Erklärungswillen des Arbeitnehmers weitgehend ausgeräumt sind (vgl. insoweit *LAG Bln.* 18.1.1993 LAGE §4 KSchG Ausgleichsquittung Nr. 3). Der Arbeitnehmer kann dann die Quittung über den Erhalt der Arbeitspapiere usw. unterschreiben – wozu er verpflichtet ist, §368 BGB (*LAG Düsseld.* 5.12.1961 BB 1962, 596; *Grimme* JR 1988, 178 Fn 26, 180 f.) – und sich dann überlegen, ob er darüber hinaus auch auf den Kündigungsschutz verzichtet, wozu er nicht verpflichtet ist. Auch sollte die Formulierung des Verzichts auf den Kündigungsschutz deutlicher und für den Arbeitnehmer verständlicher ausfallen. Das kann in der Weise geschehen, dass der

Arbeitnehmer formularmäßig über seine Rechte informiert wird (Inhalt des § 4 KSchG) und sich dann eine Verzichtserklärung anschließt (so im Ergebnis schon *ArbG Rheine* 20.1.1972 BB 1972, 315; *Frey* AuR 1970, 159 ff.).

Selbstverständliche Voraussetzung für einen Verzicht auf Kündigungsschutz durch eine Ausgleichsquittung ist, dass die Ausgleichsquittung wirksam ist. So sind von **minderjährigen Auszubildenden** unterzeichnete Ausgleichsquittungen, wenn die nach § 107 BGB erforderliche Einwilligung ihrer gesetzlichen Vertreter nicht vorlag (vgl. *BAG* 10.6.1976 EzA § 6 BBiG Nr. 2), **unwirksam** (vgl. auch *Bürger/ Oehmann/Matthes/Rose* HWArbR »Ausgleichsquittung« Stand: 1/2004 Rz 45). Das beruht darauf, dass, ist der Auszubildende bei Abschluss des Vertrages noch minderjährig, der Auszubildende durch seinen gesetzlichen Vertreter vertreten wird. Eine Ermächtigung des Minderjährigen nach § 113 BGB zum Abschluss eines Ausbildungsvertrages ist wegen der Eigenart des Ausbildungsverhältnisses als Erziehungsverhältnis und wegen des Minderjährigenschutzes nicht möglich (vgl. *Schaub/Schaub* § 174 II 1 Rz 5; *Staudinger/Dilcher* § 113 Rz 5 mN). Dagegen kann nach hM ein Minderjähriger dann wirksam eine Ausgleichsquittung unterzeichnen, wenn er von seinem gesetzlichen Vertreter nach § 113 BGB ermächtigt war, in Dienst und Arbeit zu treten (*Palandt/Heinrichs* § 113 Rz 4; *MünchKomm-Schmitt* § 113 Rz 21 mwN in Fn 28; *Soergel/Hefermehl* 13. Aufl., § 113 Rz 5; *Staudinger/Dilcher* § 119 Rz 12; *LAG Hamm* 8.9.1970 DB 1971, 779; *Brill* BB 1975, 287 mwN; vgl. *LAG Düssel.* 20.5.1988 LAGE § 4 KSchG Ausgleichsquittung Nr. 2). Das erscheint in Anbetracht der Tragweite einer Ausgleichsquittung, die auch den Verzicht auf den Kündigungsschutz enthält, als nicht unbedenklich, auch wenn Quittung und Verzicht auf Kündigung in zwei verschiedenen Urkunden erklärt werden. Es muss erneut überdacht werden, ob ein Verzicht auf den Kündigungsschutz von der Ermächtigung des gesetzlichen Vertreters umfasst wird. Wenn Wettbewerbsverbote nicht ohne weiteres unter § 113 BGB fallen (vgl. *LAG Bln.* 28.3.1963 AP Nr. 1 zu § 113 BGB; *BAG* 20.4.1964 AP Nr. 1 zu § 90a HGB), so ist das auch für den Verzicht auf Kündigungsschutz fraglich. Dem würde die Tendenz entsprechen (vgl. Rz 308), an die Ausgleichsquittung strengere Anforderungen zu stellen.

Eine Verzichtserklärung in einer Ausgleichsquittung kann im Wege der **Anfechtung** (§§ 119 und 123 BGB) sowie der **Kondiktion** (§ 812 Abs. 2 BGB) **in ihren Rechtswirkungen wieder beseitigt** werden (*BAG* 6.4.1977 EzA § 4 KSchG nF Nr. 12). Einmal ist ein Irrtum über den Erklärungsinhalt möglich (§ 119 Abs. 1 BGB). Das ist zB dann der Fall, wenn der Arbeitnehmer behauptet und beweist, er habe nur den Empfang der Arbeitspapiere und zB den des Restlohnes quittieren wollen. Der Arbeitnehmer trägt insoweit die Darlegungs- und Beweislast. Daran scheitert eine Anfechtung nach § 119 Abs. 1 BGB in der Regel. Eine Parteivernehmung des Arbeitnehmers auf seinen Antrag hin (§ 448 ZPO), kommt deswegen meist nicht in Betracht, weil es für einen derartigen Inhaltsirrtum nicht genügend tatsächliche Anhaltspunkte gibt (*BAG* 25.9.1969, EzA § 1 KSchG Nr. 14). Häufig liegt in diesen Fällen ein unbeachtlicher Irrtum über die Rechtsfolgen einer Ausgleichsquittung vor (Rechts[folgen]irrtum), der nicht zur Anfechtung berechtigt. Auch für die Tatsachen, die zu einer Anfechtung wegen arglistiger Täuschung nach § 123 BGB berechtigten, ist der Arbeitnehmer darlegungs- und beweispflichtig. Eine Anfechtung wegen arglistiger Täuschung greift zB dann durch, wenn der Lohnbuchhalter die Frage des Arbeitnehmers, ob er mit der Unterzeichnung der Ausgleichsquittung nur den Empfang der Arbeitspapiere und den des Restlohnes bestätigt, bejaht und der Arbeitnehmer daraufhin die Ausgleichsquittung unterschreibt (vgl. *Hueck/Nipperdey* I § 40 IX, S. 292 Fn. 135c). Eine Anfechtung wegen Drohung (§ 123 BGB) kommt dann in Betracht, wenn der Arbeitgeber sich weigert, Restlohn und Arbeitspapiere ohne Unterzeichnung der Ausgleichsquittung auszuhändigen, und der Arbeitnehmer daraufhin die Ausgleichsquittung unterschreibt (vgl. *Hueck/Nipperdey* I § 40 IX, S. 292 Fn. 135d; *Böck* HzA Gruppe 5 Rz 806; *ArbG Heidelberg* 10.4.1967 ARSt 1967, Nr. 1248).

Ob auch bei **Ausländern,** die eine **in deutscher Sprache** gehaltene **Ausgleichsquittung** unterzeichnet haben, ohne dass sie ihnen vorher übersetzt wurde, von den obigen Grundsätzen auszugehen ist, ist von der Rspr. unterschiedlich beantwortet worden. Zum Teil ist dem Ausländer das Sprachrisiko auferlegt worden und der Satz angewandt worden, wer eine Urkunde ohne jede Kenntnisnahme von ihrem Inhalt unterschreibt, kann sich nicht mit Erfolg auf Irrtum berufen (*ArbG Gelsenkirchen* 4.1.1967 BB 1967, 999; *ArbG Brem.* 2.9.1965 BB 1965, 1147; *ArbG Stuttg.* 30.4.1964 BB 1965, 788; vgl. auch *LG Memmingen* 30.10.1974 NJW 1975, 452 f.) was nach *LAG Hamm* (31.8.1977 DB 1978, 842) auch dann gilt, wenn der ausländische Arbeitnehmer sofort in der Lage ist, sich Kenntnis vom Inhalt der Urkunde zu verschaffen, weil ein Dolmetscher anwesend ist, er darauf verzichtet und einer Empfehlung folgend die Ausgleichsquittung unterschreibt. Die Unkenntnis der deutschen Sprache ist bei dieser Situation kein Grund für eine unterschiedliche Behandlung des ausländischen Arbeitnehmers gegenüber einem deutschen Arbeitnehmer in gleicher Lage (*LAG Köln* 24.11.1999 LAGE § 4 KSchG Ausgleichsquittung Nr. 4). Demgegenüber neigt ein Teil der Rspr. zum gegenteiligen Ergebnis. Das *LAG Frankf.* (6.2.1974 BB 1975, 562) bürdet dem Arbeitgeber das Sprachrisiko gegenüber dem ausländischen Arbeitnehmer auf und verlangt entweder eine Erklärung in der Muttersprache des Gastarbeiters oder eine Übersetzung durch einen Dolmetscher. Nach *LAG BW* (16.3.1967 DB 1967, 867) muss der Arbeitgeber damit rechnen, dass der Arbeitnehmer eine in eine Empfangsbestätigung über Arbeitspapiere oder Lohnzahlung aufgenommene Ausgleichsquittung überliest oder ihre rechtlichen Folgen nicht versteht. Das müsse insbes. zum Schutz ausländischer Gastarbeiter gelten, die die deutsche Sprache nicht oder nur mangelhaft beherrschen, sofern nicht durch einen **Fachdolmetscher** eine richtige Übersetzung und Erklärung gewährleistet sei. Nehme man aufgrund bloßer Unterschriftsleistung Verzicht an, so seien die Voraussetzungen für eine erfolgreiche Anfechtung gegeben, wenn der Arbeitnehmer nachweise, dass der Arbeitgeber das Fehlen eines entsprechenden Vertragswillens erkannt habe. Nach *LAG Bln.* (7.12.1972 BB 1973, 1030) ist eine von einem sehr schlecht deutsch sprechenden ausländischen Arbeitnehmer unterschriebene Ausgleichsquittung unverbindlich und begründet keine Rechtswirkungen, wenn diesem der Inhalt der Ausgleichsquittung nicht vor der Unterschriftsleistung in seine Muttersprache übersetzt wurde (ebenso *LAG Düsseld.* 2.1.1971, EzA § 4 KSchG nF Nr. 1). Das *LAG Hamm* bürdet dem Arbeitgeber (aus dem Gedenken der Fürsorgepflicht heraus) **die Darlegungs- und Beweislast** dafür auf, dass der **ausländische Arbeitnehmer die deutschsprachige Ausgleichsquittung auch verstanden hat oder der deutschen Sprache ausreichend mächtig ist** (2.1.1976 EzA § 305 BGB Nr. 8; 14.12.1984 LAGE § 4 KSchG Ausgleichsquittung Nr. 1; ebenso *LAG BW* 30.12.1970 DB 1971, 245; *LAG BW* 18.8.1971 AR-Blattei D, Blatt Ausgleichsquittung Entsch. 5; *LAG Bln.* 17.4.1978 EzA § 397 BGB Nr. 3 m. Anm. *Birk*). Das dürfte richtig sein. Wenn das *LAG Bln.* (26.7.1982 EzA § 4 KSchG nF Nr. 22 = ZIP 1982, 1352; 17.4.1978 AP Nr. 1 zu § 4 TVG Formvorschriften) darauf abstellt, ob der Ausländer den Inhalt der von ihm unterschriebenen in deutscher Sprache abgefassten Erklärung verstanden hat oder auf Grund seiner deutschen Sprachkenntnisse hätte verstehen können (müssen), so ist das im Einzelfall schwierig zu klären (vgl. den Sachvortrag des Arbeitgebers *LAG Köln* 24.11.1999 LAGE § 4 KSchG Ausgleichsquittung Nr. 4). Deshalb ist es nicht unangemessen, insoweit dem Arbeitgeber die entsprechende Darlegungs- und Beweislast aufzuerlegen, will er Rechte aus der Ausgleichsquittung herleiten (vgl. insoweit auch *Apel* S. 143 ff.; *Böck* aaO, Rz 808). Die Praxis stellt sich zunehmend auf die uneinheitliche Rspr. dadurch ein, dass sie den ausländischen Arbeitnehmern **Ausgleichsquittungen in deutscher und in der jeweiligen Heimatsprache des Ausländers** vorlegt und zum Teil gesonderte Formulare mit der Quittung über den Erhalt der Arbeitspapiere usw. und der Ausgleichsquittung verwendet (ein Beispiel aus der Textilbranche: Das Formular »Ausgleichsquittungen« ist in eine »Empfangsbestätigung« und eine »Ausgleichsquittung« unterteilt, jeder Teil weist ein Datumfeld und ein Unterschriftsfeld auf; vgl. insoweit auch *LAG Bln.* 18.1.1993 LAGE § 4 KSchG Ausgleichsquittung Nr. 3). Einige Tarifverträge sehen inzwischen eine Widerrufsmöglichkeit vor, um dem Arbeitnehmer Gelegenheit zu geben, seine Unterschrift zu überdenken (wobei aber auch Probleme entstehen, wie zB die Entscheidungen *BAG* 24.1.1985 EzA § 4 TVG Einzelhandel Nr. 2 = AP § 1 TVG Tarifverträge: Einzelhandel Nr. 7 deutlich zeigen), welche Möglichkeit nach *Schulte* DB 1981, 942 die Anfechtung und Kondiktion der Ausgleichsquittung ausschließen soll (vgl. im Übrigen zum ganzen *Stahlhacke* NJW 1968, 582; *Schwerdtner* Anm. EzA § 4 KSchG nF Nr. 12; *Herschel* Anm. *BAG* AP Nr. 4 zu § 4 KSchG 1969; *Böck* HzA Gruppe 5 Rz 803 ff.; *Apel* aaO; *Schulte* aaO; *Plander* DB 1986, 1873 ff.; *Kibler* ZIAS 1995, 51 ff.)

311a Überraschende Klauseln in vorformulierten Ausgleichsquittungen werden (§ 305c Abs. 1 BGB) nicht Vertragsbestandteil; Unklarheiten gehen zu Lasten des Arbeitgebers, § 305c BGB (SPV-*Preis* Rz 1255). Eine formularmäßige Verzichtserklärung ohne kompensatorische Gegenleistung des Arbeitgebers unterliegt der Inhaltskontrolle nach § 307 BGB und stellt idR eine unangemessene Benachteiligung iSd § 307 Abs. 1 S. 1 BGB dar (SPV-*Preis* Rz 1255 mwN in Fn 1312). Unter diesem Gesichtspunkt hat das *LAG SchlH* 24.9.2003 BB 2004, 608 ein nach Erhebung der Kündigungsschutzklage anlässlich der Aushändigung der Arbeitspapiere unterzeichnetes »Einverständnis mit der Kündigung(Ausgleichsquittung)« u.a. mit dem Wortlaut, »Ich erkläre, dass ich ... gegen die Kündigung vom ... keine Einwendungen erhebe, die von mir erhobene Klage auf Unwirksamkeit der Kündigung zurücknehme ...« als unwirksam angesehen (dazu *Steinau/Steinrück* BB 2004, 611 f.), wobei allerdings auf Grund der besonderen Umstände des Falles die neuen Bestimmungen des BGB zur AGB-Kontrolle nicht hätten bemüht werden müssen. Nach *LAG Hamm* (9.10.2003 – 11 Sa 515/03 – NZA-RR 2004, 242) ist der Klageverzicht nicht nach §§ 307, 310 Nr. 2 BGB deshalb unwirksam, weil die Klageverzichtsvereinbarung und das Abfindungsversprechen – 5.000 Euro – jeweils einseitig vom Arbeitgeber vorformuliert wurden. Vereinbarungen über die Beendigung des Arbeitsverhältnisses bei Zahlung einer Abfindung seien nicht nach §§ 307, 310 BGB kontrollfähig, da es sich dabei um Hauptleistungspflichten handele. Im Übrigen sei der Abfindungsbetrag gemessen an der Monatsvergütung und der Betriebszugehörigkeit nicht unangemessen (zust. *Pomberg* EWiR 2004, 795).

Hat der Arbeitnehmer in einer Ausgleichsquittung auf den Kündigungsschutz verzichtet, ist die gleichwohl erhobene oder fortgeführte Kündigungsschutzklage als unbegründet – und nicht als unzulässig – abzuweisen. Der Arbeitnehmer hat sich dadurch seiner materiellen Rechte gegenüber der Kündigung begeben (*LAG Hamm* 14.12.1984 DB 1985, 818; 9.10.2003 – 11 Sa 515/03 – NZA-RR 2004, 242 [4]; *BAG* 6.4.1977 EzA § 4 KSchG nF Nr. 12; **aA** *LAG Bln.* 26.7.1982 EzA § 4 KSchG nF Nr. 22 betr. Klagerücknahmeversprechen, vgl. Rz 26). Es gilt nichts anderes als bei dem Verstreichenlassen der Klagefrist (vgl. Rz 218; vgl. auch *Rosenberg/Schwab/Gottwald* § 133 V; *BAG* 25.9.1969 EzA § 1 KSchG Nr. 14 und Anm. *A. Hueck* AP Nr. 36 zu § 3 KSchG 1951). **312**

§ 5 Zulassung verspäteter Klagen

(1) War ein Arbeitnehmer nach erfolgter Kündigung trotz Aufwendung aller ihm nach Lage der Umstände zuzumutenden Sorgfalt verhindert, die Klage innerhalb von drei Wochen nach Zugang der schriftlichen Kündigung zu erheben, so ist auf seinen Antrag die Klage nachträglich zuzulassen. Gleiches gilt, wenn eine Frau von ihrer Schwangerschaft aus einem von ihr nicht zu vertretenden Grund erst nach Ablauf der Frist des § 4 Satz 1 Kenntnis erlangt hat.
(2) ¹Mit dem Antrag ist die Klageerhebung zu verbinden; ist die Klage bereits eingereicht, so ist auf sie im Antrag Bezug zu nehmen. ²Der Antrag muss ferner die Angabe der die nachträgliche Zulassung begründenden Tatsachen und der Mittel für deren Glaubhaftmachung enthalten.
(3) ¹Der Antrag ist nur innerhalb von zwei Wochen nach Behebung des Hindernisses zulässig. ²Nach Ablauf von sechs Monaten, vom Ende der versäumten Frist an gerechnet, kann der Antrag nicht mehr gestellt werden.
(4) ¹Über den Antrag entscheidet das Arbeitsgericht durch Beschluss, der ohne mündliche Verhandlung ergehen kann. ²Gegen diesen ist die sofortige Beschwerde zulässig.

Literatur

– bis 2004 vgl. KR-Vorauflage –

Vgl. auch die Angaben zum allgemeinen Schrifttum über die Kündigung und zum Kündigungsschutz vor § 1 KSchG.
Bader Das Gesetz zu Reformen am Arbeitsmarkt: Neues im Kündigungsschutzgesetz und im Befristungsrecht, NZA 2004, 65 ff.; *Dresen* Die Zurechnung des Vertreterverschuldens im Rahmen der Erhebung der Kündigungsschutzklage, §§ 4 S. 1, 5 III KSchG – Wohin geht die Reise? NZA-RR 2004, 7 f.; *Gabrys, E.* Nachträgliche Zulassung einer Kündigungsschutzklage, AiB 2005, 629; *Gravenhorst* Zur Statthaftigkeit der Rechtsbeschwerde gegen Entscheidungen nach § 5 IV 2 KSchG, NZA 2006, 1199 ff.; *Kock* Rechtsprechungsübersicht zur personenbedingten Kündigung, BB 2006, 1906 ff.; *Link/Tatjana Dörfler* Neue einheitliche Klagefrist, Arbeit und Arbeitsrecht, Heft 11/2003, S.18 ff.; *Löwisch* Die Neuregelung des Kündigungs- und Befristungsrechts durch das Gesetz zu Reformen am Arbeitsmarkt, BB 2004, 154 ff.; *ders.* Die kündigungsrechtlichen Vorschläge der »Agenda 2010«, NZA 2003, 689 ff.; *Nägele* Die Abfindungsoption nach § 1a KSchG – praxisrelevant?, ArbRB 2004, 80 ff.; *ders.* Nachträgliche Zulassung der Kündigungsschutzklage im Berufungsverfahren, ArbRB 2005, 223; *Preis* Die »Reform« des Kündigungsschutzrechts, DB 2004, 70 ff.; *Quecke* Die Änderung des Kündigungsschutzgesetzes 1.1.2004, RdA 2004, 86 ff.; *Rummel* Die Beschwerderechtsprechung des BAG nach Einführung der Rechtsbeschwerde, NZA 2004, 418 ff.; *Willemsen/Annuß* Kündigungsschutz nach der Reform, NJW 2004, 178 ff.; *Zerres/Rhotert* Das neue Kündigungsrecht nach der Agenda 2010, BuW 2004, 166 ff.; *dies.* Die Neuregelungen im allgemeinen Kündigungsschutzrecht, FA 2004, 2 ff.

Inhaltsübersicht

	Rz		Rz
A. Einleitung und Überblick	1–6a	1. Das BRG von 1920	1
I. Entstehungsgeschichte	1–5a	2. Das AOG	2

	Rz
3. Die Landeskündigungsschutzbestimmungen der Nachkriegszeit	3
4. Das KSchG 1951 und das KSchG 1969	4, 5
5. Das Arbeitsgerichtsbeschleunigungsgesetz 2000	5a
6. Das Gesetz zu Reformen am Arbeitsmarkt 2003	5b
II. Sinn und Zweck der Regelung	6, 6a
B. Die Rechtsnatur der nachträglichen Zulassung der Kündigungsschutzklage	7
C. Die Voraussetzungen für die Zulassung verspäteter Klagen	7a–125
I. Materielle Voraussetzungen	7a–77a
1. Unterlassung der Klageerhebung innerhalb der Dreiwochenfrist	7a–8
2. Verspätete Klageerhebung	9
3. Maßstab der erforderlichen Sorgfalt	10–77a
a) Zuzumutende Sorgfalt	11–13
b) Die Anwendbarkeit von Bestimmungen der ZPO im Rahmen des § 5 Abs. 1 KSchG	14–16
c) Einzelfälle	17–77a
II. Formelle Voraussetzungen	78–125
1. Der Antrag auf nachträgliche Zulassung	78–103
a) Die Form des Antrages	78, 79
b) Der Inhalt des Antrages	80–96
aa) Antrag und Kündigungsschutzklage	80
bb) Antrag und Begründung nebst Glaubhaftmachung	81–96
c) Die Einreichung des Antrages beim zuständigen ArbG	97–99
d) Das Rechtsschutzinteresse	100–103
2. Die Fristen für den Antrag	104–125
a) Die Zweiwochenfrist	104a–118i
b) Die Frist von sechs Monaten	119
c) Die Berechnung der Fristen	120, 121
d) Wiedereinsetzung in den vorigen Stand bei Versäumung der Antragsfrist von zwei Wochen und der Sechsmonatsfrist?	122, 123
e) Darlegung der Wahrung der Antragsfrist	124
f) Beweislast für die Wahrung der Antragsfrist	125
III. Nachträgliche Zulassung, wenn eine Frau von ihrer Schwangerschaft aus einem von ihr nicht zu vertretenem Grund erst nach Ablauf der Dreiwochenfrist des § 4 S. 1 KSchG Kenntnis erlangt hat, § 5 Abs.1 S. 2 KSchG	125a
D. Das Verfahren	126–153b
I. Die Entscheidung durch das ArbG durch Beschluss	126–148

	Rz
II. Die Rechtsmittel gegen den Zulassungs-/Nichtzulassungsbeschluss des ArbG	149–153a
1. Sofortige Beschwerde	149–152h
2. Rechtsmittel bei Entscheidung des ArbG über den Antrag auf nachträgliche Zulassung der Kündigungsschutzklage durch Urteil statt durch Beschluss	153
3. Kein Rechtsmittel gegen den Beschluss des LAG	153a
III. Rechtsmittel bei Entscheidung des LAG durch Urteil statt durch Beschluss über die (als Beschwerde zu behandelnde) Berufung gegen das arbeitsgerichtliche Urteil, mit dem über die nachträgliche Zulassung der Kündigungsschutzklage entschieden wurde	153b
E. Die Folgen des rechtskräftig gewordenen Beschlusses über die nachträgliche Zulassung der Kündigungsschutzklage	154–156a
I. Bei nachträglicher Zulassung der Kündigungsschutzklage	154
II. Bei Zurückweisung des Antrages auf nachträgliche Zulassung der Kündigungsschutzklage	155, 156
III. Bindung an einen Beschluss nach § 5 KSchG gem. §§ 318, 548 ZPO	156a
F. Einzelfragen	156b–173c
I. Die Behandlung des Zulassungsantrages bei Streit um die Frage, ob die Voraussetzungen des KSchG gegeben sind und ob die Dreiwochenfrist versäumt wurde	156b–160
II. Das Verfahren und die Entscheidung über den Zulassungsantrag, wenn sich erst in zweiter oder dritter Instanz herausstellt, dass es auf den in erster Instanz (hilfsweise) gestellten Zulassungsantrag ankommt oder der Zulassungsantrag erstmals in der Berufungsinstanz gestellt wird	161–168
1. Die Erheblichkeit des Zulassungsantrages in der zweiten Instanz	161–167
2. Die Erheblichkeit des Zulassungsantrages in der Revisionsinstanz	168
III. Die Aussetzung des Kündigungsschutzprozesses gem. § 148 ZPO bei sofortiger Beschwerde gegen den Beschluss des ArbG im Verfahren über die nachträgliche Zulassung zur Vermeidung sich widersprechender Entscheidungen	169–172

	Rz		Rz
IV. Folgen der Nichtbeachtung der Nichteinhaltung der Dreiwochenfrist für die Kündigungsschutzklage durch den klagenden Arbeitnehmer seitens des Gerichts	173	VI. Die Behandlung des Zulassungsantrages bei Kündigungsschutzklage gegen den »richtigen« Arbeitgeber durch Parteiwechsel auf der Passivseite in der Berufungsinstanz	173c
V. Folgen der Nichtbeachtung des § 5 Abs. 4 S. 1 KSchG	173a, 173b	G. Kosten und Streitwert	174–178
1. Urteil des ArbG, mit dem sowohl über den Antrag auf nachträgliche Zulassung der Kündigungsschutzklage als auch über die Kündigungsschutzklage entschieden wird	173a	I. Kosten	174–177
		II. Der Streitwert	178
2. Sachurteil des ArbG, ohne den (vorsorglichen) Antrag auf nachträgliche Zulassung, sei es (richtig) durch Beschluss, sei es (falsch) durch Urteil zu entscheiden	173b		

A. Einleitung und Überblick

I. Entstehungsgeschichte

1. Das BRG von 1920

Nach dem **BRG 1920** konnte der Arbeitnehmer, der die Anrufungsfristen im Kündigungsschutzverfahren versäumt hatte, **Wiedereinsetzung in den vorigen Stand** beantragen, wenn die Einhaltung der Fristen durch Naturereignisse oder andere unabwendbare Zufälle verhindert wurde (§ 90 BRG). Das **Verfahren** richtete sich nach den Ausführungsbestimmungen der »**Verordnung zur Ausführung des § 90 des Betriebsrätegesetzes** v. 5.6.1920« (RGBl. S. 1139). 1

2. Das AOG

Das AOG kannte zunächst keine dem § 90 BRG vergleichbare Bestimmung. Erst die **14. Verordnung zur Durchführungsverordnung** des AOG v. 15.10.1935 (RGBl. I S. 1240) brachte in Art. II § 6 die Möglichkeit der **Wiedereinsetzung in den vorigen Stand**. 2

3. Die Landeskündigungsschutzbestimmungen der Nachkriegszeit

In der Nachkriegszeit haben einige Länder in ihren Kündigungsschutzbestimmungen die **Wiedereinsetzung** gegen die Versäumung der Klagefrist zugelassen: 3

Bayern (Art 13 des Gesetzes Nr. 76, KSchG v. 1.8.1947 [BayGBl. S. 166]);

Bremen (§ 45 des Ausführungsgesetzes zu Art. 47 der Landesverfassung der Freien Hansestadt Bremen – Brem. BRG – v. 10.1.1949 [GBl. der Freien Hansestadt Bremen, S. 7]);

Hessen (§ 49 BRG für das Land Hessen v. 31.5.1948 [GVBl. S 117]);

Württemberg-Baden (§ 12 des Gesetzes Nr. 708, KSchG v. 18.8.1948 [RegBl. S. 134]);

Württemberg-Hohenzollern (§ 90 BRG v. 21.5.1949 [RegBl. S. 153]);

Land Berlin (§ 7 des KSchG v. 20.5.1950 [VOBl. S. 173]).

4. Das KSchG 1951 und das KSchG 1969

In der **Begründung des Entwurfes eines KSchG der Bundesregierung** (Drs. I/2090, S. 13) ist ausgeführt: »Die Vorschrift entspricht den in den Ländergesetzen der amerikanischen Zone über diese Frage getroffenen Vorschriften« (s.o. Rz 3). 4

§ 5 KSchG war als § 4 KSchG in der am 13.8.1951 in Kraft getretenen ursprünglichen Fassung des KSchG enthalten. Mit der aufgrund der Ermächtigung im Ersten Arbeitsrechtsbereinigungsgesetz v. 5

14.8.1969 (Art. 7 BGBl. I 1969, S. 1106 [1111]) erfolgten Neubekanntmachung des KSchG wurde § 4 KSchG 1951 zu § 5 KSchG. Die Änderung der Paragraphenzahl war mit einer inhaltlichen Änderung nicht verbunden. Der Wortlaut der Vorschrift blieb unverändert.

5. Gesetz zur Beschleunigung des arbeitsgerichtlichen Verfahrens (Arbeitsgerichtsbeschleunigungsgesetz 2000)

5a Das Gesetzes zur Vereinfachung und Beschleunigung des arbeitsgerichtlichen Verfahrens (Arbeitsgerichtsbeschleunigungsgesetz) v. 30.3.2000 (BGBl. I S. 333) hat das Erfordernis der mündlichen Verhandlung über den Antrag auf nachträgliche Zulassung der Kündigungsschutzklage aufgegeben, und zwar mit Wirkung ab 1.5.2000. Diese Änderung bezweckt eine Verfahrensbeschleunigung. Das Arbeitsgericht soll in geeigneten Fällen kurzfristig ohne mündliche Verhandlung über den Antrag auf nachträgliche Zulassung der Kündigungsschutzklage entscheiden können.

6. Das Gesetz zu Reformen am Arbeitsmarkt 2003

5b Mit Art. 1 Nr. 3a des Gesetzes zu Reformen am Arbeitsmarkt v. 24.12.2003 (BGBl. I S. 3002, 3003), das am 1.1.2004 in Kraft getreten ist, wurde § 5 Abs. 1 KSchG ergänzt. Diese Ergänzungen waren im ursprünglichen Gesetzentwurf (BT-Drs. 15/1204) nicht enthalten. Sie sind auf Empfehlung des Ausschusses für Wirtschaft und Arbeit (BT-Drs. 15/1587) in der 2. und 3. Lesung am 26.9.2002 eingefügt worden. In § 5 Abs. 1 wurde Abs. 1 zu Satz 1. In Satz 1 ist wie in § 4 S. 1 KSchG auf den Zugang der schriftlichen Kündigung abgestellt worden, indem vor dem Wort Kündigung das Wort »schriftlichen« eingefügt wurde. Satz 2 wurde in Anknüpfung an den Sonderkündigungsschutz des § 9 Abs. 1 MuSchG eingeführt, weil auch die Geltendmachung des absoluten Kündigungsverbotes des § 9 MuSchG unter die dreiwöchige Klagefrist des § 4 S. 1 KSchG fällt und § 5 Abs. 1 aF KSchG den Fall der fehlenden Kenntnis eines Unwirksamkeitsgrundes der Kündigung nicht erfasst (BT-Drs. 15/1587, S. 31).

II. Sinn und Zweck der Regelung

6 Nach der Vorschrift des § 4 S. 1 KSchG muss der Arbeitnehmer die Feststellungsklage, dass das Arbeitsverhältnis durch die Kündigung nicht aufgelöst ist, innerhalb von drei Wochen seit Zugang der schriftlichen Kündigung beim ArbG erheben. Versäumt der Arbeitnehmer die Ausschlussfrist des § 4 KSchG, so verliert er nicht nur diese Klagebefugnis. Auch die materielle Rechtsstellung, die sich aus der sozial ungerechtfertigten oder den anderen von § 4 S. 1 KSchG erfassten Gründen unwirksamen Kündigung ergibt, geht dadurch verloren, dass nach der gesetzlichen Fiktion des § 7 KSchG die Kündigung bei nicht rechtzeitiger Kündigungsschutzklage als von Anfang an wirksam gilt. Aus diesen Bestimmungen ergibt sich der **Grundgedanke des KSchG**, die Wirksamkeit der dem KSchG unterliegenden Kündigungen möglichst nur kurze Zeit in der Schwebe zu lassen. Das geht aus der formalen Strenge des Gesetzes hervor, das die Möglichkeit der Verlängerung der Dreiwochenfrist idR nicht kennt. Diesen Grundgedanken **hat der Gesetzgeber** für den Fall **durchbrochen,** dass der Arbeitnehmer nach erfolgter Kündigung **trotz Anwendung aller ihm nach Lage der Umstände zuzumutenden Sorgfalt verhindert war,** die Dreiwochenfrist einzuhalten. Für diesen Fall sieht das Gesetz die **nachträgliche Zulassung** der Kündigungsschutzklage vor. Damit sollen **unbillige Härten** für den von der Kündigung betroffenen Arbeitnehmer **vermieden** werden, was insbes. bei der Durchsetzung des arbeitsrechtlichen Kündigungsschutzes als wesentlicher Bestandteil des Arbeitnehmerschutzrechts als angezeigt erscheinen. Um auf der anderen Seite gleichwohl dem Ziel rascher Klärung der Frage der Wirksamkeit der Kündigung und damit der Schaffung klarer Rechtsverhältnisse und Herstellung des Rechtsfriedens gerade im Arbeitsleben mit der damit verbundenen notwendigen Beschleunigung kündigungsschutzrechtlicher Verfahren Rechnung zu tragen, ist die **nachträgliche Zulassung** ihrerseits **nur innerhalb von bestimmten Fristen** zulässig: Der Antrag auf nachträgliche Zulassung muss **innerhalb von zwei Wochen nach Behebung des Hindernisses,** das zur Nichteinhaltung der Dreiwochenfrist geführt hat, gestellt werden, jedenfalls aber binnen sechs Monaten nach Ende der versäumten Frist.

6a § 5 KSchG regelt den Fall, dass der Arbeitnehmer durch äußere Umstände an der rechtzeitigen Klageerhebung gehindert war. Auch nach der Ausdehnung der Dreiwochenfrist auf nahezu alle Unwirksamkeitsgründe ist § 5 KSchG nicht der Weg, nachträglich überhaupt einen Unwirksamkeitsgrund – die Erfolgsaussichten waren negativ beurteilt worden, weil ein Unwirksamkeitsgrund nicht gesehen worden war – oder weitere Unwirksamkeitsgründe in den Prozess einzuführen (vgl. *Zerres/Rhotert* BuW 2004, 166, 168f.; *dies.* FA 2004, 2; *Löwisch* BB 2004, 154, 160; *ders.* NZA 2003, 689, 693), im letzteren Fall hilft § 6 KSchG.

B. Die Rechtsnatur der nachträglichen Zulassung der Kündigungsschutzklage

Die Dreiwochenfrist des § 4 KSchG ist eine **materiell-rechtliche Ausschlussfrist** (vgl. KR-*Friedrich* § 4 Rz 136). Daraus folgt, dass es sich bei der **nachträglichen Zulassung um einen materiell-rechtlichen Verfahrensteil handelt** (zutr. *Neumann* AR-Blattei D, Kündigungsschutz III A, A III; *Reinecke* NZA 1985, 244; **aA** *Otto* Anm. zu BAG 28.4.1983, EzA § 5 KSchG Nr. 20, »prozessualer Charakter«; *Vollkommer* Anm. LAG Hamm 7.11.1985, LAGE § 5 KSchG Nr. 22, »streng prozessuales Verständnis des Zulassungsverfahrens«; *Schaub* § 136 II Rz 34 ein »der Wiedereinsetzung in den vorigen Stand nachgebildetes Verfahren«; *Hohmeister* ZRP 1994, 141 [142] »§ 5 KSchG ... wohl ... Tatbestand einer Wiedereinsetzung in den vorigen Stand«; APS-*Ascheid* Rz 4 »prozessualer Vorgang«). 7

Wird der Antrag auf nachträgliche Zulassung der Kündigungsschutzklage rechtskräftig zurückgewiesen, so ist die Kündigungsschutzklage wegen fehlender Einhaltung der Dreiwochenfrist als **unbegründet** und nicht als unzulässig **abzuweisen** (vgl. KR-*Friedrich* § 4 Rz 217 ff.). Die Klage ist nicht prozessual unzulässig. Das ergibt sich schon daraus, dass der Kläger unabhängig von der Dreiwochenfrist geltend machen kann, dass die Kündigung aus anderen nicht unter § 4 S. 1 KSchG fallenden Gründen, zB wegen fehlender Schriftform, die von § 4 S. 1 KSchG nicht erfasst wird, was allerdings einen Antrag nach § 256 ZPO – allgemeine Feststellungsklage – erfordert, unwirksam ist. Nur soweit die Kündigung sozial ungerechtfertigt oder aus anderen unter § 4 S. 1 KSchG fallenden Gründen unwirksam ist, wird sie durch § 7 KSchG mit Ablauf der Dreiwochenfrist wirksam. Der Kläger hat also (vgl. KR-*Friedrich* § 4 Rz 221, 263) sogleich alle Unwirksamkeitsgründe vorzutragen, will er nicht nach rechtskräftiger Abweisung der Kündigungsschutzklage als unbegründet mit anderen diese Kündigung betreffenden Unwirksamkeitsgründen ausgeschlossen (präkludiert) sein, von dem Fall fehlenden Hinweises nach § 6 S. 2 KSchG abgesehen (dazu KR-*Friedrich* § 6 KSchG Rz 31 ff.).

C. Die Voraussetzungen für die Zulassung verspäteter Klagen

I. Materielle Voraussetzungen

1. Unterlassung der Klageerhebung innerhalb der Dreiwochenfrist

Der Anwendungsbereich des § 5 KSchG entspricht nunmehr dem § 4 KSchG, dessen Anwendungsbereich mit der ab 1.1.2004 geltenden Fassung erweitert wurde. Die Klagefrist wurde auf fast alle Unwirksamkeitsgründe ausgedehnt, die neben der Sozialwidrigkeit und dem fehlenden wichtigen Grund iSd § 626 BGB iVm § 13 Abs. 1 S. 2 KSchG in Betracht kommen. 7a

Die Klagefrist muss auch von Arbeitnehmern von Kleinbetrieben eingehalten werden. In § 23 Abs. 1 S. 2 KSchG ist eine Rücknahme bzgl. der §§ 4-7 KSchG und des § 13 Abs. 1 S. 1, S. 2 eingefügt worden. Das gilt sowohl für ordentliche als auch für außerordentliche Kündigungen. Bei Fristversäumung ist die Möglichkeit der nachträglichen Zulassung der Klage gegeben. 7b

Hält der Arbeitnehmer die Kündigung für sittenwidrig, muss er ebenfalls die Klagefrist einhalten. § 13 Abs. 2 KSchG ist eine Sonderregelung, die wegen § 13 Abs. 3 KSchG erforderlich war. 7c

Die Klage auf Feststellung, dass das Arbeitsverhältnis aufgrund der Befristung nicht beendet ist – **Entfristungsklage, Befristungsschutzklage, Befristungsgegenklage** –, muss innerhalb von drei Wochen nach dem vereinbarten Ende des befristeten Arbeitsvertrages beim Arbeitsgericht erhoben werden. Einzuhalten ist die Klagefrist bei allen Rechtsmängeln der Befristung. Die §§ 5 bis 7 KSchG gelten entsprechend, also ist die Vorschrift des § 5 KSchG entsprechend anzuwenden. 7d

§ 113 Abs. 2 InsO, dessen Satz 1 die Klage gegen die Kündigung durch den Insolvenzverwalter hinsichtlich aller Unwirksamkeitsgründe der Dreiwochenfrist unterstellt und nach dessen Satz 2 § 5 entsprechend gilt, wurde, weil durch die Erstreckung der Klagefrist auf nahezu alle Unwirksamkeitsgründe überflüssig geworden, mit Art. 4 des Gesetzes zu Reformen am Arbeitsmarkt v. 24.12.2003 (BGBl. I S. 3002, 3004) mit Wirkung ab 1.1.2004 aufgehoben.

Die nachträgliche Zulassung der Kündigungsschutzklage setzt voraus, dass die Klage **nicht innerhalb der Dreiwochenfrist erhoben** wurde (§ 5 Abs. 1 und Abs. 2 S. 1 1. Hs. KSchG). 8

2. Verspätete Klageerhebung

Der Unterlassung der Klageerhebung steht die **verspätete Klageerhebung** gleich. Das folgt aus § 5 Abs. 2 S. 1 2. Hs. KSchG. 9

3. Maßstab der erforderlichen Sorgfalt

10 Die Formulierung des § 5 Abs. 2 S. 1 KSchG »war der Arbeitnehmer nach erfolgter Kündigung trotz Anwendung aller ihm nach Lage der Umstände zuzumutenden Sorgfalt verhindert«, die Kündigungsschutzklage innerhalb von drei Wochen nach Zugang der Kündigung zu erheben, lässt nur den Schluss zu, dass den Arbeitnehmer an der Versäumung der Dreiwochenfrist **idR keinerlei Verschulden** treffen darf. Es darf also **idR auch keine leichte Fahrlässigkeit** vorliegen (vgl. SPV-*Vossen* Rz 1832; *v. Hoyningen-Huene/Linck* Rz 2; *Hohmeister* ZRP 1994, 141 [142]).

a) Zuzumutende Sorgfalt

11 § 5 Abs. 1 KSchG stellt darauf ab, ob der Arbeitnehmer »trotz Anwendung aller ihm nach Lage der Umstände zuzumutenden Sorgfalt verhindert« war, rechtzeitig Kündigungsschutzklage zu erheben. Damit ist die **subjektive Theorie** angesprochen (*Auffarth/Müller* § 4 Rz 2; *Neumann* AR-Blattei D, Kündigungsschutz III A, C I).

12 Es ist auf die dem Antragsteller **zuzumutende Sorgfaltspflicht** abzustellen, je nach dem **Personenkreis**, zu dem der Antragsteller gehört. Es kommt auf die **persönlichen Verhältnisse** des Arbeitnehmers an (*Neumann* aaO).

13 Von einem **leitenden Angestellten** darf eine größere Sorgfalt erwartet werden als von einem **Hilfsarbeiter** (zutr. *LAG BW* 18.10.1993 – 9 Ta 26/93 – betr. als Kfm. Leiter mit Gesamtprokura tätigen Dipl. Kfm.). Auf den objektiven Maßstab des § 276 BGB – der im Verkehr erforderlichen Sorgfalt – ist daher nicht abzustellen (*Neumann* aaO). Auch die im Verkehr übliche Sorgfalt ist nicht entscheidend. Maßgebend ist, was von dem Arbeitnehmer, der den Zulassungsantrag gestellt hat, **in seiner konkreten Situation in seinem konkreten Fall an Sorgfalt** gefordert werden konnte. Mit den §§ 4, 7 KSchG hat das Gesetz die Schaffung klarer Rechtsverhältnisse und den Arbeitsfrieden in den Vordergrund gestellt. Der Arbeitgeber, der ja seinerseits nicht selbst erfolgreich klageweise geltend machen kann, dass die Kündigung wirksam ist (vgl. KR-*Friedrich* § 4 Rz 74), soll im Grunde nach Ablauf der Dreiwochenfrist davon ausgehen können, dass die Kündigung jedenfalls wirksam geworden ist (§ 7 KSchG). Dabei sei von der Gefahr für den Arbeitgeber, bei großzügiger Handhabung der nachträglichen Zulassung unter Umständen Arbeitsvergütung im größeren Umfang für die Zeit zwischen Ablauf der Dreiwochenfrist und der nachträglichen Zulassung nachzahlen zu müssen, einmal abgesehen: Diese Gefahr besteht jedenfalls dann, wenn die Voraussetzungen des Annahmeverzuges (§ 615 BGB) vorliegen. Im Interesse der **Rechtssicherheit** muss die Klagefrist eingehalten werden. Deswegen ist in aller Regel zu fordern, dass den Arbeitnehmer an der Versäumung der Dreiwochenfrist kein Verschulden trifft, auch nicht in Form **leichter Fahrlässigkeit** (SPV-*Vossen* Rz 1832; *v. Hoyningen-Huene/Linck* § 5 Rz 2; etwas abw. wohl *Hess. LAG* 15.12.1995 – 9 Ta 486/95 –: »Im Rahmen des § 5 KSchG ist bereits leichteste Unsorgfältigkeit schädlich«, während nach dem Leitsatz [Mitbestimmung 1997 Nr. 4 S. 61] »Alle dem Arbeitnehmer nach Lage der Umstände zuzumutende Sorgfalt« bereits bei leichtester Fahrlässigkeit nicht gewahrt ist, wobei das LAG »auch auf die persönlichen Gegebenheiten des Arbeitnehmers« – Monteur – abstellt). Auf der anderen Seite ist eine nachträgliche Zulassung je nach den Umständen des Einzelfalles auch bei geringem Verschulden möglich (zutr. *Neumann* AR-Blattei D, Kündigungsschutz III A II, C I) und vom Wortlaut des § 5 KSchG abgedeckt. Dabei ist indes nach Auffassung aller ein relativ strenger Maßstab anzulegen (vgl. nur *Neumann* aaO). Einem Arbeitnehmer kann bei der Verfolgung einer für ihn so wichtigen Angelegenheit, ob sein Arbeitsverhältnis durch eine Kündigung beendet wurde oder nicht, eine gesteigerte Sorgfalt abverlangt werden. Grundsätzlich muss von dem Arbeitnehmer erwartet werden, dass er alle Vorkehrungen trifft, die in seiner Lage nach Empfang der Kündigung getroffen werden können.

b) Die Anwendbarkeit von Bestimmungen der ZPO im Rahmen des § 5 Abs. 1 KSchG

14 Bis zur **Neufassung des Rechts der Wiedereinsetzung in den vorigen Stand** (§§ 233 bis 238 ZPO) durch die am 1.7.1977 in Kraft getretene sog. **Vereinfachungsnovelle** v. 3.12.1976 (BGBl. I S. 3281) vertraten Rechtsprechung und Lehre einhellig die Auffassung, dass die in Judikatur und Schrifttum zur Wiedereinsetzung in den vorigen Stand entwickelten Grundsätze auch auf die nachträgliche Zulassung der Kündigungsschutzklage nach § 5 KSchG angewandt werden können (*Auffarth/Müller* § 4 Rz 1; S. 154; *v. Hoyningen-Huene/Linck* § 5 Rz 3; *Maus* Rz 1, 1a; *Herschel/Steinmann* § 4 Rz 1). Auch heute kann die reichhaltige Kasuistik zu § 233 ZPO aF zum Vergleich herangezogen werden (*v. Hoyningen-Huene/Linck* aaO).

§ 233 ZPO aF gewährte einer Partei, die durch Naturereignisse oder andere unabwendbare Zufälle verhindert worden ist, eine Notfrist oder die Frist zur Begründung der Berufung oder Revision einzuhalten, Wiedereinsetzung in den vorigen Stand. Die Rechtsprechung zu § 233 ZPO aF hat den unabwendbaren Zufall als ein Ereignis verstanden, das die äußerste, den Umständen nach angemessene und vernünftigerweise zu erwartende Sorgfalt weder abwehren noch in seinen schädlichen Folgen verhindern konnte (*BGH* 10.6.1974 NJW 1974, 1834 = VersR 1974, 1029; *BGH* 29.4.1974 VersR 1974, 908 f.). Es bedurfte also mehr als des bloßen Nachweises fehlenden Verschuldens.

Das **Wiedereinsetzungsrecht** ist durch die **Beschleunigungsnovelle vereinfacht** worden. Nach § 233 ZPO nF ist eine Wiedereinsetzung in den vorigen Stand zu gewähren, wenn eine Partei ohne ihr Verschulden gehindert war, eine Notfrist oder eine der genannten Rechtsmittelfristen oder die Frist für den Wiedereinsetzungsantrag (§ 234 ZPO) einzuhalten. Demgegenüber ist der Text des § 5 KSchG insoweit unverändert geblieben. Zwar sind die §§ 233 ff. ZPO nF im arbeitsgerichtlichen Verfahren über § 46 Abs. 2 ZPO **entsprechend anwendbar** (*Stein/Jonas/Roth* 21. Aufl., § 233 Rz 56; *Lorenz* BB 1977, 1003). Das bezieht sich aber nur auf die in § 233 ZPO nF ausdrücklich genannten Fälle, nicht aber auf die nicht genannte nachträgliche Zulassung der Kündigungsschutzklage nach § 5 KSchG. Die Neufassung des § 233 ZPO mit ihrer ausdrücklichen Erwähnung des Falles der Versäumung der Frist für den Wiedereinsetzungsantrag (§ 234 ZPO) lässt nur den Schluss zu, dass **§ 233 ZPO als Ausnahmeregelung eng auszulegen** ist und auf andere Fristen nicht, auch nicht analog, anwendbar ist (*Thomas/Putzo-Hüßtege* § 233 Rz 3). Daraus folgt, dass die in § 233 ZPO nF nicht genannte nachträgliche Zulassung der Kündigungsschutzklage eine Sonderregelung ist und damit die Anwendung der Vorschriften der §§ 233 ff. ZPO nF ausschließt (zutr. *Neumann* AR-Blattei D, Kündigungsschutz III A, A II; ähnlich *v. Hoyningen-Huene/Linck* aaO). *Corts* (DB 1979, 2086) setzt § 5 Abs. 1 KSchG und § 233 ZPO nF gleich (im Ergebnis ebenso SPV-*Vossen* Rz 1832; *Gamillscheg* 7. Aufl., S. 506). Es gehe, so *Corts*, um die Vermeidung eines Wertungswiderspruchs oder um eine durch Art. 3 Abs. 1 GG gebotene verfassungskonforme Auslegung des § 5 Abs. 1 KSchG, und es sei vom Grundsatz des rechtlichen Gehörs her, Art. 103 Abs. 1 GG, nicht gerechtfertigt, einem Arbeitnehmer, der die materiell-rechtliche Klagefrist des § 4 S. 1 KSchG versäumt habe, schlechter zu stellen als einen Arbeitnehmer, der verspätet Einspruch gegen ein klageabweisendes Versäumnisurteil eingelegt habe. Diese Ansicht ist abzulehnen. Es wird dabei nicht gesehen, dass unterschiedliche Sachverhalte unterschiedlich geregelt sein und werden können. Es wird nicht beachtet, dass Art. 103 Abs. 1 GG nur gewährleistet, dass der Zugang zu den Gerichten nicht in unzumutbarer, aus Sachgründen nicht mehr zu rechtfertigender Weise erschwert werden darf (BVerfGE 52, 203 [207]; 40, 42 [44 ff.]), es von daher also nicht von Verfassungs wegen geboten ist, § 5 Abs. 1 KSchG und § 233 ZPO nF gleichzusetzen, und im Übrigen Art. 103 Abs. 1 GG keinen Schutz dagegen gewährt, dass das Gericht Vorbringen der Beteiligten aus Gründen des materiellen oder formellen Rechts unberücksichtigt lässt (st.Rspr., vgl. BVerfGE 60, 1 [5]; vgl. auch *Wenzel* MDR 1978, 276 f.). Dieses Ergebnis wird dadurch gestützt, dass es sich bei der Dreiwochenfrist des § 4 KSchG um eine materielle Ausschlussfrist handelt (vgl. KR-*Friedrich* § 4 Rz 136) und die nachträgliche Klagezulassung ein materiell-rechtlicher Verfahrensteil ist (vgl. Rz 7) und außerdem das Wiedereinsetzungsverfahren und das Verfahren der nachträglichen Klagezulassung nicht unerhebliche Unterschiede aufweisen (*Köhne* aaO Rz 18). Bei der Ausschlussfrist des § 626 Abs. 2 S. 1 und 2 BGB ist weder eine Wiedereinsetzung in den vorigen Stand auch bei unverschuldeter Fristversäumung statthaft, – § 5 KSchG ist nicht entsprechend anwendbar, *LAG Hamm* 31.10.1984 DB 1985, 2412 – da die §§ 233 ff. ZPO nur für prozessuale Notfristen und Rechtsmittelfristen gelten, noch eine § 5 KSchG vergleichbare Regelung getroffen worden ist. Die Berufung auf die Versäumung der Ausschlussfrist kann allenfalls gegen Treu und Glauben verstoßen (zutr. *Popp* NZA 1987, 367, Fn. 14; *Becker-Schaffner* DB 1987, 2153), womit nur deutlich wird, dass unterschiedliche Regelungsgegenstände vorliegen, die Differenzierungen zulassen. Ist die Klagefrist nach § 111 Abs. 2 ArbGG versäumt, ist Wiedereinsetzung in den vorigen Stand gem. §§ 233 ff. ZPO möglich; ein Antrag auf nachträgliche Klagezulassung nach § 5 KSchG kommt nicht in Betracht (*LAG Hamm* 3.3.1983, BB 1984, 346). Dagegen kommt eine nachträgliche Zulassung nach § 5 KSchG in Betracht, wenn die Klagefrist versäumt wird, weil die IHK, die Handwerkskammer, die Innung die Frage nach dem Bestehen eines Schlichtungsausschusses unzutreffend bejaht hatte (vgl. *Petri-Klar* AiB 1992, 138).

c) **Einzelfälle**

	Rz		Rz
Abfindungsvereinbarung	27	der Entscheidung der Rechtsschutz-	
Abwarten	18–23	versicherung	19
des Ergebnisses einer Privatklage	18	bis zum letzten Augenblick	20–23

	Rz		Rz
amtliche Brieflaufzeiten	21	**Krankheit**	42–55
Störungen im Postverkehr	21	**Kündigung**	56–61c
Eilbrief am letzten Tag vor		Nichtannahme der schriftlichen	
einfacher Brief Ablauf der Frist		Kündigung	56
eingeschriebener (Eil-)Brief		Kündigung mit nachfolgendem	
Nachtbriefkasten	22	befristeten Änderungsvertrag	57
gemeinsamer Briefkasten	23	nicht rechtzeitiges Lesen der Kündigung	58
Adressbuch	23	Einwurf der Kündigung in den Hausbriefkasten	
Änderungskündigung	24	des Arbeitnehmers	58
Annahme des Arbeitnehmers, die		Kündigung während des Urlaubs	59
rechtzeitige Aufgabe der		Parteiwechsel auf der Passivseite;	
Klageschrift bei der Post wahre die Frist	25	Klage gegen die richtige Partei	40, 69b
Annahme des Arbeitnehmers, der		**Kündigungseinspruch**	26
Kündigungseinspruch nach		**Mittellosigkeit** des Arbeitnehmers/der	
§ 3 KSchG hemme die Frist	26	Arbeitnehmerin	28
Anwaltsverschulden	69 ff.	**Post**	21
Arbeitgeberverhalten	40–0d	**Prozesskostenhilfe**	28
Arbeitsamt	31	**Prozessstandschaft**	64
Aufklärung durch das ArbG nach § 139 ZPO	29	**Rechtsschutzversicherung**	19, 34, 62
falsche Auskunft	30–35	**Rücknahme der Kündigungsschutzklage**	
zuverlässige Stelle	30	**Urlaub**	59 ff.
Beispiele für zuverlässige Stelle	31	**Unkenntnis** des Arbeitnehmers von der	
Problemfälle: Betriebsrat	33, 33a	Dreiwochenfrist	64, 64a
Rechtsschutzversicherung	34	**Unkenntnis**, nach arbeitsrechtlichen	
Ungeeignete Stellen	35, 35a	Grundsätzen zu beurteilen zu sein	64b
Auslandsarbeitsvertrag	35b	**unrichtige Unterrichtung des Prozess-**	
Auslandsaufenthalt	35b	**bevollmächtigten**	65
Ausländische Arbeitnehmer	16, 31, 33, 38, 46,	**unrichtige Unterrichtung des Arbeitnehmers**	
	58, 59, 64	**durch den Empfangsboten über den**	
Auszubildende	35c	**Tag des Zugangs**	69a
Beauftragte	36	**Vergleichsverhandlungen**	24, 66–68
Betriebsrat	37	Anrufen des Betriebsrats	67
Betriebsübergang	37a	Verhandlungen	68
Falsche **Beurteilung der Erfolgsaussichten**	38–40	**Verschulden** des Vertreters	
Irrtum über die Erfolgsaussichten	39	(Prozessbevollmächtigten)	69–74
Täuschung über die Erfolgsaussichten		Angestellte	74
durch den AG	40	zuverlässige Stelle	75
Bevollmächtigter	69 ff.	**Vorsorgliche** Kündigung	76
Gewerkschaft, Gewerkschaftssekretär,		**Vertrauen auf Wiedereinstellung**	40d
DGB Rechtsschutz GmbH	69b, 74 ff.	**Zweckmäßigkeit** der Klage	77
Irrtum über den Beginn der Dreiwochenfrist	57	**Zweifel über die Identität des Arbeitgebers**	77a
Irrtum über die Erfolgsaussichten	41		

17a Soweit nachstehend **Beispiele** aufgeführt sind, die in der Rechtsprechung zur nachträglichen Zulassung geführt haben oder bei denen die nachträgliche Zulassung abgelehnt worden ist, ist zu beachten, dass es sich dabei um **Einzelfallentscheidungen** handelt, die auf die Person des jeweiligen Antragstellers bezogen sind und daher nicht ohne weiteres auf andere übertragbar sind. Soweit Beispiele lediglich in der Literatur erörtert werden, ist die Einschränkung zu machen, dass es letztlich auf den konkreten Einzelfall ankommt.

18 Das **Abwarten des Ergebnisses einer Privatklage oder eines anderen Prozesses,** etwa eines Parallelprozesses, vermag die nachträgliche Zulassung nicht zu rechtfertigen (*LAG Kiel* 9.12.1953 AP Nr. 54 Nr. 106).

19 Das **Abwarten der Entscheidung der Rechtsschutzversicherung** rechtfertigt die nachträgliche Zulassung nicht (*LAG RhPf* 23.1.1972 BB 1972, 839).

20 Wartet der Arbeitnehmer ohne triftigen Grund mit der Klage **bis zum letzten Augenblick,** so trägt er das Risiko, dass die rechtzeitige Klageerhebung nicht mehr gelingt (*LAG Frankf.* 21.2.1952 AP 52 Nr. 129, S. 47; *v. Hoyningen-Huene/Linck* Rz 9). Es gehört zu den Pflichten jedes Arbeitnehmers, sich über die Rechte und Notwendigkeiten im Fall einer Kündigung zu vergewissern, und zwar im Laufe des

Zulassung verspäteter Klagen § 5 KSchG

Arbeitsverhältnisses. Dass am letzten Tag der Wochenfrist **keine Zeit zur Klageerhebung** vorhanden war, ist keine Begründung für die Säumnis (*ArbG Oberhausen* 15.8.1973 AuR 1974, 59).

Der Arbeitnehmer muss die Klage **so rechtzeitig zur Post geben,** dass sie bei **normaler Beförderung** 21 rechtzeitig bei Gericht eingeht (*Köhne* AR-Blattei SD, Kündigungsschutz III A Rz 169). Der Arbeitnehmer darf sich dabei auf die sog. **amtlichen Brieflaufzeiten** (Regelpostlaufzeiten laut Merkblatt der Post) verlassen (*BVerfG* 16.12.1975 BVerfGE 41, 23; 4.5.1977 BVerfGE 44, 302; 19.6.1979 BVerfGE 51, 352; 4.12.1979 BVerfGE 53, 25; *BAG* 24.11.1977 EzA §§ 232–233 ZPO Nr. 18; *BGH* 22.4.1993 DtZ 1993, 283 zur Postlaufzeit in den neuen Ländern; *VGH Mannheim* 20.3.1996 NJW 1996, 2882: betr. Umstellung auf ein fünfstelliges Postleitzahlsystem zum 1.7.1993, es sei denn, die Post hätte ausdrücklich auf Verzögerungen in diesem Zusammenhang hingewiesen; *BGH* 19.4.1990 EzA 23 KSchG Nr. 8 zur Beförderung mit Päckchen; *Volbers* DOK 1982, 914 ff.; APS-*Ascheid* Rz 54). Bei Zweifeln ist eine Auskunft der Post über die Postlaufzeit einzuholen (*BVerfG* 15.5.1995 NJW 1995, 2546; 11.11.1999 AuR 2000, 22). **Störungen im Postverkehr** führen daher zur nachträglichen Zulassung der Klage (*LAG Nürnberg* 16.4.1980 AMBl. 1980, C 31; 31.10.1991 LAGE § 5 KSchG Nr. 56; *v. Hoyningen-Huene/Linck* Rz 14; *Kittner/Däubler/Zwanziger* Rz 13; *Wenzel* MDR 1978, 278). Die Fristversäumung beruht dann allein auf einer Überschreitung der normalen Postlaufzeit. Die Deutsche Post AG erhebt nach wie vor den Anspruch, dass ordnungsgemäß frankierte und adressierte Briefsendungen bei normaler Beförderung am 1. Werktag nach ihrer Einlieferung in Deutschland zugestellt werden. Hierauf können sich die Arbeitnehmer und ihre Prozessbevollmächtigten verlassen (*LAG RhPf* 20.1.2005 – 10 Ta 258/04 – juris; 23.9.2005 – 4 Ta 186/05 – juris, auch zur Vernichtung von Umschlägen nach Posteingang beim Arbeitsgericht). Das gilt auch für die Postbeförderung aus dem Ausland (*LAG Hessen* 24.5.2000 RzK I 10d Nr. 102 = ARSt 2000, 282 betr. Taschkent/Usbekistan). Bei unsicheren Postverhältnissen oder bei Aufgabe der Sendung kurz vor Fristablauf kann das Unterlassen einer Nachfrage – bei dem Prozessbevollmächtigten oder beim Gericht – als Sorgfaltspflichtverstoß iSv § 5 Abs. 1 KSchG gewertet werden, weil der Arbeitnehmer dann nicht darauf vertrauen kann, die Post werde wie üblich eingehen (*LAG Hessen* aaO; APS-*Ascheid* § 5 Rz 54 unter Hinweis auf *BVerfG* 29.4.1994 EzA § 233 ZPO Nr. 28). Wenn der Arbeitnehmer einen **Eilbrief** mit der Klageschrift erst in der Nacht zum letzten Tag der Dreiwochenfrist nach dem auswärtigen Gerichtsort aufgibt (vgl. das Beispiel bei *Auffarth/Müller* § 4 Rz 5) oder gar am letzten Tag der Dreiwochenfrist einen **eingeschriebenen** oder **einfachen Brief** oder gar einen **eingeschriebenen Eilbrief** (*LAG Mannheim* 8.7.1952 AP 53 Nr. 191), wie es die erstinstanzlichen Gerichte immer wieder beobachten können, konnte der Arbeitnehmer vernünftigerweise nicht davon ausgehen, dass die Klageschrift noch innerhalb der Dreiwochenfrist bei Gericht eingeht (vgl. auch *BFH* 22.12.1981 HFR 1983, 34). Der Arbeitnehmer sollte tunlichst in solchen Fällen die Klageschrift selbst zum Gericht bringen oder durch einen Boten (Taxi etc.) bringen lassen.

Entsprechendes gilt, wenn nicht eine Klage an das Arbeitsgericht, sondern ein Brief des im Ausland 21a (hier: Taschkent/Usbekistan) tätigen Arbeitnehmers an seine ständigen Prozessbevollmächtigten in Deutschland unter Beachtung der ihm mitgeteilten normalen Postlaufzeit – sieben Tage – gerichtet wird mit dem Auftrag zur Klageerhebung, der Brief indes nicht ankommt; eine Verpflichtung zur Nachfrage bei seinem Rechtsanwalt bestand mangels Zweifeln an der Zuverlässigkeit der Postbeförderung nicht; eine Erkundigungspflicht besteht allenfalls bei unsicheren Postverhältnissen oder bei Aufgabe der Sendung kurz vor Fristablauf (*LAG Frankfurt* 24.5.2000, RzK I 10d Nr. 102 = ARSt 2000, 282 = DB 2001, 1907).

Ist die gefertigte und auf den Postweg gebrachte Klageschrift nicht beim ArbG eingegangen, ist davon auszugehen, dass das Schriftstück verloren gegangen ist. Es ist in einem solchen Fall darzulegen, dass der Verlust mit großer Wahrscheinlichkeit nicht im Bereich des Arbeitnehmers oder seines Prozessbevollmächtigten eingetreten ist, wozu die Darstellung erforderlich ist, dass die Klageschrift bereits der Post übergeben worden ist, nachdem – Verantwortungsbereich des Absenders – das Schriftstück ordnungsgemäß frankiert und adressiert worden war; der Absendevorgang muss lückenlos und schlüssig dargestellt werden – wurde die Klage in einen Briefkasten geworfen (in welchen, wann?), wurde sie in einer Postfiliale (welche, wann?) eingeliefert oder nur in einen bürointernen Postauslauf gelegt? Im Anwaltsbüro: Organisation des Postausgangs, Postausgangskontrolle (welche?); ausnahmsweise fallbezogene bestimmte Einzelweisung, die nicht eingehalten wurde, usw? (*LAG Nürnberg* 2.6.2003 NZA-RR 2003, 661 = ARSt 2004, 63).

Auf der anderen Seite kann heute davon ausgegangen werden, dass **Einrichtungen zur Entgegennah-** 22 **me von Klagen bis zum tatsächlichen Fristablauf um 24.00 Uhr vorhanden sind** (APS-*Ascheid* Rz 18) (**funktionierender Nachtbriefkasten**). Fehlt ein Nachtbriefkasten oder ist er nicht in Funktion und wird dadurch der noch rechtzeitige Eingang der Klageschrift bei Gericht verhindert, so ist die Klage nachträglich zuzulassen (*v. Hoyningen-Huene/Linck* Rz 13). Dem entspricht es, dass nach *Hess. LAG* 29.9.1993 ARSt 1994, 71 die Klage nachträglich zuzulassen ist, wenn eine ausländische Arbeitnehmerin am letzten Tag der Frist ihren Ehemann zum ArbG schickt, um für sie Klage zu erheben, dieses jedoch wegen eines Betriebsausfluges geschlossen ist und deswegen erst am nächsten Arbeitstag die Klage zu Protokoll der Geschäftsstelle erhoben wird; ein Anwalt braucht nicht beauftragt zu werden.

23 Besteht für das ArbG und das LAG ein **gemeinsamer Briefkasten** und ist die richtig adressierte Klageschrift rechtzeitig in diesen Briefkasten geworfen worden, so ist die Frist gewahrt, auch wenn die Klageschrift rechtzeitig nur dem unzuständigen LAG vorgelegt wird (vgl. aber *LAG Düsseld.* 30.11.1998 AnwBl 2000, 203 betr. Berufungsfrist). Eine fehlerhaft an das Landesarbeitsgericht Berlin statt an das Arbeitsgericht Berlin adressierte Kündigungsschutzklage, die am letzten Tag der Klagefrist bei dem gemeinsamen Telefaxanschluss der für das Arbeitsgericht und das Landesarbeitsgericht Berlin eingerichteten gemeinsamen Einlaufstelle nach Ende der Dienstzeit eingeht, wahrt an sich die Klagefrist nicht; der Schriftsatz ist beim Landesarbeitsgericht eingereicht. Ein bei der gemeinsamen Einlaufstelle der Arbeitsgerichtsbarkeit in Berlin eingegangenen Schriftsatz ist bei dem Gericht eingegangen, an das er adressiert ist. Fristwahrende Einreichung liegt erst mit dem Eingang des Schriftsatzes beim zuständigen Gericht vor. Die fristwahrende Weiterleitung ist geschäftsordnungsmäßig nicht mehr möglich, wenn der Schriftsatz erst nach Dienstschluss bei der gemeinsamen Einlaufsstelle eingeht (vgl. *BAG* 23.8.2001 – 4 AZR 388/00 – betr. Berufungsbegründungsfrist). Die Klagefrist des § 4 KSchG muss aber gleichwohl als gewahrt angesehen werden, wenn die Klage dem ArbG übergeben und »demnächst« iSd § 270 Abs. 3 ZPO zugestellt wird, weil andernfalls ein Wertungswiderspruch zur Fristwahrung bei Einreichung der Klageschrift bei einem dem Rechtsweg nicht zugehörigen Gericht entstünde (vgl. § 4 KSchG Rz 187). Anders ist die Rechtslage in Hmb.: Die Schriftstücke **gelten** mit dem im Eingangsvermerk bezeichneten Leitpunkt **als beim zuständigen Gericht eingegangen** (vgl. *BAG* 17.12.1968 BAGE 21, 263). Ist ein Nachtbriefkasten vorhanden und wirft der Arbeitnehmer am letzten Tag der Dreiwochenfrist eine Kündigungsschutzklage in den normalen Briefkasten des ArbG ein, so ist die Frist des § 4 S. 1 KSchG gewahrt (*BAG* 22.2.1980 EzA § 1 KSchG Krankheit Nr. 5; str. **aA** *G. Hueck* Anm. AP Nr. 6 zu § 1 KSchG Krankheit; *v. Hoyningen-Huene/Linck* Rz 13: Verspäteter Zugang mit Zulassungsmöglichkeit; zust. *v. Maydell/Eylert* Anm. [I] EzA § 1 KSchG Krankheit Nr. 5; *Meisel* SAE 1980, 342 [I]; *Kittner/Däubler/Zwanziger* aaO). Die Einhaltung von Rechtsmittelfristen steht der Einhaltung der Klagefrist des § 4 S. 1 KSchG nicht gleich; der Kläger muss ggf. den Nachweis führen, die Klage noch vor 24 Uhr eingeworfen zu haben. Erkennt der Arbeitnehmer, der seine Kündigungsschutzklage per **Telefax** einlegen will, was dem Formerfordernis des § 130 Nr. 6 ZPO genügt (vgl. *KR-Friedrich* § 4 KSchG Rz 165a), dass die Übermittlung per Telefax nicht möglich ist (zB, weil angezeigt wird, dass eine Verbindung nicht hergestellt ist), ist die Kündigungsschutzklage nur dann nachträglich zuzulassen, wenn die Übermittlung der Klage auf einem anderen Wege nicht möglich und zumutbar war (vgl. *BSG* 31.3.1993 DB 1993, 1572), etwa durch Telefax an die auswärtigen Kammern desselben Gerichts, was fristwahrend wirkt. Auf aufwendige andere Übermittlungswege muss nicht ausgewichen werden (*BVerfG* 25.2.2000 NZA 2000, 789). Lag die Ursache für den Nichteingang des Telefaxes oder für den Mangel der Vollständigkeit in der Sphäre des Empfängers und hat der Arbeitnehmer diesen Mangel nicht erkannt und konnte er ihn nicht erkennen, so ist die Klage nachträglich zuzulassen. Ein Rechtsanwalt darf darauf vertrauen, dass die Telefaxverbindung zum Gericht ordnungsgemäß verläuft, sofern die Klageschrift an das richtige Telefaxgerät versandt wird. Empfangsstörungen bei Gericht sind dem Rechtsanwalt oder der Partei, die selbst tätig wird, nicht zuzurechnen (*Nägele* ArbRB 2003, 159) Nach *LAG Nürnberg* (23.7.1993 LAGE § 5 KSchG Nr. 61) ist die Klagefrist schuldhaft versäumt, wenn am letzten Tag der Frist unter Benutzung eines gerichtsfremden Telefaxanschlusses die Klage eingereicht wird, der Inhaber des Anschlusses die Klage erst nach Ablauf der Dreiwochenfrist weiterleitet, zumal dann, wenn noch andere Möglichkeiten bestanden, die Klage rechtzeitig einzureichen. Dagegen ist die Kündigungsschutzklage nachträglich zuzulassen, wenn die an das Amtsgericht unter der Adresse des ArbG gerichtete Kündigungsschutzklage beim Amtsgericht fristgerecht eingeht, von dort aber weder spätestens am dritten Arbeitstag nach Schriftsatzeingang an das ArbG weitergeleitet noch dem Kläger oder seinem Prozessbevollmächtigten zurückgesandt wird noch ein telefonischer Hinweis erfolgt und der verspätete Eingang beim ArbG auf dieser Verzögerung beruht (*Hess. LAG* 1.10.1996 LAGE § 5 KSchG Nr. 82; vgl. auch *ArbG Hanau* [Vorinstanz] 30.5.1996 BB 1996, 2099 = RzK I 10c Nr. 34, 10d Nr. 75; vgl. auch *BAG* 20.8.1997 EzA § 233 ZPO Nr. 40). Das ist nur dann akzeptabel, wenn unzuständige Gerichte nicht generell zu Boten der Parteien degradiert werden und es bei dem Grundsatz verbleibt, dass die Parteien für die Fristwahrung zu sorgen haben, wozu die richtige

Adressierung fristgebundener Schriftsätze in erster Linie gehört. Ein Grund für die nachträgliche Zulassung der Kündigungsschutzklage ist gegeben, wenn ein Arbeitnehmer die Klage deshalb falsch adressiert hat, weil er die Anschrift des Arbeitsgerichts einem aktuellen Adressbuch entnommen hat, das noch die alte Adresse enthielt und erst in der nachfolgenden noch nicht erschienenen Auflage die richtige Anschrift enthielt (*LAG Köln* 12.4.2006 – 14 Ta 133/06 – NZA-RR 2006,492). Auf der anderen Seite kann heute davon ausgegangen werden, dass **Einrichtungen zur Entgegennahme von Klagen bis zum tatsächlichen Fristablauf um 24.00 Uhr vorhanden sind** (APS-Ascheid Rz 18; **funktionierender Nachtbriefkasten**). Fehlt ein Nachtbriefkasten oder ist er nicht in Funktion und wird dadurch der noch rechtzeitige Eingang der Klageschrift bei Gericht verhindert, so ist die Klage nachträglich zuzulassen (*v. Hoyningen-Huene/Linck* Rz 13). Dem entspricht es, dass nach *Hess. LAG* (29.9.1993 RzK I 10 d Nr. 55 = ArbuR 1994, 200 = ARSt 1994, 71) die Klage nachträglich zuzulassen ist, wenn eine ausländische Arbeitnehmerin am letzten Tag der Frist ihren Ehemann zum ArbG schickt, um für sie Klage zu erheben, dieses jedoch wegen eines Betriebsausfluges geschlossen ist und deswegen erst am nächsten Arbeitstag die Klage zu Protokoll der Geschäftsstelle erhoben wird; ein Anwalt braucht nicht beauftragt zu werden.

Nach *Nebeling/Schmid* (NZA 2002, 1310ff.) ist die verspätete Kündigungsschutzklage im Falle der Anfechtung der einem **Abwicklungsvertrag**, der einen vertraglichen Verzicht auf die Erhebung der Kündigungsschutzklage enthält, zugrunde liegenden Willenserklärung durch den Arbeitnehmer wegen arglistiger Täuschung (§ 123 BGB), durch den Arbeitgeber zuzulassen, Fall eines die nachträgliche Zulassung rechtfertigenden Arbeitgeberverhaltens, s.u. Rz 40. **23a**

Die Klage ist idR nicht nachträglich zuzulassen, wenn der Arbeitnehmer nach Ausspruch einer **Änderungskündigung** nur deswegen die Klagefrist hat verstreichen lassen, weil er im Hinblick auf **schwebende Vergleichsverhandlungen** annahm, er werde schließlich doch weiter zu den alten oder wenigstens gegenüber der **Änderungskündigung** besseren Bedingungen weiterbeschäftigt (*LAG Hamm* 13.11.1953 AP 53 Nr. 126 = BB 1953, 979 vgl. auch den von *LAG SA* entschiedenen Fall: Angebot eines Änderungsvertrages nach Kündigungszugang, aber innerhalb der Dreiwochenfrist, nach Darstellung des Arbeitgebers nur für die Dauer der Kündigungsfrist, nach Auffassung des Arbeitnehmers Rücknahme der Kündigung durch eine Änderungskündigung mit dem Angebot der unbefristeten Fortsetzung des Arbeitsverhältnisses zu geänderten Bedingungen; keine nachträgliche Zulassung, Kläger habe nachfragen und für Klarheit sorgen müssen oder einen Rechtskundigen konsultieren müssen, 22.6.1999 BB 2000, 831 = ZFSH/SGB 2000, 168; s.a. Rz 66). **24**

Die Frage, ob bei irriger **Annahme des gekündigten Arbeitnehmers**, die Dreiwochenfrist könne mit **rechtzeitiger Aufgabe der Klageschrift zur Post gewahrt werden,** die Klage nachträglich zuzulassen ist, ist von der Rechtsprechung unterschiedlich beurteilt worden. Das *LAG Brem.* (28.11.1951 AP 53 Nr. 62 = BB 1951, 1006) hat in einem solchen Fall die Klage nicht nachträglich zugelassen. Demgegenüber hat das *LAG Hamm* (8.7.1952 AR-Blattei D, Kündigungsschutz Entsch. 14 = AP 53 Nr. 91) die Kündigungsschutzklage nachträglich zugelassen. Die Ansicht des *LAG Brem.* (28.11.1951 aaO) dürfte richtig sein. Ein **Rechtsirrtum über die Fristwahrung** geht zu Lasten des Arbeitnehmers (*Herschel* Anm. zu AP 53 Nr. 91; *Köhne* AR-Blattei SD, Kündigungsschutz III A Rz 148; *LAG Tübingen* 16.6.1952 RdA 1952, 398). Nur wenn der Arbeitnehmer sich an **zuständiger Stelle** (s.u. Rz 30 ff.) erkundigt und eine falsche Auskunft in diesem Sinne erhalten hatte, ist die Klage nachträglich zuzulassen. Entsprechendes gilt, wenn der Arbeitnehmer vorträgt, er habe die Dreiwochenfrist zwar gekannt, sei aber irrig davon ausgegangen, **die Frist beginne erst mit Ablauf der Kündigungsfrist**; einem Arbeitnehmer ist zuzumuten, sich über Klagefrist und Fristbeginn zu informieren (*LAG SchlH* 28.4.2005 – 2 Ta 105/05 – juris). **25**

Die irrige Annahme, der **Kündigungseinspruch nach § 3 KSchG beim Betriebsrat** hemme den Ablauf der Dreiwochenfrist (was immerhin vertreten wird, *Möhn* NZA 1995, 113 f.), führt nicht zur nachträglichen Zulassung der Kündigungsschutzklage (*Schaub* § 136 II 3 Rz 40; *Bauer* Arbeitsrechtl. Aufhebungsverträge, 1982, S. 22). Nur wenn der Arbeitnehmer sich an **zuständiger Stelle** (s. Rz 25, 30 ff.) erkundigt und eine falsche Auskunft in diesem Sinne erhalten hatte, ist die Klage nachträglich zuzulassen (vgl. *LAG Stuttg.* 17.1.1952 AP 52 Nr. 231). **26**

Zum Arbeitgeberverhalten vgl. Rz 40 – 40c. **27**

Nachträgliche Zulassung wegen **verspäteter Bewilligung von Prozesskostenhilfe, §§ 114 ff. ZPO) ist** nicht zu gewähren, da es beim ArbG keine Prozesskostenvorschusspflicht gibt (*Schaub* § 136 II 3 Rz 38; APS-*Ascheid* Rz 47; *LAG Köln* 11.3.1996 LAGE § 4 KSchG Nr. 34, 18.2.2005 – 9 Ta 452/04; *LAG Nürnberg* **28**

23.10.2003 – 7 Ta 174/03 – LAGE § 114 ZPO 2002 Nr. 1). Deshalb kommt Mittellosigkeit des Arbeitnehmers als Hindernis für eine rechtzeitige Klageerhebung nicht in Betracht (*Sächs. LAG* 23.12.2005 – 3 Ta 362/05 – EzA-SD 2006 Nr. 14, 13 für den Fall bedingter Klageerhebung für den Fall der Bewilligung von Prozesskostenhilfe; der Kläger hätte mit Hilfe der Rechtsantragsstelle kostenfrei persönlich Klage erheben können).

29 **Mangelnde Aufklärung** durch das ArbG gem. § 139 ZPO kann zur nachträglichen Zulassung der Kündigungsschutzklage führen. Solange das ArbG den klagenden Arbeitnehmer durch mangelnde Aufklärung gem. § 139 ZPO oder durch prozessuale Anordnungen in den Glauben versetzt, dass ein innerhalb der Klagefrist eingereichter Schriftsatz als formgerechte Kündigungsschutzklage angesehen werde, ist die Kündigungsschutzklage nachträglich zuzulassen, weil davon auszugehen ist, dass der Kläger dann iSd § 5 Abs. 1 KSchG gehindert war, eine den prozessualen Anforderungen entsprechende Klage einzureichen. Die Fristversäumung beruht nicht auf dem Verschulden des Arbeitnehmers, sondern auf missverständlichem Verhalten des Gerichts, wenn das Gericht dem Arbeitgeber aufgibt, Beweis anzutreten, und die Ladung der zu benennenden Zeugen sowie das persönliche Erscheinen der Parteien und die Vorlage des Kündigungsschreibens anordnet. Daraus konnte der Arbeitnehmer nur entnehmen, dass seine Klage als ordnungsgemäß erhoben angesehen wird (*LAG Düsseld.* 13.4.1956 AP Nr. 7 zu § 4 KSchG = BB 1956, 529 Nr. 1017). Der Antrag auf nachträgliche Zulassung der Klage ist begründet, wenn die fehlende Unterschrift auf der Klageschrift bei alsbaldigem Hinweis des Gerichts nach § 139 Abs. 2 ZPO innerhalb der Dreiwochenfrist hätte nachgeholt werden können. Durch den unterlassenen Hinweis des Arbeitsgerichts wurde das Verschulden des Arbeitnehmers an der formunwirksamen Klageerhebung überlagert (*LAG MV* 27.7.1999 LAGE § 5 KSchG Nr. 95). Weist der Vorsitzende der Kammer des ArbG entgegen § 6 S. 2 KSchG (vgl. dazu KR-*Friedrich* § 6 KSchG Rz 33 ff.) nicht auf die Möglichkeit hin, die Sozialwidrigkeit der Kündigung geltend zu machen, die fristgerecht nur wegen unrichtiger Kündigungsfrist angegriffen worden war (Fall des § 6 S. 1 KSchG; vgl. KR-*Friedrich* § 6 KSchG Rz 11 ff.), und nimmt der Arbeitnehmer die Klage auf Anraten des Gerichts zurück, weil die Kündigungsfrist eingehalten sei, so ist die Klage nachträglich zuzulassen: Es war dem Arbeitnehmer nicht zumutbar, die Ausführungen des ArbG überprüfen zu lassen; er durfte auf deren Richtigkeit vertrauen (vgl. *LAG BW* 8.2.1988 – 10 Ta 1/88 – nv sowie *LAG Hamm* 5.1.1998 NZA-RR 1998, 209).

30 **Falsche Auskunft** und fehlerhafte Hinweise, sei es, dass auf entsprechende Frage des Arbeitnehmers über die Klagefrist falsch informiert wurde oder es unterlassen wurde, im Rahmen der Auskunft über die Kündigung, ihre Berechtigung und die etwa dagegen einzuleitenden Schritte auf die Dreiwochenfrist hinzuweisen, führen dann zur nachträglichen Zulassung der Kündigungsschutzklage, wenn die Auskunft von einer **zuverlässigen Stelle** erteilt wurde (SPV-*Vossen* Rz 1835; *v. Hoyningen-Huene/Linck* Rz 6; APS-*Ascheid* Rz 58 ff.). Der Arbeitnehmer muss wenigstens deutlich machen, dass es sich um eine Kündigung handelt (nach *LAG BW* 26.8.1976 – 1b Ta 1/76 – nv muss er zum Ausdruck bringen, dass er die gegebenen rechtlichen Möglichkeiten, sich gegen die Kündigung zu wehren, in Anspruch nehmen wolle). Begehrt er lediglich eine Beratung oder eine Auskunft, ohne darauf hinzuweisen, dass es um eine Kündigung geht, und wird er abgewiesen oder auf einen außerhalb der Klagefrist liegenden Termin vertröstet, so rechtfertigt die unterbliebene Nachfrage, ob es sich etwa um eine dem KSchG unterliegende Kündigung handele, nicht die nachträgliche Zulassung der Klage. Ungefragt und ohne Anlass braucht auf die Dreiwochenfrist nicht hingewiesen zu werden.

31 Als **zuverlässige Stelle** in diesem Sinne sind anzusehen die **Rechtsberatungsstelle einer Gewerkschaft** (*LAG Köln* 13.9.1982 EzA § 5 KSchG Nr. 16), die Rechtsschutzstellen der Gewerkschaften (*LAG Hmb.* 18.5.2005 – 4 Ta 27/04 – NZA-RR 2005, 489, 491), also zB die DGB-Rechtsstelle und die dort beschäftigten Rechtssekretäre, nicht aber mit Rechtsangelegenheiten nicht beschäftigte Bedienstete, wie etwa Schreibkräfte oder Putzfrauen,

Arbeitnehmerkammer in Bremen/Bremerhaven, zu deren gesetzlichen Aufgaben auch die Rechtsberatung ihrer Mitglieder gehört (*LAG Brem.* 26.5.2003 MdR 2003,1059,1060), **die Rechtsantragsstelle eines ArbG** (*ArbG Passau* 29.6.1989 ARSt 1989 Nr. 76 = BB 1989, 1761; *LAG BW* 11.4.1988 NZA 1989, 153; vgl. aber *LAG RhPf* 21.10.2004 – 7 Ta 173/04 – LAGReport 2005,275 wohl einschränkend, allerdings für einen Fall des Betriebsübergangs nach Ablauf der Klagefrist), **auch die Geschäftsstelle eines ArbG** (*LAG Kiel* 8.7.1960 BB 1960, 826; aA *LAG Köln* 28.11.1985 LAGE § 5 KSchG Nr. 21 unter Hinweis auf den von der Rechtsantragstelle des ArbG abweichenden Aufgabenbereich der Mitarbeiter der Geschäftsstelle), nicht aber Schreibkräfte oder Reinigungspersonal des ArbG, **nicht das Arbeitsamt** (jetzt Agentur für Arbeit), weil nicht zur Rechtsberatung und Rechtsauskunft berufen (§ 4 SGB III), es sei denn der Kläger legt dar, aus welchem Grunde er ausnahmsweise davon ausgehen konnte, er werde vom Ar-

Zulassung verspäteter Klagen § 5 KSchG

beitsamt eine zuverlässige Auskunft über seine Rechte als Arbeitnehmer im Falle einer Kündigung erhalten (zutr. *LAG BW* 12.10.1992 – 9 Ta 27/92 – nv für das französische Arbeitsamt – agence nationale pour l'emploi –, generell abl. *ArbG Kiel* 14.5.1987, BB 1987, 2100 = NZA 1988, 178 = RzK I 10d Nr. 16; *LAG Düsseld.* 25.4.1991 LAGE § 5 KSchG Nr. 51, aufgrund seiner gesetzlichen Aufgaben keine zur Rechtsauskunft in arbeitsrechtlichen Fragen geeignete Stelle, krit. *Nägele* ArbRB 2003,158 im Hinblick auf § 147a SGB III und die Anordnung von Sperrfristen und Ruhenszeiträumen); **Deutsche Botschaft im Ausland** (*LAG Brem.* 31.10.2001 LAGE § 233 ZPO Nr.28); **Rechtsanwälte** (*LAG Düsseld.* 17.12.1952 BB 1953, 502; *LAG BW* 11.2.1974 BB 1974, 323; *LAG Frankf.* 17.8.1955 BB 1956, 211, anders, wenn die Rechtsauskunft für den Arbeitnehmer erkennbar falsch ist oder der Rechtsanwalt den Sachverhalt erkennbar unrichtig würdigt, *LAG Hamm* 15.10.1981 EzA § 5 KSchG Nr. 12; *LAG Köln* 30.8.1989 LAGE § 5 KSchG Nr. 42; s.a. Rz 71), **nicht aber deren Büropersonal**, *ArbG Wiesbaden* 13.12.1984 ARSt 1985 Nr. 28 (Telefonat mit einer Angestellten des späteren Prozessbevollmächtigten; *LAG Düsseld.* 21.10.1997 LAGE § 5 KSchG Nr. 89), vgl. auch Rz 32. Auch ein Sozialsekretär der CDA ist eine geeignete Stelle in diesem Sinne. Es handelt sich dabei um eine einem Gewerkschaftssekretär vergleichbare Person einer Institution, an die sich der Arbeitnehmer mit der Bitte um Rechtsrat wegen der ausgesprochenen Kündigung wenden darf (*LAG Düsseld.* 26.7.1976 EzA § 5 KSchG Nr. 1). Nach *LAG Hamm* (19.3.1981 DB 1981, 1680 = BB 1982, 495 = AuR 1981, 384 = AR-Blattei Ausländische Arbeitnehmer Entsch. Nr. 27 = EEK II/115) ist dem spanischen Gastarbeiter, der in seinem Heimatland eine fehlerhafte Auskunft vom Instituto Nacional de Segúridad Social (INSS) erhält, die nachträgliche Klagezulassung zu bewilligen. **Sozialarbeiter in einer Justizvollzugsanstalt** sind nach *LAG Brem.* 13.6.1994 LAGE § 5 KSchG Nr. 66 jedenfalls für einen ausländischen Arbeitnehmer als »geeignete Stelle« anzusehen.

Durch das **Einholen einer Auskunft bei einem Rechtsanwalt** hat die Partei die ihr zuzumutende 32 Sorgfalt gewahrt. Der Arbeitnehmer kann erwarten, dass er von einem **Rechtsanwalt** als einer mit dem gesamten Recht vertrauten Person ordnungsgemäß beraten wird (*LAG Düsseld.* 17.12.1952 AP 53 Nr. 238; *LAG Mannheim* 16.8.1952 RdA 1952, 399). Wenn der Rechtsanwalt dem rechtsunkundigen Arbeitnehmer, der sich an ihn wendet, um sich über die gegen Kündigungen zu unternehmenden Schritte unterrichten zu lassen, keine erschöpfende Auskunft gegeben hat und es insbes. unterlassen hat, den Arbeitnehmer auf die Ausschlussfrist hinzuweisen, so kann das dem Arbeitnehmer nicht zur Last gelegt werden (*ArbG Göttingen* 13.6.1955 AP Nr. 4 zu § 4 KSchG; *LAG Frankf.* 17.8.1955 aaO; *LAG BW* 11.2.1974 aaO). Ein Fall des § 85 Abs. 2 ZPO (dazu Rz 69 ff.) ist schon deswegen nicht gegeben, weil keine Prozessvollmacht erteilt ist (s.u. Rz 75). Nach *LAG Düsseld.* (18.7.1978 EzA § 5 KSchG Nr. 4) ist die Kündigungsschutzklage nicht nachträglich zuzulassen, wenn der Arbeitnehmer, der die Klagefrist nicht kennt, innerhalb der Klagefrist mit einem Angestellten eines Rechtsanwaltsbüros einen Besprechungstermin vereinbart, der außerhalb der Klagefrist liegt. Andernfalls würde der der Frist Unkundige auf diese Weise einen Vorteil erlangen, nur weil er mit Angestellten einer an sich zuständigen Stelle einen Besprechungstermin vereinbart, ohne den allein zur Beratung Befugten auch nur selbst innerhalb der Frist gesprochen und sich von ihm – der verlässlichen Stelle – beraten lassen zu haben (bestätigt v. *LAG Düsseld.* 21.10.1997 LAGE § 5 KSchG Nr. 89). Deshalb ist auch die in Rz 31 genannte Entscheidung des *LAG Köln* (28.11.1985 aaO) im Ergebnis richtig: Dem Arbeitnehmer war von der Geschäftsstelle des ArbG im Hinblick auf ein Vorgehen gegen eine Kündigung ohne Hinweis auf die Dreiwochenfrist nur gesagt worden, am Telefon dürfe keine Auskunft gegeben werden, er könne sich wegen der Kündigung mit einem Rechtsanwalt in Verbindung setzen. Dann war der Arbeitnehmer gehalten, alsbald mit einem Rechtsanwalt als ihm empfohlene zuverlässige Stelle zu sprechen, um der ihm zuzumutenden Sorgfaltspflicht zu genügen. Der Versuch des Dreiwochenfrist Unkundigen, eine Auskunft zu erhalten, reicht nicht aus. Entsprechendes gilt, wenn ein Telefonat mit einer Angestellten des späteren Prozessbevollmächtigten stattfindet, diese – auf die Kündigung hingewiesen, wobei offen geblieben ist, ob sie das verstanden hat – auf die urlaubsbedingte Abwesenheit des Rechtsanwalts verweist und erklärt, dieser werde sich melden. Der Versuch, Rechtsrat einzuholen, reicht nicht aus. Der Arbeitnehmer musste sich an eine andere geeignete Stelle wenden, den Vertreter des Rechtsanwalts, einen anderen Rechtsanwalt oder an die Rechtsantragsstelle des ArbG (*ArbG Wiesbaden* 13.12.1984 ARSt 1985 Nr. 28). Vgl. zur Frage der nachträglichen Zulassung bei Unkenntnis der Klagefrist Rz 64.

Ob der **Betriebsrat** und der **Personalrat** als eine **zur Auskunfterteilung berufene Stelle** anzusehen 33 sind, ist unterschiedlich beurteilt worden. Zum Teil wird eine Anfrage beim Betriebsrat oder beim Personalrat nicht für ausreichend angesehen, weil der Betriebsrat für die Erteilung von Rechtsauskünften weder zuständig noch die wirklich geeignete Stelle sei (SPV-*Vossen* Rz 1836; v. *Hoyningen-Huene/Linck* Rz 7; BBDW-*Wenzel* Rz 80; APS-*Ascheid* Rz 26; ErfK-*Ascheid* Rz 16b; *Löwisch/Spinner* Rz 9; *Backmeister/*

Trittin/Mayer Rz 9; *Schaub/Linck* § 136 III 2 Rz 46; *Poelmann* RdA 1952, 207; *Linke* BB 1955, 933; *Gröninger* AuR 1953, 107; *LAG Köln* 13.8.1982 EzA § 5 KSchG Nr. 16; *LAG RhPf* 10.9.1984 NZA 1985, 430; *LAG Hmb.* 10.4.1987 LAGE § 5 KSchG Nr. 29; *LAG Bln.* 17.6.1991 LAGE § 5 KSchG NR. 52; *LAG SchlH* 16.4.1998 AnwBl. 1998, 664). Andere lassen die Anfrage beim Betriebsrat ausreichen (*Auffarth/Müller* § 4 Rz 3; *LAG Stuttg.* 17.1.1952 AP 52 Nr. 231 = BB 1952, 492). Eine **Mittelmeinung** differenziert danach, ob ein **Betriebsrat eines Großbetriebes** oder der **Betriebsrat eines Kleinbetriebes** eine falsche Auskunft erteilt hat. Im ersteren Fall wird die nachträgliche Zulassung gewährt, im letzteren Fall nicht (ErfK-*Ascheid* Rz 16b; *Wenzel* AuR 1976, 331; *LAG Frankf.* 20.9.1974 DB 1974, 2016; *ArbG Ludwigshafen [Landau]* 9.4.1974 ARSt 1974, Nr. 157). Die nachträgliche Zulassung kann gewährt werden, wenn ein freigestelltes **Betriebsratsmitglied** die konkrete Frage nach etwaigen Fristen unrichtig beantwortet oder von sich aus unrichtige Auskünfte erteilt hat (*Wenzel* aaO; vgl. *LAG BW* 3.4.1998 LAGE § 5 KSchG Nr. 94, eine **nicht freigestellte Personalrätin**, der die Einführung der dreiwöchigen Klagefrist gegen Befristungen, § 1 Abs. 5 BeschFG (jetzt § 17 TzBfG), unbekannt war, hatte empfohlen, vorläufig mit der Klage abzuwarten, weil von der Verlängerung des Vertrages auszugehen sei). Dagegen soll es nicht ausreichen, wenn der Betriebsrat den wegen einer Kündigung vorsprechenden Arbeitnehmer nicht auf die Dreiwochenfrist aufmerksam macht, weil eine umfassende Beratung des entlassenen Arbeitnehmers nicht zu den Aufgaben des Betriebsrats, auch nicht zu den Aufgaben eines Betriebsrats eines Großbetriebes gehörte (*Wenzel* aaO; *LAG Frankf.* 20.9.1974 aaO). Es wird auf den jeweiligen **Einzelfall** abzustellen sein: Wenn sich der Arbeitnehmer Rat suchend an den Betriebsrat gewandt hat und eine falsche Auskunft erhalten hat, dürfte in aller Regel die nachträgliche Zulassung gerechtfertigt sein, wenn die Klagefrist aufgrund der falschen Auskunft des Betriebsrats versäumt wurde (*Bleistein* Rz 263; *ArbG Kiel* 14.5.1987 BB 1987, 2100 = NZA 1988, 178; *Sächs. LAG* 27.7.1998 NZA-RR 1999, 266 betr. **Personalrat**; vgl. *LAG Stuttg.* 18.3.1953 BB 1953, 979, das die Klage nachträglich zugelassen hat in dem Fall, in dem der Betriebsratsvorsitzende auf Anfrage erklärte, der Arbeitnehmer solle gar nichts unternehmen, der Betriebsrat werde sich der Sache annehmen, und schließlich nach mehreren Nachfragen nach Ablauf der Klagefrist erklärte, die Möglichkeiten des Betriebsrats seien erschöpft, es bleibe nur der Weg zur Klage; vgl. auch *LAG Hamm* 16.2.1962, BB 1962, 339, das die Klage nachträglich zugelassen hat, nachdem der befragte Personalratsvorsitzende den ausländischen Arbeitnehmer nicht auf Einhaltung oder Ablauf der Klagefrist hingewiesen hatte, diff. auch *Knorr/Bichlmeier/Kremhelmer* Kap. 14 Rz 68; wohl auch *Kittner/Däubler/Zwanziger* Rz 7; *Mühlhausen* NZA 1992, 877 ff.). Zutreffend weist das *LAG RhPf* (23.7.2004 – 8 Ta 154/04 – juris) darauf hin, dass es darauf ankommt, mit welchem Auskunftsbegehren der Arbeitnehmer bezüglich einer Klageerhebung an den Betriebsrat herangetreten und welche – falsche – Auskunft ihm dort erteilt worden ist. Es muss vorgetragen werden, dass der Arbeitnehmer Unkenntnis von der Dreiwochenfrist hatte und er deutlich gefragt hat, ob er etwas er gegen die Kündigung unternehmen könne. Fragt er lediglich, ob er etwas unternehmen solle, geht es um die Erfolgsaussicht, so dass die Klage nicht nachträglich zuzulassen ist, wenn die Antwort im Nachhinein als unzutreffend erscheint.

33a Nach *ArbG Wiesbaden* (27.8.1980 ARSt 1980, Nr. 1231) ist ein **gewerkschaftlicher Vertrauensmann** nicht als eine fachkundige Stelle zur Rechtsberatung anzusehen. Aufgabe der gewerkschaftlichen Vertrauensleute ist nicht die Bildung, Schulung oder gar Beratung der Arbeitnehmer, und sei es auch nur der gewerkschaftlich organisierten. Sie sind Träger der Gewerkschaftsarbeit in den Betrieben. Sie haben die Aufgabe, an der Gestaltung und Organisation ihrer Gewerkschaft mitzuarbeiten und die Gewerkschaftspolitik in den Betrieben zu vertreten. Sie sind Interessenvertreter und Verbindungsleute der Gewerkschaft zu den übrigen gewerkschaftlich organisierten Arbeitnehmern (vgl. *BAG* 8.12.1978, EzA Art. 9 GG Nr. 28). Wer sich an einen Vertrauensmann wendet und eine falsche Auskunft erhält, erlangt ebenso wenig die nachträgliche Zulassung der Kündigungsschutzklage wie ein Arbeitnehmer, der sich an eine sonstige unzuständige Stelle gewandt hat (vgl. Rz 31 u. Rz 35).

34 Die **Schadensabteilung der Rechtsschutzversicherung** des Arbeitnehmers ist als berufene Stelle anzusehen. Wendet sich der Arbeitnehmer wegen der Kündigung an das Schadensbüro seiner Rechtsschutzversicherung, so kann er davon ausgehen, dass ihm nicht nur auf Befragen die richtigen Auskünfte erteilt werden, sondern er auch auf die Dreiwochenfrist hingewiesen wird, aA *v. Hoyningen-Huene/Linck* Rz 7; *Löwisch/Spinner* Rz 9. Anders ist es, wenn der Arbeitnehmer sich an den **Vertreter der Rechtsschutzversicherung** wendet, um Rechtsrat oder nur Rechtsschutz zu erlangen. Der Arbeitnehmer kann nicht davon ausgehen, dass der Versicherungsvertreter hinreichend rechtskundig ist, ihm entweder auf Frage die richtige Auskunft zu erteilen oder von sich aus auf die Dreiwochenfrist hinzuweisen (*Sächs. LAG* 23.7.1998 NZA 1999, 112 = RzK I 10d Nr. 94; *Wenzel* AuR 1976, 331).

Zulassung verspäteter Klagen § 5 KSchG

Nicht ausreichend ist es, wenn sich der Arbeitnehmer auf **Auskünfte anderer Personen und Stellen** 35
verlässt, wie etwa Sozialarbeiter (*LAG Hamm* 31.1.1990 LAGE § 35 KSchG Nr. 45), Schulleiter (*LAG BW* 3.4.1998 LAGE § 5 KSchG Nr. 94, vgl. dazu aber auch Rz 40), Richter/-in am Landgericht (*LAG Düsseld.* 25.7.2002 NZA-RR 2003, 101), **Arbeitskollegen** oder die bereits oben erwähnten nicht mit Rechtsfragen betrauten **Mitarbeiter zur Auskunft berufener Personen und Stellen** (s.o. Rz 31).

Andererseits konnte eine Arbeitnehmerin, der von der nach **§ 9 Abs. 3 MuSchG zuständigen Behörde** im Rahmen einer Anhörung zu einer in Aussicht genommenen Kündigung mitgeteilt wurde: »Vorsorglich mache ich darauf aufmerksam, dass eine bereits ausgesprochene Kündigung unwirksam ist und nicht nachträglich für zulässig erklärt werden kann. Eine verbotswidrig ausgesprochene Kündigung ist nichtig (§ 134 BGB) ...«, die Mitteilung als zuverlässigen Hinweis einer sie in ihren Rechten schützenden Stelle verstehen, nichts mehr gegen die Kündigung unternehmen zu müssen (*LAG Hamm* 18.11.2005 – 1 Ta 571/05 – juris). Weist das **Integrationsamt** im Zustimmungsbescheid zur Kündigung eines schwerbehinderten Menschen ausdrücklich darauf hin, dass die inhaltliche Prüfung der zwischen den Arbeitsvertragsparteien streitigen Kündigungsgründe letztlich den Arbeitsgerichten obliege, so ist das nur ein Hinweis auf den weiteren Verfahrensweg und durfte von dem schwerbehinderten Arbeitnehmer nicht dahin verstanden werden, zur Wahrung der Rechte gegenüber einer Kündigung sei der Widerspruch beim Integrationsamt ausreichend (*LAG Köln* 14.3.2005 – 2 Ta 9/05 – ArbuR 2005, 237, LS).

Wird der Arbeitnehmer bei der »zuverlässigen Stelle« »abgewimmelt« – erklärt zB der Beamte der 35a
Rechtsantrags- oder Geschäftsstelle, er habe jetzt keine Zeit mehr – und findet deshalb eine sachliche Erörterung nicht statt, dann kann der Arbeitnehmer sich nicht darauf berufen, er sei bei seiner Vorsprache nicht auf die Einhaltung der Klagefrist hingewiesen worden. Vielmehr hätte er sich nach der für ihn unbefriedigenden Vorsprache bei der Rechtsantrags- oder Geschäftsstelle des ArbG alsbald an anderer geeigneter Stelle weiter erkundigen müssen (*LAG BW* 22.6.1983 – 6 Ta 8/83 – nv; s.a. Rz 32).

Bittet der von einem Binnenschiffer rechtzeitig telefonisch beauftragte Rechtsanwalt um die Übermittlung des Kündigungsschreibens und trägt der Arbeitnehmer nur pauschal vor, trotz der Liegezeit des Schiffes in einem Hafen keine Möglichkeit gefunden zu haben, ein Faxgerät zu verwenden, so lässt das nicht erkennen, warum dies nicht der Fall gewesen sein soll; das unterbliebene Beratungsgespräch war für die Fristversäumung nicht ursächlich (vgl. *LAG Hmb.* 7.5.2004 – 8 Ta 6/04 – juris).

Geht die Kündigung im **Ausland** zu, muss der Arbeitnehmer versuchen, innerhalb von drei Wochen 35b
eine Klage beim ArbG anzubringen, gleich, ob es sich um einen deutschen oder ausländischen Arbeitnehmer handelt (zust. *v. Hoyningen-Huene/Linck* § 5 Rz 8). Er muss die bestehenden Kommunikationsmöglichkeiten wahrnehmen und ggf. telefonisch jemanden in der Bundesrepublik Deutschland mit der Wahrnehmung seiner Interessen beauftragen. Auch ist es zumutbar, im nächsten deutschen Konsulat zu fragen, was gegen die Kündigung zu unternehmen sei (*LAG BW* 31.7.1980 – 4 Ta 6/80 – nv; *LAG Brem.* 31.10.2001 LAGE § 233 ZPO Nr. 28). Besteht keine Möglichkeit, zumutbar im Ausland Rechtsrat im deutschen Arbeitsrecht zu erhalten, ist die Klage nachträglich zuzulassen (*LAG Düsseld.* 6.3.1980 EzA § 5 KSchG Nr. 9; *LAG Köln* 14.1.1982 EzA § 5 KSchG Nr. 14; vgl. zum Zugang der Kündigung im Ausland während Erkrankung des Arbeitnehmers Rz 46 aE). Bei Auslandsaufenthalt aufgrund **Auslandsarbeitsvertrags** ist die Klage nicht nachträglich zuzulassen, wenn der Arbeitnehmer in der Lage war, auch vom Ausland aus seine Interessen in Deutschland wahrzunehmen und rechtzeitige Klage zu erheben (funktionierende Briefpost und Telefondienste nach Deutschland, notfalls über die deutsche Botschaft, Mitgabe von Post an ausreisende Firmenangehörige zur Auslieferung der Briefe bei der Post in Deutschland), *ArbG Frankf.* 13.9.1983 – 12 Ca 490/82 – nv betr. Saudi-Arabien zit. bei *Hickl* NZA Beil. 1/1987, S. 12, dort auch weitere Beispiele unter Hinweis auf nicht veröffentliche Entscheidungen. Entsprechendes gilt nach *LAG Hmb.* 10.4.1987 LAGE § 5 KSchG Nr. 34, wenn sich der (ausländische) Arbeitnehmer unmittelbar nach Erhalt der Kündigung in sein Heimatland (Ghana) begibt. Zum Zugang der Kündigung im Inland während des Auslandsaufenthaltes und Rückkehr vor Ablauf der Dreiwochenfrist oder (vage) Information über den Ausspruch einer Kündigung vor Ablauf der Frist im Ausland s.u. Rz 61.

Nach *BAG* (26.1.1999 EzA § 4 KSchG nF Nr. 58) sind die Vorschriften des KSchG über die fristgebun- 35c
dene Klageerhebung auch auf Kündigungen von Berufsausbildungsverhältnissen gegenüber **Auszubildenden** anzuwenden, wenn eine Ausschussverhandlung nach § 111 Abs. 2 ArbGG nicht stattfinden muss (dazu KR-*Friedrich* § 13 Rz 36). Es heißt dann weiter (II 2 d der Gründe), da gerade der Auszubildende besonders schutzbedürftig sei, sei eine großzügige Anwendung der Möglichkeit der nachträg-

lichen Klagezulassung nach § 5 KSchG geboten. Unverschuldete Versäumnisse bei der Einhaltung der Klagefrist seien nach § 5 KSchG heilbar, wobei das jugendliche Alter und die Unerfahrenheit eines Auszubildenden im Arbeitsleben angemessen berücksichtigt werden könnten.

Allerdings muss sich ein Auszubildender das Verschulden seines Prozessbevollmächtigten nach § 85 Abs. 2 ZPO zurechnen lassen (so *LAG Köln* 10.3.2006 LAGE § 111 ArbGG 1979 Nr. 4 betr. Unterlassen der Klageerhebung trotz Hinweises auf Nichtbestehen eines Ausschusses nach § 111 Abs. 2 ArbGG, was der hM entspricht, s.a. Rz 69b, 70).

36 **Beauftragte** siehe Vertreter Rz 69.

37 **Betriebsrat** siehe Rz 33.

37a Die Vorstellung, es finde ein **Betriebsübergang** statt, ändert nichts an der Verpflichtung, gegen den »alten« kündigenden Arbeitgeber rechtzeitig eine Kündigungsschutzklage zu erheben (*LAG RhPf* 21.10.2004 – 7 Ta 173/04 – LAGReport 2005, 275).

38 Die **falsche Beurteilung der Erfolgsaussichten** einer Kündigungsschutzklage rechtfertigt im Allgemeinen die nachträgliche Zulassung nicht (*ArbG Göttingen* 26.10.1951 RdA 1951, 40; 10.10.1952 RdA 1952, 480; *LAG München* 6.3.1952 AMBl. 1952, C 111 f.; *ArbG Solingen* 31.1.1989 AuR 1990, 294; *Köhne* AR-Blattei SD, Kündigungsschutz III A Rz 118; *Griebeling* EWiR 1994, 1009, 1010: »Der bloße Irrtum über die Erfolgsaussicht«). So kann sich der Arbeitnehmer nicht erfolgreich darauf berufen, dass er sich während der Klagefrist in Beweisschwierigkeiten befunden habe, was nun nicht mehr der Fall sei (*LAG Hamm* 15.6.1979 ARSt 1979 Nr. 159 = BB 1979, 1298). Die mitunter, insbes. bei ausländischen Arbeitnehmern anzutreffende irrige Auffassung, für die Kündigungsschutzklage sei die Vorlage des Originalkündigungsschreibens erforderlich, weshalb die Kündigungsschutzklage so lange unterblieben sei, als das Original des Kündigungsschreibens nicht zur Verfügung gestanden habe, etwa weil es dem Arbeitsamt als Unterlage für den Antrag auf Arbeitslosengeld vorlag, ist kein Grund für die nachträgliche Zulassung der Kündigungsschutzklage. Der Arbeitnehmer konnte und musste sich durch Einholung von Auskünften die entsprechenden Kenntnisse verschaffen (s.u. Rz 64).

39 Der bloße **Irrtum über die Erfolgsaussichten** einer fristgebundenen Kündigungsschutzklage kann die nachträgliche Klagezulassung nicht rechtfertigen. Es stellt keinen Grund für die nachträgliche Zulassung der Kündigungsschutzklage dar, wenn ein gekündigter Arbeitnehmer nicht fristgerecht Klage erhoben hat, weil er – ohne Zutun des Arbeitgebers – glaubte, sein Arbeitsplatz werde nicht wieder besetzt. Der Antrag wird nicht durch die Behauptung getragen, der Arbeitnehmer habe aufgrund der Angaben des Arbeitgebers angenommen, dass sein Arbeitsplatz entfalle, und müsse jetzt feststellen, dass er einen Nachfolger einzuarbeiten habe, weil dieses Verhalten des Arbeitgebers keine Andeutung arglistigen Verhaltens enthält (*LAG Düsseld.* 9.9.2003 – 15 Ta 395/03 – nv; *LAG Hamm* 12.2.1976 ARSt 1976 Nr. 159; *ArbG Göttingen* 26.10.1951 BB 1951, 896; *LAG Köln* 18.8.2006 – 9 Ta 272/06).

40 Die Kündigungsschutzklage ist aber dann zuzulassen, wenn **der Arbeitgeber den Arbeitnehmer arglistig von der Kündigungsschutzklage abhält** (vgl. *LAG Frankf.* 17.8.1954 NJW 1954, 1952; *LAG BW* 26. 3.1965 DB 1965, 1712; *LAG Köln* 9.10.2000 ARSt 2001, 164; 9.10.2000 – 8 Sa 84/00 – [I 2c], 18.8.2006 – 9 Ta 272/06 –[II 2), *LAG RhPf* 17.1.2005 – 8 Ta 276/04 – [beschränkt auf den Fall, dass »der Arbeitgeber dem Arbeitnehmer die `Rücknahme´ einer Kündigung ernstzunehmend in Aussicht gestellt hat«]; aA *v. Hoyningen-Huene/Linck* Rz 5; *LAG Hamm* 29.10.1987 LAGE § 5 KSchG Nr. 33 nach Ablauf der Ausschlussfrist des § 5 Abs. 3 S. 2 KSchG). Das kann der Fall sein, wenn der Arbeitgeber den Arbeitnehmer über die Erfolgsaussichten der Klage **getäuscht** hat, er ihm etwa **vorgespiegelt** hat, der Arbeitsplatz sei entfallen, werde nicht wieder besetzt, um ihn von der rechtzeitigen Erhebung der Klage abzuhalten (vgl. *LAG Köln* 24.5.1994 BB 1995, 207 = NZA 1995, 127 = ARSt 1994, 195 = RzK I 10d Nr. 61; *LAG Saarl.* 27.6.2002 NZA-RR 2002, 488, nicht aber, wenn der Arbeitnehmer ohne Zutun des Arbeitgebers irrig annimmt, sein Arbeitsplatz entfalle und werde nicht wieder besetzt, *LAG RhPf* – 10 Ta 233/05 -, nicht aber, wenn der Insolvenzverwalter davon ausgeht, ein Betriebs- oder Betriebsteilübergang habe nicht stattgefunden, und diese Ansicht falsch sein sollte; es fehlt an einem bewussten Irreführen, *LAG Köln* 18.8.2006 – 9 Ta 272/06). Auf dieser Ebene liegt es auch, wenn das *LAG Hamm* (21.12.1972 BB 1973, 336 = ARSt 1973 Nr. 1182) die Kündigungsschutzklage nachträglich zulässt, wenn dem Arbeitnehmer nach Ausspruch einer ordentlichen Kündigung gegen Ende der Dreiwochenfrist vom Arbeitgeber zugesichert wird, dass er beruhigt einen geplanten Urlaub antreten könne, weil die Kündigungsfrage während des Urlaubs zu seinen Gunsten geregelt werde, und eine Einigung dann doch nicht erfolgt (ebenso *LAG Frankf.* 5.9.1988 LAGE § 5 KSchG Nr. 40). Entsprechendes gilt, wenn der Arbeitgeber nach

Beendigung der Ausbildungszeit den Anschein einer Neueinstellung erweckt hat und deswegen die Dreiwochenfrist versäumt wurde (*LAG BW* 11.4.1988 NZA 1989, 153; 3.4.1998 LAGE § 5 KSchG Nr. 94: Schulleiter rät in Unkenntnis der Klagefrist des § 1 Abs. 5 BeschFG (jetzt § 17 TzBfG) von der Klage ab, der Lehrer solle darauf vertrauen, dass der Vertrag – wie jedes Jahr – verlängert werde). Anders ist es, wenn der Arbeitgeber eine bei Ausspruch einer betriebsbedingten Kündigung für einen späteren Zeitpunkt erteilte Wiedereinstellungszusage nicht erfüllt. Es geht nicht um Fortsetzung des Arbeitsverhältnisses, sondern um Wiedereinstellung. Diese ist mit einer Leistungsklage auf Abgabe eines Angebots zum Abschluss eines neuen Arbeitsvertrages zu verfolgen (*LAG Nürnberg* 15.1.1998 LAGE § 5 KSchG Nr. 91 unter zutr. Hinweis auf *BAG* 27.2.1997 EzA § 1 KSchG Wiedereinstellungsanspruch Nr. 1 [zu II 1 der Gründe]). Der im Kündigungsschreiben erklärte Vorbehalt, die Kündigung bei Erfüllung bestimmter Voraussetzungen zurückzunehmen, rechtfertigt nicht die nachträgliche Zulassung, wenn der Arbeitnehmer sich um die Erfüllung der Bedingungen bemüht, gleichwohl nicht wieder eingestellt wird (*LAG Köln* 26.11.1999 LAGE § 5 KSchG Nr. 97). War der Arbeitnehmer von seinem Arbeitgeber von vornherein nicht im Unklaren darüber gelassen worden, dass das Arbeitsverhältnis zunächst durch die Kündigung auf jeden Fall beendet werden sollte und nahm dies der Arbeitnehmer hin, weil ihm nach seiner Darstellung eine feste Einstellungszusage für die Zeit nach seiner Genesung erteilt worden sei, so führt die Verweigerung der Wiedereinstellung nach erfolgter Versäumung der Klagefrist nicht zur nachträglichen Zulassung. Der Arbeitnehmer konnte erkennen, dass das Arbeitsverhältnis beendet werden sollte, die Versäumung der Klagefrist ist nicht unverschuldet; es bleibt ihm unbenommen, aus Vorvertrag auf Abschluss eines entsprechenden Arbeitsvertrages zu klagen (*LAG Bln.* 15.4.2002 LAGE § 139 ZPO 2202 Nr. 106; *LAG Düsseld.* 9.9.2003 – 15 Ta 395/03 – nv). Dem entspricht der Fall, dass der Arbeitnehmer auf die Erhebung der Kündigungsschutzklage verzichtet wegen eines ihm dafür ausdrücklich oder indirekt angebotenen Ausgleichs, idR einer **Abfindung**. Dabei ist es das eigene über § 5 KSchG später nicht mehr zu heilende Risiko des Arbeitnehmers, wenn er die Abfindung tatsächlich dann doch nicht erhält, sei es, dass die insoweit geführten Vergleichsverhandlungen (dazu Rz 24, 66) gescheitert sind, sei es, dass dem Arbeitnehmer trotz einer erfolgten Einigung die Abfindung doch nicht gezahlt wird; dem Arbeitnehmer bleibt lediglich die Möglichkeit, die Abfindung einzuklagen (*LAG Düsseld.* 9.9.2003 – 15 Ta 395/03 – nv). Der Ausnahmefall, dass der Arbeitnehmer aufgrund arbeitgeberseits geschürter Erwartungen berechtigterweise von gesicherten Erfolgsaussichten für die Verhandlungen ausgehen durfte, wurde bereits angesprochen. Auf dieser Linie liegt es, wenn das *LAG München* (26.4.2005 – 11 Ta 427/04 – m. Anm. *Mestwerdt* jurisPR-ArbR 35/2005 Nr. 1) die Klage wegen des widersprüchlichen Verhaltens des Arbeitgebers – Übergabe der Kündigungserklärung und nachträgliches Gespräch zwischen Arbeitnehmer, Betriebsrat und anderen Teilnehmern »über die Perspektiven im Rahmen des Arbeitsverhältnisses« – nachträglich zulässt, weil der Arbeitnehmer bei Aufbietung aller persönlich zuzumutenden Sorgfalt nicht habe erkennen können, dass bereits eine Kündigung vorliege.

Kündigt ein Arbeitgeber und benutzt er dabei den Briefkopf einer auch im Namen ähnlichen Firma, **40a** die den gleichen Geschäftsführer hat, und ergibt sich nur aus dem Zusatz zur Unterschrift ein Hinweis auf den Arbeitgeber, so ist nach *LAG Brem.* (1.6.1983 – 4 Ta 42/83 – ARSt 1984 Nr. 1132) die Kündigungsschutzklage jedenfalls dann nachträglich zuzulassen, wenn der Arbeitnehmer keinen schriftlichen Arbeitsvertrag hat und auf dem Gelände der auf dem Briefkopf angegebenen Firma arbeitet (ähnlich *ArbG Lörrach [Kammern Radolfzell]* 7.3.1989 – 4 Ca 394/86 – nv: Kündigung durch eine GmbH mit unverhältnismäßig klein gedrucktem Zusatz: »im Namen und für Rechnung der ... AG« bei Fehlen eines schriftlichen Arbeitsvertrages). Weist ein Kündigungsschreiben in Kopf- und Schlusszeile verschiedene Rechtspersonen aus und ist es auch im Übrigen so verwirrend gestaltet, dass nicht klar ist, wer der Erklärende ist, so kann die Klage nachträglich zuzulassen sein, wenn der Arbeitnehmer am Ende doch den »falschen« Arbeitgeber verklagt (*LAG Köln* 20.12.2001 LAGE § 5 KSchG Nr. 105; vgl. auch *LAG Nürnberg* 13.12.2000 – 4 Sa 730/99). Dem gegenüber führt nach *LAG SchlH* (11.1.2006 LAGE § 5 KSchG Nr. 114) die Benutzung eines falschen Briefbogens nicht zur nachträglichen Zulassung der Klage. Der Aussteller einer schriftlichen Kündigung ergibt sich in erster Linie aus der Unterschrift und nicht aus den vorgedruckten Angaben in dem benutzten Briefbogen. Erst wenn die Kündigung ohne jeglichen Firmenzusatz nur von dem Geschäftsführer unterzeichnet ist, kann aus den Angaben auf dem Briefkopf auf den Aussteller, also auf den kündigenden Arbeitgeber geschlossen werden. Wenn im Kündigungsschreiben ein Widerspruch zwischen den Angaben auf dem Briefbogen und der ausstellenden Firma – Firmenstempel und Unterschrift des Geschäftsführers – besteht, gilt im Zweifel, dass die unterzeichnende Firma die Kündigung ausgesprochen hat. Dem Arbeitnehmer als kaufmännischen Angestellten, dem auf Grund des Arbeitsvertrages bekannt ist oder hätte bekannt sein müssen, wer sein Arbeitgeber ist, habe der Widerspruch auffallen müssen. Ihm sei zuzumuten, den Widerspruch durch einfache Nachfrage beim Arbeitgeber zu klären. Diese Entscheidung überspitzt die Anforderungen an die Sorgfaltpflichten des Arbeitnehmers. Er wird gut daran tun, alle denkbaren Arbeitgeber zu verklagen und dann im Gütetermin die Klage gegen die »falschen« zurücknehmen (zutr. *Bertzbach* Anm. jurisPR extra 2006, 155).

Die falsche Bezeichnung der beklagten Partei im Kündigungsschutzverfahren ist unschädlich und einer Rubrumsberichtigung zugänglich. Erfolgt sie, ist die Frist gewahrt (vgl. KR-*Friedrich* §4 KSchG Rz 155). Eines Antrages auf nachträgliche Zulassung der Kündigungsschutzklage bedarf es nicht (*LAG Köln* 10.10.1988, NZA 1989, 281). Ist die Klage nicht gegen die richtige Partei erhoben worden, ist nach *LAG Köln* (aaO) die Klage nachträglich zuzulassen, wenn der Arbeitnehmer trotz aller ihm nach Lage der Umstände zuzumutenden Sorgfalt verhindert war, die Klage innerhalb drei Wochen nach Zugang der Kündigung gegenüber der richtigen Partei zu erheben. Das ist der Fall, wenn eine Person unter einer Einzelfirma handelt, das Geschäft aber nicht nur einen Inhaber hat, sondern drei als Miterben. In der Regel scheidet die nachträgliche Zulassung in solchen Fällen aus, da im Allgemeinen nicht davon ausgegangen werden kann, dass der Arbeitnehmer bei aller ihm zumutbarer Sorgfalt nicht wissen konnte, wer sein Arbeitgeber war (vgl. die den Entscheidungen *LAG Köln* 19.5.1995 – 4 Ta 86/95 – insoweit nv; *LAG Hamm* 15.12.1995 – 9 Ta 486/95 – insoweit nv zugrunde liegenden Fälle, §4 KSchG Rz 153).

40b Ein Verschulden des Arbeitnehmers kann entfallen, wenn der Arbeitgeber seiner Hinweispflicht nach §2 Abs. 1 Nr. 1 NachwG (v. 20.7.1995 BGBl. I S. 946) nicht nachgekommen war (*Löwisch/Spinner* Rz 14; HK-*Hauck* Rz 36). Die Angabe von Name und Anschrift der Vertragsparteien soll gerade sicherstellen, dass der Arbeitnehmer über seinen Arbeitgeber in Kenntnis gesetzt wird (ErfK-*Preis* NachwG §2 Rz 11). Zu beachten ist aber, dass §4 NachwG für die »Altfälle« die Initiative des Arbeitnehmers verlangt und es von daher bei der bisherigen Rechtsprechung verbleibt, wenn der Arbeitnehmer nicht eine Niederschrift iSd §2 NachwG verlangt. Im Übrigen kann der Arbeitnehmer es schuldhaft versäumt haben, sich anderweit Kenntnisse über seinen »richtigen« Arbeitgeber zu verschaffen, etwa durch einen Blick in das Handelsregister usw. Nach §3 NachwG ist eine Änderung der wesentlichen Vertragsbedingungen dem Arbeitnehmer spätestens einen Monat nach der Änderung mitzuteilen. Ob darunter auch eine Änderung der Identität des Arbeitgebers fällt, ist immerhin zweifelhaft. Daher kann *Löwisch* und *Hauck* sowie *Kreitner* (FA 1998, 4) nicht ohne weiteres darin gefolgt werden, dass die Klage nachträglich zuzulassen ist, wenn der Arbeitnehmer von einem Betriebsübergang nicht in Kenntnis gesetzt worden ist oder nichts davon erfahren hat. Abgesehen davon, dass die Klage gegen den Betriebsveräußerer nicht unbedingt unrichtig ist (vgl. KR-*Friedrich* §4 KSchG Rz 96), müsste sich eine solche Mitteilungspflicht anderweit ergeben, etwa aus der arbeitsvertraglichen Fürsorgepflicht des Arbeitgebers.

Die Klage ist nicht nachträglich zuzulassen, wenn der Arbeitnehmer eine außerordentliche Kündigung mit einem Antrag nach §4 S. 1 KSchG angegriffen hatte, der Arbeitgeber eine spätere weitere außerordentliche Kündigung ausgesprochen hatte und auf diese erst nach Ablauf der Dreiwochenfrist hinweist; den Arbeitgeber trifft insoweit keine Hinweis- oder gar Aufklärungspflicht. Es ist ausschließlich Sache des Arbeitnehmers, sich um die zweite außerordentliche Kündigung zu kümmern, auch wenn der Arbeitgeber aus prozesstaktischen Gründen erst nach Ablauf der Dreiwochenfrist auf die zweite außerordentliche Kündigung hingewiesen haben sollte. Die Klage ist nicht nachträglich zuzulassen, wenn der Arbeitnehmer im Wege der unselbständigen Anschlussberufung objektiv klaghäufend eine weitere Kündigung angreift und der Arbeitgeber seine Berufung vor Antragstellung zurücknimmt. In einem solchen Fall wird die Klagefrist noch dadurch gewahrt, wenn der Arbeitnehmer innerhalb eines angemessenen Zeitraums nach Zugang der Berufungsrücknahmeschrift – drei Arbeitstage; vgl. die Überlegungsfrist für die Durchführung der Berufung nach Ablehnung des Prozesskostenhilfegesuches, *BAG* 2.12.1961 AP Nr. 36 zu §233 ZPO –, wenn auch erst nach Ablauf der Dreiwochenfrist, Klage beim ArbG erhebt (vgl. *BAG* 10.12.1970 AP Nr. 40 zu §3 KSchG 1951 [zu I 2c der Gründe]).

40c Die nachträgliche Klagezulassung kommt in Betracht, wenn der Arbeitnehmer von einer wirksamen **Aufhebungsvereinbarung**, §1a KSchG ausgegangen ist und der Arbeitgeber durch Anfechtung seiner Willenserklärung oder durch Rücktritt die Unwirksamkeit dieser Vereinbarung herbeiführt (*Preis* DB 2004, 70, 74). Das gilt auch dann, wenn der Arbeitgeber behauptet, entgegen seiner Mitteilung lägen betriebsbedingte Gründe nicht vor. Hier ist der Arbeitnehmer gehalten, Klage auf Zahlung der Abfindung zu erheben und für den Fall, dass er damit unterliegt, Kündigungsschutzklage unter Stellung eines Antrages auf nachträgliche Zulassung (*Nägele* ArbRB 2004, 80); vgl. insoweit auch *Quecke* RdA 2004, 95 f.).

Das Vertrauen auf Wiedereinstellung begründet die nachträgliche Zulassung nicht: Die Arbeitnehmerin war jahrelang saisonal als Gärtnerin beschäftigt und ihr wurde zum Ende der Saison saisonal gekündigt und im nächsten Frühjahr wurde sie wieder eingestellt. Eines Jahres kam es nicht zu einer Wiedereinstellung. Die Arbeitnehmerin hätte im Herbst nach Zugang der Kündigung klagen können. Die Nichtwiedereinstellung beruhte auf einem Beschluss der Arbeitgeberin im Frühjahr. Nach dem *LAG RhPf* (11.11.2005 – 9 Ta 244/05) war deren Entscheidung schon vom zeitlichen Ablauf her nicht geeignet, die Arbeitnehmerin bereits im Herbst von der Klageerhebung abzuhalten. Es bestehe keine Verknüpfung zwischen Kündigung und Wiedereinstellung in dem Sinne, dass die Arbeitnehmerin durch die negative Wiedereinstellungsentscheidung von der Klage gegen die Kündigung abgehalten worden wäre. Ein schuldhaftes Verhalten der Arbeitgeberin, das ein Verschulden der Arbeitnehmerin ausschließen könnte, sei nicht erkennbar. Denkbar wäre ein Wiedereinstellungsanspruch wegen eines rechtlich schützenswerten Vertrauens der Arbeitnehmerin, der gesondert – anderer Streitgegenstand (Leistungsklage auf Abgabe eines Angebots zum Abschluss eines neuen Arbeitsvertrages) – geltend zu machen ist (ähnlich 20.9.2005 – 4 Ta 224/05 – juris). **40d**

Irrtum über die Erfolgsaussicht der Kündigungsschutzklage vgl. Rz 38 f. **41**

In den Anträgen auf nachträgliche Zulassung der Kündigungsschutzklage wird immer wieder vorgetragen, der Arbeitnehmer sei durch **Krankheit** an der rechtzeitigen Klageerhebung verhindert gewesen. Die Krankheit allein rechtfertigt noch nicht die nachträgliche Zulassung der Kündigungsschutzklage. Es ist darauf abzustellen, **ob die Erkrankung die rechtzeitige Klageerhebung objektiv unmöglich gemacht hat** (*Schaub* § 136 II 3 Rz 44). Gesundheitliche Beeinträchtigungen, die den Arbeitnehmer trotz Anwendung aller nach Lage der Dinge zuzumutenden Sorgfalt an der rechtzeitigen Erhebung der Kündigungsschutzklage hindern, können die nachträgliche Zulassung der Klage rechtfertigen (*LAG München* 3.11.1975 DB 1976, 732; *ArbG Düsseld.* 10.5.1989 DB 1989, 1628 = RzK I 10d Nr. 30; SPV-*Vossen* Rz 1839). Die entscheidende Frage lautet, ob der Arbeitnehmer durch seine Krankheit objektiv daran gehindert war, eine Klage zu formulieren oder seine Rechte auf andere Weise wahrzunehmen (SPV-*Vossen* aaO; vgl. *Wenzel* AuR 1976, 332; *ders*. MDR 1978, 279; ähnlich *Maus* § 5 Rz 6; *LAG Bln.* 24.7.1977 AuR 1977; *LAG Hamm* 8.7.1982 DB 1982, 2706 = EEK II/127; *LAG Hmb.* 20.11.1984 NZA 1985, 127 = ARSt 1985 Nr. 27; *LAG Köln* 1.9.1993 LAGE § 5 KSchG Nr. 62; *LAG RhPf* 21.1.2005 – 10 Ta 278/04 – juris; krit. *v. Hoyningen-Huene* JuS 1986, 900 Fn. 29). **42**

Solange die **Krankheit nicht die Entscheidungsfähigkeit beeinträchtigt**, gilt folgendes: Der Arbeitnehmer kann seine Rechte auch dadurch ausreichend wahrnehmen, indem er **Angehörige oder Bekannte beauftragt,** Klage zu erheben, wobei die schriftliche Vollmacht nachgereicht werden kann. Dabei kann die Klage schriftlich eingereicht werden oder aber zu Protokoll der Geschäftsstelle des ArbG erklärt werden, wie es in der Praxis gar nicht selten auch geschieht. Der Arbeitnehmer kann sich auch selbst schriftlich an das ArbG wenden, indem er entweder schriftlich Klage erhebt – dass an die Klage keine hohen Anforderungen gestellt werden, ist bei KR-*Friedrich* § 4 KSchG Rz 161 ff. im Einzelnen dargestellt – oder zunächst nur eine Auskunft bittet. Das gilt auch für die **telefonisch** zu Protokoll der Geschäftsstelle erhobene Klage, welches Verfahren ebenso wie der telefonisch zu Protokoll der Geschäftsstelle erklärte Einspruch gegen ein Versäumnisurteil anzuerkennen ist (*LAG BW* 26.2.1971 BB 1971, 1104; vgl. *Stephan* Anm. *BAG* 1.7.1971 AP Nr. 1 zu § 129 ZPO [2], anders aber *OVG Bln.* 2.7.1986 – OVG 7 B 59.84 – für eine telefonisch eingelegte Berufung, wenn ein Urkundsbeamter der Geschäftsstelle darüber eine Niederschrift anfertigt; *BGH* 26.3.1981 NJW 1981, 1627 für die fernmündlich zu Protokoll der Geschäftsstelle eingelegte Berufung in Strafsachen). Der Arbeitnehmer kann auch **telegrafisch** Klage erheben. Auch ein Telefax oder eine Telekopie sind möglich. Es ist ihm möglich, telefonisch oder schriftlich Auskünfte bei sachkundigen Stellen (zu diesen s.o. Rz 30 f.) einzuholen und ggf. Auftrag zur Klageerhebung zu geben, wobei auch in diesen Fällen die ggf. erforderliche schriftliche Vollmacht nachgereicht werden kann. **43**

Das Vorstehende gilt auch für den **Krankenhausaufenthalt.** Solange Krankheitsverlauf oder Behandlungsmethode nicht entgegenstehen, besteht kein durchschlagender Grund, den Krankenhauspatienten von der Anforderung freizustellen, sich nötigenfalls telefonisch beraten zu lassen. Die nachträgliche Zulassung kommt nur dann in Betracht, wenn die klinische Behandlung während des Laufs der Klagefrist Außenkontakte ausschließt oder doch so erschwert, dass die Wahrnehmung der gegebenen Kontaktmöglichkeiten unzumutbar war (zutr. *LAG Hamm* 12.9.1985 LAGE § 5 KSchG Nr. 20; 31.1.1990 **44**

LAGE § 5 KSchG Nr. 44; *LAG Köln* 18.2.1997 ARSt 1997, 120, 1.3.2006 LAGE § 5 KSchG Nr. 112; *LAG Bln.* 14.4.1999 NZA-RR 1999, 437 = MDR 1999, 1450; *LAG Düsseld.* 19.9.2002 NZA-RR 2003, 78; *LAG RhPf* 21.1.2005 – 10 Ta 278/04 – juris); s.a. Rz 47 aE.

45 Es ist dem Arbeitnehmer nicht unzumutbar, die Klage durch Angehörige oder Bekannte erheben zu lassen. Es geht nicht um die Beurteilung der Sach- und Rechtslage, auch nicht um die sachgerechte Führung des Kündigungsschutzprozesses, sondern nur um die Wahrung der dreiwöchigen Ausschlussfrist für die Erhebung der Kündigungsschutzklage. Entscheidend ist, ob der Arbeitnehmer in der Lage war, für die Erhebung der Klage zu sorgen (zust. *LAG RhPf* – 10 Ta 278/04 – juris: Die Arbeitnehmerin war trotz ihrer Bettlägerigkeit in der Lage, ihre Tochter zu beauftragen).

46 Richtig ist aber, dass die Rechtsprechung nicht einheitlich ist, was nicht nur damit erklärt werden kann, dass es letztlich auf die Umstände des Einzelfalles ankommt (vgl. Rz 17). Das *LAG Düsseld.* (18.12.1951 BB 1952, 491) hat die Kündigungsschutzklage in einem Fall zugelassen, in dem zur Klageerhebung eine Fahrt zur Gewerkschaft notwendig gewesen wäre, die länger gedauert hätte und einen erheblichen Aufwand an körperlicher und geistiger Energie für den Arbeitnehmer erfordert hätte, was ihm bei dem vom Arzt bescheinigten schlechten allgemeinen Zustand nicht zuzumuten gewesen sei. Nach *LAG Bln.* (28.3.1963 BB 1963, 1178) ist es dem Arbeitnehmer, der während der Dreiwochenfrist wegen einer schweren Erkrankung stationär im Krankenhaus behandelt wurde und bettlägerig krank war, unzumutbar, schriftlich vom Krankenhaus aus Klage zu erheben, auch wenn sonst die Möglichkeit besteht. Nach *LAG München* (25.8.1980 AMBl. 1981, C 17) ist es unerheblich, ob der Arbeitnehmer noch in der Lage war, selbst eine kurze Klage zu schreiben, einem Dritten zu diktieren, zu telefonieren oder einen anderen mit der Klageerhebung zu betrauen. Ist der Arbeitnehmer krank oder befindet er sich in stationärer Krankenhausbehandlung, ist ihm nach dieser Entscheidung im Allgemeinen die Klageerhebung nicht zumutbar. Einem rechtlich nicht vorgebildeten Arbeitnehmer könne nicht zugemutet werden, wegen seiner Krankheit auf das selbstverständliche Recht rechtskundiger Beratung zu verzichten und sich auf die Möglichkeit einer schriftlichen Klageerhebung oder Erteilung einer Prozessvollmacht verweisen zu lassen. Deshalb sei die Erkrankung im Allgemeinen als Hindernis für die rechtzeitige Klageerhebung anzuerkennen, wenn sie den Arbeitnehmer daran hindere, selbst eine für die Rechtsberatung geeignete Stelle (s.o. Rz 31 ff.) zu Rate zu ziehen (ähnlich *LAG BW* 14.12.1976 – 10 Ta 12/76 – nv). Das *LAG BW* (8.9.1966 DB 1966, 1615 = BB 1966, 1188) ist der Auffassung, dass der Arbeitnehmer, dem während eines Aufenthaltes im Ausland eine Kündigung zugeht und der außerdem arbeitsunfähig krank ist, idR nicht die Möglichkeit hat, sich über die einzuleitenden Maßnahmen zu erkundigen. Auch das *LAG Köln* (22.4.1982 AuR 1982, 321) lässt die Kündigungsschutzklage nachträglich zu, wenn sich der ausländische Arbeitnehmer im Ausland aufhält und infolge Arbeits- und Reiseunfähigkeit nicht innerhalb der Dreiwochenfrist zuverlässigen Rechtsrat einholen kann. In einem anderen Fall hat das LAG Köln darauf abgestellt, dass der arbeitsunfähig kranken ausländischen Arbeitnehmerin, die sich im Ausland aufhält, eine Reise in eine 30 km entfernt liegende Großstadt nicht zumutbar sei, zumal nicht feststehe, dass dort residierende Rechtsanwälte Kenntnisse im deutschen Arbeitsrecht besäßen (14.1.1982 EzA § 5 KSchG Nr. 14; ähnlich *LAG Düsseld.* 6.3.1980 EzA § 5 KSchG Nr. 9; vgl. dagegen *LAG Hamm* 15.2.1973 – 8 Ta 98/72 – zit. bei *Wenzel* AuR 1976, 332 Fn. 108 u. *LAG Hamm* 8.7.1982 DB 1982, 332; *LAG Düsseld.* 31.7.1980 BB 1980, 1215).

47 Demgegenüber wird vielfach auch die oben dargestellte engere Auffassung vertreten. Nach *LAG Düsseld.* 31.7.1980 aaO = EEK II/111 ist die Klage eines im Ausland erkrankten Arbeitnehmers nur dann nachträglich zuzulassen, wenn er nicht oder nicht rechtzeitig in der Lage war, Rechtsrat einzuholen, also etwa aufgrund der Schwere der Erkrankung daran gehindert war, nach Deutschland zurückzukehren, um sich dort beraten zu lassen, und er auch sonst keine geeignete Person mit der Wahrnehmung seiner Interessen beauftragen konnte oder in seinem Heimatland keinen Rechtsrat im deutschen Arbeitsrecht erhalten konnte (*LAG Düsseld.* 6.3.1980 EzA § 5 KSchG Nr. 9 = LAGE § 5 KSchG Nr. 9). Das *LAG BW* (26.3.1981 – 11 Ta/81 – zit. nach Kündigung und Kündigungsschutz, Einführung und Rspr., hrsg. Verband der Metallindustrie Bad.-Württ. eV, 2. Aufl. 1981, S. 80) hält eine nachträgliche Zulassung der Kündigungsschutzklage bei Klagefristversäumung bei Krankheit im Ausland nur dann gerechtfertigt, wenn die Krankheit die Entscheidungsfähigkeit des Arbeitnehmers beeinträchtigt und/ oder wenn die Anrufung des ArbG nicht irgendwie sichergestellt werden kann. Der Arbeitnehmer sei unmittelbar nach Erhalt der Kündigung im Ausland in der Lage gewesen, in einem Schreiben an den Arbeitgeber die Rücknahme der Kündigung zu fordern. Dann könne von ihm auch verlangt werden, ein Schreiben desselben Inhalts an das ArbG zu senden. Das *LAG Hamm* (5.6.1964 BB 1964, 966) geht davon aus, dass im Allgemeinen eine Erkrankung dann eine nachträgliche Zulassung der Kündi-

gungsschutzklage nicht rechtfertigt, wenn trotz der Erkrankung die Möglichkeit besteht, das ArbG schriftlich anzurufen oder einen Familienangehörigen oder Anwalt mit der Anrufung des ArbG zu beauftragen. Eine Erkrankung an Gürtelrose oder Gastritis ohne erschwerende Umstände reicht nicht aus, zumal an die Form der Kündigungsschutzklage keine großen Anforderungen gestellt werden (vgl. dazu KR-*Friedrich* § 4 KSchG Rz 161 ff.) und überdies Verwandte beauftragt werden können (*Wenzel* AuR 1976, 332 unter Hinweis auf *LAG Hamm* 20.8.1970 – 8 Ta 37/70 – nv; 25.2.1972 – 8 Ta 16/72 – nv). Das *LAG Frankf.* hat für einen Fall, in dem der Kläger vorgetragen hatte, er sei seit dem 28.1. schwer am Kreislauf erkrankt gewesen und habe daher keine Möglichkeit gehabt, irgendwelche Schritte gegen die Kündigung vom 26.2. zu unternehmen, entschieden (16.2.1975 DB 1965, 560), dass im Falle einer Krankheit **die Schwere der Erkrankung und die persönlichen Verhältnisse dafür entscheidend sind,** ob dem Arbeitnehmer die schriftliche Klageerhebung oder die Beauftragung von dritten Personen möglich war. Im konkreten Fall hatte der Kläger nach Ansicht des Gerichts nichts Überzeugendes dafür vorgetragen, dass er zur rechtzeitigen Klageerhebung außerstande gewesen sei. Er hatte sich nur auf eine Kreislaufkrankheit berufen, ohne zu deren Auswirkungen im Einzelnen etwas darzutun. Das Gericht konnte daher nicht von der Annahme ausgehen, dass sich der schreibgewandte Kläger weder schriftlich noch mündlich umgehend mit seinem Prozessbevollmächtigten in Verbindung setzen oder selbst eine schriftliche Klage beim ArbG einreichen konnte, zumal der Kläger innerhalb der Dreiwochenfrist **zumindest einen Brief geschrieben hatte,** aus dem seine Ortsabwesenheit hervorging. Daraus zog das Gericht den Schluss, dass der Kläger, wenn er trotz der Krankheit verreist war, auch in der Lage war, die notwendigen Schritte gegen die Kündigung einzuleiten (vgl. insoweit auch *LAG Köln* 1.9.1993 LAGE § 5 KSchG Nr. 62). Nach *LAG Hmb.* (8.11.1967 DB 1967, 2123) führt eine ersichtlich leichte Erkrankung – die Arbeitnehmerin telefonierte nur einige Male mit ihrer Ärztin – nicht zur nachträglichen Zulassung der Klage (vgl. auch *Wenzel* aaO unter Hinweis auf *LAG Hamm* 11.3.1976 – 8 Ta 102/75 – nv; *LAG Hamm* 5.11.1965 DB 1966, 80). Das *LAG Hannover* (20.2.1957 ARSt Bd. 18 Nr. 170) hält es für zumutbar, dass der Arbeitnehmer, der zur Zeit des Zugangs der Kündigung und weiter viele Wochen arbeitsunfähig und bettlägerig ist, innerhalb der Dreiwochenfrist Klage erhebt, wenn er in dieser Zeit zweimal das Bett verlassen konnte, um sich in die Stadt zur Durchleuchtung oder Nachuntersuchung zu begeben. Die Tatsache, dass der Arzt den Arbeitnehmer zur Durchleuchtung bestellt habe, zeige, dass die Krankheit nicht so schwer gewesen sei. Nach Ansicht des Gerichts konnte er zumindest zu Hause die Klageschrift fertigen und zur Post bringen lassen, zumal er alsbald nach der Kündigung wegen der Kündigung **einen Brief an den Betriebsratsvorsitzenden geschrieben hatte** (vgl. auch *Wenzel* aaO; mehrseitige handschriftliche Briefe an den Arbeitgeber während der Krankheit sprechen dafür, dass sich der Arbeitnehmer auch an das ArbG hätte wenden und Klage einreichen können, *LAG Hamm* 27.5.1971 – 8 Ta 73/70 – nv). Nach *LAG Düsseld.* (18.7.1978 EzA § 5 KSchG Nr. 4) rechtfertigt Krankheit die nachträgliche Zulassung der Kündigungsschutzklage nur dann, wenn die Krankheit so schwer ist, dass der Arbeitnehmer außerstande war, seine Rechtsangelegenheiten zu besorgen. Hat der Arbeitnehmer, der an einer schweren Grippe leidet, während der Klagefrist zweimal wöchentlich seinen behandelnden Arzt aufgesucht, so ist das nicht der Fall. Der Arbeitnehmer ist dann nicht außerstande, seine Angelegenheiten wahrzunehmen. Er hätte ohne weiteres schriftlich Klage erheben können und den Brief bei einem der Arztgänge einwerfen können (ähnlich *ArbG Kiel* 10.11.1978 BB 1978, 1778). Krankheit hat dann nicht die Klageerhebung unzumutbar oder unmöglich gemacht, wenn die wegen großer Müdigkeit und Erschöpfung arbeitsunfähig kranke Arbeitnehmerin, die in der Nähe des ArbG wohnt, während der Dreiwochenfrist mehrmals zum Arbeitsamt sowie zur Krankenkasse gehen und die nötigsten Einkäufe vornehmen konnte. Wenn sie dazu in der Lage war, konnte sie auch zum in der Nähe ihrer Wohnung gelegenen ArbG gehen, um dort die Klage zur Niederschrift des Urkundsbeamten der Geschäftsstelle zu erheben (*LAG München* 23.4.1980 AMBl. 1980 C 47). Das *ArbG Gießen* hat (zu §§ 43, 49 Hess. BRG, dazu Rz 3) entschieden (11.5.1949 AP 50, Nr. 239 = WA 1949, 258), dass eine Erkrankung, die zur Bettlägerigkeit führt, nur dann die nachträgliche Zulassung rechtfertigt, wenn sie den Arbeitnehmer ernsthaft daran hinderte, die Klage während der Krankheit beim ArbG einzureichen. Ist der Arbeitnehmer während der Dreiwochenfrist bettlägerig gewesen und hat er sich wegen der Kündigung an seine Gewerkschaft schriftlich mit dem Antrag auf Rechtsschutz gewandt, so hat er getan, was in einem solchen Fall von ihm zu erwarten ist. Ist die Fristversäumung für die Kündigungsschutzklage dann darauf zurückzuführen, dass der Arbeitnehmer von seiner Gewerkschaft nicht rechtzeitig eine Auskunft oder aber eine falsche Auskunft erhalten hat, so ist ihm das nicht anzulasten. Die Kündigungsschutzklage ist nachträglich zuzulassen (*LAG Hannover* 19.3.1954 DB 1954, 328; vgl. zur Auskunft auch Rz 30 ff.). Die 7. Kammer des *LAG BW* hat die nachträgliche Zulassung von Kündigungsschutzklagen ausländischer Arbeitnehmer, denen während einer Erkrankung in ihrem Heimatland gekündigt wird, an folgende Voraussetzungen geknüpft: Der ausländische Arbeitnehmer muss sich in vertragsgemäßer Weise im Ausland aufhalten, sich insbes. also im Urlaub befinden oder während des Urlaubs erkranken; es darf ihm nach seinen persönlichen Verhältnisse und nach der Lage des Falles nicht zugemutet werden können, entweder trotz des Urlaubs oder trotz der Erkrankung zum Zwecke der Klageerhebung an seinen Arbeitsort in die Bundesrepublik zurückzukehren, er darf im letzten Falle also nicht ohne weitere Gefährdung seiner Gesundheit reisefähig sein, oder sich schriftlich vom Ausland aus an das zuständige *ArbG* zu wenden (30.10.1979 – 7 Ta 3/79 – nv; 26.5.1983 – 7 Ta 2/83 – nv; 6.6.1983 – 7 Ta 9/83 – nv). Dem entspricht es, dass die Klage eines Arbeitnehmers, dem die Kündigung am 15.2. in seinem Heimatort in Bosnien zugestellt wurde, wo er sich seit Dezember des Vorjahres aufgehalten hatte, und der sich während seines Urlaubs unfallbedingt Kopf und Arm erheblich verletzt hatte, bis 10.4. arbeitsunfähig krank geschrieben war, am 13.4. nach Reisefähigkeit in die Bundesrepublik zurückkehrte und am 16.4. die Klage anbrachte, nachträglich zugelassen wurde, nachdem bei dem Arbeitnehmer nicht davon ausgegangen werden konnte, er habe schriftlich die Klage einzureichen vermocht. Auf die Möglichkeit, sich der Hilfe Dritter zu bedienen, stellt das *LAG* nicht ab (16.2.1981 – 7 Ta 10/80 – nv). Auch ein **Krankenhausaufenthalt** als solcher hindert nicht daran, beim ArbG schriftlich Klage einzureichen oder Verwandte oder Bekannte zu beauftragen (*Wenzel* aaO; *LAG Hamm* 12.9.1985 LAGE § 5 KSchG Nr. 20; 31.1.1990 LAGE § 5 KSchG Nr. 45; *LAG BW* 4.12.1989 – 10 Ta 18/89 – nv). War der Arbeitnehmer in der Lage, im Krankenhaus selbst die Klageschrift zu fertigen, so hätte er auch dafür sorgen können und müssen, dass sie rechtzeitig das zuständige Arbeitsgericht erreicht (*LAG Bln.* 14.4.1999 NZA-RR 1999, 437 = MDR 1999, 1450). Nach Auffassung des *LAG Hamm* (13.11.1973 – 8 Ta 76/73 – zit. bei *Wenzel* AuR 1976, 332 Fn. 104) ist es heute verbreitet möglich, fernmündlich Erkundigungen vom Krankenhaus aus einzuholen. Auf der anderen Seite hat das *LAG Hamm* (25.9.1975 – 8 Ta 87/75 – zit. bei *Wenzel* AuR 1976, 332 Fn. 105) die nachträgliche Zulassung gewährt, weil es die Wiederholung einer Nabelbruchoperation in der zweiten Hälfte der Dreiwochenfrist bei einer ausländischen Arbeitnehmerin, die erhebliche Sprachschwierigkeiten hatte und weder Verwandte noch Freunde um Beistand bitten konnte, als ernsthaftes Hindernis an der Klageerhebung angesehen hat (zum Krankenhausaufenthalt einer ausländischen Arbeitnehmerin in ihrem Heimatland s.o. Rz 46 aE). Das *LAG Hamm* (18.5.1972 – 8 Ta 30/70 – zit. bei *Wenzel* AuR 1976, 332 Fn. 109) hat die Kündigungsschutzklage in einem Fall nachträglich zugelassen, in dem der Arbeitnehmer einen schweren Herzinfarkt erlitten hatte und die Ehefrau schwerbehindert und krank war. Die Klage ist idR auch dann nachträglich zugelassen, wenn dem Arbeitnehmer **strenge Bettruhe verordnet** ist (Wirbelsäulenfraktur im Lendenwirbelbereich, *LAG Hamm* 22.8.1974 – 8 Ta 78/74 – nv zit. bei *Wenzel* AuR 1976, 333 Fn. 110; anders bei stationär behandelter Knieverletzung *LAG Hamm* 27.2.1975 – 8 Ta 131/74 – zit. bei *Wenzel* AuR 1976, 333 Fn. 111).

48 Aus den genannten Beispielen ergibt sich, dass nach der überwiegenden Rspr. eine **Krankheit allein nicht zur nachträglichen Zulassung der Klage führt, solange die Krankheit nicht die Entscheidungsfähigkeit beeinträchtigt** und die Anrufung des ArbG auf irgendeine Weise sichergestellt werden kann. Allerdings wird zunehmend die für den Arbeitnehmer großzügigere Auffassung vertreten, die Erkrankung sei im Allgemeinen dann als Hindernis für die rechtzeitige Klage anzuerkennen und die Kündigungsschutzklage nachträglich zuzulassen, wenn sie den Arbeitnehmer daran hindere, **selbst** eine für eine Rechtsberatung geeignete Stelle (s.o. Rz 31 ff.) aufzusuchen; auf schriftliche Klageerhebung, Beauftragung von Verwandten und Bekannten brauche er sich nicht verweisen zu lassen. Weil es nur um die Einreichung der Kündigungsschutzklage geht, an die keine strengen Anforderungen gestellt werden (vgl. Rz 43), dürfte an der engeren Auffassung festzuhalten sein (zutr. *LAG Frankf.* 6.4.1990 LAGE § 5 KSchG Nr. 49). Schließlich ist § 5 KSchG ein Ausdruck dafür, dass im Interesse der Rechtssicherheit und des Arbeitsfriedens nach Ablauf der Dreiwochenfrist die Wirksamkeit einer Kündigung, die dem KSchG unterliegt oder wegen von § 4 S. 1 KSchG erfasster Gründe unwirksam sein kann, nur ausnahmsweise noch mit Erfolg in Frage gestellt werden kann.

49 Daraus ergibt sich schon, dass **schwere psychische Beeinträchtigungen** des Arbeitnehmers oder durch erforderliche medikamentöse Behandlung bedingte **nachhaltige Beeinträchtigung der psychischen Urteils- und Entschlussfähigkeit** die nachträgliche Zulassung der Klage rechtfertigen können (*LAG München* 3.11.1975 DB 1976, 732; *LAG Hamm* 19.8.1976 – 8 Ta 13/76 – zit. bei *Wenzel* AuR 1976, 332 Fn. 106; *LAG Hamm* 5.6.1964 aaO; *LAG BW* 19.10.1983 – 6 Ta 11/83 – nv; *LAG Frankf.* 22.3.1985 ARSt 1985 Nr. 125). Dagegen genügt die ärztliche Bestätigung, dass stärkere psychische Belastungen Anfälle von Angina pectoris auslösen können, nicht (*LAG Hamm* 9.12.1974 – 8 Ta 84/74 – zit. bei *Wenzel* AuR 1976, 332 Fn. 107; *LAG Köln* 1.9.1993 aaO). Das *LAG Köln* (9.3.2006 – 14 Ta 21/06) hat nochmals hervorgehoben, dass eine psychische Erkrankung allein die nachträgliche Zulassung einer verspäteten Kündigungsschutzklage noch nicht rechtfertigt; hinzukommen muss die Unmöglichkeit, infolge der psychischen Erkrankung rechtzeitig Klage erheben zu können, was im konkreten Fall verneint wurde, weil der Arbeitnehmer trotz gleich gebliebenen Krankheitsbildes und trotz unverändert schlechten Gesundheitszustandes in der Lage war, sich persönlich zum Arbeitsgericht zu begeben und dort den Antrag auf nachträgliche Zulassung und die Kündigungsschutzklage zu Protokoll zu erklären. Das gilt auch für einen Aufenthalt in einer Fachklinik für Psychiatrie und Psychotherapie zur Durchführung einer stationären Entgiftungstherapie, wobei die Station nicht habe verlassen werden dürfen, wenn nicht vorgetragen und glaubhaft gemacht wird, inwieweit schriftliche oder telephonische Außenkontakte während des Klinikaufenthaltes eingeschränkt waren oder er gesundheitlich dermaßen eingeschränkt war, dass diese haben nicht wahrgenommen werden können (*LAG Köln* 1.3.2006 LAGE § 5 KSchG Nr. 112, vgl. zu vorstehenden Entscheidungen *Kock* BB 2006, 1906, 1913).

Anhand dieser Beispiele dürfte deutlich geworden sein, dass die Rechtsprechung nicht ganz einheitlich ist. 50

Allein mit der Formel, dass immer die Umstände des Einzelfalles maßgebend sind (*Wenzel* AuR 1976, 332; *ders.* MDR 1978, 279), kann das sicher nicht ausreichend erklärt werden. 51

So bleibt stets ein gewisser **Unsicherheitsfaktor,** der es angezeigt erscheinen lässt, **im Zulassungsantrag im Einzelnen die Art der Krankheit zu erläutern,** damit erkennbar wird, dass der Arbeitnehmer gehindert war, die Klage innerhalb der Dreiwochenfrist zu erheben (zutr. *LAG Bln.* 24.7.1977 AuR 1977, 346; vgl. dazu Rz 89 ff.). 52

Bei einer **Kurzerkrankung während, aber vor Ablauf der Dreiwochenfrist ist zu verlangen,** dass der Arbeitnehmer in der verbleibenden Frist Klage erhebt (*LAG Hamm* 5.8.1981 EzA § 5 KSchG Nr. 11; *LAG Köln* 1.9.1993 aaO; *Köhne* AR-Blattei SD, Kündigungsschutz III A Rz 158). Das gilt auch dann, wenn nach Beendigung der Krankheit mehrere Feiertage liegen, weil der Arbeitnehmer trotz der Feiertage die Klage hätte ausarbeiten können (*Herschel* Anm. zu AP 53 Nr. 91 gegen *LAG Hamm* 8.7.1952 AP 53 Nr. 91; anders wohl *Bopp* Kündigung und Kündigungsprozess im Arbeitsrecht, 1980, S. 239 f.; vgl. auch Rz 61). 53

Erkrankt der Arbeitnehmer erst im letzten Teil der Frist und ist er deshalb an der Klageerhebung objektiv gehindert (s.o. Rz 42), so ist die Klage nachträglich zuzulassen. Der Arbeitnehmer ist nicht verpflichtet, die Klage sobald wie möglich einzureichen. Er darf bis zum letzten Tag der Dreiwochenfrist warten (*LAG Stuttg.* 27.5.1963 BB 1963, 1227 = DB 1963, 1000; 30.5.1963 BB 1963, 817; 8.9.1966 BB 1966, 1188; *LAG München* 3.11.1975 aaO; zust. *Köhne* aaO Rz 157; *Wenzel* MDR 1978, 279; *v. Hoyningen-Huene/Linck* Rz 12). 54

Die **schwere Erkrankung von nahen Angehörigen** kann nur in **Ausnahmefällen** zur nachträglichen Zulassung der Klage führen (*Wenzel* AuR 1976, 333). 55

Die **irrige Annahme des Arbeitnehmers,** der die Annahme des Kündigungsschreibens wiederholt verweigerte, durch **Nichtannahme der Kündigungserklärung habe er die Kündigung abwenden können,** wirksam könne nur die von ihm angenommene Kündigung werden, vermag zur nachträglichen Klageerhebung nicht zu führen. 56

Hat sich ein Arbeitnehmer wegen eines der Kündigung folgenden Änderungsvertrages, der nur für die Zeit der Kündigungsfrist hat gelten sollen, vom Arbeitnehmer aber als Rücknahme der Kündigung und Ausspruch einer Art Änderungskündigung mit dem Angebot unbefristeter Fortsetzung des Arbeitsverhältnisses zu geänderten Bedingungen verstanden wurde (vgl. *LAG SA* 22.6.1999 BB 2000, 831 = ZFSH/SGB 2000, 168), **über den Beginn der Dreiwochenfrist geirrt,** und hat er deswegen die Dreiwochenfrist versäumt, so kann dem unter dem Gesichtspunkt der gewissen Mitverursachung der Fristversäumung durch den Arbeitgeber Rechnung getragen werden, mit anderen Worten, die Klage kann nachträglich zuzulassen sein (vgl. *BAG* 10.12.1970 EzA § 4 KSchG Nr. 4; s.o. Rz 40). Dagegen entschuldigt der Irrtum des Arbeitnehmers, die Dreiwochenfrist beginne erst mit Auslaufen des Beschäftigungsverhältnisses (Ablauf der Kündigungsfrist) nicht (s.u. Rz 64). 57

Hat der Arbeitnehmer das **Kündigungsschreiben nicht rechtzeitig gelesen,** so führt das nicht zur nachträglichen Zulassung der Klage. Das gilt im Allgemeinen auch für einen Arbeitnehmer, der **des Lesens unkundig** ist (*LAG BW* 28.11.1963 BB 1964, 86; **aA** *LAG Hamm* 4.1.1979 BB 1979, 165; s.a. Rz 47). Ausländische Arbeitnehmer können sich zur nachträglichen Zulassung der Kündigungsschutzklage nicht darauf berufen, dass sie die **deutsche Sprache nicht beherrschen und die deutsche Schrift nicht lesen** können. In solchen Fällen ist der Arbeitnehmer verpflichtet, sich alsbald Kenntnis vom Inhalt 58 des Schreibens seines Arbeitgebers zu verschaffen (*LAG BW* 28.11.1963 aaO = DB 1964, 1708; *LAG Hmb.* 20.11.1984 MDR 1985, 259 f. = ARSt 1985, Nr. 27 = NZA 1985, 127; 6.7.1990 LAGE § 130 BGB Nr. 16; *LAG Köln* 12.12.1996 – 11 Ta 226/96; APS-*Ascheid* Rz 62). Nur dann, wenn es dem sprachunkundigen Arbeitnehmer nicht möglich war, eine Übersetzung des Kündigungsschreibens innerhalb der Frist von drei Wochen zu erlangen (etwa weil er sich im Heimatland in einem abgelegenen Dorf aufhält und wegen Krankheit nicht reisen kann), kann die Klage nachträglich zugelassen sein (vgl. *Schlüter* Anm. EzA § 130 BGB Nr. 9). Nach *BAG* (17.2.1982 EzA § 15 SchwbG Nr. 1) kann bei unverschuldeter Fristversäumnis wegen mangelnder Beherrschung der deutschen Sprache eine nachträgliche Zulassung der Kündigungsschutzklage in Betracht kommen (wegen der erforderlichen Einreichung der Klageschrift in deutscher Sprache, vgl. KR-*Friedrich* § 4 KSchG Rz 167a). Ist ein Kündigungsschreiben nachgewiesenermaßen **durch Boten in den Hausbriefkasten des Arbeitnehmers geworfen** worden, so kann der Arbeitnehmer die nachträgliche Zulassung der Klage nicht allein mit der Begründung erreichen, dass das Kündigungsschreiben aus ungeklärten Gründen nicht zu seiner Kenntnis gelangt sei. Der Inhaber eines Hausbriefkastens muss dafür Vorsorge treffen, dass die für ihn bestimmten und ordnungsgemäß in den Briefkasten eingeworfenen Briefe auch zu seiner Kenntnis gelangen, weil dies nach den Gepflogenheiten des Verkehrs von ihm erwartet werden muss. Dem entsprechend ist die nachträgliche Zulassung nicht zu gewähren, wenn sich der Arbeitnehmer darauf beruft, das nachgewiesenermaßen per Bote in seinen Hausbriefkasten eingeworfene Kündigungsschreiben sei weder von ihm noch von seiner Ehefrau noch von seiner 15-jährigen Tochter darin vorgefunden worden, jedenfalls aber dann nicht, wenn dieser Arbeitnehmer schon in der Vergangenheit wahrheitswidrig behauptet hatte, ein ebenfalls per Bote in den Briefkasten eingeworfenes Schreiben des Arbeitgebers nicht in diesem Briefkasten vorgefunden zu haben (*LAG RhPf* – 2 Ta 148/05 – juris). Etwas anderes kann bei Vorliegen besonderer Umstände gelten: Wenn ein Familienmitglied die Postsendung bewusst zurückhält, etwa in der Absicht, den erkrankten Empfänger vor Aufregung zu bewahren (*LAG Hamm* 11.4.1974 DB 1974, 1072 = BB 1974, 606; *LAG Bln.* 4.1.1982 EzA § 5 KSchG Nr. 13 = AP Nr. 3 zu § 5 KSchG), oder wenn die mit der Leerung des Briefkastens generell beauftragte Tochter vergisst, das an den Arbeitnehmer gerichtete Kündigungsschreiben auszuhändigen (*LAG Frankf.* 15.11.1988 LAGE § 5 KSchG Nr. 41), oder wenn die Aushändigung des Kündigungsschreibens an den ausländischen Arbeitnehmer durch die des Lesens unkundige, wegen ernster Erkrankung ihrer Mutter in einer Ausnahmesituation stehende Ehefrau unterbleibt (*LAG Hamm* 28.7.1988 DB 1988, 1759 = BB 1988, 2100 = ARSt 1989 Nr. 27, S. 53, beide Entsch. unter Hinweis auf § 278 BGB abl. *Rieble* Anm. zu *LAG Hamm* 27.1.1994 LAGE § 5 KSchG Nr. 65), oder wenn der Arbeitnehmer nach seiner Rückkehr den Empfangsboten nach dem Tag des Zugangs des Kündigungsschreibens befragt; er darf sich auf die aus der Erinnerung heraus gemachte Angabe verlassen und muss keine weiteren Nachforschungen anstellen (*LAG Brem.* 7.12.1988 DB 1988, 814 = RzK I 10d Nr. 21 = AR-Blattei D, Kündigung II Entsch. 36). Der Umstand, dass der Arbeitnehmer das beim Fehlen eines Briefkastens unter der Wohnungstür hindurch in die Wohnung geschobene Kündigungsschreiben nicht (sogleich) findet (zB weil ein Teppich hinter der Wohnungstür liegt, unter den der Brief geraten ist), was den Zugang nicht beseitigt (vgl. KR-*Friedrich* § 4 KSchG Rz 103a), kann möglicherweise eine nachträgliche Zulassung der Klage rechtfertigen (vgl. *LAG Hamm* 17.1.1975 ARSt 1975 Nr. 1013).

59 Zweifelhaft kann sein, ob der **Zugang der Kündigung während des Urlaubs oder sonstiger Ortsabwesenheit (zB wegen Krankheit,** vgl. *LAG Köln* 14.3.2003 LAGE § 5 KSchG Nr. 106a) **des Arbeitnehmers** zur nachträglichen Klagezulassung führen kann. Eine Kündigungserklärung, die dem Arbeitnehmer während der Urlaubsabwesenheit oder sonstigen Abwesenheit in den Briefkasten geworfen wird, geht in dem Moment zu, in dem normalerweise mit der Leerung des Wohnungsbriefkasten zu rechnen ist (vgl. KR-*Friedrich* § 4 KSchG Rz 103, 111). Eine andere Frage ist es, ob dem Arbeitnehmer die nachträgliche Zulassung der Kündigungsschutzklage zu gewähren ist, wenn er erst nach Ablauf der Dreiwochenfrist aus dem Urlaub zurückkehrt. Das ist jedenfalls für den Fall zu bejahen, dass der Arbeitnehmer **keinen konkreten Anlass zu der Annahme hatte, dass ihm während des Urlaubs oder der Ortsabwesenheit gekündigt wird.** Der Arbeitnehmer, der einen vierwöchigen Betriebsurlaub antritt und sich auf eine Urlaubsreise begibt, braucht im Allgemeinen nicht sicherzustellen, dass ihn rechtsgeschäftliche Erklärungen des Arbeitgebers auch während des Urlaubs erreichen (*LAG Hamm* 23.3.1972 BB 1972, 711; vgl. *LAG Nürnberg* 6.11.1995 LAGE § 5 KSchG Nr. 71).

Demgegenüber gehen manche Gerichte (*BAG* 16.12.1989 EzA § 130 BGB Nr. 10; *LAG München* 20.3.1974 AMBl. C 14 f. = ARSt 1975 Nr. 1204; *ArbG Rheine* 24.10.1996 DB 1996, 1975) davon aus, dass die Kündigungserklärung erst nach Rückkehr des Arbeitnehmers aus dem Urlaub zugeht (vgl. dazu KR-*Friedrich* § 4 Rz 111). Dann stellt sich die Frage der nachträglichen Zulassung der Kündigungsschutzklage nicht, weil die Dreiwochenfrist des § 4 S. 1 KSchG erst ab Rückkehr des Arbeitnehmers aus dem Urlaub läuft. Andere setzen den Zugang des Kündigungsschreibens nur dann mit der Rückkehr aus dem Urlaub an, wenn dem Arbeitgeber die vorübergehende Anschrift bekannt ist und der die Kündigung gleichwohl an die Wohnanschrift sendet (*LAG Hamm* 8.6.1967 DB 1967, 1272; dazu KR-*Friedrich* § 4 KSchG Rz 110).

Nach *LAG Bln.* (16.8.1977 AuR 1978, 25) ist im Falle der Erkrankung eines ausländischen Arbeitnehmers während des Urlaubs in seinem Heimatland bei seiner Familie die Klage zumindest dann nachträglich zuzulassen, wenn der Arbeitnehmer darauf vertraut, dass der Arbeitgeber seine auswärtige Anschrift aus der ihm übersandten Arbeitsunfähigkeitsbescheinigung entnimmt und dieser gleichwohl die Kündigung durch Boten unter der am Arbeitsort angegebenen Anschrift zustellen lässt (vgl. auch *LAG Hamm* 15.6.1979 EzA § 5 KSchG Nr. 6).

Gibt der Arbeitnehmer seinem Arbeitgeber wegen unzureichender postalischer Versorgung seines marokkanischen Heimatortes bei Urlaubsantritt eine Anschrift in dem 30 km entfernten Melilla an, so muss er – jedenfalls bei krankheitsbedingter Verlängerung seines Aufenthalts – sich um die in Melilla eingehende Post kümmern; eine nachträgliche Zulassung kommt nicht in Betracht, wenn er das nicht tut und deshalb erst rund fünf Wochen nach Eingang der Kündigung von ihr Kenntnis erlangt (*LAG Hamm* 29.9.1983 EzA § 5 KSchG Nr. 18).

Eine Kündigungserklärung, die dem Arbeitnehmer während der Urlaubs- oder sonstigen Abwesenheit in den Briefkasten geworden wird, geht ihm in dem Moment zu, in dem normalerweise mit der Leerung des Briefkastens zu rechnen ist. Wenn man, wie hier, nicht durch eine individualisierende Betrachtungsweise den Zugang der Kündigungserklärung in allen oder einigen Fällen auf den Zeitpunkt der Rückkehr aus dem Urlaub verlegt, sondern davon ausgeht, dass dem Arbeitnehmer ein Kündigungsschreiben während der (urlaubsbedingten) Abwesenheit zugegangen ist, unabhängig davon, ob dem Arbeitgeber die Urlaubsanschrift bekannt ist oder er nur von der Urlaubsabwesenheit des Arbeitnehmers weiß, ist dem Arbeitnehmer regelmäßig die nachträgliche Zulassung der Kündigungsschutzklage zu gewähren, wenn die Dreiwochenfrist infolge der Abwesenheit versäumt wurde (vgl. *LAG BW* 8.4.1981 AR-Blattei D, Ausländische Arbeitnehmer Entsch. 28 zur Verhinderung der Klageerhebung durch Ausreisesperre [Türkei]); *BAG* 2.3.1989 EzA § 130 BGB Nr. 22 Zugang der Kündigung während der Auslieferungshaft in Frankreich durch Einwurf in den Wohnungsbriefkasten in München: *BAG* 16.3.1988 EzA § 130 BGB Nr. 16: Zugang der Kündigungserklärung durch Einlegung in den Hausbriefkasten während des Erholungsurlaubs, auch wenn dem Arbeitgeber die urlaubsbedingte Abwesenheit des Arbeitnehmers bekannt war; *LAG Düsseld.* 16.2.1993 Der Betriebsrat 1993, 106 ff. mit zust. Anm. *Venticinque*: Zugang der Kündigungserklärung durch Einwurf in den Briefkasten während urlaubsbedingten Auslandaufenthalts). Folgt man der Rechtsprechung, die den Zugang der Kündigungserklärung auf die Rückkehr des Arbeitnehmers von der Urlaubsreise verlegt (vgl. KR-*Friedrich* § 4 KSchG Rz 110), wenn der Arbeitgeber die Urlaubsanschrift kennt und trotzdem die Kündigung an die Wohnanschrift sendet oder zumindest von der Urlaubsabwesenheit des Arbeitnehmers Kenntnis hat, bleiben für die nachträgliche Zulassung nur die Fälle übrig, in denen der Arbeitgeber keine Kenntnis von der Urlaubsanschrift oder urlaubsbedingten Abwesenheit hatte. Eine nachträgliche Zulassung der Kündigungsschutzklage ist in allen diesen Fällen schon im Hinblick auf die Rechtsprechung des BVerfG geboten, nach der Wiedereinsetzung in den vorigen Stand zu gewähren ist **bei Versäumung von Rechtsmittelfristen durch urlaubsbedingte Ortsabwesenheit** (*BVerfG* 16.11.1972 AP Nr. 28 zu Art. 103 GG; 21.1.1969 BVerfGE 25, 166; 25.11.1968 BVerfGE 26, 319; 16.11.1972 BVerfGE 34, 156; 2.4.1974 BVerfGE 37, 97; 2.4.1974 BVerfGE 37, 100; zutr. daher *BAG* 16.3.1988 EzA § 130 BGB Nr. 16; *Neumann/Fenski* BUrlG 9. Aufl., § 8 Rz 21; *Wenzel* MDR 1978, 278; *ders.* BB 1981, 1031 f. und schon *LAG Hamm* 23.3.1972 aaO; *LAG Köln* 4.3.1996 LAGE § 5 KSchG Nr. 75). Das hat das *Hess. LAG* (17.2.2005 – 15 Ta 578/04 – m. Anm. *Göhle-Sander* jurisPRextra 2005, 163) dahin präzisiert, dass es nur während einer vorübergehenden und relativ kurzfristigen Abwesenheit von der Wohnung unzumutbar ist, im Hinblick auf mögliche, aber zeitlich eben ungewisse Zustellungen oder rechtsgeschäftliche Erklärungen »besondere« Vorkehrungen zu treffen. Anders liegt es bei Abwesenheit von mehr als sechs Wochen. Dann ist der Aufwand hinsichtlich der besonderen Vorkehrungen sinnvoll und vertretbar und im Hinblick auf die Interessen der Arbeitgeberseite auch zu fordern. Ähnlich hält das *LAG Nürnberg* (23.8.2005 – 6 Ta 136/05 – MDR 2006, 274 = AR-Blattei ES 1020 Nr. 381) einen Arbeitnehmer auch bei Abwesenheit von 5 ½ Wochen grds. nicht für verpflichtet, dafür Sorge zu tragen, dass Schreiben des Arbeitgebers geöffnet und bearbeitet werden, dass ggf. durch einen Bevollmächtigten Kündigungsschutzklage erhoben wird. Eine Ausnahme ist nur dann zu machen, wenn der Arbeitnehmer aufgrund der Umstände

– etwa im Hinblick auf eine Kündigungsandrohung, einen Nichtantritt der Arbeit nach Urlaubsende, unentschuldigtes und/oder unberechtigtes Fehlen – eine Kündigung durch den Arbeitgeber zu erwarten hatte (*LAG Bln.* 11.3.1982 ZIP 1982, 613; *LAG Nürnberg* 6.11.1995 LAGE § 5 KSchG Nr. 71) oder die Abholung vernachlässigt oder sich einer erwarteten Zustellung vorsätzlich entziehen wollte (*BAG* 16.3.1988 EzA § 130 BGB Nr. 16; **aA** *LAG Hamm* 28.3.1996 LAGE § 5 KSchG Nr. 78: Art. 103 Abs. 1 GG gebiete die nachträgliche Zulassung auch in diesem Fall; s.a. Rz 59). Der Umstand allein, dass wegen eines »Vorfalls« eine Kündigung nicht auszuschließen war, reicht nicht aus (*LAG Köln* 4.3.1996 aaO). Solche besonderen Umstände liegen nicht vor, wenn bei streitiger Bewilligung eines sich an die bezahlte Freistellung anschließenden Urlaubs die Kündigung während des bezahlten Urlaubs unstreitig zugegangen war. Selbst wenn der Arbeitnehmer unentschuldigt ferngeblieben ist, fehlt es – zieht man den Vergleich zur genehmigten Abwesenheit – an der Kausalität für die Fristversäumnis (*LAG Nürnberg* 23.8.2005 – 6 Ta 136/05 – MDR 2006, 274 = AR-Blattei ES 1020 Nr. 381; *LAG Köln* 9.2.2004 – 3 Ta 430/03 – NZA-RR 2005, 215).

Zu beachten ist aber, dass das Unterlassen der Klageerhebung auf der urlaubsbedingten Abwesenheit beruhen muss. Das ist nicht der Fall, wenn der Arbeitnehmer erfahren hat, dass ihm die Kündigung seines Arbeitsverhältnisses zugegangen ist. In einem solchen Fall ist die Untätigkeit des Arbeitnehmers ursächlich. Er hätte dafür Sorge tragen können, dass rechtzeitig die Kündigungsschutzklage beim Arbeitsgericht eingereicht wird (*LAG RhPf* 25.2.2005 – 9 Ta 18/05 – juris).

60a Der Fall, dass ein Arbeitnehmer sich in seinem Heimatland im **Urlaub** befindet, dem sich **krankheitsbedingte Arbeitsunfähigkeit** anschließt oder die im Urlaub beginnt, während der dem Arbeitnehmer zu Hause ein Kündigungsschreiben zugeht, wird unterschiedlich gesehen: Das *LAG Bln.* (23.8.2001 LAGE § 4 KSchG Nr. 46) meint, der Arbeitnehmer, der seine Reise wegen der Krankheit verlängere oder verlängern müsse, habe idR nicht sicherzustellen, dass ihn rechtsgeschäftliche Erklärungen während der Krankheit erreichten, wenn keine konkreten Anhaltspunkte dafür bestünden, dass der Arbeitgeber ihm während der Krankheit kündigen werde (s.o. Rz 59). Demgegenüber hält das *LAG Nds.* (8.11.2002 LAGE § 4 KSchG Nr. 48) den Arbeitnehmer für Zeiten einer Ortsabwesenheit nach Urlaubsende wegen Krankheit grds. für verpflichtet sicherzustellen, dass ihn rechtsgeschäftliche Erklärungen erreichen, die ihm nach Urlaubsende an seinem Wohnort zugehen. Das wird mit § 5 EFZG begründet. Aus seinen Bestimmungen lasse sich zur Konkretisierung der allgemeinen Sorgfaltspflichten aus dem Arbeitsverhältnis die Wertung ableiten, dass sich der Arbeitnehmer auch während der krankheitsbedingten Ortsabwesenheit um Erklärungen in Bezug auf das Arbeitsverhältnis kümmern und entsprechende Vorkehrungen treffen muss. Es gilt das für den Fall der Krankheit Ausgeführte (s.o. Rz 42 ff.). Diese Entscheidung, die für den Fall eines urlaubsbedingten Auslandsaufenthaltes mit sich anschließender Krankheit auch insofern als zutreffend erscheint, als sie die Verpflichtung des Arbeitnehmers einschließt, seine Auslandsadresse mitzuteilen (so auch *LAG Hmb.* 11.11.2005 LAGE § 5 KSchG Nr. 111 für den Fall der Erkrankung vor Ablauf des Urlaubs im Ausland), ist auf Ablehnung gestoßen, weil für das Inland jedenfalls keine Verpflichtung des Arbeitnehmers besteht, dem Arbeitgeber bei krankheitsbedingter Ortsabwesenheit seine inländische Anschrift anzugeben (*LAG Brem.* 30.6.2005 – 3 Ta 22/05 – NZA-RR 2005, 633 = MDR 2005, 1236 = AR-Blattei ES 1000.2 Nr. 7 = EzA-SD 15/2005, 8). Das schließt aber nicht aus, bei an Urlaub sich anschließender Krankheit oder längerer Erkrankung jedenfalls bei Ortsabwesenheit von über sechs Wochen besondere Umstände anzunehmen, wie in Rz 60 aufgezeigt, und den Arbeitnehmer deswegen für verpflichtet anzusehen, wenn schon nicht seine Adresse mitzuteilen, so doch Vorkehrungen zu treffen, dass ihn Arbeitgeberpost erreicht. So hat das *LAG Brem.* (aaO) im Ergebnis die Klage nicht nachträglich zugelassen: Der Arbeitnehmer hatte veranlasst, dass in seiner Abwesenheit nur »Behördenpost« geöffnet und ihm vorgelesen wird, andere Post lediglich ungeöffnet gesammelt wird, was es als schuldhafte Verhinderung der Kenntnisnahme des Zugangs der Kündigung und damit an einer rechtzeitigen Klageerhebung angesehen hat (krit. *Ziemann* jurisPRextra 2005, 160, 161).

61 Anders ist es, wenn der Arbeitnehmer **vor Ablauf der dreiwöchigen Klagefrist zurückkehrt** und das in seinem Briefkasten während seiner Urlaubsabwesenheit geworfene Kündigungsschreiben vorfindet. Hier muss der Arbeitnehmer die restliche Zeit vor Ablauf der Frist nutzen und die Klage noch rechtzeitig erheben (*Wenzel* AuR 1976, 329; *LAG Hamm* 5.8.1981 EzA § 5 KSchG Nr. 11; *LAG Köln* 17.4.1997 LAGE § 5 KSchG Nr. 87). Allerdings wird eine Überlegungsfrist von drei Tagen zugebilligt (*APS-Ascheid* Rz 51). Jedenfalls wird eine Woche als ausreichend angesehen (*LAG Köln* 17.4.1997 aaO; *APS-Ascheid* Rz 51). Bei Urlaubsrückkehr am Samstag und Fristablauf am Montag musste der Kläger »in der verbleibenden Restfrist bis Ablauf des Montag die Kündigungsschutzklage nicht erheben«

(*Thür. LAG* 19.4.2001 EzA-SD 2001 Nr. 13 S. 8: Nur ein Arbeitstag für Beratung und Klageerhebung sei auch dann zu kurz, wenn der Kläger gewusst haben sollte, dass die Klagefrist am Montag ablaufe). Wenn eine Kündigungserklärung im Ausland (Indien) am 2.4. zugestellt wird, der Arbeitnehmer am 14.4. in die Bundesrepublik zurückkehrt, so muss er die verbleibende Zeit (bis zum 23.4.) nutzen, sich fachkundig beraten zu lassen, sich über eine Klageerhebung klar zu werden und dies zu tun. Die Klagefrist ist nicht bis zum Wegfall etwa vorliegender unverschuldeter Hinderungsgründe (Zeitpunkt der Rückkehr) gehemmt und beginnt nicht erst mit dem Zeitpunkt des Wegfalls (*LAG Frankf.* 22.4.1983 – 6 Ta 66/83 – nv, die Verfassungsbeschwerde des Arbeitnehmers gegen diesen Beschluss nahm das *BVerfG* mit Beschluss nach § 93a BVerfGG aF [15.7.1983 – 1 BvR 836/83 – nv] mangels Erfolgsaussicht nicht zur Entsch. an: Die Voraussetzungen für die nachträgliche Zulassung der Kündigungsschutzklage wurden nicht in unzumutbarer, aus Sachgründen nicht zu rechtfertigender Weise erschwert. Soweit das Gericht auf Grund des vom Arbeitnehmer vorgetragenen Sachverhalts zu dem Ergebnis gekommen ist, dass eine nachträgliche Klagezulassung nicht in Betracht komme, liegt in den dazu angestellten Erwägungen keine gegen Art. 103 Abs. 1 GG verstoßende Überspannung der Anforderungen an die Erlangung des rechtlichen Gehörs; sie unterliegen im Übrigen als Anwendung einfachen Rechts nicht der Nachprüfung durch das *BVerfG*, vgl. BVerfGE 18, 85 [92 f.]). Nach *LAG München* (23.1.1992 NZA 1993, 266 = Rz KI 10d Nr. 47) muss einem einfachen, nicht rechtskundigen Arbeitnehmer, der aus dem Auslandsurlaub zurückgekehrt, das in den Briefkasten seiner Wohnung geworfene Kündigungsschreiben vorfindet, eine Zeit von mindestens drei Tagen zur Erhebung der Kündigungsschutzklage zur Verfügung stehen – Überlegungsfrist – (ähnlich *LAG Nürnberg* 5.2.1992 LAGE § 5 KSchG Nr. 57 für den Fall, dass der Arbeitnehmer im Ausland vom Zugang der Kündigung unter der inländischen Wohnanschrift drei Tage vor Ablauf der Dreiwochenfrist Kenntnis erlangt; vgl. auch *LAG Hamm* 18.4.1996 LAGE § KSchG Nr. 79 2.3.1), zweifelhaft, weil die Anforderungen an eine Kündigungsschutzklage nicht hoch sind und der Arbeitnehmer auch später überlegen kann, ob er die Kündigungsschutzklage durchführen will; Klagerücknahme ist bis zur Stellung der Anträge ohne weiteres möglich, Gerichtsgebühren fallen nicht an (vgl. auch HaKo-*Gallner* 2. Aufl. Rz 62). Dagegen stellt das *LAG Frankf.* 6.4.1990 LAGE § 5 KSchG Nr. 49 zutreffend darauf ab, dass die Unmöglichkeit, vor Erhebung einer Kündigungsschutzklage fachkundigen Rechtsrat einzuholen, die Einhaltung der nach Urlaubsrückkehr noch zwei Wochen laufenden Klagefrist für die Erhebung der Kündigungsschutzklage nicht unzumutbar macht, vgl. auch Rz 46 ff. Anders ist es, wenn die Kündigungserklärung dem Arbeitnehmer während der Urlaubsabwesenheit zugeht, er während seines Aufenthalts im Ausland von Dritten telefonisch über den Ausspruch einer Kündigung informiert wurde, ihm gleichwohl Datum und Inhalt der Kündigungserklärung unbekannt waren: Eine hinreichend bestimmte Kündigungsschutzklage (§ 253 Abs. 2 Nr. 2 ZPO) war ohne Kenntnis des Kündigungsschreibens kaum möglich und dem Arbeitnehmer nicht zumutbar (*LAG Köln* 23.2.1991 LAGE § 5 KSchG Nr. 50, ähnlich *LAG Nürnberg* 5.2.1992 LAGE § 5 KSchG Nr. 57). Geht dem Urlaubsabwesenden die Kündigung am 26.7. zu und erfährt er davon von seinem Schwager am 9.8., so hätte der Arbeitnehmer innerhalb der verbliebenen vier Werktage seinen Schwager beauftragen können, entsprechende Informationen einzuholen oder sich selbst bei einem Rechtsanwalt telefonisch erkundigen und die Einreichung der Klage veranlassen können (*LAG RhPf* 25.2.2005 – 9 Ta 18/05 – juris).

Das *LAG BW* hat die Klage in einem Fall nachträglich zugelassen, in dem der Arbeitnehmer nach der Arbeit das Kündigungsschreiben erhalten hatte und noch an demselben Tag ab 13.30 Uhr Urlaub hatte, den Schlüssel für das gemietete Ferienhaus am nächsten Tag in Spanien abzuholen hatte und deshalb sofort in den Urlaub aufgebrochen war (26.5.1983 – 7 Ta 1/83 – nv); zweifelhaft, weil der Kläger – Obermonteur – aus Spanien einen Brief an das ArbG hätte schreiben oder jemanden hätte telefonisch, telegrafisch oder brieflich mit der Wahrnehmung seiner Interessen in Deutschland hätte beauftragen können. **61b**

Gibt der Empfangsbote dem Arbeitnehmer nach Rückkehr auf Befragen ein falsches Zugangsdatum an, ist die Klage nach *LAG Brem.* 17.2.1988 ZTR 1988, 152 = DB 1988, 814 = NZA 1988, 548 = AR-Blattei Kurz. Nr. 9212 nachträglich zuzulassen: Der Arbeitnehmer darf sich auf die aus der Erinnerung heraus gemachten Angaben verlassen und muss keine weiteren Nachforschungen anstellen. **61c**

Ähnlich ist es, wenn die Klagefrist des § 4 KSchG objektiv bei Rückkehr des Arbeitnehmers aus dem Urlaub noch nicht abgelaufen war, der Arbeitnehmer aber aus dem Datum des Kündigungsschreibens, das nicht mit der Post, sondern durch Boten zehn Tage später in den Briefkasten geworfen worden war, entnehmen musste, dass die Dreiwochenfrist bereits verstrichen war, und er binnen zwei Wochen nach Kenntnisnahme des Kündigungsschreibens, aber nach Ablauf der Dreiwochenfrist die nachträgliche **61d**

Zulassung der Kündigungsschutzklage beantragt: Die Klage ist zuzulassen; der Arbeitnehmer ist nicht gehalten, sich beim Arbeitgeber nach dem Einwurfdatum zu erkundigen (*LAG Köln* 6.9.1996 LAGE § 5 KSchG Nr. 80).

61e Hatte der Arbeitnehmer unmittelbar nach erfolgtem Umzug dem Arbeitgeber die neue Adresse mitgeteilt, einen Nachsendeantrag bei der deutschen Post AG gestellt, und wird die Kündigungserklärung durch Boten an die zufällig in der alten Wohnung anwesenden, aber woanders wohnenden Schwester des Arbeitnehmers übergeben, die ihn nicht über den Brief informierte, so ist nach *LAG Köln* 17.8.2001 (RzK I 10d Nr. 109) die Klage nachträglich zuzulassen wegen »Verkettung unglücklicher Umstände«, wobei schon zweifelhaft ist, ob die Kündigungserklärung mit Aushändigung an die Schwester unter den gegebenen Umständen dem Arbeitnehmer zugegangen ist – die »Erklärungsbotin« hat den Brief nicht ausgehändigt (vgl. KR-*Friedrich* § 4 KSchG Rz 106b).

61f Die nachträgliche Zulassung kompensiert sich aus dem objektiven Verständnis der Zugangsvoraussetzungen ergebenden Nachteile für gekündigte Arbeitnehmer. Darauf ist wiederholt hingewiesen worden (*BAG* 16.3.1988 EzA § 130 BGB Nr. 16 mit zust. Anm. *Adam*; *ders.* Anm. zu *BAG* 16.3.1988 AR-Blattei D, Kündigung II Entsch. 36, 37 3: *ders.* Anm. zu *BAG* 16.3.1988 EzA § 130 BGB Nr. 16; s.o. Rz 58).

62 **Rechtsschutzversicherung (vgl. Rz 19, 34).**

63 Wird die **rechtzeitig eingereichte Kündigungsschutzklage zurückgenommen, später** nach Ablauf der Dreiwochenfrist **neu erhoben,** so ist die zweite Klage idR nicht nachträglich zuzulassen (so *LAG MV* 9.12.1993 DB 1994, 588 = RzK I 10d Nr. 57). Dem ist nicht zu folgen. Die erste Klageerhebung zeigt zwar, dass der Arbeitnehmer in der Lage war, rechtzeitig Klage zu erheben (vgl. *ArbG Göttingen* 28.1.1952 AP 52 Nr. 152 m. richtig stellender Anm. von *Herschel*), entscheidend ist aber, aus welchen Gründen die Klage zurückgenommen worden ist (zutr. APS-*Ascheid* § 5 Rz 32; vgl. *LAG Hamm* 27.10.1994 LAGE § 5 KSchG Nr. 68 bei irrtümlicher Klagerücknahme infolge Annahme einer Einigung über eine befristete Fortbeschäftigung, die aber nicht vorlag, krit. *Boemke* Anm. AR-Blattei ES 1020.3 Nr. 3, der darauf abstellt, ob ein Verschulden hinsichtlich der Klagerücknahme vorliegt, verneinendenfalls § 5 Abs. 1 KSchG entsprechend anwenden will, auch § 85 Abs. 2 ZPO, wenn der Prozessbevollmächtigte die Klagerücknahme verschuldet hat (vgl. *LAG Köln* 10.7.1998 LAGE § 4 KSchG Nr. 41), und *LAG Hamm* 5.1.1998 NZA-RR 1998, 209 bei unterbliebenem Hinweis nach § 6 S. 2 KSchG in analoger Anwendung, dass die allgemeine Feststellungsklage aufrechtzuerhalten sei, um der verspäteten Kündigungsschutzklage nicht den Boden zu entziehen (s.o. Rz 29).

Wird ein außergerichtlicher Aufhebungsvertrag (Vergleich) geschlossen und in seiner Folge oder Erfüllung die Kündigungsschutzklage zurückgenommen, so gilt die angegriffene Kündigung als von Anfang an wirksam (§§ 4, 7 KSchG). Macht der Arbeitnehmer die Unwirksamkeit des außergerichtlichen Vergleichs geltend, ist er wegen § 7 KSchG gehindert, die Unwirksamkeit der Kündigung erneut geltend zu machen (*LAG Hamm* 18.12.1995 LAGE § 269 ZPO Nr. 3). Wird die dem **Auflösungsvertrag** zugrunde liegende Willenserklärung wirksam **angefochten,** »kommt die ursprünglich ausgesprochene Kündigung zum Tragen« (*LAG Hmb.* 7.4.1994 LAGE § 4 KSchG Nr. 29). Die Kündigung hat das Arbeitsverhältnis beendet (§§ 4, 7 KSchG), es sei denn, sie konnte doch noch innerhalb der Frist des § 4 S. 1 KSchG (erneut) angegriffen werden oder es wurde (die erneut eingelegte) Kündigungsschutzklage im Verfahren nach § 5 KSchG nachträglich zugelassen. *Weber/Ehrich* befürworten in einem solchen Fall die analoge Anwendung des § 5 KSchG: Der Arbeitnehmer kann innerhalb von zwei Wochen nach Kenntnis der Unwirksamkeit des Aufhebungsvertrages oder des Anfechtungsgrundes die nachträgliche Zulassung der Kündigungsschutzklage beantragen (DB 1995, 2369, 2370 f.).

64 Die **Unkenntnis des Arbeitnehmers von der dreiwöchigen Klagefrist** vermag zur nachträglichen Zulassung nicht zu führen. Der immer wieder vorgebrachte Hinweis darauf, man habe von der dreiwöchigen Klagefrist nichts gewusst, rechtfertigt die nachträgliche Zulassung nicht. Rechtsprechung und Literatur begründen das im Wesentlichen damit, dass heute jeder Arbeitnehmer die Grundzüge des Kündigungsschutzrechts, insbes. aber die Dreiwochenfrist zur Klageerhebung kennen muss oder sich diese Kenntnisse alsbald nach Zugang der Kündigungserklärung bei einer zuverlässigen Stelle verschaffen muss (zu den für Auskünfte berufenen Stellen s.o. Rz 30; *LAG Düssseld.* 6.3.1968 DB 1968, 764; 26.7.1976 EzA § 5 KSchG Nr. 1; 2.4.1976 EzA § 5 KSchG Nr. 2; 18.7.1978 EzA § 5 KSchG Nr. 4; 6.3.1980 EzA § 5 KSchG Nr. 9; 12.6.1980 DB 1980, 1551 = BB 1980, 941; *Sächs. LAG* 23.7.1998 NZA 199, 112 = FA 1998, 391; *LAG Köln* 26.11.1999 LAGE § 5 KSchG Nr. 97; *BAG* 26.8.1993 EzA § 4 KSchG nF Nr. 47: **keine Hinweispflicht des Arbeitgebers auf die Dreiwochenfrist** [zust. *Becker-Schaffner* BB 1993, 1282; **aA** *Valentin* AuR 1990, 276 ff.], auch bei einer Kündigung durch den **Insolvenzverwalter** besteht keine

Zulassung verspäteter Klagen   § 5 KSchG

Aufklärungspflicht über die Möglichkeit einer Kündigungsschutzklage, *LAG Köln* 18.8.2006 – 9 Ta 272/06; *LAG Frankf.* 20.9.1974 DB 1974, 2016: *LAG BW* 12.11.1968 DB 1968, 2180; 11.2.1974 BB 1974, 323; *LAG Hamm* 7.3.1967 DB 1967, 912; 15.2.1979 BB 1979, 428; *LAG München* 3.11.1975 DB 1975, 732; 23.4.1980 AMBl. 1980, C 47; 25.8.1980 AMBl. 1981, C 17 [C 18, ausführlich!]; *LAG Frankf.* 13.2.1987 – 13 Sa 864/86 – nv; *LAG Hmb.* 6.7.1990 LAGE § 130 BGB Nr. 16; *LAG BW* 25.8.1993 – 9 Ta 18/93 – nv; *LAG Nürnberg* 20.9.2004 – 8 Ta 154/04; *LAG RhPf* 17.10.2005 – 10 Ta 245/05 – juris; vgl. auch dpa vom 23.12.2005; *LAG SchlH* 18.4.2005 – 2 Ta 94/05; *v.* Hoyningen-Huene/Linck § 5 Rz 11; *Schaub/Linck* § 136 III 223 Rz 47; *Löwisch/Spinner* § 5 Rz 10; KPK-*Ramrath* § 5 Rz 3; HK-*Hauck* § 5 Rz 57; SPV-*Vossen* Rz 1853, 1802f; APS-*Ascheid* Rz 37; ErfK-*Ascheid* Rz 10; *Kittner/Däubler/Zwanziger* § 5 Rz 12; HaKo-*Gallner* Rz 48; *Backmeister/Trittin/Mayer* Rz 8). Der Sorgfaltspflichtverstoß liegt nicht in der Unkenntnis der Dreiwochenfrist, sondern in dem fehlenden Bemühen, sich innerhalb der Frist geeigneten Rat zu holen (*LAG München* 26.4.2005 – 11 Ta 427/04 – EzA-SD 14/2005, 8 f. m. Anm. *Mestwerdt* jurisPR-ArbR 35/2005 Nr. 1). Auch ein blinder Arbeitnehmer kann sich nicht mit Erfolg darauf berufen, die Dreiwochenfrist nicht gekannt zu haben. Auch er kann alsbald zuverlässige Rechtsauskünfte einholen, etwa – nötigenfalls unter Inanspruchnahme einer Begleitperson – sich an seine Gewerkschaft, einen Anwalt oder an die Rechtsantragsstelle wenden oder Dritte damit beauftragen (*LAG Hamm* 21.10.1982 AR-Blattei D, Kündigungsschutz Entsch. 231).

Entscheidend ist, dass die Dreiwochenfrist des § 4 KSchG eine materiell-rechtliche Frist ist, weil ihre Versäumung dazu führt, dass die Kündigung als von Anfang an rechtswirksam gilt (§ 7 KSchG), und dass für das materielle Recht, wo es Rechtsnachteile für ungenutztem Fristablauf (§ 195, § 214 BGB) vorsieht, die allgemeinen Regel gilt, dass die Rechtsnachteile unabhängig von der Kenntnis der Betroffenen von der Frist und vom Fristablauf eintreten. Demnach kommt es für die Anwendung des § 5 KSchG darauf an, dass sich der Arbeitnehmer gegen die Kündigung wehren wollte, dies aber infolge eines von ihm nicht zu beseitigenden Umstandes nicht konnte. Für den Fall der Unkenntnis bedeutet das, dass er im Rahmen der von ihm verlangten Sorgfalt außerstande gewesen sein muss, diesen zu beheben. Es genügt daher nicht der Vortrag, er habe die Frist nicht gekannt (zutr. *LAG BW* 10.8.1982 – 7 Ta 6/82 – nv). Kennt der ausländische Arbeitnehmer die Klagefrist nicht, handelt er nur schuldhaft, wenn er nach dem Zugang der Kündigung nicht rechtzeitig Rechtsrat einholt. Besteht für ihn keine Möglichkeit dazu (zB wegen schwerer Erkrankung im Ausland, s.o. Rz 47, mangels Auskunftsstellen für deutsches Arbeitsrecht, s.o. Rz 46 oder wegen fehlender Kommunikationsmöglichkeiten, s.o. Rz 35b, 46), so ist die Klage nachträglich zuzulassen (*LAG Düsseld.* 6.3.1980 EzA § 5 KSchG Nr. 9; ähnlich *LAG Köln* 4.1.1982 EzA § 5 KSchG Nr. 14). **Die Unkenntnis einer ungewöhnlichen Rechtslage** – Klage nicht gegen den Arbeitgeber, sondern gegen den Prozessstandschafter – ist kein ausreichender Entschuldigungsgrund iSd § 5 KSchG (*ArbG Wiesbaden* 3.3.1982 BB 1982, 1791; *LAG RhPf* 27.4.1990 NZA 1991, 613 = DB 1991, 396; 17.8.2004 – 11 Ta 101/04 – juris; vgl. aber 25.2.2005 – 8 Ta 6/05: Entscheidend sei, dass der Prozessbevollmächtigte trotz der ihm bekannten und nicht alltäglichen arbeitsvertraglichen Situation keine Zweifel an der Beklagtenfähigkeit der Dienststelle hegte und insbes. keine weiteren Nachforschungen zu diesem Thema anstellte, betr. Art. 56 Abs. 8 ZA-NTS; aA *LAG Köln* 20.11.1987 LAGE § 4 KSchG Nr. 39 betr. erforderliche Klage gegen die Bundesrepublik Deutschland als Prozessstandschafter; s.u. Rz 69b, KR-*Friedrich* § 4 Rz 157a). Die Vereinbarung eines Besprechungstermins innerhalb der Dreiwochenfrist, der dann außerhalb der Frist liegt, vermag zu einer nachträglichen Zulassung der Klage eines Arbeitnehmers, der die Dreiwochenfrist nicht kennt, nicht zu führen. Auch in diesem Fall beruht der Fristablauf auf seiner Unkenntnis der Frist und damit auf seinem Verschulden. Der Arbeitnehmer hätte für die Beratung mit einem Rechtskundigen innerhalb der Frist sorgen müssen (*LAG Düsseld.* 18.7.1978 EzA § 5 KSchG Nr. 4; vgl. oben Rz 64, 64a).

Das gilt auch für ausländische Arbeitnehmer (*LAG Hamm* 15.2.1979 aaO; *LAG Hmb.* 20.11.1984 DB 1985, 876 = ARSt 1985 Nr. 27 = NZA 1985, 127 f.; 10.4.1987 LAGE § 5 KSchG Nr. 34; 6.7.1990 LAGE § 130 BGB Nr. 16; *ArbG Solingen* 23.6.1983 AuR 1984, 253; *ArbG Wiesbaden* 13.12.1984 ARSt 1985 Nr. 28; *LAG Frankf.* 13.2.1987 aaO: Auf ausländische Rechtsvorstellungen kann der Arbeitnehmer sich nicht mit Erfolg stützen; APS-*Ascheid* Rz 23). Wenn und solange der ausländische Arbeitnehmer am deutschen Arbeitsleben teilnimmt, muss er sich genauso wie ein deutscher Arbeitnehmer mit den Grundzügen des deutschen Kündigungsschutzrechts vertraut machen, insbes. mit dem wichtigsten Satz des deutschen Kündigungsschutzrechts, dass die Kündigung in aller Regel nur mit innerhalb von drei Wochen nach Zugang bei Gericht einzureichender Klage angegriffen werden kann. Oder aber er muss, wie der deutsche Arbeitnehmer, alsbald nach Erhalt der Kündigung Erkundigungen darüber einziehen, was gegen die Kündigung unternommen werden kann. Dafür stehen jedem ausländischen Arbeitnehmer neben den schon genannten Stellen (vgl. Rz 30) weitere geeignete Stellen zur Verfügung (zB die Beratungs-

und Betreuungsstellen für ausländische Arbeitnehmer). Die Rechtsprechung des *BVerfG* (10.6.1975 BVerfGE 40, 95), nach der bei fehlender dem Ausländer verständlicher Rechtsmittelbelehrung (also in der Heimatsprache!) der Ausländer so behandelt werden muss, als wenn die Rechtsmittelbelehrung überhaupt unterblieben wäre, ist nicht auf das Verfahren der nachträglichen Zulassung der Kündigungsschutzklage übertragbar. Die Rechtsprechung des BVerfG bezieht sich auf die **Zustellung von Strafbefehlen und Bußgeldbescheiden** in deutscher Sprache, bei denen die **Rechtsmittelbelehrung zwingend** vorgeschrieben ist. Dagegen ist die Kündigung eine **privatrechtliche Willenserklärung, der keine Rechtsmittelbelehrung beizufügen ist** – eines Hinweises des Arbeitgebers auf die Klagefrist bedarf es nicht (*LAG Düsseld.* 12.6.1980 aaO; *LAG Hamm* 21.10.1982 aaO = AuR 1983, 121; *BAG* 26.8.1993 EzA § 4 KSchG nF Nr. 47; *Becker-Schaffner* BB 1993, 1282; *Hohmeister* ZRP 1994, 142; **aA** *Valentin* aaO; *Kittner/Däubler/Zwanziger* Rz 5). Das gilt auch für blinde Arbeitnehmer (*LAG Hamm* 21.10.1982 aaO). § 12 Abs. 3 S. 2 VVG (dazu *BGH* 17.11.1994 NJW-RR 1995, 252) enthält keinen allgemeinen Rechtsgedanken, der rechtsähnlich auch für den Beginn der Frist nach § 4 KSchG angewendet werden könnte, wenn auch einige Firmen dazu übergegangen sind, auf die dreiwöchige Klagefrist § 4 KSchG hinzuweisen. Wenn außerdem nach dem *BVerfG* (7.4.1976 BVerfGE 42, 120) die Wiedereinsetzung in den vorigen Stand dem Ausländer mit der Begründung verweigert werden kann, er habe sich nicht ausreichend um die Verfolgung seiner Interessen gekümmert, obwohl er nach Lage des Falles dazu Anlass hatte und es ihm auch möglich war, etwas zu unternehmen, so kann dem ausländischen Arbeitnehmer – ebenso wie dem deutschen – die nachträgliche Zulassung der Kündigungsschutzklage versagt werden mit dem Hinweis darauf, dass er sich, wenn er schon die Dreiwochenfrist nicht gekannt hat, nicht alsbald nach Erhalt der Kündigung bei einer geeigneten Stelle um Auskunft bemüht hat, was zu tun sei (*LAG Hamm* 15.12.1979 aaO).

64a Die **Unkenntnis** des Arbeitnehmers **der deutschen Sprache, Sprachschwierigkeiten:** Unterlässt es ein ausländischer Arbeitnehmer, der die deutsche Sprache nicht beherrscht und die deutsche Schrift nicht lesen kann, sich ein ihm an seinem Heimatort zugehendes Kündigungsschreiben übersetzen zu lassen, obwohl die Möglichkeit dazu bestand, so ist die Klage nicht nachträglich zuzulassen. Der Arbeitnehmer ist gehalten, sich alsbald Kenntnis vom Inhalt des Schreibens seines Arbeitgebers zu verschaffen (deutsche Ehefrau, deutschsprachiger Freund, deutsches Konsulat, staatl. Dienststelle, Sozialversicherung, deutsches Touristikbüro). Nur wenn er glaubhaft machen kann, dass er das Schreiben nicht übersetzen lassen konnte, kommt die nachträgliche Zulassung in Betracht. Untätigbleiben und Ignorieren des Kündigungsschreibens ist schuldhaft (*LAG Hmb.* 20.11.1984 aaO; s.a. Rz 46).

64b Die Unkenntnis, als Arbeitnehmer unter das KSchG zu fallen wegen der Annahme, als Organ kein Arbeitnehmer gewesen zu sein, rechtfertigt die nachträgliche Zulassung nicht. Bei Anstrengung der einem Geschäftsgewandten zuzumutenden Sorgfalt, sei bereits bei Zugang der Kündigung zumindest Rechtsrat einzuholen gewesen hinsichtlich der »fragwürdigen Geschäftsführerstellung« bei der GmbH (*LAG RhPf* 3.11.2005 – 7 Ta 190/05 – juris).

65 Die **unrichtige oder mangelhafte Unterrichtung des Prozessbevollmächtigten** geht zu Lasten des Arbeitnehmers (*LAG Hamm* 30.4.1959, DB 1959, 548) und rechtfertigt die nachträgliche Zulassung nicht (APS-*Ascheid* § 5 Rz 32). So ist die zuzumutende Sorgfalt nicht gewahrt, wenn der Kläger dem **Anwalt,** den er eingeschaltet hat, **nicht den Kalendertag, sondern nur den Wochentag nennt, an dem der Zugang der Kündigung erfolgt ist,** und hierdurch Irrtümer oder Missverständnisse entstehen (*LAG Düsseld.* 23.4.1954 DB 1954, 500). Dem Arbeitnehmer selbst – unabhängig von der Frage des § 85 Abs. 2 ZPO – zuzurechnendes Verschulden liegt idR nicht vor, wenn er vor Ablauf der Dreiwochenfrist die Klageschrift seines Rechtsanwalts erhält, der die Klage nicht gegen die Arbeitgeberin, sondern eine andere Firma gerichtet hatte, die indes mit der Arbeitgeberin wirtschaftlich verbunden ist, die ihrerseits einen missverständlichen Firmenbogen verwandte; der Arbeitnehmer, der einen Anwalt beauftragte, braucht nicht auf die richtige Rubrizierung zu achten (*LAG Hmb.* 22.10.1986 MDR 1987, 875).

66 Schwebende Vergleichsverhandlungen (vgl. zu Vergleichsverhandlungen auch Rz 24), die der Arbeitnehmer abwarten und mit der Kündigungsschutzklage nicht stören wollte und deswegen die Dreiwochenfrist hat verstreichen lassen, rechtfertigen die nachträgliche Zulassung nicht (eingehend *Bauer* Aufhebungsverträge 1. Aufl. 1982, S. 20 ff.). Der Arbeitnehmer handelt insoweit auf eigenes Risiko. Schließlich ist es ihm unbenommen, **zur Fristwahrung Klage einzureichen,** sie zustellen zu lassen und wegen der schwebenden Vergleichsverhandlungen um einen etwas weiter hinausgeschobenen (Güte-)Termin zu bitten (vgl. KR-*Friedrich* § 4 KSchG Rz 147). Der Arbeitnehmer darf sich nicht auf den Erfolg von Einigungsversuchen – durch Schriftwechsel oder Verhandlungen – verlassen, sondern muss rechtzeitig Klage erheben (*LAG Düsseld.* 12.3.1952 AR-Blattei D, Kündigungsschutz Entsch. 7 = BB 1952, 491; *LAG Stuttg.* 17.1.1952 BB 1951, 492; *ArbG Celle* 28.10.1970 ARSt 1971, Nr. 1031; *LAG Brem.* 28.11.1952 AP 53 Nr. 62; *LAG Stuttg.* 26.2.1953 AP 54 Nr. 49 = BB 1953, 263; 26.3.1965 BB 1965, 669; APS-*Ascheid* § 5 Rz 63; *Schaub* § 136 II 3 Rz 49; *Wenzel* AuR 1976, 329). Davon geht auch das *LAG Düsseld.* in seinem Beschluss v. 19.11.1965 (BB 1966, 210) aus, hat aber die verspätete Klage deswegen zugelassen, weil die zwischen den Parteien aufgenommenen Verhandlungen bereits feste Formen angenommen hatten. In einem solchen Fall hat nach Ansicht des Gerichts der Arbeitgeber Anlass zur Unterlassung der Klage gegeben (vgl. auch *LAG Hamm* 21.11.1972 BB 1973, 336; *LAG München* 26.4.2005 – 11 Ta 427/04 – EzA-SD 14/2005, 8 f. mit Anm. *Mestwerdt* jurisPR-ArbR 35/2005, dazu s. o. Rz 40). Die Klage ist idR nachträglich zuzulassen, wenn der Arbeitgeber durch Vorspiegelung erfolgreicher Vergleichsverhandlungen den Arbeitnehmer von der rechtzeitigen Erhebung der Kündigungsschutzklage abgehalten hat (vgl. *LAG Stuttg.* 26.3.1965 BB 1965, 669 Nr. 953 u. *LAG Hamm* 13.5.1952 BB 1952, 465; *BAG* 24.9.1981 – 2 AZR 422/79 – nv; *LAG BW* 10.5.1985 – 12 Ta 16/84 – nv; *LAG Köln* 26.11.1999 LAGE § 5 KSchG Nr. 97; *LAG RhPf* 26.7.2004 – 8 Ta 154/04 – juris: Der Arbeitnehmer wurde durch »taktische Vergleichsgespräche« in Kenntnis der Dreiwochenfrist veranlasst, nicht innerhalb der Klagefrist gegen die Kündigung vorzugehen; **aA** *LAG Stuttg.* 26.2.1953 aaO, das in einem solchen Fall nur einen Schadensersatzanspruch geben will).

Andererseits reicht es nicht aus, wenn der Betriebsleiter des Arbeitgebers dem Arbeitnehmer erklärt: »Warte mal ab, vielleicht erledigt sich dies und wir machen die Kündigung rückgängig« bzw., er werde sich »darum kümmern«, dass er bleiben kann; damit ist dem Arbeitnehmer weder eine sichere Aussicht auf den Fortbestand des Arbeitsverhältnisses noch eine Zusage auf Weiterbeschäftigung gegeben worden. Der Arbeitnehmer durfte auf Grund dieser Umstände nicht auf den positiven Ausgang der angekündigten Bemühungen vertrauen (*LAG Köln* 19.4.2004 LAGE § 5 KSchG Nr. 108a = AiB 2005, 629 m. Anm. *Gabrys*; *LAG SchlH* 18.4.2005 – 2 Ta 94/05 – juris).

Ein Vortäuschen von Vergleichsverhandlungen liegt nicht vor, wenn der Geschäftsführer der Arbeitgeberin erklärt, er wolle »versuchen«, die Kündigung noch vor Ablauf der Kündigungsfrist rückgängig zu machen (*LAG RhPf* 28.10.2005 – 10 Ta 233/05). Entsprechendes gilt für den Fall, dass der Arbeitgeber die Bereitschaft erklärt, »die Sache noch einmal zu überdenken«; damit konnte der Arbeitnehmer keineswegs sicher sein, von der Kündigung werde Abstand genommen (*LAG RhPf* 7.4.2004 – 3 Ta 61/04 – juris). Im Übrigen s. o. Rz 40.

Zur **Anrufung des Betriebsrats** zum Zwecke der gütlichen Einigung s. o. Rz 33 aE und *LAG Stuttg.* 17.1.1952 AP 52 Nr. 231: Der Arbeitnehmer darf, auch wenn er gegen die Kündigung beim Betriebsrat Einspruch eingelegt hat, sich nicht darauf verlassen, dass es zu einer gütlichen Einigung kommt, sondern muss vorsorglich innerhalb der Dreiwochenfrist Klage erheben.

Verhandlungen s. o. Rz 66.

Verschulden des Vertreters

Bei der nachträglichen Zulassung der Kündigungsschutzklage muss sich der Arbeitnehmer das Verschulden eines **gesetzlichen Vertreters** zurechnen lassen, § 51 Abs. 2 ZPO (*LAG Frankf.* 15.11.1988 LAGE § 5 KSchG Nr. 4). Für einen **rechtsgeschäftlichen Vertreter** gilt das nur, wenn sich die Vertretungsmacht irgendwie auf die Prozessführung bezieht. Das ist nicht der Fall, wenn die Tochter des Arbeitnehmers mit der Leerung des Briefkastens beauftragt ist und das Kündigungsschreiben verspätet aushändigt (*LAG RhPf* 13.2.2004 – 8 Ta 17/04 – juris für den Fall, dass ein während des Krankenhausaufenthaltes mit der Entgegennahme der Post betrautes Familienmitglied ein an den Arbeitnehmer gerichtetes Kündigungsschreiben verspätet aushändigt, weil es in der Tasche vergessen wurde; **aA** *Rieble* Anm. zu *LAG Hamm* 2.6.1993 LAGE § 5 KSchG Nr. 70 unter Hinweis auf § 278 BGB). Der Arbeitnehmer darf sich auf die Angaben des Empfangsboten zum Tag des Zugangs des Kündigungsschreibens verlassen und muss keine weiteren Nachforschungen anstellen (*LAG Brem.* 17.2.1988 ARSt 1989 Nr. 1057 S. 59; vgl. Rz 58). Allerdings kann ein **eigenes Verschulden des Arbeitnehmers als Auswahl-, Organisations- oder Informationsverschulden** in Betracht kommen, wenn er einen Dritten mit der Erhebung der Kündigungsschutzklage beauftragt. Dies hat das *LAG Köln* (5.3.2004 – 4(13) Ta 440/03 – juris) für die Beauftragung einer mit einem Umzug beschäftigten Tochter angenommen, die auf Grund der »Ausnahmesituation« »die ganze Sache« vergaß; die Tochter hätte in dieser Situation gar nicht beauftragt werden dürfen, jedenfalls aber zeitnah die Durchführung des Auftrags durch Nachfrage kontrolliert werden müssen.

69b Nach hM steht das Verschulden des **Prozessbevollmächtigten** hinsichtlich der Versäumung der Klagefrist des § 4 S. 1 KSchG dem Verschulden des Arbeitnehmers gleich und wird diesem – in direkter oder entsprechender Anwendung des § 85 Abs. 2 ZPO – zugerechnet (so zB *LAG BW* 22.11.1982 – 6 Ta 13/82; 26.8.1992 LAGE § 5 KSchG Nr. 58; 11.6.2002 – 18 Ta 9/02; *LAG Bln.* 28.8.1978 AP Nr. 2 zu § 5 KSchG; 8.1.2002 – 6 Ta 2245/01; *LAG Brem.* 14.11.2002 – 2 Ta 50/02; 26.5.2003 MDR 2003, 1059 = ARSt 2004, 69; *LAG RhPf* 28.5.1997 NZA 1998, 55, 56 [II 4], 19.5.1992 LAGE § 5 KSchG Nr. 59; 25.2.2005 – 8 Ta 6/05; *LAG Frankf./Hess. LAG* 15.11.1988 LAGE § 5 KSchG Nr. 4; 26.10.1993 LAGE § 5 KSchG Nr. 63 **anders jetzt 10.9.2002 – 15 Ta 98/02** – EzA-SD 2003 Nr. 2, 21, **2.12.2002 – 15 Ta 254/02, dazu s. u. Rz 70**; *LAG Köln* 8.5.1987 LAGE § 5 KSchG Nr. 28; 20.11.1987 LAGE § 5 KSchG Nr. 39 [allerdings nicht, wenn der Rechtsanwalt »ein relativ unbekanntes Gesetz«, das Zusatzabkommen zum NATO-Truppenstatut nicht kennt, ähnlich *LAG RhPf* 17.8.2004 – 11 Ta 101/04 – juris, aber für den konkreten Fall auf Grund der Umstände ablehnend; zustimmend indes *Kittner/Däubler/Zwanziger* Rz 15, vgl. Rz 64]; *LAG Köln* 26.4.1994 ARSt 1994, 179; 26.7.1994 LAGE § 5 KSchG Nr. 67; 10.7.1998 NZA-RR 1998, 561; 22.12.1998 MDR 1999, 772 = NZA-RR 1999, 664; 10.10.2002 AnwBl 2003, 306; 15.4.2005 – 10 Ta 309/04; 9.8.2005 – 2 Ta 242/05 [wenn kein Exemplar der Klageschrift unterzeichnet war]; 3.11.2005 – 7 Ta 306/05 [Ermittlung des Ablaufs der Dreiwochenfrist darf Büropersonal nicht überlassen werden]; 10.3.2006 LAGE § 111 ArbGG 1979 Nr. 4 [wenn trotz Hinweises auf das Nichtbestehen eines Ausschusses nach § 111 Abs. 2 ArbGG keine Klage erhoben, sondern eine weitere Nachfrage angebracht werden]; *LAG Nürnberg* 28.7.1987 LAGE § 5 KSchG Nr. 30; 12.3.2002 NZA-RR 2002, 490, 2.6.2003 – 5 Ta 78/03 – m. Anm. *Bertzbach* jurisPR-ArbR 6/2004 Nr.2; *LAG Nds.* 13.7.2005 – 10 Ta 409/05 – LAGReport 2005, 281: Der Arbeitnehmer »ist auf den Regress gegen den früheren Prozessbevollmächtigten zu verweisen«; *LAG München* 12.11.1982 ZIP 1982, 615; 30.10.1987 – 5 Ta 198/87; *LAG Düsseld.* 1.2.1972 DB 1972, 1975; 20.11.1995 ZIP, 1996, 191 = KTS 1996, 181 = WiB 1996, 353; 28.3.2002 – 15 Ta 91/02; 30.7.2002 NZA-RR 2003, 80).

Verschulden einer Gewerkschaft: *LAG MV* 18.3.1993 AuA 1994, 86 = RzK I 10d Nr. 52 (»auch bei der gewerkschaftlichen Vertretung«; vgl. *LAG Brem.* 23.7.1999 LAGE § 5 KSchG Nr. 96: Nicht bei Fehlverhalten der Einzelgewerkschaften, wenn nur der DGB-Rechtsschutz GmbH Prozessvollmacht erteilt worden war, ebenso 26.5.2003 LAGE § 5 KSchG Nr. 107 = MDR 2003,1059: Keine Zurechung von Fehlern der Rechtsschutz gewährenden Gewerkschaft vor Übernahme des Prozessmandats, ähnlich *LAG BW* 12.7.2004 – 12 Ta 10/04 – AuR 2004, 479: Ablage ohne Beachtung der Weisung zur Weiterreichung der Unterlagen für eine Entfristungsklage und unterlassene Überwachung der Vorfrist bei der Einzelgewerkschaft bei Vollmachtserteilung an die Rechtssekretäre bei der DGB-Rechtsschutz GmbH wegen fehlender direkter Einflussnahme(möglichkeit) auf die Arbeit der Mitarbeiter der Einzelgewerkschaft und *LAG Köln* 15.4.2005 – 10 Ta 309/04 – MDR 2006, 162: nachträgliche Zulassung, wenn sich ein Arbeitnehmer an ein freigestelltes Betriebsratsmitglied gewandt hat, das als ehrenamtlicher Gewerkschaftsfunktionär von der rechtsschutzgewährenden Gewerkschaft gerade dafür zuständig war, als Anlaufstelle für gewerkschaftlich organisierte Arbeitnehmer Rechtschutzanträge zu bearbeiten und an die Fachgewerkschaft weiterzuleiten und diese Weiterleitung trotz entsprechender Zusicherung versehentlich verspätet erfolgt; ähnlich 13.6.2006 – 4 Ta 159/06: Prozessvollmacht für die DGB-Rechtsschutz GmbH auf Veranlassung der Einzelgewerkschaft, die es versäumt, den Klageauftrag rechtzeitig weiterzuleiten, indes ist Eigenverschulden des Arbeitnehmers zu prüfen, aber Verpflichtung zu Kontrollmaßnahmen verneint, Ausnahme: Wenn anderweitig erkannt oder erkennbar, dass die Klageerhebung nicht rechtzeitig erfolgt ist; vgl. auch *LAG Nds.* 27.7.2000 LAGE § 5 KSchG Nr. 98, dazu krit. *K. Schmid* BB 2001, 1198, 1200; *Vollkommer* MDR 2001, 41, **anders** jetzt 13.7.2005 – 10 Ta 409/05 – LAGReport 2005, 281, 283; **aA** *Sächs. LAG* 9.5.2000 RzK I 10d Nr. 104 = FA 2001, 215: Organisationsverschulden der DGB-Rechtsschutz GmbH bei Fehlen im erforderlichen Umfang geschulten und überwachten Personals bei der Einzelgewerkschaft analog den geschulten und überwachten Anwaltsgehilf(inn)en, *LAG Düsseld.* 30.7.2002 NZA-RR 2003, 80: Zurechnung des Verschuldens der Einzel- oder Fachgewerkschaft bei verspäteter Weiterreichung der Unterlagen, auch wenn nur der BGB-Rechtsschutz GmbH Prozessmandat erteilt wurde, 20.12.2002 NZA-RR 2003, 323, **vgl.** Rz 74 f.; *LAG SA* 14.6.1995 AuR 1996, 429, 8.3.2005 – 11 Ta 3/05 – juris (arg. Gewerkschaftssekretär der Einzelgewerkschaft sei nicht nur Bote, sondern ihm komme die gleiche Funktion zu wie einem Korrespondenzanwalt, allerdings nach *Thür. LAG* 10.12.2004 LAGE § 5 KSchG Nr. 110 dann nicht, wenn der rechtzeitige Klageauftrag der rechtsschutzgewährenden Einzelgewerkschaft bei der DGB-Rechtsschutz GmbH deshalb erst nach Ablauf der Klagefrist des § 4 S. 1 KSchG eingeht, weil er vom beauftragten Kurierdienst in den falschen Briefkasten geworfen wurde; die unterlassene Kontrolle des Eingangs bei der DGB-Rechtsschutz GmbH begründe kein Organisationsverschulden, weil sich die Einzelgewerkschaft wie im Postverkehr auf eine ordnungsgemäße Beförderung durch den privaten Kurierdienst habe verlassen dürfen); *Sächs. LAG* 9.5.2000 FA 2001, 215, 23.12.2005 – 3 Ta 362/05 – juris: Statt des Rates zur persönlichen Klageerhebung mit Hilfe der Rechtsantragsstelle Ankündigung einer Kündigungsschutzklage für den Fall der Bewilligung von Prozesskostenhilfe.

Weiter halten § 85 Abs.2 ZPO für direkt oder entsprechend anwendbar: *LAG SchlH* 16.4.1998 AnwBl 1998, 664; 9.8.2001 – 4 Ta 7/01; *Thür. LAG* 30.11.2000 – 7 Ta 19/2000 – LAGE § 5 KSchG Nr. 103, dort allerdings Az unrichtig; *v. Hoyningen-Huene/Linck* Rz 15; *Knorr/Bichlmeier/Kremhelmer* Kap. 11 Rz 75; *Schaub/Linck* § 136 III 2 Rz 50; *SPV-Vossen* Rz 1845; *HK-Hauck* Rz 53; *Löwisch/Spinner* Rz 5; *KPK-Ramrath* Rz 6; *Kreitner* EWiR 1996, 81, 82; *Stein/Jonas/Bork* § 85 Rz 10; *Tschöpe/Fleddermann* BB 1998, 157 ff.; MünchKomm-ZPO/*v. Mettenheim* § 85 Rz 14 mit Verschuldenszurechnung direkt aus § 278 BGB, da der Arbeitnehmer im Kündigungsschutzprozess mindestens in einem nachvertraglichen Schuldverhältnis zu seinem Arbeitgeber stehe, eingehend *Rieble* Anm. zu LAG Hamm 27.1.1994 LAGE § 5 KSchG Nr. 65; ihm folgend *Bernstein* FS für Dieter Stege S. 30 ff.; *Brehm* Anm. zu LAG Hamm 21.12.1995 LAGE § 5 KSchG Nr. 73 S. 10 unter Betonung des Vertrauensschutzes, den die Klagefrist bezwecke; *Johannes Peter Francken* Das Verschulden des Prozessbevollmächtigten, Diss. iur. Freiburg/Br. 1998 in eingehender Auseinandersetzung mit den Argumenten die sonst bestehende Gefahr der Verschiebung des Prozessrisikos zu Lasten des Arbeitgebers und die »Fristenstrenge« herausstellend, insbes. S. 92; *ders.* NZA 1999, 796; *Busemann/Schäfer* Rz 263 »Dies ist letztlich eine Konsequenz dessen, dass die Klagefrist als prozessuale Frist verstanden wird«; *Winfried Holthaus* Versäumung der Dreiwochenfrist des § 4 KSchG – Nachträgliche Zulassung der Kündigungsschutzklage trotz Anwaltverschuldens? Diss. iur. Bochum 1998 Europäische Hochschulschriften Reihe II Rechtswissenschaft Bd. 2530: Analoge Anordnung des § 85 Abs. 2 ZPO wegen Vorliegens einer Prozesshandlung als systematischer Bezugspunkt des Bevollmächtigtenverschuldens; *Becker-Schaffner* ZAP Fach 17 S. 481, 493: Bezugspunkt sei die in § 85 Abs. 1 ZPO erwähnte Prozesshandlung, bei ihrer Vornahme oder Unterlassung müsse ein Verschulden vorliegen; *J. Griebeling* NZA 2002, 838, 845: Beraterverschulden zuzurechnen, für die Zeit ab Mandat zur Prozessführung arg. § 85 Abs. 2 ZPO, außerhalb eines Prozessmandats arg. § 278 BGB; *Dresen* NZA-RR 2004, 7, 8, der im Lichte der AGENDA 2010 mit ihrer einheitlichen Klagefrist und ihrem § 1a KSchG es für »unverträglich« hält, »wollte man nach wie vor vereinzelt ein Anwaltsverschulden dem Arbeitnehmer nicht zurechnen«; vgl. die weiteren Nachw. bei *Friedrich* KR, 3. Aufl., § 5 KSchG Rz 72 f.).

§ 85 Abs. 2 ZPO ist auf die Klagefrist des § 4 S. 1 KSchG nicht anzuwenden (*LAG Hmb.* in st. Rspr.: **70** 10.1.1975 MDR 1975, 348 = VersR 1975, 676; grundlegend 20.9.1977 NJW 1978, 446; 5.2.1985 BB 1986, 1020; 3.6.1985 LAGE § 5 KSchG Nr. 19; 22.10.1986 MDR 1987, 875; 24.1.1997 LAGE § 5 KSchG Nr. 85; 7.5.2004 – 8 Ta 6/04 – mit Anm. *Weisemann* jurisPR-InsR 4/2005 Nr. 2; 18.5.2005 – 4 Ta 27/04 – NZA-RR 2005,489, 491 f. [betr. von Einzelgewerkschaft fehlerhaft ausgefüllten Rechtsschutzbogen – »falsche Arbeitgeberin«]; *LAG Hamm* in st.Rspr. seit 28.10.1971 DB 1972, 1974 = BB 1972, 317 = MDR 1972, 361; zuletzt 24.9.1987 LAGE § 5 KSchG Nr. 31; 27.1.1994 LAGE § 5 KSchG Nr. 65; 27.10.1994 LAGE § 5 KSchG Nr. 68; 21.12.1995 LAGE § 5 KSchG Nr. 73; 27.2.1996 LAGE § 5 KSchG Nr. 86; *LAG Nds.* 27.7.2000 LAGE § 5 KSchG Nr. 98 mit zust. Anm. *Vollkommer* MDR 2001, 42 **anders** 13.7.2005 – 10 Ta 409/05 – LAGReport 2005, 281 mit zust. Anm. *Schwab*; *Hess. LAG* 10.9.2002 – 15 Ta 98/02 – EzA-SD 2003 Nr. 2,21; 2.12.2002 – 15 Ta 254/02 –; vgl. die weiteren Nachw. bei *Friedrich* KR, 3. Aufl., § 5 KSchG Rz 71, 73; *Zöller/Vollkommer* 25. Aufl., § 85 Rz 11; *Bauer* Aufhebungsverträge, 7. Aufl. II Rz 100; *Müller/Bauer* Der Anwalt vor den Arbeitsgerichten, 3. Aufl., S. 182; *Berkowsky* NZA 1997, 352, 355; APS-*Ascheid* Rz 28; ErfK-*Ascheid* Rz 7; *BBDW-Wenzel* Rz 91 ff.; *K. Schmid* S. 108; *Backmeister/Trittin/Mayer* Rz 10 ff.; *Musielak/Weth* 3. Aufl., § 85 Rz 10; *Wieczorek/Steiner* § 85 Rz 9; *Friedrich-W. Meyer* JuS 2000, 1085, 1089). Auf die nachträgliche Zulassung der Klage nach § 5 KSchG als ein in einem besonderen Verfahren ergehender Akt materiell-rechtlicher Nachsichtgewährung (*Auffarth/Müller* § 4 Rz 1; vgl. Rz 7) ist die – nur – für die gesamte Prozessführung (vgl. *Thomas/Putzo-Hüßtege* 27. Aufl., § 85 Rz 7), nicht aber auf die Wahrung von Klage- und Anfechtungsfristen (*Zöller/Vollkommer* aaO) anwendbare Vorschrift des § 85 Abs. 2 ZPO nicht, auch nicht entsprechend anwendbar (vgl. auch *Ostler* JA 1983, 113 f.). Der Wortlaut des § 5 KSchG zwingt nicht zur Übernahme des § 85 Abs. 2 ZPO. Der Verzicht auf eine Verweisung auf diese Vorschrift lässt sich gegen die Anwendbarkeit des § 85 Abs. 2 ZPO verwenden. Es fehlt die Zurechnungsnorm. Auch vom Normzweck des § 5 KSchG her kann nicht angenommen werden, dass für Verschulden des Prozessbevollmächtigten eingestanden werden müsse. Es soll demjenigen Arbeitnehmer die nachträgliche Zulassung gewährt werden, der alles getan hat, um sich innerhalb der Frist gegen die Kündigung zu wehren. Deswegen wird von ihm u.a. verlangt, dass er sich nach den Möglichkeiten einer Gegenwehr gegen die ihm unberechtigt erscheinende Kündigung auch dann erkundigt, wenn ihm die Klagefrist (und nicht nur deren Dauer) unbekannt ist (vgl. Rz 64). Es wird eben von ihm erwartet, dass er sich um seine Angelegenheiten kümmert. Nachlässigkeit oder Gleichgültigkeit sollen ihm von Nachteil sein. Hat der Arbeitnehmer sich aber an geeignete Stellen gewandt, so hat er iSd § 5 KSchG das seinerseits Erforderliche getan (vgl. Rz 31 ff.). Es ist nicht einzusehen, warum er dann das Verschulden eines Prozessbevollmächtigten auf sich nehmen soll. Die Einbeziehung des § 85 Abs. 2 ZPO in das nachträgliche Zulassungsverfahren des § 5 KSchG führt zu widersprüchlichen Ergebnissen: Geht der Arbeitnehmer zum ArbG und lässt er dort seine Klage zu Protokoll aufnehmen, so ist ihm nachträgliche Zulassung zu gewähren, wenn das ArbG entgegen § 167 ZPO (§ 270 Abs. 3 ZPO aF) die Klage nicht »demnächst« zustellt. Wird der Arbeitnehmer vom Anwalt lediglich, aber falsch hinsichtlich der Klagefrist beraten, erteilt er ihm indes keinen Klagauftrag, so ist nachträgliche Zulassung zu gewähren, wenn die falsche Beratung innerhalb der Dreiwochenfrist erfolgte (vgl. Rz 74). Erteilt der Arbeitnehmer zugleich Mandat, soll nachträgliche Zulassung nicht gewährt werden. Im Ergebnis ist daher derjenige Arbeitnehmer, der mehr tut, also iSd Normzwecks des § 5 KSchG sorgfältiger handelt, schlechter gestellt als derjenige, der sich zunächst weniger intensiv um die Abwehr der Kündigung bemüht. *Vollkommer* (FS für Eugen Stahlhacke, S. 614 f.) stellt entscheidend darauf ab, dass mit dem Ablauf der Klagefrist des § 4 S. 1 KSchG für den Arbeitgeber ein dem Eintritt der formellen Rechtskraft einer gerichtlichen Entscheidung vergleichbarer Vertrauenstatbestand noch nicht entstanden ist, der bei Vertreterverschulden einer nachträglichen Klagezulassung entgegenstünde. Der Arbeitgeber erfährt erst durch die idR nach Ablauf der Klagefrist gleichwohl noch fristwahrend (§ 167 ZPO [270 Abs. 3 ZPO aF], dazu KR-*Friedrich* § 4 KSchG Rz 140 ff.) erfolgende Zustellung der Kündigungsschutzklage, ob eine Klage vor Fristablauf beim ArbG eingereicht worden ist. Ohnehin könne der Arbeitgeber wegen der Möglichkeit der Zulassung verspäteter Klagen nach § 5 KSchG nicht darauf vertrauen, dass die Kündigung streitlos bleibe, auch wenn die Klagefrist abgelaufen sei. § 278 BGB (vgl. dazu *Grunsky* Anm. *LAG* Hamm 11.12.1980 EzA § 5 KSchG Nr. 8) steht dem nicht entgegen. Im Prozess ist § 278 BGB unanwendbar (zutr. *Vollkommer* aaO, S. 615 mwN FN 104; *ders*. Anm. zu LAG Hamm 21.12.1995 MDR 1996, 1161). Außerdem: Mit der Wahrung der Klagefrist erfüllt der Arbeitnehmer keine Pflicht gegenüber dem Arbeitgeber, sondern eine Obliegenheit sich selbst gegenüber. § 278 BGB ist auf Obliegenheiten, soweit der Gesetzgeber das nicht ausdrücklich bestimmt hat (zB § 254 Abs. 2 S. 2 BGB), nicht, auch nicht entsprechend anwendbar (*Palandt/Heinrichs* § 278 Rz 24). Auch § 278 BGB kann ein Einstehenmüssen des Arbeitnehmers für ein zur Versäumung der Dreiwochenfrist führendes Verhalten von ihm beauftragter dritter Personen nicht hergeleitet werden (vgl. BAG 27.10.1983 EzA § 9 nF MuSchG Nr. 24; 31.10.1985 RzK IV 6a Nr. 5 zur Schwangerschaftsmitteilung, § 9 MuSchG; anders *Rieble* Anm. zu LAG Hamm 27.1.1994, aaO; *Bernstein* aaO; MünchKomm-ZPO/*v. Mettenheim* 2. Aufl., § 85 Rz 14; wohl auch *Brehm* Anm. zu LAG Hamm 21.12.1995 LAGE § 5 KSchG Nr. 53). § 85 Abs. 2 ZPO deckt den vorprozessualen Raum nicht ab und kann daher nicht auf Versäumnisse bezogen werden, die vor der Klageerhebung liegen (*Vollkommer* aaO, S. 606 ff.). Die Beschränkung des ersten Zugangs zum staatlichen Rechtsschutz durch die Anwendung des § 85 Abs. 2 ZPO auf § 5 KSchG widerspricht dem Rechtsstaatsprinzip (*Vollkommer* aaO, S. 615). *Wenzel* hat seine Position, die die Rechtsprechung »seiner« Kammer des LAG Hamm geprägt hat und die das LAG Hamm fortsetzt, in FS für *Egon Schneider* S. 325 ff. zusammengefasst. Im Ergebnis hat die Fristenstrenge im Hinblick auf die Vorschriften in § 270 ZPO und in §§ 5, 6 KSchG, durch die der Zeitpunkt ohnehin nicht genau bestimmt werden kann, ab dem die rechtliche Unklarheit über die Wirksamkeit oder Unwirksamkeit einer Kündigung beseitigt ist, und wegen des oben aufgezeigten Wertungswiderspruchs, des aus dem Rechtsstaatsprinzip des Art. 20 GG und aus Art. 103 GG abgeleiteten Grundsatzes, den ersten Zugang zum Gericht zu eröffnen und nicht unnötig zu erschweren, und wegen des vom *BVerfG* herausgestellten Anspruchs auf ein faires Verhalten (20.6.1995 BVerfGE 93, 99) zurückzutreten. Auf den Anwaltsregress braucht der Arbeitnehmer sich nicht verweisen zu lassen. *Vollkommer* schlägt zur Beseitigung der »Auslegungskontroversen« in der Rechtsprechung de lege ferenda eine Divergenzvorlage an das BAG vor entsprechend § 36 Abs. 2 ZPO nF (MDR 2001, 42).

71 Anwaltliche Versäumnisse können nach LAG Hamm (15.10.1981 EzA § 5 KSchG Nr. 12) der nachträglichen Zulassung doch entgegenstehen, wenn der Arbeitnehmer sie erkennen und in ihrer Bedeutung würdigen konnte und gleichwohl nichts unternommen hat, um die Wahrung der Klagefrist sicherzustellen (etwa weil der Arbeitnehmer genauestens über die Regelung des § 4 KSchG unterrichtet gewesen ist; etwa weil der Rechtsanwalt ein unschwer auch für den Laien als Kündigungserklärung erkennbares Schreiben als bloße Ankündigung einer noch bevorstehenden Kündigung gesehen hat, *LAG Köln* 30.8.1989 LAGE § 5 KSchG Nr. 42, krit. *Herschel* Anm. AR-Blattei D, Kündigungsschutz Entsch. 219 [II]; vgl. auch LAG Hmb. 22.10.1986 aaO).

Zulassung verspäteter Klagen § 5 KSchG

Hat der anwaltlich vertretene Arbeitnehmer eine form- und fristgerecht erhobene Kündigungsschutz- **72** klage im Gütetermin auf richterlichen Rat zurückgenommen, weil er nicht unter das KSchG falle, so ist die Kündigungsschutzklage nachträglich zuzulassen, wenn im Gütetermin aufgrund einer unrichtigen Angabe in der Klageschrift anstatt von einer siebzehnmonatigen nur von einer fünfmonatigen Betriebszugehörigkeit ausgegangen worden ist und der Arbeitnehmer glaubhaft machen kann, dass ihm der unrichtige Ausgangspunkt infolge der Aufregungen des Termins und der Irritation durch den unerwarteten Verfahrensverlauf entgangen ist (*LAG Hamm* 31.1.1979 EzA § 5 KSchG Nr. 5). Das gilt auch, wenn der Prozessbevollmächtigte irrtümlicherweise ohne Zutun des Arbeitnehmers von einer außergerichtlichen Einigung zur Beilegung des Rechtsstreits ausgegangen ist, die Klage zurückgenommen hat und nach Entdeckung des Irrtums – verfristet – eine Kündigungsschutzklage neu einreicht (*LAG Hamm* 27.10.1994 aaO, anders wohl *LAG MV* 19.12.1993 DB 1994, 588).

Ein der Partei zuzurechnendes Verschulden ihres Prozessbevollmächtigten, das sich der Arbeitnehmer **73** im Rahmen des § 5 KSchG zurechnen lassen muss (§ 85 Abs. 2 ZPO), liegt nach *LAG Frankf.* 26.10.1993 aaO dann vor, wenn der Prozessbevollmächtigte trotz zutreffender Unterrichtung durch die Partei, ihr seien zwei zeitlich aufeinander folgende Kündigungserklärungen zum gleichen Zeitpunkt zugegangen, nur die erste mit Kündigungsfeststellungsklage iSd § 4 S. 1 KSchG angreift und hinsichtlich der zweiten die Dreiwochenfrist in der Annahme versäumt, es handele sich insoweit nur um eine »Bestätigung« der ersten Kündigung. Nach *LAG Köln* 20.11.1987 LAGE § 5 KSchG Nr. 39 soll dagegen Gesetzesunkenntnis des Rechtsanwalts der Partei nicht schaden, wenn das Gesetz relativ unbekannt ist, was beim Zusatzabkommen zum NATO-Truppenstatut der Fall sein soll (**aA** *LAG RhPf* 27.4.1990 LAGE § 4 KSchG Nr. 17).

Übereinstimmung besteht darin, dass die Versäumung der Dreiwochenfrist durch ein Verschulden **ei- 74 nes Angestellten des Prozessbevollmächtigten** zur nachträglichen Zulassung der Kündigungsschutzklage führt, wenn der Prozessvertreter den Angestellten mit der nötigen Sorgfalt ausgesucht und überwacht hat (APS-*Ascheid* Rz 31; *v. Hoyningen-Huene/Linck* Rz 16; SPV-*Vossen* Rz 1847; Fahrt zum Nachtbriefkasten »durch erwachsenen Mitarbeiter ohne besondere Qualifikation« zwecks Einwurf einer Klageschrift, Handelsblatt 25.2.2004; *Bauer* aaO, II Rz 102; *Müller/Bauer* S. 183; *Schaub* § 136 II 3 Rz 39; *Löwisch/Spinner* Rz 6; *LAG BW* 26.8.1992 LAGE § 5 KSchG Nr. 58 »Büropersonal«; *ArbG Hanau* 18.1.1996 NZA-RR 1996, 409, 410: »Kanzleigehilfin«; *LAG Köln* 21.4.1997 LAGE § 5 KSchG Nr. 88: »Zahlendreher« bei der Postleitzahl durch Rechtsanwaltsfachangestellte; 23.3.2005 – 7 Ta 43/05 – juris: Unkorrekte Angabe der Postleitzahl durch Büroangestellte [indes ist Ermittlung der Telefaxnummer des Gerichts durch Auszubildenden durch erfahrenen Kanzleimitarbeiter zu überwachen, *LAG Nürnberg* 8.3.2006 – 7 Sa 13/06]; *LAG Düssed.* 20.12.2002 NZA-RR 2003, 323, 324; *Hess. LAG* 10.9.2002 – 15 Ta 98/02; *LAG SA* 7.8.2003 – 11 Ta 205/03: Konkrete Einzelanweisung an Kanzleiangestellte bei an sich ausreichend organisiertem Postversand). Bei einem Organisationsverschulden des Rechtsanwaltes greift nach der hM § 85 Abs. 2 ZPO (vgl. *LAG Köln* 10.10.2002 AnwBl 2003, 306: Mündliche Mitteilung der zu notierenden Klagefrist erfordere ausreichende entsprechende organisatorische Vorkehrungen dafür, dass die Frist korrekt eingetragen werde; *LAG Nürnberg* 2.6.2003 NZA-RR 2003, 661: Ausschluss eines Organisationsverschuldens bei Verlust eines Schriftsatzes durch Darstellung der Organisation des Postausgangs und einer wirksamen Postausgangskontrolle; *LAG RhPf* 20.1.2005 – 10 Ta 258/04 – juris: Ausreichende Ausgangskontrolle bei fristwahrenden Schriftsätzen, spezielle Anweisung für den Fall des Defektes der Frankiermaschine als Überspannung der Anforderungen an die Sorgfalt eines Prozessbevollmächtigten nicht erforderlich). Ein von seiner Organisation allgemein auch zur Prozessvertretung vor den ArbG befugter Sekretär einer Fachgewerkschaft muss – ebenso wie ein DGB-Rechtssekretär oder Rechtsanwalt – durch geeignete organisatorische Vorkehrungen ausschließen, dass ein Auftrag, Kündigungsschutzklage zu erheben, nur deswegen wochenlang unerledigt bleibt, weil die sorgfältig ausgesuchte Mitarbeiterin versehentlich den Rechtsschutzantrag und die für die zu fertigende Klage aufgenommenen Notizen in eine ein anderes Verfahren betr. Akte ablegt (*LAG Frankf.* 22.12.1983 ARSt 1984 Nr. 1238 = NZA 1984, 40; *Fischer* AiB 1987, 187). Arbeitet die rechtsschutzgewährende Einzelgewerkschaft der Prozessvertreterin – DGB-Rechtsschutz GmbH – zu, so muss nach *Sächs. LAG* 9.5.2000 (RzK I 10d Nr. 104) die Prozessvertreterin entweder dafür Sorge zu tragen, dass nur geschultes und überwachtes Personal mit den relevanten Tätigkeiten im Zusammenhang mit der in Aussicht genommenen Prozessführung betraut werde oder die Prozessvertreterin ihre eigene Tätigkeit so organisieren, dass sie rechtzeitig sämtliche Informationen habe, auf die Prozessbevollmächtigung komme es bei arbeitsteiligem Vorgehen nicht an, **vgl. aber Rz 75**. Technische Fehler in der EDV-Anlage des Anwalts sind kein Verschulden iSd § 85 Abs. 2 ZPO, auch nicht Fehler bei der wegen Ausfalls der EDV-Anlage durch technische Mängel angeordneten Durchsicht aller Prozessakten und der

Wiedereinführung eines manuell geführten Fristenkalenders (*LAG Köln* 27.11.1986 LAGE § 5 KSchG Nr. 25).

75 Ein Fall des sog. Vertreterverschuldens (s.o. Rz 69 ff.) liegt nicht vor, wenn es sich nicht um einen Prozessbevollmächtigten (Parteivertreter) gehandelt hat, sondern wenn der Arbeitnehmer den Rechtsanwalt, den Rechtssekretär bei der Gewerkschaft als »geeignete Stelle« um Rat ersucht hat. Dann ist die etwa erteilte falsche Auskunft dem Arbeitnehmer idR schon deswegen nicht zuzurechnen, weil es an einer Vollmacht fehlt (eingehend *ArbG Krefeld* 16.5.1967 DB 1967, 2124; *LAG BW* 11.2.1974 BB 1974, 323). Das Verschulden des Vertreters muss sich der Arbeitnehmer nach hM also nur im Rahmen der Prozessführung aufgrund erteilter und im Zeitpunkt des Fristlaufs bestehender Prozessvollmacht anrechnen lassen (APS-*Ascheid* § 5 Rz 30; *LAG Frankf.* 15.11.1988 LAGE § 5 KSchG Nr. 41; *LAG Nürnberg* 8.10.2001 NZA-RR 2002, 212 betr. Rechtspfleger beim ArbG wegen angeblicher falscher Aufnahme der den Arbeitgeber vertretenden Behörde). Beschränkt sich die Vertretungsmacht auf die Empfangnahme der Post (passive Stellvertretung, § 164 Abs. 3 BGB) und wird die Aushändigung des Kündigungsschreibens vergessen, liegt ein Bezug zur Prozessführung nicht vor: Die Klage ist nachträglich zuzulassen (*LAG Frankf.* 15.11.1988 LAGE § 5 KSchG Nr. 41). Dem entspricht es, dass dem Arbeitnehmer auch nach hM das Verschulden eines Rechtsanwalts vor Erteilung der Prozessvollmacht – er hatte für den Arbeitnehmer nur zeitweise außergerichtlich erfolglos Vergleichsverhandlungen geführt, ohne ihn auf die Dreiwochenfrist hingewiesen zu haben – nicht zuzurechnen ist (*ArbG Bochum* 12.1.1967 BB 1967, 335 f.; *LAG Frankf.* 17.8.1956 BB 1956, 212 für den Fall der Erteilung einer Prozessvollmacht nach Ablauf der Dreiwochenfrist an den außergerichtl. Vertreter). Der Prozessbevollmächtigte, der das **Mandat niedergelegt** hat, ist insoweit nicht mehr Vertreter der Partei. Sein etwaiges Verschulden durch Mandatsniederlegung zur Unzeit kann der Partei nicht zugerechnet werden. Eine möglicherweise vorliegende Verletzung einer Hinweispflicht aus dem beendeten Mandatsvertrag ist keine Prozesshandlung iSd § 85 Abs. 1 ZPO (*LAG Köln* 3.5.2001 NZA-RR 2002, 438 = AnwBl 2001, 572 = MDR 2001, 1362). In einem solchen Fall kann aber ein **Eigenverschulden des Arbeitnehmers** vorliegen, wenn die Mandatsniederlegung erfolgte, weil die Vergütung für den Rechtsanwalt nicht gesichert war und deswegen die Klage zu spät beim ArbG einkam (*LAG Köln* 3.5.2001 aaO unter Hinweis auf *BAG* 15.7.1968 AP Nr. 19 zu § 519 ZPO). Kein Fall des Vertreterverschuldens, wenn eine türkische Arbeiterin, die der deutschen Sprache sehr unvollkommen mächtig ist und die nach Erhalt einer Kündigung eine Bekannte beauftragt hatte, einen Rechtsanwalt einzuschalten, der fristgerecht Klage erhob, nach erneuter Kündigung diese Bekannte wiederum bat, einen Rechtsanwalt zu beauftragen, was nicht geschah. Über einen Monat danach erhob sie selbst Kündigungsschutzklage. Das *LAG Frankf.* 23.7.1986 – 2 Ta 212/86 – nv, mitgeteilt von *Fischer* AiB 1987, 186, ließ die Klage nachträglich zu, weil die Klägerin nach den bisherigen Erfahrungen mit ihrer Bekannten auf deren Sorgfalt vertrauen durfte (ähnlich *ArbG Karlsruhe* 13.8.1987 DB 1988, 560 = BB 1988, 487: Weiterleitung einer zweiten Kündigung innerhalb von neun Kalendertagen nach Zugang an die zuständige Einzelgewerkschaft mit der Bitte um weitere Veranlassung, die unterblieb, obwohl gegen die erste Kündigung über die Einzelgewerkschaft und die DGB-Rechtsstelle ordnungsgemäß Klage erhoben worden war: keine Zurechnung des Verschuldens eines Gewerkschaftssekretärs oder eines Angestellten der Gewerkschaft, ähnlich auch *LAG BW* 9.11.1992 – 6 Ta 16/92: Unterbliebene Weiterleitung an den zur Klageerhebung gewerkschaftsorganisatorisch zuständigen Rechtsschutzsekretär des DGB der von dem Gewerkschaftssekretär der Einzelgewerkschaft von der gekündigten Arbeitnehmerin entgegengenommenen Unterlagen und erhobenen Daten, die zur Klageerhebung notwendig waren, sowie der von der Klägerin unterzeichneten Prozessvollmacht: Der Gewerkschaftssekretär war nicht Vertreter der Klägerin iSd § 85 Abs. 2 ZPO, seine Tätigkeit beschränkte sich auf ein rein tatsächliches Verhalten; deutlich *LAG Brem.* 26.5.2003 MDR 2003, 1059: Fehlerzurechnung im Rahmen des § 85 Abs.2 ZPO nur in der Zeit des Mandatsverhältnisses; *Hess. LAG* 2.12.2002 – 15 Ta 254/02: Keine Zurechnung von Verschulden einer Einzelgewerkschaft bei Prozessvollmacht für die DGB-Rechtsschutz GmbH, **vgl. aber Rz 74**; aA *ArbG Kiel* 7.11.1997 NZA-RR 1998, 211; *LAG Düsseld.* 30.7.2002 NZA-RR 2003, 80; 20.12.2002 NZA-RR 2003, 323; vgl. auch *LAG München* 18.5.1987 NJW 1987, 2542: Ehefrau vergisst Abholung der beim Postamt niedergelegten Sendung; sie ist insoweit nicht Bevollmächtigte iSd § 85 Abs. 2 ZPO, kein eigenes Verschulden, da »Ehefrau nicht ihm bekannt unzuverlässig«; anders *LAG Nürnberg* 23.7.1993 LAGE § 5 KSchG Nr. 61; Telefax der rechtskundig vertretenen Partei an einen gerichtsfremden Anschluss mit der Bitte um Weiterleitung an das ArbG, die indes verspätet geschah, obwohl in der Vergangenheit fristgebundene Prozessschriften rechtzeitig weitergeleitet worden waren). Vgl. im Übrigen Rz 30 f.

76 Auch bei einer **vorsorglichen Kündigung** ist die Dreiwochenfrist einzuhalten (vgl. KR-*Friedrich* § 4 KSchG Rz 270). Dem Arbeitnehmer ist die nachträgliche Zulassung der Kündigungsschutzklage nicht

auf seinen Hinweis hin zu gewähren, er sei davon ausgegangen, die geführten Verhandlungen würden das Ergebnis haben, die vorsorgliche Kündigung werde gegenstandslos werden; er werde weiterbeschäftigt (s.o. Rz 66). Hält der Arbeitnehmer die Frist nicht ein, weil ihm bereits **mehrmals vorsorglich gekündigt** worden ist, ohne dass es zu einer Beendigung des Arbeitsverhältnisses kam, so kann die verspätete Kündigungsschutzklage zumindest dann nicht zugelassen werden, wenn der Arbeitgeber den Arbeitnehmer auf die Rechtswirksamkeit und Endgültigkeit der Kündigung hingewiesen hat (*LAG Hamm* 13.11.1953 BB 1953, 979; *LAG Frankf.* 5.9.1988 LAGE § 5 KSchG Nr. 40; BBDW-*Wenzel* Rz 111).

Der Arbeitnehmer hat sich rechtzeitig über die Zweckmäßigkeit und Aussicht der Klage (vgl. dazu auch Rz 38 ff.) zu unterrichten. Das Vorbringen, der Arbeitnehmer habe den Prozessstoff zunächst abklären wollen, bezieht sich nicht auf die Möglichkeit, Klage zu erheben, sondern nur auf die **Zweckmäßigkeit der Klageerhebung** (vgl. *LAG Hannover* 16.2.1952 BB 1952, 492; *LAG Kiel* 9.7.1952 RdA 1952, 399). 77

Bei **Zweifeln an der Identität des richtigen Arbeitgebers** ist es dem Arbeitnehmer zuzumuten, diese Zweifel innerhalb der Dreiwochenfrist durch Nachfrage beim Arbeitgeber oder im Personalbüro zu beheben. Andernfalls kann der Arbeitnehmer sich bei einer verspätet erhobenen Klage nicht mit Erfolg darauf berufen, zunächst fristgerecht den vermeintlichen Arbeitgeber verklagt zu haben (*LAG SchlH* 11.1.2006 LAGE § 5 KSchG Nr. 114) 77a

II. Formelle Voraussetzungen

1. Der Antrag auf nachträgliche Zulassung

a) Die Form des Antrages

Die Rechtsprechung stellt keine hohen Anforderungen an die Form des Antrages. Wenn auch der Antrag nebst Begründung schriftlich beim ArbG eingereicht oder mündlich zu Protokoll der Geschäftsstelle erklärt werden sollte (vgl. *Wenzel* MDR 1978, 277), so begnügt sich die Praxis damit, dass in irgendeiner Form zum Ausdruck kommt, dass die Klage trotz Fristversäumung noch zugelassen werden soll. Es reicht aus, wenn der **Antrag als stillschweigend gestellt angesehen werden kann.** Der Zulassungsantrag braucht also nicht ausdrücklich gestellt zu werden (*BAG* 9.2.1961, AP Nr. 1 zu § 41 VerwGO [zu IV 3 der Gründe]; *LAG Bln.* 11.2.1964, AP Nr. 11 zu § 4 KSchG 1951; *LAG Brem.* 13.7.1955, ARSt XV [1956] Nr. 532; *LAG Kiel* 14.7.1952, AP 53 Nr. 103; *LAG Köln* 12.4.2006 – 14 Ta 133/06 – betr. Antrag auf »Rückversetzung in den alten Stand«; *v. Hoyningen-Huene/Linck* Rz 20). 78

Dagegen reicht die **verspätete Klageerhebung allein** als Zulassungsantrag nicht aus. Zumindest muss der Wille hinsichtlich einer nachträglichen Zulassung erkennbar sein (*LAG Bln.* 11.12.1964 aaO; *LAG Kiel* 14.7.1952 aaO; *v. Hoyningen-Huene/Linck* aaO; *Löwisch* Rz 20; *v. Hoyningen-Huene* JuS 1986, 900). Durch die Formulierung, »ich bitte um Fristverlängerung«, kommt der Wunsch, das Gericht möge die verspätete Klage zulassen, hinreichend deutlich zum Ausdruck (*BezG Dresden* 29.11.1990, *Böhm/Spiertz* BAT-O Teil VIII 6.1.3 Rz 1). Daran ändert **§ 236 Abs. 2 S. 1 ZPO** nichts. Nach dieser Vorschrift kann nach Vornahme der versäumten Handlung innerhalb der Wiedereinsetzungsfrist die Wiedereinsetzung ohne Antrag gewährt werden. Das ist auf § 5 KSchG wegen dessen Sonderstellung (s.o. Rz 16) nicht übertragbar. Daher muss nach wie vor wenigstens erkennbar sein, dass die Klage trotz Versäumung der Frist noch nachträglich zugelassen werden soll (*v. Hoyningen-Huene/Linck* aaO). 79

b) Der Inhalt des Antrages

aa) Antrag und Kündigungsschutzklage

Mit dem Antrag auf nachträgliche Zulassung der Klage ist die Klageerhebung zu **verbinden** (§ 5 Abs. 2 S. 1 1. Hs. KSchG). Ist die Kündigungsschutzklage bereits eingereicht, so ist auf sie im Antrag auf nachträgliche Zulassung der Klage **Bezug zu nehmen** (§ 5 Abs. 2 S. 1 2. Hs. KSchG). Die Klage kann entgegen dem Wortlaut des Gesetzes auch noch nach Stellung des Antrages auf nachträgliche Zulassung der Klage nachgeholt werden. Nur muss dieses noch innerhalb der zweiwöchigen Antragsfrist geschehen. Dem Sinn und Zweck des § 5 Abs. 2 S. 1 KSchG ist Genüge getan, wenn innerhalb der Frist die Kündigungsschutzklage und der Antrag auf nachträgliche Zulassung dem Gericht vorliegen (*v. Hoyningen-Huene/Linck* Rz 24; APS-*Ascheid* § 5 Rz 68). 80

bb) Antrag und Begründung nebst Glaubhaftmachung

81 Der Antrag muss außerdem die **Angabe der die nachträgliche Zulassung begründenden Tatsachen und der Mittel für deren Glaubhaftmachung enthalten** (§ 5 Abs. 2 S. 2 KSchG).

82 Der Kläger muss also die Tatsachen angeben, aus denen sich ergeben soll, dass er trotz Anwendung aller ihm zuzumutenden Sorgfalt verhindert war, die Klage innerhalb der Dreiwochenfrist zu erheben. Die Schuldlosigkeit an der Fristversäumung ist »nach allen Richtungen hin schlüssig darzutun« (*Wenzel* MDR 1978, 277 mwN in Fn. 8 und AuR 1976, 327 mwN in Fn. 27; zust. *LAG Frankf.* in st.Rspr., zB 22.12.1983 – 12 Ta 256/83 – nv; 1.3.1984 – 12 Ta 175/83 – nv; 17.5.2002 – 15 Ta 77/02 –; *LAG Köln* 30.8.1989 LAGE § 5 KSchG Nr. 42; *LAG BW* 4.12.1989 – 10 Ta 18/89 – nv; *LAG Düsseld.* 19.9.2002 NZA-RR 2003, 78, 79). *Wenzel* (aaO) weist mit Recht darauf hin, dass der Antragsbegründung große Bedeutung zukommt, was die Praxis auch deswegen beherzigen sollte, weil es eine Wiedereinsetzung gegen die Versäumung der Antragsfrist nicht gibt (s.u. Rz 130 f.). So reicht der Vortrag, die Klageschrift sei rechtzeitig gefertigt und zur Post gegeben worden, nicht aus. Damit kann nicht begründet werden, dass der Arbeitnehmer alle ihm nach Lage der Umstände zuzumutende Sorgfalt aufgewandt hat, um die Klagefrist einzuhalten (Beispiel bei *Wenzel* aaO). Es ist vielmehr **in allen Einzelheiten** darzulegen, wann die Klage gefertigt und wann und wie sie zur Post gegeben wurde usw. (vgl. auch den instruktiven Fall *LAG Stuttg.* 25.11.1954 AP Nr. 6 zu § 4 KSchG 1951). Das *LAG Nürnberg* (2.6.2003 – 5 Ta 78/03 – NZA-RR 2003, 661 m. Anm. *Bertzbach* jurisPR-ArbR 6/2004 Nr.2) betont, dass, geht eine auf dem Postweg gebrachte Klageschrift nicht beim Arbeitsgericht ein, nicht die Art des Verlustes vorzutragen ist, sondern dass die Klageschrift ordnungsgemäß frankiert und adressiert zur Post gegeben wurde und damit aus dem Einflussbereich des Absenders ausgeschieden ist. Der Vortrag, die Klage sei »auf den Postweg gebracht« worden, lasse nicht erkennen, ob die Klage in einen Briefkasten (welchen?) geworfen oder auf einer Postfiliale (welcher?) aufgegeben wurde, oder, betrifft es einen Prozessbevollmächtigten, etwa nur in einen internen Postauslauf gelegt wurde; eine wirksame Postausgangskontrolle ist im Einzelnen darzulegen (wie ist sichergestellt, dass die Beförderung mit der Post am selben Tag gewährleistet ist?). Das *LAG RhPf* (26.7.2004 – 8 Ta 154/04 – juris) verlangt etwa die genaue Darstellung, dass der Arbeitnehmer sich in Unkenntnis der Dreiwochenfrist an den Betriebsrat (s.o. Rz 33) gewandt habe, was er gefragt habe und welche – falsche – Antwort ihm erteilt worden sei; beruft er sich darauf, er sei vom Arbeitgeber von einer Klageerhebung arglistig abgehalten worden (s.o. Rz 40), so bedarf es der Darlegung, dass er Kenntnis von der Dreiwochenfrist hatte und auf Grund welcher Tatsachen er veranlasst wurde, nicht innerhalb der Klagefrist gegen die Kündigung vorzugehen (bezogen etwa auf »taktische Vergleichsgespräche«, s.o. Rz 64). Das gilt um so mehr nach Zulassung einer Entscheidung ohne mündliche Verhandlung durch § 5 Abs. 4 S. 1 KSchG: In der mündlichen Verhandlung können Unklarheiten beseitigt werden, Mittel der Glaubhaftmachung präsentiert werden. Allerdings bleibt trotz Möglichkeit, ohne mündliche Verhandlung zu entscheiden, die richterliche Aufklärungspflicht iSv § 139 ZPO bestehen, um auf erforderliche Ergänzungen des Sachvortrages hinzuwirken oder die Vorlage angekündigter Mittel der Glaubhaftmachung anzuregen, vgl. Rz 83, 87 (vgl. BBDW-*Wenzel* Rz 150 c, d).

83 Weiter hat der Kläger die **Mittel der Glaubhaftmachung** anzugeben. Das sind alle **Beweismittel,** also insbes. Zeugen und Urkunden, amtliche Auskünfte wie vor allem **eidesstattliche Versicherungen** und die sog. anwaltliche Versicherung (*LAG München* 7.12.1979 AMBl. 1980, C 19 = ARSt 1980 Nr. 1167; s.o. Rz 64), aber auch **schriftliche Zeugenaussagen.** Der Kläger ist für die Tatsachen beweispflichtig, genauer, er muss diese glaubhaft machen, die den Schluss zulassen, dass er trotz Anwendung aller ihm nach Lage der Umstände zuzumutenden Sorgfalt die Klage nicht innerhalb von drei Wochen nach Zugang der Kündigung hat erheben können (vgl. *LAG Hamm* 27.1.1954 AP 54 Nr. 121). Dagegen ist die anwaltliche Erklärung über subjektive Vorgänge im Bereich der Partei – ihr Verhalten, ihre Wahrnehmungen, Vorstellungen, Kenntnisse, Überzeugungen (zB der Arbeitnehmer habe keine Kenntnis von der Klagefrist gehabt) kein geeignetes Mittel der Glaubhaftmachung für solche subjektiven Tatsachen (*LAG Köln* 30.8.1989 LAGE § 5 KSchG Nr. 42). Die bloße schriftliche Angabe des Anwalts ist als Mittel der Glaubhaftmachung nur zugelassen, wenn sie sich auf Handlungen in seiner Berufstätigkeit bezieht (*LAG BW* 23.3.1978 MDR 1978, 788; s.a. Rz 94).

84 Die Begründung und die Angabe der Mittel der Glaubhaftmachung können auch noch **nach dem Antrag nachgeholt werden,** soweit das innerhalb der Zweiwochenfrist geschieht (*Hess. LAG* 22.12.1993 ARSt 1994, 137). Entscheidend ist, dass am Ende der Antragsfrist der Antrag nebst Begründung und der Angabe der Mittel der Glaubhaftmachung (und die Nachholung der Klageerhebung, s.u. Rz 88) vorliegen (*LAG Stuttg.* 25.11.1954 aaO; *ArbG Göttingen* 13.6.1955 AP Nr. 4 zu § 4 KSchG 1951; *LAG Hmb.*

Zulassung verspäteter Klagen §5 KSchG

11.4.1989 LAGE §5 KSchG Nr. 47; *v. Hoyningen-Huene/Linck* Rz 25; APS-*Ascheid* Rz 71; **aA** *LAG BW* 16.9.1965 BB 1966, 248 u. 8.9.1966, BB 1966, 1188). Dagegen liegt es nach *LAG München* (7.12.1979 aaO) nahe, im Hinblick auf §236 Abs. 2 S. 1 ZPO nF auf die Angabe der Mittel für die Glaubhaftmachung im Antrag überhaupt zu verzichten.

Aus Vorstehendem ergibt sich bereits, dass der Antrag **bis zum Ablauf der Frist ergänzt werden kann** 85 **durch Nachschieben weiterer Gründe und Mittel der Glaubhaftmachung.**

Nach Ablauf der Frist vorgebrachte Gründe und bezeichnete Mittel der Glaubhaftmachung sind 86 **nicht mehr zu berücksichtigen** (*LAG BW* 25.11.1954 AP Nr. 6 zu §4 KSchG 1951; 19.11.1964 BB 1965, 496; 8.9.1966 aaO; 23.3.1978 MDR 1978, 789; *LAG Hmb.* 8.11.1967 DB 1967, 2123; *LAG Hamm* 31.1.1985 ARSt 1985 Nr. 38; 11.4.1988 NZA 1989, 153 = RzK I 10d Nr. 25; 14.2.1990 LAGE §130 BGB Nr. 13; 7.11.1990 – 9 Ta 16/90 – nv; *LAG Bln.* 19.1.1987 LAGE §5 KSchG Nr. 27; *LAG Düsseld.* 19.9.2002 NZA-RR 2003, 78, 79; *LAG Köln* 14.3.2003 LAGE §5 KSchG Nr. 106a; **aA** *Güntner* AuR 1954, 199; *LAG München* 7.12.1980 aaO; *Hess. LAG* 15.12.1995 Mitbestimmung 1997, Nr. 4 S. 61; *LAG SchlH* 18.4.2005 – 2 Ta 94/05: »Diesen Sachverhalt« – bedingte Zusicherung der Kündigungsrücknahme – »bei der Antragstellung nicht angegeben«; *LAG Köln* 12.4.2006 – 14 Ta 133/06: »Jedoch sind auch nach Ablauf der Antragsfrist noch solche die nachträgliche Zulassung rechtfertigende Tatsachen zu berücksichtigen, die offenkundig gerichtsbekannt oder aktenkundig sind«, betr. fehlerhafte Eintragung der Anschrift des Arbeitsgerichts in einem Stadtadressbuch – sehr großzügig; vgl. auch *LAG Hamm* 5.1.1998 – 12 Ta 387/97 – NZA-RR 1998, 209, 210 betr. unterbliebenen Hinweis auf §6 KSchG; 15.6.1979 ARSt 1979 Nr. 139).

Allerdings werden verspätet vorgebrachte Gründe und Mittel zur Glaubhaftmachung dann berück- 87 sichtigt, wenn sie nur **Ergänzungen, Konkretisierungen, Vervollständigung der fristgerecht vorgetragenen Gründe und beigebrachten Mittel** sind und zugleich eine Verpflichtung des Gerichts nach §139 ZPO bestand, durch Befragen eine Beseitigung von Unklarheiten herbeizuführen (*LAG Hmb.* 8.11.1967 aaO; *LAG München* 7.12.1979 aaO; *LAG Frankfurt* 22.3.1985 ARSt 1985 Nr. 125; *LAG Brem.* 7.12.1988 DB 1988, 814 = RzK I 10d Nr. 21 = AR-Blattei D, Kündigung II Entsch. 38; *LAG Hmb.* 11.4.1989 LAGE §5 KSchG Nr. 47; *LAG Nürnberg* 6.11.1995 LAGE §5 KSchG Nr. 71; *LAG BW* 11.4.1988 NZA 1989, 153 – RzK I 10d Nr. 25; *LAG RhPf* 28.5.1997 NZA 1998, 55, 56 II 3; *LAG Düsseld.* 19.9.2002 NZA-RR 2003, 78, 79; *LAG Köln* 14.3.2003 LAGE §5 KSchG Nr.106a; SPV-*Vossen* Rz 1860a; *Eylert* AuA 1996, 414, 416; **aA** wohl *LAG BW* 16.9.1965 aaO: Nach Ablauf der Zweiwochenfrist kann eine Ergänzung des Sachverhaltes zur Begründung des Antrages nicht nachgeschoben werden). Hat zB der Arbeitnehmer innerhalb der Frist des §5 Abs. 3 S. 1 KSchG geltend gemacht, dass er infolge Krankheit an der rechtzeitigen Klageerhebung verhindert gewesen sei, und hat er zur Glaubhaftmachung dieses Vortrages auf ärztliche Atteste verwiesen, so kann er diesen Vortrag auch noch nach Ablauf der Zweiwochenfrist präzisieren und die Ärzte, deren Atteste er als Mittel der Glaubhaftmachung bezeichnet hat, ergänzend als Zeugen benennen (*LAG München* 3.11.1975 DB 1976, 732).

Ist die Zweiwochenfrist abgelaufen, so ist erst recht das Nachschieben eines Sachverhaltes oder der 88 Mittel der Glaubhaftmachung in der Beschwerdeinstanz nicht zulässig, es sei denn, es handelt sich um eine Ergänzung, Vervollständigung, Konkretisierung (*LAG Brem.* 17.2.1988 ZTR 1988, 152 = DB 1988, 814 = AR-Blattei Kurz. Nr. 9212 = NZA 1988, 548; *LAG BW* 4.12.1989 – 10 Ta 18/89 – nv; *LAG Hamm* 28.6.2000 LAGE §5 KSchG Nr. 97a).

Da nach §5 Abs. 3 S. 2 KSchG der Zulassungsantrag nach Ablauf von sechs Monaten gerechnet vom 89 Ende der versäumten dreiwöchigen Klagefrist nicht mehr gestellt werden kann, kann auch für eine Ergänzung des Sachverhalts nach Ablauf dieser Frist nichts mehr mit Erfolg vorgebracht werden (*LAG Köln* 30.8.1989 LAGE §5 KSchG Nr. 42).

Eine Ergänzung des Sachverhalts ist auch dann nach Ablauf der Sechsmonatsfrist nicht möglich, wenn 90 der Antrag erst am letzten Tag des Fristablaufs gestellt wurde und der Fortbestand des Hindernisses behauptet wird.

Liegt eine Begründung innerhalb der Antragsfrist nicht vor und/oder sind keine Mittel für die Glaub- 91 haftmachung angegeben, so ist der Antrag unzulässig (*LAG Frankf.* 2.8.1977 – 5 Ta 77/77 – nv).

Die Praxis begnügt sich im **Klageverfahren** insbes. dann, wenn die Partei nicht vertreten ist, damit, 92 dass die Beweismittel in irgendeiner Form in den Schriftsätzen oder in der mündlichen Verhandlung kenntlich gemacht werden. **Entsprechendes gilt auch für den Antrag für nachträgliche Zulassung,** was die Mittel der Glaubhaftmachung anbelangt. Es reicht aus, wenn die Mittel der Glaubhaftmachung als solche erkennbar sind, durch Auslegung ermittelt werden können (*Wenzel* MDR 1978, 277

Friedrich

und AuR 1976, 327 unter Hinweis auf *LAG Hamm* 25.11.1971 – 8 Ta 76/71 – nv in Anlehnung an *RG* 30.9.1924 JW 1924, 1976; *BezG Dresden* 29.11.1990, *Böhm/Spiertz* BAT-O Teil VIII 6.1.3 Rz 1 9. Erg. Lfg. Dez. 1993 = BuW 1991, 472 = RzK I 8 m gg Nr. 1). Das *LAG Stuttg.* (25.11.1954 aaO) führt aus: »Andererseits darf man bei der Auslegung einer solchen Antragsbegründung nicht engherzig sein. Die Worte, ich berufe mich zum Zwecke der Glaubhaftmachung auf das Zeugnis des ..., werden nicht immer nötig sein. Hätte der Kläger in der Begründung seines Antrages gesagt, er entbinde den leitenden Arzt der Lungenheilanstalt von der ärztlichen Schweigepflicht, dann könnte man diese Erklärung wohl unbedenklich auslegen: Das Gericht möge bei dem Leiter der Anstalt eine entsprechende Auskunft einholen.« Dem *Hess. LAG* (2.10.1996 LAGE § 5 KSchG Nr. 83) genügt ein Hinweis auf den Hausarzt im Antrag, »ein Verweis, der sich zwanglos als Bezugnahme auf eine entsprechende ärztliche Bescheinigung deuten lässt.« Das *LAG Hamm* stellt noch geringere Anforderungen: Wenn in dem vom Arbeitnehmer selbst gestellten Antrag auf nachträgliche Zulassung der Klage Mittel der Glaubhaftmachung für eine angeführte Erkrankung gar nicht angegeben sind, so ist nach *LAG Hamm* idR anzunehmen, dass die Glaubhaftmachung durch Zeugnis der behandelnden Ärzte erfolgen soll (4.9.1975 – 8 Ta 77/75 – und 19.8.1976 – 8 Ta 29/70 – zit. bei *Wenzel* AuR 1976, 327 Fn 21). Wenn in dem Antrag vorgetragen ist, die Klage hätte bei einer ordnungsgemäßen postalischen Zustellung fristgerecht bei Gericht vorliegen müssen, so sei damit klar, dass die Glaubhaftmachung durch eine postamtliche Auskunft erfolgen solle (*LAG Hamm* 27.5.1971 – 8 Ta 73/70 – zit. bei *Wenzel* AuR 1976, 327, Fn 22). Ein vom Arbeitnehmer selbst verfasster Antrag auf nachträgliche Zulassung lässt regelmäßig Raum für die Auslegung, dass sich der Arbeitnehmer zur Glaubhaftmachung auf die eigene eidesstattliche Versicherung beziehen will, soweit es um das eigene Verhalten und um die eigenen Wahrnehmungen geht (*LAG Hamm* 19.6.1986 LAGE § 5 KSchG Nr. 23). Das wird damit begründet, dass dem Kündigungsschutzprozess und dem damit im Zusammenhang stehenden Zulassungsverfahren »jede unnötige Förmelei fremd« sei (*Wenzel* AuR 1976, 327). Noch weiter gehend kann nach *LAG Hamm* (18.4.1996 LAGE § 5 KSchG Nr. 79) auch dem von einem Rechtsanwalt verfassten Antrag auf nachträgliche Zulassung einer Kündigungsschutzklage bei fehlender ausdrücklicher Hervorhebung idR stillschweigend entnommen werden, es sollten die die Zulassung begründenden Tatsachen, soweit sie im Wissen des gekündigten Arbeitnehmers stehen, durch eidesstattliche Versicherung des Arbeitnehmers glaubhaft gemacht werden. Das soll jedenfalls dann gelten, wenn der Arbeitgeber die betreffenden Tatsachen nicht bestreitet. Das erscheint als inkonsequent. Gerade wenn der Arbeitgeber die Tatsachen bestreitet, die die nachträgliche Zulassung begründen sollen, macht es Sinn, von einer derartigen Annahme auszugehen und ggf. den Kläger aufzufordern, die angekündigte eidesstattliche Versicherung vorzulegen.

93 Eine derartige großzügige Handhabung dürfte nicht die Regel sein. Die Praxis sollte sich darauf einstellen, dass die Antragsschrift jedenfalls einen **Hinweis auf das oder die Mittel der Glaubhaftmachung** enthält: Etwa auf den die Erkrankung bestätigen könnenden Hausarzt, auf die Auskunft der Deutschen Post AG, die die unverhältnismäßig lange Laufzeit des Briefes mit der Klageschrift bestätigen könne, oder auf die eigene eidesstattliche Versicherung.

94 Auf der anderen Seite dürfte es richtig sein, dass ein **Rechtsanwalt,** der den Antrag vor allem auf eigenes Verhalten stützt, nicht ausdrücklich die anwaltliche Versicherung als Mittel der Glaubhaftmachung für diese Tatsachen anzubieten braucht. Es ist davon auszugehen, dass der Anwalt stillschweigend dieses Mittel der Glaubhaftmachung anbietet (*LAG Hamm* 25.11.1971 aaO – zit. bei *Wenzel* AuR 1976, 327 Fn. 25 unter Hinweis auf *LAG Frankf.* 7.5.1969 AuR 1970, 249 = NJW 1970, 880 betreffend den Antrag eines Rechtsanwaltes auf Wiedereinsetzung in den vorigen Stand, vgl. auch *Wenzel* MDR 1978, 277). Die anwaltliche Versicherung ist im Zulassungsantrag, den der Rechtsanwalt einreicht, enthalten (*LAG München* 7.12.1979 aaO). Nach *BAG* (14.11.1985 EzA § 251a ZPO Nr. 1) kann als Mittel der Glaubhaftmachung die einfache anwaltliche Erklärung ausreichen, sofern sie sich auf die eigene Berufstätigkeit und eigene Wahrnehmungen bezieht. Eine ausdrückliche »Anwaltliche Versicherung« ist nicht erforderlich (II 2 der Gründe betr. die Glaubhaftmachung, die Partei sei ohne ihr Verschulden ausgeblieben, § 251a Abs. 2 S. 4 ZPO).

95 Zu beachten ist, dass die Mittel der Glaubhaftmachung im Antrag **nur bezeichnet,** also angeboten zu werden brauchen. Sie brauchen dem Antrag **nicht beigefügt oder präsent** zu sein. Die Glaubhaftmachung selbst braucht also in dem Antrag nicht enthalten zu sein. Sie ist an die Zweiwochenfrist nicht gebunden. Sie kann bis zur Beschlussfassung erfolgen bzw. nachgeholt werden (*LAG Bln.* 20.7.1983 DB 1984, 885 f. = AuR 1984, 89 = ARSt 1984 Nr. 1157; 19.1.1987 aaO; *LAG Köln* 6.9.1996 LAGE § 5 KSchG Nr. 80; *LAG Saarl.* 27.6.2002 NZA-RR 2002, 488), spätestens im Beschwerdeverfahren (*LAG Hmb.* 18.5.2005 – 4 Ta 27/04 – NZA 2005, 489, 491), sofern man § 571 Abs.2 ZPO für anwendbar hält (*LAG*

BW 8.3.1988 LAGE § 5 KSchG Nr. 37 zu § 570 ZPO aF). Das bedeutet, dass die angebotene eidesstattliche Versicherung, das ärztliche Attest, die postamtliche Auskunft nach Ablauf der Antragsfrist nachgebracht werden können (*LAG Kiel* 9.12.1953 AP 54 Nr. 106; *LAG Frankf.* 2.8.1977 aaO; *v. Hoyningen-Huene/Linck* Rz 26). Nach *LAG Bremen* 31.10.2001, LAGE § 233 ZPO Nr. 28 reicht die Vorlage unbeglaubigter Kopien zur Glaubhaftmachung nach § 294 ZPO aus.

Wegen § 294 Abs. 2 ZPO, nach dem eine Beweisaufnahme, die nicht sofort erfolgen kann, unstatthaft **96** ist, sind evtl. benannte Zeugen in die Sitzung zu stellen (APS-*Ascheid* Rz 76; *LAG Stuttg.* 19.11.1964 BB 1965, 496 u. 8.9.1966 BB 1966, 1188; s.u. Rz 139, 142). Zwar kann nach § 5 Abs. 4 S. 1 KSchG ohne mündliche Verhandlung entschieden werden. Über die benannten Zeugen darf das Gericht aber nicht hinweggehen, sondern muss dem Antragsteller einen Hinweis geben, eidesstattliche Versicherungen dieser Zeugen vorzulegen (BBDW-*Wenzel* Rz 150 c).

c) Die Einreichung des Antrages beim zuständigen ArbG

Der Antrag auf nachträgliche Zulassung der Klageschrift ist beim **zuständigen ArbG** einzureichen. **97**

Ein bei einem örtlich **unzuständigen ArbG** eingereichter Antrag ist fristwahrend, wenn der Antrag – **98** idR mit der Kündigungsschutzklage – an das örtlich zuständige Arbeitsgericht verwiesen und demnächst zugestellt wird (APS-*Ascheid* Rz 66; *Kittner/Däubler/Zwanziger* Rz 25; *Gift/Baur* Das Urteilsverfahren vor den Gerichten für Arbeitssachen 1993 E 240; **aA** wohl *Löwisch/Spinner* § 5 Rz 22; *Berkowsky* NZA 1997, 354).

Auch ein bei einem **Gericht des falschen Rechtsweges eingebrachter Antrag** auf nachträgliche Zulas- **99** sung wahrt die Antragsfrist des § 5 Abs. 3 KSchG, wenn die Sache entsprechend § 48 ArbGG, §§ 17 ff. GVG an das Arbeitsgericht verwiesen wird (APS-*Ascheid* Rz 66; HaKo-*Gallner* Rz 37; *Kittner/Däubler/Zwanziger* Rz 25; **aA** HK-*Hauck* Rz 21, auch Vorauß.; *Berkowski* NZA 1997, 352, 354; *LAG Köln* 14.3.2003 LAGE § 5 KSchG Nr. 106a [Fax an das OLG am Freitag nach Dienstschluss, Weiterleitung an das ArbG am Montag, Eingang am Dienstag nicht mehr fristwahrend]: Nur bei Verweisung innerhalb der Frist, vgl. KR-*Friedrich* § 4 KSchG Rz 186).

d) Das Rechtsschutzinteresse

Der Antrag auf nachträgliche Zulassung der Kündigungsschutzklage setzt ein **Rechtsschutzinteresse** **100** voraus. Das Rechtsschutzinteresse muss sich nur auf den Zulassungsantrag als solchen beziehen (*Herschel* Anm. zu AP Nr. 7 zu § 4 KSchG 1951). Das Rechtsschutzbedürfnis der Arbeitnehmerin für den Antrag auf nachträgliche Zulassung der Kündigungsschutzklage ist zB dann gegeben, wenn die Arbeitnehmerin gehalten war, den Unwirksamkeitsgrund des § 9 Abs. 1 MuSchG gem. § 4 S. 1 KSchG binnen drei Wochen nach Zugang der schriftlichen Kündigung geltend zu machen, weil ein Fall des § 4 S. 4 KSchG (dazu KR-*Friedrich* § 4 KSchG Rz 196 ff.) deshalb nicht vorlag, weil die Arbeitnehmerin bei Zugang der Kündigung selbst noch nichts von ihrer Schwangerschaft wusste und damit erst recht nicht der Arbeitgeber, so dass die vorherige Einholung der Zustimmung nach § 9 Abs. 3 MuSchG fehlen musste, Fall des § 5 Abs. 1 S. 2 KSchG (s.u. Rz 125a; *LAG Düsseld.* 10.2.2005 – 15 Ta 26/05 – NZA-RR 2005, 382).

Das ArbG soll den Zulassungsantrag nicht deshalb mangels Rechtsschutzbedürfnisses abweisen dür- **101** fen, weil es der Auffassung ist, dass ein **anderer innerhalb der Klagefrist eingereichter Schriftsatz als ordnungsgemäße Klage anzusehen ist** oder dass es sich um Personen, Betriebe oder Kündigungen handelt, die nach den Vorschriften des KSchG nicht an die Klagefrist gebunden sind (*LAG Düsseld.* 13.4.1956 AP Nr. 7 zu § 4 KSchG 1951; vgl. insoweit Rz 158).

Auch kommt es nicht darauf an, ob die **Kündigungsschutzklage selbst Aussicht auf Erfolg hat**. Diese **102** Frage ist im Zulassungsverfahren nicht zu prüfen (*LAG Düsseld.* 13.4.1956 aaO; vgl. *v. Hoyningen-Huene/Linck* Rz 27).

Ein vorsorglicher Antrag auf nachträgliche Zulassung der Kündigungsschutzklage für den Fall, dass **103** eine frühere Klageschrift nicht als form- und fristgerecht angesehen wird, ist zulässig (vgl. den Fall *LAG Düsseld.* 13.4.1956 aaO; *v. Hoyningen-Huene/Linck* aaO; APS-*Ascheid* Rz 65).

2. Die Fristen für den Antrag

Für die nachträgliche Zulassung der Kündigungsschutzklage gibt es eine relative oder bewegliche und **104** eine absolute oder feste Frist zur Stellung des Antrags. Die relative Antragsfrist beträgt zwei Wochen seit Behebung des Hindernisses (§ 5 Abs. 3 S. 1 KSchG). Die absolute Antragsfrist von sechs Monaten (§ 5 Abs. 3 S. 2 KSchG) läuft unabhängig davon, wann die Behinderung aufhört, vom Ende der Dreiwochenfrist des § 4 S. 1 KSchG an.

a) Die Zweiwochenfrist

104a Nach § 5 Abs. 3 S. 1 KSchG ist der Antrag auf nachträgliche Zulassung der Kündigungsschutzklage **nur innerhalb von zwei Wochen nach Behebung des Hindernisses** zulässig. § 5 Abs. 3 S. 1 KSchG knüpft also an die Behebung des Hindernisses für die rechtzeitige Klageerhebung an. Was Hindernis iSd § 5 Abs. 3 S. 1 KSchG bedeutet, ist § 5 Abs. 1 KSchG zu entnehmen. Der subjektive Beurteilungsmaßstab ist auch hier entscheidend (*v. Hoyningen-Huene/Linck* Rz 22; s.o. Rz 11 ff.). Die Antragsfrist beginnt deshalb spätestens mit der Kenntnis vom Wegfall des Hindernisses für die Klageerhebung. Sie kann aber auch schon vorher beginnen, wenn die Kenntnis vom Wegfall des Hindernisses bei Aufbieten der zumutbaren Sorgfalt hätte erlangt werden können, also die fortbestehende Unkenntnis nicht mehr unverschuldet ist. § 5 Abs. 1 KSchG erkennt nur die unverschuldete Versäumung der Klagefrist an. Deshalb dürfen der Antrag auf nachträgliche Zulassung und die verspätete Klageerhebung nicht schuldhaft hinausgezögert werden (*v. Hoyningen-Huene/Linck* Rz 22a mwN).

105 Das Hindernis kann schon vor Ablauf der Dreiwochenfrist des § 4 KSchG behoben sein. Dann ist eine nachträgliche Zulassung nur denkbar, wenn der Arbeitnehmer die Klage bis zum Ablauf der Dreiwochenfrist nicht mehr einreichen konnte (*LAG Düsseld.* 20.11.1995 ZIP 1996, 191 = KTS 1996, 181 = WiB 1996, 353; APS-*Ascheid* Rz 81; s.o. Rz 54).

106 Zweifelhaft ist, in welchem Zeitpunkt die Frist für den Antrag auf nachträgliche Zulassung im Fall einer bereits erhobenen, aber verspäteten Kündigungsschutzklage beginnt. Ist das Hindernis als behoben anzusehen in dem Zeitpunkt, in dem der Arbeitnehmer vom Gericht erfährt, dass sein Brief mit der Klageschrift nicht oder nicht innerhalb der Dreiwochenfrist beim Arbeitsgericht eingegangen ist, oder bereits in dem Zeitpunkt, in dem er aus anderen Umständen hätte entnehmen können oder müssen, dass die Klagefrist nicht gewahrt wurde? Das Gesetz geht für nachträgliche Zulassung davon aus, dass gar keine Klage erhoben wurde (arg. § 5 Abs. 1 KSchG). Der Unterlassung der Klage steht aber die verspätete Klageerhebung gleich (arg. § 5 Abs. 2 S. 1 1. Hs. KSchG; vgl. *v. Hoyningen-Huene/Linck* Rz 19; s.o. Rz 9). Auch in diesem Fall ist ein Antrag auf nachträgliche Zulassung zu stellen.

107 Es ist denkbar, für den für den Beginn der zweiwöchigen Antragsfrist maßgebenden Zeitpunkt allein auf die **Kenntnis von der verspäteten Klageerhebung abzustellen, ohne es auf das Verschulden an der Unkenntnis mit ankommen zu lassen.** Geht man davon aus, so setzt nur die **positive Kenntnis** von der Verspätung die Zweiwochenfrist in Lauf (so zB *LAG Hamm* 20.12.1951 BB 1952, 491: das Hindernis war erst mit der Kenntnis des Arbeitnehmers von dem verspäteten Eingang der Klage behoben. Darauf, ob er den verspäteten Eingang hätte (früher) erkennen können, kommt es nicht an; *LAG Hamm* 8.7.1952 AP 53 Nr. 91; *LAG Stuttg.* 15.11.1954 AP Nr. 6 zu § 4 KSchG 1951; *LAG Stuttg.* 29.1.1954 AP 54 Nr. 122; *Güntner* AuR 1954, 197).

108 Nach *LAG Düsseld.* (3.11.1951 SAE 1952 Nr. 6, S. 14) und *RAG* (16.10.1935 ARS 25 Nr. 38, S. 204) **beginnt die Antragsfrist spätestens mit der Erhebung der Klage.** Eine spätere Stellung des Antrages könne nicht damit gerechtfertigt werden, dass der Arbeitnehmer zunächst die Klage als rechtzeitig erhoben angesehen und ihre Verspätung erst nachträglich erkannt habe (ebenso *Kunkel* Anm. zu *LAG Hamm* 8.7.1952 AR-Blattei Kündigungsschutz Entsch. 14 und Anm. zu *LAG Düsseld.* 12.3.1952 AR-Blattei Kündigungsschutz Entsch. 7).

109 Dem ist nicht zu folgen. Es entfällt dann nur die Verbindung des Antrages mit der Klage (§ 5 Abs. 2 S. 1 1. Hs. KSchG). Es ist lediglich auf die bereits eingereichte Klage Bezug zu nehmen (§ 5 Abs. 2 S. 1 2. Hs. KSchG). Es kann nicht richtig sein, der Partei die nachträgliche Zulassung schon deswegen zu verweigern, weil die Klage bereits eingereicht war. Die Klage kann in Unkenntnis der Dreiwochenfrist eingereicht sein oder der Kläger konnte der Auffassung sein, seine Klage werde das Gericht rechtzeitig erreichen; die Post konnte aber die normale Postlaufzeit nicht einhalten. Der Grund der Versäumung der Frist ist in diesen Fällen gerade, dass der Arbeitnehmer nicht voraussah und nicht voraussehen konnte, dass die Klageschrift verspätet eingehen werde. Dieses Hindernis wird erst mit Aufklärung des Sachverhaltes – in der Güteverhandlung, durch sonstigen gerichtlichen Hinweis – behoben, und der Arbeitnehmer muss nach dem Sinn und Zweck der Regelung Gelegenheit haben, noch die nachträgliche Zulassung zu beantragen (so zutr. *Volkmar* Anm. zu *RAG* ARS 25 Nr. 38, S. 205).

Zulassung verspäteter Klagen § 5 KSchG

Die zweiwöchige Antragsfrist »ruht« nicht durch einen im Gütetermin geschlossenen Widerrufsvergleich (*LAG Hamm* 5.8.2004 – 1 Ta 421/04 – juris m. Anm. *Göhle-Sander* jurisPR-ArbR 41/2005 Nr. 6 für den Fall der fehlenden Unterschrift unter der Klage, worauf im Gütetermin hingewiesen worden war; der Arbeitnehmer hätte den Antrag auf nachträgliche Klagezulassung – zumindest vorsorglich – fristgerecht während des Laufes der Widerrufsfrist stellen müssen).

Dass es nicht nur auf die **positive Kenntnis von der Verspätung** für den Beginn des Laufs der Zweiwochenfrist des § 5 Abs. 3 S. 1 KSchG ankommt, sondern dass auch entscheidend ist, wann der Arbeitnehmer schon **vorher bei zumutbarer Sorgfalt hätte Kenntnis erlangen können** (so später auch *LAG Hamm*, vgl. zuletzt 4.11.1996 LAGE § 5 KSchG Nr. 81; s.a. Rz 111; (*LAG Köln* 8.11.1994 LAGE § 5 KSchG Nr. 70: »Kenntnis oder ihr gleichstehendes Kennenmüssen«, *BAG* 16.3.1988 EzA § 130 BGB Nr. 16: »positive Kenntnis« oder »sobald der Arbeitnehmer aufgrund konkreter Anhaltspunkte bei gehöriger Sorgfalt erkennen muss, dass die Frist möglicherweise versäumt ist«; *Hess. LAG* 22.12.1993 ARSt 1994, 137 = BB 1994, 1868 = RzK I 10d Nr. 58; 2.10.1996 LAGE § 5 KSchG Nr. 83; 4.12.2002 – 15 Ta 203/02 – AuR 2004, 279; *LAG BW* 10.7.1996 – 9 Ta 12/96 – nv; ähnlich *LAG Köln* 8.11.1994 BB 1995, 628; *LAG RhPf* 14.7.2004 – 8 Ta 140/04 – NZA-RR 2005, 274: Zeitpunkt der Aushändigung einer Arbeitsbescheinigung mit der Angabe, das Arbeitsverhältnis sei an einen genannten Tag zu einem bestimmten Termin gekündigt worden, maßgebend), ergibt sich daraus, dass die nachträgliche Zulassung des § 5 KSchG **subjektiv** auf den einzelnen Arbeitnehmer und seine Situation abstellt. 110

Die Frist des § 5 Abs. 3 KSchG beginnt erst, wenn die **unvertretene Partei weiß** oder **bei gehöriger Sorgfalt erkennen kann, dass die Klage verspätet ist und** sie nachträgliche Zulassung beantragen muss und dass ein entsprechender Antrag fristgebunden ist (*LAG Hamm* 11.8.1977 EzA § 5 KSchG Nr. 3 unter Hinweis auf *BAG* 18.2.1974 EzA § 234 ZPO Nr. 3; *LAG Hamm* 18.1.1979 – 8 Ta 172/78 – nv; 29.11.1983 EzA § 5 KSchG Nr. 18; 27.11.1986 LAGE § 5 KSchG Nr. 26 – mangelnde Kenntnis von dem Verfahren nach § 5 KSchG kann dem unvertretenen Arbeitnehmer in gewissem Rahmen zugute kommen –; **aA** wohl *LAG Köln* 8.11.1994 aaO; vgl. ferner *BAG* 24.3.1975 EzA § 234 ZPO Nr. 5; ebenso *Wenzel* MDR 1978, 277; *v. Hoyningen-Huene/Linck* Rz 22). 111

Hat der Arbeitnehmer einen **Prozessbevollmächtigten,** so gilt folgendes: Es kommt **nicht** darauf an, wann der Prozessbevollmächtigte des Arbeitnehmers auf die Versäumung der Klagefrist aufmerksam wurde. Entscheidend ist, wann der **Arbeitnehmer selbst** davon **erfahren** hat (*Wenzel* AuR 1976, 326; *Bleistein* Rz 261) oder er die Fristversäumung bei gehöriger Sorgfalt hätte erkennen können (APS-*Ascheid* Rz 83; *LAG Hmb.* 18.5.2005 – 4 Ta 27/04 – NZA-RR 2005, 489). Die hM, die das Verschulden des Prozessbevollmächtigten des Arbeitnehmers dem Verschulden des Arbeitnehmers gleichstellt und eine nachträgliche Zulassung nicht gewährt (s.o. Rz 69b), muss konsequenterweise zu einem anderen Ergebnis kommen: Entscheidend ist nicht die Kenntnis oder des Erkennenkönnen der vertretenen Partei selbst, sondern die **Kenntnis oder das Erkennenkönnen ihres Prozessbevollmächtigten** der Versäumung der Klagefrist. Jedenfalls von dem Zeitpunkt seiner Kenntnis der Versäumung der Dreiwochenfrist muss nach der hM die Antragsfrist von zwei Wochen laufen (*v. Hoyningen-Huene/Linck* Rz 22a; SPV-*Vossen* Rz 1859 mit Fn. 433; *Hess. LAG* 4.12.2002 – 15 Ta 203/02 – AuR 2004,279: Kenntnisstand des Prozessbevollmächtigten, § 166 Abs.1 BGB; 11.3.2005 – 15 Ta 638/04 – NZA-RR 2005, 322: »Das Kennenmüssen steht dem Kennen gleich«; *LAG RhPf* 20.9.2005 – 5 Ta 176/05: abzustellen ist im Rahmen des § 5 Abs. 3 S.1 KSchG auf den »(möglichen) Kenntnisstand des Prozessbevollmächtigten, § 85 Abs. 2 ZPO). Sie läuft bereits dann, wenn der Prozessbevollmächtigte bei Anwendung zumutbarer Sorgfalt erkennen konnte, dass die Klage gar nicht (*LAG SchlH* 9.8.2001 – 4 Ta 7/01) oder verspätet eingereicht wurde, also zB dem Prozessbevollmächtigten eine Ladung zum Gütetermin zugestellt wird, die den Hinweis auf das Eingangsdatum der Kündigungsschutzklage enthält; aufgrund der Mitteilung des Gerichts gehörte es zu den Pflichten des Prozessbevollmächtigten zu überprüfen, ob die Kündigungsschutzklage rechtzeitig beim ArbG eingegangen war (*Hess. LAG* 26.6.1996 – 9 Ta 262/96, 11.3.2005 – 15 Ta 638/04 – NZA-RR 2005, 322; s.a. Rz 118 f.) oder der Prozessbevollmächtigte zeitnah keine Ladung zum Gütetermin erhält oder eine sonstige Nachricht, so dass sich der Verlust der Klageschrift aufdrängen musste (*LAG RhPf* 12.1.2004 – 9 Ta 1336/03; s.a. Rz 118f). Allerdings ist nach *LAG Hamm* (25.11.1980 EzA § 5 KSchG Nr. 7; 11.12.1980 EzA § 5 KSchG Nr. 8 [zu II 1 der Gründe]; 28.1.1982 BB 1982, 741 = MDR 1982, 435; 27.11.1986 aaO; 24.9.1987 LAGE § 5 KSchG Nr. 31; 16.5.1991 LAGE § 5 KSchG Nr. 53; 26.6.1995 LAGE § 5 KSchG Nr. 76; ebenso *LAG Frankf.* 8.10.1982 – 9 Ta 135/82 – nv; 16.6.1983 ARSt 1984 Nr. 1158; 22.7.1983 AuR 1984, 89 = ARSt 1984 Nr. 1134; 1.3.1984 – 12 Ta 175/83 – nv; *Hess. LAG* 1.7.1996 – 9 Ta 262/96; *LAG Köln* 8.11.1994 LAGE § 5 KSchG Nr. 70; 23.3.2005 – 7 Ta 43/05 – juris; *LAG Düsseld.* 21.3.1985 NZA 1986, 404; 20.11.1995 ZIP 1996, 191 = KTS 1996, 181 = WiB 1996, 112

353; *LAG BW* 2.10.1987 – 9 Ta 9/87 – nv; *Sächs. LAG* 25.1.2000 LAGE § 5 KSchG Nr.101; *Thür. LAG* 5.3.2001 LAGE § 5 KSchG Nr.100) ein Verschulden des Prozessbevollmächtigten deswegen gem. § 85 Abs. 2 ZPO zu berücksichtigen, weil die Antragsfrist des § 5 Abs. 3 KSchG eine prozessuale Frist sei, die der Fristbestimmung des § 234 ZPO entspreche. § 5 Abs. 1 KSchG stellt auf den einzelnen Arbeitnehmer und seine Situation ab; auf die Kenntnis oder das Verschulden seines Prozessbevollmächtigten kann es daher nicht ankommen. § 234 ZPO und damit § 85 Abs. 2 ZPO sind auf den Antrag auf nachträgliche Zulassung der Kündigungsschutzklage nicht anwendbar. Das *LAG Hamm* vertritt nunmehr bei vertretenen Parteien eine differenzierende Lösung: Erkennt der Prozessbevollmächtigte die Notwendigkeit der Antragstellung nach § 5 Abs. 3 KSchG nicht (etwa weil er § 4 KSchG für unanwendbar hält oder nicht kennt), so kann das Hindernis, das der Klageerhebung entgegengestanden hat, solange fortbestehen, bis der Arbeitnehmer selbst Anlass sieht oder sehen kann, wegen der Versäumung der Klagefrist Erkundigungen einzuziehen und etwas zu unternehmen. In den sonstigen Fällen soll er sich uneingeschränkt entgegenhalten lassen müssen, was zur Kenntnis seines Prozessbevollmächtigten gelangt ist oder bei gehöriger Sorgfalt hätte gelangen müssen (24.9.1987 aaO: **aA** *Plagemann* EWiR § 130 BGB 1/89, 749, der Verschulden des Anwalts bei der Versäumung der Zweiwochenfrist des § 5 Abs. 3 KSchG dem Arbeitnehmer stets zurechnet).

Einzelfälle:

113 Die Antragsfrist des § 5 Abs. 3 KSchG beginnt im Fall der Berufung auf die Unkenntnis der Klagefrist des § 4 S. 1 KSchG in dem Zeitpunkt, in dem der Arbeitnehmer, etwa von seinem Prozessbevollmächtigten, auf die Fristversäumung hingewiesen wurde (*LAG Düsseld.* 2.4.1976, EzA § 5 KSchG Nr. 2). Die Unkenntnis der in § 4 KSchG gesetzlich vorgesehenen dreiwöchigen Klagefrist rechtfertigt die nachträgliche Zulassung der Kündigungsschutzklage allerdings nicht (s.o. Rz 64).

114 Wenn der Arbeitnehmer **durch eine rechtzeitig aufgesuchte geeignete Stelle unrichtig beraten** wurde und deshalb die Klage verspätet eingereicht hat, beginnt die Antragsfrist des § 5 Abs. 3 S. 1 KSchG in dem Zeitpunkt, in dem der Arbeitnehmer auf die Notwendigkeit der Erhebung der Klage innerhalb von drei Wochen nach Zugang hingewiesen wurde, etwa durch den später eingeschalteten Rechtsanwalt oder durch das Gericht (vgl. *LAG Hamm* 20.9.1973 – 8 Ta 65/73 – zit. bei *Wenzel* AuR 1976, 326 Fn. 13; *Wenzel* MDR 1978, 277).

115 Hat der Arbeitnehmer wegen eines **Krankenhausaufenthaltes** die dreiwöchige Klagefrist versäumt und ist ihm außerdem unbekannt, dass er einen Antrag auf nachträgliche Zulassung stellen kann, so läuft die Antragsfrist des § 5 Abs. 3 S. 1 KSchG nicht ab der Entlassung aus dem Krankenhaus, sondern ab dem Zeitpunkt, in dem der **Arbeitnehmer Kenntnis von der Möglichkeit einer Antragstellung erlangt hat oder bei gehöriger Sorgfalt hätte Kenntnis erlangen können** (vgl. *LAG Hamm* 11.8.1977 EzA § 5 KSchG Nr. 3).

115a Befand sich der Arbeitnehmer im Urlaub, so beginnt die Antragsfrist mit der Rückkehr aus dem Urlaub, wenn der Arbeitnehmer beim Öffnen der Post hätte erkennen können und müssen, dass die Kündigung ihn nicht am gleichen Tage, sondern schon Tage oder Wochen zuvor, möglicherweise schon an dem Tag, mit dem das Kündigungsschreiben datiert war, oder bei Übersendung mit der Post am Werktag nach dem an Hand des Poststempels erkennbaren Aufgabetages zugegangen ist. Der Arbeitnehmer kann mangels Vermerks auf dem Brief, wann er in den Briefkasten geworfen wurde, nicht davon ausgehen, das sei erst vor kurzem der Fall gewesen. Er musste, wenn er sich nicht nach dem Zeitpunkt des Zugangs erkundigen möchte, innerhalb von zwei Wochen nach Rückkehr aus dem Urlaub – vorsorglich – den Antrag nach § 5 KSchG stellen. War die Klage rechtzeitig, weil der Brief doch erst kurz vor Rückkehr aus dem Urlaub zugegangen war, kommt es auf den Antrag nicht mehr an. Er ist nicht zu verbescheiden.

115b Hatte der Arbeitnehmer wegen Urlaubs im Ausland vom Zugang der Kündigung keine Kenntnis, so entfällt das Hindernis für die Klageerhebung nicht bereits nach Rückkehr aus dem Urlaub, wenn der Arbeitnehmer krankheitsbedingt weder am Tag seiner Rückkehr noch während der sich anschließenden stationären Behandlung im Krankenhaus von dem Kündigungsschreiben Kenntnis nehmen konnte (vgl. *Hess. LAG* 2.10.1996 LAGE § 5 KSchG Nr. 83, das den Beginn der Zweiwochenfrist erst mit Beendigung des Krankenhausaufenthaltes annimmt, weil der Antrag auf nachträgliche Zulassung mehr erfordere als eine Kündigungsschutzklage und deswegen dem Arbeitnehmer die Möglichkeit zugebilligt werden müsse, zunächst rechtlichen Rat durch Vorsprache bei einer zuständigen Stelle einzuholen; zweifelhaft, weil die Kenntnisnahme eher möglich sein konnte und der Arbeitnehmer die Möglichkeit haben konnte, Klage und Antrag nach § 5 KSchG vom Krankenhaus aus zu veranlassen).

Zulassung verspäteter Klagen § 5 KSchG

Ist die Klage **trotz rechtzeitiger Absendung wegen Überschreitung der normalen Postlaufzeiten** 116 nicht innerhalb von drei Wochen nach Zugang der Kündigung bei Gericht eingelangt, so beginnt die zweiwöchige Antragsfrist in dem Zeitpunkt, in dem der Kläger Kenntnis von dem verspäteten Eingang der Klageschrift erlangt, idR durch das Gericht (*Wenzel* AuR 1976, 326; *v. Hoyningen-Huene/Linck* Rz 23; *Thür.LAG* 5.3.2001 LAGE § 5 KSchG Nr.100).

Haben der Arbeitnehmer oder sein Vertreter die Klage so spät zur Post gegeben, dass **mit dem Eingang bei Gericht innerhalb der Dreiwochenfrist auch bei normaler Postlaufzeit nicht gerechnet werden kann,** so müssen sich der Arbeitnehmer oder sein Vertreter erkundigen, ob die Klage noch rechtzeitig einging. In diesem Fall beginnt die Frist in dem Zeitpunkt, in dem von dem Arbeitnehmer oder seinem Vertreter eine entsprechende Nachfrage bei Gericht erwartet werden konnte (*Hess. LAG* 26.6.1996 – 9 Ta 262/96; APS-*Ascheid* Rz 84; s.o. Rz 21). 117

Haben mehrere Arbeitnehmer **getrennt Kündigungsschutzklage** eingereicht und ist eine der Klagen 118 nicht angekommen, so muss sich der betreffende Arbeitnehmer beim Gericht nach der Klage erkundigen, sobald er (etwa von einem Kollegen) erfährt, dass diesem eine Terminsladung zuging. Unterlässt der Arbeitnehmer diese Erkundigung, so beginnt die Zweiwochenfrist des § 5 Abs. 3 S. 1 KSchG gleichwohl zu laufen, auch wenn er nicht positiv weiß, dass seine Klage bei Gericht nicht eingegangen ist. Entsprechendes gilt, wenn die Ladung zum Gütetermin ungewöhnlich lange ausbleibt (vgl. *ArbG Hanau* 18.1.1996 NZA-RR 1996, 409, 410).

Ist eine andere existierende Person als Kläger bezeichnet worden, was die Berichtigung der Parteibezeichnung ausschließt und nur zu einem gewillkürten Parteiwechsel führen kann (vgl. KR-*Friedrich* § 4 KSchG Rz 153), so beginnt die Antragsfrist spätestens mit der Erklärung des Parteiwechsels (*ArbG Hagen* 8.2.1982 – 2 Ca 2123/81, insoweit in BB 1982, 1792 nicht mitgeteilt). 118a

Wenn bei Verhandlungen mit dem Arbeitgeber zunächst Aussicht auf Einigung besteht, dann der Arbeitgeber jedoch an seiner Kündigung festhält, beginnt spätestens zu diesem Zeitpunkt die zweiwöchige Antragsfrist nach § 5 Abs. 3 KSchG zu laufen (*LAG BW* 10.5.1985 – 12 Ta 16/84 – nv; *LAG Köln* 8.11.1994 LAGE § 5 KSchG Nr. 70). Vertraut der Arbeitnehmer darauf, dass die Dreiwochenfrist des § 4 KSchG für seinen Auslandsarbeitsvertrag nicht gilt, so beginnt die Antragsfrist spätestens mit einem entsprechenden Hinweis des Gerichts (vgl. *ArbG Karlsruhe* 15.5.1984 – 4 Ca 607/83 – nv; *LAG Köln* 8.11.1994 LAGE § 5 KSchG Nr. 70). 118b

Verweist der Arbeitgeber auf einen postalischen Rückschein und dessen Vorlage in Kopie hinsichtlich des Zugangs der Kündigung, läuft die Frist ab dem Zugang dieses Hinweises: Der Kläger musste damit rechnen, dass die angegriffene Kündigung so frühzeitig zugegangen ist, dass die erhobene Kündigungsschutzklage verspätet ist (*LAG Frankf.* 14.6.1983 AuR 1984, 89). 118c

Ist bei einem Streit darüber, ob der Arbeitgeber das Arbeitsverhältnis an einem bestimmten Tag überhaupt gekündigt hat, und ist die Klagefrist versäumt, so beginnt die Frist des § 5 Abs. 3 S. 1 KSchG, sobald der Arbeitnehmer aufgrund konkreter Anhaltspunkte erkennt oder bei gehöriger Sorgfalt erkennen muss, dass möglicherweise die Dreiwochenfrist des § 4 KSchG versäumt wurde (*LAG Hamm* 27.11.1986 LAGE § 5 KSchG Nr. 26). 118d

Dringt der Arbeitnehmer im erstinstanzlichen Verfahren mit der verspäteten Kündigungsschutzklage durch, weil die – infolge postalischer Verzögerung – eingetretene Versäumung der Klagefrist von den Parteien und dem Gericht übersehen wurde, so darf nach *LAG Hamm* (15.4.1982 BB 1982, 1671 = DB 1982, 2144 = AR-Blattei D, Kündigungsschutz Entsch. 225 mit krit. Anm. *Herschel*) der Arbeitnehmer den Antrag auf nachträgliche Zulassung der Kündigungsschutzklage nicht so lange zurückstellen, bis er weiß, dass der Arbeitgeber Berufung gegen das arbeitsgerichtliche Urteil eingelegt hat. Ist die Versäumung der Dreiwochenfrist bereits aus den Gründen des erstinstanzlichen Urteils ersichtlich, muss er (vorsorglich) innerhalb von zwei Wochen nach Kenntnis der Entscheidungsgründe den Antrag stellen, die die Fristversäumung offen legen (zust. *Löwisch/Spinner* Rz 27, zweifelnd APS-*Ascheid* Rz 85). In einem solchen Fall ist der Antrag nicht an das LAG, sondern an das ArbG zu richten, das über den Antrag noch entscheiden muss, obwohl es in der Hauptsache bereits ein Endurteil erlassen hat (insoweit s.a. Rz 173). 118e

Wird die Frist des § 5 Abs. 3 S. 1 KSchG durch vorwerfbares Unterlassen des Prozessbevollmächtigten – er konnte der Ladung zum Termin, auf der der Tag des Klageeingangs vermerkt wurde, entnehmen, dass die Klage verspätet bei Gericht eingegangen war – versäumt, so ist nach *LAG Frankf.* (22.7.1983 ARSt 1984, 79; 1.7.1996 – 9 Ta 262/96; 22.10.1999 – 2 Ta 487/99) und *LAG Hamm* (8.7.1998 – 12 Ta 167/ 118f

§ 5 KSchG Zulassung verspäteter Klagen

98; s.a. Rz 112) sowie *LAG Köln* (23.3.2005 – 7 Ta 43/05 – juris) dem Arbeitnehmer das schuldhafte Handeln seines Prozessbevollmächtigten gem. §§ 46 Abs. 2 ArbGG, 85 Abs. 2 ZPO zuzurechnen. Das gilt nach *LAG Düsseld.* 21.3.1985 – 1 Ta 75/87 – auszugsweise NZA 1986, 404 auch dann, wenn der Arbeitnehmer dem Rechtsanwalt am 3.12. ein Kündigungsschreiben vorlegt, das das Datum des 20.10. trägt, auch wenn der Arbeitnehmer zum Ausdruck bringt – infolge Sprachschwierigkeiten möglicherweise missverständlich –, er habe es erst wenige Tage vorher, 30.11., erhalten: Der Anwalt habe nachfragen müssen, wann der Arbeitnehmer das Schreiben tatsächlich erhalten habe, und jedenfalls vorsorglich den Antrag auf nachträgliche Klagezulassung mit der Erhebung der Klage, 6.12., verbinden müssen, wenn er schon nicht auf die Dreiwochenfrist hingewiesen hat. Der Anwalt habe bei Anwendung seiner anwaltlichen Sorgfaltspflicht am 3.12. erkennen können, dass die Klagefrist versäumt war, so dass das Hindernis iSd § 5 Abs. 2 KSchG hätte am 3.12. behoben sein können. Das erscheint auch bei Anwendung des § 85 Abs. 2 ZPO auf § 5 Abs. 3 S. 1 KSchG als sehr weitgehend. Immerhin ist es nicht selten, dass – aus welchen Gründen auch immer – Kündigungsschreiben erst später ausgehändigt werden oder falsche Daten aufweisen. Hier hätte es näher gelegen, die Frist des § 5 Abs. 3 S. 1 KSchG erst mit dem 19.12. – Gütesitzung – beginnen zu lassen, in der sich herausgestellt hatte, dass die Kündigung v. 29.10. spätestens am 30.10. zugegangen war. In der Sache hätte der Antrag indes keinen Erfolg gehabt. Wird der Prozessbevollmächtigte unrichtig informiert, so geht das zu Lasten des Arbeitnehmers (s.o. Rz 65). Ist die am 17.11. formulierte ausweislich des Freistempleraufdrucks erst am 4.12. zur Post gegebene Kündigungsschutzklage gegen die am 6.11. zugegangene Kündigung am 5.12. beim ArbG eingegangen und ist im Gütetermin vom 9.1. des Folgejahres der Hinweis auf den verspäteten Klageeingang erfolgt, so läuft die Zweiwochenfrist des § 5 Abs. 3 KSchG nicht erst ab dem 9.1., sondern bereits ab 4.12., wenn die Prozessbevollmächtigten des Arbeitnehmers aufgrund organisatorischer Vorkehrungen hätten schon am 4.12. Kenntnis erlangen müssen (effektive Ausgangskontrolle: Streichung der Frist erst nach Aufgabe zur Post oder Einreichung bei Gericht). Maßgebend ist der Zeitpunkt, in dem der Prozessbevollmächtigte bei gehöriger Sorgfalt von der Versäumung der Klagefrist Kenntnis erhalten hätte. Hätte eine effektive Fristenkontrolle stattgefunden, hätte dann der Prozessbevollmächtigte von der Versäumung der Klagefrist erfahren (*LAG Hamm* 24.9.1987 LAGE § 5 KSchG Nr. 31). Lag ungewöhnlicherweise dem Rechtsanwalt Mitte April aufgrund der am 26.3. abgesandten Kündigungsschutzklage noch keine Terminsladung vor, so müssen nähere Nachforschungen über den Verbleib der Kündigungsschutzklage angestellt und alsbald Schritte zur Erlangung der nachträglichen Klagezulassung eingeleitet werden, wenn er erkennt oder bei gehöriger Sorgfalt erkennen muss, dass die Klagefrist möglicherweise versäumt ist (*LAG Hamm* 16.5.1991 LAGE § 5 KSchG Nr. 53). Demgegenüber verneint das *LAG Nds.* (25.3.1999 – 13 Ta 563/98 – juris) gegen *ArbG Celle* (18.11.1998 FA 1999, 125 = RzK I 10 d Nr. 96) eine Verpflichtung des Prozessbevollmächtigten, den Posteingang bei Gericht zu überwachen und ggf. nachzufragen, es sei denn, besondere Umstände lägen vor (vgl. insoweit Rz 21) und stellt auf **Wiedervorlagefristen** ab, aufgrund deren Ablauf, ohne dass eine Ladung zum Gütetermin erfolgt wäre, eine Erkundigungspflicht angenommen werden könne. Nach *LAG RhPf* (20.9.2005 – 5 Ta 176/05) hätte es bei einer angeblich am 30.12. beim Arbeitsgericht eingeworfenen Klageschrift zu einer sorgfältigen Prozessführung gehört, dass sich der Prozessbevollmächtigte bei Ausbleiben einer Terminsladung zeitnah beim Arbeitsgericht erkundigt, ob die Kündigungsschutzklage tatsächlich dort eingegangen war. Zumindest hätte eine entsprechende, angemessen kurze **Wiedervorlagefrist** notiert werden müssen, vor deren Auflauf dann die rechtzeitige Klageerhebung hätte überprüft werden können und müssen. Dann wäre festgestellt worden, dass anders als bei einem gleichzeitig betriebenen Verfahren noch keine Terminsladung vorlag. Wäre diese Erkundigung erfolgt, wäre noch im Laufe des Januar das Hindernis iSd § 5 Abs. 1 S. 1 und Abs. 3 S. 1 KSchG behoben gewesen. Wird eine Wiedervorlagefrist von zweieinhalb Monaten nach Abgabe der Kündigungsschutzklage verfügt, liegt nach *LAG Köln* (11.8.2004 – 2 Ta 297/04 – LAGReport 2005, 29) eine verschuldete Unkenntnis vom fehlenden Klageeingang vor. Wegen der gesetzlichen Vorgabe der Durchführung eines Gütetermins binnen zwei Wochen nach Eingang der Klage (§ 61a Abs. 2 ArbGG), konnte und musste der Prozessbevollmächtigte des Arbeitnehmers spätestens jedenfalls innerhalb einer Zeit von drei Wochen nach Abgabe der Klageschrift damit rechnen, dass zumindest eine Ladung zum Gütetermin bei ihm eingeht oder eine sonstige Nachricht, warum dies ausnahmsweise nicht der Fall sei. Der Verlust der Klageschrift musste sich aufdrängen. Auf die positive Kenntnis vom Nichteingang der Klage kommt es nicht an. Ähnlich ist nach *LAG RhPf* (12.1.2004 – 9 Ta 1336/03) ein Nachfragen beim Arbeitsgericht erst am 30. Januar des Folgejahres bei einer am 25. Oktober des Vorjahres abgesandten Kündigungsschutzklage sorgfaltswidrig, die Nachfrage hätte zumindest bis zum Ende des Vorjahres erfolgen müssen.

Hatte der Arbeitnehmer eine ordentliche Kündigung mit dem Antrag angegriffen, festzustellen, dass 118g
das Arbeitsverhältnis weiter besteht und durch die mit Schreiben vom ... ausgesprochene Kündigung
nicht aufgelöst wurde, die Sozialwidrigkeit einer weiteren Kündigung bis zum Schluss der mündlichen Verhandlung erster Instanz nicht geltend gemacht, das Arbeitsgericht den Antrag als Antrag
nach § 4 S. 2 KSchG ausgelegt und die Kündigungsschutzklage abgewiesen, wogegen der Arbeitnehmer Berufung hat einlegen lassen, ohne sich gegen die einschränkende Auslegung des Antrags zu
wenden, und sich in einem weiteren Schriftsatz erst gegen die spätere Kündigung gewandt, nachdem
der Arbeitgeber in der Berufungsbeantwortung auf die spätere Kündigung verwiesen hatte, so lief die
Antragsfrist des § 5 Abs. 3 S. 1 KSchG spätestens ab Zugang der Berufungserwiderung (*LAG Bln.*
19.6.2000 – 18 Sa 305/00 – juris).

Geht der Arbeitnehmer nach Erhalt einer Kündigungserklärung davon aus, er werde von dem neuen 118h
Auftragnehmer, der den Folgereinigungsauftrag erhalten hatte, übernommen, weswegen er die Kündigungsschutzklage gegen den früheren Auftragnehmer unterlässt, so beginnt die Antragsfrist des § 5
Abs. 3 S. 1 KSchG in dem Zeitpunkt, in dem der neue Auftragnehmer erklärt, von einer »Übernahme
könne nicht die Rede sein« (*LAG RhPf* 21.10.2004 – 7 Ta 173/04 – LAGReport 2005, 275 m. zust. Anm.
Schäder ArbRB 2005, 297).

Waren die Klageschrift nicht unterzeichnet und die dem Arbeitgeber zugegangenen Abschriften nicht 118i
mit einer Unterschrift versehen und auch nicht beglaubigt und weist der Vorsitzende in der Gütesitzung auf die fehlende Unterschrift unter die Klage hin und schließen die Parteien einen Widerrufsvergleich, der fristgerecht widerrufen wird, und erfolgt der Antrag auf nachträgliche Zulassung der Kündigungsschutzklage während des Laufes der Widerrufsfrist, so ist die zweiwöchige Antragsfrist des
§ 5 Abs. 3 S. 1 KSchG nicht gewahrt: Die Antragsfrist »ruht« nicht durch den im Gütetermin geschlossenen Widerrufsvergleich. Unterbrechens-, Aussetzungs- oder Ruhenstatbestände, die mit den Wirkungen des § 249 ZPO verbunden sind, betreffen nicht einen zwischen den Parteien geschlossenen Widerrufsvergleich. Das Ruhen des Verfahrens nach § 251 ZPO war nicht angeordnet, das prozessuale
Fristen hätte unterbrechen können. Der Antrag wäre fristgerecht – vorsorglich – zu stellen gewesen
(*LAG Hamm* 5.8.2004 – 1 Ta 421/04 – m. Anm. *Göhle-Sander* jurisPR-ArbR 41/2005 Anm. 6).

b) Die Frist von sechs Monaten

Nach § 5 Abs. 3 S. 2 KSchG kann der Antrag auf nachträgliche Zulassung der Kündigungsschutzklage 119
nach Ablauf von sechs Monaten vom Ende der versäumten Dreiwochenfrist an gerechnet nicht
mehr mit Erfolg gestellt werden: Ist das Hindernis für die Erhebung der Klage sechs Monate nach Ablauf der Dreiwochenfrist noch nicht behoben, so ist nach dem Gesetz eine nachträgliche Zulassung der
Kündigungsschutzklage nicht mehr vorgesehen (*LAG SA* 28.3.2000 – 11 Sa 494/99). Die Frist des § 5
Abs. 3 S. 2 KSchG dient der Rechtssicherheit und dem Vertrauensschutz; nach Ablauf dieser Frist soll
eine Geltendmachung der Unwirksamkeit einer Kündigung endgültig ausgeschlossen sein (*LAG RhPf*
26.10.2005 – 9 Sa 474/05). Ein gleichwohl gestellter Zulassungsantrag ist als unzulässig zu verwerfen
(APS-*Ascheid* Rz 87; *LAG RhPf* 23.1.2006 – 8 Ta 302/05 – SuP 2006, 449). § 5 Abs. 3 S. 2 KSchG gilt auch
dann, wenn sich der Arbeitnehmer darauf beruft, der Arbeitgeber handele arglistig, wenn er sich auf
die Versäumung der Klagefrist beziehe (*LAG Frankf.* 15.10.1971 AR-Blattei, Kündigungsschutz Entsch.
131; *LAG Hamm* 29.10.1987 LAGE § 5 KSchG Nr. 33; *LAG RhPf* 26.10.2005 – 9 Sa 474/05). Es bleibt allenfalls ein Schadenersatzanspruch aus § 826 BGB (*LAG Hamm* aaO).

c) Die Berechnung der Fristen

Für die **Berechnung der Fristen** gelten die allgemeinen Vorschriften, §§ 187 ff. BGB. Der Tag, an dem 120
das Hindernis für die Klageerhebung entfällt, wird nicht mitgerechnet. Die Antragsfrist läuft mit dem
Tag nach zwei Wochen ab, der durch die Benennung dem Tag entspricht, an dem das Hindernis fortgefallen ist. Ist das Hindernis an einem Mittwoch entfallen, so beginnt die Antragsfrist am Donnerstag
und endet nach zwei Wochen wieder an einem Mittwoch. Fällt das Ende der Antragsfrist auf einen
Sonn- oder Feiertag, so läuft sie erst am darauf folgenden Werktag ab (§ 193 BGB; vgl. *LAG Mannheim*
27.6.1953 AP 53 Nr. 230 [Anm. *Herschel*]; APS-*Ascheid* Rz 86; HK-*Hauck* Rz 27). Mit der Anordnung des
Ruhens des Verfahrens hört der Lauf der Frist auf, § 249 Abs. 1 ZPO. Mit Zustellung des Aufnahmeantrages beginnt die volle Frist von neuem zu laufen, arg. § 250 ZPO (*Sächs. LAG* 5.10.2000 LAGE § 5
KSchG Nr. 101).

Für den Ablauf der sechsmonatigen Frist des § 5 Abs. 3 S. 2 KSchG gilt Entsprechendes. 121

d) Wiedereinsetzung in den vorigen Stand bei Versäumung der Antragsfrist von zwei Wochen und der Sechsmonatsfrist?

122 Beide Fristen sind **keine Notfristen.** Gegen deren Versäumnis gibt es **keine Wiedereinsetzung in den vorigen Stand** (*BAG* 16.3.1988 EzA § 130 BGB Nr. 16 [zu II a. E. der Gründe]; *v. Hoyningen-Huene/Linck* Rz 21; *Löwisch/Spinner* § 5 Rz 28; SPV-*Vossen* Rz 1859a; *Knorr/Bichlmeier/Kremhelmer* Kap. 11 Rz 61; APS-*Ascheid* Rz 88; *LAG Mannheim* 27.5.1953 AP 53 Nr. 230; *LAG Kiel* 22.1.1953 AP 53 Nr. 161; *LAG Bln.* 11.12.1964 AP Nr. 11 zu § 4 KSchG 1951; *ArbG Kiel* 10.11.1978 BB 1978, 1778; *LAG Bln.* 19.1.1987 LAGE § 5 KSchG Nr. 27; *LAG Hamm* 29.10.1987 LAGE § 5 KSchG Nr. 33; 26.6.1995 LAGE § 5 KSchG Nr. 76; 5.8.2004 – 1 Ta 421/04 – juris; *LAG Köln* 14.3.2003 LAGE § 5 KSchG Nr. 106a; *Hess. LAG* 11.3.2005 – 15 Ta 638/04 – NZA-RR 2005, 322 betr. § 5 Abs. 3 S. 1 KSchG; *Sächs. LAG* 11.1.2006 – 2 Ta 340/05 – EzA-SD 2006 Nr. 14. S. 12, LS betr. § 5 Abs. 3 S. 1 KSchG; *LAG Hamm* 5.8.2004 – 1 Ta 421/04 – betr. § 5 Abs. 3 S. 1 KSchG; *LAG RhPf* 23.1.2006 – 8 Ta 302/05 – SuP 2006, 449 betr. § 5 Abs. 3 S. 2 KSchG). Nach Ablauf der Frist des § 5 Abs. 3 S. 2 KSchG gibt es keine prozessuale Möglichkeit, die Folgen einer unterlassenen Kündigungsschutzklage wiedergutzumachen (vgl. *BAG* 8.12.1959 AP Nr. 18 zu § 2 ArbGG 1953 Zuständigkeitsprüfung [4]; *Habscheid* Anm. *BAG* 13.11.1958 AP Nr. 17 zu § 3 KSchG 1951 [3]).

123 § 233 ZPO ändert an diesem Ergebnis nichts, der die Wiedereinsetzung in den vorigen Stand auch für die Wiedereinsetzungsfrist des § 234 Abs. 1 ZPO vorsieht. Als Ausnahmeregelung ist § 233 ZPO eng auszulegen und ist nicht auf andere Fristen analog anwendbar (*Thomas/Putzo-Hüßtege* 27.Aufl. § 233 Rz 3; *Zöller/Greger* § 233 Rz 7 f.), schon gar nicht auf die Ausschlussfristen des § 5 Abs. 3 KSchG (vgl. *Gift/Baur* aaO). Ist die zweiwöchige Antragsfrist des § 5 Abs. 3 KSchG eine prozessuale Frist, wie zB das *LAG Hamm* annimmt (25.11.1980 EzA § 5 KSchG Nr. 7; 28.1.1982 BB 1982, 741 = MDR 1982, 435; 27.11.1986 LAGE § 5 KSchG Nr. 26; 24.11.1987 LAGE § 5 KSchG Nr. 31; 27.2.1988 LAGE § 130 BGB Nr. 11; 26.6.1995 LAGE § 5 KSchG Nr. 76; ebenso *Sächs. LAG* 5.10.2000 LAGE § 5 KSchG Nr. 101; *Vollkommer* Anm. LAGE § 5 KSchG Nr. 22), dann muss an sich konsequenterweise § 233 ZPO – analog – (vgl. *LAG Hamm* 26.6.1995 LAGE § 5 KSchG Nr. 76) anwendbar sein und (wobei der Arbeitnehmer sich die Unkenntnis des § 5 KSchG seitens seines Anwalts gem. § 85 Abs. 2 ZPO zurechnen lassen müsste, *LAG Hamm* 26.6.1995 LAGE § 5 KSchG Nr. 76) eine Wiedereinsetzung in den vorigen Stand zugelassen werden (so im Ergebnis *Stein/Jonas/Roth* § 233 Rz 59 f.), es sei denn, man nimmt mit *Otto* Anm. *BAG* 28.4.1983, EzA § 5 KSchG Nr. 20 [IV 3] an, § 233 ZPO zähle die Anwendungsfälle abschließend auf (ähnlich *Gift/Baur* aaO), oder hält § 5 KSchG für eine abschließende Regelung »wegen der sich aus § 7 ergebenden Wirkungen« (APS-*Ascheid* Rz 89).

e) Darlegung der Wahrung der Antragsfrist

124 Der Arbeitnehmer hat **darzulegen,** dass er die Antragsfrist des § 5 Abs. 3 KSchG gewahrt hat (*Löwisch* § 5 Rz 21; *Wenzel* MDR 1978, 277; *LAG Frankf.* 7.2.1985 ARSt 1985 Nr. 1134; *LAG BW* 4.4.1989 NZA 1989, 824; *LAG Köln* 8.11.1994 – 6 Ta 209/94 –, insoweit nicht in LAGE § 5 KSchG Nr. 70; *LAG Düssel.* 20.11.1995 ZIP 1996, 191 = KTS 1996, 181 = WiB 1996, 353; *Thür. LAG* 5.3.2001 LAGE § 5 KSchG Nr. 100). Dazu gehört gehört nicht nur die Darstellung des Hindernisses, sondern auch die Angabe des Zeitpunktes der Behebung des Hindernisses (*LAG Frankf.* 2.8.1977 – 5 Ta 77/77 – nv; *LAG Köln* 9.3.2006 – 14 Ta 21/06). Das *LAG München* (4.4.2006 – 3 Ta 64/06 – m. Anm. *Gravenhorst* jurisPR-ArbR 25/2006 Nr. 5) betont, dass es zur Zulässigkeit eines Antrags auf nachträgliche Zulassung der Kündigungsschutzklage gehört, dass die Tatsachen, aus denen sich die Einhaltung der Antragsfrist gem. § 5 Abs. 3 KSchG ergeben soll, im Antrag oder spätestens innerhalb dieser Frist dargelegt werden. Nur so kann geprüft werden, ob die Antragsfrist eingehalten worden ist. Dagegen braucht er die Einhaltung der Frist nicht innerhalb der Antragsfrist glaubhaft zu machen. § 5 KSchG enthält keine Vorschrift des Inhalts, dass die Innehaltung der Frist von zwei Wochen nach Beendigung des Hindernisses, innerhalb deren der Antrag nur zulässig ist, glaubhaft zu machen und die Mittel zur Glaubhaftmachung dieser Fristwahrung im Antrag anzugeben sind (*LAG Düssel.* 2.3.1971 DB 1971, 1120; *Gift/Baur* Das Urteilsverfahren vor den Gerichten für Arbeitssachen, 1993, E 231; *LAG Frankf.* 25.7.1991 LAGE § 5 KSchG Nr. 54 unter Hinweis auf § 236 Abs. 2 S. 1 ZPO, dem § 5 Abs. 2 KSchG nachgebildet sei, was schon von der Gesetzesgeschichte her unrichtig ist, vgl. *Stein/Jonas/Roth* 21. Aufl., § 236 vor Rz 1). Fehlt es an der Darlegung und Glaubhaftmachung, wann das Hindernis, das die Versäumung der Klagefrist des § 4 KSchG bewirkt hat, behoben war, so kann der Beginn der Zweiwochenfrist nach § 5 Abs. 3 KSchG nicht ermittelt und dementsprechend die Zulässigkeit des Antrags nicht festgestellt werden. Werden etwa Krankheit oder Arbeitsunfähigkeit als Hinderungsgrund geltend gemacht, so muss im Antrag dargelegt und jedenfalls im Laufe des Verfahrens glaubhaft gemacht werden, wann dieser Zustand endete

(*LAG BW* 26.5.1983 – 7 Ta 2/83 – nv). Wird überlange Postbeförderung geltend gemacht, ist der Zeitpunkt der Kenntnis vom verspäteten Eingang der Klageschrift vorzutragen (*Thür. LAG* 5.3.2001 – 7 Ta 3/2000 – juris).

f) Beweislast für die Wahrung der Antragsfrist

Der Kläger ist für die Behauptung glaubhaftmachungspflichtig, dass er den Antrag auf nachträgliche Zulassung der Klage zwei Wochen nach Behebung des Hindernisses gestellt hat (*LAG Hamm* 27.1.1954 AP 54 Nr. 121; *Thür. LAG* 5.3.2001 LAGE § 5 KSchG Nr. 100).

III. Nachträgliche Zulassung, wenn eine Frau von ihrer Schwangerschaft aus einem von ihr nicht zu vertretendem Grund erst nach Ablauf der Dreiwochenfrist des § 4 S. 1 KSchG Kenntnis erlangt hat, § 5 Abs. 1 S. 2 KSchG

§ 5 Abs. 1 S. 2 KSchG ist durch das Gesetz zu Reformen am Arbeitsmarkt v. 24.12.2003 (BGBl. I S. 3002, 3003) in das KSchG eingefügt worden. Der neue Satz 2 knüpft an § 9 Abs. 1 S. 1 MuSchG an. Nach dieser Bestimmung ist das Verstreichenlassen der Frist zur Mitteilung der Schwangerschaft unschädlich, wenn es auf einem nicht von der Frau zu vertretenden Grund beruht und die Mitteilung unverzüglich nachgeholt wird. Der Ausschuss für Wirtschaft und Arbeit hat eine derartige Regelung für erforderlich gehalten, weil die Klagefrist von drei Wochen nach der Neuregelung des § 4 S. 1 KSchG auch die Geltendmachung des absoluten Kündigungsverbots nach § 9 Abs. 1 MuSchG erfasst und § 5 Abs. 1 KSchG bislang auf den Fall der fehlenden Kenntnis eines Unwirksamkeitsgrundes der Kündigung nicht für anwendbar gehalten wurde (BT-Drs. 15/1587 S. 31). Hält man § 4 S. 4 KSchG hinsichtlich des § 9 Abs. 3 MuSchG nicht für einschlägig, so ist § 5 Abs. 1 S. 2 KSchG jedenfalls klarstellend berechtigt (*Bader* NZA 2004, 65, 68), wovon die hM bislang ausgegangen ist (vgl. zB BBDW-*Wenzel* § 4 KSchG Rz 135; *v. Hoyningen-Huene/Linck* § 4 Rz 64; ErfK-*Ascheid* § 4 Rz 58, § 5 Rz 36; *LAG Düsseld.* 10.2.2005 – 15 Ta 26/05 – NZA-RR 2005, 282). Nach der Entscheidung des *BAG* (3.7.2003 EzA § 113 InsO Nr. 14) läuft die Frist zur Anrufung des Arbeitsgerichts nach § 113 Abs. 2 InsO aF [durch § 4 S. 1 KSchG nF überflüssig geworden und daher aufgehoben, s.o. Rz 7d] iVm § 4 S. 4 KSchG zur Anrufung des Arbeitsgerichts, soweit die Kündigung der Zustimmung einer Behörde bedarf, erst von der Bekanntmachung der Entscheidung der Behörde an den Arbeitnehmer ab. Diese zu § 18 Abs. 1 S. 2 BErzGG ergangene Entscheidung lässt sich auf die §§ 85 ff. SGB IX übertragen, aber auch auf § 9 MuSchG, so dass § 5 Abs. 1 S. 2 KSchG als überflüssig erscheint. Man kann aber die gesetzliche Änderung auch so verstehen, dass § 5 Abs. 1 S. 2 KSchG die Ausnahme ist und in allen anderen Fällen der Lauf der Klagefrist nicht von der Kenntnis des Unwirksamkeitsgrundes abhängig ist (vgl. *Link/T. Dörfler* Arbeit und Arbeitsrecht 11/03, 18, 20f. und iE KR-*Friedrich* § 4 KSchG Rz 199 ff.). War dem Arbeitgeber bei Ablauf der Klagefrist die Schwangerschaft immer noch unbekannt, gilt die Kündigung ohne Rücksicht auf die fehlende behördliche Zustimmung und § 4 S. 4 KSchG als wirksam. Die nachträglich bekannt gewordene und erst nach Ablauf der Dreiwochenfrist mitgeteilte Schwangerschaft stellt allein einen Grund für die nachträgliche Klagezulassung dar, hindert hingegen trotz § 4 S. 4 KSchG nicht den Fristenlauf (*LAG Hamm* 22.9.2005 – 8 Sa 974/05 – juris zu 2 b der Gründe).

Für den Fall, dass die Arbeitnehmerin den Zulassungsgrund des § 5 Abs. 1 S. 2 KSchG geltend macht, genügt die bloße Feststellung, dass sie schwanger ist und dass die erstmalige Kenntniserlangung von der Schwangerschaft glaubhaft gemacht wird und bei fehlender positiver Kenntnis von der Schwangerschaft nicht zwingende Anhaltspunkte für das Bestehen einer Schwangerschaft vorgelegen haben, die es hätten als erforderlich erscheinen lassen können, sich durch geeignete Maßnahmen bereits zu einem früheren Zeitpunkt Gewissheit zu verschaffen (*LAG Düsseld.* 10.2.2005 – 15 Ta 26/05 – NZA-RR 2005, 382).

Voraussetzung für eine nachträgliche Zulassung der Kündigungsschutzklage ist, dass Kenntnis von den tatsächlichen Voraussetzungen des besonderen Kündigungsschutzes erst nach Ablauf von drei Wochen, gerechnet ab Zugang der Kündigung, erlangt wurde, dies aus einem nicht zu vertretenden Grund geschehen ist und binnen zwei Wochen gerechnet ab tatsächlicher Kenntniserlangung der Antrag auf nachträgliche Zulassung nachgeholt wird; zudem muss der Arbeitgeber unverzüglich benachrichtigt werden (*LAG BW* 15.8.2006 – 12 Ta 6/06: Zugang der Kündigung am 16.8., 2.9. »völlig überraschend« von der Schwangerschaft erfahren, 8.9. Antrag auf nachträgliche Zulassung und Unterrichtung des Arbeitgebers).

D. Das Verfahren

I. Die Entscheidung durch das ArbG durch Beschluss

126 Die Entscheidung über die nachträgliche Zulassung einer Kündigungsschutzklage trifft die vollbesetzte Kammer, also unter Hinzuziehung der ehrenamtlichen Richter (*Berrisch* FA-Spezial 2001, VI, VII), aber seit 1.5.2000 im Hinblick auf den § 5 Abs. 4 S. 1 KSchG angefügten Halbsatz nicht mehr notwendig aufgrund mündlicher Verhandlung (BBDW-*Wenzel* Rz 157; HaKo-*Gallner* Rz 70; jetzt auch ErfK-*Ascheid* 4. Aufl., Rz 28). Wird über die nachträgliche Zulassung ohne mündliche Verhandlung befunden, entscheidet der Vorsitzende deswegen nicht allein, weil § 5 Abs. 4 S. 1 KSchG als die gegenüber § 53 Abs. 1 S. 1 ArbGG speziellere Vorschrift anzusehen ist, die weitgehend § 48 Abs. 1 Nr. 2 ArbGG für Beschlüsse über den Rechtsweg und die örtliche Zuständigkeit entspricht (zutr. HaKo-*Gallner* § 5 Rz 70). Es bleibt aber bei einer Alleinentscheidungsbefugnis des Kammervorsitzenden, wenn beide Parteien die Alleinentscheidung des Vorsitzenden übereinstimmend beantragt haben und die Entscheidung in der an die Gütesitzung sich unmittelbar anschließenden Verhandlung erfolgen kann (§ 55 Abs. 3 ArbGG) (BBDW-*Wenzel* Rz 157; APS-*Ascheid* Rz 95; ErfK-*Ascheid* Rz 28; *Kittner/Däubler/Zwanziger* Rz 37; HK-*Hauck* Rz 64; *Schaub/Linck* § 136 III 2 Rz 60; SPV-*Vossen* Rz 1861; aA HaKo-*Gallner* Rz 70). Das folgt einmal daraus, dass das Zulassungsverfahren ein selbständiges Nebenverfahren ist (vgl. Rz 7), zum anderen es kaum verständlich wäre, wenn der nach § 55 Abs. 3 ArbGG ermächtigte Vorsitzende der Kammer des ArbG zwar wirksam über die Kündigungsschutzklage selbst, nicht aber über die Frage ihrer nachträglichen Zulassung entscheiden könnte. Daran hat sich durch § 5 Abs. 4 S. 1 ArbGG aF nichts geändert (zutr. *Kittner/Däubler/Zwanziger* Rz 37).

126a Der Antrag auf nachträgliche Zulassung, den der Kläger einer verspätet erhobenen Kündigungsschutzklage schriftsätzlich angekündigt hat, muss in der mündlichen Verhandlung auch tatsächlich gestellt werden (APS-*Ascheid* Rz 66; *Gift/Baur* Das Urteilsverfahren vor den Gerichten für Arbeitssachen 1993, E 254; aA HaKo-*Gallner* Rz 26). Andernfalls darf das Gericht nicht über ihn entscheiden. Es muss davon ausgehen, dass der Kläger ihn nicht aufrechterhalten hat (*LAG Frankf.* 25.8.1980 EzA § 5 KSchG Nr. 10). Der Antrag ist als zurückgenommen anzusehen. Allerdings hätte ein richterlicher Hinweis nahe gelegen, ob der nicht in der Klageschrift, sondern in einem anderen Schriftsatz angekündigte Antrag nicht doch gestellt werden solle.

126b Erfährt der Arbeitnehmer erst im Gütetermin von der Verfristung seiner Klage, kann ein Antrag auf nachträgliche Zulassung der Klage nebst Begründung und eventueller Glaubhaftmachung im Gütetermin gestellt werden; er ist in das Protokoll aufzunehmen, § 160 Abs. 2 ZPO (*LAG Nürnberg* 5.1.2004 EzA-SD 2004 Nr. 4,7).

127 Die Entscheidung ergeht stets durch Beschluss, nicht durch Urteil (BAG 14.10.1982 EzA § 5 KSchG Nr. 19; 25.10.2001 EzA § 5 KSchG Nr.33; *v. Hoyningen-Huene/Linck* Rz 28). Eine Inzidenter-Entscheidung über den Zulassungsantrag im Urteil des Kündigungsschutzprozesses ist wegen § 5 Abs. 4 S. 1 KSchG nicht statthaft (zutr. *Rewolle/Bader* Rz 6). Der Beschluss ist mit der Rechtsmittelbelehrung zu versehen (§ 9 Abs. 5 ArbGG), dass bei Zurückweisung des Antrags des Arbeitnehmers der Kläger, bei nachträglicher Zulassung der Kündigungsschutzklage der beklagte Arbeitgeber sofortige Beschwerde innerhalb der Notfrist – eine Notfrist ist unabänderlich und kann nicht verlängert werden – von zwei Wochen schriftlich beim ArbG einlegen oder zur Niederschrift der Geschäftsstelle des ArbG erklären kann. Die Einlegung der sofortigen Beschwerde innerhalb der Notfrist beim LAG genügt zur Wahrung der Frist. Zu den Rechtsfolgen bei Unterbleiben der Belehrung vgl. Rz 152.

128 Abweichend kann nach *LAG Bln.* (27.8.1976 BB 1976, 1920 unter Hinweis auf *Lepke* AuR 1970, 9) jedenfalls dann, wenn ein Zulassungsantrag nur hilfsweise gestellt ist, eine Entscheidung über den Zulassungsantrag zugleich mit dem Urteil ergehen (s.a. Rz 166).

129 Zu dem Fall, dass das ArbG über die Zulassung oder Nichtzulassung der Klage statt durch Beschluss durch Urteil entschieden hat, vgl. Rz 153.

130 Ist nicht durch die ordnungsgemäß besetzte Kammer oder durch den Vorsitzenden allein ohne Antrag gem. § 55 Abs. 3 ArbGG über den Antrag auf nachträgliche Zulassung der Kündigungsschutzklage durch Beschluss entschieden worden, so stellt sich die Frage der **Nichtigkeit** dieser Entscheidung. Der Beschluss über einen Antrag auf nachträgliche Zulassung der Kündigungsschutzklage, den der Vorsitzende ohne die Voraussetzungen des § 55 Abs. 3 ArbGG trifft, ist nach Auffassung des *LAG Stuttg.* (16.10.1953 BB 1953, 888) von einem nicht ordnungsgemäß besetzten Gericht erlassen worden und deshalb nichtig. In analoger Anwendung des § 577 Abs. 2 S. 2 ZPO ist in einem solchen Fall die sog.

Zulassung verspäteter Klagen § 5 KSchG

Nichtigkeitsbeschwerde mit verlängerter Beschwerdefrist als gegeben anzusehen (arg. § 551 Nr. 1 ZPO).

Geprüft wird in der **mündlichen Verhandlung oder seit 1.5.2000 auch ohne mündliche Verhandlung,** 131 ob der Antrag auf nachträgliche Zulassung zulässig ist.

Der Zulassungsantrag ist **zulässig,** wenn Begründung und Bezeichnung der Mittel der Glaubhaftma- 132 chung, die Klageerhebung gegeben sind und die Antragsfrist (des § 5 Abs. 3 S. 1 bzw. des § 5 Abs. 3 S. 2 KSchG) gewahrt ist. Ist das nicht der Fall, so wird der Antrag durch **Beschluss als unzulässig verworfen** (*LAG Düsseld.* 21.3.1985 NZA 1986, 404; 20.11.1995 ZIP 1996, 191 = KTS 1996, 181 = WiB 1996, 353; *LAG Hamm* 31.1.1985 ARSt 1985 Nr. 38; *LAG BW* 14.2.1990 LAGE § 130 BGB Nr. 13; *Thür. LAG* 5.3.2001 LAGE § 5 KSchG Nr.100; *Hess. LAG* 4.12.2002 – 15 Ta 203/02; anders *LAG Köln* 31.7.1990 LAGE § 5 KSchG Nr. 48, wenn das ArbG zunächst für den Zeitpunkt des Zugangs der Klage Beweis erhoben hat, zu dem Ergebnis kam, die Klage sei verspätet, und in Konsequenz dessen auf den rechtzeitig angebrachten und allerdings ohne Angabe der Mittel der Glaubhaftmachung begründeten Antrag zurückkommt, zweifelhaft, wenn der Antrag begründet werden konnte, konnten auch die Mittel der Glaubhaftmachung bezeichnet werden oder ergeben sich – mittelbar – aus der Begründung.

Ist der Antrag nach § 5 KSchG zulässig, so prüft das ArbG, ob der Antrag sachlich **begründet** ist. Dabei 133 geht es nur darum, ob die die nachträgliche Zulassung begründen sollenden Tatsachen die nachträgliche Zulassung der Klage rechtfertigen und ob die dafür entscheidenden Tatsachen ausreichend glaubhaft gemacht sind. Das Verfahren betrifft allein die Frage, ob die – unterstellt – verspätete Klage nachträglich zuzulassen ist, weil der Arbeitnehmer nach erfolgter Kündigung trotz Anwendung aller ihm nach Lage der Umstände zuzumutenden Sorgfalt an der rechtzeitigen Klageerhebung gehindert gewesen ist (zutr. *LAG Köln* 17.4.1997 – 10 Ta 57/79; 17.8.2001 – 7 Ta 47/01 – RzK I 10d Nr.109; *LAG RhPf* 14.7.2004 – 8 Ta 140/04 – NZA-RR 2005, 274, 25.2.2005 – 8 Ta 6/05; jetzt auch *LAG Hamm* 5.8.2004 – 1 Ta 421/04; 18.11.2005 – 1 Ta 571/05; s.a. Rz 134). Prüfungsgegenstand ist nur die Frage des Verschuldens (zutr. *LAG SA* 22.10.1997 LAGE § 5 KSchG Nr. 92; *LAG Düsseld.* 10.2.2005 – 15 Ta 26/05 – NZA-RR 2005, 382; *LAG BW* 15.8.2006 – 12 Ta 6/06 – zu 1a der Gründe). Daraus folgt:

Nicht zu prüfen ist im Rahmen des Verfahrens über die nachträgliche Zulassung der Klage, ob der Ar- 134 beitnehmer überhaupt unter das KSchG fällt, ob also die Voraussetzungen des § 1 Abs. 1, der §§ 13, 14, 23 Abs. 1, 25 KSchG vorliegen (*LAG Düsseld.* 13.4.1956 AP Nr. 7 zu § 4 KSchG 1951 mit eingehender Begründung; *LAG Kiel* 22.1.1953 AP 53 Nr. 161 = BB 1953, 283). Es ist nicht zu prüfen, ob der Arbeitgeber eine Erklärung abgegeben hat, die der Arbeitnehmer als Kündigung ansehen konnte (*LAG RhPf* 14.7.2004 – 8 Ta 140/04 – NZA-RR 2005, 274), ob dem Kläger überhaupt eine schriftliche Kündigung zugegangen ist (*LAG Bln.* 4.11.2004 – 6 Ta 1733/04 – LAGE § 5 KSchG Nr. 109) oder ob in der Zusendung der Arbeitspapiere eine Kündigung zu sehen ist oder ob der Arbeitnehmer im gegenseitigen Einvernehmen ausgeschieden ist (*LAG Bln.* 11.12.1964 AP Nr. 11 zu § 4 KSchG 1951; *LAG Frankf.* 16.2.1965 BB 1965, 496; 26.2.2003 – 15 Ta 598/02; *LAG BW* 26.3.1965 BB 1965, 669; auszugehen ist von der Klagebehauptung des Klägers). Prüfungsgegenstand ist auch nicht die Frage, ob die streitige Kündigungserklärung dem »wirklichen« Arbeitgeber zuzurechnen ist (*LAG Köln* 20.12.2001 RzK I 10d Nr. 113). Nicht zu behandeln im Verfahren über die nachträgliche Zulassung ist die Frage, ob der Antragsteller durch die Unterzeichnung einer Ausgleichsquittung (vgl. dazu KR-*Friedrich* § 4 KSchG Rz 302 ff.) auf den Kündigungsschutz verzichtet hat. Alles das gehört in das Urteilsverfahren über den Hauptantrag (zutr. *LAG BW* 16.2.1981 – 7 Ta 10/80 – nv). Nicht zu prüfen ist zB auch, wann die – schriftliche – Kündigung dem Arbeitnehmer zugegangen ist (*LAG Bln.* 19.1.1987 LAGE § 5 KSchG Nr. 27; 4.11.2004 LAGE § 5 KSchG Nr. 109; *LAG Köln* 4.3.1996 LAGE § 5 KSchG Nr. 75 [12]; *Hess. LAG* 26.2.2003 – 15 Ta 598/02; 17.2.2006 – 15 Ta 578/04 – m. wohl zust. zusammenfassender Anm. *Göhle-Sander* jurisPraxis-Reportextra 2005, 163; jetzt auch *LAG Hamm* 25.10.2005 – 1 Ta 653/05; vgl. unten Rz 156a, 158), als zugegangen zu behandeln ist (*LAG Hamm* 9.5.2005 – 1 Ta 72/06), ob eine ordnungsgemäße, rechtzeitige Klageeinreichung gegeben war (*LAG Köln* 9.8.2005 – 2 Ta 242/05), also ob die Klage überhaupt verspätet, die Klagefrist versäumt war (*LAG Hamm* 6.11.1987 LAGE § 5 KSchG Nr. 39; 31.7.1990 LAGE § 5 KSchG Nr. 48; 18.11.2005 – 1 Ta 571/05; 17.8.2001 EzA-SD 2001 Nr. 22, 8 = RzK I 10d Nr. 109; *LAG Hmb.* 11.4.1989 LAGE § 5 KSchG Nr. 47; *LAG BW* 8.3.1988 LAGE § 5 KSchG Nr. 37 m. insoweit zust. Anm. *Löwisch*; 13.2.1992 – 8 Ta 15/92 – nv; 26.8.1992 LAGE § 5 KSchG Nr. 58; 10.7.1996 – 9 Ta 12/96; *LAG SA* 22.10.1997 LAGE § 5 KSchG Nr. 92; *LAG Düsseld.* 17.7.2002 – 15 Ta 291/02). **Das folgt** entgegen *LAG Hamm* 22.3.1984 MDR 1984, 611 f. = DB 1984, 1584, 7.11.1985 LAGE § 5 KSchG Nr. 22 (betr. die Frage, ob eine vorsorglich angegriffene Kündigung überhaupt ausgesprochen ist), 19.6.1986 LAGE § 5 KSchG Nr. 24 (betr. die Frage, ob ein Auszubildender den Vorschriften des KSchG, hier § 4 KSchG, unterliegt),

25.2.1988 LAGE § 130 BGB Nr. 11 (betr. Zugang der Kündigung), 24.3.1988 LAGE § 5 KSchG Nr. 32 (betr. Zugang der Kündigung, anders 31.8.1989 – 8 Ta 300/89 – und 28.6.2000 LAGE § 263 ZPO Nr.1 – betr. vorsorgliche Parteierweiterung auf der Passivseite: Keine Prüfung im Beschwerdeverfahren, ob eine Berichtigung des Rubrums der Ausgangsklage zulässig ist, Abweichung von 4.11.1996 LAGE § 5 KSchG Nr. 84 – was indes nicht gelten soll, wenn die Frist des § 5 Abs. 3 S. 1 KSchG nicht eingehalten worden ist, dann soll die Prüfung, ob eine umstrittene Kündigung tatsächlich ausgesprochen worden ist, dem Verfahren der Hauptsache vorbehalten bleiben, 27.11.1986 LAGE § 5 KSchG Nr. 26 –, *LAG SA* 24.1.1995, LAGE § 5 KSchG Nr. 69 – betr. Feststellung der Fristversäumung bzw. der Rechtzeitigkeit der Klageerhebung mit Bindungswirkung; 23.2.1995 LAGE § 4 KSchG Nr. 26 betr. Fristwahrung durch Einreichung der Kündigungsschutzklage beim Amtsgericht; *LAG Nürnberg* 8.10.2001 NZA-RR 2002, 212) **daraus**, dass die nachträgliche Zulassung nach § 5 KSchG schon nach ihren verfahrensmäßigen Möglichkeiten (lediglich zwei Instanzen, erleichterte Beweisführung durch Glaubhaftmachung, **aA** allerdings *LAG Hamm* 22.3.1984 DB 1984, 1584; vgl. *Wenzel* AuR 1976, 328 [6]; diff. *ders.* in: BBDW Rz 192 ff. iVm Rz 160; vgl. Rz 156a, 158 ff.) nicht geeignet ist, auch Streitfragen des Hauptverfahrens wie Rechtzeitigkeit der Klageerhebung und damit zusammenhängende, unter Umständen schwierige Probleme hinsichtlich des Zeitpunkts des Zugangs der Kündigung oder des Eingangs der Klage bei Gericht überhaupt und schon gar nicht **mit Bindungswirkung** auch für das Hauptverfahren zu entscheiden. Die erleichterte Beweisführung im Verfahren nach § 5 KSchG ist ersichtlich auf die Frage beschränkt, ob die – etwa – verspätete Klageerhebung verschuldet ist, so dass im Übrigen jedenfalls der Strengbeweis gelten müsste. Es bleibt dann aber immer noch der Verlust der Möglichkeit einer Überprüfung durch die dritte Instanz hinsichtlich der Frage, die an sich Teil des Hauptverfahrens ist, nämlich, ob die Klage zutreffend als unbegründet abgewiesen wurde, weil die Kündigung gem. §§ 4, 7 KSchG wirksam (geworden) ist. Das Verfahren über die nachträgliche Zulassung dient damit allein der Klärung der Frage, ob die verspätete Klageerhebung verschuldet ist. Die Prüfung bezieht sich allein auf die Frage, ob eine – etwa – verspätete Klage nachträglich zuzulassen ist mit der Folge, dass sich entgegen *BAG* (28.4.1983 EzA § 5 KSchG Nr. 20; 5.4.1984 EzA § 5 KSchG Nr. 21) und *LAG Hamm* (aaO) die Bindungswirkung **allein** darauf beschränkt und auch nicht die Feststellung der Verspätung der Rechtskraft fähig ist (dem *BAG* folgen *Schaub/Linck* § 136 III 6 Rz 66; SPV-*Vossen* Rz 1871; BBDW-*Wenzel* Rz 195; KPK-*Ramrath* Teil H § 5 Rz 22 ff. diff. *Otto* Anm. *BAG* 28.4.1983 aaO; vgl. auch *Herschel* Anm. *BAG* 5.4.1984 AR-Blattei D, Kündigungsschutz Entsch. 250 [3]; *Klevemann* Anm. *LAG Hamm* 25.2.1988 LAGE § 130 BGB Nr. 11 [B]; wie hier *Grunsky* Anm. *BAG* 28.4.1983 AP Nr. 4 zu § 5 KSchG 1969; *v. Hoyningen-Huene/Linck* § 5 Rz 34; *Löwisch/Spinner* § 5 Rz 36; *Backmeister/Trittin* Rz 20; APS-*Ascheid* Rz 104; ErfK-*Ascheid* Rz 30; HK-*Hauck* Rz 68; gegen *LAG Hamm* auch *Vollkommer* Anm. LAGE § 5 KSchG Nr. 22, 24 in Verfolg seiner »prozessualen Auffassung«; s.u. Rz 156a, 158). Bei der Entscheidung des Antrags nach § 5 KSchG wird die Versäumung der Dreiwochenfrist des § 4 S. 1 KSchG unterstellt; die Bindungswirkung eines Beschlusses erstreckt sich nur darauf, ob Gründe für eine nachträgliche Klagezulassung vorliegen oder nicht. Bleibt der Antrag auf nachträgliche Zulassung erfolglos und lag der Zeitpunkt des Zugangs der Kündigungserklärung entsprechend der Behauptung und dem Beweisantritt des Arbeitgebers und dem Ergebnis der Beweisaufnahme so, dass bei Eingang der Klage die Klagefrist abgelaufen war, so ist die Klage als unbegründet abzuweisen.

134a Ob die Arbeitnehmerin sich mit Erfolg auf den besonderen Kündigungsschutz aus § 9 Abs. 1 MuSchG berufen kann, ist eine Frage, die im Hauptsacheverfahren zu klären ist, wobei dort auch zu entscheiden ist, ob sie im Zeitpunkt des Kündigungszugangs bereits schwanger war oder nicht. Macht die Arbeitnehmerin den Zulassungsgrund des § 5 Abs. 1 S. 2 KSchG geltend (s.o. Rz 125a), genügt im Nichtzulassungsbeschwerdeverfahren, dass sie schwanger ist. Auf die streitige Frage, ab wann genau der Eintritt der Schwangerschaft anzunehmen ist, kommt es im Verfahren der nachträglichen Zulassung nicht an. Etwaige Feststellungen in diesem Zusammenhang sind der inneren Rechtskraft nicht fähig (s.u. Rz 155), andernfalls wird die Hauptsachefrage der etwa gegebenen Rechtsunwirksamkeit der Kündigung nach § 9 Abs. 1 MuSchG in das Verfahren um die nachträgliche Zulassung verlagert. Bestreitet der Arbeitgeber die Schwangerschaft nicht, sondern nur den Zeitpunkt ihres Eintritts, kann sie sich auf den Zulassungsgrund des § 5 Abs. 1 S. 2 KSchG berufen (*LAG Düssseld.* 10.2.2005 – 15 Ta 26/05 – NZA-RR 2005, 382). Auf die Frage, ob die Klagefrist des § 4 S. 1 KSchG überhaupt in Gang gesetzt worden ist oder ob § 4 S. 4 KSchG einschlägig ist, wobei der streitige Zeitpunkt der der Kenntnis des Arbeitgebers von der Schwangerschaft seiner Arbeitnehmerin ist, kommt es für das Verfahren der nachträglichen Zulassung nicht an (*LAG Hamm* 18.11.2005 – 1 Ta 571/05: Die Arbeitnehmerin war durch ein Anschreiben der nach Zugang der Kündigung eingeschalteten Behörde iSd § 9 Abs. 3 S. 1 MuSchG davon abgehalten worden, Erkundigungen vor Ablauf der Klagefrist einzuholen; dazu s. Rz 64, 64a).

Allerdings gehört zur Schlüssigkeit des Vorbringens beim Antrag auf nachträgliche Zulassung (vgl. 135
zum Begriff der Schlüssigkeit auch KR-*Friedrich* § 4 KSchG Rz 159), dass der Antragsteller und Kläger
die Voraussetzungen des KSchG wenigstens behauptet und sei es auch nur inzidenter (*LAG Kiel*
22.1.1953 aaO; *LAG Mannheim* 9.4.1954 AP Nr. 2 zu § 4 KSchG 1951; *LAG Düsseld.* 13.4.1956 aaO; *LAG
Hamm* 10.2.1961 BB 1961, 677), bei der Geltendmachung von anderen von § 4 S. 1 KSchG, § 13 Abs. 1,
Abs. 2, Abs. 3 KSchG erfaßten Gründen wenigstens einen dieser.

Trägt der Antragsteller und Kläger selbst Tatsachen vor, aus denen sich ergibt, dass das KSchG gar 136
nicht eingreift, so ist der Antrag **unzulässig**: § 5 KSchG ist nicht anwendbar, weil schon nach dem eigenen Vorbringen des Klägers eine Kündigungsschutzklage nicht vorliegen kann (*LAG Nürnberg*
23.7.1993 LAGE § 5 KSchG Nr. 64).

Hat die Prüfung nach obigen Gesichtspunkten ergeben, dass der Antrag **sachlich begründet** ist, so ist 137
dem Antrag auf nachträgliche Zulassung durch Beschluss stattzugeben: »Die Kündigungsschutzklage
wird nachträglich zugelassen« und es wird ggf. – etwa auf Antrag des Rechtsanwalts für die Gebührenberechnung – der Gegenstandswert gem. § 12 Abs. 7 ArbGG festgesetzt (s.u. Rz 178).

Ergibt die Prüfung, dass der Antrag nicht begründet ist, so wird der Antrag durch Beschluss als unbe- 138
gründet zurückgewiesen und ggf. – etwa auf Antrag des Rechtsanwaltes für die Gebührenberechnung
– der Gegenstandswert gem. § 12 Abs. 7 ArbGG festgesetzt (s.u. Rz 178).

Das Gericht darf nur **Mittel zur Glaubhaftmachung** verwerten, die in der mündlichen Verhandlung 139
sofort verfügbar sind. Die Beweisaufnahme muss sofort erfolgen können (*Knorr/Bichlmeier/Kremhelmer*
Kap. 11 Rz 62). Die eidesstattlichen Versicherungen, das angebotene Sachverständigengutachten, die
ärztlichen Atteste, amtlichen Auskünfte und sonstige Unterlagen sind spätestens in der mündlichen
Verhandlung vorzulegen. Benannte Zeugen sind in die Sitzung zu stellen (*LAG München* 3.11.1975
aaO; *LAG Düsseld.* 9.3.1971 DB 1972, 52; *LAG BW* 8.3.1988 LAGE § 5 KSchG Nr. 37; *LAG Köln* 12.12.1996
– 11 Ta 228/96; *LAG Saarl.* 27.6.2002 NZA-RR 2002, 488; **aA** *LAG Hamm*, vgl. *Wenzel* aaO).

Die **Herbeischaffung der Mittel zur Glaubhaftmachung** ist Sache des Antragstellers (*LAG BW* 140
8.3.1988 LAGE § 5 KSchG Nr. 37).

Der **Vorsitzende der Kammer des ArbG ist berechtigt, aber nicht verpflichtet**, gem. § 56 ArbGG von 141
der Partei benannte Zeugen durch **vorbereitende Verfügung** zum Termin zu laden oder sonstige von
der Partei bezeichnete Mittel der Glaubhaftmachung durch vorbereitende Verfügung herbeizuschaffen, etwa eine Auskunft der Deutschen Post AG über die normalen Brieflaufzeiten vom Ort A zum Ort
B. Die Entscheidung darüber, ob derartige vorbereitende Maßnahmen getroffen werden, steht im
pflichtgemäßen Ermessen des Vorsitzenden der Kammer des ArbG (*LAG München* 3.11.1975 aaO; *LAG
Düsseld.* 9.3.1971 aaO; s.a. Rz 142).

Stellt der Antragsteller den Zeugen nicht im maßgebenden Kammertermin oder **bleibt** der von der 142
Partei benannte und aufgrund vorbereitender Verfügung des Vorsitzenden durch das Gericht geladene **Zeuge im Kammertermin aus,** so ist eine **Vertagung zur späteren Beweisaufnahme unzulässig.**
Die momentane Nichtverfügbarkeit des Mittels zur Glaubhaftmachung geht zu Lasten des Antragstellers. Das ergibt sich aus § 294 Abs. 2 ZPO (*LAG München* 3.11.1975 aaO; *LAG Düsseld.* 9.3.1971 aaO;
LAG BW 8.3.1988 aaO). Die entsprechende Anwendung des § 294 ZPO ist regelmäßig möglich, wenn
eine mündliche Verhandlung – wie hier seit dem 1.5.2000 durch § 5 Abs. 4 S. 1 KSchG nF – entbehrlich
ist (vgl. *Baumbach/Lauterbach/Albers/Hartmann* § 294 Rz 2).

§ 5 Abs. 2 KSchG fordert nur die **Glaubhaftmachung.** Glaubhaftmachung ist eine Beweisführung, die 143
dem Richter einen geringeren Grad von Wahrscheinlichkeit vermitteln soll (*RG* 26.10.1926 JW 1927,
1309); der Gesetzgeber verlangt vom Antragsteller keineswegs den vollen Beweis (*LAG Bln.* 4.1.1982
EzA § 5 KSchG Nr. 13).

Die Hinderungsgründe, die der rechtzeitigen Klageerhebung entgegengestanden haben sollen, sind 144
also **nicht mit an Sicherheit grenzender Wahrscheinlichkeit nachzuweisen.** Bei der Würdigung der
angeführten Mittel zur Glaubhaftmachung darf nicht ein zu enger Maßstab angelegt werden (*BBDW-
Wenzel* mit Nachw. aus der Rspr. des *LAG Hamm* in Fn. 44, 45).

So kann das Gericht **ärztliche Arbeitsunfähigkeitsbescheinigungen als Mittel der Glaubhaftma-** 145
chung frei würdigen, auch wenn sie nicht den formellen Anforderungen einer schriftlichen Zeugenaussage gem. § 377 Abs. 3 ZPO genügen (*LAG München* 3.11.1975 aaO).

146 Bei der Würdigung **eidesstattlicher Versicherungen** ist besondere Sorgfalt geboten (*LAG BW* 15.2.1965 DB 1965, 366).

147 **Eidesstattliche Versicherungen des Antragstellers,** die als Mittel der Glaubhaftmachung zwar zulässig sind, sind mit besonderer Sorgfalt auf ihren tatsächlichen Überzeugungswert hin zu prüfen (*LAG München* 3.11.1975 aaO; 14.7.1977 DB 1978, 260; *LAG Köln* 12.12.1996 – 11 Ta 228/96; *LAG RhPf* 27.7.2005 – 2 Ta 148/05). Eine eidesstattliche Versicherung muss eine eigene Darstellung der glaubhaft zu machenden Tatsachen enthalten und darf sich nicht in einer Bezugnahme auf Schriftsätze des Prozessvertreters erschöpfen, soll sie nicht wertlos sein (*LAG Köln* aaO). Die eidesstattliche Versicherung einer Partei ist nur **ein** Mittel der Glaubhaftmachung, um die Richtigkeit ihres Sachvortrages gegenüber dem Gericht zu bekräftigen. Die eidesstattliche Versicherung der Partei wird häufig leichtfertig abgegeben, meist befangen, und ist im Grunde nichts als eine eindringliche Parteierklärung (*LAG Bln.* 4.1.1982 aaO; *Baumbach/Lauterbach/Albers/Hartmann* § 294 Rz 7). Die pauschale Bezugnahme auf den Schriftsatz des Prozessbevollmächtigten mit der Bestätigung, dass dessen Tatsachenbehauptungen richtig sind, genügt daher (*ArbG Stuttg.* 5.4.1993 AuR 1993, 222) nicht (vgl. auch *Zöller/Greger* § 294 Rz 4). Erhebliche Bedenken bestehen, wenn der Prozessbevollmächtigte einen Vorgang bestätigt, von dem er selbst keine unmittelbare Kenntnis haben kann, etwa ein Telefonat einer Kanzleiangestellten mit dem Mandanten. Er kann allenfalls dasjenige vom Hörensagen bestätigen, was die Angestellte ihm erzählt hat (*LAG Nürnberg* 29.9.2004 – 6 Ta 101/04 – AR-Blattei ES 160.7 Nr.224 = LAGReport 2004, 381 = ZIP 2004, 2207 obiter). Erforderlich wäre eine eidesstattliche Versicherung der Kanzleiangestellten gewesen (vgl. *Treber* Anm JurisPR-ArbR 12/2005 Anm. 4 sub E.).

148 In Fällen der **Säumnis** gilt folgendes:

148a Erscheint im **Gütetermin** der Kläger nicht, der einen Antrag auf nachträgliche Zulassung der Kündigungsschutzklage angekündigt hatte, **so ist auf Antrag des Arbeitgebers die Kündigungsschutzklage durch Versäumnisurteil im Ganzen abzuweisen** (*Reinecke* NZA 1985, 243; *LAG Hamm* 4.11.1996 LAGE § 5 KSchG Nr. 81, **aA** HaKo-*Gallner* Rz 72b: Im Gütetermin ist das Alleinentscheidungsrecht des Vorsitzenden durch das zuvor durch die Kammer zu entscheidende Zulassungsgesuch »gesperrt«, der Vorsitzende müsse Kammertermin bestimmen, die Kammer könne vorher ohne mündliche Verhandlung über den Zulassungsantrag beschließen). Eine Entscheidung über den Zulassungsantrag ergeht nicht. Der Vorsitzende darf sie auch gar nicht allein erlassen (s.o. Rz 126). Legt der Arbeitnehmer **rechtzeitig Einspruch** gegen das klageabweisende Versäumnisurteil ein, so ist **nach Prüfung des Einspruchs zunächst über den Antrag auf nachträgliche Zulassung zu entscheiden,** dann über die Kündigungsschutzklage (*Seydel* BB 1957, 439).

Entscheidet der Vorsitzende entgegen dem Vorstehenden durch Beschluss über den Antrag auf nachträgliche Zulassung allein – eine Alleinentscheidungsbefugnis durch den Vorsitzenden besteht aber nach der Änderung des § 5 Abs. 4 S. 1 KSchG nicht (s.o. Rz 126) und wird Beschwerde eingelegt, bedarf es jedenfalls dann keiner Zurückverweisung, wenn der Arbeitnehmer die Antragstellung im Beschwerdeverfahren nachholt und der Beschluss des Vorsitzenden richtig war (vgl. *Zöller/Gummer* § 575 Rz 12) oder die Sache entscheidungsreif war (*LAG Hamm* 4.11.1996 LAGE § 5 KSchG Nr. 81).

Erscheint der beklagte Arbeitgeber nicht, so darf ein der Kündigungsschutzklage stattgebendes Versäumnisurteil auf Antrag des Arbeitnehmers gegen den Arbeitgeber nur dann ergehen, wenn das ArbG die Kündigungsschutzklage für rechtzeitig hält. Ist das nicht der Fall, muss (die Sache im Gütetermin an die Kammer abgegeben und) durch die Kammer über die Frage der nachträglichen Zulassung der Kündigungsschutzklage durch Beschluss entschieden werden, unabhängig davon, ob der beklagte Arbeitgeber säumig ist oder nicht (zutr. *ArbG Hanau* 18.1.1996 NZA-RR 1996, 409, 410), wobei im Falle der Säumnis der Vortrag des Beklagten sowie seine etwaige eidesstattliche Versicherung außer Betracht bleiben sollen (*Reinecke* NZA 1985, 244; *LAG BW* 12.8.1991 aaO). Nimmt der Arbeitnehmer im Gütetermin das Gesuch auf nachträgliche Zulassung der Kündigungsschutzklage zurück und beantragt Versäumnisurteil gegen den nicht erschienenen Arbeitgeber, so ergeht dieses, wenn die Kündigungsschutzklage zulässig, nicht verspätet und der Sachvortrag des Klägers schlüssig ist. Ist das nicht der Fall, wird der Antrag durch unechtes Versäumnisurteil abgewiesen. Hält der Vorsitzende aufgrund des Vertrages des Klägers die Verfristung der Kündigungsschutzklage für möglich, muss er Termin zur mündlichen Verhandlung vor der Kammer bestimmen und durch Auflagenbeschluss zu weiterem klärenden Sachvortrag anhalten.

148b Erscheint der Kläger im Kammertermin nicht, für den er den Antrag auf nachträgliche Zulassung seiner Kündigungsschutzklage angekündigt hatte, wird über den Zulassungsantrag nicht entschieden.

Die Kündigungsschutzklage ist auf Antrag des Beklagten durch Versäumnisurteil – durch den Vorsitzenden, § 55 Abs. 1 Nr. 4 ArbGG – abzuweisen (APS-*Ascheid* Rz 101; HK-*Hauck* Rz 72). Stellt der Beklagte keinen Antrag auf Erlass eines Versäumnisurteils, kann die Kammer über den Antrag auf nachträgliche Zulassung befinden, § 5 Abs. 4 S. 1 KSchG. Der Vorsitzende wird zweckmäßigerweise einen Kammertermin zur Behandlung der Kündigungsschutzklage erst nach Rechtskraft des Beschlusses anberaumen. Beantragt der Beklagte eine Entscheidung nach Lage der Akten, so hat der Vorsitzende ein Alleinentscheidungsrecht (§ 55 Abs. 1 Nr. 4 ArbGG), wenn die Voraussetzungen für eine Entscheidung nach Lage der Akten gegeben sind (§§ 331a, 251a ZPO iVm § 46 Abs. 2 ArbGG), die Güteverhandlung als Teil der mündlichen Verhandlung reicht aus (arg. § 54 Abs. 2 ArbGG; *LAG* Bln. 3.2.1997 LAGE § 251a ZPO Nr. 1; *LAG Frankf.* 31.10.2000 MDR 2001, 517; **aA** die Kommentare zum ArbGG, zB GK-ArbGG/*Schütz* § 55 Rz 18; BCF-*Creutzfeldt* § 55 Rz 9, § 59 Rz 29). § 5 Abs. 4 S. 1 KSchG nF steht nicht entgegen. Wenn der Vorsitzende bei der Aktenlageentscheidung allein über die Kündigungsschutzklage entscheiden kann, muss das auch für den Antrag auf nachträgliche Zulassung der Kündigungsschutzklage gelten.

Ist der Arbeitgeber im Kammertermin säumig, für den der Kläger seinen Antrag auf nachträgliche Zulassung der Kündigungsschutzklage angekündigt hatte, so ergeht, wenn es auf dem Zulassungsantrag nach Auffassung des Vorsitzenden nicht ankommt, weil die Klage rechtzeitig ist, ein der Kündigungsschutzklage stattgebendes Versäumnisurteil gegen den Beklagten oder unechtes Versäumnisurteil gegen den Kläger, wenn der Sachvortrag im Übrigen nicht schlüssig ist, durch den Vorsitzenden. Andernfalls wird der Antrag zurückgewiesen und die Verhandlung vertagt (§§ 333–335 ZPO). Kommt es auf den Zulassungsantrag an, entscheidet die Kammer über den Zulassungsantrag des Klägers durch Beschluss; der Vorsitzende bestimmt Kammertermin nach Rechtskraft des Beschlusses. Beantragt der Kläger Entscheidung nach Lage der Akten, so entscheidet der Vorsitzende allein über die Kündigungsschutzklage, wenn es auf den Zulassungsantrag nicht ankommt. Kommt es auf ihn an, entscheidet er allein über diesen. Nimmt der Kläger seinen Antrag auf nachträgliche Zulassung der Kündigungsschutzklage zurück und beantragt er Versäumnisurteil gegen den Beklagten, gilt im Ergebnis nichts anderes: Dieses Versäumnisurteil ergeht oder aber ein unechtes Versäumnisurteil gegen den Kläger. Ist das nicht möglich, wird der Antrag zurückgewiesen und die Verhandlung vertagt. Beantragt er nach Rücknahme des Zulassungsantrags eine Entscheidung nach Lage der Akten, ergeht eine solche, wenn die Voraussetzungen vorliegen, andernfalls wird der Antrag zurückgewiesen und die Verhandlung vertagt.

II. Die Rechtsmittel gegen den Zulassungs-/Nichtzulassungsbeschluss des ArbG

1. Sofortige Beschwerde

§ 5 Abs. 4 S. 2 KSchG sieht **gegen den Beschluss des ArbG** im Verfahren über die nachträgliche Kündigungsschutzklage die **sofortige Beschwerde** vor.

Beschwerdeberechtigt ist die im Verfahren um die nachträgliche Zulassung der Kündigungsschutzklage **unterlegene Partei**. Hat das ArbG den Antrag des Arbeitnehmers auf nachträgliche Zulassung der Klage als unzulässig verworfen oder als unbegründet zurückgewiesen, so ist der Arbeitnehmer beschwerdeberechtigt. Hat das ArbG die Kündigungsschutzklage des Arbeitnehmers nachträglich zugelassen, so ist der Arbeitgeber beschwerdeberechtigt.

Die Beschwerde ist binnen einer **Notfrist von zwei Wochen** beim LAG oder ArbG mit Schriftsatz oder zu Protokoll der Geschäftsstelle einzulegen, § 569 ZPO. Die Notfrist beginnt nur zu laufen, wenn der anzufechtende Beschluss mit der richtigen Rechtsmittelbelehrung versehen ist (§ 9 Abs. 5 S. 3 und S. 4 ArbGG). Ist die Rechtsmittelbelehrung unrichtig, etwa wegen des Hinweises dass der Kläger die sofortige Beschwerde »innerhalb einer Frist von einem Monat« einlegen könne, so hat das nach § 9 Abs. 5 S. 3 ArbGG zur Folge, dass die gesetzlich an sich vorgesehene Einlegungsfrist nicht begonnen hat. Es ist dann nur die nach § 9 Abs. 5 S. 4 ArbGG einzuhaltende Jahresfrist zu wahren (*LAG RhPf* 20.1.2005 – 10 Ta 258/04). Nach *LAG Nürnberg* (29.9.2004 – 6 Ta 101/04 – AR-Blattei ES 160.7 Nr.224 = ZIP 2004, 2207 = LAGReport 2004, 381) kann ein vor Insolvenzeröffnung gefasster Beschluss nach § 5 KSchG nach Insolvenzeröffnung an die nicht von der Insolvenz betroffene Partei wirksam zugestellt werden (§ 249 Abs. 3 ZPO in entsprechender Anwendung), lediglich die Beschwerdefrist laufe während der Unterbrechung des Verfahrens nicht an, sondern erst nach Beendigung der Unterbrechung (§ 249 Abs. 1 ZPO), durch Aufnahme des Prozesses durch den Insolvenzverwalter, einer erneuten Zustellung des Beschlusses bedürfe es nicht (zust. *Moll* EWiR 2005, 237). Richtiger Ansicht nach bedarf es einer erneuten Zustellung, die die Beschwerdefrist in Lauf setzt (zutr. *Treber* Anm. JurisPR-ArbR 12/2005 Anm. 4). Gegen die Versäumnis der Notfrist ist **Wiedereinsetzung in den vorigen Stand möglich** (§ 233 ZPO). Zwar können im Beschwerdeverfahren grds. neue Tatsachen und Beweise vorgebracht werden (§ 571 Abs. 2 S. 1 ZPO). Das gilt aber nicht für das Verfahren der Zulassung verspäteter Klagen gem. § 5 KSchG. Das folgt daraus, dass der Antrag auf nachträgliche Zulassung innerhalb der Antragsfrist begründet werden muss (§ 5 Abs. 2, Abs. 3 KSchG; s.o. Rz 81 f.). Nach Ablauf der Frist kann der Antrag nicht mehr mit Erfolg auf einen neuen Sachvortrag gestützt werden, es sei denn, es handelt sich um Klarstellungen, Konkretisierungen (*LAG Brem.* 7.12.1988 DB 1988, 814 = RzK I 10d Nr. 21), Ergänzungen oder Berichtigungen des bisherigen Vortrags. Es handelt sich bei § 5 Abs. 3 KSchG um eine Ausschlussfrist, die als Sonderregelung dem § 571 Abs. 2 S. 1 ZPO vorgeht (vgl. *LAG BW* 7.11.1990 – 9 Ta 16/90 – nv; 26.8.1992 LAGE § 5 KSchG Nr. 58). Eine den Sachvortrag konkretisierende in der Beschwerdeinstanz vorgelegte eidesstattliche Versicherung muss berücksichtigt werden (*LAG Brem.* 7.12.1988 aaO; BBDW-*Wenzel* § 5 Rz 171). Auf der anderen Seite besteht kein Begründungszwang (§ 571 Abs. 1 ZPO).

151a Das Arbeitsgericht hat zunächst nach § 572 Abs. 1 S. 1 1. Hs. ZPO (dazu *Schneider* MDR 2003, 253; *OLG Stuttg.* 27.8.2002 –15 Ta 12/02 – MDR 2003, 110), § 78 S. 1 ArbGG eine **Abhilfeentscheidung** zu treffen (**aA** *LAG SA* 7.8.2003 – 11 Ta 205/03 – unter Hinweis auf die besondere Ausgestaltung des Verfahrens auf nachträgliche Zulassung einer verspätet eingereichten Kündigungsschutzklage, bestätigt 8.3.2006 – 11 Ta 3/05; dem folgt *LAG RhPf* 17.8.2004 – 11 Ta 101/04; ähnlich *LAG Bln.* 4.11.2004 LAGE § 5 KSchG Nr. 109: Wegen der prozessualen Besonderheiten des Zulassungsverfahrens gem. § 5 KSchG; *LAG Hmb.* 11.11.2005 LAGE § 5 KSchG Nr. 111; nach *Thür. LAG* 10.12.2004 LAGE § 5 KSchG Nr. 110 kann das Beschwerdegericht »die Sache zur ordnungsgemäßen Entscheidung über die Abhilfe zurückgeben oder in der Sache selbst entscheiden«, wobei offen bleibt, wann »durchentschieden« wird und wann nicht). Damit diese ergehen kann, ist die unmittelbar bei dem LAG eingelegte Beschwerde dem Arbeitsgericht zuzuleiten (**aA** *LAG Hamm* 25.10.2005 – 1 Ta 653/05: Bei Einlegung der sofortigen Beschwerde beim Rechtsmittelgericht ist das Abhilfeverfahren entbehrlich unter Hinweis auf *Zöller/ Gummer* ZPO § 572 Rz 4; ähnlich *LAG Köln* 1.3.2006 LAGE § 5 KSchG Nr. 112 für den Fall, dass unmittelbar eingelegte Beschwerde zurückgewiesen wird). Zu der (Nicht-)Abhilfeentscheidung ist die Kammer berufen, die nach *LAG Bln.* (15.2.2006 LAGE § 623 BGB 2002 Nr. 5) allerdings nicht in derselben Besetzung entscheiden muss, die den angefochtenen Beschluss erlassen hat, vielmehr diejenigen ehrenamtlichen Richter an der Beschlussfassung zu beteiligen sind, die nach dem Geschäftsverteilungsplan zuständig sind (ebenso *LAG Köln* 10.3.2006 LAGE § 111 ArbGG 1979 Nr. 4 = NZA-RR 2006, 319; **aA** *ArbG Bln.* 28.3.2006 – 30 Ca 1905/05; *Thür. LAG* 10.12.2004 LAGE § 5 KSchG Nr. 110), es sei denn, der Vorsitzende hatte nach § 55 Abs. 3 ArbGG allein über den Antrag nach § 5 Abs. 1 KSchG entschieden, in diesem Fall ist er gem. § 572 Abs. 1 S. 1 ZPO auch zur Abhilfeentscheidung berufen (SPV-*Vossen* Rz 1866). Hat der Vorsitzende bei einer Beschwerde gegen einen durch die Kammer ergangenen Beschluss ohne Heranziehung ehrenamtlicher Richter der Beschwerde nicht abgeholfen, so ist nach *LAG BW* (7.8.2002 LAGReport 2003, 150) die Sache unter Aufhebung der Nichtabhilfeentscheidung an das ArbG zum Zwecke der Herbeiführung einer Entscheidung durch die Kammer zurückzuverweisen. Bei fehlerhaftem Abhilfeverfahren kann nach *LAG Bln.* (15.2.2006 LAGE § 623 BGB 2002 Nr. 5) das Beschwerdegericht selbst in der Sache entscheiden. Sieht das Arbeitsgericht von einer Nichtabhilfeentscheidung ab und legt es die sofortige Beschwerde unmittelbar dem LAG zur Entscheidung vor, sieht das *LAG Köln* (10.3.2006 – 3 Ta 47/06) »aus Gründen der Verfahrensvereinfachung von einer formellen Zurückverweisung zur Vornahme der an sich gebotenen Abhilfeprüfung« ab.

151b Hält das ArbG die sofortige Beschwerde gegen seinen Beschluss über den Antrag auf nachträgliche Zulassung der Kündigungsschutzklage für begründet, so hilft es ihr ab. Eine abändernde Entscheidung kann nur ergehen, wenn dem Gegner zuvor rechtliches Gehör gewährt wurde.

151c Hält das ArbG die sofortige Beschwerde für unzulässig oder unbegründet, ergeht Beschluss dahin, dass der Beschwerde nicht abgeholfen und die Beschwerde vorgelegt wird. Der Beschluss ist zu begründen, wenn die Beschwerde neues Vorbringen enthält, auf das einzugehen ist. Ob der Beschluss mitzuteilen ist, wenn er sich in der Nichtabhilfe und der Vorlage an das LAG erschöpft, wird nicht einheitlich beantwortet (§ 329 Abs. 2 S. 1 ZPO), aber empfohlen.

151d Wird nicht abgeholfen, ist die Beschwerde unverzüglich dem LAG vorzulegen (§ 572 Abs. 1 S. 1 2. Hs. ZPO, § 78 S. 1 ArbGG). Mit der Vorlage wird die Sache beim LAG anhängig. Eine nachträgliche Abhilfe ist nicht möglich.

Bringt der Beschwerdeführer keine Gründe vor, die die Unrichtigkeit des angegriffenen Beschlusses 151e
ausmachen sollen, so hat das Beschwerdegericht gleichwohl den Beschluss aufgrund des erstinstanzlichen Vortrages des Beschwerdeführers zu überprüfen (vgl. *BAG* 16.1.1991 EzA § 13 ArbGG 1979 Nr. 1 [zu II 3 der Gründe]).

Über die Beschwerde entscheidet das LAG durch Beschluss, und zwar entscheidet nach – fakultativer 151f
– mündlicher Verhandlung (in der die Parteien nach Maßgabe des § 11 Abs. 2 ArbGG vertreten sein müssen, worauf sie hinzuweisen sind) der Vorsitzende allein ohne Hinzuziehung ehrenamtlicher Richter, § 78 S. 3 ArbGG (*LAG Köln* 18.2.2005 – 9 Ta 452/04; krit. BBDW-*Wenzel* Rz 177 ff.). Der auf mündliche Verhandlung ergehende Beschluss ist zu verkünden.

Ein bestimmter Beschwerdeantrag ist nicht erforderlich. Es muss nur erkennbar sein, dass und inwie- 151g
fern eine Abänderung der angegriffenen Entscheidung verlangt wird.

Die Beschwerdeschrift ist förmlich zuzustellen (§ 270 ZPO). Der Beschwerdegegner hat Anspruch auf rechtliches Gehör, jedenfalls dann, wenn die Entscheidung des ArbG zu seinen Ungunsten abgeändert werden soll. Das geschieht durch das Setzen einer Frist (§ 571 Abs.3 S. 1 ZPO), in der Angriffs- und Verteidigungsmittel vorgebracht werden können.

Eine mündliche Verhandlung bietet sich an, wenn eine Wiederholung der Beweisaufnahme erster Instanz für erforderlich gehalten wird oder eine unterbliebene Beweisaufnahme nachzuholen ist (vgl. BBDW-*Wenzel* Rz 175).

Für den Lauf der Notfrist von zwei Wochen für die sofortige Beschwerde gegen den Beschluss des 152
ArbG im Verfahren über die nachträgliche Kündigungsschutzklage ist noch folgendes zu beachten: Dem Beschluss des ArbG ist eine **Rechtsmittelbelehrung** beizufügen. § 9 Abs. 5 ArbGG, der die Erteilung einer Rechtsmittelbelehrung für alle mit einem befristeten Rechtsmittel anfechtbaren Entscheidungen anordnet, ist auf das Verfahren über die nachträgliche Zulassung der Kündigungsschutzklage anzuwenden. Fehlt die Rechtsmittelbelehrung über das Rechtsmittel »sofortige Beschwerde« (§ 5 Abs. 4 KSchG) oder wurde eine unrichtige Rechtsmittelbelehrung erteilt, beginnt die Beschwerdefrist von zwei Wochen nicht zu laufen (*LAG Bln.* 11.12.1964 AP Nr. 11 zu § 4 KSchG 1951; *LAG München* 28.11.1974 AMBl. 1976, C 33; HaKo-*Gallner* Rz 75; APS-*Ascheid* Rz 112; *v. Hoyningen-Huene/Linck* Rz 29; *Löwisch/Spinner* Rz 33; HK-*Hauck* Rz 75; *Lepke* AuR 1970, 112).

Maßgebend für die Rechtzeitigkeit der sofortigen Beschwerde ist der Eingang bei Gericht. 152a

Die Einlegung der sofortigen Beschwerde unterliegt nicht dem Vertretungszwang (Rechtsanwalt, Ver- 152b
treter der Gewerkschaft oder eines Arbeitgeberverbandes). Nur für die etwaige mündliche Verhandlung vor dem LAG über die sofortige Beschwerde gilt der Vertretungszwang des § 11 Abs. 2 ArbGG wie im Berufungsverfahren.

Gegenstand des Beschwerdeverfahrens ist nur, ob der Antrag auf nachträgliche Zulassung in zulässi- 152c
ger Weise gestellt worden ist und ob die Voraussetzungen für die nachträgliche Zulassung gegeben sind, also ob die – etwaige – Verspätung der Klageerhebung verschuldet war oder nicht (zutr. *LAG Hmb.* 11.4.1989 LAGE § 5 KSchG Nr. 47) und nicht etwa der Zugang der Kündigungserklärung usw. (s.o. Rz 134).

Es bedarf einer Beschwer. Diese ist gegeben, wenn der Antrag auf nachträgliche Zulassung als unzu- 152d
lässig oder unbegründet verworfen bzw. zurückgewiesen wurde oder – aus der Sicht des Arbeitgebers – wenn dem Antrag auf nachträgliche Zulassung entsprochen wurde oder wenn der Antrag des Arbeitnehmers zu Unrecht als unzulässig angesehen wurde, etwa weil das ArbG von einer rechtzeitigen Klageerhebung iSd § 4 KSchG ausgegangen ist, und der Arbeitgeber darauf beharrt, dass die nachträgliche Zulassung – etwa mangels Glaubhaftmachung eines ausreichenden Zulassungsgrundes – unbegründet sei (*LAG Hamm* 25.2.1988 LAGE § 130 BGB Nr. 11 [zu II 1 der Gründe]).

Eine Anschlussbeschwerde ist möglich (§ 567 Abs.3 ZPO). 152e

Die Rücknahme der Beschwerde ist bis zur Beendigung des Verfahrens – Zustellung bzw. Verkündung 152f
der Beschwerdeentscheidung – möglich; der Gegner muss nicht einwilligen. Die Rücknahmeerklärung unterliegt nicht dem Vertretungszwang, auch wenn eine mündliche Verhandlung durchgeführt wurde.

Die Beschwerde wird als unzulässig verworfen, wenn sie nicht statthaft ist, es an der Beschwer fehlt 152g
(dazu s.o. Rz 152d), die vorgeschriebene Form nicht gewahrt oder die zweiwöchige Beschwerdefrist

nicht eingehalten und eine Wiedereinsetzung in den vorigen Stand gegen die Versäumung der Beschwerdefrist nicht gewährt wurde.

152h Ist die Beschwerde zulässig, aber unbegründet, wird sie **zurückgewiesen**. Ist die Beschwerde zulässig und begründet, sind mehrere Entscheidungsmöglichkeiten gegeben. Hatte das ArbG die nachträgliche Zulassung der Kündigungsschutzklage verweigert und hält das LAG den Antrag für begründet, **hebt es den arbeitsgerichtlichen Beschluss auf und gewährt die nachträgliche Zulassung**. Hatte das ArbG dem Antrag auf nachträgliche Zulassung der Kündigungsschutzklage entsprochen und hält das LAG ihn für unbegründet, **so hebt das LAG den arbeitsgerichtlichen Beschluss auf und weist den Antrag zurück**. Es ist aber auch **die Aufhebung des angegriffenen arbeitsgerichtlichen Beschlusses und die Zurückverweisung der Sache an das ArbG** möglich (vgl. zB *LAG BW* 7.8.2002 – 15 Ta 12/02 – LAGReport 2003, 150), arg. § 572 Abs. 3 ZPO. Das bietet sich an, wenn das ArbG den Antrag nach Auffassung des LAG unzutreffend als unzulässig angesehen hat oder Verfahrensverstöße vorliegen oder das ArbG den Antrag aus formellen Gründen zurückgewiesen hat. § 68 ArbGG steht nicht entgegen. Diese Bestimmung greift für das Beschwerdeverfahren nicht ein (*LAG BW* 7.8.2002 aaO; GK-ArbGG/*Vossen* § 68 Rz 9; GK-ArbGG/*Wenzel* § 78 Rz 105; BCF-*Friedrich* § 78 Rz 6; BBDW-*Wenzel* Rz 184 mwN). Zur Frage einer **ersatzlosen Aufhebung** des angegriffenen arbeitsgerichtlichen Beschlusses s.u. Rz 158.

2. Rechtsmittel bei Entscheidung des ArbG über den Antrag auf nachträgliche Zulassung der Kündigungsschutzklage durch Urteil statt durch Beschluss

153 Hat das ArbG entgegen § 5 Abs. 4 S. 1 KSchG durch **Urteil anstatt** durch Beschluss über den Antrag auf nachträgliche Zulassung der Kündigungsschutzklage entschieden, so gilt folgendes: Gegen dieses Urteil ist sowohl die **Berufung** als auch die **sofortige Beschwerde** gegeben. Die betreffende Partei darf durch den Fehler des Gerichts nicht benachteiligt werden. Die von der betroffenen Partei etwa **eingelegte Berufung ist als sofortige Beschwerde** zu behandeln (*LAG Düsseld.* 2.4.1976 EzA § 5 KSchG Nr. 2; APS-*Ascheid* Rz 123; *Schaub* § 136 II 4 Rz 51; **aA** *LAG München* 9.7.1952 AMBl. 1953 C 13 = BB 1953, 174, das nur die Berufung für gegeben hält). Entscheidet das ArbG über einen Antrag auf nachträgliche Zulassung einer Kündigungsschutzklage **und** über die Kündigungsschutzklage **einheitlich durch Urteil**, so ist als Rechtsmittel sowohl die Berufung als auch die sofortige Beschwerde statthaft (*LAG Bln.* 18.4.1979 BB 1980, 891; *BAG* 14.10.1982 EzA § 5 KSchG Nr. 19). Wird nur das Rechtsmittel der Berufung eingelegt, muss das LAG zweispurig vorgehen: Soweit die Berufung als sofortige Beschwerde iSd § 5 Abs. 4 S. 2 KSchG anzusehen ist, hat es über die nachträgliche Zulassung durch Beschluss und im Übrigen über die Berufung gegen das arbeitsgerichtliche Urteil über die Kündigungsschutzklage durch Urteil zu entscheiden. Das ist der Weg, mit dem der Verfahrensfehler des ArbG korrigiert werden kann. Es darf nicht über Beschwerde und Berufung einheitlich durch Urteil entschieden (*BAG* 14.10.1982 aaO; 28.4.1983 EzA § 5 KSchG Nr. 20; s.a. Rz 173a).

3. Kein Rechtsmittel gegen den Beschluss des LAG

153a Gegen den Beschluss des LAG über die Beschwerde iSd § 5 Abs. 4 S. 2 KSchG ist ein Rechtsmittel nicht gegeben. Sie ist auch nach der zum 1.1.2002 in Kraft getretenen Änderung des Beschwerderechts (§§ 567 ff. ZPO; § 78 ArbGG) nicht statthaft. Eine Zulassung der Rechtsbeschwerde kommt nicht in Betracht, weil das in § 5 KSchG geregelte Verfahren über die nachträgliche Zulassung von Kündigungsschutzklagen nur zwei Instanzen kennt (*BAG* 20.8.2002 EzA § 5 KSchG Nr. 34, bestätigt von *BAG* 15.9.2005 – 3 AZB 48/05 – NZA-RR 2006, 211 [mit krit. Anm. *Treber* jurisPR-ArbR 27/2006 Nr. 6: »Abhilfe kann hier nur der Gesetzgeber schaffen«; ähnlich *Gravenhorst* NZA 2006, 1199, 1202] unter Verwerfung der vom *LAG Nds.* 13.7.2005 – 10 Ta 409/05 – LAGReport 2005, 281 mit zust. Anm. *Schwab* zugelassenen Rechtsbeschwerde als unzulässig, weil unstatthaft, gegen das BAG *Schwab* NZA 2002, 1378; *Plathe* Thesenpapier 12.11.2002; *Dietermann/Gaumann* NJW 2003, 799; *Rummel* NZA 2004, 418 FN 5 »angreifbar«; *Düwell/Lipke/Treber* ArbGG, 2. Aufl., § 78 Rz 52; wie BAG: GK-ArbGG/*Wenzel* § 78 Rz 121). Die Zulassung eines Rechtsmittels führt nicht zu dessen Statthaftigkeit (*BAG* 25.10.2001 – 2 AZR 340/00, 15.9.2005 – 3 AZB 48/05 – aaO). Allerdings kommt eine entsprechende Anwendung des § 321a ZPO in Betracht, wenn der Anspruch auf rechtliches Gehör verletzt wurde (vgl. *LAG RhPf* 28.5.1997 LAGE Art. 103 GG Nr. 2). Im Übrigen ist im Falle der Verletzung von Verfahrensgrundsätzen die fristgebundene Gegenvorstellung entsprechend § 321a ZPO möglich.

Zur **außerordentlichen Beschwerde** sei auf BBDW-*Wenzel* Rz 191 ff. und auf GK-ArbGG/*Wenzel* § 78 Rz 12, 132 ff. verwiesen.

III. Rechtsmittel bei Entscheidung des LAG durch Urteil statt durch Beschluss über die (als Beschwerde zu behandelnde) Berufung gegen das arbeitsgerichtliche Urteil, mit dem über die nachträgliche Zulassung der Kündigungsschutzklage entschieden wurde

Entscheidet auch das LAG über den Antrag nach § 5 KSchG durch Urteil und lässt es außerdem die Revision zu, so schafft diese Zulassung der Revision keine weitere Überprüfungsmöglichkeit durch das BAG; die Revisionszulassung ist trotz § 72 Abs. 3 ArbGG für das BAG nicht bindend (*BAG* 14.10.1982 EzA § 5 KSchG Nr. 19; 25.10.2001 EzA § 5 KSchG Nr.33, in einem Fall, in dem das *LAG SA* 28.3.2000 – 11 Sa 494/99 – einen erstmals in der Berufungsinstanz gestellten Antrag auf nachträgliche Zulassung wegen Versäumung der Frist des § 5 Abs. 3 S. 2 KSchG abschlägig im Urteil verbeschied, weil das Zulassungsverfahren in der Sache nicht mehr durchgeführt werden könne, eine Zurückverweisung an das ArbG sei wegen dieser »Vorfrage« eine reine »Förmelei«, vgl. Rz 167). Durch ein gesetzeswidriges Verhalten wird ein weiteres Rechtsmittel nicht eröffnet. Die Revision ist unzulässig, soweit sie sich gegen die Ablehnung der nachträglichen Zulassung der Kündigungsschutzklage richtet (vgl. auch *BGH* 1.4.1954 LM § 252 ZPO Nr. 1; 16.1.1973 ZMR 1973, 269 [II] zu § 148 ZPO).

153b

E. Die Folgen des rechtskräftig gewordenen Beschlusses über die nachträgliche Zulassung der Kündigungsschutzklage

I. Bei nachträglicher Zulassung der Kündigungsschutzklage

Ist die **Kündigungsschutzklage durch rechtskräftig gewordenen Beschluss nachträglich zugelassen,** so ist die Ausschlusswirkung durch die Fristversäumung **beseitigt.** Die verspätete Kündigungsschutzklage wird als rechtzeitig angesehen. Die Folge der – etwaigen – Nichteinhaltung der Frist – das Wirksamwerden der Kündigung nach § 7 KSchG – tritt nicht ein. Der Weg ist frei, die Kündigung darauf zu überprüfen, ob sie sozial gerechtfertigt ist (§ 1 KSchG) oder ob die Voraussetzungen für eine fristlose Kündigung (§ 626 BGB) gegeben sind oder ob ein von § 4 S. 1 KSchG erfasster Rechtsunwirksamkeitsgrund der Kündigung vorliegt.

154

Die Bindungswirkung des dem Antrag nach § 5 KSchG stattgebenden Beschlusses erstreckt sich nur darauf, dass Gründe für eine nachträgliche Zulassung vorliegen (vgl. Rz 134, 156a, 158).

II. Bei Zurückweisung des Antrages auf nachträgliche Zulassung der Kündigungsschutzklage

Ist die **nachträgliche Zulassung** der Kündigungsschutzklage **rechtskräftig verweigert,** so ist damit über die Kündigungsschutzklage noch nicht entschieden. Sie bleibt zulässig. Sie ist aber wegen Versäumung der Dreiwochenfrist als unbegründet abzuweisen (vgl. Rz 7), es sei denn, es liegt einer der Fälle vor, in denen nicht nur die nachträgliche Zulassung fraglich war. Denn dann kann, auch wenn die nachträgliche Zulassung nicht (mehr) in Betracht kommt, die Kündigungsschutzklage doch noch erfolgreich sein, zB, wenn sich in der Beweisaufnahme herausstellt, dass die Klage noch rechtzeitig erhoben worden war (vgl. Rz 134, 156a, 158). Die Bindungswirkung eines den Antrag nach § 5 KSchG zurückweisenden Beschlusses bezieht sich nur darauf, dass keine Gründe für eine nachträgliche Zulassung vorliegen (so zutr. *LAG BW* 13.2.1992 – 8 Ta 15/92 – nv gegen *BAG* 28.4.1983 u. 5.4.1984, EzA § 5 KSchG Nr. 20 u. 21; vgl. Rz 134).

155

Der Kläger kann aber noch bis zum Schluss der letzten mündlichen Verhandlung in der Tatsacheninstanz vorbringen, die Kündigung sei aus von § 4 S. 1 KSchG nicht erfassten Gründen unwirksam (vgl. *LAG Stuttg.* 8.12.1953 BB 1954, 288). Trägt der Kläger dergleichen nicht vor oder sind andere Unwirksamkeitsgründe nach Auffassung des Gerichts nicht gegeben, so ist die Klage als unbegründet abzuweisen (vgl. KR-*Friedrich* § 4 KSchG Rz 217 ff.).

156

III. Bindung an einen Beschluss nach § 5 KSchG gem. §§ 318, 557 Abs. 2 ZPO

Die Berufungskammer des LAG ist im Kündigungsschutzprozess in entsprechender Anwendung des § 318 ZPO an den Beschluss der Beschwerdekammer gebunden, aber entgegen *BAG* (28.4.1983 EzA § 5 KSchG Nr. 20; 5.4.1984 EzA § 5 KSchG Nr. 21) beschränkt auf die Frage, ob die verspätete Klageerhebung verschuldet ist: Ist der Antrag auf nachträgliche Zulassung der Kündigungsschutzklage auf die Beschwerde des Arbeitgebers in der Beschwerdeinstanz zurückgewiesen worden, so steht damit rechtskräftig fest, dass die – etwaige – Verspätung verschuldet war, hat die Beschwerdekammer auf Beschwerde des Arbeitnehmers hin die Klage nachträglich zugelassen, so steht damit rechtskräftig fest,

156a

dass die – etwa – verspätete Klage unverschuldet verspätet erhoben wurde. Andere, das Hauptverfahren betreffende Fragen sind mit dem Verfahren der nachträglichen Zulassung nach § 5 KSchG nicht abschließend geklärt (*LAG SA* 22.10.1997 LAGE § 5 KSchG Nr. 92; *Hess. LAG* 26.2.2003 – 15 Ta 598/02; **aA** *Dütz/Kronthaler* Anm. zu *LAG Hamm* 7.11.1985 AP Nr. 8 u. § 5 KSchG 1969 mwN; BBDW-*Wenzel* Rz 195; vgl. im Übrigen Rz 134 und 158). Auch für das Revisionsgericht tritt eine entsprechende Bindungswirkung ein, § 557 Abs. 2 ZPO (*BAG* 28.4.1983 EzA § 5 KSchG Nr. 20 zu § 548 ZPO aF).

F. Einzelfragen

I. Die Behandlung des Zulassungsantrages bei Streit um die Frage, ob die Voraussetzungen des KSchG gegeben sind und ob die Dreiwochenfrist versäumt wurde

156b Das besondere Verfahren der nachträglichen Zulassung bereitet Schwierigkeiten, wenn die Voraussetzungen des Kündigungsschutzes (Zahl der idR beschäftigten Arbeitnehmer, § 23 KSchG, Voraussetzung des § 1 KSchG) im Streit sind. Selbst wenn in solchen Fällen das ArbG der Auffassung ist, die Voraussetzungen seien nicht gegeben, sollte es darauf hinwirken, dass der Antrag auf nachträgliche Zulassung der Klage jedenfalls hilfsweise gestellt wird, und zwar für den Fall, dass das LAG oder das BAG anderer Auffassung sein sollten (*Staudinger/Nipperdey/Mohnen/Neumann* 11. Aufl., Vorbem. 140 zu § 620 BGB, S. 1548).

157 Häufig ist streitig, ob der Kläger die **Klagefrist von drei Wochen überhaupt versäumt** hat. Das ist der Fall bei Streit um den Zugang der Kündigung und bei Streit um die Frage der Ordnungsgemäßheit der Klage nach § 253 ZPO. Ist die Klage fristgerecht ordnungsgemäß erhoben, so fehlt dem Antrag auf nachträgliche Zulassung das Rechtsschutzinteresse (s.o. Rz 100 ff.). Geht die Kündigung am 3.6. zu, geht die Klage vom 24.6. am 25.6. laut Eingangsstempel ein, wird nachträgliche Zulassung beantragt, weil die Klage am 24.6. 15.00 Uhr in den Tag-und-Nacht-Briefkasten des ArbG eingeworfen worden sei, und weist das ArbG den Antrag als unbegründet zurück, weil der Einwurf in den Briefkasten am 24.6. nicht bewiesen sei, so ist die mit der Begründung eingelegte Beschwerde, ein Zeuge habe zum Einwurf in den Briefkasten gehört werden müssen, mit der Maßgabe zurückzuweisen, dass der Antrag auf nachträgliche Zulassung als unzulässig verworfen wird, weil der Arbeitnehmer sich nicht einmal hilfsweise eines Sachverhalts berühmt hat, der die nachträgliche Zulassung der Kündigungsschutzklage rechtfertigen könnte. Das Verfahren auf nachträgliche Zulassung der Klage ist nicht dazu da zu prüfen, ob die Klagefrist versäumt ist oder nicht, das ist Gegenstand des Hauptverfahrens, Gegenstand des Verfahrens nach § 5 KSchG ist allein die Klärung der Frage, ob die – ggf. unterstellte – verspätete Klageerhebung vom Antragsteller verschuldet war oder nicht. Und nicht mehr (zutr. daher *LAG BW* 16.1.1987 – 5 Ta 28/86 – nv; *LAG MV* 27.7.1999 LAGE § 5 KSchG Nr. 95; *LAG Köln* 9.8.2005 – 2 Ta 242/05 – betr. fraglichen Eingangs einer unterschriebenen Klage bei Gericht). Entsprechendes gilt auch für die Zugangsfälle. Streiten sich die Parteien über den Zeitpunkt des Zugangs der Kündigungserklärung, darf dieser Streit nicht in das Verfahren über die nachträgliche Zulassung verlagert werden. Das ArbG stellt die Weichen: Hält es die Klage für rechtzeitig, entscheidet es in der Hauptsache. Hält es die Klage für verspätet, entscheidet es über den etwa gestellten Antrag nach § 5 KSchG.

158 Ist das ArbG der Auffassung, die Klage sei rechtzeitig erhoben, so ist **über den Antrag** auf nachträgliche Zulassung gar **nicht zu entscheiden.** Er ist als Hilfsantrag für den Fall aufzufassen, dass das ArbG zu dem Ergebnis kommt, die Klage sei verspätet (*BAG* 28.4.1983 EzA § 5 KSchG Nr. 20; 5.4.1984 EzA § 5 KSchG Nr. 21; *LAG Bln.* 20.8.1991 LAGE § 4 KSchG Nr. 19; *LAG Frankf.* 13.2.1987 – 13 Ta 170/86 – nv; *LAG Hamm* 25.2.1988 LAGE § 130 BGB Nr. 11; 24.3.1988 LAGE § 5 KSchG Nr. 32; 4.11.1996 LAGE § 5 KSchG Nr. 84; *LAG SA* 23.2.1995 LAGE § 4 KSchG Nr. 26 [II 3]; *LAG Nürnberg* 8.10.2001 NZA-RR 2002, 212 [B 3]; zutr. *Dütz/Kronthaler* Anm. *LAG Hamm* 7.11.1985 AP Nr. 8 zu § 5 KSchG 1969; *Vollkommer* Anm. *LAG Hamm* 7.11.1985 LAGE § 5 KSchG Nr. 22; *Otto* Anm. *BAG* 28.4.1983, aaO; SPV-*Vossen* Rz 1870; **aA** *LAG BW* 31.10.1986 – 5 Sa 53/86 – nv; 8.3.1988 LAGE § 5 KSchG Nr. 37 m. insoweit abl. Anm. *Löwisch*; 4.4.1989 NZA 1989, 823 [824]; 26.8.1992 LAGE § 5 KSchG Nr. 58). Dies allerdings nicht in dem Sinne, dass zunächst abschließend entschieden wird, ob zB die Klage verspätet ist, sondern nur in dem Sinne, dass es auf den Antrag ankommt, wenn das ArbG zu dem – vorläufigen – Ergebnis gelangt, die Klage sei verspätet oder könne verspätet sein (anders der Leitsatz 1 zu *LAG Köln* 31.7.1990 LAGE § 5 KSchG Nr. 48, der in den Gründen keine Stütze findet). Nur dann ist über den Antrag zu entscheiden, und zwar durch Beschluss, nicht durch Urteil (**aA** *ArbG Bln.* 27.8.1976 DB 1976, 1920 unter Hinweis auf *Lepke* AuR 1970, 109; vgl. dazu Rz 136, 166). Verwirft das ArbG gleichwohl den Antrag als unzulässig durch Beschluss, kann erfolgreich sofortige Beschwerde eingelegt werden mit dem Ziel, den Beschluss ersatzlos aufzuheben (*LAG Frankf.* 13.2.1987 aaO; *LAG Hamm* 25.2.1988 aaO [II 2a für den Fall der ausdrücklichen Formulierung des Zulassungsantrags als Hilfsantrag]; 24.3.1988 aaO; zutr. *Dütz/Kronthaler* Anm. *LAG Hamm* 7.11.1985 aaO). Verwirft das ArbG den Antrag auf nachträgliche Zulassung der Kündigungsschutzklage als unzulässig wegen Versäumung der Antragsfrist des § 5 Abs. 3 S. 1 KSchG, ohne deutlich zu machen, ob es die Klage möglicherweise für verspätet hält (so ist der Sachverhalt bei *Hess. LAG* 24.8.2004 LAGE § 5 KSchG Nr. 108b zu verstehen), so ist der in der Sache für richtig gehaltene Beschluss nicht aufzuheben und die Sache an das ArbG zurückzuverweisen zur erneuten Entscheidung, wenn »aus der Sicht des Arbeitsgerichts klar ist, dass die Kündigungsschutzklage verspätet erhoben ist«, wie das *Hess. LAG* meint, sondern es ist die Beschwerde als unbegründet zurückzuweisen (zutr. *Gravenhorst* Anm. zu *Hess. LAG* aaO unter 4.). Verfolgt der Arbeitnehmer den Antrag auf nachträgliche Zulassung weiter, obwohl nach Abschluß des Hauptverfahrens rechtskräftig feststeht, dass das Arbeitsverhältnis nicht durch Kündigung, sondern durch Fristablauf geendet hat, so ist die Beschwerde als unbegründet zurückzuweisen, weil der Antrag des Klägers nunmehr unzulässig ist, auf die Verspätung der Kündigungsschutzklage kam es nicht an (*LAG Frankf.* 13.2.1987 aaO). Das gilt auch, wenn im Beschwerdeverfahren (!) das LAG im Gegensatz zum ArbG zu der Auffassung gelangt, eine Kündigung liege gar nicht vor (*LAG Hamm* 7.5.1985 ARSt 1987, Nr. 1198), was nur dann richtig ist, wenn die Frage, ob eine Kündigung überhaupt vorliegt, Prüfungsgegenstand des Verfahrens nach § 5 KSchG ist (vgl. Rz 134, 156a). Folgt man dem, dann ist es nur konsequent, dass im Hauptverfahren, in dem das ArbG die Klage wegen wirksam gewordener Kündigung (§ 7 KSchG) abgewiesen hatte, das LAG das Urteil des ArbG aufhebt und den Rechtsstreit gem. § 538 Abs. 1 Nr. 2 ZPO an das ArbG zur Sachentscheidung zurückverweist. § 68 ArbGG steht nicht entgegen, weil kein Verfahrensfehler vorliegt und § 538 ZPO im arbeitsgerichtlichen Verfahren anwendbar ist (*LAG Hamm* 7.5.1985 aaO). Folgt man der hier vertretenen Auffassung, so war nur zu prüfen, ob bei unterstellter Kündigung die etwa verspätete Klageerhebung unverschuldet war, und dementsprechend zu entscheiden. Erst im Berufungsverfahren in der Hauptsache wäre zu prüfen gewesen, ob überhaupt eine Kündigung vorliegt und im Gegensatz zum ArbG verneinendenfalls zur Sache zu entscheiden oder an das ArbG zurückzuverweisen gewesen wäre. Entscheidet das ArbG über den Antrag auf nachträgliche Zulassung, weil es die Kündigungsschutzklage für verspätet hält, und kommt das Beschwerdegericht zu der Auffassung, eine Fristversäumung liege nicht vor, so war der Antrag nach *LAG Hamm* 5.1.1979 (EzA § 130 BGB Nr. 9) als unzulässig zurückzuweisen, nach *LAG Hamm* (24.3.1988, aaO; 26.7.1990, LAGE § 4 KSchG Nr. 18) der Beschluss des ArbG ersatzlos aufzuheben (*v. Hoyningen-Huene/Linck* Rz 32; *Schaub* § 136 II 4 Rz 53; *LAG SA* 24.1.1995 LAGE § 5 KSchG Nr. 69; 23.2.1995 LAGE § 4 KSchG Nr. 26; 23.4.1997 LAGE § 5 KSchG Nr. 93; *Hess. LAG* 24.8.1998 BB 1999, 852 = RzK I 10d Nr. 95; *LAG RhPf* 24.2.2000 NZA-RR 2000, 475), ist nach *LAG Nürnberg* 8.10.2001 NZA-RR 2002, 212 bei rechtzeitig erfolgter Klageerhebung aufzuheben und zur Klarstellung festzustellen, dass die Kündigungsschutzklage rechtzeitig erhoben worden ist, was nur dann richtig ist, wenn mit dem BAG auch die Entscheidung über die Verspätung in Rechtskraft erwächst (vgl. Rz 134, 156a), so in der Tat *LAG Hamm* 24.3.1988, aaO unter Hinweis auf *Dütz/Kronthaler* Anm. *LAG Hamm* 7.11.1985, aaO; 4.11.1996, LAGE § 5 KSchG Nr. 84 [II]; *Hess. LAG* 24.8.1998 BB 1999, 852 = RzK I 10d Nr. 95; BBDW-*Wenzel* Rz 185; folgt man der hier vertretenen Auffassung, ist nur über die Frage des Verschuldens zu entscheiden. Die Befürchtung des *Hess. LAG* (aaO), im Kündigungsrechtsstreit würde die Kündigungsschutzklage wegen fehlender Bindungswirkung des Beschlusses des LAG, dass die Klage fristgerecht erhoben sei, nach wie vor als verspätet behandelt, ist unbegründet: Spätestens in der Berufungsinstanz kann das LAG seine Auffassung durchsetzen (wie hier jetzt *Hess. LAG* 26.2.2003 – 15 Ta 598/02). Fehlt die Fristversäumung, hat der Kläger kein Rechtsschutzinteresse an der nachträglichen Zulassung der Klage (*LAG Hamm* 24.3.1988 aaO; s.o. Rz 100 ff.). Das ist dann zutreffend, wenn man auch insoweit von einer Bindungswirkung des Beschlusses des Beschwerdegerichts für das ArbG und das Berufungsgericht ausgeht, als in dem Beschluss festgestellt wird, dass die Kündigungsschutzklage rechtzeitig erhoben ist (vgl. Rz 156a). Hat das ArbG einen hilfsweise gestellten Antrag auf nachträgliche Zulassung als unbegründet zurückgewiesen, ist das LAG aber der Meinung, es stehe nicht fest, dass die Klage verspätet erhoben ist, so muss es nach *LAG Brem.* (5.9.1986 BB 1986, 1992) den Beschluss des ArbG aufheben und den Hilfsantrag auf nachträgliche Zulassung als unzulässig zurückweisen. Das ist nicht richtig. Folgt man dem BAG (s.o. Rz 134), musste das LAG in der Beschwerdeinstanz prüfen, ob eine Verspätung vorliegt, also wann die Kündigung zugegangen ist. Folgt man dem BAG nicht, weil der Gegenstand der nachträglichen Zulassung nur die Frage ist, ob die – etwa – verspätete Klageerhebung verschuldet ist, so war zu prüfen, ob das mit dem ArbG der Fall war oder nicht. Der vom *LAG Brem.* gewählte Weg, die Frage der Verspätung offen zulassen und deswegen den Hilfsantrag als unzulässig zu verwerfen, erscheint als nicht gangbar. Entweder musste es sich mit dem ArbG – ohne Bindungswirkung – auf den

§ 5 KSchG Zulassung verspäteter Klagen

Standpunkt der Verspätung stellen und über die Frage des Verschuldens entscheiden (so zutr. *LAG BW* 10.7.1996 – 9 Ta 12/96) oder – mit deutlich zu machender Bindungswirkung oder ohne – die Verspätung prüfen und bei ihrer Verneinung den Antrag als unzulässig abweisen oder bei ihrer Bejahung über das Verschulden entscheiden. Seinen Standpunkt musste das LAG deutlich machen und dementsprechend entscheiden (vgl. *BAG* 8.12.1983 – 2 AZR 354/82 – nv: Die Beschwerdekammer hatte die Entscheidung über die Frage, ob die Klage verspätet ist, ausdrücklich offen gelassen).

159 Kommt das **Berufungsgericht** entgegen dem ArbG zu der Auffassung, **die Klage sei verspätet**, so bleibt über den Hilfsantrag zu entscheiden. Das LAG kann nicht von sich aus die Kündigungsschutzklage als unbegründet abweisen, weil es meint, die Kündigungsschutzklage sei unbegründet, sondern es muss zunächst über den Zulassungsantrag entschieden werden (*LAG Düsseld.* 15.8.1956 AP Nr. 1 zu § 5 KSchG 1951; *Neumann* aaO).

160 Dabei stellt sich die Frage, ob das LAG über den Antrag auf nachträgliche Zulassung entscheiden kann, mit anderen Worten, den Antrag an sich ziehen kann, oder ob etwa an das ArbG zurückzuverweisen ist.

II. Das Verfahren und die Entscheidung über den Zulassungsantrag, wenn sich erst in zweiter oder dritter Instanz herausstellt, dass es auf den in erster Instanz (hilfsweise) gestellten Zulassungsantrag ankommt oder der Zulassungsantrag erstmals in der Berufungsinstanz gestellt wird

1. Die Erheblichkeit des Zulassungsantrages in der zweiten Instanz

161 Dass der in erster Instanz (hilfsweise) gestellte Zulassungsantrag nicht nur in dem Fall relevant wird, dass das LAG als zweite Instanz die Klage als verspätet ansieht, zeigt folgender Fall: Der Kläger bringt nicht rechtzeitig zum Ausdruck, dass er auch eine spätere vom Arbeitgeber ausgesprochene Kündigung in dem schwebenden Kündigungsschutzprozess angreifen will. Den Antrag auf nachträgliche Klagezulassung entscheidet das ArbG nicht, weil nach seiner Auffassung nicht zwei Kündigungen vorliegen, sondern lediglich eine, so dass es auf den Antrag auf nachträgliche Zulassung der Klage gegen die zweite Kündigung folgerichtig nicht mehr ankam. Ist das LAG anderer Auffassung, dh hält es die zweite Kündigung für gegeben, so ist der (hilfsweise) gestellte Antrag des Klägers auf nachträgliche Klagezulassung gem. § 5 KSchG noch beim ArbG anhängig. In diesen Fällen darf das LAG den Antrag auf nachträgliche Klagezulassung nicht an sich ziehen, also entscheiden und die Kündigungsschutzklage etwa wegen Versäumung der Klagefrist abweisen oder sonst über sie sachlich entscheiden. Die besondere Ausgestaltung des Verfahrens über die Zulassung verspäteter Klagen lässt nur den Schluss zu, dass die erstmalige Entscheidung der Berufungsinstanz über einen solchen Antrag zu einer vom Gesetzgeber nicht beabsichtigten Verkürzung des Instanzenzuges führen würde. Beschlüsse gem. § 5 KSchG gehören dem eindeutigen Wortlaut nach und nach dem Sinn und Zweck der Vorschrift zunächst zu den Aufgaben der ersten Instanz.

162 Entsprechendes gilt, wenn der **Antrag** auf nachträgliche Zulassung **erstmals in der Berufungsinstanz** gestellt wird. Die Parteien waren übereinstimmend davon ausgegangen, die Dreiwochenfrist sei gewahrt worden. Vor dem LAG stellt sich heraus, dass die Klagefrist – möglicherweise – nicht gewahrt ist.

163 § 5 Abs. 4 KSchG sieht einen eigenen Instanzenzug für das Verfahren der nachträglichen Zulassung vor. Das macht die verfahrensrechtliche Trennung der nachträglichen Zulassung von der Kündigungsschutzklage deutlich. Zeitlich vorrangig hat zunächst das ArbG den Antrag auf nachträgliche Zulassung zu entscheiden. Wegen der völligen Verselbständigung des Verfahrens besteht Einigkeit darüber, dass über den Antrag nicht im Urteil mit entschieden werden kann, sondern nur durch Beschluss (s.o. Rz 135).

164 Aus der Statthaftigkeit der sofortigen Beschwerde ergibt sich weiter, dass der Gesetzgeber eine gerichtliche Nachprüfung durch die zweite Instanz erst nach einer Entscheidung der ersten Instanz als zulässig ansieht. Das LAG ist damit ausschließlich Beschwerdeinstanz. Über einen Antrag auf nachträgliche Zulassung der Kündigungsschutzklage hat zunächst stets das ArbG zu entscheiden. Erst nach Abschluss des Zulassungsverfahrens darf eine Sachentscheidung ergehen.

165 Auch im **Einverständnis** beider Parteien kann das LAG nicht diese Entscheidung unter Ausschaltung der ersten Instanz treffen (*LAG BW* 22.6.1959 AP Nr. 9 zu § 4 KSchG 1951; 19.6.1956 BB 1956, 853; *LAG Frankf.* 16.7.1962 DB 1962, 1216 = BB 1963, 229; *LAG Düsseld.* 26.9.1974 BB 1975, 139; *LAG Bln.* 23.8.1988

Zulassung verspäteter Klagen § 5 KSchG

LAGE § 5 KSchG Nr. 38; zweifelnd *Grunsky* § 68 Rz 7, allerdings für den Fall, dass über den erheblichen Antrag nicht entschieden wurde, vgl. Rz 173a; für den Fall, dass das ArbG die Klage als rechtzeitig ansah und es deshalb auf den Antrag nicht ankam, gilt nichts anderes: Nur das ArbG hat zunächst über den Antrag zu entscheiden).

Wegen der sonst eintretenden unzulässigen Verkürzung des Instanzenzuges darf das LAG die Entscheidung über den Antrag über die nachträgliche Zulassung nicht an sich ziehen (*Braasch* SAE 1983, 70; *LAG Düsseld.* 28.10.1980 AR-Blattei D, Kündigungsschutz Entsch. 209; *LAG München* 12.11.1982 ZIP 1983, 615; **aA** *LAG Bln.* 15.7.1980 ARSt 1981 Nr. 1061 = AuR 1981, 154, das über den Zulassungsantrag nach § 5 KSchG in eigener Zuständigkeit durch Beschluss erstmals entscheiden will; unklar *BAG* 16.3.1988 EzA § 130 BGB Nr. 16 [zu II 1 1. Abs. der Gründe]). 166

In einem solchen Fall soll das Verfahren vom LAG auszusetzen sein, bis über den Antrag auf nachträgliche Zulassung (zunächst durch das ArbG und ggf. über die Beschwerde durch das LAG) entschieden ist (*LAG Frankf.* 16.7.1962 aaO; *LAG München* 12.11.1982 aaO; *LAG Bln.* 23.8.1988 aaO; *LAG Hamm* 16.11.1989 LAGE § 5 KSchG Nr. 44 [zu I c dd 7. Abs. der Gründe]; *Kittner/Däubler/Zwanziger* Rz 42; *Grunsky* aaO, so auch 5. Aufl.). Nach *Schaub* (§ 136 II 4 Rz 51) hat das LAG das Urteil des ArbG aufzuheben und den Rechtsstreit zur erneuten Verhandlung und Entscheidung – zunächst über den Antrag auf nachträgliche Zulassung an das ArbG zurückzuverweisen (ebenso APS-*Ascheid* Rz 133; ErfK-*Ascheid* Rz 33; *Germelmann/Matthes/Prütting/Müller-Glöge* § 68 Rz 5; GK-ArbGG / *Vossen* § 68 Rz 14; *LAG Düsseld.* 28.10.1980 aaO; *LAG BW* 19.6.1986 aaO; 31.10.1986 – 5 Sa 53/86 – nv; 4.4.1989 NZA 1989, 824; 26.8.1992 LAGE § 5 KSchG Nr. 58; *LAG Nürnberg* 19.9.1995 LAGE § 5 KSchG Nr. 72; *LAG Bra.* 13.3.1996 LAGE § 5 KSchG Nr. 77; *Hess. LAG* 11.11.1997 NZA-RR 1998, 515 = MDR 1998, 1108; *LAG Köln* 17.8.2000 LAGE § 5 KSchG Nr. 99; 19.10.2000 LAGE § 102 BetrVG 1972 Nr. 75; *LAG BW* 13.5.2005 – 4 Sa 16/05 – LAGReport 2005, 306; zust. *Nägele* ArbRB 2005, 223, 224 m. zutr. Hinweis zur Antragstellung). Das ist deswegen zutreffend, weil das ArbG bei lediglicher Aussetzung des Verfahrens noch an sein Urteil gebunden wäre und das LAG das ArbG nicht bindend anweisen kann, nunmehr über den (Hilfs-)Antrag auf nachträgliche Zulassung zu entscheiden. Mit Rechtskraft des das Urteil des ArbG aufhebenden und den Rechtsstreit an das ArbG zurückverweisenden Urteils steht mit das ArbG bindender Wirkung fest, dass über dem Antrag auf nachträgliche Zulassung zu entscheiden ist. Das ArbG hat dann zunächst über die nachträgliche Zulassung und nach Rechtskraft dieser Entscheidung erneut über die Kündigungsschutzklage zu befinden. Anders ist es, wenn wegen Versäumung der Frist des § 5 Abs. 3 S. 2 KSchG die Kündigungsschutzklage nicht mehr nachträglich zugelassen werden kann. In diesem Fall kann das LAG über den erstmals in der Berufungsinstanz gestellten Antrag nach § 5 KSchG mitbefinden (*LAG SA* 28.3.2000 – 1 Sa 494/99 – juris; *Sächs. LAG* 17.3.2004 – 2 Sa 948/02 – EzA-SD 2004, Nr. 13 S. 14, LS m. Anm. *Mestwerdt* jurisPR-ArbR 30/2004 Nr. 6); vgl. Rz 153b; das soll nach *LAG Bln.* 19.6.2000 – 18 Sa 305/00 – auch bei einem erstmals in der Berufungsinstanz gestellten Antrag auf nachträgliche Zulassung gelten, wenn die Frist des § 5 Abs. 3 S. 1 KSchG versäumt wurde). 167

2. Die Erheblichkeit des Zulassungsantrages in der Revisionsinstanz

Wird erst in der **Revisionsinstanz** entschieden, dass es wegen verspäteter Klageerhebung auf den vorsorglich gestellten Zulassungsantrag ankommt, so verweist das BAG die Sache unter Aufhebung der vorinstanzlichen Urteile (APS-*Ascheid* Rz 134; **aA** 6. Aufl.) an das ArbG zurück. Das ArbG entscheidet über den Zulassungsantrag. 168

III. Die Aussetzung des Kündigungsschutzprozesses gem. § 148 ZPO bei sofortiger Beschwerde gegen den Beschluss des ArbG im Verfahren über die nachträgliche Zulassung zur Vermeidung sich widersprechender Entscheidungen

Wenn **sofortige Beschwerde** gegen den Beschluss des ArbG eingelegt oder zu erwarten ist, setzt das ArbG **das Verfahren** bis zur Entscheidung über die Beschwerde zunächst **aus** (§ 148 ZPO; *LAG Mannheim* 11.2.1952 BB 1952, 144; *Rewolle* BB 1952, 148; *Nikisch* I, § 51 VII 5, S. 783; *v. Hoyningen-Huene/Linck* Rz 30a; *BAG* 29.4.1976 – 2 AZR 396/74 – nv; *LAG Düsseld.* 2.4.1976 EzA § 5 KSchG Nr. 2) oder gibt der Kündigungsschutzklage de facto keinen Fortgang, indem der Termin nicht bestimmt wird, was in der Praxis idR schon deswegen in dieser Form abläuft, weil die Akten nach eingelegter Beschwerde an das LAG versandt sind. 169–170

Bei anderer Verfahrensweise können **Schwierigkeiten** entstehen: Das ArbG gibt im Urteilsverfahren nach von ihm gewährter nachträglicher Zulassung der Kündigungsschutzklage der Klage statt, das 171

LAG weist auf die sofortige Beschwerde des Arbeitgebers den Zulassungsantrag endgültig zurück. Oder: Das ArbG weist die Kündigungsschutzklage nach abgelehnter nachträglicher Zulassung als verspätet und damit unbegründet ab, während das LAG auf die sofortige Beschwerde des Arbeitnehmers die nachträgliche Zulassung der Kündigungsschutzklage gewährt. Dann liegt ein rechtskräftiger Beschluss über die Zulassung oder Nichtzulassung und ein möglicherweise ebenfalls rechtskräftig gewordenes Urteil im Kündigungsschutzprozeß vor. **Das Urteil, das vom Beschluss des LAG im nachträglichen Zulassungsverfahren abweicht, wird trotz Rechtskraft gegenstandslos, weil der Beschluss über die nachträgliche Zulassung Bedingung** für das Urteil im Kündigungsschutzprozess ist (*Neumann* RdA 1954, 270; *ders.* bei *Staudinger/Nippderdey* 11. Aufl., Vorbem. 140 vor § 620 BGB; APS-*Ascheid* Rz 109).

172 Wenn das ArbG die Klage aus anderen Gründen – zB wegen Verstoßes gegen § 623 BGB, Fall außerhalb des § 4 S. 1 KSchG, § 13 Abs. 3 KSchG (vgl. KR-*Friedrich* § 13 KSchG Rz 226) – für begründet hält, nachdem es die Kündigungsschutzklage nachträglich zugelassen oder die nachträgliche Zulassung abgelehnt hatte, so bleibt es trotz einer abweichenden Entscheidung des LAG über die nachträgliche Zulassung bei dem der Klage stattgebenden Urteil, es sei denn, das LAG ändert auf die Berufung dieses Urteil ab. Denn in einem solchen Fall ist der Beschluss über die nachträgliche Zulassung nicht Bedingung für ein Urteil im Kündigungsschutzprozess. Ein Urteil, das wegen eines Mangels der Kündigung, der nicht von § 4 S. 1, § 13 KSchG erfasst wird, ergangen ist, ist nämlich nicht im Rahmen des Kündigungsschutzverfahrens erfolgt, sondern im Rahmen einer Feststellungsklage iSd § 256 ZPO (vgl. KR-*Friedrich* § 13 KSchG Rz 311).

IV. Folgen der Nichtbeachtung der Nichteinhaltung der Dreiwochenfrist für die Kündigungsschutzklage durch den klagenden Arbeitnehmer seitens des Gerichts

173 Wenn das ArbG übersehen hat, dass die Dreiwochenfrist des § 4 KSchG nicht eingehalten wurde, so liegt in der Tatsache, dass es zur Hauptsache verhandelt hat, keine nachträgliche Zulassung der Kündigungsschutzklage nach § 5 KSchG (*LAG Düsseld.* 31.1.1956 BB 1956, 872 = AR-Blattei D, Rspr. Nr. 1841). Ergeht deswegen eine Sachentscheidung über die Kündigungsschutzklage, ist damit ebenso wenig die verspätete Kündigungsschutzklage nachträglich zugelassen (*Köhne* AR-Blattei SD, Kündigungsschutz III A Rz 71). Wird der Antrag auf nachträgliche Zulassung in Aussicht genommen, nachdem die Sache in die Berufungsinstanz gelangt ist, so ist er nicht an das LAG, sondern an das ArbG zu richten, das über den Antrag entscheiden muss, obwohl es in der Hauptsache bereits ein Endurteil erlassen hat. Das LAG hebt das Urteil des ArbG auf und verweist die Sache an das ArbG zurück. Wird er im Rahmen des Berufungsverfahrens beim LAG gestellt, so ist das arbeitsgerichtliche Urteil aufzuheben und die Sache an das ArbG zurückzuverweisen (s.o. Rz 167).

V. Folgen der Nichtbeachtung des § 5 Abs. 4 S. 1 KSchG

1. Urteil des ArbG, mit dem sowohl über den Antrag auf nachträgliche Zulassung der Kündigungsschutzklage als auch über die Kündigungsschutzklage entschieden wird

173a Nach *LAG Frankfurt* (6.4.1978 AuR 1979, 92; wohl auch *LAG Düsseld.* 26.9.1974 BB 1975, 139) liegt in einem solchen Fall ein Verfahrensmangel vor, der entsprechend § 539 ZPO in der Berufungsinstanz zur Zurückverweisung zwingt. Das Zurückverweisungsverbot des § 68 ArbGG gelte nicht, weil das LAG selbst nicht in der Lage sei, den Mangel zu beheben. Das Rechtsmittel richtet sich inhaltlich nach dem materiellen Gehalt der angefochtenen Entscheidung (*Köhne* AR-Blattei SD, Kündigungsschutz III A Rz 78; *LAG Düsseld.* 2.4.1976 EzA § 5 KSchG Nr. 2). Daher trennt das LAG das Verfahren und entscheidet zunächst über die Frage der nachträglichen Zulassung abschließend und führt dann die Kündigungsschutzklage einem Berufungsurteil zu. Die eingelegte Berufung ist hinsichtlich des Zulassungsantrages als sofortige Beschwerde iSd § 5 Abs. 4 S. 2 KSchG, im Übrigen als Berufung gegen die arbeitsgerichtliche Entscheidung über die Kündigungsschutzklage zu behandeln (*BAG* 14.10.1982 EzA § 5 KSchG Nr. 19; zust. *Germelmann/Matthes/Prütting/Müller-Glöge* § 68 Rz 6; vgl. Rz 153). Gewährt das LAG die nachträgliche Zulassung im Beschwerdeverfahren, prüft es im Berufungsverfahren die Sozialwidrigkeit der Kündigung. Lehnt es die nachträgliche Zulassung der Kündigungsschutzklage ab, weist es die Berufung gegen das arbeitsgerichtliche Kündigungsschutzurteil ohne weiteres als unbegründet zurück. Das gilt nur dann nicht, wenn das ArbG im Urteil dem Antrag auf nachträgliche Zulassung der Kündigungsschutzklage entsprochen, die Kündigungsschutzklage abgewiesen hat und nur der Arbeitnehmer Berufung einlegt, der Arbeitgeber gegen die nachträgliche Zulassung der Kündigungsschutzklage nicht (mit sofortiger Beschwerde, [Anschluss-]Berufung) vorgeht. Dann bleibt es bei dem Berufungsverfahren über die Kündigungsschutzklage. Eine Trennung hält das *LAG Frankfurt* (18.8.1980 ARSt 1981 Nr. 1108) nicht für erforderlich, wenn das LAG in Übereinstimmung mit dem ArbG den Zulassungsantrag für unzulässig oder unbegründet hält und deshalb die Berufung gegen das die Kündigungsschutzklage abweisende Urteil des ArbG zurückweisen will; gerade diese Entscheidung war Gegenstand des Urteils des *BAG* (14.10.1982 EzA § 5 KSchG Nr. 19), in der das BAG sich dafür ausgesprochen hat, beide Verfahren getrennt zur Entscheidung zu bringen (wie *LAG Bln.* 18.4.1979 BB 1980, 891; vgl. Rz 153).

2. **Sachurteil des ArbG, ohne den (vorsorglichen) Antrag auf nachträgliche Zulassung, sei es (richtig) durch Beschluss, sei es (falsch) durch Urteil zu verbescheiden**

In diesem Fall ist der Zulassungsantrag noch in der Schwebe. Das LAG hat dann das Urteil des ArbG aufzuheben und den Rechtsstreit in die erste Instanz zurückzuverweisen (*LAG BW* 31.10.1986 – 5 Sa 53/86 – nv; *Germelmann/Matthes/Prütting/Müller-Glöge* § 68 Rz 5 mwN; *Nägele* ArbRB 2005, 223, 224 unter 1 b). **173b**

VI. Die Behandlung des Zulassungsantrages bei Kündigungsschutzklage gegen den »richtigen« Arbeitgeber durch Parteiwechsel auf der Passivseite in der Berufungsinstanz

Antrag auf nachträgliche Zulassung, wenn eine Kündigungsschutzklage erst in der Berufungsinstanz im Wege des Parteiwechsels auf der Passivseite gegen den »richtigen« Arbeitgeber gerichtet wird. **173c**

In diesem Fall ist nach *LAG Hamm* 15.7.1993 (LAGE § 5 KSchG Nr. 60 = RzK I 10d Nr. 51) der Antrag auf nachträgliche Zulassung vor dem LAG anhängig zu machen und nicht vor dem ArbG. Das ist zutreffend. Beim ArbG, vor dem das Kündigungsschutzverfahren nur gegen die falsche Partei lief, war eine Kündigungsschutzklage gegen den »richtigen« Arbeitgeber nie anhängig und konnte, nachdem der Rechtsstreit sich im zweiten Rechtszug befand, dort auch nicht mehr gegen den »richtigen« Arbeitgeber sinnvoll angebracht werden. Da erst in zweiter Instanz die Arbeitsvertragsparteien um die Kündigung stritten, die Kündigungsschutzklage erst mit Wirksamkeit des Parteiwechsels auf der Passivseite in der Berufungsinstanz gegen den »richtigen« Arbeitgeber iSd § 4 S. 1 KSchG erhoben ist (vgl. *KR-Friedrich* § 4 KSchG Rz 153), ist auch der ggf. erforderliche Antrag nach § 5 KSchG in der Berufungsinstanz anzubringen und über ihn vom LAG zu entscheiden. Eine Aufhebung des arbeitsgerichtlichen Urteils und eine Zurückverweisung des Verfahrens an das Arbeitsgericht (s.o. Rz 167) kommt in diesem Sonderfall nicht in Betracht.

G. Kosten und Streitwert

I. Kosten

Eine Kostenentscheidung ergeht in erster Instanz nicht. Das Zulassungsverfahren veranlasst keine zusätzlichen Gebühren. In der ersten Instanz entstehen im Zulassungsverfahren **keine Gerichtsgebühren** (*Wenzel* AuR 1976, 329). Das Verfahren ist Teil des Kündigungsschutzprozesses. Die Gebühren für das Zulassungsverfahren sind in den Gerichtsgebühren für den Kündigungsschutzprozess enthalten (APS-*Ascheid* Rz 135). **174**

Entstehen im Kündigungsschutzprozess nach der Entscheidung über die nachträgliche Zulassung der Kündigungsschutzklage keine Gebühren, etwa weil ein Vergleich geschlossen wird (§ 12 Abs. 1 ArbGG iVm GV Nr. 9112), so ist auch das Zulassungsverfahren gebührenfrei. **175**

Erstattungsfähige außergerichtliche Kosten werden idR im Hinblick auf § 61 Abs. 1 S. 2 ArbGG nicht anfallen (*Wenzel* AuR 1976, 328). Sind **gerichtliche Auslagen** entstanden oder ist über **außergerichtliche Kosten** zu befinden, so ist nach § 238 Abs. 4 ZPO analog zu entscheiden (vgl. BBDW-*Wenzel* Rz 163). **176**

Im Beschwerdeverfahren trägt der Unterlegene die Kosten gem. § 97 Abs. 1 ZPO iVm § 46 Abs. 2 S. 1 ArbGG, weil das Verfahren nach § 5 KSchG als eigenständiges Verfahren ausgestaltet ist (*Hess. LAG* 17.2.2005 – 15 Ta 578/04; *LAG Köln* 18.2.2005 – 9 Ta 452/04; *LAG Hamm* 25.10.2005 – 1 Ta 653/05; *LAG RhPf* 27.7.2005 – 2 Ta 148/05; *LAG Nürnberg* 29.9.2004 – 6 Ta 101/04; **anders** 23.8.2005 – 6 Ta 136/05 – MDR 2006, 274 = AR-Blattei ES 1020 Nr. 381 = FA 2006, 126, LS: Die Kosten einer erfolgreichen Beschwerde des Arbeitnehmers nach Ablehnung der nachträglichen Zulassung durch das Arbeitsgericht fallen dem klagenden Arbeitnehmer zur Last – § 238 Abs. 4 ZPO analog, arg.: Das Verfahren nach § 5 **177**

KSchG sei dem Verfahren auf Wiedereinsetzung nachgebildet; BBDW-*Wenzel* § 5 Rz 187: Bei schon vom Arbeitsgericht bewilligter nachträglicher Zulassung muss der Antragsteller für die Kosten der ersten Instanz und der Antragsgegner nach Zurückweisung seiner sofortigen Beschwerde für die Kosten des Beschwerdeverfahrens eintreten; wird der Zulassungsantrag in erster Instanz abgewiesen, und erst in zweiter Instanz zu Gunsten des Antragstellers beschieden, ist der Antragsteller mit den Kosten beider Instanzen zu belasten, das gilt auch, wenn der Antragsteller in beiden Instanzen unterliegt; vgl. auch GK-ArbGG-*Wenzel* § 78 Rz 115). Hebt das LAG den arbeitsgerichtlichen Beschluss lediglich auf und gibt es die Sache zur neuen Entscheidung an das ArbG zurück, entscheidet das ArbG über die Kosten des Beschwerdeverfahrens. Wird der Beschluss des ArbG ersatzlos aufgehoben (wie zB in den Rz 158 genannten Fällen), so hat der Beschwerdegegner nach § 91 ZPO die Kosten zu tragen (GK-ArbGG-*Wenzel* § 78 Rz 115). Im Beschwerdeverfahren entsteht eine 8/10-Gebühr nach § 12 Abs. 1 ArbGG iVm GV 9302.

II. Der Streitwert

178 Der **Streitwert** richtet sich nach dem Wert der Hauptsache, also nach § 42 Abs. 4 S. 1 GKG nF (§ 12 Abs. 7 ArbGG aF; *LAG Brem.* 5.9.1986 BB 1986, 1992, insoweit LAGE § 130 BGB Nr. 6 nicht mitgeteilt; *Hess. LAG* 24.5.2000 – 2 Ta 74/00 – juris; *LAG Hamm* 28.6.2000 – 12 Ta 77/00 – LAGE § 5 KSchG Nr. 97a ; 5.8.2004 – 1 Ta 421/04 ; 25.10.2005 – 1 Ta 653/05; 9.5.2006 – 1 Ta 72/06; *Thür. LAG* 30.11.2000 – 7 Ta 19/2000 – juris; *LAG Saarl.* 27.6.2002 – 2 Ta 22/02 – NZA-RR 2002, 488; *LAG Düsseld.* 9.9.2003 – 15 Ta 395/03; 10.2.2005 – 15 Ta 26/05 – NZA-RR 2005, 382; *LAG SchlH* 11.1.2006 – 5 Ta 259/05; *Sächs. LAG* 11.1.2006 – 2 Ta 340/05 – jedenfalls bei Erfolglosigkeit des Antrags; *LAG RhPf* 24.2.2005 – 9 Ta 18/05; 25.2.2005 – 8 Ta 6/05; **aA** 7. Kammer 3.11.2005 – 7 Ta 190/05: ein Bruttomonatseinkommen, weil der nachträglichen Zulassung der Kündigungsschutzklage nur prozesseröffnende Wirkung zukomme; *LAG Nürnberg* 23.8.2005 – 6 Ta 136/05). Einer Streitwertfestsetzung bedarf es in der ersten Instanz idR nur wegen der Anwaltsgebühren, etwa wenn der Anwalt gewechselt wird. In der zweiten Instanz ist sie auch wegen der Gerichtsgebühren erforderlich (*Wenzel* AuR 1976, 329; *LAG BW* 17.7.1984 AR-Blattei D, Kündigungsschutz Entsch. 260 = ARSt 1985 Nr. 1054 = AuR 1985, 197), weil – anders als in erstinstanzlichen Zulassungsverfahren – eine Gerichtsgebühr anfällt, soweit die Beschwerde verworfen oder zurückgewiesen wird (GV Nr. 9302 zum ArbGG). Das *Hess. LAG* setzt den Gerichtsgebührenwert für das Beschwerdeverfahren auf 1/3 des Wertes gem. § 42 Abs. 4 S. 1 GKG nF (§ 12 Abs. 7 S. 1 ArbGG aF) fest (zB 17.5.2002 – 15 Ta 77/02; 4.12.2002 – 15 Ta 203/02; 26.2.2003 – 15 Ta 598/02; ebenso für die Wertfestsetzung zum Zwecke der anwaltlichen Gebührenberechnung 17.2.2006 – 15 Ta 578/04; anders noch 24.5.2000 – 2 Ta 74/00; ebenso für den »Beschwerdewert« *LAG RhPf* 17.8.2004 – 11 Ta 101/04).

§ 6 Verlängerte Anrufungsfrist

¹Hat ein Arbeitnehmer innerhalb von drei Wochen nach Zugang der schriftlichen Kündigung im Klagewege geltend gemacht, dass eine rechtswirksame Kündigung nicht vorliege, so kann er sich in diesem Verfahren bis zum Schluß der mündlichen Verhandlung erster Instanz zur Begründung der Unwirksamkeit der Kündigung auch auf innerhalb der Klagefrist nicht geltend gemachte Gründe berufen. ²Das Arbeitsgericht soll ihn hierauf hinweisen.

Literatur

– *bis 2004 vgl. KR-Vorauflage* –
Vgl. auch die Angaben zum allgemeinen Schrifttum über die Kündigung und zum Kündigungsschutz vor § 1 KSchG.

Bader Das Gesetz zu Reformen am Arbeitsmarkt: Neues im Kündigungsschutzgesetz und im Befristungsrecht, NZA 2004, 65 ff.; *Bayreuther* § 6 KSchG als Ausgangspunkt für eine allgemeine Regelung der Klageerweiterung im Kündigungsschutzprozess, ZfA 2006, 391 ff.; *Biehl* Aktuelles Arbeitsrecht: Examensrelevante Änderungen im Kündigungsschutz, JA 2005, 46 ff.; *Giesen/Besgen* Fallstricke des neuen gesetzlichen Abfindungsanspruchs, NJW 2004, 185 ff.; *Preis* Die Reform des Kündigungsschutzrechts, DB 2004, 70 ff.; *Quecke* Die Änderung des Kündigungsschutzgesetzes vom 1.1.2004, RdA 2004, 86 ff.; *Willemsen/Annuß* Kündigungsschutz nach der Reform, NJW 2004, 177 ff.; *Zwanziger* Die aktuelle Rechtsprechung des Bundesarbeitsgerichts in Insolvenzsachen, BB 2006, 1682 ff.

Verlängerte Anrufungsfrist § 6 KSchG

Inhaltsübersicht

	Rz.
A. Einleitung	1-7
I. Entstehungsgeschichte	1-6
1. Das BRG von 1920	1
2. Das AOG	2
3. Die Landeskündigungsschutzbestimmungen der Nachkriegszeit	3
4. Das KSchG 1951 und das KSchG 1969	4-6
5. Das Gesetz zu Reformen am Arbeitsmarkt	6a
II. Sinn und Zweck der Regelung	7
B. Erweiterung der Begründung der Klage auf Feststellung der Unwirksamkeit der Kündigung durch Geltendmachung der Sozialwidrigkeit der Kündigung bis zum Schluß der mündlichen Verhandlung erster Instanz (§ 6 S. 1 KSchG)	8-22
I. Voraussetzungen für die verlängerte Anrufungsfrist	8-17a
1. Klage innerhalb der Dreiwochenfrist des § 4 S. 1 KSchG	8, 9
2. Klage aus anderen als den in § 1 Abs. 2 und 3 KSchG bezeichneten Gründen	10-17a
a) Allgemein anerkannte Beispiele	10
b) Umstrittene Beispiele	11 17a
aa) Geltendmachung der Versäumung der gesetzlichen tariflichen oder arbeitsvertraglich vereinbarten Kündigungsschutzfrist innerhalb dreier Wochen nach Zugang der Kündigung	12, 13
bb) Der fristlos gekündigte Arbeitnehmer macht innerhalb der Dreiwochenfrist nur die Einhaltung der ordentlichen Kündigungsfrist geltend	14-17
cc) § 6 KSchG nF	17a
3. Klage für eine für sozialwidrig iSv § 1 Abs. 2 und 3 gehaltenen Kündigung	17b

	Rz.
II. Die Verlängerung der Anrufungsfrist	18, 19
1. Verlängerung der Frist zur Geltendmachung bis zum Schluss der letzten mündlichen Verhandlung erster Instanz	18
2. Der Zeitpunkt des Schlusses der letzten mündlichen Verhandlung erster Instanz	19
III. Die Art und Weise der Geltendmachung; Klageantrag	20-22
C. Die entsprechende Anwendung des § 6 S. 1 KSchG	23-30
I. Leistungsklage (Lohnklagen)	23-25a
II. Sonstige Einzelfälle	26-29f
III. Der Klageantrag	30
D. Die Hinweispflicht des Gerichts (§ 6 S. 2 KSchG)	31-39
I. Die gesetzliche Regelung	31, 32b
II. Folgen eines Verstoßes gegen § 6 S. 2 KSchG durch das ArbG	33-39
1. Der Verstoß gegen § 6 S. 2 KSchG durch das ArbG	33
2. Die Folgen eines Verstoßes gegen § 6 S. 2 KSchG durch das ArbG	34-38
a) Abweisung der Klage durch das ArbG	35
b) Zulassung der Begründungserweiterung bzw. des Feststellungsantrages noch in der Berufungsinstanz	36
c) Zurückverweisung an das ArbG zur Nachholung der Begründungserweiterung oder des Feststellungsantrages	37
d) Stellungnahme	38
3. Nachträgliche Zulassung einer Kündigungsschutzklage	39

A. Einleitung

I. Entstehungsgeschichte

1. Das BRG von 1920

Das **BRG** kennt keine dem § 6 KSchG vergleichbare Regelung. 1

2. Das AOG

Das **AOG** weist ein gewisses Vorbild für § 6 KSchG in § 61 AOG auf (*v. Hoyningen-Huene/Linck* § 6 Rz 1). 2
§ 61 AOG sah eine verlängerte Anrufungsfrist für die Erhebung der Klage auf Widerruf der in der fristlosen Kündigung liegenden ordentlichen Kündigung vor: Ein Arbeiter oder Angestellter, dem ohne Einhaltung der Kündigungsfrist gekündigt ist, konnte in dem Verfahren, in dem er die Unwirksamkeit dieser Kündigung geltend machte, gleichzeitig für den Fall, dass die Kündigung als für den nächst zu-

lässigen Kündigungszeitpunkt wirksam angesehen wird, Widerruf dieser Kündigung beantragen. Der Antrag war nur bis zum Schluss der mündlichen Verhandlung erster Instanz zulässig. Die Klagefrist von zwei Wochen galt als gewahrt, wenn die Klage gegen die fristlose Kündigung fristgerecht (innerhalb von zwei Wochen) erhoben worden war.

3. Die Landeskündigungsschutzbestimmungen der Nachkriegszeit

3   Nach dem Zweiten Weltkrieg sahen einige Länger dem § 61 AOG entsprechende Regelungen vor:

Amerikanische Zone

Bayern mit Art 10 des Gesetzes Nr. 76, KSchG v. 1.8.1947 (BayGBl S. 165 [166]); **Bremen** mit § 44 des Ausführungsgesetzes zu Art. 47 der Landesverfassung der Freien Hansestadt Bremen (Brem.BRG v. 10.1.1949 [GBl. der Freien Hansestadt Bremen, S. 11];

Hessen mit § 48 des BRG für das Land Hessen v. 31.5.1948 (GVBl. S. 121);

Württemberg-Baden mit § 10 des Gesetzes Nr. 708, KSchG v. 18.8.1948 (RegBl. der Regierung Württemberg-Baden, S. 135);

französische Zone: Baden mit § 35 Abs. 2 des Landesgesetzes über die Bildung von Betriebsräten (BRG) v. 24.9.1948 (BadGVBl. 1948, S. 209 [215]);

Württemberg-Hohenzollern mit § 89a des BRG v. 21.5.1949 (RegBl. S. 163);

Berlin: Das KSchG Berlins v. 20.5.1950 (VOBl. S. 173) brachte eine dem § 6 KSchG entsprechende Regelung in § 6.

4. Das KSchG 1951 und das KSchG 1969

4   Die sog. »**Hattenheimer Entschließungen**« (RdA 1950, 64) sahen in § 6 Abs. 1 bereits eine dem bis 31. Dezember 2003 geltenden § 6 KSchG im Wesentlichen entsprechende Regelung vor. Diese »Hattenheimer Entschließungen« waren Vorlage für das genannte Kündigungsschutzgesetz von Berlin.

5   In der Begründung des Entwurfs eines KSchG der Bundesregierung (Drs. I/2090, S. 13) ist zu § 5 des Entwurfs, dem § 6 idF, die bis zum 31. Dezember 2003 gegolten hat, lediglich ausgeführt, dass eine Verlängerung der Frist eintritt, wenn der Arbeitnehmer innerhalb von drei Wochen die Rechtswirksamkeit der Kündigung aus anderen Gründen durch Erhebung einer Klage bekämpft hat, zB wegen Verstoßes gegen ein gesetzliches Verbot oder gegen vertragliche Bestimmungen. In der parlamentarischen Beratung hat diese Bestimmung keine Rolle gespielt.

6   § 6 KSchG idF, die bis zum 31. Dezember 2003 gegolten hat, war als **§ 5 KSchG** in der am 13.8.1951 Inkraftgetretenen ursprünglichen Fassung des KSchG enthalten. Mit der aufgrund der Ermächtigung im **Ersten Arbeitsrechtsbereinigungsgesetz** v. 14.8.1969 (Art. 7 BGBl. I 1969, S. 1106 [1111]) erfolgten Neubekanntmachung des KSchG wurde § 5 zu § 6 KSchG. Die Änderung der Paragraphenfolge war mit einer sachlichen Änderung nicht verbunden. Lediglich in § 6 S. 2 wurde das Wort »Gericht« durch das Wort »Arbeitsgericht« ersetzt (BGBl. I 1969, S. 1317 [1318]).

5. Das Gesetz zu Reformen am Arbeitsmarkt

6a Die im Rahmen der »Agenda 2010« am 1. Januar 2004 in Kraft getretene (Art. 5 Gesetz zu Reformen am Arbeitsmarkt v. 24.12.2003 BGBl. I S. 3002 [3006]) Neufassung des § 6 KSchG (Art. 1 Nr. 4 Gesetz zu Reformen am Arbeitsmarkt v. 24.12.2003 BGBl. I S. 3002 [3003]) stellt sich nach der Entwurfsbegründung als Folge der Vereinheitlichung der Klagefrist für alle Kündigungen dar. » Hat der Arbeitnehmer die Rechtsunwirksamkeit einer Kündigung rechtzeitig gerichtlich geltend gemacht, kann er sich im erstinstanzlichen Verfahren bis zum Schluss der mündlichen Verhandlung auch auf Unwirksamkeitsgründe berufen, die er zunächst nicht geltend gemacht hat. Das entspricht dem Sinn der bisherigen Regelung. Der meist nicht rechtskundige Arbeitnehmer, der bei Klageerhebung oft nicht alle Unwirksamkeitsgründe kennt, soll die Möglichkeit haben, auch später noch andere Unwirksamkeitsgründe in den Prozess einzuführen, auf die er sich zunächst nicht berufen hat. Hierauf soll ihn das Arbeitsgericht hinweisen. Andererseits ist auch der Arbeitgeber daran interessiert, dass die gerichtliche Auseinandersetzung über die Kündigung in einem Verfahren stattfindet und alsbald Klarheit über den Bestand oder die Beendigung des Arbeitsverhältnisses besteht.«(BT-Drs. 15/1204 S. 13).

II. Sinn und Zweck der Regelung

Der Arbeitnehmer, der zunächst die Unwirksamkeit der Kündigung aus anderen Gründen als die Sozialwidrigkeit iSd KSchG geltend gemacht hatte, sollte vor **Rechtsnachteilen** bewahrt werden, wenn er sich doch noch auf die Sozialwidrigkeit der Kündigung berufen wollte. Dieser Fall wird auch von der Neuregelung erfasst. Die nachträgliche Geltendmachung der Sozialwidrigkeit der Kündigung macht Sinn, wenn sich der Arbeitnehmer von der Berufung auf die Sozialwidrigkeit der Kündigung nunmehr eher den für ihn positiven Ausgang des Prozesses verspricht oder weil er auf die Möglichkeit des KSchG, nämlich nach den §§ 9, 10 KSchG die Auflösung des Arbeitsverhältnisses bei Verpflichtung des Arbeitgebers, eine Abfindung zu zahlen, zurückgreifen möchte (*BAG* 13.8.1987 EzA § 140 BGB Nr. 12 [zu B II 2 b, bb der Gründe]. Diese Möglichkeiten wären ihm nach Ablauf der Dreiwochenfrist nach Zugang der Kündigung im Hinblick auf §§ 4, 7 KSchG verwehrt. Daher **ermöglicht** dem Arbeitnehmer § 6 S. 1 KSchG die Erweiterung der Klage auf Feststellung der Sozialwidrigkeit der Kündigung, vorausgesetzt, dass die wegen Nichtigkeit der Kündigung aus anderen Gründen erhobene **Klage innerhalb der Dreiwochenfrist des § 4 KSchG** eingereicht wurde. § 6 KSchG will den häufig nicht rechtskundigen Arbeitnehmer nach Möglichkeit vor Verlust des Kündigungsschutzes schützen, wenn er nur durch rechtzeitige Anrufung des Gerichts, die Wirksamkeit der Kündigung zu bekämpfen, genügend klar zum Ausdruck bringt (*BAG* 13.8.1987 EzA § 140 BGB Nr. 12; 16.11.1970 EzA § 3 KSchG Nr. 2 [zu III 1 der Gründe]; *Knorr/Bichlmeier/Kremhelmer* Kap. 11 Rz 55, zu den »Grundgedanken des § 6 KSchG« vgl. auch die Diskussion um die Kombination der Kündigungsschutzklage nach § 4 S. 1 KSchG mit der allgemeinen Feststellungsklage nach § 256 ZPO [vgl. insoweit KR-*Friedrich* § 4 KSchG Rz 243 ff.] *Bitter* DB 1997, 1407, 1408; *Boewer* NZA 1997, 359, 364 f.; *Wenzel* DB 1997, 1869, 1872). Die neue Regelung erfasst auch den umgekehrten Fall, dass der Arbeitnehmer form- und fristgerecht Klage gegen die von ihm als sozialwidrig angesehene Kündigung erhoben hat und nach Ablauf der Klagefrist weitere Unwirksamkeitsgründe nachschieben will, wie z.B. unterbliebene oder mit Mängeln behaftete Anhörung des Betriebsrats, tarifvertraglicher oder arbeitsvertraglicher Ausschluss der ordentlichen Kündigung. Dabei sieht der Gesetzgeber in Satz 2 zum Schutze des Arbeitnehmers vor, dass das ArbG den Arbeitnehmer auf diese Möglichkeit hinweisen soll. Nach *Quecke* (RdA 2004, 102) beschränkt sich die Bedeutung des § 6 KSchG auf die Fälle der allgemeinen Feststellungs- und Leistungsklagen mit denen die Unwirksamkeit der Kündigung zwar rechtzeitig klageweise, aber außerhalb des Klageantrags nach § 4 S. 1 KSchG geltend gemacht wurde. Entsprechend der erweiterten Bedeutung der Klagefrist sei lediglich klarzustellen gewesen, dass bei rechtzeitiger klageweiser Geltendmachung der Unwirksamkeit der Kündigung auf andere Weise als nach § 4 S. 1 KSchG der Arbeitnehmer auch bis zum Schluss der mündlichen Verhandlung erster Instanz die Unwirksamkeit der Kündigung gem. § 4 S. 1 KSchG geltend machen kann (vgl. iE *Bayreuther* ZfA 2005, 391 ff. mit »Vorschlag für eine Neuregelung des § 6 KSchG« S. 402 f., weil § 6 KSchG nF »letztlich ... sinnentleert« sei, S. 391).

B. Erweiterung der Begründung der Klage auf Feststellung der Unwirksamkeit der Kündigung durch Geltendmachung der Sozialwidrigkeit der Kündigung bis zum Schluss der letzten mündlichen Verhandlung erster Instanz (§ 6 S. 1 KSchG)

I. Voraussetzungen für die verlängerte Anrufungsfrist

1. Klage innerhalb der Dreiwochenfrist des § 4 S. 1 KSchG

Voraussetzung für die verlängerte Anrufungsfrist ist, dass der Arbeitnehmer innerhalb der Frist von drei Wochen nach Zugang der schriftlichen Kündigung (§ 4 S. 1 KSchG) die Unwirksamkeit der Kündigung durch Klage vor dem ArbG geltend gemacht hat, was bei der Geltendmachung der Unwirksamkeit der Kündigung aus anderen Gründen als wegen Sozialwidrigkeit bis zum 31. Dezember 2003 nicht erforderlich war (§ 13 Abs. 3 KSchG aF.; vgl. iE *Friedrich* KR, 6. Aufl. § 13 KSchG Rz 303 ff.). Über den Begriff des Zugangs der Kündigung vgl. KR-*Friedrich* § 4 KSchG Rz 100 ff.

Ist die Klage nach Ablauf der Dreiwochenfrist des § 4 S. 1 KSchG erhoben, so ist die Berufung auf die Sozialwidrigkeit der Kündigung mit Erfolg nicht mehr möglich. Die Wirkung des § 7 KSchG greift insoweit ein (vgl. *BAG* 22.11.1956 AP Nr. 8 zu § 4 KSchG 1951; 24.9.1981 – 2 AZR 422/79 – n. v.). Aufgrund der Regelung in § 7 KSchG kann die Sozialwidrigkeit einer ordentlichen Kündigung [und die Unwirksamkeit einer außerordentlichen Kündigung, § 13 Abs. 1 S. 2 KSchG; vgl. KR-*Friedrich* § 13 KSchG Rz 52] nur unter den Voraussetzungen der §§ 5 und 6 KSchG geltend gemacht werden (*LAG Hamm* 2.7.1992 LAGE § 4 KSchG Nr. 23 [zu 3 c der Gründe].

2. Klage aus anderen als den in § 1 Abs. 2 und 3 KSchG bezeichneten Gründen

a) Allgemein anerkannte Beispiele

10 Gedacht ist im Fall der nachträglichen Geltendmachung der Sozialwidrigkeit der Kündigung in erster Linie an die fristgerechte Geltendmachung eines Verstoßes gegen ein Gesetz (zB Art. 9 GG; MuSchG; SGB IX); mangelnder Geschäftsfähigkeit (vgl. iE KR-*Friedrich* § 13 KSchG Rz 111 ff., 177 ff.) usw. durch den Arbeitnehmer.

Es wird zB innerhalb der Dreiwochenfrist eine Klage mit einem Feststellungsantrag nach § 256 ZPO erhoben – nach der Neuregelung nur noch in Ausnahmefällen geboten, etwa bei Geltendmachung fehlender Schriftform nach § 623 BGB (vgl. iE KR-*Friedrich* § 13 KSchG Rz 226), besteht in entsprechender Anwendung des § 6 S. 1 KSchG (ggf. iVm § 13 Abs. 1 S. 2 KSchG) die verlängerte Frist bis zum Schluss der mündlichen Verhandlung erster Instanz. Bis zu diesem Zeitpunkt kann die Sozialwidrigkeit der – unterstellt doch formgerechten – Kündigung geltend gemacht und eine dem Wortlaut des § 4 S. 1 KSchG entsprechende Antragstellung vorgenommen werden (vgl. *LAG Düsseld.* 9.6.2004 LAGE § 4 KSchG Nr. 49 [zu III 2 der Gründe]; s.u. Rz 20 ff.), falls man nicht ohnehin es für zulässig hält, dass sich der Arbeitnehmer noch in der Berufungsinstanz auf die Sozialwidrigkeit der Kündigung berufen kann (s.u. Rz 18).

b) Umstrittene Beispiele

11 Fraglich ist, ob § 6 S. 1 KSchG auch eingreift, wenn der Arbeitnehmer sich nicht gegen die Wirksamkeit der Kündigung schlechthin wendet, sondern etwa nur geltend gemacht hat, die Kündigung sei **nicht mit der gesetzlichen oder tarifvertraglichen oder einzelvertraglich vereinbarten Kündigungsfrist** erfolgt, oder zunächst **nur gegen die außerordentliche Kündigung** vorgeht, nicht aber gegen die in der außerordentlichen Kündigung enthaltene ordentliche Kündigung.

aa) Geltendmachung der Versäumung der gesetzlichen, tariflichen oder arbeitsvertraglich vereinbarten Kündigungsfrist innerhalb dreier Wochen nach Zugang der schriftlichen Kündigung

12 Nach *ArbG Hmb.* (1.3.1957 AP Nr. 2 zu § 5 KSchG 1951) zu § 6 KSchG aF war die verlängerte Anrufungsfrist nicht gegeben, wenn der Arbeitnehmer in der binnen drei Wochen erhobenen Klage lediglich geltend macht, dass die Kündigung erst zu einem späteren Zeitpunkt wirksam werden könne. Das wurde damit begründet, dass nur mit einer Klage, die der Kündigung die Beendigungswirkung schlechthin aberkennt, geltend gemacht wird, dass eine rechtswirksame Kündigung nicht vorliege. Der Fristverlängerung liege die Erwägung zugrunde, dass der Arbeitgeber nicht in unbilliger Weise beschwert werde, wenn durch eine auf andere Unwirksamkeitsgründe gestützte Klage innerhalb der Dreiwochenfrist bereits klargestellt worden sei, dass der Arbeitnehmer der Kündigung des Arbeitgebers die Beendigungswirkung abspreche.

13 Demgegenüber wies *A. Hueck* (Anm. zu ArbG Hmb. 1.3.1957 aaO) darauf hin, dass auch in dem Fall, in dem der Arbeitnehmer sich zunächst mit einer längeren Kündigungsfrist zufrieden geben will, dann aber erkennen muss, dass er damit nicht durchdringen werde, nichts im Wege stehe, geltend zu machen, dass eine Kündigung, die schon zu einem vom Arbeitnehmer nicht akzeptierten Zeitpunkt gelten soll, sozialwidrig sei. Der Arbeitgeber weiß aus der rechtzeitig erhobenen Klage, dass der Kläger die bestimmte Kündigung zu dem bestimmten Zeitpunkt nicht gelten lassen will. Es ist denkbar, dass eine Kündigung, die der Arbeitnehmer zu einem späteren Zeitpunkt gegen sich gelten lassen will, sozialwidrig ist. Es ist nicht einzusehen, warum in solchen Fällen dem Arbeitnehmer die Berufung auf das KSchG versagt werden soll. Wenn der Arbeitgeber die gesetzliche, tarifliche oder arbeitsvertragliche Kündigungsfrist eingehalten hat, eröffnet allein das KSchG dem Arbeitnehmer die Möglichkeit, ihm bei Vorliegen der Voraussetzungen den Arbeitsplatz bis zu dem von ihm akzeptierten Zeitpunkt der Beendigung zu erhalten. Dem hatte sich die hM angeschlossen (*v. Hoyningen-Huene/Linck* § 6 Rz 2; HK-*Hauck* § 6 Rz 11; *Backmeister/Trittin/Mayer* § 6 Rz 4; **aA** *Güntner* DB 1976, 149).

Diese Auffassung ist auch nach der Neufassung des § 6 KSchG zutreffend, auch wenn man der Auffassung folgt, die Klagefrist des § 4 S. 1 KSchG sei im Falle des Ausspruchs der Kündigung mit einer unzutreffenden Kündigungsfrist deswegen nicht einzuhalten, weil die Kündigungserklärung dahin auszulegen sei, dass sie mit der richtigen Kündigungsfrist gewollt sei (vgl. dazu KR-*Friedrich* § 13 KSchG Rz 259d, 265, 281). Denn der Arbeitnehmer hat immerhin geltend gemacht, dass er die Kündi-

Verlängerte Anrufungsfrist § 6 KSchG

gung so wie ausgesprochen nicht gegen sich gelten lassen will (dem folgen für § 6 S. 1 KSchG nF. zutr. SPV-*Vossen* Rz 1817; *Löwisch/Spinner* § 6 Rz 4; ErfK-*Ascheid* § 6 KSchG Rz 3).

bb) Der fristlos gekündigte Arbeitnehmer macht innerhalb der Dreiwochenfrist nur die Einhaltung der ordentlichen Kündigungsfrist geltend

Hoffmann (RdA 1956, 265) meint, dass bei Ausspruch einer fristlosen Kündigung ein Angriff gegen die in der fristlosen Kündigung etwa liegende ordentliche Kündigung nicht vorliege, wenn der Arbeitnehmer sich nur gegen die fristlose Kündigung wende, ohne in der Klagebegründung erkennen zu lassen, dass er der Kündigung die Auflösungswirkung zum Ende der Kündigungsfrist abspreche. **14**

Demgegenüber kann nach *LAG Düsseld.* (15.8.1956 AP Nr. 1 zu § 5 KSchG 1951), wenn eine Kündigung als »fristlose« angegriffen wird, sie sich aber als fristgemäße darstellt, die Sozialwidrigkeit der fristgemäßen Kündigung bis zum Schluss der mündlichen Verhandlung geltend gemacht werden. Die Fristverlängerung betreffe nach Inhalt und Zweck nicht nur die Fälle, in denen die Kündigung umgedeutet oder auf andere Gründe gestützt werde. Die Vorschrift müsse auch in den Fällen gelten, in denen die Kündigung anders ausgesprochen wurde. **15**

§ 6 KSchG ist weit auszulegen (*BAG* 14.9.1994 EzA § 4 KSchG nF Nr. 50 [zu II 3 der Gründe mwN). § 6 KSchG ist auch auf die Fälle anwendbar, in denen die Kündigung zunächst zu einem anderen Beendigungszeitpunkt hingenommen wird. Denn immerhin hat der Arbeitnehmer zu erkennen gegeben, dass er mit der Kündigung so wie sie ausgesprochen wurde, nicht einverstanden ist. Er kann in diesen Fällen noch bis zum Schluss der mündlichen Verhandlung erster Instanz geltend machen, dass die Kündigung sozialwidrig ist. **16**

Das bedeutet nicht nur für den Fall des *LAG Düsseld.* (15.8.1956 aaO), in dem offensichtlich eine fristlose Kündigung gar nicht ausgesprochen worden war, sondern nur eine ordentliche, sondern auch für den Fall, dass die ausgesprochene fristlose Kündigung in eine ordentliche Kündigung umzudeuten ist, dass die Sozialwidrigkeit noch in der verlängerten Frist des § 6 KSchG geltend gemacht werden kann, (hM: *BAG* 30.11.1961 AP Nr. 3 zu § 5 KSchG 1951; *LAG Mannheim* 11.2.1952 BB 1952, 144; *Herschel* Anm. zu AP Nr. 1 zu § 5 KSchG; *Löwisch/Spinner* § 6 Rz 3; ErfK-*Ascheid* § 6 Rz 3). Das gilt auch dann, wenn ein Arbeitnehmer eine fristlose und zugleich hilfsweise als ordentliche ausgesprochene Kündigung innerhalb der Dreiwochenfrist des § 4 S. 1 KSchG nur als außerordentliche angreift: Er kann bis zum Schluss der mündlichen Verhandlung erster Instanz die Sozialwidrigkeit der hilfsweise erklärten ordentlichen Kündigung geltend machen (*BAG* 16.11.1970 EzA § 3 KSchG Nr. 2; *LAG München* 25.8.1980 AMBl. 1981, C 17 [C 19]; *LAG Düsseld.* 25.3.1980 DB 1980, 2528; *v. Hoyningen-Huene/Linck* § 13 Rz 47a). Das gilt nicht, wenn sich der Arbeitnehmer mit der für den Fall der Unwirksamkeit der fristlosen Kündigung umzudeutenden ordentlichen Kündigung einverstanden erklärt hat (*BAG* 13.8.1987 EzA § 140 BGB Nr. 12 [Datum in EzA unrichtig]; *v. Hoyningen-Huene/Linck* § 6 Rz 3; ErfK-*Ascheid* § 6 Rz 3; zum Vortrag der Umdeutungstatsachen erst in zweiter Instanz vgl. KR-*Friedrich* § 13 KSchG Rz 83), und auch dann nicht, wenn der Arbeitnehmer sich mit der vorsorglichen ordentlichen Kündigung einverstanden erklärt hat (*BAG* 13.8.1987 aaO; *LAG München* 25.8.1980 aaO). Das soll auch nicht im umgekehrten Fall gelten, wenn der Arbeitnehmer zwar die in ein und demselben Schreiben erklärte hilfsweise ordentliche Kündigung fristgerecht angreift, nicht aber die außerordentliche (*ArbG Stuttg.* 4.12.1986 – 15 Ca 261/86 – nv), was als unzutreffend erscheint, weil der Arbeitnehmer sich gegen die Kündigung gewandt hat, und sie nicht einmal als ordentliche gegen sich gelten lassen wollte. Anders ist es, wenn die außerordentliche Kündigung und die vorsorglich ordentliche Kündigung in verschiedenen Schreiben erklärt werden oder gar einige Tage nach Ausspruch der außerordentlichen Kündigung vorsorglich noch eine ordentliche Kündigung ausgesprochen wird. Dann handelt es sich nicht mehr um **eine** Kündigung, sondern um zwei, die jeweils gesondert mit der Kündigungsschutzklage anzugreifen sind. Ist der gestellte allgemeine Feststellungsantrag nicht als Kündigungsschutzantrag iSd § 4 S. 1 KSchG auslegungsfähig (vgl. insoweit KR-*Friedrich* § 4 KSchG Rz 241a), etwa weil der Kläger den Antrag an den von ihm behaupteten Nichtzugang der Kündigung angeknüpft hat, kann nach *LAG Frankf.* 31.7.1986 LAGE § 130 BGB Nr. 5 die Sozialwidrigkeit der doch zugegangenen Kündigung nach § 6 KSchG geltend gemacht werden. **17**

cc) § 6 KSchG nF

Bei Vorstehendem bleibt es auch nach der Neufassung des § 6 KSchG. § 13 Abs. 1 S. 2 KSchG erklärt nicht nur § 4 S. 1 KSchG, sondern auch die §§ 5 – 7 KSchG auf die außerordentliche Kündigung für an- **17a** wendbar. Dann macht es keinen Unterschied, wenn im Falle einer außerordentlichen Kündigung nur die Einhaltung der ordentlichen Kündigungsfrist geltend gemacht wird und erst nach Ablauf der Dreiwochenfrist geleugnet wird, dass die Kündigung sozial gerechtfertigt ist.

3. Klage gegen eine für sozialwidrig iSv § 1 Abs. 2 und 3 KSchG gehaltenen Kündigung

17b § 6 KSchG in der ab 1. Januar 2004 geltenden Fassung erfasst auch den Fall, dass der Arbeitnehmer unter Einhaltung der Klagefrist die Sozialwidrigkeit der Kündigung unter Hinweis auf § 1 KSchG geltend macht und nach Ablauf der Klagefrist weitere Unwirksamkeitsgründe nachschieben will, wie etwa unterbliebene oder fehlerhafte Anhörung des Betriebsrats oder Personalrats oder Mitarbeitervertretung im kirchlichen Bereich usw. (vgl. KR-*Friedrich* § 13 KSchG Rz 176 ff.).

II. Die Verlängerung der Anrufungsfrist

1. Verlängerung der Frist zur Geltendmachung bis zum Schluss der letzten mündlichen Verhandlung erster Instanz

18 Liegen die Voraussetzungen des § 6 S. 1 KSchG – Klage gegen die Kündigung innerhalb der Dreiwochenfrist – vor, so kann der Arbeitnehmer in dem laufenden Verfahren, auch wenn die Dreiwochenfrist des § 4 KSchG verstrichen ist, weitere Unwirksamkeitsgründe **nur bis zum Schluss der mündlichen Verhandlung erster Instanz geltend machen** (*LAG RhPf* 13.12.1984 LAGE § 140 BGB Nr. 2). Die Unwirksamkeit der Kündigung aus anderen als ursprünglich innerhalb der Klagefrist angeführten Gründen kann also **in der Berufungsinstanz nicht mehr** geltend gemacht werden (zu einem Ausnahmefall, Geltendmachung der Umdeutung einer außerordentlichen Kündigung in eine ordentliche Kündigung erst im Berufungsverfahren durch den Arbeitgeber, vgl. KR-*Friedrich* § 13 KSchG Rz 107).

Wenzel (BBDW, § 6 aktuell Rz 4) hält die Beschränkung der Nachschiebung weiterer Unwirksamkeitsgründe auf die erste Instanz für bedenklich. Dem ist nicht nur für den Fall des Verstoßes gegen die Hinweispflicht nach § 6 S. 2 KSchG zu folgen (dazu s.u. Rz 33f f.), sondern jedenfalls für den Fall, dass der Arbeitnehmer ohne eigenes Verschulden nicht in der Lage war, die in der Berufungsinstanz nachgeschobenen Gründe bereits bis zum Schluss der mündlichen Verhandlung erster Instanz vorzutragen (*Bayreuther* ZfA 2005, 391, 398). *Wenzel* (BBDW § 6 Rz 50 ff.) ist der Auffassung, dass die auf § 6 S. 1 KSchG gestützte Erstreckung einer Klage auf in erster Instanz versäumte Anträge nach den §§ 4 S. 1, 13 Abs. 1 S. 2 KSchG im Wege der Berufung oder der Anschlussberufung auch in zweiter Instanz zuzulassen ist (so im Ergebnis *LAG MV* 1.11.2005 – 5 Sa 50/05 – EzA-SD 2/2006, S. 12, 17.1.2006 – 5 Sa 124/05 – juris, jeweils für den Fall der Massenentlassung). Das ist aber nur im Rahmen der §§ 61a Abs. 4, 56 Abs. 2 ArbGG zutreffend (*Bayreuther* aaO S. 398 f.).

2. Der Zeitpunkt des Schlusses der letzten mündlichen Verhandlung erster Instanz

19 Nach § 136 Abs. 4 ZPO, der im arbeitsgerichtlichen Verfahren erster Instanz gilt (§ 53 Abs. 2 ArbGG), schließt der Vorsitzende die Verhandlung, wenn nach Ansicht des Gerichts die Sache vollständig erörtert ist, und verkündet die Urteile und Beschlüsse des Gerichts. Daraus folgt, dass der **Schluss der Verhandlung** nicht einer ausdrücklichen Erklärung bedarf. Der Schluss der mündlichen Verhandlung kann auch stillschweigend durch Zurückziehen zur Beratung, Verkündung eines Urteils oder Aufruf einer anderen Sache erfolgen, wenn der Rechtsstreit abschließend erörtert und in tatsächlicher Hinsicht erschöpfend aufgeklärt ist (*Stein/Jonas/Leipold* § 136 Rz 5 f.; *Thomas/Putzo-Reichold* § 136 Rz 4).

Folgt man der Auffassung, weitere Unwirksamkeitsgründe könnten auch in der Berufungsinstanz nachgeschoben werden (s.o. Rz 18), dann kommt es auf den Schluss der mündlichen Verhandlung in der Berufungsinstanz an. Das Vorstehende gilt entsprechend (§ 64 Abs. 7 ArbGG iVm § 53 Abs. 2 ArbGG iVm § 136 Abs. 4 ZPO).

III. Die Art und Weise der Geltendmachung; Klageantrag

20 Der Kläger braucht lediglich neben den bisher geltend gemachten Gründen sich auch auf die **Sozialwidrigkeit** der Kündigung oder im umgekehrten Fall – fristgerechte Geltendmachung der Sozialwidrigkeit der Kündigung – auf andere Unwirksamkeitsgründe zu berufen. Einer **Änderung des Antrags** bedarf es bei der Feststellungsklage des § 4 S. 1 KSchG nicht. Der Kläger fügt lediglich dem fristgerecht geltend gemachten Unwirksamkeitsgrund oder den bislang innerhalb der Klagefrist geltend gemachten Unwirksamkeitsgründen einen weiteren oder weitere hinzu, der/die von dem bisherigen Klagean-

trag mit umfasst wird/werden. Es liegt keine objektive Klagehäufung vor (*v. Hoyningen-Huene/Linck* § 6 Rz 9). Es wird nur die Klage auf Feststellung der Unwirksamkeit der bestimmten Kündigung auf eine weitere Begründung gestützt.

Nur in den Fällen, in denen ursprünglich die Kündigung mit einem anderen **Beendigungszeitpunkt** 21 **hingenommen** wurde (s.o. Rz 11 ff.), ist erforderlichenfalls der Klageantrag zu ändern und der Fassung des § 4 S. 1 KSchG, »dass das Arbeitsverhältnis durch die Kündigung nicht aufgelöst ist«, anzupassen, falls es bei dem ursprünglich vorgesehenen Beendigungszeitpunkt nicht verbleiben soll.

Zum Antrag bei Leistungsklagen (Lohnklagen) s.u. Rz 30. 22

C. Die entsprechende Anwendung des § 6 S. 1 KSchG
I. Leistungsklage (Lohnklagen)

Die Neufassung des § 6 KSchG kann es als zweifelhaft erscheinen lassen, ob der Arbeitnehmer entspre- 23 chend der bisherigen hM sich auch dann mit Erfolg auf die Unwirksamkeit der Kündigung außerhalb der Klagefrist berufen kann, wenn er innerhalb der Klagefrist lediglich eine Leistungsklage (Lohnklage) für die Zeit nach dem Ablauf der Kündigungsfrist (oder Zugang der außerordentlichen Kündigung) erhoben hatte. Die analoge Anwendung des § 6 KSchG soll nicht mehr gerechtfertigt sein, weil angesichts der Neufassung des § 6 KSchG keine vergleichbaren Sachverhalte mehr vorliegen sollen (*Bader* NZA 2004, 65, 69). Gesetzeswortlaut und die Begründung zu der erfolgten Änderung stehen indes nicht dafür, dass »eine historisch gewachsene Verfahrenshandhabung dieser Art« hat beseitigt werden sollen (BBDW-*Wenzel* § 6 aktuell Rz 6; *Giesen/Besgen* NJW 2004, 185, 188; *Preis* DB 2004, 70, 75; *Biehl* JA 2005, 46). Immerhin geht der Arbeitnehmer in einem solchen Fall von der Unwirksamkeit der ihm gegenüber erklärten Kündigung aus, mag er auch nicht präzisiert haben, warum das der Fall sein soll.

Die hM wendet § 6 KSchG **entsprechend** an, wenn der Arbeitnehmer aus der Unwirksamkeit der Kün- 23a digung **Lohnansprüche** herleitet und deshalb eine **Leistungsklage** erhoben hat (*BAG* 30.11.1961 AP Nr. 3 zu § 5 KSchG 1951; 28.6.1973 EzA § 13 KSchG nF Nr. 1; *Wenzel* MDR 1978, 108; *v. Hoyningen-Huene/Linck* § 6 Rz 4; *Ascheid* Rz 719; *Backmeister/Trittin/Mayer* § 6 Rz 4; HK-*Hauck* § 6 Rz 5, 13; auch für § 6 S. 1 KSchG nF *Löwisch/Spinner* § 6 Rz 5; ErfK-*Ascheid* § 6 Rz 4; SPV-*Vossen* Rz 1821 m. Nachw. in Fn. 319; HaKo-*Gallner* § 6 Rz 19; *Kittner/Däubler/Zwanziger* § 6 Rz 7; **aA – für § 6 S. 1 KSchG aF** *Güntner* DB 1976, 149; *ders.* RdA 1953, 249; *LAG Stuttg.* 11.3.1953 AP 54 Nr. 11; *Bötticher* BB 1952, 976 Anm. zu *LAG Hannover* 24.7.1952; krit. zu § 6 S. 1 KSchG nF *Bayreuther* ZfA 2005, 391, 400 f.).

Voraussetzung für die entsprechende Anwendung des § 6 S. 1 KSchG ist, dass der Arbeitnehmer inner- 24 halb von drei Wochen nach Zugang der Kündigung Lohnansprüche erhoben hat, die Zeiten nach Zugang der fristlosen Kündigung oder nach Ablauf der Kündigungsfrist betreffen (*Knorr/Bichlmeier/Kremhelmer* Kap. 11 Rz 56; *Löwisch/Spinner* aaO) und auf die Unwirksamkeit der Kündigung etwa iVm § 615 BGB gestützt werden.

Es genügt nicht, dass in der Klageschrift, die Lohnansprüche aus der Zeit vor dem Zugang der Kün- 25 digung zum Gegenstand hat, die Unwirksamkeit einer Kündigung erwähnt wird und darauf gestützte weitere Ansprüche vorbehalten werden (*LAG Hamm* 2.11.1953 AP 1954 Nr. 91; *v. Hoyningen-Huene/Linck* aaO; *Löwisch/Spinner* aaO).

Entsprechend dem unter Rz 23 Ausgeführten reicht es an sich aus, wenn der Arbeitnehmer im Falle 25a einer ordentlichen betriebsbedingten schriftlich erklärten Kündigung, die unter Hinweis auf den Anspruch auf die gesetzliche Abfindung des § 1a KSchG erfolgte, keine Kündigungsschutzklage innerhalb der Klagefrist des § 4 S. 1 KSchG, aber innerhalb der Klagefrist Lohnansprüche für die Zeit nach Ablauf der Kündigungsfrist geltend macht und erst nach Ablauf der Klagefrist Unwirksamkeitsgründe in den Prozess einführt. Damit ist der Arbeitnehmer aber nicht untätig geblieben, wie es § 1a KSchG voraussetzt; mit dieser Möglichkeit kann also eine etwa höhere Abfindung nicht erfolgreich erzielt werden. Wer die Wirksamkeit der Kündigung angreift, lässt die Klagefrist nicht verstreichen (*Preis* DB 2004, 70, 75; im Ergebnis ebenso *Bauer/Krieger* NZA 2004, 77, 79; *Willemsen/Annuß* NJW 2004, 177, 182). Nach anderer Auffassung entfällt der Anspruch des Arbeitnehmers auf die gesetzliche Abfindung rückwirkend. Das Verhalten des Arbeitnehmers führt nicht zu einer vorgerichtlichen Klärung der Beendigung des Arbeitsverhältnisses (so *Grobys* DB 2003, 2174, 2175 f., dort auch zur Frage der Rückabwicklung einer etwa bereits gezahlten gesetzlichen Abfindung).

II. Sonstige Einzelfälle

26 Das *BAG* hat mit Urteil v. 9.11.1967 (BB 1968, 293) § 6 KSchG aF (§ 5 i.d.F v. 13.8.1951) auf den Fall entsprechend angewandt, dass ein Arbeitnehmer sich innerhalb von drei Wochen nach Zugang klageweise **gegen eine Änderungskündigung gewandt hat und nach Ausspruch einer fristlosen Kündigung ebenfalls innerhalb der Dreiwochenfrist beantragt hat, durch einstweilige Verfügung anzuordnen, dass der Arbeitgeber ihm sein volles Monatsgehalt weiterzuzahlen hat.** Das BAG hat ausgeführt, dass beides, die Klage gegen die Änderungskündigung und die einstweilige Verfügung auf Gehaltsfortzahlung, so schwer wie eine Klage auf Gehaltszahlung wiege. Da der Kläger nach Ablauf der Dreiwochenfrist, aber vor Beendigung der mündlichen Verhandlung in erster Instanz den Antrag auf Feststellung der Unwirksamkeit auch der fristlosen Kündigung gestellt hat, sei der Mangel in Anwendung des § 5 KSchG, § 6 KSchG aF, als geheilt anzusehen [zu 6 der Gründe]. Dieser Entscheidung ist überwiegend zugestimmt worden (*v. Hoyningen-Huene/Linck* § 6 Rz 6; HK-*Hauck* § 6 Rz 17; *Löwisch/Spinner* § 6 Rz 6; abl. *Trinkner* BB 1968, 294; KPK-*Ramrath* § 6 Rz 5).

27 Die Entscheidung ist deswegen zutreffend, **weil der Arbeitnehmer** durch die Beantragung einer einstweiligen Verfügung auf Fortzahlung des Gehalts für Zeiten nach der vom Arbeitgeber vorgesehenen Beendigung des Arbeitsverhältnisses durch die Kündigung ebenso wie durch eine Lohnklage dem Arbeitgeber **eindeutig zu erkennen gegeben hat, dass er die Kündigung nicht hinzunehmen gedenke.** Darauf, dass die Unwirksamkeit einer fristlosen Kündigung nicht im Verfahren über die einstweilige Verfügung geltend gemacht werden kann, kann es im Hinblick auf den Sinn und Zweck des § 6 KSchG nicht ankommen (*v. Hoyningen-Huene/Linck* aaO).

Dem ist auch im Hinblick auf die Neufassung des § 6 KSchG zu folgen.

28 Hat der Arbeitnehmer die Rechtswirksamkeit der Kündigung aus anderen Gründen als die Sozialwidrigkeit gegenüber dem Arbeitgeber in Zweifel gezogen und hat der **Arbeitgeber** Feststellungsklage erhoben, dass das Arbeitsverhältnis durch die Kündigung aufgelöst ist, so war § 6 S. 1 KSchG aF nicht anwendbar. Es musste eine Klage oder wenigstens eine Anrufung des Gerichts durch den **Arbeitnehmer** vorliegen. § 6 KSchG aF verlangte aktives gerichtliches Vorgehen des Arbeitnehmers (*v. Hoyningen-Huene/Linck* § 6 Rz 7; *Hueck/Nipperdey* I, § 64 VII 9 Fn. 113, S. 657; LAG Hannover 24.7.1952 AP 1954 Nr. 10; so auch *Löwisch/Spinner* § 6 Rz 8, anders *Herschel/Steinmann* § 5 Rz 2). Der Hinweis auf die Sozialwidrigkeit reichte nicht. Der Arbeitnehmer musste Feststellungswiderklage erheben. Das vom Arbeitnehmer verlangte gerichtliche Vorgehen musste sich entweder auf eine Kündigung beziehen, die bereits Streitgegenstand eines Rechtsstreits war, oder auf eine Kündigung, von deren Wirksamkeit oder Unwirksamkeit der Ausgang des Rechtsstreit mit einem anderen Streitgegenstand (zB Lohn für die Zeit nach Ablauf der Kündigungsfrist) mittelbar (inzidenter) abhängig war.

Für § 6 KSchG nF gilt nichts anderes.

29 Bloßes Bestreiten der Rechtmäßigkeit der Kündigung außerhalb des Prozesses reicht nicht aus (*v. Hoyningen-Huene/Linck* § 6 Rz 7). Es genügt auch nicht, wenn in einer nicht den Lohn für Zeiten nach der Kündigung betreffenden Klageschrift, der von der Unwirksamkeit der Kündigung nicht abhängig ist, die Unwirksamkeit der Kündigung erwähnt wird, selbst wenn darauf gestützte weitere Ansprüche vorbehalten werden (s.o. Rz 25).

29a § 6 KSchG ist zumindest analog anwendbar, wenn innerhalb der Dreiwochenfrist nach Zugang der Kündigung der Weiterbeschäftigungsanspruch geltend gemacht wird. Mit diesem macht der Kläger geltend, dass die Kündigung unwirksam sei; das reicht aus (zutr. *Löwisch/Spinner* § 6 Rz 5, 6; zweifelnd HK-*Hauck* § 6 Rz 18, anders für § 6 KSchG nF *Bader* NZA 2004, 65, 69; wie hier HaKo-*Gallner* § 6 Rz 19).

29b § 6 KSchG ist zumindest analog anwendbar, wenn innerhalb von drei Wochen nach Zugang der **Änderungskündigung** Änderungsschutzklage erhoben wird trotz Ablehnung des Angebots oder verspäteter Ablehnung des Angebots, das Arbeitsverhältnis zu geänderten Bedingungen fortzusetzen, und der Arbeitnehmer in diesem Verfahren bis zum Schluss der mündlichen Verhandlung erster Instanz die Unwirksamkeit der Änderungskündigung als Beendigungskündigung gem. § 1 Abs. 2 und 3 KSchG geltend macht (*BAG* 23.3.1983 EzA § 6 KSchG Nr. 1; 28.3.1985 EzA § 767 ZPO Nr. 1 [zu B II 4 c, bb der Gründe]; 17.5.2001 EzA § 620 BGB Kündigung Nr. 3 [II 2 b bb]; zust. *Herschel* Anm. AR-Blattei D, Kündigungsschutz I A Entsch. 2; *v. Hoyningen-Huene/Linck* § 6 Rz 5; SPV-*Vossen* Rz 1821b, 1897 auch für die Neufassung, wohl auch HaKo-*Gallner* § 6 Rz 22 f.; abl. für die alte Fassung *Loritz* Anm. SAE 1984, 130 ff.; *Bickel* Anm. AP Nr. 1 zu § 6 KSchG 1969 Nr. 1, letzterer auch zu weiteren von § 6 KSchG im Zusammenhang mit einer Änderungskündigung nach seiner Auffassung nicht erfassten Fällen). Dem Arbeitgeber ist aufgrund der erhobenen Änderungskündigungsschutzklage bekannt, dass der Arbeitnehmer mit der Änderungskündigung nicht einverstanden ist. Das gilt nach *ArbG Elmshorn* (20.8.1986 NZA 1987, 130) nicht, wenn der Arbeitnehmer das Angebot unter Vorbehalt angenommen hatte: Er kann ihn nicht mehr wirksam zurücknehmen und von der Änderungsschutzklage zur Beendigungsschutzklage übergehen; § 6 KSchG erwähnt das ArbG indes nicht (vgl. im Übrigen KR-*Rost* § 2 KSchG Rz 165).

Hat der Arbeitnehmer innerhalb von drei Wochen lediglich eine Abfindung nach § 113 BetrVG eingeklagt, ist § 6 KSchG nicht anwendbar, weil § 113 BetrVG die Wirksamkeit der Kündigung gerade voraussetzt und der Kläger eben nicht geltend macht, die Kündigung sei unwirksam (KR-*Spilger* § 9 KSchG Rz 75; *Löwisch/Spinner* § 6 Rz 7; *v. Hoyningen-Huene/Linck* § 6 Rz 4, § 9 Rz 69). **29c**

§ 6 KSchG ist analog anzuwenden, wenn die Kündigungsschutzklage zwar innerhalb der Dreiwochenfrist erhoben wurde, dann aber außerhalb der Dreiwochenfrist die Kündigungsschutzklage für erledigt erklärt wird oder zurückgenommen wird und lediglich ein bezifferter Zahlungsantrag hinsichtlich des Arbeitslohnes angekündigt wird, der bis zu dem Zeitpunkt anfällt, zu dem der Arbeitnehmer die Kündigung gegen sich gelten lässt, etwa weil er eine neue, bessere Arbeitsstelle gefunden hat. Der Arbeitnehmer wird auf entsprechenden Hinweis des Gerichts die Feststellungsklage iSd § 4 S. 1 KSchG wieder einbringen, anderenfalls die Zahlungsklage im Hinblick auf die Wirkungen der §§ 7, 13 KSchG allenfalls für die Dauer der Kündigungsfrist oder für die Zeit bis zum Zugang der fristlosen Kündigung Erfolg haben kann. **29d**

§ 6 KSchG ist nicht analog anwendbar, wenn der Arbeitnehmer sich mit einem Antrag nach § 4 S. 1 KSchG gegen eine bestimmte Kündigung wendet und den Weiterbeschäftigungsanspruch iSd Beschlusses des Großen Senats des *BAG* (27.2.1985 EzA § 611 BGB Beschäftigungspflicht Nr. 9) geltend macht, aber eine etwa vier Wochen später zugegangene **weitere Kündigung nicht fristgerecht** angreift. Ein solcher Angriff kann nicht in dem Weiterbeschäftigungsantrag gesehen werden. Die Weiterbeschäftigung sollte ausschließlich von der Rechtsunwirksamkeit der zuerst ausgesprochenen Kündigung abhängig sein. Die Weiterbeschäftigung entfiele, wenn die erste Kündigung nicht sozial ungerechtfertigt ist. Der Streitgegenstand des Weiterbeschäftigungsanspruches ist nicht identisch mit dem Feststellungsantrag nach § 256 ZPO, mit dem begehrt wird, dass das Arbeitsverhältnis generell über das in der ersten Kündigung genannte Beendigungsdatum hinaus fortbestehen soll, zu dem auch die zweite Kündigung ausgesprochen worden war (*LAG BW* 18.10.1993 – 9 Ta 26/93 – nv; APS-*Ascheid* § 6 Rz 21; **aA** *LAG Köln* 17.2.2004 – 5 Sa 1049/03 – NZA-RR 2005, 136 m. zust. Anm. *Wolmerath* jurisPR-ArbR 42/2004 Nr. 5 ; *v.Hoyningen-Huene/Linck* § 6 Rz 6). **29e**

§ 17 S. 2 TzBfG verweist auf die entsprechende Geltung der §§ 5 – 7 KSchG. Damit kann die innerhalb der Klagefrist unterbliebene Feststellungsklage iSd § 17 S.1 TzBfG, nämlich, dass das Arbeitsverhältnis auf Grund der Befristung nicht beendet ist, noch nachgeholt werden, wenn der Arbeitnehmer die Unwirksamkeit der Befristung der Sache nach geltend gemacht hatte, etwa durch Klage auf Lohn (vgl. zB *LAG Düssel*. 6.12.2001 LAGE § 17 TzBfG Nr. 1; *BAG* 16.4.2003 EzA § 17 TzBfG Nr. 3) oder Beschäftigung für die Zeit nach Ablauf der vorgesehenen Befristung. Daran ändert die Neufassung des § 6 KSchG nichts (BBDW-*Wenzel* Rz 56; **aA** *Bader* NZA 2004, 65, 69; vgl. BBDW-*Bader* § 6 aktuell Stand August 2003 Rz 2). Der Arbeitnehmer hat zu erkennen gegeben, dass er die Befristung für unwirksam hält, dann kann er die einzelnen Gründe dafür nachschieben. **29f**

III. Der Klageantrag

Soweit die **analoge Anwendung** des § 6 KSchG gegeben ist, also insbes. bei Klagen auf Lohn, der mit der Unwirksamkeit der Kündigung zusammenhängt, reicht der bloße Hinweis auf die Sozialwidrigkeit der Kündigung oder auf einen anderen Unwirksamkeitsgrund nicht aus. Vielmehr muss ein **Antrag** nach § 4 S. 1 KSchG gestellt werden. Es liegt nicht mehr nur eine Erweiterung der Begründung der Unwirksamkeit der Kündigung vor. Weil die Rechtskraftwirkung des Leistungsurteils sich nicht zugleich auf die Entscheidungsgründe erstreckt, in denen zum Ausdruck gebracht wird, dass die Kündigung unwirksam ist und sie das Arbeitsverhältnis nicht aufgelöst hat und daher der Lohanspruch begründet ist, ist ein Feststellungsantrag iSd § 4 S. 1 KSchG erforderlich (vgl. KR-*Friedrich* § 4 Rz 20; *BAG* 30.11.1961 AP Nr. 3 zu § 5 KSchG 1951; *v. Hoyningen-Huene/Linck* § 6 Rz 9; *Feichtinger* AR-Blattei, Kündigung VIII E 1). **30**

D. Die Hinweispflicht des Gerichts (§ 6 S. 2 KSchG)
I. Die gesetzliche Regelung

31 Nach § 6 S. 2 KSchG **soll das Gericht** den Arbeitnehmer auf die Möglichkeit **hinweisen, dass er auch außerhalb der Klagefrist weitere Unwirksamkeitsgründe nachschieben kann.** Dieses »soll« ist als »muss« zu lesen (*Bader* NZA 2004, 65, 69; vgl. zu § 6 KSchG aF APS/*Ascheid* § 6 KSchG Rz 23 mwN). *Bader* (aaO) empfiehlt, dass die Arbeitsgerichte ein entsprechendes Formular entwickeln und dieses dem Kläger im Gütetermin aushändigen oder mit dem Protokoll über die Gütesitzung zusenden. Gedacht werden kann auch daran, einen entsprechenden Hinweis bereits mit der Ladung zur Gütesitzung zu verbinden. Die Hinweispflicht umfasst indes nicht alle denkbaren Unwirksamkeitsgründe, sondern ist bezogen auf den bisherigen Sachvortrag der Parteien zu sehen (ErfK-*Ascheid* § 6 Rz 6).

32 Entsprechend ist es nach § 6 S. 2 KSchG geboten, einen Kläger über den notwendigen Feststellungsantrag **aufzuklären,** wenn er zuvor fristgerecht einen auf der Unwirksamkeit der Kündigung beruhenden Leistungsantrag, aber eben noch nicht den Feststellungsantrag gestellt hat (*LAG Frankf.* 8.12.1972 ARSt 1974 Nr. 60). Das hat natürlich nur dann Sinn, wenn nach Lage der Dinge eine Unwirksamkeit der Kündigung denkbar ist (vgl. zu § 6 KSchG aF *Hueck/Nipperdey* I, § 64 VII 9, S. 657 Fn. 115; *v. Hoyningen-Huene/Linck* § 6 Rz 10).

32a Entsprechendes gilt wegen der Anwendbarkeit des § 6 KSchG durch Verweisung in § 17 S. 2 TzBfG für die Entfristungsklage des § 17 S. 1 TzBfG (BBDW-*Wenzel* § 6 Rz 59). Es muss der Antrag gestellt werden, dass das Arbeitsverhältnis auf Grund der Befristung nicht beendet ist (dazu *LAG RhPf* 12.10.2004 – 2 Sa 522/04 – juris).

32b Für die Kündigung durch den Insolvenzverwalter sah § 113 Abs. 2 InsO aF vor, dass innerhalb der Klagefrist von drei Wochen nicht nur die Sozialwidrigkeit oder der fehlende wichtige Grund iSd § 626 BGB geltend zu machen war, sondern auch die weiteren Gründe, aus der die Unwirksamkeit der Kündigung abgeleitet wurde; allerdings konnten in entsprechender Anwendung des § 6 KSchG weitere Unwirksamkeitsgründe nachgeschoben werden (*BAG* 16.6.2005 EzA § 17 KSchG Nr. 15). § 113 Abs. 2 InsO ist im Hinblick auf § 4 S. 1 KSchG nF aufgehoben worden (vgl. dazu BBDW-*Wenzel* § 6 Rz 57; *Zwanziger* BB 2006, 1682, 1684).

II. Folgen eines Verstoßes gegen § 6 S. 2 KSchG durch das ArbG
1. Der Verstoß gegen § 6 S. 2 KSchG als Verfahrensfehler

33 Unterlässt es das ArbG den Arbeitnehmern trotz Vorliegens der Voraussetzungen des § 6 S. 1 KSchG auf die Möglichkeit hinzuweisen, dass die Unwirksamkeit der Kündigung auch auf weitere Unwirksamkeitsgründe gestützt werden kann oder dass bei einer Leistungsklage auch der Antrag auf Feststellung der Unwirksamkeit der Kündigung zu stellen ist, so liegt nach allg. Ansicht ein **Verfahrensmangel vor** (vgl. nur zu § 6 KSchG aF *v. Hoyningen-Huene/Linck* § 6 Rz 11; zum neuen Recht *Löwisch/Spinner* § 6 Rz 13; HaKo-*Gallner* § 6 Rz 26; BBDW-*Wenzel* § 6 Rz 60).

2. Die Folgen eines Verstoßes gegen § 6 S. 2 KSchG durch das ArbG

34 Die Folgen eines Verstoßes gegen § 6 S. 2 KSchG durch das ArbG waren **umstritten.** Auch bei § 6 KSchG nF ist die entscheidende Frage, welche Folgen der unterlassene Hinweis hat.

a) Abweisung der Klage durch das ArbG

35 Es wurde darauf abgestellt, dass die Erweiterung der Begründung der Unwirksamkeit der Kündigung oder bei Lohnklage der Feststellungsantrag nach § 4 S. 1 KSchG nur bis zum Schluss der mündlichen Verhandlung vor dem ArbG nachgeholt werden können, nicht aber mehr in der Berufungsinstanz. Eine Zurückverweisung der Sache durch das LAG an das ArbG zur Nachholung der Berufung auf die Sozialwidrigkeit oder der Stellung des Feststellungsantrages nach § 4 S. 1 KSchG sei im Hinblick auf den eindeutigen Wortlaut des § 68 ArbGG, der die Zurückweisung wegen eines Mangels im Verfahren des ArbG für unzulässig erklärt, nicht möglich. Die Folge dieser Auffassung war, dass die Klage abgewiesen werden musste (so ausdrücklich *LAG Frankf.* 11.9.1952 RdA 1952, 119 = BB 1952, 976 betr. Lohnklage; vgl. auch *LAG Hannover* 24.7.1952 AP 54 Nr. 10 = BB 1952, 976; vgl. auch *Haberkorn* NJW 1953, 13).

Verlängerte Anrufungsfrist § 6 KSchG

b) **Zulassung der Begründungserweiterung bzw. des Feststellungsantrages noch in der Berufungsinstanz**

Nach *LAG Stuttg.* (11.3.1953 AP 54 Nr. 11) konnte, wenn das ArbG nicht auf die Notwendigkeit des Feststellungsantrages bei einer Klage auf Lohn für Zeiten nach der für unwirksam erachteten Kündigung hingewiesen hatte, der Antrag im Verfahren vor der zweiten Tatsacheninstanz im Wege der Berufung oder Anschlussberufung nachgeholt werden. § 6 KSchG sei auf Lohnklagen nicht anzuwenden, vielmehr sei eine fehlerhafte Klage erhoben worden, so dass der richtige Klageantrag noch in der Berufungsinstanz gestellt werden könne (zust. *Güntner* DB 1976, 149; *ders.* RdA 1953, 249; *Gröninger* AuR 1953, 105; *Bötticher* BB 1952, 978; *Wenzel* MDR 1978, 108; vgl. im Übrigen KR-*Friedrich* § 4 KSchG Rz 21; *Bötticher* BB 1952, 977 Anm. zu *LAG Hannover* 24.7.1952 und Anm. zu *LAG Hannover* 24.7.1952 und *LAG Stuttg.* 11.3.1953 AP 54 Nr. 10 und 11 hielt einschränkend nur dann die Stellung des Feststellungsantrages noch in der Berufungsinstanz für zulässig, wenn der Arbeitnehmer die Sozialwidrigkeit fristgerecht geltend gemacht hatte, also die Lohnklage schon in erster Instanz auf Sozialwidrigkeit der Kündigung gestützt und nur den Feststellungsantrag nicht gestellt hatte). **36**

c) **Zurückverweisung an das ArbG zur Nachholung der Begründungserweiterung oder des Feststellungsantrages**

Demgegenüber konnte nach *BAG* (30.11.1961 AP Nr. 3 zu § 5 KSchG 1951) bei einer Lohnklage, die Ansprüche nach der angeblich unwirksamen Kündigung betrifft, der Feststellungsantrag nach § 4 S. 1 KSchG in der Berufungsinstanz auch dann nicht mehr gestellt werden, wenn das ArbG es versäumt hatte, auf die Notwendigkeit des Antrages hinzuweisen. Das BAG hilft mit der Zurückverweisung der Sache vom Berufungsgericht an das ArbG. Das BAG begründet seine Auffassung damit (zu 5 der Gründe), dass der Zweck des § 68 ArbGG – Beschleunigung des Verfahrens – nicht zutreffe, wenn der Fehler der ersten Instanz in der Berufungsinstanz nicht mehr behoben werden kann. Dem hatte sich die hM angeschlossen (*LAG Düsseld.* 25.3.1980 DB 1980, 2528 für den Fall einer fristlosen und vorsorglich fristgerechten Kündigung trotz allgemeinen Feststellungsantrags nach § 256 ZPO neben dem Antrag nach §§ 4, 13 Abs. 1 KSchG; *v. Hoyningen-Huene/Linck* § 6 Rz 12; *LAG Frankf.* 31.7.1986 LAGE § 130 BGB Nr. 5 für den Fall, dass der gestellte allgemeine Feststellungsantrag nach § 256 ZPO nicht als Kündigungsschutzantrag iSd § 4 S. 1 KSchG auslegungsfähig ist nach (vorsorglicher) Anschlussberufung des Klägers, das Urteil des ArbG aufzuheben und das Verfahren an das ArbG zurückzuverweisen, weil das ArbG keinen Hinweis nach § 6 S. 1 KSchG erteilt habe; *LAG Köln* 8.3.1988 LAGE § 6 KSchG Nr. 1 für den Fall, dass der Arbeitnehmer erst wieder in der Berufungsinstanz seine Klage auf § 1 Abs. 2 und Abs. 3 KSchG stützt und das ArbG seine Hinweispflicht nach § 6 S. 2 KSchG verletzt hat; *Hueck/Nipperdey* I, § 64 VII 9, S. 657 Fn. 115, § 64 VII 2, S. 651 Fn. 80, § 101 I 6 S. 955 Fn. 15; *Nikisch* I, § 51 VII 4, S. 781; SPV-*Vossen* Rz 1824; *v. Hoyningen-Huene/Linck* § 6 Rz 12; *Schaub/Linck* § 136 II 4 Rz 18; *Schmidt* AR-Blattei D, Kündigungsschutz III A, II 6; *Löwisch/Spinner* § 6 Rz 13; HK-*Hauck* § 6 Rz 28; *Schönke* BB 1952, 608; *LAG Hannover* 15.2.1952 – 4 (2) Sa 504/51 – zit. bei *Nikisch* BB 1952, 606; desgl. die Literatur zum Arbeitsgerichtsgesetz: *Dersch/Volkmar* § 68 Rz 7; *Dietz/Nikisch* § 68 Rz 13; *Grunsky* § 68 Rz 7; *Bader/Creutzfeldt/Friedrich* § 68 Rz 2; GK-ArbGG/*Vossen* § 68 Rz 12, 16; *Schwab/Weth*-*Schwab* ArbGG § 68 Rz 43; *Hauck* ArbGG 3. Aufl. § 68 Rz 4; offen gelassen von *BAG* 12.5.2005 EzA § 4 KSchG nF Nr. 70 [zu B II 1 der Gründe]). **37**

d) **Stellungnahme**

Die 6. Auflage war der hM gefolgt. Die Neufassung des § 6 KSchG rechtfertigt die Zurückverweisung des Rechtsstreits an die erste Instanz nicht mehr. § 6 KSchG nF regelt seinem Wortlaut nach nur noch das Nachschieben weiterer Unwirksamkeitsgründe in einen Rechtstreit, der einen Feststellungsantrag iSd § 4 S. 1 KSchG zum Gegenstand hat. Auch wenn hier nach wie vor die analoge Anwendung des § 6 KSchG auf die oben genannten Fallkonstellationen für richtig gehalten wird, ändert das nichts daran, dass § 6 KSchG lediglich den Versuch darstellt, den bisherigen Wortlaut an den neugefassten § 4 KSchG anzupassen (BT-Drs. 15/1204 S.13; dazu *Bader* NZA 2004, 65, 68). Dann aber erscheint es als gerechtfertigt, dass der unterbliebene Hinweis nach § 6 S. 2 KSchG als Mangel des erstinstanzlichen Verfahrens dazu zu führen hat, dass ergänzendes Vorbringen, also die Geltendmachung weiterer Unwirksamkeitsgründe, auch noch in der zweiten Instanz möglich ist (BBDW-*Wenzel* § 6 Rz 65; ErfK-*Ascheid* § 6 Rz 6; *Bayreuther* ZfA 2005, 391, 395, so im Ergebnis wohl auch HaKo-*Gallner* § 6 Rz 26; *LAG RhPf* 12.10.2004 – 2 Sa 522/04 – juris: betr. Entfristungsklage; *LAG Düsseld.* 9.6.2004 LAGE § 4 KSchG Nr. 49, vom *BAG* offen gelassen: 12.5.2005 EzA § 4 KSchG nF Nr. 70 [zu B II 1 der Gründe]). Das hat *Bader* (NZA 2004, 65, 69) zutreffend dahin präzisiert, dass gem. §§ 520 Abs. 3 S. 2 Nr. 4, 531 Abs. 2 Nr. 2 ZPO iVm **38**

§ 64 Abs. 6 S. 1 ArbGG die Rüge des unterlassenen Hinweises nach § 6 S. 2 KSchG und das Nachholen des deswegen unterbliebenen Nachschiebens weiterer Unwirksamkeitsgründe zulässig ist.

3. Nachträgliche Zulassung einer Kündigungsschutzklage

39 Bei unterbliebenem Hinweis nach § 6 S. 2 KSchG und nachfolgender Klagerücknahme kann die erneut eingelegte – verspätete – (Kündigungsschutz-)Klage nachträglich zuzulassen sein (vgl. KR-*Friedrich* § 5 KSchG Rz 29).

§ 7 Wirksamwerden der Kündigung
Wird die Rechtsunwirksamkeit einer Kündigung nicht rechtzeitig geltend gemacht (§ 4 Satz 1, §§ 5 und 6), so gilt die Kündigung als von Anfang an rechtswirksam; ein vom Arbeitnehmer nach § 2 erklärter Vorbehalt erlischt.

Literatur

– bis 2004 vgl. KR-Vorauflage –
Vgl. die Angaben zum allgemeinen Schrifttum vor § 1 KSchG. *Bader* Das Gesetz zu Reformen am Arbeitsmarkt: Neues im Kündigungsschutzgesetz und im Befristungsrecht, NZA 2004, 65; *Bender/Schmidt* KSchG 2004: Neuer Schwellenwert und einheitliche Klagefrist, NZA 2004, 358; *Dewender* Einbeziehung der fehlerhaft berechneten Kündigungsfrist in die Klagefrist nach § 4 S. 1 KSchG?, DB 2005, 337; *Dollmann* Wahrung der Anrufungsfrist des § 4 S. 1 KSchG 2004 bei nicht fristgerechter Kündigung?, BB 2004, 2073; *Kampen/Winkler* Zur Anwendbarkeit der 3-wöchigen Klagefrist nach § 4 KSchG im Rahmen der Geltendmachung zu kurz bemessener Kündigungsfristen, AuR 2005, 171; *Preis* Die »Reform« des Kündigungsschutzrechts, DB 2004, 70; *Quecke* Die Änderung des Kündigungsschutzgesetzes zum 1.1.2004, RdA 2004, 86; *Raab* Der erweiterte Anwendungsbereich der Klagefrist gemäß § 4 KSchG, RdA 2004, 321; *Schmidt, J.* § 4 S. 4 KSchG und Gesetz zu Reformen am Arbeitsmarkt, NZA 2004, 79; *Ulrici* Dreiwochenfrist auch für die Klage wegen Vertretungsmängeln der Kündigung?, DB 2004, 250; *Willemsen/Annuß* Kündigungsschutz nach der Reform, NJW 2004, 177; *Zimmer* Sozialauswahl und Klagefrist ab 2004, FA 2004, 34.

Inhaltsübersicht

	Rz		Rz
A. Einleitung	1–3c	IV. Die außerordentliche Kündigung	15–20
B. Rückwirkende Heilung der Unwirksamkeit bei nicht rechtzeitiger Klageerhebung	4–20b	V. Die Reichweite der Fiktion	20a, 20b
		C. Unwirksamkeit der Kündigung aus nicht an die Geltendmachung nach § 4 S. 1 KSchG gebundenen Gründen	21–42
I. Auswirkung auf die unwirksame Kündigung	4–6		
II. Rechtzeitige Klageerhebung	7–9	I. Form der Geltendmachung	29–32
III. Die Änderungskündigung	10–14h	II. Frist der Geltendmachung	33–42

A. Einleitung

1 § 7 1. Hs. KSchG war als § 6 Bestandteil der ursprünglichen Fassung des KSchG. Die Vorschrift ging zurück auf § 6 des Regierungsentwurfs v. 23.1.1951, der mit gewissen sprachlichen Änderungen Gesetz wurde (abgedr. RdA 1951, 58 ff.). Mit der gesetzlichen Regelung der Änderungskündigung in § 2 KSchG durch das Erste Arbeitsrechtsbereinigungsgesetz wurde neben der Änderung der Paragraphenzahl eine entsprechende Ergänzung des – jetzt – § 7 KSchG bzgl. des Erlöschens des nach § 2 KSchG erklärten Vorbehalts erforderlich (s. § 7 2. Hs. KSchG).

2 Gem. § 1 KSchG ist die sozialwidrige Kündigung **von Anfang an unwirksam.** Das KSchG weicht insofern ab von der Regelung des BRG 1920 und des AOG, wonach die sozialwidrige Kündigung grds. rechtswirksam, aber angreifbar war (vgl. KR-*Rost* § 3 KSchG Rz 2 ff.). Will der Arbeitnehmer die Unwirksamkeit geltend machen, muss er dies allerdings in der Form und Frist des § 4 KSchG tun. § 4 KSchG enthält keine Regelung darüber, was aus der unwirksamen Kündigung wird, wenn der Arbeitnehmer keine ordnungsgemäße Klage erhebt. Hier greift § 7 KSchG ein, indem er die **rückwirkende Heilung** der Kündigung anordnet. Die Vorschrift ist also nur aus dem Zusammenhang der §§ 1, 4 KSchG zu verstehen.

Diese Rechtsfolge könnte zumindest indirekt auch § 4 KSchG entnommen werden. Kann der Arbeitnehmer die Unwirksamkeit der Kündigung nicht mehr geltend machen, ist die logische Konsequenz, dass es bei der Kündigung bleibt. § 7 KSchG bestätigt diesen Sachverhalt. Er räumt zugleich alle Zweifel darüber aus, ob die Kündigung erst nach Ablauf der Dreiwochenfrist ex nunc oder rückwirkend wirksam wird. In dieser klarstellenden Funktion liegt die eigentliche Bedeutung des § 7 KSchG (vgl. auch *Hohmeister* ZRP 1994, 141). 3

§ 7 KSchG ist in Anpassung an den geänderten § 4 KSchG durch das Arbeitsmarktreformgesetz v. 24.12.2003 (BGBl. I S. 3002), in Kraft seit 1.1.2004, neu gefasst worden. Gem. § 4 S. 1 KSchG nF müssen nunmehr **alle Unwirksamkeitsgründe** – nicht mehr nur die Sozialwidrigkeit – **innerhalb der Dreiwochenfrist mittels einer Kündigungsschutzklage geltend gemacht werden** (s. dazu iE KR-*Friedrich* § 4 KSchG Rz 194 f.). Dies gilt auch dann, wenn der Arbeitnehmer in einem nicht dem KSchG unterfallenden Kleinbetrieb beschäftigt ist oder wenn er wegen Nichterfüllung der Wartezeit des § 1 Abs. 1 KSchG noch keinen Kündigungsschutz genießt (§ 23 Abs. 1 S. 2 KSchG). Damit wurde einer schon seit längerem verbreitet erhobenen Forderung nachgekommen, eine möglichst rasche Klärung der generellen Wirksamkeit einer Kündigung herbeizuführen. Dem hatte der Gesetzgeber zuvor schon Rechnung getragen für Kündigungen durch den Insolvenzverwalter (§ 113 Abs. 2 InsO aF) und für die Geltendmachung der Unwirksamkeit einer Befristung (§ 17 TzBfG, s. dazu KR-*Bader* § 17 TzBfG Rz 15). § 7 KSchG ist konsequent der Neuregelung angeglichen worden, in dem er nunmehr bestimmt, dass **bei nicht rechtzeitiger Geltendmachung der Rechtsunwirksamkeit der Kündigung diese als von Anfang an wirksam gilt**. Damit entfallen eine Reihe von Problemstellungen, die sich bisher aus der Möglichkeit ergaben, auch nach Ablauf der Dreiwochenfrist noch Klage auf Feststellung der aus anderen Gründen als Sozialwidrigkeit abgeleiteten Unwirksamkeit einer Kündigung zu erheben (zB fehlende Anhörung des Betriebsrats). Gleiches gilt für die den Streitgegenstand der Kündigungsschutzklage berührende st. Rspr., dass dann, wenn Kündigungsschutzklage innerhalb der Dreiwochenfrist erhoben worden war, auch alle sonst nicht an die Frist gebundenen Unwirksamkeitsgründe geltend gemacht werden mussten (s. dazu nur KR-*Friedrich* § 4 KSchG Rz 225 f.). 3a

Es bleiben allerdings auch nach der Neuregelung **einige Fallgestaltungen**, die eine von der Erhebung der fristgebundenen Klage nach § 4 KSchG **unabhängige Geltendmachung** der Unwirksamkeit einer Kündigung zulassen. Das betrifft vor allem den Unwirksamkeitsgrund der **fehlenden Schriftform gem. § 623 BGB**. Die Dreiwochenfrist gem. § 4 S. 1 KSchG läuft nämlich erst ab Zugang der schriftlichen Kündigung (s. dazu KR-*Friedrich* § 4 KSchG Rz 99 f.). Entsprechendes gilt nach dem unverändert gebliebenen § 4 S. 4 KSchG, wonach bei einer von der **Zustimmung einer Behörde** abhängigen Kündigung die Dreiwochenfrist erst ab Bekanntgabe der Entscheidung der Behörde an den Arbeitnehmer anläuft (vgl. dazu BAG 3.7.2003 NZA 2003, 1335 – noch zu § 113 Abs. 2 InsO aF; s. auch *Schmidt* NZA 2004, 79; *Zimmer* FA 2004, 34; KR-*Friedrich* § 4 KSchG Rz 196 f.). Auch die **nicht eingehaltene Kündigungsfrist** kann richtiger Auffassung nach außerhalb des Verfahrens nach § 4 KSchG geltend gemacht werden (so jetzt auch BAG 15.12.2005 DB 2006, 1116 = AuR 2006, 283 m. Anm. *Kampen*; SPV-*Vossen* Rz 1736; *Bender/Schmidt* NZA 2004, 363; *Dollmann* DB 2004, 2073; *Kampen/Winkler* AuR 2005, 171; *Quecke* RdA 2004, 97; *Raab* RdA 2004, 326; **aA** mit Unterschieden iE *Bader* NZA 2004, 68; BBDW-*Wenzel* § 4 Rz 35b; ErfK-*Ascheid* § 4 Rz 3; *Schaub/Linck* § 136, 16; *Dewender* BB 2005, 237; s. iE KR-*Friedrich* § 13 KSchG Rz 225). Weitere Ausnahmen werden erwogen etwa bzgl. der Geltendmachung von **Vertretungsmängeln oder der Geschäftsfähigkeit** (vgl. *Ulrici* DB 2004, 250; ausführlich *Raab* RdA 2004, 323 ff.; **aA** *Zimmer* FA 2004, 35; zum Ganzen KR-*Friedrich* § 13 KSchG Rz 294). Insoweit bleibt aber jeweils zu überlegen, ob nicht in Fällen solcher verdeckten Kündigungsmängel der Weg über die nachträgliche Zulassung der Klage nach § 5 KSchG systemgerechter ist (vgl. auch *Bader* NZA 2004, 68; *Richardi* NZA 2003, 764, 766; s.a. Rz 8). Dies gilt insbes. für die Fälle der bewussten Falschinformation des Arbeitnehmers durch den Arbeitgeber (KR-*Friedrich* § 5 KSchG Rz 40). 3b

Geht man davon aus, dass der Verstoß gegen die Anzeige- und Informationspflichten bei Massenentlassungen zur Unwirksamkeit der Kündigung führt – wofür einiges spricht – (offen gelassen in BAG 23.3.2006 EzA § 17 KSchG Nr. 16, iE KR-*Weigand* § 17 KSchG), muss dann konsequenter Weise auch dieser Unwirksamkeitsgrund innerhalb der Dreiwochenfrist geltend gemacht werden (anders noch zur bisherigen Annahme einer bloßen Entlassungssperre *Schaub/Linck* § 136 Rz 17).

Eine **gesetzliche Übergangsregelung ist nicht vorgesehen**. §§ 4, 7 KSchG gelten ohne weiteres für alle Kündigungen, die nach dem 31.12.2003 zugegangen sind. Für Kündigungen, die vor dem 1.1.2004 zugegangen sind, aber noch nicht angegriffen wurden, ist hinsichtlich der »anderen Unwirksamkeitsgründe« die Klagefrist des § 4 S. 1 KSchG nF einzuhalten (so jetzt auch BAG 9.2.2006 – 6 AZR 283/05; 3c

§ 7 KSchG   Wirksamwerden der Kündigung

vgl. auch *BAG* 20.1.1999 EzA § 1 BeschFG 1985 Klagefrist Nr. 1; *Bader* NZA 2004, 68; *Quecke* RdA 2004, 99). Diese läuft aber erst mit dem 1.1.2004 an, die Fiktionswirkung des § 7 KSchG tritt also mit dem Ablauf des 21.1.2004 ein (*BAG* aaO). Gleiches gilt für Kündigungen gegenüber Arbeitnehmern, die keinen Kündigungsschutz genießen, aber nach der Neuregelung des § 23 Abs. 1 S. 3 KSchG nunmehr die Unwirksamkeit der Kündigung ebenfalls mit der fristgebundenen Klage des § 4 KSchG geltend machen müssen (s. dazu KR-*Weigand* § 23 KSchG Rz 33d). Für vor dem 1.1.2004 zugegangene und mit der Kündigungsschutzklage nach §§ 4, 7 KSchG aF angegriffene Kündigung bleibt es hingegen bei der bisherigen Rechtslage (*BAG* aaO). Da im Rahmen einer solchen Kündigungsschutzklage auch nach bisheriger Auffassung alle Unwirksamkeitsgründe geltend gemacht werden mussten, stellt sich hier ein zusätzliches Fristproblem nicht. Maßgeblicher Zeitpunkt ist der Eingang der Klage bei Gericht, nicht ihre Zustellung (zutr. *Bader* aaO S. 68 Fn 40).

B. Rückwirkende Heilung der Unwirksamkeit bei nicht rechtzeitiger Klageerhebung

I. Auswirkung auf die unwirksame Kündigung

4 Die sozialwidrige Kündigung gilt von Anfang an als rechtswirksam, wenn die Sozialwidrigkeit nicht rechtzeitig geltend gemacht wird. § 7 1. Hs. KSchG ordnet die rückwirkende Heilung der Unwirksamkeit zum Zeitpunkt des Ausspruchs der Kündigung an. Die Arbeitsvertragspartner werden so gestellt, als ob eine von vornherein sozial gerechtfertigte Kündigung ausgesprochen worden ist. Insoweit ist es gerechtfertigt, die Unwirksamkeit der Kündigung gem. § 1 KSchG als **schwebende Unwirksamkeit** anzusehen (vgl. schon *Auffarth/Müller* § 6 Rz 1 und § 1 Rz 18 und 164). Dies ist zu verstehen iSe aufschiebend bedingten Wirksamkeit und nicht auflösend bedingten Unwirksamkeit, wie sie in der Diskussion über die Kündigungsschutzklage als Gestaltungsklage erwogen worden ist (vgl. etwa *Bötticher* BB 1981, 1954; krit. dazu *Künzl* DB 1986, 1281; vgl. auch *Coen* DB 1984, 2459; *Colneric* AuR 1984, 105; s. iE KR-*Friedrich* § 4 KSchG Rz 18). Der unterlassenen Klageerhebung wird die Wirkung einer rückwirkenden Genehmigung der Kündigung beigelegt (vgl. § 184 BGB). Im Ergebnis unterscheidet sich dieser vom KSchG gewählte Weg nicht wesentlich von der nach dem BRG 1920 bzw. dem AOG dem Arbeitnehmer eingeräumten Möglichkeit, die zunächst wirksame Kündigung nachträglich rückwirkend anzugreifen (vgl. *Hueck/v. Hoyningen-Huene* Rz 1). Hier wie dort muss der Arbeitnehmer gerichtlich vorgehen, soll es nicht letztlich bei der Kündigung verbleiben.

5–5c Die Heilung bezieht sich grds. auf alle Mängel, die Kündigung gilt von Anfang an als rechtswirksam – nicht mehr nur sozial gerechtfertigt – (s. iE Rz 3a ff. – dort auch Ausnahmen). Wegen des umfassenden Streitgegenstandes der Kündigungsschutzklage – Beendigung des Arbeitsverhältnisses durch die konkrete Kündigung zum konkret vorgesehenen Beendigungszeitpunkt (KR-*Friedrich* § 4 KSchG Rz 225) müssen allerdings auch die verbliebenen nicht fristgebundenen sonstigen Unwirksamkeitsgründe (s.o. Rz 3b) im Rahmen einer auch auf fristgebundene Gründe gestützten Klage geltend gemacht werden (KR-*Friedrich* § 4 KSchG Rz 225 f.). § 113 Abs. 2 InsO, der schon bisher eine umfassende Geltendmachung aller Unwirksamkeitsgründe vorsah, ist mit der Neuregelung der §§ 4, 7 KSchG obsolet geworden und konsequent aufgehoben worden. Die sich aus der früheren Fassung von § 113 Abs. 2 InsO ergebende Kontroverse, ob § 7 KSchG bei Kündigungen durch den Insolvenzverwalter überhaupt zur Anwendung komme, ist damit überholt (im Ergebnis zu bejahen, s. 6. Aufl. Rz 5a – 5d).

5d **Entsprechendes gilt auch für die Geltendmachung der Unwirksamkeit einer Befristung.** Nach § 17 S. 1 u. S. 2 TzBfG, der zum 1.1.2001 die wortgleiche Regelung des § 1 Abs. 5 BeschFG abgelöst hat, kann die Unwirksamkeit der Befristung eines Arbeitsvertrages nur mit einer spätestens innerhalb von drei Wochen nach dem vereinbarten Ende des Arbeitsverhältnisses erhobenen Feststellungsklage geltend gemacht werden (vgl. dazu iE KR-*Friedrich* § 4 KSchG Rz 99 ff.; KR-*Bader* § 17 TzBfG). Auch diese Klage ist der Kündigungsschutzklage des § 4 KSchG nachgebildet.

6 Sind keine der ausnahmsweise nicht fristgebundenen (s.o. Rz 3b) Unwirksamkeitsgründe gegeben, bleibt es bei der wirksamen Beendigung des Arbeitsverhältnisses zu dem vorgesehenen Zeitpunkt. Liegt das tatsächliche Ende der Beschäftigung bei längeren Kündigungsfristen nach Ablauf der Dreiwochenfrist des § 4 KSchG, ist der Arbeitnehmer ordnungsgemäß bis dahin weiterzubeschäftigen und zu entlohnen. War er bereits vorher entlassen, bestehen Ansprüche auf Zahlung von Arbeitsentgelt über den Zeitpunkt des Ablaufs der Kündigungsfrist hinaus nicht. Zwar steht dem vor Ablauf der Dreiwochenfrist entlassenen Arbeitnehmer ggf. zunächst ein Anspruch aus § 615 BGB auf Lohnzahlung zu. Dieser Anspruch entfällt jedoch in dem Augenblick, in dem die Kündigung nachträglich als von Anfang an wirksam angesehen wird. Hatte der Arbeitgeber bereits Zahlungen nach § 615 BGB ge-

II. Rechtzeitige Klageerhebung

Ob die Rechtsunwirksamkeit der Kündigung **rechtzeitig geltend gemacht** wird, ergibt sich aus § 4 KSchG. Der Kläger muss innerhalb von drei Wochen nach Zugang der Kündigung Feststellungsklage zum ArbG erheben (vgl. iE KR-*Friedrich* § 4 KSchG Rz 99 ff.). Ausreichend für die Fristwahrung kann außer der gegen eine bestimmte Kündigung gerichteten Kündigungsschutzklage auch die Erhebung einer allgemeinen Feststellungsklage auf Fortbestand des Arbeitsverhältnisses sein (s. dazu KR-*Friedrich* § 4 KSchG Rz 237 ff.). Insoweit hat sich auch durch die Erstreckung der Kündigungsschutzklage auf alle Unwirksamkeitsgründe nichts geändert. Die allgemeine Feststellungsklage kann neben der Kündigungsschutzklage erhoben werden und gewinnt Bedeutung im Hinblick auf nach Ausspruch der ersten Kündigung erfolgende weitere Kündigungen. Der allgemeine Feststellungsantrag ermöglicht die Berufung auf die Unwirksamkeit der weiteren Kündigungen auch noch nach Ablauf der Dreiwochenfrist, und zwar bis zum Schluss der Berufungsverhandlung (s. *BAG* 13.3.1997 EzA § 4 KSchG nF Nr. 57; 12.5.2005 EzA § 4 KSchG n.F. Nr. 70; *Bitter* DB 1997, 1407; *Wenzel* DB 1997, 1869; vgl. auch *Boewer* NZA 1997, 359, 364; s. iE KR-*Friedrich* § 4 KSchG Rz 237 ff.). 7

Rechtzeitig geltend gemacht ist die Unwirksamkeit der Kündigung auch dann, wenn die Voraussetzungen der **verlängerten Anrufungsfrist des § 6 KSchG** vorliegen. Auch dieser ist durch das Arbeitsmarktreformgesetz den §§ 4, 7 KSchG angepasst worden, indem er sich nunmehr auf alle Unwirksamkeitsgründe bezieht. Danach kann der Arbeitnehmer sich auf die Unwirksamkeit der Kündigung auch aus anderen als innerhalb der Dreiwochenfrist geltend gemachten Gründen noch bis zum Schluss der mündlichen Verhandlung erster Instanz berufen, wenn er innerhalb von drei Wochen im Klagewege geltend gemacht hat, dass eine rechtswirksame Kündigung nicht vorliege. Nach st. Rspr. des BAG ist § 6 KSchG entsprechend anzuwenden, wenn der Arbeitnehmer aus der Unwirksamkeit der Kündigung Lohnansprüche herleitet und innerhalb der drei Wochen Leistungsklage erhebt (s. KR-*Friedrich* § 6 KSchG Rz 23 ff.). 7a

Wird die zunächst rechtzeitig erhobene **Klage** nach Ablauf der Dreiwochenfrist **zurückgenommen,** gilt sie als nicht erhoben. Da eine erneute Klage gem. § 4 KSchG nicht mehr rechtzeitig erfolgen kann, treten die Rechtswirkungen des § 7 KSchG nunmehr mit dem Zeitpunkt der Klagerücknahme ein, und zwar gleichfalls rückwirkend auf den Tag des Ausspruchs der Kündigung (s.a. Rz 34). Wird die verspätet erhobene **Klage nachträglich zugelassen** gem. § 5 KSchG (zu den Einzelheiten s. KR-*Friedrich* § 5 KSchG), werden die nach Ablauf der Dreiwochenfrist zunächst eingetretenen Rechtsfolgen des § 7 KSchG wieder beseitigt. Die Heilung der Unwirksamkeit kann also ihrerseits selbst wieder aufgehoben werden. 8

§ 7 KSchG verweist lediglich auf § 4 S. 1 KSchG. Ein entsprechender Hinweis fehlt für **§ 4 S. 4 KSchG.** Nach § 4 S. 4 KSchG läuft die Frist zur Anrufung des ArbG bei Kündigungen, welche der Zustimmung einer Behörde bedürfen, erst von der Bekanntgabe der Entscheidung der Behörde an den Arbeitnehmer ab (vgl. *BAG* 3.7.2003 NZA 2003, 1335; s.a. Rz 3b; s. KR-*Friedrich* § 4 KSchG Rz 196 ff.). Es kann keinem Zweifel unterliegen, dass diese Fristverlängerung auch im Rahmen des § 7 KSchG zu berücksichtigen ist. Maßgebend ist die rechtzeitige Geltendmachung der Unwirksamkeit der Kündigung. Diese ist gegeben, wenn die Klage innerhalb der Frist des § 4 S. 4 KSchG erhoben wird. Die Außerachtlassung des § 4 S. 4 KSchG ist ohne sachliche Bedeutung (ein Redaktionsversehen nehmen an HK-*Hauck* Rz 10; *Hueck/v. Hoyningen-Huene* Rz 7; KDZ-*Kittner* Rz 10; *Löwisch/Spinner* Rz 3). 9

Die verspätet erhobene Klage ist als unbegründet abzuweisen, nicht als unzulässig. Die Fiktion des § 7 KSchG hat die materiellrechtliche Wirkung, dass die Kündigung als sozial gerechtfertigt und auch nicht aus anderen Gründen als unwirksam angesehen wird. Sie berührt hingegen nicht das prozessuale Recht des Gekündigten, diese Fragen im Rahmen eines Kündigungsschutzverfahrens überprüfen zu lassen. Es fehlt also weder an einem – bei § 4 KSchG ohnehin nicht gesondert zu prüfenden – Feststellungsinteresse noch an einem allgemeinen Rechtsschutzinteresse (s.a. Rz 38). 9a

III. Die Änderungskündigung

Auch die Unwirksamkeit einer **Änderungskündigung** muss nach Maßgabe des § 4 KSchG geltend gemacht werden. **Lehnt der Arbeitnehmer die Annahme** des mit der Kündigung verbundenen Änderungsangebotes **ab,** unterscheidet sich die Änderungskündigung in ihrer Wirkung ohnehin nicht von 10 der Beendigungskündigung. Die Parteien streiten dann allein über die Frage der wirksamen Auflösung des Arbeitsverhältnisses. Insoweit gelten im Rahmen des § 7 KSchG keine Besonderheiten. Macht der Arbeitnehmer die Rechtsunwirksamkeit der Kündigung nicht rechtzeitig geltend, wird sie von Anfang an als wirksam angesehen. Der Arbeitnehmer scheidet mit Ablauf der Kündigungsfrist endgültig aus dem Arbeitsverhältnis aus. Ein Anspruch auf Fortbeschäftigung zu den geänderten Arbeitsbedingungen besteht nun nicht mehr.

11 Hatte der Arbeitnehmer das **Änderungsangebot unter dem Vorbehalt angenommen,** dass die Änderung der Arbeitsbedingungen nicht sozial ungerechtfertigt ist (§ 2 S. 1 KSchG), streiten die Parteien nicht mehr über die Beendigung des Arbeitsverhältnisses. Fraglich ist allein, zu welchen Bedingungen das Arbeitsverhältnis fortgesetzt wird. Will der Arbeitnehmer geltend machen, dass die Änderung unwirksam ist, muss er dies in der Frist und Form des § 4 KSchG tun. Gem. § 4 S. 2 KSchG ist die Klage auf Feststellung zu richten, dass die Änderung sozial ungerechtfertigt oder aus anderen Gründen rechtsunwirksam ist (vgl. iE KR-*Rost* § 2 KSchG Rz 146 ff.). Ausgenommen sind auch hier die Ausnahmefälle einer nicht fristgebundenen Geltendmachung der Unwirksamkeit (s.o. Rz 3b).

12 Versäumt der Arbeitnehmer nach Annahme unter Vorbehalt die **fristgerechte Klageerhebung,** kann er die Unwirksamkeit der Änderung nicht mehr geltend machen. Damit kann die auflösende Bedingung, unter der die geänderten Arbeitsbedingungen angenommen worden sind, nicht mehr eintreten (vgl. KR-*Rost* § 2 KSchG Rz 58). Es bleibt bei den neuen Arbeitsbedingungen. Diese Rechtsfolge lässt sich schon aus § 7 1. Hs. KSchG herleiten. § 4 S. 2 KSchG findet zwar – ebenso wenig wie § 4 S. 4 KSchG – keine ausdrückliche Erwähnung in § 7 KSchG. Es kann aber keinem Zweifel unterliegen, dass § 7 KSchG auch den § 4 S. 2 KSchG einbeziehen will, zumal dieser gegenüber § 4 S. 1 KSchG nicht selbständig ist, sondern bzgl. Form und Frist der Klage an Satz 1 anknüpft und nur den Antrag als solchen modifiziert. § 7 2. Hs. KSchG, eingefügt durch das Erste Arbeitsrechtsbereinigungsgesetz, beseitigt insoweit alle Zweifel: Der vom Arbeitnehmer nach § 2 KSchG erklärte Vorbehalt erlischt bei nicht rechtzeitiger Geltendmachung der Unwirksamkeit der Änderung.

13 Bezüglich **Form und Frist** der rechtzeitigen Geltendmachung der Rechtsunwirksamkeit ist auf die Erl. zu § 4 KSchG zu verweisen (s.o. Rz 7–9).

14 Erlischt der Vorbehalt, bleibt es bei den neuen Arbeitsbedingungen. Nachzahlungsansprüche des Arbeitnehmers scheiden regelmäßig aus. Da der Arbeitnehmer den Vorbehalt vor Ablauf der Kündigungsfrist erklärt haben muss, bedeutet dies, dass er nach Ablauf der Kündigungsfrist schon zu den neuen Bedingungen arbeitete. Bei diesen Bedingungen bleibt es nunmehr auch. Will der Arbeitnehmer sich seinerseits aus dem Arbeitsverhältnis lösen, bedarf es dazu ebenfalls einer Kündigung. Dabei hat der Arbeitnehmer regelmäßig die Kündigungsfristen einzuhalten (vgl. KR-*Rost* § 2 KSchG Rz 173).

14a Erhebt der Arbeitnehmer trotz Erklärung des Vorbehalts **keine fristgerechte Kündigungsschutzklage,** stellt sich die Frage, ob er **Unwirksamkeitsgründe, die nicht fristgebunden** geltend zu machen sind (s.o. Rz 3b), **noch geltend machen kann.** Dies wurde bisher grds. bejaht von BAG 28.5.1998 (EzA § 2 KSchG Nr. 29 mit Anm. *Brehm* = AP Nr. 48 zu § 2 KSchG 1969 mit Anm. *Löwisch* = SAE 2000, 69 mit Anm. *Künster/Steinberg*; s.a. *Löwisch* § 2 Rz 55; KDZ-*Kittner* § 7 Rz 3). Hiergegen bestehen Bedenken aus der Konstruktion der Annahme unter Vorbehalt (s.a. *Berkowsky* BB 1999, 1267; *ders.* AuA 2000, 586; *Hufnagel* AuA 2000, 355). § 2 KSchG stellt eine Ausnahme von dem allgemeinen Grundsatz dar, dass die Annahme eines Vertragsangebotes unter Einschränkungen als Ablehnung gilt verbunden mit einem neuen Antrag, § 150 Abs. 2 BGB (s. KR-*Rost* § 2 KSchG Rz 56 f.). Dem Arbeitnehmer wird also ein atypisches Recht einer bedingten Annahme eines Vertragsangebotes eingeräumt. Dieses Recht unterliegt nach dem eindeutigen Wortlaut des § 7 S. 2 KSchG einer Begrenzung: Die Bedingung entfällt, wenn nicht innerhalb einer Frist von drei Wochen Kündigungsschutzklage erhoben wird. Aus der Annahme unter Vorbehalt wird dann eine unbedingte Annahme. Damit ist die Änderung **kraft Vertrages** – Angebot und jetzt unbedingte Annahme – vollzogen (vgl. schon Rz 14). Der Arbeitnehmer steht jetzt so da, als ob er das Angebot von vorne herein endgültig ohne Vorbehalt angenommen hätte.

14b Dem widerspricht es, dem Arbeitnehmer trotz Ablaufs der Dreiwochenfrist und trotz unter Umständen schon vollzogener Aufnahme der geänderten Tätigkeit regelmäßig die zeitlich nur durch Verwirkung begrenzte Berufung auf andere Unwirksamkeitsgründe zuzulassen. Dem BAG (28.5.1998 EzA § 2 KSchG Nr. 29 unter II 3b der Gründe) kann zwar darin zugestimmt werden, dass der Arbeitnehmer idR nicht auf sein Recht verzichten will, andere Unwirksamkeitsgründe geltend zu machen. Ein Recht zur Annahme des Änderungsangebotes unter dem **Vorbehalt, dass nicht auch andere Unwirksamkeitsgründe vorliegen,** ist aber außerhalb der Voraussetzungen der §§ 2, 4 und 7 KSchG nicht vorgesehen (s.a. KR-*Rost* § 2 KSchG Rz 7a). Es ist zwar einerseits ein Interesse des Arbeitnehmers anzuerkennen, an einer Überprüfung der allgemeinen Wirksamkeit der Kündigung unter Ausschluss des Risikos des totalen Arbeitsplatzverlustes. Andererseits muss aber auch für den Arbeitgeber absehbar sein, ob er von einer endgültigen Annahme seines Angebotes ausgehen kann. Die Annahme des Angebotes unter einem auf andere Unwirksamkeitsgründe erweiterten Vorbehalt wäre in Wirklichkeit die Ablehnung des Änderungsangebotes verbunden mit einem neuen Antrag, den der Arbeitgeber annehmen kann, aber nicht annehmen muss (so zu Recht *Löwisch* Anm. zu *BAG* 28.5.1998 AP Nr. 48 zu § 2 KSchG 1969). Lehnte er das »geänderte« Angebot ab, könnte der Arbeitnehmer dann nur noch gegen die Beendigung des Arbeitsverhältnisses Klage erheben, bei deren Abweisung es dann allerdings nicht mehr zu einer Fortsetzung des Arbeitsverhältnisses zu den geänderten Bedingungen käme (anders aber im Ergebnis *BAG* 28.5.1998 EzA § 2 KSchG Nr. 29).

Die bloße Annahme des Änderungsangebotes unter Vorbehalt kann deshalb nicht – wie das *BAG* (EzA **14c–f** § 2 KSchG Nr. 29), annimmt – regelmäßig dahin verstanden werden, dass der Arbeitnehmer zugleich (stillschweigend) erklärt, auf die Geltendmachung sonstiger Unwirksamkeitsgründe auch für den Fall nicht zu verzichten, dass er nicht innerhalb von drei Wochen Änderungsschutzklage erhebt. Das gilt umso mehr, als im Unterschied zur bisherigen Rechtslage die insoweit in Betracht kommenden Unwirksamkeitsgründe sich angesichts des umfassenden Erfordernisses der Geltendmachung aller Unwirksamkeitsgründe nach Maßgabe des § 4 KSchG auf wenige Ausnahmefälle beschränkt (zB fehlende Schriftform, § 4 S. 4 KSchG, Kündigungsfrist, s.o. Rz 3b). Es ist deshalb jetzt erst recht davon auszugehen, dass **der fristgemäß erhobene Vorbehalt erlischt**, wenn die Klage nicht innerhalb der Dreiwochenfrist erhoben wird. Damit wird die **Änderung** kraft vertraglicher Vereinbarung regelmäßig **endgültig** mit der Konsequenz, dass dann auch weitere Unwirksamkeitsgründe nicht mehr geltend gemacht werden können (**anders aber zur früheren Rechtslage** *BAG* 28.5.1998 EzA § 2 KSchG Nr. 29; dem BAG zust. APS-*Ascheid* Rz 22; KDZ-*Kittner* Rz 3; wie hier ErfK-*Ascheid* Rz 8; HK-*Hauck* Rz 30; Knorr/Bichlmeier/Kremhelmer Kap. 13 Rz 15; KPK-*Ramrath* Teil H § 7 Rz 23; *Becker-Schaffner* BB 1991, 132; *Berkowsky* aaO; *Hufnagel* aaO; *Löwisch* NZA 1988, 639 – anders aber KR-*Rost* § 2 Rz 55; wie hier auch HaKo-*Gallner* § 4 KSchG Rz 67). Die Situation ist vergleichbar der widerspruchslosen Weiterarbeit zu geänderten Bedingungen, in der idR eine konkludente Annahme des Änderungsangebotes ohne Vorbehalt zu sehen ist (s. KR-*Rost* § 2 KSchG Rz 62 f.). Der Arbeitnehmer steht nicht schlechter da als derjenige, der sich sofort ohne Vorbehalt mit der Änderung einverstanden erklärt hat. Auch dieser kann sich nicht nachträglich darauf berufen, dass etwa die Kündigung wegen Nichtanhörung des Betriebsrates oder fehlender Zustimmung des Integrationsamtes unwirksam gewesen wäre.

Etwas anderes gilt allerdings für den Fall der **nachträglichen Klagezulassung** gem. § 5 KSchG, der auf **14g** die Änderungsschutzklage in gleicher Weise wie auf die Beendigungsschutzklage Anwendung findet. War also der Arbeitnehmer nach rechtzeitig (s. KR-*Rost* § 2 KSchG Rz 67) erklärtem Vorbehalt ohne Verschulden gehindert, die Klage innerhalb der Dreiwochenfrist zu erheben und wird die Klage deshalb nachträglich zugelassen (iE s. KR-*Friedrich* § 5 KSchG), gilt die Rechtsunwirksamkeit als iSd § 7 KSchG rechtzeitig geltend gemacht; damit erlischt der Vorbehalt auch nicht gem. § 7 2. Hs. KSchG. Das Änderungsschutzverfahren ist vielmehr dann wie bei fristgerechter Klageerhebung durchzuführen mit der Folge, dass alle Unwirksamkeitsgründe geltend gemacht werden können.

Unberührt bleibt schließlich in jedem Fall die Möglichkeit der **Anfechtung der Annahme des Ände- 14h rungsangebotes** nach allgemeinen Grundsätzen wegen Irrtums oder wegen arglistiger Täuschung – denkbar etwa, wenn der Arbeitgeber wider besseres Wissen die Anhörung des Betriebsrates vorgespiegelt und den Arbeitnehmer auf diese Weise von der Klageerhebung abgehalten hat.

IV. Die außerordentliche Kündigung

Gem. § 13 Abs. 1 S. 2 KSchG kann die **Rechtsunwirksamkeit einer außerordentlichen Kündigung** nur **15–18** nach Maßgabe der §§ 4 S. 1, 5 bis 7 KSchG geltend gemacht werden (iE s. KR-*Friedrich* § 13 KSchG Rz 42 ff.). § 7 KSchG findet kraft ausdrücklicher Verweisung entsprechende Anwendung. Macht der Arbeitnehmer also nicht innerhalb von drei Wochen nach Zugang der außerordentlichen Kündigung deren Rechtsunwirksamkeit geltend, ist sie als von Anfang an rechtswirksam anzusehen. Das gilt nach der Neufassung des § 23 Abs. 1 S. 3 KSchG durch das Arbeitsrechtsreformgesetz v. 24.12.2003 jetzt **auch für Arbeitnehmer in Kleinbetrieben,** die nicht den allgemeinen Kündigungsschutz des § 1 KSchG genießen. Gem. § 23 Abs. 1 S. 3 KSchG nF finden die §§ 4 bis 7 KSchG sowie § 13 Abs. 1 S. 1 und 2 KSchG auch auf solche Arbeitnehmer Anwendung (s. KR-*Weigand* § 23 KSchG Rz 33d). Innerhalb der Dreiwochenfrist geltend zu machen sind auch bei der außerordentlichen Kündigung **alle Unwirksamkeits-**

gründe, nicht nur das Fehlen eines wichtigen Grundes. Insoweit gilt nichts anderes als für die ordentliche Kündigung, bei der jetzt nicht nur die Sozialwidrigkeit, sondern gleichfalls alle Unwirksamkeitsgründe geltend gemacht werden müssen (s.o. Rz 3a; iE KR-*Friedrich* § 4 KSchG Rz 194 ff.). Es bleiben allerdings auch hier Konstellationen, in denen ein Unwirksamkeitsgrund unabhängig von der Dreiwochenfrist geltend gemacht werden kann, so zB die fehlende Schriftform (s.o. Rz 3b; KR-*Friedrich* § 4 KSchG Rz 99 f.).

19 Unterbleibt die rechtzeitige Klageerhebung (s.o. Rz 7–9), ist die außerordentliche Kündigung als von Anfang an wirksam anzusehen – vorbehaltlich des Eingreifens ausnahmsweise nicht fristgebunden geltend zu machender anderer Unwirksamkeitsgründe (s.u. Rz 21 ff.). Das Arbeitsverhältnis endet mit dem Tage des Zugangs der Kündigung, bei Ausspruch mit sozialer Auslauffrist mit der insoweit bestimmten Frist.

20 Hat der Arbeitgeber eine **außerordentliche Änderungskündigung** ausgesprochen, muss der Arbeitnehmer auch deren Unwirksamkeit nach Maßgabe der §§ 13 Abs. 1 S. 2, 4 ff. KSchG geltend machen. Das ist selbstverständlich, soweit der Arbeitnehmer die Annahme der geänderten Arbeitsbedingungen unter Vorbehalt ablehnt. Die Kündigung ist dann eine normale Beendigungskündigung. Hat er dagegen die Änderung der Arbeitsbedingungen angenommen unter dem Vorbehalt, dass die Voraussetzungen eines wichtigen Grundes gegeben sind (vgl. dazu KR-*Rost* § 2 KSchG Rz 30 ff., s. aber auch § 2 KSchG Rz 7a), gelten die Ausführungen zur fristgerechten Änderungskündigung entsprechend (s.o. Rz 10 ff.). Der Vorbehalt erlischt, wenn der Arbeitnehmer nicht rechtzeitig die Unwirksamkeit der außerordentlichen Änderungskündigung im Klagewege geltend macht.

V. Die Reichweite der Fiktion

20a Die **Fiktion** des § 7 KSchG kann **Folgewirkungen** haben. Wird etwa der Verfall einer Vertragsstrafe oder die Rückzahlung einer Gratifikation davon abhängig gemacht, dass eine wirksame außerordentliche oder – soweit zulässig – ordentliche Kündigung erfolgt ist, ist dieses Tatbestandsmerkmal auch dann erfüllt, wenn die Wirksamkeit aufgrund einer Versäumung der Klagefrist nach § 13 Abs. 1 S. 2 iVm § 7 KSchG eintritt (vgl. BAG 23.5.1984 AP Nr. 9 zu § 339 BGB zur Verwirkung einer Vertragsstrafe; *Tschöpe* DB 1984, 1522; teilw. krit. *Leisten* AuR 1985, 181). Dies gilt allerdings **nur** für die **Beendigungswirkung** und nicht für sonstige – insbes. subjektive – Tatbestandsmerkmale wie etwa »Verschulden« (insoweit ist *Leisten* aaO zuzustimmen). Die Kritik von *Leisten* (aaO) am BAG (25.3.1984 AP Nr. 9 zu § 339 BGB) ist allerdings nicht berechtigt. Das BAG prüft durchaus zunächst das Vorliegen eines schuldhaft vertragswidrigen Verhaltens des Arbeitnehmers als **eine** Voraussetzung für die Verwirkung der Vertragsstrafe und erst dann als **weitere** Voraussetzung die Wirksamkeit der außerordentlichen Kündigung, welche – und nur diese – wegen Versäumung der Klagefrist nach § 7 KSchG bejaht wird (s. auch HK-*Hauck* Rz 34; SPV-*Preis* Rz 1123).

20b Die Fiktionswirkung **gilt auch Dritten** gegenüber wie etwa einem Lohnpfändungsgläubiger oder einem Sozialversicherungsträger (*Tschöpe* aaO; *Leisten* aaO; HK-*Hauck* aaO; vgl. etwa BAG 20.8.1980 EzA § 6 LohnFG Nr. 15). Auch insoweit erstreckt sie sich allerdings nur auf die Beendigungswirkung als solche und nicht auf weitere Tatbestandsmerkmale wie etwa die Frage, ob die Kündigung aus Anlass einer Arbeitsunfähigkeit iSd § 6 LohnFG ausgesprochen wurde (vgl. *Leisten* AuR 1985, 183).

C. Unwirksamkeit der Kündigung aus nicht an die Geltendmachung nach § 4 S. 1 KSchG gebundenen Gründen

21–28 Nach der zum 1.1.2004 in Kraft getretenen Neuregelung der §§ 4 S. 1, 7 S. 1 KSchG sind alle Unwirksamkeitsgründe mit der fristgebundenen Kündigungsschutzklage des § 4 KSchG geltend zu machen. Die Fiktion des § 7 S. 1 KSchG erfasst damit grds. die Wirksamkeit der Kündigung insgesamt, nicht mehr nur die soziale Rechtfertigung bzw. den wichtigen Grund (s.o. Rz 3a f.). § 7 KSchG hat damit ein erheblich größeres Gewicht bekommen. Es bleiben aber Unwirksamkeitsgründe, deren Geltendmachung nicht an § 4 KSchG gebunden ist. Dies gilt insbes. für die fehlende Schriftform und bei fehlender Bekanntmachung der Zustimmung einer Behörde nach § 4 S. 4 KSchG (s. dazu BAG 3.7.2003 NZA 2003, 1335; *Preis* DB 2004, 77; *Schmidt* NZA 2004, 79; *Willemsen/Annuß* NJW 2004, 184; *Zimmer* FA 2004, 35), richtiger Auffassung nach auch für die fehlende Einhaltung einer Kündigungsfrist (BAG 15.12.2005 DB 2006, 1116; s.a. Rz 3a–c). die hieraus resultierende Unwirksamkeit wird nicht nach § 7 S. 1 KSchG geheilt wegen nicht rechtzeitiger Klageerhebung. Insoweit entsprechen diese Unwirksamkeitsgründe den »anderen« Unwirksamkeitsgründen – nämlich anderen als Sozialwidrigkeit bzw.

fehlender wichtiger Grund – der bisherigen Fassung des § 7 KSchG. Für diese – jetzt – Ausnahmefälle gelten die für die »anderen Unwirksamkeitsgründe« bzgl. ihrer Geltendmachung (Form und Frist) bisher schon entwickelten Grundsätze fort (s.a. *Raab* RdA 2004, 326). Es bleibt auch dabei, dass in den Fällen, in denen Klage nach § 4 KSchG erhoben worden ist, im Rahmen des dann durchgeführten Verfahrens auch die sonst nicht fristgebundenen Unwirksamkeitsgründe eingebracht werden müssen. Das folgt – wie schon bisher – aus dem Streitgegenstand der Kündigungsschutzklage nach § 4 KSchG, der die Frage der Beendigung des Arbeitsverhältnisses durch die angegriffene Kündigung generell erfasst, nicht aber die Feststellung einzelner Unwirksamkeitsgründe (s. KR-*Friedrich* § 4 KSchG Rz 225 f.).

I. Form der Geltendmachung

Die Geltendmachung dieser **anderen Unwirksamkeitsgründe** im vorgenannten Sinne ist an **keine** 29
Form gebunden. Der Arbeitnehmer kann – abw. von § 4 KSchG – **Leistungsklage** erheben auf Zahlung des ihm für die Zeit nach der unwirksamen Kündigung zustehenden Arbeitsentgelts. Die Frage der Wirksamkeit der Kündigung ist dann als Vorfrage zu prüfen.

Er ist allerdings nicht auf die Erhebung der Leistungsklage beschränkt, sondern kann auch **Feststel-** 30
lungsklage erheben. An einer Feststellung hat er ein rechtliches Interesse (§ 256 ZPO). Das Arbeitsverhältnis erschöpft sich nicht in den gegenseitigen Hauptpflichten und -rechten. Von seinem Bestehen hängen eine Reihe verschiedenartiger Rechtsfolgen ab, und zwar sowohl privatrechtlicher als auch öffentlich-rechtlicher Art. Das gilt für den Bereich der Sozialversicherung, des Steuerrechts und auch des Arbeitsverwaltungsrechts im Hinblick etwa auf die Zahlung von Arbeitslosengeld. Wollte man den Arbeitnehmer auf eine Leistungsklage bzgl. des jeweils fälligen Arbeitsentgelts verweisen, könnte in einem solchen Verfahren wegen des auf den Zahlungsanspruch beschränkten Streitgegenstandes eine rechtskräftige Präzedenzentscheidung für derartige Nebenansprüche und Nebenfolgen aus dem Arbeitsverhältnis nicht ergehen. Der Arbeitnehmer wäre gezwungen, jeweils ein neues Verfahren anzustrengen. Ein solches Vorgehen ist weder prozessökonomisch, noch trägt es den berechtigten Interessen der Parteien an einer generellen Klärung Rechnung.

Daher ist grds. trotz der Möglichkeit der Leistungsklage ein **rechtliches Interesse** des Arbeitnehmers 31
an der **Feststellung** der Unwirksamkeit einer Kündigung anzuerkennen (vgl. schon *BAG* 4.8.1960 AP Nr. 34 zu § 256 ZPO mit zust. Anm. *Baumgaertel*; 17.5.1962 EzA § 9 MuSchG aF Nr. 2; 16.3.1967 EzA § 63 HGB Nr. 10; zur Zulässigkeit der allgemeinen Feststellungsklage neben der Kündigungsschutzklage *BAG* 21.1.1988 EzA § 4 KSchG nF Nr. 33; 13.3.1997 EzA § 4 KSchG nF Nr. 57; s.a. Rz 7 und iE KR-*Friedrich* § 4 KSchG Rz 238 ff.). Eine Ausnahme mag allenfalls dann gelten, wenn überhaupt nur noch ein ganz bestimmter Leistungsanspruch aus dem Arbeitsverhältnis offen ist und alle weiteren Fragen geklärt sind (vgl. etwa *LAG Düsseld.* 25.10.1960 BB 1961, 134, wo das rechtliche Interesse an der Feststellung verneint wird für den Fall, dass der Arbeitnehmer nicht sozialversicherungspflichtig ist – in dieser Allgemeinheit bedenklich; vgl. auch *Schaub* § 138 IV 1; allgemein zum erforderlichen Feststellungsinteresse einer auf Feststellung eines beendeten Rechtsverhältnisses gerichteten Klage s. *BAG* 23.4.1997 EzA § 256 ZPO Nr. 47; s.a. *BAG* 21.6.2000 EzA § 256 ZPO Nr. 53).

Als **Klageantrag** bietet sich in diesem Fall an die Formulierung »... festzustellen, dass das zwischen 32
den Parteien bestehende Arbeitsverhältnis über den ... hinaus fortbesteht« (vgl. *Schaub* aaO). Es bestehen jedoch keine Bedenken gegen einen im Wortlaut an § 4 KSchG angelehnten Antrag auf Feststellung, dass das zwischen den Parteien bestehende Arbeitsverhältnis durch die Kündigung des ... vom ... zum ... nicht aufgelöst worden ist.

II. Frist der Geltendmachung

Die Geltendmachung solcher nicht von §§ 4, 7 KSchG erfassten Gründe kann allerdings **nicht zeitlich** 33
unbegrenzt erfolgen. Die Frage, ob die Auflösung des Arbeitsverhältnisses hingenommen wird oder –35
nicht, duldet keinen langen Schwebezustand. Der Arbeitgeber hat ein berechtigtes Interesse, bald zu erfahren, ob er seine Betriebsführung darauf einstellen kann, dass es bei dem Ausscheiden des gekündigten Arbeitnehmers bleibt (vgl. schon *BAG* 10.1.1956 AP Nr. 3 zu § 242 BGB Verwirkung; 5.12.1961 AP Nr. 80 zu § 242 BGB Ruhegehalt; 28.5.1998 EzA § 2 KSchG Nr. 29). Das hatte der Gesetzgeber bereits mit § 113 Abs. 2 InsO aF und mit § 17 TzBfG deutlich gemacht und hat er mit der nunmehr (fast) umfassenden Erweiterung der fristgebundenen Geltendmachung aller Unwirksamkeitsgründe nur noch verstärkt.

36 Auch solche ausnahmsweise nicht fristgebundenen Unwirksamkeitsgründe müssen also entsprechend **innerhalb einer angemessenen Frist** geltend gemacht werden. Wartet der Arbeitnehmer zu lange ab, verliert er das Recht, sich auf die Unwirksamkeit der Kündigung zu berufen. Dies ergibt sich aus dem **allg. Grundsatz der Verwirkung** (s. dazu auch die Übersicht bei *Caspers* RdA 2001, 28, 29). Die Geltendmachung eines Rechts verstößt dann gegen Treu und Glauben, wenn der Schuldner nach dem Verhalten des Gläubigers davon ausgehen konnte, Ansprüche würden nicht mehr gestellt werden, er sich darauf eingestellt hat und ihm deshalb nicht zuzumuten ist, sich auf die nunmehr geltend gemachten Ansprüche einzulassen. Diese Grundsätze erfassen auch das Recht, die Unwirksamkeit der Kündigung zu verfolgen (vgl. schon BAG 8.9.1955 AP Nr. 1 zu § 242 BGB Verwirkung; 10.1.1956 aaO; 15.7.1960 AP Nr. 43 zu § 626 BGB mit zust. Anm. *Hueck*; 2.11.1961 AP Nr. 1 zu § 242 BGB Prozessverwirkung; 20.5.1988 EzA § 242 BGB Prozessverwirkung Nr. 1; 13.4.1989 EzA § 13 KSchG nF Nr. 4 unter IV 1a der Gründe; 28.5.1998 EzA § 2 KSchG Nr. 29; *LAG Hamm* 25.7.1986 LAGE § 134 BGB Nr. 3; *Caspers* aaO; *Löwisch* § 7 Rz 3; *Nikisch* I, S. 319; *Schaub* § 138 IV 1; vgl. allg. zur Verwirkung *Soergel/Teichmann* § 242 Rz 332 ff.; *MünchKomm-Roth* § 242 BGB Rz 336 ff.; zur älteren Rspr. vgl. *Staudinger/Weber* § 242 Rz D 561 ff. – zum Arbeitsrecht Rz D 673 ff.). Zur umgekehrten Problematik der Verwirkung des Kündigungsrechts vgl. etwa BAG 22.4.1993 RzK I 8 m ee Nr. 31; iE KR-*Griebeling* § 1 KSchG Rz 1, 248, 250.

37 Der Arbeitnehmer, der Feststellung der Unwirksamkeit der Kündigung begehrt macht zwar an sich kein Recht geltend. Verwirken kann aber auch das **Recht zur Berufung auf Unwirksamkeitsgründe,** was zB für Formmängel seit jeher anerkannt ist (vgl. etwa *Soergel/Siebert/Kropp* § 242 Rz 338 ff.; *Staudinger/Weber* § 242 Rz D 56; *Bötticher* Anm. zu BAG, AP Nr. 1 zu § 242 BGB Prozessverwirkung).

38 Hat der Arbeitnehmer das Recht zur Geltendmachung der Unwirksamkeit der Kündigung verwirkt, ist die **Klage unbegründet (s.a. Rz 9a).** Zwar kann ausnahmsweise bei verspätetem Angriff der Kündigung bereits eine Verwirkung des Klagerechts als solchem eintreten mit der Folge, dass die Klage als **unzulässig** abzuweisen ist (vgl. BAG 2.11.1961 AP Nr. 1 zu § 242 BGB Prozessverwirkung; 31.1.1985 EzA § 613a BGB Nr. 42 unter III der Gründe; 22.3.1985 AP Nr. 89 zu § 620 BGB Befristeter Arbeitsvertrag; 11.11.1982 EzA § 620 BGB Nr. 61; 7.3.1980 EzA § 4 KSchG nF Nr. 17; *Neumann-Duesberg* Anm. zu BAG, AP Nr. 1 zu § 242 BGB Verwirkung; krit. dazu MünchKomm-*Roth* § 242 BGB Rz 68 u. 329). Der Gesichtspunkt der Verwirkung findet als allgemeiner Rechtsgrundsatz auch im Prozessrecht Anwendung (nach APS-*Ascheid* Rz 34 gibt es allerdings keine Prozessverwirkung). Grds. ist aber ein Recht des gekündigten Arbeitnehmers, in einem ordnungsgemäßen Verfahren überprüfen zu lassen, ob er die Unwirksamkeit der Kündigung noch geltend machen kann, für sich schutzwürdig. Diese Überprüfung sollte ihm nicht abgeschnitten werden. Die Klage ist daher idR zwar als zulässig anzusehen, aber bei entsprechender Verwirkung des Rechts zur Geltendmachung der Unwirksamkeit der Kündigung als unbegründet abzuweisen (vgl. *Bötticher* aaO; vgl. auch schon BAG 8.9.1955 AP Nr. 1 zu § 242 BGB Verwirkung; 10.1.1956 aaO; vgl. allg. MünchKomm-*Roth* § 242 BGB Rz 68 u. 328 gleichfalls mit dem Hinweis, dass gegen eine Versagung gerichtlichen Rechtsschutzes nach den Grundsätzen unzulässiger Rechtsausübung Bedenken bestehen und in den meisten Fällen die Beurteilung der materiellen Rechtsposition unter dem Gesichtspunkt von Treu und Glauben ausreichend sei – s. dort auch Hinweis zum allg. Schrifttum).

38a Demgegenüber tendierte das BAG früher zur Annahme einer **Prozessverwirkung** (vgl. etwa BAG 20.5.1988 EzA § 242 BGB Prozessverwirkung Nr. 1; 31.1.1985 EzA § 613a BGB Nr. 42; 22.3.1985 aaO; 11.11.1982 EzA § 620 BGB Nr. 61; 7.3.1980 EzA § 4 KSchG nF Nr. 17; so auch *LAG Hamm* 25.7.1986 LAGE § 134 BGB Nr. 3; offen gelassen in BAG 28.5.1998 EzA § 2 KSchG Nr. 39).

39 Wann der **Tatbestand der materiellen Verwirkung** erfüllt ist, lässt sich nur nach den Umständen des Einzelfalles entscheiden. Eine wichtige Rolle spielt dabei der **Zeitablauf.** Angesichts des in § 4 KSchG zum Ausdruck kommenden Rechtsgedankens muss verlangt werden, dass die Frist zur Geltendmachung die Dreiwochenfrist des § 4 KSchG nicht gänzlich außer acht lässt (s.a. Rz 36). Ein Zeitraum von **zwei bis drei Monaten** wird daher häufig schon die zeitliche Obergrenze sein, bis zu der spätestens der Arbeitnehmer Klage erheben kann (zust. *LAG Bln.* 13.5.1985 LAGE § 242 BGB Prozessverwirkung Nr. 1; *LAG Hamm* 21.11.1985 LAGE § 13 KSchG Nr. 1). Das gilt jedenfalls dann, wenn der Arbeitnehmer nach Ablauf der Kündigungsfrist zunächst aus dem Arbeitsverhältnis tatsächlich ausgeschieden ist.

40 Hervorzuheben ist allerdings, dass der **Zeitablauf** allein **lediglich ein Kriterium** von mehreren ist (s. BAG 20.5.1988 EzA § 242 BGB Prozessverwirkung Nr. 1; 28.5.1998 EzA § 2 KSchG Nr. 39). Eine weitere Rolle spielt auch das übrige Verhalten des Arbeitnehmers nach Ausspruch der Kündigung. Ist er widerspruchslos ausgeschieden, hat er zudem noch die Arbeitspapiere und den Restlohn ohne weiteres

Wirksamwerden der Kündigung § 7 KSchG

hingenommen, tritt eine Verwirkung des Rechts zur Geltendmachung der Unwirksamkeit der Kündigung rascher ein, als wenn er gegenüber dem Arbeitgeber wiederholt die Arbeitsleistung angeboten und auch ansonsten deutlich gemacht hat, dass er die Kündigung nicht für wirksam hält. Ein für die Verwirkung sprechender Umstand kann auch die vorherige Erhebung einer die Beendigung des Arbeitsverhältnisses voraussetzenden Klage auf Nachteilsausgleich nach § 113 Abs. 3 BetrVG sein (*BAG* 28.5.1998 EzA § 2 KSchG Nr. 39). Die bloße Berufung auf die Unwirksamkeit reicht andererseits nicht aus, wenn der Arbeitnehmer keinerlei Konsequenzen daraus zieht, also insbes. keine Klage erhebt. Entscheidend ist, welchen Gesamteindruck der Arbeitgeber aus dem Verhalten des Arbeitnehmers nach Treu und Glauben gewinnen musste.

Das **Recht zur Geltendmachung der Unwirksamkeit** einer Kündigung oder einer Befristung ist in der **41** **Rechtsprechung** etwa **in folgenden Fällen als verwirkt** angesehen worden (vgl. auch die Hinweise auf unveröffentlichte Entscheidungen in: *BAG* 20.5.1988 EzA § 242 BGB Prozessverwirkung Nr. 1). Diese sind zwar zum großen Teil insoweit überholt, als die dort maßgeblichen Unwirksamkeitsgründe jetzt gem. § 4 S. 1 KSchG bzw. – soweit es sich um Befristungsfälle handelt – gem. § 17 TzBfG ohnehin fristgebunden sind. Für die allgemeine Würdigung, wann von einer Verwirkung auszugehen ist, sind die in ihnen entwickelten Grundsätze aber nach wie vor aussagekräftig. *LAG Hamm* 21.11.1985 LAGE § 13 KSchG Nr. 1 – über **einen Monat bei Arbeitnehmer, der noch keinen Kündigungsschutz genießt**; *ArbG Wilhelmshaven* 23.2.1960 BB 1960, 1060 – Klageerhebung nach **zwei Monaten**; Nichteinhaltung der Kündigungsfrist soll jedoch noch geltend gemacht werden können; *ArbG Husum* 27.2.1957 ARSt XVIII, Nr. 459 – Klageerhebung nach **zweieinhalb Monaten**; *ArbG Bielefeld* 22.11.1984 NZA 1985, 187 – Klageerhebung nach **zwölf Monaten**; die dort vertretene Begrenzung auf idR höchstens **einen** Monat ist wohl zu eng; *ArbG Stade* 4.1.1983 DB 1983, 2094 – Geltendmachung der Unwirksamkeit einer Befristung über **drei** Monate nach Ausscheiden; *LAG Düsseld.* 30.5.1968 DB 1969, 1155 – Klageerhebung nach **vier Monaten** ist unzulässig mangels rechtlichen Interesses an der Feststellung; *LAG Köln* 4.4.1991 LAGE § 242 BGB Prozessverwirkung Nr. 5 – Geltendmachung des Zustandekommens eines Arbeitsverhältnisses **vier Monate** nach Beendigung der angeblich unerlaubten Arbeitnehmerüberlassung; *BAG* 11.11.1982 EzA § 620 BGB Nr. 61 – **fünf** Monate nach Auslaufen einer vorhergehenden Befristung bzw. **zwei zweidrittel** Monate nach Abschluss eines neuen befristeten Vertrages, der zeitlich nicht an den Vorvertrag anschloss; *ArbG Pforzheim* 9.12.1986 ZIP 1987, 264 – Höchstfrist bei **sechs Monaten**; *LAG Bln.* 13.5.1985 LAGE § 242 BGB Prozessverwirkung Nr. 1 – Klagerücknahme nach rechtzeitiger Klageerhebung, erneute Klage nach weiteren drei Monaten, damit insgesamt **sieben Monate** nach Kündigung (s.a. Rz 39); *ArbG Karlsruhe* 9.3.1988 ZIP 1988, 1210 – **zwölf Monate** nach Ausspruch der Kündigung bei Geltendmachung des Unwirksamkeitsgrundes aus § 613a BGB; *ArbG Stade* 3.2.1964 ARSt 1964 / I, Nr. 208 – Klageerhebung auf Zahlung von Arbeitsentgelt für nicht eingehaltene Kündigungsfrist nach **sechzehn Monaten**; *BAG* 8.9.1955 AP Nr. 1 zu § 242 BGB Verwirkung – Klageerhebung **sieben Jahre** nach der Kündigung und **drei Jahre** nach der letzten schriftlichen Stellungnahme; 15.7.1960 AP Nr. 43 zu § 626 BGB – Klageerhebung nach **fünf Jahren** Untätigkeit; 10.1.1956 AP Nr. 3 zu § 242 BGB Verwirkung – Klageerhebung nach **sechs Jahren**; *LAG Bln.* 22.11.1955 ARSt XVI, Nr. 209 – Klageerhebung nach **sieben Jahren**; *BAG* 5.12.1961 AP Nr. 80 zu § 242 BGB Ruhegehalt – Geltendmachung von Ansprüchen nach **zehn Jahren**; 2.11.1961 AP Nr. 1 zu § 242 BGB Prozessverwirkung – Klageerhebung nach insgesamt **vierzehn Jahren**.

In folgenden Fällen wurde die **Klageerhebung noch als rechtzeitig angesehen**: *LAG Frankf.* 17.9.1953 **42** AP 1954 Nr. 64 – Klage eines Schwerbehinderten **fünf Wochen** nach Ausspruch der Kündigung wurde als **gerade noch** rechtzeitig angesehen; *LAG Bln.* 17.7.1961 – bei Klageerhebung nach **sieben Wochen** noch keine Verwirkung, wenn der Arbeitgeber aufgrund des **übrigen Verhaltens** damit rechnen musste; *BAG* 28.5.1998 EzA § 2 KSchG Nr. 39 – **zweieinhalb Monate** nach Ausspruch einer Änderungskündigung angesichts des Fehlens von Umstandsmomenten; 28.2.1990 EzA § 1 BeschFG 1985, Nr. 9 – **zweieinhalb Monate** nach Ablehnung der Entfristung, aber noch fünf Monate vor Ablauf der vereinbarten Befristung; *LAG Hamm* 25.7.1986 LAGE § 134 BGB Nr. 3 – **drei Monate** nach Kündigung, also bei **Widerspruch** vor Ablauf der Kündigungsfrist; *BAG* 31.1.1985 EzA § 613a BGB Nr. 42 – **drei Monate** bei **Betriebsübergang**; *LAG Bln.* 17.8.1987 LAGE § 4 KSchG Nr. 12 – dreieinhalb Monate bei dem Arbeitgeber bekannten – angeblich unberechtigten – Sonderurlaub im Ausland; *BAG* 7.3.1980 EzA § 4 KSchG nF Nr. 17 – Klageerhebung nach ca. **6 Monaten** nach ausführlicher Korrespondenz; 22.3.1985 AP Nr. 89 zu § 620 BGB Befristeter Arbeitsvertrag – Klageerhebung ca. sechs Monate nach der Mitteilung, dass ein befristeter Vertrag nicht verlängert werde, jedoch nach **Vorkorrespondenz** und noch **vor Auslaufen** der Befristung; *LAG Düsseld.* 11.4.1962 ARSt XXVIII, Nr. 374 – Klage **ein halbes Jahr** nach Kündigung. Vgl. auch *LAG Köln* 19.3.1992 LAGE § 620 BGB Nr. 26 – ca. **zwei Monate** nach

Geltendmachung der unbefristeten Weiterbeschäftigung vor Befristungsablauf; **vgl. im Übrigen** *ArbG Herne* 10.10.1967 ARSt 1968, Nr. 1221, S. 112 – **angemessene Frist;** *LAG Hmb.* 7.4.1955 ARSt XIV, Nr. 458 – Entscheidung nach **Einzelfall;** *LAG Kiel* 7.3.1951 BB 1951, 364 – Entscheidung nach **Einzelfall;** *BAG* 6.11.1997 EzA § 242 BGB Prozessverwirkung Nr. 2 – zur Verwirkung des Rechts auf **Geltendmachung der Nichtigkeit eines Aufhebungsvertrages** nach wirksamer Anfechtung wegen widerrechtlicher Drohung nach 123 BGB.

§ 8 Wiederherstellung der früheren Arbeitsbedingungen

Stellt das Gericht im Falle des § 2 fest, daß die Änderung der Arbeitsbedingungen sozial ungerechtfertigt ist, so gilt die Änderungskündigung als von Anfang an rechtsunwirksam.

Literatur

Vgl. die Angaben vor § 2 KSchG.

Inhaltsübersicht

	Rz		Rz
A. Entstehungsgeschichte	1, 2	I. Ansprüche des Arbeitnehmers	9–12
B. Sinn und Zweck der Regelung	3–5	II. Verjährungsfristen, Ausschlussfristen	13
C. Anwendungsbereich des § 8 KSchG	6–8	E. Außerordentliche Änderungskündigung	14
D. Abwicklung der Rückwirkung	9–13		

A. Entstehungsgeschichte

1 § 8 KSchG ist durch das Erste Arbeitsrechtsbereinigungsgesetz vom 14.8.1969 (BGBl. I S. 1106) zusammen mit §§ 2, 4 S. 2 und 7 Hs. 2 in das KSchG eingefügt worden und seit dem 1.9.1969 in Kraft (s. KR-*Rost* § 2 KSchG Rz 1 ff.). Der der Neufassung zugrunde liegende **Entwurf der Bundesregierung** vom 24.2.1969 (BT-Drs. V/3913) sah ursprünglich vor, dass bei Feststellung der Sozialwidrigkeit der geänderten Arbeitsbedingungen erst ab Rechtskraft dieser Entscheidung für das Arbeitsverhältnis wieder die Bedingungen gelten sollen, welche vor der Vertragsänderung bestanden (§ 6a Abs. 1 RegE). Bei Ansprüchen, die von der Dauer der Beschäftigung zu bestimmten Bedingungen abhängen, sollte eine Unterbrechung der Arbeitsbedingungen nicht angenommen werden (§ 6a Abs. 2 RegE). Darüber hinaus sollte den Gerichten das Recht eingeräumt werden, bei besonderer Unbilligkeit einen angemessenen Ausgleich für die durch die zeitweilig geänderten Vertragsbedingungen entstandenen Verluste zuzusprechen (§ 6a Abs. 3 RegE). Auf diese Weise sollte angesichts der dem Arbeitnehmer eingeräumten Befugnis, das Änderungsangebot nur unter Vorbehalt anzunehmen, ein angemessener Interessenausgleich zugunsten des Arbeitgebers geschaffen werden (Begr. zum RegE, BT-Drs. V/3913, S. 8, 9).

2 Gegen diese Fassung erhob der **Bundesrat** in seiner Stellungnahme Einwendungen, unter anderem mit dem berechtigten Hinweis auf den sowohl in rechtlicher als auch tatsächlicher Hinsicht nicht befriedigenden Abs. 3, der sicherlich zu großen Anwendungsschwierigkeiten in der Praxis geführt hätte (BT-Drs. V/3913, S. 14). Die vom Bundesrat vorgeschlagene Fassung des § 6a des Entwurfs erlangte dann, trotz zunächst aufrechterhaltenen Standpunktes der Bundesregierung (s. die Gegenäußerung der Bundesregierung zu dem Änderungsvorschlag des Bundesrates, BT-Drucks. V/3913) als § 8 Gesetzeskraft, nachdem sich auch der Bundestagsausschuss für Arbeit ihr angeschlossen hatte (BT-Drs. V/4376, S. 2, 7). Das Arbeitsmarktreformgesetz v. 24.12.2003 (BGBl. I S. 3002) hat § 8 KSchG nicht abgeändert (s.u. Rz 7).

B. Sinn und Zweck der Regelung

3 Die Annahme der geänderten Arbeitsbedingungen unter dem Vorbehalt ihrer Wirksamkeit stellt sich rechtlich als eine Annahme des Angebots unter einer **auflösenden Bedingung** dar, § 158 Abs. 2 BGB (KR-*Rost* § 2 KSchG Rz 58; *Löwisch* Rz 3). Obsiegt der Arbeitnehmer im Rechtsstreit, tritt die Bedingung ein. Gem. § 158 Abs. 2 BGB würde erst mit diesem Zeitpunkt der frühere Rechtszustand wieder hergestellt, dh dass die alten Arbeitsbedingungen an die Stelle der zwischenzeitlich geltenden geänderten Vertragsbedingungen treten. Damit wären Ansprüche des Arbeitnehmers für die Zeit, in der er zu den

geäußerten Bedingungen gearbeitet hätte, abgeschnitten. Bei einer möglichen Prozessdauer von mehreren Jahren könnte das zu erheblichen Nachteilen für den Arbeitnehmer führen. Besteht die Änderung etwa in einer Gehaltskürzung, wäre er gezwungen, längere Zeit zu einem geminderten Gehalt zu arbeiten, obwohl die Kündigung zu keinem Zeitpunkt gerechtfertigt war. Er stünde damit schlechter als der Arbeitnehmer, der die Annahme der geänderten Bedingungen ablehnt und nach einem Obsiegen im Rechtsstreit – ein ordnungsgemäßes Angebot der Arbeitsleistung vorausgesetzt – Anspruch darauf hat, zumindest finanziell so gestellt werden, als sei er ununterbrochen zu den ursprünglichen Bedingungen beschäftigt worden.

Im Ergebnis würde die Anwendung des § 158 Abs. 2 BGB auf den von der Bundesregierung – mit Modifikationen – vertretenen Entwurf hinauslaufen, wonach der unter Vorbehalt Annehmende diesen Nachteil in Kauf nehmen sollte als Preis für den auf jeden Fall feststehenden Erhalt des Arbeitsplatzes (s.o. Rz 1). § 8 KSchG wählt einen anderen Weg. Die Vorschrift stellt klar, dass im Falle der Unwirksamkeit der Änderung (s.u. Rz 7, 8) die Kündigung als **von Anfang an unwirksam** anzusehen ist. Die rechtliche Bedeutung liegt in der Begründung einer **Rückwirkung** des Bedingungseintritts (vgl. KR-*Rost* aaO; *Löwisch* Rz 3; krit. *Enderlein* ZfA 1992, 28 ff.). Dogmatische Bedenken gegen eine derartige Regelung bestehen nicht, zumal die Parteien einzelvertraglich gleichfalls eine schuldrechtliche Rückwirkung des Eintritts einer Bedingung vereinbaren können (§ 159 BGB). 4

Der Arbeitnehmer soll so gestellt werden, als ob die Änderungskündigung nicht erfolgt wäre. Er erleidet also keinen Nachteil deswegen, dass er sich mit der vorläufigen Änderung einverstanden erklärt hat. Das muss als der eigentliche Sinn des § 8 KSchG angesehen werden. 5

C. Anwendungsbereich des § 8 KSchG

Der **Wortlaut** des § 8 KSchG ist nicht glücklich gefasst (krit. auch *Adomeit* DB 1969, 2181; *Löwisch* Rz 2; APS-*Künzl* Rz 5). Als unwirksam gelten soll die »Kündigung«. Um die Kündigung als Beendigungskündigung wird gar nicht mehr gestritten. Streitbefangen ist das mit dieser Kündigung verbundene **Änderungsangebot**. Die Unwirksamkeit des durch die Annahme des Angebots auflösend bedingt zustande gekommenen Vertrages wird rückwirkend festgestellt. 6

§ 8 KSchG in der seit dem 1.1.2004 geltenden Fassung erfasst – wiederum dem Wortlaut nach – nur den Fall der Unwirksamkeit der Änderung der Arbeitsbedingungen infolge fehlender **sozialer Rechtfertigung**. Er entspricht insoweit § 4 S. 2 KSchG aF, welcher für die Änderungskündigung einen Klageantrag auf Feststellung verlangte, dass die Änderung der Arbeitsbedingungen sozial ungerechtfertigt ist. Diese Beschränkung der Änderungsschutzklage auf die Frage der Sozialwidrigkeit wurde schon bisher als zu eng angesehen. Der Gesetzgeber hat es wiederum übersehen, die Fassung des § 8 KSchG in der neuen Fassung des § 4 S. 2 KSchG durch das Arbeitsmarktreformgesetz anzupassen, wonach generell die Rechtsunwirksamkeit der Änderungskündigung geltend zu machen ist (s.a. KR-*Rost* § 7 KSchG Rz 3a, 3b). Streitgegenstand der Klage ist die **Unwirksamkeit der Änderung** schlechthin. Dementsprechend ist die Klage zu richten auf Feststellung, dass die Änderung der Arbeitsbedingungen unwirksam ist (s. KR-*Rost* § 2 KSchG Rz 147 ff.). 7

Folgerichtig muss § 8 KSchG **ausweitend** ausgelegt werden. Die Änderungskündigung gilt danach als von Anfang an rechtsunwirksam, wenn das Gericht entsprechend dem Klageantrag die **Unwirksamkeit** – nicht zwingend wegen Sozialwidrigkeit – der **Änderung der Arbeitsbedingungen** feststellt. Diese Unwirksamkeit kann sich zB schon daraus ergeben, dass der Betriebsrat zu der Änderungskündigung nicht ordnungsgemäß gehört worden ist oder die für die Änderungskündigung eines Schwerbehinderten erforderliche Zustimmung des Integrationsamtes nicht vorliegt. Es ist nicht einzusehen, warum nicht auch in diesen Fällen, in denen für die zusätzliche Prüfung der Sozialwidrigkeit kein Anlass besteht, die in § 8 KSchG angeordnete Rechtsfolge eintreten soll (*Löwisch* Rz 2; vgl. auch *Richardi* ZfA 1971, 101, 102). 8

D. Abwicklung der Rückwirkung

I. Ansprüche des Arbeitnehmers

Erstreitet der Arbeitnehmer ein **obsiegendes Urteil**, hat er neben dem selbstverständlichen Anspruch auf Weiterbeschäftigung jetzt wieder zu den ursprünglichen Bedingungen einen Anspruch, so gestellt zu werden, als habe er ununterbrochen zu den alten Bedingungen gearbeitet. Maßgebender Zeitpunkt 9 ist dabei der Zeitpunkt der Rechtskraft des Urteils. Bis dahin hat der Arbeitnehmer grds. zu den geänderten Bedingungen zu arbeiten (iE KR-*Rost* § 2 KSchG Rz 158a).

10 Es handelt sich dabei um einen vertraglichen **Erfüllungsanspruch,** nicht etwa einen Anspruch aus ungerechtfertigter Bereicherung. Der ursprüngliche Vertrag ist als ununterbrochen gültig zu betrachten. Bestand die Änderungskündigung – wie häufig – in der Minderung des Arbeitsentgelts bei unveränderter Arbeitsleistung, sind die Differenzbeträge nachzuzahlen.

11 Hatte der Arbeitgeber eine Kürzung der **Arbeitszeit** vorgenommen – etwa die Herabsetzung einer Vollbeschäftigung von acht Stunden auf eine Teilzeitbeschäftigung von vier Stunden –, so besteht ein Anspruch des Arbeitnehmers auf das ihm für die volle Arbeitszeit zustehende Gehalt. In diesem Fall ist Arbeitsentgelt ohne Arbeitsleistung zu zahlen. Es kann daher nichts anderes gelten als für den Anspruch des Arbeitnehmers auf Zahlung des Arbeitsentgelts für Zeiten der Nichtbeschäftigung im normalen Kündigungsschutzverfahren. Der Anspruch bemisst sich nach § 11 KSchG in zumindest entsprechender Anwendung iVm § 615 BGB (im Ergebnis ebenso APS-*Künzl* Rz 10; *Löwisch* Rz 5 über § 159 BGB). Der Arbeitnehmer muss dem Arbeitgeber seine **Arbeitskraft** für den wegfallenden Teil der Arbeitszeit **anbieten,** was er allerdings regelmäßig durch die Annahme des Angebots unter Vorbehalt zum Ausdruck bringt. Gem. § 11 Nr. 1–3 KSchG muss er sich anrechnen lassen, was er

1. durch **anderweitige Arbeit** verdient hat: die Annahme einer weiteren (Teilzeit-)Arbeit in der verlängerten Freizeit ist denkbar;

2. was er zu verdienen böswillig **unterlassen hat;** in Frage käme allenfalls die Annahme einer weiteren Teilzeitarbeit; ob die Annahme einer solchen Arbeit zumutbar ist, hängt entscheidend von Lage und Umfang der geänderten Arbeitszeit ab;

3. was ihm an **öffentlich-rechtlichen Leistungen** erstattet wird: in Frage kommen insoweit vor allem Beträge aus der Sozialhilfe und Beträge aus der Arbeitslosenversicherung (s. KR-*Spilger* § 11 KSchG Rz 43 ff.).

12 Der **finanzielle Ausgleich** ist allerdings idR die einzige Möglichkeit einer rückwirkenden Wiederherstellung der ursprünglichen Arbeitsbedingungen. Eine durchgeführte **Versetzung** an einen anderen Arbeitsplatz kann rückwirkend ebenso wenig ungeschehen gemacht werden wie ein **Wechsel** von der festen **Arbeitszeit** in die Wechselschicht. War mit einem derartigen Wechsel keine Minderung des Arbeitsentgelts verbunden, stößt die Rückwirkung unter Umständen ins Leere, es sei denn, der Arbeitnehmer hätte besondere messbare Unkosten gehabt – etwa Fahrtkosten –, welche ihm an seinem alten Arbeitsplatz nicht entstanden wären (vgl. APS-*Künzl* Rz 11; *Hueck/v.Hoyningen-Huene* § 2 Rz 98).

II. Verjährungsfristen, Ausschlussfristen

13 **Tarifliche Ausschlussfristen** und **Verjährungsfristen** laufen hinsichtlich der vorgenannten Ansprüche erst mit Rechtskraft des obsiegenden Urteils an (so auch APS-*Künzl* Rz 18; *Hueck/v. Hoyningen-Huene* § 2 Rz 97 u. § 4 Rz 23; *Thür. LAG* 18.12.1996 LAGE § 2 KSchG Nr. 21; aA *LAG Frankf.* 9.2.1989 – 3 Sa 745/88 – nv). Bis zu diesem Zeitpunkt fehlt es an der Fälligkeit der Ansprüche, da das Arbeitsverhältnis zunächst mit dem – vorläufigen – geänderten Inhalt abgewickelt wird. Die in § 8 KSchG angeordnete Rückwirkung bezieht sich daher nicht auf den Fälligkeitszeitpunkt (vgl. auch *Löwisch* Rz 4). Eine dennoch erhobene Klage auf Zahlung der Vergütungsdifferenz ist daher als – derzeit – unbegründet an sich abweisungsreif (vgl. *Thür. LAG* 18.12.1996 LAGE § 2 KSchG Nr. 21, wonach eine Aussetzung wegen Vorgreiflichkeit des Änderungsschutzverfahrens nicht in Betracht kommt – wohl zu eng).

E. Außerordentliche Änderungskündigung

14 Folgt man der hier vertretenen Auffassung, wonach bei Vorliegen der allgemeinen Voraussetzungen für die Anwendung des KSchG auch bei Ausspruch einer **außerordentlichen Änderungskündigung** gem. § 13 iVm § 2 KSchG ein Änderungsschutzverfahren durchgeführt werden kann (vgl. KR-*Rost* § 2 KSchG Rz 30), dann ist konsequenterweise § 8 KSchG auch in diesem Fall anwendbar (davon geht aus auch APS-*Künzl* Rz 19). Stellt das Gericht die Unwirksamkeit der fristlosen Änderung der Arbeitsbedingungen fest, gilt die Kündigung von Anfang an als rechtsunwirksam. Der Arbeitnehmer ist auch hier so zu stellen, als habe das Arbeitsverhältnis ununterbrochen zu den ursprünglichen Bedingungen bestanden. Wegen der Einzelheiten der zu erfolgenden Abwicklung kann auf die Ausführungen zur fristgerechten Änderungskündigung Bezug genommen werden (s.o. Rz 9–13).

§ 9 Auflösung des Arbeitsverhältnisses durch Urteil des Gerichts; Abfindung des Arbeitnehmers

(1) ¹Stellt das Gericht fest, dass das Arbeitsverhältnis durch die Kündigung nicht aufgelöst ist, ist jedoch dem Arbeitnehmer die Fortsetzung des Arbeitsverhältnisses nicht zuzumuten, so hat das Gericht auf Antrag des Arbeitnehmers das Arbeitsverhältnis aufzulösen und den Arbeitgeber zur Zahlung einer angemessenen Abfindung zu verurteilen. ²Die gleiche Entscheidung hat das Gericht auf Antrag des Arbeitgebers zu treffen, wenn Gründe vorliegen, die eine den Betriebszwecken dienliche weitere Zusammenarbeit zwischen Arbeitgeber und Arbeitnehmer nicht erwarten lassen. ³Arbeitnehmer und Arbeitgeber können den Antrag auf Auflösung des Arbeitsverhältnisses bis zum Schluß der letzten mündlichen Verhandlung in der Berufungsinstanz stellen.

(2) Das Gericht hat für die Auflösung des Arbeitsverhältnisses den Zeitpunkt festzusetzen, an dem es bei sozial gerechtfertigter Kündigung geendet hätte.

Literatur

– bis 2004 vgl. KR-Vorauflage –

BRA (Bund der Richterinnen und Richter der Arbeitsgerichtsbarkeit) Mitglieder-Info Dezember 2004; *Hertzfeld* Auflösungsantrag bei Unwirksamkeit der Kündigung aus »anderen als den in § 1 II und III KSchG bezeichneten Gründen«, NZA 2004, 298; *Hess* AR-Blattei SD 915.1 Insolvenzarbeitsrecht; *Linck* AR-Blattei SD 1020.1.1. Kündigungsschutz I A, Die Änderungskündigung; *Nägele* Auflösungsantrag bei besonderem Kündigungsschutz, ArbRB 2005, 143; *St. Müller* Der Auflösungsantrag des Arbeitgebers § 9 Abs. 1 Satz 2 KSchG, Diss. Leipzig 2004; *Neumann* AR-Blattei SD 1020.6 Kündigungsschutz VI, Die Kündigungsabfindung (§§ 9, 10 KSchG, § 113 BetrVG), zit.: Kündigungsabfindung; *Spilger* Berufung in Arbeitssachen, AR-Blattei SD 160.10.2.

Siehe auch die Literaturangaben vor § 10 KSchG.

Inhaltsübersicht

	Rz		Rz
I. Entstehungsgeschichte	1–7	c) Anderweitige Beendigung des Arbeitsverhältnisses bei Erlass des Auflösungsurteils	34, 35
II. Sinn und Zweck der Regelung	8–13a		
III. Verfahrensrechtliche Voraussetzungen des Auflösungsurteils	14–25	3. Auflösungsgründe für den Arbeitnehmer	36–49
1. Anhängiger Kündigungsrechtsstreit	14–14b	a) Begriff der Unzumutbarkeit	36
2. Antrag	15–25	b) Beurteilungsmaßstäbe	37–39
a) Antragsberechtigte	15	c) Beurteilungszeitpunkt	40
b) Rechtsnatur des Antrages	16, 17	d) Konkretisierung des Begriffs der Unzumutbarkeit	41–45
c) Form und Inhalt des Antrages	18, 19	e) Rechtsmissbräuchliche Antragstellung	46, 46a
d) Zeitpunkt der Antragstellung	20–21	f) Darlegungs- und Beweislast	47–49
e) Rücknahme und Verzicht	22–25	4. Auflösungsgründe für den Arbeitgeber	50–64
IV. Materiell-rechtliche Voraussetzungen des Auflösungsurteils	26–68	a) Beurteilungsmaßstäbe	50–53
1. Sozialwidrigkeit der Kündigung	26–30a	b) Beurteilungszeitpunkt	54
a) Begriff der Sozialwidrigkeit	26	c) Konkretisierung der gesetzlichen Voraussetzungen	55–58a
b) Rechtslage bei mehreren Unwirksamkeitsgründen sowie bei außerordentlicher oder sittenwidriger Kündigung	27–29	d) Rechtsmissbräuchliche Antragstellung	59, 59a
c) Besonderheiten bei der Änderungskündigung	30	e) Darlegungs- und Beweislast	60, 61
d) Kündigung nach Einigungsvertrag	30a	f) Besonderheiten bei betriebsverfassungsrechtlichen Funktionsträgern und kündigungsrechtlich sonst besonders geschützten Personen	62, 62a
2. Bestand des Arbeitsverhältnisses zum Auflösungszeitpunkt	31–35	g) Sonderregelung für leitende Angestellte	63
a) Auflösungszeitpunkt	31, 31a	h) Sonderregelung für Arbeitnehmer bei den Stationierungsstreitkräften	64
b) Beendigung des Arbeitsverhältnisses aus anderen Gründen vor dem Auflösungszeitpunkt	32, 33		

	Rz		Rz
5. Rechtslage bei beiderseitigem Auflösungsantrag	65–68	2. Der Urteilstenor	81–87
a) Prozessuale Fragen	65	a) Klageabweisung	81
b) Beurteilungsmaßstäbe	66, 67	b) Teilweise Klagestattgabe	82, 83
c) Vergleichsweise Auflösung	68	c) Klagestattgabe	84–87
V. Verhältnis zum Nachteilsausgleich nach § 113 BetrVG sowie zu Abfindungsregelungen in Sozialplänen oder Abfindung nach § 1a KSchG	69–79a	3. Kosten	88–92a
		a) Bei alleinigem Auflösungsantrag des Arbeitnehmers	89
		b) Bei alleinigem Auflösungsantrag des Arbeitgebers	90
1. Verhältnis zu § 113 BetrVG	69–74	c) Bei beiderseitigem Auflösungsantrag	91
2. Verhältnis zu Abfindungsregelungen in Sozialplänen oder Abfindung nach § 1a KSchG	75–79	d) Bei bezifferter Abfindung	92
		e) Bei Angabe bestimmten Auflösungszeitpunktes	92a
3. Verhältnis zu Abfindung nach § 1a KSchG	79a	4. Streitwert	93–95
VI. Das Urteil	80–99	5. Vollstreckung	96
1. Entscheidungsmöglichkeiten	80	6. Rechtsmittel	97–99

I. Entstehungsgeschichte

1 Das **BRG**, das **AOG** und die hinsichtlich des Kündigungsschutzes von denselben Grundsätzen ausgehenden Ländergesetze stellten es in das freie Ermessen des Arbeitgebers, ob er statt des Widerrufs einer sozialwidrigen Kündigung dem Arbeitnehmer eine Entschädigung zahlte. Bereits in dem von den Militärregierungen nicht genehmigten **KSchG des Wirtschaftsrats (WRG)** der Bizone (vgl. hierzu RdA 1949, 331) war eine gerichtliche Auflösung des Arbeitsverhältnisses auf Antrag der Parteien vorgesehen. Als alleinigen Auflösungsgrund sah das WRG für beide Arbeitsvertragsparteien die Unzumutbarkeit der Fortsetzung des Arbeitsverhältnisses vor. Nur in diesem Fall hatte das Gericht das Arbeitsverhältnis auf Antrag einer Partei aufzulösen und den Arbeitgeber zur Zahlung einer Entschädigung zu verurteilen.

2 Der **Hattenheimer Entwurf** (vgl. RdA 1950, 63) übernahm insofern die Grundkonzeption des WRG, als er ebenfalls eine beiderseitige Antragsmöglichkeit der Parteien für eine gerichtliche Auflösung des Arbeitsverhältnisses enthielt. Während er bei dem Auflösungsantrag des Arbeitnehmers an dem Merkmal der »Unzumutbarkeit« festhielt, sah er für den Arbeitgeber eine gerichtliche Auflösung des Arbeitsverhältnisses gegen Zahlung einer Entschädigung dann vor, wenn er »dringende betriebliche Gründe« geltend machen konnte (vgl. hierzu die krit. Stellungnahme von *A. Hueck* RdA 1950, 66).

3 Die gerichtliche Auflösung des Arbeitsverhältnisses auf Antrag des Arbeitgebers war Gegenstand besonders eingehender Beratungen zwischen den Sozialpartnern. Die Sozialpartner einigten sich schließlich darauf, dass der bloße Antrag des Arbeitgebers zur Auflösung des Arbeitsverhältnisses durch das Gericht nicht genügen sollte. Das **KSchG 1951** übernahm in § 7 Abs. 1 S. 2 den zwischen den Sozialpartnern erzielten Einigungsvorschlag, indem es eine auf Antrag des Arbeitgebers beantragte gerichtliche Auflösung des Arbeitsverhältnisses nur dann zuließ, wenn der Arbeitgeber Gründe anführte, die eine den Betriebszwecken dienliche weitere Zusammenarbeit nicht erwarten ließen. Eine Beweislast sollte dem Arbeitgeber jedoch wegen der angeblichen Schwierigkeit, eine Zerrüttung persönlicher Beziehungen zu beweisen, nicht obliegen (vgl. RdA 1951, 64).

4 Die Bestimmung des § 9 Abs. 1 S. 2 KSchG (früher § 7 Abs. 1 S. 2) wurde durch das **Erste Arbeitsrechtsbereinigungsgesetz** vom 14.8.1969 (BGBl. I S. 1106) neu gefasst. Während die Voraussetzungen für den Auflösungsantrag des Arbeitnehmers unverändert geblieben sind, hat der Gesetzgeber die Anforderungen an eine vom Arbeitgeber beantragte Auflösung des Arbeitsverhältnisses im Interesse eines verstärkten Bestandsschutzes verschärft. Die wichtigste Änderung gegenüber der seitherigen Rechtslage besteht in einer **Neuregelung der Beweislast**. Nach § 7 Abs. 1 S. 2 KSchG aF musste der Arbeitgeber zur Begründung seines Auflösungsantrages lediglich das Vorliegen von Gründen behaupten, die den Betriebszwecken dienliche weitere Zusammenarbeit zwischen Arbeitnehmer und Arbeitgeber nicht erwarten ließen. Dagegen war er von der Beweispflicht befreit. Für den Fall, dass der Vortrag des Arbeitgebers an sich geeignet war, den Auflösungsantrag zu rechtfertigen, oblag dem Arbeitnehmer die Beweislast für die Unrichtigkeit der vom Arbeitgeber vorgebrachten Auflösungsgründe, und zwar in den wesentlichen Punkten. Dies ergab sich aus der durch das Erste Arbeitsrechtsbereinigungsgesetz

aufgehobenen Bestimmung des §7 Abs. 1 S. 3 KSchG aF. Danach war der Antrag des Arbeitgebers abzulehnen, wenn der Arbeitnehmer die Unrichtigkeit dieser Gründe in wesentlichen Punkten beweisen konnte oder wenn die Kündigung offensichtlich willkürlich oder aus wichtigen Gründen unter Missbrauch der Machtstellung des Arbeitgebers im Betrieb erfolgt war.

Durch die Neufassung des §9 Abs. 1 S. 2 KSchG durch das Erste Arbeitsrechtsbereinigungsgesetz wurde diese – den Arbeitnehmer ohne sachlichen Grund benachteiligende – Beweislastregelung beseitigt (vgl. hierzu die Begründung des RegE in BT-Drucks. V/3913 zu Art. 1 Nr. 6) und dem Arbeitgeber die Beweislast für die von ihm vorzutragenden Auflösungsgründe auferlegt (vgl. zu den Änderungen des Ersten Arbeitsrechtsbereinigungsgesetzes: *Fitting* DB 1969, 1459; *Hromadka* NJW 1969, 1641; *Wenzel* MDR 1969, 881 ff. und 968 ff.; *ders.* BB 1969, 1402 ff.; *Monjau* BB 1969, 1042 ff.).

Eine weitere durch das Erste Arbeitsrechtsbereinigungsgesetz eingetretene Änderung gegenüber der seitherigen Rechtslage besteht darin, dass die im Einzelfall vom Gericht festzusetzende Abfindung »**angemessen**« sein muss. Durch die Festlegung der Angemessenheit der Abfindung in §9 Abs. 1 S. 1 hat sich der Gesetzgeber veranlasst gesehen, die für die Bemessung der Abfindung maßgebliche Bestimmung des §8 Abs. 2 KSchG aF ersatzlos zu streichen (vgl. BT-Drucks. V/3913 zu Art. 1 Nr. 6, S. 9). Danach hatte das Gericht bei der Festsetzung der Abfindung insbes. die Dauer der Betriebszugehörigkeit des Arbeitnehmers sowie die wirtschaftliche Lage des Arbeitnehmers und des Arbeitgebers angemessen zu berücksichtigen. Insbes. die Berücksichtigung der wirtschaftlichen Lage des Arbeitnehmers hatte sich nach der Ansicht der Bundesregierung als nicht sachgerechter Bemessungsfaktor für die Abfindung erwiesen, da hierdurch solche Arbeitnehmer benachteiligt seien, die von der Möglichkeit der staatlich geförderten Vermögensbildung Gebrauch machen würden.

Die durch das Erste Arbeitsrechtsbereinigungsgesetz erfolgte Neufassung des §9 Abs. 1 S. 1 KSchG muss aus systematischen Gründen als verfehlt angesehen werden. Die Frage der »Angemessenheit« der Abfindung berührt deren Höhe und damit den Regelungsgehalt des §10 (vgl. *v. Hoyningen-Huene/Linck* Rz 2). Aus systematischer Sicht wäre es daher zweckmäßiger gewesen, wenn der Gesetzgeber in §10 den Grundsatz der Angemessenheit der Abfindung geregelt und zur gesetzlichen Konkretisierung dieses unbestimmten Rechtsbegriffes Bemessungsfaktoren für die Höhe der Abfindung festgelegt hätte (vgl. *Becker/Rommelspacher* ZRP 1976, 43).

II. Sinn und Zweck der Regelung

Das KSchG ist ein »**Bestandsschutzgesetz**« und kein »**Abfindungsgesetz**« (**ausdrücklich** so jetzt auch *BVerfG* [2. Kammer des Ersten Senats] 22.10.2004 EzA §9 KSchG nF Nr. 49; vgl. *BAG* 7.3.2002 EzA §9 KSchG nF Nr. 45; *BAG* 5.11.1964 EzA §7 KSchG Nr. 1; **krit.** *Willemsen* NJW 2000, 2779, 2780, der aber auf den präventiven Charakter des Gesetzes nicht eingeht; gegen eine rein abfindungsrechtliche Regelung *Dorndorf* BB 2000, 1938). Damit weicht es sowohl vom BRG von 1920 als auch vom AOG von 1934 ab, die beide dem im Kündigungsrechtsstreit unterlegenen Arbeitgeber ein Wahlrecht einräumten, den Arbeitnehmer entweder weiterzubeschäftigen oder ihm eine Abfindung zu zahlen. Die Bestimmung des §9 KSchG fügt sich insofern in das dem KSchG zugrunde liegende legislative Grundmodell ein, als sie im Falle einer sozialwidrigen Kündigung dem Fortbestand des Arbeitsverhältnisses den Vorrang einräumt. Trotz dieser legislativen Grundentscheidung endet die überwiegende Mehrzahl der Kündigungsrechtsstreitigkeiten nicht mit einem die Sozialwidrigkeit einer Kündigung feststellenden Urteil, sondern mit einem zum Verlust des Arbeitsplatzes führenden Abfindungsvergleich (vgl. hierzu den Forschungsbericht des Max-Planck-Instituts in Hamburg »Kündigungspraxis und Kündigungsschutz in der Bundesrepublik Deutschland«, Bd. I S. 147 ff.).

Die in §9 KSchG vorgesehene Möglichkeit einer auf Antrag der Parteien erfolgenden gerichtlichen Auflösung des Arbeitsverhältnisses trotz Sozialwidrigkeit der vom Arbeitgeber ausgesprochenen Kündigung bedeutet eine **Durchbrechung des Bestandsschutzprinzips** (ebenso SPV-*Vossen* Rz 1960). Um der unterschiedlichen Interessenlage von Arbeitgeber und Arbeitnehmer Rechnung zu tragen, hielt es der Gesetzgeber für erforderlich, die Auflösungsgründe unterschiedlich auszugestalten. Während der Arbeitgeber im Kündigungsrechtsstreit stets sein – bereits durch den Ausspruch der Kündigung geäußertes – Beendigungsinteresse verfolgt, zeichnet sich die Interessenlage beim Arbeitnehmer dadurch aus, dass es ihm entweder um den Erhalt seines Arbeitsplatzes oder um einen finanziellen Ausgleich für den Verlust seines Arbeitsplatzes geht. Dem Beendigungsinteresse des Arbeitgebers steht somit entweder das Bestandsschutz- oder das Abfindungsinteresse des Arbeitnehmers gegenüber. Zur Lösung dieses Interessenkonflikts hat es der Gesetzgeber für erforderlich gehalten, eine gerichtliche Auflösung des Arbeitsverhältnisses nur auf Antrag der Parteien sowie nur bei Vorliegen bestimmter Auflösungsgründe zu ermöglichen. Damit hat er weder dem Arbeitgeber noch dem Arbeitnehmer ein unabhängig von dem Vorliegen von Auflösungsgründen auszuübendes Wahlrecht zwischen der Fortsetzung des Arbeitsverhältnisses und seiner Auflösung gegen Zahlung einer Abfindung eingeräumt (zu legislativen Gestaltungsmöglichkeiten de lege ferenda vgl. *Becker/Rommelspacher* ZRP 1976, 43; *BRA* Mitglieder-Info Dezember 2004, 4).

10 Der insbes. in § 1 KSchG verankerte Bestandsschutz ist vergleichbar mit dem im Schadensersatzrecht geltenden Grundsatz der Naturalrestitution (§ 249 BGB), während die nach § 9 KSchG erfolgende Auflösung des Arbeitsverhältnisses gegen Abfindung funktional mit der im Schadensersatzrecht unter bestimmten Voraussetzungen (vgl. §§ 250 ff. BGB) möglichen Entschädigung in Geld zu vergleichen ist. Die im Wege eines richterlichen Gestaltungsurteils sich vollziehende Auflösung des Arbeitsverhältnisses stellt zwar formaliter eine Durchbrechung des Bestandsschutzprinzips dar (**aA** *St. Müller* Diss., S. 47). Da eine gerichtliche Auflösung des Arbeitsverhältnisses aber stets nur gegen Zahlung einer angemessenen Abfindung erfolgen darf, handelt es sich bei der Bestimmung des § 9 KSchG nicht um eine Ausnahme von der in § 1 KSchG enthaltenen Regel, sondern um eine Ergänzung (ebenso *Hofmann* ZfA 1970, 76; i.E. auch *St. Müller* aaO). Bei einer Auflösung des Arbeitsverhältnisses gem. § 9 KSchG werden die dem Arbeitnehmer durch den Verlust des Arbeitsplatzes entstehenden Nachteile in pauschalierter Form in Gestalt der Abfindung abgegolten.

11 Bei dem **Auflösungsantrag des Arbeitnehmers** hat es der Gesetzgeber für zweckmäßig erachtet, an das Merkmal der »Unzumutbarkeit« anzuknüpfen. Die zur Konkretisierung dieses unbestimmten Rechtsbegriffs erforderlichen Wertungsmaßstäbe sind dabei unter Beachtung der spezifischen Schutzzwecke des KSchG zu ermitteln (so zutr. *Hofmann* ZfA 1970, 77). Dabei ist insbes. zu berücksichtigen, dass die Auflösung des Arbeitsverhältnisses gegen Abfindung nur eine kapitalisierte Form des Bestandsschutzes ist. Es darf auch nicht verkannt werden, dass der die Abfindungszahlung rechtfertigende Grund primär in der Sozialwidrigkeit der Kündigung zu erblicken ist.

12 Der Gesetzgeber geht davon aus, dass dem Arbeitnehmer bei bestimmten Fallkonstellationen die Fortsetzung des Arbeitsverhältnisses trotz Vorliegens einer sozialwidrigen Kündigung zumutbar ist. Aus dieser gesetzlichen Wertung ergibt sich, dass der Tatbestand einer sozialwidrigen Kündigung keineswegs dem »wichtigen Grund« iSd § 626 Abs. 1 BGB gleichgesetzt werden darf. Mit dem Normzweck des § 9 Abs. 1 S. 1 KSchG steht es auch nicht im Einklang, die im Rahmen des § 626 BGB zum Begriff der Unzumutbarkeit entwickelten Wertungsmaßstäbe uneingeschränkt auf den Auflösungsantrag des Arbeitnehmers zu übertragen (vgl. hierzu Rz 36–39).

13 In dem Fall des **allein vom Arbeitgeber gestellten Auflösungsantrages** stehen sich das Beendigungsinteresse des Arbeitgebers und das Bestandsschutzinteresse des Arbeitnehmers gegenüber. Das Gesetz löst diesen Interessenkonflikt in der Weise, dass es die gerichtliche Auflösung des Arbeitsverhältnisses nur dann zulässt, wenn Gründe vorliegen, die eine den Betriebszwecken dienliche weitere Zusammenarbeit zwischen den Parteien nicht erwarten lassen. Die Auflösung des Arbeitsverhältnisses auf Antrag des Arbeitgebers bedeutet für den Arbeitnehmer den Verlust des Arbeitsplatzes, und zwar trotz Vorliegens einer sozialwidrigen Kündigung. Für den Arbeitgeber stellt diese Beendigungsmöglichkeit eine Ergänzung des kündigungsrechtlichen Instrumentariums dar. Obgleich die Beendigung des Arbeitsverhältnisses erst durch die Gestaltungswirkung des Urteils eintritt, darf diese rechtstechnische Ausgestaltung nicht darüber hinwegtäuschen, dass der Arbeitgeber durch die Regelung des § 9 Abs. 1 S. 2 KSchG ein prozessuales Lösungsinstrument besonderer Art erhalten hat, das funktional durchaus mit der Kündigung vergleichbar ist. Angesichts dieser funktionalen Vergleichbarkeit ist es konsequent, dass dem Arbeitgeber aufgrund der Neufassung des § 9 Abs. 1 S. 2 KSchG (vgl. Rz 4, 5) nunmehr auch die Beweislast für das Vorliegen der Auflösungsgründe zukommt.

13a Als **Auflösungszeitpunkt** legt § 9 Abs. 2 KSchG den Zeitpunkt fest, an dem das Arbeitsverhältnis bei sozial gerechtfertigter Kündigung geendet hätte. Nach der Ansicht des *BAG* (16.5.1984 EzA § 9 KSchG nF Nr. 16) ist die Vorschrift des § 9 KSchG **verfassungsgemäß** (ebenso *Boewer* DB 1982, 751; *Redeker* BB 1986, 1219; SPV-*Vossen* Rz 1961; **aA** *Belling* DB 1985, 1890; *Bleckmann/Coen* DB 1981, 640). Der in § 9 Abs. 2 KSchG festgelegte Auflösungszeitpunkt verstößt nach der Ansicht des *BAG* (16.5.1984 aaO) weder gegen den Gleichheitssatz des Art. 3 Abs. 1 GG noch gegen die Eigentumsgarantie des Art. 14 GG noch gegen das in Art. 20 Abs. 3 GG verankerte Rechtsstaatsprinzip. Diese Auffassung hat das *BVerfG* in zwei Nichtannahmebeschlüssen der Zweiten Kammer seines Ersten Senats (29.1.1990 EzA § 9 KSchG nF Nr. 34 und 9.2.1990 EzA § 9 KSchG nF Nr. Nr. 36) zwischenzeitlich bestätigt und auch keine

Beeinträchtigung der Rechte aus Art. 1, 2 Abs. 1 oder 12 Abs. 1 GG erkannt (ebenso *BVerfG* 13.8.1991 – 1 BvR 128/87 – nv). Insbes. enthalten danach §§ 9, 10 KSchG zulässige Inhalts- und Schrankenbestimmungen des Eigentumsrechts. Dem Rahmen des Grundrechts auf Gleichbehandlung trägt das auf die Erwartung einer den Betriebszwecken dienlichen weiteren Zusammenarbeit abstellende Merkmal in § 9 Abs. 1 S. 2 KSchG angemessen Rechnung. Denn es erfordert eine differenzierte Würdigung der jeweiligen Betriebszwecke, die ein geringeres oder ein höheres Interesse des Arbeitgebers an einer Vertragsauflösung ergeben können.

III. Verfahrensrechtliche Voraussetzungen des Auflösungsurteils

1. Anhängiger Kündigungsrechtsstreit

Die gerichtliche Auflösung des Arbeitsverhältnisses gem. § 9 KSchG kann nur im Rahmen eines anhängigen Kündigungsrechtsstreits – unabhängig davon, ob dieser auf Klage oder Widerklage beruht (ErfK-*Kiel* Rz 1) – erfolgen. Fehlt es an dieser Voraussetzung, so ist der Auflösungsantrag als unzulässig zurückzuweisen (*BAG* 29.5.1959 AP Nr. 19 zu § 3 KSchG 1951). An einem Kündigungsrechtsstreit fehlt es auch bei »Rücknahme« der Kündigungsschutzklage oder der insoweit erfolgten einverständlichen Erledigung des Rechtsstreits in der Hauptsache. Hat das Gericht allerdings erstinstanzlich die Sozialwidrigkeit der Kündigung erkannt, kann ein zur Unzufriedenheit der Partei verbeschiedener Auflösungsantrag insoweit in die Berufungsinstanz getragen werden. Hat der im Ersten Rechtszug unterlegene Arbeitgeber die von ihm eingelegte Berufung noch vor der Stellung eines Auflösungsantrages zurückgenommen, dann ist der Auflösungsantrag nicht mehr zulässig (*LAG Hamm* 22.3.1989 LAGE § 9 KSchG Nr. 13). Eine prozessuale Geltendmachung des Auflösungsbegehrens in Gestalt einer Klage oder Widerklage ist nicht möglich. Der Auflösungsantrag kann also nicht isoliert gestellt werden (vgl. *LAG BW* 3.6.1991 LAGE § 9 KSchG Nr. 20). Der Antrag auf Verurteilung zur Zahlung einer Abfindung kann allerdings ausreichen, wenn im Wege der Auslegung der im Antrag verkörperte Wille auf entsprechende Feststellung der Unwirksamkeit der Kündigung ersichtlich ist (*BAG* 13.12.1956 BB 1957, 401; *Löwisch/Spinner* § 9 Rz 20). Bei dem Streit über die Auflösung des Arbeitsverhältnisses gegen Zahlung einer angemessenen Abfindung handelt es sich um einen **besonderen Verfahrensabschnitt des Kündigungsrechtsstreits** (ebenso *Neumann* Kündigungsabfindung Rz 8). Dabei ist ohne Belang, ob der Kündigungsrechtsstreit durch Klage oder ausnahmsweise durch eine Feststellungs-Widerklage des Arbeitnehmers eingeleitet worden ist. Einigen sich die Parteien in einem Kündigungsrechtsstreit in Form eines gerichtlichen Vergleichs über die Unwirksamkeit der Kündigung, so führt das zur Beendigung der Rechtshängigkeit, und zwar auch hinsichtlich eines Auflösungsantrages (vgl. *LAG München* 21.4.2005 AuR 2005, 463). Für eine gerichtliche Auflösung des Arbeitsverhältnisses gegen Zahlung einer Abfindung gibt es nach vorherigem gerichtlichem **Vergleich** über die Unwirksamkeit der arbeitgeberseitigen Kündigung keine gesetzliche Ermächtigungsgrundlage. In den Fällen der zuletzt genannten Art ist es rechtlich ohne Belang, ob der Arbeitnehmer, der Arbeitgeber oder beide Arbeitsvertragsparteien die Auflösung des (im Vergleichswege für fortbestehend erklärten) Arbeitsverhältnisses gegen Zahlung einer Abfindung begehren.

14

Über die Rechtswirksamkeit der Kündigung und über die Auflösung des Arbeitsverhältnisses kann **grds. nur einheitlich** entschieden werden (*BAG* 4.4.1957 AP Nr. 1 zu § 301 ZPO; 9.12.1971 AP Nr. 3 zu Art. 56 ZA-NATO-Truppenstatut; *Löwisch/Spinner* § 9 Rz 20; *Knorr/Bichlmeier/Kremhelmer* Kap. 14 Rz 122; **aA** *Ascheid* Kündigungsschutzrecht Rz 823). Der Erlass eines **Teil-Anerkenntnisurteils** über die Sozialwidrigkeit der Kündigung ist nach der Ansicht des BAG zulässig (*BAG* 29.1.1981 EzA § 9 KSchG nF Nr. 10). **Einzelheiten Rz 83**; zu einer Trennung kann es auch im Rechtsmittelverfahren kommen, unten Rz 97 ff. Bei mehreren Unwirksamkeitsgründen ist durch Auslegung zu ermitteln, ob der Arbeitgeber auch die Sozialwidrigkeit der Kündigung anerkannt (durch Außerstreitstellen der die Sozialwidrigkeit bedingenden Tatsachen) hat. Ist dies zu verneinen, so kommt eine Auflösung nach § 9 KSchG nicht in Betracht. Nach der Ansicht des *BAG* (29.1.1981 EzA § 9 KSchG nF Nr. 10 und 26.11.1981 EzA § 9 KSchG nF Nr. 11; 28.2.1985 – 2 AZR 323/84 – nv) ist es dagegen zulässig, die Berufung oder Revision auf die Entscheidung über den Auflösungsantrag zu beschränken. Entsprechend gilt für eine nur auf den ausgeurteilten Auflösungsantrag bezogene Wiederaufnahmeklage (vgl. *BAG* 2.12.1999 BB 2000, 2367).

14a

Bei einem **Ausbildungsverhältnis** kommt eine gerichtliche Auflösung gem. §§ 9, 10 KSchG bei Unwirksamkeit einer vom Ausbildenden ausgesprochenen außerordentlichen Kündigung nicht in Betracht (vgl. *BAG* 29.11.1984 EzA § 9 KSchG nF Nr. 19; *v. Hoyningen-Huene/Linck* § 13 Rz 18; KDZ-*Zwanziger* Rz 8; *Natzel* S. 296; *ArbG Bln.* 1.12.1972 AP Nr. 2 zu § 15 BBiG; **aA** *ArbG Elmshorn* 12.7.1983 BB 1984, 1097).

14b

2. Antrag

a) Antragsberechtigte

15 Das Gericht ist **nicht** dazu befugt, die Auflösung des Arbeitsverhältnisses **von Amts wegen** vorzunehmen. Dies gilt selbst dann, wenn seiner Ansicht nach die für die Auflösung erforderlichen Tatsachen sich unzweifelhaft aus dem ihm unterbreiteten Prozessstoff ergeben. Erforderlich ist vielmehr stets ein entsprechender **Auflösungsantrag** (*BAG* 28.1.1961 AP Nr. 8 zu § 7 KSchG 1951 mit zust. Anm. *A. Hueck*; *Auffarth* DB 1969, 528; *v. Hoyningen-Huene/Linck* Rz 18; *Neumann* Kündigungsabfindung, Rz 4; *Schaub/Linck* § 141 III 1, Rz 18). **Antragsberechtigt** sind (bei einer **ordentlichen Kündigung**) sowohl der Arbeitgeber als auch der Arbeitnehmer. Hat bereits eine Arbeitsvertragspartei den Auflösungsantrag gestellt, so ist es der anderen Arbeitsvertragspartei unbenommen, ihrerseits ebenfalls einen Auflösungsantrag zu stellen. Machen beide Arbeitsvertragsparteien von ihrer Antragsbefugnis Gebrauch, so handelt es sich um zwei völlig selbständige Prozesshandlungen. Im Falle einer unwirksamen **außerordentlichen Kündigung** kann nur der Arbeitnehmer, nicht dagegen der Arbeitgeber einen Antrag auf Auflösung des Arbeitsverhältnisses gegen Zahlung einer Abfindung stellen (§ 13 Abs. 1 S. 3 KSchG; **krit. hierzu** *Schäfer* BB 1985, 1994; **zur Verfassungsmäßigkeit dieser Regelung** vgl. *LAG Hamm* 18.10.1990 LAGE § 9 KSchG Nr. 19; s.a. Rz 29). Dies gilt selbst dann, wenn das Arbeitsverhältnis tarifvertraglich unkündbar ist, also nur eine außerordentliche Kündigung in Betracht kommt (vgl. *LAG Köln* 22.6.1989 LAGE § 9 KSchG Nr. 14; SPV-*Vossen* Rz 1988). Hat der Arbeitgeber vorsorglich ordentlich gekündigt oder sich auf die Umdeutung einer unwirksamen außerordentlichen Kündigung in eine ordentliche Kündigung berufen (§ 140 BGB), so kann er für den Fall einer sich ergebenden Sozialwidrigkeit der (vorsorglich erklärten oder mittels Umdeutung anzunehmenden) ordentlichen Kündigung die Auflösung des Arbeitsverhältnisses zum Ablauf der Kündigungsfrist begehren (vgl. *BAG* 26.10.1979 EzA § 9 KSchG nF Nr. 7; 16.5.1984 EzA § 9 KSchG nF Nr. 16). Befindet sich ein Arbeitnehmer mit **mehreren Arbeitgebern** in einem sog. **einheitlichen Arbeitsverhältnis,** so können die Arbeitgeber ihr Antragsrecht gem. § 9 Abs. 1 S. 2 KSchG nur **gemeinsam** ausüben (*BAG* 27.3.1981 DB 1982, 1569; **krit. hierzu** *Schwerdtner* ZIP 1982, 900). Allerdings genügt das Vorliegen eines Auflösungsgrundes nur hinsichtlich **eines** Arbeitgebers (MünchKomm-*Hergenröder* Rz 10). Hat der Arbeitnehmer gegen den Arbeitgeber, der ihm gekündigt hat, eine Kündigungsschutzklage erhoben und wird nach deren Rechtshängigkeit der **Betrieb veräußert,** kann der **Arbeitnehmer** einen bisher nicht gestellten Auflösungsantrag mit Erfolg nur in einem Prozess gegen den ihm bekannten Betriebserwerber stellen (*BAG* 20.3.1997 AP Nr. 30 zu § 9 KSchG 1969, mit Anm. *Künzl* EWiR 1998, 17, und *Lakies* NJ 1997, 608). Umgekehrt kann ungeachtet des späteren Verlustes der Arbeitgeberstellung infolge eines Betriebsüberganges der **Betriebsveräußerer** Auflösungsantrag iR einer gegen ihn geführten Kündigungssache stellen, wenn der Betriebsübergang **nach** dem festzusetzenden Auflösungszeitpunkt stattfindet bzw. stattgefunden hat (vgl. **ähnlich** *BAG* 24.5.2005 EzA § 9 KSchG nF Nr. 50 m. Anm. *Hergenröder* AR-Blattei ES 500 Nr. 191).

b) Rechtsnatur des Antrages

16 Bei dem **Auflösungsantrag des Arbeitnehmers** handelt es sich seiner Rechtsnatur nach um einen **uneigentlichen Eventualantrag,** denn er ist nur für den Fall der Begründetheit des Feststellungsantrages gestellt (vgl. *BAG* 19.12.1958 AP Nr. 1 zu § 133b GewO; 5.11.1964 EzA § 7 KSchG Nr. 1; *v. Hoyningen-Huene/Linck* Rz 24; *Bauer/Hahn* DB 1990, 2471). Es liegt eine **bedingte Klagenhäufung** vor. Eine selbständige klageweise Geltendmachung des Auflösungsbegehrens ist aber nicht möglich. Der Arbeitnehmer kann die Auflösungsantrag vielmehr nur dann stellen, wenn er gegen die Kündigung Feststellungsklage erhoben hat (vgl. Rz 14). Fehlt es an dieser Voraussetzung, dann ist der Auflösungsantrag als unzulässig zurückzuweisen (*BAG* 29.5.1959 AP Nr. 19 zu § 3 KSchG 1951). Dagegen bedarf es dann keiner Entscheidung über den vom Arbeitnehmer gestellten Auflösungsantrag, wenn die Kündigung bereits wegen Versäumung der dreiwöchigen Klagefrist gem. § 7 KSchG als von Anfang an rechtswirksam gilt. In dem zuletzt genannten Fall fehlt es an der für die Entscheidung über den uneigentlichen Hilfsantrag notwendigen Voraussetzung des Obsiegens des Arbeitnehmers mit dem Hauptantrag. Stellt der Arbeitnehmer den Auflösungsantrag dagegen ausdrücklich nur hilfsweise für den Fall, dass er mit seinem in der Hauptsache gestellten Feststellungsantrag nicht durchdringt, so ist er bei Unterliegen mit seinem Hauptantrag ohne weiteres unbegründet und bei Obsiegen mit seinem Hauptantrag gegenstandslos (*BAG* 21.3.1959 AP Nr. 55 zu § 1 KSchG 1951).

17 Der **Auflösungsantrag des Arbeitgebers** ist seiner Rechtsnatur nach idR ein **echter Eventualantrag,** denn er ist für den Fall gestellt, dass der Arbeitgeber mit dem auf Abweisung der Feststellungsklage gerichteten Hauptantrag keinen Erfolg hat (vgl. *BAG* 4.4.1957 AP Nr. 1 zu § 301 ZPO; *v. Hoyningen-Huene/Linck* Rz 25; *Bauer/Hahn* DB 1990, 2471). Der Arbeitgeber kann jedoch von der Stellung eines Klageabweisungsantrages absehen, wenn er die Sozialwidrigkeit der Kündigung nicht bestreiten und sich auf den Auflösungsantrag beschränken will (*Habscheid* RdA 1958, 99; *A. Hueck* FS für Nipperdey 1955, S. 116; *v. Hoyningen-Huene/Linck* § 9 Rz 26). In dem zuletzt genannten Fall ist der Auflösungsantrag ein Hauptantrag (ebenso SPV-*Vossen* Rz 1980). Die durch einen zulässigen Auflösungsantrag des Arbeitgebers nach § 9 KSchG begründete Ungewissheit über den Ausgang des Kündigungsprozesses begründet ein schutzwertes Interesse des Arbeitgebers an der Nichtbeschäftigung des gekündigten Arbeitnehmers für die Dauer des Kündigungsprozesses iSd Entscheidung des Großen Senats des *BAG* vom 27.2.1985 (– GS 1/84 – RzK I 10 i Nr. 1 = AP Nr. 14 zu § 611 BGB Beschäftigungspflicht), *BAG* 16.11.1995 RzK I 10 i Nr. 42.

c) Form und Inhalt des Antrages

Der Auflösungsantrag kann schriftlich, zu Protokoll der Geschäftsstelle oder durch Erklärung in der mündlichen Verhandlung gestellt werden (zum Zeitpunkt der Antragstellung vgl. Rz 20–21). Die Stellung des Auflösungsantrages ist eine **Prozesshandlung.** Für den Auflösungsantrag gelten daher die allgemeinen Voraussetzungen für Prozesshandlungen (zB Parteifähigkeit, Prozessfähigkeit, Postulationsfähigkeit). Wie jede andere Prozesshandlung ist auch der Auflösungsantrag auslegungsfähig. Durch **Auslegung** ist auch zu ermitteln, ob überhaupt ein Auflösungsantrag vorliegt. So kann zB in dem Einlassen einer Partei zur Höhe der Abfindung idR noch nicht die Stellung eines Auflösungsantrages erblickt werden. Dies gilt insbes. dann, wenn der Arbeitnehmer im ersten Rechtszug die Abweisung des vom Arbeitgeber gestellten Auflösungsantrages begehrt und im zweiten Rechtszug eine höhere Abfindung als die vom ArbG festgesetzte verlangt (*BAG* 28.1.1961 AP Nr. 8 zu § 7 KSchG 1951). Dagegen liegt in einem lediglich auf Zahlung einer Abfindung gerichteten Antrag zugleich der Auflösungsantrag, da die Verurteilung des Arbeitgebers zur Zahlung einer Abfindung die gerichtliche Auflösung des Arbeitsverhältnisses voraussetzt (*BAG* 13.12.1956 AP Nr. 5 zu § 7 KSchG 1951; *v. Hoyningen-Huene/Linck* Rz 19a; *Neumann* Kündigungsabfindung Rz 9; *Schaub/Linck* § 141 III 2, Rz 18). Dabei ist jedoch zu prüfen, ob der Arbeitnehmer mit einem auf Zahlung einer Abfindung gerichteten Antrag die Auflösung des Arbeitsverhältnisses nach Maßgabe der §§ 9, 10 KSchG begehrt oder ob er einen anderweitigen Abfindungsanspruch (zB gem. § 113 BetrVG oder aufgrund eines Sozialplanes) geltend macht. Die Auslegung des Auflösungsantrages unterliegt als Prozesshandlung in vollem Umfang der Nachprüfung durch das Revisionsgericht.

Eine bestimmte **Antragsformulierung** wird durch das KSchG nicht vorgeschrieben. Es ist insbes. nicht erforderlich, die Abfindung zu beziffern (vgl. *BAG* 26.6.1986 DB 1987, 184; *Neumann* Kündigungsabfindung Rz 9; *LAG Hamm* 5.12.1996 LAGE § 64 ArbGG 1979 Nr. 32, wonach aber wegen der Kostenverteilung und der Frage der Beschwer die Angabe eines Mindest- bzw. Höchstbetrages notwendig zu sein scheine). Selbst die Festsetzung einer Abfindung muss neben der Auflösung nicht beantragt werden (*Löwisch/Spinner* Rz 20; ErfK-*Kiel* Rz 7). Wird der Antrag unter der Bedingung einer bestimmten Mindest- (Arbeitnehmer) oder Maximalgröße (Arbeitgeber) gestellt, ist er als unzulässig abzuweisen (vgl. für den Antrag des Arbeitnehmers mwN ErfK-*Kiel* Rz 32). Da die Festsetzung der Höhe der Abfindung dem Beurteilungsspielraum der Tatsachengerichte unterliegt, ist es zweckmäßig, den Auflösungsantrag wie folgt zu formulieren: »Es wird beantragt, das Arbeitsverhältnis zum ... aufzulösen und den Beklagten zur Zahlung einer angemessenen Abfindung zu verurteilen.« Auch der **Auflösungszeitpunkt** muss wegen § 9 Abs. 2 KSchG nicht angegeben werden.

d) Zeitpunkt der Antragstellung

Der frühestmögliche **Zeitpunkt der Antragstellung** ist die Erhebung der Kündigungsschutzklage. Der Arbeitnehmer kann daher zugleich mit der Feststellungsklage den Auflösungsantrag verbinden (allgemeine Ansicht: vgl. etwa *v. Hoyningen-Huene/Linck* Rz 24). Eine spätere Antragstellung ist aber bis zum Zeitpunkt der letzten mündlichen Verhandlung in der **Berufungsinstanz** ohne weiteres möglich (**danach** aber – soweit keine **Wiedereröffnung** der Verhandlung erfolgt, § 156 ZPO, oder ein **Fall des § 283 ZPO** vorliegt – schon aufgrund § 296 a S. 1 ZPO **nicht**, in der Berufung bei Verfahren nach **§ 128 ZPO** bis zu dem **dort** nachgelassenen Zeitpunkt). Dies folgt aus der ausdrücklichen Regelung in § 9 Abs. 1 S. 3 KSchG, die als lex specialis gegenüber dem Novenrecht der ZPO anzusehen ist. In der Berufungsinstanz ist daher eine Zurückweisung wegen verspäteter Antragstellung nicht möglich. Die Bestimmungen der §§ 296, 530, 531 ZPO, § 67 ArbGG sind auf den Auflösungsantrag nicht anwendbar (vgl. *Löwisch* Rz 22; *v. Hoyningen-Huene/Linck* Rz 22; vgl. SPV-*Vossen* Rz 1966; *Bauer/Hahn* DB 1990, 2471; *Neumann* Kündigungsabfindung Rz 14; **genauer**: auf das zu seiner Begründung **Vorgetragene**, vgl. *LAG Hamm* 11.5.2000 – 16 Sa 2122/99 – nv). Daher spielt das Verhältnis zwischen §§ 530, 531 ZPO und § 67 ArbGG hier keine Rolle. Hat der Arbeitnehmer seine Kündigungsschutzklage im ersten Rechtszug gewonnen, hatte er aber keinen Auflösungsantrag gestellt, kann er mangels Beschwer nicht zulässig Berufung mit dem Ziel einlegen, nunmehr das Arbeitsverhältnis aufzulösen (*BAG* 23.6.1993 EzA § 64 ArbGG 1979 Nr. 30 mit Anm. *Dütz/Kiefer*; AR-Blattei ES 1020.6 Nr. 2 mit Anm. *Boemke*; *Ammermüller* DB 1975, Beil. 10, S. 5; *Bauer/Hahn* DB 1990, 2471, 2473; *v. Hoyningen-Huene/Linck* Rz 22; *Löwisch* Rz 21; *Neumann* Kündigungsabfindung Rz 15; *Schaub/Linck* § 141 III 1, Rz 22). § 9 Abs. 1 S. 3 KSchG eröffnet für das Berufungsverfahren dann keine neue Möglichkeit der Antragstellung, wenn der erstinstanzlich gestellte Antrag rechtskräftig abgewiesen ist. Legt nur der Arbeitgeber gegen das Urteil Berufung ein, kann der Arbeitnehmer allerdings jetzt erstmals den Auflösungsantrag stellen (vgl. *Löwisch/Spinner* Rz 3; *v. Hoyningen-Huene/Linck* Rz 22; *Ascheid* Kündigungsschutzrecht Rz 795) oder den zurückgewiesenen Antrag im Wege der Anschlussberufung wieder aufgreifen (vgl. Rz 98 f. m. Einzelheiten zur Behandlung von Auflösungsanträgen im Berufungsverfahren). Obgleich in der nach Erhebung der Kündigungsschutzklage erfolgenden Stellung des Auflösungsantrages eine Klageänderung liegt (ebenso *Neumann* Kündigungsabfindung Rz 14), bedarf es weder der Einwilligung der anderen Partei noch einer gerichtlichen Zulassung. Die Bestimmung des § 9 Abs. 1 S. 3 KSchG ist nämlich auch gegenüber der Vorschrift des § 263 ZPO lex specialis (*Bauer/Hahn* DB 1990, 2471; **aA** *Kaufmann* BB 1952, 750). Vor Ablauf der nach § 9 Abs. 1 S. 3 KSchG maßgebenden zeitlichen Grenze kann das Antragsrecht auch nicht durch Zeitablauf »verloren gehen« (so aber *Thür. LAG* 27.8.1996 AE 1997, 87). Für die **Antragstellung** gilt § 297 ZPO, für die **Rechtshängigkeit** § 261 Abs. 2 ZPO.

20a Erklärt der Arbeitgeber die **»Kündigungsrücknahme«**, so liegt hierin das Angebot an den Arbeitnehmer, dass das Arbeitsverhältnis nicht durch die Kündigung des Arbeitgebers beendet worden ist. Der Arbeitnehmer kann das – nicht dem Schriftformzwang nach § 623 BGB unterliegende – Angebot des Arbeitgebers nach Maßgabe der §§ 145 ff. BGB annehmen oder ablehnen (*BAG* 19.8.1982 EzA § 9 KSchG nF Nr. 14; *Beitzke* SAE 1982, 136; *Schwerdtner* ZIP 1982, 639; MünchKomm-*Hesse* vor § 620 BGB Rz 128). In der Erhebung der Kündigungsschutzklage liegt keine antizipierte Zustimmung des Arbeitnehmers zu einer möglichen Kündigungsrücknahme durch den Arbeitgeber (MünchKomm-*Hesse* § 622 BGB Anh. Rz 128; **aA** SPV-*Preis* Rz 242). Auch nach erklärter Kündigungsrücknahme hat daher der Arbeitnehmer ein Rechtsschutzinteresse an der Feststellung der Sozialwidrigkeit der Kündigung (*BAG* 19.8.1982 EzA § 9 KSchG nF Nr. 14; *ArbG Siegen* 14.12.1984 DB 1985, 975). In der Stellung des Auflösungsantrages seitens des Arbeitnehmers liegt eine Ablehnung des Arbeitgeberangebots. Sofern der Arbeitnehmer nicht ausdrücklich oder konkludent sein Einverständnis mit der Kündigungsrücknahme erklärt hat, kann der Auflösungsantrag bis zum Schluss der letzten mündlichen Verhandlung in der Berufungsinstanz gestellt werden (§ 9 Abs. 1 S. 3 KSchG). Eine stillschweigende Annahme der »Rücknahme« oder gar eine Verwirkung der Rechte aus §§ 9, 10 KSchG tritt auch nicht dadurch ein, dass Auflösungsgründe bereits vor der »Rücknahme« vorgelegen haben (*Knorr/Bichlmeier/Kremhelmer* Kap. 14 Rz 127). Die Antragstellung muss weder unverzüglich noch innerhalb einer angemessenen Frist erfolgen (offengelassen von *BAG* 19.8.1982, aaO; **ebenso** *LAG Nürnberg* 5.9.1980, AR-Blattei, Kündigungsschutz Entsch. 207; *LAG Frankf.* 16.1.1980 BB 1981, 122; *LAG SchlH* 7.5.1981 DB 1981, 1627; *Thüsing* AuR 1996, 245, 248 f.). Hat der Arbeitnehmer bereits vor der »Kündigungsrücknahme« einen Auflösungsantrag gestellt und hält er daran auch nach der »Kündigungsrücknahme« fest, so ist das Arbeitsverhältnis nach § 9 KSchG aufzulösen (*BAG* 29.1.1981 EzA § 9 KSchG nF Nr. 10; *ArbG Wilhelmshaven* 18.4.1980 ARSt 1980, 184). Der Arbeitgeber kann in diesem Falle die Sozialwidrigkeit der Kündigung anerkennen (§ 307 ZPO). Dem steht die Unwirksamkeit der Kündigung aus weiteren Gründen nicht im Wege (**aA** *LAG Köln* 17.3.1995 LAGE § 9 KSchG Nr. 24). Stimmt der Arbeitnehmer dagegen der »Kündigungsrücknahme« ausdrücklich oder konkludent (zB durch ein tatsächliches Arbeitsangebot) zu, so führt dies zur Erledigung der Hauptsache. Ein bereits gestellter Auflösungsantrag erledigt sich; ein neuer Auflösungsantrag kann nicht mehr wirksam gestellt werden.

21 In der **Revisionsinstanz** kann der Auflösungsantrag selbst dann nicht mehr zulässig gestellt werden, wenn die andere Partei hiergegen keine Einwendungen erhebt oder gar ebenfalls einen Auflösungsantrag stellt. Den Parteien ist es aber unbenommen, in der Revisionsinstanz eine vergleichsweise Auflösung des Arbeitsverhältnisses zu vereinbaren. Nach einer erfolgten Zurückverweisung des Rechtsstreits an das *LAG* kann der Auflösungsantrag dagegen wieder bis zur letzten mündlichen Verhandlung in der Berufungsinstanz zulässig gestellt werden. Der vom Arbeitgeber neben dem Antrag auf Abweisung einer Kündigungsschutzklage hilfsweise gestellte Auflösungsantrag nach § 9

Abs. 1 S. 2 KSchG wird dann, wenn der Arbeitnehmer gegen die Abweisung der Kündigungsschutzklage durch das *LAG* Revision einlegt, auch ohne Anschlussrevision des Arbeitgebers in der Revisionsinstanz anhängig. Wenn das Revisionsgericht auf die Revision der Kündigungsschutzklage stattgibt oder ein Feststellungsurteil des *ArbG* bestätigt, dann ist zugleich auch über den Auflösungsantrag des Arbeitgebers zu entscheiden (*BAG* 18.12.1980 EzA § 102 BetrVG 1972 Nr. 44). Das Revisionsgericht kann über einen bei ihm angewachsenen Auflösungsantrag, der falsch beschieden war, selbst befinden, wenn alle zu würdigenden Umstände unstreitig oder festgestellt sind (vgl. *BAG* 9.12.1955 AP Nr. 2 zu § 7 KSchG 1951). Dies setzt idR voraus, dass hinsichtlich der Abfindungshöhe Teilvergleich geschlossen oder der Antrag abzulehnen ist (vgl. *BAG* 18.12.1980 EzA § 102 BetrVG 1972 Nr. 44; ErfK-*Kiel* Rz 42).

e) Rücknahme und Verzicht

Eine **Rücknahme** des Auflösungsantrages ist bis zum Schluss der letzten mündlichen Verhandlung in der Berufungsinstanz zulässig (*BAG* 28.1.1961 AP Nr. 8 zu § 7 KSchG; *Löwisch/Spinner* Rz 24; *v. Hoyningen-Huene/Linck* Rz 27; *Schaub/Linck* § 141 III 1, Rz 19); in der Revisionsinstanz nur durch den antragstellenden Revisionsführer zusammen mit der Rücknahme des Rechtsmittels oder durch den antragstellenden (Kündigungsschutz-)Kläger zusammen mit der Klagerücknahme. Eine rechtzeitig erfolgte Rücknahme des Auflösungsantrages hat zur Folge, dass dem Gericht eine Auflösung des Arbeitsverhältnisses verwehrt ist. Dies gilt jedoch dann nicht, wenn beide Parteien den Auflösungsantrag gestellt hatten und lediglich eine Partei ihren Antrag rechtzeitig zurücknimmt. In diesem Fall hat das Gericht über den noch rechtshängigen Auflösungsantrag der Gegenpartei zu entscheiden. Dies folgt aus der prozessualen Selbständigkeit der Auflösungsanträge (vgl. *v. Hoyningen-Huene/Linck* aaO). **22**

Der Auflösungsantrag kann auch noch dann zulässig bis zum Schluss der letzten mündlichen Verhandlung in der Berufungsinstanz zurückgenommen werden, wenn das ArbG dem Auflösungsantrag bzw. den Auflösungsanträgen stattgegeben hatte. Die mit dem Auflösungsurteil verbundene Gestaltungswirkung tritt nämlich erst mit Rechtskraft ein. Erst mit diesem Zeitpunkt vollzieht sich eine Änderung der materiellen Rechtslage (vgl. *BAG* 28.1.1961 AP Nr. 8 zu § 7 KSchG 1951). Haben in einem Kündigungsschutzprozess beide Parteien einen Auflösungsantrag gestellt und löst das ArbG daraufhin das Arbeitsverhältnis auf, so ist der Arbeitnehmer, der die Höhe der festgesetzten Abfindung nicht angreift, durch dieses Urteil nicht beschwert und seine Berufung deshalb unzulässig, auch wenn das ArbG das Arbeitsverhältnis auf Antrag des Arbeitgebers hin auflöst. Der Arbeitnehmer kann in einem derartigen Fall nicht allein mit dem Ziel Berufung einlegen, seinen erstinstanzlich gestellten Auflösungsantrag zurückzunehmen und eine Fortsetzung des Arbeitsverhältnisses zu erreichen (*BAG* 23.6.1993 EzA § 64 ArbGG 1979 Nr. 30). Ebenso wenig kann er Berufung mit dem Ziel einlegen, in zweiter Instanz erstmals einen Auflösungsantrag zu stellen (*BAG* 23.6.1993 EzA § 64 ArbGG 1979 Nr. 30). Zur Rücknahme des arbeitnehmerseitigen Auflösungsantrages im Berufungsverfahren vgl. *Bauer/Hahn* DB 1990, 2471 f. Insbesondere kann der Arbeitnehmer den ausgeurteilten Auflösungsantrag nicht innerhalb der Berufungsfrist zurücknehmen, wenn der Arbeitgeber keine Berufung eingelegt hat (*Bauer/Hahn* DB 1990, 2471, 2472; **aA** *Grunsky* Anm. zu *BAG* AP Nr. 5 zu § 9 KSchG 1969). **23**

Bei der Rücknahme des Auflösungsantrages durch den Arbeitnehmer handelt es sich prozessual nicht um eine teilweise Klagerücknahme iSd § 269 ZPO. Der Auflösungsantrag kann daher durch den Arbeitnehmer ohne Einwilligung des Arbeitgebers zurückgenommen werden. Dies gilt ebenso für die Rücknahme eines vom Arbeitgeber gestellten Auflösungsantrages (vgl. *BAG* 26.10.1979 EzA § 9 KSchG nF Nr. 7; *Bauer/Hahn* DB 1990, 2471 f.; *Ascheid* Kündigungsschutzrecht Rz 796; *Neumann* Kündigungsabfindung Rz 36; **aA** *v. Hoyningen-Huene/Linck* Rz 28; *Knorr/Bichlmeier/Kremhelmer* Kap. 14 Rz 120). Durch das Stellen und die Rücknahme des Auflösungsantrages geht ein Anspruch auf Entgeltzahlung, auch aus § 615 BGB, nicht unter (vgl. *BAG* 18.1.1963 AP Nr. 22 zu § 615 BGB). **24**

Ob in der Rücknahme des Auflösungsantrages zugleich ein **Verzicht** auf das Auflösungsbegehren iSd § 306 ZPO liegt, ist im Einzelfall durch Auslegung der Prozesshandlung zu ermitteln (vgl. *v. Hoyningen-Huene/Linck* Rz 28; *Bauer/Hahn* DB 1990, 2471, 2472; **abl.** APS-*Biebl* § 9 Rz 29; MünchKomm-*Hergenröder* Rz 19). Dagegen kann nicht angenommen werden, dass in der Rücknahme des Auflösungsantrages idR ein teilweiser Klageverzicht iSd § 306 ZPO liegt (so aber *BAG* 28.1.1961 AP Nr. 8 zu § 7 KSchG 1951). Für das Vorliegen eines derartigen Erfahrungssatzes hat auch das *BAG* (28.1.1961 aaO) keine Begründung gegeben. Es hängt vielmehr von den jeweiligen Umständen des Einzelfalles ab, ob eine Partei durch die Rücknahme des Auflösungsantrages zugleich endgültig auf die begehrte gerichtliche Auflösung des Arbeitsverhältnisses verzichten will. **25**

IV. Materiell-rechtliche Voraussetzungen des Auflösungsurteils

1. Sozialwidrigkeit der Kündigung

a) Begriff der Sozialwidrigkeit

26 Eine gerichtliche Auflösung des Arbeitsverhältnisses nach § 9 KSchG ist nur dann möglich, wenn das Gericht zuvor zur Feststellung gelangt ist, dass die vom Arbeitgeber erklärte Kündigung nicht gem. § 1 KSchG **sozial gerechtfertigt** ist (**zum Begriff der Sozialwidrigkeit** vgl. i.E. KR-*Griebeling* § 1 KSchG Rz 189–253a). Daran hat sich auch durch die **Änderungen des KSchG** ab 1.1.2004 nichts geändert, wie sich aus dem unverändert gebliebenen **Abs. 2**, der auf die sozial gerechtfertigte Kündigung abstellt, ergibt. Hält dagegen das Gericht die Kündigung für sozial gerechtfertigt, so schließt dies den Erlass eines Auflösungsurteils aus. In dem zuletzt genannten Fall tritt die Beendigung des Arbeitsverhältnisses unmittelbar aufgrund der mit der Kündigung verknüpften Gestaltungswirkung ein. Das vom Gericht zu erlassende Urteil ist daher bei sozial gerechtfertigter Kündigung ein Feststellungsurteil, in dem die Kündigungsschutzklage des Arbeitnehmers abgewiesen wird. Eine Verurteilung des Arbeitgebers zur Zahlung einer Abfindung ist dem Gericht in diesem Falle nur dann möglich, wenn dem Arbeitnehmer aus anderen Rechtsgründen (insbes. aufgrund eines Sozialplanes) ein Abfindungsanspruch zusteht. Dies gilt ebenso für den Fall, dass die Kündigung gem. § 7 KSchG wirksam ist. Kommt das Gericht dagegen zu dem Ergebnis, dass die Kündigung sozialwidrig ist, so kann auf Antrag (vgl. Rz 15–25) das Arbeitsverhältnis durch das Gericht **durch Gestaltungsurteil** aufgelöst werden.

b) Rechtslage bei mehreren Unwirksamkeitsgründen sowie bei außerordentlicher oder sittenwidriger Kündigung

27 Ist die Kündigung nicht nur sozialwidrig, sondern **auch** aus anderen Rechtsgründen unwirksam, so ist streitig, ob das Arbeitsverhältnis nur auf Antrag des Arbeitnehmers aufgelöst werden darf. Nach der Ansicht des BAG (29.1.1981 EzA § 9 KSchG nF Nr. 10; 20.3.1997 EzA § 613a BGB Nr. 148) kann **vom Arbeitnehmer** die Auflösung des Arbeitsverhältnisses nach § 9 KSchG auch dann beantragt werden, wenn die Unwirksamkeit der Kündigung **nicht ausschließlich** auf Sozialwidrigkeit gestützt wird (*Löwisch/Spinner* Rz 18). Voraussetzung ist jedoch die vom Gericht festzustellende Sozialwidrigkeit der Kündigung (SPV-*Vossen* Rz 1970; *Ascheid* Kündigungsschutzrecht Rz 793; vgl. jetzt auch APS-*Biebl* Rz 11). Weder aus dem Wortlaut noch aus dem Sinn und Zweck des § 9 Abs. 1 KSchG lässt sich herleiten, dass eine Auflösung des Arbeitsverhältnisses auf Antrag des **Arbeitgebers** dann unzulässig sein soll, wenn die Kündigung **nicht nur sozialwidrig, sondern auch aus anderen Rechtsgründen** (zB nach § 9 MuSchG oder § 102 Abs. 1 BetrVG) **unwirksam** ist.

27a **Die gegenteilige Ansicht** (*BAG* 21.9.2000 RzK I 11 a Nr. 31 = EzA § 9 KSchG nF Nr. 44; 9.10.1979 EzA § 9 KSchG nF Nr. 9; 29.1.1981 EzA § 9 KSchG nF Nr. 10; 8.12.1988 – 2 AZR 313/88 – nv; 10.11.1994 EzA § 9 KSchG nF Nr. 43; *LAG Düsseld.* 13.12.1988 LAGE § 612a BGB Nr. 3; *LAG Frankf.* 2.2.1989 LAGE § 613a BGB Nr. 16; *LAG Köln* 17.3.1995 LAGE § 9 KSchG Nr. 24; *LAG Hamm* 23.8.2000 AE 2001, 17; KR-*Friedrich* § 13 KSchG Rz 329; *v. Hoyningen-Huene/Linck* Rz 15–15c; *Knorr/Bichlmeier/Kremhelmer* Kap. 14 Rz 129; KDZ-*Zwanziger* Rz 6; *Neumann* Kündigungsabfindung Rz 39, 45; HaKo-*Fiebig* Rz 30; MünchKomm-*Hergenröder* Rz 27 ff., 30; *Hertzfeld* NZA 2004, 298, 300 f.; *St. Müller* Diss., S. 28 f., 33 f.) steht demgegenüber auf dem Standpunkt, dass das Arbeitsverhältnis auf Antrag des **Arbeitgebers** nur dann aufgelöst werden darf, wenn die Kündigung **allein** sozialwidrig ist (**wie hier aber:** *Auffarth* DB 1969, 528 Anm. 5; *Ascheid* Kündigungsschutzrecht Rz 703 und 806; SPV-*Vossen* Rz 1970; diff. MünchKomm-*Hergenröder* Rz 30, der rechtspolitisch die Bindung der Auflösung an die Feststellung der Sozialwidrigkeit überhaupt in Zweifel zieht, in dem auf die Zerrüttungsgründe abzustellen sei; *Tschöpe* FS Schwerdtner, S. 227 f.), wobei es aber unschädlich sein soll, wenn der **Arbeitgeber** zusätzlich **weitere** Kündigungssachverhalte geltend macht, die aus **anderen** Gründen die Unwirksamkeit der Kündigung begründen (*BAG* 21.9.2000, aaO; **krit.** *Schäfer* BB 2001, 1102, der zu Recht die schwer verständlichen Entscheidungsgründe bemängelt).

27b Beruft sich der Arbeitnehmer gegenüber einem Auflösungsantrag **des Arbeitgebers** nach § 9 KSchG auf eine Unwirksamkeit der Kündigung aus anderen Gründen als der Sozialwidrigkeit, so setzt dies nach der **mittlerweile** vertretenen Ansicht des BAG (10.11.1994 EzA § 9 KSchG nF Nr. 44; **abl.** *v. Hoyningen-Huene/Linck* Rz 15b; *v. Hoyningen-Huene* Anm. zu BAG 10.11.1994, AR-Blattei ES 1020 Nr. 336; HaKo-*Fiebig* Rz 31; *St. Müller* Diss., S. 28 f., 33 f.) allerdings voraus, dass die Unwirksamkeit Folge eines Verstoßes gegen eine **Schutznorm zu seinen Gunsten** (zB § 9 MuSchG, §§ 85, 91 SGB IX oder §§ 103 BetrVG, 15 KSchG) ist. Dies bedeutet aber, dass zumindest in Fällen, in denen der Unwirksamkeits-

Auflösung des Arbeitsverhältnisses durch Urteil des Gerichts § 9 KSchG

grund nicht zugunsten des Arbeitnehmers wirkt, zB bei Zustimmungserfordernis bei öffentlichem Interesse bei Auslandsbeschäftigung, der **Arbeitgeber** den Auflösungsantrag stellen kann (*Neumann* Kündigungsabfindung Rz 46; HK-*Hauck* Rz 19). Eine grundsätzliche Abkehr von der bisherigen Rechtsprechung (o. Rz 27a) bedeutet diese Entscheidung freilich nicht.

Die Begründung der Gegenmeinung, die Lösungsmöglichkeit des § 9 KSchG bedeute für den Arbeitgeber eine Vergünstigung, die nur bei bloßer Sozialwidrigkeit der Kündigung Platz greife, vermag ebenso wenig zu überzeugen wie die Ansicht (*v. Hoyningen-Huene/Linck* Rz 15b; *Hueck/v. Hoyningen-Huene* Anm. zu BAG 10.11.1994 AR-Blattei ES 1020 Nr. 336), die Abfindungszahlung und die in § 9 Abs. 1 S. 2 KSchG vorgesehenen Voraussetzungen für die Auflösung des Arbeitsverhältnisses ersetzten damit die in § 1 Abs. 2 KSchG geregelten Kündigungsgründe. Weder das eine noch das andere lässt sich aus dem Gesetzestext, seiner Systematik, seinem Zweck (Schutzgesetz zu sein) oder aus der Gesetzesbegründung entnehmen. Die ratio der Regelung wurde primär darin gesehen, einer willkürlichen Ablehnung der Fortbeschäftigung durch das Erfordernis der vom Arbeitgeber anzuführenden Zerrüttungsgründe vorzubeugen (vgl. MünchKomm-*Hergenröder* Rz 30). Von diesem Regulativ (vgl. MünchKomm-*Hergenröder* aaO) wird aber auch nach der hier vertretenen Auffassung nicht abgesehen. Auch kann sich die Frage nach Unzumutbarkeit der Fortführung des Arbeitsverhältnisses unabhängig vom Grund der Unwirksamkeit der Kündigung stellen (ebenso *Schwerdtner* FS Anwaltsinstitut, S. 251). Dies gilt auch für das weitere Argument (vgl. insbes. *Neumann* Kündigungsabfindung Rz 40), wonach der Arbeitnehmer die Sozialwidrigkeit der Kündigung erst dann geprüft haben wolle, wenn er mit seinem weitergehenden Antrag – gestützt etwa auf § 9 MuSchG, § 85 SGB IX oder § 138 BGB – nicht durchdringe. Hiergegen ist weiter einzuwenden, dass das Gericht an eine bestimmte Rangfolge bei der Prüfung von Unwirksamkeitsgründen nicht gebunden ist (vgl. *A. Hueck* Anm. zu BAG AP Nr. 6 zu § 3 KSchG). Hat der unter das KSchG fallende Arbeitnehmer rechtzeitig eine Klage auf Feststellung erhoben, dass das Arbeitsverhältnis durch die Kündigung nicht aufgelöst sei (§ 4 KSchG), so hat das Gericht grds. sämtliche in Betracht kommenden Unwirksamkeitsgründe zu prüfen, wie sich aus **§ 4 S. 1 KSchG** (jetzt) klar ergibt. Aus Gründen der Prozessökonomie kann es dabei allerdings zunächst denjenigen Unwirksamkeitsgrund prüfen, dessen Aufklärung mit dem geringsten Zeit- und Kostenaufwand möglich ist. So kann es bei fehlendem Auflösungsantrag bzw. **bei fehlenden** Auflösungsanträgen uU auch die Frage der Sozialwidrigkeit der Kündigung dahingestellt sein lassen, wenn sich die Unwirksamkeit der Kündigung aus anderen Rechtsgründen (zB Unwirksamkeit der Kündigung aus anderen Rechtsgründen (zB auch nach § 102 Abs. 1 BetrVG) ohne weiteres ergibt. Anders ist die Rechtslage aber dann, wenn der Arbeitnehmer die Kündigung trotz rechtzeitig erhobener Feststellungsklage (§ 4 KSchG) nur auf **andere** als die in § 1 Abs. 2 und 3 KSchG erwähnten **Unwirksamkeitsgründe** stützt. Eine derartige Beschränkung des Streitgegenstandes ist dem Arbeitnehmer möglich, wie sich aus der Regelung des § 6 KSchG auch in seiner neuen Fassung ergibt. Danach kann er bei rechtzeitig erhobener Feststellungsklage bis zum Schluss der letzten mündlichen Verhandlung erster Instanz noch die Sozialwidrigkeit der Kündigung als Unwirksamkeitsgrund geltend machen. Ist dies geschehen, so kann der Arbeitgeber von der ihm nach § 9 Abs. 1 S. 2 KSchG gegebenen Auflösungsmöglichkeit bis zum Schluss der letzten mündlichen Verhandlung in der Berufungsinstanz Gebrauch machen. Dies gilt ebenso für den Fall, dass sich der Arbeitnehmer bereits bei Erhebung der Kündigungsschutzklage neben anderen Unwirksamkeitsgründen auch auf die Sozialwidrigkeit der Kündigung berufen hat. In den beiden zuletzt genannten Fallkonstellationen hat das Gericht bei der Prüfung des vom Arbeitgeber gestellten Auflösungsantrages zunächst festzustellen, ob die vom Arbeitnehmer rechtzeitig gem. § 4 KSchG angegriffene Kündigung sozialwidrig ist. Diese Frage kann es selbst dann nicht offenlassen, wenn sich die Unwirksamkeit der Kündigung ohne weiteres aus anderen Rechtsgründen (zB nach § 102 Abs. 1 BetrVG) ergibt. Ohne vorherige Feststellung der Sozialwidrigkeit der Kündigung kann das Gericht nämlich kein Auflösungsurteil erlassen. An der **hier vertretenen Auffassung** ändert § 13 Abs. 3 KSchG nF gegenüber seinem früheren Wortlaut nichts, weil er sich zu **gleichzeitig** sozialwidriger Kündigung nicht verhält (vgl. *Bauer* NZA Sonderbeil. H. 21, 47, 50f.).

Eine gerichtliche Auflösung des Arbeitsverhältnisses auf den alleinigen Antrag des Arbeitgebers ist nur dann ausgeschlossen, wenn der Arbeitnehmer weder bei Erhebung der Feststellungsklage (§ 4 KSchG), noch bis zum Schluss der letzten mündlichen Verhandlung erster Instanz (§ 6 KSchG) sich auf die Sozialwidrigkeit der Kündigung beruft (aA BAG 9.10.1979 EzA § 9 KSchG nF Nr. 9; wie **hier** aber SPV-*Vossen* Rz 1970; *Ascheid* Kündigungsschutzrecht Rz 806; APS-*Biebl* Rz 11). Der Auflösungsantrag des Arbeitgebers ist prozessual nämlich nicht dazu geeignet, den Streitgegenstand des Kündigungsrechtsstreits auf die Frage der Sozialwidrigkeit der vom Arbeitnehmer allein wegen anderer Mängel angegriffenen Kündigung zu erweitern. Dann sind aber die Vorschriften der §§ 9, 10 KSchG aufgrund § 13 Abs. 3 KSchG nicht anwendbar (vgl. KDZ-*Zwanziger* Rz 5).

29 Zur Frage der gerichtlichen Auflösung des Arbeitsverhältnisses bei einer unwirksamen **außerordentlichen** (§ 13 Abs. 1 S. 3 KSchG), einer **sittenwidrigen** (§ 13 Abs. 2 KSchG) sowie bei einer aus sonstigen Gründen unwirksamen **Kündigung** (§ 13 Abs. 3 KSchG) vgl. KR-*Friedrich* § 13 KSchG Rz 64 ff. und Rz 326–352 (krit. zu der dem **Arbeitgeber** danach sowie allg. Ansicht nach verwehrten Möglichkeit, Auflösungsantrag nach außerordentlicher Kündigung zu stellen *Trappehl/Lambrich* RdA 1999, 243, die u.a. [250] darin einen Verstoß gegen den allgemeinen Gleichheitssatz erkennen). Kommt die **Umdeutung** einer fristlosen Kündigung des Arbeitgebers in eine ordentliche Kündigung in Betracht, so hat **der Arbeitnehmer** grds. die Möglichkeit, die Auflösung des Arbeitsverhältnisses nach § 9 KSchG bezogen auf die fristlose Kündigung oder nur auf die umgedeutete fristgerechte Kündigung zu beantragen (*BAG* 26.8.1993 EzA § 322 ZPO Nr. 9). Im Falle einer unwirksamen außerordentlichen Kündigung kann **nur der Arbeitnehmer, nicht dagegen der Arbeitgeber** einen Antrag auf Auflösung des Arbeitsverhältnisses gegen Zahlung einer Abfindung stellen. Hat **der Arbeitgeber** vorsorglich ordentlich gekündigt oder sich auf die Umdeutung einer außerordentlichen Kündigung in eine ordentliche Kündigung berufen (§ 140 BGB), so kann **er** für den Fall einer sich ergebenden Sozialwidrigkeit der (vorsorglich erklärten oder mittels Umdeutung anzunehmenden) ordentlichen Kündigung die Auflösung des Arbeitsverhältnisses zum Ablauf der Kündigungsfrist begehren (*BAG* 26.10.1979 EzA § 9 KSchG nF Nr. 7).

c) Besonderheiten bei der Änderungskündigung

30 Bei einer ordentlichen **Änderungskündigung** ist eine gerichtliche Auflösung des Arbeitsverhältnisses nur dann möglich, wenn der Arbeitnehmer die ihm angebotenen neuen Arbeitsbedingungen nicht innerhalb der Kündigungsfrist, spätestens jedoch innerhalb von drei Wochen nach Zugang der Kündigung unter Vorbehalt ihrer sozialen Rechtfertigung angenommen hat (*BAG* 29.1.1981 EzA § 9 KSchG nF Nr. 10; umfassend KR-*Rost* § 2 KSchG Rz 166 ff.). Hat der Arbeitnehmer dagegen rechtzeitig das Änderungsangebot unter Vorbehalt angenommen, so ist Streitgegenstand allein die Frage, ob die **Änderung der Arbeitsbedingungen** sozial ungerechtfertigt oder aus anderen Gründen rechtsunwirksam ist (§ 4 S. 2 KSchG). Da im zuletzt genannten Fall nicht die Rechtswirksamkeit der Kündigung, sondern die Rechtswirksamkeit des Änderungsangebots Streitgegenstand des Kündigungsrechtsstreits ist, fehlt es an der für den Erlass eines Auflösungsurteils notwendigen Voraussetzung einer (sozialwidrigen) **Kündigung** (vgl. *Bauer* DB 1985, 1181; *Löwisch/Spinner* Rz 4; *LAG München* 29.10.1987 DB 1988, 866; aA *Bauer/Krets* DB 2002, 1937 ff., auch zum Auflösungszeitpunkt; dagegen *Müller* DB 2002, 2597 ff. mit Replik *Bauer/Krets* ebenda, 2598f.; wie hier *Tschöpe* FS Schwerdtner, S. 223f.). Selbst bei beiderseitigem Auflösungsantrag ist es daher dem Gericht verwehrt, das Arbeitsverhältnis gegen Zahlung einer Abfindung aufzulösen (*Ascheid* Kündigungsschutzrecht Rz 792; *Linck* AR-Blattei SD 1020.1.1. Kündigungsschutz I A, Die Änderungskündigung Rz 115; *Becker/Schaffner* BB 1991, 135; *v. Hoyningen-Huene/Linck* Rz 17; SPV-*Vossen* Rz 1971, 2061; aA *Herbst* BABl. 1969, 492; *Maurer* BB 1971, 1327; *Schaub* RdA 1970, 235; *Wenzel* MdR 1969, 976; *Corts* SAE 1982, 104). Die Gegenmeinung verkennt, dass eine gerichtliche Auflösung des Arbeitsverhältnisses nach § 9 KSchG nur im Falle einer sozialwidrigen Beendigungskündigung, nicht dagegen bei einer nach § 8 KSchG sozial ungerechtfertigten Änderung der Arbeitsbedingungen zulässig ist. Entgegen der Ansicht von *Schaub* (RdA 1970, 236) kann nach der gegenwärtigen Fassung des § 9 KSchG der Arbeitgeber im Falle einer sozial ungerechtfertigten Änderung der Arbeitsbedingungen auch nicht zur Zahlung einer Abfindung zur Auflösung der besseren Arbeitsbedingungen verurteilt werden. Das Gesetz kennt bei einer sozial ungerechtfertigten Änderung der Arbeitsbedingungen gem. § 8 KSchG nur die gerichtliche Feststellung, dass die Änderungskündigung als von Anfang an rechtsunwirksam gilt. Die Verurteilung des Arbeitgebers zu einer pauschalierten Abgeltung der besseren Arbeitsbedingungen stünde zudem im Widerspruch zu dem vom Gesetzgeber angestrebten Inhaltsschutz des Arbeitsverhältnisses.

d) Kündigung nach Einigungsvertrag

30a Bei einer auf Kapitel XIX Sachgebiet A Abschnitt III Nr. 1 Abs. 4 der Anlage I zum Einigungsvertrag (Nr. 1 EinigungsV, in Geltung bis 31.12.1993) gestützten unwirksamen Kündigung ist eine Auflösung des Arbeitsverhältnisses nach §§ 9, 10 KSchG zulässig (*BAG* 24.9.1992 EzA Art. 20 EinigungsV Nr. 17), weil die nach diesen Bestimmungen sich ergebende Unwirksamkeit zugleich die Sozialwidrigkeit der Kündigung begründet (*BAG* 18.3.1993 EzA Art. 20 EinigungsV Nr. 21; 16.11.1995 EzA Art. 20 Eini-

Auflösung des Arbeitsverhältnisses durch Urteil des Gerichts § 9 KSchG

gungsV Nr. 47). Dies bedeutet, dass §§ 9, 10 KSchG keine nach der Bestimmung in Nr. 1 Abs. 1 S. 2 EinigungsV nicht anzuwendenden »den Maßgaben in Nr. 1 Abs. 4 EinigungsV entgegenstehende oder abweichende Regelungen« darstellen.

2. Bestand des Arbeitsverhältnisses zum Auflösungszeitpunkt

a) Auflösungszeitpunkt

Nach § 9 Abs. 2 KSchG hat das Gericht für die Auflösung des Arbeitsverhältnisses den Zeitpunkt festzusetzen, an dem es bei sozial gerechtfertigter Kündigung geendet hätte (**zur Verfassungsmäßigkeit des Auflösungszeitpunktes** vgl. Rz 13a). Ist die ordentliche Kündigung unter Einhaltung der im Einzelfall geltenden Kündigungsfrist erklärt worden, so ist der für die Auflösung maßgebliche Zeitpunkt der letzte Tag der Kündigungsfrist. Ein Gestaltungsspielraum hinsichtlich der Festsetzung des Auflösungszeitpunktes (zB Bestimmung eines späteren Zeitpunktes) steht dem Gericht nicht zu. Es ist insbes. nicht dazu befugt, bei der Festsetzung des Auflösungszeitpunktes Billigkeitserwägungen anzustellen (*BAG* 25.11.1982 EzA § 9 KSchG nF Nr. 15; *Löwisch/Spinner* Rz 72; *Ascheid* Kündigungsschutzrecht Rz 822; **aA** *LAG Düsseld.* 8.2.1952 AR-Blattei D, Kündigungsschutz, Entsch. 9 sowie *LAG Hannover* 12.5.1952 AP 53 Nr. 45 und *LAG RhPf.* 2.10.1989 LAGE § 9 KSchG Nr. 17 – Beendigungszeitpunkt spätestens Ende des sechswöchigen Lohnfortzahlungszeitraums bei Kündigung aus Anlass der Arbeitsunfähigkeit mit Blick auf die gesetzliche Wertung des früheren § 6 LFZG). Anderes gilt wegen § 308 ZPO, wenn der Arbeitnehmer **selbst** die Auflösung zu einem **früheren** Termin erstrebt, als zu welchem die Kündigung wirken würde. Hat der Arbeitgeber die im Einzelfall geltende Kündigungsfrist nicht eingehalten, so hat das Gericht das Arbeitsverhältnis **unter Datumsangabe im Urteil** zu dem Zeitpunkt aufzulösen, an dem es bei fristgerechter Kündigung geendet hätte (vgl. *Bauer* DB 1985, 1181; *v. Hoyningen-Huene/Linck* Rz 59; *Löwisch/Spinner* aaO; *Schaub* § 141 V 2, Rz 19). Auch in diesem Fall ist das Gericht verpflichtet, den Auflösungszeitpunkt unter genauer Datumsangabe im Urteilstenor festzulegen (zum Inhalt des Urteils vgl. i.E. Rz 80 ff.). Bei der Festlegung des Auflösungszeitpunktes ist zu beachten, dass das *BVerfG* (16.11.1982 EzA Art. 3 GG Nr. 13) den § 622 Abs. 2 S. 2 Hs. 2 BGB aF für verfassungswidrig erklärt hat. Bis zur gesetzlichen Neuregelung bot sich nach der Ansicht des *BAG* (28.2.1985 – 2 AZR 323/84 – nv, juris) als verfassungskonforme Übergangsregelung die Lösung an, das Arbeitsverhältnis eines Arbeiters bei einem begründeten Auflösungsantrag »frühestens« zu dem Termin aufzulösen, der sich aus § 622 Abs. 2 BGB ergibt. Im Übrigen war das Verfahren in den Fällen der zuletzt genannten Art bis zur gesetzlichen Neuregelung auszusetzen, damit der endgültige Zeitpunkt der Auflösung im Schlussurteil bestimmt werden konnte. Zu der sich für Auflösungsanträge aus der Unvereinbarerklärung des gesamten § 622 Abs. 2 BGB 1969 durch das *BVerfG* (30.5.1990 EzA § 622 BGB nF Nr. 27) ergebenden Rechtslage bis zum Inkrafttreten des KündFG s. KR-*Spilger* § 622 BGB Rz 34.

Ist im Kündigungsschutzprozess die **außerordentliche Kündigung** und eine **umgedeutete ordentliche Kündigung** im Streit, so kann der Arbeitnehmer sowohl nach § 13 Abs. 1 S. 3 KSchG die Auflösung des Arbeitsverhältnisses im Hinblick auf die außerordentliche Kündigung als auch nach § 9 Abs. 1 KSchG lediglich in Bezug auf die ordentliche Kündigung beantragen (so jetzt auch *BAG* 26.8.1993 EzA § 322 ZPO Nr. 9; vgl. auch Rz 29). Es hängt somit von dem ggf. durch Auslegung zu ermittelnden Willen des Arbeitnehmers ab, welcher Antrag gestellt wird. Beantragt der Arbeitnehmer lediglich nach § 9 Abs. 1 KSchG die Auflösung des Arbeitsverhältnisses im Hinblick auf die ordentliche Kündigung, so kommt nach der in diesem Falle unmittelbar anzuwendenden Vorschrift des § 9 Abs. 2 KSchG von vornherein lediglich eine Auflösung zum ordentlichen Kündigungstermin in Betracht. Sie setzt jedoch voraus, dass die umgedeutete Kündigung sozialwidrig ist. Entsprechendes gilt, wenn **mehrere ordentliche** Kündigungen im Streit stehen, die zu **unterschiedlichen Terminen** wirksam würden. Hier kann der Arbeitnehmer (§ 308 ZPO!) den Auflösungszeitpunkt wählen. **Klargestellt** durch § 13 Abs. 1 S. 4 KSchG nF ist jetzt, dass bei einer **außerordentlichen Kündigung** zu dem Zeitpunkt aufzulösen ist, zu dem die Kündigung ausgesprochen wurde.

b) Beendigung des Arbeitsverhältnisses aus anderen Gründen vor dem Auflösungszeitpunkt

Hat das Arbeitsverhältnis bereits aus **anderen Gründen** (zB infolge Tod des Arbeitnehmers oder Eintritt einer auflösenden Bedingung) vor dem Auflösungszeitpunkt sein Ende gefunden, ist eine gerichtliche Auflösung nicht mehr möglich. Der **rechtliche Bestand** des **Arbeitsverhältnisses** zum **Auflösungszeitpunkt** gehört zu dem materiell-rechtlichen Voraussetzungen des Auflösungsurteils (vgl. *BAG* 21.1.1965 AP Nr. 21 zu § 7 KSchG 1951; 25.6.1987 DB 1988, 864; 20.3.1997 EzA § 613a BGB Nr. 148; *Auffarth* DB 1969, 531; *Löwisch/Spinner* Rz 27; *v. Hoyningen-Huene/Linck* Rz 31; **aA** ArbG Wetzlar 23.8.1983

AuR 1984, 286). Ein bereits aus anderen Gründen zum Auflösungszeitpunkt beendetes Arbeitsverhältnis kann auch nicht rückwirkend zu einem früheren Zeitpunkt aufgelöst werden. Einer derartigen richterlichen Gestaltung steht die zwingende Regelung des § 9 Abs. 2 KSchG entgegen. Auch eine Verurteilung zur Zahlung einer Abfindung ist in diesem Falle nicht möglich, und zwar selbst dann nicht, wenn das Gericht die Kündigung für sozialwidrig hält. Eine vor dem Auflösungszeitpunkt liegende anderweitige Beendigung des Arbeitsverhältnisses hat zur Folge, dass sich die Kündigungsschutzklage in der Hauptsache erledigt (vgl. *Löwisch/Spinner* aaO; *LAG Hmb.* 16.7.1986 DB 1986, 2679). Dies gilt ebenso für den Auflösungsantrag (*BAG* 15.12.1960 AP Nr. 21 zu § 3 KSchG 1951). Zum Schicksal tariflicher oder einzelvertraglich abgemachter Abfindungen beim vorzeitigen Tod des Arbeitnehmers s. *BAG* 22.5.1996 (EzA § 4 TVG Abfindung Nr. 1) und 25.9.1996 (EzA § 112 BetrVG 1972 Nr. 89). Dem Auflösungsantrag wird sinnvollerweise dann noch nicht entsprochen werden können, wenn zwischen den Parteien über einen anderen das Arbeitsverhältnis vor dem Auflösungszeitpunkt möglicherweise beendenden Tatbestand noch Streit besteht. Ist hierüber ein weiterer Rechtsstreit zwischen ihnen anhängig, bietet es sich an, jedenfalls die Verhandlung über den Auflösungsantrag zunächst, spätestens bei Entscheidungsreife, **auszusetzen** (§ 148 ZPO), um divergierende Entscheidungen zu vermeiden.

33 Liegt der vom Gericht nach § 9 Abs. 2 KSchG zu bestimmende Auflösungszeitpunkt nach Erlass der Entscheidung, was insbes. bei langen Kündigungsfristen möglich ist, so fällt die Verpflichtung zur Zahlung der im Urteil festgesetzten Abfindung für den Arbeitgeber selbst dann nicht weg, wenn der Arbeitnehmer vor dem vom Gericht festgesetzten Auflösungszeitpunkt stirbt (ebenso HaKo-*Fiebig* Rz 40; **aA** für tarif- oder einzelvertraglich abgemachte Abfindungen *BAG* 22.5.1996 EzA § 4 TVG Abfindung Nr. 1 und 25.9.1996 EzA § 112 BetrVG 1972 Nr. 89; 26.8.1997 AP Nr. 8 zu § 620 BGB Aufhebungsvertrag m. zust. Anm. *Meyer* BB 1998, 1479; 16.5.2000 EzA § 611 BGB Aufhebungsvertrag Nr. 36 = EWiR 2001, 105 [*Thüsing*]; abl. *Boecken* NZA 2002, 421ff.; für Sozialanspruch *BAG* 27.6.2006 – 1 AZR 322/05 – juris; **wie hier** jetzt aber grds. *BAG* 22.5.2003 EzA § 611 BGB 2002 Aufhebungsvertrag Nr. 1). Dem Fall eines rechtskräftigen Auflösungsurteils steht ein rechtsgültiger Vergleich über die unter Zahlung einer Abfindung erfolgenden Auflösung des Arbeitsverhältnisses gleich (vgl. *BAG* 16.10.1969 EzA § 1 KSchG Nr. 15; 25.6.1987 DB 1988, 864; *Neumann* Kündigungsabfindung Rz 86).

c) **Anderweitige Beendigung des Arbeitsverhältnisses bei Erlass des Auflösungsurteils**

34 Hat das Arbeitsverhältnis erst **nach** dem vom Gericht gem. § 9 Abs. 2 KSchG festzusetzenden Auflösungszeitpunkt, aber **vor** Erlass des Auflösungsurteils **aus anderen Gründen** (zB Tod des Arbeitnehmers, Erreichen der tariflich festgelegten Altersgrenze, weitere Kündigung, Betriebsübergang) geendet, so steht dies einer gerichtlichen Auflösung des Arbeitsverhältnisses nicht zwingend entgegen (*BAG* 21.1.1965 AP Nr. 21 zu § 7 KSchG 1951 mit abl. Anm. von *Herschel*; 17.9.1987 – 2 AZR 2/87 – nv; *Auffarth* DB 1969, 530, 531; *v. Hoyningen-Huene/Linck* Rz 53; KDZ-*Zwanziger* Rz 9; **aA** *Löwisch/Spinner* Rz 28; *Ascheid* Kündigungsschutzrecht Rz 798; SPV-*Vossen* Rz 1972; BBDW-*Bader* Rz 17; MünchKomm-*Hergenröder* Rz 35 f.; diff. ErfK-*Kiel* Rz 11; **aA** für den Fall des Todes des Arbeitnehmers auch *BAG* 15.12.1960 AP Nr. 21 zu § 3 KSchG). Für eine gerichtliche Auflösung sprechen in diesem Fall insbes. Billigkeitsgesichtspunkte. Da die Prozessparteien auf die Dauer des Kündigungsrechtsstreits nur in begrenztem Maße Einfluss nehmen können, wäre es unbillig, wenn der Arbeitnehmer einen an sich zustehenden Abfindungsanspruch infolge Zeitablaufs verlieren würde. Dabei ist allerdings eine Ausnahme von dem sonst bei der Beurteilung des Auflösungsantrages maßgeblichen Zeitpunkt zu machen. Während es bei der Beurteilung der Sozialwidrigkeit einer Kündigung auf die Verhältnisse zum Zeitpunkt des Ausspruchs der Kündigung ankommt, ist die Begründetheit eines Auflösungsantrages grds. nach den bei Erlass des Urteils vorliegenden Umständen zu prüfen (*BAG* 30.9.1976 EzA § 9 KSchG nF Nr. 3; *v. Hoyningen-Huene/Linck* Rz 36 und 43). Die an sich bei der Beurteilung eines Auflösungsantrages anzustellende Prognose kann bei einer zwischenzeitlich eingetretenen anderweitigen Beendigung des Arbeitsverhältnisses naturgemäß nicht mehr erfolgen. Möglich ist in diesem Fall nur eine **hypothetische Prüfung** (abl. *Löwisch/Spinner* Rz 28) der von den Parteien vorgetragenen Auflösungsgründe, dh unter Außerachtlassung der zwischenzeitlich eingetretenen anderweitigen Beendigung. Erachtet das Gericht unter Zugrundelegung dieses Prüfungsmaßstabes den Auflösungsantrag für begründet, so hat es das Arbeitsverhältnis zu dem nach § 9 Abs. 2 KSchG zu bestimmenden Zeitpunkt aufzulösen. **Nach Betriebsübergang** kann der Auflösungsantrag nur im Rahmen eines auf den neuen Arbeitgeber zu erstreckenden Rechtsstreits gestellt werden (*BAG* 20.3.1997 AP Nr. 30 zu § 9 KSchG 1969). Nur dann ist auch dem Erwerber und gegen ihn Auflösungsantrag möglich. Ist Parteien und Gericht der Übergang unbekannt (geblieben), muss der Betriebserwerber die sich aus dem ausgeurteilten Auflösungsantrag ergebenden Rechtsfolgen aufgrund § 613a Abs. 1 S. 1 BGB gegen sich gel-

ten lassen (vgl. ErfK-*Kiel* Rz 11). Allerdings ist ein Arbeitgeber, der eine Kündigung vor einem Betriebsübergang ausgesprochen hat, trotz des **Verlustes der Arbeitgeberstellung** durch den **Übergang des Arbeitsverhältnisses** befugt, einen Auflösungsantrag zu stellen, **wenn der Auflösungszeitpunkt vor dem Betriebsübergang liegt** (vgl. BAG 24.5.2005 EzA § 613a BGB 2002 Nr. 32). Wird die Unzumutbarkeit der Fortsetzung des Arbeitsverhältnisses ausschließlich auf Tatsachen gestützt, die aus dem Verhältnis zu dem **Veräußerer** resultieren, muss der Arbeitnehmer dem Übergang des Arbeitsverhältnisses widersprechen, wenn ein Auflösungsantrag Erfolg versprechen soll (vgl. ErfK-*Kiel* Rz 11). Nur bei Widerspruch ist umgekehrt auch dem Veräußerer Auflösungsantrag möglich. Kündigt der **Veräußerer nach** Betriebsübergang das nicht mehr bestehende Arbeitsverhältnis, ist dem Erwerber, der selbst nicht gekündigt hat, im Rahmen eines um die Feststellung eines Arbeitsverhältnisses zwischen ihm und dem Gekündigten geführten Rechtsstreites ebenso wenig wie diesem Auflösungsantrag möglich; es fehlt an **seiner** Kündigung.

Den Umstand einer zwischenzeitlich eingetretenen anderweitigen Beendigung des Arbeitsverhältnisses kann das Gericht allerdings bei der **Höhe der Abfindung** durch Zuerkennung eines entsprechend geringeren Betrages berücksichtigen (ebenso *Auffarth* DB 1969, 531; *v. Hoyningen-Huene/Linck* Rz 55). Hierbei steht dem Tatsachengericht ein in der Revisionsinstanz nur begrenzt nachprüfbarer Beurteilungsspielraum zu (vgl. hierzu i.E. KR-*Spilger* § 10 KSchG Rz 48a). 35

3. Auflösungsgründe für den Arbeitnehmer
a) Begriff der Unzumutbarkeit

Der vom Arbeitnehmer gestellte Auflösungsantrag ist begründet, wenn dem Arbeitnehmer die Fortsetzung des Arbeitsverhältnisses nicht zuzumuten ist. Bei dem **Begriff der Unzumutbarkeit** handelt es sich um einen **unbestimmten Rechtsbegriff,** dessen Anwendung in der Revisionsinstanz nur beschränkt nachprüfbar ist. Das Revisionsgericht kann – ebenso wie bei anderen unbestimmten Rechtsbegriffen – nur nachprüfen, ob das Berufungsgericht die Voraussetzungen für einen vom Arbeitnehmer gestellten Auflösungsantrag verkannt hat und ob es bei der Prüfung der vom Arbeitnehmer vorgetragenen Auflösungsgründe alle wesentlichen Umstände vollständig und widerspruchsfrei berücksichtigt und gewürdigt hat. Wegen dieses beschränkten revisionsrechtlichen Prüfungsmaßstabes gehört es vornehmlich zur Aufgabe der Tatsachengerichte, im Einzelfall zu bestimmen, ob einem Arbeitnehmer die Fortsetzung des Arbeitsverhältnisses zumutbar ist oder nicht. Die Tatsachengerichte haben aber **keine Ermessensentscheidung** zu treffen, dh es steht ihnen nicht frei, nach Zweckmäßigkeitsgesichtspunkten über die Fortsetzung des Arbeitsverhältnisses zu urteilen. Das Fehlen eines gerichtlichen Ermessensspielraumes kommt im Gesetzeswortlaut dadurch zum Ausdruck, dass das Gericht das Arbeitsverhältnis auf Antrag des Arbeitnehmers aufzulösen hat, sofern diesem die Fortsetzung unzumutbar ist. Es handelt sich somit weder um eine »Kann«- noch um eine »Soll«-Bestimmung, sondern um eine vom Gesetzgeber dem Gericht zwingend vorgeschriebene Gestaltung. Im Unterschied zur Ermessenseinräumung hat der Gesetzgeber bei der Verwendung von unbestimmten Rechtsbegriffen die Vorstellung, dass letztlich nur eine Entscheidung möglich ist. Dabei ist allerdings nicht zu verkennen, dass der unbestimmte Rechtsbegriff dem Richter jedoch die Möglichkeit eröffnet, den Regelungsgehalt der Norm durch Berücksichtigung der jeweiligen Umstände des Einzelfalles zu konkretisieren (vgl. hierzu *Hofmann* ZfA 1970, 66 ff.). Bei der Konkretisierung des Begriffs der Unzumutbarkeit steht daher dem Gericht insofern ein Beurteilungsspielraum zu, als es die im Einzelfall vorliegenden Umstände vollständig und widerspruchsfrei gegeneinander abzuwägen hat. 36

b) Beurteilungsmaßstäbe

Nach welchen **Wertungsmaßstäben** die Konkretisierung des Begriffs der »Unzumutbarkeit« zu erfolgen hat, ist umstritten. Nach der **früheren Rechtsprechung** des *BAG* (vgl. etwa 5.11.1964 AP Nr. 20 zu § 7 KSchG 1951) sollte die Frage der Zumutbarkeit der Fortsetzung des Arbeitsverhältnisses nach den gleichen strengen Anforderungen beurteilt werden wie bei einer außerordentlichen Kündigung. Die Rechtsprechung der Instanzgerichte war dieser Auffassung teilweise gefolgt (*LAG Brem.* 4.2.1981 – 2 Sa 151/80 – nv; *LAG Hmb.* 5.8.1981 MDR 1982, 82; *LAG Nürnberg* 5.9.1980 AR-Blattei, Kündigungsschutz Entsch. 207; **aA** *LAG Frankf.* 16.1.1980 BB 1981, 122; *ArbG Hamburg* 15.7.1980 DB 1980, 2526). 37

Die hM in der Literatur (*Auffarth/Müller* § 7 Rz 9; *Dietz* NJW 1951, 944; *Löwisch/Spinner* Rz 36; *Hofmann* ZfA 1970, 65; *Hoppe* DB 1968, 311; *Maus* Rz 16; BBDW-*Bader* Rz 10; *v. Hoyningen-Huene/Linck* Rz 32, 32a) steht demgegenüber auf dem Standpunkt, dass die zu § 626 BGB herausgearbeiteten Wertungsmaßstä- 38 be wegen der unterschiedlichen Normzwecke nicht uneingeschränkt auf die Auslegung des § 9 Abs. 1 KSchG übertragen werden können. Da der vom KSchG bezweckte Bestandsschutz des Arbeitsverhältnisses nur zum Schutze des idR sozial schwächeren Arbeitnehmers geschaffen worden sei, handele es sich bei der auf Antrag des Arbeitnehmers erfolgenden gerichtlichen Auflösung des Arbeitsverhältnisses nicht um eine Ausnahme der gesetzlichen Schutzrichtung. Aus diesem Grunde sei es gerechtfertigt, an den Auflösungsantrag des Arbeitnehmers **geringere Anforderungen** zu stellen als an eine arbeitnehmerseitige fristlose Kündigung. Richtig ist nur, dass ein Grund, der den Arbeitnehmer nach § 626 BGB zur fristlosen Kündigung berechtigt, stets auch die Fortsetzung des Arbeitsverhältnisses nach § 9 Abs. 1 S. 1 KSchG unzumutbar macht (*BAG* 26.11.1981 EzA § 9 KSchG nF Nr. 11 mit abl. Anm. von *Herschel*; *Löwisch* Rz 35; *v. Hoyningen-Huene/Linck* Rz 32a).

38a Das *BAG* hat seine frühere Rechtsprechung (vgl. Rz 37), wonach der Begriff der Unzumutbarkeit in § 9 Abs. 1 S. 1 KSchG ebenso auszulegen sei wie bei der arbeitnehmerseitigen außerordentlichen Kündigung nach § 626 Abs. 1 BGB, zwischenzeitlich aufgegeben (*BAG* 26.11.1981 EzA § 9 KSchG nF Nr. 11 mit abl. Anm. *Herschel*). Nach der neueren Rechtsprechung des BAG können auch solche Tatsachen die Fortsetzung des Arbeitsverhältnisses unzumutbar machen, die für eine fristlose Kündigung nicht ausreichen.

39 Dem nunmehr auch vom *BAG* (26.11.1981, aaO) vertretenen Standpunkt der hM ist zuzustimmen. Entgegen der Ansicht von *Herschel* (Anm. zu *BAG* 26.11.1981 EzA § 9 KSchG nF Nr. 11) trägt die neuere Rechtsprechung des BAG dem unterschiedlichen Normzweck des § 626 Abs. 1 BGB einerseits und des § 9 Abs. 1 S. 1 KSchG andererseits Rechnung. Die Unzumutbarkeit der Fortsetzung des Arbeitsverhältnisses bezieht sich bei der außerordentlichen Kündigung gem. § 626 Abs. 1 BGB lediglich auf den Zeitraum der Kündigungsfrist bzw. auf die Zeit bis zur vereinbarten Beendigung des Arbeitsverhältnisses. Da einer außerordentlichen Kündigung wegen der damit verbundenen Möglichkeit, durch einen einseitigen Gestaltungsakt die fristlose Beendigung des Arbeitsverhältnisses herbeizuführen, Ausnahmecharakter zukommt, ist es gerechtfertigt, an die Frage der Unzumutbarkeit strenge Anforderungen zu stellen. Dabei ist zu beachten, dass die Bestimmung des § 626 BGB auch den Arbeitgeber vor einer unberechtigten außerordentlichen Kündigung schützt. Die in § 9 Abs. 1 S. 1 KSchG vorgesehene Lösungsmöglichkeit dient demgegenüber allein dem Schutz des Arbeitnehmers vor einer Weiterarbeit unter unzuträglichen Arbeitsbedingungen. Der allein in seinem Interesse geschaffene Bestandsschutz des Arbeitsverhältnisses soll nur so lange aufrechterhalten werden, als ihm die Fortsetzung des Arbeitsverhältnisses zuzumuten ist. Das Merkmal der Unzumutbarkeit bezieht sich daher auch nicht wie bei § 626 BGB auf einen zeitlich begrenzten Zeitraum, sondern auf die gesamte zukünftige Dauer des Arbeitsverhältnisses (zust. *v. Hoyningen-Huene/Linck* Rz 32a). Die Zumutbarkeitserwägungen sind daher im Rahmen einer langfristigen Prognose anzustellen. Die Anlegung desselben strengen Maßstabes wie bei § 626 BGB wäre im Übrigen nur dann gerechtfertigt, wenn die Bestimmung des § 9 Abs. 1 S. 1 KSchG auch den Arbeitgeber in gleichem Maße in den Schutzbereich einbeziehen würde. Dies ist aber nicht der Fall, da der Bestandsschutz des Arbeitsverhältnisses nicht in seinem Interesse geschaffen worden ist.

c) **Beurteilungszeitpunkt**

40 Maßgeblicher **Zeitpunkt für die Beurteilung** der Frage, ob dem Arbeitnehmer die Fortsetzung des Arbeitsverhältnisses zuzumuten ist, ist der Zeitpunkt der Entscheidung über den Auflösungsantrag (*BAG* 7.3.2002 EzA § 9 KSchG nF Nr. 45; 30.9.1976 EzA § 9 KSchG nF Nr. 3). Nur zu diesem Zeitpunkt kann die vom Gericht anzustellende Prognose sachgerecht durchgeführt werden. Die Frage der Zumutbarkeit der Fortsetzung des Arbeitsverhältnisses betrifft nämlich die künftige Gestaltung der Rechtsbeziehungen zwischen den Parteien. Eine derartige Vorausschau kann aber nur dann erfolgen, wenn das Gericht auch die nach Ausspruch der Kündigung liegenden Umstände (die durch Zeitablauf ihr Gewicht auch verlieren können, etwa durch lange Prozessdauer: s. *BAG* 7.3.2002 EzA § 9 KSchG nF Nr. 45) verwerten kann. Hierin liegt ein wesentlicher Unterschied zu der Prüfung der Sozialwidrigkeit einer Kündigung. Bei der Beurteilung dieser Frage kommt es darauf an, ob Umstände vorliegen, die, vom Zeitpunkt der Kündigungserklärung aus betrachtet, rückschauend bei verständiger Würdigung in Abwägung der Interessen beider Parteien und des Betriebes die Kündigung als billigenswert und angemessen erscheinen lassen (*BAG* 29.3.1960 AP Nr. 7 zu § 7 KSchG 1951). Bei Beurteilung der Gründe für einen arbeitnehmerseitigen Auflösungsantrag ist zu berücksichtigen, dass die Beziehungen der Arbeitsvertragsparteien bereits durch den Ausspruch einer sozialwidrigen Kündigung idR erheblich belastet sind (vgl. *LAG Frankf.* 16.1.1980 BB 1981, 122; *LAG Hmb.* 5.8.1981 MDR 1982, 82; *Bauer* DB 1985,

Auflösung des Arbeitsverhältnisses durch Urteil des Gerichts § 9 KSchG

1181). In einer sozialwidrigen Kündigung liegt dagegen grundsätzlich noch kein Auflösungsgrund. Die Unwirksamkeit einer Kündigung allein macht es dem Arbeitnehmer nicht unzumutbar, das Arbeitsverhältnis fortzusetzen; die Unzumutbarkeit muss sich vielmehr aus **weiteren Umständen** ergeben (vgl. *BAG* 24.9.1992 EzA Art. 20 EinigungsV Nr. 17 zu einer auf Kapitel XIX Sachgebiet A Abschnitt III Nr. 1 Abs. 4 der Anlage I zum Einigungsvertrag gestützten Kündigung wegen behaupteter persönlicher Nichteignung; *LAG Köln* 13.5.1994 ARSt 1994, 177; vgl. u. Rz 45).

d) Konkretisierung des Begriffs der Unzumutbarkeit

Als **Auflösungsgründe,** welche die Unzumutbarkeit der Fortsetzung des Arbeitsverhältnisses bedingen können, sind nur solche Umstände geeignet, die in einem inneren Zusammenhang zu der vom Arbeitgeber erklärten sozialwidrigen Kündigung stehen oder die im Laufe des Kündigungsrechtsstreits entstanden sind (allg. Ansicht, vgl. etwa *BAG* 18.1.1962 AP Nr. 20 zu § 66 BetrVG 1952; 24.9.1992 AP Nr. 3 zu EV Anl. I Kap. XIX; *LAG Nürnberg* 5.9.1980 AR-Blattei, Kündigungsschutz Entsch. 207; *Auffarth* DB 1969, 529; *Auffarth/Müller* § 7 Rz 8; *v. Hoyningen-Huene/Linck* Rz 36a; KDZ-*Zwanziger* Rz 10a; *Maus* Rz 16; *Neumann* Kündigungsabfindung Rz 17, 18; Systematisierung bei *St. Müller* Diss., S. 52 ff.). Nach der Regierungsbegründung (vgl. RdA 1951, 64) ist dabei insbes. an solche Fälle zu denken, in denen als Kündigungsgründe unzutreffende ehrverletzende Behauptungen über die Person oder das Verhalten des Arbeitnehmers leichtfertig aufgestellt worden sind oder das Vertrauensverhältnis im Verlauf des Kündigungsrechtsstreits ohne wesentliches Verschulden des Arbeitnehmers zerrüttet worden ist. Darüber hinaus kommen auch solche Umstände in Betracht, die den Schluss nahe legen, dass der Arbeitgeber den Arbeitnehmer im Falle einer **Rückkehr in den Betrieb** gegenüber den übrigen Mitarbeitern **benachteiligen** oder sonstwie **unkorrekt behandeln** wird (ebenso *Löwisch/Spinner* Rz 40; *v. Hoyningen-Huene/Linck* Rz 33). Die tatsächliche Grundlage für eine derartige Annahme kann sowohl in einem **prozessualen** (zB durch mündliches oder schriftsätzliches Vorbringen) als auch in einem **außerprozessualen Verhalten** (zB durch Erklärungen gegenüber Arbeitskollegen oder Vorgesetzten) des Arbeitgebers liegen. Auch die durch Tatsachen begründete Befürchtung, dass der Arbeitnehmer im Falle einer **Wiederaufnahme der Arbeit** durch seine Arbeitskollegen nicht ordnungsgemäß behandelt werden wird, kann uU die Unzumutbarkeit der Weiterbeschäftigung begründen. Dies kann zB dann angenommen werden, wenn der Arbeitnehmer den Kündigungsrechtsstreit allein wegen eines Fehlers bei der sozialen Auswahl gewonnen hat und wenn aufgrund dessen die durch Tatsachen begründete Besorgnis besteht, dass dies im Falle einer Rückkehr in den Betrieb zu Spannungen mit den Arbeitskollegen führen wird (*LAG Hamm* 23.5.1975 DB 1975, 1514; **krit. hierzu** *Bauer* DB 1985, 1181; **zu einer ähnlich gelagerten Fallkonstellation** vgl. *LAG Köln* 2.2.1987 LAGE § 9 KSchG Nr. 5; *v. Hoyningen-Huene/Linck* Rz 33a; KDZ-*Zwanziger* Rz 11; *Neumann* Kündigungsabfindung Rz 24; vgl. APS-*Biebl* Rz 44, der allerdings fordert, der Arbeitgeber müsse Spannungen wegen der durch fehlerhafte Sozialauswahl bedingten Rückkehr des Arbeitnehmers provozieren oder schüren). Auch das **Verhalten des Prozessbevollmächtigten** des Arbeitgebers kann die Auflösung bedingen, sofern es vom Arbeitgeber **veranlasst** worden ist. Das Verhalten von unbeteiligten **Dritten** kann die für eine weitere Zusammenarbeit notwendige Vertrauensgrundlage nur dann zerstören, wenn dieses Verhalten durch den Arbeitgeber in irgendeiner Weise **veranlasst** worden ist. Für den **umgekehrten** Fall vgl. Rz 56. Hat ein **Betriebsübergang** stattgefunden und ist dem Übergang des Arbeitsverhältnisses **nicht** widersprochen worden (s. Rz 34), kommt es auf die Unzumutbarkeit der Fortsetzung des Arbeitsverhältnisses bei dem **Betriebserwerber** an (*BAG* 20.3.1997 EzA § 613 a BGB Nr. 148).

41

Ein **Wahlrecht** zwischen der außerordentlichen Kündigung nach § 626 BGB und der gerichtlichen Auflösung des Arbeitsverhältnisses nach § 9 Abs. 1 S. 1 KSchG steht dem Arbeitnehmer nur dann zu, wenn die Auflösungsgründe zugleich den Anforderungen genügen, die an das Vorliegen eines wichtigen Grundes zu stellen sind. Ist dies der Fall, so kann der Arbeitnehmer außerordentlich kündigen und bei Vorliegen der in § 628 Abs. 2 BGB geregelten Voraussetzungen darüber hinaus vom Arbeitgeber Ersatz für den durch die Aufhebung des Arbeitsverhältnisses entstehenden Schaden verlangen (ebenso *BAG* 11.2.1981 EzA § 4 KSchG nF Nr. 20; *Maus* Rz 17). Das Wahlrecht zwischen der außerordentlichen Kündigung und der gerichtlichen Auflösung des Arbeitsverhältnisses nach § 9 Abs. 1 KSchG erlischt, wenn der Arbeitnehmer die zweiwöchige Ausschlussfrist des § 626 Abs. 2 BGB versäumt. In diesem Falle bleibt ihm nur noch die Möglichkeit, die verfristeten Kündigungsgründe zur Begründung seines Auflösungsantrages zu verwenden. Das **Feststellungsinteresse** für die Kündigungsschutzklage entfällt nach der Ansicht des *BAG* (11.2.1981 EzA § 4 KSchG nF Nr. 20) nicht allein deswegen, weil ein Arbeitnehmer neben der Feststellung Schadensersatz nach § 628 Abs. 2 BGB fordert. Allenfalls dann, wenn er erklärt, auch im Falle seines Unterliegens mit den auf § 628 Abs. 2 BGB gestützten Klageanträgen

42

weder das Arbeitsverhältnis fortsetzen zu wollen noch dessen Auflösung gem. §§ 9, 10 KSchG zu begehren, fehlt es am Feststellungsinteresse für die Kündigungsschutzklage.

43 Bei Umständen, die **nicht** in einem inneren Zusammenhang mit der Kündigung oder mit dem Verhalten des Arbeitgebers während des Kündigungsrechtsstreits stehen, hat der Arbeitnehmer **kein Wahlrecht** zwischen der außerordentlichen Kündigung und der gerichtlichen Auflösung des Arbeitsverhältnisses nach § 9 Abs. 1 S. 1 KSchG. In diesem Falle kann er lediglich das Arbeitsverhältnis außerordentlich kündigen und ggf. Schadensersatz nach § 628 Abs. 2 BGB vom Arbeitgeber verlangen (vgl. hierzu i.E. KR-*Weigand* § 628 BGB Rz 1 ff.). § 9 Abs. 1 S. 1 KSchG gewährt daneben kein spezielleres Lösungsrecht mit Abfindungsanspruch. Bei Versäumung der zweiwöchigen Ausschlussfrist des § 626 Abs. 2 BGB ist ihm aber auch diese Möglichkeit verwehrt.

44 Als nicht ausreichender Auflösungsgrund für den Arbeitnehmer ist der Umstand anzusehen, dass dieser zwischenzeitlich eine **andere Arbeitsstelle** gefunden hat (ebenso *Löwisch/Spinner* Rz 42; *v. Hoyningen-Huene/Linck* Rz 34; SPV-*Vossen* Rz 1977a; *Neumann* Kündigungsabfindung, Rz 18). Auch der umgekehrte Fall (Stellung des Auflösungsantrages trotz nicht vorhandener anderweitiger Arbeitsstelle) begründet allein noch nicht die Unzumutbarkeit. Der Arbeitnehmer kann den Auflösungsantrag zwar ohne Rücksicht darauf stellen, ob er eine andere Arbeitsstelle gefunden hat. Eine gerichtliche Auflösung des Arbeitsverhältnisses kann er in diesen Fällen aber nur dann erreichen, wenn sonstige Umstände vorliegen, welche die Unzumutbarkeit der Fortsetzung des Arbeitsverhältnisses bedingen. Bei einem zwischenzeitlich begründeten Arbeitsverhältnis ist der Arbeitnehmer dazu befugt, die Erklärung nach § 12 KSchG, dass er im Falle seines Obsiegens im Kündigungsschutzprozess das bisherige Arbeitsverhältnis nicht fortsetzen wolle, auch schon vor der Rechtskraft des Urteils abzugeben und daneben den Auflösungsantrag zu stellen (BAG 19.10.1972 EzA § 12 KSchG Nr. 1; *v. Hoyningen-Huene/Linck* aaO; *Neumann* aaO). Weder die Erklärung nach § 12 KSchG noch das zwischenzeitlich begründete neue Arbeitsverhältnis reichen für eine gerichtliche Auflösung des Arbeitsverhältnisses aus. Es müssen vielmehr auch hier zusätzliche Umstände vorliegen, die für den Arbeitnehmer die Unzumutbarkeit der Fortsetzung des Arbeitsverhältnisses begründen. Dies ergibt sich aus der Bestimmung des § 12 KSchG, in der die Rechtsfolgen einer anderweitigen Arbeitsaufnahme abschließend geregelt sind (allg. Ansicht, vgl. etwa *Löwisch/Spinner* aaO; *v. Hoyningen-Huene/Linck* aaO).

45 Allein der Umstand, dass ein **Kündigungsschutzprozess** geführt worden ist, begründet für den Arbeitnehmer grds. noch nicht die Unzumutbarkeit einer weiteren Fortsetzung des Arbeitsverhältnisses (ebenso *Löwisch/Spinner* Rz 39; SPV-*Vossen* Rz 1977). Dies gilt insbes. dann, wenn der Rechtsstreit sachlich und ohne persönliche Schärfen ausgetragen worden ist. Dies gilt selbst dann, wenn lediglich unzutreffende Tatsachenbehauptungen **(ohne Beleidigung)** über die Person oder das Verhalten des Arbeitnehmers aufgestellt werden (LAG Köln 26.1.1995 LAGE § 9 KSchG Nr. 25). Auch die **Sozialwidrigkeit** der Kündigung ist für sich allein grundsätzlich **kein** ausreichender **Auflösungsgrund** (ebenso *v. Hoyningen-Huene/Linck* Rz 33a). Hiervon ist allerdings dann eine Ausnahme zu machen, wenn die Kündigung auf solche Gründe gestützt wird, die für den Arbeitnehmer ehrverletzend sind (vgl. hierzu die Regierungsbegründung RdA 1951, 64). **Nicht hinnehmen** muss der Arbeitnehmer, dass sich der Arbeitgeber während der Kündigungssache an den behandelnden Arzt wendet und eine **Arbeitsunfähigkeitsbescheinigung** ungerechtfertigt **bezweifelt** (BAG 20.11.1997 – 2 AZR 803/96 – nv, juris) oder für den Fall des Unterliegens eine auf **dieselben Gründe** gestützte **neuerliche Kündigung** in **Aussicht** stellt (ähnlich ErfK-*Kiel* Rz 14; aA BAG 27.3.2003 EzA § 9 KSchG nF Nr. 47) oder den mehrfach wiederholten Vorwurf des »Sozialbetruges« erhebt (*Sächs. LAG* 9.7.2003 – 3 Sa 825/01 – nv) oder ihn iR einer Verdachtskündigung leichtfertig des Begehens einer Straftat beschuldigt (LAG SA 25.2.2004 NZA-RR 2005, 132).

e) Rechtsmissbräuchliche Antragstellung

46 Der Arbeitnehmer kann sich nicht auf Auflösungsgründe berufen, die er (oder ein Dritter, für den im Rahmen des Arbeitsverhältnisses nach § 278 BGB einzustehen ist, KDZ-*Zwanziger* Rz 11) treuwidrig selbst herbeigeführt oder provoziert hat, um die Auflösung des Arbeitsverhältnisses gegen Zahlung einer Abfindung zu erreichen (ähnlich *Löwisch/Spinner* Rz 43). Das BAG hat dies zwar bislang lediglich für den Auflösungsantrag des Arbeitgebers entschieden (15.2.1973 AP Nr. 2 zu § 9 KSchG 1969). Es hat aber in diesem Urteil mit Recht darauf hingewiesen, dass auch und gerade auf dem Gebiet des Kündigungsschutzrechts der Grundsatz von Treu und Glauben und der Rechtsgedanke des § 162 BGB, dass niemand aus einem treuwidrigen Verhalten einen rechtlichen Vorteil ziehen dürfe, zu beachten und zu verwirklichen sei. Der Auflösungsantrag des Arbeitnehmers ist daher stets dann zurückzuwei-

sen, wenn er sich als **Rechtsmissbrauch** darstellt. Eine bloße Mitverursachung der Auflösungsgründe durch den Arbeitnehmer reicht aber noch nicht aus, um den Auflösungsantrag des Arbeitnehmers als unzulässige Rechtsausübung zu behandeln.

Nicht rechtsmissbräuchlich ist es, die Auflösung neben einem **Weiterbeschäftigungsantrag** zu verfolgen. Der Kläger weiß zunächst nicht, ob das Gericht seinem Beschäftigungsantrag entsprechen wird oder ihn aus welchen Gründen abweisen mag. Deshalb muss es ihm nachgelassen sein, den Auflösungsantrag hilfsweise zu stellen. Dies muss aber jedenfalls in der Antragsbegründung klargestellt werden. Aus ihr muss sich auch ergeben, dass und warum die Fortsetzung des Arbeitsverhältnisses gerade für den Fall der Abweisung des Weiterbeschäftigungsantrages unzumutbar sein soll. Anderenfalls wäre die uneingeschränkte Verfolgung sowohl der tatsächlichen Beschäftigung als auch der Auflösung widersprüchlich, der Auflösungsantrag mithin als unschlüssig abweisungsreif. Möglich ist auch der umgekehrte Fall, dh die Verfolgung eines Auflösungsantrages und, wiederum hilfsweise, der Weiterbeschäftigung, was sich leichter begründen lässt: stellt das Gericht das Vorhandensein von Auflösungstatsachen in Abrede, kann dem Arbeitnehmer nun nicht mehr die Widersprüchlichkeit seines hilfsweisen Beschäftigungsverlangens entgegengehalten werden. Dann ist ja auch nach der Meinung des Gerichts die tatsächliche Fortführung des Arbeitsverhältnisses nicht unzumutbar. Auch die **Erklärung gem. § 12 KSchG** kann vor Rechtskraft des Urteils abgegeben werden, obzwar daneben der Auflösungsantrag (weiter) verfolgt wird (*BAG* 19.10.1972 RzK I 14 Nr. 1).

46a

f) Darlegungs- und Beweislast

Der **Arbeitnehmer** ist **darlegungs- und beweispflichtig** für die Gründe, die die Unzumutbarkeit der Fortsetzung des Arbeitsverhältnisses rechtfertigen sollen (*BAG* 30.9.1976 EzA § 9 KSchG nF Nr. 3; *Löwisch/Spinner* Rz 35). Der Arbeitnehmer genügt seiner Darlegungslast noch nicht, wenn er lediglich schlagwortartige Wendungen (etwa des Inhalts, dass die Vertrauensgrundlage weggefallen oder ein unüberbrückbares Zerwürfnis eingetreten sei) zur Begründung seines Auflösungsantrages vorträgt. Erforderlich ist vielmehr der Vortrag von konkreten Tatsachen, die so beschaffen sind, dass sie für den Arbeitnehmer die Unzumutbarkeit einer Weiterarbeit bedingen. Bei einem unschlüssigen Tatsachenvortrag ist der Auflösungsantrag des Arbeitnehmers als unbegründet zurückzuweisen.

47

Tatsachen, die nicht von dem Arbeitnehmer zur Begründung seines Auflösungsantrages vorgetragen worden sind, dürfen von dem Gericht selbst dann nicht verwertet werden, wenn sie offenkundig sind (*BAG* 30.9.1976 EzA § 9 KSchG nF Nr. 3). Dies folgt aus dem auch im Verfahren vor den ArbG geltenden **Verhandlungsgrundsatz,** wonach das Gericht nur von solchen Tatsachen ausgehen darf, die von der jeweils darlegungspflichtigen Partei vorgebracht worden sind. Die unter Verstoß gegen den Verhandlungsgrundsatz verwerteten Tatsachen sind für das Revisionsgericht bei der Beurteilung des Auflösungsantrages unbeachtlich.

48

Bestreitet der Arbeitgeber die vom Arbeitnehmer schlüssig vorgebrachten Auflösungstatsachen, so trifft den Arbeitnehmer die **Beweislast** für die Richtigkeit seines Tatsachenvortrages (vgl. *BAG* 5.11.1964 AP Nr. 20 zu § 7 KSchG 1951 sowie *Neumann* Kündigungsabfindung Rz 20, der zu Recht darauf hinweist, dass es sich insoweit für den Arbeitnehmer um anspruchsbegründende Tatsachen handelt). Nicht erwiesene streitige Tatsachen dürfen bei der Entscheidung über den Auflösungsantrag nicht berücksichtigt werden.

49

4. Auflösungsgründe für den Arbeitgeber

a) Beurteilungsmaßstäbe

Auf Antrag des Arbeitgebers ist das Arbeitsverhältnis gem. § 9 Abs. 1 S. 2 KSchG dann aufzulösen, wenn Gründe vorliegen, die eine den Betriebszwecken dienliche weitere Zusammenarbeit zwischen Arbeitgeber und Arbeitnehmer nicht erwarten lassen. Auch bei dieser Formulierung handelt es sich – ebenso wie bei der Regelung in § 9 Abs. 1 S. 1 KSchG – um einen sog. **unbestimmten Rechtsbegriff** (vgl. *Hofmann* ZfA 1970, 80). Die Wertung, ob im Einzelfall derartige Gründe vorliegen, obliegt dabei in erster Linie den Tatsachengerichten. Das Revisionsgericht kann – ebenso wie bei anderen unbestimmten Rechtsbegriffen – lediglich nachprüfen, ob das Berufungsgericht die Voraussetzungen für einen vom Arbeitgeber gestellten Auflösungsantrag verkannt hat und ob es bei der Prüfung der vom Arbeitgeber vorgetragenen Auflösungsgründe alle wesentlichen Umstände vollständig und widerspruchsfrei berücksichtigt und gewürdigt hat.

50

§ 9 KSchG   Auflösung des Arbeitsverhältnisses durch Urteil des Gerichts

51 Ebenso wie im Fall des § 9 Abs. 1 S. 1 KSchG (vgl. dazu Rz 36) handelt es sich bei der auf Antrag des Arbeitgebers erfolgenden Auflösung des Arbeitsverhältnisses nicht um eine Ermessensentscheidung des Gerichts. Dies folgt aus der gesetzlichen Formulierung in § 9 Abs. 1 S. 2 KSchG, wonach »das Gericht die gleiche Entscheidung auf Antrag des Arbeitgebers zu treffen hat«. Bei Vorliegen der gesetzlichen Auflösungsgründe hat daher das Gericht keine Zweckmäßigkeitserwägungen anzustellen, sondern hat dem Auflösungsantrag ohne weiteres stattzugeben.

52 Unter Beachtung der primären Zielsetzung des KSchG, den Arbeitnehmer im Interesse eines wirksamen Bestandsschutzes des Arbeitsverhältnisses vor einem Verlust des Arbeitsplatzes durch sozialwidrige Kündigungen zu bewahren, ist es gerechtfertigt, an den Auflösungsantrag des Arbeitgebers **strenge Anforderungen** zu stellen (so jetzt auch *BVerfG* [2. Kammer des Ersten Senats], EzA § 9 KSchG nF Nr. 49; *BAG* 5.11.1964 EzA § 7 KSchG Nr. 1; 16.5.1984 EzA § 9 KSchG nF Nr. 16). Das Erfordernis eines strengen Prüfungsmaßstabes besagt jedoch nicht, dass damit für den Arbeitgeber nur solche Umstände als Auflösungsgründe in Betracht kommen, die dazu geeignet sind, eine außerordentliche Kündigung nach § 626 BGB zu rechtfertigen (**krit.** mit Blick auf *BVerfG* 27.1.1998 – EzA § 23 KSchG Nrn. 17, 18 –, KDZ-*Zwanziger* Rz 18, der durch das Anlegen dieses Maßstabs einen verfassungswidrigen Entzug von Kündigungsschutz befürchtet). Bei Vorliegen eines wichtigen Grundes besteht für den Arbeitgeber nämlich die Möglichkeit, sich ohne Zahlung einer Abfindung von dem Arbeitnehmer zu trennen, indem er das Arbeitsverhältnis mittels einer außerordentlichen Kündigung beendet. Von dieser Möglichkeit kann der Arbeitgeber auch noch während des Kündigungsschutzprozesses Gebrauch machen, sofern er nicht durch Versäumung der zweiwöchigen Ausschlussfrist des § 626 Abs. 2 BGB sein außerordentliches Kündigungsrecht verloren hat.

53 Funktional betrachtet bedeutet die Regelung des § 9 Abs. 1 S. 2 KSchG für den Arbeitgeber eine zusätzliche Lösungsmöglichkeit neben dem sonstigen kündigungsrechtlichen Instrumentarium. Andererseits besteht der Sinn dieser Möglichkeit nicht darin, dem Arbeitgeber eine weitere Kündigung zu ersparen (*BAG* 29.3.1960 AP Nr. 7 zu § 7 KSchG 1951; *Ascheid* Kündigungsschutzrecht Rz 808). Der Ausnahmecharakter der Bestimmung zeigt sich insbes. darin, dass dem Arbeitgeber die Möglichkeit eingeräumt wird, trotz Vorliegens einer sozialwidrigen Kündigung sich vom Arbeitnehmer zu trennen. Dass eine derartige Lösung des Arbeitsverhältnisses nach den Vorstellungen des Gesetzgebers nicht leichtfertig erfolgen darf, zeigt bereits die rechtstechnische Ausgestaltung des Gesetzes. Der Arbeitgeber kann die Beendigung des Arbeitsverhältnisses gegen den Willen des Arbeitnehmers nur mittels eines rechtsgestaltenden Richterspruchs herbeiführen. In dieser verfahrensrechtlichen Institutionalisierung liegt für den Arbeitnehmer zugleich eine gewisse Garantie für einen wirksamen Bestandsschutz des Arbeitsverhältnisses. Mit **ihr** erscheint auch die von *Zwanziger* (oben Rz 52) befürchtete Verkürzung des Kündigungsschutzes in anderem Licht. Im Übrigen scheint das BVerfG gegen eine Auflösbarkeit an sich nichts einzuwenden zu haben, nachdem es sogar den Auflösungszeitpunkt nach § 9 Abs. 2 KSchG gebilligt hat (Rz 13a).

b) Beurteilungszeitpunkt

54 Maßgeblicher **Zeitpunkt** für die **Beurteilung** der Frage, ob eine den Betriebszwecken dienliche weitere Zusammenarbeit zwischen Arbeitgeber und Arbeitnehmer zu erwarten ist, ist der Zeitpunkt der Entscheidung über den Auflösungsantrag (*BAG* 7.3.2002 EzA § 9 KSchG nF Nr. 45; 30.9.1976 EzA § 9 KSchG nF Nr. 3; *LAG Bln.* 5.5.1997 LAGE § 9 KSchG Nr. 29; *v. Hoyningen-Huene/Linck* Rz 43). Nur bei einem Abstellen auf den Zeitpunkt der letzten mündlichen Verhandlung ist es dem Gericht möglich, eine sachgerechte Vorausschau hinsichtlich der zukünftigen Gestaltung des Arbeitsverhältnisses anzustellen. Bei einer Anknüpfung an den Zeitpunkt der Kündigung könnten die erst während des Kündigungsschutzprozesses entstandenen Auflösungsgründe vom Gericht nicht gewürdigt werden. Dies würde aber dem Sinn und Zweck der gerichtlichen Auflösungsmöglichkeit widersprechen (vgl. hierzu Rz 8–13a). Wegen des zeitlichen Beurteilungsansatzes ist es denkbar, dass mögliche Auflösungsgründe aufgrund Veränderung der tatsächlichen oder rechtlichen Umstände ihr **Gewicht verlieren können** (*BAG* 7.3.2002 EzA § 9 KSchG nF Nr. 45).

c) Konkretisierung der gesetzlichen Voraussetzungen

55 Als Gründe, die eine den Betriebszwecken dienliche weitere Zusammenarbeit zwischen den Parteien nicht erwarten lassen, kommen nur Umstände in Betracht, die das **persönliche Verhältnis zum Arbeitgeber**, die **Wertung der Persönlichkeit des Arbeitnehmers, seiner Leistungen** oder **seiner Eignung** für die ihm gestellten **Aufgaben**, etwa als Vorgesetzter, und sein **Verhältnis zu den übrigen Mit-**

arbeitern betreffen (*BAG* 14.10.1954 AP Nr. 6 zu § 3 KSchG 1951). Dagegen reichen **wirtschaftliche** oder **betriebliche** Gründe grds. nicht aus, um eine gerichtliche Auflösung des Arbeitsverhältnisses auf Antrag des Arbeitgebers zu rechtfertigen (ebenso *Löwisch/Spinner* Rz 60; *v. Hoyningen-Huene/Linck* Rz 39; ErfK-*Kiel* Rz 22). Nach der Ansicht des *BAG* (14.10.1954 aaO) sind wirtschaftliche oder betriebliche Gründe ausnahmsweise nur dann zur Begründung eines vom Arbeitgeber gestellten Auflösungsantrages geeignet, wenn sie zu einer Zerrüttung des Vertrauensverhältnisses führen können. In den übrigen Fällen hat der Arbeitgeber nur die Möglichkeit, eine betriebsbedingte Kündigung auszusprechen, was er vorsorglich bereits während des Kündigungsrechtsstreits tun kann.

Die **betrieblichen Gegebenheiten** sind aber insofern von **Bedeutung,** als diese eine wichtige Rolle bei der vom Gericht anzustellenden Vorausschau spielen (s. dazu Rz 13a mit *BVerfG* 29.1.1990 und 9.2.1990 daselbst, wonach eine **differenzierte Würdigung der jeweiligen Betriebszwecke** vorzunehmen ist). So kann ein zwischenzeitlich eingetretener Wandel der betrieblichen Verhältnisse (zB Austausch von Vorgesetzten, Beseitigung von Organisationsmängeln sowie sonstige organisatorische Änderungen, Veränderungen in der Belegschaftsstruktur) durchaus ein wichtiger Gesichtspunkt im Rahmen der Prognose sein (*BAG* 7.3.2002 EzA § 9 KSchG nF Nr. 45). Berücksichtigungsfähig ist auch die Stellung des Arbeitnehmers im Betrieb (*BAG* 26.6.1997 – 2 AZR 502/96 – juris). Als eigenständiger Auflösungsgrund kommen dagegen die betrieblichen Verhältnisse nicht in Betracht. Dies gilt auch für eine prozessbedingte faktische Unterbrechung und die damit verbundenen Schwierigkeiten der betrieblichen Wiedereingliederung (**aA** *Löwisch/Spinner* Rz 57). Es ist vielmehr stets erforderlich, dass die Zerrüttung des Arbeitsverhältnisses **in dem Verhalten** oder der **Person des Arbeitnehmers** ihren Grund hat (vgl. *BAG* 23.6.2005 EzA § 9 KSchG nF Nr. 52). Dabei kann es sich sowohl um das **prozessuale** (zB Beleidigungen oder sonstige ehrverletzende Äußerungen gegenüber dem Arbeitgeber oder Vorgesetzten) als auch um das **außerprozessuale Verhalten** (zB Beeinflussung von Zeugen, Drohungen gegenüber dem Arbeitgeber; Erschleichen einer Arbeitsunfähigkeitsbescheinigung während einer Prozessbeschäftigung – vgl. *LAG SA* 7.6.2006 – 5 Sa 454/05) des **Arbeitnehmers** handeln (vgl. SPV-*Vossen* Rz 1983). **Unzutreffende Rechtsausführungen** in Schriftsätzen, etwa dergestalt, dass die Kündigung sittenwidrig sei oder gegen Treu und Glauben verstoße, sind durch die Wahrnehmung berechtigter Interessen gedeckt und können daher nicht als Auflösungsgrund herangezogen werden. Dies gilt auch für **vorprozessuale** Erklärungen polemischer Art (etwa: man wolle bei *Gauck* gegen einen ›rumwühlen‹, *BAG* 13.6.2002 EzA § 1 KSchG Verhaltensbedingte Kündigung Nr. 57). Dagegen sind **unzutreffende Tatsachenbehauptungen,** und zwar insbes. dann, wenn sie den Tatbestand einer **üblen Nachrede** oder gar **Verleumdung** erfüllen, grds. dazu geeignet, das Auflösungsbegehren des Arbeitgebers zu rechtfertigen (vgl. *LAG Köln* 29.9.1982 DB 1982, 124), bspw. die wahrheitswidrige Bezichtigung eines Vorgesetzten, eine Straftat begangen zu haben (*LAG Hmb.* 27.6.1995 LAGE § 9 KSchG Nr. 26) oder der Vorwurf des Prozessbetruges und der Falschbeurkundung, wenn ein Bestreiten mit Nichtwissen der Wahrung berechtigter Interessen genügt hätte (*LAG Köln* 28.8.1996 AE 1997, 87), die ungerechtfertigte Beschimpfung als Nazi (*Hess. LAG* 19.2.1998 – 3 Sa 153/97 – nv) oder der »Rechtsbeugung« (*BAG* 6.11.2003 EzA § 1 KSchG Verhaltensbedingte Kündigung Nr. 60). Auch **Beleidigungen**, **Ehrverletzungen** sowie **persönliche Angriffe** gegenüber **Arbeitgeber**, **Vorgesetzten** oder **Kollegen** können eine Auflösung begründen (vgl. *BAG* 7.3.2002 EzA § 9 KSchG nF Nr. 45). Dies gilt allerdings nur dann uneingeschränkt, wenn es sich um eigenes außerprozessuales oder prozessuales Verhalten **des gekündigten Arbeitnehmers** handelt. Ein **Verhalten dritter Personen** ist als Grund für den Auflösungsantrag des Arbeitgebers **nur dann** geeignet, wenn der Arbeitnehmer dieses Verhalten durch **eigenes Tun** entscheidend **veranlasst** hat und es ihm so **zuzurechnen** ist (*BAG* 14.5.1987 AP Nr. 18 zu § 9 KSchG 1969; *Löwisch/Spinner* Rz 59; *v. Hoyningen-Huene/Linck* Rz 39a). Auch das außerprozessuale oder prozessuale **Verhalten des Prozessbevollmächtigten** kommt deshalb als Auflösungsgrund nur dann in Betracht, wenn es der Arbeitnehmer **veranlasst** hat (**aA** *BAG* 30.6.1959 AP Nr. 56 zu § 1 KSchG; 28.3.1961 – 3 AZR 396/60 – nv, juris; 3.11.1983 – 2 AZR 204/82 – nv, juris; 7.3.2002 EzA § 9 KSchG nF Nr. 45; *Löwisch/Spinner* Rz 59; **wie hier:** *Knorr/Bichlmeier/Kremhelmer* Kap. 14 Rz 132; KDZ-*Zwanziger* Rz 21; MünchKomm-*Hergenröder* Rz 59; *v. Hoyningen-Huene/Linck* Rz 39a gehen von der grundsätzlichen Zurechenbarkeit aus). Nach der Ansicht des *BAG* (aaO) können Erklärungen und Verhaltensweisen von Prozessbevollmächtigten dagegen auch dann zum Nachteil des Arbeitnehmers bei der vom Gericht vorzunehmenden Prognose berücksichtigt werden, wenn diese vom Arbeitnehmer nicht veranlasst worden sind. **Widerruf und Berichtigung** müssten allerdings auch nach dieser Rechtsprechung arg. **§ 85 Abs. 1 S. 2 ZPO** nachgelassen werden. Stützt der Arbeitgeber seinen Auflösungsantrag maßgeblich auf **Drohungen Dritter,** so hat er durch den Vortrag von greifbaren Tatsachen im Einzelnen darzulegen, dass für das von den Dritten befürchtete pflichtwidrige Verhalten des zu Unrecht gekündigten Arbeitnehmers objektive

Umstände vorliegen. Nur wenn der Arbeitgeber im Einzelnen Umstände vorträgt und im Bestreitensfalle beweist, dass die Drohungen Dritter wegen eines mit einiger Sicherheit zu erwartenden pflichtwidrigen Verhaltens des Arbeitnehmers objektiv gerechtfertigt sind, kann eine Auflösung des Arbeitsverhältnisses auf Antrag des Arbeitgebers in Betracht kommen. Im Übrigen ist ein **Verhalten Dritter** als Grund für den Auflösungsantrag des Arbeitgebers nach § 9 KSchG nur dann geeignet, wenn der Arbeitnehmer dieses Verhalten durch eigenes Tun entscheidend veranlasst hat oder es ihm zuzurechnen ist (*BAG* 14.5.1987 AP Nr. 18 zu § 9 KSchG 1969). Äußerungen oder Verhaltensweisen, die dem Schutzbereich des **Art. 5 Abs. 1 GG (Meinungsfreiheit)** unterfallen, müssen ggf. mit dem davon betroffenen Persönlichkeitsrecht des Arbeitgebers oder anderer Betriebsangehöriger abgewogen werden (für Abmahnung *BVerfG* 16.10.1998 NZA 1999, 77; s.a. *BAG* 6.11.2003 EzA § 1 KSchG Verhaltensbedingte Kündigung Nr. 60). Aufgrund der besonderen Glaubwürdigkeit, auf die **Kirchengemeinden** in der Öffentlichkeit angewiesen sind, kann im Einzelfall der Eindruck einer heillosen Zerstrittenheit des Gemeindepersonals die Auflösung des Arbeitsverhältnisses eines kirchlichen Arbeitnehmers rechtfertigen (*BVerfG* 2.2.1990 EzA § 9 KSchG nF Nr. 36), nicht allerdings **kirchenspezifische Kündigungsgründe**, die schon die Kündigung nicht tragen (*LAG Düsseld.* 13.8.1998 – 7 Sa 425/98 – nv). Eng in diesem Zusammenhang steht die Beurteilung von **Kündigungen** kirchlicher Arbeitnehmer wegen Tätigkeiten für die »Universale Kirche« (*BVerfG* 7.3.2002 NJW 2002, 2771) oder heimlicher Beziehung einer Lehrerin zu einem Mönch als Leiter ihrer Schule (*BVerfG* 31.1.2001 RzK I 8g Nr. 27). Demgegenüber rechtfertigt die bloße **Weigerung** aller leitenden Funktionsträger eines Krankenhauses, weiterhin mit dem Chefarzt einer Abteilung **zusammenzuarbeiten**, noch keine Auflösung, wenn der Arbeitgeber nicht vorher durch zumutbare Gegenvorstellungen versucht hat, dem Druck entgegenzuwirken und die Spannungen abzubauen (*LAG Köln* 17.1.1996 LAGE § 626 BGB Druckkündigung Nr. 1; ähnlich *BAG* 10.10.2002 EzA § 9 KSchG nF Nr. 46).

57 Es ist nicht erforderlich, dass die Auflösungsgründe durch Arbeitnehmerverhalten, insbes. **schuldhaft** herbeigeführt worden sind (*BAG* 30.6.1969 AP Nr. 56 zu 1 KSchG 1951; *BAG* 10.10.2002 EzA § 9 KSchG nF Nr. 46; *Löwisch* Rz 55; *v. Hoyningen-Huene/Linck* Rz 40). Dies gilt sowohl für die personen- als auch für die verhaltensbedingten Auflösungsgründe. Für eine gerichtliche Auflösung des Arbeitsverhältnisses genügt es, wenn nach der objektiven Sachlage zum Zeitpunkt der letzten mündlichen Verhandlung ausreichende Gründe für die Annahme vorliegen, dass in Zukunft eine den Betriebszwecken dienliche Zusammenarbeit nicht mehr zu erwarten ist.

57a Kündigungsgründe, die nach dem Ablauf der Ausschlussfrist des § 626 Abs. 2 BGB ihre die Kündigung rechtfertigende Bedeutung verloren haben, führen nicht zu einer Herabsetzung der Höhe der Abfindung (*BAG* 7.11.1975 – 2 AZR 406/74 – nv). Eine andere Betrachtungsweise würde im Widerspruch zum Zweck der Ausschlussfrist des § 626 Abs. 2 BGB stehen.

58 Als Auflösungsgründe können solche Tatsachen herangezogen werden, die sich entweder **vor** oder **nach** der Kündigung ereignet haben (ebenso *Bauer* DB 1985, 1181). Als Auflösungstatsachen können auch solche Umstände geeignet sein, die die **Kündigung selbst nicht rechtfertigen** (*BAG* 26.7.2005 NZA 2005, 1372; 16.5.1984 EzA § 9 KSchG nF Nr. 16; 18.4.1984 – 7 AZR 619/84 – juris; aA *LAG SchlH* 10.3.1999 RzK I 11 a Nr. 29). Durch eine bloße Bezugnahme auf nicht ausreichende Kündigungsgründe genügt der Arbeitgeber noch nicht seiner **Darlegungslast**. Er muss vielmehr im Einzelnen vortragen, weshalb die nicht ausreichenden Kündigungsgründe einer den Betriebszwecken dienlichen weiteren Zusammenarbeit entgegenstehen sollen (In der Terminologie der 2. Kammer des Ersten Senats des *BVerfG* [22.10.2004 EzA § 9 KSchG nF Nr. 49] müssen zusätzlich greifbare Tatsachen dafür vorgetragen werden, dass der die Kündigung nicht rechtfertigende Sachverhalt gleichwohl so beschaffen ist, dass er eine weitere gedeihliche Zusammenarbeit nicht erwarten lässt). Nicht notwendig ist es, dass es sich um neue, erst nach Ausspruch der Kündigung eingetretene Tatsachen handelt (*BAG* aaO). Der Arbeitgeber muss darlegen, welche der zur Kündigung vorgetragenen Tatsachen auch für den Auflösungsantrag herangezogen werden sollen. Geringere Anforderungen an die Darlegungslast des Arbeitgebers können allenfalls dann gestellt werden, wenn es sich um Kündigungsgründe mit Dauerwirkung handelt (vgl. zur Darlegungslast des Arbeitgebers Rz 60, 61).

58a Soweit für den Arbeitgeber hinsichtlich der ihm bei Ausspruch der Kündigung bekannten Kündigungsgründe wegen Nichtbeteiligung des Betriebsrates nach § 102 BetrVG ein **Verwertungsverbot** besteht (vgl. *BAG* 18.12.1980 EzA § 102 BetrVG 1972 Nr. 44 und 1.4.1981 EzA § 102 BetrVG 1972 Nr. 45), erstreckt sich dieses auch auf das **Nachschieben von Auflösungstatsachen**. Eine andere Betrachtungsweise würde zu einer weitgehenden Aushöhlung des Verwertungsverbotes führen mit der Folge, dass unzulässig nachgeschobene Kündigungsgründe letztlich doch zu einer Auflösung des Arbeitsverhältnisses führen (KDZ-*Zwanziger* Rz 23; **abw.** *Koller* SAE 1982, 27, 30; *v. Hoyningen-Huene/Linck* Rz 45; *Knorr/Bichlmeier/Kremhelmer* Kap. 14 Rz 133; HK-*Hauck* Rz 48; ErfK-*Kiel* Rz 24; HaKo-*Fiebig* Rz 69; ausführliche Kritik bei *Lunck* NZA 2000, 807 ff.). Das *BAG* hat im Urteil vom 18.12.1980 (EzA § 102 BetrVG 1972 Nr. 44) diese Frage offen gelassen, **jetzt aber gegen** die Relevanz von betriebsverfassungs- oder personalvertretungsrechtlichen Verwertungsverboten erkannt (*BAG* 10.10.2002 EzA § 9 KSchG nF Nr. 46).

d) **Rechtsmissbräuchliche Antragstellung**

Der Auflösungsantrag des Arbeitgebers ist zurückzuweisen, wenn er selbst oder Personen, für deren 59 Verhalten er im Rahmen des Arbeitsverhältnisses nach § 278 BGB einzustehen hat, die Auflösungsgründe treuwidrig herbeigeführt oder provoziert haben, um damit eine den Betriebszwecken dienliche weitere Zusammenarbeit als aussichtslos darstellen zu können (*BAG* 15.2.1973 EzA § 9 KSchG nF Nr. 1; 10.10.2002 EzA § 9 KSchG nF Nr. 46; 2.6.2005 EzA § 9 KSchG nF Nr. 51; *Löwisch/Spinner* Rz 62; *v. Hoyningen-Huene/Linck* Rz 42; *Neumann* Kündigungsabfindung Rz 28). Der Grundsatz, dass ein Antrag auf Auflösung des Arbeitsverhältnisses abzulehnen ist, wenn er sich als **Rechtsmissbrauch** erweist, gilt für beide Parteien (vgl. Rz 46). Das Vorliegen einer rechtsmissbräuchlichen Antragstellung hat das Gericht von Amts wegen zu berücksichtigen.

Die Antragstellung durch den Arbeitgeber ist nicht deshalb rechtsmissbräuchlich, weil dadurch der 59a Anspruch des Arbeitnehmers auf **Prozessbeschäftigung** vereitelt wird. Dies ist allein Folge des Umstandes, dass die durch einen zulässigen Auflösungsantrag begründete Ungewissheit über den Ausgang der Kündigungssache ein schutzwertes Interesse des Arbeitgebers an der Nichtbeschäftigung des gekündigten Arbeitnehmers für die Dauer des Kündigungsprozesses iSd Entscheidung des Großen Senats des *BAG* 27.2.1985 (AP Nr. 14 zu § 611 BGB Beschäftigungspflicht) begründet (*BAG* 16.11.1995 EzA Art. 20 EinigungsV Nr. 47).

e) **Darlegungs- und Beweislast**

Nach der Neufassung des § 9 Abs. 1 S. 2 KSchG (vgl. Rz 4, 5) ist der Arbeitgeber in vollem Umfang **darlegungs- und beweispflichtig** für das Vorliegen der Gründe, die einer künftigen gedeihlichen Zusammenarbeit entgegenstehen sollen (*BAG* 25.10.1989 AP Nr. 36 zu § 611 BGB Direktionsrecht; 30.9.1976 EzA § 9 KSchG nF Nr. 3; *Löwisch/Spinner* Rz 53; *v. Hoyningen-Huene/Linck* Rz 9 und 44; *Hofmann* ZfA 1970, 82; *Neumann* Kündigungsabfindung Rz 27). Der Arbeitgeber ist aufgrund der ihm obliegenden Darlegungslast gehalten, im Einzelnen die Tatsachen dafür vorzutragen, aus denen sich ergeben soll, dass eine den Betriebszwecken dienliche weitere Zusammenarbeit nicht mehr zu erwarten ist. Schlagwortartige Formulierungen, etwa des Inhalts, dass die Vertrauensgrundlage entfallen sei oder keine gemeinsame Basis mehr für eine Zusammenarbeit bestehe, reichen nicht aus (*BAG* 16.5.1984 EzA § 9 KSchG nF Nr. 16). **Begründungsfrei** ist gem. **§ 14 Abs. 2 S. 2** KSchG lediglich der Auflösungsantrag gegenüber einem **Angestellten in leitender Stellung**. Bei Zweifeln an dieser Eigenschaft kann der Arbeitgeber aber **hilfsweise** Auflösungsgründe vortragen (*LAG Hamm* 14.12.2000 LAGE § 9 KSchG nF Nr. 35).

Die Berücksichtigung von nicht erwiesenen streitigen Auflösungstatsachen ist dem Gericht nach der 61 Neufassung des § 9 Abs. 1 S. 2 KSchG verwehrt. Nach dem auch im arbeitsgerichtlichen Verfahren geltenden **Verhandlungsgrundsatz** darf das Gericht seiner Entscheidung nur solche Auflösungstatsachen zugrunde legen, die der darlegungspflichtige Arbeitgeber vorgebracht hat (*BAG* 30.9.1976 EzA § 9 KSchG nF Nr. 3). Selbst offenkundige Tatsachen darf das Gericht nicht verwerten, wenn der Arbeitgeber sich nicht auf sie zur Begründung seines Auflösungsantrages berufen hat (*BAG* 16.5.1984 EzA § 9 KSchG nF Nr. 16; *Bauer* DB 1985, 1180; *Glaubitz* SAE 1977, 301; *Löwisch/Spinner* Rz 53). Zur Frage der Darlegungslast bei nicht ausreichenden Kündigungsgründen vgl. Rz 58.

f) **Besonderheiten bei betriebsverfassungsrechtlichen Funktionsträgern und kündigungsrechtlich sonst besonders geschützten Personen**

Das KSchG enthält keine ausdrückliche Regelung hinsichtlich der Frage, ob und ggf. unter welchen 62 Voraussetzungen das Arbeitsverhältnis von **betriebsverfassungsrechtlichen Funktionsträgern** (gleich, ob vor oder nach Kündigung in das Amt gelangt) auf Antrag des Arbeitgebers aufgelöst werden kann. Nach der Ansicht des *BAG* (7.12.1972 AP Nr. 1 zu § 9 KSchG 1969) ergibt sich aus dem Sinn und Zweck des § 15 KSchG, dass einem Auflösungsantrag nach § 9 Abs. 1 S. 2 KSchG nur dann stattgegeben werden kann, wenn er auf ein Verhalten des Personalratsmitglieds gestützt wird, das als wichtiger Grund zur fristlosen Kündigung iSd § 626 BGB anzusehen ist (ebenso *Ascheid* Kündigungsschutzrecht Rz 810; *KDZ-Zwanziger* Rz 24; *Löwisch/Spinner* Rz 64; *v. Hoyningen-Huene/Linck* Rz 38a). Den Grund für eine derartige Auffassung sieht das *BAG* in der Gefahr der Umgehung des § 15 KSchG. Zur Frage der Beteiligungsrechte des Betriebsrates bzw. des Personalrates hat das *BAG* in dieser Entscheidung nicht Stellung genommen. Hierzu bestand auch kein Anlass, da das Personalvertretungsgesetz des Saarlandes in der damals geltenden Fassung noch kein Zustimmungserfordernis bei einer außerordentlichen Kündigung eines Personalratsmitgliedes enthielt. Um eine Umgehung der § 103 BetrVG, § 108 BPersVG sowie der entsprechenden Vorschriften der Landespersonalvertretungsgesetze zu verhindern, dürfte eine Auflösung auf Antrag des Arbeitgebers nur nach erfolgter Zustimmung der betriebsverfassungsrechtlichen bzw. personalvertretungsrechtlichen Vertretungsorgane in Betracht kommen. Im Falle einer Zustimmungsverweigerung bedürfte es einer Ersetzung durch das Arbeits- bzw. Verwaltungsgericht. Da der Arbeitgeber bei Vorliegen eines wichtigen Grundes dem betriebsverfassungsrechtlichen bzw. personalvertretungsrechtlichen Funktionsträger mit Zustimmung des zuständigen Vertretungsorgans außerordentlich fristlos kündigen und damit eine Auflösung des Arbeitsverhältnisses ohne Abfindung bewirken kann, dürfte in der Praxis kaum ein Bedürfnis für eine gerichtliche Auflösung des Arbeitsverhältnisses nach § 9 Abs. 1 S. 2 KSchG bestehen. Im Übrigen spricht vieles dafür, die Bestimmungen über den besonderen Kündigungsschutz (§ 15 KSchG, § 103 BetrVG, § 108 BPersVG) als lex specialis gegenüber der Regelung des § 9 Abs. 1 S. 2 KSchG anzusehen (**zust.** *LAG Hamm* 30.9.1999 RzK I 11 a Nr. 30; *LAG Bln.* 27.5.2004 LAGE § 9 KSchG Nr. 36; *LAG BW* 12.3.2003 – 4 Sa 45/02; BBDW-*Bader* Rz 53; APS-*Biebl* Rz 57) mit der Folge, dass gegenüber diesem Personenkreis lediglich eine außerordentliche Kündigung, nicht dagegen eine gerichtliche Auflösung des Arbeitsverhältnisses auf Antrag des Arbeitgebers möglich ist (**abl.** *Löwisch/Spinner* Rz 64; ErfK-*Kiel* Rz 25; **diff.** APS-*Biebl* Rz 58: Auflösungsantrag möglich bei wichtigem Grund, wenn auf Verhalten **vor** Erlangung der Funktion gestützt). Das Problem stellt sich nicht, wenn dem Funktionsträger **außerordentlich** gekündigt wurde und hierüber prozessiert wird. Denn in dieser Situation ist mit Blick auf § 13 Abs. 1 S. 3 KSchG ohnehin kein arbeitgeberseitiger Auflösungsantrag möglich; es bleiben nur die Fälle übrig, in denen aufgrund § 15 Abs. 4 oder Abs. 5 KSchG fristwahrend gekündigt ist. Auf Antrag des Arbeitnehmers kann dagegen bei sozialwidriger Kündigung – trotz Vorliegens der Voraussetzungen des § 15 KSchG – das Arbeitsverhältnis gegen Zahlung einer Abfindung aufgelöst werden, da gegen einen nachträglichen Verzicht auf den besonderen Kündigungsschutz keine Bedenken bestehen.

62a Bei sonst **kündigungsrechtlich besonders geschützten Personen** (etwa nach Mutterschutz- oder Schwerbehindertenrecht) besteht keine gesetzliche Sperre für eine arbeitgeberseitig erstrebte Auflösung nach § 9 KSchG, wenn die Auflösungsvoraussetzungen (Sozialwidrigkeit der behördlich zugelassenen Kündigung und Unzumutbarkeit der Fortsetzung des Arbeitsverhältnisses) vorliegen. Denn dem besonderen Kündigungsschutz ist durch die behördliche Zustimmung, die sich auf den Beendigungstatbestand »Kündigung« bezieht, Rechnung getragen. Anderes ist nur erwägenswert, wenn die Voraussetzungen besonderen Kündigungsschutzes erst nach Ausspruch einer bereits streitgegenständlichen Kündigung eintreten und erst jetzt Auflösungsantrag gestellt wird. Letzterer darf dann jedenfalls nicht zu einer Umgehung des besonderen Bestandsschutzes des Arbeitsverhältnisses führen, wenn dieser auf verfassungsrechtliche Garantien zurückzuführen ist (etwa auf das Benachteiligungsverbot Behinderter nach Art. 3 Abs. 3 S. 2 GG oder auf den Mutterschutz, den Art. 6 Abs. 4 GG meint; zu letzterem *Sächs. LAG* 12.4.1996 RzK I 11 a Nr. 26; zust. HaKo-*Fiebig* Rz 85; **aA** *v. Hoyningen-Huene/Linck* Rz 38b; *Nägele* ArbRB 2005, 143, 144 f.). Er wäre dann unwirksam, soweit eine nunmehr bestehende Kündigungssperre nicht aufgehoben ist oder, nach den Feststellungen des Arbeitsgerichts, zumindest nicht aufzuheben wäre. Nach der Ansicht des *OVG Lüneburg* (12.7.1989 NZA 1990, 66; **aA** *BVerwG* 11.5.2006 – 5 B 24/06 – juris) und des *ArbG Stuttgart* (27.6.2002 DB 2002, 2278; **aA** das Berufungsgericht *LAG BW* 12.3.2003 – 4 Sa 45/02 – juris) etwa bedarf der Auflösungsantrag des Arbeitgebers gegenüber einem schwer behinderten Menschen zu seiner Wirksamkeit der Zustimmung des Integrationsamtes (damals Hauptfürsorgestelle). **Jedenfalls** kommt bei einer Auflösungsentscheidung einer **Schwerbehinderung** bei der **Gewichtung des Auflösungsgrundes** Bedeutung zu (*BAG* 7.3.2002 EzA § 9 KSchG nF Nr. 45).

g) Sonderregelung für leitende Angestellte

63 Für **leitende Angestellte** besteht gem. § 14 Abs. 2 KSchG insofern eine **Sonderregelung,** als der Arbeitgeber gegenüber diesem Personenkreis den Auflösungsantrag nicht zu begründen braucht (vgl. hierzu i.E. KR-*Rost* § 14 KSchG Rz 37–41).

h) Sonderregelung für Arbeitnehmer bei den Stationierungsstreitkräften

Eine weitere **Sonderregelung** gilt für die bei den **Stationierungsstreitkräften** beschäftigten **Arbeitnehmer**. Nach Art. 56 Abs. 2a ZA-NATO-Truppenstatut gilt § 9 Abs. 1 S. 2 KSchG mit der Maßgabe, dass der Antrag des Arbeitgebers auch darauf gestützt werden kann, dass der Fortsetzung des Arbeitsverhältnisses **besonders schutzwürdige militärische Interessen** entgegenstehen. Die oberste Dienstbehörde kann die besonders schutzwürdigen militärischen Interessen glaubhaft machen; in diesem Fall ist die Verhandlung vor dem erkennenden Gericht nicht öffentlich. Sofern die Offenlegung der Gründe die Gefahr eines schweren Schadens für die Sicherheit des Entsendestaates oder seiner Truppe verursachen könnte, kann die oberste Dienstbehörde der Truppe im Einvernehmen mit dem Chef des Bundeskanzleramts die Glaubhaftmachung durch eine förmliche Erklärung bewirken. Diese Regelung beruht auf dem **Änderungsabkommen** zu dem ZA-NATO-Truppenstatut vom **18.3.1993**, dem der Bundestag mit Gesetz vom **28.9.1994** zugestimmt hat (BGBl. II S. 2594 mit S. 2598 ff.). Das Zustimmungsgesetz selbst ist am 29.9.1994 in Kraft getreten. Das **Änderungsabkommen** trat dreißig Tage nach Hinterlegung der letzten Ratifikations- oder Genehmigungsurkunde in Kraft. Der Tag, an dem das **Änderungsabkommen** für die Bundesrepublik Deutschland **in Kraft treten sollte**, war aufgrund Art. 5 des Zustimmungsgesetzes im **Bundesgesetzblatt** (Teil II) bekannt zu geben. Danach **ist** es am 29.3.1998 (BGBl. II S. 1691) in Kraft getreten. Zu Einzelheiten der sich aufgrund des Änderungsabkommens ergebenden Rechtslage vgl. KR-*Weigand* NATO-ZusAbk Rz 12 sowie insbes. Rz 31–35.

Nach der vorhergehenden und für Altfälle noch interessierenden **Regelung** in Art. 56 Abs. 2 ZA-NATO-Truppenstatut konnte der Arbeitgeber für den Fall einer vom ArbG festgestellten sozialwidrigen Kündigung die Weiterbeschäftigung unter Berufung auf besonders schutzwürdige militärische Interessen ablehnen (*BAG* 9.12.1971 AP Nr. 3 zu Art. 56 ZA-NATO-Truppenstatut; *Matissek* NZA 1988, 383). Diese Lösungsmöglichkeit stand – jetzt: steht die Neuregelung – neben der allgemeinen Regelung des § 9 Abs. 1 S. 2 KSchG. Bei Vorliegen von Auflösungsgründen konnte daher der Arbeitgeber zunächst den Auflösungsantrag stellen. Im Falle einer Zurückweisung des Auflösungsantrages konnte er innerhalb von 21 Tagen nach Zustellung des Urteils die Weiterbeschäftigung des Arbeitnehmers ablehnen, sofern er bereits während des Kündigungsrechtsstreits vorgetragen hatte, dass der Weiterbeschäftigung besonders schutzwürdige militärische Interessen entgegenstehen. Die Frage, ob Art. 56 Abs. 2 ZA-NATO-Truppenstatut **verfassungsgemäß** war, ist mit Blick auf die gegenüber anderen Beschäftigten darin enthaltene Sonder-Lösungsmöglichkeit streitig (vgl. den durch Vergleich im Ausgangsverfahren erledigten Vorlagebeschluss des *ArbG Kaiserslautern* 15.10.1987 NZA 1988, 400, sowie *Matissek* NZA 1988, 385). Sie dürfte nicht anders zu beantworten sein als in der auf den weiteren Vorlagebeschluss des *Arbeitsgerichts* (2.8.1991 NZA 1992, 133) ergangenen Entscheidung des *BVerfG* vom 8.10.1996 (EzA Art. 3 GG Nr. 60) zur Mitwirkung der Betriebsvertretungen der Zivilbeschäftigten bei den in Deutschland stationierten NATO-Truppen an Personalentscheidungen. Hier hat das *Gericht* keine verfassungswidrige Ungleichbehandlung gegenüber sonstigen Beschäftigten nur deshalb erkannt, weil den Betriebsvertretungen bei Einstellungen nur ein Mitwirkungsrecht zusteht. Dieser Widerspruch zu Art. 3 GG sei u.a. mit Blick darauf hinzunehmen, dass die Bundesrepublik beim Aushandeln der Stationierungsverträge in ihrer Handlungsfreiheit beschränkt war. Wegen weiterer Einzelheiten vgl. KR-*Weigand* NATO-ZusAbk Rz 11 sowie ausführlich *Weigand* (KR, 3. Aufl.) NATO-ZusAbk Rz 22–25.

5. Rechtslage bei beiderseitigem Auflösungsantrag

a) Prozessuale Fragen

Von der ihnen nach § 9 Abs. 1 KSchG zustehenden Antragsbefugnis können beide Parteien Gebrauch machen. Das Gesetz schreibt keine zeitliche Reihenfolge für eine beiderseitige Antragstellung vor. Bei der richterlichen Prüfung der Auflösungsanträge ergibt sich aber aus prozessualen Gründen eine Verpflichtung zur vorrangigen Würdigung des vom Arbeitnehmer gestellten Auflösungsantrages. Dies ergibt sich aus dem Charakter des Arbeitnehmer-Auflösungsantrages als unechter Hilfsantrag (vgl. Rz 16). Da es sich demgegenüber beim Antrag des Arbeitgebers regelmäßig um einen echten Hilfsantrag handelt (vgl. Rz 17), kann auf diesen erst eingegangen werden, wenn dem Auflösungsantrag des Arbeitnehmers (zB mangels Schlüssigkeit oder mangels Erweisbarkeit der streitigen Auflösungstatsachen) nicht stattgegeben werden kann (ebenso *Neumann* Kündigungsabfindung Rz 32; aA wohl *Bauer* FS Hanau S. 158). Unterlässt es der Arbeitgeber, die vom Arbeitnehmer schlüssig vorgebrachten Auflösungsgründe zu bestreiten, so ist dem Auflösungsantrag des Arbeitnehmers stattzugeben. Unschlüssige Auflösungsanträge sind dagegen zurückzuweisen.

b) Beurteilungsmaßstäbe

66 Allein der Umstand, dass beide Parteien die Auflösung des Arbeitsverhältnisses begehren, entbindet das Gericht noch nicht von der Prüfung, ob die gesetzlichen Voraussetzungen für eine gerichtliche Auflösung vorliegen (ebenso *Löwisch/Spinner* § 9 Rz 89; *Neumann* Kündigungsabfindung Rz 31; HK-*Hauck* Rz 55; HaKo-*Fiebig* Rz 74; *Boewer* in *Henssler/Moll* [Hrsg.], Kündigung und Kündigungsschutz in der betrieblichen Praxis, Rz 103 f.; *St. Müller* Diss., S. 106 ff.; MünchKomm-*Hergenröder* Rz 69; **aA** *Bauer* DB 1985, 1182; *ders.* FS Hanau S. 158; *v. Hoyningen-Huene/Linck* Rz 47; *Ascheid* Kündigungsschutzrecht Rz 812; *Leisten* BB 1994, 2138 f.; *Bauer/Hahn* DB 1990, 2471; ArbRGB-*Weller* vor § 620 Rz 266; BBDW-*Bader* Rz 21; SPV-*Vossen* Rz 1990f.; *BAG* 29.3.1960 AP Nr. 7 zu § 7 KSchG 1951; *LAG Bln.* 8.8.1967 BB 1968, 207; *LAG Köln* 23.4.1993 – 14 Sa 1065/92 – juris; APS-*Biebl* Rz 71; KDZ-*Zwanziger* Rz 29). Das von der Gegenansicht vorgebrachte Argument, das Gericht sei an das übereinstimmend geäußerte Auflösungsbegehren in dem Sinne gebunden, dass es ohne weiteres auf Auflösung des Arbeitsverhältnisses zu erkennen habe, vermag nicht zu überzeugen. Eine derartige Bindung folgt insbes. nicht aus dem auch das arbeitsgerichtliche Verfahren beherrschenden Verhandlungsgrundsatz (so aber *LAG Bln.* 8.8.1967 aaO), da diese Prozessmaxime nur die Frage betrifft, wer dafür zu sorgen hat, dass alles entscheidungserhebliche Tatsachenmaterial in den Prozess eingeführt wird. Auf die vom Gesetz für den Erlass eines Auflösungsurteils aufgestellten Voraussetzungen kann das Gericht selbst dann nicht verzichten, wenn beide Parteien die Auflösung beantragen. Allein die hierin zum Ausdruck kommende Willensübereinstimmung (die im Übrigen zunächst einmal der Aufklärung bedürfte; möglicherweise haben die Parteien ein Interesse an der Feststellung, dass die Fortsetzung des Arbeitsverhältnisses unzumutbar geworden ist, vgl. *Schwerdtner* FS Anwaltsinstitut, S. 250) vermag nicht die gesetzlichen Voraussetzungen für den Erlass eines Auflösungsurteils zu ersetzen (über welche die Parteien ebenso wenig disponieren können, wie der an das Gesetz gebundene Richter, vgl. **zutreffend** i.d.S. *St. Müller* Diss., S. 108 f.). Im Übrigen ist zu berücksichtigen, dass es für die Bemessung der Abfindung von Bedeutung ist, welche Arbeitsvertragspartei Auflösungstatsachen herbeigeführt hat. Auch der Umstand, dass sich beide Auflösungsanträge als unbegründet erweisen, spricht nicht gegen die Richtigkeit des hier vertretenen Standpunktes. Nach der Grundkonzeption des KSchG steht der Bestandsschutz und nicht der Abfindungsschutz im Vordergrund. Dem Gericht ist nur dann eine materiellrechtliche Prüfung verwehrt, wenn eine Partei den Auflösungsanspruch anerkennt und die andere Partei hierauf den Erlass eines Anerkenntnisurteils gem. § 307 ZPO beantragt. Auch verfängt nicht das Argument von SPV-*Vossen* (aaO), die Prüfung der Voraussetzungen könnte dazu führen, dass ein Arbeitsverhältnis gegen den Willen beider Parteien fortzusetzen wäre. Denn es bleibt den Parteien unbenommen, das sie verbindende Arbeitsverhältnis im Rahmen einer vergleichsweisen Regelung aufzuheben (u. Rz 68; **wie hier** KDZ-*Zwanziger* Rz 31; *Schwerdtner* FS Anwaltsinstitut, S. 250) **oder** ihre Auflösungsanträge wechselseitig anzuerkennen (*Tschöpe* FS Scherdtner, S. 241). Dagegen wendet APS-*Biebl* (Rz 71) ein, hier werde übersehen, dass sich die Parteien häufig über die Beendigung des Arbeitsverhältnisses, nicht aber über die Höhe der Abfindung einig seien. **Diese** Ansicht läuft Gefahr, das Ausmaß der Sozialwidrigkeit der Kündigung, welches die Unzumutbarkeit der Fortführung des Arbeitsverhältnisses bedingen kann, als Maßstab für die Höhe der Abfindung (vgl. KR-*Spilger* § 10 KSchG Rz 56 f.) aus dem Blick zu verlieren. Oder anders: Spätestens bei der Festsetzung der Abfindungshöhe werden Erwägungen auch zu den gesetzlichen Auflösungsvoraussetzungen erforderlich. Warum auf deren Prüfung bei der Auflösungsentscheidung zu verzichten sei, erschließt sich somit nicht. De lege ferenda wäre auch erwägenswert, das Gewicht bei Dissens über die Abfindungshöhe dem Modell des § 91a ZPO entsprechend entscheiden zu lassen.

67 Abzulehnen ist auch die Ansicht (vgl. *Oehmann* AuR 1953, 174 f.; *LAG BW* 31.3.1969 BB 1969, 718), nach der unterschiedliche **Beurteilungsmaßstäbe** an den Begriff der Unzumutbarkeit anzulegen sind, je nachdem, ob der Arbeitgeber den vom Arbeitnehmer gestellten Auflösungsantrag unterstützt oder bekämpft (in dieser Richtung aber auch *Neumann* Kündigungsabfindung Rz 32 f.). Bei einem schlüssigen Auflösungsantrag des Arbeitnehmers kann das unterstützende Verhalten des Arbeitgebers aber idR als Nichtbestreiten der vom Arbeitnehmer vorgebrachten Auflösungstatsachen gewertet werden mit der Folge, dass es keines Beweises bedarf (vgl. ebenso für den umgekehrten Fall – Antragstellung durch Arbeitgeber – KDZ-*Zwanziger* Rz 30). Das prozessuale Verhalten einer Partei kann uU auch als Geständnis iSd § 288 ZPO gewertet werden.

c) Vergleichsweise Auflösung

68 Bei einem beiderseitigen Beendigungsinteresse steht es den Parteien allerdings frei, sich über eine **vergleichsweise Auflösung** des Arbeitsverhältnisses zu einigen, ohne dass hierfür die gesetzlichen Voraussetzungen eines Auflösungsurteils vorliegen müssen. Dies kann sowohl in einem gerichtlichen als auch in einem außergerichtlichen Vergleich geschehen (vgl. hierzu *LAG Düsseld.* 17.10.1975 DB 1975, 2379; *LAG Bln.* 5.2.1974 DB 1974, 1486). Dabei ist auch eine Einbeziehung der mit der Beendigung des Arbeitsverhältnisses im Zusammenhang stehenden Ansprüche möglich. So kann insbes. die Gewährung einer Abfindung, die Zahlung der Restvergütung, die Leistung einer Urlaubsabgeltung sowie die Erteilung eines Zeugnisses vereinbart werden. Bei der Festlegung des Auflösungszeitpunktes sind die Parteien nicht an die für das Auflösungsurteil geltende Regelung des §9 Abs. 2 KSchG gebunden. Wegen Einzelheiten zur vergleichsweisen vereinbarten Abfindung vgl. KR-*Spilger* §10 KSchG Rz 78. Zur Möglichkeit eines Anerkenntnisurteils vgl. Rz 66.

V. Verhältnis zum Nachteilsausgleich nach §113 BetrVG sowie zu Abfindungsregelungen in Sozialplänen oder Abfindung nach §1a KSchG

1. Verhältnis zu §113 BetrVG

Bei Vorliegen der in §113 BetrVG (Abs. 3 der Vorschrift **gilt nicht** im Falle gerichtlicher Zustimmung zur Durchführung einer Betriebsänderung nach §122 InsO) geregelten Voraussetzungen kann der Arbeitnehmer einen Anspruch auf Abfindung geltend machen, ohne dass es zuvor einer gerichtlichen Auflösung des Arbeitsverhältnisses bedarf. Die prozessuale Geltendmachung des Nachteilsausgleichs gem. §113 BetrVG hat in Gestalt einer **Leistungsklage** zu erfolgen. Die dreiwöchige Klagefrist des §4 KSchG braucht der Arbeitnehmer bei einer lediglich auf §113 BetrVG gestützten Klage nicht einzuhalten (*v. Hoyningen-Huene/Linck* Rz 69). Hat der unter das KSchG fallende Arbeitnehmer die Leistungsklage innerhalb der dreiwöchigen Klagefrist des §4 KSchG erhoben, so kann er sich nach Ablauf dieser Frist nicht mit Erfolg auf die Sozialwidrigkeit als Rechtsunwirksamkeitsgrund der Kündigung berufen. Die verlängerte Anrufungsfrist nach §6 KSchG gilt hier nicht, da eine Klage nach §113 BetrVG nicht die Geltendmachung von anderen Unwirksamkeitsgründen zum Ziel hat (ebenso *Neumann* Kündigungsabfindung, Rz 55). Die Vorschrift setzt gerade eine **wirksame** Kündigung voraus (hM; aA *Richardi/Annuß* §113 Rz 37 unter Bezugnahme auf den Wortlaut »entlassen«). In diesem Fall besteht für den Arbeitnehmer nur die nach §5 KSchG gegebene Möglichkeit einer nachträglichen Klagezulassung. Beginnt eine **tarifliche Ausschlussfrist** mit der Fälligkeit des Anspruchs, so wird ein Anspruch auf Abfindung nach §113 Abs. 3 BetrVG auch dann mit Beendigung des Arbeitsverhältnisses fällig, wenn über die Kündigung, die zur Beendigung des Arbeitsverhältnisses geführt hat, noch ein Kündigungsschutzprozess anhängig ist (*BAG* 3.8.1982 EzA §113 BetrVG 1972 Nr. 10). Eine Bezifferung des Antrags ist zur Wahrung der tariflichen Ausschlussfristen nicht erforderlich (*BAG* 22.2.1983 EzA §4 TVG Ausschlussfristen Nr. 54; 29.11.1983 EzA §113 BetrVG 1972 Nr. 11). Im **Insolvenzverfahren** sind tarifliche Ausschlussfristen nicht mehr anzuwenden, sofern sie nicht bereits bei Insolvenzeröffnung abgelaufen waren (vgl. *BAG* 18.12.1984 EzA §4 TVG Ausschlussfristen Nr. 63).

Während die Bestimmung des §113 BetrVG von dem Vorliegen einer rechtswirksamen Kündigung ausgeht, setzt der Abfindungsanspruch nach §9 Abs. 1 KSchG eine sozialwidrige und damit unwirksame Kündigung voraus. Dem unter das KSchG fallenden Arbeitnehmer steht dabei insoweit ein **Wahlrecht** zu, als er sich auf eine der beiden Möglichkeiten beschränken kann. Es steht ihm aber auch frei, sowohl den individuellen Kündigungsschutz gem. §§1, 9 KSchG als auch die sich aus §113 BetrVG ergebenden Ansprüche geltend zu machen. Es handelt sich insoweit um zwei rechtlich verschieden ausgestaltete Anspruchsgrundlagen, die aber beide auf die Gewährung einer Abfindung gerichtet sind. Der Arbeitnehmer kann daher stets nur **eine Abfindung** verlangen, die entweder ihre rechtliche Grundlage in §9 KSchG oder in §113 BetrVG hat (vgl. *Richardi/Annuß* §113 Rz 38; *Löwisch/Spinner* Rz 13; *v. Hoyningen-Huene/Linck* Rz 68; *Neumann* Kündigungsabfindung §52 **mit prozesstaktischen Hinweisen; unklar** KDZ-*Zwanziger* Rz 16: »daneben wahlweise«). Das Gericht darf die Verurteilung zu einer Abfindungszahlung deshalb nicht alternativ aus der einen oder der anderen Vorschrift begründen (ErfK-*Kiel* Rz 46).

Bei einer **Änderungskündigung** steht dem Arbeitnehmer kein Anspruch auf eine Entlassungsabfindung nach §113 Abs. 1 BetrVG zu, wenn er das Änderungsangebot nach Maßgabe des §2 KSchG unter Vorbehalt angenommen hat (allg. Ansicht vgl. etwa *Richardi/Annuß* §113 Rz 40 mwN). In den Fällen der zuletzt genannten Art kommt nur ein Nachteilsausgleichsanspruch nach §113 Abs. 2 BetrVG in Betracht. Bei Nichtannahme oder nicht rechtzeitiger Annahme des Änderungsangebots durch den Arbeitnehmer hat dieser einen Abfindungsanspruch nach §113 Abs. 1 BetrVG, sofern die Änderungskündigung zu einer Entlassung führt.

71 Die Abfindungshöhe bemisst sich in beiden Fällen nach § 10 KSchG (vgl. hierzu KR-*Spilger* § 10 KSchG Rz 23 ff.). Erhebt der unter das KSchG fallende Arbeitnehmer sowohl eine Feststellungsklage nach §§ 1, 4, 9 KSchG als auch eine Leistungsklage nach § 113 BetrVG, so kann er durch eine entsprechende Antragstellung die Reihenfolge der Prüfung bestimmen. Verfolgt er den Nachteilsausgleichsanspruch gem. § 113 BetrVG nur in Gestalt eines **Hilfsantrages,** so hat das Gericht zunächst die Sozialwidrigkeit der Kündigung zu prüfen, da die Bejahung dieser Frage Voraussetzung für den Erlass eines Auflösungsurteils ist (vgl. Rz 26). Bei einem stattgebenden Auflösungsurteil bedarf es keiner Entscheidung über den nur hilfsweise gestellten Antrag nach § 113 BetrVG. Es handelt sich nämlich nicht um eine bedingte Klagenhäufung wie im Fall des auf die Feststellung der Sozialwidrigkeit der Kündigung sowie auf Auflösung des Arbeitsverhältnisses gegen Abfindung gerichteten Antrages nach § 9 Abs. 1 KSchG (ebenso *Neumann* Kündigungsabfindung Rz 54). Der Arbeitnehmer kann aber auch den Antrag nach § **113 BetrVG** als **Hauptantrag** stellen (*Richardi/Annuß* § 113 Rz 47). In diesem Falle bedarf es keiner vorherigen Feststellung der Sozialwidrigkeit der Kündigung. Erst wenn sich der Antrag nach § 113 BetrVG als unbegründet erweist, hat das Gericht als Vorfrage für den Erlaß eines Auflösungsurteils nach § 9 KSchG die Sozialwidrigkeit der Kündigung zu prüfen. Auch bei der nur hilfsweisen Antragstellung gem. §§ 1, 9 KSchG ist die dreiwöchige Klagefrist des § 4 KSchG zu beachten (vgl. *Neumann* Kündigungsabfindung, Rz 43).

72 Der Übergang von einem Antrag nach §§ 1, 9 KSchG auf einen Antrag nach § 113 BetrVG und umgekehrt ist eine **Klageänderung** iSd § 263 ZPO, die nach Eintritt der Rechtshängigkeit nur mit Einwilligung des Arbeitgebers oder mit Zulassung des Gerichts möglich ist. Es liegt eine Verschiedenheit der Streitgegenstände vor (ebenso *Richardi/Annuß* § 113 Rz 45).

73 Die **Beweislast** ist bei einer Kündigungsschutzklage anders verteilt als bei einer Klage nach § 113 BetrVG. Während bei einer Kündigungsschutzklage der Arbeitgeber gem. § 1 Abs. 1 letzter S. KSchG die Tatsachen zu beweisen hat, die die Kündigung bedingen (vgl. hierzu KR-*Griebeling* § 1 KSchG Rz 260–264), besteht bei einer auf § 113 BetrVG gestützten Klage eine andere Beweislastverteilung. Der Arbeitnehmer hat zu beweisen, dass seine Entlassung auf der Abweichung von dem Interessenausgleich beruht oder der Unternehmer das Beteiligungsverfahren nicht durchgeführt hat und er deshalb entlassen werden musste (vgl. *Richardi/Annuß* § 113 Rz 22; *Fitting* § 113 Rz 28). Der Unternehmer ist dagegen beweispflichtig dafür, dass er aus zwingenden Gründen von dem Interessenausgleich abweichen musste.

74 Die InsO enthält **keine** Sonderregelung über die insolvenzrechtliche Einordnung des **Ausgleichsanspruchs** nach § 113 BetrVG. Die Sonderregeln für in der Insolvenz aufgestellte **Sozialpläne** (§ 123 InsO) gelten **nicht** (*Richardi/Annuß* § 113 Rz 56). Beruht der Anspruch, wie es beim Nachteilsausgleich der Fall ist, auf pflichtwidriger Handlung des Insolvenzverwalters, so ist er eine echte **Masseverbindlichkeit** iSd § 50 Abs. 1 Nr. 1 InsO (*Richardi/Annuß* aaO). Rührt er aus der Zeit vor Verfahrenseröffnung her, handelt es sich hingegen um eine Insolvenzforderung (*Lakies* NZA 2001, 521, 522). Für **Altfälle** – Insolvenzverfahren, die vor dem 1.1.1999 beantragt wurden – gilt die Rechtslage unter **KO**, **VerglO** und **GesO** aufgrund § 103 EGInsO fort; es wird insoweit auf die Voraufl. verwiesen. Zur insolvenzrechtlichen Einordnung von Abfindungen gem. §§ 9, 10 KSchG vgl. KR-*Spilger* § 10 KSchG Rz 20, 21.

2. Verhältnis zu Abfindungsregelungen in Sozialplänen

75 Kündigungsabfindungen in Sozialplänen gewähren den betroffenen Arbeitnehmern klagbare Ansprüche auf Zahlung des entsprechenden Abfindungsbetrages. Die prozessuale Geltendmachung derartiger Ansprüche hat in Gestalt einer **Leistungsklage** zu erfolgen, für deren Erhebung nicht die Klagefrist des § 4 KSchG gilt. Ebenso wie bei einer auf § 113 BetrVG gestützten Klage ist dabei Streitgegenstand nicht die Frage, ob das Arbeitsverhältnis durch eine bestimmte Kündigung aufgelöst worden ist oder nicht. Bei einer Klage auf Zahlung einer sich aus dem Sozialplan ergebenden Abfindung geht es auch nicht um die Geltendmachung von anderen Unwirksamkeitsgründen der Kündigung. Die Bestimmung des § 6 KSchG findet daher keine Anwendung

76 Rechtsgrundlage für die Gewährung von Abfindungsansprüchen ist allein der Sozialplan, dem nach § 112 Abs. 1 S. 3 BetrVG »die Wirkung einer Betriebsvereinbarung zukommt«. Trotz dieser nicht eindeutigen gesetzlichen Formulierung sind Sozialpläne Betriebsvereinbarungen, und zwar mit einem spezifischen Regelungsgehalt (*BAG* 27.8.1975 EzA § 4 TVG Bergbau Nr. 4). Wie sonstige Betriebsvereinbarungen sind daher auch Sozialpläne nach den für die **Tarifauslegung** geltenden Grundsätzen auszulegen. Sie unterliegen dabei einer gerichtlichen Billigkeitskontrolle (vgl. *BAG* 11.6.1975 EzA § 77

Auflösung des Arbeitsverhältnisses durch Urteil des Gerichts § 9 KSchG

BetrVG 1972 Nr. 1). Die näheren Modalitäten der Anspruchsvoraussetzungen sowie die Höhe der Abfindung werden im Sozialplan eigenständig festgelegt. An die gesetzlichen Bestimmungen der §§ 9, 10 KSchG sind die Betriebspartner nicht gebunden. Kündigungsabfindungen in Sozialplänen sind regelmäßig nicht dazu bestimmt, unverfall- bare Versorgungsanwartschaften abzugelten. Dies gilt insbes. dann, wenn sie schon festgesetzt wurden, als die Unverfallbarkeitsrechtsprechung des *BAG* noch nicht bekannt sein konnte (*BAG* 7.8.1975 EzA § 112 BetrVG 1972 Nr. 5).

Zwischen einer Klage auf Gewährung einer Sozialplan-Abfindung und einer Klage gem. §§ 1, 4, 9 KSchG steht dem Arbeitnehmer ein **Wahlrecht** zu. Falls er die soziale Rechtfertigung der Kündigung nicht anzweifelt, wird er sich in aller Regel mit der Geltendmachung der Sozialplan-Abfindung begnügen. Will der Arbeitnehmer dagegen die soziale Rechtfertigung der Kündigung überprüfen lassen und die gesetzliche Abfindung nach §§ 9, 10 KSchG erhalten, so muss er innerhalb der dreiwöchigen Klagefrist des § 4 KSchG eine Kündigungsschutzklage erheben. Obsiegt der Arbeitnehmer auch hinsichtlich des Auflösungsantrages, so hat das Gericht die Abfindung nach den Maßstäben des § 10 KSchG zu bemessen und nicht nach den im Sozialplan festgelegten Bemessungsfaktoren. Der Arbeitnehmer kann in einem derartigen Fall nicht noch zusätzlich zu der gesetzlichen Abfindung gem. §§ 9, 10 KSchG die Sozialplan-Abfindung verlangen (zur Anrechenbarkeit eines **Sozialplananspruchs** auf **Nachteilsausgleich** ebenso wegen des teilweise identischen Zweckes *BAG* 20.11.2001 EzA § 113 BetrVG Nr. 29). Ist die dem Arbeitnehmer nach dem Sozialplan zustehende Abfindung ausnahmsweise höher als die gesetzliche Abfindung, so kann er die Differenz im Wege einer Leistungsklage geltend machen. Dies gilt selbst dann, wenn im Sozialplan keine entsprechende **Anrechnungsregelung** vorgesehen ist. Zulässig (und häufig) ist zB eine Vereinbarung in einem Sozialplan, nach der die Fälligkeit der Abfindung auf den Zeitpunkt des rechtskräftigen Abschlusses eines Kündigungsrechtsstreits hinausgeschoben und bestimmt wird, dass eine Abfindung nach den §§ 9, 10 KSchG auf die Sozialplanabfindung anzurechnen ist (vgl. *BAG* 20.6.1985 EzA § 4 KSchG nF Ausgleichsquittung Nr. 1; zur Zulässigkeit von Anrechnungsklauseln in Sozialplänen vgl. auch *Heinze* NZA 1984, 17). 77

Für den Fall, dass der Arbeitnehmer mit seinem Auflösungsantrag nach § 9 KSchG nicht durchdringen sollte, stellt das Gericht im Falle der Sozialwidrigkeit der Kündigung den Fortbestand des Arbeitsverhältnisses fest. Dies hat zur Folge, dass dem Arbeitnehmer auch keine Entlassungsabfindung aufgrund eines Sozialplanes zusteht. Nur wenn das Gericht die Kündigungsschutzklage abweist, kann der Arbeitnehmer den Sozialplan-Abfindungsanspruch geltend machen. Dies kann prozessual in Form eines Hilfsantrages erfolgen. Enthält der Sozialplan eine Regelung, wonach der Arbeitnehmer im Falle der Erhebung einer Kündigungsschutzklage die Abfindung nach dem Sozialplan verliert, so ist diese unwirksam. Da der Arbeitnehmer von den ihm gesetzlich zustehenden Möglichkeiten der Überprüfung der Kündigung Gebrauch macht, darf ihm dieses Verhalten nicht zum Nachteil gereichen (§ 612a BGB). Derartige **Ausschluss-Klauseln** sind unzulässig (vgl. *BAG* 20.12.1983 EzA § 112 BetrVG 1972 Nr. 29; 20.6.1985 EzA § 4 KSchG nF Ausgleichsquittung Nr. 1). 78

In einem Sozialplan, der **nach** der Eröffnung des Insolvenzverfahrens aufgestellt wird, kann für den Ausgleich oder die Milderung der wirtschaftlichen Nachteile, die den Arbeitnehmern infolge der geplanten Betriebsänderung entstehen, ein Gesamtbetrag von bis zu **zweieinhalb Monatsverdiensten** (§ 10 Abs. 3 KSchG) der von einer Entlassung betroffenen Arbeitnehmer vorgesehen werden. Die Verbindlichkeiten aus einem solchen Sozialplan sind **Masseverbindlichkeiten** (§ 123 Abs. 2 S. 1 InsO). Jedoch darf, wenn nicht ein Insolvenzplan zustande kommt, für die Berichtigung von Sozialplanforderungen **nicht mehr als ein Drittel** der Masse verwendet werden, die ohne einen Sozialplan für die Verteilung an die Insolvenzgläubiger zur Verfügung stünde. Übersteigt der Gesamtbetrag aller Sozialplanforderungen diese Grenze, so sind die einzelnen Forderungen anteilig zu kürzen. Soft hinreichende Barmittel in der Masse vorhanden sind, soll der Insolvenzverwalter mit Zustimmung des Insolvenzgerichts Abschlagszahlungen auf die Sozialplanforderungen leisten. Eine Zwangsvollstreckung in die Masse wegen einer Sozialplanforderung ist unzulässig (§ 123 InsO). Ein Sozialplan, der **vor** der Eröffnung des Insolvenzverfahrens, jedoch nicht früher als drei Monate vor dem Eröffnungsantrag aufgestellt worden ist, kann sowohl vom Insolvenzverwalter als auch vom Betriebsrat widerrufen werden. Wird der Sozialplan widerrufen, so können die Arbeitnehmer, denen Forderungen aus dem Sozialplan **zustanden**, bei der Aufstellung eines Sozialplans **im Insolvenzverfahren** berücksichtigt werden. Leistungen, die ein Arbeitnehmer vor der Eröffnung des Verfahrens auf seine Forderung aus dem widerrufenen Sozialplan erhalten hat, können nicht wegen des Widerrufs zurückgefordert werden. Bei der Aufstellung eines neuen Sozialplans sind derartige Leistungen an einen von einer Entlassung betroffenen Arbeitnehmer bei der Berechnung des Gesamtbetrags der Sozialplanforderungen 79 nach § 123 Abs. 1 InsO bis zur Höhe von zweieinhalb Monatsverdiensten abzusetzen (§ 124 InsO). Forderungen aus einem nicht widerrufenen oder bereits vor der »kritischen« Phase abgeschlossenen und daher nicht widerrufbaren Sozialplan sind **keine** Masseverbindlichkeiten (*Fitting* §§ 112, 112a Rz 302; *Boemke/Tietze* DB 1999, 1394; DKK-*Däubler* Anh. zu §§ 111–113 § 124 InsO Rz 1; *Lakies* BB 1999, 210; s.a. ders. NZA 2001, 521, 522 mwN). Für **Altfälle** – Insolvenzverfahren, die **vor** dem 1.1.1999 beantragt wurden, – gilt die Rechtslage unter **KO, VerglO** und **GesO** sowie **SozplKonKG** fort (§ 103 EGInsO). Insoweit wird auf die 6. Aufl. Rz 79–79c verwiesen. Zur insolvenzrechtlichen Einordnung von Abfindungen gem. §§ 9, 10 KSchG vgl. KR-*Spilger* § 10 KSchG Rz 20, 21.

3. Verhältnis zu Abfindung nach § 1a KSchG

79a Abfindungsansprüche können nicht gleichzeitig aus § 1a KSchG **und** §§ 9, 10 KSchG entstehen. Denn §§ 9, 10 KSchG erfordern eine Kündigungsschutzklage, § 1a KSchG hingegen erfordert gerade das Fehlen einer solchen (KR-*Spilger* § 1a KSchG Rz 146; *Löwisch / Spinner* Rz 16).

VI. Das Urteil

1. Entscheidungsmöglichkeiten

80 Sofern keine sonstigen Ansprüche (zB Zahlungsansprüche gem. § 615 BGB, Entgeltfortzahlung, Urlaubsabgeltung) in den Kündigungsschutzprozess mit einbezogen sind, gibt es bei einer gem. § 9 KSchG beantragten gerichtlichen Auflösung des Arbeitsverhältnisses folgende Entscheidungsmöglichkeiten (vgl. allg. *v. Hoyningen-Huene/Linck* Rz 48 ff.; *Neumann* Kündigungsabfindung Rz 62 ff.; *Schaub/Linck* § 141 VI 1, Rz 55 ff.; *A. Hueck* FS Nipperdey 1955, S. 99 ff., S. 114 ff.; Formulierungsbeispiele BBDW-*Bader* Rz 41 ff.; speziell für das **Berufungsverfahren** *Spilger* AR-Blattei SD 160.10.2., Rz 332–337):

Bei alleinigem Auflösungsantrag des Arbeitnehmers:
a) Klageabweisung;
b) Feststellung der Sozialwidrigkeit der Kündigung und Zurückweisung des Auflösungsantrages;
c) Feststellung der Sozialwidrigkeit der Kündigung und Auflösung auf Antrag des Arbeitnehmers

Bei alleinigem Auflösungsantrag des Arbeitgebers:
a) Klageabweisung;
b) Feststellung der Sozialwidrigkeit der Kündigung und Zurückweisung des Auflösungsantrages;
c) Feststellung der Sozialwidrigkeit der Kündigung und Auflösung auf Antrag des Arbeitgebers

Bei beiderseitigem Auflösungsantrag:
a) Klageabweisung;
b) Feststellung der Sozialwidrigkeit der Kündigung und Auflösung auf Antrag des Arbeitnehmers;
c) Feststellung der Sozialwidrigkeit der Kündigung und Auflösung auf Antrag des Arbeitgebers;
d) Feststellung der Sozialwidrigkeit der Kündigung und Zurückweisung beider Auflösungsanträge

Bei »**überschießenden**« Auflösungsanträgen (zB späterer [Arbeitnehmer] oder früherer [Arbeitgeber] Auflösungszeitpunkt oder hinsichtlich der Abfindungshöhe) ist der **weitergehende Antrag** (bei Erfolg im Übrigen) zurückzuweisen.

2. Der Urteilstenor

a) Klageabweisung

81 Im Falle einer Klageabweisung (bei sozial gerechtfertigter Kündigung) bedarf es keiner Zurückweisung des Auflösungsantrages im Urteilstenor, und zwar unabhängig davon, ob nur eine Partei oder beide Parteien den Auflösungsantrag gestellt hatten (vgl. *Löwisch/Spinner* Rz 66; *v. Hoyningen-Huene/Linck* Rz 49). Auch in den Entscheidungsgründen muss der Auflösungsantrag nicht behandelt werden, da es mangels Vorliegens einer sozialwidrigen Kündigung an der Grundvoraussetzung für den Erlass eines gerichtlichen Auflösungsurteils fehlt (vgl. Rz 26). Ein klarstellender Hinweis, dass der Antrag mit Blick auf die Klageabweisung gegenstandslos ist (nicht zur Entscheidung anfällt) kann aber nicht schaden.

b) Teilweise Klagestattgabe

82 Gelangt das Gericht zu der Feststellung, dass zwar die Kündigung sozialwidrig ist, die Voraussetzungen für eine gerichtliche Auflösung nach § 9 Abs. 1 S. 1 oder S. 2 KSchG nicht vorliegen, so hat es im

Auflösung des Arbeitsverhältnisses durch Urteil des Gerichts § 9 KSchG

Urteilstenor über beide Anträge zu entscheiden. Die Entscheidung über den Feststellungsantrag lautet in einem derartigen Fall der **teilweisen Klagestattgabe** dahin, dass das Arbeitsverhältnis durch die Kündigung nicht aufgelöst worden ist. Der Auflösungsantrag bzw. die Auflösungsanträge sind im Urteilstenor zurückzuweisen (ebenso *Ascheid* Kündigungsschutzrecht Rz 820; *v. Hoyningen-Huene/Linck* Rz 50; *Löwisch* Rz 65).

Über den Auflösungantrag kann das Gericht nur gleichzeitig mit dem Feststellungsantrag entscheiden. Eine Aufteilung der Entscheidung in ein **Teilurteil** (wegen Unwirksamkeit der Kündigung) und ein Schlussurteil (wegen Auflösung gegen Abfindung) ist unzulässig (BAG 4.4.1957 AP Nr. 1 zu § 301 ZPO; *Auffarth/Müller* § 7 Rz 22; *v. Hoyningen-Huene/Linck* Rz 52; *Neumann* Kündigungsabfindung Rz 66; **aA** *Ascheid* Kündigungsschutzrecht Rz 823; diesem **zust.** APS-*Biebl* Rz 7; *Löwisch/Spinner* Rz 69; LAG RhPf. 10.7.1997 LAGE § 68 ArbGG 1979 Nr. 4). Dies gilt auch für den Fall, dass das Gericht gem. Art. 56 Abs. 2 S. 1 ZA-NATO-Truppenstatut eine Abfindung für den Fall der Nichtweiterbeschäftigung festzusetzen hat (so schon zur ähnlichen früheren Regelung BAG 9.12.1971 AP Nr. 3 zu Art. 56 ZA-NATO-Truppenstatut) oder hinsichtlich des Feststellungsantrages – nicht aber im Übrigen – Entscheidungsreife besteht (also auch keine Teilaussetzung der Verhandlung über den Auflösungsantrag). Den Grundsatz, dass über die Rechtswirksamkeit der Kündigung und über die Auflösung des Arbeitsverhältnisses nur einheitlich entschieden werden kann, hat das BAG (29.1.1981 EzA § 9 KSchG nF Nr. 10) für den Fall eines **Teil-Anerkenntnisurteils** über die Sozialwidrigkeit der Kündigung durchbrochen. Nicht zugelassen hat das Gericht aber ein Teilurteil, in dem die Unwirksamkeit der Kündigung festgestellt und das Arbeitsverhältnis aufgelöst, nicht aber auch die Abfindung festgesetzt wird, denn im Falle der Auflösung ist von Amts wegen auch auf eine Abfindung zu erkennen (*Löwisch/Spinner* Rz 69; *v. Hoyningen-Huene/Linck* Rz 57; *Neumann* Kündigungsabfindung Rz 65; **aA** *Rewolle* DB 1957, 969; BBDW-*Bader* Rz 32). Wird auch der unbezifferte Auflösungsantrag anerkannt, so hat das Gericht die angemessene Höhe der Abfindung im Anerkenntnisurteil festzulegen (ebenso *v. Hoyningen-Huene/Linck* Rz 52a; *Neumann* Kündigungsabfindung Rz 68). Die Beschränkung der Revisionszulassung auf den Auflösungsantrag nach § 9 KSchG ist zulässig (BAG 21.10.1982 – 2 AZR 579/80 – nv). Nach der Ansicht des BAG (29.1.1981 EzA § 9 KSchG nF Nr. 10 und 26.11.1981 EzA § 9 KSchG nF Nr. 11; 28.2.1985 – 2 AZR 323/84 – nv) ist es auch zulässig, die Entscheidung über die Kündigungsschutzklage und über den Auflösungsantrag in der Rechtsmittelinstanz für sich allein anzugreifen. Erlässt das ArbG verfahrensfehlerhaft ein Teilurteil, ist dieses auf die Berufung entsprechend der durch § 68 ArbGG nicht verdrängten Vorschrift in § 538 Abs. 2 Nr. 3 ZPO aufzuheben und die Sache zurückzuverweisen (vgl. LAG Köln 25.4.1997 – 11 Sa 1395/96 – nv). Erklärt sich der Arbeitgeber zwar zum Auflösungsantrag des Arbeitnehmers, nicht aber zum Feststellungsantrag, ergeht einheitlich **Versäumnisurteil** über beide Anträge (ArbG Leipzig 23.6.2006 – 3 Ca 1204/06).

83

c) **Klagestattgabe**

Eine gerichtliche Auflösung des Arbeitsverhältnisses ist nur bei gleichzeitiger Feststellung der Sozialwidrigkeit der Kündigung möglich. Es ist aber nicht erforderlich (allerdings zur Klarstellung ratsam), dass diese Feststellung im Urteilstenor zum Ausdruck kommt. Es genügt vielmehr, wenn das Gericht hierzu in den Entscheidungsgründen Stellung nimmt und im Urteilstenor lediglich die Auflösung des Arbeitsverhältnisses gegen Zahlung einer Abfindung ausspricht (BAG 9.12.1955 u. 13.12.1956 AP Nr. 2 und 5 und § 7 KSchG; *Auffarth/Müller* § 7 Rz 21; *Löwisch/Spinner* Rz 68; *v. Hoyningen-Huene/Linck* Rz 51; BBDW-*Bader* Rz 41; **aA** *Neumann* Kündigungsabfindung Rz 62, 63, **der eine Entscheidung über beide Anträge im Tenor befürwortet**).

84

Die Feststellung der Sozialwidrigkeit der Kündigung hat aber dann im Urteilstenor zu erfolgen, wenn der Arbeitnehmer mit der Kündigungsschutzklage obsiegt, während der Arbeitgeber mit dem allein von ihm gestellten Auflösungsantrag unterliegt. In diesem Falle ist der hilfsweise gestellte Auflösungsantrag des Arbeitgebers im Urteilstenor zurückzuweisen.

85

Obsiegt der Arbeitnehmer dagegen sowohl mit seinem Feststellungs- als auch mit seinem Auflösungsantrag, so bedarf der vom Arbeitgeber hilfsweise gestellte Auflösungsantrag keiner Erwähnung im Urteilstenor (ebenso *Neumann* Kündigungsabfindung Rz 64).

86

Gelangt das Gericht zur **Auflösung des Arbeitsverhältnisses,** sei es auf Antrag des Arbeitgebers oder des Arbeitnehmers, so hat es den Arbeitgeber zugleich zur Zahlung einer **Abfindung** zu verurteilen, und zwar durch die Festlegung eines bezifferten Abfindungsbetrages im Urteilstenor. Eine Auflösung des Arbeitsverhältnisses ohne gleichzeitige Festsetzung einer Abfindung ist nach der gesetzlichen Re-

87

gelung nicht möglich (o. Rz 83). Daher hat das Gericht den Arbeitgeber auch dann zur Zahlung einer Abfindung zu verurteilen, wenn lediglich die Auflösung des Arbeitsverhältnisses ohne Erwähnung der Abfindung beantragt worden ist (vgl. *Löwisch/Spinner* Rz 69; *Schaub/Linck* § 141 VI 1, Rz 58; **aA** BBDW-*Bader* Rz 25). Erkennt der Arbeitgeber sowohl die Sozialwidrigkeit der Kündigung als auch den vom Arbeitnehmer geforderten Abfindungsbetrag an, so kann gem. § 307 ZPO ein **Anerkenntnisurteil** ergehen (vgl. *v. Hoyningen-Huene/Linck* Rz 52a). Neben der Festlegung des Abfindungsbetrages (zur Höhe vgl. KR-*Spilger* § 10 KSchG Rz 23 ff.) hat das Gericht im Urteilstenor den genauen **Auflösungszeitpunkt** anzugeben (vgl. Rz 13a und 31).

3. Kosten

88 Angesichts der Vielzahl von Entscheidungsmöglichkeiten (vgl. Rz 80) gibt es auch eine entsprechende Anzahl von Möglichkeiten, über die Kosten des Kündigungsrechtsstreits zu entscheiden. Die Einbeziehung von sonstigen Ansprüchen in den Kündigungsschutzprozess (zB Zahlungsansprüche nach § 615 BGB, Entgeltfortzahlungsansprüche, Urlaubsabgeltung) wirkt sich naturgemäß auf den Inhalt der Kostenentscheidung aus. Für die Verteilung der Kosten hinsichtlich dieser Nebenansprüche gelten die allgemeinen kostenrechtlichen Grundsätze. Aus Vereinfachungsgründen werden im Folgenden nur die möglichen Kostenentscheidungen **ohne** Berücksichtigung von Nebenansprüchen aufgezeigt.

a) Bei alleinigem Auflösungsantrag des Arbeitnehmers

89 Bei **alleinigem Auflösungsantrag des Arbeitnehmers** hat dieser gem. § 91 Abs. 1 ZPO die Kosten des Rechtsstreits voll zu tragen, wenn die Klage in vollem Umfange abgewiesen wird. Im umgekehrten Fall (Feststellung der Sozialwidrigkeit der Kündigung und Auflösung des Arbeitsverhältnisses auf Antrag des Arbeitnehmers) hat der Arbeitgeber die Kosten des Rechtsstreits gem. § 91 Abs. 1 ZPO voll zu tragen. Wird dagegen lediglich die Sozialwidrigkeit der Kündigung festgestellt, der Auflösungsantrag des Arbeitnehmers dagegen zurückgewiesen, so hat die Kostenentscheidung nach § 92 ZPO zu ergehen. Die Kosten des Rechtsstreits sind in diesem Fall grds. gem. § 92 Abs. 1 S. 1 ZPO nach dem Maß des Obsiegens und Unterliegens der Parteien verhältnismäßig zu teilen (vgl. *v. Hoyningen-Huene/Linck* Rz 62; *Neumann* Kündigungsabfindung Rz. 73). Das Schwergewicht der Entscheidung liegt in diesen Fällen regelmäßig in der Feststellung der Sozialwidrigkeit der Kündigung (ebenso *Löwisch/Spinner* Rz 76; *v. Hoyningen-Huene/Linck* Rz 62). Diese Gewichtung hat auch in der Kostenentscheidung zum Ausdruck zu kommen. Eine Verteilung der Kosten von **drei Viertel** zu **einem Viertel** dürfte im Regelfall angemessen sein (vgl. *BAG* 9.12.1955 AP Nr. 2 zu § 7 KSchG; 28.1.1961 AP Nr. 8 zu § 7 KSchG – zu der genannten Quotelung; 28.11.1968 AP Nr. 19 zu § 1 KSchG Betriebsbedingte Kündigung). Eine andere Verteilung der Kosten ist aber dann geboten, wenn ausnahmsweise die Auflösung des Arbeitsverhältnisses den Hauptstreitpunkt zwischen den Parteien bildet und zur Klärung dieser Frage umfangreiche Beweise zu erheben sind. Nach § 92 Abs. 2 ZPO kann aber auch eine volle Kostentragung des Arbeitgebers in Betracht kommen. Dies ist dann anzunehmen, wenn durch die Entscheidung über den Auflösungsantrag besondere Kosten nicht veranlasst worden sind (zB bei einem unschlüssigen Auflösungsantrag), § 92 Abs. 2 Nr. 1 ZPO.

b) Bei alleinigem Auflösungsantrag des Arbeitgebers

90 Bei **alleinigem Auflösungsantrag des Arbeitgebers** ist die Kostenentscheidung dann unproblematisch, wenn die Klage abgewiesen wird. In diesem Fall hat der Arbeitnehmer gem. § 91 Abs. 1 ZPO die gesamten Kosten zu tragen. Wird dagegen die Sozialwidrigkeit der Kündigung festgestellt, der Auflösungsantrag des Arbeitgebers aber zurückgewiesen, so hat der Arbeitgeber gem. § 91 Abs. 1 ZPO die gesamten Kosten des Rechtsstreits zu tragen (vgl. *v. Hoyningen-Huene/Linck* Rz 61). Bei Feststellung der Sozialwidrigkeit der Kündigung und Auflösung des Arbeitsverhältnisses auf Antrag des Arbeitgebers hat eine Kostenentscheidung nach § 92 ZPO zu ergehen. Dies bedeutet, dass grundsätzlich gem. § 92 Abs. 1 S. 1 ZPO eine Kostenteilung nach dem Maß des Obsiegens und Unterliegens zu erfolgen hat (ebenso *Löwisch/Spinner* Rz 78; *v. Hoyningen-Huene/Linck* Rz 62; *Monjau/Heimeier* Rz 7; *Neumann* Kündigungsabfindung Rz 76; *LAG Bln.* 6.12.1982 EzA § 1 KSchG Tendenzbetrieb Nr. 11), bspw. 3/4 zu 1/4 zugunsten des Arbeitnehmers. Dies gilt selbst dann, wenn der Arbeitgeber den Feststellungsantrag anerkannt hat. Da der Arbeitgeber in diesem Fall aber zur Erhebung der Kündigungsschutzklage Anlass gegeben hat und der Arbeitnehmer gezwungen war, wegen der sonst nach § 7 KSchG eintretenden Wirksamkeit der Kündigung Klage zu erheben, findet § 93 ZPO keine Anwendung (*Auffarth/Müller* § 7 Rz 25; *v. Hoyningen-Huene/Linck* Rz 63; *Maus* § 9 Rz 39; *Neumann* Kündigungsabfindung Rz 78; **aA** *Kauf-*

mann BB 1952, 751 sowie *Monjau/Heimeier* Rz 8, die dem Arbeitgeber die gesamten Kosten auferlegen wollen). Eine entsprechende Anwendung des § 92 Abs. 2 Nr. 1 ZPO ist aber dann geboten, wenn sich der Arbeitnehmer gegen den vom Arbeitgeber gestellten Auflösungsantrag nicht gewehrt hat und durch die Entscheidung über den Auflösungsantrag keine besonderen Kosten entstanden sind (*BAG* 28.11.1968 EzA § 1 KSchG Nr. 12).

c) Bei beiderseitigem Auflösungsantrag

Bei **beiderseitigem Auflösungsantrag** hat im Falle der Klageabweisung der Arbeitnehmer gem. § 91 Abs. 1 ZPO die Kosten zu tragen. Wird das Arbeitsverhältnis auf Antrag des Arbeitnehmers aufgelöst, trifft dagegen den Arbeitgeber gem. § 91 Abs. 1 ZPO die volle Kostenlast. Bei einer Auflösung des Arbeitsverhältnisses auf Antrag des Arbeitgebers ist gem. § 92 Abs. 1 S. 1 ZPO über die Kosten zu entscheiden (*BAG* 28.1.1961 AP Nr. 8 zu § 7 KSchG 1951). Lediglich dann, wenn durch die Behandlung des vom Arbeitnehmer gestellten Auflösungsantrages keine besonderen Kosten verursacht worden sind, hat der Arbeitgeber gem. § 92 Abs. 2 Nr. 1 ZPO die gesamten Kosten zu tragen (ebenso *Neumann* Kündigungsabfindung Rz 79). Stellt das Gericht die Sozialwidrigkeit der Kündigung fest, weist es aber beide Auflösungsanträge zurück, so ist ebenfalls eine Kostenentscheidung nach § 92 ZPO zu fällen.

91

d) Bei bezifferter Abfindung

Im Falle einer **bezifferten Abfindungssumme** ist der Arbeitnehmer gem. § 92 Abs. 1 ZPO zur Zahlung der anteiligen Kosten zu verurteilen, falls das Gericht seinem Antrag hinsichtlich der Höhe der Abfindungssumme nicht voll stattgibt (*BAG* 26.6.1986 AP Nr. 3 zu § 10 KSchG 1969; *v. Hoyningen-Huene/Linck* Rz 64; *Neumann* Kündigungsabfindung Rz 80). War die Zuvielforderung des Arbeitnehmers verhältnismäßig geringfügig und sind durch sie keine besonderen Kosten veranlasst worden, so hat der Arbeitgeber gem. § 92 Abs. 2 Nr. 1 ZPO die gesamten Kosten zu tragen. Wendet sich der Arbeitnehmer mit einem Rechtsmittel allein gegen die Höhe der vom Gericht festgesetzten Abfindung und unterliegt er, so hat er gem. § 97 ZPO die **Rechtsmittelkosten** zu tragen. Um einen bezifferten Abfindungsantrag handelt es sich nicht, wenn der Arbeitnehmer in der Klageschrift lediglich Vorstellungen hinsichtlich der Höhe der Abfindung äußert. In dem zuletzt genannten Fall gilt § 92 ZPO nicht. Gibt der Arbeitnehmer dagegen eine Untergrenze für die Abfindung an, so liegt ein bezifferter Klageantrag vor (*BAG* 26.6.1986 aaO).

92

e) Bei Angabe bestimmten Auflösungszeitpunktes

Folgt das Gericht einer (im Antrag entbehrlichen, oben Rz 81) bestimmten Angabe zum Auflösungszeitpunkt durch eine Partei nicht, kann auch dies bei einer Kostenentscheidung quotal berücksichtigt werden.

92a

4. Streitwert

§ 42 Abs. 4 S. 1 GKG hat aufgrund des Gesetzes zur Modernisierung des Kostenrechts vom 5.5.2004 (BGBl. I S. 718) mit Wirkung ab 1.7.2004 § 12 Abs. 7 S. 1 ArbGG ersetzt. Die Bestimmung des § 12 Abs. 7 ArbGG war aufgrund des Gesetzes zur Änderung des Gerichtskostengesetzes (GKG) vom 20.8.1975 (BGBl. I S. 2189) neu gefasst worden. Für § 12 Abs. 7 ArbGG aF war allgemein anerkannt, dass diese Vorschrift trotz ihrer primär kostenrechtlichen Ausrichtung auch für die Berechnung des gem. § 61 Abs. 2 ArbGG im Urteil festzusetzenden Rechtsmittelstreitwertes heranzuziehen war (vgl. *BAG* 16.7.1955 AP Nr. 2 zu § 12 ArbGG 1953; 9.4.1965 AP Nr. 16 zu § 72 ArbGG Streitwertrevision; *Hueck* [10. Aufl.], Rz 37; *Kirschner* DB 1971, 239). Trotz der Einfügung des Satzes 3 in § 12 Abs. 7 ArbGG, wonach der in § 24 GKG festgelegte Grundsatz der Übereinstimmung von Gebühren- und Rechtsmittelstreitwert keine Anwendung findet, bestand kein Anlass, die seitherige Auffassung aufzugeben. Insbesondere konnte nicht angenommen werden, dass § 12 Abs. 7 S. 1 ArbGG bei der Festsetzung des Rechtsmittelstreitwertes in Bestands- und Kündigungsstreitigkeiten keine Anwendung mehr fand und dieser sich nunmehr allein nach § 3 ZPO richtete (*BAG* 10.6.1977 EzA § 12 ArbGG Nr. 5; 24.3.1980 EzA § 64 ArbGG 1979 Nr. 3; *Grunsky* § 12 Rz 11 mit 9; GK-ArbGG/*Wenzel* § 12 Rz 145 mit 144; *ders.* MDR 1976, 895; zweifelnd *Ziege* RdA 1977, 29). Sowohl für die Festsetzung des Gebühren- als auch des **Rechtsmittelstreitwertes** bildete daher bei Rechtsstreitigkeiten über das Bestehen, das Nichtbestehen oder die Kündigung eines Arbeitsverhältnisses der **Betrag** des für die **Dauer eines Vierteljahres** zu leistenden **Arbeitsentgelts** die **Höchstgrenze** (*BAG* 30.11.1984 EzA § 12 ArbGG 1979 Streitwert Nr. 36). Daran hat sich durch § 42 Abs. 4 S. 1 GKG **nichts** geändert. Insoweit ist das ansonsten bestehende freie Ermessen

93

§ 9 KSchG Auflösung des Arbeitsverhältnisses durch Urteil des Gerichts

des Gerichts nach Maßgabe des § 3 ZPO gebunden. Der in § 42 Abs. 4 S. 1 GKG genannte Vierteljahresverdienst ist **nicht** der **Regelstreitwert**, der nur dann niedriger anzusetzen ist, wenn es um den Fortbestand des Arbeitsverhältnisses für weniger als drei Monate geht (*BAG* 30.11.1984 EzA § 12 ArbGG 1979 Streitwert Nr. 36). Bei einem **Prozessvergleich** über die Aufhebung des Arbeitsverhältnisses gegen Abfindung iSd §§ 9, 10 KSchG ist ebenfalls die in § 42 Abs. 4 S. 1 GKG festgelegte Höchstgrenze für die Bemessung des Streitwerts zu beachten. Werden in einem Prozessvergleich noch sonstige Zahlungsansprüche neben der Abfindung (zB Urlaubsabgeltung, Jahressonderleistungen) einbezogen, so erhöht sich der Vergleichswert entsprechend (vgl. *LAG Hamm* 10.11.1983 DB 1984, 2204).

94 Die in § 42 Abs. 4 S. 1 GKG festgelegte Streitwertgrenze ist auch dann zu beachten, wenn das Gericht gleichzeitig über die Auflösung des Arbeitsverhältnisses zu entscheiden hat (*LAG Bln.* 13.3.2001 LAGE § 12 ArbGG Streitwert Nr. 121; *LAG BW* 22.9.2004 LAGE § 9 KSchG Nr. 37). Nach der ausdrücklichen Regelung in § 42 Abs. 4 S. 1 Hs. 2 GKG ist es unzulässig, die Abfindungssumme hinzuzurechnen. Dem Gericht ist es damit verwehrt, den Streitwert an der Höhe der beantragten oder der zuerkannten Abfindung auszurichten. Eine Überschreitung der gesetzlichen Höchstgrenze ist selbst dann nicht möglich, wenn die Abfindungssumme den Betrag eines dreifachen Monatsverdienstes übersteigt. Die Abfindung ist auch dann nicht streitwertmäßig zu berücksichtigen (aA *ArbG Würzburg* 5.6.2000 NZA-RR 2001, 107), wenn der Arbeitnehmer einen bezifferten Abfindungsantrag stellt (*LAG Hamm* 21.10.1982 AuR 1983, 124; GMPM-G/*Germelmann* § 12 Rz 1152) oder ein Dritter sich für die Zahlung der Abfindung selbstschuldnerisch verbürgt hat (*LAG Saarl.* 22.7.1988 JurBüro 1988, 1495) oder in der Berufung ausschließlich noch über die Auflösung gestritten wird (*Spilger* AR-Blattei 160.10.2, Rz 346; die Gesetzesmaterialien sind allerdings unergiebig [BT-Drs. 7/2016, S. 110]; aA ohne nähere Begründung *LAG Hamm* 5.12.1996 LAGE § 269 ZPO Nr. 2; GMPM-G/*Germelmann* § 12 Rz 115). Letzterenfalls kann aber eine Wertfestsetzung **unterhalb** des Wertes des gesamten Kündigungsstreits gerechtfertigt sein, insbes. dann, wenn nur noch über die Abfindungshöhe gestritten wird (GK-ArbGG/*Wenzel* § 12 Rz 228).

95 **Kündigungsschutzklage** und **Auflösungsantrag** lösen iSd § 64 Abs. 2 c) ArbGG »Rechtsstreitigkeiten über das Bestehen, das Nichtbestehen oder die Kündigung eines Arbeitsverhältnisses« aus. Die dort ergehenden Entscheidungen sind **ohne Rücksicht** auf eine **Zulassung** durch das Arbeitsgericht oder den **Wert des Beschwerdegegenstandes** berufungsfähig, so nur eine **Beschwer** gegeben ist. Dies gilt auch, wenn sich die Berufung **auf den Auflösungsantrag beschränkt**. Darauf, ob es sich um eine **vermögensrechtliche** Streitigkeit handelt (wie nach § 64 Abs. 2 ArbGG aF) kommt es demgemäß ebenso wenig an wie auf die **Höhe des Werts**, mit dem die mit dem Auflösungsantrag abgewiesene oder auf ihn verurteilte Partei beschwert ist. Der Streitwert hat damit insoweit nur noch kostenrechtliche Bedeutung.

5. Vollstreckung

96 Ein Urteil, in dem eine Abfindung nach §§ 9, 10 KSchG zuerkannt wird, ist nach § 62 Abs. 1 ArbGG **vorläufig** vollstreckbar (*BAG* 9.12.1987 EzA § 9 KSchG 1969 nF Nr. 22; *LAG BW* 9.7.1986 BB 1986, 1784; *LAG Brem.* 31.8.1983 DB 1983, 2315; *LAG Frankf.* 14.8.1986 NZA 1987, 211 u. 22.1.1986 – 10 Ta 401/85 – nv; *LAG Hamm* 17.7.1975 BB 1975, 1068; *Grunsky* § 62 Rz 1; *Löwisch/Spinner* Rz 75; BBDW-*Bader* Rz 36; aA *LAG Bln.* 17.2.1986 DB 1986, 753, und *LAG Hmb.* 28.12.1982 DB 1983, 724). Die in § 62 Abs. 1 ArbGG angeordnete vorläufige Vollstreckbarkeit gilt unabhängig davon, auf welche Art von Leistung das arbeitsgerichtliche Urteil gerichtet ist. Auch der Umstand, dass es sich bei einer Entscheidung iSd §§ 9, 10 KSchG (auch) um ein **Gestaltungsurteil** handelt, führt nicht zur Unanwendbarkeit des § 62 Abs. 1 ArbGG. Denn bei der Verurteilung zur Abfindungszahlung handelt es sich zumindest auch um die Verurteilung zu einer **Leistung** (*Ascheid* Kündigungsschutzrecht Rz 827; GMPM-G/*Germelmann* § 62 Rz 49 f.; *Grunsky* § 62 Rz 1; *Löwisch/Spinner* Rz 75). Da der Anspruch auf eine Abfindung erst mit dem Urteil entsteht, greift bei einer **Vollstreckungsgegenklage** die Beschränkung der Einwendungen nach § 767 Abs. 2 ZPO nicht ein (*BAG* 9.12.1987 EzA § 9 KSchG 1969 nF Nr. 22). Die Abfindung ist im Urteil zu beziffern, da nur so ein Titel vollstreckt werden kann (*Löwisch/Spinner* Rz 75).

6. Rechtsmittel

97 Zur **Statthaftigkeit** einer **Berufung** s. zunächst Rz 95. **Beschwert** ist die Partei, hinter deren Auflösungsantrag das Urteil dem **Grunde** (Arbeitnehmer, Arbeitgeber) oder, bei Bezifferung, der **Höhe nach** (Arbeitnehmer) zurückbleibt. Beschwert ist weiter die Partei, **gegen deren Willen** Auflösungsurteil ergeht (Arbeitnehmer, Arbeitgeber), dieses also nicht einem eigenen Auflösungs-(Hilfs-)antrag der Partei folgt. Schließlich ist beschwert, wessen erklärtes **Abfindungslimit** das Urteil **übersteigt** (Ar-

Auflösung des Arbeitsverhältnisses durch Urteil des Gerichts § 9 KSchG

beitgeber). Unter den prozessrechtlichen Voraussetzungen im Übrigen kann von der beschwerten Partei Berufung oder Revision eingelegt werden. Das Rechtsmittel kann etwa das (alleinige) Ziel haben, dem zurückgewiesenen Auflösungsantrag nunmehr zum Erfolg zu verhelfen oder eine höhere (Arbeitnehmer) oder niedrigere (Arbeitgeber) Abfindung zu erstreiten (hierfür muss der Arbeitgeber nicht auch Berufung gegen das Feststellungsurteil nur deshalb einlegen, weil dieses die Kündigung aus **anderen** Gründen als einer Sozialwidrigkeit für unwirksam gehalten hat, vgl. *Spilger* AR-Blattei SD 160.10.2., Rz 342; **aA** *Sächs. LAG* 5.5.2000 – 10 Sa 247/99 – nv; wie hier jetzt auch *BAG* 27.9.2001 EzA § 322 ZPO Nr. 13; allerdings muss er auch insoweit Berufung einlegen, wenn das Arbeitsgericht auch eine Folgekündigung für unwirksam gehalten hat und sich der Auflösungsantrag auf die vorhergehende Kündigung bezieht; anderenfalls stünde die Rechtskraft der Entscheidung über die Folgekündigung einer Auflösung zum selben oder zu einem früheren Kündigungstermin entgegen) oder den vorinstanzlich erfolgreichen gegnerischen Auflösungsantrag dem Grunde nach weiter zu bekämpfen. An der für eine Berufung notwendigen Beschwer fehlt es allerdings, wenn sie bei erfolgreichem Kündigungsschutzantrag allein dem Ziel dient, in zweiter Instanz **erstmals** einen Auflösungsantrag zu stellen (*BAG* 23.6.1993 EzA § 64 ArbGG 1979 Nr. 30 mit Anm. *Dütz/Kiefer*; Einzelheiten mwN oben Rz 20). Wird bei **beiderseitigem** Auflösungsantrag demjenigen des Arbeitgebers entsprochen, ist der Arbeitnehmer nach der vorgenannten Entscheidung mit Blick auf seinen eigenen Auflösungsantrag dem Grunde nach nicht beschwert. Er kann mit dem Rechtsmittel allenfalls die festgesetzte **Abfindungshöhe** anfechten.

Eine **Beschwer** ist bei einem **unbezifferten** Auflösungsantrag nur und lediglich in dem Umfang anzunehmen, wenn und soweit das *ArbG* von einem durch den Antragsteller irgendwie zum Ausdruck gebrachten Mindest- bzw. Höchstbetrag zu dessen Nachteil abgewichen ist (vgl. *LAG Köln* 21.3.2005 LAGE § 10 KSchG Nr. 5). Im Übrigen wird bei unbeziffertem Auflösungsantrag des Arbeitnehmers eine Beschwer dann vorliegen, wenn das *ArbG* bei der Bemessung Tatsachenbehauptungen des Arbeitnehmers, die für die Ermittlung der Abfindungssumme von Bedeutung sind, nicht gefolgt ist oder einen unter der gesetzlichen Höchstgrenze liegenden Abfindungsbetrag festsetzt. Hat der Arbeitgeber seinerseits gegen das Urteil Berufung eingelegt, kann die mangels Beschwer unzulässige Berufung des Arbeitnehmers aber als **Anschließung** verstanden werden, für die eine Beschwer nicht erforderlich ist (*LAG Hamm* 5.12.1996 LAGE § 64 ArbGG 1996 Nr. 32). Der Arbeitgeber ist dagegen beschwert, wenn die gerichtliche Festlegung der Abfindung seines Erachtens zu hoch ist. Seine Berufung ist aber mangels Beschwer unzulässig, wenn er im ersten Rechtszug nicht zu erkennen gegeben hat, wie hoch die Abfindung in etwa – mindestens oder höchstens – sein soll (*Hess. LAG* 22.4.1997 LAGE § 64 ArbGG 1979 Nr. 33). (Vgl. zum Vorstehenden *v. Hoyningen-Huene/Linck* § 10 Rz 17; *Maus* § 10 Rz 38, 39; *Neumann* Kündigungsabfindung Rz 58; BBDW-*Bader* Rz 49 ff.). Zur Ermittlung der Beschwer bei Auflösungsanträgen vgl. *LAG RhPf.* 5.5.1981 EzA § 61 ArbGG 1979 Nr. 8 sowie *LAG München* 30.5.1980 BayAmbl. 1981, C 9. Vgl. auch oben Rz 20 und 23 zu weiteren Fragen der Beschwer im Zusammenhang mit Auflösungsanträgen sowie ausführlich GK-ArbGG/*Vossen* § 64 Rz 10a f.

Im Ersten Rechtsweg ganz oder teilweise zurückgewiesene Auflösungsanträge lassen sich bei alleinigem Rechtsmittel der Gegenseite nur im Wege der **Anschließung** an das Rechtsmittel wieder aufgreifen, wovon auch für die **Berufungsinstanz** die Regelung in § 9 Abs. 1 S. 3 KSchG **nicht** entbindet (Rz 20). Denn diese betrifft nur den Zeitpunkt bis zu dem ein **Erstantrag** letztmals gestellt werden kann und verhält sich nicht zu bereits gestellten oder verbeschiedenen Anträgen. Legt der **Arbeitnehmer** gegen das Urteil Rechtsmittel ein, so fällt der vom Arbeitgeber nach § 9 KSchG gestellte **Hilfsantrag** (da nicht zur Entscheidung angefallen) auch **ohne** Anschlussmittel ohne weiteres in der Berufungsinstanz an (*BAG* 25.10.1989 EzA § 1 KSchG Verhaltensbedingte Kündigung Nr. 30). **Allgemein** zur Behandlung von Auflösungsverträgen im Verhältnis zwischen dem Ersten und dem **Zweiten Rechtszug** *Spilger* AR-Blattei SD 160.10.2. Rz 300–346: Insbesondere handelt es sich danach bei dem Erstantrag im Berufungsverfahren **nicht** um eine Anschließung oder Anschlussberufung mit den dafür geltenden prozessualen Voraussetzungen (Rz 302–309); **s.a.** *v. Hoyningen-Huene/Linck* Rz 21a; SPV-*Vossen* Rz 1966; *LAG Nds.* 4.6.2004 LAGRep. 2005, 103); auch gilt für ihn § 97 Abs. 2 ZPO **nicht** (Rz 345). Zur Tenorierung dort Rz 322–337. Die Rücknahme der Berufung durch den erstinstanzlich mit dem Feststellungsantrag unterlegenen Arbeitgeber hindert den Arbeitnehmer daran, den angekündigten Auflösungsantrag auch zu stellen (*Spilger* aaO Rz 303; anders *LAG Bremen* 29.6.2006 – 3 Sa 222/05) und eine Entscheidung hierüber zu erwingen. Dies gilt auch bei Berufungsrücknahme nach Stellen des Auflösungsantrages. Denn das angefochtene Urteil wird rkr. und kann allein aufgrund des Auflösungsantrages (also ohne Berufung) nicht abgeändert werden.

§ 10 Höhe der Abfindung

(1) Als Abfindung ist ein Betrag bis zu zwölf Monatsverdiensten festzusetzen.
(2) ¹Hat der Arbeitnehmer das fünfzigste Lebensjahr vollendet und hat das Arbeitsverhältnis mindestens fünfzehn Jahre bestanden, so ist ein Betrag bis zu fünfzehn Monatsverdiensten, hat der Arbeitnehmer das fünfundfünfzigste Lebensjahr vollendet und hat das Arbeitsverhältnis mindestens zwanzig Jahre bestanden, so ist ein Betrag bis zu achtzehn Monatsverdiensten festzusetzen. ²Dies gilt nicht, wenn der Arbeitnehmer in dem Zeitpunkt, den das Gericht nach § 9 Abs. 2 für die Auflösung des Arbeitsverhältnisses festsetzt, das in der Vorschrift des Sechsten Buches Sozialgesetzbuch über die Regelaltersrente bezeichnete Lebensalter erreicht hat.
(3) Als Monatsverdienst gilt, was dem Arbeitnehmer bei der für ihn maßgebenden regelmäßigen Arbeitszeit in dem Monat, in dem das Arbeitsverhältnis endet (§ 9 Abs. 2), an Geld und Sachbezügen zusteht.

Literatur

– *bis 2004 vgl. KR-Vorauflage –*
Annuß Das Allgemeine Gleichbehandlungsgesetz im Arbeitsrecht, BB 2006, 1629; *Bayreuther* Kündigungsschutz im Spannungsfeld zwischen Gleichbehandlungsgesetz und europäischem Antidiskriminierungsrecht, DB 2006, 1842; *Behrens/Rinsdorf* Am Ende nicht am Ziel? – Probleme mit der Zielvereinbarung nach einer Kündigung, NZA 2006, 830; *Breuer* Abfindungen wegen Auflösung des Dienstverhältnisses, NWB Fach 6, 3853; *Hergenröder* Pfändungs- und Insolvenzschutz arbeitsrechtlicher Abfindungsansprüche, ZVI 2006, 173; *Hess* AR-Blattei SD 915.1 Insolvenzarbeitsrecht; *Isenhardt/Bleistein* Kündigung und Kündigungsschutz, HzA Gruppe 5, zit.: HzA Gruppe 5; *Krebber* The Social Rights Approach of the European Court of Justice to enforce European Employment Law, Comparative Labour Law & Policy Journal (demnächst); *Löwisch* Kündigen unter dem AGG, BB 2006, 2189; *Neumann* AR-Blattei SD 1020.6 Kündigungsschutz VI, Die Kündigungsabfindung (§§ 9, 10 KSchG, § 113 BetrVG), zit.: Kündigungsabfindung; *Preis* Verbot der Altersdiskriminierung als Gemeinschaftsgrundrecht, NZA 2006, 401; *Röder/Krieger* Einführung in das neue Antidiskriminierungsrecht, FA 2006, 199; *Rolfs* AR-Blattei SD 10 Abfindung; *Willemsen/Schweibert* Schutz der Beschäftigten im Allgemeinen Gleichbehandlungsgesetz, NJW 2006, 2583.

Siehe auch die Literaturangaben vor § 9 KSchG.

Inhaltsübersicht

		Rz			Rz
I.	Entstehungsgeschichte	1–3a	c) Durchbrechung der normalen Höchstgrenze		
II.	Sinn und Zweck der Regelung	4–6			
III.	Anwendungsbereich	7–9	(§ 10 Abs. 2 S. 1 KSchG)		39–42
IV.	Begriff und Rechtsnatur der Abfindung	10–22b	d) Sonderregelung für Arbeitnehmer im Rentenalter		
	1. Begriff	10	(§ 10 Abs. 2 S. 2 KSchG)		43, 44
	2. Rechtsnatur	11–13	4. Bemessungsfaktoren		45–61
	3. Folgerungen aus der Rechtsnatur	14–22b	a) Grundsätzliches		45, 46
	a) Entstehung und Abtretbarkeit	14, 15	b) Dauer des Arbeitsverhältnisses		47–48a
	b) Aufrechnung	16	c) Lebensalter des Arbeitnehmers		49
	c) Pfändbarkeit/»(Arbeits)Einkommen«	17, 17a	d) Höhe des Arbeitsentgelts		50, 51
	d) Vererblichkeit	18	e) Sonstige Sozialdaten des Arbeitnehmers		52
	e) Verzinsung und Fälligkeit	19, 19a	f) Wirtschaftliche Lage des Arbeitnehmers		53
	f) Insolvenz	20, 21	g) Lage auf dem Arbeitsmarkt		54
	g) Familienrecht	22	h) Begründung eines neuen Arbeitsverhältnisses		55
	h) Tarifliche Ausschlussfristen und Verjährung	22a, 22b	i) Maß der Sozialwidrigkeit sowie Verschulden		56, 57
V.	Höhe der Abfindung	23–71	j) Verlust von verfallbaren Ruhegeldanwartschaften		58
	1. Gesetzliche Grundkonzeption	23			
	2. Grundsatz der Angemessenheit	24–26			
	3. Höchstgrenzen	27–44	k) Ideelle Nachteile des Arbeitnehmers		59
	a) Begriff des Monatsverdienstes (§ 10 Abs. 3 KSchG)	27–34	l) Wirtschaftliche Lage des Arbeitgebers		60, 61
	b) Normale Höchstgrenze (§ 10 Abs. 1 KSchG)	35–38			

	Rz		Rz
5. Besonderheiten bei Abfindungen wegen unwirksamer außerordentlicher Kündigung	62, 63	1. Frühere Steuerfreiheit nach § 3 Nr. 9 EStG aF	82
6. Verfahrensrechtliche Fragen	64–71	2. Steuerermäßigung nach § 24 Nr. 1a und b EStG iVm § 34 Abs. 1 und 2 EStG (Entschädigungen/Tarifermäßigung)	83–91
a) Abfindungsantrag	64–66		
b) Urteil	67		
c) Rechtsmittel	68–71	3. »Brutto-« bzw. »Netto-Zusatz«	91a
VI. Verhältnis zu anderen Ansprüchen aus dem Arbeitsverhältnis	72–77	IX. Sozialversicherungs- sowie arbeitsförderungsrechtliche und grundsicherungsrechtliche Fragen	92–102
1. Entgeltansprüche	72		
2. Schadensersatzansprüche	73–77	1. Sozialversicherungsrechtliche Behandlung der Abfindung	92
VII. Verhältnis zu anderen Abfindungen	78–81		
1. Einzelvertragliche Abfindungen	78	2. Verhältnis zum Insolvenzgeld	93
2. Kollektivrechtliche Abfindungen	79, 80	3. Anrechnung auf Arbeitslosengeld	94–101
3. Abfindung nach § 113 BetrVG	81	4. Abfindung als zu berücksichtigendes Einkommen nach § 11 SGB II	102
VIII. Steuerrechtliche Fragen	82–91a		

I. Entstehungsgeschichte

Der **Hattenheimer Entwurf** (vgl. RdA 1950, 63) sah in § 5 eine Regelung über die »Höhe der Entschädigung« vor. Maßgebliche Bemessungsfaktoren bei der Höhe der Entschädigung waren danach die wirtschaftliche Lage des Arbeitnehmers, die wirtschaftliche Lage des Arbeitgebers sowie die Dauer der Betriebszugehörigkeit des Arbeitnehmers. Als Höchstbetrag für die Entschädigung sah der Hattenheimer Entwurf in § 5 Abs. 2 S. 1 einen einheitlichen Höchstbetrag von zwölf Monatsverdiensten vor. Der Begriff des Monatsverdienstes war in § 5 Abs. 2 S. 2 dahin bestimmt, dass darunter diejenigen Geld- und Sachbezüge des Arbeitnehmers zu verstehen waren, die dieser bei regelmäßiger betriebsüblicher Arbeitszeit in dem Monat der Auflösung des Arbeitsverhältnisses verdient haben würde. 1

Das **KSchG 1951** übernahm in § 8 – von geringfügigen sprachlichen Änderungen abgesehen – die im Hattenheimer Entwurf vorgesehene Regelung. Anstelle des Begriffs »Entschädigung« verwandte der Gesetzgeber den heute noch in § 10 KSchG enthaltenen Begriff der »Abfindung«. Nach den Vorstellungen des Gesetzgebers (vgl. RdA 1951, 64) sollte die Festlegung der Abfindung im Rahmen der Höchstgrenze von zwölf Monatsverdiensten im Einzelfall nach richterlichem Ermessen erfolgen. Dabei sollten die besonderen Umstände des Einzelfalles (Maß der Sozialwidrigkeit einer Kündigung, etwaige ungewöhnliche Notfälle des Arbeitnehmers, Dauer der Kündigungsfrist, alsbaldige Wiederbeschäftigung, vertragliche Abfindung) berücksichtigt werden. 2

Durch das **Erste Arbeitsrechtsbereinigungsgesetz** vom 14.8.1969 (BGBl. I S. 1106) wurden die Bestimmungen der §§ 7, 8 KSchG 1951 neu gefasst. Bedeutsam für die Bemessung der Abfindung ist der nunmehr in § 9 Abs. 1 S. 1 KSchG festgelegte Grundsatz der Angemessenheit (vgl. KR-*Spilger* § 9 KSchG Rz 6). Die Vorschrift des § 10 KSchG (früher: § 8 KSchG 1951) wurde in dreifacher Hinsicht abgeändert: 3

– Durchbrechung der normalen Höchstgrenze von zwölf Monatsverdiensten bei älteren Arbeitnehmern mit längerer Betriebszugehörigkeit bei gleichzeitiger Ausklammerung der im Rentenalter befindlichen Arbeitnehmer;
– Fortfall des bisherigen § 8 Abs. 2 KSchG 1951, in dem als maßgebliche Bemessungsfaktoren die Dauer der Betriebszugehörigkeit des Arbeitnehmers sowie die wirtschaftliche Lage des Arbeitnehmers und des Arbeitgebers vorgesehen waren;
– Neudefinition des Begriffs Monatsverdienst.

Die in § 10 Abs. 2 S. 2 geregelte Höchstgrenze für Abfindungen hat seine jetzige Fassung mit Wirkung zum 1.1.1992 durch Art. 31 Rentenreformgesetz vom 18.12.1989 (BGBl. I S. 2261, 2380) erhalten (dazu Rz 43, 44). 3a

II. Sinn und Zweck der Regelung

Die Bestimmung des § 10 KSchG steht in engem **systematischen Zusammenhang** zu der Regelung des § 9 KSchG, in der die gesetzlichen Voraussetzungen für den Erlass eines Auflösungsurteils festgelegt sind. Dem Bedürfnis nach Rechtsklarheit hätte es eher entsprochen, wenn der Gesetzgeber den Grund- 4 satz der Angemessenheit der Abfindung nicht in § 9 KSchG, sondern in der die Höhe der Abfindung regelnden Bestimmung des § 10 KSchG festgelegt hätte.

5 Im Interesse einer höchstmöglichen **Flexibilität** im **Einzelfall** hat der Gesetzgeber darauf verzichtet, feste Regelsätze für die Bemessung der Abfindung festzulegen. Hierin unterscheidet sich die derzeitige Regelung maßgeblich von der Rechtslage nach dem **BRG 1920**, das für jedes Jahr der Betriebszugehörigkeit bis zu einem Zwölftel des Jahresarbeitsverdienstes als Bemessungsfaktor – bei einer Höchstabfindung von sechs Monatsverdiensten – vorsah (§ 87 Abs. 1 Betriebsrätegesetz vom 4.2.1920 RGBl. I S. 147). Die **gesetzliche Grundkonzeption** des § 10 KSchG zeichnet sich vielmehr dadurch aus, dass die Festlegung der Abfindung innerhalb der vom Gesetzgeber festgelegten Höchstgrenzen im richterlichen Ermessen steht. Als Bemessungsfaktoren der Abfindung nennt das Gesetz neben dem Monatsverdienst lediglich das Lebensalter des Arbeitnehmers sowie die Dauer des Arbeitsverhältnisses. Welche weiteren Umstände bei der Bemessung der Abfindung zu berücksichtigen sind oder zulässigerweise berücksichtigt werden dürfen, legt das Gesetz nicht fest. Dies gilt ebenso für die Frage der Gewichtung der einzelnen Bemessungsfaktoren untereinander.

6 Die derzeitige gesetzliche Regelung trägt zwar dem Bedürfnis nach einer größtmöglichen **Einzelfallgerechtigkeit** Rechnung, vernachlässigt jedoch erheblich Gesichtspunkte der Rechtssicherheit und Rechtsgleichheit. In **rechtspolitischer** Hinsicht ist daher zu erwägen, das richterliche Ermessen durch die Festlegung von gesetzlichen Regelsätzen innerhalb bestimmter Höchstgrenzen zu binden. Daneben ist die Schaffung eines gesetzlichen Katalogs von zulässigen Bemessungsfaktoren zu erwägen (vgl. hierzu *Becker/Rommelspacher* ZRP 1976, 43, sowie *Becker* AuR 1976, 352 und MünchKomm-*Hergenröder* Rz 3). Der vom DGB vorgelegte »Entwurf eines neuen Arbeitsverhältnisrechts« (vgl. AuR 1977, 245–247) sah darüber hinaus in den Fällen einer betriebsbedingten Kündigung eine Abfindung für den Arbeitnehmer vor. Vgl. zur rechtspolitischen Diskussion weiterhin *Notter* DB 1976, 772.

III. Anwendungsbereich

7 Der in **§ 9 Abs. 1 S. 1 KSchG** bestimmte **Grundsatz der Angemessenheit** der Abfindung sowie die in **§ 10 KSchG** festgelegten **Bemessungsfaktoren** gelten nur für die vom **Gericht festzusetzenden Abfindungen**. Es handelt sich hierbei in erster Linie um die im Fall einer **sozialwidrigen ordentlichen Kündigung** im Auflösungsurteil festzusetzende Abfindung. Aufgrund der Verweisung in § 13 Abs. 1 S. 4 KSchG gilt die Bestimmung des § 10 KSchG **entsprechend** für die im Falle einer **unwirksamen außerordentlichen Kündigung** im Auflösungsurteil zu bestimmende Abfindung. Eine weitere Verweisung auf § 10 KSchG findet sich in § 13 Abs. 2 KSchG für den Fall der gerichtlichen Auflösung des Arbeitsverhältnisses nach einer **sittenwidrigen Kündigung**. Schließlich verweist § 1a Abs. 2 S. 2 KSchG auf § 10 **Abs. 3** KSchG für den **Abfindungsanspruch bei betriebsbedingter Kündigung** (zur Bestimmung des Monatsverdienstes; die in § 1a Abs. 2 S. 3 vorgesehene **Rundung** gilt für § 10 KSchG **nicht**).

8 Die in § 10 KSchG festgelegten Bemessungsfaktoren gelten schließlich auch für die vom Arbeitgeber gem. § 113 BetrVG zu zahlende Abfindung entsprechend. Nach **§ 113 Abs. 1 BetrVG** hat der Arbeitgeber eine sich nach § 10 KSchG zu bemessende Abfindung zu zahlen, wenn er von einem Interessenausgleich über die geplante Betriebsänderung ohne zwingenden Grund abweicht und hierdurch Entlassungen notwendig werden. Als weiteren Abfindungstatbestand sieht § 113 Abs. 3 BetrVG den Fall vor, dass der Unternehmer eine mit Entlassungen oder anderen wirtschaftlichen Nachteilen für die Arbeitnehmer verbundene Betriebsänderung nach § 111 BetrVG durchführt, ohne über sie einen Interessenausgleich mit dem Betriebsrat versucht zu haben.

9 Die Bestimmung des § 10 KSchG **gilt nicht** für die in **einzelvertraglichen Abmachungen** vereinbarten Entlassungsabfindungen. Die Arbeitsvertragsparteien können daher (zB in einem **außergerichtlichen** oder **gerichtlichen Vergleich** sowie in einem **Aufhebungsvertrag**) die in § 10 KSchG festgelegten Höchstgrenzen für die Abfindung überschreiten oder eine Abfindung bereits vor Ablauf der sechsmonatigen Wartefrist des § 1 Abs. 1 KSchG vereinbaren (s. auch Rz 78). Auch für **tarifrechtliche Regelungen** (zB Rationalisierungsschutzabkommen) findet die Bestimmung des § 10 KSchG keine Anwendung. Dies gilt ebenso für Abfindungsregelungen in **Sozialplänen** (vgl. Rz 79 sowie KR-*Spilger* § 9 KSchG Rz 75 ff.). Lediglich in **§ 123 Abs. 1 InsO** wie auch in **§ 1a Abs. 2 S. 2 KSchG** wird zur Bestimmung des Monatsverdienstes auf die entsprechende Regelung in § 10 Abs. 3 KSchG verwiesen.

Höhe der Abfindung § 10 KSchG

IV. Begriff und Rechtsnatur der Abfindung

1. Begriff

Der Begriff »Abfindung« findet sich in zahlreichen Vorschriften des privaten und öffentlichen Rechts und wird vom Gesetzgeber oft synonym für die Bezeichnung »Entschädigung« gebraucht (vgl. hierzu *Vogt* BB 1975, 1581 ff.; KR-*Vogt* §§ 3, 24, 34 EStG Rz 23). Obgleich eine einheitliche Definition des Begriffs »Abfindung« wegen der unterschiedlichen gesetzlichen Ziel- und Zwecksetzungen nicht möglich ist, können doch die beiden Hauptmerkmale aufgezeigt werden. Es geht dabei um die **Entschädigungsfunktion** sowie um den **Abgeltungscharakter** der Abfindung. Die Entschädigung erfolgt bei einer Abfindung typischerweise in einer pauschalierten Form, und zwar zumeist in Gestalt einer einmaligen Leistung. Der Entschädigungscharakter der Abfindung tritt insbesondere dann deutlich in Erscheinung, wenn durch die Gewährung eines einmaligen Kapitalbetrages eine Dauerrechtsbeziehung beendet werden soll. Die Entschädigungs- und Abgeltungsfunktion sind auch die beiden Hauptmerkmale für den in § 10 KSchG verwandten Begriff der Abfindung (vgl. Rz 11). Darüber hinaus hat die kündigungsrechtliche Abfindung auch insofern eine **Präventivfunktion,** als der Arbeitgeber davon abgehalten werden soll, leichtfertig eine ordentliche Kündigung des Arbeitsverhältnisses auszusprechen (vgl. *Gamillscheg* FS für F. W. Bosch 1976, S. 220). 10

2. Rechtsnatur

Die vom Arbeitgeber gem. §§ 9, 10 KSchG zu leistende Abfindung ist ihrer Rechtsnatur nach weder Ersatz für entgangenes Arbeitsentgelt noch vertraglicher oder deliktischer Schadensersatz, sondern ein Ausgleich für den Verlust des Arbeitsplatzes trotz Vorliegens einer sozialwidrigen Kündigung (allg. Ansicht, vgl. etwa BAG 20.6.1958 AP Nr. 1 zu § 113 AVAVG aF; 13.7.1959 AP Nr. 1 zu § 850 ZPO; 15.12.1960 AP Nr. 21 zu § 3 KSchG 1951; 22.4.1971 EzA § 7 KSchG Nr. 6; 29.2.1972 AP Nr. 9 zu § 72 BetrVG; 16.5 1984 EzA § 9 KSchG nF Nr. 16; 6.12.1984 AP Nr. 14 zu § 61 KO; vgl. aus dem Schrifttum statt aller *v. Hoyningen-Huene/Linck* Rz 21). Die Abfindung ist ein vermögensrechtliches Äquivalent für die Aufgabe des als »sozialer Besitzstand« anzusehenden Arbeitsplatzes und hat somit **Entschädigungsfunktion** (vgl. BAG 25.6.1987 DB 1988, 864). Der **Abgeltungscharakter** der Abfindung zeigt sich darin, dass mit der Gewährung des Abfindungsbetrages alle unmittelbar mit dem Verlust des Arbeitsplatzes verbundenen vermögensrechtlichen und immateriellen Nachteile des Arbeitnehmers abgegolten werden sollen (zum Verhältnis zu sonstigen Ansprüchen vgl. Rz 72–81). 11

Der **Entschädigungscharakter** der Abfindung besteht aber nur dann uneingeschränkt, wenn in den Abfindungsbetrag keine Ansprüche mit Entgeltcharakter (zB Zahlungsansprüche nach § 615 BGB oder Entgeltfortzahlungsansprüche nach § 3 EFZG) einbezogen werden. Bei einer gerichtlichen Auflösung des Arbeitsverhältnisses gem. § 9 KSchG nach einer sozialwidrigen ordentlichen Kündigung ist dies nicht der Fall. Dies gilt ebenso bei einer gerichtlichen Auflösung des Arbeitsverhältnisses nach einer sittenwidrigen ordentlichen Kündigung (§ 13 Abs. 2 KSchG). Erfolgt dagegen die gerichtliche Auflösung des Arbeitsverhältnisses zu einem früheren Zeitpunkt als zum Ablauf der Kündigungsfrist, so in den Fällen einer **unwirksamen außerordentlichen Kündigung** (vgl. KR-*Friedrich* § 13 KSchG Rz 64 ff.), geht der Gesetzgeber davon aus, dass die Abfindung **teilweise Entgeltcharakter** hat. Dies folgt aus der durch den Beschluss des BVerfG vom 12.5.1976 (AuR 1976, 348 mit Anm. von *Becker*) notwendig gewordenen Neufassung des seinerzeitigen § 117 Abs. 2 und 3 AFG. Die Rechtsnatur von Abfindungen, die in gerichtlichen oder außergerichtlichen **Vergleichen** festgelegt werden, kann nicht allgemein bestimmt werden, sondern richtet sich nach den Umständen des Einzelfalles. Nur wenn der im (gerichtlichen oder außergerichtlichen) Vergleich festgelegte Abfindungsbetrag allein dazu dienen soll, die dem Arbeitnehmer durch den Verlust des Arbeitsplatzes entstehenden Nachteile auszugleichen, hat die Abfindung Entschädigungscharakter (vgl. auch KR-*Wolff* SozR Rz 15). 12

Werden dagegen in dem Abfindungsbetrag auch Ansprüche mit Entgeltcharakter (zB solche aus § 615 BGB) einbezogen, so handelt es sich teilweise um Arbeitsentgelt (BSG 10.12.1981 –7 AR 55/88 – nv; LSG Berlin 17.2.1981 – L 14 AR 32/80 – nv). Die Höhe des Entgeltanteils ist dabei im Einzelfall oft schwer feststellbar, und zwar insbesondere dann, wenn die in die Abfindung einbezogenen Entgeltansprüche dem Grunde oder der Höhe nach zwischen den Parteien streitig waren. In den Fällen einer vorzeitigen Beendigung des Arbeitsverhältnisses nach erfolgter außerordentlicher Kündigung hat der vergleichsweise vereinbarte Abfindungsbetrag teilweise Entgeltcharakter (vgl. BSG 23.2.1988 DB 1988, 1018). 13

Spilger 555

3. Folgerungen aus der Rechtsnatur

a) Entstehung und Abtretbarkeit

14 Der Anspruch auf die Abfindung **entsteht** nach Auffassung des *BAG* (9.12.1987 AP Nr. 4 zu § 62 ArbGG 1979; **aA** noch die Vorauflagen) bereits durch die richterliche Festsetzung im Urteil **ohne Rücksicht auf die Rechtskraft**. Das Auflösungsurteil ist daher nicht nur hinsichtlich der Beendigungswirkung, sondern auch hinsichtlich der Festlegung der Abfindungssumme (auch) ein Gestaltungsurteil, wenn auch auflösend bedingt durch seine Abänderbarkeit (vgl. *BAG* aaO). Damit ist der Anspruch **abtretbar**. Dem steht der Entschädigungscharakter **nicht** entgegen, weil sich durch die Abtretung der Forderungsinhalt nicht ändert (§ 399 BGB); es bleibt bei einer Geldleistungspflicht. Nach rechtskräftigem Auflösungsurteil ist die Abtretung des Abfindungsanspruchs uneingeschränkt möglich. Wegen der Pfändbarkeit der Abfindung (vgl. Rz 17) greift die Regelung des § 400 BGB (Ausschluss der Abtretung bei unpfändbaren Forderungen) nicht ein.

15 Da die Abfindungsforderung bereits vor dem Auflösungsurteil nach Entstehungsgrund und Schuldner hinreichend deutlich bezeichnet werden kann, ist eine **Vorausabtretung** zulässig (vgl. *Löwisch/Spinner* Rz 38; SPV-*Vossen* Rz 2005; *Maus* Rz 29; *LAG Düsseldorf* 29.6.2006 – 11 Sa 291/06 –). Der Umstand, dass der Abfindungsanspruch in seiner Entstehung durch den Erlass des Auflösungsurteils bedingt ist, steht der Vorausabtretbarkeit nicht entgegen, da auch bedingte Forderungen wirksam abgetreten werden können (vgl. zur Vorausabtretung *BAG* 14.12.1966 NJW 1967, 751, sowie *BGH* 22.9.1965 NJW 1965, 2197). Der Übergang des Abfindungsanspruches auf den Zessionar tritt aber erst mit Erlass des Auflösungsurteils ein, da erst zu diesem Zeitpunkt die Abfindungsforderung zur Entstehung gelangt.

b) Aufrechnung

16 Wegen der grds. bestehenden Pfändbarkeit der Abfindungsforderung (vgl. Rz 17) kann seitens des Arbeitgebers die **Aufrechnung** mit Gegenansprüchen (zB wegen Schlechtleistung des Arbeitnehmers) erklärt werden (ebenso SPV-*Vossen* Rz 2006). Das Aufrechnungsverbot des § 394 BGB, wonach eine Aufrechnung gegenüber einer unpfändbaren Forderung unzulässig ist, greift aber dann ein, wenn das Vollstreckungsgericht auf den entsprechenden Pfändungsschutzantrag des Arbeitnehmers hin einen Teil der Abfindung nach § 850i ZPO für unpfändbar zu erklären **hätte** (vgl. dazu Rz 17). In dem zuletzt genannten Fall ist die Aufrechnung mit Gegenansprüchen des Arbeitgebers in Höhe des unpfändbaren Teiles der Abfindung ausgeschlossen. Im Rahmen einer Prozessaufrechnung vor Gerichten für Arbeitssachen obliegt die Ermittlung des unpfändbaren Teils der Abfindung dem **Prozessgericht**. Zwar ist die Zuständigkeit der Vollstreckungsgerichte eine ausschließliche (§ 802 ZPO) Zuständigkeit der *Amtsgerichte* (§ 764 ZPO). Deren Zuständigkeit ist aber nur für die Mitwirkung bei **Vollstreckungshandlungen** vorgesehen (§ 764 Abs. 1 ZPO), worunter die **Prozessaufrechnung** jedoch nicht fällt. Deshalb entscheidet das *Arbeitsgericht* auch über die Höhe des unpfändbaren Teils der Abfindung. Dies ergibt sich übrigens auch positiv aus der Regelung in **§ 17 Abs. 2 S. 2 GVG**, wonach das Gericht des zulässigen Rechtsweges den Rechtsstreit unter allen in Betracht kommenden rechtlichen Gesichtspunkten entscheidet. Eine **Verrechnung** von Betriebsrentenansprüchen mit Abfindungen nach KSchG ist aufgrund § 3 BetrAVG iVm § 134 BGB nichtig (*BAG* 24.3.1998 EzA § 3 BetrAVG Nr. 5).

c) Pfändbarkeit/»(Arbeits)Einkommen«

17 Die nach §§ 9, 10 KSchG zu zahlende Abfindung ist »**Arbeitseinkommen**« iSd § 850 ZPO (vgl. *BAG* 13.11.1991 RzK I 11c Nr. 8; 12.9.1979 DB 1980, 358; 13.7.1959 AP Nr. 1 zu § 850 ZPO; *LG Aachen* 30.11.1983 JurBüro 1984, 468; *v. Hoyningen-Huene/Linck* Rz 23; *Maus* Rz 28; SPV-*Vossen* Rz 2005). Nach der zutreffenden Ansicht des *BAG* (13.11.1991 und 12.9.1979 aaO) umfasst der in § 850 ZPO verwandte Begriff des »Arbeitseinkommens« nicht nur den eigentlichen Arbeitslohn, sondern auch alle sonstigen sich aus dem Arbeitsverhältnis ergebenden Entgeltansprüche des Arbeitnehmers. Die Abfindung nach §§ 9, 10 KSchG ist zwar kein unmittelbares Arbeitsentgelt, sondern eine Entschädigung dafür, dass der Arbeitnehmer seinen Arbeitsplatz verliert, obwohl ein sozial zu billigender Grund oder ein wichtiger Grund nicht vorliegt. Sie dient aber – wie sonstige Geldleistungen des Arbeitgebers aus dem Arbeitsverhältnis – idR der Sicherung des Lebensunterhalts des Arbeitnehmers und seiner Familie. Die rechtliche Einordnung der Abfindung als »Arbeitseinkommen« iSd § 850 ZPO hat zur Folge, dass ein formularmäßig erlassener **Pfändungs- und Überweisungsbeschluss** auch die Abfindung erfasst (*BAG* 13.11.1991 und *BAG* 12.9.1979 aaO). Für Kündigungsabfindungen nach §§ 9, 10 KSchG gelten jedoch nicht die Pfändungsgrenzen des § 850c ZPO, da es sich insoweit nicht um Arbeitseinkommen handelt,

das für einen fest umrissenen Zeitraum gezahlt wird (*BAG* 13.11.1991 aaO; 12.9.1979 aaO und 13.7.1959 aaO). Ob die Abfindung als eine »nicht wiederkehrend zahlbare Vergütung« iSv § 850i ZPO anzusehen ist, hatte das *BAG* in dem Urteil vom 13.7.1959 (aaO) offen gelassen. Im Schrifttum ist die Frage streitig (für eine Anwendbarkeit des § 850i ZPO: *Löwisch/Spinner* Rz 23; *v. Hoyningen-Huene/Linck* aaO unter Aufgabe der entgegenstehenden früheren Ansicht; SPV-*Vossen* Rz 2005; **aA** *Auffarth* DB 1969, 532; *Maus* aaO; *Schmidt* DB 1965, 1631). Das *BAG* hat in dem Urteil vom 13.11.1991 (aaO) und vom 12.9.1979 (aaO) diese Frage dahin entschieden, dass es sich bei der **Abfindung** nach §§ 9, 10 KSchG um eine »**nicht wiederkehrende zahlbare Vergütung**« iSv **§ 850i ZPO** handele (ebenso *OLG Düsseld.* 28.8.1979 NJW 1979, 2520, und *LG Aachen* 30.11.1983 aaO; vgl. auch *BGH* 16.1.1990 NJW 1990, 1360). Die Ansicht des *BAG* wird dem Schutzzweck des § 850i ZPO, bei den auf der Verwertung der Arbeitskraft beruhenden einmaligen Zahlungen den notwendigen Unterhalt des Dienstleistenden und seiner Familie sicherzustellen, am ehesten gerecht. Der Arbeitnehmer muss ggf. beim **Vollstreckungsgericht** beantragen, dass ihm die Abfindung ganz oder teilweise zum Bestreiten des Lebensunterhalts zur Verfügung steht (*LAG SH* 13.12.2005 NZA-RR 2006, 371). Wegen der vergleichbaren Interessenlage fallen auch **Entlassungsabfindungen in Sozialplänen** unter den Pfändungsschutz nach § 850i ZPO. Dies gilt ebenso für die Abfindungen gem. § 113 BetrVG (ebenso *Richardi/Annuß* § 113 Rz 60; *Fitting* § 113 Rz 45).

Aus der Einordnung der Abfindung als Arbeitseinkommen folgt auch, dass es sich dabei **nicht** um **17a Vermögen** handelt, das **als solches** im Prozesskostenhilfeverfahren einzusetzen wäre (vgl. *LAG Brem.* 20.7.1988 LAGE § 115 ZPO Nr. 29, und *OVG Lüneburg* 11.1.1990 SchlHA 1990, 56; **aA** *BAG* 22.12.2003 – 2 AZB 23/03 – nv, juris; *BAG* 24.4.2006 EzA SD 2006, Nr. 11, 12; *LAG Nürnberg* 24.8.1989 LAGE § 115 ZPO Nr. 40; *LAG SchlH* 24.9.1997 LAGE § 115 ZPO Nr. 53; *LAG Hmb.* 14.2.1997 LAGE § 115 ZPO Nr. 52). **Berücksichtigungsfähig** ist die Abfindung allerdings im Rahmen der Berechnung des einzusetzenden **Einkommens** (*Zöller/Philippi* § 115 Rz 5), weil der Arbeitnehmer nach Zufluss frei verfügen kann (vgl. *LAG BW* 8.7.2004 ArbRB 2004, 261; **aA** HK-*Hauck* Rz 41 mwN: »wirtschaftlich zweckgebundenes Vermögen«). Schließlich handelt es sich bei der Abfindung um »zu berücksichtigendes **Einkommen**« iSd **§ 11 SGB II** (»einmalige Einnahmen« gem. § 2 Abs. 3 Alg-II-VO) iSd Anspruchsvoraussetzungen für **Leistungen nach SGB II** betr. die **Grundsicherung für Arbeitsuchende** (etwa **Arbeitslosengeld II, Sozialgeld**; vgl. *Löschau/Marschner* Praxishandbuch SGB II, 2004, Rz 305), und um »als das Arbeitsentgelt betreffende Ansprüche von Arbeitnehmern aus Arbeitsverträgen oder Arbeitsverhältnissen« iSd RL 80/987/EWG des *Rates* v. 20.10.1980 zur Angleichung der Rechtsvorschriften der Mitgliedstaaten über den Schutz der Arbeitnehmer bei Zahlungsunfähigkeit des Arbeitgebers in der vor Erlass der RL 2002/74/EG des *Europ. Parlaments* und des *Rates* v. 23.9.2002 zur Änderung der Richtlinie geltenden Fassung (*EuGH* 16.12.2004 EuroAS 2005, 11).

d) Vererblichkeit

Das dem Arbeitnehmer nach § 9 KSchG zustehende Recht, bei Vorliegen der gesetzlichen Vorausset- **18** zungen die Auflösung des Arbeitsverhältnisses zu beantragen, ist höchstpersönlicher Natur (*v. Hoyningen-Huene/Linck* Rz 35). Das **Antragsrecht** des Arbeitnehmers ist daher **nicht vererblich**. Hatte der Arbeitnehmer dagegen bereits vor seinem Tode den Auflösungsantrag gestellt, so können auch die Erben die Auflösung des Arbeitsverhältnisses gegen Zahlung einer Abfindung weiterbetreiben. Dies gilt allerdings nur dann, wenn der Arbeitnehmer erst nach Ablauf der Kündigungsfrist verstorben ist (vgl. KR-*Spilger* § 9 KSchG Rz 34). Die zwischenzeitlich eingetretene Beendigung des Arbeitsverhältnisses kann aber bei der Höhe der Abfindung angemessen berücksichtigt werden (vgl. KR-*Spilger* § 9 KSchG Rz 35). **Vererblich** ist weiterhin der sich aus der rechtskräftigen Verurteilung ergebende Abfindungsanspruch (allg. Ansicht: vgl. etwa *Löwisch/Spinner* Rz 39; *v. Hoyningen-Huene/Linck* aaO; vgl. *BAG* 25.6.1987 EzA § 9 KSchG Nr. 23). Dies gilt ebenso für die aufgrund einer Vorausabtretung des Abfindungsanspruchs begründete Rechtsposition. Eine in einem **Vergleich** oder in einem **Aufhebungsvertrag** festgelegte Abfindung iSd §§ 9, 10 KSchG ist ebenfalls vererblich (*BAG* 16.10.1969 AP Nr. 20 zu § 794 ZPO; *LAG RhPf* 13.11.1987 BB 1988, 140; vgl. auch KR-*Spilger* § 9 KSchG Rz 33). Dies gilt ebenso für einen **Abfindungsanspruch** aus einem **Sozialplan** (*LAG Frankf.* 1.6.1984 DB 1985, 876; *Compensis* DB 1992, 888).

e) Verzinsung und Fälligkeit

Der durch die richterliche Festsetzung im Urteil entstehende Abfindungsanspruch wird bereits **durch 19 diese Festsetzung** im Urteil, **frühestens** jedoch zum festgesetzten Zeitpunkt des Endes des Arbeitsverhältnisses **fällig**. Auf die Rechtskraft kommt es nicht an (vgl. *BAG* 9.12.1987 AP Nr. 4 zu § 62 ArbGG

1979). **Ab dem Zeitpunkt der Festsetzung kommt** eine **Verzinsung** in Betracht (*BAG* 13.5.1969 AP Nr. 2 zu § 8 KSchG 1951; die gegenteilige Ansicht bis zur 4. Aufl. ist aufgegeben). Insoweit ist § 286 Abs. 1 S. 2 BGB entsprechend anwendbar: Der verurteilte Arbeitgeber weiß jetzt genau, dass er sofort zur Zahlung verpflichtet ist (vgl. *Löwisch/Spinner* Rz 34; ErfK-*Kiel* Rz 18; HaKo-*Fiebig* Rz 24; **aA** BBDW-*Bader* § 9 Rz 36). Da der Abfindungsanspruch erst mit der Festsetzung zur Entstehung gelangt, kann der Arbeitnehmer für den **davor** liegenden Zeitraum keine Zinsen verlangen, und zwar weder wegen Verzugs (§ 288 Abs. 1 BGB) noch ab Rechtshängigkeit (§ 291 BGB) der Kündigungsschutzklage oder des Auflösungsantrages.

19a Die in einem **gerichtlichen** oder **außergerichtlichen Vergleich** festgelegten Abfindungen **entstehen** mit dem Abschluss oder mit dem Wirksamwerden der vergleichsweisen Regelung (vgl. *Löwisch/Spinner* Rz 35; **aA** *Klar* NZA 2003, 543 ff.; BBDW-*Bader* § 9 Rz 71; **näher** KR-*Spilger* § 9 KSchG Rz 33 mN). Nach der Ansicht des *BAG* (26.8.1997 AP Nr. 8 zur § 620 BGB Aufhebungsvertrag) **entsteht** der in einem Aufhebungsvertrag vereinbarte Abfindungsanspruch jedenfalls dann nicht bereits mit Abschluss des Vertrags, sondern erst zum vereinbarten Ausscheidenstermin, wenn es sich um eine Frühpensionierung handelt und im Aufhebungsvertrag kein früherer Entstehungszeitpunkt bestimmt ist. Das wird praktisch, wenn der Arbeitnehmer das Ende des Arbeitsverhältnisses nicht mehr erlebt. Der Eintritt der **Fälligkeit** hängt von der inhaltlichen Ausgestaltung des Vergleichs ab. Ist in dem Vergleich ein späterer Auflösungszeitpunkt für das Arbeitsverhältnis vorgesehen, so wird die Abfindung aufgrund § 271 Abs. 1 BGB gleichwohl sofort und nicht erst zu dem vertraglich vereinbarten Beendigungszeitpunkt fällig, es sei denn, die Parteien haben einen späteren Fälligkeitszeitpunkt im Vergleich festgelegt. Demgegenüber sollen nach Auffassung des *BAG* (15.7.2004 EzA § 271 BGB 2002 Nr. 1) »in der Regel« Umstände vorliegen, aus denen sich als Fälligkeitszeitpunkt derjenige der Beendigung des Arbeitsverhältnisses ergibt. Das stellt die gesetzliche Regelung in § 271 Abs. 1 BGB auf den Kopf (so bereits zutr. *Gravenhorst* jurisPR-ArbR 2004 Nr. 5 zu *LAG Hannover* 12.9.2003 – 16 Sa 621/03). Die Praxis vermeidet das Problem, indem Zeitpunkt der Entstehung und Fälligkeit des Abfindungsanspruches ausdrücklich verabredet werden.

f) Insolvenz

20 Die insolvenzrechtliche Behandlung von Abfindungen iSd §§ 9, 10 KSchG beurteilt sich seit dem bundesweiten Inkrafttreten der (gesamten) InsO allein nach deren Vorschriften. Es handelt sich um **Insolvenzforderungen** nach §§ 38, 108 Abs. 2 InsO (ErfK-*Kiel* Rz 15). Löst hingegen das Gericht das Arbeitsverhältnis aufgrund einer vom **Insolvenzverwalter** erklärten Kündigung auf, handelt es sich um **Masseverbindlichkeiten** nach § 55 Abs. 1 Nr. 1 InsO (SPV-*Vossen* Rz 2008; ErfK-*Kiel* Rz 15). **Besondere** Vorschriften über die Behandlung der **hier** in Rede stehenden Abfindungen enthält die InsO **nicht**. Die Anordnung der Einordnung von **Sozialplanabfindungen** als Masseverbindlichkeiten durch § 124 Abs. 2 S. 1 InsO ist nicht übertragbar. Für **Altfälle** – Insolvenzverfahren, die **vor** dem 1.1.1999 beantragt wurden, – gilt die Rechtslage unter **KO, VerglO, GesO** und **SozplKonkG** fort (§ 103 EGInsO). S. hierzu 6. Aufl. Rz 20–21a. Zur **europarechtlichen** Qualifizierung s. Rz 17a.

21 Das gleiche gilt, wenn die Auflösung in einem von dem Verwalter wieder aufgenommenen Prozess erfolgt (vgl. *LG Detmold* 12.2.1997 BB 1997, 1416) oder wenn der Prozess von einem **vorläufigen Insolvenzverwalter** mit Verfügungsbefugnis nach § 21 Abs. 2, § 22 InsO (sog. starker Insolvenzverwalter) geführt wurde (für Sozialpläne: *BAG* 31.7.2002 EzA § 55 InsO Nr. 3). Zur **insolvenzrechtlichen Einordnung** von **Versorgungsanwartschaften** vgl. *LAG RhPf* 25.9.1981 EzA § 61 KO Nr. 8; zur insolvenzrechtlichen Einordnung des **Schadensersatzanspruches** des Arbeitnehmers nach § 628 Abs. 2 BGB vgl. *BAG* 13.8.1980 EzA § 59 KO Nr. 10, sowie *Gagel* ZIP 1981, 122; zur **Haftung** des **Betriebserwerbers** für bei Insolvenzeröffnung entstandene Abfindungsforderungen vgl. *BAG* 13.11.1985 – 2 AZR 771/85 – nv.

g) Familienrecht

22 Lebt der Arbeitnehmer im **Güterstand der Zugewinngemeinschaft** nach § 1363 BGB, so tritt gem. § 1384 BGB bei Ehescheidung für die Berechnung des Zugewinns nach § 1373 BGB anstelle der Beendigung des Güterstands der Zeitpunkt der Rechtshängigkeit des Scheidungsantrags (§§ 253, 622 ZPO). Bewertungsstichtag für das Endvermögen (§ 1365 BGB) ist dabei der Tag der **Zustellung des Scheidungsantrags**. Hierdurch soll verhindert werden, dass der ausgleichspflichtige Ehegatte den Zugewinn zum Nachteil des anderen während des Scheidungsverfahrens verringert. Da auch **Forderungen** zum Vermögen gehören, unterliegt eine bereits **vor** dem Stichtag entstandene Abfindung dem Zugewinnausgleich unabhängig davon, ob sie vor oder nach dem Stichtag (offen gelassen von *BGH*

21.4.2004 NJW 2004, 2675, 2677) ausbezahlt wird. Entsteht der Anspruch auf die Abfindung **danach**, ist sie nicht ausgleichspflichtig, kann aber bei der Berechnung des nachehelichen **Unterhalts** zu berücksichtigen sein (*Bauer* Abfindungen und Alternativen in: Arbeitsrecht 1999, Tagungsband zum RWS-Forum, S. 276). Die familiengerichtliche Rechtsprechung behandelt Abfindungen **unterhaltsrechtlich** als Einkommen, **güterrechtlich** hingegen als Vermögen (s. *Klingelhöffer* BB 1997, 2216).

h) Tarifliche Ausschlussfristen und Verjährung

Tarifvertragliche Ausschlussfristen, wonach Ansprüche auf Vergütung sowie alle sonstigen Ansprüche aus dem Arbeitsverhältnis verfallen, wenn diese nicht innerhalb eines bestimmten Zeitraums nach Fälligkeit dem anderen Vertragspartner gegenüber schriftlich geltend gemacht worden sind, **erfassen** grds. **keine in gerichtlichen Vergleichen** festgelegten **Abfindungen** nach §§ 9, 10 KSchG (*BAG* 13.1.1982 EzA § 9 KSchG nF Nr. 13; *Löwisch/Spinner* Rz 37), weil die Klarheit der Rechtsverhältnisse, die solche Ausschlussfristen schaffen wollen, dann außer Frage steht. Dies galt auch, soweit ein in einem gerichtlichen Vergleich festgelegter Abfindungsanspruch nach der Regelung des § 117 Abs. 4 S. 2 AFG auf die *Bundesagentur für Arbeit* übergegangen war (die unter Rz 95 dargestellten Übergangsregelungen betrafen auch § 117 Abs. 4 AFG). Auf **gerichtlich zuerkannte Abfindungen** iSd §§ 9, 10 KSchG finden tarifliche Ausschlussfristen ebenfalls keine Anwendung, da mit dem Erlass eines Auflösungsurteils hinsichtlich der Zahlungsverpflichtung des Arbeitgebers Rechtsklarheit geschaffen wird (ebenso *Löwisch/Spinner* Rz 37; vgl. auch *LAG Bln.* 24.3.1993 NZA 1994, 425; *Rolfs* AR-Blattei SD 10 Abfindung Rz 214). Auf **Ansprüche auf Nachteilsausgleich** nach § 113 BetrVG gelangen tarifliche Ausschlussfristen zur Anwendung, weil es sich hier um Ansprüche handelt, die nicht erst mit dem Erlass eines gerichtlichen Gestaltungsurteils entstehen (*BAG* 20.6.1978 EzA § 4 TVG Ausschlussfristen Nr. 34; 22.9.1982 EzA § 4 TVG Ausschlussfristen Nr. 52; 22.2.1983 EzA § 4 TVG Ausschlussfristen Nr. 54; 3.8.1972 EzA § 113 BetrVG 1972 Nr. 10). Tarifliche Ausschlussfristen erfassen auch **Sozialplanabfindungen** (*BAG* 30.11.1994 EzA § 4 TVG Ausschlussfristen Nr. 108; *LAG Bln.* 24.1.1983 DB 1983, 2042; *Richardi/Annuß* § 113 Rz 63). Bei einer **Insolvenz** müssen die Arbeitnehmer Ansprüche auf Nachteilsausgleich nach § 113 BetrVG sowie Sozialplanabfindungen nach den Vorschriften der Insolvenzordnung (§ 174 Abs. 1 S. 1 InsO) anmelden (vgl. *BAG* 18.12.1984 EzA § 4 TVG Ausschlussfristen Nr. 62; 3.12.1985 EzA § 146 KO Nr. 1). Neben diesen gesetzlichen Regelungen finden tarifliche Ausschlussfristen keine Anwendung (*BAG* 18.12.1984 aaO). 22a

Abfindungen iSd §§ 9, 10 KSchG unterlagen der regelmäßigen **Verjährungsfrist** von dreißig Jahren nach § 195 BGB aF. Derartige Zahlungen konnten nicht als Vergütungsansprüche iSd § 196 Abs. 1 Nr. 8 und 9 BGB aF angesehen werden, da sie nicht laufend monatlich oder zu bestimmten Zeitpunkten wiederkehrend erbracht werden (vgl. *LAG Brem.* 23.11.1982 EzA § 9 KSchG nF Nr. 12; *Knorr/Bichlmeier/Kremhelmer* Kap. 14 Rz 149; weitere Nachweise s. 6. Aufl.; jetzt auch *BAG* 15.6.2004 NZA 2005, 295 [f. Abfindungsanspruch aus Aufhebungsvertrag]; **s.a. die entsprechende Rechtslage bei § 850i ZPO oben Rz 17: Abfindung nach §§ 9, 10 KSchG eine »nicht wiederkehrend zahlbare Vergütung« iS jener vollstreckungsrechtlichen Bestimmung).** Die gegenteilige Ansicht (*RAG* ArbRspr. 1932, 52, 53; *LAG Hamm* 15.1.1990 LAGE § 9 KSchG Nr. 18; nähere Nachweise s. 6. Aufl.) übersah, dass der Anspruch auf Zahlung der Abfindung aufgrund Auflösungsurteils entsteht (oben Rz 14). Ein rechtskräftig festgestellter Anspruch verjährte aber aufgrund der Regelung in § 218 Abs. 1 S. 1 BGB aF auch dann erst in dreißig Jahren, wenn er an sich einer kürzeren Verjährung unterlag. Vertretbar war die Gegenansicht deshalb nicht für ausgeurteilte Abfindungen (wie bei §§ 9, 10 KSchG stets), sondern allenfalls für einzel- und kollektivvertraglich abgemachte Abfindungen. Nach hier vertretener Auffassung waren jedoch auch derartige Abfindungen – mangels wiederkehrenden Erbringens und wenn nicht gerade ratierliche Zahlung vorgesehen ist – verjährungsrechtlich nicht anders als ausgeurteilte Abfindungen zu behandeln (für die regelmäßige Verjährungsfrist von dreißig Jahren für Sozialplanabfindungen [nach § 195 BGB aF] *BAG* 30.10.2001 EzA § 112 BetrVG 1972 Nr. 109). **Nunmehr** unterliegen Abfindungen der regelmäßigen Verjährungsfrist von drei Jahren nach **§ 195 BGB nF**. Für **rechtskräftig ausgeurteilte** Abfindungen nach §§ **9, 10 KSchG** bleibt es bei der dreißigjährigen Verjährungsfrist (§ 197 Abs. 1 Nr. 3 BGB nF; *Löwische/Spinner* Rz 36; HaKo/*Fiebig* Rz 25; KDZ-*Zwanziger* Rz 28). 22b

V. Höhe der Abfindung

1. Gesetzliche Grundkonzeption

Das in den §§ 9 Abs. 1 S. 1, 10 KSchG zum Ausdruck gekommene **legislative Grundmodell** zeichnet sich durch folgende Merkmale aus: 23

- Grundsatz der Angemessenheit der Abfindung (§ 9 Abs. 1 S. 1 KSchG);
- Festlegung eines allgemeinen Höchstbetrages der Abfindung auf zwölf Monatsverdienste (§ 10 Abs. 1 KSchG);
- Durchbrechung der regelmäßigen Höchstgrenze bei älteren Arbeitnehmern mit langer Beschäftigungsdauer (§ 10 Abs. 2 S. 1 KSchG);
- Sonderregelung für Arbeitnehmer im Rentenalter (§ 10 Abs. 2 S. 2 KSchG);
- Legaldefinition des Begriffs »Monatsverdienst« (§ 10 Abs. 3 KSchG).

Kennzeichnend für dieses legislative Grundmodell ist somit der **Verzicht** des Gesetzgebers auf **feste Regelsätze** für die Bemessung der Abfindung sowie das **Fehlen** einer **katalogartigen Zusammenstellung** der **Bemessungsfaktoren.** Die im Gesetz enthaltene Anknüpfung an lediglich drei Bemessungsfaktoren (Lebensalter [zu Konsequenzen aus dem Verbot der Altersdiskriminierung s. Rz 40], Beschäftigungsdauer und Monatsverdienst) eröffnet dem Tatsachenrichter bei der Festlegung der Abfindungshöhe einen breiten **Ermessensspielraum,** der lediglich nach oben durch die gesetzlichen Höchstgrenzen beschränkt wird (zur Kritik an dieser gesetzlichen Grundkonzeption vgl. *Becker/Rommelspacher* ZRP 1976, 43).

2. Grundsatz der Angemessenheit

24 Der in § 9 Abs. 1 S. 1 KSchG festgelegte Grundsatz der Angemessenheit der Abfindung besagt, dass das Gericht das ihm bei der Festsetzung der Abfindungshöhe zustehende **Ermessen** nicht völlig frei, dh nach seinem eigenen Belieben ausüben kann. Es hat vielmehr nach pflichtgemäßem Ermessen zu prüfen, welcher Abfindungsbetrag unter Berücksichtigung der jeweiligen Umstände des Einzelfalles angemessen ist, um die dem Arbeitnehmer durch den Verlust des Arbeitsplatzes erwachsenden Nachteile auszugleichen (vgl. *Löwisch/Spinner* Rz 11; *v. Hoyningen-Huene/Linck* Rz 9; *Monjau/Heimeier* Rz 1; *Brill* DB 1981, 2326; *Neumann* Kündigungsabfindung Rz 94). Bei dem in § 9 Abs. 1 S. 1 KSchG verwendeten Betriff der »angemessenen« Abfindung handelt es sich um einen sog. **unbestimmten Rechtsbegriff** (vgl. hierzu *Hofmann* ZfA 1970, 66 ff.). Den in diesem Begriff zum Ausdruck gekommenen **gesetzlichen Bewertungsmaßstab** hat das Gericht im Einzelfall zu konkretisieren. Es handelt sich somit nicht um eine freie Ermessensbetätigung des Gerichts (so *Maus* Rz 1 unter Berufung auf *BAG* 12.8.1954 AP Nr. 17 zu § 72 ArbGG 1953). Die **richterliche Ermessensausübung** ist vielmehr **gebunden** an die in dem Grundsatz der Angemessenheit der Abfindung enthaltene gesetzliche Wertung. Soweit das *BAG* in dem Urteil vom 12.8.1954 (aaO) vom Vorliegen eines freien Ermessens des Tatsachenrichters ausgegangen ist, ist zu berücksichtigen, dass der Grundsatz der Angemessenheit der Abfindung erst durch das Erste Arbeitsrechtsbereinigungsgesetz vom 14.8.1969 (BGBl. I S. 1106) in das Gesetz aufgenommen worden ist (vgl. zur Entstehungsgeschichte KR-*Spilger* § 9 KSchG Rz 6 sowie o. Rz 3). Die Entscheidung des *BAG* vom 12.8.1954 (aaO) ist daher aufgrund der geänderten Gesetzeslage überholt.

25 Die Bindung des Gerichts an den Grundsatz der Angemessenheit der Abfindung besteht innerhalb der in § 10 Abs. 1 und 2 KSchG enthaltenen **Höchstgrenzen.** Das Gericht kann daher nicht unter Berufung auf den Grundsatz der Angemessenheit der Abfindung die gesetzlichen Höchstgrenzen überschreiten. Dagegen kann es uU der Grundsatz der Angemessenheit der Abfindung gebieten, im Einzelfall einen Abfindungsbetrag von weniger als 12 Monatsverdiensten festzulegen, obgleich die Höchstgrenzen des § 10 Abs. 2 S. 1 KSchG zur Anwendung gelangen (ebenso *Neumann* Kündigungsabfindung Rz 98).

26 Eine schematische Festsetzung der Abfindung nach **bestimmen Regelsätzen** ist mit dem Grundsatz der Angemessenheit der Abfindung nicht in Einklang zu bringen. Das Gericht hat vielmehr unter Berücksichtigung der jeweiligen Besonderheiten des Einzelfalles zu prüfen, welcher Betrag als Abfindung für die mit dem Verlust des Arbeitsplatzes verbundenen Nachteile angemessen ist. Die vom Gesetz vorgeschriebene **individuelle Prüfung** und **Bewertung** der einzelnen Bemessungsfaktoren verbietet dem Richter eine Schematisierung (etwa nach der Dauer der Betriebszugehörigkeit und/ oder nach dem Lebensalter; s. aber Rz 45 zur **Gewichtung** dieser Bemessungsfaktoren). Dabei ist nicht zu verkennen, dass sich in der **gerichtlichen Praxis** (vgl. das Ergebnis der Erhebungen von *Hümmerich* NZA 1999, 342 ff.) gewisse Regelsätze zur Bestimmung der Abfindungshöhe eingebürgert haben. Da das KSchG im Unterschied zu § 87 BRG 1920, wonach für jedes Jahr der Betriebszugehörigkeit bis zu ein Monatsverdienst zugrunde zu legen war (oben Rz 5), – **außer in § 1a Abs. 2 S. 1 und 3 KSchG** – keine verbindliche Berechnungsweise für den vom Gericht festzulegenden Abfindungsbetrag vorschreibt, können die in der Gerichtspraxis bisweilen verwandten Regelsätze jeweils nur einen ersten Anhaltspunkt für die stets unter Berücksichtigung der Besonderheiten des Einzelfalles festzusetzen-

den Abfindungen bieten (vgl. *v. Hoyningen-Huene/Linck* Rz 2; *Neumann* Kündigungsabfindung Rz 98; *Brill* DB 1981, 2328). Äußerst **hilfreich** für die **Praxis** *Francken/Hartmann/Bubeck* Die Abfindung, 1999, mit Abfindungs-Rechner (CD-ROM), sowie, ebenfalls mit CD-ROM *Runke/Galdia/Stuhlmann/Schmitz* Aufhebungsverträge und Abfindung, 2001. § 1a Abs. 2 S. 1 und 3 KSchG betreffen **allein** den Abfindungsanspruch nach jener Norm.

3. Höchstgrenzen

a) Begriff des Monatsverdienstes (§ 10 Abs. 3 KSchG)

Die in § 10 Abs. 1 und Abs. 2 KSchG festgelegten Höchstgrenzen der Abfindung knüpfen an den **Begriff des Monatsverdienstes** an. Die durch das Erste Arbeitsrechtsbereinigungsgesetz vom 14.8.1969 (BGBl. I S. 1106) neu gefasste Vorschrift des § 10 Abs. 3 KSchG versteht unter diesem Begriff diejenigen Geld- und Sachbezüge, die dem Arbeitnehmer bei der für ihn maßgebenden regelmäßigen Arbeitszeit in dem Monat zustehen, in dem das Arbeitsverhältnis gem. § 9 Abs. 2 KSchG endet. Das können **Lohnersatzleistungen** (zB Krankengeld) selbst dann **nicht** sein, wenn kein Anspruch **gegen den Arbeitgeber** (mehr) zusteht. In diesem Fall ist auf den Verdienst zu rekurrieren, den der Arbeitnehmer bei Erbringung seiner Arbeitsleistung **hätte**. Befindet sich der Arbeitnehmer mit mehreren Arbeitgebern in einem sog. **einheitlichen Arbeitsverhältnis** (vgl. BAG 27.3.1981 DB 1982, 1569; krit. hierzu *Schwerdtner* ZIP 1982, 900), so ist als Verdienst iSd § 10 KSchG die Gesamtvergütung anzusehen. Auszugehen ist vom **Bruttoverdienst** (*Knorr/Bichlmeier/Kremhelmer* Kap. 14 Rz 144; KDZ-*Zwanziger* Rz 18). Auf die Norm wird durch § 123 Abs. 1 InsO sowie die **Neuregelung in § 1a Abs. 2 S. 2 KSchG zur Bestimmung des Monatsverdienstes verwiesen**. 27

Während die frühere Fassung des Gesetzes (vgl. § 8 Abs. 1 S. 2 KSchG aF) auf die betriebsübliche Arbeitszeit abstellte, erklärt das Gesetz nunmehr die für den gekündigten Arbeitnehmer maßgebende regelmäßige Arbeitszeit für maßgeblich. Die Neufassung trägt dem **Grundsatz der individuellen Bemessung** der Abfindung Rechnung. Bei einem Abweichen der **regelmäßigen individuellen Arbeitszeit** des Arbeitnehmers von der regelmäßigen betriebsüblichen Arbeitszeit hat nunmehr die für den einzelnen Arbeitnehmer maßgebende regelmäßige Arbeitszeit den Vorrang. Dies ist zB für solche Arbeitnehmer von Bedeutung, die regelmäßig verkürzt (im Rahmen eines sog. **Teilzeitarbeitsverhältnisses**) arbeiten. 28

Da das Gesetz auf das Merkmal der **Regelmäßigkeit** abstellt, sind alle unregelmäßigen Schwankungen der für den Arbeitnehmer maßgeblichen Arbeitszeit auszuklammern. Dies gilt insbes. für **Kurzarbeit** sowie für unregelmäßig anfallende **Überstunden**. Hat der Arbeitnehmer dagegen während eines längern Zeitraumes regelmäßig Überstunden in einem bestimmten Umfang geleistet, so sind diese bei der Bestimmung des Monatsverdienstes zu berücksichtigen (ebenso *v. Hoyningen-Huene/Linck* Rz 5). Demgegenüber sind Verdienstminderungen, die etwa durch **Krankheit** oder **Urlaub** eintreten, nicht zu berücksichtigen (*v. Hoyningen-Huene/Linck* Rz 5; *Löwisch/Spinner* Rz 5). 29

Für die Ermittlung des maßgeblichen Monatsverdienstes ist es ohne Bedeutung, ob der Arbeitnehmer bis zum Ablauf der Kündigungsfrist bzw. bis zum Zugang der außerordentlichen Kündigung beschäftigt worden ist. **Ohne Einfluss** auf die **Bemessung des Monatsverdienstes** sind daher insbes. die folgenden Tatbestände: Freistellung des gekündigten Arbeitnehmers von der Arbeit, Erholungsurlaub, krankheitsbedingte Arbeitsunfähigkeit, Stilllegung des Betriebes oder der betreffenden Betriebsabteilung. Der Monatsverdienst ist dann so zu berechnen, als ob gearbeitet worden wäre (vgl. *v. Hoyningen-Huene/Linck* aaO). Dies folgt aus der in § 10 Abs. 2 KSchG enthaltenen gesetzlichen Fiktion (arg. »gilt«), die allein an das dem Arbeitnehmer nach der für ihn maßgebenden **regelmäßigen** Arbeitszeit zustehende Entgelt anknüpft. Bei **Teilzeitbeschäftigungen** ist die geringere Stundenzahl zugrunde zu legen (*Knorr/Bichlmeier/Kremhelmer* Kap. 14 Rz 143). 30

Bemessungszeitraum für den Monatsverdienst ist **derjenige** Monat, in dem das Arbeitsverhältnis nach § 9 Abs. 2 KSchG endet (vgl. zum Auflösungszeitpunkt KR-*Spilger* § 9 KSchG Rz 31–35). Bei einer **ordentlichen** Kündigung ist dies derjenige Monat, in dem das Ende der Kündigungsfrist liegt. Da das Arbeitsverhältnis im Falle einer unwirksamen außerordentlichen Kündigung nach § 13 Abs. 1 S. 4 KSchG zu dem Zeitpunkt, zu dem die Kündigung ausgesprochen wurde aufzuheben ist, ist in diesen Fällen derjenige Monat maßgeblich, in dem der Zugang der außerordentlichen Kündigung erfolgt ist. Sofern im Bemessungszeitraum **Vergütungssteigerungen** (zB Tariflohnerhöhungen) erfolgen, ist von dem erhöhten Monatsverdienst auszugehen (vgl. *v. Hoyningen-Huene/Linck* Rz 3). 31

32 Soweit sich infolge der unterschiedlichen Länge der einzelnen Kalendermonate sowie aus der unterschiedlichen Anzahl von arbeitsfreien Samstagen und Sonntagen bei Arbeitnehmern ohne feste Monatsvergütung gewisse Ungerechtigkeiten bei der Ermittlung des maßgeblichen Monatsverdienstes ergeben, kann dies bei der Bemessung der Abfindung angemessen berücksichtigt werden (ebenso *v. Hoyningen-Huene/Linck* Rz 6).

33 Zur Ermittlung des maßgeblichen Monatsverdienstes knüpft das Gesetz an diejenigen Geld- und Sachbezüge an, die dem Arbeitnehmer im Auflösungsmonat zustehen. Unter den Begriff der **Geldbezüge** fallen zunächst alle Grundvergütungen (Gehalt, Zeitlohn, Fixum usw.). Erhält der Arbeitnehmer zu diesen Vergütungen weitere **Zuwendungen** mit **Entgeltcharakter** (so zB ein 13. oder 14. Monatsgehalt, Tantiemen, Jahresabschlussvergütungen, Umsatzbeteiligungen) so sind diese Bezüge anteilig umzulegen (vgl. *Löwisch/Spinner* Rz 3; *v. Hoyningen-Huene/Linck* Rz 8; *Maus* Rz 25; SPV-*Vossen* Rz 2015). Besteht die dem Arbeitnehmer zustehende Grundvergütung in **Akkordlohn,** so ist unter Zugrundelegung der für ihn regelmäßigen Arbeitszeit zu ermitteln, welchen Betrag er im Auflösungsmonat vermutlich verdient hätte (ebenso *Monjau/Heimeier* Rz 5; **abw.** *Neumann* Kündigungsabfindung Rz 103, **der auf den Durchschnittslohn im Auflösungsmonat abstellen will, wobei ggf. aus zurückliegender Zeit geschätzt werden müsse**). Als Geldbezüge iSd § 10 Abs. 3 KSchG sind weiterhin alle regelmäßig zu zahlenden **Zulagen** (z.B. Gefahrenzulagen, Schichtzuschläge, Nachtarbeitszuschläge, Prämien, Provisionen) anzusehen. Hierzu zählen auch einzelvertraglich vereinbarte »Wege- und Fahrgelder«, sofern sie unabhängig von notwendigen Aufwendungen gezahlt werden (*BAG* 11.2.1976 EzA § 2 LohnFG Nr. 8; 4.10.1978 EzA § 63 HGB Nr. 30). **Zuwendungen** mit **Aufwendungscharakter** (zB Schmutzzulagen, Spesen) sind dagegen bei der Ermittlung des maßgeblichen Monatsverdienstes nicht zu berücksichtigen. **Keine Berücksichtigung** finden weiterhin **Zuwendungen** mit **Gratifikationscharakter** (zB Weihnachtsgratifikationen, Jubiläumsgelder, Jahresbonuszahlungen). Die gegenteilige Auffassung (*Auffarth/Müller* § 8 Rz 3; *Löwisch/Spinner* Rz 3; *ErfK-Kiel* Rz 3; vgl. schadensrechtlich auch *BGH* 7.5.1996 EzA § 249 BGB Nr. 22) verkennt, dass Gratifikationen wegen der Möglichkeit, an die Auszahlung Bedingungen zu knüpfen, nicht auf die einzelnen Monate eines Jahres umgelegt werden können (**wie hier**: *v. Hoyningen-Huene/Linck* aaO; *Monjau/Heimeier* aaO; *Neumann* Kündigungsabfindung Rz 103; BBDW-*Bader* Rz 4; SPV-*Vossen* aaO; *Isenhardt* HzA Gruppe 5 Rz 455; *Knorr/Bichlmeier/Kremhelmer* Kap. 14 Rz 144; APS-*Biebl* Rz 18; HaKo-*Fiebig* Rz 9; diff. KDZ-*Zwanziger* Rz 19; **aA** offenbar HK-*Hauck* Rz 11). Zur Abgrenzung zwischen Weihnachtsgratifikation und 13. Monatsgehalt vgl. *BAG* 11.11.1971 EzA § 611 BGB Gratifikation, Prämie Nr. 29, sowie *BAG* 10.7.1974 EzA § 611 BGB Gratifikation, Prämie Nr. 42. Eine anteilige Umlegung des **Urlaubsgeldes** hat nur dann zu erfolgen, wenn das Urlaubsgeld fest in das Vergütungsgefüge (zB in Gestalt eines kollektiv- oder einzelvertraglichen Anspruchs) eingebaut ist und damit Entgeltcharakter hat. Wird das Urlaubsgeld dagegen als Gratifikation gewährt, so ist diese Leistung bei der Ermittlung des Monatsverdienstes nicht zu berücksichtigen (für eine ausnahmslose Nichtberücksichtigung von Urlaubszuschüssen: *v. Hoyningen-Huene/Linck* aaO sowie *Maus* aaO). Zum Monatsverdienst eines Kellners gehören – neben der Umsatzbeteiligung – auch die **Trinkgelder** (*BFH* 24.10.1997 – VI R 23/94, juris; *LAG Düsseld.* 18.2.1981 –12 Sa 1534/80 – nv). Zur Legaldefinition von »Trinkgeld« s. jetzt § 107 Abs. 3 S. 2 GewO sowie § 3 Nr. 51 EStG. Nach der Ansicht des *BAG* allerdings (28.6.1995 EzA § 11 BUrlG Nr. 38) gehören sie bei Fehlen einer besonderen Abrede nicht zu dem bei Urlaub, Arbeitsunfähigkeit oder Betriebsratstätigkeit vom Arbeitgeber fortzuzahlenden Arbeitsentgelt. Maßgebend dürfte sein, ob der Kellner im Tronc- oder Serviersystem entlohnt wird (dann Arbeitseinkommen) oder es sich um »freiwillige« Bedienungsgelder des Gastes handelt (vgl. *Heinze* DB 1996, 2490, 2491, dort auch zur rechtlichen Einordnung der Vergünstigungen aus **Miles & More-Bonusprogrammen** [s.a. *Bauer/Krets* BB 2002, 2066, 2068; Arbeitseinkommen wohl nur, wenn der Arbeitgeber auf seinen Herausgabeanspruch aus **dienstlichen** Flugreisen gem. § 667 Alt. 2 BGB – dazu *BAG* 11.4.2006 – 9 AZR 500/05 – Pressemitteilung Nr. 23/06 – verzichtet]; vgl. zur Gleichbehandlung von Arbeitsentgelt und Trinkgeldern u.a. aus arbeitsrechtlicher Sicht auch *Zumbansen/Sung-Kee Kim* BB 1999, 2454). **Kein** Arbeitsentgelt stellen **Prämien für Managerhaftung** dar, soweit nicht vorrangig dem individuellen Schutz des Organmitgliedes dienend.

34 Unter den Begriff des Monatsverdienstes fallen auch die dem Arbeitnehmer im Auflösungsmonat zustehenden **Sachbezüge** (zB die Gewährung von Deputaten in der Landwirtschaft oder von Kohle im Bergbau oder von Bier durch Brauereien sowie die unentgeltliche Überlassung von Wohnraum oder die **Überlassung eines Dienst-PKW zur Privatnutzung**). Der Wert der Sachbezüge ist mit dem Betrag anzusetzen, den der Arbeitnehmer zur Beschaffung der Naturalien auf dem freien Markt aufwenden müsste (*BAG* 22.9.1960 AP Nr. 27 zu § 616 BGB; *Brill* DB 1981, 2331). Maßgeblich ist somit der **Marktwert.** Dies folgt aus der fehlenden Bezugnahme in § 10 Abs. 3 KSchG auf die aufgrund § 17 SGB IV er-

Höhe der Abfindung § 10 KSchG

lassene SachbezugsVO (Verordnung über den Wert der Sachbezüge in der Sozialversicherung vom 19.12.1994 BGBl. I S. 3849, die jährlich im Voraus für jedes Kalenderjahr geändert wird) und die in ihr festgesetzten Sachbezugswerte. Steuer- und sozialversicherungsrechtliche Sätze bleiben also als nicht bindend unberücksichtigt (*Brill* DB 1981, 2331; *v. Hoyningen-Huene/Linck* Rz 7; *Isenhardt* HzA Gruppe 5 Rz 455; *Neumann* Kündigungsabfindung Rz 105; *Knorr/Bichlmeier/Kremhelmer* Kap. 14 Rz 144; **aA** für **Schadensersatzanspruch** bei unberechtigter Entziehung zur Privatnutzung überlassener PKW *BAG* 27.5.1999 AP Nr. 12 zu § 611 BGB Sachbezüge; gegen die Verwendung von Bewertungstabellen des zivilen Schadensersatzrechts bei PKW *Meier* NZA 1999, 1083 ff.; s. für privat genutzte Dienstwagen die 1 %-Regel in § 6 Abs. 1 Nr. 4 EStG).

b) Normale Höchstgrenze (§ 10 Abs. 1 KSchG)

Als normale **Höchstgrenze** für die Abfindung schreibt § 10 Abs. 1 KSchG einen Betrag von **zwölf** Monatsverdiensten vor (vgl. zum Begriff des Monatsverdienstes Rz 27–34). Diese Höchstgrenze gilt für solche Arbeitnehmer, die im Auflösungszeitpunkt (§ 9 Abs. 2 KSchG) noch nicht das **fünfzigste** Lebensjahr vollendet und deren Arbeitsverhältnisse noch nicht mindestens **fünfzehn** Jahre bestanden haben. Die beiden zuletzt genannten Voraussetzungen müssen **(zum Auflösungszeitpunkt** – egal ob vor oder nach dem Zeitpunkt der **Entscheidung** also) aber **kumulativ** vorliegen (*v. Hoyningen-Huene/ Linck* Rz 18; *Löwisch/Spinner* Rz 6; **aA** *LAG RhPf* 16.12.1994 NZA 1996, 94; 31.1.1995 AuR 1995, 267: maßgebend sei das Datum der **Auflösungsentscheidung** und diesem folgend KDZ-*Zwanziger* Rz 8a). Dies bedeutet, dass die normale Höchstgrenze für die Abfindung auch für diejenigen Arbeitnehmer gilt, die bereits das fünfzigste Lebensjahr vollendet haben, deren Arbeitsverhältnis aber noch nicht mindestens fünfzehn Jahre bestanden hat. Umgekehrt ist die normale Höchstgrenze auch dann maßgeblich, wenn das Arbeitsverhältnis zwar länger als fünfzehn Jahre bestanden hat, der Arbeitnehmer im Auflösungszeitpunkt das fünfzigste Lebensjahr noch nicht vollendet hat. Die normale Höchstgrenze von zwölf Monatsverdiensten gilt auch für Arbeitnehmer im **Rentenalter** (vgl. Rz 43, 44). Zu den Folgen des **Verbots der Altersdiskriminierung** s. Rz 40. 35

Für die Berechnung der Dauer des Arbeitsverhältnisses ist der vom Gericht im Urteil festzulegende **Auflösungszeitpunkt** maßgeblich. Dies ist bei einer **ordentlichen** Kündigung der letzte Tag der Kündigungsfrist (vgl. KR-*Spilger* § 9 KSchG Rz 31–35) und bei einer **außerordentlichen** (fristlosen) Kündigung der Tag, zu dem sie ausgesprochen wurde (§ 13 Abs. 1 S. 4 KSchG). Die unmittelbar vor der Begründung des Arbeitsverhältnisses zurückgelegten Zeiten der beruflichen **Ausbildung** sind mit zu berücksichtigen (vgl. *BAG* 26.8.1976 DB 1977, 544, sowie *v. Hoyningen-Huene/Linck* § 1 Rz 78). Dies gilt ebenso für **Praktikanten-** und **Volontärverhältnisse**, sofern sich an diese Zeiträume unmittelbar ein Arbeitsverhältnis anschließt. Zur Berechnung der Dauer des Arbeitsverhältnisses gelten im Übrigen die zur Bestimmung der sechsmonatigen Wartefrist nach § 1 Abs. 1 KSchG aufgestellten Grundsätze entsprechend (*v. Hoyningen-Huene/Linck* Rz 18; *Löwisch/Spinner* Rz 7; vgl. hierzu KR-*Griebeling* § 1 KSchG Rz 99 ff.). Soweit im Schrifttum (BBDW-*Bader* Anm. 1 [frühere Lieferungen]) die Auffassung vertreten wurde, dass sich die Berechnung der Dauer des Arbeitsverhältnisses allein nach der Zugehörigkeit des Arbeitnehmers zum jeweiligen Beschäftigungsbetrieb richtet, war dies abzulehnen. Die Bestimmung des § 10 KSchG enthält keine Differenzierung zwischen Unternehmens- und Betriebszugehörigkeit, sondern stellt allein auf den **Bestand des Arbeitsverhältnisses** ab. Da auch bei einem sich innerhalb eines Unternehmens vollziehenden Wechsel der Betriebszugehörigkeit keine Unterbrechung des Arbeitsverhältnisses eintritt, ist die Dauer des Arbeitsverhältnisses – ebenso wie bei § 1 Abs. 1 KSchG – nach der Länge der Unternehmenszugehörigkeit zu bestimmen (vgl. *v. Hoyningen-Huene/Linck* Rz 12). In den Fällen der Betriebsnachfolge nach § 613a BGB tritt ebenfalls keine Unterbrechung des Arbeitsverhältnisses ein. Möglich sind auch individual- oder kollektivvertragliche Abmachungen, nach denen die Betriebszugehörigkeit unter bestimmten Bedingungen als nicht unterbrochen gilt (*Löwisch/Spinner* Rz 8). 36

Bei Vorliegen gesetzlicher (zB § 10 Abs. 2 MuSchG) oder vertraglicher Anrechnungsregelungen (oben Rz 36) werden auch frühere Beschäftigungszeiten auf die Dauer des Arbeitsverhältnisses angerechnet (vgl. *Löwisch/Spinner* § 10 Rz 8; ErfK-*Kiel* Rz 5). Bei Fehlen derartiger Anrechnungsregelungen sind die Zeiten eines früheren Arbeitsverhältnisses mit demselben Arbeitgeber dann anzurechnen, wenn das neue Arbeitsverhältnis in einem engen sachlichen Zusammenhang mit dem früheren Arbeitsverhältnis steht (*BAG* 6.12.1976 EzA § 1 KSchG Nr. 36). Für die Frage der Anrechnung ist die Dauer der Unterbrechung zwar ein wichtiger, nicht aber der allein ausschlaggebende Umstand. Von Bedeutung ist weiter, von welcher Partei und aus welchem Anlass das erste Arbeitsverhältnis beendet worden ist, 37

Spilger 563

und ob die weitere Beschäftigung des Arbeitnehmers seiner früheren Stellung entspricht (vgl. *BAG* 6.12.1976 EzA § 1 KSchG Nr. 36).

38 Ob das Gericht im Einzelfall, sofern nicht die Voraussetzungen des § 10 Abs. 2 KSchG für eine Durchbrechung der normalen Höchstgrenzen vorliegen, den Höchstbetrag von zwölf Monatsverdiensten oder einen geringeren Betrag als Abfindung festsetzt, ist eine Frage des **Ermessens**. Bei der Ausübung des Ermessens ist das Gericht an den in § 9 Abs. 1 S. 1 KSchG festgelegten Grundsatz der Angemessenheit (vgl. Rz 24–26) gebunden. Dies gilt insbesondere hinsichtlich der Frage, welchen Stellenwert es den einzelnen Bemessungsfaktoren (vgl. Rz 45, 46) einräumt.

c) Durchbrechung der normalen Höchstgrenze (§ 10 Abs. 2 S. 1 KSchG)

39 Einen **höheren** Betrag als zwölf Monatsverdienste kann das Gericht dann als Abfindung festsetzen, wenn die in § 10 Abs. 2 KSchG geregelten Voraussetzungen für eine Durchbrechung der normalen Höchstgrenze vorliegen. Von der in § 10 Abs. 2 S. 2 KSchG enthaltenen Sonderregelung für Arbeitnehmer im Rentenalter abgesehen (vgl. hierzu Rz 43, 44), sieht das Gesetz für ältere Arbeitnehmer mit einer längeren Dauer des Arbeitsverhältnisses die Möglichkeit von höheren Abfindungen vor. Die Staffelung der Höchstbeträge erfolgt dabei unter kumulativer Anknüpfung an das Lebensalter und die Dauer des Arbeitsverhältnisses.

40 Die dem Gericht nach § 10 Abs. 2 KSchG gegebene Möglichkeit, eine über den normalen Höchstbetrag von zwölf Monatsverdiensten hinausgehende höhere Abfindung festzusetzen, trägt dem Umstand Rechnung, dass ältere Arbeitnehmer idR schwerer wieder in den Arbeitsprozess einzugliedern sind (vgl. hierzu BT-Drucks. V/3913 zu Art. 1, Nr. 7, S. 9). Nach den Vorstellungen des Gesetzgebers soll die höhere Abfindung dazu beitragen, dass diese Arbeitnehmer die häufig längere Zeit bis zur Begründung eines neuen Arbeitsverhältnisses – ggf. nach Inanspruchnahme von Fortbildungsmaßnahmen – besser überbrücken können. Diese Regelung ist auch mit Blick auf das **europarechtliche Verbot der Altersdiskriminierung** (zu § 14 Abs. 3 S. 4 TzBfG s. *EuGH* 22.11.2005 EzA § 14 TzBfG Nr. 21; *BAG* 26.4.2006 – 7 AZR 500/04 – juris) weiter anzuwenden. Denn hierbei handelt es sich entweder um eine **positive Maßnahme** iSd Art. 7 Abs. 1 RL 2000/78/EG oder eine durch Art. 6 Abs. 1 S. 2a) der Richtlinie zugelassene **besondere Entlassungsbedingung** (*Thüsing* NZA 2001, 1061, 1064; *Schmidt/Senne* RdA 2002, 80, 83 f.; *Wiedemann/Thüsing* NZA 2002, 1234, 1241; *Linsenmaier* RdA 2003, 22, 32; *Reichold/Hahn/Heinrich* NZA 2005, 1270, 1275; **zweifelnd** für Sozialplanleistungen *Annuß* BB 2006, 325, 326 f.). Das ergibt sich letztlich auch aus der **Koppelung mit der Dauer des Arbeitsverhältnisses** (für sich keine mittelbare Diskriminierung, obzwar der Arbeitnehmer mit fortschreitendem Arbeitsverhältnis auch älter wird, vgl. *EuGH* 3.10.2006 – C-17/05 –), was die Differenzierung nach dem Alter relativiert. Damit stellt sich hier nicht die Frage nach der Berücksichtigungsfähigkeit der genannten Entscheidung des EuGH über dessen Vorabentscheidungsverfahren hinaus, ebenso wenig wie die, ob der Gerichtshof kompetenzwidrig (die Begründung **stimmt?** s. *Krebbler* CLL & PJ [demnächst]) gehandelt hat (s. die **krit. Anm.** des – anderen – Generalanwaltes in den Schlussanträgen zu dem Vorabentscheidungsersuchen *Juzgado de la Social* Nr. 33 Madrid 7.1.2005 [vom 16.3.2006 Rechtssache C-13/05, Teilziff. 46 ff., 54 f., 56]) und ob nationale staatliche Rechtsanwender – die Gerichte jenseits Art. 100 GG – verbindlich dazu aufgefordert werden können, nationale Gesetze zu negieren. Dogmatisch erklärbar wäre das bestenfalls wie in *BVerfG* 14.10.2004 (BVerfGE 111, 307) über Art. 59 Abs. 2 iVm Art. 19 Abs. 4 und Art. 20 Abs. 3 GG oder **jetzt** durch *BAG* 26.4.2006 (aaO). An dem **AGG** messen lassen muss sich die durch eben jenes Gesetz **unverändert** gebliebene Regelung in § 10 KSchG wegen § 2 Abs. 4 AGG nicht. Die angeblich europarechtswidrige (*Bayreuther* DB 2006, 1842 f.) Bereichsausnahme wirkt sich auf die eben europarechtskonforme Regelung in § 10 KSchG nicht aus.

41 Eine Höchstgrenze von **fünfzehn** Monatsverdiensten besteht in den Fällen, in denen der Arbeitnehmer zum Zeitpunkt der Auflösung des Arbeitsverhältnisses (§ 9 Abs. 2 KSchG) das **fünfzigste** Lebensjahr vollendet und das Arbeitsverhältnis zu diesem Zeitpunkt mindestens **fünfzehn** Jahre bestanden hat (§ 10 Abs. 1 S. 1 KSchG). Auch die Ausschöpfung dieser Höchstgrenze steht im pflichtgemäßen **Ermessen** des Tatsachengerichts. Trotz Vorliegens der für diese Höchstgrenze erforderlichen gesetzlichen Voraussetzungen kann das Gericht unter Beachtung des Grundsatzes der Angemessenheit einen niedrigeren Abfindungsbetrag als fünfzehn Monatsverdienste festsetzen. Dies hat es anhand einer Gesamtbewertung aller maßgeblichen Bemessungsfaktoren (vgl. Rz 45, 46) vorzunehmen: Eine Unterschreitung der normalen Höchstgrenze von zwölf Monatsverdiensten ist in diesen Fällen jedoch nur ausnahmsweise, und zwar bei Vorliegen besonderer Umstände (zB besonders schwierige wirtschaftliche Lage des Arbeitgebers), möglich. Dies folgt aus der gesetzlichen Staffelung der Höchstgrenzen, de-

Höhe der Abfindung § 10 KSchG

nen eine **legislative Richtlinienfunktion** zukommt (vgl. *Neumann* Kündigungsabfindung Rz 98). Das dem Gericht bei der Bemessung der Abfindungshöhe zustehende **Ermessen** wird durch die in dieser Staffelung liegende gesetzliche Wertung beschränkt.

Die absolute Höchstgrenze der Abfindung beträgt **achtzehn** Monatsverdienste (vgl. zum Begriff des Monatsverdienstes Rz 27–34). Dieser Höchstrahmen besteht für solche Arbeitnehmer, die zum Zeitpunkt der Auflösung des Arbeitsverhältnisses (§ 9 Abs. 2 KSchG) das **fünfundfünfzigste** Lebensjahr vollendet und deren Arbeitsverhältnisse zu diesem Zeitpunkt mindestens **zwanzig** Jahre bestanden haben (§ 10 Abs. 2 S. 1 KSchG). Dieser Höchstrahmen gilt allerdings nicht für Arbeitnehmer im **Rentenalter** (vgl. Rz 43, 44). Hinsichtlich der Ausschöpfung dieser absoluten Höchstgrenze sowie wegen des Unterschreitens der mittleren Höchstgrenze von fünfzehn Monatsverdiensten oder gar der normalen Höchstgrenze von zwölf Monatsverdiensten gelten die Ausführungen in Rz 38 entsprechend. 42

d) Sonderregelung für Arbeitnehmer im Rentenalter (§ 10 Abs. 2 S. 2 KSchG)

Für Arbeitnehmer im **Rentenalter** besteht eine Sonderregelung (§ 10 Abs. 2 S. 2 KSchG). Danach gilt die in § 10 Abs. 2 S. 1 KSchG vorgesehene Heraufsetzung der normalen Höchstgrenze auf fünfzehn bzw. achtzehn Monatsverdienste nicht, wenn der Arbeitnehmer im Zeitpunkt der Auflösung des Arbeitsverhältnisses (§ 9 Abs. 2 KSchG) das in der Vorschrift des Sechsten Buches Sozialgesetzbuch (SGB VI) über die Regelaltersgrenze (vgl. Art. 31 RRG v. 18.12.1989 BGBl. I S. 2261, 2380) bezeichnete Lebensalter erreicht hat. Da gem. § 35 Nr. 1 SGB VI die Regelaltersgrenze beim vollendeten **fünfundsechzigsten** Lebensjahr liegt, ist durch die Neufassung des Abs. 2 S. 2 (vgl. Rz 3a) keine inhaltliche Änderung des bislang geltenden Rechts erfolgt. Maßgeblich für das Eingreifen der Sonderregelung des § 10 Abs. 2 S. 2 KSchG ist somit allein der Umstand, ob der Arbeitnehmer im Auflösungszeitpunkt bereits das fünfundsechzigste Lebensjahr vollendet hat. Die für die sonstigen Renten wegen Alters (für langjährig Versicherte, für schwer behinderte Menschen, wegen Arbeitslosigkeit oder nach Altersteilzeitarbeit, für Frauen, für langjährig unter Tage beschäftigte Bergleute – § 33 Abs. 2 SGB VI) geltenden Altersgrenzen führen daher nicht zu einer Begrenzung der Abfindung auf den normalen Höchstbetrag von zwölf Monatsverdiensten. Im **Gebiet der früheren DDR** galt § 10 Abs. 2 S. 2 gem. Kapitel VIII Sachgebiet A Abschnitt III Nr. 6a der Anlage I zum Einigungsvertrag vom 31.8.1990 (BGBl. II S. 889, 1021) ab dem 3.10.1990 mit der Maßgabe, dass bis zur Geltung des gesamten SGB VI (dies ist seit 1.1.1992 der Fall) als maßgebendes Lebensalter das vollendete 65. Lebensjahr gilt. 43

Nach dem insoweit eindeutigen Gesetzeswortlaut des § 10 Abs. 2 S. 2 KSchG ist für das Eingreifen der Sonderregelung allein das im Rentenrecht festgelegte Lebensalter von 65 Jahren maßgeblich. Ob dem Arbeitnehmer aufgrund Rentenrechts im Auflösungszeitpunkt ein Anspruch auf Rente wegen Alters **zusteht, ist daher unbeachtlich.** Die normale Höchstgrenze von zwölf Monatsverdiensten gilt daher auch in solchen Fällen, in denen der Arbeitnehmer im Auflösungszeitpunkt das 65. Lebensjahr vollendet, aber wegen Nichterreichens der Wartezeit von fünf Jahren (vgl. § 50 Abs. 1 SGB VI) noch keinen Anspruch auf Altersruhegeld hat. Sozialpolitisch ist diese Regelung bedenklich (so auch KDZ-*Zwanziger* Rz 21). In rechtspolitischer Hinsicht ist die Anknüpfung an das Bestehen eines Anspruchs auf Altersruhegeld zu erwägen. Demgegenüber weist *Löwisch* (Rz 9) darauf hin, dass die allgemeine Wartezeit für die Regelaltersgrenze nach § 50 Abs. 1 Nr. 1 SGB VI lediglich fünf Jahre beträgt; bei Arbeitsverhältnissen, die höchstens fünf Jahre bestanden haben, sei eine Überschreitung der Höchstgrenze von zwölf Monatsverdiensten aber nie angebracht. Das europarechtliche **Verbot der Altersdiskriminierung** bereitet bei Regelungen, die Differenzierungen für die Zeit nach dem **58. Lebensjahr** (wie hier) vornehmen, keine Probleme (vgl. *EuGH* 22.11.2005 EzA § 14 TzBfG Nr. 21). Zur Auswirkung des **AGG** s. Rz 40. 44

4. Bemessungsfaktoren

a) Grundsätzliches

Der Gesetzgeber hat darauf verzichtet, im Einzelnen festzulegen, welche Umstände für die Festlegung des Abfindungsbetrages maßgeblich sein sollen. Während § 8 Abs. 2 KSchG aF neben der Betriebszugehörigkeit des Arbeitnehmers auch auf die wirtschaftliche Lage der Arbeitsvertragsparteien abstellte (vgl. Rz 3), knüpft das Gesetz nunmehr bei der Bestimmung der Höchstgrenzen in das **Lebensalter** des Arbeitnehmers sowie an die **Dauer des Arbeitsverhältnisses** an (§ 10 Abs. 2 S. 1 KSchG). Obgleich diese beiden Umstände lediglich als Gründe für eine Durchbrechung der normalen Höchstgrenze der Abfindung konzipiert sind, handelt es sich bei dem Lebensalter des Arbeitnehmers und der Dauer des 45

Arbeitsverhältnisses idR um die beiden **wichtigsten** Bemessungsfaktoren. Eine derartige gesetzliche Wertung lässt sich sowohl aus der Systematik des Gesetzes, insbesondere aus der Straffung der Höchstgrenzen, sowie aus Sinn und Zweck der gesetzlichen Regelung herleiten. Mit zunehmender Dauer des Arbeitsverhältnisses verfestigt sich der soziale Besitzstand des Arbeitnehmers. Dies zeigt sich insbesondere darin, dass zahlreiche arbeitsrechtliche Gesetze (zB § 1 BetrAVG) sowie kollektiv- und einzelvertragliche Regelungen bei der Ausgestaltung der Arbeitsbedingungen an die Dauer der Betriebs- oder Unternehmenszugehörigkeit anknüpfen. Da die Vermittlungsfähigkeit eines Arbeitnehmers idR auch von seinem Lebensalter abhängt, ist es gerechtfertigt, in diesem Umstand ebenfalls einen bedeutsamen Bemessungsfaktor für die Abfindung zu sehen (zu dem **Verbot der Altersdiskriminierung** s. Rz 40).

46 Bei der Festlegung der Abfindung ist das Gericht aber nicht dazu verpflichtet, ausschließlich auf bestimmte Bemessungsfaktoren (zB auf das Lebensalter des Arbeitnehmers, die Dauer des Arbeitsverhältnisses) abzustellen. Im Gegensatz zu dem früheren Recht (vgl. § 8 Abs. 2 KSchG aF) sieht die heutige Fassung des § 10 KSchG nicht mehr vor, dass bestimmte Umstände besonders zu berücksichtigen sind. Damit soll dem Tatsachengericht ein erweiterter **Ermessensspielraum** gegeben werden, welche Umstände es im Einzelfall für bedeutsam erachtet. Dies gilt ebenso für die Frage, welcher Stellenwert dem einzelnen Bemessungsfaktor jeweils zukommt (vgl. *BAG* 26.8.1976 EzA § 626 BGB nF Nr. 49, sowie *v. Hoyningen-Huene/Linck* Rz 10). Um zu ermitteln, welcher Abfindungsbetrag im Einzelfall angemessen ist, hat es eine **Gesamtwertung** aller maßgeblichen **Bemessungsfaktoren** (Zusammenstellung auch bei *Duvigneau* Diss., S. 201 f., der i.E. allerdings [S. 206] **personen- und marktbezogene** Umstände nicht berücksichtigt sehen möchte) vorzunehmen. Die in der Praxis üblichen Regelsätze (vgl. Rz 26) sind dabei nur ein erster Anhaltspunkt für die nach den jeweiligen Umständen des Einzelfalls zu ermittelnde Höhe der Abfindung. Maßgeblicher **Zeitpunkt** für die vom Gericht vorzunehmende Gesamtwertung ist die letzte mündliche Verhandlung in der Tatsacheninstanz (*BAG* 8.1.1962 AP Nr. 20 zu § 66 BetrVG 1952; *Löwisch/Spinner* Rz 21). Das **Arbeitsentgelt** ist dabei allerdings in der vom Arbeitnehmer zum Zeitpunkt des Ablaufs der Kündigungsfrist erzielten **Höhe** in Ansatz zu bringen. **Strittige** Bemessungsfaktoren hat die durch sie begünstigte Partei zu **beweisen**.

b) Dauer des Arbeitsverhältnisses

47 Die Dauer des Arbeitsverhältnisses sowie das Lebensalter des Arbeitnehmers haben insofern eine Doppelfunktion, als sie einerseits maßgeblich für das Eingreifen der jeweiligen Höchstgrenzen sind (vgl. Rz 27–44), andererseits vom Gericht als Bemessungsfaktoren der Abfindung berücksichtigt werden können. Unter Beachtung der Ausgleichsfunktion (vgl. Rz 11) kommt dabei der **Dauer** des Arbeitsverhältnisses idR die wichtigste Bedeutung bei der Bemessung der Abfindung zu (ebenso *Löwisch/Spinner* Rz 12), ohne dass insoweit allerdings eine feste Regel besteht (*Löwisch/Spinner* aaO; *LAG Köln* 15.9.1994 BB 1995, 523). Diese grds. Wertung war bereits in § 8 Abs. 2 KSchG aF zum Ausdruck gekommen. Durch die Neufassung des § 10 KSchG (früher § 8) aufgrund des Ersten Arbeitsrechtsbereinigungsgesetzes vom 14.8.1969 (BGBl. I S. 1106) hat sich an dieser Rechtslage nichts geändert.

48 Die **Berechnung** der Dauer des Arbeitsverhältnisses erfolgt nach den für die Bestimmung der sechsmonatigen Wartefrist des § 1 Abs. 1 KSchG maßgeblichen Grundsätzen (*v. Hoyningen-Huene/Linck* Rz 18; *Löwisch/Spinner* Rz 7; vgl. hierzu Rz 36, 37, sowie KR-*Griebeling* § 1 KSchG Rz 99 ff.). Dies gilt ebenso für die Frage der Anrechnung von früheren Beschäftigungszeiten. **Anrechenbare** Beschäftigungszeiten sind unabhängig davon zu berücksichtigen, **wo** sie zurückgelegt worden sind (**neue** oder **alte Bundesländer** oder **Ausland** etwa); insoweit ist eine »Herkunftsbenachteiligung« nicht statthaft (Art. 3 Abs. 3 GG). Die **allein für § 1a KSchG** geltende Rundungsregelung in dessen Abs. 2 S. 3 ist iRd § 10 KSchG **nicht** anwendbar.

48a Aufgrund des (auch) Abgeltungscharakters der Abfindung kann bei ihrer Bemessung auch in Rechnung gestellt werden, dass das Arbeitsverhältnis **aufgrund eines anderen Beendigungstatbestandes** ohnehin kurz nach dem Auflösungszeitpunkt geendet hätte (s.a. Rz 49). Ggf. ist die Wirksamkeit dieses Tatbestandes zu prüfen.

c) Lebensalter des Arbeitnehmers

49 Das **Lebensalter** des Arbeitnehmers hat nach der gesetzlichen Ausgestaltung des § 10 Abs. 2 KSchG eine ambivalente Funktion. Es stellt einerseits einen Umstand dar, der – gemeinsam mit dem Merkmal der Dauer des Arbeitsverhältnisses – dazu geeignet ist, eine über den normalen Höchstbetrag von 12

Höhe der Abfindung § 10 KSchG

Monatsverdiensten hinausgehende Abfindung festzusetzen (§ 10 Abs. 2 S. 1 KSchG). Andererseits ist es für den Gesetzgeber ein Merkmal, den erweiterten Abfindungsrahmen auf die normale Höchstgrenze zu beschränken (§ 10 Abs. 2 S. 2 KSchG). Aus dieser gesetzlichen Wertung folgt, dass das Lebensalter in bestimmten Fällen zu einer Erhöhung, in anderen Fällen zu einer Minderung der Abfindung führen kann. Wenn der Auflösungszeitpunkt des Arbeitsverhältnisses zB wenige Monate vor der Vollendung des fünfundsechzigsten Lebensjahres liegt, so führt dieser Umstand idR zur Festsetzung einer geringeren Abfindung (ebenso *Löwisch/Spinner* Rz 13; *KDZ-Zwanziger* Rz 8; möglicherweise ist dies durch europäisches Antidiskriminierungsrecht sogar **geboten**, vgl. *Bauer* NJW 2001, 2672, 2673; *Fischer* DB 2002, 1994 ff.). Ist der Arbeitnehmer dagegen in einem Lebensalter, in dem er nur schwer wieder in den Arbeitsprozess einzugliedern ist, so führt dies im Allgemeinen zu einer Steigerung des Abfindungsbetrages. Als derartige Altersstufen sieht das Gesetz das fünfzigste und fünfundfünfzigste Lebensjahr an (vgl. Rz 39–42). Zu den sich aus dem **Verbot der Altersdiskriminierung ergebenden Folgen s. Rz 40.**

d) Höhe des Arbeitsentgelts

Die **Höhe des Arbeitsentgelts** ist ein wichtiges Bemessungskriterium bei der Festlegung der Abfindung. Dies folgt aus der gesetzlichen Anknüpfung an den Begriff des Monatsverdienstes (vgl. hierzu i.E. Rz 27–34). Der für den einzelnen Arbeitnehmer maßgebliche Monatsverdienst ist Berechnungsgrundlage der Abfindung. Bei der Ermittlung des maßgeblichen Monatsverdienstes steht dem Gericht keinerlei Bewertungsspielraum zu. Soweit sich aus der unterschiedlichen Monatslänge sowie der unterschiedlichen Anzahl von Arbeitstagen im Auflösungsmonat ein Monatsverdienst ergibt, der weit unter dem üblichen Monatsverdienst des Arbeitnehmers liegt, kann das Gericht diesen Umstand bei der Bemessung der Abfindung angemessen berücksichtigen (ebenso *v. Hoyningen-Huene/Linck* Rz 6). 50

Der dem Arbeitnehmer im Auflösungsmonat (§ 9 Abs. 2 KSchG) zustehende Monatsverdienst ist weiterhin eine Bezugsgröße bei der Bestimmung der im Einzelfall geltenden Höchstgrenze für die Abfindung (vgl. Rz 35–42). Dem Merkmal des Monatsverdienstes kommt somit – ebenso wie dem Lebensalter des Arbeitnehmers und der Dauer des Arbeitsverhältnisses – eine Doppelfunktion zu. 51

e) Sonstige Sozialdaten des Arbeitnehmers

Neben dem Lebensalter sowie der Dauer des Arbeitsverhältnisses können auch die **übrigen Sozialdaten** des Arbeitnehmers bei der Festsetzung der Abfindung angemessen berücksichtigt werden. Hierzu zählen insbesondere der **Familienstand**, die **Anzahl der unterhaltspflichtigen Personen**, der Gesundheitszustand sowie die **Vermittlungsfähigkeit** auf dem Arbeitsmarkt (vgl. *v. Hoyningen-Huene/Linck* Rz 14; *Maus* Rz 7; *SPV-Vossen* Rz 1016; abl. *Pauly* AuA 1997, 146, der allein **arbeitsplatzbezogene** Merkmale berücksichtigt wissen will). Der *EuGH* (14.9.1999 EuGHE I 1999, 5295) hat keine Bedenken gegen verringerte Abfindungen für Mütter, die wegen fehlender Kinderbetreuungseinrichtungen ausscheiden (!). Welchen Stellenwert das Gericht den einzelnen Sozialdaten einräumt, liegt in seinem pflichtgemäßen **Ermessen**. Maßgeblicher Zeitpunkt für die Beurteilung der persönlichen Verhältnisse des Arbeitnehmers ist die letzte mündliche Verhandlung in der Tatsacheninstanz (vgl. Rz 46). 52

f) Wirtschaftliche Lage des Arbeitnehmers

Die **wirtschaftliche Lage** des **Arbeitnehmers** ist nach den Vorstellungen des Gesetzgebers grds. **kein** geeignetes Bemessungskriterium für die Höhe der Abfindung (vgl. BT-Drucks. V/3913, S. 9), da ansonsten der sparsame Arbeitnehmer benachteiligt würde. Diese gesetzliche Bewertung ist in der durch das Erste Arbeitsrechtsbereinigungsgesetz vom 14.8.1969 (BGBl. I S. 1106) erfolgten Neufassung des § 10 KSchG nur insofern zum Ausdruck gekommen, als die seitherige Regelung des § 8 Abs. 2 KSchG aF nicht in den neuen Gesetzestext des § 10 KSchG übernommen worden ist. Unter Beachtung der gesetzgeberischen Zielsetzung, den sparsamen Arbeitnehmer bei der Bemessung der Abfindung nicht zu benachteiligen (vgl. auch *v. Hoyningen-Huene/Linck* Rz 11; *Brill* DB 1981, 2326, 2328; *Isenhardt* HzA Gruppe 5 Rz 456; *KDZ-Zwanziger* Rz 12; *Löwisch/Spinner* Rz 15), stellt es grds. einen **Ermessensfehler** dar, wenn das Gericht die Vermögensverhältnisse des Arbeitnehmers als einen die Abfindung mindernden Umstand berücksichtigt. Deshalb darf auch die vereinbarungsgemäße Freistellung bis zum Ablauf der Kündigungsfrist unter Fortzahlung der Vergütung nicht abfindungsmindernd berücksichtigt werden (aA *Gerauer* BB 1993, 1945; für »Abfindungsneutralität« **wie hier** *Mayerhofer* BB 1993, 2382). Irrelevant ist auch, ob und in welcher Höhe Unterhaltsansprüche gegen Dritte bestehen oder der Arbeitnehmer in einer »Doppelverdiener«-Ehe oder –Partnerschaft lebt. Dagegen ist das Gericht nicht 53 daran gehindert, einen etwaigen Verdienstausfall des Arbeitnehmers bei der Festsetzung der Abfindung angemessen zu berücksichtigen (vgl. *BAG* 15.2.1973 EzA § 9 KSchG nF Nr. 1). Dieser kann sich insbesondere aus in Folge der Auflösung **entgehenden Nachzahlungsansprüchen (§ 615 BGB)** ergeben, was bei begründungsfrei möglicher Auflösung bei **Angestellten in leitender Stellung** (§ 14 KSchG) besonders erwägenswert erscheint, da der Arbeitgeber kein Nachzahlungsrisiko trägt (**aA** *Sächs. LAG* 21.4.1999 – 10 Sa 850/98 – nv), oder der auflösungsbedingte Verlust partiell erdienter Entgeltbestandteile (etwa aus Zielvereinbarung, vgl. *Behrens/Rinsdorf* NZA 2006, 830, 833). Berücksichtigungsfähig sind auch kündigungsbedingte wirtschaftliche Notsituationen des Arbeitnehmers (Begr. zum RegE 1951, RdA 1951, 64 zu § 8).

g) Lage auf dem Arbeitsmarkt

54 Die **Lage auf dem Arbeitsmarkt** kann insofern angemessen berücksichtigt werden, als hiervon Einflüsse auf die Vermittlungsfähigkeit des Arbeitnehmers ausgehen (vgl. *Löwisch/Spinner* Rz 14; ErfK-*Kiel* Rz 9; abl. APS-*Biebl* Rz 25, der den Arbeitgeber nicht für die allgemeine wirtschaftliche Lage und ggf. arbeitsmarktpolitische Defizite des Staates verantwortlich gemacht sehen möchte). Angesichts der Vielzahl der arbeitsmarktpolitischen Faktoren, die ihre Ursache teils in allgemeinwirtschaftlichen, strukturellen oder regionalen Gründen haben können, ist es dem Gericht idR aber kaum möglich, im Zeitpunkt der letzten mündlichen Verhandlung eine zuverlässige Prognose über die voraussichtliche Dauer der Arbeitslosigkeit abzugeben. Da für die Vermittlungsfähigkeit eines Arbeitnehmers außerdem zahlreiche persönliche Umstände (zB Leistungsfähigkeit, berufliche Qualifikation, Grad der Mobilität) eine Rolle spielen, die vom Gericht schwer abzuschätzen sind (ähnlich APS-*Biebl* Rz 25), stellt es grds. keinen Ermessensfehler dar, wenn das Gericht der Lage auf dem Arbeitsmarkt keine maßgebliche Bedeutung bei der Bemessung der Abfindung einräumt. Steht die Dauer der **Arbeitslosigkeit** zum Zeitpunkt der letzten mündlichen Verhandlung in der Tatsacheninstanz fest, so kann das Gericht dies bei der Festsetzung der Abfindung angemessen berücksichtigen (*BAG* 25.11.1982 EzA § 9 KSchG nF Nr. 15). Die Lage auf dem Arbeitsmarkt sowie die Dauer der Arbeitslosigkeit können sich dabei sowohl zugunsten als auch zum Nachteil des Arbeitnehmers auswirken. Die Arbeitsmarktlage stellt bei der Festlegung einer Sozialplanabfindung durch die Einigungsstelle ein bedeutsames Kriterium für die Ermessensausübung dar (vgl. § 112 Abs. 5 Nr. 2 BetrVG).

h) Begründung eines neuen Arbeitsverhältnisses

55 Die **Begründung** eines **neuen Arbeitsverhältnisses** im unmittelbaren Anschluss an den Ablauf der Kündigungsfrist (auch zum selben Arbeitgeber bei Wiedereinstellung oder formnichtiger – § 14 Abs. 4 TzBfG – Prozessbeschäftigung) stellt einen Umstand dar, den das Gericht bei der Bemessung der Abfindung angemessen berücksichtigen kann (*BAG* 15.2.1973 EzA § 9 KSchG nF Nr. 1; *Löwisch/Spinner* Rz 14; **aA** APS-*Biebl* Rz 26, der eine gute Lage auf dem Arbeitsmarkt sowie ein etwaiges besonderes Engagement des Arbeitnehmers bei der Stellensuche nicht dem Arbeitgeber zum Vorteil gereichen lassen möchte). Dabei hat es aber zu beachten, dass der Arbeitnehmer selbst bei einer unmittelbaren Anschlussbeschäftigung idR zahlreiche Nachteile erleidet, da viele Arbeitsbedingungen (zB Urlaubsgeld, Gratifikationen, Kündigungsschutz) an die Dauer des Arbeitsverhältnisses anknüpfen. Im Übrigen können mit der Begründung eines neuen Arbeitsverhältnisses für den Arbeitnehmer weitere materielle oder ideelle Beeinträchtigungen verbunden sein (zB Minderverdienst, Umzug, schlechtere Aufstiegschancen, geringere Sozialleistungen). Die Begründung eines neuen Arbeitsverhältnisses kann daher idR nur dann als Grund für eine niedrigere Festsetzung der Abfindung in Betracht kommen, wenn der Arbeitnehmer im unmittelbaren Anschluss an die Kündigung eine Dauerstellung mit besseren Arbeitsbedingungen gefunden hat (vgl. *v. Hoyningen-Huene/Linck* Rz 14; *Maus* Rz 9; **für zurückhaltende Berücksichtigung dieses Bestimmungsfaktors auch** KDZ-*Zwanziger* Rz 13). Es stellt keinen Ermessensfehler dar, wenn das Gericht den Umstand, dass ein Arbeitnehmer alsbald nach der Kündigung einen anderen Arbeitsplatz gefunden hat, bei der Festsetzung der Abfindung nicht gesondert berücksichtigt hat (vgl. *BAG* 26.8.1976 EzA § 626 BGB nF Nr. 49). Die **Ablehnung** eines zumutbaren anderen Arbeitsplatzes wirkt sich wegen des Fehlens einer dem § 112 Abs. 5 S. 2 Nr. 2 BetrVG entsprechenden Vorschrift **nicht** auf die Abfindungshöhe aus (vgl. *BAG* 19.1.1999 – 1 AZR 342/98 – nv).

i) Maß der Sozialwidrigkeit sowie Verschulden

56 Das **Maß der Sozialwidrigkeit** kann das Gericht ebenfalls angemessen bei der Festsetzung der Abfindung berücksichtigen (allg. Ansicht: vgl. etwa *v. Hoyningen-Huene/Linck* Rz 13; *Schaub/Linck* § 141 VIII

1, Rz 68; vgl. *Löwisch/Spinner* Rz 17; *Maus* Rz 9; *BAG* 29.3.1960 AP Nr. 7 zu § 7 KSchG 1951; 15.2.1973 EzA § 9 KSchG nF Nr. 1; 25.11.1982 EzA § 9 KSchG nF Nr. 15; 20.11.1997 RzK I 11 c Nr. 13: Vorwurf der Steuerhinterziehung abfindungsmindernd), und zwar auch bei Arbeitnehmern, bei denen der Auflösungsantrag aufgrund § 14 Abs. 2 S. 2 KSchG keiner Begründung bedarf (*LAG Nürnberg* 30.11.1992 –7 Sa 309/92 -, juris). Bei diesem Umstand handelt es sich um ein nur schwer fassbares Kriterium, da das Gesetz eine graduelle Abstufung der Sozialwidrigkeit nicht kennt. Die Berücksichtigung dieses Umstandes ist daher nicht unbedenklich.

Ein **hohes Maß** an Sozialwidrigkeit ist im Allgemeinen dann anzunehmen, wenn die Kündigung auf 57 Gründe gestützt wird, die unabhängig von den Besonderheiten des Einzelfalles nicht dazu geeignet sind, die Kündigung sozial zu rechtfertigen. In diesen Fällen ist es nicht ermessensfehlerhaft, wenn das Gericht diesen Gesichtspunkt zugunsten des Arbeitnehmers berücksichtigt. Ist die Kündigung dagegen auf einen Sachverhalt gestützt, der an sich geeignet ist, die Kündigung sozial zu **rechtfertigen,** und ergibt sich die Sozialwidrigkeit erst aus der Interessenabwägung, so ist das Maß der Sozialwidrigkeit idR **gering.** Dies gilt ebenso, wenn der Arbeitnehmer durch pflichtwidriges Verhalten den Kündigungssachverhalt herbeigeführt hat. In den zuletzt genannten Fällen kann das Gericht die Abfindung ermäßigen (vgl. *v. Hoyningen-Huene/Linck* Rz 13; *LAG Bln.* 8.8.1967 BB 1968, 207). Hat der Arbeitnehmer den Kündigungssachverhalt oder den Auflösungsgrund schuldhaft herbeigeführt, so kann dies ebenfalls angemessen berücksichtigt werden (ebenso *LAG SchlH* 22.1.1987 NZA 1987, 601; *Löwisch* Rz 17; *Neumann* Kündigungsabfindung Rz 94). Dies gilt entsprechend für den Fall einer schuldhaften **Herbeiführung** der **Auflösungsgründe,** und zwar sowohl seitens des Arbeitnehmers als auch seitens des Arbeitgebers (*BAG* 15.2.1973 EzA § 9 KSchG nF Nr. 1).

j) Verlust von verfallbaren Ruhegeldanwartschaften

Bei der Festsetzung der Abfindung ist auch der **Verlust** einer **verfallbaren Versorgungsanwartschaft** 58 angemessen zu berücksichtigen (*BAG* 12.6.2003 EzA § 628 BGB 2002 Nr. 1; vgl. *Löwisch/Spinner* Rz 16; *v. Hoyningen-Huene/Linck* Rz 14; *Brill* DB 1981, 2326, 2327). Dem Gericht ist es dagegen – ebenso wie den Betriebspartnern bei der Erstellung eines Sozialplanes – verwehrt, unverfallbare Versorgungsanwartschaften in Form von Kündigungsabfindungen abzugelten (vgl. *BAG* 7.8.1975 EzA § 112 BetrVG 1972 Nr. 5 und Rz 16 aE; zur Auswirkung eines Sozialplanes auf die Höhe der Betriebsrente vgl. *BAG* 25.2.1986 EzA § 6 BetrAVG Nr. 11). Der Verlust von Anwartschaften auf betriebliche Altersversorgung stellt einen Umstand dar, den die Einigungsstelle bei der Festlegung von Sozialplanabfindungen berücksichtigen soll (vgl. § 112 Abs. 5 Nr. 1 BetrVG).

k) Ideelle Nachteile des Arbeitnehmers

Die Abfindung hat auch die Funktion, die mit dem Verlust des Arbeitsplatzes verbundenen **ideellen** 59 **Nachteile** des Arbeitnehmers auszugleichen (vgl. *BAG* 29.2.1972 AP Nr. 9 zu § 72 BetrVG). Es handelt sich hierbei zB um das mit einer bestimmten Position verbundene gesellschaftliche Ansehen des Arbeitnehmers sowie die mit dem Verlust des Arbeitsplatzes verbundenen psychischen Belastungen. Insofern kommt der Abfindung – ebenso wie dem im Falle einer Persönlichkeitsrechtsverletzung zu zahlenden Schmerzensgeld – eine Genugtuungsfunktion zu (vgl. *G. Küchenhoff* Anm. zu *BAG* AP Nr. 9 zu § 72 BetrVG). Stellt der einer sozialwidrigen Kündigung zugrunde liegenden Vorwurf zugleich eine Persönlichkeitsrechtsverletzung dar, so kann dem Arbeitnehmer uU ein Schmerzensgeldanspruch zustehen (vgl. hierzu Rz 77).

l) Wirtschaftliche Lage des Arbeitgebers

Die **wirtschaftliche Lage** des **Arbeitgebers** stellt ebenfalls einen Umstand dar, den das Gericht bei der 60 Bemessung der Abfindung angemessen berücksichtigen kann (*v. Hoyningen-Huene/Linck* Rz 14a; BBDW-*Bader* Rz 1; HK-*Hauck* Rz 26; *Brill* DB 1981, 2326, 2328; *Maus* Rz 8; *Pauly* AuA 1997, 145, 146; **aA** *Gamillscheg* FS für F. W. Bosch 1976, S. 214, 222; ErfK-*Kiel* Rz 12; *Löwisch/Spinner* Rz 18: Letztgenannte nur, falls Existenzgefährdung für Unternehmen und Gefahr für andere Arbeitsplätze). Während § 8 Abs. 2 KSchG aF dieses Kriterium ausdrücklich erwähnte, fehlt in § 10 KSchG ein entsprechender Hinweis. Daraus kann aber nicht gefolgert werden, dass dem Gericht die Berücksichtigung dieses Umstandes verwehrt werden soll. Dies ergibt sich aus der gesetzgeberischen Zielsetzung, wonach dem Tatsachengericht bei der Auswahl sowie bei der Gewichtung der einzelnen Bemessungsfaktoren ein erweiterter Ermessensspielraum zuerkannt werden soll (vgl. BT-Drucks. V/3913, S. 9). So darf eine Abfindung nicht zur **Gefährdung** des **Unternehmens** und damit anderer Arbeitsplätze führen (*Löwisch/*

Spinner Rz 18, der treffend den Rechtsgedanken des § 112 Abs. 5 Nr. 3 BetrVG heranzieht; dem folgend APS-*Biebl* Rz 29; das *BAG* 19.1.1999 EzA § 113 BetrVG 1972 Nr. 28 lehnt allerdings die Heranziehung des § 112 Abs. 5 S. 2 Nr. 2 BetrVG iRd § 10 KSchG ab). Berücksichtigungsfähig ist auch, ob der Arbeitsplatz überhaupt noch **sicher** war (*BAG* 20.11.1997 RzK I 11 c Nr. 13). Die aus einer **Ehescheidung** entstehenden **Belastungen** des mit der Arbeitnehmerin verheirateten Arbeitgebers will demgegenüber das *LAG Köln* (15.9.1994 BB 1995, 523) nicht berücksichtigen.

61 Die **Leistungsfähigkeit** eines einzelnen **Betriebes** kann dagegen nicht als Bemessungsfaktor herangezogen werden (vgl. *Maus* Rz 8). Wegen der meist unterschiedlichen Ertragslage der einzelnen Betriebe ist es allein sachgerecht, an die wirtschaftliche Lage des **Gesamtunternehmens** anzuknüpfen. Die Berücksichtigung dieses Umstandes kann sich dabei sowohl zum Vorteil (zB bei einer besonders guten Ertragslage des Unternehmens) als auch zum Nachteil (zB bei einer wirtschaftlichen Krisensituation des Unternehmens) des Arbeitnehmers auswirken. Mit anderen Worten kann die Betriebsgröße »Kleinbetrieb« (so aber *BAG* 20.11.1997 RzK I 11 c Nr. 13; ErfK-*Kiel* Rz 12) **nicht** abfindungsmindernd berücksichtigt werden, wenn sich Betrieb und Unternehmen nicht decken. In den Fällen, in denen sich der Arbeitnehmer mit **mehreren Arbeitgebern** in einem sog. einheitlichen Arbeitsverhältnis befindet (vgl. *BAG* 27.3.1981 EzA § 611 BGB Nr. 25; **krit. hierzu** *Schwerdtner* ZIP 1982, 900), ist die wirtschaftliche Lage beider Unternehmen bei der einheitlich festzusetzenden Gesamtabfindung zu berücksichtigen. Die mehreren Arbeitgeber haften hinsichtlich der Abfindung als Gesamtschuldner. Bei der Festlegung von Sozialplanabfindungen durch eine Einigungsstelle stellt die wirtschaftliche Lage des Unternehmens einen bedeutsamen Umstand für die Ausübung des Ermessens dar (vgl. § 112 Abs. 5 Nr. 3 BetrVG).

5. Besonderheiten bei Abfindungen wegen unwirksamer außerordentlicher Kündigung

62 Infolge der in § 13 Abs. 1 S. 3 KSchG enthaltenen Bezugnahme gilt § 10 KSchG entsprechend für den Fall einer gerichtlichen Auflösung des Arbeitsverhältnisses wegen einer unwirksamen **außerordentlichen** Kündigung. Es gelten daher grds. die gleichen Bewertungsmaßstäbe wie in den Fällen einer sozialwidrigen ordentlichen Kündigung (vgl. Rz 23–61). Da das Arbeitsverhältnis bei einer unwirksamen außerordentlichen Kündigung nach § 13 Abs. 1 S. 4 KSchG jedoch bereits zu dem Zeitpunkt aufzulösen ist, zu dem die Kündigung ausgesprochen wurde, enthält die Abfindung in aller Regel das dem Arbeitnehmer in der Kündigungsfrist entgangene Arbeitsentgelt (*BAG* 29.3.1960 BB 1960, 904; 15.2.1973 BB 1973, 984; *Löwisch/Spinner* § 13 Rz 22; vgl. *Ammermüller* DB 1975, Beil. 10, S. 7; *Brill* AuR 1966, 271; *Knorr/Bichlmeier/Kremhelmer* Kap. 14 Rz 141; KDZ-*Zwanziger* Rz 16 und 35). Dieser Gesichtspunkt scheidet aber dann bei der Festlegung der Abfindung aus, wenn der Arbeitnehmer im unmittelbaren Anschluss an die außerordentliche Kündigung einen anderen gleichwertigen Arbeitsplatz gefunden hat. In dem zuletzt genannten Fall dient die Abfindung – ebenso wie bei einer sozialwidrigen ordentlichen Kündigung – ausschließlich dem Ausgleich für den Verlust des Arbeitsplatzes. Gleiches gilt, wenn das Arbeitsverhältnis aufgrund eines **anderen** Beendigungstatbestandes **ohnehin** zeitnah nach dem Auflösungszeitpunkt geendet hätte (s. Rz 48a).

63 Die Höchstgrenzen nach § 10 Abs. 1 und 2 KSchG (vgl. hierzu Rz 27–44) sind auch dann zu beachten, wenn in die Abfindung **entgangenes Arbeitsentgelt** einbezogen wird. Dies kann im Einzelfall zu Unbilligkeiten führen, wenn die Entgeltansprüche den Höchstbetrag der Abfindung überschreiten (so zB in den Fällen einer langen Kündigungsfrist). Wegen des zwingenden Charakters der Höchstgrenzen ist dem Gericht aber die Festlegung eines höheren Betrages verwehrt. In rechtspolitischer Hinsicht ist die Einfügung einer Öffnungsklausel oder eine andere Festlegung des Beendigungszeitpunktes zu erwägen. Die verfassungsrechtlichen Bedenken von *Bleckmann/Coen* (DB 1981, 640) können dagegen nicht überzeugen (vgl. *Boewer* DB 1982, 751; **Einzelheiten** s. KR-*Spilger* § 9 KSchG Rz 13a). Wegen der Anrechnung der Abfindung auf das Arbeitslosengeld vgl. Rz 94 ff.

6. Verfahrensrechtliche Fragen

a) Abfindungsantrag

64 Da die Festlegung des Abfindungsbetrages durch das Gericht erfolgt, bedarf es **keines bezifferten** Abfindungsantrages (*BAG* 26.6.1986 DB 1987, 184; *LAG Hamm* 5.12.1996 LAGE § 64 ArbGG 1979 Nr. 32). Der Antrag auf Abfindung ist zweckmäßigerweise mit dem Auflösungsantrag zu verbinden. Dabei empfiehlt sich die folgende **Formulierung:** Es wird beantragt, das Arbeitsverhältnis der Parteien zum ... aufzulösen und den Beklagten zur Zahlung einer angemessenen Abfindung zu verurteilen.

Höhe der Abfindung § 10 KSchG

Den Parteien ist es **unbenommen,** den Abfindungsantrag zu beziffern oder einen Mindestbetrag anzugeben. Aus **Kostengründen** (vgl. KR-*Spilger* § 9 KSchG Rz 92), ist dies jedoch nicht zu empfehlen. Das Gericht ist an einen bezifferten Abfindungsantrag **nicht gebunden,** denn § 9 Abs. 1 KSchG schließt eine Anwendung von **§ 308 Abs. 1 S. 1 ZPO** aus (*BAG* 26.6.1986 DB 1987, 184; *Neumann* Kündigungsabfindung Rz 56). Es hat auch bei einem bezifferten Abfindungsantrag nach pflichtgemäßen **Ermessen** zu prüfen, welcher Abfindungsbetrag im Einzelfall angemessen ist (vgl. *Löwisch/Spinner* Rz 10). Das Gericht hat im Falle einer Auflösung des Arbeitsverhältnisses selbst dann auf eine Abfindung zu erkennen, wenn **kein** ausdrücklicher Abfindungsantrag gestellt ist (vgl. KR-*Spilger* § 9 KSchG Rz 87). Dies folgt aus der Regelung des § 9 Abs. 1 S. 1 KSchG. Für eine Auflösung des Arbeitsverhältnisses **ohne** gleichzeitige Festsetzung einer Abfindung fehlt eine gesetzliche Ermächtigungsgrundlage. **Strittige** Tatsachen, welche die Höhe der Abfindung betreffen, hat die begünstigte Partei zu **beweisen** (zB Dauer des Arbeitsverhältnisses, Höhe des Monatsverdienstes). 65

Das Gericht ist auch nicht dazu befugt, eine Abfindung festzusetzen, wenn sich die Parteien in Form eines außergerichtlichen Verfahrens über die Unwirksamkeit einer vom Arbeitnehmer klageweise angegriffenen Arbeitgeberkündigung geeinigt haben. Die gerichtliche Auflösung des Arbeitsverhältnisses gegen Zahlung einer Abfindung setzt die **gerichtliche** Feststellung der Sozialwidrigkeit der ordentlichen Kündigung bzw. Unwirksamkeit der außerordentlichen Kündigung voraus. Eine derartige Feststellung kann auch durch ein Anerkenntnisurteil erfolgen (*BAG* 29.1.1981 EzA § 9 KschG nF Nr. 10). Die gerichtliche Auflösung des Arbeitsverhältnisses gegen Zahlung einer Abfindung ist auch bei einer sozialwidrigen **Änderungskündigung** jedenfalls dann möglich, wenn der Arbeitnehmer das Änderungsangebot **nicht** angenommen hat (*BAG* 29.1.1981 EzA § 9 KSchG nF Nr. 10). Die »**Rücknahme**« der Kündigung durch den Arbeitgeber führt nicht zur Unzulässigkeit eines arbeitnehmerseitigen Auflösungsantrages (*BAG* 29.1.1981 EzA § 9 KSchG nF Nr. 10; 19.8.1982 DB 1983, 663; *LAG Frankf.* 16.1.1980 BB 1981, 122; *LAG Nürnberg* 5.9.1980 BayAmbl. 1981, C 13; *ArbG Wilhelmshaven* 18.4.1980 ARSt 1980, 184; *Löwisch/Spinner* § 9 Rz 26). Der Arbeitnehmer kann auch nach der »Rücknahme« der Kündigung durch den Arbeitgeber den Auflösungsantrag stellen, und zwar bis zum Zeitpunkt der letzten mündlichen Verhandlung in der Berufungsinstanz (§ 9 Abs. 1 S. 3 KSchG). 66

b) Urteil

Die Verurteilung zur Abfindungszahlung ist im **Tenor** des Auflösungsurteils zum Ausdruck zu bringen (vgl. zum Inhalt des Auslösungsurteils KR-*Spilger* § 9 KSchG Rz 80–87). Aus vollstreckungsrechtlichen Gründen ist es erforderlich, dass das Gericht einen **bezifferten** Betrag als Abfindung festlegt. Die Berechnung des Betrages hat es in den Entscheidungsgründen zu **erläutern**. Für die Gewährung von **Ratenzahlungen** besteht keine gesetzliche Ermächtigungsgrundlage. Eine ratenweise Zahlung kann aber vergleichsweise vereinbart werden. Eine Verurteilung zur Zahlung von **Zinsen** ist frühestens zum Zeitpunkt der Auflösung des Arbeitsverhältnisses möglich (vgl. Rz 19). Wegen der **Kostenentscheidung** sowie der Streitwertfestsetzung vgl. KR-*Spilger* § 9 KSchG Rz 88–95. Zur Frage der Nachzahlungspflicht der armen Partei bei Zuerkennung einer Abfindung vgl. *LAG Hmb.* 23.6.1980 BB 1980, 1801; zur Berücksichtigung einer Abfindung bei Antrag auf **Prozesskostenhilfe** vgl. Rz 17a. Zur **Zwangsvollstreckung** eines Auflösungsurteils vgl. KR-*Spilger* § 9 KSchG Rz 96. 67

c) Rechtsmittel

Die gegen das Auflösungsurteil zulässigen **Rechtsmittel** (Berufung – zur Statthaftigkeit nach § 64 Abs. 2 ArbGG nF s. KR-*Spilger* § 9 KSchG Rz 95 – oder Revision) können auf die Höhe der Abfindung beschränkt werden. Eine derartige Teil-Anfechtung hat zur Folge, dass das Auflösungsurteil insoweit in **Rechtskraft** erwächst, als in ihm über die Sozialwidrigkeit der Kündigung sowie über die Auflösung des Arbeitsverhältnisses entschieden ist. Bei einer uneingeschränkten Anfechtung des Auflösungsurteils unterliegt dagegen der gesamte Urteilsinhalt der Überprüfung durch das Rechtsmittelgericht. 68

Die Berufung gegen das Auflösungsurteil richtet sich nach den allgemeinen Zulässigkeitsvoraussetzungen. Hinsichtlich der **Beschwer** ergeben sich bei **bezifferten** Abfindungsanträgen keine Besonderheiten. Bei **unbeziffertem** Abfindungsantrag ist eine Beschwer des Arbeitnehmers dann gegeben, wenn das Gericht einen Abfindungsbetrag festgesetzt hat, der unterhalb der gesetzlichen Höchstgrenze liegt. Der Arbeitgeber ist dagegen beschwert, wenn die gerichtliche Festlegung der Abfindung seines Erachtens zu hoch ist (vgl. *v. Hoyningen-Huene/Linck* Rz 17; *Maus* Rz 38, 39; *Neumann* Kündigungsabfindung Rz 58). Zur Ermittlung der Beschwer bei Auflösungsanträgen vgl. *LAG RhPf* 5.5.1981 EzA § 61 ArbGG 69

1979 Nr. 8, sowie *LAG München* 30.5.1980 BayAmbl. 1981, C. 9. Vgl. auch KR-Spilger § 9 KSchG Rz 20, 23 und 98 zu weiteren **Fragen der Beschwer** im Zusammenhang mit Auflösungsanträgen.

70 Das **Berufungsgericht** kann in den Grenzen des nach der Zivilprozessreform Zulässigen als Tatsachengericht die vom ArbG festgelegte Abfindung in vollem Umfange überprüfen und ggf. einen anderen Abfindungsbetrag für angemessen halten. Im Gegensatz zum **Revisionsgericht** (vgl. Rz 71) kann das Berufungsgericht eine eigene Ermessensentscheidung treffen (vgl. ErfK-*Kiel* Rz 23).

71 Für die **Revision** gegen das Auflösungsurteil sind die allgemeinen gesetzlichen Voraussetzungen maßgeblich. Da die Festsetzung der Abfindung im Ermessen der **Tatsachengerichte** liegt, ist das Revisionsgericht nicht befugt, das tatrichterliche Ermessen durch eine eigene Ermessensentscheidung zu ersetzen. Das Revisionsgericht kann lediglich prüfen, ob das *LAG* die Voraussetzungen und Grenzen seines Ermessens beachtet hat, dh ob das Berufungsgericht den Rechtsbegriff der »angemessenen Entschädigung« verkannt oder wesentliche Umstände nicht berücksichtigt oder gegen Denkgesetze oder allgemeine Erfahrungsgrundsätze verstoßen hat (so die st.Rspr. des *BAG,* vgl. etwa *BAG* 19.8.1982 EzA § 9 KSchG nF Nr. 14; ErfK-*Kiel* Rz 23).

VI. Verhältnis zu anderen Ansprüchen aus dem Arbeitsverhältnis

1. Entgeltansprüche

72 Die dem Arbeitnehmer bis zum Auflösungszeitpunkt (§ 9 Abs. 2 KSchG) zustehenden **Entgeltansprüche** (zB aus §§ 611, 615, 616 BGB, § 3 EFZG, § 7 Abs. 4 BUrlG) werden durch die Abfindung nicht berührt (allg. Ansicht: vgl. statt aller *v. Hoyningen-Huene/Linck* Rz 33). In den Fällen einer gerichtlichen Auflösung des Arbeitsverhältnisses nach einer unwirksamen außerordentlichen Kündigung kann die Abfindung uU entgangenes Arbeitsentgelt enthalten (vgl. Rz 62, 63). Eine dem Arbeitnehmer zustehende **Karenzentschädigung** iSd § 74 Abs. 2 HGB wird nicht durch eine Abfindung ersetzt (vgl. *BAG* 3.5.1994 DB 1995, 50).

2. Schadensersatzansprüche

73 Die dem Arbeitnehmer gem. §§ 9, 10 KSchG zuerkannte Abfindung schließt einen **Schadensersatzanspruch** auf Zahlung des Arbeitsentgelts für eine Zeit **nach** Beendigung des Arbeitsverhältnisses aus (*BAG* 22.4.1971 EzA § 7 KSchG Nr. 6; 15.2.1973 EzA § 9 KSchG nF Nr. 1; 16.5.1984 EzA § 9 KSchG nF Nr. 16; *Löwisch/Spinner* Rz 41; ErfK-*Kiel* Rz 21; vgl. *v. Hoyningen-Huene/Linck* Rz 23; **aA** *Herschel* Anm. zu AP Nr. 24 zu § 7 KSchG sowie *Gumpert* BB 1971, 960). Das *BAG* (aaO) begründet diesen Standpunkt im Wesentlichen damit, dass die Abfindung eine »Entschädigung eigener Art« für die Auflösung des Arbeitsverhältnisses sei und demgemäß die Funktion habe, dem Arbeitnehmer einen pauschalen Ausgleich für die Vermögens- und Nichtvermögensschäden zu gewähren, die sich aus dem Verlust des Arbeitsplatzes ergeben.

74 Ausgeschlossen durch die Kündigungsabfindung sind jedoch nur solche Schadensersatzansprüche, die sich unmittelbar auf den Verlust des Arbeitsplatzes beziehen. Dagegen kann der Arbeitnehmer neben der Kündigungsabfindung solche Schadensersatzansprüche geltend machen, die mit dem Verlust des Arbeitsplatzes nicht in einem unmittelbaren Zusammenhang stehen (*BAG* 22.4.1971 EzA § 7 KSchG Nr. 6). Hierzu zählen insbes. Schadensersatzansprüche wegen unrichtiger Erteilung von Auskünften oder unzutreffender Beurteilungen in Zeugnissen sowie der verspäteten Herausgabe der Arbeitspapiere.

75 Da eine sozialwidrige und deshalb unwirksame Kündigung eine Pflichtverletzung (§ 280 Abs. 1 BGB) darstellt, kann der Arbeitnehmer das Arbeitsverhältnis vorzeitig durch eine außerordentliche Kündigung beenden und den Arbeitgeber gem. § 628 Abs. 2 BGB auf Schadensersatz in Anspruch nehmen. Hierzu ist aber neben der **Eigenkündigung** (also nicht: der Beendigung des Arbeitsverhältnisses durch Auflösungsurteil, *LAG Köln* 20.2.2002 LAGE § 10 KSchG Nr. 4) ein schuldhaftes Verhalten des Arbeitgebers erforderlich (*BAG* 15.2.1973 EzA § 9 KSchG nF Nr. 1; 11.2.1981 AP Nr. 8 zu § 4 KSchG 1969). Nach der Ansicht von *M. Wolf* (Anm. zu *BAG* 11.2.1981 aaO) steht dem Arbeitnehmer in derartigen Fällen ein **Wahlrecht** zu, und zwar in der Weise, dass er zwischen dem Schadensersatz nach § 628 Abs. 2 BGB und der Abfindung in analoger Anwendung von § 9 Abs. 1 KSchG wählen könne (ebenso *Gessert* Schadensersatz nach Kündigung, 1987, S. 61 ff.). Nach Auffassung des *BAG* (22.4.2004 AP Nr. 18 zu § 628 BGB) kann eine angemessene Entschädigung **entsprechend** §§ 9, 10 KSchG zu dem Schadensersatzanspruch **hinzutreten**. Bestand die Möglichkeit, den Verlust einer Versorgungsanwartschaft als

Bemessungskriterium i.R. einer gerichtlichen Auflösung des Arbeitsverhältnisses geltend zu machen, kann nicht wegen des durch die Auflösung eingetretenen Verlustes Schadensersatz nach § 628 Abs. 2 BGB oder wegen Pflichtverletzung nach § 280 Abs. 1 BGB verlangt werden (*BAG* 12.6.2003 EzA § 628 BGB 2002 Nr. 1).

Ein deliktsrechtlicher Schadensersatzanspruch aus § 826 BGB ist dann gegeben, wenn ein Arbeitsverhältnis durch ein rechtskräftiges Gestaltungsurteil nach § 9 KSchG beendet worden ist, obwohl der Auflösungsantrag rechtsmissbräuchlich war, und der Antragsteller das Auflösungsurteil entweder sittenwidrig erschlichen hat oder wenn er sittenwidrig das von ihm selbst als unrichtig erkannte Auflösungsurteil auszunutzen versucht (*BAG* 15.2.1973 EzA § 9 KSchG nF Nr. 1). 76

In Ausnahmefällen (zB bei schuldhaften Verletzungen der Berufsehre eines Arbeitnehmers) ist es denkbar, dass eine sozialwidrige Kündigung zugleich eine Verletzung des allgemeinen Persönlichkeitsrechts des Arbeitnehmers darstellt. Ein deliktsrechtlicher Anspruch auf Ersatz des immateriellen Schadens in Gestalt eines Schmerzensgeldanspruchs (§§ 823 Abs. 1, 253 Abs. 2 BGB) kommt bei Persönlichkeitsrechtsverletzungen aber nur dann in Betracht, wenn besondere Umstände, insbes. die Schwere der Verletzung oder der Grad des Verschuldens, eine solche Genugtuung erfordern. Der Umstand, dass die sozialwidrige Kündigung gleichzeitig eine Pflichtverletzung (§ 280 Abs. 1 BGB) darstellt (was nach Aufgabe des § 847 BGB und der Neuregelung in § 253 Abs. 2 BGB ebenfalls einen Anspruch auf Schmerzensgeld begründen dürfte), steht einem deliktsrechtlichen Anspruch auf Schmerzensgeld nicht entgegen, da insoweit eine Anspruchskonkurrenz vorliegt (ebenso *Wiese* DB 1975, 2309; aA *Wichmann* AuR 1975, 105; *BAG* 25.4.1972 AP Nr. 9 zu § 611 BGB Öffentlicher Dienst; 31.10.1972 EzA § 611 BGB Fürsorgepflicht Nr. 15). Im Urteil vom 21.2.1979 (EzA § 847 BGB Nr. 3) hat das *BAG* die seitherige Rechtsprechung aufgegeben. 77

VII. Verhältnis zu anderen Abfindungen

1. Einzelvertragliche Abfindungen

Die Regelungen der §§ 9, 10 KSchG gelten nicht für **einzelvertraglich** vereinbarte Abfindungen (zB in außergerichtlichen oder gerichtlichen Vergleichen). Die Vertragspartner sind daher bei der Festlegung des Abfindungsbetrages nicht an die gesetzlichen Höchstgrenzen (§ 10 Abs. 1 und Abs. 2 KSchG) gebunden. Dies gilt ebenso für den gesetzlich vorgeschriebenen Auflösungszeitpunkt (§ 9 Abs. 2 KSchG). Sie sind auch nicht gehalten, sich bei der Einigung über die Höhe des Abfindungsbetrages an den für die gerichtliche Abfindung geltenden Bewertungsmaßstäben zu orientieren (vgl. *Ammermüller* DB 1975, Beil. 10, S. 10). In einem Aufhebungsvertrag können auch andere Bedingungen für die Gewährung einer Abfindung festgelegt werden (zur Zulässigkeit einer sog. Heimkehrerklausel mit einem ausländischen Arbeitnehmer vgl. *BAG* 7.5.1987 DB 1988, 450). Aus steuerlichen und sozialversicherungsrechtlichen Gründen empfiehlt es sich, nur **denjenigen** Betrag als Abfindung zu bezeichnen, der für den Verlust des Arbeitsplatzes gezahlt wird (vgl. zu steuer- und sozialversicherungsrechtlichen Fragen Rz 82 ff.). Aus Gründen der Rechtsklarheit sollten die **übrigen** Ansprüche (zB Vergütungsansprüche, Urlaubsabgeltung, Gratifikationen) **gesondert** aufgeführt werden (vgl. *ArbG Wetzlar* 6.1.1987 BB 1987, 690). Dies gilt auch für Abfindungen von Versorgungsanwartschaften (vgl. zu den Grenzen derartiger Abfindungsvereinbarungen *Westphal* BB 1976, 1470, sowie zu den Besonderheiten bei Abfindungen aus betrieblicher Altersversorgung *Braun* NJW 1983, 1590). Zum Anwendungsbereich des § 10 KSchG vgl. im Übrigen Rz 7–9. 78

2. Kollektivrechtliche Abfindungen

Für **kollektivrechtliche** Abfindungsregelungen (zB in Gestalt von tariflichen Entlassungsabfindungen bzw. Übergangsgeldern oder in Form von Sozialplanabfindungen) gelten die gesetzlichen Höchstgrenzen des § 10 KSchG nicht. Die Einigungsstelle ist bei der Ausübung ihres Ermessens ebenfalls nicht verpflichtet, bei der Festlegung von Entlassungsabfindungen die gesetzlichen Höchstgrenzen des § 10 KSchG zu beachten (ebenso *Fitting/Auffarth/Kaiser/Heither* [17. Aufl.] §§ 112, 112a Rz 37; s.a. *Löwisch/Spinner* § 9 Rz 9 ff. zu dem Verhältnis von § 9 KSchG zu Ansprüchen aus §§ 111 ff. BetrVG; **aA** *Dietz/Richardi* [Voraufl. zu Richardi] § 112 Rz 61). Die Unanwendbarkeit des § 10 KSchG ergibt sich daraus, dass der Gesetzgeber lediglich bei der Bemessung des Ausgleichsanspruchs (vgl. § 113 Abs. 1 BetrVG), nicht aber bei den für die Einigungsstelle maßgeblichen Ermessensrichtlinien (vgl. § 112 Abs. 5 BetrVG) auf § 10 KSchG verweist (zur Ermessenskontrolle des Spruchs der Einigungsstelle vgl. *BAG* 14.5.1985 EzA § 76 BetrVG 1972 Nr. 35). 79

80 Es ist eine Frage der **Auslegung** der jeweiligen kollektivrechtlichen Regelung, ob und inwieweit tarifliche Übergangsgelder oder sonstige Abfindungen auf die gesetzliche Abfindung nach §§ 9, 10 KSchG **anzurechnen** sind (vgl. *BAG* 20.6.1985 EzA § 4 KSchG nF Ausgleichsquittung Nr. 1; *Heinze* NZA 1984, 17; *v. Hoyningen-Huene/Linck* Rz 34; *Maus* Rz 36). Beim Fehlen einer entsprechenden Anrechnungsregel ist idR dann eine Anrechnung vorzunehmen, wenn die kollektivrechtliche Abfindung allein zum Ausgleich der mit dem Verlust des Arbeitsplatzes verbundenen materiellen und immateriellen Nachteile gewährt wird. Zu Abfindungsregelungen in Sozialplänen vgl. im Übrigen KR-*Spilger* § 9 KSchG Rz 75 ff.

3. Abfindungen nach § 113 BetrVG

81 Der dem Arbeitnehmer gem. § 113 BetrVG zustehende Anspruch auf **Nachteilsausgleich** unterliegt nur insoweit den gesetzlichen Höchstgrenzen des § 10 KSchG, als es um den Ausgleich der dem Arbeitnehmer aus dem Verlust des Arbeitsplatzes entstehenden wirtschaftlichen Nachteile geht. Erleidet der Arbeitnehmer andere wirtschaftliche Nachteile, die nicht im unmittelbaren Zusammenhang mit der Entlassung und deren Folgen stehen, so gilt insoweit die Bestimmung des § 10 KSchG nicht. Zum Verhältnis der Abfindungsansprüche nach §§ 9, 10 KSchG und § 113 BetrVG vgl. im Übrigen KR-*Spilger* § 9 KSchG Rz 69–74.

VIII. Steuerrechtliche Fragen

1. Frühere Steuerfreiheit nach § 3 Nr. 9 EStG aF

82 Zur früheren Steuerfreiheit von Abfindungen nach § 3 Nr. 9 EStG aF s. KR-*Vogt* §§ 3, 24, 34 EStG Rz 1–35, 54–75. Zu den Übergangsregelungen nach der aufgrund Art. 1 Nr. 4 des Gesetzes zum Einstieg in ein steuerliches Sofortprogramm (BGBl. I S. 3682) verfügten Fassung des § 52 Abs. 4a EStG s. dort.

2. Steuerermäßigung nach § 24 Nr. 1a und b EStG iVm § 34 Abs. 1 und 2 EStG (Entschädigungen/Tarifermäßigung)

83–91 Zur (**unverändert** gebliebenen) Steuerermäßigung bei Abfindungen nach § 24 Nr. 1a und b EStG iVm § 34 Abs. 1 und 2 EStG (Entschädigungen/Tarifermäßigung) s. KR-*Vogt* §§ 3, 24, 34 EStG Rz 36–45, 46–53, 54–75.

3. »Brutto-« bzw. »Netto-Zusatz«

91a Wichtig für die **steuerrechtliche Risikoverteilung** ist der in Vergleichen enthaltene »**Brutto-**« bzw. »**Netto-Zusatz**« bei dem Abfindungsbetrag. Bei einem »Brutto-Zusatz« hat idR der Arbeitnehmer das Risiko der Nichtanerkennung eines Betrages als steuerfreie Abfindung zu tragen. Ein »Netto-Zusatz« verlagert dagegen das steuerrechtliche Risiko idR auf den Arbeitgeber (ebenso *LAG Bremen* 15.7.1980 – 4 Sa 118/79 – nv). Fehlt es dagegen an einem entsprechenden Zusatz, so handelt es sich bei einer einzelvertraglich vereinbarten Abfindung grds. um einen »Bruttobetrag« mit der Maßgabe, dass der Arbeitnehmer das Risiko einer steuerlichen Inanspruchnahme zu tragen hat (*LAG Düsseldorf* 17.10.1975 DB 1975, 2379; *LAG Bln.* 5.2.1974 DB 1974, 1486; 21.2.1994 DB 1994, 1865). Bei einem Zusatz »brutto = netto« ist durch Auslegung zu ermitteln, ob damit die Parteien eine Netto- oder Bruttoabfindung vereinbaren wollten (vgl. *LAG Nds.* 10.12.1984 DB 1985, 658; *LAG Brem.* 27.1.1987 BB 1988, 408; *LAG Frankf.* 7.12.1988 LAGE § 9 KSchG Nr. 10). Die Frage des **Ausgleichs** im **Innenverhältnis** bei einem vergleichsweise vereinbarten Abfindungsbetrag, der über die Freibeträge des § 3 Nr. 9 EStG hinausgeht, ist aufgrund einer Auslegung des Vergleiches zu beantworten (*LAG Düsseld.* 25.2.1981 – 12 Sa 1485/80 – nv).

IX. Sozialversicherungs- sowie arbeitsförderungsrechtliche und grundsicherungsrechtliche Fragen

1. Sozialversicherungsrechtliche Behandlung der Abfindung

92 Soweit Abfindungen ausschließlich als Entschädigung für den Verlust des Arbeitsplatzes gezahlt werden, unterliegen sie **nicht** der **Beitragspflicht** zur Sozialversicherung (vgl. *Gagel/Vogt* Rz 135; *v. Hoyningen-Huene/Linck* Rz 31; KR-*Wolff* SozR Rz 15; *Löwisch* Rz 29). Nach der **früheren** Ansicht des *BSG* (28.4.1987 SozR 2200 § 180 Nr. 36) bestand zumindest in dem Umfang, in dem Steuerfreiheit besteht (vgl. § 3 Nr. 9 EStG aF), auch keine Sozialversicherungspflicht. Sozialversicherungspflichtig sei aber der Teil der »Abfindung«, der als Arbeitsentgelt iSd § 14 Abs. 1 SGB IV anzusehen wäre (vgl. zum Be-

griff des Arbeitsentgelts KR-*Wolff* SozR Rz 13a sowie zur Beitragspflicht des Entgeltanteils einer Abfindung KR-*Wolff* SozR Rz 15, 15a, und *Gagel/Vogt* Rz 135; zum Begriff und zur Behandlung einmalig gezahlten Arbeitsentgeltes vgl. § 23a SGB IV). **Demgegenüber** ist das *BAG* (9.11.1988 EzA § 9 KSchG nF Nr. 24) der Auffassung, dass Abfindungen nach §§ 9 und 10 KSchG auch dann nicht der Beitragspflicht zur Sozialversicherung unterliegen, wenn für sie Einkommen- oder Lohnsteuer abzuführen ist. Gegenteiliges ergebe sich weder aus §§ 14 und 17 SGB IV noch aus § 3 Nr. 9 EStG iVm den Bestimmungen der Arbeitsentgeltverordnung (ebenso *Bay. LSG* 8.2.1990 – L 4 Kr 76/87 –, juris). **Zwischenzeitlich** ist dies auch Ansicht des *BSG* (21.2.1990 EzA § 9 KSchG nF Nr. 35 und 37). Allerdings darf in der Abfindung kein Arbeitsentgelt versteckt sein (zum Meinungsstand vgl. *Ruland* JuS 1990, 943). Demgemäß ist eine Abfindung, die wegen einer Rückführung auf die tarifliche Einstufung bei **weiter bestehendem** sozialversicherungsrechtlichen Beschäftigungsverhältnis gezahlt wird, **beitragspflichtiges** Arbeitsentgelt (*BSG* 28.1.1999 AP Nr. 1 zu § 1 ArEV). Das *BSG* (23.2.1988 DB 1988, 1018) war der Auffassung, dass grds. Abfindungen, die bei vorzeitiger Beendigung eines Arbeitsverhältnisses gezahlt werden, nach dem Modell des § 117 Abs. 2 und 3 AFG (zur übergangsweisen Fortgeltung dieser Regelungen unten Rz 95) in einen Entgelt- und Abfindungsteil aufzuspalten sind. Der Entgeltanteil einer in einem außergerichtlichen oder gerichtlichen Vergleich festgelegten »Abfindung« ist durch Auslegung zu ermitteln (vgl. hierzu *Bauer* NZA 1985, 275, und *Gagel* NZA 1985, 270). Entgegen dem Wortlaut eines Vergleichs handelt es sich dann nicht um beitragsfreie Abfindungen, wenn in Wahrheit Gehaltsansprüche (§§ 611, 615 BGB) oder Entgeltfortzahlungsansprüche des Arbeitnehmers in pauschalierter Form (zB als runder Gesamtbetrag) vom Arbeitgeber erfüllt werden sollen (*LSG Essen* 24.7.1980 – L 16 Kr 17/78 – nv). Die Sozialversicherungsträger müssen die in Abfindungsvergleichen enthaltenen arbeitsrechtlichen Gestaltungen (zB Ausschlussklauseln, vgl. *BAG* 10.5.1978 EzA § 794 ZPO Nr. 3) grds. gegen sich gelten lassen, es sei denn, es liegt ein Missbrauch von Gestaltungsmöglichkeiten vor (zB bei verdeckter Arbeitsvergütung). Im Übrigen ist zu berücksichtigen, dass im Falle eines Kündigungsschutzprozesses die für die Dauer des Verfahrens anfallenden Beiträge regelmäßig erst mit der rechtskräftigen Beendigung des Prozesses fällig werden (*BSG* 25.9.1981 – 12 RK 58/80 – nv). Macht die **Bundesagentur für Arbeit** geltend, ein Teil der zwischen Arbeitnehmer und Arbeitgeber vereinbarten Abfindung für den Verlust des Arbeitsplatzes sei wegen der Gewährung von Arbeitslosengeld auf sie übergegangen, so sind für die gegen den Arbeitnehmer gerichtete Klage auf Zustimmung zur Auszahlung des vom Arbeitgeber **hinterlegten** Betrags die Gerichte für **Arbeitssachen** zuständig (*BAG* 12.6.1997 EzA § 2 ArbGG 1979 Nr. 38).

2. Verhältnis zum Insolvenzgeld

Zu den Bezügen aus einem Arbeitsverhältnis iSv § 183 Abs. 1 S. 2 SGB III gehören zwar nicht nur Lohnforderungen im engeren Sinne, sondern **alle** Ansprüche, die dem Arbeitnehmer aus seinem Arbeitsverhältnis als Gegenwert für die geleistete Arbeit oder das Zurverfügungstellen der Arbeitskraft erwachsen. Abfindungen gem. §§ 9, 10 KSchG stellen allerdings insoweit **keine** »Bezüge aus dem Arbeitsverhältnis« dar, als sie als Entschädigung für den Verlust des Arbeitsplatzes gezahlt werden. Andererseits gehören Schadensersatzansprüche, die an die Stelle ausgefallenen Arbeitsentgelts treten, zu den »Bezügen aus dem Arbeitsverhältnis« (vgl. *BSG* 17.7.1979 DB 1979, 2332). Soweit Abfindungen nach §§ 9, 10 KSchG Ansprüche mit Entgeltcharakter enthalten (so insbes. bei Abfindungen in den Fällen einer unwirksamen außerordentlichen Kündigung), sind sie dazu geeignet, einen Anspruch auf Insolvenzgeld **auszulösen**. Zur Anwendung von tariflichen Ausschlussfristen auf das Insolvenzgeld vgl. *BAG* 8.6.1983 EzA § 4 TVG Ausschlussfristen Nr. 55.

3. Anrechnung auf Arbeitslosengeld

Der zum 1.4.1997 eingefügte **§ 115a AFG** bestimmte, dass eine Abfindung, Entschädigung oder ähnliche Leistung (Entlassungsentschädigung), die der Arbeitslose wegen der Beendigung des Arbeits- oder Beschäftigungsverhältnisses erhalten oder zu beanspruchen hat, auf die Hälfte des Arbeitslosengeldes angerechnet wird, soweit sie einen bestimmten **Freibetrag** überschreitet. § 115a AFG fand sich wortgleich wieder in **§ 140 SGB III,** der am 1.1.1998 in Kraft getreten ist. Die Regelung ersetzte die gleichzeitig aufgehobenen **§§ 117 Abs. 2 bis 3a, 117a AFG.** Diese sahen eine teilweise Anrechnung von Entlassungsentschädigungen bei fristlosen Kündigungen bzw. in den Fällen vor, in denen wegen der Beendigung des Beschäftigungsverhältnisses nach § 119 AFG (seit 1.1.1998: § 144 SGB III) eine Sperrzeit (für die Praxis wichtig hierzu: Aktualisierter Sammelerlass zum Arbeitslosengeld/Arbeitslosenhilfe – Sperrzeitenregelung – vom 19.12.1996, abgedr. in NZA 1997, 427 ff.) eingetreten war. Gleichzeitig wurde der mit diesen Regelungen im Zusammenhang stehende § 128 AFG aufgehoben. Danach hatten die Arbeitgeber der **Bundesagentur für Arbeit** das Arbeitslosengeld zu erstatten, wenn sie älteren Arbeitnehmer unter bestimmten Voraussetzungen entließen.

95 Nach der **Übergangsregelung** in § 242x Abs. 3 S. 1 Nr. 1 AFG waren statt des § 115a AFG (seit 1.1.1998: § 140 SGB III) § 117 Abs. 2 bis 3a, auch Abs. 4, § 117a AFG in der bis zum 31.3.1997 geltenden Fassung für Personen **weiterhin** anzuwenden, die innerhalb der Rahmenfrist mindestens 360 Kalendertage in einem Pflichtversicherungsverhältnis gestanden haben. Aufgrund der **Verweisung** auf § 242x Abs. 6 AFG galt diese Übergangsregelung auch für den aufgehobenen § 128 AFG. Da § 242x Abs. 3 und 6 AFG gem. §§ **427 Abs. 6 bzw. 431 SGB III** auch über den 31.12.1997 hinaus weiterhin anzuwenden waren und die Rahmenfrist gem. § 104 AFG (seit 1.1.1998: § 124 SGB III) drei Jahre beträgt und dem ersten Tag der Arbeitslosigkeit unmittelbar vorausgeht, waren die aufgehobenen §§ 117 Abs. 2 bis 3a (auch Abs. 4), 117a und 128 AFG **weiterhin** auf Personen anwendbar, die vor dem 1.4.1997 durchgehend für 360 Tage beschäftigt waren und **vor dem 7.4.1999 arbeitslos** wurden, sich **bis zum 6.4.1999** arbeitslos meldeten und Arbeitslosengeld beantragten (*Niesel* NZA 1997, 583). Daneben war das bisherige Recht nach § 242x Abs. 3 S. 1 Nr. 2 und 3 AFG auch auf die Personen anzuwenden, die nach § 237 Abs. 2 SGB VI in der Rentenversicherung bei der Einschränkung der Altersrente wegen Arbeitslosigkeit oder Teilzeitarbeit **Vertrauensschutz** genossen.

96 Sowohl die **alten** als auch die **neuen** Regelungen betreffen auch Abfindungen nach §§ 9, 10 KSchG.

97 Inwieweit Abfindungen nach §§ 9, 10 KSchG nach den **übergangsweise fortgeltenden** §§ 117, 117a AFG auf das vom Arbeitnehmer bezogene Arbeitslosengeld anzurechnen waren, s. i.E. *Wolff* (KR-Voraufl.) § 117 AFG Rz 23 ff. sowie Erl. zu § 117a AFG. In der arbeitsgerichtlichen Praxis wirft die Vorschrift des § 117 AFG insbes. bei Vergleichen eine Reihe von **Anwendungsproblemen** auf (vgl. hierzu *Gagel/Vogt* Rz 97 ff.; *Albrecht* BB 1984, 919; *Ammermüller* DB 1977, 2445; *Behrens* DB 1978, 1224; *Husmann* BB 1986, 2120; *v. Olshausen* ZIP 1982, 1293; *Reinecke* AuR 1977, 193; *ders.* BB 1981, 854; *BAG* 28.4.1983 EzA § 117 AFG Nr. 3; 28.6.1984 DB 1986, 499; 9.10.1996 EzA § 117 AFG Nr. 11 mit Anm. von *Rolfs* = AP Nr. 9 zu § 115 SGB X mit Anm. *Bengelsdorf*; *BSG* 10.12.1981 – 7 RAr 55/80 – nv; 23.6.1981 SozR 4100 § 117 AFG; *LSG Bln.* 17.2.1981 – L 14 Ar 32/80 – nv; *ArbG Wetzlar* 7.5.1986 BB 1986, 1779). Zur Bedeutung des § 117 AFG bei Abfindungsvergleichen vgl. i.E. *Wolff* (KR, 5. Aufl.) SozR Rz 152 ff. Zur Bedeutung der §§ 117, 117a AFG bei sog. »Abwicklungsverträgen« (*Hümmerich* NJW 1996, 2081 f.) etwa *Gagel/Vogt* Rz 282–286. Zur Nichtberücksichtigung einer Sozialabfindung gem. § 10 KSchG bei Berechnung der Übergangsleistung nach § 3 Abs. 2 BKVO vgl. *BSG* 10.3.1994 BB 1994, 1430.

98 Nach **§ 115a AFG** (ab 1.1.1998: § 140 **SGB III**) waren grds. alle einen Freibetrag überschreitenden Leistungen – **nach Abzug der Steuern** – auf die Hälfte des Arbeitslosengeldes **anzurechnen**, und zwar unabhängig von ihrer Bezeichnung (etwa als Abfindung, Entschädigung, Übergangs- oder Überbrückungsgeld) und deren Zweck, sofern nur ein ursächlicher Zusammenhang zwischen der Beendigung des Arbeitsverhältnisses und der Gewährung der Leistung besteht (*Niesel* NZA 1997, 583). Unberücksichtigt blieben nach § 115a Abs. 1 S. 2 AFG (bzw. § 140 Abs. 1 S. 2 SGB III) lediglich Leistungen, die ein Arbeitgeber unter den dort näher bestimmten Voraussetzungen nach dem zum 1.8.1996 eingeführten § 187a SGB VI für seinen Arbeitnehmer aufwendete, um **Rentenminderungen** zu **verringern** oder **auszugleichen,** die sich gem. § 77 SGB VI aus einer nach § 41 SGB VI möglichen vorzeitigen Inanspruchnahme einer Rente wegen Alters ergaben. Entsprechendes galt gem. § 115a Abs. 1 S. 3 AFG (bzw. § 140 Abs. 1 S. 3 SGB III) für Leistungen des Arbeitgebers zu einer berufsständischen **Versorgungseinrichtung. Ausführlich** zu den Einzelheiten der Abfindungs-Anrechnung *Wolff* KR, 5. Aufl., § 140 SGB III Rz 21–57.

99 Der Freibetrag der Entlassungsentschädigung betrug **25 vom Hundert** (§ 115a Abs. 2 AFG bzw. § 140 Abs. 2 iVm Abs. 1 SGB III). Er erhöhte sich für je **fünf Jahre** des Bestandes des Beschäftigungsverhältnisses um je **fünf Prozentpunkte.** Er betrug jedoch mindestens für Arbeitnehmer, die bei Beendigung des Beschäftigungsverhältnisses das 50., aber noch nicht das 55. Lebensjahr vollendet haben, **40 %**, für Arbeitnehmer, die zum nämlichen Zeitpunkt das **55.** Lebensjahr vollendet haben, **45 %**, jedenfalls mindestens DM 10 000,–. Die Errechnung der anrechenbaren Abfindung (»nach Abzug der Steuern«) erfolgte richtiger Ansicht nach (*Schließmann* BB 1998, 318, gegen *Bauer/Röder* BB 1997, 2589) dergestalt, dass zunächst der Freibetrag von der Bruttoabfindung abzuziehen war und von dem sich danach einstellenden Ergebnis die Steuern (*Wolff* KR, 5. Aufl., § 140 SGB III Rz 48a mit näherer Begründung und Beispielen Rz 58). Eine Anrechnung erfolgte nicht, wenn der Anspruch auf Arbeitslosengeld auf einer Anwartschaftszeit von mindestens 360 Kalendertagen beruhte, die insgesamt **nach** der Beendigung des für die Entlassungsentschädigung maßgeblichen Beschäftigungsverhältnisses erfüllt worden war

Höhe der Abfindung § 10 KSchG

(§ 115a Abs. 3 S. 1 AFG bzw. § 140 Abs. 3 S. 1 SGB III). Dies galt nicht, wenn die Anwartschaftszeit ganz oder teilweise durch Zeiten einer Beschäftigung bei dem Arbeitgeber, der die Entlassungsentschädigung zu leisten hat, erfüllt worden war. Konzernunternehmen iSd § 18 des Aktiengesetzes galten als ein Arbeitgeber (§ 115a Abs. 3 Sätze 2 und 3 AFG bzw. § 140 Abs. 3 Sätze 2 und 3 SGB III). Die beiden letztgenannten Bestimmungen galten nicht, wenn die Beschäftigung bei dem Arbeitgeber, der die Entlassungsentschädigung zu leisten hat, frühestens 360 Tage nach der Beendigung des für die Entlassungsentschädigung maßgeblichen Beschäftigungsverhältnisses aufgenommen worden war (§ 115a Abs. 3 S. 4 AFG bzw. § 140 Abs. 3 S. 4 SGB III). Soweit der Arbeitslose die Entlassungsentschädigung **tatsächlich nicht erhält**, wurde das Arbeitslosengeld ohne Anrechnung der Entlassungsentschädigung gewährt. Der Anspruch des Arbeitslosen gegen den zur Zahlung der Entlassungsentschädigung Verpflichteten ging nach **§ 115 SGB X** auf die *Bundesanstalt für Arbeit* über, soweit sie das Arbeitslosengeld ohne Anrechnung gewährt hat. Hatte der Verpflichtete die Entlassungsentschädigung trotz des Rechtsüberganges mit **befreiender** Wirkung an den Arbeitslosen oder an einen Dritten gezahlt, hatte der Empfänger des Arbeitslosengeldes dieses insoweit zu **erstatten** (§ 115a Abs. 4 AFG bzw. § 140 Abs. 4 SGB III).

Zu **sozialrechtlichen Fragen** im Zusammenhang mit der Beendigung von Arbeitsverhältnissen vgl. umfassend *Gagel/Vogt* Rz 1–293; zur **sozialversicherungsrechtlichen Optimierung** von Aufhebungsverträgen vgl. *Bauer* Aufhebungsverträge, S. 366–420. Zu der vorstehend geschilderten Regelung der **Abfindungsanrechnung** s. neben *Wolff* KR, 5. Aufl., § 140 SGB III *Bauer* DB 1997, I; ders. Aufhebungsverträge, S. 409 ff., 419 f. *Bauer/Röder* BB 1997, 834 ff.; *Baur* DB 1997, 726 ff.; *Gagel/Lauterbach* NJ 1997, 345 ff.; *Gaul* NJW 1997, 1465 ff.; *Rolfs* DB 1996, 2126 ff.; ders. NZA 1997, 793 ff.; *Wolf* AuA 1997, 141 ff. *Bauer, Bauer/Röder, Gagel/Lauterbach* und eingehend *Rolfs* wiesen mit Recht darauf hin, dass die pauschale Anrechnungsregelung, einer **verfassungsrechtlichen Überprüfung** kaum standhalten würde (s.a. *Kreßel* NZA 1997, 1138, 1141 ff., und *Bader* AuR 1997, 381, 385). Sie widerspricht den Grundsätzen zur Abfindungsanrechnung, die das *BVerfG* bereits 1976 zu § 117 AFG aF aufgestellt hat (12.5.1976 BVerfGE 42, 176 ff.). Sie verletzte den **Gleichheitssatz**, weil sie nur diejenigen Arbeitnehmer zur Aufzehrung der Abfindung zwang, die schuldlos arbeitslos wurden, ohne zu berücksichtigen, dass Abfindungen in erster Linie für Verlorenes entschädigen sollen (oben Rz 10), nicht aber dem Bestreiten des Lebensunterhalts dienen. Durch diese **funktionswidrige Inanspruchnahme** der Abfindung war zugleich das **Eigentumsrecht** verletzt. Daran hat auch nicht die Modifikation der Abfindungsanwendung kurz vor Inkrafttreten der Neuregelungen durch das Erste SGB III-Änderungsgesetz vom 16.12.1997 (BGBl. I S. 2970) etwas geändert. Mit der **Neuregelung der Neuregelung** beschäftigen sich *Bauer*, Nachtrag zu »Aufhebungsverträge« [5. Aufl.] S. 1 ff.; *Bauer/Röder* BB 1997, 2588; *Düwell* FA 1998, 8; *Gaul* NJW 1998, 644; *Kliemt* NZA 1998, 173; *Rockstroh* DB 1997, 2613; *Schließmann* BB 1998, 318. **Ausführlich** zur Frage der Verfassungsmäßigkeit der Regelung *Wolff* KR, 5. Aufl., § 140 SGB III Rz 13–20, die lediglich die Einbeziehung gerichtlich zugesprochener Abfindungen nach §§ 9, 10 KSchG für problematisch – möglicherweise willkürlich – hielt. Denn **derartige** Abfindungen jedenfalls entschädigten in höherem Maße als andere Abfindungen (einzelvertraglicher oder kollektivvertraglicher Grundlage) für den Verlust sozialer Besitzstände, anstatt den Verlust des Arbeitsplatzes und das damit verbundene Risiko der **Arbeitslosigkeit** auszugleichen (vgl. *Wolff* KR, 5. Aufl., § 140 SGB III Rz 20 und Rz 11). **100**

Die ab 1.4.1999 aufgrund des Entlassungsentschädigungs-Änderungsgesetzes vom 24.3.1999 (BGBl. I S. 396) geltende Vorschrift des § 143a SGB III entspricht mit einigen Änderungen der früheren Regelung von § 117 AFG (s. KR-*Wolff* § 143a SGB III Rz 1–67). Es gibt **keine Anrechnung** mehr (§ 140 SGB III wurde aufgehoben), sondern nur noch das Ruhen des Anspruchs auf Arbeitslosengeld. Ein Ruhen tritt nur bei vorzeitiger Auflösung des Arbeitsverhältnisses ohne Einhaltung der ordentlichen Kündigungsfrist ein, **längstens ein Jahr**. Ist eine ordentliche Kündigung ausgeschlossen, gilt bei unbegrenztem Ausschluss eine Kündigungsfrist von 18 Monaten, bei zeitlich begrenztem Ausschluss oder bei fristgebundener Kündigung aus wichtigem Grund die sonst normale ordentliche Kündigungsfrist (KR-*Spilger* § 622 BGB). Eine Begrenzung gilt bis zu dem Tag, bis zu dem der Arbeitslose bei Weiterzahlung des letzten Entgelts 60 % der Entlassungsentschädigung verdient hätte. Dieser Betrag ermäßigt sich sowohl für 5 Jahre Betriebszugehörigkeit als auch für je fünf Lebensjahre nach dem 35. Lebensjahr um je 5 % und kann danach bis auf 25 % sinken. Bei Beendigung wegen Befristung oder bei Berechtigung des Arbeitgebers zur fristlosen Kündigung endet die Ruhenszeit mit diesem Zeitpunkt (§ 143a Abs. 2 Nr. 2, 3 SGB III). Das Ruhen des Anspruchs auf Arbeitslosengeld bewirkt, dass der Anspruch zwar entsteht, aber nicht wirksam geltend gemacht werden kann. Er geht nicht unter, sondern setzt später ein und wird nur hinausgeschoben. Er kann dann – bei entsprechend langer Arbeitslosigkeit – in voller Länge geltend gemacht werden und dauert damit unverändert an. Außerdem gilt die **101** sog. »Gleichwohlgewährung« nach § 143a Abs. 4 SGB III weiter (*Neumann* Kündigungsabfindung Rz 135; Einzelheiten KR-*Wolff* § 143a SGB III Rz 1–67).

4. Abfindung als zu berücksichtigendes Einkommen nach § 11 SGB II

102 S. hierzu Rz 17a.

§ 11 Anrechnung auf entgangenen Zwischenverdienst

[1]Besteht nach Entscheidung des Gerichts das Arbeitsverhältnis fort, so muss sich der Arbeitnehmer auf das Arbeitsentgelt, das ihm der Arbeitgeber für die Zeit nach der Entlassung schuldet, anrechnen lassen,
1. was er durch anderweitige Arbeit verdient hat,
2. was er hätte verdienen können, wenn er es nicht böswillig unterlassen hätte, eine ihm zumutbare Arbeit anzunehmen,
3. was ihm an öffentlich-rechtlichen Leistungen infolge Arbeitslosigkeit aus der Sozialversicherung, der Arbeitslosenversicherung, der Sicherung des Lebensunterhalts nach dem Zweiten Buch Sozialgesetzbuch[*] oder der Sozialhilfe für die Zwischenzeit gezahlt worden ist. [2]Diese Beträge hat der Arbeitgeber der Stelle zu erstatten, die sie geleistet hat.

Literatur

– bis 2004 vgl. KR-Vorauflage –
Boemke Annahmeverzug des Entleihers bei Nichtbeschäftigung des Leiharbeitnehmers?, BB 2006, 997; *Gravenhorst* Zur Anrechnung anderweitigen Verdienstes bei Annahmeverzug – Auskunftsanspruch Anm. EzA § 615 BGB Nr. 79; *Luke* § 615 S. 3 BGB – Neuregelung des Betriebsrisikos?, NZA 2004, 244; *Nübold* Die Methode der Anrechnung anderweitigen Verdienstes nach § 615 S. 2 BGB, RdA 2004, 31; *Opolony* Aktuelles zum Annahmeverzugslohn im Rahmen von Kündigungsschutzverfahren, BB 2004, 1386; *Ramrath* Anm. AP Nr. 60 zu § 615 BGB; *Reufels/Schmülling* Die Anrechnung von anderweitigem Verdienst nach § 615 S. 2 BGB, ArbRB 2004, 88; *Ricken* Annahmeverzug und Prozessbeschäftigung während des Kündigungsrechtsstreits, NZA 2005, 323; *Schaub* AR-Blattei SD 80 Annahmeverzug, zit.: Annahmeverzug; *Treber* Annahmeverzug und Arbeitsunfähigkeit – Anm. EzA § 615 BGB Nr. 83.

Inhaltsübersicht

		Rz			Rz
I.	Entstehungsgeschichte	1–3		f) Tarifliche Ausschlussfristen und Verjährung	22–22b
II.	Sinn und Zweck der Regelung	4–7		g) Ende des Annahmeverzuges	23–24c
III.	Nachzahlungsanspruch	8–30		h) Anrechnung auf Urlaub	25
	1. Klagestattgebendes Feststellungsurteil	8		4. Höhe des Nachzahlungsanspruches	26–28
	2. Nachzahlungszeitraum	9, 10		5. Rechtsnatur des Nachzahlungsanspruches	29, 30
	3. Annahmeverzug und Betriebsrisiko (§ 615 BGB)	11–25	IV.	Anrechnung auf den entgangenen Zwischenverdienst	31–50
	a) Leistungsangebot des Arbeitnehmers und Nichtannahme durch Arbeitgeber	12–14		1. Anrechnung anderweitigen Verdienstes	32–38a
	b) Leistungswille des Arbeitnehmers	15		2. Anrechnung hypothetischer Einkünfte	39–42
	c) Leistungsfähigkeit des Arbeitnehmers	16–19		3. Anrechnung öffentlich-rechtlicher Leistungen	43–49
	d) Unzumutbarkeit der Leistungsentgegennahme	20		4. Keine Anrechnung von ersparten Aufwendungen	50
	e) Fälligkeit	21	V.	Verfahrensrechtliche Fragen	51–59

---

[*] Aufgrund Art. 36 des Vierten Gesetzes für moderne Dienstleistungen am Arbeitsmarkt vom 24.12.2003 (BGBl. I S. 2954) heißt es nach dessen Art. 61 Abs. 2 bereits seit 1.1.2004 in Nr. 3 »Sicherung des Lebensunterhalts nach dem Zweiten Buch Sozialgesetzbuch« anstelle des früheren Begriffes »Arbeitslosenhilfe«. Die entsprechenden Vorschriften des SGB II traten nach Art. 70 des Gesetzes zur Einordnung des Sozialhilferechts in das Sozialgesetzbuch vom 27.12.2003 (BGBl. I S. 3022) jedoch erst am 1.1.2005 in Kraft. Es handelte sich um ein nicht korrigiertes Redaktionsversehen. Inhaltlich musste es bis 31.12.2004 (weiter) »Arbeitslosenhilfe« heißen.

	Rz			Rz
1. Form der Geltendmachung	51–53	VI.	Verhältnis zu anderen Vorschriften	60–63
2. Aktivlegitimation	54		1. Verhältnis zu § 13 KSchG	60, 61
3. Darlegungs- und Beweislast	55		2. Verhältnis zu § 12 KSchG	62
4. Streitwert	56		3. Verhältnis zu § 9 KSchG	63
5. Kosten	57, 58			
6. Berufungs- und revisionsrechtliche Fragen	59			

I. Entstehungsgeschichte

Die Bestimmung geht auf entsprechende Regelungen in § 8 **BRG** und § 59 **AOG** zurück. Aufgrund dieser Vorschriften hatte der Arbeitgeber im Falle einer rechtskräftigen Verurteilung im Kündigungsrechtsstreit dem Arbeitnehmer den Zwischenverdienst zu erstatten. Die gesetzliche Festlegung eines derartigen Zahlungsanspruches war nach der früheren Rechtslage deshalb notwendig, weil das Arbeitsverhältnis zwischen Entlassung und Weiterbeschäftigung rechtlich unterbrochen war. Mit dem Fortfall der Widerrufsklage und der Einführung einer auf die Feststellung der Sozialwidrigkeit gerichteten Kündigungsschutzklage (vgl. § 4 KSchG) ergibt sich der Anspruch auf den Zwischenverdienst nunmehr unmittelbar aus § 615 S. 1 BGB. 1

Während die §§ 8, 59 AOG lediglich die Anrechnung hinsichtlich öffentlich-rechtlicher Leistungen aus Mitteln der Arbeitslosenhilfe und der öffentlichen Fürsorge vorsahen und im Übrigen auf § 615 S. 2 verwiesen, enthält § 11 KSchG eine umfassende **Anrechnungsregelung**. Die Streichung der Verweisung auf § 615 S. 2 BGB soll nach den Vorstellungen des Gesetzgebers der Rechtsklarheit dienen (vgl. Begr. zum KSchG 1951, RdA 1951, 64). 2

Durch das Erste Arbeitsrechtsbereinigungsgesetz vom 14.8.1969 (BGBl. I S. 1106) wurde die Bestimmung des § 11 KSchG (früher § 9 KSchG 1951) inhaltlich nicht abgeändert. 3

II. Sinn und Zweck der Regelung

Der **Regelungsgehalt** des § 11 KSchG erstreckt sich allein auf die Frage, was sich der Arbeitnehmer für den zwischen der tatsächlichen Beendigung des Arbeitsverhältnisses und der Wiederaufnahme der Arbeit liegenden Zeitraum **anrechnen** lassen muss. Es handelt sich somit um eine **Sonderregelung** (lex specialis) gegenüber der allgemeinen Anrechnungsvorschrift des § 615 S. 2 BGB (*BAG* 6.9.1990 EzA § 615 BGB Nr. 67; KDZ-*Zwanziger* Rz 2; ErfK-*Preis* § 615 BGB Rz 88). Dagegen stellt § 11 KSchG **keine Anspruchsgrundlage** für den Zwischenverdienst dar (vgl. *Herschel* Anm. BAG AP Nr. 23 zu § 615 BGB). Grund und Höhe dieses Anspruches richten sich vielmehr nach anderen Bestimmungen, und zwar **insbes.** nach **§ 615 S. 1 BGB** (*Staudinger/Richardi* § 615 BGB Rz 16; ErfK-*Preis* § 615 BGB Rz 88) und §§ 3, 4 EFZG. 4

Der mit der Anrechnungsregelung des § 11 KSchG verfolgte **gesetzgeberische Zweck** besteht im Wesentlichen darin, den Arbeitnehmer im Falle eines Obsiegens im Kündigungsrechtsstreit in vermögensrechtlicher Hinsicht so zu stellen, als habe keine tatsächliche Unterbrechung des Arbeitsverhältnisses stattgefunden. Es soll insbes. verhindert werden, dass der Arbeitnehmer durch die sozialwidrige Kündigung vermögensmäßig besser oder schlechter gestellt wird als bei einem tatsächlichen Vollzug des Arbeitsverhältnisses. Aus der in § 11 Nr. 2 KSchG vorgeschriebenen Anrechnung von fiktiven Einkünften lässt sich weiterhin entnehmen, dass der Gesetzgeber den Arbeitnehmer für verpflichtet erachtet, sich im Rahmen des Zumutbaren um eine andere Arbeit zu bemühen. 5

Die Bestimmung des § 11 KSchG findet **keine** Anwendung, wenn der Arbeitnehmer nach Zugang einer fristlosen Kündigung oder nach Ablauf der Kündigungsfrist **weiterbeschäftigt** wird. Dabei ist es rechtlich ohne Belang, ob der Arbeitnehmer aufgrund des kollektivrechtlichen Weiterbeschäftigungsanspruchs gem. **§ 102 Abs. 5 BetrVG**, aufgrund des **prozessualen Weiterbeschäftigungsanspruchs** (vgl. *BAG* [GS] 27.2.1985 EzA § 611 BGB Beschäftigungspflicht Nr. 9), aufgrund einer **vertraglichen Zwischenregelung** oder aufgrund eines auf die Dauer des Kündigungsrechtsstreits beschränkten **arbeitgeberseitigen Weiterbeschäftigungsangebots** weiterbeschäftigt wird. Für die Zeit der Beschäftigung stehen dem Arbeitnehmer Vergütungsansprüche nach § 611 BGB zu. Dies gilt selbst dann, wenn der Arbeitnehmer im Kündigungsrechtsstreit unterliegt oder das Arbeitsverhältnis gem. § 9 KSchG aufgelöst wird. In den beiden zuletzt genannten Fallkonstellationen befindet sich der Arbeitnehmer in 6 einem faktischen Arbeitsverhältnis, sofern die Weiterbeschäftigung aufgrund eines Weiterbeschäftigungsangebots des Arbeitgebers (und nicht aufgrund einer ausgeurteilten Weiterbeschäftigung – dazu Rz 23) erfolgt ist (*BAG* 15.1.1986 DB 1986, 1393; **krit. hierzu** *Löwisch* DB 1986, 2433; *Ramrath* DB 1987, 92).

7 Die Vorschrift des § 11 KSchG ist **zwingender** Natur, dh abweichende Anrechnungsregelungen zum Nachteil des Arbeitnehmers sind weder auf einzelvertraglicher noch auf kollektivvertraglicher Basis möglich (vgl. *Maus* Rz 17; KDZ-*Zwanziger* Rz 8; MünchArbR-*Boewer* § 78 Rz 56; ErfK-*Preis* § 615 Rz 89). Insofern unterscheidet sich die Bestimmung von der **allgemeinen** Anrechnungsregelung des § 615 S. 2 BGB, die **dispositiver** Natur ist (vgl. *BAG* 6.2.1964 EzA § 615 BGB Nr. 6 sowie *BAG* 6.11.1968 EzA § 615 BGB Nr. 12 – arg. e contrario **§ 619 BGB**; gegen formularmäßige Abdingbarkeit des Satzes 1 des § 615 BGB *ArbG Braunschweig* 23.7.2004 AuR 2005, 75), die nach ausdrücklicher Anordnung in § 11 Abs. 4 S. 2 Hs. 2 AÜG auch für Leiharbeitsverhältnisse gilt. Zwingender Natur ist **Nr. 3** der Regelung zusätzlich auch deshalb, weil die Arbeitsvertragsparteien keine Dispositionsfreiheit gegenüber den Sozialversicherungsträgern haben (MünchArbR-*Boewer* § 78 Rz 56).

III. Nachzahlungsanspruch

1. Klagestattgebendes Feststellungsurteil

8 Zu den gesetzlichen **Voraussetzungen** der Anrechnungsbestimmung (vgl. BBDW-*Dörner* § 11 Rz 4) gehört die **gerichtliche Feststellung,** dass das Arbeitsverhältnis durch die Kündigung des Arbeitgebers **nicht aufgelöst** worden ist. Einem Obsiegen des Arbeitnehmers im Kündigungsrechtsstreit ist der Fall gleichzustellen, dass der Arbeitgeber im Laufe des Kündigungsrechtsstreits die Kündigung im Einvernehmen mit dem Arbeitnehmer »**zurücknimmt**« und den Arbeitnehmer weiterbeschäftigt (allg. Ansicht: vgl. *Maus* Rz 13; *Auffarth/Müller* § 9 Rz 3; *Löwisch/Spinner* Rz 3; *v. Hoyningen-Huene/Linck* Rz 21). Denn dadurch anerkennt der Arbeitgeber konkludent die Sozialwidrigkeit der Kündigung (*BAG* 26.7.1995 – 2 AZR 665/94 – nv, juris). Dies gilt erst recht bei einverständlicher **Abstandnahme** von einer wegen **Verstoßes gegen § 623 BGB** formunwirksamen Kündigung, die weder unter **Anwesenden** noch nach Maßgabe des § 130 Abs. 1 BGB unter Abwesenden wirksam werden **kann.** Die einvernehmliche »Rücknahme« der Kündigung kann insbes. in einem außergerichtlichen oder gerichtlichen **Vergleich** enthalten sein. Dabei ist allerdings zuvor durch Auslegung zu ermitteln, ob die Arbeitsvertragsparteien sich über die Unwirksamkeit der Kündigung geeinigt oder ob sie lediglich die Begründung eines neuen Arbeitsverhältnisses vereinbart haben. Ergibt die Auslegung, dass sich die Parteien über die Unwirksamkeit der arbeitgeberseitigen Kündigung geeinigt haben, so gilt die im Vergleich zu § 615 S. 2 BGB **günstigere** (s.u. Rz 59) Bestimmung in § 11 KSchG **entsprechend** (vgl. BBDW-*Dörner* Rz 6). In der Literatur ist **streitig,** ob der Annahmeverzug des Arbeitgebers nur dann endet, wenn dieser mit dem Angebot der Weiterbeschäftigung zugleich klarstellt, dass er zu Unrecht gekündigt habe (so *Berkowsky* BB 1984, 216; *Denk* NJW 1983, 255; *Peter* DB 1982, 488; *Staudinger/Richardi* § 615 Rz 88 f.; *Weber* SAE 1982, 97; ErfK-*Preis* § 615 BGB Rz 67; **aA** bis zur 2. Aufl. *Becker* KR, Rz 8; *Löwisch* § 4 Rz 116; *ders.* DB 1986, 2433; *Soergel/Kraft* § 615 BGB Rz 42; *Ohlendorf* AuR 1981, 109; *Schaub* Annahmeverzug Rz 50; *ders.* ZIP 1981, 347, 349; *Schäfer* DB 1982, 902; *ders.* NZA 1984, 110 ff.). Das *BAG* (14.11.1985 EzA § 615 BGB Nr. 46) hat sich der **erstgenannten** Meinung angeschlossen. Es steht auf dem Standpunkt, dass der Annahmeverzug auch dann **nicht** ende, wenn der Arbeitgeber dem Arbeitnehmer vorsorglich einen für die Dauer des Kündigungsrechtsstreits befristeten neuen Arbeitsvertrag zu den bisherigen Bedingungen oder eine durch die rechtskräftige Feststellung der Wirksamkeit der Kündigung auflösend bedingte Fortsetzung des Arbeitsvertrages anbiete und der Arbeitnehmer dieses Angebot ablehne. Nach der Ansicht des *BAG* (14.11.1985 aaO) kann die Ablehnung eines solchen Angebots des Arbeitgebers jedoch uU ein **böswilliges** Unterlassen anderweitigen Erwerbs iSd § 615 S. 2 BGB darstellen. Bei einer einvernehmlichen Kündigungsrücknahme gehen die Arbeitsvertragsparteien, sofern keine abweichende Regelung erfolgt, von der Unwirksamkeit der Kündigung und damit auch für die Frage des Annahmeverzuges (§ 615 BGB) vom Fortbestand des Arbeitsverhältnisses aus (*BAG* 17.4.1986 EzA § 615 BGB Nr. 47). Zur Beendigung des Annahmeverzuges vgl. im Übrigen Rz 23, 24. **Zur sozialversicherungsrechtlichen Behandlung des Annahmeverzuges vgl. KR-Wolff SozR Rz 80–82, 91 ff.**

2. Nachzahlungszeitraum

9 Der **Nachzahlungszeitraum** erstreckt sich grds. auf die zwischen der tatsächlichen Beendigung des Arbeitsverhältnisses und der Wiederaufnahme der Arbeit liegende Zeitspanne. Die gesetzliche Formulierung »Zeit nach der Entlassung« ist ungenau. Der Zeitpunkt der tatsächlichen Beendigung des

Anrechnung auf entgangenen Zwischenverdienst   § 11 KSchG

Arbeitsverhältnisses deckt sich idR mit dem Ablauf der Kündigungsfrist. Eine vorherige Freistellung des Arbeitnehmers von der Arbeit (vgl. hierzu *BAG* 19.8.1976 DB 1976, 2308) oder eine Urlaubsgewährung innerhalb der Kündigungsfrist führen nicht zu einer Vorverlegung des Entlassungszeitpunktes, da in diesen Fällen das Arbeitsverhältnis rechtlich bis zum Ablauf der Kündigungsfrist fortbesteht. Kommt der Arbeitgeber bereits vor Ablauf der Kündigungsfrist in Annahmeverzug, so gelangt für **diesen Zeitraum** die allgemeine Anrechnungsregelung des § 615 S. 2 BGB zur Anwendung (vgl. *BAG* 6.2.1964 EzA § 615 BGB Nr. 6).

Die Entbindung des Arbeitgebers von der Weiterbeschäftigung gem. § 102 Abs. 5 S. 2 BetrVG führt nur 10
zur Beendigung des bestandsunabhängigen gesetzlichen Schuldverhältnisses. Der Arbeitgeber kommt daher **trotz Entbindung** von der Weiterbeschäftigung in Annahmeverzug, sofern die gesetzlichen Voraussetzungen des § 615 BGB gegeben sind (vgl. *LAG RhPf* 11.1.1980 BB 1980, 415). Liegen die Voraussetzungen des gesetzlichen Beschäftigungsanspruchs nach § 102 Abs. 5 BetrVG vor (vgl. KR-*Etzel* § 102 BetrVG Rz 195 ff.) und wird der Arbeitgeber nicht von der Verpflichtung zur Weiterbeschäftigung entbunden, so bestehen bis zur rechtskräftigen Abweisung der Kündigungsschutzklage auch die beiderseitigen Hauptpflichten fort, so dass der Arbeitgeber Gläubiger der Arbeitsleistung bleibt und in Annahmeverzug gerät, wenn er die Arbeitsleistung des Arbeitnehmers nicht annimmt, **selbst wenn** die Kündigungsschutzklage später rechtskräftig **abgewiesen** wird (*BAG* 12.9.1985 EzA § 102 BetrVG 1972 Nr. 61). Hat das *ArbG* einem Arbeitnehmer rechtskräftig einen allgemeinen Weiterbeschäftigungsanspruch für die Dauer des Kündigungsschutzprozesses zuerkannt, so gerät der Arbeitgeber nach Ansicht des *BAG* (12.9.1985 EzA § 102 BetrVG 1972 Nr. 61) gem. § 286 Abs. 2 Nr. 1 BGB in **Schuldnerverzug**, sofern er den arbeitsbereiten und arbeitsfähigen Arbeitnehmer nicht beschäftigt. Da eine **Nachholung** der Arbeitsleistung idR **nicht** in **Betracht** kommt, kann der Arbeitnehmer in derartigen Fällen vom Arbeitgeber Schadensersatz wegen Nichterfüllung verlangen, und zwar ohne Rücksicht darauf, ob der Arbeitgeber die Unmöglichkeit zu vertreten hat oder nicht (§§ 283, 287 S. 2 BGB).

3. Annahmeverzug und Betriebsrisiko (§ 615 BGB)

Grund und Höhe des **Nachzahlungsanspruchs** sind in § 11 KSchG nicht geregelt. **Anspruchsgrund-** 11
lage ist idR § 615 S. 1 BGB, so dass insoweit auf die einschlägigen Kommentierungen verwiesen werden kann. Im Folgenden werden nur die **kündigungsrechtlichen Besonderheiten** des Annahmeverzuges behandelt.

a) Leistungsangebot des Arbeitnehmers und Nichtannahme durch Arbeitgeber

Die **Voraussetzungen des Annahmeverzuges** richten sich auch für das Arbeitsverhältnis nach den 12
§§ 293 ff. BGB. Danach muss der Schuldner idR die geschuldete Leistung **tatsächlich** (in der geschuldeten Art, am geschuldeten Ort, zur geschuldeten Zeit) **anbieten** (§ 294 BGB) und sie der Gläubiger (im Leiharbeitsverhältnis: der Entleiher, vgl. *Boemke* BB 2006, 997, 1002 f.) **nicht annehmen**. Nach § 295 BGB genügt jedoch ein wörtliches Angebot, wenn der Gläubiger erklärt hat, er werde die Leistung nicht annehmen oder wenn zur Bewirkung der Leistung eine Handlung des Gläubigers erforderlich ist. Ist für die vom Gläubiger vorzunehmende Handlung eine Zeit nach dem Kalender bestimmt, bedarf es ausnahmsweise keines Angebots, wenn der Gläubiger die Handlung nicht rechtzeitig vornimmt (§ 296 BGB). Durch die ordentliche Kündigung bringt der Arbeitgeber idR hinreichend deutlich zum Ausdruck, dass er nicht dazu bereit ist, den Arbeitnehmer über den Ablauf der Kündigungsfrist hinaus weiterzubeschäftigen. Das BAG hat in seiner **älteren** Rechtsprechung (vgl. etwa *BAG* 24.11.1960 EzA § 615 BGB Nr. 3; 21.5.1981 EzA § 615 BGB Nr. 40) ein **wörtliches Angebot** gegen die Kündigung genügen lassen und gefordert und in einem erkennbaren Protest gegen die Kündigung, insbes. in der Erhebung der Kündigungsschutzklage, dann ein wörtliches Angebot gesehen, wenn der Arbeitnehmer auch arbeitswillig und arbeitsfähig war (krit. hierzu bis zur 2. Aufl. *Becker* KR, Rz 12 ff.; *Beitzke* SAE 1970, 4; *Blomeyer* Anm. zu *BAG* AP Nr. 26 und Nr. 31 zu § 615 BGB; *Eisemann* DArbGgw. Bd. 19, 1981, S. 33 ff.; *Schaub* ZIP 1981 348; *Schnorr v. Carolsfeld* Anm. zu *BAG* AP Nr. 28 zu § 615 BGB; *Söllner* Anm. zu *BAG* AP Nr. 2 zu § 615 BGB Kurzarbeit; *Stehl* AuR 1967, 44). Nach der **neueren** Rechtsprechung des *BAG* (9.8.1984 EzA § 615 BGB Nr. 43; 21.3.1985 EzA § 615 BGB Nr. 44; 14.11.1985 EzA § 615 BGB Nr. 46; 18.12.1986 EzA § 615 BGB Nr. 53; 19.4.1990 EzA § 615 BGB Nr. 66 mit Anm. *Löwisch* = AP Nr. 45 zu § 615 BGB mit Anm. *Wiedemann/Wonneberger*; 24.10.1991 EzA § 615 BGB Nr. 70 mit Anm. *Kaiser* = AP Nr. 50 zu § 615 BGB; 21.1.1993 EzA § 615 BGB Nr. 78 mit Anm. *Schwarze* = AP Nr. 53 zu § 615 BGB mit Anm. *Kaiser*; 27.1.1994 EzA § 615 BGB Nr. 80 mit Anm. *Kraft* = AP Nr. 34 zu § 2 KSchG 1969; 21.3.1996 RzK I 13a Nr. 29; RzK I 13b Nr. 30; 21.11.1996 RzK I 13b Nr. 31; krit. *Stahlhacke* AuR 1992, 8,

9 f.) bedarf es nach Ausspruch einer (außerordentlichen oder ordentlichen) Kündigung durch den Arbeitgeber grds. auch **keines wörtlichen Dienstleistungsangebots** des Arbeitnehmers, weil der Arbeitgeber dem Arbeitnehmer den funktionsfähigen Arbeitsplatz zur Verfügung stellt, ihm ferner Arbeit zuweisen muss und somit eine nach dem Kalender bestimmte Mitwirkungshandlung vorzunehmen hat (§ 296 BGB). Das *BAG* (aaO) steht nunmehr auf dem Standpunkt, dass der Arbeitgeber den gekündigten Arbeitnehmer zur Arbeit auffordern muss – im Falle einer ordentlichen Kündigung für die Zeit nach dem Kündigungstermin –, wenn er trotz der Kündigung nicht in Annahmeverzug geraten will. Dem Arbeitgeber obliege es als Gläubiger der geschuldeten Arbeitsleistung, dem Arbeitnehmer die Leistungserbringung zu ermöglichen. Dazu müsse **er** den Arbeitseinsatz des Arbeitnehmers fortlaufend planen und durch Weisungen hinsichtlich Ort und Zeit der Arbeitsleistung näher konkretisieren. Komme er dieser Obliegenheit nicht nach, gerate er in Annahmeverzug, **ohne dass es eines Angebots** der Arbeitsleistung durch den Arbeitnehmer bedürfe (*BAG* 19.1.1999 EzA § 615 BGB Nr. 93 in Fortführung *BAG* 9.8.1984 EzA § 615 BGB Nr. 43; 24.11.1994 EzA § 615 BGB Nr. 83). Bei unrechtmäßiger Kündigung eines **selbständigen Dienstverhältnisses** bedarf es nach der Ansicht des *BGH* hingegen (13.3.1986 DB 1986, 1332 – vgl. auch *BGH* 20.1.1988 EzA § 615 BGB Nr. 55 –; **aA** *OLG Düsseld.* 15.1.1987 BB 1987, 567) mindestens eines wörtlichen Angebots weiterer Dienstleistungen. Erforderlich sei wenigstens, dass der Dienstverpflichtete eindeutig der Kündigung widerspreche (*BGH* aaO; *BGH* 18.10.1996 AP Nr. 73 zu § 615 BGB). Für den Fall des Widerrufs der Geschäftsführerbestellung hat der *BGH* (9.10.2000 EzA § 615 BGB Nr. 100) ein wörtliches Angebot ausdrücklich für entbehrlich angesehen.

13 Da nach der vorerwähnten Rechtsprechung des *BAG* auch ein wörtliches Leistungsangebot nach Ausspruch der Kündigung entbehrlich ist, sofern der Arbeitnehmer bei Ablauf der Kündigungsfrist leistungsbereit und leistungsfähig ist, greift der Annahmeverzug unabhängig davon ein, ob die Kündigung gegenüber dem Arbeitnehmer unter beleidigenden Umständen oder bei gleichzeitiger Verhängung eines Hausverbots erklärt worden ist (vgl. hierzu bis zur 2. Aufl. *Becker* KR, Rz 13 mwN). Die neuere Rechtsprechung des *BAG* (aaO) macht auch die wenig überzeugende Konstruktion entbehrlich, in der bis zur Entlassung erbrachten Arbeitsleistung das Angebot des Arbeitnehmers zur Weiterarbeit über den Kündigungstermin hinaus zu sehen (vgl. hierzu bis zur 2. Aufl. *Becker* KR, Rz 14).

14 Die vom *BAG* in seiner neueren Rechtsprechung (9.8.1984 EzA § 615 BGB Nr. 43; 21.3.1985 EzA § 615 BGB Nr. 44; 14.11.1985 EzA § 615 BGB Nr. 46; 19.4.1990 EzA § 615 BGB Nr. 66; 24.10.1991 EzA § 615 BGB Nr. 70; 21.1.1993 EzA § 615 BGB Nr. 78; 27.1.1994 EzA § 615 BGB Nr. 80; 21.3.1996 RzK I 13b Nr. 30; 21.11.1996 RzK I 13b Nr. 31) aufgestellten Grundsätze (s. Rz 12) gelten **entsprechend** für den Annahmeverzug des Arbeitgebers im Rahmen von **unwirksam befristeten** Arbeitsverhältnissen. Beruft sich ein arbeitsbereiter und arbeitsfähiger Arbeitnehmer vor Ablauf eines unwirksam befristeten Arbeitsvertrages auf diese Unwirksamkeit, so kommt der Arbeitgeber mit Ablauf der Vertragszeit in Annahmeverzug, ohne dass es hierzu eines wörtlichen Leistungsangebots des Arbeitnehmers bedarf. Bei unwirksamen Befristungen des Arbeitsvertrages bedarf es nämlich ebenfalls einer Mitwirkungshandlung des Arbeitgebers (Einrichtung eines funktionsfähigen Arbeitsplatzes und Zuweisung der Arbeit), so dass § 296 BGB auch hier zur Anwendung gelangt (**aA** *LAG Köln* 18.1.1984 EzA § 615 BGB Nr. 41). Entsprechendes gilt auch nach **rechtskräftigem Obsiegen** des Arbeitnehmers im Kündigungsschutzprozess (*BAG* 19.9.1991 RzK I 13b Nr. 18 und 27.1.1994 EzA § 615 BGB Nr. 80) oder wenn der Arbeitgeber seine **Ablehnung** in **anderer Weise** zum **Ausdruck** bringt, zB wenn er zu Unrecht geltend macht, das Arbeitsverhältnis sei durch eine Kündigung des Arbeitnehmers beendet, dem Arbeitnehmer unter Hinweis auf eine Beendigung des Arbeitsverhältnisses die Arbeitspapiere übersendet, ihn bei der Krankenkasse abmeldet und an seiner falschen Rechtsansicht auch im Prozess festhält (*BAG* 21.3.1996 RzK I 13b Nr. 30) oder auf einer nach § 623 BGB **formunwirksamen Kündigung** beharrt (**aA** für den Fall fehlender Vertretungsmacht *LAG Köln* 29.1.1997 LAGE § 615 BGB Nr. 33) oder die **Kündigungsfrist** nicht einhält (dann Annahmeverzug ab Kündigungstermin bis Ablauf der richtigen Frist, vgl. *LAG SchlH* 10.12.2003 AuR 2004, 77) oder der Arbeitgeber lediglich zur **partiellen Annahme** bereit ist (vertragswidrige Einschränkung des Umfangs der Arbeitsleistung, vgl. für Ausnahme von der Zuweisung von Überstunden *BAG* 7.11.2002 EzA § 612a BGB 2002 Nr. 1). Bei **unwirksamer Eigenkündigung des Arbeitnehmers** muss dieser seine Leistungswilligkeit später gegenüber dem Arbeitgeber ausdrücklich bekunden oder der Leistungswilligkeit vom Arbeitgeber aus einer entsprechenden Feststellungsklage des Arbeitnehmers entnommen werden können (*BAG* 21.11.1996 RzK I 13b Nr. 31). Entsprechendes gilt allgemein, wenn die **Initiative zur Beendigung des Arbeitsverhältnisses** – etwa im Wege eines **Aufhebungsvertrages** – vom **Arbeitnehmer** ausgeht (vgl. HWK-*Krause* § 615 BGB Rz 41;

Anrechnung auf entgangenen Zwischenverdienst § 11 KSchG

Caspers RdA 2001, 28, 33; *Staudinger/Preis* § 623 BGB Rz 72; *Richardi/Annuß* NJW 2000, 1231, 1233). Geht ein später als unwirksam erkannter Aufhebungsvertrag auf Initiative des **Arbeitgebers** zurück, gerät dieser frühestens zu dem Zeitpunkt in Annahmeverzug, zu dem ihm der Arbeitnehmer durch das Geltendmachen der Unwirksamkeit seinen Leistungswillen dokumentiert. (vgl. jetzt auch *BAG* 7.12.2005 EzA § 615 BGB 2002 Nr. 12). Zum **Annahmeverzug** bei einer **Änderungskündigung** vgl. KR-*Rost* § 2 KSchG Rz 158 ff. sowie § 8 KSchG Rz 9–11.

b) **Leistungswille des Arbeitnehmers**

Zur Begründung des Annahmeverzuges ist erforderlich, dass der Arbeitnehmer bei Zugang der frist- 15 losen Kündigung oder für den Zeitraum nach Ablauf der Kündigungsfrist **arbeitswillig** ist (*BAG* 9.8.1984 EzA § 615 BGB Nr. 43; 21.3.1985 EzA § 615 BGB Nr. 44; 14.11.1985 EzA § 615 BGB Nr. 46; 13.7.2005 EzA § 615 BGB 2002 Nr. 9). Ist dies **nicht** der **Fall,** muss der Arbeitnehmer den Beginn seiner Leistungsbereitschaft dem Arbeitgeber **mitteilen** und ihn auffordern, ihm eine Arbeit zuzuweisen. **Ausnahmsweise** bedarf es der Mitteilung der Arbeitsbereitschaft und der Aufforderung nicht, wenn der Arbeitgeber bei oder nach Ausspruch der Kündigung klar und ernsthaft erklärt hat, er verzichte auf die Arbeitsleistung auch für die Zeit nach dem Ende der fehlenden Arbeitsbereitschaft (*BAG* 9.8.1984 EzA § 615 BGB Nr. 43). Der Leistungswille des Arbeitnehmers muss für die **gesamte** Dauer des Annahmeverzuges vorhanden sein (*BAG* 19.5.2004 EzA § 615 BGB 2002 Nr. 6; 18.12.1974 EzA § 615 BGB Nr. 27). Das Fehlen eines ernsthaften Leistungswillens kann **nicht** bereits dann **angenommen** werden, wenn der Arbeitnehmer einen **Auflösungsantrag** iSv § 9 KSchG stellt (*BAG* 18.1.1963 AP Nr. 22 zu § 615 BGB; anders wenn zur Begründung des Auflösungsantrages geltend gemacht wird, das Arbeitsverhältnis sei völlig zerrüttet und könne unter keinen Umständen fortgesetzt werden, es sei untragbar und unwürdig, vgl. *BAG* 24.9.2003 EzA § 615 BGB 2002 Nr. 5) oder **selbst** unwirksam **gekündigt** hat. Letzterenfalls muss aber die Leistungswilligkeit des Arbeitnehmers später gegenüber dem Arbeitgeber ausdrücklich bekundet werden oder von diesem aus einer entsprechenden Feststellungsklage des Arbeitnehmers entnommen werden können (*BAG* 21.11.1996 RzK I 13b Nr. 31). **Arbeitsunwilligkeit** vor Ausspruch der Kündigung ist kein ausreichendes Anzeichen für Leistungsunwillen (*BAG* 9.3.1995 RzK I 13b Nr. 25; 26.7.1995 RzK I 13b Nr. 27). Sie ergibt sich nicht aus Vorlage einer **ärztlichen Empfehlung**, den **Arbeitsplatz zu wechseln**, so der Arbeitnehmer arbeitsfähig (Rz 16) ist (*BAG* 17.2.1998 EzA § 615 BGB Nr. 89). Bietet der Arbeitgeber **Prozessbeschäftigung** an, soll es an der Leistungsbereitschaft fehlen, wenn der Arbeitnehmer die Forderung nach einem Verzicht auf die Wirkungen der Kündigung zur Bedingung der Arbeitsaufnahme macht (*BAG* 13.7.2005 EzA § 615 BGB 2002 Nr. 9). Richtigerweise liegt dann ein Fall des § 615 S. 2 BGB vor (**krit.** auch *Boemke* JuS 2006, 287, 288). Der Arbeitnehmer kann nicht einerseits die vorläufige Weiterbeschäftigung zu den bisherigen Bedingungen verlangen, andererseits aber das entsprechende Angebot des Arbeitgebers ablehnen. Dieses treuwidrige Verhalten führt zum Wegfall der Annahmeverzugsansprüche nach § 615 S. 2 BGB (*LAG Köln* 14.12.1995 AP Nr. 6 zu § 615 BGB Böswilligkeit = LAGE § 615 BGB Nr. 45). Ist der Arbeitnehmer wegen eines ihm zustehenden **Leistungsverweigerungsrechts** nicht leistungsbereit (vgl. § 298 BGB), so muss er sich für den Zeitraum nach Ablauf der Kündigungsfrist auf das Leistungsverweigerungsrecht berufen (vgl. *BAG* 7.6.1973 EzA § 295 BGB Nr. 4; *Schaub* Annahmeverzug Rz 19). Die Leistungsbereitschaft fehlt bei Eingehen eines anderen Arbeitsverhältnisses zu einem Dritten während des Verzugszeitraums (*BAG* 19.5.2004 EzA § 615 BGB 2002 Nr. 6). Der Arbeitgeber trägt die **Darlegungs-** und **Beweislast** für den fehlenden Leistungswillen des Arbeitnehmers (*BAG* 2.8.1968 AP Nr. 1 zu § 297 BGB; 21.3.1985 – 2 AZR 596/83 – nv, juris; 6.11.1986 RzK I 13 b Nr. 4). Aus der **Hinnahme** einer **formnichtigen Kündigung** darf nicht auf fehlenden Leistungswillen geschlossen werden (*Eberle* NZA 2003, 1121).

c) **Leistungsfähigkeit des Arbeitnehmers**

Neben einem ernsthaften Leistungswillen setzt der Annahmeverzug die **objektive Leistungsfähig-** 16 **keit** des Arbeitnehmers voraus (*BAG* 10.5.1973 EzA § 294 BGB Nr. 1; 9.8.1984 EzA § 615 BGB Nr. 43; 21.3.1985 EzA § 615 BGB Nr. 44; 14.11.1985 EzA § 615 BGB Nr. 46; 13.7.2005 EzA § 615 BGB 2002 Nr. 9). Dies folgt aus § 297 BGB, wonach der Gläubiger nicht in Verzug kommt, wenn der Schuldner zur Zeit des Angebots außerstande ist, die Leistung zu bewirken. Wird zB der Arbeitnehmer infolge Krankheit **arbeitsunfähig**, so liegen von diesem Zeitpunkt an die Voraussetzungen des § 615 S. 1, 294 ff. BGB nicht mehr vor (vgl. auch Rz 18). Grund und Höhe des Nachzahlungsanspruchs ergeben sich in dem **zuletzt** genannten **Fall** aus den gesetzlichen Vorschriften über die Vergütungsfortzahlung im Krankheitsfalle (§§ 3, 4 EFZG). Auch mit der Urlaubsgewährung gerät der Arbeitgeber in dieser Zeit nicht in

§ 11 KSchG

(Schuldner-)Verzug (*Hess. LAG* 28.10.1996 DB 1997, 681). Im Falle einer **dauernden Unmöglichkeit** der **Arbeitsleistung** gerät der Arbeitgeber auch dann in Annahmeverzug, wenn eine Weiterbeschäftigung auf einem anderen freien Arbeitsplatz auch mit Arbeiten außerhalb des vertraglichen Tätigkeitsbereichs möglich ist, und der Arbeitnehmer dies anbietet (**aA** *BAG* 10.7.1991 EzA § 615 BGB Nr. 69; **wie hier** *Stahlhacke* RdA 1992, 8, 15 f.). Durch die Verbüßung einer **Freiheitsstrafe** wird der Annahmeverzug des Arbeitgebers jedenfalls dann nicht beseitigt, wenn der Arbeitnehmer sich trotz Strafaufschubs freiwillig mit Rücksicht auf den Annahmeverzug des Arbeitgebers zum Strafantritt meldet und seine Strafe auch im Wochenendvollzug hätte verbüßen können (*BAG* 18.8.1961 AP Nr. 20 zu § 615 BGB). Hält sich der Arbeitnehmer während des Zeitraums, in dem der Annahmeverzug des Arbeitgebers besteht, im **Ausland** auf, so kann allein deshalb nicht von fehlender Leistungsbereitschaft und/oder -fähigkeit ausgegangen werden (*LAG Hamm* 18.10.1985 LAGE § 615 BGB Nr. 6). Die Aufnahme eines **anderen Arbeitsverhältnisses** während des Annahmeverzuges beendet nicht den Verzug, sondern löst nur das Recht zur Anrechnung des anderweitigen Verdienstes aus (*BAG* 19.9.1991 RzK I 13b Nr. 18).

17 Ansprüche aus Annahmeverzug kommen dann nicht in Betracht, wenn der Arbeitnehmer aufgrund eines öffentlich-rechtlichen **Beschäftigungsverbotes** außerstande ist, die vereinbarte Leistung zu bewirken. Dies gilt zB beim Fehlen einer erforderlichen **Berufsausübungserlaubnis** (*BAG* 6.3.1974 EzA § 615 BGB Nr. 21; *BAG* 26.3.1986 – 7 AZR 592/84 – nv, juris) oder bergrechtlicher Bedenklichkeit (*BAG* 15.6.2004 EzA § 615 BGB 2002 Nr. 8) oder beim **Entzug** der **Fahrerlaubnis** gegenüber einem Berufskraftfahrer (*BAG* 18.12.1986 EzA § 615 BGB Nr. 53) oder dann, wenn der Arbeitgeber ein Arbeitsangebot des Arbeitnehmers deshalb ablehnt, weil nach **ärztlichem Attest** Zweifel an der **Unbedenklichkeit** des **Arbeitsplatzes** für die Gesundheit des Arbeitnehmers bestehen (*LAG Köln* 24.11.1995 ZTR 1996, 275). Um ein den Annahmeverzug ausschließendes gesetzliches Beschäftigungsverbot handelt es sich auch dann, wenn ein **ausländischer Arbeitnehmer** den nach § 18 Abs. 2 AufenthG erforderlichen **Aufenthaltstitel zur Ausübung einer Beschäftigung** (früher: **Arbeitserlaubnis** nach § 284 Abs. 1 SGB III, zuvor § 19 Abs. 1 AFG) nicht besitzt (vgl. *BAG* 16.12.1976 AP Nr. 4 zu § 19 AFG; 13.1.1977 DB 1977, 917; 19.1.1977 DB 1977, 1560). Für die Dauer der **mutterschutzrechtlichen Beschäftigungsverbote** gem. § 3 Abs. 2 und gem. § 6 Abs. 1 MuSchG stehen einer Arbeitnehmerin keine Ansprüche aus Annahmeverzug, sondern nach § 13 Abs. 1 MuSchG Mutterschaftsgeld zu. Der Arbeitgeber ist für diese Zeiträume nach § 14 MuSchG allenfalls dazu verpflichtet, einen Zuschuss an die Arbeitnehmerin zu zahlen. Kann ein **schwer behinderter Mensch** aus gesundheitlichen Gründen oder aufgrund seiner Behinderung (*BAG* 4.10.2005 EzA § 81 SGB IX Nr. 9) seine arbeitsvertraglich geschuldete Leistung nicht mehr erbringen, so lässt sich (auch) aus dem Schwerbehindertenrecht kein Anspruch auf Fortzahlung der Vergütung herleiten (*BAG* 10.7.1991 AP Nr. 1 zu § 14 SchwbG 1986; 23.1.2001 EzA § 615 BGB Nr. 103; *LAG Köln* 24.11.1995 ZTR 1996, 275). Eine **partielle** Arbeitsfähigkeit ist aber zu berücksichtigen (vgl. *BAG* 6.12.2001 EzA § 1 KSchG Interessenausgleich Nr. 9). Bei **Berufsunfähigkeit** fehlt es daran (*LAG Bln.* 1.3.2002 ZTR 2002, 395).

17a Ansprüche aus Annahmeverzug kommen ungeachtet bestehenden Leistungswillens auch dann nicht in Betracht, wenn die Rechte und Pflichten aus dem Arbeitsvertrag **suspendiert** sind (zB wegen Urlaubes, angeordneten Freizeitausgleiches usw.), woran eine unwirksame Kündigung während dieser Zeit nichts ändert (*BAG* 23.1.2001 EzA § 615 BGB Nr. 101). Dies ist etwa nach der Rechtsprechung des *BAG* der Fall, wenn der Arbeitgeber einen **bestreikten** Betrieb oder Betriebsteil stilllegt, wobei es nicht darauf ankommt, ob ihm die Heranziehung der arbeitswilligen Arbeitnehmer zur Arbeit möglich und zumutbar wäre (*BAG* 22.3.1994 EzA Art. 9 GG Arbeitskampf Nr. 115; 11.7.1995 EzA Art. 9 GG Arbeitskampf Nr. 121; 11.7.1995 EzA Art. 9 GG Arbeitskampf Nr. 122; 12.11.1996 EzA Art. 9 GG Arbeitskampf Nr. 127 [mit Anm. *Treber*]; **krit.** zu den Auswirkungen dieser Rechtsprechung auf Vergütungsansprüche gewerkschaftlich nicht organisierter Arbeitnehmer *Schulte Westenberg* NJW 1996, 1256 f.), oder wenn Beschäftigungs- und Vergütungsanspruch nach den Grundsätzen der **Arbeitskampfrisikolehre** verloren gehen, weil die **Fernwirkungen** eines **Streiks** die Fortsetzung des Betriebes ganz oder teilweise unmöglich oder wirtschaftlich unzumutbar machen (*BAG* 22.12.1980 EzA § 615 Betriebsrisiko Nr. 7; 22.12.1980 EzA § 615 Betriebsrisiko Nr. 8). Anders ist es, wenn sich das **Betriebsrisiko** einschließlich des **Wirtschaftsrisikos** des Arbeitgebers realisiert, er bspw. auf einen nach tatsächlicher Betriebsstilllegung liegenden Zeitpunkt gekündigt hat und der Arbeitnehmer gar nicht mehr in der Lage ist, seine Arbeitsleistung zu erbringen. Dann wurde der Arbeitgeber auch nicht nach § 323 BGB aF von der Lohnzahlungspflicht frei (*BAG* 23.6.1994 NZA 1995, 468). **Dieses Ergebnis folgt jetzt aus § 615 S. 3 BGB nF** über die Vergütung bei Betriebsrisiko (das ist nicht das Arbeitskampf- oder das Wegerisiko, *Luke* NZA 2004, 244 ff.). Verzugslohnanspruch besteht auch dann, wenn der Arbeitgeber den Arbeitnehmer deshalb nicht beschäftigen kann, weil er Arbeiten in Erwartung künftiger Streikmaßnahmen an **Dritte** vergeben hat (*BAG* 15.12.1998 EzA Art. 9 GG Arbeitskampf Nr. 131).

Nach **Wiederherstellung** der **objektiven Leistungsfähigkeit** des Arbeitnehmers setzt sich der Annahmeverzug des Arbeitgebers nicht automatisch fort. Um den Arbeitgeber erneut in Annahmeverzug zu versetzen, muss der Arbeitnehmer den Beginn seiner Leistungsfähigkeit mitteilen und ihn auffordern, ihm eine Arbeit zuzuweisen (*BAG* 9.8.1984 EzA § 615 BGB Nr. 43; vgl. auch *Schäfer* NZA 1984, 108). Hat der objektiv arbeitsfähige Arbeitnehmer selbst zwar Zweifel an der eigenen Arbeitsfähigkeit, entschließt er sich aber gleichwohl zu einer entsprechenden Mitteilung und Aufforderung, so führt dies zum Annahmeverzug des Arbeitgebers. Dies gilt selbst dann, wenn der Arbeitgeber infolge eines unverschuldeten Irrtums über die objektive Leistungsfähigkeit des Arbeitnehmers die Weiterbeschäftigung ablehnt. Der Arbeitgeber trägt die **Darlegungs-** und **Beweislast** für das fehlende **Leistungsvermögen** des Arbeitnehmers (*BAG* 2.8.1968 AP Nr. 1 zu § 297 BGB; 21.3.1985 – 2 AZR 596/83 – juris). Er darf die Leistungsunfähigkeit aber nicht »ins Blaue hinein« behaupten, sondern muss ausreichende Indiztatsachen vortragen und ggf. beweisen; dann muss sich der Arbeitnehmer substantiiert und ggf. unter Entbindung der behandelnden Ärzte von der Schweigepflicht einlassen (*BAG* 5.11.2003 EzA § 615 BGB 2002 Nr. 2). War der Arbeitnehmer zum Kündigungstermin **befristet arbeitsunfähig krank**, so treten die Verzugsfolgen jedenfalls dann unabhängig von der Anzeige der wiedergewonnenen Arbeitsfähigkeit ein, wenn der Arbeitnehmer dem Arbeitgeber durch Erhebung einer Kündigungsschutzklage oder sonstigen Widerspruch gegen die Kündigung seine weitere Leistungsbereitschaft deutlich gemacht hat (*BAG* 19.4.1990 EzA § 615 BGB Nr. 66). Dies gilt auch dann, wenn der Arbeitnehmer zum Zeitpunkt der – später für unwirksam erklärten – Kündigung und danach infolge Krankheit **mehrfach befristet arbeitsunfähig** war (*BAG* 24.10.1991 EzA § 615 BGB Nr. 70). An dieser Rechtsprechung hält das BAG entgegen kritischer Stimmen fest (*BAG* 21.1.1993 EzA § 615 BGB Nr. 78 = AP Nr. 53 zu § 615 BGB mit krit. Anm. *Kaiser*). **Im Ergebnis hängt der Annahmeverzug des Arbeitgebers somit nur noch davon ab, ob der Arbeitnehmer objektiv arbeitsfähig war oder nicht** (*Stahlhacke* AuR 1992, 8, 12). Das BAG hat seine Rechtsprechung mittlerweile auch auf Fälle der **langwährenden Arbeitsunfähigkeit** (von ca. acht Monaten, *BAG* 21.1.1992, aaO) und **mehrerer** jeweils auf **unabsehbare** Zeit ausgestellter Arbeitsunfähigkeitsbescheinigungen (*BAG* 24.11.1994 EzA § 615 BGB Nr. 83 mit zust. Anm. *Treber* = AP Nr. 60 zu § 615 BGB mit abl. Anm. *Ramrath*) erstreckt. **Zur Kritik** auch BBDW-*Dörner* Rz 12 und die Zusammenstellung der Gegenpositionen bei ErfK-*Preis* § 615 BGB Rz 53. Das fehlende Leistungsvermögen wird nicht allein durch die **subjektive** Einschätzung des Arbeitnehmers ersetzt, gesundheitlich zu einem Arbeitsversuch in der Lage zu sein (*BAG* 29.10.1998 AP Nr. 77 zu § 615 BGB). Der Vorlage einer »Gesundschreibung« oder »Arbeitsfähigkeitsbescheinigung« bedarf es aber nicht (*LAG Bln.* 10.5.2001 RzK I 6b Nr. 30; *LAG Düsseld.* 17.7.2003 EzA-SD 2003, Nr. 20, 11).

Bei **kurzfristigen Verhinderungen** des Arbeitnehmers (zB wegen Umzuges oder Arztbesuches) ergibt sich der Nachzahlungsanspruch aus **§ 616 BGB**. Weitergehende Zahlungsansprüche können sich aus tarifrechtlichen Regelungen über kurzfristige Arbeitsverhinderungen ergeben.

d) **Unzumutbarkeit der Leistungsentgegennahme**

Trotz Vorliegens der Arbeitsbereitschaft und Arbeitsfähigkeit des Arbeitnehmers gerät der Arbeitgeber ausnahmsweise dann nicht in Annahmeverzug, wenn er die Annahme der Dienste des Arbeitnehmers mit Recht zurückgewiesen hat (vgl. *LAG RhPf.* 11.1.1980 EzA § 615 BGB Nr. 35; aA *LAG München* 15.12.1986 BB 1987, 1465). Ein derartiges Recht zur Ablehnung der Arbeitsleistung steht dem Arbeitgeber dann zu, wenn ihm die Weiterbeschäftigung unter Berücksichtigung der dem Arbeitnehmer zuzurechnenden Umstände nach Treu und Glauben **nicht zuzumuten** ist (vgl. *BAG* 26.4.1956 EzA § 615 BGB Nr. 1; 29.10.1987 AP Nr. 42 zu § 615 BGB). Dies kann jedoch nur bei **besonders schwerwiegenden Pflichtverletzungen** des Arbeitnehmers (zB Tätlichkeiten gegenüber dem Arbeitgeber, dringender Verdacht des sexuellen Missbrauchs von Kleinkindern in einer Kindertagesstätte durch einen Erzieher: *LAG Bln.* 27.11.1995 LAGE § 615 BGB Nr. 46 oder Urinieren in Handwaschbecken eines Lebensmittelbetriebes: *LAG Brem.* 24.8.2000 LAGE § 615 BGB Nr. 61) angenommen werden. Es muss ein Verhalten vorliegen, das **noch schwerer** wiegt als ein für eine außerordentliche Kündigung erforderlicher »**wichtiger Grund**« (vgl. *BAG* 19.8.1975 EzA § 102 BetrVG 1972 Nr. 15; 26.7.1995 – 2 AZR 665/94 – nv, juris). Diese Grundsätze gelten auch für **Betriebsratsmitglieder** (*BAG* 11.11.1976 DB 1977, 1192). Das Tragen einer **Polit-Plakette** stellt dagegen grds. noch keinen schwerwiegenden Grund für den Arbeitgeber dar, die Arbeitsleistung eines Arbeitnehmers mit verzugsbefreiender Wirkung als nicht ordnungsgemäß zurückzuweisen (aA *BAG* 29.10.1987 aaO; 9.12.1982 EzA § 626 BGB nF Nr. 86). Der Ausschluss der

§ 11 KSchG   Anrechnung auf entgangenen Zwischenverdienst

Annahmeverzugsfolgen kann sich nämlich in derartigen Fällen, dh bei Vorliegen der Leistungsbereitschaft und Leistungsfähigkeit des Arbeitnehmers, nur aus einem Verstoß gegen Treu und Glauben (§ 242 BGB) herleiten. Entgegen der Ansicht des BAG (9.12.1982 EzA § 626 BGB nF Nr. 86) können Pflichtwidrigkeiten des Arbeitnehmers, die sich nicht unmittelbar auf die Arbeitsleistung des Arbeitnehmers auswirken (zB Tragen einer Polit-Plakette), durch den Arbeitgeber nicht durch eine zum Ausschluss der Annahmeverzugsfolgen führende Ablehnung der Arbeitsleistung geahndet werden. Die Schaffung eines derartigen **quasi-kündigungsrechtlichen** Sanktionsmittels steht im Widerspruch zu der vergütungsrechtlichen Ausgleichsfunktion des § 615 BGB. Die Beschäftigung einer arbeitswilligen Arbeitnehmerin während eines Streiks ist dem Arbeitgeber nicht allein deshalb unzumutbar, weil er der Gewerkschaft im Zusammenhang mit Abschluss einer sog. **Notdienstvereinbarung** zugesichert hat, andere als die in der Vereinbarung benannten Arbeitnehmer nicht an den Arbeitsplatz zu lassen (*BAG* 14.12.1993 AP Nr. 57 zu § 615 BGB).

e) **Fälligkeit**

21 Die während des Laufs eines Kündigungsschutzprozesses gem. § 615 S. 1 BGB entstehenden Zahlungsansprüche des Arbeitnehmers werden **fällig**, wie wenn die Dienste wirklich geleistet worden wären (*BAG* 10.4.1963 EzA § 4 TVG Nr. 5; 9.3.1966 und 8.8.1985 AP Nr. 31 und 94 zu § 4 TVG Ausschlussfristen; **aA** *LAG Nds.* 23.11.1984 DB 1985, 708). Dies gilt selbst dann, wenn für den Nachzahlungsanspruch eine andere gesetzliche Anspruchsgrundlage (zB § 3 EFZG) besteht. Durch die Erhebung der Kündigungsschutzklage wird die Fälligkeit der auf die Zeit nach der Kündigung entfallenden Vergütungsansprüche nicht bis zur Entscheidung des Kündigungsrechtsstreits aufgeschoben; denn das die Unwirksamkeit der Kündigung aussprechende Urteil hat nur **rechtsfeststellende** und keine **rechtsgestaltende** Wirkung; es verändert die Rechtslage nicht, sondern stellt nur die objektiv bereits bestehende Rechtslage mit bindender Wirkung für die Prozessparteien fest (*BAG* 4.5.1977 DB 1977, 1301; *Künzl* DB 1986, 1280). Die Rechtskraft eines Urteils, das die Unwirksamkeit der Kündigung feststellt, ist daher keine Voraussetzung für die Fälligkeit der Vergütungsansprüche nach dem Zeitpunkt der unwirksamen Kündigung (*BAG* 8.8.1985 aaO; **aA** *LAG Nds.* 23.11.1984 aaO).

f) **Tarifliche Ausschlussfristen und Verjährung**

22 Bestimmt ein Tarifvertrag, dass Ansprüche aus einem Arbeitsverhältnis innerhalb einer bestimmten Frist nach Fälligkeit schriftlich geltend zu machen sind (sog. **Ausschlussfrist**), so wird diese Frist hinsichtlich solcher Ansprüche, die vom Ausgang des Kündigungsschutzprozesses abhängen, durch **Erhebung** der **Kündigungsschutzklage** (auch im Öffentlichen Dienst: *BAG* 26.2.2003 AP Nr. 101 zu § 615 BGB) gewahrt. Hierzu zählen auch Ansprüche aus Annahmeverzug des Arbeitgebers (*BAG* 10.4.1963 EzA § 4 TVG Nr. 5; 16.6.1976 EzA § 4 TVG Ausschlussfristen Nr. 27 und 28; 26.3.1977 und 4.5.1977 EzA § 4 TVG Ausschlussfristen Nr. 30 und 31; 21.6.1978 AP Nr. 65 zu § 4 TVG Ausschlussfristen; 8.8.1985 AP Nr. 94 zu § 4 TVG Ausschlussfristen; 9.8.1990 AP Nr. 46 zu § 615 BGB; 21.3.1996 RzK I 13a Nr. 46; 5.11.2003 EzA § 615 BGB 2002 Nr. 2; zur fehlenden schuldnerverzugsbegründenden Wirkung der Kündigungsschutzklage hinsichtlich urlaubsrechtlicher Ansprüche aber *BAG* 17.1.1995 AP Nr. 66 zu § 7 BUrlG Abgeltung; aus Gründen des neuen Verjährungsrechts jetzt auch *Fromm* ZTR 2003, 70, 72). Ist durch Erhebung der Kündigungsschutzklage die tarifliche Frist gewahrt, so müssen nach Rechtskraft des Urteils im Kündigungsschutzprozess die tariflichen Lohnansprüche nicht erneut innerhalb der tariflichen Ausschlussfrist geltend gemacht werden, wenn der Tarifvertrag das nicht ausdrücklich vorsieht (*BAG* 9.8.1990 aaO). Die fristwahrende Wirkung der Kündigungsschutzklage entfällt auch nicht dadurch wieder, dass der Arbeitgeber während des Kündigungsrechtsstreits eine weitere Kündigung ausspricht (*BAG* 21.3.1996 RzK I 13a Nr. 46). Eine tarifliche Ausschlussfrist wird jedoch dann **nicht** gewahrt, wenn die Klage zwar vor Fristablauf **eingereicht,** jedoch erst nach deren Ablauf dem Arbeitgeber **zugestellt** wird (*BAG* 8.3.1976 EzA § 4 TVG Ausschlussfristen Nr. 26). Schreibt ein Tarifvertrag in Form einer sog. **doppelstufigen Ausschlussklausel** nicht nur eine Ausschlussfrist für die außergerichtliche, sondern auch eine solche für die gerichtliche Geltendmachung von Zahlungsansprüchen vor, so bedarf es nach der **Ansicht des** *BAG* (4.5.1977 aaO; 22.2.1978 EzA § 4 TVG Ausschlussfristen Nr. 33; 13.9.1984 EzA § 4 TVG Ausschlussfristen Nr. 62; 18.12.1984 AP Nr. 87 zu § 4 TVG Ausschlussfristen; 8.8.1985 aaO) zur Fristwahrung der **Erhebung** einer **Leistungsklage.** Die Erhebung einer Kündigungsschutzklage könne selbst dann nicht als fristwahrend angesehen werden, wenn es sich um Zahlungsansprüche handele, die vom Fortbestand des Arbeitsverhältnisses abhängig seien. Im **Schrifttum** (vgl. die Nachweise bei *Becker/Bader* BB 1981, 1710 FN 9) ist die Auffassung des *BAG* (aaO) mit Recht **kritisiert** worden (jetzt auch APS-*Biebl* Rz 36; ErfK-*Preis* §§ 194 – 218 Rz 68; MünchKomm-

Hergenröder Rz 21; gegen entspr. Anwendung der §§ 203, 204 BGB nF aber *Sächs. LAG* 14.7.2003 – 3 Sa 814/02). Sie ist prozessunwirtschaftlich, steigert das Kostenrisiko und zwingt zu Klagen, die dem Prinzip der Gesamtabrechnung (Rz 33) mangels Gewissheit über das Ende etwaigen Annahmeverzuges (noch) nicht genügen können. Eine teleologische Auslegung der entsprechenden Tarifnormen wird idR dazu führen, dass Ausschlussfristen für die gerichtliche Geltendmachung von Ansprüchen nur auf solche Forderungen zugeschnitten sind, die im Rahmen eines unstreitig bestehenden Arbeitsverhältnisses entstanden und damit auch für den Arbeitnehmer bezifferbar sind. Die Erhebung einer Kündigungsschutzklage oder einer auf das Fortbestehen des Arbeitsverhältnisses gerichteten allgemeinen Feststellungsklage stellt in derartigen Fällen eine ausreichende Form der gerichtlichen Geltendmachung hinsichtlich solcher Ansprüche dar, die in ihrem Bestand oder der Höhe nach von dem Ausgang des Kündigungsrechtsstreits abhängig sind (vgl. hierzu ausführlich *Becker/Bader* BB 1981, 1709, sowie BBDW-*Dörner* Rz 18). **Unzureichend** ist nach Auffassung des *BAG* (8.8.2000 AP Nr. 151 zu § 4 TVG Ausschlussfristen) auch ein auf **Weiterbeschäftigung** gerichteter Klageantrag, der die Arbeitsbedingungen nach Wochenarbeitsstunden und Stundenlohnhöhe spezifiziert. Bestimmt eine **zweistufige** tarifliche **Verfallklausel**, dass die Ausschlussfrist für die Geltendmachung von Ansprüchen, deren Bestand vom Ausgang eines Kündigungsschutzprozesses abhängig ist, erst mit dem rechtskräftigen Abschluss des Kündigungsschutzprozesses beginnt, kann der Arbeitnehmer solche Ansprüche bereits **vor** diesem Zeitpunkt fristwahrend geltend machen (aA *BAG* 22.10.1980 EzA § 4 TVG Ausschlussfristen Nr. 44). **Fristwahrend** ist die Kündigungsschutzklage jedenfalls auch nach Auffassung des *BAG* (5.11.2003 EzA § 615 BGB 2002 Nr. 29), wenn bei einer zweistufigen Ausschlussfrist der Lauf der zweiten Frist für die Dauer der Kündigungssache **gehemmt** ist. Sieht ein Tarifvertrag vor, dass die zunächst fristgerecht geltend gemachten Ansprüche verfallen, wenn sie nicht binnen einer **weiteren** Frist seit ihrer ausdrücklichen Ablehnung rechtshängig gemacht werden, so beginnt diese weitere Ausschlussfrist für vom Ausgang eines anhängigen Kündigungsprozesses abhängige Ansprüche des Arbeitnehmers nach Ansicht des *BAG* (4.5.1977 aaO) **nicht** schon damit, dass der **Arbeitgeber** die **Abweisung** der Kündigungsschutzklage beantragt. Es bedarf vielmehr einer unmittelbar auf die Ansprüche selbst bezogenen ausdrücklichen Ablehnungserklärung des Arbeitgebers (so *BAG* aaO). Der vom Arbeitgeber im Kündigungsschutzprozess gestellte **Klageabweisungsantrag genügt** aber nach der Ansicht des *BAG* (13.9.1984 EzA § 4 TVG Ausschlussfristen Nr. 62 und 8.8.1985 AP Nr. 94 zu § 4 TVG Ausschlussfristen) **dann** für eine tarifrechtlich vorgeschriebene formlose »Ablehnung«, wenn mit einer derartigen tarifvertraglichen Regelung keine »verstärkte Warnfunktion« verbunden ist (der Sache nach verneint für § 70 BAT-O betr. Rückforderungsansprüche aus Überzahlung für Zeit nach Beendigung des Arbeitsverhältnisses, *BAG* 19.1.1999 EzA § 4 TVG Ausschlussfristen Nr. 131). Eine tarifvertraglich vorgeschriebene Schriftform für die »Ablehnung« des Arbeitgebers wird dadurch gewahrt, dass der in einem Schriftsatz angekündigte Klageabweisungsantrag im Kündigungsschutzprozess dem Arbeitnehmer fristgemäß zugeht (*BAG* 20.3.1986 EzA § 615 BGB Nr. 48; 26.4.2006 EzA-SD 2006 Nr. 14, 5). Die Berufung des Arbeitgebers auf eine tarifvertragliche Ausschlussfrist kann uU einen Verstoß gegen Treu und Glauben (§ 242 BGB) darstellen (*BAG* 18.12.1984 EzA § 4 TVG Ausschlussfristen Nr. 63). Dies ist etwa dann der Fall, wenn der Arbeitgeber während des Laufes der Ausschlussfrist den Eindruck erweckt hatte, eine gerichtliche Erklärung sei entbehrlich (*BAG* 11.7.1985 – 2 AZR 108/84 – nv, juris). Die Erhebung einer Kündigungsschutzklage hat nach der Ansicht des *BAG* (1.12.1983 EzA § 7 BUrlG Nr. 30) grds. nicht die Geltendmachung von Urlaubsansprüchen des Arbeitnehmers zum Inhalt. Der Ablauf von tariflichen Verfallfristen kann aber einem Arbeitnehmer nach Abschluss eines für ihn erfolgreichen Kündigungsschutzprozesses nicht entgegengehalten werden, wenn er unmittelbar nach seinem Obsiegen im Kündigungsrechtsstreit eine entsprechende Leistungsklage erhebt (*BAG* aaO; vgl. allg. zu urlaubsrechtlichen Ansprüchen nach Ausspruch einer Kündigung *Weiler/Rath* NZA 1987, 337). Zur Frage der Wahrung tarifvertraglicher Ausschlussfristen durch die Kündigungsschutzklage s.a. KR-*Friedrich* § 4 KSchG Rz 37 ff. Ein Anspruch wird nach der Auffassung des *BAG* (11.10.2000 EzA § 4 TVG Ausschlussfristen Nr. 134) auch dann iSe tariflichen Ausschlussklausel **schriftlich** erhoben, wenn dies in Form eines **Telefaxschreibens** geschieht.

Nach der Ansicht des *BAG* **zum alten Verjährungsrecht** (1.2.1960 EzA § 615 BGB Nr. 7; 29.5.1961 EzA § 209 BGB Nr. 1, sowie 7.11.1991 AP Nr. 6 zu § 209 BGB; 7.11.2002 NJW 2003, 2849) wurde durch die Klage eines Arbeitnehmers auf **Feststellung des Fortbestehens seines Arbeitsverhältnisses** die **Verjährung** seiner sich aus § 615 BGB ergebenden Zahlungsansprüche **nicht** unterbrochen. Im **Schrifttum** (vgl. *Becker/Bader* BB 1981, 1709, 1713 mwN) war **streitig**, ob in diesen Fällen die Vorschriften der §§ 202 ff. BGB aF über die Hemmung der Verjährung oder die Vorschrift des § 209 BGB aF über die Verjährungsunterbrechung entsprechend anzuwenden waren. Wegen der Vergleichbarkeit der in § 209

BGB aF geregelten Interessenkonstellation war es gerechtfertigt (s. zu dem Komplex auch KR-*Friedrich* § 4 KSchG Rz 30 ff.; aus Gründen des **neuen Verjährungsrechts** *Fromm* ZTR 2003, 70, 72), diese Vorschrift hinsichtlich solcher Ansprüche des Arbeitnehmers entsprechend anzuwenden, die ihrem Grunde oder der Höhe nach von dem Ausgang des Kündigungsrechtsstreits abhängig waren (das *BAG* 7.11.1991 aaO – hat diesen Ansatz diskutiert und mit beachtlichen Argumenten **verworfen**). Es handelt sich hierbei insbes. um Zahlungsansprüche nach § 615 BGB, Entgeltfortzahlungsansprüche, Ansprüche auf Urlaubsentgelt bzw. -abgeltung, 13. Monatsgehalt, Tantiemen usw. Betrieb der Arbeitnehmer wegen einer vorgreiflichen Kündigungsschutzklage den Prozess auf Zahlung des Entgelts aus Annahmeverzug des Arbeitgebers im Hinblick auf weitere ausgesprochene und beim ArbG angegriffene Kündigungen trotz rechtskräftiger Erledigung der vorgreiflichen Kündigungsschutzklage auf eigenen Antrag nicht weiter, so endete damit auch nach hier vertretener Ansicht die Wirkung einer Verjährungsunterbrechung (§ 209 BGB aF). Mit dem Ende der Unterbrechung begann sofort und nicht erst zum Jahresende (§ 201 BGB aF) eine neue zweijährige Verjährungsfrist (*BAG* 29.3.1990 AP Nr. 11 zu § 196 BGB aF). Die auf Verfassungsbeschwerde eines Arbeitnehmers vom *BVerfG* aufgehobene – zunächst rechtskräftige – Abweisung einer Kündigungsschutzklage durch das *BAG* war als solche keine »**höhere Gewalt**« iSd § 203 Abs. 2 BGB aF und hemmte die Verjährungsfrist für die von der Kündigungssache abhängigen Nachzahlungsansprüche nicht, so der Kläger keine ihm möglichen Anstrengungen zur Wahrung der Frist unternommen hat (*BAG* 7.11.2002 aaO).

22b Die Rspr. des BAG wird sich **zum neuen Verjährungsrecht** wohl nicht verändern, da sich **§ 204 Abs. 1 Nr. 1 BGB nF** sachlich von § 209 Abs. 1 BGB aF nicht unterscheidet.

g) Ende des Annahmeverzuges

23 Der Annahmeverzug des Arbeitgebers **endet** nach rechtskräftiger Stattgabe der Kündigungsschutzklage spätestens mit der erneuten Arbeitsaufnahme durch den Arbeitnehmer. Wird der Arbeitnehmer vor dem rechtskräftigen Abschluss des Kündigungsrechtsstreits beschäftigt, so sind verschiedene Fallkonstellationen möglich. Erfolgt die Weiterbeschäftigung nach § 102 Abs. 5 BetrVG, so ist zu berücksichtigen, dass dieser gesetzliche Beschäftigungsanspruch keine unwirksame Kündigung voraussetzt (*BAG* 12.9.1985 EzA § 102 BetrVG 1972 Nr. 61). Liegen die nach § 102 Abs. 5 BetrVG erforderlichen Voraussetzungen vor, besteht das bisherige Arbeitsverhältnis kraft Gesetzes fort und wird nur auflösend bedingt durch die rechtskräftige Abweisung der Kündigungsschutzklage (*BAG* 12.9.1985 EzA § 102 BetrVG 1972 Nr. 61; *Richardi/Thüsing* § 102 Rz 225; KR-*Etzel* § 102 BetrVG Rz 215). Der Arbeitgeber gerät daher in Annahmeverzug, wenn er die Arbeitsleistung des Arbeitnehmers nicht annimmt, **selbst wenn die Kündigungsschutzklage** später rechtskräftig **abgewiesen** wird. Eine etwaige **Entbindung** von der **Weiterbeschäftigungspflicht** gem. **§ 102 Abs. 5 BetrVG** lässt die für die Zeit bis zur Entbindungsentscheidung angefallenen Vergütungsansprüche des Arbeitnehmers **unberührt** (*BAG* 7.3.1996 EzA § 102 BetrVG 1972 Nr. 9). Der allgemeine Beschäftigungsanspruch setzt demgegenüber das Fortbestehen des durch Vertrag begründeten Arbeitsverhältnisses voraus (*BAG* [GS] 27.2.1985 EzA § 611 BGB Beschäftigungspflicht Nr. 9). Fehlt diese Voraussetzung, wird sie nicht durch ein fehlerhaftes Urteil ersetzt, das dennoch zur Weiterbeschäftigung verurteilt (*BAG* 12.9.1985 EzA § 102 BetrVG 1972 Nr. 61). Wird die Kündigungsschutzklage rechtskräftig abgewiesen, so stehen dem Arbeitnehmer keine Ansprüche nach § 615 BGB für den Zeitraum nach Ablauf der Kündigungsfrist zu. Ist der Arbeitnehmer trotz Vorliegens eines rechtskräftigen Beschäftigungsurteils während des Kündigungsrechtsstreits nicht weiterbeschäftigt worden, so ist der Arbeitgeber zum Schadensersatz verpflichtet, und zwar ohne Rücksicht darauf, ob er die Unmöglichkeit zu vertreten hat oder nicht (*BAG* 12.9.1985 EzA § 102 BetrVG 1972 Nr. 61; § 287 BGB: der Arbeitgeber ist mit der Erfüllung des Beschäftigungsanspruchs in Verzug). Wird ein gekündigter Arbeitnehmer während des Kündigungsschutzprozesses aufgrund eines Leistungsurteils, indem dem Arbeitnehmer ein allgemeiner Beschäftigungsanspruch zuerkannt worden ist, weiterbeschäftigt, ohne dass die Parteien das gekündigte Arbeitsverhältnis einvernehmlich fortsetzen, so hat er nach der Ansicht des *BAG* (10.3.1987 EzA § 611 BGB Beschäftigungspflicht Nr. 28; 1.3.1990 und 17.1.1991 AP Nr. 7 und 8 zu § 611 BGB Weiterbeschäftigung; **krit. hierzu** *Dütz* AuR 1987, 317) bei Wirksamkeit der Kündigung gegen den Arbeitgeber Anspruch auf Ersatz des **Werts** der geleisteten Arbeit (**§ 812 Abs. 1 S. 1, § 818 Abs. 2 BGB)**. Der Wert der Arbeitsleistung bestimmt sich nach der Auffassung des *BAG* (10.3.1987 EzA § 611 BGB Beschäftigungspflicht Nr. 28) nach der »**üblichen Vergütung**«, zu der auch eine zeitanteilige Jahressonderzahlung gehöre, wenn diese nach dem Inhalt der für das beendete Arbeitsverhältnis maßgeblichen Tarifregelung als auf den Weiterbeschäftigungszeitraum entfallender Lohn anzusehen ist. Nicht gewährter Erholungsurlaub sei dem Arbeitnehmer in den Fällen der zuletzt genannten Art nicht zu ersetzen (so *BAG* 10.3.1987 EzA

§ 611 BGB Beschäftigungspflicht Nr. 28). In der **Literatur** wird demgegenüber teilweise angenommen, die Weiterbeschäftigung aufgrund eines Urteils, in dem dem Arbeitnehmer ein allgemeiner Weiterbeschäftigungsanspruch zuerkannt worden ist, begründe bei einer rechtskräftigen Feststellung der Unwirksamkeit der Kündigung ein **faktisches Arbeitsverhältnis** (vgl. *Bächle* NJW 1979, 1693, 1694; *Dütz* aaO; *Mayer-Maly* DB 1979, 1601, 1606; *Schäfer* DB 1982, 902; ebenso ArbG Hamburg 16.11.1987 DB 1988, 135). Dem *BAG* (10.3.1987 EzA § 611 BGB Beschäftigungspflicht Nr. 28 sowie 1.3.1990 aaO) ist **insofern** zuzustimmen, als in den Fällen der zuletzt erwähnten Art die Voraussetzungen für ein faktisches Arbeitsverhältnis mangels einer – wenn auch fehlerhaften – Willenseinigung zwischen den Arbeitsvertragsparteien nicht vorliegen. Wegen Vergleichbarkeit der Interessenlage (insbes. Schwierigkeiten der Rückabwicklung nach Bereicherungsrecht, vgl. *Ramrath* DB 1987, 92, 96) ist es aber geboten, die Grundsätze über faktische Arbeitsverhältnisse **entsprechend** anzuwenden (vgl. *Dütz* aaO).

Grundlage einer Weiterbeschäftigung des Arbeitnehmers während des Kündigungsrechtsstreits kann 23a auch eine entsprechende vertragliche Vereinbarung zwischen den Arbeitsvertragsparteien sein (*BAG* 14.11.1985 DB 1986, 1978; 15.1.1986 EzA § 1 LohnFG Nr. 79). Sofern ein vom gekündigten Arbeitsverhältnis unabhängiges Arbeitsverhältnis (befristet oder auflösend bedingt) zustandegekommen ist, gerät der Arbeitgeber in Annahmeverzug, wenn er während der Dauer dieser vertraglichen Vereinbarung den arbeitsbereiten und arbeitsfähigen Arbeitnehmer nicht beschäftigt. Eine Weiterbeschäftigung des Arbeitnehmers während des Kündigungsrechtsstreits kann auch ohne vertragliche Vereinbarung erfolgen, und zwar zB in der Weise, dass der Arbeitgeber den gekündigten Arbeitnehmer nach Ablauf der Kündigungsfrist auffordert, seine Tätigkeit bis zur rechtskräftigen Entscheidung über die Wirksamkeit der Kündigung fortzusetzen. In derartigen Fällen ist idR davon auszugehen, dass das ursprüngliche Arbeitsverhältnis fortgesetzt werden soll, bis Klarheit darüber besteht, ob die Kündigung wirksam ist oder nicht (*BAG* 15.1.1986 EzA § 1 LohnFG Nr. 79; 4.9.1986 EzA § 611 BGB Beschäftigungspflicht Nr. 27). Bei einer rechtskräftigen Abweisung der Kündigungsschutzklage sind die Rechtsbeziehungen der Parteien nach den Grundsätzen des faktischen Arbeitsverhältnisses abzuwickeln (*BAG* 15.1.1986 EzA § 1 LohnFG Nr. 79; aA *Löwisch* DB 1986, 2433; *Ramrath* DB 1987, 92). Dem Arbeitnehmer verbleiben die für seine Arbeitsleistung gezahlten Vergütungen einschließlich der Entgeltfortzahlung bei Arbeitsunfähigkeit. Dies gilt ebenso für tarifvertragliche Jahressonderzahlungen mit Vergütungscharakter (*BAG* 4.9.1986 EzA § 611 BGB Beschäftigungspflicht Nr. 27).

Zahlt der zur Weiterbeschäftigung verurteilte Arbeitgeber den Arbeitslohn, ohne den Arbeitnehmer 23b weiterzubeschäftigen, so erfüllt er dadurch nach Ansicht des *BAG* (17.1.1991 AP Nr. 8 zu § 611 BGB Weiterbeschäftigung) im Zweifel seine bei Unwirksamkeit der Kündigung bestehende Verpflichtung aus § 615 S. 1 BGB. Eine Vereinbarung, nach der das gekündigte Arbeitsverhältnis auflösend bedingt durch Abweisung der Kündigungsschutzklage oder durch eine rechtsgestaltende Entscheidung nach § 9 KSchG fortgesetzt wurde oder eine andere Vereinbarung, kraft derer der Arbeitnehmer den nach wirksamer Beendigung des Arbeitsverhältnisses gezahlten Arbeitslohn behalten darf, hat danach der Arbeitnehmer darzulegen und zu beweisen (*BAG* 17.1.1991 aaO).

Wird der Arbeitnehmer während des Kündigungsrechtsstreits nicht weiterbeschäftigt, so kann der 24 **Annahmeverzug** des Arbeitgebers aus verschiedenen Gründen **enden**. Die Annahmeverzugsfolgen enden insbes. durch den **Fortfall** der **Leistungsfähigkeit** (zB infolge krankheitsbedingter **Arbeitsunfähigkeit**, infolge eines **Kuraufenthaltes** oder infolge Eintritts der **Erwerbsunfähigkeit**, vgl. *LAG Hamm* 23.10.1987 DB 1988, 867) oder durch eine **fehlende Leistungsbereitschaft** des Arbeitnehmers. **Eine einverständliche »Kündigungsrücknahme«** (zB in Form eines außergerichtlichen oder gerichtlichen Vergleichs) – nicht aber eine einseitige *LAG Hamm* 12.9.1997 RzK I 13 b Nr. 36 – **führt erst dann zur Beendigung des Annahmeverzuges, wenn der Arbeitgeber die ihm obliegende Mitwirkungshandlung vornimmt, dh einen funktionsfähigen Arbeitsplatz zur Verfügung stellt und dem Arbeitnehmer Arbeit zuweist** bzw. die **versäumte Arbeitsaufforderung nachholt** (*BAG* 19.1.1999 EzA § 615 BGB Nr. 93) und im Falle der Veränderung von Arbeitsbedingungen dies rechtfertigt (*ArbG Hamburg* 31.1.2000 AE 2000, 110). Die Aufforderung genügt nicht, wenn der Kündigungsausspruch aufrechterhalten wird (*BAG* 7.11.2002 EzA § 615 BGB Nr. 1; *LAG RhPf* 5.3.1998 RzK I 13 a Nr. 51; **aA** jetzt offenbar *BAG* 13.7.2005 AP Nr. 112 zu § 615 BGB für den Fall, dass Arbeitnehmer die Arbeitsaufnahme vom Verzicht auf die Wirkung der Kündigung abhängig macht; dies sei sein gutes Recht und es stellt sich lediglich die Frage, ob § 615 S. 2 BGB erfüllt ist [**krit.** auch *Boemke* JuS 2006, 287, 288]). Bei einer einverständlichen »Kündigungsrücknahme« gilt § 11 KSchG entsprechend (*Löwisch/Spinner* Rz 3; *v. Hoyningen-Huene/Linck* Rz 21; *BBDW-Dörner* Rz 6). Da eine einseitige »Kündigungsrücknahme« für den Arbeitgeber rechtlich nicht möglich ist (*BAG* 17.4.1986 EzA § 615 BGB Nr. 47), führt eine derartige

Erklärung auch **nicht** zur Beendigung des Annahmeverzuges (aA *LAG Düsseld.* 6.8.1968 DB 1968, 2136), **es sei denn**, es handele sich um eine unter Verstoß gegen § 623 BGB erklärte **formwirksame** Kündigung (vgl. *Schaub* Nachtrag zur 9. Aufl., Rz 10), die weder unter **Anwesenden** noch nach Maßgabe des § 130 Abs. 1 BGB unter **Abwesenden** wirksam werden **kann**. Das in der Kündigungsrücknahme liegende Angebot des Arbeitgebers auf Fortsetzung des Arbeitsverhältnisses bedarf vielmehr der **Annahme** seitens des Arbeitnehmers (vgl. *LAG Hamm* 29.9.1997 LAGE § 615 BGB Nr. 54). Dies gilt auch für die **nach** Erhebung einer Kündigungsschutzklage erklärte Kündigungsrücknahme. In der **Erhebung** der **Kündigungsschutzklage** kann auch idR **keine** vorweggenommene Zustimmung des Arbeitnehmers zur Rücknahme der Kündigung gesehen werden (*BAG* 19.8.1982 EzA § 9 KSchG nF Nr. 14; *LAG Frankf.* 16.1.1980 BB 1981, 122; *v. Hoyningen-Huene/Linck* § 4 Rz 29; **aA** *SPV-Preis* Rz 242; *LAG Düsseld.* 26.5.1975 EzA § 9 KSchG nF Nr. 2; *LAG Hamm* 13.3.1982 DB 1982, 2706; *LAG Nürnberg* 5.9.1980 BayAmbl. 1981, C 13). Eine derartige Wertung entspricht zumeist **nicht** dem **Willen** des **Arbeitnehmers**. Dies gilt insbes. dann, wenn der Arbeitnehmer aufgrund der objektiven Rechtslage eine **Auflösung** des **Arbeitsverhältnisses** nach § 9 KSchG begehren könnte. Der Annahmeverzug endet daher auch nach Erhebung der Kündigungsschutzklage immer erst dann, wenn der Arbeitnehmer das in der »Rücknahme« der Kündigung liegende Weiterbeschäftigungsangebot annimmt. Der Arbeitnehmer ist aber **keineswegs** zur **Annahme verpflichtet**. Er kann bei Vorliegen der Voraussetzungen des § 307 ZPO auch auf dem Erlass eines **Anerkenntnisurteils** bestehen (*BAG* 29.1.1981 EzA § 9 KSchG nF Nr. 10). Zum Weiterbeschäftigungsangebot des Arbeitgebers während des Kündigungsrechtsstreits vgl. im Übrigen Rz 8.

24a Der Erlass eines **klagestattgebenden Feststellungsurteils** führt **nicht** zur **Beendigung** des **Annahmeverzuges** des Arbeitgebers. Es ist vielmehr Sache des Arbeitgebers, den Arbeitnehmer zur Fortsetzung des Arbeitsverhältnisses aufzufordern. Der Arbeitnehmer braucht sich daher nicht von sich aus wieder zur Arbeitsaufnahme zu melden (*BAG* 19.9.1991 RzK I 13b Nr. 18).

24b Der Annahmeverzug des Arbeitgebers endet nicht bzw. wird im Fall einer **Betriebsübernahme** nicht unterbrochen (*BAG* 21.3.1991 EzA § 615 BGB Nr. 68). Mit **Beendigung des Arbeitsverhältnisses** – aus welchem Tatbestand auch immer (etwa Vertragsaufhebung, Urteil des Gerichts gem. § 9 KSchG) – fallen die Voraussetzungen des Annahmeverzuges (ab dem Beendigungszeitpunkt) fort (vgl. BBDW-*Dörner* Rz 17a).

h) Anrechnung auf Urlaub

25 Der Arbeitgeber ist **nicht** berechtigt, die Zeit des Annahmeverzuges nachträglich auf den Urlaub **anzurechnen** (davon zu unterscheiden ist die Frage, ob er nach Ausspruch einer Kündigung offenen Urlaub in die Kündigungsfrist zu legen berechtigt ist). Eine derartige Anrechnung verstößt gegen die Bestimmung des § 7 Abs. 4 BUrlG, wonach eine Abgeltung des Urlaubs nur im Falle der Beendigung des Arbeitsverhältnisses zulässig ist (vgl. *LAG Stuttg.* 28.3.1958 BB 1958, 667; *LAG Bln.* 4.2.1965 BB 1965, 788). Unzulässig ist auch eine entsprechende nachträgliche **Vereinbarung** zwischen den Arbeitsvertragsparteien. Dies ergibt sich aus dem **Unabdingbarkeitsgrundsatz** des § 13 BUrlG. Dagegen ist es zulässig, wenn sich die Arbeitsvertragsparteien darüber einigen, dass ein möglicher Annahmeverzug des Arbeitgebers durch die Gewährung von **Naturalurlaub** unterbrochen bzw. unter Anrechnung auf den Urlaub freigestellt (*BAG* 19.3.2002 EzA § 615 BGB Nr. 108) wird. Nach der Rechtsprechung des *BAG* (1.12.1983 EzA § 6 BUrlG Nr. 30 unter Aufgabe von *BAG* 9.1.1979 EzA § 7 BUrlG Nr. 21) muss der Arbeitnehmer auch während eines Kündigungsschutzprozesses in dem jeweiligen Urlaubsjahr seine Urlaubsansprüche gegenüber dem Arbeitgeber geltend machen. Kommt der Arbeitgeber einem entsprechenden Verlangen des Arbeitnehmers nicht nach, so gerät dieser in Verzug mit der Folge, dass dem Arbeitnehmer nach Ablauf des jeweiligen Urlaubsjahres wegen Eintritts der Unmöglichkeit ein **Schadensersatzanspruch** in Höhe des nicht erfüllten Urlaubsanspruchs zusteht (vgl. *BAG* 26.6.1986 BB 1986, 2270). Wird ein Arbeitsverhältnis aufgrund eines gerichtlichen Vergleichs im Kündigungsschutzprozess **rückwirkend** beendet, hindert dies nach der Ansicht des *BAG* (27.8.1986 DB 1987, 443) nicht das **Erlöschen** des **Urlaubsanspruchs** am Ende des Urlaubsjahres bzw. des Übertragungszeitraums. Wird ein gekündigter Arbeitnehmer während der Dauer des Kündigungsrechtsstreits nur wegen der vorläufig vollstreckbaren Verurteilung des Arbeitgebers weiterbeschäftigt, so hat er bei Wirksamkeit der Kündigung **keinen** Anspruch auf **Urlaubsabgeltung** (*BAG* 10.3.1987 EzA § 611 BGB Beschäftigungspflicht Nr. 28). Vgl. allgemein zum Anspruch auf Erholungsurlaub nach Ausspruch einer Kündigung *Weiler/Rath* NZA 1987, 337.

4. Höhe des Nachzahlungsanspruches

Soweit der Nachzahlungsanspruch nach § 615 S. 1 BGB begründet ist, hat der Arbeitgeber den Arbeit- 26
nehmer **so zu stellen, wie wenn er im Verzugszeitraum gearbeitet hätte**. Es gilt das **Lohnausfallprinzip** (*BAG* 18.9.2001 EzA § 615 BGB Nr. 105), wobei erforderlichenfalls nach § 287 Abs. 2 ZPO zu schätzen ist (*BAG* 18.9.2001 EzA § 615 BGB Nr. 105). Für die Berechnung des Nachzahlungsanspruchs kommt es auf einen Vergleich der tatsächlich erzielten Brutto-Vergütung mit der vom früheren Arbeitgeber geschuldeten Brutto-Vergütung an (vgl. *KG* 30.10.1978 DB 1979, 170). Es ist ein sog. **Bruttovergleich** vorzunehmen (vgl. *Schaub* Annahmeverzug Rz 63). Der vom Arbeitgeber nachzuzahlende mutmaßliche Verdienst umfasst neben der **Grundvergütung** (zB Gehalt, Fixum, Akkord- oder Stundenlohn) auch **sonstige Leistungen mit Entgeltcharakter** (zB das 13. oder 14. Monatsgehalt, Provisionen [zur Bestimmung der Höhe bei Betriebsstilllegung *BAG* 11.8.1998 – 9 AZR 410/97, juris] und Tantiemen). Auch **Zulagen** sind nachzuzahlen, soweit sie **Entgeltcharakter** haben (so zB Sozialzulagen, Leistungszulagen und Zeitzuschläge; vgl. *BAG* 18.6.1958 AP Nr. 6 zu § 615 BGB). **Nicht** zu **berücksichtigen** sind dagegen Leistungen mit **Aufwendungscharakter** (zB Fahrtkostenersatz, Essenszuschüsse). Ein unabhängig von notwendigen Aufwendungen gezahltes Wegegeld hat Entgeltcharakter (vgl. *BAG* 11.2.1976 EzA § 2 LohnFG Nr. 8) und gehört daher zum nachzuzahlenden Zwischenverdienst. Dies gilt ebenso für eine »zur Anhebung des allgemeinen Lebensstandards« gezahlte Aufwandsentschädigung (*OLG Stuttg.* 1.8.1986 BB 1986, 2419). **Gratifikationen (zB Weihnachtsgeld, Treueprämien) sind ebenfalls während des Annahmeverzuges des Arbeitgebers weiterzuzahlen** (*BAG* 18.1.1963 EzA § 615 BGB Nr. 5; 11.7.1985 EzA § 615 BGB Nr. 52). Soweit »gekündigte Arbeitnehmer« von Gratifikationszahlungen ausgenommen werden, bezieht sich dieser Ausschluss nicht auf solche Arbeitnehmer, die in einem Kündigungsschutzprozess rechtskräftig obsiegt haben. Fortzuzahlen sind, je nach den Umständen, auch **Trinkgelder** (s. § 107 Abs. 3 S. 2 GewO) eines Kellners (*BFH* 24.10.1997 – VI R 23/94, juris), die zu seinem Monatsverdienst ebenso gehören wie **Umsatzbeteiligungen** (*LAG Düsseld.* 18.2.1981 – 12 Sa 1534/80 – nv). Nach der Ansicht des *BAG* allerdings (28.6.1995 EzA § 11 BUrlG Nr. 38) gehören sie bei Fehlen einer besonderen Abrede nicht zu dem bei Urlaub, Arbeitsunfähigkeit oder Betriebsratstätigkeit vom Arbeitgeber fortzuzahlenden Arbeitsentgelt. Maßgebend dürfte sein, ob der Kellner im Tronc- oder Serviersystem entlohnt wird (dann Arbeitseinkommen) oder es sich um »freiwillige« Bedienungsgelder des Gastes handelt (vgl. *Heinze* DB 1996, 2490, 2491, dort auch zur rechtlichen Einordnung der **Vergünstigungen aus Miles & More-Bonusprogrammen**). **Sachbezüge** gehören ebenfalls zu den vom Arbeitgeber nachzugewährenden Leistungen. Sie sind mit dem nach § 17 SGB iVm §§ 1, 4 SachbezugsVO (Verordnung über den Wert der Sachbezüge in der Sozialversicherung, die für jedes Kalenderjahr geändert wird) festgesetzten Satz abzugelten (**krit.** zur Anwendung **schadensersatzrechtlicher Tabellen** bei unberechtigtem Entzug einer zur Privatnutzung überlassenen Firmen-PKW *Meier* NZA 1999, 1083 ff.). Die Frage ist strittig (vgl. *Meier* aaO, 1083). **Für die Heranziehung steuer- und sozialversicherungsrechtlich maßgeblicher Bewertungsfaktoren** *BAG* 27.5.1999 NZA 1999, 1083 (krit. auch hierzu *Meier*, aaO).

Sofern dem Arbeitnehmer einzelvertraglich oder tariflich im Verzugszeitraum ein Anspruch auf **Erhö-** 27
hung der Vergütung zusteht, gehört dies ebenfalls zum nachzuzahlenden Zwischenverdienst. Wird während der Dauer des Annahmeverzuges im Betrieb des gekündigten Arbeitnehmers rechtswirksam **Kurzarbeit** eingeführt, so führt dies zu einer entsprechenden **Minderung** des Nachzahlungsanspruches (vgl. *BAG* 7.4.1970 EzA § 615 BGB Nr. 13, sowie *v. Hoyningen-Huene/Linck* Rz 9). Fallen dagegen im Verzugszeitraum **Überstunden** an und wären diese auch von dem gekündigten Arbeitnehmer zu leisten gewesen, so **erhöht** sich der nachzuzahlende Zwischenverdienst um das Überstundenentgelt (einschl. der Zuschläge). Bei **schwankenden** Vergütungen (zB Provisionen) ist eine Schätzung erforderlich (vgl. *BAG* 19.8.1976 EzA § 611 BGB Beschäftigungspflicht Nr. 1).

Beruht der Nachzahlungsanspruch nicht auf § 615 S. 1 BGB, sondern auf anderen Vorschriften (zB § 3 28
EFZG, § 14 MuSchG), so richtet sich die Höhe des vom Arbeitgeber nachzuzahlenden Betrages nach den **hierfür** maßgeblichen Grundsätzen.

5. Rechtsnatur des Nachzahlungsanspruches

Soweit der Anspruch auf den entgangenen Zwischenverdienst auf § 615 S. 1 BGB beruht, handelt es 29
sich um einen **Erfüllungsanspruch**, nicht um einen Schadensersatzanspruch (*BAG* 10.4.1963 EzA § 4 TVG Nr. 5). Die Vorschrift des **§ 254 BGB** ist daher weder unmittelbar noch entsprechend anzuwenden (vgl. *Löwisch/Spinner* Rz 7). Ist dem **Arbeitgeber** wegen Verletzung der Unterrichtungspflicht durch eine Schwangere Schadensersatzanspruch entstanden, umfasst nach strittiger Auffassung des *BAG*

§ 11 KSchG Anrechnung auf entgangenen Zwischenverdienst

(13.11.2001 AP Nr. 37 zu § 242 BGB Auskunftspflicht Nr. 37) der zu ersetzende Schaden nicht das aufgrund Annahmeverzuges geschuldete Entgelt. Ein Schadensersatzanspruch wegen Verzögerung der Leistung (§ 280 Abs. 2 BGB) kann allerdings aus dem steuerlichen Nachteil infolge verspäteter Einmalzahlung auf den Nachzahlungsanspruch erwachsen, wenn **nach Maßgabe des § 286 BGB Schuldnerverzug** eingetreten ist (vgl. *BAG* 23.9.1999 – 8 AZR 791/98, juris), wobei der **Arbeitgeber** aufgrund der Beweislastregel in § 286 Abs. 4 BGB die Voraussetzungen darzulegen und im Streitfall zu beweisen hat, aus denen auf die Berechtigung der Zahlungseinstellung geschlossen werden kann (zB weil aus seiner Sicht Kündigungsgründe vorlagen, die einen sorgfältig abwägenden Arbeitgeber zur Kündigung veranlassen konnten, so dass er auf die Wirksamkeit der Kündigung vertrauen durfte, *BAG* 23.9.1999 mwN, oder wenn die Kündigung auf einem **vertretbaren Rechtsstandpunkt** beruhte, *BAG* 13.6.2002 EzA § 15 KSchG nF Nr. 55). Rückständige Beträge sind unter dem Gesichtspunkt des **Schuldnerverzuges** zu **verzinsen**. Vermögenseinbußen durch Nichtanwendbarkeit von Steuerbefreiungstatbeständen (für Sonntags-, Feiertags- und Nachtarbeit nach § 3b EStG) können dabei dem Arbeitgeber regelmäßig schon nicht als zu ersetzender Schaden zugerechnet werden (*BAG* 19.10.2000 EzA § 286 BGB Nr. 1). Im Unterschied zur Abfindung hat der Nachzahlungsanspruch **Entgeltcharakter.** Er unterfällt daher den Bestimmungen der §§ 850 ff. ZPO über den **Lohnpfändungsschutz.** Eine **Aufrechnung** gegenüber dem Nachzahlungsanspruch ist gem. § 394 BGB nur insoweit möglich, als er der Pfändung unterworfen ist. Dies gilt gem. § 400 BGB entsprechend für die **Abtretung.** Das Aufrechnungsverbot des § 394 BGB iVm § 850c ZPO gilt auch zugunsten der Bundesagentur für Arbeit, soweit der Anspruch des arbeitslosen Arbeitnehmers auf Zahlung von Arbeitsentgelt nach § 115 Abs. 1 SGB X auf sie übergegangen ist (*BAG* 28.6.1984 AP Nr. 1 zu § 115 SGB X). Der **Haftung nach § 1a AEntG** unterliegt ein Anspruch aus § 615 S. 1 BGB nicht (*BAG* 12.1.2005 EzA Art. 12 GG Nr. 44). Die Ansprüche aus § 615 S. 1 BGB sind **abdingbar** (vgl. *BAG* 6.2.1964 EzA § 615 BGB Nr. 6). Der sich aus § 615 S. 1 BGB ergebende Nachzahlungsanspruch ist **steuerrechtlich** wie eine **Vergütungsforderung** zu behandeln. Im Gegensatz zur Abfindung (vgl. KR-*Vogt* §§ 3, 24, 34 EStG Rz 1 ff.) bestand (und besteht) für den sich aus § 615 S. 1 BGB ergebenden Nachzahlungsanspruch weder eine Steuerfreiheit noch eine Steuerermäßigung. In **sozialversicherungsrechtlicher** Hinsicht handelt es sich um **Arbeitsentgelt** mit der Folge, dass der Arbeitgeber die Sozialabgaben – ebenso wie bei sonstigen Lohnansprüchen – abzuführen hat (vgl. KR-*Wolff* SozR Rz 94).

30 Die in Rz 29 dargestellten Grundsätze gelten **entsprechend** für den Fall, dass der **Nachzahlungsanspruch** auf **anderen** Vorschriften (zB § 3 EFZG; § 14 MuSchG) beruht.

IV. Anrechnung auf den entgangenen Zwischenverdienst

31 Um den Arbeitnehmer im Nachzahlungszeitraum vermögensmäßig weder besser noch schlechter zu stellen, sieht § 11 KSchG die Anrechnung von **wirklich erzielten** sowie von **hypothetischen** Einkünften vor. Zu den wirklich erzielten Einkünften gehören der Verdienst aus anderweitiger Arbeit (§ 11 Nr. 1 KSchG) sowie bestimmte im Nachzahlungszeitraum an den Arbeitnehmer geleistete öffentlich-rechtliche Beträge (§ 11 Nr. 3 KSchG). Als besondere Ausprägung des Grundsatzes von Treu und Glauben schreibt das Gesetz im Falle des böswilligen Unterlassens anderweitiger Erwerbsarbeit die Anrechnung fiktiver Einkünfte vor (§ 11 Nr. 2 KSchG). Im Unterschied zu § 615 S. 2 BGB, welcher Bestimmung § 11 KSchG als die **speziellere** Norm vorgeht (*BAG* 6.9.1990 EzA § 615 BGB Nr. 67; 24.9.2003 EzA § 615 BGB 2002 Nr. 4; BBDW-*Dörner* Rz 1; vgl. ErfK-*Preis* § 615 BGB Rz 88), schreibt § 11 KSchG nicht die Anrechnung desjenigen vor, was der Arbeitnehmer durch das Unterbleiben der Arbeitsleistung **erspart** (vgl. i.E. Rz 50). Die Frage, ob bei einer **Freistellung** und Fortzahlung der Arbeitsvergütung eine Anrechnung in Betracht kommt, ist strittig (*LAG Bra.* 17.3.1998 RzK I 13 a Nr. 52: **nein**; *LAG SchlH* 20.2.1997 RzK I 13 a Nr. 50: **ja**; dafür wohl auch *Thür. LAG* 21.11.2000 LAGE § 615 BGB Nr. 62). Entscheidend dürfte die Auslegung der Parteiabrede sein: Wem die Freistellung unter Fortzahlung der Vergütung zugesagt ist, richtet sich im Zweifel nicht auf eine Anrechnung, zumindest nicht hypothetisch möglichen Verdienstes, ein.

1. Anrechnung anderweitigen Verdienstes

32 Auf den Nachzahlungsanspruch (vgl. Rz 8–30) hat sich der Arbeitnehmer **anrechnen** zu lassen, was er durch anderweitige Arbeit verdient hat (§ 11 Nr. 1 KSchG). Ungeachtet des nicht völlig identischen Wortlauts **deckt** sich diese Anrechnungsregelung inhaltlich mit der **2. Alt.** des § 615 S. 2 BGB, wonach eine Anrechnung desjenigen vorgeschrieben ist, was der Dienstverpflichtete »durch anderweitige Verwendung seiner Dienste erwirbt«. Die unterschiedliche Terminologie ergibt sich zwangsläufig daraus,

dass § 615 BGB seine Stellung im Rahmen des Dienstvertragsrechts des BGB hat, während § 11 KSchG die vergütungsrechtlichen Folgen einer sozialwidrigen Kündigung regelt.

Der anderweitige Arbeitsverdienst ist auf die vertragsgemäße Vergütung für die **gesamte Dauer** des **Annahmeverzuges** und **nicht** nur auf denjenigen **Zeitabschnitt** anzurechnen, in dem der anderweitige Arbeitsverdienst erzielt worden ist (*BAG* 16.12.1982 – 6 AZR 1193/79 – juris; 1.3.1958 AP Nr. 1 zu § 9 KSchG 1951; 29.7.1993 AP Nr. 52 zu § 615 BGB; 22.11.2005 EzA § 615 BGB 2002 Nr. 10; *Löwisch/Spinner* Rz 10; *Maus* Rz 5b; BBDW-*Dörner* Rz 32; *Staudinger/Richardi* § 615 BGB Rz 144; MünchArbR-*Boewer* § 78 Rz 60; **aA** *Boecken* NJW 1995, 3218 ff.; *Gumpert* BB 1964, 1301; RGRK-BGB/*Matthes* § 615 BGB Rz 86; KDZ-*Zwanziger* Rz 23; *Nübold* RdA 2004, 31 ff.; *ArbG Bln.* 5.5.2004 – 7 Ca 32770/03 –, juris; *LAG Düsseld.* 1.9.2005 LAGE § 615 BGB 2002 Nr. 4). Anrechnungszeitraum und Verzugszeitraum sind zeitlich deckungsgleich. **Unzulässig** ist daher eine Anrechnung nach einzelnen **Zeitabschnitten**. Zeiten, in denen der anderweitige Verdienst den Annahmeverzugslohn übersteigt, führen daher zu einer Minderung des Verzugslohns während der übrigen Zeit (MünchArbR-*Boewer* aaO; s.a. Rz 62). Dies rechtfertigt sich daraus, dass das Gesetz nur auf »die Zeit nach der Entlassung« abstellt (so zutr. BBDW-*Dörner* Rz 32). Soweit Einkünfte erst **nach Beendigung des Annahmeverzuges** erzielt werden, die auf Tätigkeiten im Verzugszeitraum **beruhen**, sind diese (ggf. **anteilig**) anzurechnen (*BAG* 16.6.2004 EzA § 615 BGB 2002 Nr. 7). 33

Der Umfang der Anrechnung bestimmt sich nach der für den Arbeitnehmer maßgebenden **Arbeitszeit**. Anzurechnen ist daher nur derjenige Verdienst, den der Arbeitnehmer durch die Verwendung **desjenigen** Teils der **Arbeitskraft** erzielt hat, den er sonst zur Erfüllung seiner Arbeitspflicht benötigt hätte (allg. Ansicht: vgl. *Löwisch/Spinner* Rz 9; *v. Hoyningen-Huene/Linck* Rz 11). Der **teilzeitbeschäftigte** Arbeitnehmer muss sich nicht jeden im Verzugszeitraum anderweitig erzielten Verdienst anrechnen lassen, sondern nur einen solchen, der **kausal** durch das Freiwerden der Arbeitskraft ermöglicht worden ist (*BAG* 6.9.1990 EzA § 615 BGB Nr. 67; zust. *Wertheimer* EWiR 1991, 397). Anhaltspunkte können sich sowohl aus objektiven als auch aus subjektiven Umständen ergeben (*BAG* 6.9.1990 EzA § 615 BGB Nr. 67; **krit.** zu der vom *BAG* zu Lasten des Arbeitgebers getroffenen Beweislastentscheidung *Ackmann* SAE 1991, 222). Handelt es sich bei dem **Nachzahlungsanspruch** – wie idR – um eine **Bruttoforderung**, ist **diese** das Anrechnungssubstrat. Ist der **anderweitige Verdienst** seinerseits **brutto** geschuldet, ist der **Bruttobetrag** anzurechnen, und zwar auch auf eine etwaige **Netto**-Nachforderung. 34

Als **anderweitige Arbeit** iSd § 11 Nr. 1 KSchG ist in erster Linie eine **Arbeitsleistung** im Rahmen eines anderweitigen **Arbeits- oder Dienstverhältnisses** zu verstehen. Dabei ist es unerheblich, ob es sich hierbei um gleichartige oder andersartige Arbeit handelt. Einkünfte aus **Nebenbeschäftigungen** sind jedoch nur dann anzurechnen, wenn der Arbeitnehmer diese Tätigkeiten im Falle der Weiterbeschäftigung nicht hätte erbringen können (*BAG* 6.9.1990 NZA 1991, 221; *Staudinger/Richardi* § 615 BGB Rz 146; *Gumpert* BB 1964, 1300; *Löwisch/Spinner* Rz 9; *v. Hoyningen-Huene/Linck* Rz 11; wohl auch *Erman/Belling* § 615 BGB Rz 42). Anzurechnen sind auch Einkünfte aus **Gefälligkeitsarbeiten** (zB entgeltliche Dienstleistungen bei Verwandten oder Nachbarn), sofern der Arbeitnehmer diese Tätigkeiten nur infolge der Nichtbeschäftigung beim Arbeitgeber zeitlich verrichten konnte. Auch eine **selbständige Gewerbe- oder Berufstätigkeit** fällt unter den Begriff der »anderweitigen Arbeit« (allg. Ansicht: vgl. etwa *Gumpert* aaO; *Löwisch/Spinner* Rz 8; *v. Hoyningen-Huene/Linck* Rz 12; BBDW-*Dörner* Rz 29). Anzurechnen ist jedoch in dem zuletzt genannten Fall nicht der gesamte im Nachzahlungszeitraum erzielte Unternehmergewinn, sondern nur derjenige Anteil, der wertmäßig auf die im eigenen Unternehmen erbrachten Arbeitsleistungen entfällt, und zwar unter Zugrundelegung der für den Fall der Weiterbeschäftigung maßgeblichen Arbeitszeit (*LAG Düsseld.* 22.5.1968 DB 1968, 1182). Eine **kapitalmäßige Beteiligung** an einem **Unternehmen** – ohne jegliche eigene Mitarbeit – stellt dagegen **keine** »anderweitige Arbeit« iSd § 11 KSchG dar. Es kann jedoch uU ein widersprüchliches Verhalten und damit eine unzulässige Rechtsausübung vorliegen, wenn der Arbeitnehmer durch die **Verwaltung** seines **eigenen Vermögens voll ausgefüllt** ist und gleichwohl vom Arbeitgeber die Nachzahlung des entgangenen Verdienstes verlangt (*BAG* 27.3.1974 EzA § 615 BGB Nr. 22). 35

Eine Anrechnung ist nur dann möglich, wenn der Arbeitnehmer durch die anderweitige Arbeit einen **Verdienst** erzielt. Unter diesen Begriff fallen **alle Leistungen mit Entgeltcharakter** (zB Gehalt, Fixum, Akkord- oder Stundenlohn, Prämien sowie Leistungszulagen). Auch Provisionen (vgl. *LAG Düsseld.* 5.3.1970 DB 1970, 1277) und die von einem anderen Arbeitgeber erbrachte Urlaubsabgeltung (*LAG Hamm* 25.11.1996 ZTR 1997, 97) sind anzurechnen. Nicht anzurechnen sind alle Arbeitsleistungen, die unentgeltlich (zB als Familien- oder Nachbarschaftshilfe) vom Arbeitnehmer im Nachzahlungszeit- 36 raum erbracht wurden. Dies gilt ebenso, wenn der Arbeitnehmer seine Arbeitskraft im eigenen Haushalt einsetzt (vgl. *LAG Düsseld.* 25.10.1955 BB 1956, 305, sowie *Gumpert* BB 1964, 1300).

37 Als Verdienst ist nur derjenige Betrag anzusehen, der dem Vermögen des Arbeitnehmers unter **Abzug der notwendigen Aufwendungen zufließt** (allg. Ansicht: vgl. *Schaub* Annahmeverzug Rz 75, 76; *Gumpert* BB 1964, 1300). Hierzu zählen insbes. Kosten für die Fahrt zur anderen Arbeitsstätte sowie für die Anschaffung von Werkzeugen und sonstigen Arbeitsmitteln. Zur Frage der Anrechnung von ersparten Aufwendungen vgl. Rz 50.

38 Da der Arbeitgeber idR keinen Einblick in die Lebens- und Vermögensverhältnisse des Arbeitnehmers hat, ist er zumeist außerstande, über den anderweitigen Verdienst Angaben zu machen. Dem Arbeitgeber steht daher über die **Höhe** eines anderweitigen Verdienstes ein **Auskunftsanspruch** gegenüber dem Arbeitnehmer zu. Dies folgt auf einer entsprechenden Anwendung des § 74c Abs. 2 HGB (vgl. *BAG* 27.3.1974 EzA § 615 BGB Nr. 22; 19.7.1978 EzA § 242 BGB Auskunftspflicht Nr. 1). Der Auskunftsanspruch ist **selbständig einklagbar** und kann in dem Verzugsprozess vom Arbeitgeber **widerklagend** geltend gemacht werden (*BAG* 29.7.1993 AP Nr. 52 zu § 615 BGB). Besteht Grund zu der Annahme, dass die Angaben des Arbeitnehmers über die Höhe seines Zwischenverdienstes unvollständig sind, hat der Arbeitgeber gegen den Arbeitnehmer einen **Anspruch auf Abgabe einer eidesstattlichen Versicherung** (*BAG* 29.7.1993 aaO). **Kritisch** zu dieser Entscheidung *Gravenhorst* Anm. EzA § 615 BGB Nr. 79. Da sich die Auskunftspflicht des Arbeitnehmers nur auf die **Höhe** eines anderweitigen Verdienstes bezieht, ist der Arbeitgeber für die **sonstigen** Voraussetzungen des § 615 S. 2 BGB in vollem Umfange **darlegungs- und beweispflichtig** (vgl. *BAG* 14.8.1974 EzA § 615 BGB Nr. 26; 19.7.1978 EzA § 242 BGB Auskunftspflicht Nr. 1; 6.9.1990 AP Nr. 47 zu § 615 BGB; *LAG Bln.* 3.8.1983 BB 1984, 1097; **aA** *Gravenhorst* Anm. EzA § 615 BGB Nr. 79; *Koller* SAE 1979, 136, 137; *Klein* NZA 1998, 1208; *Thür. LAG* 21.11.2000 LAGE § 615 BGB Nr. 62 m. zust. Anm. *Gravenhorst*). Hat der Arbeitnehmer anrechenbare Einkünfte aus selbständiger unternehmerischer Tätigkeit erzielt, so genügt er dem Auskunftsanspruch, wenn er **anbietet,** seinen **Einkommensteuerbescheid** vorzulegen. **Einsicht** in die **Bilanz** nebst **Gewinn-** und **Verlustrechnung** kann der Arbeitgeber dagegen **nicht** verlangen (*BAG* 25.2.1975 EzA § 74c HGB Nr. 15). Auf einen entsprechenden **Beweisantrag** des Arbeitgebers können **Steuerunterlagen** des Arbeitnehmers nur dann beigezogen werden, wenn der Arbeitnehmer das **Finanzamt** von der Verpflichtung zur Wahrung des Steuergeheimnisses **entbindet** (*BAG* 14.8.1974 AP Nr. 3 zu § 13 KSchG 1969). Solange der Arbeitnehmer die geschuldete Auskunft nicht erteilt hat, kann der Arbeitgeber Entgeltfortzahlungen aus Annahmeverzug **verweigern.** Ist die Auskunft nur unvollständig, kommt nur die Verpflichtung des Arbeitnehmers zur Abgabe einer eidesstattlichen Versicherung in Betracht (*v. Hoyningen-Huene/Linck* Rz 12a). Eine Verurteilung **Zug um Zug** scheidet aus (vgl. *BAG* 19.7.1978 EzA § 242 BGB Auskunftspflicht Nr. 1; 29.7.1993 aaO; 19.3.2002 EzA § 615 BGB Nr. 108). Denn der Umfang der Leistungspflicht des Arbeitgebers ist ohne die vorherige Auskunft des Arbeitnehmers nicht **bestimmbar** (*MünchArbR-Boewer* § 78 Rz 62). Hat der Arbeitgeber in Unkenntnis eines anderweitigen Verdienstes die volle Vergütung nachgezahlt, so steht ihm gem. § 812 Abs. 1 BGB ein Bereicherungsanspruch zu (vgl. allg. zur Rückzahlung von Arbeitsentgelt in zivil-, steuer- und sozialversicherungsrechtlicher Sicht *Groß* ZIP 1987, 5). Dies gilt auch dann, wenn der Arbeitgeber zur Zahlung der Vergütung aus § 615 S. 1 BGB bereits rechtskräftig verurteilt ist und erst jetzt von anrechenbarem Zwischenverdienst erfährt (*BAG* 29.7.1993 aaO; wie hier *Knorr/Bichlmeier/Kremhelmer* Kap. 14 Rz 182; *Löwisch/Spinner* Rz 11; **aA** *Gravenhorst* aaO; *BBDW-Dörner* Rz 36). Nach der **Gegenmeinung** ist die Auffassung des *BAG* nicht mit § 767 Abs. 2 ZPO in Einklang zu bringen. **Gegen sie spricht** jedoch, dass Streitgegenstand der Vollstreckungsgegenklage nach § 767 ZPO nach hM die Unzulässigkeit der Zwangsvollstreckung aus dem Titel ist (*Thomas/Putzo* § 767 Rz 3), worum es bei der klageweisen Verfolgung des Bereicherungsanspruches jedoch nicht geht. Mangels Anwendbarkeit des § 767 ZPO auf den in Rede stehenden Sachverhalt ist es übrigens auch unerheblich, ob die »Anrechnung« nach Abs. 2 ZPO jener Vorschrift, ähnlich wie bei einer Aufrechnung (zum Streitstand bei der Aufrechnung *Thomas/Putzo* § 767 Rz 22a) – wie nicht – präkludiert wäre. Die vollständige Anrechnung des gesamten anderweitigen Erwerbs setzt regelmäßig die **Beendigung** des Annahmeverzugs voraus. Dauert der Annahmeverzug zur Zeit der Entscheidung über eine Vergütungsklage des Arbeitnehmers noch an, kann der Arbeitgeber **nur Auskunft** über die Höhe des anderweitigen Verdienstes aus den Zeitabschnitten verlangen, für die der Arbeitnehmer fortlaufend seit Beginn des Annahmeverzuges Entgelt geltend gemacht hat (*BAG* 24.8.1999 EzA § 615 BGB Nr. 96).

38a Wird der Arbeitnehmer nach Ausspruch einer Kündigung unter Fortzahlung der vereinbarten Vergütung bis zum Ablauf der Kündigungsfrist **beurlaubt,** ohne die Anrechnungsfrage mitzuregeln, muss er sich innerhalb dieses Zeitraums anderweitig erzielten Verdienst anrechnen lassen, weil der Arbeitgeber insoweit lediglich die Folgen des Annahmeverzuges auf sich nehmen will (*BAG* 6.2.1964 AP Nr. 24 zu § 615 BGB; MünchArbR-*Boewer* § 78 Rz 57; **aA** *LAG Hamm* 27.2.1991 LAGE § 615 BGB Nr. 26; *LAG Köln* 21.8.1991 NZA 1992, 123).

2. Anrechnung hypothetischer Einkünfte

Der Arbeitnehmer hat sich auf den Nachzahlungsanspruch auch dasjenige anrechnen zu lassen, was 39 er hätte verdienen **können**, wenn er es nicht **böswillig** unterlassen hätte, eine ihm zumutbare Arbeit anzunehmen (§ 11 Nr. 2 KSchG). Von der allgemeinen Anrechnungsbestimmung des § 615 S. 2 3. Alt. BGB **unterscheidet** sich die Vorschrift lediglich durch die Verwendung des **Zumutbarkeitsmerkmals**. Hierin liegt aber **kein sachlicher Unterschied**, da auch im Rahmen des § 615 S. 2 BGB zu prüfen ist, ob dem Arbeitnehmer nach Treu und Glauben (§ 242 BGB) sowie unter Beachtung des Grundrechts auf freie Arbeitsplatzwahl (Art. 12 GG) die Aufnahme einer anderweitigen Arbeit zumutbar ist (allg. Ansicht; vgl. etwa *v. Hoyningen-Huene/Linck* Rz 13; *Schaub* Annahmeverzug Rz 77 f.; *BAG* 18.6.1965 AP Nr. 2 zu § 615 BGB Böswilligkeit).

Da das Gesetz eine Anrechnung von hypothetischen Einkünften nur im Falle eines **böswilligen Un-** 40 **terlassens** anderweitiger Arbeitsaufnahme anordnet, ist davon auszugehen, dass der Arbeitnehmer während der Dauer des Kündigungsrechtsstreits grds. **nicht** dazu verpflichtet ist, sich um einen anderweitigen Dauerarbeitsplatz zu bemühen (MünchKomm-*Henssler* § 615 BGB Rz 76). Dagegen ist er idR gehalten, sich unverzüglich bei der zuständigen **Agentur für Arbeit** als **Arbeitsuchender** zu melden, es sei denn, er hat zB die Absicht, während des Kündigungsrechtsstreits eine selbständige Berufs- oder Erwerbstätigkeit auszuüben (*Löwisch/Spinner* Rz 13; MünchKomm-*Henssler* § 615 BGB Rz 75;vgl. HWK-*Krause* § 615 BGB Rz 101; *Erman/Belling* § 615 BGB Rz 46; MünchKomm-*Hergenröder* Rz 28; **aA** *LAG Brem.* 4.11.1964 DB 1965, 74). Die **gegenteilige** Ansicht nunmehr auch des *BAG* (16.5.2000 EzA § 615 BGB Nr. 99; **zust.** *Glatzel* AR-Blattei ES 80 Nr. 52; *Koppenfels* SAE 2001, 140, 141 ff.; **abl.** *Oppolony* Anm. AP Nr. 7 zu § 615 BGB Böswilliges Unterlassen; wohl auch *Spirolke* NZA 2001, 707, 712), wonach keine Obliegenheit zu Eigenanstrengungen bestehe, überzeugt deshalb nicht, weil das Gericht selbst auf das Untätigbleiben des Arbeitnehmers als Anrechnungsvoraussetzung abstellt; eben darum geht es aber. Gegenteiliges lässt sich auch nicht aus Art. 12 GG begründen, weil die Meldung (oder ein Antrag auf Arbeitslosengeld) nicht zur Nutzung einer nachgewiesenen Arbeitsmöglichkeit zwingen (s.a. Rz 42). Die Rspr. könnte durch die Meldepflicht und die Folgen ihrer Verletzung nach §§ 37b, 140 SGB III aF, 144 Abs. 1 S. 2 Nr. 7, Abs. 6 SGB III nF überholt sein (*Linck/Heffner* AuA 2003, 24; *Bayreuther* NZA 2003, 1365, 1366 ff.; HWK-*Krause* § 615 BGB Rz 101; BBDW-*Dörner* Rz 41a; MünchKomm-*Hergenröder* Rz 28; **aA** *Opolony* BB 2004, 1386, 1388; *Ricken* NZA 2005, 323, 327: keine arbeitsrechtliche Obliegenheit, Relevanz erst bei Beendigung des Arbeitsverhältnisses). Ein böswilliges Unterlassen liegt idR dann vor, wenn dem Arbeitnehmer ein Vorwurf dahin gemacht werden kann, dass er während des Annahmeverzuges trotz Kenntnis aller objektiven Umstände – Arbeitsmöglichkeit, Zumutbarkeit und Nachteilsfolgen für den Arbeitgeber – vorsätzlich untätig geblieben ist oder die Arbeitsaufnahme verhindert hat (*BAG* 18.6.1965 AP Nr. 2 zu § 615 BGB Böswilligkeit; 24.10.1972 EzA § 75d HGB Nr. 5; *LAG Frankf.* 17.1.1980 BB 1980, 1050; *v. Hoyningen-Huene/Linck* Rz 15; *Maus* Rz 7; *Monjau/Heimeier* Rz 3). Eine **Schädigungsabsicht** ist **nicht** erforderlich (*BAG* 18.10.1958 EzA § 615 BGB Nr. 2; *Löwisch/Spinner* Rz 12; *v. Hoyningen-Huene/Linck* Rz 14; **aA** *Maus* Rz 8); es reicht aus, wenn der Arbeitnehmer in dem Bewusstsein einer Schadenszufügung eine zumutbare anderweitige Arbeit ablehnt (ebenso *v. Hoyningen-Huene/Linck* aaO). Eine auf Fahrlässigkeit beruhende Unkenntnis von den objektiven Umständen (Arbeitsmöglichkeit, Zumutbarkeit der Arbeit und Nachteilsfolgen für den Arbeitgeber) genügt nicht. Bei der Frage der Böswilligkeit ist auch zu berücksichtigen, ob ein Arbeitnehmer bei Begründung eines anderweitigen Dauerarbeitsverhältnisses voraussichtlich sein **Amt als Betriebsratsmitglied** verlieren würde (vgl. *LAG Frankf.* 17.1.1980 aaO; *Schaub* Annahmeverzug Rz 78). Wird dem Arbeitnehmer (zB während der Kündigungsfrist) vom Arbeitgeber unter **Überschreitung** des **Direktionsrechts** eine Arbeit zugewiesen, so unterlässt der Arbeitnehmer nicht böswillig die anderweitige Verwendung seiner Arbeitskraft, wenn er es ablehnt, diese Arbeit zu verrichten (*BAG* 3.12.1980 EzA § 615 BGB Nr. 39). Erst recht nicht, wenn ihn der Arbeitgeber im unbestritten fortbestehenden Arbeitsverhältnis einseitig freistellt (*LAG Köln* 27.4.2005 LAGE § 615 BGB 2002 Nr. 3). Ein vorübergehender **Auslandsaufenthalt** stellt noch kein böswilliges Unterlassen dar. Es muss vielmehr hinzukommen, dass in dieser Zeit zumutbare Arbeitsmöglichkeiten vorhanden gewesen sind, die wegen des Auslandsaufenthaltes nicht genutzt werden konnten (*BAG* 11.7.1985 EzA § 615 BGB Nr. 52; zum Annahmeverzug des Arbeitgebers bei Auslandsaufenthalt des Arbeitnehmers vgl. auch *LAG Bln.* 19.12.1983 NZA 1983, 125; *LAG Hamm*

§ 11 KSchG   Anrechnung auf entgangenen Zwischenverdienst

18.10.1985 DB 1986, 1394). Der Annahme eines böswilligen Unterlassens kann entgegenstehen, dass der Arbeitnehmer während des Annahmeverzuges vorbereitende Arbeiten für eine selbständige Berufsausübung aufnimmt (*BAG* 16.6.2004 EzA § 615 BGB 2002 Nr. 7).

41 Die Annahme einer anderweitigen Arbeitsmöglichkeit setzt voraus, dass der Arbeitnehmer aufgrund seiner persönlichen und fachlichen Eignung eine sichere Aussicht auf Erhalt einer anderweitigen Arbeitsstelle hatte. Erforderlich ist weiterhin das Vorliegen eines ernsthaften Arbeitsangebots (vgl. *Maus* Rz 7). Der allgemeine Hinweis des Arbeitgebers, es seien für den Arbeitnehmer auf dem Arbeitsmarkt freie Stellen vorhanden, reicht **nicht** aus. Ein Arbeitnehmer ist im Übrigen grds. berechtigt, an Stelle der Aufnahme einer anderweitigen abhängigen Tätigkeit den Aufbau eines eigenen Unternehmens zu versuchen (*BAG* 18.1.1963 EzA § 615 BGB Nr. 5; 16.6.2004 EzA § 615 BGB 2002 Nr. 7). Ein **Unterlassen** der Aufnahme einer selbständigen Tätigkeit vorgeworfen werden kann aber nur, wenn sie sich aufgedrängt hat und der Arbeitnehmer subjektiv und objektiv dazu in der Lage ist (also bspw. über die berufsrechtlichen Voraussetzungen – Arzt, Rechtsanwalt – verfügt; zur Berechnung der Einkünfte: *Reufels/Schmülling* ArbRB 2004, 88, 89 f.). Die Vorschrift des § 615 S. 2 BGB ist zwar in erster Linie auf Dienstleistungen zugeschnitten, die **nicht** beim bisherigen Arbeitgeber erbracht werden sollen. Nach Sinn und Zweck der Vorschrift kann es aber keinen rechtlichen Unterschied machen, ob die Möglichkeit zur (zumutbaren) anderen Tätigkeit bei einem Dritten oder bei dem **bisherigen** Arbeitgeber bestanden hat (*BAG* 21.5.1981 EzA § 615 BGB Nr. 40; 7.11.2002 EzA § 615 BGB 2002 Nr. 1). **Bietet** der seitherige Arbeitgeber dem Arbeitnehmer für die Dauer des Kündigungsrechtsstreits ein **befristetes** oder ein **auflösend bedingtes Arbeitsverhältnis** an, so kann die Ablehnung eines solchen Angebots durch den Arbeitnehmer uU ein böswilliges Unterlassen iSd § 615 S. 2 BGB darstellen (*BAG* 14. 11.1985 EzA § 615 BGB Nr. 46; nach *BAG* 13.7.2005 AP Nr. 112 zu § 615 BGB soll es dann schon an der **Leistungsbereitschaft** des Arbeitnehmers fehlen, wenn dieser die Arbeitsaufnahme von einem Verzicht auf die Wirkungen der Kündigung abhängig macht. Den Abschluss einer schriftlichen Vereinbarung über die Befristung [§ 14 Abs. 4 TzBfG] kann der Arbeitnehmer nicht verweigern, *LAG Nds.* 30.9.2003 AuA 2004, 50). **Entsprechendes** gilt, wenn der Arbeitnehmer **einerseits** die **vorläufige Weiterbeschäftigung** zu den bisherigen Bedingungen verlangt oder beantragt, andererseits aber das entsprechende Angebot des Arbeitgebers ablehnt (*LAG Köln* 14.12.1995 AP Nr. 6 zu § 615 BGB Böswilligkeit = LAGE § 615 BGB Nr. 45; *LAG München* 9.5.2001 LAGE § 615 BGB Nr. 63), dass sich auf einen erstrittenen Prozessbeschäftigungsanspruch beziehen kann (*BAG* 24.9.2003 EzA § 615 BGB 2002 Nr. 4; krit. *Wank* Anm. AP Nr. 4 zu § 11 KSchG 1969: schon kein Annahmeverzug). **Nicht** muss er einen **Weiterbeschäftigungstitel** vollstrecken (*BAG* 22.2.2000 EzA § 615 BGB Nr. 97). Bei einem **Widerspruch** gegen den Übergang des Arbeitsverhältnisses bei **Betriebsinhaberwechsel** muss ggf. der beim Erwerber erzielbar gewesene Lohn angerechnet werden (*BAG* 19.3.1998 EzA § 613a BGB Nr. 163).

42 Die Frage, ob dem Arbeitnehmer die Annahme einer bestimmten anderweitigen Arbeit **zumutbar** ist, richtet sich nach den **Umständen** des **Einzelfalles.** Bei der Prüfung sind das dem Arbeitnehmer gem. Art. 12 GG zustehende Grundrecht der freien Arbeitsplatzwahl sowie der Grundsatz von Treu und Glauben zu beachten (*BAG* 3.12.1980 EzA § 615 BGB Nr. 39; 18.10.1958 EzA § 615 BGB Nr. 2). Die Unzumutbarkeit kann sich – abstrakt gesprochen – aus der **Person des Arbeitgebers,** der **Art der Arbeit** oder **sonstigen Arbeitsbedingungen** ergeben (*BAG* 19.3.1998 NZA 1998, 750). Es ist dem Arbeitnehmer idR nicht zuzumuten, sich während des Kündigungsrechtsstreits um die Begründung eines anderweitigen **Dauerarbeitsverhältnisses** zu bemühen, das ihm die Rückkehr an den bisherigen Arbeitsplatz erschweren könnte (*BAG* 18.6.1965 BB 1965, 1970; *LAG Frankf.* 17.1.1980 BB 1980, 1050). Dies gilt insbes. dann, wenn er sich durch die Vereinbarung langer Kündigungsfristen **binden** müsste (vgl. *A. Hueck* Anm. zu *BAG* AP Nr. 2 zu § 615 BGB Böswilligkeit). Auch wird nicht zum Vorwurf gemacht werden können, dass bei Kündigung mit **unzureichender Frist** bis zum Ablauf der wirklichen Frist anderweitige Arbeitsaufnahme abgelehnt wird, insbes. wenn sich der Arbeitnehmer dem Vorwurf **unerlaubten Wettbewerbes** aussetzen könnte. Dies gilt auch bei Streit um die **Wirksamkeit** der Kündigung. Unzumutbar ist dem Arbeitnehmer weiterhin die Aufnahme einer **geringerwertigen Beschäftigung** oder die **Übernahme** einer **weitaus schlechter bezahlten Arbeit** (vgl. MünchKomm-*Henssler* § 615 BGB Rz 76). Die Unzumutbarkeit kann sich auch aus einer **Statusverschlechterung** ergeben. Ein Angestellter kann daher die Übernahme einer Arbeitertätigkeit ablehnen (*Löwisch/Spinner* Rz 15). Die Ausübung einer **Aushilfstätigkeit** ist dem Arbeitnehmer dagegen idR dann **zumutbar**, wenn er in der Vergangenheit bereits wiederholt in einer derartigen Weise erwerbstätig war (zB als Mitarbeiter von Zeitarbeitsunternehmen). Eine **teilweise Beschäftigung** muss wegen § 266 BGB nicht angenommen werden (*Löwisch/Spinner* Rz 14). **Die Unzumutbarkeit kann sich im Übrigen aus den folgenden Umständen ergeben:** Unterschied in der Vergütungsform (zB Akkord- und Zeitlohnvergütung) – nicht

aber, wenn verminderte Vergütung im Wege der **Änderungskündigung** angesonnen und eben darüber gestritten wird (vgl. *BAG* 16.6.2004 EzA § 615 BGB 2002 Nr. 7; für Einzelfallprüfung bei Verdiensteinbußen *LAG Nds.* 18.1.2006 NZA-RR 2006, 349); Dauer und Lage der Arbeitszeit; Umfang der anfallenden Über- oder Mehrarbeit; Ort der Tätigkeit (zB Notwendigkeit eines Umzuges; Fahrtzeiten); Art und Umfang der Sozialleistungen, Größe des Unternehmens; Gefährlichkeit der Arbeit. **Zumutbar** ist in Sonderheit im Falle eines Betriebsüberganges die Weiterarbeit am selben Arbeitsplatz mit derselben Tätigkeit und zu den selben Arbeitsbedingungen (vgl. *BAG* 19.3.1998 aaO). Die Arbeit bei dem **bisherigen** Arbeitgeber soll nach *BAG* 11.1.2006 (EzA § 615 BGB 2002 Nr. 11) nur zumutbar sein, wenn sie auf den Erwerb von Zwischenverdienst gerichtet ist; auf eine dauerhafte Änderung des Arbeitsvertrages brauche sich der Arbeitnehmer nicht einzulassen. **Nicht** zugemutet werden kann die Erwartung von **Schikanen** oder die Hinnahme einer **rechtswidrigen** (etwa **ohne Beteiligung** des Betriebsrates erfolgten) **Versetzung** (vgl. *BAG* 7.11.2002 EzA § 615 BGB 2002 Nr. 1).

3. Anrechnung öffentlich-rechtlicher Leistungen

Hat der Arbeitnehmer im Nachzahlungszeitraum infolge Arbeitslosigkeit **öffentlich-rechtliche Leistungen** aus der Sozialversicherung, der Arbeitslosenversicherung, der Sicherung des Lebensunterhaltes nach dem SGB II (bis 31.12.2004: Arbeitslosenhilfe; s. Fußnote zum Text des § 11 KSchG am Anfang dieser Kommentierung) – Arbeitslosengeld II, Sozialgeld – oder der Sozialhilfe erhalten, so sind diese Beträge auf den Nachzahlungsanspruch anzurechnen (§ 11 Nr. 3 KSchG). Zur Bedeutung des § 11 Nr. 3 KSchG für den **Beitragsausgleich** vgl. KR-*Wolff* SozR Rz 119 gegen *BAG* 9.4.1981 EzA § 11 KSchG Nr. 3, welches auch den Abzug von **Beiträgen** zulässt, obzwar dies keine »Leistungen« sind. Zu **verzinsen** ist lediglich der um gezahltes Arbeitslosen- oder Unterhaltsgeld einschließlich der durch die *Bundesagentur für Arbeit* gezahlten Arbeitnehmeranteile zur Sozialversicherung geminderte Vergütungsanspruch (*BAG* 13.6.2002 AP Nr. 97 zu § 615 BGB). Anzurechnen ist der »**Nettobetrag**« des Arbeitslosengeldes (*BAG* 24.9.2003 EzA § 615 BGB Nr. 3). Bezieht der Arbeitnehmer während des Annahmeverzuges des Arbeitgebers Arbeitslosengeld **und unterlässt er zugleich einen ihm zumutbaren Erwerb**, hat eine **proportionale Zuordnung** der Anrechnung nach § 11 S. 1 Nr. 2 **und** 3 KSchG zu erfolgen (*BAG* 11.1.2006 EzA § 615 BGB 2002 Nr. 10).

Als anzurechnende Leistungen aus der Sozialversicherung, die »**infolge Arbeitslosigkeit**« gewährt worden sind, kommen insbes. die vorgezogene Altersrente wegen Arbeitslosigkeit oder Altersteilzeitarbeit (§ 237 SGB VI) und die wegen Arbeitslosigkeit erhöhte Rente aus der gesetzlichen Unfallversicherung (§ 58 SGB VII) in Betracht. Für diese beiden Leistungsarten fehlte bis zum Inkrafttreten des § 115 Abs. 1 SGB X (1.7.1983) ein spezieller gesetzlicher Forderungsübergang (vgl. *Gagel* Anm. zu *BAG* AP Nr. 1 zu § 11 KSchG 1969), so dass der Arbeitgeber im Falle eines klagestattgebenden Feststellungsurteils nach § 11 Nr. 3 S. 2 KSchG verpflichtet war, dem zuständigen Leistungsträger die erbrachten Leistungen zu erstatten. Seit 1.7.1983 sieht § 115 Abs. 1 SGB X in allen Fällen, in denen der Arbeitgeber den Anspruch des Arbeitnehmers auf Arbeitsentgelt nicht erfüllt und deshalb ein Leistungsträger Sozialleistungen erbracht hat, einen Übergang des Anspruchs des Arbeitnehmers gegen den Arbeitgeber auf den Leistungsträger bis zur Höhe der erbrachten Sozialleistungen vor. Seitdem kommt der Anrechnungs- und damit der Erstattungsregelung des § 11 Nr. 3 S. 1 und 2 KSchG **praktisch keine selbständige Bedeutung mehr zu** (vgl. KR-*Wolff* SozR Rz 122, 123), was der Gesetzgeber aber nicht zum Anlass einer Korrektur genommen hat (vgl. BBDW-*Dörner* Rz 43). Methodisch führt der Wandel der Normsituation nicht ohne weiteres zur Nichtanwendbarkeit der Norm (zu dem Satz »cessante ratione legis cessat lex ipsa« und dessen Herkunft *Larenz* Methodenlehre, S. 351 mN). Nicht »infolge Arbeitslosigkeit« gewährt ist infolge einer **Erkrankung** gezahltes Krankengeld.

§ 140 Abs. 1 SGB III aF bewirkte eine Anrechnung von Entlassungsentschädigungen auf das Arbeitslosengeld bereits dann, wenn die Entschädigung lediglich zu **beanspruchen** war. Da eine Klärung der Anspruchsberechtigung uU erst nach rechtskräftigem Abschluss des Kündigungsrechtsstreits möglich war, wäre es unbillig gewesen, wenn der Arbeitnehmer bis zu diesem Zeitpunkt kein Arbeitslosengeld erhalten hätte. Um diese Folge zu vermeiden, bestimmte § 140 Abs. 4 S. 1 SGB III aF, dass Arbeitslosengeld auch in der Zeit gewährt wird, in der der Arbeitslose die Entlassungsentschädigung tatsächlich nicht erhält. Diese Zahlungen führten aber nicht zu einer Entlastung des Arbeitgebers, weil nach § 115 SGB X, auf den § 140 Abs. 4 S. 2 SGB III verwies, ein gesetzlicher Forderungsübergang zu Gunsten der (jetzt:) *Bundesagentur für Arbeit* in Höhe des an den arbeitslosen Arbeitnehmer gewährten Arbeitslosengeldes eintritt. Nach der übergangsweise fortgeltenden Regelung in § 117 AFG (zu Voraussetzungen und Umfang der Fortgeltung s. KR-*Spilger* § 10 KSchG Rz 95) galt Entsprechendes für die Zeit, für die der Arbeitslose Arbeitsentgelt erhält bzw. zu beanspruchen hat, was zum Ruhen des Anspruches auf Arbeitslosengeld führte (vgl. *Gitter* NJW 1985, 1125), § 117 Abs. 1, Abs. 4 S. 1 AFG aF. Dem § 117 AFG aF entspricht mit einigen Änderungen **mit Wirkung ab 1.4.1999** die Vorschrift des **§ 143a SGB III** (s. KR-*Spilger* § 10 KSchG Rz 100a). Sie betrifft – anders als der aufgehobene § 140 SGB III, der sich nur auf die **Anrechnung** von Entlassungsentschädigungen auf das Arbeitslosengeld bezog – auch den Nachzahlungsanspruch iSd § 11 KSchG insoweit, als der Anspruch auf Arbeitslosengeld **ruht**.

46 Die in Rz 45 dargestellten Grundsätze gelten entsprechend für die früher nach § 190 SGB III aF (bis 31.12.1997: § 134 AFG) zu gewährende Arbeitslosenhilfe. Der gesetzliche Forderungsübergang erfolgte in diesem Falle aber zugunsten des **Bundes** (§ 204 SGB III aF, bis 31.12.1997: § 141 AFG). Die *Bundesagentur für Arbeit* war berechtigt und verpflichtet, die Ansprüche für den *Bund* geltend zu machen.

46a § 115 SGB X gilt auch zugunsten der Träger der Leistungen zur Sicherung des Lebensunterhaltes nach dem SGB II, also das **Arbeitslosengeld II** (§§ 19 ff. SGB II) und das **Sozialgeld** (§§ 28 ff. SGB II), § 33 Abs. 4 SGB II.

47 Erfüllt der Arbeitnehmer nicht die gesetzlichen Voraussetzungen für die Gewährung von Leistungen aus der Renten- oder Arbeitslosenversicherung, so steht ihm nach Maßgabe der Bestimmungen des SGB XII ein Anspruch auf **Sozialhilfe** zu. Diese Leistungen muss sich der Arbeitnehmer auf den Nachzahlungsanspruch anrechnen lassen. Der Arbeitgeber ist seinerseits dazu verpflichtet, die an den Arbeitnehmer im Nachzahlungszeitraum gewährten Leistungen dem Träger der Sozialhilfe zu erstatten (§ 11 Nr. 3 S. 2 KSchG). § 115 SGB X gilt auch für die Leistungen der Sozialhilfe (§ 93 Abs. 4 SGB XII).

48 Ebenso wie in dem Falle eines anderweitigen Verdienstes (vgl. Rz 38) steht dem Arbeitgeber wegen der Vergleichbarkeit der Interessenlage auch hinsichtlich der dem Arbeitnehmer im Nachzahlungszeitraum gewährten öffentlich-rechtlichen Leistungen ein **Auskunftsanspruch** zu (ebenso *v. Hoyningen-Huene/Linck* Rz 19; MünchArbR-*Boewer* § 78 Rz 65; aA BBDW-*Dörner* Rz 44 mit dem Argument, es gehe nicht um eine Einwendung des Arbeitgebers, sondern die vom Arbeitnehmer darzulegende Aktivlegitimation).

49 Die dem Arbeitgeber nach § 11 Nr. 3 S. 2 KSchG obliegende Erstattungspflicht, die mit einem bislang (seit der Geltung des § 115 Abs. 1 SGB X, oben Rz 44) nicht beseitigten (oben Rz 44) **eigenständigen Erstattungsanspruch** (weswegen die Forderungen **nicht** wegen des Ablaufes etwaiger tarifvertraglicher Ausschlussfristen untergehen; die praktische Irrelevanz der Vorschrift [Rz 44] ergibt sich daraus, dass aufgrund Forderungsüberganges nach § 115 SGB X nichts Anrechenbares mehr vorhanden ist, was allein die Erstattungspflicht gem. § 11 Nr. 3 S. 2 KSchG auslösen **könnte**) korrespondiert (*Schaub* Annahmeverzug Rz 87; vgl. ErfK-*Kiel* Rz 12 mN), ändert nichts an der **Rechtsnatur** des Nachzahlungsanspruches (vgl. BAG 17.4.1986 EzA § 615 BGB Nr. 47 sowie Rz 29, 30). Dies gilt ebenso für die Fälle, in denen kraft Gesetzes (vgl. § 115 SGB X, § 33 Abs. 4 SGB II, § 93 Abs. 4 SGB XII) die Forderung auf die jeweils zuständige öffentliche Stelle übergeht. Der Arbeitgeber ist daher dazu berechtigt, den öffentlichen Stellen alle **Einwendungen** und **Einreden entgegenzusetzen,** die ihm gegenüber dem **Arbeitnehmer** zustanden (§§ 412, 404 BGB). Auch eine **Aufrechnung** ist dem Arbeitgeber im Rahmen der §§ 412, 406 BGB möglich. Hat der Arbeitgeber in Unkenntnis der an den Arbeitnehmer gewährten öffentlich-rechtlichen Leistungen die gesamte Vergütung nachgezahlt, so wird er gem. §§ 412, 407 BGB von der ihm obliegenden Erstattungspflicht **befreit**. Um diese Rechtsfolgen auszuschließen, bedarf es einer entsprechenden Überleitungsanzeige seitens der zuständigen Leistungsträger. Zahlt der Arbeitgeber trotz Vorliegens einer Überleitungsanzeige dem Arbeitnehmer versehentlich die volle Vergütung aus, so steht ihm gem. § 812 Abs. 1 BGB ein Bereicherungsanspruch gegenüber dem Arbeitnehmer zu (vgl. *Maus* § 11 Rz 12 sowie allgemein zur Rückzahlung von Arbeitsentgelt *Groß* ZIP 1987, 5).

4. Keine Anrechnung von ersparten Aufwendungen

50 Im Unterschied zu § 615 S. 2 BGB sieht § 11 KSchG keine Anrechnung von ersparten **Aufwendungen** vor (vgl. zur Kritik an der uneinheitlichen Rechtslage: *v. Hoyningen-Huene/Linck* Rz 18). Es handelt sich hierbei um solche Aufwendungen, die dem Arbeitnehmer im Falle der Weiterarbeit entstanden wären (zB Fahrtauslagen, Kosten für die Reinigung von Arbeitskleidung, Mehraufwand für Verpflegung, Telefonkosten). Im Hinblick auf die **Geringfügigkeit** der in Betracht kommenden Beträge hat der Gesetzgeber davon abgesehen, diese Ersparnisse des Arbeitnehmers für anrechnungspflichtig zu erklären (vgl. zur Entstehungsgeschichte RdA 1950, 64, sowie RdA 1951, 64; vgl. auch ErfK-*Kiel* Rz 11).

V. Verfahrensrechtliche Fragen
1. Form der Geltendmachung

Sofern nicht tarifliche Ausschlussfristen eine frühere gerichtliche Geltendmachung erforderlich machen (vgl. Rz 22) und nicht die Gefahr eines Anspruchsverlustes infolge Verjährung (§ 195 BGB) besteht, kann der Arbeitnehmer zunächst den Ausgang des Kündigungsrechtsstreits abwarten und sodann den Nachzahlungsbetrag, sofern mit dem Arbeitgeber keine gütliche Einigung zu erzielen ist, gesondert einklagen. Dabei ist zu beachten, dass nach der Ansicht des *BAG* zum **alten** Verjährungsrecht (1.2.1960 und 29.5.1961 EzA § 209 BGB Nr. 2 und 1; 7.11.1991 AP Nr. 6 zu § 209 BGB) die Kündigungsschutzklage den Lauf der Verjährungsfrist nicht unterbricht (**aA** *Becker/Bader* BB 1981, 1709, 1713 mwN sowie **hier** Rz 22a). Soweit Tarifverträge Ausschlussfristen für die gerichtliche Geltendmachung von Ansprüchen vorsehen, werden diese Fristen durch die Erhebung einer Kündigungsschutzklage nicht gewahrt (*BAG* 4.5.1977 EzA § 4 TVG Ausschlussfristen Nr. 31; 22.2.1978 EzA § 4 TVG Ausschlussfristen Nr. 33; 18.12.1984 EzA § 4 TVG Ausschlussfristen Nr. 63; aA *Becker/Bader* BB 1981, 1710, sowie **hier** Rz 22a). Nach der Rechtsprechung des *BAG* (aaO) ist der Arbeitnehmer beim Vorliegen entsprechender tariflicher Regelungen oder bei drohender Verjährung dazu gezwungen, Entgeltansprüche aus Annahmeverzug uU **vor** dem rechtskräftigen Abschluss des Kündigungsrechtsstreits im Wege einer objektiven Klagenhäufung gerichtlich geltend zu machen. Wegen des nur schwer vorauszusehenden Umfanges der Anrechnung erfordert der zuletzt genannte prozessuale Weg eine **fortlaufende Anpassung** an die materielle Rechtslage (zB mittels Klageerweiterung bzgl. der jeweiligen Vergütungsabschnitte oder ggf. mittels teilweiser Klagerücknahme in den Fällen eines nachträglich bekannt gewordenen Anrechnungspostens). 51

Diese prozessualen Besonderheiten bestehen ebenfalls bei einer vor rechtskräftigem Abschluss des Kündigungsrechtsstreits erhobenen gesonderten Leistungsklage. Bei Vorliegen der **Voraussetzungen** des **§ 259 ZPO** kann auch Klage auf künftige Lohnzahlungen erhoben werden (vgl. *BAG* 26.6.1959 und 29.7.1960 AP Nr. 1 und 2 zu § 259 ZPO; *Vossen* DB 1985, 385 und 439). Bei noch nicht fälligen Lohnansprüchen kann auch gem. § 256 ZPO eine Feststellungsklage erhoben werden. Die Zulässigkeit einer Klage nach § 259 ZPO schließt das **Rechtsschutzbedürfnis** für eine Feststellungsklage nach § 256 ZPO nicht aus (ebenso i.E. *Thomas/Putzo-Reichold* § 259 Rz 6). War die Feststellungsklage zum Zeitpunkt der Klageerhebung zulässig, so braucht der Arbeitnehmer auch **nicht** später zur **Leistungsklage** überzugehen (vgl. *BGH* LM Nr. 5 zu § 256 ZPO). Einer Klage nach § 259 ZPO, die sich auf § 615 BGB stützt, steht auch nicht entgegen, dass sich **Leistungswille** und **Leistungsfähigkeit** im Allgemeinen nur für Zeiträume feststellen ließen, die **vor** der letzten mündlichen Verhandlung über Ansprüche aus § 615 BGB liegen (**so aber** *BAG* 18.12.1974 AP Nr. 30 zu § 615 BGB; 20.12.1976 AP Nr. 1 zu § 18 SchwbG). **Andernfalls** wäre die **Tragweite** der **gesetzgeberischen Entscheidung** des **§ 259 ZPO** verkannt (*Zeuner* RdA 1997, 6 ff.). Aus kostenrechtlichen Gründen (vgl. Rz 57, 58) empfiehlt es sich, möglichst zunächst das Ergebnis des Kündigungsrechtsstreits abzuwarten und die Vergütungsansprüche erst bei Eingreifen von tariflichen Ausschlussfristen oder bei drohender Verjährung einzuklagen. Durch eine schriftliche **Lohnabrechnung,** die der Arbeitgeber innerhalb einer tariflichen Ausschlussfrist erteilt, werden die abgerechneten Lohnforderungen des Arbeitnehmers **streitlos** gestellt. Der Arbeitnehmer braucht **diese** Lohnforderungen nicht noch einmal mündlich oder schriftlich geltend zu machen (*BAG* 20.10.1982 EzA § 4 TVG Ausschlussfristen Nr. 53). Zu den tarifvertraglichen Verfallfristen vgl. auch *Fenski* BB 1987, 2293 und oben Rz 22. 52

Es bedarf grds. **keiner Aussetzung** der auf die Zahlung von Vergütung gerichteten Leistungsklage bis zur rechtskräftigen Entscheidung des Kündigungsrechtsstreits (*LAG Düsseld.* 23.12.1982 EzA § 148 ZPO Nr. 13; *LAG Hamm* 18.4.1985 BB 1985, 1735; *LAG Köln* 21.11.1985 NZA 1986, 140; 17.12.1985 DB 1986, 440; *LAG Nürnberg* 9.7.1986 NZA 1987, 211; *Schaub* Annahmeverzug Rz 70; **aA** *Beiersmann* NZA 1987, 196, und *LAG Frankf.* 4.9.1987 BB 1988, 276). Der *Große Senat* des *BAG* (27.2.1985 EzA § 611 BGB Beschäftigungspflicht Nr. 9) hat zu Recht klargestellt, dass eine Aussetzung des Verfahrens über die **Beschäftigungsklage** bis zur rechtskräftigen Entscheidung des Kündigungsschutzprozesses gem. § 148 ZPO nicht geboten sei. Wegen der vergleichbaren Interessenlage gilt dieser Grundsatz **entsprechend** für Leistungsklagen, die auf die Zahlung von Vergütung (zB gem. § 615 BGB) gerichtet sind. Lassen die Parteien den Zahlungsrechtsstreit auf Antrag des Arbeitnehmers mit Blick auf eine Folgekündigung ruhen, so beginnt **sofort nach rechtskräftiger Entscheidung** der die vorgreifliche Kündigung betreffenden Kündigungsschutzklage der Verjährungsrest (§ 204 Abs. 2 S.2, § 209 BGB; zum alten Recht *BAG* 29.3.1990 AP Nr. 11 zu § 196 BGB). Zur **Hemmung der Verjährung** bei **Verhandlungen** s. jetzt § 203 BGB. 52a

53 In den Fällen einer aller Wahrscheinlichkeit nach unwirksamen Kündigung kann der Arbeitnehmer vor rechtskräftigem Abschluss des Kündigungsrechtsstreits auch mittels einer **einstweiligen Verfügung** (§ 940 ZPO) vom Arbeitgeber **Abschlagszahlungen** auf die ihm zustehenden Vergütungsansprüche verlangen, und zwar in Höhe des **Existenzminimums** (Einzelheiten *Walker* Einstweiliger Rechtsschutz Rz 701–704 mwN). Hierzu ist allerdings Voraussetzung, dass der Arbeitnehmer auf die Vergütung dringend zur Bestreitung seines Unterhalts angewiesen ist. Dies ist zB dann der Fall, wenn er **weder** einen Anspruch auf Arbeitslosengeld **noch** auf Leistungen der Sicherung des Lebensunterhaltes nach SGB II (Arbeitslosengeld II, Sozialgeld) hat (vgl. *LAG Kiel* 26.8.1958 AP Nr. 1 zu § 940 ZPO; *LAG Köln* 22.9.1961 AP Nr. 4 zu § 940 ZPO; *LAG Frankf.* 28.2.1970 BB 1970, 1256; *LAG Hmb.* 6.5.1986 DB 1986, 1620; *Vossen* DB 1985, 439; *ders.* RdA 1991, 216 mzN). Wegen der **Subsidiaritätsklausel** in § 2 **Abs. 1 SGB XII** ist es **nicht** möglich, eine Notlage des Arbeitnehmers mit der Begründung zu **verneinen,** dieser könne Sozialhilfe in Anspruch nehmen (*Walker* Einstweiliger Rechtsschutz Rz 703).

2. Aktivlegitimation

54 Die Aktivlegitimation des Arbeitnehmers bezieht sich nur auf den Betrag, der sich nach Abzug der gem. § 11 KSchG anzurechnenden (wirklichen und fiktiven) Einkünfte ergibt. **Es bedarf daher keiner Aufrechnung oder Widerklage seitens des Arbeitgebers, um die Anrechnung herbeizuführen** (*Palandt/Weidenkaff* § 615 Rz 18; zu § 326 Abs. 2 S. 2 BGB vgl. entspr. MünchKomm-*Ernst* § 326 Rz 84; *Herschel* Anm. zu *BAG* AP Nr. 16 zu § 242 BGB Auskunftspflicht). Freilich müssen die zur Feststellung der Anrechnung notwendigen Tatsachen **eingewendet** werden (BBDW-*Dörner* Rz 33). **Ungefragt** muss der Arbeitnehmer anrechenbare Beträge nicht offen legen, sofern die Anrechenbarkeit nicht offensichtlich gegeben ist (etwa anderweitiger Verdienst, Bezug öffentlich-rechtlicher Leistungen; denn er muss sich iSd § 74c HGB nur auf »Erfordern« erklären). Wegen der fehlenden Aktivlegitimation kann der Arbeitnehmer auch nicht den Arbeitgeber auf Zahlung zugunsten der öffentlichen Leistungsträger in Anspruch nehmen. Es bedarf hierzu vielmehr einer **Bevollmächtigung** seitens des jeweils zuständigen öffentlichen Leistungsträgers (zB *Bundesagentur für Arbeit*). Die Kürzung findet **ohne Rücksicht** auf die in den §§ 850 ff. ZPO festgelegten Pfändungsgrenzen statt, weil der Arbeitnehmer die Leistungen bereits **erhalten** hat (*Staudinger/Richardi* § 615 BGB Rz 136).

3. Darlegungs- und Beweislast

55 Die **Darlegungs-** und **Beweislast** für die tatsächlichen **Voraussetzungen** des **Annahmeverzuges** trifft den **Arbeitnehmer,** während der **Arbeitgeber** seinerseits **darlegungs-** und **beweispflichtig** für die **Voraussetzungen** der **Anrechnungspflicht** (einschließl. der Kausalität des anderweitigen Erwerbs durch das Freiwerden von der bisherigen Arbeitsleistung) ist (vgl. *BAG* 19.7.1978 EzA § 242 BGB Auskunftspflicht Nr. 1; 26.10.1971 EzA Art. 9 GG Nr. 7; 14.8.1974 EzA § 615 BGB Nr. 26; 18.10.1958 u. 18.6.1965 AP Nr. 1 u. 2 zu § 615 BGB Böswilligkeit; 6.9.1990 AP Nr. 47 zu § 615 BGB; **krit.** *Gravenhorst* Anm. EzA § 615 BGB Nr. 79; *Löwisch/Spinner* Rz 9; MünchKomm-*Henssler* § 615 BGB Rz 124). Dem Arbeitgeber steht aber gegenüber dem Arbeitnehmer ein **Auskunftsanspruch** hinsichtlich der anzurechnenden Beträge zu, sofern er nicht aufgrund eigener Erkenntnisquellen dazu in der Lage ist, das Vorliegen anrechnungspflichtiger Einkünfte im Einzelnen darzulegen (vgl. Rz 38 und 48). Die sich allein auf die Höhe eines etwaigen Zwischenverdienstes beziehende Auskunftspflicht des Arbeitnehmers entbindet den Arbeitgeber **nicht** davon, geeignete Tatsachen vorzutragen und ggf. zu beweisen, die für das Vorliegen eines anderweitigen Verdienstes sprechen (vgl. *BAG* 14.8.1974, 19.7.1978, 6.9.1990 aaO). In den Fällen eines anrechenbaren fiktiven Zwischenverdienstes muss der Arbeitgeber die **Böswilligkeit** iSv § 615 S. 2 BGB **dartun** und **beweisen** (*BAG* 18.10.1958 u. 26.10.1971, aaO; 11.7.1985 EzA § 615 BGB Nr. 52). Solange der Arbeitnehmer die geschuldete Auskunft hinsichtlich der Höhe eines anrechenbaren Zwischenverdienstes verweigert, kann der Arbeitgeber eine entsprechende Zahlung verweigern. Eine Verurteilung **Zug um Zug** scheidet in einem derartigen Fall aus (*BAG* 19.7.1978 aaO; 29.7.1993 AP Nr. 52 zu § 615 BGB). Vielmehr ist die uneingeschränkte Zahlungsklage als **derzeit** unbegründet abzuweisen (*BAG* 19.7.1978 AP Nr. 16 zu § 242 BGB Auskunftspflicht). Im Rahmen des § 74c Abs. 2 HGB steht dem Arbeitgeber bei der Zahlung der Karenzentschädigung ebenfalls ein Leistungsverweigerungsrecht zu (vgl. *BAG* 12.1.1978 EzA § 74c HGB Nr. 19).

4. Streitwert

56 Werden im Kündigungsrechtsstreit zugleich Ansprüche auf Arbeitsentgelt für die Zeit nach Ausspruch der Kündigung erhoben, so wird der **Streitwert** teilweise nach dem Wert der Summe der Entgeltansprüche, sofern dieser den mit dem Betrag des Arbeitsentgelts eines Vierteljahres anzusetzenden Wert des Feststellungsanspruches übersteigt (*BAG* 16.1.1968 AP Nr. 17 zu § 12 ArbGG 1953; *LAG BW* 8.11.1985 DB 1986, 1080; *Grunsky* § 12 Rz 5a; GMPM-G/*Germelmann* § 12 Rz 106 f.; *Schumann* BB 1983, 505; **aA** *LAG Frankf.* 18.10.1965 AP Nr. 13 zu § 12 ArbGG 1953; *LAG Bln.* 2.1.1968 DB 1968, 180; *Wenzel* BB 1984, 1494). **Gegen** die Ansicht des *BAG* (16.1.1968 aaO) werden insofern Bedenken erhoben, als Kündigungsschutzklage und Zahlungsklage unterschiedliche Streitgegenstände betreffen. Die Inkonsequenz dieser Auffassung zeigt sich dann, wenn Kündigungsschutzklage und Zahlungsklage getrennt erhoben und nicht miteinander verbunden werden. Nach der Gegenansicht ist daher eine **Kumulation** der Teil-Streitwerte anzunehmen, und zwar mit der Maßgabe, dass sich der Teil-Streitwert für die Kündigungsschutzklage nach § 12 Abs. 7 ArbGG richtet, während der Teil-Streitwert für die Zahlungsklage nach § 3 ZPO zu bestimmen ist. Die *LAG* lehnen die Ansicht des *BAG* (aaO) nahezu **einhellig** ab und nehmen eine uneingeschränkte Streitwertaddition vor (**umfassend** zu dem Fragenkreis mwN GK-ArbGG/*Wenzel* § 12 Rz 296 ff.; **krit.** zu der Rspr. der LAG *Stein/Jonas/Roth* § 2 Rz 128). Allgemein zum Streitwert im Kündigungsrechtsstreit vgl. *BAG* 24.3.1980 EzA § 64 ArbGG 1979 Nr. 3; 10.6.1977 EzA § 12 ArbGG Nr. 5; 30.11.1984 EzA § 12 ArbGG 1979 Streitwert Nr. 36; *LAG Hamm* 3.4.1986 DB 1986, 1184. Zum Streitwert einer Klage auf Zahlung künftig fälligen Arbeitsentgelts vgl. *Vossen* DB 1986, 326; zum Streitwert bei mehreren Kündigungen vgl. *LAG Bln.* 2.12.1986 DB 1987, 2664.

5. **Kosten**

Obsiegt der Arbeitnehmer im Falle einer objektiven Klagenhäufung sowohl im Kündigungsrechtsstreit als auch im Streit über die Nachzahlung der Entgeltansprüche, so hat der Arbeitgeber gem. § 91 ZPO die **Kosten** des **Rechtsstreits** in vollem Umfange zu tragen. Unterliegt der Arbeitnehmer in einem derartigen Fall dagegen ganz oder teilweise hinsichtlich der Zahlungsansprüche, so richtet sich die **Kostenentscheidung** nach § 92 ZPO. Es ist also – ausgehend vom **Maß des Obsiegens bzw. Unterliegens jeder Partei** gemessen am **Gesamtstreitwert** – zu **quoteln**.

Hat der Arbeitnehmer die Entgeltansprüche gesondert im Wege einer Leistungsklage geltend gemacht, so hat er im Falle des Unterliegens gem. § 91 ZPO die Kosten des Rechtsstreits zu tragen. Obsiegt er dagegen in vollem Umfange im Nachzahlungs-Rechtsstreit, so trifft den Arbeitgeber gem. § 91 ZPO die volle Kostenlast. Bei einem Teilobsiegen des Arbeitnehmers richtet sich die Kostenentscheidung nach § 92 ZPO.

6. **Berufungs- und revisionsrechtliche Fragen**

In den Fällen einer objektiven Klagenhäufung muss sich die **Revisionsbegründung** nach § 551 Abs. 3 ZPO grds. mit allen angegriffenen Teilen des angefochtenen Urteils befassen (*BAG* 7.7.1955 AP Nr. 2 zu § 554 ZPO). Hat das Berufungsgericht sowohl der Kündigungsschutzklage als auch der Zahlungsklage stattgegeben, so ist der Pflicht zur erschöpfenden Begründung der Revision regelmäßig genügt, wenn die Revisionsbegründung sich mit der **Kündigungsschutzklage** befasst. Die Revisionsbegründung braucht nicht noch ausdrücklich Gründe dafür anzuführen, weshalb sie auch die Abweisung der damit in unmittelbarem Zusammenhang stehenden **Zahlungsklage** erstrebt (*BAG* 16.6.1976 EzA § 626 BGB nF Nr. 47; **so auch zur entsprechenden Problemlage der Abhängigkeit des Weiterbeschäftigungsbegehrens von der Kündigungsschutzklage** *BAG* 3.4.1987 NZA 1988, 37; **aA** aber *BAG* 13.6.1985 NZA 1986, 600). Dies gilt auch für den umgekehrten Fall der Abweisung beider Klagen durch das **Berufungsgericht**. Vorstehendes gilt auch für die **Begründung** der **Berufung** gegen ein mehrere Streitgegenstände betreffendes Endurteil bzgl. eines **abhängigen** Streitpunktes (MünchKommZPO-*Rimmelspacher* [Aktualisierungsbd.] § 519 Rz 65).

VI. Verhältnis zu anderen Vorschriften

1. Verhältnis zu § 13 KSchG

Die Bestimmung des § 11 KSchG findet gem. **§ 13 Abs. 1 S. 5 KSchG** auf den Fall einer innerhalb der dreiwöchigen Klagefrist des § 4 KSchG angegriffenen **außerordentlichen** Kündigung entsprechende Anwendung und **nicht**: § 615 S. 2 BGB, *BAG* 24.9.2003 AP Nr. 9 zu § 615 BGB Böswilligkeit). Im Unterschied zu den Fällen einer sozialwidrigen Kündigung (vgl. Rz 9, 10) **beginnt** der **Nachzahlungszeitraum** bereits mit dem Zugang der außerordentlichen (fristlosen) Kündigung und nicht erst nach Ablauf der Kündigungsfrist, es sei denn, die Voraussetzungen für den Nachzahlungszeitraum liegen zu diesem Zeitpunkt noch nicht vor (zB fehlende Arbeitsbereitschaft des Arbeitnehmers im Falle einer ei-

§ 12 KSchG   Neues Arbeitsverhältnis des Arbeitnehmers; Auflösung des alten Arbeitsverhältnisses

genmächtigen Urlaubsgewährung oder -verlängerung). Die Anrechnungsbestimmung des § 11 KSchG gilt daher bei einer außerordentlichen Kündigung grds. bereits während der für eine ordentliche Kündigung geltenden Kündigungsfrist. Aus welchen Gründen das Gericht die außerordentliche Kündigung für unwirksam hält (zB aus § 626 Abs. 1 oder Abs. 2 BGB, § 102 Abs. 1 BetrVG, § 9 MuSchG) ist für die Anwendung des § 11 KSchG **ohne Belang** (*BAG* 19.7.1978 EzA § 242 BGB Auskunftspflicht Nr. 1). Auch für den Fall, dass der Arbeitgeber die außerordentliche Kündigung im Einvernehmen mit dem Arbeitnehmer »zurücknimmt« und den Arbeitnehmer weiterbeschäftigt, ist § 11 KSchG entsprechend anzuwenden (vgl. Rz 8).

61 Gem. § 13 Abs. 2 KSchG gilt § 11 KSchG entsprechend für den Fall einer gerichtlich festgestellten **sittenwidrigen** Kündigung. Die Voraussetzung, dass der Arbeitnehmer die Sittenwidrigkeit innerhalb der dreiwöchigen Klagefrist des § 4 KSchG geltend gemacht hat, ist mit § 13 Abs. 2 KSchG nF entfallen. Nimmt der Arbeitgeber die sittenwidrige Kündigung zurück und beschäftigt den Arbeitnehmer weiter, so gilt § 11 KSchG entsprechend.

2. Verhältnis zu § 12 KSchG

62 Die Regelung des § 11 KSchG findet nach § 12 S. 5 KSchG entsprechend Anwendung auf den Fall, dass der Arbeitnehmer nach Obsiegen im Kündigungsrechtsstreit sich fristgemäß für die **Fortsetzung** eines inzwischen eingegangenen **anderen Arbeitsverhältnisses** entscheidet (vgl. i.E. KR-*Rost* § 12 KSchG Rz 32). Hat der Arbeitnehmer nach erfolgreichem Kündigungsschutzprozess durch Erklärung gegenüber seinem alten Arbeitgeber die Fortsetzung des Arbeitsverhältnisses verweigert, weil er zwischenzeitlich ein neues Arbeitsverhältnis eingegangen ist (§ 12 S. 1 und 3 KSchG), so kommt nur für die Zeit eine Anrechnung anderweitigen Arbeitsverdienstes in Betracht, für die der Arbeitnehmer nach § 12 S. 4 KSchG entgangenen Verdienst vom bisherigen Arbeitgeber beanspruchen kann (*BAG* 19.7.1978 AP Nr. 16 zu § 242 BGB Auskunftspflicht) oder, bei Begrenzung des Anspruchs, beanspruchen will (*BAG* 27.3.1974 AP Nr. 15 zu § 242 BGB Auskunftspflicht).

3. Verhältnis zu § 9 KSchG

63 Die Vorschrift des § 11 KSchG findet **keine** Anwendung, wenn das Arbeitsverhältnis gem. **§ 9 KSchG aufgelöst** wird. Befand sich der Arbeitnehmer bis zum Auflösungszeitpunkt in Annahmeverzug, so richtet sich die Anrechnung anderweitiger Einkünfte nach **§ 615 S. 2 BGB** (ebenso *Löwisch/Spinner* Rz 1).

§ 12 Neues Arbeitsverhältnis des Arbeitnehmers; Auflösung des alten Arbeitsverhältnisses
[1]Besteht nach der Entscheidung des Gerichts das Arbeitsverhältnis fort, ist jedoch der Arbeitnehmer inzwischen ein neues Arbeitsverhältnis eingegangen, so kann er binnen einer Woche nach der Rechtskraft des Urteils durch Erklärung gegenüber dem alten Arbeitgeber die Fortsetzung des Arbeitsverhältnisses bei diesem verweigern. [2]Die Frist wird auch durch eine vor ihrem Ablauf zur Post gegebene schriftliche Erklärung gewahrt. [3]Mit dem Zugang der Erklärung erlischt das Arbeitsverhältnis. [4]Macht der Arbeitnehmer von seinem Verweigerungsrecht Gebrauch, so ist ihm entgangener Verdienst nur für die Zeit zwischen der Entlassung und dem Tage des Eintritts in das neue Arbeitsverhältnis zu gewähren. [5]§ 11 findet entsprechende Anwendung.

Literatur
– bis 2004 vgl. KR-Vorauflage –

Inhaltsübersicht

	Rz		Rz
A. Entstehungsgeschichte	1	2. Begründung eines neuen Arbeitsverhältnisses	8, 8a
B. Sinn und Zweck der Regelung	2–3a		
C. Wahlrecht	4–35	3. Zeitpunkt der Begründung eines neuen Arbeitsverhältnisses	9–12
I. Voraussetzungen	4–12		
1. Klagestattgebendes Feststellungsurteil	5–7	II. Rechtslage bei Fortsetzung des alten Arbeitsverhältnisses	13–20

Neues Arbeitsverhältnis des Arbeitnehmers; Auflösung des alten Arbeitsverhältnisses § 12 KSchG

	Rz			Rz
1. Ausübung des Wahlrechts	13, 14	III.	Rechtslage bei Beendigung des alten Arbeitsverhältnisses	21–35
2. Inhalt des neuen Arbeitsvertrages	15		1. Verweigerungsrecht gegenüber dem alten Arbeitgeber	21–29
3. Beendigung des neuen Arbeitsverhältnisses	16		a) Rechtsnatur	22
4. Kündigungsrechtliche Befugnisse des alten Arbeitgebers	17–19		b) Erklärungsfrist	23–26
			c) Auflösungszeitpunkt	27–29
5. Vergütungsfragen	20		2. Vergütungsfragen	30–35

A. Entstehungsgeschichte

Die Bestimmung geht auf entsprechende Regelungen in § 89 BRG und in § 60 AOG zurück. Danach **1** stand dem Arbeitnehmer für den Fall, dass er mit der Kündigungs-Widerrufsklage obsiegt, das Recht zu, die Weiterarbeit bei dem alten Arbeitgeber zu verweigern, sofern er inzwischen ein neues Arbeitsverhältnis eingegangen war. Das KSchG 1951 übernahm in § 10 im Wesentlichen den Regelungsgehalt dieser Bestimmungen (vgl. Reg.-Begr. RdA 1951, 64). Durch das Erste Arbeitsrechtsbereinigungsgesetz v. 14.8.1969 (BGBl. I S. 1106) wurde die Vorschrift inhaltlich nicht geändert. Auch die weiteren Änderungen des KSchG haben § 12 unberührt gelassen.

B. Sinn und Zweck der Regelung

Während der Dauer des Kündigungsrechtsstreits befindet sich der Arbeitnehmer, sofern er nicht auf- **2** grund einer Vereinbarung mit dem Arbeitgeber (vgl. *BAG* 21.5.1981 EzA § 615 BGB Nr. 40; 14.11.1985 EzA § 615 BGB Nr. 46; 15.1.1986 EzA § 1 LohnFG Nr. 79; MünchArbR-*Boewer* § 76 Rz 41; *Löwisch* DB 1986, 2133; *Ramrath* DB 1987, 92), aufgrund des kollektiven Weiterbeschäftigungsanspruches (§ 102 Abs. 5 BetrVG) oder aufgrund des arbeitsvertraglichen Weiterbeschäftigungsanspruches (*BAG* [GS] 27.2.1985 EzA § 611 BGB Beschäftigungspflicht Nr. 9) bis zur Rechtskraft des Kündigungsurteils weiterbeschäftigt wird, in einer **Interessen-** und **Pflichtenkollision.** Er ist einerseits dazu verpflichtet, sich um eine zumutbare anderweitige Arbeit zu bemühen (vgl. *BAG* 14.11.1985 EzA § 615 BGB Nr. 46; 24.9.2003 EzA § 615 BGB 2002 Nr. 4; 13.7.2005 AP § 611 BGB Weiterbeschäftigung Nr. 17; sowie KR-*Spilger* § 11 KSchG Rz 31–42), andererseits muss er damit rechnen, dass er im Falle der Klagestattgabe seine Arbeitskraft wieder seinem alten Arbeitgeber zur Verfügung zu stellen hat. Zur Lösung dieses Interessenkonflikts gewährt § 12 KSchG dem Arbeitnehmer, der zwischenzeitlich ein neues Arbeitsverhältnis eingegangen ist, das Recht, die Weiterbeschäftigung durch Erklärung gegenüber dem seitherigen Arbeitgeber zu verweigern. Es handelt sich hierbei um ein **fristgebundenes** Sonderkündigungsrecht (s.u. Rz 13, 14, 22), nicht um ein bloßes Leistungsverweigerungsrecht (ErfK-*Müller-Glöge* § 623 Rz 9; KPK-*Bengelsdorff* Rz 1). Im Rahmen des neuen Arbeitsverhältnisses steht dem Arbeitnehmer dagegen kein entsprechendes Sonderkündigungsrecht zu (s.u. Rz 16).

Der Regelungsgehalt des § 12 KSchG bezieht sich weiterhin auf die Frage, für welchen Zeitraum dem **3** Arbeitnehmer **entgangener Verdienst** zu gewähren ist, wenn er die Weiterbeschäftigung bei dem alten Arbeitgeber wegen des inzwischen eingegangenen neuen Arbeitsverhältnisses verweigert (vgl. iE Rz 30–32). Durch die Schaffung einer von der **allgemeinen Bestimmung** des **§ 615 BGB** abweichenden **Sonderregelung** hat der Gesetzgeber versucht, der besonderen Interessenlage der seitherigen Arbeitsvertragsparteien Rechnung zu tragen.

Die Begrenzung der entgangenen Vergütungsansprüche bis zum Zeitpunkt der Neubegründung eines **3a** anderen Arbeitsverhältnisses kann sich zum Nachteil des Arbeitnehmers auswirken, wenn er beim neuen Arbeitgeber eine geringere Vergütung erhält oder nur jeweils kurzfristig (zB in Form von Aushilfsarbeitsverhältnissen) beschäftigt worden ist. Da das Arbeitsverhältnis bei fristgemäßer Abgabe der Nichtfortsetzungserklärung erst mit deren Zugang endet, stünde dem Arbeitnehmer ohne die Sonderregelung des § 12 S. 4 KSchG – bei Vorliegen der sonstigen gesetzlichen Voraussetzungen – gem. § 615 BGB auch für den Zeitraum einer anderweitigen Beschäftigung ein Anspruch auf Zahlung der Vergütungsdifferenz zu. Verfassungsrechtliche Bedenken gegen die Regelung bestehen dennoch nicht (so auch BBDW-*Dörner* Rz 32 – nicht überzeugend, wenn auch verfassungsrechtlich nicht zu beanstanden; aA wohl KDZ-*Kittner* Rz 20). Es müssen hier entsprechende Erwägungen gelten wie zur Verfassungsmäßigkeit der §§ 9, 10 KSchG (vgl. dazu *BVerfG* 29.1.1990 EzA § 9 KSchG nF Nr. 34; KR-*Spilger* § 9 KSchG Rz 13a). Die Auflösung des Arbeitsverhältnisses zum Kündigungszeitpunkt führt dort in ver-

§ 12 KSchG Neues Arbeitsverhältnis des Arbeitnehmers; Auflösung des alten Arbeitsverhältnisses

gleichbarer Weise zum Verlust von Ansprüchen aus Annahmeverzug. § 12 KSchG schränkt den Kündigungsschutz nicht ein. Das KSchG gewährt überhaupt erst den entsprechenden Schutz, diesen dann aber in der Ausgestaltung des Gesetzes, wozu die Regelung des § 12 KSchG gehört. Im Übrigen ist das Sonderkündigungsrecht allein im Interesse des Arbeitnehmers geschaffen; es steht ihm frei, davon keinen Gebrauch zu machen und durch andere rechtliche Gestaltungsmittel das Arbeitsverhältnis zu einem späteren Zeitpunkt aufzulösen (s.u. Rz 31). Eine analoge Anwendung des § 12 S. 4 KSchG auf andere Beendigungstatbestände scheidet allerdings aus (*BAG* 6.11.1986 RzK I 13b Nr. 4).

C. Wahlrecht

I. Voraussetzungen

4 Im Falle eines klagestattgebenden Feststellungsurteils steht dem zwischenzeitlich anderweitig beschäftigten Arbeitnehmer insofern ein Wahlrecht zu, als er sich innerhalb einer Erklärungsfrist von einer Woche nach Rechtskraft des Urteils entweder für die Fortsetzung oder für die Beendigung des alten Arbeitsverhältnisses entscheiden kann.

1. Klagestattgebendes Feststellungsurteil

5 Zu den **gesetzlichen Voraussetzungen** des Wahlrechts gehört zunächst das Vorliegen eines **klagestattgebenden Feststellungsurteils,** in dem festgestellt wird, dass das Arbeitsverhältnis durch die mit der Klage angegriffene arbeitgeberseitige (ordentliche oder außerordentliche) Kündigung nicht aufgelöst worden ist. Die Anwendbarkeit des § 12 KSchG auf eine unwirksame außerordentliche Arbeitgeberkündigung ergibt sich aus der in § 13 Abs. 1 S. 3, 2. Hs. KSchG enthaltenen Verweisung auf § 12 KSchG. In den Fällen des § 13 Abs. 3 KSchG findet § 12 KSchG hingegen keine Anwendung (s. iE Rz 35). Soweit keine anderweitigen Beendigungsgründe (zB erneute Kündigung, spätere Anfechtung oder Zeitablauf) in Betracht kommen, genügt zur Entstehung des Wahlrechts, dass der Kündigungsschutzklage des Arbeitnehmers stattgegeben wird. Der Arbeitnehmer kann aber auch die Kündigungsschutzklage mit einer Feststellungsklage nach § 256 ZPO verbinden und auf diese Weise erreichen, dass nicht nur über die Unwirksamkeit der arbeitgeberseitigen (außerordentlichen oder ordentlichen) Kündigung entschieden, sondern das Fortbestehen des Arbeitsverhältnisses zum Zeitpunkt der letzten mündlichen Verhandlung festgestellt wird (s. iE *KR-Friedrich* § 4 KSchG Rz 238 ff.). Ein derartiges prozessuales Vorgehen ist dann geboten, wenn nach Ablauf der Kündigungsfrist oder nach Zugang einer fristlosen Kündigung anderweitige Beendigungstatbestände seitens des Arbeitgebers geltend gemacht werden. In den Fällen der zuletzt genannten Art entsteht das Wahlrecht nur dann, wenn nicht nur über die Kündigungsschutzklage, sondern auch über die Feststellungsklage iSd § 256 ZPO zugunsten des Arbeitnehmers entschieden worden ist (so auch BBDW-*Dörner* Rz 5).

6 Das Wahlrecht steht dem Arbeitnehmer auch dann zu, wenn das Gericht den von ihm gestellten **Auflösungsantrag** abgewiesen hat (APS-*Biebl* Rz 26; BBDW-*Dörner* Rz 6; HK-*Dorndorf* Rz 6; *v. Hoyningen-Huene/Linck* Rz 12; *Löwisch/Spinner* Rz 3; vgl. auch *BAG* 19.10.1972 AP Nr. 1 zu § 12 KSchG 1969). Das Sonderkündigungsrecht nach § 12 KSchG hat nämlich geringere Voraussetzungen als die gerichtliche Auflösung des Arbeitsverhältnisses nach § 9 KSchG. Es bedarf insbes. keiner Zumutbarkeitsprüfung. Die unterschiedliche Ausgestaltung beider Lösungsmöglichkeiten ist dadurch gerechtfertigt, dass der Arbeitnehmer im Falle einer Beendigung des Arbeitsverhältnisses nach § 12 KSchG keine Abfindung erhält. Es liegt daher auch kein zum Verlust des Sonderkündigungsrechts führendes widersprüchliches Verhalten vor, wenn der Arbeitnehmer zunächst versucht, eine Auflösung des Arbeitsverhältnisses gegen Zahlung einer Abfindung zu erreichen und nach rechtskräftiger Abweisung des Auflösungsantrages die Beendigung des Arbeitsverhältnisses nach § 12 KSchG herbeiführt. Ein Verzicht auf die Rechte aus § 12 KSchG liegt grds. auch nicht in der gerichtlichen Geltendmachung eines Weiterbeschäftigungsanspruchs beim alten Arbeitgeber (*Dänzer-Vanotti* DB 1985, 2610, 2611).

7 Für die Anwendung des § 12 KSchG ist dagegen dann kein Raum, wenn das Gericht das Arbeitsverhältnis gem. **§ 9 KSchG auflöst.** Dabei ist es rechtlich ohne Belang, ob dies auf Antrag des Arbeitnehmers oder des Arbeitgebers oder aufgrund beiderseitigen Antrags erfolgt ist. Mit der zu dem durch die Kündigung vorgesehenen Beendigungszeitpunkt erfolgenden gerichtlichen Auflösung des Arbeitsverhältnisses entfällt die Verpflichtung des Arbeitnehmers zur Arbeitsleistung bei dem seitherigen Arbeitgeber, so dass es keiner gesonderten Lösungsmöglichkeit bedarf. Eine vorsorglich abgegebene Nichtfortsetzungserklärung (s.u. Rz 26) wird gegenstandslos (APS-*Biebl* Rz 25; HK-*Dorndorf* Rz 6; *v. Hoyningen-Huene/Linck* Rz 12; KPK-*Bengelsdorff* Rz 6).

2. Begründung eines neuen Arbeitsverhältnisses

Weitere Voraussetzung des Wahlrechts ist, dass der Arbeitnehmer inzwischen dh vor der Rechtskraft **8** des klagestattgebenden Feststellungsurteils ein **neues Arbeitsverhältnis eingegangen** ist. Begründet der Arbeitnehmer erst nach diesem Zeitpunkt ein Arbeitsverhältnis mit einem anderen Arbeitgeber, so findet § 12 KSchG keine Anwendung (ebenso BBDW-*Dörner* Rz 8; *v. Hoyningen-Huene/Linck* Rz 3; *Löwisch/Spinner* Rz 2). Nur das rechtzeitige Eingehen eines neuen Arbeitsverhältnisses begründet für den Arbeitnehmer ein Sonderkündigungsrecht gegenüber dem ursprünglichen Arbeitgeber. Als »neue Arbeitsverhältnisse« iSd Satz 1 kommen sowohl befristete als auch solche auf unbestimmte Zeit in Betracht. Es kann sich auch um Probe-, Aushilfs- oder Leiharbeitsverhältnisse handeln. Auch für Teilzeitarbeitsverhältnisse kann nichts anderes gelten (zust. HK-*Dorndorf* Rz 8). Es ist nicht gerechtfertigt, das Sonderkündigungsrecht davon abhängig zu machen, ob der Arbeitnehmer das zwischenzeitlich begründete Teilzeitarbeitsverhältnis (insbes. aus arbeitszeitrechtlichen sowie aus wettbewerbsrechtlichen Gründen) in Form einer Nebenbeschäftigung fortführen kann (unklar KDZ-*Kittner* Rz 6). Abgesehen davon, dass eine solche Feststellung wegen der damit verbundenen Einzelfallentscheidung zu erheblicher Rechtsunsicherheit führt, muss die Entscheidung, ob er allein das Teilzeitarbeitsverhältnis fortsetzen will, dem Arbeitnehmer vorbehalten bleiben. Die praktische Bedeutung der Streitfrage dürfte gering sein, da der Arbeitnehmer dann, wenn er die (neue) Teilzeitbeschäftigung unbeschadet neben der Tätigkeit aus dem bisherigen Arbeitsverhältnis ausüben kann, regelmäßig kein Interesse an der Ausübung des Sonderkündigungsrechts hat, weil dieses zum teilweisen Verlust der Ansprüche aus Annahmeverzug führte (s. dazu Rz 3a und Rz 31).

Wegen der Gleichheit der Interessenlage ist § 12 KSchG auf **Dienstverhältnisse von Organmitgliedern** **8a** einer juristischen Person (zB GmbH-Geschäftsführer oder Vorstandsmitglieder einer AG oder GmbH) entsprechend anzuwenden (HK-*Dorndorf* Rz 8; *v. Hoyningen-Huene/Linck* Rz 2; KDZ-*Kittner* Rz 6; *Löwisch/Spinner* Rz 5; *Bauer* BB 1993, 2444; aA BBDW-*Dörner* Rz 10). Dies gilt ebenso für die zwischenzeitliche Begründung eines Berufsausbildungsverhältnisses (KPK-*Bengelsdorff* Rz 8). Eine entsprechende Anwendung ist auch dann geboten, wenn der Arbeitnehmer inzwischen – ohne Verstoß gegen ein Wettbewerbsverbot – eine **selbständige Gewerbe- oder Berufstätigkeit** (etwa als Handelsvertreter) aufgenommen hat (so auch APS-*Biebl* Rz 5; HK-*Dorndorf* aaO; KDZ-*Kittner* aaO; *Knorr/Bichlmeier/Kremhelmer* Kap. 11 Rz 133). Die Gegenmeinung (BBDW-*Dörner* Rz 10; *Brill* DB 1983, 2519; ErfK-*Ascheid* Rz 4; *Löwisch/Spinner* aaO; *v. Hoyningen-Huene/Linck* aaO; offen gelassen von KPK-*Bengelsdorff* Rz 8) verkennt, dass sich der Arbeitnehmer in diesem Fall in einer ähnlichen Interessen- und Pflichtenkollision wie bei der zwischenzeitlichen Begründung eines Arbeitsverhältnisses befindet. Dagegen genügt eine kapitalmäßige Beteiligung an einem Wirtschaftsunternehmen nicht (ebenso APS-*Biebl* Rz 25; *v. Hoyningen-Huene/Linck* aaO; KDZ-*Kittner/Trittin* Rz 6).

3. Zeitpunkt der Begründung eines neuen Arbeitsverhältnisses

Das Wahlrecht steht dem Arbeitnehmer nur dann zu, wenn er das neue Arbeitsverhältnis »inzwi- **9** schen«, dh **spätestens vor Rechtskraft** des klagestattgebenden Feststellungsurteils eingegangen ist. Der Zeitpunkt der Rechtskraft ist nach den einschlägigen Bestimmungen des Prozessrechts zu bestimmen (vgl. BBDW-*Dörner* Rz 13; *v. Hoyningen-Huene/Linck* Rz 3; *Löwisch/Spinner* Rz 5). Bei Streitigkeiten über die Kündigung eines Arbeitsverhältnisses, die § 12 KSchG notwendigerweise zugrunde liegen, ist die Berufung gem. § 64 Abs. 2c ArbGG immer zulässig, ohne dass es auf den Beschwerdewert (über 600 Euro) oder auf die Zulassung durch das Gericht ankommt (§ 64 Abs. 2a und c ArbGG). Bei zulässiger Berufung wird das erstinstanzliche Urteil mit Ablauf der Berufungsfrist rechtskräftig, sofern es nicht mit der Berufung angegriffen wird. Versäumnisurteile werden mit Ablauf der Einspruchsfrist rechtskräftig, wenn kein Rechtsmittel eingelegt wird. Ein zweitinstanzliches Urteil, gegen das die Revision zulässig ist, wird mit Ablauf der Revisionsfrist rechtskräftig, sofern keine Revision eingelegt wird. Hat das LAG die Revision nicht zugelassen, so tritt die Rechtskraft mit Ablauf der Beschwerdefrist (§ 72a Abs. 2 ArbGG) ein, sofern keine Nichtzulassungsbeschwerde erhoben wird (BAG 6.11.1986 RzK I 13b Nr. 4). Wird die Nichtzulassungsbeschwerde als unzulässig verworfen oder als unbegründet zurückgewiesen, so wird das zweitinstanzliche Urteil mit Zustellung des entsprechenden Beschlusses an den Beschwerdeführer rechtskräftig. Urteile des BAG werden, sofern keine Zurückverweisung des Rechtsstreits an das LAG erfolgt, mit der Verkündung rechtskräftig.

Frühestmöglicher Zeitpunkt für die Begründung des Wahlrechts ist das Eingehen eines neuen Arbeits- **10** verhältnisses nach Zugang der Kündigung. Der Arbeitnehmer kann zwar rechtlich wirksam bereits vor Zugang der Kündigung oder nach Rechtskraft des klagestattgebenden Feststellungsurteils ein

§ 12 KSchG Neues Arbeitsverhältnis des Arbeitnehmers; Auflösung des alten Arbeitsverhältnisses

neues Arbeitsverhältnis eingehen. Hierdurch erwächst dem Arbeitnehmer aber kein Wahlrecht. Unter dem Begriff der »**Eingehung**« eines neuen Arbeitsverhältnisses ist der Abschluss eines neuen Arbeitsvertrages zu verstehen (allg. Ansicht: vgl. etwa BBDW-*Dörner* Rz 11; *v. Hoyningen-Huene/Linck* Rz 3; *Löwisch/Spinner* Rz 5; *Bauer* BB 1993, 2444). Vertragsverhandlungen reichen daher nicht aus (*v. Hoyningen-Huene/Linck* aaO). Zu welchem Zeitpunkt der Arbeitnehmer die Arbeit bei dem neuen Arbeitgeber aufnehmen soll, ist für das Entstehen des Wahlrechts ohne Bedeutung. Der andere Arbeitsvertrag muss jedoch rechtswirksam zustande gekommen sein, da nur in diesem Fall die für die Begründung des Wahlrechts erforderliche Pflichtenkollision für den Arbeitnehmer besteht (so auch HK-*Dorndorf* Rz 8). Für die Anwendbarkeit des KSchG ist es dagegen rechtlich ohne Belang, ob der Arbeitnehmer das neue Arbeitsverhältnis kurzfristig (zB durch Anfechtung oder eine außerordentliche Kündigung) oder nur langfristig (zB durch eine ordentliche Kündigung) beenden kann.

11 Trotz zwischenzeitlicher Begründung eines neuen Arbeitsverhältnisses steht dem Arbeitnehmer aber dann kein Wahlrecht zu, wenn dieses zum Zeitpunkt der Rechtskraft des klagestattgebenden Feststellungsurteils bereits sein Ende gefunden hat (zB durch Zeitablauf oder Kündigung; zust. *Bauer* aaO). Ist dagegen das neue Arbeitsverhältnis zu diesem Zeitpunkt lediglich gekündigt, so führt dies nicht zum Verlust des Wahlrechts. Hat der Arbeitnehmer den neuen Arbeitsvertrag unter der auflösenden Bedingung des Obsiegens im Kündigungsrechtsstreit abgeschlossen, so erlischt das neue Arbeitsverhältnis mit Eintritt der Rechtskraft des klagestattgebenden Feststellungsurteils. In dem zuletzt genannten Fall kann er nicht die Arbeitsleistung bei dem alten Arbeitgeber gem. § 12 KSchG verweigern. Eine gleichwohl abgegebene **Nichtfortsetzungserklärung** kann aber bei Vorliegen der übrigen Voraussetzungen des § 140 BGB in eine ordentliche Kündigung des Arbeitnehmers **umgedeutet** werden, da hiermit weniger einschneidende Rechtsfolgen (keine zeitliche Begrenzung der Annahmeverzugsfolgen bis zur Eingehung eines anderen Arbeitsverhältnisses) verbunden sind (HK-*Dorndorf* Rz 12; *Löwisch/Spinner* Rz 7; SPV-*Preis* Rz 23; *LAG Bln.* 15.10.1999 MDR 2000, 281; zum Schriftformerfordernis s.u. Rz 24). Die **Umdeutung** einer unwirksamen (außerordentlichen oder ordentlichen) Kündigung des Arbeitnehmers in eine Nichtfortsetzungserklärung iSd § 12 KSchG ist dagegen wegen der weitreichenderen Rechtsfolgen für den Arbeitnehmer ausgeschlossen (vgl. HK-*Dorndorf* Rz 12; SPV-*Preis* Rz 24).

12 In den Fällen der entsprechenden Anwendung des § 12 KSchG (vgl. Rz 8) ist ebenfalls der Zeitpunkt maßgeblich, in dem sich der Arbeitnehmer anderweitig vertraglich gebunden hat (zB durch den Abschluss eines Werk- oder Handelsvertretervertrages).

II. Rechtslage bei Fortsetzung des alten Arbeitsverhältnisses

1. Ausübung des Wahlrechts

13 Entscheidet sich der Arbeitnehmer trotz zwischenzeitlicher Begründung eines neuen Arbeitsverhältnisses für die Weiterarbeit bei dem **alten Arbeitgeber**, so bedarf es hierzu nicht der Abgabe einer entsprechenden Erklärung. Der Arbeitnehmer kann vielmehr in diesem Fall sein **Wahlrecht** in der Weise **ausüben,** dass er innerhalb der einwöchigen Ausschlussfrist des Abs. 1 KSchG keine Erklärung gegenüber dem alten Arbeitgeber abgibt. Es steht ihm aber frei, dem alten Arbeitgeber ausdrücklich seine Bereitschaft zur Weiterarbeit mitzuteilen. Dies kann der Arbeitnehmer bereits während der Dauer des Kündigungsrechtsstreits tun. Ob in der Fortsetzungserklärung zugleich ein Verzicht auf die Ausübung des nach KSchG bestehenden Sonderkündigungsrechts liegt, ist durch Auslegung (§ 133 BGB) zu ermitteln.

Nach *Sächs. LAG* (19.5.2004 – 5 Sa 873/03 – juris) ist der Arbeitnehmer, der innerhalb der Wochenfrist keine Erklärung abgibt und vom alten Arbeitgeber zur Arbeitsaufnahme aufgefordert wird, verpflichtet, diesen über die maßgeblichen (Kündigungs-)Fristen zur Auflösung des neuen Arbeitsverhältnisses zu informieren. Unterlässt er dies und kündigt ihm der alte Arbeitgeber daraufhin wegen Leistungsverweigerung, kann er sich nach Auffassung des LAG nicht darauf berufen, dass ihm noch die Möglichkeit einzuräumen ist, das neu begründete Arbeitsverhältnis unter Einhaltung der Kündigungsfrist aufzulösen.

14 Trotz entgegenstehender Willensrichtung ist der Arbeitnehmer aber dann zur Fortsetzung des alten Arbeitsverhältnisses verpflichtet, wenn er die einwöchige Erklärungsfrist (vgl. hierzu iE Rz 23–26) versäumt. In diesem Falle kann er lediglich versuchen, durch den Abschluss eines Aufhebungsvertrages vorzeitig aus dem seitherigen Arbeitsverhältnis auszuscheiden. Kommt eine derartige Einigung nicht zustande, so kann er ordentlich kündigen. Das Sonderkündigungsrecht aus § 12 KSchG steht ihm dagegen nicht zu.

2. Inhalt des neuen Arbeitsvertrages

Der Arbeitnehmer ist nicht dazu verpflichtet, durch eine entsprechende **inhaltliche Ausgestaltung** 15
des neuen Arbeitsvertrages (zB Abschluss unter der auflösenden Bedingung des Obsiegens im Kündigungsrechtsstreit) eine jederzeitige Rückkehr zum alten Arbeitgeber sicherzustellen. Bei einer langfristigen Bindung (zB durch die Vereinbarung von übermäßig langen Kündigungsfristen oder durch den Abschluss eines mehrjährigen Zeitvertrages) läuft er allerdings Gefahr, dass er nicht innerhalb einer angemessenen Frist oder nur unter Vertragsbruch an den alten Arbeitsplatz zurückkehren kann (zu den kündigungsrechtlichen Folgen s.u. Rz 17, 18).

3. Beendigung des neuen Arbeitsverhältnisses

Bei einer Fortsetzung des alten Arbeitsverhältnisses ist der Arbeitnehmer verpflichtet, das neue Ar- 16
beitsverhältnis zum frühestmöglichen Zeitpunkt zu beenden. Hierbei handelt es sich um eine arbeitsvertragliche Nebenverpflichtung. Das Obsiegen des Arbeitnehmers im Kündigungsrechtsstreit sowie seine Bereitschaft, das alte Arbeitsverhältnis fortzusetzen, berechtigen den Arbeitnehmer **nicht zum Ausspruch einer außerordentlichen Kündigung** nach § 626 BGB gegenüber dem neuen Arbeitgeber (*v. Hoyningen-Huene/Linck* Rz 4; *Bauer* BB 1993, 2444; *LAG Köln* 23.11.1994 LAGE § 12 KSchG Nr. 2). Ein fristgebundenes Sonderkündigungsrecht steht dem Arbeitnehmer gem. § 12 KSchG nur gegenüber dem alten Arbeitgeber zu. Sofern der neue Arbeitgeber nicht in eine vorzeitige **Beendigung des neuen Arbeitsverhältnisses** einwilligt, kommt für den Arbeitnehmer idR nur die ordentliche Kündigung in Betracht. Um eine baldmöglichste Rückkehr auf seinen alten Arbeitsplatz sicherzustellen, ist er gehalten, das neue Arbeitsverhältnis unverzüglich zu kündigen (*Löwisch/Spinner* Rz 12; *LAG Köln* 23.11.1994 LAGE § 12 KSchG Nr. 2). Er muss also regelmäßig die nächste Kündigungsmöglichkeit ausnutzen.

4. Kündigungsrechtliche Befugnisse des alten Arbeitgebers

Der **alte Arbeitgeber** ist grds. nicht dazu berechtigt, das Arbeitsverhältnis ordentlich oder außeror- 17
dentlich zu **kündigen**, wenn der Arbeitnehmer nicht sofort nach Ablauf der einwöchigen Erklärungsfrist (§ 12 S. 1 KSchG) seine Arbeit bei ihm wieder aufnimmt. Da die Begründung eines anderen Arbeitsverhältnisses wegen der damit verbundenen Anrechnung des Zwischenverdienstes (vgl. KR-*Spilger* § 11 KSchG Rz 32–38a) regelmäßig im Interesse des alten Arbeitgebers liegt, ist der Arbeitnehmer seinerseits dazu berechtigt, das neue Arbeitsverhältnis ordnungsgemäß abzuwickeln (*LAG Köln* 23.11.1994 LAGE § 12 KSchG Nr. 2). Dies gilt insbes. für die Frage der Einhaltung der für ihn maßgebenden Kündigungsfrist. Mangels Verschuldens gerät der Arbeitnehmer grds. nicht in Schuldnerverzug (ebenso *v. Hoyningen-Huene/Linck* Rz 4; *Löwisch/Spinner* Rz 12; *Bauer* BB 1993, 2444). Zum Annahmeverzug des Arbeitgebers s.u. Rz 20.

Ist der Arbeitnehmer allerdings eine **langfristige Bindung** mit dem **neuen Arbeitgeber** eingegangen 18
(zB durch die Vereinbarung überlanger Kündigungsfristen oder durch den Abschluss eines mehrjährigen Zeitvertrages) und gelingt es ihm nicht, das Arbeitsverhältnis vorzeitig zu beenden, hängt es von den Umständen des Einzelfalles ab, ob hierin für den Arbeitgeber ein Kündigungsgrund iSd § 1 Abs. 2 KSchG liegt (vgl. APS-*Biebl* Rz 11; HK-*Dorndorf* Rz 17; *v. Hoyningen-Huene/Linck* aaO; *Bauer* BB 1993, 2445). In diesen Fällen kann eine ordentliche Kündigung uU auch durch dringende betriebliche Erfordernisse iSd § 1 Abs. 2 KSchG sozial gerechtfertigt sein. Dies ist zB dann anzunehmen, wenn die Frist bis zur Wiederaufnahme der Arbeit unter Berücksichtigung von Treu und Glauben nicht mehr als angemessen bezeichnet werden kann, und der alte Arbeitgeber dringend auf die sofortige Mitarbeit des Arbeitnehmers angewiesen ist (etwa wegen unaufschiebbarer Terminarbeiten). Zuvor hat der alte Arbeitgeber jedoch zu prüfen, ob nicht die Möglichkeit besteht, durch die Einstellung einer Aushilfskraft oder durch Mehrarbeit der übrigen Arbeitnehmer den Zwischenzeitraum zu überbrücken (zust. HK-*Dorndorf* Rz 19).

Nach der **Beendigung des neuen Arbeitsverhältnisses** ist der Arbeitnehmer verpflichtet, unverzüg- 19
lich seine Arbeit beim alten Arbeitgeber wieder aufzunehmen. Nimmt er trotz ausdrücklichen Verlangens des alten Arbeitgebers seine Arbeit nicht oder verspätet auf, so rechtfertigt dies – je nach den Umständen des Einzelfalles – eine ordentliche oder gar außerordentliche Kündigung (so auch KDZ-*Kittner* Rz 17; *Löwisch/Spinner* Rz 13).

5. Vergütungsfragen

20 Für die Zeit bis zur Beendigung des neuen Arbeitsverhältnisses steht dem Arbeitnehmer gegenüber dem neuen Arbeitgeber der vertragliche **Vergütungsanspruch** (§ 611 BGB) zu. Ist dieser höher als die vom alten Arbeitgeber gem. § 615 S. 1 BGB geschuldete Vergütung, so wird der alte Arbeitgeber von seiner Zahlungspflicht befreit. Im umgekehrten Fall ist der geringere anderweitige Verdienst gem. § 11 KSchG auf die vom alten Arbeitgeber zu zahlende Vergütung anzurechnen (*Löwisch/Spinner* Rz 17; vgl. KR-*Spilger* § 11 KSchG Rz 32 ff.). Das gilt auch für die Zeit, in der der Arbeitnehmer in angemessener Frist (s.o. Rz 17, 18) noch das Arbeitsverhältnis mit dem neuen Arbeitgeber abwickelt. Der Gläubigerverzug des alten Arbeitgebers entfällt nicht etwa gem. § 297 BGB, weil der Arbeitnehmer nicht in der Lage ist, seinerseits die Leistung zu bewirken. Da der Arbeitgeber durch seine unberechtigte Kündigung die Leistungsunfähigkeit des Arbeitnehmers herbeigeführt hat, kann er sich gem. § 242 BGB nicht auf § 297 BGB berufen (so auch HK-*Dorndorf* Rz 19; so im Ergebnis auch *Löwisch/Spinner* Rz 12).

Beschäftigt der alte Arbeitgeber trotz – jetzt streitlosem – Fortbestand des Arbeitsverhältnisses den Arbeitnehmer nicht, bleibt er zur Fortzahlung des Arbeitsentgeltes verpfichtet. Er kann dem Arbeitnehmer die Aufgabe des zwischenzeitlich begründeten Arbeitsverhältnisses regelmäßig nicht als böswilliges Unterlassen von Zwischenverdienst entgegenhalten (*LAG Köln* 7.4.2005 LAGE § 615 BGB 2002 Nr. 3).

III. Rechtslage bei Beendigung des alten Arbeitsverhältnisses

1. Verweigerungsrecht gegenüber dem alten Arbeitgeber

21 Bei Vorliegen der für die Entstehung des Wahlrechts erforderlichen gesetzlichen Voraussetzungen (s.o. Rz 4–12) ist der Arbeitnehmer berechtigt, die Fortsetzung des Arbeitsverhältnisses mit dem alten Arbeitgeber binnen einer Woche nach Rechtskraft des klagestattgebenden Feststellungsurteils zu verweigern (§ 12 S. 1 KSchG).

a) Rechtsnatur

22 Entgegen dem Gesetzeswortlaut handelt es sich nicht um ein Leistungsverweigerungsrecht, sondern um ein **fristgebundenes Sonderkündigungsrecht**. Die kündigungsrechtliche Natur der Verweigerungserklärung ergibt sich eindeutig aus **§ 12 S. 3 KSchG**. Danach erlischt das **alte Arbeitsverhältnis mit Zugang** der fristgemäß abgegebenen **Verweigerungserklärung**. Das Sonderkündigungsrecht hat somit die Wirkungen einer fristlosen Kündigung (ähnlich BBDW-*Dörner* Rz 4; HK-*Dorndorf* Rz 22; *v. Hoyningen-Huene/Linck* Rz 5; ErfK-*Müller-Glöge* § 623 BGB Rz 9). Das Sonderkündigungsrecht nach KSchG sowie das außerordentliche Kündigungsrecht nach § 626 BGB schließen sich nicht gegenseitig aus; beide Kündigungsbefugnisse bestehen vielmehr unabhängig voneinander (s.u. Rz 28, 29). Das alte Arbeitsverhältnis erlischt ausnahmsweise nicht mit Zugang der Verweigerungserklärung, wenn zu diesem Zeitpunkt die Kündigungsfrist für die vom alten Arbeitgeber erklärte und vom Gericht rechtskräftig für unwirksam befundene ordentliche Kündigung noch nicht abgelaufen ist. Es endet dann zu dem Zeitpunkt, zu dem die Kündigung des Arbeitgebers wirken sollte (vgl. APS-*Biebl* Rz 12; HK-*Dorndorf* Rz 22; *v. Hoyningen-Huene/Linck* aaO; aA BBDW-*Dörner* Rz 16). Derartige Fallkonstellationen treten idR nur bei Arbeitnehmern mit langen Kündigungsfristen auf. Richtig ist allerdings, dass während noch laufender Kündigungsfrist die Begründung eines neuen Arbeitsverhältnisses unerlaubt sein kann (BBDW-*Dörner* aaO). Ausnahmen sind aber – insbes. bei Freistellung – denkbar. Zu den Besonderheiten bei Kündigung eines an eine baugewerbliche Arbeitsgemeinschaft abgestellten Arbeitnehmers vgl. *Knigge* DB 1982, Beil. 4, S. 16.

b) Erklärungsfrist

23 Zur Ausübung des Sonderkündigungsrechts steht dem Arbeitnehmer gem. § 12 S. 1 KSchG eine **Erklärungsfrist** von **einer Woche** zu. Die Frist **beginnt** mit Rechtskraft des klagestattgebenden Feststellungsurteils. Der Zeitpunkt der Rechtskraft ist nach den einschlägigen Bestimmungen des Prozessrechts zu bestimmen (vgl. Rz 9). Der Arbeitnehmer muss sich ggf. beim entscheidenden Gericht nach dem Eintritt der Rechtskraft erkundigen (BBDW-*Dörner* Rz 18). Die Gefahr einer Fristversäumung vermeidet eine vorsorgliche Erklärung (s.u. Rz 26). Bei der Fristberechnung ist der Tag, an dem das Urteil rechtskräftig wird, nicht mitzurechnen (§ 187 Abs. 1 BGB). Die Erklärungsfrist **endet** mit dem Ablauf desjenigen Tages der folgenden Woche, der durch seine Benennung dem Tag des Eintritts der Rechtskraft entspricht (§ 188 Abs. 2 BGB). Fällt dieser Tag auf einen Sonntag, einen am Erklärungsort staatlich

anerkannten allgemeinen Feiertag oder einen Sonnabend, so läuft die Erklärungsfrist erst am nächsten Wochentag ab (§ 193 BGB).

§ 12 KschG schreibt zwar keine bestimmte **Form** für die Verweigerungserklärung vor. Da es sich aber um die Ausübung eines gesetzlichen Sonderkündigungsrechts handelt (s.o. Rz 22), ist die Erklärung als Kündigungserklärung anzusehen und unterliegt als solche nunmehr dem **Schriftformerfordernis des § 623 BGB** (ErfK-*Ascheid* Rz 1 und Rz 26; ErfK-*Müller-Glöge* § 623 BGB Rz 9; *v. Hoyningen-Huene/ Linck* Rz 9; *Löwisch/Spinner* Rz 7; *Müller-Glöge/von Senden* AuA 2000, 199; *Preis/Gotthardt* NZA 2000, 350; *Richardi/Annuß* NJW 2000, 1232; SPV-*Vossen* Rz 1905; **aA** BBDW-*Dörner* Rz 17 und § 623 BGB Rz 12). Dagegen könnte zwar sprechen, dass einer Warnfunktion hier nicht bedarf, weil der Arbeitnehmer bereits ein neues Arbeitsverhältnis eingegangen ist. Es bleibt aber die mit § 623 BGB auch bezweckte Klarstellungs- und Beweisfunktion (s. dazu KR-*Spilger* § 623 BGB Rz 68). Mangels eindeutiger Regelung der Zulässigkeit einer mündlichen Erklärung kann § 12 KSchG nicht als das jetzt eingeführte allgemeine Schriftformerfordernis des § 623 BGB verdrängende speziellere Regelung verstanden werden (zutr. *Preis/Gotthardt* NZA 2000, 250). Dies gilt auch unter Berücksichtigung des Umstands, dass § 12 KschG (§ 10 KschG aF) an entsprechende Vorschriften im BRG 1920 (§ 89) und im AOG (§ 60) anknüpft, die eine mündliche Erklärung ausdrücklich ausreichen ließen (vgl. RegE zum KschG, Begr. zu § 10 KschG RdA 1951, 64; s.a. Rz 1); eine entsprechende Festlegung wurde gerade nicht vorgenommen. Wählt der Arbeitnehmer den Weg der telegrafischen oder brieflichen Mitteilung, so genügt es zur Fristwahrung, wenn der Arbeitnehmer das Telegramm oder den Brief vor Fristablauf bei der Post aufgibt (§ 12 S. 2 KSchG). Bei direktem Einwurf in den Hausbriefkasten gilt § 130 BGB (zu Recht *Löwisch/Spinner* Rz 7). Zu welchem Zeitpunkt dem Arbeitgeber in diesem Fall die Verweigerungserklärung zugeht, ist für die wirksame Ausübung des Sonderkündigungsrechts unbeachtlich (vgl. *Löwisch* Rz 7). Beruht ein verzögerter Zugang aber auf einem Verschulden des Arbeitnehmers (zB durch Angabe einer unrichtigen oder unvollständigen Anschrift), so haftet der Arbeitnehmer dem Arbeitgeber, sofern diesem hierdurch ein Schaden entsteht, wegen Verletzung einer arbeitsvertraglichen Sorgfaltspflicht auf Schadensersatz (vgl. *v. Hoyningen-Huene/Linck* Rz 9; KPK-*Bengelsdorff* Rz 12; **aA** KDZ-*Kittner* Rz 12). Bedient sich der Arbeitnehmer zur Übermittlung der Verweigerungserklärung eines Boten (zB eines Arbeitskollegen), so ist die Frist nur dann gewahrt, wenn die Erklärung dem Arbeitgeber vor Fristablauf zugeht (ebenso *v. Hoyningen-Huene/Linck* aaO). Diese Grundsätze gelten auch in den Fällen der rechtsgeschäftlichen oder gesetzlichen Stellvertretung.

Bei der einwöchigen Erklärungsfrist handelt es sich um eine **materiellrechtliche Ausschlussfrist**. Bei der Versäumung der Frist kann dem Arbeitnehmer daher keine Wiedereinsetzung in den vorigen Stand gewährt werden (ebenso APS-*Biebl* Rz 14; *v. Hoyningen-Huene/Linck* Rz 11; *Hümmerich* DB 1999, 1265). Die Nichteinhaltung der einwöchigen Ausschlussfrist führt zum Erlöschen des Sonderkündigungsrechts. Es ist eine Frage der Auslegung, ob in der verspäteten Abgabe der Verweigerungserklärung ein Antrag auf Abschluss eines Aufhebungsvertrages oder eine (außerordentliche bzw. ordentliche) Kündigung zu sehen ist (*Brill* DB 1983, 2520). Die gegenteilige Ansicht von *v. Hoyningen-Huene/ Linck* (Rz 8), wonach eine nicht rechtzeitige Erklärung als Wahl der Weiterbeschäftigung zu gelten habe, dürfte im Regelfall nicht dem Willen des Arbeitnehmers entsprechen.

Durch Auslegung ist weiterhin zu ermitteln, ob eine innerhalb der Wochenfrist des § 12 S. 1 KSchG abgegebene Beendigungserklärung des Arbeitnehmers als Nichtfortsetzungserklärung iSd § 12 KSchG oder als (außerordentliche oder ordentliche) Kündigung anzusehen ist. Eine Nichtfortsetzungserklärung ist trotz anderer Bezeichnung (zB Kündigung) jedenfalls dann anzunehmen, wenn sich aus der fristgemäßen Erklärung des Arbeitnehmers eindeutig entnehmen lässt, dass er an seinem neuen Arbeitsverhältnis festhalten und daher das alte Arbeitsverhältnis nicht mehr fortsetzen will (vgl. *LAG Düsseld.* 13.6.1979 EzA § 12 KSchG Nr. 2 = DB 1979, 1516; BBDW-*Dörner* Rz 21; KPK-*Bengelsdorf* Teil H § 12 Rz 16; *Löwisch/Spinner* Rz 7; s.a. *BAG* 16.12.1982 – 6 AZR 1193/79 – nv). Ist eine Nichtfortsetzungserklärung (zB wegen Nichteinhaltung der wöchentlichen Erklärungsfrist) unwirksam, so kann sie bei Vorliegen der sonstigen Voraussetzungen des § 140 BGB in eine ordentliche Kündigung umgedeutet werden (s.o. Rz 11).

Der Arbeitnehmer kann die **Verweigerungserklärung** auch bereits **vor Rechtskraft des klagestattgebenden Feststellungsurteils abgeben** und **daneben** den Antrag auf Auflösung des Arbeitsverhältnisses nach § 9 KSchG verfolgen (vgl. *BAG* 29.10.1972 EzA KSchG Nr. 1; *v. Hoyningen-Huene/Linck* Rz 8 u. 12; *Löwisch/Spinner* Rz 3; jetzt auch BBDW-*Dörner* Rz 19; *Hümmerich* DB 1999, 1265). Der Erlass eines rechtskräftigen klagestattgebenden Feststellungsurteils gehört zu den zwingenden gesetzlichen Voraussetzungen einer wirksamen Nichtfortsetzungserklärung. Eine vorzeitig abgegebene Nichtfortset-

§ 12 KSchG   Neues Arbeitsverhältnis des Arbeitnehmers; Auflösung des alten Arbeitsverhältnisses

zungserklärung erfüllt daher noch nicht die vom Gesetz vorgeschriebene Rechtsbedingung und ist daher nicht dazu geeignet, das Arbeitsverhältnis mit Zugang beim Arbeitgeber mit sofortiger Wirkung zu beenden. Sofern nicht eine vorherige Rücknahme seitens des Arbeitnehmers erfolgt, entfaltet die vor Fristbeginn abgegebene Nichtfortsetzungserklärung **erst mit Eintritt der Rechtskraft** des klagestattgebenden Feststellungsurteils ihre gestaltende Wirkung. Wegen der einschneidenden Rechtsfolgen für den Arbeitnehmer (zeitliche Begrenzung der Annahmeverzugsfolgen bis zum Zeitpunkt der Eingehung eines anderen Arbeitsverhältnisses) sind jedoch strenge Anforderungen an die Annahme einer vor Fristbeginn abgegebenen Nichtfortsetzungserklärung zu stellen (zust. HK-*Dorndorf* Rz 12; s.a. *BAG* 16.12.1982 – 6 AZR 1193/79 – nv – krit. dazu BBDW-*Dörner* Rz 19). Im Einzelfall ist durch Auslegung zu ermitteln, ob der Arbeitnehmer nur eine kündigungsrechtlich unverbindliche Absichtserklärung oder bereits eine – lediglich noch vom Erlass eines rechtskräftigen klagestattgebenden Feststellungsurteils abhängige – rechtsverbindliche Nichtfortsetzungserklärung abgeben wollte. Ist der Arbeitnehmer bereits während des Laufs der Kündigungsfrist ein anderes Arbeitsverhältnis eingegangen, so kann er die Nichtfortsetzungserklärung bereits vor Ablauf der Kündigungsfrist abgeben (s.o. Rz 22). Eine vor Fristbeginn abgegebene Verweigerungserklärung führt aber dann nicht bei Vorliegen eines rechtskräftigen klagestattgebenden Feststellungsurteils zur Beendigung des alten Arbeitsverhältnisses, wenn das neue Arbeitsverhältnis vor Ablauf der einwöchigen Erklärungsfrist bereits wieder beendet worden ist. In diesem Fall fehlt es an der für das Wahlrecht erforderlichen Voraussetzung einer vertraglichen Doppelbindung (s.o. Rz 8).

c)   **Auflösungszeitpunkt**

27 Das **alte Arbeitsverhältnis** endet grds. mit Zugang der fristgemäß abgegebenen Verweigerungserklärung (§ 12 S. 3 KSchG). Hiervon ist aber dann eine Ausnahme zu machen, wenn der Arbeitnehmer die Verweigerungserklärung bereits vor Fristbeginn abgegeben hatte (s.o. Rz 26). In diesem Fall endet das alte Arbeitsverhältnis erst mit Eintritt der Rechtskraft des klagestattgebenden Feststellungsurteils, sofern zu diesem Zeitpunkt die gesetzlichen Voraussetzungen für die Entstehung des Wahlrechts (s.o. Rz 4–12) noch vorliegen. Tritt die Rechtskraft ausnahmsweise vor Ablauf der Kündigungsfrist ein, endet das Arbeitsverhältnis erst zu dem Zeitpunkt, zu dem die Kündigung wirken sollte (s.o. Rz 22).

28 Der Arbeitnehmer ist keineswegs dazu gezwungen, bei Vorliegen der gesetzlichen Voraussetzungen von dem Sonderkündigungsrecht des KSchG Gebrauch zu machen (vgl. auch *Bauer* BB 1993, 2445). Er kann vielmehr das alte Arbeitsverhältnis auch **anderweitig beenden.** Es steht ihm insbes. frei, anstelle des Sonderkündigungsrechts das alte Arbeitsverhältnis ordentlich zu kündigen, es sei denn, das ordentliche Kündigungsrecht ist für einen bestimmten Zeitraum vertraglich ausgeschlossen. Er muss dann aber bei entsprechender Aufforderung des alten Arbeitgebers an sich bis zum Ablauf der Kündigungsfrist die Arbeit wieder aufnehmen (s.a. Rz 29). Eine außerordentliche Kündigung kann er dagegen nur dann wirksam aussprechen, wenn die gesetzlichen Voraussetzungen des § 626 BGB vorliegen. Die zwischenzeitliche Begründung eines neuen Arbeitsverhältnisses stellt aber **keinen wichtigen Grund** iSd § 626 Abs. 1 BGB dar (allg. Ansicht: vgl. statt aller *v. Hoyningen-Huene/Linck* Rz 4). Der Arbeitnehmer kann weiterhin versuchen, mit dem alten Arbeitgeber einen Auflösungsvertrag abzuschließen. In Zweifelsfällen ist durch Auslegung zu ermitteln, welches dieser Gestaltungsmittel dem erklärten Parteiwillen des Arbeitnehmers entspricht (s.a. Rz 25).

29 Versäumt der Arbeitnehmer die einwöchige Ausschlussfrist, so erlischt das Sonderkündigungsrecht (s.o. Rz 25). In diesem Falle kann der Arbeitnehmer das alte Arbeitsverhältnis nur anderweitig beenden (zB durch Anfechtung, ordentliche oder außerordentliche Kündigung oder Aufhebungsvertrag). Bis zur anderweitigen Beendigung des alten Arbeitsverhältnisses ist der Arbeitnehmer zur Wiederaufnahme seiner Arbeit beim alten Arbeitgeber verpflichtet. Bei Nichterfüllung dieser Pflicht (zB wegen Weiterarbeit bei dem neuen Arbeitgeber) gerät der alte Arbeitgeber mangels Leistungsbereitschaft des Arbeitnehmers nicht in Annahmeverzug (§ 615 Abs. 1 BGB). Der Arbeitnehmer kann sich schadenersatzpflichtig machen (*Brill* DB 1983, 2521). Der Arbeitgeber kann den Arbeitnehmer grds. auch auf Erbringung der Arbeitsleistung verklagen; ein stattgebendes Urteil ist aber nach § 888 Abs. 2 ZPO nicht vollstreckbar. Andererseits ist der alte Arbeitgeber verpflichtet, sofern die Voraussetzungen des Annahmeverzuges (§ 615 S. 1 BGB) gegeben sind, dem Arbeitnehmer bis zur Rechtskraft des klagestattgebenden Feststellungsurteils die Vergütung unter Beachtung der Anrechnungsregelung des § 11 KSchG nachzuzahlen. Macht der Arbeitnehmer weder von seinem Wahlrecht nach § 12 S. 1 KSchG noch von der Möglichkeit einer anderweitigen Beendigung (zB durch ordentliche Kündigung) Gebrauch, so kann der Arbeitgeber nach vorheriger Abmahnung dem Arbeitnehmer wegen Verletzung

der Arbeitspflicht aus verhaltensbedingten Gründen ordentlich kündigen (APS-*Biebl* Rz 18; *Löwisch/ Spinner* Rz 13). Eine außerordentliche Kündigung kommt dagegen nur in Ausnahmefällen (zB bei dem betrieblich bedingten Erfordernis der sofortigen Besetzung des Arbeitsplatzes) in Betracht.

2. Vergütungsfragen

Für den Fall, dass der Arbeitnehmer fristgemäß von seinem Verweigerungsrecht Gebrauch macht, enthält § 12 S. 4 KSchG eine von § 615 BGB abweichende **Sonderregelung**. Danach hat der alte Arbeitgeber den **entgangenen Verdienst** nur für die Zeit zwischen der Entlassung und dem Tag des Eintritts in das neue Arbeitsverhältnis zu gewähren. Während der Arbeitnehmer bei Anwendung des § 615 S. 1 BGB bis zum Zugang der Nichtfortsetzungserklärung einen Vergütungsanspruch hätte, begrenzt § 12 S. 4 KSchG den **Anspruchszeitraum** auf die Zeit zwischen der tatsächlichen Beendigung des alten Arbeitsverhältnisses bis zum Tag des Eintritts in das neue Arbeitsverhältnis (vgl. *BAG* 19.7.1978 EzA § 242 BGB Auskunftspflicht Nr. 1). Diese Regelung gilt unabhängig von der Vergütungshöhe im neuen Arbeitsverhältnis. 30

Der **Beginn** des **Nachzahlungszeitraums** richtet sich nach den für § 11 KSchG geltenden Grundsätzen (vgl. KR-*Spilger* § 11 KSchG Rz 9). Die Abweichung gegenüber der Bestimmung des § 615 BGB besteht lediglich in der Vorverlegung des **Endzeitpunktes**. Als »Tag des Eintritts in das neue Arbeitsverhältnis« ist grds. der **Tag der tatsächlichen Arbeitsaufnahme** zu verstehen (allg. Ansicht vgl. statt aller *v. Hoyningen-Huene/Linck* Rz 7). Ist der Arbeitnehmer an der Arbeitsaufnahme beim neuen Arbeitgeber (zB infolge Krankheit) gehindert, so ist der zwischen den Parteien vereinbarte Tag des Arbeitsantritts maßgeblich für die Bestimmung des Endzeitpunktes. Der Tag des Arbeitsvertragsschlusses ist dagegen grds. unbeachtlich, es sei denn, er fällt mit dem Tag der tatsächlichen Arbeitsaufnahme zusammen. Hierin liegt ein gewichtiger Unterschied gegenüber der Bestimmung des § 12 S. 1 KSchG. Danach kommt es für die Entstehung des Wahlrechts auf den Zeitpunkt des Vertragsschlusses an (s.o. Rz 9–12). Aufgrund der unterschiedlichen zeitlichen Anknüpfungspunkte kann es vorkommen, dass der Arbeitnehmer den Arbeitsvertrag zwar bereits vor Zugang der Verweigerungserklärung abgeschlossen hatte, die Arbeitsaufnahme aber erst zu einem späteren Zeitpunkt erfolgen soll. Da das alte Arbeitsverhältnis gem. § 12 S. 3 KSchG mit Zugang der Verweigerungserklärung erlischt, können dem Arbeitnehmer auch **nur bis zu diesem Zeitpunkt Vergütungsansprüche** gegenüber dem alten Arbeitgeber zustehen (ebenso *Löwisch/Spinner* Rz 10 mit dem Hinweis auf einen eventuellen Schadenersatzanspruch des Arbeitnehmers aus positiver Vertragsverletzung bei entsprechendem Verschulden des Arbeitgebers; KPK-*Bengelsdorff* Teil H Rz 26; aA *v. Hoyningen-Huene/Linck* aaO; BBDW-*Dörner* Rz 32; KDZ-*Kittner* Rz 19; *Hümmerich* DB 1999, 1266; diff. je nach Voraussehbarkeit der Lücke HK-*Dorndorf* Rz 24). Die Begründung der Gegenansicht, wonach der Arbeitnehmer bei einer Nichtgewährung eines Vergütungsanspruchs gegenüber dem alten Arbeitgeber durch die sozialwidrige Kündigung geschädigt werde, verkennt, dass die Beendigung des alten Arbeitsverhältnisses allein auf einer Gestaltungserklärung des Arbeitnehmers beruht. Dem Arbeitnehmer steht es zudem frei, durch andere rechtliche Gestaltungsmittel (zB durch eine fristgemäße Kündigung) einen späteren Auflösungszeitpunkt des alten Arbeitsverhältnisses zu erreichen, um auf diese Weise die Zeit bis zum Arbeitsantritt beim neuen Arbeitgeber zu überbrücken (so auch *Bauer* BB 1993, 2445, der anerkennt, dass das KSchG dem Arbeitnehmer nur ein Gestaltungsrecht gewährt, ihm aber keine Pflicht zur Nutzung dieses Rechts auferlegt). Bis zur Beendigung des alten Arbeitsverhältnisses hat der Arbeitnehmer auf Verlangen des alten Arbeitgebers die Arbeit wieder aufzunehmen. Lehnt der Arbeitnehmer die Weiterarbeit unter Berufung auf das bereits eingegangene neue Arbeitsverhältnis ab, so entfällt mangels Leistungsbereitschaft der Vergütungsanspruch (so auch *v. Hoyningen-Huene/Linck* Rz 7). 31

Beruht die Beendigung des Arbeitsverhältnisses auf einer rechtswirksamen Ausübung des Sonderkündigungsrechts, so findet die **Anrechnungsregelung** des **§ 11 KSchG** auf den dem Arbeitnehmer gegenüber dem alten Arbeitgeber zustehenden Vergütungsanspruch entsprechend Anwendung (**§ 12 S. 5 KSchG**). Durch diese Verweisung ist die Anwendbarkeit des § 615 S. 2 BGB ausgeschlossen. Wegen des Umfanges der Anrechnung vgl. iE KR-*Spilger* § 11 KSchG Rz 31–50. Zeiten, in denen der Anspruch auf Arbeitsentgelt nach § 12 S. 4 KSchG entfällt, sind nicht Zeiten eines Arbeitsverhältnisses iSv § 141b Abs. 1 S. 1 AFG bzw. § 183 Abs. 1 S. 1 SGB III (*BSG* 18.12.2003 = SozR 4-4100 § 141b Nr. 1 im Anschluss an *EuGH* 15.5.2003 »Mau« = EuGHE I 2003, 4791). 32

Der Arbeitnehmer kann seine Vergütungsansprüche (zB nach § 615 BGB, § 616 Abs. 2 BGB, § 63 HGB, § 133c GewO) bereits während des Kündigungsrechtsstreits entweder im Wege der **objektiven Klagenhäufung** oder in einem **gesonderten Zahlungsrechtsstreit** einklagen. Dies gilt auch für eine Ver- 33 gütungsdifferenz für die Zeit ab Begründung eines neuen Arbeitsverhältnisses, da die Vergütungsansprüche ebenso fällig werden wie bei einem tatsächlich durchgeführten Arbeitsverhältnis (*BAG* 1.2.1960 EzA § 615 BGB Nr. 7). Es bedarf in derartigen Fällen grds. nicht gem. § 148 ZPO einer Aussetzung des Zahlungsrechtsstreits bis zum rechtskräftigen Abschluss des Kündigungsrechtsstreits (vgl. *LAG Hamm* 18.4.1985 BB 1985, 1735; *LAG Köln* 21.11.1985 NZA 1986, 140; 17.12.1985 BB 1986, 464). Hat der Arbeitnehmer bereits aufgrund eines vollstreckbaren Leistungsurteils des ArbG oder des LAG die Vergütungsdifferenz für die Zeit ab Begründung eines neuen Arbeitsverhältnisses zwangsweise beigetrieben und macht er fristgemäß von dem Sonderkündigungsrecht Gebrauch, so ist das Zahlungsurteil durch das im Instanzenzug höhere Gericht aufzuheben und die Leistungsklage für die Zeit ab Eingehung eines neuen Arbeitsverhältnisses als unbegründet abzuweisen. Die **Rückabwicklung** richtet sich nach § 717 ZPO. Ist das Leistungsurteil bereits rechtskräftig, kommt eine Vollstreckungsgegenklage nach § 767 ZPO in Betracht (BBDW-*Dörner* Rz 35).

34 Die Begrenzung des Nachzahlungszeitraumes bis zum Zeitpunkt der Neubegründung eines anderen Arbeitsverhältnisses gilt nur dann, wenn das Arbeitsverhältnis durch eine fristgerecht abgegebene Nichtfortsetzungserklärung des Arbeitnehmers beendet wird. Eine vor Fristbeginn abgegebene Nichtfortsetzungserklärung (s.o. Rz 26) entfaltet ebenfalls diese Rechtswirkung. Da in § 12 S. 4 KSchG **sonstige Beendigungsgründe** (zB Aufhebungsvertrag, Zeitablauf, außerordentliche oder ordentliche Kündigung seitens des Arbeitgebers oder Arbeitnehmers, Anfechtung, auflösende Bedingung, Tod des Arbeitnehmers) nicht erwähnt werden, bleibt es in den sonstigen Fällen bei der uneingeschränkten Anwendbarkeit des § 615 BGB. Die Kürzungsbestimmung des § 12 S. 4 KSchG **kann nicht analog angewendet werden, wenn der Arbeitnehmer nach Ablauf der Wochenfrist des § 12 S. 1 KSchG das alte Arbeitsverhältnis kündigt** oder mit dem Arbeitgeber einen Aufhebungsvertrag schließt (*BAG* 6.11.1986 – 2 AZR 744/85 – nv).

35 Nach einer als obiter dictum geäußerten Ansicht des *BAG* (19.7.1978 EzA § 242 BGB Auskunftspflicht Nr. 1 = AP Nr. 16 zu § 242 BGB Auskunftspflicht m. Anm. *Herschel* = SAE 1979, 135 m. krit. Anm. *Koller*) enthält § 12 KSchG in den Sätzen 4 und 5 den folgenden allgemeinen Rechtsgrundsatz: Wenn der Arbeitnehmer seinen Lohnzahlungsanspruch gem. § 615 BGB und seinen Antrag auf Feststellung des Annahmeverzugs des Arbeitgebers und damit den Annahmeverzug selbst auf die Zeit bis zum Antritt eines neuen Arbeitsverhältnisses begrenze, komme auch nur für diese Zeit die Anrechnung anderweitigen Arbeitsverdienstes nach § 615 S. 2 BGB, § 11 KSchG in Frage. Der Arbeitnehmer könne daher auch dann, wenn die Kündigung aus sonstigen Gründen (zB wegen Verstoßes gegen ein gesetzliches Verbot) unwirksam sei und damit nach § 13 Abs. 3 KSchG der erste Abschnitt des KSchG – jetzt ausgenommen die §§ 4 – 7 KSchG – nicht zur Anwendung gelange, Zahlung des entgangenen Verdienstes nur bis zum Eintritt in ein neues Arbeitsverhältnis beanspruchen. Gegen diese Ansicht bestehen angesichts des eindeutigen Wortlauts von § 13 Abs. 3 KSchG Bedenken. Zudem ist zu berücksichtigen, dass § 12 S. 4 KSchG lex specialis gegenüber der allgemeinen Rechtsnorm des § 615 BGB ist und daher als Ausnahmevorschrift nicht als Grundlage für einen allgemeinen Rechtsgrundsatz in Betracht kommt (abl. auch BBDW-*Dörner* Rz 34; HK-*Dorndorf* Rz 36; dem *BAG* zust. aber *Löwisch/Spinner* Rz 9; im Ergebnis auch *Wilhelm* NZA 1986, Beil. 3, S. 18, 22; s. zum Ganzen auch KR-*Friedrich* § 13 KSchG Rz 345).

§ 13 Außerordentliche, sittenwidrige und sonstige Kündigungen

(1) ¹Die Vorschriften über das Recht zur außerordentlichen Kündigung eines Arbeitsverhältnisses werden durch das vorliegende Gesetz nicht berührt. ²Die Rechtsunwirksamkeit einer außerordentlichen Kündigung kann jedoch nur nach Maßgabe des § 4 Satz 1 und der §§ 5 bis 7 geltend gemacht werden. ³Stellt das Gericht fest, dass die außerordentliche Kündigung unbegründet ist, ist jedoch dem Arbeitnehmer die Fortsetzung des Arbeitsverhältnisses nicht zuzumuten, so hat auf seinen Antrag das Gericht das Arbeitsverhältnis aufzulösen und den Arbeitgeber zur Zahlung einer angemessenen Abfindung zu verurteilen. Das Gericht hat für die Auflösung des Arbeitsverhältnisses den Zeitpunkt festzulegen, zu dem die außerordentliche Kündigung ausgesprochen wurde. Die Vorschriften der §§ 10 bis 12 gelten entsprechend.
(2) Verstößt eine Kündigung gegen die guten Sitten, so finden die Vorschriften des § 9 Abs. 1 Satz 1 und Abs. 2 und der §§ 10 bis 12 entsprechende Anwendung.
(3) Im Übrigen finden die Vorschriften dieses Abschnitts mit Ausnahme der §§ 4 bis 7 auf eine Kündigung, die bereits aus anderen als den in § 1 Abs. 2 und 3 bezeichneten Gründen rechtsunwirksam ist, keine Anwendung.

Außerordentliche, sittenwidrige und sonstige Kündigungen § 13 KSchG

Literatur

– bis 2004 vgl. KR-Vorauflage –
Vgl. auch die Angaben zum allgemeinen Schrifttum über die Kündigung und zum Kündigungsschutz vor § 1 KSchG.

Bader Das Gesetz zu Reformen am Arbeitsmarkt: Neues im Kündigungsschutzgesetz und im Befristungsrecht, NZA 2004, 65 ff.; *Bährle* Kündigungsschutz in Kleinstbetrieben von Verfassungs wegen?, RdW 4/2006 XV ff.; *J.-H.Bauer/Krieger* Kündigungsrecht Reformen 2004 Gesetz zu Reformen am Arbeitsmarkt und »Hartz-Gesetze« Erläuterungen Synopse Materialien, Köln 2004; *Bauer/Preis/Schunder* »Errata« des Gesetzgebers – Erste Korrektur des Allgemeinen Gleichbehandlungsgesetzes, NZA 2006, 1261 ff.; *Bayreuther* § 6 KSchG als Ausgangspunkt für eine allgemeine Regelung der Klageerweiterung im Kündigungsschutzprozess, ZfA 2005, 391 ff.; *Bender/J.Schmidt* KSchG 2004: Neuer Schwellenwert und einheitliche Klagefrist, NZA 2004, 358 ff.; *Benecke* Beteiligungsrechte des Betriebsrats bei der Umdeutung von Kündigungen, ArbuR 2005, 48 ff.; *Bitzer* Sonderkündigungsschutz schwerbehinderter Menschen – Rechtsprechung und Standpunkte zu § 90 II a SGB IX –, NZA 2006, 1082 ff.; *Blens* Das neue allgemeine Gleichbehandlungsgesetz, ZMV 2006, 277 ff.; *Bröhl* Kündigung im öffentlichen Dienst nach dem neuen TVöD, ZTR 2006, 174 ff.; *Gaul/ Andrea Bonanni* Agenda 2010 – Änderungen im Kündigungsrecht, bei befristeten Arbeitsverhältnissen und im BErzGG, ArbRB 2005, 48 ff.; *Gaul/Süßbrich* Gesetzliche Erleichterung einer Kündigung von Schwerbehinderten, ArbRB 2005, 212 ff.; *Günther/Franz* Grundfälle zu Art. 9 GG, JuS 2006, 873 ff.; *Henssen* Formnichtigkeit einer Kündigung gem. § 623 BGB: Berufung auf Treu und Glauben, insbesondere wegen widersprüchlichen Verhaltens, DB 2006, 1613 ff.; *Hertzfeld* Auflösungsantrag bei Unwirksamkeit der Kündigung aus »anderen als den in § 1 II und III KSchG bezeichneten Gründen«, NZA 2004, 298 ff.; *Höland/U. Kahl/K. Ullmann/N. Zeibig* Recht und Wirklichkeit der Kündigung von Arbeitsverhältnissen – Erste Erkenntnisse aus der Forschung, WSI Mitteilungen 3/2004, 145 ff.; *Hunnekuhl/Zäh* Zur Rechtsstellung gewerkschaftlicher Vertrauensleute, NZA 2006, 1022 ff.; *O. Klein* Das Untermaßverbot – Über die Justiziabilität grundrechtlicher Schutzpflichten, JuS 2006, 960 ff.; *Kramer* Formerfordernisse im Arbeitsverhältnis als Grenzen für den Einsatz elektronischer Kommunikationsmittel, DB 2006, 502 ff.; *Kronisch/Deich* Mitwirkungsrechte des Sprecherausschusses, AR-Blattei SD 1490.3; *Lakies* Die »Neuregelungen« des Kündigungsschutzgesetzes, NJ 2004, 150 ff.; *ders.* Berufsbildung, AR-Blattei SD 400; *Lettl* Der arbeitsrechtliche Kündigungsschutz nach den zivilrechtlichen Generalklauseln, NZA-RR 2004, 57 ff.; *Linck/Schulz* Die Kündigung »unkündbarer« Arbeitnehmer, AR-Blattei-SD 155; *Linck* Die nichtige Kündigung, AR-Blattei SD 150; *Link/Tatjana Dörfler* Neue einheitliche Klagefrist, ArbuR 11/03 18 ff.; *Löwisch* Neuregelung des Kündigungs- und Befristungsrechts durch das Gesetz zu Reformen am Arbeitsmarkt, BB 2004, 154 ff.; *ders.* BB-Forum: Änderung des AGG, BB 2006, 2582 f.; *Meixner* Das Gesetz zu Reformen am Arbeitsmarkt Neuregelungen zum Kündigungsrecht, zu befristeten Arbeitsverhältnissen, zum Arbeitszeitrecht sowie zum SGB III, ZAP 2004, Fach 17, 719 ff.; *Nicolai* Die Kündigung widersprechender Arbeitnehmer nach Betriebsübergang, BB 2006, 1162 ff.; *Petersen* Einseitige Rechtsgeschäfte, Jura 2005, 248 ff.; *G.J. Popp* Ebenbürtig und doch überlegen, Personal 4/2004, 58 f.; *Quecke* Die Änderung des Kündigungsschutzgesetzes zum 1.1.2004, RdA 2004, 86 f.; *Richardi* Die neue Klagefrist bei Kündigungen, NZA 2003, 764 ff.; *ders.* Misslungene Reform des Kündigungsschutzes durch das Gesetz zu Reformen am Arbeitsmarkt, DB 2004, 486 ff.; *Rolfs/Barg* Kein Sonderkündigungsschutz bei fehlendem Nachweis der Schwerbehinderung – der neue § 90 Abs. 2a SGB IX, BB 2006, 1678 ff.; *Sagan* Die Sanktion diskriminierender Kündigungen nach dem Allgemeinen Gleichbehandlungsgesetz, NZA 2006, 1257 ff.; *Schiefer/Worzalla* Neues – altes – Kündigungsrecht, NZA 2004, 346 ff.; *Schlewing* Der Sonderkündigungsschutz schwerbehinderter Menschen nach der Novelle des SGB IX – Zur Auslegung des neu eingefügten § 90 II a SGB IX, NZA 2005, 1218 ff.; *Schmidt-Räntsch* Das neue Benachteiligungsverbot für ehrenamtliche Richter, NVwZ 2005, 166 ff.; *Schrader* Muss das Kündigungsschreiben im Original zugehen? ZInsO 2004, 132 ff.; *Seel* Formale Voraussetzungen und (Mindest-)Inhalt einer Kündigungserklärung, MDR 2005, 1331 ff.; *Sprenger* Kündigung wegen Betriebsübergangs. Ist § 13 Abs. 3 KSchG europarechtskonform?, AuR 2005, 175 ff.; *Stein* Mindestkündigungsschutz außerhalb des KSchG – Praktische Fragen der Darlegungs- und Beweislast, DB 2005, 1218 ff.; *Tschöpe* Neues Kündigungsschutzrecht 2004, MDR 2004, 193 ff.; *Ulrici* Dreiwochenfrist auch für Klage wegen Vertretungsmängeln der Kündigung , DB 2004, 250 ff.; *Willemsen/Annuß* Kündigungsschutz nach der Reform, NJW 2004, 177 ff.; *Wurm* Vorwärts in die Vergangenheit: Der »neue« gesetzliche Kündigungsschutz ab dem 1.1.2004, ZBVR 2004, 38 ff.; *Zeres/Rhotert* Das neue Kündigungsrecht nach der Agenda 2010, BuW 2004,166 ff.; *Zimmer* Sozialauswahl und Klagefrist ab 2004, FA 2004, 34 ff.; *Zundel* Die wachsende Bedeutung der »Kleinbetriebsklausel« des Kündigungsschutzgesetzes, NJW 2006, 3467 ff.; *Zwanziger* Aktuelle Rechtsprechung des Bundesarbeitsgerichts in Insolvenzsachen, BB 2004, 824 ff.

Inhaltsübersicht
Kurz-Gliederung

	Rz		Rz
A. Einleitung	1–14	D. Die sittenwidrige Kündigung (§ 13 Abs. 2 KSchG)	111–175a
B. Die außerordentliche Kündigung (§ 13 Abs. 1 KSchG)	15–74	E. Die aus sonstigen Gründen unwirksame Kündigung (§ 13 Abs. 3 KSchG)	176–354
C. Umdeutung und hilfsweise erklärte ordentliche Kündigung	75–110		

Detail-Gliederung

A. Einleitung … 1–14
  I. Entstehungsgeschichte … 3–10
    1. Das BRG von 1920 … 3
    2. Das AOG … 4
    3. Die Länderkündigungsschutz-gesetze der Nachkriegszeit … 5–7
    4. § 11 KSchG 1951 … 8, 9
    5. § 13 KSchG 1969 … 10
  II. Sinn und Zweck der Regelung … 11–14
B. Die außerordentliche Kündigung (§ 13 Abs. 1 KSchG) … 15–74
  I. Der Begriff der außerordentlichen Kündigung in § 13 Abs. 1 KSchG … 15–24c
  II. Die Bedeutung des § 13 Abs. 1 S. 1 KSchG … 25
  III. Die Bedeutung und der Geltungsbereich des § 13 Abs. 1 S. 2 KSchG … 25a–41a
    1. Der persönliche Geltungsbereich … 26–40
      a) Arbeitnehmer mit Kündigungsschutz … 26, 27
      b) Arbeitnehmer ohne Kündigungsschutz … 28–35
      c) Auszubildende … 36
      d) Arbeitnehmer mit befristeten Arbeitsverhältnissen … 37, 38
      e) Betriebsrats- und Personalratsmitglieder … 39, 40
    2. Der sachliche Geltungsbereich … 41, 41a
  IV. Die gerichtliche Geltendmachung der Rechtsunwirksamkeit einer außerordentlichen Kündigung (§ 13 Abs. 1 S. 2 KSchG) … 42–63
    1. § 4 S. 1 KSchG … 43–50
    2. §§ 5 und 6 KSchG … 51, 52
    3. § 7 KSchG; die Folgen der Versäumung der Dreiwochenfrist des § 4 S. 1 KSchG … 53–60
    4. »Rechtsunwirksamkeit einer außerordentlichen Kündigung« iSd § 13 Abs. 1 S. 2 KSchG … 61, 62
    5. Materielle Rechtskraft und Präklusionswirkung der Entscheidung … 63
  V. Der Antrag des Arbeitnehmers auf Auflösung des Arbeitsverhältnisses und Verurteilung des Arbeitgebers zur Zahlung einer Abfindung (§ 13 Abs. 1 S. 3 KSchG) … 64–71
    1. Auflösungszeitpunkt … 64–70
    2. Die Höhe der Abfindung (§ 10 KSchG) … 71
  VI. Die Anrechnung auf entgangenen Zwischenverdienst (§ 11 KSchG) … 72, 73
  VII. Neues Arbeitsverhältnis des Arbeitnehmers; Auflösung des alten Arbeitsverhältnisses (§ 12 KSchG) … 74
C. Umdeutung und hilfsweise erklärte ordentliche Kündigung … 75–110
  I. Die Umdeutung der unwirksamen außerordentlichen Kündigung in eine ordentliche Kündigung … 75–109
  II. Die Umdeutung der unwirksamen außerordentlichen Kündigung in ein Auflösungsvertragsangebot … 109a
  III. Die hilfsweise erklärte ordentliche Kündigung … 110
D. Die sittenwidrige Kündigung (§ 13 Abs. 2 KSchG) … 111–175a
  I. Allgemeines … 111–115
  II. Abgrenzung der Sittenwidrigkeit von der Sozialwidrigkeit … 116–132
  III. Persönlicher Anwendungsbereich (Geltungsbereich) … 133–136a
  IV. Beispiele für die Sittenwidrigkeit einer Kündigung … 137–155
  V. Die Folgen der Sittenwidrigkeit einer Kündigung … 156–159
  VI. Die nach § 13 Abs. 2 S. 2 KSchG anwendbaren Vorschriften des KSchG … 160–174
    1. Die Anwendbarkeit des § 9 Abs. 1 S. 1 KSchG … 164–169
    2. Die Anwendbarkeit der §§ 5 und 6 KSchG … 170–174
  VII. Darlegungs- und Beweislast … 175
  VIII. Umdeutung einer sittenwidrigen außerordentlichen Kündigung … 175a
E. Die aus sonstigen Gründen unwirksame Kündigung (§ 13 Abs. 3 KSchG) … 176–354
  I. Allgemeines … 176, 176a
  II. Beispiele für die Rechtsunwirksamkeit aus sonstigen Gründen … 177–301c
    1. Verstoß gegen ein Gesetz (§ 134 BGB) … 178–259e
      a) Verstoß gegen Grundgesetzartikel … 179–203a
      b) Weitere gesetzliche Verbote … 204–259i

	Rz
aa) Verstoß gegen besondere Kündigungsschutzvorschriften	204a–216y
bb) Verstoß gegen sonstige Vorschriften	217–259e
2. Weitere andere Rechtsunwirksamkeitsgründe iSd § 13 Abs. 3 KSchG	260–298a
a) Verstoß gegen tarifvertragliche Kündigungsbeschränkungen	260–265d
aa) Verstoß gegen den Ausschluss der ordentlichen Kündigung	261–263b
bb) Verstoß gegen eine tarifvertraglich vorgesehene Form der Kündigung	264
cc) Verstoß gegen eine im Tarifvertrag vorgesehene Kündigungsfrist	265
dd) Verstoß gegen eine im Tarifvertrag vorgesehene Beschränkung der Änderungskündigung	265a
ee) Verstoß der Änderungskündigung gegen Tarifvertrag bei Abbau tariflich gesicherter Leistungen	265b
ff) Verstoß gegen eine im Tarifvertrag vorgesehene Bindung der Zulässigkeit von Kündigungen an die Zustimmung des Betriebsrats	265c
gg) Verstoß gegen Kündigungsbeschränkungen in Betriebsvereinbarungen	265d
b) Verstoß gegen vertragliche Kündigungsbeschränkungen	266–281a
aa) Vertraglicher Ausschluss der ordentlichen Kündigung	266–272
bb) Verstoß gegen die vertraglich vereinbarte Form der Kündigung	273–280
cc) Verstoß gegen vertraglich vereinbarte Kündigungsfrist	281
dd) Kündigungsverzicht	281a
c) Die Unwirksamkeit der Kündigung wegen ihrer Unvollständigkeit	282–294b
aa) Fehlender Zugang der Kündigung	282
bb) Fehlende Zustimmungserklärung bei einem nicht voll Geschäftsfähigen oder nicht voll zur Verfügung über das zu kündigende Arbeitsverhältnis Berechtigten	283

	Rz
cc) Die Kündigung im Namen des Kündigungsberechtigten ohne Vorlage der Vollmachtsurkunde	284–287c
dd) Vertretung ohne Vertretungsmacht (§ 180 BGB)	288–290
ee) Kündigung im eigenen Namen anstelle des Kündigungsberechtigten	291
ff) Mangelnde Geschäftsfähigkeit; beschränkte Geschäftsfähigkeit; gesetzliche Vertretung	292–294
gg) Kündigung durch den vorläufigen Insolvenzverwalter	294a
hh) Wegfall der Kündigungsbefugnis zwischen Abgabe und Zugang der Kündigungserklärung	294b
d) Willensmängel	295–298
aa) Scheinkündigung	295
bb) Scherzkündigung	296
cc) Anfechtung der Kündigung	297
dd) Willensmängel als sonstige Nichtigkeitsgründe iSd § 13 Abs. 3 KSchG	298
e) Fehlende Bestimmtheit der Kündigungserklärung	298a
3. Mängel der Kündigung, die nicht unter § 13 Abs. 3 KSchG fallen	299–301c
a) § 626 Abs. 2 BGB	299
b) Außerordentliche Kündigung von befristeten Arbeitsverhältnissen	300
c) Verstoß gegen den Grundsatz der Gleichbehandlung	301
d) Kündigung als Disziplinarmaßnahme	301a
e) § 75 Abs. 1 BetrVG, § 111 BetrVG	301b
f) Grundsatz der Verhältnismäßigkeit	301c
g) Kündigung eines Dienstverhältnisses, das kein Arbeitsverhältnis ist iSd § 627 BGB	301d
III. Die materiellrechtlichen und verfahrensrechtlichen Folgen der Unwirksamkeit der Kündigung aus anderen Gründen iSd § 13 Abs. 3 KSchG	302–352a
1. Grundsatz	302
2. Möglichkeit der Klageerhebung außerhalb der Dreiwochenfrist des § 4 S. 1 KSchG – Grenze: Verwirkung des Klagerechts	303–310a
a) Grundsatz	303
b) Schranke: Verwirkung des Klagerechts	304–310a

	Rz		Rz
3. Klageart	311–317	a) Der Auflösungsantrag des Arbeitgebers	327–329
a) Feststellungsklage iSd § 256 ZPO	311	b) Der Auflösungsantrag des Arbeitnehmers	330–352
b) Leistungsklage	312	6. Annahmeverzug	352a
c) Kein Wegfall des Rechtsschutzinteresses für eine Feststellungsklage iSd § 256 ZPO bei möglicher Geltendmachung von Ansprüchen aus dem Arbeitsverhältnis im Wege der Leistungsklage	313–317	IV. Wirkung der Rechtskraft eines Feststellungsurteils iSd § 13 Abs. 3 KSchG iVm § 4 KSchG	353
4. Darlegungs- und Beweislast	318–325a	V. Umdeutung einer iSd § 13 Abs. 3 KSchG unwirksamen Kündigungserklärung in Auflösungsvertragsangebot	354
5. Die Nichtanwendbarkeit der §§ 9 bis 12 KSchG auf die aus sonstigen Gründen unwirksame Kündigung iSd § 13 Abs. 3 KSchG	326–352		

A. Einleitung

1 § 13 KSchG in der ab 1.1.2004 geltenden Fassung wurde durch das »Gesetz zu Reformen am Arbeitsmarkt« vom 24.12.2003 (Art. 1 Nr. 6 BGBl. I S. 3002, 3003) eingeführt. Seine jetzige Fassung ist Folge der Einführung der Vereinheitlichung der Klagefrist für – fast – alle Unwirksamkeitsgründe. Die Überschrift wurde an den geänderten Inhalt der Vorschrift angepasst.

I. Entstehungsgeschichte

1. Das BRG von 1920

2 Nach § 84 Abs. 2 BRG konnte der Arbeitnehmer bei fristloser Kündigung den Einspruch gegen die Kündigung, den nach § 84 Abs. 1 BRG der Arbeitnehmer im Falle der ordentlichen Kündigung seitens des Arbeitgebers innerhalb von fünf Tagen nach der Kündigung bei Vorliegen von bestimmten Einspruchsgründen erheben konnte, indem er den Arbeiter- oder Angestelltenrat anrief, darauf stützen, dass ein Grund zur fristlosen Entlassung nicht vorliege. Trotz dieses Wortlautes legte die hM (vgl. zB *Mansfeld* Betriebsrätegesetz, 2. Aufl. 1930, § 84 Anm. C, S. 434 ff.; *Flatow/Kahn-Freund* BRG, 13. Aufl. 1931, § 84 Anm. IV, S. 457 ff.) diese Bestimmung so aus, dass die fristlose Kündigung dem Arbeitnehmer nicht neben den in § 84 Abs. 1 BRG aufgezählten einen weiteren Einspruchsgrund gibt. Die Vorschrift stellte nur klar, dass auch in den Fällen fristloser Entlassung gegen die in der fristlosen Entlassung liegende fristgerechte Kündigung der Einspruch zulässig ist.

2. Das AOG

3 § 61 AOG sah vor, dass der Arbeitnehmer vorsorglich die Kündigungswiderrufsklage bis zum Schluss der letzten mündlichen Verhandlung der ersten Instanz geltend machen konnte für den Fall, dass die fristlose Kündigung nicht als berechtigt anerkannt wurde.

3. Die Länderkündigungsschutzgesetze der Nachkriegszeit

4 Einige Länder sahen dem § 61 AOG entsprechende Regelungen vor. Da § 61 AOG auch ein gewisses Vorbild für § 6 KSchG darstellt (vgl. KR-*Friedrich* § 6 KSchG Rz. 2), sind die betreffenden Bestimmungen bei § 6 KSchG aufgeführt (vgl. KR-*Friedrich* § 6 KSchG Rz. 3).

5 Das KSchG des Landes Berlin v. 20.5.1950 (VOBl. S. 173) brachte in § 6 Abs. 1 entsprechend § 6 KSchG die Regelung, dass der Arbeitnehmer, der innerhalb von drei Wochen nach Zugang der Kündigung die Unwirksamkeit der Kündigung aus anderen Gründen als Sozialwidrigkeit geltend gemacht hatte, in diesem Verfahren bis zum Schluss der mündlichen Verhandlung erster Instanz auch die Unwirksamkeit der Kündigung wegen Sozialwidrigkeit geltend machen kann. Mit dieser Bestimmung hat der Berliner Gesetzgeber im Grunde zum Ausdruck gebracht, dass die Vorschriften über das Recht zur außerordentlichen Kündigung unberührt bleiben, wie § 13 Abs. 1 S. 1 KSchG 1969 es im Grundsatz vorsieht, ebenso wie die Unwirksamkeit aus sonstigen Gründen, was sich in § 13 Abs. 3 KSchG 1969 wie-

Außerordentliche, sittenwidrige und sonstige Kündigungen § 13 KSchG

derfindet. Eine dem § 11 Abs. 2 KSchG aF entsprechende Regelung fand sich in § 6 Abs. 2 des KSchG des Landes Berlin.

§ 6 des Berliner KSchG entspricht dem § 6 des Hattenheimer Entwurfs (RdA 1950, 64; dazu *A. Hueck* RdA 1950, 67).

4. § 11 KSchG 1951

§ 13 KSchG in der bis 31.12.2003 geltenden Fassung war im Wesentlichen als § 11 KSchG in der am 13.8.1951 in Kraft getretenen ursprünglichen Fassung des KSchG enthalten.

In der Begründung zum Entwurf des § 11 KSchG 1951 (Drs. I/2090, S. 13) ist ausgeführt, dass in sonstigen Fällen rechtsunwirksamer Kündigung, zB bei einem Verstoß gegen das MuSchG, die Geltendmachung der Rechtsunwirksamkeit nicht an eine Frist gebunden ist und das Arbeitsverhältnis bei Rechtsunwirksamkeit unberührt bleibt, ohne dass eine Möglichkeit der Auflösung des Arbeitsverhältnisses und der Verurteilung des Arbeitgebers zur Zahlung einer Abfindung gegeben ist. Deshalb hält die Begründung eine Klarstellung des Verhältnisses der sozial ungerechtfertigten Kündigung zu Kündigungen, die aus anderen Gründen unwirksam sind, für erforderlich. Demzufolge ist mit § 11 Abs. 4 KSchG 1951 (= § 13 Abs. 3 KSchG 1969) der Grundsatz ausgesprochen, dass die Vorschriften über die sozialwidrige Kündigung nur eingreifen sollen, wenn der Schutz des Arbeitsverhältnisses nicht bereits durch andere Vorschriften gewährleistet ist, dh wenn die Kündigung bereits aus sonstigen Gründen rechtsunwirksam ist. Außerdem bedürfen nach der Begründung des Entwurfs des KSchG 1951 daneben die Fälle der außerordentlichen Kündigung und der sittenwidrigen Kündigung einer Klarstellung, was in § 11 Abs. 1 S. 1 KSchG aF (= § 13 Abs. 1 S. 1 KSchG nF) bzw. § 11 Abs. 3 S. 1 KSchG aF (= § 13 Abs. 2 S. 1 KSchG nF) geschehen ist. Die Ausgestaltung dieser »Klarstellungen« des § 11 des Entwurfs ist im Einzelnen in der Begründung nicht begründet worden.

In der parlamentarischen Beratung hat § 11 KSchG 1951 keine Rolle gespielt.

5. § 13 KSchG 1969

Mit Art. 1 Nr. 9 Arbeitsrechtsbereinigungsgesetz vom 14.8.1969 (BGBl. I S.1106, 1107) wurde § 11 Abs. 2 KSchG 1951 gestrichen. § 11 Abs. 2 KSchG 1951 enthielt in seinem Satz 1 die widerlegbare Vermutung, dass eine unwirksame fristlose Kündigung nicht als Kündigung für den nächsten zulässigen Kündigungszeitpunkt gilt. Diese Vorschrift war aus dem Hattenheimer Entwurf (RdA 1950, 63 [64] § 6 Abs.2) in das KSchG 1951 übernommen worden. § 11 Abs.2 S. 2 KSchG 1951 sah für den Fall, dass die Kündigung gleichwohl als Kündigung für den nächsten zulässigen Kündigungszeitpunkt anzusehen ist, die Anwendbarkeit der Vorschriften der §§ 1 bis 10 KSchG vor. Durch die Aufhebung des § 11 Abs.2 KSchG 1951 wurden die Abs.3 und 4 zu Abs.2 und 3. Außerdem wurde in § 11 Abs.1 S.3 vor »Abfindung« das Wort »angemessene« eingefügt.

In der Begründung zum Entwurf des Ersten Gesetzes zur Bereinigung arbeitsrechtlicher Vorschriften (Drs. V/3913, S. 9) heißt es zur Aufhebung des § 11 Abs. 2 KSchG 1951 lediglich, dass sich diese Bestimmung in der Praxis als unzweckmäßig erwiesen hat und außerdem durch eine entsprechende Formulierung der Arbeitgeberkündigung ohnehin jederzeit umgangen werden kann, worauf schon *A. Hueck* (RdA 1950, 67) zu der entsprechenden Vorschrift des Hattenheimer Entwurfs (§ 6 Abs. 2) hingewiesen hatte.

Mit der auf Grund der Ermächtigung im Ersten Arbeitsrechtsbereinigungsgesetz vom 14.8.1969 (Art.7 BGBl. I S.1106 [1111] erfolgten Neubekanntmachung des KSchG (BGBl. I S.1317 [1319]) wurde der verbliebene § 11 zu § 13 in der bis zum 31.12.2003 geltenden Fassung.

6. Gesetz zu Reformen am Arbeitsmarkt

Mit dem Gesetz zu Reformen am Arbeitsmarkt vom 24.12.2003 (BGBl I S. 3002), das am 1.1.2004 in Kraft getreten ist, wurde mit Art. 3 Nr. 6 (S. 3003) § 13 neu gefasst: Die Überschrift wurde in »Außerordentliche, sittenwidrige und sonstige Kündigungen« geändert. In Abs. 1 wurde der letzte Halbsatz des Satzes 3 »die Vorschriften des § 9 Abs.2 und der §§ 10 bis 12 gelten entsprechend« durch den Satz 4 und den Satz 5 »Das Gericht hat für die Auflösung des Arbeitsverhältnisses den Zeitpunkt festzulegen, zu dem die außerordentliche Kündigung ausgesprochen wurde. Die Vorschriften der §§ 10 bis 12 gelten entsprechend« ersetzt. Der Text des § 13 Abs. 2 zur sittenwidrigen Kündigung wurde zu dem Satz verkürzt »Verstößt die Kündigung gegen die guten Sitten, so finden die Vorschriften des § 9 Abs.1 S. 1 und Abs.2 und der §§ 10 bis 12 entsprechende Anwendung«. In § 13 Abs. 3 aF, der die Kündigun-

Friedrich

§ 13 KSchG Außerordentliche, sittenwidrige und sonstige Kündigungen

gen regelte, die weder unter das KSchG fielen noch unter § 626 BGB noch sittenwidrig iSd § 138 BGB waren, wurden nach dem Wort »Abschnitts« die Wörter »mit Ausnahme der §§ 4 – 7« eingefügt.

10 In der Begründung heißt es dazu (BT-Drs. 15/1204, S.14), die Änderungen der Vorschrift seien im Wesentlichen Folge der Vereinheitlichung der Klagefrist. Die Überschrift wurde an den geänderten Inhalt der Vorschrift – »Aufhebung des Absatzes 3« – angepasst. Weiter heißt es: »Absatz 1 entspricht mit Ausnahme des Satzes 3 und des neuen Satzes 4 dem bisherigen Wortlaut. Im neuen Satz 4 wird für den Fall des Auflösungsantrages des Arbeitnehmers bei einer nicht rechtswirksamen außerordentlichen Kündigung geregelt, welchen Zeitpunkt das Gericht für die Auflösung des Arbeitsverhältnisses festzusetzen hat. Aus der bisherigen Verweisung auf die Vorschrift des § 9 Abs. 2, die den Auflösungszeitpunkt bei ordentlicher Kündigung betrifft, war der Zeitpunkt der Auflösung bei außerordentlicher Kündigung nicht eindeutig zu entnehmen. Nunmehr wird eindeutig geregelt, dass das Gericht für die Auflösung des Arbeitsverhältnisses den Zeitpunkt festzulegen hat, zu dem der Arbeitgeber die außerordentliche Kündigung ausgesprochen hat. Das ist bei fristloser Kündigung der Zugang der Kündigungserklärung, bei einer außerordentlichen befristeten Kündigung der vom Arbeitgeber genannte Zeitpunkt und bei einer außerordentlichen Kündigung mit sozialer Auslauffrist der Zeitpunkt, zu dem das Arbeitsverhältnis bei ordentlicher Kündigung geendet hätte«.

Zu **Absatz 2** heißt es lediglich, dass er für eine Kündigung, die gegen die guten Sitten verstößt, nur noch die Verweisung auf die Vorschriften über den Auflösungsantrag des Arbeitnehmers (§ 9 Abs. 1 S. 1 und Abs.2) sowie auf die Vorschriften der §§ 10 – 12 enthält. »Eine sittenwidrige Kündigung ist aus anderen Gründen« rechtsunwirksam. Für sie gelten deshalb die dreiwöchige Klagefrist (§ 4 S.1 KSchG) sowie die Regelungen über die Zulassung verspäteter Klagen (§ 5 KSchG) und der verlängerten Anrufungsfrist (§ 6 KSchG).

Hinsichtlich **Absatz 3** wird darauf verwiesen, der bisherige Abs. 3 werde gegenstandslos. »Er stellte klar, dass die Geltendmachung anderer Rechtsunwirksamkeitsgründe für eine Kündigung als die fehlende soziale Rechtfertigung oder das Fehlen eines wichtigen Grundes nicht an die dreiwöchige Klagefrist des § 4 S. 1 gebunden ist«.

In der Begründung zu § 4 heißt es, dass die dreiwöchige Klagefrist auch auf die Kündigungen erstreckt wird, die aus anderen Gründen rechtsunwirksam sind, wobei auf die Übersicht bei KR-*Friedrich* 5. Aufl., § 4 KSchG Rz. 177 ff. verwiesen ist (S. 13).

10a Da die Klagefrist des § 4 S. 1 KSchG jetzt – fast – alle Unwirksamkeitsgründe erfasst, gilt das auch für die außerordentliche Kündigung. Die §§ 5 – 7 KSchG sind entsprechend anwendbar. Darauf, ob der Arbeitnehmer unter das KSchG fällt, kommt es nicht an; Betriebsgröße, § 23 KSchG, und Dauer des Arbeitsverhältnisses – Wartezeit –, § 1 Abs.1 KSchG, sind unerheblich. Das Gesetz beantwortet den bisherigen Streit um den Auflösungszeitpunkt bei außerordentlicher Kündigung (vgl. Vorauflage. Rz. 64 ff.). Die Sondervorschrift zur sittenwidrigen Kündigung konnte gestrafft werden, musste aber wegen § 13 Abs. 3 KSchG nF aufrecht erhalten werden: Dem Arbeitnehmer sollte das Recht erhalten bleiben, die Auflösung des Arbeitsverhältnisses und die Zahlung einer Abfindung zu verlangen. § 13 Abs. 3 KSchG nF stellt klar, dass bei Kündigungen, die bereits aus anderen Gründen rechtsunwirksam sind, nur die Bestimmungen der §§ 4 – 7 KSchG gelten, also insbes. die Klagefrist des § 4 S. 1 KSchG einzuhalten ist, im Übrigen es aber bei der Unterscheidung zwischen der Sozialwidrigkeit einer Kündigung und einer aus sonstigen Gründen unwirksamen Kündigung verbleibt (BT-Drs. 15/1587, S.31; *Bader* NZA 2004, 65, 70).

II. Sinn und Zweck der Regelung

11 § 13 KSchG befasst sich mit Kündigungen, die nicht sozialwidrig sind. Es geht dabei um die außerordentliche, die sittenwidrige und die aus anderen Gründen unwirksamen Kündigungen. Dabei werden die §§ 5 – 7 KSchG für anwendbar erklärt, also gilt in erster Linie die Dreiwochenfrist des § 4 S. 1 KSchG für die Klageerhebung. Nur soweit § 4 S. 1 KSchG Gründe außerhalb der Sozialwidrigkeit nicht erfasst, bleibt es der Sache nach bei § 13 Abs. 3 KSchG aF: Solche Gründe können auch außerhalb der Wochenfrist geltend gemacht werden, in erster Linie Verstoß der Kündigungserklärung gegen die Schriftform des § 623 BGB.

12 Die vom Gesetzgeber nunmehr gewählte Überschrift »Außerordentliche, sittenwidrige und sonstige Kündigungen« macht das deutlich: § 13 Abs. 1 KSchG behandelt die **außerordentliche Kündigung** und bringt eine Verbindung mit der sozialwidrigen Kündigung, indem er für die Geltendmachung der

Unwirksamkeit einer außerordentlichen Kündigung ebenfalls die Klage innerhalb der Dreiwochenfrist des § 4 S. 1 KSchG vorsieht und weitere Vorschriften des KSchG für anwendbar erklärt. § 13 Abs. 2 KSchG befasst sich mit der **sittenwidrigen Kündigung**. Die Geltendmachung der Unwirksamkeit der sittenwidrigen Kündigung macht der Gesetzgeber ebenfalls von der Klage innerhalb der Dreiwochenfrist abhängig. Die Sittenwidrigkeit der Kündigung ist ein anderer Grund als Sozialwidrigkeit und ist daher innerhalb der Dreiwochenfrist geltend zu machen. Er gibt aber dem Arbeitnehmer – und nur ihm – das Recht, den Auflösungsantrag zu stellen. § 13 Abs. 2 KSchG verweist auf § 9 Abs. 1 S. 1 KSchG (Auflösungsantrag des Arbeitnehmers), nicht aber auf § 9 Abs. 1 S. 2 KSchG (Auflösungsantrag des Arbeitgebers). § 13 Abs. 3 KSchG stellt die **Kündigungen, die aus anderen Gründen als Sozial- und Sittenwidrigkeit** unwirksam sind, bis auf die §§ 4 – 7 KSchG außerhalb der Regeln des KSchG, woraus sich ergibt, dass Arbeitnehmer und Arbeitgeber einen Auflösungsantrag nach § 9 KSchG statthaft nur dann stellen können, wenn die Kündigung zumindest auch sozial nicht gerechtfertigt war, nicht aber bei Unwirksamkeit – nur – aus anderen Gründen.

Diese nur skizzenhafte Übersicht über die Regelung des § 13 KSchG zeigt, dass der Gesetzgeber sich nicht dazu verstanden hat, ganz allgemein die Geltendmachung der Unwirksamkeit einer Kündigung von der Einhaltung der Dreiwochenfrist abhängig zu machen, was dem Bestreben des KSchG, möglichst rasch eine Klärung darüber herbeizuführen, ob eine Kündigung wirksam ist oder nicht, nur entsprochen hätte. Dass gegen die nicht der Schriftform des § 623 BGB entsprechende und deshalb formunwirksame Kündigung nicht ebenfalls in der Dreiwochenfrist vorgegangen werden muss, ist Folge der Tatsache, dass nach § 4 S. 1 KSchG die Frist zur Klageerhebung erst nach Zugang der schriftlichen Kündigung zu laufen beginnt. Ob auch andere Unwirksamkeitsgründe erfolgreich außerhalb der Dreiwochenfrist geltend gemacht werden können, ist bei den einzelnen Unwirksamkeitsgründen erörtert, vgl. Rz. 177 ff. Die dreiwöchige Klagefrist erstreckt sich auch nicht auf andere Beendigungssachverhalte wie Anfechtung der dem Arbeitsvertrag zugrunde liegenden Willenserklärung des Arbeitgebers und ein angeblich geschlossener Aufhebungs- oder Auflösungsvertrag. Das mag bedauert werden (*J.-H. Bauer/Krieger* Rz. 108), ist aber von der geltenden Rechtslage her hinzunehmen. Das hat zur Folge, dass auch außerhalb der Dreiwochenfrist Kündigungen mit Erfolg angegriffen werden können, es sei denn, das Klagerecht ist verwirkt (vgl. dazu Rz. 304 ff.). 13

Allerdings ist die Möglichkeit der Geltendmachung von Nichtigkeitsgründen außerhalb der Dreiwochenfrist dadurch erheblich beschränkt, dass fast alle Unwirksamkeitsgründe von § 4 S. 1 KSchG erfasst werden und jedenfalls nach Maßgabe des § 6 KSchG in den Prozess eingebracht werden müssen. In den Fällen, in denen der Arbeitnehmer eine Kündigung fristgerecht wegen Sozialwidrigkeit oder Unwirksamkeit aus anderen § 4 S. 1 KSchG unterfallenden Gründen angegriffen hat, musste er auch alle sonstigen Nichtigkeitsgründe in diesem Prozess geltend machen: Ein die Feststellungsklage abweisendes Urteil stellt nämlich das Nichtbestehen des Arbeitsverhältnisses rechtskräftig fest. Deshalb können sonstige Nichtigkeitsgründe nicht mehr mit gesonderten Klagen erfolgreich geltend gemacht werden (vgl. § 4 Rz. 221, 263). 14

B. Die außerordentliche Kündigung (§ 13 Abs. 1 KSchG)
I. Der Begriff der außerordentlichen Kündigung in § 13 Abs. 1 KSchG

§ 13 Abs. 1 S. 1 KSchG stellt den **Grundsatz** auf, dass die Vorschriften über das Recht zur außerordentlichen Kündigung durch das KSchG nicht berührt werden. Nach § 13 Abs. 1 S. 2 KSchG ist die Rechtsunwirksamkeit der außerordentlichen Kündigung innerhalb der Dreiwochenfrist des § 4 S. 1 KSchG mit der Kündigungsfeststellungsklage geltend zu machen. 15

§ 13 Abs. 1 KSchG erfasst nach seinem Wortlaut jede außerordentliche Kündigung, und zwar die Arbeitgeberkündigung. Die Feststellungsklage des Arbeitgebers bei Arbeitnehmerkündigung ist auch dann nicht fristgebunden, wenn die allgemeinen Voraussetzungen des Kündigungsschutzes vorliegen (*BAG* 9 9.1992 RzK I 10e Nr. 13). Angesprochen ist in erster Linie die Kündigung aus wichtigem Grund ohne Einhaltung einer Kündigungsfrist iSd § 626 BGB (dazu iE KR-*Fischermeier* § 626 BGB). Auch die außerordentliche Änderungskündigung aus wichtigem Grund fällt darunter. 16

Die außerordentliche Kündigung ist nicht stets einer fristlosen gleichzusetzen. Es gibt außerordentliche Kündigungen, die mit einer Frist erklärt werden oder gar an eine Frist gebunden sind. Der Arbeitgeber kann außerordentlich, aber unter Einhaltung einer sog. sozialen Auslauffrist, Sozialfrist, Schonfrist kündigen (vgl. KR-*Fischermeier* § 626 BGB Rz. 29 f.). 17

18 Möglich ist eine über § 626 BGB hinausgehende, diese Bestimmung erweiternde **Regelung der außerordentlichen Kündigung durch Einzelvertrag oder Tarifvertrag**. Die Parteien können das außerordentliche Kündigungsrecht des § 626 BGB nicht einschränken. Sie können keinen »absoluten« Kündigungsgrund vereinbaren (*BAG* 6.3.2003 ZTR 2004, 48 [B II 2 mwN]). Die nach § 626 Abs. 1 BGB gebotene Zumutbarkeitsprüfung ist eine Schutzvorschrift für beide Vertragspartner und deshalb zwingend. Die Parteien können zwar die gesetzlichen Kündigungsgründe näher bestimmen oder die nähere Bestimmung erleichtern (*BAG* 17.4.1956 AP Nr. 8 zu § 626 BGB). Jedoch ist eine solche Vereinbarung nicht zulässig, wenn dieser Grund einer richterlichen Nachprüfung nicht standhält (*BAG* 15.1.1970 EzA § 1 KSchG Nr. 16; *Gumpert* BB 1970, 804; *Hofmann* SAE 1971, 134 [138]; *BAG* 22.11.1973 EzA § 626 BGB nF Nr. 33; SPV-*Preis* Rz. 325 ff.; *LAG Düsseld*. 22.12.1970 DB 1971, 150; *LAG Nürnberg* 26.4.2001 BB 2001, 1906). Auch Tarifvertragsparteien können solche ausschließlichen Kündigungsgründe nicht vereinbaren (SPV-*Preis* Rz. 335, 831 mwN; krit. *Gamillscheg* AuR 1981, 105 ff.). Das gilt auch für § 626 Abs. 2 BGB (*BAG* 12.2.1973 EzA § 626 BGB nF Nr. 22; 12.4.1978 EzA § 626 BGB nF Nr. 64; SPV-*Preis* Rz. 831). Gleichwohl bleibt eine Interessenabwägung vorzunehmen, erweitert und klargestellt ist lediglich der Bereich der kündigungsrelevanten Tatsachen; andernfalls läge eine unzulässige Beschränkung des Kündigungsschutzes durch Einzelvertrag oder Tarifvertrag vor (vgl. *BAG* 22.11.1973 EzA § 626 BGB nF Nr. 33; *LAG Düsseld*. 22.12.1970 DB 1971, 150; *BAG* 15.1.1981 – 2 AZR 934/78 – nv.; 15.1.1981 – 2 AZR 364/78 – nv).

19 Die **Kündigung nach § 113 InsO** ist nur insofern eine außerordentliche als sie des speziellen Grundes der Insolvenz bedarf und sich ausschließlich gem. § 113 InsO an den Insolvenzverwalter richtet. § 113 **InsO** sieht vor, dass der Insolvenzverwalter das Dienstverhältnis ohne Rücksicht auf eine vereinbarte Vertragsdauer oder einen vereinbarten Ausschluss der ordentlichen Kündigung mit einer Frist von drei Monaten zum Monatsschluss kündigen kann, wenn nicht eine kürzere Frist maßgeblich ist. Es bleibt also dabei, dass die Kündigung durch den Insolvenzverwalter unter den Kündigungsschutz fällt (vgl. HK-*Hauck* § 1 Rz. 144; *Zwanziger* BB 2004, 824, 825; *ders*. Das Arbeitsrecht in der Insolvenzordnung, 3. Aufl., Einl. Rz. 133 ff.). Die Dreiwochenfrist des § 4 S. 1 KSchG gilt jedenfalls über § 13 Abs. 1 KSchG.

20 Die Kündigungsmöglichkeit nach §§ 50, 51 VglO ist nach Aufhebung der Vergleichsordnung mit Ablauf des 31.12.1998 (Art. 2 Nr. 1 iVm Art. 11 EGInsO v. 5.10.1994 [BGBl. I 2911]) gegenstandslos (vgl. dazu ErfK-*Müller-Glöge* 2. Aufl., § 113 InsO Rz. 38 f.).

21 Außerordentliche Kündigung iSd § 13 Abs. 1 KSchG ist auch die nach Kapitel XIX Sachgebiet A Abschnitt III Nr. 5 Abs. 5 der Anlage I zum EV mögliche außerordentliche Kündigung des Arbeitsvertrages (*BAG* 11.6.1992 EzA Art. 20 EinigungsV Nr. 16). Aus dieser Vorschrift ergibt sich nicht, dass diese außerordentliche Kündigung hinsichtlich ihrer Überprüfbarkeit durch die Gerichte für Arbeitssachen nicht den allg. Regelungen unterliegen soll. Die Dreiwochenfrist ist einzuhalten (*BAG* 11.6.1992 AP Nr. 1 zu Einigungsvertrag Anlage 1 Kap. XIX [AI]; HK-*Dornforf* § 1 Rz. 474; HK-*Hauck* § 4 Rz. 8).

22 Die entfristete Kündigung fällt nicht unter § 13 Abs. 1 S. 1 KSchG. Es handelt sich um eine ordentliche Kündigung, bei der eine Kündigungsfrist nicht gegeben ist. Eine solche kann zulässig für den Aushilfsarbeitnehmer des § 622 Abs. 5 S. 1 Nr. 1 BGB vereinbart werden. In Tarifverträgen können nach § 622 Abs. 4 S. 1 BGB entfristete ordentliche Kündigungen vorgesehen werden (vgl. dazu KR-*Spilger* § 622 BGB Rz. 212).

23 Dagegen ist die in § 17 Nr. 9 MTV für die Brauereien und selbständigen Handelsmälzereien NRW vom 23./24.2.1984 vorgesehene Kündigung von »unkündbaren« Arbeitnehmern keine ordentliche, sondern eine außerordentliche – wenn auch nicht fristlose – Kündigung iSd § 626 BGB (*BAG* 29.8.1991 EzA § 102 BetrVG 1972 Nr. 82). Entsprechendes gilt für vergleichbare tarifvertragliche Regelungen.

24 Die Kündigung während der Probezeit nach § 22 Abs. 1 BBiG ist eine entfristete ordentliche Kündigung (*BVerwG* 5.7.1984 AuR 1985, 32; *BAG* 17.9.1987 EzA § 15 BBiG Nr. 4; 10.11.1988 EzA § 15 BBiG Nr. 7 [Zubilligung einer Auslauffrist möglich] jeweils zu § 15 Abs. 1 BBiG aF).

24a Auch die **außerordentliche Änderungskündigung** aus wichtigem Grund iSd § 626 Abs. 1 BGB ist innerhalb der Dreiwochenfrist mit der Änderungsschutzklage des § 4 S. 2 KSchG anzugreifen, soll die Änderung nicht nach § 7 KSchG wirksam werden (*BAG* 17.5.1984 AP Nr. 3 zu § 55 BAT [zu II 4 der Gründe]; 27.3.1987 EzA § 2 KSchG Nr. 10; KR-*Fischermeier* § 626 BGB Rz. 200). Nimmt der Arbeitnehmer wirksam das außerordentliche Änderungsangebot nicht an, ist ohnehin gegen diese außerordentliche Beendigungskündigung innerhalb der Dreiwochenfrist mit einem Antrag nach § 4 S. 1 KSchG vorzugehen (vgl. insoweit KR-*Rost* § 2 KSchG Rz. 32 ff.).

Bei der nach § 55 Abs. 2 Unterabs. 1 S. 2, Unterabs. 2 S. 1 BAT zugelassenen Änderungskündigung handelt es sich um eine befristete außerordentliche Änderungskündigung aus wichtigem Grund iSd § 54 BAT, § 626 Abs. 1 BGB (*BAG* 17.5.1984 AP Nr. 3 zu § 55 BAT). Trotz § 34 Abs. 2 S. 1 TVöD, nach dem der besondere tarifvertragliche Kündigungsschutz nunmehr einheitlich für Arbeiter und Angestellte geregelt ist und der Arbeitgeber die Möglichkeit der außerordentlichen Kündigung nach § 626 BGB hat, gibt Satz 2 den Beschäftigten Bestandsschutz, »soweit« sie am 30.9.2005 unkündbar waren, so dass die an sich entfallene Änderungskündigungsmöglichkeit für den bestandsgeschützten Personenkreis erhalten bleibt (vgl. *Bröhl* ZTR 2006, 174, 175, 178; TVöD-*Schulz-Koffka* Stand 12/05 § 34 Rz. 35 ff.). 24b

Zur Anfechtung der dem Arbeitsverhältnis zu Grunde liegenden Willenserklärung durch den Arbeitgeber vgl. KR-*Friedrich* § 4 KSchG Rz. 16a. 24c

II. Die Bedeutung des § 13 Abs. 1 S. 1 KSchG

§ 13 Abs. 1 S. 1 KSchG besagt, dass die **Wirksamkeit von außerordentlichen Kündigungen** nicht nach dem KSchG **beurteilt** werden soll, also im Wesentlichen nach § 1 KSchG, sondern **nach den für die außerordentliche Kündigung bestehenden Sondervorschriften.** So richtet sich die Frage der Wirksamkeit der außerordentlichen Kündigung aus wichtigem Grunde allein nach § 626 BGB, nämlich danach, ob ein wichtiger Grund iS dieser Vorschrift vorliegt oder nicht. 25

III. Die Bedeutung und der Geltungsbereich des § 13 Abs. 1 S. 2 KSchG

Mit der Fristenregelung des § 13 Abs. 1 S. 2 iVm § 4 S. 1 KSchG soll eine schnelle und endgültige Klärung der Wirksamkeit auch der außerordentlichen Arbeitgeberkündigung herbeigeführt werden. Prüfungsmaßstab für die außerordentliche Kündigung ist allein § 626 BGB, nicht § 1 KSchG. 25a

In § 13 Abs. 1 S. 2 KSchG fehlt der Hinweis auf § 4 S. 4 KSchG. Daraus kann aber nicht der Schluss gezogen werden, § 4 S. 4 KSchG gelte nicht für außerordentliche Kündigungen. Vielmehr ist von einem Redaktionsversehen auszugehen, weil ein Grund für eine unterschiedliche Behandlung von ordentlichen und außerordentlichen Kündigungen nicht erkennbar ist. § 4 S. 4 KSchG ist daher auf außerordentliche Kündigungen anwendbar (vgl. *H.-J. Bauer/Krieger* Rz. 118b, die die Frage des § 4 S. 4 KSchG im Zusammenhang mit § 91 Abs. 3 S. 2 SGB IX diskutieren, dem Fall der Fiktion der Zustimmung des Integrationsamtes zur außerordentlichen Kündigung gegenüber einem schwerbehinderten Menschen und davon ausgehen, dass § 4 S. 4 KSchG an sich anwendbar ist, Einzelheiten vgl. KR-*Friedrich* § 4 KSchG Rz. 196 ff.). 25b

Außerdem sind die §§ 5 – 7 KSchG anzuwenden. Damit gelten die Vorschriften über die nachträgliche Zulassung (dazu KR-*Friedrich* § 5 KSchG) und die Vorschriften über die Geltendmachung von Unwirksamkeitsgründen außerhalb der Dreiwochenfrist (dazu KR-*Friedrich* § 6 KSchG) und die Vorschrift über das Wirksamwerden der Kündigung bei fehlender fristgerechter Geltendmachung oder Nachsichtgewährung der §§ 5, 6 KSchG (dazu KR-*Rost* § 7 KSchG). 25c

1. Der persönliche Geltungsbereich

a) Arbeitnehmer mit und ohne Kündigungsschutz

Ebenso wie bei der ordentlichen Kündigung greift die Klagefrist unabhängig von der Betriebsgröße und der Dauer des Arbeitsverhältnisses ein. Die Voraussetzungen des § 1 KSchG und des § 23 KSchG müssen nicht gegeben sein. Nach dem systematischen Standort der Regelung der Klagefrist mag es als zweifelhaft erscheinen, ob sie auch innerhalb der ersten sechs Monate des Arbeitsverhältnisses anzuwenden ist, arg. § 1 Abs. 1 KSchG. Der erkennbare Wille des Gesetzgebers, die Klagefrist auf alle Arten der Kündigung und auf – fast – alle Unwirksamkeitsgründe zu erstrecken, steht dafür (*Bader* NZA 2004, 65, 68 mwN in Fn 36; *LAG Hamm* 11.5.2006 – 16 Sa 2151/05 – EzA-SD 20/2006 S. 10, Rev. unter – 6 AZR 873/06 – anhängig). Für Mitarbeiter von Kleinbetrieben ergibt sich das aus der Neufassung des § 23 KSchG. In § 23 Abs 1 S. 2 KSchG wurden die Wörter »mit Ausnahme der §§ 4 bis 7 und des § 13 Abs. 1 S. 1 und 2« aufgenommen mit der Folge, dass § 13 Abs. 1 S. 2 KSchG und damit § 4 S. 1 KSchG, also die Dreiwochenfrist gelten; eine Rückausnahme dazu, dass eigentlich die Vorschriften des Ersten Abschnitts des KSchG für Kleinbetriebe nicht gelten. 26

Auf die Frage, ob nicht den Kündigungsschutz des KSchG genießende Arbeitnehmer die Dreiwochenfrist einzuhalten haben, braucht nicht mehr eingegangen zu werden, dazu 6. Aufl. Rz. 29 ff. 27

Die dreiwöchige Klagefrist ist für die Klage gegen eine außerordentliche Kündigung auch dann einzuhalten, wenn der Arbeitnehmer die sechsmonatige Wartezeit des § 1 Abs. 1 KSchG nicht erfüllt hat (*LAG Hamm* 11.5.2006 – 16 Sa 2151/05 – EzA-SD 20/2006 S. 10).

28 Auf den Streit, ob Arbeitnehmer in Kleinbetrieben die Dreiwochenfrist einzuhalten haben, vgl. dazu 6. Aufl. Rz. 28, kommt es danach nicht mehr an.

b) Leitende Angestellte

29 Leitende Angestellte müssen die Dreiwochenfrist beachten, soweit sie nicht Organmitglieder iSd § 14 Abs. 1 KSchG sind (vgl. iE KR-*Rost* § 14 KSchG Rz. 23 ff., 42).

30–34 Leitende Angestellte, die Organmitglieder sind, sind durch § 14 Abs. 1 KSchG ausdrücklich von den Vorschriften des ersten Abschnittes des KSchG und damit auch von § 13 KSchG ausgenommen (SPV-*Preis* Rz. 886).

35 Die Arbeitnehmer, die nicht der Regelung des § 13 Abs. 1 S. 2 iVm § 4 KSchG unterliegen, können auch nach Ablauf der Dreiwochenfrist eine **Feststellungsklage iSd § 256 ZPO** auf Feststellung des Fortbestandes des Arbeitsverhältnisses erheben (vgl. zB *BAG* 27.1.1955 AP Nr. 5 zu § 11 KSchG 1951; 15.9.1955 AP Nr. 7 zu § 11 KSchG 1951; 17.8.1972 EzA § 626 BGB nF Nr. 22). Sie müssen die Klage allerdings innerhalb einer angemessenen Frist erheben. Anderenfalls laufen sie Gefahr, dass das Klagerecht als verwirkt angesehen wird. Zur Verwirkung vgl. Rz. 304 ff. Der Antrag lautet in diesem Fall: Es wird festgestellt, dass das Arbeitsverhältnis über den … (Datum des Zugangs) hinaus fortbesteht, oder, wenn die außerordentliche Kündigung als ordentliche gelten soll, über den … (Datum des Zugangs) bis zum … (Datum des Ablaufs der Kündigungsfrist) fortbesteht bzw. fortbestanden hat.

c) Auszubildende

36 Ob **Auszubildende** bei Kündigung aus wichtigem Grund iSd § 22 Abs. 2 BBiG die Dreiwochenfrist einhalten müssen, ist im Gesetz nicht geregelt. Auf das Vorliegen der persönlichen und betrieblichen Voraussetzungen des KSchG (§ 1 iVm § 23) kommt es nach der Neuregelung des KSchG für die Einhaltung der Dreiwochenfrist des § 4 KSchG iVm § 13 Abs. 1 S. 2 KSchG für die klageweise Geltendmachung der Unwirksamkeit der außerordentlichen Kündigung des Berufsausbildungsverhältnisses nicht mehr an. Das BAG unterscheidet danach, ob ein Ausschuss nach § 111 Abs. 2 S. 5 ArbGG eingerichtet ist. Der Auszubildende muss die Klagefrist der §§ 13, 4 KSchG einhalten, wenn ein solcher Ausschuss nicht besteht, um so die Wirkungen der §§ 13, 7 KSchG zu vermeiden (*BAG* 5.7.1990 EzA § 4 KSchG nF Nr. 39; 26.1.1999 EzA § 4 KSchG nF Nr. 58 gegen *LAG Bra.* 10.10.1997 LAGE § 4 KSchG Nr. 39; *LAG BW* 8.10.1998 LAGE § 11 ArbGG 1979 Nr. 15; zust. *Grünberger* AuR 1996, 155, 157; APS-*Ascheid* § 4 Rz. 17; *Löwisch/Spinner* Rz. 5; *J.-H.Bauer/Krieger* Rz. 105 zum neuen Recht; SPV-*Preis* Rz. 1731 ff.; **abl.** HK-*Dorndorf* Rz 24 ff. mwN; *Vollkommer* Anm. BAG 5.7.1990 EzA § 4 KSchG nF Nr. 39; ErfK-*Schlachter* § 22 BBiG Rz. 11: Differenzierung zwischen Bezirken mit und ohne Schlichtungsausschuss ist »sachwidrig«; ErfK-*Kiel* § 13 KSchG Rz. 6: Nichtanwendung der §§ 4, 7 KSchG »aus Gründen der Rechtssicherheit«; für generellen Fristenzwang *Zirwes* Gew Arch 1995, 465, 468). Besteht ein solcher Ausschuss, so ist dieser anzurufen (*BAG* 13.4.1989 EzA § 13 KSchG nF Nr. 4; 17.6.1998 RzK IV 3a Nr. 30). Für die vorprozessuale Anrufung des Schlichtungsausschusses besteht keine Frist. Die Dreiwochenfrist der §§ 13, 4 KSchG gilt für die sich etwa anschließende Kündigungsschutzklage nicht. Es gilt ausschließlich das Verfahren nach § 111 Abs. 2 ArbGG: Eine Klage- oder Ausschlussfrist muss nicht eingehalten werden. Ist der Spruch nicht anerkannt worden, muss der Auszubildende die Zweiwochenfrist des § 111 Abs. 2 S. 3 ArbGG einhalten, die ab dem Zeitpunkt der Zustellung des schriftlich abgefassten und mit einer Rechtsmittelbelehrung versehenen Spruchs läuft (*LAG Frankf.* 14.6.1989 LAGE § 111 ArbGG 1979 Nr. 2; *Gift/Baur* E 373; GK-ArbGG-*Mikosch* § 111 Rz. 28). Auf die Dreiwochenfrist der §§ 13, 4 KSchG kann sich der Auszubildende nicht mit Erfolg berufen (*LAG Düsseld.* 3.5.1988 LAGE § 111 ArbGG 1979 Nr. 1). Wird verspätet Klage erhoben, so ist diese als unzulässig abzuweisen (*BAG* 8.10.1979 EzA § 111 ArbGG 1979 Nr. 1). Die zweiwöchige Frist des § 111 Abs. 2 S. 3 ArbGG ist eine rein prozessuale Frist ohne materiell-rechtliche Wirkungen. Die außerordentliche Kündigung wird nicht etwa durch Fristablauf wirksam (*BAG* 13.4.1989 aaO [zu II 2b, c der Gründe]). Bei Versäumnis der Zweiwochenfrist des § 111 Abs. 2 S. 3 ArbGG ist eine Wiedereinsetzung in den vorigen Stand entsprechend § 233 ZPO [und nicht nachträgliche Zulassung der Klage nach § 5 KSchG] möglich (*LAG Hamm* 3.3.1983 AuR 1983, 250 = BB 1984, 346; GK-ArbGG-*Mikosch* § 111 Rz. 29 mwN; *Gift/Baur* E 474 mwN). Ist die Anrufung des Ausschusses unterblieben, kann diese nach gerichtlicher Geltendmachung der

Unwirksamkeit der außerordentlichen Kündigung nachgeholt werden (*BAG* 25.11.1976 EzA § 5 BBiG Nr. 3). Vgl. eingehend KR-*Weigand* BBiG Rz. 121 ff.

d) Arbeitnehmer mit befristeten Arbeitsverhältnissen

Nach der Rechtsprechung des 2. Senats des BAG gilt für die außerordentliche Kündigung auch beim **37-38** befristeten Arbeitsverhältnis die Klagefrist des § 4 KSchG (*BAG* 13.4.1967 EzA § 3 KSchG Nr. 1; 8.6.1972 AP Nr. 1 zu § 13 KSchG 1969; 18.9.1975 EzA § 111 ArbG Nr. 1). Dem ist die Literatur gefolgt (*v. Hoyningen-Huene/Linck* Rz. 36; *Löwisch/Spinner* Rz. 6; SPV-*Vossen* Rz. 1728; *Kittner/Däubler/Zwanziger* Rz. 6; HK-*Dorndorf* Rz. 31; ErfK-*Kiel* Rz. 12). Das TzBfG hat daran nichts geändert.

e) Betriebsrats- und Personalratsmitglieder

Auch ein **Betriebsratsmitglied,** dem unter den Voraussetzungen des § 15 KSchG (und ein **Personal-** **39** **ratsmitglied,** dem unter den Voraussetzungen der einschlägigen Bestimmungen des Personalvertretungsrechts, zB § 47 BPersVG) außerordentlich gekündigt worden ist, hat die in § 13 Abs. 1 S. 2 iVm § 4 KSchG vorgeschriebene Klagefrist von drei Wochen einzuhalten, wenn es die Unwirksamkeit dieser außerordentlichen Kündigung wegen Fehlens eines wichtigen Grundes geltend machen will (s. dazu die Ausführungen KR-*Etzel* § 15 KSchG Rz. 41 f. mN).

Ein Betriebs- oder Personalratsmitglied muss die Dreiwochenfrist einhalten, wenn das Zustimmungs- **40** verfahren nicht ordnungsgemäß abgewickelt wurde oder die Zustimmung des Betriebs- oder Personalrats nicht vorliegt oder die Zustimmung durch das Gericht nicht ersetzt wurde. Die Kündigung ist dann zwar schlechterdings unheilbar nichtig. Es handelt sich in einem solchen Fall aber um einen von § 13 Abs. 3 KSchG erfassten anderen Grund als den in § 1 Abs. 2 und 3 KSchG bezeichneten Gründen (dazu Rz. 204 f. und KR-*Etzel* § 15 KSchG Rz. 37 f. mwN).

2. Der sachliche Geltungsbereich

Außerordentliche Kündigung iSd § 13 Abs. 1 S. 2 KSchG ist idR die Kündigung aus wichtigem Grund **41** iSd § 626 BGB (vgl. Rz. 16). § 13 Abs. 1 S. 2 KSchG ist auch auf die außerordentliche Kündigung nach Kap. XIX Sachgebiet A Abschn. III Nr. 1 Abs. 5 der Anlage I zum EV anzuwenden (vgl. Rz. 21). Gegen die in Rz. 21 ff. genannte entfristete Kündigung ist bei Vorliegen der Voraussetzungen des Kündigungsschutzes die Kündigungsschutzklage unmittelbar nach § 4 KSchG gegeben.

Gegen die Kündigung nach § 113 InsO kann das allg. Kündigungsschutzverfahren durchgeführt wer- **41a** den. Allerdings wird eine bestehende arbeitsvertragliche oder tarifvertragliche Unkündbarkeit durchbrochen; § 125 InsO führt zur eingeschränkten Überprüfung der Kündigung, wenn der Arbeitnehmer im Interessenausgleich namentlich bezeichnet ist (vgl. iE KR-*Weigand* § 113, § 125 InsO).

IV. Die gerichtliche Geltendmachung der Rechtsunwirksamkeit einer außerordentlichen Kündigung (§ 13 Abs. 1 S. 2 KSchG)

Nach § 13 Abs. 1 S. 2 KSchG ist die Rechtsunwirksamkeit einer außerordentlichen Kündigung im oben **42** gekennzeichneten Sinne (Rz. 16 ff., 41) von dem oben bezeichneten Personenkreis (Rz. 26 ff.) nach Maßgabe des § 4 S. 1 KSchG und der §§ 5 bis 7 KSchG geltend zu machen. Diese Verweisung besagt sonach Folgendes:

1. § 4 S. 1 KSchG

Der Arbeitnehmer, der geltend machen will, dass die außerordentliche Kündigung unwirksam ist, **43** muss innerhalb von drei Wochen nach Zugang dieser Kündigung Klage beim Arbeitsgericht auf Feststellung erheben, dass das Arbeitsverhältnis durch diese Kündigung nicht aufgelöst ist.

Der **Klageantrag** lautet dementsprechend: Es wird beantragt, festzustellen, dass das Arbeitsverhältnis **44** durch die außerordentliche Kündigung vom ... (Datum) nicht aufgelöst worden ist. Das entspricht dem Klageantrag bei der Kündigungsschutzklage gegen eine ordentliche Kündigung (vgl. KR-*Friedrich* § 4 KSchG Rz. 160).

Will der Arbeitnehmer die außerordentliche Kündigung **als ordentliche Kündigung oder als außer-** **45** **ordentliche Kündigung zu einem bestimmten Beendigungszeitpunkt gegen sich gelten lassen,** so lautet der **Antrag:** Es wird festgestellt, dass das Arbeitsverhältnis durch die fristlose Kündigung vom

... (Datum) nicht am ... (Datum) aufgelöst wurde, sondern erst mit Ablauf der Kündigungsfrist am ... (Datum) endet oder, sondern erst mit Ablauf des ... (Datum) endet oder geendet hat (vgl. KR-*Friedrich* § 4 KSchG Rz. 231 ff.).

46 Auch in dem Fall, in dem der Arbeitgeber **primär eine außerordentliche** und **hilfsweise eine ordentliche Kündigung** ausgesprochen hat, muss der Arbeitnehmer zu erkennen geben, ob er gegen beide Kündigungen oder nur gegen die außerordentliche Kündigung vorgehen will, und sollte dies in der Formulierung seines Klageantrages zum Ausdruck bringen. Das kann etwa dadurch geschehen, dass er Feststellung des Inhalts begehrt, dass das Arbeitsverhältnis weder durch die außerordentliche Kündigung noch die hilfsweise erklärte ordentliche Kündigung vom gleichen Tage (oder ggf. von einem anderen Tage) aufgelöst ist. Will er die hilfsweise erklärte ordentliche Kündigung hinnehmen, so bringt das der Antrag zum Ausdruck, festzustellen, dass das Arbeitsverhältnis durch die fristlose Kündigung vom ... nicht aufgelöst worden ist, sondern bis zum Ablauf des ... (Datum) fortbestanden hat bzw. fortbesteht (vgl. dazu KR-*Friedrich* § 4 KSchG Rz. 229).

47 Im Übrigen gilt das zu § 4 KSchG Ausgeführte entsprechend (vgl. KR-*Friedrich* § 4 KSchG Rz. 11 – 223). Im Falle einer außerordentlichen Kündigung, die der Arbeitgeber mit Vorwürfen begründet hat, die die Ehre und das Ansehen des verstorbenen Arbeitnehmers betrafen, dient der bereits vom Erblasser anhängig gemachte Kündigungsstreit auch dazu, die Ehre des verstorbenen Arbeitnehmers wiederherzustellen. Auch nach dem Tode eines Arbeitnehmers ist seine Ehre rechtlich geschützt (vgl. *BGH* 20.3.1968 BGHZ 50, 133 [137]); der Anspruch des Verstorbenen auf Achtung im sozialen Raum kann daher auch noch von den Erben weitergeführt werden (*BAG* 8.2.1980 – 7 AZR 65/78 – nv).

2. § 4 S. 4 KSchG

48–50 Diese Bestimmung ist in § 13 Abs. 1 S. 2 KSchG nicht genannt. Sie ist gleichwohl anwendbar. Ihre Nichterwähnung ist auf ein Redaktionsversehen zurückzuführen. In der Sache macht es insoweit keinen Unterschied, ob es sich um eine ordentliche oder außerordentliche Kündigung handelt. Sonach läuft die Klagefrist zB bei einer außerordentlichen Kündigung gegenüber einem schwerbehinderten Menschen, § 92 Abs. 1 SGB IX iVm § 85 SGB IX erst ab Bekanntgabe der Zustimmung des Integrationsamtes an den Arbeitnehmer (vgl. iE oben Rz. 25b und KR-*Friedrich* § 4 KSchG Rz. 196 ff.).

2. §§ 5 und 6 KSchG

51 Auch für die Geltendmachung der Unwirksamkeit einer außerordentlichen Kündigung ist die **nachträgliche Zulassung** der Klage nach § 5 KSchG möglich (vgl. dazu KR-*Friedrich* § 5 KSchG).

52 Ebenso können Unwirksamkeitgründe außerhalb der Klagefrist nach Maßgabe des § 6 KSchG geltend gemacht werden (vgl. dazu KR-*Friedrich* § 6 KSchG).

3. § 7 KSchG; die Folgen der Versäumung der Dreiwochenfrist des § 4 S. 1 KSchG

53 Wird die Unwirksamkeit der außerordentlichen Kündigung nicht während der Ausschlussfrist des § 4 S. 1 KSchG oder nach Maßgabe des § 4 S. 4 KSchG oder der §§ 5, 6 KSchG geltend gemacht, so wird der Mangel der Kündigung, nämlich ihre Unwirksamkeit, geheilt. Die außerordentliche Kündigung gilt als von Anfang an wirksam. Hat der Arbeitnehmer innerhalb der Dreiwochenfrist keine Feststellungsklage erhoben, so kann er nicht mehr erfolgreich geltend machen, ein wichtiger Grund habe nicht vorgelegen.

54 Nach Ablauf der Frist kann er nur noch die Unwirksamkeit der Kündigung wegen von § 13 S. 2 KSchG iVm § 4 S. 1 KSchG nicht erfasster Gründe – in erster Linie fehlende Formwirksamkeit iSd § 623 BGB – erfolgreich geltend machen. Allerdings genügt der Arbeitnehmer bei einer fristlosen Arbeitgeberkündigung den Erfordernissen an Frist und Form der Kündigungsschutzklage, wenn er **innerhalb der dreiwöchigen Klagefrist eine Leistungsklage erhebt und gleichzeitig zum Ausdruck bringt, dass er die Unwirksamkeit der Kündigung geltend mache, und den Feststellungsantrag noch in der ersten Instanz,** wenn auch nach Ablauf der Dreiwochenfrist, nachholt (*BAG* 28.6.1973 EzA § 13 KSchG nF Nr. 1; *Feichtinger/Huep* AR-Blattei SD 1010.8, Kündigung VIII Rz. 390 f.).

55 Im Übrigen **genügt** die Erhebung einer **Leistungsklage** auch im Falle einer außerordentlichen Kündigung **nicht** (vgl. KR-*Friedrich* § 4 KSchG Rz. 20 ff.).

55a Zu den Folgewirkungen der Fiktion des § 13 Abs. 1 S. 2 KSchG vgl. KR-*Rost* § 7 KSchG Rz. 20a, b.

Für die Folgen der Versäumung der Dreiwochenfrist gilt das zu § 4 Rz. 217 ff. Ausgeführte entsprechend. Hervorgehoben sei lediglich folgendes: 56

Eine verspätet erhobene Klage gegen eine außerordentliche Kündigung ist als unbegründet abzuweisen. 57

Der Arbeitnehmer muss, wenn er – sei es innerhalb oder außerhalb der Dreiwochenfrist – wegen angeblich fehlenden wichtigen Grundes der außerordentlichen Kündigung Feststellungsklage gegen die außerordendliche Kündigung erhebt, in diesem Prozess auch alle sonstigen Nichtigkeitsgründe hinsichtlich der Kündigung geltend machen, will er vermeiden, dass er wegen der Rechtskraftwirkung eines rechtskräftig gewordenen Urteils, das sich nur mit der Zweiwochenfrist und mit dem wichtigen Grund befasst, mit den übrigen Nichtigkeitsgründen ausgeschlossen wird. 58

Das gilt auch für das Vorbringen, die Kündigung sei auch als ordentliche Kündigung unwirksam. 59

Zur Frage im umgekehrten Falle, nämlich ob der Arbeitgeber sich dann, wenn seine außerordentliche Kündigung rechtskräftig für unwirksam erklärt worden ist, in einem späteren Prozess darauf berufen kann, die außerordentliche Kündigung sei in eine ordentliche umzudeuten (zur Umdeutung vgl. Rz. 75 ff.), vgl. KR-*Fischermeier* § 626 BGB Rz. 396 ff. 60

4. »Rechtsunwirksamkeit einer außerordentlichen Kündigung« iSd § 13 Abs. 1 S. 2 KSchG

Fraglich ist, was unter »**Rechtsunwirksamkeit einer außerordentlichen Kündigung**« iSd § 13 Abs. 1 S. 2 KSchG zu verstehen ist. Der Wortlaut lässt den Schluss zu, dass die Geltendmachung jeden Mangels, der die Unwirksamkeit der außerordentlichen Kündigung zur Folge hat, von der Erhebung einer Klage innerhalb der Dreiwochenfrist oder in den verlängerten Fristen der §§ 5, 6 KSchG abhängig ist, soll vermieden werden, dass die außerordentliche Kündigung rückwirkend gem. § 7 KSchG wirksam wird. Das hätte dann zur Folge, dass zB die fehlende Anhörung des Betriebsrats nach § 102 BetrVG innerhalb der Dreiwochenfrist geltend zu machen wäre. Dass das nicht gemeint war, sondern lediglich der Fall, dass ein die außerordentliche Kündigung rechtfertigender Grund nicht vorliegt, ergab sich aus dem Vergleich mit der ordentlichen Kündigung, die dem KSchG aF unterlag: Nur die Sozialwidrigkeit musste innerhalb der Dreiwochenfrist geltend gemacht werden. Alle anderen Mängel konnten außerhalb dieser Frist vorgebracht werden, wie sich aus § 13 Abs. 3 KSchG aF ergab. Das wurde durch § 4 S. 1 KSchG nF geändert: Nicht nur die Sozialwidrigkeit, sondern auch die Rechtsunwirksamkeit »aus anderen Gründen« ist innerhalb der Dreiwochenfrist geltend zu machen. Das hat auch für die außerordentliche Kündigung zu gelten. Der Verweis in § 13 Abs.1 S. 2 auf § 4 S. 1 KSchG hat ein anderes Gewicht erhalten: Es geht also nicht nur darum, ob ein wichtiger Grund iSd § 626 BGB gegeben ist oder nicht, sondern auch darum, ob die Kündigung aus anderen von § 4 S. 1 KSchG erfassten Gründen unwirksam ist. 61

Damit ist noch nicht die Frage beantwortet, ob § 13 Abs. 1 S. 2 iVm § 4 S. 1, 5–7 KSchG gelten oder § 13 Abs. 3 KSchG iVm § 4 S. 1 KSchG, wenn der Arbeitgeber die Zweiwochenfrist des § 626 Abs. 2 BGB nicht eingehalten hat. Mit anderen Worten: Fällt die **Versäumung der Zweiwochenfrist – Kündigungserklärungsfrist** – unter § 13 Abs.1 S.2 KSchG oder handelt es sich insoweit um einen anderen Grund der Rechtsunwirksamkeit iSd § 13 Abs. 3 KSchG? Die Versäumung der Frist steht dem Fehlen eines wichtigen Grundes gleich. Es ist eine Frage des Bestehens oder Nichtbestehens eines wichtigen Grundes iSd § 626 Abs. 1 BGB, ob die Zweiwochenfrist des § 626 Abs. 2 BGB eingehalten ist. Durch die Versäumung der Frist wird der an sich gegebene wichtige Grund als nicht mehr vorhanden angesehen. Nach § 13 Abs. 1 S. 2 KSchG muss der Arbeitnehmer das Fehlen des wichtigen Kündigungsgrundes innerhalb der Frist des § 4 S. 1 KSchG geltend machen. Die Versäumung der Frist ist daher kein anderer Grund iSd §§ 7, 13 Abs. 3 KSchG mit der Folge, dass die fehlende Geltendmachung der Versäumung der Frist innerhalb der Klagefrist des § 4 S. 1 KSchG und ggf. nach §§ 5, 6 KSchG dazu führt, dass dieser Mangel der außerordentlichen Kündigung über § 13 Abs. 1 S. 2 KSchG iVm § 7 KSchG geheilt wird. 62

5. Materielle Rechtskraft und Präklusionswirkung der Entscheidung

Zur materiellen Rechtskraft und Präklusionswirkung der Entscheidung über die Wirksamkeit einer außerordentlichen Kündigung vgl. KR-*Friedrich* § 4 KSchG Rz. 224 ff. (262 ff.). 63

V. Der Antrag des Arbeitnehmers auf Auflösung des Arbeitsverhältnisses und Verurteilung des Arbeitgebers zur Zahlung einer Abfindung (§ 13 Abs. 1 S. 3, 4, 5 KSchG)

64 Nach § 13 Abs. 1 S. 3 KSchG hat das Gericht auf Antrag des Arbeitnehmers im Falle der Unwirksamkeit der außerordentlichen Kündigung das Arbeitsverhältnis aufzulösen und den Arbeitgeber zur Zahlung einer angemessenen Abfindung zu verurteilen, wenn dem Arbeitnehmer die Fortsetzung des Arbeitsverhältnisses nicht zuzumuten ist. Damit hat der Gesetzgeber § 9 Abs. 1 KSchG mit der Maßgabe für anwendbar erklärt, dass **nur der Arbeitnehmer, nicht** aber **der Arbeitgeber**, den Antrag auf Auflösung des Arbeitsverhältnisses gegen Zahlung einer Abfindung stellen kann. Die unberechtigte außerordentliche Kündigung sieht der Gesetzgeber als besonders schwerwiegend an und verweigert deshalb dem Arbeitgeber die Möglichkeit, seinerseits den Auflösungsantrag zu stellen. Der Arbeitgeber bleibt an das Arbeitsverhältnis gebunden (vgl. die Begr. zum Entwurf eines KSchG Drs. I/2090, S. 15; *LAG Nds.* 10.11.1994 LAGE § 9 KSchG Nr. 23; *LAG RhPf* 9.1.2004 –8 Sa 1003/03; *LSG NRW* 29.11.2005 – L 1 AL 38/03; vgl. auch *BAG* 15.3.1978 EzA § 620 BGB Nr. 34 [zu III 3 der Gründe: auch keine analoge Anwendung des § 9 Abs. 1 S. 2 KSchG bei außerordentlicher Kündigung eines unwirksam befristeten Arbeitsverhältnisses]; 26.10.1979 EzA § 9 KSchG nF Nr. 7; *LAG Bln.* 14.1.1985 LAGE § 626 BGB Nr. 21; *LAG Hamm* 24.11.1988 LAGE § 626 BGB Unkündbarkeit Nr. 2; *LAG Nds.* 10.11.1994 BB 1995, 829; *LAG Bln.* 3.10.1983 EzA § 626 BGB nF Nr. 86 [kein Auflösungsantrag des Arbeitgebers bei kraft tariflicher Alterssicherung ordentlich nicht kündbarem Arbeitnehmer]; *LAG Köln* 22.6.1989 LAGE § 9 KSchG Nr. 14 [keine analoge Anwendbarkeit bei tarifvertragvertraglichem Ausschluss der ordentlichen Kündigung]; abl. *Schäfer* BB 1985, 1994; *Trappehl/Lambrich* RdA 1999, 243; einschränkend *Fromm* DB 1988, 601, gegen ihn *LAG Hamm* 18.10.1990 LAGE § 9 KSchG Nr. 19, zugleich dazu, dass § 13 Abs. 1 S. 3 KSchG nicht gegen Art. 3 Abs. 1 GG verstößt). § 9 Abs. 1 S. 2 KSchG ist dagegen anwendbar bei vorsorglich erklärter ordentlicher Kündigung, ebenso wie bei außerordentlicher durchgreift (*LAG Bln.* 6.12.1982 EzA § 1 KSchG Tendenzbetrieb Nr. 11). Die Umdeutung der außerordentlichen Arbeitgeberkündigung in eine ordentliche berechtigt den Arbeitgeber, nach § 9 Abs. 1 S. 2 KSchG zum Ablauf der ordentlichen Kündigungsfrist einen Auflösungsantrag zu stellen (*LAG RhPf* 9.1.2004 – 8 Sa 1003/03; vgl. Rz. 108). Der 2. Hs. des § 13 Abs. 1 S. 3 KSchG nimmt der Sache nach § 9 Abs. 1 S. 1 KSchG auf. § 13 Abs. 1 S. 5 KSchG verweist hinsichtlich der Höhe der Abfindung auf § 10 KSchG.

Die Anforderungen an die Unzumutbarkeit des § 13 Abs. 1 S. 3 KSchG sind mit denen des § 626 BGB nicht identisch. Das folgt schon daraus, dass der Arbeitnehmer den Auflösungsantrag auch dann stellen kann, wenn die Kündigung aus einem anderen Grund als wegen fehlender Voraussetzungen des § 626 BGB unwirksam ist (*Löwisch/Spinner* Rz. 20 iVm Rz. 18). Ist die außerordentliche Kündigung unwirksam, ist nicht schon deshalb allein dem Arbeitnehmer die Fortsetzung des Arbeitsverhältnisses unzumutbar. Die Unzumutbarkeit muss sich aus weiteren Gründen ergeben, die auf den Arbeitgeber zurückzuführen sind. Spannungen zwischen Arbeitgeber und Arbeitnehmer wegen der außerordentlichen Kündigung allein rechtfertigen den Auflösungsantrag nicht (*LAG RhPf* 16.3.2006 – 4 Sa 907/05). Vielmehr sind als Auflösungsgründe nur solche Umstände geeignet, die in einem inneren Zusammenhang zu der vom Arbeitgeber erklärten Kündigung stehen oder die im Laufe des Kündigungsrechtsstreits entstanden sind (zB *ArbG Siegen* 27.1.2004 – 1 Ca 1474/03 – ArbuR 2005, 461; vgl. iE KR-*Spilger* § 9 KSchG Rz. 41 ff.).

1. Der Auflösungszeitpunkt

65 Durch das Gesetz zu Reformen am Arbeitsmarkt wurde mit § 13 Abs. 1 S. 4 KSchG eindeutig gesetzlich geregelt, dass bei einer außerordentlichen fristlosen Kündigung des Arbeitsverhältnisses das Gericht auf Antrag des Arbeitnehmers die Auflösung des Arbeitsverhältnisses auf den Zeitpunkt festzusetzen hat, zu dem die außerordentliche Kündigung ausgesprochen wurde. Im Hinblick auf die vorgeschriebene »entsprechende« Geltung des § 9 Abs. 2 KSchG in § 13 Abs. 1 S. 3 letzter Hs. KSchG aF war zweifelhaft, zu **welchem Zeitpunkt** im Falle einer außerordentlichen Kündigung iSd § 13 Abs. 1 S. 2 KSchG das Arbeitsverhältnis aufzulösen war. Das ist nunmehr klargestellt. Auf die frühere Streitfrage kommt es nicht mehr an, vgl. 6. Aufl. Rz. 66 ff.

66–69 Auflösungszeitpunkt ist der Zugang der außerordentlichen Kündigung oder bei befristeter außerordentlicher Kündigung der in der Kündigungserklärung vorgesehene Endtermin. Dabei kann es sich um eine außerordentliche Kündigung mit sozialer Auslauffrist handeln oder um eine außerordentliche Kündigung eines vor ordentlicher Kündigung geschützten Arbeitnehmers, weil in diesem Falle die längste Kündigungsfrist einzuhalten ist, die gelten würde, wenn die ordentliche Kündigung nicht ausgeschlossen wäre (vgl. zur sog. »Orlando-Kündigung« zuletzt *Etzel* ZTR 2004, 210ff.; vgl. KR-*Fi-schermeier* § 626 BGB Rz. 304).

Der Auflösungsantrag des Arbeitnehmers hat dann Erfolg, wenn die außerordentliche Kündigung unwirksam ist und dem Arbeitnehmer die weitere Fortsetzung des Arbeitsverhältnisses nicht zuzumuten ist. Einzelheiten bei KR-*Spilger* § 9 KSchG Rz. 36 ff. 70

2. Die Höhe der Abfindung (§ 10 KSchG)

Für die **Höhe der Abfindung** ist nach § 13 Abs. 1 S. 5 KSchG § 10 KSchG maßgebend. Als **Kriterien** bei der Bemessung der Abfindungshöhe sind auch bei einem Auflösungsantrag nach außerordentlicher Kündigung **alle Umstände** in Betracht zu ziehen, wie etwa die **Dauer der Betriebszugehörigkeit,** das **Alter** und der **Familienstand** des Arbeitnehmers, die **Dauer der Arbeitslosigkeit** bzw. die **wirtschaftliche Lage der Parteien** und das **Maß der Unwirksamkeit der außerordentlichen Kündigung** (vgl. LAG BW 14.5.1975 DB 1975, 2328). Außerdem ist zu berücksichtigen, dass als Zeitpunkt der Beendigung des Arbeitsverhältnisses nicht der Ablauf einer ordentlichen Kündigungsfrist, sondern der Zeitpunkt des Zugangs der Kündigung festzusetzen ist, maW, bei der Bemessung der Höhe der Abfindung das dem Arbeitnehmer in der Kündigungsfrist entgangene Arbeitsentgelt einzubeziehen ist (vgl. im Übrigen KR-*Spilger* § 10 KSchG Rz. 23 ff.). 71

VI. Die Anrechnung auf entgangenen Zwischenverdienst (§ 11 KSchG)

Nach § 13 Abs. 1 S. 5 KSchG ist § 11 KSchG, der die **Anrechnung auf entgangenen Zwischenverdienst** regelt, entsprechend anwendbar, was aber nur in Frage kommt, wenn die außerordentliche Kündigung mit Frist, etwa mit einer sozialen Auslauffrist erfolgt ist. Die entsprechende Geltung des § 11 KSchG ist nicht nur für den Fall des Auflösungsantrags angeordnet. § 11 KSchG gilt auch im Falle einer unwirksamen außerordentlichen Kündigung, wenn der Arbeitnehmer keinen Auflösungsantrag gestellt hat, das Arbeitsverhältnis aber durch eine vorsorglich ausgesprochene ordentliche oder durch die in eine wirksame ordentliche Kündigung umgedeutete außerordentliche Kündigung endet (*BAG* 9.4.1981 EzA § 11 KSchG Nr. 3). 72

Hat der **Arbeitnehmer** im Rechtsstreit über die Unwirksamkeit einer außerordentlichen Kündigung einen **Antrag auf Auflösung des Arbeitsverhältnisses** gem. § 13 Abs. 1 S. 3 KSchG nicht gestellt oder den Antrag später **zurückgenommen** oder war der gestellte Antrag **unzulässig oder unbegründet,** so wird dadurch **nicht der Annahmeverzug des Arbeitgebers ausgeschlossen,** dem der Arbeitnehmer seine Arbeitsleistung ordnungsgemäß angeboten hatte. Es entspricht nicht der Interessenlage eines zu Unrecht gekündigten Arbeitnehmers und demzufolge auch nicht seinem erkennbaren Parteiwillen, mit einem Auflösungsantrag zum Ausdruck zu bringen, er wolle seine Dienste dem Arbeitgeber künftig nicht mehr anbieten. Er behält seinen Anspruch auf Arbeitsvergütung nach § 615 BGB, § 11 KSchG (*BAG* 18.1.1963 AP Nr. 22 zu § 615 BGB [zust. Anm. von *A. Hueck; v. Hoyningen-Huene/Linck* Rz. 22]; APS-*Biebl* § 13 Rz. 31). 73

VII. Neues Arbeitsverhältnis des Arbeitnehmers; Auflösung des alten Arbeitsverhältnisses (§ 12 KSchG)

Gem. § 13 Abs. 1 S. 5 KSchG ist im Falle einer unbegründeten außerordentlichen Kündigung auch § 12 KSchG anwendbar. Wird der Klage stattgegeben, so steht fest, dass die Kündigung unwirksam ist und das Arbeitsverhältnis nicht aufgelöst hat. Der Arbeitnehmer kann dann seinerseits, wenn er ein anderes Arbeitsverhältnis eingegangen ist, einen Auflösungsantrag nicht gestellt oder diesen zurückgenommen hatte oder dieser unzulässig oder unbegründet war, und er in diesem neuen Arbeitsverhältnis verbleiben möchte, **die Fortsetzung des alten Arbeitsverhältnisses verweigern** durch Erklärung – sog. **Beendigungserklärung** – binnen einer Woche nach Rechtskraft des Urteils (vgl. iE KR-*Rost* § 12 KSchG Rz. 4 ff.). 74

C. Umdeutung und hilfsweise erklärte ordentliche Kündigung

I. Die Umdeutung der unwirksamen außerordentlichen Kündigung in eine ordentliche Kündigung

§ 11 Abs. 2 KSchG 1951, der durch Art. 1 Nr. 9 Arbeitsrechtsbereinigungsgesetz vom 14.8.1969 (BGBl. I S. 1106 [1107]) gestrichen wurde, sah in seinem Satz 1 vor, dass eine unwirksame fristlose Kündigung 75 im Zweifel nicht als Kündigung für den nächsten zulässigen Kündigungszeitpunkt gilt. Satz 2 bestimmte die Anwendung der Vorschriften der §§ 1 bis 10 KSchG (jetzt §§ 1 bis 12 KSchG), wenn die fristlose Kündigung gleichwohl als Kündigung für den nächsten zulässigen Kündigungszeitpunkt anzusehen ist. Die unbegründete außerordentliche Kündigung sollte im Zweifel nichtig sein. Es handelte sich um eine **Auslegungsregel** (*Hueck/Nipperdey* I, § 65 IX 4, S. 561 Fn. 88; *Nikisch* I, § 50 IV 5, S. 748), nach anderen um eine **gesetzliche Vermutung, die widerlegt werden konnte** (*Herschel/Steinmann* § 11 Rz. 7; *BAG* 7.10.1954 AP Nr. 5 zu § 1 KSchG). § 11 Abs. 2 KSchG 1951 war in das KSchG 1951 aus dem Hattenheimer Entwurf übernommen worden (§ 6 Abs. 2, RdA 1950, 64) und war sogleich auf Kritik gestoßen (*Hueck* RdA 1950, 67; vgl. auch *Nikisch* I, § 50 IV 5, S. 748 mN) mit dem Hinweis, dass der geschäftserfahrene Arbeitgeber durch eine entsprechende Klausel, die er formularmäßig in jede fristlose Kündigung aufnehme, die Vermutung illusorisch machen werde. Deswegen und mit dem allg. Hinweis darauf, dass sich § 11 Abs. 2 KSchG 1951 in der Rechtspraxis als unzweckmäßig erwiesen habe, schlug die Bundesregierung die Aufhebung des § 11 Abs. 2 KSchG 1951 vor [Drs. V/3913, S. 9], was dann auch geschehen ist.

76 Nach Aufhebung des § 11 Abs. 2 KSchG 1951 ist allein **§ 140 BGB** über die Umdeutung eines nichtigen Rechtsgeschäftes dafür maßgeblich, ob die Umdeutung der unwirksamen außerordentlichen Kündigung in eine ordentliche Kündigung möglich ist. Entspricht ein nichtiges Rechtsgeschäft den Erfordernissen eines anderen Rechtsgeschäfts, so gilt nach § 140 BGB dieses andere Rechtsgeschäft, wenn anzunehmen ist, dass dieses andere Rechtsgeschäft in Kenntnis der Nichtigkeit gewollt wäre (Teilentwurf eines bayerischen BGB 1861 I. Theil Art. 82 [Conversion], dazu *Schöll* Die Konversion des Rechtsgeschäfts 2005 passim). Danach kommt es für die **Umdeutung einer unwirksamen außerordentlichen Kündigung** darauf an, ob die **Umdeutung** in eine ordentliche Kündigung nach den gegebenen Umständen **dem mutmaßlichen Willen des Arbeitgebers entspricht und ob dieser Wille dem Arbeitnehmer erkennbar geworden ist** (*BAG* 18.9.1975 EzA § 626 BGB Druckkündigung Nr. 1; 12.8.1976 EzA § 102 BetrVG 1972 Nr. 25; 31.5.1979 EzA § 4 KSchG nF Nr. 16; 7.12.1979 AP Nr. 21 zu § 102 BetrVG 1972 [zu 4 der Gründe], insoweit nicht EzA § 102 BetrVG 1972 Nr. 42; 15.11.2001 EzA § 140 BGB Nr. 24; vgl. auch *BGH* 8.9.1997 WM 1997, 2031 f. = NJW 1998, 76 = ZIP 1997, 1882; 14.2.2000 BB 2000, 631 = WM 2000, 623 = GmbHR 2000, 376 = DStR 2000, 526). Zu beachten ist aber, dass die »Umdeutung« einer erklärten außerordentlichen Kündigung in eine ordentliche Kündigung sowohl ein Problem der **Auslegung** als auch ein Problem der **Konversion** nach § 140 BGB sein kann. Ehe die Frage der Umdeutung gem. § 140 BGB geprüft wird, muss durch Auslegung (§§ 133, 157 BGB) ermittelt werden, welchen Inhalt die Kündigungserklärung hat. Die Kündigung als einseitige, empfangsbedürftige Willenserklärung ist gem. § 133 BGB auszulegen. Nach § 133 BGB ist bei der Auslegung einer Willenserklärung der wirkliche Wille zu erforschen und nicht an dem buchstäblichen Sinne des Ausdrucks zu haften. Bei absoluter Eindeutigkeit der Willenserklärung ist für eine Auslegung kein Raum. Eine Kündigung als einseitige, empfangsbedürftige Willenserklärung ist so auszulegen, wie sie der Erklärungsempfänger aufgrund des aus der Erklärung erkennbaren Willens des Kündigenden unter Berücksichtigung von Treu und Glauben vernünftigerweise verstehen konnte (vgl. *BAG* 9.12.1954 AP Nr. 1 zu § 123 GewO; 11.6.1959 AP Nr. 1 zu § 130 BGB; 12.9.1974 EzA § 1 TVG Auslegung Nr. 3). Dabei dürfen nur solche Begleitumstände berücksichtigt werden, die dem Kündigungsempfänger erkennbar waren (*BAG* aaO; 2.3.1973 AP Nr. 3 zu § 133 BGB). Die Auslegung kann einmal ergeben, dass eine außerordentliche Kündigung gar nicht gewollt ist. Dann scheidet eine Umdeutung einer außerordentlichen Kündigung in eine ordentliche Kündigung aus. Die Auslegung kann auch dazu führen, dass der Arbeitgeber neben der ausdrücklich erklärten außerordentlichen Kündigung hilfsweise oder vorsorglich auch eine ordentliche Kündigung erklärt hat. Das ist der Fall, wenn die vorsorgliche ordentliche Kündigung nicht ausdrücklich erklärt, aber aus dem Inhalt der Erklärung zu entnehmen ist (unklar *BAG* 18.9.1975 EzA § 626 BGB Druckkündigung Nr. 1: Die Begriffe Auslegung und Umdeutung werden ohne erkennbare Unterscheidung nebeneinander verwendet, wenn es heißt, die Arbeitgeberin habe sich bereits in der Klageerwiderung auf die derartige Auslegung ihres Kündigungsschreibens berufen, womit aber die Umdeutung gemeint war, weil nur eine außerordentliche Kündigung erklärt war; zutr. dagegen *BAG* 11.12.1980 – 2 AZR 802/78 – nv). Die Frage der Umdeutung der außerordentlichen Kündigung stellt sich erst, wenn feststeht, dass die außerordentliche Kündigung ohne Bestand ist. Dabei sind zwei Fälle zu unterscheiden: In dem einen Fall geht es um die Frage, ob in einer **unberechtigten** außerordentlichen Kündigung eine ordentliche zum nächst zulässigen Termin liegen kann (*v. Hoyningen-Huene/Linck* Rz. 40). Eine außerordentliche Kündigung ist dann unberechtigt, wenn ihr der wichtige Grund fehlt oder die Ausschlussfrist des § 626 Abs. 2 BGB nicht gewahrt ist. Sie ist dann »rechtsunwirksam«. In dem anderen Fall geht es darum, ob eine **nichtige** außerordentliche Kündigung in eine wirksame

ordentliche Kündigung umgedeutet werden kann. Eine außerordentliche Kündigung ist dann nichtig, wenn eine außerhalb des § 626 BGB liegende Wirksamkeitsvoraussetzung nicht gegeben ist (zB fehlende Anhörung des Betriebsrats, fehlende Zustimmung des Integrationsamtes; vgl. zu letzterem auch Rz. 175a).

Die Umdeutung (Konversion) hängt davon ab, ob sie nach den Umständen des Einzelfalles dem mutmaßlichen dem Arbeitnehmer erkennbaren Willen des Arbeitgebers entspricht. Mit der Begründung, dass die außerordentliche Kündigung regelmäßig den dem Arbeitnehmer erkennbaren Willen enthält, das Arbeitsverhältnis in jedem Fall zu beenden, ist nach der hM **im Zweifel davon auszugehen, dass** bei einer unberechtigten außerordentlichen Kündigung jedenfalls eine ordentliche Kündigung zum nächst zulässigen Termin gewollt ist (*BAG* 15.11.2001 EzA § 140 BGB Nr. 24; *Schaub/Linck* § 123 XI 3 Rz. 143; *SPV-Preis* Rz. 476; *Vossen* RdA 2003, 183; *Molkenbur/Krasshöfer-Pidde* RdA 1989, 342). Damit wird die frühere Regelung des § 11 Abs. 2 KSchG 1951 genau im umgekehrten Sinne angewandt. 77

Im Einzelnen: Die Umdeutung ist durch das Gericht zu vollziehen. Dabei ist nicht der erklärte Wille zu ermitteln – insoweit handelt es sich um eine Auslegungsfrage (vgl. Rz. 76 aE), sondern der hypothetische Wille dessen, der gekündigt hat. Das Gericht hat die Frage zu beantworten, ob der Erklärende den Willen gehabt hätte, die unwirksame außerordentliche Kündigung als ordentliche Kündigung aufrecht zu erhalten, wenn er die Unwirksamkeit seiner Erklärung erkannt haben würde. (Hätte der Arbeitgeber, wenn er nur die Möglichkeit der Unwirksamkeit der Kündigung in Betracht gezogen hätte, hilfsweise eine ordentliche Kündigung ausgesprochen?). Nicht nur der Erklärende muss bei Kenntnis der Nichtigkeit der erklärten außerordentlichen Kündigung die ordentliche Kündigung mutmaßlich gewollt haben. Vielmehr muss für die Konversion hinzutreten, dass dieser hypothetische Wille des Erklärenden dem Erklärungsempfänger **im Zeitpunkt des Zuganges erkennbar war** (*BAG* 15.11.2001 EzA § 140 BGB Nr. 24; 31.3.1993 EzA § 626 BGB Ausschlussfrist Nr. 5; 18.8.1987 EzA § 140 BGB Nr. 12 [zu B II 2a, aa der Gründe]; 20.9.1984 EzA § 626 BGB nF Nr. 91 [zu II 3a der Gründe]; *v. Hoyningen-Huene/Linck* Rz. 43; vgl. *LAG Hamm* 13.5.1982 BB 1982, 2109: Es kann nicht gefordert werden, dass der mutmaßliche Wille auch dem Gekündigten gegenüber erkennbar gemacht sein müsste). Das BAG ist aber nur so zu verstehen, dass der Gekündigte aufgrund der Umstände davon ausgehen musste, dass das Arbeitsverhältnis in jedem Falle beendet werden sollte (vgl. *BAG* 20.3.1980 – 2 AZR 1009/79 – nv: Der Wille des Arbeitgebers sich vom Arbeitnehmer zum nächstmöglichen Termin zu trennen, ist auch für den Arbeitnehmer selbst erkennbar gewesen; er hat bereits in der Klageschrift auch darauf hingewiesen, die Kündigung sei auch sozial ungerechtfertigt; ähnlich *LAG Köln* 16.3.1995 LAGE § 140 BGB Nr. 11: Der Kläger hatte sich auch gegen die Auflösung des Arbeitsverhältnisses »durch sonstige Beendigungsgründe« gewandt; dies zeigt überdies, dass der Arbeitnehmer nicht nur erkennen konnte, sondern auch gewusst hat, dass der Arbeitgeber sich notfalls durch ordentliche Kündigung von ihm trennen wollte *BAG* 12.3.1981 – 2 AZR 1156/78 – nv; aus dem noch in der Berufungsinstanz zulässigen Vorbringen, *BAG* 14.8.1974 EzA § 615 BGB Nr. 26, muss der Wille des Arbeitgebers deutlich werden, dass er im Falle der Unwirksamkeit der außerordentlichen Kündigung das Arbeitsverhältnis mit dem Arbeitnehmer auf alle Fälle beenden will, ggf. also eine Umdeutung der außerordentlichen Kündigung in eine ordentliche Kündigung akzeptieren will, *BAG* 3.12.1981 – 2 AZR 679/79 – nv). Für den mutmaßlichen – nicht fingierten (!) (*BAG* 10.5.1984 – 2 AZR 87/83 – nv) – Parteiwillen sind in erster Linie die subjektiven Vorstellungen der Parteien zu berücksichtigen (*BAG* 12.7.1984 EzA § 102 BetrVG 1972 Nr. 57 [zu B I der Gründe]). In diesem Zusammenhang hat das Gericht die Erklärung der Parteien, in erster Linie die des Arbeitgebers, unter Berücksichtigung aller Umstände des Einzelfalles auszulegen und auf der Grundlage seines Auslegungsergebnisses den hypothetischen Willen des Arbeitgebers festzustellen (zutr. *BAG* 12.8.1976 EzA § 102 BetrVG 1972 Nr. 25). Die Feststellung des mutmaßlichen Parteiwillens, auf den es bei der Umdeutung ankommt, geht somit über die bloße Auslegung der Parteierklärungen hinaus. 78

Unter dem geltenden Recht spricht eine tatsächliche Vermutung dafür, dass ein Arbeitgeber, dessen außerordentliche Kündigung von der Rechtsordnung nicht anerkannt wird, den hypothetischen Willen zur ordentlichen Kündigung hat. Man kann im Allgemeinen davon ausgehen, dass eine unwirksame außerordentliche Kündigung in eine ordentliche zum Ende der Kündigungsfrist umzudeuten ist (allg. A.: SPV-*Preis* Rz. 476f; *Ascheid* Rz. 105; ErfK-*Kiel* Rz. 15; *Schaub/Linck* § 123 XI 3 Rz. 143; APS-*Biebl* Rz. 37; *Söllner* § 35 III 5; *Zöllner/Loritz* § 22 III 3b; enger wohl *Löwisch/Spinner* Rz. 27 ff.). Das *BAG* hat dies übernommen, wenn das KSchG noch nicht eingreift, 10.5.1984 – 2 AZR 87/83 – nv; 15.11.2001 EzA § 140 BGB Nr. 24, in der Entscheidung v. 24.6.2004 (EzA § 626 BGB Unkündbarkeit Nr. 7 [B III 2 b]), »im Normalfall« ist »die ordentliche Kündigung grundsätzlich als ein ‚Minus' in der außerordentlichen 79

§ 13 KSchG Außerordentliche, sittenwidrige und sonstige Kündigungen

Kündigung enthalten«. Wenn ein Arbeitgeber zu der Auffassung gelangt ist, dass ihm die Fortsetzung des Arbeitsverhältnisses nicht einmal bis zum Ende der Kündigungsfrist zumutbar ist, und er deshalb fristlos kündigt, dann kommt darin in aller Regel erkennbar zum Ausdruck, dass der Arbeitgeber das Arbeitsverhältnis wenigstens zum nächst zulässigen Kündigungszeitpunkt beenden will (*Meisel* SAE 1976, 35 f.; Anm. zu *BAG* AP Nr. 21 zu § 102 BetrVG 1972). Die außerordentliche Kündigung kann daher im Zweifel in eine ordentliche Kündigung umgedeutet werden. Das ist dann der Fall, wenn der vom Arbeitgeber bei Ausspruch der fristlosen Kündigung angenommene Sachverhalt unstreitig oder bewiesen ist, das Gericht ihn aber nicht als wichtigen Grund wertet oder die Frist des § 626 Abs. 2 BGB als verstrichen angesehen wird (SPV-*Preis* Rz. 476; *LAG Köln* 17.9.1993 LAGE § 140 BGB Nr. 10; *LAG RhPf* – 11 Sa 1049/03). Die Umdeutung ist ausnahmsweise ausgeschlossen, wenn die Erklärung der ordentlichen Kündigung nicht dem mutmaßlichen Willen des Arbeitgebers entspricht:

80 Besondere Umstände des Einzelfalles können zu dem Ergebnis führen, dass der Wille des Arbeitgebers, das Arbeitsverhältnis in jedem Falle zu beenden, nicht gegeben ist. Das ist anzunehmen, wenn die Kündigung auf einen Grund gestützt wird, der zur fristlosen Entlassung den **einzigen** Anlass gegeben hat, der sich dann als unzutreffend erweist und kein sonstiger Anlass vorgetragen oder ersichtlich ist, sich von dem betreffenden Arbeitnehmer zu trennen (SPV-*Preis* Rz. 478). Das ist zB der Fall, wenn der Arbeitgeber dem Arbeitnehmer wegen angeblicher Körperverletzung eines Arbeitskollegen im Betrieb außerordentlich kündigt und sich in der Beweisaufnahme herausstellt, nicht der Gekündigte hatte zugeschlagen, sondern ein ganz anderer (vgl. *Monjau/Heimeier* § 13 Rz. 6 »Irrtum des Arbeitgebers über die Person«). Gegen einen mutmaßlichen Willen zur ordentlichen Kündigung des Arbeitgebers kann also sprechen, wenn der Kündigungssachverhalt, von dem der Arbeitgeber ausgegangen ist, sich später als nicht vorliegend oder doch als nicht so schwerwiegend erweist. Das kann zB bei einer Verdachtskündigung der Fall sein, wenn der Verdacht sich im Prozess nicht oder nicht als genügend schwerwiegend bestätigt (vgl. SPV-*Preis* aaO; abl. und diff. *Molkenbur/Krasshöfer-Pidde* RdA 1989, 342).

81 Dass die Frage der Umdeutung unterschiedlich betrachtet werden kann, zeigt folgendes Beispiel: Eine private Kurklinik kündigte einem angestellten Arzt außerordentlich mit der Begründung, das Haus werde wegen Belegungsrückganges um 90 % geschlossen. ArbG und LAG haben die Umdeutung der nicht berechtigten außerordentlichen Kündigung in eine ordentliche Kündigung verneint. Das *BAG* hat diese Auffassung bestätigt (16.11.1978 – 2 AZR 141/77 – nv). Nach dem Inhalt des Kündigungsschreibens sei für den Kläger nicht erkennbar gewesen, dass die Arbeitgeberin zumindest auch eine ordentliche Kündigung gewollt habe. Das erscheint als unzutreffend. Wenn der Arbeitgeber aus betrieblichen Gründen fristlos kündigt, dann ist für den Arbeitnehmer der hypothetische Wille des Arbeitgebers ersichtlich, dass der Arbeitgeber eine ordentliche Kündigung gewollt hat, um der wirtschaftlichen Belastung durch die Weiterzahlung des Gehalts wenigstens nach Ablauf der ordentlichen Kündigungsfrist zu entgehen (zust. SPV-*Preis* Rz. 477 m. FN. 18).

82 Allerdings dürfen die Arbeitsgerichte **nicht von Amts wegen** eine außerordentliche Kündigung in eine ordentliche Kündigung **umdeuten** BAG 18.6.1965 AP Nr. 2 zu § 615 BGB Böswilligkeit; 14.8.1974 EzA § 615 BGB Nr. 26; 18.9.1975 EzA § 626 BGB Druckkündigung Nr. 1; *LAG Düsseld.* 21.5.1976 DB 1977, 121; *LAG RhPf* 13.12.1984 LAGE § 140 BGB Nr. 2; *ArbG Kaiserslautern/Pirmasens* 21.3.1979 ARSt 1979 Nr. 1134; *Lepke* SAE 1976, 277; *v. Hoyningen-Huene/Linck* Rz. 45; **aA** *ArbG Koblenz* 27.6.1985 EzA § 140 BGB Nr. 7). Das lässt sich damit rechtfertigen, dass eine Umdeutung von Amts wegen gegen den Verhandlungsgrundsatz verstößt. Auch lässt der Grundsatz des § 308 Abs. 1 ZPO, dass das Gericht an die Anträge der Parteien gebunden ist, eine Umdeutung von Amts wegen nicht zu. Das BAG hat klargestellt, dass, liegen die Voraussetzungen des § 140 BGB vor, die Umdeutung kraft Gesetzes eintritt und keines richterlichen Gestaltungsaktes bedarf und deshalb die Terminologie, die von einer »Umdeutung von Amts wegen« spricht, unscharf ist und verwirrend wirkt. Die Umdeutung ist Bestandteil der richterlichen Rechtsfindung. Nur wenn keine Tatsachen vorliegen, aus denen auf eine Umdeutung geschlossen werden kann, hat sie zu unterbleiben (*BAG* 15.11.2001 EzA § 140 BGB Nr. 24).

83 Das bedeutet freilich – nur –, dass es dem Gericht verwehrt ist, von Amts wegen die die Umdeutung ermöglichenden Tatsachen zu ermitteln und zu erfragen (*Herschel/Steinmann* § 11 Rz. 7a). Es bedarf also des **Vortrages von Umständen,** die erkennen lassen können, dass der Arbeitgeber sich in jedem Falle von dem Arbeitnehmer trennen wollte, und sei es notfalls mit einer fristgerechten Kündigung (KR-*Fischermeier* § 626 Rz. 366). Führt die Prüfung der Tatsachen dazu, dass der erforderliche mutmaßliche Wille des Arbeitgebers erkennbar geworden ist, im Falle der Unwirksamkeit der außerordentlichen Kündigung unter Einhaltung der ordentlichen Kündigungsfrist das Arbeitsverhältnis zu lösen, und war dem Arbeitnehmer aufgrund dieser Umstände der mutmaßliche Wille des Arbeitgebers erkennbar, so

Außerordentliche, sittenwidrige und sonstige Kündigungen   § 13 KSchG

hat das Gericht in einem solchen Fall regelmäßig auf die Frage der Umdeutung hinzuweisen. **Eines ausdrücklichen Hinweises** auf die Umdeutung oder **eines ausdrücklichen Antrages** auf Umdeutung durch den Arbeitgeber **bedarf es nicht** (*SPV-Preis* Rz. 476; *v. Hoyningen-Huene/Linck* Rz. 45; *Löwisch/Spinner* Rz. 32; *Vollkommer* Anm. zu *BAG* 14.8.1974 AP Nr. 3 zu § 13 KSchG 1969; *ders.* Anm. zu *BAG* 15.11.2001 RdA 2003, 181; *LAG Hamm* 13.5.1982 BB 1982, 2109; *LAG Köln* 14.7.1987 LAGE § 140 BGB Nr. 5; vgl. *BAG* 7.12.1979 AP Nr. 21 zu § 102 BetrVG 1972 [zu 4 der Gründe], insoweit nicht in EzA § 102 BetrVG 1972 Nr. 42, wo von Darlegungspflicht des Arbeitgebers die Rede ist). Unerheblich ist es, welche Partei die Tatsachen vorgetragen hat, die zur Umdeutung zu führen vermögen (zutr. *LAG SA* 25.1.2000 – 8 Sa 354/99 – NZA-RR 2000, 472). Hat sie der Arbeitnehmer vorgetragen, macht sich der Arbeitgeber diese – relationstechnisch gesprochen – zu eigen. Eine ausdrücklichen Erhebung der (prozessualen) Einwendung »Umdeutung« ist nicht erforderlich (ErfK-*Müller-Glöge* § 626 BGB Rz. 293). § 140 BGB ist materiell-rechtlich als von Amts wegen zu beachtende Einwendung ausgestaltet (*LAG SA* 25.1.2000 – 8 Sa 354/99 – NZA-RR 2000, 472). Beruft sich der Arbeitgeber auf Umdeutung, muss er nach allgemeinen Grundsätzen in den Tatsacheninstanzen im Einzelnen die Voraussetzungen für eine Umdeutung dartun, also die Tatsachen vortragen, die darauf hindeuten, dass die Umdeutung in eine ordentliche Kündigung nach den gegebenen Umständen seinem mutmaßlichen Willen entsprach und dieser Wille dem Gekündigten auch erkennbar geworden ist (*BAG* 18.8.1987 EzA § 140 BGB Nr. 2 [zu B II 2a, aa der Gründe]). Das Gericht kann die Umdeutung nur vornehmen, wenn das Vorbringen des Arbeitgebers im Prozess ergibt, dass er die Kündigung im Fall ihrer Unwirksamkeit als außerordentliche zumindest als ordentliche zum nächstmöglichen Termin hat aussprechen wollen (*BAG* 18.8.1987 aaO). In der Berufungsinstanz kann sich der Arbeitgeber (zulässigerweise, §§ 64, 67 ArbGG) noch auf die Umdeutung berufen und die Tatsachen vorbringen, die ihre Zulässigkeit ergeben sollen (vgl. *BAG* 14.8.1974 EzA § 615 BGB Nr. 26; 15.11.1984 EzA § 626 BGB nF Nr. 95 [zu II 3b der Gründe]). Das ergibt sich entgegen *LAG RhPf* (13.12.1984 LAGE § 140 BGB Nr. 2) daraus, dass dann der Arbeitnehmer sich trotz § 6 KSchG auf die Sozialwidrigkeit der ordentlichen Kündigung noch in zweiter Instanz berufen darf (zutr. *Löwisch/Spinner* Rz. 33; *SPV-Preis* Rz. 1944, 1945; *v. Hoyningen-Huene/Linck* Rz. 46 f.; *Hager* BB 1989, 693 [698 f.]; *ArbG Koblenz* 27.6.1985 EzA § 140 BGB Nr. 7; **aA** *K. Schmidt* NZA 1989, 668, vgl. auch *ders.* RdA 1989, 365 f.; diff. *Molkenbur/Krasshöfer-Pidde* RdA 1989, 377 [345 f.]); auch kann eine nachträgliche Zulassung der Kündigungsschutzklage nach § 5 KSchG gedacht werden (*Vollkommer* Anm. *BAG* AP Nr. 3 zu § 13 KSchG 1969). Weder aus dem Wortlaut noch aus dem Zweck des § 4 KSchG oder sonstigen Grundsätzen des Kündigungsschutzprozesses ist zu entnehmen, dass eine Kündigungsschutzklage gegen eine weitere Kündigung ausschließlich beim ArbG als erste Instanz anhängig gemacht werden kann (*BAG* 10.12.1970 AP Nr. 40 zu § 3 KSchG). Die spätere Berufung auf eine Umdeutung stellt zwar keine neue Kündigungserklärung dar, ist aber, wenn man auf den Zweck der §§ 5 und 6 KSchG abstellt, damit vergleichbar. Es muss deshalb für die Erweiterung der Kündigungsschutzklage gegen die in der fristlosen Kündigung möglicherweise liegende fristgemäße Kündigung genügen, wenn der Arbeitnehmer binnen der Dreiwochenfrist Klage auf Feststellung der Unwirksamkeit der außerordentlichen Kündigung erhoben hatte (ebenso im Ergebnis: *LAG Hannover* 7.5.1953 BB 1953, 502; *Nikisch* I, § 51 XI 4, S. 799; *Trieschmann* BB 1955, 839; *Güntner* RdA 1953, 376; so auch *G. Hueck* Anm. zu *LAG BW* 28.9.1956 AP Nr. 8 zu § 123 GewO; vgl. *BAG* 15.11.1984 EzA § 626 BGB nF Nr. 95 [zu II 3b der Gründe]: Keine Klageerweiterung, sondern nur Klarstellung des Begehrens bei Antrag nach § 13 Abs. 1 S. 2 KSchG iVm § 4 S. 1 KSchG). Hatte der Arbeitnehmer durch einen erweiterten Klageantrag bereits in erster Instanz das Fortbestehen des Arbeitsverhältnisses über den ordentlichen Kündigungstermin hinaus zum Streitgegenstand erhoben und vorsorglich auch die Sozialwidrigkeit der Kündigung geltend gemacht, so stellt sich die vorstehende Problematik nicht. Der insoweit erstmals in der Revisionsinstanz vorgebrachte Tatsachenvortrag kann gem. § 561 Abs. 1 ZPO vom BAG nicht mehr berücksichtigt werden (*BAG* 27.6.1980 – 7 AZR 451/78 – nv).

Wenn sich der Arbeitgeber zur Begründung einer außerordentlichen Kündigung auf **verhaltensbedingte Gründe** beruft und anhand von Tatsachen geltend macht, dass ihm eine **Weiterbeschäftigung bis zum Ablauf der Kündigungsfrist nicht zuzumuten** sei, so rechtfertigt das idR die Umdeutung (*SPV-Preis* Rz. 476; vgl. *BAG* 31.5.1979 EzA § 4 KSchG nF Nr. 16; ähnlich *LAG Köln* 14.7.1987 LAGE § 140 BGB Nr. 5; unentschuldigtes Fehlen im Wiederholungsfall trotz Abmahnung; *BAG* 12.7.1984 EzA § 102 BetrVG 1972 Nr. 57: Der Wortlaut des Kündigungsschreibens »... sehen wir uns nicht in der Lage, das Arbeitsverhältnis mit Ihnen fortzusetzen ...« iVm dem schweren Vorwurf der Tätlichkeit gegenüber seinem Arbeitgeber gab dem Kläger Gewissheit, die Beklagte wolle sich auf jeden Fall von ihm trennen; vgl. auch *LAG SchlH* 16.6.1986 ARSt 1988 Nr. 5). 84

So hat das BAG in einem Fall, in dem im Kündigungsschreiben u.a. zum Ausdruck gebracht war, die Weiterbeschäftigung sei wegen Störung und Gefährdung des Arbeitsfriedens nicht zumutbar, ausge- 85 führt, dass allein der **Inhalt des Kündigungsschreibens** Anlass zur Prüfung der Frage geben musste, ob der Arbeitgeber für den Fall der Unwirksamkeit der außerordentlichen Kündigung das Arbeitsverhältnis durch ordentliche Kündigung zum nächst zulässigen Termin beenden wollte, und ob dies dem Arbeitnehmer im Zeitpunkt des Zugangs der Kündigungserklärung erkennbar war (*BAG* 18.9.1975 EzA § 626 BGB Druckkündigung Nr. 1). Die Voraussetzungen für die Umdeutung liegen vor, wenn der Arbeitgeber im Kündigungsschreiben zum Ausdruck bringt, er sei an der Fortsetzung des Arbeitsverhältnisses nicht interessiert und lehne eine Weiterbeschäftigung ab (*BAG* 31.3.1993 EzA § 626 BGB Ausschlussfrist Nr. 5), der Arbeitgeber im Kündigungsschreiben geltend macht, er sehe keine Möglichkeit einer weiteren Zusammenarbeit mehr, und der Arbeitnehmer schon vor Ausspruch der Kündigung beurlaubt worden war (*BAG* 31.5.1979 EzA § 4 KSchG nF Nr. 16).

86 Genießt der Arbeitnehmer **keinen allgemeinen Kündigungsschutz** iSd KSchG – § 13 KSchG findet Anwendung (vgl. Rz. 28 ff.) –, dann führt die Umdeutung ohne weiteres zur Beendigung des Arbeitsverhältnisses zum Ablauf der Kündigungsfrist (*LAG Köln* 21.3.2006 – 9 Sa 1450/05). In diesem Fall gilt Folgendes:

87 Hat der Kläger seinen **entsprechend § 4 KSchG formulierten Klageantrag** (festzustellen, dass die Kündigung vom [Datum] das Arbeitsverhältnis nicht aufgelöst hat) aufrecht erhalten und ist dieser Antrag iVm seinem Vorbringen so zu verstehen, dass er nicht gewillt war, eine ordentliche Kündigung hinzunehmen, so hat das Gericht festzustellen, dass das Arbeitsverhältnis mit Ablauf der ordentlichen Kündigungsfrist geendet hat, und im Übrigen die Klage abzuweisen.

87a Lagen die Voraussetzungen der Umdeutung nicht vor oder waren die Voraussetzungen des § 1 KSchG für eine wirksame ordentliche Kündigung nicht gegeben und weist das Arbeitsgericht die Klage unter Stattgabe des Feststellungsantrags im Übrigen ab und legt nur der Arbeitgeber Berufung ein, weil er auf seiner außerordentlichen Kündigung beharrt, so bleibt es bei der Zurückweisung der Berufung, wenn die außerordentliche Kündigung unwirksam ist, wegen des sonst vorliegenden Verstoßes gegen den Grundsatz des Verbotes der reformatio in peius (§ 536 ZPO). Der Arbeitnehmer kann nicht mehr mit Erfolg geltend machen, das Arbeitsverhältnis bestehe fort (so wohl *LAG Frankf.* 4.10.1985 LAGE § 140 BGB Nr. 4); es sei denn, er legt noch Anschlussberufung ein.

88 Hat der Arbeitnehmer zu erkennen gegeben, dass er die **ordentliche Kündigung hinnehme,** so hat das Gericht darauf hinzuwirken, dass der Klageantrag entsprechend präzisiert wird, oder es hat ihn dahin auszulegen, dass er diese Beschränkung enthält. Dann ist der Klage stattzugeben und im Urteil auszusprechen, dass das Arbeitsverhältnis mit Ablauf der Kündigungsfrist sein Ende gefunden hat. Die Klage ist nicht im Übrigen abzuweisen (unzutr. *LAG Frankf.* 4.10.1985 LAGE § 140 BGB Nr. 4). Der Arbeitgeber trägt die Kosten des Verfahrens.

89 Eine Umdeutung gestattet § 140 BGB aber nur, wenn die vom Arbeitgeber erklärte außerordentliche Kündigung als ordentliche Kündigung rechtswirksam wäre.

89a Das Formerfordernis des § 623 BGB steht nicht entgegen. Zwar hat die Nichteinhaltung der gesetzlichen Form des § 623 BGB gem. § 125 S. 1 BGB die Nichtigkeit der Kündigung zur Folge. Eine Heilung ist nicht möglich. Die Umdeutung einer nicht wegen Formverstoßes iSd § 623 BGB, sondern aus anderen Gründen unwirksamen außerordentlichen Kündigung in eine ordentliche Kündigung bleibt trotz der Formvorschrift des § 623 BGB möglich (*BAG* 24.6.2004 EzA § 626 BGB Unkündbarkeit Nr. 7 [B III 2 b]). Das setzt aber voraus, dass die außerordentliche Kündigung schriftlich gem. § 623 BGB erklärt worden ist, die außerordentliche Kündigung also »nur« aus einem anderen Grund unwirksam ist. Die Kündigung scheitert dann nicht an der Form für die ordentliche Kündigung. Die Kündigung an sich ist formwirksam erklärt. Die Angabe, ob es sich um eine außerordentliche oder um eine ordentliche Kündigung handelt, ist zur Formwahrung nicht erforderlich (zutr. *Preis/Gotthardt* NZA 2000, 348, 351; *Oetker* JuS 2001, 251, 256; zweifelnd *Böhm* NZA 2000, 561, 562; anders *Rzadkowski* Der Personalrat 2000, 179, 180). Aus Vorstehendem folgt, dass die Umdeutung einer gegen § 623 BGB verstoßenden außerordentlichen Kündigung in eine ordentliche Kündigung nicht möglich ist. Sie verstößt ihrerseits gegen § 623 BGB und ist nichtig (zutr. *Preis/Gotthardt* NZA 2000, 348, 351 unter Hinweis auf *BAG* 30.10.1970 NJW 1971, 428, 429).

89b Hat der Arbeitnehmer den **Kündigungsschutz** iSd ersten Abschnitts des KSchG und lässt er die in eine ordentliche Kündigung umgedeutete außerordentliche Kündigung nicht gelten, sondern beruft sich darauf, dass diese sozial ungerechtfertigt ist (vgl. das Muster bei *Feichtinger* Gesetzliche Neuregelung des arbeitsgerichtlichen Verfahrens 1979, Muster 4 S. 207 ff.; *Schaub* Formularsammlung, 7. Aufl. 1999,

§ 36), so hat das Gericht zu **prüfen,** ob die **Kündigung als ordentliche** aufgrund der festgestellten Tatsachen gem. § 1 KSchG wirksam ist oder nicht (vgl. *BAG* 14.11.1980 – 7 AZR 655/78 – nv; aus der Lit. *Wertheimer/Flüchter* JuS 2000, 672, 674). Auch eine in eine ordentliche Kündigung umgedeutete außerordentliche Kündigung muss sozial gerechtfertigt sein, wenn sie zur Beendigung des Arbeitsverhältnisses führen soll (*ArbG Gießen* 28.1.1981 ARSt 1981, Nr. 1180). Dabei kann das Gericht so vorgehen, dass es feststellt, dass die außerordentliche Kündigung auch als ordentliche unwirksam ist, weil sie nicht iSd § 1 KSchG sozial gerechtfertigt ist, ohne die Umdeutungsvoraussetzungen des § 140 BGB überhaupt zu prüfen (vgl. *BAG* 31.8.1979 – 7 AZR 665/77 – nv).

Es ist für die **Geltendmachung der Sozialwidrigkeit** der etwa in der außerordentlichen Kündigung 90 liegenden ordentlichen Kündigung **unschädlich, wenn** dies **außerhalb der Dreiwochenfrist** geschieht. Denn hat der Kläger gegen die außerordentliche Kündigung rechtzeitig Klage erhoben, so kann er die Unwirksamkeit der evtl. ordentlichen Kündigung iSd ersten Abschnitts des KSchG noch bis zum Schluss der mündlichen Verhandlung geltend machen. Das folgt aus § 6 KSchG (zust. *v. Hoyningen-Huene/Linck* Rz. 47a; vgl. iE KR-*Friedrich* § 6 KSchG Rz. 17).

Falls der Kläger keine der möglichen Umdeutung der Kündigung Rechnung tragenden **Anträge** ge- 91 stellt hat, hat das Gericht gem. § 139 ZPO auf sachdienliche Anträge des Klägers hinzuwirken. Das kann außerhalb des KSchG dadurch geschehen, dass dann, wenn der Kläger sich nur gegen die außerordentliche Kündigung wendet, der Beklagte mit einer Eventualwiderklage sich auf die Wirksamkeit der in der außerordentlichen Kündigung liegenden ordentlichen Kündigung beruft, falls der Kläger mit seinem § 4 S. 1, § 13 Abs. 1 S. 2 KSchG nachempfundenen Antrag obsiegen sollte (vgl. den instruktiven Fall *BGH* 14.2.2000 BB 2000, 631, eine Entscheidung, die auch unter ihren prozessualen Aspekten auf ein lebhaftes Echo gestoßen ist, zB *Dulitz* JA 2000, 737; *Teigelkötter* GmbHR 2000, 377; *Loritz* WuB IX § 626 BGB 1.00).

Wenn der Kläger beantragt festzustellen, dass sein Arbeitsverhältnis durch die Kündigung vom (Da- 92 tum) nicht aufgelöst ist und über den (Datum des Ablaufs der ordentlichen Kündigungsfrist) hinaus fortbesteht, oder noch eindeutiger, dass das Arbeitsverhältnis weder durch die außerordentliche noch durch die in ihr enthaltene ordentliche Kündigung aufgelöst ist, so ist deutlich, dass er auch eine ordentliche Kündigung nicht hinnehmen will. Das ergibt sich aber auch bei entsprechendem Vortrag des Klägers bei einem gem. § 4 S. 1 KSchG formulierten Klageantrag (vgl. KR-*Friedrich* § 4 KSchG Rz. 231 ff.), nur sollte das Gericht, wenn es der Klage stattgibt, auch im **Tenor** zum Ausdruck bringen, dass auch die im Wege der Umdeutung gegebene ordentliche Kündigung unwirksam ist. Unbedingt erforderlich ist das jedoch nicht. Es muss dann aber in den **Urteilsgründen** zum Ausdruck kommen, dass das Gericht sowohl die außerordentliche als auch die ordentliche Kündigung für unwirksam hält (*v. Hoyningen-Huene/Linck* Rz. 56). Deutlicher ist es, wenn das Gericht in diesem Fall, in dem es die Umdeutung für gegeben, aber die ordentliche Kündigung für unwirksam hält, etwa wegen Sozialwidrigkeit, feststellt, dass das Arbeitsverhältnis weder durch die außerordentliche Kündigung noch aufgrund der in der außerordentlichen Kündigung liegenden ordentlichen Kündigung aufgelöst wurde.

Ist die **außerordentliche Kündigung unwirksam,** hält das Gericht aber eine **Umdeutung** wegen feh- 93 lenden unbedingten eindeutigen und erkennbaren Beendigungswillens für **nicht möglich,** so wird das in den Urteilsgründen ausgeführt und der Tenor lautet dahingehend, dass die außerordentliche Kündigung vom (Datum) unwirksam ist oder das Arbeitsverhältnis nicht aufgelöst hat.

Hält das Gericht die **ordentliche Kündigung für wirksam,** so ist festzustellen, dass das Arbeitsver- 94 hältnis durch die außerordentliche Kündigung vom … (Datum) nicht aufgelöst, sondern mit Ablauf der ordentlichen Kündigungsfrist beendet worden ist; im Übrigen ist die Klage abzuweisen. Das geschieht am besten in der Weise, dass im Tenor festgestellt wird, dass das Arbeitsverhältnis durch die außerordentliche Kündigung vom … nicht fristlos aufgelöst ist, sondern bis zum Ablauf der ordentlichen Kündigungsfrist am … (Datum) fortbesteht bzw. fortbestanden hat, und im Übrigen die Klage abgewiesen wird (vgl. *v. Hoyningen-Huene/Linck* Rz. 56).

Hat der Kläger zu erkennen gegeben, dass er die **ordentliche Kündigung** trotz bestehenden allgemei- 95 nen Kündigungsschutzes hinnehmen wolle, so ist das Ziel der Klage idR die Feststellung des Fortbestandes des Arbeitsverhältnisses bis zum Ablauf der ordentlichen Kündigungsfrist. Bei Unwirksamkeit der außerordentlichen Kündigung ergeht dann Feststellungsurteil des Inhalts, dass das Arbeitsverhältnis durch die außerordentliche Kündigung nicht aufgelöst ist, sondern das Arbeitsverhältnis bis zum Ablauf der ordentlichen Kündigungsfrist, nämlich dem … fortbesteht bzw. fortbestanden hat.

96 Zu beachten ist, dass eine **Umdeutung** in eine ordentliche Kündigung nur dann **möglich** ist, **wenn eine ordentliche Kündigung des Arbeitsverhältnisses in Betracht kommt.** Das ist dann nicht der Fall, wenn die ordentliche Kündigung durch Gesetz (zB § 15 BBG; § 15 Abs. 1 bis 3 KSchG iVm § 103 BetrVG; § 9 MuSchG), Tarifvertrag (zB § 53 Abs. 3 BAT, § 34 Abs. 2 TVöD) oder Vertrag (befristetes Arbeitsverhältnis ohne ordentliche Kündigungsmöglichkeit oder Unkündbarkeitsklausel) ausgeschlossen ist.

97 Auch **Kündigungsbeschränkungen** können dazu führen, dass eine außerordentliche Kündigung im Ergebnis nicht in eine ordentliche Kündigung umgedeutet werden kann. Eine außerordentliche Kündigung gegenüber einem **schwerbehinderten Menschen** kann nach der hM nicht in eine wirksame ordentliche Kündigung umgedeutet werden, wenn nur die Zustimmung zur außerordentlichen Kündigung beantragt und tatsächlich erteilt war (*Schaub/Linck* § 123 XI 3 Rz. 145; *Schaub/Schaub* § 179 III 4 Rz. 28; *Neumann/Pahlen/Majerski-Pahlen* SBG IX, 10. Aufl., § 91 Rz. 7; *BAG* 16.10.1991 RzK I 6b Nr. 12; *LAG Bln.* 9.7.1984 NZA 1985, 95 = ARSt 1985 Nr. 29 = DB 1985, 874). Richtig ist eine differenzierende Betrachtungsweise: Hat das Integrationsamt der außerordentlichen Kündigung zugestimmt, so ist eine Umdeutung möglich (zutr. KR-*Etzel* § 91 SGB IX Rz. 35). Wird die Zustimmung nur über § 91 Abs. 3 S. 2 SGB IX fingiert, so kann eine Umdeutung nicht erfolgen (zutr. KR-*Etzel* aaO). Das entspricht der Rspr. zu dem entsprechenden Sachverhalt im Falle des § 102 BetrVG: Hat der Betriebsrat der außerordentlichen Kündigung ausdrücklich zugestimmt, so ist eine Umdeutung möglich (*BAG* 16.3.1978 EzA § 102 BetrVG 1972 Nr. 32). Eine Umdeutung ist nicht möglich, wenn die Zustimmung des Betriebsrats nur fingiert wird (§ 102 Abs. 2 S. 2 BGB) oder der Betriebsrat gar Bedenken gegen die außerordentliche Kündigung vorgebracht hat (vgl. Rz. 98).

98 Was die **Anhörung des Betriebsrates,** die nach § 102 Abs. 1 BetrVG vor jeder Kündigung vorzunehmen ist, **und** die Frage der **Umdeutung** einer außerordentlichen Kündigung in eine ordentliche anbelangt, gilt folgendes: Will der Arbeitgeber, der eine außerordentliche Kündigung beabsichtigt, sicherstellen, dass im Falle der Unwirksamkeit dieser Kündigung die von ihm vorsorglich erklärte oder dahin umgedeutete ordentliche Kündigung nicht an der fehlenden Anhörung des Betriebsrates scheitert, so muss er den **Betriebsrat** deutlich **darauf hinweisen,** dass die in Aussicht genommene **außerordentliche Kündigung hilfsweise als ordentliche Kündigung gelten** solle. Die Anhörung allein zur außerordentlichen Kündigung ersetzt nicht die Anhörung zu einer ordentlichen Kündigung. Hat der Arbeitgeber den Betriebsrat nur zur außerordentlichen Kündigung angehört, so ist die ordentliche Kündigung nach § 102 Abs. 1 S. 3 BetrVG unwirksam (*BAG* 16.3.1978 EzA § 102 BetrVG 1972 Nr. 32; 17.12.1976 EzA Art. 9 GG Arbeitskampf Nr. 19). Von diesem Grundsatz lässt das *BAG* (16.3.1978 EzA § 102 BetrVG 1972 Nr. 32; 20.9.1984 EzA § 626 BGB nF Nr. 91) eine Ausnahme dann zu, wenn der Betriebsrat, der nur zu einer in Aussicht genommenen außerordentlichen Kündigung angehört wurde, dieser ausdrücklich und vorbehaltlos zugestimmt hat und auch aus sonstigen Umständen nicht zu ersehen ist, dass der Betriebsrat für den Fall der Unwirksamkeit der außerordentlichen Kündigung der dann verbleibenden ordentlichen Kündigung entgegengetreten wäre (ebenso *LAG Hamm* 18.1.1985 LAGE § 626 BGB Nr. 20 für die Erklärung des Betriebsrats, er erhebe gegen die in Aussicht genommene außerordentliche Kündigung keine Einwände, worin eine Zustimmung zur vorsorglichen ordentlichen Kündigung liegt).

99 Damit hat sich das BAG der Rspr. des *LAG Düsseld.* (17.3.1976 EzA § 102 BetrVG 1972, Nr. 22; 24.3.1976 BB 1976, 1128 u. 21.5.1976 DB 1977, 121) und des *LAG Hamm* (9.7.1975 DB 1975, 1899 u. 21.7.1975 ARSt 1977, Nr. 1032) angeschlossen.

100 Demgegenüber wird vertreten (*Eich* DB 1975, 1606; *Meisel* DB 1974, 141 f. u. SAE 1976, 35, sowie Mitwirkung und Mitbestimmung, 5. Aufl., Rz. 403; *Brill* AuR 1975, 18; *Güntner* AuR 1974, 117; *Hanau/ Adomeit* Rz. 1024), **in der Anhörung zur außerordentlichen Kündigung liege stets zugleich auch die Anhörung zu einer damit verbundenen ordentlichen Kündigung** unabhängig davon, ob sie durch Umdeutung gewonnen oder vom Arbeitgeber vorsorglich gegenüber dem Arbeitnehmer mit ausgesprochen worden sei. *Ebert* (BB 1976, 1132) will das auf die verhaltens- oder personenbedingten Kündigungsgründe beschränken.

101 Die Praxis wird sich auf die Entscheidung des *BAG* vom 16.3.1978 (EzA § 102 BetrVG 1972 Nr. 32) einzustellen haben, für die gute Gründe sprechen: Wenn der Betriebsrat schon einer außerordentlichen Kündigung ausdrücklich zugestimmt hat, also nicht nur die Frist(en) des § 102 BetrVG hat verstreichen lassen, ist davon auszugehen, dass der Betriebsrat einer ordentlichen Kündigung als minder schwerwiegende Maßnahme zugestimmt hätte (*Feichtinger* Die Betriebsratsanhörung bei Kündigung 1994 Rz. 142; *Schaub/Linck* § 123 XI 3 Rz. 145; *v. Hoyningen-Huene/Linck* Rz. 54; **aA** *Schwerdtner* RWS-Skript

114, 2. Aufl., S. 58 f.; *ders.* MünchKomm, 3. Aufl., vor § 620 BGB Rz. 136; *Heckelmann* SAE 1979, 4 f.; *Hager* BB 1989, 696; diff. *G. Hueck* 25 Jahre BAG, S. 260).

Dementsprechend empfiehlt es sich, dass der Arbeitgeber, um die Möglichkeit der Umdeutung auch für den Fall nicht auszuschließen, dass der Betriebsrat der außerordentlichen Kündigung nicht ausdrücklich zustimmt, dem Betriebsrat gegenüber die Anhörung ausdrücklich hilfsweise auch auf eine evtl. fristgemäße Kündigung erstreckt (*Stege/Weinspach/Schiefer* 9. Aufl., § 102 BetrVG Rz. 223). Das wird in der betrieblichen Praxis idR auch so gehandhabt, wie die üblicherweise verwendeten Anhörungsbogen zeigen (vgl. das Muster bei *Stege/Weinspach/Schiefer* S. 1403 f.; *Schaub/Neef/Schrader Arbeitsrechtliche* Formularsammlung § 32 II Rz. 5 S. 330). **102**

Zu beachten ist, dass bei dem unter Berücksichtigung der Rechtsprechung vorgeschlagenen Verfahren die **unterschiedlichen Einlassungsfristen des Betriebsrates** in § 102 Abs. 2 S. 1 und S. 3 BetrVG zu sehen sind. Äußert sich der Betriebsrat innerhalb der Dreitagefrist des § 102 Abs. 2 S. 3 BetrVG abschließend, so kann der Arbeitgeber die außerordentliche Kündigung betriebsverfassungsrechtlich formell wirksam aussprechen. Hüllt sich der Betriebsrat dagegen in Schweigen, so empfiehlt es sich, vorsorglich den Ablauf der Einwochenfrist des § 102 Abs. 2 S. 1 BetrVG vor Ausspruch der ordentlichen Kündigung abzuwarten, um nicht eine Umdeutung wegen Nichteinhaltung der Anhörungsfrist im Ergebnis zu vereiteln. Steht diesem Weg § 626 Abs. 2 BGB wegen drohenden Ablaufs der Zweiwochenfrist entgegen, so sollte der Arbeitgeber zunächst außerordentlich nach Ablauf der Frist von drei Tagen kündigen und nach Ablauf der Wochenfrist dem Arbeitnehmer gegenüber eine ordentliche Kündigung aussprechen (*Stege/Weinspach/Schiefer* § 102 Rz. 224). **103**

Dass diese Fristenregelung beachtet werden muss, hat das *BAG* in der genannten Entscheidung vom 16.3.1978 (EzA § 102 BetrVG 1972 Nr. 32) dadurch zum Ausdruck gebracht, dass es als Argument gegen die Umdeutung bei fehlender Zustimmung des Betriebsrates zur außerordentlichen Kündigung ausgeführt hat [zu II 2c dd der Gründe], dass, wenn die Anhörung zu einer außerordentlichen Kündigung stets als Anhörung auch zu einer etwaigen ordentlichen Kündigung ausreichen solle, die Anhörungsfrist von einer Woche für die Stellungnahme zu einer ordentlichen Kündigung auf drei Tage verkürzt würde. Eine derartige zeitliche Beschränkung berühre das Anhörungsrecht in seinem Kern. Es würde einer **Aushöhlung des Anhörungsrechts** des Betriebsrates gleichkommen, wenn er innerhalb von drei Tagen auch zur ordentlichen Kündigung Stellung nehmen müsse. **104**

Entsprechendes gilt für den Bereich des öffentlichen Dienstes: Einer möglichen Umdeutung der außerordentlichen Kündigung in eine ordentliche Kündigung zum nächstliegenden Kündigungstermin (§ 140 BGB) steht entgegen, dass der Personalrat dem Antrag des öffentlichen Arbeitgebers nicht zugestimmt hat und ferner nur zur außerordentlichen Kündigung angehört und nicht zu einer ordentlichen Kündigung beteiligt worden ist (*BAG* 6.3.2003, ZTR 2004, 48 [II 3]). **104a**

Anders ist es, wenn der ordnungsgemäß angehörte Personalrat der Kündigung ausdrücklich und vorbehaltlos zugestimmt hat (*LAG BW* 30.3.1984 – 6 Sa 189/83 – zu §§ 79, 72 BPersVG; *LAG Nürnberg* 1.2.1985 BayAmBl. 1986, C 26 zu Art. 77 Abs. 3 BayPersVG; *Zöllner/Fuhrmann* PersV 1990, 113 f. zu § 77 Abs. 3 PVGBW vgl. im Übrigen KR-*Etzel* §§ 72, 79, 108 BPersVG Rz. 64).

Die Umdeutung ist nicht möglich, wenn der Arbeitgeber den Betriebsrat zu einer ordentlichen Kündigung angehört hat, dann aber eine außerordentliche Kündigung aus einem anderen Grund ausgesprochen hat (*BAG* 12.8.1976 EzA § 102 BetrVG 1972 Nr. 25). **104b**

Zur Umdeutung einer außerordentlichen Kündigung in eine ordentliche Kündigung vgl. auch KR-*Fischermeier* § 626 BGB Rz. 366; KR-*Etzel* § 102 BetrVG Rz. 82 f. **105**

Zur Frage, ob ein Arbeitgeber sich dann, wenn eine außerordentliche Kündigung rechtskräftig für unwirksam erklärt worden ist, in einem späteren Prozess darauf berufen kann, die Kündigung sei in eine ordentliche umzudeuten, eingehend KR-*Fischermeier* § 626 BGB Rz. 396 ff. **106**

Auch **im Falle** der **möglichen Umdeutung** kann der **Arbeitnehmer Auflösung des Arbeitsverhältnisses** gem. § 13 Abs. 1 S. 3 KSchG verlangen. Für den Fall der Unwirksamkeit auch der in der etwa in der außerordentlichen Kündigung liegenden ordentlichen Kündigung kann der Arbeitnehmer einen Auflösungsantrag nach § 9 KSchG stellen. Dabei sind folgende Fälle zu unterscheiden: Ist die ordentliche Kündigung wirksam, in die die außerordentliche Kündigung umzudeuten war, so hat der Auflösungsantrag des Arbeitnehmers nach § 13 Abs. 1 S. 3 KSchG nur wenig Bedeutung. Einmal wird genau zu prüfen sein, ob dem Arbeitnehmer die Weiterarbeit nicht wenigstens bis zum Ablauf der ordentlichen **107**

Kündigungsfrist zumutbar ist, zum anderen steht dem Arbeitnehmer in aller Regel keine höhere Abfindung zu als sein Arbeitsentgelt vom Zeitpunkt des Zugangs der außerordentlichen Kündigung bis zum Ablauf der ordentlichen Kündigungsfrist ausmacht. Ist die außerordentliche Kündigung unwirksam und die in ihr liegende ordentliche Kündigung sozialwidrig, so ist danach zu unterscheiden, hinsichtlich welcher Kündigung der Arbeitnehmer die Auflösung beantragt hat: Hat er sie nach § 13 Abs. 1 S. 3 KSchG **hinsichtlich der außerordentlichen Kündigung** beantragt, so ist das Arbeitsverhältnis zum Zeitpunkt des Zugangs der außerordentlichen Kündigung aufzulösen (vgl. Rz. 65 ff.), wenn der Auflösungsantrag begründet ist. Hat der Arbeitnehmer die Auflösung nach § 9 KSchG beantragt, also **hinsichtlich der ordentlichen Kündigung,** so ist bei Begründetheit des Auflösungsantrages die Auflösung zum Ablauf der ordentlichen Kündigungsfrist auszusprechen (so auch *BAG* 26.8.1993 EzA § 322 ZPO Nr. 9 [zu III 2 der Gründe]).

108 Der **Arbeitgeber** kann, wie sich aus § 13 Abs. 1 S. 3 KSchG ergibt, **nur Auflösung des Arbeitsverhältnisses** in Bezug auf die Sozialwidrigkeit der **ordentlichen Kündigung** verlangen (vgl. *BAG* 9.10.1979 EzA § 9 KSchG nF Nr. 9; 21.9.2000 EzA § 9 KSchG nF Nr. 44). Stellt er einen begründeten Auflösungsantrag, so ist auch in diesem Fall das Arbeitsverhältnis mit dem Tage des Ablaufs der Kündigungsfrist aufzulösen (vgl. *v. Hoyningen-Huene/Linck* Rz. 51; *Löwisch/Spinner* Rz. 36).

109 Die Umdeutung einer fristlosen Kündigung, die wirksam ist, weil ein wichtiger Grund iSd § 626 BGB vorliegt, in eine außerordentliche Kündigung mit sozialer Auslauffrist ist nach *LAG Köln* 5.9.1985 LAGE § 140 BGB Nr. 3 nicht möglich. § 140 BGB setzt eine nichtige Willenserklärung voraus, die bei wirksamer außerordentlicher Kündigung nicht vorliegt.

II. Die Umdeutung der unwirksamen außerordentlichen Kündigung in ein Auflösungsvertragsangebot

109a Eine unwirksame außerordentliche Kündigung kann in ein Angebot auf Abschluss eines Aufhebungsvertrages mit sofortiger Wirkung umgedeutet werden, das der Arbeitnehmer angenommen haben kann mit der Folge der Beendigung des Arbeitsverhältnisses mit Zugang der Annahmeerklärung, was allerdings nur schriftlich möglich ist, weil auch der Aufhebungsvertrag der Schriftform bedarf, § 623 BGB. Die Schriftform des § 623 BGB ist dadurch gewahrt, dass der Arbeitnehmer das auf dem Wege der Umdeutung, § 140 BGB, der zwar schriftlich erklärten, aber aus anderen Gründen unwirksamen außerordentlichen Kündigung gewonnene schriftliche Angebot auf Abschluss eines Aufhebungsvertrages mit sofortiger Wirkung seinerseits schriftlich annimmt. Voraussetzung ist aber, dass der Arbeitnehmer die Unwirksamkeit der außerordentlichen Kündigung erkannt und er gleichwohl sich mit der Beendigung des Arbeitsverhältnisses einverstanden erklärt (*Schaub/Linck* § 123 Rz. 141 iVm § 122 Rz. 11; vgl. *Kittner/Däubler/Zwanziger* § 140 BGB Rz. 16: Nur dann keine Umdeutung in ein Angebot auf Auflösung des Arbeitsvertrages, wenn die Kündigung nicht formgerecht war; vgl. auch SPB-*Preis* Rz. 481). Es gilt das Prinzip der Urkundeneinheit. Die Unterzeichnung der Parteien muss grds. auf derselben Urkunde erfolgen, § 126 Abs. 2 S. 1 BGB, wenngleich bei Aufnahme gleich lautender Urkunden es ausreicht, wenn jede Partei die für den anderen Teil bestimmte Urkunde unterzeichnet.

III. Die hilfsweise erklärte ordentliche Kündigung

110 Wird **neben der außerordentlichen Kündigung** dem Arbeitnehmer gegenüber zugleich oder später vorsorglich **hilfsweise eine ordentliche Kündigung** erklärt, so gilt im Ergebnis das zur in eine ordentliche Kündigung umgedeuteten außerordentlichen Kündigung Ausgeführte entsprechend. Es kommt dabei lediglich auf die Umdeutungsproblematik nicht an. Mit der vorsorglich ausgesprochenen ordentlichen Kündigung macht der Arbeitgeber deutlich, dass er sich von dem Arbeitnehmer notfalls unter Inkaufnahme einer Kündigungsfrist trennen will. Der Arbeitnehmer muss aber in einem solchen Fall wegen der Lehre vom punktuellen Streitgegenstand sowohl die außerordentliche als auch die hilfsweise erklärte ordentliche Kündigung mit einer fristgerechten Feststellungsklage iSd § 4 KSchG angreifen, will er gegen beide Kündigungen vorgehen (vgl. KR-*Friedrich* § 4 KSchG Rz. 229).

D. Die sittenwidrige Kündigung (§ 13 Abs. 2 KSchG)

I. Allgemeines

111 Die **sittenwidrige Kündigung** nimmt in der arbeitsrechtlichen Literatur einen relativ großen Raum ein, obwohl sie in der Praxis der Gerichte kaum eine Rolle spielt. Wenn sie einmal in einem Urteil er-

wähnt wird, so wird idR anhand des konkreten Falles ausgeführt, dass der Arbeitgeber mit der Kündigung nicht sittenwidrig gehandelt hat. Eine sittenwidrige Kündigung kommt nur selten vor.

Ursprünglich vertrat die Lehre überwiegend die Auffassung, dass die Kündigung als die auf die Beendigung des Arbeitsverhältnisses gerichtete Willenserklärung ihrem Inhalt nach **wertfrei** sei und keinen anderen Zweck verfolge, als eben das Arbeitsverhältnis aufzulösen. Ein **unsittliches Motiv** für die Kündigungserklärung allein genüge nicht, um die Nichtigkeit der Kündigung nach § 138 BGB zu begründen (so noch *Hueck/Nipperdey* I, 3. bis 5. Aufl., S. 305 f. mwN in Fn 22; *Bötticher* MDR 1952, 260; *ders*. Gestaltungsrecht und Unterwerfung im Privatrecht 1964, S. 3; vgl. auch die Nachweise bei *Molitor* Kündigung, S. 222; vgl. auch *Larenz* AT, 7. Aufl., § 22 III b 5 S. 446: Die Kündigung, die auf einem verwerflichen Motiv beruhe, sei nicht sittenwidrig, aber als eine schikanöse Rechtsausübung unzulässig und deshalb nichtig; vgl. insoweit Rz. 258). 112

Zunächst hat das RAG in Fällen, in denen der Arbeitgeber mit der Kündigung gegen das Anstandsgefühl aller billig und gerecht Denkenden verstoßen hatte, dem betroffenen Arbeitnehmer einen **Schadensersatzanspruch** aus § 826 BGB gewährt (zB *RAG* 2.5.1928 ARS 2, 247; vgl. die weiteren Nachw. bei *Molitor* Kündigung, S. 222 Fn. 5). 113

Später hat das RAG in ständiger Rechtsprechung die **sittenwidrige Kündigung für nichtig erklärt** (vgl. die Nachweise bei *Molitor* Kündigung, S. 223 Fn. 6). Es hat die Auffassung vertreten, dass eine Kündigung schon mit Rücksicht auf ihr Motiv nichtig sein kann. Dagegen genügte die bloß verletzende Form einer Kündigung nicht, um die Kündigung als sittenwidrig anzusehen (*RAG* 11.11.1943 ARS 47, S. 34). 114

Als nach der Aufhebung des AOG spätestens im Jahre 1947 (vgl. dazu KR-*Friedrich* § 4 KSchG Rz. 3) ein allgemeiner Kündigungsschutz entweder überhaupt oder bis zur Schaffung entsprechender Landesgesetze fehlte (dazu KR-*Friedrich* § 4 KSchG Rz. 4), griff die Rechtsprechung zum Teil auf § 138 BGB zurück, um ein Mittel in der Hand zu haben, die Arbeitnehmer vor unberechtigten Kündigungen in Schutz zu nehmen (vgl. *Mohr* DRZ 1947, 372). Dabei wurde auch § 242 BGB bemüht und ein allgemeiner Kündigungsschutz aufgrund des Satzes von Treu und Glauben angenommen (vgl. *G. Müller* DRZ 1948, 122 ff. mN). Vielfach wurde zwischen Sittenwidrigkeit nach § 138 BGB und Treuwidrigkeit nach § 242 BGB nicht scharf unterschieden und wurden darüber hinaus in Verfolgung des Zieles, trotz fehlender Bestimmungen über einen allgemeinen Kündigungsschutz den Arbeitnehmern überhaupt einen Kündigungsschutz zu gewähren, die Grenzen der Anwendbarkeit dieser Vorschriften auf die Kündigung erheblich ausgedehnt (vgl. dazu *v. Hoyningen-Huene/Linck* Rz. 57; *Nikisch* I, § 51 II 3, S. 751; *Maus* Rz. 37, S. 301 f.; *Staudinger/Nipperdey/Neumann* 11. Aufl., Vorbem. 60 zu § 620 BGB mN aus der Rspr.). 115

II. Abgrenzung der Sittenwidrigkeit von der Sozialwidrigkeit

Das KSchG hat mit § 13 Abs. 2 (§ 11 Abs. 3 S. 1 KSchG 1951) anerkannt, dass eine Kündigung **sittenwidrig** sein kann. Nach dieser Bestimmung finden die Vorschriften des § 9 Abs.1 S. 1 und Abs.2 und der §§ 10 – 12 KSchG entsprechende Anwendung, wenn eine Kündigung gegen die guten Sitten verstößt. Es handelt sich nach der Neuregelung durch das Gesetz zu Reformen am Arbeitsmarkt um einen anderen Grund iSd § 4 S. 1 KSchG nF, der innerhalb der Dreiwochenfrist geltend zu machen ist. 116

Wegen der unterschiedlichen Rechtsfolgen bei einer nur sozialwidrigen und einer sittenwidrigen Kündigung stellt sich die Frage der Abgrenzung zwischen einer sittenwidrigen und einer sozialwidrigen Kündigung. Hier liegt die Hauptschwierigkeit bei der Anwendung des § 13 Abs. 2 KSchG (zur Abgrenzung der sittenwidrigen Kündigung von der treuwidrigen Kündigung vgl. Rz. 229). 117

Zunächst lässt sich sagen, die Sittenwidrigkeit kann **nicht** mit Erfolg auf **Umstände** gestützt werden, **die in den Schutzbereich des KSchG fallen**. § 138 BGB ist demnach nur anwendbar, wenn die Sittenwidrigkeit **aus anderen Gründen als die Sozialwidrigkeit** iSd § 1 KSchG hergeleitet werden kann (*Palandt/Heinrichs* § 138 Rz. 91; *BAG* 2.4.1987 EzA § 612a BGB Nr. 1; vgl. auch *OGH* 11.8.1993 DRdA 1994, 134 mit zust. Anm. *Floretta* zum österreichischen Recht). Das muss schon deswegen so sein, weil sonst den Arbeitnehmern, die nicht unter das KSchG fallen (§ 1 iVm § 23 KSchG), auf dem Umweg über § 138 BGB ein dem KSchG entsprechender allgemeiner Kündigungsschutz verschafft werden würde. 118

Zweifelhaft ist auch, ob sich auf die Abgrenzung der sittenwidrigen Kündigung von der (nur) sozialwidrigen Kündigung der inzwischen insoweit aufgehobene § 7 KSchG 1951 (jetzt § 9 KSchG) ausgewirkt hat oder noch auswirkt. Nach § 7 Abs. 1 S. 3 KSchG 1951 war der Antrag des Arbeitgebers auf 119

§ 13 KSchG   Außerordentliche, sittenwidrige und sonstige Kündigungen

Auflösung des Arbeitsverhältnisses und Zahlung einer Abfindung u.a. dann abzulehnen, **wenn die Kündigung offensichtlich willkürlich oder aus nichtigen Gründen unter Missbrauch der Machtstellung des Arbeitgebers in dem Betrieb erfolgt war.** Darunter wurden besonders schwere Fälle der Sozialwidrigkeit verstanden (*Auffarth/Müller* § 7 Rz. 18). Als offensichtlich willkürlich wurde die Kündigung angesehen, **für die von vornherein keine ernsthaften Gründe angegeben werden konnten oder für die objektiv und für den Arbeitgeber ohne weiteres erkennbar keine triftigen Gründe vorlagen** (*Auffarth/Müller* § 7 Rz. 19; vgl. auch § 58 AOG, nach dessen S. 3 2. Hs. das Gericht eine Entschädigung bis zur vollen Höhe des letzten Jahresverdienstes festsetzen konnte, wenn »die Kündigung offensichtlich willkürlich oder aus nichtigen Gründen unter Missbrauch der Machtstellung im Betrieb erfolgt« war). Mit »**nichtigen Gründen**« waren nicht etwa Gründe iSd § 13 Abs. 3 KSchG 1969 (§ 11 Abs. 4 KSchG 1951) gemeint, sondern **kleinliche, nichts sagende Gründe,** die keinen vernünftigen Arbeitgeber zu einer Kündigung veranlassen könnten (*Auffarth/Müller* § 70 Rz. 20). Zugleich wurde betont, dass die offensichtlich willkürliche oder aus nichtigen Gründen unter Missbrauch der Machtstellung im Betrieb erfolgte Kündigung als besonders schwerer Fall der Sozialwidrigkeit nicht zur Sittenwidrigkeit der Kündigung iSd § 138 BGB führt (*Auffarth/Müller* aaO; vgl. aus der Rspr. zB *LAG Hannover* 2.10.1952 AR-Blattei D, Rechtsprechung Nr. 1443).

120 Das hat dazu geführt, dass an die Sittenwidrigkeit ein strenger Maßstab angelegt wird. So ist im Urteil
–121 des *BAG* 23.11.1961 EzA § 138 BGB Nr. 2 ausgeführt, dass eine außerordentliche, aber auch eine ordentliche Kündigung wegen Verstoßes gegen die guten Sitten nichtig sein kann. Nur unter ganz besonderen Umständen sei eine Kündigung sittenwidrig und daher nichtig. »Sie ist es dann noch nicht, wenn sie bloß unsozial iSv § 1 KSchG, ja nicht einmal dann, wenn sie willkürlich ist, dh keinen erkennbaren sinnvollen Grund hat. Sittenwidrig ist die Kündigung vor allem dann, wenn sie auf einem ausgesprochen verwerflichen Motiv beruht, insbes. aus Rachsucht und zur Vergeltung erklärt worden ist und damit dem Anstandsgefühl aller billig und gerecht Denkenden krass widerspricht« (ähnlich *BAG* 29.5.1956 AP Nr. 2 zu § 184 BGB; 28.12.1956 AP Nr. 1 zu § 22 KSchG 1951; 25.6.1964 EzA § 138 BGB Nr. 4; vgl. auch *BAG* 30.11.1960 EzA § 242 BGB Nr. 3).

122 Im Urteil vom 14.5.1964 (AP Nr. 5 zu § 242 BGB Kündigung) hat das *BAG* ausgeführt, es sei bei der Prüfung der Sittenwidrigkeit zu bedenken, dass das KSchG, wie die Bestimmung in § 7 Abs. 1 S. 3 KSchG 1951 ergebe, sogar die offensichtlich willkürliche oder aus nichtigen Gründen unter Missbrauch der Machtstellung des Arbeitgebers erfolgte Kündigung noch als eine unter § 1 KSchG fallende behandele und damit auch eine solche Kündigung noch der Heilungswirkung des § 6 KSchG [jetzt § 7 KSchG] unterwerfe. »Es müssen also noch gewichtigere Verstöße vorliegen, die zur Nichtigkeit einer Kündigung wegen Sittenwidrigkeit führen, etwa wenn sie auf besonders verwerflichen Beweggründen, wie reiner Rachsucht, beruht oder ein sittlich besonders verwerfliches Ziel verfolgt …« (ähnlich *BAG* 7.11.1968 EzA § 66 HGB Nr. 2).

123 Nach Inkrafttreten des KSchG 1969, das die Aufhebung des § 7 Abs. 1 S. 2 KSchG 1951 aus Gründen brachte, die mit der Frage der Abgrenzung der sozialwidrigen von der sittenwidrigen Kündigung nichts zu tun haben (vgl. KR-*Spilger* § 9 Rz. 4 ff. und *v. Hoyningen-Huene/Linck* § 9 Rz. 1 und Begr. des Entwurfs eines ersten Gesetzes zur Bereinigung arbeitsrechtlicher Vorschriften BT-Drs. V/3913, S. 9 1. Sp.), haben sich zwar die **Umschreibungen für eine sittenwidrige Kündigung etwas geändert,** wie aus folgendem Beispiel zu ersehen ist: Nach *BAG* (19.7.1973 EzA § 138 BGB Nr. 13; bestätigt von *BAG* 2.4.1987 EzA § 612a BGB Nr. 1) kommt der schwere Vorwurf der Sittenwidrigkeit einer Kündigung nur in besonders krassen Fällen in Betracht. »Sittenwidrig ist eine Kündigung nur dann, wenn sie auf einem verwerflichen Motiv des Kündigenden beruht, wie insbes. Rachsucht oder Vergeltung, oder wenn sie aus anderen Gründen dem Anstandsgefühl aller billig und gerecht Denkenden widerspricht« (ähnlich schon *BAG* 8.6.1972 AP Nr. 1 zu § 1 KSchG 1969; vgl. ferner *BAG* 23.9.1976 EzA § 1 KSchG Nr. 1; 4.7.1977 – 2 AZR 233/76 – nv; 13.7.1978 EzA § 102 BetrVG 1972 Nr. 36; 21.3.1980 EzA § 17 SchwbG Nr. 2 [zu II 3 der Gründe]; vgl. auch *BAG* 28.9.1972 EzA § 1 KSchG Nr. 25; 24.4.1997 EzA § 611 BGB Kirchliche Arbeitnehmer Nr. 43 [II 1 a]; 21.2.2001 EzA § 242 BGB Kündigung Nr. 1 [B II 3]; 5.4.2001 EzA § 242 BGB Kündigung Nr. 3 [II 4]). Damit hat sich aber dem Inhalt nach nichts geändert (zutr. *Stahlhacke* MDR 1978, 897), wie die stets vorhandenen Verweisungen auf die älteren Entscheidungen eindeutig zeigen.

124 Dieser Umschreibung des Begriffs der sittenwidrigen Kündigung ist auch die Literatur im Wesentlichen gefolgt (vgl. zB *G. Müller* DB 1960, 1041; *Galperin* DB 1966, 1461; *Schaub/Linck* § 123 VII 3 Rz. 79; APS-*Biebl* Rz. 49; ErfK-*Kiel* Rz. 18; SPV-*Preis* Rz. 295).

Außerordentliche, sittenwidrige und sonstige Kündigungen § 13 KSchG

Daraus folgt, dass eine Kündigung dann **nicht sittenwidrig** sein kann, wenn sie auf Tatsachen gestützt 125
wird, die an sich geeignet sind, eine ordentliche Kündigung nach Maßgabe des § 1 Abs. 2 und 3 KSchG
oder das § 626 BGB zu rechtfertigen (*BAG* 13.9.1976 EzA § 1 KSchG Nr. 1; 16.2.1989 EzA § 138 BGB
Nr. 23; 28.4.1994 RzK I 8k Nr. 8; 24.4.1997 EzA § 611 BGB Kirchliche Arbeitnehmer Nr. 43). Dem entspricht es, dass nach einem Urteil des *LAG München* (27.7.1976 AMBl. 1977, C 29) die Kündigung nicht
sittenwidrig ist, wenn ein Sachverhalt in einem Kündigungsschutzprozess mit großer Wahrscheinlichkeit die Kündigung sozial gerechtfertigt erscheinen lässt. Aber nicht jede außerordentliche Kündigung, die nicht gem. § 626 BGB gerechtfertigt ist, verstößt schon deswegen gegen die guten Sitten (*LAG
Köln* 18.10.1995 – 7 Sa 593/95). Entsprechendes gilt für die sozial nicht gerechtfertigte Kündigung.

Eine **verwerfliche Gesinnung** ist dem Kündigenden nur dann anzulasten, wenn er sich derjenigen 126
Tatsachen bewusst ist, die seine Kündigung zu einem sittenwidrigen Vorgehen machen (vgl. RGRK-*Krüger-Nieland* § 138 Rz. 6). Dabei gilt § 166 Abs. 1 BGB, wonach auch auf die Kenntnis oder das Kennenmüssen gewisser Umstände durch den **Vertreter** abzustellen ist, auch im Rahmen des § 138 BGB
(vgl. *Erman/H. Palm* 10. Aufl., § 166 Rz. 5; vgl. auch *M. Schultz* NJW 1990, 478 ff.). Wenn es um die Sittenwidrigkeit einer Kündigung geht, kommt es grds. nur auf die Kenntnis des kündigungsberechtigten Vertreters an. Dagegen ist eine **verwerfliche Gesinnung von Hilfspersonen,** die den Kündigenden
oder seine Vertreter nur intern beraten, unschädlich (vgl. *BGH* 23.10.1963 LM Nr. 8 zu § 166 BGB; *BAG*
4.7.1977 – 2 AZR 233/76 – nv).

Der Arbeitnehmer, der sich auf die Sittenwidrigkeit einer Kündigung beruft, ist für den Ausnahmetat- 127
bestand einer sittenwidrigen Kündigung **darlegungs- und beweispflichtig** (st.Rspr. des *BAG*, zB *BAG*
16.2.1989 EzA § 138 BGB Nr. 23; 19.7.1973 EzA § 138 BGB Nr. 13; 23.11.1961 EzA § 138 BGB Nr. 2;
25.6.1964 EzA § 138 BGB Nr. 4; 14.5.1964 AP Nr. 5 zu § 242 BGB Kündigung; h.M. zB ErfK-*Kiel* Rz. 24
mwN). Er muss die Umstände darlegen und ggf. beweisen, aus denen sich die Unwirksamkeit der
Kündigung gem. § 138 BGB ergibt (*BAG* 7.7.1968 EzA § 66 HGB Nr. 2, bestätigt durch *BAG* 24.10.1996
– 2 AZR 874/95 – nv). Allerdings muss sich der Arbeitgeber auf den schlüssigen Sachvortrag des Arbeitnehmers substantiiert einlassen (*BAG* 21.2.2001 EzA § 242 BGB Kündigung Nr. 1 [zu § 242 BGB, für
§ 138 BGB gilt nichts anderes]).

Wegen dieser strengen Anforderungen an das Vorliegen einer sittenwidrigen Kündigung scheitern die 128
meisten Klagen gegen eine Kündigung mit der Begründung, sie sei sittenwidrig, bereits in der **Darlegungsstation.** In aller Regel gelingt es dem Arbeitnehmer nicht, **schlüssig darzulegen,** dass die Kündigung wegen Verstoßes gegen die guten Sitten nach § 138 BGB nichtig ist. Oder anders ausgedrückt:
Es fehlt am **Tatsachenvortrag,** der, als richtig unterstellt, den Schluss auf die Sittenwidrigkeit der Kündigung zulässt. In der Tat ist hier der Schwachpunkt der sittenwidrigen Kündigung. Wie soll der Arbeitnehmer vortragen, dass die Kündigung aus besonders verwerflichen Gründen erfolgt ist, etwa aus
Rachsucht?

An diesem Punkt setzt zutr. die Kritik von *Schwerdtner* (Anm. zu *BAG* 28.9.1972 EzA § 1 KSchG Nr. 25 129
in JZ 1973, 377 ff.; *ders.* MünchKomm § 620 BGB Anh. Rz. 18; zust. SPV-*Preis* Rz. 297; *Oetker* AuR 1997,
41, 48) ein. Der Schutz, den § 138 BGB dem Arbeitnehmer gewähren solle, sei davon abhängig, ob sich
der Arbeitgeber aus Ungeschicklichkeit in die Karten schauen lasse. Der Arbeitgeber, der seine möglicherweise verwerflichen Motive offenbare, laufe Gefahr, dass arbeitsgerichtlich die Kündigung für
nichtig erkannt werde. Wer sich dagegen nicht in die Karten schauen lasse, bleibe unbehelligt. Der Arbeitnehmer werde fast nie den Nachweis erbringen können, dass der Arbeitgeber, der ohne Angabe
von Gründen oder unter Vorschützen anderer Gründe gekündigt habe, in Wirklichkeit aus sittlich zu
missbilligenden Gründen die Kündigung erklärt habe. Kündigungen aus Rache oder Vergeltung sind
im Arbeitsleben äußerst selten. Der Vorwurf der Sittenwidrigkeit bezeichnet innere Vorgänge im Kündigenden, die nur schwer als solche zu erschließen sind. Oft wird ein anderer Grund vorgeschoben.
Dann muss der Arbeitnehmer nachweisen, dass dies nicht der richtige, sondern nur ein vorgeschobener Grund sei (*Maus* Rz. 40; vgl. auch *Nikisch* BB 1951, 647; *v. Hoyningen-Huene/Linck* Rz. 61 f.). In Anlehnung an die im wirtschaftlichen Bereich vordringende Auffassung, nach der es nicht auf den Verstoß gegen eine »herrschende Moral« ankomme, sondern darauf, ob das Rechtsgeschäft mit den
Voraussetzungen, von denen her Privatautonomie ihre Aufgabe in der Wirtschaftsordnung erfüllen
kann, unvereinbar ist (*Sack* NJW 1985, 761 ff.; *Esser* ZHR 135, 320 [336]; Studk-BGB-*Hadding* 2. Aufl.,
§ 138 Rz. II 1; *Jauernig* BGB, 11. Aufl., § 138 Rz. 9; *Erman/H. Palm* § 138 Rz. 33 ff. [38]; weitere Nachweise
bei *Schmoeckel* AcP 197 [1997], 1, 25 f.), wird versucht, den Begriff der guten Sitten auch im Bereich des
Kündigungsrechts zu objektivieren und die Kündigung wegen Sittenwidrigkeit nicht ausschließlich
von erkennbaren und damit beweisbaren vorwerfbaren Motiven des Kündigenden abhängig zu ma-

chen (vgl. dazu *Schwerdtner* Arbeitsrecht I, Individualarbeitsrecht, 1976, S. 128). Es soll genügen, wenn die Umstände bekannt und nachgewiesen werden, aus denen sich bei Anlegung eines objektiven Wertmaßstabes die Sittenwidrigkeit ergibt (vgl. *Staudinger/Dilcher* § 138 Rz. 12 ff.; MünchKomm-*Mayer-Maly* 3. Aufl., § 138 Rz. 11 ff.; *Soergel/Siebert/Hefermehl* § 138 Rz. 6 ff.; SPV-*Preis* Rz. 297). Vom Vorliegen oder Nachweis einer vorwerfbaren Gesinnung wird abgesehen und das Rechtsgeschäft als sittenwidrig angesehen, wenn das Rechtsgeschäft einen Zustand herbeiführt, den die Rechtsordnung nicht zulassen kann (vgl. MünchKomm-*Mayer-Maly* § 138 Rz. 106; *LAG Bln.* 5.2.1992 LAGE § 54 AGB 1977 [DDR] Nr. 4). Ob dieser im Vordringen befindlichen Auffassung zu folgen ist, hat das *BAG* wiederholt offen gelassen (23.4.1981 – 2 AZR 1091/8 – nv; 16.2.1989 EzA § 138 BGB Nr. 23; dem BAG folgend wohl *LAG Hamm* 22.8.1985 DB 1986, 812).

130 Immerhin kann es ausreichen, wenn der Arbeitnehmer **die Kündigung begleitende oder sie kennzeichnende Umstände** vortragen und ggf. beweisen kann, aus denen ein verwerfliches Motiv oder eine Gesinnung des Arbeitgebers erkennbar wird, die den Anschauungen und dem Anstandsgefühl aller billig und gerecht Denkenden gröblich widerspricht.

131 Allerdings kann nach der Rechtsprechung des *BAG* (19.7.1973 EzA § 138 BGB Nr. 13; 30.11.1960 EzA § 242 BGB Nr. 3) »allein die Schwere der Folgen einer Kündigung ein derart missbilligendes Werturteil noch nicht rechtfertigen«.

132 Bei der Prüfung der Frage, ob eine Kündigung nach § 138 BGB nichtig ist, dürfen nicht nur einzelne Tatsachenkomplexe, sondern müssen die **gesamten Umstände des Falles** gewürdigt werden, vor allem bei der Frage der Feststellung, ob die Kündigung Ausfluss einer verwerflichen Gesinnung war (*BAG* 23.11.1961 EzA § 138 BGB Nr. 2; bestätigt von *BAG* 28.4.1994 RzK I 8k Nr. 8; 24.4.1997 EzA Kirchliche Arbeitnehmer Nr. 43; vgl. *LAG Köln* 9.10.2000 ARSt 2001, 164).

III. Persönlicher Anwendungsbereich (Geltungsbereich)

133 Das vorstehend zur Sittenwidrigkeit einer Kündigung Gesagte gilt für **alle Arbeitnehmer,** also auch für die Arbeitnehmer, die keinen Kündigungsschutz nach § 1 KSchG und § 23 KSchG haben (vgl. Rz. 118).

134 Über den Umweg der Ausdehnung des Anwendungsbereiches der sittenwidrigen Kündigung darf nicht für die Fälle, in denen ein Kündigungsschutz nach dem KSchG nicht besteht, gleichwohl im Ergebnis eben dieser Kündigungsschutz gewährt werden. Es muss von einem einheitlichen Inhalt des Begriffs der sittenwidrigen Kündigung ausgegangen werden. Es ist die Frage der Sittenwidrigkeit unabhängig davon zu prüfen, ob der Arbeitnehmer Kündigungsschutz iSd KSchG hat oder nicht (zutr. SPV-*Preis* Rz. 295; *v. Hoyningen-Huene/Linck* Rz. 66; *Löwisch/Spinner* Rz. 37).

135 Eine fristgemäße Kündigung, die vom Arbeitgeber vor Ablauf der ersten sechs Monate des Arbeitsverhältnisses ausgesprochen wird, kann gem. § 138 BGB (Sittenwidrigkeit) unwirksam sein (*BAG* 28.9.1972 EzA § 1 KSchG Nr. 25).

136 Entsprechendes gilt für Arbeitnehmer von Kleinbetrieben und für Angestellte in leitender Stellung iSd § 14 Abs. 1 KSchG (*Soergel/Hefermehl* § 138 Rz. 154).

136a Nachdem das BVerfG in Verfolgung der Schutzpflichtlehre (vgl. *Canaris* Grundrecht und Privatrecht) die Notwendigkeit eines angemessenen Ausgleichs zwischen den widerstreitenden Grundrechtspositionen von Arbeitgebern und Arbeitnehmern auch im Bereich des Kündigungsrechts betont hatte, auch wenn die Bestimmungen des KSchG nicht greifen – § 23 KSchG, Nichterfüllung der Wartezeit des § 1 Abs. 1 KSchG –, und auf den Schutz der Arbeitnehmer vor einer sitten- oder treuwidrigen Ausübung des Kündigungsrechts durch den Arbeitgeber durch die zivilrechtlichen Generalklauseln verwiesen hatte, in deren Rahmen auch der objektive Gehalt der Grundrechte zu beachten ist – die maßgebenden Grundsätze ergeben sich vor allem aus Art. 12 Abs. 1 GG – (*BVerfG* 27.1.1998 BVerfGE 97, 169, 178; davor schon 24.4.1991 EzA Art. 13 EinigungsV Nr. 1; 21.2.1995 EzA Art. 20 EinigungsV Nr. 44), ist auch die sittenwidrige Kündigung im Rahmen der Diskussion des Kündigungsschutzes außerhalb des KSchG wieder mehr ins Blickfeld gerückt. Sie wird im Rahmen der zivilrechtlichen Generalklauseln als allgemeine Kündigungsschranke erörtert und unter Berücksichtigung der Grundrechtsordnung als Instrument verstanden, dessen Anwendung bei »krassen Grundrechtsverstößen«, »krassen Verstößen gegen die Grundrechte« (SPV-*Preis* Rz. 275 ff., 298) zur Unwirksamkeit der Kündigung führt (*Oetker* AuR 1997, 41, 47 f.; *Preis* NZA 1997, 1256, 1264 ff.) Damit wird letztlich der Lehre von der nur mittelbaren Drittwirkung der Grundrechte Rechnung getragen (vgl. dazu unten Rz. 180). Allerdings wird der verfassungsrechtlich gebotene Mindestschutz des Arbeitsplatzes vor Verlust durch private Disposition als »Kündigungsschutz zweiter Klasse« an § 242 BGB geknüpft (vgl. Rz. 229 ff.). So gesehen ist das Verbot der sittenwidrigen Kündigung eine »äußerste Auffanglinie« (*Kittner/Däubler/Zwanziger* § 138 BGB Rz. 11; Beispiele in diesem Zusammenhang bei SPV-*Preis* Rz. 275 ff., vgl. unten Rz. 183 ff.).

IV. Beispiele für die Sittenwidrigkeit einer Kündigung

Beispiele für die Sittenwidrigkeit einer Kündigung sind in der neueren Rechtsprechung selten. Die Frage der Sittenwidrigkeit der Kündigung wird, vom Kläger idR hilfsweise aufgeworfen, am Rande behandelt und regelmäßig verneint. 137

Die **Rechtsprechung von vor 1945** ist bei *A. Hueck* 7. Aufl., § 13 Rz. 25 nachgewiesen. 138

Die **Rechtsprechung, die nach 1945, aber vor Inkrafttreten des KSchG 1951** ergangen ist, ist deswegen nur unter Vorbehalt verwertbar, weil § 138 BGB neben § 242 BGB das Mittel gewesen ist, um Kündigungsschutz zu gewähren (vgl. Rz. 115). Es wird auf diese Rechtsprechung hier nicht eingegangen, sondern auf die Angaben bei *Hueck* 10. Aufl., § 13 Rz. 41 verwiesen. 139

Die **nachfolgenden Beispiele** für eine sittenwidrige Kündigung sind **unter dem Vorbehalt zu sehen, dass es in jedem einzelnen Falle auf die gesamten Umstände gerade dieses einzelnen Falles** ankommt, so dass die genannten Beispiele einer Verallgemeinerung nicht zugänglich sind. Sie sollen lediglich zeigen, **wann Ansatzpunkte für die Sittenwidrigkeit einer Kündigung gegeben sein können.** 140

Die Kündigung kann dann nach § 138 BGB wegen Sittenwidrigkeit nichtig sein, wenn sie eine **Vergeltung** dafür sein sollte, dass der Arbeitnehmer es gewagt hatte, für sich und seine Kollegen eine besondere Bezahlung des Nachtdienstes zu erlangen. Die **Maßregelung eines Arbeitnehmers** nur deswegen, weil er sich für seine eigenen Interessen und die seiner Kollegen eingesetzt hat, ist jedenfalls dann, wenn der Arbeitnehmer dabei keine ganz indiskutablen Ansprüche erhoben und auch die Form gewahrt hat, für jeden rechtlich Denkenden schlechthin verwerflich (*BAG* 23.11.1961 AP Nr. 22 zu § 138 BGB). Oder anders ausgedrückt: Ein ausgesprochen **verwerfliches Motiv**, das die Kündigung zu einer sittenwidrigen macht, ist dann gegeben, wenn der Arbeitgeber seinem Arbeitnehmer kündigt, um sich an ihm **dafür zu rächen**, dass er es gewagt hat, **wirkliche oder vermeintliche Rechte geltend zu machen.** Eine Kündigung, die der Arbeitgeber nur deswegen ausgesprochen hat, weil der Arbeitnehmer **berechtigte Lohnansprüche** gestellt hat, **die** zu erfüllen **er unter keinem rechtlichen Gesichtspunkt ablehnen konnte,** ist sittenwidrig (*ArbG Ulm* 11.6.1957 ARSt Band XIX Nr. 173). Der Arbeitgeber hatte zugegeben, dass mit dem Arbeitnehmer keinerlei Differenzen bestanden, der Arbeitnehmer insbesondere ein ordentlicher und fleißiger Arbeiter war. Der Arbeitgeber vermochte keinerlei andere Gründe für die Kündigung anzugeben. Er erklärte offen, dass er das Arbeitsverhältnis mit dem Kläger nur deswegen nicht fortgesetzt hat, weil er die an sich berechtigten, aber als »kleinlich« empfundenen Lohnforderungen geltend gemacht hat. Wegen der Lohnforderung kam es zwischen den Parteien weder zu einer gerichtlichen Auseinandersetzung noch zu schweren sachlichen Meinungsverschiedenheiten. Aus diesem Sachverhalt hat das Gericht den Schluss gezogen, dass der Arbeitgeber unter Ausnutzung seiner Machtstellung und in Kenntnis der Tatsache, dass dem Arbeitnehmer ein Kündigungsschutz iSd KSchG nicht zustand, die Kündigung lediglich mit dem Ziel und Zweck ausgesprochen hat, sich für die geltend gemachten Lohnansprüche zu revanchieren und dem Kläger Schaden zuzufügen. Dieses Ziel hatte der Arbeitgeber dadurch tatsächlich auch erreicht, da der Kläger vorübergehend arbeitslos war. Das Gericht hat deswegen die Kündigung als sittenwidrig und daher nichtig angesehen. Das Vorstehende wäre ein typisches Beispiel für eine sittenwidrige Kündigung. Nur hätte der Arbeitnehmer mit seiner Klage kaum Erfolg gehabt, wenn der Arbeitgeber nicht offen und ehrlich zu den Gründen für seine Kündigung gegenüber seinem Arbeitnehmer gestanden hätte, dem er ohne weiteres hätte fristgerecht kündigen können. Die Kündigung einer Arbeitnehmerin aus dem Grunde, weil sie den **Anspruch auf den Hausarbeitstag** geltend macht, ist sittenwidrig (*LAG Hamm* 6.5.1960 SAE 960, 135 Nr. 58). In den Gründen ist ausgeführt, dass der Arbeitgeber mit dem Verlangen der Unterzeichnung eines Arbeitsvertrages durch die Arbeitnehmerin, mit dem der Hausarbeitstag ausgeschlossen wurde, etwas verlangte, worauf er keinen Anspruch hatte. Um dieses Begehren durchzusetzen, drohte er mit der an sich möglichen Kündigung und verwirklichte diese Drohung. Die Arbeitnehmerin hatte einen Verzicht abzugeben, wenn sie bleiben wollte. Die Verbindung einer Kündigungsdrohung mit dem Verlangen nach Unterzeichnung einer Verzichtserklärung zeige ein verwerf- 141 liches Motiv auf, das gegen § 138 BGB verstoße. *Gangloff* weist in der Anmerkung zu diesem Urteil (SAE 1960, 136) zutr. darauf hin, dass der Prozess möglicherweise anders ausgefallen wäre, wenn der Arbeitgeber das Motiv zur Kündigung nicht genannt hätte, sondern schlicht die Arbeitnehmerin mit der für das Probearbeitsverhältnis tarifvertraglich vorgesehenen entfristeten ordentlichen Kündigung zum Schichtende gekündigt hätte (vgl. Rz. 24, 41). Der Fall einer sittenwidrigen Kündigung kann gegeben sein, wenn der Arbeitgeber **wegen der Geltendmachung von Rechten eine Versetzung ausgesprochen hat in der sicheren Annahme, dass der Arbeitnehmer der Versetzung nicht Folge leisten und dann einen Grund für eine fristlose Kündigung bieten** werde (vgl. *BAG* 23.11.1961 AP Nr. 22 zu § 138 BGB).

141a Diese Rechtsprechung ist im Hinblick auf den durch das Gesetz über die Gleichbehandlung von Männern und Frauen am Arbeitsplatz und über die Erhaltung von Ansprüchen bei Betriebsübergang (Arbeitsrechtliches EG-Anpassungsgesetz) vom 13.8.1980 (BGBl. I S. 1308) eingefügten **§ 612a BGB** überholt. Nach dieser Bestimmung darf der Arbeitgeber einen Arbeitnehmer bei einer Maßnahme nicht benachteiligen, weil der Arbeitnehmer in zulässiger Weise seine Rechte ausübt. Wer seine Rechte geltend macht, darf nicht durch Kündigung benachteiligt werden. Ein Verstoß gegen § 612a BGB führt zur Nichtigkeit der Maßnahme iSd § 134 BGB, also auch einer Kündigung (*Palandt/Weidenkaff* § 612a Rz. 1 iVm § 611a Rz. 8; *Ermann/S.Edenfeld* 11. Aufl., § 612a Rz. 5; *v. Hoyningen-Huene/Linck* Rz. 65; *Laux* AiB 1993, 390; *Soergel/Raab* 12. Aufl., § 612a Rz. 16; MünchKomm-*Müller-Glöge* § 612a Rz. 8; *Knigge* BB 1980, 1276; *Eich* NJW 1980, 2333; *Pfarr/Bertelsmann* Gleichbehandlungsgesetz 1985 Rz. 128 f.; ebenso *BAG* 2.4.1987 EzA § 612a BGB Nr. 1; 21.7.1988 EzA § 4 TVG Bauindustrie Nr. 44 [zu II 2b, bb der Gründe]; 25.11.1993 EzA § 14 KSchG Nr. 3 [zu I 2b der Gründe]; 22.5.2003 EzA § 242 BGB 2002 Kündigung Nr. 2; *LAG Hamm* 15.1.1985 LAGE § 20 BetrVG 1972 Nr. 5; 18.12.1987 LAGE § 612a BGB Nr. 1; *LAG Nürnberg* 7.10.1988 LAGE § 612a BGB Nr. 2; *LAG Düsseld.* 13.12.1988 LAGE § 612a BGB Nr. 3; *LAG SchlH* 25.7.1989 LAGE § 612a BGB Nr. 4; *LAG Köln* 13.10.1993 LAGE § 612a BGB Nr. 5). Es handelt sich dann nicht mehr um einen Fall der sittenwidrigen Kündigung, sondern um einen Mangel der Kündigung iSd § 13 Abs. 3 KSchG (vgl. Rz. 259b), der nach der Neuregelung durch das Gesetz zu Reformen am Arbeitsmarkt innerhalb der Klagefrist des § 4 KSchG geltend zu machen ist. Voraussetzung ist, dass die Kündigung nur deswegen erfolgt, weil der Arbeitnehmer ein ihm zustehendes Recht geltend gemacht hat. Beanstandet eine Erzieherin eines städtischen Kindergartens bei ihrem Vorgesetzten, die Erzieherinnen speisten mit den Kindern gemeinsam, ohne für das Essen zu bezahlen, und äußert sie, dass die Kindergartenleiterin zu Unrecht mehr Stellen beantragt habe, und wird sie, obwohl das der Wahrheit entspricht, deswegen für »nicht teamfähig« erklärt und ihr in der Probezeit gekündigt (vgl. FR 22.1.1998), so ist die Kündigung nicht sittenwidrig, sondern verstößt gegen § 612a BGB (vgl. zu Fällen dieser Art *Soergel/Raab* 12. Aufl., § 612a Rz. 17). Die ordentliche Kündigung ist gem. § 612a BGB als unzulässige Maßregelung nichtig, wenn tragendes Motiv für die Kündigung eine den Arbeitgeber belastende, wahrheitsgemäße Zeugenaussage des Arbeitnehmers im Rahmen eines Strafverfahrens war (*LAG SA* 14.2.2006 LAGE § 612a BGB Nr. 2). Eine auf Krankheit des Arbeitnehmers gestützte ordentliche Kündigung in der Probezeit ist jedenfalls dann keine verbotene Maßregelung iSv § 612a BGB, wenn der Arbeitgeber die Krankheit und ihre betrieblichen Auswirkungen zum Anlass der Kündigung nimmt. Anders könnte es sein, wenn der Arbeitgeber den arbeitsunfähig kranken Arbeitnehmer zur Arbeit auffordert, dieser sich weigert und der Arbeitgeber deswegen kündigt (*LAG SA* 27.7.1999 LAGE § 612a BGB Nr. 6).

142 Nichtigkeit der Kündigung wegen Sittenwidrigkeit ist dann anzunehmen, wenn der **Arbeitgeber** einen **Arbeitsunfall** des Arbeitnehmers auch nur bedingt vorsätzlich herbeigeführt hat. Es ist nicht zu billigen, dass der Arbeitgeber die vorsätzlich herbeigeführte Arbeitsunfähigkeit zum Anlass für die Kündigung des Arbeitsverhältnisses nimmt, insbes. zu einem Zeitpunkt, als die Auswirkungen des Unfalls auf die Arbeitsfähigkeit des Arbeitnehmers noch nicht zu übersehen waren. Jedenfalls im Falle vorsätzlicher Schadenszufügung stehe dem Tatbestand des Sittenverstoßes nach § 138 BGB nicht die Erwägung entgegen, dass die Folgen von Arbeitsunfällen von der gesetzlichen Unfallversicherung ausgeglichen würden (*BAG* 8.6.1972 AP Nr. 1 zu § 1 KSchG 1969 [krit. Anm. von *Konzen*]; zust. *Schaub/Linck* § 123 VII 3 Rz. 79a).

143 Die Kündigung gegenüber einer Arbeitnehmerin weist ein verwerfliches Motiv auf und macht damit die Kündigung zu einer sittenwidrigen, wenn die **Kündigung nur deswegen** erfolgt, **um den Ehemann der Arbeitnehmerin, der fristgerecht gekündigt hatte, zum Verbleiben bei dem Arbeitgeber zu bewegen** (*ArbG Detmold* 25.10.1960 ARSt Band XXVI Nr. 48). Der Arbeitgeber hatte durch einen Meister dem Ehemann der Arbeitnehmerin mitteilen lassen, dass seine Frau entlassen werde, wenn er seine fristgerechte Kündigung nicht zurücknehme. Darauf, dass der Ehemann seine fristgerechte Kündigung zurücknehme, hatte der Arbeitgeber keinen Anspruch. Um sein Begehren gleichwohl durchzusetzen, drohte er dem Ehemann ein Übel an, nämlich die Entlassung der Frau, und verwirklichte diese Drohung, als der Ehemann sich unbeeindruckt zeigte. Eine fristgerechte Kündigung gegenüber der Ehefrau, die noch keinen Kündigungsschutz iSd KSchG hatte, war dem Arbeitgeber zwar möglich, ohne dass besondere Gründe dafür vorlagen. Die Vornahme der Kündigung gegenüber der Ehefrau als Druckmittel, um den Ehemann zum Verbleib in der Firma zu zwingen, hat das Gericht als Kündigung unter Verknüpfung mit einem verwerflichen Motiv aufgefasst und die Kündigung daher als sittenwidrig angesehen. Wird die Kündigung aus Anlass des Betriebsunfalls oder gar wegen dieses Unfalls ausgesprochen, so liegt ein Verstoß gegen eine anerkannte Rechtsmoral im Arbeitsverhältnis vor, das Motiv ist dann verwerflich, die Kündigung sittenwidrig (*LAG Brem.* 29.10.1985 LAGE § 242 BGB Nr. 1).

Eine Kündigung, die nur deswegen ausgesprochen wurde, weil der Arbeitnehmer **unsittliche Zumutungen** oder **Beihilfe zu strafbaren Handlungen des Arbeitgebers abgelehnt** hat, ist sittenwidrig (*ArbG Göttingen* 9.3.1961 WA 1961, 111 = DB 1961, 1296; vgl. auch *Schaub/Linck* § 123 VII 3 Rz. 79a; *Löwisch/Spinner* Rz. 40 ff.; *Staudinger/Nipperdey/Neumann* 11. Aufl., Vorbem. 60 zu § 620 BGB). 144

Die **Angabe eines unzutreffenden Kündigungsgrundes** kann ebenso wie dessen Nichtangabe trotz Aufforderung nach Ansicht des *LAG Düsseld.* (17.12.1958 DB 1959, 236) ein Anzeichen dafür sein, dass der wahre Kündigungsgrund von der Rechtsordnung auch bei grds. freiem Kündigungsrecht nicht gebilligt wird, weil die Kündigung aus solchem Grunde gegen die guten Sitten verstößt. Eine **Kündigung** kann sittenwidrig sein, wenn der Arbeitgeber mit ihrem Ausspruch eine gerichtliche Entscheidung missachtet, indem er sie **aus denselben Gründen** wie eine frühere von den ArbG missbilligte ausspricht (*BAG* 12.10.1954 AP Nr. 5 zu § 3 KSchG 1951 mit zust. Anm. *A. Hueck*; *BAG* 26.8.1993 EzA § 322 ZPO Nr. 9 [zu II 1a, b der Gründe]; zur sog. Trotzkündigung vgl. KR-*Fischermeier* § 626 BGB Rz. 403; KR-*Friedrich* § 4 KSchG Rz. 271 f.). 145

Wenn nachstehend einige Beispiele für das Nichtvorliegen der Sittenwidrigkeit einer Kündigung gebracht werden, die häufiger zu finden sind, so geschieht das nur deswegen, um zu zeigen, **in welchen Zusammenhängen die Sittenwidrigkeit einer Kündigung diskutiert worden ist.** 146

Nach *BAG* (19.7.1973 EzA § 138 BGB Nr. 13) ist die vom Arbeitgeber erklärte ordentliche Kündigung eines Arbeitsverhältnisses nicht deshalb sittenwidrig, weil der Arbeitnehmer anlässlich des Abschlusses des Arbeitsvertrages dem Arbeitgeber wegen einer früheren Schuld seine künftigen Gehaltsansprüche, auch solche gegen spätere Arbeitgeber abgetreten hat und die Vorausabtretung nach Beendigung des Arbeitsverhältnisses bestehen bleibt. 147

Nicht sittenwidrig ist nach *BAG* (28.9.1972 EzA § 1 KSchG Nr. 25) eine Kündigung, die darauf gestützt wird, dass der Arbeitnehmer im Landtagswahlkampf sich mit dem Inhalt eines von ihm verteilten Parteiblattes identifiziert hat, in dem der Berufsstand seines Arbeitgebers im Allgemeinen und der Arbeitgeber selbst diskriminiert und in der Meinung der Öffentlichkeit herabgesetzt werden. Nicht sittenwidrig ist nach *BAG* 23.4.1981 – 2 AZR 1091/78 – nv eine Kündigung, die deswegen ausgesprochen wird, weil der Arbeitnehmer die Bezirksbeilage Nr. 4/78 der Kommunistischen Volkszeitung mit in den Betrieb gebracht und diese Zeitung mit einem Artikel über den Arbeitgeber einem Kollegen zu lesen gegeben habe. Die mangels Kündigungsschutzes des Arbeitnehmers nicht erforderliche fehlende soziale Rechtfertigung mache die Kündigung noch nicht zur sittenwidrigen Kündigung. 148

In einem anderen Fall hat das *BAG* ausgesprochen (25.6.1964 AP Nr. 3 zu § 242 BGB Auskunftspflicht), dass eine Kündigung des Arbeitgebers deswegen, weil der Arbeitnehmer dem Arbeitgeber unbequem geworden ist, allenfalls sozialwidrig, aber noch nicht sittenwidrig ist. Nicht sittenwidrig ist die ordentliche Kündigung eines Berufsausbildungsverhältnisses ohne Einhaltung einer Kündigungsfrist (§ 22 Abs. 1 BBiG) während der Probezeit, wenn feststand, dass die Ausbildung wegen Einstellung der Fabrikationstätigkeit nicht beendet werden kann (*BAG* 8.3.1977 DB 1977, 1322 zu § 15 Abs. 1 BBiG aF). 149

Eine wegen **Lohnpfändungen** ausgesprochene Kündigung ist nicht sittenwidrig (*ArbG Göttingen* 9.3.1961 WA 1961, 111). 150

Wenn ein **Arbeitnehmer** der aus sachlichen Gründen ausgesprochenen **Bitte des Arbeitgebers, über sein Gehalt Stillschweigen zu bewahren, nicht nachkommt** und der Arbeitgeber dieses Verhalten seines Angestellten (hier eine Locherin) zum Anlass nimmt, während der Probezeit zu kündigen, so ist die Kündigung nicht sittenwidrig (*LAG Düsseld.* 9.7.1975 DB 1976, 1113). 151

152 Eine Kündigung ist nach *LAG Hamm* (17.1.1975, ARSt 1976, Nr. 1246) nicht schon deswegen sittenwidrig, weil sie als **Mittel der politischen Auseinandersetzung** gebraucht wird.

153 Eine **Kündigung,** die dem Arbeitnehmer **am Tag vor Heiligabend** zugeht, ist nach *ArbG Hildesheim* (16.3.1967 ARSt 1968 Nr. 1054) nicht sittenwidrig, wenn gleichzeitig mit ihr dem Arbeitnehmer angeboten wird, von sich aus zu kündigen, und wenn sie so rechtzeitig ausgesprochen wird, um dem Arbeitnehmer eine längere Möglichkeit der Überlegung und der Suche eines neuen Arbeitsplatzes zu bieten. Bei Zugang der Kündigung am 24.12. »Heiliger Abend« liegt nach *BAG* 14.11.1984 EzA § 242 BGB Nr. 38 ein Fall des § 138 BGB schon deshalb nicht vor, weil der 24. Dezember iSd staatlichen Feiertagsrechts, des Arbeitsrechts und des Gewerberechts als Werktag gilt (*BAG* 30.5.1984 EzA § 9 TVG Nr. 3).

154 Die Ausnutzung der Berechtigung, ein Beschäftigungsverhältnis noch vor dem spätest zulässigen Kündigungstermin zur Einhaltung der vereinbarten oder gesetzlich vorgeschriebenen Mindestkündigungsfrist zu kündigen, stellt keine Willkür oder einen Verstoß gegen die guten Sitten dar (*ArbG Essen* 13.12.1967 ARSt 1968, Nr. 1210; vgl. auch *ArbG Rosenheim* 15.1.1957 ARSt Band XVIII Nr. 64). Die fristgerechte Kündigung gegenüber einem aids-infizierten Arbeitnehmer, der noch nicht den allg. Kündigungsschutz nach § 1 KSchG hat, ist jedenfalls dann nicht sittenwidrig, wenn der Arbeitnehmer nach Kenntnis von der Infektion einen Selbstmordversuch unternommen hat, danach nahezu drei Monate arbeitsunfähig krank war, dieser Zustand nach ärztlichem Attest »bis auf weiteres« andauert und diese Umstände für den Kündigungsentschluss mindestens auch mit bestimmend waren (*BAG* 16.2.1989 EzA § 138 BGB Nr. 23; krit. *Mayer-Maly* AcP 194 [1994], 163 f.).

Eine wegen Homosexualität in der Probezeit ausgesprochene Kündigung ist nicht sittenwidrig (*LAG München* 16.6.1993 – 2 [5] Sa 75/92 – offen gelassen von *BAG* 23.6.1994 EzA § 242 BGB Nr. 39 unter Heranziehung von § 242 BGB, aA SPV-*Preis* Rz. 298; *Preis* NZA 1997, 1256, 1266; *Löwisch* BB 1997, 782, 785: Kündigung allein wegen des privaten Sexualverhaltens Fall der §§ 138 oder 612a BGB iVm Art. 2 Abs. 1 GG). Jedenfalls nach Inkrafttreten des AGG am 18.8.2006 dürfte trotz dessen § 2 Abs. 4, der europarechtswidrig ist (*Thüsing* Arbeitsrechtlicher Antidiskriminierungsschutz 2007 Rz. 73, 106), wegen dessen § 1 iVm § 612a BGB die Wertung zutreffen, dass Homosexualität allein die Kündigung nicht zu rechtfertigen vermag (vgl. *Bauer/Göpfert/Krieger* AGG § 8 Rz. 38).

Nicht sittenwidrig ist eine außerordentliche Kündigung, die unter Bruch des Beichtgeheimnisses wegen Ehebruchs eines Kirchenbediensteten erfolgte: Die beklagte Kirche hatte lediglich von einem Kündigungsrecht Gebrauch gemacht, das ihr nach § 626 Abs. 1 BGB zustand. Der Ehebruch des zuletzt als Leiter einer Gemeinde tätigen Arbeitnehmers war an sich eine Verfehlung, welche die beklagte Kirche zur fristlosen Kündigung des Arbeitsverhältnisses berechtigte (*BAG* 24.4.1997 EzA § 611 BGB Kirchliche Arbeitnehmer Nr. 41). Daran hat sich nach Inkrafttreten des AGG am 18.8.2006 schon wegen § 9 AGG [Kirchenklausel] nichts geändert.

Die Kündigung gegenüber einer Arbeitnehmerin, die erklärt hat, sie wolle sich künstlich befruchten lassen, verstößt nicht gegen § 138 BGB. Die Absicht, die mit einer Schwangerschaft der Arbeitnehmerin verbundenen (finanziellen und organisatorischen) Nachteile zu vermeiden, macht die Kündigung nicht zu einer sittenwidrigen. Das ist kein verwerfliches Motiv (*ArbG Elmshorn* 29.1.1997 EzA § 242 BGB Nr. 40 m. Anm. *Schirge* AiB 1997, 364; bestätigt von *LAG SchlH* 17.11.1997 LAGE § 242 BGB Nr. 3).

Die Kündigung des Berufsausbildungsvertrages wegen angeblicher Ungeeignetheit zur Ausbildung und Unseriosität bei Besprechungen ist, auch wenn die Kündigung vor Antritt der Ausbildung erfolgt, nicht sittenwidrig (*BAG* 17.9.1987 EzA § 15 BBiG Nr. 6).

Eine Kündigung ist selbst dann nicht sittenwidrig, wenn ein drittmittelgeförderter Arbeitgeber trotz Kenntnis weiterer Mittelvergabe kündigt; allenfalls willkürliche oder ohne sachlichen Grund und damit sozialwidrig erfolgte Kündigung; eine »bloß« willkürliche Kündigung ist noch nicht sittenwidrig; sittenwidrig wird sie erst durch das Hinzutreten weiterer Umstände. Ein – unterstellter – mit der Kündigung einhergehender Subventionsbetrug gem. § 264 StGB oder ein Betrug nach § 263 StGB macht eine Kündigung nicht sittenwidrig (*LAG Köln* 9.10.2000 – 8 Sa 84/00 – ARSt 2001, 164).

155 Weitere Beispiele aus der Rechtsprechung für die Verneinung der Sittenwidrigkeit einer Kündigung bringt *Trappe* S. 255 bis 258.

V. Die Folgen der Sittenwidrigkeit einer Kündigung

§ 13 Abs. 2 KSchG ist eine die gegen die guten Sitten verstoßende Kündigung betreffende Sonderregelung, die wegen § 13 Abs. 3 KSchG deswegen erforderlich ist, weil sie den Auflösungsantrag des Arbeitnehmers ermöglicht, wie der Verweis auf § 9 Abs. 1 S. 1 und Abs. 2 KSchG sowie auf die §§ 10 bis 12 KSchG zeigt. Ein Auflösungsantrag des Arbeitgebers ist nach wie vor ausgeschlossen, wie der fehlende Verweis auf § 9 Abs. 1 S. 2 KSchG deutlich macht. **156**

Aus § 13 Abs. 2 S. 2 KSchG ergibt sich, dass der Arbeitnehmer unabhängig davon, ob er Kündigungsschutz iSd KSchG hat, die **Nichtigkeit auch außerhalb des Kündigungsschutzverfahrens innerhalb der Dreiwochenfrist** des § 4 S. 1 KSchG **geltend zu machen** hat. Das folgt daraus, dass es sich an sich um einen Fall der Unwirksamkeit der Kündigung aus anderen Gründen als der der Sozialwidrigkeit des § 13 Abs. 3 KSchG handelt, bei denen die Dreiwochenfrist nach der Neuregelung durch das Gesetz zu Reformen am Arbeitsmarkt einzuhalten ist. **157**

Der Arbeitnehmer, auch wenn er unter das KSchG fällt, ist sonach **gehalten, eine Feststellungsklage iSd § 4 KSchG zu erheben.** **158**

Er wird idR seinerseits **zu einer fristlosen Kündigung berechtigt** sein und kann in diesem Fall **Schadenersatz nach § 628 Abs. 2 BGB verlangen** (*v. Hoyningen-Huene/Linck* Rz. 69). Den Schaden sowie den ursächlichen Zusammenhang zwischen Kündigung und Schaden hat der Arbeitnehmer darzulegen und zu beweisen. **159**

VI. Die nach § 13 Abs. 2 KSchG anwendbaren Vorschriften des KSchG

Nach § 13 Abs. 2 KSchG sind die §§ 9 Abs. 1 S. 1, 9 Abs. 2 und 10 bis 12 KSchG entsprechend anwendbar. **160**

Damit gibt das Gesetz dem Arbeitnehmer **die Rechte wie bei einer Sozialwidrigkeit der Kündigung.** **161**

Voraussetzung dafür ist die Einhaltung der Dreiwochenfrist des § 4 S. 1 KSchG, jedenfalls aber die nachträgliche Zulassung der Klage iSd § 5 KSchG. **162**

1. Die Anwendbarkeit des § 9 Abs. 1 S. 1 KSchG

Die Anwendbarkeit des § 9 Abs. 1 S. 1 KSchG bedeutet, dass der **Arbeitnehmer** die Auflösung des Arbeitsverhältnisses und die Zahlung einer Abfindung verlangen kann, wenn ihm die Fortsetzung des Arbeitsverhältnisses nicht zuzumuten ist. Bei einer sittenwidrigen Kündigung dürfte dem Arbeitnehmer das weitere Verbleiben bei dem Arbeitgeber in aller Regel unzumutbar sein. **163**

Ebenso wie bei der außerordentlichen Kündigung (§ 13 Abs. 1 S. 3 KSchG, dazu Rz. 64) steht dem **Arbeitgeber** bei sittenwidriger Kündigung nicht das Recht zu, seinerseits die Auflösung des Arbeitsverhältnisses unter Zahlung einer Abfindung zu verlangen (*v. Hoyningen-Huene/Linck* Rz. 71). **164**

Die **Höhe der Abfindung** richtet sich nach dem ebenfalls für anwendbar erklärten § 10 KSchG (vgl. dazu KR-*Spilger* § 10 KSchG Rz. 23 ff.). **165**

Das Vorgehen nach § 13 Abs. 2 KSchG iVm § 9 Abs. 1 S. 1 KSchG ist für den Arbeitnehmer deswegen vorteilhaft, weil die Abfindung nicht an den Nachweis gebunden ist, dass schuldhaft treuwidriges Verhalten des Arbeitgebers Anlass der Kündigung war und dass ein Schaden entstanden ist und ein ursächlicher Zusammenhang zwischen Kündigung und Schaden besteht. Selbst wenn man der Auffassung folgt, dass der Arbeitnehmer, der dartun kann, dass ihm eine Abfindung nach §§ 9, 10 KSchG zugestanden hätte, auch dafür im Rahmen des § 628 Abs. 2 BGB Schadensersatz im mutmaßlichen Umfang verlangen kann (so KR-*Weigand* § 628 BGB Rz. 40; vgl. auch *Hueck/Nipperdey* I, § 68 II 2 Fn 17, S. 714; *Roeper* DB 1970, 1489; *Nikisch* I, § 54 II 1 Fn. 11, S. 855; *Röhsler* DB 1957, 358; BAG 26.7.2001 EzA § 626 BGB Nr. 19; *Palandt/Weidenkaff* § 628 Rz. 8; **aA** LAG Hamm 12.4.1984 NZA 1985, 159; 30.1.1987 ZIP 1987, 1267 [1271 f.]), so bleibt zu beachten, dass § 254 BGB anwendbar ist, so dass zB schuldhaft unterlassener Erwerb auch ohne Böswilligkeit (§ 615 BGB gilt nicht) anzurechnen ist (KR-*Weigand* § 628 BGB Rz. 42). Das kann dazu führen, dass dem Arbeitnehmer eine in den Schadensersatz nach § 628 Abs. 2 BGB eingerechnete Abfindung am Ende nicht verbleibt (vgl. *v. Hoyningen-Huene/Linck* Rz. 71). Diesen Schwierigkeiten geht der Arbeitnehmer aus dem Wege, wenn er nach § 13 Abs. 2 KSchG verfährt. **166**

Stellt der Arbeitnehmer den Antrag nach § 9 Abs. 1 S. 1 KSchG nicht oder gibt das Gericht diesem Antrag nicht statt, so steht mit Rechtskraft der Entscheidung fest, dass das Arbeitsverhältnis weiter besteht. **167**

168 Die **Anrechnung etwaigen Zwischenverdienstes** des Arbeitnehmers richtet sich nach dem für anwendbar erklärten § 11 KSchG (vgl. dazu KR-*Spilger* § 11 KSchG Rz. 31 ff.).

169 Der Arbeitnehmer kann auch nach dem ebenfalls entsprechend anwendbaren § 12 KSchG verfahren und die Fortsetzung des alten Arbeitsverhältnisses ablehnen (vgl. KR-*Rost* § 12 KSchG Rz. 4 ff.).

2. Die Anwendbarkeit der §§ 5 und 6 KSchG

170 Die Anwendbarkeit der §§ 5 und 6 KSchG ergibt sich daraus, dass die sittenwidrige Kündigung ein Anwendungsfall des § 13 Abs. 3 KSchG ist, der lediglich hinsichtlich des Auflösungsantrags durch den Arbeitnehmer einer Sonderregelung unterworfen wird.

170a Zu den Voraussetzungen für die nachträgliche Zulassung einer Kündigungsschutzklage vgl. KR-*Friedrich* § 5 KSchG.

171 Außerdem ist **§ 6 KSchG** entsprechend anwendbar. Das bedeutet, dass die auf Sittenwidrigkeit der Kündigung iSd § 13 Abs. 2 S KSchG gestützte Klage unter den Voraussetzungen des § 6 KSchG **auch auf Sozialwidrigkeit der Kündigung iSd § 1 Abs. 2 und 3 KSchG gestützt werden kann.**

172 Das hat einmal den Vorteil, dass das Gericht hilfsweise auch die Sozialwidrigkeit der Kündigung prüfen kann, zum anderen steigen die Aussichten des Arbeitnehmers, mit der Klage durchzudringen, da die materiellrechtlichen Anforderungen an die Unwirksamkeit der Kündigung wegen Sozialwidrigkeit geringer sind als an die Nichtigkeit gem. § 138 BGB wegen Sittenwidrigkeit. Außerdem ist zu beachten, dass der **Arbeitnehmer die Tatsachen darzulegen und notfalls zu beweisen** hat, **die die Sittenwidrigkeit einer Kündigung ausmachen** (vgl. Rz. 127 und Rz. 175), **während** der **Arbeitgeber darzulegen und notfalls zu beweisen hat, dass die Kündigung auf Tatsachen beruht, die eine ordentliche Kündigung iSd § 1 Abs. 2 und 3 KSchG bzw. eine außerordentliche Kündigung iSd § 626 BGB iVm § 13 Abs. 1 KSchG** (iVm § 6 KSchG) **rechtfertigen.**

173 Das Gericht wird sich aber dann, wenn nur der Arbeitgeber einen Auflösungsantrag gestellt hat, zunächst mit der Frage der Sittenwidrigkeit auseinandersetzen, weil bei sittenwidriger Kündigung nur der Arbeitnehmer den Antrag auf Auflösung des Arbeitsverhältnisses stellen und Zahlung einer Abfindung begehren kann, nicht aber der Arbeitgeber (vgl. Rz. 165). Erst wenn die Sittenwidrigkeit verneint wird, ist auf die Frage der Sozialwidrigkeit einzugehen. Hat der Arbeitgeber keinen Auflösungsantrag gestellt, ist die Reihenfolge der Prüfung der Sittenwidrigkeit oder der Sozialwidrigkeit der Kündigung unerheblich und richtet sich nach Zweckmäßigkeitsgesichtspunkten (vgl. *v. Hoyningen-HueneLinck* Rz. 73).

174 Unabhängig von § 6 KSchG sollte der Arbeitnehmer, der die Sittenwidrigkeit einer Kündigung geltend macht, sich aus vorstehenden Gründen sogleich – hilfsweise – auf die Sozialwidrigkeit der Kündigung stützen.

VII. Darlegungs- und Beweislast

175 Im anderen Zusammenhang (vgl. Rz. 127, 172) ist bereits darauf hingewiesen worden, dass für den **Ausnahmetatbestand der sittenwidrigen Kündigung der betreffende Arbeitnehmer darlegungs- und beweispflichtig** ist (zB *BAG* 25.6.1964 EzA § 138 BGB Nr. 4; 23.11.1961 EzA § 138 BGB Nr. 2; 19.7.1973 EzA § 138 BGB Nr. 13; 12.9.1985 – 2 AZR 501/85 – nv; 24.10.1996 – 2 AZR 874/95 – nv). Anders als in § 1 Abs. 3 S. 4 KSchG bleibt es bei der **allgemeinen Darlegungs- und Beweislastregelung,** dass derjenige, der eine günstige Rechtsfolge, hier die Sittenwidrigkeit der Kündigung, für sich in Anspruch nimmt, die Tatsachen darzulegen und zu beweisen hat, aus denen der Schluss auf die Sittenwidrigkeit gezogen werden kann. Das bezieht sich also in erster Linie auf **Tatsachen, die für ein verwerfliches Motiv des Arbeitgebers sprechen können.**

VIII. Umdeutung einer sittenwidrigen außerordentlichen Kündigung

175a Eine schriftlich erklärte (vgl. Rz. 89a) sittenwidrige und deshalb nichtige außerordentliche fristlose Kündigung kann in eine fristgerechte umgedeutet werden. Ob die außerordentliche sittenwidrige Kündigung als ordentliche gleichermaßen sittenwidrig ist, bleibt zu prüfen (*LAG Bln.* 3.10.1988 LAGE § 140 BGB Nr. 7).

Außerordentliche, sittenwidrige und sonstige Kündigungen § 13 KSchG

E. Die aus anderen als den in § 1 Abs.2 und 3 bezeichneten Gründen rechtsunwirksame Kündigung (§ 13 Abs. 3 KSchG)

I. Allgemeines

Nach § 13 Abs. 3 KSchG finden die Vorschriften des ersten Abschnitts des KSchG mit Ausnahme der §§ 4 bis 7 KSchG auf eine Kündigung, die **aus anderen Gründen als Sozialwidrigkeit rechtsunwirksam** ist, keine Anwendung. Dieser Absatz des § 13 KSchG stellt klar, dass **andere Mängel** der Kündigung, sei es der ordentlichen oder der außerordentlichen Kündigung, sei es der Änderungskündigung, auch wenn sie unter Vorbehalt angenommen wurde (BAG 28.5.1998 EzA § 2 KSchG Nr. 29), **zwar innerhalb der Dreiwochenfrist** des § 4 S. 1 KSchG **geltend gemacht werden müssen,** wobei **aber § 4 S. 4 KSchG und die §§ 5,6 KSchG** – Zulassung verspäteter Klagen und die Möglichkeit weitere Unwirksamkeitsgründe nachzubringen, wenn die Dreiwochenfrist jedenfalls hinsichtlich eines Unwirksamkeitsgrundes gewahrt ist – die Intention des Gesetzgebers, die Klagefrist zu vereinheitlichen, relativieren. Vom Grundsatz her soll sich der Arbeitnehmer nur bei Wahrung der kurzen Ausschlussfrist des § 4 S. 1 KSchG auf die Nichtigkeit einer Kündigung mit Erfolg berufen können, auch wenn er die Nichtigkeit nicht aus der Sozialwidrigkeit der Kündigung, sondern aus anderen Mängeln ableitet. Das gilt im Grundsatz auch für die **sittenwidrige Kündigung,** nur hat der Gesetzgeber für den Fall der sittenwidrigen Kündigung in § 13 Abs. 2 KSchG dem Arbeitnehmer die Wohltat erwiesen, dass der Arbeitnehmer die Auflösung des Arbeitsverhältnisses und Zahlung einer Abfindung verlangen kann (vgl. iE Rz. 160 ff.).

176

II. Beispiele für die Rechtsunwirksamkeit bereits aus anderen als den in § 1 Abs.2 und 3 KSchG bezeichneten Gründen

Eine ordentliche Kündigung oder eine außerordentliche Kündigung kann außer der Sozialwidrigkeit und der Sittenwidrigkeit **sonstige Nichtigkeitsgründe** aufweisen. Als Beispiele für die Unwirksamkeit aus sonstigen Gründen seien genannt:

177

1. Verstoß gegen ein Gesetz (§ 134 BGB)

Eine Kündigung, die gegen ein gesetzliches Verbot verstößt, ist unwirksam (§ 134 BGB). Gesetzliche Verbote machen die Kündigung nichtig, soweit sich nicht etwas anderes ergibt (zum Gesetzesbegriff von § 134 BGB s. *Beater* AcP 197 [1997] 504 ff.). Ob ein Verbot iSd § 134 BGB vorliegt, zeigen der Wortlaut und der Sinn und Zweck des Gesetzes. Mitunter wird ausdrücklich die Nichtigkeitsfolge des Verstoßes gegen ein gesetzliches Verbot ausgesprochen (Art. 9 Abs. 3 S. 2 GG; § 102 Abs. 1 S. 3 BetrVG) oder zeigt sich diese Folge in Formulierungen wie »die Kündigung ... ist unzulässig« (§ 9 MuSchG), »die Kündigung ... bedarf der vorherigen Zustimmung« (§ 85 SGB IX).

178

a) Verstoß gegen Grundgesetzartikel

Als gesetzliches Verbot, deren Verletzung gem. § 134 BGB zur Nichtigkeit der Kündigung führt, kommen Grundgesetzartikel in Frage. Die Kündigung kann wegen **Verletzung eines Grundrechts** unwirksam sein (BAG 3.12.1954 AP Nr. 2 zu § 13 KSchG 1951; 15.1.1955 BABl. 1955, 893; 30.11.1956 AP Nr. 26 zu § 1 KSchG 1951; 23.2.1959 AP Nr. 1 zu Art. 5 Abs. 1 GG Meinungsfreiheit; 22.10.1964 EzA § 44 BetrVG Nr. 1; 15.7.1971 EzA § 1 KSchG Nr. 19; 28.9.1972 EzA § 1 KSchG Nr. 25; 26.5.1977 EzA § 611 BGB Beschäftigungspflicht Nr. 2).

179

Das setzt natürlich die sog. **Drittwirkung des Grundrechts** voraus. Diese besagt, dass jedenfalls **bestimmte Verfassungsvorschriften unmittelbar auf den Privatrechtsverkehr anzuwenden** sind, wie zB Art. 3, 5, 6, 12 GG (BAG 28.9.1972 EzA § 1 KSchG Nr. 25 [betr. Art. 3 Abs. 3, Art. 5 Abs. 1 GG]; 23.9.1976 EzA § 1 KSchG Nr. 35 [betr. Art. 12 GG]; 3.12.1954 AP Nr. 2 zu § 13 KSchG 1951 [betr. Art. 5, Art. 3 Abs. 3 GG]; 17.5.1957 AP Nr. 1 zu Art. 6 Abs. 1 GG Ehe und Familie; 29.6.1962 EzA Art. 12 GG Nr. 2 [betr. Art. 12 GG]; vgl. zum Streitstand betr. die Lehre von der Drittwirkung der Grundrechte *Palandt/Heinrichs* § 242 Rz. 7 f.; *Maunz/Dürig* Art. 3 Abs. 3 Rz. 172, Art. 3 Abs. 1 Rz. 505 bis 519; *Maunz/Herzog* Art. 5 Abs. 1 Rz. 27 ff.; *v. Mangoldt/Klein/Starck* 4. Aufl., Art. 1 Rz. 271 ff.; *von Münch* GG, Bd. 1, 5. Aufl., Art. 1–19 Vorb. Rz. 28 ff.; jeweils mwN; *Dreier* GG, 2. Aufl. Band I 2004, Vorb. Rz. 98 ff.; *Isensee/Kirchhoff/Rüfner* HStR, 2. Aufl., V § 117 E Rz. 54 ff; *Sachs* GG, 3. Aufl., vor Art. 1 Rz. 32, der den Bogen zu den sog. Schutzpflichten, aaO vor Art. 1 Rz. 35 ff., spannt).

180

Eine generelle Drittwirkung der Grundrechte würde die Grundsätze der Privatautonomie wie Vertragsfreiheit außer Kraft setzen. Daher kommt nur eine mittelbare Drittwirkung der Grundrechte in

§ 13 KSchG   Außerordentliche, sittenwidrige und sonstige Kündigungen

Betracht, wie sie vom *BVerfG* auch zum Arbeitsrecht (zB 23.4.1986 BVerfGE 73, 261, 269) stets vertreten wurde und sich inzwischen auch in der Rechtsprechung des BAG durchgesetzt hat und wie sie von der hM (vgl. zB *Beater* AcP 197 [1997] 524 mwN in Fn 93) vertreten wird. Die – freilich nur mittelbare – Drittwirkung gilt jedenfalls insoweit, als nicht die horizontale Ordnung Gleichberechtigter besteht, sondern »es ein Oben und Unten gibt, Befehl und Gehorsam wie sonst nur im öffentlichen Recht« (*Hanau/Adomeit* Arbeitsrecht, 13. Aufl., Rz. 80; vgl. dazu auch *Bauschke* ZTR 1994, 490, 492). Das ist im Arbeitsrecht idR der Fall. Ob eine Kündigung unabhängig vom KSchG gegen § 138 oder § 242 BGB verstößt, wird maßgeblich mitbestimmt durch die Grundrechte als Wertentscheidungen, soweit nicht Spezialnormen eingreifen wie § 612a BGB oder wie § 611a Abs. 1 BGB.

Allerdings kann auch § 134 BGB als »Transformator« (*Echterhölter* AR-Blattei D Grundgesetz II Abschn. H 2 6. Forts.-Bl.) oder als »Medium« (*Palandt/Heinrichs* § 242 Rz. 7) gesehen werden.

Kündigungen sind im Lichte des GG zu sehen (iE: *Oetker* Der arbeitsrechtliche Bestandsschutz unter dem Firmament der Grundrechtsordnung, Jenaer Schriften zum Recht Band 11 [1996]).

Wenn im folgenden auf einzelne Grundrechte eingegangen wird, soll damit nur gezeigt werden, inwieweit Grundrechte als unmittelbar kündigungsrelevant angesehen wurden oder – mittelbar – anzusehen sind oder sein könnten.

180a   Eine fristlose Kündigung, die nur deswegen erfolgt, weil der Arbeitnehmer gegen seinen Chef als Zeuge aussagt, womit er bei wahrheitsgemäßer Aussage eine staatsbürgerliche Pflicht erfüllt, verstößt gegen das Grundrecht aus Art. 1 Abs. 1 GG iVm dem Rechtsstaatsprinzip (Art. 20 Abs. 3 GG; *BVerfG* 2.7.2001 EzA § 626 BGB nF Nr. 188).

181   Wegen Verstoßes gegen den allg. Gleichheitssatz des **Art. 3 Abs. 1 GG** ist weder eine außerordentliche noch eine ordentliche Kündigung nichtig (vgl. iE *Schmidt* AR-Blattei D, Kündigungsschutz VII Abschn. B II 9; **aA** *Thür.* LAG 28.9.1993 LAGE § 620 BGB Gleichbehandlung Nr. 1 mwN).

182   Eine Kündigung kann wegen Verstoßes gegen gesetzliche Verbote, zu denen auch die **ungleiche Behandlung von Mann und Frau** gehört (Art. 3 Abs. 2, 3 S. 1 GG), nichtig sein (*BAG* 30.11.1956 AP Nr. 26 zu § 1 KSchG; 15.1.1955 BABl. 1955, 893, »wenn die Kündigung ausschließlich weibliche Arbeitnehmer treffen würde, obwohl bei gleichzeitig vorhandenen männlichen Arbeitnehmern in gleicher Lage gleiche Kündigungsvoraussetzungen vorliegen. Denn dann würde der Geschlechtsunterschied der wahre Grund der verschiedenen rechtlichen Behandlung sein.«).

183   Art. 3 Abs. 3 S. 1 GG ist von der Rechtsprechung als Verbotsgesetz iSd § 134 BGB anerkannt (*BAG* 30.11.1956 AP Nr. 26 zu § 1 KSchG; 28.9.1972 EzA § 1 KSchG Nr. 25; *LAG Düsseld.* 22.3.1984 ARSt 1985 Nr. 1075).

184   Gegen das **Diskriminierungsverbot des Art. 3 Abs. 3 S. 1 GG** verstößt jede Kündigung, die **nur** wegen des Geschlechts, der Abstammung, der Rasse, der Sprache, der Heimat und Herkunft, des Glaubens, der religiösen oder politischen Weltanschauung erfolgt. Unter das Verbot fällt daher auch die Benachteiligung des Arbeitnehmers wegen seiner politischen Anschauung, die in der Mitgliedschaft in einer politischen Partei ihren Ausdruck findet (vgl. *ArbG Solingen* 22.12.1982 DuR 1983, 220 m. Anm. *Ridder* 228 f.). Gegen das Verbot der Benachteiligung wegen der Zugehörigkeit zu einer politischen Partei verstößt eine Kündigung aber nur dann, **wenn sie gerade wegen und nur wegen dieses Grundes** erklärt wird. Das hat das *BAG* (28.9.1972 EzA § 1 KSchG Nr. 25) damit begründet, dass zwar das Diskriminierungsverbot des Art. 3 Abs. 3 S. 1 GG dem einzelnen Bürger mit zwingender Wirkung eine bestimmte Rechtsposition im Verhältnis zu den übrigen Bürgern gebe, dadurch aber nicht die ebenfalls in der Verfassung niedergelegte privatrechtliche Gestaltungs- und Vertragsfreiheit aus Art. 2 Abs. 1 GG ungebührlich eingeschränkt werden dürfe. Das Verbot der Benachteiligung wegen der politischen Anschauung im Privatrecht gelte nur gegenüber solchen Maßnahmen, die eines verständigen und zu billigenden Sinnes entbehren. Das Verbot der Benachteiligung führt daher nur dann zur Nichtigkeit der Kündigung, wenn die Kündigung gerade wegen und nur wegen seiner politischen Anschauung (oder wegen des Geschlechts usw.) erfolgt (vgl. auch *BAG* 3.12.1954 AP Nr. 2 zu § 13 KSchG 1951; 30.11.1956 AP Nr. 26 zu § 1 KSchG 1951), die politische Einstellung der eigentliche Anlass für die Kündigung gewesen ist. Wegen der politischen Meinungsäußerung oder der politischen Betätigung eines Arbeitnehmers darf nur gekündigt werden, wenn das Arbeitsverhältnis konkret berührt wird. Wenn sich die politische Einstellung oder das Verhalten des Arbeitnehmers im Betrieb nicht auswirkt, dürfen diese Umstände nicht herangezogen werden (*BAG* 15.7.1971 EzA § 1 KSchG Nr. 19; 11.12.1975 EzA § 15 KSchG Nr. 6). Das gilt sowohl für den öffentlichen Dienst wie auch für den Bereich der Privatwirtschaft

(*BAG* 31.3.1976 EzA Art. 33 GG Nr. 5). Das hat im Grundsatz auch dann zu gelten, wenn der Arbeitnehmer einer verfassungsfeindlichen Organisation angehört. Die Tatsache der Mitgliedschaft allein reicht für eine Kündigung nicht aus. Auch für den Bereich des öffentlichen Dienstes gilt im Grunde nichts anderes. Die Kündigung allein wegen Mitgliedschaft in einer verfassungsfeindlichen Organisation ist unzulässig. Es muss ein konkreter Bezug zum Arbeitsverhältnis vorhanden sein. Das ist der Fall, wenn ein innerdienstliches verfassungsfeindliches Verhalten hinzutritt. Nur wenn beides zusammenkommt, kann das die Kündigung rechtfertigen (*Ossenbühl* Anm. zu *BAG* 20.7.1977 AP Nr. 3 zu Art. 33 Abs. 2 GG). Eine Kündigung eines Arbeitnehmers im öffentlichen Dienst wegen Mitgliedschaft und aktiven Einsatzes in einer verfassungswidrigen Organisation ist dann keine nach Art. 3 Abs. 3 S. 1 GG verbotene Benachteiligung wegen politischer Anschauung (*BAG* 12.3.1986 RzK I 8l Nr. 4). Allenfalls kann – unter dem Blickwinkel der §§ 6, 8 BAT – arbeitsplatzbezogen (Lehrer!) erwogen werden, ob der Arbeitnehmer mit der Mitgliedschaft in einer verfassungsfeindlichen Organisation gegen seine Verpflichtung verstoßen hat, sich durch sein gesamtes Verhalten zur freiheitlichen demokratischen Grundordnung iSd GG zu bekennen. Insoweit sind an einen Lehrer gesteigerte Anforderungen zu stellen. Ein Lehrer muss den ihm anvertrauten Kindern und Jugendlichen glaubwürdig die Grundrechte der Verfassung vermitteln. In öffentlichen Schulen sollen die Kinder und Jugendlichen erkennen, dass Freiheit, Demokratie und sozialer Rechtsstaat Werte sind, für die einzusetzen es sich lohnt. Hat der Lehrer selbst kein positives Verhältnis zu den Grundwerten und Grundprinzipien der Verfassung, so kann er den ihm anvertrauten Schülern nicht das Wissen und die Überzeugung vermitteln, dass diese Demokratie ein verteidigungswertes und zu erhaltendes Gut ist. Darüber hinaus besteht die Gefahr, dass ein solcher Lehrer oder Erzieher die Schüler in seinem Sinne gegen die Grundwerte der Verfassung beeinflusst (vgl. *BAG* 20.7.1977 EzA Art. 33 GG Nr. 7; 31.3.1976 EzA Art. 33 GG Nr. 5; vgl. auch *BAG* 6.2.1980 EzA Art. 33 GG Nr. 8; 5.3.1980 EzA Art. 33 GG Nr. 9, 10). In einer solchen Kündigung liegt keine unzulässige Diskriminierung nach Art. 3 Abs. 3 GG. Vorstehende Ergebnisse bleiben auch nach Inkrafttreten des AGG am 18.8.2006 bestehen. Trotz dessen § 2 Abs. 4 ist die Wertung der Diskriminierungsverbote des AGG, § 1, zu berücksichtigen, sei es über die Generalklauseln, sei es im Geltungsbereich des KSchG (ErfK-*Schlachter* § 2 AGG Rz. 15; vgl. auch KR-*Pfeiffer* AGG Rz 43 f.).

§ 611a Abs. 1 BGB, aufgehoben durch das AGG mit Wirkung ab 18.8.2006 (§ 33 Abs. 1 AGG), sah vor, **184a** dass der Arbeitgeber einen Arbeitnehmer u.a. insbes. bei einer Kündigung nicht wegen seines Geschlechts benachteiligen darf. § 611a BGB ist durch das Arbeitsrechtl. EG-Anpassungsgesetz vom 13.8.1980 (BGBl. I S. 1308) eingeführt worden. Zweck des § 611a BGB ist es, die in Art. 3 Abs. 2, Abs. 3 GG statuierte Gleichberechtigung von Mann und Frau im gesamten Arbeitsrecht unabhängig von der umstrittenen Drittwirkung der Grundrechte bindend zu verwirklichen (*Palandt/Weidenkaff* § 611a Rz. 1). Die Arbeitnehmerin ist in ihrem Grundrecht aus Art. 3 Abs. 2 GG nicht verletzt, wenn das Fachgericht nachvollziehbar begründet hat, dass die Kündigung nicht wegen Verstoßes gegen § 611a BGB unwirksam sei, und die Begründung der Bedeutung und Tragweite des Grundrechts aus Art. 3 Abs. 2 GG gerecht wird (*BVerfG* 21.6.2006 – 1 BvR 1659/04). Der Gleichbehandlungsgrundsatz wird auf Kündigungen erstreckt, jedenfalls insoweit, als eine Ungleichbehandlung nicht wegen des Geschlechtes erfolgen darf. Die »herausgreifende« Kündigung beim Vorliegen des gleichen Kündigungsgrundes bleibt zulässig (vgl. Rz. 301). § 611a Abs. 1 S. 1 BGB untersagt dem Arbeitgeber nur, einem Arbeitnehmer wegen seines Geschlechts zu kündigen (*Soergel/Raab* 12. Aufl., § 611a Rz. 13, 28; MünchKomm-*Müller-Glöge* § 611a BGB Rz. 11; *Stein* AR-Blattei SD 830 Grundrechte im Arbeitsrecht Rz. 723). Ein Verbot iSd § 134 BGB liegt jedenfalls für den Bereich der Kündigung vor, so dass eine gegen § 611a Abs. 1 BGB verstoßende Kündigung nichtig ist (vgl. BR-Drs. 353/79 S. 16; *Palandt/Weidenkaff* § 611a Rz. 3; *Soergel/Raab* aaO, Rz. 40, 42; *Erman/S.Edenfeld* § 611a Rz. 16; *Jauernig/Mansel* BGB, 11. Aufl., §§ 611a, 611b Rz. 6). Die Nichtigkeit der auf Benachteiligung, etwa der Frau, beruhenden Kündigung ist ein sonstiger Mangel iSd § 13 Abs. 3 KSchG. Daran hat sich trotz Aufhebung des § 611a BGB durch § 33 Abs. 1 AGG im Ergebnis nichts geändert. Unabhängig von § 2 Abs. 4 AGG bleibt es dabei, dass eine Kündigung, die wegen des Geschlechtes erfolgt (Verstoß gegen § 1, § 2 Abs. 1 Nr. 2 AGG), nichtig ist (vgl. ErfK-*Schlachter* § 2 AGG Rz. 15).

Das in die Verfassung mit Art. 3 Abs. 3 S. 2 GG aufgenommene Diskriminierungsverbot von behinder- **184b** ten Menschen ist durch den Sonderkündigungsschutz für schwerbehinderte Menschen (§§ 85 ff. SGB IX) kündigungsrechtlich hinreichend konkretisiert. Diskriminierungen aus diesem Grund wird es vor diesem Hintergrund nicht geben (SPV-*Preis* Rz. 275; vgl. *Kittner/Däubler/Zwanziger* Art. 3 GG Rz. 12 ff.).

Dagegen schaffen die Art. 3 Abs. 2, Abs. 3 und Art. 6 GG keinen allgemeinen zusätzlichen Kündi- **184c** gungsschutz für (Ehe-)Frauen (*BAG* 15.1.1955 BABl. 1955, 983 m. zust. Anm. *Trieschmann*).

185 Dazu, ob ein Verstoß gegen das Grundrecht der freien Religionsausübung zur Nichtigkeit einer Kündigung führen kann, SPV-*Preis* Rz. 278 mwN in Fn 27; *Kittner/Däubler/Zwanziger* Art. 4 GG Rz. 8 f.; vgl. aus der Rspr. *LAG Düsseld.* 22.3.1984 ARSt 1985 Nr. 1075; *ArbG Frankf.* 24.6.1992 AiB 1993, 472; *ArbG Hmb.* 3.1.1996 243, dazu *Kraushaar* ZTR 2001, 208, 210 f.; *Stein* AR-Blattei SD 830 Grundrechte im Arbeitsrecht Rz. 281 ff.

186 Eine Kündigung kann auch gegen **Art. 5 Abs. 1 GG** verstoßen. Allerdings wird häufig Art. 5 Abs. 2 GG eingreifen. Das Grundrecht der freien Meinungsäußerung findet nach Art. 5 Abs. 2 GG seine Schranken in den Vorschriften der allg. Gesetze und in dem Recht der persönlichen Ehre. Bei einer Kollision des Grundrechts mit einem allg. Gesetz oder dem Recht der persönlichen Ehre tritt das Recht auf freie Meinungsäußerung nicht automatisch zurück. Vielmehr müssen auch die allg. Gesetze in ihrer das Grundrecht beschränkenden Wirkung ihrerseits im Lichte der Bedeutung dieses Grundrechts gesehen werden (BVerfGE 7, 190 ff.; 59, 231 [265], st.Rspr.). Es hat eine konkrete Abwägung zwischen Meinungsäußerungsfreiheit und Interessen des Arbeitgebers stattzufinden. Das Grundrecht der Meinungsfreiheit prägt auch die Beziehung der Arbeitsvertragsparteien (BAG 5.2.1981 – 2 AZR 883/78 – nv, auszugsweise bei *Mückenberger* KJ 1983, 83 f.). Bei der Konkretisierung der vertraglichen Rücksichtnahmepflicht (§ 241 Abs. 2 BGB) und ihrer möglichen Verletzung sind die grundrechtlichen Rahmenbedingungen, insbes. das Grundrecht auf Meinungsfreiheit, zu beachten. Der Grundrechtsschutz bezieht sich sowohl auf den Inhalt als auch auf die Form der Äußerung. Auch eine polemische oder verletzende Formulierung entzieht einer Äußerung noch nicht den Schutz der Meinungsfreiheit. Allerdings wird das Grundrecht der Meinungsfreiheit aus Art. 5 Abs. 1 GG nicht schrankenlos gewährt, sondern durch die allgemeinen Gesetze und das Recht der persönlichen Ehre (Art. 5 Abs. 2 GG) beschränkt. Deshalb muss es in ein ausgeglichenes Verhältnis mit diesem gebracht werden. Die Verfassung gibt das Ergebnis einer solchen Abwägung nicht vor. Beim Arbeitgeber kommen die Menschenwürde (Art. 1 Abs.1 GG) und das allgemeine Persönlichkeitsrecht des Art. 2 Abs. 1 GG sowie Art. 12 GG in Betracht, der auch die wirtschaftliche Betätigungsfreiheit des Arbeitgebers schützt, die insbes. durch eine Störung des Arbeitsablaufs und des Betriebsfriedens berührt werden kann. Auch gehört die Pflicht zur gegenseitigen Rücksichtnahme auf die Interessen der anderen Vertragspartei (§ 241 Abs.2 BGB) zu den allgemeinen Gesetzen iSd Art. 5 Abs. 2 GG. Unter Berücksichtigung aller Umstände des Einzelfalles ist eine Abwägung zwischen den Belangen der Meinungsfreiheit und den Rechtsgütern, in deren Interesse das Grundrecht der Meinungsfreiheit eingeschränkt werden soll, vorzunehmen. Dabei hat das Grundrecht der Meinungsfreiheit regelmäßig zurückzutreten, wenn sich die Äußerung als Angriff auf die Menschenwürde oder als Formalbeleidigung oder als Schmähung darstellt (*BAG in st.Rspr., zuletzt* 12.1.2006 EzA § 1 KSchG Verhaltensbedingte Kündigung Nr. 67 mwN; vgl. *Kittner/Däubler/Zwanziger* Art. 5 GG Rz. 11 ff. mwN mit der Fragestellung: Ist der Arbeitnehmer aufgrund der aus § 242 BGB folgenden Nebenpflicht gehalten, auf eine bestimmte Äußerung zu verzichten?; *Schaub/Linck* § 53 II 5 Rz. 18 ff.; SPV-*Preis* Rz. 276). Betriebliche Angelegenheiten dürfen in einem offenen Brief aufgegriffen werden, wenn sie sich an Tatsachen orientiert, Beleidigungen von Arbeitgeber, Vorgesetzten und Betriebsrat nicht vorliegen; nicht jede offene Kritik ist verboten (*LAG RhPf* 25.8.2006 – 8 Sa 245/06. Zur Kirchenautonomie und Meinungsfreiheit vgl. *BAG* 21.10.1982 EzA § 1 KSchG Tendenzbetrieb Nr. 12; *BVerfG* 31.1.2001 EzA § 611 BGB Kirchliche Arbeitnehmer Nr. 46.

187 Eine Kündigung wegen einer aus Tendenzgründen beanstandeten Eheschließung in religiösen Tendenzbetrieben verstößt gegen den in **Art. 6 GG** vorgesehenen Schutz von Ehe und Familie (*LAG Saarbrücken* 29.10.1975 EzA § 1 KSchG Tendenzbetrieb Nr. 3 = NJW 1976, 645; gegen *BAG* 10.5.1957 AP Nr. 1 zu Art. 6 Abs. 1 GG Ehe und Familie u. *BAG* 25.4.1978 EzA § 1 KSchG Tendenzbetrieb Nr. 4, das die genannte Entsch. des *LAG Saarbrücken* aufgehoben hat; *BAG* 4.3.1980 EzA § 1 KSchG Tendenzbetrieb Nr. 8 [betr. katholische Leiterin eines katholischen Pfarrkindergartens, die in weltlicher Ehe einen geschiedenen Mann heiratet; sie setze einen personen- und betriebsbedingten Grund für eine ordentliche Kündigung; Art. 6 Abs. 1, Art. 2 Abs. 1 Art. 1 Abs. 1 GG stünden nicht entgegen; durch die Kündigung des Arbeitsverhältnisses werde die »konkrete« Ehe der Arbeitnehmerin nicht betroffen]; 14.10.1980 EzA § 1 KSchG Tendenzbetrieb Nr. 10 [betr. Schreibkraft in einer Caritas-Geschäftsstelle]; 31.10.1984 EzA § 1 KSchG Tendenzbetrieb Nr. 16 [betr. katholische Lehrerin an einem katholischen Missionsgymnasium, standesamtliche Eheschließung mit einem geschiedenen Mann]; und wieder *ArbG Münster* 3.9.1986 BB 1987, 128 ff. mit beachtl. Begr. betr. Lehrerin für geistig Behinderte an einer Sonderschule des Caritasverbandes, standesamtliche Heirat eines nach weltlichem Recht geschiedenen Mannes, abgeändert v. *LAG Hamm* 27.1.1987 BB 1987, 1322; vgl. auch *ArbG Köln* 14.7.1976 EzA § 1 KSchG Tendenzbetrieb Nr. 2; *LAG RhPf* 28.3.1980 EzA § 1 KSchG Tendenzbetrieb Nr. 7; dazu *Thiele* PersV 1981, 458 ff.; *LAG Nds.* 9.3.1989 LAGE § 611 BGB Kirchliche Arbeitnehmer Nr. 3; *LAG RhPf* 12.9.1991 LAGE § 611

BGB Kirchliche Arbeitnehmer Nr. 6; *OLG Düsseld.* 17.10.1991 EzA § 18 BErzGG Nr. 1, dazu *Rust* BB 1992, 775; SPV-*Preis* Rz. 279; *G. Schultz* MDR 1985, 902 ff.).

Die Verfassungsbeschwerde gegen das Urteil des *BAG* vom 14.10.1980 (EzA § 1 Tendenzbetrieb Nr. 10) nahm der Vorprüfungsausschuss des *BVerfG* mit Beschluss vom 5.6.1981 (EzA § 1 KSchG Tendenzbetrieb Nr. 10) nicht zur Entscheidung an, weil sie keine hinreichende Aussicht auf Erfolg hat. Der Caritasverband habe als der Kirche zuzuordnende Einrichtung in Wahrnehmung des ihm durch Art. 140 GG iVm Art. 137 Abs. 3 WRV gewährleisteten Rechts zur selbständigen Ordnung und Verwaltung seiner Angelegenheiten den Mitgliedern der kirchlichen Dienstgemeinschaft besondere Loyalitätspflichten auferlegen dürfen (vgl. BVerfGE 53, 366 [391 ff.]; BVerfGE 70, 138 [165 ff.]). Der verfassungsverbürgte Schutz der Ehe hindere nicht die Beendigung des Dienstverhältnisses, die die Kirche, ihrem Selbstverständnis entsprechend, um ihrer Glaubwürdigkeit willen und zur Wahrung ihrer Identität habe für geboten erachten können. Diese Rspr. hat das *BVerfG* mit der Entscheidung vom 4.6.1985 (EzA § 611 BGB Kirchliche Arbeitnehmer Nr. 24) grundlegend präzisiert. Damit ist die Kündigungsmöglichkeit gegenüber kirchlichen Arbeitnehmern wegen unter Verstoß gegen kirchliches Recht erfolgter Eheschließung anerkannt (vgl. BAG 18.11.1986 EzA § 611 BGB Kirchliche Arbeitnehmer Nr. 26; 25.5.1988 EzA § 611 BGB Kirchliche Arbeitnehmer Nr. 27). **188**

Auf die Rspr. des BAG wird sich die Praxis einzustellen haben. Gleichwohl bleiben die grds. Bedenken gegen diese Rspr. bestehen. Die Eheschließung gehört eindeutig in den privaten Lebensbereich. Die Heirat des geschiedenen Partners ist nach dem geltenden Recht der Bundesrepublik Deutschland erlaubt. Das müssen auch Tendenzbetriebe und Religionsgemeinschaften gegen sich gelten lassen, jedenfalls für solche Arbeitnehmer, die an der Verkündigung (Kerygma) nicht teilhaben, und für solche Mitarbeiter, die nicht leitende Positionen innehaben; eine arbeitsplatzbezogene Betrachtungsweise wäre insoweit angebracht, krit. auch *Wieland* DB 1987, 1633 ff.; *Klimpe-Auerbach* PersR 1988, 148 ff.; *H. Krüger* ZTR 1991, 11 ff.; *Vogler* RdA 1993, 257 ff; SPV-*Preis* Rz. 279. Das AGG ändert wegen seiner Kirchenklausel (§ 9) ungeachtet des § 2 Abs. 4 an dieser Einschätzung nichts (vgl. zu § 9 AGG KR-*Pfeiffer* AGG Rz 117). **189**

Gegen Art. 6 Abs. 1 GG verstößt die Kündigung, die nur wegen der Geburt eines nicht ehelichen Kindes erfolgt (*Schmidt* AR-Blattei D, Kündigungsschutz VIII Abschn. B II 4). Aus Art. 6 Abs. 1 oder Abs. 4 GG kann ein Kündigungsverbot gegenüber einer Frau, die sich künstlich befruchten lassen will, nicht abgeleitet werden (*ArbG Elmshorn* 29.1.1997 EzA § 242 BGB Nr. 40 m. Anm. *Schirge* AiB 1997, 364; bestätigt von *LAG SchlH* 17.11.1997 LAGE § 242 BGB Nr. 3). Zu Zölibatsklauseln vgl. *Berkowsky* Die personen- und verhaltensbedingte Kündigung, § 5 Rz. 20 f.; *Stein* AR-Blattei SD 830 Grundrechte im Arbeitsrecht Rz. 483. **190**

Die Kündigung gegenüber einem Arbeitnehmer gerade wegen und nur wegen der Teilnahme an einer erlaubten Versammlung, Kundgebung oder Demonstration ist wegen Verstoßes gegen Art. 8 GG, der die Versammlungsfreiheit schützt, grds. unwirksam. Der Arbeitnehmer hat aber seine arbeitsvertraglichen Pflichten zu beachten, so dass bei Verstoß gegen diese Pflichten die Kündigung gleichwohl wirksam sein kann. **191**

Eine Kündigung gerade wegen und nur wegen einer Mitgliedschaft in einem bestimmten Verein, kann wegen Verstoßes gegen die Vereinsfreiheit iSd **Art. 9 Abs. 1 GG** unwirksam sein, wenn nicht bereits **Art. 3 Abs. 3 S. 1 GG** eingreift (s.o. Rz. 183 f.). **192**

Zur Frage der Mitgliedschaft in einer politischen Partei als Kündigungsgrund, der auch unter Art. 9 Abs. 1 S. 1 GG gesehen werden kann, wenn nicht Art. 3 Abs. 3 S. 1 GG eingreift, vgl. Rz. 184. **193**

Auf eine Verletzung des **Art. 12 GG** kann sich der Arbeitnehmer im Falle der Kündigung nicht mit Erfolg berufen. Die freie Wahl des Arbeitsplatzes schließt es nicht aus, dass einem Arbeitnehmer nach den gesetzlichen oder vertraglichen Bestimmungen gekündigt werden kann. Auch aus dem Gesichtspunkt der Einschränkung der Berufsfreiheit lässt sich die Unwirksamkeit einer privatrechtlichen Kündigung nicht herleiten. Härten, die durch den Verlust des Arbeitsplatzes eintreten, sind nach dem Sozialstaatsprinzip zu lösen, das durch den allg. und besonderen Kündigungsschutz konkretisiert wird und das durch die Anwendbarkeit des § 138 BGB (vgl. dazu Rz. 111 ff.) und des § 242 BGB (vgl. dazu Rz. 229 ff.) auf die privatrechtliche Kündigung ergänzt wird (BAG 23.9.1976 EzA § 1 KSchG 1969 Nr. 35). Der Bestand des Arbeitsplatzes darf nicht gänzlich ungeschützt bleiben, obwohl jeder Bestandsschutz die Berufsfreiheit des Arbeitgebers tangiert und unter Umständen auch für andere Arbeitsplatzbewerber als Zugangshindernis wirkt. Deshalb sind nach *BVerfG* 27.1.1998 (BVerfGE 97, 169, **194**

178) die Arbeitnehmer durch die zivilrechtlichen Generalklauseln vor einer sitten- oder treuwidrigen Ausübung des Kündigungsrechts durch den Arbeitgeber geschützt, greift das KSchG nicht ein. Im Rahmen dieser Generalklauseln ist auch der objektive Gehalt der Grundrechte zu beachten, wobei sich die hier maßgebenden Grundsätze aus Art. 12 Abs. 1 GG ergeben. Der verfassungsrechtlich gebotene Mindestschutz des Arbeitsplatzes vor Verlust durch private Disposition ist damit gewährleistet. Art. 12 GG stellt sich sonach als mittelbare Schranke für die Kündigungsbefugnis des Arbeitgebers dar (*Boemke/Gründel* ZfA 2001, 245, 275; vgl. auch Rz. 136a, 180, 203a).

195 Art. 12 Abs. 1 GG steht der Kündigung eines Lehrers während der schulpraktischen Ausbildung nach dem Berliner Lehrerbildungsgesetz nicht entgegen (*BAG* 20.7.1977 EzA Art. 33 GG Nr. 7).

196 Nach *BAG* (20.7.1977 EzA Art. 33 GG Nr. 7) kann **Art. 33 Abs. 2 GG** zur Unwirksamkeit einer Kündigung des Arbeitsverhältnisses führen, wenn der Arbeitnehmer einen unmittelbaren Wiedereinstellungsanspruch haben würde. Das setzt jedoch voraus, dass entsprechende Eignung, Befähigung und fachliche Leistung iSv Art. 33 Abs. 2 GG vorliegen.

197 Art. 9 Abs. 3 S. 2 GG nimmt insofern eine Sonderstellung ein, als nach seinem klaren Wortlaut und nach der erkennbaren Absicht des Gesetzgebers dieser Absatz auch die Rechtsverhältnisse der Bürger ergreifen wollte, so dass er auf den privatrechtlichen (arbeitsrechtlichen) Bereich anzuwenden ist und es auf den Streit um die Drittwirkung der Grundrechte hier nicht ankommt. Die **Koalitionsfreiheit besitzt unmittelbare Drittwirkung** (*Maunz/Scholz* Art. 9 Rz. 4, 171, 332; *Schmidt-Bleibtreu/Klein* 9. Aufl., Art. 9 Rz. 19; *Model/Müller* 11. Aufl., Art. 9 Rz. 20; *von Münch/Löwer* GG, 5. Aufl., Art. 9 Rz. 88; *Sachs/Höfling* 3. Aufl., Art. 9 Rz. 124; *Günther/Franz* JuS 2006, 873, 874 f.; *BAG* 19.9.2006 – 1 ABR 2/06). Dieser umfassende Schutz der Koalitionsfreiheit bewirkt auch im Privatrechtsverkehr – über § 134 BGB – die Nichtigkeit der rechtsgeschäftlichen privatrechtlichen Maßnahmen (*Maunz/Scholz* aaO Rz. 333). **Nichtig ist daher die Kündigung, die das Prinzip der Koalitionsfreiheit verletzt** (*Nikisch* I, § 51 X 4, S. 794 Rz. 185; *Monjau/Heimeier* Rz. 10; *Dietz* »Die Koalitionsfreiheit« in *Bettermann/Nipperdey/Scheuner* Die Grundrechte, Band 3 1. Halbbd. 1958, S. 451; *Model/Müller* aaO; vgl. BK-*Münch* [Zweitbearbeitung 1966] Rz. 167 ff.: Rechtswidrige Kündigung sowie *v. Mangoldt/Klein/Starck/Kemper* GG, 5. Aufl., Art. 9 Rz. 184; dabei wird § 134 BGB übersehen, zutreffend aber *Zachert* AR-Blattei SD 1650.1 Verfassungsfreiheit/Koalitionsfreiheit Rz. 184).

198 Daraus folgt, dass eine Kündigung, die nur wegen gewerkschaftlicher Betätigung erfolgt, wegen Verstoßes gegen Art. 9 Abs. 3 S. 2 GG unwirksam ist. Auch eine Kündigung, die wegen Zugehörigkeit zu einer Gewerkschaft (vgl. das Beispiel bei *Besgen* AiB 1987, 183; *BAG* 2.6.1987 EzA Art. 9 GG Nr. 43 [III 2]; vgl. auch *Hess.* LAG 11.4.1997 LAGE Art. 9 GG Nr. 12) oder wegen des Verdachts einer solchen Zugehörigkeit (*BAG* 5.3.1987 – 2 AZR 187/86 – RzK I 8 l Nr. 6) oder wegen eines bloßen Bekenntnisses der Zugehörigkeit zur Gewerkschaft (*LAG Nürnberg* 13.3.1990 AuR 1992, 26) oder wegen eines Flugblattes eines gewerkschaftlichen Vertrauensmannes, der sich für einen Arbeitnehmer eingesetzt hatte, der sich gegen das Fällen von Bäumen auf dem Firmengrundstück gewandt hatte und dem deswegen gekündigt werden sollte (*ArbG Bamberg* 12.1.1989 AiB 1989, 157 m. klarstellender Anm. *Zachert*; – »Die Vertrauensperson ist schon durch Art. 9 Abs. 3 S. 2 GG geschützt: Die unmittelbare Drittwirkung der Koalitionsfreiheit macht die Kündigung als Maßnahme ›rechtswidrig‹« –, *Löwisch/Rieble* TVG § 1 Rz. 853, zum tarifvertraglichen Sonderkündigungsschutz vgl. unten Rz. 263a), erfolgt, oder die bezweckt, den Arbeitnehmer zum Austritt aus einer Gewerkschaft zu veranlassen, ist wegen Verletzung des Art. 9 Abs. 3 S. 2 GG nichtig (*Hueck/Nipperdey* I, § 56 IX 3, S. 560 mN in Fn 82; *Hueck/Nipperdey* II/1, § 8 III 3d, S. 130 f. mN in Fn 17).

199 Die Kündigung muss **auf eine Verletzung der Koalitionsfreiheit gerichtet** sein. Es genügt nicht, dass sie im Ergebnis eine solche Beschränkung zur Folge hat. Es reicht aber aus, wenn sie auch nur zT von einem derartigen **koalitionsfeindlichen Motiv** getragen wird (*Dietz* »Die Koalitionsfreiheit« in *Bettermann/Nipperdey/Scheuner* Die Grundrechte, Band 3 1. Halbbd. 1958, S. 451 f. mN in Fn 120, 121).

Eine Kündigung, die der Arbeitgeber wegen des aktiven gewerkschaftlichen Einsatzes des Arbeitnehmers im Betrieb ausspricht, kann bereits eine nach § 612a BGB (vgl. dazu Rz. 141a) iVm § 134 BGB nichtige Maßnahme sein (*LAG Hamm* 18.12.1987 LAGE § 612a BGB Nr. 1), so dass es des Rückgriffs auf Art. 9 Abs. 3 GG nicht mehr bedarf.

200 Die Nichtigkeit der auf die Beschränkung oder Behinderung der Koalitionsfreiheit abzielenden Kündigung ist ein anderer Rechtsunwirksamkeitsgrund iSd § 13 Abs. 3 KSchG, der innerhalb der Dreiwochenfrist des § 4 S. 1 KSchG geltend zu machen ist, von §§ 5, 6 KSchG einmal abgesehen.

Nach *BAG* (15.2.1957 AP Nr. 33 zu § 1 KSchG 1951) wird gegen die Grundrechte des Art. 2 und des **201**
Art. 9 GG mit einer (Änderungs-)Kündigung nicht nur dann verstoßen, wenn einem Arbeitnehmer der Austritt aus einer bestimmten Organisation und der Eintritt in eine andere Organisation aufgezwungen werden soll. Es könne gegen die Koalitionsfreiheit auch dadurch verstoßen werden, dass ein Arbeitnehmer gezwungen werden solle, sich einer Tarifvereinbarung zu unterwerfen, die von einer ihm fremden Gewerkschaft abgeschlossen worden ist und von seiner eigenen Organisation abgelehnt wurde. Eine dadurch erzwungene Anerkennung fremder Tarifbestimmungen könne zu einer Aushöhlung der Koalitionsfreiheit führen. *Tophoven* weist in seiner Anmerkung zu diesem Urteil zutr. darauf hin, dass Voraussetzung für die Nichtigkeit einer Kündigung wegen Verstoßes gegen Art. 9 Abs. 3 GG ist, dass die Kündigung wegen der Zugehörigkeit zu einer Koalition oder wegen gewerkschaftlicher Betätigung erfolgt ist, ihr also ein **koalitionsfeindliches Motiv** anhaftet. Das muss im Einzelfall sehr sorgfältig geprüft werden. *Tophoven* (aaO) hält dem BAG entgegen, dass der Arbeitgeber ein verständliches und berechtigtes Interesse daran haben könne, für seinen Betrieb einheitliche Arbeitsbedingungen einzuführen. Wenn für Andersorganisierte keine für das Arbeitsverhältnis geltenden Tarifverträge bestünden, so stehe grds. nichts im Wege, mit den Andersorganisierten die Bedingungen der für den Betrieb geltenden, von einer anderen Gewerkschaft oder einem anderen Arbeitnehmerverband abgeschlossenen Tarifverträge zu vereinbaren. Zu ergänzen ist, dass es dem Arbeitgeber erlaubt sein muss, den Weg der Änderungskündigung zu gehen, gelingt eine solche Vereinbarung nicht.

Eine Kündigung, die nur aus dem Grunde ausgesprochen wird, **weil der Arbeitnehmer keiner Ge-** **202**
werkschaft angehört, oder sich weigert, einer Gewerkschaft beizutreten, ist wegen **Verstoßes gegen die negative Koalitionsfreiheit** unwirksam (*Hueck/Nipperdey* II/1, § 10 III 5, S. 170).

In diesem Zusammenhang ist auch die **Teilnahme an einem rechtmäßigen Warnstreik** (nach Ablauf **203**
der Friedenspflicht, von der Gewerkschaft getragen) zu sehen. Eine Kündigung nur wegen der Teilnahme an einem rechtmäßigen Warnstreik verstößt gegen Art. 9 Abs. 3 GG (*BAG* 17.12.1976 EzA Art. 9 GG Arbeitskampf Nr. 19) wie überhaupt wegen Ausübung der durch den Schutzbereich des Art. 9 Abs. 3 GG erfassten kollektiven Betätigungsrechte der Arbeitnehmer (*Zachert* AR-Blattei SD 1650.1 Vereinigungsfreiheit/Koalitionsfreiheit Rz. 184).

In Zeiten zunehmender Tendenz zum Abbau des Kündigungsschutzes und gleichwohl geführter Diskussion um den Kündigungsschutz im Kleinbetrieb wird die Rspr. des BVerfG bedeutsam, die Anhaltspunkte dafür enthält, einen Kündigungsschutz direkt aus der Verfassung zu entwickeln oder zu fordern. Das *BVerfG* hat in der Entscheidung vom 24.4.1991 (BVerfGE 84, 133, 154 ff., »Warteschleifenregelung«) beanstandet, dass die Regelung nicht auf Schwerbehinderte, ältere Arbeitnehmer und Alleinstehende Rücksicht nehme. Im Übrigen geht es um das Verbot von Kündigungen, die die persönlichen Freiheiten ungerechtfertigt beschränken oder ohne greifbaren wirtschaftlichen Grund sind (*Hanau* RdA 1997, 169 [172 unter Hinweis auf *BVerfG* 10.3.1992 BVerfGE 85, 360, 21.2.1995 BVerfGE 92, 140]). Nach *BVerfG* 27.1.1998 (BVerfGE 97, 169) gewährleisten die zivilrechtlichen Generalklauseln den durch Art. 12 Abs. 1 GG gebotenen Mindestschutz der Arbeitnehmer, soweit die Bestimmungen des KSchG nicht greifen; soweit der Gesetzgeber es unterlassen hat, durch zwingende Bestimmungen einen Mindestschutz zu regeln, ist es im Einzelfall Aufgabe des Richters, den objektiven Grundentscheidungen der Grundrechte mit Mitteln des Privatrechts, insbes. den zivilrechtlichen Generalklauseln, Rechnung zu tragen. Dieser von der Verfassung und vom BVerfG geforderte »Kündigungsschutz zweiter Klasse« wird in erster Linie an § 242 BGB festgemacht (vgl. *BAG* 21.2.2001 EzA § 242 BGB Kündigung Nr. 1, ergangen »im Anschluss an *BVerfG* 27.1.1998«, aaO: Auswahlentscheidung im Kleinbetrieb nach »vernünftigen, sachlichen, billiges Ermessen wahrenden Gesichtspunkten« erforderlich wegen des durch Art. 12 GG gebotenen Mindestmaßes an sozialer Rücksichtnahme, dazu krit. *Annuß* BB 2001, 1898). Ob sich ein verfassungsrechtlich begründeter Kündigungsschutz im Sinne eines verfassungsrechtlichen Mindestschutzes über den gegenwärtigen Stand hinaus tatsächlich durchsetzen wird, bleibt abzuwarten (grds. zum Untermaßverbot *O. Klein* JuS 2006, 960 ff.; abl. *Boemke/Gründel* ZfA 2001, 245, 276 ff.). Das BVerfG hat erneut betont, dass, wo die Bestimmungen des KSchG nicht greifen, die Arbeitnehmer durch die zivilrechtlichen Generalklauseln vor einer sitten- oder treuwidrigen Kündigung des Arbeitgebers geschützt sind. Im Rahmen dieser Generalklauseln ist auch der objektive Gehalt der Grundrechte zu beachten. Dem durch Art. 12 Abs. 1 GG geschützten Interesse des Arbeitnehmers an der Erhaltung seines Arbeitsplatzes steht das ebenfalls durch Art. 12 Abs. 1 GG geschützte Interesse des Arbeitgebers gegenüber, in seinem Unternehmen nur Mitarbeiter zu beschäftigen, die seinen Vorstellungen entsprechen und ihre Zahl auf das von ihm bestimmte Maß zu beschränken. Die kollidierenden Grundrechtspositionen sind in ihrer Wechselwirkung zu erfassen und so zu begrenzen,

§ 13 KSchG   Außerordentliche, sittenwidrige und sonstige Kündigungen

dass sie für alle Beteiligten möglichst weitgehend wirksam werden. Die Kündigung darf nicht gegen § 242 BGB oder § 138 BGB verstoßen. Eine darüber hinaus gehende Kontrolle verlangt auch der nach Art. 12 Abs.1 GG gebotene **Mindestschutz der Arbeitsverhältnisse** außerhalb des Anwendungsbereichs des allgemeinen Kündigungsschutzes nach § 1 KSchG nicht. Dies gilt nicht nur im **Kleinbetrieb**, sondern auch für die Kündigung eines Arbeitsverhältnisses in der **Wartezeit** gem. § 1 Abs. 1 KSchG, das heißt, in den ersten sechs Monaten des Arbeitsverhältnisses (*BVerfG* 21.6.2006 – 1 BvR 1659/04).

b) Weitere gesetzliche Verbote

204 **Behandelte Vorschriften**

§ 2 Abs. 4 AGG	Rz. 154, 184, 189, 259ba, 261, 325a
§ 8 AltTZG	Rz. 259h
§ 26 ArbGG	Rz. 216a
§ 63a AMG	Rz. 216s
§ 2 ArbPlSchG	Rz. 215
§ 17 Abs. 2 S. 2 ArbSchG	Rz. 216y
§ 9 ASiG	Rz. 216m
Art. 1 § 9 Nr. 3 AÜG	Rz. 259e
§ 20 Abs. 1 AufzV	Rz. 216t
§§ 58, 59 BBerG	Rz. 216t
§ 10 BergmannversorgungsscheinG NRW	Rz. 213
§ 11 BergmannversorgungsscheinG Saarland	Rz. 213

BBiG
§ 22 Abs. 3	Rz. 226b, 227
§ 28 Abs. 2	Rz. 216t

BDSG
§ 4f Abs. 3 S. 3	Rz. 216e
§ 4f Abs. 3 S. 4	Rz. 216e
3 18 Abs. 1, 2 BErzGG	Rz. 212b

BImSchG
§ 58	Rz. 216f
§ 58d	Rz. 216g

BetrVG
§ 20	Rz. 206
§ 75 Abs. 1	Rz. 301b
§ 78	Rz. 207 f.
§ 78a	Rz. 210
§ 102 Abs. 1	Rz. 217
§ 102 Abs. 4	Rz. 219
§ 102 Abs. 6	Rz. 219c
§ 103	Rz. 204a
§ 111	Rz. 301b
§ 76 Abs. 2 S. 5 BetrVG 1952	Rz. 209

BGB
§ 117	Rz. 295
§ 118	Rz. 296
§§ 119, 120, 123, 141	Rz. 297
§ 125 S. 1	Rz. 226
§ 174	Rz. 284
§ 180	Rz. 288
§ 226	Rz. 258
§ 242	Rz. 229 ff.
§ 315	Rz. 258a
§ 611a Abs. 1	Rz. 184a, 259a (aufgehoben durch § 33 Abs. 1 AGG m. Wirkung ab 18.8.2006)
§ 612a	Rz. 141a, 259b
§ 613a Abs. 4 S. 1	Rz. 259c

§ 613a Abs. 5	Rz. 259d
§ 622	Rz. 225, 259d
§ 623	Rz. 226
§ 626 Abs. 2	Rz. 211, 226a, 299
§ 627	Rz. 301d
§ 5 Abs. Nr. 1 BtMG	Rz. 216t

BPersVG

§ 9	Rz. 210
§ 79	Rz. 220 ff.
§ 26 Abs. 1 DampfKV	Rz. 216t
§ 18 DruckIV	Rz. 216t
§ 40 Abs. 1 EBRG	Rz. 204b
§ 18 Abs. 3 FFG-Bund	Rz. 216u
§ 1a Nr. 3 GbV	Rz. 216q
§ 12 Abs. 2, 3, § 13 GefStoffV	Rz. 216r
§ 19 Abs. 2 GenTSV	Rz. 216k
§ 2 Abs. 3 GesO	Rz. 294a
§ 21 Abs. 4 HandWO	Rz. 216t
§ 8 HeimkehrerG	Rz. 216
§ 18 HHG	Rz. 216
§ 113 Abs. 1 S. 2 InsO	Rz. 224a, 277

KSchG

§ 15	Rz. 204a
§ 17 ff	Rz. 259

LPVG — Rz. 220 ff.

MAVO

§ 19	Rz. 210a
§ 30 Abs. 1	Rz. 219b
§§ 31 Abs. 1 MedProdG (MPG)	Rz. 216p
§ 20 Abs. 1 MitbestG 1976	Rz. 206a
§ 26 Abs. 2 MitbestG 1976	Rz. 209

MuSchG

§ 9 Abs. 1 S. 1	Rz. 212
§ 9 Abs. 3 S. 2	Rz. 212a, 227a

MVG-EKD — Rz. 210a, 219b

MVG-EKD/Heilsarmee — Rz. 210a, 219b

MVG-K — Rz. 210a, 219b

MVG-SELK — Rz. 210a, 219b

§ 14 f. PharmBetrV	Rz. 216s
§ 14 Abs. 4 RöVO	Rz. 216l

SGB IV

§ 7 Abs. 1b	Rz. 259i

SGB VI

§ 41 Abs. 4	Rz. 259 f.

SGB VII

§ 22 Abs. 3	Rz. 216n

SGB IX

§ 84 Abs. 2	Rz. 211c
§§ 85 ff.	Rz. 211
§ 95 Abs. 2	Rz. 222a
§ 96 Abs. 3	Rz. 205a
§ 98	Rz. 216t

§ 13 KSchG   Außerordentliche, sittenwidrige und sonstige Kündigungen

SGG
§ 20   Rz. 216a

SprAuG
§ 2 Abs. 3   Rz. 209a
§ 31 Abs. 2   Rz. 218a
§§ 19 ff. SprengG   Rz. 216t
§ 30 Abs. 4 StrahlSchVO   Rz. 216l
§ 8b Abs. 6 S. 2 TierSchG   Rz. 216j

TzBfG
§ 4 Abs. 1   Rz. 216c
§ 5   Rz216c
§ 11 S. 1   Rz216b
§ 6 Abs. 1 VGB 93   Rz. 216s
§ 51 Abs. 2 iVm § 50 VglO   Rz. 223

VRG
§ 2 Abs. 1 Ziff. 5   Rz. 301c
§ 7 Abs. 1   Rz. 259g
§ 21f Abs. 2 WHG   Rz. 216h

Stichwörter
Ausländerbeiratsmitglieder   Rz. 216d
Ausländerbeauftragte   Rz. 216w
Ausländerreferent/in   Rz. 216w
Baustellenbeauftragte   Rz. 216x
Beauftragte   Rz. 216e ff.
Bergmannversorgungsscheininhaber   Rz. 213 f.
Disziplinarmaßnahme   Rz. 301a
Fachkräfte für Arbeitssicherheit   Rz. 216o
Frauenbeauftragte   Rz. 216u
Gleichbehandlungsgrundsatz   Rz. 301
Gleichstellungsbeauftragte   Rz. 216u
Personalvertretungsrecht   Rz. 205
Rationalisierungsschutzabkommen   Rz. 262
Schwerbehindertenvertretung   Rz. 222a
tarifvertragliche Kündigungsbeschränkungen   Rz. 260 ff.
Tarifvertrag über die Mitteilungspflicht   Rz. 219a
vertragliche Kündigungsbeschränkungen   Rz. 266 ff.
Vertrauensleute, gewerkschaftliche   Rz. 263a
Vgl. im Übrigen Detail-Gliederung II.2.

aa) Verstoß gegen besondere Kündigungsschutzvorschriften

– **Kündigungsschutz im Rahmen der Betriebsverfassung und Personalvertretung**

– – **§ 15 KSchG, § 103 BetrVG Zustimmungserfordernis nach Personalvertretungsrecht**

204a Eine vor Zustimmung des Betriebsrats selbst oder vor rechtskräftiger Ersetzung der Zustimmung ausgesprochene Kündigung des **durch § 15 KSchG geschützten Personenkreises** ist nach § 15 Abs. 1 S. 1 KSchG iVm § 103 BetrVG unzulässig und daher wegen Gesetzesverstoßes nach § 134 BGB nichtig (*BAG* 14.12.1978, EzA § 15 KSchG nF Nr. 19). Das gilt auch bei nicht ordnungsgemäßer Abwicklung des Zustimmungsverfahrens durch den Arbeitgeber. Das gleiche gilt für den durch § 15 Abs. 3 KSchG geschützten Personenkreis. Die Übergabe eines Zustimmungsschreibens an den zu kündigenden Arbeitnehmer ist nicht erforderlich (*LAG Bln.* 19.12.2002 ZInsO 2004, 56). Nach der Neuregelung durch das Gesetz zu Reformen am Arbeitsmarkt bedarf es einer Feststellungsklage nach § 4 S. 1 KSchG; der Verstoß gegen § 15 KSchG ist zwar ein anderer Rechtsunwirksamkeitsgrund iSd § 13 Abs. 3 KSchG, muss aber wegen der für anwendbar erklärten §§ 4 – 7 KSchG in § 13 Abs. 3 KSchG nF innerhalb der Dreiwochenfrist geltend gemacht werden. Vgl. dazu iE KR-*Etzel* § 15 KSchG Rz. 38 f. und KR-*Etzel* § 103 BetrVG.

Die nach § 15 Abs. 1 S. 1 KSchG unwirksame ordentliche Kündigung kann nicht gem. § 140 BGB in eine außerordentliche umgedeutet werden; das Ersatzgeschäft darf keine weitergehenden Wirkungen als das ursprünglich beabsichtigte Rechtsgeschäft haben (BAG 3.11.1982 EzA § 15 KSchG nF Nr. 28 [zu IV der Gründe]).

Ersatzmitglieder des Betriebsrats, die in der Zeit der Stellvertretung Betriebsratsarbeit verrichten, genießen den besonderen Kündigungsschutz nach § 15 Abs. 1 S. 1 KSchG für die Zeit der Vertretung (dazu *Schlichting/Matthiessen* AiB 2006, 606, 610) und den nachwirkenden Kündigungsschutz nach Ablauf der Vertretungszeit für ein Jahr nach § 15 Abs. 1 S. 2 KSchG (zusammenfassend BAG 12.2.2004 EzA § 15 KSchG nF Nr. 56). Hat der Arbeitnehmer an einer Betriebsratssitzung teilgenommen, ist eine ordentliche Kündigung nach § 15 Abs. 1 S. 2 KSchG unwirksam, was innerhalb der Dreiwochenfrist des § 4 S. 1 KSchG geltend zu machen ist.

Nach § 40 Abs. 1 EBRG (Gesetz über Europäische Betriebsräte, BGBl. I 1996, S. 1543 [1555]) genießen **204b** die im Inland beschäftigten Mitglieder des Europäischen Betriebsrats Kündigungsschutz nach Maßgabe der entsprechenden Normen des Betriebsverfassungs- und Kündigungsschutzgesetzes, also § 103 BetrVG und § 15 Abs. 1, 3–5 KSchG. Eine gleichwohl ausgesprochene ordentliche Kündigung ist nichtig. Es handelt sich um einen anderen Grund iSd § 13 Abs. 3 KSchG, der innerhalb der Dreiwochenfrist des § 4 S. 1 KSchG geltend zu machen ist (zutr. *Blanke* EBR-G § 40 Rz. 13). Denselben Schutz genießen nach § 40 Abs. 2 EBRG die Mitglieder des besonderen Verwaltungsgremiums und die Arbeitnehmervertreter im Rahmen eines Verfahrens zur Unterrichtung und Anhörung (*Blanke* aaO Rz. 14).

Eine vor Zustimmung des Personalrates nach dem jeweils einschlägigen Personalvertretungsrecht **205** oder vor Ersetzung dieser Zustimmung durch das VG ausgesprochene Kündigung ist nach § 15 Abs. 2 S. 1 KSchG, der auf das einschlägige Personalvertretungsrecht verweist, unzulässig und daher wegen Gesetzesverstoßes nichtig (vgl. dazu iE KR-*Etzel* § 15 KSchG Rz. 19 ff. und KR-*Etzel* BPersVG).

Entsprechendes gilt nach § 96 Abs. 3 SGB IX für die **Vertrauenspersonen der schwerbehinderten** **205a** **Menschen**. Sie haben gegenüber dem Arbeitgeber den gleichen Kündigungsschutz wie ein Mitglied des Betriebs- oder Personalrats. Die ordentliche Kündigung gegenüber der Vertrauensperson ist unzulässig (dazu *Kossens* ZfPR 2003, 16, 19). Die Unwirksamkeit der ordentlichen Kündigung kann nach § 13 Abs. 3 KSchG geltend gemacht werden. Für den Kündigungsschutz der Stellvertreterin, des Stellvertreters der Vertrauensperson gilt dasselbe für die Dauer der Vertretung und der Heranziehung nach § 96 Abs. 1 S. 4 SGB IX. Im Übrigen ist für die stellvertretende Vertrauensperson das maßgebend, was für ein Ersatzmitglied des Betriebs- oder Personalrats gilt.

Unabhängig von der Frage der Zustimmung des Betriebsrats zur außerordentlichen Kündigung oder **205b** deren Ersetzung ist die Kündigung **unzulässig**, wenn dem Betriebsratsmitglied nur die Verletzung einer Amtspflicht vorgeworfen wird. Es ist dann nur ein Ausschlussverfahren nach § 23 BetrVG möglich. Eine außerordentliche Kündigung kommt nur dann in Betracht, wenn **zugleich** eine schwere Verletzung der Pflichten aus dem Arbeitsverhältnis vorliegt (BAG 14.10.1985 EzA § 626 BGB nF Nr. 105).

– – **Verstoß gegen das Verbot der Behinderung der Wahl des Betriebsrates (§ 20 BetrVG).**
Eine Kündigung zu dem Zweck, die aktive oder passive Beteiligung des Arbeitnehmers bei der Be- **206** triebsratswahl oder die Durchführung der Wahl zu verhindern, ist unzulässig. Sie verstößt gegen das gesetzliche Verbot des § 20 Abs. 1 BetrVG und ist damit gem. § 134 BGB nichtig (LAG RhPf 5.12.1991 AiB 1992, 531 [»Alle Wahlvorstände und Betriebsratskandidaten sind die ersten, die entlassen werden«, was in die Tat umgesetzt wurde]). Soweit § 15 KSchG nicht eingreift (s. dazu Rz. 204 f.), kann § 20 Abs. 1 BetrVG eine Kündigungsschutzvorschrift sein. § 20 Abs. 1 BetrVG ist ein gesetzliches Verbot iSd § 134 BGB (*W. Schneider* AiB 1994, 158; *Schaub/Koch* § 218 I 2 Rz. 2; GK-BetrVG/*Kreutz* § 20 Rz. 18,41; *Richardi/Thüsing* § 20 Rz. 29; *Löwisch/Kaiser* BetrVG, 5. Aufl., § 20 Rz. 10). Die Kündigung eines Arbeitnehmers, die deswegen erfolgt, um ihn an der Vorbereitung der Wahl des Wahlvorstandes zu hindern, ist unwirksam (*Richardi/Thüsing* § 20 Rz. 10; LAG Düsseld. 5.2.1963 DB 1963, 1055 zu § 19 BetrVG 1952; vgl. LAG Hamm 15.1.1985 LAGE § 20 BetrVG 1972 Nr. 5 [Mitwirkung bei der Einladung zur Betriebsversammlung zwecks Einleitung einer Betriebsratswahl]; 27.8.1987 LAGE § 30 BetrVG 1972 Nr. 6). § 20 Abs. 1 BetrVG erfasst nur eine Kündigung, die anlässlich einer Betätigung für die Betriebsratswahl oder im Zusammenhang mit ihr gerade deswegen ausgesprochen wird, um die Wahl dieses Arbeitnehmers zu verhindern oder um den Arbeitnehmer wegen seines Einsatzes bei der Betriebsratswahl zu maßregeln (*ArbG Passau* 11.11.1980 ARSt 1981 Nr. 1102). Wegen versuchter Behinderung einer beabsichtigten Betriebsratswahl kann eine Kündigung auf Grund des unmittelbaren zeitlichen Zusammen-

hangs nichtig sein, wenn der Arbeitnehmer sich weigert, die ihm vom Arbeitgeber vorgelegte Erklärung zu unterschreiben, wonach die Mitarbeiter keinen Betriebsrat wollen, und der Arbeitgeber im Anschluss an diese Weigerung kündigt (*ArbG München* 26.5.1987 DB 1987, 2662 = AuR 1988, 89). Daraus folgt, dass der Arbeitnehmer im Rahmen des § 20 Abs. 2 BetrVG nur bei rechtmäßigem Verhalten geschützt ist. Verletzt er bei seinem Einsatz für die Betriebsratswahl ihm obliegende Pflichten aus dem Arbeitsverhältnis oder verstößt er gegen gesetzliche Vorschriften, dann wird er durch das Behinderungsverbot des § 20 Abs. 1 BetrVG nicht gedeckt. Er hat dann nur den allg. Kündigungsschutz gegen eine außerordentliche Kündigung (§ 626 BGB) oder ordentliche Kündigung (§ 1 KSchG; *BAG* 13.10.1977 EzA § 74 BetrVG 1972 Nr. 3; 15.12.1977 EzA § 626 BGB nF Nr. 61). Der Verstoß einer Kündigung gegen das Verbot der Behinderung der Wahl des Betriebsrats ist ein anderer Rechtsunwirksamkeitsgrund iSd § 13 Abs. 3 KSchG; dessen Geltendmachung der Einhaltung der Dreiwochenfrist des § 4 S. 1 KSchG bedarf, nachdem § 4 S. 1 KSchG durch § 13 Abs.3 KSchG nF für anwendbar erklärt worden ist.

206a Auch aus **§ 20 Abs. 1 MitbestG 1976** ergibt sich ein relativer Kündigungsschutz gegenüber dem Arbeitgeber. Die Kündigung ist nichtig (§ 134 BGB), wenn sie nur deswegen erfolgt, um den Arbeitnehmer wegen der Wahl oder der Vorbereitung zur Wahl zu maßregeln. Es gilt das zu § 20 BetrVG Ausgeführte entsprechend (*Hanau/Ulmer* MitbestG 1981, § 20 Rz. 7 f.; *Hoffmann/Lehmann/Weinmann* MitbestG 1978, § 20 Rz. 19; *Fitting/Wlotzke/Wißmann* MitbestG, 2. Aufl., § 20 Rz. 13 f.; GK-MitbestG/*Matthes* § 20 Rz. 33; *Raiser* MitbestG, 4. Aufl., § 20 Rz. 11; *Ulmer/Habersack/Henssler* § 20 Rz. 11).

– – **§ 78 BetrVG**

207 Zwar sind **Verstöße gegen das Benachteiligungsverbot des § 78 BetrVG** durch Rechtsgeschäft nach § 134 BGB **nichtig** (*Fitting/Engels/Schmidt/Trebinger/Linsenmaier* § 78 Rz. 21). § 78 BetrVG dürfte aber als **relativer Kündigungsschutz** für Mitglieder der Betriebsverfassungsorgane **wegen § 15 KSchG,** der gegenüber § 78 BetrVG als **Sondervorschrift** zu sehen ist (GK-BetrVG/*Kreutz* § 78 Rz. 51, vgl. auch Rz. 47), idR nicht mehr in Frage kommen (vgl. Rz. 208). Allerdings kann sich § 78 S. 2 BetrVG bei der Prüfung des wichtigen Grundes iSd § 626 BGB auswirken. Es würde dem Schutzzweck des § 78 BetrVG widersprechen, wenn ein Mitglied der Betriebsverfassungsorgane wegen eines Verhaltens ohne weiteres gekündigt werden könnte, das er nur im Rahmen seiner Amtstätigkeit an den Tag gelegt hat und an den Tag legen konnte (vgl. dazu GK-BetrVG/*Kreutz* aaO § 78 Rz. 7). Die Kündigung kann im Hinblick auf § 78 BetrVG unwirksam sein, wenn der Arbeitgeber nur die zwei Betriebsratsmitglieder aus den Arbeitnehmern, die bei der Prämienabrechnung nicht korrekt gehandelt haben, herausgegriffen und ihnen gekündigt hat und ihr Verhalten wegen der Zugehörigkeit zum Betriebsrat mit einem strengeren Maßstab gemessen hat als das der übrigen Arbeitnehmer, bei denen derselbe Vorwurf zutraf (*BAG* 22.2.1979 EzA § 103 BetrVG 1972 Nr. 23). Allerdings geht das allg. Benachteiligungsverbot des § 612a BGB über das Benachteiligungsverbot des § 78 S. 2 BetrVG hinaus und ergänzt es teilweise (*Soergel/Raab* 12. Aufl., § 612a Rz. 7). Zu § 612a BGB vgl. Rz. 141a.

208 Dagegen genießt der **durch § 15 KSchG** und **§ 103 BetrVG nicht erfasste Personenkreis** (Mitglieder von Vertretungen, Gremien, Vertretungen nach § 3 Abs. 1 Nr. 3, 4, 5 BetrVG nF, Mitglieder der Einigungsstelle, einer tarifvertraglichen Schlichtungsstelle gem. § 76 Abs. 8 BetrVG, des Wirtschaftsausschusses, Ersatzmitglieder des Betriebsrats vor einem Nachrücken oder einer Stellvertretung) den relativen Kündigungsschutz. Voraussetzung ist also, dass die Kündigung nur und gerade wegen der (beabsichtigten) betriebsverfassungsrechtlichen Tätigkeit erfolgt. Sie verstößt dann gegen das gesetzliche Verbot § 78 BetrVG und ist deshalb nach § 134 BGB nichtig (*Fitting/Engels/Schmidt/Trebinger/Linsenmaier* § 103 Rz. 8).

– – **§ 76 Abs. 2 S. 5 BetrVG 1952 iVm § 78 BetrVG 1972; § 26 S. 2 MitbestG 1976**

209 Die Kündigung eines **Arbeitnehmervertreters im Aufsichtsrat** ist dann wegen Verstoßes gegen das Benachteiligungsverbot unwirksam, wenn sie nur deswegen erfolgt ist, um ihm die weitere Ausführung des Amtes unmöglich zu machen oder ihn wegen seiner ordnungsgemäßen und pflichtgemäßen Tätigkeit zu maßregeln (§ 76 Abs. 2 S. 5 BetrVG 1952 iVm § 178 BetrVG 1972; *Fitting/Engels/Schmidt/Trebinger/Linsenmaier* § 103 BetrVG Rz. 8; *Naendrup* AuR 1979, 161, 166, 204; *BAG* 6.7.1955 AP Nr. 1 zu § 20 BetrVG 1952 Jugendvertreter; offen gelassen von *BAG* 4.4.1974 EzA § 15 KSchG nF Nr. 1). Aus **§ 26 S. 2 MitbestG** ergibt sich ähnlich wie aus § 78 S. 2 BetrVG ein relativer Kündigungsschutz der unternehmensangehörigen Aufsichtsratsmitglieder. Die Kündigung eines Arbeitsverhältnisses durch das Unternehmen ist nichtig, wenn sie nur deswegen erfolgt, um nach § 24 Abs. 1 MitbestG 1976 das Aufsichtsratsmandat im Unternehmen oder in einem nach §§ 4, 5 MitbestG 1976 an der Wahl beteiligten Unternehmen zu beenden oder den Betroffenen wegen seiner Tätigkeit im Aufsichtsrat zu maßregeln

(*Hanau/Ulmer* MitbestG, 1981, § 26 Rz. 13; *Ulmer/Habersack/Henssler* § 26 Rz. 11 ff.). Die Nichtigkeit muss nach § 4 S. 1 KSchG innerhalb von drei Wochen beim ArbG geltend gemacht werden; sie ist ein anderer Rechtsunwirksamkeitsgrund iSd § 13 Abs. 3 KSchG nF.

– – **§ 2 Abs. 3 SprAuG**
Kündigungen, die gerade wegen der Amtstätigkeit erfolgen, sind wegen Verstoßes gegen das Störungs- und Benachteiligungsverbot des § 2 Abs. 3 SprAuG iVm § 134 BGB nichtig; der Verstoß gegen § 2 Abs. 3 SprAuG muss innerhalb der Frist des § 4 S. 1 KSchG geltend gemacht werden (ErfK-*Oetker* § 2 SprAuG Rz. 19; HWK-*Annuß/Girlich* § 2 SprAuG Rz. 11; *Däubler/Kittner/Zwanziger* § 2 SprAuG Rz. 3 ff.; Nachw. aus der ält. Spezialliteratur s. 7 Aufl.; **aA** *J.-H. Bauer* SprAuG, 2. Aufl., S. 17 f.). 209a

– – **§ 78a BetrVG (§ 9 BPersVG und entsprechende Länderbestimmungen)**
Diese Bestimmungen geben keinen Kündigungsschutz, sondern sollen den **Auszubildenden** die Sorge nehmen, eine Betätigung in einem Betriebsverfassungsorgan könne dazu führen, dass sie nach Abschluss des Berufsausbildungsverhältnisses, das mit Ablauf der Ausbildungszeit endet, ohne dass es einer Kündigung bedarf, nicht in ein Arbeitsverhältnis übernommen werden. 210

§ 19 MAVO – Rahmenordnung für eine Mitarbeitervertretungsordnung idF des einstimmigen Beschlusses der Vollversammlung des Verbandes der Diözesen Deutschlands v. 20.11.1995 – stellt Mitglieder von Gremien iSd MAVO unter besonderen Kündigungsschutz vor ordentlichen Kündigungen: Mitarbeitervertreter, Sprecher der Jugendlichen und Auszubildenden, Schwerbehindertenvertreter, nach Beendigung der möglicherweise vereinbarten Probezeit auch Mitglieder des Wahlausschusses vom Zeitpunkt ihrer Bestellung und wählbare Wahlbewerber vom Zeitpunkt der Aufstellung des Wahlvorschlages, es sei denn, es liegt eine Loyalitätsobliegenheitsverletzung vor, oder die Schließung der Einrichtung oder eines Teils macht die ordentliche Kündigung notwendig. Soweit die ordentliche Kündigung, auch Änderungskündigung, nicht zulässig ist, aber gleichwohl ausgesprochen wird, liegt ein Fall des § 13 Abs. 3 KSchG vor. 210a

In den **Bistums-/Regional-KODA-Ordnungen** (Fundstellen bei *Frey/Bahles* Dienst- und Arbeitsrecht in der katholischen Kirche 7.3.1) ist idR ein Kündigungsschutz für die Vertreter der Mitarbeiter vorgesehen, und zwar idR entsprechend § 19 MAVO (vgl. zB *Schlichtungsstelle im Erzbistum Freiburg* 29.9.1997 ZMV 1998, 84 zur Ordnung AK-Caritas § 8 Abs. 2 betr. Änderungskündigung). In der **Ordnung über die Rechtsstellung der Mitglieder der Regional-KODA für die (Erz-)Diözesen Aachen, Essen, Köln, Münster (nordrhein-westfälischer Teil) und Paderborn und die Erstattung von Kosten** v. 20.3.1992 (Rechtsstellungs- und KostenO; *Frey/Bahles* aaO 7.6.3 mit Fundstellen in Fn 1) ist in § 2 Nr. 1 ein Behinderungs- und Benachteiligungsverbot und in Nr. 2 und 3 ein Kündigungsschutz verankert. Allerdings wurden die Bestimmungen über den Kündigungsschutz für die Vertreter der Mitarbeiter entsprechend den Bestimmungen für Mitarbeitervertreter gem. § 19 MAVO abgeändert (*Thiel* ZMV 1997, 271 m. Fundstelle in Fn 4) im Zuge der Verabschiedung der neuen KODA-Ordnung für die Diözesen in Nordrhein-Westfalen vom 27.10.1997, die mit Ende der Amtszeit der gegenwärtigen Regional-KODA die noch geltende Regional-KODA-Ordnung ablösen wird.

Im Geltungsbereich des Mitarbeitervertretungsgesetzes der **Evangelischen Kirche** in Deutschland sind Mitglieder der Mitarbeitervertretung durch **§ 21 Abs. 2 MVG-EKD** wie Betriebsratsmitglieder vor ordentlicher Kündigung geschützt. Entsprechendes gilt für die Vertretung der Jugendlichen und der Auszubildenden (§ 49 Abs. 4 MVG-EKD). Mitglieder des Wahlvorstandes sind vor ordentlichen Kündigungen geschützt (§ 13 Abs. 3 MVG-EKD). Beisitzer der Schlichtungsstelle haben Kündigungsschutz nach § 59 Abs. 3 iVm § 21 Abs. 2 MVG-EKD. Entsprechendes gilt für den Bereich des Mitarbeitervertretungsgesetzes der Konföderation evangelischer Kirchen in Deutschland – **MVG-K** – (§§ 13, 22, 50 iVm § 22, 61 Abs. 1 iVm § 22) und für den Bereich des Mitarbeitervertretungsgesetzes für die diakonischen Werke der Selbständigen Evangelisch-Lutherischen Kirche – **MVG-SELK** – sowie für den Bereich des MVG-EKD in der Fassung der Verordnung zum Mitarbeitervertretungsrecht in den Sozialinstitutionen der **Heilsarmee** in Deutschland v. 30.11.1996.

– – **§§ 85, 91 SGB IX**
Eine gegenüber einem **schwerbehinderten Menschen ohne vorherige Zustimmung des Integrationsamtes** (die schriftlich vorliegen, aber dem Arbeitgeber noch nicht zugestellt sein muss, *LAG Düsseld.* 29.1.2004 DB 2004, 1108) oder nach § 88 Abs. 5 S. 2 SGB IX (idF vom 23.4.2004 BGBl. I S. 606, 608, in Kraft ab 1. Mai 2004) als erteilt fingierte Zustimmung ausgesprochene **ordentliche Kündigung** ist wegen Verstoßes gegen § 85 SGB IX iVm § 134 BGB unwirksam. Die Kündigung ist auch dann gem. § 134 BGB und damit iSd § 13 Abs. 3 KSchG unwirksam, wenn sie nicht innerhalb der Monatsfrist gem. § 88 Abs. 3 211

§ 13 KSchG   Außerordentliche, sittenwidrige und sonstige Kündigungen

SGB IX gegenüber dem Arbeitnehmer erklärt wurde, ihm die Kündigung innerhalb der Monatsfrist zugegangen ist (*LAG Köln* 27.2.1997 LAGE § 18 SchwbG Nr. 1).

Eine gegenüber einem schwerbehinderten Menschen ohne die ausdrücklich erteilte oder nach § 91 Abs. 3 S. 2 SB IX als erteilt fingierte Zustimmung des Integrationsamtes ausgesprochene außerordentliche **Kündigung** ist wegen Verstoßes gegen § 91 SGB IX iVm § 85 SGB IX gem. § 134 BGB unwirksam (*BAG* 17.2.1977 EzA Nr. 2; 13.5.1981 EzA § 18 SchwbG Nr. 4; 14.5.1982 EzA § 18 SchwbG Nr. 5; 2.6.1982 EzA § 12 SchwbG Nr. 10; *LAG Köln* 23.12.1988 LAGE § 12 SchwbG Nr. 4; *BAG* 4.2.1993 EzA § 20 SchwbG 1986 Nr. 1; zur rechtstechnischen Konstruktion *Corts/Hege* SAE 1983, 11). Die dreiwöchige Klagefrist des § 4 S. 1 KSchG ist einzuhalten, nachdem § 13 Abs.3 KSchG nF auf § 4 KSchG verweist; Einzelheiten vgl. KR-*Etzel* §§ 85–90, 91 SGB IX.

Hinzuweisen ist noch darauf, dass die zweiwöchige Antragsfrist des § 91 Abs. 2 S. 1 nicht die Kündigungserklärungsfrist des § 626 Abs. 2 BGB verdrängt. Mit dem bestandskräftigen, zustimmenden Verwaltungsakt des Integrationsamtes steht nicht zugleich fest, dass die Zweiwochenfrist des § 626 Abs. 1 S. 1 BGB gewahrt ist. Die Gerichte für Arbeitssachen haben eigenständig die Einhaltung der Kündigungserklärungsfrist zu prüfen. § 91 Abs. 5 SGB IX trägt dem Umstand Rechnung, dass es dem Arbeitgeber in aller Regel nicht möglich ist, innerhalb der Kündigungserklärungsfrist auch noch die Zustimmung des Integrationsamtes einzuholen (*BAG* 2.3.2006 EzA § 91 SGB IX Nr. 3). Die Kündigung kann noch wegen Nichteinhaltung der Ausschlussfrist des § 626 Abs. 2 BGB unwirksam sein (dazu im Lichte des § 13 Abs. 3 KSchG: Rz. 226a, 299). Auf der anderen Seite kann die Kündigung nach § 91 Abs. 5 SGB IX auch nach Ablauf der Frist des § 626 Abs. 2 S. 1 BGB erfolgen, wenn sie unverzüglich nach Erteilung der Zustimmung durch das Integrationsamt erklärt wird. Einer förmlichen Zustellung der Zustimmungsentscheidung vor Ausspruch der Kündigung bedarf es nicht, die Entscheidung des Integrationsamtes muss nur zugunsten des Arbeitgebers »getroffen« sein; die mündliche Bekanntgabe, dass dem Widerspruch des Arbeitgebers gegen die Versagung der Zustimmung entsprochen wurde, reicht aus (*BAG* 21.4.2005 EzA § 91 SGB IX Nr. 1). Anders als bei der ordentlichen Kündigung bedarf es der Zustellung der – schriftlichen – Entscheidung des Integrationsamtes vor dem Zugang der Kündigungserklärung nicht. § 91 SGB IX enthält eine von § 88 SGB IX abweichende, speziellere Regelung (*BAG* 12.5.2005 EzA § 91 SGB IX Nr. 2). Das gilt auch für eine außerordentliche Kündigung eines ordentlich nicht kündbaren schwerbehinderten Arbeitnehmers (*BAG* 12.5.2005 EzA § 91 SGB IX Nr. 2).

211a Auch wenn der Arbeitgeber von einer Schwerbehinderteneigenschaft oder der Antragstellung keine Kenntnis hat, genießt der schwerbehinderte Arbeitnehmer den Sonderkündigungsschutz. Der Arbeitnehmer ist in diesem Fall allerdings gehalten, dem Arbeitgeber **innerhalb von drei Wochen** (so die Erwägung des Zweiten Senats des BAG [12.1.2006 EzA § 85 SGB IX Nr. 5] nach der Neufassung des SGB IX und des § 4 KSchG), bislang innerhalb einer **Regelfrist** von einem Monat nach Zugang der (ordentlichen oder außerordentlichen) Kündigung die festgestellte oder beantragte Schwerbehinderteneigenschaft sowie die Einlegung des Widerspruchs gegen einen die Schwerbehinderteneigenschaft ablehnenden Bescheid des Versorgungsamtes mitzuteilen, wenn er sich den Sonderkündigungsschutz erhalten will. Unterbleibt diese Mitteilung, ist der Kündigungsschutz des schwerbehinderten Arbeitnehmers **verwirkt** (materiellrechtliche Verwirkung; *BAG* 23.2.1978 EzA § 12 SchwbG Nr. 5; 2.6.1982 EzA § 12 SchwbG Nr. 10; 19.1.1983 EzA § 12 SchwbG Nr. 11: Das gilt auch für eine vom Arbeitgeber [vorsorglich] ausgesprochene weitere Kündigung [Wiederholungskündigung]), es sei denn, die Schwerbehinderung ist offenkundig oder der schwerbehinderte Mensch hat bereits vor dem Ausspruch der Kündigung den Arbeitgeber über seine körperlichen Beeinträchtigungen informiert und über die beabsichtigte Antragstellung beim Versorgungsamt in Kenntnis gesetzt (vgl. *BAG* 7.3.2002 EzA § 85 SGB IX Nr. 1). Nicht unter § 85 SGB IX fällt ein (nicht wegen Umgehung des Kündigungsschutzes unwirksamer, § 134 BGB) Widerruf (das Recht zur einseitigen Änderung von Vertragsbedingungen; *BAG* 7.10.1982 EzA § 315 BGB Nr. 28).

211b Zu beachten ist, dass der Gesetzgeber mit Gesetz zur Förderung der Ausbildung und Beschäftigung schwerbehinderter Menschen vom 23.4.2004 BGBl. I S. 606 mit dem in **§ 90 SBG IX** neu eingefügten am 1.5.2004 in Kraft getretenen **Abs. 2a** (BGBl. I S. 608) die §§ 85 ff. SBG IX eingeschränkt hat: Die Vorschriften sind außerdem nicht anwendbar, wenn zum Zeitpunkt der Kündigung die Eigenschaft als schwerbehinderter Mensch nicht nachgewiesen ist oder das Versorgungsamt nach Ablauf der Frist des § 69 Abs. 1 S. 1 SGB IX eine Feststellung wegen fehlender Mitwirkung nicht treffen konnte. Ein besonderer Kündigungsschutz soll nicht für den Zeitraum gelten, in dem ein idR aussichtsloses Anerkennungsverfahren betrieben wird. Die Ergänzung stellt sicher, dass der Arbeitgeber zur Kündigung gegenüber einem schwerbehinderuen Menschen nicht der vorherigen Zustimmung des Integrationsamtes bedarf, wenn **zum Zeitpunkt** der beabsichtigten Kündigung die Eigenschaft als schwerbehinderter Mensch nicht durch einen Schwerbehindertenausweis nachgewiesen ist, und auch nicht **offenkundig** ist, so dass es eines durch ein Feststellungsverfahren zu führenden Nachweises nicht bedarf, **und der Nachweis** über die Eigenschaft als schwerbehinderter Mensch weder durch einen Feststellungsbescheid nach § 69 Abs. 1 SGB IX noch durch diesem Bescheid gleichstehende Feststellungen nach § 69 Abs. 2 SGB IX erbracht ist. Hat der Arbeitnehmer bereits mehr als drei Wochen vor Zugang der Kündigung ein Verfahren auf Feststellung der Eigenschaft als schwerbehinderter Mensch anhängig gemacht und hat das Versorgungsamt ohne ein Verschulden des Antragstellers noch keine Feststellung treffen können, so gilt eine Ausnahme: Dann hat der Arbeitgeber auch ohne festgestellte Schwerbehinderung das Zustimmungsverfahren einzuhalten. Für die Arbeitgeber entfällt das Risiko, dass ein Arbeitnehmer geltend machen kann, er habe den besonderen Kündigungsschutz, weil ihm der Betriebsrat im Rahmen der Anhörung nach § 102 BetrVG den Tipp gegeben hat, einen Feststellungsantrag beim Versorgungsamt zu stellen. Nach neuem Recht kommt dieser Tipp zu spät (vgl. iE *Düwell* Aus der Gesetzgebung, Das Gesetz zur Förderung der Ausbildung und Beschäftigung schwerbehinderter Menschen, HzA aktuell 05/2004; *Kossens/von der Heide/Maaß* SGB IX 2. Aufl., § 90 Rz. 17 ff.; *Bihr/Fuchs/Krauskopf/ Ritz/Dopatka* SGB IX § 90 Rz. 14; *Schlewing* NZA 2005, 1218 ff.; *Rolfs/Barg* BB 2005, 1678 ff.; *Gaul/Süßbrich* ArbRB 2005, 212 ff.; *Bitzer* NZA 2006, 1082 ff.; *LAG RhPf* 12.10.2005 – 10 Sa 502/05 – NZA-RR 2006, 186; *OVG Koblenz* 7.3.2006 – 7 A 11298/05 – Behindertenrecht 2006, 108 ff.; *LAG Köln* 16.6.2006 – 12 Sa 168/ 06; *LAG BW* 14.6.2006 – 10 Sa 43/06 – für den Fall beantragter Gleichstellung, § 2 Abs. 3 SGB IX).

– – **§ 84 Abs. 2 SGB IX** 211c
Die Nichtdurchführung des betrieblichen Eingliederungsmanagements nach **§ 84 Abs. 2 SGB IX** führt nicht zur Unwirksamkeit der Kündigung (str.). § 84 SGB IX hat nur die Gesundheits- nicht die Kündigungsprävention zum Ziel. §§ 85 ff. regeln die Kündigung abschließend (ErfK-*Rolfs* § 85 SGB IX Rz. 1 mit Darstellung des Streitstandes). Jedenfalls hat die Nichtdurchführung des betrieblichen Eingliederungsmanagements nach § 84 Abs. 2 SGB IX nicht die Unwirksamkeit der krankheitsbedingten Kündigung eines nicht schwerbehinderten Arbeitnehmers zur Folge, wenn feststeht, dass die Wiederherstellung der Arbeitsfähigkeit des Arbeitnehmers völlig ungewiss ist und eine Versetzung auf einen anderen – leidensgerechten – Arbeitsplatz nicht möglich ist (*LAG Bln.* 27.10.2005 – 10 Sa 783/05 – NZA-RR 2006, 184; *LAG Hamm* 28.3.2006 – 18 Sa 2104/05 – SPA 22/2006 S. 4, Rev. – 2 AZR 716/06 – anhängig).

– – **§ 9 MuSchG**
Der Kündigungsschutz für Frauen während der Schwangerschaft und bis zum Ablauf von vier Mona- 212 ten nach der Niederkunft ist so ausgestaltet, dass die Kündigung überhaupt unzulässig ist (§ 9 Abs. 1 MuSchG). Nach § 9 Abs. 3 MuSchG kann die für den Arbeitsschutz zuständige oberste Landesbehörde in besonderen Fällen, die nicht mit dem Zustand einer Frau während der Schwangerschaft oder ihrer Lage bis zum Ablauf von vier Monaten nach der Entbindung im Zusammenhang stehen, ausnahmsweise die Kündigung für zulässig erklären (vgl. zB *HessVGH* 24.1.1989 EEK III/092 = RzK IV 6b Nr. 12 = DB 1989, 2080 = AuR 1990, 28). Dieses absolute Kündigungsverbot mit Erlaubnisvorbehalt bedeutet, dass eine ohne Erlaubnis ausgesprochene Kündigung wegen Verstoßes gegen ein gesetzliches Verbot iSd § 134 BGB nichtig ist (*BAG* 29.7.1968 EzA § 9 MuSchG nF Nr. 1; 25.3.2004 *EzA § 9 MuSchG nF Nr.4*). Die Erlaubnis muss nicht bestandskräftig sein. Auch bedarf es keiner Anordnung der sofortigen Vollziehbarkeit des Zulässigkeitserklärungsbescheides. Die Zulässigkeitserklärung nach § 9 Abs. 3 MuSchG ist ausreichend, die Kündigung kann wirksam erklärt werden. Die ausgesprochene Kündigung »kann allerdings erst dann rechtswirksam werden, wenn der Bescheid auch seine innere Wirksamkeit entfaltet und bestandskräftig ist« (*BAG* 25.3.2004 EzA § 9 MuSchG unter Hinw. auf *Corts/Hege* SAE 1983, 7, 9).

Der besondere Kündigungsschutz für Frauen gilt auch für Auszubildende (*LAG Bln.* 1.7.1985 LAGE § 9 MuSchG Nr. 6). Vgl. iE KR-*Bader* § 9 MuSchG Rz. 68 ff.; 82 ff., 171.

Die fehlende Erlaubnis der zuständigen obersten Landesbehörde ist innerhalb der Dreiwochenfrist des § 4 S. 1 KSchG geltend zu machen, § 13 Abs.3 KSchG nF iVm § 4 S. 1 KSchG. § 4 S. 4 KSchG ist nicht einschlägig. Zwar kann einer Schwangeren grds. nur unter den Voraussetzungen des § 9 Abs.3 MuSchG wirksam gekündigt werden. Eine Ausnahme ergibt sich aber dann, wenn dem Arbeitgeber im Zeitpunkt der Absendung der Kündigung die Schwangerschaft nicht bekannt war und sie ihm entweder nicht oder schuldhaft erst später als zwei Wochen nach Zugang der Kündigung mitgeteilt wird, arg. § 9 Abs.1 S.1 MuSchG; auf die Zustimmung der Behörde kommt es in diesem Fall nicht an. § 4 S. 4 KSchG ist nicht einschlägig. Die Dreiwochenfrist beginnt mit Zugang der Kündigungserklärung (*J. Schmidt* NZA 2004, 81).

212a Die zugelassene Kündigung hat nach § 9 Abs. 3 S. 2 MuSchG in schriftlicher Form unter Angabe des Kündigungsgrundes zu erfolgen. Die Kündigung, die nur mündlich ausgesprochen wurde oder bei der der Kündigungsgrund nicht ebenfalls schriftlich mitgeteilt wurde, ist nichtig. Es gilt nichts anders als bei § 22 Abs. 3 BBiG (vgl. unten Rz. 227).

212b Das absolute Kündigungsverbot ohne Erlaubnisvorbehalt des § 9a MuSchG (dazu 2. Aufl. Rz. 212) während des Mutterschaftsurlaubs ist durch **§ 18 Abs. 1 BErzGG** (jetzt § 18 BEEG) für die ab 2.1.2001 mögliche Elternzeit abgelöst worden. Ab Geltendmachung der Elternzeit, höchstens jedoch acht Wochen vor Beginn der Elternzeit und während der Elternzeit gilt derselbe Kündigungsschutz wie nach § 9 MuSchG. Eine entgegen dem Kündigungsverbot des § 18 BErzGG ausgesprochene Kündigung ist unheilbar nichtig, § 134 BGB (*Meisel/Sowka* Mutterschutz und Erziehungsurlaub, 5. Aufl., § 18 BErzGG Rz. 12; *Kittner/Reinecke* Personalbuch 2006 »Elternzeit« Rz. 35; *BAG* 31.3.1993 EzA § 9 MuSchG nF Nr. 32; 11.3.1999 EzA § 18 BErzGG Nr. 4; *Glatzel* AR-Blattei SD 656 Erziehungsgeld und Elternzeit Rz. 192; *Buchner/Becker* MuSchG/BErzGG, 7. Aufl., § 18 Rz. 17; *Wiegand* BErzGG 9. Aufl., § 18 Rz. 8; *Böttcher/Graue* Eltern- und Mutterschutzrecht, 1999, § 18 Rz. 15 f.; *Hambüchen/Appel* Kindergeld Erziehungsgeld, Stand 11/2003, § 18 Rz. 92). Besteht zur Zeit einer Kündigung ein Erlaubnisvorbehalt sowohl nach § 9 Abs. 3 MuSchG als auch nach § 18 BErzGG, so müssen beide Erlaubnisse vorliegen, da andernfalls die Kündigung unheilbar nichtig ist (*BAG* 31.3.1993 EzA § 9 MuSchG nF Nr. 32). Nach § 18 Abs. 2 BErzGG gilt der Kündigungsschutz auch bei Leistung von Teilzeitarbeit während der Elternzeit bei »seinem« Arbeitgeber (Nr. 1), aber auch dann, wenn keine Elternzeit in Anspruch genommen und Teilzeitarbeit bei »seinem« Arbeitgeber geleistet wird und Anspruch auf Erziehungsgeld besteht oder nur deswegen nicht besteht, weil das Einkommen die Einkommensgrenzen übersteigt (Nr. 2; vgl. dazu iE *Hambüchen/Appel* § 18 Rz. 53 ff.); der Kündigungsschutz besteht nicht, solange kein Anspruch auf Elternzeit nach § 15 BErzGG besteht (vgl. zu § 18 Abs. 2 Nr. 2 BErzGG aF *BAG* 27.3.2003 EzA § 18 BErzGG Nr. 6; 2.2.2006 EzA § 18 BErzGG Nr. 8: Der Sonderkündigungsschutz gilt nicht für Arbeitsverhältnisse mit dem »anderen« Arbeitgeber iSd § 15 Abs. 4 S. 2 aF BErzGG (§ 15 Abs. 4 S. 3 BErzGG).

Erklärt die zuständige Behörde »eine Kündigung für zulässig« und ist die Kündigung aus formalen Gründen unwirksam – eine Originalvollmacht wurde nicht vorgelegt (§ 174 BGB; dazu Rz. 284) –, so braucht der Arbeitgeber nicht erneut die Zulässigkeitserklärung zu beantragen für eine erneute Kündigung, die auf demselben Sachverhalt beruht. Das behördliche Verfahren nach § 18 BErzGG ist mit § 102 BetrVG nicht vergleichbar, der die Anhörung des Betriebsrats »vor jeder Kündigung« verlangt (dazu Rz. 217; *LAG Köln* 21.4.2006 – 11 Sa 143/06 – EzA-SD 17/2006 S. 8 f.).

Daran ändert das am 1.1.2007 in Kraft tretende **Gesetz zum Elterngeld und zur Elternzeit** (Bundeselterngeld- und Elternzeitgesetz – **BEEG** – vom 5.12.2006 BGBl. I S. 2748) nichts. Das BEEG gilt für die ab 1.1.2007 geborenen oder zur Adoption angenommenen Kinder. Für die vor dem Stichtag geborenen/angenommenen Kinder [»Altkinder«?] bleiben der Erste und der Dritte Abschnitt des BErzGG weiter anwendbar (§ 27 Abs. 1 BEEG). Dagegen tritt der arbeitsrechtliche Teil – Zweiter Abschnitt – zum 31.12.2006 außer Kraft. Der in § 18 Abs. 2 BEEG geregelte Kündigungsschutz wird wegen seiner Abhängigkeit vom Bezug des möglichen Elterngeldes auf maximal 12 Monate begrenzt. Auch wenn das Verlangen nach Elternzeit entgegen § 16 Abs. 1 S. 1 BEEG nicht schriftlich erfolgt ist, besteht der Sonderkündigungsschutz des § 18 BEEG. Das Schriftformerfordernis hat nur beweissichernde Funktion. Vgl. im Übrigen *Düwell* HzA aktuell 12/06 S. 37 ff. und KR-*Bader* §§ 18, 19 BEEG passim.

– – Bergmannversorgungsscheininhaber

213 In NRW und dem Saarland darf nach §§ 10 ff. bzw. § 11 des Gesetzes über einen Bergmannversorgungsschein (**Gesetz** über einen **Bergmannversorgungsschein im Land NRW** vom 20.12.1983 [GVBl. 635], **Gesetz** Nr. 768 über einen **Bergmannversorgungsschein im Saarland** vom 11.7.1962 [Amtsbl. S. 605] einem **Bergmannversorgungsscheininhaber** nur mit Zustimmung der Zentralstelle ordentlich gekündigt werden. Die außerordentliche Kündigung bedarf keiner Zustimmung. Die ohne Zustimmung der Zentralstelle gegenüber einem Bergmannversorgungsscheininhaber ausgesprochene ordentliche Kündigung verstößt gegen ein gesetzliches Verbot und ist daher nach § 134 BGB nichtig (*K.-H. Schmidt* Gesetz über einen Bergmannversorgungsschein im Land NRW, 1956, § 11 Rz. 14, S. 78; BGB-RGRK-*Boldt* Anh. I § 630 Bergarbeitsrecht § 12 BV Schein G NRW Rz. 3; *Warda/Wolmerat* BergVSG NW, 1995, § 10 Rz. 1 »unwirksam«, vgl. KR-*Friedrich* § 4 KSchG Rz. 211).

214 Dagegen sind die **Bergmannversorgungsscheininhaber** im Lande **Niedersachsen** nach § 1 des **Gesetzes** über einen **Bergmannversorgungsschein** im Lande Niedersachsen vom 6.1.1949 (Nieders. Gesetz-

§ 2 ArbPlSchG

Kündigt der Arbeitgeber dem Arbeitnehmer unter Verstoß gegen eine in § 2 ArbPlSchG enthaltene **215** Kündigungsbeschränkung, so ist die Kündigung wegen Verstoßes gegen gesetzliche Verbotsnormen nichtig (§ 134 BGB; *Schaub/Linck* § 144 III 2 Rz. 6; *Sahmer/Busemann* ArbPlSchG Stand 10/2005 E § 2 Rz. 17; *Kreizberg* AR-Blattei SD 1800 Wehr- und Zivildienst Rz. 148; SPV-*Vossen* Rz. 1704 ff.; LAG Köln 6.10.1982 DB 1983, 124; *ArbG Solingen* 30.10.1985 AuR 1987, 243; vgl. KR-*Friedrich* § 4 KSchG Rz. 215; vgl. iE KR-*Weigand* § 2 ArbPlSchG Rz. 1 ff.). Das ArbPlSchG gilt auch für **Soldaten auf Zeit** (§ 16a ArbPlSchG). § 2 ArbPlSchG gilt für **anerkannte Kriegsdienstverweigerer** entsprechend (§ 78 Abs. 1 Nr. 1 ZDG; vgl. *Harrer/Haberland* Kommentar zum ZDG, 1974, § 78 Rz. 2; *Kreizberg* aaO Rz. 208). Für die **Angehörigen des Bundesgrenzschutzes** gilt das ArbPlSchG entsprechend (§ 59 Abs. 1 BGSG; *Einwag/ Schoen* BGSG, 1973, § 59 Rz. 61). Arbeitnehmern dürfen aus ihrer Verpflichtung zum Dienst im **Zivilschutz** keine Nachteile im Arbeitsverhältnis erwachsen (§ 9 Abs. 2 S. 1 ZSchG). Ihnen darf wegen ihres Dienstes im Zivilschutz nicht gekündigt werden. Entsprechendes gilt nach § 9 Abs. 2 S. 1 KatSG für Helfer im **Katastrophenschutz**. § 2 des **Eignungs-ÜbG** (20.1.1956 BGBl. I S. 13; zul. geändert d. G. v. 24.9.1997 BGBl. I S. 594) sieht ein Kündigungsverbot für den Arbeitgeber während und aus Anlass der Teilnahme an einer Eignungsübung vor.

§ 8 Heimkehrergesetz

Hinsichtlich dieser aufgehobenen Bestimmung und zu mit ihr zusammenhängenden Regelungen **216** wird auf die 7. Aufl. verwiesen.

§ 45 Abs. 1a S. 3 DRiG – § 26 ArbGG, § 20 SGG

§ 45 Abs. 1a S. 3 DRiG verbietet ausdrücklich die Kündigung eines Arbeitsverhältnisses wegen der **216a** Übernahme oder der Ausübung des Amtes (dazu *Schmidt-Räntsch* NVwZ 2005, 166, 168). Nach § 45 Abs. 1a S. 4 DRiG bleiben weitergehende landesrechtliche Regelungen unberührt (dazu *Bader/Hohmann/Klein* Die ehrenamtlichen Richterinnen und Richter in der Arbeits- und Sozialgerichtsbarkeit 12. Aufl. 2006, X Rz. 9 S. 56). Art. 110 Abs. 1 S. 2 der Verfassung des Landes Brandenburg verbietet jegliche ordentliche Kündigung von ehrenamtlichen Richtern für die Dauer ihrer Amtszeit (dazu *BVerfG* 11.4.2000 EzA § 26 ArbGG 1979 Nr. 2). Dem entsprechend ist nach **ArbG Neuruppin** 1.6.1994 AuA 1994, 26 eine ordentliche Arbeitgeberkündigung gegenüber einem ehrenamtlichen Richter gem. § 134 BGB, Art. 110 Abs. 1 S. 2 Brandenburgische Verfassung nichtig. Auf die Benachteiligungsverbote des § 26 ArbGG und des § 20 SGG (dazu iE 7. Aufl. mwN) dürfte es im Zusammenhang mit Kündigungen nicht mehr ankommen (vgl. BCF-*Bader* ArbGG § 26 Rz. 7).

§ 13 Abs. 2 S. 1 TzBfG – Verbot der partnerbedingten Kündigung

Nach § 13 Abs. 2 S. 1 TzBfG ist die Kündigung des Job-sharing-Arbeitsverhältnisses durch den Arbeit- **216b** geber **wegen des Ausscheidens des Partners** unwirksam. Diese Bestimmung enthält ein absolutes Kündigungsverbot. Es handelt sich um ein gesetzliches Verbot iSd § 134 BGB (*Meinel/Heyn/Herms* TzBfG 2. Aufl. § 13 Rz. 27). Eine Kündigung unter Missachtung des § 13 Abs. 2 S. 1 TzBfG ist ein anderer Grund iSd § 13 Abs. 3 iVm § 4 S. 1 KSchG: Die Dreiwochenfrist ist einzuhalten (zutr. *Arnold/Gräfl-Arnold* TzBfG § 13 Rz. 34).

§ 11 S. 1 TzBfG

Nach § 11 S. 1 TzBfG ist die Kündigung eines Arbeitsverhältnisses wegen der Weigerung eines Arbeitnehmers von einem Vollzeit- in ein Teilzeitarbeitsverhältnis oder umgekehrt zu wechseln, unwirksam. Dabei handelt es sich um ein besonderes, eigenständiges Kündigungsverbot (TzA-*Buschmann* 2. Aufl., § 5 TzBfG Rz. 1), das aber wegen § 13 Abs. 3 KSchG nF innerhalb der Klagefrist des § 4 S. 1 KSchG geltend gemacht werden muss (zutr. *Arnold/Gräfl-Arnold* § 11 Rz. 12).

§ 4 Abs. 1 TzBfG

Diese Bestimmung enthält ein Benachteiligungsverbot von Teilzeitbeschäftigten gegenüber vollzeitbe- **216c** schäftigten Arbeitnehmern. Die Vorschrift geht auf Art. 1 § 2 Abs. 1 BeschFG 1985 zurück. Eine Kündigung **gerade und wegen und nur wegen** der Teilzeit ist wegen Verstoßes gegen diese Bestimmung iSd § 134 BGB nichtig. Es handelt sich um einen sonstigen Unwirksamkeitsgrund, der nach § 13 Abs. 3 KSchG nF innerhalb der Dreiwochenfrist des § 4 KSchG geltend zu machen ist.

§ 5 TzBfG

Nach dieser Vorschrift darf der Arbeitgeber einen Arbeitnehmer nicht wegen der Inanspruchnahme von Rechten nach dem TzBfG benachteiligen. Diese Vorschrift wiederholt das allgemeine Benachteiligungsverbot des § 612a BGB (vgl. dazu Rz. 141a, 259b) und bezieht es auf die Inanspruchnahme von Rechten nach dem TzBfG. Teilzeitbeschäftigte und befristet Beschäftigte sollen u.a. vor Kündigungen geschützt werden (TzA-*Buschmann* 2. Aufl., § 5 Rz. 3 unter Hinweis auf die Gesetzesbegründung). § 5 TzBfG ist ein sonstiges Kündigungsverbot iSv § 13 Abs. 3 KSchG, es muss innerhalb der Dreiwochenfrist des § 4 S. 1 KSchG geltend gemacht werden (zutr. *Arnold/Gräfl-Rambach* § 5 Rz. 12).

– – **§ 4 Abs. 2 TzBfG**
Diese Bestimmung enthält ein Benachteiligungsverbot von befristet Beschäftigten gegenüber unbefristet Beschäftigten. Die Vorschrift geht auf die EG-Richtlinie 1999/70/EG v. 28.6.1999 über befristete Arbeitsverträge zurück (EAS A 3610) und erfaßt als allgemeiner Rechtsgrundsatz auch Befristungen außerhalb des TzBfG (zB §§ 57a ff. HRG, § 21 BErzGG [zutr. *Kittner/Däubler/Zwanziger* § 4 TzBfG Rz43]). Daraus folgt, dass eine Kündigung wegen und nur wegen der Befristung wegen Verstoßes gegen ein Gesetz nichtig ist, § 134 BGB.

216d Zum besonderen **Kündigungsschutz der Parlamentarier** (der Abgeordneten des Bundes und der Länder sowie der Mitglieder von Gemeindevertretungen und Kreistagen) aus »Anlass der Abgeordnetentätigkeit«, Art. 48 Abs. 2 S. 2 GG oder »wegen Aufnahme oder Ausübung des Mandats«, zB § 2 Abs. 3 S. 2 iVm § 5 LandesabgeordnetenG Berlin oder wegen Gründen, die im Zusammenhang mit der Ausübung des Ehrenamtes als Mitglied eines Kommunalparlamentes stehen, BAG 30.6.1994 EzA Art. 48 GG Nr. 1, sowie der Europaabgeordneten nach § 3 Abs. 3 EuAbgG vgl. KR-*Weigand* Kündigungsschutz für Parlamentarier.

Es sei lediglich auf den besonderen Kündigungsschutz für **Mitglieder des Ausländerbeirats** aufmerksam gemacht, den einige Gemeindeordnungen vorsehen. In Hessen haben Mitglieder des Ausländerbeirats wegen der Verweisung in § 86 Abs. 6 HessGO auf § 35a Abs. 2 HessGO denselben besonderen Kündigungsschutz außerhalb der Probezeit wie Gemeindevertreter oder Stadtverordnete. Das gilt aber nur für außerhalb des öffentlichen Dienstes beschäftigte Ausländerbeiratsmitglieder (§ 86 Abs. 6 S. 2 iVm § 35a Abs. 1 S. 4 HessGO). § 35a HessGO gilt außerdem nur für die Arbeitnehmer, deren Arbeitgeber ihren Sitz in Hessen haben. Die räumliche Geltung der HessGO beschränkt sich auf Hessen (HessLandtag Drs. 11/6933; *Schlempp* HessGO Stand 8/1996 § 35a Anm. III).

Wegen der Verweisung in § 27 Abs. 7 GONW auf § 44 Abs. 1 S. 4 GONW, »Kündigungen oder Entlassungen aus Anlass der Bewerbung, Annahme oder Ausübung eines Mandats sind unzulässig«, enthält die GONW eine kündigungsschutzrechtliche Regelung, die im Rahmen der konkurrierenden Gesetzgebungszuständigkeit des Landes gem. Art. 74 Nr. 12 GG die bundesrechtlichen Vorschriften (zB KSchG) ergänzt sowie außerhalb deren Anwendungsbereich jedenfalls für Mitglieder des Ausländerbeirats einen eigenständigen Kündigungsschutz konstituiert (vgl. *Rehn/Cronauge* GONW, Stand 11/1995, § 44 Erl. Abs. 1 unter Hinweis auf LT-Drs. 11/4983, allerdings für gemeindliche Mandatsträger, die auch unabhängig davon vor Kündigungen, die wegen ihrer Mandate ausgesprochen werden, geschützt sind).

Beauftragte
– – **§ 4f Abs. 3 S. 3 BDSG – Beauftragter für den Datenschutz –**
216e Nach dieser Bestimmung darf der Beauftragte für den Datenschutz »wegen der Erfüllung seiner Aufgaben nicht benachteiligt werden«. Eine Kündigung gerade wegen der Amtsführung ist wegen Verstoßes gegen diese Bestimmung unwirksam (vgl. *Simitis* BDSG § 4f Rz. 134).

Darüber hinaus schließt **§ 4f Abs. 3 S. 4 BDSG**, nach dem die Bestellung zum Beauftragten für den Datenschutz in entsprechender Anwendung des § 626 BGB oder bei nicht öffentlichen Stellen auch auf Verlangen der Aufsichtsbehörde widerrufen werden kann, die ordentliche Kündigung gegenüber einem internen betrieblichen Datenschutzbeauftragten generell aus (*Simitis* aaO § 4f Rz. 185 mwN Fn 317). Auch eine außerordentliche Kündigung scheidet aus. Das Widerrufsrecht geht vor. Nicht jede kündigungsrelevante Tatsache iSd wichtigen Grundes des § 626 Abs. 1 BGB, die – nach Interessenabwägung – zur außerordentlichen Kündigung berechtigt, rechtfertigt die Beendigung der Bestellung. Nur solche Gründe sind relevant, die mit der Tätigkeit des Beauftragten zusammenhängen (*Simitis* aaO § 4f Rz. 186).

Betriebsbeauftragter für den Umweltschutz
– – **§ 58 BImSchG – Betriebsbeauftragter für Immissionsschutz –**
216f § 58 Abs. 1 BImSchG enthält ein allg. Benachteiligungsverbot zugunsten des Immissionsschutzbeauftragten. Nach Abs. 2 ist die Kündigung unzulässig, es sei denn, ein Fall des § 626 BGB liegt vor. Nach

Abberufung (dazu BAG 22.7.1992, EzA § 58 BImSchG Nr. 1) besteht ein Kündigungsverbot für ein Jahr, es sei denn, die Voraussetzungen für eine außerordentliche Kündigung iSd § 626 BGB lägen vor. Eine gleichwohl ausgesprochene Kündigung verstößt gegen ein gesetzliches Verbot, § 134 BGB (*Bährle* RdW 16/1996 Spezial 1,6; *Ehrich* AR-Blattei SD 475 Betriebsbeauftragte Rz. 56). Es handelt sich um einen anderen Rechtsunwirksamkeitsgrund iSd § 13 Abs. 3 KSchG.

– – **§ 58d BImSchG – Störfallbeauftragter –**

Entsprechendes gilt für den Störfallbeauftragten (vgl. *Jürk* WiR 1992, 450). 216g

– – **§ 21f Abs. 2 WHG – Betriebsbeauftragter für Gewässerschutz –**

Die ordentliche Kündigung eines als Arbeitnehmer tätigen Gewässerschutzbeauftragten ist unzulässig, nach seiner Abberufung noch innerhalb eines Jahres danach. Dieser besondere Kündigungsschutz entspricht dem des Immissionsschutzbeauftragten (§ 58 BImSchG). Eine gleichwohl ausgesprochene Kündigung verstößt gegen ein gesetzliches Verbot, § 134 BGB. Es handelt sich um einen anderen Rechtsunwirksamkeitsgrund iSd § 13 Abs. 3 KSchG. 216h

– – **§ 55 Abs. 3 KrW-/AbfG iVm § 58 Abs. 2 BImSchG – Betriebsbeauftragter für Abfall –**

Mit Wirkung ab 6. Oktober 1996 wurde für den Betriebsbeauftragten für Abfall durch Verweisung auf § 58 Abs. 2 BImSchG der für den Immissionsschutzbeauftragten bestehende Kündigungsschutz auf den Abfallbeauftragten ausgedehnt. Die dem als Arbeitnehmer tätigen Abfallbeauftragten gegenüber ausgesprochene ordentliche Beendigungs- oder Änderungskündigung verstößt gegen ein gesetzliches Verbot, § 134 BGB, und stellt einen anderen Rechtsunwirksamkeitsgrund iSd § 13 Abs. 3 KSchG dar. 216i

– – **§ 8b Abs. 6 S. 2 TierSchG – Tierschutzbeauftragter –**

Nach dieser Bestimmung darf der Tierschutzbeauftragte (dazu *Brandhuber* NJW 1988, 1952, 1955) »wegen der Erfüllung seiner Aufgaben nicht benachteiligt werden«. Eine Kündigung gerade wegen der Amtsführung ist wegen Verstoßes gegen diese Bestimmung unwirksam (es gilt das zu § 36 Abs. 3 S. 3 BDSG Ausgeführte entsprechend). 216j

– – **§ 19 Abs. 2 GenTSV – Beauftragter für die Biologische Sicherheit –**

Nach dieser Bestimmung darf der Beauftragte für die Biologische Sicherheit »wegen der Erfüllung seiner Aufgaben nicht benachteiligt werden«. Es gilt das zu § 36 Abs. 3 S. 3 BDSG Ausgeführte entsprechend. 216k

– – **§ 14 Abs. 5 RöVO vom 8.1.1987 idF vom 30.4.2003 (BGBl. I S.604) – Beauftragte zum Schutz vor medizintypischen Risiken –**

Nach dieser Bestimmung dürfen **Strahlenschutzbeauftragte** nach der RöntgenschutzVO bei Erfüllung ihrer Pflichten nicht behindert und wegen deren Erfüllung nicht benachteiligt werden. 216l

In diesen Zusammenhang gehört auch

– – **§ 9 ASiG – Betriebsarzt –**

Diese Bestimmung enthält eine gesetzliche Kündigungsbeschränkung. Die fehlende und auch nicht ersetzte Zustimmung zur Abberufung eines Betriebsarztes führt nach BAG 24.3.1988, EzA § 9 ASiG Nr. 1 zur Unwirksamkeit der dem Betriebsarzt gegenüber ausgesprochenen Beendigungskündigung, wenn diese auf Gründe gestützt wird, die sachlich mit der Tätigkeit als Betriebsarzt in unmittelbarem Zusammenhang stehen (*Ehrich* AR-Blattei SD 475 Betriebsbeauftragte Rz. 10; *Amt* Anstellung und Mitbestimmung bei betrieblichen Beauftragten, Schriften zum Wirtschafts-, Arbeits- und Sozialrecht, Band 56 1993 S. 175 ff.; LAG Hamm 14.6.2005 – 19 Sa 287/05 – NZA-RR 2005, 640). Die Verletzung des in § 9 Abs. 3 S. 1 ASiG für den Betriebsrat bei der Abberufung vorgesehenen Zustimmungsrechts macht dann einen sonstigen Grund iSd § 13 Abs. 3 KSchG aus (vgl. auch *v. Hoyningen-Huene/Linck* § 13 Rz. 83; *Bertzbach* FS für Däubler, 1999, S. 158, 160 ff.; **aA** *Bloesinger* NZA 2004, 467: Abberufung unwirksam, Entlassungsschutz analog §§ 17, 18 KSchG bis zum Vorliegen der Zustimmung des Betriebsrats oder deren Ersetzung durch die Einigungsstelle; bei Kündigung wegen Wahrnehmung der Rechte § 612a BGB). 216m

– – **§ 22 Abs. 3 SGB VII – Sicherheitsbeauftragter –**

Diese Vorschrift sieht ein Benachteiligungsverbot wegen der Nichterfüllung der dem Sicherheitsbeauftragten übertragenen Aufgaben vor. Es wird auch als Kündigungsschutz verstanden (*Spinnarke/Schork* ASiG, Stand 6/1999 § 5 ASiG Rz. 4). Im Übrigen gilt das zu § 36 Abs. 3 S. 3 BDSG Ausgeführte entsprechend (Rz. 216e). 216m1

§ 13 KSchG Außerordentliche, sittenwidrige und sonstige Kündigungen

– – **§ 10 Abs. 2 ArbSchG – Fakultativer Arbeitsschutzbeauftragter –**

216n Diese Vorschrift sieht einen besonderen Kündigungsschutz, ein Benachteiligungsverbot wegen der Erfüllung der ihm übertragenen Aufgaben nicht vor.

216o Als weitere arbeitsrechtliche Beauftragte hat der Arbeitgeber unter den Voraussetzungen des ASiG **Fachkräfte für Arbeitssicherheit** zu bestellen. Es besteht dieselbe Kündigungsbeschränkung wie bei Betriebsärzten nach § 9 ASiG (vgl. oben).

216p Für den nach § 31 Abs. 1 MedProdG (MPG) zu bestellenden **Sicherheitsbeauftragten für Medizinprodukte** ist kein besonderer Kündigungsschutz, auch nicht in Form eines Benachteiligungsverbots, vorgesehen.

– – **§ 1a Nr. 3 GefahrgutbeauftragtenVO (GbV) – Gefahrgutbeauftragter –**

216q Ein besonderer Kündigungsschutz oder ein Benachteiligungsverbot sind nicht mehr vorgesehen.

216r Der Beauftragte für gefährliche Stoffe – **Gefahrstoffbeauftragter** –, ist gesetzlich nicht mehr vorgeschrieben. Die Durchführung der GefStoffV wird häufig der Fachkraft für Arbeitssicherheit übertragen. Gleichwohl können in Betriebs-/Dienstvereinbarungen Gefahrstoffbeauftragte vorgesehen werden (*Nitschki/Sonn/Ecker* ArbN, 1993, S. 238 ff.). Dabei dürfte ein abstraktes Behinderungs- und Benachteiligungsverbot, wenn nicht gar ein besonderer Kündigungsschutz für den Gefahrstoffbeauftragten in der – freiwilligen – Betriebs-/Dienstvereinbarung wirksam vereinbart werden können (vgl. insoweit *Kania/Kramer* RdA 1995, 290).

216s Für den nach § 63a AMG (iVm §§ 14 f. PharmBetrV) zu bestellenden **Stufenplanbeauftragten** (dazu *Hasskarl* NJW 1988, 2265, 2270; *Hohm* MedR 1988, 15 ff.; *ders.* Arzneimittelrecht und Nachmarktkontrolle, Nomos Universitätsschriften Band 24, 1990 S. 275 ff. [S. 287: Der Verzicht des Gesetzgebers auf »Benachteiligungsklauseln« wird bemängelt]) und den nach § 6 Abs. 1 der Unfallverhütungsvorschrift Laserstrahlung (VGB 93) vom 1. Oktober 1988 zu bestellenden **Laserschutzbeauftragten** (zu diesem *Ehrich* Handbuch des Betriebsbeauftragten, Rz. 621 ff.) ist kein besonderer Kündigungsschutz, auch nicht in Form eines Benachteiligungsverbotes, vorgesehen.

Der **Informationsbeauftragte** iSd § 74a AMG (Neufassung v. 12.12.2005 BGBl. I S. 3394, 3452) hat keinen besonderen Kündigungsschutz, auch nicht in Form eines Benachteiligungsverbots.

216t Auch die nach § 26 Abs. 1 DampfKV zu bestellenden **Kesselwärter**, nach § 18 DrucklV idF vom 19. Juni 1997 zu bestellenden **Druckluftfachkräfte**, die nach § 20 Abs. 1 AufZV zu bestellenden **Aufzugwärter**, die **verantwortlichen Personen** iSd §§ 58, 59 BBergG, §§ 19 ff. SprengG, der **Beauftragte in Angelegenheiten schwerbehinderter Menschen** iSd § 98 SGB IX und der **Betäubungsmittelverantwortliche** iSd § 5 Abs. 1 Nr. 1 BtMG sowie der »**Bildungsbeauftragte**« iSd § 20 Abs. 4 BBiG, § 21 Abs. 4 HandwO (dazu *Ehrich* Handbuch, aaO Rz. 662 ff.) haben keinen besonderen Kündigungsschutz, auch nicht in der Form eines Benachteiligungsverbots.

– – **Frauenbeauftragte/Gleichstellungsbeauftragte –**

216u Die meisten Frauengleichstellungsgesetze des Bundes und der Länder zur Förderung von Frauen im öffentlichen Dienst (dazu der Überlick von *M. Eckertz-Höfer* AuR 1997, 470 ff.) bestimmen, dass die in Arbeitsverhältnissen beschäftigten Frauenbeauftragten oder Gleichstellungsbeauftragten (zur Begrifflichkeit instruktiv *I. A. Mayer* NVwZ 1994, 1182, 1183) einen Schutz vor Kündigungen wie ein Personalratsmitglied haben. Ihre Vertreterinnen haben den Schutz eines stellvertretenden Personalratsmitglieds (§ 18 Abs. 3, 7 BGleiG v. 30.11.2001 BGBl. I S. 3234, 3239 für den Bereich des Bundes, dazu *Schaub* § 166 Rz. 8 ff.; Art. 16 Abs. 6 BayGlG; § 13 Abs. 3 FGGBa-Wü; § 16 Abs. 4 S. 2 BerlLGG; § 15 Abs. 3 BremLGG; § 20 Abs. 3 HessGlG außer einem allg. Benachteiligungsverbot kommt ein Zustimmungserfordernis der für den Widerspruch der Frauenbeauftragten zuständigen Stelle iSd § 19 HessGlG hinzu, dazu *Henkel* Hessisches Gleichberechtigungsgesetz, 1994, S. 10 f.; § 17 Abs. 5 S. 2 LGGRh-Pf; § 22 Abs. 4 LGG Saar; § 19 Abs. 3 SächsFGG, dazu BAG 23.11.2000 AP § 2 KSchG 1969 Nr. 63; § 15 Abs. 4 S. 3, 4 ThürGleichG, vgl. im Übrigen *I. A. Mayer* Die Frauenbeauftragte in der kommunalen Verwaltung, 1996, S. 25). Damit ist die Frauen-/Gleichstellungsbeauftragte gegen die ordentliche (Änderungs-)Kündigung geschützt. Eine gleichwohl ausgesprochene Kündigung ist iSd § 13 Abs. 3 KSchG unwirksam (vgl. *Wankel/Horstkötter* in *Schiek/Dieball/Hostkötter/Seidel/Vieten/Wankel* Frauengleichstellungsgesetze des Bundes und der Länder 2. Aufl. 2002, Rz. 1592). Außerdem gilt der nachwirkende Kündigungsschutz nach § 15 Abs. 2 S. 2 KSchG. Zur außerordentlichen Kündigung ist die Zustimmung des Personalrats erforderlich (anders für § 18 Abs. 3 S. 2 FFG-Bund *Süllwald* aaO, S. 261 f.). Verweigert der Personalrat seine Zustimmung, hat der Arbeitgeber die Möglichkeit, das Zustimmungsersetzungsverfahren beim VerwG durchzuführen (Einzelheiten bei *Wankel/Horstkötter* aaO Rz. 1594 ff.). Das LGG Saar erklärt in § 22 Abs. 4 S. 1 die ordentliche Kündigung für unzulässig (dazu krit. *Knapp* SKZ 1996, 218, 238 f. [insoweit nicht in ZTR 1997, 529 ff.] mit nicht berechtigten Zweifeln an der Gesetzgebungskompetenz des Landes für einen besonderen Kündigungsschutz für Frauenbeauftragte, vgl. insoweit oben Rz. 216d).

Sonstige Beauftragte

– – **Beauftragte für den Zivildienst, Zivildienstbeauftragter –**

Im ZivildienstG selbst und in den dazu ergangenen Verordnungen ist ein Zivildienstbeauftragter mit 216v eigenen Aufgaben nicht vorgesehen. Stellung und Funktion des Zivildienstbeauftragten ergeben sich aus Regelungen im Verwaltungsweg, die in einem Leitfaden zu §§ 30, 30a ZDG zusammengefasst sind. Der Zivildienstbeauftragte übt kein eigenes Amt aus, kraft dessen er eine besondere rechtliche Stellung gegenüber dem Arbeitgeber hätte (*BAG* 12.9.1996 AP Nr. 1 zu § 30 ZDG [4 b]). Der Zivildienstbeauftragte hat keinen gesetzlichen besonderen Kündigungsschutz. Auch ein Benachteiligungsverbot gibt es nicht. Eine Parallele zum Datenschutzbeauftragten – § 36 BDSG (vgl. Rz. 216e) – scheidet aus (*BAG* 12.9.1996 aaO).

– – **Ausländerbeauftragte, Ausländerreferenten –**

Für Ausländerbeauftragte, Ausländerreferenten, die es in zahlreichen Städten und Gemeinden gibt 216w (*Grindel* Ausländerbeauftragte – Aufgaben und Rechtstellung – Veröffentlichung aus dem Institut für internationale Angelegenheiten der Universität Hamburg, Band 14 1984 S. 85 ff.), ist ein besonderer Kündigungsschutz nicht vorgesehen. Das dürfte daran liegen, dass diese Beauftragte nicht besonders institutionalisiert sind, sondern als Bedienstete entweder dem Sozialamt, dem Amt für öffentliche Ordnung oder dem Hauptamt angehören (*Grindel* aaO, S. 91).

– – **Baustellenbeauftragte –**

Nach den Vorstellungen der IG Bauen – Agrar – Umwelt sollen Baustellenbeauftragte die mit der Kon- 216x trolle des Arbeitnehmer-Entsende-Gesetzes (AEntG) betraute Bundesagentur für Arbeit unterstützen. Auf größeren Baustellen sollen Baustellenbeauftragte ernannt werden, die Informations- und Auskunftsrechte gegenüber allen auf den Baustellen beschäftigten Arbeitnehmern haben. Diese Baustellenbeauftragte sollen, wenn es sich um Arbeitnehmer der Baufirma handelt, mit einem besonderen Kündigungsschutz wie Betriebsräte versehen werden. Diese Forderung hat sich bislang nicht durchsetzen lassen (vgl. *Koberski/Sahl/Hold* AEntG, § 2 Rz. 24 ff.).

– – **§ 17 Abs. 2 S. 2 ArbSchG – Benachteiligungsverbot –**

Nach § 17 Abs. 1 S. 1 ArbSchG können sich die Beschäftigten an die zuständige Behörde wenden, wenn 216y sie aufgrund konkreter Anhaltspunkte der Auffassung sind, dass die vom Arbeitgeber getroffenen Maßnahmen und bereitgestellten Mittel nicht ausreichen, um die Sicherheit und den Gesundheitsschutz bei der Arbeit zu gewährleisten, und der Arbeitgeber darauf gerichteten Beschwerden der Arbeitnehmer nicht abhilft. Hierdurch dürfen den Beschäftigten keine Nachteile entstehen (Satz 2). Das Verbot der Nachteilszufügung erfasst die Kündigung (*Nöthlichs* Arbeitsschutz und Arbeitssicherheit, 1996, § 13 ArbSchG Rz. 3.4; ganz allg. *Mattik/Ortmann* Der Betriebsrat, 1996, S. 135; aA wohl *Kollmer* WiB 1996, 828 f., der auf das Benachteiligungsverbot gar nicht eingeht; dabei war schon nach bisheriger Rechtsprechung eine Kündigung in diesem Zusammenhang – im Lichte des Art. 17 GG – nur dann wirksam, wenn völlig haltlose und unfundierte Vorwürfe aus einer verwerflichen Motivation heraus erhoben worden waren, *LAG Frankf.* 12.2.1987 LAGE § 626 BGB Nr. 28, ähnlich *Nöthlichs* aaO, oder »der Dienstweg« – zunächst Abhilfeersuchen an Vorgesetzte und Arbeitgeber – in keiner Weise eingehalten worden war).

bb) Verstoß gegen sonstige Vorschriften

– – **Verstoß gegen § 102 Abs. 1 BetrVG –**

Die **Unterlassung der Anhörung des Betriebsrates vor Ausspruch** (dazu *BAG* 8.4.2003 EzA § 102 217 BetrVG 2001 Nr. 3, auf den Zugang als entscheidenden Zeitpunkt abstellend *Reiter* NZA 2003, 954) **einer ordentlichen oder einer außerordentlichen Kündigung**, die Anhörung des unzuständigen Gesamtbetriebsrats statt des zuständigen Betriebsrats, dh der Betriebsrat des Betriebes, in dem der Arbeitnehmer beschäftigt wird (*LAG Köln* 20.12.1983 DB 1984, 937), des »falschen« Betriebsrats (*BAG* 12.5.2005 EzA § 102 BetrVG 2001 Nr. 13 [Betriebsrat bei der Filiale statt Betriebsrat bei der Zentrale]) macht die gleichwohl ausgesprochene Kündigung nach der ausdrücklichen Vorschrift des § 102 Abs. 1 S. 3 BetrVG unwirksam. Ein Anhörungsverfahren entfaltet grds. nur für die Kündigung Wirksamkeit,

§ 13 KSchG   Außerordentliche, sittenwidrige und sonstige Kündigungen

für die es eingeleitet worden ist (*BAG* 11.10.1989 EzA § 102 BetrVG 1972 Nr. 78 [III 4 b]; 5.9.2002 – 2 AZR 523/01; *LAG Hamm* 7.2.2001 ZInsO 2001, 678). Das gilt insbes. dann, wenn der Arbeitgeber wegen Bedenken gegen die Wirksamkeit der ersten Kündigung erneut kündigt. Ist die erste Kündigung ordnungsgemäß zugegangen, so greift die ausdrückliche Pflicht des § 102 Abs. 1 S. 1 BetrVG 1972 ein, den Betriebsrat vor Ausspruch einer erneuten, und sei es nur vorsorglichen Kündigung erneut zu hören (*BAG* 16.9.1993 EzA § 622 BGB nF Nr. 45; 31.1.1996 EzA § 102 BetrVG 1972 Nr. 90; 5.9.2002 – 2 AZR 523/01; *LAG Hamm* 7.2.2001 ZInsO 2001, 678; *LAG Köln* 18.3.2004 – 10 Sa 903/02 – LAGReport 2005, 85). Dem steht die **mangelhafte Anhörung** des Betriebsrates gleich (*BAG* 2.6.2005 EzA § 1 KSchG Soziale Auswahl Nr. 63; *LAG RhPf* 4.7.2006 – 2 Sa 144/06; vgl. iE KR-*Etzel* § 102 BetrVG Rz. 93 ff.). Dieser Fall der Unwirksamkeit der Kündigung fällt zwar unter § 13 Abs. 3 KSchG, ist aber nach der Neuregelung binnen drei Wochen nach Zugang der Kündigung klageweise geltend zu machen.

218 Der Betriebsrat ist auch vor jeder Änderungskündigung zu hören (*BAG* 3.11.1977 AP Nr. 1 zu § 75 BPersVG) und muss vor Ausspruch der Änderungskündigung auch über das in Aussicht genommene Änderungsangebot an den Arbeitnehmer unterrichtet werden (*BAG* 10.3.1982 EzA § 2 KSchG Nr. 3). Daher ist die Änderungskündigung wegen nicht ordnungsgemäßer Anhörung unwirksam, wenn der Betriebsrat zwar zu einer beabsichtigten Beendigungskündigung, nicht aber zu der später ausgesprochenen Änderungskündigung angehört wurde (*BAG* 27.5.1982 – 2 AZR 96/80 – nv). Lehnt nach Anhörung des Betriebsrats zu einer Änderungskündigung der Arbeitnehmer das Änderungsangebot ab, ist die danach ausgesprochene Beendigungskündigung nicht nach § 102 Abs. 1 S. 3 BetrVG unwirksam (*LAG Bln.* 3.3.1989 ZTR 1989, 199). Die zur Einführung von Schichtarbeit ausgesprochene Änderungskündigung ist nach *LAG Frankf.* 27.11.1986 LAGE § 87 BetrVG 1972 Nr. 5 unwirksam, wenn die zur Einführung von Schichtarbeit nach § 87 Abs. 1 Nr. 2 BetrVG erforderliche Mitbestimmung durch Betriebsvereinbarung des Betriebsrats nicht vorher erfolgreich abgeschlossen ist. Das ist dann richtig, wenn man mit der hM die erfolgte Mitbestimmung als Wirksamkeitsvoraussetzung für die Einführung der Schichtarbeit nimmt.

Zu den Auswirkungen der Auffassung, dass die Unwirksamkeit der Kündigung wegen fehlender Anhörung des Betriebsrates ein anderer Rechtsunwirksamkeitsgrund iSd § 13 Abs. 3 KSchG ist, vgl. Rz. 302 ff.

– – **Verstoß gegen § 31 Abs. 2 SprAuG –**

218a Bei einer Kündigung von **leitenden Angestellten** braucht der Arbeitgeber den Betriebsrat nicht gem. § 102 BetrVG anzuhören. Er ist lediglich verpflichtet, die gegenüber einem leitenden Angestellten in Aussicht genommene Kündigung rechtzeitig mitzuteilen (§ 105 BetrVG). Eine Verletzung der Mitteilungspflicht des § 105 BetrVG durch den Arbeitgeber ist auf die Wirksamkeit der Kündigung gegenüber einem leitenden Angestellten ohne Einfluss, weil kein Mitbestimmungs- oder Mitwirkungsrecht des Betriebsrats bei personellen Maßnahmen gegenüber leitenden Angestellten besteht (*BAG* 25.3.1976 EzA § 105 BetrVG 1972 Nr. 23; *Etzel* Betriebsverfassungsrecht, 8. Aufl., Rz. 825; vgl. auch *LAG Düsseld.* 13.5.1976 DB 1976, 1383). Entsprechend § 102 BetrVG sieht **§ 31 Abs. 2 SprAuG** ein Anhörungsrecht des Sprecherausschusses vor dem Ausspruch von Kündigungen – auch von Änderungskündigungen – zum Schutze der leitenden Angestellten vor. Eine Kündigung gegenüber einem leitenden Angestellten, die ohne oder nicht ordnungsgemäße Anhörung des Sprecherausschusses (zur Anhörung iE *Kronisch/Deich* AR-Blattei SD 1490.3 Rz. 140 ff.) erfolgt, ist nach § 31 Abs. 2 S. 3 SprAuG unwirksam (*BAG* 27.9.2001 EzA § 14 KSchG Nr. 6). Es handelt sich um einen Fall der Rechtsunwirksamkeit aus anderen Gründen iSd § 13 Abs. 3 KSchG, die wegen § 13 Abs. 3 KSchG nF mit seinem Verweis auf § 4 KSchG innerhalb der Klagefrist des § 4 S. 1 KSchG geltend zu machen ist. Um zu vermeiden, dass die Wirksamkeit der Kündigung an der Beteiligung einer unzuständigen Arbeitnehmervertretung scheitert, sollte der Arbeitgeber in Zweifelsfällen, ob der Arbeitnehmer leitender Angestellter ist oder nicht, sowohl den Sprecherausschuss als auch den Betriebsrat ordnungsgemäß anhören (ErfK-*Oetker* § 31 SprAuG Rz. 9; SPV-*Preis* Rz. 461; *Goldschmidt* Der Sprecherausschuss, 2001, Rz. 151), wie es im Fall *BAG* 15.11.1995 EzA § 102 BetrVG 1972 Nr. 89 [I] auch geschehen ist.

– – **§ 102 Abs. 4 BetrVG**

219 Entgegen der hM stellt nach *Düwell* (NZA 1988, 866) § 102 Abs. 4 BetrVG eine besondere gesetzliche Formvorschrift dar, die für die Wirksamkeit einer Kündigung gegenüber dem zu kündigenden Arbeitnehmer die Zuleitung einer Abschrift des Betriebsratswiderspruchs durch den Arbeitgeber bei Abgabe der Kündigungserklärung vorschreibt; nach § 125 S. 1 BGB ist eine Kündigung nichtig, die dieser Form ermangelt (zust. MünchArbR-*Berkowsky*, 2. Aufl., § 147 Rz. 57; *ders.* Die Änderungskündigung 2004, § 14 Rz. 91; *Däubler/Kittner/Klebe-Bachner* Rz. 224; **aA** [»leider«] *Halberstadt* BetrVG 1994 § 102

Rz. 54; MünchArbR-*Matthes* 2. Aufl., § 357 Rz. 56; *Fitting/Engels/Schmidt/Trebinger/Linsenmaier* § 102 Rz. 100; GK-BetrVG/*Raab* § 102 Rz. 144; *Hess/Schlochauer/Worzalla/Glock* BetrVG, § 102 Rz. 140; *Kliemt* NZA 1993, 921 ff.; *Richardi/Thüsing* BetrVG, § 102 Rz. 191; offen gelassen v. *LAG Köln* 19.10.2000 MDR 2001, 517).

Nach § 2 Abs. 5 **Tarifvertrag über die Mitteilungspflicht** vom 23.11.1977 (TVM) ist der Arbeitgeber 219a verpflichtet, das Bühnenmitglied vor der beabsichtigten Nichtverlängerung der befristeten Dienstverhältnisse zu hören: Wie bei § 102 BetrVG führt die unterlassene oder nicht fristgerechte oder nicht ordnungsgemäße Anhörung des Bühnenmitglieds zur Unwirksamkeit der Nichtverlängerungsanzeige (*BAG* 11.3.1982 EzA § 4 TVG Bühnen Nr. 1; 23.1.1986 EzA § 4 TVG Bühnen Nr. 2; MünchArbR-*Pallasch* 2. Aufl., § 199 Rz. 92).

Eine ohne Zustimmung der Mitarbeitervertretung ausgesprochene ordentliche Kündigung nach Ab- 219b lauf der Probezeit (§ 42 Buchst. b iVm § 41 **MVG-EKD** – Mitarbeitervertretungsgesetz – Kirchengesetz über Mitarbeitervertretungen in der Evangelischen Kirche in Deutschland idF vom 6. November 2003) ist gem. § 38 Abs. 1 MVG unwirksam (*Fey/Rehren* MGV.EDK 01/2004 § 38 Rz. 36; *Baumann-Czichon/ Dembski/Germer/Kopp* MVG-EKD, 2. Aufl., § 42 Rz. 47; *Bitter* ZMV 1996, 59; *Richardi* NZA 1998, 113, 115 [II 5; instruktiv die »Analyse der Mitbestimmungsregelung bei Kündigungen« II 4]; *Bach/Doering/Grote/Kruska/Lötscher/Maethner/Olechnowitz* MVG f. d. Bereich d. Ev. Ki. u. Diak. Werke in Rheinland, Westf. u. Lippe, 3. Aufl., § 42 Rz. 3.5). Ist die Anhörung der Mitarbeitervertretung – »Mitberatung« – bei ordentlicher Kündigung in der Probezeit oder bei außerordentlicher Kündigung unterblieben oder nicht ordnungsgemäß, ist die Kündigung unwirksam (§ 45 Abs. 2 iVm § 46 Buchst. b, c MVG; *Fey/Rehren* aaO, § 46 Rz. 17; *Baumann-Czichon/Dembski/Germer/Kopp* aaO, § 45 Rz. 9; *ArbG Bremen* 13.11.1993, EKA Kündigung Probezeit 1; *LAG Düsseld.* 30.11.2000 ZMV 2001, 201). Für das **MVG-K** (Mitarbeitervertretungsgesetz der Konföderation evangelischer Kirchen in Niedersachsen idF vom 6. März 1996), das auch für das Diakonische Werk Hannover gilt, ergibt sich nichts anderes (§ 39 Abs. 1 S. 2 iVm § 42 Nr. 2; § 46 Abs. 2 »Mitberatung« iVm § 47 Nr. 2; vgl. dazu *Baumann-Czichon/Germer* MVG-K, § 42 Rz. 42, § 46 Rz. 9; *Fey/Rehren* MVG.Kon 01/2001 § 39 Rz. 25 f, § 46 Rz. 18; *LAG Nds.* 25.4.2006 – 13 Sa 1795/05). Nach § **30 Abs. 1 MAVO** (Mitarbeitervertretungsordnung) der Katholischen Kirche sind der Mitarbeitervertretung vor jeder ordentlichen Kündigung nach Ablauf der Probezeit durch den Dienstgeber schriftlich die Absicht der Kündigung und die Gründe hierfür mitzuteilen. Eine entsprechende Pflicht enthält § **31 Abs. 1 MAVO** für die außerordentliche Kündigung. Danach ist der Mitarbeitervertretung vor einer außerordentlichen Kündigung die Absicht der Kündigung mitzuteilen. Eine ohne Einhaltung des Verfahrens ausgesprochene Kündigung ist unwirksam (§ 30 Abs. 5, § 31 Abs. 3 MAVO; dazu *Bleistein/Thiel* MAVO 5. Aufl. 2006, § 30 Rz. 88 ff., § 31 Rz. 20), also aus einem anderen Rechtsunwirksamkeitsgrund iSd § 13 Abs. 3 KSchG (vgl. *BAG* 10.12.1992, EzA § 611 BGB Kirchliche Arbeitnehmer Nr. 38; *LAG München* 14.8.1986 BayAMBl. 1987, C 39; *LAG Nds.* 8.11.1989 KirchE 27, 314 ff. = AuR 1990, 96 f. = RzK III 3 Nr. 3; *LAG Düsseld.* 15.1.1991 LAGE § 611 BGB Kirchliche Arbeitnehmer Nr. 4; *LAG Hamm* 15.10.1991 LAGE § 611 BGB Kirchliche Arbeitnehmer Nr. 5; *LAG Köln* 28.10.1992 LAGE § 611 BGB Kirchliche Arbeitnehmer Nr. 7 zu § 13 Abs. 3 KSchG aF). Entsprechendes gilt für die Anhörung nach dem Kirchengesetz über die Bildung von Mitarbeitervertretungen in kirchlichen Dienststellen in der Evangelischen Kirche im Rheinland (MKV-EKiR) v. 12.1.1994 (*LAG Köln* 18.1.1995 BB 1995, 1244).

Entsprechendes gilt im Wesentlichen für das **MVG** für die diakonischen Werke der Selbständigen Evangelischen-Lutherischen Kirche **(SELK)** und für das **MVG-EKD** in der für die **Heilsarmee** aufgrund der »Verordnung zum Mitarbeiterrecht in den Sozialinstitutionen der Heilsarmee in Deutschland« geltenden Fassung.

Bei mitbestimmten Kündigungen iSd § 102 Abs. 6 BetrVG darf der Arbeitgeber nicht kündigen, wenn 219c die Zustimmung zur Kündigung rechtskräftig verweigert ist (*Rieble* AuR 1993, 47). Entsprechendes gilt bei Erweiterung der Mitbestimmung bei Kündigungen durch Tarifvertrag (*LAG Köln* 24.11.1983 DB 1984, 670).

-- **Verstoß gegen § 79 BPersVG und entsprechende Länderbestimmungen; § 95 Abs. 2 SGB IX**
Nach § 79 BPersVG ist eine Kündigung, gleich ob ordentliche oder außerordentliche, unwirk- 220 sam, wenn der **Personalrat nicht oder nicht ordnungsgemäß beteiligt** worden ist. Die Unwirksamkeit einer Kündigung wegen fehlender oder fehlerhafter Beteiligung des Personalrats ist ein anderer Rechtsunwirksamkeitsgrund iSd § 13 Abs. 3 KSchG.

§ 108 Abs. 2 BPersVG, eine der Vorschriften, die unmittelbar für die Länder gilt, sieht vor, dass eine 221 durch den Arbeitgeber ausgesprochene Kündigung des Arbeitsverhältnisses eines Beschäftigten unwirksam ist, wenn die Personalvertretung nicht beteiligt worden ist. Da diese Vorschrift unmittelbar für die Länder gilt, bedarf es keiner ausdrücklichen Regelung in den einzelnen Landespersonalvertretungsgesetzen (*BVerwG* 9.7.1980 Buchholz 238.3 A § 108 PersVG Nr. 1). Auch eine Änderung der Länderpersonalvertretungsgesetze ist nicht erforderlich. Allerdings ist es dem Landesgesetzgeber nicht verwehrt, eine Mitwirkung der Personalvertretung an Kündigungen durch den Arbeitgeber nicht vorzusehen (*BVerfG* 27.3.1979 BVerfGE 51, 43).

Dem § 79 BPersVG entsprechen § 77 PersVG Bad.-Württ. (iVm § 108 Abs. 2 BPersVG), Art. 77 BayPersVG, § 78 SächsPersVG und § 78 ThüringerPersVG, § 87 Nr. 9 PersVG Berlin und § 65 Abs. 1c BremPersVG, § 68 Abs. 1 Nr. 2 PersVG Mecklenburg-Vorpommern sehen ein Mitbestimmungsrecht bei jeder Kündigung vor. § 87 Abs. 1 Nr. 13 HamPersVG, § 77 Abs. 1 Nr. 2i HessPersVG, § 65 Abs. 2 Nr. 9 NdsPersVG (einschließlich Mitbestimmung bei ordentlicher Kündigung in der Probezeit, dazu krit. *Kaltenborn-Schmidtke* ZTR 1992, 450), § 72a Abs. 1 PersVG NRW, § 82 PersVG Rheinland-Pfalz und § 80 Abs. 1b Nr. 8 PersVG Saarland, § 74 PersVG Brandenburg, § 67 Abs. 1 Nr. 8 PersVG Sachsen-Anhalt gewähren ein Mitbestimmungsrecht nur bei der ordentlichen Kündigung. § 87 Abs. 3 HambPersVG, § 77 Abs. 4 HessPersVG, § 75 Abs. 1 Nr. 3 (Herstellung des Benehmens) iVm § 76 Abs. 2 S. 3 NdsPersVG, § 72 Abs. 2 BPersVG NRW, § 82 Abs. 3 PersVG Rheinland-Pfalz, § 80 Abs. 3 PersVG Saarland sowie § 73 Abs. 6 SächsPersVG, § 67 Abs. 2 PersVG Sachsen-Anhalt, § 78 Abs. 3 ThüringerPersVG sehen für die außerordentliche Kündigung eine im Wesentlichen § 79 Abs. 3 BPersVG entsprechende Regelung vor. Nach § 68 Abs. 1 Nr. 2 PersVG Brandenburg wirkt der Personalrat bei außerordentlicher Kündigung, Entlassung ohne Einhaltung einer Frist und Kündigung eines Arbeitsverhältnisses während der Probezeit mit. In Schleswig-Holstein besteht Mitbestimmung »bei allen personellen ... Maßnahmen« (§ 51 Abs. 1 S. 1 MBG) – einen Beteiligungskatalog gibt es nicht mehr –, also auch bei Kündigung (einschließlich Kündigung während der Probezeit und außerordentliche Kündigung, *Fuhrmann/Neumann/Thorenz* Personalvertretungsrecht Schleswig-Holstein, 4. Aufl., Rz. 38 S. 209; *Klabunde* ZTR 1991, 451 ff.; *BVerfG* 24.5.1995 EzA Art. 28 GG Nr. 1, dazu Bek. des Innenministers des Landes Schleswig-Holstein v. 3.11.1995 [GVBl SchlH S. 362]: Die Einigungsstelle kann nur noch Empfehlungen ohne Bindungswirkung beschließen).

222 Eine Kündigung, bei der der Personalrat entgegen einer der genannten Bestimmungen nicht oder nicht ordnungsgemäß beteiligt wurde, ist aus einem anderen Grund iSd § 13 Abs. 3 KSchG rechtsunwirksam (vgl. zum Teil noch zu § 13 Abs. 3 KSchG aF aus der neueren Rspr. zB [zu früheren Entsch. vgl. Nachw. 7. Aufl.] *BAG* 21.6.2006 – 2 AZR 300/05 – zu 62 LPVG LSA; 27.4.2006 – 2 AZR 426/05 – zu § 78 ThürPersVG; 2.3.2006 – 2 AZR 53/05 – [B IV 2 zu § 82 Abs. 3 LPVG Rheinland-Pfalz]; 2.2.2006 EzA § 1 KSchG Betriebsbedingte Kündigung Nr. 144 [B IV 1] zu § 74 PersVG Brandenburg; *LAG Köln* 13.3.2006 – 14(10) Sa 17/06 – zu § 72a LPVG NW ; Nachw. aus der Literatur vgl. 6. Aufl.).

Entsprechendes gilt für die Personalratsbeteiligung bei ordentlicher und fristloser Änderungskündigung, wobei außerdem die Beteiligungsrechte des Personalrats hinsichtlich der erstrebten Änderung der Arbeitsbedingungen zu wahren sind (*BAG* 29.6.1988 AP Nr. 2 zu § 72 LPVGNW mnN; 21.1.1993 AP Nr. 1 zu § 52 MitbestG Schleswig-Holstein).

222a Die unterlassene oder fehlerhafte Anhörung der **Schwerbehindertenvertretung**, § 95 SGB IX, oder der Gesamtschwerbehindertenvertretung, § 97 SGB IX, ist kein anderer Rechtsunwirksamkeitsgrund der Kündigung iSd § 13 Abs. 3 KSchG (vgl. zu § 13 Abs.3 KSchG aF *BAG* 28.7.1983 EzA § 22 SchwbG Nr. 1; vgl. insoweit *Neumann/Pahlen/Majerski-Pahlen* SGB IX, 10. Aufl., § 95 Rz. 9; LPK-SGB IX-*Düwell* 2002, § 95 Rz. 19; *Kossens/von der Heide/Maaß* SGB IX, 2. Aufl. 2006 § 95 Rz. 22; *Bihr/Fuchs/Krauskopf/Ritz/Dusel/Hoff* SGB IX, 2006 § 95 Rz. 23; **aA** GK-SchwbG / *Schimanski* 2. Aufl., § 25 Rz. 87 ff.).

- - **Verstoß gegen § 51 Abs. 2 iVm § 50 VglO**
223 Die Vergleichsordnung ist mit Ablauf des 31.12.1998 aufgehoben worden (Art. 2 Nr. 1 iVm Art. 110 EGInsO v. 5.10.1994 [BGBl. I S. 2911]). Zur Kündigungsberechtigung des Vergleichsverwalters im Vergleichsverfahren mit Ermächtigung des Vergleichsgerichts vgl. ErfK-*Müller-Glöge* 4. Aufl., § 113 InsO Rz. 38 ff. und 6. Aufl.

- - **Verstoß gegen § 22 KO**
224 § 22 KO ist formell erst zum 31.12.1998 außer Kraft gesetzt worden. § 113 InsO sollte nach seinem ursprünglichen Zweck zum 1.1.1999 § 22 KO vollständig ersetzen (Art. 2 Nr. 4 EGInsO). Allein aus dem Umstand, dass § 22 KO im Arbeitsrechtlichen Beschäftigungsförderungsgesetz v. 25.9.1996 (BGBl. I S. 1476) nicht ausdrücklich aufgehoben wurde, war auf eine Fortgeltung für eine kurze Übergangszeit nicht zu schließen (*BAG* 3.12.1998 EzA § 113 InsO Nr. 6 [II 3]). § 22 KO war als früheres Gesetz per 1.10.1996 nicht mehr anzuwenden (vgl. 6. Aufl. Rz. 224a mwN).

Außerordentliche, sittenwidrige und sonstige Kündigungen § 13 KSchG

– – **Verstoß gegen § 113 S. 2 InsO**

Die Nichtbeachtung der in § 113 S. 2 InsO vorgesehenen Kündigungsfrist von drei Monaten zum Monatsende, wenn nicht eine kürzere Frist maßgeblich ist, ist kein anderer Rechtsunwirksamkeitsgrund der Kündigung iSd § 13 Abs. 3 KSchG, wenn der Insolvenzverwalter eine unrichtige Kündigungsfrist wählt. Die Kündigungserklärung ist vielmehr dahin auszulegen, dass der Insolvenzverwalter mit der rechtlich zulässigen Kündigungsfrist das Arbeitsverhältnis beenden will (im Ergebnis ebenso *Lakies* RdA 1997, 147; *Schaub* DB 1999, 217, 220; *Kiel/Koch* Die betriebsbedingte Kündigung, 2000 Rz. 504; *Zwanziger* Das Arbeitsrecht in der Insolvenzordnung, 2. Aufl., § 113 InsO Rz. 35; *Kittner/Däubler/Zwanziger* § 113 InsO Rz. 20, allerdings ausgehend von Umdeutung, § 140 BGB; aA ErfK-*Müller-Glöge* 4. Aufl., § 113 InsO Rz. 36). Ist arbeitsvertraglich eine längere Kündigungsfrist vereinbart als die gesetzliche, so ist bei einer Kündigung durch den Insolvenzverwalter diese längere vertragliche Kündigungsfrist bis zur Höchstfrist von drei Monaten zum Monatsende des § 113 Abs. 1 S. 2 InsO maßgebend (BAG 3.12.1998 EzA § 113 InsO Nr. 6; 6.7.2000 EzA § 113 InsO Nr. 11). Einzelarbeitsvertraglich vereinbarte Unkündbarkeit ist im Insolvenzfall unbeachtlich (HK-InsO/*Irschlinger* 2. Aufl., § 113 Rz. 9). Die gesetzliche Kündigungsfrist geht längeren tariflichen Kündigungsfristen (BVerfG 21.5.1999 EzA § 113 InsO Nr. 8; BAG 16.6.1999 EzA § 113 InsO Nr. 9; LAG BW 5.4.2006 – 17 Sa 29/05: Auch bei Beantragung oder Eröffnung des Konkursverfahrens vor dem Inkrafttreten des Arbeitsrechtlichen Beschäftigungsförderungsgesetzes am 1.10.1996 – BGBl I S. 1476 – und späterem Anerkennungstarifvertrag mit längeren Kündigungsfristen), tariflicher Unkündbarkeit (Ausschluss der ordentlichen Kündigung; BAG 19.1.2000 EzA § 113 InsO Nr. 10) sowie Kündigungsregelungen aus Betriebsvereinbarungen vor (*Kübler/Prütting/Moll* InsO, Stand 6/99, § 113 Rz. 61). Das folgt aus dem Gesamtzusammenhang und aus dem Zweck der Regelung (*Zwanziger* aaO, Rz. 12 f.).

224a

Diese verkürzte Kündigungsfrist gilt nur für den Insolvenzverwalter **nach** Eröffnung des Insolvenzverfahrens, nicht aber für den »starken« vorläufigen Insolvenzverwalter, also mit verwaltungs- und Verfügungsbefugnis (BAG 20.1.2005 EzA § 113 InsO Nr. 15).

– – **Versäumung der gesetzlichen Kündigungsfristen (§ 622 BGB)**

Die Versäumung der gesetzlichen Kündigungsfristen ist kein anderer Rechtsunwirksamkeitsgrund der Kündigung iSd § 13 Abs. 3 KSchG.

225

§ 4 S. 1 KSchG iVm § 13 Abs. 3 KSchG nF erfasst die mit zu kurzer Frist ausgesprochene Kündigung nicht. Eine Kündigung, die erkennbar »fristgerecht«, »ordentlich« sein will, ist dahin auszulegen, dass sie mit zutreffender Frist zum richtigen Termin gewollt ist, so auch für den Regelfall BAG 15.12.2005 EzA § 4 KSchG nF Nr. 72, 9.2.2006 – 6 AZR 283/05, 6.7.2006 – 2 AZR 215/05, so dass sich der bislang geführte Streit im Wesentlichen erledigt hat. Dem folgt die Rspr. der LAG (vgl. zB LAG MV 6.4.2006 – 1 Sa 448/05). Ergibt die Auslegung ausnahmsweise nicht, dass die Kündigung mit zutreffender Frist zum richtigen Termin erklärt anzusehen ist, ist die Kündigung wegen Nichteinhaltung der Kündigungsfrist unwirksam. § 4 S. 1 KSchG ist über § 13 Abs. 3 KSchG nF anwendbar (vgl. zu § 13 Abs. 3 KSchG aF BAG 13.7.1989 – 2 AZR 509/88 – nv; BAG 12.1.1994 EzA § 622 nF BGB Nr.47 [Bl3a]). Dieser Mangel der Kündigung führt nicht zur vollständigen Unwirksamkeit der Kündigung, sondern die Kündigung ist in eine zum nächst zulässigen Kündigungstermin ausgesprochene Kündigung umzudeuten, § 140 BGB. Sie gilt im Zweifel als zum nächst zulässigen Termin erklärt (SPV-*Preis* Rz. 502; ErfK-*Müller-Glöge* § 622 BGB Rz. 26; vgl. OLG Frankf. 23.1.1990 BB 1990, 1514 zum Mietrecht).

Allerdings tritt an die Stelle einer unwirksam vereinbarten, weil gegen § 622 Abs. 6 BGB verstoßenden Kündigungsfrist nicht die gesetzliche Kündigungsfrist des § 622 Abs. 2 Nr. 1 BGB, sondern für den Arbeitgeber die für den Arbeitnehmer vereinbarte – längere – Kündigungsfrist (arg. § 89 Abs. 2 HGB analog; BAG 2.6.2005 EzA § 622 BGB 2002 Nr. 2).

– – **Verstoß gegen § 623 BGB**

§ 623 BGB idF d. Gesetzes zur Anpassung der Formvorschriften des Privatrechts und anderer Vorschriften an den modernen Rechtsgeschäftsverkehr v. 13. Juli 2001 (BGBl. I S. 1542) sieht vor, dass die Beendigung von Arbeitsverhältnissen durch Kündigung der Schriftform bedarf; »die elektronische Form ist ausgeschlossen«. Diese Fassung ist am 1. August 2001 in Kraft getreten (BGBl. I S. 1549). Diese Vorschrift ist anzuwenden auf Kündigungserklärungen, die seit dem 1. August 2001 nach Maßgabe der §§ 130–132 BGB wirksam geworden sind, also zugegangen sind. Erfasst werden Beendigungskündigungen und Änderungskündigungen (BT-Drs. 14/626 S. 1 zu § 623 BGB in der ab 1. Mai 2000 geltenden Fassung). § 623 BGB ist zwingend, dh nicht abdingbar. Was »Schriftform« ist, regelt § 126 BGB. § 126 Abs. 3 BGB idF des Gesetzes v. 13. Juli 2001 sieht vor, dass die schriftliche Form durch die elek-

226

tronische Form ersetzt werden kann, wenn sich nicht aus dem Gesetz ein anderes ergibt. Das ist bei § 623 BGB der Fall, denn § 623 BGB idF des TzBfG v. 21. Dezember 2000 (BGBl. I S. 1966 [1970]) sind unter Ersetzung des Punktes durch einen Strichpunkt (ein Semikolon) die Wörter »die elektronische Form ist ausgeschlossen« angefügt worden. Die Kündigung muss durch den Aussteller eigenhändig durch Namensunterschrift oder mittels notariell beglaubigten Handzeichens unterzeichnet werden (*BAG* 21.4.2005 EzA § 623 BGB 2002 Nr. 4). Der Verstoß gegen § 126 Abs. 1, Abs. 4 (vor dem 1. August 2001 Abs. 3) und gegen § 623 2. Hs. BGB bewirkt Nichtigkeit (§ 125 BGB), also zB bei einer mündlichen Kündigung (*LAG RhPf* 17.3.2004 – 10 Sa 19/04), die aber im Zusammenhang mit der Frage des Annahmeverzugslohns eine Rolle spielen kann: Mündliche Kündigung und ordnungsgemäßes Angebot der Arbeitskraft sind Voraussetzung (*LAG RhPf* 19.12.2005 – 4 Ta 264/05). Diese ist ein Fall außerhalb des § 13 Abs. 3 KSchG nF und kann außerhalb der Dreiwochenfrist des § 4 S. 1 KSchG iVm § 13 Abs. 3 KSchG nF geltend gemacht werden. Die Nichtigkeit (Unwirksamkeit) der Kündigung führt zur Fortdauer des Arbeitsverhältnisses. Erforderlich ist ein Antrag nach § 256 ZPO. Das folgt daraus, dass die Feststellungsklage des § 4 S. 1 KSchG »**innerhalb von drei Wochen nach Zugang der schriftlichen Kündigung**« zu erheben ist. Bezweckt ist mit dieser Regelung, dass der Arbeitnehmer Klarheit über den Beginn der Klagefrist erhalten soll. Diese Folge der Einfügung des Wortes »**schriftlichen**« vor dem Wort »**Kündigung**« in § 4 S. 1 KSchG im Zuge des Gesetzgebungsverfahrens (Beschlussempfehlung und Bericht des Ausschusses für Wirtschaft und Arbeit vom 25.9.2003 BT-Drs. 15/1587) wird als »völlig sinnwidrig« angesehen (*Richardi* DB 2004, 486, 489). Im Übrigen ist man sich darüber einig, dass der Unwirksamkeitsgrund der mangelnden Schriftform des § 623 BGB **die** Ausnahme von der Erstreckung der Klagefrist auf alle Unwirksamkeitsgründe ist (vgl. zB ErfK-*Müller-Glöge* § 623 BGB Rz. 24). § 623 BGB gilt auch für Kündigungen durch den **Insolvenzverwalter** (*BAG* 4.11.2004 EzA § 130 BGB 2002 Nr. 4 [B I 1]. Das Schriftformerfordernis des § 623 BGB wird nicht verletzt, wenn das Originalkündigungsschreiben nur zum Durchlesen überlassen wird und der Arbeitnehmer nur eine Kopie erhält (*BAG* 4.11.2004 EzA § 130 BGB 2002 Nr. 4). Das Schriftformerfordernis des § 623 BGB wird durch die fehlende Angabe eines Kündigungstermins nicht verletzt, die Kündigung ist als ordentliche zum nächst zulässigen Termin anzusehen (*LAG Köln* 6.10.2005 – 6 Sa 843/05 – NZA-RR 2006, 353). Die gesetzliche Schriftform wird durch ein **Telefax** nicht gewahrt (*LAG Düsseld.* 27.5.2003 LAGE § 623 BGB 2002 Nr. 1; *LAG RhPf* 21.1.2004 – 10 Sa 475/03 – LAGReport 2005, 43; *BGH* 14.3.2006 – VI ZR 335/04 – NJW 2006, 2482 zu § 12 Abs. 3 VVG). E-Mail, Computerfax und eingescannte Unterschriften genügen nicht (*Kramer* DB 2006, 502 ff.). Bei einer **Änderungskündigung** muss auch das **Änderungsangebot** schriftlich erfolgen, um § 623 BGB gerecht zu werden (*LAG Köln* 26.9.2003 LAGE § 623 BGB 2002 Nr. 2a). Sind in dem Kündigungsschreiben einer GbR alle Gesellschafter sowohl im Briefkopf als auch maschinenschriftlich in der Unterschriftenzeile aufgeführt, reicht es zur Wahrung der Schriftform nicht aus, wenn nur einige der GbR-Gesellschafter ohne weiteren Vertretungszusatz das Kündigungsschreiben handschriftlich unterzeichnen (*BAG* 21.4.2005 EzA § 623 BGB 2002 Nr. 4). Zum Ausschluss der Berufung auf den Verstoß gegen das gesetzliche Schriftformgebot des § 623 BGB gem. § 242 BGB vgl. *Henssen* DB 2006, 1613 ff.; *BAG* 16.9.2004 EzA § 623 BGB 2002 Nr. 1.

226a Für § 626 Abs. 2 S. 2 BGB gilt der angefügte Hs. des § 623 BGB nicht.

226b Auch § 22 Abs. 3 BBiG (dazu Rz. 227) und § 9 Abs. 3 S. 2 MuSchG (dazu Rz. 227a) sind nicht geändert worden. Sie gehen als Sondervorschriften vor mit der Folge, dass insoweit § 126 Abs. 3 BGB nF greift, soweit überhaupt einschlägig (nach *Zmarzlik/Zipperer/Viethen/Vieß* Mutterschutzgesetz und Mutterschaftsleistungen, 9. Aufl. 2005, § 9 MuSchG Rz. 66 soll die elektronische Form ausgeschlossen sein – »vgl. § 623 BGB« [in analoger Anwendung?]).

226c § 623 BGB nF hat folgende Auswirkungen: Bereits nach § 623 BGB in der ab 1. Mai 2000 geltenden Fassung erfüllt eine mit **Telefax** (*Palandt/Heinrichs* § 126 Rz. 11 mwN) oder **Telegramm** ausgesprochene Kündigung nicht die gesetzliche Schriftform. Dem Empfänger muss die Kündigungserklärung im Original zugehen, dh mit eigenhändiger Unterzeichnung, Namensunterschrift des Kündigungsberechtigten (*ArbG Frankf./M.* 9.1.2001 EzA-SD Nr. 12/01 S. 8; vgl. *BAG* 30.10.1984 EzA § 74 HGB Nr. 44). Eine Kündigungserklärung nach § 623 BGB muss nicht nur in der vorgeschriebenen Form »erstellt«, sondern auch »zugegangen« sein in dem Sinne, dass er sie »dauerhaft« erhält (*LAG Hamm* 4.12.2003 NZA-RR 2004, 189 = LAGReport 2004, 37 = ZInsO 2004, 163, allerdings soll bei versehentlicher Vorlage des Originals zur Empfangsbestätigung nach ihrer Erteilung die Aushändigung einer Kopie ausreichen, dazu unter dem Aspekt einer Vereinbarung über eine vereinfachte, insbes. nicht formbedürftige Zugangsform *Schrader* ZInsO 2004, 132, 134; Rev. unter – 2 AZR 17/04 – anhängig). § 623 2. Hs. BGB stellt klar, dass für die Kündigungserklärung jede Form der elektronischen Übermittlung ausgeschlossen

Außerordentliche, sittenwidrige und sonstige Kündigungen § 13 KSchG

ist. Es gibt keine wirksame »elektronische Kündigung«, sei sie durch Computerfax oder E-Mail erklärt (*ArbG Frankf.* 22.3.2004 – 4 Ga 43/04; *Bährle* BuW 2004, 215, 216, dazu auch *Köstner* BuW 2001, 126, der auch auf die Motive des Gesetzgebers für einen Ausschluss der elektronischen Kündigung eingeht, S. 128).

Bei einer **Änderungskündigung** muss auch das Änderungsangebot schriftlich erfolgen, um § 623 BGB zu genügen (*BAG 16.9.2004 EzA § 623 BGB 2002 Nr. 2*; *SPB-Preis* Rz. 1258, 1260; **aA** *Caspers* RdA 2001, 28, 30 ff.: Schriftformerfordernis gilt nicht für Änderungsangebot).

Nach § 22 Abs. 3 BBiG muss die Kündigung schriftlich und im Falle der Kündigung **nach Ablauf der** 227 **Probezeit unter Angabe der Kündigungsgründe** erfolgen. Die Kündigung, die nur mündlich ausgesprochen wurde, oder bei der die Kündigungsgründe nicht ebenfalls schriftlich mitgeteilt wurden, ist nichtig (*ArbG Bln.* 1.12.1972 AP Nr. 2 zu § 15 BBiG, *BAG* 22.2.1972 EzA § 15 BBiG Nr. 1; 25.11.1976 EzA § 15 BBiG Nr. 3; 25.8.1977 EzA § 125 BGB Nr. 3 [zu I 2a der Gründe]: *ArbG Oldenburg* 1.2.1985 ZIP 1985, 952; *LAG Hmb.* 30.9.1994 LAGE § 15 BBiG Nr. 9; vgl. auch *LAG Bln.* 4.11.1986 LAGE § 15 BBiG Nr. 3, zu den Anforderungen an die Begründung der Kündigung eines Berufsausbildungsverhältnisses *LAG Hmb.* 29.8.1997 LAGE § 15 BBiG Nr. 11; § 15 Abs. 3 BBiG [= § 22 Abs. 3 BBiG nF] ist nicht verletzt, wenn die Kündigungsgründe in einer Anlage zum Kündigungsschreiben aufgeführt sind und im Kündigungsschreiben auf die Anlage verwiesen wird, *LAG Bra.* 10.10.1997 EzB § 111 ArbGG Nr. 25; *Herkert/Töte* BBiG Stand 55./2006 § 22 Rz. 21). Der Mangel der gesetzlichen Form ist ein anderer Rechtsunwirksamkeitsgrund iSd § 13 Abs. 3 KSchG nF, dessen Geltendmachung an die Frist des § 4 S. 1 KSchG gebunden ist, wenn das Verfahren zur Beilegung von Streitigkeiten gem. § 111 Abs. 2 ArbGG nicht stattfinden kann, etwa weil es bei der zuständigen Stelle keinen Schlichtungsausschuss gibt (*Knopp/Kraegeloh* BBiG 5. Aufl. 2005, § 22 Rz. 12; *Lakies* AR-Blattei SD 400 Rz. 712, anders *LAG SH* 23.5.2005 – 2 SHa 4/05, wo nicht auf § 13 Abs. 3 KSchG iVm § 7 KSchG abgestellt wird, sondern auf Verwirkung als Fall der unzulässigen Rechtsausübung wegen widersprüchlichen Verhaltens bei Abwarten von fast sieben Wochen nach Zugang der Kündigung, ehe an den Ausbilder herangetreten wurde). Allerdings kann es gegen Treu und Glauben verstoßen, sich auf die Formvorschriften zu berufen (*Herschel* AuR 1981, 324; vgl. Rz. 264).

– – **Verstoß gegen § 9 Abs. 3 S. 2 MuSchG**

Die nach § 9 Abs. 3 S. 1 MuSchG ausnahmsweise von der für den Arbeitsschutz zuständigen obersten 227a Landesbehörde oder von der von ihr bestimmten Stelle zugelassene arbeitgeberseitige Kündigung des Arbeitsverhältnisses mit der Schwangeren ist nach § 9 Abs. 3 S. 2 MuSchG in schriftlicher Form unter Angabe des zulässigen Kündigungsgrundes zu erklären. Diese auf der Umsetzung von Art. 10 Nr. 2 EG-Richtlinie 92/85/EWG vom 19.10.1992 beruhende Änderung des MuSchG wird als »entbehrliche formale Erschwerung der Kündigung« bezeichnet (*Gröninger/Thomas* MuSchG, Stand 5/2006, § 9 Rz. 107 a, zust. aber *Zmarzlik/Zipperer/Viethen/Vieß* MuSchG Mutterschutzleistungen, 9. Aufl., § 9 Rz. 66 f.; *Buchner/Becker* MuSchG, 7. Aufl., § 9 Rz. 253 ff.; vgl. auch *Meisel/Sowka* Mutterschutz und Erziehungsurlaub, 5. Aufl., § 9 Rz. 110: »Sonst ist sie ›[scil: die Kündigung]‹ unwirksam«. Die Regelung entspricht § 15 Abs. 3 BBiG. Auf die vorstehenden Ausführungen dazu kann verwiesen werden; sie gelten entsprechend.

Nach § 62 Abs. 1 SeemG kann das auf unbestimmte Zeit begründete Heuerverhältnis von beiden Tei- 228 len mit den Kündigungsfristen des § 63 SeemG schriftlich gekündigt werden (vgl. iE *Franzen* AR-Blattei SD 1450.3 Seearbeitsrecht III Heuerverhältnis Rz. 98). Die elektronische Form ist ausgeschlossen. Eine nicht schriftliche ordentliche Kündigung ist unwirksam (*Schelp/Fettback* § 62 Rz. 4; *Bemm/Lindemann* SeemG, 5. Aufl. 2003, § 62 Rz. 15). Ein Radiogramm genügt nicht (*BAG* 28.9.1983 AP Nr. 1 zu § 62 SeemG; *Bemm/Lindemann* aaO, Rz. 19). Entsprechendes gilt für § 27 Abs. 1 MTV-See 2002. Nach **§ 64 Abs. 2 SeemG** ist der Kapitän verpflichtet, die außerordentliche Kündigung und ihren Grund unverzüglich in das Schiffstagebuch einzutragen und eine von ihm unterzeichnete Abschrift der Eintragung dem Besatzungsmitglied auszuhändigen. Die Unterlassung der Eintragung und/oder Aushändigung der Abschrift macht die außerordentliche Kündigung nicht unwirksam (*Schelp/Fettback* § 64 Rz. 8; *Schaps/Abraham* § 64 Rz. 7; *BAG* 26.9.1978 EzA § 114 BetrVG 1972 Nr. 2; *Bemm/Lindemann* aaO § 64 Rz. 60).

Ist das Kündigungsschreiben entgegen den Vorschriften (einer Gemeindeordnung, § 80 Abs. 5 S. 3 iVm 228a § 63 Abs. 2 S. 2 Nds.GemO) nicht mit dem Dienstsiegel versehen, so ist die Kündigung nicht in (entsprechender) Anwendung des § 125 BGB unwirksam, weil es sich dabei nicht um eine gesetzliche Formvorschrift handelt (*BAG* 29.6.1988 – 7 AZR 180/87 – BB 1988, 1675 [LS] = DB 1988, 1806 [LS]).

– – **Verstoß der Kündigung gegen Treu und Glauben (§ 242 BGB) – treuwidrige Kündigung –**

229 Eine **gegen Treu und Glauben verstoßende Kündigung** ist unwirksam. Die Unwirksamkeit der Kündigung wegen Verstoßes gegen den Grundsatz von Treu und Glauben (§ 242 BGB) ist ein anderer Rechtsunwirksamkeitsgrund iSd § 13 Abs. 3 KSchG nF (ersichtlich noch nicht berücksichtigt bei *Lettl* NZA-RR 2004, 57, 59). Wegen der unterschiedlichen Regelung der sittenwidrigen Kündigung und ihrer Folgen in § 13 Abs. 2 KSchG (vgl. dazu Rz. 111 ff.) gegenüber der treuwidrigen Kündigung, die lediglich unter den Auffangtatbestand des § 13 Abs. 3 KSchG fällt, muss die sittenwidrige Kündigung von der treuwidrigen Kündigung abgegrenzt werden. Zu einer solchen Abgrenzung bestand vor Inkrafttreten des KSchG keine Veranlassung. Deshalb wurde häufig zwischen Sittenwidrigkeit der Kündigung nach § 138 BGB und Treuwidrigkeit der Kündigung nicht scharf unterschieden (vgl. *v. Hoyningen-Huene/Linck* Einl. Rz. 25, 76). § 138 BGB bestimmt, dass ein Rechtsgeschäft, das gegen die guten Sitten verstößt, nichtig ist. Er regelt damit die Außenschranken der Gültigkeit eines Rechtsgeschäfts (*Palandt/Heinrichs* § 242 Rz. 19). Der Inhalt der guten Sitten wird sowohl durch rechtsethische wie durch sozialethische Prinzipien bestimmt (*Larenz/Wolf* AT, 9. Aufl., § 41 I 4 Rz. 12). Es geht darum, dass Rechtsgeschäften, die gröblich gegen die in der Rechtsgemeinschaft ganz überwiegend anerkannte Sozialmoral oder gegen immanente rechtsethische Prinzipien der geltenden Rechtsordnung selbst verstoßen, die Anerkennung und damit die Durchsetzbarkeit versagt wird. Demgegenüber ist § 242 BGB weiter: Er lässt eine umfassende allg. Interessenabwägung zu. Der Anwendungsbereich des § 138 BGB ist enger (vgl. dazu MünchKomm-*Roth* 4. Aufl., § 242 Rz. 115 f.; *Soergel/Siebert/Teichmann* § 242 Rz. 128 ff. jeweils mwN). Auf die Kündigung übertragen bedeutet das, dass eine sittenwidrige Kündigung gegen Treu und Glauben verstößt, nicht aber jede treuwidrige Kündigung gegen die guten Sitten. Die Abgrenzung der sittenwidrigen von der treuwidrigen Kündigung ergibt sich dann aus folgendem: Als sittenwidrig wird eine Kündigung angesehen, wenn sie auf einem ausgesprochen verwerflichen Motiv des Kündigenden beruht, insbes. aus Rachsucht und zur Vergeltung erklärt worden ist oder wenn sie aus anderen Gründen dem Anstandsgefühl aller billig und gerecht Denkenden widerspricht (vgl. Rz. 121–123). Daher ist sie wegen Missbrauchs der Privatautonomie nichtig. Es kommt also auf eine verwerfliche Gesinnung des Kündigenden an. Demgegenüber werden darüber hinaus als treuwidrige Kündigungen solche Kündigungen bezeichnet, die unter Umständen erfolgen, die nicht vom § 1 KSchG erfasst sind (vgl. Rz. 230 ff.), aber unter die Erscheinungsformen von Treu und Glauben fallen, wie widersprüchliches Verhalten (vgl. Rz. 236 ff.).

230 Bei der Frage, ob eine Kündigung gegen Treu und Glauben verstößt, stellt sich die weitere Frage, in welchem Umfang § 242 BGB neben dem KSchG auf Kündigungen noch anwendbar ist.

231 Es wurde bereits hervorgehoben (vgl. Rz. 115), dass vor Inkrafttreten des KSchG 1951 in den Ländern, die kein KSchG hatten, mit § 242 BGB den Arbeitnehmern ein gewisser Kündigungsschutz eingeräumt wurde.

232 Das KSchG 1951 hat die Voraussetzungen und die Wirkungen des Grundsatzes von Treu und Glauben **konkretisiert und abschließend geregelt,** soweit es um **den Bestandsschutz** und das **Interesse des Arbeitnehmers an der Erhaltung seines Arbeitsplatzes** geht. Umstände, die im Rahmen des § 1 KSchG zu würdigen sind und die die Kündigung als sozialwidrig erscheinen lassen können, sind daher unter dem Gesichtspunkt der Unwirksamkeit der Kündigung wegen Verstoßes gegen den Grundsatz von Treu und Glauben nicht zu berücksichtigen. Sie können nur im Rahmen einer Kündigungsschutzklage geltend gemacht werden. Soweit das KSchG nicht eingreift, gilt der Grundsatz von Treu und Glauben. Eine Kündigung kann also dann gegen § 242 BGB verstoßen und deswegen nichtig sein, **wenn sie aus Gründen, die von § 1 KSchG nicht erfasst sind, Treu und Glauben verletzt** (so die Rspr. des BAG zB *BAG* 24.4.1997 EzA § 611 BGB Kirchliche Arbeitnehmer Nr. 43 [II 1 c]; 23.6.1994 EzA § 242 BGB Nr. 39 [II 2 a]; 12.7.1990 DB 1991, 341 [insoweit nicht in EzA § 613a BGB Nr. 90]; 16.2.1989 EzA § 138 BGB Nr. 28; 2.4.1987 EzA § 626 BGB nF Nr. 108; 2.11.1983 EzA § 102 BetrVG 1972 Nr. 53; 25.5.1982 – 7 AZR 145/80 – Juristische Praxis, Heft 227, S. 22 f.; 23.9.1976 EzA § 1 KSchG Nr. 35; 13.7.1978 EzA § 102 BetrVG 1972 Nr. 36; 28.9.1972 EzA § 1 KSchG Nr. 25; 8.6.1972 EzA § 626 BGB nF Nr. 12 unter Aufgabe des im Urteil vom 14.5.1964, AP Nr. 5 zu § 242 BGB Kündigung enthaltenen Hinweises, dass der 2. Senat zu der Ansicht neige, dass das KSchG den § 242 BGB abschließend für den Fall jeglicher Kündigung konkretisiert habe, wenigstens für den unter das KSchG fallenden Personenkreis; die Urt. v. 8.10.1959, AP Nr. 1 zu § 620 BGB Schuldrechtliche Kündigungsbeschränkungen und v. 30.11.1960, AP Nr. 2 zu § 242 BGB Kündigung, in denen die Möglichkeit der Unwirksamkeit einer Kündigung wegen Verstoßes gegen Treu und Glauben aufgezeigt wurde, betrafen Arbeitnehmer, die nicht unter das KSchG fielen; und die hL zB SPV-*Preis* Rz. 306 ff.).

Außerordentliche, sittenwidrige und sonstige Kündigungen   § 13 KSchG

Da der Gesetzgeber bestimmte Arbeitnehmer vom Kündigungsschutz des KSchG ausgenommen hat, 233 können auch diese nur solche Gründe der Kündigung als gegen Treu und Glauben verstoßend geltend machen, **die nicht unter § 1 KSchG fallen.** Die Anwendung des § 242 BGB darf nicht dazu führen, den Kündigungsschutz des KSchG auch auf solche Arbeitnehmer auszudehnen, die dem KSchG nicht unterstehen. Der in den ersten sechs Monaten des Arbeitsverhältnisses oder bei Kleinbetrieben iSd § 23 KSchG geltende Grundsatz der Kündigungsfreiheit wird durch § 242 BGB nicht eingeschränkt, es sei denn, es liegt ein Sachverhalt vor, der unabhängig von der Frage der Sozialwidrigkeit nach den Maßstäben des § 242 BGB zu prüfen ist. Eine andere Handhabung des § 242 BGB bei Arbeitnehmern, die keinen Kündigungsschutz iSd KSchG haben, entspricht nicht dem Sinn und Zweck des KSchG (*BAG* 8.6.1972 AP Nr. 2 zu § 134 BGB; 13.7.1978 EzA § 102 BetrVG 1972 Nr. 36; 21.3.1980 EzA § 17 SchwbG Nr. 2 [zu II 4 der Gründe]; *LAG Hamm* 6.9.2005 – 19 Sa 1045/05; SPV-*Preis* Rz. 305 ff.; *v. Hoyningen-Huene/Linck* § 13 Rz. 90 f.; *Bährle* RdW 4/2006 XV ff.).

Der wiederholt geänderte Schwellenwert des § 23 KSchG – durch das Gesetz zu Reformen am Arbeits- 234 markt vom 24. Dezember 2003 (BGBl. I S. 3002, 3003) zur Zeit zehn Arbeitnehmer, jedoch nur die Arbeitnehmer betreffend, deren Arbeitsverhältnis ab dem 1.1.2004 begonnen hat, während die Arbeitnehmer, die am 31.12.2003 bereits Kündigungsschutz nach dem alten Recht erworben hatten, diesen nach Maßgabe des bisherigen Rechts ohne zeitliche Einschränkung behalten (vgl. *Bader* NZA 2004, 66; *Zundel* NJW 2006, 3467 ff.) – sowie andere Tendenzen zur Verschlechterung des Kündigungsschutzes und der nach dem BVerfG entsprechend aus Art. 12 Abs. 1 S. 1 GG abgeleiteten Schutzpflicht des Staates verfassungsrechtlich gebotene Mindestschutz des Arbeitsplatzes vor Verlust durch private Disposition im Wege der zivilrechtlichen Generalklauseln, §§ 138, 242 BGB (*BVerfG* 27.1.1998 BVerfGE 97, 169, 178) haben zu einer umfangreicheren Diskussion über den Kündigungsschutz außerhalb des KSchG geführt, die hier nicht nachgezeichnet werden kann (vgl. zB *Wank* FS für Hanau, 1999, S. 295 ff.; *Lettl* NZA-RR 2004, 57 ff.).

Eine weitergehende Anwendung des § 242 BGB im kündigungsschutzrechtlichen Bereich ist nicht gerechtfertigt (zutr. *Löwisch/Spinner* vor § 1 Rz. 85 f. gegen die in Rz. 86 Genannten).

Dementsprechend hat der Zweite Senat des *BAG* mit Urt. v. 21.2.2001 EzA § 242 BGB Kündigung Nr. 1 in »Umsetzung der Entscheidung des *BVerfG* v. 27.1.1998« (BVerfGE aaO = EzA § 23 KSchG Nr. 17) daran festgehalten, dass eine Kündigung dann gegen § 242 BGB verstößt und nichtig ist, wenn sie aus Gründen, die von § 1 KSchG nicht erfasst sind, Treu und Glauben verletzt. Dies gilt auch für eine Kündigung, auf die wegen Nichterfüllung der sechsmonatigen Wartezeit des § 1 KSchG das KSchG keine Anwendung findet (*BAG* 22.5.2003 EzA § 242 BGB 2002 Kündigung Nr. 2). Das gilt im Grunde auch für den »Kündigungsschutz im Kleinbetrieb« (dazu *BAG* 21.2.2001 EzA § 242 BGB Kündigung Nr. 2 [II 4]: Der durch Generalklauseln vermittelte Schutz darf nicht dazu führen, dem Kleinunternehmer praktisch die im KSchG vorgegebenen Maßstäbe aufzuerlegen), wobei es allerdings im Hinblick auf die Ausführungen des BVerfG als geboten erscheint, das durch langjährige Mitarbeit erdienten Vertrauen in den Fortbestand des Arbeitsverhältnisses durch ein gewisses Maß an sozialer Rücksichtnahme Rechnung zu tragen mit der Folge, dass eine Auswahlentscheidung zu Ungunsten eines evident erheblich sozial schutzbedürftigeren Arbeitnehmers die Kündigung als gegen Treu und Glauben, § 242 BGB, verstoßend und damit als nichtig erscheinen läßt. Diesen »Kündigungsschutz im Kleinbetrieb« aufgrund der Generalklauseln, bei dem es vor allem darum geht, Arbeitnehmer vor willkürlichen oder auf sachfremden Motiven beruhenden Kündigungen zu schützen (*BAG* 21.2.2001 EzA § 242 BGB Kündigung Nr. 2 [II 4 d]), hat das *BAG* weiter entwickelt, wie die Entscheidungen vom 6.2.2003 EzA § 242 BGB 2002 Kündigung Nr. 1 und 28.8.2003 EzA § 242 BGB 2002 Kündigung Nr. 4 zeigen.

Damit stellt sich die Frage, in welchen Fällen ein Verstoß der Kündigung gegen § 242 BGB anzuneh- 235 men ist. Ausgehend von den aufgrund der »**rechtstheoretischen Präzisierung**« des § 242 BGB (vgl. *Franz Wieacker* Zur rechtstheoretischen Präzisierung des § 242 BGB, Tübingen 1956) gefundenen Ausgestaltungen des § 242 BGB sind folgende Formen des Verstoßes gegen Treu und Glauben als für die Kündigung relevant anzusehen:

Als möglicher Fall einer treuwidrigen und damit nach § 242 BGB unwirksamen Kündigung ist der **Tat-** 236 **bestand des widersprüchlichen Verhaltens** (venire contra factum proprium) des kündigenden Arbeitgebers anzusehen (*BAG* 23.9.1976 EzA § 1 KSchG Nr. 35). Das kann dann gegeben sein, wenn der Arbeitgeber zunächst ein Verhalten an den Tag legt, das auf den Fortbestand des Arbeitsverhältnisses ausgerichtet war, und dann plötzlich kündigt.

237 Wenn der Arbeitnehmer seinerseits das auf fünf Jahre befristete Arbeitsverhältnis ohne ordentliche Kündigungsmöglichkeit gekündigt hat, der Arbeitgeber sich dann dem Ausscheiden des Arbeitnehmers entschieden widersetzt, obwohl ihm die missliche geschäftliche Lage des Betriebes bekannt ist, und auf die Einhaltung des befristeten Arbeitsvertrages besteht, obwohl der fortstrebende Arbeitnehmer eine Abfindung von 10.000,– DM angeboten hatte, dann ist eine nur drei Monate später vom Arbeitgeber ausgesprochene Kündigung mit einer Frist von sechs Wochen zum Quartal unvereinbar mit dem vorherigen Verhalten des Arbeitgebers. Der Arbeitgeber setzt sich mit seinem früheren Verhalten durch die Kündigung in einen nicht hinnehmbaren offenen Widerspruch. Dieser Mangel trifft die Kündigungshandlung selbst und rückt die Kündigung in den Bereich unzulässiger Rechtsausübung (vgl. *BAG* 8.6.1972 EzA § 626 BGB nF Nr. 12; *ArbG Neumünster* 26.9.1996 JurBüro 1998, 106). Wird ein Arbeitnehmer trotz der dem Arbeitgeber bekannten Tätigkeit in der Politischen Verwaltung des MdI der ehemaligen DDR übernommen, diese seine frühere Tätigkeit gleichwohl zum Anlass zur Kündigung genommen, dann verstößt die Kündigung gegen § 242 BGB in seiner Erscheinungsform des widersprüchlichen Verhaltens, wenn sich die Tatsachengrundlage für die Bewertung der früheren Tätigkeit des Arbeitnehmers nicht geändert hat (*BAG* 21.3.1996 – 8 AZR 290/94 – nv). Ein unvereinbarer Gegensatz zu früherem Verhalten liegt nach *LAG Hamm* (9.1.1981 ARSt 1983 Nr. 1075) nicht schon dann vor, wenn im Haushaltsplan eigens für einen zunächst befristet beschäftigten Arbeitnehmer eine Planstelle geschaffen, diese aber kurz darauf aus Haushaltsgründen (Sparmaßnahmen) wieder gestrichen wird. Wird ein auf ein Jahr befristetes Arbeitsverhältnis mit Kündigungsmöglichkeit in der Probezeit und innerhalb der Befristung innerhalb der Probezeit nicht gekündigt, so verstößt nach *LAG BW* 7.11.1990 – 2 Sa 43/90 – eine nach Ablauf der Probezeit ausgesprochene Kündigung ohne Gründe iSd § 1 KSchG gegen Treu und Glauben.

238 Der Arbeitgeber, der seinem Arbeitnehmer gegenüber zum Ausdruck gebracht hat, er brauche in der nächsten Zeit nicht mit einer Kündigung zu rechnen, setzt sich mit seinem eigenen Verhalten in Widerspruch, wenn er kurze Zeit später gleichwohl das Arbeitsverhältnis kündigt. Eine solche Kündigung ist wegen Verstoßes gegen Treu und Glauben (§ 242 BGB) unwirksam (*Hess. LAG* 11.11.1997 – 9 Sa 1004/97 – FR 12.11.1997: Zusage des alten und des neuen Arbeitgebers bei Betriebsübergang gegenüber dem Arbeitnehmer, »für ihn bleibe alles beim alten«, gleichwohl ordentliche Kündigung einen Monat nach Übergang: Trotz jetzigen Kleinbetriebs durfte der Arbeitnehmer auf den Bestand seines Arbeitsverhältnisses vertrauen oder darauf, dass ihm der Kündigungsschutz iSd KSchG erhalten bleibt). Etwas anderes gilt nur dann, wenn der Arbeitgeber sich auf einen besonderen nach Abgabe seiner Erklärung oder nach seinem Verhalten, aus dem der Arbeitnehmer nur den Schluss ziehen konnte, seine Stellung sei in der nächsten Zeit gesichert, entstandenen sachlichen Grund berufen kann (*Schmidt* AR-Blattei D, Kündigungsschutz VIII Abschn. D II; *BAG* 21.3.1996 – 8 AZR 290/94 – nv). Trägt der Arbeitgeber dem Arbeitnehmer einen anderen Arbeitsplatz an, obwohl der alte Arbeitsplatz nicht wegfällt, und nimmt der Arbeitnehmer das Angebot an, so verstößt eine vier Monate später erfolgte, auf dem Beschluss, den neuen Arbeitsplatz zu streichen, beruhende Kündigung gegen den Grundsatz des Verbots widersprüchlichen Verhaltens, es sei denn, die Tatsachen hätten sich geändert (*LAG Brem.* 14.6.1996 ARSt 1996, 204, 207 f.: »Der Arbeitgeber habe einen Vertrauenstatbestand geschaffen, auf den der Kläger bauen durfte«).

239 Erklärt der Arbeitgeber dem Arbeitnehmer, dass er wegen der vom Arbeitnehmer ausgesprochenen ordentlichen Kündigung davon absehe, einen bestimmten Sachverhalt zum Anlass einer Kündigung zu nehmen, so verstößt eine später gleichwohl erklärte fristlose Kündigung gegen sein früheres Verhalten (Verzeihen des Kündigungsgrundes). Die fristlose Kündigung ist dann schon wegen gegensätzlichen Verhaltens unwirksam. Der Kündigungsgrund war verziehen und damit verwirkt (*LAG BW* 12.4.1967 DB 1967, 999 = BB 1967, 757; vgl. den ähnlich liegenden Sachverhalt, der der Entsch. des *ArbG Bamberg* 28.7.1975 ARSt 1976 Nr. 114 zugrunde lag; das ArbG hatte aber aus der Verzeihung einen Verzicht auf die Ausübung des Kündigungsrechts hergeleitet; vgl. auch *ArbG Wuppertal* 11.2.1981 ARSt 1981, Nr. 1202). Das Kündigungsrecht kann dadurch untergehen, dass der Berechtigte dem anderen Teil die von ihm begangene Verfehlung verzeiht. In der Fortsetzung des Arbeitsverhältnisses durch den Arbeitgeber trotz Kenntnis des Kündigungsgrundes kann auch eine stillschweigende Verzeihung liegen, ohne dass es (im Gegensatz zur Verwirkung) auf die Dauer der Fortsetzung ankommt (vgl. *Hueck/Nipperdey* § 59 IV 1d). Die Verzeihung ist ein innerer Vorgang und setzt voraus, dass der Kündigungsberechtigte den Willen hat, die Verfehlung nicht mehr als Kündigungsgrund anzusehen. Sie ist im Gegensatz zum **Verzicht** keine Willenserklärung. Es kommt auch, anders als bei der **Verwirkung**, nicht darauf an, ob und wie der Gegner den Vorgang auffasst (vgl. *Neumann-Duesberg* Anm. zu *LAG Hamm* AP Nr. 2 zu § 242 BGB Verwirkung [zu 3]). Die (materiellrechtliche) Verwirkung (des Kündi-

gungsrechts) – das Recht, eine Kündigung auszusprechen, kann verwirken, *BAG* 23.9.1958 AP Nr. 6 zu § 611 BGB Dienstordnungsangestellte [zu II 10 der Gründe], (die Verwirkung des Rechts zur außerordentlichen Kündigung als wichtigem Grund wird durch § 626 Abs. 2 BGB konkretisiert, *BAG* 9.1.1986 EzA § 626 BGB nF Nr. 98) – setzt iVm einem Zeitablauf ein Verhalten des Inhabers des Rechts voraus, das objektiv bei dem Schuldner die berechtigte Annahme hervorgerufen hat, er werde sein Recht nicht mehr geltend machen, sowie ein Sicheinrichten des Schuldners auf dieses Verhalten des Gläubigers (Umstandsmoment; *BAG* 9.7.1958 EzA § 242 BGB Nr. 1; 1.8.1958 AP Nr. 10 zu § 242 BGB Verwirkung; 25.11.1982 EzA § 9 KSchG nF Nr. 15 [zu A II 2a der Gründe]; 15.8.2002 – 2 AZR 514/01 – AiB 2004, 127; *ArbG Hamburg* 11.5.1992 AiB 1993, 187, ohne erkennbar auf das Umstandsmoment einzugehen). Verwirkung des Kündigungsrechts ist anzunehmen, wenn der Arbeitgeber trotz Vorliegens eines Kündigungsgrundes von einer Kündigung absieht, dadurch beim Arbeitnehmer das Vertrauen erweckt, die Kündigung werde unterbleiben, und dieser sich darauf einrichtet (*BAG* 25.2.1988 – 2 AZR 500/87 – [zu III 1a der Gründe] nv). Ist das Kündigungsrecht verwirkt, ist die Kündigung gem. § 13 Abs. 3 KSchG unwirksam (*BAG* 25.11.1982 EzA § 9 KSchG nF Nr. 15 [zu A II 1 der Gründe]).

Die arbeitsrechtliche Praxis wird immer wieder mit dem Vortrag konfrontiert, der Arbeitgeber habe eine »**Lebensstellung**« oder eine »**Dauerstellung**« versprochen, den Arbeitnehmer gar mit diesem Versprechen von seinem früheren Arbeitsplatz abgeworben, und deshalb sei der Arbeitgeber nicht berechtigt, das Arbeitsverhältnis aufzukündigen. 240

Der Hinweis des Arbeitgebers auf eine Lebensstellung oder Dauerstellung lässt **verschiedene Deutungen** zu. Einmal kann darin eine **unverbindliche Anpreisung des Arbeitsplatzes** liegen – jeder nicht befristete Arbeitsvertrag ist vom Ansatz her grds. auf Dauer ausgelegt. Zum anderen ist denkbar, dass die Parteien – stillschweigend – vereinbart haben, dass der **Kündigungsschutz iSd KSchG sogleich gelten** soll, ohne dass der Arbeitnehmer eine Betriebszugehörigkeit von sechs Monaten aufweist (so zB *BAG* 18.2.1967 EzA § 1 KSchG Nr. 5; vgl. aber *BAG* 8.6.1972 EzA § 626 BGB nF Nr. 12). Im Urteil vom 21.10.1971 (AP Nr. 1 zu § 611 BGB Gruppenarbeitsverhältnis) hat das BAG die Zusicherung einer »Lebensaufgabe« nur dahin gewertet, dass **diese Tatsache in die Abwägung der beiderseitigen Interessen** einzufließen habe (zu II 3 der Gründe). Auch kann ein **vertraglicher Ausschluss der ordentlichen Kündigung** vereinbart worden sein (*BAG* 2.11.1978 EzA § 620 BGB Nr. 38; 12.10.1954 AP Nr. 1 zu § 52 RegelungsG), jedenfalls aber für eine bestimmte Zeit (*BAG* 7.11.1968 EzA § 66 HGB Nr. 2). 241

Was mit der Zusage einer Lebens- oder Dauerstellung gewollt ist, muss unter Berücksichtigung sämtlicher Umstände des Einzelfalles ermittelt werden (*Schaub* § 38 II 1 Rz. 3). Ist aufgrund der Umstände anzunehmen, dass der Arbeitgeber den Arbeitnehmer zunächst von seiner sicheren Position gegen das Versprechen einer Lebensstellung abgeworben hat, und ist das Versprechen als Anstellung auf Lebenszeit oder wenigstens als Ausschluss der ordentlichen Kündigung zu verstehen, und kündigt der Arbeitgeber dem Arbeitnehmer gleichwohl – setzt ihn auf die Straße –, so ist die Kündigung schon wegen Verstoßes gegen eine vertragliche Kündigungsbeschränkung unwirksam (vgl. Rz. 266 ff.). Der Heranziehung von § 242 BGB bedarf es in diesem Falle nicht (vgl. *Gamillscheg* S. 457 f.). 242

Als weiteren möglichen Fall einer treuwidrigen und damit nach § 242 BGB unwirksamen Kündigung nennt das *BAG* (23.9.1976 EzA § 1 KSchG Nr. 35; 30.11.1960 AP Nr. 2 zu § 242 BGB Kündigung) den Tatbestand »des Ausspruchs einer **Kündigung in verletzender Form**«. Damit ist ein Fall angesprochen, den manche als Unterfall der »**ungehörigen Kündigung**« nehmen (SPV-*Preis* Rz. 311 ff.; *Röhsler* DB 1969, 1148 ff.; *Schaub* § 123 VII 5 Rz. 81). Mit der »ungehörigen Kündigung« sollen die Sachverhalte erfasst werden, bei denen die Art und Weise der Kündigung oder das Verhalten bei Ausspruch der Kündigung oder aber der Zeitpunkt der Kündigung gegen Treu und Glauben verstoßen (ob bloße »Ungehörigkeit« einer Kündigung zu ihrer Unwirksamkeit führen kann, offen gelassen von *BAG* 14.11.1984 EzA § 242 BGB Nr. 38; zweifelnd *Linck* in AR-Blattei SD 1010.3 Kündigung III Mängel der Kündigung Rz. 61). 243

Der Arbeitgeber hat sich bei Ausspruch der Kündigung korrekt und angemessen auszudrücken und auch im Übrigen eine adäquate Verhaltensweise bei der Kündigungserklärung an den Tag zu legen. Allerdings liegt **nicht** in **jeder Unmutsäußerung** oder in jeder scharfen Ausdrucksweise ein Verstoß gegen Treu und Glauben (*Röhsler* DB 1969, 1149). 244

Daher ist es zutr., wenn das *LAG BW* im Urt. v. 29.9.1967 (BB 1968, 334 = DB 1968, 807) ausführt, dass ein Kündigungsschreiben, das scharfe Formulierungen verwendet, sich aber der Ausdrucksweise des Privatrechts bedient, noch nicht zur Unwirksamkeit der Kündigung führt, insbes. dann nicht, wenn es der Wahrnehmung berechtigter Interessen dient (der Arbeitnehmer hatte u.a. wahrheitswidrig erklärt, nicht er, sondern die Tochter des Seniorchefs habe einen Unfall mit dem Firmenfahrzeug verursacht). 245

246 Dagegen ist die **Kündigung, die durch** den **Pförtner vor dem Fabriktor** erklärt wird, die **Kündigung durch einen bevollmächtigten Auszubildenden gegenüber einem leitenden Angestellten**, wegen ihrer unwürdigen Form als treuwidrig und damit gegen § 242 BGB verstoßend zu betrachten.

247 Der Ausspruch einer an sich berechtigten **Kündigung** (der Arbeitnehmer hatte sich an einer Schlägerei beteiligt) verstößt zum Beispiel dann gegen Treu und Glauben, wenn die schriftliche Kündigungserklärung unnötige beleidigende Schärfen enthält. Eine beleidigende Ausdrucksweise ist bei einer Kündigung unangebracht und auch durch die Wahrnehmung berechtigter Interessen nicht mehr gedeckt.

248 Zur »ungehörigen Kündigung« gehört auch die **Kündigung zur Unzeit.** Diese Form der ungehörigen Kündigung hat im Gesetz immerhin Erwähnung gefunden, **§ 627 Abs. 2 BGB** (dazu *van Venrooy* JZ 1981, 55; *Lettl* NZA-RR 2004, 57, 63f). Ausgehend von dem Grundsatz, dass die Kündigung an jedem Ort zu jeder Zeit, auch an Sonn- und Feiertagen, ausgesprochen werden kann, was zur Wahrung von Kündigungsfristen und von Kündigungserklärungsfristen (§ 626 Abs. 2 BGB) sowohl für den Arbeitgeber als auch für den Arbeitnehmer von Bedeutung sein kann, sollen damit Fallgestaltungen erfasst werden, in denen die **Kündigung wegen des Zeitpunktes oder des Ortes** – zB Überreichung des Kündigungsschreibens anlässlich der Beerdigung des Lebensgefährten der Arbeitnehmerin (vgl. *BAG* 5.4.2001 EzA § 242 BGB Kündigung Nr. 3 [II 3]) – **ungehörig oder anstößig ist** (*Röhsler* DB 1969, 1149 mwN in Fn. 36). Allein der Zeitpunkt des Zugangs (Hl. Abend) genügt nicht (*BAG* 14.11.1984 EzA § 242 BGB Nr. 38), hinzu kommen muss eine Beeinträchtigung berechtigter Interessen des Erklärungsempfängers, insbes. auf Achtung seiner Persönlichkeit. Dies kann der Fall sein, wenn der Erklärende absichtlich oder auf Grund einer auf Missachtung der persönlichen Belange des Empfängers beruhenden Gedankenlosigkeit einen Zeitpunkt wählt, der den Empfänger besonders beeinträchtigt (*BAG* 12.7.1990 DB 1991, 341 [insoweit nicht in EzA § 613a BGB Nr. 90]; 5.4.2001 EzA § 242 BGB Kündigung Nr. 3). Das ist im Einzelfall zu prüfen und liegt nicht vor, wenn der Arbeitnehmer am Vormittag des Hl. Abend noch gearbeitet hatte und er das berechtigte Interesse des Arbeitgebers, ihm ohne weitere Verzögerung wegen drohenden Ablaufs der Zweiwochenfrist des § 626 Abs. 2 BGB zu kündigen, erkennen konnte, nach *ArbG Passau* 13.5.1987 ARSt 1988 Nr. 36 aber dann, wenn eine ordentliche Kündigung, die erst spätestens am 31.12. hätte zugehen müssen, am 23.12. zur Post gegeben wird und am Nachmittag des 24. 12. zugeht – diese Zugangszeit beruhe auf einer die persönlichen Belange des Arbeitnehmers und seiner Familie ignorierenden Gedankenlosigkeit –. Nach der viel beachteten Entsch. des *LAG Brem.* v. 29.10.1985 (LAGE § 242 BGB Nr. 1 = EEK II/164 = AuR 1986, 248 = AR-Blattei D Kündigungsschutz Entsch. 268 = BB 1986, 393) verstößt eine Kündigung, die einem Arbeitnehmer nach einem schweren Arbeitsunfall im Krankenhaus unmittelbar vor einer auf dem Unfall beruhenden Operation ausgehändigt wurde, als »Kündigung zur Unzeit« gegen Treu und Glauben und ist gem. § 242 BGB nichtig, auch wenn Motiv für die Kündigung nicht der Unfall, sondern betriebsbedingte Gründe waren, zu denen der Betriebsrat vorher gehört wurde, auch wenn der Erklärungsbote von dem Unfall nichts wusste (zust. *Kort* Anm. AR-Blattei D, Kündigungsschutz Entsch. 268; *Buchner* Anm. LAGE § 242 BGB Nr. 1). Solche neben der »Unzeit« vorliegende weitere Umstände hat das BAG hinsichtlich einer Arbeitgeberkündigung wenige Tage nach dem Tod des Lebensgefährten der Arbeitnehmerin, die keinen Kündigungsschutz genießt, nicht gesehen: Das Arbeitsverhältnis hatte erst wenige Monate bestanden und war noch dazu befristet. Die Arbeitgeberin musste wegen der drohenden Verlängerung des Arbeitsverhältnisses um einen Monat nicht weiter warten (*BAG* 5.4.2001 EzA § 242 BGB Kündigung Nr. 3).

249 Ungehörig und damit gegen Treu und Glauben verstoßend ist eine Kündigung zB dann, wenn sie im Pissoir oder bei geselligen oder gesellschaftlichen Veranstaltungen, etwa während der Theater- oder Konzertpause, einer Betriebsfeier, auf einer Hochzeitsfeier oder während des sonntäglichen Kirchgangs oder bei ähnlichen Gelegenheiten übergeben wird.

250 Dagegen ist die Kündigung, **die kurz vor Eintritt des Ablaufs der Wartezeit des § 1 KSchG oder der Probezeit** mit der verkürzten Kündigungsfrist ausgesprochen wird, idR **nicht** als **Kündigung zur Unzeit** anzusehen. Innerhalb der Wartezeit und innerhalb der Probezeit gilt der Grundsatz der Kündigungsfreiheit bzw. die Möglichkeit der Kündigung mit einer kürzeren Frist, mag das Ende des Arbeitsverhältnisses dann auch nach Ablauf der Warte- oder Probezeit liegen (*LAG SchlH* 3.3.1983 DB 1983, 2260). Nur wenn die Kündigung kurz vor Ablauf der Wartezeit ausschließlich zu dem Zweck erfolgt, um das Inkrafttreten des Kündigungsschutzes zu vereiteln, ist entweder der Kündigungsschutz in analoger Anwendung des § 162 BGB zu gewähren (so *BAG* 20.9.1957 AP Nr. 34 zu § 1 KSchG 1951; *v. Hoyningen-Huene/Linck* § 1 Rz. 69; SPV-*Preis* Rz. 315: Es kommt ein Rechtsmissbrauch in Betracht) oder die Kündigung als zur Unzeit erklärt und damit als gegen Treu und Glauben verstoßend anzusehen

(*Röhsler* DB 1969, 1149). Selbstverständlich besteht auch in diesen Fällen der Schutz durch § 138 BGB und des § 242 BGB in seinen übrigen Erscheinungsformen.

Weiter gehört entgegen *Siebert* (BB 1960, 1030) und *Otto* (JZ 1998, 852, 855) nicht zur Gruppe der ungehörigen Kündigung der Fall der **Kündigung ohne Angabe von Gründen** für diese Kündigung (*Röhsler* DB 1969, 1149; SPV-*Preis* Rz. 313; *Lettl* NZA-RR 2004, 57, 64). Von gesetzlichen (§ 22 Abs. 3 BBiG, vgl. dazu Rz. 227 und KR-*Weigand* BBiG; § 9 Abs. 3 S. 2 MuSchG, vgl. dazu Rz. 227a), tarifvertraglichen (dazu Rz. 264) und vertraglichen (dazu Rz. 273) Ausnahmen abgesehen, ist die Angabe von Gründen keine Voraussetzung für die Wirksamkeit einer Kündigung. Das folgt für die außerordentliche Kündigung bereits aus § 626 Abs. 2 S. 3 BGB (*BAG* 7.8.1972 EzA § 626 BGB nF Nr. 22). Für die ordentliche Kündigung gilt nichts anderes (*BAG* 27.2.1958 AP Nr. 1 zu § 1 KSchG 1951 Betriebsbedingte Kündigung; 16.1.2003 EzA § 23 KSchG Nr. 26 [B III 2]). Allerdings muss der Arbeitgeber spätestens im Prozess die Kündigungsgründe darlegen, damit das Gericht in die Lage versetzt wird, nachzuprüfen, ob die Voraussetzung für eine wirksame Kündigung objektiv tatsächlich gegeben war. Das geschieht durch entsprechenden **Prozessvortrag unter Beweisantritt.** Vernachlässigt der Arbeitgeber die ihm obliegende Darlegungs- oder Beweislast, was die Gründe für die ordentliche und außerordentliche Kündigung anbelangt, so verliert er den Kündigungsschutzprozess, indem die Kündigung auf Antrag des Arbeitnehmers für unwirksam erklärt wird. 251

Anders ist es, **wenn kein Kündigungsschutz besteht und die Kündigung im Grundsatz frei ausgesprochen werden kann.** Dann sind Fälle denkbar, in denen die Kündigung als rechtsmissbräuchlich anzusehen ist. Das ist gegeben, wenn der Arbeitgeber zu den Kündigungsgründen etwas vorträgt, was nicht ausreicht, um die Kündigung zu rechtfertigen, er aber keine weiteren Gründe angeben kann oder will oder aber einen angegebenen Grund nicht substantiieren will (vage Verdächtigungen etc.; vgl. SPV-*Preis* Rz. 316 unter »offenbar willkürlich«). Es handelt sich also insoweit um dieselbe Problematik wie bei § 138 BGB (vgl. Rz. 129). 252

In diesem Rahmen ist die Entscheidung des *BAG* 30.11.1960 EzA § 242 BGB Nr. 3 zu sehen: Wenn der Arbeitgeber bei einer **ordentlichen Verdachtskündigung** gegenüber einem Arbeitnehmer, der noch **keinen Kündigungsschutz** iSd KSchG genießt (vgl. dazu KR-*Griebeling* § 1 KSchG Rz. 97 ff.), **weder die Verdachtsquelle mitteilt noch nähere Einzelheiten angibt,** obwohl dem Arbeitnehmer damit die Möglichkeit genommen wird, sich gegen den möglicherweise unberechtigten Vorwurf zu wehren, so ist diese Kündigung ungehörig und rechtsmissbräuchlich und daher unwirksam (ähnl. *BAG* 2.11.1983 EzA § 102 BetrVG 1972 Nr. 53 [A II 2]: Der Ausspruch der Kündigung fügt dem Arbeitnehmer über die reine Beendigung des Arbeitsverhältnisses hinaus weitere Nachteile zu und stellt sein gesamtes Fortkommen in Frage [Verdacht des Haschischkonsums und tolerierende Haltung gegenüber Haschischkonsumenten ohne einlassungsfähige Substantiierung], *Streckel* Anm. aaO [II] zählt diesen Fall zur »willkürlichen Kündigung«, vgl. Rz. 254). 253

Wird dem Arbeitnehmer vor Ausspruch der Kündigung keine Gelegenheit gegeben, zu dem ihm gegenüber erhobenen Vorwurf Stellung zu nehmen, begründet dies keine Treuwidrigkeit der Kündigung (*BAG* 21.2.2001 EzA § 242 BGB Kündigung Nr. 2; SPV-*Preis* Rz. 314; **aA** ArbG Gelsenkirchen 26.6.1998 EzA § 242 BGB Nr. 41 für den Betrieb ohne Betriebsrat). Auch im Anwendungsbereich des KSchG hängt die Wirksamkeit einer personen- oder verhaltensbedingten Kündigung nicht von einer vorherigen Anhörung des Arbeitnehmers ab; nicht einmal vor einer außerordentlichen Kündigung gem. § 626 BGB bedarf es einer solchen Anhörung (*BAG* 18.9.1997 EzA § 626 BGB nF Nr. 169; Ausnahme: Verdachtskündigung [*BAG* 13.9.1995 EzA § 626 BGB Verdacht strafbarer Handlung Nr. 6]). 253a

Als weiteren möglichen Fall einer treuwidrigen und damit gem. § 242 BGB unwirksamen Kündigung nennt das *BAG* (23.9.1976 EzA § 1 KSchG Nr. 35) den Tatbestand »**der willkürlichen Kündigung«.** Eine willkürliche Kündigung kann dem Arbeitgeber nicht vorgeworfen werden, wenn er »eingehende Überlegungen darüber angestellt hatte, welchem leitenden Ingenieur gekündigt werden müsse« (*BAG* 17.4.1980 – 2 AZR 5/79 – nv). 254

In diesem Zusammenhang gehört die Kündigung, die nur unter **Berufung auf eine formale Rechtsposition** erfolgt und im Hinblick auf die nach Treu und Glauben gebotene Rücksichtspflicht als ungehörig und rechtsmissbräuchlich erscheint. 255

Die Unwirksamkeit der Kündigung mit dieser Begründung hat das *LAG Düsseld.* im Urt. v. 31.5.1978 (BB 1978, 1266) in einem Fall angenommen, in dem der Arbeitgeber einer Arbeitnehmerin, die noch keinen Kündigungsschutz hatte, fristlos, hilfsweise fristgerecht gekündigt hatte wegen eines Zeitungsartikels, in dem die Arbeiterin wörtlich zitiert worden war und die Arbeitgeberfirma als »betrügeri- 256 sche Firma« bezeichnet worden war, ohne die Klägerin als Urheberin dieses Ausdrucks zu nennen. Nachdem der Arbeitgeber im Prozess nicht den Beweis hatte führen können, dass die Arbeitnehmerin den Arbeitgeber der Zeitung gegenüber als »betrügerische Firma« bezeichnet hatte, wollte der Arbeitgeber das Arbeitsverhältnis aufgrund der hilfsweise erklärten ordentlichen Kündigung beendet wissen. Das Gericht hat den Arbeitgeber dahin belehrt, dass er sich auf diese formale Rechtsposition nicht zurückziehen könne. Es hat ausgeführt, dass für eine derartige Maßregelung der Arbeitnehmerin kein Grund vorliege. Wenn der Arbeitgeber den einzigen gegen die Arbeitnehmerin erhobenen Vorwurf nicht beweisen könne, seien sowohl die außerordentliche als auch die ordentliche Kündigung unwirksam, die erstere im Hinblick auf § 626 BGB, die zweite wegen willkürlichen Verhaltens des Arbeitgebers. Die Kündigung gegenüber einem aids-infizierten Arbeitnehmer wegen seiner Infektion, der noch nicht unter das KSchG fällt, verstößt nicht gegen Treu und Glauben (*BAG* 16.2.1989 EzA § 138 BGB Nr. 23, anders *BAG* 16.6.1994 EzA § 242 BGB Nr. 39 zur Kündigung in der Probezeit wegen Homosexualität mit zutr. abl. Anm. *v. Hoyningen-Huene*; krit. *Papsthart* AuA 1995, 179 f.; im Ergebnis zust. *Sandmann* SAE 1995, 108 ff.; *Kempff* AiB 1995, 188 ff.). Allein wegen des Kündigungsgrundes als solchen kann die Kündigung nicht gegen Treu und Glauben verstoßen. Es müssen vielmehr Umstände hinzutreten, die die Kündigung als treuwidrig erscheinen lassen. Die Kündigung des Berufsausbildungsverhältnisses wegen angeblicher Ungeeignetheit und Unseriosität bei Besprechungen ist nicht treuwidrig, auch wenn die Kündigung vor Antritt der Ausbildung erfolgt (*BAG* 17.9.1987 EzA § 15 BBiG Nr. 4). Eine außerhalb des Geltungsbereichs des KSchG ausgesprochene Kündigung verstößt nicht deshalb gegen Treu und Glauben, weil sie während des Krankenhausaufenthaltes des Arbeitnehmers zugeht (*LAG Köln* 13.2.2006 – 14(3) Sa 1363/05 – EzA-SD 20/2006 S. 10 f.). Ein Verstoß der Kündigung gegen Treu und Glauben liegt nicht vor, wenn der Arbeitgeber kündigt, weil er an der gesundheitlichen Eignung des Arbeitnehmers bezogen auf die geschuldete Arbeitsleistung zweifelt (*LAG Köln* 13.2.2006 – 14(3) Sa 1363/05 – EzA-SD 20/2006 S. 11).

256a Wird einem Arbeitnehmer des öffentlichen Dienstes innerhalb der ersten sechs Monate nach Arbeitsaufnahme gekündigt, kann diese Kündigung gegen Treu und Glauben (§ 242 BGB) verstoßen, wenn der Arbeitnehmer zu diesem Zeitpunkt einen Anspruch auf Einstellung gegen seinen öffentlichen Arbeitgeber nach Art. 33 Abs. 2 GG hatte (*LAG Hamm* 13.10.1988 ARSt 1989, 175 Nr. 1192 = AuR 1990, 27; vgl. *BAG* 12.3.1986 EzA Art. 33 GG Nr. 13). Eine Kündigung vor Ablauf der Wartezeit des § 1 Abs. 1 KSchG im öffentlichen Dienst verstößt nicht gegen Treu und Glauben, wenn der öffentliche Arbeitgeber den Arbeitnehmer unter mehreren Bewerbern nach Durchführung eines Auswahlverfahrens eingestellt hat; die Eignung, Befähigung und fachliche Leistung des neu eingestellten Arbeitnehmers darf überprüft werden (*BAG* 1.7.1999 EzA § 242 BGB Nr. 42). Ähnlich liegt es, wenn der Arbeitnehmer einen unbeschränkten Anspruch auf Abschluss oder Fortsetzung eines Arbeitsvertrages hat. Eine gleichwohl ausgesprochene Kündigung verstößt gegen § 242 BGB in seiner Erscheinungsform der unzulässigen Rechtsausübung, dolo agit, qui petit, quod statim redditurus est (*LAG Hessen* 15.12.1995 NZA-RR 1996, 328 = ARSt 1996, 171), anders aber, wenn das Verhalten eine Kündigung rechtfertigte (*OLG Köln* 8.4.1992 NJW-RR 1992, 1162 betr. Mietvertrag).

257 Die Treuwidrigkeit einer Kündigung ist innerhalb der Dreiwochenfrist als anderer Rechtsunwirksamkeitsgrund iSd § 13 Abs. 3 KSchG nF geltend zu machen. Zu beachten ist aber, dass der Arbeitnehmer grundsätzlich die Tatsachen vorzutragen und ggf. zu beweisen hat, aus denen sich die Treuwidrigkeit ergeben kann (zutr. *Röhsler* DB 1969, 1152; SPV-*Preis* Rz. 270, 337 ff.; *Lettl* NZA-RR 2004, 57, 64; *BAG* 22.5.2003 EzA § 242 BGB 2002 Kündigung Nr. 2 [II 2 mwN]; *LAG SchlH* 3.3.1983 DB 1983, 2260; vgl. auch Rz. 318 ff.). Es gelten die Grundsätze der abgestuften Darlegungs- und Beweislast. In einem ersten Schritt muss der Arbeitnehmer einen Sachverhalt vortragen, der die Treuwidrigkeit der Kündigung nach § 242 BGB indiziert, also zB besondere Umstände, die die Kündigung des Arbeitgebers im konkreten Einzelfall als treuwidrig erscheinen lassen. Der Arbeitgeber muss sich dann nach § 138 Abs. 2 ZPO qualifiziert auf diesen Vortrag einlassen, um ihn zu entkräften. Kommt er dieser sekundären Behauptungslast nicht nach, gilt der schlüssige Vortrag des Arbeitnehmers als zugestanden (*BAG* 16.9.2004 EzA § 242 BGB 2002 Kündigung Nr. 5). Trägt der Arbeitgeber entsprechend vor, so hat der Arbeitnehmer die Tatsachen, aus denen sich die Treuwidrigkeit der Kündigung ergibt, zu beweisen (*BAG* 24.2.2001 EzA § 242 BGB Kündigung Nr. 1 [B II 4 d cc] am Beispiel der arbeitgeberischen Auswahlentscheidung im Kleinbetrieb; *BAG* 28.8.2003 EzA § 242 BGB 2002 Kündigung Nr. 4; *LAG SchlH* 28.12.2005 – 2 Ta 241/05).

257a Ein Verstoß gegen Treu und Glauben in seiner Erscheinungsform der unzulässigen Rechtsausübung in ihrem Sonderfall der Verwirkung kommt bei der außerordentlichen Kündigung nicht in Betracht. Der

Einwand der Verwirkung wird durch § 626 Abs. 2 BGB konkretisiert (*BAG* 9.1.1986 EzA § 626 BGB nF Nr. 98; dazu *Popp* NZA 1987, 366 ff.).

Einer **Zurückweisung,** schon gar nicht einer sofortigen der gegen § 242 BGB verstoßenden Kündigung bedarf es nicht (das BAG verlangt sie nicht; vgl. *BAG* 30.11.1960 EzA § 242 BGB Nr. 3; 14.11.1984 EzA § 242 BGB Nr. 38; *Soergel/Siebert/Kraft* 11. Aufl., vor § 620 BGB Rz. 44; *Röhsler* DB 1969, 1150); es handelt sich um einen Fall des § 13 Abs. 3 KSchG; die Geltendmachung der Unwirksamkeit der gegen Treu und Glauben verstoßenden Kündigung hat wie sonst auch, vgl. Rz. 304 ff., innerhalb der Dreiwochenfrist zu erfolgen, andernfalls § 7 KSchG greift. 257b

– – **Die schikanöse Kündigung (§ 226 BGB) –**
Nach **§ 226 BGB** ist die Ausübung eines Rechts unzulässig, demnach rechtswidrig, wenn sie nur den Zweck haben kann, einem anderen Schaden zuzufügen. § 226 BGB gilt für alle Rechtsgebiete, damit auch für das Arbeitsrecht und die Kündigung eines Arbeitsverhältnisses. Eine Kündigung ist demnach nur dann wegen Schikane unzulässig, wenn nach Lage der Umstände die Kündigung keine andere Bestimmung haben kann als die Schädigung eines anderen (*Galperin* BB 1966, 1462 unter Hinweis auf *RG* 26.5.1908 RGZ 68, 425 [betr. Widerspruchsklage nach § 771 ZPO]; *Laranz/Wolf* AT 9. Aufl., § 16 Rz. 13; vgl. auch *Linck* AR-Blattei SD 1010.3 Kündigung III Mängel der Kündigung Rz. 62). Ein derartiger Fall wird daher kaum praktisch werden (*Galperin* aaO; *Molitor* Kündigung, S. 209). Liegt er vor, so fällt er unter § 13 Abs. 3 KSchG . 258

– – **§ 315 BGB analog –**
Dorndorf (HK § 13 Rz. 126 ff.) befürwortet unter dem Begriff »Die unbillige Kündigung« eine analoge Anwendung des § 315 BGB, soweit § 1 KSchG nicht eingreift. Ob diese Bestimmung für einen Bestandsschutz außerhalb des KSchG herangezogen werden kann, erscheint immerhin als zweifelhaft. Soweit der 8. Senat des BAG in Sonderfällen § 315 BGB herangezogen hat, ging es um das Sonderkündigungsrecht im öffentlichen Dienst nach dem Einigungsvertrag, bei dem § 1 Abs. 3 KSchG nicht anwendbar ist (zuletzt *BAG* 24.4.1997 EzA Art. 20 EinigungsV Soziale Auswahl Nr. 3; 11.9.1997 EzA Art. 20 EinigungsV Soziale Auswahl Nr. 5). Soweit der 2. Senat des BAG die entsprechende Anwendbarkeit des § 1 Abs. 3 KSchG offen gelassen hat (*BAG* 15.12.1994 EzA § 1 KSchG Betriebsbedingte Kündigung Nr. 16 B [III 3, 4]) und bei der Frage der beschränkten Weiterbeschäftigungsmöglichkeit in anderen Betrieben der Arbeitgeber soziale Belange der von der Kündigung betroffenen Arbeitnehmer bei der Besetzung des freien Arbeitsplatzes »zumindest nach § 315 BGB zu berücksichtigen hat« und im konkreten Fall die Kündigung als unwirksam erachtet hat, weil die Arbeitnehmerin »schutzwürdiger« war, so handelt es sich lediglich um einen Versuch, die Frage der Konkurrenz um freie Arbeitsplätze in anderen Betrieben zu lösen, wenn die freien Arbeitsplätze nicht ausreichen. Ein allgemeines Prinzip kann dem schwerlich entnommen werden. Dem entspricht es, dass der Zweite Senat des BAG bei der Auswahlentscheidung des Kleinunternehmers nicht auf § 315 BGB, sondern darauf abstellt, ob die Auswahlentscheidung »evident fehlerhaft« war, es sei denn, betriebliche Gründe stünden entgegen; an anderer Stelle [B II 4 b] wird die Entscheidung des Achten Senats vom 19.1.1995 (EzA Art. 20 EinigungsV Nr. 43) zitiert, der Arbeitgeber habe die Auswahlentscheidung nach »vernünftigen, sachlichen, billiges Ermessen wahrenden Gesichtspunkten« vorzunehmen. *Annuß* (BB 2001, 1898, 1899) vermisst eine weitere Konkretisierung. Letztlich wird es darauf ankommen, ob in Anbetracht der gegebenen Sozialdaten der in Frage kommenden Arbeitnehmer der gekündigte Arbeitnehmer ganz erheblich sozial schutzbedürftiger ist, so dass das Mindestmaß an sozialer Rücksichtnahme außer acht gelassen wurde, es sei denn, betriebliche Gründe stünden entgegen. 258a

– – **Verstoß gegen §§ 17 ff. KSchG –**
Nach § 17 Abs. 1 S. 1 KSchG muss der Arbeitgeber der Agentur für Arbeit Anzeige erstatten, bevor er innerhalb von 30 Kalendertagen eine im Gesetz näher genannte Anzahl von Arbeitnehmern entlässt. Bislang galt nach der ständigen Rechtsprechung des *BAG* (zB 24.2.2005 EzA § 17 KSchG Nr. 14; 18.9.2003 EzA § 17 KSchG Nr. 11), dass die Anzeige an die Arbeitsverwaltung rechtzeitig vor der tatsächlichen Beendigung der Arbeitsverhältnisse erfolgen musste. Der *EuGH* hat jedoch am 27.1.2005 (EzA § 17 KSchG Nr. 13 [Junk]) entschieden, die Massenentlassungsrichtlinie sei dahin auszulegen, dass die Kündigungserklärung des Arbeitgebers das Ereignis darstelle, das als Entlassung gelte. Der Zweite Senat des *BAG* hat unter Aufgabe seiner bisherigen Rechtsprechung die Vorschrift des § 17 Abs. 1 KSchG richtlinienkonform ausgelegt: Nunmehr muss die Anzeige bei der Agentur für Arbeit rechtzeitig vor dem Ausspruch der Kündigungen erfolgen (23.3.2006 – 2 AZR 343/05 – BB 2006, 1971 = NZA 2006,971; 6.7.2006 – 2 AZR 520/05). Dem hat sich der Sechste Senat des *BAG* angeschlossen (13.7.2006 – 6 AZR 198/06). Ob eine verspätete Massenentlassungsanzeige generell zur Unwirksam- 259

keit der Kündigung führt, wie das *BAG* früher angenommen hat (vgl. zB 6.6.1989 EzA § 17 KSchG Nr. 4) hat der Zweite Senat in der Entscheidung vom 23.3.2006 – 2 AZR 343/05 – offen gelassen, weil dem kündigenden Arbeitgeber Vertrauensschutz zu gewähren sei. Arbeitgeber durften zumindest bis zum Bekannt werden der Entscheidung des *EuGH* vom 27.1.2005 (EzA § 17 KSchG Nr. 13 [Junk]) auf die ständige Rechtsprechung des BAG und die durchgängige Verwaltungspraxis der Agenturen für Arbeit vertrauen, die eine Anzeige vor der tatsächlichen Beendigung des Arbeitsverhältnisses ausreichen ließen. Beiläufig erwähnt der Zweite Senat die Unwirksamkeit einer vorher ausgesprochenen Kündigung »erscheint« »auf Grund des Sinns und des Zwecks des Anzeigeverfahrens nicht zwingend«. Auch der Sechste Senat des *BAG* hat nicht entschieden, ob die Pflichtverletzung, Anzeige erst nach Ausspruch der Kündigung, dazu führt, dass die Kündigung unwirksam ist (13.7.2006 – 6 AZR 198/06 – [II 2]). Auch er ist von Vertrauensschutz für »Altfälle« ausgegangen. Er hat lediglich betont, dass bei einem Verstoß gegen § 17 Abs. 1 S. 1 KSchG die Kündigung grds. keine Auflösung des Arbeitsverhältnisses bewirkt und dass die Wirksamkeit der Kündigung nicht schon an einem nicht ordnungsgemäß durchgeführten Konsultationsverfahren scheitert (unter Bezugnahme auf *BAG* 18.9.2003 EzA § 17 KSchG Nr. 11; 30.3.2004 EzA § 113 BetrVG 2001 Nr. 4). Gleichwohl ist nunmehr von einem Unwirksamkeitsgrund auszugehen (ErfK-*Kiel* § 17 KSchG Rz. 15). Der innerhalb der Dreiwochenfrist geltend zu machen ist, auch noch nach § 6 KSchG eingebracht werden kann. Wenn es dabei bleiben sollte, dass ein Verstoß des Arbeitgebers gegen seine Anzeigepflicht nach § 17 KSchG nicht zur Unwirksamkeit der Kündigung führt, gilt Folgendes: Der Arbeitnehmer kann sich auf den Gesetzesverstoß berufen, muss das aber nicht tun, er kann sich mit der eingehaltenen Kündigungsfrist zufrieden geben. Macht er einen Verstoß gegen die §§ 17 ff. KSchG geltend, so gilt hierfür nicht die Dreiwochenfrist des § 4 S. 1 KSchG (zutr. HaKo-*Pfeiffer* 2. Aufl., § 18 Rz. 22), es handelt sich nicht um einen anderen Rechtsunwirksamkeitsgrund iSd § 13 Abs. 3 KSchG nF; vielmehr ist das Arbeitsverhältnis nicht aufgelöst.

Der Arbeitnehmer sollte dies in unmittelbarem zeitlichen Zusammenhang mit der Kündigung geltend machen (*BAG* 18.9.2003 EzA § 17 KSchG Nr. 11), andernfalls besteht die Gefahr, das Klagerecht nach § 242 BGB zu verwirken (vgl. im Übrigen KR-*Weigand* § 17 KSchG, § 18 KSchG). Die Anzeigepflicht gilt grds. auch bei Änderungskündigungen (*v. Hoyningen-Huene/Linck* § 17 Rz. 25; KR-*Weigand* § 17 KSchG Rz. 41; *BAG* 10.3.1982 EzA § 2 KSchG Nr. 3).

– – § 611a Abs. 1 BGB –

259a Verstößt eine Kündigung gegen das Verbot der Ungleichbehandlung wegen des Geschlechtes nach § 611a Abs. 1 BGB, liegt ein anderer Rechtsunwirksamkeitsgrund iSd § 13 Abs. 3 KSchG vor, der innerhalb der Dreiwochenfrist des § 4 S. 1 KSchG geltend zu machen ist (vgl. iE Rz. 184a).

– – § 612a BGB –

259b Die sich aus § 612a BGB ergebende Nichtigkeit der Kündigung ist innerhalb der Klagefrist des § 4 KSchG geltend zu machen (HaKo-*Pfeiffer* 2. Aufl., § 13 KSchG Rz. 70; *Löwisch* BB 2004, 154, 158; vgl. iE Rz. 141a).

– – § 2 Abs. 4 AGG –

259ba Nach § 2 Abs. 4 des am 18.8.2006 in Kraft getretenen AGG gelten für Kündigungen ausschließlich die Bestimmungen zum allgemeinen und besonderen Kündigungsschutz. Diese Bereichsausnahme steht dafür, dass eine Kündigung ausschließlich am allgemeinen Kündigungsschutz, an dem KSchG, und an dem besonderen Kündigungsschutz, wie § 9 MuSchG oder an dem Kündigungsschutz zweiter Klasse, §§ 138,242 BGB zu messen ist und die Wertungen des AGG einfließen (vgl. *Schütt/Wolf* Das neue Allgemeine Gleichbehandlungsgesetz, 2. Aufl. 2006, S. 25 f.). Daran ändern § 10 S. 3 Nr. 6 AGG – Sozialauswahl –, der eigentlich in das KSchG gehört, und § 10 S. 3 Nr. 7 – Unkündbarkeitsklausel – nichts (diese Nrn. werden allerdings aufgehoben, weil diese Bestimmungen wegen § 2 Abs. 4 AGG leer liefen, vgl. *Löwisch* BB 2006, 2582). Die Antidiskriminierungsrichtlinien beziehen sich aber ausdrücklich auch auf die »Beendigung eines Beschäftigungsverhältnisses«, wie in § 2 Abs. 1 Nr. 2 AGG auch angeführt. So wird vorgeschlagen, dass § 2 Abs. 4 AGG richtlinienkonform dahin auszulegen ist, dass nur (§ 15 Abs. 2 AGG) Entschädigung anwendbar ist, im Übrigen eine Anwendung des AGG ausgeschlossen ist (*Bauer/Göpfert/Krieger* AGG § 2 Rz. 69 mN; aA ErfK-*Schlachter* § 2 AGG Rz. 15). Jedenfalls kommt eine direkte Anwendung des AGG nicht in Frage (dazu *Thüsing* Arbeitsrechtliches Antidiskriminierungsrecht, 2007, Rz. 115). Wenn entgegen Vorstehendem auch Verstöße gegen das AGG zur Unwirksamkeit der Kündigung führen können (so wohl *Schleusener/Suckow/Voigt* AGG 2007, § 2 Rz. 22 ff. für nicht dem KSchG unterfallende Kündigungen, etwa wegen der Kleinbetriebsklausel des § 23 KSchG; *Sagan* NZA 2006, 1257, 1259 in Anwendung des § 7 Abs. 1 AGG als Verbotsgesetz iSd § 134

BGB), ist die Dreiwochenfrist einzuhalten (offen geblieben bei *Blens* ZMV 2006, 277, 278; vgl. auch KR-*Pfeiffer* AGG Rz 20 f., 128).

– – § 613a Abs. 4 S. 1 BGB –

Nach § 4 KSchG idF des Gesetzes zu Reformen am Arbeitsmarkt ist die Dreiwochenfrist auch dann einzuhalten, wenn die Unwirksamkeit der Kündigung nach § 613a Abs. 4 S. 1 BGB (dazu *BAG* 13.5.2004 EzA § 613a BGB 2002 Nr. 25) geltend gemacht wird (HaKo-*Westwaerdt* 2. Aufl., § 613a BGB Rz. 116; europarechtliche Bedenken äußert *Sprenger* AuR 2005, 175, der § 4 S. 1 KSchG mit der Maßgabe anwenden will, dass die Frist erst mit dem Übergang des Betriebs oder Betriebsteils zu laufen beginnt, soweit der Arbeitnehmer die Klage gegen eine Kündigung des Veräußerers auf den Unwirksamkeitsgrund des § 613a Abs. 4 BGB stützt, S. 177). § 613a Abs. 4 S. 1 BGB schützt nur ganz eng vor der Kündigung »wegen« des Betriebsübergangs. Die Vorschrift greift nicht, wenn es einen sachlichen Grund gibt, der »aus sich heraus« die Kündigung rechtfertigen kann, so dass der Betriebsübergang »nur äußerer Anlass, nicht aber der tragende Grund für die Kündigung gewesen ist« (vgl. zB *BAG* 16.5.2002 EzA § 613a BGB Nr. 210 [III 1 c]). Dann greift § 613a Abs. 4 S. 2 BGB, nach dem die Kündigung »aus anderen Gründen« unberührt bleibt (*Klumpp/Jochums* JuS 2006, 690).

259c

Erfährt der Arbeitnehmer erst nach Ablauf der Dreiwochenfrist von den Voraussetzungen dieses Kündigungsverbotes, wird man jedenfalls dann mit der nachträglichen Zulassung der Klage nach § 5 KSchG helfen müssen, wenn der Arbeitnehmer gezielten Fehlinformationen durch den Arbeitgeber aufgesessen ist (*Willemsen/Annuß* NJW 2004, 177, 184; *Bender/J.Schmidt* NZA 2004, 358, 363 f.; vgl. KR-*Friedrich* § 5 KSchG Rz. 40). Denn der Arbeitnehmer muss den Grund für die Unwirksamkeit der ihm gegenüber ausgesprochenen Kündigung nicht kennen, um die Frist des § 4 S. 1 KSchG auszulösen. Die Klagefrist beginnt mit dem Zugang der schriftlichen Kündigung zu laufen (**aA** *Richardi* NZA 2003, 764, 766, der unverzügliche Klageerhebung nach Kenntniserlangung ausreichen lässt).

Die unterbliebene oder (angebliche) Unvollständigkeit oder Unrichtigkeit der nach **§ 613a Abs. 6 BGB** zu erteilenden Information führt nicht zu Unwirksamkeit der Kündigung (*BAG* 24.5.2005 EzA § 613a BGB 2002 Nr. 35; ErfK-*Preis* § 613a BGB Rz. 89; *Nicolai* BB 2006, 1162).

259d

– – § 622 BGB
  – Verstoß gegen gesetzliche Kündigungsfristen oder gesetzliche Kündigungstermine –

Wird die gesetzliche Kündigungsfrist nicht gewahrt oder bei vereinbarter längerer Kündigungsfrist ohne ausdrückliche Regelung des Kündigungstermins der gesetzliche Kündigungstermin nicht eingehalten, so ist die Kündigungserklärung als mit der zutreffenden Kündigungsfrist ausgesprochen auszulegen oder dahin, dass das Arbeitsverhältnis zu dem regelmäßigen gesetzlichen Termin ausläuft (vgl. iE oben Rz. 225).

259e

– – § 41 SGB VI –

Nach § 41 S. 1 SGB VI idF v. 26.7.1994 (BGBl. I S. 1797) ist der Anspruch des Versicherten auf Altersrente nicht als Grund für eine Kündigung anzusehen. Damit ist die personenbedingte Kündigung wegen Anspruchs auf Altersrente verboten (vgl. SPV-*Preis* Rz. 88). Dieser Bestimmung hätte es nicht bedurft. Denn es ist anerkannt, dass das Erreichen eines bestimmten Alters allein eine Kündigung nicht rechtfertigt (*v. Hoyningen-Huene/Linck* § 1 Rz. 194 mwN; *Ascheid* Rz. 364; *Schaub/Linck* § 129 II 10 Rz. 34; vgl. auch *Friedrich* Gedächtnisschrift für F. G. Nagelmann, S. 183 ff.). Sollte nur und wegen des Anspruchs des Arbeitnehmers auf Altersrente gekündigt worden sein, ist § 41 S. 1 SGB VI als Fall des § 13 Abs. 3 KSchG anzusehen. Durch § 41 S. 2 SGB VI werden ältere Arbeitnehmer vor Vollendung des 65. Lebensjahres vor betriebsbedingten Kündigungen insoweit geschützt als im Rahmen der sozialen Auswahl der Anspruch des Arbeitnehmers auf Altersrente nicht zu berücksichtigen ist (*LAG Düsseld.* 13.7.2005 – 12 Sa 616/05). Diese Bestimmung bietet allenfalls einen relativen Schutz und macht nur dann eine Kündigung iSd § 13 Abs. 3 KSchG unwirksam, wenn der noch nicht 65 Jahre alte Arbeitnehmer gerade wegen seines Anspruchs auf Altersrente im Rahmen der sozialen Auswahl ausgewählt wird. Wenn die Rentenaltersgrenze auf 67 Jahre steigt, wird es auf dieses Alter ankommen.

259f

– – § 7 Abs. 1 VRG –

Nach § 7 Abs. 1 des von vornherein bis zum 31.12.1988 befristeten VRG war die Tatsache, dass ein Arbeitnehmer zur Inanspruchnahme von Vorruhestandsgeld berechtigt ist, nicht als ein die Kündigung durch den Arbeitgeber bedingender Grund iSd § 1 Abs. 2 S. 1 KSchG anzusehen; sie kann auch nicht bei der sozialen Auswahl nach § 1 Abs. 3 KSchG zum Nachteil des Arbeitnehmers berücksichtigt werden (dazu *Grüner/Dalichau* § 7 VRG II). Diese Bestimmung war überflüssig. Eine Kündigung durch den

259g

Arbeitgeber wegen Inanspruchnahme von Vorruhestandsgeld durch den Arbeitnehmer verstößt bereits gegen § 612a BGB (*BAG* 2.4.1987 EzA § 612a BGB Nr. 1).

– – **§ 8 Abs. 1 AltTZG –**

259h Nach § 8 Abs. 1 Altersteilzeitgesetz (AltTZG) v. 23.7.1996 (BGBl. I S. 1078) gilt die Möglichkeit eines Arbeitnehmers, Altersteilzeitarbeit in Anspruch zu nehmen, nicht als eine die Kündigung des Arbeitsverhältnisses durch den Arbeitgeber begründende Tatsache iSd § 1 Abs. 2 KSchG; sie kann auch nicht bei der sozialen Auswahl nach § 1 Abs. 3 S. 1 KSchG zum Nachteil des Arbeitnehmers berücksichtigt werden. Damit ist die Beendigungskündigung (*Glatzel* AR-Blattei SD 50 Altersteilzeit Rz. 73; *Diller* BB 1998, 845), aber auch die Änderungskündigung wegen des Anspruchs auf Altersteilzeitarbeit verboten (*Diller* BB 1998, 845 mwN in Fn 4). Der Arbeitnehmer darf nicht gegen seinen Willen durch Änderungskündigung in die Altersteilzeit gezwungen werden (*Nimscholz/Oppermann/Ostrowicz* Altersteilzeit, 5. Aufl. 2006, S. 88). Im Übrigen dürfte diese Regelung ohnehin überflüssig sein, da eine Kündigung des Arbeitgebers wegen der Nichtinanspruchnahme von Altersteilzeit durch den Arbeitnehmer wegen Verstoßes gegen § 612a BGB unwirksam ist (vgl. *Rittweger* Altersteilzeit, 1999, § 8 Rz. 3, der davon ausgeht, die Arbeitgeberkündigung wegen der Geltendmachung des Anspruches auf Altersteilzeit werde von § 8 Abs. 1 AltTZG gar nicht erfasst, wie hier *Gussone/Voelzke* Altersteilzeitrecht, 2000, § 8 Rz. 4; *Welsan* Altersteilzeit in der betrieblichen Praxis, S. 28; vgl. auch *Stück* NZA 2000, 749, 750).

– – **§ 7 Abs. 1b SGB IV –**

259i Nach § 7 Abs. 1b SGB IV idF des Gesetzes zur sozialrechtlichen Sicherung flexibler Arbeitszeitregelungen v. 6.4.1998 BGBl. I S. 688, das mit Wirkung v. 1.1.1998 in Kraft getreten ist, gilt die Möglichkeit eines Arbeitnehmers zur Vereinbarung flexibler Arbeitszeiten nicht als eine die Kündigung des Arbeitsverhältnisses durch den Arbeitgeber begründende Tatsache iSd § 1 Abs. 2 S. 1 KSchG. Der Arbeitnehmer wird davor geschützt, dass die Möglichkeit zur Vereinbarung flexibler Arbeitszeiten im Kündigungsschutz zu seinem Nachteil berücksichtigt wird. Damit ist auch die Kündigung wegen der Weigerung, an flexiblen Arbeitszeitmodellen teilzunehmen, verboten (*Diller* BB 1998, 844). Zweifelhaft ist, ob nur Beendigungskündigungen verboten sind oder auch Änderungskündigungen erfasst sind, die für erforderlich angesehen werden, wenn sich Arbeitnehmer weigern, an flexiblen Arbeitszeiten teilzunehmen. Während *Diller* (aaO S. 845) eine klarstellende Fassung für erforderlich hält, spricht einiges dafür, diese Bestimmung dahin teleologisch zu reduzieren, dass nur Beendigungskündigungen gemeint sind. Im Übrigen dürfte diese Bestimmung überflüssig sein, da jedenfalls eine Beendigungskündigung durch den Arbeitgeber wegen Nichtteilnahme an einer flexiblen Arbeitszeitregelung seitens des Arbeitnehmers gegen § 612a BGB verstößt.

2. Weitere andere Rechtsunwirksamkeitsgründe iSd § 13 Abs. 3 KSchG

a) Verstoß gegen tarifvertragliche Kündigungsbeschränkungen – tarifvertraglichen Kündigungsschutz –

260 Wird gegen ein tarifliches Kündigungsverbot verstoßen, handelt es sich um einen anderen Rechtsunwirksamkeitsgrund iSd § 13 Abs. 3 KSchG, den der Arbeitnehmer innerhalb der Dreiwochenfrist geltend zu machen hat, soll § 7 KSchG nicht greifen.

aa) Verstoß gegen den Ausschluss der ordentlichen Kündigung

261 Zu nennen ist der **Ausschluss der ordentlichen Kündigung** nach Ableistung von einer bestimmten Anzahl von Dienstjahren (wie zB im öffentlichen Dienst: § 52 Abs. 1 BMT-G II: 15 Beschäftigungsjahre) und Erreichung eines bestimmten Alters (wie zB im öffentlichen Dienst: § 53 Abs. 3 BAT: 15 Beschäftigungsjahre, Mindestalter: vollendetes 40. Lebensjahr, auch § 58 MT Arb [Manteltarifvertrag für Arbeiterinnen und Arbeiter des Bundes und der Länder vom 6.12.1995], wobei § 34 Abs. 2 S. 2 TVöD den nach vorstehenden Bestimmungen unkündbaren Beschäftigten Bestandsschutz gewährt; sie bleiben ordentlich unkündbar, »soweit« sie es am 30.9.2005 waren, was nur im Tarifgebiet West gilt; § 34 Abs. 2 S. 1 TVöD vereinheitlicht das Recht der ordentlichen Unkündbarkeit für das Tarifgebiet West: Beschäftigte sind ordentlich unkündbar, die bei einer Beschäftigungszeit von mehr als 15 Jahren das 40. Lebensjahr vollendet haben, was nur dann gilt, wenn das Arbeitsverhältnis vom TVöD erfasst wird. § 55 Abs. 1 BAT beschränkt den Arbeitgeber bei unkündbaren Angestellten auf die außerordentliche Kündigung aus personen- oder verhaltensbedingten Gründen, bei anderen wichtigen Gründen, insbes. dringende betriebliche Erfordernisse ist nur eine Änderungskündigung zur Herabgruppierung um eine Vergütungsgruppe möglich. Ob der Ausschluss der außerordentlichen Beendigungskündigung

Außerordentliche, sittenwidrige und sonstige Kündigungen § 13 KSchG

unter die Besitzstandswahrung fällt, ist streitig, aber zu bejahen [*Bröhl* ZTR 2006, 174, 176 m. Nachw. in Fn 50]); § 4 Nr. 4 MTV für Arbeiter und Angestellte der Metallindustrie in Südbaden gültig ab 1.4.1988: Arbeitnehmern nach vollendetem 53. Lebensjahr und einer Betriebszugehörigkeit von mindestens drei Jahren kann nur noch aus wichtigem Grund gekündigt werden). Der Ausschluss des Rechtes zur ordentlichen Kündigung durch Tarifvertrag ist zulässig (*Oetker* ZfA 2001, 287 ff. mwN: Ausnahme: Keine Anwendung, wenn der tarifvertraglich geschützte Arbeitnehmer nach sozialen Gesichtspunkten weniger schutzbedürftig als ein tariflich nicht geschützter Arbeitnehmer ist und keine Gründe vorliegen, die eine Herausnahme des tariflich geschützten Arbeitnehmers gem. § 1 Abs. 3 S. 2 KSchG rechtfertigen, dazu *Moll* FS Wiedemann S. 333 ff.; *Rieble* NZA 2003, 1243, 1244). Ein tariflicher Kündigungsschutz ist nicht durch rückwirkenden Gewerkschaftsbeitritt erreichbar (*BAG* 22.11.2000 EzA § 3 TVG Nr. 20). Der tarifliche Sonderkündigungsschutz kann durch die Tarifvertragsparteien modifiziert werden, auch wenn der Arbeitnehmer die tariflichen Voraussetzungen bereits erreicht hatte (*BAG* 2.2.2006 EzA § 1 TVG Rückwirkung Nr. 7). Ordnet eine tarifliche Bestimmung, wie § 53 Abs. 3 BAT, bei Vorliegen bestimmter Voraussetzungen die Unkündbarkeit hinsichtlich der ordentlichen Kündigung an, so handelt es sich um einen anderen Rechtsunwirksamkeitsgrund iSd § 13 Abs. 3 KSchG. Hat der Arbeitgeber – entgegen § 4 Nr. 4 MTV – eine fristgemäße Kündigung ausgesprochen (dass er eine Kündigung aus wichtigem Grund mit sozialer Auslauffrist aussprechen wollte, ist nicht hinreichend deutlich geworden, so dass von einer fristgemäßen Kündigung auszugehen war, vgl. Rz. 272), so ist der Verstoß gegen § 4 Nr. 4 MTV Metallindustrie Südbaden innerhalb der Dreiwochenfrist geltend zu machen. Durch die Alterssicherung des TV haben die Tarifvertragsparteien dem betroffenen Personenkreis einen besonderen Kündigungsschutz zukommen lassen wollen, der gleichrangig neben anderen an sich außerhalb des KSchG angesiedelten Unwirksamkeitsgründen (§ 102 Abs. 1 S. 2 BetrVG usw.) steht. Kündigt der Arbeitgeber ordentlich, obwohl nach § 8 des TV zur Beschäftigungsbrücke in der Metall- und Elektroindustrie in NRW der Arbeitgeber – von bestimmten Ausnahmefällen abgesehen – Auszubildende nach erfolgreich bestandener Abschlussprüfung »für mindestens zwölf Monate« in ein Arbeitsverhältnis übernehmen muss, innerhalb der Zeit des tariflichen Kündigungsausschlusses, so ist die Kündigung wegen Verstoßes gegen diese tarifliche Bestimmung unwirksam, eine anders lautende einzelarbeitsvertragliche Abrede ist unwirksam (*BAG* 6.7.2006 – 2 AZR 587/05 – PM Nr. 47/06 EzA-SD 15/2006 S. 3 f.). Hat der Arbeitgeber eine Kündigung aus wichtigem Grund ausgesprochen – außerordentliche Kündigung eines tariflich unkündbaren Arbeitnehmers (vgl. zB *BAG* 27.4.2006 – 2 AZR 386/05; 8.4.2003 EzA § 626 BGB 2002 Unkündbarkeit Nr. 2; 27.6.2002 EzA § 626 BGB Unkündbarkeit Nr. 8; *LAG Köln* 29.8.2002 – 5 Sa 586/02; 6.6.2006 – 9 Sa 92/06, 16.6.2006 – 4 Sa 74/06), so ist die Dreiwochenfrist ohnehin einzuhalten (§§ 13 Abs. 1 S. 2, 4 S. 1 KSchG).

Nachdem § 10 S. 3 Nr. 7 AGG als »ungefährlich« für tarifvertragliche Kündigungsverbote angesehen wurde, weil sie nur als »relativ« unwirksam angesehen wurden, nämlich, soweit die Sozialauswahl bei Herausnahme der altersgesicherten Arbeitnehmer/-innen »grob fehlerhaft« würde (*Bauer/Göpfert/Krieger* AGG 2007 § 10 Rz. 49 f. mit Erörterung des Beispiels des § 4 Nr. 4 MTV Metallindustrie Nord-Württemberg/Nord-Baden, der mit der oben angesprochenen badischen Regelung identisch ist), führt die Streichung des § 10 S. 3 Nr. 7 AGG zu Problemen: Tarifvertragliche Kündigungsverbote sind nach § 7 Abs. 2 AG grds. unwirksam; § 10 S. 3 Nr. 7 hilft nicht mehr. Nach *Löwisch* (BB 2006, 2582) kann nur geprüft werden, ob die Unkündbarkeitsbestimmungen mit § 10 S. 1 und 2 AGG als gerechtfertigt angesehen werden können (ähnlich *Preis* NZA 2006, 1261, 1262). Die Entwicklung bleibt abzuwarten. *Bauer/Göpfert/Krieger* plädieren für eine strengere Kontrolle der Unkündbarkeitsregelungen und empfehlen den Tarifvertragsparteien, sie im Zweifel abzuschaffen (Nachtrag wegen »Errata« des Gesetzgebers S. 7), wobei Letzteres als unangebracht erscheint: Schutz des älteren Beschäftigten ist legitim, es darf nur nicht unzulässig in Rechte der Jüngeren eingegriffen werden (dazu erste Überlegungen bei *Schleusener/Suckoow/Voigt* AGG 2007, § 10 Rz. 52 ff.; vgl. auch KR-*Pfeiffer* AGG Rz 68, 120 ff.).

Wenn im Zeitpunkt des Zugangs der Kündigung – nur auf ihn kommt es an – für ordentliche Kündigungen ein tarifliches Kündigungsverbot bestanden hat, führt das auch zur Unwirksamkeit einer ordentlichen Änderungskündigung. Es ist darüber hinaus zu prüfen, ob der Arbeitgeber mit der Kündigung ein rechtlich zulässiges Ziel verfolgt, ob also im Zeitpunkt des Zugangs der Kündigung eine Änderung des Arbeitsvertrages, wie sie mit der Änderungskündigung erstrebt wird, tariflich zulässig ist oder gegen tarifvertragliche Inhaltsnormen verstößt, wie zB gegen bestehende Mindestlohnvorschriften. Das gilt auch für den Fall, dass der Arbeitgeber eine tarifwidrige Arbeitszeit gegenüber einem tarifgebundenen Arbeitnehmer im Wege einer entsprechenden Änderungskündigung durchzusetzen versucht. Der vom Arbeitgeber bezweckte Erfolg, die Einführung einer tarifwidrigen Arbeitszeit, verstößt gegen die zwingende Wirkung der die Arbeitszeit des betreffenden Arbeitneh-

261a

mers regelnden tarifvertraglichen Arbeitszeitnormen, § 4 Abs.1 S. 1 TVG. Nach § 4 Abs. 3 TVG ist das in der Änderungskündigung enthaltene Angebot des Arbeitgebers auf vertragliche Änderung der tariflichen Arbeitszeit rechtsunwirksam, ebenso wie es im Falle seiner Annahme durch den Arbeitnehmer dessen Einverständniserklärung mit der tarifwidrigen Arbeitszeit wäre. Die Unwirksamkeit erstreckt sich auch auf die Kündigung (*BAG* 10.2.1999 EzA § 2 KSchG Nr. 34 [B II 2 a-c]). Den Tarifverstoß muss der Arbeitnehmer nach der Neuregelung durch das Gesetz zu Reformen am Arbeitsmarkt innerhalb der Dreiwochenfrist geltend machen (vgl. zum alten Recht zutr. *BAG* 10.2.1999 EzA § 2 KSchG Nr. 34 [B II 2 e]).

261b Eine Umdeutung gem. § 140 BGB einer ordentlichen tarifwidrigen Kündigung in eine außerordentliche Kündigung scheitert daran, dass das Ersatzrechtsgeschäft, zu dem die Umdeutung führen soll, in seinen Wirkungen nicht über diejenigen des ursprünglich beabsichtigten Rechtsgeschäfts hinausgehen darf (*BAG* 12.9.1974 EzA § 1 TVG Auslegung Nr. 3 [zu III der Gründe]; 27.2.1987 – 7 AZR 722/85 – zu § 53 Abs. 3 BAT; **anders** *LAG RhPf* 29.9.2005 – 1 Sa 283/05: Auslegung entgegen dem Wortlaut möglich, wenn dem Arbeitnehmer – durch dem Kündigungsschreiben beigefügte Stellungnahme des Betriebsrats – erkennbar war, dass der Arbeitgeber eine außerordentliche Kündigung beabsichtigt hat).

262 Auch **Rationalisierungsschutzabkommen** sehen Kündigungsbeschränkungen vor (vgl. die bei *Borrmann* Der Schutz des sozialen Besitzstandes der Arbeitnehmer bei Rationalisierungsmaßnahmen, Diss. jur. Göttingen 1971, S. 186 ff. und *Dälken* Möglichkeiten eines tarifvertraglichen Bestands- und Inhaltsschutzes für die Arbeitsverhältnisse gegen Rationalisierungsmaßnahmen, Diss. jur. Münster 1986, S. 70 ff. genannten Rationalisierungsschutzabkommen; SPV-*Preis* Rz. 334, 817; *Konertz* S. 71, 187; *Weisemann* BB 1995, 198; *Bohle/Lutz* S. 17; *Beck* AuR 1981, 375 f.).

262a § 21 Nr. 6 BRTV für Apothekenmitarbeiter v. 5.9.1996 verbietet die Kündigung »aus Anlass einer Arbeitsunterbrechung«. Damit ist nicht nur die Kündigung während der Arbeitsunfähigkeit verboten, sondern eine Kündigung aus Anlass einer Arbeitsunterbrechung kann auch dann vorliegen, wenn die Kündigung selbst außerhalb der Zeit der Arbeitsunfähigkeit ausgesprochen ist. Es reicht aus, wenn die Kündigung ihre objektive Ursache in der Arbeitsunterbrechung wegen Krankheit hatte und diese sich innerhalb der Ursachenkette als eine die Kündigung wesentlich mitbestimmende Bedingung darstellte und den entscheidenden Anstoß für den Entschluss zum Ausspruch der Kündigung gegeben hat (*BAG* 5.2.1998 – 2 AZR 270/97 – im Anschluss an die Rspr. zu § 6 LFZG, § 8 EFZG). Kündigt der Arbeitgeber in zeitlichem Zusammenhang mit der Arbeitsunfähigkeitszeit, so spricht das dafür, dass das krankheitsbedingte Fehlen Ursache der Kündigung war. Der Arbeitgeber hat dann Tatsachen vorzutragen und im Bestreitensfalle zu beweisen, aus denen sich ergibt, dass andere Gründe für seinen Kündigungsentschluss bestimmend waren. Der Arbeitnehmer hat dann Umstände vorzutragen, die den Schluss zulassen, die Kündigung sei doch aus Anlass der krankheitsbedingten Arbeitsunterbrechung ausgesprochen worden (*BAG* aaO). Es handelt sich um ein Verbot der ordentlichen Kündigung über das KSchG hinaus.

263 Bei Verstoß einer Kündigung gegen eine derartige tarifliche Bestimmung ist die Kündigung gem. § 4 TVG iVm § 134 BGB unwirksam (vgl. zB *BAG* 10.2.1999 EzA § 2 KSchG Nr. 34 [vor A, B III]). Es handelt sich dann um einen Fall des § 13 Abs. 3 KSchG, geltend zu machen wegen der Neufassung durch das Gesetz zu Reformen am Arbeitsmarkt innerhalb der Dreiwochenfrist des § 4 S. 1 KSchG.

263a In einigen Bereichen werden Einrichtung und Tätigkeit **gewerkschaftlicher Vertrauensleute** tarifvertraglich abgesichert und erleichtert. Die gewerkschaftliche Vertrauensleute betr. Tarifverträge weisen zT erhebliche Unterschiede auf. Häufig enthalten sie nur ein Benachteiligungsverbot der Vertrauensleute wegen ihrer Eigenschaft und Tätigkeit (vgl. § 75 Abs. 1 S. 1 BetrVG und § 67 Abs. 1 S. 1 BPersVG) und die Bestimmung, dass die Pflichten der Vertrauensleute aus dem Arbeitsverhältnis unberührt bleiben (zB Tarifvertrag über den Schutz der gewerkschaftlichen Vertrauensleute zwischen der IG Metall für die BRD und dem Gesamtverband metallindustrieller Arbeitgeberverbände vom 2.8./16.8.1969 § 3 [gekündigt zum 31.12.1974]). Einige Tarifverträge sehen einen zusätzlichen Kündigungsschutz vor: Nach Ziff. 5 S. 1 der Vereinbarung vom 6.3.1974 zwischen dem Bundesverband Druck e.V. – Sozialpolitischer Ausschuss – und der IG Druck und Papier – Hauptvorstand – bzgl. der Vertrauensleute der IG Druck und Papier **sind** vor einer beabsichtigten Kündigung eines Vertrauensmannes die beiderseitigen Organisationen auf Landesebene zu unterrichten (vgl. § 9 des Entw. eines TV über den Schutz der Gewerkschaftlichen Vertrauensleute der IG Metall). Nach § 5 S. 2 der Vereinbarung vom 11.3.1975 über den Bereich der Deutschen Bundespost zwischen dem Bundespostminister und der Deutschen Postgewerkschaft zum Schutz gewerkschaftlicher Funktionsträger und Vertrauensleute (BT-Drs. 07/3845,

S. 4 f. [Anlage]) darf eine Betätigung als gewerkschaftlicher Funktionsträger kein Grund für eine Kündigung oder Entlassung sein. In dem der Entscheidung des *ArbG Kassel* 5.8.1976 (EzA Art. 9 GG Nr. 18) zugrunde liegenden Tarifvertrag war vorgesehen, dass Änderungskündigungen und Kündigungen, die durch dringende betriebliche Erfordernisse bedingt sind, gegenüber einem zum Kreis der Vertrauensleute gehörenden Arbeitnehmer unzulässig sind. Es ist umstritten, ob und inwieweit durch Tarifvertrag ein besonderes Arbeitsschutzrecht, also auch ein zusätzlicher Kündigungsschutz – etwa auch durch Gleichstellung der Vertrauensleute mit den Betriebsratsmitgliedern durch Tarifvertrag – eingeführt werden kann (zum Schutz der Vertrauensleute durch Art. 9 Abs. 3 S. 2 GG vgl. Rz. 199 aE). Nach der Entscheidung des *ArbG Kassel* 5.8.1976 (EzA Art. 9 GG Nr. 18) und des *LAG Düsseld.* 25.8.1995 – 14 (3) Sa 366/95 – (EzBAT § 53 BAT Schwerbehinderte Nr. 16 [zum Tarifvertrag über die Rechte, Pflichten und den Schutz der Vertrauensleute der Gewerkschaft ÖTV abgeschlossen mit der Niederrheinischen Verkehrsbetriebe AG], offen gelassen von *BAG* 8.10.1997 EzA § 3 TVG Nr. 14, weil jedenfalls die Nachwirkung iSd § 4 Abs. 5 TVG dieses Tarifvertrages als konkludent ausgeschlossen angesehen wurde, dazu krit. *J.-H. Bauer/ K. Haußmann* NZA 1998, 854, Vorinstanz: *LAG Düsseld.* 25.8.1995 – 17 Sa 324/95 – zitiert in EzBAT § 53 BAT Schwerbehinderte Nr. 16) sind tarifliche Regelungen über einen besonderen Kündigungsschutz von gewerkschaftlichen Vertrauensleuten zulässig (ebenso *Zachert* BB 1976, 517; *ders.* Tarifvertrag, 1979, S. 160; *Wlotzke* RdA 1976, 80; *Herschel* AuR 1977, 137; *Pfeil/Glaubrecht/Halberstadt/Zander* Betriebsverfassung in Recht und Praxis, Stand 11/1998, Gruppe 1 S. 298 ff. mwN; *Fitting/Engels/Schmidt/Trebinger/Linsenmaier* § 2 Rz. 90; *Däubler/Kittner/Klebe/Berg* § 2 Rz. 54; *Schaub* RdA 1981, 373; *Weiß* Gewerkschaftliche Vertrauensleute, Tarifvertragliche Verbesserungen ihrer Arbeit im Betrieb, Schriftenreihe der Otto-Brenner-Stiftung, Band 11, 1978; *Däubler* Gewerkschaftsrechte im Betrieb, 10. Aufl., Rz. 523 ff.; *ders.* Tarifvertragsrecht, 3. Aufl., Rz. 1197, *Kempen/Zachert* TVG, 4. Aufl., § 1 Rz. 553 ff.; *Koopmann* Gewerkschaftliche Vertrauensleute, Band 2, 1979, S. 808 ff.; *J. G. Dieter* S. 85 ff.; *Hunnekuhl/Zäh* NZA 2006, 1022, 1024 f.; *Galperin/Löwisch* 6. Aufl., § 2 Rz. 59 ff. [Rz. 62 für den Ausschluss der ordentlichen Kündigung]; *Gamillscheg* Kollektives Arbeitsrecht I, S. 690 f. mit dem Vorbehalt, der Schutz der Vertrauensleute vor Kündigung aus dringenden betrieblichen Erfordernissen sei mit dem Gebot der sozialen Auswahl, § 1 Abs. 3 KSchG, unvereinbar; ebenso *Löwisch/Rieble* TVG § 1 Rz. 853; aA *Eich* DB 1976, 1677; *Blomeyer* DB 1977, 101; *Bulla* BB 1976, 889; *Kraft* ZfA 1976, 243; *ders.* Vertrauensleute im Betrieb, Schriftenreihe Arbeitsrecht 4, 1982, S. 22 f.; GK-BetrVG-*Kraft* 7. Aufl., § 2 Rz. 101, anders jetzt GK-BetrVG/*Franzen* 8. Aufl. § 2 Rz. 101; *Bötticher* RdA 1978, 133; *Hess/Schlochauer/Worzalla/Glock* § 2 Rz. 85; *Stege/Weinspach/Schiefer* 9. Aufl., § 2 Rz. 12a; *Dietz/Richardi* BPersVG, § 2 Rz. 144 ff.; *Richardi* BetrVG, 10. Aufl., § 2 Rz. 176; *Hunold* AR-Blattei SD 530.5.1, Betriebsverf. V A Rz. 31 ff.; *Struck* S. 214 ff., 255 ff., 297). Hält man einen derartigen besonderen Kündigungsschutz für gewerkschaftliche Vertrauensleute durch tarifliche Regelung für zulässig – dafür spricht immerhin, dass die gewerkschaftlichen Vertrauensleute, die das gesetzlich vorgesehene Zusammenwirken zwischen Betriebsrat und Gewerkschaft konkretisieren und die bei der Wahrnehmung ihrer Aufgaben, Ausübung gewerkschaftlicher Funktionen und Einsatz für Arbeitnehmerinteressen, wie Betriebsratsmitglieder in Konfliktsituationen geraten können, ohne wie diese geschützt zu sein, eines angemessenen Schutzes bedürfen, also auch eines verbesserten Kündigungsschutzes, der ihnen mit Tarifverträgen des geschilderten Inhalts gewährt wird –, dann führt ein Verstoß gegen eine solche den gewerkschaftlichen Vertrauensleuten zusätzlichen Kündigungsschutz gewährende Bestimmung, die über die Diskriminierungsverbote der §§ 75 BetrVG und 67 BPersVG hinausgeht, gem. § 4 TVG iVm § 134 BGB zur Unwirksamkeit der Kündigung. Es liegt dann ein Fall des § 13 Abs. 3 KSchG vor (*Schaub* RdA 1981, 373; *ders.* § 191 V 2 Rz. 16). Die Unwirksamkeit der Kündigung ist innerhalb der Klagefrist des § 13 Abs. 3 KSchG iVm § 4 S. 1 KSchG geltend zu machen.

263b Zu den sozialrechtlichen Auswirkungen, wenn eine fristgemäße Kündigung trotz Ausschlusses der ordentlichen Kündigung im einschlägigen Tarifvertrag vom Arbeitnehmer hingenommen wird, *BSG* 9.11.1995 BSGE 77, 48 ff.; 16.10.1991 BSGE 62, 268 ff.

bb) Verstoß gegen eine tarifvertraglich vorgesehene Form der Kündigung

264 Nachdem durch § 623 BGB gesetzlich für Kündigungen die Schriftform eingeführt worden ist, bleiben durch Tarifverträge nur strengere Anforderungen möglich und auch zulässig. § 623 BGB soll – auch den Arbeitnehmer schützen; dieser Schutz kann durch Tarifvertrag erweitert werden, etwa dadurch, dass vorgeschrieben wird, dass die Kündigung nur dann wirksam ist, wenn auch die Kündigungsgründe schriftlich mitgeteilt werden. So bedarf zB nach § 54 BMT-G-O bzw. § 54 BMT-G II ›jetzt § 57 MT-Arb‹ die Kündigung durch den Arbeitgeber der Schriftform **unter Angabe der Gründe**. Wird eine unter § 54 BMT-G-O bzw. § 54 BMT-G II fallende Kündigung ohne schriftliche Angabe der Gründe ausgesprochen, ist sie gem. § 125 BGB nichtig. Die tariflich festgelegte Schriftform, soweit sie über § 623 BGB hinausgeht, stellt ihrerseits eine durch Gesetz vorgeschriebene Schriftform iSd § 126 Abs. 1 BGB dar, Art. 3 EGBGB, deren Verletzung nach § 125 BGB Nichtigkeit wegen Formmangels zur Folge hat (*BAG* 25.8.1977 EzA § 125 BGB Nr. 3; 10.2.1999 EzA § 125 BGB Nr. 13, 14; 27.3.2003 EzA § 125 BGB Nr. 1). Die Berufung des Arbeitnehmers auf die Formnichtigkeit der Kündigung kann gegen Treu und Glauben (§ 242 BGB) verstoßen (vgl. *Flume* AT d. Bürgerl. Rechts, Band II, Das Rechtsgeschäft, 3. Aufl., § 15 III 4), und zwar in der Erscheinungsform des Rechtsmissbrauchs (*BAG* 27.3.1981 – 7 AZR 1005/78 – nv) oder des widersprüchlichen Verhaltens (*BAG* 27.3.1981 – 7 AZR 732/78 – nv). Nimmt der Arbeitnehmer eine Abschrift entgegen, ohne zu diesem Zeitpunkt oder spätestens bei Klageerhebung den fehlenden Zugang des Originalschreibens zu rügen, so ist darin ein rechtswirksamer Verzicht auf die Übersendung des Originalschreibens zu sehen, so dass die Kündigung als zugegangen gilt (*BAG* 30.6.1983 EzA § 12 SchwbG Nr. 13).

Eine tarifvertraglich vereinbarte Schriftform muss auch der Insolvenzverwalter bei einer Kündigung nach § 113 Abs. 1 InsO einhalten (*Grunsky/Moll* Arbeitsrecht und Insolvenz, RWS–Skript 289, 1997, Rz. 417, S. 104; vgl. auch unten Rz. 277).

cc) **Verstoß gegen eine im Tarifvertrag vorgesehene Kündigungsfrist**

265 Die **Nichteinhaltung tarifvertraglicher Kündigungsfristen** ist kein anderer Rechtsunwirksamkeitsgrund der Kündigung iSd § 13 Abs. 3 KSchG (vgl. Rz. 225). Vielmehr ergibt die Auslegung der Kündigungserklärung idR, dass die Einhaltung der tariflichen Kündigungsfrist gewollt ist, wenn diese gilt oder vereinbart ist. Führt die Auslegung nicht zu diesem Ergebnis, liegt ein Fall des § 13 Abs.3 KSchG vor, der innerhalb der Dreiwochenfrist geltend zu machen ist. Der Verstoß gegen die tarifliche Kündigungsfrist führt aber nur dazu, dass die Kündigung als eine unter Einhaltung dieser Frist ausgesprochene gilt, § 140 BGB (*BAG* 4.2.1960 AP Nr. 5 zu § 1 KSchG Betriebsbedingte Kündigung).

dd) **Verstoß gegen eine im Tarifvertrag vorgesehene Beschränkung der Änderungskündigung**

265a Auch eine Änderungskündigung kann tarifvertraglich beschränkt, an im Vergleich zu § 1 Abs. 2, § 2 KSchG strengere Voraussetzungen geknüpft werden (vgl. *BAG* 13.10.1982 AP Nr. 1 zu § 60 MTB II).

ee) **Verstoß der Änderungskündigung gegen Tarifvertrag bei Abbau tariflich gesicherter Leistungen**

265b Der tariflich gesicherte Inhalt des Arbeitsverhältnisses ist vor Änderungskündigungen geschützt. Eine Änderungskündigung, die tariflich gesicherte Leistungen abbauen will (zB Senkung des Lohns des tarifgebundenen Arbeitnehmers unter den Tariflohn, vgl. *BAG* 10.2.1999 EzA § 2 KSchG Nr. 34; 10.3.1982 EzA § 2 KSchG Nr. 3, Einführung einer tarifwidrigen Arbeitszeit), verstößt gegen die zwingende Wirkung tariflicher Normen und ist deshalb nach § 4 Abs. 1 und 3 TVG, § 134 BGB nichtig (vgl. auch oben Rz. 261a). Der Verstoß einer Änderungskündigung gegen tarifliche Inhaltsnormen stellt einen anderen Rechtsunwirksamkeitsgrund iSv § 13 Abs. 3 KSchG dar (**aA** *Adam* ZTR 2001, 112 und *Rieble* RdA 2000, 40: Kündigung »nur« sozialwidrig, aber nicht nichtig).

Dagegen ist die Änderungskündigung im Nachwirkungszeitraum des § 4 Abs. 5 TVG zulässig. Die unter Vorbehalt angenommene betriebsbedingte Änderungskündigung ist dann wirksam, wenn dringende betriebliche Erfordernisse gem. § 1 Abs. 2 KSchG sie bedingen und der Arbeitgeber sich bei einem an sich anerkennenswerten Anlass zur Änderungskündigung darauf beschränkt hat, nur solche Änderungen zu verlangen, die der Arbeitnehmer billigerweise hinnehmen muss (*BAG* 27.9.2001 EzA § 2 KSchG Nr. 44).

ff) **Verstoß gegen eine im Tarifvertrag vorgesehene Bindung der Zulässigkeit von Kündigungen an die Zustimmung des Betriebsrats**

265c Durch Tarifvertrag können die Mitwirkungsrechte des Betriebsrats über § 102 BetrVG hinaus erweitert werden. Durch Tarifvertrag kann die Zulässigkeit von Kündigungen auch an die Zustimmung des Betriebsrats geknüpft werden (*BAG* 21.6.2000 EzA § 1 TVG Betriebsverfassungsnorm Nr. 1 zu § 15 Nr. 5 MTV Einzelhandel Rheinland-Pfalz v. 6.8.1996). Eine ohne Zustimmung des Betriebsrats ausgesprochene Kündigung ist nichtig, anderer Grund der Rechtsunwirksamkeit iSd § 13 Abs. 3 KSchG.

gg) Verstoß gegen Kündigungsbeschränkungen in Betriebsvereinbarungen

Enthält eine **Betriebsvereinbarung** zulässigerweise (dazu *Kania/Kramer* RdA 1995, 290, abl. *Rieble* NZA 2003, 1243, 1245 f.) Kündigungsausschlüsse, ist eine gleichwohl erklärte ordentliche Kündigung unwirksam (*Kania/Kramer* aaO, S. 294). **265d**

b) Verstoß gegen vertragliche Kündigungsbeschränkungen

aa) Vertraglicher Ausschluß der ordentlichen Kündigung

Durch **Vertrag** kann die **ordentliche Kündigung ganz** (*BAG* 28.4.1994 EzA § 37 GmbHG Nr. 1) **oder für einen bestimmten Zeitraum ausgeschlossen** werden. Bei Anstellung auf Lebenszeit (zur Dauer- oder Lebensstellung vgl. Rz. 240 ff.) ist das Arbeitsverhältnis auf bestimmte Dauer geschlossen. Es gelten die §§ 620 Abs. 1, 624 BGB mit der Folge, dass nur aus wichtigem Grund außerordentlich gekündigt werden kann (SPV-*Preis* Rz. 326 ff.; vgl. *BGH* 3.5.1973 WPM 1973, 782 [betr. Anstellungsverhältnis eines geschäftsführenden Vorstandsmitgliedes einer Genossenschaft]; *BAG* 25.3.2004 EzA-SD 7/2004, S.4 [betr. Vereinbarung der Beendigung des Arbeitsverhältnisses erst mit dem Tode des Arbeitgebers unter Ausschluss der ordentlichen Kündigung]). Jedoch kann der Arbeitgeber verpflichtet sein, eine angemessene Frist – soziale Auslauffrist/Sozialfrist – einzuhalten (*BGH* 21.4.1975, WPM 1975, 761 [betr. Dienstvertrag eines GmbH-Geschäftsführers]; *Palandt/Putzo* § 622 Rz. 9; § 626 Rz. 40, 55; *BAG* 8.10.1957 AP Nr. 15, 16 zu § 626 BGB; vgl. auch Rz. 240 ff.). **266**

Bei Arbeitsverträgen auf unbestimmte Dauer iSd § 620 Abs. 2 BGB kann vereinbart werden, dass der Arbeitgeber **auf** die Möglichkeit der **ordentlichen Kündigung** generell **von vornherein oder wenigstens für einen begrenzten Zeitraum verzichtet** und nur außerordentlich aus wichtigem Grund kündigen darf (*BAG* 2.11.1978 EzA § 620 BGB Nr. 38; *LAG* BW 30.1.1970 BB 1970, 1096). Das kann der Fall sein, wenn eine Dauer- oder Lebensstellung vereinbart wurde (vgl. Rz. 241). Das kann auch stillschweigend geschehen (*BAG* 7.11.1968 EzA § 66 HGB Nr. 2). Eine solche Vereinbarung gilt nach *LAG Köln* 6.5.1987, ZIP 1987, 1467 nicht für den Fall der Betriebsschließung (im Konkurs) – Regelungslücke zu schließen durch ergänzende Vertragsauslegung. **267**

Auch die **Änderungskündigung** kann vertraglich ausgeschlossen werden. **268**

Bei **Vereinbarung eines befristeten Arbeitsverhältnisses** ist die ordentliche Kündigung ausgeschlossen, es sei denn, die Parteien haben die Kündigungsmöglichkeit vereinbart, § 15 Abs. 3 TzBfG. Wird gleichwohl eine ordentliche Kündigung erklärt, ist sie unwirksam (vgl. *BAG* 19.6.1980 EzA § 620 BGB Nr. 47; SPV-*Preis* Rz. 124, 569, m. Fn 1). **269**

Derartige (einzel)vertragliche Kündigungsbeschränkungen machen wie die gesetzlichen Kündigungsverbote die Kündigung unwirksam (*Hentschel* DB 1960, 1215; SPV-*Preis* Rz. 330; *Kania/Kramer* RdA 1995, 294; *Pauli* AuR 1997, 96, 98; **aA** *BAG* 8.10.1959 AP Nr. 1 zu § 620 BGB Schuldrechtliche Kündigungsbeschränkung [zu II 4b der Gründe: nur schuldrechtliche Schadensersatzfolgen]). Wird gleichwohl ordentlich gekündigt, so ist das ein Verstoß gegen eine schuldrechtliche Kündigungsbeschränkung, der ein anderer Grund der Unwirksamkeit der Kündigung iSd § 13 Abs. 3 KSchG ist (**aA** zum früheren Recht *BAG* 8.10.1959 AP Nr. 1 zu § 620 BGB Schuldrechtliche Kündigungsbeschränkung; wie hier aber *BAG* 6.9.1979 – 2 AZR 532/77 – nv; 26.3.1981 – 2 AZR 604/79 – nv für den Fall des Ausschlusses der ordentlichen Kündigung und Verweisung auf das vertraglich nicht abdingbare Recht der außerordentlichen Kündigung im Arbeitsvertrag; so wohl auch *BAG* 6.6.1984 AP Nr. 16 zu § 1 KSchG 1969 Betriebsbedingte Kündigung [zu III der Gründe]; offen geblieben in *BAG* 25.2.1988 – 2 AZR 500/87 – [zu B II 2 c bb der Gründe]). **270**

Hinsichtlich des AGG, soweit in diesem Zusammenhang einschlägig, etwa alters- und beschäftigungszeitbezogener vertraglicher Kündigungsausschluss, wird auf das in Rz. 259ba Ausgeführte verwiesen.

Das gilt auch für ein vertragliches Kündigungsverbot mit Erlaubnisvorbehalt (Kündigung nur mit Zustimmung eines weiteren Organs der Gesellschaft zulässig, *BAG* 26.3.1981 – 2 AZR 604/79 – nv). **270a**

Dabei ist zu beachten, dass bei dem nur für eine bestimmte Zeit geltenden Kündigungsverbot die Kündigung **nur hinsichtlich** des vorgesehenen **Beendigungszeitpunktes, nicht aber generell** unwirksam ist. Sie wirkt zum nächst zulässigen Termin. Das bedeutet, dass die Kündigung bei einem Kündigungsverbot von drei Jahren etwa zum Ablauf des auf die Beendigung des dritten Jahres folgenden Quartals wirkt oder bei einem befristeten Vertrag die Kündigung als Nichtverlängerungsanzeige zu verstehen ist. § 624 BGB steht dem nicht entgegen. Nach § 624 BGB kann der Dienstverpflichtete, also der Arbeit- **271** nehmer das für länger als fünf Jahre oder auf Lebenszeit einer Person abgeschlossene Dienstverhältnis vorzeitig kündigen. Eine Kündigung, die vor Ablauf von fünf Jahren ausgesprochen wird, ist nicht unwirksam, sondern setzt die Kündigungsfrist mit Beginn des sechsten Vertragsjahres in Lauf, so dass sie das Arbeitsverhältnis nach fünf Jahren und sechs Monaten beendet (KR-*Fischermeier* § 624 BGB Rz. 27 mN; **aA** allerdings *Palandt/Weidenkaff* § 624 Rz. 5 aE). Bei zeitweise gesetzlichen Kündigungsverboten – wie § 9 MuSchG – sind Kündigungen während der Schutzfristen auch dann unzulässig, wenn ihre Wirkung erst nach Ablauf der Schutzfrist eintritt bzw. eintreten soll. Das Arbeitsverhältnis einer unter das MuSchG fallenden Mutter kann während der Schutzfristen überhaupt nicht wirksam gekündigt werden. Auf den Zeitpunkt, zu dem die Kündigung das Arbeitsverhältnis beenden soll (Ablauf der Kündigungsfrist), kommt es nicht an. Entscheidend ist der Zugang der Kündigung vor Ablauf der Schutzfrist (*Meisel/Sowka* 5. Aufl., § 9 Rz. 105; *Buchner/Becker* 7. Aufl., § 9 Rz. 155 ff.; *Gröninger/Thomas* Stand 5/1997, § 9 Rz. 35; *Zmarzlik/Zipperer/Viethen/Vieß* MuSchG, 9. Aufl., § 9 Rz. 47 f., 54; **aA** *LAG Düsseld.* 11.5.1979 EzA § 9 MuSchG nF Nr. 19: Tag der Absendung des Kündigungsschreibens). Sonach ist auch eine Kündigung unzulässig, die mit der Maßgabe erklärt ist, dass die Kündigungsfrist erst nach dem bereits absehbaren Ende der Schutzfrist zu laufen beginnen soll (*Buchner/Becker* Rz. 128, vgl. auch Rz. 136; *Hueck/Nipperdey* I, § 69 III 8, S. 732 mit Fn. 75; *Gröninger/Thomas* § 9 Anm. 35). Das kann auf eine vertragliche Kündigungsbeschränkung nicht übertragen werden. Hier muss es dem Arbeitgeber gestattet bleiben, zu kündigen, auch wenn diese Kündigung erst zum Ablauf des zeitweisen vertraglichen Kündigungsverbots zuzüglich Kündigungsfrist wirkt.

272 Eine entgegen dem vertraglichen Ausschluss der ordentlichen Kündigung gleichwohl erklärte ordentliche Kündigung ist in aller Regel auch nicht als außerordentliche befristete Kündigung anzusehen. Häufig wird in der Praxis versucht, unter Hinweis auf eine Kündigung aus wichtigem Grunde mit einer Schonfrist die Kündigung zu »retten«. Den Ausnahmefall der außerordentlichen Kündigung mit sozialer Auslauffrist muss der Arbeitgeber dem Arbeitnehmer gegenüber deutlich machen. Dem Arbeitnehmer muss erkennbar gewesen sein, dass eine befristete außerordentliche Kündigung gewollt war (SPV-*Preis* Rz. 205; *LAG Frankf.* 16.6.1983 BB 1987, 786 = ARSt 1984 Nr. 1033). Eine Umdeutung gem. § 140 BGB in eine außerordentliche Kündigung ist nicht möglich (*Hueck/Nipperdey* I, § 57 IX 4c).

bb) Verstoß gegen die vertraglich vereinbarte Form der Kündigung

273 Haben die Parteien einzelvertraglich die Schriftform vereinbart, so hat diese Abrede im Hinblick auf § 623 BGB nur noch Bedeutung, wenn im Arbeitsvertrag höhere Anforderungen als nach § 623 BGB gestellt werden. Diese müssen für beide Vertragsteile gleichermaßen gelten und dürfen den Arbeitnehmer nicht einseitig belasten, § 622 Abs.6 BGB. Denkbar sind zB das Erfordernis der Angabe der Gründe (vgl. *Preis* Der Arbeitsvertrag 2. Aufl. 2005, II K 10 Rz. 10), wobei nach *Preis* (aaO Rz. 13 S. 1043) eine entsprechende Vereinbarung getroffen werden muss, um eine Wirksamkeitsvoraussetzung für die Kündigung zu schaffen, oder Modifizierungen des gesetzlichen Schriftformerfordernisses, etwa durch besondere Zugangserfordernisse, von deren Vereinbarung *Preis* (aaO Rz. 10 S. 1042) unter Hinweis auf § 309 Nr.13 BGB abrät.

274 Ob die erhöhten Anforderungen nicht nur beweissichernde, sondern konstitutive Bedeutung haben sollen, ergibt die Auslegung – **von der konstitutiven Bedeutung der Schriftform ist idR auszugehen,** arg. § 127 S. 1 BGB, § 125 S. 2 BGB –. Die Nichteinhaltung der erweiterten Schriftform führt zur Nichtigkeit der Kündigung.

275 Darüber hinaus können die Parteien eine **Übersendungsart** der Kündigung vereinbaren, etwa Einschreiben mit Rückschein, Einschreiben (*BAG* 4.12.1997 – 2 AZR 799/96), Wertbrief als besondere Form der Übermittlung. Nur wenn die Schriftform und die Versendungsart konstitutive Bedeutung haben sollen, wovon für die Versendungsart idR nicht auszugehen ist, führt die Nichteinhaltung der vereinbarten Übersendungsart zur Nichtigkeit der Kündigung.

276 Auch der **Rechtsnachfolger beim Betriebsübergang iSd § 613a BGB** hat die vereinbarte erweiterte Schriftform einzuhalten. Der neue Arbeitgeber tritt im Arbeitsverhältnis anstelle des bisherigen Arbeitgebers. Er wird Schuldner bisher entstandener Pflichten und Inhaber aller auf dem Arbeitsverhältnis beruhenden Rechte gegenüber dem Arbeitnehmer. Daraus folgt auch die Weitergeltung der vereinbarten Schriftform für die Kündigung.

277 Das gilt auch für den **Insolvenzverwalter,** wenn er nach § 113 InsO mit der Frist von drei Monaten zum Monatsende oder mit einer etwa maßgeblichen kürzeren Frist kündigt (vgl. *Düwell* Kölner Schrift zur InsO, 2. Aufl., S. 1454 f. Rz. 62 ff.; SPV-*Vossen* Rz. 2160).

Außerordentliche, sittenwidrige und sonstige Kündigungen § 13 KSchG

Der Mangel der vereinbarten Form ist ein anderer Grund der Rechtsunwirksamkeit iSd § 13 Abs. 3 KSchG und ist innerhalb der Dreiwochenfrist des § 4 S. 1 KSchG geltend zu machen. 278

Allerdings wurde vertreten, dass ein **alsbaldiger Widerspruch bei einer formwidrigen Kündigung nach Treu und Glauben erforderlich** sei, damit erforderlichenfalls die Kündigung formgerecht wiederholt werden kann. Davon ist schon im Hinblick auf § 623 BGB nicht mehr auszugehen. 279

Die Berufung des Arbeitnehmers auf die Schriftformklausel kann gegen Treu und Glauben (§ 242 BGB) verstoßen (vgl. *Kittner/Däubler/Zwanziger* § 623 BGB Rz. 32; *BAG* 4.12.1997 EzA § 626 BGB Eigenkündigung Nr. 1; vgl. ferner Rz. 227, 264).

Die unwirksame, weil den arbeitsvertraglich vorgesehenen höheren Anforderungen an die Form nicht entsprechende Kündigung kann nicht in ein Angebot auf Auflösung des Arbeitsverhältnisses umgedeutet werden, da auch der Aufhebungsvertrag in seiner Gänze der Schriftform bedarf; ein schriftliches Angebot und die schriftliche Annahme, selbst auf demselben Blatt reichen nicht aus. 280

cc) **Verstoß gegen die vertraglich vereinbarte Kündigungsfrist**

Der Verstoß gegen eine gegenüber den gesetzlichen oder tarifvertraglichen Kündigungsfristen zulässig (dazu *Preis* Der Arbeitsvertrag, 2002, II K 10 Rz. 59 ff.) **einzelvertraglich vereinbarte idR längere Kündigungsfrist** macht die Kündigung zu dem mit der Kündigung vorgesehenen Beendigungszeitpunkt wegen der zu kurzen Frist idR nicht unwirksam, weil die Auslegung der Kündigungserklärung ergibt, dass als Beendigungszeitpunkt der Ablauf der vereinbarten Kündigungsfrist gewollt ist. Führt die Auslegung nicht zu diesem Ergebnis, dann ist sie mit der zu kurzen Frist unwirksam und schiebt idR den Beendigungszeitpunkt entsprechend der vereinbarten Kündigungsfrist hinaus (*BAG* 18.4.1985 EzA § 622 BGB nF Nr. 21 [II 1 e]; *Bauer/Rennpferdt* AR-Blattei, SD 1010.5 Kündigung V Rz. 97). Entsprechendes gilt für die Vereinbarung von weniger **Kündigungsterminen** als im Gesetz vorgesehen (vgl. *Kretz* AR-Blattei, SD 1010.6 Kündigungsschutz VI Rz. 1, 6). Eine verspätet zugehende Kündigung, wodurch der vorgesehene Kündigungstermin (zB Quartalsende) nicht gewahrt werden konnte, wirkt dann zum nächsten Kündigungstermin (vgl. *BAG* 18.4.1985 EzA § 622 BGB nF Nr. 21). Nur wenn der Arbeitgeber die zu kurze Frist als so wesentlich angesehen hat, dass er mit der vertraglichen Frist nicht kündigen wollte, dann ist die Kündigung unwirksam. Etwas anderes kann dann gelten, wenn ausnahmsweise eine Kündigung mit sozialer Auslauffrist anzunehmen ist. Davon ist aber in aller Regel nicht auszugehen. Der Arbeitgeber muss zum Ausdruck bringen, dass er eine außerordentliche, aber befristete Kündigung ausspricht (vgl. Rz. 272). Die Versäumung der vereinbarten Kündigungsfrist ist nur unter den genannten Voraussetzungen ein anderer Grund der Rechtsunwirksamkeit iSd § 13 Abs. 3 KSchG und muss innerhalb der Dreiwochenfrist des § 4 S. 1 KSchG geltend gemacht werden. 281

dd) **Kündigungsverzicht**

Der Arbeitgeber kann sich des bestehenden Kündigungsrechts begeben. Dann muss sich aus den Äußerungen des Arbeitgebers eine Verzichtserklärung ergeben (§§ 133, 157 BGB), welchen Verzicht der Arbeitnehmer angenommen hätte. Eine gleichwohl ausgesprochene Kündigung ist als gegen den vertraglichen Kündigungsverzicht verstoßend unwirksam (*LAG BW* 17.11.1983 – 11 Sa 148/83 – nv; *LAG Brem.* 22.11.1983 MDR 1984, 435: Verzicht auf das außerordentliche Kündigungsrecht durch Ausspruch einer ordentlichen befristeten Kündigung oder einer Ermahnung; vgl. zur Verzeihung Rz. 239). 281a

c) **Die Unwirksamkeit der Kündigung wegen ihrer Unvollständigkeit**

aa) **Fehlender Zugang der Kündigung**

Die Kündigung muss dem Kündigungsempfänger **zugehen**. Ist sie ihm nicht oder nicht ordnungsgemäß zugegangen, so ist die Kündigung unwirksam (*Schaub* § 138 IV 1 Rz. 11). Der fehlende Zugang der Kündigung ist ein Mangel der Kündigung außerhalb des § 13 Abs. 3 KSchG, arg. § 4 S. 1 KSchG (vgl. *BAG* 27.10.1988 – 2 AZR 160/88 [zu II 2b der Gründe], insoweit nicht RzK I 2b Nr. 9; vgl. ferner Rz. 292). Die Kündigung wird erst wirksam, wenn sie dem Empfänger im Original zugeht. Der Kündigungsadressat muss sich aber so behandeln lassen wie wenn er das Original erhalten hätte, wenn er bei Aushändigung einer unbeglaubigten Abschrift oder unverzüglich danach den fehlenden Zugang des Originals nicht rügt (*BAG* 30.6.1983 EzA § 12 SchwbG Nr. 13). Allerdings kann die Kündigung (zu einem späteren Zeitpunkt) wirksam werden, nämlich durch erneutes ordnungsgemäßes Zugehen. In der Pra- 282 xis wird allerdings die Kündigung idR neu vorgenommen, wiederholt (vgl. *LAG Frankf.* 11.8.1986 RzK I 2c Nr. 8 entgegen *ArbG Dortmund* 27.3.1990 CR 1990, 786 Bestätigung ausreichend, weil gem. § 141 Abs. 1 BGB als Neuvornahme zu beurteilen, wenn die Nichtigkeit erkannt war oder zumindest Zweifel an der Rechtswirksamkeit wegen fehlenden oder nicht ordnungsgemäßen Zugangs bestanden).

bb) Fehlende Zustimmungserklärung bei einem nicht voll Geschäftsfähigen oder nicht voll zur Verfügung über das zu kündigende Arbeitsverhältnis Berechtigten

283 Fehlt die Zustimmungserklärung bei einem **nicht voll Geschäftsfähigen** oder **nicht voll zur Verfügung über das zu kündigende Arbeitsverhältnis Berechtigten** (vgl. zu letzterem KR-*Friedrich* § 4 KSchG Rz. 196 f., 209 f.), so kann sie – als Genehmigung (§ 184 BGB) – nachgeholt werden. Die Genehmigung macht die Kündigung voll wirksam. Die Genehmigung wirkt auf den Zeitpunkt der Kündigung zurück. Es handelt sich also nicht um einen Fall des § 13 Abs. 3 KSchG.

cc) Die Kündigung im Namen des Kündigungsberechtigten ohne Vorlage der Vollmachtsurkunde

284 Nach **§ 174 BGB** ist eine Kündigung, die ein Bevollmächtigter einem anderen gegenüber vornimmt, unwirksam, wenn der Bevollmächtigte eine Vollmachtsurkunde nicht (oder statt im Original [*Liwinska* MDR 2000, 500, 501] nur in beglaubigter Abschrift, was auch für die Kündigung durch einen Rechtsanwalt gilt, *BGH* 4.2.1981 DB 1981, 1874 = NJW 1981, 1210) vorlegt oder zu den Gerichtsakten reicht. Die Einreichung einer Vollmacht zu den Gerichtsakten genügt auch nicht, um den Erklärungsempfänger von der Bevollmächtigung iSd § 174 S. 2 BGB in Kenntnis zu setzen (vgl. Rz. 286; *Rimmelspacher* Anm. *BAG* 10.8.1977 AP Nr. 2 zu § 81 ZPO [zu II 2c der Gründe]). Es ist nicht ausreichend, wenn dem Erklärungsempfänger die Vollmachtsurkunde nur per Telefax – »Faxkopie« – übermittelt wird (*OLG Hamm* 26.10.1990 EzA § 174 BGB Nr. 8; *LAG Düsseld.* 22.12.1994 BB 1995, 731 = AuR 1995, 148; 22.2.1995 LAGE § 174 BGB Nr. 7; *LG Bln.* 22.12.1995 MM 1996, 245 = NJWE-MietR 1996, 220; vgl. auch *FG Kassel* 1.6.1994 NJW-RR 1995, 639) oder in Fotokopie (*LAG Düsseld.* 22.12.1994 aaO; *LG Bln.* aaO; **aA** *BAG* 27.6.1968 EzA § 398 BGB Nr. 12b, Fotokopie der Abtretungsurkunde genüge im Rahmen des § 410 BGB, Bedenken insoweit bei MünchKomm-*Roth* 4. Aufl., § 410 Rz. 5; *Palandt/Grüneberg* § 410 Rz. 2; § 126 BGB gilt; vgl. aber *BAG* 11.3.1999 EzA § 626 BGB nF Nr. 177 [B I 2] iVm Pressemitteilung Nr. 17/99: Originalvollmacht bei Ausspruch der Kündigung nicht vorgelegt, aber keine unverzügliche Zurückweisung der Kündigung; vgl. Rz. 285) und der Kündigungsempfänger **die Kündigung** aus diesem Grunde **unverzüglich zurückweist.** Das Gesetz verlangt die Vorlage einer Urkunde, also gerade nicht eine Abschrift oder Kopie (*Staudinger/Schilken* § 174 Rz. 3; *BGH* 17.10.2000 – X ZR 97/99 – BGHT 145, 343). Die Vorlage des Originals ist deswegen erforderlich, weil der Erklärungsempfänger nur dann die Möglichkeit zur Überprüfung der Bevollmächtigung des Vertreters zum Zeitpunkt der Abgabe der Erklärung hat. § 174 BGB ermöglicht dem Kündigungsgegner die Schaffung klarer Verhältnisse. Diese Bestimmung wird viel zu wenig beachtet und genutzt (*Deggau* JZ 1982, 796 ff.; *Diller* FA 1999, 106 ff.; *Sasse* ArbRB 2003, 63, 64). Daran haben §§ 126 ff. nF BGB nichts geändert. Aus dem Schutzzweck des § 174 folgt, dass zwingend die Originalurkunde vorzulegen ist, und zwar zeitgleich mit der Kündigung. Geschieht dies nur durch Telefax oder Fotokopie, so ist ungewiss, ob die Vollmacht zum Zeitpunkt des Übergabe oder Zugangs der schriftlichen Kündigungserklärung noch besteht oder durch Rückforderung der Originalurkunde entzogen wurde (vgl. *Lohr* MDR 2000, 620, 621 f.; *Diller* FA 1999, 106). Der Nichtvorlage einer Vollmachtsurkunde steht es gleich, wenn der Bevollmächtigte zwar eine Vollmachtsurkunde vorlegt (zB eine allg. Prozessvollmacht), diese aber nur zur vertretungsweisen Vornahme von anderen Rechtshandlungen, nicht aber zur Vornahme einer bestimmten Kündigung berechtigt (zB außerordentliche Kündigung; *BAG* 31.8.1979 EzA § 174 BGB Nr. 3, dazu instruktiv *Berrisch* FA 2003, 331 f.: Verkennung einer »Prozessvollmacht ... wegen außerordentlicher Kündigung« durch ein LAG, nicht aber durch das AG in einem Honorarprozess). Allerdings ermächtigt die im Abmahnungsprozess erteilte Prozessvollmacht den Prozessbevollmächtigten des Arbeitgebers zur schriftlichen Erklärung der Kündigung *LAG Hamm* 7.12.1999 – 4 Sa 327/99). Die nachfolgende Aufforderung zur Einsichtnahme in die beim Bevollmächtigten vorliegende Vollmachtsurkunde verhilft der Kündigung nicht zur Wirksamkeit (*LG Mannheim* 24.2.1976 Die Justiz 1976, 511), auch nicht die separate Nachsendung der Originalvollmacht nach Zugang der Kündigungserklärung, auch wenn die Vollmacht vor dem Zugang der Zurückweisung vorhanden war. Bei Gesamtvertretung ist auf jeden Vertreter § 174 BGB anwendbar. Ist der Arbeitnehmer bzgl. einer Person vom Vollmachtgeber nicht von deren Bevollmächtigung in Kenntnis gesetzt worden, ist die Kündigung allein deswegen unwirksam, wenn der Arbeitnehmer wegen der fehlenden Vollmachtsvorlage die Kündigung unverzüglich zu-

Außerordentliche, sittenwidrige und sonstige Kündigungen § 13 KSchG

rückweist (*LAG Bln.* 28.6.2006 – 15 Sa 632/06 – EzA-SD 19/2006 S. 9 f.). Eine im Namen einer GbR von einem alleinvertretungsberechtigten Gesellschafter abgegebene einseitige empfangsbedürftige Willenserklärung kann von dem Empfänger gem. § 174 S. 1 BGB erfolgreich zurückgewiesen werden, wenn ihr weder eine Vollmacht der anderen Gesellschafter noch der Gesellschaftsvertrag oder eine Erklärung der anderen Gesellschafter beigefügt ist, aus der sich die Befugnis des erklärenden Gesellschafters zur alleinigen Vertretung der GbR ergibt (*BGH* 9.11.2001 – LwZR 4/01 – WM 2001, 2442 = NJW 2002, 2442).

Die **Zurückweisung muss ohne schuldhaftes Zögern erfolgen** (§ 121 Abs. 1 BGB). Dazu wird nicht ein 285 sofortiges Handeln des Kündigungsempfängers verlangt. Dem Arbeitnehmer steht eine **gewisse Zeit zur Überlegung und zur Einholung rechtskundigen Rats zur Verfügung**. Für die Länge der für die Zurückweisung der Kündigung einzuhaltenden Frist sind die Umstände des Einzelfalles maßgebend (*BAG* 30.5.1978 EzA § 174 BGB Nr. 2). Im konkreten der Entscheidung des BAG zugrunde liegenden Fall hat das BAG die Zurückweisung der Kündigung innerhalb von **drei Tagen bzw. von fünf Tagen, wenn ein Wochenende dazwischen liegt, gerechnet ab Zugang der Kündigungserklärung als »unverzüglich«** iSd § 174 S. 1 BGB angesehen (bestätigt von *BAG* 11.7.1991 EzA § 174 BGB Nr. 9; 20.8.1997 EzA § 174 BGB Nr. 12, Vorinstanz: *LAG Bln.* 27.6.1996 LAGE § 174 BGB Nr. 8; ähnlich: *BAG* 31.8.1979 EzA § 174 BGB Nr. 3), etwa eine Woche zwischen Zugang der Vollmachtsurkunde und der Zurückweisung ist als angemessene Zeitspanne nicht zu beanstanden, wenn noch ein Wochenende dazwischen gelegen hat (vgl. auch *Hess. LAG* 5.3.1993 LAGE § 4 TVG Ausschlussfristen Nr. 30; *LAG Nürnberg* 13.7.1987 LAGE § 1 KSchG Verhaltensbedingte Kündigung Nr. 19). Die Zurückweisung der Kündigung innerhalb von sieben Tagen nach Zugang des Kündigungsschreibens wird idR als ausreichend akzeptiert. Eine unverzügliche Zurückweisung iSd § 174 BGB liegt dagegen nicht mehr vor, wenn eine Frist von zehn Tagen überschritten worden ist (*LAG Düssel.* 22.2.1995 LAGE § 174 BGB Nr. 7; *BAG* 11.3.1999 EzA § 626 BGB nF Nr. 177 [B I 2]: 14 Tage; *LAG Hamm* 6.9.1996 LAGE § 613a BGB Nr. 56: zwei Wochen) oder wenn sie in einer fristgerechten Kündigungsschutzklage erklärt wird, die erst nach Ablauf der Dreiwochenfrist des § 4 S. 1 KSchG dem Arbeitgeber zugestellt wird (*LAG Köln* 20.2.1997 LAGE § 174 BGB Nr. 10; *LAG Hamm* 21.10.1999 ZInsO 2000, 351) oder gar erst in einem weiteren Schriftsatz, der den Arbeitgeber am Tage nach Ablauf der dreiwöchigen Klagefrist erreicht (*BAG* 11.3.1999 EzA § 626 BGB nF Nr. 177). Die Rspr. der ordentlichen Gerichte ist großzügiger (zehn Tage, bei erforderlicher Sachverhaltsaufklärung gar sechs Wochen nach Zugang, *AG Hamburg* 3.11.1993 VersR 1994, 665).

Zu beachten ist aber **§ 174 S. 2 BGB**. Danach ist die Zurückweisung des einseitigen Rechtsgeschäfts – 286 hier Kündigung – ausgeschlossen, wenn der Vollmachtgeber (nicht der Bevollmächtigte! *LAG Köln* 3.5.2002 NZA 2003, 194) den anderen, den Kündigungsgegner, von der Bevollmächtigung in Kenntnis gesetzt hatte. Dabei reicht es aus, wenn der Arbeitgeber den Kündigenden in eine Stelle berufen hat, die üblicherweise mit dem Kündigungsrecht verbunden ist. Das Inkenntnissetzen iSd § 174 S. 2 BGB gegenüber den Betriebsangehörigen liegt idR darin, dass der Arbeitgeber bestimmte Mitarbeiter – zB durch die **Bestellung zum Prokuristen, Generalbevollmächtigten oder Leiter der Personalabteilung** – in eine Stellung beruft, mit der das Kündigungsrecht verbunden zu sein pflegt (*BAG* 30.5.1972 EzA § 174 BGB Nr. 1; *Hess. LAG* 20.6.2000 LAGE § 174 BGB Nr. 11: Auch Niederlassungsleiter eines Unternehmens des Transportgewerbes kündigungsberechtigt gegenüber gewerblichen Arbeitnehmern; *LAG Bln.* 19.6.2000, – 18 Sa 305/00: Prokuristen). Ein Personalleiter darf das Arbeitsverhältnis eines Abteilungsleiters, der hierarchisch auf derselben Ebene steht wie er selbst, kündigen (*LAG Nds.* 19.9.2003 MDR 2004, 159 = LAG Report 2004, 70). Personalleiter sind ihren »leitenden Kollegen« also ebenbürtig, aber »faktisch überlegen« (*Popp* Personal 04/2004, 59). Das gilt auch dann, wenn der Gesamtvollstreckungsverwalter, der den Betrieb längere Zeit fortführt, den Personalleiter in seiner Stellung belässt, *BAG* 22.1.1998 EzA § 174 BGB Nr. 13, aber nicht wenn der Insolvenzverwalter als Partei kraft Amtes einen soziierten Rechtsanwalt im Einzelfall mit der Unterzeichnung des Kündigungsschreibens beauftragt, *BAG* 18.4.2002 EzA § 613a BGB Nr. 207; vgl. auch Rz. 289a. Bei einem Prokuristen reicht, dass dessen Prokura im Handelsregister eingetragen und vom Registergericht bekannt gemacht wurde. § 10 Abs. 1 HGB bekannt gemacht wurde. § 15 Abs. 2 S. 1 HGB gilt auch im Rahmen des § 174 S. 2 BGB (*BAG* 11.7.1991 EzA § 174 BGB Nr. 9; *Bremke* JuS 1995, 520 f., abl. *Boecken* Anm. *BAG* EzA aaO, der die von § 174 S. 2 BGB geforderte direkte ausdrückliche oder konkludente Mitteilung des Vollmachtgebers an den Erklärungsempfänger durch die Heranziehung des § 15 Abs. 2 S. 1 HGB als »nicht überwunden« ansieht; anders, wenn nach dem Handelsregister die Prokura nur gemeinsam mit dem Geschäftsführer der GmbH besteht: Der Arbeitnehmer kann die Kündigungserklärung erfolgreich iSd § 174 S. 1 BGB zurückweisen, *ArbG Bln.* 4.8.2000 EzA § 174 BGB Nr. 15). Der an sich zum Ausspruch der fristlosen

Kündigung des Dienstvertrages des Geschäftsführers zuständige fakultative Aufsichtsrat einer GmbH kann im voraus im Anstellungsvertrag der Gesellschafterversammlung eine Außenvollmacht zur Erklärung fristloser Kündigungen erteilen (*OLG Bra.* 13.7.1999 – 6 U 286/96 – NJW 2001, Heft 40 S. VIII). Die Einschränkung der Vollmacht, zB des Personalleiters, im Innenverhältnis, zB auf Grund einer internen Geschäftsordnung schadet nicht (*BAG* 29.10.1992 EzA § 174 BGB Nr. 10). Einer Zeichnung des Prokuristen mit einem die Prokura andeutenden Zusatzes bedarf es nicht (*BAG* 11.7.1991 EzA § 174 BGB Nr. 9). Die von einem **Gesamtprokuristen** iSd § 48 Abs. 2 HGB und einem Angestellten, der nicht (Gesamt-)Prokurist ist, unterschriebene Kündigung kann nach § 174 S. 1 BGB zurückgewiesen werden, wenn eine entsprechende Vollmachtsurkunde nicht beigefügt war. Zwar konnten die Gesamtprokuristen Kündigungsvollmacht mit der Maßgabe erteilen, dass der Angestellte mit einem Gesamtprokuristen die Kündigung erklärt, aber die entsprechende Vollmachtsurkunde hätte vorgelegt werden müssen (*LAG RhPf* 10.12.1996 auszugsweise in DB 1997, 1723 = BB 1997, 2002). Die Vollmachtsvorlage ist nicht erforderlich, wenn ein Rechtsanwalt einen von ihm angestellten und geführten Rechtsanwalt für die (Schein-) Sozietät kündigt, auch wenn weitere Anwälte im Briefkopf aufgeführt sind, die aber auf die tägliche Praxis keinen Einfluss nehmen (*BAG* 6.2.1997 EzA § 174 BGB Nr. 11). Gegen ein Kündigungsrecht des Leiters der Personalabteilung spricht nicht, dass der Arbeitgeber den Arbeitnehmer selbst eingestellt hatte, die Kündigung aber vom Leiter der Personalabteilung ausgesprochen wird. Einen Erfahrungssatz, dass die Befugnis zur Einstellung und zur Entlassung zusammenfallen, gibt es nicht (*BAG* 30.5.1972 EzA § 174 BGB Nr. 1). Aus der maßgeblichen Beteiligung des Rechtsanwaltes bei den Vertragsverhandlungen über die Eingehung des Arbeitsverhältnisses lässt sich keine Kenntnis des Arbeitnehmers von der Bevollmächtigung des Anwalts herleiten, ihm als Vertreter des Arbeitgebers zu kündigen (*LAG Nürnberg* 28.5.1980 AMBl. 1981, C 25 = ARSt 1981 Nr. 1239). Für Sachbearbeiter einer Personalabteilung gilt das für Personalleiter Ausgeführte nicht. Deren Kündigungserklärung, die ohne Vorlage einer Vollmacht abgegeben wird, kann der Kündigungsempfänger deswegen zurückweisen mit der Folge, dass die Kündigung unwirksam ist (*BAG* 30.5.1978 EzA § 174 BGB Nr. 2). **Kündigt ein besonderer Vereinsvertreter iSd § 30 BGB**, dem durch Satzung Kündigungsbefugnis erteilt ist, ist für die Wirksamkeit der Kündigung die Vorlage einer Vollmachtsurkunde nicht erforderlich (*BAG* 18.1.1990 EzA § 174 BGB Nr. 7). Das gilt auch für den **geschäftsführenden Gesellschafter einer Gesellschaft bürgerlichen Rechts (GbR)**, der gem. § 710 BGB zum geschäftsführenden Gesellschafter bestellt wurde. Daraus folgt gem. § 714 BGB auch seine Vertretungsmacht (*Hess. LAG* 25.3.1997 ARSt 1997, 238). § 174 BGB ist nur auf eine rechtsgeschäftlich erteilte Bevollmächtigung anwendbar, nicht auf Fälle, in denen jemand als gesetzlicher oder diesem gleichgestellter Vertreter handelt (*BAG* 18.1.1990 EzA § 174 BGB Nr. 7). Eine Kündigung scheitert nicht an der fehlenden Vorlage einer Vollmachtsurkunde, wenn der Arbeitgeber die Mitarbeiter bei der Vorstellung des Angestellten auf die Kündigungsbefugnis hinweist; das gilt auch für die Arbeitnehmer, die an der Amtseinführung nicht teilgenommen haben (*LAG Köln* 7.7.1993 LAGE § 174 BGB Nr. 6). Davon abweichend soll nach *LAG Köln* (3.5.2002 NZA 2003, 194) ein Aushang über die Bevollmächtigten für Kündigungen am schwarzen Brett nicht ohne weiteres ausreichend für das In-Kenntnis-Setzen iSd § 174 S. 2 BGB sein. Aus § 174 BGB ergibt sich keine Nachforschungspflicht des Empfängers der Kündigungserklärung, welche Stellung der Erklärende hat und ob damit das Recht zur Kündigung verbunden zu sein pflegt (*Sächs. LAG* 25.2.1997 LAGE § 174 BGB Nr. 9).

286a Die Mitteilung der Bevollmächtigung zu einer Kündigung iSd § 174 S. 2 BGB kann in den (Formular-) Arbeitsvertrag aufgenommen werden. Dies gilt selbst dann, wenn dieser nicht vom Arbeitgeber selbst, sondern von seinem Bevollmächtigten unterzeichnet worden ist (*LAG Bln.* 25.7.2002 NZA-RR 2003, 538 = SPA 23/2002 S. 7, zust. *Hunold* Arbeit und Arbeitsrecht, 3/2003, S. 13 mit Musterformulierung).

287 Die Kündigung muss gerade **wegen der fehlenden Vorlage der Vollmachtsurkunde** zurückgewiesen werden (*BAG* 18.12.1980 EzA § 174 BGB Nr. 4). Es reicht aber aus, wenn sich der Grund der Zurückweisung aus den Umständen eindeutig ergibt und für den Vertragspartner erkennbar ist (*BAG* 18.12.1980 EzA § 174 BGB Nr. 4; *LAG Nürnberg* 10.8.1992 LAGE § 174 BGB Nr. 5 bestätigt von *BAG* 18.2.1993 – 2 AZR 482/92 – nv; *Petersen* JA 2005, 248, 249). Die Zurückweisung der Kündigung wegen fehlender Vollmacht schließt die Zurückweisung der Kündigung wegen fehlender Vollmachtsurkunde ein (a maiore ad minus; *BAG* 22.12.1982 EzA § 123 BGB Nr. 20). Eine Zurückweisung aus anderen Gründen reicht aber für § 174 S. 1 BGB nicht aus (*Soergel/Leptien* 12. Aufl., § 174 Rz. 3).

287a Durch die Beanstandung der Nichtvorlage der Vollmachtsurkunde kann also die Unwirksamkeit der Kündigung nach Maßgabe des § 174 S. 1 BGB herbeigeführt werden. Diese Unwirksamkeit ist als anderer Rechtsunwirksamkeitsgrund iSd § 13 Abs. 3 KSchG innerhalb der Dreiwochenfrist des § 4 S. 1

KSchG geltend zu machen. Das folgt – anders als bei § 180 BGB, dazu Rz. 288 – daraus, dass § 174 BGB nicht die Frage der wirksamen Bevollmächtigung betrifft, die ja gerade tatbestandlich vorausgesetzt wird, sondern deren Nachweis durch Vorlage der Vollmachtsurkunde. § 174 BGB hat daher keine mängelbehaftete Erklärung zum Inhalt (zutr. *Bender/J. Schmidt* NZA 2004, 358, 362; *Meixner* ZAP 2004, Fach 17, S. 719, 732; *Preis* in *J.-H. Bauer/Preis/Schunder* NZA 2004, 195, 196; wohl auch *Löwisch* BB 2004, 154, 158; HaKo-*Pfeiffer* § 13 KSchG Rz. 68; **str. aA** *Raab* Thesenpapier Neuerungen im Kündigungsschutzrecht durch das Gesetz zu Reformen am Arbeitsmarkt, Vortrag Deutscher Arbeitsgerichtsverband e.V., 10. Landestagung Rheinland-Pfalz am 25.3.2004 in Trier; *Ulrici* DB 2004, 250, 251, die darauf abstellen, dass für den Arbeitnehmer nicht erkennbar sei, ob der Vertreter mit oder ohne Vertretungsmacht handele, wobei übersehen wird, dass der Arbeitnehmer es selbst in der Hand hat, die Unwirksamkeit der Kündigung durch unverzügliche Zurückweisung der Kündigungserklärung selbst herbei zuführen, so dass ein Eingreifen der Dreiwochenfrist nicht als unangebracht erscheint, zutr. *Bender/J. Schmidt* aaO, Fn 33, im Ergebnis auch *Bayreuther* ZfA 2005, 391, 393; hinzukommt ein rasches Klärungsbedürfnis, insbes. dann, wenn die Zurückweisung ihrerseits zurückgewiesen wurde, vgl. Rz. 287b).

Zu beachten ist, dass die **Zurückweisungserklärung wegen unterbliebener Vollmachtsvorlage** mit der Folge der Unwirksamkeit der Zurückweisungserklärung **zurückgewiesen** werden kann (zutr. *Nies* NZM 1998, 221, 222). Die auf § 174 BGB gestützte Zurückweisung der Zurückweisungserklärung muss ihrerseits ebenfalls »unverzüglich« erfolgen (*LAG Frankf.* 5.12.1979 – 10 Sa 192/79). **287b**

§ 174 BGB gilt auch bei Ausspruch einer Kündigung im Bereich des öffentlichen Dienstes (*BAG* 20.9.2006 – 6 AZR 82/06; 12.1.2006 EzA § 1 KSchG Verhaltensbedingte Kündigung Nr. 68). Nur für gesetzliche oder ihnen gleichzustellende Vertreter ist der Anwendungsbereich des § 174 BGB nicht eröffnet (*BAG* 10.2.2005 EzA § 174 BGB 2002 Nr. 3). Beruht die Vertretungsmacht nicht auf der Erteilung einer Vollmacht, sondern auf gesetzlicher Grundlage, scheidet eine Zurückweisung aus (*BAG* 10.2.2005 EzA § 174 BGB 2002 Nr. 3). Das Recht zur Zurückweisung besteht auch im Falle der organschaftlichen Vertretung grds. nicht (*BAG* 10.2.2005 EzA § 174 BGB 2002 Nr. 3). Durch nicht auf Gesetz beruhende Verwaltungsregelung kann zwar Außenvertretungsmacht erteilt werden. Diese steht aber nicht der gesetzlichen Vertretung gleich (*BAG* 20.9.2006 – 6 AZR 82/06 [II 2 a bb ecc (1)]). Hat der Arbeitnehmer die Kündigung wegen fehlender Vollmachtsvorlage unverzüglich iSd § 174 S. 1 BGB zurückgewiesen, kommt es darauf an, ob der Arbeitgeber den Arbeitnehmer über die Vollmacht nach § 174 S. 2 BGB in Kenntnis gesetzt hat. § 174 S. 2 BGB ist auf Personalsachbearbeiter eines öffentlichen Diensthernn mit Kündigungsbefugnis, die weder dem Arbeitnehmer noch allg. den Bediensteten mitgeteilt worden war, nicht anwendbar (*BAG* 29.6.1989 EzA § 174 BGB Nr. 6; 20.8.1997 EzA § 174 BGB Nr. 12: Intern praktizierte Verwaltungsregelung, die nicht bekannt gegeben wurde, reicht nicht aus). Bei größeren Gemeinden ist die ordentliche Kündigung gegenüber »einfachen Büro- bzw. Reinigungskräften« ein »Geschäft der laufenden Verwaltung«, daher ist der beauftragte Amtsleiter kündigungsbefugt, wenn die Gemeinde dem Arbeitnehmer ausreichend über die Bevollmächtigung des Amtsleiters zum Ausspruch einer ordentlichen Kündigung in Kenntnis gesetzt hatte, was der Fall war (*BAG* 7.11.2002 EzA § 174 BGB 2002 Nr. 1, vgl. *Krückhans* Anm. *BAG* 29.6.1988 AP Nr. 6 zu § 174 BGB). Das Beidrücken des Dienstsiegels ersetzt die Vorlage einer Vollmacht jedenfalls dann nicht, wenn das Kündigungsschreiben ohne Angabe der Amtsbezeichnung unterschrieben wurde (*BAG* 20.8.1997 EzA § 174 BGB Nr. 12): Das *LAG Bln.* 4.10.1990 Grundeigentum 1991, 1037 lehnt eine das Beifügen einer schriftlichen Vollmacht ersetzende Wirkung des Dienstsiegels generell ab. Der fehlenden Vorlage einer Vollmacht steht das Fehlen eines vorgeschriebenen Dienstsiegels (vgl. § 80 Abs. 5 S. 3 iVm § 63 Abs. 2 NdsGemO) gleich. Die Kündigung kann in entsprechender Anwendung des § 174 S. 1 BGB unverzüglich aus diesem Grunde zurückgewiesen werden (*BAG* 29.6.1988 EzA § 174 BGB Nr. 5). **287c**

Mängel in der Vertretung (*BAG* 6.8.1970 AP Nr. 7 zu § 125 BGB; *BGH* 4.12.1981 NJW 1982, 1036, 1037), zB keine Alleinvertretungsmacht des verbleibenden GmbH-Liquidators bei Wegfall eines gesamtvertretungsberechtigten Liquidators (§ 68 Abs. 1 S. 2 GmbHG; *BGH* 8.2.1993 DB 1993, 1868) und für formlose interne Ermächtigung eines Gesamtvertreters für den anderen (*BAG* 18.12.1980 EzA § 174 BGB Nr. 4 für nur zusammen zur Vertretung einer GmbH berechtigte Geschäftsführer) werden dagegen von § 13 Abs. 3 KSchG nicht erfasst. Sie können außerhalb der Dreiwochenfrist geltend gemacht werden. **287d**

In diesen Zusammenhang gehört die Kündigung durch den »falschen« Arbeitgeber. Es handelt sich dann um die unbeachtliche Kündigung eines Nichtberechtigten (vgl. den Fall *LAG Hamm* 25.10.2000 – 4 Sa 1132/00 – [2.2]). In einem solchen Fall ist § 13 Abs. 3 KSchG iVm § 4 S. 1 KSchG nicht gegeben. Gemeint ist nur eine Kündigung durch den – »richtigen« – Arbeitgeber. An dieser Voraussetzung fehlt es, wenn die Kündigungserklärung dem »richtigen« Arbeitgeber nicht zugerechnet werden kann, vgl. **287e**

§ 13 KSchG Außerordentliche, sittenwidrige und sonstige Kündigungen

Bender/J. Schmidt NZA 2004, 358, 362; *Preis* in *J.-H. Bauer/Preis/Schunder* NZA 2004, 195, 196; vgl. im Übrigen Rz. 288.

287f Erklärt ein Rechtsanwalt für seinen Auftraggeber eine Kündigung, ohne die Vollmachtsurkunde im Original vorzulegen, handelt er pflichtwidrig und ist schadensersatzpflichtig, wenn er mit der Möglichkeit rechnen muss, dass dem Mandanten nicht unerhebliche Nachteile entstehen, zB dadurch, dass nicht bewiesen werden kann, den Kündigungsempfänger vorher von der Bevollmächtigung des Rechtsanwalts in Kenntnis gesetzt zu haben (*BGH* 10.2.1994 AnwBl. 1995, 44).

dd) Vertretung ohne Vertretungsmacht (§ 180 BGB)

288 Die Kündigung als einseitiges empfangsbedürftiges Rechtsgeschäft durch den **Vertreter ohne Vertretungsmacht** ist nichtig und nicht genehmigungsfähig, wenn der Kündigungsempfänger die fehlende Vertretungsmacht bei Vornahme der Kündigung beanstandet, die Kündigungsbefugnis leugnet, also die Kündigung deswegen zurückweist (arg. § 180 S. 2 BGB), *LAG Nürnberg* 1.2.1985 BayAmbl. 1986, 26 betr. mangelnde Vertretungsmacht des Oberbürgermeisters zur ordentlichen Kündigung wegen fehlenden Beschlusses des Personal- und Organisationsausschusses der Gemeinde (POA, dazu *BAG* 18.5.1994, EzA § 626 BGB Ausschlussfrist Nr. 6; vgl. für Baden-Württemberg *VGH Mannheim* 28.11.1995 PersR 1996, 439 = PersV 1997, 267 = ZBR 1996, 344; vgl. auch *ArbG Wetzlar* 4.7.1987 AuR 1987, 418 Kündigung durch Bürgermeister statt Gemeindevorstand nach hess. Landesrecht; *dass.* 8.1.1985 ARSt 1985 Nr. 97: Kündigung durch Vereinsvorstandsvorsitzenden statt laut Satzung vom Vorsitzenden und stellvertretenden Vorsitzenden; vgl. auch *BAG* 14.11.1984 AP Nr. 89 zu § 626 BGB zu § 37 Abs. 1 LKOBW mwN; zur Kündigungsberechtigung nach Bayerischem Sparkassenrecht *BAG* 21.1.1999 – 2 AZR 132/98). Das muss unverzüglich nach Zugang der Kündigung erfolgen (*LAG Nürnberg* 13.7.1987, LAGE § 1 KSchG Verhaltensbedingte Kündigung Nr. 19), und zwar muss die fehlende Vertretungsmacht ausdrücklich gerügt werden und nicht etwa eine angeblich fehlende Vollmacht (*Hess. LAG* 25.3.1997 – 9 Sa 2097/96 – insoweit nv). Waren zB drei Ärzte Arbeitgeber einer Arzthelferin, so konnten sie ihr nur gemeinsam kündigen; kündigt nur einer, ohne die anderen zu vertreten, so ist die Kündigung nichtig (*ArbG Münster* 26.11.1986 BB 1987, 337). Die Kündigung gegenüber einem GmbH-Geschäftsführer durch den weiteren Geschäftsführer anstatt durch die Gesellschafterversammlung ist unwirksam (*OLG Köln* 21.1.1990 DB 1990, 435). Ist der Gesellschafter einer GmbH zugleich deren Arbeitnehmer, kann arbeitsvertraglich die Kündigung von der Zustimmung der Gesellschafterversammlung abhängig gemacht werden; fehlt die Zustimmung, ist die gleichwohl ausgesprochene Kündigung unwirksam (vgl. *BAG* 28.4.1994 EzA § 37 GmbHG Nr. 1: Fall der Regelung der Zuständigkeit zum Ausspruch der Kündigung innerhalb der Gesellschaft). Das gilt auch für eine entsprechende gesellschaftsvertragliche Beschränkung der Befugnisse des Geschäftsführers. Die fehlende Zustimmung der Gesellschafterversammlung ist ein sonstiger Unwirksamkeitsgrund iSv § 13 Abs. 3 KSchG (*BAG* 11.3.1998 – 2 AZR 287/97 –, Weiterführung von *BAG* 28.4.1994 aaO). Die Kündigung wegen Betriebsstillegung bedarf nicht eines wirksamen Beschlusses der Gesellschafter hinsichtlich der Stillegung des Betriebes als Grundlage (*BAG* 5.4.2001 – 2 AZR 696/99; 11.3.1998 EzA § 1 KSchG Betriebsbedingte Kündigung Nr. 99).

289 Beanstandet der Kündigungsempfänger die behauptete Vertretungsmacht nicht oder ist er damit einverstanden gewesen, dass der Vertreter ohne Vertretungsmacht handelt (aber nur dann! *ArbG Bln.* 4.8.2000 EzA § 174 BGB Nr. 15), so gelten die §§ 177 – 179 BGB; der Kündigungsberechtigte kann genehmigen (§ 180 S. 2 BGB; *BAG* 2.5.1957 AP Nr. 1 zu § 180 BGB); die ohne hinreichende Vertretungsmacht erklärte außerordentliche Kündigung (gemeindeordnungswidrig [§ 54 Abs. 3 S. 2 GO NRW] durch Beigeordneten statt durch Gemeindedirektor und einen weiteren vertretungsberechtigten Beamten oder Angestellten) kann vom Vertretenen mit rückwirkender Kraft (§ 184 Abs. 1 BGB) nur innerhalb der Frist des § 626 Abs. 2 S. 1 BGB genehmigt werden (*BAG* 26.3.1986 EzA § 626 BGB nF Nr. 99; vgl. auch *BAG* 4.2.1987 EzA § 626 BGB nF Nr. 106; *LAG Düssel.* 21.12.1987 LAGE § 164 BGB Nr. 1); der Gekündigte kann zur Genehmigung auffordern (§ 177 Abs. 2 BGB): Die Kündigung ist unwirksam, wenn die Genehmigung nicht innerhalb von zwei Wochen nach der Aufforderung ihm gegenüber erteilt wird. Die Kündigung wirkt dann durch die Genehmigung auf den Zeitpunkt des Zugangs zurück (zur Rückwirkungsproblematik *M. Lange* FS für O. Sandrock, 1994, S. 243 ff.).

Bender/J. Schmidt (NZA 2004, 358, 362) empfehlen, den Lauf der Klagefrist des § 4 S. 1 KSchG in Anlehnung an den Rechtsgedanken des § 4 S. 4 KSchG erst mit dem Zugang der Genehmigung, nicht der Kündigung beginnen zu lassen, soweit unter den Voraussetzungen des § 180 S. 2 BGB – keine Beanstandung der fehlenden Vertretungsmacht oder Einverständnis mit vollmachtlosem Handeln – der

Kündigung über eine Genehmigung gem. § 177 Abs.1 BGB zur rechtsgeschäftlichen Wirksamkeit verholfen werden kann (vgl. auch *Ulrici* DB 2004, 250, 251f.).

Die Kündigung ist nicht bereits deshalb unwirksam, weil sie nicht vom Insolvenzverwalter selbst, sondern von einem Mitarbeiter in Vollmacht des Insolvenzverwalters unterzeichnet worden ist (*Lohr* MDR 2000, 620, 623; *Kittner/Däubler/Zwanziger* § 113 InsO Rz. 37). **289a**

Eine Rolle spielt § 180 BGB in der Praxis im allg. nur bei einer **Kündigung während eines Prozesses** (»Schriftsatzkündigung«). Hier stellt sich die Frage, ob die übliche Prozessvollmacht des § 81 ZPO für eine **Kündigung, die auf neue Kündigungsgründe gestützt wird,** durch den Prozessbevollmächtigten ausreicht. Das wird von der hM (*BAG* 10.8.1977 EzA § 81 ZPO Nr. 1; *Rimmelspacher* Anm. AP Nr. 2 zu § 81 ZPO) mit der punktuellen Streitgegenstandslehre (dazu KR-*Friedrich* § 4 KSchG Rz. 225 ff.) verneint: Streitgegenstand eines Kündigungsprozesses ist nur die eine angefochtene bestimmte Kündigung; auf diese erstreckt sich die Prozessvollmacht und auf die damit zusammenhängenden Rechte, nicht aber auf eine Kündigung aus anderen Gründen. **290**

Nur bei Beanstandung der fehlenden Vertretungsmacht bei der Vornahme der Kündigung ist die Kündigung nichtig. Diese Nichtigkeit ist von § 13 Abs. 3 KSchG iVm § 4 S. 1 KSchG idF des Gesetzes zu Reformen am Arbeitsmarkt nicht erfasst. Sie kann außerhalb der Dreiwochenfrist geltend gemacht werden. Eine Anwendung der Klagefrist würde zu überflüssigen Klagen führen. Solange nicht klar ist, ob die Kündigung dem Willen des Arbeitgebers entspricht, macht eine Ausschlussfrist keinen Sinn (*Raab* aaO; im Ergebnis ebenso *Ulrici* DB 2004, 250, 251; *Bender/J. Schmidt* NZA 2004, 358, 362; **aA** *Bayreuther* ZfA 2005, 391, 393). **290a**

Ob eine einem Rechtsanwalt erteilte Prozessvollmacht oder **außergerichtliche Vollmacht** zum Ausspruch einer Kündigung berechtigt, hängt von der Auslegung der Bevollmächtigung (*BAG* aaO) bzw. von dem Inhalt der Vollmacht ab (vgl. *BAG* 31.8.1979 EzA § 174 BGB Nr. 3). **290b**

ee) **Kündigung im eigenen Namen anstelle des Kündigungsberechtigten**

Von der Kündigung im fremden Namen ohne Vertretungsmacht ist die **Kündigung im eigenen Namen anstelle des Kündigungsberechtigten** zu unterscheiden. Auch in diesem Fall kann der wirklich zur Kündigung Berechtigte die erklärte Kündigung genehmigen (*Molitor* AR-Blattei, Kündigung III, Abschn. III; *ders*. Kündigung, S. 92 f.; vgl. *BGH* 3.3.1966 BB 1966, 425; *Galperin* BB 1966, 1459). Nur die nicht genehmigte Kündigung ist unwirksam. Diese Unwirksamkeit wird von § 13 Abs. 3 KSchG nicht erfasst. **291**

ff) **Mangelnde Geschäftsfähigkeit; beschränkte Geschäftsfähigkeit; gesetzliche Vertretung**

Wird die Kündigung **einem Geschäftsunfähigen oder beschränkt Geschäftsfähigen gegenüber** erklärt, so ist sie erst dann wirksam, wenn sie dem gesetzlichen Vertreter zugegangen ist (§ 131 BGB). Die dem Arbeitnehmer selbst ausgehändigte Kündigung ist daher im Falle der Geschäftsunfähigkeit des Arbeitnehmers ihm nach § 104 Nr. 2 BGB nicht zugegangen (vgl. Rz. 282), auch wenn zu einem späteren Zeitpunkt eine Betreuung durch das AG angeordnet wurde. Ein rückwirkendes Wirksamwerden ist nach § 131 Abs. 1 BGB nicht möglich (*ArbG Mannheim* 5.9.1991 NZA 1992, 511 = RzK I 2c Nr. 20; *ArbG Frankf.* 2.7.1997 – 18 Ca 8764/96 – FR 3.7.1997). Bei **Gesamtvertretung** (zB § 1629 BGB, Vertretung durch beide Eltern) reicht der Zugang an einen Gesamtvertreter aus (§ 1629 Abs. 1 S. 1 2. Hs.; *Große* BB 1993, 2082; *Natzel* Anm. zu *BAG* 25.11.1976 AP Nr. 4 zu § 15 BBiG; *BGH* 9.2.1977 DB 1977, 819; vgl. *Bayer. VGH* 21.7.1978 BayVerwBl. 1979, 51 f.; *Palandt/Diederichsen* § 1629 Rz. 14; BT-Drs. 7/2060, S. 21). **292**

Mangelnde Geschäftsfähigkeit eines Kündigungsberechtigten führt zur Nichtigkeit der Kündigung (§ 105 BGB). **Beschränkte Geschäftsfähigkeit** eines Kündigungsberechtigten führt nach § 111 S. 1 BGB zur Unwirksamkeit der Kündigung (die Kündigung ist ein einseitig empfangsbedürftiges Rechtsgeschäft), wenn sie ohne Einwilligung (= vorherige Zustimmung) des gesetzlichen Vertreters erfolgt. Die Kündigung ist ein rechtlich nachteiliges Geschäft, so dass die Einwilligung des gesetzlichen Vertreters dazu erforderlich ist (*MünchKommBGB*-*Schmitt* 5. Aufl., § 107 Rz. 48 mwN in Fn. 57). Mit Einwilligung des gesetzlichen Vertreters ist die Kündigung grds. nach § 107 BGB wirksam, auch wenn der Minderjährige nicht ausdrücklich erklärt hat, er handele mit der erforderlichen Einwilligung (vgl. *MünchKommBGB*-*Schmitt* §§ 107 Rz. 10; 111 Rz. 18; *RG* 15.2.1902, RGZ 50, 213). Nach § 111 S. 2 BGB ist die Kündigung trotz Einwilligung des gesetzlichen Vertreters unwirksam, wenn der Minderjährige die Einwilligung nicht in schriftlicher Form vorlegt und der Kündigungsempfänger die Kündigung aus **293**

§ 13 KSchG　　　　　　　　　　　　Außerordentliche, sittenwidrige und sonstige Kündigungen

diesem Grunde unverzüglich zurückweist (zur Zurückweisung vgl. Rz. 284 ff.). Nach § 111 S. 3 BGB ist die Zurückweisung dann ausgeschlossen, wenn der gesetzliche Vertreter den Kündigungsgegner von der Einwilligung in Kenntnis gesetzt hatte. Die wegen fehlender Einwilligung oder wegen wirksamer Zurückweisung unwirksame Kündigung kann nicht durch nachträgliche Genehmigung des gesetzlichen Vertreters geheilt werden. In der Genehmigung des gesetzlichen Vertreters liegt allenfalls eine Neuvornahme der Kündigung durch den gesetzlichen Vertreter selbst (§ 141 BGB). Treffen der Minderjährige und der Erklärungsempfänger eine Vereinbarung darüber, dass die Wirksamkeit des empfangsbedürftigen einseitigen Rechtsgeschäfts von der Genehmigung des gesetzlichen Vertreters abhängig sein soll, so sind die §§ 108, 109 BGB entsprechend anwendbar (*Palandt/Heinrichs* § 111 Rz. 3; *Soergel/Hefermehl* 13. Aufl., § 111 Rz. 1 mwN; *MünchKommBGB-Schmitt* 5. Aufl., § 111 Rz. 8 mwN). Das gilt dann auch für die Kündigung. Wird die Kündigung gegenüber einem beschränkt geschäftsfähigen Arbeitgeber erklärt, so wird die Kündigung nicht wirksam, bevor sie dem gesetzlichen Vertreter zugeht, es sei denn, der gesetzliche Vertreter hatte seine Einwilligung erteilt (§ 131 Abs. 2 BGB); vgl. Rz. 292.

294　Die mangelnde Geschäftsfähigkeit des Kündigenden oder des Kündigungsgegners ist ein Nichtigkeitsgrund, der von § 13 Abs. 3 KSchG iVm § 4 S. 1 KSchG nicht erfasst wird (*Bender/J. Schmidt* NZA 2004, 356, 362; *Ulrici* DB 2004, 250, 252 Fn 10; HaKo-*Pfeiffer* 2. Aufl., § 13 KSchG Rz. 68; **aA** *Bayreuther* ZfA 2005, 391, 393 mit Fn 3). Zu beachten ist aber, dass § 112 BGB eingreifen kann. Hat der gesetzliche Vertreter den Minderjährigen mit Genehmigung des Vormundschaftsgerichts zum selbständigen Betrieb eines Erwerbsgeschäfts ermächtigt, so erlangt der Minderjährige die unbeschränkte Geschäftsfähigkeit für sämtliche Rechtsgeschäfte, die der Geschäftsbetrieb mit sich bringt. Zu den gestatteten Rechtsgeschäften gehört auch die Kündigung von Arbeitnehmern und die Entgegennahme von Kündigungen der Arbeitnehmer (*MünchKommBGB-Schmitt* 5. Aufl., § 112 Rz. 16).

gg) Kündigung durch den vorläufigen Insolvenzverwalter

294a　Bei dem vorläufigen Insolvenzverwalter ist danach zu unterscheiden, ob er vom Insolvenzgericht zum vorläufigen Insolvenzverwalter mit Zustimmungsbefugnis (§ 21 Abs. 2 Nr. 2 2. Alt. InsO) oder bei Anordnung eines allgemeinen Verfügungsverbots zum vorläufigen Insolvenzverwalter mit Verwaltungs- und Verfügungsbefugnis (§ 21 Abs. 2 Nr. 2 1. Alt. iVm § 22 InsO) bestellt wurde.

Nur bei Anordnung eines allgemeinen Verfügungsverbots geht die Verwaltungs- und Verfügungsbefugnis auf den vorläufigen Insolvenzverwalter über. Der Übergang der Arbeitgeberfunktion umfasst auch die Befugnis, Arbeitsverhältnisse zu kündigen (*Lohr* MDR 2000, 620, 624; *Bichlmeier* Insolvenzhandbuch 1998, S. 351 f.; *Kittner/Däubler/Zwanziger* § 113 InsO Rz. 54).

Bei der Bestellung eines vorläufigen Insolvenzverwalters mit Zustimmungsbefugnis behält der Arbeitgeber seine bisherige Arbeitgeberstellung, so dass der vorläufige Insolvenzverwalter nicht berechtigt ist, Kündigungen auszusprechen, es sei denn, das Insolvenzgericht hat den Pflichtenkreis des vorläufigen Insolvenzverwalters entsprechend bestimmt (vgl. *Lohr* aaO; *Bichlmeier* aaO; *Kittner/Däubler/Zwanziger* § 113 InsO Rz. 55). Hier bietet sich an, die Vertretungsmacht des vorläufigen Insolvenzverwalters zu leugnen und die Kündigungserklärung in analoger Anwendung des § 174 S. 1 BGB zurückzuweisen (*Kittner/Däubler/Zwanziger* aaO, Rz. 55; *Bichlmeier* aaO).

Liegt die Einwilligung des vorläufigen Insolvenzverwalters vor, kann der Arbeitnehmer die Kündigung gleichwohl wirksam zurückweisen, wenn der Arbeitgeber bei Ausspruch der Kündigung nicht die Einwilligung des vorläufigen Insolvenzverwalters schriftlich vorgelegt hatte, § 182 Abs. 3 BGB iVm § 111 S. 2 und 3 BGB (*BAG* 10.10.2002 EzA § 21 InsO Nr. 1).

Zu beachten ist, dass § 113 InsO vor der Insolvenzeröffnung nicht anwendbar ist (*Bichlmeier* aaO; *Kittner/Däubler/Zwanziger* § 113 InsO Rz. 54).

hh) Wegfall der Kündigungsbefugnis zwischen Abgabe und Zugang der Kündigungserklärung

294b　Fällt die Rechtsstellung als Arbeitgeber und damit die aus dieser Rechtsstellung folgende Kündigungsbefugnis nach Abgabe der Kündigungserklärung vor ihrem Zugang weg, so hat dies die Unwirksamkeit der Kündigung zur Folge. Voraussetzung für die Wirksamkeit einer Verfügung ist das (Fort-) Bestehen der Verfügungsbefugnis noch im Zeitpunkt des Wirksamwerdens der Verfügung (*BGH* 14.7.1952 BGHZ 7, 115; 5.1.1995 LM § 15 KO Nr. 1; *RG* 8.1.1912 JW 1912, 402). Ebenso muss bei Rechtsgeschäften, die sich in einer Willenserklärung erschöpfen, die Verfügungsbefugnis, also bei der Kündigung die Kündigungsberechtigung zurzeit des Zugangs, nicht bloß zum Zeitpunkt ihrer Abga-

d) Willensmängel

aa) Scheinkündigung

Die iSv § 117 BGB **zum Schein erklärte Kündigung ist nichtig.** 295

bb) Scherzkündigung

Eine Kündigung, die nicht ernst gemeint ist (Erklärung einer **Kündigung zum Scherz**) zB zu Lehrzwecken, ist nichtig (§ 118 BGB; *BAG* 1.4.1981 – 7 AZR 997/79 – nv, betr. Arbeitnehmerkündigung). 296

cc) Anfechtung der Kündigung

Die Kündigung kann zunächst wirksam (erklärt) sein, später aber vom Kündigenden wegen Irrtums, Täuschung oder Drohung wirksam angefochten werden (§§ 119, 120, 123 BGB). Die wirksame **Anfechtung** führt zur Nichtigkeit der Kündigung (§ 142 BGB; vgl. dazu *Galperin* BB 1966, 1464; *Molitor* AR-Blattei, Kündigung III Abschn. VI). 297

dd) Willensmängel als sonstige Nichtigkeitsgründe iSd § 13 Abs. 3 KSchG

Diese Willensmängel sind **Nichtigkeitsgründe** außerhalb des § 13 Abs. 3 KSchG (vgl. *v. Hoyningen-Huene/Linck* § 13 Rz. 85 zum früheren Recht). 298

e) Fehlende Bestimmtheit der Kündigungserklärung

Eine Kündigung kann unwirksam sein, weil sie hinsichtlich des Beendigungszeitpunktes nicht hinreichend bestimmt ist. Einer Kündigungserklärung fehlt die erforderliche Bestimmtheit und Eindeutigkeit (vgl. *BAG* 19.1.1956 AP Nr. 1 zu § 620 BGB Kündigungserklärung) jedenfalls dann, wenn in ihr mehrere Termine für die Beendigung des Arbeitsverhältnisses genannt werden und für den Erklärungsempfänger nicht erkennbar ist, welcher Termin gelten soll (*BAG* 21.10.1981 – 2 AZR 407/79 – nv). Eine Kündigung ist nicht ausreichend klar und bestimmt und deswegen unwirksam, wenn sie mit einer auflösenden Bedingung versehen ist (*BAG* 15.3.2001 EzA § 620 BGB Kündigung Nr. 2: »Die Kündigung wird gegenstandslos, wenn der auslaufende Bewachungsauftrag neu erteilt wird«; dadurch wird der Arbeitnehmer in eine ungewisse Lage versetzt). Es kann an einer hinreichenden Erklärung einer Kündigung fehlen, wenn nur von »vorübergehender Ausstellung« die Rede ist. Eine Kündigung muss so hinreichend deutlich sein, dass der Erklärungsempfänger Klarheit darüber erhält, dass das Arbeitsverhältnis beendet werden soll (*LAG RhPf* 14.7.2004 – 8 Ta 140/04 – NZA-RR 2005, 274). Es handelt sich dabei um einen Rechtsunwirksamkeitsgrund, der nicht von § 13 Abs. 3 KSchG iVm § 4 S. 1 KSchG erfasst wird und daher auch außerhalb der Dreiwochenfrist erfolgreich geltend gemacht werden kann (HaKo-*Pfeiffer* § 13 KSchG Rz. 68). 298a

3. Mängel der Kündigung, die nicht unter § 13 Abs. 3 KSchG fallen

a) § 626 Abs. 2 BGB

Wenn der Arbeitgeber die **Zweiwochenfrist des § 626 Abs. 2 BGB** nicht eingehalten hat, so fehlt es an einem wichtigen Grund iSd § 626 BGB. Für die außerordentliche Kündigung gilt § 13 Abs. 1 KSchG: Die Dreiwochenfrist des § 4 S. 1 KSchG ist schon wegen der Verweisung in § 13 Abs. 1 S. 2 KSchG einzuhalten (vgl. Rz. 62). 299

b) Außerordentliche Kündigung von befristeten Arbeitsverhältnissen

Bei der außerordentlichen Kündigung eines **befristeten Arbeitsverhältnisses** ist die Dreiwochenfrist des § 4 S. 1 KSchG einzuhalten, und zwar wegen § 13 Abs. 1 S. 2 KSchG; es handelt sich nicht um einen Fall des § 13 Abs. 3 KSchG (vgl. Rz. 37, 38). 300

c) Verstoß gegen den Grundsatz der Gleichbehandlung

Nach der Rechtsprechung des BAG findet der **Gleichbehandlungsgrundsatz** keine Anwendung auf Kündigungen. Die Unwirksamkeit einer Kündigung kann nicht unmittelbar aus einer Verletzung des 301

Gleichbehandlungsgebots hergeleitet werden (*BAG* 28.2.1958 AuR 1958, 381 insoweit im AP Nr. 1 zu § 14 AZO nicht abgedruckt; 21.10.1969 EzA § 626 BGB nF Nr. 1; *Hueck/Nipperdey* I, § 48a V, S. 429; **aA** *Thür. LAG* 28.9.1993 LAGE § 620 BGB Gleichbehandlung Nr. 1). Der Gleichbehandlungsgrundsatz kann danach nur eine mittelbare Auswirkung auf die Interessenabwägung haben, wenn der Arbeitgeber bei gleichartigen Pflichtverletzungen nicht allen beteiligten Arbeitnehmern kündigt und daraus zu schließen ist, dass es für ihn zumutbar ist, das Arbeitsverhältnis auch mit dem gekündigten Arbeitnehmer fortzusetzen (*BAG* 21.10.1969 EzA § 626 BGB nF Nr. 1; 14.10.1965 EzA § 133b GewO Nr. 1; 13.10.1955 AP Nr. 3 zu § 13 KSchG 1951; 22.2.1979 EzA § 103 BetrVG 1972 Nr. 23, sämtl. fristlose Kündigung betr.; *BAG* 28.4.1982 EzA § 2 KSchG Nr. 4, ordentliche Änderungskündigung betr.). Das gilt auch für die ordentliche verhaltensbedingte Kündigung. Für die betriebsbedingte Kündigung ist § 1 Abs. 3 KSchG als positive Ausgestaltung des Gleichbehandlungsgrundsatzes anzusehen, der auf diese Weise in die Prüfung der Rechtswirksamkeit einer ordentlichen betriebsbedingten Kündigung einfließt. Selbst wenn man den Grundsatz der Gleichbehandlung als gesetzliches Verbot der gleichbehandlungswidrigen Kündigung anerkennt (wie zB *Marhold/Beckers* AR-Blattei SD 800.1, Gleichbehandlung im Arbeitsverhältnis I Rz. 189, 192 für Kündigungen, die nicht dem KSchG unterliegen; SPV-*Preis* Rz. 319 ff., vgl. Rz. 258a; *Buchner* RdA 1970, 225; *G. Hueck* Der Grundsatz der gleichmäßigen Behandlung im Privatrecht, 1958, S. 356 ff.; *ArbG Arnsberg* 9.4.1981 ARSt 1981 Nr. 117; vgl. auch *Schaub* § 112 III 5 Rz. 47 f., § 128 II 2 Rz. 24), so war das nicht ein Fall des § 13 Abs. 3 KSchG aF (zutr. *Zöllner* Gutachten D zum 52. DJT 1978, S. 86 mit eingehender Begr.; **aA** *ArbG Regensburg* 23.4.1990 BB 1990, 1418 für die »herausgreifende« Kündigung). Allerdings beschränkt das Benachteiligungsverbot nach § 611a Abs. 1 BGB die »herausgreifende« Kündigung gegenüber einem Arbeitnehmer, soweit sie nur wegen seines Geschlechts erfolgt. Ist das gegeben, liegt ein anderer Rechtsunwirksamkeitsgrund der Kündigung iSd § 13 Abs. 3 KSchG vor (vgl. Rz. 184a).

d) Kündigung als Disziplinarmaßnahme

301a Erklärt der Arbeitgeber eine Kündigung in Gestalt einer Disziplinarmaßnahme (§§ 77 Abs. 4 S. 1, 87 Abs. 1 Nr. 1 BetrVG 1972 ermächtigten nicht zu Betriebsvereinbarungen, die Entlassungen im Disziplinarwege vorsehen), so hat die Unwirksamkeit der Disziplinarmaßnahme auf die Wirksamkeit der Kündigung idR keinen Einfluss (*BAG* 27.3.1981 – 7 AZR 880/78 – nv, – 7 AZR 1005/78 – nv; 28.4.1982 EzA § 87 BetrVG 1972 Betriebsbuße Nr. 5; vgl. auch *BAG* 25.2.1998 – 2 AZR 256/97). Spricht der Arbeitgeber durch die auf Entlassung gerichtete Disziplinarmaßnahme keine Kündigung aus, sondern gibt er eine gegenüber der Kündigung arteigene Beendigungserklärung ab, so kann diese rechtsunwirksame die Beendigung des Arbeitsverhältnisses nicht herbeiführende Erklärung bei Vorliegen der Voraussetzungen in eine Kündigung umgedeutet werden (*BAG* 28.4.1982 EzA § 87 BetrVG 1972 Betriebsbuße Nr. 5).

e) § 75 Abs. 1 BetrVG, § 111 BetrVG

301b Die Pflichten nach § 75 Abs. 1 BetrVG bestehen nur im Rahmen des Betriebsverhältnisses gegenüber dem Betriebsrat, § 75 BetrVG wirkt daher nur kollektivrechtlich. Ein Verstoß gegen § 75 BetrVG führt daher nicht zur Unwirksamkeit von Rechtsgeschäften auf individualrechtlicher Ebene zwischen Arbeitsvertragsparteien (GK-BetrVG/*Kreutz* 7. Aufl., § 75 Rz. 139) und damit auch nicht der Kündigung; ein gesetzliches Verbot liegt insoweit nicht vor und damit auch kein Fall des § 134 BGB, der unter § 13 Abs. 3 KSchG fiele (vgl. *Boemke* JuS 1995, 522). Ein Verstoß gegen § 111 BetrVG führt nicht zur Unwirksamkeit der Kündigung, sondern begründet nur einen Anspruch auf Nachteilsausgleich nach § 113 BetrVG (*v. Hoyningen-Huene* JuS 1986, 899 Fn. 15).

f) Grundsatz der Verhältnismäßigkeit

301c Vgl. insoweit SPV-*Preis* Rz. 318; *Preis* Prinzipien, S. 398 f. sowie im Geltungsbereich des KSchG *BAG* 26.5.1996 EzA § 1 KSchG Personenbedingte Kündigung Nr. 14: Verstoß gegen den Verhältnismäßigkeitsgrundsatz bei Nichteinhaltung eigener Verfahrensvorschriften im Falle von Pflichtverletzungen durch Arbeitnehmer, zB Dienstanweisung, *BAG* 16.9.1999 EzA § 611 BGB Kirchliche Arbeitnehmer Nr. 45 zu Art. 4, 5 GrO Kath. Kirche; *LAG Bln.* 29.11.1999 MDR 2000, 709: Änderungskündigung unwirksam bei möglicher Herbeiführung der Änderung der Arbeitsbedingungen im Wege des Direktionsrechts; *BAG* 3.7.2003 BB 2004, 1006: Diskriminierende Änderungskündigung.

g) Kündigung eines Dienstverhältnisses, das kein Arbeitsverhältnis ist iSd § 627 BGB

Liegt ein dauerndes Dienstverhältnis iSd § 627 BGB vor, ist die fristlose Kündigung ohne das Vorliegen der Voraussetzungen des § 626 BGB unwirksam. Eine Umdeutung der unwirksamen außerordentlichen Kündigung in eine ordentliche kommt nicht in Betracht, wenn die Parteien das Recht zur ordentlichen Kündigung nicht vereinbart haben (*BAG* 12.7.2006 – 5 AZR 277/06). 301d

III. Die materiellrechtlichen und verfahrensrechtlichen Folgen der Rechtsunwirksamkeit der Kündigung aus anderen Gründen iSd § 13 Abs. 3 KSchG

1. Grundsatz

Auf alle sonstigen Unwirksamkeitsgründe iSd § 13 Abs. 3 KSchG ist das **KSchG mit Ausnahme der §§ 4 bis 7 KSchG** nicht anzuwenden. Die Nichtigkeit der Kündigung ist nach der Neuregelung durch das Gesetz zu Reformen am Arbeitsmarkt nach § 4 S. 1 KSchG, der eine Feststellungsklage innerhalb der Dreiwochenfrist mit einem Antrag nach § 4 S. 1 2. Hs. KSchG vorschreibt, geltend zu machen. **Die Einbeziehung nahezu aller denkbaren Unwirksamkeitsgründe in die Verpflichtung, das ArbG binnen der Dreiwochenfrist anzurufen, ist die wichtigste Konsequenz des § 13 Abs. 3 KSchG in der ab 1.1.2004 geltenden Fassung.** 302

2. Möglichkeit der Klageerhebung außerhalb der Dreiwochenfrist des § 4 S. 1 KSchG – Grenze: Verwirkung des Klagerechts

a) Grundsatz

Für die Erhebung einer Klage gegen eine aus Gründen unwirksame Kündigung, die nicht von § 13 Abs. 3 KSchG nF iVm § 4 S. 1 KSchG nF erfasst sind – Hauptanwendungsfall: Mündliche Kündigungen und Kündigungen, die zwar in Textform, aber nicht formwirksam iSd § 623 BGB erklärt wurden, vgl. Rz 226 ff. – ist eine Klagefrist nicht vorgeschrieben. 303

b) Schranke: Verwirkung des Klagerechts

Das Recht zur Geltendmachung dieser Mängel kann **verwirken**. 304

Nach der Rspr. verwirkt das Klagerecht, wenn drei Voraussetzungen gegeben sind: 305

(1) Der Arbeitnehmer wartet mit der Klage längere Zeit ab **(Zeitmoment);**
(2) infolge dieses Ablaufs hat sich für den Arbeitgeber ein gerade auf die Klageerhebung erstreckender Vertrauenstatbestand ergeben, mit der Klage nicht mehr rechnen zu müssen **(Vertrauensmoment);**
(3) dem Arbeitgeber kann eine Einlassung auf die Klage nicht mehr zugemutet werden (**Umstandsmoment**).

Neben dem Zeitablauf müssen Umstände vorliegen, aus denen sich für den Arbeitgeber ein Vertrauenstatbestand des Inhalts ergibt, dass er mit der Klage nicht mehr zu rechnen brauchte und dieser Vertrauensschutz dann den Vorrang vor dem Interesse des Arbeitnehmers an der Überprüfung der streitigen Kündigung hat. Der Arbeitgeber darf erwarten, dass der Arbeitnehmer, der eine Kündigung als unwirksam angreifen will, dies alsbald tut, mag er auch an eine Klagefrist nicht gebunden sein. Der Arbeitnehmer darf aber auch nicht beliebig lange Zeit mit der nicht fristgebundenen Geltendmachung von Nichtigkeits-/Unwirksamkeitsgründen zuwarten. Wenn Streit über die Auflösung oder den Fortbestand eines Arbeitsverhältnisses besteht, ist rasche Klärung geboten. Der Arbeitnehmer ist daher nach Treu und Glauben verpflichtet, etwaige Angriffe gegen die umstrittene Kündigung in angemessener Frist vorzubringen und evtl. Klage zu erheben. Tut er das nicht, so muss er sich den Einwand der Verwirkung entgegenhalten lassen (*BAG* 5.12.1961 AP Nr. 80 zu § 242 BGB Ruhegehalt).

Die Beseitigung der Ungewissheit über den Bestand oder Nichtbestand einer ausgesprochenen Kündigung in absehbarer Zeit ist nicht nur für den unmittelbar betroffenen Arbeitgeber und Arbeitnehmer von Bedeutung, **sondern auch für Dritte**, zB für die Krankenkasse, die ja nach der Entscheidung des *BAG* 29.11.1978 EzA § 6 LFG Nr. 9 bei der Geltendmachung von Vergütungsansprüchen aus abgeleitetem Recht (zB § 616 Abs. 2 BGB, § 1 LFG jetzt: § 3 EFZG iVm § 115 SGB X) sich ebenfalls auf die Unwirksamkeit einer außerordentlichen Kündigung soll berufen dürfen, wenn die Geltendmachung nicht fristgebunden ist (vgl. dazu § 4 KSchG Rz. 76 ff.). Das BAG hat (zu 3 der Gründe) ausgeführt, dass der Mangel der außerordentlichen Kündigung durch Verwirkung nicht geheilt sei, geht also davon aus, 306

§ 13 KSchG   Außerordentliche, sittenwidrige und sonstige Kündigungen

dass auch der Krankenversicherungsträger das Recht verwirken kann, sich auf die Unwirksamkeit einer Kündigung gegenüber seinem Versicherten zu berufen.

307 Bei längerem Zeitablauf ist die Klärung insbes. auch von Kündigungsstreitigkeiten durch das – verständlicherweise – abnehmende Erinnerungsvermögen der Parteien und Zeugen erschwert (*BAG* 10.1.1956 AP Nr. 3 zu § 242 BGB Verwirkung).

308 Das sind die Grundlagen für die Verwirkung des Klagerechts, auch exceptio doli processualis genannt (*Neumann-Duesberg* Anm. zu *BAG* AP Nr. 3 zu § 242 BGB Verwirkung). Die vorstehenden Grundsätze sind von der st.Rspr. und der hL anerkannt (vgl. die Nachw. 7. Aufl.). Wegen der Einführung der Dreiwochenfrist für die anderen Rechtsunwirksamkeitsgründe iSd § 13 Abs. 3 KSchG nF ist der Anwendungsbereich der Verwirkung auf die wenigen Fälle der Unwirksamkeit beschränkt, die nicht von § 13 Abs. 3 KSchG nF erfasst werden.

309 Welcher Zeitablauf maßgebend ist, wird von der Rechtsprechung nicht einheitlich beantwortet. Dem Arbeitnehmer wird eine Überlegungsfrist einzuräumen sein. Hinzu kommt, dass, wie oben ausgeführt (Rz. 305), aus längerem Zuwarten allein nicht eine Verwirkung des Klagerechts entnommen werden kann. Es kommt vielmehr auf die übrigen Umstände, insbes. auf das Verhalten der Beteiligten an, also auf den Einzelfall (*ArbG Ulm* 23.6.1960 DB 1960, 1132; *LAG Bln.* 13.5.1985, 17.8.1987 LAGE § 242 BGB Prozessverwirkung Nr. 1, § 4 KSchG Nr. 12).

310 Die Rechtsprechung, die zur Frage des maßgebenden Zeitablaufs bekannt geworden ist, schwankt zwischen wenigen Wochen bis zu mehreren Jahren. Das zeigt, dass sich nicht generell beantworten lässt, welche Frist als angemessener Zeitraum anzusehen ist, nach deren Ablauf das Recht, gegen die Kündigung vorzugehen, verwirkt ist. Das richtet sich nach den jeweiligen Umständen des Einzelfalles. Der Versuch, eng an die Absicht des § 4 KSchG anzuknüpfen und das Zuwarten über einen Monat ausreichen zu lassen (*LAG Hamm* 21.11.1985 LAGE § 13 KSchG Nr. 1 – Überschreitung der Dreiwochenfrist um drei Wochen und drei Tage – ähnlich schon *ArbG Bielefeld* 22.11.1984 ARSt 1985 Nr. 71), ist jedenfalls vorerst gescheitert, weil das BAG das Umstandsmoment als nicht erfüllt ansah (9.1.1987 – 2 AZR 37/86 – nv). Zur Konkretisierung des Zeitmoments kann auf die Dreiwochenfrist des § 4 KSchG zurückgegriffen werden; wartet der Kläger mit der Klage ein Jahr nach Zugang der Kündigung, so war der Zeitraum, der dem Kläger zur gerichtlichen Geltendmachung der Unwirksamkeit der Kündigung zugebilligt werden könnte, in jedem Fall verstrichen, ohne dass die Grenzen der zeitlichen Geltendmachung generell, etwa durch Regelfristen, bestimmt werden müssten (*BAG* 9.1.1987 – 2 AZR 126/86 – nv). Nach *ArbG Karlsruhe* 9.3.1988 (ZIP 1988, 1210) ist ein Zeitraum von zwei bis drei Monaten die Obergrenze (*LAG SchlH* 24.8.1995 – 4 Sa 269/95 – Schnellbrief 1995 Nr. 21 S. 6 [Zuwarten von knapp fünf Wochen reicht für die Erfüllung des Zeitmoments nicht aus]; **aA** *ArbG Brem.* 13.1.1993, KirchE 31, 16 = EkA Kündigung, Probezeit (1): Zuwarten von zwei Monaten bis zum Ablauf der Probezeit erfüllt jedenfalls nicht das Umstandsmoment bei fehlendem entsprechendem Sachvortrag; vgl. auch KR-*Rost* § 7 KSchG Rz. 39), Verwirkung des Klagerechts bei einem Jahr Untätigkeit nach Kündigung iSd § 613a Abs. 4 S. 1 BGB, zutr. krit. Anm. *J.-H. Bauer/Baeck* EWiR § 613a BGB 1988, 1182: Das ArbG hat nicht geprüft, ob neben Zeitablauf und Untätigkeit besondere Umstände vorgelegen haben, die die berechtigte Erwartung begründet haben, man werde nicht mehr in Anspruch genommen. Das *BAG* (20.5.1988 EzA § 242 BGB Prozessverwirkung Nr. 1) stellt nicht auf eine starre Höchst- oder Regelfrist ab, sondern auf die Umstände des jeweiligen Falles und lehnt ab, dass das Zeitmoment das Umstandsmoment indiziere, sondern verlangt besondere Umstände für die berechtigte Erwartung des Schuldners, er werde nicht mehr gerichtlich in Anspruch genommen (auf dieser Linie *ArbG Weiden* 29.3.1995 NZA-RR 1996, 9 bestätigt von *LAG Nürnberg* 13.4.1995 – 7 Ta 90/95 – nv, juris: Klageerhebung erst acht Monate nach Zugang [Zeitmoment], trotz arbeitsgerichtlich ausgetragenen Streits um Arbeitsstunden und Vorstellungskosten kein Eingehen des Arbeitnehmers auf die Kündigung [Umstandsmoment]; *LAG Köln* 6.8.1999 Rz. K I 4a Nr. 126: Über acht Monate; 27.6.2001 – 3 Sa 220/01: Erstmals nach neun Monaten wird geltend gemacht, das Arbeitsverhältnis sei nach Ablauf der Befristung einige Tage iSd § 625 BGB fortgesetzt worden; *LAG Bln.* 20.7.2000 – 10 Sa 258/00: Über sechs Monate; *BAG* 25.9.1997 – 8 AZR 480/96 – nv: Klageerhebung erst 22 Monate gegen wegen Verstoßes gegen eine ordentliche Kündigung [Zeitmoment], Umstandsmoment gegeben, wenn die Stelle des Klägers endgültig nachbesetzt worden ist, weil der Kläger im Gegensatz zu anderen Arbeitnehmern die ordentliche Kündigung nicht angegriffen hat, vgl. auch *LAG Bln.* 28.5.1996 – 12 Sa 24/96 – nv: Zeitmoment mit Zuwarten von zwanzig Monaten gegeben, Arbeitgeberin schutzwürdig, weil die durch denselben Prozessbevollmächtigten vertretenen Kollegen des Klägers sich gegen die ordentliche Kündigung zur Wehr gesetzt hatten). Es seien besonders strenge Anforderungen zu stellen, wenn ein Fall des § 613a Abs. 4 S. 1 BGB vorliegen

Außerordentliche, sittenwidrige und sonstige Kündigungen § 13 KSchG

soll (vgl. auch *BAG* 13.4.1989 EzA § 13 KSchG nF Nr. 4 [zu IV der Gründe] zu einer Kündigung nach § 15 BBiG). Bei einer nach § 623 BGB rechtunwirksamen mündlichen Kündigung ist das Zeitmoment »unzweifelhaft« gegeben, wenn die Klage erst mehr als fünf Monate nach der mündlichen Kündigung erhoben wird; das Umstandsmoment liegt vor, wenn ein Termin zur Klärung der Angelegenheit nicht wahrgenommen und erst drei Monate danach geklagt wird (*LAG SchlH* 16.2.2006 – 1 Ta 267/05). Bei einer ebenfalls nur mündlich ausgesprochenen Kündigung reicht dem *LAG MV* (7.6.2005 – 3 Sa 17/05) für das Zeitmoment ein Zuwarten von 2 ½ Monaten aus, während sich das Umstandsmoment daraus ergeben soll, dass die Arbeitnehmerin trotz Kenntnis vom Betriebübergang die Betriebsnachfolgerin nicht in Anspruch genommen hat. Die zur prozessualen Verwirkung der Klagebefugnis gegenüber Kündigungen ergangene Rspr. ist bei KR-*Rost* § 7 KSchG Rz. 41 f., *Staudinger/Weber* § 242 BGB Rz. D 696 nachgewiesen.

Bei der Änderungskündigung gilt nichts anderes, und zwar auch dann, wenn sie unter Vorbehalt angenommen wurde (*BAG* 28.5.1998 EzA § 2 KSchG Nr. 29 [II]). **310a**

Beim **befristeten Arbeitsvertrag** muss der Arbeitnehmer nach § 17 Abs. 1 S. 1 TzBfG die Klagefrist von drei Wochen einhalten, wenn er gerichtlich geltend machen will, die Befristung sei unwirksam (vgl. oben Rz. 15). § 17 TzBfG erfasst im Gegensatz zu § 4 KSchG alle Unwirksamkeitsgründe (HaKo-*Mestwerdt* 2. Aufl., § 17 TzBfG Rz. 18). **310b**

3. Klageart
a) Feststellungsklage iSd § 4 S. 1 KSchG nF, des § 256 ZPO

Da § 4 S. 1 KSchG eingreift, handelt es sich um eine **Feststellungsklage iS dieser Bestimmung**. Die punktuelle Streitgegenstandstheorie – Angriff auf die eine bestimmte Kündigung – ist auf die von § 13 Abs. 3 KSchG erfassten Fälle ausgedehnt worden. **311**

Der Antrag lautet nunmehr:

Es wird festgestellt, dass das Arbeitsverhältnis durch die außerordentliche/ordentliche Kündigung des/der Beklagten vom ... nicht (mit deren Zugang/mit Ablauf der Kündigungsfrist am ...) aufgelöst ist/wird/wurde.

Für eine Feststellungsklage iSd § 256 ZPO bleiben nur noch die wenigen Fälle, die von § 13 Abs. 3 KSchG nF iVm § 4 S. 1 KSchG nF **nicht erfasst sind.**

Das sollte auch im Antrag zum Ausdruck kommen, indem formuliert wird, dass festgestellt werden solle, dass das Arbeitsverhältnis über den ... (Tag des Zugangs der Kündigung bei fristlosen Kündigungen, Tag des Endes der Kündigungsfrist bei befristeten Kündigungen) hinaus fortbesteht (*Schaub* § 138 IV 1 Rz. 11; *Schwerdtner* Jura 1986, 100).

Die in der Praxis anzutreffende Formulierung des Antrags, dass festgestellt werden möge, dass die Kündigung vom ... (Datum) rechtsunwirksam (nichtig) ist und das Arbeitsverhältnis über den ... (Datum) hinaus fortbesteht, ist nicht unbedenklich, da er auf Feststellung der Rechtsunwirksamkeit einer Rechtshandlung gerichtet ist und nicht, wie § 256 ZPO verlangt, auf Feststellung eines Rechtsverhältnisses (*Baumbach/Lauterbach/Albers/Hartmann* 65. Aufl., § 256 Rz. 5; *Zöller/Greger* 25. Aufl., § 256 Rz. 2a ff.; *BGH* 4.7.1962 BGHZ 37, 333). Ein derartig lautender Antrag ist aber im obigen Sinne zu verstehen und wird auch so verstanden (zB *BAG* 21.2.2001 EzA § 242 BGB Kündigung Nr. 1 [B I] betr. ordentliche Kündigung im Kleinbetrieb). Der in Form einer Kündigungsschutzklage nach § 4 KSchG gekleidete Antrag des Arbeitnehmers ist in diesen Fällen dahin auszulegen, dass nach § 256 ZPO die Feststellung begehrt wird, dass das Arbeitsverhältnis der Parteien über den ... hinaus fortbestanden hat (*BAG* 5.12.1985 EzA § 613a BGB Nr. 50 für den Fall des § 613a Abs. 4 S. 1 BGB; *BAG* 21.6.2000 EzA § 1 TVG Betriebsverfassungsnorm [I] betr. tarifvertraglich erforderliche Zustimmung des Betriebsrats zur ordentlichen Arbeitgeberkündigung; dazu krit. *Berkowsky* NZA 2001, 801). Nach *BAG* 26.8.1993 (EzA § 4 KSchG nF Nr. 47) ist der Antrag auf Feststellung zulässig, dass die Kündigung aus sonstigen Gründen iSd § 13 Abs. 3 KSchG unwirksam ist und deshalb das Arbeitsverhältnis nicht aufgelöst hat. Das erforderliche Feststellungsinteresse iSd § 256 ZPO und darüber hinaus das allg. Rechtsschutzinteresse fehlen nach *ArbG Stade* 14.12.1987 (DB 1988 = AuR 1989, 148) für eine Feststellungsklage gegen den Betriebsveräußerer, wenn sie ausschließlich auf § 613a Abs. 4 BGB gestützt ist, es sei denn, der Arbeitnehmer habe dem Übergang seines Arbeitsverhältnisses ausdrücklich widersprochen; der Arbeitnehmer ist auf die Klage gegen den Betriebserwerber zu verweisen.

b) Leistungsklage

312 Eine **Leistungsklage,** etwa auf Zahlung der Vergütung für die Kündigungsfrist nach außerordentlicher Kündigung, reicht nach der Gesetzesänderung nicht mehr aus: Die im Rahmen der auf Entgelt gerichteten Klage nötige inzidente Prüfung der Wirksamkeit der Kündigung ändert nichts daran, dass sich die Rechtskraft des Leistungsurteils nicht auf die Entscheidungsgründe erstreckt (vgl. KR-*Friedrich* § 4 KSchG Rz. 20). Indes ist § 6 KSchG entsprechend anwendbar, wenn der Arbeitnehmer die innerhalb der Dreiwochenfrist erhobene Klage damit begründet, die Kündigung sei iSv § 13 Abs. 3 KSchG nF unwirksam. Gedacht werden kann auch an eine Auslegung des Klageantrages iS einer Feststellungsklage nach § 13 Abs. 3 KSchG nF iVm § 4 S. 1 KSchG nF (vgl. HaKo-*Pfeiffer* 2. Aufl., § 13 KSchG Rz. 80 iVm HaKo-*Gallner* § 4 Rz. 27).

c) Kein Wegfall des Rechtsschutzinteresses für eine Feststellungsklage iSd § 256 ZPO bei möglicher Geltendmachung von Ansprüchen aus dem Arbeitsverhältnis im Wege der Leistungsklage

313–317 Auf diese Fragestellung kommt es nicht mehr an. Aus der Verweisung in § 13 Abs. 3 KSchG nF auf § 4 S. 1 KSchG nF ergibt sich, dass zwingend ein besonderer Feststellungsantrag auch dann zu stellen ist, wenn der Arbeitnehmer nur andere Rechtsunwirksamkeitsgründe geltend macht, die von § 13 Abs. 3 KSchG nF erfasst sind (zutr. HaKo-*Pfeiffer* 2. Aufl., § 13 KSchG Rz. 81).

4. Darlegungs- und Beweislast

318 Im Kündigungsschutzprozess trägt der Arbeitgeber die Darlegungs- und Beweislast für die Tatsachen, die die ordentliche Kündigung rechtfertigen (§ 1 Abs. 2 S. 4 KSchG). In § 1 Abs. 3 S. 3 KSchG ist vorgesehen, dass der Arbeitnehmer die Tatsachen darlegen und beweisen muss, die die Kündigung wegen mangelnder sozialer Auswahl sozialwidrig machen. Das wird dem Arbeitnehmer aber dadurch erleichtert, dass er nach § 1 Abs. 3 S. 1 2. Hs. KSchG verlangen kann, dass der Arbeitgeber die Gründe angibt, die zu der von ihm getroffenen sozialen Auswahl geführt haben (vgl. BAG 11.11.1980 SAE 1983, 1 [*Herschel*]). Das in § 1 Abs. 3 S. 2 KSchG angesprochene berechtigte betriebliche Interesse, das die Weiterbeschäftigung eines oder mehrerer bestimmter Arbeitnehmer bedingt und deswegen der sozialen Auswahl entgegenstehen soll, hat dagegen der Arbeitgeber darzulegen und zu beweisen.

319 Es ist ferner anerkannt, dass der Arbeitgeber im Falle der außerordentlichen Kündigung die iS eines wichtigen Grundes des § 626 Abs. 1 BGB relevanten Tatsachen sowie die Einhaltung der Kündigungsausschlussfrist/Kündigungserklärungsfrist von zwei Wochen des § 626 Abs. 2 BGB darzulegen und ggf. zu beweisen hat.

320 Beruft sich dagegen der Arbeitnehmer auf andere Rechtsunwirksamkeitsgründe iSd § 13 Abs. 3 KSchG nF iVm § 4 S. 1 KSchG nF, so bleibt es grds. bei der **allgemeinen Darlegungs- und Beweislast,** dass derjenige, der eine günstige Rechtsfolge für sich in Anspruch nimmt, die Tatsachen, die diese Rechtsfolge voraussetzt, behaupten und notfalls beweisen muss.

321 Der Arbeitnehmer hat also die Voraussetzungen des besonderen Kündigungsschutzes (§ 9 MuSchG; §§ 85, 91 SGB IX; § 15 KSchG; § 2 ArbPlSchG usw.; vgl. Rz. 204 ff.), die vertraglichen Kündigungsbeschränkungen, die Tatsachen, aus denen auf eine gegen Treu und Glauben (§ 242 BGB) verstoßende Kündigung geschlossen werden soll, darzulegen und ggf. zu beweisen (*Matthes* AR-Blattei D, Beweislast 1 Abschn. C IV 5; *Röhsler* DB 1969, 1152 betr. ungehörige Kündigung [§ 242 BGB]; BAG 28.9.1972 EzA § 1 KSchG Nr. 25; 12.9.1985 – 2 AZR 501/84 – nv). Es gilt insoweit nichts anderes als bei der sittenwidrigen Kündigung (vgl. Rz. 127, 175). Macht der Arbeitnehmer die Unwirksamkeit einer Kündigung unter Hinweis auf das Kündigungsverbot des § 613a Abs. 4 S. 1 BGB geltend, dann hat er darzulegen – und im Bestreitensfall – zu beweisen, dass die Kündigung **wegen** Übergangs des Betriebs oder Betriebsteils erklärt worden ist (*BAG* 5.12.1985 EzA § 613a BGB Nr. 50; vgl. 21.7.1994 EzA § 613a BGB Nr. 119; *Littbarski* EWiR 1995, 119; instruktiv *ArbG Wetzlar* 20.4.1994 AiB 1995, 190 f.). Daran hat das Gesetz zu Reformen am Arbeitsmarkt nichts geändert (HaKo-*Pfeiffer* 2. Aufl., § 13 KSchG Rz. 87 ff.) Dem Arbeitnehmer stehen allerdings der Anscheinsbeweis (dazu iE SPV-*Preis* Rz. 301; vgl. auch ganz allg. *Besgen* AiB 1987, 183, 186 mit instruktivem Beispiel) bzw. die Grundsätze der abgestuften Darlegungs- und Beweislast (*BAG* 21.2.2001 EzA § 242 BGB Kündigung Nr. 1 [B II 4d cc], *LAG Köln* 28.5.2003 EzA-SD 19/2003, S. 11 betr. treuwidrige Kündigung, vgl. Rz. 257) zur Seite. Den Arbeitnehmer trifft die Darlegungs- und Beweislast dafür, dass die Kündigung gegen das Maßregelungsverbot des § 612a BGB verstößt (*LAG Hamm* 15.1.1985 LAGE § 20 BetrVG 1972 Nr. 5; 18.12.1987 LAGE § 612a BGB Nr. 1;

6.9.2005 – 19 Sa 1045/05). Der Arbeitnehmer hat die Darlegungs- und Beweislast für die Tatsachen, dass die Kündigung vorgenommen wurde, um die Betriebsratswahl zu verhindern oder zu beeinflussen, § 20 BetrVG (*Kunz* AiB 1992, 532). Entsprechendes gilt für § 2 Abs. 3 SprAuG (*Kramer* DB 1993, 1139).

Von diesen Grundsätzen gibt es allerdings eine wichtige Ausnahme: Der Arbeitgeber hat die Darlegungs- und Beweislast dafür, dass er den Betriebsrat ordnungsgemäß angehört hat, wenn der Arbeitnehmer die ordnungsgemäße Anhörung des Betriebsrats bestritten hat (*BAG* 11.10.1989 EzA § 1 KSchG Betriebsbedingte Kündigung SPV-*Preis* Rz. 378; HaKo-*Pfeiffer* 2. Aufl., § 13 KSchG Rz. 89; vgl. im Übrigen KR-*Etzel* § 102 BetrVG Rz. 192 mwN). 322

Dementsprechend trifft den Arbeitgeber die Darlegungs- und Beweislast für die ordnungsgemäße Anhörung des Personalrats (*Dietz/Richardi* PersVG § 79 Rz. 139). Das folgt daraus, dass die Anhörung des Betriebsrats, des Personalrats Wirksamkeitsvoraussetzung für die Arbeitgeberkündigung ist. 323

Es reicht aus, wenn der Arbeitnehmer zunächst einmal die für ihn günstige Tatsache vorträgt, dass ein Betriebsrat besteht und deshalb nach § 102 BetrVG vor Ausspruch einer Kündigung die Anhörung des Betriebrats erforderlich war und er pauschal oder mit Nichtwissen nach § 138 Abs. 4 ZPO bestreitet, der Betriebsrat sei ordnungsgemäß angehört worden (*BAG* 23.6.1983 EzA § 1 KSchG Krankheit Nr. 12), oder vorträgt, der Betriebsrat sei zu der Kündigung nicht ordnungsgemäß gehört worden (*BAG* 30.4.1987 EzA § 626 BGB Verdacht strafbarer Handlung Nr. 3). Dann hat der Arbeitgeber, soll nicht die Kündigung bereits an der fehlenden bzw. nicht vorgetragenen Anhörung des Betriebsrats scheitern, den Ablauf des Anhörungsverfahrens zu schildern und ggf. unter Beweis zu stellen. Ergibt sich schon aus dem eigenen Vortrag des Arbeitgebers, dass die Anhörung fehlerhaft war, so ist die Kündigung schon deswegen unwirksam. Allerdings wird das Gericht gem. § 139 ZPO durch entsprechende Fragen an die Parteien auf eine etwaige Ergänzung des Vortrages hinsichtlich des Ablaufs des Anhörungsverfahrens hinzuwirken haben. Kommt der Arbeitgeber seiner Darlegungslast nach, darf sich der Arbeitnehmer nicht mehr darauf beschränken, die ordnungsgemäße Betriebsratsanhörung pauschal mit Nichtwissen zu bestreiten. Vielmehr muss der Arbeitnehmer sich nach § 138 Abs. 1 und Abs. 2 vollständig zu dem vom Arbeitgeber vorgetragenen Sachverhalt erklären und im Einzelnen bezeichnen, ob er rügen will, der Betriebsrat sei entgegen den Ausführungen des Arbeitgebers gar nicht angehört worden, oder in welchen Punkten er die tatsächlichen Erklärungen des Arbeitgebers über die Betriebsratsanhörung für falsch oder die dem Betriebsrat mitgeteilten Tatsachen für unvollständig hält. Dies erfordert ggf. einen ergänzenden Sachvortrag und ermöglicht eine Beweiserhebung durch das Gericht über die tatsächlich streitigen Tatsachen (st.Rspr. des *BAG*, vgl. zB 23.6.2005 EzA § 102 BetrVG 2001 Nr. 12). Unterlässt der Arbeitnehmer das oder beanstandet er das Vorbringen unsubstantiiert, so ist sein Vortrag unbeachtlich (*BAG* 18.10.1984 BB 1985, 661; *LAG* Bln. 24.6.1991 LAGE § 1 KSchG Personenbedingte Kündigung Nr. 8). Dazu, ob das Gericht bei fehlendem schlüssigen Vortrag des Arbeitgebers, was die Anhörung anbelangt, die Unwirksamkeit der Kündigung feststellen kann, ohne dass sich der Arbeitnehmer darauf beruft, vgl. Rz. 330 ff. 324

Der Arbeitgeber muss darlegen, dass eine Kündigung nicht auf die Stellung des Datenschutzbeauftragten zurückzuführen ist (arg. § 36 Abs. 3 S. 4 BDSG) (*Schierbaum* AiB 1992, 427; *Wohlgemuth* Datenschutz für Arbeitnehmer, 2. Aufl., S. 262 Rz. 802 mwN). 325

Zur Darlegungs- und Beweislast im Rahmen des AGG vgl. KR-*Pfeiffer* AG Rz 181 ff. Das dort Ausgeführte kann auch für Kündigungen relevant sein, sofern das AGG durch die Kündigung tangiert ist. 325a

5. Die Nichtanwendbarkeit der §§ 9 bis 12 KSchG auf die aus anderen Gründen rechtsunwirksame Kündigung iSd § 13 Abs. 3 KSchG

Aus dem Wortlaut des § 13 Abs. 3 KSchG leitete die hM. **die generelle Nichtanwendbarkeit des 1. Abschnitts des KSchG** und damit auch der §§ 9 bis 12 KSchG auf die aus anderen Gründen rechtsunwirksame Kündigung ab. Weder der Arbeitgeber noch der Arbeitnehmer sind danach berechtigt, einen Auflösungsantrag nach § 9 KSchG stellen, die Anrechnungsvorschrift des § 11 KSchG gilt nicht, das Lossagungsrecht des Arbeitnehmers nach § 12 KSchG besteht nicht (*v. Hoyningen-Huene/Linck* § 13 Rz. 93 f.; *Crone* RdA 1952, 245; *Neumann* AR-Blattei SD 1020.6, Kündigungsschutz VI Rz. 43; *Löwisch/Spinner* Rz. 56; HK-*Dorndorf* § 13 Rz. 138; *Richardi/Thüsing* § 102 Rz. 135, § 103 Rz. 91; *Löwisch/Kaiser* BetrVG, § 102 Rz. 26; *Fitting/Engels/Schmidt/Trebinger/Linsenmaier* § 102 Rz. 63a S. 1507, § 103 Rz. 24; *Dietz/Richardi* PersVG, § 79 Rz. 14; *Stege/Weinspach/Schiefer* 9. Aufl., § 102 Rz. 235; *Bauer* Arbeitsrechtl. Aufhebungsverträge, 7. Aufl., II Rz. 133; *ArbG* Celle 17.1.1973 ARSt 1973 Nr. 109 [betr. eine gegen § 103 326

BetrVG verstoßende Kündigung]; vgl. auch KR-*Etzel* § 102 BetrVG Rz. 191, § 15 KSchG Rz. 38). Daran hat sich durch das Gesetz zu Reformen am Arbeitsmarkt nichts geändert (HaKo-*Pfeiffer* 2. Aufl., § 13 KSchG Rz. 83).

a) Der Auflösungsantrag des Arbeitgebers

327 Das ist richtig, soweit es sich um einen **Auflösungsantrag des Arbeitgebers** handelt. Der Arbeitgeber kann die Auflösung des Arbeitsverhältnisses nur bei Sozialwidrigkeit der Kündigung verlangen. Der Arbeitgeber kann den Auflösungsantrag des § 9 Abs. 1 KSchG bei rechtlicher Unwirksamkeit der Kündigung aus außerhalb des KSchG liegenden Gründen mit Erfolg nicht stellen. Die Lösungsmöglichkeit des § 9 Abs. 1 KSchG bedeutet für ihn eine Vergünstigung, die nur bei Sozialwidrigkeit, nicht aber bei einer auf anderen Gründen beruhenden Rechtsunwirksamkeit der Kündigung gegeben ist (*BAG* 9.10.1979 EzA § 9 KSchG nF Nr. 9; 10.12.1992 EzA § 611 BGB Kirchliche Arbeitnehmer Nr. 38; 25.11.1993 EzA § 14 KSchG Nr. 3; 21.9.2000 EzA § 9 KSchG nF Nr. 44; *v. Hoyningen-Huene/Linck* § 9 Rz. 15; SPV-*Vossen* Rz. 1968 ff; *LAG Nürnberg* 14.1.1975 AMBl. 1975 C 22 [betr. wegen fehlender Mitwirkung des Personalrates nach Art. 70 BayPersVG idF vom 31.7.1970 unwirksamer ordentlicher Kündigung]; *LAG Düsseld.* 13.12.1988 LAGE § 612a BGB Nr. 3 [betr. ordentliche gegen § 612a BGB verstoßende Kündigung]; *LAG Frankf.* 2.2.1989 LAGE § 613a BGB Nr. 16 [betr. gem. § 613a Abs. 4 BGB unwirksame ordentliche Kündigung]). Das gilt natürlich auch für den Fall einer außerordentlichen Kündigung.

328 Denkbar ist zB der Fall, dass die Kündigung gem. § 15 KSchG verstößt. Nach § 15 Abs. 1 KSchG kann einem Betriebsratsmitglied während seiner Mitgliedschaft zum Betriebsrat und innerhalb eines Jahres nach Beendigung der Amtszeit nur aus wichtigem Grund gekündigt werden. Wie sich aus § 13 Abs. 1 S. 3 KSchG ergibt, kann im Fall einer außerordentlichen Kündigung nur der Arbeitnehmer, nicht aber der Arbeitgeber einen Auflösungsantrag stellen (vgl. Rz. 64). Eine gegen § 15 KSchG verstoßende außerordentliche Kündigung kann wegen des dem Betriebsratsmitglied nach § 15 KSchG zustehenden besonderen Kündigungsschutzes nicht in eine ordentliche Kündigung umgedeutet werden. Eine ordentliche Kündigung gegenüber einem Betriebsratsmitglied verstößt ebenfalls gegen § 15 KSchG, von dem Fall der Betriebsstilllegung (§ 15 Abs. 4, 5 KSchG) einmal abgesehen. Daraus ergibt sich, dass auch in einem solchen Fall der Arbeitgeber schon nach materiellem Recht einen Auflösungsantrag nicht mit Erfolg stellen kann. Es ist demnach völlig unerheblich, ob die Kündigung zugleich sozialwidrig ist oder nicht.

329 Ist die Kündigung **nicht nur sozialwidrig, sondern auch aus anderen Gründen nichtig,** so kann nach der hM **der Arbeitgeber** ebenfalls **nicht** die **Auflösung** des Arbeitsverhältnisses (*BAG* 9.10.1979 EzA § 9 KSchG nF Nr. 9; 29.1.1981 EzA § 9 KSchG nF Nr. 10; 26.3.1981 – 2 AZR 604/79 – nv; 25.11.1982 EzA § 9 KSchG nF Nr. 15 [zu A I der Gründe]; 30.11.1989 EzA § 102 BetrVG 1972 Nr. 77; 20.3.1997 EzA § 613a BGB Nr. 148; *Neumann* AR-Blattei SD 1020.6 Kündigungsschutz VI Rz. 39, 45; *v. Hoyningen-Huene/Linck* § 9 Rz. 15; *Ammermüller* DB 1975 Beil. 10, S. 5; *Dietz/Richardi* PersVG, § 79 Rz. 141; *Hertzfeld* NZA 2004, 298; *LAG Frankf.* 2.6.1976 Die Personalvertretung 1977, 393 ff. = NJW 1978, 127 [betr. wegen fehlender ordnungsgemäßer Beteiligung des Personalrats unwirksame und zugleich sozialwidrige ordentliche Kündigung]; **aA** *Auffarth* DB 1969, 528 Fn. 5; *Auffarth/Müller* § 11 Rz. 26; *Brill* AuR 1966, 272; *Sieg* SAE 1980, 62; SPV-*Vossen* Rz. 1971; *Bauer* Aufhebungsverträge, 7. Aufl., II Rz. 134 f.; KR-*Spilger* § 9 KSchG Rz. 27 ff. mit eingehender Begründung). Das gilt nur dann nicht, wenn der Schutzzweck der Norm nicht zugunsten des Arbeitnehmers eingreift, weil nicht einzusehen ist, dass die Vergünstigung eines Auflösungsantrages nach § 9 KSchG in einem solchen Fall dem Arbeitgeber bei sozialwidriger Kündigung verwehrt werden soll (*BAG* 10.11.1994 EzA § 9 KSchG nF Nr. 43; 27.9.2001 EzA § 322 ZPO Nr.13).

b) Der Auflösungsantrag des Arbeitnehmers

330 Fraglich ist, ob auch der **Arbeitnehmer** gehindert ist, im Falle der Nichtigkeit der Kündigung aus anderen Gründen einen **Auflösungsantrag** zu stellen. Die hM, die diese Frage verneint, tröstet den Arbeitnehmer damit, dass er ja bei Vorliegen der Voraussetzungen des § 626 BGB seinerseits außerordentlich fristlos kündigen könne und bei schuldhaftem Handeln des Arbeitgebers nach § 628 Abs. 2 BGB Schadensersatz verlangen könne (*v. Hoyningen-Huene/Linck* Rz. 93 mwN; HK-*Dorndorf* Rz. 138; *Auffarth* DB 1969, 528).

331 Außerdem sieht die hM den Arbeitnehmer mit **§ 6 KSchG** geholfen an; der Arbeitnehmer kann sich bis zum Schluss der mündlichen Verhandlung zusätzlich noch auf die Sozialwidrigkeit der Kündigung berufen und dann noch einen Auflösungsantrag stellen, wenn die Klage in der Frist des § 4 S. 1

KSchG erhoben worden war (*Auffarth* DB 1969, 528). Das führt dazu, dass bei Streit um die Sozialwidrigkeit der Kündigung ggf. eine Beweisaufnahme über die zur Kündigung berechtigenden Tatsachen durchzuführen ist.

Es fragt sich aber, ob es sinnvoll ist, das Gericht zu einer **langwierigen Beweisaufnahme** zu zwingen, wenn zB unstreitig ist, dass die Kündigung gegen § 102 BetrVG und/oder § 85 SGB IX (zB *LAG Köln* 17.3.1995 LAGE § 9 KSchG Nr. 24) verstoßen hat. Außerdem sind Fälle denkbar, in denen der Arbeitnehmer keinen Auflösungsantrag gestellt hat, nach obsiegendem Urteil aber von seinem Lossagungsrecht nach § 12 KSchG und von der gegenüber § 615 BGB vereinfachten Anrechnungsregel des § 11 KSchG Gebrauch machen will. Auch ist es denkbar, dass der Arbeitnehmer sich zwar hilfsweise auf die Sozialwidrigkeit der Kündigung berufen hatte, aber keinen Auflösungsantrag nach § 9 KSchG gestellt hatte, so dass das Gericht keine Veranlassung sah, auf die Frage der Sozialwidrigkeit der Kündigung einzugehen. Sollen auch in einem solchen Fall die §§ 11, 12 KSchG nicht anwendbar sein? Hinzu kommt, dass auch der Arbeitgeber dann, wenn der Arbeitnehmer sich auf Sozialwidrigkeit der Kündigung beruft, nach der Mindermeinung gleichermaßen einen Antrag auf Auflösung soll stellen können (anders hM vgl. Rz. 329). Das erscheint bei einer gegen § 134 BGB verstoßenden Kündigung als ungereimt. 332

In der **Begr. zum Regierungsentwurf** des KSchG 1951 zu § 11 KSchG 1951 (jetzt § 13 KSchG) heißt es (Drs. I/2090, S. 15) noch, die Vorschriften über die sozial ungerechtfertigte Kündigung sollen grds. nur Platz greifen, wenn der Schutz des Arbeitsverhältnisses nicht bereits durch andere Vorschriften gewährleistet ist, dh wenn die Kündigung nicht bereits aus sonstigen Gründen rechtsunwirksam ist. Diesen Grundsatz spreche § 11 Abs. 3 KSchG (jetzt § 13 Abs. 3 KSchG) aus. 333

Diesen Hinweis hat die hM nicht dahin verstanden, dass es dem Arbeitnehmer verwehrt sei, sich zugleich auf Sozialwidrigkeit und Nichtigkeit aus sonstigen Gründen zu berufen, sondern dahin, **dass lediglich klar gestellt werden sollte, dass die Geltendmachung anderer Nichtigkeitsgründe nicht an die Vorschrift des KSchG gebunden sei und, wenn nur diese Mängel vorlägen**, dem Arbeitnehmer die Wohltaten der §§ 9 bis 12 KSchG vorenthalten blieben (v. *Hoyningen-Huene/Linck* Rz. 93 f. mwN). 334

Das hat zur Folge, dass die §§ 9 – 12 KSchG nur dann anwendbar sind, wenn die Kündigung **zumindest auch** sozialwidrig ist oder es am wichtigen Grund für eine außerordentliche Kündigung ermangelt (§ 13 Abs. 1 KSchG), wobei im letzteren Fall nach ausdrücklicher Vorschrift des § 13 Abs. 1 S. 3 KSchG nur der Arbeitnehmer einen Auflösungsantrag stellen kann (*Neumann* AR-Blattei SD 1020.6 Kündigungsschutz VI Rz. 41; SPV-*Vossen* Rz. 1969; v. *Hoyningen-Huene/Linck* § 9 Rz. 14, § 13 Rz. 94; *Richardi/Thüsing* § 103 Rz. 91, § 102 Rz. 136 ; *Dietz/Richardi* PersVG § 79 Rz. 141; *Brill* AuR 1966, 272; *BAG* 29.1.1981 EzA § 9 KSchG nF Nr. 10; 16.9.1993 EzA § 102 BetrVG 1972 Nr. 84 [zu B III der Gründe]; 26.8.1993 EzA § 322 ZPO Nr. 9 [zu III 3 der Gründe]; *LAG Düsseld.* 26.5.1975 EzA § 9 KSchG nF Nr. 2; *LAG Köln* 31.1.2002 – 5(4) Sa 1325/00; *ArbG Kaiserslautern* 8.7.1959 DB 1959, 979 [betr. Auflösungsantrag bei Verstoß der Kündigung gegen SchwBeschG und Sozialwidrigkeit der Kündigung]). Nach *BAG* (29.1.1981 EzA § 9 KSchG nF Nr. 10) kommt eine Auflösung des Arbeitsverhältnisses gem. § 9 KSchG auch in Betracht, wenn die Unwirksamkeit der Kündigung nicht ausschließlich auf Sozialwidrigkeit gestützt wird (bestätigt von *BAG* 30.4.1987 – 2 AZR 302/86 – nv). Sie setzt aber die gerichtliche Feststellung der Sozialwidrigkeit der Kündigung voraus, was auch durch ein Anerkenntnisurteil geschehen kann. Bei einem Anerkenntnisurteil, das die Unwirksamkeit einer Kündigung feststellt, ist, wenn die Unwirksamkeit der Kündigung sowohl auf einen Mangel der Kündigung iSd § 13 Abs. 3 KSchG (zB fehlende Anhörung des Betriebsrats, § 102 BetrVG) als auch auf Sozialwidrigkeit gestützt worden ist, durch Auslegung zu ermitteln, ob der Arbeitgeber auch die Sozialwidrigkeit der Kündigung anerkannt hat. Zur Auslegung sind ergänzend zur Urteilsformel das Anerkenntnis und das Klagevorbringen heranzuziehen. Das BAG hat also auf eine Sachprüfung hinsichtlich der behaupteten Sozialwidrigkeit verzichtet und sich mit dem Anerkenntnisurteil begnügt. Wenn schon eine Sachprüfung nicht mehr stattzufinden braucht, liegt es nahe, an dem Erfordernis der gerichtlichen Feststellung der Sozialwidrigkeit nicht mehr festzuhalten: 335

Es ist denkbar, darauf abzustellen, welche Unwirksamkeitsgründe der Arbeitnehmer in seinem Klagevorbringen geltend macht und welche nicht. 336

Beruft sich der Kläger auf ein **gesetzliches Verbot iSd § 134 BGB** und stellt er **keinen Auflösungsantrag** oder **gibt er zu erkennen, dass es ihm auf den Erhalt seines Arbeitsplatzes unter allen Umständen** ankomme, und beruft er sich allenfalls hilfsweise auf die Sozialwidrigkeit der Kündigung, so wird 337

§ 13 KSchG   Außerordentliche, sittenwidrige und sonstige Kündigungen

das Gericht in erster Linie prüfen, ob die Kündigung, wie geltend gemacht, gegen das gesetzliche Verbot iSd § 134 BGB verstößt, und nur dann, wenn die Voraussetzungen dieses Verbots sich als nicht gegeben erweisen, auf die Frage der Sozialwidrigkeit der Kündigung eingehen. Denn in dem Moment, in dem nur noch die Sozialwidrigkeit der Kündigung geprüft wird, kann der Arbeitgeber einen Auflösungsantrag nach § 9 KSchG stellen. Der Arbeitnehmer läuft Gefahr, seinen Arbeitsplatz zu verlieren, allerdings nur gegen die Zahlung einer Abfindung. Greift aber das gesetzliche Verbot, so ist dem Arbeitnehmer der Arbeitsplatz sicher, der Arbeitgeber kann einen Auflösungsantrag mit Erfolg nicht stellen (vgl. *Neumann* AR-Blattei SD 1020.6 Kündigungsschutz Rz. 41, 45).

338 Geht es dem Arbeitnehmer um die **Durchsetzung des Auflösungsantrages,** so bleibt es ihm unbenommen, nur die Sozialwidrigkeit der Kündigung geltend zu machen. Dann prüft das Gericht nur, ob die Kündigung sozialwidrig ist oder nicht, und klärt, bejaht es die Sozialwidrigkeit der Kündigung, ob die Voraussetzungen für die Auflösung des Arbeitsverhältnisses gegeben sind.

339 Man wird nämlich von der **Möglichkeit eines Verzichts auf Unwirksamkeitsgründe einer Kündigung** ausgehen können.

340 Der Arbeitnehmer kann auf die Geltendmachung gewisser Unwirksamkeitsgründe dadurch verzichten, dass er die dazu erforderlichen Tatsachen nicht vorträgt und damit nicht zum Gegenstand des Prozesses macht (vgl. *Neumann* AR-Blattei SD 1020.6 Kündigungsschutz VI Rz. 41 [»Parteimaxime«]).

341 Das *BAG* hat im Urteil vom 7.2.1958, AP Nr. 1 zu § 70 PersVG Kündigung ausgesprochen, dass, erklärt der Arbeitnehmer, er stütze seinen Klageantrag nicht oder nicht mehr auf das KSchG, grds. davon auszugehen ist, dass der Arbeitnehmer seinen Klagevortrag seinem tatsächlichen Inhalt nach beschränkt. In diesem Fall ist es dem Gericht wegen der **Parteimaxime** verwehrt, den Klageantrag unter dem Gesichtspunkt des KSchG zu prüfen. Das hat auch für den umgekehrten Fall zu gelten, nämlich dass der Arbeitnehmer sich nicht auf andere Rechtsunwirksamkeitsgründe, sondern nur auf das KSchG stützt.

342 Auch ist es möglich, dass der Arbeitnehmer sich **in erster Linie** auf die **Sozialwidrigkeit** der Kündigung unter Stellung eines Auflösungsantrages beruft und nur hilfsweise auf andere Rechtsunwirksamkeitsgründe iSd § 13 Abs. 3 KSchG. Damit kann er das Gericht zwingen, sich zunächst nur mit der Sozialwidrigkeit der Kündigung zu befassen (*Neumann* AR-Blattei SD 1020.6 Kündigungsschutz VI Rz. 41).

343 Macht der Arbeitnehmer die **verschiedenen Unwirksamkeitsgründe gleichzeitig geltend unter Stellung eines Auflösungsantrages,** so muss das Gericht zunächst den weiteren Antrag, nämlich den Antrag auf Auflösung des Arbeitsverhältnisses gegen Zahlung einer Abfindung prüfen, ehe es sich den anderen Rechtsunwirksamkeitsgründen zuwenden kann (*Neumann* AR-Blattei SD 1020.6 Kündigungsschutz VI Rz. 41).

344 Auch bei Zugrundelegung dieser Lösung auf der Grundlage des Parteivortrages des Arbeitnehmers bleiben die oben (Rz. 332) angesprochenen Zweifelsfragen offen: Soll das Gericht wirklich gezwungen werden können, eine langwierige Beweisaufnahme durchzuführen, wenn, etwa aufgrund des Vortrages des Arbeitgebers, offensichtlich die Kündigung zB wegen fehlender Anhörung des Betriebsrats unwirksam ist? Soll dem Arbeitnehmer die Berufung auf §§ 11, 12 KSchG versagt bleiben, wenn die Kündigung wegen fehlender Anhörung des Betriebsrats nichtig ist? Die Nichtanwendbarkeit der §§ 11, 12 KSchG führt dazu, dass, besteht der Arbeitgeber nach Rechtskraft des Urteils, das feststellt, dass das Arbeitsverhältnis durch die Kündigung nicht aufgelöst ist, auf der Wiederaufnahme der Arbeit durch den Arbeitnehmer, der Arbeitnehmer, will er keinen Vertragsbruch begehen, die Arbeit wieder aufnehmen muss und seinerseits kündigen muss, um ausscheiden zu können, was wegen des idR fehlenden wichtigen Grundes für ihn nur unter Einhaltung der ordentlichen Kündigungsfrist möglich ist. Die Anrechnungsbestimmungen des § 11 KSchG, die § 12 S. 5 KSchG für entsprechend anwendbar erklärt, findet keine Anwendung.

345 **Über die Nichtanwendbarkeit der §§ 11, 12 KSchG hat sich das BAG** im Falle einer gem. § 103 BetrVG verstoßenden Kündigung, deren Sozialwidrigkeit im Kündigungsschutzprozess nur hilfsweise geltend gemacht worden war und von den Gerichten nicht geprüft worden war, in einem Nachfolgeprozess um Vergütung und Auskunft über den anzurechnenden Zwischenverdienst **hinweggesetzt.** Dem Arbeitnehmer, Betriebsratsmitglied, war fristlos gekündigt worden. Die fristlose Kündigung wurde wegen fehlender Zustimmung des Betriebsrats für unwirksam erklärt (§ 15 Abs. 1 KSchG; § 103 Abs. 1 BetrVG). Die Feststellung wurde am 25.3. rechtskräftig. Der Arbeitnehmer, der eine neue Stelle angetreten hatte, erklärte am 1.4. dem Arbeitgeber, dass er die Fortsetzung des Arbeitsverhältnisses verwei-

gere. Es hat § 12 S. 1, 3 und 4 KSchG auch für den Fall des § 13 Abs. 3 KSchG für anwendbar erklärt (*BAG* 19.7.1978 EzA § 232 BGB Auskunftspflicht Nr. 1). In den Gründen hat es ausdrücklich offen gelassen, wieweit die Wirkung des § 13 Abs. 3 KSchG schlechthin reicht. Es hat lediglich ausgeführt, § 12 S. 4 und 5 KSchG enthielten einen allg. Grundsatz: Wenn der Arbeitnehmer seinen Lohnzahlungsanspruch aus Annahmeverzug des Arbeitgebers und damit den Annahmeverzug selbst auf die Zeit bis zum Antritt eines neuen Arbeitsverhältnisses begrenze, komme auch nur für diese Zeit die Anrechnung anderweitigen Arbeitsverdienstes in Frage. Der Leitsatz II 3 ist deutlicher: Nach Hinweis auf den Inhalt des § 12 S. 1 und 3 KSchG, § 12 S. 4 KSchG heißt es, nur für die Zeit bis zum Eintritt in das neue Arbeitsverhältnis komme eine Anrechnung anderweitigen Arbeitsverdienstes in Betracht, um dann fortzufahren:»Das gilt auch dann, wenn die Kündigung wegen Verstoßes gegen ein Gesetz unwirksam ist, so dass nach § 13 Abs. 3 KSchG der erste Abschnitt des KSchG keine Anwendung findet.« Offenbar ist das BAG davon ausgegangen, dass die Anwendbarkeit der Sätze 1 und 3 des § 12 KSchG auf Fälle des § 13 Abs. 3 KSchG völlig unproblematisch ist. Jedenfalls findet sich im Urteil insoweit keine Begründung. Was die Anwendbarkeit der Sätze 4 und 5 des § 12 KSchG anbelangt, begnügt sich das BAG mit dem Hinweis auf einen in diesen Sätzen enthaltenen allg. Grundsatz und umschreibt diesen. Diese Umschreibung besagt letztlich nichts anders, als dass der Gläubiger den Zeitraum des Annahmeverzuges begrenzt und auch begrenzen kann.

Mit dieser im Ergebnis zutr. (*Koller* DB 1979, 1458), wenn auch nicht hinreichend begründeten Anwendbarkeit des § 12 KSchG auf Fälle des § 13 Abs. 3 KSchG (vgl. die krit. Anm. *Koller* SAE 1979, 135 f.) bleibt nur die Frage, ob § 13 Abs. 3 KSchG den Auflösungsantrag des Arbeitnehmers hindert und den Arbeitnehmer dazu zwingt, sich auf die Sozialwidrigkeit der Kündigung zu berufen, und das Gericht dazu zwingt, dem nachzugehen. 346

Es mag zwar richtig sein, dass der Gesetzgeber bei der ordentlichen, außerordentlichen und sittenwidrigen Kündigung wegen der Vorgänge um eine derartige Kündigung von der Möglichkeit der Vergiftung der Atmosphäre zwischen Arbeitnehmer und Arbeitgeber ausgegangen ist und deswegen die Möglichkeit des Auflösungsantrages für den Arbeitnehmer in allen drei Fällen, für den Arbeitgeber nur bei sozialwidriger Kündigung geschaffen hat. Kündigungen, die gegen gesetzliche Verbote verstoßen, an Formfehlern leiden, vertragliche Kündigungsbeschränkungen missachten, mag er unter diesem Gesichtspunkt als neutral angesehen haben. Daher hilft auch ein Erst-Recht-Argument nicht weiter: Wenn schon Auflösungsantrag bei den drei genannten Kündigungen möglich ist, dann erst recht auch bei aus anderen Gründen rechtsunwirksamen Kündigungen. Deswegen ist auch der Satz nicht richtig, eine aus anderen Rechtsunwirksamkeitsgründen oder wegen sonstiger, nicht von § 13 Abs. 3 KSchG nF erfasster Mängel unwirksame Kündigung sei stets auch sozialwidrig. Auf der anderen Seite ist nicht einzusehen, warum das Gericht die Sozialwidrigkeit einer Kündigung prüfen soll, wenn ein sonstiger Mangel unschwer vorliegt. 347

Die Entscheidung des *BAG* vom 14.10.1954 (AP Nr. 6 zu § 3 KSchG 1951) weist in diese Richtung. Dort ist für einen Fall, in dem der **Arbeitgeber einen Auflösungsantrag** gestellt hatte, ausgeführt [zu 1 der Gründe]: Die Zielsetzung der Kündigungsschutzklage setze voraus, dass in dem mit ihr eingeleiteten Verfahren zunächst geprüft werden müsse, inwieweit die Kündigung überhaupt zulässig gewesen sei. Es ist zB zu prüfen, ob die ordentliche Kündigung nicht durch Einzelvertrag oder Tarifvertrag auf bestimmte Gründe beschränkt oder gänzlich ausgeschlossen sei, so dass nur noch die außerordentliche Kündigung in Frage komme. »Eine andere Auffassung wäre verfahrensunwirtschaftlich.« Die Bestimmungen des § 11 Abs. 3 und 4 KSchG (jetzt § 13 Abs. 2 und 3 KSchG) verlangten nicht, dass in diesen Fällen die Prüfung der Rechtsunwirksamkeit stets außerhalb eines Kündigungsschutzverfahrens vorgenommen werden müsse. 348

Das BAG stellt damit entscheidend auf die Verfahrensökonomie ab. Das entspricht auch der Interessenlage: Der **Arbeitnehmer,** der einen **Auflösungsantrag** stellt, gibt zu erkennen, dass er den Arbeitsplatzschutz am Ende nicht will, sondern von einer gesetzlichen Möglichkeit Gebrauch machen will, das Arbeitsverhältnis unter Wahrung seines Rechtsstandpunktes gegen finanzielle Entschädigung zu verlassen. Dann kann er nicht gezwungen werden, obwohl die Unwirksamkeit der Kündigung aus anderen Gründen bereits feststeht, sich auf einen möglicherweise langwierigen Prozess um die Sozialwidrigkeit einzulassen. 349

Maßgeblich ist der **Auflösungsantrag des Arbeitnehmers:** Dieser **Antrag** ist **auf** seine **Begründetheit** hin zu **überprüfen.** Der Arbeitnehmer hat die Tatsachen vorzutragen, die die Unzumutbarkeit der Fortsetzung des Arbeitsverhältnisses ausmachen sollen (vgl. dazu iE KR-*Spilger* § 9 KSchG). Das können 350 zwar auch Tatsachen sein, die mit dem Kündigungsvorgang im Zusammenhang stehen, so dass möglicherweise doch Elemente eines Kündigungsschutzstreits aufgerollt werden. Dies geschieht aber nur unter dem Gesichtspunkt der Unzumutbarkeit der Fortsetzung des Arbeitsverhältnisses. In aller Regel ergibt sich aber die Unzumutbarkeit der Weiterbeschäftigung aus nach der Kündigung liegenden Tatsachen, wie etwa das unsachliche Führen des Prozesses durch den Arbeitgeber oder eine ablehnende Haltung der Belegschaft gegenüber dem gekündigten Arbeitnehmer. An Unzumutbarkeitsgründen wird es allerdings häufig fehlen, wenn die Kündigung nur wegen eines Formverstoßes nichtig ist.

351 § 13 Abs. 3 KSchG ist dementsprechend **restriktiv auszulegen** dahin, dass er nur dafür steht, **dass andere Rechtsunwirksamkeitsgründe der Kündigung, die außerhalb des KSchG liegen, zwar an sich innerhalb der Dreiwochenfrist geltend gemacht werden müssen, es aber dem Arbeitnehmer überlassen bleibt, ob er das tut und ob er sich außerdem auf die Sozialwidrigkeit beruft.** § 13 Abs. 2 und § 13 Abs. 1 S. 2 KSchG ist der allgemeine Rechtsgedanke zu entnehmen, dass bei bestehendem Kündigungsschutz und bei Einhaltung der Dreiwochenfrist des § 4 S. 1 KSchG für die Klage der Arbeitnehmer einen Auflösungsantrag nach § 9 S. 1 KSchG stellen kann. Entgegen der hM kann daher der Arbeitnehmer, der die Unwirksamkeit der Kündigung nur darauf stützt, dass ein anderer Rechtsunwirksamkeitsgrund iSd § 13 Abs. 3 KSchG vorliegt, einen Auflösungsantrag nach § 9 KSchG stellen, dem stattzugeben ist, wenn die Voraussetzungen des § 9 S. 1 KSchG gegeben sind, der Arbeitnehmer Kündigungsschutz iSd KSchG hat und die Klagefrist des § 4 S. 1 KSchG eingehalten ist (im Ergebnis ebenso *Koller* DB 1979, 1458, der § 9 Abs. 1 S. 1 KSchG entsprechend heranzieht, allerdings unter der Voraussetzung, dass die Kündigung wegen Verstoßes gegen eine Norm unwirksam ist, die gerade im Interesse des Arbeitnehmers den Bestand von Arbeitsverhältnissen sichern soll, und dass entsprechend § 13 Abs. 2 KSchG die Klagefrist von drei Wochen eingehalten ist; vgl. *Ostermeyer* RdA 1952, 143; *Gamillscheg* S. 514 f.; *ders.* ZfA 1977, 292; abl. *v. Hoyningen-Huene/Linck* § 13 Rz. 93 f. mwN; *Gröninger* FS für Herschel, 1982, S. 166; *Hertzfeld* NZA 2004, 298, 300 f.).

352 Die Praxis wird sich aber auf die hM einzustellen haben. Der Arbeitnehmer wird also sich zugleich auf die Sozialwidrigkeit der Kündigung berufen, sei es innerhalb der Dreiwochenfrist, sei es im Rahmen des § 6 KSchG, auch wenn er in erster Linie sonstige Kündigungsmängel geltend machen will. Nur so hält er sich die Stellung eines Erfolg versprechenden Auflösungsantrages offen.

6. Annahmeverzug

352a Der Arbeitgeber, dessen Kündigung aus anderen Gründen (§ 13 Abs. 3 KSchG) rechtsunwirksam ist, gerät in Annahmeverzug, es sei denn, ihm ist die weitere Beschäftigung des Arbeitnehmers nicht zumutbar (*BAG* 29.10.1987, EzA § 615 BGB Nr. 54).

IV. Wirkung der Rechtskraft eines Feststellungsurteils iSd § 13 Abs. 3 KSchG iVm § 4 KSchG

353 Über die Wirkung der Rechtskraft eines im Kündigungsstreitverfahren ergangenen Urteils iSd § 13 Abs. 3 KSchG iVm § 4 KSchG vgl. KR-*Friedrich* § 4 KSchG Rz. 250 ff.

V. Umdeutung einer iSd § 13 Abs. 3 KSchG unwirksamen Kündigungserklärung in Auflösungsvertragsangebot

354 Zu beachten ist, dass eine iSd § 13 Abs. 3 KSchG unwirksame wenngleich schriftliche Kündigungserklärung, insbes. eine gegen zwingende Schutznormen verstoßende Kündigungserklärung nicht mehr als Angebot des Arbeitgebers, das Arbeitsverhältnis einvernehmlich aufzulösen, angesehen werden kann (§ 140 BGB), das durch Annahme zur Beendigung des Arbeitsverhältnisses führen kann, weil auch ein solches Angebot gem. § 623 BGB der Schriftform bedarf (ErfK-*Müller-Glöge* § 623 BGB Rz 25).

§ 14 Angestellte in leitender Stellung
(1) Die Vorschriften dieses Abschnitts gelten nicht
1. in Betrieben einer juristischen Person für die Mitglieder des Organs, das zur gesetzlichen Vertretung der juristischen Person berufen ist,
2. in Betrieben einer Personengesamtheit für die durch Gesetz, Satzung oder Gesellschaftsvertrag zur Vertretung der Personengesamtheit berufenen Personen.

(2) ¹Auf Geschäftsführer, Betriebsleiter und ähnliche leitende Angestellte, soweit diese zur selbständigen Einstellung oder Entlassung von Arbeitnehmern berechtigt sind, finden die Vorschriften dieses Abschnitts mit Ausnahme des § 3 Anwendung. ²§ 9 Abs. 1 Satz 2 findet mit der Maßgabe Anwendung, daß der Antrag des Arbeitgebers auf Auflösung des Arbeitsverhältnisses keiner Begründung bedarf.

Literatur

– bis 2004 vgl. KR-Vorauflage –
Bayreuther Die Durchsetzbarkeit des konzernweiten Kündigungsschutzes, NZA 2006, 819; *Bengelsdorff* Die Personalkompetenz der Geschäftsführer und Betriebsleiter in § 14 Abs. 2 KSchG, FS 50 Jahre Bundesarbeitsgericht, 2004, S. 331; *Diringer* Kündigung leitender Angestellter, AUA 2006, 19; *Fischer* Die formularmäßige Abbedingung des Beschäftigungsanspruchs des Arbeitnehmers während der Kündigungsfrist, NZA 2004, 233; *Horstmeier* Können angestellte Leitungsorgane von Gesellschaften ohne vorherige Abmahnung außerordentlich gekündigt werden?, GmbHR 2006, 400; *Hromadka* Kündigungsschutz für leitende Angestellte – Geltendes Recht und rechtspolitische Überlegungen, FS 50 Jahre Bundesarbeitsgericht, 2004, S. 395; *Reiserer* Kündigung des Dienstvertrages des GmbH-Geschäftsführers, DB 2006, 1786; *Rost* Aktuelle Streitfragen des Kündigungsschutzes von »Angestellten in leitender Stellung« nach § 14 KSchG, FS Wißmann, 2005, S. 61; *Stück* GmbH-Geschäftsführer im Spannungsfeld, AuA 2006, 72; *Zimmer/Rupp* Kein Kündigungsschutz für bei der GmbH & Co KG angestellte Geschäftsführer, GmbHR 2006, 572.

Inhaltsübersicht

	Rz		Rz
A. Entstehungsgeschichte	1, 2	2. Modifizierung des § 9 Abs. 1 S. 2 KSchG	37–41
B. Sinn und Zweck der Regelung	3–5a	III. Besonderheiten bei der Anwendung des Allgemeinen Kündigungsschutzes (§§ 1–13 KSchG)	42–48b
C. Ausgenommene Personengruppen (§ 14 Abs. 1 KSchG)	6–22		
I. Gesetzliche Vertreter von juristischen Personen	6–15	1. Personenbedingte Gründe	43, 44
		2. Verhaltensbedingte Gründe	45, 46
II. Organschaftliche Vertreter von Personengesamtheiten	16–22	3. Betriebsbedingte Gründe	47–48a
D. Leitende Angestellte (§ 14 Abs. 2 KSchG)	23–65	4. Änderungskündigung	48b
		IV. Bürgerlich-rechtliche Unwirksamkeitsgründe	49, 50
I. Begriff	23–33		
1. Gesetzestechnik	24, 25	V. Massenkündigungsschutz (§ 17 Abs. 3 Nr. 3 KSchG)	51
2. Merkmale des Oberbegriffs des leitenden Angestellten	26	VI. Kollektiver Kündigungsschutz	52–55
3. Begriff des »Geschäftsführers« und des »Betriebsleiters«	27	VII. Besonderer Kündigungsschutz	56–60a
		1. Sonderkündigungsschutz nach § 15 KSchG	56–58
4. Begriff des »ähnlichen leitenden Angestellten«	28–32	2. Schwerbehinderten-Kündigungsschutz	59
5. Kapitäne und die übrigen leitenden Angestellten der Besatzungen von Seeschiffen, Binnenschiffen und Luftfahrzeugen (§ 24 Abs. 5 KSchG)	33	3. Mutterschutzrechtlicher Kündigungsschutz	60
		4. Sonderkündigungsschutz nach § 18 BErzGG	60a
		VIII. Kündigungsfristen	61, 62a
II. Gesetzliche Sonderregelungen	34–41	IX. Befristung	63
1. Ausschluß des § 3 KSchG	35, 36	X. Rechtsweg	64, 65

A. Entstehungsgeschichte

Die sog. leitenden Angestellten waren aus dem Geltungsbereich des BRG 1920 herausgenommen (§ 12 Abs. 2 BRG), während das AOG keine Sondervorschrift für diesen Personenkreis enthielt (zur Entstehungsgeschichte dieser Vorschrift vgl. *Hromadka* Das Recht der leitenden Angestellten, 1979, S. 151 ff.). Die Bestimmung des § 12 KSchG 1951 (vgl. RdA 1951, 60) übernahm die Regelung des § 12 Abs. 2 BRG. Danach waren die gesetzlichen Vertreter juristischer Personen, die Vertreter von Personengesamtheiten sowie die leitenden Angestellten von dem Geltungsbereich des Ersten Abschnitts des KSchG ausgenommen (vgl. hierzu die Kritik von *Trinkhaus* DB 1968, 1756 ff. sowie *Herschel* DB 1961, 66 ff.).

1

2 Durch das **Erste Arbeitsrechtsbereinigungsgesetz** vom 14.8.1969 (BGBl. I S. 1106) wurde die Vorschrift insofern geändert, als nunmehr lediglich die ersten beiden der in § 14 Abs. 1 Nr. 1 und Nr. 2 KSchG genannten Personengruppen aus dem Geltungsbereich des Ersten Abschnitts des KSchG ausgenommen werden (vgl. BT-Drs. V/3913 zu Art. 1 Nr. 9). Die durch die Neufassung des § 14 Abs. 2 KSchG (früher § 12 Buchst. c KSchG 1951) erfolgte Einbeziehung der sog. leitenden Angestellten in den allgemeinen Kündigungsschutz ist jedoch nicht uneingeschränkt erfolgt. Die dem Arbeitnehmer nach § 3 KSchG zustehende Befugnis, binnen einer Woche nach Zugang der Kündigung beim Betriebsrat Einspruch einzulegen, gilt für diesen Personenkreis nicht (s.u. Rz 25). Eine weitere Abweichung gegenüber den Bestimmungen des Ersten Abschnitts besteht darin, dass die dem Arbeitgeber nach § 9 Abs. 1 S. 2 KSchG zustehende Befugnis, die gerichtliche Auflösung des Arbeitsverhältnisses zu beantragen, erleichtert wird. Während dem Arbeitgeber nach § 9 Abs. 1 S. 2 KSchG die volle Darlegungs- und Beweislast für die Auflösungstatsachen obliegt (vgl. KR-*Rost* § 9 KSchG Rz 4, 5, 60, 61), bedarf der Auflösungsantrag des Arbeitgebers nach § 14 Abs. 2 S. 2 KSchG keiner Gründe (s.a. Rz 41; zur geschichtlichen Entwicklung des Kündigungsschutzes für leitende Angestellte vgl. *Hromadka* FS 50 Jahre BAG S. 396 f.; *Rumler* S. 5. ff.; *Schipp* S. 49 ff.).

2a Die vielfältigen Reformen des KSchG seit 1969 – zuletzt zum 1.1.2004 – haben § 14 KSchG unberührt gelassen. Immerhin bleibt zu konstatieren, dass § 14 KSchG, der zunächst eher eine Schattenexistenz führte, seit einiger Zeit in Literatur und Rechtsprechung **verstärkte Beachtung findet** (vgl. zuletzt *Hromadka* FS 50 Jahre BAG, S. 395; *Bengelsdorff* ebenda S. 331; *BAG* 10.10.2002 EzA § 1 KSchG Betriebsbedingte Kündigung Nr. 122). Dies ist ein Indiz für sich wandelnde wirtschaftliche Entwicklungen, die offenbar auch den Bereich der leitenden Angestellten nicht unberührt lassen (*Hromadka* aaO S. 395). Die früher weitgehend einvernehmliche Abwicklung in Not geratener Dienstverhältnisse leitender Angestellter wird immer häufiger vor den Gerichten ausgetragen. Außerdem beinhaltet § 14 KSchG mit dem begründungsfreien Auflösungsantrag des Arbeitgebers ein Modell, das in der Diskussion um eine generelle Änderung des Arbeitnehmerkündigungsschutzes eine erhebliche Rolle spielt. Sie hat einen vorläufigen Niederschlag in § 1a KSchG gefunden, der allerdings allgemein als verunglückt angesehen wird (vgl. nur KR-*Spilger* § 1a KSchG Rz 11 ff. mit ausf. Nachw. zum Diskussionsstand).

B. Sinn und Zweck der Regelung

3 Die Gesetzesüberschrift »Angestellte in leitender Stellung« ist insofern zu eng, als die in § 14 Abs. 1 Nr. 1 und Nr. 2 KSchG erwähnten Personengruppen idR nicht in einem persönlichen Abhängigkeitsverhältnis zum Arbeitgeber stehen und daher keine Arbeitnehmer sind. Die Bestimmung hat insofern nur **klarstellende Bedeutung** (*BAG* 17.1.2002 EzA § 14 KSchG Nr. 7 = AP Nr. 8 zu § 14 KSchG 1969 m. Anm. *Reiserer*; v. *Hoyningen-Huene/Linck* Rz 2; KDZ-*Kittner* Rz 1; *Löwisch/Spinner* Rz 1). Anknüpfungspunkt für die iS einer **negativen Fiktion** (*BAG* 17.1.2002 EzA § 14 KSchG Nr. 7) ausgestaltete Vorschrift des § 14 Abs. 1 KSchG ist die **organschaftliche Stellung** des dort erwähnten Personenkreises. Da mit diesen organschaftlichen Funktionen idR Vergütungen verknüpft sind, die weit über den üblichen Arbeitnehmereinkommen liegen, ist es sachgerecht, diesen Personenkreis – unabhängig von dem der organschaftlichen Stellung zugrunde liegenden Rechtsverhältnis – vom allgemeinen Kündigungsschutz auszunehmen. Das Gesetz stellt nur auf die organschaftliche Stellung ab, wenn es Organmitglieder juristischer Personen und Vertreter von Personengesamtheiten aus dem Anwendungsbereich des allgemeinen Kündigungsschutzes ausklammert. Aus dieser gesetzestechnischen Ausgestaltung folgt, dass die Herausnahme des in § 14 Abs. 1 KSchG genannten Personenkreises aus dem allgemeinen Kündigungsschutz ohne Rücksicht darauf zu erfolgen hat, ob das der organschaftlichen Stellung zugrunde liegende Vertragsverhältnis als unentgeltlicher Auftrag (§§ 662 ff. BGB), als Dienstvertrag (§§ 611, 675 BGB) oder als Arbeitsverhältnis zu qualifizieren ist (*BAG* 9.5.1985 EzA § 5 ArbGG 1979 Nr. 3; *BAG* 27.6.1985 DB 1986, 2132; *Löwisch* aaO; abw. *Groß* S. 342, der den Kündigungsschutz auf weisungsgebundene GmbH-Geschäftsführer erstrecken will; vgl. allg. zur Kündigung des Dienstverhältnisses eines GmbH-Geschäftsführers jetzt auch *Reiserer* DB 2006, 1786; *Stück* AuA 2006, 672).

4 Die **gesetzliche Differenzierung** zwischen Organvertretern von juristischen Personen sowie Vertretern von Personengesamtheiten (§ 14 Abs. 1 Nr. 1 und Nr. 2 KSchG) und Geschäftsführern, Betriebsleitern und ähnlichen leitenden Angestellten (§ 14 Abs. 2 KSchG) beruht auf der Vorstellung des Gesetzgebers, dass die zuerst genannte Personengruppe nicht sozial schutzbedürftig ist. Diese Interessenwertung verkennt, dass es sich bei den in § 14 Abs. 1 Nr. 1 und Nr. 2 KSchG erwähnten Vertretern von juristischen Personen und Personengesamtheiten keineswegs um einen homogenen Personenkreis handelt (vgl. schon *Herschel* RdA 1962, 59; *Hueck* ZfA 1985, 25; *Reiserer* S. 19; s. zum Ganzen auch *Diller* S. 43 ff.; S. 129 ff.; *Kamanabrou* DB 2002, 146). Eine soziale Schutzbedürftigkeit besteht idR für solche Organvertreter, die entweder nicht oder nur geringfügig am Unternehmenskapitel beteiligt sind. Bei einer wesentlichen oder gar überwiegenden Kapitalbeteiligung entfällt dagegen die soziale Schutzbedürftigkeit, da es sich insoweit um »angestellte Mitunternehmer« handelt. In **rechtspolitischer Hinsicht** sollte erwogen werden, denjenigen Vertretern von juristischen Personen und Personengesamtheiten jedenfalls einen Abfindungsschutz zu gewähren, die entweder überhaupt nicht oder nur geringfügig am Unternehmenskapital beteiligt sind (*Rost* FS Wißmann S. 62).

Die **partielle Einbeziehung** der in § 14 Abs. 2 KSchG genannten **leitenden Angestellten** in den allgemeinen Kündigungsschutz bedeutet für diesen Personenkreis zwar keinen wirksamen Bestandsschutz. Dem auch vom Gesetzgeber anerkannten sozialen Schutzinteresse dieses Personenkreises (vgl. BT-Drs. V/3913 zu Art. 1 Nr. 9) wird aber dadurch Rechnung getragen, dass eine auf Antrag des Arbeitgebers beantragte Auflösung des Arbeitsverhältnisses nur gegen Zahlung einer angemessenen Abfindung erfolgen darf. Die Verlagerung des allgemeinen Kündigungsschutzes auf die Abfindungsebene erfolgt gesetzestechnisch in der Weise, dass der Arbeitgeber in den Fällen einer – nach h.L. allerdings nur (s. Rz 38b) - sozialwidrigen Kündigung stets die Auflösung des Arbeitsverhältnisses durchsetzen kann, ohne hierfür eine Begründung geben zu müssen (§ 14 Abs. 2 S. 2 KSchG). Ausschlaggebend für diese Regelung war für den Gesetzgeber die Erwägung (vgl. BT-Drs. V/3913 zu Art. 1 Nr. 9), dass der Arbeitgeber wegen der besonderen Vertrauensstellung der leitenden Angestellten idR ein verstärktes Interesse an einer Auflösung des Arbeitsverhältnisses habe (zur Kritik an diesem Merkmal vgl. *Martens* Das Arbeitsrecht der leitenden Angestellten, 1982, S. 195 f.). Diese Annahme trifft nur auf solche Fälle zu, in denen einem leitenden Angestellten wegen Fortfalls der Vertrauensgrundlage gekündigt wird (vgl. auch *Löwisch/Spinner* Rz 2 wonach leitende Stellungen stets Vertrauenspositionen sind; APS-*Biebl* Rz 4; HK-*Dorndorf* Rz 31; KPK-*Bengelsdorf* Teil H § 14 Rz 2; s.a. Rz 37). Liegen die Kündigungsgründe dagegen nicht im Vertrauensbereich (zB Kündigung aus Rationalisierungsgründen, Krankheit), so besteht an sich kein Anlass, dem Arbeitgeber eine leichtere Lösungsmöglichkeit einzuräumen (vgl. schon *Herschel* DB 1961, 67; s.a. *Hromadka* FS 50 Jahre BAG, S. 400: Vorschlag eines gespaltenen Kündigungsschutzes; ders. ZfA 2002, 397 ff.; zum Ganzen *Rost* FS Wißmann, S. 62 f.). Wie wenig tragfähig im Übrigen der Vertrauensgesichtspunkt ist, ergibt sich daraus, dass in der Praxis des Arbeitslebens zahlreiche Arbeitnehmer (zB Buchhalter, Kassierer, Kontrolleure, Prüfer) Vertrauensstellungen innehaben, ohne dass sie zum Kreis der in § 14 Abs. 2 KSchG genannten leitenden Angestellten gehören. Ein besonders enges Vertrauensverhältnis gehört auch nicht zu den konstitutiven Merkmalen eines leitenden Angestellten iSd § 5 Abs. 3 BetrVG (BAG 29.1.1980 EzA § 5 BetrVG 1972 Nr. 35). Das entsprechende Tatbestandsmerkmal in § 4 Abs. 2 Buchst. c BetrVG 1952 ist durch § 5 Abs. 3 BetrVG aufgegeben worden (vgl. hierzu BT-Drs. VI/1806 S. 36).

C. Ausgenommene Personengruppen (§ 14 Abs. 1 KSchG)

I. Gesetzliche Vertreter von juristischen Personen

Der allgemeine Kündigungsschutz gilt nach § 14 Abs. 1 Nr. 1 KSchG nicht für **gesetzliche Vertreter** von **juristischen Personen.** Maßgeblich für den Ausschluss dieser Personengruppe aus dem kündigungsrechtlichen Bestands- und Abfindungsschutz ist deren organschaftliche Stellung, die sie zum Repräsentanten der von ihnen vertretenen juristischen Personen macht. Die Ausnahmeregelung bezieht sich nach bisheriger Rspr. nur auf **unmittelbare Organvertreter** (vgl. BAG 15.4.1982 AP Nr. 1 zu § 14 KSchG 1969; s. jetzt aber BAG 20.8.2003 EzA § 5 ArbGG Nr. 38; s. iE Rz 10a und 10b). Wegen der Ausgestaltung der Bestimmung iS einer negativen gesetzlichen Fiktion fallen organschaftliche Vertreter einer juristischen Person selbst dann unter die Ausnahmeregelung, wenn ihr Rechtsverhältnis zur juristischen Person ausnahmsweise nicht als Dienstverhältnis, sondern als Arbeitsverhältnis zu qualifizieren ist (für eine teleologische Reduktion bei »unzweifelhafter Arbeitnehmereigenschaft« aber *Groß* S. 341 ff., S. 367 ff.; dagegen zu Recht *Henssler* RdA 1992, 293). In der Regel wird es aber bei dem betreffenden Personenkreis an der für das Arbeitsverhältnis charakteristischen persönlichen Abhängigkeit fehlen, so dass der Bestimmung des § 14 Abs. 1 Nr. 1 KSchG im Normalfall nur eine klarstellende Funktion zukommt (*Löwisch/Spinner* Rz 1). Dies gilt ebenso für die in § 14 Abs. 1 Nr. 2 KSchG genannten Vertreter von Personengesamtheiten (*v. Hoyningen-Huene/Linck* Rz 11). Die negative Fiktion des § 14 Abs. 1 KSchG greift nach der Ansicht des BAG (9.5.1985 EzA § 5 ArbGG 1979 Nr. 3; 27.6.1985 DB 1986, 2132) nicht ein, wenn **zwei Vertragsverhältnisse** zwischen dem Organvertreter und der juristischen Person bzw. Personengesamtheit bestehen, von denen eines als Arbeitsverhältnis zu qualifizieren ist. Für das Arbeitsverhältnis besteht bei einer derartigen Konstellation Kündigungsschutz. Die **gegenständliche**

Beschränkung der gesetzlichen Vertretungsmacht steht der Anwendung des § 14 Abs. 1 Nr. 1 KSchG nicht entgegen. Das Gesetz stellt nur auf die Organstellung und die gesetzliche Vertretungsmacht, nicht auf deren Umfang ab (*BAG* 17.1.2002 EzA § 14 KSchG Nr. 7 = AP Nr. 8 zu § 14 KSchG 1969 m. Anm. *Reiserer* – für Werkleiter des Eigenbetriebes einer bayerischen Gemeinde, der die Gemeinde kraft Gesetzes nur in den laufenden Geschäften vertritt). Entsprechend wird auch der besondere Vertreter eines rechtsfähigen Vereins nach § 30 BGB als Organ angesehen (s.u. Rz 12). Das BAG (aaO) hat offen gelassen, ob auch die Übertragung von lediglich ganz unwesentlichen Teilaufgaben ausreicht, was zu verneinen sein dürfte.

6a **Fällt** die **organschaftliche Stellung** weg (zB durch Abberufung oder Zeitablauf), so findet der allgemeine Kündigungsschutz nur dann Anwendung, wenn die Rechtsbeziehung zur juristischen Person als Arbeitsverhältnis zu werten ist. Dies gilt selbst dann, wenn die Kündigung auf Vorgänge während der Zeit der organschaftlichen Vertretung gestützt wird (*BAG* 22.2.1974 EzA § 2 ArbGG Nr. 3; 5.5.1977 EzA § 626 BGB nF Nr. 57; KDZ-*Kittner* Rz 7). Maßgeblicher Zeitpunkt für das Bestehen einer organschaftlichen Stellung ist der Zugang der Kündigung. Unanwendbar ist § 14 Abs. 1 Nr. 1 KSchG daher zB dann, wenn nach Beendigung der organschaftlichen Funktion konkludent oder ausdrücklich ein Arbeitsverhältnis begründet und anschließend gekündigt wird (s. dazu jetzt auch *BAG* 24.11.2005 EzA § 1 KSchG Nr. 59 = DB 2006, 728). Die negative Fiktion des § 14 Abs. 1 KSchG gelangt auch dann nicht zur Anwendung, wenn in **Arbeitnehmer unter Beibehaltung seiner seitherigen Vertragsbedingungen zum Organvertreter** bestellt und nach seiner Abberufung entlassen wird. In den Fällen der zuletzt genannten Art war nach früherer Ansicht des *BAG* (9.5.1985 EzA § 5 ArbGG 1979 Nr. 3; vgl. auch *BAG* 18.1.1989 RzK I 4b Nr. 4; 2.3.1989 RzK I 4b Nr. 5) im Zweifel anzunehmen, dass das bisherige Arbeitsverhältnis suspendiert und nicht beendet ist. Schon in seiner Entscheidung vom 7.10.1993 (EzA § 5 ArbGG 1979 Nr. 9) hatte das *BAG* jedenfalls für den Fall, dass ein für eine spätere Anstellung als GmbH-Geschäftsführer vorgesehener Arbeitnehmer zunächst in einem Arbeitsverhältnis beschäftigt wird, die umgekehrte Vermutung aufgestellt, im Zweifel sei anzunehmen, dass das ursprüngliche Arbeitsverhältnis mit Abschluss des Geschäftsführervertrages beendet sei. Es hatte noch offen gelassen, ob nicht in Abweichung von der früheren Rspr. (insbes. Urt. v. 9.5.1985 EzA § 5 ArbGG 1979 Nr. 3) generell eher eine Vermutung dafür spricht, dass die Parteien im Zweifel den Arbeitsvertrag aufheben wollten, dabei aber zu erkennen gegeben haben, dass im **Normalfall wohl von einer solchen automatischen Vertragsumwandlung** auszugehen sei. In der Entscheidung v. 28.9.1995 (EzA § 5 ArbGG 1979 Nr. 12) hatte das *BAG* angenommen, dass im Zweifel das bisherige Arbeitsverhältnis aufgehoben wird, wenn der Arbeitnehmer eines Vereins zum Vorstandsmitglied bestellt und im Hinblick darauf ein Dienstvertrag mit höheren Bezügen abgeschlossen wird (in diesem Sinne auch *BAG* 18.12.1996 EzA § 2 ArbGG 1979 Nr. 35; vgl. aber auch *BAG* 20.10.1995 EzA § 5 ArbGG 1979 Nr. 13 – keine Aufhebung des Arbeitsverhältnisses mit der Obergesellschaft bei Bestellung eines Arbeitnehmers zum Geschäftsführer einer konzernabhängigen Gesellschaft). Diese Linie hat das *BAG* in der Entscheidung vom 8.6.2000 (EzA § 5 ArbGG 1979 Nr. 35 = AP § 5 ArbGG 1979 Nr. 49 m. Anm. *Neu*) unter ausdrücklicher teilweiser Korrektur des Urt. v. 8.6.1985 (aaO) fortgeführt (s. jetzt auch *BAG* 24.11.2005 EzA § 1 KSchG Nr. 59 = DB 2006, 728). Danach wird **im Zweifel mit Abschluss des Geschäftsführerdienstvertrages das bisherige Arbeitsverhältnis aufgehoben**, wenn ein in leitender Position beschäftigter Arbeitnehmer zum Geschäftsführer einer neu gegründeten GmbH bestellt wird, die wesentliche Teilaufgaben des Betriebes seines bisherigen Arbeitgebers übernimmt; auch bei einer nur geringen Anhebung der Geschäftsführerbezüge gegenüber dem früheren Gehalt spricht dann mangels weiterer Anhaltspunkte eine Vermutung dafür, dass nach dem Willen der Parteien nicht neben dem Geschäftsführerdienstvertrag mit der neuen GmbH noch ein Arbeitsverhältnis mit dem bisherigen Arbeitgeber ruhend fortbestehen soll.

6b Der von der Rechtsprechung inzwischen weitgehend vollzogenen Wende zur **Annahme einer konkludenten Aufhebungsvereinbarung ist** hinsichtlich der Auslegung der Parteierklärungen an sich zuzustimmen (s. dazu auch ErfK-*Ascheid* Rz 5; *Hueck/von Hoyningen-Huene* Rz 7a; HK-*Dorndorf* Rz 8; *Kaiser* AR-Blattei S D 70.2 Rz 68, 69; *Bauer* BB 1994, 857; *Bauer/Baeck/Lösler* ZIP 2003, 1821; *Boemke* ZfA 1998, 234; *Hümmerich* NJW 1995, 1177; *Jaeger* NZA 1998, 964; *Kauffmann-Lauven* NJW 2000, 799; *Kamanabrou* DB 2002, 148; *Kitzinger* S. 47; *Knott/Schröter* GmbHR 1996, 238; *Reiserer* DB 1994, 1825; *dies.* aaO, 82, 83; vgl. auch *Henssler* RdA 1992, 298; *Grunsky* ZIP 1988, 78). **Durchgreifende Bedenken** gegen die Wirksamkeit einer konkludenten Aufhebungsvereinbarung ergeben sich jedoch **nunmehr aus § 623 BGB.** Danach bedarf die Beendigung von Arbeitsverhältnissen durch Auflösungsvertrag der **Schriftform.** Eine lediglich konkludente Aufhebung scheidet demzufolge grds. aus (ErfK-*Müller-Glöge* § 623 BGB Rz 9; *Bauer* GmbHR 2000, 767; *Boemke* Jus 2001, 201; *Naegele* BB 2001, 308; *Oetker* EWiR 2000,

246; allg. *Müller-Glöge/von Senden* AuA 2000, 200; *Preis/Gotthardt* NZA 2000, 355; *Reiserer* DB 2006, 1787; einschränkend *Baeck/Hopfner* DB 2000, 1914; *Bauer/Baeck/Lösler* ZIP 2003, 1821; *Kamanabrou* DB 2002, 150; *Niebler/Schmiedl* NZA-RR 2001, 281; offen gelassen *BAG* 24.11.2005 EzA § 1 KSchG Nr. 59; allg. zu Rechtsfolgen des Formverstoßes *Caspers* RdA 2001, 28; s. zum Ganzen auch KR-*Spilger* § 623 BGB Rz 146 ff.). Soll das bisherige Arbeitsverhältnis also anlässlich der Bestellung zum Organvertreter aufgehoben werden, bedarf es einer entsprechenden schriftlichen Vereinbarung (zu Formulierungsvorschlägen s. *Bauer* aaO; *Naegele* aaO; *Stück* AuA 2006, 77).

Das **Schriftformgebot schließt die Annahme einer konkludenten Erklärung dennoch nicht gänzlich aus**. Grundsätzlich sind in einem ersten Schritt bei formbedürftigen Erklärungen zunächst die Umstände außerhalb der Urkunde für die Auslegung zu berücksichtigen. Ist der wirkliche rechtsgeschäftliche Wille – also hier die Aufhebung des Arbeitsvertrages – ermittelt, ist in einem zweiten Schritt zu prüfen, ob die so festgestellte Willenserklärung der erforderlichen Form genügt. Dabei verlangt die in st. Rspr. vertretene **Andeutungstheorie**, dass der aus den Umständen außerhalb der Urkunde ermittelte Wille in der Urkunde selbst einen, wenn auch unvollkommenen Ausdruck gefunden hat (*Palandt/Heinrichs* § 133 Rz 19). Welche in der Urkunde enthaltenen Regelungen diesen Andeutungserfordernissen hier genügen können, ist allerdings schwer zu bestimmen. Einschlägige Rechtsprechung fehlt bisher. Am ehesten zu denken ist wohl an schriftlich fixierte Regelungen, die eine endgültige Abwicklung des bisherigen Arbeitsverhältnisses betreffen (Schicksal noch offener Ansprüche, Zeugnisse) oder/und – da ja auch das mit einem Ruhen verbundene Wiederaufleben ausgeschlossen sein muss – Regelungen für die Zeit nach Beendigung des neu abgeschlossenen Dienstvertrages, die hinreichend deutlich machen, dass eine solche Wiederaufnahme nicht in Betracht gezogen wurde (KR-*Spilger* § 623 BGB Rz 239). Von solchen Regelungen ist der Schritt zur Aufnahme einer eindeutigen schriftlichen Aussage über das Schicksal des Arbeitsverhältnisses aber nicht mehr weit. Zur Vermeidung späterer Streitigkeiten kann ohnehin nur mit **Nachdruck empfohlen** werden, eine **ausdrückliche schriftliche Regelung** über eine beabsichtigte endgültige Aufhebung des bisherigen Arbeitsverhältnisses zu treffen (so zu Recht auch *Bauer* aaO III Rz 76; *Bauer/Baeck/Lösler* ZIP 2003, 1821; *Naegele* BB 2001, 308; *Stück* AuA 2006, 77). Damit ist nicht nur die Schriftform gesichert, sondern vor allem auch in der ersten Stufe – nämlich der Ermittlung des wirklichen Parteiwillens – für die Vertragspartner Klarheit geschaffen. Der Jahrzehnte lange Streit über das ruhende oder beendete Arbeitsverhältnis zeigt, wie notwendig eine solche Klarstellung in der Sache ist.

6c

Geht man davon aus, dass es sich bei dem Anstellungsvertrag eines Organvertreters materiellrechtlich wegen entsprechender Weisungsabhängigkeit auch um ein Arbeitsverhältnis handeln kann (vgl. etwa *Kamanabrou* DB 2002, 146; *Wank* FS Wiedemann, 2002, S. 587; s.a. *BAG* 26.5.1999 EzA § 611 BGB Arbeitnehmerbegriff Nr. 76; 17.1.2002 EzA § 14 KSchG Nr. 7; s.u. Rz 10), könnte man erwägen, dass § 623 BGB in diesem Fall nicht greift, weil es jetzt nur um die Änderung eines Arbeitsvertrages geht. Eine konkludente Änderung des Vertrages wäre formfrei möglich, das alte Arbeitsverhältnis daher im Zweifel abgelöst. Diese Lösung ist jedoch nicht überzeugend. Der Organvertreter gilt aufgrund seiner förmlichen Position entweder nicht als Arbeitnehmer bzw. fällt nicht mehr unter den Schutz eines bestimmten Gesetzes. Er verliert danach also wesentliche Arbeitnehmerrechte unbeschadet der Tatsache, dass er vom Schutzbedürfnis an sich Arbeitnehmer bleibt. Gerade vor dem inhaltlichen Verlust der Arbeitnehmerstellung will aber die Schriftform des § 623 BGB (auch) schützen. Insoweit muss es für die Anwendung des § 623 BGB **ausreichen, dass der jetzige Organvertreter kraft Fiktion seinen Arbeitnehmerstatus verliert**.

6d

Das Gesetz stellt darauf ab, ob der jeweilige **Betrieb** von einer juristischen Person geführt wird. Dabei ist es ohne Belang, ob die juristische Person einen oder mehrere Betriebe führt. Ausgeschlossen von dem allgemeinen Kündigungsschutz sind die Mitglieder des Organs, das zur gesetzlichen Vertretung der juristischen Person berufen ist. Maßgeblich ist dabei die materielle Rechtslage und nicht der Inhalt des Handelsregisters. Die im § 14 Abs. 1 KSchG enthaltene Anknüpfung an den Begriff des »Betriebes« lässt – im Unterschied zu der insoweit eindeutigen Regelung des § 23 Abs. 1 S. 1 KSchG – offen, ob darunter allein Betriebe zu verstehen sind, die von einer **juristischen Person des Privatrechts** geführt werden. In den von **juristischen Personen des öffentlichen Rechts** geführten Betrieben sind ebenfalls organschaftliche Vertreter tätig, die ähnliche Funktionen wie in der Privatwirtschaft wahrnehmen. Wegen der Vergleichbarkeit der Interessenlage ist davon auszugehen, dass § 14 Abs. 1 Nr. 1 KSchG auch für die nicht beamteten **organschaftlichen Vertreter der juristischen Personen** des **öffentlichen Rechts** (zB Gemeinden, Gemeindezweckverbände, Kreise, Kirchengemeinden, Handwerksinnungen, Berufsgenossenschaften) gilt (*BAG* 17.1.2002 EzA § 14 KSchG Nr. 7 = AP Nr. 8 zu § 14 KSchG 1969 m.

7

Anm. *Reiserer;* HK-*Dorndorf* Rz 4; *v. Hoyningen-Huene/Linck* Rz 10; KDZ-*Kittner* Rz 10; *Löwisch/Spinner* Rz 5).

8 Gesetzliche Vertreter bei der **Aktiengesellschaft** sind gem. § 78 Abs. 1 AktG alle Mitglieder des Vorstandes, und zwar unabhängig davon, ob ein Vorstandsvorsitzender bestellt ist (§ 84 Abs. 2 AktG). Die Mitglieder des Aufsichtsrates fallen nicht unter die Bestimmung des § 14 Abs. 1 Nr. 1 KSchG, da der Aufsichtsrat – abgesehen von dem Ausnahmefall des § 112 AktG kein Vertretungsorgan ist. Für die **Arbeitnehmervertreter** im **Aufsichtsrat** gilt daher der allg. Kündigungsschutz grds. uneingeschränkt (*Löwisch/Spinner* Rz 4). Gehört der Arbeitnehmervertreter im Aufsichtsrat aber zum Kreis der in § 14 Abs. 2 KSchG genannten leitenden Angestellten, so kommen die in dieser Bestimmung enthaltenen Einschränkungen zur Anwendung. Die Arbeitnehmervertreter im Aufsichtsrat haben in dieser Eigenschaft keinen dem § 15 KSchG entsprechenden besonderen Kündigungsschutz (vgl. *BAG* 4.4.1974 EzA § 15 KSchG nF Nr. 1; für eine analoge Anwendung der §§ 15 KSchG, 103 BetrVG aber *Naendrup* AuR 1979, 204; s. iE Rz 56). Im Übrigen steht die Aktionärseigenschaft der Begründung eines Arbeitsverhältnisses mit der Aktiengesellschaft nicht entgegen. Befindet sich die Aktiengesellschaft in der Abwicklung (§ 264 AktG), so sind Abwickler gem. § 269 AktG die gesetzlichen Vertreter. Sofern nicht durch Satzung oder einen Beschluss der Hauptversammlung andere Personen als Abwickler bestimmt werden, haben die Vorstandsmitglieder die Abwicklung zu besorgen (§ 265 AktG).

9 Die **Kommanditgesellschaft auf Aktien** wird durch die persönlich haftenden Gesellschafter gesetzlich vertreten (§ 278 Abs. 2 AktG iVm §§ 161 Abs. 2, 125 HGB). Die Kommanditaktionäre sind von der gesetzlichen Vertretung ausgeschlossen (§ 278 Abs. 2 AktG iVm § 170 HGB). Sofern sich die Kommanditaktionäre in einem Arbeitsverhältnis zur **KG aA** befinden, so gelten hinsichtlich ihrer kündigungsrechtlichen Stellung keine Besonderheiten. Die von der Geschäftsführung ausgeschlossenen persönlich haftenden Gesellschafter (§ 278 Abs. 2 AktG iVm § 125 HGB) können ebenfalls Arbeitnehmer der **KG aA** sein mit der Folge, dass das KSchG auf sie Anwendung findet. Die Abwicklung besorgen alle persönlich haftenden Gesellschafter und eine oder mehrere von der Hauptversammlung gewählte Personen als Abwickler, wenn die Satzung nichts anderes bestimmt (§ 290 Abs. 1 AktG).

10 Gesetzliche Vertreter der **Gesellschaft mit beschränkter Haftung** sind gem. § 35 Abs. 1 GmbHG die Geschäftsführer. Die nicht zu Geschäftsführern bestellten Gesellschafter können dagegen ein Arbeitsverhältnis zur GmbH begründen (*LAG Hamm* 19.3.1985 BB 1986, 391). Als Arbeitnehmer unterliegen sie dann uneingeschränkt den Bestimmungen des KSchG. In den Fällen der Auflösung der GmbH – außer dem Fall des Insolvenzverfahrens – erfolgt die Liquidation durch die Geschäftsführer, wenn nicht durch den Gesellschaftsvertrag oder durch den Beschluss der Gesellschafter andere Personen zu Liquidatoren bestimmt werden (§ 66 Abs. 1 GmbHG). Insbes. bei sog. **Fremdgeschäftsführern** einer GmbH ist umstritten, ob diese Personen bei einer im Einzelfall bestehenden persönlichen Abhängigkeit trotz ihrer organschaftlichen Stellung als Arbeitnehmer der GmbH anzusehen sind (abl. *BGH* 9.2.1978 AP Nr. 1 zu § 38 GmbHG; 29.1.1981 AP Nr. 14 zu § 622 BGB; *Hachenburg/Mertens* § 35 Rz 94; *Hueck* ZfA 1985, 25; *Löwisch* Rz 1; *Lutter/Hommelhoff* Anh. § 6 Rz 3; *Baumbach/Hueck-Zöllner* § 35 Rz 97; *Boemke* ZfA 1998, 209, 213; *ders.* Anm. zu BAG AP Nr. 10 zu § 35 GmbHG; **aA** *Müller* BB 1977, 723 u. ZIP 1981, 578; *Scholz/Schneider* § 35 Rz 130 f.). Nach bisheriger Ansicht des *BAG* (9.5.1985 u. 27.6.1985, aaO) ist die Anwendung des KSchG nur dann zu bejahen, wenn zwischen dem **Geschäftsführer** und der **GmbH zwei Rechtsverhältnisse** bestehen, von denen eines ein dienstlich abgrenzbares Arbeitsverhältnis ist (zB Wahrnehmung einer Buchhaltertätigkeit neben den organschaftlichen Aufgaben). Auf ein derartiges Arbeitsverhältnis findet das KSchG Anwendung. Weitergehend hat das *BAG* in – allerdings nicht entscheidungserheblicher – Divergenz zum BGH in der Entscheidung vom 26.5.1999 (EzA § 611 BGB Arbeitnehmerbegriff Nr. 76 = AP Nr. 10 zu § 35 GmbHG m. ablehn. Anm. *Boemke*) angenommen, das Anstellungsverhältnis eines GmbH-Geschäftsführers könne im Einzelfall ein Arbeitsverhältnis sein; die Abgrenzung richte sich nach den allg. Kriterien zur Abgrenzung zwischen Arbeitsverhältnis und freiem Dienstverhältnis (s. aber auch *BAG* 6.5.1999 EzA § 5 ArbGG 1979 Nr. 33 und 20.8.2003 EzA § 5 ArbGG 1979 Nr. 38 – zur Zuständigkeit der Arbeitsgerichte; s. auch *Stück* AuA 2006, 73 f.; s.u. Rz 10a–c). Das KSchG gilt auch dann, wenn die GmbH nach Beendigung der Organstellung als Geschäftsführer (zB durch Abberufung oder Zeitablauf) konkludent oder ausdrücklich ein Arbeitsverhältnis begründet, dieses kündigt und der nunmehrige Arbeitnehmer diese Kündigung angreift (vgl. *BAG* 24.11.2005 EzA § 1 KSchG Nr. 59). Zur Frage, ob dann, wenn der Geschäftsführer vor seiner Bestellung in einem Arbeitsverhältnis zur GmbH gestanden hat, dieses endgültig aufgehoben wird oder nur ruht s.o. Rz 6a und 6b. Zur Abberufung eines GmbH-Gesellschafter-Geschäftsführers vgl. *BGH* 27.10.1986 BB 1987, 503. Zu Einzelproblemen bei der Beendigung des Geschäftsführerverhältnisses

vgl. *Boemke* ZfA 1998, 209; *Jaeger* NZA 1998, 961; *Schwab* NZA 1987, 842. Ist die Arbeitnehmereigenschaft des »Geschäftsführers« im Rahmen eines rechtskräftig abgeschlossenen Kündigungsschutzverfahrens festgestellt, bindet dies bei unverändertem Sachverhalt auch in einem neuen Verfahren (*BAG* 10.11.2005 EzA § 626 BGB 2002 Nr. 11).

Die negative Fiktion des § 14 Abs. 1 KSchG gilt auch für **Geschäftsführer** der **Komplementär-GmbH** 10a einer GmbH & Co. KG (*v. Hoyningen-Huene/Linck* Rz 6; *Löwisch* Rz 7). Nach bisheriger Rspr. zu § 14 KSchG ist allerdings zu unterscheiden, welche Vertragsbeziehungen der organschaftlichen Stellung zugrunde liegen. Besteht lediglich ein Anstellungsvertrag mit der Komplementär-GmbH, so gehört der Geschäftsführer ohne weiteres zu dem in § 14 Abs. 1 Nr. 1 KSchG erwähnten Personenkreis. Der Geschäftsführer der Komplementär-GmbH kann aber auch in einem Vertragsverhältnis zur Kommanditgesellschaft stehen (*BAG* 9.5.1985 aaO; 12.3.1987 EzA § 5 ArbGG 1979 Nr. 4; vgl. auch 13.7.1995 EzA § 5 ArbGG 1979 Nr. 10). Kündigt die Kommanditgesellschaft dieses Vertragsverhältnis, so findet nach bisheriger Rspr. § 14 Abs. 1 Nr. 2 KSchG keine Anwendung (*BAG* 15.4.1982 EzA § 14 KSchG Nr. 2; vgl. auch *BAG* 13.7.1995, aaO; ErfK-*Ascheid* Rz 4; *Bauer* BB 1994, 858; KDZ-*Kittner* Rz 6; im Ergebnis zust. auch *Baums* S. 397; **aA** *v. Hoyningen-Huene/Linck* Rz 6; *Kaiser* AR-Blattei SD 70.2 Rz 71; *Kitzinger* S. 81; *Löwisch/Spinner* Rz 7; *Moll* RdA 2002, 226; offen gelassen von *Reiserer* S. 129; anders jetzt auch zu § 5 Abs. 1 S. 3 ArbGG *BAG* 20.8.2003 EzA § 5 ArbGG 1979 Nr. 38 = AP § 5 ArbGG 1979 Nr. 58 m. Anm. *Wank* = AuA 2004, 55 m. Anm. *Oetker* = BB 2003, 2354 m. Anm. *Graef*; s. dazu Rz 10b). Die Einbeziehung von mittelbaren Organvertretern steht weder mit dem Wortlaut noch mit Sinn und Zweck des § 14 Abs. 1 KSchG in Einklang. Ist das Vertragsverhältnis zwischen dem Geschäftsführer der Komplementär-GmbH und der Kommanditgesellschaft dagegen als Dienstverhältnis (§§ 611, 675 BGB) zu qualifizieren, so besteht kein allg. Kündigungsschutz (vgl. auch *Bauer* BB 1994, 858).

Demgegenüber geht das BAG nunmehr unter **Aufgabe der bisherigen Rspr.** zu § 5 Abs. 1 S. 3 ArbGG 10b davon aus, dass der Geschäftsführer der Komplementär-GmbH einer Kommanditgesellschaft nach § 5 Abs. 1 S. 3 ArbGG **in keinem Fall** als Arbeitnehmer gilt, auch wenn das Anstellungsverhältnis nicht mit der GmbH, sondern der Kommanditgesellschaft besteht (*BAG* 20.8.2003 EzA § 5 ArbGG 1979 Nr. 38). Das BAG stellt dabei vor allem auf Sinn und Zweck des § 5 Abs. 1 S. 3 ArbGG ab, einen Streit im »Arbeitgeberlager« nicht vor die Arbeitsgerichte zu bringen. Der Geschäftsführer einer Komplementär-GmbH verkörpere aber unabhängig davon, ob der Dienstvertrag mit der GmbH selbst oder der Kommanditgesellschaft abgeschlossen wurde, eine arbeitgebergleiche Person (im Ergebnis so auch schon *OLG München* 10.4.2003 DB 2003, 1503; *OLG Hamm* 27.3.1998 NZA-RR 1999, 372). Es bleibt abzuwarten, ob diese Wendung auch für die Beurteilung des § 14 KSchG nachvollzogen wird. § 14 Abs. 1 KSchG bestimmt allerdings nicht, dass die dort genannten Personen »nicht als Arbeitnehmer gelten«, sondern nimmt nur diese Personengruppe vom Geltungsbereich des ersten Abschnitts des Kündigungsschutzgesetzes aus. Der Fünfte Senat des *BAG* (20.8.2003 EzA § 5 ArbGG 1979 Nr. 38) hat deshalb eine vorlagepflichtige Divergenz zur bisherigen Rspr. des Zweiten Senats des BAG zu § 14 KSchG (*BAG* 15.4.1982 EzA § 14 KSchG Nr. 2) verneint. Für die **Beibehaltung der bisherigen Rspr. zu § 14 KSchG** sprechen nach wie vor beachtliche Gründe (anders jetzt *Zimmer/Rüpp* GmbHR 2006, 572). Ein Geschäftsführer kann durchaus einem Arbeitnehmer gleich sozial schutzbedürftig sein (s.o. Rz 3, 4). Es ist daher nach dem Sinn des Kündigungsschutzes nach wie vor erwägenswert, die Fiktion des § 14 Abs. 1 KSchG (s.o. Rz 3) eng auszulegen und bei dem nur »mittelbaren« Organvertreter im Einzelfall zu prüfen, ob ein (schutzwürdiges) weisungsabhängiges Arbeitsverhältnis oder ein freies Dienstverhältnis vorliegt. Diese Prüfung müsste – folgt man der jetzigen Auslegung von § 5 Abs. 1 S. 3 ArbGG durch das *BAG* (20.8.2003 EzA § 5 ArbGG 1979 Nr. 38), wonach der Weg zu den Arbeitsgerichten für diese Personengruppe verschlossen ist – dann allerdings das zuständige ordentliche Gericht vornehmen (s. zum Ganzen *Rost* FS Wißmann, S. 63 f.).

Bei der bisherigen Rspr. zu § 14 Abs. 1 KSchG sollte es jedenfalls dann bleiben, wenn die von dem Or- 10c gan vertretene juristische Person einem Konzern angehört. Der Geschäftsführer einer konzernabhängigen Gesellschaft, der dieser gegenüber nicht als Arbeitnehmer gilt, kann in einem Arbeitsverhältnis zur Konzernobergesellschaft stehen (*BAG* 21.2.1994 EzA § 2 ArbGG 1979 Nr. 28; 20.10.1995 EzA § 5 ArbGG 1979 Nr. 13; *v. Hoyningen-Huene/Linck* Rz 8; insoweit zust. auch *Löwisch/Spinner* Rz 12). In diesem genießt er Kündigungsschutz. Wird ein Arbeitnehmer der Konzernobergesellschaft zum Geschäftsführer der Tochtergesellschaft bestellt, liegt darin allein idR noch keine Aufhebung dieses Arbeitsverhältnisses (*BAG* 20.10.1995 EzA § 5 ArbGG 1979 Nr. 13).

Bei der **Genossenschaft** ist der Vorstand das zur Vertretung berechtigte Organ (§ 24 Abs. 1 GenG). Die 11 Eigenschaft als Genosse steht der Begründung eines Arbeitsverhältnisses mit der Genossenschaft nicht entgegen. Dies gilt ebenso für die Mitglieder des Aufsichtsrats. Die Liquidation erfolgt durch den Vorstand, wenn nicht dieselbe durch das Statut oder durch Beschluss der Generalversammlung anderen Personen übertragen wird (§ 83 Abs. 1 GenG).

12 Der **rechtsfähige Verein** wird durch den Vorstand gesetzlich vertreten (§ 26 Abs. 2 BGB) und zwar unabhängig davon, ob es sich um einen nichtwirtschaftlichen (§ 21 BGB) oder wirtschaftlichen Verein (§ 22 BGB) handelt. Zu den organschaftlichen Vertretern iSd § 14 Abs. 1 Nr. 1 KSchG gehören auch die besonderen Vertreter nach § 30 BGB (*BAG* 17.1.2002 EzA § 14 KSchG Nr. 7 = AP Nr. 8 zu § 14 KSchG m. Anm. *Reiserer*; so auch zu § 5 Abs. 1 S. 3 ArbGG *BAG* 5.5.1997 EzA § 5 ArbGG 1979 Nr. 21; APS-*Biebl* Rz 6). Im Falle der Liquidation sind die Liquidatoren idR die bisherigen Vorstandsmitglieder (§ 48 Abs. 1 BGB), die gesetzlichen Vertreter. Die nicht zum Kreis der organschaftlichen Vertreter gehörenden Vereinsmitglieder können ein Arbeitsverhältnis mit dem Verein begründen.

13 Der **Versicherungsverein auf Gegenseitigkeit** wird durch den Vorstand gesetzlich vertreten (§ 34 VAG iVm § 78 AktG). Mitglieder des Aufsichtsrats sind keine gesetzlichen Vertreter iSd § 14 Abs. 1 Nr. 1 KSchG. Die Mitglieder des Versicherungsvereins auf Gegenseitigkeit können zugleich in einem Arbeitsverhältnis zu diesem stehen. Gesetzliche Vertreter während der Liquidation sind gem. § 47 VAG die Liquidatoren.

14 Die **bergrechtliche Gewerkschaft** hat als gesetzliches Vertretungsorgan den Repräsentanten oder den aus mehreren Personen bestehenden Grubenvorstand (§§ 117 ff. ABG). Die Arbeitnehmervertreter im Aufsichtsrat fallen nicht unter die Bestimmung des § 14 Abs. 1 Nr. 1 KSchG.

15 Auf **Stiftungen** finden die Vertretungsgrundsätze des Vereinsrechts (s.o. Rz 12) entsprechende Anwendung (§ 86 BGB).

II. Organschaftliche Vertreter von Personengesamtheiten

16 Ausgenommen von dem allg. Kündigungsschutz sind weiterhin solche Personen, die in Betrieben einer **Personengesamtheit** durch Gesetz, Satzung oder Gesellschaftsvertrag zur Vertretung der Personengesamtheit berufen sind (§ 14 Abs.1 Nr. 2 KSchG). Die Ausnahmeregelung bezieht sich nur auf **unmittelbare Organvertreter** (vgl. *BAG* 15.4.1982 EzA § 14 KSchG Nr. 2; KDZ-*Kittner* Rz 6; aA *Löwisch/Spinner* Rz 7; s.a. Rz 10a). Die Herausnahme dieses Personenkreises aus dem allg. Kündigungsschutz ergibt sich schon aus der fehlenden Arbeitnehmereigenschaft dieser Personen. Wegen der gesetzestechnischen Ausgestaltung der Bestimmung iS einer negativen gesetzlichen Fiktion greift der gesetzliche Ausschluss selbst dann ein, wenn der Vertreter der Personengesamtheit weisungsgebunden ist. Im Normalfall fehlt es aber an einer Weisungsgebundenheit der organschaftlichen Vertreter der Personengesamtheit nur formal eine organschaftliche Vertreterstellung innehat, im Übrigen aber in vollem Umfange an die Weisungen von Mitgliedern der Personengesamtheit, so dass sich dieser Personenkreis in aller Regel in einem Dienstverhältnis befindet. Abgesehen von dem Ausnahmefall einer formalen organschaftlichen Vertretung hat die Bestimmung des § 14 Abs. 1 Nr. 2 KSchG daher nur die Bedeutung einer Klarstellung. Auf die von einer GmbH & Co. KG erklärte Kündigung eines zwischen ihr und dem Geschäftsführer ihrer Komplementär-GmbH bestehenden Anstellungsvertrages ist § 14 Abs. 1 Nr. 2 KSchG nach bisheriger Rspr. (s.o. Rz 10, 10a) nicht anzuwenden, da es insoweit an einer unmittelbaren Organstellung fehlt. Die Anwendung des allg. Kündigungsschutzes hängt davon ab, ob der Geschäftsführer unabhängiger Dienstnehmer oder Arbeitnehmer der GmbH & Co. KG ist (vgl. *BAG* 15.4.1982 EzA § 14 KSchG Nr. 2; **aA** aber zu § 5 Abs. 1 S. 3 ArbGG *BAG* 20.8.2003 BB 2003, 2354 m. Anm. *Graef*; s. iE Rz 10a und b).

17 Die von der Vertretung der Personengesamtheit ausgeschlossenen Mitglieder (zB der gem. § 125 HGB von der Vertretung ausgeschlossene Gesellschafter einer offenen Handelsgesellschaft) können sich bei Vorliegen einer persönlichen Abhängigkeit durchaus in einem Arbeitsverhältnis zur Personengesamtheit befinden. Ob dies der Fall ist, hängt von den Umständen des Einzelfalles ab.

18 Die nicht organschaftlichen Vertreter der Personengesamtheit (zB die Prokuristen, Generalbevollmächtigten, Handlungsbevollmächtigten) fallen nicht unter die Bestimmung des § 14 Abs. 1 Nr. 2 KSchG (ebenso ErfK-*Ascheid* Rz 6; HK-*Dorndorf* Rz 16; *v. Hoyningen-Huene/Linck* Rz 11). Ihre Vertretungsvollmacht beruht nämlich nicht auf Gesetz, Satzung oder Gesellschaftsvertrag, sondern auf einer gesonderten rechtsgeschäftlichen Bevollmächtigung.

19 Bei der **offenen Handelsgesellschaft** gehören grds. alle Gesellschafter zu den in § 14 Abs. 1 Nr. 2 KSchG genannten Vertretern von Personengesamtheiten, es sei denn, dass ihnen durch Gesellschafts-

vertrag die Vertretungsmacht (§ 125 HBG) entzogen ist. Die zuletzt genannten Personen fallen aber nur dann unter den allg. Kündigungsschutz, wenn sie sich in einem Arbeitsverhältnis zur offenen Handelsgesellschaft befinden.

Die für die offene Handelsgesellschaft aufgezeigten Grundsätze (s.o. Rz 19) gelten entsprechend bei der **Kommanditgesellschaft** (§ 161 Abs. 2 HBG). Da die Kommanditisten gem. § 170 HBG von der Vertretung ausgeschlossen sind, gehören sie nicht zu den in § 14 Abs. 1 Nr. 2 KSchG genannten Personen. Ihre Kommanditisteneigenschaft steht der Begründung von Arbeitsverhältnissen zur Kommanditgesellschaft nicht entgegen (vgl. ?? *BAG* 11.5.1978 DB 1979, 362; vgl. auch *BFH* 11.12.1980 DB 1981, 971). 20

Gesetzliche Vertreter der **Gesellschaft des bürgerlichen Rechts** sind grds. alle Gesellschafter (§ 714 BGB). Sofern ihnen jedoch durch Gesellschaftsvertrag die Vertretungsmacht entzogen ist, fallen sie nicht unter die Ausschlussregelung des § 14 Abs. 1 Nr. 2 KSchG. 21

Für den **nicht rechtsfähigen Verein** gelten die für den rechtsfähigen Verein aufgezeigten Grundsätze (s.o. Rz 12) entsprechend. 22

D. Leitende Angestellte (§ 14 Abs. 2 KSchG)

I. Begriff

Im Unterschied zu den in § 14 Abs. 1 KSchG genannten arbeitgeberähnlichen Personen sind die leitenden Angestellten nach § 14 Abs. 2 KSchG mit den sich aus dieser Bestimmung ergebenden Besonderheiten in den allg. Kündigungsschutz einbezogen. Während das KSchG 1951 diesen Personenkreis noch von dem allg. Kündigungsschutz ausnahm, erstreckte das Erste Arbeitsrechtsbereinigungsgesetz v. 14.8.1969 (BGBl. I S. 1106) den allg., nicht aber den Massenkündigungsschutz auf den Kreis der leitenden Angestellten (vgl. zur Entstehungsgeschichte Rz 1, 2). 23

1. Gesetzestechnik

Die Bestimmung des § 14 Abs. 2 KSchG verwendet den Begriff des »**leitenden Angestellten**«, ohne im Einzelnen seinen Inhalt festzulegen. Im **Unterschied** zu § 5 Abs. 3 BetrVG bedient sich der Gesetzgeber in § 14 Abs. 2 KSchG der typologischen Methode, indem er als Beispiele den Geschäftsführer und den Betriebsleiter nennt und sodann den Bezug zu diesen rechtstatsächlichen Prototypen des leitenden Angestellten durch das Merkmal der »Ähnlichkeit« herstellt (s.a. *Diringer* NZA 2003, 895). Nur diejenigen Personen, die eine ähnliche leitende Funktion wie ein Geschäftsführer oder Betriebsleiter haben, sind leitende Angestellte iS dieser Bestimmung. Als definitorisches Element enthält § 14 Abs. 2 S. 1 KSchG noch das Erfordernis, dass Geschäftsführer, Betriebsleiter und ähnlich leitende Angestellte die Berechtigung zur selbständigen Einstellung oder Entlassung haben müssen (s. dazu Rz 28 f.). 24

Die in § 14 Abs. 2 S. 1 KSchG enthaltene Formulierung geht auf die Regelung in § 12 Buchst. c KSchG 1951 zurück, wonach der allg. Kündigungsschutz nicht galt für Geschäftsführer, Betriebsleiter und ähnlich leitende Personen, soweit diese zur selbständigen Einstellung oder Entlassung von Arbeitnehmern berechtigt sind (s. iE jetzt auch *BAG* 18.10.2000 EzA § 14 KSchG Nr. 5). Als Regelung mit Ausnahmecharakter wurde die Bestimmung des § 12 Buchst. c KSchG 1951 vom Schrifttum und von der Rspr. mit Recht eng ausgelegt (vgl. *Herschel* RdA 1962, 60; *BAG* 28.9.1961 AP Nr. 1 zu § 1 KSchG Personenbedingte Kündigung). Angesichts der mit der Neufassung der Vorschrift bezweckten geänderten Zielvorstellung des Gesetzgebers, die leitenden Angestellten wegen ihrer sozialen Schutzbedürftigkeit grds. dem allg. Kündigungsschutz zu unterstellen (vgl. BT-Drs. V/3913 zu Art. 1 Nr. 9), hat die Bestimmung des § 14 Abs. 2 KSchG ihren ursprünglichen Charakter als Ausnahmebestimmung verloren. Die **kündigungsrechtliche Abgrenzungsfunktion** der Bestimmung besteht nunmehr lediglich darin, für eine bestimmte Gruppe von leitenden Angestellten die Anwendbarkeit des allg. Kündigungsschutzes gegenständlich zu beschränken (Ausschluss des § 3 KSchG) sowie inhaltlich zu modifizieren (Sonderfassung des § 9 Abs. 1 S. 2 KSchG). Für die nicht unter § 14 Abs. 2 KSchG fallenden leitenden Angestellten gilt der allg. Kündigungsschutz daher uneingeschränkt. Dies ergibt sich einerseits aus dem Fortfall der ehemaligen Ausschlussregelung des § 12 Buchst. c KSchG sowie aus der Arbeitnehmereigenschaft der leitenden Angestellten (vgl. *v. Hoyningen-Huene/Linck* Rz 12). Für solche Arbeitnehmer, die leitende Angestellte iSd § 5 Abs. 3 BetrVG sind, gilt allerdings der Ausschluss des § 3 KSchG auch dann, wenn sie nicht zugleich leitende Angestellte iSd § 14 Abs. 2 KSchG sind (vgl. iE Rz 36). Für die Geltung des allg. Kündigungsschutzes ist es im Übrigen ohne Bedeutung, ob der Arbeitnehmer etwa nach anderen gesetzlichen Bestimmungen (zB § 5 Abs. 3 BetrVG; § 3 Abs. 3 Nr. 2 MitbestG; § 22 Abs. 2 Nr. 2 ArbGG; 25

§ 16 Abs. 4 Nr. 4 SGG; § 3 Abs. 1 Nr. 1 AVG; § 2 Abs. 2 Nr. 2 der 2. DVO zum ArbNErfG) als leitender Angestellter anzusehen ist (vgl. zur Sonderstellung der leitenden Angestellten nach anderen Gesetzen neben der einschlägigen Kommentarliteratur etwa *v. Hoyningen-Huene* NZA 1994, 481; *Hromadka* DB 1988, 753; *Meents* DStR 1995, 1353; *G. Müller* AuR 1985, 315; *Reiserer/Schulte* BB 1996, 2162; *Richardi* AuR 1991, 33). Entgegen der Ansicht von *Eichenhofer* (ZfA 1981, 219; *ders.* »Leitende Angestellte« als Begriff des Unternehmensrechts, 1980, S. 139 ff.) ist es de lege lata nicht möglich, einen für alle Rechtsgebiete geltenden unternehmensrechtlichen Begriff des leitenden Angestellten zu prägen (vgl. *Becker* ZIP 1981, 1169 f.; *Kaiser* AR-Blattei SD 70.2 Rz 5; MünchArbR-*Richardi* § 25 Rz 5 ff.; *Richardi* AuR 1991, 34; *Rumler* S. 19 ff.; *Vogel* NZA 2002, 313; zum Chefarzt als leitenden Angestellten *Diringer* NZA 2003, 890; LAG Bln. 18.8.1986 DB 1987, 179; s. iE *Rost* FS Wißmann, S. 71 f.).

2. Merkmale des Oberbegriffs des leitenden Angestellten

26 Der in § 14 Abs. 2 KSchG verwendete Begriff des leitenden Angestellten wird durch die exemplarische Aufzählung des »Geschäftsführers« sowie des »Betriebsleiters« typisiert und durch das Erfordernis der Berechtigung zur selbständigen Einstellung oder Entlassung näher präzisiert. Zur Ausfüllung des als **unbestimmter Rechtsbegriff** zu verstehenden Begriffs des leitenden Angestellten kann an die vom BAG zu § 5 Abs. 3 BetrVG aufgestellten Grundsätze angeknüpft werden, wobei aber immer zu berücksichtigen ist, dass die Begriffe nicht deckungsgleich sind. Da die Neufassung von § 5 Abs. 3 BetrVG zum 1.1.1989 (unverändert auch idF des Gesetzes v. 23.7.2001) im Wesentlichen eine Präzisierung der Begriffe unter Bestätigung der Rspr. des BAG, nicht aber eine grds. Neudefinition verfolgte (Begr. zum RegE BT-Drs. 11/2503 S. 24, 30), hat auch die Rspr. zu § 5 Abs. 3 BetrVG aF ihre Bedeutung behalten (vgl. etwa BAG 29.1.1980 EzA § 5 BetrVG 1972 Nr. 35; 11.3.1982 EzA § 5 BetrVG 1972 Nr. 41; 23.1.1986 EzA § 5 BetrVG 1972 Nr. 42; s.a. KR-*Etzel* § 105 BetrVG Rz 3 ff.; iE ist zum Begriff des leitenden Angestellten iSd § 5 Abs. 3 BetrVG auf die einschlägige betriebsverfassungsrechtliche Kommentarliteratur zu verweisen). Einen Anhaltspunkt können im Zweifel auch für den leitenden Angestellten iSd § 14 Abs. 2 KSchG die Auslegungsregeln des § 5 Abs. 4 BetrVG abgeben, wenn diese unmittelbar Bedeutung auch nur für den Begriff des leitenden Angestellten iSd § 5 Abs. 3 Nr. 3 BetrVG haben (*Schipp* S. 103; vgl. auch *Rumler* S. 50 f.). Im Beschluss v. 29.1.1980 hat das *BAG* (aaO) unter Aufgabe seiner früheren Rspr. (vgl. etwa BAG 5.3.1974, 19.11.1974 EzA § 5 BetrVG 1972 Nr. 7, 9 und 10) die Auffassung vertreten, dass in § 5 Abs. 3 Nr. 3 BetrVG die Abgrenzungsmerkmale enthalten seien, die das BAG früher als Teile eines ungeschriebenen »Oberbegriffs« der leitenden Angestellten verstanden hat (vgl. auch *Fischer* DB 1980, 1988; *G. Müller* DB 1981, Beil. Nr. 23; *Wiesner* BB 1982, 949). Zu den wesentlichen Abgrenzungsmerkmalen gehören nunmehr: die Wahrnehmung von unternehmerischen (Teil-)Tätigkeiten (= Aufgaben mit besonderer Bedeutung für den Betrieb und die Entwicklung des Betriebes) sowie wesentliche Eigenverantwortung (= Vorhandensein eines erheblichen Entscheidungsspielraumes). Aus der Wahrnehmung von unternehmerischen (Teil-)Funktionen ergibt sich nach der Ansicht des *BAG* (29.1.1980 EzA § 5 BetrVG 1972 Nr. 35) zwangsläufig ein mehr oder weniger ausgeprägter, unmittelbarer oder mittelbarer Gegnerbezug. Dessen Feststellung im Einzelfall ist daher nicht erforderlich.

3. Begriff des »Geschäftsführers« und des »Betriebsleiters«

27 Die für die Auslegung des § 5 Abs. 3 BetrVG maßgeblichen Merkmale (Wahrnehmung von unternehmerischen [Teil-]Funktionen sowie wesentliche Eigenverantwortung) sind auch für die in § 14 Abs. 2 S. 1 KSchG beispielhaft aufgezählten Tätigkeiten eines »**Geschäftsführers**« oder »**Betriebsleiters**« charakteristisch. Der Begriff des »Geschäftsführers« ist dabei nicht iSd GmbH-Rechts zu verstehen, sondern stellt eine Umschreibung für solche Personen dar, denen allein oder im Zusammenwirken mit anderen Mitarbeitern die Führung eines Unternehmens obliegt. Die von den Parteien gewählte Bezeichnung ist dabei nur von untergeordneter Bedeutung. Entscheidend für die Einstufung als »Geschäftsführer« oder »Betriebsleiter« iSd § 14 Abs. 2 S. 1 KSchG ist die Wahrnehmung von unternehmerischen (Teil-)Aufgaben(*v. Hoyningen-Huene/Linck* Rz 14). Nur wenn der Angestellte kraft seiner leitenden Funktion maßgeblichen Einfluß auf die wirtschaftliche, technische, kaufmännische, organisatorische, personelle oder wissenschaftliche Führung des Unternehmens oder eines Betriebs ausübt, entspricht er den gesetzlichen Leitbildern eines »Geschäftsführers« oder »Betriebsleiters« (vgl. BAG 25.11.1993 EzA § 14 KSchG Nr. 3 – für den Leiter eines einzelnen Restaurants einer Restaurantkette; 22.2.1994 RzK I 4b Nr. 7 – Ressortleiter einer Tageszeitung kann je nach dem konkreten Zuschnitt leitender Angestellter iSv § 5 Abs. 3 BetrVG sein; 18.10.2000 EzA § 14 KSchG Nr. 5 mit krit. Anm. *Bengelsdorff* – Regionaldirektor einer Versicherung; 27.9.2001 EzA § 14 KSchG Nr. 6 – zum Leiter des zen-

tralen Marketings; 10.10.2002 EzA § 1 KSchG Betriebsbedingte Kündigung Nr. 122 – zum Leiter einer Planungsabteilung; *LAG BW* 13.2.1992 LAGE § 14 KSchG Nr. 2 – Chefarzt in einem Krankenhaus ist kein leitender Angestellter; s. zum Chefarzt als leitenden Angestellten jetzt allg. *Diringer* NZA 2003, 890). Das gesetzliche Merkmal der **selbständigen Einstellungs- oder Entlassungsberechtigung** (s. u. Rz 28 ff.) muss bei »**Geschäftsführern**« oder »**Betriebsleitern**« **ebenfalls vorliegen** (so jetzt *BAG* 18.10.2000 EzA § 14 KSchG Nr. 5; 27.9.2001 EzA § 14 KSchG Nr. 6; HK-*Dorndorf* Rz 23; *v. Hoyningen-Huene/Linck* Rz 18; KDZ-*Kittner* Rz 16; **aA** APS-*Biebl* Rz 20; ErfK-*Ascheid* Rz 10; *Kaiser* AR-Blattei SD 70.2 Rz 36 ff.; *Löwisch/Spinner* Rz 17; *Bengelsdorff* FS 50 Jahre BAG, S. 331 f.; *Rumler* S. 28 ff.; *Vogel* NZA 2002, 315; s. zum Ganzen krit. *Hromadka* FS 50 Jahre BAG, S. 404 ff.). Dafür spricht schon der Wortlaut der Vorschrift, aber auch ihre auf § 12 Abs. 2 BRG 1920 zurückgehende Entstehungsgeschichte (s. dazu iE *BAG* 18.10.2000 EzA § 14 KSchG Nr. 5).

4. Begriff des »ähnlichen leitenden Angestellten«

Die in § 14 Abs. 2 S. 1 KSchG genannten »**ähnlichen leitenden Angestellten**« müssen eine dem »Geschäftsführer« oder »Betriebsleiter« vergleichbare Funktion ausüben. Sie müssen daher ebenfalls unternehmensbezogene Aufgaben wahrnehmen, einen eigenen erheblichen Entscheidungsspielraum besitzen und sich in einem funktional bedingten Interessensgegensatz zu den übrigen Arbeitnehmern befinden (vgl. *LAG Bln.* 18.8.1986 DB 1987, 179). Das zuletzt genannte Merkmal der sog. Interessenpolarität wird in § 14 Abs. 2 S. 1 KSchG durch das Erfordernis der Vorgesetztenstellung präzisiert. Danach sind nur solche leitende Angestellte den gesetzlichen Leitbildern des »Geschäftsführers« oder »Betriebsleiters« vergleichbar, die »zur selbständigen Einstellung oder Entlassung von Arbeitnehmern berechtigt sind«. Während **§ 5 Abs. 3 Nr. 1 BetrVG die Erfordernisse der selbständigen Einstellung und Entlassung** als **kumulative Voraussetzung** einer Vorgesetztenstellung enthält, genügt nach **§ 14 Abs. 2 S. 1 KSchG** eine **alternative Wahrnehmung** einer dieser **Funktionen**. 28

Die Berechtigung zur selbständigen Einstellung oder Entlassung muss nicht unternehmens- oder betriebsbezogen sein (zB beim Personalleiter). Es genügt, wenn der im Übrigen unternehmerische (Teil-)Aufgaben wahrnehmende Angestellte in zumindest einer Betriebsabteilung zur selbständigen Einstellung oder Entlassung von Arbeitnehmern berechtigt ist (vgl. *v. Hoyningen-Huene/Linck* Rz 18). Es genügt auch, wenn sich die selbständige Einstellungs- oder Entlassungsbefugnis nur auf Arbeiter oder Angestellte oder auf eine bestimmte Gruppe von Arbeitnehmern (zB auf kaufmännische Angestellte) bezieht (allg. Ansicht; vgl. *v. Hoyningen-Huene/Linck* Rz 24; *Kaiser* AR-Blattei SD 70.2 Rz 59; *Löwisch/Spinner* Rz 20). Der Angestellte muss eigenverantwortlich über die Einstellung oder Entlassung einer bedeutenden Anzahl von Arbeitnehmern des Betriebes entscheiden können (*BAG* 10.10.2002 EzA § 1 KSchG Betriebsbedingte Kündigung Nr. 122; 11.3.1982 EzA § 5 BetrVG 1972 Nr. 41; *v. Hoyningen-Huene/Linck* Rz 24). Die Personalbefugnis des Angestellten muss allerdings nicht gegenüber allen Arbeitnehmern des Betriebes bzw. der Betriebsabteilung bestehen. Ausreichen kann vielmehr auch eine Personalkompetenz gegenüber einem qualitativ bedeutsamen Personenkreis sein. Die Voraussetzungen des § 14 Abs. 2 S. 1 KSchG können deshalb auch erfüllt sein, wenn sich die personellen Entscheidungskompetenzen des Angestellten zumindest auf eine abgeschlossene Gruppe beziehen, die für das Unternehmen, insbes. für dessen unternehmerischen Erfolg, wesentlich ist (*BAG* 27.9.2001 EzA § 14 KSchG Nr. 6; *Kaiser* AR-Blattei SD 70.2 Rz 59). Das ist insbes. anzunehmen, wenn diese Mitarbeiter ihrerseits die ihnen nachgeordneten Arbeitnehmer selbständig einstellen und entlassen können (*BAG* 27.9.2001 EzA § 14 KSchG Nr. 6– »Kaskadenmodell«: Leiter des Bereiches zentraler Kundendienst mit vier nachgeordneten leit. Angestellten). Keine selbständige Einstellungsbefugnis liegt vor, wenn diese dem Angestellten nur intern, nicht aber auch im Außenverhältnis zusteht (*BAG* 18.11.1999 EzA § 14 KSchG Nr. 4 für einen Chefarzt). Ein Sachbearbeiter, der lediglich über die Einstellung oder Entlassung einer Sekretärin selbständig entscheiden kann, fällt daher nicht unter § 14 Abs. 2 S. 1 KSchG. Wegen der fehlenden Wahrnehmung von unternehmerischen (Teil-)Aufgaben gehören zB Werkmeister, Poliere und Lagerverwalter nicht zu dem Personenkreis des § 14 Abs. 2 S. 1 KSchG, und zwar selbst dann nicht, wenn ihnen gegenüber einer nicht ganz geringen Zahl von Arbeitnehmern die Befugnis zur selbständigen Einstellung oder Entlassung zusteht (so auch *v. Hoyningen-Huene/Linck* Rz 18). 29

Das Merkmal der selbständigen Einstellungs- oder Entlassungsberechtigung ist unter Beachtung des Sinnes und Zweckes der gesetzlichen Regelung dahin zu verstehen, dass der Angestellte nicht nur im **Außenverhältnis** eine entsprechende Vertretungsmacht (zB Prokura oder Generalvollmacht) hat. Er muss vielmehr auch im **Innenverhältnis** gegenüber dem Arbeitgeber selbständig und eigenverantwortlich über die Einstellung oder die Entlassung einer bedeutenden Anzahl von Arbeitnehmern ent- 30 scheiden können (vgl. *BAG* 10.10.2002 EzA §1 KSchG Betriebsbedingte Kündigung Nr. 122; *v. Hoyningen-Huene/Linck* Rz 21; *Löwisch* Rz 21; *Martens* Das Arbeitsrecht der leitenden Angestellten, 1982, S. 202; *Rewolle/Bader* Anm. 4). Der sog. Titular-Prokurist ist daher nicht als leitender Angestellter iSd §14 Abs. 2 S. 1 KSchG anzusehen (*v. Hoyningen-Huene/Linck* Rz 21; *Rumler* S. 31 f.; vgl. zu §5 Abs. 3 Nr. 2 BetrVG auch *BAG* 11.1.1995 EzA §5 BetrVG 1972 Nr. 58). Nicht ausreichend ist eine sich aus einer Generalprozessvollmacht ergebende Einstellungs- und Entlassungsbefugnis (vgl. *BAG* 28.9.1961 AP Nr. 1 zu §1 KSchG Personenbedingte Kündigung). Durch die **vorübergehende selbständige Wahrnehmung** von **Einstellungs-** oder **Entlassungsfunktionen** (zB für die Dauer der Erkrankung des Personalleiters) wird ein Arbeitnehmer noch nicht zum leitenden Angestellten iSd §14 Abs. 2 S. 1 KSchG (ebenso für §5 Abs. 3 Nr. 3 BetrVG *BAG* 23.1.1986 DB 1986, 1131; *v. Hoyningen-Huene/Linck* Rz 23; *Löwisch/Spinner* Rz 20). Selbst eine generelle Vertretungsregelung für jeweils einen Zeitraum von vier Monaten im Jahr stellt nach der Ansicht des *BAG* (23.1.1986 aaO) noch einen vorübergehenden Zeitraum dar. Ist dagegen ein **ständiger Vertreter** für den mit selbständigen Einstellungs- oder Entlassungsaufgaben betrauten leitenden Angestellten bestellt, so kann dieser bei einer wesentlichen Ausübung dieser Befugnisse uU ebenfalls leitender Angestellter iSd §14 Abs. 2 S. 1 KSchG sein (*Löwisch/Spinner* aaO).

31 Das Vorliegen von **Einstellungs-** und **Entlassungsrichtlinien** iSd §95 BetrVG oder von arbeitgeberseitig erlassenen allg. **Auswahlregeln** steht der der Annahme einer selbständigen Einstellungs- oder Entlassungsbefugnis nicht entgegen. Der notwendige eigene Entscheidungsspielraum ist aber dann nicht mehr gewahrt, wenn der Arbeitgeber sich die Genehmigung zu den Einstellungen oder Entlassungen vorbehält oder durch fortlaufende Einzelanweisungen maßgeblich auf die Personalentscheidungen Einfluss nimmt (vgl. *BAG* 27.9.2001 EzA §14 KSchG Nr. 6).

32 Die selbständige Wahrnehmung von Einstellungs- oder Entlassungsfunktionen muss einen **wesentlichen Teil** der **Tätigkeit** des Angestellten ausmachen, dh die Tätigkeit des Angestellten muss durch diese unternehmerischen Funktionen schwerpunktmäßig bestimmt werden (*BAG* 18.10.2000 EzA §14 KSchG Nr. 5; 23.1.1986 EzA §5 BetrVG 1972 Nr. 42 mwN zur Auslegung des §5 Abs. 3 BetrVG; *v. Hoyningen-Huene/Linck* Rz 24; *KDZ-Kittner* Rz 24; *Löwisch/Spinner* Rz 20; krit. *Rumler* S. 33). Es genügt nicht, dass die Angestellten zwar aufgrund ihrer Dienststellung und ihres Arbeitsvertrages dazu befugt sind, selbständig und eigenverantwortlich über die Einstellung oder Entlassung von Arbeitnehmern zu entscheiden, im Innenverhältnis aber keinen entsprechenden Entscheidungsspielraum haben. Gleiches kann gelten, wenn die vertraglichen Kompetenzen über einen längeren Zeitraum nicht ausgeübt worden sind (*BAG* 10.10.2002 EzA §1 KSchG Betriebsbedingte Kündigung Nr. 122).

5. Kapitäne und die übrigen leitenden Angestellten der Besatzungen von Seeschiffen, Binnenschiffen und Luftfahrzeugen (§24 Abs. 5 KSchG)

33 Der allg. Kündigungsschutz der §§1–13 KSchG gilt mit den in §14 Abs. 2 KSchG enthaltenen Besonderheiten auch für **Kapitäne** und die **übrigen leitenden Angestellten** der Besatzungen von Seeschiffen, Binnenschiffen und Luftfahrzeugen (vgl. hierzu iE *KR-Weigand* §24 KSchG Rz 33, 34).

II. Gesetzliche Sonderregelungen

34 Für die in §14 Abs. 2 S. 1 KSchG genannten leitenden Angestellten gilt der Erste Abschnitt des KSchG nicht uneingeschränkt. Die **gesetzlichen Ausnahmeregelungen** sehen einen Ausschluss des §3 KSchG sowie eine inhaltliche Modifizierung des §9 Abs. 1 S. 2 KSchG vor.

1. Ausschluss des §3 KSchG

35 Der in §14 Abs. 2 S. 1 KSchG angeordnete **Ausschluss des §3 KSchG**, wonach dem Arbeitnehmer ein **Einspruchsrecht gegenüber dem Betriebsrat** zusteht, trägt dem Umstand Rechnung, dass die leitenden Angestellten iSd Kündigungsschutzrechts wichtige Teilfunktionen des Arbeitgebers im Bereich der personellen Angelegenheiten wahrnehmen und dadurch sich in einer sog. Interessenpolarität gegenüber der übrigen Belegschaft befinden.

36 Die gesetzliche Regelung ist gesetzestechnisch insofern verfehlt, als sie nicht berücksichtigt, dass der kündigungsschutzrechtliche Begriff des leitenden Angestellten nicht in vollem Umfange demjenigen des Betriebsverfassungsrechts (§5 Abs. 3 BetrVG) entspricht (vgl. hierzu *BAG* 19.11.1974, 9.12.1975, 10.2.1976, 1.6.1976 EzA §5 BetrVG 1972 Nr. 2, 22, 24 und 26). Nach §5 Abs. 3 Nr. 1 BetrVG muss der Angestellte sowohl die Befugnis zur selbständigen Einstellung als auch zur Entlassung haben, wäh-

rend nach § 14 Abs. 2 S. 1 KSchG eine **alternative Entscheidungskompetenz** genügt. Auch die beiden weiteren in § 5 Abs. 3 Nr. 2 und Nr. 3 BetrVG geregelten Fallgruppen sind nicht deckungsgleich mit der Regelung des § 14 Abs. 2 S. 1 KSchG. Da die leitenden Angestellten iSd § 5 Abs. 3 BetrVG nicht durch den Betriebsrat repräsentiert werden, ist es sachgerecht, allein diesen Personenkreis aus dem Geltungsbereich des § 3 KSchG herauszunehmen. Eine derartige **berichtigende Auslegung** des § 14 Abs. 2 S. 1 KSchG entspricht sowohl dem Sinn und Zweck des Gesetzes als auch der Interessenlage. Angestellten, die zwar zu dem in § 14 Abs. 2 S. 1 KSchG genannten Personenkreis gehören, nicht aber als leitende Angestellte iSd § 5 Abs. 3 BetrVG angesehen werden können, steht daher das Einspruchsrecht nach § 3 KSchG zu (vgl. auch APS-*Biebl* Rz 28; HK-*Dorndorf* Rz 30; *v. Hoyningen-Huene/Linck* Rz 27). Da der Betriebsrat den betroffenen Arbeitnehmer, soweit dies erforderlich erscheint, bereits während des Anhörungsverfahrens nach § 102 Abs. 2 S. 4 BetrVG anzuhören hat, kommt der Regelung des § 3 KSchG im Übrigen kaum eine praktische Bedeutung zu (anders, aber ohne überzeugende Argumente *Möhn* NZA 1995, 113). Deshalb besteht auch kein Bedürfnis nach einer analogen Anwendung des § 3 KSchG dahingehend, dass dem leitenden Angestellten ein entsprechendes Einspruchsrecht beim Sprecherausschuss eingeräumt wird (so zu Recht *Rumler* S. 95 ff.; *Meents* DStR 1995, 1357; *Oetker* ZfA 1990, 43, 73; wohl auch HK-*Dorndorf* Rz 30; aA *Hromadka* § 31 SprAuG Rz 20; s.a. KR-*Rost* § 3 KSchG Rz 29).

2. Modifizierung des § 9 Abs. 1 S. 2 KSchG

Eine weitaus bedeutsamere gesetzliche Sonderregelung enthält § 14 Abs. 2 S. 2 KSchG. Danach findet **37** § 9 Abs. 1 S. 2 KSchG auf die in § 14 Abs. 2 S. 1 KSchG genannten leitenden Angestellten mit der Maßgabe Anwendung, dass der **Antrag des Arbeitgebers auf Auflösung** des Arbeitsverhältnisses keiner Begründung bedarf. Der sachliche Grund für die leichtere Lösbarkeit des Arbeitsverhältnisses ist nach der Vorstellung des Gesetzgebers darin zu sehen, dass der leitende Angestellte idR eine besondere Vertrauensstellung innehabe (vgl. BT-Drs. V/3913 zu Art. 1 Nr. 9). Dieser Gesichtspunkt ist eigentlich jedoch nur dann rechtlich tragend, wenn die Kündigung entweder den Vertrauensbereich betrifft (s.o. Rz 5) oder während des Kündigungsschutzprozesses dem Arbeitgeber Tatsachen bekannt werden, die den Vertrauensbereich berühren (krit. zur geltenden Rechtslage auch HK-*Dorndorf* Rz 31; s.a. Rz 5a). Kündigungsschutz wird hier nicht als Bestandschutz, sondern nur in Form finanziellen Ausgleichs gewährt (zur verfassungsrechtlichen Bewertung eines Kündigungsschutzes durch »Abfindungsschutz« s. *BVerfG* 27.1.1998 EzA § 23 KSchG Nr. 17). Vor dem Hintergrund der Diskussion, zumindest bei betriebsbedingten Kündigungen den Bestandschutz durch einen Abfindungsschutz zu ersetzen, ist das ein erstaunlich aktueller Ansatz, der im allgemeinen Kündigungsschutz jetzt einen gewissen Niederschlag in dem seit 1.1.2004 geltenden § 1a KSchG gefunden hat (der allerdings wegen seiner beiderseitigen »Beliebigkeit« allgemein als missglückt angesehen wird, s. nur KR-*Spilger* § 1a Rz 11 ff.).

Die Abweichung gegenüber der Regelung des § 9 Abs. 1 S. 2 KSchG bezieht sich sowohl auf die **Darle- 38 gungs-** als auch auf die **Beweisebene** (unrichtig *Säcker* RdA 1976, 98, der ohne Begründung von einer Darlegungslast des Arbeitgebers ausgeht). Während der Arbeitgeber nach der Neufassung des § 9 Abs. 1 S. 2 KSchG (vgl. KR-*Spilger* § 9 KSchG Rz 4, 5, 60, 61) in vollem Umfange darlegungs- und beweispflichtig für das Vorliegen der Gründe ist, die einer künftigen gedeihlichen Zusammenarbeit entgegenstehen, befreit § 14 Abs. 2 S. 2 KSchG den Arbeitgeber davon, dem Gericht Auflösungstatsachen zu unterbreiten. Dies hat zur Folge, dass das Gericht keinerlei Prüfungskompetenz hinsichtlich der materiellen Berechtigung eines vom Arbeitgeber in zulässiger Weise gestellten Auflösungsantrages hat. Das Gericht hat daher in den Fällen einer sozialwidrigen Kündigung dem Auflösungsantrag des Arbeitgebers selbst dann stattzugeben, wenn seiner Überzeugung nach keinerlei Störung des Vertrauensverhältnisses zwischen den Parteien vorliegt (die Kündigung zB. allein aus krankheitsbedingten Gründen erfolgte).

Die Rspr. des BAg stellt an die Begründung des Auflösungsantrages des Arbeitgebers nach § 9 Abs. 1 **38a** S. 2 KSchG sehr strenge Anforderungen (*BAG* 7.3.2002 EzA § 85 SGB IX Nr. 1; 10.10.2002 EzA § 9 KSchG nF Nr. 46). Hieran gemessen, stellt der in § 14 Abs. 2 S. 2 vorgesehene Verzicht auf die Begründung des Auflösungsantrages also eine erhebliche Erleichterung für den Arbeitgeber dar. Dies darf aber nicht darüber hinweg täuschen, dass die Beendigung des Arbeitsverhältnisses mit einem leitenden Angestellten auf diesem Wege kein »Selbstläufer« ist. Die **übrigen Voraussetzungen nach den §§ 9, 10 KSchG müssen nämlich unverändert vorliegen.** Das bedeutet vor allem, dass die Sozialwidrigkeit der Kündigung feststehen muss. Dabei genügt es nach der st. Rspr. nicht, dass die Kündigung auch sozialwidrig ist. Anders als für den Auflösungsantrag des Arbeitnehmers verlangt das BAG für den Antrag des Arbeitgebers, dass die **Kündigung nur wegen Sozialwidrigkeit** iSv § 1 KSchG und nicht aus anderen Gründen unwirksam ist (*BAG* 7.3.2002 EzA § 85 SGB IX Nr. 1; 10.10.2002 EzA § 9 KSchG nF Nr. 46).

38b Überträgt man dieses Erfordernis auch auf die Auflösung des Arbeitsvertrages nach § 14 Abs. 2 S. 2 iVm. § 9 Abs. 1 S. 2 KSchG, führt das zu einer **erheblichen Einschränkung des dem Arbeitgeber eingeräumten Privilegs**. Natürlich kann und wird die Kündigung eines leitenden Angestellten häufig auch an anderen Mängeln leiden, da sie grds. als normale Kündigung eines Arbeitsverhältnisses allen sonstigen materiellen und formellen Anforderungen unterliegt. Die Frage allerdings, ob der Auflösungsantrag Sozialwidrigkeit als alleinigen Unwirksamkeitsgrund voraussetzt, ist schon im Rahmen des § 9 KSchG nach wie vor heftig umstritten. Mit beachtlichen Gründen wird eingewandt, eine solche Beschränkung sei weder aus dem Wortlaut noch aus Sinn und Zweck der Regelung abzuleiten (APS-*Biebl* § 9 KSchG Rz 11; KR-*Spilger* § 9 KSchG Rz 27, 27a). Auch wenn man der st. Rspr. des BAG für den »normalen« Auflösungsantrag nach § 9 Abs. 1 S. 2 KSchG folgt, bleibt doch zu überlegen, ob nicht die **Modifizierung des § 14 Abs. 2 S. 2 KSchG für den Bereich des leitenden Angestellten eine andere Lösung gebietet**. Der Gesetzgeber hat mit dem Verzicht auf Auflösungsgründe deutlich gemacht, dass dem Interesse des Arbeitgebers, sich von einem leitenden Angestellten zu trennen, dem gegenüber er eine sozialwidrige Kündigung ausgesprochen hat, der Vorrang gebührt vor einer Fortführung des Arbeitsverhältnisses. Er soll nicht an einen Arbeitnehmer gebunden sein, der in einer besonders sensiblen Vertrauensstellung unternehmerische Funktionen wahrnimmt. Dieser Sinn und Zweck der erleichterten Auflösungsmöglichkeit würde negiert, wenn man die Privilegierung davon abhängig macht, dass die Kündigung nur sozialwidrig ist und nicht (zugleich) noch an anderen Mängeln leidet. Es ist hier in der Tat »nicht einzusehen« (APS-*Biebl* § 9 KSchG Rz 11), warum dann das vom Gesetz in besonderer Weise respektierte Auflösungsbedürfnis zurücktreten soll. Die besseren Gründe sprechen also dafür, es jedenfalls bei **dem nach § 14 Abs. 2 S. 1 KSchG privilegierten Auflösungsantrag des Arbeitgebers ausreichen zu lassen, dass die Kündigung auch – und nicht nur – sozialwidrig ist**.

38c Der Auflösungsantrag des Arbeitgebers nach § 9 Abs. 1 S. 2 KSchG kann **zurückzuweisen** sein, wenn der Arbeitgeber selbst oder Personen, für deren Verhalten er im Rahmen des Arbeitsverhältnisses einzustehen hat, die Gründe **treuwidrig herbeigeführt** oder provoziert hat, um damit eine den Betriebszwecken dienliche weitere Zusammenarbeit als aussichtslos darstellen zu können (vgl. *BAG* 10.3.2002 EzA § 9 KSchG nF Nr. 46; *von Hoyningen-Huene/Linck* § 9 KSchG Rz 42; KR-*Spilger* § 9 KSchG Rz 59 und 46). Da der Arbeitgeber nach § 14 Abs. 1 S. 2 KSchG für seinen Auflösungsantrag keiner Gründe bedarf, kann er solche an sich auch nicht rechtsmissbräuchlich herbeiführen. Insoweit kommt eine Zurückweisung seines Antrages wegen provozierter Auflösungsgründe nicht in Betracht. Der Gedanke des Rechtsmissbrauches ist aber grds. in allen Rechtslagen zu berücksichtigen. Deshalb kann an eine Zurückweisung des Antrages des Arbeitgebers **auch gegenüber dem leitenden Angestellten als rechtsmissbräuchlich** gedacht werden, wenn der Arbeitgeber ohne jeden Anlass eine – natürlich dann sozialwidrige – Kündigung ausspricht, nur um sich im Kündigungsschutzverfahren die Möglichkeit einer Auflösung zu »erschleichen«. Der Gesetzgeber geht offensichtlich von der Überlegung aus, dass die Fortsetzung des Arbeitsverhältnisses dem Arbeitgeber nach einem kontrovers geführten Streit um eine Kündigung und die Stichhaltigkeit der vorgebrachten Gründe nicht zugemutet werden sollte. Andernfalls hätte er dem Arbeitgeber eine Auflösungsmöglichkeit ohne den »komplizierten« Umweg über ein Kündigungsschutzverfahren zur Verfügung stellen können. Der Gedanke des Rechtsmissbrauchs kann als allgemeiner Rechtsgedanke daher ausnahmsweise auch im Rahmen des § 14 Abs. 2 S. 2 KSchG zu einer Zurückweisung des Auflösungsantrages führen. Die **Darlegungs- und Beweislast** für ein solch rechtsmissbräuchliches Verhalten liegt allerdings **beim leitenden Angestellten**.

39 Für den **Auflösungsantrag des leitenden Angestellten** selbst besteht keine Erleichterung. Der Angestellte muss also Gründe darlegen und beweisen, die ihm die Fortsetzung des Arbeitsverhältnisses unzumutbar machen, § 9 Abs. 1 S. 1 KSchG. Dabei wird sicher die besondere Vertrauensstellung bei Beurteilung der Zumutbarkeit auch aus Sicht des Arbeitnehmers eine erhebliche Rolle spielen. Trotzdem stellt sich die Frage, ob nicht aus **Gründen der Waffengleichheit auch dem leitenden Angestellten** eine erleichterte Auflösungsmöglichkeit eingeräumt werden sollte. *Bauer* (Arbeitsrechtliche Aufhebungsverträge II, 120; *ders.* FS Hanau, 1999, S. 151, 157) weist zu Recht darauf hin, dass es sich bei dem besonderen Vertrauensverhältnis nicht um eine »Einbahnstraße« handele. Dem leitenden Angestellten wird die Zusammenarbeit mit dem Arbeitgeber, der ihm gegenüber eine unwirksame Kündigung ausgesprochen und seine Trennungsabsicht deutlich gemacht hat, gerade wegen seiner Vertrauensstellung kaum noch zumutbar sein. Zwar wird in solchen Fällen idR der Arbeitgeber den Antrag nach § 9 Abs. 1 S. 2 iVm § 14 Abs. 2 S. 2 KSchG stellen. Das Gericht kann dann das Arbeitsver-

hältnis schon auf den Arbeitgeberantrag hin auflösen, ohne die vom leitenden Angestellten für seinen Antrag vorgebrachten Auflösungsgründe noch prüfen zu müssen. Dies muss aber nicht so sein. Der Arbeitgeber könnte zB darauf spekulieren, dass der Arbeitnehmer nach einer unwirksamen Kündigung von sich aus »das Handtuch wirft« ohne dass es zu einer Abfindungszahlung kommt. In solchen Fällen könnte dem Arbeitnehmer die Möglichkeit eines nicht zu begründenden Auflösungsantrages durchaus eine Hilfe sein. Die geltende **Regelung ist aber insoweit eindeutig**. Es kann angesichts der doch unterschiedlichen Ausgangslagen für Arbeitgeber und Arbeitnehmer wohl auch **nicht von einer verfassungswidrigen Ungleichbehandlung** gesprochen werden. Man wird den berechtigten Interessen des Arbeitnehmers also nur im Rahmen der Zumutbarkeitsprüfung nach § 9 Abs. 1 S. 1 KSchG Rechnung tragen können. De lege ferenda sollte jedoch die Einführung eines Rechts auch des leitenden Angestellten erwogen werden, bei sozialwidriger Kündigung die Auflösung des Arbeitsverhältnisses ohne Begründung verlangen zu können (so auch *Bauer* aaO).

Spricht der Arbeitgeber eine **Änderungskündigung** aus und nimmt der leitende Angestellte das Änderungsangebot gem. § 2 KSchG unter Vorbehalt an, kommt eine **Auflösung nicht in Betracht** (s. iE KR-*Rost* § 2 KSchG Rz 166 ff.; so für die Auflösung des Arbeitsverhältnisses »im Ganzen« auch *Rumler* S. 121; **aA** *Bauer/Krets* DB 2002, 1937, 139). Dies gilt auch für eine Ablösung nur der besseren Arbeitsbedingungen (KR-*Rost* § 2 KSchG Rz 171; *Löwisch/Spinner* Rz 31; **aA** *Rumler* S. 123, die für leitende Angestellte insoweit eine ausfüllungsbedürftige Gesetzeslücke annimmt). **39a**

In den Fällen eines **beiderseitigen Auflösungsantrages** kann das Gericht aus Gründen der Prozessökonomie das Arbeitsverhältnis auf den Antrag des Arbeitgebers hin auflösen, ohne die vom leitenden Angestellten vorgebrachten Auflösungstatsachen prüfen zu müssen. Zur Rechtslage bei den übrigen Arbeitnehmern vgl. KR-*Spilger* § 9 KSchG Rz 65–67. **40**

Auch bei den in § 14 Abs. 2 S. 1 KSchG genannten leitenden Angestellten kann das Gericht eine Auflösung nur gegen Zahlung einer **angemessenen Abfindung** aussprechen. Dies folgt aus der uneingeschränkten Geltung des § 9 Abs. 1 S. 1 KSchG (vgl. hierzu die Stellungnahme des Bundesrates, BT-Drs. V/3913, S. 14 sowie die Gegenäußerung der Bundesregierung, aaO, S. 15). Neben dem in § 9 Abs. 1 S. 1 KSchG festgelegten Grundsatz der Angemessenheit der Abfindung gelangt auch die Bestimmung des § 10 KSchG uneingeschränkt zur Anwendung (vgl. hierzu KR-*Spilger* § 10 KSchG Rz 23–61). Bei der Festsetzung der Abfindung ist dabei dem Umstand, ob für den leitenden Angestellten der Verlust des Arbeitsplatzes gleichbedeutend ist mit einer beruflichen Existenzvernichtung, besondere Bedeutung beizumessen (vgl. *Wagner* BB 1975, 1407; zu weitgehend *Popp* DB 1993, 736 wonach regelmäßig die Höchstabfindungssumme herangezogen werden soll; zust. aber APS-*Biebl* Rz 30). Auch die Art der Kündigungsgründe sowie das Maß der Sozialwidrigkeit sind wichtige Umstände bei der Bemessung der Abfindung (für eine Berücksichtigung der Auflösungstatsachen bei der Höhe der Abfindung *Löwisch/Spinner* Rz 26). Da der Auflösungsantrag keiner Begründung bedarf, kann das Fehlen eines entsprechenden Vortrages des Arbeitgebers allein nicht der Anlass sein, die höchstmögliche Abfindungssumme festzusetzen (so zu Recht *Rumler* S. 104). Das Gericht hat auch hier eine Ermessensentscheidung zu treffen, wobei aber die Festsetzung einer Abfindungssumme im oberen Bereich idR nicht zu beanstanden ist. Umgekehrt kann allerdings das Vorliegen triftiger Auflösungsgründe, die dem leitenden Angestellten zuzurechnen sind, bei Bemessung der Abfindungssumme zu seinen Lasten berücksichtigt werden (HK-*Dorndorf* Rz 33; *v. Hoyningen-Huene/Linck* Rz 30; *Löwisch/Spinner* aaO; *Rumler* aaO; s.a. *Bütter* BB 2003, 2418). Es liegt also im eigenen Interesse des Arbeitgebers, evtl. vorhandene Auflösungsgründe dem Gericht auch ohne eine entsprechende Verpflichtung vorzutragen. **41**

Die grundsätzliche Anwendung des Ersten Abschnitts des Kündigungsschutzgesetzes eröffnet dem Arbeitgeber jetzt auch die **Abfindungslösung nach § 1a KSchG** (*Löwisch/Spinner* § 14 Rz 33). Insoweit gilt für **leitende Angestellte keine Besonderheit**. Es kann auch nicht gesagt werden, dass der Arbeitgeber an einer solchen vorgeschalteten Auflösungsmöglichkeit kein Interesse habe, weil er in jedem Fall mit einer Auflösung gem. § 14 Abs. 2 S. 2 KSchG rechnen kann. Abgesehen davon, dass er die zeitliche und finanzielle Belastung durch ein Kündigungsschutzverfahren auf sich nehmen muss, scheitert der Auflösungsantrag unter Umständen daran, dass die Kündigung aus anderen Gründen als der Sozialwidrigkeit unwirksam ist, wenn man denn insoweit der st. Rspr. folgt (s.o. Rz 38a). Auch dürfte eine vom Gericht auf einen entsprechenden Antrag des Arbeitgebers festgesetzte Abfindung idR höher sein und häufig die Grenzen ausschöpfen, während § 1a KSchG von 0,5 Monatsgehältern als Regelabfindung ausgeht. Dies wird umgekehrt allerdings auch den leitenden Angestellten eher bewegen, ein Angebot nach § 1a KSchG nicht anzunehmen, weil er sich die Option auf den Gewinn des Kündigungsschutzverfahrens und/oder eine höhere Abfindung vorbehalten will. Der Arbeitgeber wird des- **41a**

§ 14 KSchG   Angestellte in leitender Stellung

halb – wenn er eine Abfindungslösung anstrebt und diese nicht, wie nach wie vor wohl häufig, mit seinem leitenden Angestellten ohne Ausspruch einer Kündigung einvernehmlich regeln kann – in seinem Angebot nach § 1a KSchG im Zweifel eine höhere als die gesetzlich vorgesehene Abfindung anbieten.

III. Besonderheiten bei der Anwendung des Allgemeinen Kündigungsschutzes (§§ 1–13 KSchG)

42 Neben den in § 14 Abs. 2 KSchG enthaltenen Sonderregelungen ist grds. von einer **uneingeschränkten Geltung des Ersten Abschnitts des KSchG** auszugehen. Eine über die gesetzliche Einschränkung hinausgehende kündigungsschutzrechtliche Sonderbehandlung von leitenden Angestellten ist weder sozialpolitisch geboten noch mit der derzeitigen Ausgestaltung des individuellen Kündigungsschutzes in Einklang zu bringen. Es gelten daher in aller Regel dieselben Grundsätze wie bei den übrigen Arbeitnehmern (vgl. auch *Vogel* NZA 2002, 314; *Diringer* AuA 2006, 22 f.). Dies schließt allerdings nicht aus, im Rahmen der **Interessenabwägung** den jeweiligen Besonderheiten des Einzelfalls gebührend Rechnung zu tragen. So können insbes. die jeweilige Aufgabenstellung sowie die damit verbundenen besonderen Pflichten bei der Prüfung der Sozialwidrigkeit entsprechend berücksichtigt werden.

1. Personenbedingte Gründe

43 Im Bereich der **personenbedingten Gründe** des § 1 Abs. 2 KSchG (vgl. hierzu iE KR-*Griebeling* § 1 KSchG Rz 265 ff.) können sich bspw. Besonderheiten bei der **krankheitsbedingten Kündigung** ergeben. Wegen der idR fehlenden Substituierbarkeit der Tätigkeit eines leitenden Angestellten können sowohl bei einer lang anhaltenden Krankheit als auch bei häufigen Kurzerkrankungen erhebliche Störungen des betrieblichen Ablaufs eintreten. Dieser Umstand ist bei der Interessenabwägung gebührend zu berücksichtigen (vgl. *BAG* 19.8.1976 AP Nr. 2 zu § 1 KSchG 1969 Krankheit sowie 10.3.1977 AP Nr. 3 zu § 1 KSchG 1969 Krankheit; *Becker* ZIP 1981, 1172; *Kaiser* AR-Blattei SD 70.2 Rz 76, 77).

44 Allein die **Erreichung des 65. Lebensjahres** stellt auch bei leitenden Angestellten keinen personenbedingten Kündigungsgrund dar. Der Arbeitgeber muss vielmehr auch in diesem Fall das Vorliegen von Leistungsmängeln dartun und ggf. beweisen. Bei Vorliegen einer tarifvertraglichen Regelung, wonach das Arbeitsverhältnis mit Erreichen des 65. Lebensjahres endet, ohne dass es einer Kündigung bedarf, ist zu prüfen, ob auch leitende Angestellte unter den persönlichen Geltungsbereich des Tarifvertrages fallen (zur Zulässigkeit von tariflichen Altersgrenzen für Flugzeugführer vgl. *BAG* 20.12.1984 EzA § 620 BGB Bedingung Nr. 4; 6.3.1986 EzA § 620 BGB Bedingung Nr. 6). Entsprechende Regelungen in Betriebsvereinbarungen gelten für die in § 14 Abs. 2 KSchG genannten leitenden Angestellten nur dann, wenn sie nicht zugleich leitende Angestellte iSd § 5 Abs. 3 BetrVG sind. An der Wirksamkeit derartiger kollektiv-rechtlicher Regelungen hatte das Rentenreformgesetz 1972 mit seinen Bestimmungen über die Einführung der flexiblen Altersgrenze nichts geändert (*BAG* 21.4.1977 EzA § 60 BAT Nr. 1). Ihrer Zulässigkeit stand aber § 41 Abs. 4 S. 3 SGB VI in der seit dem 1.1.1992 geltenden Fassung entgegen (*BAG* 20.10.1993 EzA § 41 SGB VI Nr. 1; 1.12.1993 EzA § 41 SGB VI Nr. 2). Mit der zum 1.8.1994 in Kraft getretenen erneuten Änderung des § 41 Abs. 4 S. 3 SGB VI durch Gesetz v. 26.7.1994 (BGBl. I S. 1797) – jetzt § 41 S. 2 SGB VI (G. v. 6.4.1998 BGBl I S. 688 – bis 31.12.1999 noch als Abs. 4; erste drei Absätze und Absatzbezeichnung zum 1.1.2000 aufgehoben durch RRG 1999) dürften diese Bedenken ausgeräumt sein (vgl. *Ehrich* BB 1994, 1633; zur Übergangsregelung *BVerfG* 8.11.1994 EzA § 41 SGB VI Nr. 3 = DB 1994, 2501 mit Anm. *Hanau*; s.a. *BVerfG* 14.3.1995 EzA § 41 SGB VI Nr. 4; *Baeck/Diller* NZA 1995, 360; *Boecken* NZA 1995, 145; *Hanau* DB 1994, 2394; *Kaiser* AR-Blattei SD 70.2 Rz 99 ff.; zum Ganzen ErfK-*Müller-Glöge* § 41 SGB VI Rz 13 ff.). Nach der Ansicht von *Hanau* (RdA 1976, 24 ff.; vgl. auch *ders.* DB 1994, 2394) ist eine auf Vereinbarung oder Kündigung beruhende Zwangspensionierung aller Arbeitnehmer eines Betriebes wegen Vollendung des 65. Lebensjahres nur zulässig, wenn eine ausreichende betriebliche Altersversorgung besteht. Zur Problematik der rechtlichen Zulässigkeit einer Befristung der Arbeitsverträge leitender Angestellter sowie zu den Möglichkeiten einer vorzeitigen Beendigung aus altersbedingten Gründen vgl. iE *Säcker* RdA 1976, 91 ff.; *Schlüter/Belling* NZA 1988, 297; *Rumler* S. 124 ff., s. dort auch zur Bedeutung einer Abfindungsvereinbarung für die Wirksamkeit der Befristungsabrede (s.a. Rz 63). Zur Zulässigkeit von Altersgrenzen mittels einer sog. ablösenden Betriebsvereinbarung vgl. *BAG* 19.9.1985 EzA § 77 BetrVG 1972 Nr. 15.

Angestellte in leitender Stellung § 14 KSchG

2. Verhaltensbedingte Gründe

Besonderheiten im Bereich der **verhaltensbedingten** Kündigung (vgl. hierzu iE KR-*Griebeling* § 1 **45** KSchG Rz 395 ff.) ergeben sich daraus, dass die Rspr. bei leitenden Angestellten an den Inhalt der arbeitsvertraglichen Nebenpflichten idR höhere Anforderungen stellt. Dies gilt insbes. für die **Treuepflicht** (vgl. zum Fall des Vollmachtsmissbrauchs: *BAG* 26.11.1964 AP Nr. 53 zu § 626 BGB; zum Verstoß gegen das Schmiergeldverbot vgl. *BAG* 18.6.1963 AP Nr. 25 zu § 138 BGB). Die **Anzeigepflicht im Krankheitsfalle** weist insoweit einen Unterschied auf, als sich der leitende Angestellte zumindest dann nicht auf die Anzeige der krankheitsbedingten Arbeitsunfähigkeit beschränken darf, wenn seine Anwesenheit im Betrieb aus besonderem Anlass (zB wichtiger Besprechungstermin) geboten ist. In diesem Fall hat er den Arbeitgeber, soweit ihm dies aus Gesundheitsgründen nicht unmöglich ist, darüber zu unterrichten, was in seinem Aufgabenbereich geschehen soll (*BAG* 30.1.1976 EzA § 626 BGB nF Nr. 45). Ein Verstoß gegen diese Verpflichtung kann einen verhaltensbedingten Kündigungsgrund, uU auch einen wichtigen Grund iSd § 626 Abs. 1 BGB darstellen. Den leitenden Angestellten trifft weiterhin – auch ohne ausdrückliche arbeitsvertragliche Vereinbarung – eine gesteigerte **Überwachungspflicht** (*BAG* 12.5.1958 AP Nr. 5 zu § 611 BGB Treuepflicht); eine gesteigerte **Rechenschaftspflicht** insbes. bei Vertrauensstellungen (*BAG* 2.6.1960 AP Nr. 42 zu § 626 BGB; 22.11.1962 EzA § 626 BGB Nr. 3; 13.3.1964 AP Nr. 32 zu § 611 BGB Haftung des Arbeitnehmers); eine erhöhte **Sorgfalts-** und **Prüfungspflicht** (*BAG* 14.10.1970 EzA § 611 BGB Arbeitnehmerhaftung Nr. 3); eine gesteigerte **Offenbarungspflicht** bei Abschluss eines Arbeitsvertrages mit einem Konkurrenzunternehmen (*LAG Hamm* 14.2.1968 DB 1968, 1182) sowie eine erhöhte Verschwiegenheitspflicht. Zu Besonderheiten bei der **außerordentlichen Kündigung** vgl. *Becker* ZIP 1981, 1173 sowie *Martens* Das Arbeitsrecht der leitenden Angestellten, 1982, S. 227 ff. (s.a. *OLG Köln* 21.1.1994 RzK I 6a Nr. 107). Zur Anwendung des § 626 BGB auf organschaftliche Vertreter vgl. *BGH* 19.5.1980 GmbH-Rdsch. 1981, 156; 17.3.1980 GmbH-Rdsch. 1981, 157; 29.1.1981 GmbH-Rdsch. 1981, 158; 13.2.1995 DB 1995, 970; *OLG Frankf.* 24.11.1992 DB 1993, 2324; *OLG München* 23.2.1994 DB 1994, 828; *OLG Düsseld.* 15.11.1984 ZIP 1984, 1476; zur Abmahnung s. *Horstmeier* GmbHR 2006, 400; s. iE *Baumbach/Hueck-Zöllner* § 35 Rz 115 ff.; *Scholz/Schneider* § 35 Rz 231 ff.

Verlangt die Belegschaft oder ein Teil davon unter der Androhung der Arbeitsniederlegung vom Arbeitgeber die Entlassung eines leitenden Angestellten, so finden die Grundsätze über die sog. **Druckkündigung** uneingeschränkt Anwendung (vgl. zu diesem Rechtsinstitut *BAG* 18.9.1975 AP Nr. 10 zu § 626 BGB Druckkündigung; 19.6.1986 EzA § 1 KSchG Betriebsbedingte Kündigung Nr. 39; KR-*Griebeling* § 1 KSchG Rz 297). **46**

3. Betriebsbedingte Gründe

Im Bereich der **betriebsbedingten Kündigung** (vgl. hierzu iE KR-*Griebeling* § 1 KSchG Rz 514 ff.) gel- **47** ten für leitende Angestellte grds. keine Besonderheiten (vgl. etwa *BAG* 27.9.2001 EzA § 14 KSchG Nr. 6; 10.10.2002 EzA § 1 KSchG Betriebsbedingte Kündigung Nr. 122 – jeweils zur Einführung einer neuen Führungsstruktur; *Diringer* AuA 2006, 19; *Vogel* NZA 2002, 315f.). Eine Sozialauswahl gem. § 1 Abs. 3 KSchG ist an sich gleichfalls gefordert, dürfte häufig aber wegen fehlender Vergleichbarkeit entfallen (s.a. *Vogel* NZA 2002, 316). Das durch das EG-Anpassungsgesetz v. 13.8.1980 (BGBl. I S. 1308) eingefügte Kündigungsverbot des § 613a Abs. 4 BGB bezieht sich auch auf leitende Angestellte iSd § 14 Abs. 2 KSchG (ebenso *Kaiser* AR-Blattei SD 70.2 Rz 105; *Löwisch* Rz 34; s.a. KR-*Pfeiffer* § 613a Rz 10). Die frühere Rspr. des BAG (vgl. etwa *BAG* 18.2.1960 EzA § 419 BGB Nr. 1), wonach den leitenden Angestellten grds. aus Anlass der Betriebsübernahme ordentlich gekündigt werden konnte, ist damit gegenstandslos geworden (vgl. *Martens* Das Arbeitsrecht der leitenden Angestellten, 1982, S. 222 ff.). § 613a Abs. 4 BGB enthält einen eigenen Unwirksamkeitsgrund. Die wegen Verstoßes gegen dieses Verbot unwirksame Kündigung ist also nicht (nur) sozialwidrig. Wenn man davon ausgeht, dass die Auflösung des Arbeitsverhältnisses auf Antrag des Arbeitgebers nur dann in Betracht kommt, wenn die Sozialwidrigkeit der alleinige Unwirksamkeitsgrund ist (KR-*Spilger* § 9 KSchG Rz 27; s. aber auch Rz 38b), scheidet eine Auflösung auch des Arbeitsverhältnisses des leitenden Angestellten in diesem Falle aus (*Schipp* S. 170 und 187 ff.; so wohl auch *Rumler* S. 92, 93, die allerdings bei entsprechend gestörtem Vertrauensverhältnis für die Möglichkeit einer »Verdachtskündigung« plädiert). Keine Anwendung findet § 613a BGB im Übrigen auf das Beschäftigungsverhältnis eines Organvertreters iSv § 14 Abs. 1 KSchG (*BAG* 13.2.2003 EzA § 613a BGB 2002 Nr. 2).

Ein aufgrund von § 112 Abs. 1 BetrVG vereinbarter **Sozialplan** gilt nicht mit unmittelbarer Wirkung **47a** für leitende Angestellte iSv § 5 Abs. 3 BetrVG (*BAG* 31.1.1979 EzA § 5 BetrVG 1972 Nr. 39; 16.7.1985 EzA

§ 112 BetrVG 1972 Nr. 38). Auf Arbeitnehmer, die zwar nach § 14 Abs. 2 KSchG, nicht aber nach § 5 Abs. 3 BetrVG leitende Angestellte sind, gelangen die Regelungen eines Sozialplans, sofern dieser Personenkreis nicht ausdrücklich ausgeschlossen ist, uneingeschränkt zur Anwendung. Nach der Rspr. des *BAG* (16.7.1985 EzA § 112 BetrVG 1972 Nr. 38 unter Aufgabe von *BAG* 31.1.1979 aaO) ist der Arbeitgeber nach dem arbeitsrechtlichen **Gleichbehandlungsgrundsatz** nicht verpflichtet, den leitenden Angestellten iSd § 5 Abs. 3 BetrVG ebenso wie den von einem **Sozialplan** begünstigten Arbeitnehmern eine Abfindung für den Verlust ihres Arbeitsplatzes zu zahlen.

48 Soweit in Betrieben **personelle Auswahlrichtlinien** iSd § 95 BetrVG bestehen, gelten diese nicht für leitende Angestellte iSd § 5 Abs. 3 BetrVG. Bei dem zuletzt genannten Personenkreis kann sich daher auch keine Sozialwidrigkeit der Kündigung gem. § 1 Abs. 2 S. 2 Nr. 1a KSchG ergeben. Für Arbeitnehmer, die zwar leitende Angestellte iSd § 14 Abs. 2 KSchG, nicht aber iSd § 5 Abs. 5 BetrVG sind, gelangen dagegen personelle Auswahlrichtlinien iSd § 95 BetrVG zur Anwendung, so dass ein Verstoß gegen diese Grundsätze gem. § 1 Abs. 2 Nr. 1a KSchG die Sozialwidrigkeit der Kündigung begründen kann. Bei solchen Arbeitnehmern kann der Betriebsrat aus den in § 102 Abs. 3 Nr. 5 BetrVG geregelten Gründen einer beabsichtigten Kündigung widersprechen. Bei dem zuletzt erwähnten Personenkreis kann daher ein frist- und ordnungsgemäß erhobener Widerspruch die Sozialwidrigkeit der Kündigung nach § 1 Abs. 2 S. 2 Nr. 1b S. 3 KSchG begründen.

48a Werden leitende Angestellte konzernbezogen, dh ständig und nicht nur ausnahmsweise bei verschiedenen Konzernunternehmen aufgrund einer entsprechenden arbeitsvertraglichen Versetzungsklausel beschäftigt, so kann sich der allg. Kündigungsschutz (insbes. bei betriebsbedingten Kündigungen) auf den gesamten **Konzernbereich** erstrecken (vgl. *Löwisch/Spinner* Rz 30; *Martens* BAG-FS 1979, S. 367, 376 ff.; *ders.* Das Arbeitsrecht der leitenden Angestellten, 1982, S. 222; *Rehbinder* Konzernaußenrecht und allg. Privatrecht, 1969, S. 472; vgl. auch *Rumler* S. 88; s.a. *Rost* FS Schwerdtner, S. 169; *Bayreuther* NZA 2006, 819). Steht der leitende Angestellte mit mehreren Konzernunternehmen in arbeitsvertraglichen Beziehungen, so kann uU ein sog. **einheitliches Arbeitsverhältnis** anzunehmen sein (vgl. *BAG* 27.3.1981 EzA § 611 BGB Nr. 25; krit. hierzu *Schwerdtner* ZIP 1982, 900). Soweit das *BAG* (27.11.1991 EzA § 1 KSchG Betriebsbedingte Kündigung Nr. 72; 10.1.1994 EzA § 1 KSchG Betriebsbedingte Kündigung Nr 74) für die übrigen Arbeitnehmer anerkannt hat, dass bei bestimmten Sachverhaltsgestaltungen (zB bei entsprechenden arbeitsvertraglichen Vereinbarungen) ausnahmsweise eine konzernbezogene Betrachtung geboten sei, gelten diese Grundsätze auch für leitende Angestellte iSd § 14 Abs. 2 S. 1 KSchG.

4. Änderungskündigung

48b Die Vorschriften über die ordentliche **Änderungskündigung** (§ 2, § 4 S. 2 und § 8 KSchG) gelten uneingeschränkt auch für leitende Angestellte iSd § 14 Abs. 2 S. 1 KSchG (ebenso *Löwisch/Spinner* Rz 31; *Rumler* S. 118 ff.). Die für den Arbeitgeber gem. § 14 Abs. 2 S. 2 KSchG bestehende erleichterte Auflösungsmöglichkeit gilt bei einer sozialwidrigen Änderungskündigung jedenfalls dann, wenn der leitende Angestellte das Änderungsangebot nicht oder nicht fristgemäß angenommen hat (*BAG* 29.1.1981 EzA § 9 KSchG nF Nr. 10; s.a. Rz 39a). Hinsichtlich der Zulässigkeit einer außerordentlichen Änderungskündigung gelten für leitende Angestellte iSd § 14 Abs. 2 S. 2 KSchG keine Besonderheiten (vgl. KR-*Rost* § 2 KSchG Rz 30 ff.; KR-*Fischermeier* § 626 BGB Rz 198 ff.).

IV. Bürgerlich-rechtliche Unwirksamkeitsgründe

49 Die sich aus dem **Bürgerlichen Recht** ergebenden **Unwirksamkeitsgründe** (zB §§ 138, 242, 125, 174, 180, 623 BGB) gelten uneingeschränkt auch für Kündigungen von leitenden Angestellten. Dies gilt ebenso für **schuldrechtliche Kündigungsbeschränkungen**, nach denen das ordentliche Kündigungsrecht ausgeschlossen ist. Derartige Kündigungsbeschränkungen können sich auch ohne besondere Vereinbarung aus den Umständen ergeben, und zwar insbes. bei leitenden Angestellten (*BAG* 12.10.1954 AP Nr. 1 zu § 52 Regelungsgesetz).

50 Alle Unwirksamkeitsgründe können nach der zum 1.1.2004 in Kraft getretenen Neuregelung des § 4 KSchG nur noch innerhalb von drei Wochen nach Zugang der schriftlichen Kündigung geltend gemacht werden (s. dazu iE KR-*Friedrich* § 4 KSchG Rz 136 ff.; KR-*Rost* § 7 KSchG Rz 3a - c). Die Neuregelung gilt – wie bisher schon die vergleichbare Regelung des zum 31.12.2003 außer Kraft getretenen § 113 Abs. 2 InsO aF – auch für leitende Angestellte.

V. Massenkündigungsschutz (§ 17 Abs. 3 Nr. 3 KSchG)

Vom **Massenkündigungsschutz** sind die in § 14 Abs. 2 KSchG genannten leitenden Angestellten ausgenommen (§ 17 Abs. 5 Nr. 3 KSchG). Als unvereinbar mit der EG-Richtlinie über Massenentlassungen v. 17.2.1975 – 75/129 EWG – sieht *Rumler* (S. 134 ff.) diesen Ausschluss an (s. dazu auch KR-*Weigand* § 17 KSchG Rz 30). Dieser Ausschluss bezieht sich nicht auf Arbeitnehmer, denen nach anderen gesetzlichen Bestimmungen (zB § 5 Abs. 3 BetrVG, § 1 Abs. 3 AZO; § 2 Abs. 2 Nr. 2 der 2. DVO zum ArbNErfG) der Status eines leitenden Angestellten zukommt (vgl. hierzu iE KR-*Weigand* § 17 KSchG Rz 30). Ebenfalls ausgenommen vom Massenkündigungsschutz sind die Organvertreter (§ 17 Abs. 5 Nr. 1 und Nr. 2 KSchG). 51

VI. Kollektiver Kündigungsschutz

Das **kollektive Kündigungsschutzrecht** des **BetrVG** (§§ 102, 103 BetrVG) findet auf solche Arbeitnehmer keine Anwendung, die zu den leitenden Angestellten iSd § 5 Abs. 3 BetrVG gehören. Diesem Personenkreis steht daher auch kein vorläufiger Weiterbeschäftigungsanspruch nach § 102 Abs. 5 BetrVG zu (vgl. *Säcker* RdA 1976, 98; *Martens* Das Arbeitsrecht der leitenden Angestellten, 1982, S. 241; *Rumler* S. 197; *Schipp* S. 219; **aA** *Wagner* BB 1975, 1401, der in der Nichtzuerkennung eines vorläufigen Weiterbeschäftigungsanspruchs einen Verstoß gegen Art. 3 Abs. 1 GG erblickt). Nach § 105 BetrVG hat der Arbeitgeber dem Betriebsrat die beabsichtigte Kündigung rechtzeitig mitzuteilen. Zur Beteiligung des Sprecherausschusses s.u. Rz 56a. 52

Auf diejenigen Arbeitnehmer, die lediglich nach § 14 Abs. 2 KSchG, nicht dagegen nach § 5 Abs. 3 BetrVG leitende Angestellte sind, findet das kollektive Kündigungsschutzrecht des BetrVG dagegen uneingeschränkt Anwendung (ebenso *Wagner* BB 1975, 1402). Dies gilt auch für den bestandsunabhängigen **Weiterbeschäftigungsanspruch** nach § 102 Abs. 5 BetrVG. Ein arbeitsvertraglicher Weiterbeschäftigungsanspruch während des Kündigungsprozesses steht dem leitenden Angestellten iSd § 14 Abs. 2 S. 1 KSchG nur so lange zu, bis der Arbeitgeber einen Auflösungsantrag nach § 14 Abs. 2 S. 2 iVm § 9 Abs. 1 S. 2 KSchG gestellt hat. Bis zur Stellung des arbeitgeberseitigen Auflösungsantrages gelten die vom Großen Senat des *BAG* (27.2.1985 EzA § 611 BGB Beschäftigungspflicht Nr. 9) aufgestellten Grundsätze (*Rumler* S. 114 ff.; **aA** *Löwisch/Spinner* Rz 27; *Kaiser* AR-Blattei SD 70.2 Rz 91a; KPK-*Bengelsdorf* Teil H Rz 39, nach denen der Arbeitgeber überhaupt nicht zur Weiterbeschäftigung während des Kündigungsrechtsstreits verpflichtet sein soll). Scheitert der Auflösungsantrag aber, weil die Kündigung nicht nur sozialwidrig, sondern auch noch aus einem anderen Rechtsgrund unwirksam ist, bleibt es bei dem grds. Weiterbeschäftigungsanspruch während des noch laufenden Kündigungsrechtsstreits (zu Recht *Rumler* S. 169; ähnlich wohl auch *Schipp* S. 206 ff.; zur Abbedingung des Weiterbeschäftigungsanspruches s. *Fischer* NZA 2006, 236). Bei der Abwägung, ob überwiegende Interessen des Arbeitgebers gegen die Weiterbeschäftigung sprechen, kann allerdings die besondere Stellung des leitenden Angestellten berücksichtigt werden. 53

Im Rahmen des **Kündigungsrechtsstreits** ist bei Streit über die Rechtsstellung des Arbeitnehmers als **Vorfrage** zu klären, ob ein Arbeitnehmer leitender Angestellter nach § 5 Abs. 3 BetrVG gewesen ist und der Arbeitgeber deshalb den Betriebsrat nicht nach § 102 Abs. 1 BetrVG anzuhören brauchte (*BAG* 19.8.1975 EzA § 102 BetrVG 1972 Nr. 15). Dabei trägt der Arbeitgeber die Darlegungs- und Beweislast dafür, dass die von ihm einzuleitende Anhörung des Betriebsrats nach § 102 Abs. 1 BetrVG deswegen unterbleiben durfte, weil es um die Kündigung eines leitenden Angestellten iSd § 5 Abs. 3 BetrVG geht, bei dem eine Verletzung der Mitteilungspflicht nach § 105 BetrVG nicht zur Unwirksamkeit der Kündigung führt. Ist in einem Kündigungsschutzprozess streitig, ob der Arbeitnehmer leitender Angestellter iSd § 5 Abs. 3 BetrVG ist und hat das ArbG diese Frage verneint und die angegriffene Kündigung ohne Prüfung der Kündigungsgründe allein wegen der unterbliebenen Anhörung des Betriebsrates gem. § 102 Abs. 1 BetrVG für unwirksam erachtet, so darf das LAG, wenn es den Arbeitnehmer für einen leitenden Angestellten hält, den Rechtsstreit nicht zur Prüfung der Kündigungsgründe an das ArbG zurückverweisen. Auch eine entsprechende Anwendung des § 538 Abs. 1 ZPO ist in einem solchen Fall nicht möglich (vgl. *BAG* 4.7.1978 EzA § 68 ArbGG Nr. 1). 54

Der von der Rspr. des BAG aufgestellte Grundsatz (vgl. *BAG* 28.2.1974 EzA § 102 BetrVG 1972 Nr. 8), wonach in der Mitteilung der Kündigungsabsicht regelmäßig die Aufforderung des Arbeitgebers an den Betriebsrat liegt, zu der beabsichtigten Kündigung Stellung zu nehmen, gilt dann nicht, wenn die Beteiligten sich im unklaren sind, ob der Arbeitnehmer, dem gekündigt werden soll, leitender Angestellter iSd § 5 Abs. 3 BetrVG ist. In diesen Fällen muss der Arbeitgeber dem Betriebsrat eindeutig zu 54a erkennen geben, dass er nicht nur eine Mitteilung nach § 105 BetrVG bezweckt, sondern zugleich – zumindest vorsorglich – auch das Anhörungsverfahren nach § 102 Abs. 1 BetrVG einleiten will (*BAG* 26.5.1977 EzA § 59 KO Nr. 4). Es ist aber nicht erforderlich, dass der Arbeitgeber den Betriebsrat wörtlich zur Stellungnahme nach Maßgabe des § 102 BetrVG auffordert (*BAG* 7.12.1979 EzA § 102 BetrVG Nr. 42).

55 Die Anwendbarkeit von **tarifvertraglichen Kündigungsbeschränkungen** (zB Rationalisierungsschutz-Abkommen) auf leitende Angestellte hängt davon ab, ob der betreffende Personenkreis in den persönlichen Geltungsbereich des Tarifvertrages einbezogen ist. Dies ist ggf. durch Auslegung der entsprechenden Tarifnorm zu ermitteln (s.a. *Vogel* NZA 2002, 317).

VII. Besonderer Kündigungsschutz

1. Sonderkündigungsschutz nach § 15 KSchG

56 Nach der Ansicht des BAG haben leitende Angestellte im Aufsichtsrat in dieser Eigenschaft **keinen** dem **§ 15 KSchG** entsprechenden **besonderen Kündigungsschutz** (*BAG* 4.4.1974 EzA § 15 KSchG nF Nr. 1; ebenso die hM im Schrifttum, vgl. *Fitting/Wlotzke/Wißmann* § 26 Rz 16; *Hanau/Ulmer* § 26 Rz 14; *Hoffmann/Lehmann/Weinmann* § 26 Rz 16; *KDZ-Kittner* Rz 9; *Martens* Das Arbeitsrecht der leitenden Angestellten, 1982, S. 224 f.; *Raiser* § 26 Rz 5; *Schipp* S. 153 ff.; *Vogel* NZA 2002, 317; **aA** die **analoge Anwendung** des **§ 15 KSchG** bejahend *Naendrup* AuR 1979, 204; *Reich/Lewerenz* AuR 1976, 362). Als **Mitglied** des **Sprecherausschusses** gehören leitende Angestellte auch nicht zu dem durch § 15 KSchG geschützten Personenkreis. Eine analoge Anwendung der zuletzt genannten Vorschriften ist mangels Vorliegens einer Regelungslücke abzulehnen (vgl. *Martens* aaO).

56a Vor jeder Kündigung eines leitenden Angestellten ist aber der **Sprecherausschuss zu hören**, § 31 Abs. 2 SprAuG. Eine ohne Anhörung erfolgte Kündigung ist gem. § 31 Abs. 2 S. 3 SprAuG unwirksam (*BAG* 27.9.2001 EzA § 14 KSchG Nr. 6; *Diringer* AuA 2006, 22; *Vogel* NZA 2002, 317).

57 Die Unwirksamkeit der Kündigung gegenüber einem leitenden Angestellten im Aufsichtsrat kann sich aber aus dem gesetzlichen **Benachteiligungsverbot** des § 26 MitbestG ergeben (vgl. *Fitting/Wlotzke/Wißmann* § 26 Rz 20; *Lux* Mitbestimmungsgesetz, S. 181; *Raiser* aaO; *Schipp* S. 156). Eine (außerordentliche oder ordentliche) Kündigung ist daher unwirksam, wenn sie allein wegen oder im Zusammenhang mit der Tätigkeit im Aufsichtsrat erfolgt. Nur wenn dem leitenden Angestellten zugleich eine Verletzung der arbeitsvertraglichen Pflichten vorgeworfen werden kann, ist eine (außerordentliche oder ordentliche) Kündigung möglich. Die Mitgliedschaft im Aufsichtsrat stellt aber einen Umstand dar, der im Rahmen der Interessenabwägung zugunsten des leitenden Angestellten zu berücksichtigen ist (ebenso *Fitting/Wlotzke/Wißmann* § 26 Rz 22; *Raiser* aaO; *Martens* aaO; **aA** *Hoffmann/Lehmann/Weinmann* § 26 Rz 19).

58 Von der Geltung des § 15 KSchG nicht ausgenommen sind dagegen solche leitenden Angestellten iSd § 14 Abs. 2 KSchG, die nicht zugleich leitende Angestellte nach § 5 Abs. 3 BetrVG sind, sofern sie zu den in § 15 KSchG genannten betriebsverfassungsrechtlichen Funktionsträgern gehören.

2. Schwerbehinderten-Kündigungsschutz

59 Der in §§ 85 ff. SGB IX geregelte **besondere Kündigungsschutz** für **schwerbehinderte Menschen** gilt auch für leitende Angestellte iSd § 14 Abs. 2 KSchG (allg. Ansicht; vgl. etwa *Gröninger/Thomas* § 15 Rz 3). Die in § 14 Abs. 1 KSchG genannten Organvertreter fallen dagegen nicht unter den besonderen Kündigungsschutz der §§ 85 ff. SGB IX. Auf Arbeitnehmer, die zwar nicht leitende Angestellte iSd § 14 Abs. 2 KSchG sind, denen aber ein entsprechender Rechtsstatus nach anderen Bestimmungen (zB § 5 Abs. 3 BetrVG, § 1 Abs. 2 AZO) zukommt, gelangt der besondere Kündigungsschutz der §§ 85 ff. SGB IX ebenfalls zur Anwendung. Allgemein zur Frage der Einbeziehung der leitenden Angestellten in den Schwerbehindertenschutz vgl. *Bayer* DB 1990, 933.

3. Mutterschutzrechtlicher Kündigungsschutz

60 Arbeitnehmerinnen, die gem. § 14 Abs. 2 KSchG, § 5 Abs. 3 BetrVG oder nach § 1 Abs. 2 AZO als leitende Angestellte anzusehen sind, unterliegen dem **mutterschutzrechtlichen Kündigungsschutz** nach § 9 MuSchG (allg. Ansicht: vgl. etwa *Bulla/Buchner* § 1 Rz 25 sowie *Gröninger/Thomas* § 1 Rz 9). Da die in § 14 Abs. 1 Nr. 1 und Nr. 2 KSchG genannten Personen im Rahmen eines selbständigen Dienstverhältnisses nicht dagegen im Rahmen eines Arbeitsverhältnisses tätig sind, findet auf sie der mutterschutz-

rechtliche Kündigungsschutz keine Anwendung (aA *Miller* ZIP 1981, 582 unter Hinweis auf eine fehlende Ausschlussklausel).

4. Sonderkündigungsschutz nach § 18 BErzGG

Der in § 18 BErzGG geregelte **besondere Kündigungsschutz** für **Erziehungsurlaubsberechtigte** (vgl. hierzu KR-*Bader* § 18 BEEG Rz 10 ff.) gilt auch für leitende Angestellte iSd § 14 Abs. 2 S. 1 KSchG. 60a

VIII. Kündigungsfristen

Die in § 622 Abs. 1 S. 1 BGB in der bis zum 14.10.1993 geltenden Fassung vorgesehene regelmäßige Kündigungsfrist von sechs Wochen zum Schluss eines Kalendervierteljahres war auch auf leitende Angestellte anwendbar. Dies galt ebenso für die gesetzliche Mindestkündigungsfrist von einem Monat zum Schluss eines Kalendermonats (§ 622 Abs. 1 S. 2 BGB aF). Nach der Ansicht des *BGH* (29.1.1981 DB 1981, 982) galt für die Kündigung des Dienstverhältnisses des Geschäftsführers einer GmbH – mindestens dann, wenn dieser am Kapital der GmbH nicht beteiligt war – in entsprechender Anwendung des § 622 Abs. 1 S. 1 BGB aF die Kündigungsfrist von sechs Wochen zum Schluss eines Kalendervierteljahres. Im Urt. v. 11.5.1981 hatte der *BGH* (DB 1981, 1661) entschieden, dass die gesetzliche Mindestfrist von einem Monat zum Schluss eines Kalendermonats (§ 622 Abs. 1 S. 2 BGB aF) auch für Vorstandsmitglieder einer Aktiengesellschaft und Geschäftsführer einer GmbH zumindest dann galt, wenn sie nicht an der Gesellschaft maßgeblich beteiligt waren (vgl. auch *ArbG Bayreuth* 9.12.1982 BB 1983, 379). 61

Die in dem mit Ablauf des 14.10.1993 außer Kraft getretenen § 2 AngKSchG festgelegten längeren Kündigungsfristen galten auch für leitende Angestellte (vgl. *Etzel* KR 3. Aufl., §§ 1, 2 AngKSchG Rz 3). Streitig war dagegen, ob und ggf. unter welchen Voraussetzungen organschaftliche Vertreter von juristischen Personen oder gesetzliche Vertreter von Personengesamtheiten unter die Vorschrift des § 2 AngKSchG fielen. In dem Urt. v. 16.12.1953 hatte der *BGH* (BB 1954, 130) die Anwendbarkeit des § 2 AngKSchG auf Vorstandsmitglieder einer Aktiengesellschaft verneint. Nach der Ansicht des *BAG* (16.12.1983 AP Nr. 8 zu § 2 AngKSchG) war der Geschäftsführer einer GmbH, der zu 75 vH am Stammkapital der Gesellschaft beteiligt ist, nicht Angestellter iSd §§ 1, 2 AngKSchG. Geschäftsführer einer GmbH, die an der Gesellschaft wirtschaftlich nicht beteiligt (sog. Fremdgeschäftsführer) und in ihrer Geschäftsführung von den Weisungen der Gesellschafter abhängig und nach den §§ 2, 3 AVG versicherungspflichtig sind, gehörten zu den Angestellten iSd § 1 AngKSchG (*BAG* 27.6.1985 DB 1986, 2132). In der Literatur war die Anwendbarkeit des AngKSchG auf wirtschaftlich abhängige Organvertreter umstritten (bejahend *Bauer* DB 1979, 2178; *ders.* GmbH-Rdsch. 1981, 16; *Miller* BB 1979, 2178; aA *Tillmann* GmbH-Rdsch. 1975, 14). 62

Mit der zum 15.10.1993 in Kraft getretenen Neuregelung der Kündigungsfristen durch das KündFG v. 7.10.1993 (BGBl. I S. 1668) sind die Fristen für Arbeiter und Angestellte vereinheitlicht worden. Als Grundkündigungsfrist gilt nunmehr eine Frist von vier Wochen zum 15. des Monats oder zum Monatsende; § 622 Abs. 1 BGB. An die Stelle der verlängerten Kündigungsfristen des AngKSchG sind die Fristen des § 622 Abs. 2 BGB getreten. Diese Fristen sind entsprechend der früheren Rspr. zum AngKSchG (s. Rz 62) auch auf die Beschäftigungsverhältnisse wirtschaftlich abhängiger Organvertreter anzuwenden (so auch APS-*Linck* § 622 BGB Rz 22; *Bauer/Rennpferd* AR-Blattei SD 1010.5 Rz 354; *Bauer* BB 1994, 856; *Reiserer* DB 1994, 1822; aA *Boemke* ZfA 1998, 233; *Hümmerich* NJW 1995, 1177, der allerdings in dieser Schlechterstellung einen Verstoß gegen Art. 3 GG sieht; s. iE KR-*Spilger* § 622 BGB Rz 66). Erfasst werden dürfen dabei nunmehr nicht nur GmbH-Geschäftsführer, sondern auch Vorstandsmitglieder, da die frühere Verweisung des § 1 AngKSchG auf das Sozialversicherungsrecht (nach dem abhängige Geschäftsführer, nicht aber Vorstandsmitglieder der Sozialversicherungspflicht unterfielen) in § 622 BGB nicht mehr enthalten ist. Bleibt man bei der grds. Anwendung der Arbeitnehmerfristen auf abhängige Organvertreter, besteht kein Grund mehr für eine Differenzierung zwischen Geschäftsführern und Vorstandsmitgliedern (*Bauer* aaO; *Reiserer* S. 74; *Staudinger/Preis* § 620 BGB Rz 14). 62a

IX. Befristung

Die von dem BAG aufgestellten Grundsätze zur Zulässigkeit von **befristeten Arbeitsverträgen** (vgl. KR-*Lipke* § 620 BGB Rz 62 ff.) gelangten auch auf die leitenden Angestellten iSd § 14 Abs. 2 S. 1 KSchG zur Anwendung. Auch bei dieser Arbeitnehmergruppe war der Abschluss von Zeitverträgen grds. 63 nur zulässig, wenn ein sachlicher Grund für die Befristung und ihre Dauer vorlag. Dies galt auch für Befristungen, die an bestimmte **Altersgrenzen** (zB an das 60. Lebensjahr) anknüpften (vgl. hierzu *Lipke* KR 5. Aufl., § 620 BGB Rz 188 ff. sowie *Säcker* RdA 1976, 97 ff.). Aus der Besonderheit, dass § 14 Abs. 2 S. 2 KSchG letztlich keinen Bestandsschutz, sondern nur einen Schutz durch Abfindung gewährt, wurde gefolgert, dass eine die Unwirksamkeit der Befristung nach sich ziehende Umgehung dieses Schutzes dann nicht vorlag, wenn die Parteien mit der Befristungsabrede eine Abfindungsvereinbarung verbunden hatten (HK-*Dorndorf* Rz 34; *Kaiser* AR-Blattei SD 70.2 Rz 96; *Rumler* S. 124 f.; *Staudinger/Preis* § 620 BGB Rz 71). Diese Abfindung musste aber der gem. § 10 KSchG vorgesehenen Abfindung mindestens gleichwertig sein (vgl. iE *Lipke* KR 5. Aufl., § 620 BGB Rz 100, 101). Nach Ablösung der richterrechtlichen Befristungskontrolle durch das TzBfG gelten ab 1.1.2001 **nunmehr auch für die leitenden Angestellten nur noch die Befristungsregelungen der §§ 14 ff. TzBfG** (s. iE KR-*Lipke* § 14 TzBfG). Soweit sich die in § 14 Abs. 1 KSchG erwähnten organschaftlichen Vertreter in einem Dienstverhältnis befinden (§§ 611, 675 BGB, unterliegen Zeitverträge keiner richterlichen Befristungskontrolle (vgl. *Baumbach/Hueck-Zöllner* § 35 Rz 114).

X. Rechtsweg

64 Für Kündigungsrechtsstreitigkeiten der in § 14 Abs. 2 S. 1 KSchG erwähnten **leitenden Angestellten** sind die **Gerichte für Arbeitssachen** nach § 2 Abs. 1 Nr. 3 ArbGG **ausschließlich zuständig**. Dies gilt auch für sonstige Streitigkeiten aus dem Arbeitsverhältnis (zB wegen der Arbeitsvergütung).

65 Bei den **organschaftlichen Vertretern** iSd § 14 Abs. 1 KSchG ist die Vorschrift des § 5 Abs. 1 S. 3 ArbGG zu beachten. Die in der zuletzt genannten Bestimmung enthaltene negative Fiktion hat zur Folge, dass die dort bezeichneten organschaftlichen Vertreter ohne Rücksicht darauf, ob das der organschaftlichen Stellung zugrunde liegende Rechtsverhältnis als Arbeitsverhältnis angesehen werden müsste, allein wegen ihrer organschaftlichen Funktion **nicht** dem **Zuständigkeitsbereich** der **Gerichte für Arbeitssachen** unterliegen (*BAG* 21.2.1994 EzA § 2 ArbGG 1979 Nr. 28; 10.12.1996 EzA § 2 ArbGG 1979 Nr. 35; 6.5.1999 EzA § 5 ArbGG 1979 Nr. 33; s. jetzt auch *BAG* 20.8.2003 EzA § 5 ArbGG 1979 Nr. 38 = BB 2003, 2354 m. Anm. *Graef*). Dieser Ausschluss der sachlichen Zuständigkeit der Gerichte für Arbeitssachen gilt auch dann, wenn der Organvertreter an sich wegen wirtschaftlicher Unselbständigkeit als arbeitnehmerähnliche Person iSd § 5 Abs. 1 S. 2 Hs. 2 ArbGG anzusehen wäre (*BAG* 9.5.1985 aaO; aA *LAG Frankf.* 22.2.1984 AuR 1985, 133) oder wenn der Geschäftsführer geltend macht, er sei wegen seiner eingeschränkten Kompetenz in Wirklichkeit Arbeitnehmer gewesen (*BAG* 6.5.1999 EzA § 5 ArbGG 1979 Nr. 33). Für Kündigungsrechtsstreitigkeiten der in § 5 Abs. 1 S. 3 ArbGG erwähnten organschaftlichen Vertreter sind die **ordentlichen Gerichte zuständig**. Besteht das **Arbeitsverhältnis** eines **ehemaligen Angestellten** während der Organstellung als **ruhendes fort** (s. dazu jetzt aber o. Rz 6-6c), so ist der **Rechtsweg zu den Gerichten** für **Arbeitssachen** für die Entsch. über die gegen die Kündigung des Arbeitsverhältnisses erhobene Klage auch dann gegeben, wenn die Kündigung gleichzeitig mit der Abberufung als organschaftliche Vertreter erklärt wird (*BAG* 12.3.1987 DB 1987, 2659; vgl. auch *BAG* 21.2.1994 EzA § 2 ArbGG 1979 Nr. 28; 10.12.1996 EzA § 2 ArbGG 1979 Nr. 36; 18.12.1996 EzA § 2 ArbGG 1979 Nr. 35). Berufung und Revision können nicht darauf gestützt werden, dass der beschrittene Rechtsweg zu den ArbG nicht gegeben ist, § 73 Abs. 2 iVm § 65 ArbGG in der seit dem 1.1.1991 geltenden Fassung. Diese Frage ist vielmehr vorab in dem besonderen Verfahren nach § 17a GVG zu klären, § 48 ArbGG. Zur Rechtswegzuständigkeit bei Kündigung des Anstellungsvertrages eines GmbH-Geschäftsführers vgl. iE *Grunsky* ZIP 1988, 76; *Schwab* NZA 1987, 839; *Jaeger* NZA 1998, 961. Bei einer Klage des abberufenen Vorstandsmitgliedes einer Aktiengesellschaft gegen eine auf Pflichtverletzungen als Vorstand gestützte Kündigung wird die Aktiengesellschaft auch dann durch den Aufsichtsrat vertreten (§ 112 AktG), wenn zugleich die Fortsetzung eines ruhenden Arbeitsverhältnisses geltend gemacht wird (*BAG* 4.7.2001 EzA § 112 AktG Nr. 3 m. Anm. *Gravenhorst*); die gegen die AG – vertreten durch den Vorstand – gerichtete Klage ist unzulässig (*BAG* 4.7.2001 EzA § 112 AktG Nr. 3, s.a. *Kauffmann-Lauven* NJW 2000, 799, 801).

Zweiter Abschnitt
Kündigungsschutz im Rahmen der Betriebsverfassung und Personalvertretung

§ 15 Unzulässigkeit der Kündigung (1) ¹Die Kündigung eines Mitglieds eines Betriebsrats, einer Jugend- und Auszubildendenvertretung, einer Bordvertretung oder eines Seebetriebsrats ist unzulässig, es sei denn, dass Tatsachen vorliegen, die den Arbeitgeber zur Kündigung aus wichtigem Grund ohne Einhaltung einer Kündigungsfrist berechtigen, und dass die nach § 103 des Betriebsverfassungsgesetzes erforderliche Zustimmung vorliegt oder durch gerichtliche Entscheidung ersetzt ist. ²Nach Beendigung der Amtszeit ist die Kündigung eines Mitglieds eines Betriebsrats, einer Jugend- und Auszubildendenvertretung oder eines Seebetriebsrats innerhalb eines Jahres, die Kündigung eines Mitglieds einer Bordvertretung innerhalb von sechs Monaten, jeweils vom Zeitpunkt der Beendigung der Amtszeit an gerechnet, unzulässig, es sei denn, dass Tatsachen vorliegen, die den Arbeitgeber zur Kündigung aus wichtigem Grund ohne Einhaltung einer Kündigungsfrist berechtigen; dies gilt nicht, wenn die Beendigung der Mitgliedschaft auf einer gerichtlichen Entscheidung beruht.
(2) ¹Die Kündigung eines Mitglieds einer Personalvertretung, einer Jugend- und Auszubildendenvertretung oder einer Jugendvertretung ist unzulässig, es sei denn, dass Tatsachen vorliegen, die den Arbeitgeber zur Kündigung aus wichtigem Grund ohne Einhaltung einer Kündigungsfrist berechtigen, und dass die nach dem Personalvertretungsrecht erforderliche Zustimmung vorliegt oder durch gerichtliche Entscheidung ersetzt ist. ²Nach Beendigung der Amtszeit der in Satz 1 genannten Personen ist ihre Kündigung innerhalb eines Jahres, vom Zeitpunkt der Beendigung der Amtszeit an gerechnet, unzulässig, es sei denn, dass Tatsachen vorliegen, die den Arbeitgeber zur Kündigung aus wichtigem Grund ohne Einhaltung einer Kündigungsfrist berechtigen; dies gilt nicht, wenn die Beendigung der Mitgliedschaft auf einer gerichtlichen Entscheidung beruht.
(3) ¹Die Kündigung eines Mitglieds eines Wahlvorstands ist vom Zeitpunkt seiner Bestellung an, die Kündigung eines Wahlbewerbers vom Zeitpunkt der Aufstellung des Wahlvorschlags an, jeweils bis zur Bekanntgabe des Wahlergebnisses unzulässig, es sei denn, dass Tatsachen vorliegen, die den Arbeitgeber zur Kündigung aus wichtigem Grund ohne Einhaltung einer Kündigungsfrist berechtigen, und dass die nach § 103 des Betriebsverfassungsgesetzes oder nach dem Personalvertretungsrecht erforderliche Zustimmung vorliegt oder durch eine gerichtliche Entscheidung ersetzt ist. ²Innerhalb von sechs Monaten nach Bekanntgabe des Wahlergebnisses ist die Kündigung unzulässig, es sei denn, dass Tatsachen vorliegen, die den Arbeitgeber zur Kündigung aus wichtigem Grund ohne Einhaltung einer Kündigungsfrist berechtigen; dies gilt nicht für Mitglieder des Wahlvorstands, wenn dieser durch gerichtliche Entscheidung durch einen anderen Wahlvorstand ersetzt worden ist.
(3a) ¹Die Kündigung eines Arbeitnehmers, der zu einer Betriebs-, Wahl- oder Bordversammlung nach § 17 Abs. 3, § 17a Nr. 3 Satz 2, § 115 Abs. 2 Nr. 8 Satz 1 des Betriebsverfassungsgesetzes einlädt oder die Bestellung eines Wahlvorstands nach § 16 Abs. 2 Satz 1, § 17 Abs. 4, § 17a Nr. 4, § 63 Abs. 3, § 115 Abs. 2 Nr. 8 Satz 2 oder § 116 Abs. 2 Nr. 7 Satz 5 des Betriebsverfassungsgesetzes beantragt, ist vom Zeitpunkt der Einladung oder Antragstellung an bis zur Bekanntgabe des Wahlergebnisses unzulässig, es sei denn, dass Tatsachen vorliegen, die den Arbeitgeber zur Kündigung aus wichtigem Grund ohne Einhaltung einer Kündigungsfrist berechtigen; der Kündigungsschutz gilt für die ersten drei in der Einladung oder Antragstellung aufgeführten Arbeitnehmer. ²Wird ein Betriebsrat, eine Jugend- und Auszubildendenvertretung, eine Bordvertretung oder ein Seebetriebsrat nicht gewählt, besteht der Kündigungsschutz nach Satz 1 vom Zeitpunkt der Einladung oder Antragstellung an drei Monate.
(4) Wird der Betrieb stillgelegt, so ist die Kündigung der in den Absätzen 1 bis 3 genannten Personen frühestens zum Zeitpunkt der Stillegung zulässig, es sei denn, dass ihre Kündigung zu einem früheren Zeitpunkt durch zwingende betriebliche Erfordernisse bedingt ist.
(5) ¹Wird eine der in den Absätzen 1 bis 3 genannten Personen in einer Betriebsabteilung beschäftigt, die stillgelegt wird, so ist sie in eine andere Betriebsabteilung zu übernehmen. ²Ist dies aus betrieblichen Gründen nicht möglich, so findet auf ihre Kündigung die Vorschrift des Absatzes 4 über die Kündigung bei Stillegung des Betriebs sinngemäß Anwendung.

§ 15 KSchG — Unzulässigkeit der Kündigung

Literatur

Fischer Kündigungsschutzrechtlicher Verdrängungswettbewerb – Betriebsratsmitglieder gegen Schwerbehinderte und vice versa, DB 2004, 2752; *Wroblewski* Kann die betriebliche Interessenvertretung gekündigt werden?, AiB 2005, 399.

Inhaltsübersicht

	Rz
A. Einleitung	1–10
I. Entstehungsgeschichte	1–8b
II. Zweck der Vorschrift	9, 10
B. Geschützter Personenkreis	11–12a
C. Begrenzung und Erstreckung des Schutzes auf alle Arten von Kündigungen	13–18a
D. Zulässigkeit einer außerordentlichen Kündigung	19–53
I. Zustimmung des Betriebsrats bzw. Personalrats oder ihre gerichtliche Ersetzung	19, 20
II. Der wichtige Kündigungsgrund	21–29a
III. Ausschlussfrist zur Geltendmachung eines wichtigen Grundes	30–32
IV. Wirksamkeitsvoraussetzungen bei Abgabe der Kündigungserklärung	33–36
V. Der Kündigungsschutzprozess	37–50
1. Mängel der Kündigung und ihre Geltendmachung	37–43
2. Nachschieben von Kündigungsgründen	44–49
a) Kündigungsgründe, die dem Arbeitgeber vor Ausspruch der Kündigung bekannt werden	45
b) Kündigungsgründe, die dem Arbeitgeber erst nach Ausspruch der Kündigung bekannt werden	46–48a
c) Neue Kündigung	49
3. Darlegungs- und Beweislast	50
VI. Suspendierung des Arbeitnehmers vor Kündigung	51
VII. Weiterbeschäftigung nach Kündigung	52
VIII. Amtsausübung vor und nach Ausspruch der Kündigung	53
E. Zulässigkeit einer ordentlichen Kündigung	54–77
I. Kündigungsverbot während der Amtszeit des geschützten Personenkreises	54, 55
II. Kündigungsverbot nach Ablauf der Amtszeit des geschützten Personenkreises bzw. nach Bekanntgabe des Wahlergebnisses	56–71
1. Allgemeines	56–59
2. Beendigung der Amtszeit (Mitglieder von Arbeitnehmervertretungen)	60–66
3. Bekanntgabe des Wahlergebnisses (Wahlvorstand, Wahlbewerber)	67–71
III. Beendigung des nachwirkenden Kündigungsschutzes	72
IV. Ausnahmen vom Kündigungsverbot	73–77
F. Kündigung bei Betriebsstilllegung	78–119
I. Begriff der Betriebsstilllegung	78–92
II. Weiterbeschäftigungsmöglichkeit in einem anderen Betrieb	93, 94
III. Mitwirkung des Betriebsrats bzw. Personalrats	95–97
IV. Ausspruch der Kündigung	98–108
1. Zeitpunkt der Kündigung	98, 99
2. Kündigungsfrist	100
3. Kündigungstermin	101–108
a) Grundsatz	101–102a
b) Zwingende betriebliche Erfordernisse	103–107
c) Freigestellte Betriebsrats- oder Personalratsmitglieder	108
V. Wirkung der Kündigung	109
VI. Der Kündigungsschutzprozess	110–114
1. Mängel der Kündigung und ihre Geltendmachung	110–112
2. Nachschieben von Kündigungsgründen	113
3. Darlegungs- und Beweislast	114
VII. Suspendierung des Arbeitnehmers vor Beendigung des Arbeitsverhältnisses	115, 116
VIII. Weiterbeschäftigung und Amtsausübung nach Ablauf des Kündigungstermins	117–118a
IX. Amtszeit der Betriebsrats- bzw. Personalratsmitglieder	119
G. Kündigung bei Stilllegung einer Betriebsabteilung	120–135
I. Begriff der Betriebsabteilung	121–123
II. Begriff der Stilllegung einer Betriebsabteilung	124–125a
III. Übernahme in eine andere Betriebsabteilung	126–128a
IV. Zulässigkeit der Kündigung	129–135
H. Wiedereinstellung nach Wiedereröffnung des Betriebs oder der Betriebsabteilung	136
I. Besonderer Kündigungsschutz für Initiatoren einer Betriebsratswahl	137–145
1. Geschützter Personenkreis	137, 138
2. Beginn und Ende des Schutzes	139–143
3. Schutz gegen ordentliche Kündigungen	144, 145
J. Unabdingbarkeit des Kündigungsschutzes	146–148

Unzulässigkeit der Kündigung § 15 KSchG

	Rz
K. § 15 KSchG als Schutzgesetz	149
L. Konkurrierender Kündigungsschutz nach anderen Vorschriften	150–152

A. Einleitung

I. Entstehungsgeschichte

Das **KSchG vom 10.8.1951** (BGBl. I S. 499) sah in seinem § 13 nur einen besonderen Kündigungsschutz für Betriebsratsmitglieder vor, der darin bestand, dass eine ordentliche Kündigung während der Amtszeit des Betriebsratsmitglieds grds. unzulässig war und nur bei einer Betriebsstilllegung oder Stilllegung einer Betriebsabteilung unter bestimmten Voraussetzungen zugelassen wurde. An die außerordentliche Kündigung gegenüber Betriebsratsmitgliedern stellte das Gesetz keine strengeren Anforderungen als an die außerordentliche Kündigung gegenüber anderen Arbeitnehmern. **1**

Aufgrund des **Ersten Arbeitsrechtsbereinigungsgesetzes vom 14.8.1969** und der damit verbundenen Neufassung des KSchG vom 25.8.1969 (BGBl. I S. 1317) wurde § 13 nunmehr § 15. Abs. 1 wurde durch den Hinweis auf § 626 BGB (Kündigung aus wichtigem Grund) der neuen Rechtslage angepasst, im Übrigen blieb aber § 15 KSchG nF gegenüber § 13 aF seinem sachlichen Inhalt nach unverändert. **2**

Im Zusammenhang mit der Reform des BetrVG schlug der **Deutsche Gewerkschaftsbund** in seinem **im März 1970 vorgelegten Gesetzentwurf zum BetrVG** vor, in § 15 KSchG den persönlichen Geltungsbereich auch auf Mitglieder der Jugendvertretung zu erstrecken und in zeitlicher Hinsicht den Kündigungsschutz bis zur Dauer von einem Jahr nach Beendigung der Amtszeit eines Mitglieds des Betriebsrats oder der Jugendvertretung auszudehnen. Die Notwendigkeit der Zustimmung des Betriebsrats zur außerordentlichen Kündigung von Mitgliedern des Betriebsrats oder der Jugendvertretung war in § 66 des DGB-Entwurfs zum BetrVG vorgesehen. **3**

In dem vom Bundesministerium für Arbeit und Sozialordnung erarbeiteten Entwurf eines neuen BetrVG, der Ende 1970 veröffentlicht wurde (RdA 1970, 357), und in dem darauf beruhenden **Gesetzentwurf der Bundesregierung** vom 29.1.1971 (BT-Drs. VI/1786) wurde in § 124 Nr. 3 der Kündigungsschutz in § 15 KSchG auf Mitglieder des Betriebsrats, der Jugendvertretung, der Bordvertretung, des Seebetriebsrats, des Wahlvorstandes und auf Wahlbewerber in dem noch heute geltenden Umfang ausgedehnt mit Ausnahme des nach Beendigung der Amtszeit nachwirkenden Kündigungsschutzes für Mitglieder der Bordvertretung, der auch für die Dauer von einem Jahr nach Beendigung der Amtszeit gelten sollte. In der Amtlichen Begründung der Bundesregierung heißt es hierzu, die Ausdehnung des Kündigungsschutzes über den Personenkreis der Betriebsratsmitglieder auf Mitglieder der Jugendvertretung, der Bordvertretung und des Seebetriebsrats erfolge, weil sich bei diesen Arbeitnehmern mit betriebsverfassungsrechtlichen Aufgaben Interessenkonflikte mit dem Arbeitgeber als Motiv für diesen Kündigungsschutz in gleicher Weise ergeben könnten wie bei Betriebsratsmitgliedern. Die Ausdehnung des Kündigungsschutzes auf ein Jahr nach Beendigung der Mitgliedschaft solle es den ehemaligen Mitgliedern des Betriebsrats, der Bordvertretung oder des Seebetriebsrats insbesondere ermöglichen, ohne Sorge um ihren Arbeitsplatz wieder den beruflichen Anschluss zu erlangen. Außerdem diene der nachwirkende Kündigungsschutz einer Abkühlung evtl. während der betriebsverfassungsrechtlichen Tätigkeit aufgetretener Kontroversen mit dem Arbeitgeber. Der Kündigungsschutz für Mitglieder des Wahlvorstands und für Wahlbewerber bezwecke eine Erleichterung der Durchführung der Betriebsratswahlen, indem nunmehr Arbeitnehmer eher geneigt sein dürften, sich als Mitglieder des Wahlvorstands zur Verfügung zu stellen oder sich für die Betriebsratswahl zu bewerben. Der Kündigungsschutz für Wahlbewerber solle außerdem verhindern, dass der Arbeitgeber ihm nicht genehme Wahlbewerber durch Kündigung von der Wahl ausschließe. Die Ausdehnung des Kündigungsschutzes über den Zeitpunkt der Bekanntgabe des Wahlergebnisses hinaus solle einer Abkühlung evtl. während der Wahl aufgetretener Kontroversen dienen. Die Regelungen über die Zulässigkeit von Kündigungen bei Betriebsstilllegungen und Stilllegung von Betriebsabteilungen in § 15 KSchG sollten nach den Gesetzentwürfen des Bundesministeriums für Arbeit und Sozialordnung und der Bundesregierung inhaltlich unverändert bleiben, aber neu gefasst werden, um diese Regelungen auch auf den durch § 15 KSchG neu geschützten Personenkreis zu erstrecken. **4**

In einem Gesetzentwurf der CDU/CSU-Fraktion vom 5.2.1971 (BT-Drs. VI/1806) war lediglich eine Ausdehnung des Kündigungsschutzes für Betriebsratsmitglieder auf die Dauer von einem Jahr nach **5**

§ 15 KSchG   Unzulässigkeit der Kündigung

Beendigung der Amtszeit vorgesehen, nicht hingegen eine Erweiterung des geschützten Personenkreises.

6   Der Bundestagsausschuss für Arbeit und Sozialordnung übernahm die Regelung des Regierungsentwurfs in seinem Bericht, verkürzte allerdings den nachwirkenden Kündigungsschutz für Mitglieder der Bordvertretung von einem Jahr auf die Dauer von sechs Monaten nach Beendigung der Amtszeit; damit werde der nachwirkende Kündigungsschutz der Mitglieder der Bordvertretung ihrer kürzeren Amtszeit (ein Jahr) angepasst (zu BT-Drs. VI/2729).

7   Der so geänderte Entwurf der Bundesregierung wurde Bestandteil des BetrVG vom 15.1.1972 (BGBl. I S. 13) und trat als neuer § 15 KSchG am 19.1.1972 in Kraft.

8   Durch das **Bundespersonalvertretungsgesetz** vom 15.3.1974 (BGBl. I S. 693) wurde in § 15 KSchG ein neuer Abs. 2 eingefügt und der bisherige Abs. 2 (jetzt Abs. 3) ergänzt. Diese Neuregelung führte für Arbeitnehmer mit personalvertretungsrechtlichen Aufgaben im Bereich des öffentlichen Dienstes hinsichtlich des Personenkreises und der zeitlichen Dauer den gleichen Kündigungsschutz herbei wie gem. § 15 KSchG idF vom 15.1.1972 für Arbeitnehmer mit entsprechenden betriebsverfassungsrechtlichen Aufgaben im Bereich der privaten Wirtschaft.

8a Durch Gesetz zur Bildung von **Jugend- und Auszubildendenvertretungen** in den Betrieben und in den Verwaltungen vom 13.7.1988 (BGBl. I S. 1034, 1037) sind an die Stelle der bisherigen Jugendvertretungen nunmehr Jugend- und Auszubildendenvertretungen getreten. Dies hat zu einer entsprechenden Änderung von § 15 Abs. 1 und 2 KSchG geführt.

8b Durch das Betriebsverfassungs-Reformgesetz (BetrV-ReformG) vom 23.7.2001 (BGBl. I S. 1852) ist in § 15 KSchG ein neuer Abs. 3a eingefügt worden, der nunmehr auch Initiatoren einer Betriebsratswahl gegen ordentliche Kündigungen schützt.

II. Zweck der Vorschrift

9   Der Zweck des besonderen Kündigungsschutzes des § 15 KSchG ist ein doppelter: Einmal sollen Arbeitnehmer mit bestimmten betriebsverfassungsrechtlichen Aufgaben nicht aus Furcht vor Entlassung davor zurückschrecken, ihre Aufgaben im Interesse der von ihnen zu vertretenden Arbeitnehmer ordnungsgemäß wahrzunehmen oder sich um solche Aufgaben (als Wahlbewerber) zu bemühen, auch wenn die Aufgabe darin besteht – was nicht selten geschieht und in der Natur der Sache liegt –, einem Konflikt mit dem Arbeitgeber nicht auszuweichen, sondern ihn auszutragen (vgl. *v. Hoyningen-Huene/Linck* Rz 1). Dem Zweck, die **Furcht des Arbeitnehmers vor evtl. Repressalien des Arbeitgebers wegen der betriebsverfassungsrechtlichen Tätigkeit des Arbeitnehmers** weiter **abzubauen,** dient auch die Ausdehnung des Kündigungsschutzes über die Beendigung des betriebsverfassungsrechtlichen oder personalvertretungsrechtlichen Amtes hinaus; es soll – wie es in der Amtlichen Begründung des Regierungsentwurfs heißt (BT-Drs. VI/1786, S. 60) – »eine Abkühlung evtl. aufgetretener Kontroversen mit dem Arbeitgeber« erreicht werden. Ferner soll der nachwirkende Kündigungsschutz es den ehemaligen Amtsträgern ermöglichen, »ohne Sorge um ihren Arbeitsplatz wieder den beruflichen Anschluss zu erlangen«.

10 Der weitere Zweck des Kündigungsschutzes des § 15 KSchG liegt darin, die **Stetigkeit der Arbeit der jeweiligen Arbeitnehmervertretung** dadurch zu sichern, dass die Arbeitnehmervertretung als Ganzes auf die Dauer ihrer Wahlperiode in ihrer personellen Zusammensetzung möglichst unverändert erhalten bleiben soll (vgl. schon zum alten Recht vor Inkrafttreten des BetrVG 1972: BAG 24.4.1969 EzA § 13 KSchG Nr. 2). Die Erreichung dieses Zwecks wird insbesondere dadurch gewährleistet, dass während der Amtszeit des Arbeitnehmers eine außerordentliche Kündigung nur mit Zustimmung des Betriebsrats bzw. Personalrats zulässig ist, der Arbeitgeber also nicht durch eine unbegründete außerordentliche Kündigung den Arbeitnehmer zunächst einmal (bis zum Ende des Kündigungsschutzprozesses) aus dem Betrieb herausdrängen und ihn dadurch der Arbeitnehmerschaft entfremden kann. Denn bei einer Kündigung des Arbeitgebers ohne vorliegende Zustimmung des Betriebsrats oder ihrer rechtskräftigen gerichtlichen Ersetzung kann der Arbeitnehmer durch einstweilige Verfügung sowohl seine Weiterbeschäftigung (s. KR-*Etzel* § 103 BetrVG Rz 147 f.) als auch Zutritt zum Betrieb zur Wahrnehmung seiner betriebsverfassungsrechtlichen Aufgaben (s. KR-*Etzel* § 103 BetrVG Rz 153) erreichen.

Unzulässigkeit der Kündigung § 15 KSchG

B. Geschützter Personenkreis

Im Bereich der privaten Wirtschaft deckt sich der Kündigungsschutz nach § 15 KSchG in persönlicher 11
Hinsicht mit dem Kündigungsschutz nach § 103 BetrVG. Der nach § 103 BetrVG geschützte Personenkreis wird auch durch § 15 KSchG bzw. bei Heimarbeitern durch die mit § 15 KSchG übereinstimmende Vorschrift des § 29a HAG geschützt; soweit § 103 BetrVG bestimmte Arbeitnehmergruppen mit betriebsverfassungsrechtlichen Aufgaben nicht schützt, fallen sie auch nicht unter § 15 KSchG. Auf die Ausführungen bei KR-*Etzel* § 103 BetrVG Rz 8 ff. kann daher verwiesen werden. Insoweit ist auch **keine Ausnahme bei Tendenzträgern** in einem Tendenzunternehmen anzuerkennen. Auch gegenüber diesen Arbeitnehmern ist eine ordentliche Kündigung grds. unzulässig und nur in den Fällen des § 15 Abs. 4–5 KSchG möglich (ebenso: HaKo-*Fiebig* Rz 14; *v. Hoyningen-Huene/Linck* Rz 10; KDZ-*Kittner* Rz 20; *Löwisch/Spinner* Rz 7; *Bauer/Lingemann* NZA 1995, 818; *Gangel* SAE 1983, 287; **aA** *Hanau* AR-Blattei Anm. zu Betriebsverfassung IX: Entsch. 55 bei tendenzbedingten Kündigungsgründen; s. hierzu KR-*Etzel* § 103 BetrVG Rz 16a); jedoch ist bei einer außerordentlichen Kündigung aus tendenzbedingten Gründen weder die Zustimmung des Betriebsrats noch eine sie ersetzende gerichtliche Entscheidung, sondern nur die Anhörung des Betriebsrats erforderlich (s. KR-*Etzel* § 103 BetrVG Rz 16).

Für den **Bereich des öffentlichen Dienstes** gilt Entsprechendes: Der Kündigungsschutz nach § 15 12
KSchG für Arbeitnehmer des öffentlichen Dienstes deckt sich in persönlicher Hinsicht mit dem Kündigungsschutz nach § 47 BPersVG und anderen Vorschriften des BPersVG, die § 47 BPersVG für entsprechend anwendbar erklärt haben. Der nach § 47 BPersVG und seiner entsprechenden Anwendung geschützte Personenkreis wird auch durch § 15 KSchG geschützt; soweit bestimmte Arbeitnehmergruppen mit personalvertretungsrechtlichen Aufgaben keinen Kündigungsschutz nach § 47 BPersVG genießen, fallen sie auch nicht unter § 15 KSchG. Auf die Ausführungen bei KR-*Etzel* § 47 BPersVG Rz 2 ff. kann daher verwiesen werden.

Darüber hinaus gilt § 15 KSchG auch für Mitglieder von Betriebsvertretungen, die **bei den alliierten** 12a
Streitkräften für deutsche Arbeitnehmer nach Art. 56 Abs. 9 des Zusatzabkommens zum NATO-Truppenstatut gebildet worden sind (BAG 29.1.1981 EzA § 15 KSchG nF Nr. 26 vgl. auch *LAG Nürnberg* 10.3.1994 LAGE § 15 KSchG Nr. 10; KR-*Weigand* NATO-ZusAbk Rz 29). Insoweit findet auch § 47 BPersVG Anwendung (vgl. KR-*Weigand* NATO-ZusAbk Rz 40).

C. Begrenzung und Erstreckung des Schutzes auf alle Arten von Kündigungen

Der Schutz des § 15 KSchG besteht **nur gegenüber Kündigungen des Arbeitgebers.** Die Kündigung 13
ist eine einseitige, empfangsbedürftige Erklärung, durch die der Wille, das Arbeitsverhältnis für die Zukunft aufzuheben, zum Ausdruck gebracht wird (s. KR-*Griebeling* § 1 KSchG Rz 161).

Wird das Arbeitsverhältnis auf andere Weise als durch Kündigung des Arbeitgebers beendet, etwa 14
durch Zeitablauf eines wirksam befristeten Arbeitsvertrages, durch Ablauf der Ausbildungszeit eines Berufsausbildungsverhältnisses (§ 14 Abs. 1 BBiG; insoweit greift aber § 78a BetrVG ein – s. KR-*Weigand* Erl. zu § 78a BewVG –) durch Auflösungsvertrag (vgl. APS-*Linck* Rz 15), durch Kündigung des Arbeitnehmers, durch Berufung des Arbeitgebers auf die Nichtigkeit des Arbeitsvertrages, durch erfolgreiche Anfechtung des Arbeitsvertrages, greift der Schutz des § 15 KSchG nicht ein (vgl. *Galperin/Löwisch* § 103 Rz 3; *McHardy* RdA 1994, 101). Das gilt auch dann, wenn das Arbeitsverhältnis aufgrund einer Tarifnorm oder aufgrund einer Betriebsvereinbarung mit Erreichung des 65. Lebensjahres des Arbeitnehmers automatisch enden soll (*v. Hoyningen-Huene/Linck* Rz 65); ist nach Vollendung des 65. Lebensjahres die Möglichkeit einer Fortsetzung des Arbeitsverhältnisses mit Zustimmung des Betriebsrats vorgesehen, entspricht dies einer Neueinstellung (vgl. BAG 10.3.1992 EzA § 99 BetrVG 1972 Nr. 104). Auch wenn in diesen Fällen die Beendigung des Arbeitsverhältnisses nicht mitbestimmungspflichtig ist, kann sich die Berufung des Arbeitgebers auf die Beendigung oder die einseitige Ausübung eines Gestaltungsrechts (Anfechtung), ggf. auch im Hinblick auf das betriebsverfassungsrechtliche oder personalvertretungsrechtliche Amt des Arbeitnehmers, als **unzulässige Rechtsausübung darstellen** (*Wolf/Gangel* AuR 1982, 276). Die Berufung des Arbeitgebers auf die Befristung eines Arbeitsvertrages kann jedoch nicht allein deshalb als unzulässige Rechtsausübung angesehen werden, weil der Arbeitnehmer während der Laufzeit des befristeten Arbeitsvertrages in ein betriebsverfassungsrechtliches oder personalvertretungsrechtliches Amt (Betriebsrat, Personalrat usw.) gewählt wird (vgl. BAG 17.2.1983 EzA § 620 BGB Nr. 64). Etwas anderes gilt allerdings für Arbeitnehmer, die zwar erst während der Laufzeit eines befristeten Arbeitsvertrages in den Betriebsrat gewählt worden sind, aber während ihrer Amtszeit im Anschluss an die Erstbefristung erneut nur befristet weiterbe-

schäftigt werden. Wegen der möglichen Umgehung des Sonderschutzes des § 15 KSchG sind hier bei der zweiten Befristung an den die Befristung rechtfertigenden sachlichen Grund besonders strenge Anforderungen zu stellen (*BAG* 17.2.1983 EzA § 620 BGB Nr. 64; zust. APS-*Linck* Rz 16; HaKo-*Fiebig* Rz 61; *Löwisch/Spinner* Rz 53). Die befristete Verlängerung des befristeten Arbeitsvertrags eines Betriebsratsmitglieds (z.B. bis zum Ablauf der Amtszeit des Betriebsrats) ist zulässig, wenn sie zur Sicherung der personellen Kontinuität der Betriebsratsarbeit geeignet und erforderlich ist (*BAG* 23.1.2002 EzA § 620 BGB Nr. 185).

15 Der Schutz des § 15 KSchG gilt erst recht **nicht gegenüber sonstigen personellen Maßnahmen des Arbeitgebers,** die nicht auf die Beendigung des Arbeitsverhältnisses gerichtet sind, zB nicht bei Versetzungen und auch nicht bei sog. Teilkündigungen – sofern solche überhaupt zulässig sind (s. KR-*Etzel* § 102 BetrVG Rz 37) –, weil diese nicht auf die Beendigung des Arbeitsverhältnisses, sondern auf die Beseitigung bestimmter Arbeitsbedingungen zielen, oder bei Ausübung eines Widerrufsvorbehalts (zB für bestimmte Zulagen). Aussperrungen sind gegenüber Amtsträgern iSd § 15 KSchG nicht verboten, aber nur mit suspendierender Wirkung zulässig (vgl. *BAG* 21.4.1971 EzA Art. 9 GG Nr. 6), führen also nicht zur Beendigung des Arbeitsverhältnisses und fallen deshalb auch nicht unter den Schutz des § 15 KSchG. Trotz ähnlicher Wirkung steht einer Kündigung auch nicht gleich die Entlassung nach beamtenrechtlichen Vorschriften, wie dies zB bei Dienstordnungs-Angestellten möglich ist. Denn die beamtenrechtlichen Vorschriften gewähren bereits ihrerseits ausreichenden Schutz (*BAG* 5.9.1986 AP Nr. 27 zu § 15 KSchG 1969 mit zust. Anm. *Stutzky*; HaKo-*Fiebig* Rz 54). **Abmahnungen,** die ggf. eine ordentliche Kündigung nach Ablauf der Schutzfrist vorbereiten sollen, sind auch während des Kündigungsschutzzeitraums zulässig (*v. Hoyningen-Huene/Linck* Rz 73 mwN).

16 § 15 KSchG schützt **gegen alle Arten von Kündigungen** des Arbeitgebers, die auf die Beendigung des Arbeitsverhältnisses gerichtet sind (s. Rz 17), wobei der Kündigungsschutz für ordentliche und außerordentliche Kündigungen unterschiedlich ausgestaltet ist (s. Rz 19–53 einerseits, Rz 54–77 andererseits).

17 Der Schutz des § 15 KSchG erstreckt sich auch auf **Kündigungen in der Insolvenz des Arbeitgebers,** so dass einem Betriebsratsmitglied auch nicht im Rahmen eines Interessenausgleichs ordentlich gekündigt werden kann, wenn keine Betriebsstilllegung (§ 15 Abs. 4 KSchG) oder Stillgegung einer Betriebsabteilung (§ 15 Abs. 5 KSchG) vorliegt (*BAG* 17.11.2005 EzA § 1 KSchG Soziale Auswahl Nr. 64), ferner auf Kündigungen **nach dem Einigungsvertrag** (*BAG* 28.4.1994 EzA Art. 20 Einigungsvertrag Nr. 36; *LAG Chemnitz* 15.9.1993 ZTR 1993, 528; zum Kündigungsrecht nach dem Einigungsvertrag s. KR-*Fischermeier* § 626 BGB Rz 484 ff.), auf sog. **Kampfkündigungen** (s. KR-*Etzel* § 103 BetrVG Rz 61), auf **bedingte Kündigungen und Änderungskündigungen,** gleichgültig ob sie als ordentliche (dann finden die Ausführungen zu Rz 54 ff. Anwendung) oder als außerordentliche (dann finden die Ausführungen zu Rz 19 ff. Anwendung) Kündigung ausgesprochen werden.

18 Das gilt auch für außerordentliche und ordentliche **Massen- oder Gruppenänderungskündigungen,** durch die die Arbeitsbedingungen aller Arbeitnehmer des Betriebs oder derjenigen Arbeitnehmergruppe, der der durch § 15 KSchG geschützte Arbeitnehmer angehört, geändert werden sollen. Denn § 15 KSchG enthält insoweit keine Einschränkung des Kündigungsschutzes. Ein Verstoß gegen das Begünstigungsverbot des § 78 BetrVG für Betriebsratsmitglieder etc. liegt nicht vor, weil § 15 KSchG als die speziellere Vorschrift dem § 78 BetrVG vorgeht und darüber hinaus der Zweck des § 15 KSchG, dem Betriebsratsmitglied etc. eine von der Furcht um den Bestand des Arbeitsplatzes ungestörte Amtsausübung zu ermöglichen, auch einen besonderen Schutz bei Massenänderungskündigungen rechtfertigt. Die Betriebsratsarbeit bzw. die Arbeit der jeweiligen Arbeitnehmervertretung muss darüber hinaus nach Möglichkeit von Streitigkeiten um die Arbeitsbedingungen eines Betriebsratsmitglieds freigehalten werden, weil dies einerseits die Betriebsratsarbeit in besonderem Maße belastet und andererseits das betroffene Betriebsratsmitglied in der Hoffnung, die auch vom Arbeitgeber genährt werden kann, von einer drohenden Massen- oder Gruppenänderungskündigung verschont zu werden, bei der Wahrnehmung seiner Betriebsratsaufgaben zu Fehlverhalten und Fehlentscheidungen zu Lasten der Arbeitnehmer und zugunsten des Arbeitgebers verleitet werden kann. Aus diesen Gründen erfaßt der Kündigungsschutz nach § 15 KSchG auch Massen- oder Gruppenänderungskündigungen. Die Bevorzugung von Arbeitnehmern mit betriebsverfassungsrechtlichen oder personalvertretungsrechtlichen Aufgaben gegenüber anderen Arbeitnehmern ist hier um der ordnungsgemäßen Arbeit der jeweiligen Arbeitnehmervertretung willen, die im Interesse aller Arbeitnehmer liegt, sachlich gerechtfertigt und geboten (*BAG* 7.10.2004 EzA § 15 KSchG nF Nr. 57 m. abl. Anm. *Löwisch/Kraus* = AP Nr. 56 zu § 15 KSchG 1969 m. abl. Anm. *Schiefer/Poppel* = EWiR 2005, 577 m. Anm. *Grimm/Brock*;

Unzulässigkeit der Kündigung § 15 KSchG

2.4.1992 RzK II 1c Nr. 2; 9.4.1987 EzA § 15 KSchG nF Nr. 37; KDZ-*Kittner* § 103 BetrVG Rz 4; *Bröhl* S. 47; HK-*Dorndorf* Rz 70; *v. Hoyningen-Huene/Linck* Rz 60 f.; *Knorr/Bichlmeier/Kremhelmer* § 18 Rz 5; *Meisel* S. 219; **aA** ErfK-*Kiel* Rz 22; KPK-*Bengelsdorf* Rz 17; MünchArbR-*Berkowsky* § 153 Rz 33; *Fitting* § 103 Rz 12; *Galperin/Löwisch* § 103 Rz 49; HaKo-*Fiebig* Rz 58; *Hilbrandt* NZA 1997, 468; *Löwisch/Spinner* Rz 59; HSWG-*Schlochauer* § 103 Rz 20; *Richardi/Thüsing* § 78 Rz 27 ff.; gegen *BAG* auch *Schwerdtner* Anm. EzA § 15 KSchG nF Nr. 26 und *Stege/Weinspach/Schiefer* § 103 Rz 4; *Hilbrandt* NZA 1998, 1258, missversteht die neuere BAG-Rechtsprechung – s. Rz 21 und 75 – dahin, dass Änderungs- und Beendigungskündigungen im Zusammenhang mit generellen Umstrukturierungsmaßnahmen nicht vom Schutzzweck der § 15 KSchG, § 103 BetrVG erfasst werden). Es muss daher hingenommen werden, dass ordentliche Änderungskündigungen gegenüber Amtsträgern iSv § 15 KSchG – von den Ausnahmefällen des § 15 Abs. 4–5 KSchG abgesehen – ausgeschlossen sind, jedoch können dann unter Umständen außerordentliche Änderungskündigungen mit notwendiger Auslauffrist aus betriebsbedingten Gründen gerechtfertigt sein, etwa wenn ohne Änderung der Arbeitsbedingungen ein sinnlos gewordenes Arbeitsverhältnis über einen erheblichen Zeitraum nur durch Gehaltszahlungen fortgesetzt werden müsste (*BAG* 17.3.2005 EzA § 15 KSchG nF Nr. 59; 7.10.2004 EzA § 15 KSchG nF Nr. 57; 21.6.1995 EzA § 15 KSchG nF Nr. 43; s. ferner KR-*Fischermeier* § 626 BGB Rz 198 ff.; **aA** *Wroblewski* AiB 2005, 400).

Die Sachgründe, die die Unzulässigkeit von ordentlichen Massen- oder Gruppenänderungskündigungen gegenüber den Amtsträgern des § 15 KSchG gebieten, gelten nicht mehr nach Beendigung der Amtszeit. Deshalb sind nach dem Sinn und Zweck des Gesetzes ordentliche Massen- oder Gruppenänderungskündigungen **im Nachwirkungszeitraum** (Rz 56 ff.) auch gegenüber ehemaligen betriebsverfassungsrechtlichen und personalvertretungsrechtlichen Amtsträgern **zulässig**. Insoweit ist eine Besserstellung der ehemaligen Amtsträger gegenüber ihren Arbeitskollegen sachlich nicht gerechtfertigt und vom Gesetzeszweck nicht gedeckt (zust.: KPK-*Bengelsdorf* Rz 17; *Schlaeper* Anm. AP Nr. 19 zu § 15 KSchG 1969; **aA** *BAG* 9.4.1987 EzA § 15 KSchG nF Nr. 37, das den allgemein anerkannten Auslegungsgrundsatz der teleologischen Reduktion übersieht; 7.10.2004 EzA § 15 KSchG nF Nr. 57, das eine teleologische Reduktion ablehnt). 18a

D. Zulässigkeit einer außerordentlichen Kündigung

I. Zustimmung des Betriebsrats bzw. Personalrats oder ihre gerichtliche Ersetzung

Die außerordentliche Kündigung gegenüber einem durch § 15 KSchG geschützten Arbeitnehmer (s. Rz 11 f.) ist **während seiner Amtszeit** bzw. (bei Wahlvorstandsmitgliedern und Wahlbewerbern) bis zur Bekanntgabe des Wahlergebnisses nur zulässig, wenn der Betriebsrat gem. § 103 BetrVG bzw. der Personalrat gem. den personalvertretungsrechtlichen Vorschriften (zB § 47 Abs. 1 BPersVG) vor Ausspruch der Kündigung dieser zugestimmt hat oder seine Zustimmung durch rechtskräftige gerichtliche Entscheidung ersetzt ist. Der besondere Kündigungsschutz muss im Zeitpunkt der **Abgabe der Kündigungserklärung** bestehen (s. KR-*Etzel* § 103 BetrVG Rz 62 ff.). Wann dieser besondere Kündigungsschutz für den einzelnen Funktionsträger beginnt und wann er endet, unter welchen Voraussetzungen die Zustimmung des Betriebsrats oder statt ihrer die gerichtliche Ersetzung einzuholen ist, sowie Einzelheiten des Zustimmungsverfahrens beim Betriebsrat sowie des gerichtlichen Zustimmungsersetzungsverfahrens sind bei KR-*Etzel* § 103 BetrVG Rz 19 ff. erörtert. Diese Ausführungen gelten auch weitgehend für die Zustimmung des Personalrats und ihre gerichtliche Ersetzung zu außerordentlichen Kündigungen gegenüber Arbeitnehmern des öffentlichen Dienstes, die durch § 15 KSchG geschützt sind (s. KR-*Etzel* § 47 BPersVG Rz 5 ff.). Für die Zustimmung **zuständig** ist der Personalrat, dem der betreffende Bedienstete als Mitglied angehört. Unerheblich ist, welche Dienststelle für den Ausspruch der Kündigung zuständig ist (*LAG Chemnitz* 21.10.1992 RzK II 2 Nr. 6; *LAG Chemnitz* 14.10.1992 RzK I 8m dd Nr. 26; s. im Übrigen KR-*Etzel* §§ 47, 108 BPersVG Rz 7 f.). 19

Nach Beendigung des besonderen Kündigungsschutzes iSd § 103 BetrVG bzw. der entsprechenden personalvertretungsrechtlichen Vorschriften ist die außerordentliche Kündigung gegenüber ehemaligen betriebsverfassungsrechtlichen oder personalvertretungsrechtlichen Amtsträgern iSd § 15 KSchG nach Anhörung der zuständigen Arbeitnehmervertretung (Betriebsrat – § 102 BetrVG –, Personalrat) unter denselben Voraussetzungen zulässig wie gegenüber anderen Arbeitnehmern auch. Die ehemaligen Amtsträger genießen nur gegenüber ordentlichen Kündigungen noch einen nachwirkenden Kündigungsschutz (s. Rz 56 ff.). Bei ehemaligen personalvertretungsrechtlichen Amtsträgern ist hier die Personal- bzw. Stufenvertretung der Dienststelle zuständig, die die Kündigung ausspricht (vgl. § 82 Abs. 1 BPersVG). 20

II. Der wichtige Kündigungsgrund

21 Wenn § 15 KSchG die Kündigung für den Fall zulässt, dass Tatsachen vorliegen, die den Arbeitgeber zur Kündigung aus wichtigem Grund ohne Einhaltung einer Kündigungsfrist berechtigen, wird damit auf die Kündigung aus wichtigem Grund Bezug genommen, die in § 626 BGB geregelt ist. Daher sind die in § 626 BGB enthaltenen und aus dieser Vorschrift abgeleiteten allgemeinen Regeln zur Zulässigkeit einer (außerordentlichen) Kündigung aus wichtigem Grund auch bei einer außerordentlichen Kündigung gegenüber einem Amtsträger iSd § 15 KSchG anzuwenden (*Richardi/Thüsing* Anh. zu § 103 Rz 15; *v. Hoyningen-Huene/Linck* Rz 86; *Lepke* BB 1973, 897). Nach § 626 Abs. 1 BGB kann der Arbeitgeber das Arbeitsverhältnis aus wichtigem Grund ohne Einhaltung einer Kündigungsfrist kündigen, wenn Tatsachen vorliegen, aufgrund derer ihm unter Berücksichtigung aller Umstände des Einzelfalles und unter Abwägung der Interessen beider Vertragsteile die **Fortsetzung des Arbeitsverhältnisses** bis zum Ablauf der Kündigungsfrist oder bis zu der vereinbarten Beendigung des Arbeitsverhältnisses **nicht zugemutet werden** kann.

21a Bei einer außerordentlichen **Änderungskündigung** müssen die alsbaldige Änderung der Arbeitsbedingungen für den Arbeitgeber unabweisbar notwendig und die neuen Arbeitsbedingungen dem Arbeitnehmer zumutbar sein, wobei es auf die Zumutbarkeit dann nicht ankommt, wenn es sich um die einzige Möglichkeit zur Weiterbeschäftigung handelt (*BAG* 27.9.2001 EzA § 15 KSchG nF Nr. 54; vgl. auch *BAG* 21.6.1995 EzA § 15 KSchG nF Nr. 43; 6.3.1986 EzA § 15 KSchG nF Nr. 34); es gelten insoweit gegenüber der ordentlichen Änderungskündigung gem. § 2 KSchG verschärfte Anforderungen (*BAG* 2.3.2006 – 2 AZR 64/05 –; unzutreffend *Hilbrandt* NZA 1997, 465, der meint, nach den vom *BAG* – 21.6.1995 aaO – aufgestellten Anforderungen unterscheide sich der Prüfungsmaßstab des § 15 KSchG im Ergebnis nicht mehr von dem des § 2 KSchG). Stehen mehrere Möglichkeiten der Änderung der Arbeitsbedingungen zur Verfügung, hat der Arbeitgeber nach dem Verhältnismäßigkeitsgrundsatz dem Arbeitnehmer diejenige beiden Vertragsparteien zumutbare Änderung anzubieten, die den Gekündigten am wenigsten belastet (*BAG* 17.3.2005 EzA § 15 KSchG nF Nr. 59 m. abl. Anm. *Bernstein*). Änderungskündigungen zur Lohnsenkung, um eine Gleichbehandlung mit anderen Arbeitnehmern zu erreichen, sind unzulässig (*BAG* 20.1.2000 EzA § 15 KSchG nF Nr. 49 = AP Nr. 40 zu § 103 BetrVG 1972 mit abl. Anm. *Neumann*). Soweit danach eine außerordentliche Änderungskündigung überhaupt zulässig ist, ist im Allgemeinen dem Arbeitnehmer eine der fiktiven Kündigungsfrist entsprechende Auslauffrist einzuräumen (s. Rz 22). Wegen weiterer Einzelheiten s. KR-*Fischermeier* § 626 BGB Rz 198 ff.

21b Eine nach § 15 KSchG zulässige Kündigung aus wichtigem Grund – ohne Einhaltung einer Kündigungsfrist – kommt ferner unter den Voraussetzungen des § 22 Abs. 2, 4 BBiG und der §§ 64 ff. SeemG in Betracht (s. hierzu KR-*Weigand* §§ 21, 22 BBiG Rz 44 ff. und SeemG Rz 57 ff.). Hingegen können durch vertragliche oder tarifliche Vereinbarungen wichtige Kündigungsgründe weder begründet noch ausgeschlossen werden (vgl. *v. Hoyningen-Huene/Linck* Rz 81 f.).

22 Bei der Anwendung des § 626 Abs. 1 BGB gegenüber einem durch § 15 KSchG geschützten Arbeitnehmer sind jedoch folgende Besonderheiten zu beachten:

a) Falls das Arbeitsverhältnis nicht befristet ist, ist gem. § 626 Abs. 1 BGB zu prüfen, ob dem Arbeitgeber die Fortsetzung des Arbeitsverhältnisses **bis zum Ablauf der Kündigungsfrist** oder bis zur vereinbarten Beendigung des Dienstverhältnisses zumutbar ist. Beide Voraussetzungen können bei Amtsträgern iSv § 15 Abs. 1–3 KSchG nicht eintreten. Wegen ihrer ordentlichen Unkündbarkeit besteht für sie keine Kündigungsfrist. Auch eine Vereinbarung über die Beendigung des Arbeitsverhältnisses wird bei ihnen nicht getroffen. Das Gesetz enthält insoweit eine Regelungslücke. Diese ist nach Sinn und Zweck des Gesetzes auszufüllen. Der Gesetzgeber gesteht nach § 626 Abs. 1 BGB einer Vertragspartei das Recht, das Dienstverhältnis einseitig sofort aufzulösen dann zu, wenn die Einhaltung der sonstigen Regeln zur Beendigung des Arbeitsverhältnisses (Kündigung mit Kündigungsfrist, Ende einer vereinbarten Dauer) zu einer im Verhältnis zum Kündigungsgrund zu langen Belastung des Kündigenden führt. Bei der Prüfung der Zumutbarkeit ist daher stets die Frage zu stellen, wie lange der Kündigende noch am Arbeitsverhältnis festhalten müsste, wenn er sich nicht sofort von ihm lösen dürfte. Bei einem Betriebsratsmitglied ist der frühestmögliche Zeitpunkt der ordentlichen Beendigung des Arbeitsverhältnisses der erste Entlassungstermin bei Zugang einer ordentlichen Kündigung ein Jahr nach Ablauf seiner Amtszeit; denn bis zum Ablauf dieses Jahres genießt das Betriebsratsmitglied (ordentlichen) Kündigungsschutz. Daran hat die Zumutbarkeitsprüfung anzuknüpfen. Der Arbeitgeber ist daher zur außerordentlichen Kündigung eines Betriebsratsmitglieds aus wichtigem Grund be-

Unzulässigkeit der Kündigung   § 15 KSchG

rechtigt, wenn Tatsachen vorliegen, aufgrund derer ihm unter Berücksichtigung aller Umstände des Einzelfalls und unter Abwägung der Interessen beider Vertragsteile **die Fortsetzung des Arbeitsverhältnisses bis zum ersten Entlassungstermin aufgrund einer ein Jahr nach Ablauf der Amtszeit des Betriebsrats erklärten Kündigung nicht zugemutet werden kann** (ebenso: *Auer* Anm. EzA § 15 KSchG nF Nr. 47; *Bernstein* 1. Anm. EzA § 15 KSchG nF Nr. 43; *Hilbrandt* NZA 1997, 468 f.; *Löwisch/Spinner* Rz 51; *Oetker* 2. Anm. EzA § 15 KSchG nF Nr. 43; abl. LAG SchlH 15.8.2006 – 6 Sa 467/05; APS-*Dörner* § 626 BGB Rz 47). Um eine Schlechterstellung gegenüber ordentlich kündbaren Arbeitnehmern zu vermeiden, ist dem Betriebsratsmitglied jedoch die Kündigungsfrist, die ohne den besonderen Kündigungsschutz für ihn gälte, als notwendige **Auslauffrist** einzuräumen, wenn dem Arbeitgeber die Weiterbeschäftigung bis zum Ablauf dieser (fiktiven) Kündigungsfrist zuzumuten ist (BAG 27.9.2001 EzA § 15 KSchG nF Nr. 54; 11.3.1999 EzA § 626 BGB nF Nr. 177 – bei tariflicher Unkündbarkeit –; KPK-*Bengelsdorf* Rz 105; *Bernstein* aaO; vgl. auch *Bröhl* Notwendige Auslauffrist, S. 131 ff. und ZTR 2006, 180). **Fristlos** kann einem Betriebsratsmitglied nur gekündigt werden, wenn dem Arbeitgeber die Weiterbeschäftigung bis zum Ablauf der (fiktiven) ordentlichen Kündigungsfrist nicht zumutbar ist (BAG 10.2.1999 EzA § 15 KSchG nF Nr. 47 mit zust. Anm. *Auer* = ZBVR 2000, 10 mit zust. Anm. *Ilbertz*; vgl. auch BAG 27.4.2006 – 2 AZR 386/05). Für die übrigen durch § 15 KSchG geschützten Arbeitnehmer gelten die angeführten Grundsätze entsprechend.

Die demgegenüber von der früheren Rechtsprechung des BAG (18.2.1993 EzA § 15 KSchG nF Nr. 40; 17.3.1988 EzA § 626 BGB nF Nr. 116 mit zust. Anm. *Kraft*; ebenso: LAG Köln 24.8.2001 RzK II 1 b Nr. 23) und in der Literatur (APS-*Linck* Rz 127; HaKo-*Fiebig* Rz 151; KR-*Fischermeier* § 626 BGB Rz 133 – allerdings nur für verhaltens- und personenbedingte Kündigungsgründe; HK-*Dorndorf* Rz 87 ff.; v. *Hoyningen-Huene/Linck* Rz 88; SPV-*Stahlhacke* Rz 1647 ff., 1653 f.; *Witt* AR-Blattei SD 530.9 Rz 109 ff.) vertretene Auffassung, es sei bei der Prüfung der Berechtigung einer außerordentlichen Kündigung hinsichtlich der Zumutbarkeit der Fortsetzung des Arbeitsverhältnisses stets auf eine fiktive Kündigungsfrist abzustellen, nämlich auf die Kündigungsfrist, die ohne den besonderen Kündigungsschutz des § 15 KSchG für eine ordentliche Kündigung gegenüber diesem Arbeitnehmer gälte, ist **abzulehnen.** Diese Auffassung wird dem dargelegten Sinn und Zweck des § 626 Abs. 1 BGB nicht gerecht. Sie führt zu einer fiktiven Zumutbarkeitsprüfung. Für eine solche Auslegung enthält das Gesetz keinen Anhaltspunkt. Die Argumentation, die fiktive Kündigungsfrist sei deshalb zugrunde zu legen, weil sich der Arbeitgeber sonst durch außerordentliche Kündigung leichter von einem nach § 15 KSchG geschützten Arbeitnehmer als von einem anderen Arbeitnehmer trennen könnte, was dem Sinn des besonderen Kündigungsschutzes nach § 15 KSchG widerspräche, übersieht, dass dem Betriebsratsmitglied eine Auslauffrist gewährt werden kann (s. Rz 22), und verkennt, dass die Zumutbarkeitsprüfung nur ein Aspekt des besonderen Kündigungsschutzes nach § 15 KSchG darstellt. Es kommt auf die Gesamtregelung an. Diese bietet dem Personenkreis des § 15 KSchG durch den Ausschluss der ordentlichen Kündbarkeit und das Zustimmungserfordernis des Betriebsrats einen entscheidend stärkeren Kündigungsschutz als sonstigen Arbeitnehmern. Darüber hinaus kann bei der Interessenabwägung den besonderen Belastungen des Betriebsratsamtes zugunsten des Arbeitnehmers Rechnung getragen werden. Zu welchen Ungereimtheiten die Auffassung der hM führt, zeigt sich insbesondere am Beispiel **betriebsbedingter Massenänderungskündigungen,** die gegenüber Betriebsratsmitgliedern unter Zugrundelegung einer fiktiven Kündigungsfrist – auch bei für den Arbeitgeber unabweisbar notwendigen und dem Arbeitnehmer zumutbaren Änderungen – kaum möglich wären, was im Hinblick auf eine auch nach § 15 KSchG zulässige außerordentliche Änderungskündigung zu einer insoweit sachlich nicht begründbaren Besserstellung von Betriebsratsmitgliedern gegenüber der übrigen Belegschaft führen würde. Diesem Umstand hat jetzt auch das BAG (21.6.1995 EzA § 15 KSchG nF Nr. 43 mit zust. 1. Anm. *Bernstein* und zust. 2. Anm. *Oetker* = AP Nr. 36 zu § 15 KSchG 1969 m. abl. Anm. *Preis* = SAE 1996, 354 m. zust. Anm. *Mummenhoff* = AiB 1996, 368 m. abl. Anm. *Nielebock*; abl. auch HaKo-*Fiebig* Rz 157) Rechnung getragen und für den Fall einer außerordentlichen betriebsbedingten Änderungskündigung nicht mehr auf die fiktive Kündigungsfrist abgestellt.   23

Eine außerordentliche Beendigungs- und Änderungskündigung aus betriebsbedingten Gründen dürfte im Übrigen **nur in seltenen Ausnahmefällen** in Betracht kommen (arg. § 15 Abs. 4, 5 KSchG; s. Rz 21). Umstände, die in die Sphäre des Betriebsrisikos des Arbeitgebers fallen, sind – wie bei anderen Arbeitnehmern – idR nicht als wichtige Gründe für eine außerordentliche Kündigung geeignet (BAG 25.10.1984 – 2 AZR 455/83 – nv).   23a

Die sonst gegebene Möglichkeit einer ordentlichen Kündigung – verbunden mit einer sofortigen Änderung der Arbeitsbedingungen als Übergangsregelung bis zum Ablauf der Kündigungsfrist – als Un-   23b

§ 15 KSchG   Unzulässigkeit der Kündigung

wirksamkeitsgrund der außerordentlichen Kündigung kommt nicht in Betracht, denn das Betriebsratsmitglied ist insoweit nicht ordentlich kündbar (BAG 28.1.1982 – 2 AZR 776/79 – nv). Dem Bestandsschutzinteresse des Arbeitnehmers kann hier dadurch Rechnung getragen werden, dass unter entsprechenden Voraussetzungen der Arbeitgeber nur zu einer **außerordentlichen Änderungskündigung** berechtigt ist.

24 b) Die **Eigenschaft als Amtsträger** iSd § 15 KSchG verändert nicht das Gewicht einer Pflichtverletzung des Arbeitnehmers und darf daher grds. weder zu seinen Gunsten noch zu seinen Ungunsten berücksichtigt werden (v. Hoyningen-Huene/Linck Rz 86; BAG 2.4.1981 – 2 AZR 1025/78 – nv; LAG Köln 28.11.1996 LAGE § 15 KSchG Nr. 14). Lediglich in wirklichen Grenzfällen, wenn die Umstände, die die Fortsetzung des Arbeitsverhältnisses als unzumutbar erscheinen lassen, und die Umstände, die für eine Zumutbarkeit der Fortsetzung des Arbeitsverhältnisses sprechen, in etwa gleiches Gewicht haben, kann im Rahmen der Interessenabwägung ein objektiv anzuerkennendes Interesse der Belegschaft an der Fortführung des Amtes durch den betreffenden Arbeitnehmer berücksichtigt werden, zB wenn ein kenntnisreiches und erfahrenes Betriebsratsmitglied nur schwer zu ersetzen ist (ähnlich: v. Hoyningen-Huene/Linck Rz 87).

25 c) **Verletzt ein Betriebsratsmitglied** oder ein sonst durch § 15 KSchG geschütztes Mitglied einer Arbeitnehmervertretung **seine Amtspflicht,** so gibt diese Pflichtverletzung allein dem Arbeitgeber nur das Recht, gem. § 23 BetrVG oder einer entsprechenden Vorschrift (zB § 28 BPersVG) beim ArbG bzw. (für Arbeitnehmer des öffentlichen Dienstes) beim Verwaltungsgericht den Ausschluss der betreffenden Person aus der jeweiligen Arbeitnehmervertretung wegen grober Amtspflichtverletzung zu beantragen (BAG 16.10.1986 EzA § 626 BGB nF Nr. 105; Hohmeister/Baron BuW 1996, 369; SPV-Stahlhacke Rz 1650). Nach rechtskräftigem Ausschluss aus der Arbeitnehmervertretung entfällt für den bisherigen Amtsträger auch der nachwirkende Kündigungsschutz (§ 15 Abs. 1 S. 2 Hs. 2 KSchG); dann ist nunmehr die ordentliche Kündigung gegenüber ihm möglich (v. Hoyningen-Huene/Linck Rz 89), aber auf ihre Sozialwidrigkeit nach dem KSchG hin überprüfbar (HK-Dorndorf Rz 92). Hingegen kann die Amtspflichtverletzung allein keinen wichtigen Grund zur Kündigung abgeben (BAG 26.1.1962 AP Nr. 8 zu § 626 BGB Druckkündigung; Richardi/Thüsing Anh. zu § 103 Rz 20; v. Hoyningen-Huene/Linck aaO; Schmidt RdA 1973, 295).

26 Ein wichtiger Grund zur Kündigung kann nur dann gegeben sein, wenn **in der Amtspflichtverletzung zugleich eine schwere Verletzung der Pflichten aus dem Arbeitsvertrag liegt** (aA Bieback RdA 1978, 84 ff. und Weber NJW 1973, 790, der seine Auffassung aber praktisch wieder aufgibt, wenn er fordert [NJW 1973, 791], dass zunächst geprüft werden müsse, ob die vorgeworfene Handlung »für einen gewöhnlichen Arbeitnehmer eine schwere Verletzung seiner Pflichten aus dem Arbeitsvertrag bedeuten würde«; dann will Weber die fristlose Kündigung zulassen; aA ferner Meyer S. 201 ff., der die Möglichkeit, dass eine Amtspflichtverletzung zugleich eine Arbeitsvertragsverletzung sein könne, ablehnt). Hierbei ist an die Annahme einer zur Kündigung berechtigenden schweren Verletzung des Arbeitsvertrages ein strenger Maßstab anzulegen, da zunächst ein Antrag auf Ausschluss des Arbeitnehmers aus seinem Amt in Betracht zu ziehen ist (BAG 11.12.1975 EzA § 15 KSchG nF Nr. 6). Der tatsächlich vorhandenen, besonderen Situation ist Rechnung zu tragen (ErfK-Kiel Rz 30; in diesem Sinne auch: BBDW-Dörner Rz 47). Diese Grundsätze gelten insbesondere auch für einen Jugendvertreter (BAG 11.12.1975 EzA § 15 KSchG nF Nr. 6).

26a Es ist jedoch nicht zu billigen, wenn das BAG (16.10.1986 EzA § 626 BGB nF Nr. 105) und – ihm folgend – Fitting (§ 23 Rz 23), HaKo-Fiebig (Rz 160), HK-Dorndorf (Rz 93 ff.), v. Hoyningen-Huene/Linck (Rz 91) und Stahlhacke (SPV Rz 1650) ausführen, dass bei einer gleichzeitigen Amts- und Arbeitsvertragsverletzung an die Annahme einer schweren Verletzung des Arbeitsvertrages ein strengerer Maßstab anzulegen ist als bei einem anderen Arbeitnehmer, der nicht Amtsträger iSd § 15 KSchG ist. Denn die **Pflichtverletzung eines Amtsträgers** iSd § 15 KSchG aus dem Arbeitsvertrag **wiegt genau so schwer wie die gleiche Pflichtverletzung eines anderen Arbeitnehmers** aus dem Arbeitsvertrag (in diesem Sinne auch: MünchArbR-Berkowsky § 153 Rz 43 f.); alles andere liefe auf eine nicht gerechtfertigte und daher verbotene Begünstigung (§ 78 BetrVG) des Amträgers hinaus (ebenso: Leuze DB 1993, 2590, 2592). Das BAG (Urt. v. 25.5.1982 – 7 AZR 155/80 – nv) verteidigt seine Auffassung mit dem Argument, dass betriebsverfassungsrechtliche Amtsträger gerade aufgrund ihrer Betriebsratstätigkeit leichter in Gefahr geraten könnten, ihre arbeitsvertraglichen Pflichten (zB durch beleidigende Äußerungen gegenüber dem Arbeitgeber) zu verletzen. Dem ist jedoch entgegenzuhalten, dass beim Zusammentreffen von Amtspflichtverletzung und Vertragsverletzung zunächst nur der Ausschluss des Arbeitnehmers von seinem Amt gem. § 23 BetrVG zu erwägen ist. Dieser Ausschluss darf von den Gerichten nur bei einer »groben Verletzung« der Amtspflichten ausgesprochen werden, wobei sich die Pflichtverletzung in der laufenden Amtsperiode ereignet haben muss (*Bender* DB 1982, 1273). Wenn danach die Interessen des Arbeitgebers durch einen Ausschluss des Arbeitnehmers aus seinem Amt ausreichend gewahrt werden können, wenn also nach einem vom Arbeitgeber zu betreibenden Ausschluss aus dem Amt dem Arbeitgeber die Fortsetzung des Arbeitsverhältnisses zumutbar ist (zB weil nun ähnliche Pflichtverletzungen des Arbeitnehmers aus dem Arbeitsvertrag nicht mehr zu erwarten sind), dann besteht kein Grund zur Kündigung. Das gilt selbst dann, wenn die gleiche Pflichtverletzung eines anderen Arbeitnehmers den Arbeitgeber zur außerordentlichen Kündigung aus wichtigem Grund berechtigte. Ein wichtiger Grund zur Kündigung des Amtsträgers ist hier nicht deshalb zu verneinen, weil die Pflichtverletzung aus dem Arbeitsvertrag weniger schwer wiegt, sondern weil die Pflichtverletzung auf andere Weise (Amtsenthebung) ausreichend geahndet werden und dadurch auch die Fortsetzung des Arbeitsverhältnisses für den Arbeitgeber zumutbar gemacht werden kann.

Genügt hingegen der Ausschluss aus dem Amt nicht, um die Weiterbeschäftigung des Arbeitnehmers für den Arbeitgeber zumutbar zu machen, was nur in Betracht kommt, wenn die Vertragsverletzung **deutlich über die Amtstätigkeit hinausgeht,** ist auch ein wichtiger Grund zur Kündigung gegenüber dem Amtsträger gegeben. Insoweit besteht aber kein Anlass, einen Amtsträger besser zu stellen als seine Arbeitskollegen (im Ergebnis ebenso: ErfK-*Kiel* Rz 30; *Richardi/Thüsing* Anh. zu § 103 Rz 21). In diese Richtung geht nunmehr auch die Rechtsprechung des BAG, wenn es einerseits den »besonders strengen Prüfungsmaßstab« für die Kündigung mit der besonderen Konfliktsituation eines Betriebsratsmitglieds rechtfertigt, andererseits aber in der Bereitschaft eines Betriebsratsmitglieds zur vorsätzlichen Falschaussage in einem Rechtsstreit gegen den Arbeitgeber einen an sich geeigneten Grund für eine außerordentliche Kündigung sieht (*BAG* 16.10.1986 EzA § 626 BGB nF Nr. 105; ebenso: *Klein* ZBVR 2000, 37; *Weber/Lohr* BB 1999, 2354). 26b

Dies schließt es andererseits nicht aus, dass die Pflichten aus dem Arbeitsverhältnis durch die Betriebsratstätigkeit beeinflusst werden. So entfällt nach § 37 Abs. 2 BetrVG die Arbeitspflicht eines Betriebsratsmitglieds, soweit während der Arbeitszeit Betriebsratsaufgaben anfallen. Ferner ist bei einem nach § 38 BetrVG von der Arbeit völlig **freigestellten Betriebsratsmitglied** eine außerordentliche Kündigung wegen Störungen im Leistungsbereich in aller Regel ausgeschlossen; jedoch kann bei solchen Arbeitnehmern die **Verletzung von Nebenpflichten** (zB Treuepflicht, Verschwiegenheitspflicht) die außerordentliche Kündigung unter Umständen rechtfertigen (vgl. *Richardi/Thüsing* Anh. zu § 103 Rz 22). 26c

Besondere Konfliktsituationen, in die ein Betriebsratsmitglied geraten ist, können im Rahmen der **Interessenabwägung** berücksichtigt werden (vgl. KR-*Fischermeier* § 626 BGB Rz 235 ff.), zB wenn einem Betriebsratsmitglied, das zugleich gewerkschaftlicher Vertrauensmann ist, wegen Ausübung seiner gewerkschaftlichen Funktionen (Verteilung eines Flugblattes mit kritischen Äußerungen über den Arbeitgeber) außerordentlich gekündigt werden soll (*ArbG Bamberg* 12.1.1989 AiB 1989, 156). 26d

Die angeführten Grundsätze (Rz 26–26c) gelten im Interesse einer ungestörten Amtsausübung auch für **Mitglieder der Schwerbehindertenvertretung,** obwohl dem Arbeitgeber gem. § 94 Abs. 7 SGB IX nicht das Recht eingeräumt ist, den Ausschluss einer Vertrauensperson aus ihrem Amt wegen gröblicher Verletzung seiner Pflichten zu beantragen (*Oetker* BB 1983, 1671). 26e

Als **wichtige Gründe,** die den Arbeitgeber zur außerordentlichen Kündigung gegenüber einem Amtsträger iSd § 15 KSchG berechtigen können, kommen zB in Betracht: **Arbeitsverweigerung** nach mehrmaliger Abmahnung (*LAG Hamm* 6.3.1985 – Ta BV 74/84 – nv); Arbeitsversäumnis unter Vorspiegelung von Betriebsratsarbeit (*LAG Hamm* 31.10.1984 – 3 Sa 624/84 – nv); **Aufforderung zum wilden Streik,** zur Bummelarbeit (vgl. SPV-*Stahlhacke* Rz 1650), zum vorzeitigen Verlassen der Arbeitsplätze vor Arbeitsende (vgl. *BAG* 23.10.1969 EzA § 13 KSchG Nr. 3) oder zu sonstigem vertragswidrigen Verhalten; vorsätzlich zu Lasten des Arbeitgebers begangene Vermögensdelikte, zB **Spesenbetrug** (vgl. *BAG* 22.8.1974 EzA § 103 BetrVG 1972 Nr. 6), **Veruntreuung oder Unterschlagung von Geldern** des Arbeitgebers (*BAG* 22.8.1974 EzA § 103 BetrVG 1972 Nr. 6), strafrechtlich bewehrte **Pfandkehr** (*BAG* 16.12.2004 EzA § 626 BGB 2002 Nr. 7), Manipulation von Tankbelegen (*LAG Hamm* 20.4.1983 – 3 Sa 1606/82 – nv); uU Verdacht einer Kassenmanipulation (*BAG* 21.3.1991 – 2 ABR 64/90 – nv), umfangreiche, unerlaubt und heimlich geführte Privattelefonate auf Kosten des Arbeitgebers (*BAG* 4.3.2004 EzA § 103 BetrVG 2001 Nr. 3); unerlaubte private Internetnutzung in erheblichem Umfang (vgl. *BAG* 27.4.2006 – 2 AZR 386/05; **vorsätzlich falsche Zeugenaussage** oder Abgabe einer vorsätzlich falschen eidesstattlichen Versicherung in einem Verfahren gegen den Arbeitgeber (*BAG* 20.11.1987 RzK II 1b Nr. 4; *LAG Bln.* 29.8.1988 LAGE § 15 KSchG Nr. 16); bewusst unrichtige Information der Presse oder 27

§ 15 KSchG   Unzulässigkeit der Kündigung

wahrheitswidrige Beantwortung der Fragen nach einer Presseinformation in einer bedeutsamen betrieblichen Angelegenheit (*BAG* 23.10.1969, aaO); **grobe Beleidigungen** und **Tätlichkeiten** unter Betriebsmitgliedern – auch im Betriebsratsbüro – (*LAG Köln* 27.10.2005 ZTR 2006, 342); Tätlichkeiten oder ehrverletzende Angriffe gegen Arbeitgeber und Betriebsrat (*BAG* 30.11.1978 – 2 AZR 130/77 – nv); grobe Beleidigung von Vorgesetzten (»Arschlöcher«: *LAG Nds.* 25.10.2004 NZA-RR 2005, 530); **bewusst wahrheitswidrige, ehrenrührige Tatsachenbehauptungen** über einen Vorgesetzten (*BAG* 25.5.1982 – 7 AZR 155/80 – nv); Mitnahme von Lebensmitteln aus der Kantine durch den Kantinenleiter entgegen einem ausdrücklichen Verbot des Arbeitgebers, selbst wenn es sich dabei um Waren von geringer Menge und unbedeutendem Wert handelt (*BAG* 28.1.1982 – 2 AZR 776/79 – nv); fortgesetzte **Störung des Betriebsfriedens** (*OVG Greifswald* 7.1.2004 NZA-RR 2004, 671; *LAG Köln* 28.11.1996 LAGE § 15 KSchG Nr. 14), zB durch Werbeaktivitäten für die Scientology-Organisation (*ArbG Ludwigshafen* 26.5.1993 DB 1994, 944); dringender **Verdacht einer schwerwiegenden Arbeitsvertragsverletzung** (*LAG Bln.* 3.8.1998 LAGE § 15 KSchG Nr. 17) oder **sexuellen Belästigung** einer Arbeitskollegin (*BAG* 8.6.2000 EzA § 15 KSchG nF Nr. 50); Erschleichung einer vom Arbeitgeber abgelehnten Teilnahme an einer Schulungsveranstaltung durch Vorlage einer ärztlichen Arbeitsunfähigkeitsbescheinigung für die Zeit der Teilnahme an der Veranstaltung (**Alkoholgenuss im Betrieb** trotz wiederholter Abmahnung; **Rauchen trotz Rauchverbotes** in einer Möbelfabrik; Sabotage. Eine **mehrjährige Freistellung von der Arbeit** zur Wahrnehmung eines gewerkschaftlichen Wahlamtes kann auch ein bisher freigestelltes Betriebsratsmitglied nicht ohne weiteres beanspruchen, so dass eine außerordentliche Kündigung in Betracht kommt, wenn der Arbeitnehmer das gewerkschaftliche Wahlamt annimmt und der Arbeit fernbleibt (*LAG Bln.* 16.10.1995 ZTR 1996, 131 = AiB 1996, 683 m. abl. Anm. *Kreuder*).

28   Ferner kann die **parteipolitische Agitation** im Betrieb, durch die der Betriebsfrieden gestört wird, einen wichtigen Grund zur außerordentlichen Kündigung bilden (vgl. 13.1.1956 AP Nr. 4 zu § 13 KSchG; SPV-*Stahlhacke* Rz 1650). Dies ist insbesondere dann zu bejahen, wenn ein Arbeitnehmer bei der Werbung für die Wahl zum Betriebsrat unter schwerwiegender Ehrverletzung anderer mit verfassungsfeindlicher Zielsetzung parteipolitisch agiert (*BAG* 15.12.1977 EzA § 626 BGB nF Nr. 61). Im übrigen kann die Betätigung für eine kommunistische Partei oder eine verfassungsfeindliche Organisation nur dann einen wichtigen Grund zur außerordentlichen Kündigung bilden, wenn ein konkreter Bezug dieser Betätigung zu dem Arbeitsverhältnis vorliegt (vgl. *BAG* 11.12.1975 EzA § 15 KSchG nF Nr. 6; *LAG Frankf.* 12.10.1993 DB 1994, 588: Verdacht der Mitgliedschaft in einer ehemaligen geheimen Militärsabotageorganisation der DKP reicht nicht aus, wenn der Arbeitnehmer aus DKP ausgetreten ist und konkrete Auswirkungen auf Betrieb nicht erkennbar). Allgemeine **politische Meinungsäußerungen** und politische Betätigungen können eine außerordentliche Kündigung nur dann rechtfertigen, wenn hierdurch das Arbeitsverhältnis konkret gestört wird (vgl. KR-*Fischermeier* § 626 BGB Rz 115 ff.).

28a Im Übrigen ist das **Grundrecht der Meinungsfreiheit** (Art. 5 Abs. 1 GG) zu beachten, das auch in der betrieblichen Arbeitswelt uneingeschränkt, allerdings durch die allg. Gesetze und das Recht der persönlichen Ehre (Art. 5 Abs. 2 GG) beschränkt ist und deshalb regelmäßig zurücktreten muss, wenn sich die Äußerung als Angriff auf die Menschenwürde oder als eine Formalbeleidigung oder eine Schmähung darstellt (*BAG* 24.11.2005 EzA § 626 BGB 2002 Nr. 13). Dies ist zB zu verneinen bei **polemischem und überzogene Äußerungen** eines Betriebsratsmitglieds gegenüber dem Arbeitgeber auf einer Betriebsversammlung im Rahmen einer erregten Auseinandersetzung (*BAG* 16.5.1991 RzK II 3 Nr. 19) oder in einem Leserbrief gegen vom Arbeitgeber in der Presse erhobene Vorwürfe (*LAG Hamm* 21.1.1987 RzK II 1b Nr. 3), oder wenn ein Arbeitnehmer versucht, durch eine Internetanimation, die insbesondere den Arbeitskollegen zugänglich ist, den Betrachter durch Furcht und Schrecken erregende Bilder (Atompilz, Leichenberge, Guillotine) in Aufregung zu versetzen, um diese Aufregung auf das Thema »Trennungsgespräche« zu lenken, mit denen der Arbeitgeber einen Personalabbau durch Aufhebungsverträge erreichen will (*BAG* 24.11.2005 EzA § 626 BGB 2002 Nr. 13), oder wenn ein Betriebsratsmitglied offensichtlich satirisch überspitzte zeichnerische Darstellungen iVm hinzugefügter, wortspielerisch verfremdeter Textzeile in Beantwortung eines offenen Briefes von Führungskräften an den Betriebsrat diesem anonym zukommen lässt (*Hess. LAG* 18.3.2005 LAGE § 103 BetrVG 2001 Nr. 4).

28b Als Störung des Arbeitsverhältnisses, die im Allgemeinen **keine außerordentliche Kündigung rechtfertigen**, können zB genannt werden: häufige **krankheitsbedingte Fehlzeiten** oder eine lang andauernde Krankheit (*BAG* 18.2.1993 EzA § 15 KSchG nF Nr. 40 = EWiR 1944, 177 m. zust. Anm. *Otto*; *ArbG Hagen* 5.8.1993 EzA § 103 BetrVG 1972 Nr. 35; selbst bei dauerhafter Arbeitsunfähigkeit des Arbeitnehmers ist es dem Arbeitgeber im allgemeinen zumutbar, das Ende des nachwirkenden Kündigungsschutzes abzuwarten, um dann fristgerecht kündigen zu können – *BAG* 15.3.2001 RzK II 1 h Nr. 14);

Unzulässigkeit der Kündigung § 15 KSchG

Schlechtleistungen (*LAG SA* 13.2.1996 – 8 Sa 46/95 – nv); **ein einziger Fehltag** (*LAG Düsseld.* 29.11.1993 BB 1994, 793); **Wahlwerbung** von etwa 30 Minuten während der Arbeitszeit (*LAG Köln* 1.2.1991 LAGE § 15 KSchG Nr. 7); bloße Anwesenheit eines Betriebsratsmitglieds bei einem kurzen – rechtswidrigen – **Warnstreik** (*LAG Hamm* 10.4.1996 AiB 1996, 736 m. zust. Anm. *Mittag*).

Offenbart ein Amtsträger ein **Betriebs- oder Geschäftsgeheimnis,** über das er nach § 79 BetrVG Stillschweigen zu wahren hat, begeht er eine Amtspflichtverletzung, die seinen Ausschluss aus dem Amt rechtfertigen kann (vgl. § 23 BetrVG). Der Geheimnisbruch berechtigt den Arbeitgeber jedoch nicht ohne weiteres zur fristlosen Entlassung. Wird allerdings dem Arbeitgeber durch den Geheimnisbruch großer Schaden zugefügt und weiß dies der Amtsträger, so liegt in dem Geheimnisbruch zugleich eine schwere Verletzung der Pflichten aus dem Arbeitsvertrag, die eine außerordentliche Kündigung rechtfertigen kann (s. Rz 26–26b). 29

Der Arbeitgeber **verwirkt** sein Kündigungsrecht nicht dadurch, dass er zunächst nur eine Verwarnung beabsichtigt, sich dann aber aufgrund einer Forderung des Betriebsrats nach schärferen Maßnahmen zu einer außerordentlichen Kündigung entschließt (*BAG* 28.1.1982 – 2 AZR 776/79 – nv). Denn bei der Prüfung, ob die Fortsetzung des Arbeitsverhältnisses unzumutbar ist, ist ein objektiver Maßstab anzulegen und nicht ausschließlich auf den ursprünglichen subjektiven Standpunkt des Kündigungsberechtigten abzustellen (KR-*Fischermeier* § 626 BGB Rz 109). 29a

III. Ausschlussfrist zur Geltendmachung eines wichtigen Grundes

Fraglich ist, ob und inwieweit die Ausschlussfrist des § 626 Abs. 2 BGB auf außerordentliche Kündigungen gegenüber Betriebsratsmitgliedern angewendet werden kann. Nach § 626 Abs. 2 BGB kann eine außerordentliche Kündigung nur innerhalb von zwei Wochen erfolgen, nachdem der Kündigungsberechtigte von den für die Kündigung maßgebenden Tatsachen Kenntnis erlangt hat. Hierbei beginnt die Ausschlussfrist mit der Entstehung des Kündigungsgrundes, zB beim Wegfall des Arbeitsplatzes erst mit diesem Tag (*BAG* 21.6.1995 RzK II 1c Nr. 3). Eine **unmittelbare Anwendung des § 626 Abs. 2 BGB** ist dann möglich, wenn der Betriebsrat bzw. Personalrat innerhalb der ihm zur Verfügung stehenden Frist (3 Tage bzw. Arbeitstage; s. KR-*Etzel* § 103 BetrVG Rz 78 f. und KR-*Etzel* § 47 BPersVG Rz 7) der Kündigung zugestimmt hat; dann kann der Arbeitgeber die Kündigung auch innerhalb der Frist des § 626 Abs. 2 BGB aussprechen, wenn er entsprechend frühzeitig die Zustimmung zur Kündigung beim Betriebsrat bzw. Personalrat beantragt hat. Teilt der Betriebsrat dem Arbeitgeber seine Zustimmung zur Kündigung nicht innerhalb der dreitägigen Ausschlussfrist, aber noch innerhalb der zweiwöchigen Ausschlussfrist des § 626 Abs. 2 BGB mit, muss der Arbeitgeber bis zum Ablauf der Frist des § 626 Abs. 2 BGB die Kündigung aussprechen. Ist dies nicht möglich, weil zB die Zustimmung des Betriebsrats dem Arbeitgeber erst wenige Stunden vor Ablauf der Frist des § 626 Abs. 2 BGB zugeht, ist es erforderlich, aber auch ausreichend, dass der Arbeitgeber unverzüglich nach Zugang der Zustimmung des Betriebsrats die Kündigung erklärt (Rechtsgedanke des § 91 Abs. 5 SGB IX; s. auch Rz 32). 30

Stimmt der Betriebsrat bzw. Personalrat der Kündigung jedoch nicht innerhalb der zweiwöchigen Ausschlussfrist des § 626 Abs. 2 BGB zu und muss der Arbeitgeber deshalb das **gerichtliche Zustimmungsersetzungsverfahren** einleiten, kann er die Ausschlussfrist des § 626 Abs. 2 BGB nicht einhalten, wenn man die Vorschrift unmittelbar anwenden wollte. Dies hat in der Literatur zu lebhaften Diskussionen darüber geführt, ob und ggf. in welcher Weise die Ausschlussfrist des § 626 Abs. 2 BGB Anwendung finden kann. Gegen die Anwendung des § 626 Abs. 2 BGB auf außerordentliche Kündigungen nach § 15 KSchG bestehen zwar grds. Bedenken (vgl. *Etzel* DB 1973, 1021); nachdem das BAG aber in ständiger Rechtsprechung unter weitgehender Zustimmung des Schrifttums **§ 626 Abs. 2 BGB für entsprechend anwendbar erklärt** hat (vgl. *BAG* 27.5.1975 EzA § 103 BetrVG 1972 Nr. 9; 18.8.1977 EzA § 103 BetrVG 1972 Nr. 20; jeweils mwN), muss die Praxis von der entsprechenden Anwendung dieser Vorschrift ausgehen. Auf die Darstellung des Streitstandes im Einzelnen kann daher hier verzichtet werden (zum Meinungsstand s. ausführlich *v. Hoyningen-Huene/Linck* Rz 129 ff.). 31

Das BAG wendet den § 626 Abs. 2 BGB in folgender Weise an: Der Arbeitgeber muss innerhalb der Frist des § 626 Abs. 2 BGB beim Betriebsrat bzw. Personalrat die Zustimmung zur Kündigung beantragen und dann auch noch innerhalb der Frist **entweder** – bei erteilter Zustimmung – die Kündigung aussprechen **oder** – bei fehlender Zustimmung – das gerichtliche Zustimmungsersetzungsverfahren einleiten (zuletzt: *BAG* 2.2.2006 EzA § 626 BGB Ausschlussfrist Nr. 1; *Richardi/Thüsing* § 103 Rz 59 f. mwN). Ein unzulässiger Zustimmungsersetzungsantrag (s. KR-*Etzel* § 103 BetrVG Rz 83) wahrt nicht die Frist (*BAG* 7.5.1986 EzA § 103 BetrVG 1972 Nr. 31). Das bedeutet, dass der Arbeitgeber spä- 32 testens 10 Tage nach Erlangung der Kenntnis von den Kündigungsgründen die Zustimmung des Betriebsrats bzw. Personalrats zur Kündigung beantragen muss, damit der Betriebsrat bzw. Personalrat die ihm zustehende Äußerungsfrist ausnutzen und der Arbeitgeber nach Ablauf dieser Äußerungsfrist die Kündigung noch innerhalb der Frist des § 626 Abs. 2 BGB aussprechen bzw. das gerichtliche Zustimmungsersetzungsverfahren noch innerhalb der Frist des § 626 Abs. 2 BGB einleiten kann (nach *Herschel* [EzA Anm. zu § 103 BetrVG 1972 Nr. 20], *Gamillscheg* [FS BAG, S. 126] und *Leipold* [AP Anm. zu Nr. 18 zu § 103 BetrVG 1972] soll zur Fristwahrung der Antrag des Arbeitgebers beim Betriebsrat auf Zustimmung zur Kündigung genügen; nach der Stellungnahme des Betriebsrats habe der Arbeitgeber unverzüglich die Kündigung auszusprechen oder das Zustimmungsersetzungsverfahren einzuleiten). Erlangt der Arbeitnehmer nach Beteiligung des Betriebsrats, aber noch vor Ablauf der Ausschlussfrist des § 626 Abs. 2 BGB den besonderen Kündigungsschutz des § 15 KSchG, hat der Arbeitgeber den Betriebsrat erneut zu beteiligen, damit dieser die beabsichtigte Kündigung im Lichte des besonderen Kündigungsschutzes beurteilen kann. Die zweiwöchige Ausschlussfrist des § 626 Abs. 2 BGB beginnt mit der Kenntnis des Arbeitgebers von dem besonderen Kündigungsschutz (neue Tatsache!) erneut zu laufen (vgl. auch *VG Frankfurt*/M. 28.8.2000 ZTR 2001, 46). Kommt es zum gerichtlichen Zustimmungsersetzungsverfahren, muss der Arbeitgeber grds. die Rechtskraft einer gerichtlichen Entscheidung, die die Zustimmung zur Kündigung ersetzt, abwarten, bevor er kündigt, muss die **Kündigung** dann aber **unverzüglich nach Eintritt der Rechtskraft** aussprechen (vgl. *BAG* 18.8.1977 EzA § 103 BetrVG 1072 Nr. 20; 11.11.1976 EzA § 103 BetrVG 1972 Nr. 17; 24.4.1975, aaO; ferner *Richardi/Thüsing* § 103 Rz 63; s. auch KR-*Etzel* § 103 BetrVG Rz 136; zur Zulässigkeit der Kündigung vor Eintritt der Rechtskraft bei offensichtlich unzulässiger bzw. aussichtsloser Nichtzulassungsbeschwerde s. KR-*Etzel* § 103 BetrVG Rz 135).

IV. Wirksamkeitsvoraussetzungen bei Abgabe der Kündigungserklärung

33 Der Arbeitgeber ist nicht gezwungen, die Kündigung aus wichtigem Grund als fristlose Kündigung auszusprechen. Er kann dem Arbeitnehmer auch eine Frist bis zur Beendigung des Arbeitsverhältnisses gewähren (sog. **Auslauffrist**), muss aber dann gegenüber dem Arbeitnehmer erkennbar zum Ausdruck bringen, dass er keine ordentliche, sondern eine außerordentliche Kündigung aus wichtigem Grund aussprechen will (v. *Hoyningen-Huene/Linck* Rz 85 mwN; ausführlich KR-*Fischermeier* § 626 BGB Rz 30; zum Erfordernis der Eindeutigkeit einer außerordentlichen Kündigung s. auch *BAG* 13.1.1982 EzA § 626 BGB nF Nr. 81).

34 Kündigungsschutz nach § 15 KSchG besteht dann, aber auch nur dann, wenn dessen persönliche Voraussetzungen bei Abgabe der Kündigungserklärung (s. KR-*Etzel* § 103 BetrVG Rz 62) vorliegen. In diesem Falle ist die Kündigung nur wirksam, wenn

a) der Arbeitgeber das **Zustimmungsverfahren** beim Betriebsrat bzw. Personalrat sowie ein evtl. gerichtliches Zustimmungsersetzungsverfahren **ordnungsgemäß abgewickelt** hat (s. KR-*Etzel* § 103 BetrVG Rz 64 ff., 111 ff.);

b) der Arbeitgeber das **Kündigungsschreiben** erst aushändigt oder absendet, **wenn die Zustimmung** des Betriebsrats bzw. Personalrats **oder eine rechtskräftige gerichtliche Entscheidung**, durch die die Zustimmung des Betriebs- bzw. Personalrats ersetzt wird, **vorliegt** (s. KR-*Etzel* § 103 BetrVG Rz 135; vgl. *BAG* 11.11.1976 EzA § 103 BetrVG 1972 Nr. 17);

c) der Arbeitgeber bei einer mit Zustimmung des Betriebs- oder Personalrats erklärten Kündigung die **Kündigung** so rechtzeitig ausspricht, dass sie dem Arbeitnehmer **innerhalb der zweiwöchigen Anschlussfrist des § 626 Abs. 2 BGB zugeht** (s. Rz 30);

d) der Arbeitgeber bei fehlender Zustimmung des Betriebs- oder Personalrats **das gerichtliche Zustimmungsersetzungsverfahren innerhalb der zweiwöchigen Ausschlussfrist des § 626 Abs. 2 BGB anhängig macht** und die **Kündigung unverzüglich nach Eintritt der Rechtskraft** der die Zustimmung ersetzenden gerichtlichen Entscheidung ausspricht (s. Rz 32);

e) ein **wichtiger Grund** zur Kündigung gegeben ist;

f) der Arbeitgeber – falls er eine Auslauffrist gewährt – dem Arbeitnehmer **deutlich zu erkennen** gibt, dass er eine außerordentliche Kündigung aus wichtigem Grund aussprechen will.

35 Die wirksame Kündigung führt zur **sofortigen Auflösung** des Arbeitsverhältnisses. Gewährt der Arbeitgeber dem Arbeitnehmer eine sog. Auslauffrist, endet das Arbeitsverhältnis mit Ablauf dieser Auslauffrist.

Unzulässigkeit der Kündigung § 15 KSchG

Ist eine der unter a) bis f) angeführten Voraussetzung nicht gegeben, ist die Kündigung unwirksam. Über die weiteren Rechtsfolgen in diesem Fall s. Rz 37 ff. 36

V. Der Kündigungsschutzprozess

1. Mängel der Kündigung und ihre Geltendmachung

Folgende Mängel können auftreten:

a) Wenn der Arbeitgeber das **Zustimmungsverfahren** beim Betriebsrat bzw. Personalrat **nicht ordnungsgemäß abgewickelt** hat, ist die Kündigung unheilbar nichtig (s. KR-*Etzel* § 103 BetrVG Rz 101 ff., 109). Sie gilt auch nicht als Kündigung zu dem Termin, zu dem sie zuerst wieder ohne Zustimmung des Betriebsrats bzw. Personalrats ausgesprochen werden kann; vielmehr ist hierfür nach dem Fortfall des Zustimmungserfordernisses eine erneute Kündigung erforderlich. 37

Die **Nichtigkeit der Kündigung** ist eine Unwirksamkeit »aus anderen Gründen« iSd § 13 Abs. 1 S. 2 iVm § 4 S. 1 KSchG, die innerhalb von drei Wochen nach Zugang der schriftlichen Kündigung durch Klage beim Arbeitsgericht geltend gemacht werden muss (s. KR-*Friedrich* § 13 KSchG Rz 61). Der Arbeitnehmer kann ggf. auch gem. § 13 Abs. 1 S. 3 KSchG die gerichtliche Auflösung des Arbeitsverhältnisses und die Verurteilung des Arbeitgebers zur Zahlung einer Abfindung verlangen. 38

b) Hat der Arbeitgeber die **Kündigung** ausgesprochen, **bevor der Betriebsrat die Zustimmung erteilt hat oder seine Zustimmung** durch gerichtliche Entscheidung rechtskräftig **ersetzt ist**, ist die Kündigung unheilbar nichtig (s. KR-*Etzel* § 103 BetrVG Rz 109). Auch hier handelt es sich um eine Unwirksamkeit »aus anderen Gründen« iSd § 13 Abs. 1 S. 2 KSchG. Es gilt das, was zu Rz 38 ausgeführt wurde. 39

c) Räumt der Arbeitgeber dem Arbeitnehmer bei der Kündigung eine **Frist bis zur Beendigung des Arbeitsverhältnisses** ein, ohne zu erkennen zu geben, dass er eine außerordentliche Kündigung aus wichtigem Grunde aussprechen will, handelt es sich um keine außerordentliche Kündigung. Deshalb ist die Kündigung unwirksam. Denn § 15 Abs. 1–2 KSchG lässt nur eine außerordentliche Kündigung zu. Die Kündigung ist auch hier wegen Verstoßes gegen § 15 Abs. 1–2 KSchG »aus anderen Gründen« iSv § 13 Abs. 1 S. 2 iVm § 4 S. 1 KSchG unwirksam. 40

d) Hat der Arbeitgeber nach erteilter Zustimmung des Betriebsrats die **Kündigung nicht innerhalb der zweiwöchigen Ausschlussfrist des § 626 Abs. 2 BGB** erklärt oder die Kündigung nach rechtskräftiger Ersetzung der Zustimmung des Betriebsrats nicht unverzüglich ausgesprochen oder ist trotz Zustimmung des Betriebsrats kein wichtiger Grund zur Kündigung gegeben, ist die außerordentliche Kündigung unwirksam. Damit finden § 13 Abs. 1 S. 2 iVm § 4 S. 1 KSchG Anwendung. 41

Die Anwendung des § 13 Abs. 1 S. 2 KSchG auf außerordentliche Kündigungen gegenüber einem Amtsträger iSv § 15 KSchG bedeutet: Der betroffene Arbeitnehmer muss innerhalb von drei Wochen nach Zugang der Kündigung gegen die Kündigung gem. § 4 S. 1 KSchG **Kündigungsschutzklage erheben**; andernfalls ist die Kündigung wirksam (§ 7 KSchG). Ferner kann der Arbeitnehmer gem. § 13 Abs. 1 S. 3 KSchG die gerichtliche Auflösung des Arbeitsverhältnisses und die Verurteilung des Arbeitgebers zur Zahlung einer Abfindung verlangen (*v. Hoyningen-Huene/Linck* Rz 140 mwN); dem Arbeitgeber steht kein solches Recht zu. 42

Hat der Betriebsrat der außerordentlichen Kündigung zugestimmt, ist das ArbG bei der Beurteilung der Wirksamkeit der außerordentlichen Kündigung **an die Bewertungen des Betriebsrats nicht gebunden,** sondern hat in eigener Zuständigkeit zu entscheiden, ob die Voraussetzungen einer außerordentlichen Kündigung erfüllt sind. Hat hingegen ein Gericht für Arbeitssachen bzw. ein Gericht der Verwaltungsgerichtsbarkeit die Zustimmung des Betriebsrats bzw. Personalrats zur Kündigung rechtskräftig ersetzt, steht aufgrund der Präjudizwirkung dieser Entscheidung für das ArbG bindend fest, dass im Zeitpunkt der letzten Tatsachenverhandlung des Zustimmungsersetzungsverfahrens die außerordentliche Kündigung gerechtfertigt war. Darüber darf sich das ArbG nicht hinwegsetzen, so dass die Kündigungsschutzklage des Arbeitnehmers im Allgemeinen unbegründet ist. Wegen weiterer Einzelheiten zur Präjudizwirkung des Zustimmungsersetzungsverfahrens s. KR-*Etzel* § 103 BetrVG Rz 139 ff.; vgl. auch *v. Hoyningen-Huene/Linck* Rz 142 ff. mwN. Zur Zulässigkeit einer **Kündigungsschutzklage nach rechtskräftig ersetzter Zustimmung** des Betriebsrats zur Kündigung sowie zur präjudiziellen Wirkung der rechtskräftig ersetzten Zustimmung des Betriebsrats im Kündigungsschutzprozess s. KR-*Etzel* § 103 BetrVG Rz 137 ff. Diese Ausführungen gelten für Arbeitnehmer des öffentlichen Dienstes entsprechend. 43

2. Nachschieben von Kündigungsgründen

44 Zur Frage der Zulässigkeit des Nachschiebens von Kündigungsgründen im Kündigungsschutzprozess ist von den Grundsätzen auszugehen, die für das Anhörungsverfahren nach § 102 BetrVG gelten (s. KR-*Etzel* § 102 BetrVG Rz 185 ff.). Hierbei sind folgende Fallgestaltungen zu unterscheiden:

a) Kündigungsgründe, die dem Arbeitgeber vor Ausspruch der Kündigung bekannt werden

45 Kündigungsgründe, die dem Arbeitgeber im Zeitpunkt der Unterrichtung des Betriebsrats bekannt sind oder noch vor Ausspruch der Kündigung bekannt werden, kann er im späteren Kündigungsschutzprozess nur nachschieben, wenn er vor Ausspruch der Kündigung wegen dieser Kündigungsgründe das **Zustimmungsverfahren beim Betriebsrat** einleitet und abschließt (s. KR-*Etzel* § 103 BetrVG Rz 83 f.). Wenn der Arbeitgeber im Zeitpunkt des Kündigungsausspruchs die später nachgeschobenen Kündigungsgründe kennt, ist sein Kündigungsentschluss notwendig durch diese Gründe mitbestimmt; folglich muss dem Betriebsrat auch Gelegenheit gegeben werden, vor Ausspruch der Kündigung auf den Kündigungsentschluss des Arbeitgebers einzuwirken (s. KR-*Etzel* § 102 BetrVG Rz 186). Im Übrigen kann der Arbeitgeber **vor Ausspruch der Kündigung** nach Durchführung des Zustimmungsverfahrens beim Betriebsrat Kündigungsgründe im gerichtlichen Zustimmungsersetzungsverfahren nachschieben (s. KR-*Etzel* § 103 BetrVG Rz 118 ff.). Dies ist insbesondere dann geboten, wenn im Zeitpunkt des Ausspruchs der Kündigung hinsichtlich der nachgeschobenen Kündigungsgründe die zweiwöchige Ausschlussfrist des § 626 Abs. 2 BGB abgelaufen wäre.

b) Kündigungsgründe, die dem Arbeitgeber erst nach Ausspruch der Kündigung bekannt werden

46 Kündigungsgründe, die dem Arbeitgeber im Zeitpunkt der Kündigung noch nicht bekannt waren, können im Kündigungsschutzprozess grds. nur dann nachgeschoben werden, wenn der Arbeitgeber vor ihrer Einführung in den Prozess hinsichtlich dieser Gründe das **Zustimmungsverfahren beim Betriebsrat** eingeleitet und abgeschlossen hat (vgl. KR-*Etzel* § 102 BetrVG Rz 188). Eine Anhörung des Betriebsrats zu den nachgeschobenen Kündigungsgründen ist aber ausnahmsweise dann entbehrlich, wenn der Betriebsrat aufgrund der zunächst mitgeteilten Kündigungsgründe der Kündigung ausdrücklich zugestimmt hatte oder seine Zustimmung durch rechtskräftige gerichtliche Entscheidung ersetzt ist und darüber hinaus die Kündigung aufgrund der nachgeschobenen Kündigungsgründe nicht in einem neuen Licht erscheint und der Arbeitgeber die ursprünglich geltend gemachten Kündigungsgründe nach wie vor weiterverfolgt (vgl. KR-*Etzel* § 102 BetrVG Rz 189).

47 Die Durchführung eines gerichtlichen Zustimmungsersetzungsverfahrens nach § 103 Abs. 2 BetrVG hinsichtlich der nachzuschiebenden Kündigungsgründe ist – abgesehen von der in Rz 45 aE erwähnten Situation – **grds. nicht geboten**. Das gerichtliche Zustimmungsersetzungsverfahren soll betriebsverfassungsrechtliche Amtsträger vor willkürlichen Kündigungen durch den Arbeitgeber schützen. Hat aber der Betriebsrat der Kündigung wegen der zunächst mitgeteilten Kündigungsgründe zugestimmt oder ist seine Zustimmung insoweit durch gerichtliche Entscheidung rechtkräftig ersetzt, gibt das Gesetz dem Arbeitgeber den Weg zur Kündigung frei. Ist dieser Weg freigegeben, ist es sinnlos, für nachzuschiebende Kündigungsgründe die Durchführung eines gerichtlichen Zustimmungsersetzungsverfahrens zu verlangen; denn der Zweck dieses Verfahrens – Schutz vor willkürlichen Kündigungen – kann hier nach der gesetzlich zugelassenen Kündigung nicht mehr erreicht werden und soll es auch nicht, weil das Gesetz die Kündigungsmöglichkeit bereits eröffnet hat.

48 Ebenso sinnlos ist ein gerichtliches Zustimmungsersetzungsverfahren wegen nachzuschiebender Kündigungsgründe, wenn der Arbeitgeber die Kündigung bereits erklärt hat, **ohne dass die Zustimmung des Betriebsrats oder ihre rechtskräftige gerichtliche Ersetzung vorlag**. In diesem Fall ist die Kündigung wegen nicht ordnungsgemäßer Beteiligung des Betriebsrats oder des Gerichts unheilbar nichtig (s. Rz 33, 36). Denn der mit § 15 KSchG bezweckte Schutz der betriebsverfassungsrechtlichen Amtsträger vor willkürlichen Kündigungen des Arbeitgebers erfordert es, dass im Zeitpunkt des Zugangs der Kündigung die betriebsverfassungsrechtlichen Voraussetzungen erfüllt sind. Der Verstoß gegen betriebsverfassungsrechtliche Vorschriften kann daher nicht dadurch geheilt werden, dass weitere Kündigungsgründe – auch mit Zustimmung des Betriebsrats oder einer sie ersetzenden rechtskräftigen gerichtlichen Entscheidung – nachgeschoben werden. Vielmehr kann in einem solchen Fall der Arbeitgeber lediglich nach Durchführung des Zustimmungsverfahrens gem. § 103 BetrVG eine neue Kündigung aussprechen.

Unzulässigkeit der Kündigung § 15 KSchG

Ist die Kündigung wegen der ursprünglichen Kündigungsgründe unwirksam, weil der Arbeitgeber **die Kündigung nach erteilter Zustimmung** des Betriebsrats **nicht innerhalb der zweiwöchigen Ausschlussfrist** des § 626 BGB Abs. 2 BGB **oder nach rechtskräftig ersetzter Zustimmung des Betriebsrats nicht unverzüglich erklärt,** ist das Nachschieben von Kündigungsgründen nach Maßgabe von Rz 45–47 auch ohne Durchführung eines weiteren Zustimmungsersetzungsverfahrens zulässig. Denn hier war durch die Zustimmung des Betriebsrats bzw. ihre rechtskräftige gerichtliche Ersetzung zu den ursprünglichen Kündigungsgründen bereits der Weg zur Kündigung eröffnet. 48a

c) Neue Kündigung

Dem Arbeitgeber ist es unbenommen, weitere Kündigungsgründe nicht durch Nachschieben in einen bereits eingeleiteten Kündigungsschutzprozess, sondern durch Ausspruch einer weiteren (vorsorglichen) Kündigung geltend zu machen. In diesem Fall sind das Zustimmungsverfahren beim Betriebsrat und das gerichtliche Zustimmungsersetzungsverfahren wie bei einer sonstigen außerordentlichen Kündigung nach § 103 BetrVG durchzuführen; auch die zweiwöchige Ausschlussfrist des § 626 Abs. 2 BGB ist insoweit zu beachten (s. Rz 34). 49

3. Darlegungs- und Beweislast

Die ordnungsgemäße Abwicklung des Zustimmungs- oder Zustimmungsersetzungsverfahrens, die vor Ausspruch der Kündigung erteilte Zustimmung des Betriebsrats oder ihre rechtskräftige gerichtliche Ersetzung, die Einhaltung der zweiwöchigen Ausschlussfrist des § 626 Abs. 2 BGB sowie ein wichtiger Grund zur Kündigung sind Wirksamkeitsvoraussetzungen für eine außerordentliche Kündigung gegenüber einem Amtsträger iSv § 15 KSchG. Daher trägt der **Arbeitgeber** für diese Wirksamkeitsvoraussetzungen im Kündigungsschutzprozess die Darlegungs- und Beweislast. 50

VI. Suspendierung des Arbeitnehmers vor Kündigung

Siehe KR *Etzel* § 103 BetrVG Rz 143 ff. Diese Ausführungen gelten für Arbeitnehmer des öffentlichen Dienstes, die durch § 15 KSchG geschützt sind, entsprechend. Soweit hier allerdings eine gerichtliche Entscheidung – auch einstweilige Verfügung – zur Suspendierung des Arbeitsverhältnisses ohne Fortzahlung des Arbeitsentgelts in Betracht kommt, muss der Arbeitgeber das Verwaltungsgericht anrufen, das über den Antrag des Arbeitgebers in entsprechender Anwendung des § 47 BPersVG zu entscheiden hat. 51

VII. Weiterbeschäftigung nach Kündigung

Siehe KR-*Etzel* § 103 BetrVG Rz 147 f. Diese Ausführungen gelten für Arbeitnehmer des öffentlichen Dienstes, die durch § 15 KSchG geschützt sind, entsprechend. 52

VIII. Amtsausübung vor und nach Ausspruch der Kündigung

Siehe KR-*Etzel* § 103 BetrVG Rz 149 ff. Diese Ausführungen gelten für Amtsträger des öffentlichen Dienstes iSv § 15 KSchG entsprechend. 53

E. Zulässigkeit einer ordentlichen Kündigung
I. Kündigungsverbot während der Amtszeit des geschützten Personenkreises

Solange der durch § 15 KSchG geschützte Personenkreis einen **besonderen Kündigungsschutz** gegen außerordentliche Kündigungen genießt (s. KR-*Etzel* § 103 BetrVG Rz 19 ff.), ist die ordentliche Kündigung – von den unter Rz 73 ff. angeführten Ausnahmen abgesehen – unzulässig. Das ergibt sich zwar nicht mit völliger Eindeutigkeit aus dem Wortlaut des § 15 KSchG, der nur von »Kündigung« spricht und deshalb zu der Auffassung verleiten könnte, es sei auch eine ordentliche Kündigung zulässig, wenn nur die wichtigen Kündigungsgründe vorlägen und im Kündigungsschutzprozess notfalls bewiesen würden. Diese Auslegung wird aber dem Sinn des § 15 KSchG nicht gerecht. 54

Wenn in § 15 Abs. 1–2 KSchG die Kündigung nur für den Fall zugelassen wird, »dass Tatsachen vorliegen, die den Arbeitgeber zur Kündigung aus wichtigem Grund ohne Einhaltung einer Kündigungsfrist berechtigen«, so muss man davon ausgehen, dass der Arbeitgeber auch nur zur Kündigung »aus wichtigem Grund« berechtigt ist. Bei einer Kündigung »aus wichtigem Grund« handelt es sich aber – 55

§ 15 KSchG Unzulässigkeit der Kündigung

wie ein Vergleich mit § 626 BGB zeigt – **im Zweifel um eine außerordentliche Kündigung**. Die Auffassung, dass § 15 Abs. 1–3 KSchG nur die außerordentliche Kündigung zulässt, wird bestätigt durch die nach § 15 Abs. 1 und 3 KSchG für die Kündigung erforderliche Zustimmung gem. § 103 BetrVG. In § 103 BetrVG ist nur die Rede von der Zustimmung zur außerordentlichen Kündigung. Die außerordentliche Kündigung ist dadurch gekennzeichnet, dass der Kündigende erkennbar zum Ausdruck bringen muss, es handele sich hier um eine Kündigung aus wichtigem Grunde, wozu schon das Wort »fristlos« ausreichen kann; gewährt der Kündigende aber eine Frist bis zur Beendigung des Arbeitsverhältnisses, möglicherweise sogar die ordentliche Kündigungsfrist, was bei einer außerordentlichen Kündigung durchaus zulässig ist, muss er deutlich machen, dass er die Kündigung aus wichtigem Grund ausspricht (s. Rz 33); andernfalls gilt die Kündigung als ordentliche Kündigung, die im Falle des § 15 Abs. 1–3 KSchG unzulässig ist. Die gleichwohl ausgesprochene ordentliche Kündigung ist wegen Verstoßes gegen § 15 KSchG nichtig, selbst wenn an sich ein wichtiger Grund für eine außerordentliche Kündigung vorliegt (MünchArbR-*Berkowsky* § 153 Rz 32).

II. Kündigungsverbot nach Ablauf der Amtszeit des geschützten Personenkreises bzw. nach Bekanntgabe des Wahlergebnisses

1. Allgemeines

56 Für einen bestimmten Zeitraum nach Beendigung der Amtszeit bzw. nach Bekanntgabe des Wahlergebnisses bleibt die **ordentliche Kündigung** gegenüber dem durch § 15 KSchG geschützten Personenkreis grds. in demselben Umfang wie während der Amtszeit **unzulässig** (sog. nachwirkender Kündigungsschutz, s. Rz 57). Das gilt auch für ordentliche (Einzel-)Änderungskündigungen (*BAG* 26.4.1990 RzK II 1h Nr. 9). Nur ordentliche Gruppen- oder Massenänderungskündigungen können nach dem Sinn und Zweck des Gesetzes im Nachwirkungszeitraum auch gegenüber ehemaligen Amtsträgern iSd § 15 KSchG ausgesprochen werden (s. Rz 18a). Die unzulässige ordentliche Kündigung ist wegen Verstoßes gegen § 15 KSchG nichtig. Das gilt auch, wenn der Arbeitgeber ein Recht zur außerordentlichen Kündigung aus wichtigem Grund gehabt hätte (*BAG* 5.7.1979 EzA § 15 KSchG nF Nr. 22 und *BAG* 23.4.1981 – 2 AZR 1112/78 – nv). Die außerordentliche Kündigung bedarf im Nachwirkungszeitraum nicht mehr der Zustimmung des Betriebsrats nach § 103 BetrVG, sondern nur noch der Anhörung nach § 102 BetrVG. Bei den Anforderungen an eine außerordentliche Kündigung im Nachwirkungszeitraum ist stets zu prüfen, ob es dem Arbeitgeber zumutbar ist, das Ende des nachwirkenden Kündigungsschutzes abzuwarten und so dann ordentlich zu kündigen, zB bei dauernder krankheitsbedingter Arbeitsunfähigkeit (*BAG* 15.3.2001 EzA § 15 KSchG nF Nr. 52).

57 Im Einzelnen erstreckt sich der nachwirkende Kündigungsschutz auf folgende Zeiträume:

 a) **1 Jahr nach Beendigung der Amtszeit:** Mitglieder eines Betriebsrats, einer Jugend- und Auszubildendenvertretung in einem Betrieb oder einer Verwaltung, einer Personalvertretung, eines Seebetriebsrats (vgl. KR-*Etzel* § 103 BetrVG Rz 8).

 b) **6 Monate nach Beendigung der Amtszeit:** Mitglieder einer Bordvertretung.

 c) **6 Monate nach Bekanntgabe des Wahlergebnisses:** Mitglieder eines Wahlvorstands, erfolglose Wahlbewerber.

58 Für die **Berechnung der Fristen** gelten die §§ 187, 188 BGB. Deshalb ist der Tag, an dem die Amtszeit endet oder das Wahlergebnis bekannt gemacht wird, bei der Fristberechnung nicht mitzuzählen.

59 Fraglich kann sein, was unter »**Beendigung der Amtszeit**« und »Bekanntgabe des Wahlergebnisses« zu verstehen ist. Ferner stellt sich die Frage, ob jemand auch vor Beendigung der Amtszeit oder vor Bekanntgabe des Wahlergebnisses sein Amt verlieren kann und in einem solchen Falle ein nachwirkender Kündigungsschutz besteht und wie dann die Dauer des nachwirkenden Kündigungsschutzes berechnet wird (s. hierzu die nachfolgenden Ausführungen).

2. Beendigung der Amtszeit (Mitglieder von Arbeitnehmervertretungen)

60 Der Begriff »Beendigung der Amtszeit« umfasst unstreitig zunächst alle Fälle, in denen das Gesetz dies ausdrücklich bestimmt (zB in § 21 BetrVG) oder in denen sich aus dem Gesetz oder allgemeinen Rechtsgrundsätzen ergibt, dass das in Betracht kommende Gremium die ihm obliegenden Aufgaben auf Dauer nicht mehr wahrnehmen darf (zB mit Rechtskraft einer gerichtlichen Entscheidung, durch die der Betriebsrat aufgelöst wird; vgl. § 13 Abs. 2 Nr. 5 BetrVG). Die Amtszeit in diesem Sinne kann

zB enden durch **Zeitablauf** (vgl. § 21 S. 1, 3, 4 BetrVG) oder durch **Bekanntgabe des Wahlergebnisses** für ein neu gewähltes Gremium (vgl. § 21 S. 5, § 22 BetrVG). Der letztere Fall ist zB gegeben, wenn ein Betriebsrat zurückgetreten ist. Dann hat er die Geschäfte bis zur Bekanntgabe des Wahlergebnisses für den neu zu wählenden Betriebsrat fortzuführen (§ 22 BetrVG), ist also bis zu diesem Zeitpunkt im Amt und genießt daher bis zur Bekanntgabe des Wahlergebnisses den besonderen Kündigungsschutz für Amtsträger iSd § 15 KSchG; danach tritt der nachwirkende Kündigungsschutz ein (*Richardi/Thüsing* § 22 Rz 6; *Fitting* Rz 55; *v. Hoyningen-Huene/Linck* Rz 43).

Der rechtsgeschäftliche **Betriebsübergang** führt nach § 613a BGB grds. zum Übergang der Arbeitsverhältnisse auf den Betriebserwerber; deshalb führt die Betriebsübernahme auch nicht zu einer Beendigung der Amtszeit des Betriebsrats (*Fitting* § 21 Rz 34). Widerspricht ein Betriebsratsmitglied dem Betriebsübergang, bleibt sein Arbeitsverhältnis zum Betriebsveräußerer bestehen (*BAG* 7.4.1993 EzA § 1 KSchG Soziale Auswahl Nr. 36), es verliert jedoch sein Betriebsratsamt, weil der Betrieb (einschließlich des amtierenden Betriebsrats) auf den Betriebserwerber übergegangen ist. Beim rechtsgeschäftlichen **Übergang eines Betriebsteils** verliert das Betriebsratsmitglied sein Amt, wenn es dem übergehenden Betriebsteil angehört, weil der Betriebsrat beim Restbetrieb des Veräußerers verbleibt; widerspricht jedoch das Betriebsratsmitglied dem Übergang seines Arbeitsverhältnisses, bleibt es Mitglied des Restbetriebs und damit im Amt. Der Auffassung von *Feudner* (DB 1994, 1572), dem Betriebsratsmitglied, das zur Erhaltung des Betriebsratsamtes dem Betriebsteilübergang widerspreche, könne vom Betriebsveräußerer ordentlich gekündigt werden, kann nur insoweit zugestimmt werden, als die Voraussetzungen des § 15 Abs. 5 BetrVG vorliegen (s. hierzu Rz 125a). Bei einer **Betriebsspaltung** nach dem Umwandlungsgesetz bleibt der Betriebsrat im Amt und führt die Geschäfte für die ihm bislang zugeordneten Betriebsteile weiter, soweit die Betriebsteile über die für eine Betriebsratswahl erforderliche Arbeitnehmerzahl (§ 1 BetrVG) verfügen und nicht in einen Betrieb eingegliedert werden, in dem bereits ein Betriebsrat besteht. Das Übergangsmandat endet, sobald in den Betriebsteilen ein neuer Betriebsrat gewählt und das Wahlergebnis bekannt gegeben ist, spätestens jedoch sechs Monate nach Wirksamwerden der Betriebsspaltung (§ 21a BetrVG; zum Übergangsmandat des Betriebsrats bei der Zusammenfassung von Betriebsteilen s. KR-*Etzel* § 102 BetrVG Rz 23a). Verliert ein Betriebsratsmitglied im Zusammenhang mit einem Betriebsübergang, dem Übergang eines Betriebsteils oder einer Betriebsspaltung sein Betriebsratsamt, erlangt es den nachwirkenden Kündigungsschutz nach § 15 Abs. 1 S. 2 KSchG (s. Rz 61 ff.; *v. Hoyningen-Huene/Linck* Rz 71).

Unter »Beendigung der Amtszeit« iSv § 15 KSchG sind nicht nur die Fälle zu verstehen, in denen die Mitgliedschaft des Amtsträgers in dem Gremium wegen Ablaufs von dessen Amtszeit endet. Vielmehr liegt eine »Beendigung der Amtszeit« **auch dann vor, wenn die Mitgliedschaft des Amtsträgers in dem Gremium vor Ablauf von dessen Amtszeit endet.** Nach der Terminologie des BetrVG wird zwar der Begriff »Amtszeit« nur für den Betriebsrat als Gremium verwendet – für die anderen betriebsverfassungsrechtlichen Organe gilt Entsprechendes –, während bei dem Ausscheiden eines Betriebsratsmitglieds aus dem Betriebsrat vor Beendigung der Amtszeit des Gremiums vom »Erlöschen der Mitgliedschaft« die Rede ist. Die hier vertretene Auffassung zu § 15 KSchG entspricht aber allein der Entstehungsgeschichte und dem Sinn und Zweck des Gesetzes.

Im **Regierungsentwurf** zu § 15 Abs. 1 S. 2 KSchG (BT-Drs. VI/1786, S. 28) hieß es: »Innerhalb eines Jahres nach Beendigung der Mitgliedschaft ist die Kündigung unzulässig –« Dieser Satz wurde vom Bundestagsausschuss für Arbeit und Sozialordnung zur heutigen Gesetzesfassung umformuliert, und zwar deshalb, weil nicht mehr – wie in dem Regierungsentwurf vorgesehen – alle Amtsträger für die Dauer eines Jahres einen nachwirkenden Kündigungsschutz erhalten sollten; vielmehr verkürzte der Bundestagsausschuss für Arbeit und Sozialordnung für Mitglieder der Bordvertretung den nachwirkenden Kündigungsschutz von einem Jahr auf die Dauer von sechs Monaten. Das war der alleinige Grund für die Änderung des Regierungsentwurfs zu § 15 Abs. 1 S. 2 KSchG. Die Materialien ergeben keinen Anhaltspunkt dafür, dass der Bundestagsausschuss für Arbeit und Sozialordnung mit der Auswechslung der Worte »Mitgliedschaft« und »Amtszeit« irgendeine materielle Änderung des Regierungsentwurfs erreichen wollte. Dafür spricht auch, dass die Ausnahmeregelung des Regierungsentwurfs in § 15 KSchG Abs. 1 S. 2 2. Hs. KSchG beibehalten wurde, die den nachwirkenden Kündigungsschutz bei einer »Beendigung der Mitgliedschaft« aufgrund gerichtlicher Entscheidung ausschließt (ebenso: GK-*Oetker* § 24 Rz 56). Den nachwirkenden Kündigungsschutz für einen Fall der Beendigung der Mitgliedschaft hätte der Gesetzgeber nicht ausschließen müssen, wenn bei einer Beendigung der Mitgliedschaft in dem betriebsverfassungsrechtlichen Gremium iS eines Ausscheidens vor Ablauf der Amtszeit des Gremiums ohnehin kein nachwirkender Kündigungsschutz einträte (*Gamillscheg* ZfA 1977, 266).

63 Auch Sinn und Zweck des § 15 KSchG gebieten die hier vertretene Auslegung. Der nachwirkende Kündigungsschutz soll u.a. **der Abkühlung evtl. während der betriebsverfassungsrechtlichen Tätigkeit aufgetretener Kontroversen mit dem Arbeitgeber dienen** (RegE, BT-Drs. VI/1786, S. 60). Dieser Schutz gebührt zB auch demjenigen Betriebsratsmitglied, das vor Beendigung der Amtszeit des Betriebsrats aus gesundheitlichen Gründen seinen Rücktritt erklärt und damit aus dem Betriebsrat ausscheidet (*Gamillscheg* ZfA 1977, 266). Die Gegenmeinung führt zu unhaltbaren Ergebnissen. Einerseits versagt sie zB einem Betriebsratsmitglied, das nach einer Amtstätigkeit von 2 Jahren und 11 Monaten einen Monat vor Beendigung der Amtszeit des Betriebsrats durch Rücktritt aus dem Betriebsrat ausscheidet, den nachwirkenden Kündigungsschutz. Andererseits muss sie entsprechend dem klaren Wortlaut des Gesetzes dem für ein ausgeschiedenes Mitglied in den Betriebsrat nachgerückten Ersatzmitglied, das einen Monat amtiert und dann mit dem Ende der Amtszeit des Betriebsrats aus diesem ausscheidet, den nachwirkenden Kündigungsschutz zubilligen (allg. Meinung, BAG 9.11.1977 EzA § 15 KSchG nF Nr. 13; vgl. auch *Richardi/Thüsing* § 25 Rz 29; *Fitting* § 103 Rz 58; *Gamillscheg* aaO; *v. Hoyningen-Huene/Linck* Rz 44).

64 Es liegt auf der Hand, dass bei einer Amtstätigkeit von 2 Jahren und 11 Monaten allgemein häufiger Kontroversen zwischen Arbeitgeber und Betriebsratsmitglied auftreten als bei einer Amtstätigkeit von nur einem Monat. **Der Verlust der Mitgliedschaft vor Beendigung der Amtszeit des Gremiums führt daher grds. nicht zum Verlust des nachwirkenden Kündigungsschutzes** iSv § 15 KSchG (*Barwasser* AuR 1977, 75; *Gamillscheg* ZfA 1977, 266; *Matthes* DB 1980, 1169; *Fitting* § 103 Rz 39; *v. Hoyningen-Huene/Linck* Rz 45, 45a mwN; **aA** *Galperin/Löwisch* § 103 Rz 42). Das bedeutet insbesondere, dass das Betriebsratsmitglied, das vor Beendigung der Amtszeit des Betriebsrats zurücktritt, für die Dauer eines Jahres nach seinem Ausscheiden den nachwirkenden Kündigungsschutz iSv § 15 KSchG genießt (ebenso: BAG 5.7.1979 EzA § 15 KSchG nF Nr. 22).

64a Die vom *BAG* (5.7.1979 aaO und *BAG* 23.4.1981 – 2 AZR 1112/78 – nv) offen gelassene Frage, ob der nachwirkende Schutz für ausgeschiedene Betriebsratsmitglieder **auf sechs Monate zu verkürzen** sei, **wenn sie ihr Amt im ersten Jahr ihrer Amtstätigkeit niederlegen,** ist zu verneinen (*Fitting* aaO; GK-*Oetker* § 24 Rz 56; HaKo-*Fiebig* Rz 81; *v. Hoyningen-Huene/Linck* aaO; **aA** *Hanau* AR-Blattei, Anm. zu Betriebsverfassung IX: Entsch. 44; *Löwisch/Spinner* Rz 18; *Stege/Weinspach/Schiefer* § 103 Rz 26). Das BAG meint, aus der kurzen Dauer (sechs Monate) des nachwirkenden Kündigungsschutzes für Mitglieder der Bordvertretung, deren Amtszeit nur ein Jahr betrage, ergebe sich, dass nach den Vorstellungen des Gesetzgebers ein angemessenes Verhältnis zwischen der Amtszeit und der Befristung des nachwirkenden Schutzes bestehen solle. Diese Schlussfolgerung ist zu weitgehend. Aus der verkürzten Dauer des nachwirkenden Kündigungsschutzes für Mitglieder der Bordvertretung lässt sich nur schließen, dass dann, wenn die Dauer der Amtszeit von vornherein gegenüber der Amtszeit des Betriebsrats erheblich verkürzt ist, auch der nachwirkende Kündigungsschutz verkürzt werden soll. Das folgt auch aus dem verkürzten nachwirkenden Kündigungsschutz für Mitglieder des Wahlvorstandes und für Wahlbewerber (§ 15 Abs. 3 KSchG). Hingegen besagen die Regelungen über den nachwirkenden Kündigungsschutz für Mitglieder der Bordvertretung und des Wahlvorstandes sowie für Wahlbewerber nichts darüber, ob auch eine Verkürzung des nachwirkenden Kündigungsschutzes für Mitglieder gerechtfertigt ist, deren Amtszeit an sich vier Jahre beträgt, die aber bereits nach kurzer Amtstätigkeit zurücktreten. Das ist zu verneinen. Die Betriebsratstätigkeit ist auf vier Jahre ausgelegt. Der Betriebsrat kann langfristig planen. Er kann gerade zu Beginn seiner Amtstätigkeit die Konfrontation mit dem Arbeitgeber suchen, um günstige Regelungen für die Belegschaft zu erreichen. Das einzelne Betriebsratsmitglied wird in der Gewissheit eines vierjährigen Amtsschutzes – jedenfalls zu Beginn der Amtszeit – eher geneigt sein, seine Meinung gegenüber dem Arbeitgeber freimütig zu äußern als das Mitglied eines betriebsverfassungsrechtlichen Organs, dessen Amtszeit nur ein Jahr beträgt. Wenn dann ein Betriebsratsmitglied sich – aus welchen Gründen auch immer – zum Rücktritt entschließt, verdient es den nachwirkenden Kündigungsschutz, der an eine vierjährige Amtszeit geknüpft ist (in diesem Sinne auch HaKo-*Fiebig* aaO).

64b Der nachwirkende Kündigungsschutz ist einem zurückgetretenen Betriebsratsmitglied nur dann zu versagen, wenn die Berufung hierauf **rechtsmissbräuchlich** ist (*BAG* 5.7.1979 aaO; *v. Hoyningen-Huene/Linck* Rz 46; abl. BBDW-*Dörner* Rz 65). Dieser Fall ist zB dann gegeben, wenn das Betriebsratsmitglied durch seinen Rücktritt einer Beendigung der Mitgliedschaft durch gerichtliche Entscheidung (s. Rz 66) zuvorkommen will und das gerichtliche Verfahren tatsächlich zu einer Beendigung der Mitgliedschaft geführt hätte (verneinend: *Löwisch* Rz 18, wenn das Betriebsratsmitglied schon im Vorstadium oder in der Anfangsphase eines Ausschlussverfahrens zurücktritt). Das *LAG Nds.* (15.5.1991 DB

Unzulässigkeit der Kündigung　　　　　　　　　　　　　　　　　　　　　　　　§ 15 KSchG

1991, 2248) bejaht allerdings auch noch nach dem Rücktritt sämtlicher Betriebsratsmitglieder ein Rechtsschutzbedürfnis für die Fortführung eines Wahlanfechtungsverfahrens, so dass dieses Verfahren zum Wegfall des nachgewiesenen Kündigungsschutzes führen kann.

Der nachwirkende Kündigungsschutz steht **auch dem Ersatzmitglied** zu, das für ein vorübergehend 65 verhindertes Mitglied in das Gremium einrückt und nach Beendigung des Vertretungsfalles wieder aus dem Gremium ausscheidet (*BAG* 18.5.2006 – 6 AZR 627/05; 12.2.2004 EzA § 15 KSchG nF Nr. 56; 17.3.1988 EzA § 626 BGB nF Nr. 116 mit zust. Anm. *Kraft*; KDZ-*Kittner* § 103 Rz 22; *Fitting* § 25 Rz 10; GK-*Oetker* § 25 Rz 57; HK-*Dorndorf* Rz 61; *v. Hoyningen-Huene/Linck* Rz 47; *Barwasser* aaO; *Matthes* DB 1980, 1171; aA *Galperin/Löwisch* § 25 Rz 10; *Nipperdey* DB 1981, 217; *Löwisch/Spinner* Rz 34 wollen nur dem jeweils ersten Ersatzmitglied einer Liste den Schutz des § 15 KSchG zubilligen, dann aber den vollen Kündigungsschutz nach § 15 Abs. 1 S. 1 KSchG). Denn das Ersatzmitglied steht während des Vertretungsfalles einem Vollmitglied völlig gleich, es kann während dieser Zeit wie jedes andere Vollmitglied in Konflikte mit dem Arbeitgeber geraten und verdient daher auch den nachwirkenden Kündigungsschutz, wenn es nach Beendigung des Vertretungsfalles aus seinem Amt ausscheidet; seine »Amtszeit« ist damit iSd § 15 KSchG (zumindest vorläufig) beendet. Auf die Dauer der Vertretungstätigkeit kommt es nicht an (*BAG* 18.5.2006 – 6 AZR 627/05; 6.9.1979 EzA § 15 KSchG nF Nr. 23; HaKo-*Fiebig* Rz 84; *v. Hoyningen-Huene/Linck* Rz 24, 47 f.; aA *Hanau* AR-Blattei, Anm. zu Betriebsverfassung IX: Entsch. 46, der bei Vertretungstätigkeiten bis zu einem Jahr den nachwirkenden Schutz auf sechs Monate begrenzen will; ähnlich *Schulin* Anm. EzA § 15 KSchG nF Nr. 36; weitergehend *Uhmann* NZA 2000, 581 und AuA 2001, 223, der bei besonders kurzer Vertretungszeit einen Nachwirkungszeitraum von drei Monaten genügen lässt). Das bedeutet praktisch, dass das Ersatzmitglied nach Beendigung eines auch nur kurzfristigen Vertretungsfalles für die Dauer von einem Jahr bzw. – bei Mitgliedern des Wahlvorstands (s. Rz 68) oder der Bordvertretung – von sechs Monaten nachwirkenden Kündigungsschutz genießt. Tritt während dieses Zeitraums wieder ein Vertretungsfall ein, so erlangt das Ersatzmitglied nach Beendigung des Vertretungsfalles wiederum für die Dauer von einem Jahr bzw. sechs Monaten – vom Ende des letzten Vertretungsfalles an gerechnet – nachwirkenden Kündigungsschutz.

Ob die Betriebsratstätigkeit in einer ordnungsgemäß einberufenen Betriebsratssitzung ausgeübt wur- 65a de, ist unerheblich, weil insoweit in jedem Falle Betriebsratstätigkeit angefallen ist (HaKo-*Fiebig* Rz 85; HK-*Dornorf* Rz 36; aA *LAG Hamm* 21.8.1986 LAGE § 15 KSchG Nr. 5; *Uhmann* NZA 2000, 580 und AuA 2001, 222). Auch die Vorbereitung auf eine Betriebsratssitzung stellt Betriebsratstätigkeit dar (*LAG Bra.* 25.10.1993 LAGE § 15 KSchG Nr. 9). Von dem in Rz 65 angeführten Grundsatz ist lediglich dann eine Ausnahme zu machen, wenn das nachgerückte Ersatzmitglied während der gesamten Dauer des Vertretungsfalles selbst an der Amtsausübung verhindert war oder aus sonstigen Gründen **keine Betriebsratsaufgaben wahrnahm,** etwa weil keine Aufgaben anfielen. Übt das Ersatzmitglied keine Betriebsratstätigkeit aus, erlangt es zwar während der Dauer des Vertretungsfalles den Kündigungsschutz eines Vollmitglieds (s. KR-*Etzel* § 103 BetrVG Rz 49), nach Beendigung des Vertretungsfalles entfällt aber ein nachwirkender Kündigungsschutz. Denn infolge fehlender Betriebsratstätigkeit des Ersatzmitglieds konnte es während des Vertretungsfalles zu keinen Konflikten mit dem Arbeitgeber kommen; auch ist hier das Ersatzmitglied nicht durch eine Amtsausübung in seiner beruflichen Entwicklung zurückgeworfen worden. Damit ist kein sachlicher Grund ersichtlich, diesem Ersatzmitglied nachwirkenden Kündigungsschutz zu gewähren (ebenso: *BAG* 6.9.1979 EzA § 15 KSchG nF Nr. 23; HK-*Dornorf* Rz 63; *Nickel* SAE 1980, 336; SPV-*Stahlhacke* Rz 1621; *Uhmann* AuA 2001, 222). Hingegen reichen schon geringfügige Amtstätigkeiten aus, um den nachwirkenden Kündigungsschutz entstehen zu lassen (HaKo-*Fiebig* Rz 85).

Im Übrigen hängt der nachwirkende Kündigungsschutz für Ersatzmitglieder nicht davon ab, ob **dem** 65b **Arbeitgeber** bei Ausspruch einer ordentlichen Kündigung **bekannt** ist, dass das Ersatzmitglied in den letzten 12 Monaten stellvertretend als Mitglied des Betriebsrats amtiert hat (*BAG* 18.5.2006 – 6 AZR 627/05; 5.9.1986 EzA § 15 KSchG nF Nr. 36; *v. Hoyningen-Huene/Linck* Rz 48; in diesem Sinne auch: *Kraft* Anm. EzA § 15 KSchG nF Nr. 23; grds. ebenso: *Nickel/Kuznik* SAE 1980, 272 und *Nickel* SAE 1980, 337). Denn dem Arbeitgeber ist aufgrund der letzten Betriebsratswahlen bekannt, welche Arbeitnehmer zu Ersatzmitgliedern des Betriebsrats berufen sind. Will er einem dieser Arbeitnehmer kündigen und weiß er nicht, ob und ggf. wann der betreffende Arbeitnehmer letztmals als stellvertretendes Mitglied des Betriebsrats tätig geworden ist, ist es seine Sache, sich beim Betriebsrat entsprechend zu erkundigen (vgl. *BAG* 5.9.1986 EzA § 15 KSchG nF Nr. 36; aA *Uhmann* NZA 2000, 581, der eine Unterrichtungspflicht des Ersatzmitglieds annimmt, wenn es außerhalb von Betriebsratssitzungen als Ersatzmitglied tätig wird). Der Betriebsrat ist aufgrund des Gebotes der vertrauensvollen Zusammenarbeit (§ 2 Abs. 1

BetrVG) zu einer wahrheitsgemäßen Auskunft verpflichtet. Lehnt es der Betriebsrat ab, dem Arbeitgeber Auskunft zu geben, oder erteilt er schuldhaft eine falsche Auskunft, macht er sich gegenüber dem Arbeitgeber gem. § 823 Abs. 2 BGB **schadensersatzpflichtig.** Denn das Gebot der vertrauensvollen Zusammenarbeit zwischen Betriebsrat und Arbeitgeber ist ein Schutzgesetz iSv § 823 Abs. 2 BGB, weil es zugunsten des Betriebsrats die Beteiligung am Betriebsgeschehen und zugunsten des Arbeitgebers den ordnungsgemäßen Betriebsablauf garantieren soll (vgl. HSWG-*Hess* vor § 1 Rz 35).

65c Es ist davon auszugehen, dass der Arbeitgeber sich bei einer zutreffenden Auskunft der Rechtslage entsprechend verhalten hätte, also bei einer stellvertretenden Betriebsratstätigkeit des Ersatzmitglieds in den letzten 12 Monaten von einer ordentlichen Kündigung abgesehen hätte. Kündigt der Arbeitgeber, weil er wegen der **Auskunftsverweigerung des Betriebsrats** keinen nachwirkenden Kündigungsschutz annahm, und stellt sich dann im Kündigungsschutzprozess heraus, dass das Ersatzmitglied doch nachwirkenden Kündigungsschutz genießt, sind die für die Auskunftsverweigerung verantwortlichen Betriebsratsmitglieder grds. verpflichtet, dem Arbeitgeber den Schaden zu ersetzen, der diesem infolge der unwirksamen Kündigung entstanden ist (zB Prozesskosten). Der Arbeitgeber muss sich allerdings mitwirkendes Verschulden entgegenhalten lassen, wenn ihm die stellvertretende Betriebsratstätigkeit des Ersatzmitglieds in den letzten 12 Monaten bekannt sein musste, etwa durch Übersendung von Protokollen einer Betriebsratssitzung an den Arbeitgeber oder durch eine Mitteilung des Ersatzmitglieds über seine Betriebsratstätigkeit. Das mitwirkende Verschulden kann gem. § 254 BGB zur Minderung, unter Umständen auch zum Wegfall der Schadenersatzpflicht des Betriebsrats führen.

66 Ausgenommen vom nachwirkenden Kündigungsschutz sind die Amtsträger iSd § 15 KSchG nur dann, **wenn die Beendigung der Mitgliedschaft auf einer gerichtlichen Entscheidung beruht** (§ 15 Abs. 1 S. 2, 2. Hs.; § 15 Abs. 2 S. 2, 2. Hs. KSchG; s. hierzu *v. Hoyningen-Huene/Linck* Rz 52 f. mwN). Der nachwirkende Kündigungsschutz entfällt folglich, wenn die Wahl des Gremiums erfolgreich angefochten ist (vgl. § 19, § 13 Abs. 2 Nr. 4 BetrVG; APS-*Linck* Rz 143; **aA** *Löwisch/Spinner* Rz 20; *Matthes* DB 1980, 1170); mit Rechtskraft der der Anfechtung stattgebenden Entscheidung verliert das Gremium das Recht, sein Amt weiter wahrzunehmen (vgl. *Richardi/Thüsing* § 19 Rz 63; *Fitting* § 19 Rz 49 ff.). Bei einer nichtigen Wahl besteht für die »Gewählten« von vornherein kein besonderer Kündigungsschutz iSd § 15 KSchG (s. KR-*Etzel* § 103 BetrVG Rz 18), so dass zwar kein nachwirkender Kündigungsschutz nach Beendigung einer Amtszeit, wohl aber ein nachwirkender Kündigungsschutz für Wahlbewerber (s. Rz 67) in Betracht kommt (ebenso APS-*Linck* Rz 143; HaKo-*Fiebig* Rz 76). Der nachwirkende Kündigungsschutz entfällt ferner, wenn das Gremium durch rechtskräftige gerichtliche Entscheidung aufgelöst oder das einzelne Mitglied aus dem Gremium ausgeschlossen wird (vgl. § 23, § 13 Abs. 2 Nr. 5 BetrVG), wobei zu beachten ist, dass der Ausschluss nur wegen Pflichtverletzung aus der laufenden Amtsperiode zulässig ist (*BAG* 29.4.1969 EzA § 23 BetrVG Nr. 2; *Bender* DB 1982, 1271 mwN). Auch bei einer gerichtlich festgestellten Nichtwählbarkeit (§ 24 Abs. 1 Nr. 6 BetrVG) entsteht kein nachwirkender Kündigungsschutz. Für den Wahlvorstand sieht das Gesetz eine gerichtliche Auflösung nur in der Weise vor, dass der bisherige Wahlvorstand durch einen neuen ersetzt wird (§ 18 Abs. 1 S. 2 BetrVG); diesen Fall erfasst § 15 Abs. 3 S. 2 letzter Hs. KSchG. Verliert der Arbeitnehmer den nachwirkenden Kündigungsschutz eines Amtsträgers, schließt das nicht aus, dass er den nachwirkenden Kündigungsschutz eines Wahlbewerbers behält (*Gamillscheg* ZfA 1977 266).

3. Bekanntgabe des Wahlergebnisses (Wahlvorstand, Wahlbewerber)

67 Wahlvorstandsmitglieder und Wahlbewerber genießen den **besonderen Kündigungsschutz** für Amtsträger iSd § 15 KSchG **bis zur Bekanntgabe des Wahlergebnisses.** Danach tritt für sie für die Dauer von sechs Monaten der sog. nachwirkende Kündigungsschutz (Rz 56) ein (§ 15 Abs. 3 KSchG; *Nipperdey* DB 1981, 219, hält den nachwirkenden Kündigungsschutz der Wahlvorstandsmitglieder für verfassungswidrig). Unter »Bekanntgabe des Wahlergebnisses« ist der Aushang zu verstehen, durch den der Wahlvorstand die Namen der Gewählten bekanntmacht (vgl. § 18 WahlO). Am ersten Tag des Aushangs ist das Wahlergebnis iSv § 15 KSchG bekannt gegeben. Der nachwirkende Kündigungsschutz ist den ehemaligen Wahlvorstandsmitgliedern und Wahlbewerbern auch dann zuzugestehen, wenn die Wahl nichtig war (ebenso MünchArbR-*Berkowsky* § 153 Rz 29). Voraussetzung ist nur, dass die Wahlvorstandsmitglieder ordnungsgemäß bestellt waren und der Wahlbewerber ordnungsgemäß aufgestellt war.

68 Wahlvorstandsmitglieder und Wahlbewerber, die vor Bekanntgabe des Wahlergebnisses als Wahlvorstandsmitglieder oder Wahlbewerber ausscheiden, zB durch Niederlegung ihres Amtes, **verlieren mit**

Unzulässigkeit der Kündigung　　　　　　　　　　　　　　　　　　　§ 15 KSchG

dem Amt bzw. ihrer Funktion als Wahlbewerber den **besonderen Kündigungsschutz für Amtsträger** iSv § 15 KSchG (in diesem Sinne auch: *Löwisch/Spinner* Rz 42). Es fehlt hier jede sachliche Berechtigung, ihnen den besonderen Kündigungsschutz für Amtsträger bis zur Bekanntgabe des Wahlergebnisses zuzubilligen, wie der Wortlaut des § 15 Abs. 3 S. 1 KSchG vielleicht nahelegen könnte. Der besondere Kündigungsschutz für Amtsträger beruht auf der Erwägung, die Bindung einer (grds. allein zulässigen) außerordentlichen Kündigung an die Zustimmung des Betriebsrats bzw. Personalrats solle es unmöglich machen, den geschützten Personenkreis durch willkürliche außerordentliche Kündigungen aus dem Betrieb zu entfernen und ihn dadurch an der Wahrnehmung seiner betriebsverfassungsrechtlichen Aufgaben zu hindern. Dieser Zweck, einer Behinderung bei der Wahrnehmung betriebsverfassungsrechtlicher Aufgaben entgegenzuwirken, geht aber bei solchen Personen ins Leere, deren betriebsverfassungsrechtliche Aufgaben zweifelsfrei beendet sind, wie zB bei ausgeschiedenen Wahlvorstandsmitgliedern und Wahlbewerbern. Ihnen steht daher der besondere Kündigungsschutz für Amtsträger nicht zu. **Sie erlangen aber vom Zeitpunkt ihres Ausscheidens aus dem Amt** als Wahlvorstandsmitglied bzw. aus ihrer Funktion als Wahlbewerber **für die Dauer von sechs Monaten den nachwirkenden Kündigungsschutz** des § 15 KSchG (zust.: HaKo-*Fiebig* Rz 82, 83; MünchArbR-*Berkowsky* § 153 Rz 30; für Wahlvorstandsmitglieder: *BAG* 9.10.1986 EzA § 15 KSchG nF Nr. 35 = SAE 1987, 315 mit zust. Anm. *Hammen* = AP Nr. 23 zu § 15 KSchG 1969 mit abl. Anm. *Glaubitz*; KDZ-*Kittner* § 103 BetrVG Rz 17). Es gelten hier dieselben Erwägungen, die zum nachwirkenden Kündigungsschutz für Betriebsratsmitglieder angeführt wurden, die vor Beendigung der Amtszeit des Betriebsrats aus dem Betriebsrat ausscheiden (s. Rz 61 ff.). Mögliche Kontroversen zwischen Wahlbewerbern und Wahlvorstandsmitgliedern einerseits sowie Arbeitgeber andererseits im Zusammenhang mit der Wahl einer Arbeitnehmervertretung gebieten es, den Wahlvorstandsmitgliedern und Wahlbewerbern den nachwirkenden Kündigungsschutz zu gewähren, auch wenn das Wahlvorstandsmitglied vorzeitig aus dem Wahlvorstand ausscheidet oder eine Wahlbewerbung hinfällig wird. Im übrigen kann dies auch aus der Vorschrift des § 15 Abs. 3 S. 2 letzter Hs. KSchG geschlossen werden: nur in dem dort genannten Fall (gerichtliche Ersetzung des bisherigen Wahlvorstandes durch einen neuen Wahlvorstand) entfällt der nachwirkende Kündigungsschutz (ebenso: *v. Hoyningen-Huene/Linck* Rz 50 f., 53; **aA** – kein nachwirkender Schutz bei vorzeitigem Ausscheiden –: *Richardi/Thüsing* Anh. zu § 103 Rz 11; *Löwisch/Spinner* Rz 42).

Eine **vorzeitige Beendigung des Amtes eines Wahlvorstandsmitglieds** tritt ein durch gerichtliche Ersetzung des Wahlvorstands (§ 18 Abs. 1 S. 2 BetrVG), durch Ausscheiden aus dem Betrieb (Verlust der Wahlberechtigung) oder durch Niederlegung des Amtes, die jederzeit möglich ist. Im ersteren Fall entfällt kraft gesetzlicher Vorschrift (§ 15 Abs. 3 S. 2 letzter Hs. KSchG) der nachwirkende Kündigungsschutz; im zweiten Fall (Ausscheiden aus dem Betrieb) entfällt ein nachwirkender Kündigungsschutz, weil er gegenstandslos wäre; im dritten Fall steht dem Wahlvorstandsmitglied, das sein Amt niedergelegt hat, der nachwirkende Kündigungsschutz zu (*BAG* 9.10.1986 EzA § 15 KSchG nF Nr. 35; BBDW-*Dörner* Rz 70). 69

Keine Beendigung des Amtes des Wahlvorstandes und damit auch keine Beendigung des besonderen Kündigungsschutzes für Amtsträger kann herbeigeführt werden durch eine **Abberufung des Wahlvorstandes** oder einzelner Mitglieder des Wahlvorstandes durch den Betriebsrat. Denn eine solche Abberufung ist unzulässig, auch wenn der Betriebsrat den Wahlvorstand bestellt hat (*ArbG* Bln. 3.4.1974 BB 1974, 838). Ebenso wenig ist es zulässig, dass sich der Wahlvorstand durch Mehrheitsbeschluss selbst auflöst oder als Gremium von seinem Amt zurücktritt; auch dadurch kann keine vorzeitige Beendigung des Amtes des Wahlvorstandes herbeigeführt werden. Lediglich die Wahlvorstandsmitglieder als Einzelpersonen können ihr Amt niederlegen. 70

Wahlbewerber verlieren ihre Funktion vor Bekanntgabe des Wahlergebnisses, wenn die **Wahlbewerbung vorzeitig,** dh vor der Bekanntgabe des Wahlergebnisses, **wegfällt.** Die Wahlbewerbung fällt vorzeitig weg, wenn der entsprechende Wahlvorschlag vor der Wahl hinfällig wird, zB weil vom Wahlvorstand beanstandete Mängel nicht fristgerecht beseitigt werden und der Wahlvorschlag damit endgültig ungültig wird (vgl. § 8 Abs. 2 WahlO) oder weil der Wahlbewerber seine Bewerbung zurückzieht (vgl. APS-*Linck* Rz 106). In allen diesen Fällen erlangen die bisherigen Wahlbewerber den nachwirkenden Kündigungsschutz des § 15 KSchG (*BAG* 9.10.1986 EzA § 15 KSchG nF Nr. 35; *v. Hoyningen-Huene/Linck* Rz 51 mwN; aA *Löwisch/Arnold* Anm. EzA § 15 KSchG nF Nr. 25; s. auch KR-*Etzel* § 103 BetrVG Rz 41). Wenn die insoweit unklare Entscheidung des *BAG* vom 5.12.1980 (EzA § 15 KSchG nF Nr. 25) dahin verstanden werden sollte, dass der bisherige Wahlbewerber auch nach nicht mehr zu beseitigender Ungültigkeit der Vorschlagsliste bis zur Bekanntgabe des Wahlergebnisses den vollen 71

Kündigungsschutz des § 15 Abs. 3 S. 1 KSchG behält, fehlt hierfür jede sachliche Rechtfertigung (ebenso: *BAG* 9.10.1986, aaO). In einem solchen Falle wäre der ausgeschiedene Wahlbewerber besser gestellt als ein ausgeschiedenes Betriebsratsmitglied (*Bichler/Bader* DB 1983, 342 verstehen die Entscheidung des *BAG* vom 5.12.1980 so, dass der Wahlbewerber nach Streichung der Stützunterschriften den nachwirkenden Kündigungsschutz nach § 15 Abs. 3 S. 2, 1. Hs. KSchG erlangt; diese Interpretation entspricht der hier vertretenen Auffassung).

III. Beendigung des nachwirkenden Kündigungsschutzes

72 Der Kündigungsschutz für Amtsträger iSd § 15 KSchG wird stufenweise abgebaut. Während ihrer Amtszeit genießen sie einen verstärkten Kündigungsschutz (s. Rz 33 ff., 54), danach – für die Dauer von einem Jahr bzw. sechs Monaten – den sog. nachwirkenden Kündigungsschutz bei ordentlichen Kündigungen (s. Rz 54). Nach Ablauf des nachwirkenden Kündigungsschutzes stehen sie wieder **jedem anderen Arbeitnehmer ohne betriebsverfassungsrechtliches Amt gleich**; der Arbeitgeber kann ihnen unter denselben Voraussetzungen – wie jedem anderen Arbeitnehmer – kündigen (*BAG* 14.2.2002 EzA § 611 BGB Arbeitgeberhaftung Nr. 10). Hierbei steht eine ordentliche Kündigung, die dem Arbeitnehmer nach Ablauf des Nachwirkungszeitraums zugeht, nicht mehr unter dem Kündigungsverbot des § 15 KSchG, selbst wenn der Arbeitgeber das Kündigungsschreiben noch im Nachwirkungszeitraum abgesandt hatte. Denn der Arbeitgeber hat bei Kündigungen, die er im Nachwirkungszeitraum ausspricht, kein besonderes, nur für den geschützten Personenkreis geltendes Verfahren, wie zB im Falle des § 103 BetrVG, einzuhalten. Die Kündigung kann auch noch auf Pflichtverletzungen des Arbeitnehmers gestützt werden, die dieser während der Schutzfrist begangen hat (*BAG* 13.6.1996 EzA § 15 KSchG nF Nr. 44); die Kündigung ist jedoch gem. § 78 S. 2 BetrVG iVm § 134 BGB unwirksam, wenn sie sich als nachträgliche Maßregelung des Arbeitnehmers wegen seiner Amtstätigkeit darstellt (GK-*Kreutz* § 78 Rz 47).

IV. Ausnahmen vom Kündigungsverbot

73 Gegenüber dem durch § 15 KSchG geschützten Personenkreis ist während seiner Amtszeit und nach Ablauf der Amtszeit während der Dauer des nachwirkenden Kündigungsschutzes die Kündigung **bei einer Betriebsstilllegung oder Stilllegung einer Betriebsabteilung** nach Maßgabe des § 15 Abs. 4–5 KSchG zulässig. Nach dem Sinn und Zweck des § 15 Abs. 4–5 KSchG kann damit **nur eine ordentliche Kündigung** gemeint sein. Der Wortlaut des § 15 Abs. 4–5 KSchG ist zwar nicht eindeutig, weil er nur von »Kündigung« spricht. Wollte man das Wort »Kündigung« in § 15 Abs. 4–5 KSchG auf die in den vorangegangenen drei Absätzen geregelte außerordentliche Kündigung beziehen, käme man zu einem ungereimten Ergebnis: Entweder müsste man in § 15 Abs. 4–5 KSchG eine Regelung darüber sehen, wann im Falle einer Betriebsstilllegung oder Stilllegung einer Betriebsabteilung die außerordentliche Kündigung frühestens zulässig wäre, ohne dass im Übrigen die Anforderungen an die Zulässigkeit einer außerordentlichen Kündigung verändert würden; dann wäre bei einer Betriebsstilllegung oder Stilllegung einer Betriebsabteilung eine Kündigung vor Ablauf des nachwirkenden Kündigungsschutzes kaum noch möglich, da Betriebsstilllegung oder Stilllegung einer Betriebsabteilung im allgemeinen keinen wichtigen Grund zur Kündigung darstellen (*BAG* 28.3.1985 EzA § 626 nF BGB Nr. 96). Dieses Ergebnis wäre sinnwidrig, weil Amtsträger iSd § 15 KSchG – von Ausnahmen abgesehen (s. KR-*Etzel* § 102 BetrVG Rz 23) – in einem stillgelegten Betrieb keine (Amts-)Aufgabe mehr zu erfüllen haben und auch nicht beschäftigt werden können (*v. Hoyningen-Huene/Linck* Rz 154 f.; im Ergebnis ebenso: *Richardi/Thüsing* Anh. zu § 103 Rz 30; *Fitting* § 103 Rz 14; *Galperin/Löwisch* § 103 Rz 54; HAS-*Basedau* § 19 I Rz 146; *Maus* Rz 48; *Müller* ZfA 1990, 610).

74 Oder § 15 Abs. 4–5 KSchG müßte so ausgelegt werden, dass er **stets die außerordentliche Kündigung zu den dort genannten Kündigungsterminen** zulässt (so *Bader* BB 1978, 616; vgl. auch BBDW-*Dörner* Rz 5). Das aber wäre eine sachlich nicht gerechtfertigte Benachteiligung gegenüber den übrigen Arbeitnehmern, denen bei einer Betriebsstilllegung oder Stilllegung einer Betriebsabteilung nur ordentlich, dh unter Einhaltung der maßgeblichen Kündigungsfristen, gekündigt werden kann.

75 Da die Zulassung einer außerordentlichen Kündigung in den Fällen des § 15 Abs. 4–5 KSchG idR zu einem sinnwidrigen Ergebnis führt (Ausnahme s. Rz 100), muss diese Vorschrift so ausgelegt werden, dass unter ihren Voraussetzungen eine ordentliche Kündigung zulässig ist (gegen *Bader* auch: *Heckelmann* SAE 1981, 55 und *Matthes* DB 1980, 1168). Damit kann den nach § 15 KSchG geschützten Personen bei einer Betriebsstilllegung und Stilllegung einer Betriebsabteilung grds. **in der gleichen Weise gekündigt werden wie anderen Arbeitnehmern,** was sachlich gerechtfertigt ist (*v. Hoyningen-Huene/*

Unzulässigkeit der Kündigung § 15 KSchG

Linck Rz 157). Sollten eine Betriebsstilllegung oder die Stilllegung einer Betriebsabteilung ausnahmsweise einen wichtigen Grund zur außerordentlichen Kündigung darstellen, ist eine außerordentliche Kündigung mit einer der ordentlichen Kündigung entsprechenden Auslauffrist nach Maßgabe des § 15 Abs. 4–5 KSchG zulässig (*Maus* Rz 48), die nicht der Zustimmung des Betriebsrats, sondern nur der Anhörung nach § 102 BetrVG bedarf (*BAG* 18.9.1997 EzA § 15 KSchG nF Nr. 46 mit zust. Anm. *Kraft* = AP Nr. 35 zu § 103 BetrVG 1972 mit zust. Anm. *Hilbrandt* = SAE 1999, 136 mit zust. Anm. *Eckert*; zust. auch *Klein* ZBVR 2000, 41). Dies stellt – entgegen der Auffassung von *Hilbrandt* (NZA 1998, 1258) und *Weber/Lohr* (BB 1999, 2351) – keine Reduzierung des Schutzzweckes der § 15 KSchG, § 103 BetrVG dar, sondern ist eine Konsequenz der Rechtsprechung, die bei ordentlich unkündbaren Arbeitnehmern ausnahmsweise eine außerordentliche Kündigung aus betriebsbedingten Gründen unter Gewährung einer Auslauffrist zulässt (s. KR-*Fischermeier* § 626 BGB Rz 158, 304).

Ordentliche Kündigungen gegenüber den durch § 15 KSchG geschützten Personen sind ferner zulässig, soweit aufgrund der Vorschrift des § 25 KSchG § 15 KSchG unanwendbar ist (s. KR-*Weigand* Erl. zu § 25 KSchG). 76

Abgesehen davon sind ordentliche Kündigungen jeder Art (auch bedingte und vorsorgliche Kündigungen) gegenüber den durch § 15 KSchG geschützten Personen während ihrer Amtszeit und während der Dauer des nachwirkenden Kündigungsschutzes stets unzulässig, selbst wenn ein wichtiger Grund zur fristlosen Kündigung vorliegt (*BAG* 5.7.1979 EzA § 15 KSchG nF Nr. 22). Das gilt grds. auch für Änderungskündigungen und hier insbesondere für sog. Massen- oder Gruppenänderungskündigungen (s. Rz 18, aber auch Rz 18a). 77

F. Kündigung bei Betriebsstilllegung

I. Begriff der Betriebsstilllegung

Betrieb ist die **organisatorische Einheit von Arbeitsmitteln,** mit deren Hilfe ein Unternehmer allein oder in Gemeinschaft mit seinen Mitarbeitern einen bestimmten arbeitstechnischen Zweck fortgesetzt verfolgt (vgl. *Richardi* § 1 Rz 22 ff.). Der Betrieb ist allerdings arbeitsrechtlich und insbesondere in betriebsverfassungsrechtlicher Hinsicht nur als Grundlage und Rahmen der Betriebsgemeinschaft bedeutungsvoll. Deshalb ist in allen Zweifelsfragen, ob ein Betrieb vorliegt, maßgeblich, ob eine einheitliche Betriebsgemeinschaft, dh vor allem eine einheitliche Belegschaft besteht. Hierbei liegt ein einheitlicher Betrieb auch dann vor, wenn mehrere Unternehmen im Rahmen einer gemeinsamen Arbeitsorganisation unter einer einheitlichen Leitungsmacht identische oder auch verschiedene arbeitstechnische Zwecke fortgesetzt verfolgen (*BAG* 5.3.1987 EzA § 15 KSchG nF Nr. 38; 13.6.1985 EzA § 1 KSchG Nr. 41). Als Betrieb sind auch Betriebsteile anzusehen, die iSv § 4 S. 1 BetrVG als selbständige Betriebe gelten (s. Rz 122). 78

Diese Grundsätze gelten auch für den Bereich der **Personalverfassung,** in dem an die Stelle des Begriffs »Betrieb« der Begriff »Dienststelle« tritt (vgl. *Löwisch/Spinner* Rz 77). **Dienststelle** ist die kleinste organisatorisch abgrenzbare Verwaltungseinheit, die mit einem selbständigen Aufgabenbereich und mit organisatorischer Selbständigkeit innerhalb der öffentlichen Verwaltung ausgestattet ist (*Lorenzen/Faber* § 6 Rz 8). Dienststellen sind die einzelnen Behörden, Verwaltungsstellen, Betriebe von öffentlich-rechtlichen Verwaltungen sowie die Gerichte (vgl. § 6 Abs. 1 BPersVG). 78a

Dementsprechend ist auch für den Begriff der Betriebsstilllegung entscheidend, dass die Arbeits- und Produktionsgemeinschaft zwischen Unternehmer und Belegschaft – bzw. im öffentlichen Dienst die Verwaltungseinheit – aufgelöst wird und dies auf einem ernstlichen Willensentschluss des Arbeitgebers beruht. Die Auflösung muss für eine nicht nur zeitlich unerhebliche, vorübergehende, sondern für eine zeitlich erhebliche oder unbestimmte Dauer geplant sein. Danach ist unter Betriebsstilllegung zu verstehen die **Einstellung der betrieblichen Arbeit unter Auflösung der Produktionsgemeinschaft entweder für unabsehbare Zeit** – Stilllegung auf Dauer oder von unbestimmter Dauer – **oder für eine im voraus festgelegte, relativ lange Zeit** – Stilllegung von bestimmter Dauer – (*BAG* 14.10.1982 EzA § 15 KSchG nF Nr. 29; LAG Bln. 28.2.1996 – 15 Sa 140/95 – nv; *Neumann-Duesberg* AR-Blattei – alte Ausgabe –, Betrieb III unter Bl. 1c aa; vgl. auch *BAG* 9.2.1994 – 2 AZR 667/93 – nv: »dauernd oder für eine ihrer Dauer nach unbestimmte, wirtschaftlich nicht unerhebliche Zeitspanne«). Die Auflösung der Arbeits- und Produktionsgemeinschaft zwischen Unternehmer und Belegschaft kann vom Unternehmer herbeigeführt werden durch die Aufgabe des Betriebszweckes, die nach außen in der Auflösung der betrieblichen Organisation, die die verschiedenen Betriebsmittel zu einer Einheit 79 zusammenhält, zB Einstellung der Produktion und Kündigung der im Betrieb beschäftigten Arbeitnehmer (*BAG* 21.6.2001 EzA § 15 KSchG nF Nr. 53), zum Ausdruck kommt bzw. der Entschluss des Arbeitgebers, ab sofort keine neuen Aufträge mehr anzunehmen und allen Arbeitnehmern zum nächstmöglichen Kündigungstermin zu kündigen (*BAG* 18.1.2001 EzA § 1 KSchG Betriebsbedingte Kündigung Nr. 109), oder durch eine nicht ganz unerhebliche räumliche Verlegung des Betriebes mit Auflösung der alten und Aufbau einer neuen Betriebsgemeinschaft (vgl. *Fitting* § 103 Rz 15; *Galperin/Löwisch* § 103 Rz 50; *v. Hoyningen-Huene/Linck* Rz 145, 151; *Maus* Rz 40; *Neumann-Duesberg* AR-Blattei – alte Ausgabe –, Betrieb III unter Bl. 1; *Stege/Weinspach/Schiefer* §§ 106–109 Rz 61 ff.). Auf den Grund der Auflösung kommt es nicht an (*Narreter* NZA 1995, 55).

80 Die Aufgabe des Betriebszwecks muss stets auf einem **Willensentschluss des Arbeitgebers** (Unternehmers) beruhen; denn die Bestimmung (und damit auch die Aufgabe) des Betriebszwecks hängt allein von ihm ab (*Richardi/Annuß* § 111 Rz 59; *v. Hoyningen-Huene/Linck* Rz 146). Es muss sich um eine völlige Aufgabe des Betriebszweckes handeln. Bei einer nur teilweisen Aufgabe des Betriebszweckes (zB ein Elektrogeräte-Verkaufs- und Reparaturgeschäft beschränkt sich nur noch auf den Verkauf von Waschmaschinen) liegt keine Betriebsstilllegung, sondern allenfalls die Stilllegung einer Betriebsabteilung (s. Rz 121 ff.) vor.

81 Die Aufgabe des Betriebszwecks muss in der **Auflösung der Betriebsorganisation** zum Ausdruck kommen. Die Änderung des Betriebszwecks allein unter Beibehaltung der Betriebsorganisation genügt für eine Betriebsstilllegung nicht (*v. Hoyningen-Huene/Linck* aaO). Für die Frage der Beibehaltung der Betriebsorganisation ist vor allem entscheidend, ob die Belegschaft als Ganzes in ihrer Identität erhalten bleibt (*RAG* 1.6.1935, ARS 26, 52; *Maus* aaO). Die Auflösung der bisherigen Betriebsorganisation kann auch darin bestehen, sämtliche Arbeitnehmer zu entlassen und die bisherigen betrieblichen Aktivitäten mit freien Mitarbeitern in entsprechend gestalteter Vertragsform fortzusetzen; dies ist eine nur auf Willkür überprüfbare Unternehmerentscheidung (vgl. *BAG* 9.5.1996 EzA § 1 KSchG Betriebsbedingte Kündigung Nr. 85), so dass sie bezüglich der Arbeitnehmer als Betriebsstilllegung zu bewerten ist (*LAG Köln* 28.6.1996 EzA – SD 1996, Nr. 26, S. 3). Wird der weitaus überwiegende Teil der Belegschaft im Zusammenhang mit der Änderung des Betriebszweckes ausgewechselt, ist das eine Auflösung der bisherigen Betriebsorganisation und damit eine Betriebsstilllegung. Die Weiterbeschäftigung einiger weniger Leute der bisherigen Belegschaft mit Abwicklungs- oder Aufräumungsarbeiten steht der Annahme einer Betriebsstilllegung nicht entgegen (*BAG* 14.10.1982 EzA § 15 KSchG nF Nr. 29; s. i.E. Rz 102a).

82 Wird zB ein Wäschereparaturdienst in ein Wäscheverkaufsgeschäft umgewandelt, liegt eine **Änderung des Betriebszweckes** vor. Werden die bisher dort beschäftigten Arbeitnehmer in das Verkaufsgeschäft mit übernommen, und zwar in der Weise, dass der bisherige Geschäftsführer des Wäschereparaturdienstes Geschäftsführer des Verkaufsgeschäfts wird und die ihm bisher als Wäschenäherinnen unterstellten Hilfskräfte nunmehr als Verkäuferinnen unterstellt sind, liegt keine Änderung der Betriebsorganisation und damit keine Betriebsstilllegung vor.

83 Werden hingegen, zB bei der Umwandlung eines Wäschereparaturdienstes in ein Wäscheverkaufsgeschäft, **neue Abteilungen gebildet** (Lohnbuchhaltung, Einkaufsabteilung, Mahnwesen), wird der bisherige Geschäftsführer des Wäschereireparaturdienstes als Geschäftsführer des Verkaufsgeschäftes einem Verwaltungsleiter unterstellt und werden im Ladengeschäft die im Reparaturdienst beschäftigten gewerblichen Arbeitnehmer (Näherinnen) entlassen und durch neu eingestellte Verkaufsfachkräfte ersetzt, ist die alte Betriebsorganisation aufgelöst und durch eine neue ersetzt, so dass von einer Betriebsstilllegung gesprochen werden kann.

84 Wenn ein Betrieb derart in einem anderen Betrieb aufgeht, dass er seine **Selbständigkeit völlig verliert,** ist das die Aufgabe des mit der bisherigen Betriebsorganisation verfolgten Betriebszwecks durch Auflösung der bisherigen Betriebsorganisation: der Betrieb und die Betriebsgemeinschaft haben ihre Identität verloren, es liegt aber keine Betriebsstilllegung vor, die zur Kündigung berechtigte. Dasselbe gilt, wenn zwei Betriebe durch Verschmelzung ihre Selbständigkeit zugunsten eines neuen Betriebes verlieren (*Maus* § 15 Rz 43). In diesen Fällen verlieren aber die Betriebsratsmitglieder – abgesehen von einem Übergangsmandat (§ 21a Abs. 2 BetrVG) – ihr Amt.

85 Eine Betriebsstilllegung liegt auch dann vor, wenn der bisherige Betriebszweck zwar weiterverfolgt wird, aber eine **nicht ganz unerhebliche räumliche Verlegung des Betriebes,** verbunden mit der Auflösung der alten Betriebsgemeinschaft und dem Aufbau einer im wesentlichen neuen Belegschaft, vorgenommen wird. Denn dann fehlt die Identität zwischen der alten und der neuen Betriebsgemein-

Unzulässigkeit der Kündigung   § 15 KSchG

schaft und damit auch die Identität zwischen dem alten und dem neuen Betrieb (APS-*Linck* Rz 165; *Galperin/Löwisch* § 103 Rz 50; *v. Hoyningen-Huene/Linck* Rz 151; *Maus* Rz 42). Dabei ist es unerheblich, ob die bisherigen Belegschaftsangehörigen verpflichtet oder berechtigt waren, in die neue Betriebsstätte überzuwechseln; entscheidend ist, ob in tatsächlicher Hinsicht die Belegschaft aufs Ganze gesehen die gleiche bleibt (*Maus* aaO). Ist das zu bejahen, bedeutet eine Betriebsverlegung unter Beibehaltung des bisherigen Betriebszweckes keine Betriebsstilllegung, auch wenn bisherige und neue Betriebsstätte räumlich weit voneinander entfernt sind.

Die **Veräußerung oder Verpachtung** des Betriebs ist **keine Betriebsstilllegung** (*Richardi/Annuß* § 111   86
Rz 67; *Fitting* § 103 Rz 17; vgl. auch *v. Hoyningen-Huene/Linck* Rz 152; *Maus* Rz 44 und *Stege/Weinspach/Schiefer* §§ 106–109 Rz 62), da der Erwerber gem. § 613a BGB in die Arbeitsverhältnisse des bisherigen Betriebsinhabers eintritt, die Identität des Betriebs damit gewahrt bleibt und folglich auch die Inhaber betriebsverfassungsrechtlicher Ämter (Betriebsratsmitglieder, Jugend- und Auszubildendenvertreter etc.) ihr Amt behalten. Soweit Belegschaftsangehörige dem Übergang ihrer Arbeitsverhältnisse auf den Betriebserwerber fristgerecht widersprechen, verhindern sie damit zwar den Übergang ihrer Arbeitsverhältnisse. Eine Betriebsstilllegung kann darin aber selbst bei Massenwidersprüchen der Belegschaft nicht erblickt werden, da die Betriebsstilllegung eine hierauf gerichtete Willenserklärung des Unternehmers voraussetzt; jedoch kann der Betriebsveräußerer die Widersprüche der Arbeitnehmer zum Anlass nehmen, den mit den widersprechenden Arbeitnehmern verbleibenden Rest- oder Rumpfbetrieb nunmehr stillzulegen (zur Rechtslage bei Veräußerung einer Betriebsabteilung s. Rz 125a).

Der **Betriebserwerber** seinerseits ist allerdings nicht verpflichtet, den Betrieb fortzuführen; führt er   87
ihn nicht fort, liegt in seiner Entscheidung eine Betriebsstilllegung, nicht aber schon in der Betriebsveräußerung selbst. Ebenso wenig bedeutet die **Eröffnung des Insolvenzverfahrens** schon eine Betriebsstilllegung, da der Betrieb vom Insolvenzverwalter weitergeführt werden kann (vgl. auch *v. Hoyningen-Huene/Linck* Rz 150; *Maus* Rz 41; *Stege/Weinspach/Schiefer* §§ 106–109 Rz 63). Entschließt er sich, den Betrieb nicht fortzuführen, liegt in seiner Entscheidung die Betriebsstilllegung.

Bei einer **Teilung** eines bisher einheitlichen Betriebes in mehrere Teile gehen zwar die Arbeitsverhält-   87a
nisse nach § 613a BGB auf die Erwerber der Betriebsteile über, der bisherige einheitliche Betrieb verliert aber seine Identität und geht unter, so dass das Amt der bisherigen betriebsverfassungsrechtlichen Amtsträger – abgesehen von einem Restmandat (§ 21b BetrVG) – endet.

Die Betriebsstilllegung muss für eine **nicht nur zeitlich unerhebliche vorübergehende Dauer** geplant   88
sein; andernfalls kann nicht von einer Betriebsstilllegung, sondern nur von einer Betriebspause oder Betriebsunterbrechung die Rede sein (vgl. *Richardi/Annuß* § 111 Rz 61; *Fitting* § 103 Rz 18; *v. Hoyningen-Huene/Linck* Rz 147), zB bei einer vorübergehenden witterungsbedingten Betriebseinstellung (vgl. *LAG Nds.* 13.10.1997 DB 1998, 1139). Andererseits ist es nicht erforderlich, dass es sich um eine endgültige Stilllegung oder eine Stilllegung von zeitlich stets unbestimmter Dauer handelt (ebenso: *Richardi/Annuß* aaO). Vielmehr genügt die Einstellung der betrieblichen Arbeit für einen relativ langen Zeitraum, dessen Überbrückung mit weiteren Vergütungszahlungen dem Arbeitgeber nicht zugemutet werden kann (*BAG* 21.6.2001 EzA § 15 KSchG nF Nr. 53). Deshalb ist es mit dem Begriff der Betriebsstilllegung durchaus vereinbar, wenn der Unternehmer beabsichtigt, den Betrieb nach Wegfall des Stilllegungsgrundes, zB wirtschaftliche Notlage, größere Umbauarbeiten oder Wiederaufbau nach Fabrikbrand, wieder zu eröffnen. In diesem Fall steht der Annahme einer Betriebsstilllegung auch nicht entgegen, dass der Stilllegungsgrund kurze Zeit nach der Stilllegung aus unvorhergesehenen Umständen wegfällt und der Betrieb alsbald wieder eröffnet wird (*LAG Frankf.* 4.6.1982 BB 1983, 378; *Richardi/Annuß* aaO; *v. Hoyningen-Huene/Linck* aaO). Bei einer alsbaldigen Wiedereröffnung des Betriebes spricht allerdings eine tatsächliche Vermutung gegen eine ernsthafte Stilllegungsabsicht des Arbeitgebers (*HaKo-Fiebig* Rz 104; *v. Hoyningen-Huene/Linck* aaO; aA *Wank* SAE 1986, 156, weil dies nicht der gesetzlichen Beweisregelung entspreche).

Bei **Saisonbetrieben** (zB Hotel in einem Fremdenverkehrsort, Ziegeleiwerk) hängt es von der Dauer   89
der Betriebseinstellung ab, ob von einer Betriebsstilllegung iSv § 15 KSchG gesprochen werden kann oder nicht. In Anlehnung an die Rechtsprechung des BAG zum »nicht unerheblichen Umfang« (= 25 vH) in Eingruppierungsrechtsstreitigkeiten (vgl. zB *BAG* 27.3.1968 AP Nr. 19 zu §§ 22, 23 BAT) und auch im Hinblick auf den Begriff »vorübergehend« in § 622 Abs. 5 Nr. 1 BGB wird man folgende Unterscheidung treffen können:

a) Schließt der Betrieb **aus saisonbedingten Gründen für einen Zeitraum bis zu drei Monaten,** han-   90
delt es sich um keine relativ lange Zeit, deshalb liegt keine Betriebsstilllegung vor (vgl. auch *Stege/*

§ 15 KSchG   Unzulässigkeit der Kündigung

Weinspach/Schiefer §§ 106–109 Rz 61). Das gleiche gilt bei einer **witterungsbedingten Produktionseinstellung** (vgl. *LAG Nds.* 13.10.1997 DB 1998, 1139). Der Arbeitgeber ist folglich nicht berechtigt, das Arbeitsverhältnis mit Amtsträgern iSv § 15 KSchG zu kündigen. Ihm ist aber das Recht zuzubilligen, das Arbeitsverhältnis mit Zustimmung des Betriebsrats unter Wegfall der Vergütung bis zur Wiedereröffnung des Betriebs zu suspendieren. Die Zustimmung des Betriebsrats kann durch gerichtliche Entscheidung – notfalls durch einstweilige Verfügung – ersetzt werden (vgl. KR-*Etzel* § 103 BetrVG Rz 145). Das betriebsverfassungsrechtliche Amt besteht trotz der Suspendierung fort. War das Arbeitsverhältnis auf die Dauer der Saison zulässigerweise befristet, endet zwar mit Saisonende sowohl das Arbeitsverhältnis als auch das betriebsverfassungsrechtliche Amt, der frühere Amtsträger hat jedoch bei Beginn der nächsten Saison einen Anspruch auf Wiedereinstellung, wenn diese im Hinblick auf seine frühere betriebsverfassungsrechtliche Tätigkeit abgelehnt wird (arg. § 78 BetrVG; vgl. *Reinfeld* AR-Blattei SD 1390 Rz 273 f.).

91 **b)** Schließt der Betrieb **aus saisonbedingten Gründen für einen längeren Zeitraum als drei Monate**, handelt es sich um eine Betriebsstilllegung iSv § 15 KSchG, die zur ordentlichen Kündigung von Amtsträgern berechtigt (bejahend bei zehnmonatiger Schließung: *LAG Bln.* 17.11.1986 LAGE § 1 KSchG Betriebsbedingte Kündigung Nr. 9). Aber auch in diesem Fall ist den Amtsträgern bei Beginn der nächsten Saison ein Anspruch auf Wiedereinstellung zuzubilligen, wenn diese im Hinblick auf die frühere betriebsverfassungsrechtliche Amtstätigkeit abgelehnt wird (arg. § 78 BetrVG). Der Arbeitnehmer trägt hierfür im Streitfall die Beweislast, jedoch kommen ihm auch die Grundsätze des Beweises des ersten Anscheins zugute, wenn bei Saisonbeginn alle oder fast alle früheren Arbeitnehmer wieder eingestellt werden.

92 Der Unternehmer hat bei einer Betriebsstilllegung die **Mitwirkungsrechte des Betriebsrats nach §§ 111, 112 BetrVG** zu beachten. Über die Betriebsstilllegung selbst steht ihm aber die letzte, alleinige Entscheidung zu. Zur Vermeidung von Nachteilsansprüchen betroffener Arbeitnehmer nach § 113 Abs. 3 BetrVG hat er zwar, bevor er den endgültigen Entschluss zur Betriebsstilllegung fasst, den Betriebsrat und unter Umständen die Einigungsstelle nach § 112 BetrVG einzuschalten, weder Betriebsrat noch Einigungsstelle können ihm aber eine bestimmte Lösung aufzwingen. So kann der Arbeitgeber – vom seltenen Fall des Rechtsmissbrauchs abgesehen – letztlich an einer Betriebsstilllegung von niemandem gehindert werden; deshalb ist es grds. unerheblich, aus welchem Grund er sich zur Betriebsstilllegung entschließt. Der Grund der Betriebsstilllegung ist somit auch für den Begriff der Betriebsstilllegung ohne Bedeutung; darauf, ob ihm kommt es nicht an (v. *Hoyningen-Huene/Linck* Rz 148; *Maus* Rz 46). Die Schließung eines Saisonbetriebs bis zum Beginn der nächsten Saison kann zwar als Betriebsstilllegung iSv § 15 KSchG zu qualifizieren sein, ist aber keine Betriebsänderung (Betriebsstilllegung) iSv § 111 BetrVG (hM; vgl. *Richardi/Annuß* § 111 Rz 62; *Galperin/Löwisch* § 106 Rz 61; *Reinfeld* AR-Blattei SD 1390 Rz 303).

II. Weiterbeschäftigungsmöglichkeiten in einem anderen Betrieb

93 Die Betriebsstilllegung rechtfertigt grds. die ordentliche Kündigung von Amtsträgern iSv § 15 KSchG. Weitere kündigungsschutzrechtliche Anforderungen werden nach dem Wortlaut des § 15 Abs. 4 KSchG an die Kündigung nicht gestellt. § 15 Abs. 4–5 KSchG enthält hinsichtlich des KSchG für den Bereich des individuellen Kündigungsschutzes (nicht für §§ 17 ff. KSchG) eine **abschließende Regelung** darüber, unter welchen Voraussetzungen gegenüber einem durch § 15 KSchG geschützten Arbeitnehmer eine ordentliche Kündigung zulässig ist (vgl. SPV-*Stahlhacke* Rz 1638). Für eine Anwendung des § 1 KSchG ist daneben kein Raum (HaKo-*Fiebig* Rz 8; **aA** HK-*Dorndorf* Rz 145; *Hassenpflug* S. 124 ff.; *Windbichler* SAE 1984, 146 f.). Andernfalls hätte die Regelung in § 15 Abs. 4–5 KSchG von vornherein unterbleiben können oder aus ihr müsste eindeutig hervorgehen, dass sie den Kündigungsschutz nach § 1 KSchG nur ergänzen soll. Dafür besteht aber kein Anhaltspunkt. Auf der anderen Seite lässt sich nicht übersehen, dass § 1 KSchG nach seinem Wortlaut einen weitergehenden Kündigungsschutz als § 15 Abs. 4–5 KSchG enthält, soweit es darum geht, dass eine Kündigung sozial ungerechtfertigt sein kann, weil der Arbeitnehmer in einem anderen Betrieb des Unternehmens weiterbeschäftigt werden kann. Man kann nicht davon ausgehen, dass der Gesetzgeber für diesen Fall einem durch § 15 Abs. 4–5 KSchG geschützten Arbeitnehmer keinen Kündigungsschutz gewähren wollte. Vielmehr ist die Frage der Möglichkeit der Weiterbeschäftigung in einem anderen Betrieb vom Gesetzgeber bei der Regelung des § 15 Abs. 4–5 KSchG nicht beachtet worden; das Gesetz enthält insoweit eine Lücke. Diese Lücke kann man aber nicht dadurch schließen, dass man § 1 KSchG neben § 15 Abs. 4–5 KSchG anwendet, soweit es um die Weiterbeschäftigung in einem anderen Betrieb geht.

Unzulässigkeit der Kündigung § 15 KSchG

Diese Lösung wird den Intentionen des Gesetzgebers nicht gerecht. § 15 Abs. 1–3 iVm Abs. 4–5 KSchG sollten den Kündigungsschutz gegen eine ordentliche Kündigung für den nach § 15 KSchG geschützten Personenkreis abschließend regeln. Dabei muss es bleiben. Daher muss die Lücke durch eine **ergänzende Auslegung des § 15 Abs. 4–5 KSchG** geschlossen werden. Die ordentliche Kündigung nach diesen Vorschriften iS einer sozialen Rechtfertigung ist nur zulässig, wenn – über die angeführten Voraussetzungen (s. Rz 78 ff.) hinaus – eine Weiterbeschäftigung in einem anderen Betrieb des Arbeitgebers nach den zu § 1 Abs. 2 KSchG entwickelten Grundsätzen (s. KR-*Griebeling* § 1 KSchG Rz 217 ff., 758 ff.) nicht möglich ist (im Ergebnis ebenso: *BAG* 13.8.1992 EzA § 15 KSchG nF Nr. 39 = EWiR 1993, 75 mit zust. Anm. *Däubler;* APS-*Linck* Rz 171; *Bernstein* NZA 1993, 733 – aber mit anderer Begründung –; HaKo-*Fiebig* Rz 8, 120; *v. Hoyningen-Huene/Linck* Rz 156, 156a; MünchArbR-*Berkowsky* § 153 Rz 66; *Nerreter* NZA 1995, 56; *Windbichler* aaO; aA *Löwisch/Spinner* § 15 Rz 78: Sozialauswahl, wenn sich auch nicht nach § 15 KSchG geschützte Arbeitnehmer auf die Weiterbeschäftigungsmöglichkeit berufen). Das heißt aber auch, dass der Arbeitgeber insoweit nicht verpflichtet ist, in dem anderen Betrieb einen Arbeitsplatz für einen geschützten Amtsträger freizukündigen (APS-*Linck* Rz 172). Ebenso wenig kann der Arbeitgeber nicht darauf verwiesen werden, den Amtsträger in einem anderen Konzernbetrieb zu beschäftigen (ebenso: *Nerreter* aaO).

Die Grundsätze über die soziale Auswahl (§ 1 Abs. 3 KSchG) finden Anwendung, wenn nur ein Teil 94
der nach § 15 KSchG geschützten Personen weiterbeschäftigt werden kann (ebenso: MünchArbR-*Berkowsky* § 153 Rz 67; vgl. auch *BAG* 16.9.1982 EzA § 1 KSchG Betriebsbedingte Kündigung Nr. 18 mit zust. Anm. *Herschel*), wobei die aktiven Mandatsträger zur Sicherung der Stetigkeit der Betriebsratsarbeit bei der Besetzung der Stellen Vorrang vor dem im Nachwirkungszeitraum sonderkündigungsgeschützten Personenkreis (zB Ersatzmitglieder, erfolglose Wahlbewerber, zurückgetretene Betriebsratsmitglieder) genießen (vgl. *BAG* 2.3.2006 – 2 AZR 83/05; aA *LAG RhPf* 10.9.1996 ZTR 1997, 333 und die Voraufl.).

III. Mitwirkung des Betriebsrats bzw. Personalrats

Der Arbeitgeber hat den Betriebsrat **wie bei jeder anderen ordentlichen Kündigung** auch gem. § 102 95
BetrVG anzuhören; dies gilt selbst in **Eilfällen** (*BAG* 29.3.1977 EzA § 102 BetrVG 1972 Nr. 27; *Galperin/Löwisch* § 103 Rz 54; *v. Hoyningen-Huene/Linck* Rz 157; aA *Müller* ZfA 1990, 611, der eine Beratungspflicht des Arbeitgebers annimmt, für die aber eine gesetzliche Grundlage fehlt). Da es sich um keine außerordentliche Kündigung handelt (s. Rz 73 ff.), ist die Zustimmung des Betriebsrats nach § 103 BetrVG nicht erforderlich (*BAG* 18.9.1997 EzA § 15 KSchG nF Nr. 46 mit zust. Anm. *Kraft;* 20.1.1984 EzA § 15 KSchG nF Nr. 33; *Richardi/Thüsing* § 103 Rz 25; *Fitting* § 103 Rz 14; HK-*Dorndorf* Rz 130; *v. Hoyningen-Huene/Linck* aaO: *Bernstein* NZA 1993, 729; aA *Bader* BB 1978, 616). Eine analoge Anwendung des § 103 BetrVG auf ordentliche Kündigungen ist abzulehnen, weil außerordentliche Kündigungen einschneidender sind und deshalb einen größeren Schutz des betriebsverfassungsrechtlichen Amtsträger rechtfertigen (aA *Belling* NZA 1985, 484 ff.; *Schlüter/Belling* SAE 1985, 183; *Hasenpflug* S. 152 ff.: für eine Kündigung, die aus zwingenden Gründen (s. Rz 103 ff.) zu einem früheren Zeitpunkt als dem Zeitpunkt der Betriebsstilllegung ausgesprochen wird). Bei einer Kündigung wegen Betriebsstilllegung ist dem Betriebsrat grds. auch der voraussichtliche Stilllegungstermin mitzuteilen (*LAG Köln* 13.1.1993 LAGE § 102 BetrVG 1972 Nr. 34 = EWiR 1993, 545 mit zust. Anm. *Reichold;* s. auch KR-*Etzel* § 102 BetrVG Rz 61).

Im Anhörungsverfahren nach § 102 BetrVG kommt ein rechtserhebliches **Widerspruchsrecht** des Be- 96
triebsrats insbesondere dann in Betracht, wenn die Weiterbeschäftigung in einem anderen Betrieb oder – bei einer Kündigung zu einem früheren Termin als dem Zeitpunkt der Stilllegung (s. Rz 103 ff.) – die Weiterbeschäftigung auf einem anderen Arbeitsplatz im selben Betrieb (§ 102 Abs. 3 Nr. 3 BetrVG) möglich ist (vgl. *Gamillscheg* ZfA 1977, 276; aA *LAG Düsseld.* 20.11.1980 EzA § 102 BetrVG 1972 Beschäftigungspflicht Nr. 8). An den Inhalt des Widerspruchs des Betriebsrats sind keine geringeren Anforderungen zu stellen als an einen Widerspruch gegen eine vom Arbeitgeber beabsichtigte Kündigung von Arbeitnehmern ohne Betriebsratsamt (*LAG Frankf.* 8.6.1984 AuR 1985, 60).

Der **Personalrat** wirkt nach den einschlägigen personalvertretungsrechtlichen Vorschriften für ordent- 97
liche Kündigungen mit (s. KR-*Etzel* Erl. zu §§ 72, 79 BPersVG). Zuständig ist stets der Personalrat bzw. die Stufenvertretung der Dienststelle, die die Kündigung ausspricht (vgl. § 82 Abs. 1 BPersVG). Das gilt auch für Mitglieder einer Stufenvertretung. Wird einem Mitglied der Stufenvertretung wegen Schließung der örtlichen Dienststelle vom örtlichen Dienststellenleiter gekündigt, ist zunächst nur der örtliche Personalrat zu beteiligen (*LAG Düsseld.* 11.3.1992 PersR 1992, 347).

IV. Ausspruch der Kündigung

1. Zeitpunkt der Kündigung

98 Sind die Voraussetzungen des § 15 Abs. 4 KSchG erfüllt, kann der Arbeitgeber jederzeit nach ordnungsgemäßer Anhörung des Betriebsrats die Kündigung unter Einhaltung der maßgebenden Kündigungsfrist zu dem zulässigen Kündigungstermin (s. Rz 101 ff.) aussprechen. Die Kündigung kann bereits vor dem Zeitpunkt der Betriebsstilllegung oder dem Wegfall der Beschäftigungsmöglichkeit erklärt werden (vgl. *BAG* 18.1.2001 EzA § 1 KSchG Betriebsbedingte Kündigung Nr. 109; *Galperin/Löwisch* § 103 Rz 54; *v. Hoyningen-Huene/Linck* Rz 162). Das ist idR sogar erforderlich, wenn die Kündigungsfrist für den frühest zulässigen Kündigungstermin eingehalten werden soll. Unerlässlich ist aber, dass im Zeitpunkt des Ausspruchs der Kündigung **ein ernstlicher Entschluss des Arbeitgebers zur Betriebsstilllegung vorliegt** (*BAG* 10.10.1996 EzA § 1 KSchG Betriebsbedingte Kündigung Nr. 87 mwN) und der Entschluss schon »greifbare Formen« angenommen hat, dh wenn eine vernünftige und betriebswirtschaftliche Betrachtung die Prognose rechtfertigt, dass bis zum Ablauf der einzuhaltenden Kündigungsfrist die Betriebsstilllegung durchgeführt ist (*BAG* 18.1.2001 EzA § 1 KSchG Betriebsbedingte Kündigung Nr. 109; 10.10.1996 aaO; vgl. auch *BAG* 23.3.1984 ZIP 1984, 1525 mwN).

99 Der Ausspruch der Kündigung ist auch schon **in einen früheren Zeitpunkt** zulässig, als er zur Wahrung der Kündigungsfrist für den Kündigungstermin erforderlich gewesen wäre. Erforderlich ist nur, dass die Kündigung zu einem Termin ausgesprochen wird, der nicht vor dem frühest zulässigen Kündigungstermin liegt (vgl. *v. Hoyningen-Huene/Linck* aaO).

2. Kündigungsfrist

100 Wie bei jeder anderen ordentlichen Kündigung muss der Arbeitgeber die im Einzelfall maßgebende Kündigungsfrist einhalten, wie sie sich aus **Arbeitsvertrag, Tarifvertrag oder Gesetz** ergeben kann (*v. Hoyningen-Huene/Linck* Rz 159). Im Insolvenzverfahren des Arbeitgebers beträgt die Kündigungsfrist drei Monate zum Monatsende, wenn nicht eine kürzere Frist maßgeblich ist (§ 113 Abs. 1 InsO; s. hierzu KR-*Weigand* Erl. zur InsO). Die Notwendigkeit, eine unter Umständen lange Kündigungsfrist einzuhalten, oder ein später Entschluss des Arbeitgebers zur Betriebsstilllegung können dazu führen, dass die Kündigung erst zu einem Zeitpunkt nach der Betriebsstilllegung ausgesprochen werden kann. Ist das Betriebsratsmitglied ordentlich – auch bei betriebsbedingten Gründen – unkündbar (Tarifnorm, einzelvertragliche Vereinbarung), kommt bei Betriebsstilllegungen oder der Stilllegung einer Betriebsabteilung auch eine **außerordentliche Kündigung** in Betracht. Da diese Kündigung an die Stelle einer Kündigung nach § 15 Abs. 4–5 KSchG tritt, ist hierfür keine Zustimmung des Betriebsrats, sondern nur eine Anhörung nach § 102 BetrVG erforderlich (*BAG* 18.9.1997 EzA § 15 KSchG nF Nr. 46 mit zust. Anm. *Kraft*; **aA** *ArbG Stuttg.* 8.8.1997 BB 1997, 2170). Bei Ausspruch der Kündigung hat der Arbeitgeber die für eine ordentliche Kündigung geltende Kündigungsfrist als Auslauffrist einzuhalten (*BAG* 5.2.1998 EzA § 626 BGB Unkündbarkeit Nr. 2).

3. Kündigungstermin

a) Grundsatz

101 Der **Zeitpunkt der (geplanten) Betriebsstilllegung** ist grds. der früheste Termin, zu dem der Arbeitgeber das Arbeitsverhältnis kündigen kann. Ist zu diesem Zeitpunkt eine Kündigung rechtlich unzulässig, darf der Arbeitgeber erst zum nächstmöglichen Termin nach Betriebsstilllegung kündigen. Wird zB der Betrieb am 31. Juli stillgelegt, kann einem Arbeitnehmer mit einer Kündigungsfrist von sechs Wochen zum Vierteljahresschluss frühestens zum 30. September gekündigt werden; eine Kündigung zum 31. Juli ist rechtlich unzulässig.

102 Wird die Belegschaft **in Etappen abgebaut**, dürfen die nach § 15 KSchG geschützten Personen grds. erst mit der letzten Gruppe entlassen werden (*Fitting* § 103 Rz 19; *Galperin/Löwisch* § 103 Rz 51; *v. Hoyningen-Huene/Linck* Rz 159). Kann hierbei von mehreren Betriebsratsmitgliedern nur ein Teil noch einige Zeit weiterbeschäftigt werden, hat der Arbeitgeber bei der Auswahl der zu Kündigenden die Grundsätze über die soziale Auswahl nach § 1 Abs. 3 KSchG zu beachten (vgl. *BAG* 16.9.1982 EzA § 1 KSchG Betriebsbedingte Kündigung Nr. 18).

102a Ferner ist zu beachten, dass der Annahme einer Betriebsstilllegung nicht die Weiterbeschäftigung einiger weniger Arbeitnehmer mit **Abwicklungs- oder Aufräumungsarbeiten** für kurze Zeit entgegensteht (*BAG* 14.10.1982 EzA § 15 KSchG nF Nr. 29; *v. Hoyningen-Huene/Linck* Rz 146). Werden also alle

Arbeitnehmer bis auf einige wenige, die noch für einige Wochen Aufräumungsarbeiten leisten sollen, zu einem bestimmten Zeitpunkt entlassen, können auch die durch § 15 KSchG geschützten Personen zu diesem Zeitpunkt entlassen werden und nicht ihre Weiterbeschäftigung mit Aufräumungsarbeiten verlangen (vgl. *v. Hoyningen-Huene/Linck* aaO), sofern die Auswahlentscheidung des Arbeitgebers bezüglich der weiterzubeschäftigenden Arbeitnehmer nicht billigem Ermessen widerspricht (*ArbG Solingen* 10.5.1996 ZIP 1996, 1389). Es muss sich aber bei den nach der Betriebsstilllegung verbleibenden Arbeiten wirklich nur um Aufräumungsarbeiten für einige wenige Arbeitnehmer handeln, die kurzfristig erledigt werden können. Wird hingegen eine letzte Gruppe von Arbeitnehmern noch ein Vierteljahr mit Abbrucharbeiten beschäftigt, tritt die Betriebsstilllegung erst mit der Entlassung dieser letzten Gruppe ein; bis zu diesem Zeitpunkt sind die nach § 15 KSchG geschützten Personen weiterzubeschäftigen (*BAG* 26.10.1967 EzA § 66 BetrVG Nr. 7). Die Abgrenzung kann im Einzelfall schwierig sein. Wo die Grenze zwischen der einer Betriebsstilllegung nicht entgegenstehenden Weiterbeschäftigung einiger weniger mit Aufräumungsarbeiten und der eine Betriebsstilllegung ausschließenden Beschäftigung einer Gruppe mit Abbrucharbeiten liegt, kann nicht generell gesagt werden, sondern hängt von den Umständen jedes Einzelfalles ab. Als Faustregel dürfte jedoch zutreffen, dass bei einer Beschäftigung von mehr als 20 Arbeitnehmern mit Abwicklungs-, Aufräumungs- oder Abbrucharbeiten von einer Betriebsstilllegung keine Rede sein kann (in diesem Sinne auch: *BAG* 21.11.1985 RzK II 1 g Nr. 4); denn bei mehr als 20 (wahlberechtigten) Arbeitnehmern besteht sogar der Betriebsrat aus mindestens 3 Mitgliedern (vgl. § 9 BetrVG). Im Übrigen sind bei mehr als 20 (wahlberechtigten) Arbeitnehmern im Unternehmen Betriebsstilllegungen gem. §§ 111 ff. BetrVG mitbestimmungspflichtig.

b) Zwingende betriebliche Erfordernisse

Zu einem früheren Zeitpunkt als dargelegt (s. Rz 101 f.) dürfen durch § 15 KSchG geschützte Personen 103 dann entlassen werden, wenn die Entlassung zu dem früheren Zeitpunkt durch zwingende betriebliche Erfordernisse bedingt ist. An den Begriff der »zwingenden betrieblichen Erfordernisse« sind **strenge Anforderungen** zu stellen (*Fitting* § 103 Rz 19), damit die Stetigkeit der Betriebsratsarbeit nicht vor der Betriebsstilllegung durch den Wechsel von Betriebsratsmitgliedern empfindlich gestört wird. Ein zwingendes betriebliches Erfordernis für eine Kündigung zu einem früheren Termin als dem Zeitpunkt der Betriebsstilllegung ist dann anzunehmen, wenn für die geschützte Person keine Beschäftigungsmöglichkeit mehr vorhanden ist, dh wenn ihre bisherige Tätigkeit weggefallen ist und sie auch wegen mangelnder Eignung nicht mit anderer Arbeit beschäftigt werden kann (vgl. *Galperin/Löwisch* § 103 Rz 51; *v. Hoyningen-Huene/Linck* Rz 160; *Maus* Rz 51). Das gilt auch dann, wenn sich die geplante Betriebsstilllegung verzögert; eine Verlängerung des Arbeitsverhältnisses tritt dann nicht ein (*LAG Köln* 14.7.1993 – 7 Sa 356/93 – nv).

Beispiel: In einem chemischen Industriebetrieb ist ein Fabrikmaurer beschäftigt. Der Betrieb soll still- 104 gelegt werden, deshalb werden alle Maurerarbeiten eingestellt. Der Fabrikmaurer kann nach seinen Fähigkeiten in keiner anderen Abteilung eingesetzt oder umgeschult werden. Deshalb kann ihm, selbst wenn er Betriebsratsmitglied ist, mit ordentlicher Kündigungsfrist zum Zeitpunkt der Einstellung der Maurerarbeiten, der vor dem Zeitpunkt der Betriebsstilllegung liegt, gekündigt werden.

Hingegen können bloße **finanzielle Erwägungen** (Spitzenlohn des Betriebsratsmitglieds) die vorzei- 104a tige Kündigung des Betriebsratsmitglieds nicht rechtfertigen. Dies gilt auch bei wirtschaftlicher Notlage des Unternehmens. Denn wenn das Betriebsratsmitglied weiterbeschäftigt werden kann, hat der Grundsatz der Stetigkeit der Betriebsratsarbeit Vorrang vor finanziellen Interessen des Arbeitgebers (ebenso HaKo-*Fiebig* Rz 131).

Hat der Arbeitgeber **gegen eine Vereinbarung mit dem Betriebsrat** oder Personalrat (zB in einem So- 105 zialplan) über den etappenweisen Abbau der Belegschaft **verstoßen** und ist hierdurch die Beschäftigungsmöglichkeit für einen Amtsträger iSd § 15 KSchG entfallen, kann der Arbeitgeber sich nur dann auf »zwingende betriebliche Erfordernisse« für die Kündigung berufen, wenn er triftige Gründe geltend machen kann, die es als unzumutbar erscheinen lassen, ihn an der Vereinbarung mit dem Betriebsrat festzuhalten. Es findet der allgemeine Grundsatz Anwendung, dass Bindungen entfallen, wenn sie nicht mehr zumutbar sind (vgl. *Richardi/Annuß* § 113 Rz 13).

Kann ein durch § 15 KSchG geschützter Arbeitnehmer nach dem Wegfall seines Arbeitsplatzes nach 106 seinen Fähigkeiten **auf einem anderen Arbeitsplatz** eingesetzt werden, ist dieser Arbeitsplatz aber durch einen anderen Arbeitnehmer besetzt, so muss der Arbeitgeber zunächst diesem anderen Arbeitnehmer kündigen, damit der durch § 15 KSchG geschützte Arbeitnehmer auf dessen Arbeitsplatz ein-

§ 15 KSchG   Unzulässigkeit der Kündigung

gesetzt werden kann. Etwas anderes gilt nur, wenn die sozialen Belange des anderen Arbeitnehmers und die berechtigten betrieblichen Interessen an seiner Weiterbeschäftigung Vorrang vor einer Weiterbeschäftigung der durch § 15 KSchG geschützten Personen verdienen (s. Rz 126).

107 Soweit der Arbeitgeber die Weiterbeschäftigung des durch § 15 KSchG geschützten Arbeitnehmers auf einem anderen Arbeitsplatz kraft seines Direktionsrechts anordnen kann, hat er hiervon Gebrauch zu machen, muss aber die **Mitwirkungsrechte des Betriebsrats nach §§ 99 ff. BetrVG** (Versetzung) beachten. Nach einer solchen Umsetzung ist der Arbeitnehmer zur Arbeitsleistung auf dem neu zugewiesenen Arbeitsplatz verpflichtet. Wenn jedoch der Arbeitgeber dem durch § 15 KSchG geschützten Arbeitnehmer einen anderen Arbeitsplatz, den dieser ausfüllen könnte, nicht kraft seines Direktionsrechts zuweisen kann, ist zur Weiterbeschäftigung des Arbeitnehmers auf dem anderen Arbeitsplatz sein Einverständnis erforderlich. Gibt der Arbeitnehmer die erforderliche Einwilligung nicht und lehnt er eine Weiterbeschäftigung auf allen für ihn in Betracht kommenden Arbeitsplätzen ab, kann ihm der Arbeitgeber auch schon vor der Betriebsstilllegung unter Einhaltung der ordentlichen Kündigungsfrist kündigen, frühestens zu dem Zeitpunkt, in dem sein bisheriger Arbeitsplatz wegfällt.

c) Freigestellte Betriebsrats- oder Personalratsmitglieder

108 Die Frage nach einer Weiterbeschäftigung bis zum Zeitpunkt der Betriebsstilllegung stellt sich nicht für Betriebsrats- oder Personalratsmitglieder, die ständig von der Arbeit freigestellt sind. Sie bleiben bis zur Betriebsstilllegung von der Arbeit freigestellt, ihnen kann also **stets nur frühestens zum Zeitpunkt der Betriebsstilllegung** gekündigt werden (APS-*Linck* Rz 179; *Fitting* § 103 Rz 19; *Galperin/Löwisch* § 103 Rz 51; HaKo-*Fiebig* Rz 133; *v. Hoyningen-Huene/Linck* Rz 161). Das gilt grds. selbst dann, wenn bei einem etappenweisen Abbau der Belegschaft die Zahl der idR beschäftigten Arbeitnehmer so sinkt, dass nach den einschlägigen Mindestfreistellungsstaffeln (zB § 38 Abs. 1 BetrVG, § 46 Abs. 4 BPersVG) weniger Mitglieder des Betriebsrats oder Personalrats freizustellen wären als bisher. Denn gerade im Zusammenhang mit einer etappenweisen Betriebsstilllegung ist im Regelfall von einer solchen Häufung der Betriebsratsarbeit bzw. Personalratsarbeit auszugehen (Sozialauswahl bei Kündigungen, Sozialplan etc.), dass die freigestellten Mitglieder voll mit Betriebsrats- oder Personalratsaufgaben ausgelastet sind. Sollte diese Annahme im Einzelfall ausnahmsweise nicht zutreffen, ist es Sache des Arbeitgebers, eine Vereinbarung mit dem Betriebs- bzw. Personalrat oder eine rechtskräftige gerichtliche Entscheidung, ggf. auch eine einstweilige Verfügung, herbeizuführen, durch die die Zahl der freizustellenden Betriebsrats- bzw. Personalratsmitglieder herabgesetzt wird. Solange das nicht geschehen ist, bleiben die bisher freigestellten Mitglieder der jeweiligen Arbeitnehmervertretung auch weiterhin von der Arbeit freigestellt. Ist jedoch in einer Vereinbarung zwischen Arbeitgeber und Betriebsrat bzw. Personalrat oder durch rechtskräftige gerichtliche Entscheidung oder einstweiligen Verfügung eine Verminderung der Zahl der freizustellenden Arbeitnehmervertreter festgelegt, ist der Betriebsrat bzw. Personalrat verpflichtet zu bestimmen, welche Arbeitnehmervertreter entsprechend der neu festgesetzten Zahl der Freistellungen nicht mehr von der Arbeit freigestellt sein sollen. Diese Betriebsrats- bzw. Personalratsmitglieder sind entsprechend den oben dargelegten Grundsätzen im Betrieb weiterzubeschäftigen. Ist dies nicht möglich, ist eine ordentliche Kündigung unter Einhaltung der maßgebenden Kündigungsfrist auch zu einem Zeitpunkt vor der Betriebsstilllegung zulässig (s. Rz 103 ff.).

V. Wirkung der Kündigung

109 Die Wirkung der Kündigung hängt davon ab, ob es zu dem genannten Kündigungstermin tatsächlich zu einer Betriebsstilllegung bzw. zum Wegfall einer Beschäftigungsmöglichkeit für den Arbeitnehmer kommt (*v. Hoyningen-Huene/Linck* Rz 162). Trifft das nicht zu, **wirkt die Kündigung erst zu dem nächst zulässigen Kündigungstermin, in dem die Betriebsstilllegung** oder der Wegfall der Beschäftigungsmöglichkeit **eingetreten** sind (*BAG* 23.4.1980 EzA § 15 KSchG nF Nr. 24; zust.: *Meisel* Anm. AP Nr. 8 zu § 15 KSchG 1969; *Heckelmann* SAE 1981, 55). Das entspricht dem Grundsatz, dass eine nicht fristgerechte Kündigung zum nächst zulässigen Kündigungstermin wirkt (vgl. auch SPV-*Preis* Rz 502). Unterbleibt die Betriebsstilllegung völlig, ist die Kündigung wirkungslos, weil der Entlassungstermin (Betriebsstilllegung) nicht eingetreten ist und, das Arbeitsverhältnis besteht unverändert weiter. Wird der Betrieb nach der Kündigung nicht stillgelegt, sondern weiterveräußert, geht das Arbeitsverhältnis gem. § 613a BGB in ungekündigtem Zustand auf den Erwerber über (*BAG* 23.4.1980, aaO).

Unzulässigkeit der Kündigung § 15 KSchG

VI. Der Kündigungsschutzprozess

1. Mängel der Kündigung und ihre Geltendmachung

Die Kündigung durch den Arbeitgeber ist unwirksam, **wenn die Voraussetzungen des § 15 Abs. 4 KSchG** (Betriebsstilllegung bzw. zwingende betriebliche Erfordernisse für frühere Kündigung) **nicht erfüllt sind oder der Betriebsrat nicht ordnungsgemäß** nach § 102 BetrVG **angehört wurde.** Diese Unwirksamkeit der Kündigung folgt nicht aus § 1 KSchG, sondern allein aus § 15 KSchG oder § 102 Abs. 1 BetrVG. Es handelt sich daher um eine Unwirksamkeit »aus anderen Gründen« iSv § 4 S. 1 KSchG, so dass der Arbeitnehmer die Unwirksamkeit der Kündigung innerhalb von drei Wochen nach Zugang der schriftlichen Kündigung durch Klage beim Arbeitsgericht geltend machen muss. 110, 111

Eine gerichtliche Auflösung des Arbeitsverhältnisses unter Zahlung einer Abfindung an den Arbeitnehmer gem. §§ 9, 10 KSchG kommt nicht in Betracht (§ 13 Abs. 3 KSchG). Der Arbeitnehmer kann keinen Auflösungsantrag stellen. 112

2. Nachschieben von Kündigungsgründen

Ein Nachschieben von Kündigungsgründen im Kündigungsschutzprozess kommt auch bei einer auf § 15 Abs. 4 KSchG gestützten Kündigung in Betracht, und zwar dann, wenn der Arbeitgeber Umstände vortragen will, die für seinen Willen zur Betriebsstilllegung oder für die »zwingenden betrieblichen Erfordernisse« iSv § 15 Abs. 4 BetrVG von Bedeutung sind. Hinsichtlich der nachgeschobenen Kündigungsgründe ist die Vorschrift des § 102 BetrVG zu beachten. Die Ausführungen bei KR-*Etzel* § 102 BetrVG Rz 185 ff. gelten auch hier. 113

3. Darlegungs- und Beweislast

Der Tatbestand des § 15 Abs. 4 KSchG, die fehlende Weiterbeschäftigungsmöglichkeit in einem anderen Bereich des Unternehmens sowie die ordnungsgemäße Anhörung des Betriebsrats sind Wirksamkeitsvoraussetzungen einer Kündigung nach § 15 Abs. 4 KSchG. Für sie trägt der **Arbeitgeber** die Darlegungs- und Beweislast. Hinsichtlich der Weiterbeschäftigung genügt der Arbeitgeber zunächst seiner Darlegungslast, wenn er vorträgt, in einem anderen Bereich des Unternehmens gebe es keinen der bisherigen Tätigkeit des Betriebsratsmitglieds entsprechenden Arbeitsplatz. Es ist dann Sache des Betriebsratsmitglieds vorzutragen, wie er sich im Hinblick auf seine Qualifikationen seine Weiterbeschäftigung vorstellt. Diesem Vortrag muss der Arbeitgeber entgegentreten und nun seinerseits substantiiert darlegen und ggf. beweisen, dass ein entsprechender Arbeitsplatz nicht vorhanden ist oder das Betriebsratsmitglied ihn nicht ausfüllen könnte oder ein schutzwürdigerer Arbeitnehmer (s. Rz 126) auf dem Arbeitsplatz beschäftigt ist (vgl. *LAG Bln.* 27.6.1986 LAGE § 15 KSchG Nr. 4). 114

VII. Suspendierung des Arbeitnehmers vor Beendigung des Arbeitsverhältnisses

Wenn das Interesse des Arbeitgebers an einer Freistellung des Arbeitnehmers höher zu bewerten ist als das Interesse des Arbeitnehmers an einer Weiterbeschäftigung, kann der Arbeitgeber den Arbeitnehmer schon vor Beendigung des Arbeitsverhältnisses und auch schon vor Abschluss des Anhörungsverfahrens beim Betriebsrat unter Fortzahlung der Vergütung von der Arbeit freistellen (s. KR-*Etzel* § 102 BetrVG Rz 119), was keine mitbestimmungspflichtige Versetzung darstellt (*BAG* 28.3.2000 EzA § 95 BetrVG 1972 Nr. 33). Ein solch **vorrangiges Interesse des Arbeitgebers** ist idR dann anzunehmen, wenn auf dem bisherigen Arbeitsplatz des Arbeitnehmers keine Beschäftigungsmöglichkeit mehr besteht und auch sonst im Betrieb kein freier Arbeitsplatz mehr vorhanden ist, auf dem er nach seinen Fähigkeiten beschäftigt werden könnte. Anders als bei der Frage der Kündigung des Arbeitsverhältnisses vor dem Zeitpunkt der Betriebsstilllegung (s. Rz 106) kann der nach § 15 KSchG geschützte Arbeitnehmer im Regelfall nicht verlangen, dass der Arbeitgeber einen auf einem anderen Arbeitsplatz beschäftigten Arbeitnehmer entlässt, damit er – der Amtsträger nach § 15 KSchG – dort beschäftigt werden kann. Denn das Interesse des anderen Arbeitnehmers an der – wenn auch nur kurzfristigen – Erhaltung seines Arbeitsplatzes ist im Allgemeinen höher zu bewerten als das Interesse des Amtsträgers nach § 15 KSchG auf tatsächliche Beschäftigung. 115

Wird der nach § 15 KSchG geschützte Arbeitnehmer vor der Beendigung des Arbeitsverhältnisses von der Arbeit freigestellt, bleibt sein **betriebsverfassungsrechtliches bzw. personalvertretungsrechtliches Amt hiervon unberührt.** Die aus diesem Amt folgenden Aufgaben darf und muss er sogar bis zur Beendigung des Arbeitsverhältnisses und uU darüber hinaus (s. Rz 119) wahrnehmen; zu diesem Zweck hat ihm der Arbeitgeber Zutritt zum Betrieb zu gewähren. 116

VIII. Weiterbeschäftigung und Amtsausübung nach Ablauf des Kündigungstermins

117 Ein Anspruch auf Weiterbeschäftigung nach Ablauf des Kündigungstermins vor Beendigung eines Kündigungsrechtsstreits kommt dann in Betracht, wenn die **Kündigung offensichtlich unwirksam** ist (vgl. *BAG* 26.5.1977 EzA § 611 BGB Beschäftigungspflicht Nr. 2) oder ein (noch nicht rechtskräftiges) Urteil vorliegt, in dem die Rechtsunwirksamkeit der Kündigung festgestellt wird (vgl. *BAG* 27.2.1985 EzA § 611 BGB Beschäftigungspflicht Nr. 9). Wegen der Einzelheiten s. KR-*Etzel* § 102 BetrVG Rz 274 ff.

118 Ferner kann der Arbeitnehmer einen Weiterbeschäftigungsanspruch nach Ablauf des Kündigungstermins auf **§ 102 Abs. 5 BetrVG** stützen, wenn der Betriebsrat der Kündigung frist- oder ordnungsgemäß widersprochen hat (s. Rz 95 f. und KR-*Etzel* § 102 BetrVG Rz 142 ff.) und der Arbeitnehmer Klage auf Feststellung erhoben hat, dass das Arbeitsverhältnis durch die Kündigung nicht aufgelöst ist (ebenso: *Matthes* DB 1980, 1168). Diese Klage ist als Klage »nach dem Kündigungsschutzgesetz« iSv § 102 Abs. 5 BetrVG anzusehen, da die Unwirksamkeit der Kündigung auf die sich nach § 15 KSchG ergebende Sozialwidrigkeit gestützt wird (**aA** *LAG Düsseld.* 20.11.1980 EzA § 102 BetrVG 1972 Beschäftigungspflicht Nr. 8; vgl. auch SPV-*Stahlhacke* Rz 1638). Zumindest ist eine entsprechende Anwendung des § 102 Abs. 5 BetrVG geboten, da ein berechtigter Widerspruch des Betriebsrats iSv § 102 Abs. 3 BetrVG zur Unwirksamkeit der Kündigung nach § 15 KSchG führt und es sich hierbei um eine dem § 1 KSchG entsprechende sozialwidrige Kündigung handelt (s. Rz 93, 96).

118a Sofern dem Betriebsratsmitglied ein Weiterbeschäftigungsanspruch zusteht, **behält es sein betriebsverfassungsrechtliches Amt** bis zur rechtskräftigen Entscheidung des Kündigungsschutzprozesses (*LAG Hamm* 17.1.1996 LAGE § 25 BetrVG 1972 Nr. 4; *ArbG Elmshorn* 10.9.1996 AiB 1997, 173), auch wenn es auf die Geltendmachung seines Weiterbeschäftigungsanspruchs verzichtet (s. KR-*Etzel* § 103 BetrVG Rz 154). Zur Amtsausübung kann er vom Arbeitgeber den Zutritt zum Betrieb verlangen. Dieser Anspruch ist durch einstweilige Verfügung im Beschlußverfahren gegen den Arbeitgeber durchsetzbar (*ArbG Elmshorn* 10.9.1996, aaO; KR-*Etzel* § 103 BetrVG Rz 153 mwN).

IX. Amtszeit der Betriebsrats- bzw. Personalratsmitglieder

119 Betriebsratsmitglieder, deren Arbeitsverhältnis mit der Betriebsstilllegung endet, **bleiben so lange im Amt, wie dies zur Wahrnehmung der mit der Betriebsstilllegung im Zusammenhang stehenden Mitwirkungs- und Mitbestimmungsrechte erforderlich** ist (§ 21b BetrVG). Wenn für kein einziges Betriebsrats- bzw. Personalratsmitglied (einschließlich der Ersatzmitglieder) mehr eine Beschäftigungsmöglichkeit bis zum Zeitpunkt der Betriebsstilllegung besteht und auch kein freigestelltes Betriebsrats- bzw. Personalratsmitglied vorhanden ist, kann der Arbeitgeber zwar allen Betriebsrats- bzw. Personalratsmitgliedern schon zu diesem Zeitpunkt vor der Betriebsstilllegung kündigen und damit das Arbeitsverhältnis beenden. Der Betriebsrat bzw. Personalrat behält jedoch auch in diesem Fall sein Mandat, das zunächst bis zur Betriebsstilllegung dauert und darüber hinaus noch insoweit fortgesetzt wird, als im Zusammenhang mit der Betriebsstilllegung stehende mitwirkungspflichtige Angelegenheiten (zB Sozialplan) noch nicht endgültig geregelt und evtl. Ansprüche des Betriebsrats gegen den Arbeitgeber (zB Kostenerstattungsansprüche nach § 40 BetrVG) noch nicht erledigt sind; **bis zur endgültigen Regelung dieser Angelegenheiten behält der Betriebsrat bzw. Personalrat ein Restmandat** (*BAG* 14.10.1982 EzA § 15 KSchG nF Nr. 29; *Knorr/Bichlmeier/Kremhelmer* § 18 Rz 19), selbst wenn hierbei das kalendermäßige Ende seiner Wahlperiode überschritten wird (vgl. *LAG Hamm* 23.10.1975 EzA § 112 BetrVG 1972 Nr. 10). Dieses Ergebnis ist durch den Zweck des Betriebsratsamtes geboten. Für den Personalrat gilt Entsprechendes. Der Betriebsrat soll die Rechte und Interessen der im Betrieb beschäftigten Arbeitnehmer aus der Betriebsverfassung vertreten. Gerade in der durch eine Betriebsstilllegung heraufbeschworenen Krisensituation kommt der Schutzfunktion des Betriebsrats besondere Bedeutung zu (*BAG* 29.3.1977 EzA § 102 BetrVG 1972 Nr. 27; *Fitting* § 103 Rz 19). Der Lösungsweg, den *Galperin/Löwisch* (§ 103 Rz 15), HK-*Dorndorf* (Rz 139), und *v. Hoyningen-Huene/Linck* (Rz 161) vorschlagen, dass trotz fehlender Beschäftigungsmöglichkeit jedenfalls **ein** Betriebsratsmitglied zur Wahrnehmung von Betriebsratsaufgaben bis zur endgültigen Stilllegung im Betrieb als Arbeitnehmer bleiben müsse (weitergehend: *Wroblewski* AiB 2005, 400, nach dem allen Betriebsratsmitgliedern frühestens zum Ende ihrer Aufgaben im Rahmen des Restmandats gekündigt werden kann), wird durch § 15 KSchG nicht gedeckt. Die hier vertretene Auffassung, dass der Betriebsrat sein Mandat über die Beendigung seines Arbeitsverhältnisses hinaus behält, beachtet die Vorschrift des § 15 KSchG und wird nach dem Sinn und Zweck des § 21b BetrVG gerecht, der bei Betriebsstilllegungen das Fortbestehen des Betriebsrats zur Erledigung von Restaufgaben vorschreibt (Restmandat). Die Zeit, die Betriebsratsmitglieder nach Beendigung des Arbeitsverhältnisses für Betriebsratsaufgaben aufwenden, ist ihnen

in entsprechender Anwendung des § 37 Abs. 3 BetrVG wie Arbeitszeit zu vergüten (ebenso: *BAG* 14.10.1982, aaO); gegen ihren evtl. neuen Arbeitgeber wird man ihnen einen Anspruch auf unbezahlte Freizeit zubilligen müssen, soweit diese zur Ausübung von Abwicklungsarbeiten im alten Betriebsrat erforderlich ist.

G. Kündigung bei Stilllegung einer Betriebsabteilung

Wird nicht der gesamte Betrieb, sondern nur eine Betriebsabteilung stillgelegt, so ist ein Betriebsratsmitglied, das in der stillgelegten Betriebsabteilung beschäftigt war, **grds. in eine andere Betriebsabteilung zu übernehmen** (§ 15 Abs. 5 KSchG). Im öffentlichen Dienst tritt an die Stelle der Betriebsabteilung die Dienststellenabteilung. 120

I. Begriff der Betriebsabteilung

Eine Betriebsabteilung ist ein **räumlich und organisatorisch abgegrenzter Teil eines Betriebes** oder Betriebsteils, der eine personelle Einheit erfordert, dem eigene technische Betriebsmittel zur Verfügung stehen und der eigene Betriebszwecke verfolgt, die Teil des arbeitstechnischen Zwecks des Gesamtbetriebs sind (zB die Stepperei einer Schuhfabrik) oder in einem bloßen Hilfszweck für den arbeitstechnischen Zweck des Gesamtbetriebs bestehen können, zB Buchdruckerei in einer chemischen Fabrik, Kartonageabteilung einer Zigarettenfabrik (vgl. *BAG* 2.3.2006 – 2 AZR 83/05; 20.1.1984 EzA § 15 KSchG nF Nr. 33; *v. Hoyningen-Huene/Linck* Rz 166; *Bernstein* NZA 1993, 730 f.). Während eine Betriebsabteilung einen eigenen Betriebszweck verfolgen muss, ist dies für einen Betriebsteil nicht erforderlich. Auch braucht ein Betriebsteil nicht begriffsnotwendig über eigene Betriebsmittel zu verfügen (vgl. *Galperin/Löwisch* § 4 Rz 18). So sind etwa die in einer Stadt zerstreut liegenden Filialen eines Lebensmittelgeschäfts Betriebsteile, aber keine Betriebsabteilungen. Wird jedoch in einer Filiale nur Fischverkauf betrieben, während in den übrigen Filialen sonstige Lebensmittel vertrieben werden, ist die Filiale Fischverkauf eine Betriebsabteilung. Besteht ein Betrieb aus mehreren räumlich nah beieinander liegenden Betriebsteilen und befinden sich in diesen Betriebsteilen organisatorisch abgrenzbare Arbeitseinheiten, die jeweils denselben Betriebszweck verfolgen, sollen diese Arbeitseinheiten nach *BAG* (20.1.1984, aaO; zust. HaKo-*Fiebig* Rz 110; *Löwisch/Spinner* Rz 73), jeweils gemeinsam eine Betriebsabteilung bilden. Diese Auffassung ist aber abzulehnen (abl. auch: *Schlüter/Belling* SAE 1985, 164). Denn organisatorisch abgrenzbare Arbeitseinheiten eines Betriebsteils sind jeweils selbst eine Betriebsabteilung. Wenn mehrere organisatorisch abgrenzbare Arbeitseinheiten vorhanden sind und damit auch mehrere Leiter dieser Einheiten, ist es nicht möglich, diese Einheiten organisatorisch zusammenzufassen, wenn es an einer entsprechenden Organisation des Arbeitgebers (zB Bestellung eines Leiters) fehlt. 121

Soweit für **Betriebsteile** ein eigener Betriebsrat besteht, gelten sie nicht als Betriebsabteilungen, sondern als selbständige Betriebe (vgl. § 4 S. 1 BetrVG), so dass bei einer Stilllegung nur § 15 Abs. 4 KSchG anwendbar ist (*LAG Bln.* 6.12.2005 LAGE § 102 BetrVG 2001 Nr. 5 – allerdings mit der Maßgabe, dass bei Einverständnis mit der Versetzung in einen anderen Betriebsteil eine Sozialauswahl mit den dort bereits Beschäftigten stattzufinden hat –; *Fitting* § 103 Rz 20). Soweit jedoch Betriebsabteilungen den Betriebsrat des Gesamtbetriebs mitgewählt haben, sind sie auch dann als Betriebsabteilung iSv § 15 Abs. 5 KSchG anzusehen, wenn es sich um selbständige Betriebsteile iSv § 4 Abs. 1 BetrVG handelt, die einen eigenen Betriebsrat hätten wählen können; denn entscheidend ist, dass der Betriebsrat auch diese Betriebsteile repräsentiert und deshalb zB die Weiterbeschäftigung eines Betriebsratsmitglieds in einem solchen Betriebsteil nach Stilllegung seiner Betriebsabteilung seine Mitgliedschaft zum Betriebsrat nicht berührt. Das aber entspricht dem Ziel des § 15 Abs. 5 KSchG, die Weiterbeschäftigung des Betriebsratsmitglieds in einem anderen Teil des Betriebs unter Aufrechterhaltung der Mitgliedschaft im Betriebsrat zu sichern. 122

Soweit **Kleinstbetriebe** dem Hauptbetrieb zuzuordnen sind, also idR weniger als fünf ständige wahlberechtigte Arbeitnehmer oder weniger als drei wählbare Arbeitnehmer beschäftigen (§ 4 Abs. 2 iVm § 1 BetrVG), sind sie ebenfalls als Betriebsabteilungen iSv § 15 Abs. 5 KSchG anzusehen; denn auch sie werden vom Betriebsrat mitrepräsentiert. 123

II. Begriff der Stilllegung einer Betriebsabteilung

Der Begriff »Stilllegung« einer Betriebsabteilung ist entsprechend dem Begriff »Stilllegung« des Betriebes näher zu bestimmen. Danach ist entscheidend, dass **die Arbeits- und Produktionsgemeinschaft** 124 zwischen Unternehmer und Belegschaft der Betriebsabteilung aufgelöst wird und dies auf einem ernstlichen Willensentschluss des Arbeitgebers beruht. Die Auflösung muss für eine nicht nur zeitlich unerhebliche, vorübergehende, sondern für eine zeitlich erhebliche oder unbestimmte Dauer geplant sein. Die Auflösung der Arbeits- und Produktionsgemeinschaft in der Betriebsabteilung kann vom Unternehmer herbeigeführt werden durch die Aufgabe des Betriebszwecks der Betriebsabteilung, die nach außen in der Auflösung der Abteilungsorganisation, die die verschiedenen Betriebsmittel der Betriebsabteilung zu einer Einheit zusammenhält, zum Ausdruck kommt, oder durch eine nicht ganz unerhebliche räumliche Verlegung der Betriebsabteilung mit Auflösung der alten und Aufbau einer neuen Betriebsgemeinschaft für die Betriebsabteilung. Wegen der weiteren Einzelheiten gelten die Ausführungen zur Betriebsstilllegung entsprechend (s. Rz 79 ff.).

125 Von der Stilllegung einer Betriebsabteilung zu unterscheiden sind die **Stilllegung von Betriebsteilen,** die noch keine Betriebsabteilung sind (zB die Filiale eines Lebensmittelgeschäftes), oder Betriebseinschränkungen, zB durch Außerbetriebsetzung einzelner Maschinen, Vergabe von einzelnen Aufträgen an Subunternehmer. In diesen Fällen kann von der Stilllegung einer Betriebsabteilung keine Rede sein, so dass eine Kündigung nach § 15 Abs. 5 KSchG nicht in Betracht kommt (*LAG Brandenburg* 12.10.2001 RzK II 1 g Nr. 20; vgl. auch *Galperin/Löwisch* § 103 Rz 53).

125a Wird eine **Betriebsabteilung veräußert,** geht das Arbeitsverhältnis eines dort beschäftigten Betriebsratsmitglieds gem. § 613a BGB auf den Erwerber über; das Betriebsratsamt (im alten Betrieb) erlischt damit. Widerspricht das Betriebsratsmitglied dem Übergang des Arbeitsverhältnisses, kann der Veräußerer die mit den widersprechenden Arbeitnehmern verbleibende Rumpfbetriebsabteilung stilllegen und damit die Voraussetzungen für eine Anwendung des § 15 Abs. 5 KSchG schaffen. Das BAG geht insoweit von einem Sachverhalt aus, der von § 15 Abs. 4 und 5 KSchG umfasst wird (*BAG* 18.9.1997 EzA § 15 KSchG nF Nr. 46; abl. *Trümner* AiB 1998, 619). Einer analogen Anwendung des § 15 Abs. 5 KSchG bedarf es nicht (ebenso: *Annuß* DB 1999, 798 **aA**; *LAG Düsseld.* 25.11.1997 LAGE § 15 KSchG Nr. 16; *Gerauer* BB 1990, 1127; HaKo-*Fiebig* Rz 118; *Weber/Lohr* BB 1999, 2352). Bei der **Veräußerung von Betriebsteilen** geht das Arbeitsverhältnis des dort beschäftigten Betriebsratsmitglieds ebenfalls auf den Erwerber über, wenn es dem Übergang nicht widerspricht. Bei einem Widerspruch bleibt das Arbeitsverhältnis mit dem Veräußerer bestehen, ohne dass die Voraussetzungen des § 15 Abs. 5 KSchG vorliegen; das Betriebsratsmitglied muss also weiterbeschäftigt werden (*Annuß* DB 1999, 798, befürwortet insoweit eine analoge Anwendung des § 15 Abs. 5 KSchG mit der Maßgabe, dass der Arbeitgeber keinen anderen Arbeitsplatz freikündigen muss, weil dem Betriebsratsmitglied kein sachlicher Widerspruchsgrund gegen den Übergang des Arbeitsverhältnisses zugebilligt werden könne).

III. Übernahme in eine andere Betriebsabteilung

126 Bei der Stilllegung einer Betriebsabteilung hat der Arbeitgeber dort beschäftigte nach § 15 KSchG geschützte Arbeitnehmer in eine andere Betriebsabteilung oder – falls dies nicht möglich ist – ggf. in einen anderen Betrieb des Unternehmens (s. Rz 93 f.) zu übernehmen. Das gilt auch, wenn er die verbleibenden Betriebsabteilungen und Betriebe veräußert und damit das Arbeitsverhältnis des geschützten Arbeitnehmers nach einer Umsetzung gem. § 613a BGB auf den Betriebserwerber übergeht (*LAG SA* 16.3.1999 BB 1999, 1875). Eine »Übernahme« des Arbeitnehmers bedeutet, dass der Arbeitgeber den Arbeitnehmer auf einem gleichwertigen Arbeitsplatz beschäftigen muss; das Angebot eines geringerwertigen Arbeitsplatzes mit geringerer Entlohnung beim Vorhandensein eines gleichwertigen Arbeitsplatzes genügt nicht (APS-*Linck* Rz 184; *v. Hoyningen-Huene/Linck* Rz 170). Sind geeignete freie Arbeitsplätze in einer anderen Betriebsabteilung vorhanden, sind diese dem geschützten Arbeitnehmer zunächst anzubieten; das Freikündigen eines anderen Arbeitsplatzes kann in diesem Fall von dem Arbeitgeber nicht verlangt werden (vgl. *BAG* 28.10.1999 EzA § 15 KSchG nF Nr. 48). Sind in einer anderen Betriebsabteilung zwar ein oder mehrere gleichwertige Arbeitsplätze vorhanden, sind diese aber mit anderen Arbeitnehmern besetzt, muss der Arbeitgeber versuchen, einen dieser Arbeitsplätze durch Umsetzung, notfalls Kündigung für den durch § 15 KSchG geschützten Arbeitnehmer freizumachen (*BAG* 13.6.2002 EzA § 15 KSchG n.F. Nr. 55 m. zust. Anm. *Pallasch* = AP Nr. 97 zu § 615 BGB m. zust. Anm. *Koppenfels-Spies*; 18.10.2000 EzA § 15 KSchG nF Nr. 51 m. zust. Anm. *Auer* = AP Nr. 49 zu § 15 KSchG 1969 m. zust. Anm. *Schleusener* = RdA 2002, 52 m. zust. Anm. *Krause* = SAE 2002, 1 m. abl. Anm. *Wank* = AiB 2002, 321 m. zust. Anm. *Hayen*; *LAG Bra.* 12.10.2001 RzK II 1 g Nr. 20; ErfK-*Kiel* Rz 45a; **aA** *Schleusener* DB 1998, 2368, die eine Freikündigungspflicht des Arbeitgebers verneinen). Hierbei sind jedoch die **sozialen Belange des betreffenden Arbeitnehmers und die berechtigten betrieblichen Interessen an seiner Weiterbeschäftigung gegen die Interessen der Belegschaft und des durch § 15 KSchG geschütz-**

ten Arbeitnehmers an seiner Weiterbeschäftigung gegeneinander abzuwägen (*LAG Düsseld.* 25.11.1997 LAGE § 15 KSchG Nr. 16; *Fitting* § 103 Rz 21; *Schleusener* Anm. AP Nr. 49 zu § 15 KSchG 1969; in diesem Sinne auch: *Auer* Anm. EzA § 15 KSchG nF Nr. 51; *Herschel* Anm. EzA § 15 KSchG nF Nr. 27; offen gelassen von *BAG* 18.10.2000, aaO; **aA** HaKo-*Fiebig* Rz 125; *Löwisch/Spinner* Rz 71, *Fischer* DB 2004, 2753 f., *Matthes* DB 1980, 1168 f. und MünchArbR-*Berkowsky* § 153 Rz 73 f., die bei fehlenden freien Arbeitsplätzen eine Freikündigungspflicht des Arbeitgebers generell bejahen). Darauf, ob der Arbeitnehmer, der entlassen werden müßte, um seinen Arbeitsplatz für den durch § 15 KSchG geschützten Arbeitnehmer freizumachen, von der Kündigung sozial härter betroffen würde als der durch § 15 KSchG geschützte Arbeitnehmer, kommt es nicht entscheidend an (*ArbG Mainz* 4.12.1985 DB 1986, 754). Zu berücksichtigen sind vielmehr auf Seiten der durch § 15 KSchG geschützten Person neben sozialen Gesichtspunkten auch die Interessen der Belegschaft an der Fortführung seines Amtes bzw. (im Nachwirkungszeitraum) die Interessen des Arbeitnehmers, durch Erhaltung seines Arbeitsplatzes wieder Anschluss in seinem Beruf zu finden und auf Seiten des anderen Arbeitnehmers auch berechtigte betriebliche Interessen an seiner Weiterbeschäftigung (vgl. § 1 Abs. 3 S. 2 BetrVG). Das kann einerseits dazu führen, dass ein 30jähriges lediges Wahlvorstandsmitglied, das nur noch nachwirkenden Kündigungsschutz genießt, nicht die Entlassung eines gleichaltrigen Familienvaters mit drei minderjährigen Kindern verlangen kann, um dessen Arbeitsplatz einzunehmen (zust. *Auer* Anm. EzA § 15 KSchG nF Nr. 51; damit wird den Bedenken von *Gamillscheg* ZfA 1977, 276 Rechnung getragen). Andererseits wird ein Betriebsratsmitglied, das als einziges in einem mehrköpfigen Betriebsrat mehrere Wahlperioden amtiert hat, besonders kenntnisreich ist und umfassende Erfahrungen in der Betriebsratstätigkeit besitzt, unter Umständen sogar die **Entlassung eines schwerbehinderten Arbeitnehmers** verlangen können, weil – insbesondere bei ständigen Konflikten mit dem Arbeitgeber – ein dringendes anzuerkennendes Interesse der Belegschaft daran besteht, dass er als ihr Interessenvertreter weiter amtiert (zust. *Auer* aaO). Im Allgemeinen wird aber eine durch § 15 KSchG geschützte Person die Entlassung eines Schwerbehinderten nicht verlangen können (vgl. *Fitting* § 103 Rz 21; *v. Hoyningen-Huene/Linck* Rz 170 a; *Maus* aaO; *Bernstein* NZA 1993, 733). Das Freikündigen eines Arbeitsplatzes, der mit einem **ordentlich unkündbaren Arbeitnehmer** besetzt ist, kommt nicht in Betracht, da für die nur mögliche außerordentliche Kündigung ein wichtiger Grund (Unzumutbarkeit der Weiterbeschäftigung) fehlt. Kann nur ein Teil der nach § 15 KSchG geschützten Arbeitnehmer, die in der stillzulegenden Betriebsabteilung beschäftigt sind, weiterbeschäftigt werden, ist unter diesen nach den Grundsätzen des § 1 KSchG eine soziale Auswahl zu treffen, wobei den aktiven Mandatsträgern zur Sicherung der Stetigkeit der Betriebsratsarbeit bei der Besetzung der Stellen der Vorrang vor dem im Nachwirkungszeitraum sonderkündigungsgeschützten Personenkreis (zB Ersatzmitglieder, erfolglose Wahlbewerber, zurückgetretene Betriebsratsmitglieder) der Vorrang einzuräumen ist (*BAG* 2.3.2006 – 2 ABR 83/05).

127 Wenn in einer anderen Betriebsabteilung für einen durch § 15 KSchG geschützten Arbeitnehmer kein gleichwertiger Arbeitsplatz vorhanden ist oder freigemacht werden kann, aber ein **geringerwertiger Arbeitsplatz** zur Verfügung steht, der dem Arbeitnehmer nach seinen Fähigkeiten und seiner Stellung im Betrieb zugemutet werden kann, wird man den Arbeitgeber für verpflichtet halten müssen, dem Arbeitnehmer auch diesen Arbeitsplatz anzubieten bzw. ihn auf diesen Arbeitsplatz zu **versetzen**. Das folgt aus dem Sinn des § 15 Abs. 5 KSchG, die Weiterbeschäftigung des Arbeitnehmers nach Möglichkeit sicherzustellen (ebenso: HaKo-*Fiebig* Rz 126). Zumutbar in diesem Sinne dürfte es zB im Allgemeinen sein, wenn ein bisheriger Vorarbeiter in einer anderen Betriebsabteilung unter einem anderen Vorarbeiter, der nicht entlassen werden kann, als Arbeiter eingesetzt wird. Könnte der betriebsverfassungsrechtliche Amtsträger zwar in einer anderen Betriebsabteilung weiterbeschäftigt werden, ist ihm aber der betreffende Arbeitsplatz nicht zumutbar, braucht der Arbeitgeber nicht von sich aus dem Amtsträger diesen Arbeitsplatz anzubieten, muss diesen jedoch auf dessen Verlangen dort weiterbeschäftigen; dies erfordert der Schutzzweck des § 15 KSchG, das Arbeitsverhältnis des Amtsträgers nach Möglichkeit aufrechtzuerhalten (vgl. auch § 102 Abs. 3 Nr. 5 BetrVG).

128 Soweit es möglich ist, hat der Arbeitgeber die Weiterbeschäftigung des Arbeitnehmers in einer anderen Betriebsabteilung unter Beachtung der **Mitwirkungsrechte des Betriebsrats nach §§ 99 ff. BetrVG** (Versetzung) kraft seines Direktionsrechts anzuordnen. Reicht das Direktionsrecht des Arbeitgebers nicht soweit, kommt eine **Änderungskündigung** in Betracht. Kann hierbei ein Betriebsratsmitglied nach entsprechender Änderungskündigung zu im Übrigen unveränderten Bedingungen auf einem freien Arbeitsplatz in einer anderen Betriebsabteilung weiterbeschäftigt werden, ist der Arbeitgeber grds. nicht verpflichtet, einen örtlich näher gelegenen und deshalb das Betriebsratsmitglied weniger belastenden Arbeitsplatz freizukündigen (*BAG* 28.10.1999 EzA § 15 KSchG nF Nr. 48 = AiB 2000, 581 mit abl. Anm. *Backmeister*; ErfK-*Kiel* Rz 45c). Lehnt der Arbeitnehmer ein zumutbares Änderungsange-

§ 15 KSchG   Unzulässigkeit der Kündigung

bot endgültig und vorbehaltlos ab, kann der Arbeitgeber eine Beendigungskündigung aussprechen (s. KR-*Rost* § 2 KSchG Rz 18a) und das Arbeitsverhältnis unter Einhaltung der ordentlichen Kündigungsfrist zum Zeitpunkt der Stilllegung der Betriebsabteilung, bei früherem Wegfall der Beschäftigungsmöglichkeit auch schon zu diesem Zeitpunkt kündigen (§ 15 Abs. 5 iVm Abs. 4 KSchG).

128a Ist eine Weiterbeschäftigung des Arbeitnehmers in einer anderen Betriebsabteilung zwar aus betrieblichen Gründen nicht unmöglich, beruft sich der Arbeitgeber aber auf **persönliche Gründe** zur Beendigung des Arbeitsverhältnisses, kann dies nach Wortlaut und Sinn des Gesetzes im Rahmen des § 15 Abs. 5 S. 2 KSchG nicht berücksichtigt werden (aA *Herschel* Anm. EzA § 15 KSchG nF Nr. 27). Vielmehr ist insoweit nur unter den Voraussetzungen des § 103 BetrVG, § 15 Abs. 1–3 KSchG eine außerordentliche Kündigung zulässig.

IV. Zulässigkeit der Kündigung

129 Ist nach den dargelegten Grundsätzen eine Weiterbeschäftigung des Arbeitnehmers in einer anderen Betriebsabteilung nicht möglich, kann der Arbeitgeber das Arbeitsverhältnis unter Einhaltung der maßgebenden Kündigungsfrist ordentlich kündigen, aber **frühestens zum Zeitpunkt der Stilllegung der Betriebsabteilung.** Entfällt schon vor diesem Zeitpunkt eine Beschäftigungsmöglichkeit für den Arbeitnehmer, kann der Arbeitgeber das Arbeitsverhältnis unter Einhaltung der maßgebenden Kündigungsfrist auch schon zu einem Zeitpunkt vor der Stilllegung der Betriebsabteilung kündigen, frühestens aber zum Zeitpunkt des Wegfalls der Beschäftigungsmöglichkeit (vgl. *v. Hoyningen-Huene/Linck* Rz 172; wegen weiterer Einzelheiten gelten hier die Ausführungen zu Rz 103 ff.).

130 Der Arbeitgeber hat den Betriebsrat bzw. Personalrat **vor Ausspruch der Kündigung zu hören** (aA *Hassenpflug* S. 156 ff., die eine vorherige Zustimmung des Betriebsrats oder ihre gerichtliche Ersetzung in analoger Anwendung von § 103 BetrVG verlangt, weil der Arbeitgeber ohne die Vorabkontrolle durch den Betriebsrat die Kündigung nach § 15 Abs. 5 S. 2 KSchG dazu missbrauchen könne, missliebige Amtsträger – zumindest vorübergehend – aus dem Betrieb zu entfernen; s. auch Rz 95). Ein rechtserhebliches Widerspruchsrecht des Betriebsrats nach § 102 Abs. 3 BetrVG kommt insbesondere bei einer anderweitigen Weiterbeschäftigungsmöglichkeit in Betracht (s. Rz 96).

131 Hinsichtlich des **Kündigungstermins** gelten die Ausführungen zu Rz 101 ff. auch bei Stilllegung einer Betriebsabteilung. Eine Entlassung zu einem früheren Termin als dem Termin der Stilllegung der Betriebsabteilung (s. Rz 124 f.) ist aber nur zulässig, wenn nicht nur in der Betriebsabteilung, in der der Arbeitnehmer zur Zeit beschäftigt ist, sondern auch in einer anderen Betriebsabteilung keine Beschäftigungsmöglichkeit vorhanden ist (vgl. Rz 103 ff.). Die Ausführungen zur Amtszeit der Betriebsrats- bzw. Personalratsmitglieder (Rz 119) gelten nur für den seltenen Ausnahmefall, dass sämtliche Betriebsrats- bzw. Personalratsmitglieder einschließlich sämtlicher Ersatzmitglieder in der stillzulegenden Betriebsabteilung beschäftigt sind und eine Übernahme in eine andere Betriebsabteilung für keinen von ihnen möglich ist.

132 Zur Zulässigkeit, dem Zeitpunkt und den Rechtsfolgen der Kündigung kann auf die Ausführungen zu Rz 98–109 verwiesen werden.

133 Zur **Suspendierung** des Arbeitnehmers vor Beendigung des Arbeitsverhältnisses gelten die Ausführungen zu Rz 115 f.

134 Hinsichtlich der **Mängel der Kündigung** und ihrer Geltendmachung kann auf Rz 113 verwiesen werden. Zur **Darlegungs- und Beweislast** im Kündigungsschutzprozess gelten die Ausführungen zu Rz 114 entsprechend. Hierbei muss der Arbeitgeber nach einem entsprechenden Hinweis des Arbeitnehmers die fehlende Weiterbeschäftigungsmöglichkeit in einer anderen Betriebsabteilung oder ggf. in einem anderen Betrieb des Unternehmens so **substantiiert darlegen**, dass das Gericht zu der notwendigen Überzeugung gelangen kann, der Ausnahmetatbestand der Unmöglichkeit der Übernahme liege tatsächlich vor (BAG 25.11.1981 EzA § 15 KSchG nF Nr. 27 mit zust. Anm. *Herschel* = AR-Blattei, Betriebsverfassung IX: Entsch. 54 mit zust. Anm. *Hanau*).

135 Zum **Weiterbeschäftigungsanspruch** nach Ablauf des Kündigungstermins gelten Rz 117 f.

H. Wiedereinstellung nach Wiedereröffnung des Betriebs oder der Betriebsabteilung

136 War ein betriebsverfassungsrechtlicher Amtsträger wegen Stilllegung des Betriebs oder einer Betriebsabteilung nach § 15 KSchG wirksam entlassen worden, besteht bei einer Wiedereröffnung des Betriebs

oder der Betriebsabteilung grds. **kein Anspruch** auf Wiedereinstellung, es sei denn der Arbeitgeber hat die Stilllegungsentscheidung schon vor Ablauf der Kündigungsfrist wieder rückgängig gemacht (s. hierzu KR-*Griebeling* § 1 KSchG Rz 736 ff.). Wenn jedoch der Arbeitgeber eine Wiedereinstellung gerade im Hinblick auf die frühere betriebsverfassungsrechtliche Amtstätigkeit ablehnt, ist ausnahmsweise ein Anspruch auf Wiedereinstellung zu bejahen (arg. § 78 BetrVG). Für diesen Ausnahmetatbestand trägt der Arbeitnehmer im Streitfall die Darlegungs- und Beweislast; hierbei können die Grundsätze des Beweises des ersten Anscheins angewendet werden, wenn der Arbeitgeber alle oder fast alle früheren Arbeitnehmer wieder einstellt (s. auch Rz 90 f.).

I. Besonderer Kündigungsschutz für Initiatoren einer Betriebsratswahl

1. Geschützter Personenkreis

In betriebsratslosen Betrieben und in Betrieben, in denen der Betriebsrat zur Bestellung des Wahlvorstandes nicht tätig wird, können einzelne Arbeitnehmer die Initiative zur Durchführung einer Betriebsratswahl ergreifen. Solchen Arbeitnehmern wird nunmehr durch das **Betriebsverfassungs-Reformgesetz** (BetrV-ReformG) vom 23.7.2001 (BGBl. I S. 1852), in Kraft getreten am 28.7.2001, ein besonderer Kündigungsschutz gewährt (§ 15 Abs. 3a KSchG). 137

Im einzelnen handelt es sich um **Arbeitnehmer, die zu einer Betriebs-, Wahl- oder Bordversammlung** nach § 17 Abs. 3, § 17a Nr. 3 S. 2 oder § 115 Abs. 2 Nr. 8 BetrVG **einladen**, auf der ein Wahlvorstand gewählt werden soll, sowie um **Arbeitnehmer, die beim Arbeitsgericht die Bestellung eines Wahlvorstandes** nach § 16 Abs. 2 S. 1, § 17 Abs. 4, § 17a Nr. 4, § 63 Abs. 3, § 115 Abs. 2 Nr. 8 S. 2 oder § 116 Abs. 2 Nr. 7 S. 5 BetrVG **beantragen**. Sofern die Einladung zur Betriebs-, Wahl- oder Bordversammlung durch mehr als drei wahlberechtigte Arbeitnehmer erfolgt oder der Antrag auf Bestellung eines Wahlvorstandes von mehr als drei wahlberechtigten Arbeitnehmern gestellt wird, gilt der besondere Kündigungsschutz nur für die ersten drei in der Einladung oder Antragstellung aufgeführten Arbeitnehmer (§ 15 Abs. 3a S. 1 2. Hs. KSchG). Damit begrenzt der Gesetzgeber den Kündigungsschutz auf die Zahl der Arbeitnehmer, die ausreichen, um eine wirksame Einladung zu den einzelnen Versammlungen vornehmen zu können bzw. einen wirksamen Antrag auf Bestellung eines Wahlvorstandes stellen zu können. Der besondere Kündigungsschutz für den genannten Personenkreis soll dazu beitragen, dass künftig Arbeitnehmer eher bereit sind, insbesondere in betriebsratslosen Betrieben die Initiative für die Wahl von Betriebsräten zu ergreifen (Begründung des Regierungsentwurfs BT-Drs. 14/5741). 138

2. Beginn und Ende des Schutzes

Für diejenigen Arbeitnehmer, die zu einer Betriebs-, Wahl- oder Bordversammlung einladen (s. Rz 138), **beginnt** der Kündigungsschutz **im Zeitpunkt der Einladung**. Die Einladung muss den Zeitpunkt, den Ort, den Gegenstand der Betriebsversammlung sowie die Einladenden (mindestens drei wahlberechtigte Arbeitnehmer) angeben und so bekannt gemacht werden, dass alle Arbeitnehmer des Betriebes von ihr Kenntnis nehmen können und dadurch die Möglichkeit erhalten, an der Versammlung teilzunehmen (GK-*Kreutz* § 17 Rz 24). Sind diese Voraussetzungen nicht erfüllt, liegt keine ordnungsgemäße Einladung vor. Denn die Initiatoren einer Betriebsratswahl müssen allen Arbeitnehmern wenigstens die Chance einräumen, einen demokratisch legitimierten Wahlvorstand zu wählen (BAG 26.2.1992 EzA § 17 BetrVG 1972 Nr. 6). Ohne ordnungsgemäße Einladung durch mindestens drei wahlberechtigte Arbeitnehmer kann der Kündigungsschutz für die einladenden Arbeitnehmer nicht beginnen (in diesem Sinne auch: *Richardi/Thüsing* Anh. zu § 103 Rz 2; *Löwisch* DB 2002, 1503). Keine Voraussetzung einer ordnungsgemäßen Einladung im vereinfachten Wahlverfahren für Kleinbetriebe (§ 14a BetrVG) ist der Hinweis darauf, dass bis zum Ende der Wahlversammlung Wahlvorschläge zur Wahl des Betriebsrats gemacht werden können. Das Fehlen dieses Hinweises führt daher nicht zum Ausschluss des besonderen Kündigungsschutzes der zu der Versammlung einladenden Arbeitnehmer (*ArbG Frankfurt/M* 9.4.2002 RzK II 1 i Nr. 1). 139

Ist zu einer Betriebs-, Wahl- oder Bordversammlung im angeführten Sinne (s. Rz 138) nicht ordnungsgemäß eingeladen worden, kann jederzeit von drei wahlberechtigten Arbeitnehmern eine ordnungsgemäße Einladung vorgenommen werden, so dass diese Arbeitnehmer nunmehr den Kündigungsschutz des § 15 Abs. 3a KSchG erlangen können. Ist jedoch bereits eine ordnungsgemäße Einladung ergangen – ggf. auch durch eine im Betrieb vertretene Gewerkschaft –, sind andere **Einladungen unzulässig** (*LAG Köln* 6.10.1989 LAGE § 2 BetrVG 1972 Nr. 7; GK-*Kreutz* § 17 Rz 25), so dass auf diese Weise kein Kündigungsschutz nach § 15 Abs. 3a KSchG erlangt werden kann. 140

141 Für diejenigen Arbeitnehmer, die die Bestellung eines Wahlvorstandes beim Arbeitsgericht beantragen (s. Rz 138), **beginnt** der Kündigungsschutz **mit der Antragstellung**. Der Antrag ist in dem Zeitpunkt gestellt, in dem er beim Arbeitsgericht eingeht. Der Antrag ist nur zulässig, wenn er von mindestens drei wahlberechtigten Arbeitnehmern gestellt wird (s. Rz 138); wird der Antrag von weniger als drei wahlberechtigten Arbeitnehmern gestellt, erlangen diese keinen besonderen Kündigungsschutz (*Richardi/Thüsing* Anh. zu § 103 Rz 2; *Löwisch* DB 2002, 1503).

142 Der Kündigungsschutz – sowohl für die zu der Versammlung Einladenden als auch für die Antragsteller beim Arbeitsgericht (s. Rz 138) – **endet mit der Bekanntgabe des Wahlergebnisses** durch den Wahlvorstand.

143 Wird ein Betriebsrat, eine Jugend- und Auszubildendenvertretung, eine Bordvertretung oder ein Seebetriebsrat trotz der Einladung zur Versammlung oder dem Antrag auf Bestellung eines Wahlvorstandes **nicht gewählt**, endet der Kündigungsschutz für die Einladenden bzw. Antragsteller **drei Monate nach dem Zeitpunkt der Einladung oder Antragstellung** (§ 15 Abs. 3a S. 2 KSchG). Hat in diesem Zeitpunkt noch keine Wahl stattgefunden, ist sie aber durch den Wahlvorstand eingeleitet und noch nicht abgebrochen worden, besteht nach dem Zweck des Kündigungsschutzes trotz des unklaren Wortlautes der Kündigungsschutz weiter bis zur Bekanntgabe des Wahlergebnisses oder des Zeitpunktes, in dem feststeht, dass die Wahl nicht stattfindet. Entsprechendes gilt, wenn nach einer ordnungsgemäßen Antragstellung das gerichtliche Bestellungsverfahren drei Monate nach der Antragstellung noch nicht abgeschlossen ist; in diesem Fall besteht der Kündigungsschutz zumindest bis zum Abschluss des gerichtlichen Bestellungsverfahrens fort (ebenso: *Nägele/Nestel* BB 2002, 357). Endet das gerichtliche Bestellungsverfahren mit der rechtskräftigen Bestellung eines Wahlvorstandes, besteht der Kündigungsschutz weiter bis zur Bekanntgabe des Wahlergebnisses oder des Zeitpunktes, in dem feststeht, dass die Wahl nicht stattfindet. Endet das gerichtliche Bestellungsverfahren ohne Bestellung eines Wahlvorstandes, z.B. bei Rücknahme des Antrags, erlischt damit auch der besondere Kündigungsschutz für die Initiatoren der Betriebsratswahl.

3. Schutz gegen ordentliche Kündigungen

144 Gegenüber den geschützten Initiatoren zur Wahl eines Betriebsrats, einer Jugend- und Auszubildendenvertretung, einer Bordvertretung oder eines Seebetriebsrats (s. Rz 138) sind während der Zeit des besonderen Kündigungsschutzes (s. Rz 139 ff.) **ordentliche Kündigungen unzulässig**. Nur außerordentliche Kündigungen sind möglich, die den Arbeitgeber zur Kündigung aus wichtigem Grund ohne Einhaltung einer Kündigungsfrist berechtigen. Insoweit besteht der gleiche Kündigungsschutz wie für Betriebsratsmitglieder nach § 15 Abs. 1 KSchG (s. hierzu Rz 21–29a). Anders als bei den Amtsträgern nach § 15 Abs. 1–2 KSchG ist zur außerordentlichen Kündigung durch den Arbeitgeber **keine Zustimmung des Betriebsrats** nach § 103 BetrVG bzw. einer Personalvertretung **erforderlich**. Auch ein **nachwirkender Kündigungsschutz** nach Bekanntgabe des Wahlergebnisses, wie er für Mitglieder eines Wahlvorstandes und Wahlbewerber vorgesehen ist (§ 15 Abs. 3 S. 2 KSchG), **besteht nicht**.

145 Andererseits ist gegenüber dem durch § 15 Abs. 3a KSchG geschützten Personenkreis nach dem Wortlaut des § 15 Abs. 4–5 KSchG keine ordentliche Kündigung möglich, wenn nach der Einladung oder Antragstellung **der Betrieb oder eine Betriebsabteilung stillgelegt** wird. Nach der Stellung des § 15 Abs. 3a KSchG im Gesetz (vor § 15 Abs. 4–5 KSchG) und der ausdrücklichen Einbeziehung des Personenkreises des § 15 Abs. 3a KSchG in § 16 KSchG ist aber insoweit von einem Redaktionsversehen auszugehen und die Kündigungsmöglichkeiten nach § 15 Abs. 4–5 KSchG auch auf den Personenkreis des § 15 Abs. 3a KSchG zu erstrecken (ebenso *BAG* 4.11.2004 EzA § 15 KSchG nF Nr. 58 = AiB 2005, 446 m. zust. Anm. *Rudolph*).

J. Unabdingbarkeit des Kündigungsschutzes

146 Die Vorschrift des § 15 KSchG ist als kündigungsschutzrechtliche Vorschrift **zwingend** (*v. Hoyningen-Huene/Linck* Rz 2; SPV-*Stahlhacke* Rz 1597). Das heißt: Sie kann weder durch Einzelvertrag noch durch Betriebsvereinbarung oder Tarifvertrag ausgeschlossen oder eingeschränkt werden. Eine abweichende tarifliche Regelung wäre nur zulässig, wenn der Gesetzgeber dies ausdrücklich erklärt hätte. Das ist hier nicht der Fall.

147 Auch ein **im voraus erklärter Verzicht des betroffenen Arbeitnehmers** auf den Kündigungsschutz nach § 15 KSchG ist **unwirksam**.

Nach Zugang der Kündigungserklärung kann er sich jedoch mit der Kündigung einverstanden erklä- 148
ren und auf den Kündigungsschutz des § 15 KSchG verzichten, ebenso wie er jederzeit ein Angebot
des Arbeitgebers auf Abschluss eines Auflösungsvertrages annehmen und **damit das Arbeitsverhältnis beenden kann** (vgl. *v. Hoyningen-Huene/Linck* Rz 2; SPV-*Stahlhacke* Rz 1597). Wegen der Tragweite
eines Verzichts auf Kündigungsschutz muss man eine unmissverständliche und eindeutige Erklärung
des Arbeitnehmers verlangen. Eine solche Erklärung kann in einem ausdrücklich erklärten Einverständnis mit der Kündigung liegen, aber auch in einer eindeutig formulierten Ausgleichsquittung
(*BAG* 6.4.1977 EzA § 4 KSchG nF Nr. 12; s. ferner KR-*Wolf* 3. Aufl. Grunds. Rz 580). Hat der Arbeitnehmer durch eindeutige Erklärung nach Zugang der Kündigung auf den Kündigungsschutz nach § 15
KSchG verzichtet, endet das Arbeitsverhältnis zu dem in der Kündigung vorgesehenen Termin. Mit
der Beendigung des Arbeitsverhältnisses verliert der Arbeitnehmer auch sein betriebsverfassungsrechtliches Amt (*v. Hoyningen-Huene/Linck* aaO; SPV-*Stahlhacke* aaO).

K. § 15 KSchG als Schutzgesetz

§ 15 KSchG dient nicht dem Schutz der persönlichen Interessen des von § 15 KSchG erfassten Perso- 149
nenkreis, sondern dient **dem kollektiven Interesse der Arbeitnehmerschaft an der unabhängigen
und durch willkürliche Maßnahmen des Arbeitgebers bedrohten Amtsführung** des jeweiligen
Amtsträgers (s. Rz 9 f.). § 15 KSchG ist deshalb kein Schutzgesetz iSd § 823 Abs. 2 BGB zugunsten der
von § 15 KSchG erfassten Arbeitnehmer (*v. Hoyningen-Huene/Linck* Rz 1 a; SPV-*Stahlhacke* Rz 1598). Aus
einer Verletzung des § 15 KSchG durch den Arbeitgeber kann daher der betroffene Arbeitnehmer keine
Schadensersatzansprüche nach § 823 Abs. 2 BGB gegen den Arbeitgeber herleiten.

L. Konkurrierender Kündigungsschutz nach anderen Vorschriften

§ 15 KSchG enthält für den Geltungsbereich des KSchG eine in sich geschlossene Regelung des indivi- 150
duellen Kündigungsschutzes für den durch § 15 KSchG geschützten Personenkreis und **schließt** damit
für seinen Geltungsbereich **die Anwendung des Ersten Abschnitts des KSchG (§§ 1–14) an sich aus**.
Der durch § 15 KSchG geschützte Arbeitnehmer muss jedoch die Unwirksamkeit einer Kündigung innerhalb von drei Wochen nach Zugang der schriftlichen Kündigung durch Klage beim Arbeitsgericht
geltend machen (§ 4 S. 1 KSchG); andernfalls gilt die Kündigung als von Anfang an rechtswirksam (§ 7
KSchG). Außerdem findet § 13 Abs. 1 S. 2–4 KSchG Anwendung (s. Rz 38 ff.).

§§ 1 ff. KSchG sind im Übrigen neben § 15 Abs. 4–5 KSchG unanwendbar (s. Rz 93). Hingegen sind die 151
Vorschriften der §§ 18–22 KSchG bei anzeigepflichtigen Entlassungen neben § 15 Abs. 4–5 KSchG anwendbar, da die §§ 17–22 KSchG arbeitsmarktpolitische Ziele verfolgen (vgl. KR-*Weigand* § 17 KSchG
Rz 27 f.; *v. Hoyningen-Huene/Linck* Rz 164), die von der Regelung des § 15 Abs. 4–5 KSchG unberührt
bleiben (vgl. APS-*Linck* Rz 197; ErfK-*Kiel* Rz 40).

Die **sonstigen kündigungsschutzrechtlichen Vorschriften** außerhalb des KSchG sind neben § 15 152
KSchG **voll anwendbar**, also insbesondere §§ 85 ff. SGB IX, § 9 MuSchG, § 2 ArbPlSchG. Das heißt:
Der Arbeitgeber muss bei der Kündigung einer durch § 15 KSchG geschützten Person auch die sonstigen kündigungsschutzrechtlichen Vorschriften beachten und ggf. auch eine erforderliche Zustimmung des Integrationsamtes (bei Schwerbehinderten) oder der zuständigen Arbeitsschutzbehörde
(bei Frauen mit Mutterschutz) einholen (vgl. auch KR-*Etzel* § 91 SGB IX Rz 30). Der betroffene Arbeitnehmer kann im Kündigungsschutzprozess die Unwirksamkeit der angegriffenen Kündigung allein
auf die Verletzung des § 15 KSchG oder auch ausschließlich auf die Verletzung anderer kündigungsschutzrechtlicher Vorschriften (zB § 91 SGB IX, § 2 ArbPlSchG) stützen (vgl. *v. Hoyningen-Huene/Linck*
Rz 164).

§ 16 Neues Arbeitsverhältnis; Auflösung des alten Arbeitsverhältnisses

¹Stellt das Gericht die Unwirksamkeit der Kündigung einer der in § 15 Abs. 1 bis 3a genannten Personen fest, so kann diese Person, falls sie inzwischen ein neues Arbeitsverhältnis eingegangen ist, binnen einer Woche nach Rechtskraft des Urteils durch Erklärung gegenüber dem alten Arbeitgeber die Weiterbeschäftigung bei diesem verweigern. ²Im übrigen finden die Vorschriften des § 11 und des § 12 Satz 2 bis 4 entsprechende Anwendung.

§ 16 KSchG Neues Arbeitsverhältnis; Auflösung des alten Arbeitsverhältnisses

Inhaltsübersicht

	Rz		Rz
I. Zweck der Vorschrift	1, 2	III. Verweigerung der Weiterarbeit ohne Urteil	6, 7
II. Verweigerung der Weiterarbeit nach Urteil	3–5		

I. Zweck der Vorschrift

1 § 16 KSchG hat durch das BetrVG 1972 nur insoweit eine Änderung erfahren, als sein Anwendungsbereich entsprechend der Neufassung des § 15 KSchG auf die jetzt in § 15 KSchG genannten Personen erstreckt wurde.

2 § 16 KSchG bezweckt, den durch § 15 KSchG geschützten Personen, die nach einer unwirksamen Kündigung ein neues Arbeitsverhältnis eingegangen sind, nach rechtskräftigem Obsiegen in dem Kündigungsschutzprozess ein **Wahlrecht zwischen der Rückkehr in den alten Betrieb oder der Aufrechterhaltung des neuen Arbeitsverhältnisses** unter sofortiger Beendigung des alten Arbeitsverhältnisses zu gewähren. Die durch § 15 KSchG geschützten Personen sollen damit den übrigen Arbeitnehmern gleichgestellt werden, die gem. § 12 KSchG ein entsprechendes Wahlrecht haben.

II. Verweigerung der Weiterarbeit nach Urteil

3 Die Anwendung des § 16 KSchG setzt die **rechtskräftige gerichtliche Feststellung voraus, dass die Kündigung unwirksam ist,** oder, was dasselbe ist (vgl. *v. Hoyningen-Huene/Linck* § 4 Rz 4), dass das Arbeitsverhältnis durch die Kündigung nicht aufgelöst ist. Der Antrag auf diese gerichtliche Feststellung muss Streitgegenstand des Rechtsstreits gewesen sein; denn nur dann erwächst die gerichtliche Feststellung in Rechtskraft (vgl. *Rosenberg/Schwab* S. 978 ff.; vgl. auch KR-*Friedrich* § 4 KSchG Rz 255).

4 Derjenige durch § 15 KSchG geschützte Arbeitnehmer, der sich das Wahlrecht nach § 16 KSchG (Rückkehr in den alten Betrieb oder sonstiger Beendigung des früheren Arbeitsverhältnisses) sichern will, muss die oben (Rz 3) näher bezeichnete **Feststellungsklage innerhalb von drei Wochen nach Zugang der schriftlichen Kündigung erheben.** (§ 4 S. 1 KSchG); andernfalls gilt die Kündigung als von Anfang an rechtswirksam (§ 7 KSchG).

5 Liegt die rechtskräftige Feststellung vor, dass die Kündigung unwirksam bzw. das Arbeitsverhältnis durch die Kündigung nicht aufgelöst ist, tritt die Rechtsfolge ein, die für andere Arbeitnehmer nach rechtskräftiger Feststellung der Sozialwidrigkeit der Kündigung in den §§ 11, 12 KSchG vorgesehen ist (§ 16 S. 2 KSchG). Auf die Erläuterungen zu § 11 und § 12 KSchG kann daher verwiesen werden.

III. Verweigerung der Weiterarbeit ohne Urteil

6 Wenn der durch § 15 KSchG geschützte Arbeitnehmer die Unwirksamkeit der Kündigung nicht innerhalb der dreiwöchigen Klagefrist (§ 4 KSchG) geltend macht, ist die Kündigung rechtswirksam (§ 7 KSchG), so dass der bisherige Arbeitgeber den Arbeitnehmer nicht mehr zur Weiterarbeit auffordern kann. Nimmt der bisherige Arbeitgeber aber die Kündigung vor Ablauf der dreiwöchigen Klagefrist oder während des Kündigungsschutzprozesses zurück und fordert den Arbeitnehmer zur Weiterarbeit auf, kann dieser frei entscheiden, ob er die Rücknahme der Kündigung (= Angebot auf Fortsetzung des Arbeitsverhältnisses) annehmen will. Lehnt er die Rücknahme der Kündigung ab, wird das Arbeitsverhältnis beendet und er ist nicht zur Weiterarbeit verpflichtet. Nimmt er die Rücknahme der Kündigung an, wird das Arbeitsverhältnis fortgesetzt und er ist zur Wiederaufnahme der Arbeit verpflichtet. Ist allerdings inzwischen schon ein neues Arbeitsverhältnis eingegangen, braucht er – ohne dass ihm das als Arbeitsvertragsverletzung vorgeworfen werden kann – bis zum Ablauf der Kündigungsfrist bei dem neuen Arbeitgeber die Arbeit beim bisherigen Arbeitgeber nicht wieder aufzunehmen, da ihm der Hinderungsgrund (neues Arbeitsverhältnis) nicht als schuldhaftes Verhalten zugerechnet werden kann, er vielmehr mit Rücksicht auf § 615 S. 2 BGB und das wohlverstandene Interesse des bisherigen Arbeitgebers das neue Arbeitsverhältnis eingehen durfte (vgl. *v. Hoyningen-Huene/Linck* Rz 2; *Maus* Rz 4).

7 Allerdings kann der Arbeitnehmer von dem Zeitpunkt ab, in dem er die Arbeit bei dem bisherigen Arbeitgeber wieder aufnehmen soll, bei dem neuen Arbeitgeber aber weiter tätig bleibt, vom bisherigen Arbeitgeber **keine Vergütung wegen Annahmeverzugs** (§ 615 BGB) verlangen, da er selbst insoweit nicht leistungswillig ist. Bis zu diesem Zeitpunkt steht dem Arbeitnehmer, wenn die Voraussetzungen

des Annahmeverzugs vorliegen, gegen den bisherigen Arbeitgeber ein Anspruch auf Fortzahlung der Vergütung unter Anrechnung der bei dem neuen Arbeitgeber erzielten Vergütung zu (§ 615 BGB). Der Anspruch auf Fortzahlung der Vergütung nach § 615 BGB ist nicht etwa – wie im Falle des § 12 S. 4 KSchG – auf die Zeit bis zum Eintritt in das neue Arbeitsverhältnis beschränkt (ebenso: HaKo-*Fiebig* Rz 5; aA v. *Hoyningen-Huene/Linck* § 16 Rz 2); denn für die Anwendung des § 12 KSchG ist nur Raum, wenn die Unwirksamkeit der Kündigung bzw. das Fortbestehen des Arbeitsverhältnisses durch gerichtliche Entscheidung rechtskräftig festgestellt ist. Bis zur Aufforderung zur Arbeitsaufnahme durch den bisherigen Arbeitgeber besteht – sofern nicht konkrete Anhaltspunkte für eine gegenteilige Annahme vorliegen – kein Anlass zur Annahme, dass der Arbeitnehmer leistungsunwillig und zur unverzüglichen Arbeitsaufnahme nicht bereit ist, was den Annahmeverzug des bisherigen Arbeitgebers ausschließen würde.

Dritter Abschnitt
Anzeigepflichtige Entlassungen

§ 17 Anzeigepflicht
(1) ¹Der Arbeitgeber ist verpflichtet, der Agentur für Arbeit Anzeige zu erstatten, bevor er
1. in Betrieben mit in der Regel mehr als 20 und weniger als 60 Arbeitnehmern mehr als 5 Arbeitnehmer,
2. in Betrieben mit in der Regel mindestens 60 und weniger als 500 Arbeitnehmern 10 vom Hundert der im Betrieb regelmäßig beschäftigten Arbeitnehmer oder aber mehr als 25 Arbeitnehmer,
3. in Betrieben mit in der Regel mindestens 500 Arbeitnehmern mindestens 30 Arbeitnehmer

innerhalb von 30 Kalendertagen entläßt. ²Den Entlassungen stehen andere Beendigungen des Arbeitsverhältnisses gleich, die vom Arbeitgeber veranlasst werden.
(2) ¹Beabsichtigt der Arbeitgeber, nach Absatz 1 anzeigepflichtige Entlassungen vorzunehmen, hat er dem Betriebsrat rechtzeitig die zweckdienlichen Auskünfte zu erteilen und ihn schriftlich insbesondere zu unterrichten über
1. die Gründe für die geplanten Entlassungen,
2. die Zahl und die Berufsgruppen der zu entlassenden Arbeitnehmer,
3. die Zahl und die Berufsgruppen der in der Regel beschäftigten Arbeitnehmer,
4. den Zeitraum, in dem die Entlassungen vorgenommen werden sollen,
5. die vorgesehenen Kriterien für die Auswahl der zu entlassenden Arbeitnehmer,
6. die für die Berechnung etwaiger Abfindungen vorgesehenen Kriterien.

²Arbeitgeber und Betriebsrat haben insbesondere die Möglichkeiten zu beraten, Entlassungen zu vermeiden oder einzuschränken und ihre Folgen zu mildern.
(3) ¹Der Arbeitgeber hat gleichzeitig der Agentur für Arbeit eine Abschrift der Mitteilung an den Betriebsrat zuzuleiten; sie muss zumindest die in Absatz 2 Satz 1 Nr. 1 bis 5 vorgeschriebenen Angaben enthalten. ²Die Anzeige nach Absatz 1 ist schriftlich unter Beifügung der Stellungnahme des Betriebsrates zu den Entlassungen zu erstatten. ³Liegt eine Stellungnahme des Betriebsrates nicht vor, so ist die Anzeige wirksam, wenn der Arbeitgeber glaubhaft macht, dass er den Betriebsrat mindestens zwei Wochen vor Erstattung der Anzeige nach Absatz 2 Satz 1 unterrichtet hat, und er den Stand der Beratung darlegt. ⁴Die Anzeige muss Angaben über den Namen des Arbeitgebers, den Sitz und die Art des Betriebes enthalten, ferner die Gründe für die geplanten Entlassungen, die Zahl und die Berufsgruppen der zu entlassenden und der in der Regel beschäftigten Arbeitnehmer, den Zeitraum, in dem die Entlassungen vorgenommen werden sollen und die vorgesehenen Kriterien für die Auswahl der zu entlassenden Arbeitnehmer. ⁵In der Anzeige sollen ferner im Einvernehmen mit dem Betriebsrat für die Arbeitsvermittlung Angaben über Geschlecht, Alter, Beruf und Staatsangehörigkeit der zu entlassenden Arbeitnehmer gemacht werden. ⁶Der Arbeitgeber hat dem Betriebsrat eine Abschrift der Anzeige zuzuleiten. ⁷Der Betriebsrat kann gegenüber der Agentur für Arbeit weitere Stellungnahmen abgeben. ⁸Er hat dem Arbeitgeber eine Abschrift der Stellungnahme zuzuleiten.
(3a) ¹Die Auskunfts-, Beratungs- und Anzeigepflichten nach den Absätzen 1 bis 3 gelten auch dann, wenn die Entscheidung über die Entlassungen von einem den Arbeitgeber beherrschenden Unternehmen getroffen wurde. ²Der Arbeitgeber kann sich nicht darauf berufen, dass das für die Entlassungen verantwortliche Unternehmen die notwendigen Auskünfte nicht übermittelt hat.

§ 17 KSchG   Anzeigepflicht

(4) ¹Das Recht zur fristlosen Entlassung bleibt unberührt. ²Fristlose Entlassungen werden bei Berechnung der Mindestzahl der Entlassungen nach Absatz 1 nicht mitgerechnet.
(5) Als Arbeitnehmer im Sinne dieser Vorschrift gelten nicht
1. in Betrieben einer juristischen Person die Mitglieder des Organs, das zur gesetzlichen Vertretung der juristischen Person berufen ist,
2. in Betrieben einer Personengesamtheit die durch Gesetz, Satzung oder Gesellschaftsvertrag zur Vertretung der Personengesamtheit berufenen Personen,
3. Geschäftsführer, Betriebsleiter und ähnliche leitende Personen, soweit diese zur selbständigen Einstellung oder Entlassung von Arbeitnehmern berechtigt sind.

Europäischer Gerichtshof Urteil v. 27.1.2005 in der Rechtssache C-188/03:
»1. Die Artikel 2 bis 4 der Richtlinie 98/59/EG des Rates v. 20. Juli 1998 zur Angleichung der Rechtsvorschriften der Mitgliedsstaaten über Massenentlassungen sind dahin auszulegen, dass die Kündigungserklärung des Arbeitgebers das Ereignis ist, das als Entlassung gilt.

2. Der Arbeitgeber darf Massenentlassungen nach Ende des Konsultationsverfahrens im Sinne des Art. 2 der Richtlinie 98/59 und nach der Anzeige der beabsichtigten Massenentlassung im Sinne der Art. 3 und 4 der Richtlinie vornehmen.«

Literatur

– bis 2004 vgl. KR-Vorauflage –
Alber Die Rechtsprechung des EuGH zur Richtlinie über Massenentlassungen, FS Wißmann 2005, S. 507; *Appel* Die »Junk«-Entscheidung des EuGH zur Massenentlassung – Nur eine Aufforderung an den Gesetzgeber? DB 2005, 1002; *Bauer* Massenentlassungen nach der »Junk«-Entscheidung des EuGH, FA 2005, 290; *Bauer/Krieger/Powietzka* Geänderte Voraussetzungen für Massenentlassungen nach der »Junk«-Entscheidung des EuGH? DB 2005, 445; *dies.* Erstes BAG-Urteil nach der »Junk«-Entscheidung des EuGH – Endlich Klarheit bei Massenentlassungen?, DB 2005, 1570; *dies.* Geklärte und ungeklärte Probleme der Massenentlassung, BB 2006, 2023; *Boeddinghaus* Rechtswege zum Kündigungsschutz bei Massenentlassungen, AuR 2005, 389; *Busch* Vertrauen auf Fehler der Gerichte? Rechtswidrige Rechtsprechung und Vertrauensschutz, FA 2006, 235; *Dornbusch/Wolff* Paradigmenwechsel bei Massenentlassungen, BB 2005, 885; *Dzida/Hohenstatt* BAG schafft Klarheit bei Massenentlassungen, DB 2006, 1897; *Ferme/Lipinski* Neues Recht der Massenentlassungen nach §§ 17, 18 KSchG, ZIP 2005, 593; *dies.* Änderung der Repr. des BAG bei Massenentlassungen – Systemwandel im individuellen und kollektiven Arbeitsrecht?, NZA 2006, 937; *Franzen* Massenentlassung und Betriebsänderung unter dem Einfluss des europäischen Gemeinschaftsrechts ZfA 2006, 437; *Giesen* Massenentlassungsanzeige erst nach Abschluss von Sozialplanberatungen? SAE 2006, 135; *Jacobs/Naber* Massenentlassungen – Kündigungserklärung als Zeitpunkt der Entlassung, SAE 2006, 61; *Kleinebrink* Die Massenentlassungsanzeige nach »Junk«, FA 2005, 130; *Kliemt* Neue Spielregeln für Massenentlassungen durch die »Junk«-Entscheidung des EuGH? FS 25-jähriges Bestehen der Arbeitsgemeinschaft Arbeitsrecht im Deutschen Anwaltsverein, 2006, S. 1237; *Klumpp* Der EuGH und die Massenentlassung – Zeit für »Junk II«?, NZA 2006, 703; Lipinski Keine Unwirksamkeit der Kündigung bei fehlender oder fehlerhafter Massenentlassungsanzeige gem. § 17 KSchG auch unter Berücksichtigung der Richtlinie 98/59/EG, BB 2004, 1790; *Löwisch* Umsetzung des »Junk«-Urteils als Aufgabe des Gesetzgebers, GPR 2005, 150; *Mauthner* Die Massenentlassungsrichtlinie der EG und ihre Bedeutung für das deutsche Massenentlassungsrecht, Diss., Heidelberg 2004; *Nicolai* Neue Regeln für Massenentlassungen? NZA 2005, 2006; *dies.* Mehr Rechtsklarheit für Massenentlassungen? SAE 2006, 72; *Osnabrügge* Massenentlassungen – Kein russisches Roulette für Arbeitgeber, NJW 2005, 1093; *Reichold* Anmerkung EuGH 27.1.2005, ZESAR 2005, 474; *Riesenhuber/Domröse* Richtlinienkonforme Auslegung der §§ 17, 18 KSchG und Rechtsfolgen fehlerhafter Massenentlassungen, NZA 2005, 568; *Schiek* Auslegung von § 17 KSchG im Lichte der Rechtsprechung des EuGH, AUR 2006, 41; *Schlachter* Verletzung von Konsultationsrechten des Betriebsrates in Tendenzunternehmen, FS Wißmann 2005, S. 412; *Wagner* Kündigung bei nicht rechtzeitiger Massenentlassungsanzeige, FA 2006, 139; *Wolter* Wende im Recht der Massenentlassung, AuR 2005, 135.

Inhaltsübersicht

		Rz			Rz
A. Einleitung in die Bestimmungen des Dritten Abschnittes des KSchG		0–14	3. EG-Richtlinie von 1975		4, 5
	I. Entstehungsgeschichte der Bestimmungen des Dritten Abschnittes		4. EG-Richtlinie von 1992		6–6i
			5. EG-Richtlinie von 1998		6j
		1–6n	6. Entscheidungen EuGH 2005 und BAG 2006		6k-6n
	1. StilllegungsVO, AOG	1, 2	II. Sinn und Zweck der Regelung		7-9
	2. KSchG 1951	3			

	Rz
III. Überblick: Rechtliche Schritte vor der Massenentlassung (vor der Kündigungserklärung)	10-14
B. Anwendungsbereich des § 17 KSchG	15–54b
I. Betrieblicher Geltungsbereich	15–27
1. Begriff des Betriebes	15, 15a
2. Betriebsteile und Nebenbetriebe	16–22
a) Nebenbetriebe	18
b) Betriebsteile	19–22
3. Kleinbetriebe	23
4. Saison- und Kampagnebetriebe	24
5. Betriebe der öffentlichen Hand	25
6. Seeschiffe	26
7. Baustellen	27
II. Im Betrieb beschäftigte Arbeitnehmer	28–31
1. In der Regel beschäftigte Arbeitnehmer	28, 28a
2. Die zu berücksichtigenden Arbeitnehmer	29
3. Ausnahmen	30
4. Beschäftigungsdauer	31
III. Entlassungen (Kündigungen) und gleichstehende Beendigungen	32–46
1. Allgemeine Begriffsbestimmung	32
2. Als Entlassung gilt Kündigungserklärung	32a-32e
3. Fristlose Entlassungen	33-34
4. Entfristete Entlassungen	35
5. Außerordentliche Kündigung mit Auslauffrist	36
6. Außerordentliche Kündigung aus wirtschaftlichen Gründen	37
7. Kündigung durch den Insolvenzverwalter	38
8. Eigenkündigung des Arbeitnehmers (§ 17 Abs. 1 S. 2 KSchG)	39, 40
9. Änderungskündigung	41, 42
10. Aufhebungsvertrag (§ 17 Abs. 1 S. 2 KSchG)	43–43d
11. Beendigung infolge Befristung oder Bedingung	44
12. Anfechtung, faktisches Vertragsverhältnis	45
13. Kampfkündigung	46
IV. Grund der Entlassung	47–50
V. Neueinstellung von Arbeitnehmern	51
VI. Maßgebende Größenordnungen für die Anzeigepflicht	52–54b

	Rz
1. Die Zahl der Arbeitnehmer	52
2. Zeitraum der Kündigungen	53–54b
C. Die Beteiligung des Betriebsrats	55–71b
I. Rechtsgrundlagen	55–55b
II. Die Unterrichtungs- und Beratungspflicht gegenüber dem Betriebsrat gem. § 17 Abs. 2 KSchG	56–65
1. Funktion, Form, Frist	56–59
2. Inhalt der Unterrichtung	60-60f
3. Beratung mit dem Betriebsrat	61,62
4. Folgen	63–65
III. Unterrichtungspflichten nach betriebsverfassungsrechtlichen Vorschriften	66–71
1. Einzeltatbestände	66–69
2. Zusammentreffen mehrerer Unterrichtungspflichten	70, 71
IV. Sonstige Unterrichtungspflichten (Europäischer Betriebsrat)	71a-71b
D. Form und Inhalt der Anzeige	72–98
I. Anzeigepflichtiger	72
II. Form der Anzeige	72a–74
III. Zeitpunkt der Massenentlassungsanzeige	75–79
1. Vorsorgliche Anzeige und Rücknahme der Anzeige	78, 79
IV. Inhalt der Anzeige	80–98
1. Mussinhalt	80–83
a) Mindestangaben	81, 82
b) Folgen eines Verstoßes	83
2. Sollinhalt der Anzeige	84–90
a) Sinn der Regelung	84, 85
b) Bindung des Arbeitgebers an Sollangaben	86–90
3. Stellungnahme des Betriebsrats	91–96
a) Wirksamkeitsvoraussetzung	91–92
b) Inhalt der Stellungnahme	93
c) Verspätete Stellungnahme des Betriebsrats	94–96
4. Unterrichtungspflichten über die Anzeige zwischen Betriebsrat und Arbeitgeber	97, 98
E. Konzernklausel gem. § 17 Abs. 3a KSchG	98a–98c
F. Rechtsfolgen der Anzeige	99–105
I. Wirksame Anzeige	99–100
II. Fehlerhaftes oder unterlassenes Konsultations- oder Anzeigeverfahren	101-108
G. Vertrauensschutz für Altfälle	109–110

A. Einleitung in die Bestimmungen des Dritten Abschnittes des KSchG

Vorbemerkung zur Terminologie Entlassung/Kündigung

Nach dem Wortlaut der §§ 17 ff. KSchG werden Regelungen über »Anzeigepflichtige Entlassungen« getroffen. Die richtlinienkonforme Auslegung der Art. 2 bis 4 RL 98/59/EG gem. der Entscheidung des EuGH v. 27.1.2005 erfordert, als Entlassung die Kündigungserklärung des Arbeitgebers anzusehen (vgl. Rz 6k ff.). Da der nationale Gesetzgeber bisher eine terminilogische Anpassung nicht vollzogen

§ 17 KSchG   Anzeigepflicht

hat, wird in der Kommentierung aus Gründen der Rechtsklarheit der Begriff der Massenentlassung durch den Zusatz (Massen-)»Kündigung« ergänzt.

I. Entstehungsgeschichte der Bestimmungen des Dritten Abschnittes

1. StilllegungsVO, AOG

1 Der **Dritte Abschnitt** des KSchG regelt die sog. **anzeigepflichtigen Entlassungen (Kündigungen)** oder – wie es in der bis zur Neufassung durch das Erste ArbeitsrechtsbereinigungsG geltenden Überschrift lautete – den »Kündigungsschutz bei Massenentlassungen«. Das Bemühen um die aus arbeitsmarktpolitischen Gründen wünschenswerte Erfassung und Steuerung einer auf einmal oder in kurzen zeitlichen Abständen erfolgenden, gemessen an der Betriebsgröße erheblichen Zahl von Entlassungen hatte seinen ersten gesetzgeberischen Niederschlag gefunden in der VO betreffend Maßnahmen gegenüber Betriebsabbrüchen und Stilllegungen v. 8.11.1920 (RGBl. S. 1901) idF der VO über Betriebsstilllegungen und Arbeitsstreckung v. 15.10.1923 (RGBl. S. 983; **StilllegungsVO**). Nach §§ 1, 2 der StilllegungsVO waren anzuzeigende Entlassungen innerhalb einer Frist von vier Wochen nach Anzeige nur mit Zustimmung der Demobilmachungsbehörde wirksam. Erfasst wurden allerdings allein Entlassungen, welche im Zusammenhang mit Betriebsstilllegungen erfolgten (vgl. iE etwa die Erl. zur BetriebsstilllegungsVO bei *Erdmann/Anthes* 2. Aufl. 1932).

2 Die Regelungen der StilllegungsVO wurden abgelöst durch **§ 20 AOG**, wobei die Beschränkung auf mit Betriebsstilllegungen verbundene Entlassungen aufgegeben wurde. Gem. § 20 AOG hatte der Unternehmer eines Betriebes dem Treuhänder der Arbeit schriftlich Anzeige zu erstatten, bevor er in Betrieben mit idR weniger als 100 Beschäftigten mehr als 9 Beschäftigte, in Betrieben mit idR mindestens 100 Beschäftigten 10 vH der im Betrieb regelmäßig Beschäftigten oder aber mehr als 50 Beschäftigte innerhalb von vier Wochen entließ. Innerhalb eines Zeitraums von vier Wochen nach Eingang der Anzeige wurden alsdann Entlassungen nur mit Genehmigung des Treuhänders der Arbeit wirksam. Diese Frist konnte auf zwei Monate verlängert werden, die Genehmigung konnte allerdings auch rückwirkend erteilt werden (vgl. iE die Erl. zum AOG bei *Hueck/Nipperdey/Dietz*).

2. KSchG 1951

3 Diese Regelungen des AOG wurden von den **§§ 15 ff. KSchG 1951** aufgegriffen, denen der fast unverändert übernommene Regierungsentwurf v. 23.1.1951 zugrunde lag (vgl. Entwurf und amtl. Begr. in: RdA 1951, 58 ff.). Durch das **Erste Arbeitsrechtsbereinigungsgesetz** v. 14.8.1969 wurde die Bezifferung der §§ 15 ff. KSchG in §§ 17 ff. KSchG abgeändert. Zugleich wurde die bis dahin geltende Überschrift des Dritten Abschnitts »Kündigungsschutz bei Massenentlassungen« ersetzt durch die jetzige Überschrift »Anzeigepflichtige Entlassungen«. Eine sachliche Änderung war damit nicht verbunden (*v. Hoyningen-Huene/Linck* vor §§ 17 ff. Rz 4).

3. EG-Richtlinie von 1975

4 Nach der **Richtlinie des Rates der Europäischen Gemeinschaften** v. 17.2.1975 zur Angleichung der Rechtsvorschriften der Mitgliedstaaten über Massenentlassungen (ABlEG 1975, Nr. L 48, S. 29) war die Bundesrepublik Deutschland als Mitgliedstaat zu einer binnen zwei Jahren zu erfolgenden **Angleichung** des nationalen Rechts an die in der Richtlinie festgehaltenen Grundsätze verpflichtet (vgl. *Becker* NJW 1976, 2057). Dies ist durch das **Zweite Gesetz zur Änderung des KSchG** v. 27.4.1978, in Kraft seit dem 30.4.1978, geschehen (BGBl. I S. 550). Der Gesetzesänderung lag ein Regierungsentwurf v. 18.10.1977 zugrunde, der im Wesentlichen unverändert (s.u. Rz 84) übernommen wurde (RegE und Begr. in: BT-Drucks. 8/1041; zur Entwicklung und zum Inhalt der Massenentlassungsrichtlinie vgl. auch *Hinrichs* S. 23 ff., zur Zielsetzung *dies.* S. 69 ff.).

5 Die Neufassung durch das Zweite Gesetz zur Änderung des KSchG führte insbes. zu einer **Abänderung der Messzahlen** (s.u. Rz 52) sowie zu einer ausführlichen Regelung über **Form und Inhalt der Anzeige** (s.u. Rz 72 ff.) und die **Beteiligung des Betriebsrats** (s.u. Rz 55 ff.). Darüber hinaus ist in § 17 KSchG der für die Zahl der zusammenzurechnenden Entlassungen maßgebliche Zeitraum von vier Wochen auf 30 Kalendertage erhöht worden (s.u. Rz 53).

4. EG-Richtlinie von 1992

6 Im Hinblick auf die Erfahrungen aufgrund der EG-Richtlinie 75/129/EWG (vgl. Rz 4) sowie die Zunahme von grenzüberschreitenden Umstrukturierungen insbes. auch unter den Voraussetzungen des europäischen Binnenmarktes seit dem 1.1.1993 hat der Rat der europäischen Gemeinschaften die **Richtlinie 92/56/EWG v. 24.6.1992 zur Änderung der Richtlinie 75/129/EWG zur Angleichung der Rechtsvorschriften der Mitgliedstaaten über Massenentlassungen erlassen**. Hinsichtlich der Umsetzung dieser Richtlinie sieht Art. 2 Abs. 1 vor, innerhalb von zwei Jahren die erforderlichen Rechts- und Verwaltungsvorschriften zu erlassen oder sich zu vergewissern, dass die Sozialpartner im Vereinbarungsweg die erforderlichen Maßnahmen treffen (ABlEG Nr. L 245/3 v. 26.8.1992). Soweit von einer Massenentlassung betroffenen Arbeitnehmern ein Schaden erwächst, weil die Richtlinie nicht oder nicht rechtzeitig in nationales Recht umgesetzt ist, können sie Schadensersatz von der nationalen Regierung verlangen (vgl. *EuGH* 19.11.1991 NJW 1992, 165).

Die Regelungen der Richtlinie 92/56/EWG v. 24.6.1992 haben im Wesentlichen der Rechtslage in Deutschland entsprochen: Informations- und Beratungsrechte sowie Recht des Betriebsrats auf Interessenausgleich (vgl. §§ 111 ff. BetrVG), Anspruch des Betriebsrats auf Hinzuziehung eines Sachverständigen, Pflicht des Arbeitgebers zu zweckdienlichen Auskünften, Mitteilungspflichten des Arbeitgebers gegenüber dem Betriebsrat über die Gründe der geplanten Entlassungen, Zahl und Kategorien der regelmäßig beschäftigten und der zu entlassenden Arbeitnehmer sowie den Zeitraum der Entlassungen, Auswahlkriterien für die zu entlassenden Arbeitnehmer sowie schließlich die Berechnungsmethode etwaiger Abfindungen (insoweit werden die Mitteilungspflichten gem. § 17 Abs. 2 KSchG erweitert). Abgesehen von letztem Punkt sind die Daten auch der AfA mitzuteilen. Diese Informations-, Beratungs- und Meldepflichten des Arbeitgebers gelten, unabhängig davon, ob die Entscheidung über die Massenentlassung vom Arbeitgeber oder einem ihn beherrschenden Unternehmen getroffen wurde, auch, wenn sich dessen Entscheidungszentrale außerhalb des Mitgliedsstaates des Arbeitgebers befindet. Der Arbeitgeber kann sich nicht darauf berufen, das beherrschende Unternehmen habe die notwendigen Informationen nicht übermittelt. Mit dieser Konzernregelung soll der zunehmenden multinationalen Verflechtung von Unternehmungen Rechnung getragen werden. **6a**

Neu für die Berechnung der Zahl der Entlassungen ist die Gleichstellung solcher – also auch anderer als durch ordentliche Kündigung veranlasster – Beendigungsformen des Arbeitsverhältnisses, die auf Veranlassung des Arbeitgebers und aus einem oder mehreren Gründen, die nicht in der Person des Arbeitnehmers liegen, erfolgen, sofern die Zahl der Entlassungen mindestens fünf beträgt. Die damit verbundene Erweiterung des Massenentlassungsbegriffs (krit. dazu wegen der definitorischen Unschärfe *Weiss* RdA 1992, 367) geht jedenfalls über den Rahmen der Rechtslage in Deutschland nicht hinaus (vgl. insbes. zur Eigenkündigung des Arbeitnehmers Rz 39 f., zum Ausscheiden aufgrund von Aufhebungsverträgen vgl. Rz 43, 43a und § 112a Abs. 1 aE BetrVG). **6b**

Mit dem Gesetz zur Anpassung arbeitsrechtlicher Bestimmungen an das EG-Recht v. 20.7.1995 (BGBl. I S. 946), in Kraft getreten am 28.7.1995, ist die Richtlinie des Rates der Europäischen Gemeinschaften v. 24.6.1992 in deutsches Recht umgesetzt worden (vgl. *Ermer* NJW 1998, 1288; zu – noch offenen – Problemen der Umsetzung vgl. *Wißmann* RdA 1998, 221). Die Richtlinie dient der Konkretisierung des Aktionsprogramms zur Umsetzung der Gemeinschaftscharta der sozialen Grundrechte der Arbeitnehmer. Der Inhalt der Richtlinie geht im Wesentlichen über die geltende Rechtslage zur Massenentlassung in Deutschland nicht hinaus (vgl. Rz 6a, 6b). **Mit dem Anpassungsgesetz ist § 17 KSchG wie folgt geändert worden:** **6c**

Abs. 1 ist durch die Einbeziehung »anderer vom Arbeitgeber veranlasster Beendigungen des Arbeitsverhältnisses« ergänzt worden. Allerdings wird dabei an die bisherige Rspr. des *BAG* angeknüpft, soweit die Eigenkündigung des Arbeitnehmers betroffen ist (vgl. Nachw. Rz 39), und die Regelung in § 112a BetrVG, soweit Arbeitnehmer aufgrund von Aufhebungsverträgen ausscheiden (vgl. Rz 43 f.). Unerheblich wie bei den Entlassungen ist bei diesen sonstigen vom Arbeitgeber veranlassten Beendigungsformen, ob der Grund dafür in der Person des Arbeitnehmers liegt. **6d**

Abs. 2 S. 1 ist neu gefasst worden. Die Unterrichtungspflicht des Arbeitgebers gegenüber dem Betriebsrat ist hinsichtlich der einzelnen Anforderungen gem. den Nrn. 1 bis 6 verdeutlicht worden. Die Notwendigkeit, über die für die Berechnung etwaiger Abfindungen vorgesehenen Kriterien trotz der Vorschriften gem. §§ 112 f. BetrVG zu informieren (Nr. 6), wird insbes. dann sinnfällig, wenn eine Massenentlassung iSd § 17 Abs. 1 KSchG nicht zugleich eine die Sozialplanpflicht auslösende Maßnahme zur Folge hat. **6e**

Abs. 3 S. 1 ist neu gefasst worden und stellt sicher, dass die Auskünfte gem. dem Katalog im Abs. 2 S. 1 der AfA auch dann übermittelt werden, wenn ein Betriebsrat nicht vorhanden ist. Insoweit ist der Gesetzeswortlaut im Zusammenhang mit den Änderungen im Abs. 2 S. 1 lediglich angepasst worden. **6f**

§ 17 KSchG Anzeigepflicht

6g Die Einfügung der Konzernklausel in **Abs. 3a** stellt klar, dass die Verpflichtung des Arbeitgebers, den Betriebsrat zu informieren und mit ihm die vorgesehenen Beratungen durchzuführen sowie Entlassungen anzuzeigen, nicht dadurch entfällt oder eingeschränkt wird, dass der Arbeitgeber in einem Konzernverbund steht und die Entscheidung über die Entlassungen von dem herrschenden Unternehmen getroffen wird (vgl. auch Begr. zum Gesetzentwurf, BT-Drucks. 13/668, S. 8 ff., 14; vgl. *EuGH* 7.12.1995 EzA § 17 KSchG Nr. 5).

6h Mit dem Anpassungsgesetz v. 20.7.1995 ist § 22a KSchG aufgehoben worden. Diese Übergangsvorschrift hat sich durch Zeitablauf erledigt.

6i Durch das **Dritte Gesetz für moderne Dienstleistungen am Arbeitsmarkt** v. 23.12.2003 (BGBl. I S. 2848) sind in Abs. 1 und 3 die Wörter »dem Arbeitsamt« durch die Wörter der »**Agentur für Arbeit**« **(AfA)** ersetzt worden.

5. EG-Richtlinie von 1998

6j – Der Wortlaut der EG-Richtlinie (RL 98/59/EG) ist im Anschluss an den § 22 KSchG abgedruckt –. Nach ihrer Präambel dient der Erlass der Richtlinie 98/59/EG Gründen der Übersichtlichkeit, Klarheit, der Stärkung des Schutzes der Arbeitnehmer sowie der Überwindung von Unterschieden zum Zwecke des Funktionierens des Binnenmarktes. Neben kleinen redaktionellen Abweichungen von der Richtlinie 92/56/EWG betreffen die Änderungen im Wesentlichen folgende Punkte: Die Richtlinie gilt auch für Massenentlassungen, die aufgrund einer auf einer gerichtlichen Entscheidung beruhenden Einstellung der Tätigkeit eines Betriebes erfolgen (Erwägung 9); die Arbeitnehmervertreter können Sachverständige hinzuziehen (Erwägung 10); die Informations-, Konsultations- und Meldepflichten des Arbeitgebers bestehen auch, wenn die Entscheidung über Massenentlassungen von einem den Arbeitgeber beherrschenden Unternehmen getroffen wird (Erwägung 11); die Mitgliedstaaten haben administrative und gerichtliche Verfahren für die Durchsetzung der vorgenannten Verpflichtungen zur Verfügung zu stellen (Erwägung 12). Diese im Vergleich zu den Richtlinien 75/129/EWG und 92/56/EWG ergänzten Vorschriften entsprechen im Wesentlichen dem nationalen Recht in Deutschland. Damit sind die Richtlinien 75/129/EWG und 92/56/EWG aufgehoben (AblEU L 225/20, Anh. I, Teil A). Ein Anpassungsbedarf ergibt sich jedoch aufgrund der Rspr. des EuGH 2005 für den nationalen Gesetzgeber (vgl. Rz 6k ff., 6n). Zur Geschichte der Massenentlassungsrichtlinien und der Rspr. des EuGH dazu vgl. *Alber* FS Wißmann S. 507.

6. Entscheidungen EuGH 2005 und BAG 2006

6k Die Entscheidung des *EuGH* in der Rechtssache C-188/03 (*Junk/Kühnel*) v. **27.1.2005** (EzA § 17 KSchG Nr. 13) führt zu **Änderungen des Verfahrens bei anzeigepflichtigen Entlassungen** gem. § 17 ff. KSchG. Das *BAG* folgt mit seiner Entscheidung v. **23.3.2006** (EzA § 17 KSchG Nr. 16) den Antworten des EuGH v. 27.1.2005 auf die Fragen des ArbG Berlin mit Vorlagebeschluss v. 30.4.2003 (ZIP 2003, 1265). Auf die Geltung der Regelungen, wie sie bis zur Entscheidung des EuGH v. 21.1.2005 die nationale Rechtslage bestimmten, konnte bis zu dem Zeitpunkt **vertraut** werden, in dem die für die Anwendung und Ausführung der §§ 17 ff. KSchG zuständige Arbeitsverwaltung ihre frühere Rechtsauffassung geändert hat und dies dem Arbeitgeber bekannt sein musste (*BAG* 13.7.2006 – 6 AZR 198/06 – EzA-SD 15/2006 S. 4). Ausweislich der Änderung der DA KSchG 7/2005 folgt die BA der Rechtsauffassung des EuGH **ab Juli 2005**.

6l Zunächst sind nach der Entscheidung des EuGH die Art. 2 bis 4 RL 98/59/EG in dem Sinne auszulegen, dass **als Entlassung** die **Kündigungserklärung des Arbeitgebers** gilt. Der EuGH stützt diese Auslegung auf Formulierungen in Art. 2 Abs. 1 und Art. 3 Abs. 1 RL 98/59/EG, wo jeweils auf die »Absicht« des Arbeitgebers zu Massenentlassungen abgestellt wird. Dieses Tatbestandsmerkmal der »Absicht« entspreche einem Fall, in dem noch keine Entscheidung getroffen worden sei.

6m Weiterhin ist nach der Entscheidung des EuGH die **Kündigung des Arbeitsvertrages** im Rahmen einer Massenentlassung erst **nach dem Ende des Konsultationsverfahrens** mit den Arbeitnehmervertretern gem. Art. 2 RL 98/59/EG und **nach Erstattung der Anzeige der beabsichtigten Massenentlassung** bei der AfA gem. Art. 3 RL 98/59/EG zulässig. Zur Begründung wird in der Entscheidung des EuGH auf den Zweck der Konsultationen gem. Art. 2 Abs. 2 S. 2 RL 98/59/EG (Möglichkeiten, Massenentlassungen zu vermeiden oder zu beschränken und ihre Folgen durch soziale Begleitmaßnahmen zu mildern) und auf die Verpflichtung der Behörde (AfA) gem. Art. 4 Abs. 2 RL 98/59/EG, nach Lösungen für die durch die beabsichtigte Massenentlassungen aufgeworfenen Probleme zu suchen, verwiesen.

Die durch die Rspr. des EuGH veranlassten und durch die Rspr. des BAG **im Wege der richtlinienkon-** 6n
formen Auslegung folgsam in die nationale Rechtslage übernommenen Änderungen des Verfahrens
bei anzeigepflichtigen Entlassungen lassen sich aus dem Wortlaut der §§ 17 f. KSchG nicht entnehmen
(vgl. u. Rz 32d, 32e). Aus europarechtlichen Gründen (gem. Art. 249 Abs. 3 EGV ist die RL 98/59/EG
in den Mitgliedsstaaten hinsichtlich des zu erreichenden Ziels verbindlich und gem. Art. 10 EGV durch
alle Teile der staatlichen Gewalt, auch die Judikative, umzusetzen) und vor allem aus dem Gebot der
Rechtsklarheit sind die §§ 17 ff. KSchG der neuen Rechtslage durch den nationalen Gesetzgeber anzupassen (so auch *Kliemt* FS 25 Jahre ARGE Arbeitsrecht S. 1237, 1253; *Bauer/Krieger/Powietzka* DB 2005,
445; *dies*. BB 2006, 2023; *Löwisch* GPR 2006, 150 mit Formulierungsvorschlag). Nur so können die trotz
der vom BAG judizierten möglichen richtlinienkonformen Auslegung der §§ 17 ff. KSchG weiterhin
für die Praxis bestehenden Widersprüchlichkeiten beseitigt werden.

II. Sinn und Zweck der Regelung

Die Regelungen gem. § 17 ff. KSchG dienen sowohl nach ihrer bisherigen ratio legis als auch im Ver- 7
ständnis ihrer richtlinienkonformen Auslegung gem. RL 98/59/EG (EuGH 2005, BAG 2006) dem
Schutz der Arbeitnehmer vor den Folgen von Massenentlassungen. Der Wortlaut und die Systematik
der §§ 17 ff. KSchG zielen primär auf **arbeitsmarktliche Maßnahmen**, die von Massenentlassung betroffene Arbeitnehmer letztlich vor Arbeitslosigkeit bewahren sollen wie durch Maßnahmen gem.
§§ 216a, 216b SGB III (vgl. KR-*Weigand* § 18 KSchG Rz 3), und verfolgen damit auch arbeitsmarktpolitische Zwecke (vgl. Voraufl. Rz 7 ff.). Diese Zweckbestimmung entspricht dem Willen des deutschen
Gesetzgebers, der im ersten Arbeitsrechtsbereinigungsgesetz 1969 die Überschrift des Dritten Abschnitts von vormals »Kündigungsschutz bei Massenentlassungen« in nunmehr »Anzeigepflichtige
Entlassungen« änderte (vgl. Voraufl. Rz 3), der über 85-jährigen Rechtstradition (vgl. Voraufl. Rz 1 ff)
und der einheitlichen Rspr. und der Verwaltungspraxis der Arbeitsbehörden bis 2005 (vgl. u. Rz 32d,
32e). In der Praxis wird der arbeitsmarktpolitische Zweck immer seltener erreicht. Bei einer längerfristigen Massenarbeitslosigkeit von mehreren Millionen Stellensuchenden sind die Möglichkeiten der
AfA für vorbeugende oder auch kompensatorische arbeitsmarktpolitische Maßnahmen gering. Davon
unberührt bleiben Regelungen zum individuellen Schutz der von Massenentlassung betroffenen Arbeitnehmern (vgl. Voraufl. Rz 7a, 9, 10), insbes. auch die §§ 111 ff. BetrVG. Im Übrigen wird eine besondere Verantwortung von Arbeitgebern und Arbeitnehmern für den Arbeitsmarkt auch gem. den Regelungen in § 2 SGB III verlangt.

Die Regelungen der RL 98/59/EG zielen gem. der Erwägungsgründe 2 und 7 darauf, »**den Schutz der** 8
Arbeitnehmer bei Massenentlassungen zu verstärken«, denn »die Verwirklichung des Binnenmarktes muss zu einer Verbesserung der Lebens- und Arbeitsbedingungen der Arbeitnehmer in der EG führen.« Danach stehen nicht die Belastungen für den Arbeitsmarkt durch die Massenentlassung im Vordergrund, sondern der **individuelle Schutz** der von Massenentlassung betroffenen Arbeitnehmer
(*ArbG Berlin* 30.4.2003 ZIP 2003, 1265; mit Verweis auf *Wißmann* RdA 1998, 222 f.; *Opolony* NZA 1999,
792; APS-*Moll* vor §§ 17 ff. KSchG Rz 10 ff.; *Hinrichs* S. 108 ff.). Zwar können auch die Belastungen des
Arbeitsmarktes durch des Ziel der Konsultationen zwischen Arbeitgebern und den Arbeitnehmervertretungen gem. Art. 2 Abs. 2 RL 98/59/EG, Massenentlassungen zu vermeiden oder zu beschränken,
verringert werden, doch sollen gleichzeitig die Folgen der Massenentlassung durch soziale Begleitmaßnahmen zugunsten der Arbeitnehmer gemildert werden. Erst wenn trotz der Konsultationen die
Massenentlassungen nicht zu vermeiden sind und soziale Maßnahmen beraten wurden, ist der Arbeitgeber nach Erstattung der Massenentlassungsanzeige an die Behörde (AfA) befugt, das einzelne Arbeitsverhältnis zu kündigen. Insofern bleibt das einzelne Arbeitsverhältnis bis zum Abschluss dieser
Verfahren gegen alle vom Arbeitgeber veranlassten Vertragsauflösungen, die nicht in der Person des Arbeitnehmer begründet liegen, geschützt.

Die Bestimmungen des Dritten Abschnitts sind **zwingender Natur** (ErfK-*Kiel* Rz 3; *Hueck/Nipperdey* I, 9
S. 69; *Maus* vor § 17 Rz 17). Auf ihre Einhaltung können die Arbeitsvertragsparteien nicht im Voraus
verzichten. Entgegenstehende Vereinbarungen sind unwirksam (§ 134 BGB), und zwar auch kollektivrechtliche Regelungen in einem Tarifvertrag oder in einer Betriebsvereinbarung. Insoweit gilt nichts
anderes als für die sonstigen Bestimmungen des KSchG (vgl. KR-*Griebeling* § 1 KSchG).

III. Überblick: Rechtliche Schritte vor der Massenentlassung (vor der Kündigungserklärung)

Wenn der Arbeitgeber Massenentlassungen (-kündigungen) beabsichtigt, hat er die Beteiligungs- 10
rechte der Organe der Betriebsverfassung, die Meldepflichten gegenüber der AfA sowie die indi-

vidual-arbeitsrechtlichen Schritte bzgl. der einzelnen betroffenen Arbeitsverhältnisse zu berücksichtigen.

11 Sofern ein **Betriebsrat** besteht, obliegt dem Arbeitgeber (nach den Voraussetzungen der einzelnen Vorschriften)
- die Unterrichtung und Beratung über die Personalplanung (§ 92 BetrVG), vgl. Rz 66
- die Unterrichtung des Wirtschaftsausschusses (§ 106 BetrVG), vgl. Rz 68
- die Unterrichtung und Beratung über geplante Betriebsänderungen (§ 111 BetrVG), vgl. Rz 69
- der Versuch eines Interessenausgleichs und ggf. die Vereinbarung eines Sozialplans (§ 112 BetrVG), vgl. Rz 62
- die Anhörung vor jeder einzelnen Kündigung eines Arbeitsvertrages (§ 102 BetrVG), vgl. Rz 67
- die rechtzeitige schriftliche Unterrichtung über die Gründe für die Massenentlassung (-kündigung), sowie die Erteilung weiterer zweckdienlicher Auskünfte gem. § 17 Abs. 2 S. 1 KSchG, vgl. Rz 55 ff., 60-60 f.
- die Beratung der Möglichkeiten, Kündigungen zu vermeiden oder einzuschränken und ihre Folgen zu mildern (§ 17 Abs. 2 S. 2 KSchG), vgl. Rz 55 ff., 61 f.
- die Einholung der Stellungnahme des Betriebsrates zu den Entlassungen (Kündigungen) zur Vorlage an die AfA gem. § 17 Abs. 3 KSchG, vgl. Rz 64, 91 ff.
- Zuleitung einer Abschrift der Anzeige gem. § 17 Abs. 1 KSchG an den Betriebsrat gem. § 17 Abs. 3 S. 6 KSchG
- die Gewährleistung der Mitbestimmungsrechte gem. § 87 Abs. 1 Nr. 3 BetrVG, falls Kurzarbeit gem. § 19 Abs. 1 KSchG eingeführt wird, vgl. KR-*Weigand* § 19 KSchG Rz 30 ff.

Die vorgenannten Beteiligungsrechte des Betriebsrates überschneiden sich teilweise und können **vom Arbeitgeber insoweit auch zusammengefasst** werden. Der Arbeitgeber muss jedoch dokumentieren, welche Pflicht er im Einzelnen erfüllt, schon um unerwünschte Rechtsfolgen zu vermeiden (zB Unwirksamkeit der Kündigungen wegen Nichtbeachtung von § 102 BetrVG oder von § 17 Abs. 2 KSchG; Ordnungswidrigkeit gem. § 121 Abs. 1 BetrVG wegen mangelnder Unterrichtung gem. §§ 92 Abs. 1 S. 1, 106 Abs. 2, 111 BetrVG). Im Übrigen muss für den Betriebsrat ersichtlich sein, in welchen Fristen er seine Beteiligungsrechte ausüben kann. Zu den einzelnen betriebsverfassungsrechtlichen Unterrichtungspflichten vgl. auch Rz 66 ff.

12 Gegenüber den von der Massenentlassung betroffenen **Arbeitnehmern** hat der Arbeitgeber die Kündigungen der Arbeitsverhältnisse form- und fristgerecht zu erklären. Möglich sind auch andere Beendigungsformen wie zB der Auflösungsvertrag. Vor Erklärung der Kündigung hat der Arbeitgeber gem. den Vorgaben des § 1 KSchG die Möglichkeiten eines anderweitigen Einsatzes der betroffenen Arbeitnehmer oder geänderter Arbeitsbedingungen zu prüfen und die Grundsätze der sozialen Auswahl (§ 1 Abs. 3 KSchG) zu beachten. Ebenso hat er die kündigungsschutzrechtlichen Vorschriften für besondere Arbeitnehmergruppen einzuhalten. Die Kündigungen dürfen erst nach der Unterrichtung des und nach der Beratung mit dem Betriebsrat sowie nach Erstattung der Massenentlassungsanzeige erklärt und erst nach Ablauf der Sperrfrist gem. § 18 Abs. 1 und 2 KSchG zur tatsächlichen Beendigung des Arbeitsverhältnisses führen. Kurzarbeit darf nur nach Zulassung gem. § 19 KSchG durchgeführt werden.

13 Die **Pflichten des Arbeitgebers** (im Falle der Insolvenz die Pflichten des Insolvenzverwalters) **gegenüber der AfA** bestehen in
- der Anzeige gem. § 17 Abs. 1 KSchG unter Beifügung der Mitteilung über die Entlassungen an den Betriebsrat, die mindestens die in Abs. 2 S. 1 Nr. 1 bis 5 vorgeschriebenen Angaben enthalten muss, sowie dessen Stellungnahme dazu gem. § 17 Abs. 3 KSchG (Vordrucke sind bei den AfA erhältlich, vgl. unten vor Rz 72)
- der Auskunfterteilung und Stellungnahme im Rahmen der Anhörung vor dem Ausschuss gem. § 20 Abs. 1 und 2 KSchG entweder durch den Arbeitgeber selbst oder seinen Vertreter bzw. ggf. in schriftlicher Form.

14 Der **Betriebsrat** kann gegenüber der AfA direkt weitere Stellungnahmen über diejenigen hinaus abgeben, die er bereits an den Arbeitgeber geleitet hat. Allerdings hat er davon eine Abschrift an den Arbeitgeber zu leiten (§ 17 Abs. 3 S. 7 und 8 KSchG). Im Übrigen hat der Betriebsrat wie der Arbeitgeber für die Anhörung vor dem Massenentlassungsausschuss zur Verfügung zu stehen (§ 20 Abs. 1 und 2 KSchG).

B. Anwendungsbereich des § 17 KSchG
I. Betrieblicher Geltungsbereich
1. Begriff des Betriebes

Ausschlaggebend für die Anzeigepflicht ist die Zahl der **in einem Betrieb** erfolgenden Entlassungen (Kündigungen) im Verhältnis zur Zahl der idR in diesem Betrieb beschäftigten Arbeitnehmer (s.u. Rz 28 f.). Der **allgemeine Begriff des Betriebes** entspricht dem in §§ 1, 23 KSchG verwandten Begriff, der im Wesentlichen auf dem gem. §§ 1 und 4 BetrVG beruht (vgl. auch BAG 13.4.2000 EzA § 17 KSchG Nr. 9). Nach allg. anerkannter Auffassung ist unter einem Betrieb die organisatorische Einheit von persönlichen, sachlichen und immateriellen Mitteln zur Erreichung eines bestimmten arbeitstechnischen Zweckes zu verstehen (vgl. iE KR-*Griebeling* § 1 KSchG Rz 132 ff.; aus der Rspr. zum BetrVG s. *BAG* 25.11.1980 EzA § 1 BetrVG 1972 Nr. 2 und dazu *Körnig* SAE 1982, 284; *Kraft* Anm. AP Nr. 2 zu § 1 BetrVG 1972 und *Löwisch* AR-Blattei »Betrieb« Entsch. 9). Eine organisatorische Einheit setzt eine einheitliche wirtschaftliche und technische Leitung, die räumliche Einheit, das Vorhandensein gemeinsamer Betriebseinrichtungen, die Verbundenheit durch das Arbeitsverfahren und die Identität des Betriebsinhabers voraus (DA KSchG der BA, Stand 7/2005, 17.12) Auch **zwei selbständige Unternehmen** können im kündigungsrechtlichen Sinne einen **einheitlichen Betrieb** bilden, wenn sie diesen gemeinschaftlich führen. Voraussetzung hierfür ist ein gemeinschaftlicher Leitungsapparat, der in der Lage ist, die Gesamtheit der für die Erreichung der arbeitstechnischen Zwecke eingesetzten personellen, technischen und immateriellen Mittel zu lenken. Zugrundeliegen muss eine entsprechende rechtliche Vereinbarung über die einheitliche Leitung, die sich auch konkludent aus den gesamten Umständen des Einzelfalles ergeben kann (vgl. BAG 7.8.1986 EzA § 4 BetrVG 1972 Nr. 5; 29.1.1987 EzA § 1 BetrVG 1972 Nr. 5; 5.3.1987 EzA § 15 KSchG nF Nr. 38).

Bei der Bestimmung des Betriebsbegriffs ist allerdings zu beachten, dass er nach dem Gebot der richtlinienkonformen Auslegung nationalen Rechts wie in der Massenentlassungsrichtlinie gemeinschaftsrechtlich zu definieren ist (vgl. auch APS-*Moll* Rz 8 f.; *Wißmann* RdA 1998, 221, 223). Danach ist unter dem Begriff »Betrieb« in Art. 1 Abs. 1 lit. a Richtlinie 75/129/EWG des Rates v. 17.2.1975 nach Maßgabe der Umstände die Einheit zu verstehen, der die von der Entlassung betroffenen Arbeitnehmer zur Erfüllung ihrer Aufgaben angehören. Ob die fragliche Einheit eine Leitung hat, die selbständig Massenentlassungen vornehmen kann, ist für die Definition des Begriffs »Betrieb« nicht entscheidend (*EuGH* 7.12.1995 EzA § 17 KSchG Nr. 5; vgl. *Alber* FS Wißmann S. 507).

2. Betriebsteile und Nebenbetriebe

§ 17 KSchG trifft keine Regelung über die betriebliche Berechnungsgrundlage beim Vorhandensein von **Nebenbetrieben** und **Betriebsteilen**. Es bietet sich aber eine Anknüpfung an das BetrVG an. Gem. **§ 4 BetrVG** gelten **Betriebsteile** als selbständige Betriebe, wenn sie die Voraussetzungen des § 1 BetrVG erfüllen und entweder räumlich weit vom Hauptbetrieb entfernt oder durch Aufgabenbereich und Organisation eigenständig sind (vgl. auch *BAG* 13.4.2000 EzA § 17 KSchG Nr. 9). **Nebenbetriebe** sind grds. selbständige Betriebe. Sie sind dem Hauptbetrieb nur zuzuordnen, wenn sie die Voraussetzungen des § 1 BetrVG nicht erfüllen. § 1 BetrVG erfasst Betriebe mit idR mindestens fünf ständigen wahlberechtigten Arbeitnehmern (vgl. § 7 BetrVG), von denen drei wählbar sind (vgl. § 18 BetrVG). Folglich sind in Betriebsteilen und Nebenbetrieben beschäftigte Arbeitnehmer gem. § 17 KSchG zu berücksichtigen, wenn dort die Voraussetzungen gem. § 1 BetrVG nicht vorliegen. Für eine Einschränkung dieses Betriebsbegriffs etwa wegen des Schutzzwecks der §§ 17 ff. KSchG für regionale Arbeitsmärkte gibt es keinen Anlass (*BAG* 13.4.2000 aaO).

Erfüllen die Betriebsteile die Tatbestandsmerkmale des § 4 BetrVG, werden in ihnen **eigenständige Betriebsräte** gewählt. In Nebenbetrieben als selbständigen Betrieben werden grds. gleichfalls eigene Betriebsräte gewählt. Dem Betriebsrat ist aber in dem Verfahren nach §§ 17 ff. KSchG eine gewichtige Rolle zugewiesen. Seine ordnungsgemäße Beteiligung ist Wirksamkeitsvoraussetzung für die Anzeige (s.u. Rz 63). Das lässt es nicht nur als vertretbar, sondern auch als geboten erscheinen, den Begriff des Betriebes iSd §§ 17 ff. KSchG grds. als deckungsgleich mit dem betriebsverfassungsrechtlichen Begriff iSd § 4 BetrVG anzusehen (so auch *BAG* 13.3.1969 EzA § 15 KSchG Nr. 1; ErfK-*Kiel* Rz 8; *v. Hoyningen-Huene/Linck* Rz 3). Auf diese Weise ist sichergestellt, dass der jeweilige örtliche Betriebsrat, der mit den Verhältnissen am ehesten vertraut ist, in das Anzeigeverfahren einbezogen wird. Darüber hinaus wird es gerade bei räumlich weit entfernt liegenden Betriebsteilen weitgehend vermieden, dass eine andere AfA – nämlich die des eigentlichen Betriebssitzes – sich mit arbeitsmarktpolitischen Fragen einer fremden Region auseinandersetzen muss. Zumindest **für den Bereich des § 17 ff. KSchG ist daher von der grds. Anwendung des § 4 BetrVG auszugehen.** Für den Fall einer durch Tarifvertrag gem. § 3 Abs. 1 Nr. 3 BetrVG geschaffenen Betriebseinheit befürworten *Busch* (DB 1992, 1474), KDZ-*Kittner* (Rz 6) und HaKo-*Pfeiffer* (Rz 17) dessen Geltung auch gegenüber der AfA. Dies mag zwar für die betriebliche Praxis bei Massenentlassungen das Verfahren vereinfachen, verkennt aber die aus der ratio legis den zuständigen einzelnen AfA aus der Anzeige erwachsenden Aufgaben im jeweiligen AfA-Bezirk (s.o. Rz 7).

a) Nebenbetriebe

18 Nebenbetriebe iSd § 4 S. 2 BetrVG sind organisatorisch selbständige Betriebe, die für sich grds. alle Begriffsmerkmale des Betriebes aufweisen müssen. Der Betriebszweck ist aber Hilfszweck für die Verfolgung des Betriebszweckes eines anderen Betriebes desselben Inhabers (vgl. iE HSWG-*Hess* § 4 Rz 12.; *Richardi* § 4 Rz 7). Da Nebenbetriebe grds. selbständige Betriebe sind und nur bei Fehlen der Voraussetzungen des § 1 BetrVG dem Hauptbetrieb zugeordnet werden, §§ 17 ff. KSchG aber gerade die Betriebe mit weniger als 20 Arbeitnehmern ausnehmen, fallen Nebenbetriebe schon deshalb regelmäßig unter §§ 17 ff. KSchG. Es ist kaum denkbar, dass in einem Betrieb mit 20 Arbeitnehmern nicht wenigstens fünf wahlberechtigte, unter diesen wiederum drei wählbare Arbeitnehmer beschäftigt sind. Sollte dies ausnahmsweise doch der Fall sein, bleibt es für **§ 17 KSchG allerdings bei der Selbständigkeit des Nebenbetriebes.** Für eine Zuordnung zum Hauptbetrieb gem. § 4 Abs. 2 BetrVG, die ja eine Einschränkung des Betriebsbegriffes enthält, besteht hier kein Bedürfnis.

b) Betriebsteile

19 Betriebsteile sind zwar räumlich und/oder organisatorisch vom Hauptbetrieb abgrenzbar. Sie sind aber – im Unterschied zu Nebenbetrieben – vom Hauptbetrieb **nicht organisatorisch unabhängig**, können also als Betrieb nicht allein bestehen. Der in ihnen verfolgte Zweck ist regelmäßig nur Hilfszweck gegenüber dem arbeitstechnischen Zweck des Hauptbetriebes (vgl. iE *Richardi* § 4 Rz 9 ff.). Denkbar sind diese Voraussetzungen etwa bei der Kraftfahrzeugwerkstatt eines Busunternehmens, der Druckerei eines Zeitungsbetriebes, der Kartonagenabteilung einer Schokoladenfabrik.

20 Als **selbständiger Betrieb** zu sehen ist der Betriebsteil zum einen, wenn er durch **Aufgabenbereich und Organisation eigenständig ist. Eigenständigkeit der Organisation** verlangt eine eigene Leitung auf der Ebene des Betriebsteils. Diese eigene Leitung braucht und kann nicht die gesamte Betriebsleitung erfassen, da dann ein selbständiger Nebenbetrieb vorläge. Sie muss aber insbes. im sozialen Bereich bestehen, in dem der Betriebsrat vor allem Beteiligungsrechte hat.

21 Die **Eigenständigkeit des Aufgabenbereichs** setzt voraus, dass der Betriebsteil einen von dem Betriebszweck des Hauptbetriebes abgrenzbaren arbeitstechnischen Zweck verfolgt, der allerdings regelmäßig Hilfszweck ist. Eigenständigkeiten im Aufgabenbereich und in der Organisation können auch alternativ vorliegen (vgl. *Richardi* § 4 Rz 14).

22 Ohne Rücksicht auf Eigenständigkeit von Aufgaben und Organisation ist der Betriebsteil als selbständiger Betrieb anzusehen auch dann, wenn er **räumlich weit vom Hauptbetrieb** entfernt ist. Dabei kommt es nicht so sehr und nicht allein auf die kilometermäßige Entfernung an. Entscheidend ist vielmehr die Frage, ob der Kontakt zwischen Betriebsrat und Belegschaft, aber auch zwischen den Betriebsratsmitgliedern, wenn diese teils im Hauptbetrieb, teils im Betriebsteil beschäftigt sind, durch die räumliche Entfernung so erschwert ist, dass eine ordnungsgemäße Durchführung der Betriebsratsarbeit nicht mehr gewährleistet ist. Dabei ist auf die tatsächlichen Lebensverhältnisse, insbes. auf die Verkehrsverbindungen (evtl. Werksverkehr) abzustellen (vgl. iE HSWG-*Hess* § 4 Rz 15 f.; DKK-*Trümner* § 4 Rz 34; *Richardi* § 4 Rz 19).

3. Kleinbetriebe

23 §§ 17 ff. KSchG finden **keine Anwendung** auf Betriebe, die idR (vgl. dazu Rz 28) nicht mehr als 20 Arbeitnehmer beschäftigen. Das ergibt sich aus § 17 Abs. 1 Nr. 1 KSchG, wonach in die erste Stufe der anzeigepflichtigen Betriebe, Betriebe der Größenordnung von mehr als 20 und weniger als 60 Arbeitnehmern einbezogen sind. Entlassungen in **Kleinbetrieben** sind also nicht anzeigepflichtig, und zwar auch dann nicht, wenn sie in einem Umfang erfolgen, der in anderen Betrieben anzeigepflichtig wäre (also zB mehr als 5 Arbeitnehmer, vgl. § 17 Abs. 1 Nr. 1 KSchG).

4. Saison- und Kampagnebetriebe

Nicht erfasst sind weiterhin **Saison- und Kampagnebetriebe**, soweit es sich um Entlassungen handelt, die durch die Eigenart der Betriebe bedingt sind, § 22 KSchG (vgl. KR-*Weigand* § 22 KSchG). Diese Regelung widerspricht nicht der Richtlinie 98/59/EG, nach der sie gem. Teil I, Art. 1 Abs. 2 a keine Anwendung auf Arbeitsverträge, die für eine bestimmte Zeit oder Tätigkeit geschlossen werden, finden (vgl. *Opolony* NZA 1999, 791,793).

5. Betriebe der öffentlichen Hand

Betriebe der öffentlichen Hand unterfallen den §§ 17 ff. KSchG nur dann, wenn sie **wirtschaftliche Zwecke** verfolgen. Solche liegen vor, wenn die von der öffentlichen Verwaltung betriebene Einrichtung wie der privatwirtschaftliche Betrieb wirtschaftliche Bedürfnissen zu dienen bestimmt ist, mag auch im Einzelfall kein Gewinn erzielt werden (*BAG* 21.5.1970 AP Nr. 11 zu § 15 KSchG 1951 mwN). Es geht also um Aufgaben, die an sich auch von einer Privatperson durchgeführt werden könnten, § 23 Abs. 2 S. 1 KSchG (vgl. KR-*Weigand* § 23 KSchG Rz 71; *Schaub* § 142 II 1). Im Übrigen sieht die Richtlinie 98/59/EG gem. Art. 1 Abs. 2b) vor, dass sie auf Arbeitnehmer öffentlicher Verwaltungen oder von Einrichtungen des öffentlichen Rechts keine Anwendung findet (krit. *Alber* FS Wißmann S. 507). Keine Einrichtung des öffentlichen Rechts liegt vor, wenn sie satzungsgemäß nach Leistungs-, Effizienz- und Wirtschaftlichkeitskriterien eingerichtet und in einem wettbewerblich geprägten Umfeld tätig wird, auch wenn sie keine Gewinnerzielungsabsicht verfolgt (*EuGH* 21.5.2001 – C-223/99, C-260/99 – Agorà – *LAG Bln.* 27.5.2005 NZA–RR 2005, 516 im Falle einer Gesellschaft, die als Verwaltungshelfer tätig war).

6. Seeschiffe

Ausgenommen vom Geltungsbereich des Dritten Abschnitts sind weiterhin die **Seeschiffe**, § 23 Abs. 2 S. 2 KSchG. Hingegen gelten die Bestimmungen über die Massenentlassungen nunmehr auch für die Besatzung der **Binnenschiffe und Luftfahrzeuge**. Das Zweite Gesetz zur Änderung des KSchG v. 27.4.1978 hat die bis dahin bestehende Ausnahmeregelung für diese Bereiche ersatzlos gestrichen in Anpassung an die EG-Richtlinie, welche nur die Besatzung von Seeschiffen nicht einbezieht (s. KR-*Weigand* § 23 KSchG Rz 73, 77).

7. Baustellen

§ 21 Abs. 3 KSchG 1951 nahm ursprünglich aus dem Anwendungsbereich des Dritten Abschnitts auch Entlassungen heraus, die auf **Baustellen aus Witterungsgründen** vorgenommen wurden. Diese Ausnahmeregelung wurde bei Einführung des Schlechtwettergeldes durch das Gesetz über Maßnahmen zur Förderung der ganzjährigen Beschäftigung in der Bauwirtschaft v. 7.12.1959 (BGBl. I S. 705) aufgehoben. Allerdings sind **Arbeitsstellen** wie zB **Bau- und Montagestellen,** die nur einem einmaligen oder vorübergehenden Zweck dienen, keine selbständigen Betriebe.

II. Im Betrieb beschäftigte Arbeitnehmer

1. In der Regel beschäftigte Arbeitnehmer

Auszugehen ist von der Zahl der im Betrieb idR beschäftigten Arbeitnehmer. Der Begriff »**in der Regel**« entspricht dem in § 23 Abs. 1 S. 2 KSchG verwandten Begriff (*BAG* 24.2.2005 EzA § 17 Nr. 14 m. Anm. *Brehm*; Anm. *Bauer* DB 2005, 1570; w.N. KR-Vorauflage). Er ist iS einer Durchschnittsberechnung zu verstehen (*BAG* 24.2.2005 EzA § 17 Nr. 14; KDZ-*Kittner* Rz 11; *v. Hoyningen-Huene/Linck* Rz 11; *BSG* 4.9.1979 SozR 7820 § 17 Nr. 2). Entscheidend ist die **Beschäftigtenzahl bei regelmäßigem Gang des Betriebes**. Zeiten außergewöhnlichen Geschäftsanfalls – zB Weihnachtsgeschäft, Jahresabschlussarbeiten – sind ebenso wenig ausschlaggebend wie Zeiten kurzfristiger Geschäftsdrosselung – zB in Ferienzeiten oder in der Nachsaison (vgl. iE KR-*Weigand* § 23 KSchG Rz 37 ff.; s.a. HSWG-*Hess* § 1 Rz 28; *Richardi* § 1 BetrVG Rz 116; *v. Hoyningen-Huene/Linck* Rz 12; *Maus* Rz 7, 8; *Tschöpe* BB 1983, 1416). In **Altersteilzeit** beschäftigte Arbeitnehmer, die ihre Arbeitsleistung im Blockzeitmodell im Voraus erbracht haben und sich in der Freistellungsphase befinden, sind nicht mitzuzählen. Anhaltspunkte können die **bisherige und zu erwartende zukünftige Personalentwicklung** darstellen (KDZ-*Kittner* aaO; *BAG* 31.1.1991 EzA § 23 KSchG Nr. 11; 8.6.1989 EzA § 17 KSchG Nr. 4). Die falsche Angabe der im Betrieb regelmäßig beschäftigten Arbeitnehmer führt nicht zur Unwirksamkeit der Anzeige gem. § 17 KSchG, wenn die AfA dadurch bei ihrer sachlichen Prüfung nicht beeinflusst wurde (*BAG* 22.3.2001 EzA Art. 101 GG Nr. 5).

28a Maßgebender Zeitpunkt für die Bestimmung der Beschäftigtenzahl ist der Zeitpunkt der **Kündigung** (vgl. Rz 32a; die Rspr. des *BAG* 24.2.2005 EzA §17 Nr. 14, wonach der Zeitpunkt der Entlassung maßgeblich sei, ist durch die Entscheidung v. 23.3.2006 – 2 AZR 349/05 – obsolet geworden). Dabei bedarf es grds. eines Rückblicks auf die bisherige personelle Stärke, aber auch einer Zukunftsprognose (*BAG* 13.4.2000 EzA §17 KSchG Nr. 9). Im Falle einer **Betriebsstilllegung** bleibt allerdings nur der Rückblick. Dieser kann zeitlich nicht auf einen festen Zeitraum begrenzt werden (*LAG Hamm* 30.11.1981 LAGE §17 KSchG Nr. 1 geht von zwei Monaten aus). Entscheidend ist vielmehr, wann der Arbeitgeber noch eine regelmäßige Betriebstätigkeit entwickelt und wie viele Arbeitnehmer er dafür benötigt hat. Beabsichtigte er zunächst nur eine Betriebseinschränkung und entschloss er sich erst dann zu einer Stilllegung, ist auf die eingeschränkte Arbeitnehmerzahl abzustellen. Dies gilt auch im Fall **mehrerer aufeinander folgender Personalreduzierungen** ohne einen einheitlichen Stilllegungsbeschluss. Dafür ist auch kein bestimmter Mindestzeitraum erforderlich (*BAG* 22.3.2001 EzA Art. 101 GG Nr. 5; 13.4.2000 EzA §17 KSchG Nr. 9). Ging er hingegen von vornherein von einer Stilllegung aus, welche in Stufen durchgeführt werden sollte, so stellt er im Zeitpunkt der Beschlussfassung über die Stilllegung und nicht der spätere, verringerte Personalbestand die für die Anzeigepflicht maßgebende regelmäßige Arbeitnehmerzahl dar (Zeitpunkt der letzten »normalen Betriebstätigkeit«, *BAG* 24.2.2005 EzA §17 KSchG Nr. 14). Der im Zeitpunkt des Stilllegungsbeschlusses vorhandene Personalbestand bleibt auch dann für die Anzeigepflicht gem. §17 Abs. 1 KSchG maßgebend, wenn der Arbeitgeber zunächst allen Arbeitnehmern zu dem vorgesehenen Stilllegungstermin kündigt und später er oder an seiner Stelle der *Insolvenz*verwalter wegen zwischenzeitlich eingetretenen Vermögensverfalls zum selben Termin vorsorglich nochmals kündigt (*BAG* 8.6.1989 EzA §17 KSchG Nr. 4; Anm. *Plander* EWiR 1990, 283).

2. Die zu berücksichtigenden Arbeitnehmer

29 **Arbeitnehmer iSd §17 KSchG sind alle Arbeitnehmer iSd §1 KSchG** (vgl. zu den Einzelheiten KR-*Rost* ArbNähnl.Pers. Rz 5 ff.) unabhängig vom Lebensalter und der Dauer der Betriebszugehörigkeit. Mitzuzählen sind daher auch Auszubildende und Volontäre (ErfK-*Kiel* Rz 6; *Löwisch/Spinner* §17 Rz 20 ff.; Praktikanten (soweit das Praktikum nicht Bestandteil schulischer Ausbildung ist), Umschüler, Teilzeitbeschäftigte (KDZ-*Kittner* Rz 10; *v. Hoyningen-Huene/Linck* Rz 7) und Kurzarbeiter. **Mitarbeitende Familienangehörige** sind dann zu berücksichtigen, wenn sie aufgrund eines Arbeitsvertrages mitarbeiten, nicht aufgrund lediglich familienrechtlicher Mitarbeitspflichten. Mitzuzählen sind Arbeitnehmer in der **Probezeit** wie auch solche, die nur **vorübergehend wegen Auftragsmangel nicht beschäftigt werden** (DA KSchG der BA, Stand 7/2005, 17.16).

3. Ausnahmen

30 **Nicht erfasst** werden hingegen die sog. **arbeitnehmerähnlichen Personen**, also Heimarbeiter, arbeitnehmerähnliche Handelsvertreter oder den freien Mitarbeiter in pädagogischen (studentische Lehrkräfte an einer Sprachschule: *BAG* 19.6.1991 EzA §1 KSchG Betriebsbedingte Kündigung Nr. 70 mit zust. Anm. *Kraft*), künstlerischen, schriftstellerischen oder journalistischen Berufen (vgl. dazu KR-*Rost* ArbNähnl.Pers.). In **Altersteilzeit** beschäftigte Arbeitnehmer, die im Rahmen einer Blockzeit die Arbeitsleistung im Voraus erbracht haben und sich in der Freistellungsphase befinden, sind nicht mitzuzählen (DA KSchG der BA, Stand 7/2005, 17.16). Nicht als Arbeitnehmer anzusehen sind **Franchisenehmer** des Betriebes, es sei denn, es handelt sich um Scheinselbständige. Leiharbeitnehmer zählen zu den Arbeitnehmern des Verleihbetriebes. Keine Berücksichtigung finden Arbeitnehmer, die aufgrund eines **Eingliederungsvertrages** gem. §§229 ff. SGB III beschäftigt werden (*Hold* AuA 1997, 285; ErfK-*Kiel* Rz 10). Dies trifft ebenso auf »ABM-Kräfte« zu (APS-*Moll* Rz 22). Als Arbeitnehmer iSd §17 KSchG gelten weiterhin nicht in Betrieben einer juristischen Person die **vertretungsberechtigten Organmitglieder**, in Betrieben einer Personengesellschaft die kraft Gesetzes, Satzung oder Gesellschaftsvertrages **zur Vertretung der Personengesamtheit berufenen Personen** sowie die sog. **leitenden Angestellten**, §17 Abs. 5 Nr. 1–3 KSchG (vgl. zu den Begriffen KR-*Rost* §14 KSchG Rz 6 ff.). Die beiden ersten Gruppen sind ohnehin keine Arbeitnehmer. Für sie trifft §14 Abs. 2 KSchG eine entsprechende Ausnahmeregelung bzgl. des Ersten Abschnitts des KSchG. Die leitenden Angestellten, bei denen es sich um Arbeitnehmer handelt, unterfallen hingegen zwar dem Kündigungsschutz des Ersten Abschnitts – mit gewissen Modifikationen (vgl. §14 Abs. 2 KSchG). Sie sind jedoch nicht als Arbeitnehmer iSd §17 KSchG anzusehen (vgl. auch *Becker* ZIP 1981, 1168 [1175]), zumal da sie selbst als Personen iSd §5 Abs. 3 BetrVG in Frage kommen, Massenentlassungen auszusprechen. Dies steht nicht im Einklang mit der Richtlinie 98/59/EG (vgl. Rz 6i; zur gemeinschaftsrechtlichen Problematik auch *Wißmann* RdA 1998, 221; APS-*Moll* Rz 15), die eine Sonderstellung von leitenden Angestellten gegenüber den übrigen

B. Anwendungsbereich des § 17 KSchG

I. Betrieblicher Geltungsbereich

1. Begriff des Betriebes

Ausschlaggebend für die Anzeigepflicht ist die Zahl der **in einem Betrieb** erfolgenden Entlassungen 15 (Kündigungen) im Verhältnis zur Zahl der idR in diesem Betrieb beschäftigten Arbeitnehmer (s.u. Rz 28 f.). Der **allgemeine Begriff des Betriebes** entspricht dem in §§ 1, 23 KSchG verwandten Begriff, der im Wesentlichen auf dem gem. §§ 1 und 4 BetrVG beruht (vgl. auch *BAG* 13.4.2000 EzA § 17 KSchG Nr. 9). Nach allg. anerkannter Auffassung ist unter einem Betrieb die organisatorische Einheit von persönlichen, sachlichen und immateriellen Mitteln zur Erreichung eines bestimmten arbeitstechnischen Zweckes zu verstehen (vgl. iE KR-*Griebeling* § 1 KSchG Rz 132 ff.; aus der Rspr. zum BetrVG s. *BAG* 25.11.1980 EzA § 1 BetrVG 1972 Nr. 2 und dazu *Körnig* SAE 1982, 284; *Kraft* Anm. AP Nr. 2 zu § 1 BetrVG 1972 und *Löwisch* AR-Blattei »Betrieb« Entsch. 9). Eine organisatorische Einheit setzt eine einheitliche wirtschaftliche und technische Leitung, die räumliche Einheit, das Vorhandensein gemeinsamer Betriebseinrichtungen, die Verbundenheit durch das Arbeitsverfahren und die Identität des Betriebsinhabers voraus (DA KSchG der BA, Stand 7/2005, 17.12) Auch **zwei selbständige Unternehmen** können im kündigungsrechtlichen Sinne einen **einheitlichen Betrieb** bilden, wenn sie diesen gemeinschaftlich führen. Voraussetzung hierfür ist ein gemeinschaftlicher Leitungsapparat, der in der Lage ist, die Gesamtheit der für die Erreichung der arbeitstechnischen Zwecke eingesetzten personellen, technischen und immateriellen Mittel zu lenken. Zugrundeliegen muss eine entsprechende rechtliche Vereinbarung über die einheitliche Leitung, die sich aber auch konkludent aus den gesamten Umständen des Einzelfalles ergeben kann (vgl. *BAG* 7.8.1986 EzA § 4 BetrVG 1972 Nr. 5; 29.1.1987 EzA § 1 BetrVG 1972 Nr. 5; 5.3.1987 EzA § 15 KSchG nF Nr. 38).

Bei der Bestimmung des Betriebsbegriffs ist allerdings zu beachten, dass er nach dem Gebot der richt- 15a linienkonformen Auslegung nationalen Rechts wie in der Massenentlassungsrichtlinie gemeinschaftsrechtlich zu definieren ist (vgl. auch APS-*Moll* Rz 8 f.; *Wißmann* RdA 1998, 221, 223). Danach ist unter dem Begriff »Betrieb« in Art. 1 Abs. 1 lit. a Richtlinie 75/129/EWG des Rates v. 17.2.1975 nach Maßgabe der Umstände die Einheit zu verstehen, der die von der Entlassung betroffenen Arbeitnehmer zur Erfüllung ihrer Aufgaben angehören. Ob die fragliche Einheit eine Leitung hat, die selbständig Massenentlassungen vornehmen kann, ist für die Definition des Begriffs »Betrieb« nicht entscheidend (*EuGH* 7.12.1995 EzA § 17 KSchG Nr. 5; vgl. *Alber* FS Wißmann S. 507).

2. Betriebsteile und Nebenbetriebe

§ 17 KSchG trifft keine Regelung über die betriebliche Berechnungsgrundlage beim Vorhandensein 16 von **Nebenbetrieben** und **Betriebsteilen**. Es bietet sich aber eine Anknüpfung an das BetrVG an. Gem. **§ 4 BetrVG** gelten **Betriebsteile** als selbständige Betriebe, wenn sie die Voraussetzungen des § 1 BetrVG erfüllen und entweder räumlich weit vom Hauptbetrieb entfernt oder durch Aufgabenbereich und Organisation eigenständig sind (vgl. auch *BAG* 13.4.2000 EzA § 17 KSchG Nr. 9). **Nebenbetriebe** sind grds. selbständige Betriebe. Sie sind dem Hauptbetrieb nur zuzuordnen, wenn sie die Voraussetzungen des § 1 BetrVG nicht erfüllen. § 1 BetrVG erfasst Betriebe mit idR mindestens fünf ständigen wahlberechtigten Arbeitnehmern (vgl. § 7 BetrVG), von denen drei wählbar sind (vgl. § 18 BetrVG). Folglich sind in Betriebsteilen und Nebenbetrieben beschäftigte Arbeitnehmer gem. § 17 KSchG zu berücksichtigen, wenn dort die Voraussetzungen gem. § 1 BetrVG nicht vorliegen. Für eine Einschränkung dieses Betriebsbegriffs etwa wegen des Schutzzwecks der §§ 17 ff. KSchG für regionale Arbeitsmärkte gibt es keinen Anlass (*BAG* 13.4.2000 aaO).

Erfüllen die Betriebsteile die Tatbestandsmerkmale des § 4 BetrVG, werden in ihnen **eigenständige Be-** 17 **triebsräte** gewählt. In Nebenbetrieben als selbständigen Betrieben werden grds. gleichfalls eigene Betriebsräte gewählt. Dem Betriebsrat ist aber in dem Verfahren nach §§ 17 ff. KSchG eine gewichtige Rolle zugewiesen. Seine ordnungsgemäße Beteiligung ist Wirksamkeitsvoraussetzung für die Anzeige (s.u. Rz 63). Das lässt es nicht nur als vertretbar, sondern auch als geboten erscheinen, den Begriff des Betriebes iSd §§ 17 ff. KSchG grds. als deckungsgleich mit dem betriebsverfassungsrechtlichen Begriff iSd § 4 BetrVG anzusehen (so auch *BAG* 13.3.1969 EzA § 15 KSchG Nr. 1; ErfK-*Kiel* Rz 8; *v. Hoyningen-Huene/Linck* Rz 3). Auf diese Weise ist sichergestellt, dass der jeweilige örtliche Betriebsrat, der mit den Verhältnissen am ehesten vertraut ist, in das Anzeigeverfahren einbezogen wird. Darüber hinaus wird es gerade bei räumlich weit entfernt liegenden Betriebsteilen weitgehend vermieden, dass eine andere AfA – nämlich die des eigentlichen Betriebssitzes – sich mit arbeitsmarktpolitischen Fragen einer frem-

§ 17 KSchG   Anzeigepflicht

den Region auseinandersetzen muss. Zumindest **für den Bereich des § 17 ff. KSchG ist daher von der grds. Anwendung des § 4 BetrVG auszugehen.** Für den Fall einer durch Tarifvertrag gem. § 3 Abs. 1 Nr. 3 BetrVG geschaffenen Betriebseinheit befürworten *Busch* (DB 1992, 1474), KDZ-*Kittner* (Rz 6) und HaKo-*Pfeiffer* (Rz 17) dessen Geltung auch gegenüber der AfA. Dies mag zwar für die betriebliche Praxis bei Massenentlassungen das Verfahren vereinfachen, verkennt aber die aus der ratio legis den zuständigen einzelnen AfA aus der Anzeige erwachsenden Aufgaben im jeweiligen AfA-Bezirk (s.o. Rz 7).

a)   Nebenbetriebe

18 Nebenbetriebe iSd § 4 S. 2 BetrVG sind organisatorisch selbständige Betriebe, die für sich grds. alle Begriffsmerkmale des Betriebes aufweisen müssen. Der Betriebszweck ist aber Hilfszweck für die Verfolgung des Betriebszweckes eines anderen Betriebes desselben Inhabers (vgl. iE HSWG-*Hess* § 4 Rz 12.; *Richardi* § 4 Rz 7). Da Nebenbetriebe grds. selbständige Betriebe sind und nur bei Fehlen der Voraussetzungen des § 1 BetrVG dem Hauptbetrieb zugeordnet werden, §§ 17 ff. KSchG aber gerade die Betriebe mit weniger als 20 Arbeitnehmern ausnehmen, fallen Nebenbetriebe schon deshalb regelmäßig unter §§ 17 ff. KSchG. Es ist kaum denkbar, dass in einem Betrieb mit 20 Arbeitnehmern nicht wenigstens fünf wahlberechtigte, unter diesen wiederum drei wählbare Arbeitnehmer beschäftigt sind. Sollte dies ausnahmsweise doch der Fall sein, bleibt es für **§ 17 KSchG allerdings bei der Selbständigkeit des Nebenbetriebes**. Für eine Zuordnung zum Hauptbetrieb gem. § 4 Abs. 2 BetrVG, die ja eine Einschränkung des Betriebsbegriffes enthält, besteht hier kein Bedürfnis.

b)   Betriebsteile

19 Betriebsteile sind zwar räumlich und/oder organisatorisch vom Hauptbetrieb abgrenzbar. Sie sind aber – im Unterschied zu Nebenbetrieben – vom Hauptbetrieb **nicht organisatorisch unabhängig**, können also als Betrieb nicht allein bestehen. Der in ihnen verfolgte Zweck ist regelmäßig nur Hilfszweck gegenüber dem arbeitstechnischen Zweck des Hauptbetriebes (vgl. iE *Richardi* § 4 Rz 9 ff.). Denkbar sind diese Voraussetzungen etwa bei der Kraftfahrzeugwerkstatt eines Busunternehmens, der Druckerei eines Zeitungsbetriebes, der Kartonagenabteilung einer Schokoladenfabrik.

20 Als **selbständiger Betrieb** zu sehen ist der Betriebsteil zum einen, wenn er durch **Aufgabenbereich und Organisation eigenständig ist. Eigenständigkeit der Organisation** verlangt eine eigene Leitung auf der Ebene des Betriebsteils. Diese eigene Leitung braucht und kann nicht die gesamte Betriebsleitung erfassen, da dann ein selbständiger Nebenbetrieb vorläge. Sie muss aber insbes. im sozialen Bereich bestehen, in dem der Betriebsrat vor allem Beteiligungsrechte hat.

21 Die **Eigenständigkeit des Aufgabenbereichs** setzt voraus, dass der Betriebsteil einen von dem Betriebszweck des Hauptbetriebes abgrenzbaren arbeitstechnischen Zweck verfolgt, der allerdings regelmäßig Hilfszweck ist. Eigenständigkeiten im Aufgabenbereich und in der Organisation können auch alternativ vorliegen (vgl. *Richardi* § 4 Rz 14).

22 Ohne Rücksicht auf Eigenständigkeit von Aufgaben und Organisation ist der Betriebsteil als selbständiger Betrieb anzusehen auch dann, wenn er **räumlich weit vom Hauptbetrieb** entfernt ist. Dabei kommt es nicht so sehr und nicht allein auf die kilometermäßige Entfernung an. Entscheidend ist vielmehr die Frage, ob der Kontakt zwischen Betriebsrat und Belegschaft, aber auch zwischen den Betriebsratsmitgliedern, wenn diese teils im Hauptbetrieb, teils im Betriebsteil beschäftigt sind, durch die räumliche Entfernung so erschwert ist, dass eine ordnungsgemäße Durchführung der Betriebsratsarbeit nicht mehr gewährleistet ist. Dabei ist auf die tatsächlichen Lebensverhältnisse, insbes. auf die Verkehrsverbindungen (evtl. Werksverkehr) abzustellen (vgl. iE HSWG-*Hess* § 4 Rz 15 f.; DKK-*Trümner* § 4 Rz 34; *Richardi* § 4 Rz 19).

3.   Kleinbetriebe

23 §§ 17 ff. KSchG finden **keine Anwendung** auf Betriebe, die idR (vgl. dazu Rz 28) nicht mehr als 20 Arbeitnehmer beschäftigen. Das ergibt sich aus § 17 Abs. 1 Nr. 1 KSchG, wonach in die erste Stufe der anzeigepflichtigen Betriebe, Betriebe der Größenordnung von mehr als 20 und weniger als 60 Arbeitnehmern einbezogen sind. Entlassungen in **Kleinbetrieben** sind also nicht anzeigepflichtig, und zwar auch dann nicht, wenn sie in einem Umfang erfolgen, der in anderen Betrieben anzeigepflichtig wäre (also zB mehr als 5 Arbeitnehmer, vgl. § 17 Abs. 1 Nr. 1 KSchG).

Arbeitnehmern nicht vorsieht. Da insoweit jedoch keine Übernahme der EG-Richtlinie in deutsches Recht vorliegt, gilt § 17 Abs. 5 Nr. 3 KSchG in der jetzigen Fassung weiter (*v. Hoyningen-Huene/Linck* § 17 Rz 8; **aA** *Zimmer/Rupp* GmbHR 2006, 572). Soweit einem leitenden Angestellten aus der nicht vollständigen Umsetzung der og EG-Richtlinie ein Schaden entsteht, ist auf die entsprechende Ersatzpflicht der Bundesrepublik Deutschland als Mitgliedstaat der EU zu verweisen (vgl. *EuGH* 19.11.1991 NJW 1992, 165; zust. *Opolony* NZA 1999, 791).

4. Beschäftigungsdauer

Keine Rolle spielt die Dauer der Betriebszugehörigkeit. Auch der noch nicht sechs Monate beschäftigte Arbeitnehmer ist Arbeitnehmer iSd § 17 KSchG.   31

III. Entlassungen (Kündigungen) und gleichstehende Beendigungen

1. Allgemeine Begriffsbestimmung

Der Begriff der Entlassung (bzw. Massenentlassung) ist weder in den §§ 17 ff. KSchG noch in der RL   32
98/59/EG iE beschrieben. Nach der Rspr. des EuGH ist der Begriff der Entlassung in der gesamten Gemeinschaft autonom und einheitlich auszulegen (sog. gemeinschaftsrechtliche Bedeutung), wobei diese Auslegung unter Berücksichtigung des Regelungszusammenhangs und des mit der Regelung verfolgten Zweckes zu ermitteln ist (*EuGH* 12.10.2004 – C-55/02 – NZA 2004, 1265). Nach dieser einheitlich zu treffenden Begriffsbestimmung und gem. Art. 1 Abs. 1a RL 98/59/EG ist unter **Entlassung jede vom Arbeitnehmer nicht gewollte, also ohne seine Zustimmung erfolgte Beendigung des Arbeitsvertrages zu verstehen** (s.a. Rz 49). Es ist nicht erforderlich, dass die Gründe, auf denen die Beendigung beruht, dem Willen des Arbeitgebers entsprechen. Diese umfassende Begriffsbestimmung wird auch durch den Sinn und Zweck der Richtlinie, den Schutz der Arbeitnehmer bei Massenentlassungen zu verstärken, begründet (*EuGH* 12.10.2004 aaO).

2. Als Entlassung gilt die Kündigungserklärung

Anzuzeigen sind gem. § 17 KSchG ab einer gewissen Größenordnung Entlassungen. **Als Entlassung**   32a
iSd §§ 17 ff. KSchG gilt nach den Entscheidungen des EuGH 2005 und des BAG 2006 die Kündigungserklärung des Arbeitgebers (*EuGH* 27.1.2005 EzA § 17 KSchG Nr. 13; 23.3.2006 EzA § 17 KSchG Nr. 16; so auch vorher schon *ArbG Bln.* 30.4.2003 ZIP 2003, 1265 und *Hinrichs* S. 114 ff.). Der EuGH und ihm folgend das BAG legen die RL 98/59/EG dahingehend aus, dass die Kündigungserklärung des Arbeitgebers das Ereignis sei, das als Entlassung gelte. Gemäß dieser **richtlinienkonformen Auslegung** der Vorschriften über Massenentlassungen darf der Arbeitgeber Massenentlassungen erst nach dem Ende des Konsultationsverfahrens mit dem Betriebsrat und nach Anzeige der Entlassungen bei der AfA vornehmen. Die Entscheidung des EuGH ist für das vorlegende Gericht (ArbG Bln.) in dem betreffenden Verfahren bindend (*BAG* 8.8.1996 EzA Art. 48 EGV Nr. 5). Das BAG folgt den richtlinienkonformen Auslegungsgrundsätzen des EuGH und gibt eine Richtschnur für die Praxis vor. Allerdings stößt die richtlinienkonforme Auslegung nach Maßgabe der Entscheidungen des EuGH und des BAG auf Bedenken (s.u. Rz 32d und e).

Die **richtlinienkonforme Auslegung der Massenentlassungsvorschriften** (vgl. zutr. Bedenken   32b
Rz 32d f.) folgt nach der Entscheidung des **EuGH** v. 27.1.2005 aus dem Sinn und Zweck der RL 98/59/EG und aus dem begrifflichen und systematischen Zusammenhang einzelner Regelungen. Zunächst sei der »Schutz der Arbeitnehmer bei Massenentlassungen zu verstärken« (Erwägungsgrund 2) zur »Verwirklichung des Binnenmarktes« (Erwägungsgrund 7) durch »Unterrichtung, Anhörung und Mitwirkung der Arbeitnehmer« (Erwägungsgrund 17; vgl. zur ratio legis gem. EuGH auch oben Rz 8). Die Begriffe der »**beabsichtigten Massenentlassung**« in Art. 2 Abs. 1 und Art. 3 Abs. 1 RL 98/59/EG zeigten an, dass nach diesem Tatbestandsmerkmal vom Arbeitgeber noch keine Entscheidung über Kündigungen getroffen sein könnten. Sowohl diese Begriffe als auch das Ziel der RL gem. Art. 2 Abs. 2, Massenentlassungen zu vermeiden oder zu beschränken, indizierten, dass »die Konsultations- und Anzeigepflichten vor einer Entscheidung des Arbeitgebers zur Kündigung von Arbeitsverträgen entstehen und zu beenden sind« (*EuGH* 27.1.2005 EzA § 17 KSchG Nr. 13, Anm. 37, 45). Ebenso kann nach der Auslegung der RL durch den EuGH das Ziel gem. Art. 4 Abs. 2 RL 98/59/EG, Lösungen für die durch die beabsichtigten Massenentlassungen aufgeworfenen Probleme zu suchen, aus zeitlichen Gründen nur erreicht werden, wenn der Arbeitgeber die Kündigung von Arbeitsverträgen erst nach Erstattung der Anzeige beim AfA erklären darf.

32c Nach der **Rspr. des BAG** (23.3.2006 EzA § 17 KSchG Nr. 16) **lässt § 17 Abs. 1 KSchG eine richtlinienkonforme Auslegung iSd Rspr. des EuGH v. 27.1.2005 zu** (s.u. zutreffende Bedenken Rz 32d f.). Insb. nach den v. *EuGH* (5.10.2004 EzA EGV Richtlinie 93/104 Nr. 1) präzisierten Grundsätzen zum Gebot einer richtlinienkonformen Auslegung sei das gesamte nationale Recht anhand des Wortlauts und des Zwecks der RL auszulegen, um zu dem mit der RL verfolgten Ziel zu gelangen. Im Einzelnen sei angesichts des Wortlauts des § 17 Abs. 1 KSchG »eine richtlinienkonforme Auslegung nicht von vornherein auszuschließen«, weil die Begriffe der »Entlassung« und der »Kündigung« sowohl im allgemeinen Sprachgebrauch als auch in der Verwendung in einzelnen Gesetzen, auch im KSchG, uneinheitlich verwendet und verstanden würden (*BAG* 23.3.2006 EzA § 17 KSchG Nr. 16). Auch spreche die ratio legis der §§ 17 ff. KSchG »nicht gegen eine richtlinienkonforme Auslegung«, denn die bei Massenentlassungen zu erwartenden Belastungen des Arbeitsmarktes und das »sozialrechtliche Umfeld« (§§ 216a ff., 2 Abs. 2 S. 2, 37b S. 1 SGB III) würden für eine frühzeitige Beteiligung der AfA sprechen (*BAG* 23.3.2006 EzA § 17 KSchG Nr. 16). Die richtlinienkonforme Auslegung der §§ 17 ff. KSchG befürworten das *ArbG Bln.* in seinem Vorlagebeschluss an den *EuGH* v. 30.4.2003 (ZIP 2003, 1265) und *Hinrichs* (Kündigungsschutz und Arbeitnehmerbeteiligung bei Massenentlassungen, 2001) sowie *Wolter* (AuR 2005, 135), *Schiek* (AuR 2006, 41), *Riesenhuber/Domröse* (NZA 2005, 568), *Osnabrügge* (NJW 2005, 1093), *Nicolai* (NZA 2005, 206 [richtlinienkonforme Auslegung »möglich«]), *Busch* (FA 2006, 235), *Appel* (DB 2005, 1002) sowie *ArbG Bochum* 17.3.2005 AuR 2005, 2320 und *LAG Hamm* 20.4.2005 – 6 Sa 2279/04 – nv.

32d Die **richtlinienkonforme Auslegung** der §§ 17 ff. KSchG (vgl. allg. dazu *Schlachter* FS Wißmann S. 412 ff.) ist auf **Kritik und Ablehnung** der Instanzgerichte und im Schrifttum gestoßen. Für eine richtlinienkonforme Auslegung sind die Voraussetzungen und Regeln dem nationalen Recht zu entnehmen. Allerdings haben die nationalen Gerichte das nationale Recht unter Ausschöpfung seines Beurteilungsspielraums so weit wie möglich richtlinienkonform auszulegen. Wie bei der verfassungskonformen Auslegung werden die Grenzen einer gemeinschaftskonformen Auslegung durch die allg. Auslegungsregeln bestimmt (Wortlaut, Systematik, ratio legis). Die Auslegung darf jedoch den erkennbaren Willen des Gesetzgebers nicht verändern (*BAG* 18.9.2003 EzA § 17 KSchG Nr. 11). Bei den Begriffen »Kündigung« und »Entlassung« handelt es sich um feststehende »termini technici« (*ArbG Krefeld* DB 2005, 892). Dieser **eindeutige Wortlaut** steht gegen eine Gleichsetzung der Bedeutung beider Begriffe (*Bauer/Krieger/Powietzka* DB 2005, 445; *Grimm/Brock* EWiR 2005, 213; *Feme/Lipinski* ZIP 2005, 593) und wird zusätzlich anhand der **Gesetzessystematik** anhand des KSchG selbst verdeutlicht (*BAG* 18.9.2003 EzA § 17 KSchG Nr. 11; *ArbG Krefeld* aaO; *Sächs. LAG* 14.12.2005 LAGE § 125 InsO Nr. 9; *LAG Hamm* 8.7.2005 NZA-RR 2005, 578; 12.8.2005 NZA-RR 2006, 1351; *Dzida/Hohenstatt* DB 2006, 1897; *Kliemt* FS 25 Jahre AG Arbeitsrecht im DAV, S. 1237, 1244 f.; krit. *Jacobs/Naber* SAE 2006, 61). Daran ändern auch umgangssprachliche Ungenauigkeiten und sprachliche Nachlässigkeiten bei der Formulierung von Gesetzen nichts. Seit dem **Entstehen der nationalen Massenentlassungsrichtlinien**, die bis in das Jahr 1920 zurückgehen (s.o. Rz 1 ff.), haben sie zahlreiche Änderungen – auch durch Angleichung an EU-RL – erfahren, ohne dass der Begriff der »Entlassung« der Bedeutung der »Kündigung« entsprochen hätte und ohne dass dem Verfahren für »Anzeigepflichtige Entlassungen« die Bedeutung eines individuellen »Kündigungsschutzes« beigemessen worden wäre (*ArbG Krefeld* aaO; *LAG Hamm* 8.7.2005 aaO; *LAG Bln.* 20.12.2005 – 12 SA 1463/05 – nv; *Bauer/Krieger/Powietzka* DB 2005, 445).

32e **Gegen eine richtlinienkonforme Auslegung der §§ 17 ff. KSchG steht vor allem der mit dem Willen des Gesetzgebers verfolgte Zweck** (vgl. *BVerfG* 11.4.2004 EzA § 26 ArbGG 1979 Nr. 2; *BAG* 18.9.2003 EzA § 17 KSchG Nr. 11). Die Anzeigepflicht des Arbeitgebers besteht gegenüber der AfA, deren Aufgaben jedenfalls auch nicht mittelbar auf Maßnahmen des individuellen Kündigungsschutzes gerichtet sind, sondern mit Instrumenten der individuellen Arbeitsförderung und analytischen und strukturellen Aufgaben für den regionalen und nationalen Arbeitsmarkt im Zusammenhang mit den Vorschriften über Massenentlassungen eine präventive sozialstaatliche Funktion zu erfüllen hat (der mäßige Erfolg spricht angesichts der Massenarbeitslosigkeit nicht dagegen, vgl. KR-Vorauflage Rz 7). Für diesen Zweck ist nicht die individualrechtliche Kündigungserklärung des Arbeitgebers, sondern die Entlassung der Arbeitnehmer auf den Arbeitsmarkt von Bedeutung (*LAG Bln.* 20.12.2005 – 12 SA 1463/05 – nv; *Jacobs/Naber* SAE 2006, 61, 65); denn angesichts unterschiedlich langer Kündigungsfristen würde die AfA keine Kenntnis vom genauen Zeitpunkt der Entlassungen und damit der Belastung für den Arbeitsmarkt bekommen. Der arbeitsmarktpolitische Zweck wird durch die Regelungen gem. § 18 KSchG verdeutlicht (vgl. Voraufl. § 18 Rz 3 ff.). Schließlich wird auch ohne richtlinienkonforme Auslegung der §§ 17 ff. KSchG der gem. RL 98/59/EG vorgeschriebene individuelle Schutz der betroffenen Arbeitnehmer erreicht; denn ohne Erfüllung der Vorgaben gem. Art. 2 und 3 RL 98/59/EG bzw.

Anzeigepflicht §17 KSchG

§ 17 KSchG kann der Arbeitgeber trotz wirksamer Kündigung die Entlassung nicht vollziehen (so noch *BAG* 16.6.2005 EzA § 17 KSchG Nr. 15; 18.9.2003 EzA § 17 KSchG Nr. 11; 13.4.2000 EzA § 17 KSchG Nr. 9). Gegen eine richtlinienkonforme Auslegung der §§ 17 ff. KSchG auch: *LAG Köln* 10.5.2005 ZIP 2005, 1524; *LAG Nds.* 15.6.2005 LAGE § 17 KSchG Nr. 3; *ArbG Lörrach* 24.3.2005 NZA 2005, 584; *ArbG München* 27.4.2005 – 19a Ca 7808/04; *ArbG Karlsruhe* 17.5.2005 – 6 Ca 361/04; *ArbG Wuppertal* 12.5.2005 – 5 Ca 506/05; *Kleinebrink* FA 2005, 130; *Thüsing* BB 2005, Heft 16, I).

3. Fristlose Entlassungen

Bei der Zahl der Entlassungen werden **nicht eingerechnet fristlose Entlassungen** durch den Arbeitgeber, § 17 Abs. 4 KSchG. Das Gesetz spricht nicht von außerordentlichen Kündigungen oder Entlassungen, wie etwa in § 13 KSchG. Trotzdem sind unter fristlosen Entlassungen in diesem Sinne nur Entlassungen aufgrund einer außerordentlichen Kündigung des Arbeitgebers gem. § 626 BGB zu verstehen (so auch ErfK-*Kiel* Rz 16; KDZ-*Kittner* Rz 18; *Löwisch/Spinner* KSchG Rz 34; *v. Hoyningen-Huene/Linck* Rz 28; *Nikisch* I, S. 841, FN 7; *Bauer/Röder* NZA 1985, 202; *Schaub* § 142 II 3). Hier hat die Ausnahmeregelung des § 17 Abs. 4 KSchG ihren guten Sinn. Die arbeitsmarktpolitischen Interessen treten zurück hinter den anzuerkennenden Interessen des Arbeitgebers, sich von einem Arbeitnehmer zu trennen, mit dem weiterzuarbeiten ihm unzumutbar ist. Dies gilt auch, wenn der Arbeitgeber zwar eine außerordentliche Kündigung iSd § 626 BGB erklärt, er aber eine soziale Auslauffrist einräumt, denn hier besteht kein Grund, den Arbeitgeber wegen seines Entgegenkommens zu benachteiligen. Allerdings ist eine Entlassung dann mitzuzählen, wenn der Arbeitgeber fristgemäß kündigt, obwohl ein wichtiger Grund zur fristlosen Kündigung vorliegt. Der AfA steht keine Prüfungskompetenz über die Berechtigung oder Rechtmäßigkeit einer fristlosen Entlassung zu.

33

Eine **Erweiterung des Rechts zur fristlosen** – hier iSv außerordentlichen – **Kündigung durch Tarifvertrag, Betriebsvereinbarung oder Einzelvertrag** ist jedenfalls nach der Neuregelung des Rechts der außerordentlichen Kündigung durch das Erste ArbeitsrechtsbereinigungsG nicht möglich (s. iE KR-*Fischermeier* § 626 BGB Rz 68 ff.). Entlassungen aus einem derartigen Grund, der den Voraussetzungen des § 626 Abs. 1 BGB nicht genügt, sind daher nicht von der Anzeigepflicht ausgenommen, selbst wenn sie fristlos erfolgen sollten (anders wohl *Nikisch* I, S. 841 – der im Übrigen aber davon ausgeht, dass nur aufgrund einer ordentlichen Kündigung erfolgte Entlassungen anzeigepflichtig sind, s.a. Rz 35).

34

4. Entfristete Entlassungen

Keine fristlose Entlassung iSd § 17 Abs. 4 KSchG ist insbes. die aufgrund einer **entfristeten Kündigung** erfolgte Entlassung. Darunter ist zu verstehen die auf eine **ordentliche** – im Unterschied zur außerordentlichen – Kündigung des Arbeitgebers zurückgehende Beendigung des Arbeitsverhältnisses, bei der – ausnahmsweise – aufgrund einzelvertraglicher (vgl. § 622 Abs. 4 BGB), insbes. aber tarifvertraglicher Bestimmung eine Kündigungsfrist nicht einzuhalten ist (ErfK-*Kiel* Rz 16; wie hier wohl auch *v. Hoyningen-Huene/Linck* Rz 28). Zwar kann man dem Wortlaut nach auch hier von einer fristlosen Entlassung sprechen. Es besteht aber kein vernünftiger Anlass, diese aufgrund ordentlicher Kündigung erfolgende Entlassung anders zu behandeln als eine Entlassung, die unter Einhaltung einer – oft nur unwesentlich längeren – Kündigungsfrist erfolgt.

35

5. Außerordentliche Kündigung mit Auslauffrist

Ist die entfristete ordentliche Entlassung nicht von der Anzeigepflicht befreit, bleibt umgekehrt die auf **außerordentlicher Kündigung** beruhende Entlassung auch dann unberührt, wenn der Arbeitgeber dem Arbeitnehmer eine sog. **soziale Auslauffrist** einräumt (ErfK-*Kiel* Rz 16; APS-*Moll* Rz 42; *Löwisch/Spinner* Rz 34; *v. Hoyningen-Huene/Linck* Rz 30; **aA** *Bauer/Röder* NZA 1985, 202, FN 7; zum Begriff vgl. KR-*Fischermeier* § 626 BGB Rz 29). Der Arbeitgeber soll nicht für sein sozial begrüßenswertes Entgegenkommen gestraft werden. Kündigt er hingegen **lediglich ordentlich**, obwohl der Kündigungsgrund zur Begründung einer außerordentlichen Kündigung ausreichte, **bleibt die Entlassung anzeigepflichtig** (*v. Hoyningen-Huene/Linck* Rz 31; *Nikisch* I, S. 841, FN 8).

36

6. Außerordentliche Kündigung aus wirtschaftlichen Gründen

Der Zweck des § 17 KSchG verlangt weiter eine Einschränkung dahin, dass aufgrund **außerordentlicher Kündigung** ausgesprochene fristlose Entlassungen dann anzeigepflichtig sind, wenn der wichtige Grund seine Ursache in **wirtschaftlichen Schwierigkeiten** hat (so auch HaKo-*Pfeiffer* Rz 28; *Schaub*

37

§ 142 II 3). Ein solcher Fall dürfte allerdings selten sein, da wirtschaftliche Gründe **in aller Regel keinen wichtigen Grund** zur außerordentlichen Kündigung abgeben (vgl. KR-*Fischermeier* § 626 BGB Rz 155 ff.). Sollte dies doch einmal der Fall sein, gewinnt das Interesse der Arbeitsverwaltung, über Entlassungen in einem notleidenden Betrieb rechtzeitig informiert zu werden, ein solches Gewicht, dass hier eine einschränkende Auslegung des § 17 Abs. 4 KSchG geboten ist.

7. Kündigung durch den Insolvenzverwalter

38 Anzeigepflichtig sind die vom Insolvenzverwalter gem. § 113 InsO beabsichtigte Kündigungen (vgl. KR-*Weigand* § 113 InsO Rz 76; *BSG* 5.12.1978 SozR 4100 § 8 Nr. 1; KDZ-*Kittner* Rz 20; *v. Hoyningen-Huene/Linck* Rz 32; *Nikisch* I, S. 841, FN 8). Sie erfolgen nicht fristlos, sondern unter Einhaltung der gem. § 113 InsO maßgeblichen Kündigungsfrist (KR-*Weigand* § 113 InsO Rz 33 ff. bzw. der insolvenzspezifischen Höchstfrist (KR-*Weigand* § 113 InsO Rz 32). Es kommt daher auf die Frage nicht an, ob es sich bei ihnen materiell um außerordentliche Kündigungen handelt (vgl. dazu *Hueck/Nipperdey* I, S. 614, FN 7). Die Anzeigepflicht besteht auch dann, wenn bei Insolvenz die Arbeitnehmer unmittelbar in eine **Beschäftigungsgesellschaft** überführt werden (DA KSchG der BA, Stand 7/2005, 17.17 Abs. 3).

8. Eigenkündigung des Arbeitnehmers (§ 17 Abs. 1 S. 2 KSchG)

39 Da es sich bei Entlassungen um Beendigungen des Arbeitsverhältnisses aufgrund einer Kündigung durch den Arbeitgeber handelt, erfassen §§ 17 ff. KSchG nicht die aufgrund einer **Kündigung des Arbeitnehmers** erfolgte Beendigung des Arbeitsverhältnisses. Allerdings stehen den Entlassungen diejenigen Kündigungen des Arbeitnehmers gleich, die **vom Arbeitgeber veranlasst** worden sind (§ 17 Abs. 1 S. 2 KSchG). Dies ist zB dann der Fall, wenn der Arbeitnehmer nur deshalb kündigt, weil der Arbeitgeber erklärt, er werde zum selben Zeitpunkt kündigen, komme der Arbeitnehmer seinerseits der Aufforderung zur Kündigung nicht nach (*BAG* 6.12.1973 EzA § 17 KSchG Nr. 1 = AP Nr. 1 zu § 17 KSchG 1969 mit zust. Anm. *G. Hueck*; *Löwisch/Spinner* Rz 26; *Bauer/Röder* NZA 1985, 203; *v. Hoyningen-Huene/Linck* § 17 Rz 18; KDZ-*Kittner* Rz 21; krit. *Dzida/Hohenstatt* DB 2006, 1897, 1900). Kausal für die Beendigung des Arbeitsverhältnisses ist auch in diesem Fall der Arbeitgeber. Wollte man allein auf die gewählte Form der Beendigung abstellen, könnte dies zu einer Umgehung des mit §§ 17 ff. KSchG verfolgten Schutzzweckes führen. Die Folgen bleiben gleich, unabhängig davon, ob der Arbeitgeber selbst die Kündigung ausgesprochen hat oder die ausgeschiedenen Arbeitnehmer zur Eigenkündigung veranlasst hat (s. zur vergleichbaren Problematik im Rahmen des § 111 BetrVG *Fitting* § 111 Rz 78; HSWG-*Glock* § 112a Rz 10; *Scherer* NZA 1985, 786; *Wlotzke* NZA 1984, 221; s.a. *Heither* ZIP 1985, 518).

40 Zu Recht weist das *BAG* (6.12.1973, aaO [unter II 2d der Gründe]) darauf hin, dass die Anzeige in diesem Fall ihre Bedeutung nicht deshalb verliert, weil die betroffenen Arbeitnehmer tatsächlich ausscheiden, die Entlassungssperre also gewissermaßen ins Leere geht. Es bleibt dennoch erforderlich, die Behörden der Arbeitsverwaltung rechtzeitig davon zu unterrichten, dass demnächst der Arbeitsmarkt in Bewegung gerät. Insofern stellt die gesetzliche Neuregelung klar, dass vom Arbeitgeber veranlasste Beendigungen des Arbeitsverhältnisses den Entlassungen gleichstehen. Treffen Eigenkündigungen und Arbeitgeberkündigungen zusammen, unterliegen bei Mitberücksichtigung der Eigenkündigungen wenigstens die Entlassungen aufgrund Arbeitgeberkündigung der Sperrfrist, so dass ein Interesse an der Einbeziehung dieser Eigenkündigungen schon deshalb besteht (zust. *Berscheid* ZIP 1987, 1513).

9. Änderungskündigung

41 Keine grds. Besonderheiten gelten für **Änderungskündigungen**. Anzeigepflichtig ist nach der Rspr. des EuGH und des BAG (s.o. Rz 32a) die beabsichtigte Kündigung. Da zu diesem Zeitpunkt nicht erkennbar ist, ob der Arbeitnehmer die angebotene Änderung annimmt, muss zunächst jede Änderungskündigung angezeigt werden. Lehnt der Arbeitnehmer die Fortsetzung des Arbeitsverhältnisses zu geänderten Bedingungen ab, hat die Änderungskündigung die Wirkung einer Beendigungskündigung. Zur **Massenänderungskündigung** gegenüber dem Personenkreis des § 15 KSchG (Betriebsratsmitglieder usw.) s. *BAG* 7.10.2004 EzA § 15 KSchG nF Nr. 57 mwN (Schutz bleibt grds. erhalten) und 21.6.1995 EzA § 15 KSchG nF Nr. 43 (außerordentliche Massenänderungskündigung aus betriebsbedingten Gründen möglich); und KR-*Rost* § 2 KSchG Rz 185; KR-*Etzel* § 15 KSchG Rz 18 f.; *Hilbrandt* NZA 1997, 465.

42 Da der Arbeitnehmer für die Erklärung des Vorbehalts die gesamte Kündigungsfrist ausnutzen kann, soweit sie nicht länger als drei Wochen ist (vgl. § 2 S. 2 KSchG), bleibt die Frage, ob es zu einer Beendi-

Anzeigepflicht § 17 KSchG

gung des Arbeitsverhältnisses kommt, unter Umständen bis zuletzt in der Schwebe. In solchem Fall empfiehlt sich eine **vorsorgliche Anzeige (s.u.** Rz 78), welche gegenstandslos wird oder zurückgenommen werden kann, wenn der Arbeitnehmer die geänderten Bedingungen doch noch annimmt (vgl. DA KSchG der BA Stand 7/2005, 17.17 und 17.01 Abs. 3; *BAG* 3.10.1963 AP Nr. 9 zu § 15 KSchG; 10.3.1982 EzA § 2 KSchG Nr. 3; *Löwisch/Spinner* aaO; s.a. Rz 78).

10. Aufhebungsvertrag (§ 17 Abs. 1 S. 2 KSchG)

Nicht unter § 17 KSchG fällt grds. eine Beendigung des Arbeitsverhältnisses aufgrund eines **Aufhe-** 43 **bungsvertrages** zwischen Arbeitnehmer und Arbeitgeber. Wenn allerdings die Aufhebung erfolgt ist, weil andernfalls das Arbeitsverhältnis durch Arbeitgeberkündigung zum selben Zeitpunkt aufgelöst worden wäre (s.o. Rz 39), die **Beendigung also vom Arbeitgeber veranlasst** ist, steht dies einer Entlassung iSd § 17 Abs. 1 S. 2 KSchG gleich. Auch wenn dies mit einer Abfindung verbunden ist, gilt die vom Arbeitgeber veranlasste einvernehmliche Vertragsauflösung als Entlassung iSd § 17 Abs. 1 KSchG. Ebenso wenig kann der Arbeitnehmer durch ausdrückliche Erklärung in der Auflösungsvereinbarung auf den Schutz gem. § 17 KSchG verzichten, indem er sich verpflichtet, die Überprüfung der Wirksamkeit des Aufhebungsvertrages zu unterlassen. Das *BAG* (11.3.1999 EzA § 17 KSchG Nr. 8, Anm. *Wertheimer* EWiR 1999, 853 ff.) hält allerdings einen solchen Verzicht dann für wirksam, wenn er nach Abschluss des Aufhebungsvertrages vom Arbeitnehmer wirksam erklärt wird (vgl. auch *Bauer/ Powietzka* DB 2000, 1073). Der **Aufhebungsvertrag darf nicht zur Umgehung des mit §§ 17 ff. KSchG verfolgten Schutzes führen** und den Arbeitgeber von seiner gesetzlichen Anzeigepflicht befreien (vgl. *Bauer/Röder* NZA 1985, 205; *Löwisch/Spinner* Rz 26; *Schaub* § 142 II 3; die dort zit. Entscheidung *LAG Düsseld.* 23.2.1976 DB 1976, 109 betrifft einen anderen Fall: Der Arbeitgeber hatte dem Arbeitnehmer gekündigt, alsdann war ein Vergleich abgeschlossen worden, in dem der Arbeitnehmer sich mit der Kündigung einverstanden erklärt hatte, vgl. dazu auch *BAG* 13.3.1969 EzA § 15 KSchG Nr. 1 [unter 2d der Gründe] sowie *Böhm* BB 1974, 283, FN 13).

Die Regelung gem. § 17 Abs. 1 S. 2 KSchG findet ihre Entsprechung in § 112a BetrVG bzgl. des er- 43a zwingbaren Sozialplans bei Personalabbau. Gem. § 112a Abs. 1 S. 2 BetrVG gilt als Entlassung iS dieser Bestimmung auch das vom Arbeitgeber aus Gründen der Betriebsänderung veranlasste Ausscheiden von Arbeitnehmern aufgrund von Aufhebungsverträgen (vgl. *Fitting* § 111 BetrVG Rz 78; s.a. Rz 39).

Keine Rolle spielt insoweit, ob der Arbeitnehmer eine **Abfindung** erhalten hat (*Bauer/Röder* NZA 1985, 43b 203; *Löwisch/Spinner* aaO; HaKo-*Pfeiffer* Rz 27; **aA** wohl *v. Hoyningen-Huene/Linck* § 17 Rz 19; *G. Hueck* Anm. zu *BAG* AP Nr. 1 zu § 17 KSchG 1969). Die Abfindung beseitigt nicht die Arbeitslosigkeit. Die Anzeigepflicht entfällt auch nicht, wenn sich Arbeitnehmer und Arbeitgeber nach Ausspruch der Kündigung – zB im Laufe eines Kündigungsschutzverfahrens – darauf einigen, dass es bei der Kündigung bleibt (*Bauer/Röder* NZA 1985, 202; *Löwisch/Spinner* § 17 Rz 25; s.a. Rz 43).

Nicht anzeigepflichtig ist das Ausscheiden aufgrund von **Vorruhestandsvereinbarungen**. Der Arbeit- 43c nehmer steht hier dem Arbeitsmarkt nicht mehr zur Verfügung (*Bauer/Röder* NZA 1985, 203; APS-*Moll* Rz 29; vgl. auch *Vogt* BB 1985, 1142).

Unberührt bleibt die Anzeigepflicht auch von einer **vorläufigen Weiterbeschäftigung im Rahmen des** 43d **§ 102 Abs. 5 BetrVG** (*Löwisch/Spinner* Rz 25; *v. Hoyningen-Huene/Linck* Rz 38; KDZ-*Kittner* Rz 15; **aA** *LAG Hmb.* 20.9.2002 – 6 Sa 95/01 – nv; APS-*Moll* Rz 27). Die Weiterbeschäftigung ist nur vorläufig. Die Interessen des Arbeitsmarktes sind insoweit berührt, als jederzeit mit dem endgültigen Ausscheiden zu rechnen ist und der vorläufig weiterbeschäftigte Arbeitnehmer wegen der Ungewissheit des Fortbestehens seines Arbeitsverhältnisses durchaus schon ein Interesse an einem neuen Arbeitsplatz haben, der Arbeitsmarkt also zusätzlich belastet sein kann (darauf weisen zu Recht hin *v. Hoyningen-Huene/Linck* aaO). Maßgebender Zeitpunkt bleibt der vorgesehene Entlassungstermin. Wird die Weiterbeschäftigung nach § 102 Abs. 5 BetrVG erst **nach** bereits erfolgtem Ausscheiden aus dem Arbeitsverhältnis geltend gemacht, können an der Anzeigepflicht Zweifel ohnehin nicht bestehen. Entsprechendes gilt für eine vorläufige Weiterbeschäftigung nach den Grundsätzen der Entscheidung des Großen Senats des *BAG* zum **Weiterbeschäftigungsanspruch** während des laufenden Kündigungsschutzverfahrens v. 27.2.1985 (EzA § 611 BGB Beschäftigungspflicht Nr. 9). Hier wird die Wiederaufnahme der Tätigkeit ohnehin idR erst nach einer Unterbrechung erfolgen. Soweit dies bei langen Kündigungsfristen einmal anders sein sollte, ändert sich im Ergebnis nichts.

11. Beendigung infolge Befristung oder Bedingung

44 Keine anzeigepflichtige Entlassung ist die **Beendigung des Arbeitsverhältnisses infolge Befristung, Zweckerreichung, Eintritt einer auflösenden Bedingung** (zur Begriffsbestimmung vgl. KR-*Lipke* § 620 BGB). Auch hier gilt jedoch, dass die gewählte besondere Beendigungsform nicht zur **Umgehung der §§ 17 ff. KSchG** führen darf. Ein solcher Fall kann anzunehmen sein, wenn die auflösende Bedingung gerade in der Betriebsstilllegung besteht (vgl. *Löwisch/Spinner* Rz 29; KDZ-*Kittner* Rz 24; v. *Hoyningen-Huene/Linck* Rz 22; APS-*Moll* Rz 35; *Nikisch* I S. 841, FN 6; *LAG Düsseld.* 23.2.1976 DB 1976, 1019).

12. Anfechtung, faktisches Vertragsverhältnis

45 Keine Entlassung ist die Beendigung des Arbeitsverhältnisses aufgrund einer **Anfechtung wegen Irrtums oder arglistiger Täuschung** (vgl. KR-*Fischermeier* § 626 BGB Rz 44 ff.). Gleiches gilt für die Beendigung eines **faktischen Arbeitsverhältnisses**.

13. Kampfkündigung

46 Vom Geltungsbereich der §§ 17 ff. KSchG sind schließlich kraft ausdrücklicher gesetzlicher Regelung Entlassungen ausgenommen, welche lediglich als **Maßnahmen in wirtschaftlichen Kämpfen zwischen Arbeitgebern und Arbeitnehmern vorgenommen werden**, § 25 KSchG (vgl. iE KR-*Weigand* § 25 KSchG Rz 8 ff.).

IV. Grund der Entlassung

47 **Unerheblich** für die Frage der Anzeigepflicht ist der **Grund**, aus dem die Kündigung bzw. die andere vom Arbeitgeber veranlasste Beendigung des Arbeitsverhältnisses erfolgt. Es fallen also nicht nur auf **betriebsbedingte, sondern auch auf personen- oder verhaltensbedingte Gründe** zurückgehende Massenentlassungen unter § 17 KSchG (vgl. nur BAG 13.3.1969 EzA § 15 KSchG Nr. 1 [unter 2b der Gründe]; ferner *Löwisch/Spinner* § 17 Rz 31; v. *Hoyningen-Huene/Linck* Rz 16; *Bauer/Röder* NZA 1985, 202). Das rechtfertigt sich aus dem Zweck der Anzeigepflicht. Die Belastung des Arbeitsmarktes durch eine plötzliche größere Zahl von arbeitsuchenden Arbeitnehmern wird nicht deshalb geringer, weil diese – alle oder zum Teil – aus verhaltensbedingten Gründen entlassen worden sind.

48 Ausnahmsweise ist der Grund der Kündigung dann zu beachten, wenn es sich um eine **fristlose Kündigung** handelt infolge einer auf **wirtschaftlichen Gründen** beruhenden außerordentlichen Kündigung, welche trotz § 17 Abs. 4 KSchG anzeigepflichtig ist (s.o. Rz 37).

49 Mit der **Loslösung der Anzeigepflicht vom Entlassungsgrund** entsprechen die Regelungen des KSchG der Begriffsbestimmung gem. Art. 1 Abs. 1a der RL 98/59/EG. Nach ihr sind Massenentlassungen nur Kündigungen, welche ein Arbeitgeber aus einem oder mehreren Gründen vornimmt, die nicht in der Person des Arbeitnehmers liegen. Der Arbeitgeber ist frei in seiner Entscheidung darüber, ob er Massenentlassungen vornimmt (*EuGH* 7.9.2006 – C-188/05 – Rz 35 mwN). Die Entlassungsgründe müssen nicht aus dem Willen des Arbeitgebers resultieren (*EuGH* 12.10.2004 – C-55/02 – NJW 2004, 1265 für den Fall einer Massenentlassung aufgrund einer auf gerichtlichen Entscheidung beruhenden Einstellung der Betriebstätigkeit). Eine Anregung des Ausschusses für Wirtschaft zum Regierungsentwurf des Zweiten Gesetzes zur Änderung des KSchG, die Anzeige auf solche Entlassungen zu beschränken, die nicht in der Person oder dem Verhalten des Arbeitnehmers begründet sind, fand keinen Eingang in das Gesetz (vgl. BT-Drucks. 8/1546, S. 7).

50 In der Praxis dürften allerdings auch im Geltungsbereich des KSchG Massenentlassungen ihre Ursache idR in wirtschaftlichen Gegebenheiten haben, also Gründen, die nicht in der Person der Arbeitnehmer liegen. Wenn die Gründe für die Entlassungen auch keine Rolle spielen für die Frage der Anzeigepflichtigkeit, sind sie dennoch sowohl dem Betriebsrat als auch der AfA mitzuteilen, § 17 Abs. 2 u. Abs. 3 KSchG (s. iE Rz 56 ff.).

V. Neueinstellung von Arbeitnehmern

51 Die Anzeigepflicht **entfällt nicht** deshalb, weil der Arbeitgeber im gleichen Zeitraum **Neueinstellungen** durchführt, selbst wenn diese die Zahl der Entlassenen erreichen oder gar übersteigen (*BAG* 13.3.1969 EzA § 15 KSchG Nr. 1 [zu 2c der Gründe]; *BayLSG* 11.3.1957 BayAmBl. 1957, B 131; APS-*Moll* Rz 53; ErfK-*Kiel* Rz 15; *Berscheid* ZIP 1987, 1513; v. *Hoyningen-Huene/Linck* Rz 27; *Maus* Rz 9; *Schaub* § 142 III; zweifelnd *Nikisch* I, S. 841, 842 FN 9; aA *Löwisch/Spinner* Rz 35). Es findet **keine Aufrechnung mit**

Neueinstellungen statt (vgl. auch DA der BA zum KSchG 11.1999, 17.17 [5]). Richtig ist zwar, dass sich die Gesamtzahl der Arbeitslosen nicht oder nicht in dem durch die Entlassungen vorgegebenen Umfang erhöht (vgl. *Nikisch* aaO). Trotzdem führt es zu einer Beunruhigung des Arbeitsmarktes, da die entlassenen Arbeitnehmer nunmehr neu vermittelt werden müssen. Um diese Aufgabe rechtzeitig angehen zu können, bedarf die Arbeitsverwaltung auch hier der Anzeige. Allerdings kann die Tatsache von Neueinstellungen für die AfA Anlass sein, die Sperrfrist bzgl. der durchgeführten Entlassungen abzukürzen (s. KR-*Weigand* § 18 KSchG Rz 15, 16).

VI. Maßgebende Größenordnung für die Anzeigepflicht

1. Die Zahl der Arbeitnehmer

Gemäß § 17 Abs. 1 S. 1 KSchG ist der Arbeitgeber anzeigepflichtig, bevor er in Betrieben mit idR (vgl. Rz 28 f.) 21 bis 59 Arbeitnehmern mindestens sechs Arbeitnehmer, in Betrieben mit 60 bis 499 Arbeitnehmern mindestens 10 % der regelmäßig beschäftigen oder mindestens 26 Arbeitnehmer und in Betrieben ab 500 regelmäßig beschäftigten Arbeitnehmern mindestens 30 Arbeitnehmer innerhalb von 30 Kalendertagen kündigt. Prozentuale Resultate sind auf volle Zahlen aufzurunden: Wenn zB in der Regel 123 Arbeitnehmer beschäftigt werden, hat der Arbeitgeber Anzeige zu erstatten, wenn er innerhalb von 30 Tagen mindestens 13 Arbeitnehmer (10 % = 12,3) kündigen will. Bei der Berechnung ist auf den Zeitpunkt der Erklärung der Kündigungen (*BAG* 23.3.2006 – 2 AZR 343/05), wenn sie den Machtbereich des Arbeitgebers verlassen, abzustellen (*Bauer/Krieger/Powietzka* BB 2006, 2023). 52

2. Zeitraum der Kündigungen

Maßgebend ist die Zahl der beabsichtigten Kündigungen (s.o. Rz 32 ff.). Berücksichtigt werden nicht nur die zum selben Zeitpunkt durchgeführten Kündigungen. Vielmehr ist abzustellen auf die **innerhalb von 30 Kalendertagen** zu kündigenden oder auf andere Weise auf Veranlassung des Arbeitgebers freizusetzenden Arbeitnehmer. Auf diese Weise wird verhindert, dass der Arbeitgeber durch **sukzessive Kündigungen** die ratio legis der §§ 17 ff. KSchG aushöhlt, indem er innerhalb kurzer Zeit Kündigungen in einem für sich jeweils knapp unter der Grenze des § 17 KSchG liegenden, insgesamt aber weit darüber hinaus gehenden Umfang durchführt (SPV-*Preis* Rz 956). Allerdings ist der Arbeitgeber nicht gehindert, nach Ablauf der vorgenannten Frist und knapp unterhalb der Bemessungsgrenzen Kündigungen vorzunehmen. Darin liegt keine unzulässige Umgehung der Anzeigepflicht gem. § 17 KSchG, sondern eine aus arbeitsmarktpolitischer Sicht eher verträgliche Verteilung der Kündigungen über einen längeren Zeitraum (*v. Hoyningen-Huene/Linck* Rz 36; zust. *Opolony* NZA 1999, 791; APS-*Moll* Rz 49). 53

Die Zusammenfassung der jeweils innerhalb von 30 Tagen entlassenen (gekündigten) Arbeitnehmer kann dazu führen, dass zunächst ordnungsgemäß durchgeführte Kündigungen **nachträglich anzeigepflichtig** werden, weil der Arbeitgeber gegen Ende des Berechnungszeitraums (Beginn und Ende gem. §§ 187 Abs. 2, 188 Abs. 1 BGB) Kündigungen vornimmt, mit denen unter Hinzuziehung der bereits erklärten Kündigungen die kritische Grenze erreicht wird. Dann **müssen alle Kündigungen angezeigt werden**, nicht etwa nur die zuletzt durchgeführten. Mit jeder Kündigung beginnt die 30-Tage-Frist neu zu laufen. Soweit die Kündigungen schon vollzogen sind, erfolgt die Anzeige hier ausnahmsweise nachträglich (*BAG* 13.4.2000 EzA § 17 KSchG Nr. 9, s.u. Rz 76). Unterbleibt die Anzeige, sind sämtliche Kündigungen unwirksam (s. iE KR-*Weigand* § 18 KSchG Rz 35,36). 54

Nach den Entscheidungen des *BAG* 22.5.1979 (EzA § 111 BetrVG 1972 Nr. 6 und 7) kann auch ein bloßer **Personalabbau** unter Beibehaltung der sächlichen Betriebsmittel eine **Betriebseinschränkung** iSd § 111 BetrVG sein. Erforderlich ist eine erhebliche Personalausdünnung. Dabei können die Zahlen- und Prozentangaben in § 17 Abs. 1 KSchG über die Anzeigepflicht bei Massenentlassungen, jedoch ohne den dort festgelegten Zeitraum von 30 Kalendertagen als Maßstab gelten. Damit ist die arbeitsmarktpolitischen Zwecken dienende Vorschrift des § 17 KSchG (s.o. Rz 7) auch für den Bereich der Betriebsverfassung bedeutsam geworden. Kündigungen in der Größenordnung des § 17 KSchG haben für den einzelnen Betrieb erhebliche Bedeutung und lösen die Sozialplanpflicht aus. An dieser Auffassung hat das *BAG* in st. Rspr. festgehalten (*BAG* 7.8.1990 EzA § 111 BetrVG 1972 Nr. 27; 2.8.1983 EzA § 111 BetrVG 1972 Nr. 16), obwohl es im Schrifttum vielfach kritisiert worden ist (vgl. *Birk* Anm. AP Nr. 3, 4 und 5 zu § 111 BetrVG 1972; *Bohn* SAE 1980, 228; *Fabricius/Cottmann* Anm. EzA § 111 BetrVG 1972 Nr. 11; *Hunold* BB 1980, 1750; *Kreutz* SAE 1982, 224; *Löwisch/Röder* Anm. EzA § 111 BetrVG 1972 Nr. 9 und Anm. AP Nr. 7 zu § 111 BetrVG 1972; *Löwisch/Schiff* Anm. EzA § 111 BetrVG 1972 Nr. 7; *Reuter* SAE 1980, 96; 54a

§ 17 KSchG

Seiter Anm. AP Nr. 6 und Nr. 8 zu § 111 BetrVG 1972; *Vogt* DB 1981, 1823). Für **Großbetriebe** hat das *BAG* allerdings die Staffel des § 17 KSchG dahin abgeändert, dass von der Entlassung mindestens fünf vH der Belegschaft betroffen sein müssen (2.8.1983 EzA § 111 BetrVG 1972 Nr. 16; vgl. auch *Fitting* § 111 Rz 74).

54b Diese Rspr. ist insoweit durch den Gesetzgeber bestätigt worden, als **§ 112a BetrVG** als Betriebsänderung iSd § 111 BetrVG ausdrücklich den Fall regelt und damit anerkennt, dass die **Änderung nur in der Entlassung** von Arbeitnehmern besteht (vgl. dazu *Fitting* § 111 Rz 74; *HSWG-Hess* § 112a Rz 1; *Vogt* BB 1985, 2328; vgl. auch *LAG Düsseld.* 14.5.1986 LAGE § 111 BetrVG 1972 Nr. 4). Die in § 112a BetrVG geregelte und von § 17 KSchG abweichende Staffelung der jeweils maßgeblichen Zahl der Entlassungen hat Bedeutung aber nur für die Frage des **erzwingbaren Sozialplans** (vgl. auch *Fitting* §§ 112, 112a Rz 84; *Vogt* aaO). Für die sonstige Anwendung der §§ 111, 112 BetrVG – zB Unterrichtung des Betriebsrats oder Beratung mit ihm nach § 111 BetrVG oder Verhandlungen über einen Interessenausgleich – bleibt die bisherige Rspr. des *BAG* mit ihrer Anlehnung an die Größenordnungen des § 17 KSchG maßgebend (*Vogt* BB 1985, 2331).

C. Die Beteiligung des Betriebsrates

I. Rechtsgrundlagen

55 Wenn der Arbeitgeber beabsichtigt, anzeigepflichtige Kündigungen nach Maßgabe des § 17 Abs. 1 KSchG zu erklären, ist er gem. **§ 17 Abs. 2** verpflichtet, dem Betriebsrat zweckdienliche Auskünfte zu erteilen und nach Maßgabe des **Abs. 2 Nr. 1 bis 6 rechtzeitig schriftlich zu unterrichten**. Im Übrigen haben beide Betriebsparteien die Möglichkeiten zu **beraten**, Entlassungen (Kündigungen) zu vermeiden oder einzuschränken und ihre Folgen zu mildern. Gemäß **Art. 2 RL 98/59/EG** trifft den Arbeitgeber im Falle beabsichtigter Massenentlassungen die Pflicht, die Arbeitnehmervertreter rechtzeitig zu konsultieren. Im Verlauf der Konsultation hat der Arbeitgeber die **gleichen Unterrichtungspflichten** wie gem. § 17 Abs. 2 KSchG zu erfüllen (Art. 2 Abs. 3 RL 98/59/EG). Ebenso trifft den Arbeitgeber die **Pflicht zur Beratung mit den gleichen Zielen** wie gem. § 17 Abs. 2 in Form **sozialer Begleitmaßnahmen**, die insbes. Hilfen für eine anderweitige Verwendung oder Umschulung der entlassenen Arbeitnehmer ermöglichen sollen. Neben diesen Beteiligungspflichten aus den nationalen und den europarechtlichen Massenentlassungsvorschriften bestehen bei Vorliegen der Voraussetzungen für die einzelnen Vorschriften noch **betriebsverfassungsrechtliche Unterrichtungs-, Anhörungs- und weitere Beteiligungspflichten** gegenüber dem Betriebsrat (s.u. Rz 66 ff.). Zum Teil können Unterrichtungs- und Beratungspflichten aus massenentlassungsrechtlichen- und betriebsverfassungsrechtlichen Vorschriften zusammentreffen und in einem Akt erfüllt werden (s.u. Rz 70 f.).

55a In **betriebsratslosen Betrieben** entfällt die Beteiligung des Betriebsrates. Beabsichtigt der Arbeitgeber, einen zunächst noch betriebsratslosen Betrieb stillzulegen und wird dann ein Betriebsrat gewählt, so ist der Arbeitgeber zu allen gesetzlichen Beteiligungsformen (§§ 111 ff. BetrVG) und der Unterrichtung gem. § 17 KSchG verpflichtet, wenn bis zum Zeitpunkt der Konstituierung des Betriebsrats noch nicht alle zur Stilllegung des Betriebs notwendigen Rechtshandlungen vorgenommen sind (*LAG BW* 14.3.1990 LAGE § 98 ArbGG 1979 Nr. 20). Wird die Entscheidung über die Massenentlassung nicht in dem betroffenen Betrieb, sondern in einer für Einstellungen und Entlassungen zuständigen gesonderten Einheit getroffen, ändert dies nichts an der Unterrichtungspflicht des Arbeitgebers (*EuGH* 7.12.1995 EzA § 17 KSchG Nr. 5).

55b Soweit **leitende Angestellte**, die definitorisch durchaus unter die Regelung gem. § 5 Abs. 3 BetrVG fallen können, aber gem. § 17 Abs. 5 KSchG von der Regelung gem. § 17 Abs. 1 und 2 KSchG ausgenommen sind (s.a. Rz 30), von einer Massenentlassung betroffen werden, hat der Arbeitgeber für diesen Personenkreis seine Unterrichtungs- und Beratungspflichten entsprechend der Regelung gem. § 17 Abs. 2 KSchG **gegenüber dem Sprecherausschuss gem. §§ 31, 32 SprAuG** wahrzunehmen. Diese analoge Anwendung gebietet einmal die Vorgabe aus der Richtlinie 98/59/EG, zum anderen hat der deutsche Gesetzgeber dieses nationale Regelungsdefizit offenbar versehentlich noch nicht behoben (Ergebnis wie hier: *v. Hoyningen-Huene/Linck* Rz 46; *HK-Hauck* Rz 29; *Löwisch/Spinner* Rz 39; *Wißmann* RdA 1998, 221, 224; *Rumler* S. 247; **aA** für Beteiligung des Betriebsrates: *KDZ-Kittner* Rz 30; *APS-Moll* Rz 57; *Kleinbrink* FA 2000, 366; weder Betriebsrat noch Sprecherausschuss: *HaKo-Pfeiffer* Rz 50). Für die Beteiligung des Sprecherausschusses nach den in § 17 Abs. 2 vorgeschriebenen Maßgaben spricht auch die gegenüber dem gleichen Gremium bestehende Verpflichtung des Arbeitgebers gem. § 31 Abs. 2 SprAuG zur Anhörung bei Einzelkündigungen. Bei Vorliegen der Voraussetzungen ist der Arbeitgeber

II. Die Unterrichtungs- und Beratungspflicht gegenüber dem Betriebsrat gem. § 17 Abs. 2 KSchG

1. Funktion, Form, Frist

Die Pflicht zur Unterrichtung des Betriebsrates dient dazu, diesen in die Lage zu versetzen, »konstruktive Vorschläge unterbreiten zu können« (Art. 2 Abs. 3 1. Hs. RL 98/59/EG im Hinblick auf die Beratungsziele vgl. Rz 8, 61). Für die Unterrichtung ist die Schriftform (§ 126 BGB) vorgeschrieben (§ 17 Abs. 2 S. 1 KSchG). Eine lediglich mündliche Unterrichtung genügt nicht, denn der Betriebsrat ist bei nur mündlicher Unterrichtung nicht verpflichtet, eine Stellungnahme abzugeben (s.a. Rz 65; *Marschall* DB 1978, 982). Die Stellungnahme des Betriebsrats ist Wirksamkeitsvoraussetzung für die Anzeige (§ 17 Abs. 3 S. 2 KSchG). 56

Die Unterrichtung hat **rechtzeitig** vor den beabsichtigten Kündigungen zu erfolgen. Der Gesetzgeber hat nicht näher festgelegt, was rechtzeitig in diesem Sinne ist. Nach § 17 Abs. 3 S. 3 KSchG ist die Anzeige jedoch dann wirksam, wenn eine Stellungnahme des Betriebsrats zwar nicht vorliegt, der Arbeitgeber aber glaubhaft machen kann, dass er den **Betriebsrat mindestens zwei Wochen vor Erstattung der Anzeige nach § 17 Abs. 2 KSchG unterrichtet hat**. Daraus lässt sich folgern, dass eine Unterrichtung idR mindestens zwei Wochen vor den beabsichtigten Kündigungen zu erfolgen hat, soll sie rechtzeitig sein (ebenso *v. Hoyningen-Huene/Linck* Rz 48; KDZ-*Kittner* Rz 31). Der Betriebsrat ist zwar nicht gehindert, schneller zu reagieren, und sollte dies nach Möglichkeit tun. Der Arbeitgeber muss sich aber darauf einstellen, dass der Betriebsrat schweigt, er also die Zweiwochenfrist abwarten muss. 57

Eine **Durchschrift der Mitteilung an den Betriebsrat** hat der Arbeitgeber gleichzeitig **der AfA zuzuleiten**, § 17 Abs. 3 S. 1 KSchG. Die Abschrift für die AfA hat mindestens die in § 17 Abs. 2 S. 1 Nrn. 1 bis 5 vorgeschriebenen Angaben zu enthalten. Gleichzeitig heißt hier, gleichzeitig mit der Benachrichtigung des Betriebsrats, nicht gleichzeitig mit der Anzeige (wie hier wohl auch *Löwisch/Spinner* Rz 45; *Löwisch* NJW 1978, 1237; *Marschall* DB 1978, 983; vgl. auch Begr. RegE, BT-Drucks. 8/1041, S. 5). Für die gegenteilige Auffassung gibt schon der Gesetzeswortlaut keinen Anhaltspunkt. Die gleichzeitig mit der Benachrichtigung erfolgende Information der AfA hat auch einen guten Sinn, da auf diese Weise bereits vor der dann erfolgenden Anzeige die AfA frühzeitig über zu erwartende Änderungen auf dem Arbeitsmarkt unterrichtet wird und ggf. sozialrechtliche Maßnahmen zur Milderung der Folgen der Massenentlassung vorbereiten kann. 59

2. Inhalt der Unterrichtung

Gem. § 17 Abs. 2 S. 1 Nrn. 1–6 KSchG ist der Arbeitgeber verpflichtet, neben allgemein zweckdienlichen Auskünften den Betriebsrat insbes. schriftlich zu unterrichten über **(1.)** die Gründe für die geplanten Kündigungen, **(2.)** die Zahl und die Berufsgruppen der zu kündigenden Arbeitnehmer, **(3.)** die Zahl und die Berufsgruppen der idR beschäftigten Arbeitnehmer, **(4.)** den Zeitraum, in dem die Kündigungen vorgenommen werden sollen, **(5.)** die vorgesehenen Kriterien für die Auswahl der zu kündigenden Arbeitnehmer, **(6.)** die für die Berechnung etwaiger Abfindungen vorgesehenen Kriterien. Dieser Katalog entspricht den Mitteilungspflichten gem. Art. 2 Abs. 3 RL 98/59/EG und weicht kaum ab von den Unterrichtungspflichten des Arbeitgebers aus betriebsverfassungsrechtlichen Normen, wenn er einen Personalabbau beabsichtigt (zum Zusammentreffen mehrerer Unterrichtungspflichten s.u. Rz 70 f.), sowohl bei kollektiven Maßnahmen (zB § 92, §§ 111 ff. BetrVG) als auch bei Einzelmaßnahmen (§ 102 BetrVG). Insofern geht die gesetzliche Neuregelung v. 20.7.1995 in § 17 Abs. 2 S. 1 KSchG über die bereits bestehenden Unterrichtungspflichten des Arbeitgebers gegenüber dem Betriebsrat nicht hinaus. 60

Der Arbeitgeber hat gem. **Nr. 1** über die **Gründe** für die geplanten Kündigungen zu unterrichten. Er hat im Einzelnen den Sachverhalt darzulegen, der ihn zu den Kündigungen veranlasst (ErfK-*Kiel* Rz 20). Für die Unterrichtung gem. § 17 Abs. 2 S. 1 KSchG ist es unerheblich, ob es sich um betriebs-, personen- oder verhaltensbedingte Gründe für die Massenentlassung handelt (vgl. Rz 47, 82). Im Übrigen kann der Maßstab gem. § 102 BetrVG (vgl. KR-*Etzel* § 102 BetrVG Rz 62 ff.) herangezogen werden. 60a

Ferner ist gem. **Nr. 2** über die Zahl und die **Berufsgruppen** der zu entlassenden Arbeitnehmer (zu leitenden Angestellten s.o. Rz 55b) zu unterrichten. Bei der Anzahl ist zu beachten, dass neben den Kün- 60b digungen auch die anderen vom Arbeitgeber veranlassten Beendigungen der Arbeitsverhältnisse zu berücksichtigen sind (§ 17 Abs. 1 S. 2 KSchG). Die Angabe der Berufsgruppen erfolgt wegen des Zweckes der Regelungen zur Massenentlassung im KSchG (Rz. 7 f.) sinnvollerweise gem. der oder in Anlehnung an die Datenbank für Ausbildungs- und Tätigkeitsbeschreibungen der BA, die im Internet unter www.berufenet.de zu finden ist. Nach der Systematik der Berufsbereiche (1) Pflanzenbauer, Tierzüchter, Fischereiberufe; (2) Bergleute, Mineralgewinner; (3) Fertigungsberufe; (4) Technische Berufe; (5) Dienstleistungsberufe werden unter 19 Berufsklassen und -abschnitten die bekannten Berufe gegliedert und im Einzelnen beschrieben.

60c Die Unterrichtung über die **Zahl und die Berufsgruppen der idR beschäftigten Arbeitnehmer (Nr. 3)** erfolgt ebenso nach den vorgenannten Grundsätzen (s.o. Rz 60b).

60d Die Angabe des **Zeitraums gem. Nr. 4,** in dem die Kündigungen vorgenommen werden sollen, bezieht sich auf diejenigen Daten, zu denen die Arbeitsverhältnisse gekündigt werden sollen (vgl. auch KR-*Etzel* § 102 BetrVG Rz 59 f.).

60e Bei den **Kriterien gem. Nr. 5,** die der Arbeitgeber für die **Auswahl der zu kündigenden Arbeitnehmer** vorsieht, stehen fachliche, persönliche, soziale und betriebliche Gesichtspunkte im Vordergrund. Bei den sozialen Belangen werden Lebensalter, Dauer der Betriebszugehörigkeit und persönliche Vermögenssituation, bei den fachlichen Belangen die Kompetenz bzw. Erforderlichkeit der Arbeitnehmer für das Unternehmen von Bedeutung sein. Hierzu kann auf die Grundsätze zur sozialen Auswahl bei betriebsbedingten Kündigungen gem. § 1 Abs. 3 KSchG sowie die Grundsätze zu den Auswahlrichtlinien gem. § 95 BetrVG (vgl. GK-BetrVG/*Kraft/Raab* § 95 Rz 2, 10 f. 27 ff.) verwiesen werden.

60f Gem. **Nr. 6** hat der Arbeitgeber die für die **Berechnung etwaiger Abfindungen vorgesehenen Kriterien** anzugeben. § 17 Abs. 2 S. 1 Nr. 6 KSchG ist in das Gesetz aufgenommen worden, weil nicht jede Massenentlassung iSd § 17 Abs. 1 KSchG zugleich einen die Sozialplanpflicht auslösenden Personalabbau zur Folge haben muss (BT-Drucks. 13/668 S. 14). Liegt allerdings eine sozialplanpflichtige Betriebsänderung vor, **genügt der Arbeitgeber seiner Unterrichtungspflicht, wenn er wegen der Kriterien für die Berechnung von Abfindungen lediglich bezugnehmend auf § 112 Abs. 5 S. 1 BetrVG auf den noch abzuschließenden Sozialplan hinweißt** (*BAG* 18.9.2003 EzA § 17 KSchG Nr. 11). Dies entspricht der Vorgabe gem. Art. 2 Abs. 3 b vi RL 98/59/EG, wonach die Auskunftspflicht des Arbeitgebers unter dem Vorbehalt steht, dass ihm nach innerstaatlichen Rechtsvorschriften und/oder Praktiken die Zuständigkeit über die Berechnungsmethoden für Abfindungen zusteht. Da er dafür nicht die alleinige Kompetenz hat, sondern die Einigungsstelle gem. § 112 Abs. 4 und 5 BetrVG darüber entscheidet, ist der Arbeitgeber insoweit von seiner Auskunftspflicht entbunden (*BAG* 30.3.2004 **EzA § 113 BetrVG 2001 Nr. 4;** *Franzen* ZfA 2006, 437). Als Anhaltspunkt können die Grundsätze, wie sie zur Abfindungsberechnung gem. § 10 KSchG entwickelt wurden (vgl. KR-*Spilger* § 10 KSchG Rz 45 ff.), in Betracht kommen.

3. Beratung mit dem Betriebsrat

61 Die Beratungspflicht von Arbeitgeber und Betriebsrat bezieht sich auf **Möglichkeiten, Entlassungen zu vermeiden, einzuschränken, in ihren Auswirkungen zu mildern** (§ 17 Abs. 2 S. 2 KSchG), und zwar durch **soziale Begleitmaßnahmen,** die insbes. Hilfen für eine anderweitige Verwendung oder Umschulung der zu kündigenden Arbeitnehmer zum Ziel haben (Art. 2 Abs. 2 RL 98/59/EG). Der Betriebsrat soll durch die Beratung (RL 98/59/EG: »Konsultation«) auf die vom Arbeitgeber geplanten Massenentlassungen **Einfluss nehmen** und die Folgen für die betroffenen Arbeitnehmer mildern können. Denkbar sind zB Vorschläge zur Beschäftigungssicherung (§ 92a BetrVG), anderweitige Beschäftigung und Qualifizierungsmaßnahmen. Soweit die Voraussetzungen gem. § 111 S. 2 BetrVG vorliegen, kann der Betriebsrat einen **Berater** hinzuziehen (vgl. Art. 2 Abs. 2 S. 2 RL 98/59/EG).

62 Die Beratung hat rechtzeitig zu erfolgen. Der Arbeitgeber hat seine Beratungspflicht erfüllt, wenn er mit **ernsthaftem Willen, zu einer Einigung zu gelangen** (Art. 2 Abs. 1 RL 98/59/EG; vgl. auch § 74 Abs. 1 S. 2 BetrVG), die Verhandlungsgegenstände gem. § 17 Abs. 2 S. 2 KSchG und Art. 2 Abs. 2 S. 1 RL 98/59/EG mit dem Betriebsrat erörtert hat. Merkmale für von ernsthaftem Willen getragene Verhandlungen bieten die Regelungen gem. § 92a Abs. 2 S. 2 und 3 BetrVG. Zwar sieht die Regelung gem. Art. 2 Abs. 1 RL 98/59/EG die Beratungspflicht vor »um zu einer Einigung zu gelangen« aber es besteht **kein Zwang zur Einigung** (*BAG* 30.3.2004 EzA § 113 BetrVG 2001 Nr. 4; *Franzen* ZfA 2006, 437 mwN; *Bauer/Krieger/Powietzka* BB 2006, 2023); zumal da auch nur Möglichkeiten der Vermeidung von Kündigungen bzw. der Milderung der Folgen zu beraten sind. Das **»Ende des Konsultationsverfahrens«** (vgl. 2. Leit-

Anzeigepflicht § 17 KSchG

satz *EuGH* 21.1.2005, s.o. Rz 6k ff.) ist begrifflich nicht iS eines prozessualen Verfahrensabschlusses, sondern als **Erfüllung der Beratungspflicht** zu verstehen (*Giesen* SAE 2006, 135). Weder aus § 17 Abs. 2 S. 2 KSchG noch aus Art. 2 RL 98/59/EG ergibt sich das Erfordernis eines formalen Abschlusses der Verhandlungen (*Klumpp* NZA 2006, 703). Der EuGH unterstreicht selbst, »dass Art. 2 eine Verpflichtung zu Verhandlungen begründet« (*EuGH* 27.1.2005 EzA § 17 KSchG Nr. 13, Anm. 43), eine Verpflichtung zu einer Einigung wird nicht verlangt. Somit kann das Ergebnis der Verhandlungen sowohl in einer Übereinkunft als auch im Scheitern liegen. Nach Wortlaut, Systematik und Zweck der RL 98/59/EG steht die Beurteilungskompetenz bzgl. des Scheiterns der Verhandlungen dem Arbeitgeber zu (*Franzen* aaO); denn er bleibt frei in seiner Entscheidung, ob er Massenentlassungen durchführen will (*Franzen* aaO m. Nachw. der *EuGH*-Rspr.). Nicht erforderlich für das »Ende des Konsultationsverfahrens« vor Massenentlassungen (Kündigungen) ist die Durchführung eines Einigungsstellenverfahrens gem. § 112 Abs. 4 BetrVG; denn dieses ersetzt die – gescheiterten – Verhandlungen und endet in einer – europarechtlich nicht vorgesehenen – Zwangseinigung (Rspr. des *BAG*: 30.3.2004 aaO; 18.9.2003 EzA § 17 KSchG Nr. 11; 20.11.2001 EzA § 113 BetrVG 1972 Nr. 29; *Klumpp* aaO; *Giesen* aaO; *Nicolai* NZA 2005, 206; *Franzen* aaO mwN; *Kleinebrink* FA 2005, 130; *Leuchten/Lipinski* NZA 2003, 1361; *Dzida/Hohenstatt* DB 2006, 1897; 1900; *Ferme/Lipinski* NZA 2006, 937; **aA** *ArbG Bln.* 21.2.2006 [Vorlagebeschluss *EuGH*] LAGE § 17 KSchG Nr. 4; Rücknahme dieses Vorlageverfahrens *ArbG Bln.* 26.7.2006 – 37 Ca 8899/06; *Wolter* AuR 2005, 135; *Hinrichs* S. 160 ff.).

4. Folgen

Die Durchführung der Unterrichtung des Betriebsrates und des Beratungsverfahrens mit dem Betriebsrat sind eine Voraussetzung sowohl für die Erstattung der Massenentlassungsanzeige gem. § 17 Abs. 1 und 3 KSchG als auch für die Kündigung der Arbeitsverhältnisse. **Massenentlassungen (Kündigungen)** dürfen vom Arbeitgeber erst ausgesprochen werden, wenn das Beratungsverfahren mit dem Betriebsrat durchgeführt ist (*EuGH* 27.1.2005 EzA § 17 KSchG Nr. 13, Anm. 45). Das folgt aus dem Sinn und Zweck sowie einer richtlinienkonformen Auslegung der Massenentlassungsvorschriften (s.o. Rz 32a ff.). Zu den Folgen einer erklärten Kündigung, wenn das Beratungsverfahren noch nicht durchgeführt s.u. Rz 101 ff. 63

Für die **wirksame Erstattung der Massenentlassungsanzeige** schreiben weder die Regelungen gem. § 17 Abs. 1 KSchG noch gem. Art. 3 RL 98/59/EG vor, dass vor dem Zeitpunkt der Anzeige das Beratungsverfahren zwischen Arbeitgeber und Betriebsrat abgeschlossen sein müsse (s.a. Rz 62). Wirksam erstattet ist die Anzeige gem. § 17 Abs. 3 KSchG, wenn der AfA eine Abschrift der Mitteilung an den Betriebsrat gem. § 17 Abs. 2 vorliegt und der Arbeitgeber schriftlich die Angaben gem. Abs. 1 unter Beifügung der Stellungnahme des Betriebsrates zu den beabsichtigten Kündigungen eingereicht hat. Die Anzeige ist aber auch dann wirksam erstattet, wenn keine Stellungnahme des Betriebsrates vorliegt, der Arbeitgeber es glaubhaft macht (s.u. Rz 95), dass er mindestens zwei Wochen vor Erstattung der Anzeige den Betriebsrat gem. Abs. 2 S. 1 unterrichtet hat, und der AfA auch den Stand der Beratung darlegt. Darlegung des Beratungsstandes bedeutet, über angebotene, vereinbarte und durchgeführte Beratungstermine zu berichten. **Die Beratungen müssen aber noch nicht abgeschlossen sein, um die Massenentlassungsanzeige wirksam erstatten zu können,** (*LAG Hmb.* 20.9.2002 – 6 Sa 95/01, nv; *Löwisch* RdA 1997, 80; *Wißmann* RdA 1998, 226; *Giesen* SAE 2006, 135; *Franzen* ZfA 2006, 437; *Bauer/Krieger/Powietzka* BB 2006, 2023; **aA** *Wolter* AuR 2005, 135). Damit wird möglichen sachwidrigen Verhandlungstaktiken entgegen gewirkt, die dem Verhandlungszweck zuwiderlaufen würden, sei es durch die Arbeitnehmerseite, die versucht sein könnte, durch Verzögerungen der Beratungen die Massenentlassungen hinauszuschieben, sei es durch den Arbeitgeber, der bestrebt sein könnte, die Verhandlungen zum Zwecke einer kurzfristigen Massenentlassungsanzeige unangemessen kurz zu halten (*Giesen* aaO; vgl. dazu auch *Löwisch* GPR 2005, 150, 152). 64

Zur Durchsetzung der Verpflichtung zu Konsultationen des Arbeitgebers mit dem Betriebsrat gem. Art. 2 Abs. 1 RL 98/59/EG haben die Mitgliedsstaaten der EU gem. dem 12. Erwägungsgrund der RL dafür Sorge zu tragen, dass administrative und/oder gerichtliche Verfahren zur Verfügung gestellt werden. 64a

Sanktionen gegen Pflichtverletzungen müssen nach materiellen und Verfahrensvorschriften geahndet werden, die denjenigen für vergleichbare Verstöße gegen nationales Recht entsprechen, und sie müssen wirksam, verhältnismäßig und abschreckend sein (vgl. *EuGH* 8.6.1994 – Rs C 383/92 – *Komm. vs. UK*, Slg. 1994, I 2479, 2494). Der deutsche Gesetzgeber sieht entsprechend diesen Vorgaben procedural und materiellrechtlich angemessene Sanktionen vor: Einerseits werden bei der Verletzung von 64b

§ 17 KSchG   Anzeigepflicht

Unterrichtungs- und Beratungsrechten des Betriebsrates bei Betriebsänderungen iSd § 111 BetrVG, wie sie regelmäßig Massenentlassungen zugrunde liegen, den betroffenen Arbeitnehmern gem. § 113 BetrVG Ansprüche auf Ausgleich der Nachteile (anders als bei der Mitbestimmung gem. § 87 BetrVG) eröffnet. Kommt ein **Nachteilsausgleich** in Frage, kann dieser auf etwaige Sozialplanansprüche angerechnet werden (*Leuchten/Lipinski* NZA 2003, 1361; krit. *Wißmann* aaO, *Löwisch* RdA 1997, 84; **aA** *LAG Hmb.* 20.9.2002 – 6 Sa 95/01). Angesichts dieser Sanktion aus dem BetrVG ist für einen Unterlassungsanspruch des Betriebsrates, im Wege einer einstweiligen Verfügung alle auf eine Umsetzung der Massenentlassung gerichteten Maßnahmen gerichtlich untersagen zu lassen, kein Raum (*Leuchten/Lipinski* aaO; ähnl. ErfK-*Kania* § 111 BetrVG Rz 24; *Fitting* § 111 BetrVG Rz 131 ff. mwN zum Streitstand; **aA** *LAG Hmb.* aaO). Im Übrigen wird auf die Rechtsfolge der Unwirksamkeit der Kündigungen in der Folge der richtlinienkonformen Auslegung der §§ 17 ff. KSchG verwiesen (s.u. Rz 101 ff.).

65 **Unschädlich** kann ein Verstoß gegen die **Formvorschriften** des § 17 Abs. 2 KSchG sein. Unterrichtet der Arbeitgeber den Betriebsrat nur mündlich, erteilt dieser aber trotzdem eine Stellungnahme, sind die Anforderungen des § 17 Abs. 3 S. 2 KSchG erfüllt (*LAG Hamm* 6.6.1986 LAGE § 17 KSchG Nr. 2; KDZ-*Kittner* Rz 32; HaKo-*Pfeiffer* Rz 53). Allerdings kann der Arbeitgeber bei einer mündlichen Unterrichtung und Schweigen des Betriebsrats sich nicht darauf berufen, der Betriebsrat sei mindestens zwei Wochen vor der Anzeige unterrichtet worden. § 17 Abs. 3 S. 3 KSchG verlangt eine Unterrichtung nach § 17 Abs. 2 S. 1 KSchG – also eine schriftliche Unterrichtung (s.a. Rz 57). Ein Verstoß gegen die Pflicht, der AfA eine Durchschrift der Mitteilung an den Betriebsrat zuzuleiten (§ 17 Abs. 3 S. 1 KSchG), hat keinen Einfluss auf die Wirksamkeit der Anzeige. Die AfA kann aber bei ihrer Entscheidung über eine etwaige Verkürzung oder Verlängerung der Sperrfrist nach § 18 KSchG dieses Verhalten des Arbeitgebers berücksichtigen. Darüber hinaus hat die rechtzeitige Unterrichtung der AfA Bedeutung auch für die dem Arbeitgeber ggf. obliegende Glaubhaftmachung gem. § 17 Abs. 3 S. 3 KSchG (s.u. Rz 95).

III. Unterrichtungspflichten nach betriebsverfassungsrechtlichen Vorschriften

1. Einzeltatbestände

66 Eine **Unterrichtungspflicht** des Arbeitgebers gegenüber dem Betriebsrat über geplante Kündigungen kann sich auch **aus betriebsverfassungsrechtlichen Normen** ergeben. Gem. § 92 Abs. 1 BetrVG hat der Arbeitgeber den Betriebsrat über die Personalplanung, insbes. über den gegenwärtigen und künftigen Personalbedarf sowie über die sich daraus ergebenden personellen Maßnahmen anhand von Unterlagen rechtzeitig und umfassend zu unterrichten. Er hat mit dem Betriebsrat über Art und Umfang der erforderlichen Maßnahmen und über die Vermeidung von Härten zu beraten (§ 92 Abs. 1 S. 2 BetrVG).

67 Gem. **§ 102 Abs. 1 BetrVG** hat der Arbeitgeber den Betriebsrat vor Ausspruch einer Kündigung zu hören unter Mitteilung der Gründe für die Kündigung (die Anhörungsfrist verlängert sich bei einer Massenentlassung grds. nicht, *BAG* 14.8.1986 EzA § 102 BetrVG 1972 Nr. 69; s.o. Rz 62c sowie iE KR-*Etzel* § 102 BetrVG). Im Falle der anzeigepflichtigen Eigenkündigung des Arbeitnehmers (s.o. Rz 39) entfällt die Anhörung des Betriebsrats nach § 102 BetrVG.

68 Besteht in dem Betrieb ein **Wirtschaftsausschuss** nach § 106 BetrVG, kann auch insoweit eine Unterrichtungspflicht in Frage kommen. Der Arbeitgeber hat den Wirtschaftsausschuss rechtzeitig und umfassend über die wirtschaftlichen Angelegenheiten des Unternehmens zu unterrichten sowie die sich daraus ergebenden Auswirkungen auf die Personalplanung, § 106 Abs. 2 BetrVG. Unter diese Angelegenheiten können Massenentlassungen fallen (*BAG* 14.2.1978 EzA § 102 BetrVG 1972 Nr. 33 [Nr. 5 der Gründe]).

69 Eine weitere Unterrichtungspflicht bestimmt **§ 111 BetrVG**. In Betrieben mit idR mehr als 20 wahlberechtigten Arbeitnehmern hat der Arbeitgeber den Betriebsrat über geplante Betriebsänderungen, die wesentliche Nachteile für die Belegschaft oder erhebliche Teile der Belegschaft zur Folge haben können, rechtzeitig und umfassend zu unterrichten und die geplanten Änderungen mit dem Betriebsrat zu beraten, § 111 S. 1 BetrVG. Als **Betriebsänderungen in diesem Sinne gelten (1.)** Einschränkungen und Stilllegung des ganzen Betriebs oder von wesentlichen Betriebsteilen, **(2.)** Verlegung des ganzen Betriebs oder von wesentlichen Betriebsteilen, **(3.)** Zusammenschluss mit anderen Betrieben oder die Spaltung von Betrieben, **(4.)** grundlegende Änderungen der Betriebsorganisation, des Betriebszwecks oder der Betriebsanlagen, **(5.)** Einführung grundlegend neuer Arbeitsmethoden und Fertigungsverfahren, **(6.)** Personalabbau ohne Verringerung der sächlichen Betriebsmittel in der Größenordnung der Zahlen- und Prozentangaben des § 17 Abs. 1 KSchG ohne Beschränkung auf 30 Kalendertage (*BAG*

22.5.1979 EzA § 111 BetrVG 1972 Nr. 6 und 7; s.o. Rz 54a). Insbesondere Einschränkungen und Stilllegungen des Betriebes sind idR notwendigerweise mit Entlassungen verbunden, so dass die Anwendung der §§ 17 ff. KSchG in Frage steht. Das kann aber auch für die anderen in § 111 S. 2 BetrVG genannten Tatbestände gelten (vgl. *BAG* 14.2.1978 EzA § 102 BetrVG 1972 Nr. 33).

2. Zusammentreffen mehrerer Unterrichtungspflichten

Trifft die Unterrichtungspflicht des § 17 Abs. 2 KSchG mit einer der vorstehend genannten Pflichten **zusammen**, ist nicht zwingend erforderlich, dass der Arbeitgeber jeweils **getrennte** Verfahren gegenüber dem Betriebsrat einhält. Zulässig und aus Zweckmäßigkeitsgründen häufig angebracht ist die **Verbindung** der einzelnen Verfahren. Eine Unterrichtung über geplante Kündigungen kann daher sowohl den Tatbestand des § 17 Abs. 2 KSchG als auch einen der genannten betriebsverfassungsrechtlichen Tatbestände erfüllen (so ausdrücklich Begr. zum RegE, BT-Drucks. 8/1041, S. 5; *Marschall* DB 1978, 982; vgl. auch zu einer ähnlichen Problematik *BAG* 3.11.1977 AP Nr. 1 zu § 75 BPersVG). **Der Arbeitgeber muss allerdings in jedem Fall klar zu erkennen geben, welche Pflichten er im Einzelnen mit seiner Unterrichtung erfüllen will** (*BAG* 3.11.1977 aaO; *Marschall* aaO). 70

Zu berücksichtigen ist ferner, dass die Unterrichtung ggf. verschiedenen **inhaltlichen Anforderungen** unterliegen kann. Die Anhörung nach § 102 BetrVG erfolgt zu bestimmten Kündigungen eines namentlich zu benennenden Arbeitnehmers. Erforderlich sind individuelle Hinweise, die bei § 17 Abs. 2 KSchG nicht vorausgesetzt werden, dort genügt zunächst die Zahl der zu Entlassenden, ohne dass die Personen festgelegt werden müssten. 71

IV. Sonstige Unterrichtungspflichten (Europäischer Betriebsrat)

Die Verpflichtungen des Arbeitgebers gegenüber dem Betriebsrat zur Unterrichtung und Beratung über beabsichtigte Massenentlassungen gem. § 17 Abs. 2 KSchG bestehen neben etwaigen Pflichten gegenüber einem Europäischen Betriebsrat. Nach dem Europäischen Betriebsräte-Gesetz (EBRG) v. 28.10.1996 (BGBl. I S. 1548; zuletzt geändert durch das 4. EuroEinfG v. 21.12.2000 BGBl. I S. 2011), mit dem die Richtlinie 94/45/EG v. 22.9.1994 (ABlEG L 254 v. 30.9.1994, S. 64) umgesetzt wurde, bestehen **Unterrichtungs- und Anhörungspflichten** des Arbeitgebers gegenüber dem Europäischen Betriebsrat im Falle von Massenentlassungen. Diese Pflichten bestehen für gemeinschaftsweit tätige Unternehmen mit Sitz im Inland und für gemeinschaftsweit tätige Unternehmensgruppen mit Sitz des herrschenden Unternehmens im Inland (vgl. § 2 Abs. 1 EBRG mit weiteren Merkmalen für den Begriff der zentralen Leitung in Abs. 2) in zweifacher Hinsicht: Zum einen hat die zentrale Leitung den Europäischen Betriebsrat einmal im Kalenderjahr über die Entwicklung der Geschäftslage und die Perspektiven des gemeinschaftsweit tätigen Unternehmens oder der gemeinschaftsweit tätigen Unternehmensgruppe unter rechtzeitiger Vorlage der erforderlichen Unterlagen – insbes. auch über Massenentlassungen – zu unterrichten und ihn anzuhören (§ 32 Abs. 1 iVm Abs. 2 Nr. 10 EBRG). Zum anderen hat die zentrale Leitung die Verpflichtung zur rechtzeitigen Unterrichtung unter Vorlage der erforderlichen Unterlagen und zur Anhörung des Europäischen Betriebsrates im Falle von Massenentlassungen, weil diese gem. § 33 Abs. 1 Nr. 3 EBRG als außergewöhnliche Umstände mit erheblichen Auswirkungen auf die Interessen der Arbeitnehmer qualifiziert werden. Gemäß § 35 Abs. 1 EBRG hat der Europäische Betriebsrat den Betriebsräten in den Betrieben zu berichten. 71a

Wenn die Unterrichtung gem. § 33 Abs. 1 EBRG nicht, nicht richtig, nicht vollständig oder nicht rechtzeitig erfolgt, handelt der Arbeitgeber ordnungswidrig (§ 45 EBRG sieht bei Ordnungswidrigkeiten eine Geldbuße in Höhe von bis zu 15.000 Euro vor). 71b

D. Form und Inhalt der Anzeige

Für die schriftliche Anzeige gem. § 17 KSchG sind die Vordrucke »KSchG 2« (Anzeige von Entlassungen), »KSchG 2a« (Anlage zur Anzeige) und »KSchG 3« (Liste der zur Entlassung vorgesehenen Arbeitnehmer) über das Internet abrufbar. Im Übrigen hat die BA ein Merkblatt über anzeigepflichtige Entlassungen vorgelegt, das ebenfalls über das Internet abrufbar ist (Merkblatt 5: »Anzeigepflichtige Entlassungen«).

I. Anzeigepflichtiger

Zur Erstattung der Anzeige gem. § 17 Abs. 1 KSchG ist der **Arbeitgeber** verpflichtet. Dies ist bei natürlichen Personen der Betriebsinhaber bzw. ein von ihm bevollmächtigter Vertreter (*LAG Hamm* 72

21.5.1985 ZIP 1986, 246). Bei juristischen Personen obliegt die Anzeigepflicht den gesetzlichen, satzungsmäßigen bzw. gesellschaftsvertraglich bestimmten Vertretern. Im Falle eines Betriebsübergangs iSd § 613a BGB hat eine vom ehemaligen Betriebsinhaber erstattete Anzeige auch für den Betriebserwerber Bestand. Im Fall der Insolvenz ist der Insolvenzverwalter zur Erstattung der Anzeige verpflichtet. Demgegenüber sind Dritte wie zB der Betriebsrat nicht berechtigt, der AfA die Entlassungsanzeige zu erstatten (*BSG* 14.8.1980 AP Nr. 2 zu § 17 KSchG 1969 [LS 1]).

II. Form der Anzeige

72a Die Anzeige ist **schriftlich** zu erstatten, § 17 Abs. 3 S. 2 KSchG. Eine lediglich mündliche Anzeige ist unwirksam (vgl. ErfK-*Kiel* Rz 27; *Löwisch/Spinner* Rz 44). Sie ist vom Anzeigenden eigenhändig zu unterschreiben, § 126 BGB. In entsprechender Anwendung der zur Einlegung von Rechtsmitteln entwickelten Grundsätze wird man die Anzeige durch Telegramm als ausreichend erachten können (so auch *Löwisch/Spinner* aaO; *v. Hoyningen-Huene/Linck* Rz 67; APS-*Moll* Rz 97; vgl. auch *Thomas/Putzo* § 129 Rz 2b). Ausreichend zur Wahrnehmung der Schriftform ist das Telefax (*BAG* 24.9.1986 EzA § 594 ZPO Nr. 4; KDZ-*Kittner* Rz 40). Fotokopien bedürfen der eigenhändigen Unterschrift des Arbeitgebers.

73 Dabei ist jedoch zu beachten, dass **Wirksamkeitsvoraussetzung auch die Beifügung der Stellungnahme des Betriebsrats ist.** Besteht ein Betriebsrat, dürfte die telegrafische Anzeige daher wenig nützen, da erst mit Vorlage der Stellungnahme des Betriebsrats die Anzeige als erhoben angesehen werden kann (s.u. Rz 91 ff.).

74 Die Anzeige ist zu erheben bei **der AfA, in deren Bezirk der Betrieb gelegen ist;** ein etwa davon verschiedener Sitz des Unternehmens ist ohne Bedeutung. Eine bei der örtlich unzuständigen AfA erhobene Anzeige ist unwirksam. Sie wird wirksam erst mit dem **Eingang bei der örtlich zuständigen AfA** (*Dornbusch/Wolff* BB 2005, 885). Gegebenenfalls kann die AfA die Sperrfrist abkürzen, insbes. dann, wenn das Versehen des Arbeitgebers entschuldbar ist (vgl. KR-*Weigand* § 18 KSchG Rz 6, 7). Nach der DA KSchG der BA (Stand 7/2005, 17.04 Abs. 1 ist der Eingang der Anzeige dem Arbeitgeber unverzüglich, ggf. unter Hinweis auf noch fehlende Angaben, schriftlich zu bestätigen.

III. Zeitpunkt der Massenentlassungsanzeige

75 Die Anzeige über beabsichtigte Massenentlassungen (Kündigungen) iSd § 17 Abs. 1 KSchG kann der Arbeitgeber frühestens zwei Wochen **nach Unterrichtung und nach Beratung mit dem Betriebsrat**, aber er muss sie **vor Erklärung der beabsichtigten Kündigungen** erstatten. Der Zeitpunkt **nach** der Unterrichtung und **nach** Beratungen mit den Arbeitnehmervertretern ergibt sich aus der Regelung gem. § 17 Abs. 3 KSchG und Art. 3 Abs. 1 S. 3 RL 98/59/EG; denn die erforderlichen Angaben über die Konsultationen mit dem Betriebsrat vermag der Arbeitgeber gegenüber der AfA nur zu machen, wenn sie stattgefunden haben. Allerdings müssen die Beratungen noch nicht abgeschlossen sein, um eine wirksame Massenentlassungsanzeige bei der AfA erstatten zu können (s.a. Rz 62). Wenn dem Arbeitgeber eine Stellungnahme des Betriebsrates gem. § 17 Abs. 3 S. 2 KSchG nicht vorliegt, reicht es aus, wenn er gegenüber der AfA glaubhaft macht, mindestens zwei Wochen vor der Anzeige den Betriebsrat unterrichtet zu haben und die Beratungen bzw. Beratungsangebote dokumentiert. Schließlich sieht die RL vor, dass Konsultationen über den Akt der Anzeigenerstattung hinaus trilateral zwischen Arbeitgeber, Betriebsrat und AfA während der Frist gem. Art. 4 Abs. 1 RL 98/59/EG andauern können, denn nach Art. 3 Abs. 2 RL 98/59/EG hat der Arbeitgeber dem Betriebsrat eine Abschrift der Anzeige zu überlassen und der Betriebsrat kann sich im direkten Kontakt mit der AfA in das Verfahren zur Lösung der mit der Massenentlassung aufgeworfenen Probleme einschalten (*Franzen* ZfA 2006, 437).

76 Die Anzeige über beabsichtigte Massenentlassungen an die AfA hat der Arbeitgeber **vor** Erklärung der beabsichtigten Kündigungen zu erstatten (*EuGH* 27.1.2005 EzA § 17 KSchG Nr. 13; *BAG* 23.3.2006 EzA § 17 KSchG Nr. 16; s.o. Rz 6k ff.). Gemäß der Entscheidung des EuGH und dieser folgend des BAG ist die Kündigungserklärung des Arbeitgebers das Ereignis, das als Entlassung gelte (s.o. Rz 32a ff.). Sowohl aus dem Wortlaut in § 17 Abs. 1 S. 1 KSchG (Anzeige »bevor er ... entlässt«) und in Art. 3 Abs. 1 RL 98/59/EG (»Beabsichtigte Massenentlassungen«) als auch aus der ratio legis Art. 3 der Richtlinie (vgl. Rz 7) folge, dass vor der Anzeige die Entscheidung des Arbeitgebers über Kündigungen noch nicht gefallen sein dürfe.

77 Führt der Arbeitgeber **stufenweise Kündigungen** durch und werden bereits durchgeführte Kündigungen nachträglich anzeigepflichtig, weil die nach § 17 Abs. 1 KSchG anzeigepflichtige Zahl erst im Laufe der 30 Kalendertage erreicht wird, werden die ursprünglich wirksamen Kündigungen nunmehr

Anzeigepflicht § 17 KSchG

unwirksam. Der Arbeitgeber hat auch für diese Kündigungen das Beratungs- und Anzeigeverfahren durchzuführen und ist dann berechtigt, die Kündigungen nochmals zu erklären. Er wird auch die Unterrichtung des Betriebsrates gem. § 17 Abs. 2 KSchG durchzuführen haben, obwohl er bzgl. der ursprünglich unwirksamen Kündigungen den Betriebsrat bereits gem. § 102 Abs. 1 BetrVG angehört haben wird. Die Anzeige nachträglich nach der Erklärung der Kündigung zuzulassen (vgl. Voraufl. Rz 76), ist nach der Rspr. des EuGH 2005 und des BAG 2006 (s.o. Rz 6k ff., 32 ff.) nicht mehr möglich (*Hinrichs* S. 123 ff. *Dornbusch/Wolff* BB 2005, 885; *Bauer/Krieger/Powietzka* DB 2005, 445 halten bei »formalen Mängeln« ein Nachbessern der Anzeige für möglich; vgl. auch KR-*Weigand* § 18 Rz 17 f.).

1. Vorsorgliche Anzeige und Rücknahme der Anzeige

Die Anzeige kann auch **vorsorglich** erstattet werden (*BAG* 3.10.1963 AP Nr. 9 zu § 15 KSchG; ErfK-*Kiel* Rz 34; *Löwisch/Spinner* Rz 51; *v. Hoyningen-Huene/Linck* Rz 82; *Nikisch* I, S. 843, FN 16; SPV-*Preis* Rz 961). Das wird insbes. in Betracht kommen, wenn der Arbeitgeber – gerade unter Berücksichtigung der 30 Kalendertage – noch nicht übersehen kann, ob die kritische Grenze des § 17 Abs. 1 KSchG erreicht wird. Eine vorsorgliche Anzeige empfiehlt sich auch bei Ausspruch von Änderungskündigungen, wenn noch offen ist, ob die betroffenen Arbeitnehmer die Änderungen annehmen – es also gar nicht zu einer Beendigungskündigung kommt – oder ablehnen (s.o. Rz 41 f.). 78

Keine Bedenken bestehen gegen eine **Rücknahme der Anzeige** (ErfK-*Kiel* aaO; *Löwisch/Spinner* Rz 52; APS-*Moll* Rz 128; *v. Hoyningen-Huene/Linck* Rz 83). Allerdings ist für eine solche Rücknahme kaum ein Bedürfnis zu erkennen. Bleibt die Zahl der zunächst beabsichtigten Kündigungen unter der Anzahl der tatsächlich erklärten Kündigungen und unter der Grenze des § 17 Abs. 1 KSchG, entfaltet die erfolgte Anzeige keinerlei Wirkung. Insbesondere läuft keine Sperrfrist iSd § 18 KSchG für die noch durchgeführten Kündigungen an. Es steht im Belieben des Arbeitgebers, die Zahl der beabsichtigten Kündigungen so zu senken, dass er unter der Grenze des § 17 Abs. 1 KSchG bleibt und die Kündigungen ohne weiteres – unbeschadet des individuellen Kündigungsschutzes – vornehmen kann. Ein solches Verhalten ist nicht etwa eine Umgehung der Bestimmungen des Dritten Abschnitts. Die Erfassung aller Kündigungen innerhalb von 30 Kalendertagen will vielmehr gerade auch erreichen, dass die Kündigungen zeitlich auseinander gezogen werden, damit die stoßweise Belastung des Arbeitsmarktes entschärft wird (vgl. auch *BAG* 6.12.1973 EzA § 17 KSchG Nr. 1 [unter II 2a der Gründe]). 79

IV. Inhalt der Anzeige

1. Mussinhalt

Der **Inhalt der Anzeige** war vor dem Zweiten Gesetz zur Änderung des KSchG nicht näher festgelegt. Allgemein anerkannt war aber schon damals, dass zu den Mindesterfordernissen entsprechend dem Zweck der Anzeige die Angabe der Größe des Betriebes, der Zahl der zu entlassenden Arbeitnehmer, der Gründe der Entlassung gehörte (vgl. etwa *Nikisch* I, S. 842). Auch insoweit hat das Zweite Gesetz zur Änderung des KSchG in Anpassung an die EG-Richtlinie Klarheit gebracht, indem es die Voraussetzungen für die Wirksamkeit der Anzeige abschließend aufzählt (*v. Hoyningen-Huene/Linck* Rz 69). 80

a) Mindestangaben

Die Anzeige hat gem. § 17 Abs. 3 S. 4 KSchG die folgenden Angaben zu enthalten: 81
Angaben über den **Namen des Arbeitgebers,** Angaben über den **Sitz und die Art des Betriebes, die Gründe für die geplanten Kündigungen, die Zahl** und **die Berufsgruppen der zu kündigenden** und **der idR beschäftigten Arbeitnehmer, den Zeitraum, in dem die Kündigungen vorgenommen werden sollen und die vorgesehenen Kriterien für die Auswahl der zu kündigenden Arbeitnehmer.**

Die Angabe auch der **Gründe** für die beabsichtigten **Kündigungen** spielt zwar keine unmittelbare Rolle insoweit, als die Anzeigepflicht sich allgemein auf alle ordentlichen Kündigungen bezieht und nicht etwa die in der Person des Arbeitnehmers begründeten Kündigungen ausnimmt (s.o. Rz 47). Wenn der Arbeitgeber trotzdem zur Angabe der Gründe für die vorgesehenen **Kündigungen** verpflichtet ist, hat dies einen guten Sinn unter dem Gesichtspunkt, der Arbeitsverwaltung einen umfassenden Überblick zu geben etwa im Hinblick darauf, welche Maßnahmen zur Verhinderung der Massenentlassungen in Frage kommen, aber auch zur schnelleren Entscheidung über eine Abkürzung oder Verlängerung der Sperrfrist. 82

b) Folgen eines Verstoßes

83 **Fehlt einer der in § 17 Abs. 3 S. 4 KSchG aufgeführten Punkte, ist die Anzeige unwirksam.** § 17 Abs. 3 S. 4 KSchG ist **zwingend,** wie schon sein Wortlaut zeigt (so auch *Marschall* DB 1978, 982; *Pulte* BB 1978, 1269). Der Arbeitgeber kann die unterlassene Angabe nachholen. Die AfA sollte ihn auf die Unvollständigkeit der Anzeige hinweisen. Erst mit der Vervollständigung ist die Anzeige wirksam erhoben, läuft also auch die Sperrfrist des § 18 KSchG. **Vor dem Zeitpunkt der wirksamen Erstattung der Anzeige darf keine Kündigung erklärt werden.** Die AfA kann Härten insbes. bei entschuldbarem Versehen des Anzeigenden ausgleichen, indem sie die Sperrfrist abkürzt (vgl. auch KR-*Weigand* § 18 KSchG Rz 15). Die falsche Angabe der im Betrieb regelmäßig beschäftigten Arbeitnehmer führt nicht zur Unwirksamkeit der Anzeige, wenn die AfA dadurch bei ihrer sachlichen Prüfung nicht beeinflusst wurde (*BAG* 21.3.2001 EzA Art. 101 GG Nr. 5).

2. Sollinhalt der Anzeige

a) Sinn der Regelung

84 Neben die **Mussangaben** des § 17 Abs. 3 S. 4 KSchG treten die **Sollangaben des § 17 Abs. 3 S. 5 KSchG.** In der Anzeige **sollen für die Arbeitsvermittlung im Einvernehmen mit dem Betriebsrat Angaben über Geschlecht, Alter, Beruf und Staatsangehörigkeit der zu kündigenden Arbeitnehmer** (BA-Vordruck »KSchG 3« sollte verwendet werden) gemacht werden, um den AfA die Einleitung individueller Maßnahmen nach dem SGB III zu ermöglichen. Die Aufnahme dieser Bestimmung in das KSchG durch das Zweite Gesetz zur Änderung des KSchG war umstritten. Der Ausschuss für Wirtschaft hatte die ersatzlose Streichung der Vorschrift befürwortet (BT-Drucks. 8/1546, S. 7). Diese Empfehlung ist nicht angenommen worden. Um den Bedenken Rechnung zu tragen, wurde der Regierungsentwurf dahin erweitert, dass die Sollangaben im Einvernehmen mit dem Betriebsrat zu erfolgen haben (vgl. Bericht des Ausschusses für Arbeit und Sozialordnung, BT-Drucks. 8/1546, S. 8 sowie *v. Hoyningen-Huene/Linck* Rz 71).

85 Fehlen die in § 17 Abs. 3 S. 5 KSchG geforderten Angaben, führt das nicht zur Unwirksamkeit der Anzeige. Der Gesetzgeber hat die hier normierte Anzeigepflicht als **Sollbestimmung** gestaltet mit Rücksicht darauf, dass der Arbeitgeber unter Umständen nähere Angaben noch nicht machen kann (vgl. Begr. zum RegE BT-Drucks. 8/1041, S. 5). Die AfA kann allerdings in diesem Fall bei der Anhörung nach § 20 KSchG (s. KR-*Weigand* § 20 KSchG Rz 40 ff.) die unterlassenen Angaben erfragen und bei ungenügender Klärung ggf. die Sperrfrist verlängern.

b) Bindung des Arbeitgebers an Sollangaben

86 Enthält die Anzeige die in § 17 Abs. 3 S. 5 KSchG aufgeführten Sollangaben oder ggf. sogar noch darüber hinausgehende Angaben, stellt sich die Frage, ob und inwieweit der Arbeitgeber hierdurch **gebunden** ist, sich bei den dann durchzuführenden Kündigungen in diesem Rahmen zu halten. Das *BAG* hat insoweit noch zu § 15 KSchG aF den Standpunkt vertreten, dass in der Anzeige zwar nicht gesagt zu werden brauche, ob nur Arbeiter und Angestellte oder beide Arten von Arbeitnehmern gekündigt werden sollen. Wenn sich aber die Anzeige nur auf eine Art von Arbeitnehmern erstrecke, dürfe der Arbeitgeber die andere Art nicht in die Massenentlassung einbeziehen (*BAG* 6.10.1960 AP Nr. 7 zu § 15 KSchG mit zust. Anm. *Herschel*, dem BAG folgend etwa *Löwisch/Spinner* Rz 54; *v. Hoyningen-Huene/ Linck* Rz 72; *Nikisch* I, S. 842 , FN 12). Zur Begründung hat das BAG darauf verwiesen, dass so die Aufmerksamkeit und die Vorkehrungen der AfA nur in eine Richtung gelenkt werden und der Arbeitgeber verhindere, dass die AfA sich auch auf Kündigungen von Arbeitnehmern anderer Art einstelle. Auch der Zweck der Beratung mit dem Betriebsrat verliere seine Bedeutung, wenn der Arbeitgeber nachträglich ganz andere Gruppen von Arbeitnehmern entlassen könne. Wolle der Arbeitgeber eine solche Bindung verhindern, könne er den zusätzlichen Angaben hinzufügen, dass er durch sie nicht gebunden sein wolle, weil sich der vorläufige Plan für die **Kündigungen** noch ändern könne (*BAG* 6.10.1960 aaO).

87 Diese Rspr. hat auch nach der Neuregelung des KSchG ihre Bedeutung nicht verloren. Soweit es sich um die in § 17 Abs. 3 S. 5 KSchG enthaltenen Sollangaben handelt, sind diese **nicht Wirksamkeitsvoraussetzung** der Anzeige. Der Arbeitgeber kann die Anzeige ohne sie erstatten. Die Sachlage ist damit durchaus vergleichbar dem der Entscheidung des BAG zugrunde liegenden Sachverhalt. Der Gesetzgeber hat die Bestimmung lediglich als Sollbestimmung geschaffen, um den Fällen gerecht zu werden, in denen eine genaue Festlegung der zu nennenden Daten noch nicht erfolgen kann.

Legt sich der Arbeitgeber bei der Anzeige dennoch auf bestimmte Arbeitnehmergruppen fest, ohne einen entsprechenden Vorbehalt zu machen, muss die AfA aus den vorstehenden Erwägungen heraus darauf vertrauen dürfen, dass sie auch nur mit Arbeitslosen dieses Bereichs konfrontiert wird und sich entsprechend einstellen kann. Diese Bindung betrifft nicht nur das Verhältnis zwischen Arbeitern und Angestellten, sondern gilt auch für andere Fälle, in denen qualitativ andere Gruppen von Arbeitnehmern gekündigt werden, also zB die **Kündigung** von Facharbeitern angezeigt, aber die **Kündigung** von Hilfsarbeitern, oder die **Kündigung** von Frauen angezeigt, aber die **Kündigung** von Männern vollzogen wird (darauf weist zu Recht hin schon *Herschel* Anm. zu *BAG* aaO; vgl. auch *Löwisch/Spinner* aaO; *v. Hoyningen-Huene/Linck* aaO; **aA** *Schaub* § 142 IV 5; APS-*Moll* Rz 108; KassArbR-*Böck* 1.3 Rz 967; *Berscheid* AR-Blattei, SD 1020.2, Rz 212). Voraussetzung ist jedoch in jedem Fall eine nicht völlig unbedeutende Abweichung von der ursprünglichen Anzeige. Hat der Arbeitgeber die **Kündigung** von 30 weiblichen Arbeitnehmerinnen angezeigt, kündigt er aber schließlich nur 29 weibliche und einen männlichen Arbeitnehmer, dürften die Belange der Arbeitsverwaltung nicht ernstlich berührt werden. 88

Dem Arbeitgeber muss auch das Recht zustehen, wenn er schon der Sollvorschrift nachkommt, in Zweifelsfällen seine Angaben mit einem **Vorbehalt** zu versehen (*BAG* 6.10.1960 aaO; KDZ-*Kittner* Rz 45; APS-*Moll* Rz 109). Es obliegt der AfA dann im Anhörungsverfahren vor der endgültigen Entscheidung zu klären, welche Arten von Arbeitnehmern nun endgültig gekündigt werden sollen. Verzögerungen durch den Arbeitgeber gehen letztlich zu seinen Lasten, da die AfA die Sperrfrist verlängern kann. 89

Keine Bindung aus den nicht auf bestimmte einzelne Arbeitnehmer, sondern auf Gruppen von Arbeitnehmern zugeschnittenen Sollangaben wird man hingegen **für die Kündigung eines bestimmten Arbeitnehmers herleiten** dürfen. Eine solche Bindung ergibt sich insbes. nicht aus der einvernehmlichen Mitteilung der Daten an die AfA. Die Mitteilung der Sollangaben hat allein den Zweck, die Arbeitsvermittlung zu erleichtern. In ihr ist nicht ohne weiteres zugleich eine Vorentscheidung auch über die Individualmaßnahme zu sehen (so auch *Löwisch/Spinner* Rz 54; *Löwisch* NJW 1978, 1238). Der Arbeitgeber ist also gegenüber dem Betriebsrat nicht gebunden, bestimmte Arbeitnehmer zu kündigen und überhaupt Arbeitnehmer zu kündigen. Der Betriebsrat ist umgekehrt nicht gehindert, einzelnen durchzuführenden Kündigungen zu widersprechen. 90

3. Stellungnahme des Betriebsrats

a) Wirksamkeitsvoraussetzung

Der Anzeige beizufügen ist die **Stellungnahme des Betriebsrats**, der gem. § 17 Abs. 2 KSchG rechtzeitig vorher zu unterrichten war und mit dem die Möglichkeiten zu beraten waren, Kündigungen zu vermeiden oder einzuschränken und ihre Folgen zu mildern. Die wirksame Anzeige setzt voraus, dass Beratungen über die beabsichtigten Kündigungen zwischen Arbeitgeber und Betriebsrat (»Konsultationen« iSd Art. 2 Abs. 2 RL 98/59/EG) stattgefunden haben (s.o. Rz 56 ff.). Die Beifügung der Stellungnahme ist **Wirksamkeitsvoraussetzung** für die Anzeige (*BAG* 11.3.1999 EzA § 17 Nr. 8; *Löwisch/Spinner* Rz 45; *v. Hoyningen-Huene/Linck* Rz 73; ErfK-*Kiel* Rz 30; *Bieback* AuR 1986, 162; *LAG* Hamm 6.6.1986 LAGE § 17 KSchG Nr. 2). Das war bereits im früheren Recht überwiegend anerkannt (*BAG* 21.5.1970 AP Nr. 11 zu § 15 KSchG; *LAG* Düsseld. 20.3.1958 BB 1958, 559; **aA** *Herschel/Steinmann* § 15 Rz 5a). § 17 Abs. 3 S. 3 KSchG idF des Zweiten Gesetzes zur Änderung des KSchG bestätigt dies ausdrücklich, wenn es dort heißt, dass die Anzeige wirksam ist, wenn trotz Fehlens der Stellungnahme der Arbeitgeber die rechtzeitige Unterrichtung des Betriebsrats glaubhaft macht. Hat der Betriebsrat in seiner Stellungnahme der **Kündigung** der gesamten Belegschaft zugestimmt, so bedarf es bei weiteren Massenentlassungen keiner erneuten Stellungnahme (*LAG* Hamm 10.8.1982 DB 1983, 49). Gleichwohl ist der Betriebsrat nicht an dem Sozialgerichtsverfahren beteiligt, das über die Entscheidung der AfA aufgrund der §§ 18 ff. geführt wird (*BSG* 14.8.1980 AP Nr. 2 zu § 17 KSchG 1960 = SozR 1500 § 54 Nr. 44; s.a. KR-*Weigand* § 20 KSchG Rz 69 ff.). Wohl aber ist der Betriebsrat vor der Entscheidung des Massenentlassungsausschusses anzuhören (§ 20 Abs. 3; s. KR-*Weigand* § 20 KSchG Rz 40 ff.). Ein wirksamer **Interessenausgleich**, in dem zu kündigende Arbeitnehmer namentlich bezeichnet sind (§ 1 Abs. 5 KSchG), **ersetzt die Stellungnahme des Betriebsrats**, nicht aber die Anhörung des Betriebsrates zur Kündigung gem. § 102 Abs. 1 S. 1 BetrVG (*Bader* NZA 1996, 1125, 1133; *Löwisch* RdA 1997, 82; KR-*Griebeling* § 1 KSchG Rz 705). Dies gilt gem. **§ 125 Abs. 2 InsO** ebenso, wenn im Rahmen einer Betriebsänderung (§ 111 BetrVG) ein **Interessenausgleich zwischen Insolvenzverwalter und Betriebsrat** zustande kommt, in dem die zu kündigenden Arbeitnehmer namentlich bezeichnet sind. 91

§ 17 KSchG   Anzeigepflicht

91a Gibt der Betriebsrat seine Stellungnahme nicht gegenüber dem Arbeitgeber ab, sondern **direkt gegenüber der AfA,** kann der Arbeitgeber sie der Anzeige nicht beifügen. Das führt jedoch nicht zwingend zur Unwirksamkeit der Anzeige. Bei ordnungsgemäßer schriftlicher Unterrichtung ergibt sich das schon aus § 17 Abs. 3 S. 3 KSchG, wonach bei fehlender Stellungnahme die Glaubhaftmachung der rechtzeitigen Information des Betriebsrates ausreicht (der Arbeitgeber kann durch seinen Sachvortrag und der Vorlage von Unterlagen wie die Kopie der Mitteilung an den Betriebsrat die entsprechende Empfangsbestätigung, Zeugenaussagen etc. die Unterrichtung glaubhaft machen; s.a. Rz 94). Aber auch bei nur mündlicher Information des Betriebsrats kann nichts anderes gelten. Der darin liegende Verstoß gegen das Formerfordernis des § 17 Abs. 2 KSchG wird geheilt, wenn der Betriebsrat eine Stellungnahme abgibt (s.o. Rz 64). Es wäre Formalismus, wenn der Stellungnahme des Betriebsrats nur deshalb diese Wirkung versagt würde, weil der Betriebsrat sie fälschlich direkt gegenüber der AfA abgibt (so auch *LAG Hamm* 6.6.1986 aaO gegen *ArbG Rheine* 16.10.1985 DB 1986, 387). Voraussetzung ist allerdings, dass es sich wirklich um die **erste** Stellungnahme des Betriebsrates auf die Information des Arbeitgebers handelt und der Betriebsrat nicht lediglich eine **weitere** Stellungnahme iSd § 17 Abs. 3 S. 7 KSchG abgeben wollte (*LAG Hamm* 6.6.1986 aaO). Etwaige Zweifel gehen zu Lasten des Arbeitgebers.

92 Die fehlende Stellungnahme des Betriebsrats kann **nachgereicht werden.** Da der Antrag als wirksam erhoben erst angesehen werden kann, wenn er vollständig ist, laufen auch die Fristen gem. § 18 KSchG erst in diesem Augenblick an (so schon ErfK-*Kiel* Rz 32; *Löwisch/Spinner* aaO; *v. Hoyningen-Huene/Linck* aaO; s. aber auch Rz 94 ff.). Wenn die Massenentlassungsanzeige auch insofern wirksam vorliegt, als die erforderliche Stellungnahme des Betriebsrats in Form des präsentierten Dokuments vom Ausschuss als ausreichend angesehen wird, stimmt die AfA den angezeigten Entlassungen zu einem bestimmten Zeitpunkt durch bestandskräftigen **Verwaltungsakt** zu. In einem Kündigungsschutzprozess sind die Arbeitsgerichte gehindert, die Entscheidung der AfA nachzuprüfen (vgl. KR-*Weigand* § 20 KSchG Rz 72a f.) und dabei möglicherweise zu dem Ergebnis zu gelangen, die Massenentlassungsanzeige durch den Arbeitgeber sei doch fehlerhaft gewesen (*BAG* 24.10.1996 EzA § 17 KSchG Nr. 6).

b) Inhalt der Stellungnahme

93 Über den **Inhalt der Stellungnahme des Betriebsrats** trifft das Gesetz keine Regelung. Es liegt aber auf der Hand, dass der Betriebsrat möglichst umfassend auf die geplanten Maßnahmen eingehen sollte, insbes. auf die vom Arbeitgeber in die schriftliche Unterrichtung gem. § 17 Abs. 2 KSchG aufzunehmenden Informationen, die auch der AfA vorliegen (vgl. *Hohn* DB 1978, 159, 160 mit Mustern). Bloße Ablehnung oder Zustimmung genügen zwar formal den Anforderungen einer Stellungnahme iSd § 17 Abs. 3 KSchG. Sie entsprechen idR aber nicht dem Sinn der Vorschrift, der AfA möglichst frühzeitig einen Überblick über die Interessenlage der Beteiligten zu geben.

c) Verspätete Stellungnahme des Betriebsrats

94 Im früheren Recht umstritten war die Frage, welche Rechtsfolgen es habe, wenn der **Betriebsrat eine Stellungnahme verweigere** oder **binnen angemessener Frist eine Antwort nicht gebe.** Überwiegend wurde angenommen, dass es in diesem Fall ausreiche, die AfA von dem Tatbestand in Kenntnis zu setzen (*Auffarth/Müller* § 15 Rz 15; *Herschel/Steinmann* § 15 Rz 5a; *LAG Düsseld.* 20.3.1958 BB 1958, 559). Dieser Gedanke ist durch das Zweite Gesetz zur Änderung des KSchG aufgegriffen worden. Fehlt die Stellungnahme des Betriebsrats, so ist eine Anzeige nach § 17 Abs. 1 KSchG doch wirksam, wenn der Arbeitgeber **glaubhaft** macht, dass er den Betriebsrat **mindestens zwei Wochen vor Erstattung der Anzeige** nach § 17 Abs. 2 KSchG **unterrichtet hat** und den Stand der Beratungen (»Konsultationen«) darlegt (*v. Hoyningen-Huene/Linck* Rz 74). Damit ist eine feste zeitliche Grenze gesetzt, über die hinaus das Verfahren nicht verzögert werden kann. Umgekehrt muss sich der Arbeitgeber darauf einstellen, dass der Betriebsrat schweigt und er – der Arbeitgeber – daher die Zweiwochenfrist des § 17 Abs. 3 S. 3 KSchG abzuwarten hat vor Erstattung der Anzeige. Er wird daher den Betriebsrat tunlichst so frühzeitig über die geplanten Entlassungen unterrichten, dass eine derartige Verzögerung des gesamten Verfahrens bis zu zwei Wochen unschädlich ist im Hinblick auf die einzuhaltenden Sperrfristen und die anschließende Freifrist, binnen derer die Entlassungen durchgeführt werden müssen (§ 18 Abs. 3 KSchG).

95 Der Arbeitgeber muss gegenüber der AfA **glaubhaft** machen (§ 17 Abs. 3 S. 3 KSchG), dass er den Betriebsrat fristgemäß schriftlich unterrichtet hat und er muss den Stand der Beratungen mit dem Betriebsrat darlegen. Wie das im Einzelnen zu geschehen hat, führt das Gesetz nicht näher aus. Ein ge-

wichtiges Indiz für die rechtzeitige Unterrichtung ist der Eingang der Durchschrift bei der AfA gem. § 17 Abs. 3 S. 1 KSchG. Im Übrigen ist zu denken etwa an die Vorlage einer **Empfangsbestätigung** des Betriebsratsvorsitzenden oder – in Anlehnung an § 294 ZPO – auch an die Vorlage einer eidesstattlichen Versicherung über die rechtzeitige Unterrichtung (vgl. *Löwisch* NJW 1978, 1238; KDZ-*Kittner* Rz 47; APS-*Moll* Rz 118). Beigefügt werden können auch Sitzungsprotokolle und Zeugenaussagen. Über die Glaubhaftmachung entscheidet der Entscheidungsträger (§ 20 Abs. 1 KSchG). Die Entscheidung ist schriftlich zu begründen.

Stellt sich trotz Glaubhaftmachung später heraus, dass der Betriebsrat **nicht ordnungsgemäß unterrichtet** war ist der Arbeitgeber nicht zur Kündigung berechtigt. Bereits erklärte Kündigungen sind unwirksam. Zu den Folgen vgl. Rz 101 ff. 96

4. Unterrichtungspflichten über die Anzeige zwischen Betriebsrat und Arbeitgeber

Eine **Abschrift der Anzeige** an die AfA hat der Arbeitgeber dem **Betriebsrat zuzuleiten** § 17 Abs. 3 S. 6 KSchG. **Dieser kann gegenüber der AfA weitere Stellungnahmen abgeben,** § 17 Abs. 3 S. 7 KSchG. Er braucht also nicht zu warten, bis er im Rahmen des Anhörungsverfahrens gem. § 20 KSchG ggf. von der AfA zur Stellungnahme aufgefordert wird. 97

§ 17 Abs. 3 S. 6 und 7 KSchG wurde in Anpassung an die EG-Richtlinie in das Gesetz aufgenommen. Auch der Betriebsrat hat dem Arbeitgeber eine Abschrift seiner Stellungnahme gegenüber der AfA zuzuleiten, § 17 Abs. 3 S. 8 KSchG. 98

E. Konzernklausel gem. § 17 Abs. 3a KSchG

Seinen Pflichten gegenüber dem Betriebsrat zur rechtzeitigen Erteilung zweckdienlicher Auskünfte und schriftlichen Mitteilung der Angaben gem. § 17 Abs. 2 S. 1 Nrn. 1–6 KSchG, zur Beratung zum Zwecke der Vermeidung von Entlassungen bzw. Milderung der Folgen sowie seinen Pflichten gegenüber der AfA zur Anzeige und Unterrichtung gem. § 17 Abs. 3 KSchG kann sich der Arbeitgeber nicht dadurch entziehen, dass nicht er selbst, sondern das ihn beherrschende Unternehmen die Entlassungsentscheidung getroffen hat. Der Arbeitgeber kann sich insb. nicht darauf berufen, das für die Kündigungen verantwortliche Unternehmen habe ihm die notwendigen Auskünfte nicht übermittelt. Diese »Konzernregelung« ist mit dem EG-Anpassungsgesetz v. 20.7.1995 als Abs. 3a in die Vorschrift des § 17 KSchG aufgenommen worden. 98a

Bezüglich des Begriffs des **beherrschenden Unternehmens** ist an die Regelung gem. §§ 17, 18 AktG anzuknüpfen. Entscheidend ist der Abhängigkeitstatbestand, der erfüllt ist, wenn ein rechtlich selbständiges Unternehmen aus seiner Sicht dem beherrschenden Einfluss eines anderen Unternehmens unmittelbar oder mittelbar ausgesetzt ist. Die Möglichkeit der Einflussnahme kann genügen, soweit sie beständig und gesellschaftsrechtlich abgesichert ist. Von einem in Mehrheitsbesitz stehenden Unternehmen wird vermutet, dass es von dem an ihm mit Mehrheit beteiligten Unternehmen abhängig ist (§ 17 Abs. 2 AktG). Der Konzernbegriff gem. § 18 Abs. 1 AktG setzt ein herrschendes und ein oder mehrere abhängige Unternehmen voraus, die unter der einheitlichen Leitung des herrschenden Unternehmens zusammengefasst sind. Von einem abhängigen Unternehmen wird vermutet, dass es mit dem herrschenden Unternehmen einen Konzern bildet (§ 18 Abs. 1 S. 3 AktG). 98b

Der Arbeitgeber muss – auch wenn er von einem anderen Unternehmen beherrscht wird – gegenüber dem **Betriebsrat** und der **AfA** seinen Auskunfts-, Beratungs- und Anzeigepflichten nachkommen (vgl. *EuGH* 7.12.1995 EzA § 17 KSchG Nr. 5). Versäumt er dies, treten die Folgen einer unterlassenen Anzeige ein (s.u. Rz 100). Im Übrigen bleiben auch die Bestimmungen des § 18 KSchG und die dort genannten Fristen, die an die Anzeige durch den Arbeitgeber anknüpfen, von der Entscheidung durch das herrschende Unternehmen unberührt (Begr. zum Entwurf des EG-AnpassungsG v. 20.7.1995, BT-Drucks. 13/668, S. 8 ff., 14). 98c

F. Rechtsfolgen der Anzeige

I. Wirksame Anzeige

Arbeitgeber zur Kündigung der Arbeitsverhältnisse berechtigt: Nach dem Ende des Konsultationsverfahrens mit dem Betriebsrat gem. Art. 2 RL 98/59/EG bzw. nach Unterrichtung und Beratung gem. § 17 Abs. 2 KSchG **und** nach Erstattung der Massenentlassungsanzeige bei der AfA iSd Art. 3 und 4 RL 99

98/59/EG bzw. § 17 Abs. 1 und 3 KSchG darf der Arbeitgeber die Kündigungen (Massenentlassungen) erklären (*EuGH* 27.1.2005 EzA § 17 KSchG Nr. 13, Anm. 54; *BAG* 23.3.2006 EzA § 17 KSchG Nr. 16; vgl. Rz 6k ff., 63 f., 75 f.). **Zur Kündigungserklärung gegenüber den betroffenen Arbeitnehmern ist der Arbeitgeber berechtigt, sobald er die Anzeige bei der AfA erstattet hat** (*Bauer/Krieger/Powietzka* DB 2005, 445; *Dornbusch/Wolff* BB 2005, 885; *Franzen* ZfA 2006, 437; **aA** *ArbG Bln.* 30.4.2003 ZIP 2003, 1265; *Wolter* AuR 2005, 135, nach denen erst nach Ablauf der Sperrfrist die individualvertragliche Kündigungsfrist zu laufen beginnt). **Erstattet ist die Massenentlassungsanzeige, wenn sie bei der AfA eingegangen ist** (s.o. Rz 74). Von diesem Zeitpunkt an dürfen die Kündigungen erklärt werden. Dieser Zeitpunkt wird in Anm. 41 (Arbeitgeber darf nicht kündigen, bevor er diese beiden Verfahren »eingeleitet hat«) und Anm. 53 (»dass die Art. 3 und 4 RL der Kündigung von Arbeitsverträgen während des durch sie eingeführten Verfahrens nicht entgegenstehen, sofern diese Kündigung nach der Anzeige der beabsichtigten Massenentlassung bei der zuständigen Behörde erfolgt«) der Entscheidung des EuGH v. 27.1.2005 beschrieben und v. *BAG* (23.3.2006 EzA § 17 KSchG Nr. 16 unter B II 2a bb/cc) ausdrücklich bestätigt.

100 Die weiteren **Rechtsfolgen einer wirksamen Anzeige** der Kündigungen ergeben sich aus §§ 18 ff. KSchG. Gem. § 18 Abs. 1 KSchG werden die Kündigungen vor Ablauf eines Monats nach Eingang der Anzeige bei der AfA nur mit Zustimmung der AfA wirksam. Unter »wirksam werden« ist der Zeitpunkt der tatsächlichen Entlassung nach Ablauf der Sperrfrist bzw. der Kündigungsfrist zu verstehen. Die Zustimmung kann rückwirkend bis auf den Tag der Stellung eines entsprechenden Antrags erteilt werden, § 18 Abs. 1 2. Hs. KSchG; die Sperrfrist kann aber auch verlängert werden bis auf höchstens zwei Monate, § 18 Abs. 2 KSchG. Eine Abkürzung der Sperrzeit könnte im Einzelfall infrage kommen, wenn zB die individuelle Kündigungsfrist kürzer als einen Monat bemessen ist; denn gem. Art. 4 Abs. 1 S. 1 aE bleiben im Fall der Einzelkündigung für die Kündigungsfrist geltenden Bestimmungen unberührt (*Dornbusch/Wolff* BB 2005, 805).

II. Fehlerhaftes oder unterlassenes Konsultations- oder Anzeigeverfahren

101 Führt der Arbeitgeber das Unterrichtungs- und Beratungsverfahren oder das Anzeigeverfahren nicht durch oder sind diese Verfahren wegen Fehlerhaftigkeit (zB weil die Anzeige verspätet erstattet wurde) nicht wirksam durchgeführt worden, ist der Arbeitgeber nicht zu Kündigungen im Rahmen einer Massenentlassung berechtigt (*EuGH* 27.1.2005 EzA § 17 KSchG Nr. 13). Trotzdem erklärte **Kündigungen sind unwirksam** (*Riesenhuber/Domröse* NZA 2005, 568; *Osnabrügge* NJW 2005, 1093; *Wolter* AuR 2005, 135; *Klumpp* NZA 2006, 703; *Nicolai* NZA 2005, 2006; *dies.* relativierend SAE 2006, 72; wohl auch *Bauer/Krieger/Powietzka* DB 2005, 445; **aA** *Mauthner* S. 171 ff.; *Kleinebrink* FA 2005, 130; *Ferne/Lipinski* ZIP 2005, 593 diff. in den Rechtsfolgen bei fehlender und fehlerhafter Anzeige). Das *BAG* (23.3.2006 EzA § 17 KSchG Nr. 16) lässt diese Rechtsfolge – auch angesichts seiner bisherigen Rspr. – als »nicht zwingend« offen.

102 Noch nach der Entscheidung *BAG* 18.9.2003 (EzA § 17 KSchG Nr. 11) führt ein Verstoß gegen die Anzeigepflicht nicht zur Unwirksamkeit der Kündigung. In dieser Entscheidung war das BAG noch davon ausgegangen, die §§ 17 ff. seien einer richtlinienkonformen Auslegung nicht zugänglich. Die Fälle der Unwirksamkeit der Kündigung seien im Gesetz abschließend geregelt und einer analogen Anwendung, wie zB des § 102 BetrVG, nicht zugänglich, da § 18 KSchG als Rechtsfolge eines Verstoßes des Arbeitgebers gegen die Anzeigepflicht ausdrücklich eine Entlassungssperre festlege.

103 Dagegen folgt aus der Rspr. des EuGH 2005, dass Kündigungen, die vor der Anzeige der Massenentlassung ausgesprochen werden, unwirksam sind. Wenn der Begriff der Entlassung nach der EuGH-Entscheidung als Kündigungserklärung zu verstehen ist, lässt sich die Nichtigkeitsfolge bereits aus § 18 Abs. 1 KSchG entnehmen. Im Übrigen folgt die Unwirksamkeit der vor der Anzeige erklärten Kündigung aus dem Gebot der effektiven Durchsetzung der gemeinschaftsrechtlichen Vorgaben. Zudem soll das Anzeigeverfahren auch dem individuellen Schutz des Arbeitnehmers dienen (s.o. Rz 8).

104 Wenn die Kündigung unwirksam ist, besteht auch **keine Heilungsmöglichkeit**. In diesem Fall ist der Arbeitgeber darauf verwiesen, das Verfahren gem. § 17 ff. KSchG zu befolgen und dann erneut zu kündigen. Damit beginnt die Kündigungsfrist erneut zu laufen.

105 Ansprüche auf Nachteilsausgleich gem. § 113 Abs. 3 BetrVG bestehen im Falle eines Verstoßes des Arbeitgebers gegen seine Anzeigepflichten nicht (*BAG* 30.3.2004 EzA § 113 BetrVG 2001 Nr. 4; s.a. Rz 64b).

106 Ein Verstoß gegen die Anzeigepflicht ist nicht mit Bußgeld bedroht. Soweit die arbeitsmarktpolitische Zielsetzung der Massenentlassungsvorschriften betroffen ist, kann zwar von einer öffentlichen Oblie-

genheit bei der Anzeigepflicht gesprochen werden, aber die Anzeige kann von der AfA nicht erzwungen werden (vgl. auch Voraufl. Rz 11 f.). Insoweit sind weder in den §§ 17 ff. KSchG noch in der RL 98/59/EG Sanktionen seitens der Behörde vorgesehen. Sanktional betroffen ist der Arbeitgeber durch die Rechtsfolgen aufgrund der Unwirksamkeit der Kündigungen.

Wenn der gekündigte Arbeitnehmer die Unwirksamkeit der Kündigung durch Feststellungsklage geltend machen will, hat er die **Klagefrist des § 4 S. 1 KSchG** einzuhalten. Zwar lässt es das BAG (23.3.2006 EzA § 17 KSchG Nr. 16) offen, ob die Nichtbeachtung von § 17 Abs. 1 S. 1 KSchG einen Unwirksamkeitsgrund iSd § 4 KSchG darstellt oder ein dauerhaftes Umsetzungsdefizit vorliegt, das nicht von der Fristenregelung erfasst würde. Doch kann der Arbeitnehmer die Rüge der Verletzung der Anzeigepflicht gem. § 6 KSchG bis zum Schluss der mündlichen Verhandlung in erster Instanz geltend machen (*BAG* 23.3.2006 EzA § 17 KSchG Nr. 16; 16.6.2005 EzA § 17 KSchG Nr. 15; *Dornbusch/Wolff* BB 2005, 885; *Riesenhuber/Domröse* NZA 2005, 568; *Bauer/Krieger/Poweitzka* DB 2005, 445; *Schiefer/Worzalla* NZA 2004, 345, 356; aA *Kleinebrink* FA 2005, 130, der die Grundsätze der Verwirkung anwenden will). Sollte der Arbeitnehmer die Frist des § 4 S. 1 KSchG versäumt haben, weil er verspätet erfuhr, dass die Kündigung im Rahmen einer Massenentlassung erfolgte, bleibt ihm der Antrag auf Zulassung verspäteter Klagen nach den Voraussetzungen des § 6 KSchG (*Nicolai* NZA 2006, 206). 107

Die **Beweislast** für die tatsächlichen Voraussetzungen der Konsultations- und Anzeigepflicht gem. § 17 KSchG, also die Anzahl der idR beschäftigten Arbeitnehmer und die Anzahl der von der beabsichtigten Kündigung betroffenen Arbeitnehmer, trägt nach Rspr. des BAG der Arbeitnehmer (*BAG* 24.2.2005 EzA § 17 KSchG Nr. 14 mwN, Anm. *Brehm*; Anm. *Bauer* DB 2005, 1570). Danach sollen allerdings keine überzogenen Anforderungen an die Darlegungslast des Arbeitnehmers gestellt werden. Die **schlüssige Darlegung »äußerer Umstände«** für das Erreichen der Schwellenwerte solle ausreichen. Dem könne gem. § 138 Abs. 2 ZPO der Arbeitgeber rechtserhebliche Umstände zur Unterschreitung der Schwellenwerte entgegensetzen. Dieser Beweislastregel ist zuzustimmen (so auch *Nicolai* SAE 2006, 72). Zwar könnte dem Arbeitgeber aus Gründen der größeren Sachnähe die Beweislast treffen, denn der Arbeitnehmer hat idR keine genauen Kenntnisse der Tatsachen, insbes. der gem. § 17 Abs. 1 KSchG maßgeblichen Anzahl von Arbeitnehmern. Doch im Unterschied zur Beweislastverteilung zu § 23 Abs. 1 S. 2 KSchG (vgl. *KR-Weigand* § 23 KSchG Rz 54 – 54d) handelt es sich bei den Voraussetzungen für die Konsultations- und Anzeigepflichten gem. § 17 KSchG nicht um einen Ausnahmetatbestand (so auch *BAG* 24.2.2005 EzA § 17 KSchG Nr. 14). 108

G. Vertrauensschutz für Altfälle

Die **Änderung des Verfahrens bei anzeigepflichtigen Entlassungen** gem. den Entscheidungen des EuGH v. 27.1.2005 und des BAG v. 23.3.2006 (Rz 6k ff.) gilt für Massenentlassungen **ab dem Zeitpunkt**, ab dem die für die Anwendung und Ausführung der §§ 17 ff. KSchG zuständige AfA, insbes. die BA als oberste Behörde, bekannt gegeben hat, dass sie ihre Rechtsauffassung und Verwaltungspraxis geändert hat und dies dem Arbeitgeber bekannt sein musste (*BAG* 13.7.2006 – 6 AZR 198/06). Von der BA erging am **18.4.2005 eine Übergangsregelung** zur Umstellung der Verwaltungspraxis aufgrund der Entscheidung des EuGH v. 27.1.2005, die mit der **Presseinformation 015 v. 29.4.2005** der Öffentlichkeit bekannt gemacht wurde. Dem war bereits die **Handlungsempfehlung mit Weisungscharakter der BA v. 20.2.2005** mit **Pressemitteilung 012 der BA v. 21.2.2005** vorangegangen. Mit dem letztgenannten Datum, spätestens aber mit der Presseinformation 015 zur Übergangsregelung, hat die BA gegenüber Arbeitgebern, die Massenentlassungsverfahren durchführten bzw. beabsichtigten, ausreichend auf die neue Rechtslage und die Umstellung ihrer Verwaltungspraxis hingewiesen. 109

Die zeitliche Grenze, ab der nach der Rechtslage gem. der EuGH-Entscheidung zu verfahren ist, ist wegen des zu gewährenden Vertrauensschutzes nicht früher anzusetzen. Zugrunde zu legen sind die von BVerfG entwickelten Grundsätze des **Vertrauensschutzes** bei der Änderung der Rspr. (vgl. iE Nachw. *BAG* 23.3.2006 EzA § 17 KSchG Nr. 16). Es konnte zumindest bis zur Entscheidung des EuGH 2005, jedoch gem. der Entscheidung des BAG v. 13.7.2006 bis zur Mitteilung der Änderung der Rechtspraxis der BA, auf die Fortgeltung der bisherigen Rspr. vertraut werden. Die bisherige Rspr. war vom BAG mit Entscheidung v. 18.9.2003 noch einmal in dem Sinne bestätigt worden, dass eine richtlinienkonforme Auslegung der § 17 ff. KSchG, wonach der Begriff der Entlassung als »Kündigung« zu verstehen sei, ausdrücklich als nicht möglich anzusehen sei. Diese langjährige Rechtslage bestimmte auch die Verwaltungspraxis der AfA, auf die sich der Arbeitgeber verlassen können musste und sein Verhalten daran ausrichten können lassen musste (*BAG* 23.3.2006 EzA § 17 KSchG Nr. 16 mwN; Voraufl. Rz 101; 110

Mauthner S. 223 mwN; *Kliemt* FS 25 Jahre ARGE Arbeitsrecht, S. 1237, 1242, 1250; noch später, zum Zeitpunkt der Entscheidung des *BAG* 23.3.2006 EzA § 17 KSchG Nr. 16, setzen *Dzida/Hohenstatt* DB 2006, 1897, 1899, die zeitliche Grenze des Vertrauensschutzes an). Auch der Vorlagebeschluss des *ArbG Bln.* v. 30.4.2003 (ZIP 2003, 1265) und die Schlussanträge des Generalanwalts v. 30.9.2004 (ZIP 2004, 2019) waren nicht geeignet, das Vertrauen in die bisher gefestigte st. Rspr. und Verwaltungspraxis zu erschüttern (*BAG* 23.3.2006 EzA § 17 KSchG Nr. 16; *LAG BW* 11.8.2005 NZA-RR 2006, 16; *LAG Bln.* 1.7.2005 ZInsO 2005, 1231; 27.4.2005 NZA-RR 2005, 412; *LAG Hmb.* 1.7.2005 – 3 Sa 18/05; *LAG Hamm* 8.7.2005 NZA-RR 2005, 578; *LAG Hessen* 20.4.2005 NZA-RR 2005, 522; *LAG Köln* 10.5.2005 LAGE § 1 KSchG Soziale Auswahl Nr. 49; 25.2.2005 LAGE § 125 Nr. 6; *LAG Nds.* 11.8.2005 NZA-RR 2006, 16; *LAG RhPf* 12.7.2005 – 5 Sa 1031/04; *Sächs. LAG* 9.11.2005 – 2 Sa 159/05 – nv; **a.A.** *ArbG Bln.* 30.4.2003 aaO; *LAG MV* 20.9.2005 – 5 Sa 149/05; *ArbG Bochum* 17.3.2005 DB 2005, 1064; *Riesenhuber/Domröse* NZA 2005, 568; *Schiek* AuR 2006, 41; *Busch* FA 2006, 235; *Osnabrügge* NJW 2005, 1093, 1095).

§ 18 Entlassungssperre
(1) Entlassungen, die nach § 17 anzuzeigen sind, werden vor Ablauf eines Monats nach Eingang der Anzeige bei der Agentur für Arbeit nur mit deren Zustimmung wirksam; die Zustimmung kann auch rückwirkend bis zum Tage der Antragstellung erteilt werden.
(2) Die Agentur für Arbeit kann im Einzelfall bestimmen, daß die Entlassungen nicht vor Ablauf von längstens zwei Monaten nach Eingang der Anzeige wirksam werden.
(3) (aufgehoben)
(4) Soweit die Entlassungen nicht innerhalb von 90 Tagen nach dem Zeitpunkt, zu dem sie nach den Absätzen 1 und 2 zulässig sind, durchgeführt werden, bedarf es unter den Voraussetzungen des § 17 Abs. 1 einer erneuten Anzeige.

Literatur
– *umfassend vgl. KR-Voraufl. und zu § 17 KSchG* –

Inhaltsübersicht

		Rz			Rz
I.	Einleitung	1–4a		b) Kriterien für die Rückwirkung	15
	1. Entstehungsgeschichte	1-1b		c) Rückwirkende Zustimmung	
	2. Frühere Regelungen	2		im Baugewerbe	16, 16a
	3. Entscheidungen EuGH 2005			d) Rückwirkung bei stufen-	
	und BAG 2006	2a, 2b		weiser Kündigung	17, 18
	4. Sinn und Zweck der Regelung	3–4a		5. Verlängerung der Frist	19–23
II.	Die Sperrfrist	5–30		6. Die Entscheidung der Agentur	
	1. Lauf der Frist	5–8		für Arbeit	24–28
	a) Beginn mit wirksamer Anzeige	5–7	III.	Die Unwirksamkeit der Kündi-	
	b) Anwendung der §§ 187 ff. BGB	8		gung während der Sperrfrist	29–33
	2. Normale Dauer der Frist	9		1. Hemmung der Wirksamkeit	29–30
	3. Zustimmung vor Ablauf der Frist	10–13		2. Die Stellung des Arbeitnehmers	31
	a) Antrag des Arbeitgebers	10–12		3. Besonderheiten bei stufen-	
	b) Bekanntgabe gegenüber			weisen Entlassungen	32, 33
	dem Arbeitnehmer	13	IV.	Die Freifrist	34
	4. Rückwirkende Zustimmung	14–18	1.	Die Bedeutung der Freifrist	34
	a) Rückwirkung bis zum Tag		V.	Rechtswirkungen bei unterblie-	
	der Antragstellung	14		bener Anzeige	35, 36

I. Einleitung

1. Entstehungsgeschichte

1 § 18 KSchG war als § 16 Bestandteil der ursprünglichen Fassung des KSchG, und zwar entsprach § 16 KSchG aF in seinem Wortlaut § 18 Abs. 1, 2 und 4 KSchG. Er ging zurück auf § 16 des RegE v. 23.1.1951, der inhaltlich übernommen wurde (vgl. § 16 RegE v. 23.1.1951, abgedr. RdA 1951, 58 ff.). Das **Arbeitsförderungsgesetz** v. 25.6.1969 (BGBl. I S. 582) erweiterte den damaligen § 16 KSchG um den heutigen Abs. 3, § 248 AFG, der systematisch eher § 20 KSchG zuzuordnen ist. Durch das **Erste Arbeitsrechts-**

Entlassungssperre § 18 KSchG

bereinigungsgesetz wurde die Bezifferung des § 16 KSchG in § 18 KSchG abgeändert. Eine inhaltliche Änderung war damit nicht verbunden.

Durch Art. 50 des Arbeitsförderungs-Reformgesetzes (AFRG) v. 24.3.1997 (BGBl. I S. 594) ist die Zuständigkeit für Entscheidungen bei anzeigepflichtigen Entlassungen **vom damaligen Landesarbeitsamt auf die AfA verlagert** worden. Abs. 3 wurde wegen der Nichtübernahme von § 8 AFG in das SGB III aufgehoben. In Abs. 4 wurden die Wörter »eines Monats« durch die Wörter »von 90 Tagen« ersetzt. Diese Änderungen traten am 1. Januar 1998 in Kraft. 1a

Durch das Dritte Gesetz für moderne Dienstleistungen am Arbeitsmarkt v. 23.12.2003 (BGBl. I S. 2848) ist jeweils in Abs. 1 und 2 die Bezeichnung »Arbeitsamt« in »**Agentur für Arbeit« (AfA)** geändert worden. 1b

2. Frühere Regelungen

Schon nach §§ 1 und 2 der Verordnung betreffend Maßnahmen gegenüber Betriebsabbrüchen und -stilllegungen v. 8.11.1920 idF der Verordnung über Betriebsstilllegungen und Arbeitsstreckung v. 15.10.1923 waren anzuzeigende Entlassungen innerhalb einer Frist von vier Wochen nach Anzeige nur mit Zustimmung der Demobilmachungsbehörde wirksam. Eine entsprechende Regelung traf § 20 Abs. 2 AOG. Der danach für die Genehmigung von Entlassungen vor Ablauf der Sperrfrist von vier Wochen zuständige Treuhänder der Arbeit konnte die Genehmigung mit rückwirkender Kraft erteilen. Dabei war die Rückwirkung nicht beschränkt auf den Tag der Antragstellung (s.u. Rz 14). Der Treuhänder der Arbeit konnte weiter anordnen, dass die Sperrfrist auf insgesamt zwei Monate verlängert wurde. 2

3. Entscheidungen EuGH 2005 und BAG 2006

Die Rspr. des EuGH 2005 und des BAG 2006 hat im Wege der richtlinienkonformen Auslegung der Massenentlassungsvorschriften zu Änderungen des Verfahrens bei anzeigepflichtigen Entlassungen geführt. Im Unterschied zur Rechtslage bis 2005 ist nunmehr die Kündigungserklärung des Arbeitgebers als das Ereignis zu werten, das als Entlassung gilt. Kündigungen sind erst nach dem Ende der Beratungen (»Konsultation«) mit dem Betriebsrat und nach Erstattung der Massenentlassungsanzeige bei der AfA zulässig (vgl. iE KR-*Weigand* § 17 KSchG Rz 6k ff.). 2a

Nach der Rechtslage ab 2005 werden Kündigungen, die erst nach Erstattung der Anzeige erklärt werden dürfen, frühestens mit dem Ablauf der Entlassungssperre wirksam. Nur bei Kündigungen unter einem Monat (bei der Regelsperrfrist von einem Monat) und bei Kündigungsfristen zwischen einem und unter zwei Monaten (bei Sperrfristverlängerung auf zwei Monate) entfaltet § 18 Abs. 1 und 2 überhaupt noch Wirkung (DA KSchG der BA, Stand 7/2005, Vorbem. zu § 18). 2b

4. Sinn und Zweck der Regelung

Die Bestimmungen über Massenentlassungen dienen **arbeitsmarktpolitischen Zielen und dem individuellen Schutz der betroffenen Arbeitnehmer** (vgl. KR-*Weigand* § 17 KSchG Rz 7 f). Der AfA soll Gelegenheit gegeben werden, rechtzeitig Maßnahmen zur anderweitigen Vermittlung bzw. Verwendung der freiwerdenden Arbeitskräfte zu treffen (vgl. schon Begr. zum RegE v. 23.1.1951 RdA 1951, 65) oder in der Ausdrucksweise gem. Art. 4 Abs. 2 RL 98/59/EG »nach Lösungen für die durch die beabsichtigten Massenentlassungen aufgeworfenen Probleme zu suchen.« Zum Beispiel werden in betriebsorganisatorisch eigenständigen Beschäftigungsgesellschaften gem. §§ 216a, 216b SGB III Arbeitnehmer, die sonst entlassen werden müssten, zusammengefasst mit der Aufgabe, ihre Eingliederungschancen zu verbessern, sie in ein Anschlussarbeitsverhältnis zu vermitteln oder in die Selbstständigkeit zu begleiten (BAG 30.3.2004 EzA § 112 BetrVG 2001 Nr. 10; *LAG Hmb.* 7.9.2005 – 5 Sa 4/05; *Stück* Beschäftigungsgesellschaften – Arbeitsrechtliche Kriterien zur Planung und Umsetzung, MDR 2005, 361, 362; *Sieg* Rechtliche Rahmenbedingungen für Beschäftigungsgesellschaften, NZA Beilage 1/2005, 9, 10; *Gaul/Otto* Aktuelle Aspekte einer Zusammenarbeit mit Beschäftigungsgesellschaften, NZA 2004, 1301, 1302). § 18 KSchG ordnet daher eine Sperrfrist an, innerhalb derer Entlassungen nur mit Zustimmung der AfA wirksam werden. Diese Frist beträgt idR einen Monat. Die AfA hat diesen einen Monat Zeit, sich auf die zu erwartenden Arbeitslosen einzustellen. Um den Gegebenheiten des Einzelfalles besser begegnen zu können, kann die AfA diese Frist sowohl abkürzen als auch verlängern, allerdings nicht über zwei Monate hinaus. Damit sind ihr Mittel an die Hand gegeben, die eine bewegliche Anpassung an die jeweiligen Umstände zulassen. 3

4 Der **Zweck der Sperrfrist** liegt in erster Linie im öffentlichen Interesse. Der Individualschutz des einzelnen Arbeitnehmers ist nur in soweit berührt, als sozialrechtliche Möglichkeiten gemäß SGB III ausgeschöpft werden. Im Übrigen wird auf Art. 4 Abs. 2 RL 98/59/EG verwiesen.

4a Die Novellierung des § 18 KSchG durch Art. 50 des AFRG v. 24.3.1997 (s.o. Rz 1a) dient in erster Linie der **Verfahrensvereinfachung** und **Entscheidungsbeschleunigung**. Die Zuständigkeit für Entscheidungen bei anzeigepflichtigen Entlassungen liegt nunmehr bei der AfA, weil es die Arbeitsmarktsituation vor Ort und die Situation des Betriebes besser kennt. Es leistete auch vorher schon die Sachaufklärung und Vorbereitung der Entscheidung des vormals zuständigen Landesarbeitsamtes.

II. Die Sperrfrist

1. Lauf der Frist

a) Beginn mit wirksamer Anzeige

5 Kündigungen, die nach § 17 KSchG anzuzeigen sind, werden **vor Ablauf eines Monats** nach Eingang der Anzeige bei der AfA nur mit dessen Zustimmung wirksam (§ 18 Abs. 1 1. Hs. KSchG). Bis zum Ablauf dieser Frist entfaltet die vom Arbeitgeber erklärte Kündigung keine Wirkung iSd der tatsächlichen Beendigungen des Arbeitsverhältnisses, wenn die Kündigungsfrist kürzer als einen Monat bemessen ist. Man spricht deshalb gemeinhin von der **Sperrfrist**.

6 Die Frist beginnt mit dem **Eingang der Anzeige** bei der AfA. Es kommt nicht auf den Tag der Absendung an. Das entspricht allg. Grundsätzen für das Wirksamwerden von Willenserklärungen gegenüber Behörden (vgl. § 130 Abs. 3 BGB). Voraussetzung ist eine **rechtswirksame** Anzeige iSd § 17 KSchG (KR-*Weigand* § 17 KSchG Rz 99 f.). Insbes. muss die Anzeige vollständig sein. Andernfalls liefe die Sperrfrist bereits an, ohne dass die AfA mangels entsprechender Unterlagen in der Lage wäre zu prüfen, ob eine Abkürzung oder Verlängerung der Frist in Frage kommt. Ist zunächst eine unvollständige Anzeige eingereicht worden mit der Folge, dass die Sperrfrist noch nicht ausgelöst wird, kann die AfA nach Eingang der ordnungsgemäßen Anzeige ggf. eine entsprechende Abkürzung der Frist ins Auge fassen – ein Antrag des Arbeitgebers vorausgesetzt (s.u. Rz 10). Daran ist insbes. zu denken, wenn dem anzeigenden Arbeitgeber ein entschuldbares Versehen unterlaufen war.

7 Die Anzeige muss bei **der örtlich zuständigen AfA** eingehen. Das ist die AfA, in deren Bezirk der Betrieb seinen Sitz hat (vgl. KR-*Weigand* § 17 KSchG Rz 74). Wird sie bei der unzuständigen AfA erhoben, läuft die Frist erst an mit Eingang bei der zuständigen AfA (so auch ErfK-*Kiel* Rz 5; *v. Hoyningen-Huene/ Linck* Rz 3; *Hueck/Nipperdey* I, S. 598; **aA** *Löwisch/Spinner* Rz 2); auch hier gilt, dass die AfA die verspätet anlaufende Sperrfrist ggf. abkürzen sollte, wenn die versehentliche Anzeige an die örtlich unzuständige AfA entschuldbar ist. Zu denken ist etwa an verständliche Unsicherheiten in der Beurteilung, welche AfA bei Nebenbetrieben zuständig ist (*Löwisch* aaO weist umgekehrt auf die Möglichkeit einer entsprechenden Verlängerung der Sperrfrist hin). Die Anzeige eines privaten Luftfahrtunternehmens ist nicht gem. § 21 S. 3 KSchG an die Zentrale der BA zu richten, sondern an die örtlich zuständige AfA (*BAG* 4.3.1993 EzA § 21 KSchG Nr. 1).

b) Anwendung der §§ 187 ff. BGB

8 Der **Lauf** der Frist bemisst sich nach §§ 187 ff. BGB (§ 26 SGB X). Der Tag des Eingangs der Anzeige wird bei der Berechnung der Frist nicht mitgerechnet, § 187 Abs. 1 BGB. Die Monatsfrist des § 18 Abs. 1 1. Hs. KSchG endet gem. § 188 Abs. 2 BGB mit dem Ablauf desjenigen Tages des folgenden Monats, der durch seine Zahl oder seine Benennung dem Tage entspricht, an dem die Anzeige erstattet wurde. Ging die Anzeige am 31. Januar ein, endet die Frist am 28. Februar, in Schaltjahren am 29. Februar. Macht die AfA von ihrem Recht der Abkürzung oder Verlängerung der Sperrfrist Gebrauch, wird sie im Zweifelsfall das Datum des Ablaufes der Frist fixieren. Stimmt sie der Kündigung innerhalb der Sperrfrist zu, ohne ein Datum festzusetzen, läuft die Frist mit Bekanntgabe der Entscheidung an den Arbeitgeber ab (vgl. KR-*Weigand* § 20 KSchG Rz 68).

2. Normale Dauer der Frist

9 Die **normale Dauer** der Frist beträgt **einen Monat**. Äußert sich die AfA entweder nicht oder bestätigt sie lediglich den Eingang der Anzeige, ohne eine Entscheidung zu treffen, wird die Kündigung nach Ablauf des Monats wirksam, wenn nicht eine längere individualvertragliche Kündigungsfrist den Zeitraum bis zur tatsächlichen Beendigung verlängert. Da die AfA eine Verkürzung der Sperrfrist nur

auf Antrag des Arbeitgebers vornehmen kann (s.u. Rz 10), greift die einmonatige Sperrfrist vor allem dann ein, wenn ein entsprechender Antrag fehlt und keine triftigen Gründe für eine Verlängerung vorliegen.

3. Zustimmung vor Ablauf der Frist

a) Antrag des Arbeitgebers

Die AfA kann dem Antrag auf Verkürzung **der Sperrfrist zustimmen**. Hierbei handelt es sich um einen **begünstigenden Verwaltungsakt** (vgl. zur Rechtsform KR-*Weigand* § 20 KSchG Rz 64). Die Entscheidung setzt daher einen entsprechenden **Antrag** des Arbeitgebers voraus (ErfK-*Kiel* Rz 6; *Löwisch/Spinner* Rz 6; *v. Hoyningen-Huene/Linck* Rz 5, § 20 Rz 17; vgl. auch § 18 SGB X). § 18 Abs. 1 2. Hs. KSchG spricht folgerichtig aus, dass die Zustimmung auch rückwirkend bis zum Tage der Antragstellung ausgesprochen werden kann. Praktische Auswirkung entfaltet die Abkürzung der Sperrfrist allerdings nur, wenn die individuelle Kündigungsfrist die verkürzte Sperrfrist nicht überschreitet. 10

Dieser Antrag liegt **nicht** ohne weiteres in der **Anzeige** der Massenentlassung, wenn auch eine Auslegung der Anzeige ergeben kann, dass sie ein entsprechendes Ersuchen um Zustimmung zur Durchführung der angezeigten Entlassungen vor Ablauf der Sperrfrist enthält (vgl. ErfK-*Kiel* aaO; *Löwisch* aaO; APS-*Moll* Rz 13; weitergehend wohl *v. Hoyningen-Huene/Linck* aaO). Der Antrag sollte jedenfalls tunlichst ausdrücklich zugleich mit der Anzeige der Massenentlassung gestellt werden. Er kann nach Eingang der Anzeige eingereicht werden. 11

Stimmt die AfA der Wirkung der Kündigungserklärung vor Ablauf der Sperrfrist lediglich zu, ohne ein Datum zu nennen, läuft die Sperrfrist frühestens mit dem Tage der Bekanntmachung an den Arbeitgeber ab. Die Abkürzung kann in der Weise erfolgen, dass die Zustimmung für einen nach Bekanntgabe, aber noch vor Ablauf des Monats liegenden Termin erteilt wird (vgl. auch *v. Hoyningen-Huene/Linck* Rz 7). 12

b) Bekanntgabe gegenüber dem Arbeitnehmer

Die Entscheidung der AfA wird idR nur dem **Arbeitgeber bekanntgegeben** (vgl. KR-*Weigand* § 20 KSchG Rz 68). Der Arbeitgeber ist daher gehalten, dem Arbeitnehmer mit der Erklärung der Kündigung mitzuteilen, dass das tatsächliche Ende des Arbeitsverhältnisses mit Ablauf der individuellen Kündigungsfrist von der Entscheidung der AfA darüber abhängt, ob die Sperrfrist abgekürzt wird. Kann das Arbeitsverhältnis wegen einer Ablehnung des Antrages auf Sperrzeitabkürzung erst nach Ablauf der regulären oder ggf. sogar verlängerten Sperrfrist beendet werden, verlängert sich die Kündigungsfrist bis zum Ende der Sperrfrist. 13

4. Rückwirkende Zustimmung

a) Rückwirkung bis zum Tag der Antragstellung

Die Zustimmung kann **rückwirkend** erteilt werden, § 18 Abs. 1 2. Hs. KSchG. Die Rückwirkung ist allerdings begrenzt durch den **Tag der Antragstellung.** Das wird idR der Tag der Anzeige der beabsichtigten Kündigungen, kann aber auch ein danach – nicht davor – liegender Termin sein (s.o. Rz 10 ff.). Insoweit unterscheidet sich § 18 KSchG von der entsprechenden Regelung des AOG, die eine vergleichbare Beschränkung nicht kannte (s.o. Rz 2). Die nur begrenzte Rückwirkung wurde auf übereinstimmenden Wunsch der Sozialpartner schon in § 16 KSchG aF aufgenommen (s. Begr. zum RegE v. 23.1.1951 RdA 1951, 65). 14

b) Kriterien für die Rückwirkung

Ob dem Antrag auf rückwirkende Zustimmung entsprochen wird, hängt von den **Umständen des Einzelfalles** ab. Über die dabei vom Entscheidungsträger zu berücksichtigenden Interessen vgl. KR-*Weigand* § 20 KSchG Rz 57 ff. Für die rückwirkende Zustimmung kann sprechen, dass die Ereignisse, welche die Kündigungen verursachen, unvorhersehbar waren. 15

c) Rückwirkende Zustimmung im Baugewerbe

Bei der Beratung des Regierungsentwurfs war insbes. von den Verbänden des **Baugewerbes** geltend gemacht worden, die Einhaltung längerer Sperrfristen sei unbillig, wenn mit öffentlichen Mitteln fi- 16 nanzierte Bauvorhaben kurzfristig stillgelegt werden müssten, weil die Bereitstellung der Mittel versagt werde (vgl. Begr. zum RegE, RdA 1951, 65). Dieses Argument dürfte über das Baugewerbe hinaus von Bedeutung sein. Werden Massenentlassungen durch staatliche Entscheidungen veranlasst, können die arbeitsmarktpolitischen Folgen solcher Maßnahmen nicht ohne weiteres auf die Betriebe abgewälzt werden. In solchen Fällen spricht daher einiges für die rückwirkende Zustimmung zu den erforderlich werdenden Kündigungen.

16a Gemäß den Durchführungsanweisungen zum Dritten und Vierten Abschnitt des KSchG (DA KSchG) der BA Stand 7/2005 ist für Betriebe des Baugewerbes folgende Ausnahmeregelung möglich: »Bei Betrieben des Baugewerbes (§ 1 der BaubetriebeVO) kann der Ausschuss wegen der vielfach gegebenen Unvorhersehbarkeit von Entlassungen und der eingeschränkten Vermittlungsmöglichkeiten im Winter folgendes vereinfachtes Verfahren zulassen:

- Bei anzeigepflichtigen Entlassungen, die in die Schlechtwetterzeit (1.11.–31.3.) fallen (vgl. DA 17.01 Abs. 3) und die ausschließlich mit auftragsbedingtem Arbeitsausfall begründet werden, wird auf eine Eingangsbestätigung und auf einen schriftlichen Bescheid verzichtet.
- Die Regel-Sperrfrist wird, sofern die wirksam erstattete Anzeige einen Verkürzungsantrag enthält, grundsätzlich bis zum letzten Arbeitstag verkürzt. DA 18.12 Abs. 2 gilt entsprechend.
- Wenn nur über Anzeigen im Sinne des 1. Spiegelstrichs zu befinden ist, wird auf die Anberaumung von Sitzungen verzichtet. Die Anzeigen werden aufgelistet und dem Ausschuss bei nächster Gelegenheit (ggf. auch erst nach Ablauf der Regel-Sperrfrist) vorgelegt.«

d) Rückwirkung bei stufenweisen Kündigungen

17 Werden zunächst wirksam erklärte Kündigungen durch **hinzutretende weitere Kündigungen** innerhalb von 30 Kalendertagen anzeigepflichtig (s.u. Rz 32, 33), gewinnt die rückwirkende Zustimmung besondere Bedeutung. Allerdings bleibt auch in diesem Fall die Rückwirkung beschränkt auf den Tag der Antragstellung. Dieser liegt notwendigerweise zeitlich später als die zunächst erklärten Kündigungen. Der eindeutige Gesetzeswortlaut des § 18 Abs. 1 2. Hs. KSchG steht einer Auslegung entgegen, die Rückwirkung hier ausnahmsweise bis auf den Tag der Kündigung, soweit dieser vor dem Tag der Antragstellung liegt, zuzulassen.

18 Geht man – zu Recht – davon aus, dass bei **stufenweisen Kündigungen** die zunächst durchgeführten Kündigungen von der nachträglichen Unwirksamkeit ergriffen werden (vgl. KR-*Weigand* § 17 KSchG Rz 77), ist dieses Ergebnis folgerichtig und in seinen Konsequenzen auch nicht so unhaltbar, dass deshalb eine vom Wortlaut des Gesetzes abweichende Lösung gefunden werden müsste. Der Arbeitgeber sollte regelmäßig überschauen können, ob im Laufe eines so kurzen Zeitraumes weitere Entlassungen notwendig werden. Durch den Zwang der Einhaltung von Kündigungsfristen beschränkt sich der Übersichtszeitraum ohnehin auf nur etwa zwei Wochen.

5. Verlängerung der Frist

19 Die AfA kann im **Einzelfall** bestimmen, dass die Kündigungen **nicht vor Ablauf** von längstens zwei Monaten nach Eingang der Anzeige bei der AfA wirksam werden, § 18 Abs. 2 KSchG. Es kann also die Sperrfrist bis auf zwei Monate **verlängern.** Hierzu bedarf es natürlich keines Antrags des Arbeitgebers. Die zweimonatige Frist ist die Höchstfrist. Länger als zwei Monate kann die AfA die Wirkung der Kündigungen, dh das tatsächliche Ende der Arbeitsverhältnisse, nicht hinauszögern. Andererseits ist sie nicht gehalten, diese Frist bei Verlängerung voll auszuschöpfen. Sie kann die Sperrfrist auf jeden beliebigen Zeitpunkt zwischen einem und zwei Monaten verlängern.

20 Eine Verlängerung der Sperrfrist kann nur im **Einzelfall** erfolgen. Der nach § 20 KSchG zuständige Entscheidungsträger hat also für jede Anzeige gesondert zu prüfen, ob die Verlängerung erforderlich ist, um den arbeitsmarktpolitischen Zweck des § 18 Abs. 2 KSchG zu erreichen (*SG Frankf./Main* 29.1.1988 – S/14/Ar 681/84 – nv) oder um »Lösungen für die durch die beabsichtigten Massenentlassungen aufgeworfenen Probleme zu suchen« (Art. 4 Abs. 2 RL 98/59/EG). Er kann nicht eine generelle Anhebung der Sperrfrist für alle Betriebe oder etwa Betriebe einer bestimmten Größenordnung verfügen.

21 Die Verlängerung kommt nur in Betracht **vor** Ablauf der einmonatigen Frist des § 18 Abs. 1 1. Hs. KSchG. Die erst danach dem Arbeitgeber zugehende Entscheidung des Entscheidungsträgers ist wirkungslos. Die einmal abgelaufene Frist kann nicht nachträglich verlängert werden (APS-*Moll* Rz 31;

HaKo-*Pfeiffer* Rz 6; *v. Hoyningen-Huene/Linck* Rz 4; *Nikisch* I, S. 846; *ArbG Hmb.* BB 1954, 872; vgl. auch Runderlass des Präsidenten der BA v. 12.2.1953 ANBA 1953, 44).

Ob die Voraussetzungen für eine Verlängerung der Sperrfrist vorliegen, hat der Ausschuss unter sorgfältiger Abwägung aller **Umstände des Einzelfalles** nach pflichtgemäßem Ermessen zu prüfen (ErfK-*Kiel* Rz 9; über die dabei zu berücksichtigenden Kriterien vgl. KR-*Weigand* § 20 KSchG Rz 57 ff.). Nicht ausreichend ist die fiskalische Erwägung, die Arbeitslosenversicherung um einen weiteren Monat von der Zahlung von Arbeitslosengeld zu entlasten (*Nikisch* aaO; *LSG München* 8.8.1985 NZA 1986, 654 verlangt das Vorliegen atypischer Besonderheiten). 22

Die Kündigung, die der Arbeitgeber mit einer Kündigungsfrist erklärt, die vor der Frist des § 18 Abs. 1 1. Hs. KSchG abläuft, weil er mit einer positiven Entscheidung über eine Verkürzung der Sperrfrist rechnete, entfaltet ihre Wirksamkeit erst zum Ende der Sperrfrist. 23

6. Die Entscheidung der Agentur für Arbeit

Die Entscheidung der AfA nach § 18 Abs. 1 und Abs. 2 KSchG trifft deren Geschäftsführung oder ein bei ihm nach Maßgabe des § 20 KSchG zu bildender **Ausschuss (Entscheidungsträger;** wegen der Einzelheiten wird auf die Erl. zu § 20 KSchG verwiesen). Der Entscheidungsträger kann die Verlängerung oder Abkürzung der Sperrfrist auf bestimmte Gruppen der zu kündigenden Arbeitnehmer beschränken. Er kann die Zustimmung zu vorzeitiger Kündigung abhängig machen von bestimmten **Voraussetzungen**, zB der Zahlung einer Abfindung an die betreffenden Arbeitnehmer oder dem Gebot an den Arbeitgeber, mit dem Arbeitnehmer eine Wiedereinstellung für den Fall einer Änderung der wirtschaftlichen Lage des Betriebes zu vereinbaren (vgl. ErfK-*Kiel* Rz 10; *Löwisch/Spinner* Rz 6; *v. Hoyningen-Huene/Linck* Rz 14; KDZ-*Kittner* Rz 13; *Nikisch* I, S. 845; wohl auch APS-*Moll* Rz 25; aA KPK-*Schiefer* Teil H §§ 17–22 Rz 119; *Bader/Braun/Dörner/Wenzel* Rz 13 – Ablehnung von Auflagen aus Gründen der Rechtssicherheit). Es handelt sich dabei verwaltungsrechtlich gesehen um den Erlass eines Verwaltungsaktes unter einer **aufschiebenden Bedingung.** Gegen die Zulässigkeit des Verfahrens bestehen keine Bedenken. Verwaltungsakte, auf die keine volle Einräumungsberechtigung besteht, sondern die von der Ausübung des pflichtgemäßen Ermessens abhängen, können mit Nebenbestimmungen – also auch Bedingungen – versehen werden (vgl. § 32 SGB X). Die bedingte Erteilung einer Zustimmung bietet sich vor allem dann an, wenn andernfalls der Antrag vollständig zurückgewiesen werden müsste. Die Grenze liegt dort, wo der Ermessensspielraum infolge der besonderen Umstände des Einzelfalles so eingeschränkt ist, dass jede andere Entscheidung als die unbedingte Erteilung der Zustimmung sich als ermessensfehlerhaft darstellt (vgl. iE *Wolff/Bachof/Stober* VerwR Bd. 2 § 47 II 2). 24

Der Arbeitgeber ist **nicht verpflichtet**, die Bedingungen zu erfüllen (APS-*Moll* Rz 24). Er kann statt dessen die einmonatige Frist des § 18 Abs. 1 1. Hs. KSchG verstreichen lassen und die Kündigungen zu einem Zeitpunkt, der danach liegt wirksam werden lassen. Die AfA hat kein Mittel in der Hand, den Arbeitgeber zur Zahlung von Abfindungen oder zur späteren Wiedereinstellung von Arbeitnehmern zu zwingen. Ist der Arbeitgeber der Auffassung, die lediglich bedingte Zustimmung zur vorzeitigen Entlassung sei ermessensfehlerhaft, steht ihm der Weg zu den Sozialgerichten offen (vgl. iE KR-*Weigand* § 20 KSchG Rz 69 ff.). 25

Die AfA kann umgekehrt die **Verlängerung** einer Sperrfrist in ihrem Bestand **auflösend** von der Erfüllung bestimmter Bedingungen abhängig machen. Gegen die Zulässigkeit einer gegenüber der unbedingten Verlängerung weniger weitgehenden Verknüpfung der Verlängerung mit einer auflösenden Bedingung bestehen gleichfalls keine rechtlichen Bedenken. Der Arbeitgeber hat es dann in der Hand, zB durch Zahlung einer Abfindung an die zu kündigenden, die Sperrfrist vorzeitig enden zu lassen und die Kündigungen entsprechend wirksam werden zu lassen. Auch hier gilt, dass er zur Erfüllung der Bedingungen nicht verpflichtet ist, sondern statt dessen den Ablauf der verlängerten Sperrfrist abwarten kann. Ist er der Meinung, dass die – wenn auch auflösend bedingte – Verlängerung der Sperrfrist überhaupt unangemessen ist, steht ihm der Rechtsweg zu den Sozialgerichten offen. 26

Hat der Arbeitgeber Massenentlassungen (Kündigungen) angezeigt, **ohne** dass die Voraussetzungen des § 17 KSchG vorlagen, ist er unabhängig von einer Entscheidung der AfA jederzeit zur Durchführung der Kündigungen berechtigt. Geht die AfA nach ordnungsgemäßer Anzeige **irrtümlich** davon aus, die Voraussetzungen des § 17 KSchG seien **nicht** erfüllt, und teilt dies dem Arbeitgeber mit, wirkt diese Mitteilung **(Negativattest)** wie eine zum selben Zeitpunkt erteilte Zustimmung zur vorzeitigen Entlassung. Der Arbeitgeber darf sich auf diese Mitteilung verlassen. 27

28 In jedem Fall kann der Arbeitgeber trotz erstatteter Anzeige davon absehen, alle Kündigungen vorzunehmen. Er kann sich beschränken auf eine Zahl, welche unterhalb der nach § 17 KSchG maßgeblichen Grenze liegt, und diese Kündigungen innerhalb eines Zeitraums von 30 Kalendertagen ungehindert durchführen.

III. Die Unwirksamkeit der Kündigungen während der Sperrfrist

1. Hemmung der Wirksamkeit

29 Die nach § 17 KSchG anzuzeigenden **Kündigungen** werden, was ihr tatsächliches Ende mit Ablauf der Kündigungsfrist angeht, **erst mit Ablauf der Sperrfrist** oder mit **Zustimmung der AfA** wirksam, § 18 Abs. 1 1. Hs. KSchG. **Kündigungen, deren Kündigungsfrist vor diesem Zeitpunkt ablaufen, sind** nicht endgültig unwirksam, aber in ihrer Wirksamkeit **gehemmt** (vgl. HaKo-*Pfeiffer* Rz 14; APS-*Moll* Rz 33; *Nikisch* DB 1960, 1275; SPV-*Preis* Rz 962), bis die Zustimmung erteilt ist (*BAG* 22.3.2001 EzA Art. 101 GG Nr. 5). Die Regelungen gem. §§ 17 ff. KSchG bestimmen damit – vor allem im öffentlichen Interesse, aber auch im Interesse des einzelnen Arbeitnehmers –, dass die Kündigungsfrist auch einer sonst privatrechtlich wirksamen Kündigung durch privatrechtsgestaltenden Verwaltungsakt der AfA festgelegt wird (*BAG* 18.9.2003 EzA § 1 KSchG Soziale Auswahl Nr. 53; 13.4.2000 EzA § 17 KSchG Nr. 9). Das Ende der Sperrfrist und die Entlassung fallen dann zusammen (*BAG* 24.10.1996 EzA § 17 KSchG Nr. 6).

30 Ist die Kündigung nur zu einem **bestimmten Termin** möglich (zB Monatsende) und ist zu einem **in der Sperrfrist** liegenden solchen Termin fristgerecht gekündigt worden, läuft das Arbeitsverhältnis gleichfalls mit **Ablauf der Sperrfrist** aus und nicht erst zum nächsten Kündigungstermin (so auch *Bauer/Powietzka* DB 2001, 383; aA *LAG* Frankf./M 16.3.1990 DB 1991, 658; KDZ-*Kittner* Rz 28; *Berscheid* ZIP 1987, 1516 ff.). Eine erweiternde Auslegung dahin, die Entlassung erst zum Ablauf des nächsten Kündigungstermins nach Ablauf der Sperrfrist wirksam werden zu lassen, ist weder vom Wortlaut des § 18 KSchG gedeckt noch vom Sinngehalt der Regelung (wie hier wohl auch *v. Hoyningen-Huene/Linck* Rz 22; MünchKomm-*Schwerdtner* vor § 620 BGB Rz 36). Wird die Kündigung allerdings erst zu einem **nach Ablauf** der Sperrfrist liegenden Zeitpunkt ausgesprochen, muss der Kündigungstermin (zB Monatsende) eingehalten werden (so auch *v. Hoyningen-Huene/Linck* aaO; APS-*Moll* Rz 34).

2. Die Stellung des Arbeitnehmers

31 Andererseits ist der **Arbeitnehmer nicht verpflichtet**, über den Zeitpunkt der fristgerechten Kündigung hinaus weiterzuarbeiten, wenn er dies nicht will. Nach dem zwischen ihm und dem Arbeitgeber allein maßgebenden Arbeitsvertrag ist dies der Termin, zu dem er ohne weiteres aus dem Vertragsverhältnis ausscheiden kann. In dieses Recht greifen die §§ 17 ff. KSchG nicht ein. Die Bestimmungen über die anzeigepflichtigen Entlassungen richten sich **allein an den Arbeitgeber**. Er wird in seinem Recht, Kündigungen fristgerecht durchzuführen, eingeschränkt, ihm werden Anzeigepflichten auferlegt. Eine dem Arbeitnehmer aus arbeitsmarktpolitischen Gründen auferlegte Verpflichtung, über den Zeitpunkt der fristgerechten Kündigung hinaus bis zum Ablauf der Sperrfrist am Arbeitsverhältnis festzuhalten, begegnet schon Bedenken aus dem Gesichtspunkt des Art. 12 Abs. 2 GG, wonach niemand zu einer bestimmten Arbeit gezwungen werden darf, es sei denn im Rahmen einer herkömmlichen, allgemeinen, für alle gleichen öffentlichen Dienstleistungspflicht. Es besteht daher Einigkeit, dass der **Arbeitnehmer** nach Ablauf der Kündigungsfrist **ungehindert** von einem etwaigen Verstoß des Arbeitgebers gegen §§ 17 ff. KSchG aus dem Arbeitsverhältnis **ausscheiden** kann. Insbes. kann der Arbeitgeber nicht unter Berufung auf die von ihm selbst veranlasste Unwirksamkeit der **Kündigung** am Arbeitsverhältnis festhalten.

3. Besonderheiten bei stufenweisen Entlassungen

32 Gem. § 18 werden von der Unwirksamkeit vor Ablauf der Sperrfrist alle nach § 17 KSchG anzuzeigenden **Kündigungen** erfasst, nicht nur die über der Grenze des § 17 Abs. 1 KSchG liegende Zahl. Das ist unstreitig, wenn es sich um **Kündigungen** handelt, die **zusammen** angezeigt werden. Dem Arbeitgeber kann kein Bestimmungsrecht darüber zustehen, welche der Entlassungen (**Kündigungen**) als unter der Schwelle liegend und damit durchführbar und welche als darüberliegend angesehen werden sollen.

33 Gem. § 17 Abs. 1 KSchG ist jedoch bei der Zahl der anzeigepflichtigen Entlassungen abzustellen auf einen **Zeitraum von 30 Kalendertagen**. Die in dieser Zeit beabsichtigten Kündigungen sind jeweils zu-

sammenzurechnen. Denkbar ist also – insbes. bei kurzen Kündigungsfristen –, dass **Kündigungen** zunächst wirksam erklärt werden in einer nicht anzeigepflichtigen Größenordnung. Folgen diesen **Kündigungen** innerhalb von 30 Kalendertagen weitere **Kündigungen** nach, so dass unter Zusammenrechnung aller **Kündigungen** eine nach § 17 Abs. 1 KSchG erhebliche Zahl erreicht wird, werden die **Kündigungen insgesamt** anzeigepflichtig (vgl. KR-*Weigand* § 17 KSchG Rz 54). Da § 18 Abs. 1 KSchG auf **Kündigungen** abstellt, die nach § 17 KSchG anzuzeigen sind, werden die zunächst nicht angezeigten **Kündigungen** nunmehr **anzeigepflichtig** und können erst mit Ablauf der Sperrfrist wirksam werden. Die eindeutige Regelung des § 17 KSchG lässt keine andere Deutung zu. Der Gesetzgeber hat bewusst auf einen Zeitraum von 30 Kalendertagen abgestellt, innerhalb dessen die **Kündigungen** als **Einheit** betrachtet werden.

IV. Die Freifrist

1. Die Bedeutung der Freifrist

Nach Ablauf der – sei es einmonatigen, sei es verlängerten, sei es verkürzten – Sperrfrist bleiben **90 Tage** Zeit, in der Kündigungen wirksam werden können. Nach der bisherigen Rechtslage sollten nach dieser sog. **Freifrist** Kündigungen, die nicht innerhalb von 90 Tagen ihre Wirksamkeit entfalten, der **erneuten Anzeige** nach § 17 KSchG bedürfen. **Diese Regelung gem. § 18 Abs. 4 KSchG ist jedoch aufgrund der Entscheidungen des EuGH 2005 und des BAG 2006 obsolet geworden** (vgl. KR-*Weigand* § 17 Rz 6k ff., 32a ff.). Kündigungen, deren Fristen über die Dauer der Entlassungssperre und Freifrist hinaus andauern, erfordern keine erneute Anzeige bei der AfA (DA-KSchG der BA, Stand 7/2005, 18.41).

34

V. Rechtswirkungen bei unterbliebener Anzeige

Hat der Arbeitgeber nach § 17 Abs. 1 KSchG anzeigepflichtige Entlassungen durchgeführt, **ohne eine Anzeige zu erstatten**, sind die **Kündigungen unwirksam** (KR-*Weigand* § 17 KSchG Rz 101 ff.). Anzeigepflichtige Kündigungen werden grds. erst einen Monat nach Erstattung der Anzeige wirksam. Unterbleibt die Anzeige, kann die Frist bis zum Eintritt der Wirksamkeit gar nicht erst zu laufen beginnen (ErfK-*Kiel* Rz 11). Der Begriff der **Unwirksamkeit unterscheidet sich nicht** von der Unwirksamkeit der ordnungsgemäß angezeigten, aber vor Ablauf der Sperrfrist wirksamen Kündigungen. Der Unterschied liegt allein darin, dass die Wirksamkeit der Kündigung, deren Frist vor Ablauf der Sperrfrist endet, gehemmt ist, während die Unwirksamkeit der überhaupt nicht angezeigten Entlassungen zeitlich unbegrenzt ist (APS-*Moll* Rz 44). Auch hier gilt allerdings, dass der Arbeitnehmer sich auf die Unwirksamkeit berufen muss.

35

Die Anzeige einer anzeigepflichtigen Kündigung muss **vor** dem Kündigungstermin erfolgen, wie sich schon aus § 17 Abs. 1 KSchG ergibt. Die nachträgliche Anzeige der unwirksamen Entlassung geht ins Leere (vgl. *BAG* 24.10.1996 EzA § 17 KSchG Nr. 6; 31.7.1986 EzA § 17 KSchG Nr. 3; HK-*Hauck* Rz 25; *Berscheid* ZIP 1987, 1514; *v. Hoyningen-Huene/Linck* Rz 34; KDZ-*Kittner* Rz 24; HaKo-*Pfeiffer* Rz 20; SPV-*Preis* Rz 20; *Nikisch* I, S. 850 verlangt eine unverzügliche Nachholung der Anzeige). Eine **Heilung** durch rückwirkende Zustimmung der AfA **scheidet aus**, weil diese nur auf den Tag der – verspäteten – Anzeige bzw. Antragstellung wirken könnte (*v. Hoyningen-Huene/Linck* Rz 34; APS-*Moll* Rz 49; *Bauer/Powietzka* DB 2000, 1073; *dies.* modifizierend DB 2001, 383). Der Arbeitgeber muss also in diesem Fall erneut kündigen und – soweit wiederum die Voraussetzungen des § 17 KSchG vorliegen – eine ordnungsgemäße Anzeige erstatten.

36

§ 19 Zulässigkeit von Kurzarbeit.

(1) Ist der Arbeitgeber nicht in der Lage, die Arbeitnehmer bis zu dem in § 18 Abs. 1 und 2 bezeichneten Zeitpunkt voll zu beschäftigen, so kann die Bundesagentur für Arbeit zulassen, daß der Arbeitgeber für die Zwischenzeit Kurzarbeit einführt.
(2) Der Arbeitgeber ist im Falle der Kurzarbeit berechtigt, Lohn oder Gehalt der mit verkürzter Arbeitszeit beschäftigten Arbeitnehmer entsprechend zu kürzen; die Kürzung des Arbeitsentgelts wird jedoch erst von dem Zeitpunkt an wirksam, an dem das Arbeitsverhältnis nach den allgemeinen gesetzlichen oder den vereinbarten Bestimmungen enden würde.
(3) Tarifvertragliche Bestimmungen über die Einführung, das Ausmaß und die Bezahlung von Kurzarbeit werden durch die Absätze 1 und 2 nicht berührt.

§ 19 KSchG — Zulässigkeit von Kurzarbeit

Literatur

– bis 2004 vgl. KR-Vorauflage –

Inhaltsübersicht

	Rz		Rz
I. Einleitung	1–5	3. Umfang der Ermächtigung	17–19
1. Entstehungsgeschichte	1	4. Bedeutung der Ermächtigung	
2. Frühere Regelungen	2	für das Arbeitsverhältnis	20, 21
3. Sinn und Zweck der Vorschrift	3–5	5. Verhältnis zu tarifvertraglichen	
II. Die Zulassung von Kurzarbeit		Bestimmungen	22–28
durch die Bundesagentur für Arbeit	6–34	6. Mitwirkung des Betriebsrats	29–33
1. Voraussetzungen für die		a) Bestehende Betriebs-	
Zulassung der Kurzarbeit	6–11	vereinbarungen	29
a) Anzeigepflichtige Entlassungen	6	b) Mitwirkung im Einzelfall	30–33
b) Unmöglichkeit der vollen		7. Kurzarbeitergeld	34–34a
Beschäftigung	7, 8	III. Durchführung der Kurzarbeit	35–48
c) Maßgebender Zeitpunkt	9, 10	1. Wahlrecht des Arbeitgebers	35, 36
d) Antragstellung	11	2. Ankündigung der Kurzarbeit	37, 38
2. Entscheidung der Bundesagentur		3. Entgeltzahlungspflicht	39–48
für Arbeit	12–16	a) Grundsatz	39
a) Zuständige Behörde	12–14	b) Einzuhaltende Fristen	40–45
b) Rechtsform der Entscheidung	15, 16	c) Gekürztes Arbeitsentgelt	46–48

I. Einleitung

1. Entstehungsgeschichte

1 § 19 KSchG war als § 17 Bestandteil bereits der ursprünglichen Fassung des KSchG. Die Bestimmung geht zurück auf § 17 des Regierungsentwurfs vom 23.1.1951 (abgedr. in: RdA 1951, 58 ff.; s. BT-Drs. I/2090). § 17 RegE sah allerdings vor, dass der Arbeitgeber von sich aus zur Einführung von Kurzarbeit berechtigt sein sollte, wenn eine volle Beschäftigung der Arbeitnehmer während der Sperrfrist nicht möglich war. Er wich damit vom früheren Recht ab (s.u. Rz 2). Diese Regelung konnte bei den anschließenden Beratungen im Bundestag nicht durchgesetzt werden. Die Zulässigkeit der Kurzarbeit wurde daher an die ausdrückliche Entscheidung der BA geknüpft. Durch das **Erste Arbeitsrechtsbereinigungsgesetz** wurde der bisherige § 17 zum jetzigen § 19 KSchG. Eine Änderung des Wortlauts war damit nicht verbunden. Durch das Dritte Gesetz für moderne Dienstleistungen am Arbeitsmarkt vom 23.12.2003 (BGBl. I S. 2848) wurden die Wörter »das Landesarbeitsamt« durch die Wörter »**die Bundesagentur für Arbeit« (BA)** ersetzt.

2. Frühere Regelungen

2 Die nach § 19 KSchG eingeräumte Möglichkeit zur zeitweiligen Kurzarbeit im Zusammenhang mit Massenentlassungen war bereits dem **früheren Recht** bekannt. Schon die Verordnung betreffend Maßnahmen gegenüber Betriebsabbrüchen und -stilllegungen vom 8.11.1920 (RGBl. S. 1901) idF der Verordnung über die Betriebsstilllegungen und Arbeitsstreckung vom 15.10.1923 (RGBl. I S. 983) gestattete die Anordnung einer Verkürzung der Arbeitszeit (Streckung der Arbeit) durch die Demobilmachungsbehörde für die Dauer der Sperrfristen, wenn der Arbeitgeber nicht in der Lage war, die Arbeitnehmer während dieser Fristen voll zu beschäftigen. Die Wochenarbeitszeit durfte aber nicht unter 24 Stunden herabgesetzt werden. Der Arbeitgeber war zu entsprechender Kürzung des Lohnes oder des Gehalts berechtigt, allerdings erst von dem Zeitpunkt an, in dem das Arbeitsverhältnis nach den allgemeinen gesetzlichen oder vertraglichen Bestimmungen enden würde. Eine entsprechende Regelung traf § 20 Abs. 3 AOG. Auch danach konnte die vom Treuhänder der Arbeit zuzulassende Herabsetzung der Arbeitszeit 24 Stunden wöchentlich nicht unterschreiten.

3. Sinn und Zweck der Vorschrift

3 Massenentlassungen stehen zwar nicht notwendig, aber doch idR im Zusammenhang mit **wirtschaftlichen Schwierigkeiten**, insbes. einer schlechten Auftragslage, welche die Entlassungen erst bedingen. Wird der Arbeitgeber durch die gem. § 18 KSchG einzuhaltende Sperrfrist zur verlängerten Aufrechterhaltung der Arbeitsverhältnisse gezwungen, können sich für den ohnehin Not leidenden

Zulässigkeit von Kurzarbeit § 19 KSchG

Betrieb Schwierigkeiten ergeben, die Arbeitnehmer noch voll zu beschäftigen. Die Einführung von Kurzarbeit, also der **vorübergehenden Herabsetzung der betriebsüblichen Arbeitszeit** (zum Begriff vgl. etwa *Farthmann* RdA 1974, 69; *Hueck/Nipperdey* I, S. 123; *Nikisch* I, S. 642; *Schaub* § 47 I), ist gegenüber dem einzelnen Arbeitnehmer nicht ohne weiteres zulässig. Der Arbeitnehmer hat grds. Anspruch auf volle Beschäftigung und entsprechende volle Bezahlung. Um dieses Recht einzuschränken, bedarf es entweder einer **einzelvertraglichen** oder **kollektivrechtlichen** Regelung. Fehlt es an einer solchen Regelung, kommt eine einseitige Änderung der Arbeitsbedingungen – als solche stellt sich die Kurzarbeit dar – nur im Wege einer Kündigung in Betracht, und zwar hier der **Änderungskündigung** gem. § 2 KSchG. Diese unterliegt in vollem Umfang der Nachprüfung ihrer sozialen Rechtfertigung. Zudem läuft der Arbeitgeber Gefahr, dass der Arbeitnehmer die Annahme der angebotenen Änderung ablehnt, und zwar auch die Annahme unter dem Vorbehalt der Überprüfung ihrer sozialen Rechtfertigung. Dann aber führt die Änderungskündigung zu einer anzeigepflichtigen **Entlassung,** welche während der Sperrfrist nicht ausgeführt werden könnte.

Hier gibt nun § 19 KSchG dem Arbeitgeber die Möglichkeit, während des Laufes der Sperrfrist einseitig **Kurzarbeit** einzuführen. Die infolge der Einhaltung von Sperrfristen auftretenden Härten für den Betrieb können auf diesem Wege gemildert werden. Das Ziel des § 18 KSchG, die Arbeitslosigkeit einer größeren Zahl von Arbeitnehmern hinauszuschieben mit Rücksicht auf die Lage des Arbeitsmarktes, wird dadurch nicht beeinträchtigt. Während der Kurzarbeit bleiben die alten Arbeitsverhältnisse aufrechterhalten. Allerdings können finanzielle Lasten auf die Arbeitsverwaltung zukommen, wenn nämlich die Voraussetzung für den Bezug von Kurzarbeitergeld nach dem SGB III gegeben sind (s.u. Rz 34). 4

Die Möglichkeit der Einführung von Kurzarbeit gem. § 19 KSchG führt nur **teilweise** zu einer Entlastung des Arbeitgebers. In jedem Fall ist zunächst das volle Arbeitsentgelt für die Zeit der allgemeinen gesetzlichen oder vereinbarten Fristen zu zahlen, zu denen das Arbeitsverhältnis beendet werden könnte. Da vor allem bei langfristig beschäftigten Arbeitnehmern diese Kündigungsfristen häufig gar nicht vor Ablauf der Sperrfrist enden, der Arbeitgeber also auf jeden Fall zur vollen Fortzahlung des Entgelts verpflichtet ist, geht die Einführung von Kurzarbeit hier unter Umständen ins Leere (vgl. schon *Nikisch* I, S. 852). Daher und angesichts der Weitergeltung tariflicher Bestimmungen (s.u. Rz 22 ff.) und der Mitbestimmungsrechte des Betriebsrates (s.u. Rz 30 ff.) bleibt die praktische Bedeutung der Regelung gem. § 19 KSchG insgesamt gering (vgl. auch DA KSchG der BA Stand 7/2005, 19.01 Abs. 2). 5

II. Die Zulassung von Kurzarbeit durch die Bundesagentur für Arbeit

1. Voraussetzungen für die Zulassung der Kurzarbeit

a) Anzeigepflichtige Entlassungen

§ 19 Abs. 1 KSchG nimmt Bezug auf die Sperrfristen des § 18 KSchG. § 18 KSchG verweist wiederum auf § 17 KSchG. Die Einführung von Kurzarbeit gem. § 19 KSchG kommt daher nur in Frage, wenn die **Voraussetzungen einer Massenentlassung** gegeben sind, also eine ordnungsgemäße Anzeige der beabsichtigten Entlassung einer Zahl von Arbeitnehmern in einer nach § 17 Abs. 1 KSchG erheblichen Größenordnung. Ist der Tatbestand des § 17 KSchG nicht erfüllt, scheidet eine Bewilligung von Kurzarbeit durch die BA aus (vgl. HK-*Hauck* Rz 6; APS-*Moll* Rz 3; § 17 Rz 1; *Löwisch/Spinner* Rz 5 f.; *v. Hoyningen-Huene/Linck* Rz 3; *Nikisch* I, S. 851). 6

b) Unmöglichkeit der vollen Beschäftigung

Der Arbeitgeber muss außerstande sein, die Arbeitnehmer bis zu dem in § 18 Abs. 1 und Abs. 2 KSchG bestimmten Zeitpunkt **voll** zu beschäftigen. Damit ist nicht die objektive Unmöglichkeit der Vollbeschäftigung gemeint. Nach dem Sinn der Vorschrift, dem Betrieb während des Ablaufs der Sperrfrist eine Entlastung zu ermöglichen, ist als ausreichend – aber auch erforderlich – anzusehen, dass die Vollbeschäftigung dem Betrieb aus **wirtschaftlichen Gründen nicht zuzumuten** ist (*Löwisch/Spinner* Rz 6; *v. Hoyningen-Huene/Linck* Rz 4; KDZ-*Kittner* Rz 3; *Rumpff/Dröge* S. 53; HaKo-*Pfeiffer* Rz 2). Denkbar ist also die Zulassung von Kurzarbeit, obwohl Möglichkeiten für eine volle Beschäftigung bestehen. Andererseits kann die BA die Ermächtigung verweigern, obwohl die volle Beschäftigung nicht mehr gewährleistet ist. Das kommt unter Umständen in Frage, wenn die wirtschaftliche Lage des Betriebes die volle Entgeltzahlung zulässt. Als Grund für die Verweigerung ausreichen zu lassen, dass die schlechte Beschäftigungslage auf ein **Verschulden des Arbeitgebers** zurückzuführen ist, erscheint bedenklich (so aber etwa *v. Hoyningen-Huene/Linck* Rz 6; *Hueck/Nipperdey* I, S. 702; wie hier APS-*Moll* Rz 13). Es ist 7 nicht Aufgabe der BA, eine schlechte Unternehmensführung zu ahnden. Eine Überprüfung unternehmerischer Entscheidungen ist dem KSchG auch im Übrigen grds. fremd (vgl. auch die Bedenken von *Maus* Rz 3, FN 1).

8 Die Entscheidung der BA darüber, ob die Voraussetzungen für die Zulassung der Kurzarbeit vorliegen, kann jeweils nur aufgrund der *Umstände des Einzelfalles* ergehen. Die BA kann die Kurzarbeit zulassen, die Entscheidung liegt also im **pflichtgemäßen Ermessen** der Behörde. Nicht erforderlich ist, dass dem Arbeitgeber die volle Beschäftigung aller Arbeitnehmer unmöglich ist. Es reicht aus, dass er die Arbeitnehmer, deren Entlassungen angezeigt sind, nicht mehr voll beschäftigen kann. Die BA hat entsprechend zu berücksichtigen, in welchem Umfang sie Kurzarbeit zulassen will (s.u. Rz 17).

c) **Maßgebender Zeitpunkt**

9 Der **Zeitpunkt**, bis zu dem die volle Beschäftigung unmöglich ist, ergibt sich aus § 18 KSchG. Entscheidend ist das **Ende der Sperrfrist**. In Frage kommt die Einführung von Kurzarbeit vor allem bei einer Verlängerung der Sperrfrist gem. § 18 Abs. 2 KSchG. Das ist aber nicht zwingende Voraussetzung für die Zulassung von Kurzarbeit. Zeigt der Arbeitgeber die Massenentlassungen an, ohne eine Verkürzung der Sperrfrist zu beantragen, und sieht die Geschäftsführung der AfA bzw. der Massenentlassungsausschuss von einer Verlängerung ab, so dass die Sperrfrist mit Ablauf eines Monats nach Eingang der Anzeige endet, kann durchaus Anlass für die Zulassung von Kurzarbeit bestehen.

10 Zumindest theoretisch ist auch bei einer **Abkürzung** der Sperrfrist auf entsprechenden Antrag des Arbeitgebers die Einführung von Kurzarbeit zulässig. § 19 KSchG enthält in seiner Verweisung auf § 18 Abs. 1 und Abs. 2 KSchG insoweit keine Einschränkung. Denkbar wäre etwa, dass die Geschäftsführung der AfA bzw. der Massenentlassungsausschuss die Sperrfrist auf drei Wochen abkürzt, einen Zeitraum, der immer noch über dem vom Arbeitgeber einzuhaltenden Zeitraum für die volle Lohnzahlung liegen und somit eine Entlastung bringen kann. Allerdings dürfte die Zulassung der Kurzarbeit in diesen Fällen praktisch selten vorkommen, da dem Betrieb die Weiterbeschäftigung der Arbeitnehmer über einen so kurzen Zeitraum idR zuzumuten sein wird. Wie sich aus den vorstehenden Überlegungen ergibt, ist die Entscheidung der Geschäftsführung der AfA bzw. des Massenentlassungsausschusses über die Abänderung der Sperrfrist weder Voraussetzung für die Zulassung der Kurzarbeit durch die BA noch schließt die Entscheidung der Geschäftsführung der AfA bzw. des Ausschusses eine Entscheidung der BA aus. Um zu wirtschaftlich sinnvollen Lösungen zu kommen, sollten der Entscheidungsträger gem. § 20 KSchG und der BA ihre Entscheidungen jedoch aufeinander abstimmen (s.u. Rz 14).

d) **Antragstellung**

11 Weitere Voraussetzungen für die Zulassung von Kurzarbeit während der Sperrfrist nach § 18 KSchG ist ein entsprechender Antrag. Dieser Antrag auf Zulassung von Kurzarbeit ersetzt im Übrigen nicht die Anzeige des Arbeitsausfalls gem. §§ 169 ff. SGB III bei der AfA, in deren Bezirk der Betrieb liegt.

2. **Entscheidung der Bundesagentur für Arbeit**

a) **Zuständige Behörde**

12 Die Entscheidung über die Zulassung der Kurzarbeit trifft **die BA** im Rahmen ihres pflichtgemäßen Ermessens. Während § 20 KSchG die der AfA zustehenden Entscheidungen gem. § 18 Abs. 1 und Abs. 2 KSchG der Geschäftsführung der AfA bzw. einem bei der AfA zu bildenden besonderen Ausschuss zuweist, fehlt eine entsprechende Regelung für § 19 KSchG. Es entscheidet also die BA selbst.

13 § 19 KSchG enthält keine Delegationsmöglichkeit der Zulassungsentscheidung über Kurzarbeit auf die AfA (vgl. *Löwisch/Spinner* Rz 4; *APS-Moll* Rz 13).

14 Es mag dahingestellt bleiben, ob die **Zweispurigkeit** der im Rahmen der Massenentlassungen zu treffenden Entscheidungen glücklich ist. Der Gesetzgeber hat es bei der ursprünglichen Regelung belassen (in der Begr. des RegE v. 23.1.1951 war noch ausgeführt worden, es werde zu prüfen sein, ob nach Errichtung einer BA die Entscheidungsbefugnis den Organen der BA zu übertragen sei, vgl. RdA 1951, 65 zu §§ 18, 19). Ausschuss bzw. AfA und BA sollten jedenfalls bei ihren Entscheidungen zusammenarbeiten und ihre Entscheidungen über die Verlängerung oder Abkürzung der Sperrfrist einerseits und die Zulassung von Kurzarbeit andererseits aufeinander abstimmen (vgl. auch RdErl. des Präsidenten der BA v. 12.2.1953 ANBA 1953, 44 unter VI 1).

b) Rechtsform der Entscheidung

Die Entscheidung der BA ist ihrer Rechtsform nach ein **Verwaltungsakt** (ErfK-*Kiel* Rz 3). Es handelt sich um die Regelung eines Einzelfalles auf einem öffentlich-rechtlichen Gebiet, die von einer Behörde getroffen wird und die auf unmittelbare Rechtswirkung nach außen gerichtet ist (vgl. die Begriffsbestimmung des Verwaltungsakts in § 31 SGB X, der hier gem. § 1 SGB X iVm Art. II § 1 Nr. 2 SGB I zumindest analoge Anwendung findet [s. KR-*Weigand* § 20 KSchG Rz 40] und mit § 35 VwVfG wörtlich sowie nach allg. Ansicht inhaltlich übereinstimmt; vgl. ferner KR-*Weigand* § 20 KSchG Rz 64; s.a. *v. Stebut* RdA 1974, 344). Der **Arbeitgeber** wird durch diesen Verwaltungsakt **begünstigt**, da ihm ein einseitiges Gestaltungsrecht eingeräumt wird: Er kann Kurzarbeit einführen. Der Begünstigung des Arbeitgebers entspricht eine **Belastung** der betroffenen **Arbeitnehmer**. Sie müssen einen Eingriff in ihre vertraglichen Rechte hinnehmen. Da dieser Eingriff **unmittelbar** erfolgt, ist es gerechtfertigt, von einem Verwaltungsakt mit **Doppelwirkung** zu sprechen (vgl. *v. Stebut* aaO; zweifelnd APS-*Moll* Rz 10; zum Begriff allgemein vgl. *Wolff/Bachof/Stober* VerwR Bd. 2 § 46 VII Rz 24). Richtigerweise müsste der sie belastende Verwaltungsakt den Arbeitnehmern durch die BA in geeigneter Form **bekannt gegeben** werden (vgl. § 39 Abs. 1 SGB X; *v. Stebut* aaO; aA APS-*Moll* aaO). Wirksam wird er allerdings bereits mit der Bekanntgabe an den Begünstigten, also den Arbeitgeber. Die Interessen der Arbeitnehmer sind insoweit gewahrt, als eventuelle Rechtsmittelfristen grds. vor einer ordnungsgemäßen Bekanntmachung auch an sie nicht anlaufen (vgl. *Wolff/Bachof/Stober* VerwR aaO Rz 26). Im Übrigen erfährt der Arbeitnehmer spätestens dann von der Entscheidung der BA, wenn der Arbeitgeber die Kurzarbeit ankündigt. Er hat dann die Möglichkeit, gegen sie vorzugehen (zur Frage, ob nach sicherer Kenntniserlangung dem Arbeitnehmer nach Treu und Glauben unter Umständen verwehrt ist, sich darauf zu berufen, dass die Entscheidung ihm nicht ordnungsgemäß amtlich mitgeteilt wurde, vgl. *Wolff/Bachof* aaO; *BVerwG* 25.1.1974 NJW 1974, 1260). Solange der Arbeitgeber von der Ermächtigung keinen Gebrauch macht, berührt sie zumindest faktisch die Interessen des Arbeitnehmers nicht.

Als für den Arbeitgeber begünstigender Verwaltungsakt setzt die Entscheidung der BA einen **Antrag** voraus (KDZ-*Kittner* Rz 3; *v. Hoyningen-Huene/Linck* Rz 5). Sie sollte regelmäßig schriftlich, kann aber auch mündlich ergehen. Sie ist grds. zu **begründen** (s. § 35 SGB X), da sie – bei Zurückweisung des Antrags – entweder den Arbeitgeber oder – bei stattgebender Entscheidung – die betroffenen Arbeitnehmer belastet (vgl. iE KR-*Weigand* § 20 KSchG Rz 67). Die Wirksamkeit der Entscheidung kann im **sozialgerichtlichen Verfahren** geprüft werden (vgl. *Löwisch/Spinner* Rz 11; s. iE KR-*Weigand* § 20 KSchG Rz 69). Mit Rücksicht auf §§ 84, 66 SGG bedarf sie gem. § 36 SGB X einer **Rechtsbehelfsbelehrung**. Klageberechtigt ist nicht nur der **Arbeitgeber,** sondern auch der **Arbeitnehmer,** da hier – im Unterschied zu den Entscheidungen des Ausschusses gem. § 20 KSchG – unmittelbar in seine Rechte eingegriffen wird (vgl. *Rohwer-Kahlmann* BB 1952, 352; s.a. KR-*Weigand* § 20 KSchG Rz 71; aA APS-*Moll* Rz 42; *Löwisch/Spinner* Rz 11, da der Arbeitnehmer regelmäßig nicht beschwert sei). Ändern sich während des Ablaufs der Sperrfrist die Voraussetzungen für die Zulassung der Kurzarbeit, kann die BA die getroffene Verfügung wieder aufheben oder abändern (*Löwisch/Spinner* aaO).

3. Umfang der Ermächtigung

Das Gesetz bestimmt lediglich, dass die BA den Arbeitgeber zur **Einführung von Kurzarbeit** ermächtigen kann. Mindestanforderungen, denen diese Kurzarbeit genügen muss, werden nicht aufgestellt. Insbesondere fehlt die in der Stilllegungsverordnung und im AOG enthaltene Bestimmung, wonach die wöchentliche Mindestarbeitszeit nicht unter 24 Stunden herabgesetzt werden durfte. Die BA ist also in ihrer Entscheidung, inwieweit es die Kurzarbeit zulassen will, frei bzw. insoweit nach pflichtgemäßem Ermessen gebunden, als sie Kurzarbeit in einem Umfang zuzulassen hat, den die jeweilige betriebliche Lage erfordert.

Sie kann bspw. die Kurzarbeit für den **gesamten** Betrieb zulassen – also auch für die Arbeitnehmer, die nicht entlassen werden sollen – oder nur für einen Teil der Beschäftigten. Die Kurzarbeit kann sich beschränken auf **bestimmte Abteilungen, bestimmte Gruppen** von Arbeitnehmern, etwa Arbeiter oder Angestellte (KDZ-*Kittner* Rz 8; APS-*Moll* Rz 17). Die BA ist frei in der Festlegung einer **wöchentlichen Mindestarbeitszeit,** muss sie aber stets bestimmen, weil das Gesetz eine Untergrenze nicht mehr vorschreibt (*v. Hoyningen-Huene/Linck* Rz 10). Die Zulassung braucht nicht die **gesamte Sperrfrist** zu umfassen (vgl. ErfK-*Kiel* Rz 4; HaKo-*Pfeiffer* Rz 4; *Löwisch/Spinner* Rz 7; *v. Hoyningen-Huene/Linck* Rz 8).

Hat die BA die Zulassung der Kurzarbeit zeitlich nicht auf einen vor Ablauf der Sperrfrist liegenden Termin begrenzt, **endet** die Ermächtigung des Arbeitgebers ohne weiteres mit **Ablauf der Sperrfrist**

§ 19 KSchG   Zulässigkeit von Kurzarbeit

(vgl. HK-*Hauck* Rz 9; *Löwisch/Spinner* aaO; *v. Hoyningen-Huene/Linck* Rz 12; KDZ-*Kittner* KSchG Rz 9). Das ergibt sich schon aus dem Wortlaut des § 19 Abs. 1 KSchG, wonach der Arbeitgeber für die **Zwischenzeit** Kurzarbeit einführen kann, wenn bis zum **Ende** der Sperrfrist die Vollbeschäftigung nicht möglich ist. Nach Ablauf der Sperrfrist hat der Arbeitgeber die Arbeitnehmer, die entweder überhaupt nicht entlassen werden sollen, und diejenigen, die entlassen werden sollen, bei denen aber die Kündigungsfrist noch nicht abgelaufen ist, normal weiterzubeschäftigen und vor allen Dingen zu entlohnen. Kurzarbeit kann jetzt wieder nur unter den allgemeinen Voraussetzungen eingeführt werden, also zB nach Änderungskündigung oder aufgrund einzelvertraglicher oder kollektivrechtlicher Regelung.

4. Bedeutung der Ermächtigung für das Arbeitsverhältnis

20 Im Verhältnis zwischen Arbeitgeber und Arbeitnehmer gibt die Entscheidung der BA dem Arbeitgeber ein **einseitiges Recht,** Kurzarbeit einzuführen. Er braucht von diesem Recht keinen Gebrauch zu machen; die BA ordnet nicht Kurzarbeit an, sie lässt nur ihre Einführung zu. Greift er jedoch darauf zurück, muss der Arbeitnehmer diese Entscheidung hinnehmen. Hierin liegt die Besonderheit der Regelung des § 19 KSchG (s.o. Rz 3).

21 Dem Arbeitnehmer, der nicht verkürzt arbeiten will, bleibt nur die Möglichkeit, **seinerseits das Arbeitsverhältnis zu beenden.** Dazu bedarf es regelmäßig einer Kündigung und der Einhaltung der Kündigungsfrist. Die zulässige Einführung von Kurzarbeit durch den Arbeitgeber stellt für den Arbeitnehmer idR **keinen wichtigen Grund** zur Kündigung dar (vgl. ErfK-*Kiel* Rz 9; *Löwisch/Spinner* Rz 12). Das gilt umso mehr, als der Arbeitgeber verpflichtet bleibt, dem Arbeitnehmer für die Dauer der üblichen Kündigungsfrist den Lohn bzw. das Gehalt fortzuzahlen (s.u. Rz 39 ff.). Der Arbeitnehmer kann also bei Ankündigung der Kurzarbeit (s.u. Rz 37), seinerseits fristgerecht kündigen. Er ist dann nicht gezwungen, gegen seinen Willen bei vermindertem Entgeltanspruch zu arbeiten. Die von ihm einzuhaltende Kündigungsfrist entspricht nämlich der allgemeinen gesetzlichen oder vereinbarten Kündigungsfrist, die der Arbeitgeber für die Fortzahlung des Entgelts nach § 19 Abs. 2 KSchG zu beachten hat.

5. Verhältnis zu tarifvertraglichen Bestimmungen

22 Die Ermächtigung der BA geht zwar den individualrechtlichen Bestimmungen des Arbeitsvertrages vor, indem sie dem Arbeitgeber ein einseitiges Gestaltungsrecht einräumt, das ohne Zustimmung des Arbeitnehmers den Arbeitsvertrag ändert. Die Entscheidungsbefugnis der BA findet ihre Grenze aber in **tarifvertraglichen Regelungen.** Trifft ein Tarifvertrag Bestimmungen über die Einführung, das Ausmaß und die Bezahlung von Kurzarbeit, werden diese durch § 19 Abs. 1 und 2 KSchG nicht berührt (§ 19 Abs. 3 KSchG).

23 Der Vorgang gilt einmal für die **Voraussetzungen,** unter denen Kurzarbeit überhaupt eingeführt werden kann. Wird die Einhaltung bestimmter Fristen oder eines bestimmten Verfahrens verlangt, tritt die Ermächtigung der BA dahinter zurück. Dass ein Tarifvertrag die Einführung von Kurzarbeit **überhaupt verbietet,** wird kaum vorkommen. Sollte dies jedoch der Fall sein, ginge auch diese Regelung der Ermächtigung der BA vor, dh, die Einführung von Kurzarbeit wäre ausgeschlossen.

24 Das **Ausmaß** der Kurzarbeit unterliegt gleichfalls dem Vorrang der tarifvertraglichen Regelung. Hat die BA Kurzarbeit bis zu einer wöchentlichen Mindestarbeitszeit von 20 Stunden zugelassen, während der Tarifvertrag als wöchentliche Mindestarbeitszeit 25 Arbeitsstunden vorsieht, ist die Einführung von Kurzarbeit nur im tariflichen Rahmen möglich. Liegt umgekehrt die von der BA festgesetzte Grenze über der nach dem Tarifvertrag zulässigen Grenze, so kann der Arbeitgeber – vorausgesetzt, die sonstigen tariflichen Voraussetzungen für die Einführung von Kurzarbeit sind erfüllt – Kurzarbeit in dem erweiterten Umfang anordnen. Dazu bedarf es allerdings keines Rückgriffs auf § 19 Abs. 3 KSchG. Vielmehr folgt dieses Ergebnis schon daraus, dass die Ermächtigung der BA **keine Sperrwirkung** bezüglich weitergehender kollektivrechtlicher und/oder einzelvertraglicher Möglichkeiten zur Einführung von Kurzarbeit entwickelt.

25 Der Vorrang des Tarifvertrages gilt auch für die **Bezahlung** der Kurzarbeit (ErfK-*Kiel* Rz 6). Damit ist zB die Regelung des § 19 Abs. 2 KSchG berührt, wonach der Arbeitgeber trotz Kurzarbeit für den Zeitraum der allgemeinen Beendigungsfrist das Entgelt zahlen muss. Gestattet der Tarifvertrag sofortige Herabsetzung des Entgelts, so scheidet bei gleichzeitig erteilter Ermächtigung der BA eine Entgeltzahlung aus (s. aber Rz 26). Die Regelung des Tarifvertrages braucht also nicht unbedingt **günstiger** für

den Arbeitnehmer zu sein. Trifft der Tarifvertrag Bestimmungen über das Verhältnis der Entgeltkürzung zur Arbeitszeitkürzung, haben diese gleichfalls Vorrang.

Abzustellen ist allerdings auf die **Gesamtheit der tarifvertraglichen Bestimmungen** über die Kurzarbeit. Enthält der Tarifvertrag Regelungen über die Voraussetzungen für die Einführung von Kurzarbeit und die Entgeltzahlung während der Kurzarbeit, so kann der Arbeitgeber sich nicht etwa nur auf tariflich für ihn günstigere – weil etwa von § 19 Abs. 2 KSchG abweichende – Entgeltregelungen als vorrangig berufen. Vielmehr ist dann auch die Einführung der Kurzarbeit von den tariflichen Voraussetzungen abhängig. 26

Zu prüfen ist darüber hinaus, ob die Bestimmungen des Tarifvertrages die gem. § 19 KSchG durch die BA eingeräumte Ermächtigung zur Kurzarbeit aus ihrem **Regelungsbereich ausnehmen,** sei es ausdrücklich, sei es – das allerdings eindeutig erkennbar – schlüssig (*v. Hoyningen-Huene/Linck* Rz 19; *Löwisch/Spinner* Rz 9; ErfK-*Kiel* Rz 6). Will der Tarifvertrag für diesen Fall der Kurzarbeit keine Regelungen treffen, ist der Arbeitgeber nicht gehindert, von der Ermächtigung der BA Gebrauch zu machen und Kurzarbeit nach Maßgabe des § 19 Abs. 1 und Abs. 2 KSchG einzuführen. 27

Der Vorrang des Tarifvertrages gilt nur, soweit die **tarifvertraglichen Regelungen** im Betrieb überhaupt zur **Anwendung** kommen. Tarifliche Bestimmungen über die Einführung, das Ausmaß und die Bezahlung von Kurzarbeit sind ihrem Wesen nach **Inhaltsnormen** iSd § 4 Abs. 1 S. 1 TVG. Sie regeln den Umfang der zu leistenden Arbeit und das zu zahlende Entgelt und damit den Inhalt des Arbeitsverhältnisses (vgl. *Nikisch* I, S. 647; *v. Stebut* RdA 1974, 335, 336; als betriebliche Normen iSd § 3 Abs. 2 TVG hingegen sehen derartige Bestimmungen an *Farthmann* RdA 1974, 71; *Schaub* § 47 I 3; *Simitis/Weiss* DB 1973, 1249). Als Inhaltsnormen gelten sie gem. § 4 Abs. 1 S. 1 TVG nur unter **tarifgebundenen Parteien.** Tarifgebunden sind gem. § 3 Abs. 1 TVG die Mitglieder der Tarifvertragsparteien und der Arbeitgeber, der selbst Tarifvertragspartei ist. Tarifliche Regelungen über Kurzarbeit iSd § 19 Abs. 3 KSchG gehen der aufgrund der Ermächtigung der BA zulässigen Kurzarbeit also nur insoweit vor, als **der Arbeitgeber und die Arbeitnehmer tarifgebunden** sind (wer tarifliche Regelungen dieser Art als betriebliche Regelungen iSd § 3 Abs. 2 TVG ansieht, muss für die Anwendung des § 19 Abs. 3 TVG demgegenüber die Tarifbindung allein des Arbeitgebers ausreichen lassen). Gegenüber den **nicht tarifgebundenen** Arbeitnehmern kann Kurzarbeit nach Maßgabe der Ermächtigung der BA eingeführt werden (so auch *Hueck/Nipperdey* I, S. 703; *Löwisch/Spinner* Rz 9; HaKo-*Pfeiffer* Rz 8). Das führt zwar unter Umständen zu einer unliebsamen Differenz zwischen organisierten und nichtorganisierten Arbeitnehmern im Betrieb. Dennoch kann nicht generell gesagt werden, dass eine Aufspaltung praktisch unmöglich sei. Es ist Sache des Arbeitgebers, den Ablauf der Kurzarbeit so zu gestalten, dass etwa eine Vollbeschäftigung der organisierten Arbeitnehmer möglich ist, während die nichtorganisierten Arbeitnehmer kurzarbeiten. Lässt sich dies tatsächlich nicht durchführen, kann er von der ihm eingeräumten Befugnis eben keinen – oder nur einen entsprechend eingeschränkten – Gebrauch machen. Im Übrigen besteht für die BA die Möglichkeit, die Ermächtigung ggf. dem tariflichen Recht anzupassen und damit Diskrepanzen zwischen tarifgebundenen und nichtgebundenen Arbeitnehmern zu vermeiden. Das gilt jedenfalls insoweit, als der Umfang der Kurzarbeit betroffen ist, während die Entgeltzahlung während der Kurzarbeit der Regelungskompetenz der BA entzogen ist. 28

6. Mitwirkung des Betriebsrats

a) Bestehende Betriebsvereinbarungen

§ 19 Abs. 3 KSchG räumt nur **tariflichen Regelungen** eine Vorrangstellung gegenüber der Ermächtigung der BA ein. Daraus folgt im Umkehrschluss, dass Regelungen unterhalb dieser Ebene der Zulassung von Kurzarbeit nach § 19 Abs. 1 und Abs. 2 KSchG nicht entgegenstehen. Das gilt für einzelvertragliche Abmachungen, es gilt aber auch für **Betriebsvereinbarungen,** welche Fragen der Kurzarbeit regeln (ErfK-*Kiel* Rz 4). Anders ist die ausdrückliche Hervorhebung der tarifvertraglichen Bestimmungen in § 19 Abs. 3 KSchG nicht zu verstehen (so auch APS-*Moll* Rz 23; *v. Hoyningen-Huene/Linck* Rz 16; *Säcker* ZfA 1972 Sonderheft S. 49; *v. Stebut* RdA 1973, 344). Soweit also in bestehenden Betriebsvereinbarungen zulässigerweise Regelungen über die Einführung, das Ausmaß und die Bezahlung von Kurzarbeit enthalten sind, treten diese hinter die Ermächtigung der BA zurück. Dies hat Bedeutung wiederum vor allem für den Fall, dass die Zulassung von Kurzarbeit durch die BA den nach der Betriebsvereinbarung zulässigen Rahmen überschreitet. Geht umgekehrt die Möglichkeit der Einführung von Kurzarbeit nach der Betriebsvereinbarung über die Ermächtigung der BA hinaus, entfaltet die Entscheidung auch hier keine Sperrwirkung (s.o. Rz 24). 29

b) Mitwirkung im Einzelfall

30 Gem. § 87 Abs. 1 Nr. 3 BetrVG hat der Betriebsrat ein **Mitbestimmungsrecht** bei vorübergehender Verkürzung oder Verlängerung der betriebsüblichen Arbeitszeit. Darunter fällt die Einführung von Kurzarbeit (vgl. etwa *Richardi* § 87 Rz 353; *Fitting* § 87 Rz 130 f, 150 ff.; GK-*Wiese* § 87 Rz 389). Grundsätzlich kann der Arbeitgeber Kurzarbeit also im konkreten Fall nur mit Zustimmung des Betriebsrats einführen, soweit eine gesetzliche oder tarifvertragliche Regelung nicht besteht (§ 87 Abs. 1 1. Hs. BetrVG). Problematisch ist, ob bei Einführung von Kurzarbeit aufgrund einer Ermächtigung durch die BA dieses Mitbestimmungsrecht entfällt. Dabei ist zu trennen zwischen der Frage, ob eine bestehende Betriebsvereinbarung über Voraussetzung, Ausmaß und Bezahlung von Kurzarbeit vorrangig gegenüber der Ermächtigung der BA ist (s.o. Rz 29) und ob **im Einzelfall** die Einführung von Kurzarbeit der Mitbestimmung des Betriebsrats bedarf (*v. Stebut* RdA 1974, 339; wohl auch *Farthmann* RdA 1974, 69, 70).

31 Richtiger Ansicht nach **besteht ein Mitbestimmungsrecht** des Betriebsrats gem. § 87 Abs. 1 Nr. 3 BetrVG auch bei Einführung von Kurzarbeit aufgrund einer konkreten Ermächtigung gem. § 19 Abs. 1 und Abs. 2 KSchG (*Farthmann* RdA 1974, 69; *Fitting* § 87 Rz 155; ErfK-*Kiel* Rz 5; GK-*Wiese* § 87 Rz 393; *Bieback* AuR 1986, 162; *Jahnke* ZfA 1984, 69, 97; *Schaub* § 142 VI 5; *v. Stebut* RdA 1974, 344 ff.; KDZ-*Kittner* Rz 14; *v. Hoyningen-Huene/Linck* Rz 17, 28; **aA** *Böhm* BB 1974, 284; *Hanau* BB 1972, 500; *Löwisch/Spinner* Rz 10; *ders.* FS Wiese, S. 249, 258 räumt nur ein Mitbestimmungsrecht hinsichtlich der Verteilung der Kurzarbeit ein; KPK-*Schiefer* § 17–22 Rz 135; APS-*Moll* Rz 24 ff.; HSWG-*Worzalla* § 87 Rz 196; *Säcker* ZfA 1972, Sonderheft S. 49; *Maus* Rz 13; vgl. auch BAG 5.3.1974 EzA § 87 BetrVG 1972 Nr. 3). Durch die Ermächtigung der BA wird nicht die Kurzarbeit **zwingend** eingeführt. Vielmehr wird dem Arbeitgeber lediglich ein **Gestaltungsrecht** an die Hand gegeben, das ihn zur einseitigen Vertragsänderung berechtigt. Er muss nicht davon Gebrauch machen. Insoweit unterscheidet sich das ihm eingeräumte Recht nicht grds. von einer einzelvertraglichen Befugnis zur Einführung von Kurzarbeit. Da § 19 KSchG die Einführung von Kurzarbeit dem Arbeitgeber sowohl dem Grunde als auch dem Umfang nach überlässt, ist es nicht gerechtfertigt, von einer **gesetzlichen Regelung** iSd § 87 Abs. 1 1. Hs. BetrVG zu sprechen. Die Einräumung einer **bloßen rechtlichen Gestaltungsmöglichkeit** ist keine gesetzliche Regelung eines Mitbestimmungstatbestandes in diesem Sinne (vgl. BAG 13.3.1973 AP Nr. 1 zu § 87 BetrVG 1972 Werksmietwohnungen [Anm. *Richardi*]; *v. Stebut* RdA 1974, 345).

32 Es kann auch nicht gesagt werden, dass das hinter der Entscheidung der BA stehende **arbeitsmarktpolitische Interesse** beeinträchtigt werde. Die Durchsetzung dieses Interesses hat die BA ohnehin nicht in der Hand, da es die Einführung von Kurzarbeit nicht erzwingen kann. Die öffentlichen Interessen sind gewahrt durch die vom Arbeitgeber in jedem Fall einzuhaltenden Sperrfristen. Nicht überzeugend ist auch das Argument, die Zulassung der Kurzarbeit stelle lediglich eine **Milderung** der an sich bestehenden Möglichkeit zur Genehmigung der Verkürzung der Sperrfrist dar (so *Böhm* aaO). Das wäre dann zutreffend, wenn von der Kurzarbeit jeweils nur die Arbeitnehmer betroffen wären, die entlassen werden sollen. Die Ermächtigung der BA kann sich aber auf sämtliche Arbeitnehmer des Betriebs erstrecken, also auch auf diejenigen, deren Entlassung nicht vorgesehen ist und denen gegenüber eine Sperrfrist nicht in Frage kommt. Gerade die Möglichkeit der umfassenden Einführung von Kurzarbeit im Betrieb zeigt deutlich, dass hier ein Interesse an der Einschaltung auch des Betriebsrats besteht, andernfalls würde in den besonders brisanten Fällen das Mitbestimmungsrecht nicht eingreifen).

33 Der Betriebsrat hat mitzubestimmen über die **Einführung** der Kurzarbeit überhaupt sowie den **Umfang,** in dem von der Ermächtigung der BA Gebrauch gemacht werden soll. Er wird dabei sorgfältig die Interessen des Betriebes und der gesamten Belegschaft insbes. unter dem Gesichtspunkt zu überprüfen haben, ob bei Verweigerung der Zustimmung eine volle Weiterbeschäftigung aller Arbeitnehmer einschließlich der zu entlassenden nicht zu einer für den Bestand des Betriebes gefährlichen Belastung führt. Dabei sollte das Urteil der BA Gewicht haben, wonach dem Arbeitgeber die volle Beschäftigung aller Arbeitnehmer bis zum Ablauf der Sperrfrist aus der Sicht der Behörde jedenfalls nicht möglich ist.

7. Kurzarbeitergeld

34 Die Zulassung von Kurzarbeit durch die BA bedeutet nicht, dass ohne weiteres auch **Kurzarbeitergeld** iSd §§ 169 ff. SGB III gewährt wird. Vielmehr müssen die besonderen Voraussetzungen nach den §§ 170 bis 173 SGB III erfüllt sein (KDZ-*Kittner* Rz 18). Gem. § 169 SGB III haben Arbeitnehmer An-

spruch auf Kurzarbeitergeld, wenn ein erheblicher Arbeitsausfall mit Entgeltausfall vorliegt (vgl. auch *Nielebock* AiB 1998, 361; *Eckhardt* AuB 2000, 100). Der Arbeitsausfall ist nach § 170 SGB III erheblich, wenn er auf wirtschaftlichen Gründen oder einem unabwendbaren Ereignis beruht, wenn er vorübergehend und nicht vermeidbar ist und im jeweiligen Kalendermonat (Anspruchszeitraum) mindestens ein Drittel der im Betrieb beschäftigten Arbeitnehmer von einem Entgeltausfall von jeweils mehr als zehn Prozent ihres monatlichen Bruttoentgelts betroffen ist. Hinsichtlich der Vermeidbarkeit des Arbeitsausfalls ist zu beachten, dass zunächst Arbeitszeitguthaben aufzulösen sind (§ 170 Abs. 4 SGB III), es sei denn, dass es für die Verkürzung der Arbeitszeit vor dem Bezug der Rente oder, bei Regelung in einem TV oder aufgrund eines TV in einer Betriebsvereinbarung, zum Zwecke der Qualifizierung bestimmt ist oder zur Finanzierung einer Winterausfallgeld-Vorausleistung angespart wurde oder 10 % der Jahresarbeitszeit überstiegen hat oder länger als ein Jahr bestanden hat (§ 170 Abs. 3 S. 3 SGB III).

Der Anspruch auf strukturelles Kurzarbeitergeld in einer betriebsorganisatorisch eigenständigen Einheit gem. § 175 SGB III (vgl. KR 6. Aufl. Rz 34) ist entfallen und mit Wirkung vom 1.1.2004 durch das neue Instrument des Transferkurzarbeitergeldes ersetzt worden (Gesetz vom 23.12.2003, s.o. Rz 1). Im Gegensatz zu der bisherigen Regelung in § 175 SGB III wird eine Erheblichkeit des Arbeitsausfalles iSd § 170 SGB III nicht mehr gefordert. Ein dauerhafter Arbeitsausfall ist anzunehmen, wenn unter Berücksichtigung der Gesamtumstände des Einzelfalles davon auszugehen ist, dass der betroffene Betrieb in absehbarer Zeit die aufgebauten Arbeitskapazitäten nicht mehr im bisherigen Umfang benötigt. Regelmäßig wird ein Arbeitsausfall unvermeidbar sein. Er ist aber insbes. dann vermeidbar, wenn aufgrund offensichtlicher Umstände lediglich ein vorübergehender Personal(mehr)bedarf anzunehmen war und gleichwohl Arbeitskapazitäten auf Dauer aufgebaut wurden. Auf das bisherige Merkmal der Strukturkrise, die eine Betriebsänderung nach sich ziehen musste, wird nunmehr verzichtet. Damit wird allein auf die betriebliche Ebene abgestellt und das Instrument zur Begleitung aller betrieblichen Restrukturierungsprozesse geöffnet. Für das neue Transferkurzarbeitergeld gilt eine Höchstbezugsdauer von 12 Monaten. 34a

III. Durchführung der Kurzarbeit

1. Wahlrecht des Arbeitgebers

Dem Arbeitgeber bleibt es überlassen, **ob und in welchem Umfang** er von der ihm eingeräumten Ermächtigung Gebrauch machen will. Er kann ganz auf ihre Einführung verzichten. Das wird er im Zweifel dann tun, wenn infolge der fortbestehenden Verpflichtung zur Entgeltzahlung gem. § 19 Abs. 2 KSchG eine finanzielle Entlastung nicht eintritt (s.u. Rz 39). Er kann die Kurzarbeit erst ab einem späteren als in der Ermächtigung vorgesehenen Zeitpunkt anlaufen lassen. Insoweit bietet sich die Anordnung von Kurzarbeit erst dann an, wenn der Arbeitgeber auch zur Kürzung des Entgelts berechtigt ist. Der Arbeitgeber kann die Kurzarbeit in einem gegenüber der Ermächtigung eingeschränkten Umfang einführen, also etwa die betriebsübliche Arbeitszeit auf 30 und nicht, wie von der BA zugelassen, 20 Stunden wöchentlich vermindern. Es steht ihm auch frei, nur einen kleineren Teil der Arbeitnehmer verkürzt arbeiten zu lassen. Zu denken ist etwa daran, dass er Kurzarbeit gegenüber denjenigen anordnet, denen gegenüber er auch zur Entgeltkürzung berechtigt ist, während er Arbeitnehmer mit Kündigungsfristen, die erst nach dem Ende der Sperrfristen ablaufen und daher dem Arbeitnehmer den vollen Entgeltanspruch belassen, auch voll weiterarbeiten lässt. 35

Gleichfalls frei ist der Arbeitgeber grds. hinsichtlich der Gestaltung **der gekürzten Arbeitszeit**. Er kann also bei zulässiger Kürzung auf wöchentlich 20 Stunden täglich vier Stunden arbeiten lassen. Es bestehen aber auch keine Bedenken gegen die Aufteilung in der Weise, dass an einzelnen Tagen überhaupt nicht gearbeitet wird. Selbst die Überschreitung einer betriebsüblichen Arbeitszeit von täglich acht Stunden bis zur Grenze der nach dem Arbeitszeitgesetz höchstzulässigen Arbeitszeit ist durch die Entscheidung der BA nicht verwehrt (so auch *Löwisch/Spinner* Rz 14; *v. Hoyningen-Huene/Linck* Rz 27; ErfK-*Kiel* Rz 9; *Nikisch* I, S. 852, FN 46). Bei der Aufteilung der Arbeitszeit sind die Rechte des **Betriebsrats** gem. § 87 Abs. 1 zu beachten (so auch *v. Hoyningen-Huene/Linck* Rz 28). 36

2. Ankündigung der Kurzarbeit

Die Entscheidung der BA führt nicht von selbst zur Einführung von Kurzarbeit. Will der Arbeitgeber von der ihm durch die BA eingeräumten Befugnis Gebrauch machen, muss er dies dem Arbeitnehmer **ankündigen** und Kurzarbeit **anordnen**. Das geschieht durch eine einseitige Willenserklärung des Ar- 37 beitgebers. Es handelt sich dabei **nicht um eine Kündigung** (so auch ErfK-*Kiel* Rz 9; *Löwisch/Spinner* Rz 12; HaKo-*Pfeiffer* Rz 9; *v. Hoyningen-Huene/Linck* Rz 16, 22 f.; *Nikisch* I, S. 851). Die vorübergehende Änderung des Arbeitsverhältnisses geht nicht letztlich auf die Entscheidung des Arbeitgebers zurück, sondern auf die behördliche Gestattung. Der Arbeitgeber braucht daher auch **keine Kündigungsfristen** einzuhalten bei Ankündigung der Kurzarbeit. Die Einhaltung einer Frist kann allerdings zweckmäßig sein in der Weise, dass der Beginn der Kurzarbeit zum Ablauf der Kündigungsfrist angekündigt wird als dem Zeitpunkt, von dem ab die Kürzung des Lohnes oder des Gehalts gem. § 19 Abs. 2 KSchG zulässig ist (iE s.u. Rz 40).

38 Da es sich nicht um eine Kündigung handelt, kann der Arbeitnehmer gegen die Ankündigung auch **keine Kündigungsschutzklage** erheben. Er muss allerdings die Möglichkeit haben, in einem Arbeitsrechtsstreit überprüfen zu lassen, ob die Einführung von Kurzarbeit durch den Arbeitgeber zu Recht erfolgt. Die Überprüfung durch das ArbG hat sich darauf zu beschränken, ob der Tatbestand des § 19 KSchG insoweit erfüllt ist, als überhaupt eine positive Entscheidung der BA über die Zulassung von Kurzarbeit vorliegt und ob die BA zu Recht die Voraussetzungen einer anzeigepflichtigen Entlassung als gegeben angesehen hat. An den sachlichen Inhalt der Entscheidung der BA ist hingegen das ArbG gebunden. Es kann also nicht prüfen, ob die BA ihr Ermessen richtig ausgeübt hat (vgl. iE KR-*Weigand* § 20 KSchG Rz 72).

3. Entgeltzahlungspflicht

a) Grundsatz

39 Da der Arbeitnehmer während der Durchführung der Kurzarbeit eine **verminderte Arbeitsleistung** erbringt, führt dies nach dem Grundsatz des Gleichgewichts von Arbeitsleistung und Arbeitsentgelt zu einer entsprechenden **Minderung des Anspruchs auf Arbeitslohn**. § 19 Abs. 2 1. Hs. KSchG räumt dem Arbeitgeber denn auch ausdrücklich das Recht ein, Lohn oder Gehalt der mit verkürzter Arbeitszeit beschäftigten Arbeitnehmer entsprechend zu kürzen. Eine uneingeschränkte Durchführung dieses Grundsatzes würde jedoch für die betroffenen Arbeitnehmer zu Härten führen. Der Arbeitgeber könnte die Arbeitszeit von einem Tag zum anderen herabsetzen und damit eine Entgeltminderung herbeiführen, ohne dass der Arbeitnehmer sich dagegen zur Wehr setzen könnte. Um gegenüber dem einseitigen Recht des Arbeitgebers die Interessen des Arbeitnehmers angemessen zu schützen, lässt § 19 Abs. 2 2. Hs. KSchG daher die Kürzung des Arbeitsentgelts erst **von dem Zeitpunkt an** wirksam werden, an dem das Arbeitsverhältnis nach den **allgemeinen gesetzlichen oder vertraglichen Bestimmungen enden** würde. Der Arbeitgeber kann demnach zwar ohne Einhaltung einer Frist Kurzarbeit einführen, muss aber trotzdem grds. zunächst das volle Entgelt weiterzahlen. Da die danach zu beachtenden Fristen unter Umständen über den Ablauf der Sperrfrist hinaus laufen, wird die dem Arbeitgeber durch die BA eingeräumte Befugnis in diesen Fällen entwertet (s.o. Rz 5).

b) Einzuhaltende Fristen

40 Die **Frist,** während derer das volle Entgelt zu zahlen ist, **läuft grds. an** mit der Ankündigung der Kurzarbeit durch den Arbeitgeber. Ihr Lauf ist nicht davon abhängig, dass tatsächlich schon verkürzt gearbeitet wird. Der Arbeitgeber kann vielmehr die Kurzarbeit für einen künftigen Zeitpunkt ankündigen (APS-*Moll* Rz 30). Er wird – soweit dies möglich ist – diesen Zeitpunkt so wählen, dass er sich mit der einzuhaltenden Frist für die Entgeltfortzahlung deckt. Dann kann er die Arbeitnehmer bis dahin voll arbeiten lassen und anschließend Kurzarbeit bei entsprechender Kürzung des Arbeitsentgelts einführen (vgl. HaKo-*Pfeiffer* Rz 10; *Löwisch/Spinner* Rz 15; *v. Hoyningen-Huene/Linck* Rz 35). Unerheblich für den Lauf der Frist ist, ob der Arbeitgeber zugleich eine Kündigung ausspricht. Hatte der Arbeitgeber allerdings bereits vor der Ankündigung der Kurzarbeit eine Kündigung erklärt, deren Frist vor Ablauf der Sperrfrist und vor dem Zeitpunkt abläuft, zu dem – gerechnet vom Tage der Ankündigung der Kurzarbeit an – die allgemeine gesetzliche Kündigungsfrist ablaufen würde, so ist der Arbeitgeber vom Ablauf dieser Kündigungsfrist an zur Lohn- oder Gehaltskürzung berechtigt. Zwar wird diese Kündigung wirksam erst mit Ablauf der Sperrfrist. Das beruht aber allein auf § 18 KSchG. Nach dem individuellen Arbeitsvertrag wäre das Arbeitsverhältnis vorher beendet. Dem Schutz des Arbeitnehmers ist mit der Einhaltung der normalen Kündigungsfrist durch den Arbeitgeber Genüge getan. Daher ist es gerechtfertigt, nach Ablauf der Kündigungsfrist sofort die Einführung von Kurzarbeit mit gleichzeitiger Herabsetzung des Entgelts zuzulassen. Die AfA könnte weitergehend die Sperrfrist überhaupt abkürzen mit der Folge, dass der Arbeitnehmer nach Ablauf der Kündigungsfrist ganz ausscheidet und auch nicht die Gelegenheit zu Kurzarbeit hätte, die unter Umständen für ihn **attraktiver**

Zulässigkeit von Kurzarbeit § 19 KSchG

sein kann als ein – mögliches – sofortiges Ausscheiden aus dem Arbeitsverhältnis nach fristgerechter Kündigung (vgl. *Nikisch* I, S. 852).

Das Recht zur Kürzung des Lohnes oder des Gehalts **endet** wie das Recht zur Einführung von Kurzarbeit von selbst auf jeden Fall **mit dem Ablauf der Sperrfrist** (*Löwisch/Spinner* Rz 21; s.o. Rz 19). Von nun an hat der Arbeitgeber die weiterbeschäftigten Arbeitnehmer wieder voll zu bezahlen und voll zu beschäftigen, es sei denn, er ist zur erneuten Einführung von Kurzarbeit aufgrund einzelvertraglicher oder kollektivrechtlicher Regelung ermächtigt. 41

Die Frist zur Fortzahlung des Lohnes oder Gehalts bemisst sich – mangels einer entgegenstehenden einzelvertraglichen Regelung, die stets Vorrang hat – nach den **allgemeinen gesetzlichen Bestimmungen**. Die Anknüpfung an die allgemeinen Bestimmungen lässt deutlich erkennen, dass eine einheitliche Regelung für alle betroffenen Arbeitnehmer gewollt ist. Damit scheidet die Anwendung jeglicher **Sondertatbestände**, welche die Beendigung des Arbeitsverhältnisses überhaupt oder durch verlängerte Fristen erschweren, aus. Nur besonders vereinbarte Beendigungsbestimmungen sollen Bestand haben (§ 19 Abs. 2 2. Hs. aE KSchG). 42

Anzuwenden sind daher die Regelungen des Gesetzes zur Vereinheitlichung der Kündigungsfristen von Arbeitern und Angestellten vom 7.10.1993 (vgl. KR-*Spilger* § 622 BGB). 43

Unbeachtlich sind **Sonderkündigungsschutzbestimmungen.** Das ergibt sich schon daraus, dass eine Kündigung gar nicht ausgesprochen wird (s.o. Rz 37). Kurzarbeit mit entsprechender Kürzung des Arbeitsentgelts kann also unter Einhaltung der allgemeinen gesetzlichen oder vertraglich vereinbarten Fristen eingeführt werden etwa auch gegenüber Schwerbehinderten, Betriebsratsmitgliedern oder Schwangeren (APS-*Moll* Rz 28; HaKo-*Pfeiffer* Rz 11; *Löwisch/Spinner* § 17 Rz 17; KDZ-*Kittner* Rz 16; *v. Hoyningen-Huene/Linck* Rz 33; *v. Stebut* RdA 1974, 344; vgl. auch BAG 7.4.1970 EzA § 615 BGB Nr. 13 [unter 12b der Gründe]; 1.2.1957 AP Nr. 1 zu § 32 SchwbBeschG). 44–45

c) **Gekürztes Arbeitsentgelt**

Die Kürzung des Lohnes oder Gehalts nach Ablauf der gem. § 19 KSchG zu beachtenden Fristen erfolgt **im Verhältnis** der Kürzung der Arbeitszeit, insoweit gelten keine Besonderheiten. **Erkrankt** ein Arbeiter während der Kurzarbeit, richtet sich sein Anspruch auf **Entgeltfortzahlung** nach § 4 Abs. 3 EFZG (vgl. auch *Löwisch/Spinner* Rz 23). Danach ist für die Dauer der Kurzarbeit die verkürzte Arbeitszeit als regelmäßige Arbeitszeit anzusehen mit der Folge, dass der Arbeitnehmer eine entsprechend gekürzte Entgeltfortzahlung erhält. Dies entspricht nur dem Grundsatz, dass er durch die Entgeltfortzahlung so gestellt werden soll, als sei er arbeitsfähig gewesen (Lohnausfallprinzip). Neben dem Anspruch auf Entgeltfortzahlung kommt unter Umständen ein Anspruch auf Krankengeld in Frage in Höhe des Kurzarbeitergeldes, wenn der Arbeitnehmer im Falle der Arbeitsfähigkeit Kurzarbeitergeld erhalten hätte, §§ 44 ff., 47b Abs. 3 SGB IV. 46

Fällt in die Zeit der Kurzarbeit ein gem. § 2 EFZG auszugleichender **Feiertag,** so bemisst sich das Feiertagsentgelt gleichfalls nach dem gekürzten Arbeitsentgelt als dem Arbeitsverdienst, den der Arbeitnehmer ohne den Arbeitsausfall durch den Feiertag erhalten hätte, § 2 Abs. 1 EFZG. Fällt ein gesetzlicher Feiertag in eine Kurzarbeitsperiode und wäre deshalb die Arbeit an diesem Tage ohnehin ausgefallen, so schuldet der Arbeitgeber Feiertagsvergütung nur in Höhe des Kurzarbeitergeldes, das der Arbeitnehmer ohne den Feiertag bezogen hätte (so zu den inhaltlich unverändert in das EFZG übernommenen Regelungen des FeiertagslohnzG BAG 5.7.1979 EzA § 1 Feiertagslohnzahlungs G Nr. 19; vgl. auch *Ammermüller* DB 1975, 2373; *Schaub* § 104 I 1). § 2 Abs. 1 EFZG gilt auch dann, wenn der Arbeitnehmer, der an sich Kurzarbeitergeld erhält, an dem Feiertag zusätzlich arbeitsunfähig erkrankt ist (§ 4 Abs. 2 EFZG). § 4 Abs. 3 EFZG verweist insoweit ausdrücklich auf § 2 Abs. 2 EFZG. 47

Nimmt der Arbeitnehmer während der Kurzarbeit **Urlaub** – das kann Resturlaub sein, soweit es sich um einen nach Ablauf der Sperrfrist ausscheidenden Arbeitnehmer handelt, aber auch normaler Urlaub, soweit es sich um einen kurzarbeitenden, aber nicht zur Entlassung anstehenden Arbeitnehmer handelt –, so bemisst sich sein Urlaubsentgelt nach dem **normalen Arbeitsentgelt** (wie hier *Löwisch/Spinner* Rz 24; KDZ-*Kittner* Rz 17; *v. Hoyningen-Huene/Linck* Rz 39; APS-*Moll* § 19 Rz 35). Gem. ausdrücklicher Bestimmung des § 11 BUrlG berechnet sich das Urlaubsentgelt nach dem durchschnittlichen Arbeitsentgelt des Arbeitnehmers in den letzten 13 Wochen; **Verdienstkürzungen,** die im Berechnungszeitraum **wegen Kurzarbeit** eingetreten sind, **bleiben außer Betracht** (§ 11 Abs. 1 S. 3 BUrlG; 48

vgl. *Dersch/Neumann* § 11 BUrlG Rz 48 ff. und § 3 BUrlG Rz 48; GK-BUrlG/*Stahlhacke* § 11 Rz 47 ff.), so dass die Frage der Rückzahlung zuviel gezahlten Urlaubsentgelts nicht auftritt.

§ 20 Entscheidungen der Agentur für Arbeit. (1) ¹Die Entscheidungen der Agentur für Arbeit nach § 18 Abs. 1 und 2 trifft deren Geschäftsführung oder ein Ausschuß (Entscheidungsträger). ²Die Geschäftsführung darf nur dann entscheiden, wenn die Zahl der Entlassungen weniger als 50 beträgt.
(2) ¹Der Ausschuß setzt sich aus dem oder der Vorsitzenden der Geschäftsführung der Agentur für Arbeit oder einem von ihm oder ihr beauftragten Angehörigen der Agentur für Arbeit als Vorsitzenden und je zwei Vertretern der Arbeitnehmer, der Arbeitgeber und der öffentlichen Körperschaften zusammen, die von dem Verwaltungsausschuß der Agentur für Arbeit benannt werden. ²Er trifft seine Entscheidungen mit Stimmenmehrheit.
(3) ¹Der Entscheidungsträger hat vor seiner Entscheidung den Arbeitgeber und den Betriebsrat anzuhören. ²Dem Entscheidungsträger sind, insbesondere vom Arbeitgeber und Betriebsrat, die von ihm für die Beurteilung des Falles erforderlich gehaltenen Auskünfte zu erteilen.
(4) Der Entscheidungsträger hat sowohl das Interesse des Arbeitgebers als auch das der zu entlassenden Arbeitnehmer, das öffentliche Interesse und die Lage des gesamten Arbeitsmarktes unter besonderer Beachtung des Wirtschaftszweiges, dem der Betrieb angehört, zu berücksichtigen.

Literatur

– *vor 2004 vgl. KR-Vorauflage* –
S. Literaturangaben zu § 17 KSchG

Inhaltsübersicht

	Rz			Rz
I. Einleitung	1–5		c) Abberufung des Mitgliedes	27–29
1. Entstehungsgeschichte	1–2b		d) Freiwilliges Ausscheiden	30
2. Frühere Regelungen	3		5. Strafrechtlicher Schutz gegen die Verletzung von Betriebs- und Geschäftsgeheimnissen sowie gegen aktive und passive Bestechung	31–36
3. Sinn und Zweck der Regelungen	4, 5			
II. Die Entscheidungsträger	6–36			
1. Übersicht	6			
2. Die Geschäftsführung der Agentur für Arbeit	7, 8	III.	Die Zuständigkeit des Ausschusses	37–39
3. Der Ausschuss und seine Mitglieder	9–21	IV.	Das Verfahren des Ausschusses	40–52
a) Die gesetzliche Reglung	9		1. Gesetzlich vorgeschriebene Anhörung	40–43
b) Die Organstellung des Ausschusses	10–12		2. Einholung von Auskünften	44, 45
c) Persönliche Voraussetzungen für das Amt des Ausschussmitgliedes	13–17		3. Formaler Verfahrensablauf	46–52
			a) Durchführung der Sitzung	46–49
d) Benennung der Mitglieder	18		b) Beschlussfähigkeit	50, 51
e) Vorschlagsrecht der Verbände	19		c) Beschlussfassung	52
f) Vertreter	20	V.	Die Entscheidung des Ausschusses	53–72
g) Amtszeit	21		1. Entscheidungsinhalt	53–56
4. Ablehnung der Beisitzer und Verhinderung der Beisitzer aus persönlichen Gründen	22–30		2. Entscheidungsgrundlage	57–63
			3. Rechtsnatur der Entscheidung	64, 65
			4. Form der Entscheidung	66–68
a) Ablehnung wegen Befangenheit	22–24		5. Sozialgerichtliche Überprüfung	69–71
b) Ausschluss des Mitgliedes	25, 26		6. Bindung des ArbG an die Entscheidung	72, 72a

I. Einleitung

1. Entstehungsgeschichte

1 § 20 KSchG war als § 18 Bestandteil der ursprünglichen Fassung des KSchG. Die Vorschrift geht zurück auf § 18 des Regierungsentwurfs vom 23.1.1951 (abgedr. in: RdA 1951, 58 ff.; s. BT-Drs. I/2090). Nicht übernommen aus dem Entwurf wurde vor allem eine Regelung über die Ablehnung von Ausschuss-

mitgliedern wegen Besorgnis der Befangenheit oder aus Wettbewerbsgründen (iE s.u. Rz 22 ff.). Darüber hinaus sah der Entwurf die Bildung lediglich eines fünfköpfigen Ausschusses vor, bestehend aus dem Präsidenten des Landesarbeitsamts und jeweils zwei Vertretern der Arbeitgeber und der Arbeitnehmer.

Durch das Erste Arbeitsrechtsbereinigungsgesetz wurde der bisherige § 18 zum § 20 KSchG, ohne dass damit eine inhaltliche Änderung verbunden war. Art. 287 Nr. 76 des Einführungsgesetzes zum StGB vom 2.3.1974 (BGBl. I S. 469) setzte die bis dahin in § 20 Abs. 2 S. 2 KSchG für die nichtbeamteten Ausschussmitglieder enthaltene ausdrückliche Verweisung auf die Verordnung gegen Bestechung und Geheimnisverrat nichtbeamteter Personen idF vom 22.5.1943 (RGBl. I S. 351) außer Kraft; der entsprechende strafrechtliche Schutz wird nunmehr durch das StGB selbst gewährt (iE s.u. Rz 31 ff.). Das Zweite Gesetz zur Änderung des KSchG vom 27.4.1978 (BGBl. I S. 551), in Kraft seit dem 30.4.1978, erhöhte schließlich die Grenze der Betriebsgröße, bis zu der die Aufgaben des Ausschusses, der bis zum 31.12.1997 beim Landesarbeitsamt ressortierte, auf einen beim örtlich zuständigen Arbeitsamt zu bildenden Ausschuss übertragen werden können, von 100 auf 500 regelmäßig beschäftigte Arbeitnehmer. 2

Durch das am 27.3.1997 verkündete Gesetz zur Reform der Arbeitsförderung (**Arbeitsförderungs-Reformgesetz – AFRG**) vom 24.3.1997 (BGBl. I S. 594) ist § 20 KSchG neu gefasst worden. Gemäß den Zielsetzungen des AFRG soll die Effektivität und Effizienz der Bundesanstalt für Arbeit erhöht werden. Zur Erreichung dieser Ziele werden Aufgaben dezentralisiert und dort angesiedelt, wo Sachnähe und Verwaltungsvereinfachung die Verfahren verkürzen und Entscheidungen zielgenauer getroffen werden können. Entscheidungen des Arbeitsamtes über anzeigepflichtige Entlassungen gem. § 18 KSchG werden nunmehr bei einer Zahl von weniger als 50 Entlassungen von der Geschäftsführung der Agentur für Arbeit, ab 50 Entlassungen vom Ausschuss gem. § 20 Abs. 2 KSchG getroffen. Die Zusammensetzung dieses Ausschusses entspricht strukturell derjenigen, die vor der Geltung des AFRG bereits bestand (vgl. KR 5. Aufl. Rz 6 ff.). Auch die neuen Vorschriften gem. § 20 Abs. 3 und 4 KSchG entsprechen im Wesentlichen den Fassungen der entsprechenden Regelungen, die bis zum 31.12.1997 galten. 2a

Mit dem Dritten Gesetz für moderne Dienstleistungen am Arbeitsmarkt vom 23.12.2003 (BGBl. I S. 2848) sowie das Gesetz über den Arbeitsmarktzugang im Rahmen der EU-Erweiterung vom 23.4.2004 (BGBl. I S. 602) sind in den Abs. 1 und 2 die Begriffe »Arbeitsamt« und »Direktor« durch »Agentur für Arbeit«, »Geschäftsführung« und »dem oder der Vorsitzenden der Geschäftsführung« ersetzt worden. 2b

2. Frühere Regelungen

§ 20 KSchG hat **kein Vorbild** in dem vor 1951 geltenden Recht. Die Entscheidungen im Rahmen der Massenentlassung nach dem AOG traf der Treuhänder der Arbeit, § 20 Abs. 2 iVm § 18 AOG. Die Entscheidungen nach der Verordnung betreffend Maßnahmen gegenüber Betriebsabbrüchen und -stilllegungen vom 8.11.1920 (RGBl. 1901) idF der Verordnung über Betriebsstilllegungen und Arbeitsstreckung vom 15.10.1923 (RGBl. I S. 983) oblagen der sog. Demobilmachungsbehörde. Beides waren vom Staat eingesetzte Organe, an deren Bildung Arbeitnehmer und Arbeitgeber nicht beteiligt waren. 3

3. Sinn und Zweck der Regelungen

In Anlehnung an § 14 des vom **Wirtschaftsrat** am 20.7.1949 beschlossenen, aber nicht in Kraft getretenen KSchG (vgl. dazu *A. Hueck* RdA 1949, 336 unter IV, 5) übertrug § 18 KSchG aF – also der jetzige § 20 KSchG – die dem Landesarbeitsamt bei der Massenentlassung zukommenden Entscheidungen demgegenüber einem paritätisch besetzten Ausschuss. Damit sollte die »maßgebliche Beteiligung der Sozialpartner iSd Selbstverwaltung und Selbstverantwortung« erreicht werden (vgl. Begr. zum RegE v. 23.1.1951 zu §§ 18, 19 RdA 1951, 65). Bei der Entscheidung über die gem. § 18 Abs. 1 und 2 KSchG zu treffenden Aufgaben durch einen besonderen Ausschuss ist es geblieben, obwohl auch die Organe der BA ihrerseits drittelparitätisch besetzte Selbstverwaltungsorgane sind. 4

§ 20 KSchG regelt zunächst die Verteilung der Entscheidungskompetenz zwischen der Geschäftsführung der AfA und dem Ausschuss für anzeigepflichtige Entlassungen. Weiterhin werden die **Zusammensetzung** des Ausschusses und das **Verfahren** geregelt sowie Bestimmungen über die zu beachtenden **Entscheidungskriterien** getroffen. Die Regelung bedarf zur praktischen Handhabung einiger Ergänzungen, die teils allgemeinen Rechtsgrundsätzen, teils den Bestimmungen des SGB X und des SGB III entnommen werden können. 5

II. Die Entscheidungsträger

1. Übersicht

6   Die Träger der Entscheidung der AfA nach § 18 Abs. 1 und 2 KSchG sind entweder die Geschäftsführung der AfA, wenn die Zahl der Entlassungen weniger als 50 beträgt, oder der **Ausschuss für anzeigepflichtige Entlassungen** (§ 20 Abs. 1). Der Ausschuss setzt sich aus dem vorsitzenden Mitglied der Geschäftsführung der AfA oder einem von ihm beauftragten Angehörigen der AfA als Vorsitzenden und je zwei Vertretern der Arbeitnehmer- und Arbeitgeberseite sowie den öffentlichen Körperschaften zusammen (§ 20 Abs. 2).

2. Die Geschäftsführung der Agentur für Arbeit

7   Die Geschäftsführung nimmt für die Entscheidungsträger der AfA für Entscheidungen nach § 18 Abs. 1 und 2 zwei unterschiedliche Kompetenzen wahr. Einmal trifft sie in ihrer Funktion als Geschäftsführung der AfA die Entscheidung, wenn die Zahl der Entlassungen weniger als 50 beträgt, zum anderen fällt ihr kraft Amtes die Stellung des oder der Vorsitzenden des Ausschusses zu, der bei 50 und mehr Entlassungen die Entscheidungen zu treffen hat. Sie kann den Ausschussvorsitz auch auf einen Angehörigen der AfA übertragen. An besondere Voraussetzungen ist diese Übertragung nicht geknüpft. Der Beauftragte muss allerdings Angehöriger der AfA sein. Unzulässig ist die Beauftragung eines Angehörigen einer anderen AfA. Der dienstrechtliche Status des Beauftragten ist hier unerheblich. Er muss nicht Beamter sein. Die Geschäftsführung der AfA kann die Beauftragung jederzeit rückgängig machen und den Vorsitz selbst übernehmen.

8   Zu den Aufgaben des Vorsitzenden des Ausschusses gehört es, die Sitzungen einzuberufen. Er eröffnet, leitet und schließt die Sitzungen. Das entspricht allgemeinen Grundsätzen des Verfahrens von Kollegialorganen, wie sie zB in §§ 88 ff. VwVfG ihren Niederschlag gefunden haben (das VwVfG findet auf das Verfahren vor dem Ausschuss keine unmittelbare Anwendung, da es sich hier um Angelegenheiten handelt, über die gem. § 51 SGG die Gerichte der Sozialgerichtsbarkeit entscheiden, § 2 Abs. 2 Ziff. 4 VwVfG; s.a. Rz 69). Das hindert jedoch nicht, die in dem VwVfG zum Ausdruck kommenden allgemeinen Rechtsgrundsätze, soweit sie nicht im SGB X geregelt sind, auch auf das Verfahren vor dem Ausschuss zu übertragen.

3. Der Ausschuss und seine Mitglieder

a) Die gesetzliche Regelung

9   Über die **Berufung** der sechs **Mitglieder** sowie über die von ihnen zu verlangenden **persönlichen Voraussetzungen** schweigt sich das Gesetz fast völlig aus. § 20 Abs. 2 S. 1 KSchG sagt lediglich, dass die Vertreter der Arbeitnehmer, der Arbeitgeber und der öffentlichen Körperschaften von dem Verwaltungsausschuss der AfA benannt werden. Der Verwaltungsausschuss der AfA ist Organ der BA, s. § 371, § 374 SGB III, welches sich selbst wiederum zu je einem Drittel aus Vertretern der Arbeitnehmer, der Arbeitgeber und der öffentlichen Körperschaften zusammensetzt, § 371 Abs 5 SGB III). Weitere Einzelheiten enthält das KSchG nicht.

b) Die Organstellung des Ausschusses

10 Es muss daher auf in anderen Gesetzen zum Ausdruck gekommene **vergleichbare Rechtsgedanken** und insbes. auf **Bestimmungen des SGB III** selbst zurückgegriffen werden. Der Ausschuss des § 20 KSchG ist keines der in § 371 ff. SGB III abschließend aufgezählten Organe der BA (vgl. auch BSG 30.10.1959 AP Nr. 1 zu § 18 KSchG; *v. Hoyningen-Huene/Linck* Rz 7; KDZ-*Kittner* Rz 4). Dazu gehören der Verwaltungsrat, der Vorstand, die Regionaldirektionen und die AfA, vgl. § 373, 381, 374 SGB III.

11 Deshalb erscheint es nicht gerechtfertigt, die organisatorischen Vorschriften der §§ 377 ff. SGB III **unmittelbar** auf die Ausschüsse des § 20 KSchG zu übertragen (*v. Hoyningen-Huene/Linck* Rz 7 meint zwar, die Einzelheiten richteten sich nach der vormals geltenden – inhaltsgleichen – Vorschriften der §§ 189 ff. AFG, scheint jedoch gleichfalls nicht von einer unmittelbaren Anwendung dieser Vorschriften auszugehen, wie sich aus den nachfolgenden Bemerkungen ergibt).

12 Andererseits ist nicht zu übersehen, dass der Ausschuss Aufgaben der **AfA** wahrnimmt. Das ergibt sich schon aus dem Gesetzeswortlaut, wonach §§ 17–19 KSchG zunächst nur von den Entscheidungen der AfA sprechen und erst § 20 KSchG die als AfA zu entscheidende Stelle näher bestimmt. Nimmt der

Ausschuss aber Aufgaben der AfA in eigener und nur ihm zugewiesener Zuständigkeit wahr, kann also die AfA nur durch den Ausschuss handeln, ist es gerechtfertigt, ihn zumindest **materiell-rechtlich als Organ** anzusehen (vgl. *BSG* 30.10.1959, aaO; *Maus* FS Bogs, S. 181). Das erlaubt es aber, sich bzgl. der Voraussetzungen, welche an die Ausschussmitglieder als **Organwalter** zu stellen sind, grds. an den Bestimmungen zu orientieren, welche nach dem SGB III für die Organwalter der dort genannten Organe gelten.

c) Persönliche Voraussetzungen für das Amt des Ausschussmitgliedes

Die **persönlichen Voraussetzungen** für die Benennung als Ausschussmitglied richten sich nach § 378 Abs. 1 SGB III in analoger Anwendung (vgl. Rundschreiben des Präsidenten der BA vom 30.9.1997 – I a 3–5570 (4)). Als persönliche Voraussetzung für die Berufung in den Ausschuss ist daher zu verlangen die Eigenschaft als **Deutscher** iSd Art. 116 GG sowie das passive Wahlrecht zum Deutschen Bundestag (vgl. § 378 SGB III; zu den Einzelheiten vgl. Art. 116 GG, § 15 BWG). Damit ist gewährleistet, dass die Organwalter **geschäftsfähig** sind. Mit dem Ersten Gesetz zur Umsetzung des Spar-, Konsolidierungs- und Wachstumsprogramms – 1. SKWPG – vom 21.12.1993 (BGBl. I S. 2353) ist auch eine **Berufung von Ausländern** in Selbstverwaltungsorgane der BA zugelassen worden, sofern sie die allgemein geforderten persönlichen Voraussetzungen – abgesehen von der deutschen Staatsangehörigkeit – erfüllen. Insbes. müssen Ausländer ihren gewöhnlichen Aufenthalt rechtmäßig im Bundesgebiet haben und die Voraussetzungen des § 15 BundeswahlG mit Ausnahme der deutschen Staatsangehörigkeit erfüllen (§ 378 Abs. 1 SGB III).

13

Besondere **fachliche Qualifikationen** sind nicht zu erfüllen (vgl. *v. Hoyningen-Huene/Linck* Rz 7; APS-*Moll* Rz 14). Es muss darauf vertraut werden, dass der Verwaltungsausschuss – selbst Organ der Selbstverwaltung – und die beteiligten Verbände hinreichend qualifizierte Vertreter vorschlagen (vgl. auch *Maus* FS Bogs, S. 175).

14

Mit Wirkung vom 1.1.2004 weggefallen ist die Regelung gem. § 391 Abs. 1 S. 2 SGB III, wonach die Mitglieder des Verwaltungsausschusses mindestens **sechs Monate** in dem Bezirk wohnen oder tätig sein sollen. Im Interesse einer entsprechenden Sachnähe der an der Entscheidung des Ausschusses beteiligten Personen sollten jedoch vorzugsweise Personen gewählt werden, die auch eine räumliche Beziehung zu dem jeweiligen Bezirk der AfA oder wenigstens der Regionaldirektion haben (*Kuck* GK-SGB III, § 391 Rz 9).

15

Eine **Inkompatibilitätsregelung** enthält das KSchG nicht. Es ist daher nicht ausgeschlossen, dass Mitglieder des Verwaltungsausschusses als Mitglieder des Ausschusses gem. § 20 KSchG benannt werden. Andererseits ist es nicht nötig, dass dem Ausschuss die gleichen Vertreter angehören wie beim Verwaltungsausschuss der AfA (vgl. auch Rundschreiben des Präsidenten der BA v. 30.9.1997 – I a 3–5570 (4); *v. Hoyningen-Huene/Linck* aaO).

16

§ 378 Abs. 2 SGB III untersagt die Mitgliedschaft von Beamten und Arbeitnehmern der BA in deren Organen. Dieser Grundsatz ist für den Ausschuss nach § 20 KSchG schon insoweit durchbrochen, als das vorsitzende Mitglied der Geschäftsführung der AfA oder ein sonst von ihm beauftragter Angehöriger der AfA den Vorsitz des Ausschusses innehat. Zu berücksichtigen ist weiter, dass § 378 Abs. 2 SGB III Interessenkollisionen verhindern soll (*Kuck* GK-SGB III, § 391 Rz 10). Solche Interessenkollisionen sind aber bei der nur eingeschränkten Kompetenz des Ausschusses nach § 20 KSchG nicht zu befürchten. Daher scheidet eine Anwendung des § 378 Abs. 2 SGB III aus.

17

d) Benennung der Mitglieder

Die **Benennung** der Mitglieder erfolgt durch den Verwaltungsausschuss der AfA kraft ausdrücklicher Regelung des § 20 Abs. 1 S. 1 KSchG. Die Geschäftsführung oder deren Beauftragter beruft alsdann im Rahmen der laufenden Geschäftsführung die benannten Personen (Rundschreiben des Präsidenten der BA v. 30.9.1997 – I a 3–5570 (4). Ein besonderes Verfahren ist auch insoweit nicht vorgesehen.

18

e) Vorschlagsrecht der Verbände

In entsprechender Anwendung des § 379 SGB III wird man den jeweiligen Verbänden ein **Vorschlagsrecht** für die zu benennenden Mitglieder des Ausschusses einräumen müssen (vgl. auch KDZ-*Kittner* Rz 4; *Maus* FS Bogs, S. 172). Das entspricht vergleichbaren anderen Regelungen (vgl. § 5 TVG iVm § 1 der Verordnung zur Durchführung des TVG für die Beisitzer des Tarifausschusses; § 20 ArbGG für die

19

ehrenamtlichen Richter; § 4 Abs. 4 HAG für die Mitglieder der Heimarbeitsausschüsse; §§ 103 ff. SGB IX für die dort genannten Ausschüsse). Wegen der Einzelheiten wird auf § 379 SGB III verwiesen. Bezüglich der Vertreter der öffentlichen Körperschaften kommt die entsprechende Anwendung von § 379 Abs. 2 SGB III in Betracht, da es sich bei dem Ausschuss um ein bei der AfA zu bildendes Organ handelt. Im Rahmen des Vorschlagsrechts haben die Verbände und die öffentlichen Körperschaften gem. § 4 des Gesetzes über die Berufung und Entsendung von Frauen und Männern in Gremien im Einflussbereich des Bundes (Bundesgremienbesetzungsgesetz – BGremBG –) vom 24.6.1994 (BGBl. I S. 1406, 1413)* für jeden auf sie entfallenden Sitz jeweils eine Frau und einen Mann vorzuschlagen (§ 379 Abs. 4 SGB III). Die Selbstverwaltungsorgane der BA sind entsprechend zur Anwendung der Vorschriften des BGremBG verpflichtet. Dies ergibt sich mit Wirkung vom 1.1.2004 aus § 377 Abs. 2 S. 2 SGB III.

f) Vertreter

20 Zugleich mit den Mitgliedern sollte eine ausreichende Zahl von **Stellvertretern** für jede Gruppe berufen werden, um im Falle der Verhinderung einzelner Mitglieder keine Verzögerung in den Entscheidungen eintreten zu lassen oder die Rechtmäßigkeit der Entscheidungen nicht zu gefährden (vgl. Rundschreiben des Präs. BA v. 30.9.1997 – I a 3–5570 (4)). Die Vertretung des ausfallenden Mitglieds erfolgt in der Reihenfolge der vom Verwaltungsausschuss der AfA benannten Stellvertreter.

g) Amtszeit

21 Eine feste **Amtszeit** ist gesetzlich nicht vorgesehen. Sie kann beliebig bestimmt werden. § 375 Abs. 1 SGB III, wonach die Amtsdauer der dort genannten Organmitglieder sechs Jahre beträgt, kann analog auf die Mitglieder des Massenentlassungsausschusses übertragen werden. Auf jeden Fall sollte im Interesse einer gewissen Kontinuität der zu treffenden Entscheidungen eine längere Zugehörigkeit der Ausschussmitglieder angestrebt werden.

4. Ablehnung der Beisitzer und Verhinderung der Beisitzer aus persönlichen Gründen

a) Ablehnung wegen Befangenheit

22 Der Regierungsentwurf vom 23.1.1951 sah für den Arbeitgeber das Recht vor, ein Mitglied des Ausschusses wegen Besorgnis der **Befangenheit** oder aus Wettbewerbsgründen abzulehnen (s.o. Rz 1). Über die Ablehnung sollte der Präsident des Landesarbeitsamtes entscheiden. Die Bestimmung wurde nicht in die endgültige Fassung des KSchG übernommen.

23 Trotzdem ist ein **Recht** des Arbeitgebers als Antragsteller – nicht jedoch des Betriebsrates – auf **Ablehnung** eines Mitgliedes des Ausschusses wegen Besorgnis der Befangenheit zu **bejahen** (Rundschreiben des Präs. BA v. 30.9.1997 – I a 3–5570 (4); APS-*Moll* Rz 22; *v. Hoyningen-Huene/Linck* Rz 8; KDZ-*Kittner* Rz 7; HK-*Hauck* Rz 6; *Nikisch* I, S. 847; vgl. auch § 17 SGB X). Der Antragsteller hat ein Recht auf eine unparteiische Entscheidung. Bestehen objektive Gründe, die dieses Recht gefährdet erscheinen lassen – ein Ausschussmitglied ist zB Angehöriger eines Konkurrenzunternehmens, es bestehen persönliche Verfeindungen mit dem Antragsteller – so sprechen allgemeine rechtsstaatliche Überlegungen dafür, den Antragsteller nicht erst auf den Weg der sozialgerichtlichen Überprüfung zu verweisen, sondern ihm die Möglichkeit der Ablehnung des betroffenen Mitgliedes von vornherein einzuräumen (vgl. auch RdErl. des Präsidenten der BA v. 12.2.1953, ANBA 1953, S. 41, II 7). Im Einzelnen gelten die §§ 16, 17 SGB X.

---

* § 4 Vorschlagsverfahren bei der Berufung
 (1) Erfolgt eine Berufung aufgrund der Benennung oder des Vorschlages einer vorschlagsberechtigten Stelle, so hat diese, soweit ihr Personen verschiedenen Geschlechts mit der besonderen persönlichen und fachlichen Eignung und Qualifikation zur Verfügung stehen, für jeden auf sie entfallenden Sitz jeweils eine Frau und einen Mann zu benennen oder vorzuschlagen (Doppelbenennung).
 (2) Eine Doppelbenennung kann unterbleiben, soweit
 1. einer vorschlagsberechtigten Stelle mehrere Sitze in einem Gremium zustehen und sie gleich viele Frauen und Männer benennt oder vorschlägt; bei einer ungeraden Anzahl von Sitzen bleibt für einen Sitz die Pflicht zur Doppelbenennung bestehen,
 2. der vorschlagsberechtigten Stelle eine Doppelbenennung aus rechtlichen oder tatsächlichen Gründen nicht möglich oder aus sachlichen, nicht auf das Geschlecht bezogenen Gründen unzumutbar ist; in diesem Fall hat sie der berufenden Stelle die Gründe hierfür schriftlich darzulegen,
 3. der berufenden Stelle aufgrund eines Gesetzes ein Auswahlrecht nicht zusteht.
 (3) ...
 (4) ...

Über die Ablehnung entscheidet gem. §§ 16 Abs. 4, 17 Abs. 2 SGB X der **Ausschuss** selbst unter Ausschluss des vom Ablehnungsantrag betroffenen Mitgliedes, für den ein Stellvertreter zuzuziehen ist (ähnlich *v. Hoyningen-Huene/Linck* aaO). Wird die Ablehnung als begründet angesehen, rückt der Stellvertreter für die Dauer der Entscheidung über den konkreten Antrag endgültig nach. Kein Ablehnungsrecht haben der am Verfahren nicht unmittelbar beteiligte Betriebsrat und die betroffenen Arbeitnehmer. 24

b) **Ausschluss des Mitgliedes**

Dem Recht des Arbeitgebers auf Ablehnung eines Mitgliedes entspricht ein Recht des Mitgliedes, sich in diesen Fällen **selbst abzulehnen** (*Auffarth/Müller* § 18 Rz 2). 25

In entsprechender Anwendung des § 16 SGB X (s. dazu Rz 40) sind die dort bezeichneten Personen als **Ausschussmitglieder** in dem Verfahren nach § 20 KSchG **von Amts wegen ausgeschlossen;** nach Inkrafttreten des SGB X (1.1.1981) bedarf es zur Begründung dieser Rechtsfolge nicht mehr des Rückgriffs auf die Vorschriften über den Ausschluss von der Ausübung des Richteramts. Da allein der Arbeitgeber (nicht etwa der Betriebsrat oder die von der Massenentlassung betroffenen Arbeitnehmer) am Verfahren beteiligt ist, ist bei den Ausschlussgründen auf diesen abzustellen. Demnach dürfen als Mitglieder des Ausschusses nicht tätig werden: der Arbeitgeber selbst und seine Angehörigen iSd § 16 Abs. 5 SGB X (Verlobte, Ehegatte, Verwandte und Verschwägerte gerader Linie, Geschwister, deren Ehegatten und Kinder, Geschwister der Ehegatten und der Eltern sowie Pflegeeltern und Pflegekinder). Ausgeschlossen sind ferner gesetzliche oder bevollmächtigte Vertreter und Beistände des Arbeitgebers und deren Angehörige, die Arbeitnehmer des Betriebs, Mitglieder des Vorstands, des Aufsichtsrats oder eines gleichartigen Organs sowie Personen, die in der Angelegenheit als Gutachter oder sonst (zB als Betriebsratsmitglied) tätig geworden sind. Hält sich ein Ausschussmitglied für ausgeschlossen oder bestehen insoweit Zweifel, ist dies dem Ausschuss mitzuteilen, der hierüber zu entscheiden hat; der Betroffene darf an der Entscheidung nicht mitwirken, sondern für ihn ist ein Vertreter zuzuziehen; ein ausgeschlossenes Mitglied darf bei der Beratung und Beschlussfassung des Ausschusses nicht zugegen sein, § 16 Abs. 4 SGB X. 26

c) **Abberufung des Mitgliedes**

Schließlich ist in entsprechender Anwendung des § 377 Abs. 3 SGB III dem Verwaltungsausschuss als berufene Stelle das Recht einzuräumen, ein Mitglied des Ausschusses vorzeitig **abzuberufen** bei Vorliegen der dort benannten Gründe. Danach sind Organmitglieder einmal abzuberufen, wenn eine Voraussetzung für ihre Berufung entfällt oder sich nachträglich herausstellt, dass sie nicht vorgelegen hat. Das wäre zB der Fall, wenn ein Ausschussmitglied geschäftsunfähig wird oder schon bei der Berufung geschäftsunfähig war (s.o. Rz 13). 27

Des Weiteren ist ein Mitglied abzuberufen, wenn es seine Amtspflicht grob verletzt, § 377 Abs. 3 Nr. 2 SGB III. In Frage kommen dürfte etwa parteiisches Verhalten oder wiederholter Bruch der Verschwiegenheitspflicht (vgl. iE *Kuck* GK-SGB III, § 390 Rz 11 ff.). 28

Räumt man den jeweiligen Organisationen ein Vorschlagsrecht ein in entsprechender Anwendung des § 379 SGB III (s.o. Rz 19), muss diesem Vorschlagsrecht die Pflicht entsprechen, ein Mitglied dann abzuberufen, wenn die vorschlagende Stelle dies beantragt, § 377 Abs. 3 SGB III. Dabei ist allerdings zu beachten, wonach die Abberufung auf Antrag der vorschlagenden Arbeitnehmer- oder Arbeitgeberorganisation nur erfolgen kann, wenn das Ausschussmitglied aus der jeweiligen Organisation ausgeschlossen worden oder ausgetreten ist. Vor der Entscheidung über eine Abberufung ist dem betreffenden Organmitglied Gelegenheit zu geben, dazu Stellung zu nehmen (einschränkend *Kuck* GK-SGB III, § 390 Rz 15). 29

d) **Freiwilliges Ausscheiden**

Die Mitglieder können gem. § 377 Abs. 3 Nr. 4 SGB III ihr Amt **freiwillig niederlegen,** und zwar ohne Angabe von Gründen (vgl. *Kuck* GK-SGB III, § 390 Rz 17 für Mitglieder der Selbstverwaltungsorgane der BA). 30

5. Strafrechtlicher Schutz gegen die Verletzung von Betriebs- und Geschäftsgeheimnissen sowie gegen aktive und passive Bestechung

31 Die Mitglieder des Ausschusses nehmen bei ihrer Tätigkeit notwendigerweise Einblick in **betriebs- und geschäftsinterne Bereiche**. § 20 Abs. 3 KSchG besagt ausdrücklich, dass insbes. Arbeitgeber und Betriebsrat dem Ausschuss die für die Beurteilung des Falles erforderlichen Auskünfte zu erteilen haben. Das verlangt einen Schutz gegen Verletzungen von Geschäfts- und Betriebsgeheimnissen durch Ausschussmitglieder (zum Schutz der Sozialdaten vgl. §§ 67 ff. SGB X).

32 § 20 Abs. 2 S. 2 KSchG aF erklärte auf die nichtbeamteten Ausschussmitglieder die Anwendung der Verordnung gegen Bestechung und Geheimnisverrat nichtbeamteter Personen idF vom 22.5.1943 (RGBl. I S. 351) für anwendbar. Danach waren der Bruch von Geschäfts- und Betriebsgeheimnissen sowie die aktive und passive Bestechung strafbar. Für die beamteten Mitglieder galt Entsprechendes aufgrund der einschlägigen beamtenrechtlichen Regelungen.

33 Die Verordnung wurde durch Art. 287 Nr. 3, § 20 Abs. 2 S. 2 KSchG durch Art. 287 Nr. 76 des Einführungsgesetzes zum StGB vom 2.3.1974 (BGBl. I S. 469) mit Wirkung vom 1.1.1975 aufgehoben. Die Strafbarkeit von Amtsträgern wegen Verletzung von Privatgeheimnissen bestimmt sich nunmehr nach § 203 StGB. Gem. § 203 Abs. 2 S. 1 StGB wird bestraft, wer unbefugt ein fremdes Geheimnis, namentlich ein zum persönlichen Lebensbereich gehörendes Geheimnis oder ein Betriebs- oder Geschäftsgeheimnis offenbart, das ihm u.a. als Amtsträger anvertraut worden oder sonst bekannt geworden ist. Desgleichen macht sich gem. § 353b StGB strafbar, wer ein Geheimnis, das ihm als Amtsträger anvertraut worden oder sonst bekannt geworden ist, unbefugt offenbart und dadurch wichtige öffentliche Interessen gefährdet.

34 Amtsträger iSd StGB ist gem. § 11 Abs. 1 Nr. 2 StGB, wer nach deutschem Recht Beamter oder Richter ist, in einem sonstigen öffentlich-rechtlichen Amtsverhältnis steht oder sonst dazu bestellt ist, bei einer Behörde oder bei einer sonstigen Stelle oder in deren Auftrag der öffentlichen Verwaltung wahrzunehmen. Die nichtbeamteten Ausschussmitglieder erfüllen die Voraussetzungen gem. § 11 Abs. 1 Nr. 2c StGB.

35 Die Benennung durch den Verwaltungsausschuss ist als Bestellung iSd dieser Vorschrift anzusehen; der Ausschuss ist eine sonstige Stelle; die Aufgaben des Ausschusses sind Aufgaben öffentlicher Verwaltung (vgl. für die Ausschüsse nach dem SchwbG [jetzt: SGB IX] *Dreher/Tröndle* § 11 StGB Rz 19; *Schönke/Schröder/Eser* § 11 StGB Rz 26). Des Weges über eine Verpflichtung gem. § 1 Abs. 1 Ziff. 1 des Gesetzes über die förmliche Verpflichtung nichtbeamteter Personen (Verpflichtungsgesetz) vom 2.3.1974 (BGBl. I S. 469) bedarf es daher nicht. Es erfasst nur solche Personen, die nicht Amtsträger iSd § 11 Abs. 1 Ziff. 2 StGB sind.

36 Auch die Vorschriften über **aktive und passive Bestechung** gehen aus von dem Begriff des Amtsträgers (vgl. §§ 331 ff. StGB). Damit ist ein umfassender strafrechtlicher Schutz gewährleistet.

III. Die Zuständigkeit des Ausschusses

37 § 20 Abs. 1 S. 1 KSchG umgrenzt die sachliche **Zuständigkeit** des Ausschusses. Der Ausschuss ist zuständig für die Entscheidungen der AfA nach § 18 Abs. 1 und 2 KSchG. Damit fallen folgende Fälle in die Entscheidungsgewalt des Ausschusses: Die Zustimmung zu Massenentlassungen vor Ablauf der Sperrfrist, § 18 Abs. 1 KSchG, sowie die Verlängerung der Sperrfrist bis höchstens zwei Monate nach Eingang der Anzeige bei der AfA, § 18 Abs. 2 KSchG.

38 Im Rahmen dieser Entscheidungen ist der Ausschuss befugt und verpflichtet zur Prüfung der **Vorfrage**, ob der Tatbestand einer anzeigepflichtigen Entlassung überhaupt vorliegt, also insbes. die gem. § 17 KSchG erforderliche Zahl von Entlassungen erreicht ist und/oder es sich bei dem Betrieb nicht etwa um einen Ausnahmebetrieb iSd § 22 KSchG handelt. Hingegen kann der Ausschuss keine abstrakte Feststellung etwa darüber treffen, dass ein bestimmter, in seinem Bezirk liegender Betrieb die Voraussetzungen eines Saisonbetriebes iSd § 22 KSchG erfüllt. Diese Frage kann nur von Fall zu Fall als Vorfrage der Entscheidung nach § 18 Abs. 1 und 2 KSchG geklärt werden (vgl. *Falkenroth* BB 1956, 1110).

39 Der Ausschuss kann seine Zuständigkeit nicht auf andere Stellen übertragen. Ihm können – es sei denn, durch Gesetz – keine zusätzlichen Kompetenzen zugewiesen werden. **Nicht** der Zuständigkeit des Massenentlassungsausschusses unterliegt die **Genehmigung** von **Kurzarbeit** gem. § 19 KSchG. Diese Entscheidung ist in § 20 Abs. 1 S. 1 KSchG nicht erwähnt (KR-*Weigand* § 19 KSchG Rz 12).

IV. Das Verfahren des Ausschusses

1. Gesetzlich vorgeschriebene Anhörung

Wie hinsichtlich der Zusammensetzung des Ausschusses schweigt das Gesetz im Wesentlichen zu den Einzelheiten des **Verfahrens** vor dem Ausschuss. Auch hier ist daher auf allgemeine Rechtsgrundsätze und auf die einschlägigen Bestimmungen des SGB X zurückzugreifen (s. Rz 10 ff.; vgl. auch den RdErl. des Präsidenten der BA v. 12.2.1953, ANBA 1953, 40 ff.). Nach § 1 SGB X gelten seine Vorschriften für die öffentlich-rechtliche Verwaltungstätigkeit der nach dem SGB zuständigen Behörden. Entsprechendes muss für den Ausschuss des § 20 KSchG gelten. Zwar sind die §§ 17 ff. KSchG nicht ausdrücklich in den Regelungsbereich des SGB einbezogen, das insoweit eine Regelungslücke enthält. Der Ausschuss nimmt aber Aufgaben der AfA wahr, die auf dem Gebiet der Sozialverwaltung liegen, und ist zumindest materiell-rechtlich als Organ der BA anzusehen (s.o. Rz 12). Das rechtfertigt jedenfalls die entsprechende Anwendung des SGB X auf das Verfahren des Massenentlassungsausschusses.

Ausdrücklich geregelt ist in § 20 KSchG die Pflicht des Ausschusses, vor seiner Entscheidung den Arbeitgeber und den Betriebsrat **anzuhören,** § 20 Abs. 3 KSchG. Eine bestimmte Form der Anhörung ist nicht vorgeschrieben. Sie kann mündlich oder schriftlich erfolgen (APS-*Moll* § 20 Rz 24; *Löwisch/Spinner* Rz 7; *v. Hoyningen-Huene/Linck* Rz 13; KDZ-*Kittner* Rz 11). Bei der Anhörung können sich Arbeitgeber und der Betriebsrat durch Verbands- bzw. Gewerkschaftsvertreter vertreten lassen (§ 13 Abs. 5 S. 2 SGB X iVm § 73 Abs. 6 S. 3 SGG; *Löwisch/Spinner* aaO; *v. Hoyningen-Huene/Linck* aaO). Das ergibt sich aus der allgemeinen Überlegung, dass sich grds. jeder vor Gericht oder einer Verwaltungsbehörde vertreten lassen kann, soweit dies nicht ausdrücklich ausgeschlossen worden ist (vgl. auch § 17 VwVfG).

Die Pflicht zur Anhörung entfällt nicht deshalb, weil dem Ausschuss ggf. eine entsprechende **Stellungnahme** des Betriebsrats und eine ausführliche Anzeige des Arbeitgebers gem. § 17 Abs. 3 KSchG vorliegt (vgl. *v. Hoyningen-Huene/Linck* aaO, ErfK-*Kiel* Rz 2; KDZ-*Kittner* Rz 11; APS-*Moll* Rz 24; aA *Löwisch/Spinner* aaO, wonach die Anzeige als Anhörung ausreichen kann, wenn sie die erforderliche Aufklärung enthält; in diesem Sinne auch RdErl. des Präsidenten der BA v. 12.2.1953, ANBA 1953, 41 III 1).

Daran hat sich nichts geändert nach der Neufassung des § 17 KSchG durch das Zweite Gesetz zur Änderung des KSchG vom 27.4.1978. Zwar zählt § 17 Abs. 3 KSchG nunmehr ausdrücklich eine Reihe von Angaben auf, welche die Anzeige zwingend enthalten muss. Der Ausschuss wird daher regelmäßig bereits aufgrund der Anzeige einen Überblick über die Umstände haben. Der Gesetzgeber hat trotzdem an der Anhörung des Arbeitgebers und des Betriebsrats gem. § 20 Abs. 1 S. 2 KSchG festgehalten, und zwar ohne Einschränkungen. Das wäre nicht verständlich, sollte die Anhörung entfallen können, wenn dem Ausschuss die Angaben der Anzeige ausreichend erscheinen. § 20 Abs. 1 S. 2 KSchG wäre damit praktisch überflüssig. Die ausdrücklich vorgeschriebene Anhörung ist vielmehr in dem Sinne zu verstehen, dass einmal der Ausschuss selbst Gelegenheit haben und auch nehmen soll, mit den unmittelbar Betroffenen die Problematik zu erörtern. Andererseits soll diesen Betroffenen das Recht eingeräumt werden, vor dem unparteiischen Ausschuss ihre Auffassung unmittelbar vorzutragen. Unterlässt der Ausschuss die Anhörung des Arbeitgebers oder des Betriebsrats, führt das zur Anfechtbarkeit der Entscheidung.

2. Einholung von Auskünften

Neben der zwingenden Anhörung des Betriebsrats bleibt es dem Ausschuss unbenommen, **weitere Personen anzuhören.** In Frage kommen zB Sachverständige, aber auch Arbeitnehmer des Betriebes. Das ergibt sich aus § 20 Abs. 2 KSchG. Danach sind dem Ausschuss die von ihm für die Beurteilung des Falles erforderlich gehaltenen Auskünfte zu erteilen, und zwar insbes. vom Arbeitgeber und Betriebsrat. Die Verwendung des Wortes insbes. zeigt, dass andere Personen oder Institutionen vom Ausschuss zur Auskunftserteilung herangezogen werden können. In Frage kommen neben Arbeitgeber und Betriebsrat letztlich alle Personen, die in die wirtschaftliche Lage des Betriebes Einblick haben, also vor allem Geschäftsführer und Betriebsleiter. Der Umfang der einzuholenden Auskünfte und damit auch der Kreis der möglichen Auskunftspersonen bestimmt sich nach den von dem Ausschuss zu berücksichtigenden Entscheidungsmaßstäben, die in § 20 Abs. 3 KSchG umschrieben sind: das Interesse des Arbeitgebers und der zu entlassenden Arbeitnehmer, das öffentliche Interesse und die Lage des gesamten Arbeitsmarktes unter besonderer Beachtung des einschlägigen Wirtschaftszweiges.

Zwar sollen die Beteiligten bei der Ermittlung des Sachverhalts mitwirken, insbes. ihnen bekannte Tatsachen und Beweismittel angeben. Dem Ausschuss sind aber keine Mittel an die Hand gegeben, eine

§ 20 KSchG   Entscheidungen der Agentur für Arbeit

Auskunft zu erzwingen (§ 21 Abs. 2 SGB X). Er kann lediglich aus einer verweigerten Auskunft Schlüsse ziehen für seine Entscheidungen. Eine Weigerung des Arbeitgebers, bestimmte Fragen zu beantworten, kann ggf. zur Abweisung seines Antrages auf Abkürzung der Sperrfrist oder zu einer Verlängerung der Frist führen (vgl. etwa *Löwisch/Spinner* § 18 Rz 5). Allerdings darf dies nicht als Maßregelung des Arbeitgebers verstanden werden. Sind dem Ausschuss die vom Arbeitgeber verweigerten Auskünfte aus anderen Quellen bekannt oder zugänglich, bleibt das Schweigen des Arbeitgebers insoweit ohne Folgen (zu weitgehend wohl *v. Hoyningen-Huene/Linck* Rz 14, wonach der Ausschuss den Antrag auf Genehmigung von Entlassungen ohne weiteres zurückweisen kann, wenn der Arbeitgeber eine Auskunft ohne triftigen Grund ablehnt). Entscheidend sind jeweils Umstände des Einzelfalles.

3. Formaler Verfahrensablauf

a) Durchführung der Sitzung

46 Für den **formalen Ablauf** des Verfahrens enthält das Gesetz keine Bestimmung. Der Ausschuss ist also an sich in der Verfahrensgestaltung frei. Als **Kollegialorgan** hat er jedoch gewisse Grundvoraussetzungen des Verfahrens zu beachten (s. dazu allg. etwa *Wolff/Bachof* VerwR II § 75 III d sowie die in §§ 88 ff. VwVfG getroffenen Regelungen). Der Ausschuss gibt sich eine Geschäftsordnung, die von mindestens drei Vierteln der Mitglieder zu beschließen ist (vgl. § 371 Abs. 3 SGB III).

47 Erforderlich ist danach idR eine **ordnungsgemäße Ladung** sämtlicher Mitglieder unter Mitteilung einer **Tagesordnung**. Dringende Angelegenheiten können nachträglich auf die Tagesordnung gesetzt werden. In eiligen Fällen oder wenn es wegen der eingegangenen Anzeigen aus anderen Gründen zweckmäßig ist kann ohne Sitzung im schriftlichen Verfahren abgestimmt werden. Die Geschäftsführung der AfA kann ein derartiges Umlaufverfahren aber nur durchführen, wenn keine Abkürzung der Sperrfrist beantragt ist, keine Anträge nach § 22 KSchG und keine Anträge auf Anerkennung des Ersatztatbestandes gem. § 17 Abs. 3 KSchG (Glaubhaftmachung) vorliegen (DA-KSchG der BA Stand 7/2005, 20.24 (3): Prüfung der Zweckmäßigkeit eines Umlaufverfahrens). Allerdings muss auch hier vor der Entscheidung des Ausschusses die Anhörung des Arbeitgebers und des Betriebsrats erfolgen, so dass regelmäßig wohl auch Zeit für die Anberaumung einer Sitzung sein sollte.

48 Die Sitzungen selbst sind **nicht öffentlich** (s. § 383 Abs. 3 SGB III aF bis 31.12.2003).

49 Über die Sitzung sollte regelmäßig ein schriftliches **Protokoll** geführt werden. Der Geschäftsführung der AfA obliegt es, die Entscheidungen des Ausschusses zu bescheiden (Rundschreiben des Präs. BA v. 30.9.1997 – I a 3–5570 (4)). Dies wie die vorstehend behandelten Einzelheiten können im Einzelnen in einer **Geschäftsordnung** festgelegt werden, welche sich der Ausschuss geben kann (s. § 371 Abs. 3 SGB III analog).

b) Beschlussfähigkeit

50 Das Gesetz schweigt über die Voraussetzungen für die **Beschlussfähigkeit** des Ausschusses. Überwiegend wird der Ausschuss nur in voller Besetzung als beschlussfähig angesehen (*Bühring/Wittholz/Pausen* § 18 Rz 6; *Löwisch/Spinner* Rz 4; *v. Hoyningen-Huene/Linck* Rz 11; so auch RdErl. des Präsidenten der BA v. 12.2.1953, ANBA 1953, S. 40, II 5; Rundschreiben des Präs. BA v. 30.9.1997 – I a 3 – 5570 (4)).

51 Dem kann **nicht** gefolgt werden. Es reicht aus, wenn sämtliche Mitglieder ordnungsgemäß geladen sind und die Mehrheit der Mitglieder anwesend ist. Das entspricht dem Regelfall im Verfahren eines Kollegialorgans (vgl. § 90 VwVfG; vgl. auch § 4 Abs. 3 HAG; § 106 Abs. 2 SGB IX; eine allerdings ausdrücklich geregelte Ausnahme gilt für den Tarifausschuss des § 5 TVG; vgl. § 2 Abs. 2 der Verordnung zur Durchführung des TVG v. 20.2.1970 idF der Bek. v. 16.1.1989 BGBl. I S. 76). Allerdings sollte für ein fehlendes Mitglied möglichst ein Stellvertreter aus der betreffenden Gruppe (s.o. Rz 20) herangezogen werden, um die Anfechtbarkeit der Entscheidung zu vermeiden.

c) Beschlussfassung

52 Der Ausschuss trifft seine Entscheidungen mit **Stimmenmehrheit,** § 20 Abs. 2 S. 2 KSchG. Mangels näherer Qualifikationen genügt die **einfache** Mehrheit der abgegebenen Stimmen. Verlangt man für die Beschlussfähigkeit des Ausschusses dessen volle Besetzung, beträgt die Stimmenmehrheit vier Stimmen. Lässt man die Anwesenheit der Mehrheit der Mitglieder ausreichen, beträgt die Stimmenmehrheit nicht weniger als drei Stimmen (da mindestens vier Mitglieder anwesend sein müssen).

V. Die Entscheidung des Ausschusses
1. Entscheidungsinhalt

Entsprechend der nur eingeschränkten Zuständigkeit des Ausschusses (s.o. Rz 37) kommen grds. folgende **Entscheidungen** in Betracht: Der Ausschuss kann die Entlassung vor Ablauf der Sperrfrist genehmigen, § 18 Abs. 1 S. 1 KSchG. Diese Entscheidung bedarf eines besonderen Antrages des Arbeitgebers (vgl. KR-*Weigand* § 18 KSchG Rz 9 f.). 53

Hält der Ausschuss den Antrag des Arbeitgebers auf Verkürzung der Sperrfrist nicht für gerechtfertigt, weist er ihn zurück. Er kann die Sperrfrist zugleich verlängern gem. § 18 Abs. 2 KSchG. Die Verlängerung der Sperrfrist ist unabhängig von einem Antrag des Arbeitgebers (s. KR-*Weigand* § 18 KSchG Rz 21). 54

Zeigt der Arbeitgeber lediglich die Massenentlassung gem. § 17 KSchG an, ohne eine Verkürzung der Sperrfrist zu beantragen, und will der Ausschuss die Sperrfrist nicht verlängern gem. § 18 Abs. 2 KSchG, sollte dem Arbeitgeber zur Klarstellung mitgeteilt werden, dass nach Ablauf der Sperrfrist die Entlassungen erfolgen können. Eine echte Entscheidung ist dies allerdings nicht, da sich diese Folge schon aus dem Gesetz ergibt. 55

In jedem Fall hat der Ausschuss zu prüfen, ob überhaupt die Voraussetzungen einer Massenentlassung vorliegen, damit auch die Voraussetzungen für sein Tätigwerden (s.u. Rz 72). Kommt der Ausschuss zu der Auffassung, die einschlägigen Voraussetzungen seien nicht erfüllt, teilt er dies dem Arbeitgeber mit (**Negativattest**). Diese Mitteilung gibt dem Arbeitgeber das Recht, die Entlassungen nunmehr durchzuführen, selbst wenn tatsächlich die Auffassung des Ausschusses unrichtig ist (s. dazu Rz 65 sowie KR-*Weigand* § 18 KSchG Rz 29). 56

2. Entscheidungsgrundlage

Das Gesetz gibt dem Ausschuss in § 20 Abs. 3 KSchG einige **Entscheidungskriterien** an die Hand. Danach hat er zu berücksichtigen sowohl das Interesse des Arbeitgebers als auch das Interesse der Arbeitnehmer, das öffentliche Interesse und die Lage des gesamten Arbeitsmarktes. Bei der Entscheidung sind auch wirtschaftliche Gesichtspunkte wie zB allgemeine rückläufige Entwicklungen im betroffenen Wirtschaftszweig zu berücksichtigen (DA-KSchG der BA, Stand 7/2005, 20.43 Abs. 2). Der Ausschuss darf also nicht allein auf die Individualinteressen der betroffenen Arbeitnehmer und Arbeitgeber oder allein auf die öffentlichen arbeitsmarktpolitischen Interessen abstellen, sondern muss nach pflichtgemäßem Ermessen eine umfassende Interessenabwägung vornehmen. Da die verschiedenen Interessen im Zweifel nicht übereinstimmen, gilt es, einen für alle Betroffenen annehmbaren Kompromiss zu finden. 57

Die Interessen des **Arbeitgebers** werden bestimmt durch die betrieblichen Verhältnisse, welche die Entlassungen überhaupt erst veranlassen. Der Arbeitgeber wird im Zweifel an einer Verkürzung der Sperrfrist interessiert sein, um die Lohnkosten gering zu halten. Insoweit hat der Ausschuss zu prüfen, ob der Betrieb eine bei verlängerter Sperrfrist anfallende Kostenbelastung wirtschaftlich überhaupt tragen kann. 58

Die Interessen der **Arbeitnehmer** sprechen für eine Verlängerung der Sperrfrist. Maßgebend ist allerdings nicht allein das Interesse am ungeschmälerten Arbeitseinkommen, zumal dadurch die Leistungen der Arbeitslosenversicherung eine gewisse Absicherung besteht. Von Bedeutung ist vor allem auch die Aussicht, einen neuen Arbeitsplatz zu erhalten. 59

Das wiederum hängt zusammen mit der vom Ausschuss gleichfalls in seine Interessenabwägung einzubeziehenden Lage des **gesamten Arbeitsmarktes.** Abzustellen ist nicht allein auf den besonderen Wirtschaftszweig, dem der die Entlassungen anstrebende Betrieb angehört. Eine Verkürzung der Sperrfrist ist eher zu rechtfertigen, wenn die Entlassungen durch besondere Konjunkturentwicklungen in dem betroffenen Wirtschaftszweig veranlasst sind, der Arbeitsmarkt im Übrigen aber aufnahmefähig und die zu entlassenden Arbeitnehmer von der Qualifikation her ohne größere Schwierigkeiten in andere Bereiche vermittelt werden können. 60

Das **öffentliche Interesse** schließlich ist darauf gerichtet, die Arbeitslosigkeit so gering wie möglich zu halten. Da die Entlassungen durch § 18 KSchG nur verzögert, nicht verhindert werden können, ist zu prüfen, inwieweit eine Hinausschiebung der Arbeitslosigkeit für den Arbeitsmarkt vorteilhaft ist. Dabei sollte die Lage des Betriebes allerdings nicht außer Acht gelassen werden. Ein öffentliches Interesse 61 kann auch darin bestehen, einen angeschlagenen Betrieb nicht durch längere Sperrfristen weiter zu belasten und damit unter Umständen den Verlust von noch mehr Arbeitsplätzen hervorzurufen (darauf weisen zu Recht hin *v. Hoyningen-Huene/Linck* Rz 21; APS-*Moll* Rz 35; *Nikisch* I, S. 847, FN 31; vgl. auch RdErl. des Präsidenten der BA v. 12.2.1953, ANBA 1953, S. 42 IV 2). Fiskalische Erwägungen zugunsten der BA sollen keine Berücksichtigung finden (*LSG München* 4.11.1976 NJW 1977, 1255; *SG Hamburg* 12.5.1986 NZA 1986, 655).

62 Fiskalische Gründe der AfA dürfen für die Entscheidung des Ausschusses nicht maßgebend sein. Es soll nur geprüft werden, inwieweit die Entlassungen die gesamte Lage auf dem Arbeitsmarkt ungünstig beeinflussen könnten (DA-KSchG der BA, Stand 7/2005, 20.44).

63 Die Entscheidung kann jeweils nur aufgrund aller Umstände des **Einzelfalles** getroffen werden, welche der Ausschuss nach pflichtgemäßem **Ermessen** abzuwägen hat (*BSG* 21.3.1978 BSGE 46, 99; 5.12.1978 DB 1979, 1238; *Löwisch/Spinner* Rz 10). Es ist ihm unbenommen, unabhängig von der zu treffenden rechtlichen Entscheidung sich vermittelnd einzuschalten, wenn sich Lösungswege zeigen, welche – unter Umständen mit Hilfe anderer öffentlicher Stellen – die Entlassung überhaupt verhindern könnten.

3. Rechtsnatur der Entscheidung

64 Soweit der Ausschuss eine Regelung trifft, also die Sperrfrist verkürzt, verlängert oder einen Antrag auf Verkürzung der Sperrfrist abweist, stellt seine Entscheidung einen **Verwaltungsakt** dar. Es handelt sich um die Regelung eines Einzelfalles auf einem öffentlich-rechtlichen Gebiet, die von einer Behörde getroffen wird und die auf unmittelbare Rechtswirkung nach außen gerichtet ist (§ 31 SGB X); s.a. Rz 40 sowie *BSG* 30.10.1959 AP Nr. 1 zu § 18 KSchG; *Löwisch/Spinner* Rz 14).

65 Soweit der Ausschuss lediglich feststellt und dem Arbeitgeber mitteilt, dass die Voraussetzungen einer Massenentlassung nicht gegeben sind (s.o. Rz 56), fehlt dieser Mitteilung der Regelungscharakter. Ein solcher **Negativattest** ist demnach **kein Verwaltungsakt** und ist darum nicht als solcher angreifbar. Das gilt in gleicher Weise für die bloße Mitteilung, die Entlassungen könnten mit Ablauf der Sperrfrist vorgenommen werden (s.o. Rz 55).

4. Form der Entscheidung

66 Als Verwaltungsakt unterliegt die Entscheidung den grundsätzlichen Anforderungen, die an einem Verwaltungsakt allgemein zu stellen sind (vgl. §§ 31 ff. SGB X). Dazu gehören insbes. die folgenden Grundsätze: Die Entscheidung sollte regelmäßig **schriftlich** erfolgen, auch wenn Schriftform nicht vorgeschrieben ist. Eine bloße mündliche – ggf. vorläufige – Mitteilung wird dann in Frage kommen, wenn aus Zeitgründen die schriftliche Mitteilung zu spät käme (vgl. *v. Hoyningen-Huene/Linck* Rz 24). Der Arbeitgeber kann aber in diesem Fall eine schriftliche Bestätigung verlangen (§ 33 Abs. 2 SGB X).

67 Seit 1.1.1981 ist für den schriftlichen oder schriftlich bestätigten Verwaltungsakt (s.o. Rz 66) eine **schriftliche Begründung** vorgeschrieben, § 35 Abs. 1 SGB X; doch gelten hiervon die Ausnahmen des § 35 Abs. 2 und 3 SGB X. Der betroffene Arbeitgeber muss erkennen können, warum seinem Antrag auf eine Abkürzung der Sperrfrist nicht stattgegeben oder warum diese verlängert wurde, damit er die Aussichten eines möglichen Rechtsbehelfs abwägen kann. Von einer Begründung kann zB dann abgesehen werden, wenn dem Arbeitgeber die Auffassung des Ausschusses bekannt ist (§ 35 Abs. 2 Nr. 2 SGB X). Zu denken ist dabei insbes. an den Fall, dass eine mündliche Anhörung erfolgt ist und der Ausschuss bei dieser Gelegenheit die späteren Entscheidungsgrundlagen bereits klargestellt hat. Auf jeden Fall ist die schriftliche Entscheidung mit einer **Rechtsbehelfsbelehrung** zu versehen, § 36 SGB X (s.u. Rz 69).

68 Die Entscheidung wird **wirksam** mit Bekanntgabe an den Arbeitgeber, § 39 SGB X, es sei denn, dass der Verwaltungsakt des § 40 SGB X nichtig ist, dh offenkundig an einem besonders schwerwiegenden Mangel leidet. Für die Bekanntgabe gilt § 37 SGB X; wegen der Bekanntgabe an den Arbeitnehmer s. KR-*Weigand* § 18 KSchG Rz 13.

5. Sozialgerichtliche Überprüfung

69 Für Streitigkeiten über die von dem Ausschuss erlassenen Entscheidungen ist der Rechtsweg zu den **Sozialgerichten** gegeben. Es handelt sich um öffentlich-rechtliche Streitigkeiten in Angelegenheiten der »übrigen Aufgaben« der BA, § 51 Abs. 1 Ziff. 4 SGG. Vor Klageerhebung ist zunächst ein sog. Vorverfahren einzuhalten, §§ 77 ff. SGG. Der Arbeitgeber hat innerhalb eines Monats nach Bekanntgabe

des belastenden Verwaltungsaktes **Widerspruch** einzulegen gem. § 84 SGG. Diese Frist läuft nur, wenn die Entscheidung des Ausschusses gem. § 36 SGB X mit einer **Rechtsbehelfsbelehrung** versehen ist, § 66 Abs. 1 SGG. Der Widerspruch ist beim Ausschuss einzulegen. Der Widerspruchsbescheid ist schriftlich zu erlassen, zu begründen und den Beteiligten zuzustellen, § 85 Abs. 3 SGG. Dabei hat eine Belehrung über die Zulassung einer Klage, die einzuhaltende Frist sowie den Sitz des zuständigen Gerichts zu erfolgen. Innerhalb eines Monats nach Zustellung des Bescheides kann der Arbeitgeber dann gegen die Entscheidung des Ausschusses **Klage** erheben gem. § 54 Abs. 1 SGG mit dem Ziel, entweder die Entscheidung aufzuheben, abzuändern oder die Verurteilung zum Erlass des abgelehnten Verwaltungsaktes zu erreichen. Zulässig ist die Klage dann, wenn der Arbeitgeber behauptet, durch die Entscheidung des Ausschusses **beschwert** zu sein, § 54 Abs. 1 S. 2 SGG. Beschwert ist der Arbeitgeber dann, wenn die Entscheidung rechtswidrig ist. Da es sich bei der Entscheidung des Ausschusses um eine **Ermessensentscheidung** handelt, ist Rechtswidrigkeit auch gegeben, wenn die gesetzlichen Grenzen dieses Ermessens überschritten sind oder von dem Ermessen in einer dem Zweck der Ermächtigung nicht entsprechenden Weise Gebrauch gemacht ist, § 54 Abs. 2 SGG.

Eine Klage kommt für den Arbeitgeber also immer dann in Betracht, wenn der Ausschuss seinen Antrag auf Abkürzung der Sperrfrist nicht oder nicht in vollem Umfang entsprochen hat oder wenn er die Sperrfrist verlängert hat. 70

Die Klage ist zu **richten** gegen die **BA**, nicht gegen den Ausschuss, es sei denn, diesem ist landesrechtlich die Fähigkeit zugesprochen worden, Verfahrensbeteiligter zu sein, § 70 Ziff. 3 SGG (*BSG* 9.12.1958 AP Nr. 3 zu § 15 KSchG; 30.10.1959 AP Nr. 1 zu § 18 KSchG; 21.3.1978 BSGE 46,99; *v. Hoyningen-Huene/ Linck* Rz 28; *Löwisch/Spinner* Rz 18; APS-*Moll* Rz 39). **Örtlich** zuständig ist dasjenige Sozialgericht, in dessen Bezirk der Kläger im Zeitpunkt der Klageerhebung seinen Sitz oder Wohnsitz hat, § 57 Abs. 1 SGG. **Klageberechtigt** ist nur der **Arbeitgeber**. Kein Klagerecht hat der Arbeitnehmer (krit. *LAG Hmb.* 20.9.2002 – 6 Sa 95/01 – nv, mit Hinweis auf Art. 6 RL 98/59/EG; **aA** *Boeddinghaus* AuR 2005, 389). Die Vorschriften über die Massenentlassung bezwecken nicht unmittelbar einen individuellen Kündigungsschutz. Der Arbeitnehmer ist also durch die Entscheidungen des Ausschusses nur mittelbar betroffen (so auch *Schaub* § 142 VIII 3). Auch der Betriebsrat hat als nicht unmittelbar am Verfahren Beteiligter kein Klagerecht (*BSG* 14.8.1980 AP Nr. 2 zu § 17 KSchG 1969 = SozR 1500 § 54 Nr. 44; KDZ-*Kittner* Rz 21). 71

6. Bindung des ArbG an die Entscheidung

Der Ausschuss prüft die Frage, ob überhaupt eine **anzeigepflichtige Massenentlassung** vorliegt, nur als **Vorfrage**. Eine vom konkreten Anlass gelöste Feststellung etwa darin, dass ein bestimmter Betrieb als Ausnahmebetrieb iSd § 22 KSchG anzusehen ist, kann der Ausschuss nicht treffen (s.o. Rz 38). Als Entscheidung lediglich über eine Vorfrage bindet die Auffassung des Massenentlassungsausschusses, die Voraussetzungen des § 17 Abs. 1 KSchG seien erfüllt bzw. nicht erfüllt, das in einem Individualrechtsstreit zwischen Arbeitnehmer und Arbeitgeber angerufene Arbeitsgericht nicht. Es hat vielmehr selbst nachzuprüfen, ob der Tatbestand einer anzeigepflichtigen Massenentlassung vorliegt oder nicht (ErfK-*Kiel* Rz 6; HaKo-*Pfeiffer* Rz 17; *Berscheid* ZIP 1987, 1515; *Falkenroth* BB 1956, 1110; *Gumpert* BB 1953, 708; *v. Hoyningen-Huene/Linck* Rz 26; *Nikisch* I, S. 707; *Schaub* § 142 VIII 3; **aA** *Löwisch/Spinner* Rz 19; APS-*Moll* Rz 41; im Ergebnis ebenso *BSG* 20.10.1960 AP Nr. 1 zu § 20 KSchG). Entzogen ist dem ArbG allerdings die Nachprüfung des sachlichen Inhalts der Entscheidung über die Verlängerung oder Abkürzung der Sperrfrist selbst. Der rechtskräftige Verwaltungsakt der AfA wie auch dessen Negativtest (s.o. Rz 64, 65) binden die Arbeitsgerichte (*BAG* 13.4.2000 EzA § 17 KSchG Nr. 9; im Hinblick auf Art. 6 RL 98/59/EG zweifelnd das *LAG Hmb.* 20.9.2002 – 6 Sa 95/01 – nv). Stimmt das Gericht mit dem Ausschuss darin überein, dass anzeigepflichtige Entlassungen vorliegen, hat es eine vom Ausschuss angeordnete Sperrfrist zu beachten. Über die Bedeutung einer Mitteilung des Ausschusses an den Arbeitgeber, die Voraussetzungen einer Massenentlassung seien nicht gegeben, vgl. KR-*Weigand* § 18 KSchG Rz 29 sowie § 20 KSchG Rz 56, 65. 72

Im Übrigen sind die Arbeitsgerichte grds. verpflichtet, einen Verwaltungsakt (s.o. Rz 64), der nicht richtig, dh offensichtlich mit schweren Fehlern behaftet ist, als gültig anzuerkennen, solange er nicht von Amts wegen oder auf einen Rechtsbehelf in dem dafür vorgesehenen Verfahren (s.o. Rz 69 f.) aufgehoben worden ist (*BAG* 13.4.2000 EzA § 17 KSchG Nr. 9; 23.7.1993 RzK I 4a Nr. 57). Das gilt auch für den Inhalt (zB ob eine wirksame Anzeige vorliegt, die die Fristen des § 18 KSchG in Gang setzt) der in dem Verwaltungsakt getroffenen Regelung (*BAG* 3.7.1996 EzA § 84 ArbGG 1979 Nr. 1 zur Bindung an Entscheidungen der Verwaltungsgerichte). 72a

§ 21 Entscheidungen der Zentrale der Bundesagentur für Arbeit.

¹Für Betriebe, die zum Geschäftsbereich des Bundesministers für Verkehr oder des Bundesministers für Post und Telekommunikation gehören, trifft, wenn mehr als 500 Arbeitnehmer entlassen werden sollen, ein gemäß § 20 Abs. 1 bei der Zentrale der Bundesagentur für Arbeit zu bildender Ausschuß die Entscheidungen nach § 18 Abs. 1 und 2. ²Der zuständige Bundesminister kann zwei Vertreter mit beratender Stimme in den Ausschuß entsenden. ³Die Anzeigen nach § 17 sind in diesem Falle an die Zentrale der Bundesagentur für Arbeit zu erstatten. ⁴Im übrigen gilt § 20 Abs. 1 bis 3 entsprechend.

0 *Die Vorschrift des § 21 KSchG ist zZ ohne praktische Bedeutung, weil die Betriebe, die zum Geschäftsbereich des Bundesministeriums für Verkehr oder des Bundesministeriums für Post und Telekommunikation gehören, überwiegend privatisiert wurden. Für den Eisenbahnbereich erfolgte dies gem. dem Gesetz über die Gründung einer Deutsche Bahn Aktiengesellschaft (Art. 2 des Gesetzes zur Neuregelung des Eisenbahnwesens vom 27.12.1993 BGBl. I S. 2378, 2386). Die Bundeswasserstraßen, Bundesautobahnen und -fernstraßen gehören in ihrer Betriebsform als Verkehrsanstalten des öffentlichen Rechts zum Geschäftsbereich des Bundesministeriums für Verkehr und nehmen am wirtschaftlichen Leben nach Maßgabe des bürgerlichen Rechts teil. Private Verkehrsunternehmen bedürfen zwar für ihr Betreiben der Genehmigung des Bundesministers für Verkehr (zB Luftverkehrsunternehmen, Privatbahnen), werden aber nicht von der Regelung gem. § 21 KSchG erfasst. Im Postbereich wurden gem. des Gesetzes zur Umwandlung des Unternehmen der Deutschen Bundespost in die Rechtsform der Aktiengesellschaft (Art. 3 des Gesetzes zur Neuordnung des Postwesens und der Telekommunikation vom 14.9.1994 BGBl. I S. 2325, 2339) die Deutsche Post AG, die Deutsche Postbank AG und die Deutsche Telekom AG gegründet. Die vorgenannten Aktiengesellschaften treffen Entscheidungen iSd §§ 17 ff. KSchG in eigener Kompetenz. Sie fallen zwar in den allgemeinen Zuständigkeitsbereich der entsprechenden Ministerien, unterliegen aber nicht deren Dienstaufsicht und stellen somit keinen Betrieb iSd § 21 KSchG mehr dar (vgl. BAG 4.3.1993 EzA § 21 KSchG Nr. 1; Löwisch § 21 KSchG Rz 1). Das Bundesministerium für Post und Telekommunikation wurde mit Wirkung zum 1.1.1998 aufgelöst. Durch das Dritte Gesetz für moderne Dienstleistungen am Arbeitsmarkt vom 23.12.2003 (BGBl. I S. 2848) ist die »Hauptstelle der Bundesanstalt« in »Zentrale der Bundesagentur« umbenannt worden.*

1 § 21 KSchG – bis zur Neuregelung des KSchG durch das Erste Arbeitsrechtsbereinigungsgesetz § 19 KSchG – schränkt die Zuständigkeit des Ausschusses nach § 20 KSchG ein, indem er unter gewissen Voraussetzungen an seine Stelle einen bei der **Zentrale** der BA gebildeten Ausschuss treten lässt. Sollen in Betrieben, die zum Geschäftsbereich des Bundesministers für Verkehr oder des Bundesministers für Post und Telekommunikation (diese Ministerialbezeichnung wurde in § 21 KSchG geändert durch Art. 55 des Gesetzes vom 26.2.1993 BGBl. I S. 278) gehören, mehr als 500 Arbeitnehmer entlassen werden, trifft die Entscheidung nach § 18 Abs. 1 und Abs. 2 KSchG ein bei der Zentrale der BA zu bildender Ausschuss, § 21 S. 1 KSchG. Entlassungen dieses Umfangs in den angesprochenen Bereichen haben regelmäßig überregionale Bedeutung. Die Verlagerung der Zuständigkeiten von den ehemals Landesarbeitsämtern weg auf einen bei der Zentrale zu bildenden Ausschuss soll gewährleisten, dass die Entscheidungen auch aus einem entsprechenden überregionalen Blickwinkel getroffen werden. Angesichts der arbeitsmarktpolitischen Zwecksetzung der Regelungen des Dritten Abschnitts des KSchG vermag die Zentrale der BA eher als eine AfA dazu beitragen, eventuell vorhandene Strukturprobleme eines Bundeslandes in einem anderen aufzufangen.

2 Zum Geschäftsbereich der Bundesminister für Verkehr bzw. Post und Telekommunikation gehören Betriebe dann, wenn das Ministerium als oberste Dienstbehörde über sie die Rechts-, Fach- und Dienstaufsicht ausübt. Es muss sich um ein Unterstellungsverhältnis unter das Ministerium handeln (vgl. § 15 der Hattenheimer Entschließungen der Sozialpartner zum KSchG, RdA 1950, 63), so dass Entlassungen aufgrund ministerialer Weisungen erfolgen können. Für den Betrieb iSd § 21 KSchG reicht es nicht aus, wenn das Ministerium lediglich für ihn zuständig ist, zB für die Erteilung der Genehmigung zur Durchführung von Flugdiensten (BAG 4.3.1993 EzA § 21 KSchG Nr. 1 mit zust. Anm. *Schaub* EWiR 1993, 805). Folglich ist die Massenentlassungsanzeige nicht an die Zentrale der BA zu richten, sondern an die örtliche AfA (BAG aaO; vgl. auch KR-*Weigand* § 18 KSchG Rz 7). § 21 KSchG erfasst nur solche Betriebe aus dem Geschäftsbereich des Bundesministers für Verkehr bzw. Post und Telekommunikation, welche **wirtschaftliche Zwecke** verfolgen. Das ergibt sich aus § 23 KSchG. Gem. § 23 Abs. 2 KSchG gelten die Vorschriften des Dritten Abschnitts KSchG – also die §§ 17 ff. über die anzeigepflichtigen Entlassungen – für von einer öffentlichen Verwaltung geführte Betriebe nur, soweit diese wirtschaftliche Zwecke verfolgen. Wirtschaftliche Zwecke im Unterschied etwa zu hoheitlichen Zwecken liegen

dann vor, wenn der Betrieb Aufgaben verfolgt, welche ein Privatunternehmer in gleicher Weise wahrnehmen könnte (s. zu den Einzelheiten KR-*Weigand* § 23 KSchG Rz 71).

Die Zahl der zu entlassenden Arbeitnehmer muss **500 übersteigen,** es müssen also mindestens 501 Arbeitnehmer sein. 3

Der Betrieb ist wie im übrigen Sprachgebrauch des KSchG als Einheit im betriebsverfassungsrechtlichen bzw. personalvertretungsrechtlichen Sinne zu verstehen (vgl. KR-*Griebeling* § 1 KSchG Rz 132 ff.). 4

§ 21 KSchG erfasst zunächst den Fall, dass aus **einem** Betrieb aus dem Geschäftsbereich des Bundesministers für Verkehr oder Post und Telekommunikation mehr als 500 Arbeitnehmer entlassen werden sollen. Entlassungen dieser Größenordnung in einem Betrieb kommen jedoch kaum vor. Wollte man § 21 KSchG hierauf beschränken, würde die Vorschrift praktisch jegliche Bedeutung verlieren. Die Bildung eines besonderen Ausschusses allein für diesen Fall wäre auch kaum verständlich. Schließlich kommen auch in privaten Betrieben Entlassungen in dieser Größenordnung vor, ohne dass deshalb ein Ausschuss auf Bundesebene eingeschaltet wird.

Bei der Bemessung der für § 21 KSchG maßgebenden Zahl von mehr als 500 Arbeitnehmern ist daher nicht auf einen Betrieb allein abzustellen. Vielmehr greift die Zuständigkeit des Ausschusses auch dann ein, wenn in **mehreren Betriebseinheiten** im jeweiligen Geschäftsbereich innerhalb des maßgebenden Zeitraums des § 17 Abs. 1 KSchG zusammen mehr als 500 Arbeitnehmer entlassen werden sollen (so auch KDZ-*Kittner* Rz 3; *Bühring/Wittholz/Paulsen* § 20 Rz 2; **aA** *v. Hoyningen-Huene/Linck* Rz 2; ErfK-*Kiel* Rz 1; APS-*Moll* § 22 KSchG Rz 8). Der Wortlaut der Vorschrift deckt diese Auslegung. Es ist von Betrieben die Rede, die zum Geschäftsbereich des Bundesministers für Verkehr oder des Bundesministers für Post und Telekommunikation gehören. Erst diese Auslegung lässt die Einrichtung einer Sonderzuständigkeit verständlich werden. Bei Einbeziehung mehrerer Dienststellen für die Berechnung der Zahl der zu entlassenden Arbeitnehmer werden häufig mehrere Bundesländer betroffen sein. Die Einsetzung eines überregionalen Ausschusses findet gerade dann ihre volle Rechtfertigung. 5

Zu fordern ist allerdings, dass die Entlassungen in den verschiedenen Betrieben in einem gewissen **inneren Zusammenhang** stehen müssen insoweit, als sie auf eine **zentrale Steuerung** zurückgehen (*Bühring/Wittholz/Paulsen* § 19 Rz 2). Zu denken ist insbes. an Rationalisierungsmaßnahmen im Rahmen des gesamten Geschäftsbereichs. § 19 Abs. 1 S. 2 des Regierungsentwurfs vom 23.1.1951 (abgedr. in: RdA 1951, 58 ff.) sah die Verlagerung der Zuständigkeit auf den Ausschuss auf Bundesebene ausdrücklich vor nur für den Fall, dass die Entlassungen auf zentrale Weisung erfolgten. Zwar ist diese Formulierung nicht ins Gesetz übernommen worden. Die sinngemäße Einschränkung ergibt sich aber aus dem Zweck der Vorschrift, zentrale Maßnahmen auch von einer zentralen Stelle überprüfen zu lassen. 6

Liegt ein derartiger Zusammenhang der Entlassungen vor, kommt es nicht mehr darauf an, ob in den einzelnen Betrieben die Zahl der Entlassungen für sich **anzeigepflichtig** iSd § 17 Abs. 1 KSchG ist. Die Betrachtung hat abzustellen auf eine den Betrieben übergeordnete Ebene. Die Abweichung vom Normalfall des § 17 KSchG rechtfertigt sich durch das Erfordernis der zentralen Weisung, auf welche alle Kündigungen zurückgehen müssen (*Bühring/Wittholz/Paulsen* aaO). 7

Der Ausschuss ist zu bilden bei der **Zentrale** der BA. Seine Zusammensetzung entspricht § 20 Abs. 1 KSchG. **Vorsitzender** ist der Vorsitzende des Vorstandes der BA oder ein von ihm beauftragter Angehöriger der Zentrale, nicht einer Regionaldirektion oder einer AfA. Die Beisitzer werden ernannt vom Verwaltungsrat der BA (vgl. *v. Hoyningen-Huene/Linck* Rz 3). 8

Der zuständige **Bundesminister** kann zwei Vertreter mit beratender Stimme entsenden, § 21 S. 2 KSchG. Da gem. § 21 S. 4 KSchG § 20 Abs. 3 KSchG entsprechend anzuwenden ist, kann auch die obere **Landesbehörde** der Länder, in denen die Entlassungen vorgenommen werden, jeweils zwei Beisitzer mit beratender Stimme entsenden, sofern in dem Bereich des einzelnen Landes wenigstens 50 Arbeitnehmer entlassen werden sollen. Die Anzeige der beabsichtigten Entlassungen ist an die Zentrale der BA zu erstatten. Im Übrigen gelten für das Verfahren keine Besonderheiten. 9

§ 22 Ausnahmebetriebe.
(1) Auf Saisonbetriebe und Kampagne-Betriebe finden die Vorschriften dieses Abschnitts bei Entlassungen, die durch diese Eigenart der Betriebe bedingt sind, keine Anwendung.

§ 22 KSchG   Ausnahmebetriebe

(2) ¹Keine Saisonbetriebe oder Kampagne-Betriebe sind Betriebe des Baugewerbes, in denen die ganzjährige Beschäftigung nach dem Dritten Buch Sozialgesetzbuch gefördert wird. ²Das Bundesministerium für Arbeit und Soziales wird ermächtigt, durch Rechtsverordnung Vorschriften zu erlassen, welche Betriebe als Saisonbetriebe oder Kampagne-Betriebe im Sinne des Absatzes 1 gelten.

Literatur

– bis 2004 vgl. KR-Vorauflage –
Lewerenz/Woltereck/Wehleit Saison- und Kampagnearbeit, AR-Blattei D, Saisonarbeit I (1986).

Inhaltsübersicht

		Rz			Rz
I.	Entstehungsgeschichte	1–2c	2.	Geltung des Zweiten Abschnitts des KSchG	9
II.	Sinn und Zweck der Regelung	3, 4	3.	Nichtgeltung des Dritten Abschnitts	
III.	Begriffsbestimmungen	5–7		des KSchG	10–14
	1. Saisonbetrieb	6, 6a	V.	Verfahrensrechtliche Fragen	15
	2. Kampagnebetrieb	7		Anhang I: Richtlinie des Rates 98/59/EG	
IV.	Regelungsgehalt der Ausnahmebestimmung (§ 22 Abs. 1 KSchG)	8–14			
	1. Geltung des Ersten Abschnitts des KSchG	8			

I. Entstehungsgeschichte

1 Die Vorschrift des § 22 Abs. 1 KSchG 1969 (§ 20 Abs. 1 KSchG 1951) entspricht nach ihrem Regelungsgehalt weitgehend der Bestimmung des § 20 Abs. 4 AOG. Der Gesetzeswortlaut der zuletzt genannten Vorschrift war aber insofern umfassender, als er Legaldefinitionen der Begriffe »Saison- und Kampagnebetriebe« enthielt. Danach waren als Saisonbetriebe solche Betriebsstätten anzusehen, »die regelmäßig in einer Jahreszeit verstärkt arbeiten«. Als Kampagnebetriebe kamen dagegen solche Betriebsstätten in Betracht, »die regelmäßig nicht mehr als drei Monate im Jahr arbeiten«.

2 Der Hattenheimer Entwurf übernahm in § 16 in vollem Umfang den Regelungsgehalt des § 20 Abs. 4 AOG (vgl. RdA 1950, 65). Der Regierungsentwurf hielt in § 20 ebenfalls an diesem Wortlaut fest (vgl. RdA 1951, 60). Das KSchG 1951 brachte insofern eine Abkehr von dem ursprünglichen Wortlaut der Regelung, als es unter Verzicht auf Legaldefinitionen den Bundesminister für Arbeit ermächtigte, durch Rechtsverordnung zu bestimmen, welche Betriebe als Saison- oder Kampagnebetriebe iSd § 20 Abs. 1 KSchG 1951 anzusehen sind. Von dieser Ermächtigung hat der Bundesminister für Arbeit und Sozialordnung bislang noch keinen Gebrauch gemacht, so dass es dem Schrifttum und der Rspr. obliegt, die Begriffe »Saison- und Kampagnebetriebe« näher zu bestimmen.

2a Durch das BeschFG vom 26.4.1985 (BGBl. I S. 710) wurde die Vorschrift des § 2 Abs. 2 S. 1 KSchG eingefügt. Sie dient der Klarstellung, dass Betriebe des Baugewerbes, in denen die ganzjährige Beschäftigung gem. § 211 SGB III gefördert wird, keine Saison- oder Kampagnebetriebe sind (s.u. Rz 6).

2b Das am 27.3.1997 verkündete **Gesetz zur Reform der Arbeitsförderung (Arbeitsförderungs-Reformgesetz – AFRG –)** vom 24.3.1997 (BGBl. I S. 594) gliederte nach dessen Art. 1 das neue Arbeitsförderungsrecht vom 1.1.1998 als **SGB III** in das SGB ein und löste dabei das AFG vom 25.6.1969 ab. Folglich war in § 22 Abs. 2 S. 1 KSchG die zitierte Verweisungsvorschrift aus dem früheren AFG an das SGB III anzupassen. Durch die Achte ZuständigkeitsanpassungsVO vom 25.11.2003 (BGBl. I S. 2304) ist die Bezeichnung »Bundesministerium für Wirtschaft und Arbeit« angepasst worden.

2c Die Herausnahme der Saison- und Kampagnebetriebe widerspricht nicht den Regelungen der **EG-Richtlinie 98/59/EG** (vgl. KR-*Weigand* § 17 KSchG Rz 24).

II. Sinn und Zweck der Regelung

3 Die Ausklammerung der Saison- und Kampagnebetriebe aus dem betrieblichen Geltungsbereich des Dritten Abschnitts des KSchG trägt dem Umstand Rechnung, dass die Beschäftigtenzahl dieser Betriebe regelmäßig starken Schwankungen unterworfen ist. Um diesen Betrieben die Möglichkeit einer raschen Anpassung an den in periodischer Wiederkehr sich verändernden Personalbedarf zu gewähr-

leisten, befreit sie das Gesetz von den Vorschriften über den Massenentlassungsschutz. Die Ausklammerung aus dem betrieblichen Geltungsbereich des Dritten Abschnitts des KSchG ist aber gegenständlich auf solche Massenentlassungen beschränkt, »**die durch die Eigenart des Betriebes bedingt sind**«. Durch die zuletzt genannte Formulierung soll ausgeschlossen werden, dass sich Saison- oder Kampagnebetriebe aus Gründen, denen auch andere Unternehmen in gleichem Maße ausgesetzt sind (zB solche konjunktureller, struktureller oder wirtschaftspolitischer Art), den Vorschriften des Massenentlassungsschutzes entziehen. Die gegenständliche Beschränkung des betrieblichen Geltungsbereiches auf saison- oder kampagnebedingte Massenentlassungen entspricht dem verfassungsrechtlichen Gleichheitssatz (Art. 3 Abs. 1 GG).

Da es sich bei der Bestimmung des § 22 Abs. 1 KSchG um eine den betrieblichen Geltungsbereich regelnde Vorschrift handelt, wäre es aus systematischen Gründen angebracht gewesen, die Regelung in den vierten Abschnitt des KSchG zu übernehmen. 4

III. Begriffsbestimmungen

Da das KSchG die Saison- und Kampagnebetriebe in kündigungsschutzrechtlicher Hinsicht gleichbehandelt, bedarf es an sich insoweit keiner scharfen begrifflichen Abgrenzung. Von Bedeutung ist dagegen die begriffliche Grenzziehung gegenüber den sonstigen Betrieben (vgl. allgemein zum Betriebsbegriff KR-*Griebeling* § 1 KSchG Rz 132 ff.), so dass es erforderlich ist, die Saison- und Kampagnebetriebe in ihren Besonderheiten zu erfassen. 5

1. Saisonbetrieb

Unter dem **Begriff des Saisonbetriebes** ist ein Betrieb zu verstehen, in dem zwar das ganze Jahr hindurch gearbeitet wird, dessen Beschäftigtenzahl aber regelmäßigen saisonalen Schwankungen unterworfen ist. Geringfügige Schwankungen des Personalbestandes verleihen einem Betrieb jedoch noch nicht den Charakter eines Saisonbetriebes. Vielmehr ist vorauszusetzen, dass der Personalbedarf in der »Saison« erheblich vermehrt ist, wobei die Zahlenverhältnisse des § 17 Abs. 1 KSchG dafür einen Anhalt geben (*LSG Bln.* 10.4.1981 – L 4 Ar 60/79 – nv). Für das Vorliegen eines Saisonbetriebes ist es rechtlich unbeachtlich, auf welchen Gründen die periodisch wiederkehrenden Schwankungen des Personalbedarfs beruhen (vgl. *Gumpert* BB 1961, 645). Als derartige Gründe kommen insbes. witterungsbedingte, absatzbedingte und standortbedingte Ursachen in Betracht. Als Saisonbetriebe sind daher zB die folgenden Betriebe anzusehen: Steinbrüche, Kies- und Sandgruben, Hotels und Gaststätten und andere dem Fremdenverkehr dienende Betriebe in Kur- und Erholungsgebieten, Spielzeugfabriken usw. (vgl. zum Begriff *Richardi* § 1 Rz 121 f.; DKK-*Trümner* § 1 Rz 122; *Löwisch/Spinner* Rz 2; *v. Hoyningen-Huene/Linck* Rz 4; *Berscheid* AR-Blattei SD 1020.2 Rz 42). Sog. **Mischbetriebe** fallen hinsichtlich derjenigen Belegschaft unter die Bestimmung des § 22 KSchG, die in einem saisonabhängigen Teil des Betriebes beschäftigt ist (s.u. Rz 13). 6

Nicht zu den Saisonbetrieben iSd § 22 KSchG zählen die **Unternehmen des Baugewerbes** (KDZ-*Kittner* Rz 3; *v. Hoyningen-Huene/Linck* Rz 6). Dies ergab sich schon bisher aus dem durch das »Gesetz über Maßnahmen zur Förderung der ganzjährigen Beschäftigung in der Bauwirtschaft« (jetzt §§ 209 ff. SGB III) mit Wirkung vom 1.12.1959 bewirkten Fortfall des § 23 Abs. 3 KSchG, wonach auf witterungsbedingte Massenentlassungen im Bereich des Baugewerbes der Dritte Abschnitt KSchG keine Anwendung fand. Der durch Gesetz vom 26.4.1985 (BGBl. I S. 710) eingefügte § 22 Abs. 2 S. 1 KSchG (in Kraft seit dem 1.5.1985) bestätigt das nun ausdrücklich. Danach sind **keine Saison- oder Kampagnebetriebe** Betriebe des Baugewerbes, in denen die **ganzjährige Beschäftigung** gem. § 211 SGB III **gefördert** wird (vgl. § 211 SGB III und die dazu ergangene Verordnung über die Betriebe des Baugewerbes, in denen die ganzjährige Beschäftigung zu fördern ist – BaubetriebeVO vom 28.10.1980 (BGBl. I S. 2033, idF v. 26.4.2006; s. dazu *Feckler* GK-SGB III, Erl. zu §§ 209 ff.). Entlassungen in diesen Betrieben unterliegen also der Anzeigepflicht. Auf die Frage, ob sie nach allgemeinen Kriterien als Saison- oder Kampagnebetriebe anzusehen sind, kommt es dabei nicht an. **Ausgenommen** sind die Betriebe, in denen die ganzjährige Beschäftigung **nicht gefördert** wird (vgl. dazu iE § 2 BaubetriebeVO). Soweit sie als Saison- oder Kampagnebetriebe geführt werden, gilt für sie § 22 Abs. 1 KSchG; sie unterfallen dann nicht der Anzeigepflicht. Nicht zu den Saisonbetrieben gehören ferner Betriebe, die ausschließlich im Lohn für andere Betriebe oder Unternehmen Rohstoffe oder Halbfabrikate weiterverarbeiten oder nur auf Bestellung arbeiten und die Arbeiten einschränken oder sogar einstellen müssen, wenn die entsprechenden Aufträge ausbleiben; ebenso wenig zählen Ziegeleien mit künstlicher Trockenanlage und Sumpfhaus zu den Saisonbetrieben (DA-KSchG der BA, Stand 7/2005, 22.13). 6a

2. Kampagnebetrieb

7 Kampagnebetriebe sind solche Betriebe, in denen regelmäßig nur einige Monate im Jahr gearbeitet wird, weil nach der Betriebsstruktur die Beschäftigung wegen Beendigung der Zufuhr von Rohstoffen und deren Verarbeitung endet. Der Charakter als Kampagnebetrieb wird nicht dadurch ausgeschlossen, dass während der Ruhezeiten Stammarbeitnehmer weiterbeschäftigt werden (zB zur Instandhaltung der Maschinen). Auf die Dauer der Arbeitsphasen kommt es dabei nicht mehr entscheidend an, nachdem § 22 Abs. 1 KSchG im Unterschied zu § 20 Abs. 4 AOG nicht mehr darauf abstellt, dass nur solche Betriebe als Kampagnebetriebe anzusehen sind, die regelmäßig nicht mehr als drei Monate im Jahr arbeiten (vgl. zum Begriff *Löwisch/Spinner* Rz 3 f.; *v. Hoyningen-Huene/Linck* Rz 7; *Wolterek/Lewerenz* Saison- und Kampagnearbeit, AR-Blattei D, Saisonarbeit I, A I). Ebenso wie bei den Saisonbetrieben ist es rechtlich ohne Belang, aus welchen Gründen der Betrieb nur vorübergehend im Jahr arbeiten kann (vgl. *Gumpert* BB 1961, 645 sowie *v. Hoyningen-Huene/Linck* aaO). Als Kampagnebetriebe kommen daher zB die folgenden Betriebe in Betracht: Zuckerfabriken, Gemüse- und Obstkonservenfabriken, die fischverarbeitende Industrie, Freibäder, Hotels und Gaststätten sowie Freizeitzentren (HK-*Hauck* Rz 8).

IV. Regelungsgehalt der Ausnahmebestimmung (§ 22 Abs. 1 KSchG)

1. Geltung des Ersten Abschnitts des KSchG

8 Die Ausnahmebestimmung des § 22 Abs. 1 KSchG schränkt den betrieblichen Geltungsbereich nur hinsichtlich des Dritten Abschnitts des KSchG ein. Da es an einer entsprechenden Einschränkung für die ersten beiden Abschnitte des Gesetzes fehlt, findet sowohl der allgemeine Kündigungsschutz (§§ 1–14 KSchG) als auch der für betriebsverfassungsrechtliche Funktionsträger geltende besondere Kündigungsschutz (§§ 15, 16 KSchG) auf Saison- und Kampagnebetriebe grds. uneingeschränkte Anwendung (vgl. hierzu *Wolterek/Lewerenz* Saison- und Kampagnearbeit, AR-Blattei D, Saisonarbeit I, B III). Aus der Eigenart dieser Betriebe ergeben sich aber auch insoweit gewisse Besonderheiten. So ist bei der Frage, ob ein Saison- oder Kampagnebetrieb als **Kleinbetrieb** iSd § 23 Abs. 1 KSchG anzusehen ist, auf die regelmäßige Anzahl der Arbeitnehmer (ausschließlich der Auszubildenden) während der Saison oder der Kampagne abzustellen (vgl. *Wolterek/Lewerenz* aaO, B III 1; HK-*Hauck* § 22 Rz 14). Auf die **sechsmonatige Wartezeit** des § 1 Abs. 1 KSchG wird eine seitherige Beschäftigungszeit dann angerechnet, wenn das neue Arbeitsverhältnis in einem engen sachlichen Zusammenhang mit dem früheren steht (vgl. BAG 6.12.1976, EzA § 1 KSchG Nr. 36). Die Zeit der Unterbrechung ist dagegen nur dann anzurechnen, wenn dies zwischen den Arbeitsvertragsparteien gesondert vereinbart ist oder eine entsprechende kollektivvertragliche Anrechnungsregelung besteht. Der **allgemeine Kündigungsschutz** (§§ 1–14 KSchG) findet im Übrigen uneingeschränkt Anwendung. Ein saisonal- oder kampagnebedingter Fortfall des Arbeitsplatzes begründet jedoch idR die Betriebsbedingtheit der Kündigung iSd § 1 Abs. 2 KSchG. Eine Sozialwidrigkeit der ordentlichen Kündigung kann sich in derartigen Fällen jedoch aus einem Fehler in der sozialen Auswahl ergeben (§ 1 Abs. 3 KSchG), sofern nur ein Teil der Belegschaft aus saisonalen oder kampagnebedingten Gründen entlassen wird (vgl. *Gumpert* BB 1961, 646 sowie *Wolterek/Lewerenz* aaO, B III 3b). Bei personen- und verhaltensbedingten Kündigungen iSd § 1 Abs. 2 KSchG gelten dagegen keine Besonderheiten, da hier die Eigenart der Betriebe keine gesonderte rechtliche Behandlung erfordert. Dies gilt ebenso für die außerordentliche Kündigung. Wegen der Zulässigkeit von befristeten Arbeitsverträgen aus saisonalen oder kampagnebedingten Gründen vgl. KR-*Lipke* § 620 BGB Rz 178.

2. Geltung des Zweiten Abschnitts des KSchG

9 Der **Zweite Abschnitt des KSchG** (§§ 15, 16 KSchG) gilt in vollem Umfange auch für die bei Saison- oder Kampagnebetrieben beschäftigten betriebsverfassungsrechtlichen Funktionsträger (vgl. zum besonderen Kündigungsschutz iE KR-*Etzel* § 15 KSchG). Lehnt der Arbeitgeber (zB nach vorheriger Befristung des Arbeitsvertrages) die Wiedereinstellung von betriebsverfassungsrechtlichen Funktionsträgern bei Beginn der Saison oder Kampagne ohne sachlichen Grund ab, so steht diesen nach Treu und Glauben ein **Wiedereinstellungsanspruch** zu (vgl. *Löwisch/Spinner* § 22 Rz 9; *Wolterek/Lewerenz* Saison- und Kampagnearbeit, AR-Blattei D, Saisonarbeit I, G VI).

3. Nichtgeltung des Dritten Abschnitts des KSchG

10 In vollem Umfange aus dem betrieblichen Geltungsbereich des **Dritten Abschnitts des KSchG** herausgenommen sind zunächst solche Saison- oder Kampagnebetriebe, in denen idR weniger als 20 Ar-

beitnehmer beschäftigt werden. Dies ergibt sich aus der Regelung des § 17 Abs. 1 KSchG, die auch auf Saison- und Kampagnebetriebe Anwendung findet. Bei derartigen Kleinbetrieben ist es rechtlich ohne Belang, ob die Massenentlassungen ihre Ursache in der Eigenart des Betriebes haben oder nicht. Bei der Bestimmung der regelmäßigen Arbeitnehmerzahl ist auf den normalen Beschäftigtenstand des Betriebes abzustellen; die nur vorübergehend (während der Saison oder der Kampagne) beschäftigten Arbeitnehmer sind daher nicht mitzuzählen (hM vgl. KR-*Weigand* § 17 KSchG Rz 28; *v. Hoyningen-Huene/Linck* § 17 Rz 12).

Bei Saison- und Kampagnebetrieben, in denen idR mehr als 20 Arbeitnehmer beschäftigt werden, gelangt der Dritte Abschnitt des KSchG nur hinsichtlich solcher Massenentlassungen nicht zur Anwendung, die durch die **Eigenart der Betriebe** bedingt sind. Es muss somit ein kausaler Zusammenhang zwischen der Eigenart des Betriebes und dem Ausspruch von Massenentlassungen vorliegen. Dies ist stets dann der Fall, wenn die Massenentlassungen wegen der Beendigung der Kampagne oder des Ablaufs der Saison ausgesprochen werden. Massenentlassungen während der Saison oder während der Kampagne (zB aus konjunkturellen oder strukturellen Gründen) sind dagegen bei Erreichen der gesetzlichen Grenzen anzeigepflichtig (allg. Ansicht vgl. statt aller *Löwisch/Spinner* § 22 Rz 8; *v. Hoyningen-Huene/Linck* Rz 8). 11

Beruhen die Massenentlassungen sowohl auf der Eigenart des Betriebes als auch auf sonstigen »dringenden betrieblichen Erfordernissen« iSd § 1 Abs. 2 KSchG (zB auf konjunkturell bedingten Absatzschwierigkeiten), so besteht nur eine Anzeigepflicht hinsichtlich derjenigen Massenentlassungen, für die keine in der Eigenart des Betriebes liegenden Gründe maßgeblich waren. Ist eine exakte Trennung der Kündigungsursachen nicht möglich, gelangen die Vorschriften des Dritten Abschnitts des KSchG zur Anwendung. 12

In sog. **Mischbetrieben** sind Massenentlassungen dann nicht anzeigepflichtig, wenn hiervon allein solche Arbeitnehmer betroffen sind, die in einem saison- oder kampagneabhängigen Teil des Betriebes (zB in einem Nebenbetrieb oder in einer Betriebsabteilung) beschäftigt sind, sofern die Massenentlassungen durch die Eigenart des Betriebsteils bedingt sind. 13

Die Frage, ob den aus saisonalen oder kampagnebedingten Gründen entlassenen Arbeitnehmern – auch beim Fehlen einer entsprechenden arbeitsvertraglichen oder kollektivrechtlichen Regelung – ein **Wiedereinstellungsanspruch** zusteht, ist streitig (vgl. *Wolterek/Lewerenz* Saison- und Kampagnearbeit, AR-Blattei D, Saisonarbeit I, B IV). Das KSchG enthält keinen Wiedereinstellungsanspruch für Saison- oder Kampagnearbeiter. Allein aus der Regelung gem. § 22 Abs. 1 KSchG, dass die Vorschriften des Dritten Abschnitts über anzeigepflichtige Entlassungen keine Anwendung auf Saison- und Kampagnebetriebe finden, lässt sich weder für noch gegen die Zulässigkeit von Befristungen etwas entnehmen (*BAG* 29.1.1987 EzA § 620 BGB Nr. 87). Ein Wiedereinstellungsanspruch kann sich aber aus dem Grundsatz von Treu und Glauben ergeben. Dies ist bspw. dann anzunehmen, wenn der Arbeitgeber zu Beginn der Saison oder der Kampagne einzelnen Arbeitnehmern willkürlich die Wiedereinstellung verweigert (*BAG* 29.1.1987 aaO). Zum Wiedereinstellungsanspruch von betriebsverfassungsrechtlichen Funktionsträgern vgl. Rz 9. 14

V. Verfahrensrechtliche Fragen

Die Anerkennung als Ausnahmebetrieb setzt einen entsprechenden Antrag oder mindestens ein konkludentes Handeln dergestalt voraus, dass die Entlassungen mit der Saisoneigenschaft des Betriebes begründet werden (vgl. DA-KSchG der BA, Stand 7/2005, 22.17 Abs. 2). In dem Verfahren vor den Entscheidungsträgern (vgl. iE KR-*Weigand* § 20 KSchG Rz 40 ff.) trägt der Arbeitgeber die Darlegungs- und Beweislast für das Vorliegen der tatsächlichen Voraussetzungen des § 22 KSchG (allg. Ansicht vgl. *v. Hoyningen-Huene/Linck* Rz 10). U.a. wird er monatlich gegliedert die Entwicklung der Beschäftigung in den letzten drei Jahren und im laufenden Jahr darzulegen haben (vgl. DA-KSchG der BA aaO Anlage 10). Der Entscheidungsträger hat zunächst zu prüfen, ob ein Betrieb als Saison- oder Kampagnebetrieb iSd § 22 KSchG anzusehen ist. Bejaht er diese Frage, so hat er weiterhin darüber zu befinden, ob die Massenentlassungen durch die Eigenart des Betriebes bedingt sind (vgl. hierzu BSG 20.10.1960 AP Nr. 1 zu § 20 KSchG). Entscheidungen sind immer nur für den Einzelfall zu treffen. Die Entscheidung über die Qualifizierung als Ausnahmebetrieb ist dem Arbeitgeber mitzuteilen. 15

Anhang zu § 22 KSchG   RL 98/59/EG

Anhang

Richtlinie des Rates 98/59/EG
RICHTLINE DES RATES 98/59/EG zur Angleichung der Rechtsvorschriften der Mitgliedstaaten über Massenentlassungen
Vom 20. Juli 1998
(ABl. Nr. L 225/16)

DER RAT DER EUROPÄISCHEN UNION –

gestützt auf den Vertrag zur Gründung der Europäischen Gemeinschaft, insbesondere auf Artikel 100,

auf Vorschlag der Kommission,

nach Stellungnahme des Europäischen Parlaments[*],

nach Stellungnahme des Wirtschafts- und Sozialausschusses[**],

in Erwägung nachstehender Gründe:

(1) Aus Gründen der Übersichtlichkeit und der Klarheit empfiehlt es sich, die Richtlinie 75/129/EWG des Rates vom 17. Februar 1975 zur Angleichung der Rechtsvorschriften der Mitgliedstaaten über Massenentlassungen[***] zu kodifizieren.

(2) Unter Berücksichtigung der Notwendigkeit einer ausgewogenen wirtschaftlichen und sozialen Entwicklung in der Gemeinschaft ist es wichtig, den Schutz der Arbeitnehmer bei Massenentlassungen zu verstärken.

(3) Trotz einer konvergierenden Entwicklung bestehen weiterhin Unterschiede zwischen den in den Mitgliedstaaten geltenden Bestimmungen hinsichtlich der Voraussetzungen und des Verfahrens für Massenentlassungen sowie hinsichtlich der Maßnahmen, die die Folgen dieser Entlassungen für die Arbeitnehmer mildern könnten.

(4) Diese Unterschiede können sich auf das Funktionieren des Binnenmarktes unmittelbar auswirken.

(5) Die Entschließung des Rates vom 21. Januar 1974 über ein sozialpolitisches Aktionsprogramm[****] hat eine Richtlinie über die Angleichung der Rechtsvorschriften der Mitgliedstaaten über Massenentlassungen vorgesehen.

(6) Die auf der Tagung des Europäischen Rates in Straßburg am 9. Dezember 1989 von den Staats- und Regierungschefs von elf Mitgliedstaaten angenommene Gemeinschaftscharta der sozialen Grundrechte der Arbeitnehmer sieht unter Nummer 7 Unterabsatz 1 erster Satz und Unterabschnitt 2, unter Nummer 17 Unterabsatz 1 und unter Nummer 18 dritter Gedankenstrich folgendes vor:

»7. Die Verwirklichung des Binnenmarktes muß zu einer Verbesserung der Lebens- und Arbeitsbedingungen der Arbeitnehmer in der Europäischen Gemeinschaft führen (…).

Diese Verbesserung muß, soweit nötig, dazu führen, daß bestimmte Bereiche des Arbeitsrechts, wie die Verfahren bei Massenentlassungen oder bei Konkursen, ausgestaltet werden.

(…)

17. Unterrichtung, Anhörung und Mitwirkung der Arbeitnehmer müssen in geeigneter Weise, unter Berücksichtigung der in den verschiedenen Mitgliedstaaten herrschenden Gepflogenheiten, weiterentwickelt werden.

(…)

---
[*] ABl. C 210 vom 6.7.1998.
[**] ABl. C 158 vom 26.5.1997, S. 11.
[***] ABl. L 48 vom 22.2.1975, S. 29, Richtlinie zuletzt geändert durch die Richtlinie 92/56/EWG (ABl. L 245 vom 26.8.1992, S. 3)
[****] ABl. C 13 vom 12.2.1974, S. 1.

18. Unterrichtung, Anhörung und Mitwirkung sind rechtzeitig vor allem in folgenden Fällen vorzusehen:

(...)

– bei Massenentlassungen,

(...)«

(7) Daher muß auf diese Angleichung auf dem Wege des Fortschritts im Sinne des Artikel 117 EG-Vertrag hingewirkt werden.

(8) Es empfiehlt sich, im Hinblick auf die Berechnung der Zahl der Entlassungen gemäß der Definition der Massenentlassungen im Sinne dieser Richtlinie den Entlassungen andere Arten einer Beendigung des Arbeitsverhältnisses, die auf Veranlassung des Arbeitgebers erfolgt, gleichzustellen, sofern die Zahl der Entlassenen mindestens fünf beträgt.

(9) Es sollte vorgesehen werden, daß diese Richtlinie grundsätzlich auch für Massenentlassungen gilt, die aufgrund einer gerichtlichen Entscheidung beruhenden Einstellung der Tätigkeit eines Betriebs erfolgen.

(10) Die Mitgliedstaaten sollten vorsehen können, daß die Arbeitnehmervertreter angesichts der fachlichen Komplexität der Themen, die gegebenenfalls Gegenstand der Information und Konsultation sind, Sachverständige hinzuziehen können.

(11) Es sollte sichergestellt werden, daß die Informations-, Konsultations- und Meldepflichten des Arbeitgebers unabhängig davon gelten, ob die Entscheidung über die Massenentlassungen von dem Arbeitgeber oder von einem den Arbeitgeber beherrschenden Unternehmen getroffen wird.

(12) Die Mitgliedstaaten sollten dafür Sorge tragen, daß den Arbeitnehmervertretern und/oder den Arbeitnehmern administrative und/oder gerichtliche Verfahren zur Durchsetzung der Verpflichtungen gemäß dieser Richtlinie zur Verfügung stehen.

(13) Diese Richtlinie soll die Verpflichtungen der Mitgliedstaaten in bezug auf die in Anhang I Teil B angeführten Richtlinien und deren Umsetzungsfristen unberührt lassen –

HAT FOLGENDE RICHTLINIE ERLASSEN:

Teil I. Begriffsbestimmungen und Anwendungsbereich

Art. 1

(1) Für die Durchführung dieser Richtlinie gelten folgende Bestimmungen:

a) »Massenentlassungen« sind Entlassungen, die ein Arbeitgeber aus einem oder mehreren Gründen, die nicht in der Person der Arbeitnehmer liegen, vornimmt und bei denen – nach Wahl der Mitgliedstaaten – die Zahl der Entlassungen

　i) entweder innerhalb eines Zeitraums von 30 Tagen

　　– mindestens 10 in Betrieben mit in der Regel mehr als 20 und weniger als 100 Arbeitnehmern,

　　– mindestens 10 v.H. der Arbeitnehmer in Betrieben mit in der Regel mindestens 100 und weniger als 300 Arbeitnehmern,

　　– mindestens 30 in Betrieben mit in der Regel mindestens 300 Arbeitnehmern,

　ii) oder innerhalb eines Zeitraums von 90 Tagen mindestens 20, und zwar unabhängig davon, wie viele Arbeitnehmer in der Regel in dem betreffenden Betrieb beschäftigt sind,

　beträgt;

b) »Arbeitnehmervertreter« sind die Arbeitnehmervertreter nach den Rechtsvorschriften oder der Praxis der Mitgliedstaaten.

Für die Berechnung der Zahl der Entlassungen gemäß Absatz 1 Buchstabe a) werden diese Entlassungen Beendigungen des Arbeitsvertrages gleichgestellt, die auf Veranlassung des Arbeitgebers und aus einem oder mehreren Gründen, die nicht in der Person der Arbeitnehmer liegen, erfolgen, sofern die Zahl der Entlassungen mindestens fünf beträgt.

Anhang zu § 22 KSchG RL 98/59/EG

(2) Diese Richtlinie findet keine Anwendung auf

a) Massenentlassungen im Rahmen von Arbeitsverträgen, die für eine bestimmte Zeit oder Tätigkeit geschlossen werden, es sei denn, daß diese Entlassungen vor Ablauf oder Erfüllung dieser Verträge erfolgen.

b) Arbeitnehmer öffentlicher Verwaltungen oder von Einrichtungen des öffentlichen Rechts (oder in Mitgliedstaaten, die diesen Begriff nicht kennen, von gleichwertigen Stellen);

c) Besatzungen von Seeschiffen.

Teil II. Information und Konsultation

Art. 2

(1) Beabsichtigt ein Arbeitgeber, Massenentlassungen vorzunehmen, so hat er die Arbeitnehmervertreter rechtzeitig zu konsultieren, um zu einer Einigung zu gelangen.

(2) Diese Konsultationen erstrecken sich zumindest auf die Möglichkeit, Massenentlassungen zu vermeiden oder zu beschränken, sowie auf die Möglichkeit, ihre Folgen durch soziale Begleitmaßnahmen, die insbesondere Hilfen für eine anderweitige Verwendung oder Umschulung der entlassenen Arbeitnehmer zum Ziel haben, zu mildern.

Die Mitgliedstaaten können vorsehen, daß die Arbeitnehmervertreter gemäß den innerstaatlichen Rechtsvorschriften und/oder Praktiken Sachverständige hinzuziehen können.

(3) Damit die Arbeitnehmervertreter konstruktive Vorschläge unterbreiten können, hat der Arbeitgeber ihnen rechtzeitig im Verlauf der Konsultationen

a) die zweckdienlichen Auskünfte zu erteilen und

b) in jedem Fall schriftlich folgendes mitzuteilen:

   i) die Gründe der geplanten Entlassung;

   ii) die Zahl und die Kategorien der zu entlassenden Arbeitnehmer;

   iii) die Zahl und die Kategorien der in der Regel beschäftigten Arbeitnehmer;

   iv) den Zeitraum, in dem die Entlassungen vorgenommen werden sollen;

   v) die vorgesehenen Kriterien für die Auswahl der zu entlassenden Arbeitnehmer, soweit die innerstaatlichen Rechtsvorschriften und/oder Praktiken dem Arbeitgeber die Zuständigkeit dafür zuerkennen;

   vi) die vorgesehene Methode für die Berechnung etwaiger Abfindungen, soweit sie sich nicht aus den innerstaatlichen Rechtsvorschriften und/oder Praktiken ergeben.

Der Arbeitgeber hat der zuständigen Behörde eine Abschrift zumindest der in Unterabsatz 1 Buchstabe b) Ziffern i) bis v) genannten Bestandteile der schriftlichen Mitteilung zu übermitteln.

(4) Die Verpflichtungen gemäß den Absätzen 1, 2 und 3 gelten unabhängig davon, ob die Entscheidung über die Massenentlassungen von dem Arbeitgeber oder von einem den Arbeitgeber beherrschenden Unternehmen getroffen wurde.

Hinsichtlich angeblicher Verstöße gegen die in dieser Richtlinie enthaltenen Informations-, Konsultations- und Meldepflichten findet der Einwand des Arbeitgebers, das für die Massenentlassungen verantwortliche Unternehmen habe ihm die notwendigen Informationen nicht übermittelt, keine Berücksichtigung.

Teil III. Massenentlassungsverfahren

Art. 3

(1) Der Arbeitgeber hat der zuständigen Behörde alle beabsichtigten Massenentlassungen schriftlich anzuzeigen.

Die Mitgliedstaaten können jedoch vorsehen, daß im Fall einer geplanten Massenentlassung, die aufgrund einer gerichtlichen Entscheidung über die Einstellung der Tätigkeit des Betriebs erfolgt, der Arbeitgeber diese der zuständigen Behörde nur auf deren Verlagen schriftlich anzuzeigen hat.

Die Anzeige muß alle zweckdienlichen Angaben über die beabsichtigte Massenentlassung und die Konsultationen der Arbeitnehmervertreter gemäß Artikel 2 enthalten, insbesondere die Gründe der Entlassung, die Zahl der zu entlassenden Arbeitnehmer, die Zahl der in der Regel beschäftigten Arbeitnehmer und den Zeitraum, in dem die Entlassungen vorgenommen werden sollen.

(2) Der Arbeitgeber hat den Arbeitnehmervertretern eine Abschrift der in Absatz 1 genannten Anzeige zu übermitteln.

Die Arbeitnehmervertreter können etwaige Bemerkungen an die zuständige Behörde richten.

Art. 4

(1) Die der zuständigen Behörde angezeigten beabsichtigten Massenentlassungen werden frühestens 30 Tage nach Eingang der in Artikel 3 Absatz 1 genannten Anzeige wirksam; die im Fall der Einzelkündigung für die Kündigungsfrist geltenden Bestimmungen bleiben unberührt.

Die Mitgliedstaaten können der zuständigen Behörde jedoch die Möglichkeit einräumen, die Frist des Unterabsatzes 1 zu verkürzen.

(2) Die Frist des Absatzes 1 muß von der zuständigen Behörde dazu benutzt werden, nach Lösungen für die durch die beabsichtigten Massenentlassungen aufgeworfenen Probleme zu suchen.

(3) Soweit die ursprüngliche Frist des Absatzes 1 weniger als 60 Tage beträgt, können die Mitgliedstaaten der zuständigen Behörde die Möglichkeit einräumen, die ursprüngliche Frist auf 60 Tage, vom Zugang der Anzeige an gerechnet, zu verlängern, wenn die Gefahr besteht, daß die durch die beabsichtigten Massenentlassungen aufgeworfenen Probleme innerhalb der ursprünglichen Frist nicht gelöst werden können.

Die Mitgliedstaaten können der zuständigen Behörde weitergehende Verlängerungsmöglichkeiten einräumen.

Die Verlängerung ist dem Arbeitgeber vor Ablauf der ursprünglichen Frist des Absatzes 1 mitzuteilen und zu begründen.

(4) Die Mitgliedstaaten können davon absehen, diesen Artikel im Fall von Massenentlassungen infolge einer Einstellung der Tätigkeit des Betriebs anzuwenden, wenn diese Einstellung aufgrund einer gerichtlichen Entscheidung erfolgt.

Teil IV. Schlußbestimmungen

Art. 5

Diese Richtlinie läßt die Möglichkeit der Mitgliedstaaten unberührt, für die Arbeitnehmer günstigere Rechts- oder Verwaltungsvorschriften anzuwenden oder zu erlassen oder für die Arbeitnehmer günstigere tarifvertragliche Vereinbarungen zuzulassen oder zu fördern.

Art. 6

Die Mitgliedstaaten sorgen dafür, daß den Arbeitnehmervertretern und/oder den Arbeitnehmern administrative und/oder gerichtliche Verfahren zur Durchsetzung der Verpflichtungen gemäß dieser Richtlinie zur Verfügung stehen.

Art. 7

Die Mitgliedstaaten teilen der Kommission den Wortlaut der wichtigsten Rechts- und Verwaltungsvorschriften mit, die sie im Anwendungsbereich dieser Richtlinie erlassen oder bereits erlassen haben.

Art. 8

(1) Die in Anhang I Teil A aufgeführten Richtlinien werden aufgehoben; dies berührt nicht die Verpflichtungen der Mitgliedstaaten hinsichtlich der in Anhang I Teil B aufgeführten Umsetzungsfristen.

(2) Bezugnahmen auf die aufgehobenen Richtlinien gelten als Bezugnahmen auf die vorliegende Richtlinie und sind nach Maßgabe der Entsprechungstabelle in Anhang II zu lesen.

Anhang zu § 22 KSchG RL 98/59/EG

Art. 9

Diese Richtlinie tritt am zwanzigsten Tag nach ihrer Veröffentlichung im *Amtsblatt der Europäischen Gemeinschaften* in Kraft.

Art. 10

Diese Richtlinie ist an die Mitgliedstaaten gerichtet.

Vierter Abschnitt
Schlußbestimmungen

§ 23 Geltungsbereich (1) ¹Die Vorschriften des Ersten und Zweiten Abschnitts gelten für Betriebe und Verwaltungen des privaten und des öffentlichen Rechts, vorbehaltlich der Vorschriften des § 24 für die Seeschiffahrts-, Binnenschiffahrts- und Luftverkehrsbetriebe. ²Die Vorschriften des Ersten Abschnitts gelten mit Ausnahme der §§ 4 bis 7 und des § 13 Abs. 1 Satz 1 und 2 nicht für Betriebe und Verwaltungen, in denen in der Regel fünf oder weniger Arbeitnehmer ausschließlich der zu ihrer Berufsbildung Beschäftigten beschäftigt werden. ³In Betrieben und Verwaltungen, in denen in der Regel zehn oder weniger Arbeitnehmer ausschließlich der zu ihrer Berufsbildung Beschäftigten beschäftigt werden, gelten die Vorschriften des Ersten Abschnitts mit Ausnahme der §§ 4 bis 7 und des § 13 Abs. 1 Satz 1 und 2 nicht für Arbeitnehmer, deren Arbeitsverhältnis nach dem 31. Dezember 2003 begonnen hat; diese Arbeitnehmer sind bei der Feststellung der Zahl der beschäftigten Arbeitnehmer nach Satz 2 bis zur Beschäftigung von in der Regel zehn Arbeitnehmern nicht zu berücksichtigen. ⁴Bei der Feststellung der Zahl der beschäftigten Arbeitnehmer nach den Sätzen 2 und 3 sind teilzeitbeschäftigte Arbeitnehmer mit einer regelmäßigen wöchentlichen Arbeitszeit von nicht mehr als 20 Stunden mit 0,5 und nicht mehr als 30 Stunden mit 0,75 zu berücksichtigen.

(2) ¹Die Vorschriften des Dritten Abschnitts gelten für Betriebe und Verwaltungen des privaten Rechts sowie für Betriebe, die von einer öffentlichen Verwaltung geführt werden, soweit sie wirtschaftliche Zwecke verfolgen. ²Sie gelten nicht für Seeschiffe und ihre Besatzung.

Literatur

– bis 2004 vgl. KR-Vorauflage –

Annuß Praktische Probleme des gemeinsamen Betriebs mehrerer Unternehmen, FA 2005, 293; *Bader* Das Gesetz zu Reformen am Arbeitsmarkt: Neues im KSchG und im Befristungsrecht, NZA 2004, 65; *Bauer/Krieger* Kündigungsschutz-Schwellenwert: Ein Buch mit sieben Siegeln, DB 2004, 651; *Gragert/Keilich* Voller Blick zurück – Die Bestimmung der regelmäßigen Beschäftigtenzahl nach § 23 Abs. 1 S. 2 KSchG, NZA 2004, 776; *Gravenhorst* Das BAG und der »räumliche Geltungsbereich« des KSchG, FA 2005, 34; *Hertzberg* Kündigungsschutz im Kleinbetrieb, FA 2005, 9; *Koller* Arbeitsrechtliche Schwellenwerte - Regelungen zu der Schwelle der Unüberschaubarkeit, Universität Erlangen-Nürnberg, Lehrstuhl VWL Disk.papier No. 40, 2005; *Lettl* Der arbeitsrechtliche Kündigungsschutz nach den zivilrechtlichen Generalklauseln, NZA-RR 2004, 57; *Müller* Nichtanwendbarkeit des KSchG im Kleinbetrieb (§ 23 Abs. 1 KSchG): Verteilung der Darlegungs- und Beweislast, DB 2005, 2022; *Preis* Die »Reform« des Kündigungsschutzrechts, DB 2004, 70; *Rost* Kündigungsschutz im Konzern, FS Schwerdtner, 2003, S. 169; *Schmädicke/Glaser/Altmüller* Die Rechtsprechung zum gemeinsamen Betrieb mehrerer Unternehmen in den Jahren 2001 bis 2004, NZA-RR 2005, 393; *Stein* Mindestkündigungsschutz außerhalb des KSchG – Praktische Fragen der Darlegungs- und Beweislast, DB 2005, 1218; *Willemsen/Annuß* Kündigungsschutz nach der Reform, NJW 2004, 177; *Zerres/Rhotert* Die Neuregelung im allgemeinen Kündigungsrecht, FA 2004, 2.

Inhaltsübersicht

	Rz
A. Entstehungsgeschichte	1–7c
B. Sinn und Zweck der Regelung	8–18
I. Geltungsumfang	8–12
II. Begründung der Kleinbetriebsklausel	13
III. Verfassungsmäßigkeit der Kleinbetriebsklausel	14–18
C. Geltungsbereich des Ersten und Zweiten Abschnitts des Gesetzes	19–69
I. Geltung im Inland	19
II. Persönlicher Geltungsbereich	20, 21
III. Gegenständlicher Geltungsbereich	22, 23
IV. Betrieblicher Geltungsbereich (§ 23 Abs. 1 KSchG)	24–69
1. Grundsätzliche Abgrenzung (§ 23 Abs. 1 S. 1 KSchG)	24–31

	Rz
2. Sonderregelung für Seeschifffahrts-, Binnenschiffahrts- und Luftverkehrsbetriebe (§ 23 Abs. 1 S. 1 iVm § 24 KSchG)	32
3. Ausnahmeregelung für Kleinbetriebe (§ 23 Abs. 1 Sätze 2 bis 4 KSchG)	33–58
a) Schwellenwert	33-33f
aa) Regelung für vor dem 1.1.2004 begonnene Arbeitsverhältnisse (§ 23 Abs. 1 S. 2)	33b-33c
bb) Regelung für nach dem 31.12.2003 begonnene Arbeitsverhältnisse (§ 23 Abs. 1 S. 3)	33d-33e

§ 23 KSchG   Geltungsbereich

	Rz		Rz
cc) Konsequenzen für die Praxis	33f	bb) Ausnahmetatbestand Kleinbetrieb	54a–d
b) Berücksichtigung der Teilzeitbeschäftigten (§ 23 Abs. 1 S. 4)	34–36	h) Kündigungsschutz in Kleinbetrieben unterhalb des Schwellenwertes	55–69
c) Regelmäßige Beschäftigtenzahl	37–40	D. Geltungsbereich des Dritten Abschnitts des Gesetzes	70–77
d) Berücksichtigung einzelner Beschäftigtengruppen	41–43	I. Einbezogene Betriebe und Verwaltungen	71–73
e) Besondere Betriebs- und Beschäftigungsarten	44–51	II. Ausgenommene Betriebe und Verwaltungen	74–77
f) Betriebsübergang	52, 53		
g) Beweislast	54–54b		
aa) Allgemein	54		

A. Entstehungsgeschichte

1 Die Kündigungsschutzvorschriften des **BRG 1920** galten nur für Betriebe mit idR mindestens 20 Arbeitnehmern. Das **AOG** sah als Grenze für den betrieblichen Geltungsbereich eine Beschäftigtenzahl von mindestens 10 Arbeitnehmern vor. Die **landesrechtlichen Kündigungsschutzgesetze** (zB das BRG des Landes Hessen v. 31.5.1948 sowie das BRG des Landes Bremen v. 10.1.1949) enthielten ebenfalls Beschränkungen des betrieblichen Geltungsbereiches, und zwar für Betriebe mit weniger als fünf Arbeitnehmern (vgl. i.E. *A. Hueck* RdA 1951, 281).

2 Während der **Entwurf des KSchG 1951** lediglich solche Kleinbetriebe aus dem betrieblichen Geltungsbereich herausnehmen wollte, in denen idR drei oder weniger Arbeitnehmer, ausschließlich der Lehrlinge, beschäftigt werden (vgl. RdA 1951, 60 f.), erklärte **§ 21 Abs. 1 S. 2 KSchG 1951** die Bestimmungen des Ersten Abschnitts für solche Betriebe und Verwaltungen für unanwendbar, in denen idR fünf oder weniger Arbeitnehmer ausschließlich der Lehrlinge beschäftigt wurden (zum Gesetzgebungsverfahren vgl. BAG 19.4.1990 EzA § 23 KSchG Nr. 8).

3 Eine weitere (früher in § 21 Abs. 3 KSchG 1951) enthaltene Einschränkung des betrieblichen Geltungsbereiches sah vor, dass die Vorschriften des Dritten Abschnitts keine Anwendung finden sollten, wenn Entlassungen auf Baustellen aus Witterungsgründen vorgenommen wurden. Diese Bestimmung wurde mit Wirkung vom 1.12.1959 durch das Zweite Änderungsgesetz zum AVAVG vom 7.12.1959 (BGBl. I S. 705) aufgehoben. Der Massenkündigungsschutz der §§ 17 ff. KSchG gilt seit diesem Zeitpunkt auch bei witterungsbedingten Entlassungen in der Bauwirtschaft.

4 Durch das **Erste Arbeitsrechtsbereinigungsgesetz** vom 14.8.1969 (BGBl. I S. 1106) trat inhaltlich keine Änderung des früheren § 21 KSchG 1951 ein. Dagegen wurde der Geltungsbereich des Dritten Abschnitts des KSchG durch Art. 1 Nr. 4 des »Zweiten Gesetzes zur Änderung des KSchG« vom 27.4.1978 (BGBl. I S. 550) insofern erweitert, als nunmehr auch Binnenschiffe und Luftfahrzeuge den Vorschriften des Dritten Abschnitts unterfallen. Die Neufassung des § 23 Abs. 2 S. 2 KSchG geht zurück auf die Bestimmungen der Richtlinie des Rates der EG zur Angleichung der Rechtsvorschriften der Mitgliedstaaten über Massenentlassungen vom 17.2.1975 (vgl. hierzu *Becker* NJW 1976, 2057; *Löwisch* NJW 1978, 1237; *Marschall* BABl. 1978, 264, sowie den Ausschussbericht BT-Drs. 8/1546, S. 1 ff.).

5 Eine weitere Änderung des § 23 KSchG erfolgte durch Art. 3 Nr. 2 des **Beschäftigungsförderungsgesetzes 1985** – BeschFG 1985 – vom 26.4.1985 (BGBl. I S. 710). Die Gesetzesänderungen sind am 1.5.1985 in Kraft getreten (Art. 16 BeschFG 1985). Durch Art. 3 Nr. 2a BeschFG 1985 wurde in § 23 Abs. 1 S. 2 das Wort »**Lehrlinge**« durch die Worte »**zu ihrer Berufsbildung Beschäftigten**« ersetzt. Die aufgrund Art. 3 Nr. 2b BeschFG 1985 erfolgte Einfügung der Sätze 3 und 4 in § 23 Abs. 1 KSchG hatte zur Folge, dass **Teilzeitarbeitnehmer,** deren regelmäßige Arbeitszeit wöchentlich zehn Stunden oder monatlich 45 Stunden nicht überstieg, bei der zur Bestimmung des betrieblichen Geltungsbereiches maßgeblichen Arbeitnehmerzahl nicht berücksichtigt wurden.

6 Die aufgrund Art. 3 Nr. 2a BeschFG 1985 erfolgte **Neufassung des § 23 Abs. 1 S. 2 KSchG**, durch die der Wortlaut dieser Vorschrift an den heutigen Sprachgebrauch des Berufsbildungsrechts angepasst worden ist, war bereits im Regierungsentwurf enthalten (BT-Drs. 10/2102, S. 7). Das *BAG* (7.9.1983 EzA § 23 KSchG Nr. 6) hatte zur alten Fassung des § 23 KSchG entschieden, dass als »Lehrling« iSd § 23 Abs. 1 S. 2 KSchG aF zunächst Auszubildende iSd Berufsbildungsgesetzes anzusehen sind. Umschüler sollten nach der Ansicht des *BAG* (7.9.1983 EzA § 23 KSchG Nr. 6) jedenfalls dann als »Lehrlinge« be-

trachtet werden, wenn sie im Rahmen eines mehrjährigen Vertragsverhältnisses in einem anerkannten Ausbildungsberuf ausgebildet werden (vgl. KR-*Weigand* §§ 21, 22 BBiG Rz 12).

Die aufgrund Art. 3 Nr. 2b BeschFG 1985 in **§ 23 Abs. 1 KSchG eingeführten Sätze 3 und 4** waren während des Gesetzgebungsverfahrens geringfügig geändert worden. Der Regierungsentwurf (BT-Drs. 10/2102, S. 7) hatte in § 23 Abs. 1 S. 4 BeschFG 1985 noch die Worte »in einem ungekündigten Arbeitsverhältnis und« enthalten. Auf Anregung des Bundesrates (BR-Drs. 393/1/84, S. 5) waren diese Worte gestrichen worden. Der Bundesrat hatte in diesem Zusammenhang die Auffassung vertreten, nicht nur den ungekündigten Arbeitnehmern, sondern auch denjenigen, die vor dem Inkrafttretenszeitpunkt des BeschFG 1985 Kündigungsschutz in Anspruch nehmen konnten, deren Arbeitsverhältnis jedoch vor diesem Zeitpunkt gekündigt worden war und die unter Umständen Kündigungsschutzklage erhoben hatten, sollte die bisherige Rechtsstellung nicht entzogen werden. Der Ausschuss für Arbeit und Sozialordnung hatte dem Änderungsvorschlag des Bundesrates zu (BT-Drs. 10/3206, zu Art. 3 Nr. 2b BeschFG 1985) zugestimmt. 7

Die erste einschneidende Änderung des Geltungsbereichs des KSchG seit seiner ersten Fassung vom 10. August 1951 (vgl. Rz 2) nahm der Gesetzgeber durch das Arbeitsrechtliche Gesetz zur Förderung von Wachstum und Beschäftigung (Arbeitsrechtliches Beschäftigungsförderungsgesetz) vom 25. September 1996 (BGBl. I S. 1476) vor. Der Schwellenwert für sog. Kleinbetriebe, in denen die Vorschriften des Ersten und Zweiten Abschnitts des KSchG keine Anwendung finden, wurde von **fünf** auf **zehn Arbeitnehmer** angehoben. Die Berechnung dieses Schwellenwerts erforderte nunmehr gem. § 23 Abs. 1 S. 3, die Teilzeitbeschäftigten entsprechend ihrer Arbeitszeit anteilig zu berücksichtigen. Bei der Prüfung des Schwellenwertes ist folglich auf das Gesamtarbeitsvolumen abzustellen. In den Gesetzentwurf der Fraktionen der CDU/CSU und FDP wurde erst auf den parlamentarischen Beratungen im Ausschuss für Arbeit und Sozialordnung (11. Ausschuss–Drs. 13/5107) – in § 23 Abs. 1 S. 4 eine Besitzstandsklausel für diejenigen Arbeitnehmer eingefügt, die bis zum 30. September 1996 gegenüber ihrem Arbeitgeber Rechte aus der bis dahin geltenden Fassung der Sätze 2 bis 4 iVm dem Ersten Abschnitt des KSchG hätten herleiten können. Deren Rechtsstellung wird vom Arbeitsrechtlichen Beschäftigungsförderungsgesetz 1996 nicht berührt. 7a

Aufgrund eines Wahlversprechens und in großer Eile hat der 1998 neu gewählte Gesetzgeber mit dem »Gesetz zu Korrekturen in der Sozialversicherung und zur Sicherung der Arbeitnehmerrechte« vom 19.12.1998 (BGBl. I S. 3843) die Änderungen in den Regelungen des § 23 KSchG von 1996 im Wesentlichen wieder rückgängig gemacht (vgl. *U. Preis* RdA 1999, 311). Der Schwellenwert für Kleinbetriebe, in denen der erste Abschnitt des KSchG keine Anwendung findet, ist mit Wirkung vom 1.1.1999 von **zehn** auf die schon bis zum 1.10.1996 geltende Anzahl von **fünf** Arbeitnehmern verringert worden. Bei der dabei quotalen Berücksichtigung von Teilzeitbeschäftigten werden die Arbeitnehmer mit bis zu zehn Stunden der regelmäßigen wöchentlichen Arbeitszeit nicht mehr wie bisher mit dem Faktor **0,25**, sondern dem Faktor **0,5** angerechnet. Im Übrigen blieb die Regelung in Satz 3, nach der beim Schwellenwert teilzeitbeschäftigte Arbeitnehmer entsprechend der Dauer ihrer Arbeitszeit berücksichtigt werden, bestehen. Die in der vorherigen Fassung des Abs. 1 S. 4 getroffene Übergangsregelung zur Besitzstandswahrung wurde mit der Rücknahme der Erhöhung des Schwellenwertes gegenstandslos und fiel weg. 7b

Durch das Gesetz zu Reformen am Arbeitsmarkt vom 24.12.2003 (BGBl. I S. 3002) ist **§ 23 Abs. 1** erneut geändert worden: In **Satz 2** ist aus der Ausnahmeregelung die dreiwöchige Klagefrist gem. §§ 4 bis 7 und 13 Abs. 1 S. 1 und 2 herausgenommen worden. Somit erstreckt sich diese Klagefristregelung grds. auf alle Unwirksamkeitsgründe. Eingefügt wurde **Satz 3**, nach dem seit dem 1.1.2004 der Schwellenwert, bis zu dem der Erste Abschnitt des KSchG mit Ausnahme der Regelung zur Klagefrist keine Anwendung findet, auf **zehn Arbeitnehmer** angehoben ist. Damit wird im Wesentlichen an den Schwellenwert des Arbeitsrechtlichen BeschäftigungsförderungsG vom 25.9.1996 (Rz 7a) angeknüpft. Der Gesetzentwurf der CDU/CSU-Fraktion vom 18.6.2003 (BT-Drs. 15/1182) sah vor, Betriebe mit bis zu 20 neu eingestellten Arbeitnehmern vom Geltungsbereich des Ersten Abschnitts des KSchG auszunehmen; im Gesetzentwurf der FDP-Fraktion vom 12.2.2003 (BT-Drs. 15/430) wird vom gleichen Schwellenwert ausgegangen, allerdings ohne das Kriterium der Neueinstellungen. Fallengelassen wurde im Vermittlungsausschuss die im Beschluss des Bundestages vom 26.9.2003 (BR-Drs. 676/03) enthaltene Regelung, wonach bei der Berechnung des auf fünf Arbeitnehmer festgelegten Schwellenwertes bis zu fünf weitere Arbeitnehmer mit befristetem Arbeitsvertrag nicht zu berücksichtigen gewesen wären, wenn die befristeten Arbeitsverhältnisse nach dem 31.12.2003 begonnen hätten. **Satz 4** (vormals Satz 3) wurde wegen der Einfügung des Satzes 3 redaktionell angepasst. 7c

B. Sinn und Zweck der Regelung

I. Geltungsumfang

8 § 23 KSchG regelt trotz seiner allgemeinen Überschrift nur den betrieblichen Geltungsbereich der einzelnen Abschnitte des Gesetzes. Aber auch insofern hat die Bestimmung keinen abschließenden Charakter, da das KSchG noch eine Reihe von Sonderbestimmungen über den **betrieblichen Geltungsbereich** enthält (vgl. §§ 17 Abs. 1, 22, 24 Abs. 1 KSchG). Der **persönliche Geltungsbereich** ist demgegenüber in den §§ 1 Abs. 1, 14, 17 Abs. 3, 24 Abs. 5 KSchG geregelt. Vorschriften über den **gegenständlichen Geltungsbereich** enthalten die §§ 1, 2, 13, 15, 17 Abs. 2 und 25 KSchG.

9 Die Regelung des § 23 Abs. 1 S. 1 KSchG stellt klar, dass die Vorschriften des Ersten und Zweiten Abschnitts des Gesetzes nicht nur für Betriebe, sondern auch für Verwaltungen des privaten und des öffentlichen Rechts gelten. Durch die Einbeziehung des **öffentlichen Dienstes** (vgl. hierzu *Denecke* RdA 1955, 404) geht der **betriebliche Geltungsbereich des Gesetzes über den des BetrVG hinaus.** Hinsichtlich der Geltung des Dritten Abschnitts enthält § 23 Abs. 2 KSchG eine Sonderregelung. Danach fallen neben Betrieben und Verwaltungen des privaten Rechts auch öffentliche Betriebe, die in der Form privatwirtschaftlicher Betätigung der Befriedigung wirtschaftlicher Bedürfnisse dienen, unter die Vorschriften des Dritten Abschnitts des Gesetzes (vgl. hierzu i.E. Rz 28 ff.).

10 Die **Nichtberücksichtigung** der »**zu ihrer Berufsbildung Beschäftigten**« bei der nach § 23 Abs. 1 S. 1 KSchG maßgeblichen Beschäftigtenzahl beruht auf **ausbildungspolitischen Zielsetzungen.** Nach der amtlichen Begründung des Gesetzentwurfes (RdA 1951, 63) soll hierdurch vermieden werden, dass die Einstellung von »Lehrlingen« nur deshalb unterbleibt, um nicht unter den betrieblichen Geltungsbereich des Gesetzes zu fallen (vgl. zur Entstehungsgeschichte auch BAG 9.6.1983 EzA § 23 KSchG Nr. 4; 21.6.1983 – 7 AZR 11/83 – nv).

11 Durch die Novellierung gem. dem Arbeitsrechtlichen Beschäftigungsförderungsgesetz 1996, geändert durch das »Korrekturgesetz« (vgl. Rz 7b), finden **alle Teilzeitarbeitnehmer anteilig ihrer Arbeitszeit** bei der für den betrieblichen Geltungsbereich maßgeblichen Arbeitnehmerzahl Berücksichtigung. Damit wird unabhängig von der Verteilung der Arbeitszeit – als Vollarbeitszeit oder Teilarbeitszeit – auf das **Gesamtarbeitsvolumen des Betriebes** abgestellt (Einzelheiten vgl. Rz 34 ff.) und die vorherige wettbewerbsverzerrende Ungleichbehandlung der Betriebe beseitigt. Das soll die zusätzliche Einstellung von Teilzeitbeschäftigten fördern und künftig ausschließen, dass Arbeitgeber geringfügig Beschäftigte in unbegrenztem Umfang einstellen können, ohne vom Geltungsbereich des Kündigungsschutzgesetzes erfasst zu werden (BT-Drs. 13/4612, S. 10). Zu den Vorgängerregelungen vgl. *Weigand* KR 7. Aufl. § 23 KSchG Rz 11.

12 Die Ausnahmeregelung des § 23 Abs. 2 S. 2 KSchG nimmt **Seeschiffe** und deren Besatzung von der Geltung des Dritten Abschnitts des Gesetzes aus. Die Bestimmung stellt gleichzeitig klar, dass hiervon die Landbetriebe der Seeschifffahrt nicht betroffen sind. Für die zuletzt genannten Betriebe gelangen die Bestimmungen des Dritten Abschnitts uneingeschränkt zur Anwendung. Zur Anwendung des Gesetzes auf Betriebe der Schifffahrt und des Luftverkehrs vgl. im Übrigen KR-*Weigand* § 24 KSchG Rz 9.

II. Begründung der Kleinbetriebsklausel

13 **Auf die Arbeitsverhältnisse in sog. Kleinbetrieben ist der Erste Abschnitt des KSchG mit Ausnahme der §§ 4 bis 7 und des § 13 Abs. 1 S. 1 und 2 nicht anzuwenden.** Dies gilt gem. § 23 Abs. 1 S. 2 und 3 KSchG für Betriebe und Verwaltungen, in denen **idR fünf, seit 1.1.2004 zehn, oder weniger Arbeitnehmer** ausschließlich der zu ihrer Berufsbildung Beschäftigten beschäftigt werden. Die Erhöhung des Schwellenwertes auf zehn betrifft lediglich diejenigen Arbeitnehmer, deren Arbeitsverhältnis nach dem 31.12.2003 begonnen hat. Das *BAG* – und ihm folgend auch der Gesetzgeber des Arbeitsrechtlichen Beschäftigungsförderungsgesetzes 1996 – hat in seiner Entscheidung vom 19.4.1990 (EzA § 23 KSchG Nr. 8) den Schwellenwert von seinerzeit fünf Arbeitnehmern als Messzahl für Kleinbetriebe, in denen der Betriebsinhaber noch eng mit seinen Mitarbeitern zusammenarbeitet, als gerechtfertigt angesehen. Zur **Begründung** führt das BAG an, die Inhaber kleiner Betriebe hätten Schwierigkeiten bei der Anwendung des komplizierten Kündigungsrechts, so dass sie teilweise schon aus diesem Grund von Einstellungen Abstand nähmen. Diese Betriebe würden zudem durch langwierige Kündigungsschutzverfahren bzw. zur Abwendung dieser Verfahren geleistete Abfindungen wirtschaftlich erheblich mehr belastet als die Inhaber größerer Betriebe. Kleinbetriebe könnten häufig kaum Reserven bilden und müssten deshalb in die Lage versetzt werden, Schwankungen der Auftragslage durch größere perso-

Geltungsbereich § 23 KSchG

nalwirtschaftliche Flexibilität auszugleichen. Daher sollten im Interesse der Funktionsfähigkeit des Betriebes sowie des Betriebsfriedens notwendige Entlassungen leichter möglich sein. Insbesondere in der Existenzgründungsphase sollten Kleinbetriebe zu zusätzlichen Einstellungen ermuntert und von tatsächlich und psychologisch einstellungshemmenden Vorschriften nicht zu sehr eingeschränkt werden. Für diese Erwägungen sind empirische Befunde oder wissenschaftliche Plausibilitäten nicht dokumentiert (so auch *U. Preis* NZA 1997, 1073). Allgemein zur »(Schein-)Rationalität« der Schwellenwerte vgl. *Junker* NZA 2003, 1057.

III. Verfassungsmäßigkeit der Kleinbetriebsklausel

Nach der Rspr. des BVerfG und des BAG ist die Kleinbetriebsklausel mit dem GG vereinbar. Gemäß der Entscheidung des *BVerfG* vom 27.1.1998 (EzA § 23 KSchG Nr. 17) hat der Gesetzgeber mit dieser Regelung in § 23 Abs. 1 KSchG im Rahmen seines weiten Gestaltungsspielraumes einen **verfassungskonformen Ausgleich** zwischen den gem. Art. 12 Abs. 1 GG geschützten Interessen des Arbeitnehmers an der Erhaltung seines Arbeitsplatzes und des Arbeitgebers an seiner personellen Dispositionsfreiheit einschließlich des Kündigungsrechts getroffen. Den Arbeitnehmern in Kleinbetrieben sei das größere rechtliche Risiko eines Arbeitsplatzverlustes angesichts der schwerwiegenden und grundrechtlich geschützten Belange der Arbeitgeber zuzumuten; zumal da diesen Arbeitnehmern der durch Art. 12 Abs. 1 GG gebotene Mindestschutz durch die zivilrechtlichen Generalklauseln gewährleistet sei. Mit der Festlegung der maßgeblichen Betriebsgröße durch die Zahl der dort vollbeschäftigten Arbeitnehmer habe der Gesetzgeber eine typisierende Regelung getroffen, die den dafür geltenden verfassungsrechtlichen Maßstäben genüge. Die weiteren wesentlichen Entscheidungsgründe des *BVerfG* und des *BAG* (*BAG* 19.4.1990 EzA § 23 KSchG Nr. 8 m. Anm. *Wank*) beruhen auf der **gesetzgeberischen Tradition** und auf **mittelstandspolitischen Erwägungen**. Sachliche Unterscheidungskriterien gegenüber größeren Betrieben seien zunächst die engen persönlichen Beziehungen des Kleinbetriebsinhabers zu seinen Arbeitnehmern, auf die sich ein gesetzlicher Kündigungsschutz hinderlich auswirken könnte, weiterhin die geringe verwaltungsmäßige und wirtschaftliche Belastbarkeit der Kleinbetriebe und schließlich die Gewährleistung größerer »arbeitsmarktpolitischer Freizügigkeit« (personeller Flexibilität) des Kleinbetriebeunternehmers iS eines Mittelstandsschutzes. Ein Teil der Lit. stimmt mit der Rspr. des BVerfG, des BAG und des EuGH (vgl. Rz 15) überein. Zur Vereinbarkeit der Ausnahmeregelung des § 23 Abs. 1 S. 2 KSchG mit Art. 3 Abs. 1 GG mit Bezugnahme auf die Begründung gem. *BAG* 19.4.1990 (EzA § 23 KSchG Nr. 8) vgl. *Wank* Anm. zu *BAG* 19.4.1990 EzA § 23 KSchG Nr. 8; *Löwisch/Spinner* § 23 Rz 3; *Löwisch* NZA 1996, 1009; *v. Hoyningen-Huene/Linck* Rz 19a; *Heinze* BT-Ausschuss-Drs. 13/650, S. 12; *BBDW-Dörner* Rz 7 ff.; *KDZ-Kittner* Rz 10; *Bader* NZA 1996, 1125; *Schiefer/Worzalla* Rz 122. Im Übrigen werden ebenso Verstöße gegen die Art. 14, 12 Abs. 1 und 20 Abs. 1 GG verneint (*Heinze* aaO S. 12 ff.; *Neuhausen* Diss. 1999).

14

Nach der Rspr. des EuGH stellt die Befreiung der Kleinbetriebe durch die **Ausnahmeregelung des § 23 Abs. 1 S. 2 bis 4 KSchG keine Beihilfe iSv Art. 92 Abs. 1 EWG-Vertrag** dar. Sie sei nicht als staatliche oder aus staatlichen Mitteln gewährte Beihilfe gleich welcher Art zu werten, die durch Begünstigung bestimmter Unternehmen oder Produktionszweige den Wettbewerb im Binnenmarkt verfälsche oder zu verfälschen drohe, Art. 92 Abs. 1 EWG-Vertrag (*EuGH* 30.11.1993 EzA § 23 KSchG Nr. 13). Im Gegensatz zu Zinszuschüssen (*EuGH* Rs. 62 u. 72/87, Slg. 1988, S. 1573/1593), Nichteintreiben von Forderungen durch staatliche Stellen (Entscheidung der Kommission Nr. 91/144/EWG v. 2.5.1990 ABlEG L 73/27, 28) oder Steuerbefreiungen (Entscheidung der Kommission Nr. 86/593/EWG v. 29.7.1986 ABlEG L 342/32, 33) stellt die Befreiung einer Gruppe von Unternehmen von Schutzregelungen des Ersten Abschnitts des KSchG keine unmittelbare oder mittelbare Übertragung staatlicher Mittel auf die Unternehmen dar, sondern lediglich Ausdruck des Willens des Gesetzgebers, für die arbeitsrechtlichen Beziehungen zwischen Arbeitgebern und Arbeitnehmern in Kleinbetrieben einen besonderen rechtlichen Rahmen zu erstellen, der verhindere, dass diesen finanziellen Lasten auferlegt werden, die ihre Entwicklung behindern können (*EuGH* 30.11.1993 EzA § 23 KSchG Nr. 13). Zu dieser Problematik ausführlich *Grabitz* § 92 Rz 11 ff.

15

Verfassungsrechtliche Bedenken gegen die Ausnahmeregelung für Kleinbetriebe gem. § 23 Abs. 1 S. 2 bis 4 KSchG ergeben sich in erster Linie aus **Art. 3 Abs. 1 GG** (vgl. auch *ArbG Reutlingen* 11.12.1986 NZA 1987, 522; *ArbG Bremen* 26.8.1992 und 14.9.1994 AuR 1995, 148; *Kraushaar* AuR 1988, 137; *Ramm* AuR 1991, 257; *Däubler* BetrR 1997, 1; *U. Preis* NZA 1997, 1073; *ders.* NJW 1996, 3369; *Wlotzke* BB 1997, 414; *Bepler* AuA 1997, 325; *Buschmann* AuR 1996, 285; *ders.* Arbeitnehmerrechte Rz 12; *Weigand* DB 1997, 2484). Nach st.Rspr. des *BVerfG* zu Art. 3 Abs. 1 GG darf eine Gruppe von Normadressaten im Ver-

16

gleich zu einer anderen Gruppe nur dann anders behandelt werden, wenn zwischen ihnen Unterschiede von solcher Art und solchem Gewicht bestehen, dass sie die ungleiche Behandlung rechtfertigen können (*BVerfG* 16.11.1982 EzA Art. 3 GG Nr. 13). Soweit Unterschiede zwischen Kleinbetrieben einerseits und mittleren und großen Betrieben andererseits im Hinblick auf die Frage der Anwendbarkeit der Regelungen des KSchG erkennbar sind, rechtfertigt der vom Gesetzgeber und vom *BAG* dargelegte Normzweck des § 23 Abs. 1 S. 2 bis 4 KSchG (mittelstandspolitische Erwägungen) trotzdem nicht die Ungleichbehandlung sowohl für die Arbeitgeber- als auch für die Arbeitnehmerseite. Naturgemäß gibt es Unterschiede zwischen kleinen und größeren Einheiten. Es ist jedoch zu prüfen, ob und inwieweit der Normzweck der Kleinbetriebsklausel mit dem vom Kündigungsschutz intendierten Zweck korreliert. Der allgemeine Kündigungsschutz, wie er in den §§ 1 bis 14 KSchG geregelt ist, stellt einen Ausgleich zwischen dem Interesse an der Kündigungsfreiheit als Ausfluss der Vertragsfreiheit gem. Art. 1, 2, 14 GG einerseits und dem Interesse am Bestandsschutz als Ausfluss des gem. Art. 12, 20 Abs. 1 GG gebotenen Sozialschutzes andererseits dar (*Hueck/Nipperdey* I, S. 617 ff.), er soll insbes. vor willkürlichen und grundlosen Kündigungen schützen (KR-*Griebeling* § 1 KSchG Rz 18 ff.). Die Begründungen des *BVerfG* (27.1.1998 EzA § 23 KSchG Nr. 17); *BAG* (19.4.1990 EzA § 23 KSchG Nr. 8 m. Anm. *Wank*) und des Gesetzgebers (Rz 13) für die Regelung gem. § 23 Abs. 1 S. 2 bis 4 KSchG rechtfertigen nicht die Ungleichbehandlung von Arbeitgebern und -nehmern in Betrieben einerseits mit zehn oder weniger Beschäftigten und andererseits mit mehr als zehn Beschäftigten. **Verfassungsrechtlich signifikante Unterschiede** iS sachlicher Gründe zur Ungleichbehandlung nach Art. 3 Abs. 1 GG zur Begründung der Kleinbetriebsklausel sind in ihnen weder auf empirischer Basis nachgewiesen noch anhand von wissenschaftlich verifizierbaren Plausibilitäten dargelegt worden. Im Unterschied dazu können Kleinbetriebsklauseln in anderen Vorschriften (vgl. zB § 1 BetrVG, § 622 Abs. 5 Ziff. 2 BGB, § 2 Abs. 3 ArbPlSchG, § 71 SGB IX; weitere Bsp. *Junker/Dietrich* NZA 2003, 1057; *Koller* Arbeitsrechtliche Schwellenwerte, 2005) aufgrund ihres spezifischen Normzwecks durchaus berechtigt sein (vgl. *Canaris* RdA 1997, 267). Aber auch wenn »die Unterscheidung zwischen Groß- und Kleinbetrieben ein durchgehender Zug unseres Arbeitsrechts ist« (*Hanau* FS Universität zu Köln, S. 184, 191), bedarf sie in jedem Einzelfall der Prüfung der sachlichen Begründung im Hinblick auf Normzweck und -folgen (vgl. *Wank* Anm. zu *BAG* 19.4.1990 EzA § 23 KSchG Nr. 8, IV 3b).

17 Soweit das *BAG* (19.4.1990 EzA § 23 KSchG Nr. 8 m. Anm. *Wank*) **historische Gründe** anhand der gesetzgeberischen Tradition zur Rechtfertigung der Kleinbetriebsklausel anführt, vernachlässigt es rechtstatsächliche Entwicklungen der Gegenwart; denn es wird von einem nicht mehr zeitgemäßen Unternehmerpersönlichkeitsbild ausgegangen (vgl. *Weigand* DB 1997, 2484). Auch **betriebswirtschaftliche Argumente** der geringeren verwaltungsmäßigen und wirtschaftlichen Belastbarkeit können die Kleinbetriebsklausel verfassungsrechtlich nicht begründen; denn angesichts zunehmender wettbewerbsbedingter Rationalisierungen und damit verbundener steigender Anlageinvestitionen werden Umsatz und wirtschaftliches Leistungsvermögen eines Betriebes im Hinblick auf den Normzweck des § 23 Abs. 1 S. 2 bis 4 KSchG zu wesentlich zuverlässigeren Indikatoren (*Ramm* AuR 1991, 257). Im Übrigen werden Kleinbetriebe aus Gründen der wirtschaftlichen Belastung auch nicht von kostenträchtigen Verpflichtungen aus Gesetzen zB des Umwelt- oder Arbeitssicherheitsrechts befreit. Wenig überzeugend ist auch das Argument der wirtschaftlichen Belastung **wegen zu zahlender Abfindungen**; denn diese fallen idR nur an, wenn die Kündigung sozial ungerechtfertigt ist. Im Übrigen kann im Falle der Verurteilung des Arbeitgebers zur Zahlung einer Abfindung gem. §§ 9, 10 KSchG auch dessen wirtschaftliche Lage vom Gericht berücksichtigt werden (KR-*Spilger* § 10 KSchG Rz 60 f.). Soweit der Arbeitgeber Abfindungen zur Vermeidung eines arbeitsgerichtlichen Verfahrens (vgl. Rz 13) zu zahlen bereit ist, kann diese auf Freiwilligkeit beruhende Leistung nicht gleichzeitig zur Begründung dafür genommen werden, eine gesetzliche Regelung zu vermeiden, die den Arbeitgeber zu dieser Leistung nur und erst im Falle einer sozial ungerechtfertigten Kündigung verpflichten würde (*Weigand* DB 1997, 2484). Sehr fragwürdig als Sachargument, iSd Art. 3 Abs. 1 GG ist schließlich, Kleinbetriebeinhaber seien deshalb aus dem Anwendungsbereich des allgemeinen Kündigungsschutzes auszunehmen, weil sie Schwierigkeiten bei der Anwendung des **komplizierten und unübersichtlichen Kündigungsrechts** hätten; denn Befreiungen von der Anwendung anderer Rechtsvorschriften wie zB dem nicht weniger unübersichtlichen Steuerrecht hat der Gesetzgeber nicht vorgesehen (*Weigand* aaO). Hinsichtlich der gewünschten mittelstandspolitischen Privilegierungen durch **personelle Flexibilität** ist auch die in den verschiedenen Vorschriften zum Wirtschaftsrecht und zur Wirtschaftsförderung anspruchsbegründende Definition von kleinen und mittleren Unternehmen (KMU) zu beachten, wonach als Merkmale neben der Anzahl der Beschäftigten auch die Umsatz- und Bilanzsummen vorausgesetzt werden (vgl. Art. 1 des Anhangs zur Definition der KMU durch die EU-Kommission, ABlEG L 107/8

v. 30.4.1996). Danach greift das Anknüpfungskriterium gem. § 23 Abs. 1 S. 2 bis 4 KSchG zu kurz (vgl. *Weigand* aaO). Zu ökonomischen und sozialen Faktoren der Arbeitsbeziehungen in kleinen und den mittelgroßen Betrieben vgl. im Übrigen *Bögenhold* AiB 2000, 89. Soweit das BAG im Rahmen seiner Erwägungen zur **gesetzgeberischen Gestaltungsfreiheit** zur Festlegung der Betriebsgröße für die Ausnahmeregelung gem. § 23 Abs. 1 S. 2 bis 4 KSchG einerseits auf den Einmannbetrieb abstellt, kann es nicht andererseits die numerische Abwägung zur Betriebsgröße ohne erkennbare Kriterien der **Beliebigkeit einer Anzahl** von drei, fünf oder zehn Arbeitnehmern überlassen. Den Erwägungen des *BAG* kommt der Regelungsvorschlag im Hattenheimer Entwurf (vgl. Rz 2) mit einem Schwellenwert von drei Arbeitnehmern noch am nächsten. Soweit das BVerfG im Hinblick auf die Festlegung der Betriebsgröße eines Kleinbetriebes in § 23 Abs. 1 KSchG einen zulässigen Fall einer **typisierenden Regelung** durch den Gesetzgeber erkennt, verweist es dennoch auf das Fehlen von vergleichendem Zahlenmaterial. Das BVerfG hat bereits bzgl. des § 23 Abs. 1 S. 3 KSchG in der bis zum 30.9.1996 geltenden Fassung, wonach bei der Feststellung der Zahl der beschäftigten Arbeitnehmer nur diejenigen zu berücksichtigen sind, deren regelmäßige Arbeitszeit wöchentlich zehn Stunden oder monatlich 45 Stunden übersteigt, die Vereinbarkeit mit Art. 3 Abs. 1 GG nur nach eingeschränkter Auslegung des Gesetzeswortlautes nach Maßgabe der Anrechnungsmodalität des Satzes 3 in der seit dem 1.10.1996 geltenden und seit dem 1.1.1999 leicht modifizierten Fassung von § 23 Abs. 1 KSchG bejaht (*BVerfG* 27.1.1998 EzA § 23 KSchG Nr. 18).

Die Kleinbetriebsklausel des § 23 Abs. 1 S. 2 bis 4 KSchG stößt schließlich selbst dann auf verfassungsrechtliche Bedenken, wenn die mittelstandspolitischen Erwägungen des *BAG* (vgl. Rz 17) schlüssig wären; denn der **Normzweck könnte auch in anderer Art und Weise** verfolgt werden, die dem sozialen Schutzbedürfnis der in Kleinbetrieben Beschäftigten angemessener als bisher Rechnung trägt. Angesichts des vom Gesetzgeber angestrebten Interessenausgleichs zwischen Kündigungsfreiheit und Bestandsschutz sowie den Anforderungen an wettbewerbsfähige Kleinbetriebe entspräche es dem **Grundsatz der Verhältnismäßigkeit**, die spezifischen betriebswirtschaftlichen Belange des betroffenen Kleinbetriebes im Rahmen der **Prüfung der Voraussetzungen der ordnungsgemäßen Sozialauswahl (§ 1 Abs. 3 S. 1 KSchG)** sowie insbes. der Ausnahmemerkmale, die **berechtigte Interessen des Betriebes beschreiben (§ 1 Abs. 3 S. 2 KSchG)**, angemessen zu berücksichtigen. Eine am Einzelfall orientierte Würdigung der Besonderheiten von Kleinbetrieben entsprechend ihrer betriebsorganisatorischen Eigenheiten, ihrer wirtschaftlichen Leistungskraft sowie ihrer Branchenspezifika wird dem Gedanken des Mittelstandsschutzes – als flexible Regelung angesichts der Bedingungen im Strukturwandel – adäquater gerecht, als dies eine starre Regelung wie die gem. § 23 Abs. 1 S. 2 KSchG es ermöglicht. Soweit betriebspsychologische Aspekte der **engen persönlichen Beziehungen** des Kleinbetriebeinhabers zu seinen Arbeitnehmern der besonderen Würdigung bedürfen, böte sich **de lege ferenda eine der Vorschrift des § 14 Abs. 2 S. 2 KSchG entsprechende Regelung** für Arbeitnehmer in Kleinbetrieben an (so auch *Becker* KR 3. Aufl., § 23 KSchG Rz 7). Die grds. Anwendbarkeit des 1. Abschnitts des KSchG auch auf Arbeitsverhältnisse in Kleinbetrieben würde betroffenen Arbeitnehmern ein faires und transparentes Procedere bei einer einseitig erklärten Vertragsbeendigung sichern. Dies entspräche den Grundsätzen der Rspr. des *BVerfG* zum Schutzbereich des Art. 12 Abs. 1 GG (*BVerfG* 24.4.1993 EzA Art. 13 EinigungsV Nr. 1; 10.3.1992 EzA Art. 38 EinigungsV Nr. 3; 21.2.1995 EzA Art. 20 EinigungsV Nr. 44), wonach im Kernbestand eines Arbeitsplatzschutzes gewährleistet wird (*Dieterich* RdA 1995, 129, 134; *ders.* NZA 1996, 673, 675). Diesen Kernbestand bestimmt das *BVerfG* (28.1.1998 EzA § 23 KSchG Nr. 17) auf die zivilrechtlichen Generalklauseln und greift dabei auch einzelne Voraussetzungen für die soziale Rechtfertigung einer Kündigung, wie sie in § 1 Abs. 2 und 3 KSchG vorgesehen sind (vgl. Rz 55 ff.), auf.

C. Geltungsbereich des Ersten und Zweiten Abschnitts des Gesetzes

In § 23 Abs. 1 KSchG wird nur der betriebliche Geltungsbereich hinsichtlich der Anwendbarkeit des Ersten und Zweiten Abschnitts des Gesetzes festgelegt (Rz 24 ff.). Der persönliche (Rz 20, 21) und gegenständliche Geltungsbereich (Rz 22, 23) wird in anderen Vorschriften bestimmt (vgl. hierzu auch *Wank* ZIP 1986, 206). Zur Geltung des KSchG für im Inland liegende Betriebe s. Rz 19a, b.

I. Geltung im Inland

Für die Anwendbarkeit des Ersten Anschnitts des KSchG ist es grds. erforderlich, dass die Voraussetzungen gem. § 23 Abs. 1 S. 2 und 3 KSchG im **Betrieb im Inland** vorliegen (st.Rspr. *BAG* 3.6.2004 EzA § 23 KSchG Nr. 27; 9.10.1997 EzA § 23 KSchG Nr. 16; ErfK-*Kiel* Rz 3; *v. Hoyningen-Huene/Linck* § 23

KSchG Rz 3a; APS-*Moll* § 23 KSchG Rz 37; SPV-*Preis* Rz 894; **krit.** zur Rspr. *Gravenhorst* FA 2005, 34; *Junker* RiW 2001, 94, 104 f. mwN; *Baumann* DZWiR 1997, 464). Hinsichtlich des Betriebsbegriffs ist bei der Regelung gem. § 23 Abs. 1 S. 2 und 3 KSchG von der Unterscheidung zwischen Betrieb und Unternehmen gem. § 1 Abs. 1 KSchG auszugehen; denn gem. dem KSchG ist der Kündigungsschutz regelmäßig nicht unternehmens-, dh arbeitgeberübergreifend ausgestattet, es sei denn, mehrere Unternehmen sind unter einem einheitlichen betriebsbezogenen Leitungsapparat zusammengefasst (*BAG* 3.6.2004 EzA § 23 KSchG Nr. 27; vgl. auch Rz 25 ff. und 46 ff.). Bilden mehrere Unternehmen einen gemeinsamen Betrieb, so findet der Erste Abschnitt des KSchG gem. § 23 Abs. 1 S. 2 und 3 keine Anwendung, wenn der maßgebliche Schwellenwert nicht durch die Anzahl der in dem inländischen Unternehmen, sondern erst durch die Addition mit dem im ausländischen Betriebsteil beschäftigten Arbeitnehmer erreicht wird (*BAG* 9.10.1997 EzA § 23 KSchG Nr. 16; weit. Nachw. KR-Vorauflage). Folglich kann nicht an Sachverhalte im Ausland angeknüpft und diese dem inländischen Unternehmen mit der Folge der Anwendbarkeit des KSchG zugerechnet werden, wenn im Inland lediglich eine Briefkastenfirma mit Arbeitsverträgen ohne betriebliche Struktur besteht (*BAG* 3.6.2004 EzA § 23 KSchG Nr. 27).

19b Beim maßgeblichen Schwellenwert sind auch diejenigen Arbeitnehmer zu berücksichtigen, die nach einem **ausländischen Arbeitsvertragsstatut** beschäftigt werden (*LAG Frankf.* 18.12.1979 NJW 1980, 2664); denn für die Ermittlung der Mindestbeschäftigtenzahl ist es ohne Bedeutung, welche Rechtsordnung für den einzelnen Arbeitnehmer gilt (einschränkend *Schmidt* NZA 1998, 169 nur bzgl. Arbeitnehmern, die sich nach IPR-Grundsätzen auf das KSchG berufen können). Dabei ist von der Funktion der Regelung gem. § 23 Abs. 1 S. 2 und 3 KSchG auszugehen (vgl. Rz 13). Danach sollen nur **Arbeitgeber in Kleinbetrieben** mit einer Arbeitnehmeranzahl unterhalb des maßgeblichen Schwellenwertes (Rz 33 ff.) von der Anwendbarkeit des Ersten Abschnitts des KSchG ausgenommen werden. Bei der Berechnung des Schwellenwertes sind ferner die vorübergehend **in das Ausland entsandten Arbeitnehmer** des Betriebes zu berücksichtigen (vgl. KR-*Weigand* IPR Rz 90).

19c Wiewohl auch die Rspr. des *EuGH* (30.11.1993 AP Nr. 13 zu § 23 KSchG) davon ausgeht, dass es sich bei § 23 Abs. 1 S. 2 und 3 KSchG um eine nationale Sonderbestimmung handelt, deren Geltungsbereich auf die Bundesrepublik Deutschland beschränkt ist und damit die Rspr. des BAG (Rz 19a) stützt, ist diese **Rspr. kritikwürdig.** Ein de lege ferenda am Schutzzweck des KSchG ausgerichteter eigenständiger Betriebsbegriff, der nach § 23 Abs. 1 S. 2 und 3 KSchG auch im Ausland gelegene Betriebsteile berücksichtigt, würde der zunehmenden internationalen Unternehmensverflechtungen und der fortschreitenden europäischen Integration gerecht werden (vgl. *BAG* 7.11.1996 – 2 AZR 648/95). Nach *Löwisch/Spinner* Vorbem. zu § 1 KSchG Rz 33) kann die Anwendbarkeit des allgemeinen Kündigungsschutzes nur einheitlich entschieden werden durch Einbeziehung aller Arbeitnehmer mit deutschem Arbeitsvertragsstatut in in- und ausländischen Betriebsteilen (bis hin zur Sozialauswahl) (so auch bei einem konzern- und weltweiten Beschäftigungsanspruch *BAG* 21.1.1999 EzA § 1 KSchG Nr. 51 mit Anm. *Franzen* IPRax 2000, 506 und *Kraft* SAE 1999, 272; beide decken berechtigt den Widerspruch zur Rspr. des *BAG* zB 9.10.1997 EzA § 23 KSchG Nr. 16 auf; *Franzen* bejaht nach allg. kollisionsrechtlicher Auffassung die Rspr. vom 21.1.1999). Entsprechend sollen nach *Löwisch/Spinner* aaO Arbeitnehmer, die ausländischem Arbeitsrecht unterstehen, bei der Bestimmung der Betriebsgröße nach § 23 Abs. 1 S. 2 bis 4 KSchG nicht mitgezählt werden. Nach *Kittner* (KDZ § 23 KSchG Rz 22) sind die Arbeitnehmer des ausländischen Teils eines gemeinsamen Betriebs im In- und Ausland beim Schwellenwert mitzuzählen (ebenso *Gragert/Kreutzfeld* NZA 1998, 567).

II. Persönlicher Geltungsbereich

20 Der persönliche Geltungsbereich betrifft die Frage, für welche Arbeitnehmer die einzelnen Kündigungsschutzbestimmungen gelten, dh wer den Kündigungsschutz in Anspruch nehmen kann. Für den Ersten Abschnitt, dem allgemeinen Kündigungsschutz, ist dies in den §§ 1 Abs. 1, 13, 14, 24 Abs. 5 KSchG geregelt. Anknüpfungspunkt für den persönlichen Geltungsbereich ist im Bereich des Zweiten Abschnitts die Stellung als betriebsverfassungsrechtlicher Funktionsträger (vgl. § 15 KSchG).

21 Die Regelungen des Ersten Abschnitts gelten uneingeschränkt auch für **Teilzeitkräfte** (vgl. KR-*Griebeling* § 1 KSchG Rz 65 f.), sofern sie die gesetzliche Wartezeit von sechs Monaten (§ 1 Abs. 2 KSchG) zurückgelegt haben und in einem Betrieb beschäftigt werden, in dem idR mehr als fünf Arbeitnehmer ausschließlich der zu ihrer Berufsbildung Beschäftigten beschäftigt werden. Auf Arbeitnehmer, deren Arbeitsverhältnis nach dem 31.12.2003 begonnen hat, findet der Erste Abschnitt des KSchG nur in Betrieben mit mehr als zehn Arbeitnehmern Anwendung. Dies gilt auch für solche Teilzeitarbeitnehmer, die ihre Arbeit in Form einer **Nebenbeschäftigung** oder einer **Mehrfachbeschäftigung** erbringen, und

Geltungsbereich § 23 KSchG

zwar ohne Rücksicht auf die jeweilige Dauer ihrer Arbeitszeit (vgl. GK-TzA/*Becker* Art. 1 § 2 BeschFG 1985 Rz 243 f.).

III. Gegenständlicher Geltungsbereich

Der gegenständliche oder sachliche Geltungsbereich des Ersten Abschnitts ist in den § 1 Abs. 2 und Abs. 3, §§ 2, 8, 9, 13 KSchG festgelegt. Er betrifft im Einzelnen die folgenden Fragen: **22**

- Sozialwidrigkeit einer ordentlichen (Beendigungs-)Kündigung (§ 1 Abs. 2 und Abs. 3 KSchG);
- Sozialwidrigkeit einer ordentlichen Änderungskündigung (§§ 2, 8 KSchG);
- Auflösung des Arbeitsverhältnisses bei einer sozialwidrigen ordentlichen Kündigung (§ 9 KSchG);
- Auflösung des Arbeitsverhältnisses bei einer unwirksamen außerordentlichen Kündigung (§ 13 Abs. 1 S. 3 KSchG);
- Auflösung des Arbeitsverhältnisses bei einer sittenwidrigen Kündigung (§ 13 Abs. 2 S. 2 KSchG).

Der Zweite Abschnitt des Gesetzes bezieht sich gegenständlich auf die folgenden Fragen: **23**

- Ausschluss von ordentlichen Kündigungen gegenüber bestimmten betriebsverfassungsrechtlichen Funktionsträgern (§ 15 Abs. 1 und Abs. 2 KSchG iVm § 103 BetrVG);
- Zulassung von ordentlichen Kündigungen gegenüber den in § 15 Abs. 1 und Abs. 2 KSchG genannten betriebsverfassungsrechtlichen Funktionsträgern in den Fällen der Stilllegung des Betriebes oder einer Betriebsabteilung (§ 15 Abs. 3 und Abs. 4 KSchG).

IV. Betrieblicher Geltungsbereich (§ 23 Abs. 1 KSchG)

1. Grundsätzliche Abgrenzung (§ 23 Abs. 1 S. 1 KSchG)

Der betriebliche Geltungsbereich wird für den Ersten und Zweiten Abschnitt in § 23 Abs. 1 S. 1 KSchG dahin festgelegt, dass unter diese Bestimmung Betriebe und Verwaltungen des privaten und des öffentlichen Rechts fallen. Von dieser grds. Abgrenzung bestehen Ausnahmeregelungen für Seeschifffahrts-, Binnenschifffahrts- und Luftverkehrsbetriebe (§ 23 Abs. 1 S. 1 iVm § 24 KSchG) sowie für Kleinbetriebe (§ 23 Abs. 1 Sätze 2 bis 4 KSchG). **24**

Der **Begriff des Betriebes** ist im KSchG nicht definiert. **Ein Betrieb stellt die organisatorische Einheit dar, innerhalb derer der Arbeitgeber bestimmte arbeitstechnische Zwecke verfolgt** (zum Betriebsbegriff iE vgl. KR-*Griebeling* § 1 KSchG Rz 132 ff.; grds. auch *U. Preis* RdA 2000, 257; zu den Besonderheiten bei dezentraler Betriebsorganisation s.a. Rz 47 ff.; *Kania/Gilberg* NZA 2000, 678; *Hanau* ZfA 1990, 119). Die Regelung gem. § 23 Abs. 1 KSchG differenziert nicht zwischen Betrieb und Betriebsteil, der lediglich nach § 4 BetrVG als selbständiger Betriebsteil gilt, arbeitstechnisch aber nur Teilfunktionen wahrnimmt, über keinen eigenen Leitungsapparat verfügt und daher iSd § 23 Abs. 1 S. 2 als Einheit mit dem Betrieb anzusehen ist (BAG 15.3.2001 EzA § 23 KSchG Nr. 23; 20.8.1998 EzA § 2 KSchG Nr. 31 Anm. *Thüsing*). An diesem Betriebsbegriff hat das *BVerfG* (27.1.1998 EzA § 23 KSchG Nr. 17) für den Bereich des KSchG ausdrücklich festgehalten. Soweit allerdings unter diesen Betriebsbegriff auch solche selbständige Teile größerer Unternehmen fallen, die aus numerischen Gründen von dem Ausnahmetatbestand gem. § 23 Abs. 1 Sätze 2 bis 4 KSchG (sog. Kleinbetriebsklausel, vgl. Rz 33 ff.) erfasst würden, ist der **Betriebsbegriff »in Wege verfassungskonformer Auslegung auf die Einheiten zu beschränken, für deren Schutz die Kleinbetriebsklausel allein bestimmt ist«** (*BVerfG* 27.1.1998 EzA § 23 KSchG Nr. 17). Die Anwendbarkeit der Ausnahmeregelung gem. § 23 Abs. 1 S. 2 bis 4 KSchG in kleinen Teileinheiten von Unternehmen setzt demnach voraus, dass der zugunsten des Kleinunternehmers beabsichtigte Schutzgedanke dieser Regelung für diese Einheit zutrifft und die kündigungsrechtliche Benachteiligung der betroffenen Arbeitnehmer sachlich begründet ist (*BVerfG* 27.1.1998 EzA § 23 KSchG Nr. 17). Diese Auslegung des Betriebsbegriffs ist am Sinn und Zweck der Kleinbetriebsklausel ausgerichtet (vgl. *Joost* S. 337 ff., 344 mwN) und modifiziert die bisherige Rspr. des BAG, wonach der Betriebsbegriff des KSchG demjenigen des BetrVG folgt (BAG 18.1.1990 EzA § 23 KSchG Nr. 9; so auch *Ascheid* Rz 174; *Bader* NZA 1996, 1125; wohl auch *Fischermeier* NZA 1997, 1089). **Zu besonderen Betriebsarten vgl. Rz 44 ff.** **25**

An der bisherigen Rspr. des *BAG* (zuletzt: 18.1.1990 EzA § 23 KSchG Nr. 9) zur Bestimmung des Betriebsbegriffs ist in Rspr. (*ArbG Hamburg* 10.3.1997 DB 1997, 2439) und Lit. (vgl. zB KR-Vorauflagen § 23 KSchG Rz 17) Kritik geübt worden. Diese Kritik hat das *BVerfG* (27.1.1998 EzA § 23 KSchG Nr. 17) aufgegriffen. Die Verwendung des Begriffs »Betrieb« in § 23 KSchG ist durch den Zusammenhang mit dem Betriebsrätegesetz historisch bedingt (*Joost* S. 335 ff.). Den betriebsverfassungsrechtlichen Be- **26**

§ 23 KSchG   Geltungsbereich

triebsbegriff hat das *BAG* seiner Rspr. zu den Regelungen gem. § 21 KSchG 1951 und § 23 KSchG 1969 stets, aber uneinheitlich, zugrunde gelegt (vgl. *Joost* S. 338 ff.). Diese Auslegung wird einer normzweckbestimmten Betrachtung der Regelung in § 23 Abs. 1 KSchG nicht gerecht, denn der Betriebsbegriff in § 1 BetrVG erfüllt eine andere Funktion als derjenige in § 23 Abs. 1 KSchG (*Joost* S. 342 ff.). Die Begründung des Gesetzgebers für die Privilegierung der Betriebe den. § 23 Abs. 1 KSchG (vgl. Rz 13) zeigt den **funktionalen Bezug dieser Vorschrift auf den Geschäftsbereich des Arbeitgebers**. Der betriebsverfassungsrechtlichen Unterscheidung zwischen Betrieb und Unternehmen folgend ist unter Betrieb im kündigungsschutzrechtlichen Sinne das Unternehmen im betriebsverfassungsrechtlichen Sinne zu verstehen (*Joost* S. 344; ihm folgend *ArbG Hamburg* 10.3.1997 DB 1997, 2439). Ausgehend vom Gesetzeszweck ist der **Betrieb iSv »Arbeitgeber« zu verstehen** für den Fall eines Arbeitgebers, der mehrere Verkaufsstellen mit einer unterhalb des Schwellenwertes liegenden Beschäftigtenzahl hat (*Kittner* AuR 1997, 182; *Fiebig/Gallner/Pfeiffer* § 23 KSchG Rz 11; *U. Preis* NZA 1997, 1073; *Lakies* NJ 1997, 121; zust. *Franzen* SAE 2000, 106).

27 Der betriebliche Geltungsbereich des allgemeinen Kündigungsschutzes kann durch eine **arbeitsvertragliche Vereinbarung** auch auf solche Kleinbetriebe ausgedehnt werden, deren regelmäßige Beschäftigtenzahl unter der in § 23 Abs. 1 S. 2 bis 4 KSchG genannten Grenze liegt (*Löwisch/Spinner* § 23 KSchG Rz 6; ErfK-*Kiel* Rz 12). Nach der Ansicht des *BAG* (16.1.2003 EzA § 23 KSchG Nr. 25; 18.2.1967 EzA § 1 KSchG Nr. 5; 8.6.1972 EzA § 1 KSchG Nr. 24) kann durch Parteivereinbarung der allgemeine Kündigungsschutz auch schon auf Arbeitsverhältnisse, die noch nicht sechs Monate bestanden haben, ausgedehnt werden. Wegen Vergleichbarkeit der Interessenlage sind die vom *BAG* (16.1.2003 EzA § 23 KSchG Nr. 25; 18.2.1967 EzA § 1 KSchG Nr. 5; 8.6.1972 EzA § 1 KSchG Nr. 24) zur Frage der arbeitsvertraglichen Erweiterung des persönlichen Geltungsbereiches aufgestellten Grundsätze beim betrieblichen Geltungsbereich entsprechend anzuwenden (*Löwisch* BB 1997, 782, 792; *Hetzel* S. 173 ff.). Eine arbeitsvertragliche Erweiterung des betrieblichen Geltungsbereiches des allgemeinen Kündigungsschutzes kann nicht nur ausdrücklich, sondern auch stillschweigend (zB durch die Zusage einer Dauerstellung) getroffen werden. Ebenso können Vorschriften zum Kündigungsschutz in betriebsratsfähigen Kleinbetrieben durch freiwillige Betriebsvereinbarungen (§ 88 BetrVG) zur Geltung gebracht werden (vgl. GK-BetrVG/*Wiese* § 88 Rz 11; TK-BetrVG/*Löwisch* § 88 Rz 6). Auch über den allgemeinen Kündigungsschutz hinausgehende Regelungen sind kollektivrechtlich für Kleinbetriebe, die gem. § 23 Abs. 1 nicht von den Vorschriften des Ersten und Zweiten Abschnitts betroffen sind, vereinbar (KR-*Griebeling* § 1 KSchG Rz 34; APS-*Moll* Nr. 42; aA *Löwisch/Spinner* § 23 Rz 6; ErfK-*Kiel* Rz 12).

28 Die Bestimmung des § 23 Abs. 1 S. 1 KSchG stellt klar, dass neben den Betrieben (vgl. zum **Betriebsbegriff** iE KR-*Griebeling* § 1 KSchG Rz 132 ff.; zu den Besonderheiten bei dezentraler Betriebsorganisation s. *Hanau* ZfA 1990, 119 ff.) auch **Verwaltungen des privaten und des öffentlichen Rechts** den Vorschriften des Ersten und Zweiten Abschnitts unterliegen (krit. zu dieser Differenzierung BAG 23.4.1998 EzA § 23 KSchG Nr. 19). Die Vorschriften des Ersten und des Zweiten Abschnitts gelten somit für den gesamten Bereich der **Privatwirtschaft** (insbes. Handel, Industrie, Handwerk, Land- und Forstwirtschaft) und für den **gesamten öffentlichen Dienst** (BAG 23.4.1998 EzA § 23 KSchG Nr. 19). Zu den Verwaltungen des privaten Rechts zählen zB Verbände, private Stiftungen und sonstige Vereinigungen auf privatrechtlicher Grundlage.

29 Die Bestimmung des § 23 Abs. 1 S. 2 KSchG stellt für den Bereich des **öffentlichen Dienstes** nicht auf die Zahl der beschäftigten Arbeitnehmer der Dienststelle ab, sondern auf die der **Verwaltung** (*BAG* 23.4.1998 EzA 23 KSchG Nr. 19; 26.1.1984 – 2 AZR 593/82; *LAG Köln* 23.2.1996 LAGE § 1 KSchG Betriebsbedingte Kündigung Nr. 36). Zwar ist der Begriff der Verwaltung iSd Kleinbetriebsklausel gesetzlich nicht definiert, doch kann insoweit auf die Regelung gem. § 1 Abs. 2 S. 2 Nr. 2b KSchG zurückgegriffen werden, die zwischen den Begriffen der Verwaltung und der Dienststelle unterscheidet (vgl. auch KR-*Griebeling* § 1 KSchG Rz 145). Diese Bestimmung wurde durch das BPersVG 1974 in das KSchG eingefügt und hat insoweit den gleichen Wortlaut wie § 79 Abs. 1 S. 2 Nr. 3 BPersVG. Da sich aus den Gesetzesmaterialien nichts anderes ergibt, wird davon ausgegangen, dass der Gesetzgeber den Begriffen »Dienststelle« und »Verwaltung« in beiden Gesetzen die jeweils gleiche Bedeutung beigemessen hat. Gem. den §§ 1, 6 BPersVG wird zwischen »**Dienststelle**« und »**Verwaltung**« unterschieden. »Verwaltung« ist danach bei Mehrstufigkeit nicht jeweils die einzelne Behörde oder Verwaltungsstelle, sondern deren Gesamtheit. Der Begriff bezieht sich auf die Organisation, in der mehrere Dienststellen zu einer administrativen Hierarchie zusammengefasst werden (*BAG* 16.9.1999 EzA § 611 Kirchliche Arbeitnehmer Nr. 45; *Dietz/Richardi* § 1 BPersVG Rz 4). Verwaltung iSd § 23 Abs. 1 S. 2 KSchG ist bei Arbeitsverhältnissen mit einer **Anstalt des öffentlichen Rechts** folglich die Anstalt ins-

Geltungsbereich § 23 KSchG

gesamt (*LAG Köln* 23.2.1996 LAGE § 1 KSchG Betriebsbedingte Kündigung Nr. 36). Die »Italienischen Kulturinstitute« in Deutschland, die sämtlich dem Außenministerium Italiens zuzuordnen sind, bilden als Gesamtheit eine Verwaltung iSd § 23 Abs. 1 S. 1 KSchG, so dass der 1. Abschnitt des KSchG auch anzuwenden ist, wenn in der einzelnen Dienststelle der Schwellenwert gem. § 23 Ab. 1 S. 2 bis 4 unterschritten wird (*BAG* 23.4.1998 EzA § 23 KSchG Nr. 19).

Zu den in § 23 Abs. 1 S. 1 KSchG genannten **öffentlichen Betrieben** gehören insbes. solche, deren Inhaber eine juristische Person des öffentlichen Rechts (zB Körperschaft, Stiftung, Anstalt) ist und die von dieser unmittelbar geleitet und betrieben werden (vgl. *Denecke* RdA 1955, 404). Als öffentliche Betriebe sind aber auch solche anzusehen, deren Inhaber zwar eine juristische Person (zB AG oder GmbH) oder ein Personenverband (zB oHG, KG) des Privatrechts ist, bei denen aber die öffentliche Hand durch eine entsprechende kapitalmäßige Beteiligung maßgeblichen Einfluss hat (sog. **Regiebetriebe**; aA APS-*Moll* § 23 Rz 22). Auch auf **Religionsgemeinschaften** finden die Bestimmungen des Ersten und Zweiten Abschnitts Anwendung (vgl. st. Rspr. *BAG* 21.2.2001 EzA § 242 BGB Kündigung Nr. 2; 16.9.1999 EzA § 611 Kirchliche Arbeitnehmer Nr. 45; *BVerfG* 4.6.1985 EzA § 611 BGB Kirchliche Arbeitnehmer Nr. 24 sowie KR-*Griebeling* § 1 KSchG Rz 134; *v. Hoyningen-Huene/Linck* Rz 8; *Löwisch/ Spinner* Rz 8). Eine **Kirchengemeinde** ist als Gebietskörperschaft des öffentlichen Rechts eine eigenständige juristische Person mit weitgehenden Kompetenzen insbes. in der Personalgestaltung und stellt daher als Arbeitgeberin eine Verwaltung iSd § 23 Abs. 1 KSchG dar (für eine katholische Gemeinde: *BAG* 21.2.2001 EzA § 242 BGB Kündigung Nr. 2; 16.9.1999 EzA § 611 Kirchliche Arbeitnehmer Nr. 45; für eine evangelische Gemeinde: *BAG* 12.11.1998 EzA § 23 KSchG Nr. 20 m. Anm. *Jacobs*; m. Anm. *Gragert/Kreutzfeldt* AP Nr. 20 zu § 23 KSchG; m. Anm. *Weigand* AuR 1999, 322). Nicht statthaft ist ein sog. »Berechnungsdurchgriff« auf übergeordnete Verwaltungen, wenn die Kündigung zwar der kirchenaufsichtlichen Genehmigung bedarf, aber der Kündigungsentschluss von der einzelnen Kirchengemeinde getroffen wurde. Dies gilt auch in dem Fall, dass sich mehrere rechtlich selbständige Verwaltungsträger zur Bildung einer einheitlichen Verwaltung rechtlich verbinden, aber der Kern der Arbeitgeberfunktionen, insbes. das arbeitgeberseitige Weisungsrecht hinsichtlich der Arbeitspflichten der abhängigen Arbeitnehmer, bei der Kirchengemeinde bleibt (*BAG* 21.2.2001 EzA § 242 BGB Kündigung Nr. 2; 12.11.1998 EzA § 23 KSchG Nr. 20 m. Anm. *Jacobs*). Ebenso gelten die entsprechenden Bestimmungen **nicht** für den **Familienhaushalt**, da dieser arbeitsrechtlich nicht als Betrieb anzusehen ist (ebenso *Löwisch/Spinner* Rz 9; *v. Hoyningen-Huene/Linck* Rz 8; APS-*Moll* Rz 10).

Eine **Häuserverwaltung** stellt einen Betrieb iSd § 23 Abs. 1 KSchG dar (*BAG* 14.3.1985 – 2 AZR 115/84 – nv; 9.9.1982 EzA § 611 BGB Arbeitgeberbegriff Nr. 1). Dies gilt auch für den Gesamthafenbetrieb (*Löwisch/Spinner* § 23 KSchG Rz 14). Im Gegensatz dazu ist die Verwaltung des gemeinschaftlichen Eigentums durch die Wohnungseigentümer und den Verwalter iSd §§ 20 ff. WEG kein (einheitlicher) Betrieb iSd §§ 1 ff. KSchG; die Beschäftigten der Wohnungseigentümer und die des Verwalters sind nicht gem. § 23 Abs. 1 S. 2 KSchG zusammenzurechnen (*LAG Köln* 6.11.1991 NZA 1992, 413).

2. Sonderregelung für Seeschifffahrts-, Binnenschifffahrts- und Luftverkehrsbetriebe (§ 23 Abs. 1 S. 1 iVm § 24 KSchG)

Für die **Seeschifffahrts-, Binnenschifffahrts-** und **Luftverkehrsbetriebe** verweist § 23 Abs. 1 S. 1 KSchG hinsichtlich der Geltung des Ersten und des Zweiten Abschnitts auf die Sonderregelung des § 24 KSchG. Die zuletzt genannte Bestimmung trägt den Besonderheiten der Schifffahrts- und Luftverkehrsbetriebe Rechnung (vgl. iE KR-*Weigand* § 24 KSchG Rz 9 ff.).

3. Ausnahmeregelung für Kleinbetriebe (§ 23 Abs. 1 Sätze 2 bis 4 KSchG)

a) Schwellenwert

Ausgenommen von dem betrieblichen Geltungsbereich des **Ersten Abschnitts** sind nach § 23 Abs. 1 S. 2 und 3 KSchG diejenigen **Kleinbetriebe** (vgl. zum Begriff des Betriebes Rz 25 f., 46 ff. und KR-*Griebeling* § 1 KSchG Rz 132 ff.) und **Verwaltungen** (vgl. zum Begriff der Verwaltung Rz 28 f.), in denen die Anzahl der beschäftigten Arbeitnehmer einen bestimmten Schwellenwert nicht überschreitet (Rz 33b-f). Bei der Berechnung dieses Schwellenwertes kommt es auf die Anzahl der regelmäßig beschäftigten Arbeitnehmer an (Rz 44 ff.). Auf sonstige Merkmale (zB auf einen bestimmten arbeitstechnischen Zweck) kommt es nach dem Gesetz nicht an. Zur Bestimmung der Anzahl der regelmäßig beschäftigten Arbeitnehmer sind auch Teilzeitbeschäftigte anteilig ihrer individuellen Arbeitszeit zu berücksichtigen. Es wird dann an das zu ermittelnde Gesamtarbeitsvolumen im Betrieb angeknüpft (vgl. Rz 34). Bis zum 31.12.2003 waren diejenigen Kleinbetriebe vom Geltungsbereich des Ersten Abschnitts des

§ 23 KSchG   Geltungsbereich

KSchG ausgenommen, in denen idR fünf oder weniger Arbeitnehmer ausschließlich der zu ihrer Berufsbildung Beschäftigten beschäftigt waren (Rz 33b-c). Mit Wirkung vom 1.1.2004 gilt für die Ausnahmeregelung als neuer Schwellenwert die Anzahl von zehn oder weniger Arbeitnehmern (Rz 33d-e). Allerdings behalten diejenigen Arbeitnehmer, die bereits am 31.12.2003 Schutz nach dem KSchG in Anspruch nehmen konnten, diese Privilegierung über dieses Datum unbegrenzt hinaus, es sei denn, auch in Betrieben dieser »Altfälle« sinkt die Beschäftigtenzahl auf fünf oder weniger Arbeitnehmer (Rz 33c). Zur Rationalität und Verfassungsmäßigkeit der Kleinbetriebklausel vgl. Rz 13 ff.

33a Von der **Ausnahmeregelung für Kleinbetriebe ausgenommen** sind im Ersten Abschnitt des KSchG die Vorschriften gem. §§ 4 bis 7 und § 13 Abs. 1 S. 1 und 2 KSchG. Mit Wirkung vom 1.1.2004 gilt eine **einheitliche Klagefrist von drei Wochen.** Unabhängig vom gesetzlichen Schwellenwert und der Anzahl der Beschäftigten in einem Betrieb hat der Arbeitnehmer grds. eine Klagefrist von drei Wochen einzuhalten. Diese Klagefrist gilt für die Geltendmachung sowohl der Sozialwidrigkeit gem. § 1 KSchG als auch für andere Unwirksamkeitsgründe (zB § 102 BetrVG, § 613a BGB, § 9 MuSchG, § 18 BErzGG, § 85 SGB IX, § 138 BGB, § 242 BGB). Nicht vorgeschrieben ist die dreiwöchige Klagefrist bei der Geltendmachung von Verletzungen des Schriftformerfordernisses gem. § 623 BGB; denn die Dreiwochenfrist beginnt erst zu laufen, wenn die schriftliche Kündigung zugegangen ist (§ 4 S. 1 KSchG; vgl. Beschlussempfehlung des Ausschusses für Wirtschaft und Arbeit, BT-Drs. 15/1587 S. 9, 27).

aa) Regelung für vor dem 1.1.2004 begonnene Arbeitsverhältnisse
(§ 23 Abs. 1 S. 2)

33b Arbeitnehmer, deren Arbeitsverhältnisse bereits **am 31.12.2003** in Betrieben und Verwaltungen mit mehr als **fünf** Arbeitnehmern ausschließlich der zu ihrer Berufsbildung Beschäftigten bestanden haben, können den allgemeinen Kündigungsschutz nach dem Ersten Abschnitt des KSchG beanspruchen. Jeder dieser Arbeitnehmer behält den Anspruch **über den 1.1.2004 hinaus zeitlich unbegrenzt** weiter (*Preis* DB 2004, 70, 78), solange in dem Betrieb die Anzahl dieser Anspruchsberechtigten den Schwellenwert von fünf Arbeitnehmern übersteigt. Bei der Berechnung des Schwellenwertes von mehr als fünf Arbeitnehmern werden diejenigen Arbeitsverhältnisse nicht berücksichtigt, die nach dem 31.12.2003 begonnen haben. Dies gilt auch dann, wenn für ausgeschiedene »Alt-Arbeitnehmer« andere Arbeitnehmer eingestellt worden sind. Eine solche »Ersatzeinstellung« reicht nach Wortlaut sowie Sinn und Zweck der Besitzstandsregelung des § 23 Abs. 1 S. 2 KSchG für deren Anwendung nicht aus (*BAG* 21.9.2006 – 2 AZR 840/05; wie Vorinstanz *LAG Hamburg* 1.9.2005 – 8 Sa 58/05; zust. *Insam/Zöll* DB 2006, 726; *dies.* DB 2006, 1216; *LAG Hamm* 9.9.2005 – 7 Sa 959/05; *LAG Nds.* 23.1.2006 LAGE § 23 KSchG Nr. 24). Werden mehrere Arbeitsplätze der sich in Elternzeit befindlichen Arbeitnehmerinnen durch gem. § 21 Abs. 1 BErzGG (jetzt BEEG) sachlich befristet beschäftigte Vertreterinnen besetzt, so sind bei der Ermittlung der Zahlen der Arbeitnehmer nach § 23 Abs. 1 S. 3 KSchG die sich in Elternzeit befindlichen Mitarbeiterinnen nicht mitzuzählen. Dies ergibt sich aus § 21 Abs. 7 BErzGG (jetzt BEEG) (*LAG Köln* 18.1.2006 – 7 Sa 844/05 – EzA-SD 19/2006, S. 10). Arbeitnehmer, deren Arbeitsverhältnis am 31.12.2003 in einem Betrieb mit mehr als fünf Arbeitnehmern bestanden hat, behalten den allgemeinen Kündigungsschutz auch dann, wenn ihre Wartezeit gem. § 1 Abs. 1 KSchG bis zum 31.12.2003 noch nicht abgelaufen war (*Bader* NZA 2004, 65, 67; *Löwisch* BB 2004, 154, 161).

33c In Betrieben mit einer **Beschäftigtenzahl von mindestens 5,25 und höchstens zehn** kann es nach den Regelungen in § 23 Abs. 1 Sätze 2 und 3 für die einzelnen Arbeitnehmer zu Unterschieden hinsichtlich der Anwendbarkeit des allgemeinen Kündigungsschutzes kommen (vgl. Rz 33f). Die Arbeitnehmer, deren Arbeitsverhältnis vor dem 1.1.2004 begonnen hat, behalten den Schutz nach Maßgabe des § 23 Abs. 1 S. 2 (s. Rz 33b). Sobald die Anzahl der bereits vor dem 1.1.2004 beschäftigten Arbeitnehmer auf fünf oder weniger absinkt, endet für den gesamten Kreis dieser Arbeitnehmer der allgemeine Kündigungsschutz (*BAG* 21.9.2006 – 2 AZR 840/05; *Willemsen/Annuß* NJW 2004, 177, 184). Scheidet zB von sechs am 31.12.2003 Beschäftigten ein Arbeitnehmer aus, verlieren alle übrigen ihren Kündigungsschutzanspruch gem. § 23 Abs. 2 S. 2 endgültig. Diese Arbeitnehmer können erst wieder den Schutz gem. dem Ersten Abschnitt geltend machen, wenn der Schwellenwert gem. § 23 Abs. 1 S. 3 überschritten ist (Rz 33d).

bb) Regelung für nach dem 31.12.2003 begonnene Arbeitsverhältnisse
(§ 23 Abs. 1 S. 3)

33d Mit **Wirkung vom 1.1.2004** sind diejenigen Betriebe und Verwaltungen von dem betrieblichen Geltungsbereich des Ersten Abschnitts mit Ausnahme der §§ 4 bis 7 und des § 13 Abs. 1 S. 1 und 2 **ausge-**

schlossen, in denen idR **zehn oder weniger Arbeitnehmer** ausschließlich der zu ihrer Berufsbildung Beschäftigten beschäftigt sind. Die Anwendbarkeit des Ersten Abschnitts setzt also eine Beschäftigtenzahl von mindestens 10,25 voraus. Zum Gesetzgebungsverfahren zur Erhöhung dieses Schwellenwertes vgl. Rz 7c.

Solange der Schwellenwert von zehn Arbeitnehmern in einem Betrieb nicht überschritten ist, gilt der allgemeine Kündigungsschutz nicht für Arbeitnehmer, deren Arbeitsverhältnis nach dem 31.12.2003 begonnen hat. Unter Beginn ist nicht die tatsächliche Arbeitsaufnahme, sondern der **rechtliche Beginn des Arbeitsverhältnisses** zu verstehen (vgl. KR-*Griebeling* § 1 KSchG Rz 99). Die Vereinbarung über den rechtlichen Beginn kann schon vor dem 1.1.2004 getroffen worden sein (*Bader* NZA 2004, 65, 67). 33e

cc) Konsequenzen für die Praxis

Die Neuregelung des Schwellenwertes kann bei den einzelnen Arbeitnehmern je nach dem, ob es sich um »**Altfälle**« gem. § 23 Abs. 1 S. 2 oder um Neueinstellungen gem. Satz 3 handelt, **in demselben Betrieb zu Unterschieden** bei der Anwendbarkeit des Ersten Abschnitts des KSchG führen. Bei den »Altfällen« (Rz 33b, c) bleibt der Kündigungsschutz nach dem 31.12.2003 ohne zeitliche Grenze erhalten, solange die Zahl der »Altfälle« nicht auf fünf oder weniger Arbeitnehmer sinkt. Bei den zusätzlich nach dem 31.12.2003 begonnenen sechsten bis zehnten Arbeitsverhältnissen (Gesamtarbeitsvolumen, vgl. Rz 34) besteht kein Kündigungsschutz. Erst mit Erreichen des Gesamtbeschäftigungsvolumens von 10,25 genießen auch der sechste bis zehnte neu eingestellte Arbeitnehmer Kündigungsschutz. Sinkt die Zahl der »Altfälle« auf fünf oder weniger und steigt das Gesamtarbeitsvolumen durch Neueinstellungen auf bis zu zehn an, kann keiner der Arbeitnehmer den allgemeinen Kündigungsschutz beanspruchen (vgl. auch Berechnungsbeispiele *Wolff* FA 2004, 40; *Bauer/Krieger* DB 2004, 651). Insbes. **in Fällen des Schwankens des Gesamtarbeitsvolumens** über und unter den Schwellenwert von zehn Arbeitnehmern empfiehlt sich wegen des Nebeneinanders der »Altfälle« und der Neueinstellungen, in Kleinbetrieben mindestens die »Altfälle« zum Stichtag 31.12.2003 als Anspruchsberechtigte für den Kündigungsschutz zu dokumentieren. Da es sich bei der Kleinbetriebsklausel um eine Ausnahmeregelung zur Anwendbarkeit des allgemeinen Kündigungsschutzes zugunsten des Arbeitgebers handelt, trägt er die **Beweislast** für das Vorliegen des Ausnahmetatbestandes (vgl. Rz 54 ff.). 33f

b) Berücksichtigung der Teilzeitbeschäftigten (§ 23 Abs. 1 S. 4)

Bei der Feststellung der Anzahl der im Betrieb beschäftigten Arbeitnehmer sind **sämtliche Teilzeitbeschäftigten** zu berücksichtigen. Im Einzelnen werden Teilzeitarbeitsverhältnisse mit einer regelmäßigen wöchentlichen Arbeitszeit von nicht mehr als 20 Stunden mit 0,5 Anteilen, nicht mehr als 30 Stunden mit 0,75 Anteilen und mehr als 30 Stunden mit 1,0 berücksichtigt. Bei der Bestimmung dieser Anteilswerte wird weder auf eine spezifische betriebliche noch auf eine individuelle Wochenarbeitszeit abgestellt, sondern es wird aus Gründen der Praktikabilität einheitlich von einer Arbeitszeit von 40 Wochenstunden ausgegangen. Das sich aus der **Addition aller Anteilswerte ergebende Gesamtarbeitsvolumen ist der maßgebliche Wert für die Anzahl der im Betrieb beschäftigten Arbeitnehmer.** Nach dem Wortlaut des § 23 Abs. 1 S. 3 KSchG findet der Erste Abschnitt des KSchG Anwendung, wenn ein Gesamtarbeitsvolumen in Höhe von mindestens 10,25 gezählt wird. Für »Altfälle« nach Satz 2 (vgl. Rz 33b, c) muss mindestens ein Gesamtvolumen von 5,25 gegeben sein. 34

Maßgeblicher Anknüpfungspunkt für die Bemessung der »**regelmäßigen Arbeitszeit**« ist grds. die im Arbeitsvertrag individuell vereinbarte Wochen- oder Monatsarbeitszeit. Unterscheidet sich die regelmäßige Arbeitszeit in tatsächlicher Hinsicht von der arbeitsvertraglichen Regelung, so ist die tatsächlich geleistete regelmäßige Arbeitszeit maßgeblich. Regelmäßig ist eine Arbeitszeit dann, wenn der Arbeitnehmer nicht nur vorübergehend, sondern auf Dauer eine bestimmte Wochen- oder Monatsarbeitszeit einhält. Kurzfristige Arbeitsschwankungen (zB infolge des Ausfalls anderer Arbeitnehmer wegen Krankheit oder Urlaubs) sind unbeachtlich. Bei **Bedarfsarbeitsverhältnissen** iSd §§ 12, 13 TzBfG ist auf die im Jahresdurchschnitt geleistete Arbeitszeit abzustellen. 35

Die proportionale Berücksichtigung von Teilzeitbeschäftigten in der Regelung gem. § 23 Abs. 1 S. 2 KSchG ist angemessen. Diese Neuregelung dient der Förderung der Teilzeitbeschäftigung und soll vermeiden, dass Betriebe mit einem hohen Anteil von geringfügig Beschäftigten aus dem Geltungsbereich des Ersten Abschnitts des KSchG ausgenommen bleiben, obwohl sie den Charakter eines Kleinbetriebes verloren haben (*Schwedes* BB Beil. 17/1996, S. 2). Mit der seit dem 1.1.1999 geltenden Fassung, 36

§ 23 KSchG

die bei allen Beschäftigungsverhältnissen mit einer Arbeitszeit von bis zu 20 Stunden in der Woche den Anrechnungsfaktor 0,5 vorsieht, setzt der Korrekturgesetzgeber ein weiteres Zeichen zur Eindämmung geringfügiger Beschäftigungsverhältnisse.

c) **Regelmäßige Beschäftigtenzahl**

37 Das Gesetz stellt auf die **regelmäßige** Beschäftigtenzahl ab. Dies folgt aus der in § 23 Abs. 1 S. 2 KSchG enthaltenen Formulierung »**in der Regel**«. Diese Formulierung fand sich bereits in § 1 BRG 1920, §§ 5, 20, 56 AOG; sie ist heute noch in § 17 Abs. 1 KSchG, in den §§ 1, 9, 111 Abs. 1 S. 1 BetrVG enthalten. Angesichts des insofern identischen Wortlauts sind diese Bestimmungen einheitlich auszulegen (allg. Ansicht: vgl. *v. Hoyningen-Huene/Linck* § 17 Rz 9 ff.). Festzustellen ist die regelmäßige, dh die **normale Beschäftigtenzahl** eines Betriebes zum **Zeitpunkt** des **Zugangs der Kündigung** (st.Rspr. *BAG* 24.2.2005 EzA § 23 KSchG Nr. 28 mwN), nicht zum Zeitpunkt der Beendigung des Arbeitsverhältnisses (ebenso *BBDW-Dörner* Rz 22; *HK-Kriebel* Rz 33). Der Begriff »in der Regel« bedeutet nicht die jahresdurchschnittliche Beschäftigtenzahl, sondern die regelmäßig vorhandenen Arbeitsplätze aufgrund eines Stellenplans bzw. der Personalplanung im Betrieb (*LAG Hamm* 3.4.1997 LAGE § 23 KSchG Nr. 13). Maßgebend ist die Zahl der idR beschäftigten **ständigen Arbeitnehmer**. Die zufällige tatsächliche Beschäftigtenzahl zum Zeitpunkt des Kündigungszugangs ist unbeachtlich (vgl. zur Auslegung des § 111 Abs. 1 S. 1 BetrVG *BAG* 22.2.1983 EzA § 4 TVG Ausschlussfristen Nr. 54 sowie *LAG Köln* 19.10.1983 DB 1984, 511). Es bedarf daher bei der Feststellung der regelmäßigen Beschäftigtenzahl zur Ermittlung der für den Betrieb im allgemeinen kennzeichnenden regelmäßigen Beschäftigtenzahl – bezogen auf den Kündigungszeitpunkt – eines Rückblicks auf die bisherige personelle Situation und einer Einschätzung der zukünftigen Entwicklung, wobei Zeiten außergewöhnlich hohen oder niedrigen Geschäftsanfalls nicht zu berücksichtigen sind (*BAG* 24.2.2005 EzA § 23 KSchG Nr. 28; 22.1.2004 EzA § 23 KSchG Nr. 26; 31.1.1991 EzA § 23 KSchG Nr. 11).

38 Lassen **Rückblick** und **Vorschau** erkennen, dass die bei Zugang der Kündigung tatsächlich gegebene Beschäftigtenzahl nicht dem regelmäßigen Personalstand entspricht, so ist im Fall der **zukünftig auf Dauer verringerten Belegschaftsstärke** darauf abzustellen, wann der Arbeitgeber noch eine regelmäßige Betriebstätigkeit entwickelt und wie viele Arbeitnehmer er hierfür eingesetzt hat. Wird der Betrieb stillgelegt, bleibt nur der Rückblick. Bei der Betriebseinschränkung ist die bisherige Beschäftigtenzahl maßgeblich (*BAG* 22.1.2004 EzA § 23 KSchG Nr. 26; zust. *Gragert/Keilich* NZA 2004, 776; vgl. auch zur vergleichbaren Regelung der »in der Regel« Beschäftigtenanzahl gem. § 17 KSchG KR-*Weigand* § 17 KSchG Rz 28a). Bei der Berechnung des Schwellenwertes ist der gekündigte Arbeitnehmer folglich mit zu berücksichtigen, wenn der Kündigungsgrund die unternehmerische Entscheidung ist, den betreffenden Arbeitsplatz nicht mehr neu zu besetzen; denn im Kündigungszeitpunkt ist für den Betrieb noch die bisherige Belegschaftsstärke kennzeichnend (*BAG* 22.1.2004 EzA § 23 KSchG Nr. 26, gegen Vorinstanz *LAG Köln* 22.11.2002 LAGE § 23 KSchG Nr. 21). Nur vorübergehend oder willkürlich herbeigeführte Unterschreitungen des Schwellenwertes beseitigen nicht die Anwendbarkeit des Ersten Abschnitts des KSchG.

39 **Aushilfsarbeitnehmer sind dann nicht mitzuzählen**, sofern sie nur vorübergehend aus Anlass eines vermehrten Arbeitsanfalls (zB Inventur, Ausverkauf, Weihnachtsgeschäft) oder zur Vertretung von Stammpersonal (zB in den Fällen von Krankheit, Schwangerschaft, Kur, Urlaub usw.) in einem Kleinbetrieb arbeiten (*RAG* 13.6.1928 ARS 3, 108 sowie *LAG Mannheim* 28.9.1955 BB 1956, 306). Es gilt als allgemeingültiger Rechtsgedanke die Regelung gem. § 21 Abs. 7 BErzGG (so auch *LAG Hamm* 3.4.1997 LAGE § 23 KSchG Nr. 13): »Wird im Rahmen arbeitsrechtlicher Gesetze oder Verordnungen auf die Zahl der beschäftigten Arbeitnehmer abgestellt, so sind bei der Ermittlung dieser Zahl Arbeitnehmer, die sich im Erziehungsurlaub befinden oder zur Betreuung eines Kindes freigestellt sind, nicht mitzuzählen, solange für sie ... ein Vertreter eingestellt ist.« Eine »Doppelzählung« findet auch bei doppelter Besetzung des Arbeitsplatzes nicht statt, wenn die **Ersatzkraft** eingearbeitet oder für einen ausscheidenden Mitarbeiter eingestellt wird (*LAG Köln* 13.1.2005 LAGE § 23 KSchG Nr. 23). **Aushilfsarbeitnehmer sind aber dann und insoweit zu berücksichtigen**, als eine bestimmte Anzahl derartiger Arbeitnehmer regelmäßig für den Zeitraum von mindestens sechs Monaten im Jahr beschäftigt worden ist und auch mit einer derartigen Beschäftigung in Zukunft gerechnet werden kann (*BAG* 12.10.1976 AP Nr. 1 zu § 8 BetrVG 1972). Die Maßgeblichkeit des Sechsmonatszeitraums ergibt sich aus der Regelung über die gesetzliche Wartezeit (§ 1 Abs. 1 KSchG). Eine vorübergehende Erhöhung der Personalstärke zum Zeitpunkt des Kündigungszugangs zB infolge außergewöhnlichen Arbeitsanfalls hat dabei ebenso außer Betracht zu bleiben wie eine vorübergehende Verringerung der Be-

Geltungsbereich § 23 KSchG

legschaft zB wegen eines zeitweiligen Arbeitsrückgangs (aA ErfK-*Kiel* Rz 14). Bei einem reinen Saisonbetrieb ist die Anzahl der regelmäßig Beschäftigten iSd § 23 Abs. 1 S. 2 KSchG auf die Dauer der Saison zu beziehen (*LAG Hamm* 6.2.2003 LAGE § 23 KSchG Nr. 22). Unbeachtlich bleiben kurzfristige Probearbeitsverhältnisse, weil sich dadurch die Zahl der Regelarbeitsplätze nicht erhöht (*BAG* 13.6.2002 EzA § 23 KSchG Nr. 24).

Ruhende Arbeitsverhältnisse (zB Ableistung des Wehrdienstes oder aus Gründen der Mutterschaft 40 sind bei der Feststellung der maßgeblichen Arbeitnehmerzahl zu berücksichtigen. Dies gilt auch, wenn der Ruhenszeitraum sechs Monate übersteigt und der Arbeitgeber keine Ersatzkraft eingestellt hat (*v. Hoyningen-Huene/Linck* § 23 Rz 26; *APS-Moll* Rz 29; ohne zeitliche Begrenzung *ArbG Stuttgart* 13.10.1983, BB 1984, 1097; *ArbG Wetzlar* 14.1.1985 AuR 1985, 122; *Löwisch/Spinner* § 23 KSchG Rz 22; HK-*Kriebel* Rz 28). Das ruhende Arbeitsverhältnis findet keine Berücksichtigung, sofern eine Ersatzkraft eingestellt wurde (vgl. § 21 Abs. 7 BErzGG). Dadurch soll sichergestellt werden, dass bei der Ermittlung der Anzahl der beschäftigten Arbeitnehmer nur der Beurlaubte oder die für ihn eingestellte Ersatzkraft mitgezählt werden (*BAG* 31.1.1991 EzA § 23 KSchG Nr. 11).

d) Berücksichtigung einzelner Beschäftigtengruppen

Zur regelmäßigen Beschäftigungszahl gehören nur solche Arbeitnehmer (vgl. allgemein zum Arbeit- 41 nehmerbegriff KR-*Rost* ArbNähnl.Pers. Rz 15 ff.), die in einem Arbeitsverhältnis zum Inhaber des Kleinbetriebes stehen. Bei der Berechnung der regelmäßigen Beschäftigtenzahl scheiden daher **Leiharbeitnehmer** aus, sofern sie dem Inhaber des Kleinbetriebes im Rahmen eines wirksamen Arbeitnehmerüberlassungsvertrages zur Verfügung gestellt worden sind (*LAG Bln.* 30.1.2001 – 3 Sa 2125/00 –, nv; BBDW-*Dörner* Rz 15; HK-*Kriebel* Rz 32; APS-*Moll* Rz 27). In den Fällen unerlaubter gewerbsmäßiger Arbeitnehmerüberlassung befindet sich der Leiharbeitnehmer dagegen gem. Art. 1 § 10 Abs. 1 AÜG in einem fingierten Arbeitsverhältnis zum Entleiher (vgl. *Becker/Wulfgramm* AÜG Art. 1 § 10 Rz 8-38). Nicht zu berücksichtigen sind auch solche Arbeitnehmer, die zur Erfüllung **werkvertraglicher Verpflichtungen** ihre Arbeitsleistung in einem Kleinbetrieb verrichten (sog. Montagearbeiter). Keine Berücksichtigung finden ferner: **Heimarbeiter** und Hausgewerbetreibende, organschaftliche Vertreter einer juristischen Person oder eines Personenverbandes sowie **arbeitnehmerähnliche Personen** (zB Handelsvertreter oder sog. freie Mitarbeiter – *LAG Hamm* 15.6.1989 LAGE § 23 KSchG Nr. 6). **Familienangehörige** sind dagegen dann mitzuzählen, wenn sie sich in einem Arbeitsverhältnis zum Inhaber des Kleinbetriebes befinden (vgl. hierzu *LAG RhPf.* 16.2.1996 NZA 1997, 315; *LAG Bln.* 26.6.1989 LAGE § 23 KSchG Nr. 5; HK-*Kriebel* Rz 25; *Schwerner* DB 1986, 1074), allerdings nicht in einem Familienhaushalt (vgl. Rz 30). Dafür ist der **Kläger darlegungs- und beweispflichtig** (*LAG RhPf.* 16.2.1996 aaO). Zu den Beschäftigtengruppen in den **Redaktionen des privaten Rundfunks** (insbes. Chefredakteure, freie Mitarbeiter, Redaktionsvolontäre) vgl. *Pahde-Syrbe* AuR 1997, 1995.

Bei der nach § 23 Abs. 1 S. 2 bis 4 KSchG maßgeblichen Arbeitnehmerzahl sind auch **leitende Ange-** 42 **stellte** iSd § 14 Abs. 2 KSchG zu berücksichtigen, da ihnen ebenfalls Arbeitnehmereigenschaft zukommt (allg. Ansicht: vgl. *Löwisch/Spinner* § 23 KSchG Rz 18; BBDW-*Dörner* Rz 16; *v. Hoyningen-Huene/ Linck* Rz 25; KDZ-*Kittner* Rz 24; *Schwerner* DB 1986, 1074). Dies gilt auch für solche Arbeitnehmer, die nach anderen gesetzlichen Bestimmungen (zB § 5 Abs. 3 BetrVG) als leitende Angestellte anzusehen sind. »Mitarbeitende« Geschäftsführer zählen bei der Ermittlung der Betriebsgröße jedoch nicht mit (*LAG Hamm* 21.7.1988 LAGE § 23 KSchG Nr. 3). Die für die Berücksichtigung von Teilzeitarbeitnehmern maßgebliche Arbeitszeitgrenze des § 23 Abs. 1 S. 3 KSchG gilt auch für leitende Angestellte.

Zu ihrer **Berufsbildung Beschäftigte** sind insbes. Auszubildende iSd §§ 10 ff. BBiG. Das *BAG* (7.9.1983 43 EzA § 23 KSchG Nr. 6) hatte bereits zur alten Gesetzesfassung entschieden, dass Umschüler, sofern sie im Rahmen eines mehrjährigen Vertragsverhältnisses in einem anerkannten Ausbildungsberuf ausgebildet werden, zu den »Lehrlingen« iSd § 23 Abs. 1 S. 2 KSchG aF zählen (vgl. KR-*Weigand* §§ 21, 22 BBiG Rz 12). An dieser Rechtslage hat sich durch die mit Wirkung vom 1.5.1985 erfolgte terminologische Klarstellung nichts geändert. Soweit die Umschulung im Rahmen eines Arbeitsverhältnisses erfolgt, sind die Umschüler wegen ihrer Arbeitnehmereigenschaft bei der Ermittlung der nach § 23 Abs. 1 S. 2 KSchG maßgeblichen Arbeitnehmerzahl zu berücksichtigen (BBDW-*Dörner* Rz 14). Dies gilt ebenso für Anlernlinge, Praktikanten und Volontäre, sofern ihnen die erforderlichen beruflichen Kenntnisse, Fertigkeiten oder Erfahrungen im Rahmen eines Arbeitsverhältnisses vermittelt werden sollen (vgl. § 26 BBiG). Dies ist dann der Fall, wenn die Leistung von Arbeit den Schwerpunkt des Vertragsverhältnisses darstellt, während der Ausbildungszweck nur von untergeordneter Bedeutung ist (ErfK-*Kiel* Rz 17; für Redaktionsvolontäre vgl. *Pahde-Syrbe* AuR 1997, 195). Betriebspraktika, die nicht

§ 23 KSchG   Geltungsbereich

in einem Arbeitsverhältnis abgeleistet werden, sind folglich bei der Berechnung des Schwellenwertes gem. § 23 Abs. 1 KSchG nicht zu berücksichtigen (*BAG* 22.1.2004 EzA § 23 KSchG Nr. 26). Ein Indiz für das Vorliegen eines Arbeitsverhältnisses kann auch die Höhe der Vergütung sein (zB Zahlung des für Arbeitnehmer vorgesehenen Tariflohnes).

e) Besondere Betriebs- und Beschäftigungsarten

44 Auf **Kampagnebetriebe** (vgl. zum Begriff KR-*Weigand* § 22 KSchG Rz 7), deren Geschäfts- oder Produktionstätigkeit auf bestimmte Zeiträume beschränkt ist, findet der Erste Abschnitt des Gesetzes dann Anwendung, wenn in ihnen während der Betriebszeit mehr als fünf Arbeitnehmer ausschließlich der zu ihrer Berufsbildung Beschäftigten (vgl. hierzu Rz 43) beschäftigt werden.

45 Bei **Saisonbetrieben** (vgl. zum Begriff KR-*Weigand* § 22 KSchG Rz 6), deren Beschäftigtenzahl infolge saisonaler Einflüsse Schwankungen unterworfen ist; kommt es auf die Betriebsgröße während der Saison an (allg. Ansicht: vgl. etwa *Landmann/Rohmer/Neumann* vor § 133g GewO Rz 18 mwN).

46 **Führt ein Arbeitgeber mehrere Betriebe**, zB selbständige Filialen, die zwar bei Einzelbetrachtung den Schwellenwert gem. § 23 Abs. 1 S. 2 bis 4 KSchG unterschreiten, in denen aber insgesamt eine solche Anzahl von Arbeitnehmern beschäftigt ist, dass dieser Wert überschritten wird, so ist der Erste Abschnitt des KSchG auf alle Arbeitnehmer aller Betriebe dieses Arbeitgebers anwendbar (*Löwisch/Spinner* § 23 *KSchG* Rz 11). Das folgt aus der normzweckbestimmten Auslegung des Betriebsbegriffes gem. § 23 Abs. 1 KSchG (vgl. iE Rz 25 f.).

47 Selbst bei einer **Mehrheit** von **Unternehmen** kann u.U ein einheitlicher Betrieb iSd § 23 Abs. 1 S. 2 KSchG vorliegen. Für den Geltungsbereich der betriebsverfassungsrechtlichen wie der kündigungsschutzrechtlichen Vorschriften ist das BAG bislang übereinstimmend von dem betriebsverfassungsrechtlichen Betriebsbegriff ausgegangen (*BAG* 18.1.1990 EzA § 23 KSchG Nr. 9; *weit. Nachw. KR-Voraufl.*; BBDW-*Dörner* Rz 26; zu den Voraussetzungen eines **Betriebs** bei **mehreren Unternehmen** iSd **BetrVG** vgl. *st.Rspr.* BAG 21.2.2001 EzA § 1 BetrVG 1972 Nr. 11; *weit. Nachw.* KR-Voraufl.; *Annuß* FA 2005, 293 mwN).

47a Das *BVerfG* hat an dem vom BAG aus dem BetrVG abgeleiteten Betriebsbegriff in seiner Entscheidung vom 27.1.1998 (EzA § 23 KSchG Nr. 17) ausdrücklich festgehalten. Soweit allerdings unter diesen Betriebsbegriff auch solche selbständigen Teile größerer Unternehmen fallen, die aus numerischen Gründen von dem Ausnahmetatbestand gem. § 23 KSchG erfasst würden, ist der Betriebsbegriff im Wege verfassungskonformer Auslegung auf die Einheiten zu beschränken, für deren **Schutz die Kleinbetriebsklausel allein bestimmt** ist (*BVerfG* 27.1.1998 EzA § 23 KSchG Nr. 17). Die Anwendbarkeit der Ausnahmeregelung gem. § 23 Abs. 1 S. 2 KSchG in kleinen Teileinheiten von Unternehmen setzt demnach voraus, dass der zugunsten des Kleinunternehmers beabsichtigte Schutzgedanke dieser Regelung für diese Einheit zutrifft und die kündigungsschutzrechtliche Benachteiligung der betroffenen Arbeitnehmer sachlich begründet ist (*BVerfG* 27.1.1998 EzA § 23 KSchG Nr. 17). Diese Auslegung berücksichtigt Elemente des Normzwecks der Kleinbetriebsklausel und modifiziert insoweit die bis dahin bekannte Rechtsprechung des *BAG* zum Betriebsbegriff (18.1.1990 EzA § 23 KSchG Nr. 9). Trotzdem versteht das BAG die Erwägung des BVerfG dahingehend, dass unter den erwähnten »Einheiten« »nicht etwa auch solche mit eigener Rechtspersönlichkeit, dh (Konzern-)Unternehmen« gemeint seien, »sondern ausgehend vom betriebsverfassungsrechtlichen Betriebsbegriff organisatorische Einheiten, innerhalb derer der Arbeitgeber bestimmte arbeitstechnische Zwecke« verfolge. Dieses Ergebnis des BAG entspricht im Wesentlichen der Begriffsbestimmung (vgl. oben Rz 26), nach der der Betrieb iSv »Arbeitgeber« zu verstehen ist für den Fall, dass er mehrere Einheiten mit einer unterhalb des Schwellenwertes liegenden Beschäftigtenzahl umfasst.

48 Das Vorliegen eines Betriebs ist dann anzunehmen, wenn mehrere Unternehmer so eng miteinander zusammenarbeiten, dass sie **gemeinsam einen einheitlichen Betrieb führen (Gemeinschaftsbetrieb)**. Dabei ist jedoch zu beachten, dass zwei oder mehrere Unternehmer allein dadurch, dass sie eine betriebliche Tätigkeit in den gleichen Räumen und mit etwa den gleichen sachlichen Mitteln entwickeln, noch nicht notwendig einen gemeinsamen einheitlichen Betrieb führen; auch unter diesen Umständen bleiben die Betriebe dann selbständig, wenn jeder der beteiligten Unternehmer seinen eigenen Betriebszweck unabhängig von dem der anderen verfolgt, also keine gemeinsame Betriebsleitung zustande kommt. Auch die gemeinsame Nutzung der sächlichen und personellen Betriebsmittel spricht nicht notwendig für eine Vereinbarung zur Führung eines Gemeinschaftsbetriebes (*BAG* 13.6.2002 EzA § 23 KSchG Nr. 24). Nur wenn die mehreren Unternehmen im Rahmen einer gemeinsamen Arbeitsorganisation unter einer einheitlichen Leitungsmacht identische oder auch verschiedene arbeitstechni-

Geltungsbereich §23 KSchG

sche Zwecke fortgesetzt verfolgen, liegt idR ein gemeinsamer Betrieb iSd § 23 Abs. 1 KSchG vor (*BAG* 16.1.2003 EzA § 23 KSchG Nr. 25; 18.1.1990 EzA § 23 KSchG Nr. 9; 13.6.1985 EzA § 1 KSchG Nr. 41; 23.3.1984 EzA § 23 KSchG Nr. 7; *LAG Köln* 28.11.1997 LAGE § 23 KSchG Nr. 17). Wird in einem der beteiligten Gemeinschaftsbetriebe die unternehmerische Entscheidung zur Stilllegung getroffen und wird diese durch sofortige Suspendierung aller Arbeitnehmer umgesetzt, ist der Gemeinschaftsbetrieb aufgelöst (*BAG* 13.9.1995 EzA § 1 KSchG Nr. 48). Fällt damit bereits vor Ausspruch der Kündigung die Anzahl der beschäftigten Arbeitnehmer im verbliebenen Betrieb unter den Schwellenwert gem. § 23 Abs. 1 S. 2 und 3 KSchG, findet der Erste Abschnitt des KSchG keine Anwendung (*BAG* 17.1.2002 EzA § 4 KSchG nF Nr. 62).

Nach der Ansicht des *BAG* (7.8.1986 EzA § 4 BetrVG 1972 Nr. 5; 3.12.1997 EzA § 1 AÜG Nr. 9) ist ein **49** **einheitlicher Betrieb** iSd BetrVG nicht nur dann anzunehmen, wenn die beteiligten Unternehmer ausdrücklich eine rechtliche Vereinbarung über die einheitliche Leitung des gemeinsamen Betriebs geschlossen haben, sondern auch dann, wenn sich eine solche Vereinbarung konkludent aus den näheren Umständen des Einzelfalls ergibt (*BAG* 22.3.2001 EzA Art. 101 GG Nr. 5 mwN; zur betriebsverfassungsrechtlichen Abgrenzung vgl. auch *Kraft* FS Hilger/Stumpf 1983, S. 395 ff. sowie *Wendeling-Schröder* NZA 1984, 247). Die für das Betriebsverfassungsrecht geltenden Grundsätze sind auch im Bereich des § 23 Abs. 1 KSchG anzuwenden, so dass auch hier eine Vereinbarung über die einheitliche Leitung des gemeinsamen Betriebs konkludent getroffen werden kann. Ergeben die Umstände des Einzelfalls, dass der »**Kern der Arbeitgeberfunktionen im sozialen und personellen Bereich**« von derselben institutionellen Leitung ausgeübt wird, so deutet dies regelmäßig darauf hin, dass eine Führungsvereinbarung vorliegt. Das trifft nicht schon dann zu, wenn die Unternehmen zB auf der Grundlage von Organ- und Beherrschungsverträgen lediglich unternehmerisch zusammenarbeiten; denn es ist zwischen konzernrechtlicher Weisungsbefugnis und betrieblichem Leitungsapparat zu unterscheiden. Vielmehr muss die **Vereinbarung auf eine einheitliche Leitung** für die Aufgaben gerichtet sein, die vollzogen werden müssen, um die in der organisatorischen Einheit zu verfolgenden arbeitstechnischen Zwecke erfüllen zu können (*BAG* 18.1.1990 EzA § 23 KSchG Nr. 9; 22.3.2001 EzA Art. 101 GG Nr. 5; 13.6.2002 EzA § 23 KSchG Nr. 24; 29.4.1999 Rz K I 4 c Nr. 36 m. zust. Anm. *Franzen* SAE 2000, 106; 12.11.1998 EzA § 23 KSchG Nr. 20 m. Anm. *Weigand* AuR 1999, 322; 7.11.1996 – 2 AZR 648/95; *LAG Köln* 22.11.1996 LAGE § 23 KSchG Nr. 12). Nach der Entsch. des *LAG SchlH* v. 22.4.1997 (AuR 1997, 372 f.) genügt es bei Personenidentität der Geschäftsführer zweier Gesellschaften für die Annahme eines gemeinsamen Betriebes iSd § 23 Abs. 1 S. 2 KSchG, dass – wenn es an einer Führungsvereinbarung fehlt – der Kern der Arbeitgeberfunktionen im sozialen und personellen Bereich von derselben institutionellen Leitung ausgeübt wird.

Vom Gemeinschaftsbetrieb klar abzugrenzen sind die Strukturen eines Konzerns. Soweit nicht im **49a** Konzern die Voraussetzungen eines Gemeinschaftsbetriebs vorliegen (Rz 48), zeichnet sich der Konzern zwar durch die Weisungsmacht bis zur Betriebsebene aus, doch ist Adressat von konzernrechtlichen Weisungen das Leitungsorgan der abhängigen Tochter. Die konzernrechtliche Weisungsmacht erzeugt jedoch für sich gesehen noch keinen betriebsbezogenen Leitungsapparat (*BAG* 29.4.1999 EzA § 23 KSchG Nr. 21; 13.6.2002 EzA § 23 KSchG Nr. 24; *Rost* FS Schwerdtner S. 169). Ein weitergehender kündigungsschutzrechtlicher »Berechnungsdurchgriff im Konzern« ist auch verfassungsrechtlich nicht geboten (*BAG* 13.6.2002 EzA § 23 KSchG Nr. 24mwN; 16.1.2003 EzA § 23 KSchG Nr. 25; *ErfK-Kiel* § 23 KSchG Rz 5a). Dies gilt auch, wenn nur einer der Gesichtspunkte nicht zutrifft, die nach der Rspr. des *BVerfG* (27.1.1998 EzA § 23 KSchG Nr. 17) einen Ausschluss des Kündigungsschutzes für die betroffenen Arbeitnehmer rechtfertigen (enge persönliche Zusammenarbeit, geringe Finanz- und Verwaltungskapazität). Insbesondere kann eine reichhaltige Finanzausstattung einer Konzernholding nicht zur Anwendbarkeit des Ersten Abschnitts des KSchG führen (*BAG* 13.6.2002 aaO). Im Übrigen hat das *BVerfG* (27.1.1998 EzA § 23 KSchG Nr. 17) die Anwendbarkeit des Ersten Abschnitts des KSchG auf konzernverbundene Kleinbetriebe nicht bejaht (vgl. auch *Gragert/Kreutzfeld* NZA 1998, 567; so auch *Falder* NZA 1998, 1254).

Demgegenüber schließt *Bepler* aus der ratio legis auf eine »die Gesetzesintention überschießende Wir- **49b** kung« des § 23 Abs. 1 S. 2 KSchG, wenn diese Vorschrift zu einer »Privilegierung von Arbeitgebern führt, bei denen die Größe des Beschäftigungsbetriebes keinen Hinweis auf ihren Privilegierungsbedarf gibt« (*Bepler* AuA 1997, 329; ders. AuR 1997, 54). Die Vorschrift sei dann teleologisch zu reduzieren, so dass der Schwellenwert auch dann überschritten sein könnte, wenn sich die gesetzlich erforderliche Anzahl von Beschäftigten erst aus der Addition aller Arbeitnehmer eines Arbeitgebers, der mehrere Betriebe unterhält, ergibt. Diese gelte entsprechend bei juristisch verselbständigten Kleinbetrieben im

§ 23 KSchG					Geltungsbereich

Konzernverbund, soweit sie von abhängigen und fremd geführten Tochterunternehmen unterhalten werden (*Bepler* aaO; zust. *U. Preis* NZA 1997, 1073; ähnl. *Buschmann* AuR 1998, 210; *Kittner* NZA 1998, 731). Das *LAG Nds.* – sogar grenzüberschreitend – (9.7.1997 LAGE § 23 KSchG Nr. 16) und das *ArbG Hamburg* sind dieser Argumentation *Beplers* gefolgt (ArbG Hamburg 10.3.1997 DB 1997, 2439).

49c Es ist jedenfalls dann von einem Betrieb iSd § 23 Abs. 1 KSchG auszugehen, wenn die nach einer Spaltung oder Teilübertragung nach dem Dritten oder Vierten Buch des UmwG beteiligten Rechtsträger einen Betrieb gemeinsam führen (§ 322 Abs. 2 UmwG; vgl. Rz 59 ff., 65 ff.).

50 Die Darlegungs- und Beweislast für das Vorliegen eines von mehreren Unternehmen betriebenen gemeinsamen Betriebs iSv § 23 Abs. 1 S. 2 KSchG trägt der **Arbeitnehmer** (*BAG* 29.4.1999 EzA § 23 KSchG Nr. 21; 23.3.1984 EzA § 23 KSchG Nr. 7; *Prütting* S. 328; *Reinecke* NZA 1989, 577; *Löwisch/Spinner* § 23 KSchG Rz 25; *Schmädicke/Glaser/Altmüller* NZA-RR 2005, 393). Da er jedoch idR keine oder nur ungenaue Kenntnisse vom Inhalt der zwischen den beteiligten Unternehmen getroffenen vertraglichen Vereinbarungen hat, dürfen insoweit **keine strengen Anforderungen an seine Darlegungslast** gestellt werden. Ausreichend ist die schlüssige Darlegung der Umstände für die Annahme eines gemeinsamen Betriebes unter einheitlicher Leitung anhand von Merkmalen wie die gemeinsame Nutzung der technischen und immateriellen Betriebsmittel, die gemeinsame räumliche Unterbringung, die personelle, technische und organisatorische Verknüpfung der Arbeitsabläufe, eine unternehmensübergreifende Leitungsstruktur zur Durchführung der arbeitstechnischen Zwecke, insbes. zur Wahrnehmung der sich aus dem Direktionsrecht des Arbeitgebers ergebenden Weisungsbefugnisse. Wurden derartige Umstände vom Arbeitnehmer schlüssig dargelegt, so hat der Arbeitgeber hierauf gem. § 138 Abs. 2 ZPO im Einzelnen zu erwidern, welche rechtserheblichen Umstände (zB vertragliche Vereinbarungen) gegen die Annahme eines einheitlichen Betriebes sprechen (*BAG* 7.11.1996 – 2 AZR 648/95; *LAG Köln* 22.11.1996 LAGE § 23 KSchG Nr. 12).

51 Befindet sich ein Arbeitnehmer zu **mehreren Arbeitgebern** in einem **einheitlichen Arbeitsverhältnis** so ist für die Ermittlung der Mindestbeschäftigtenzahl auf die Gesamtbelegschaft derjenigen Betriebe abzustellen, in denen der Arbeitnehmer regelmäßig beschäftigt wird (zum Begriff sowie zu den Voraussetzungen eines einheitlichen Arbeitsverhältnisses vgl. *BAG* 27.3.1981 EzA § 611 BGB Nr. 25; krit. hierzu *Schwerdtner* ZIP 1982, 900). Ein einheitliches Arbeitsverhältnis mit mehreren rechtlich selbständigen Unternehmen kommt insbes. bei einer konzernbezogenen Beschäftigung von Arbeitnehmern in Betracht. Bei der Anstellung eines **Hausmeisters** ist ein einheitliches Arbeitsverhältnis jedenfalls dann zu verneinen, wenn der Vertragsarbeitgeber (Hauseigentümer) die Ausübung der Arbeitgeberfunktion einem Dritten (zB einer Hausverwaltungsgesellschaft) überträgt (vgl. *BAG* 9.9.1982 EzA § 611 BGB Arbeitgeberbegriff Nr. 1). Wenn ein Arbeitgeber die für Reinigungsarbeiten erforderlichen Arbeitskräfte nicht selbst einstellt, sondern seine Hausmeister anweist, im eigenen Namen auf fremde Rechnung und nach bestimmten Richtlinien Arbeitsverträge mit Reinigungskräften zu schließen, so liegt hierin ein Missbrauch der Rechtsform des **mittelbaren Arbeitsverhältnisses** (vgl. *BAG* 20.7.1982 EzA § 611 BGB Mittelbares Arbeitsverhältnis Nr. 1) sowie eine **Umgehung** des § 23 KSchG.

**f)	Betriebsübergang**

52 Beim **Übergang** von **Kleinbetrieben** ist die Vorschrift des § 613a Abs. 4 S. 1 BGB zu beachten (vgl. iE KR-*Pfeiffer* § 613a BGB), die nach der Ansicht des *BAG* (31.1.1985 EzA § 613a BGB Nr. 42) ein eigenständiges Kündigungsverbot iSd § 13 Abs. 3 KSchG darstellt (ebenso *Herschel* DB 1983, 612; *Knigge* BB 1980, 1276; *Popp* DB 1986, 2284; *Schwab* NZA 1985, 312; *Willemsen* ZIP 1983, 414; **aA** *Bauer* DB 1983, 713; *Berkowsky* DB 1983, 2684; *Gröninger* FS Herschel, S. 166 ff.; *Hetzel* S. 216; *Seiter* Betriebsinhaberwechsel, S. 112; vermittelnd *Hanau* ZIP 1984, 141; *Henckel* ZGR 1984, 235). Das eigenständige Kündigungsverbot des § 613a Abs. 4 S. 1 KSchG kann daher auch von Arbeitnehmern in Anspruch genommen werden, die in einem Kleinbetrieb beschäftigt werden, der gem. § 23 Abs. 1 KSchG nicht unter den betrieblichen Geltungsbereich des allgemeinen Kündigungsschutzes fällt. Eine **Kündigung** des **Betriebsveräußerers** ist nach § 613a Abs. 4 S. 1 KSchG unwirksam, wenn sie maßgeblich auf Gründen beruht, die in einem ursächlichen Zusammenhang mit dem geplanten Betriebsübergang stehen (vgl. *Popp* DB 1986, 2285). Erfolgt die **Kündigung** durch den **Betriebserwerber,** so greift das Kündigungsverbot des § 613a Abs. 4 S. 1 BGB dann ein, wenn der Betriebsübergang ein wesentlich mitbestimmender Grund für die Kündigung darstellt (vgl. *Popp* aaO).

53 Bei einem nahen zeitlichen Zusammenhang zwischen Betriebsübergang und Kündigung besteht eine tatsächliche Vermutung zugunsten des Arbeitnehmers, dass die Kündigung wegen des erfolgten Betriebsübergangs erklärt worden ist. Der Betriebserwerber kann diese tatsächliche Vermutung insbes. dadurch widerlegen, indem er verhaltens-, personen- oder betriebsbedingte Gründe iSd § 1 Abs. 2 KSchG vorträgt, die an sich geeignet wären, die Kündigung sozial zu rechtfertigen (aA *LAG Bln.* 28.11.1983 DB 1984, 1151). Der für das Eingreifen des Kündigungsverbotes des § 613a Abs. 4 S. 1 BGB **darlegungs-** und **beweispflichtige Arbeitnehmer** (*BAG* 5.12.1985 EzA § 613a BGB Nr. 50) hat sodann seinerseits darzulegen und ggf. zu beweisen, dass diese Gründe objektiv nicht vorliegen. Wegen der Unanwendbarkeit des § 1 KSchG bedarf es zwar keiner sozialen Rechtfertigung der vom Betriebserwerber erklärten ordentlichen Kündigung. Dem Betriebserwerber ist es aber nicht verwehrt, an sich bestehende verhaltens-, personen- oder betriebsbedingte Gründe iSd § 1 Abs. 2 KSchG zur Widerlegung des ursprünglichen Zusammenhangs zwischen der Kündigung und dem Betriebsübergang vorzutragen. Es besteht für ihn auch die Möglichkeit, durch die Darlegung von »anderen Gründen«, die zwar nicht die Qualität von verhaltens-, personen- oder betriebsbedingten Gründen iSd § 1 Abs. 1 KSchG haben, den ursächlichen Zusammenhang zwischen der Kündigung und dem Betriebsübergang zu widerlegen (vgl. *Popp* aaO).

g) Beweislast

aa) Allgemein

Die **Darlegungs-** und **Beweislast** für die Anwendbarkeit des Ersten Abschnitts des KSchG trifft grds. den Arbeitnehmer. Allerdings ist dabei zu differenzieren. Uneingeschränkt darlegungs- und beweispflichtig ist der **Arbeitnehmer** für das Vorliegen einer **arbeitsvertraglichen Vereinbarung,** durch die der allgemeine Kündigungsschutz auch auf einen Kleinbetrieb iSd § 23 Abs. 1 S. 2 KSchG ausgedehnt wird. Geht es dagegen um die Frage, ob **mehrere Unternehmen einen gemeinsamen geführten Betrieb** iSd § 23 Abs. 2 S. 2 KSchG bilden, so trifft zwar den **Arbeitnehmer** die Beweislast, doch dürfen nach der Rspr. des *BAG* keine strengen Anforderungen an seine Beweislast gestellt werden; denn idR verfügt der Arbeitnehmer nicht über Detailkenntnisse der betrieblichen Strukturen. Vielmehr hat der Arbeitgeber auf die schlüssige Darlegung des Arbeitnehmers gem. § 138 Abs. 2 ZPO zu erwidern (vgl. iE Rz 50). 54

bb) Ausnahmetatbestand Kleinbetrieb

Die Beweislast für den Tatbestand, dass die Ausnahmeregelungen für Kleinbetriebe gem. § 23 Abs. 1 S. 2 und 3 KSchG greifen, weil idR zehn bzw. fünf (vgl. Rz 33-33f) oder weniger Arbeitnehmer ausschließlich der zu ihrer Berufsbildung Beschäftigten in dem Betrieb beschäftigt werden, trägt der Arbeitgeber (*LAG Bln.* 28.10.1994 LAGE § 23 KSchG Nr. 11; 18.5.1999 – 18 Sa 56/99 – nv; 30.1.2001 – 3 Sa 2125/00 – nv; *LAG Hamm* 6.2.2003 LAGE § 23 KSchG Nr. 22 zust. Anm. *Gravenhorst*; zust. Anm. *Mittag* AuR 2003, 394; GMPM-G/*Prütting* § 58 ArbGG Rz 91; *Prütting* S. 326 ff.; *Reinecke* NZA 1989, 577, 583 f.; *Ascheid* Beweislastfragen S. 48 f.; ErfK-*Kiel* Rz 20; *Löwisch/Spinner* § 23 KSchG Rz 25; BBDW-*Bader* Einf. Rz 78; *Bader* NZA 1997, 905, 910 ders. NZA 1999, 64; *Bepler* AuR 1997, 56; *Lakies* NJ 1997, 121; MünchArbR-*Berkowsky* § 132 Rz 74; KDZ-*Kittner* Rz 30; *Buschmann* Arbeitnehmerrechte Rz 8; *Berkowsky* MDR 1998, 82; *Müller* DB 2005, 2022; aA st.Rspr. BAG; s. iE Rz 54d). 54a

Diese Beweislastverteilung auf den Arbeitgeber folgt aus dem sprachlichen Aufbau des **Regel-Ausnahme-Schemas** in § 23 Abs. 1 Sätze 1 und 2 KSchG (*Reinecke* NZA 1989, 577, 583 f.; so auch die vergleichbare Regel bei der Berufung auf die als Ausnahme im Arbeitsleben geltende Befristung von Arbeitsverhältnissen, KR-*Lipke* § 620 BGB Rz 147 f. mit Berufung auf *BAG* 12.10.1994 EzA § 620 BGB Nr. 128). Nach der Grundregel gem. Satz 1 ist sodann in Satz 2 die Ausnahme »mit negativer Wendung formuliert, dass Teile des KSchG nicht gelten« (*Prütting* S. 327; grds. dazu auch *Prütting* RdA 1999, 107), wenn der Schwellenwert unterschritten wird. Der Ausnahmecharakter der Regelung gem. § 23 Abs. 1 S. 2 wird durch die Rspr. des *BVerfG* (27.1.1998 EzA § 23 KSchG Nr. 17) zur Kleinbetriebsklausel verdeutlicht (*LAG Hamm* 6.2.2003 LAGE § 23 KSchG Nr. 22). 54b

Im Übrigen entspricht diese Beweislastverteilung dem **beweisrechtlichen Sphärendenken**, nachdem die Sachnähe des Arbeitgebers bzgl. der Tatsachen zur Gestaltung der Rechtsverhältnisse sowie der wöchentlichen und monatlichen Arbeitszeiten in seinem Betrieb seine Beweismöglichkeiten bedingen (vgl. *Adomeit* AR-Blattei D, Kündigungsschutz I, 1972, B II 1b). In der Regel verfügt der Arbeitnehmer nicht über Detailkenntnisse über die betrieblichen Strukturen (vgl. hierzu Rz 50, 50a) und die arbeitszeitrechtliche Gestaltung aller übrigen Arbeitnehmer. Dies gilt umso mehr, als mit der proportionalen Berücksichtigung Teilzeitbeschäftigter bei der Feststellung des Gesamtarbeitsvolumens (§ 23 Abs. 1 54c

S. 3 KSchG idF vom 25.9.1996) arbeitnehmerseitig exakte Kenntnisse kaum noch erwartet werden können. Diese Beweislastverteilung auf den Arbeitgeber ist zusätzlich durch die mit Wirkung vom 1.1.2004 geltende Übergangsregelung für Arbeitnehmer, die bereits vor diesem Stichtag allgemeinen Kündigungsschutz beanspruchen konnten (vgl. Rz 33b, c), zu begründen, weil exakte Kenntnisse insbes. nach gewisser Zeit über das im Betrieb verbliebene erforderliche Gesamtarbeitsvolumen unter Berücksichtigung von Teilzeitkräften nur in der Arbeitgebersphäre vorhanden sind (vgl. Rz 33f).

54d Nach der **Gegenmeinung** (st. Rspr. *BAG* 24.2.2005 EzA § 23 KSchG Nr. 28; 15.3.2001 EzA § 23 KSchG Nr. 23 mwN; *v. Hoyningen-Huene/Linck* Rz 28; *Grunsky* § 58 ArbGG Rz 15; BBDW-*Dörner* Rz 23 f.; HK-*Kriebel* Rz 36; KassArbR-*Isenhardt* Rz 442, S. 374; DLW-*Dörner* D Rz 802 f.; HaKo-*Pfeiffer* Rz 37; APS-*Moll* Rz 47 f.; KPK-*Sowka* Rz 12; *Schaub* § 128 I Nr. 3b, S. 1155), gelten die Grundsätze der abgestuften Darlegungs- und Beweislast. Angesichts der Sachnähe des Arbeitgebers zum Umfang und zur Struktur der Mitarbeiterschaft und ihrer arbeitsvertraglichen Vereinbarungen treffe den Arbeitnehmer zunächst nur eine Darlegungslast, auf die der Arbeitgeber nach Maßgabe des § 138 Abs. 2 ZPO zu erwidern habe. Allerdings dürften angesichts des Stellenwerts der Grundrechte (hier: Art. 12 GG) auch bzgl. der Darlegungs- und Beweislastverteilung an selbige keine unzumutbar strengen Anforderungen gestellt werden, wenn sie wie hier den Arbeitnehmer treffen (*BAG* 24.2.2005 EzA § 23 KSchG Nr. 28). **Nach der Rspr. des BAG bedeutet dies im Einzelnen:** Der Arbeitnehmer muss regelmäßig zumindest – ggf. durch konkrete Beschreibung der Person – angeben, welche mehr als fünf bzw. zehn Arbeitnehmer zum Kündigungszeitpunkt im Betrieb beschäftigt sind. Sind im Kündigungszeitpunkt aber mehr als fünf bzw. zehn Arbeitnehmer tätig und ist dies unstreitig oder vom Arbeitnehmer substantiiert dargelegt worden, erfordert es der Grundsatz der abgestuften Darlegungs- und Beweislast, dass nunmehr der sachnähere Arbeitgeber erwidern und dazu die Tatsachen und Umstände substantiiert darlegen muss, aus denen sich ergeben soll, dass dieses Ergebnis zufällig ist und regelmäßig – bezogen auf die Vergangenheit und vor allem für die Zukunft – weniger Beschäftigte im Betrieb tätig waren bzw. wieder sein werden. Zu einem entsprechenden substantiierten Sachvortrag des Arbeitgebers im Rahmen einer abgestuften Darlegungs- und Beweislast gehört dabei insbes. eine Darstellung über das – zukünftige – betriebliche Beschäftigungskonzept (*BAG* 24.2.2005 EzA § 23 KSchG Nr. 28).

h) Kündigungsschutz in Kleinbetrieben unterhalb des Schwellenwertes

55 Die Ausnahmeregelung für Kleinbetriebe erstreckt sich auf den Ersten Abschnitt des KSchG mit Ausnahme der §§ 4 bis 7 und des § 13 Abs. 1 S. 1 und 2. In Betrieben mit einer Beschäftigtenzahl, die unterhalb des Schwellenwertes liegt, müssen bei der arbeitgeberseitigen Kündigung insbes. die Voraussetzungen zur sozialen Rechtfertigung gem. § 1 Abs. 2 und 3 nicht vorliegen. Zu beachten ist von Arbeitnehmern, die in Kleinbetrieben beschäftigt sind, die dreiwöchige Klagefrist (vgl. KR-*Friedrich* zu §§ 4 ff. KSchG und § 13 KSchG) für die Geltendmachung **aller** Fälle der Rechtsunwirksamkeit einer Arbeitgeberkündigung, also auch wegen Verstoßes gegen die §§ 138, 242 BGB (vgl. Rz 56-56f).

56 Wenn de lege lata Kleinbetriebe iSd § 23 Abs. 1 S. 2 und 3 vom Geltungsbereich insbes. des § 1 KSchG ausgenommen sind, können Arbeitnehmer aus Kleinbetrieben nach der Rspr. des BVerfG dennoch den »**verfassungsrechtlich gebotenen Mindestschutz** des Arbeitsplatzes vor Verlust durch private Disposition« in Anspruch nehmen. »Wo Bestimmungen des KSchG nicht greifen, sind die Arbeitnehmer durch die zivilrechtlichen Generalklauseln vor einer sitten- oder treuwidrigen Ausübung des Kündigungsrechts des Arbeitgebers geschützt« (*BVerfG* 27.1.1998 EzA § 23 KSchG Nr. 17). In dieser Entscheidung zur Verfassungsmäßigkeit der Kleinbetriebsklausel (vgl. Rz 14) hat das BVerfG eine Kombination aus Elementen zivilrechtlicher Generalklauseln und Teilen der Erfordernisse der sozialen Rechtfertigung gem. § 1 Abs. 2 und 3 KSchG als Maßstab zur Begrenzung der Kündigungsfreiheit des Arbeitgebers in Kleinbetrieben gesetzt. Als Begründung wird in dieser Entscheidung darauf verwiesen, Arbeitnehmer seien vor willkürlichen oder auf sachfremden Motiven beruhenden Kündigungen zu schützen. Im Wesentlichen wird auf die zivilrechtlichen Generalklauseln zur **sitten-** (Rz 56a) und **treuwidrigen** (Rz 56b) Ausübung des Kündigungsrechts und das aus dem Verfassungsrecht abgeleitete »**gewisse Maß**« **an sozialer Rücksichtnahme**« (Rz 56c ff.) abgestellt. Allerdings darf dieser durch die zivilrechtlichen Generalklauseln »vermittelte Schutz nicht dazu führen, dass dem Kleinunternehmer praktisch die im KSchG vorgesehenen Maßstäbe der Sozialwidrigkeit auferlegt werden. Der Bestandsschutz zugunsten der Arbeitnehmer wirkt »um so schwächer, je stärker die mit der Kleinbetriebsklausel geschützten Grundrechtspositionen des Arbeitgebers im Einzelfall betroffen sind« (*BVerfG* 27.1.1998 EzA § 23 KSchG Nr. 17). Insofern sind diesen Erwägungen nach Gesetzeszweck und -systematik des Kündigungsschutzrechts enge Grenzen gesetzt (so im Ergebnis auch *Löwisch* BB 1997, 782;

Geltungsbereich § 23 KSchG

Bader NZA 1996, 1125). Wie weit der Schutz der Arbeitnehmer anhand dieser Maßstäbe im Einzelnen geht, hat das *BVerfG* ausdrücklich der Entscheidungspraxis der Arbeitsgerichte überlassen. Das BAG hat diese Maßstäbe in seiner ersten Grundsatzentscheidung dazu aufgegriffen (*BAG* 21.2.2001 EzA § 242 BGB Kündigung Nr. 1 zust. Anm. *Oetker* mwN; Anm. *v. Hoyningen-Huene* SAE 2001, 324; zust. *Otto* RdA 2002, 103; *Dieterich* AR-Blattei ES 1020 Nr. 361; *Holtkamp* AuA 2001, 472; dagegen *Annuß* BB 2001, 1898; *Richardi/Kortstock* Anm. zu AP § 242 BGB Kündigung Nr. 12; vgl. dazu auch die Diss. von *Braun* 2001, *K. Gamillscheg* 2000; *Krenz* 2000; *Stelljes* 2002).

Bei der Prüfung, ob eine Kündigung gegen die **guten Sitten** verstößt und damit nichtig ist (vgl. § 13 Abs. 2 S. 1 KSchG), ist ein strenger Maßstab anzulegen. Die Sittenwidrigkeit einer Kündigung kann nicht auf Gründe gestützt werden, die in den Schutzbereich des KSchG fallen. Nach der Rspr. des *BAG* (21.2.2001 EzA § 242 BGB Kündigung Nr. 1) verlangt **§ 138 BGB** die Einhaltung eines »ethischen Minimums«. Sittenwidrigkeit sei nur in krassen Fällen anzunehmen, wenn die Kündigung auf einem verwerflichen Motiv des Kündigenden beruhe oder wenn sie aus anderen Gründen dem Anstandsgefühl aller billig und gerecht Denkenden widerspreche. Zu Einzelheiten vgl. KR-*Friedrich* § 13 KSchG Rz 111 ff. 56a

Eine Kündigung verstößt gegen **§ 242 BGB** und ist nichtig, wenn sie aus Gründen, die von § 1 KSchG nicht erfasst sind, **Treu und Glauben** verletzt; denn das KSchG hat die Voraussetzungen und Wirkungen des Grundsatzes von Treu und Glauben, soweit es um den Bestandsschutz und das Interesse des Arbeitnehmers an der Erhaltung seines Arbeitsplatzes geht, im Einzelnen verdeutlicht und abschließend geregelt. Insofern ist die Vorschrift des § 242 BGB auf Kündigungen neben § 1 KSchG nur in beschränktem Umfang anwendbar (*BAG* 21.2.2001 EzA § 242 BGB Kündigung Nr. 1; 25.4.2001 NZA 2002, 87). Sie gilt auch für Kündigungen, die außerhalb des Anwendungsbereiches des KSchG ausgesprochen werden, weil der Grundsatz von Treu und Glauben eine »allen Rechten, Rechtslagen und Rechtsnormen immanente Inhaltsbegrenzung« bildet (*BAG* 21.2.2001 EzA § 242 BGB Kündigung Nr. 1; 25.4.2001 NZA 2002, 87; 16.1.2003 EzA § 23 KSchG Nr. 25; 6.2.2003 EzA § 242 BGB 2002 Kündigung Nr. 1; krit. Anm. *Annuß* BB 2003, 1439; *BAG* 28.8.2003 EzA § 242 BGB 2002 Kündigung Nr. 4). Arbeitnehmer in Kleinbetrieben sollen vor arbeitgeberseitigen Kündigungen geschützt werden, die in Willkür oder sachfremden Motiven begründet liegen. Das durch langjährige Beschäftigung entstandene Vertrauen erfordert, dass der Grund für Kündigungen auch angesichts der Betriebszugehörigkeit »einleuchten« muss (*BAG* 28.8.2003 EzA § 242 BGB 2002 Kündigung Nr. 4). Treuwidrig kann nach der Rspr. des *BAG* daher die Kündigung wegen »eindeutig nicht ins Gewicht fallender einmaliger Fehler eines seit Jahrzehnten beanstandungsfrei beschäftigten Arbeitnehmers« sein (*BAG* 28.8.2003 EzA § 242 BGB 2002 Kündigung Nr. 4). Eine **vergebliche Abmahnung** kann außerhalb des normierten Kündigungsschutzes wie z.B. gem. dem KSchG nach Treu und Glauben ausnahmsweise nur dann geboten sein, wenn sich der Arbeitgeber andernfalls mit der Kündigung in Widerspruch zu seinem bisherigen Verhalten setzen würde (*BAG* 28.8.2003 EzA § 242 BGB 2002 Kündigung Nr. 4). Zu Einzelheiten vgl. KR-*Friedrich* § 13 KSchG Rz 229 ff. 56b

Wenn der Arbeitgeber in einem Kleinbetrieb einen zu kündigenden Arbeitnehmer unter mehreren Arbeitnehmern auswählen kann, gebietet der verfassungsrechtliche Schutz des Arbeitsplatzes gem. Art. 12 Abs. 1 GG iVm dem Sozialstaatsprinzip ein **gewisses Maß an sozialer Rücksichtnahme**, und es darf auch ein durch langjährige Mitarbeit erdientes Vertrauen in den Fortbestand eines Arbeitsverhältnisses nicht unberücksichtigt bleiben (*BVerfG* 27.1.1998 EzA § 23 KSchG Nr. 17; *BAG* 21.2.2001 EzA § 242 BGB Kündigung Nr. 1; 6.2.2003 EzA § 242 BGB 2002 Kündigung Nr. 1). Dieses Erfordernis der **sozialen Auswahl** insbes. unter Berücksichtigung der **Dauer der Betriebszugehörigkeit**, das gem. § 1 Abs. 3 KSchG auch bei Kündigungen in den unter den Geltungsbereich des Ersten Abschnitt fallenden Betrieben zu beachten ist, ohne damit übereinzustimmen (*BAG* 21.2.2001 EzA § 242 BGB Kündigung Nr. 1), begründet die og Rspr. als allgemeines verfassungsrechtliches Gebot. Gerade in Fällen wie Kündigungen in Kleinbetrieben, in denen ein Kündigungsschutz gesetzlich nicht genauer bestimmt ist, muss der Arbeitgeber »eine einseitige, einzelne Arbeitnehmer belastende Auswahlentscheidung nach vernünftigen, sachlichen, billiges Ermessen wahrenden Gesichtspunkten treffen, bei der Anwendung der Generalklauseln, etwa § 242 BGB, sind das Sozialstaatsprinzip des Art. 20 Abs. 1 GG und der Gleichheitssatz des Art. 3 Abs. 1 GG zur Geltung zu bringen« (*BAG* 21.2.2001 EzA § 242 BGB Kündigung Nr. 1; 19.1.1995 EzA Art. 20 EinigungsV Nr. 43). 56c

Unter Berücksichtigung des Bestandsschutzinteresses des Arbeitnehmers und der besonderen Belange des Kleinunternehmers, wo der Geschäftserfolg mehr als in Großbetrieben von jedem einzelnen Arbeitnehmer abhängt, (beispielhaft in *BVerfG* 27.1.1998 EzA § 23 KSchG Nr. 17; *BAG* 21.2.2001 EzA § 242 BGB Kündigung Nr. 1; 21.2.2001 EzA § 242 BGB Kündigung Nr. 2; 13.6.2002 EzA § 23 KSchG Nr. 24) ist 56d

§ 23 KSchG   Geltungsbereich

danach ein »**Treueverstoß bei der Kündigung des sozial schutzbedürftigen Arbeitnehmers** um so eher anzunehmen, **je weniger bei der Auswahlentscheidung eigene Interessen des Arbeitgebers** eine Rolle gespielt haben. Hat der Arbeitgeber keine spezifischen eigenen Interessen, einem bestimmten Arbeitnehmer zu kündigen bzw. anderen vergleichbaren Arbeitnehmern nicht zu kündigen, und entlässt er gleichwohl den Arbeitnehmer mit der bei weitem längsten Betriebszugehörigkeit, dem höchsten Alter und den meisten Unterhaltpflichten, so spricht alles dafür, dass der Arbeitgeber bei seiner Entscheidung das verfassungsrechtlich gebotene Mindestmaß an sozialer Rücksichtnahme außer acht gelassen hat. Bestehen andererseits derartige betriebliche, persönliche oder sonstige Interessen des Arbeitgebers, so ist der durch § 242 BGB vermittelte Grundrechtschutz des Arbeitnehmers um so schwächer, je stärker die mit der Kleinbetriebsklausel geschützten Grundrechtspositionen des Arbeitgebers im Einzelfall betroffen sind« (*BAG* 21.2.2001 EzA § 242 BGB Kündigung Nr. 1).

56e Die verfassungsrechtlich gebotene Sozialauswahl bei Kündigungen im Kleinbetrieb setzt eine **Vergleichbarkeit** der in Frage kommenden Arbeitnehmer voraus. Hier sind jedoch **nicht die gleichen Maßstäbe wie bei § 1 Abs. 3 KSchG zugrunde zu legen.** An der Vergleichbarkeit iSd nach § 1 Abs. 3 KSchG vorgeschriebenen Sozialauswahl fehlt es, wenn der Arbeitgeber den Arbeitnehmer nicht einseitig auf den in Betracht kommenden anderen Arbeitsplatz um- oder versetzen kann (*BAG* 17.2.2000 EzA § 1 KSchG Soziale Auswahl Nr. 43 mwN; KR-*Griebeling* § 1 KSchG Rz 614 ff., 621 ff.). Nach der Rspr. des BAG ist dem Kleinbetrieb nicht die gleiche sorgfältige rechtliche Vorprüfung abzuverlangen, wie sie bei Bildung der auswahlrelevanten Personenkreise nach dem KSchG erforderlich ist. Ein nach § 242 BGB beachtlicher Auswahlfehler liegt dann vor, wenn die Nichteinbeziehung eines Arbeitnehmers in den Auswahlkreis willkürlich ist. Zum Vergleich zwischen den in Frage kommenden Arbeitnehmern sind die **sozialen Daten**, wie sie gem. § 1 Abs. 3 S. 1 KSchG vorgeschrieben sind, gegenüberzustellen (vgl. *BAG* 21.2.2001 EzA § 242 BGB Kündigung Nr. 1; zust. *v. Hoyningen-Huene* SAE 2001, 326). Allerdings kann die stärkere soziale Schutzbedürftigkeit bei der Auswahlentscheidung gegenüber betrieblichen Belangen nachstehen, wenn soziale Belange des Arbeitnehmers nicht völlig unberücksichtigt bleiben und persönliche oder in den Besonderheiten der kleinbetrieblichen Arbeitsstruktur (zB Qualifikations- oder Altersstruktur) liegende Gründe dies erfordern. **Sowohl die Vergleichbarkeit der Arbeitnehmer als auch ein beachtlicher Auswahlfehler müssen evident sein** (*BAG* 6.2.2003 EzA § 242 BGB 2002 Kündigung Nr. 1). Das Evidenzmerkmal kann in Anlehnung an die Grundsätze zur groben Fehlerhaftigkeit gem. § 1 Abs. 4 KSchG und § 125 Abs. 1 S. 1 Nr. 2 InsO (KR-*Weigand* § 125 InsO Rz 22 ff.) näher bestimmt werden (*Gragert/Kreutzfeld* NZA 1998, 567; *Krenz* S 139 ff.; *Oetker* Anm EzA § 242 BGB Kündigung Nr. 1), z.B. in dem Fall der willkürlichen Nichteinbeziehung eines Arbeitnehmers in den Auswahlkreis (*Hertzberg* FA 2005, 9).

56f Die Treu- oder Sittenwidrigkeit der Kündigung hat grds. der Arbeitnehmer darzulegen und zu beweisen. Außerhalb des Geltungsbereichs des KSchG gilt die Regel des § 1 Abs. 2 S. 4 KSchG, wonach der Arbeitgeber die eine Kündigung begründenden Tatsachen zu beweisen hat, nicht. Allerdings folgt aus dem verfassungsrechtlich gebotenen Schutzprinzip zugunsten des Arbeitnehmers, dass die Gründsätze der **abgestuften Darlegungs- und Beweislast** anzuwenden sind (*BAG* 21.2.2001 EzA § 242 BGB Kündigung Nr. 1; 25.4.2001 NZA 2002, 87; 6.2.2003 EzA § 242 BGB 2002 Kündigung Nr. 1; *Stein* DB 2005, 1218; vgl. grds. auch Rz 54d). Zunächst hat der Arbeitnehmer Tatsachen vorzutragen, die die Auswahlentscheidung des Arbeitgebers zugunsten eines erheblich weniger schutzbedürftigen, vergleichbaren Arbeitnehmers offenkundig fehlerhaft und damit treuwidrig erkennen lassen. Der Arbeitgeber muss sich gem. § 138 Abs. 2 ZPO qualifiziert auf diesen Vortrag einlassen, um ihn zu entkräften. Aus Gründen der Sachnähe obliegt es dem Arbeitgeber, Gründe für seine Auswahlentscheidung aufzuzeigen. Wenn er zB die Weiterbeschäftigung eines sozial weniger schutzbedürftigen Arbeitnehmers mit der effektiveren Fortführung des Betriebes auf Dauer begründen will, muss er die einzelnen Leistungsgesichtspunkte, besonderen Kenntnisse und Fähigkeiten, wirtschaftlichen Überlegungen und persönlichen Momente darlegen (zur Beweislast des Arbeitgebers schon in diesem Stadium vgl. *Lettl* NZA-RR 2004, 57, 65). Der Vortrag des Arbeitgebers muss substantiiert sein, subjektive Einschätzungen etwa über die Mentalität des Arbeitnehmers genügen nicht (*ArbG Freiburg* 4.2.2005 AuR 2006, 70 m. Anm. *Schubert*). Schließlich hat der gekündigte Arbeitnehmer, der geltend macht, sozial schutzbedürftiger zu sein, die Tatsachen zu beweisen, aus denen sich die Treuwidrigkeit der Kündigung ergeben soll (*BAG* 6.2.2003 EzA § 242 BGB 2002 Kündigung Nr. 1; 21.2.2001 EzA § 242 BGB Kündigung Nr. 1 mwN). Die Grundsätze der abgestuften Darlegungs- und Beweislast gelten auch dann, wenn der Arbeitnehmer nicht oder nicht nur einen Auswahlfehler des Arbeitgebers geltend macht, sondern die Kündigung nur oder auch aus anderen Gründen für treuwidrig hält (*BAG* 28.8.2003 EzA § 242 BGB 2002 Kündigung Nr. 4).

Geltungsbereich § 23 KSchG

Soweit für besonders sozial schutzbedürftige Arbeitnehmer ein besonderer Kündigungsschutz besteht 57
(zB gem. § 85 SGB IX; § 9 MuSchG; § 18 BErzGG), gilt dieser auch für Arbeitnehmer in Kleinbetrieben.
Der kollektive Kündigungsschutz gem. § 102 BetrVG gelangt in solchen Kleinbetrieben zur Anwendung, in denen idR mindestens fünf ständige wahlberechtigte Arbeitnehmer einschließlich der zu ihrer Berufsbildung Beschäftigten tätig sind (vgl. §§ 1, 5 Abs. 1 BetrVG). Eine ohne Anhörung des Betriebsobmannes erklärte Kündigung ist daher gem. § 102 Abs. 1 S. 3 BetrVG unwirksam.

Der **Zweite Abschnitt** des Gesetzes gilt auch für die nach § 1 BetrVG betriebsratsfähigen Kleinbetriebe 58–69
(allg. Ansicht etwa KDZ-*Kittner* § 23 Rz 13; APS-*Moll* § 23 KSchG Rz 6; *v. Hoyningen-Huene/Linck* Rz 17;
Kittner Rz 9). Es handelt sich hierbei um Betriebe mit idR mindestens fünf ständigen wahlberechtigten
Arbeitnehmern, von denen drei wählbar sein müssen (zum Begriff des ständig beschäftigten Arbeitnehmers vgl. *Richardi* § 1 Rz 99 ff.). Als Arbeitnehmer iSd BetrVG sind dabei auch die zu ihrer Berufsbildung Beschäftigten (vgl. §§ 5, 6 BetrVG) anzusehen. Der besondere Kündigungsschutz für betriebsverfassungsrechtliche Mandatsträger (§§ 15, 16 KSchG) gilt daher auch für die in betriebsratsfähigen
Kleinbetrieben (§ 1 BetrVG) beschäftigten Betriebsobmänner und Wahlbewerber.

D. Geltungsbereich des Dritten Abschnitts des Gesetzes

Die Bestimmung des § 23 Abs. 2 KSchG enthält nur eine **unvollständige Regelung** des **betrieblichen** 70
Geltungsbereichs hinsichtlich des Dritten Abschnitts des Gesetzes (**anzeigepflichtige Entlassungen**).
Weitere Vorschriften über den betrieblichen Geltungsbereich des Gesetzes sind in §§ 17 Abs. 1 und 22
KSchG enthalten.

I. Einbezogene Betriebe und Verwaltungen

Einbezogen in den betrieblichen Geltungsbereich des Dritten Abschnitts des Gesetzes sind nach § 23 71
Abs. 2 S. 1 BetrVG **Betriebe** (vgl. zum Begriff KR-*Griebeling* § 1 KSchG Rz 132 ff.) und **Verwaltungen
des privaten Rechts** (vgl. zum Begriff Rz 28 ff.). Im Unterschied zu § 23 Abs. 1 S. 1 KSchG gelten die Bestimmungen des Dritten Abschnitts des Gesetzes aber nicht für den gesamten öffentlichen Dienst, sondern nur für solche **öffentliche Betriebe**, die **wirtschaftliche** Zwecke verfolgen (vgl. auch KR-*Weigand*
§ 17 KSchG Rz 25). Es handelt sich hierbei insbes. um die sog. Regiebetriebe der öffentlichen Hand (zB
Gas-, Wasser- und Elektrizitätswerke, Verkehrsbetriebe, Theater, Sparkassen, Krankenhäuser, Alten-
und Pflegeheime, Stadthallen usw.). Aber auch die in Form einer selbständigen juristischen Person (zB
AG, GmbH) betriebenen öffentlichen Betriebe unterliegen den Vorschriften des Dritten Abschnitts des
Gesetzes, sofern diese wirtschaftliche Zwecke verfolgen (vgl. *Denecke* RdA 1955, 404; *v. Hoyningen-Huene/Linck* Rz 33). Die Verfolgung eines wirtschaftlichen Zwecks setzt voraus, dass die öffentliche Verwaltung sich wie ein privatwirtschaftlich geführter Betrieb am Wirtschaftsleben beteiligt, wobei es allerdings rechtlich ohne Belang ist, ob sie dabei in Gewinnerzielungsabsicht handelt oder nicht (vgl.
Löwisch/Spinner § 23 KSchG Rz 34).

Die in § 23 Abs. 2 S. 1 KSchG bezeichneten Betriebe und Verwaltungen fallen aber nur dann unter die 72
Vorschriften des Dritten Abschnitts des Gesetzes, wenn in ihnen idR mehr als 20 Arbeitnehmer beschäftigt werden (§ 17 Abs. 1 Nr. 1 KSchG).

Die in § 17 Abs. 1 Nr. 1 KSchG genannte **gesetzliche Mindestbeschäftigtenzahl** gilt auch für die **Land-** 73
betriebe der **Seeschifffahrt**. Es handelt sich hierbei insbes. um die Verwaltungen dieser Unternehmen,
Reparatur- und Wartungsbetriebe (zB Docks), Werften sowie Lagerhäuser. Die Ausnahmeregelung des
§ 23 Abs. 2 S. 2 bis 4 KSchG bezieht sich nur noch auf Besatzungen von Seeschiffen, während auf Binnenschiffe und Luftfahrzeuge der Dritte Abschnitt des KSchG Anwendung findet (vgl. Art. 1 Nr. 4 des
Zweiten Gesetzes zur Änderung des KSchG v. 27.4.1978 BGBl. I S. 550).

II. Ausgenommene Betriebe und Verwaltungen

Vom betrieblichen Geltungsbereich des Dritten Abschnitts des Gesetzes **ausgenommen** sind alle 74
Kleinbetriebe, in denen idR weniger als 20 Arbeitnehmer beschäftigt werden (vgl. KR-*Weigand* § 17
KSchG Rz 23).

Auf **Saison-** und **Kampagne-Betriebe** finden gem. § 22 KSchG die Bestimmungen des Dritten Ab- 75
schnitts des Gesetzes bei Entlassungen dann keine Anwendung, wenn diese durch die Eigenart der Betriebe bedingt sind (vgl. iE KR-*Weigand* § 22 KSchG Rz 6, 7).

76 Öffentliche Betriebe, die **keine wirtschaftlichen Zwecke** verfolgen, unterliegen nach § 23 Abs. 2 S. 1 KSchG ebenfalls nicht den Vorschriften des Dritten Abschnitts des Gesetzes. Hierzu zählen insbes. alle hoheitlich organisierten Verwaltungen sowie sämtliche öffentliche Einrichtungen mit rein ideeller (insbes. kultureller oder karitativer) Zielsetzung (zB Kindergärten, Schulen, beschützende Werkstätten, Universitäten, Forschungs- und Kunstinstitute, Kirchen, Einrichtungen der Wohlfahrtspflege sowie Museen). Ebenso zählen hierzu die Sozialversicherungsträger, die gem. § 29 Abs. 1 SGB IV rechtsfähige Körperschaften des öffentlichen Rechts mit Selbstverwaltung sind. In dieser allen in §§ 19 ff. SGB IV genannten Sozialversicherungsträgern gemeinsamen Organisationsform erfüllen sie teils hoheitliche, teils im Gemeininteresse liegende Aufgaben (*Löwisch/Spinner* § 23 KSchG Rz 34; *v. Hoyningen-Huene/ Linck* Rz 33). Die öffentlichen Versorgungsbetriebe sind demgegenüber in den betrieblichen Geltungsbereich des Dritten Abschnitts einbezogen (vgl. *Löwisch/Spinner aaO*; *BBDW-Dörner* Rz 38).

77 Nicht in die Geltung des Dritten Abschnitts des Gesetzes fallen gem. § 23 Abs. 2 S. 2 KSchG **Seeschiffe** und ihre **Besatzung**. Diese Ausnahmeregelung hat ihren Vorläufer in § 4 Abs. 3 AOG, wonach die Besatzungen der Seeschiffe, Binnenschiffe und Luftfahrzeuge in vollem Umfang vom Kündigungsschutz ausgenommen waren. Die Landbetriebe der Seeschifffahrtsunternehmen werden von dieser Ausnahmeregelung nicht betroffen (vgl. oben Rz 73). Die Ausklammerung der **Binnenschiffe** und **Luftfahrzeuge** aus dem Geltungsbereich des Dritten Abschnitts des KSchG ist durch Art. 1 Nr. 4 des »Zweiten Gesetzes zur Änderung des KSchG« vom 27.4.1978 (BGBl. I S. 550) beseitigt worden.

§ 24 Anwendung des Gesetzes auf Betriebe der Schiffahrt und des Luftverkehrs

(1) ¹Die Vorschriften des Ersten und Zweiten Abschnitts finden nach Maßgabe der Absätze 2 bis 5 auf Arbeitsverhältnisse der Besatzung von Seeschiffen, Binnenschiffen und Luftfahrzeugen Anwendung. ²Als Betrieb im Sinne dieses Gesetzes gilt jeweils die Gesamtheit der Seeschiffe oder der Binnenschiffe eines Schiffahrtsbetriebs oder der Luftfahrzeuge eines Luftverkehrsbetriebs.
(2) Dauert die erste Reise eines Besatzungsmitglieds im Dienste einer Reederei oder eines Luftverkehrsbetriebs länger als sechs Monate, so verlängert sich die Sechsmonatsfrist des § 1 Abs. 1 bis drei Tage nach Beendigung dieser Reise.
(3) ¹Die Klage nach § 4 ist binnen drei Wochen, nachdem das Besatzungsmitglied zum Sitz des Betriebs zurückgekehrt ist, zu erheben, spätestens jedoch binnen sechs Wochen nach Zugang der Kündigung. ²Wird die Kündigung während der Fahrt des Schiffes oder des Luftfahrzeuges ausgesprochen, so beginnt die sechswöchige Frist nicht vor dem Tage, an dem das Schiff oder das Luftfahrzeug einen deutschen Hafen oder Liegeplatz erreicht. ³An die Stelle der Dreiwochenfrist in § 6 treten die hier in den Sätzen 1 und 2 bestimmten Fristen.
(4) ¹Für Klagen der Kapitäne und der Besatzungsmitglieder im Sinne der §§ 2 und 3 des Seemannsgesetzes nach § 4 dieses Gesetzes tritt an die Stelle des Arbeitsgerichts das Gericht, das für Streitigkeiten aus dem Arbeitsverhältnis dieser Personen zuständig ist. ²Soweit in Vorschriften des Seemannsgesetzes für die Streitigkeiten aus dem Arbeitsverhältnis Zuständigkeiten des Seemannsamtes begründet sind, finden die Vorschriften auf Streitigkeiten über Ansprüche aus diesem Gesetz keine Anwendung.
(5) Der Kündigungsschutz des Ersten Abschnitts gilt, abweichend von § 14, auch für den Kapitän und die übrigen als leitende Angestellte im Sinne des § 14 anzusehenden Angehörigen der Besatzung.

Literatur

– bis 2004 vgl. KR-Vorauflage –

Inhaltsübersicht

	Rz		Rz
I. Entstehungsgeschichte	1–3	1. Persönlicher Geltungsbereich	9–13
II. Sinn und Zweck der Regelung	4–8	2. Betrieblicher Geltungsbereich	14–19
III. Geltungsbereich des Ersten und Zweiten Abschnitts des Gesetzes (§ 24 Abs. 1 KSchG)	9–21	3. Gegenständlicher Geltungsbereich	20, 21
		IV. Besonderheiten bei der Anwendung des Ersten und Zweiten Abschnitts des Gesetzes	22–34

Anwendung des Gesetzes auf Betriebe der Schiffahrt und des Luftverkehrs § 24 KSchG

	Rz		Rz
1. Verlängerung der sechsmonatigen Wartezeit des § 1 Abs. 1 KSchG (§ 24 Abs. 2 KSchG)	22–25	4. Kündigungsschutz für Kapitäne und übrige leitende Angestellte (§ 24 Abs. 5 KSchG)	33, 34
2. Klagefrist (§ 24 Abs. 3 KSchG)	26–30	V. Geltungsbereich des Dritten Abschnitts	
3. Zuständigkeit (§ 24 Abs. 4 KSchG)	31, 32	des Gesetzes (§ 23 Abs. 2 S. 2 KSchG)	35

I. Entstehungsgeschichte

Das **BRG 1920** erstreckte sich nicht auf Besatzungen von Seeschiffen, Binnenschiffen und Luftfahrzeugen. Diese Regelung wurde durch § 4 Abs. 3 AOG übernommen. Durch die 22. DVO zum **AOG** vom 30.3.1943 (RGBl. I S. 174) wurden lediglich die Besatzungen der Binnenschiffe in den Kündigungsschutz einbezogen. Die Landbetriebe der Schifffahrt und des Luftverkehrs unterlagen demgegenüber in vollem Umfang dem Kündigungsschutz. 1

Das **KSchG 1951** beseitigte in § 22 diese Ungleichbehandlung, indem es den Ersten und Zweiten Abschnitt des Gesetzes grds. auch für die Besatzungen von Seeschiffen, Binnenschiffen und Luftfahrzeugen für anwendbar erklärte. Um den besonderen Verhältnissen der Schifffahrt und des Luftverkehrs Rechnung zu tragen, enthielt § 22 KSchG 1951 Sonderregelungen hinsichtlich der Wartefrist des § 1 Abs. 1 KSchG sowie der Klagefrist des § 3 KSchG 1951. In Abweichung zu § 12 KSchG 1951 sah § 22 Abs. 5 KSchG eine Anwendung des Ersten Abschnitts des Gesetzes auf Kapitäne und sonstige leitende Angestellte iSd § 12 KSchG 1951 vor. Die Einbeziehung dieser Arbeitnehmergruppe geht auf den übereinstimmenden Wunsch der Spitzen- und Fachverbände der Schifffahrt und der Luftfahrt zurück (vgl. Amtl. Begr. RdA 1951, 65). Das KSchG 1951 hielt dagegen insofern an der alten Rechtslage fest, als es die Vorschriften des Dritten Abschnitts des Gesetzes für Besatzungen der Seeschiffe, Binnenschiffe und Luftfahrzeuge für unanwendbar erklärte (§ 21 Abs. 2 S. 2 KSchG 1951). 2

Durch das Erste Arbeitsrechtsbereinigungsgesetz vom 14.8.1969 (BGBl. I S. 1106) trat sachlich keine Änderung des früheren § 22 KSchG 1951 ein. Die Absätze 3 und 4 des § 24 KSchG wurden redaktionell der Neufassung des § 4 KSchG angepasst. Nicht berücksichtigt wurde hierbei, die Bestimmung des § 24 Abs. 5 KSchG an die Neufassung des § 14 KSchG anzupassen. 3

II. Sinn und Zweck der Regelung

Die Hauptzielsetzung der Regelung besteht in einer Beseitigung der historisch bedingten Ausklammerung der Besatzungen von Seeschiffen, Binnenschiffen und Luftfahrzeugen aus dem Geltungsbereich des Kündigungsschutzrechts. Die **grds. rechtliche Gleichstellung** erstreckt sich allerdings lediglich auf die Bestimmungen des Ersten und Zweiten Abschnitts des Gesetzes (vgl. zur teilweisen Anwendbarkeit des Dritten Abschnitts des Gesetzes KR-*Weigand* § 23 KSchG Rz 73). 4

Um eine Abgrenzung von den Land- und Bodenbetrieben zu ermöglichen, enthält § 24 Abs. 1 S. 2 KSchG einen **eigenständigen Betriebsbegriff**. Diese Abgrenzung hat allein kündigungsrechtliche Bedeutung. Im Bereich des Betriebsverfassungsrechts gelten die Sonderregelungen der §§ 114–117 BetrVG. 5

Der Regelungsgehalt der **Absätze 2 und 3** zielt von der gesetzgeberischen Intention her darauf ab, den Besonderheiten der Schifffahrt Rechnung zu tragen. Die gesetzliche Regelung orientiert sich dabei erkennbar an den besonderen Verhältnissen in der Seeschifffahrt (vgl. Amtl. Begr. RdA 1951, 65). Da die Verhältnisse bei der Binnenschifffahrt zumindest dann ähnlich gelagert sind, wenn sie nicht allein auf nationalen Wasserstraßen betrieben wird, bestehen gegen eine kündigungsschutzrechtliche Gleichbehandlung dieser beiden Arbeitnehmergruppen keine durchgreifenden Bedenken. Die gesetzliche Regelung geht jedoch insofern an der Realität vorbei, als sie das fliegende Personal den gleichen Sonderregelungen unterstellt. Dies gilt insbes. für die Regelung des § 24 Abs. 2 KSchG. Die in dieser Bestimmung angeordnete Verlängerung der sechsmonatigen Wartefrist des § 1 Abs. 1 KSchG hat für das Bodenpersonal keinerlei praktische Bedeutung, da Flugreisen mit einem Auslandsaufenthalt von mehr als sechs Monaten weder im Linien- noch im Charterverkehr vorkommen. Auch die Regelung des § 24 Abs. 3 KSchG, die eine Verlängerung der Klagefrist des § 4 KSchG enthält, trägt nicht genügend dem Umstand Rechnung, dass das Bordpersonal sich in aller Regel nur kurzfristig im Ausland aufhält (vgl. *Schaper* Arbeitsrechtliche Probleme bei der Luftfahrt, 1964, S. 22). 6

Die Zuständigkeitsregelung des Abs. 4 beruht darauf, dass nach § 2 Nr. 2 ArbGG 1926 die ArbG für Streitigkeiten der zur Schiffsbesatzung gehörenden Personen nicht zuständig waren (vgl. zur ge- 7

§ 24 KSchG Anwendung des Gesetzes auf Betriebe der Schiffahrt und des Luftverkehrs

schichtlichen Entwicklung *Dersch-Volkmar* § 2 Rz 154). Im ArbGG 1953 wurde diese Vorschrift gestrichen, so dass die Zuständigkeitsregelung des Abs. 4 heute gegenstandslos ist (vgl. Rz 31, 32).

8 Der Zweck des **Absatz 5** bestand ursprünglich darin, in Abweichung von der Regelung des § 12 Buchst. c KSchG 1951 Kapitäne und die übrigen leitenden Angestellten der Besatzung in den persönlichen Geltungsbereich des Ersten Abschnitts des Gesetzes einzubeziehen. Mit der durch das Erste Arbeitsrechtsbereinigungsgesetz vom 14.8.1969 (BGBl. I S. 1106) erfolgten Neufassung des § 14 Abs. 2 KSchG, wonach sämtliche leitende Angestellte mit den in dieser Bestimmung genannten Besonderheiten in den persönlichen Geltungsbereich des Ersten Abschnitts des Gesetzes einbezogen worden sind, hat der Absatz 5 seine ursprüngliche Bedeutung verloren.

III. Geltungsbereich des Ersten und Zweiten Abschnitts des Gesetzes (§ 24 Abs. 1 KSchG)

1. Persönlicher Geltungsbereich

9 Für Arbeitnehmer der **Land- und Bodenbetriebe** bestehen im Bereich der Schifffahrt und des Luftverkehrs keine Einschränkungen des persönlichen Geltungsbereichs. Die uneingeschränkte Geltung bezieht sich dabei auf sämtliche Abschnitte des KSchG. Zum Begriff des Land- und Bodenbetriebes vgl. § 24 KSchG Rz 16–18.

10 Auf die Mitglieder der **Besatzungen** von Seeschiffen, Binnenschiffen und Luftfahrzeugen finden dagegen lediglich die Vorschriften des Ersten und Zweiten Abschnitts des Gesetzes Anwendung, und zwar nach Maßgabe der in § 24 Abs. 2–5 KSchG enthaltenen Sonderregelungen. Die Unanwendbarkeit des Dritten Abschnitts des Gesetzes folgt aus § 23 Abs. 2 S. 2 KSchG.

11 Zur **Besatzung** eines **Seeschiffes** gehören alle auf dem Schiff tätigen Personen, soweit sie sich in einem Heuerverhältnis zum Reeder befinden. Auch in den Fällen der Zeitcharter mit Employment-Klausel ist der Reeder als Arbeitgeber anzusehen (vgl. *Martens* S. 33 ff.). In Abweichung zum Besatzungsbegriff des SeemG (vgl. §§ 3–6 SeemG, KR-*Weigand* SeemG Rz 22 ff.) gehört auch der Kapitän zu den Mitgliedern der Besatzung (ebenso *Löwisch/Spinner* Rz 3; *v. Hoyningen-Huene/Linck* Rz 2a). Die Einbeziehung des Kapitäns ergibt sich aus der Regelung in Absatz 5. Außer dem Kapitän gehören daher insbes. die folgenden Personen zur Besatzung: Schiffsoffiziere iSd § 4 SeemG (Angestellte des nautischen oder des technischen Schiffsdienstes, Schiffsärzte, Seefunker, Zahlmeister); sonstige Angestellte iSd § 5 SeemG (Oberköche, Oberstewards, Zahlmeister-Assistenten, Gepäckmeister, Krankenschwestern, Bürogehilfen auf Fahrgastschiffen); Schiffsmänner iSd § 6 SeemG (Bootsmänner, Motoren- und Maschinenwärter, Heizer, Deckschlosser, Köche, Stewards). Nicht zu den Besatzungsmitgliedern gehören Personen, die als selbständige Gewerbetreibende an Bord tätig sind (zB selbständige Fotografen oder Friseure). Soweit die zuletzt genannte Personengruppe Arbeitnehmer an Bord beschäftigt, so gilt für diese Arbeitnehmergruppen – wegen der Vergleichbarkeit der Interessenlage – die Regelung des § 24 Abs. 3 KSchG über die verlängerte Klagefrist entsprechend (so auch HK-*Kriebel* Rz 5; aA BBDW-*Dörner* Rz 6). Dagegen kann die Bestimmung des § 24 Abs. 2 KSchG (Verlängerung der sechsmonatigen Wartezeit des § 1 Abs. 1 KSchG) nur dann entsprechend angewandt werden, wenn der Arbeitgeber – vergleichbar dem Reeder – während der ersten Reise des Seeschiffes nicht an Bord anwesend war.

12 Die **Besatzung** eines **Binnenschiffes** umfasst alle auf dem Schiff tätigen Personen, soweit sie sich in einem Arbeitsverhältnis zum Schiffseigner befinden. Hierzu zählt auch der angestellte Schiffer (Kapitän). Ist der Schiffer dagegen zugleich Schiffseigner, so ist er der Arbeitgeber der auf dem Binnenschiff beschäftigten Arbeitnehmer. Folglich bleibt der Kapitän bei der gem. § 23 Abs. 1 KSchG maßgeblichen Beschäftigtenzahl unberücksichtigt, wenn er zugleich persönlich haftender Gesellschafter der Reederei ist (*ArbG Hamburg* 3.11.1994 – S 14 Ca 178/94 – nv). Außer dem (angestellten) Schiffer gehören insbes. die folgenden Personen zur Besatzung: Steuerleute, Bootsleute, Matrosen, Maschinisten, Heizer und Schiffsjungen (vgl. § 21 BinnenschiffahrtsG).

13 Zur **Besatzung** von **Luftfahrzeugen** gehört das sog. fliegende oder Bordpersonal. Hierzu zählen insbes. Flugzeugführer (Flugkapitäne und Kopiloten), Flugingenieure, Flugnavigatoren, Flugfunker, Flugbegleiter (Stewards und Stewardessen, Purser) sowie Fluglehrer.

2. Betrieblicher Geltungsbereich

14 Um eine Abgrenzung gegenüber den Land- und Bodenbetrieben der Schifffahrt und des Luftverkehrs zu ermöglichen, enthält § 24 Abs. 1 S. 2 KSchG einen **eigenständigen Betriebsbegriff**. Als Betrieb iSd

KSchG gilt danach die Gesamtheit der Seeschiffe oder der Binnenschiffe eines Schifffahrtsunternehmens oder der Luftfahrzeuge eines Luftverkehrsunternehmens. Von den Regelungen der §§ 114–117 BetrVG unterscheidet sich die Bestimmung des § 24 Abs. 1 S. 2 KSchG insofern, als das Betriebsverfassungsrecht lediglich im Bereich der Seeschifffahrt einen derartigen Betriebsbegriff kennt (vgl. § 114 Abs. 3 BetrVG). Im Bereich der Luftfahrt gilt dagegen die Gesamtheit der Luftfahrzeuge nicht als ein einheitlicher Betrieb iSd BetrVG (vgl. *Galperin/Löwisch* § 117 BetrVG Rz 3).

Da § 24 Abs. 1 S. 2 KSchG rechtstechnisch als **gesetzliche Fiktion** ausgestaltet ist, kommt es nicht darauf an, ob die einzelnen Schiffe oder Luftfahrzeuge in arbeitstechnischer und organisatorischer Hinsicht eine einheitliche Organisation darstellen. Die gesetzliche Regelung schließt dagegen nicht aus, die Gesamtheit der Schiffe oder Luftfahrzeuge bei entsprechender organisatorischer Ausgestaltung des Unternehmens in einzelne **Betriebsabteilungen** aufzugliedern (etwa nach Einsatzarten, Schiffs- oder Flugzeugtypen). Die Frage, ob im Einzelfall eine derartige Betriebsabteilung vorliegt, ist insbes. bei der Anwendung des § 15 Abs. 4 KSchG von Bedeutung. 15

Die gesetzliche Regelung des § 24 Abs. 1 S. 2 KSchG hat zur Folge, dass die **Land- und Bodenbetriebe** der Schifffahrts- und Luftfahrtunternehmen in kündigungsrechtlicher Hinsicht stets einen eigenständigen Betrieb iSd § 1 Abs. 1 KSchG bilden (*BAG* 28.12.1956 AP Nr. 1 zu § 22 KSchG; *Löwisch/Spinner* Rz 4; HK-*Kriebel* Rz 2), und zwar unabhängig davon, ob sie nach allgemeinen Grundsätzen selbständige Betriebe wären. 16

Zu den **Landbetrieben** eines **Schifffahrtsunternehmens** gehören insbes. Werften, Speditionen, Lagerhäuser, Reparaturwerkstätten, Stauereien, Kaibetriebe sowie die kaufmännische Verwaltung. Ebenfalls zu den Landbetrieben zählen solche Schiffe, die sich nur jeweils kurzfristig von einem Landbetrieb entfernen (zB Hafenschlepper, Fährschiffe, Küstenschiffer). Als Kriterium für die Landbezogenheit eines Schiffes kann – wegen der Vergleichbarkeit der Interessenlage – auch im Bereich des Kündigungsrechts auf die Regelung in § 114 Abs. 4 S. 2 BetrVG zurückgegriffen werden (*v. Hoyningen-Huene/Linck* Rz 4a; aA *Löwisch/Spinner* Rz 4). Danach gelten Schiffe, die idR binnen 24 Stunden nach dem Auslaufen an den Sitz eines Landbetriebes zurückkehren, als Teil des Landbetriebs des Seeschifffahrtsunternehmens. Als Teil des Landbetriebes sind auch solche Schwimmkörper anzusehen, die mit dem Festland ständig vertäut sind (zB Gaststättenschiffe). Einen selbständigen Betrieb stellen die Gesamthafenbetriebe dar (vgl. das GesamthafenbetriebsG v. 3.8.1950 BGBl. I S. 352). 17

Zu den **Bodenbetrieben** der **Luftfahrtunternehmen** zählen insbes. die kaufmännische Verwaltung, der flugtechnische und meteorologische Dienst, Reparaturwerkstätten sowie Reisebüros. Dabei hängt es von der jeweiligen Organisationsstruktur eines Luftfahrtunternehmens ab, ob die einzelnen Bodenbetriebe in kündigungsrechtlicher Hinsicht einen Betrieb oder jeweils nur eine Betriebsabteilung darstellen. Es gelten insoweit die allgemeinen Grundsätze (vgl. KR-*Weigand* § 23 KSchG Rz 46 ff.). 18

Die **Abgrenzung** gegenüber den Land- und Bodenbetrieben der Schifffahrts- und Luftfahrtunternehmen ist kündigungsrechtlich insofern von **Bedeutung**, als davon die Anwendbarkeit des Dritten Abschnitts des Gesetzes abhängt (vgl. § 23 Abs. 2 S. 2 KSchG). Bedeutsam ist die Abgrenzung weiterhin für die Frage der Anwendbarkeit der in § 24 Abs. 2 – 5 KSchG enthaltenen Sonderregelungen, die lediglich für die Besatzungen der Seeschiffe, der Binnenschiffe sowie der Luftfahrzeuge gelten. Von der Abgrenzung des Betriebsbegriffs hängen weiterhin die folgenden Fragen ab: das Vorliegen von dringenden betrieblichen Erfordernissen iSd § 1 Abs. 2 KSchG; das Vorhandensein von berechtigten betrieblichen Bedürfnissen iSd § 1 Abs. 3 S. 2 KSchG; das Vorliegen eines Kleinbetriebes iSd § 17 Abs. 1 Nr. 1 KSchG oder iSd § 23 Abs. 1 S. 2 KSchG. 19

3. Gegenständlicher Geltungsbereich

Abgesehen von den in § 24 Abs. 2 – 5 KSchG enthaltenen Besonderheiten bestimmt sich der gegenständliche Geltungsbereich des **Ersten Abschnitts** des Gesetzes nach allgemeinen Grundsätzen (vgl. KR-*Weigand* § 23 KSchG Rz 22). Aus der besonderen Struktur der Schifffahrts- und Luftfahrtunternehmen können sich jedoch Auswirkungen auf die Beurteilung der Sozialwidrigkeit einer Kündigung ergeben. Praktische Schwierigkeiten treten insbes. bei der sozialen Auswahl (§ 1 Abs. 3 KSchG) der zu kündigenden Besatzungsmitglieder auf (vgl. *ArbG Hamburg* 11.1.1973 SeeAE Nr. 2 zu § 24 KSchG; *Löwisch/Spinner* Rz 6;). Zur außerordentlichen Kündigung gegenüber Besatzungsmitgliedern von Seeschiffen vgl. KR-*Weigand* SeemG Rz 107–135. Zur Befristung eines Heuerverhältnisses vgl. *BAG* 10.11.1976 AP Nr. 3 zu § 60 SeemG; KR-*Weigand* SeemG Rz 31–33. 20

21 Der **Zweite Abschnitt** des Gesetzes gilt in gegenständlicher Hinsicht mit den folgenden Besonderheiten: Der besondere Kündigungsschutz nach § 15 KSchG steht sowohl den Mitgliedern der Bordvertretung (§ 115 Abs. 7 BetrVG) als auch den Mitgliedern des Seebetriebsrates (§ 116 Abs. 1 BetrVG; vgl. KR-*Weigand* SeemG Rz 42–44) zu. Eine außerordentliche Kündigung eines Mitglieds der Bordvertretung bedarf nach § 103 BetrVG dann der vorherigen Zustimmung der Bordvertretung, wenn sie durch den Kapitän erklärt werden soll (KR-*Weigand* SeemG Rz 56; *Richardi/Thüsing* § 115 Rz 115). Bei einer beabsichtigten außerordentlichen Kündigung durch den Reeder bedarf es dagegen der vorherigen Zustimmung des Seebetriebsrates. Soweit in der **Luftfahrt** gem. § 117 Abs. 2 BetrVG – anstelle der gesetzlich vorgesehenen Betriebsräte – Sondervertretungen nach § 3 Abs. 1 Nr. 2 BetrVG durch Tarifvertrag bestimmt sind, genießen deren Mitglieder den gleichen Schutz wie Betriebsratsmitglieder (KR-*Etzel* § 103 BetrVG Rz 10; aA *LAG Frankf.* 14.10.1983 AuR 1985, 29; HSWG-*Hess* § 117 BetrVG Rz 13). Dagegen umfasst der Kündigungsschutz gem. § 15 KSchG nicht die Mitglieder von zusätzlichen Arbeitnehmervertretungen iSv § 3 Abs. 1 Nr. 1 BetrVG (KR-*Etzel* § 103 BetrVG Rz 17), es sei denn, er wird diesen im Rahmen des Tarifvertrages über die Errichtung der zusätzlichen Arbeitnehmervertretung ausdrücklich zuerkannt.

IV. Besonderheiten bei der Anwendung des Ersten und Zweiten Abschnitts des Gesetzes

1. Verlängerung der sechsmonatigen Wartezeit des § 1 Abs. 1 KSchG (§ 24 Abs. 2 KSchG)

22 Die allgemeine Wartezeit für den Erwerb des Kündigungsschutzes beträgt nach § 1 Abs. 1 KSchG sechs Monate. Diese Frist gilt grds. auch für die Besatzungsmitglieder von Seeschiffen, Binnenschiffen und Luftfahrzeugen. Von der **grds. Geltung** der **allgemeinen Wartezeit** macht § 24 Abs. 2 KSchG dann eine **Ausnahme,** wenn die erste Reise eines Besatzungsmitgliedes im Dienste einer Reederei oder eines Luftverkehrsbetriebes länger als sechs Monate dauert. In einem derartigen Fall verlängert sich die Sechsmonatsfrist bis drei Tage nach Beendigung dieser Reise.

23 Der Sinn der **verlängerten Wartezeit** besteht darin, es dem Arbeitgeber zu ermöglichen, bei seiner Entscheidung über die weitere Zusammenarbeit mit dem Arbeitnehmer dessen Bewährung bei der ersten Reise zu berücksichtigen. Es sollte weiterhin im Interesse der Erhaltung des Betriebsfriedens verhindert werden, dass der Kapitän in den Fällen der Nichtbewährung Kündigungen während der ersten Reise ausspricht (vgl. Amtl. Begr. RdA 1951, 65). Da der Entwurf des KSchG 1951 lediglich eine allgemeine Wartezeit von drei Monaten vorsah, war es angebracht, angesichts der besonderen Verhältnisse der Seeschifffahrt eine Verlängerung dieser Wartezeit in den Fällen von längeren Seereisen vorzusehen. Infolge der Ausdehnung der allgemeinen Wartezeit auf sechs Monate in § 1 Abs. 1 KSchG 1951 sowie aufgrund der verkehrstechnischen Entwicklung der Seeschifffahrt kommt der Regelung des § 24 Abs. 2 KSchG kaum eine praktische Bedeutung zu. Dies gilt in noch verstärktem Maße für den Bereich der Binnenschifffahrt und der Luftfahrt (vgl. Rz 6).

24 Die verlängerte Wartezeit gilt nur für die **neu eingestellten Besatzungsmitglieder.** Für diejenigen Besatzungsmitglieder, die bereits länger als sechs Monate anderweitig bei dem Schifffahrts- oder Luftfahrtunternehmen beschäftigt waren, gelangt die Bestimmung des § 24 Abs. 2 KSchG selbst dann nicht zur Anwendung, wenn ihre erste Reise länger als sechs Monate dauert (ebenso *Löwisch/Spinner* Rz 7 f.; ErfK-*Kiel* Rz 5; *v. Hoyningen-Huene/Linck* Rz 6). Nach § 1 Abs. 1 KSchG zählt nämlich die Unternehmenszugehörigkeit bei der Dauer der Wartezeit mit (vgl. *Maus* Rz 2).

25 Die **dreitägige Überlegungsfrist** beginnt mit dem Tage, der auf die Beendigung der Reise folgt (§ 187 BGB); fällt der letzte Tag der Frist (§ 188 BGB) auf einen Samstag, Sonntag oder einen gesetzlichen Feiertag, so verlängert sich die Frist bis zum Ablauf des nächsten Werktages (§ 193 BGB). Die Beurteilung der Frage, wann eine Reise beendet ist, richtet sich nach den tatsächlichen Umständen des Einzelfalles. Nicht erforderlich ist die Rückkehr an den Sitz des Schifffahrts- oder Luftfahrtunternehmens. Es genügt vielmehr die Rückkehr an einen deutschen Hafen oder Liegeplatz bzw. an einen deutschen Flughafen, sofern es sich hierbei um den bestimmungsmäßigen Endpunkt der Reise handelt.

2. Klagefrist (§ 24 Abs. 3 KSchG)

26 Die **dreiwöchige Klagefrist** des § 24 KSchG gilt für die Besatzungen von Seeschiffen, Binnenschiffen und Luftfahrzeugen nur dann, wenn sie an den Sitz des Betriebes zurückkehren (§ 24 Abs. 3 S. 1 KSchG). Die Bestimmung des Sitzes eines Schifffahrts- oder Luftfahrtunternehmens richtet sich nach handelsrechtlichen Vorschriften und Grundsätzen. Im Regelfall liegt der Sitz eines Unternehmens dort, wo sich die Hauptverwaltung befindet. Der Heimat- oder Ausreisehafen ist daher nur dann als

Betriebssitz iSd § 24 Abs. 3 S. 1 KSchG anzusehen, wenn sich dort zugleich die Hauptverwaltung des Schifffahrtsunternehmens befindet (vgl. *v. Hoyningen-Huene/Linck* Rz 8; HK-*Kriebel* Rz 13). Die dreiwöchige Klagefrist beginnt mit der Rückkehr des Besatzungsmitgliedes an den Betriebssitz zu laufen. Der Tag der Rückkehr wird bei der Berechnung der Frist nicht mitgerechnet (§ 187 BGB). Zu welchem Zeitpunkt das Schiff oder das Luftfahrzeug an dem Betriebssitz eintrifft, ist für den Beginn der dreiwöchigen Klagefrist ohne Belang.

Für den Fall, dass das Besatzungsmitglied nicht an den Betriebssitz, sondern an einen anderen Ort im Inland zurückkehrt, gilt eine **verlängerte Klagefrist** von **sechs Wochen** (§ 24 Abs. 3 S. 1 letzter Hs. KSchG). Diese verlängerte Klagefrist beginnt nur dann bereits mit Zugang der Kündigung zu laufen, wenn diese nicht während der Fahrt des Schiffes oder des Luftfahrzeuges ausgesprochen worden ist. Der Sinn dieser Sechswochenfrist besteht darin, zu verhindern, dass das Besatzungsmitglied seine persönliche Rückkehr ins Inland verzögert und dadurch die Klagefrist unangemessen lang hinausschiebt (vgl. *ArbG Hamburg* 29.1.1980 SeeAE Nr. 1 zu § 24 KSchG; *Monnerjahn* Das Arbeitsverhältnis in der deutschen Seeschiffahrt, S. 105; APS-*Moll* Rz 9). 27

Die **sechswöchige Klagefrist beginnt** jedoch dann nicht mit Zugang der Kündigung, wenn diese **während der Fahrt** eines **Schiffes** oder eines **Luftfahrzeuges** erklärt wird. In diesem Falle beginnt die Sechswochenfrist nicht vor dem Tage, an dem das Schiff oder das Luftfahrzeug einen deutschen Hafen oder Liegeplatz erreicht (§ 24 Abs. 3 S. 2 KSchG; *ArbG Hamburg* 21.12.1995 – S 1 Ca 364/95; nachgewiesen bei *Bemm/Lindemann* § 62 SeemG Rz 46; BBDW-*Dörner* Rz 16; HK-*Kriebel* Rz 15; KR-*Weigand* SeemG Rz 51; KDZ-*Kittner* Rz 7; aA *Bemm/Lindemann* § 62 SeemG Rz 46; *v. Hoyningen-Huene/Linck* § 24 Rz 10). Das *BAG* (9.1.1986 AP Nr. 1 zu § 24 KSchG) hat offen gelassen, ob die sechswöchige Klagefrist nach § 24 Abs. 3 S. 2 KSchG grds. bereits mit der Ankunft des Besatzungsmitglieds eines Seeschiffs in Deutschland beginne, wenn ihm während der Fahrt des Schiffes gekündigt werde und er zurückkehre, bevor das Schiff einen deutschen Hafen oder Liegeplatz erreiche. Nach der Ansicht des *BAG* (aaO) können auch bei einer Restriktion des Gesetzes die Klagefrist in jedem Falle frühestens an dem Tage der tatsächlichen Ankunft des Seemanns beginnen, und zwar auch dann, wenn er aus privaten Gründen (zB wegen Urlaubs) später nach Deutschland zurückkehre als ihm möglich gewesen wäre (so auch KDZ-*Kittner* Rz 8). 28

Versäumt das Besatzungsmitglied die für ihn maßgebliche **Klagefrist**, so findet die Bestimmung des § 5 KSchG über die Zulassung verspäteter Klagen Anwendung. Hat das Besatzungsmitglied dagegen rechtzeitig innerhalb der für ihn maßgeblichen Klagefrist die Kündigung aus anderen als den in § 1 Abs. 2 und 3 KSchG bezeichneten Gründen angegriffen, so kann es die Sozialwidrigkeit der Kündigung noch bis zum Schluss der letzten mündlichen Verhandlung erster Instanz geltend machen. Dies ergibt sich aus der Regelung des § 24 Abs. 3 S. 3 KSchG. 29

Die Sonderregelungen des § 24 Abs. 3 KSchG über die Klagefrist gelangen jedoch nur dann zur Anwendung, wenn auf der Gesamtheit der Schiffe oder Luftfahrzeuge idR mehr als zehn Arbeitnehmer beschäftigt werden. Die Arbeitnehmer der Land- und Bodenbetriebe (vgl. zum Begriff Rz 16-18) sind bei der Berechnung der **Mindestbeschäftigtenzahl** (vgl. KR-*Weigand* § 23 KSchG Rz 33 ff.) nicht zu berücksichtigen (vgl. *BAG* 18.12.1956 AP Nr. 1 zu § 22 KSchG). Wird die gesetzliche Mindestbeschäftigtenzahl des § 23 Abs. 1 S. 2 KSchG nicht erreicht, so entfällt der Allgemeine Kündigungsschutz. Eine **außerordentliche Kündigung** braucht das Besatzungsmitglied in diesem Fall nicht innerhalb der Klagefristen des § 24 Abs. 3 KSchG anzugreifen. Bei Vorliegen der Mindestbeschäftigtenzahl gelten die Sonderregelungen des § 24 Abs. 3 KSchG über die Klagefrist dagegen auch in den Fällen einer außerordentlichen Kündigung sowie bei einer **Änderungskündigung** (vgl. *Löwisch/Spinner* Rz 15). 30

3. Zuständigkeit (§ 24 Abs. 4 KSchG)

Die Zuständigkeitsregelung des § 24 Abs. 4 S. 1 KSchG ist mit der Neufassung des § 2 ArbGG 1953 gegenstandslos geworden. Nach § 2 Nr. 2 ArbGG 1926 waren Streitigkeiten der Personen der Schiffsbesatzung von der Zuständigkeit der Gerichte für Arbeitssachen ausgenommen (vgl. Rz 7). Für kündigungsrechtliche Streitigkeiten der Kapitäne und der Besatzungsmitglieder sind nunmehr die Gerichte für Arbeitssachen zuständig, und zwar sowohl für den Bereich der Seeschifffahrt als auch für den der Binnenschifffahrt. 31

Für kündigungsrechtliche Streitigkeiten nach dem KSchG schließt § 24 Abs. 4 S. 2 KSchG die Vorschriften des SeemG über die **Zuständigkeit** der **Seemannsämter** aus (zum Zuständigkeitskatalog der Seemannsämter vgl. § 14 SeemannsamtsVO v. 21.10.1981 BGBl. I S. 1146, zuletzt geänd. d. Gesetz v. 30.7.2004 BGBl. I S. 1950). Wird das Heuerverhältnis im Ausland außerordentlich gekündigt, ist das 32

§ 25 KSchG   Kündigung in Arbeitskämpfen

Seemannsamt gem. § 69 SeemG zu einer vorläufigen Entscheidung über die Berechtigung der außerordentlichen Kündigung befugt (vgl. hierzu KR-*Weigand* SeemG Rz 178 ff.; *Bemm/Lindemann* § 69 Rz 6 ff.; *Schelp/Fettbach* § 69 Rz 1 ff.; *Schwedes/Franz* § 69 Rz 1 ff.). Da keine zwingenden Anhaltspunkte dafür ersichtlich sind, dass der Gesetzgeber auch die vorläufige Entscheidungsbefugnis der Seemannsämter nach § 69 SeemG beseitigen wollte, liegt ein Redaktionsversehen des Gesetzgebers nahe (ebenso *Löwisch/Spinner* Rz 17). Für Kapitäne und Besatzungsmitglieder iSd §§ 2 und 3 SeemG sieht § 101 Abs. 2 ArbGG die Möglichkeit vor, dass durch Tarifvertrag die Arbeitsgerichtsbarkeit für Rechtsstreitigkeiten aus dem Heuerverhältnis ausgeschlossen und die Entscheidungsbefugnis auf ein Schiedsgericht übertragen werden kann. Abgesehen davon, dass es z. Zt. keine einschlägigen tarifvertraglichen Regelungen gibt, bezieht sich die gesetzliche Ermächtigung nicht auf Bestandsschutzstreitigkeiten (vgl. *Grunsky* § 101 Rz 8; **aA** *Löwisch/Spinner* Rz 18).

4. Kündigungsschutz für Kapitäne und übrige leitende Angestellte (§ 24 Abs. 5 KSchG)

33 Mit der Neufassung des § 14 Abs. 2 KSchG durch das Erste Arbeitsbereinigungsgesetz vom 14.8.1969 (BGBl. I S. 1106) hat die Bestimmung des § 24 Abs. 5 KSchG ihren ursprünglichen Ausnahmecharakter gegenüber der allgemeinen kündigungsschutzrechtlichen Regelung des § 12 Buchst. c. KSchG 1951 verloren. Nach der zuletzt genannten Bestimmung waren »Geschäftsführer, Betriebsleiter und ähnliche leitende Personen« von der Geltung des Ersten Abschnitts des Gesetzes ausgenommen. Bei der Verabschiedung des Ersten Arbeitsrechtsbereinigungsgesetzes ist es versäumt worden, die Regelung des § 24 Abs. 5 KSchG der Neufassung des § 14 Abs. 2 KSchG anzupassen. Da nunmehr auch die leitenden Angestellten nach Maßgabe der in § 14 Abs. 2 KSchG enthaltenen Besonderheiten in den allgemeinen Kündigungsschutz einbezogen sind, besteht – bezogen auf den Kapitän und die übrigen leitenden Angestellten der Besatzung – im Ergebnis keine Abweichung mehr zwischen beiden Vorschriften (vgl. *v. Hoyningen-Huene/Linck* § 14 Rz 31; *Martens* S. 211).

34 Wegen der Gleichheit der Interessenlage ist es gerechtfertigt, die in § 14 Abs. 2 KSchG enthaltenen Einschränkungen hinsichtlich der Anwendbarkeit der §§ 3 und 9 Abs. 1 S. 2 KSchG auch auf Kapitäne und die übrigen leitenden Angestellten der Besatzung zu erstrecken (ebenso *v. Hoyningen-Huene/Linck* § 14 Rz 32 und § 24 Rz 7; *Löwisch/Spinner* § 24 Rz 19; *Bemm/Lindemann* § 62 SeemG Rz 50a). Die Unanwendbarkeit des § 3 KSchG auf Kapitäne ergibt sich aus § 114 Abs. 6 S. 2 BetrVG. Danach sind »nur die Kapitäne leitende Angestellte iSd § 5 Abs. 3 BetrVG«. Insoweit weicht der dem § 24 Abs. 5 KSchG zugrunde liegende Begriff des leitenden Angestellten vom Betriebsverfassungsrecht ab. Außer dem Kapitän sind auch solche Mitglieder der Besatzung leitende Angestellte iSd § 24 Abs. 5 KSchG, die nach Aufgabenbereich und Stellung dem gesetzlichen Leitbild des in § 14 Abs. 2 KSchG erwähnten Personenkreises entsprechen (APS-*Moll* § 24 Rz 14). Für den Bereich der Luftfahrt entspricht kein Mitglied der Besatzung – auch nicht der Flugzeugkommandant – diesem gesetzlichen Leitbild, da es an dem Erfordernis der Berechtigung zur selbständigen Einstellung oder Entlassung von Arbeitnehmern fehlt (vgl. *Schaper* Arbeitsrechtliche Probleme bei der Luftfahrt, 1964, S. 103). Im Bereich der Seeschifffahrt hängt es von den Umständen des Einzelfalles ab, ob sich unter den Schiffsoffizieren iSd § 4 SeemG Personen befinden, denen die Berechtigung zur selbständigen Einstellung oder Entlassung von Arbeitnehmern übertragen worden ist.

V. Geltungsbereich des Dritten Abschnitts des Gesetzes (§ 23 Abs. 2 S. 2 KSchG)

35 Der Dritte Abschnitt des Gesetzes findet gem. § 23 Abs. 2 S. 2 KSchG nur auf die Land- und Bodenbetriebe der Seeschifffahrtsunternehmen Anwendung (vgl. zum Begriff KR-*Weigand* § 24 KSchG Rz 17, 18). Die Besatzungen der Seeschiffe sind dagegen von der Geltung des Dritten Abschnitts des Gesetzes ausgenommen (BAG 22.1.1998 EzA § 174 BGB Nr. 13; vgl. KR-*Weigand* § 23 KSchG Rz 77). Für die Besatzungen der Binnenschiffe und Luftfahrzeuge gilt der Dritte Abschnitt des KSchG dagegen uneingeschränkt (vgl. Art. 1 Nr. 4 des Zweiten Gesetzes zur Änderung des KSchG vom 27.4.1978 BGBl. I S. 550).

§ 25 Kündigung in Arbeitskämpfen
Die Vorschriften dieses Gesetzes finden keine Anwendung auf Kündigungen und Entlassungen, die lediglich als Maßnahmen in wirtschaftlichen Kämpfen zwischen Arbeitgebern und Arbeitnehmern vorgenommen werden.

Kündigung in Arbeitskämpfen § 25 KSchG

Literatur

– bis 2004 vgl. KR-Vorauflage –

Inhaltsübersicht

	Rz		Rz
I. Entstehungsgeschichte	1, 2	a) Lösende Abwehraussperrung bei rechtmäßigem Streik	16–18
II. Sinn und Zweck der Regelung	3–7a	b) Wahlrecht des Arbeitgebers bei rechtswidrigem Streik zwischen lösender Abwehraussperrung und Kündigung	19–22
III. Grundsätze der vom BAG entwickelten sog. kollektiven Arbeitskampftheorie	8–32		
1. Allgemeines	8		
2. Begriff, Zulässigkeit und Wirkungsweise der suspendierenden Aussperrung	9–9d	c) Wiedereinstellungspflicht	23–27
3. Sonderschutz bestimmter Arbeitnehmergruppen im Arbeitskampf	10–13	5. Gemeinsam ausgeübtes Zurückbehaltungsrecht	28, 29
		6. Massenänderungskündigung	30–32
4. Begriff, Zulässigkeit und Wirkungsweise der lösenden Aussperrung	14–27		

I. Entstehungsgeschichte

Die Bestimmung des § 25 KSchG geht auf § 6b der **Stillegungsverordnung** vom 8.12.1920 idF vom 15.10.1923 zurück. Der **Hattenheimer Entwurf** enthielt in § 18 bereits die noch heute geltende Fassung der Vorschrift (vgl. RdA 1950, 65). Das **KSchG 1951** übernahm diese Regelung unverändert in § 23. **1**

Im Verlauf des Gesetzgebungsverfahrens zum **Ersten Arbeitsrechtsbereinigungsgesetz** war zwischen den Sozialpartnern die Weitergeltung der Bestimmung umstritten. Während der DGB die Streichung der Vorschrift unter Hinweis auf die neuere Entwicklung des Arbeitskampfrechts forderte, widersetzte sich die Arbeitgeberseite dieser Forderung. Die Bestimmung des § 23 KSchG 1951 wurde schließlich unverändert als § 25 KSchG in das aufgrund des Ersten Arbeitsrechtsbereinigungsgesetzes neu verkündete Kündigungsschutzgesetz übernommen. **2**

II. Sinn und Zweck der Regelung

Die Vorschrift ist Ausdruck der zur Zeit der Verabschiedung des KSchG 1951 herrschenden **individuellen Arbeitskampftheorie**, die bereits unter der Geltung des BRG 1920 entwickelt worden war (vgl. *Hueck/Nipperdey* 3.-5. Aufl. 1932, Bd. 1, S. 169, 336 ff., 341; Bd. 2, S. 499 und S. 661 ff.). Danach handelte ein Arbeitnehmer dann vertragswidrig, wenn er sich an einem Streik beteiligte, ohne zuvor fristgerecht gekündigt zu haben. Der Arbeitgeber konnte in diesem Fall die streikenden Arbeitnehmer fristlos wegen (rechtswidriger, schuldhafter) beharrlicher Arbeitsverweigerung entlassen. Auch der Arbeitgeber konnte Kampfkündigungen nur unter Einhaltung der jeweils geltenden Kündigungsfrist gegenüber der Belegschaft aussprechen. Fristlose Kampfkündigungen durch den Arbeitgeber lösten nach damaligem Arbeitskampfverständnis die Verzugsfolgen aus, und zwar mit der Maßgabe, dass der Arbeitgeber den Arbeitnehmer bis zum Ablauf der Kündigungsfrist die Vergütung weiterzuzahlen hatte (§ 615 BGB). **3**

Der **ursprüngliche Sinngehalt** der Vorschrift bestand darin, im Interesse der **Arbeitskampfparität** für arbeitskampfbedingte Kündigungen und Entlassungen (vgl. zum Begriff der Entlassung KR-*Weigand* § 17 KSchG Rz 32 ff.) den **Grundsatz der Kündigungsfreiheit** zur Geltung zu bringen. Eine ähnliche gesetzgeberische Zielvorstellung lag bereits der Vorschrift des § 6b StillegungsVO vom 15.10.1923 zugrunde. Auch diese Bestimmung wurde als Ausdruck **staatlicher Neutralität** gegenüber Arbeitskämpfen verstanden (vgl. *Göppert* Komm. z. StillegungsVO 1929, S. 137). **4**

Die Bestimmung des § 25 KSchG basiert auf dem **Modell** eines **Kündigungsarbeitskampfes**. Dem Regelungsgehalt nach ist sie eine »materiell-arbeitskampfrechtliche Folgenorm« (vgl. *Säcker* Gruppenparität und Staatsneutralität als verfassungsrechtliche Grundprinzipien des Arbeitskampfrechts, 1973, S. 124). Sie gibt **kein legislatives Grundmodell** für die Durchführung von Arbeitskämpfen, sondern enthält lediglich eine **Beschränkung** des **gegenständlichen Geltungsbereichs** des KSchG (vgl. *BAG* 10.6.1980 EzA Art. 9 GG Arbeitskampf Nr. 36; *Beuthien* JZ 1969, 630; *Däubler* JuS 1972, 647; *Herschel* DB 1970, 254; *ders.* RdA 1984, 215; *Löwisch* Rz 1; *Randerath* S. 16 ff.). Die Gegenmeinung (vgl. *Rüthers* Rechtsprobleme der Aussperrung, 1980, S. 44; *Säcker* DB 1969, 1942; *ders.* Gruppenautonomie, S. 124; *Seiter* **5**

Streikrecht und Aussperrungsrecht, 1975, S. 320 ff.; *ders.* JA 1979, 338; *Söllner* RdA 1980, 19) steht demgegenüber auf dem Standpunkt, dass § 25 KSchG eine positive Aussage über die Zulässigkeit von arbeitgeberseitigen Arbeitskampfkündigungen enthalte.

6 Der ursprüngliche Sinngehalt der Vorschrift (vgl. Rz 4) ist durch die Entwicklung der Arbeitskampfrechtsprechung weitgehend überholt. Der Große Senat des *BAG* hat in dem grundlegenden Beschluss vom 28.1.1955 (AP Nr. 1 zu Art. 9 GG Arbeitskampf) die bis zu diesem Zeitpunkt herrschende individuelle Arbeitskampftheorie verworfen und sich für eine kollektivrechtliche Betrachtungsweise des Arbeitskampfes ausgesprochen. Nach der sog. **kollektiven Arbeitskampftheorie** dürfen bei einem gewerkschaftlich geführten Streik, der nicht gegen tarifvertragliche oder allgemeine Verhaltenspflichten verstößt, die Arbeitnehmer ohne vorherige Kündigung einstellen, dh sie begehen keinen Vertragsbruch, weil infolge des Streiks die Arbeitspflicht suspendiert ist. Die bestreikten Arbeitgeber sind daher in diesem Falle nicht dazu berechtigt, einem einzelnen Arbeitnehmer oder mehreren Arbeitnehmern wegen der Teilnahme an dem Streik unter dem Gesichtspunkt der Vertragsverletzung außerordentlich oder ordentlich zu kündigen (*Kissel* Arbeitskampfrecht § 23 Rz 25). Nach dem Beschluss des Großen Senats des *BAG* vom 28.1.1955 (aaO) ist die Arbeitgeberseite aber dazu befugt, im Wege der kollektiven Abwehraussperrung die Arbeitsverhältnisse der streikenden Arbeitnehmer fristlos zu lösen. Die Wiedereinstellung der Arbeitnehmer nach Beendigung des Arbeitskampfes steht – beim Fehlen einer Wiedereinstellungsklausel – im Ermessen des Arbeitgebers, das jedoch nicht offensichtlich missbräuchlich ausgeübt werden darf.

7 Durch den Beschluss des Großen Senats vom 21.4.1971 (EzA Art. 9 GG Nr. 6) wurden die seitherigen **Grundsätze** der **kollektiven Arbeitskampftheorie** nicht unerheblich **modifiziert.** Dies gilt insbes. für die Frage der Zulässigkeit einer lösenden Aussperrung sowie für die damit zusammenhängende Frage der Wiedereinstellung (vgl. iE Rz 14 ff.). In dem Beschluss vom 21.4.1971 hat der Große Senat des *BAG* (EzA Art. 9 GG Nr. 6 [zu III D 2 der Gründe]) die insbes. von *Säcker* (DB 1969, 1890 ff., 1940 ff.) vertretene Ansicht, wonach die Bestimmung des § 25 KSchG eine legislative Festschreibung der arbeitgeberseitigen Kampfkündigung enthalte, unter Hinweis auf die durch das Erste Arbeitsrechtsbereinigungsgesetz nicht erfolgte Neufassung der Vorschrift abgelehnt. Nach der Ansicht des Großen Senats des *BAG* (21.4.1971 EzA Art. 9 GG Nr. 6) habe der Gesetzgeber damit der Rechtsprechung freien Raum gegeben, durch gesetzesvertretendes Richterrecht die rechtliche Ausformung der Arbeitskampfmittel sowie deren rechtliche Folgen festzulegen (so auch *BVerfG* 26.6.1991 EzA Art. 9 GG Arbeitskampf Nr. 97). Dies ist durch den Beschluss des Großen Senats des *BAG* vom 21.4.1971 (EzA Art. 9 GG Nr. 6) iSd Fortentwicklung der kollektiven Arbeitskampftheorie geschehen, so dass damit die Bestimmung des **§ 25 KSchG in der Praxis weitgehend gegenstandslos** geworden ist (*BAG* 26.4.1988 EzA Art. 9 GG Arbeitskampf Nr. 74; KDZ-*Kittner* Rz 2; *Beuthien* aaO; *van Gelder* DB 1970, 207; *Löwisch* aaO; APS-*Moll* Rz 5; *Kissel* Arbeitskampfrecht § 46 Rz 89; *Kunze* AuR 1969, 290; *Säcker* Gruppenparität und Staatsneutralität als verfassungsrechtliche Grundprinzipien des Arbeitskampfrechts, 1973, S. 124 unter Aufgabe seiner früheren Ansicht; **aA** *Seiter* Streikrecht und Aussperrungsrecht, S. 320 ff. der in § 25 KSchG weiterhin die gesetzliche Grundlage für arbeitgeberseitige Kampfkündigungen sieht; für bestimmte Fälle der Kampfkündigung als Maßnahme im Arbeitskampf bejahen die Regelung gem. § 25 KSchG auch *v. Hoyningen-Huene/Linck* Rz 3 f., 18 ff.). Das *BAG* hat in dem Urteil vom 10.6.1980 (EzA Art. 9 GG Arbeitskampf Nr. 36) an dem seitherigen Standpunkt festgehalten, wonach § 25 KSchG unmittelbar nur den Geltungsbereich des KSchG beschränke. Eine generelle Ermächtigung zur »Kündigungsaussperrung« sei § 25 KSchG nicht zu entnehmen.

7a Abzulehnen ist auch die im Widerspruch zur kollektiven Arbeitskampftheorie stehende Ansicht (vgl. insbes. *v. Hoyningen-Huene/Linck* Rz 20 ff. mwN), wonach bei sog. **aussperrungsersetzenden Massenkündigungen** § 25 KSchG zur Anwendung gelange. Erklärt der Arbeitgeber bei rechtswidrigen Arbeitskämpfen allen oder einer bestimmten Gruppe der beteiligten Arbeitnehmer eine außerordentliche oder ordentliche Kündigung, so findet wegen des individualrechtlichen Charakters von Arbeitgeber ergriffenen Gestaltungsmittel das KSchG Anwendung (*BAG* 29.11.1983 EzA § 626 BGB nF Nr. 89; 21.4.1971 EzA Art. 9 GG Nr. 6; *Engel* RdA 1965, 88; *Kittner* BB 1974, 1488; ErfK-*Kiel* Rz 3; *Kissel* Arbeitskampfrecht § 46 Rz 97 und § 62 Rz 16). Die Rechtsfigur der sog. aussperrungsersetzenden Massenkündigung darf nicht darüber hinwegtäuschen, dass der Arbeitgeber mit derartigen Kündigungen ein angeblich vertragswidriges Verhalten der beteiligten Arbeitnehmer wegen Beteiligung an einem rechtswidrigen Arbeitskampf mit kündigungsrechtlichen Sanktionen ahnden will. Die Gegenmeinung (vgl. insbes. *v. Hoyningen-Huene/Linck* Rz 23) führt im Übrigen zu dem mit Art. 3 Abs. 1 GG nicht zu vereinbarenden Ergebnis, dass auf sog. **herausgreifende Kündigungen** (zB gegenüber Rädelsführern) das KSchG zur Anwendung gelangt, während Kündigungen gegenüber an einem rechtswidrigen Arbeitskampf beteiligten Arbeitnehmern ohne Beachtung des KSchG ausgesprochen werden können (zur herausgreifenden Kündigung vgl. Rz 22).

III. Grundsätze der vom BAG entwickelten sog. kollektiven Arbeitskampftheorie

1. Allgemeines

Arbeitgeberseitige Kündigungen und Entlassungen als Maßnahmen des Arbeitskampfes – wie sie § 25 KSchG voraussetzt – sind mit der vom *BAG* entwickelten sog. kollektiven Arbeitskampftheorie nicht zu vereinbaren. Anstelle dieser individualrechtlichen Maßnahmen, die wegen der Unanwendbarkeit des KSchG zu einem endgültigen Arbeitsplatzverlust führen würden, hat der Große Senat in seinem Beschluss vom 21.4.1971 (EzA Art. 9 GG Nr. 6) der Arbeitgeberseite im Arbeitskampf – bei Vorliegen bestimmter Voraussetzungen – als kollektivrechtliches Kampfmittel die suspendierende und die lösende **Aussperrung** zugebilligt. Im Schrifttum ist diese Rechtsprechung teils gebilligt, teils abgelehnt worden (vgl. zum Meinungsstand: *Seiter* Streikrecht und Aussperrungsrecht, 1975, S. 19 ff. mzN aus der Rspr. vgl. *BAG* 26.4.1988 EzA Art. 9 GG Arbeitskampf Nr. 74; 12.3.1985 EzA Art. 9 GG Arbeitskampf Nr. 58; *LAG BW* 10.10.1978 BB 1978, 1568 u. 18.1.1979 DB 1979, 455; *LAG Hamm* 26.4.1979 DB 1979, 1415; *LAG Frankf.* 17.4.1979 AuR 1979, 317; *LAG SchlH* 18.1.1979 DB 1979, 943; vgl. auch die Übersichten über die Entscheidungen der *Instanzgerichte* DB 1978 1777; BB 1979, 165; BB 1979, 575). Da eine Auseinandersetzung mit den zahlreichen Stellungnahmen im Schrifttum und den verschiedenen Standpunkten der Rechtsprechung der Instanzgerichte den Rahmen der vorliegenden Kommentierung sprengen würde, wird im Folgenden lediglich ein Überblick über die wichtigsten Grundsätze der vom BAG entwickelten sog. kollektiven Arbeitskampftheorie gegeben.

2. Begriff, Zulässigkeit und Wirkungsweise der suspendierenden Aussperrung

Das *BAG* hat in dem grundlegenden Beschluss vom 21.4.1971 (EzA Art. 9 GG Nr. 6) zur Frage der Zulässigkeit und der Wirkungsweise von **Aussperrungen** die folgenden **Grundsätze** aufgestellt. Jede Arbeitskampfmaßnahme – sei es Streik oder Aussperrung – darf erst nach Ausschöpfung aller Verständigungsmöglichkeiten ergriffen werden; der Arbeitskampf muss also das letzte mögliche Mittel sein (sog. **ultima-ratio-Prinzip**). Nach dem **Grundsatz der Verhältnismäßigkeit** (zur Bedeutung im kollektiven Arbeitsrecht vgl. *Mayer-Maly* ZfA 1980, 473 sowie *H. P. Müller* DB 1980, 1694) hat jedoch eine einen Arbeitskampf eröffnende Maßnahme, sowohl Streik wie Aussperrung, **zunächst nur suspendierende Wirkung**, dh nur die Hauptpflichten des Arbeitsverhältnisses ruhen, und zwar solange, bis die Gewerkschaft dem Arbeitgeber bzw. -verband das Ende des Streiks mitgeteilt hat (*BAG* 31.5.1988 EzA Art. 9 GG Arbeitskampf Nr. 81). Wird eine Aussperrung mit suspendierender Wirkung ausgesprochen, so besteht nach Beendigung des Arbeitskampfes die Verpflichtung beider vom Arbeitskampf betroffenen Arbeitsvertragsparteien zur Wiederaufnahme des Arbeitsverhältnisses. Während einer die Arbeitsverhältnisse suspendierenden Aussperrung kann der Arbeitnehmer das Arbeitsverhältnis fristlos lösen (sog. **Recht zur Abkehr**). Dogmatisch handelt es sich hierbei um ein Sonderkündigungsrecht, das ebenso wie die (außerordentliche und ordentliche) Kündigung Gestaltungscharakter hat (vgl. *Seiter* Streikrecht und Aussperrungsrecht, 1975, S. 366).

In drei Grundsatzurteilen vom 10.6.1980 (EzA Art. 9 GG Arbeitskampf Nr. 36, 37 u. 38; bestätigt *BAG* 26.4.1988 EzA Art. 9 GG Arbeitskampf Nr. 74 mit Anm. *Rüthers/Bakker* sowie Anm. *Otto* SAE 1991, 45; *BAG* 12.3.1985 EzA Art. 9 GG Arbeitskampf Nr. 58) hat der Erste Senat des *BAG* zur Zulässigkeit von **suspendierenden Abwehraussperrungen** die folgenden **Grundsätze** aufgestellt: Abwehraussperrungen seien jedenfalls insoweit gerechtfertigt, wie die angreifende Gewerkschaft durch besondere Kampftaktiken ein Verhandlungsübergewicht erzielen könne. Dies sei bei eng begrenzten **Teilstreiks** anzunehmen, weil durch sie konkurrenzbedingte Interessengegensätze der Arbeitgeber verschärft und die für Verbandstarifverträge notwendige Solidarität der Verbandsmitglieder nachhaltig gestört werden könne. Der **zulässige Umfang** von **Abwehraussperrungen** richte sich nach dem Grundsatz der **Verhältnismäßigkeit (Übermaßverbot)**, der für Einleitung und Durchführung des Arbeitskampfes gilt. Rechtmäßig ist die Abwehraussperrung nur wenn und solange sie verhältnismäßig ist. Für die Verhältnismäßigkeitsprüfung auf beiden Seiten gilt als Maßstab der Kampfbeschluss. Wenn später zB während eines Streiks sein Umfang unter dem des ursprünglichen Beschlusses bleibt, gebietet der Verhältnismäßigkeitsgrundsatz der Arbeitgeberseite, den eigenen Kampfbeschluss abzuändern und der neuen Streiksituation anzupassen.

9b Nach *BAG* (EzA Art. 9 GG Arbeitskampf Nr. 58) sei der **Umfang** des **Teilstreiks** maßgebend. Je enger der Streik innerhalb des Tarifgebietes begrenzt sei, desto stärker sei das Bedürfnis der Arbeitgeberseite, den Arbeitskampf auf weitere Betriebe des Tarifgebietes auszudehnen. Sei der **Streik** auf **weniger als 25 vH** der **Arbeitnehmer** beschränkt, so erscheine eine **Abwehraussperrung** nicht unverhältnismäßig, wenn sie ihrerseits **nicht mehr als 25 vH der Arbeitnehmer** des Tarifgebiets erfasse. Der Beschluss eines Arbeitgeberverbandes, eng begrenzte Teilstreiks mit einer unbefristeten **Aussperrung aller Arbeitnehmer des Tarifgebietes** zu beantworten, sei im Allgemeinen **unverhältnismäßig**. Aussperrungsmaßnahmen, die einen unverhältnismäßigen Aussperrungsbeschluss befolgten, seien rechtswidrig. Das gelte auch dann, wenn sich nur so wenige Verbandsmitglieder dem Arbeitskampf anschlössen, dass im Ergebnis nicht unverhältnismäßig viele Arbeitnehmer betroffen seien. Eine **Aussperrung**, die gezielt nur die **Mitglieder** einer streikenden **Gewerkschaft** erfasse, nichtorganisierte Arbeitnehmer jedoch verschone, sei eine **gegen** die **positive Koalitionsfreiheit** gerichtete Maßnahme und daher gem. Art. 9 Abs. 3 S. 2 GG **rechtswidrig**. Die Abwehraussperrung ist grds. zulässig als Antwort auf **kurze Streiks,** die von Arbeitnehmerseite als Warnstreiks (vgl. Rz 17) bezeichnet werden (*BAG* 11.8.1992 EzA Art. 9 GG Arbeitskampf Nr. 105; *Konzen* Anm. EzA Art. 9 GG Arbeitskampf Nr. 75; *Weller* AuR 1989, 325, 330; *Hirschberg* RdA 1989, 212). Zur Aussperrungsrechtsprechung des BAG vgl. etwa *Adomeit* NJW 1984, 773; *Bobke* AuR 1982, 41; *Däubler/Wolter* AuR 1982, 144; *Gester/Wohlgemuth* FS Herschel zum 85. Geburtstag, S. 117; *Herschel* SF 1980, 217; *Kempen* AuR 1982, 73; *Kittner* AuR 1981, 289; *Konzen/Scholz* DB 1980, 1593; *Löwisch* ZfA 1980, 437; *G. Müller* DB 1982, Beil. Nr. 16; *ders.* DB 1981, Beil. Nr. 7; *Otto* RdA 1981, 285; *Säcker* DB 1980, 1276; *Seiter* NJW 1980, 905; *ders.* DB 1981, 578; *ders.* RdA 1981, 65; *Wenzel* DB 1981, 1135; *Zachert* AuR 1980, 43; *Zöllner* DB 1985, 2450. Das *LAG Hamm* (9.12.1982 DB 1983, 558) war unter Aufzeigung von methodischen und verfassungsrechtlichen Bedenken von der neuen Aussperrungsrechtsprechung des BAG abgewichen. Durch Urteil vom 12.3.1985 (EzA Art. 9 GG Arbeitskampf Nr. 58) hat das *BAG* die Entscheidung des *LAG Hamm* (aaO) aufgehoben.

9c Das *BAG* hat in dem Urteil vom 10.6.1980 (EzA Art. 9 GG Arbeitskampf Nr. 36) an die Tarifvertragsparteien appelliert, sie sollten – soweit der Gesetzgeber nicht tätig werde – das Paritätsprinzip und das Übermaßverbot durch autonome Regelungen konkretisieren. **Tarifliche Arbeitskampfordnungen** hätten insoweit Vorrang gegenüber den von der Rechtsprechung entwickelten Grundsätzen.

9d Zur **Rechtslage** in **Hessen** hat das *BAG* (10.6.1980 EzA Art. 9 GG Arbeitskampf Nr. 36; 26.4.1988 EzA Art. 9 GG Arbeitskampf Nr. 74) entschieden, ein generelles Aussperrungsverbot sei mit den tragenden Grundsätzen des geltenden Tarifrechts des Bundes unvereinbar und deshalb unzulässig. Das in Art. 29 Abs. 5 Hess. Verf. enthaltene Aussperrungsverbot, das sich gegenständlich auf alle Formen der Aussperrung beziehe, sei daher gem. Art. 31 GG unwirksam (**aA** *LAG Frankf.* 17.4.1979 AuR 1979, 317). Das *LAG Frankf.* (5.6.1984 NZA 1984, 128) hat die Auffassung vertreten, dass eine Abwehraussperrung im Land Hessen nicht im einstweiligen Verfügungsverfahren untersagt werden könne. Im Schrifttum ist die Geltung des Art. 29 Abs. 5 Hess. Verf. umstritten (vgl. hierzu *Kempen* AuR 1979, 289 f.; *Ramm* AuR 1979, 182; *Söllner* RdA 1980, 14).

3. Sonderschutz bestimmter Arbeitnehmergruppen im Arbeitskampf

10 Gegenüber **bestimmten Personengruppen** kann nach der Ansicht des BAG eine Aussperrung stets nur **mit suspendierender Wirkung** erfolgen. Im Einzelnen handelt es sich hierbei um Personen, denen wegen ihrer besonderen sozialen Schutzbedürftigkeit ein Sonderkündigungsschutz zusteht. **Schwerbehinderten Menschen** und **Frauen**, die unter dem **mutterschutzrechtlichen Kündigungsschutz** stehen, können daher stets nur mit suspendierender Wirkung ausgesperrt werden (*BAG* 21.4.1971 EzA Art. 9 GG Nr. 6 [unter C 5 der Gründe]; 7.6.1988 EzA Art. 9 GG Arbeitskampf Nr. 79; **aA** *Seiter* Streikrecht und Aussperrungsrecht, 1975, S. 368, der auch eine suspendierende Aussperrung für unzulässig hält). Die Bestimmung des § 91 Abs. 6 SGB IX beruht ebenfalls – wie die Vorschrift des § 25 KSchG – auf der individuellen Arbeitskampftheorie und ist daher bedeutungslos (vgl. *Wilrodt/Neumann* § 18 SchwbG Rz 34). Der Arbeitgeber darf auch **arbeitsunfähig erkrankte Arbeitnehmer** aussperren (*BAG* 7.6.1988 EzA Art. 9 GG Arbeitskampf Nr. 79).

11 Unzulässig ist eine **lösende Aussperrung** nach der Ansicht des BAG weiterhin gegenüber den in § 15 KSchG erwähnten **betriebsverfassungsrechtlichen Funktionsträgern** (*BAG* 21.4.1971 EzA Art. 9 GG Nr. 6). Da § 25 KSchG keine Aussage über die Zulässigkeit und die Wirkungsweise von kollektivrechtlichen Kampfmaßnahmen enthält (vgl. *Rüthers* JurA 1970, 101 mwN), kann aus dieser Bestimmung nicht die Zulässigkeit einer lösenden Aussperrung gegenüber dem in § 15 KSchG erwähnten Personenkreis gefolgert werden (so aber *Richardi* RdA 1971, 344). Die Unzulässigkeit einer lösenden Aussperrung gegenüber diesem Personenkreis verstößt auch nicht – entgegen der Ansicht von *Richardi* (aaO) – gegen das Verbot der Begünstigung (§ 78 S. 2 BetrVG, § 8 BPersVG), da für den Ausschluss der lösenden Aussperrung allein mitbestimmungsrechtliche Erwägungen maßgeblich sind (vgl. *Seiter* Streikrecht und Aussperrungsrecht, 1975, S. 369). Der Arbeitgeber kann also im Rahmen einer Abwehraussperrung auch Betriebsratsmitglieder mit suspendierender Wirkung aussperren (*BAG* 25.10.1988 EzA Art. 9 GG Arbeitskampf Nr. 89). Der **besondere Kündigungsschutz** der §§ 15, 16 KSchG gilt auch im Arbeitskampf; Kündigungen gegenüber den in § 15 KSchG erwähnten betriebsverfassungsrechtlichen Funktionsträgern können daher nur bei Vorliegen der in dieser Vorschrift genannten Voraussetzungen ausgesprochen werden (aA *v. Hoyningen-Huene/Linck* Rz 22). Außerordentliche Kündigungen (Kampfkündigungen) wegen Teilnahme an rechtswidrigen Arbeitsniederlegungen bedürfen zwar nicht der Zustimmung des Betriebsrates nach § 103 Abs. 1 BetrVG; der Arbeitgeber hat aber nach § 103 Abs. 2 BetrVG (analog) die Erteilung der Zustimmung beim ArbG zu beantragen. Zur Mitbestimmung des Betriebsrates im Arbeitskampf vgl. *Heinze* DB 1982, Beil. Nr. 23.

Gegenüber **Arbeitnehmervertretern im Aufsichtsrat** kann ebenfalls nur eine Aussperrung mit suspendierender Wirkung erklärt werden (*BAG* 21.4.1971 EzA Art. 9 GG Nr. 6 [unter C 5 der Gründe]). Die Mitgliedschaft im Aufsichtsrat begründet für diesen Personenkreis zwar noch nicht den besonderen Kündigungsschutz des § 15 KSchG (*BAG* 4.4.1974 EzA § 15 KSchG nF Nr. 1). Da der Aufsichtsrat aber während des Arbeitskampfes nicht funktionslos wird, ist es aus mitbestimmungsrechtlichen Gründen geboten, die Arbeitnehmervertreter vor einem Verlust ihres Mandates zu schützen (ebenso *Seiter* Streikrecht und Aussperrungsrecht, 1975, S. 370 mwN; aA *Richardi* RdA 1971, 345).   12

Soweit **Arbeitnehmer** während des Arbeitskampfes **Erhaltungsarbeiten** (zum Begriff vgl. *BAG* 30.3.1982 EzA Art. 9 GG Arbeitskampf Nr. 46) durchführen sollen, ist es dem Arbeitgeber verwehrt, eine lösende Aussperrung auszusprechen (*BAG* 21.4.1971 EzA Art. 9 GG Nr. 6 [unter C 6 der Gründe]). Das *BAG* (21.4.1971 EzA Art. 9 GG Nr. 6) begründet diesen Standpunkt damit, dass der Arbeitgeber derartige Arbeiten von den betroffenen Arbeitnehmern nur dann verlangen könne, wenn es nicht zu einem Abbruch der arbeitsrechtlichen Beziehungen komme. Zur Organisation des Notdienstes vgl. auch *LAG Nds.* 1.2.1980 EzA Art. 9 GG Arbeitskampf Nr. 40.   13

4. Begriff, Zulässigkeit und Wirkungsweise der lösenden Aussperrung

Bei der nach der Rechtsprechung des BAG unter bestimmten Voraussetzungen zulässigen **lösenden Aussperrung** handelt es sich nicht um eine Kündigung, sondern um einen **kollektivrechtlichen Lösungstatbestand eigener Art** (*BAG* [GS] 28.1.1955 u. 21.4.1971 AP Nr. 1 und Nr. 43 zu Art. 9 GG Arbeitskampf). Da die Bestimmung des § 25 KSchG – entsprechend der ihr zugrunde liegenden individuellen Arbeitskampftheorie – von arbeitgeberseitigen Kampfkündigungen ausgeht und nur diese von dem kündigungsrechtlichen Bestandsschutz des KSchG ausnimmt, bedarf es anderer Bewertungskriterien, um die Grenzen und Rechtsfolgen von arbeitgeberseitigen kollektiven Kampfmaßnahmen zu bestimmen.   14

Nach der Rechtsprechung des *BAG* (21.4.1971 EzA Art. 9 GG Nr. 6 [unter D 1 der Gründe]) kommt eine **lösende Aussperrung** stets nur als **Gegenmaßnahme** auf einen – rechtmäßigen oder rechtswidrigen – Streik in Betracht. Erlaubt ist nur die sog. **Abwehraussperrung**. Die Zulässigkeitsvoraussetzungen der Abwehraussperrung sind nach der Ansicht des *BAG* (12.3.1985 EzA Art. 9 GG Arbeitskampf Nr. 58; *BVerfG* 26.6.1991 EzA Art. 9 GG Arbeitskampf Nr. 97; *BAG* 11.8.1992 EzA Art. 9 GG Arbeitskampf Nr. 105) unterschiedlich zu bestimmen, und zwar je nach dem, ob es sich bei dem Streik um eine rechtmäßige oder um eine rechtswidrige Arbeitskampfmaßnahme (sog. wilder Streik) handelt.   15

a) Lösende Abwehraussperrung bei rechtmäßigem Streik

Bei einem **rechtmäßigen Streik** soll es nach der Rechtsprechung des *BAG* (21.4.1971 EzA Art. 9 GG Nr. 6 [unter D 1 der Gründe]) von der **Kampfintensität** abhängen, ob der Arbeitgeber zunächst nur eine Aussperrung mit suspendierender Wirkung oder von vornherein eine solche mit lösender Wirkung aussprechen darf. Eine Konkretisierung des Begriffs der Kampfintensität hat das BAG nur insoweit gegeben, als es bei »längerer Dauer« des rechtmäßigen Streiks eine lösende Aussperrung für zulässig erachtet. Wegen der Unbestimmtheit dieses Rechtsbegriffs ist die Rechtsprechung des BAG zur Frage der lösenden Aussperrung mit Recht kritisiert worden (vgl. *Seiter* Streikrecht und Aussperrungsrecht, S. 363).   16

17 Als rechtmäßig iSd *BAG*-Judikatur (21.4.1971 EzA Art. 9 GG Nr. 6) sind nur solche Streiks anzusehen, die von einer Gewerkschaft eingeleitet und geführt oder während des Streiks übernommen werden; sie müssen weiterhin auf die Erreichung eines tarifvertraglich regelbaren Zieles ausgerichtet sein. **Politische Arbeitskämpfe,** dh insbes. Streiks oder Aussperrungen mit politischer Zielsetzung, sind nach der Ansicht des BAG mangels Vorliegens des zuletzt genannten Rechtmäßigkeitskriteriums rechtswidrig (vgl. zum politischen Arbeitskampf: *Reuß* AuR 1966, 264; *Däubler* ZfA 1973, 201). Mit seiner Entscheidung vom 21.6.1988 (EzA Art. 9 GG Arbeitskampf Nr. 75) hat das *BAG* seine bisherige Rechtsprechung zum Warnstreik aufgegeben. Ein Warnstreik auch in der Form der neuen Beweglichkeit ist keine gegenüber anderen Arbeitskampfformen privilegierte Kampfform. Er unterliegt wie diese dem ultima-ratio-Prinzip. Arbeitskämpfe zur Regelung oder Durchsetzung **betriebsverfassungsrechtlicher** Streitfragen sind nach hM rechtswidrig (*BAG* 17.12.1976 EzA Art. 9 GG Arbeitskampf Nr. 20; *Richardi* § 74 Rz 16 ff.; TK-BetrVG/*Löwisch* § 74 Rz 4 ff.). Rechtswidrig sind weiterhin die gegen die **Friedenspflicht** verstoßenden Arbeitskampfmaßnahmen (vgl. BAG 31.10.1958 AP Nr. 2 zu § 1 TVG Friedenspflicht). Ein **verbandswidriger Streik,** dh ein solcher, der gegen die Satzungsbestimmungen verstößt, berührt nur das Innenverhältnis der Mitglieder und ist daher als solcher nicht rechtswidrig (vgl. *Auffarth* RdA 1977, 135). Zur rechtlichen Zulässigkeit von **Sympathiearbeitskämpfen** hatte das *BAG* im Urteil vom 21.12.1982 (EzA § 1 TVG Friedenspflicht Nr. 1) entschieden, dass ein Sympathiestreik zur Unterstützung eines in einem anderen Tarifbereich geführten Arbeitskampfes nicht gegen die relative tarifliche Friedenspflicht verstoße. Zu der Frage, ob ggf. ein Sympathiestreik aus anderen Gründen rechtswidrig sein kann, hatte das *BAG* (21.12.1982 EzA § 1 TVG Friedenspflicht Nr. 1) nicht Stellung genommen. Im Urteil vom 5.3.1985 (EzA Art. 9 GG Arbeitskampf Nr. 57) hat das *BAG* die Auffassung vertreten, der Sympathiestreik einer Gewerkschaft, mit dem sie zugunsten einer anderen Gewerkschaft mit einem einzelnen Unternehmen um den Abschluss eines Firmentarifvertrags eingreife, sei idR rechtswidrig. Im Urteil vom 12.1.1988 (EzA Art. 9 GG Arbeitskampf) hat das *BAG* an seiner seitherigen Rechtsprechung festgehalten, wonach ein Sympathie- oder Solidaritätsstreik idR rechtswidrig sei. In der Literatur ist die Zulässigkeit von Sympathiearbeitskämpfen umstritten (vgl. *Auffarth* aaO; *Eichmanns* RdA 1977, 140; *Plander* AuR 1986, 193; *Wohlgemuth* AuR 1980, 33). Eine **nicht** von einer **Gewerkschaft getragene Arbeitsniederlegung** der Arbeitnehmer eines Betriebes mit dem Ziel der Wiedereinstellung von Arbeitnehmern, denen aus betriebsbedingten Gründen gekündigt worden ist, ist nach der Ansicht des BAG (14.2.1978 EzA Art. 9 GG Arbeitskampf Nr. 22) eine **rechtswidrige Arbeitsniederlegung,** kein rechtmäßiger Streik. Der von einer **unzuständigen Gewerkschaft** geführte Streik ist nach Ansicht des *BAG* (29.11.1983 EzA § 626 BGB nF Nr. 89) ebenfalls rechtswidrig.

18 Ist ein **Streik rechtmäßig** (vgl. Rz 17), so kann die Teilnahme eines Arbeitnehmers an einer derartigen Arbeitskampfmaßnahme nicht als Vertragsverletzung angesehen werden. Der Arbeitgeber ist daher in diesem Falle weder zu einer **außerordentlichen** noch zu einer **ordentlichen Kündigung** berechtigt (allg. Ansicht: vgl. etwa *BAG* 17.12.1976 EzA Art. 9 GG Arbeitskampf Nr. 19). Dieser Grundsatz gilt entsprechend für die Beteiligung eines Arbeitnehmers an rechtmäßigen **Boykottmaßnahmen** (vgl. *BAG* 19.10.1976 EzA § 1 TVG Nr. 7).

b) **Wahlrecht des Arbeitgebers bei rechtswidrigem Streik zwischen lösender Abwehraussperrung und Kündigung**

19 In den Fällen eines **rechtswidrigen Streiks** steht dem Arbeitgeber ein Wahlrecht zwischen der lösenden Aussperrung und dem Ausspruch von (außerordentlichen oder ordentlichen) Kündigungen zu (so *BAG* 29.11.1983 EzA § 626 BGB nF Nr. 89; 21.4.1971 EzA Art. 9 GG Nr. 6; aA insbes. *Seiter* Streikrecht und Aussperrungsrecht, 1975, S. 363, der die Zulässigkeit der lösenden Aussperrung mit Recht ablehnt). Nach der Ansicht des BAG (vgl. *BAG* 28.1.1955 und 21.4.1971 AP Nr. 1 und Nr. 43 zu Art. 9 GG Arbeitskampf) setzt die Aussperrung begrifflich voraus, dass der aussperrende Arbeitgeber den **Willen** zur **Wiedereinstellung** nach Kampfbeendigung oder jedenfalls die Absicht hat, nach Ende des Arbeitskampfes mit den ausgesperrten Arbeitnehmern zu verhandeln.

20 Eine **lösende Aussperrung** ist in den Fällen eines rechtswidrigen Streiks nach der Ansicht des *BAG* (21.4.1971 EzA Art. 9 GG Nr. 6 [unter D 2a der Gründe]) grds. zulässig, soweit es sich nicht um ganz kurze Arbeitsniederlegungen handelt oder die Rechtmäßigkeit des Streiks zweifelhaft ist (aA *Seiter* Streikrecht und Aussperrungsrecht, 1975, S. 372 ff.).

21 Die **Teilnahme** an einem **rechtswidrigen Streik** stellt einen **Vertragsbruch** dar, der den Arbeitgeber dazu berechtigt – anstelle einer lösenden Aussperrung –, eine ordentliche oder uU auch eine außerordentliche **Kündigung** zu erklären (*BAG* 21.4.1971 EzA Art. 9 GG Nr. 6; 29.11.1983 EzA § 626 BGB nF

Nr. 89; vgl. auch *Herschel* RdA 1984, 216; *Löwisch/Spinner* Rz 5; *v. Hoyningen-Huene/Linck* Rz 20; *Randerath* S. 74 ff.). Da es sich bei rechtswidrigen Arbeitsniederlegungen um Störungen im Leistungsbereich handelt, muss der Arbeitgeber im Regelfall vor Ausspruch einer Kündigung aus wichtigem Grund eine **Abmahnung** aussprechen (BAG 17.12.1976 AP Nr. 52 zu Art. 9 GG Arbeitskampf; vgl. zum Begriff der Abmahnung KR-*Griebeling* § 1 KSchG Rz 402 f.; KR-*Fischermeier* § 626 BGB Rz 253 ff.). Die Wirksamkeit einer außerordentlichen Kündigung wegen Teilnahme an einem rechtswidrigen Streik unterliegt dem gesetzlichen Überprüfungsmaßstab des § 626 BGB. Es ist daher auch eine einzelfallbezogene Interessenabwägung erforderlich (BAG 29.11.1983 EzA § 626 BGB nF Nr. 89; ebenso *Herschel* RdA 1984, 217; **aA** *Randerath* S. 79). Auf eine ordentliche Kündigung, die auf eine Teilnahme an einem rechtswidrigen Streik gestützt ist, findet das KSchG in vollem Umfange Anwendung. Auch hier bedarf es einer einzelfallbezogenen Interessenabwägung im Rahmen der Prüfung, ob die Kündigung aus verhaltensbedingten Gründen iSd § 1 Abs. 1 KSchG sozial gerechtfertigt ist (BAG 29.11.1983 EzA § 626 BGB nF Nr. 89; *Löwisch* aaO). Beteiligen sich Arbeitnehmer an einem von einer unzuständigen Gewerkschaft geführten Streik, so rechtfertigt dies nach Ansicht des *BAG* (29.11.1983 EzA § 626 BGB nF Nr. 89) auch dann nicht ohne weiteres eine fristlose oder fristgemäße Kündigung, wenn die Arbeitnehmer mit der Möglichkeit rechnen mussten, dass die Gewerkschaft für ihren Betrieb nicht zuständig ist und der Streik deshalb rechtswidrig war. Die Vorschrift des § 25 KSchG steht einer Anwendung des allgemeinen Kündigungsschutzes (§§ 1–14 KSchG) in den Fällen einer arbeitskampfbedingten ordentlichen Kündigung nicht entgegen (BAG 21.4.1971 EzA Art. 9 GG Nr. 6; **aA** *v. Hoyningen-Huene/Linck* Rz 21). Der besondere Kündigungsschutz für betriebsverfassungsrechtliche Funktionsträger (§§ 15 f. KSchG) sowie der Massenentlassungsschutz (§§ 17 ff. KSchG) gelangen ebenfalls zur Anwendung (ebenso *Löwisch/Spinner* Rz 4).

Zulässig ist nach der Rechtsprechung des BAG (vgl. BAG 21.10.1969 AP Nr. 41 zu Art. 9 GG Arbeits- **22** kampf und 17.12.1976 AP Nr. 52 zu Art. 9 GG Arbeitskampf) in den Fällen der Teilnahme eines Arbeitnehmers an einer rechtswidrigen Arbeitskampfmaßnahme (insbes. Streik und Boykott) auch eine sog. **herausgreifende Kündigung** (zust. *Randerath* S 81; **aA** *Herschel* RdA 1984, 217). Hierunter versteht man eine (außerordentliche oder ordentliche) Kündigung, die der Arbeitgeber im Falle eines rechtswidrigen Streiks gegenüber einzelnen Arbeitnehmern ausspricht, wenn diese trotz wiederholter Aufforderung die Arbeit nicht aufnehmen. Im Schrifttum ist die Zulässigkeit der sog. herausgreifenden Kündigung umstritten (vgl. die krit. Stellungnahme von *Kittner* BB 1974, 1490; *Lieb* SAE 1970, 232; *Mayer-Maly* Anm. zu AR-Blattei Arbeitskampf II, Entsch. 16; *Rüthers* Anm. zu BAG AP Nr. 41 zu Art. 9 GG Arbeitskampf; *Schmidt* BB 1973, 432; *Seiter* ZfA 1970, 358; *ders.* Streikrecht und Aussperrungsrecht, 1975, S. 381 f.). Da das *BAG* (21.4.1971 EzA Art. 9 GG Nr. 6 [unter D 3 der Gründe] selbst für den Fall, dass der Arbeitgeber auf einen rechtswidrigen Streik mit einer lösenden Abwehraussperrung reagiert, lediglich solchen Arbeitnehmern einen Wiedereinstellungsanspruch versagt, die sich trotz Kenntnis oder fahrlässiger Unkenntnis von der Rechtswidrigkeit des Streiks in diesem »hervorgetan oder ihn sogar angezettelt« haben, müsste das BAG konsequenterweise die Zulässigkeit einer herausgreifenden Kündigung auf die sog. Rädelsführer beschränken (vgl. *Seiter* Streikrecht und Aussperrungsrecht, 1975, S. 381 ff.; weitergehend *Kittner* BB 1974, 1492, der nur in den Fällen der Beteiligung an strafbaren Handlungen – zB Sachbeschädigungen, Beleidigungen usw. – eine sog. herausgreifende Kündigung für zulässig hält). Auf eine sog. herausgreifende Kündigung finden das KSchG sowie § 626 BGB in vollem Umfange Anwendung (ebenso *Löwisch/Spinner* Rz 5; **aA** *v. Hoyningen-Huene/Linck* Rz 24; *Randerath* S. 79). Dies gilt ebenso für die sog. **aussperrungsersetzende Massenkündigung** (vgl. Rz 7a).

c) Wiedereinstellungspflicht

Die nach der Rechtsprechung des *BAG* (21.4.1971 EzA Art. 9 GG Nr. 6) unter engen Voraussetzungen **23** zulässige **lösende Aussperrung** führt zunächst zur Beendigung des Arbeitsverhältnisses und zwar mit Zugang der Aussperrungserklärung. Nach Beendigung des Arbeitskampfes ist der Arbeitgeber nach **billigem Ermessen** verpflichtet, die lösend ausgesperrten Arbeitnehmer **wieder einzustellen,** soweit inzwischen die Arbeitsplätze nicht anderweitig besetzt oder weggefallen sind. Das *BAG* (21.4.1971 EzA Art. 9 GG Nr. 6) begründet diesen fortwirkenden Bestandsschutz mit dem Grundsatz der Verhältnismäßigkeit.

In **gegenständlicher Hinsicht** steht der Wiedereinstellungsanspruch der lösend ausgesperrten Arbeit- **24** nehmer unter der Prämisse der noch vorhandenen Arbeitsplätze. Hat der Arbeitgeber während des Arbeitskampfes Arbeitsplätze **endgültig anderweitig besetzt,** so führt dies nach der Ansicht des *BAG* (21.4.1971 EzA Art. 9 GG Nr. 6) bei den betroffenen Arbeitnehmern zu einem **Arbeitsplatzverlust.** als

§ 25 KSchG   Kündigung in Arbeitskämpfen

eine derartige »endgültige Einstellung« ist aber nicht der nach § 11 Abs. 5 AÜG – mit Zustimmung der betroffenen Leiharbeitnehmer – zulässige Einsatz von Zeitpersonal im Arbeitskampf anzusehen, da in den Fällen einer erlaubten gewerbsmäßigen Arbeitnehmerüberlassung kein Arbeitsverhältnis zwischen dem Entleiher und dem Leiharbeitnehmer begründet wird (vgl. *Becker/Wulfgramm* Art. 1 § 1 AÜG Rz 52–60). Zu einem endgültigen Arbeitsplatzverlust der betroffenen Arbeitnehmer führt nach der Ansicht des *BAG* (21.4.1971 EzA Art. 9 GG Nr. 6) der im Verlauf des Arbeitskampfes eingetretene **Fortfall von Arbeitsplätzen durch betriebliche Maßnahmen** (zB durch technische oder organisatorische Rationalisierungen, Verlagerung der Produktion). Da für die Durchführung derartiger betrieblicher Maßnahmen idR eine langfristige Vorplanung notwendig ist, besteht allenfalls bei längeren Arbeitskämpfen für die lösend ausgesperrten Arbeitnehmer die Gefahr eines endgültigen Arbeitsplatzverlustes (vgl. hierzu *Seiter* Streikrecht und Aussperrungsrecht, 1975, S. 357 f.). Um eine objektive Umgehung des allgemeinen Kündigungsschutzes (§§ 1 ff. KSchG) zu verhindern, ist es geboten, eine auf den endgültigen Arbeitsplatzverlust gerichtete lösende Aussperrung nach den Maßstäben einer betriebsbedingten Kündigung zu beurteilen. Da auch der Arbeitgeber, der während eines Arbeitskampfes mit individualrechtlichen Mitteln auf außer- oder innerbetriebliche Veränderungen reagiert, die Vorschriften des KSchG beachten muss, ist auch aus verfassungsrechtlichen Gründen (Art. 3 Abs. 1 GG) eine kündigungsschutzrechtliche Gleichbehandlung beider Tatbestände erforderlich.

25 In **persönlicher Hinsicht** erstreckt sich die **Wiedereinstellungspflicht** des Arbeitgebers **grds. auf alle Arbeitnehmer,** deren Arbeitsplätze bei Beendigung des Arbeitskampfes weder anderweitig besetzt noch weggefallen sind, vorausgesetzt, dass es sich um eine lösende Abwehraussperrung als Antwort auf einen **rechtmäßigen Streik** gehandelt hat. Der Arbeitgeber ist in einem solchen Fall nicht berechtigt, Arbeitnehmern die Wiedereinstellung zu versagen, weil sie am rechtmäßigen Streik teilgenommen haben, ohne sich Verfehlungen zuschulden kommen zu lassen. War der **Streik** dagegen **rechtswidrig,** braucht der Arbeitgeber solche Arbeitnehmer nicht wieder einzustellen, die die Rechtswidrigkeit des Streiks erkannt oder erkennen mussten und sich trotzdem in diesem Streik hervorgetan oder ihn sogar angezettelt haben (so *BAG* 21.4.1971 EzA Art. 9 GG Nr. 6 [zu D 3 der Gründe]). Die sog. **Rädelsführer** eines rechtswidrigen Streiks haben somit **keinen Wiedereinstellungsanspruch.** Dies gilt entsprechend für rechtswidrige Boykottmaßnahmen. Auch bei rechtswidrigen arbeitnehmerseitigen Arbeitskampfmaßnahmen unterliegt die Wiedereinstellungspflicht dem **billigen, gerichtlich nachprüfbaren Ermessen des Arbeitgebers.**

26 In den Fällen einer lösenden Abwehraussperrung kann der Arbeitnehmer erst nach Beendigung des Arbeitskampfes auf **Feststellung** des **Fortbestandes** des **Arbeitsverhältnisses** klagen (*BAG* 21.4.1971 EzA Art. 9 GG Nr. 6 [zu E der Gründe]). **Darlegungs-** und **beweispflichtig** für das Nichtbestehen eines Wiedereinstellungsanspruches ist der Arbeitgeber. Beruft sich der Arbeitgeber auf den Fortfall oder eine anderweitige Besetzung von Arbeitsplätzen, so hat das Gericht die Frage einer **sachgerechten Auswahl** zu prüfen, und zwar anhand der Maßstäbe des § 1 Abs. 3 KSchG. Im Ergebnis unterscheidet sich daher die gerichtliche Nachprüfung der Wiedereinstellung nach einer lösenden Abwehraussperrung kaum von der sozialen Rechtfertigung einer auf dringende betriebliche Erfordernisse gestützten Kündigung (vgl. *Seiter* Streikrecht und Aussperrungsrecht, 1975, S. 359).

27 Hat der **Arbeitgeber** dagegen als Abwehrmaßnahme auf einen rechtswidrigen Streik **individualrechtlich,** dh durch den Ausspruch von außerordentlichen oder ordentlichen Kündigungen reagiert, so haben die unter das KSchG fallenden Arbeitnehmer die dreiwöchige **Klagefrist** des § 4 KSchG zu beachten. Dies gilt auch dann, wenn der Arbeitgeber in den Fällen eines rechtmäßigen Streiks keine lösende Aussperrung erklärt, sondern einzelne Arbeitnehmer fristlos oder fristgerecht entlassen hat. Derartige **Einzelkündigungen** unterliegen in vollem Umfange den Vorschriften des KSchG bzw. der Vorschrift des § 626 BGB (vgl. *BAG* 29.11.1983 EzA § 626 BGB nF Nr. 89; *Herschel* RdA 1984, 216; *Löwisch/Spinner* Rz 4 f.; aA *Randerath* S. 78 ff.). Der Arbeitgeber hat grds. auch bei arbeitskampfbedingten Kündigungen die dem Betriebsrat gem. **§ 102 BetrVG** zustehenden Beteiligungsrechte zu beachten (ebenso *Herschel* aaO; aA die hM *BAG* 26.10.1971 u. 14.2.1978 AP Nr. 44 und Nr. 58 zu Art. 9 GG Arbeitskampf; *Löwisch* Rz 5; ausführlich zum Meinungsstand *Seiter* Streikrecht und Aussperrungsrecht, 1975, S. 370 f. sowie *Heinze* DB 1982, Beil. Nr. 23). Wegen der dem Betriebsrat nach § 74 Abs. 2 S. 1 BetrVG obliegenden Neutralitätspflicht bleibt er auch während eines Arbeitskampfes das für die Anhörung bei Kündigungen zuständige betriebsverfassungsrechtliche Repräsentationsorgan der Belegschaft. Ein Ruhen der in § 102 BetrVG geregelten Beteiligungsrechte kann daher nicht mit der Annahme begründet werden, der Betriebsrat sei während des Arbeitskampfes nicht in der Lage, bei Arbeitgebermaßnahmen wie Ein-

stellungen, Versetzungen und Entlassungen mitzuwirken (so *BAG* 26.10.1971 AP Nr. 44 zu Art. 9 GG Arbeitskampf; wie hier: *Herschel* aaO). **Beteiligt** sich der **Betriebsrat** dagegen selbst an einem **rechtswidrigen Arbeitskampf**, so besteht **keine Anhörungspflicht** des Betriebsrates nach **§ 102 BetrVG** (*BAG* 14.2.1978 EzA Art. 9 GG Arbeitskampf Nr. 22). Eine außerordentliche Kündigung gegenüber Betriebsratsmitgliedern wegen Teilnahme an einem rechtswidrigen Arbeitskampf bedarf auch keiner Zustimmung des Betriebsrates gem. § 103 Abs. 1 BetrVG. Nach der Ansicht des *BAG* (14.2.1978 EzA Art. 9 GG Arbeitskampf Nr. 22) ist aber in entsprechender Anwendung des § 103 Abs. 2 BetrVG die Zustimmung des *ArbG* erforderlich (krit. hierzu *Mayer-Maly* BB 1979, 1312). Zum Mitbestimmungsrecht des Betriebsrates bei **mittelbar streikbedingten Arbeitszeitverkürzungen** nach § 87 Abs. 1 Nr. 2 u. 3 BetrVG vgl. *BAG* 22.12.1980 EzA § 615 BGB Betriebsrisiko Nr. 7; *LAG Hmb.* 28.5.1984 NZA 1984, 404; *Buchner* DB 1983, 881; *Seiter* DB 1981, 582).

5. Gemeinsam ausgeübtes Zurückbehaltungsrecht

Eine gemeinsame Arbeitsniederlegung ohne Beteiligung der Gewerkschaft ist dann nicht als rechtswidriger Streik anzusehen, wenn den betroffenen Arbeitnehmern nach §§ 273, 320 BGB ein **Zurückbehaltungsrecht** zusteht (*BAG* 20.12.1963 EzA Art. 9 GG Arbeitskampf Nr. 7; 14.2.1978 EzA Art. 9 GG Arbeitskampf Nr. 22; so auch die hM im Schrifttum vgl. *Söllner* ZfA 1973, 1 ff. mwN). Erforderlich ist aber, dass die Voraussetzungen des gemeinsam ausgeübten Zurückbehaltungsrechts in der Person des Arbeitnehmers vorliegen. Die gemeinsame Ausübung muss nach der Ansicht des *BAG* (*BAG* 20.12.1963 EzA Art. 9 GG Arbeitskampf Nr. 7; 14.2.1978 EzA Art. 9 GG Arbeitskampf Nr. 22) »in einer jeden Zweifel ausschließenden Weise« erfolgen, dh die Arbeitnehmer müssen dem Arbeitgeber insbes. Gründe nennen, wegen derer sie ihre Arbeitsleistung zurückhalten (zur Kritik an dem Erfordernis der zweifelsfreien Erklärung vgl. *Seiter* Streikrecht und Aussperrungsrecht, 1975, S. 432 f.).

28

Ein Zurückbehaltungsrecht steht den Arbeitnehmern dann zu, wenn der Arbeitgeber fällige Leistungsansprüche aus dem Arbeitsverhältnis nicht erfüllt, oder wenn er die ihm obliegenden arbeitsvertraglichen Nebenpflichten (zB hinsichtlich der Person oder der Gesundheit des Arbeitnehmers) verletzt (*BAG* 25.10.1984 EzA § 273 BGB Nr. 3). Liegen diese Voraussetzungen vor, so kann der Arbeitgeber wegen der gemeinsamen Arbeitsniederlegung weder kollektivrechtliche noch kündigungsrechtliche Maßnahmen ergreifen. Ein Recht zur (außerordentlichen oder ordentlichen) **Kündigung** steht ihm nur gegenüber solchen Arbeitnehmern zu, in deren Person nicht die Voraussetzungen des Zurückbehaltungsrechts vorliegen (vgl. *Seiter* Streikrecht und Aussperrungsrecht, 1975, S. 441 sowie *BAG* 14.2.1978 EzA Art. 9 GG Arbeitskampf Nr. 22).

29

6. Massenänderungskündigung

Im Unterschied zum gemeinsam ausgeübten Zurückbehaltungsrecht (vgl. Rz 28, 29) dient die sog. **Massenänderungskündigung** der Durchsetzung arbeitsvertraglicher Regelungsziele. Auch die Massenänderungskündigung enthält alle Elemente einer individuellen Änderungskündigung (vgl. zum Begriff KR-*Rost* § 2 KSchG Rz 34). Die Besonderheit der arbeitgeberseitigen Massenänderungskündigung besteht darin, dass sie gleichzeitig gegenüber mehreren Arbeitnehmern ausgesprochen wird, und zwar mit dem Ziel, die bestehenden Arbeitsbedingungen zu ändern (vgl. *BAG* 18.10.1984 EzA § 1 KSchG Betriebsbedingte Kündigung Nr. 34). Die arbeitgeberseitige Massenänderungskündigung stellt auch dann keine von den Vorschriften des KSchG befreite Kampfmaßnahme iSd § 25 KSchG dar, wenn sie vom Arbeitgeber während eines Arbeitskampfes erklärt wird (*Herschel* RdA 1984, 218; *Löwisch/Spinner* Rz 6; aA *Randerath* S. 102).

30

Die arbeitgeberseitige Massenänderungskündigung zur Durchsetzung arbeitsvertraglicher Regelungsziele stellt nach der Rechtsprechung des *BAG* (1.2.1957 AP Nr. 4 zu § 56 BetrVG) keine kollektivrechtlich zu bewertende Kampfmaßnahme dar. Es handelt sich vielmehr um eine nach **kündigungsrechtlichen Maßstäben** (§ 2 KSchG, § 626 BGB) **zu beurteilende individualrechtliche Maßnahme** (so auch die hM im Schrifttum; vgl. etwa *Herschel* RdA 1984, 217 f.; *Löwisch* aaO; *v. Hoyningen-Huene/Linck* Rz 15; ErfK-*Kiel* Rz 3; *Zöllner* RdA 1969, 250; aA insbes. *Ramm* BB 1964, 1174 und *Weller* AuR 1967, 76 ff., die von einer tatbestandlichen Identität von Aussperrung und arbeitgeberseitigen Massenänderungskündigungen ausgehen). Beide Rechtsinstitute unterscheiden sich jedoch sowohl in ihrer Funktion als auch in ihrer Wirkungsweise. Während die Aussperrung der kampfweisen Durchsetzung kollektivrechtlicher Regelungsziele dient, bezweckt die arbeitgeberseitige Massenänderungskündigung die arbeitsvertragliche Neugestaltung bestimmter Arbeitsbedingungen (vgl. zur Abgrenzung iE *Säcker* Gruppenautonomie und Übermachtkontrolle im Arbeitsrecht, 1972, S. 385 ff. sowie *Seiter* Streikrecht

31

§ 25a KSchG   Berlin-Klausel

und Aussperrungsrecht, 1975, S. 399 ff.). In ihrer Wirkungsweise unterscheiden sich beide Rechtsinstitute darin, dass die Aussperrung nach der Ansicht des *BAG* (21.4.1971 EzA Art. 9 GG Nr. 6) entweder auf eine Suspendierung der beiderseitigen Hauptpflichten oder auf eine – idR nur vorübergehende – Beendigung der Arbeitsverhältnisse zielt. Bei der arbeitgeberseitigen Massenänderungskündigung hängt es dagegen vom Willen der betroffenen Arbeitnehmer ab, ob sie dazu bereit sind, zu den angebotenen neuen Arbeitsbedingungen weiterzuarbeiten oder nicht.

32 Auf die arbeitgeberseitige Massenänderungskündigung finden auch die Bestimmungen der §§ 17 ff. KSchG entsprechend Anwendung (ebenso *BAG* 1.2.1957 aaO; 8.2.1957 AP Nr. 1 zu § 1 TVG Friedenspflicht; *Löwisch* aaO; *v. Hoyningen-Huene/Linck* Rz 16; **aA** *Brox* in: Brox/Rüthers Rz 575). Der Arbeitgeber ist weiterhin dazu verpflichtet, den Betriebsrat nach den §§ 102 ff. BetrVG zu beteiligen. Da es sich bei einer arbeitgeberseitigen Massenänderungskündigung zugleich um eine »Allgemeine personelle Angelegenheit« iSd §§ 92 ff. BetrVG handelt, hat der Arbeitgeber auch die dem Betriebsrat nach diesen Vorschriften zustehenden Beteiligungsrechte zu beachten. Ordentliche Massenänderungskündigungen sind demgegenüber dem unter § 15 KSchG fallenden Personenkreis unzulässig (vgl. *BAG* 29.1.1981 EzA § 15 KSchG nF Nr. 26, ebenso *Randerath* S. 107).

§ 25a Berlin-Klausel   ¹Dieses Gesetz gilt nach Maßgabe des § 13 Abs. 1 des Dritten Überleitungsgesetzes auch im Lande Berlin. ²Rechtsverordnungen, die auf Grund dieses Gesetzes erlassen werden, gelten im Land Berlin nach § 14 des Dritten Überlassungsgesetzes.

1 Die Berlin-Klausel wurde durch Art. 3 Nr. 3 BeschFG 1985 eingefügt. In Berlin galt zunächst das KSchG vom 20.5.1950 (VBl. Berlin S. 173) weiter. Mit Gesetz vom 22.12.1952 (GVBl. 1952 S. 1197) übernahm Berlin ab 1.1.1953 das KSchG des Bundes. Durch Verordnung vom 6.11.1954 (BGBl. I S. 343) wurde auch von Bundes wegen das KSchG des Bundes auf Berlin erstreckt.

2 Das Gesetz zur Änderung des Kündigungsrechtes und anderer arbeitsrechtlicher Vorschriften (Erstes Arbeitsrechtsbereinigungsgesetz) vom 14.8.1969 (BGBl. I S. 1106) wurde vom Land Berlin durch Gesetz vom 20.8.1969 (GVBl. S. 1362) übernommen. Die Bekanntmachung der Neufassung des KSchG vom 25.8.1969 (BGBl. I S. 1317) wurde im Land Berlin im GVBl. vom 13.9.1969 S. 1699 veröffentlicht.

3 Die Neufassung des KSchG auf Grund Art. 3 BeschFG 1985 wurde vom Land Berlin durch Gesetz vom 9.5.1985 (GVBl. S. 1086) übernommen. Die Verkündung dieses Übernahmegesetzes ist am 18.5.1985 erfolgt. Die auf Grund Art. 3 BeschFG 1985 erfolgten Änderungen des KSchG sind im Land Berlin am Tag nach der Verkündung des Übernahmegesetzes vom 9.5.1985 in Kraft getreten.

4 **Die Berlin-Klausel ist mit der im Zuge der Wiedervereinigung Deutschlands am 3.10.1990 erfolgten Beendigung des alliierten Sonderstatus Berlins gegenstandslos geworden.**

§ 26 Inkrafttreten   Dieses Gesetz tritt am Tage nach seiner Verkündung in Kraft.

1 Die Vorschrift betrifft das Inkrafttreten des KSchG idF vom 10.8.1951 (BGBl. I S. 499). Das **KSchG 1951** ist am 13.8.1961 verkündet worden und ist demgemäß am 14.8.1951 in Kraft getreten. Zum gleichen Zeitpunkt sind alle landesrechtlichen Vorschriften über den Schutz der Arbeitnehmer gegen sozialwidrige Kündigungen und über den Kündigungsschutz der Betriebsratsmitglieder außer Kraft getreten (§ 26 Abs. 2 KSchG 1951). Eine sich auf den Massenentlassungsschutz beziehende Übergangsvorschrift (§ 26 Abs. 3 KSchG 1951) ist durch das Erste Arbeitsrechtsbereinigungsgesetz vom 14.8.1969 (BGBl. I S. 1106) gestrichen worden.

2 In **Berlin** galt zunächst das KSchG vom 20.5.1950 (VBl. Berlin S. 173) weiter. Mit Gesetz vom 22.12.1952 (GVBl. 1952 S. 1197) übernahm Berlin ab 1.1.1953 das KSchG des Bundes. Durch Verordnung vom 6.11.1954 (BGBl. I S. 343) wurde auch von Bundes wegen das KSchG des Bundes auf Berlin erstreckt (s. auch die Erl. zu § 25a KSchG).

3 Im **Saarland** galt vor der Eingliederung in die Bundesrepublik Deutschland das Gesetz Nr. 432 vom 7.7.1954 (ABl. 1954 S. 878). Durch Art. 7 des Gesetzes Nr. 628 vom 18.6.1958 (ABl. 1958 S. 1249) wurde

das KSchG des Bundes mit Wirkung vom 1.1.1959 übernommen, und zwar mit der Maßgabe, dass der Kündigungsschutz bereits mit Vollendung des 18. Lebensjahres gegolten hat.

Auf dem **Gebiet der ehemaligen DDR** galt das KSchG als DDR-Gesetz mit Wirkung vom 1.7.1990 bis zum Zeitpunkt der Wiedervereinigung am 3.10.1990. Ab diesem Tage ist das KSchG auch dort unmittelbar geltendes Recht. 4

Durch das **Erste Arbeitsrechtsbereinigungsgesetz** vom 14.8.1969 (BGBl. I S. 1106) wurden zahlreiche Vorschriften des KSchG 1951 geändert (vgl. zum Arbeitsrechtsbereinigungsgesetz: *Fitting* DB 1969, 1459; *Monjau* BB 1969, 1042; *Wenzel* BB 1969, 1402). Auf Grund der in Art. 7 Nr. 1 des Ersten Arbeitsrechtsbereinigungsgesetzes erhaltenen Ermächtigung hat der Bundesminister für Arbeit und Sozialordnung die Neufassung des KSchG am 25.8.1969 in neuer Paragraphenfolge bekannt gemacht (BGBl. I S. 1317). Die durch das Erste Arbeitsrechtsbereinigungsgesetz eingetretenen Änderungen des KSchG sind nach dessen Art. 9 am ersten Tag des auf seine Verkündung folgenden Kalendermonats in Kraft getreten. Im Hinblick auf die am 25.8.1969 erfolgte Verkündung ergibt sich als Inkraftsetzungszeitpunkt der 1.9.1969. Nach der Überleitungsvorschrift des Art. 6 Abs. 1 des Ersten Arbeitsrechtsbereinigungsgesetzes blieben für Kündigungen, die vor dem Inkrafttreten des Ersten Arbeitsrechtsbereinigungsgesetzes zugegangen sind, die bisherigen Vorschriften maßgebend. Hinsichtlich der Anrechnung der Lehrzeit auf die Frist des § 1 Abs. 1 KSchG enthält Art. 6 Abs. 3 Erstes Arbeitsrechtsbereinigungsgesetz die folgende Übergangsvorschrift: 5

»(3) § 1 Abs. 1 des Kündigungsschutzgesetzes gilt bis zum 31. Dezember 1972 mit der Maßgabe, dass auf die Frist von sechs Monaten Zeiten aus einem Lehrverhältnis nur dann angerechnet werden, wenn der Arbeitnehmer im Zeitpunkt der Kündigung das 20. Lebensjahr vollendet hat. Dies gilt nicht im Saarland.«

Durch das **Betriebsverfassungsgesetz** vom 15.1.1972 (BGBl. I S. 13) wurden die §§ 1, 15 u. 16 KSchG neu gefasst (vgl. § 123 BetrVG 1972, BGBl. I S. 41). Die Neufassung dieser Bestimmungen ist am Tage nach der Verkündung des BetrVG 1972, dh am 19.1.1972, in Kraft getreten (vgl. § 132 BetrVG 1972). 6

Eine Änderung des KSchG trat durch das **Rentenreformgesetz** vom 16.10.1972 (BGBl. I S. 1965) ein. Nach Art. 4 § 2 Rentenreformgesetz wurde § 10 Abs. 2 S. 2 KSchG neu gefasst. Von Bedeutung für den Bereich des Allgemeinen Kündigungsschutzes ist weiterhin die Übergangsbestimmung des Art. 6 § 5 Rentenreformgesetz, die wie folgt lautet: 7

»(1) Die Tatsache, daß ein Arbeitnehmer berechtigt ist, vor Vollendung des 65. Lebensjahres Altersruhegeld der gesetzlichen Rentenversicherung zu beantragen, ist nicht als ein die Kündigung des Arbeitsverhältnisses durch den Arbeitgeber bedingender Grund iSd § 1 Abs. 2 Satz 1 des Kündigungsschutzgesetzes anzusehen; sie kann auch nicht bei der sozialen Auswahl nach § 1 Abs. 3 Satz 1 des Kündigungsschutzgesetzes zum Nachteil des Arbeitnehmers berücksichtigt werden.

(2) Eine Vereinbarung, die die Beendigung des Arbeitsverhältnisses eines Arbeitnehmers vor Kündigung zu einem Zeitpunkt vorsieht, in dem der Arbeitnehmer vor Vollendung des 65. Lebensjahres Altersruhegeld der gesetzlichen Rentenversicherung beantragen kann, gilt dem Arbeitnehmer gegenüber als auf die Vollendung des 65. Lebensjahres abgeschlossen, es sei denn, daß dieser Vereinbarung innerhalb der letzten drei Jahre vor dem Zeitpunkt, in dem er erstmals den Antrag stellen könnte, schriftlich bestätigt.«

Durch Art. 287 Nr. 76 des **Einführungsgesetzes zum Strafgesetzbuch** vom 2.3.1974 (BGBl. I S. 469) wurde § 20 Abs. 2 S. 2 KSchG 1969 mit Wirkung vom 1.1.1975 aufgehoben. 8

Das **Bundespersonalvertretungsgesetz** vom 15.3.1974 (BGBl. I S. 693) enthält in § 114 eine Änderung der §§ 1, 2, 15 u. 16 KSchG. Die Neuregelung ist gem. § 119 BPersVG am 1.4.1974 in Kraft getreten. 9

Das »**Gesetz zur Änderung des Kündigungsschutzgesetzes**« vom 5.7.1976 (BGBl. I S. 1769) sieht in Art. 1 einen Fortfall der in § 1 KSchG 1969 enthaltenen Altersgrenze vor (vgl. hierzu iE *Becker* NJW 1976, 1486). Die Neufassung des § 1 Abs. 1 KSchG ist am 9.7.1976 in Kraft getreten. Für Kündigungen, die vor dem Inkrafttretenszeitpunkt zugegangen sind, gilt die seitherige Fassung des § 1 Abs. 1 KSchG. 10

Das »**Zweite Gesetz zur Änderung des Kündigungsschutzgesetzes**« vom 27.4.1978 (BGBl. I S. 550) passt das deutsche Recht über den Massenkündigungsschutz dem Gemeinschaftsrecht an (vgl. *Becker* NJW 1976, 2057; *Löwisch* NJW 1978, 1237; *Marschall* DB 1978, 981). Die gesetzlichen Neuregelungen 11

§ 26 KSchG   Inkrafttreten

sind am 30.4.1978 in Kraft getreten. Zum Inhalt der Übergangsregelung des durch das Gesetz vom 27.4.1978 eingefügten § 22a KSchG vgl. *Gröninger* KR 1. Aufl., § 22a KSchG Rz 1 ff.

12 Durch Art. 3 des **Beschäftigungsförderungsgesetzes 1985** – BeschFG 1985 – v. 26.4.1985 (BGBl. S. 710) wurden die §§ 22 und 23 KSchG neu gefasst. Außerdem wurde als § 25a KSchG die übliche Berlin-Klausel eingefügt. Die Neuregelungen auf Grund des Art. 3 BeschFG 1985 sind am 1.5.1985 in Kraft getreten (vgl. Art. 16 BeschFG 1985). Die Neuregelung in § 22 Abs. 2 S. 1 KSchG stellt klar, dass Betriebe des Baugewerbes, in denen die ganzjährige Beschäftigung gem. § 76 Abs. 2 AFG gefördert wird, keine Saisonbetriebe oder Kampagne-Betriebe sind. In § 23 Abs. 1 S. 2 KSchG wurde das Wort »Lehrlinge« durch die Worte »zu ihrer Berufsbildung Beschäftigten« ersetzt. Die in § 23 Abs. 1 KSchG eingefügten Sätze 3 und 4 beziehen sich auf Teilzeitarbeitnehmer, deren regelmäßige Arbeitszeit wöchentlich zehn Stunden oder monatlich 45 Stunden nicht übersteigt.

13 Das **Gesetz zur Bildung von Jugend- und Auszubildendenvertretungen in Betrieben** vom 13.7.1988 (BGBl. I S. 1034) hat in § 15 Abs. 1 KSchG lediglich zur redaktionellen Anpassung an die neue Terminologie geführt, in dem jeweils das Wort »Jugendvertretung« durch die Worte »Jugend- und Auszubildendenvertretung« ersetzt wurde. Für den Bereich der öffentlichen Verwaltung wurde durch das **Gesetz zur Bildung von Jugend- und Auszubildendenvertretungen in den Verwaltungen** vom 13.7.1988 (BGBl. I S. 1037) in § 15 Abs. 2 KSchG nach dem Wort »Personalvertretung« ein Komma und nach dem Komma die Worte »einer Jugend- und Auszubildendenvertretung« eingefügt.

14 Durch das **Gesetz zur Reform der gesetzlichen Rentenversicherung** vom 18.12.1989 (BGBl. I S. 2261 – RRG 1992) wurden in § 10 Abs. 2 S. 2 KSchG die Worte »§ 1248 Abs. 5 der Reichsversicherungsordnung, § 25 Abs. 5 des Angestelltenversicherungsgesetzes oder § 48 Abs. 5 des Reichsknappschaftsgesetzes« durch die Worte »der Vorschrift des Sechsten Buches Sozialgesetzbuch über die Regelaltersrente« ersetzt.

15 Durch die **Fünfte Zuständigkeitsanpassungsverordnung** vom 26.2.1993 (BGBl. I S. 278) wurden in § 21 S. 1 KSchG die Wörter »das Post- und Fernmeldewesen« durch die Wörter »Post- und Telekommunikation« ersetzt.

16 Mit dem Gesetz zur Anpassung arbeitsrechtlicher Bestimmungen an das EG-Recht vom 20.7.1995 (BGBl. I S. 946), in Kraft getreten am 28.7.1995, ist die Richtlinie des Rates der Europäischen Gemeinschaften vom 24.6.1992 in deutsches Recht umgesetzt worden. Mit dem Anpassungsgesetz ist § 17 KSchG wie folgt geändert worden: § 17 Abs. 1 wurde durch die Einbeziehung »anderer vom Arbeitgeber veranlasster Beendigungen des Arbeitsverhältnisses« ergänzt (§ 17 Abs. 1 S. 2). In § 17 Abs. 2 S. 1 wurde die Unterrichtungspflicht des Arbeitgebers gegenüber dem Betriebsrat hinsichtlich der einzelnen Anforderungen gem. den Ziffern 1 bis 8 verdeutlicht. § 17 Abs. 3 S. 1 wurde neu gefasst und stellt sicher, dass die Auskünfte gem. dem Katalog in § 17 Abs. 2 S. 1 dem Arbeitsamt auch dann übermittelt werden, wenn ein Betriebsrat nicht vorhanden ist. Die Einfügung der Konzernklausel in § 17 Abs. 3a stellt klar, dass die Verpflichtung des Arbeitgebers, den Betriebsrat zu informieren und mit ihm die vorgesehenen Beratungen durchzuführen sowie Entlassungen anzuzeigen, nicht dadurch entfällt oder eingeschränkt wird, dass der Arbeitgeber in einem Konzernverbund steht und die Entscheidung über die Entlassungen von dem herrschenden Unternehmen getroffen wird.

17 Mit dem **Anpassungsgesetz** vom 20.7.1995 ist § 22a KSchG aufgehoben worden. Diese Übergangsvorschrift hat sich durch Zeitablauf erledigt.

18 Durch das **Arbeitsrechtliche Gesetz zur Förderung von Wachstum und Beschäftigung (Arbeitsrechtliches Beschäftigungsförderungsgesetz)** vom 25. September 1996 (BGBl. I S. 1476), in Kraft getreten am 1. Oktober 1996, wurden im KSchG die Vorschriften der §§ 1 und 23 geändert bzw. ergänzt: In § 1 Abs. 3 S. 1 sind die Wörter »soziale Gesichtspunkte« durch die Wörter »die Dauer der Betriebszugehörigkeit, das Lebensalter und die Unterhaltspflichten« ersetzt worden. Gemäß der Neufassung des Satzes 2 wird deutlicher als bisher geregelt, dass die Auswahl nach sozialen Gesichtspunkten bei den Arbeitnehmern entfällt, deren Weiterbeschäftigung im berechtigten betrieblichen Interesse liegt. § 1 Abs. 4 und 5 wurden angefügt und beschränken die gerichtliche Überprüfbarkeit der Sozialauswahl auf die grobe Fehlerhaftigkeit, wenn kollektivvertraglich bzw. in Betrieben oder Verwaltungen ohne gewählte Arbeitnehmervertretung mit Zustimmung von mindestens zwei Dritteln der Arbeitnehmer des Betriebes oder der Dienststelle Kriterien für die Sozialauswahl festgelegt sind oder die zu kündigenden Arbeitnehmer in einem Interessenausgleich namentlich genannt sind. Der Schwellenwert gem. § 23 Abs. 1 S. 2, bis zu dem das KSchG keine Anwendung findet, ist von fünf auf zehn Arbeitneh-

mer angehoben worden. Gem. § 23 Abs. 1 S. 3 werden nunmehr Teilzeitbeschäftigte bei der Berechnung des Gesamtarbeitsvolumens des Betriebes entsprechend ihrer Arbeitszeit anteilig berücksichtigt. In § 23 Abs. 1 S. 4 ist für Arbeitnehmer, die bis zum 30. September 1996 gegenüber ihrem Arbeitgeber Rechte aus der bis dahin geltenden Fassung der Sätze 2 bis 4 iVm §§ 1 bis 14 KSchG hätten herleiten können, eine Besitzstandsklausel mit Wirkung bis zum 30. September 1999 festgeschrieben.

Durch das **Gesetz zur Reform der Arbeitsförderung (Arbeitsförderungs-Reformgesetz – AFRG)** vom 24. März 1997 (BGBl. I S. 594), in Kraft getreten am 1. Januar 1998, wurden die Vorschriften gem. **§§ 18, 20 und 22 KSchG** geändert. Aus Gründen der Sachnähe ist die Zuständigkeit für Entscheidungen bei anzeigepflichtigen Entlassungen vom Landesarbeitsamt auf das Arbeitsamt verlagert worden. Daher wurden in § 18 Abs. 1 die Wörter »mit Zustimmung des Landesarbeitsamtes« durch die Wörter »mit dessen Zustimmung« ersetzt. In § 18 Abs. 2 wurde das Wort »Landesarbeitsamt« durch das Wort »Arbeitsamt« ersetzt und nach den Wörtern »nach Eingang der Anzeige« die »beim Arbeitsamt« gestrichen. Da § 8 AFG nicht in das SGB III übernommen wurde, ist § 18 Abs. 3 KSchG aufgehoben worden. In § 18 Abs. 4 wurden die Wörter »eines Monats« durch die Wörter »von 90 Tagen« ersetzt. die Neufassung des § 20 KSchG regelt die Aufteilung der Entscheidungskompetenz zwischen dem Direktor des Arbeitsamtes und dem Ausschuss für anzeigepflichtige Entlassungen. Im Übrigen wurden die Auskunfts- und Beratungspflichten gegenüber dem Entscheidungsträger sowie dessen Pflichten zur Berücksichtigung der unterschiedlichen Interessenlagen bei der Entscheidungsfindung mit geringen redaktionellen Anpassungen der bis zum 31.12.1997 geltenden Fassung der Abs. 2 und 3 in die neuen Abs. 3 und 4 des § 20 KSchG übernommen. In § 22 Abs. 2 KSchG wurden lediglich die Wörter »gemäß § 76 Abs. 2 des Arbeitsförderungsgesetzes« durch die Wörter »nach dem Dritten Buch Sozialgesetzbuch« ersetzt.

Gemäß Art. 6 des Gesetzes zu Korrekturen in der Sozialversicherung und zur Sicherung der Arbeitnehmerrechte vom 19. Dezember 1998 (BGBl. I S. 3843), in Kraft getreten am 1. Januar 1999, sind die **§§ 1 und 23 KSchG** geändert worden. Hinsichtlich der Kriterien der sozialen Auswahl sind in **§ 1 Abs. 3 S. 1** die Wörter «die Dauer der Betriebszugehörigkeit, das Lebensalter und die Unterhaltspflichten des Arbeitnehmers« durch die Wörter «soziale Gesichtspunkte« ersetzt worden. Die Regelung der der sozialen Auswahl entgegenstehenden betrieblichen Belange in **Abs. 3 S. 2** ist wieder auf diejenige Formulierung, die vor dem 1. Oktober 1996 gegolten hatte, zurückgeführt worden. Damit gilt in diesem Zusammenhang das Kriterium der Sicherung einer ausgewogenen Personalstruktur nicht weiter. Der geänderte Wortlaut des **Abs. 4** berücksichtigt die Modifikation des **Abs. 3 S. 1**. Demgemäß unterliegen nunmehr nach **Abs. 4** tarifliche oder in einer Betriebsvereinbarung festgelegte Auswahlrichtlinien sowohl hinsichtlich des Inhalts der Auswahlkriterien als auch ihrer Gewichtung im Verhältnis zueinander nur der eingeschränkten gerichtlichen Überprüfbarkeit auf grobe Fehlerhaftigkeit. Weggefallen ist die Möglichkeit, Auswahlrichtlinien in Betrieben ohne Arbeitnehmervertretung mit Zustimmung von zwei Dritteln der Arbeitnehmer zu erlassen. **Abs. 5** ist aufgehoben worden. In § 23 **Abs. 1 S. 2** ist der Schwellenwert für die Anwendbarkeit des Ersten Abschnitts des KSchG von zehn Arbeitnehmern auf fünf Arbeitnehmer verringert worden. In **Abs. 1 S. 3** ist die Berücksichtigung der Teilzeitbeschäftigten mit einer wöchentlichen Arbeitszeit von nicht mehr als zehn Stunden vom Faktor 0,25 auf den Faktor 0,5 angehoben worden. Im Übrigen ist die Bestandsschutzregelung gem. § 23 **Abs. 1 S. 4** insbes. wegen der Änderung in Satz 2 gegenstandslos geworden und weggefallen.

Schließlich hat der Deutsche Bundestag in seiner Sitzung am 10.12.1998 beschlossen, dass der in der Entschließung vom 28.6.1996 (Drs. 13/5107) bis zum 31. Dezember 2000 geforderte Bericht der Bundesregierung über Kündigungspraxis und Kündigungsschutz in der Bundesrepublik Deutschland nicht vorzulegen ist, da sich auf Grund der Rücknahme der Änderungen des KSchG die Vorlage des Berichts zu dem vorgesehenen Zeitpunkt erübrige (Drs. 14/151).

Durch das **Gesetz zur Vereinfachung und Beschleunigung des arbeitsgerichtlichen Verfahrens (Arbeitsgerichtsbeschleunigungsgesetz)** vom 30. März 2000, das am 1. Mai 2000 in Kraft getreten ist (BGBl. I S. 333), ist **§ 5 Abs. 4 S. 1 KSchG** neu gefasst worden. Bisher war über den Antrag auf Zulassung verspäteter Klagen durch die Kammer zu entscheiden. Nunmehr kann die Entscheidung der Kammer auch ohne mündliche Verhandlung ergehen.

Durch das **Gesetz zur Reform des BetrVG** vom 23.7.2001 (BGBl. I S. 1864) ist in **§ 15 KSchG** der **Abs. 3a** eingefügt worden. Damit erhalten Arbeitnehmer, die zu einer Betriebs-, Wahl- oder Bordversammlung einladen oder die Bestellung eines Wahlvorstandes beantragen, einen besonderen Kündigungsschutz.

Das **Dritte Gesetz für moderne Dienstleistungen am Arbeitsmarkt** vom 23.12.2003 (BGBl. I S. 2848) führte anlässlich der Reformen in der Arbeitsverwaltung zu redaktionellen Anpassungen bei ihren

§ 26 KSchG   Inkrafttreten

verschiedenen Organen in den Vorschriften des Dritten Abschnitts des KSchG. In den §§ 17 bis 22 KSchG wurden die Bezeichnungen »Arbeitsamt« durch »Agentur für Arbeit«, »Landesarbeitsamt« durch »Bundesagentur für Arbeit«, »Direktor des Arbeitsamts« durch »Geschäftsführung« bzw. »vorsitzendes Mitglied der Geschäftsführung« und »Hauptstelle der Bundesanstalt« durch »Zentrale der Bundesagentur« ersetzt (vgl. KR-*Weigand* § 17 Rz 6i, § 18 Rz 1b, § 19 Rz 1, § 20 Rz 2b, § 21 Rz 0, § 22 Rz 2b). Durch das Vierte Gesetz für moderne Dienstleistungen am Arbeitsmarkt vom 24.12.2003 (BGBl. I S. 2954, 2992) ist in § 11 Nr. 3 KSchG das Wort »Arbeitslosenhilfe« durch die Wörter »Sicherung des Lebensunterhalts nach dem Zweiten Buch Sozialgesetzbuch« ersetzt worden.

25 Durch das Gesetz zu Reformen am Arbeitsmarkt vom 24.12.2003 (BGBl. I S. 3002) sind in den § 23 Abs. 1 S. 2 die Wörter »mit Ausnahme der §§ 4 bis 7 und des § 13 Abs. 1 S. 1 und 2« eingefügt worden. Eingefügt wurde auch der **Satz 3**, nach dem der Schwellenwert für die Ausnahmeregelung seit dem 1.1.2004 auf zehn Arbeitnehmer angehoben ist. **Satz 4** wurde wegen der Einfügung des Satzes 3 redaktionell angepasst.

26 Durch das Gesetz über den Arbeitsmarktzugang im Rahmen der EU-Erweiterung v. 23.4.2004 (BGBl. I S. 602) ist in § 20 Abs. 2 S. 1 KSchG der Begriff des Arbeitsamtes durch die Formulierung »Agentur für Arbeit« ersetzt worden (Nachtrag zu den begrifflichen Anpassungen wie in Rz 24).

27 Durch das Vierte Gesetz zur Änderung des Dritten Buches Sozialgesetzbuch und anderer Gesetze vom 19.11.2004 (BGBl. I S. 2902) sind in § 17 Abs. 3 S. 7 und in der Überschrift zu § 20 die Wörter »dem Arbeitsamt« durch die Wörter »der Agentur für Arbeit« und in der Überschrift zu § 21 die Wörter »Hauptstelle der Bundesanstalt für Arbeit« durch die Wörter »Zentrale der Bundesagentur für Arbeit« ersetzt worden.

28 Durch die Neunte Zuständigkeitsanpassungsverordnung vom 31.10.2006 (BGBl. I S. 2407, 2433) sind in § 22 Abs. 2 S. 2 die Wörter »Wirtschaft und Arbeit« durch die Wörter »Arbeit und Soziales« ersetzt worden.

Gesetz über befristete Arbeitsverträge mit Ärzten in der Weiterbildung (ÄArbVtrG)

vom 15. Mai 1986 (BGBl. I S. 742).
zuletzt geändert durch Art. 2 des Gesetzes zur Einführung der Elternzeit
vom 5. Dezember 2006 (BGBl. I S. 2748)

§ 1 Befristung von Arbeitsverträgen (1) Ein die Befristung eines Arbeitsvertrages mit einem Arzt rechtfertigender sachlicher Grund liegt vor, wenn die Beschäftigung des Arztes seiner zeitlich und inhaltlich strukturierten Weiterbildung zum Facharzt oder dem Erwerb einer Anerkennung für einen Schwerpunkt oder dem Erwerb einer Zusatzbezeichnung, eines Fachkundenachweises oder einer Bescheinigung über eine fakultative Weiterbildung dient.
(2) Die Dauer der Befristung des Arbeitsvertrages bestimmt sich im Rahmen der Absätze 3 und 4 ausschließlich nach der vertraglichen Vereinbarung; sie muss kalendermäßig bestimmt oder bestimmbar sein.
(3) ¹Ein befristeter Arbeitsvertrag nach Absatz 1 kann auf die notwendige Zeit für den Erwerb der Anerkennung als Facharzt oder den Erwerb einer Zusatzbezeichnung, höchstens bis zur Dauer von acht Jahren, abgeschlossen werden. ²Zum Zweck des Erwerbs einer Anerkennung für einen Schwerpunkt oder des an die Weiterbildung zum Facharzt anschließenden Erwerbs einer Zusatzbezeichnung, eines Fachkundenachweises oder einer Bescheinigung über eine fakultative Weiterbildung kann ein weiterer befristeter Arbeitsvertrag für den Zeitraum, der für den Erwerb vorgeschrieben ist, vereinbart werden. ³Wird die Weiterbildung im Rahmen einer Teilzeitbeschäftigung abgeleistet und verlängert sich der Weiterbildungszeitraum hierdurch über die zeitlichen Grenzen der Sätze 1 und 2 hinaus, so können diese um die Zeit dieser Verlängerung überschritten werden. Erfolgt die Weiterbildung nach Absatz 1 im Rahmen mehrerer befristeter Arbeitsverträge, so dürfen sie insgesamt die zeitlichen Grenzen nach den Sätzen 1, 2 und 3 nicht überschreiten. ⁴Die Befristung darf den Zeitraum nicht unterschreiten, für den der weiterbildende Arzt die Weiterbildungsbefugnis besitzt. ⁵Beendet der weiterzubildende Arzt bereits zu einem früheren Zeitpunkt den von ihm nachgefragten Weiterbildungsabschnitt oder liegen bereits zu einem früheren Zeitpunkt die Voraussetzungen für die Anerkennung im Gebiet, Schwerpunkt, Bereich sowie für den Erwerb eines Fachkundenachweises oder einer Bescheinigung über eine fakultative Weiterbildung vor, darf auf diesen Zeitpunkt befristet werden.
(4) Auf die jeweilige Dauer eines befristeten Arbeitsvertrages nach Absatz 3 sind im Einvernehmen mit dem zur Weiterbildung beschäftigten Arzt nicht anzurechnen:
1. Zeiten einer Beurlaubung oder einer Ermäßigung der Arbeitszeit um mindestens ein Fünftel der regelmäßigen Arbeitszeit, die für die Betreuung oder Pflege eines Kindes unter 18 Jahren oder eines pflegebedürftigen sonstigen Angehörigen gewährt worden sind, soweit die Beurlaubung oder die Ermäßigung der Arbeitszeit die Dauer von zwei Jahren nicht überschreitet,
2. Zeiten einer Beurlaubung für eine wissenschaftliche Tätigkeit oder eine wissenschaftliche oder berufliche Aus-, Fort- oder Weiterbildung im Ausland, soweit die Beurlaubung die Dauer von zwei Jahren nicht überschreitet,
3. Zeiten einer Beurlaubung nach § 8a des Mutterschutzgesetzes oder § 15 Abs. 1 des Bundeselterngeld und Elternzeitgesetzes und Zeiten eines Beschäftigungsverbots nach den §§ 3, 4, 6 und 8 des Mutterschutzgesetzes, soweit eine Beschäftigung nicht erfolgt ist,
4. Zeiten des Grundwehr- und Zivildienstes und
5. Zeiten einer Freistellung zur Wahrnehmung von Aufgaben in einer Personal- oder Schwerbehindertenvertretung, soweit die Freistellung von der regelmäßigen Arbeitszeit mindestens ein Fünftel beträgt und die Dauer von zwei Jahren nicht überschreitet.
(5) Die arbeitsrechtlichen Vorschriften und Grundsätze über befristete Arbeitsverträge sind nur insoweit anzuwenden, als sie den Vorschriften der Absätze 1 bis 4 nicht widersprechen.
(6) Die Absätze 1 bis 5 gelten nicht, wenn der Arbeitsvertrag unter den Anwendungsbereich des Hochschulrahmengesetzes in der Fassung der Bekanntmachung vom 19. Januar 1999 (BGBl. I S. 18), zuletzt geändert durch Artikel 1 des Gesetzes vom 27.Dezember 2004 (BGBl. I S. 3835) fällt.

§ 2 Berlin-Klausel (Gegenstandslos)

§ 3 Inkrafttreten Dieses Gesetz tritt am Tage nach der Verkündung in Kraft.

Literatur

– bis 2004 vgl. KR-Vorauflage –
Vgl. auch Schrifttumsnachweis vor § 57a HRG, § 620 BGB, § 1 TzBfG, 21 BErzGG.

Inhaltsübersicht

	Rz		Rz
I. Allgemeines	1–13	b) Konkurrenzen	11-13
1. Gesetzeszweck	1-9	c) Verfassungsrecht	14
a) Anlaß des Gesetzesvorhabens	1–3	3. Schriftform	15,16
b) Entfristung des Gesetzes	4,5	4. Prozessuales	17,18
c) Gesetzesänderungen zum		II. Weiterbildung als sachlicher Grund	19-37
20. Dezember 1997		1. Gegenstand der Weiterbildung	19-21
und zum 23. Februar 2002	6-8	2. Befristungsdauer	22-30
2. Geltungsbereich	9-13	3. Bestimmbarkeit	31,32
a) Abgrenzung zu Hochschulen,		4. Unterbrechungen	33-37
Forschungseinrichtungen und		III. Rechtsfolgen bei Gesetzesverstößen	38
anderem ärztlichen Personal	9,10	IV. Übergangsrecht	39

I. Allgemeines

1. Gesetzeszweck

a) Anlass des Gesetzesvorhabens

1 Das Gesetz über befristete Arbeitsverträge mit Ärzten in der Weiterbildung (ÄArbVtrG) steht im Zusammenhang mit dem Vierten Gesetz zur Änderung der Bundesärzteordnung (BÄO). Dort hat der Gesetzgeber eine **zweijährige Praxisphase** (sog. Arzt im Praktikum – AiP) **als Teil der ärztlichen Ausbildung** eingeführt (BT-Drs. 10/3559 S. 3; *BAG* 24.6.1996 EzA § 620 BGB Hochschulen Nr. 8; 14.11.2001 EzA § 620 BGB Hochschulen Nr. 32). Um die Krankenhäuser in die Lage zu versetzen, diese Praxisphase kostenneutral umzusetzen, war es notwendig, ihnen zu ermöglichen, einen Teil der für die Weiterbildung zur Verfügung stehenden Stellen für Ärzte im Praktikum in gewissen Zeitabständen jeweils neu zu besetzen (*Baumgarten* ZTR 1987, 112). Zur besseren **Ausnutzung** der dafür bereitzuhaltenden 20.000 – 30.000 **Stellen** sollte **der Abschluss befristeter Arbeitsverträge für Ärzte in der Weiterbildung** erleichtert werden (*Heinze* NJW 1987, 2278; *Schiller* MedR 1985, 490; *Bauschke* AR-Blattei SD 380 Rz 64).

2 Der Gesetzgeber hat deshalb für den in § 1 Abs. 1 ÄArbVtrG benannten Personenkreis einen **eigenständigen gesetzlichen Sachgrund der Weiterbildung** zur Befristung geschaffen, der ansonsten nach allgemeinen Regeln nur unter sehr engen Voraussetzungen als Befristungsgrund hätte Anerkennung finden können (*LAG Bln.* 22.4.1991 RzK I 9d Nr. 20 = MedR 1991, 344; APS-*Schmidt* Rz 1, 12ff.; *Dörner* ArbRBGB § 620 BGB Rz 419; *Dreher* DB 1999, 1396). Die **Befristungsdauer** wurde dabei nicht konkret an die in landesgesetzlichen Ausbildungsordnungen geregelten Beschäftigungszeiten geknüpft (BT-Drs. 10/3559, S. 3), sondern unterlag und unterliegt ausschließlich **arbeitsvertraglicher Vereinbarung** (§ 1 Abs. 2 ÄArbVtrG). Das **Gesetz** sah in seiner zunächst befristet bis zum 31.12.1997 ausgelegten Geltungsdauer in diesem Zusammenhang nur eine **Höchstbefristungsdauer** von acht bzw. zehn Jahren zur Weiterbildung vor (vgl. *Heinze* aaO ; APS-*Schmidt* Rz 18).

3 Die gesetzliche Regelung sieht jetzt eine **bundeseinheitliche Höchstbefristung** für die ärztliche Weiterbildung vor. Nach Auffassung des Gesetzgebers ist diese **bundeseinheitliche Regelung zur Wahrung der Rechtseinheit im gesamtstaatlichen Interesse** unabdingbar (Art. 72 Abs. 2 GG), um Rechtsunsicherheiten zu vermeiden, die sich aus unterschiedlicher Ausgestaltung bzw. Nichtregelung auf Länderebene ansonsten ergeben könnten (BT-Drs. 13/8668, S. 5). Im Übrigen sind die **Gesetzgebungszuständigkeiten** im Bereich des **Arztrechts** zwischen Bund und Ländern verteilt (*Laufs/Uhlenbruck* Arztrecht, 2. Aufl. § 5 Rz 3 f., 7, § 7 Rz 5 ff.).

b) Entfristung des Gesetzes

Das ursprünglich nur bis zum 31.12.1997 befristete ÄArbVtrG wirkt über den 20. Dezember 1997 hinaus dauerhaft fort. Bis dahin bestehende Befristungsmöglichkeiten bleiben erhalten. Der Gesetzgeber sieht weiterhin Bedarf für eine befristete ärztliche Weiterbildung, um die Qualität der medizinischen Versorgung der Bevölkerung kontinuierlich zu sichern und darüber hinaus den approbierten Jungärzten den Zugang zur vertragsärztlichen Versorgung zu erhalten. Dabei wird in der Gesetzesbegründung hervorgehoben, dass die Versorgung der Bevölkerung durch qualifiziert weitergebildete Ärzte ein Qualitätsmerkmal des deutschen Gesundheitssystems sei. Durch den ab **1.1.1994** in Kraft getretenen **§ 95a SGB V wird für die vertragsärztlichen Tätigkeiten der Abschluss einer allgemeinmedizinischen Weiterbildung oder einer Weiterbildung in einem anderen Fachgebiet zwingend vorausgesetzt** (Art. 1 Nr. 52 Gesundheitsstrukturgesetz v. 21.12.1992 BGBl. I S. 2266; GKV-Gesundheitsreformgesetz v. 22.12.1999 BGBl. I S. 2626). Das Gesundheitsstrukturgesetz hat auch § 3 der Zulassungsordnung für Kassenärzte geändert, nach dessen Abs. 3 eine **Zulassung erst erfolgen kann, wenn eine mindestens dreijährige Weiterbildung in der Allgemeinmedizin** erworben wurde. Damit hat nach dem 1.1.1994 grds. **jeder Arzt, der eine vertragsärztliche Tätigkeit aufnehmen will, eine abgeschlossene Weiterbildung von mindestens drei Jahren nachzuweisen** (BT-Drs. 13/8668, S. 5; BSG 25.11.1998 SozR 3-2500 § 95 Nr. 19).

Die gesetzliche Befristungsmöglichkeit gewinnt aus diesen Gründen ihre besondere Bedeutung. Nur über sie lassen sich die Zugangsvoraussetzungen zur Teilnahme an **der kassenärztlichen Versorgung** für eine große Zahl von Interessenten schaffen. Darüber hinaus sind unter Umständen für die Weiterbildung mehrere Stellen, ggf. auch an verschiedenen Einrichtungen erforderlich. Dann können **nur mit Hilfe einer Befristung sog. Rotations- oder Splittingstellen voll ausgeschöpft** und die dafür aufgewandten **Kosten in Grenzen** gehalten werden. Schließlich gibt die abzusehende Verlängerung der Weiterbildung in der Allgemeinmedizin auf fünf Jahre (BT-Drs. 13/8668, S. 6) zusätzlichen Anlass, im **Krankenhausbereich die Fluktuation von Ärzten über Befristungszulassungen zu fördern** (*BVerfG* 8.2.1990 – 1 BvR 1593/89; *Laufs/Uhlenbruck-Genzel* Arztrecht, 2. Aufl. § 90 Rz 36 ff.).

c) Gesetzesänderungen zum 20. Dezember 1997

Zu den **Änderungen der Gesetzeslage ab 20. Dezember 1997** (Erstes Gesetz zur Änderung des Gesetzes über befristete Arbeitsverträge mit Ärzten in der Weiterbildung v. 16.12.1997 BGBl. I S. 2994) zählen neben den **begrifflichen Anpassungen** an die neue Terminologie für die ärztliche Weiterbildung (»Gebietsarzt« wird »Facharzt«; »Teilgebiet« wird »Schwerpunkt«; Aufnahme der Begriffe »Fachkundenachweis, Bescheinigung über eine fakultative Weiterbildung«) gewichtige **Einschränkungen der Befristungsgelegenheiten in der Weiterbildung** durch Hinzufügen zweier Sätze in § 1 Abs. 3 ÄArbVtrG (KDZ-*Däubler* Rz 3; APS-*Schmidt* Rz 19). Die **neuen Sätze 5 und 6 in Abs. 3** sollen in Zukunft gewährleisten, dass die **Dauer der Befristung den Zeitraum nicht unterschreiten darf, für den der in der Weiterbildung stehende Arzt die Weiterbildungsbefugnis besitzt**. Dies bedeutet konkret bei einer fünfjährigen Weiterbildungsbefugnis, dass der Vertrag nur noch einmalig auf fünf Jahre befristet werden darf, aber nicht mehrmals auf ein Jahr oder kürzer. Damit wird **willkürlich bemessenen Befristungen ein Riegel vorgeschoben**, die in der Praxis der vergangenen Jahre häufig anzutreffen waren (*Schiller* MedR 1995, 489; *Dreher* DB 1999, 1397). Im Gegenzug erlaubt das Gesetz allerdings eine **kürzere einmalige Neubefristung**, soweit das **Weiterbildungsziel schon zu einem früheren Zeitpunkt erreicht werden kann** (BT-Drs. 13/8668, S. 6).

Mit der die in der Weiterbildung stehenden Ärzte **schützenden Neuregelung** lassen sich entgegenstehende Erkenntnisse in **Rechtsprechung und Schrifttum zur alten Rechtslage nicht mehr vereinbaren**, wonach es zulässig war, mehrere kürzere Befristungen selbst dann im Rahmen der Höchstbefristung zuzulassen, wenn feststand, dass in dieser Zeit das Weiterbildungsziel nicht erreicht werden konnte (so noch *LAG Bln.* 22.4.1991 RzK I 9d Nr. 20 = MedR 1991, 344; *ArbG Wesel* 15.3.1990 RzK I 9d Nr. 18; *Heinze* NJW 1987, 2279; *Nagel* § 57c HRG Rz 32). **Neue befristete Verträge mit Ärzten zum Zwecke der Weiterbildung sind daher ab dem 1.1.1998 ihrer Dauer nach am Erreichen des Weiterbildungsziels zu orientieren**, befristete Verlängerungen bereits vor dem 31.12.1997 begonnener Weiterbildungsmaßnahmen ebenfalls. Eine **Stückelung** von befristeten Arbeitsverträgen in der ärztlichen Weiterbildung ist demnach **unzulässig** (HK-*Höland* Anh D Rz 111; KDZ-*Däubler* Rz 14; ErfK-*Müller-Glöge* Rz 6; *Annuß/Thüsing-Lambrich* § 23 TzBfG Rz 139; *Arnold/Gräfl-Imping* § 23 TzBfG Rz 58).

Das Hochschulpersonal mit **ärztlichen Aufgaben** unterliegt nun allein den allgemeinen Befristungsregeln des **HRG** idF des HdaVÄndG (KR-*Lipke* § 57a HRG Rz 40 ff.; *OVG NRW* 30.7.2003 PersV 2004,

107; AiP als wissenschaftlicher Mitarbeiter in einem Universitätsklinikum). Die **Facharztqualifikation** kann an **Hochschulen** in der Beschäftigung als wissenschaftlicher Mitarbeiter in den zeitlich gezogenen Grenzen des § 57b Abs. 1 HRG erreicht werden (BT-Drs. 14/6853 S. 31; BT-Drs. 15/4132 S. 18). Abs. 6 des durch Art. 3 des HdaVÄndG v. 27.12.2004 angepassten § 1 (BGBl. I S. 3835) regelt diese Abgrenzung eindeutig.

2. Geltungsbereich

a) Abgrenzung zu Hochschulen, Forschungseinrichtungen und anderem ärztlichen Personal

9 Das ÄArbVtrG umfasst vom **persönlichen Geltungsbereich** ausschließlich approbierte Ärzte, nicht dagegen **Ärzte im Praktikum** (*BAG* 14.11.2001 EzA § 620 BGB Hochschulen Nr. 32; ErfK-*Müller-Glöge* Rz 2), die es ab dem 1.10.2004 für die Zukunft nicht mehr gibt (vgl. dazu *BAG* 8.11.2006 – 4 AZR 624/05 – EzA-SD 23/06 S. 9 zu den Vergütungsansprüchen ab 1.10.2004). Ebenso **unterfallen Zahnärzte und Tierärzte** nicht dem Geltungsbereich des Gesetzes (*LAG SA* 10.7.1997 LAGE § 620 BGB Nr. 52; Zahnarzt, »Weiterbildungsassistentin« ErfK-*Müller-Glöge* aaO). Für sie gelten die allgemeinen Befristungsregeln des **TzBfG**.

10 Der **sachliche Geltungsbereich** beschränkt sich auf die ärztliche Weiterbildung **außerhalb von Hochschulen und Forschungseinrichtungen** (*BAG* 14.11.2001 EzA § 620 BGB Hochschulen Nr. 32; *Imping* aaO Rz 52; *Dörner* Befr. Arbeitsvertrag, Rz 850). Rechtlich verselbständigte Universitätskliniken mit eigenem Forschungsbetrieb können dagegen dazugehören (APS-*Schmidt* Rz 5). Der klassische Anwendungsbereich des ÄArbVtrG findet sich zur ärztlichen Weiterbildung in **Krankenhäusern kommunaler, kirchlicher oder freier Träger** (ErfK-*Müller-Glöge* Rz 3).

b) Konkurrenzen

11 Die eigenständige gesetzliche Regelung eines Sachgrundes zur Befristung in § 1 Abs. 1 bis 5 **ÄArbVtrG** soll zurücktreten, wenn der **Anwendungsbereich** des HRG zum Zuge kommt (Abs. 6). Für Befristungsvereinbarungen mit dem **ärztlichen Personal an der Hochschule oder an Forschungseinrichtungen** sind die Vorschriften des **HRG nur dann maßgebend**, wenn es sich um wissenschaftliche Mitarbeiter handelt (KR-*Lipke* § 57a HRG Rz 41; *Hailbronner/Geis-Waldeyer* § 57a HRG Rz 79). Für die **ärztliche Weiterbildung außerhalb des Hochschul- und Forschungsbereichs** ist dagegen das **ÄArbVtrG lex specialis** (*Heinze* NJW 1987, 2280; *Baumgarten* ZTR 1987, 114; *Dreher* DB 1999, 1396; abw. *Kuhla/Schleusener* MedR 1999, 24).

12 Im Anwendungsbereich des **ÄArbVtrG** handelt es sich im Unterschied zu § 14 Abs. 2, 2a und 3 TzBfG um **Befristungen mit sachlichem Grund** (KR-*Lipke* § 14 TzBfG Rz 250ff.). Eine befristete Beschäftigung von Ärzten zum Zwecke der **Weiterbildung** ist daher im Rahmen von **§ 14 TzBfG Abs. 2 und 3 nicht denkbar**. Insoweit ist für Weiterbildungszwecke das ÄArbVtrG eine gesetzliche Sonderregelung (*Schiller* MedR 1995, 490; *Dreher* DB 1999, 1396; KDZ-*Däubler* Rz 5; abw. *Kuhla/Schleusener* MedR 1999, 24). Die **befristete Anstellung ausgebildeter Ärzte** ist dagegen **außerhalb der Weiterbildung** (*LAG Köln* 2.11.2000 LAGE § 1 BeschFG 1996 Nr. 30a), zB in einer größeren Arztpraxis **nach § 14 TzBfG Abs. 2, 2a und 3 durchaus möglich** und sinnvoll (ebenso ErfK-*Müller-Glöge* Rz 4; APS-*Schmidt* Rz 8; *Dörner* Befr. Arbeitsvertrag, Rz 859; *Dreher* aaO zum Verhältnis ÄArbVtrG/BeschFG 1985; MHH-*Herms* Rz 29). Sie kann von Interesse sein, um vor einem Erwerb des Kündigungsschutzes den Arbeitnehmer bis zu zwei Jahren risikolos zu »erproben«, soweit die **Weiterbildung** bei einem **anderen Arbeitgeber** (§ 14 Abs. 2 S. 2 TzBfG) stattgefunden hat. Der Anwendungsvorrang des ÄArbVtrG sperrt ebenso wenig die ergänzende **Sachgrundbefristung** nach **§ 14 Abs. 1 TzBfG**, soweit es dabei nicht um ärztliche Weiterbildung geht (*Annuß/Thüsing-Lambrich* § 23 TzBfG Rz 134; *Dörner* Befr. Arbeitsvertrag, Rz 858).

13 § 1 Abs. 5 ÄArbVtrG unterbindet in seinem Anwendungsbereich eine **Handhabung** nach arbeitsrechtlichen Vorschriften und Grundsätzen über befristete Arbeitsverträge, **die den Abs. 1 bis 4 des Gesetzes widerspricht**. Damit sind **Abweichungen** durch Gesetz oder Arbeitsvertrag **ausgeschlossen** (*Heinze* NJW 1987, 2281). Aufgrund der gesetzgeberischen Zielsetzung, die Befristungsmöglichkeiten für die ärztliche Weiterbildung auszudehnen (BT-Drs. 10/3559 S. 3f.), ist indessen bei einer nach ÄArbVtrG unwirksamen Befristung stets zu prüfen, ob die **Befristung aus sonstigen Gründen gerechtfertigt** sein kann. Danach wäre eine **Sachgrundbefristung** zur Vertretung (§ 14 Abs. 1 Nr. 3 TzBfG, § 21 BEEG) oder zur Erleichterung des Übergangs in eine Anschlussbeschäftigung (§ 14 Abs. 1 Nr. 2 TzBfG) denkbar (vgl. auch *BAG* 21.2.2001 EzA § 1 BeschFG 1985 Nr. 24 für das Verhältnis von

HRG und BeschFG 1985/1996), soweit dadurch die Zielsetzungen des ÄArbVtrG nicht gefährdet werden (APS-*Schmidt* Rz 8; MHH/*Herms* § 23 TzBfG Rz 29). Eine weitere **sachgrundlose Befristung** scheidet dagegen infolge des strikten Anschlussverbots bei demselben Arbeitgeber (§ 14 Abs. 2 S. 2 TzBfG) aus. Im Geltungsbereich des **TVöD/BAT** sind darüber hinaus die tariflichen Bestimmungen der zu beachten. Näher dazu KR-*Bader* § 22 TzBfG Rz 31 ff.

c) Verfassungsrecht

Die Bestimmungen des ÄArbVtrG sind **zweiseitig zwingendes Recht**, von denen selbst **tarifvertraglich nicht** zugunsten der Arbeitnehmer **abgewichen werden kann** (ErfK-*Müller-Glöge* Rz 11; *Annuß/Thüsing-Lambrich* § 23 TzBfG Rz 141). Ob der Eingriff in die Tarifautonomie aus **Art. 9 Abs. 3 GG** hier gleichermaßen verfassungsrechtlich gerechtfertigt ist wie im Hochschul- und Forschungsbereich (vgl. KR-*Lipke* § 57a HRG Rz 22 ff.), ist zwar fragwürdig. Der Gesetzgeber kann sich hier auf Grundrechtsverbürgungen aus **Art. 5 Abs. 3 GG** nicht stützen, denn es geht hier nicht um die Freiheit von Kunst, Wissenschaft, Forschung und Lehre. Erwägenswert ist insoweit, den Grundrechtseingriff über eine an der **Volksgesundheit** orientierte, nach **Art. 12 Abs. 1 GG** zulässige, weil erforderliche und zumutbare subjektive **Berufszulassungsregelung** zu rechtfertigen. Vor diesem Hintergrund und der eingeschränkten Kapazität an Weiterbildungsstellen erscheint die Befristung der Arbeitsverhältnisse zum Zwecke einer geordneten Weiterbildung einleuchtend. Aus Gründen, die Kosten hierfür niedrig zu halten und einen überflüssigen Wettbewerb auf diesem Gebiet zu vermeiden, ist deshalb eine abschließende gesetzliche Regelung geboten (im Ergebnis ebenso APS-*Schmidt* Rz 10f.; *Dörner* Befr. Arbeitsvertrag, Rz 851). Gemessen am Prüfungsmaßstab des **Art. 3 Abs. 1 GG** ist das ÄArbVtrG mit Blick auf seine erweiterten Befristungsmöglichkeiten verfassungsrechtlich unbedenklich (*BVerfG* 8.2.1990 – 1 BvR 1593/89).

3. Schriftform

Der jeweilige **Befristungsgrund** muss zwar im Arbeitsvertrag nicht konkret angegeben werden, da weder § 57b Abs. 5 HRG aF noch § 57b Abs. 3 S. 1 HRG (Zitiergebot) entsprechend heranzuziehen sind (*BAG* 24.4.1996 § 620 BGB Hochschulen Nr. 8; APS-*Schmidt* Rz 16; ErfK-*Müller-Glöge* Rz 5; *Imping* aaO Rz 55). Dennoch ist – soweit nicht tarif- oder arbeitsvertragliche Formvorschriften bereits dazu veranlassen – **aus Gründen der Beweissicherung** eine entsprechende **Klarstellung im Arbeitsvertrag** unter Bezugnahme auf die gesetzliche Grundlage **dringend anzuraten** (ebenso *Heinze* NJW 1987, 2280; *Baumgarten* ZTR 1987, 112; *Krasshöfer* Rz 311; *LAG SA* 10.7.1997 LAGE § 620 BGB Nr. 52). Fehlen konkrete arbeitsvertragliche Angaben, so ist ein sich aus den Umständen ergebender, sachgrundbezogener **Weiterbildungszweck** ggf. über eine **Auslegung des Vertrages** (§§ 133, 157 BGB) zu ermitteln (KR-*Lipke* § 14 TzBfG Rz 57 ff.; *LAG Köln* 2.11.2000 LAGE § 1 BeschFG 1996 Nr. 30a). Bleibt auch danach der Befristungsgrund unklar, kommt die **Unklarheitenregel** aus §§ 310 Abs. 4, 305c BGB zum Tragen (KDZ-*Däubler* Rz 10; *Annuß/Thüsing-Lambrich* § 23 TzBfG Rz 135; APS-*Schmidt* Rz 16).

Seit dem 1.5.2000 ist die **Befristungsabrede schriftlich zu treffen.** Dieses **konstitutive Wirksamkeitserfordernis** legt § 14 Abs. 4 TzBfG fest, der über § 1 Abs. 5 des Gesetzes heranzuziehen ist (*LAG Hamm* 9.5.2006 – 19 Sa 2043/05; vgl. KR-*Spilger* § 623 BGB Rz 240 ff.). Fehlt die schriftliche Befristungsabrede, entsteht ein **unbefristetes Arbeitsverhältnis**. Zu den weiteren Rechtsfolgen vgl. KR-*Lipke* § 16 TzBfG Rz 3 ff.). Eine spätere **schriftliche Einstellungsmitteilung** zu einer mündlich getroffenen Befristungsabrede **an den Betriebsrat** kann nicht im Wege einer Bestätigung nach § 141 BGB die Formwidrigkeit heilen (vgl. *BAG* 1.12.2004 EzA § 623 BGB 2002 Nr. 3; 16.3.2005 EzA § 14 TzBfG Nr. 17; *LAG Hamm* aaO).

4. Prozessuales

Hält der Arzt die Befristung zu Weiterbildungszwecken für unwirksam, hat er seit dem 1.10.1996 eine **dreiwöchige Klagefrist** zu beachten, die regelmäßig nach dem vereinbarten Ende des befristeten Arbeitsvertrages zu laufen beginnt. Insoweit ist § 17 TzBfG (vorher § 1 Abs. 5 BeschFG 1985/1996) anzuwenden, da der Gesetzgeber die allgemeinen Vorschriften des TzBfG für alle befristeten Arbeitsverträge geschaffen hat (BT-Drs. 14/4374 S. 21; KR *Bader* § 17 TzBfG Rz 4; ErfK-*Müller-Glöge* Rz 15; *Annuß/Thüsing-Lambrich* § 23 TzBfG Rz 143). Versäumt er die Klagefrist, so gilt die Befristung als von Anfang an rechtswirksam.

Zur **Darlegungs- und Beweislast** vgl. KR-*Lipke* § 14 TzBfG Rz 371 ff. Danach ist für das **Vorliegen eines Sachgrundes** nach § 1 ÄArbVtrG der Arbeitgeber darlegungs- und beweisbelastet. Diese Voraussetzung ist erfüllt, wenn der Weiterbildungszweck innerhalb der Höchstbefristungsspanne gegeben war. Für das **Überschreiten der Höchstbefristungsdauer** ist hingegen der Arzt (Arbeitnehmer) darlegungspflichtig (APS-*Schmidt* Rz 29).

II. Weiterbildung als sachlicher Grund

1. Gegenstand der Weiterbildung

19 Zur Weiterbildung iSd ÄArbVtrG zählen **nach neuer**, von den Landesärztekammern in den Weiterbildungsordnungen übernommener **Begriffsbildung** die zeitlich und inhaltlich strukturierte Weiterbildung zum Facharzt, Erwerb einer Anerkennung für einen Schwerpunkt, der Erwerb einer Zusatzbezeichnung, eines Fachkundenachweises oder einer Bescheinigung über eine fakultative Weiterbildung (§ 1 Abs. 1 ÄArbVtrG). Das ÄArbVtrG schafft über den Sachgrundkatalog des § 14 Abs. 1 TzBfG hinaus einen eigenständigen **Sachgrund der ärztlichen Weiterbildung** (KDZ-*Däubler* Rz 2; HaKo-*Mestwerdt* § 23 TzBfG Rz 8), den er an einen Zeitrahmen bindet (s.o. Rz 8 u. Rz 12 ff.). Nicht hierher gehört die Ausbildung zum **Arzt bis zur Approbation** (Arzt im Praktikum = AiP), die durch Änderung der BÄO zum 1.Oktober 2004 abgeschafft worden ist. Es handelt sich dabei (tarifrechtlich) um keine ärztliche Tätigkeit (vgl. *BAG* 10.12.1997 EzBAT §§ 22, 23 BAT B 4 VergG Ib Nr. 7 = DB 1998, 1521). Zu den vergütungsrechtlichen Auswirkungen vgl. *BAG* 8.11.2006 – 4 AZR 624/05 – EzA-SD 23/06 S. 9.

20 Nach der **bis zum 20.12.1997 geltenden Rechtslage** genügte es den Befristungserfordernissen des ÄArbVtrG, wenn die Beschäftigung des Arbeitnehmers seine ärztliche Weiterbildung förderte. Der Arzt **musste demnach nicht ausschließlich zu seiner Weiterbildung beschäftigt werden** (*BAG* 24.4.1996 EzA § 620 BGB Hochschulen Nr. 8; HK-*Höland* Anh. D Rz 112; *Schiller* MedR 1995, 489, der die Weiterbildung nur als Nebenprodukt der arbeitsvertraglich geschuldeten Arbeitsleistung ansieht). *Heinze* (NJW 1987, 2280) forderte demgegenüber die Vertragsparteien auf, in dem befristeten Arbeitsvertrag die Rechtsgrundlage des ÄArbVtrG, den Befristungszweck sowie die Dauer der Befristung eindeutig zu benennen, um ein **Auseinanderfallen von Vertrag und tatsächlicher Handhabung** zu verhindern (**aA** *BAG* 24.4.1996 EzA § 620 BGB Hochschulen Nr. 8).

21 Mit der nach der **Neuregelung ab 20.12.1998 regelmäßig nur einmal zugelassenen Befristung innerhalb des Achtjahreszeitraums** und einer (ausnahmsweise) erlaubten weiteren Befristung zum Zwecke einer zusätzlichen Weiterbildung wird die zielführende Weiterbildung der Ärzte verbessert. Befristungsmöglichkeiten sollen **nicht mehr für weiterbildungsfremde Zwecke** genutzt werden können. Es sind strenge Anforderungen an die Befristung zu legen. Die Befristung ist nur erlaubt, wenn es sich konkret um Weiterbildung handelt (BT-Drs. 13/8668, S. 5 f.). Mit dieser Verschärfung der Befristungsvoraussetzungen dürfte eine gelegentliche oder **beiläufige Förderung der Weiterbildung während der Befristung** (vgl. hierzu *BAG* 24.4.1996 EzA § 620 BGB Hochschulen Nr. 8) **nicht mehr genügen** (*Annuß/Thüsing-Lambrich* § 23 TzBfG Rz 137; *Arnold/Gräfl-Imping* § 23 TzBfG Rz 56 in Abgrenzung zu *LAG* Köln 2.11.2000 LAGE § 1 BeschFG 1996 Nr. 30a). Die **Weiterbildung** muss demnach der **befristeten Tätigkeit des Arztes das Gepräge geben**. Sie **muss zeitlich und inhaltlich strukturiert** sein. Mehrere Befristungen zu ein und demselben Weiterbildungszweck sind daher nicht statthaft (BT-Drs. 13/8668 S. 5; ErfK-*Müller-Glöge* Rz 5; KDZ-*Däubler* Rz 9, *Annuß/Thüsing-Lambrich* § 23 TzBfG Rz 139). Ausgangspunkt sind die **Verhältnisse bei Vertragsschluss**; eine davon **abweichende Vertragsdurchführung** setzt Zweifel an der mit der Befristung bezweckten Weiterbildung (APS-*Schmidt* Rz 15).

2. Befristungsdauer

22 Das ÄArbVtrG legte in seiner **bis zum 20.12.1997 geltenden Fassung** den **Höchstzeitraum für befristete Arbeitsverträge** zum Zwecke der Weiterbildung auf **insgesamt zehn Jahre** fest (s.o. Rz 2). Die Dauer der Befristung bestimmte sich ausschließlich nach der vertraglichen Vereinbarung (BT-Drs. 10/2283). Insoweit waren die Parteien frei, die Befristungsgrenzen einmalig oder über befristete **Kettenverträge** auszuschöpfen (*Baumgarten* ZTR 1987, 113; APS-*Schmidt* Rz 18).

23 Daran ist in der ab 20.12.1997 geltenden **Neuregelung nur teilweise festgehalten worden**. Nach Abs. 3 S. 1 des § 1 ÄArbVtrG bleibt es zum einen dabei, dass eine vertragliche Befristung zur Weiterbildung **höchstens acht Jahre** betragen darf, **sofern die Befristung der Anerkennung als Facharzt oder dem Erwerb einer Zusatzbezeichnung dient** (*LAG* Köln 2.11.2000 LAGE § 1 BeschFG 1996 Nr. 30a). Abs. 3 S. 5 bestimmt ferner dass die Befristungsdauer den **Zeitraum nicht unterschreiten darf, für den der weiterbildende Arzt die Befugnis zur Weiterbildung besitzt**, dh die regelmäßige Zeitspanne für eine ärztliche Weiterqualifizierung kann nicht mehr »scheibchenweise« **befristet** durchlaufen werden,

sondern ist **»am Stück« zu befristen** (*Kuhla/Schleusener* MedR 1999, 25; Erfk-*Müller-Glöge* Rz 6; *Annuß/ Thüsing-Lambrich* § 23 TzBfG Rz 138f.). Zur Rechtslage bei vorzeitiger Erreichung des Weiterbildungsziels vgl. u. Rz 27, 34. Zum anderen ist dagegen **eine weitere Befristung zum Zwecke des Erwerbs einer Anerkennung für einen Schwerpunkt oder des an die Weiterbildung zum Facharzt anschließenden Erwerbs einer Zusatzbezeichnung, eines Fachkundenachweises oder einer Bescheinigung über eine fakultative Weiterbildung nicht mehr an einen Zweijahreszeitraum gebunden.** Stattdessen wird ab 20.12.1997 die zusätzliche Befristung für den **gesetzlich nicht näher bezeichneten Zeitraum** gestattet, der für den Erwerb vorgeschrieben ist (§ 1 Abs. 3 S. 2 ÄArbVtrG).

Damit stellt das **Gesetz** auf die sich **ändernden Weiterbildungszeiten** im Anschluss an die Gebietsweiterbildung (zB Weiterbildung in chirurgischen Schwerpunkten) ab, die sich nach den **Weiterbildungsordnungen der Landesärztekammern** teilweise von zwei auf drei Jahre erhöhen. Mit der Neuformulierung wird diesem Umstand Rechnung getragen (Beschlussempfehlung und Bericht des Ausschusses für Gesundheit; BT-Drs. 13/8862, S. 7; vgl. APS-*Schmidt* Rz 20). Wird eine **Weiterbildung abgeschlossen** und strebt der Arzt eine **neue Weiterbildung** auf einem völlig anderen Gebiet an, so kann erneut auf die Befristungsmöglichkeiten des ÄArbVtrG (acht Jahre + X) zurückgegriffen werden (*Baumgarten* ZTR 1987, 114; APS-*Schmidt* Rz 21; u Rz 15). Dagegen eröffnet der **Wechsel der Weiterbildungsstelle** bei gleich bleibendem Weiterbildungsziel **nicht eine neue gesetzlich zugelassene Befristung nach § 1 ÄArbVtrG** (vgl. schon zur alten Rechtslage: LAG Bln. 22.4.1991 RzK I Nr. 20 = ZTR 1991, 337; *Dörner* Befr. Arbeitsvertrag, Rz 856; ErfK-*Müller-Glöge* Rz 7; KDZ-*Däubler* Rz 19). Bei einer vorangehenden befristeten Beschäftigung zu Weiterbildungszwecken an einer Hochschule wird diese auf die **Höchstbefristungsdauer des § 1 Abs. 3 ÄArbVtrG** angerechnet (*Baumgarten* ZTR 1987, 114); im umgekehrten Fall sieht dies § 57b Abs. 2 S. 2 HRG nunmehr ausdrücklich vor (*Annuß/Thüsing-Lambrich* § 23 TzBfG Rz 138). 24

§ 1 Abs. 3 S. 3 ÄArbVtrG legt für eine **Weiterbildung** im Wege der **Teilzeitbeschäftigung** fest, dass die gesetzlichen Höchstfristen um Zeiten überschritten werden dürfen, um die sich der Weiterbildungszeitraum durch die Teilzeitbeschäftigung bedingt verlängert (ErfK-*Müller-Glöge* Rz 9; *Dörner* Befr. Arbeitsvertrag, Rz 855). Dadurch ist eine Befristung zur Weiterbildung möglich, die bspw. auf eine Verdoppelung des gesetzlichen Höchstbefristungsrahmens hinauslaufen kann (KDZ-*Däubler* Rz 15). **Entgegenstehende Regelungen in den Weiterbildungsordnungen** der Landesärztekammern, die eine Einschränkung der Teilzeitweiterbildung bei einer Anrechnung auf den Höchstzeitrahmen vorsehen, sind nach § 1 Abs. 5 ÄArbVtrG **unwirksam** (*Baumgarten* ZTR 1987, 113). Vgl. auch Rz 26. 25

Die zusätzlich in Abs. 3 S. 5 und 6 aufgenommenen Vorschriften beschränken eine **Befristung zu Weiterbildungszwecken**, indem sie die **einmalige Befristung** zur Erfüllung des Weiterbildungszwecks **zur Regel** machen. Das Gesetz zeigt hierzu **zwei voneinander unabhängige Befristungsmöglichkeiten in Satz 1 und Satz 2 des § 1 Abs. 3 auf**. Danach kann zunächst eine **Befristungsvereinbarung für die Facharztausbildung** und sodann eine weitere Befristung für eine **zusätzliche Weiterbildung in einem Schwerpunkt** getroffen werden (ErfK-*Müller-Glöge* Rz 8). 26

Davon wird eine **Ausnahme** zu machen sein, wenn sich das **Weiterbildungsziel des Arztes grundlegend ändert** (vgl. LAG Bln. 22.4.1991 RzK I 9d Nr. 20 = ZTR 1991, 337). In einem solchen Fall muss es möglich sein, die Befristung auf das neue Weiterbildungsziel einzustellen. 27

Die **neue Bestimmung in Abs. 3 S. 6 wirft Zweifel auf**. Im Gesetzgebungsverfahren hatte sich der Bundesrat für eine andere Fassung dieser zusätzlichen Bestimmung ausgesprochen. Danach sollte, **im Interesse der Rechtssicherheit und des Schutzes der betreffenden Arbeitnehmer** in der Weiterbildung, **eine nachträglich verkürzte Vertragsbefristung** für den Fall **vermieden werden**, dass sich erst im Laufe der Weiterbildung eine frühere Erreichung des Weiterbildungsziels abzeichnet (BR-Drs. 606/ 97). Der Bundestag ist dieser Anregung nicht gefolgt und hat an der ursprünglichen Fassung des Regierungsentwurfs insoweit festgehalten. Demnach ist eine **einmalige nachträgliche Korrektur** zur Befristungsdauer **zulässig, falls das Weiterbildungsziel vom Arzt vorzeitig erreicht wird**. Im Wege der »**Neubefristung**« darf dann einmalig und einvernehmlich das Fristende vorverlegt werden (ErfK-*Müller-Glöge* Rz 9). Abweichend von den sonst üblichen Befristungsgrundsätzen kommt es hierbei nicht auf die Umstände bei Abschluss des Zeitvertrages an (aA APS-*Schmidt* Rz 23; *Boewer* § 23 TzBfG Rz 49). 28

Die **nachträgliche Abkürzung der Befristung mag sinnvoll sein**, um die Weiterbildungsstelle für einen anderen zur Weiterbildung anstehenden Arzt freizumachen. Gleichwohl ist die Regelung **dogmatisch völlig missglückt**, da in § 1 Abs. 2 ÄArbVtrG weiterhin die **kalendermäßige Bestimmung oder** 29

Bestimmbarkeit der Befristung bei Abschluss des Arbeitsvertrages festgelegt und die Befristungsdauer der vertraglichen Parteivereinbarung überlassen bleibt. Gesetzgeberisch hätte es sich hier empfohlen, das »Weiterbildungsverhältnis« nach dem Muster des § 21 Abs. 2 BBiG mit dem Erreichen des Weiterbildungsziels enden zu lassen. Einen weiteren Weg eröffnet § 15 Abs. 3 TzBfG. Danach wäre eine **ordentliche Kündigung** vor Ablauf der Befristung möglich, soweit dies arbeitsvertraglich vorgesehen ist. Der Ausweg einer Zweckbefristung eröffnet sich hier nicht (**aA** *Dörner* Befr. Arbeitsvertrag Rz 853; dazu u. Rz 31).

30 Das Recht zur vorzeitigen Beendigung des befristeten Arbeitsverhältnisses im Wege der **außerordentlichen Kündigung** nach § 626 BGB bleibt für beide Seiten unberührt. Ansonsten bedarf es für die ordentliche Kündigung vor Ablauf der Befristung einer Vereinbarung nach § 15 Abs. 3 TzBfG (ErfK-*Müller-Glöge* Rz 12). Soweit vertreten wird, dass es dem Arbeitnehmer frei stehen muss die Weiterbildung ungeachtet einer entsprechenden Vereinbarung durch **ordentliche Kündigung** zu beenden (KDZ-*Däubler* Rz 20; *Annuß/Thüsing-Lambrich* § 23 TzBfG Rz 142, kein Aufdrängen nicht mehr gewünschter Weiterbildung), wird übersehen, dass es sich bei der Aufgabe einer Facharztausbildung oder ärztlichen Weiterbildung regelmäßig um einen **wichtigen Grund zur Beendigung** des Arbeits-/Weiterbildungsverhältnisses (Rechtsgedanke des § 22 Abs. 2 Nr. 2 BBiG) handelt. Die außerordentliche Kündigung ist dann mit Auslauffrist zu erklären.

3. Bestimmbarkeit

31 Das Gesetz hält in § 1 Abs. 2 ÄArbVtrG an der bisherigen Regelung fest, dass die Dauer des befristeten Arbeitsvertrages sich nach der vertraglichen Vereinbarung bestimmt. Die **Dauer muss demnach kalendermäßig bestimmt oder bestimmbar sein.** Die Vorschrift entspricht wortwörtlich der früheren Regelung in § 21 Abs. 3 BErzGG, die erst durch das arbeitsrechtliche BeschFG v. 25.9.1996 (BGBl. I S. 1476) zum 1.10.1996 geändert wurde. Während die nunmehr vom Wortlaut erweiterte Fassung des § 21 Abs. 3 BEEG auch Zweckbefristungen erlaubt (vgl. KR-*Lipke* § 21 BEEG Rz 17ff.), hatte das **BAG** zuvor angesichts des abw. Wortlauts der früheren Gesetzesfassung **Zweckbefristungen als unzulässig angesehen** (*BAG* 9.11.1994 EzA § 21 BErzGG Nr. 1). Der Gesetzgeber hat indessen den Wortlaut von § 1 Abs. 2 ÄArbVtrG in der Folgezeit nicht geändert.

32 Demnach ist im Rahmen des ÄArbVtrG eine **Befristung nur möglich,** wenn sie entweder nach einem **kalendermäßig festgelegten Enddatum** bestimmt ist (zB 31.10.2007) oder das Befristungsende anhand der angegebenen **Befristungszeitspanne** (zB drei Jahre) bestimmbar bleibt. **Zweckbefristungen bleiben** im Unterschied zum Anwendungsbereich des § 21 Abs. 3 BEEG für das Feld des ÄArbVtrG **unzulässig** (*BAG* 14.8.2002 EzA § 620 BGB Ärzte Nr. 1; APS-*Schmidt* Rz 26; ErfK-*Müller-Glöge* Rz 6; *Dörner* ArbRBGB, § 620 BGB Rz 419; HaKo-*Mestwerdt* § 23 TzBfG Rz 10), selbst wenn das Problem einer nachträglichen Verkürzung der Befristung (§ 1 Abs. 3 S. 6 ÄArbVtrG; oben Rz 30.) sich hierüber besser lösen ließe. Eine ereignismäßige Bestimmbarkeit (zB Prüfungszeitpunkt) bleibt damit ausgeschlossen (ebenso *Baumgarten* ZTR 1987, 113; **aA** *Heinze* NJW 1987, 2279). Ebenfalls **ausgeschlossen** sind **auflösende Bedingungen** (§ 21 TzBfG), da sie den Besonderheiten des § 1 ÄArbVtrG widersprechen (Abs. 5; KDZ-*Däubler* Rz 16; MHH-*Herms* § 23 TzBfG Rz 30; *Annuß/Thüsing-Lambrich* § 23 TzBfG Rz 136; APS-*Schmidt* Rz 26).

4. Unterbrechungen

33 § 1 Abs. 4 ÄArbVtrG gewährt einen **Anspruch auf Abschluss eines Arbeitsvertrages für die Dauer** der nach dieser Vorschrift anrechenbaren **Unterbrechungszeiten** eines nach § 1 Abs. 3 ÄArbVtrG befristeten Arbeitsverhältnisses. Der Arbeitgeber unterliegt insoweit einem **Kontrahierungszwang**, wenn einer der fünf Unterbrechungstatbestände des § 1 Abs. 4 ÄArbVtrG gegeben ist (*Annuß/Thüsing-Lambrich* § 23 TzBfG Rz 140). Dagegen verlängert sich das befristete Arbeitsverhältnis, anders als nach § 78a BetrVG oder § 57b Abs. 4 HRG (dazu KR-*Lipke* § 57b HRG Rz 49 ff., 52 f.), nicht von selbst um die Unterbrechungszeiten. Die Sicherung des Beschäftigungsanspruchs nach § 1 Abs. 4 ÄArbVtrG erfolgt vielmehr durch den Abschluss eines um die anrechenbare Zeit befristeten Arbeitsvertrages im Anschluss an die Vertragslaufzeit oder – bei einer darüber hinaus fortdauernden Unterbrechung – im Anschluss an den Unterbrechungszeitraum (*BAG* 24.4.1996 EzA § 620 BGB Hochschulen Nr. 8). Die »**verlängernde« Nichtanrechnung** kann **nur im Einvernehmen mit dem in der Weiterbildung stehenden Arzt** erfolgen (*Krasshöfer* Rz 310; *Annuß/Thüsing-Lambrich* § 23 TzBfG Rz 140, 120; KDZ-*Däubler* Rz 17). Der Anspruch entsteht schon vor Ablauf des Zeitvertrages (APS-*Schmidt* Rz 23). Bei Weigerung des Arbeitgebers, sich im Anschluss an eine Unterbrechung auf ein ergänzendes befristetes Arbeitsverhältnis

einzulassen, hat der Arbeitnehmer im Wege der Leistungsklage (*BAG* 12.1.2000 Rzk I 9d Nr. 70) auf **Abschluss eines befristeten Arbeitsvertrages** und nicht auf Feststellung eines fortbestehenden Arbeitsverhältnisses zu klagen (*BAG* 24.4.1996 EzA § 620 BGB Hochschulen Nr. 8; ErfK-*Müller-Glöge* Rz 10).

Entgegen der bisherigen Rechtslage dürfte jedoch **ab 20.12.1997 dieser Anspruch dann nicht mehr bestehen, wenn der** in der Weiterbildung stehende **Arzt** die nach der jeweiligen Weiterbildungsordnung vorgeschriebenen Beschäftigungszeiten bereits vor Beginn des Unterbrechungszeitraums zurückgelegt und damit **sein Weiterbildungsziel erreicht hat** (aA *BAG* 24.4.1996 EzA § 620 BGB Hochschulen Nr. 8 noch zur alten Rechtslage; APS-*Schmidt* Rz 23). Im Gegensatz zur Erkenntnis des *BAG* (EzA § 620 BGB Hochschulen Nr. 8) steht die neu geschaffene Möglichkeit, bei vorzeitigem Erreichen des Weiterbildungsziels die Befristung nachträglich abzukürzen (§ 1 Abs. 3 S. 6 ÄArbVtrG, s.o. Rz 16). Es ist deshalb nicht sinnvoll, auch in diesem Fall einen Anspruch auf Abschluss eines verlängernden Arbeitsvertrages zu gewähren, um den ursprünglichen Befristungsrahmen voll ausschöpfen zu können (weiterhin **aA** APS-*Schmidt* Rz 23, die den Fortsetzungsanspruch bis zum Ablauf des Zeitvertrages für berechtigt hält). 34

Der **Katalog** der auf die Dauer eines befristeten Arbeitsvertrages im Einvernehmen mit dem zur Weiterbildung beschäftigten Arzt nicht anzurechnenden **Unterbrechungen** in § 1 Abs. 4 ÄArbVtrG **stimmt mit der Auflistung in § 57c Abs. 6 HRG aF überein**. Die ab 31.12.2004 durch das HdaVÄndG erneuerte Fassung der »Verlängerungszeiten« in § 57b Abs. 4 HRG idF des ab 23.2.2002 geltenden 5. HRGÄndG ist deshalb im Wesentlichen eine Fortschreibung der Unterbrechungstatbestände nach altem Recht. Der Gesetzgeber hat nur eine redaktionelle Überarbeitung vorgenommen, indessen vom Verfahren her eine **selbsttätige Verlängerung** des befristeten Arbeitsvertrages um die Ausfallzeiten **im ÄArbVtrG nicht vorgesehen** (BT-Drs. 14/6853 S. 34; KR-*Lipke* § 57b HRG Rz 52 f.; *Sievers* § 23 TzBfG Rz 39). Zu den Unterbrechungszeiten und den materiell-rechtlichen Fragen kann auf KR-*Lipke* § 57b HRG Rz 56 ff. verwiesen werden. 35

Im **Unterschied** zu § 57b Abs. 4 HRG bleibt nach dem Wortlaut der Bestimmungen die **verlängernde Wirkung** einer Weiterbildung in **Teilzeitbeschäftigung auf den Anwendungsbereich des ÄArbVtrG beschränkt**. Es ist indessen fragwürdig, warum (weiblichen) Ärzten – angesichts der verfassungsrechtlichen Gleichheits-, Gleichberechtigungs- und einfachrechtlichen Gleichbehandlungsgrundsätze (Art. 3 Abs. 1 bis 3 GG; § 4 Abs. 1 TzBfG; §§ 1, 7 AGG) – eine verlängerte Weiterbildung über den gesetzlichen Höchstbefristungsrahmen hinaus nur **außerhalb der Hochschule** gestattet wird, im Falle der wissenschaftlichen oder künstlerischen Qualifizierung an Hochschulen und Forschungseinrichtungen dagegen nur im engen Rahmen von bis zu 2 Jahren (§ 57b Abs. 4 Nr. 3 HRG). Eine Anpassung hat insoweit auch durch das 4. HRGÄndG v. 20. August 1998 (BGBl. I S. 2190; zu § 57c Abs. 6 Nr. 3 HRG aF) nicht stattgefunden (vgl. *BAG* 3.3.1999 EzA § 620 BGB Hochschulen Nr. 16).Vgl. dazu KR-*Lipke* § 57b HRG Rz 59 ff. 36

Kommt es zu einer **Verlängerung** des befristeten Arbeitsvertrages infolge von Unterbrechungszeiten nach Abs. 4, so ist für die **Befristungskontrolle** der **ursprüngliche Vertrag** und nicht der Verlängerungsvertrag maßgebend (*BAG* 3.3.1999 EzA § 620 BGB Hochschulen Nr. 16; 23.2.2000 EzA § 620 BGB Hochschulen Nr. 25; ErfK-*Müller-Glöge* Rz 5). Da eine Verlängerungsvereinbarung erforderlich ist, muss die gleichzeitig zu treffende **Befristungsabrede** der **Schriftform** des § 14 Abs. 4 TzBfG genügen. 37

III. Rechtsfolgen bei Gesetzesverstößen

Bei einem Verstoß gegen das **Verbot der Zweckbefristung** entsteht ein unbefristetes Arbeitsverhältnis (*BAG* 14.8.2002 EzA § 620 BGB Ärzte Nr. 1). Wird das **Gebot der einmaligen Befristung** aus § 1 Abs. 3 S. 5 **ÄArbVtrG** verletzt, so bestimmt sich die rechtswirksame **Befristungsdauer nach der zum Erreichen des Weiterbildungsziels erforderlichen Zeitspanne**. Darauf deutet auch Abs. 3 S. 6 hin, dem zu entnehmen ist, dass es beim Befristungsschutz um die **Sicherung eines Weiterbildungsabschlusses** geht (teleologische Reduktion). Orientierungshilfe geben hierzu die Weiterbildungsordnungen (vgl. § 1 Abs. 3 S. 2 ÄArbVtrG) der Landesärztekammern. Sinn und Zweck des Gesetzes verbieten, in einem solchen Fall ein auf Dauer angelegtes Arbeitsverhältnis anzunehmen (ähnlich *Schiller* MedR 1995, 491). Das **ÄArbVtrG** hat – anders als die übrigen Befristungsregelungen – **nicht** einen **allgemeinen Bestandsschutz** zum Zweck, sondern dient dem **besonderen Schutz der Ärzte im Rahmen und für die Dauer ihrer Weiterbildung**. Eine Verletzung von Vorschriften des ÄArbVtrG kann deshalb nicht auf die dauerhafte Begründung eines unbefristeten Arbeitsverhältnisses als Arzt hinauslaufen. Damit 38 würde das Gesetzesziel überzogen (aA APS-*Schmidt* Rz 27; ErfK-*Müller-Glöge* Rz 13, die auf den grds. anwendbaren § 16 TzBfG hinweisen). Wird indessen über diesen Zeitpunkt hinaus, dh jenseits des Datums der gesetzeskonformen vertraglichen Befristung zu Weiterbildungszwecken, das Arbeitsverhältnis stillschweigend, und sei es auch nur für einen Tag, fortgesetzt, so gilt das ehemals befristete Arbeitsverhältnis nunmehr als ein auf unbestimmte Zeit eingegangenes Arbeitsverhältnis iSv § 15 Abs. 5 TzBfG (§ 625 BGB; *Heinze* NJW 1987, 2281). Wendet man konsequent § 16 TzBfG an, so bleibt nur die Möglichkeit einer Kündigung (vgl. dazu KR-*Lipke* § 16 TzBfG Rz 4 ff.).

IV. Übergangsrecht

39 Der Gesetzgeber hat Übergangsregelungen nicht getroffen, so dass hierzu auf allgemeine Grundsätze zurückgegriffen werden muss. Die **befristeten Arbeitsverträge** zur Weiterbildung von Ärzten, die **vor dem 20.12.1997** vereinbart worden sind, müssen nach altem Recht abgewickelt werden (ErfK-*Müller-Glöge* Rz 14). Bei mehrfacher Befristung ist für die Zeit **nach dem 20.12.1997 nur noch eine auf den Weiterbildungszweck bezogene erneute Befristung erlaubt**. Reicht die Weiterbildungsbefugnis über den 20.12.1997 hinaus, hat der Arzt aber **nach diesem Zeitpunkt** vor Ablauf der vertragsmäßigen Befristung sein Weiterbildungsziel erreicht, ist nunmehr **eine abkürzende korrigierende Befristung möglich**. Der Gesetzgeber wollte die **Befristungsmöglichkeiten nach altem Recht erhalten**. Ein Außerkrafttreten des alten befristeten ÄArbVtrG zum 31.12.1997 sollte vermieden werden (zutr. APS-*Schmidt* Rz 2). Die **Änderung des Verweisungsregelung** in Abs. 6 zum 31.12.2004 dient nur einer Klarstellung und birgt keine Übergangsprobleme in sich.

Allgemeines Gleichbehandlungsgesetz (AGG)

vom 14. August 2006 (BGBl. I S. 2745)
Zuletzt geändert durch Art. 8 des Gesetzes zur Änderung des Betriebsrentengesetzes
und anderer Gesetze vom 2. Dezember 2006 (BGBl. I S. 2742, 2745)
– Auszug –

§ 1 Ziel des Gesetzes Ziel des Gesetzes ist, Benachteiligungen aus Gründen der Rasse oder wegen der ethnischen Herkunft, des Geschlechts, der Religion oder Weltanschauung, einer Behinderung, des Alters oder der sexuellen Identität zu verhindern oder zu beseitigen.

§ 2 Anwendungsbereich (1) Benachteiligungen aus einem in § 1 genannten Grund sind nach Maßgabe dieses Gesetzes unzulässig in Bezug auf:
1. die Bedingungen, einschließlich Auswahlkriterien und Einstellungsbedingungen, für den Zugang zu unselbstständiger und selbstständiger Erwerbstätigkeit, unabhängig von Tätigkeitsfeld und beruflicher Position, sowie für den beruflichen Aufstieg,
2. die Beschäftigungs- und Arbeitsbedingungen einschließlich Arbeitsentgelt und Entlassungsbedingungen, insbesondere in individual- und kollektivrechtlichen Vereinbarungen und Maßnahmen bei der Durchführung und Beendigung eines Beschäftigungsverhältnisses sowie beim beruflichen Aufstieg,
3. den Zugang zu allen Formen und allen Ebenen der Berufsberatung, der Berufsbildung einschließlich der Berufsausbildung, der beruflichen Weiterbildung und der Umschulung sowie der praktischen Berufserfahrung,
4. die Mitgliedschaft und Mitwirkung in einer Beschäftigten- oder Arbeitgebervereinigung oder einer Vereinigung, deren Mitglieder einer bestimmten Berufsgruppe angehören, einschließlich der Inanspruchnahme der Leistungen solcher Vereinigungen,
5. den Sozialschutz, einschließlich der sozialen Sicherheit und der Gesundheitsdienste,
6. die sozialen Vergünstigungen,
7. die Bildung,
8. den Zugang zu und die Versorgung mit Gütern und Dienstleistungen, die der Öffentlichkeit zur Verfügung stehen, einschließlich von Wohnraum.
(2) Für Leistungen nach dem Sozialgesetzbuch gelten § 33c des Ersten Buches Sozialgesetzbuch und § 19a des Vierten Buches Sozialgesetzbuch. Für die betriebliche Altersvorsorge gilt das Betriebsrentengesetz.
(3) Die Geltung sonstiger Benachteiligungsverbote oder Gebote der Gleichbehandlung wird durch dieses Gesetz nicht berührt. Dies gilt auch für öffentlich-rechtliche Vorschriften, die dem Schutz bestimmter Personengruppen dienen.
(4) Für Kündigungen gelten ausschließlich die Bestimmungen zum allgemeinen und besonderen Kündigungsschutz.

§ 3 Begriffsbestimmungen (1) Eine unmittelbare Benachteiligung liegt vor, wenn eine Person wegen eines in § 1 genannten Grundes eine weniger günstige Behandlung erfährt, als eine andere Person in einer vergleichbaren Situation erfährt, erfahren hat oder erfahren würde. Eine unmittelbare Benachteiligung wegen des Geschlechts liegt in Bezug auf § 2 Abs. 1 Nr. 1 bis 4 auch im Falle einer ungünstigeren Behandlung einer Frau wegen Schwangerschaft oder Mutterschaft vor.
(2) Eine mittelbare Benachteiligung liegt vor, wenn dem Anschein nach neutrale Vorschriften, Kriterien oder Verfahren Personen wegen eines in § 1 genannten Grundes gegenüber anderen Personen in besonderer Weise benachteiligen können, es sei denn, die betreffenden Vorschriften, Kriterien oder Verfahren sind durch ein rechtmäßiges Ziel sachlich gerechtfertigt und die Mittel sind zur Erreichung dieses Ziels angemessen und erforderlich.
(3) Eine Belästigung ist eine Benachteiligung, wenn unerwünschte Verhaltensweisen, die mit einem in § 1 genannten Grund in Zusammenhang stehen, bezwecken oder bewirken, dass die Würde der betreffenden Person verletzt und ein von Einschüchterungen, Anfeindungen, Erniedrigungen, Entwürdigungen oder Beleidigungen gekennzeichnetes Umfeld geschaffen wird.

(4) Eine sexuelle Belästigung ist eine Benachteiligung in Bezug auf §2 Abs. 1 Nr. 1 bis 4, wenn ein unerwünschtes, sexuell bestimmtes Verhalten, wozu auch unerwünschte sexuelle Handlungen und Aufforderungen zu diesen, sexuell bestimmte körperliche Berührungen, Bemerkungen sexuellen Inhalts sowie unerwünschtes Zeigen und sichtbares Anbringen von pornographischen Darstellungen gehören, bezweckt oder bewirkt, dass die Würde der betreffenden Person verletzt wird, insbesondere wenn ein von Einschüchterungen, Anfeindungen, Erniedrigungen, Entwürdigungen oder Beleidigungen gekennzeichnetes Umfeld geschaffen wird.

(5) Die Anweisung zur Benachteiligung einer Person aus einem in §1 genannten Grund gilt als Benachteiligung. Eine solche Anweisung liegt in Bezug auf §2 Abs. 1 Nr. 1 bis 4 insbesondere vor, wenn jemand eine Person zu einem Verhalten bestimmt, das einen Beschäftigten oder eine Beschäftigte wegen eines in §1 genannten Grundes benachteiligt oder benachteiligen kann.

§4 Unterschiedliche Behandlung wegen mehrerer Gründe
Erfolgt eine unterschiedliche Behandlung wegen mehrerer der in §1 genannten Gründe, so kann diese unterschiedliche Behandlung nach den §§8 bis 10 und 20 nur gerechtfertigt werden, wenn sich die Rechtfertigung auf alle diese Gründe erstreckt, derentwegen die unterschiedliche Behandlung erfolgt.

§5 Positive Maßnahmen
Ungeachtet der in den §§8 bis 10 sowie in §20 benannten Gründe ist Eine unterschiedliche Behandlung auch zulässig, wenn durch geeignete und angemessene Maßnahmen bestehende Nachteile wegen eines in §1 genannten Grundes verhindert oder ausgeglichen werden sollen.

Abschnitt 2
Schutz der Beschäftigten vor Benachteiligung

Unterabschnitt 1
Verbot der Benachteiligung

§6 Persönlicher Anwendungsbereich.
(1) Beschäftigte im Sinne dieses Gesetzes sind
1. Arbeitnehmerinnen und Arbeitnehmer,
2. die zu ihrer Berufsbildung Beschäftigten,
3. Personen, die wegen ihrer wirtschaftlichen Unselbstständigkeit als arbeitnehmerähnliche Personen anzusehen sind; zu diesen gehören auch die in Heimarbeit Beschäftigten und die ihnen Gleichgestellten.

Als Beschäftigte gelten auch die Bewerberinnen und Bewerber für ein Beschäftigungsverhältnis sowie die Personen, deren Beschäftigungsverhältnis beendet ist.

(2) Arbeitgeber (Arbeitgeber und Arbeitgeberinnen) im Sinne dieses Abschnitts sind natürliche und juristische Personen sowie rechtsfähige Personengesellschaften, die Personen nach Absatz 1 beschäftigen. Werden Beschäftigte einem Dritten zur Arbeitsleistung überlassen, so gilt auch dieser als Arbeitgeber im Sinne dieses Abschnitts. Für die in Heimarbeit Beschäftigten und die ihnen Gleichgestellten tritt an die Stelle des Arbeitgebers der Auftraggeber oder Zwischenmeister.

(3) Soweit es die Bedingungen für den Zugang zur Erwerbstätigkeit sowie den beruflichen Aufstieg betrifft, gelten die Vorschriften dieses Abschnitts für Selbstständige und Organmitglieder, insbesondere Geschäftsführer oder Geschäftsführerinnen und Vorstände, entsprechend.

§7 Benachteiligungsverbot
(1) Beschäftigte dürfen nicht wegen eines in §1 genannten Grundes benachteiligt werden; dies gilt auch, wenn die Person, die die Benachteiligung begeht, das Vorliegen eines in §1 genannten Grundes bei der Benachteiligung nur annimmt.

(2) Bestimmungen in Vereinbarungen, die gegen das Benachteiligungsverbot des Absatzes 1 verstoßen, sind unwirksam.

(3) Eine Benachteiligung nach Absatz 1 durch Arbeitgeber oder Beschäftigte ist eine Verletzung vertraglicher Pflichten.

§ 8 Zulässige unterschiedliche Behandlung wegen beruflicher Anforderungen

(1) Eine unterschiedliche Behandlung wegen eines in § 1 genannten Grundes ist zulässig, wenn dieser Grund wegen der Art der auszuübenden Tätigkeit oder der Bedingungen ihrer Ausübung eine wesentliche und entscheidende berufliche Anforderung darstellt, sofern der Zweck rechtmäßig und die Anforderung angemessen ist.

(2) Die Vereinbarung einer geringeren Vergütung für gleiche oder gleichwertige Arbeit wegen eines in § 1 genannten Grundes wird nicht dadurch gerechtfertigt, dass wegen eines in § 1 genannten Grundes besondere Schutzvorschriften gelten.

§ 9 Zulässige unterschiedliche Behandlung wegen der Religion oder Weltanschauung

(1) Ungeachtet des § 8 ist eine unterschiedliche Behandlung wegen der Religion oder der Weltanschauung bei der Beschäftigung durch Religionsgemeinschaften, die ihnen zugeordneten Einrichtungen ohne Rücksicht auf ihre Rechtsform oder durch Vereinigungen, die sich die gemeinschaftliche Pflege einer Religion oder Weltanschauung zur Aufgabe machen, auch zulässig, wenn eine bestimmte Religion oder Weltanschauung unter Beachtung des Selbstverständnisses der jeweiligen Religionsgemeinschaft oder Vereinigung im Hinblick auf ihr Selbstbestimmungsrecht oder nach der Art der Tätigkeit eine gerechtfertigte berufliche Anforderung darstellt.

(2) Das Verbot unterschiedlicher Behandlung wegen der Religion oder der Weltanschauung berührt nicht das Recht der in Absatz 1 genannten Religionsgemeinschaften, der ihnen zugeordneten Einrichtungen ohne Rücksicht auf ihre Rechtsform oder der Vereinigungen, die sich die gemeinschaftliche Pflege einer Religion oder Weltanschauung zur Aufgabe machen, von ihren Beschäftigten ein loyales und aufrichtiges Verhalten im Sinne ihres jeweiligen Selbstverständnisses verlangen zu können.

§ 10 Zulässige unterschiedliche Behandlung wegen des Alters

Ungeachtet des § 8 ist eine unterschiedliche Behandlung wegen des Alters auch zulässig, wenn sie objektiv und angemessen und durch ein legitimes Ziel gerechtfertigt ist. Die Mittel zur Erreichung dieses Ziels müssen angemessen und erforderlich sein. Derartige unterschiedliche Behandlungen können insbesondere Folgendes einschließen:

1. die Festlegung besonderer Bedingungen für den Zugang zur Beschäftigung und zur beruflichen Bildung sowie besonderer Beschäftigungs- und Arbeitsbedingungen, einschließlich der Bedingungen für Entlohnung und Beendigung des Beschäftigungsverhältnisses, um die berufliche Eingliederung von Jugendlichen, älteren Beschäftigten und Personen mit Fürsorgepflichten zu fördern oder ihren Schutz sicherzustellen,
2. die Festlegung von Mindestanforderungen an das Alter, die Berufserfahrung oder das Dienstalter für den Zugang zur Beschäftigung oder für bestimmte mit der Beschäftigung verbundene Vorteile,
3. die Festsetzung eines Höchstalters für die Einstellung auf Grund der spezifischen Ausbildungsanforderungen eines bestimmten Arbeitsplatzes oder auf Grund der Notwendigkeit einer angemessenen Beschäftigungszeit vor dem Eintritt in den Ruhestand,
4. die Festsetzung von Altersgrenzen bei den betrieblichen Systemen der sozialen Sicherheit als Voraussetzung für die Mitgliedschaft oder den Bezug von Altersrente oder von Leistungen bei Invalidität einschließlich der Festsetzung unterschiedlicher Altersgrenzen im Rahmen dieser Systeme für bestimmte Beschäftigte oder Gruppen von Beschäftigten und die Verwendung von Alterskriterien im Rahmen dieser Systeme für versicherungsmathematische Berechnungen,
5. eine Vereinbarung, die die Beendigung des Beschäftigungsverhältnisses ohne Kündigung zu einem Zeitpunkt vorsieht, zu dem der oder die Beschäftigte eine Rente wegen Alters beantragen kann; § 41 des Sechsten Buches Sozialgesetzbuch bleibt unberührt,
6. Differenzierungen von Leistungen in Sozialplänen im Sinne des Betriebsverfassungsgesetzes, wenn die Parteien eine nach Alter oder Betriebszugehörigkeit gestaffelte Abfindungsregelung geschaffen haben, in der die wesentlich vom Alter abhängenden Chancen auf dem Arbeitsmarkt durch eine verhältnismäßig starke Betonung des Lebensalters erkennbar berücksichtigt worden sind, oder Beschäftigte von den Leistungen des Sozialplans ausgeschlossen haben, die wirtschaftlich abgesichert sind, weil sie, gegebenenfalls nach Bezug von Arbeitslosengeld, rentenberechtigt sind.

Unterabschnitt 2
Organisationspflichten des Arbeitgebers

§ 11 Ausschreibung Ein Arbeitsplatz darf nicht unter Verstoß gegen § 7 Abs. 1 ausgeschrieben werden.

§ 12 Maßnahmen und Pflichten des Arbeitgebers (1) Der Arbeitgeber ist verpflichtet, die erforderlichen Maßnahmen zum Schutz vor Benachteiligungen wegen eines in § 1 genannten Grundes zu treffen. Dieser Schutz umfasst auch vorbeugende Maßnahmen.
(2) Der Arbeitgeber soll in geeigneter Art und Weise, insbesondere im Rahmen der beruflichen Aus- und Fortbildung, auf die Unzulässigkeit solcher Benachteiligungen hinweisen und darauf hinwirken, dass diese unterbleiben. Hat der Arbeitgeber seine Beschäftigten in geeigneter Weise zum Zwecke der Verhinderung von Benachteiligung geschult, gilt dies als Erfüllung seiner Pflichten nach Absatz 1.
(3) Verstoßen Beschäftigte gegen das Benachteiligungsverbot des § 7 Abs. 1, so hat der Arbeitgeber die im Einzelfall geeigneten, erforderlichen und angemessenen Maßnahmen zur Unterbindung der Benachteiligung wie Abmahnung, Umsetzung, Versetzung oder Kündigung zu ergreifen.
(4) Werden Beschäftigte bei der Ausübung ihrer Tätigkeit durch Dritte nach § 7 Abs. 1 benachteiligt, so hat der Arbeitgeber die im Einzelfall geeigneten, erforderlichen und angemessenen Maßnahmen zum Schutz der Beschäftigten zu ergreifen.
(5) Dieses Gesetz und § 61b des Arbeitsgerichtsgesetzes sowie Informationen über die für die Behandlung von Beschwerden nach § 13 zuständigen Stellen sind im Betrieb oder in der Dienststelle bekannt zu machen. Die Bekanntmachung kann durch Aushang oder Auslegung an geeigneter Stelle oder den Einsatz der im Betrieb oder der Dienststelle üblichen Informations- und Kommunikationstechnik erfolgen.

Unterabschnitt 3
Rechte der Beschäftigten

§ 13 Beschwerderecht (1) Die Beschäftigten haben das Recht, sich bei den zuständigen Stellen des Betriebs, des Unternehmens oder der Dienststelle zu beschweren, wenn sie sich im Zusammenhang mit ihrem Beschäftigungsverhältnis vom Arbeitgeber, von Vorgesetzten, anderen Beschäftigten oder Dritten wegen eines in § 1 genannten Grundes benachteiligt fühlen. Die Beschwerde ist zu prüfen und das Ergebnis der oder dem beschwerdeführenden Beschäftigten mitzuteilen.
(2) Die Rechte der Arbeitnehmervertretungen bleiben unberührt.

§ 14 Leistungsverweigerungsrecht Ergreift der Arbeitgeber keine oder offensichtlich ungeeignete Maßnahmen zur Unterbindung einer Belästigung oder sexuellen Belästigung am Arbeitsplatz, sind die betroffenen Beschäftigten berechtigt, ihre Tätigkeit ohne Verlust des Arbeitsentgelts einzustellen, soweit dies zu ihrem Schutz erforderlich ist. § 273 des Bürgerlichen Gesetzbuchs bleibt unberührt.

§ 15 Entschädigung und Schadensersatz (1) Bei einem Verstoß gegen das Benachteiligungsverbot ist der Arbeitgeber verpflichtet, den hierdurch entstandenen Schaden zu ersetzen. Dies gilt nicht, wenn der Arbeitgeber die Pflichtverletzung nicht zu vertreten hat.
(2) Wegen eines Schadens, der nicht Vermögensschaden ist, kann der oder die Beschäftigte eine angemessene Entschädigung in Geld verlangen. Die Entschädigung darf bei einer Nichteinstellung drei Monatsgehälter nicht übersteigen, wenn der oder die Beschäftigte auch bei benachteiligungsfreier Auswahl nicht eingestellt worden wäre.
(3) Der Arbeitgeber ist bei der Anwendung kollektivrechtlicher Vereinbarungen nur dann zur Entschädigung verpflichtet, wenn er vorsätzlich oder grob fahrlässig handelt.

(4) Ein Anspruch nach Absatz 1 oder 2 muss innerhalb einer Frist von zwei Monaten schriftlich geltend gemacht werden, es sei denn, die Tarifvertragsparteien haben etwas anderes vereinbart. Die Frist beginnt im Falle einer Bewerbung oder eines beruflichen Aufstiegs mit dem Zugang der Ablehnung und in den sonstigen Fällen einer Benachteiligung zu dem Zeitpunkt, in dem der oder die Beschäftigte von der Benachteiligung Kenntnis erlangt.
(5) Im Übrigen bleiben Ansprüche gegen den Arbeitgeber, die sich aus anderen Rechtsvorschriften ergeben, unberührt.
(6) Ein Verstoß des Arbeitgebers gegen das Benachteiligungsverbot des § 7 Abs. 1 begründet keinen Anspruch auf Begründung eines Beschäftigungsverhältnisses, Berufsausbildungsverhältnisses oder einen beruflichen Aufstieg, es sei denn, ein solcher ergibt sich aus einem anderen Rechtsgrund.

§ 16 Maßregelungsverbot (1) Der Arbeitgeber darf Beschäftigte nicht wegen der Inanspruchnahme von Rechten nach diesem Abschnitt oder wegen der Weigerung, eine gegen diesen Abschnitt verstoßende Anweisung auszuführen, benachteiligen. Gleiches gilt für Personen, die den Beschäftigten hierbei unterstützen oder als Zeuginnen oder Zeugen aussagen.
(2) Die Zurückweisung oder Duldung benachteiligender Verhaltensweisen durch betroffene Beschäftigte darf nicht als Grundlage für eine Entscheidung herangezogen werden, die diese Beschäftigten berührt. Absatz 1 Satz 2 gilt entsprechend.
(3) § 22 gilt entsprechend.

Abschnitt 4
Rechtsschutz

§ 22 Beweislast Wenn im Streitfall die eine Partei Indizien beweist, die eine Benachteiligung wegen eines in § 1 genannten Grundes vermuten lassen, trägt die andere Partei die Beweislast dafür, dass kein Verstoß gegen die Bestimmungen zum Schutz vor Benachteiligung vorgelegen hat.
§ 23 Unterstützung durch Antidiskriminierungsverbände

§ 23 Unterstützung durch Antidiskriminierungsverbände (1) Antidiskriminierungsverbände sind Personenzusammenschlüsse, die nicht gewerbsmäßig und nicht nur vorübergehend entsprechend ihrer Satzung die besonderen Interessen von benachteiligten Personen oder Personengruppen nach Maßgabe von § 1 wahrnehmen. Die Befugnisse nach den Absätzen 2 bis 4 stehen ihnen zu, wenn sie mindestens 75 Mitglieder haben oder einen Zusammenschluss aus mindestens sieben Verbänden bilden.
(2) Antidiskriminierungsverbände sind befugt, im Rahmen ihres Satzungszwecks in gerichtlichen Verfahren, in denen eine Vertretung durch Anwälte und Anwältinnen nicht gesetzlich vorgeschrieben ist, als Beistände Benachteiligter in der Verhandlung aufzutreten. Im Übrigen bleiben die Vorschriften der Verfahrensordnungen, insbesondere diejenigen, nach denen Beiständen weiterer Vortrag untersagt werden kann, unberührt.
(3) Antidiskriminierungsverbänden ist im Rahmen ihres Satzungszwecks die Besorgung von Rechtsangelegenheiten Benachteiligter gestattet.
(4) Besondere Klagerechte und Vertretungsbefugnisse von Verbänden zu Gunsten von behinderten Menschen bleiben unberührt.

Literatur

Annuß Das Allgemeine Gleichbehandlungsgesetz im Arbeitsrecht, BB 2006, 1629; *Armbrüster* Bedeutung des Allgemeinen Gleichbehandlungsgesetzes für private Versicherungsverträge, VersR 2006, 1297; *Bayreuther* Kündigungsschutz im Spannungsfeld zwischen Gleichbehandlungsgesetz und europäischem Antidiskriminierungsrecht, DB 2006, 1842; *Bauer/Göpfert/Krieger* Allgemeines Gleichbehandlungsgesetz, 2007; *Bauer/Thüsing/Schunder* Das Allgemeine Gleichbehandlungsgesetz – Alter Wein in neuen Schläuchen?, NZA 2006, 774; *Busch* Die Antirassismusrichtlinie, AiB 2006, 400-403; ders. Von der Kunst der Gesetzgebung, AiB 2006, 633; *ders.* Ziel verfehlt, AiB 2006, 467-470; *Diller* Antidiskriminierung: Von Kollegen für Kollegen?, FA 2006, 301; *Diller/Krieger/Arnold* Kündigungsschutzgesetz plus Allgemeines Gleichbehandlungsgesetz, NZA 2006, 887;

Grobys Das Allgemeine Gleichbehandlungsgesetz, NJW-Spezial 2006, 417; *ders.* Organisationsmaßnahmen des Arbeitgebers nach dem neuen Allgemeinen Gleichbehandlungsgesetz, NJW 2006, 2950-2953; *Kock* Allgemeines Gleichbehandlungsgesetz – Überblick über die arbeitsrechtlichen Regelungen, MDR 2006, 1088; *Langohr-Plato* Umsetzung der europäischen Antidiskriminierungsrichtlinien, BetrAV 2006, 451; *Löwisch* Kollektivverträge und Allgemeines Gleichbehandlungsgesetz, DB 2006, 1729; *Möller* Allgemeines Gleichbehandlungsgesetz (AGG), AuA 2006, 394-395; *Nollert-Borasio/Perreng* Das Allgemeine Gleichbehandlungsgesetz, PersR 2006, 316; *Oberwinter/Ziegler* AGG: Sanktionen, Beweislastverteilung und Klagerecht, FA 2006, 264 – 266; *Richardi* Neues und Altes – Ein Ariadnefaden durch das Labyrinth des Allgemeinen Gleichbehandlungsgesetzes, NZA 2006, 881 – 887; *Röder/Krieger* Einführung in das neue Antidiskriminierungsrecht, FA 2006, 199; *Schafft* Allgemeines Gleichbehandlungsgesetz (AGG), AuA 2006, 517; *Schlachter* Das Arbeitsrecht im Allgemeinen Gleichbehandlungsgesetz, ZESAR 2006, 391; *Schleusener/Suckow/Voigt* Allgemeines Gleichbehandlungsgesetz, 2007/; *Schmitt-Rolfes* Die Wiederentdeckung der Älteren, AuA 2006, 574; *Schubert* Die Auswirkungen des Allgemeinen Gleichbehandlungsgesetzes auf das Arbeits- und Zivilrecht, NJ 2006, 481; *Wagner/Potsch* Haftung für Diskriminierungsschäden nach dem Allgemeinen Gleichbehandlungsgesetz, JZ 2006, 1085 *Willemsen/Schweibert* Schutz der Beschäftigten im Allgemeinen Gleichbehandlungsgesetz, NJW 2006, 2583; *Wisskirchen* Der Umgang mit dem Allgemeinen Gleichbehandlungsgesetz – Ein »Kochrezept« für Arbeitgeber, DB 2006, 1491; *Wolff* Allgemeines Gleichbehandlungsgesetz (AGG), AuA 2006, 512; *ders.* Verbot der Altersdiskriminierung – terra incognita im Arbeitsrecht, FA 2006, 260.

Inhaltsübersicht

	Rz		Rz
A. Grundlagen	1–9	a) Begriff und kündigungsrelevante Fälle	43, 44
I. Entstehungsgeschichte	1–2	b) Geschlechtsspezifische Altersgrenzen	45–49
II. Gesetzeszweck	3	c) Schwangerschaft und Mutterschaft	50–57
III. Das AGG im System der Gleichbehandlungsvorschriften	4, 5	d) Transsexualität	58
IV. Das AGG im System des sonstigen Europa- und Verfassungsrechts	6, 7	e) Wehr- und Zivildienst	59
V. Verhältnis zum Kündigungsschutzrecht	8	f) Zölibatsklauseln	60
VI. Terminologie	9	2. Mittelbare Diskriminierung	61
B. Anwendungsbereich	10–21	IV. Benachteiligung wegen der Religion oder Weltanschauung	62–66
I. Sachlicher Anwendungsbereich	10–14	1. Unmittelbare Benachteiligung	62–65
1. Allgemeines	10, 11	2. Mittelbare Benachteiligung	66
2. Behandlung 12–14			
II. Persönlicher Anwendungsbereich	15–19	V. Benachteiligung wegen einer Behinderung	67
1. Geltung ohne Rücksicht auf Gruppenbenachteiligung	16, 17	VI. Benachteiligung wegen des Alters	68–69
2. Anwendung auf Erwerbspersonen außerhalb von Arbeitsverhältnissen	18, 19	1. Unmittelbare Benachteiligung	68
		2. Mittelbare Benachteiligung	69
III. Kein Kündigungsverbot	20, 21	VII. Benachteiligung wegen der sexuellen Identität	70
C. Benachteiligungen	22–71	VIII. Verspätete Umsetzung der Richtlinien 2000/43 und 2000/78	71
I. Grundlagen der unmittelbaren und mittelbaren Benachteiligung	22–35	D. Rechtfertigung von Benachteiligungen	72–126
1. Abstrakter Benachteiligungsbegriff	22	I. Unmittelbare Benachteiligung	72–74
2. Unmittelbare Benachteiligung	23	II. Mittelbare Benachteiligung	75–78
3. Mittelbare Benachteiligung	24–32	III. Benachteiligung wegen des Geschlechts	79–115
4. Kausalität und Maßgeblichkeit	33, 34	1. Allgemeines	79–85
5. Konkurrenzprinzip	35	2. Zulässige und unzulässige Kriterien mit kündigungsrechtlicher Bedeutung	86–115
II. Benachteiligung aus Gründen der Rasse und ethnischen Herkunft	36–41	a) Arbeitsmarktlage	86
1. Unmittelbare Benachteiligung	36, 37	b) Berufsausbildung	87
2. Mittelbare Benachteiligung	38–41	c) Betriebsgröße	88
a) Religion	39	d) Betriebzugehörigkeit	89–90
b) Sprache und Mundart	40	e) Elternzeit	91, 92
c) Staatsangehörigkeit	41	f) Zeitliche und örtliche Flexibilität	93
III. Benachteiligung wegen des Geschlechts	42–61	g) Geringfügige Beschäftigung	94
1. Unmittelbare Benachteiligung	42–60	h) Kinderbetreuung	95

	Rz		Rz
i) Körperkraft	96	1. Beschwerderecht	164
j) Leitende Angestellte	97	2. Leistungsverweigerungsrecht	165, 166
k) »Männer«- und »Frauenberufe«		VI. Schadensersatz und Unterlassung nach anderen Vorschriften	167–172
l) Sexuelle Orientierung	99	1. Culpa in contrahendo und Pflichtverletzung	168
m) Teilzeitbeschäftigung	100–114	2. Ersatz immateriellen Schadens bei schweren Persönlichkeitsverletzungen nach § 823 Abs. 1 BGB	169
n) Unterhaltspflichten und »Doppelverdiener«	115		
IV. Rasse und ethnische Herkunft	116		
V. Religion und Weltanschauung	117, 118		
VI. Behinderung	119	3. § 7 AGG Schutzgesetz iSd § 823 Abs. 2 BGB	170
VII. Alter	120–125		
VIII. Sexuelle Identität	126	4. Unterlassung und Beseitigung nach § 1004 BGB	171
E. Rechtsfolgen	127–175		
I. Verbotsgesetz und Unabdingbarkeit	127	5. Entsprechende Geltung der Ausschluss- und Klagefristen	172
II. Kein Einstellungsanspruch aus dem AGG	129, 130	VII. Erhöhte Selbstverantwortung bei der Bewerbung	173
III. Kein Beförderungsanspruch aus dem AGG	131	VIII. Bedeutung des Art. 141 EGV bei Beendigung des Arbeitsverhältnisses	174
IV. Entschädigungspflicht nach § 15 AGG	131–163	IX. Betriebsverfassungsrechtliche Folgen	175
1. Überblick	132–135	F. Förderung von Frauen und von anderen geschützten Gruppen	176–179
2. Anspruch auf Ersatz materieller Schäden nach § 15 Abs. 1 AGG	136–139	I. Maßnahmen zur Förderung der Chancengleichheit	176–178
3. Ersatz des immateriellen Schadens des bestqualifizierten Bewerbers nach § 15 Abs. 2 AGG	140–143	II. Verhältnis zu Art. 3 GG	179
		G. Prozessuales	180–190
		I. Grundsatz	180
4. Anspruch auf Ersatz immaterieller Schäden anderer Personen	144–155	II. Beweislast	181–189
a) Rechtsnatur	144, 145		
b) Voraussetzungen im Einzelnen	146–150	III. Unterstützung durch Antidiskriminierungsverbände	190
c) Höhe	151–154	H. Aushangpflicht	191
d) Rechtsmissbräuchliche Geltendmachung	155	I. Übergangsregelung	192
5. Besonderheiten beim Anspruch wegen unterbliebenen Aufstiegs	156, 157	**Anhang I:** Richtlinie des Rates 76/207/EWG	
6. Form und Frist der Geltendmachung	158–163	**Anhang II:** Richtlinie 2002/73/EG des Rates	
		Anhang III: Richtlinie des Rates 97/80/EG	
V. Beschwerde- und Leistungsverweigerungsrecht	164–166	**Anhang IV:** Richtlinie 2000/43/EG des Rates	
		Anhang V: Richtlinie 2000/78/EG des Rates	

A. Grundlagen

I. Entstehungsgeschichte

Das AGG wurde durch Gesetz vom 18.8.2006 neu geschaffen. Es bildet nunmehr den **Kern der arbeitsrechtlichen Regelung der unzulässigen Benachteiligung** und hat für die geschlechtsbezogene Benachteiligung § 611a BGB ersetzt, der durch das AGG aufgehoben wurde. Die dabei gewählte Textfassung erklärt sich zum Teil auch aus der Gesetzesgeschichte des früheren § 611a BGB, der für die geschlechtsbezogene Benachteiligung als Vorläufervorschrift der Regelungen des AGG anzusehen ist (zur Geschichte des § 611a BGB s. 7. Auflage). Das AGG dient der Umsetzung der Richtlinie 76/207/EWG des Rates v. 9.2.1976 zur Verwirklichung des Grundsatzes der Gleichberechtigung von Männern und Frauen hinsichtlich des Zugangs zur Beschäftigung, zur Berufsausbildung und zum beruflichen Aufstieg sowie in Bezug auf die Arbeitsbedingungen (ABlEG L 39/40 v. 14.2.1976, geändert durch die Richtlinie 2002/73 des Europäischen Parlaments und des Rates v. 23.9.2002 ABlEG L 269/25 v. 5.10.2002), der Richtlinie 2000/43/EG des Rates v. 29.11.2000 zur Anwendung des Gleichbehandlungsgrundsatzes ohne Unterschied der Rasse oder der ethnischen Herkunft (ABlEG L 180/22 v. 19.7.2000), der Richtlinie 2000/78/EG des Rates zur Festlegung eines allgemeinen Rahmens für die Verwirklichung der Gleichbehandlung in Beschäftigung und Beruf (ABlEG L 303/16 v. 2.12.2000) sowie der

Richtlinie 97/80/EG des Rates vom 15.12.1997 über die Beweislast bei Diskriminierung aufgrund des Geschlechts (ABlEG L 14/6 v. 20.1.1998). Ab dem 15.8.2008 ist für die Geschlechtergleichbehandlung die Richtlinie 2006/54/EG (ABlEG L 204/23 v. 26.7.2006) maßgebend.

2 Der bis zum letzten Moment fortdauernde Streit über das AGG hat sich insbes. im Bereich des Kündigungsschutzrechts ausgewirkt und zu einer ersten **Gesetzeskorrektur** geführt. Der Gesetzgeber hatte nämlich in der zuerst verabschiedeten Gesetzesfassung zwar in § 2 Abs. 4 AGG den Kündigungsschutz von der Geltung des AGG ausgenommen, jedoch bei den in § 10 Nr. 6 und 7 AGG ursprünglicher Fassung aufgeführten Rechtfertigungsgründen gleichwohl auch solche mit kündigungsschutzrechtlicher Relevanz normiert. Diese wurden gestrichen, weil der Gesetzgeber davon ausging, diese Vorschriften liefen aufgrund ihres Standorts im AGG leer (BT-Drs. 16/3007, S. 20).

II. Gesetzeszweck

3 Zweck der arbeitsrechtlichen Regelungen des AGG ist es, den in den zugrunde liegenden Richtlinien zum insoweit maßgeblichen Rechtsprinzip erhobenen **Grundsatz der Gleichbehandlung** beim Zugang zur Berufsausbildung, zur Beschäftigung, zum beruflichen Aufstieg sowie in Bezug auf Arbeitsbedingungen und soziale Sicherheit zu verwirklichen (etwa Art. 1 Abs. 1 EG-Richtl. 76/207/EWG und entsprechende Vorschriften der anderen genannten Richtlinien). Diesem Regulierungszweck entsprechend sind die Vorschriften des AGG **zwingend und nicht abdingbar** (§ 31 AGG). Das Gleichbehandlungskonzept der zugrunde liegenden Richtlinien, das für das AGG präjudiziell wirkt, zielt primär auf rechtliche Gleichbehandlung, nicht aber auf faktische Gleichstellung (*Ganser-Hillgruber* DZWiR 1996, 35, 36 f.). Es geht allerdings durch Inkorporation eines Elements faktischer Ergebnisgleichheit über formale Rechtsgleichheit hinaus. Dies zeigt sich vor allem darin, dass nicht nur unmittelbar diskriminierende, sondern auch mittelbar diskriminierende Maßnahmen verboten werden oder darin, dass Maßnahmen der gezielten Förderung benachteiligter Gruppen zulässig bleiben (§ 5 AGG, Art. 2 Abs. 4 EG-Richtl. 76/207/EWG, Art. 5 RL 2000/43/EG, Art. 7 Richtl. 2000/78/EG).

III. Das AGG im System der Gleichbehandlungsvorschriften

4 Das AGG sowie das zugrunde liegende Richtlinienrecht sind nur ein Teil eines Systems von Vorschriften, die Gleichbehandlungsansprüche im Arbeitsrecht begründen. Im EG-Recht finden diese eine Fundierung in den Art. 2 und 3 Abs. 2 EGV sowie in Art. 12 EGV. **Verfassungsrechtlich** beachtlich sind die – durch entsprechende **völkerrechtliche Garantien** in der Allgemeinen Erklärung der Menschenrechte, im UN-Übereinkommen über die Beseitigung aller Formen der Diskriminierung von Frauen, im Internationalen Übereinkommen zur Beseitigung jeder Form von Rassendiskriminierung, im Internationalen Pakt der UN über bürgerliche und politische Rechte sowie im Internationalen Pakt der UN über wirtschaftliche, soziale und kulturelle Rechte und in der Europäischen Konvention zum Schutz der Menschenrechte und der Grundfreiheiten flankierte – Gleichheitsgarantie des Art. 3 Abs. 1 GG, der seine besondere arbeitsrechtliche Ausprägung im **arbeitsrechtlichen Gleichbehandlungsgrundsatz** erfahren hat; ferner die speziellen Gleichheitsrechte in Art. 3 Abs. 2 und 3 GG, deren Bedeutung für das AGG u.a. darin liegt, dass dessen Vorschrift zugleich das aus Art. 3 Abs. 2 GG hergeleitete verfassungsrechtliche Gebot tatsächlicher Gleichstellung der Geschlechter (*BVerfG* 28.1.1992 BVerfGE 85, 191 [206]) verwirklichen soll. Von unmittelbarer Bedeutung für eine europarechtskonforme Auslegung sind die bereits erwähnten Richtlinien. Anders als der frühere § 611a BGB ist das AGG auf Fragen der **Entgeltdiskriminierung** anwendbar (§ 2 Abs. 2 Nr. 2 AGG, BT-Drs. 16/1780, S. 35). Hier gilt allerdings auch das unmittelbar anwendbare Verbot der **Entgeltdiskriminierung** in **Art. 141 EGV** (einschl. der Lohngleichheitsrichtl. 75/117/EWG, ABlEG L 45/19; *EuGH* 13.2.1996 Slg. 1996, I-475 – *Gillespie*; ferner die Richtl. 86/378/EWG v. 24.7.1986, ABlEG L 225/40 zur Gleichbehandlung bei den betrieblichen Systemen sozialer Sicherheit; weitere Richtl. betreffen die soziale Sicherheit und die selbständige Erwerbstätigkeit – Überblick bei *Franzen* ZEuP 1995, 796 [807]; *Preis/Malossek* Rz 6 ff.; *Wöhlermann* S. 221 ff.); der frühere spezielle **Gleichbehandlungsanspruch des § 612 Abs. 3 BGB** ist im AGG aufgegangen. Als Entgelt iSd Art. 141 EGV gelten alle gegenwärtigen und künftigen Bar- oder Sachleistungen, die der Arbeitnehmer zumindest mittelbar aufgrund des Arbeitsverhältnisses gewährt (etwa *EuGH* 9.9.1999 EWS 1999, 393 – *Krüger ./. Kreiskrankenhaus Ebersberg*). Ferner beachtlich ist die Gleichheitsgarantie aus Art. 14 MRK. Zu weiteren supranationalen Regelungen etwa *Birk* Vhdl. 60. DJT I, S. E 22 ff. Soweit es um die Ungleichbehandlung teilzeitbeschäftigter Frauen geht, konkurriert das Verbot geschlechtsbezogener Diskriminierung im AGG mit dem **Diskriminierungsverbot für Teilzeitbeschäftigte in § 4 TzBfG**. Eine in diesem Kontext bedeutsame Vorgabe für ein Benachteiligungsverbot für Teilzeitbe-

schäftigte enthält § 4 des Anhangs zur Richtlinie 1999/70/EG des Rates zu der EGB-UNICE-CEEP-Rahmenvereinbarung über befristete Arbeitsverträge (AB1EG L 175/43 v. 10.7.1999). Gleichheitsrechte können sich zudem aus der Auslegung anderer subjektiver Rechte, die nicht primär auf Gleichheit gerichtet sind, ergeben. So hat das BAG in einer geschlechtsbezogenen Diskriminierung eine Verletzung des **allg. Persönlichkeitsrechts** gesehen, dessen Inhalt der frühere § 611a Abs. 1 BGB im Rahmen seines Anwendungsbereichs konkretisieren sollte (vgl. *BAG* 14.3.1989 EzA § 611a BGB Nr. 4; 5.3.1996 EzA Art. 3 GG Nr. 52; s. aber Rz 169). Ferner gehört die Überwachung des Gleichbehandlungsprinzips zu den Aufgaben von Arbeitgeber und **Betriebsrat nach § 75 Abs. 1 BetrVG**. Das AGG kann insofern zur Konkretisierung des § 75 Abs. 1 BetrVG herangezogen werden (*Fritsch* BB 1992, 701). Die Regelung zur Nichtdiskriminierung aus Gründen des Geschlechts, der Rasse, der ethnischen Herkunft, der Religion, der Weltanschauung, der Behinderung, des Alters oder der sexuellen Ausrichtung in **Art. 13 EGV** begründet kein unmittelbar geltendes Individualrecht, sondern stellt eine **Kompetenznorm** dar (*Flynn* CMLR 36 [1999], 1127, 1132). Die EG hat aber auf der Grundlage des Art. 13 EGV die dem AGG zugrunde liegenden Richtlinien erlassen. Weiter gehend hat der EuGH allerdings die Erwähnung völkerrechtlicher Vorgaben sowie der mitgliedstaatlichen Verfassungstraditionen im ersten und vierten Erwägungsgrund der Richtl. 2000/78/EG und den Umstand, dass diese Richtlinie lediglich einen allgemeinen Rahmen für die Verwirklichung des Gleichbehandlungsgrundsatzes (und nicht etwa dessen Geltung anordne), dahin gedeutet, dass das Verbot der Benachteiligung wegen Alters einen **allgemeinen Rechtsgrundsatz des Gemeinschaftsrechts** darstelle (*EuGH* 22.11.2005 – Rs C-144/04 – *Mangold*). Diese Herleitung lässt sich gleichermaßen auf die anderen in der Richtl. 2000/78/EG genannten Kriterien übertragen, so dass nach der Logik des EuGH auch insoweit von einem ungeschriebenen Rechtsgrundsatz des Gemeinschaftsrechts auszugehen ist. Da dieser Rechtsgrundsatz nach Ansicht des EuGH nicht erst aus der Richtlinie 2000/78/EG folgt, ist er dem primären Gemeinschaftsrecht zuzuordnen. Seine **direkte Anwendung** ist daher auch in »horizontalen« Rechtsverhältnissen, also zwischen Privaten, möglich.

Praktisch haben – schon vor einer Anti-Diskriminierungsgesetzgebung – insbes. die **Wirkungen des verfassungsrechtlichen Gleichheitsgebots** in unterschiedlicher Weise Bedeutung erlangt. Zum einen unterliegen gesetzliche Regelungen auch im Bereich des Arbeitsrechts der Überprüfung anhand grundgesetzlicher Gleichheitsvorschriften. Danach stellt etwa die gesetzliche Einräumung von Hausarbeitstagen nur für Frauen einen Verstoß gegen Art. 3 Abs. 2 GG dar (*BVerfG* 13.11.1979 EzA Art. 3 GG Nr. 9). Darüber hinaus wirken die grundgesetzlichen Gleichheitsrechte auch bei der Anwendung und Auslegung des Arbeitsrechts. Dies zeigt sich vor allem im allg. arbeitsrechtlichen Gleichbehandlungsgrundsatz, der indessen im Kündigungsschutzrecht jedenfalls nicht uneingeschränkt und unmodifiziert gilt. Soweit es um die geschlechtsbezogene Ungleichbehandlung geht, wird der arbeitsrechtliche Gleichbehandlungsgrundsatz durch den Gleichbehandlungsgrundsatz des Art. 3 Abs. 2 und das Benachteiligungsverbot des Art. 3 Abs. 3 inhaltlich geprägt. Dieses Benachteiligungsverbot hat sich vor allem ausgewirkt im Grundsatz der Lohngleichheit von Mann und Frau (*BAG* 9.9.1981 EzA § 242 BGB Gleichbehandlung Nr. 26; 11.9.1974 EzA § 242 BGB Gleichbehandlung Nr. 9) sowie im Gleichbehandlungsgrundsatz bei der Altersversorgung (vgl. *BAG* 28.7.1992 EzA § 1 BetrAVG Gleichbehandlung Nr. 2). Erfasst werden aber sämtliche Arbeitsbedingungen (vgl. *BVerfG* 13.11.1979 EzA Art. 3 GG Nr. 9; 26.1.1982 EzA Art. 3 GG Nr. 12 – Hausarbeitstage) einschließlich der heute unter das AGG fallenden Sachverhalte (vgl. noch unter § 611a BGB *BVerfG* 16.11.1993 EzA § 611a BGB Nr. 9).

IV. Das AGG im System des sonstigen Europa- und Verfassungsrechts

Die Regelungen des AGG greifen in den Schutzbereich der **Freiheitsrechte des Arbeitgebers** aus Artt. 2 Abs. 1, 12, 14 Abs. 1 GG ein (vgl. *Schlachter* S. 70 ff.). Sie beschränken die durch diese Grundrechte geschützte negative Kontrahierungsfreiheit ebenso wie die unternehmerische Dispositionsfreiheit. Dies gilt sowohl in den Fällen, in denen das AGG ein bestimmtes Arbeitgeberverhalten verbietet und insofern als Unwirksamkeitstatbestand wirkt, als auch in den Fällen, in denen lediglich durch Schadensersatzansprüche auf ein bestimmtes Verhalten hingewirkt werden soll. Soweit das AGG auch auf die **Tarifpartner** wirkt, enthält die Vorschrift überdies einen Eingriff in den Schutzbereich der Tarifautonomie (Art. 9 Abs. 3 GG).

Diese erheblichen Eingriffe können unterschiedlich **gerechtfertigt** werden. Nach der Rspr. des BVerfG verbietet Art. 3 Abs. 2 GG jede Gesetzgebung, die – und sei es mittelbar – eine Festschreibung der tradierten Rollenverteilung bewirkt (*BVerfG* 17.11.1992 NJW 1993, 643; 28.1.1992 BVerfGE 85, 191 [207] umstr., für eine Anwendung des Art. 3 Abs. 2 GG auf Fälle mittelbarer Diskriminierung etwa *Hanau/*

Preis ZfA 1988, 177, 184 ff.; *Schlachter* S. 76 ff.; **aA** *Sachs* NJW 1989, 553). Ob aus dieser Ausgangsthese eine positive Handlungspflicht des Staates, etwa zur Schaffung einer Anti-Diskriminierungsgesetzgebung, folgt, war lange zweifelhaft (offen lassend *BVerfG* 28.1.1987 BVerfGE 74, 163 [179 f.]; aber wohl in diesem Sinne *BVerfG* 16.11.1993 EzA § 611a BGB Nr. 9), ist jetzt allerdings durch Art. 3 Abs. 2 S. 2 GG in einem beschränkten Maße anerkannt. Damit ist bei der Auslegung des AGG, soweit es um die geschlechtsbezogene Diskriminierung geht, auch ein verfassungsrechtliches Effektuierungsgebot zu beachten (*BVerfG* 16.11.1993 EzA § 611a BGB Nr. 9). Schon vor Inkrafttreten des Art. 3 Abs. 2 S. 2 GG war jedoch davon auszugehen, dass sich aus dem Zusammenwirken des Gleichstellungsprinzips in Art. 3 Abs. 2 GG mit dem Sozialstaatsgebot eine Befugnis der Gesetzgebungsorgane zur Schaffung kompensatorischer Regelungen ergeben kann, soweit diese ihrerseits auf den typisierenden Ausgleich solcher Nachteile gerichtet sind, die auf biologischen Unterschieden beruhen. Eine auf Art. 3 Abs. 2 GG gestützte Rechtfertigung ist freilich nur für die geschlechtsbezogene Benachteiligung bedeutsam. Das AGG geht zudem in mehrfacher Hinsicht über das bloße Verbot der Diskriminierung hinaus: Erstens grenzt § 3 AGG den Kreis der Diskriminierungen (insbes. nach der Rspr. des EuGH zur sog. mittelbaren Diskriminierung und deren statistischer Feststellung) pauschalierend, also ohne Rücksicht auf den Einzelfall, und sehr großzügig ab. Zweitens werden die Wirkungen dieser großzügigen Handhabung zu Lasten des Arbeitgebers dadurch verstärkt, dass dieser die Beweislast dafür trägt, dass eine Ungleichbehandlung sachlich gerechtfertigt ist. Drittens entfaltet das AGG insofern eine erhebliche Eingriffswirkung, als seine Vorschriften auch ohne materiellen Schaden des Arbeitnehmers aus prohibitiven Motiven eine Schadensersatzpflicht des Arbeitgebers anordnet. Für die geschlechtsbezogene Benachteiligung hat das BVerfG die verfassungsrechtliche Zulässigkeit solcher Regelungen nicht nur nicht in Frage gestellt; vielmehr scheint das *BVerfG* (16.11.1993 EzA § 611a BGB Nr. 9) solche Maßnahmen sogar für erforderlich zu halten. Die Frage der Vereinbarkeit der Wirkungen des AGG mit den Grundrechten des Arbeitgebers ist trotz seiner europarechtlichen Fundierung für seine verfassungsrechtliche Akzeptabilität auch jedenfalls insofern relevant, als das Europarecht insbes. im Hinblick auf die Rechtsfolgen der Diskriminierung Spielräume einräumt. Probleme ergeben sich überdies daraus, dass diese Ausgangslage gleichsam zum teleologischen Spagat zwingt: Denn einerseits bedürfen die weit reichenden europarechtlichen Auslegungsvorgaben voller Anwendung; andererseits muss jede extensive Auslegung des AGG, die nicht durch europarechtliche Vorgaben erzwungen ist, rasch an verfassungsrechtliche Grenzen stoßen. Daneben kommen verfassungsrechtliche **Rückwirkungsprobleme** in Betracht, wenn Maßnahmen, die der Arbeitgeber im Vertrauen auf seine Dispositionsfreiheit getroffen hat, sich nachträglich im Lichte einer sich wandelnden Rspr. des *EuGH* als unwirksam erweisen. Allerdings hat es das *BVerfG* (28.9.1992 ZIP 1993, 140) für verfassungsgemäß gehalten, wenn der Arbeitgeber diskriminierte Teilzeitbeschäftigte nachträglich mit Wirkung ex tunc in sein Altersversorgungswerk aufnehmen muss.

V. Verhältnis zum Kündigungsschutzrecht

8   Gemäß § 2 Abs. 4 gelten für Kündigungen ausschließlich die **allgemeinen und besonderen Regelungen des Kündigungsschutzrechts**. Das steht in einem gewissen Widerspruch zu § 2 Abs. 1 Nr. 2 des Gesetzes, wonach die »Entlassungsbedingungen« durch das Gesetz erfasst werden. Für sonstige Fälle der Beendigung von Arbeitsverhältnissen bleibt das AGG bedeutsam; dies zeigt auch die Rechtfertigungsvorschrift des § 10 AGG in seiner Nr. 5, wonach Altersgrenzenvereinbarungen zulässig bleiben sollen. Im Verhältnis zum Kündigungsschutzrecht enthält die Gesetzesbegründung die sinnverdunkelnde Formulierung, die Vorschrift solle »klarstellen«, dass das KSchG »unberührt« bleibe und Streitigkeiten »vorwiegend« nach dem KSchG zu entscheiden seien. Dies erscheint vor allem deswegen problematisch, weil die zugrunde liegenden Richtlinien die Fälle der Beendigung von Arbeitsverhältnissen einschließen. Dem lässt sich nur in der Weise gerecht werden, dass zwar erstens das AGG auf die Wirksamkeit der Kündigung von Arbeitsverhältnissen grundsätzlich nicht unmittelbar angewandt wird, dass aber zweitens die Maßgaben des europäischen Richtlinienrechts (und damit mittelbar auch diejenigen des AGG) herangezogen werden, um die Generalklauseln des Kündigungsschutzgesetzes (»soziale Rechtfertigung«) wie auch der Generalklauseln des BGB, vor allem §§ 242, 626 BGB, zu konkretisieren (**Gebot der richtlinienkonformen Auslegung des KSchG**) und dass drittens insoweit aber auch die **Rechtfertigungsgründe der §§ 8-10 AGG** in entsprechender Anwendung Maß geben (zum Gebot der richtlinienkonformen Auslegung als Begrenzung des § 2 Abs. 4 AGG etwa *Diller/Krieger/Arnold* NZA 2006, 887; *Willemsen/Schweibert* NJW 2006, 2853, 2854). Da letzteres mithin nur im Rahmen einer Analogie möglich ist, kann diese wegen des Vorrangs der richtlinienkonformen Auslegung aber nur greifen, soweit diese Rechtfertigungsgründe ihrerseits richtlinienkonform sind – eine insgesamt in

ihrer Komplexität missglückte Regelung. Dem Wortlaut nach gilt § 2 Abs. 4 AGG für Kündigungen und nicht nur für die Wirksamkeit von Kündigungen (vgl. *Willemsen/Schweibert* NJW 2006, 2853, 2854). Eine teleologische Reduktion ist nicht notwendig (aA *Diller/Krieger/Arnold* NZA 2006, 887), weil sich europarechtskonforme Ergebnisse auch durch Anwendung anderer Vorschriften erzielen lassen.

VI. Terminologie

Zentrales Merkmal des AGG ist die **Benachteiligung**. Benachteiligung ist jede ungünstige Andersbehandlung. Abs. 1 S. 2 unterscheidet **zulässige und unzulässige Benachteiligungen**. Aufgrund unverzichtbarer Berufsausübungsvoraussetzungen sind Benachteiligungen zulässig; zu weiteren Rechtfertigungsmöglichkeiten Rz 47 ff. Demgegenüber verwendet das EG-Recht den Begriff »**Diskriminierung** aufgrund eines Merkmals« und nicht den Begriff »Benachteiligung wegen des Merkmals«. Das Verhältnis des Begriffs Diskriminierung zum Begriff der Benachteiligung wird daraus erkennbar, dass die Fälle, die das AGG als zulässige Benachteiligung bezeichnet, gem. Art. 2 Abs. 2 Richtl. 76/207/EWG, Art. 4 Richtl. 2000/43/EG, Art 4 RL 2000/78/EG von deren Schutzbereich ausgenommen sind. Diskriminierung iSd Richtlinien meint also dasselbe wie unzulässige Benachteiligung des AGG (krit. zur teilw. zu beobachtenden Anwendung des Begriffs Diskriminierung auf zulässige Benachteiligungen *Herrmann* SAE 1993, 269, 275). 9

B. Anwendungsbereich

I. Sachlicher Anwendungsbereich

1. Allgemeines

Das AGG gilt gemäß der Auflistung in seinem § 2 Abs. 1 für den Zugang zur Beschäftigung, die Arbeitsbedingungen einschließlich Arbeitsentgelt und Entlassungsbedingungen sowie für den beruflichen Ausstieg. Damit werden insbes. die **Anbahnung, Begründung, Vollzug und Beendigung des Arbeitsverhältnisses** erfasst. (vgl. zur Anbahnung LAG Frankf. 11.8.1988 LAGE § 611a BGB Nr. 4; aA *Adomeit* JZ 1993, 846). Außerdem greift die Geltung für die Begründung von Arbeitsverhältnissen unabhängig davon, ob es später zu einem Arbeitsvertrag zwischen den Beteiligten kommt, weil ansonsten der Schutzzweck der Bestimmung verfehlt würde. 10

Das AGG ist für das **Individualarbeitsrecht**, aber auch für das **kollektive Arbeitsrecht** relevant. Das Merkmal der Vereinbarung in § 2 Abs. 1 Nr. 2 und § 7 Abs. 2 AGG erfasst auch Kollektivverträge (BT-Drs. 16/1780, S. 31). Das AGG gilt also für also sämtliche individualrechtliche und kollektivrechtliche Maßnahmen oder Vereinbarungen, also Tarifverträge, Betriebsvereinbarungen, betriebliche Übungen, Gesamtzusagen des Arbeitgebers, einzelne Arbeitsverträge, einseitige Rechtsgeschäfte wie Anfechtung oder Kündigung eines Arbeitsverhältnisses sowie die Ausübung des Direktionsrechts des Arbeitgebers; auch geschäftsähnliche Handlungen wie Abmahnungen oder Realakte können unter das AGG fallen. 11

2. Behandlung

Das AGG will jede Behandlung des Arbeitnehmers durch den Arbeitgeber erfassen (§ 3 Abs. 1 AGG). Das zielt darauf, jedes Handeln des Arbeitgebers mit Wirkung für den Arbeitnehmer und damit **sämtliche in Betracht kommenden Benachteiligungen rechtlicher oder tatsächlicher Art** zu erfassen. Dabei bezieht sich das Merkmal der Benachteiligung bei einer **Vereinbarung** auf einen Vertragsschluss zwischen Arbeitgeber und Arbeitnehmer. In der Regel wird es sich um den Arbeitsvertrag oder einen auf den Arbeitsvertrag bezogenen Abänderungsvertrag handeln. Für die Anwendung des AGG kommt es allerdings nicht darauf an, ob die Vereinbarung rechtlich zwingende Wirkungen zu Lasten des Arbeitnehmers entfaltet, weil faktische Wirkungen ausreichen (vgl. *EuGH* 8.11.1983 Slg. 1983, 3431, 3447 – zur Anwendung der EG-Richtl. 76/207/EWG auf rechtlich nicht bindende Tarifverträge in Großbritannien). 12

Eine »Behandlung« des Arbeitnehmers kann sowohl bei einer **Handlung** als auch bei einer **Unterlassung** vorliegen. Als Handlung kommt damit jedes Verhalten in Betracht, das eine zur Benachteiligung führende Kausalkette auslöst, wie dies etwa bei der in § 3 Abs. 5 AGG genannten **Anweisung zur Diskriminierung** der Fall ist. Sie kann sich auf die Begründung des Arbeitsverhältnisses, den beruflichen Aufstieg, eine einzelne Weisung oder eine Kündigung beziehen. Als Handlung des Arbeitgebers bei der Begründung eines Arbeitsverhältnisses kommt deshalb zunächst die Einstellung oder Nichtein- 13

Pfeiffer   913

stellung in Betracht; aber auch die Bedingungen der Einstellung und des Einstellungsverfahrens dürfen nicht diskriminierend sein (vgl. *BVerfG* 16.11.1993 EzA Art. 3 GG Nr. 42). Eine Maßnahme kann es auch sein, wenn ein Arbeitgeber ein befristetes Arbeitsverhältnis wegen Schwangerschaft der Arbeitnehmerin nicht verlängert (*LAG Düsseld.* 20.3.1992 LAGE § 611a BGB Nr. 8 [zu I der Gründe]; *LAG Köln* 26.5.1994 NZA 1995, 1105; *ArbG Bochum* 12.7.1991 EzA § 611a BGB Nr. 7; **aA** *LAG Hamm* 6.6.1991 BB 1991, 1865, m. krit. Anm. *Mauer*) oder – was nicht schon nach § 9 MuSchG unzulässig ist (*BAG* 6.11.1996 EzA § 620 BGB Nr. 146) – wegen der Schwangerschaft nur zum Abschluss eines befristeten Arbeitsverhältnisses bereit ist. Der Begriff des **beruflichen Aufstiegs** (§ 2 Abs. 1 Nr. 1 AGG) ist weit zu fassen; er erfasst an sich auch die Eingruppierung oder Höhergruppierung in einem tarifvertraglichen Vergütungsgruppensystem (*Eich* NJW 1980, 2329, 2330). Wegen der Erstreckung des AGG auf die Entgeltbenachteiligung fallen hierunter nicht lediglich die Fälle des Aufstiegs innerhalb einer Hierarchie, sondern auch die bloße Höhergruppierung bei gleich bleibender Tätigkeit. Als Behandlung kommt ferner die Verwendung für bestimmte Funktionen innerhalb des Betriebs in Betracht, etwa für Auslandsfunktionen. Dies gilt selbst dann, wenn mit der Zuteilung für bestimmte Funktionen keine Beförderung verbunden ist, weil es bei zukünftigen Beförderungsentscheidungen auf frühere Tätigkeiten ankommen kann (*LAG Köln* 10.5.1990 LAGE § 611a BGB Nr. 5; *Hunold* DB 1991, 1670, 1672). Zu den kündigungsrechtlich relevanten Maßnahmen gehört insbes. die **Abmahnung**. In **zeitlicher Hinsicht** können auch nach Beendigung des Arbeitsverhältnisses getroffene Maßnahmen eine benachteiligende Maßnahme darstellen, soweit sie auf dem Arbeitsverhältnis beruhen (*EuGH* 22.9.1998 NZA 1998, 1223 – *Coote./.Granada Hospitality*: Verweigerung eines Arbeitszeugnisses wegen einer auf eine geschlechtsbezogene Benachteiligung gestützten Klage).

14 Die **Belästigung einer Person**, insbes. wenn sie Bezug zur Sexualsphäre aufweist (**sexuelle Belästigung**), stellt eine Benachteiligung iSd AGG dar (§ 3 Abs. 3 und 4 AGG). Damit erfasst das AGG sowohl **Belästigungen aufgrund unzulässiger Merkmale** als auch **sexuelle Belästigungen**. Während der letztgenannte Tatbestand sich nach der Definition in Art. 2 Abs. 2 Spiegelstr. 3 der Richtl. auf ein unerwünschtes Verhalten sexueller Natur bezieht, zielt der allgemeine Tatbestand der Belästigung (auch aufgrund des Geschlechts) auf andere Verhaltensweisen, zu denen etwa die Schaffung einer erniedrigenden Arbeitsatmosphäre durch ständige herabsetzende Bemerkungen gegenüber geschützten Personengruppen gehört. Hierunter fallen etwa ständige herabsetzende Bemerkungen gegenüber Frauen, selbst wenn sie ohne Bezug zur Sexualsphäre erfolgen, oder ständige herabsetzende Bemerkungen aufgrund eines anderen unzulässigen Merkmals. Erforderlich ist nach § 3 Abs. 3 AGG allerdings eine Schwere oder Intensität, aufgrund derer das Arbeitsumfeld der verletzten Person durch die Belästigung »gekennzeichnet«, also mit geprägt wird.

II. Persönlicher Anwendungsbereich

15 Das AGG gilt nach § 6 für **alle Arbeitnehmer, Auszubildenden und arbeitnehmerähnlichen Personen oder Gleichgestellten** unabhängig vom Umfang und Inhalt des Beschäftigungsverhältnisses.

1. Geltung ohne Rücksicht auf Gruppenbenachteiligung

16 Das AGG gilt unabhängig davon, ob der Beschäftigte einer Gruppe angehört, die in tatsächlicher Hinsicht typischerweise Opfer von Benachteiligungen ist oder einer Minderheit zugehört. Geschützt werden Personen beiderlei Geschlechts, jeglichen Alters (also Junge gegenüber einer Bevorzugung von Älteren wie umgekehrt, Menschen jeglicher ethnischer Herkunft (auch solche einer Mehrheitsethnie), jeglicher Religion oder Weltanschauung (Katholiken, Protestanten, Muslime, Juden, Buddhisten, Hindus usw.). So war schon unter dem früheren § 611a BGB anerkannt, dass die Vorschrift unabhängig vom Geschlecht des Benachteiligten galt. Auch wenn es im Hinblick auf die geschlechtsbezogene Benachteiligung der Bestimmung faktisch vor allem um die Gleichstellung der Frau geht, können sich **Frauen und Männer** gleichermaßen auf das Diskriminierungsverbot berufen (*LAG Hamm* 22.11.1996 LAGE § 611a BGB Nr. 9; vgl. auch *EuGH* 17.10.1995 EuZW 1995, 762 – Tz 16).

17 Weitgehend ungeklärt ist noch, ob **Ausstrahlungswirkungen** des Verbots der geschlechtsbezogenen Benachteiligung auch bei der diskriminierenden Anknüpfung an den **Ehegatten des Opfers** bestehen. Im Zusammenhang mit der (insofern vergleichbaren) Richtl. 79/7/EWG zur Gleichbehandlung der Geschlechter im Bereich der sozialen Sicherheit hat der *EuGH* (11.7.1991 Slg. 1991, 3757) entschieden, eine solche Drittwirkung bestehe, soweit den einen Ehegatten nachteilige Rechtsfolgen der Diskriminierung des anderen treffen. Das lässt sich prinzipiell auch auf den Anwendungsbereich des AGG übertragen. Das AGG verbietet deshalb (in entsprechender Anwendung) nicht nur die pauschale Be-

nachteiligung »hinzuverdienender« Ehefrauen bei der Sozialauswahl gem. § 1 Abs. 3 KSchG (s. Rz 115), sondern ebenso die entsprechende Benachteiligung der Ehemänner berufstätiger Frauen. Eine ausdehnende Anwendung dieses Rechtsgedankens nach Grundsätzen, wie sie auch dem Rechtsinstitut der Drittschadensliquidation zugrunde liegen, lehnt die Rspr. allerdings ab. Deshalb wurde es zB Orchestermusikern verwehrt, sich gegenüber der Verpflichtung zur Leistung zusätzlicher Konzertdienste, die durch den Ausfall unter das Beschäftigungsverbot des § 8 Abs. 1 MuSchG fallender schwangerer Kolleginnen veranlasst wurden, auf den früheren § 611a BGB zu berufen (*BAG* 10.1.1996 EzA § 611 BGB Musiker Nr. 1).

2. Anwendung auf Erwerbspersonen außerhalb von Arbeitsverhältnissen

Das europäische Gleichbehandlungsrecht ist anwendbar auf alle Formen der Beschäftigung – unabhängig vom Tätigkeitsbereich oder Wirtschaftszweig sowie auf allen Stufen der beruflichen Rangordnung. Sonstige Rechtsverhältnisse, also Dienstverträge mit **Geschäftsführern oder Organmitgliedern juristischer Personen**, sind daher nach § 6 Abs. 3 AGG mit erfasst, soweit es um die Einstellung und den beruflichen Aufstieg geht. Ansonsten – wie auch für andere Dienstverträge (etwa für freie Mitarbeiter oder den Zugang zur Tätigkeit in einem freien Beruf), deren Gegenstand die »Beschäftigung« von Personen ist, sind primär die zivilrechtlichen Vorschriften des AGG maßgebend. Soweit diese nicht eingreifen – etwa weil kein »Massengeschäft« vorliegt – sind die arbeitsrechtlichen Vorschriften des AGG, soweit passend, entsprechend anwendbar (zu den freien Berufen etwa Art. 3 Abs. 2 Richtl. 76/207/EWG; *EuGH* 2.10.1997 NZA 1997, 1221; ferner *Erman/Hanau* § 611a BGB Rz 3 f.; Münch-KommBGB-*Müller-Glöge* § 611a BGB Rz 4; *Preis/Malossek* Rz 87 ff.; **aA**, keine entsprechende Anwendung: *Willemsen/Schweibert* NJW 2006, 2854). 18

Das AGG gilt ebenfalls für die **öffentliche Hand** als Arbeitgeber. Das erfasst auch Beamte, wobei gem. § 24 AGG die Besonderheiten öffentlich-rechtlicher Dienstverhältnis zu beachten sind. Soweit es danach an einer vollständigen Richtlinienumsetzung gleichwohl fehlen sollte, können auch einzelne Beschäftigte des öffentlichen Dienstes nach den Grundsätzen über die »vertikale« Direktwirkung einen subjektiven Gleichbehandlungsanspruch herleiten, der wegen des Vorrangs des Europarechts auch Vorrang vor entgegenstehenden nationalen Regelungen des öffentlichen Dienstes hat. Auf die Vergabe **ehrenamtlicher Positionen** in Parteien oder Verbänden ist die Vorschrift – ebenso wie die zugrunde liegenden EG-Richtlinien – nicht anwendbar (vgl. *Fuchsloch* AuR 1997, 354). 19

III. Kein Kündigungsverbot

Anders als früher § 611a Abs. 1 BGB fungiert das AGG nicht als ein unabhängig von den Voraussetzungen der §§ 1, 14, 23 KSchG eingreifendes Kündigungsverbot iSd § 13 Abs. 3 KSchG. Vielmehr schließt § 1 Abs. 4 AGG eine unmittelbare Anwendung der Vorschriften des Gesetzes auf Kündigungen aus. Mittelbar wirken jedoch die Maßstäbe des AGG und des zugrunde liegenden Richtlinienrechts über §§ 1 KSchG, 242, 626 BGB auf das Kündigungsrecht ein. Im Übrigen gilt: Soweit das KSchG eingreift, kann keines der in § 1 AGG genannten Merkmale einen **personenbedingten Kündigungsgrund** darstellen. Ebenso gehört von den unzulässigen Unterscheidungskriterien des AGG lediglich das Alter zu den bei der **Sozialauswahl** ohnehin zu den gem. § 1 Abs. 3 S. 1 KSchG relevanten Abwägungsbelangen. Sämtliche Abwägungskriterien, die insbes. im Rahmen der konkretisierungsbedürftigen Tatbestandsmerkmale der §§ 1 KSchG, 626 BGB über die Wirksamkeit von Kündigungen entscheiden, müssen sich an den Grundsätzen messen lassen, die aus dem Verbot unmittelbarer und mittelbarer Benachteiligungen folgen. Nichts anderes gilt für die Überprüfung einer außerhalb des Anwendungsbereichs des KSchG erfolgenden Kündigung anhand des allg. Gebots von Treu und Glauben (§ 242 BGB). 20

EG-rechtlich beruhen die vorstehend dargestellten Grundsätze auf den zugrunde liegenden Richtlinien, nach denen sich die Geltung des Grundsatzes der Gleichbehandlung auch auf die »Entlassungsbedingungen« erstreckt. Dabei ist der Begriff der Entlassung für die Zwecke der Richtl. weit zu verstehen und erfasst alle Formen der Beendigung von Arbeitsverhältnissen, auch solche außerhalb von Kündigungen (*Preis/Malossek* Rz 100). Dem hat der EuGH nach den Grundsätzen der unmittelbaren vertikalen Direktwirkung ein unmittelbar geltendes Kündigungsverbot entnommen, das Vorrang vor entgegenstehenden Regeln des nationalen Rechts hat (*EuGH* 2.8.1993 EuZW 1993, 705 – zum britischen Recht). 21

C. Benachteiligungen

I. Grundlagen der unmittelbaren und mittelbaren Benachteiligung

1. Abstrakter Benachteiligungsbegriff

22 Das AGG erfasst Benachteiligungen aufgrund eines unzulässigen Unterscheidungsmerkmals. Das umfasst sowohl unmittelbare Benachteiligungen als auch mittelbare. Die Rechtsprechung folgt dabei in beiden Fällen einem **abstrakten Benachteiligungsbegriff**, der nicht darauf abstellt, ob eine konkrete Benachteiligung eines Angehörigen der einen Gruppe gegenüber einem Angehörigen einer anderen Gruppe vorliegt. Die Vorschrift gilt daher, etwa bei Einstellungsentscheidungen, nicht nur bei einer gemischten Bewerberlage (aA *Herrmann* ZfA 1996, 19, 28). Ausreichend ist vielmehr jede benachteiligende Anknüpfung an ein in abstracto unzulässiges, etwa ein geschlechtsspezifisches Merkmal (*EuGH* 8.11.1990 EzA § 611a BGB Nr. 7; *Heither* FS Gnade, S. 611, 615; *Wißmann* DB 1991, 659, 651; vgl. auch Rz 50). Sowohl die unmittelbare als auch die mittelbare Diskriminierung kann in Form der Durchführung oder Anwendung nachteiliger Maßnahmen, Regeln oder Abreden oder in Form der Vorenthaltung begünstigender Maßnahmen, Regeln oder Abreden erfolgen. Vergleichsmaßstab ist demgemäß grds. eine fiktive Person ohne das fragliche Merkmal; das ist insbes. bei Einzelfallentscheidungen oder bei einer Negativauswahl (zB Sozialauswahl) bedeutsam; bei einer Positivauswahl (Einstellung/Beförderung) reicht hingegen schon die vereinfachte Feststellung, dass eine Person infolge des Merkmals nicht in die Auswahl einbezogen wurde (*Diller/Göpfert/Krieger* NZA 2006, 887).

2. Unmittelbare Benachteiligung

23 Diese wird durch § 3 AGG in europarechtskonformer Weise dahin definiert, dass eine Person wegen eines in § 1 genannten Merkmals eine ungünstigere Behandlung erfährt als eine andere. Erfasst werden damit alle Fälle, in denen eine Entscheidung an eines der **unzulässigen Benachteiligungskriterien als Tatbestandsmerkmal einer ungünstigeren Behandlung** anknüpft. Dem stehen Unterscheidungen gleich, die an ein Merkmal anknüpfen, das ausschließlich bei einer geschützten Gruppe anzutreffen ist wie zB die Schwangerschaft bei Frauen oder die Militär- und Zivildienstpflicht bei Männern. Es reicht aus, wenn in tatsächlicher Hinsicht nur eine Gruppe betroffen ist (vgl. *EuGH* 10.3.2005 Slg. I-2005, 1789).

3. Mittelbare Benachteiligung

24 Die **mittelbare Benachteiligung** wird in europarechtskonformer Weise legal definiert durch § 3 Abs. 2 AGG. Das Verbot der mittelbaren Diskriminierung zielt nicht auf die Beseitigung diskriminierender Gesinnung, sondern richtet sich gegen solche Benachteiligungen, die sich in **gruppenspezifisch unterschiedlichen Ergebnissen** manifestieren. Der Begriff der mittelbaren Diskriminierung ist daher **objektiv** zu bestimmen. Deshalb ist weder ein Diskriminierungsmotiv des Arbeitgebers erforderlich, noch kann es auf die Frage ankommen, ob der Arbeitgeber die gruppenspezifische Benachteiligungswirkung erkennt. Entscheidend sind vielmehr allein die objektiven Benachteiligungswirkungen (*BAG* 20.11.1990 EzA Art. 119 EGV Nr. 2). Das Konzept der mittelbaren Benachteiligung ist nicht etwa auf die Gleichbehandlung von Männern und Frauen beschränkt (so aber wohl *Richardi* NZA 2006, 881, 884), sondern gilt für alle Merkmale gleichermaßen (Art. 2 Abs. 2 lit. b Richtl. 2000/43/EG; Art. 2 Abs. 2 lit b Richtl. 2000/78/EG).

25 Die mittelbare Diskriminierung geht damit über die Fälle der **verdeckten Diskriminierung** hinaus. Eine verdeckte Diskriminierung liegt vor, wenn beispielsweise in unmittelbar geschlechtsdiskriminierender Absicht ein scheinbar neutrales Unterscheidungsmerkmal vorgeschoben wird (*Pfarr* RdA 1986, 585; *Wank* RdA 1985, 1, 21] *Franzen* ZEuP 1995, 796, 811). Beim Verbot verdeckter Diskriminierung handelt es sich also um einen typischen Umgehungstatbestand, dessen Geltung bereits aus dem Prinzip einer zweckentsprechenden Anwendung des Verbots unmittelbarer Diskriminierung folgt. Methodisch stellt hingegen das Verbot mittelbarer Diskriminierung kein bloßes Umgehungsverbot dar; vielmehr zielt es auf Änderung soziologischer Befunde mit rechtlichen Mitteln (vgl. auch *Colneric* FS Gnade, S. 627 [634]; krit. zu solcher Methode *Herrmann* SAE 1993, 269, 282 f.; vgl. auch *Quambusch* DÖD 1993, 193).

26 Das EG-Recht (etwa Art. 2 Abs. 2 der Beweislastrichtl. 97/80/EG, ABlEG 14/6 v. 20.1.1988) geht im Kern von einem **statistischen Konzept der mittelbaren Diskriminierung** aus. In der Literatur wird deshalb zum Teil auch von einer »statistischen Diskriminierung« gesprochen (*Horstkötter/Schiek* AuR

1998, 227). Eine mittelbare Diskriminierung liegt danach dann vor, wenn der Benachteiligungsgrund zwar nicht von vornherein nur für eines der Geschlechter in Betracht kommt, also ein äußerlich geschlechtsneutraler Unterscheidungstatbestand vorliegt, wenn aber tatsächlich überwiegend Angehörige des einen Geschlechts betroffen sind. Lassen sich die Zahlenverhältnisse nicht ermitteln, so kann eine mittelbare Diskriminierung regelmäßig nicht festgestellt werden (*Wißmann* FS Wlotzke S. 807, 824), es sei denn, ein typischer Zusammenhang liegt vor.

Welche statistische **Berechnungsmethode** anzuwenden ist, muss aber als nicht vollständig geklärt angesehen werden (krit. daher zB *Blomeyer* EWiR 1993, § 612 BGB 1/93; vgl. ferner *Herrmann* SAE 1993, 277 ff.; ausführlich zum Ganzen *Wißmann* FS Wlotzke, S. 807). Einige Entscheidungen stellen allein auf den prozentualen Anteil der Träger der verschiedenen Kriterien (zB Männer und Frauen) an der benachteiligten Gruppe ab. Dabei wird ein Anteilsunterschied verlangt, der »prozentual erheblich« ist (*EuGH* 27.6.1990 EzA Art. 119 EWG-Vertrag Nr. 3). Nicht abschließend geklärt ist, wie hoch von diesem Standpunkt aus der Anteil des einen Geschlechts an der benachteiligten Gruppe sein muss. Als ausreichend wurde es angesehen, wenn der Anteil des einen Geschlechts 80 vH übersteigt. So hält es das *BAG* (9.10.1991 EzA § 1 LohnFG Nr. 122) für unbeachtlich, ob der Frauenanteil an einer benachteiligten Gruppe 82,4 vH, 85 vH oder 89,8 vH beträgt. Andererseits wird in derselben Entscheidung zutreffend angedeutet, dass ein Anteil von 55 vH nicht ausreicht. Andere Entscheidungen beruhen auf dem Prinzip, dass eine nachteilige Betroffenheit eines Geschlechts lediglich dann vorliegen kann, wenn der Anteil dieses Geschlechts unter den von einer Regelung oder Maßnahme benachteiligten Arbeitnehmern erheblich höher ist als sein Anteil unter den begünstigten Arbeitnehmern (*BAG* 23.2.1994 EzA Art. 119 EWG-Vertrag Nr. 18 [zu III der Gründe]; 2.12.1992 EzA Art. 119 EWG-Vertrag Nr. 7). Dies lässt sich auch in der Rechtsprechung des EuGH nachweisen (*EuGH* 13.5.1986 Slg. 1986, 1607 – *Bilka*). Demgegenüber wird dieses Kriterium etwa in anderen Entscheidungen nicht angewandt, ohne dass es ausdrücklich aufgegeben worden wäre (*EuGH* 27.6.1990 EzA Art. 119 EWG-Vertrag Nr. 3; 6.2.1996 DB 1996, 379).

Stellungnahme: Lässt man sich auf das statistische Konzept der mittelbaren Benachteiligung ein, so ergibt allenfalls das letztere Verfahren einen Sinn. Eine mittelbare Diskriminierung von Angehörigen einer Gruppe kann nicht vorliegen, wenn zwar der Anteil einer Gruppe an den benachteiligten Personen den Anteil einer anderen Gruppe erheblich überwiegt, aber bei der begünstigten Gruppe dasselbe der Fall ist (vgl. *Schlachter* S. 132 f. [Fn. 246]; *Sowka* DB 1994, 1873, 1875; *Wißmann* FS Wlotzke, S. 807, 810). Das kann bspw. bei der geschlechtsbezogenen Benachteiligung etwa dann zu bejahen sein, wenn in der betreffenden Branche oder dem betreffenden Beruf generell erheblich mehr Frauen beschäftigt sind. Allein auf das prozentual erhebliche Überwiegen der Frauen an der benachteiligten Gruppe abzustellen ist daher lediglich dann zulässig, wenn der Frauenanteil bei der begünstigten Gruppe ohnehin offensichtlich erheblich geringer ist oder als Vergleichsgruppe die Gesamtbevölkerung heranzuziehen ist. **Vergleichsgegenstand** ist damit die Geschlechterrelation bei der begünstigten Gruppe einerseits, die ins Verhältnis zur Geschlechterrelation bei der benachteiligten Gruppe andererseits gesetzt werden muss. Ein erhebliches Abweichen der beiden Relationen voneinander kann zur Feststellung einer mittelbaren Diskriminierung führen. Dabei ist allerdings nicht abschließend geklärt, auf welche Weise diese beiden Relationen miteinander verglichen werden müssen, insbes. inwieweit es neben dem Relationsquotienten noch auf die Relationsdifferenz ankommt. Häufig wird man sich auf die Feststellung eines relativ großen Relationsunterschiedes beschränken können (Geschlechterparität bei der begünstigten Gruppe von 9:1, bei der benachteiligten 1:1; Quotient der Relationen: 9). Auch ein niedrigerer Quotient kann aber ausreichen. Allerdings wird man – insbes. bei geringer Repräsentation des benachteiligten Geschlechts in beiden Vergleichsgruppen – nicht alleine auf einen bestimmten Quotienten abstellen können. Sind zB Frauen in der benachteiligten Gruppe mit 0,1 % und in der begünstigten mit 0,5 % vertreten, dürfte dies einen Schluss auf die mittelbare Diskriminierung nicht ohne weiteres erlauben. Der Unterschied der Paritäten muss auch in seiner prozentualen Differenz hinreichend deutlich sein (*Wißmann* aaO S. 815).

Hinsichtlich der **Abgrenzung der Vergleichsgruppen** gilt: Die Abgrenzung der benachteiligten Gruppe ergibt sich aus dem Anwendungsbereich der benachteiligenden Maßnahme, Vereinbarung oder Regelung (*Hanau/Preis* ZfA 1988, 177, 187; *Wißmann* FS Wlotzke, S. 807, 809). Das eigentliche Problem besteht in der Bildung der richtigen Vergleichsgruppe (vgl. auch MünchKommBGB-*Müller-Glöge* § 611a Rz 20 f.). Auf die erwerbstätige Bevölkerung in Deutschland insgesamt abzustellen, ist lediglich zulässig, wenn es sich um die europarechtliche Überprüfung deutschen Gesetzesrechts handelt (vgl. *Hanau/Preis* aaO; *Herrmann* SAE 1993, 269, 277 f.; ferner *Wißmann* FS Wlotzke, S. 807, 810). Bei tarifvertraglichen Regelungen ergibt sich die Vergleichsgruppe regelmäßig aus dem Geltungsbereich des Tarifvertrags bzw. der fraglichen tarifvertraglichen Regelung, auch bei Betriebsvereinbarungen sind die hiervon erfassten Arbeitnehmer heranzuziehen. Allerdings kann die richtige Vergleichsgruppe auch aus einer Teilgruppe der vom Geltungsbereich eines Tarifvertrags (bzw. einer Betriebsvereinbarung) oder einer Tarifnorm erfassten Arbeitnehmer bestehen, wenn die benachteiligte Gruppe durch prägende Merkmale gekennzeichnet ist, die sich nur bei einer deutlich abgrenzbaren Teilgruppe der begünstigten Arbeitnehmer finden (*BAG* 23.2.1994 EzA Art. 119 EWG-Vertrag Nr. 18). Im Übrigen wird es darauf ankommen, aus welcher Gruppe die benachteiligten Arbeitnehmer herausgegriffen werden; oftmals wird man zum Vergleich die Gesamtheit der Arbeitnehmer eines Betriebs heranziehen müssen (so auch *Herrmann* SAE 1993, 277 f.; *Schlachter* S. 133 [Fn. 146]); bei Erstreckung einer Maßnahme auf das gesamte Unternehmen, bilden dessen Arbeitnehmer die Vergleichsgruppe; ansonsten kommt die Anknüpfung an das gesamte Unternehmen etwa dann in Betracht, wenn die Beschränkung auf einen Betrieb ihrerseits als mittelbar diskriminierend einzustufen ist (für eine stets unternehmensbezogene Prüfung *Schiek/Horstkötter* NZA 1998, 863, 865). Liegt die Diskriminierung in der Nichtanwendung einer begünstigenden Maßnahme, so ist entsprechend zu verfahren, wobei die begünstigte Gruppe mit der Gesamtheit der Arbeitnehmer zu vergleichen ist. In jedem Fall müssen die fraglichen Vergleichsgruppen geeignet sein, statistisch hinreichend aussagekräftige Daten zu produzieren, und insbes. von ausreichender Größe sein. Dabei werden die Anforderungen an die statistische Aussagekraft umso höher liegen, je weniger deutlich die statistische Ungleichbehandlung zahlenmäßig hervortritt (*Wißmann* aaO S. 812).

30 Der Konzeption des EuGH ist vorgeworfen worden, es handele »sich um ein auf ein rein statistisches Ergebnis ausgehendes Prinzip, dem jeder individuelle Gerechtigkeitswert fehlt« (*Zöllner/Loritz* § 9 II 4 f.; Kritik am Gruppenbezug des Konzepts auch bei *Herrmann* SAE 1993, 269, 280; dagegen *Classen* JZ 1996, 923, 926). Dieser **Kritik** ist insofern zuzustimmen, als bloße Statistik für die Angemessenheit von Regelungen oder Maßnahmen nichts hergibt. Das in den Fällen der mittelbaren Diskriminierung zu lösende Wertungsproblem besteht darin, dass das Gesetz mit dem Merkmal »wegen« eine Kausalitätsbeziehung zu verlangen scheint, die bei der mittelbaren Diskriminierung per definitionem fehlt. Es muss daher richtigerweise für die mittelbare Diskriminierung darauf ankommen, einen dieser Kausalität vergleichbaren Zurechnungszusammenhang festzustellen. Nach dem Zweck des Verbots der mittelbaren Diskriminierung muss dementsprechend für dessen Eingreifen eine wertende Feststellung einer arbeitgeberseitigen Ungleichbehandlung (»benachteiligende Tendenz« oder »Erklärung durch die Gruppenrolle«) verlangt werden (*Classen* JZ 1996 921, 923; *Franzen* ZEuP 1995, 796, 810; *Hanau/Preis* ZfA 1988, 177, 189; *Herrmann* aaO; *Pfarr* NZA 1986, 585, 586; *Pfarr/Bertelsmann* Gleichbehandlungsgesetz Rz 199, 206, 226 ff.; ferner [zu Art. 119 EGV aF bzw. 612 Abs. 3 BGB] *BAG* 23.9.1992 EuZW 1993 772; 9.10.1991 EzA § 1 LohnFG Nr. 122; offen lassend demgegenüber aber *BAG* 2.12.1992 EzA Art. 119 EWG-Vertrag Nr. 7; **aA** MünchKommBGB-*Müller-Glöge* § 611a Rz 17). Dabei können und müssen allerdings die mit der statistischen Methode des EuGH gefundenen Ergebnisse als – je nach prozentualem Ergebnis zu gewichtendes – Indiz dienen (*EuGH* 27.10.1993 EuZW 1994, 506, spricht von einem Anscheinsbeweis; ähnlich *Kort* RdA 1997, 277, 280; vgl. auch *Deinert* NZA 1997, 183, 185).

31 Inwieweit auch der EuGH einen derartigen **gruppenbezogenen Benachteiligungszusammenhang** als eigenständige Voraussetzung anerkennt, bleibt unklar (für eine dahingehende Interpretation der vor allem zu Art. 141 EGV ergangenen Rspr. des EuGH *BAG* 9.10.1991 EzA § 1 LohnFG Nr. 122 – *Heither* FS Gnade, S. 611, 620; *Pfarr/Bertelsmann* aaO; *Schaub* § 165 I 3; wohl auch *Waas* EuR 1994, 97, 99; dagegen etwa *BAG* 2.12.1992 EzA Art. 119 EWG-Vertrag Nr. 7; *Schlachter* S. 133; wohl auch *Colneric* FS Gnade, S. 627, 640; offen lassend *BAG* 26.5.1993 BB 1993, 2451; *Wißmann* FS Wlotzke, S. 807, 819). Die Rspr. des EuGH ließe sich auch dahin verstehen, dass die mittelbare Diskriminierung einen eigenständigen Diskriminierungstatbestand darstellt, dessen Voraussetzungen sich im Vorliegen einer statistischen Geschlechterungleichbehandlung erschöpfen. Auch ein solchermaßen verfehltes Konzept käme allerdings nicht umhin, einen (dann im Rahmen der Rechtfertigungsproblematik durchzuführenden) Wertungsakt vorzunehmen. Demgemäß kann sich auch der EuGH bei der konkreten Feststellung mittelbarer Diskriminierungen nicht auf bloße Statistik beschränken, sondern nimmt eine bewertende – wie das § 3 Abs. 2 AGG vorsieht – Kontrolle vor, die sich zunächst darauf bezieht, die Aussagekraft der Statistik und die Vergleichbarkeit der zugrunde liegenden Gruppenbildung zu prüfen (*EuGH* 27.10.1993 EuZW 1994, 506). Im Übrigen erfolgt die Prüfung einer **benachteiligenden Tendenz** zwar meist (zB *EuGH* 26.9.2000 EzA § 1 KSchG Soziale Auswahl Nr. 45 – *Kachelmann./.Bankhaus Lampe*), aber keineswegs stets im Rahmen der Rechtfertigungsprüfung (etwa im *Bötel*-Fall, *EuGH* 4.6.1992 EzA § 37 BetrVG Nr. 108, wird außerhalb der den nationalen Gerichten zugewiesenen Rechtfertigungsprüfung

eine frauenbenachteiligende Tendenz geprüft; zur Rechtfertigung Rz 75 ff.). Die Vermischung der zum Tatbestand der mittelbaren Diskriminierung gehörenden Wertung mit möglichen Rechtfertigungen würde indes zu inakzeptablen Wertungswidersprüchen führen. ZB könnte die Berücksichtigung der Dauer der Betriebszugehörigkeit bei der Sozialauswahl als mittelbare Diskriminierung erscheinen, wenn bei Frauen die durchschnittliche Beschäftigungsdauer erheblich geringer ist; die nach einer solchen Konzeption dann anzunehmende mittelbare Diskriminierung könnte dementsprechend lediglich ausnahmsweise gerechtfertigt sein, obgleich einem solchen Kriterium objektiv meist jede geschlechtsbenachteiligende Tendenz fehlt. Praktisch darf die Bedeutung dieser konzeptionellen Frage indessen nicht überschätzt werden: auch wenn man einen gruppenbezogenen Zurechnungszusammenhang als eigene Voraussetzung des Tatbestands der mittelbaren Diskriminierung anerkennt, trägt der Arbeitgeber nach § 3 Abs. 2 2. Hs. AGG gleichermaßen die Beweislast für die tatsächlichen Grundlagen des Zurechnungszusammenhangs wie für die Rechtfertigung, so dass sich deren Unterscheidung praktisch erübrigt (*Oetker* Anm. zu EzA § 1 LohnFG Nr. 122; ähnlich *Steinmeyer* Anm. zu EzA § 1 BetrAVG Gleichberechtigung Nr. 6).

Praktisch tritt die Notwendigkeit, eine gruppenbenachteiligende Tendenz zu prüfen, insbes. dadurch 32 zu Tage, dass mittelbare Ungleichbehandlungen sich regelmäßig nur bejahen lassen, wenn die **Vergleichbarkeit der Sachverhalte** im Übrigen positiv feststeht; sprich: wenn nicht von vornherein »Äpfel mit Birnen« verglichen werden. Erforderlich ist also in Fällen mittelbarer Diskriminierung regelmäßig ein rechtlich wertendes Gleichartigkeitsurteil, das nicht erst die Frage der Rechtfertigung betrifft, sondern die vorgreifliche Frage, ob überhaupt eine mittelbare Ungleichbehandlung vorliegt (vgl. dazu zutr. *BAG* 23.2.1994 EzA Art. 119 EWG-Vertrag Nr. 18, wo zunächst sub III 3b dieses Gleichwertigkeitserfordernis und erst anschließend sub III 3c die Frage der Rechtfertigung erörtert wird). Die Grundlagen eines solchen Gleichwertigkeitsurteils sind allerdings mit erheblichen Unsicherheiten behaftet (s. etwa *Gamillschegg* Anm. EzA § 611a BGB Nr. 15; vgl. auch *BAG* 26.1.2005 EzA § 611 BGB 2002 Kirchliche Arbeitnehmer Nr. 5: Prüfung, ob Missbrauch erkennbar) und bislang regelmäßig im Zusammenhang mit dem Problem der Entgeltdiskriminierung problematisiert worden. Da sich der Gleichwertigkeitsschluss stets auf Arbeitsverhältnisse von Arbeitnehmern oder Gruppen von Arbeitnehmern bzw. Beschäftigten bezieht, wird sich ein Vergleichbarkeitsurteil regelmäßig auf Art und Inhalt der Arbeitsleistung (vgl. *BAG* 23.2.1994 EzA Art. 119 EWG-Vertrag Nr. 18) oder die hierfür relevanten Sozialdaten von Arbeitnehmern beziehen müssen.

4. Kausalität und Maßgeblichkeit

Erforderlich ist eine Benachteiligung **wegen** (bzw. aufgrund – etwa Art. 2 Abs. 1 Richtl. 76/207/EWG) 33 eines unzulässiges Merkmals. Dabei kann es nicht auf bloße Kausalität ankommen; vielmehr bedarf es einer **wertenden Feststellung** der Maßgeblichkeit des Merkmals für die Ungleichbehandlung. Dies gilt prinzipiell, wenn auch nicht ohne Modifikationen, sowohl für Fälle unmittelbarer als auch für Fälle mittelbarer Diskriminierung. Als Grundfall der Benachteiligung sind (in Anlehnung an die bei § 613a BGB geltenden Grundsätze, s. KR-*Pfeiffer* § 613a BGB Rz 86) die Sachverhalte anzusehen, in denen das unzulässige Merkmal das maßgebliche Motiv der Benachteiligung (vgl. auch *EuGH* 8.11.1990 EzA § 611a BGB Nr. 7) oder eines von mehreren maßgeblichen Motiven im Rahmen eines Motivbündels darstellt (MünchKommBGB-*Müller-Glöge* § 611a Rz 8). Demgegenüber ist es nicht ausreichend, dass das Merkmal als unmaßgeblicher Nebenaspekt in die Entscheidung eingeflossen ist (*ArbG Hannover* 15.11.1990 EzA § 611a BGB Nr. 6; *Erman/Hanau* § 611a BGB Rz 10; strenger wohl MünchKommBGB-*Müller-Glöge* § 611a Rz 5: Unanwendbarkeit nur bei ausschließlich anderen Motiven). Angesichts der beschränkten Möglichkeiten solcher Motivforschung muss aber auch die typisierende Feststellung unzulässiger Benachteiligungen und eine darauf aufbauende Fallgruppenbildung erfolgen, wie sie auch in der Rspr. des *EuGH* erkennbar ist. Das sichert die im Interesse möglicher Benachteiligungsopfer gebotene Rechtsklarheit und stellt überdies eine den gerichtlichen Erkenntnismöglichkeiten angemessene und praktikable Lösung dar.

Unterschiede zwischen unmittelbarer und mittelbarer Benachteiligung ergeben sich dabei vor allem 34 aus der größeren Komplexität des Bewertungsproblems bei mittelbarer Benachteiligung (vgl. *Hanau/ Preis* ZfA 1988, 177, 188). Bei einer unmittelbaren Diskriminierung liegt der Benachteiligungstatbestand weitgehend fest, denn die erforderliche Wertung betrifft in erster Linie die Feststellung der Arbeitgebermotive; es bedarf daneben lediglich der Prüfung von Rechtfertigungsgründen. Eine mittelbare Benachteiligung erfordert hingegen bei der Feststellung des Benachteiligungstatbestands einen über die statistische Ermittlung hinausgehenden Wertungsakt, denn eine mittelbare Diskriminierung liegt nicht vor, wenn die Ungleichbehandlung rechtmäßigen Zielen dient und zur Erreichung dieser Ziele angemessen und erforderlich ist.

5. Konkurrenzprinzip

35 § 4 AGG geht von der **konkurrierenden Geltung der gesetzlichen Benachteiligungstatbestände** aus. Eine unmittelbare Benachteiligung wegen einer bestimmten Religion kann zugleich eine mittelbare Benachteiligung wegen der ethnischen Herkunft darstellen. In diesem Fall sind mehrere Benachteiligungstatbestände zugleich verwirklicht. Das bedeutet insbes., dass es im Hinblick auf jedes einzelne Benachteiligungsmerkmal einer gesonderten Rechtfertigungsprüfung bedarf.

II. Benachteiligung aus Gründen der Rasse und ethnischen Herkunft

1. Unmittelbare Benachteiligung

36 Das Merkmal der **Rasse** ist insofern problematisch, als es die Existenz unterschiedlicher menschlicher »Rassen« im biologischen Sinne vorauszusetzen scheint, wohingegen die Existenz solcher Rassen in Wahrheit höchst zweifelhaft ist. Das Merkmal wurde gleichwohl in das Gesetz aufgenommen, um deutlich zu machen, dass auch Benachteiligungen erfasst werden, die auf der These von der Existenz verschiedener menschlicher Rassen aufbauen. Zudem versucht der Gesetzgeber durch die Formulierung »aus Gründen« der Rasse zu verdeutlichen, dass auch die Benachteiligung wegen **vorgeblich existierender Rassen** erfasst werden soll (BT-Drs. 16/1780, S. 30 f.). Sie kann bspw. bei rassistisch motivierter Belästigung gem. § 3 Abs. 3 AGG gegeben sein. Die Benachteiligung wegen der Hautfarbe wird als Benachteiligung wegen der ethnischen Herkunft erfasst.

37 Das Merkmal der **ethnischen Herkunft** ist in einem weiten Sinne zu verstehen. Hierunter fallen alle Benachteiligungen aufgrund der Hautfarbe, der Abstammung, des ethnischen oder volkstümlichen Ursprungs, nicht unmittelbar jedoch die Staatsangehörigkeit (Richtl. 2000/43/EG, 13. Erwägungsgrund). Das Benachteiligungsverbot gilt für Menschen jeglicher ethnischer Herkunft, auch solche aus Nicht-EG-Mitgliedstaaten. Daran ändert die EG-rechtliche Provenienz dieses Benachteiligungsverbots nichts, da auch die Richtlinie Angehörige von Drittstaaten schützt (Richtl. 2000/43/EG, 13. Erwägungsgrund). Gleichgültig ist, ob die ethnische Unterscheidung positiv oder negativ definiert ist. Erfasst werden damit sowohl Fälle, in denen die Benachteiligung eine bestimmte ethnische Herkunft (ein bestimmter Volksstamm, eine bestimmte Nation usw.) betrifft, als auch solche, in denen die Benachteiligung allein daran anknüpft, dass das Opfer nicht-deutscher Herkunft ist. Ebenso ist ohne Belang, wie spezifisch das Merkmal gefasst ist. So ist eine Benachteiligung zB gleichermaßen unzulässig, wenn sie sich ganz generell etwa gegen »Asiaten« richtet wie wenn sie an eine bestimmte ethnische Herkunft innerhalb Asiens anknüpft. Eine regionale Unterscheidung ist nur dann unzulässig, wenn sie einen ethnischen Aspekt hat (*Bauer/Göpfert/Krieger* § 1 AGG Rz 22 f.). Eine unterschiedliche ethnische Herkunft kann aber innerhalb Deutschlands vorliegen, soweit an eine landsmannschaftliche Zugehörigkeit angeknüpft wird und diese zugleich Ausdruck einer ethnischen Besonderheit ist. Die Suche einer bayrischen Anwaltskanzlei nach einem Juristen bayrischer Herkunft (*BAG* 5.2.2004 EzBAT § 8 BAT Gleichbehandlung Nr. 62) ist daher nicht schon deshalb keine ethnische Benachteiligung, weil ihr kein ethnisches Merkmal zugrunde liegt; vielmehr soll in aller Regel Mandantenkontakt und –acquise durch entsprechenden Lokalkolorit erleichtert werden. Dagegen ist die allein als Spätfolge der deutschen Teilung auftretende Unterscheidung von »Ossis« und »Wessis« von vornherein nicht ethnisch begründet, so dass sie, für sich genommen, nicht unter dieses Merkmal fällt und nur im Falle eines landsmannschaftlichen Bezugs erfasst wird (weitergehend *Bauer/Göpfert/Krieger* § 1 AGG Rz 23). Ebenso wenig werden bloße örtliche Rivalitäten, etwa zwischen zwei Nachbarorten, erfasst.

2. Mittelbare Benachteiligung

38 Eine mittelbare Benachteiligung kann vorliegen, wenn sich eine Handlung des Arbeitgebers an ein Merkmal anknüpft, das sich im Ergebnis vor allem zum Nachteil von Menschen mit einer bestimmten ethnischen Herkunft auswirkt, weil dieses Merkmal typischerweise oder häufiger als beim Bevölkerungsdurchschnitt bei Angehörigen dieser Ethnie vorliegt. Wegen des **Kumulationprinzips** in § 4 AGG kann die unmittelbare Diskriminierung wegen eines schon für sich unzulässigen Merkmals zugleich eine mittelbare Diskriminierung wegen der ethnischen Herkunft sein.

a) Religion

Soweit eine Religion **typisch für eine bestimmte ethnische Herkunft** ist, kann die unmittelbare Anknüpfung an die Religion zugleich eine mittelbare Benachteiligung wegen der ethnischen Herkunft darstellen. Dies ist deswegen bedeutsam, weil die Rechtfertigungsvoraussetzungen bei Benachteiligungen wegen der ethnischen Herkunft strenger gefasst sind.

b) Sprache und Mundart

Das Erfordernis bestimmter **Sprachkenntnisse** oder einer bestimmten **Sprachqualität** in Wort oder Schrift wird sich häufig überproportional nachteilig für Angehörige einer bestimmten ethnischen Gruppe auswirken und deswegen mittelbar benachteiligend wirken. Soweit das Erfordernis solcher Sprachkenntnisse durch die Tätigkeit veranlasst ist, wird es an der erforderlichen Benachteiligungstendenz fehlen oder das Erfordernis gerechtfertigt sein.

c) Staatsangehörigkeit

Art. 12 EGV verbietet innerhalb des Anwendungsbereichs des EG-Vertrags zugunsten von **Angehörigen der Mitgliedstaaten** ohnehin jede Benachteiligung aufgrund der Staatsangehörigkeit; diese Maßgabe gilt grds. auch in privaten Rechtsverhältnissen (*EuGH* 6.6.2000 – Rs. C-281/98, Slg. 2000, I-4139 – *Angonese*). Eine Anknüpfung an die Staatsangehörigkeit wird aber häufig zu einer mittelbaren Diskriminierung nach der ethnischen Herkunft führen. Zwar führt der 13. Erwägungsgrund der Richtl. 2000/43/EG aus, Unterscheidungen nach der Staatsangehörigkeit seien weiter zulässig, und nennt das Erfordernis besonderer Voraussetzungen für Ausländer beim Zugang zur Beschäftigung (in Deutschland etwa: Aufenthalts- und Arbeitserlaubnis). Ungeachtet dieser Einschränkung geht das AGG ausweislich seiner Begründung davon aus, dass die Unterscheidung nach der Staatsangehörigkeit oder nationalen Herkunft zu einer Benachteiligung nach der ethnischen Herkunft führen kann (BT-Drs. 16/1780, S. 31). Dies gilt auch zugunsten der Angehörigen von **Nicht-EG-Mitgliedstaaten**.

III. Benachteiligung wegen des Geschlechts

1. Unmittelbare Benachteiligung

Eine Regelung zum Verbot der Benachteiligung wegen des Geschlechts galt seit Inkrafttreten des damaligen § 611a BGB im Jahre 1980, so dass hier das umfänglichste Fallmaterial vorzufinden ist. Die zum früheren § 611a BGB gewonnenen Erkenntnisse dienen nicht nur als Richtschnur für die Auslegung der entsprechenden Tatbestände im AGG. Soweit Parallelprobleme, die von der geschlechtsbezogenen Benachteiligung bekannt sind, auch bei anderen Merkmalen vorliegen, können diese Einsichten auch dort entsprechend herangezogen werden.

a) Begriff und kündigungsrechtlich relevante Fälle

Eine unmittelbare geschlechtsbezogene Benachteiligung liegt vor, wenn der Benachteiligungsgrund **ausschließlich für eines der beiden Geschlechter** gilt, nicht aber dann, wenn der Diskriminierungsgrund beide Geschlechter treffen kann. Dabei kommt es nicht darauf an, dass die fragliche Regelung oder Maßnahme die Geschlechtszugehörigkeit selbst zum Unterscheidungskriterium nimmt. Ausreichend ist es, wenn an Merkmale angeknüpft wird, die ausschließlich bei einem Geschlecht vorkommen: zB Schwangerschaft, Wehrdienst.

Als **Fälle** unmittelbarer Diskriminierung wurden folgende Gründe für Ungleichbehandlungen angesehen: eine allg. Entlassungspolitik, nach der eine Frau nur deshalb aus dem Arbeitsverhältnis ausscheiden muss, weil sie das Alter erreicht hat, in dem sie Anspruch auf Altersrente hat, sofern dieses Alter für die beiden Geschlechter unterschiedlich geregelt ist (*EuGH* 12.7.1990 NJW 1991, 3086; 26.2.1986 Slg. 1986, 737); nach Art. 2 Abs. 7 Richtl. 76/207/EWG idF der Richtl. 2002/73/EWG: **Schwangerschaft** und Frage nach dem Bestehen einer Schwangerschaft (*EuGH* 3.2.2000 EzA § 611a BGB Nr. 15 – *Mahlburg*; 8.11.1990 EzA § 611a BGB Nr. 7 – *Dekker*) sowie der Mutterschaftsurlaub; Wehr- und Zivildienst sowie alle damit im Zusammenhang stehende Fragen (*Wißmann* DB 1991, 650); Transsexualität: *EuGH* 7.1.2004 – Rs C-117/01, Slg. I-2004, 541 – *K.B../.National Health Service*).

b) Geschlechtsspezifische Altersgrenzen

45 **Altersgrenzenvereinbarungen,** die bindend zum automatischen Ausscheiden des Arbeitnehmers bei Erreichen eines bestimmten Lebensalters oder bei Erfüllung der gesetzlichen Voraussetzungen für den Bezug von Altersrente führen, kommen in Form individualvertraglicher Abreden, aber auch in Kollektivverträgen vor. Hier interessiert indes lediglich der Fall einer geschlechtsspezifischen Ungleichbehandlung bei der Altersgrenze, weil diese gegen §7 AGG verstößt (zu den hier nicht dargestellten Fragen unterschiedlicher Altersgrenzen im Recht der betrieblichen Altersversorgung *EuGH* 17.5.1990 EzA Art. 119 EWG-Vertrag Nr. 4; vgl. auch zur geschlechtsspezifischen Unterscheidung für Altersgrenzen bei der Altersteilzeit *EuGH* 20.3.2003 EzA EGV Richtlinie 76/207 Nr. 5 – *Kutz-Bauer./.Hamburg*).

46 Bei **kollektivvertraglichen Altersgrenzen** liegt ein Verstoß gegen §7 AGG vor, wenn der Tarifvertrag oder die Betriebsvereinbarung für Frauen eine andere Altersgrenze vorsieht als für Männer (vgl. *BAG* 20.11.1987 EzA § 620 BGB Altersgrenze Nr. 1; ferner *Belling/Hartmann* NZA 1993, 1009: Verstoß gegen Art. 3 Abs. 2 u. 3 GG; vgl. auch *BAG* 12.10.1994 § 620 BGB Altersgrenze Nr. 5). Während sich rentenrechtlich eine niedrigere Altersgrenze für Frauen als Privileg darstellt (vgl. *BAG* 12.10.1994 § 620 BGB Altersgrenze Nr. 5), führt arbeitsrechtlich jede Altersgrenze nach ihrer Wirkung zu einer Zwangspensionierung. Diese Wirkung ist umso erheblicher, je früher sie einsetzt. Niedrigere Altersgrenzen für ein Geschlecht, sei es in Tarifverträgen, sei es in Betriebsvereinbarungen oder in Vereinbarungen gem. § 28 SprAuG, verstoßen daher als direkt an das Geschlecht anknüpfende unmittelbare Diskriminierung gegen §7 AGG. Dies gilt auch dann, wenn sich die Anknüpfung an das Geschlecht aus der Inbezugnahme rentenrechtlicher Vorschriften oder betrieblicher Altersversorgungsregelungen ergibt (*Colneric* RdA 1996, 82, 88 f.). Nichts anderes gilt aus arbeitsrechtlicher Perspektive im Übrigen dann, wenn die frühere Altersgrenze keine Zwangswirkung entfaltet, sondern als **Frühpensionierungsprivileg** zugunsten weiblicher Arbeitnehmer ausgestaltet ist, da hierin eine Männerbenachteiligung zu sehen sein kann (*EuGH* 18.10.1988 Slg. 1988, 6315). Zu beachten bleibt jedoch, dass die Ausgestaltung rentenrechtlicher Bestimmungen selbst weder von §7 AGG noch von der Richtl. 76/207/EWG erfasst wird; gewährt der Arbeitgeber also anlässlich des Renteneintritts bestimmte Vergünstigungen, so kann er – dabei – wenn im übrigen der Gleichbehandlungsgrundsatz gewahrt bleibt – an den Zeitpunkt der Rentenberechtigung und des damit verbundenen Ausscheidens aus dem Arbeitsverhältnis anknüpfen (*Blanpain/Schmidt/Schweibert* Rz 373; *Preis/Malossek* Rz 101).

47 Im Hinblick auf **individualvertragliche Altersgrenzen** kann ebenfalls ein Verstoß gegen §7 AGG vorliegen. Da der EuGH eine allg. Entlassungspolitik für unzulässig erklärt hat, die zu einem unterschiedlichen Pensionierungsalter für Frauen und Männer führt (Rz 44), muss ein Verstoß dann bejaht werden, wenn sich zeigen lässt, dass der Arbeitgeber regelmäßig individualvertraglich eine frühere Altersgrenze für Frauen als für Männer durchsetzt.

48 Soweit es um **Kündigungen im Zusammenhang mit Alter und Rente** geht, kommt eine geschlechtsbezogene Diskriminierung dann in Betracht, wenn sich nachweisen lässt, dass der Arbeitgeber eine diskriminierende Kündigungspolitik verfolgt. Das wird man dann bejahen müssen, wenn der Arbeitgeber von seiner Befugnis, zur Sicherung eines angemessenen Altersaufbaus älteren Arbeitnehmern zu kündigen, in geschlechtsspezifisch unterschiedlicher Weise Gebrauch macht. Ob dabei eine unmittelbare oder eine mittelbare Diskriminierung vorliegt, hängt von den konkreten Umständen ab. Lässt sich eine generelle, unmittelbar an das Geschlecht anknüpfende Praxis nicht nachweisen, so bleibt es jedenfalls möglich, die Voraussetzungen einer mittelbaren Diskriminierung zu prüfen.

49 Benachteiligende Wirkung können auch **andere Maßnahmen oder Regelungen** haben, die an geschlechtsspezifisch unterschiedliche Altersgrenzen anknüpfen, etwa die Gewährung von zusätzlicher Altersfreizeit nur bis zum Erreichen des Rentenalters (*Bertelsmann* u.a. III P 46 Rz 19 ff.; **aA** *BAG* 6.2.1985 EzA Art. 3 GG Nr. 17).

c) Schwangerschaft und Mutterschaft

50 Ungleichbehandlungen aufgrund einer Schwangerschaft oder Mutterschaft sind im Allgemeinen Fälle **unmittelbarer Diskriminierung**. Gesetzliche, tarifvertragliche, betriebliche oder individuelle Regelungen oder Maßnahmen, die dem Schutz von Schwangeren oder dem Mutterschutz dienen, sind aber nach Art. 2 Abs. 3 Richtl. 76/207/EWG zulässig. Diese Vorschrift soll dem Schutz der körperlichen Verfassung der Frau sowie ihrer besonderen Beziehung zum Kind dienen (*EuGH* 25.7.1991 EzA § 19 AZO Nr. 4). Die Unzulässigkeit der Anknüpfung an die Schwangerschaft schließt eine Benachteiligung wegen einer geplanten Schwangerschaft, auch wenn sie durch künstliche Befruchtung herbeigeführt wer-

den soll, ein (*Schiek/Horstkötter* NZA 1998, 863, 864; zum gleichzeitigen Verstoß gegen § 612a KR-*Pfeiffer* § 612a BGB Rz 5).

Bei **Kündigungen von Schwangeren** wird § 7 AGG allerdings regelmäßig deshalb nicht relevant, weil **51** ohnehin das Kündigungsverbot des § 9 Abs. 1 MuSchG eingreift (vgl. *Junker/Salus* EWiR 1994, § 611a BGB 1/94, S. 1177). Bedeutsam kann das Benachteiligungsverbot aber bei Maßnahmen gegenüber Schwangeren werden, die keine Kündigung darstellen und somit nicht § 9 MuSchG unterliegen (*BAG* 23.10.1991 EzA § 9 MuSchG nF Nr. 29), ihr aber im Ergebnis gleichkommen (vgl. auch KR-*Bader* § 9 MuSchG Rz 133 ff.). Hierzu gehört bspw. die Nichtfortsetzung eines befristeten Arbeitsverhältnisses. Beruht die Nichtfortsetzung auf der Schwangerschaft, so verstößt sie gegen §§ 1, 7 AGG. Dass die Nichtfortsetzung auf Gründen beruht, denen jede geschlechtsbezogene Tendenz fehlt, kann etwa dann angenommen werden, wenn sie der Arbeitnehmerin angezeigt wurde, bevor diese dem Arbeitgeber ihre Schwangerschaft anzeigt (so etwa im Falle *BAG* 23.10.1991 EzA § 9 MuSchG nF Nr. 29, wo der frühere § 611a BGB von vornherein nicht geprüft wurde; vgl. zur Rechtfertigungsmöglichkeit Rz 78).

Praktische Relevanz hat Schwangerschaft als möglicher Benachteiligungsgrund vor allem wegen der **52** bei der Einstellung verbreiteten **Frage des Arbeitgebers nach der Schwangerschaft** von Bewerberinnen. Dabei kann es für die rechtliche Beurteilung keine Rolle spielen, ob diese Frage in einem Einstellungsgespräch, in einem Personalfragebogen oder erst anlässlich des Unterzeichnung des Arbeitsvertrags (so im Falle *BAG* 1.7.1993 EzA § 123 BGB Nr. 39) gestellt wird (zweifelnd *Zeller* BB 1993, 2087, 2088). Die Bedeutung dieses Problems liegt vor allem darin, dass eine unzutreffende Antwort der Bewerberin auf Fragen des Arbeitgebers bei der Einstellung – ebenso wie eine von der Arbeitnehmerin von sich aus gemachte, wahrheitswidrige Angabe – zur Anfechtung des Arbeitsverhältnisses wegen arglistiger Täuschung nach § 123 BGB berechtigen kann (*BAG* 22.9.1961 EzA § 123 BGB Nr. 4). Der Kenntnis der Schwangerschaft steht die Kenntnis der Bewerberin von solchen Umständen gleich, die den sicheren Schluss auf das Bestehen einer Schwangerschaft zulassen (vgl. zur Kritik an dieser Rspr.: *Küchenhoff* RdA 1969, 100; *Leipold* AuR 1971, 161; *Gamillscheg* FS W. Weber 1974, S. 814; *Hofmann* ZfA 1975, 10). All dies gilt allerdings nur, soweit die Täuschung durch unzutreffende Angaben rechtswidrig war, also auf zulässigen Fragen des Arbeitgebers oder ungefragt gemachten Angaben der Arbeitnehmerin beruht. Eine Unzulässigkeit der Frage nach der Schwangerschaft kann sich aus § 7 AGG ergeben; ist die Frage unzulässig, besteht auch bei bewusst falscher Antwort kein Anfechtungsrecht des Arbeitgebers wegen arglistiger Täuschung (*BAG* 6.2.2003 EzA § 123 BGB 2002 Nr. 2). Dabei lässt sich die Überprüfung arbeitgeberseitiger Anfechtungserklärungen nach dem Maßstab des § 7 AGG auch nicht das Argument entgegenhalten, der Arbeitgeber fechte nicht wegen einer Schwangerschaft, sondern wegen einer arglistigen Täuschung an, derentwegen eine vertrauensvolle Zusammenarbeit zukünftig ausgeschlossen sei (*Winterfeld* Anm. zu EzA § 123 BGB Nr. 37). Dies verkennt, dass nach § 123 BGB nur die rechtswidrige Täuschung die Vertrauensgrundlage zerstören und zur Anfechtung berechtigen kann. Auch der rechtsethische Einwand, dies führe zur Anerkennung eines Rechts der Arbeitnehmerin zur Lüge, verfängt nicht. Denn diese Beurteilung muss sich entgegnen lassen, dass eine unzulässige Frage des Arbeitgebers nach der Schwangerschaft einen rechtswidrigen Angriff auf das Recht der Arbeitnehmerin auf diskriminierungsfreie Behandlung ihrer Bewerbung darstellt. Gegenüber diesem Angriff räumt die Rechtsordnung das Verteidigungsmittel der Notlüge ein, was rechtsethisch keineswegs unerträglich ist. Hierzu hatte das BAG unter der Geltung des früheren § 611a BGB zunächst die Auffassung vertreten, eine solche Frage sei lediglich dann unzulässig, wenn sich sowohl Männer als auch Frauen beworben haben (»gespaltene Lösung« – *BAG* 20.2.1986 EzA § 123 BGB Nr. 27). Demgegenüber hat der EuGH in der *Dekker*-Entscheidung der Richtl. 76/207/EWG entnommen, sie verbiete die Berücksichtigung der Schwangerschaft, auch wenn sich nur Frauen beworben hätten (*EuGH* 8.11.1990 EzA § 611a BGB Nr. 7). Denn die Diskriminierungswirkung aufgrund einer geschlechtsspezifischen Eigenschaft, nämlich der Schwangerschaft, trete auch dann ein, wenn sich kein Mann bewerbe. Ob sich mit dieser Überlegung ein geschlechtsspezifischer Unterschied zwischen schwangeren und nichtschwangeren Frauen begründen lässt, muss zwar angezweifelt werden (krit. zB *Zöllner/Loritz* § 9 II 4 f.; vgl. auch *Hanau/Preis* ZfA 1988, 177, 200). Überzeugender erscheint das auf dem Prinzip des Effet utile beruhende weitere Argument des EuGH, die Bewerberin wisse oft nicht, ob sich auch Männer beworben hätten. Denn ob der Bewerberin mit einem Auskunftsanspruch – der wohl allein in Betracht kommenden Alternative – gedient wäre, erscheint zweifelhaft (*Heither* FS Gnade, S. 611 [616]). Für das an das Gebot richtlinienkonformer Auslegung gebundene deutsche Recht steht damit die prinzipielle Unzulässigkeit der Frage fest (*BAG* 15.10.1992 EzA § 123 BGB Nr. 37; aA *Adomeit* JZ 1993, 846; *Sowka* NZA 1994, 967). Soweit gegen diese Rspr. der – ökonomisch wohl zutreffende – Einwand erhoben wird, sie wirke im Hinblick auf Einstellungschancen von Frauen kontraproduktiv, weil sie den in seinem Fragerecht beschränkten Arbeitgeber veranlassen könne, ganz von der Einstellung von Frauen abzusehen (zB *Adams* ZIP 1994, 499; *Zeller* BB 1993, 2088 mN), mag dies als rechtspolitischer Einwand gegen die hinter § 7 AGG stehende Anti-Diskriminierungspolitik der EG erwogen werden. Die Nichtanwendung des § 7 AGG auf die fraglichen Fälle lässt sich damit nicht legitimieren.

53 Allerdings wird die Frage nach der Schwangerschaft damit nur **prinzipiell, aber nicht schlechthin unzulässig. Zulässig** bleibt die Frage ebenso wie andere Ungleichbehandlungen nach allg. Grundsätzen, wenn die Schwangerschaft dazu führt, dass die Bewerberin für die Tätigkeit **objektiv ungeeignet** ist. Dabei ist zu beachten, dass sich **Art und Zweck der Tätigkeit** nach dem konkret geschlossenen Vertrag richten. Während dieser Ausgangspunkt als solcher nicht angegriffen wird, ist – insbes. unter dem Gesichtspunkt richtlinienkonformer Auslegung – umstritten, in welchen Konstellationen die Frage nach der Schwangerschaft zulässig bleibt. Eine Auslegungsmöglichkeit geht dahin, objektive Ungeeignetheit dann anzunehmen, wenn das Arbeitsverhältnis etwa aufgrund der mutterschutzrechtlichen Beschäftigungsverbote für die Zeit der Schwangerschaft überhaupt nicht oder nur in sehr begrenztem Umfange durchgeführt werden kann. Dies ist insbes. der Fall, wenn die vorgesehene Tätigkeit erst gar nicht aufgenommen werden kann, etwa bei einem Mannequin, einer Tänzerin oder bei Tätigkeiten, durch die Schwangere erheblichen Gesundheitsgefahren ausgesetzt werden (*BAG* 1.7.1993 EzA § 123 BGB Nr. 39 = DB 1993, 1978 mit Anm. *Ehrich*) oder für die ein Beschäftigungsverbot nach §§ 3, 4 MuSchG besteht (angedeutet in *BAG* 1.7.1993 EzA § 123 BGB Nr. 39; *Heither* aaO; *Sowka* aaO; dahingestellt in *BAG* 1.7.1993 EzA § 123 BGB Nr. 39 [zu II 2d der Gründe]). Das BAG hat in den Fällen eines Beschäftigungsverbots eine Benachteiligung verneint, da Art. 2 Abs. 3 Richtl. 76/207/EWG Schwangeren- und Mutterschutz nicht entgegenstehe (*BAG* 1.7.1993 EzA § 123 BGB Nr. 39 [zu II 1 der Gründe]). Demgegenüber meint der EuGH, bei **unbefristeten Arbeitsverhältnissen** erlaube auch das Eingreifen eines für die gesamte Zeit der Schwangerschaft geltenden nationalen Beschäftigungsverbots, auch wenn es den Schutz der Schwangeren bezweckt, nicht, aus der Schwangerschaft Konsequenzen für das Bestehen des Arbeitsvertrags oder für eine etwaige Einstellung zu ziehen (*EuGH* 3.2.2000 EzA § 611a BGB Nr. 15 m. krit. Anm. *Gamillscheg* – *Mahlburg*; *EuGH* 14.7.1994 EzA Art. 119 EGV Nr. 17 – *Webb* = EWiR § 611a BGB mit Anm. *Junker/Salus*; 5.5.1994 EzA § 8 MuSchG Nr. 2 – *Habermann-Beltermann* = EuroAS 6/1994, S. 6 m. zust. Anm. *Colneric*; *BAG* 6.2.2003 EzA § 123 BGB 2002 Nr. 2; vgl. auch Rz 56; **aA** *Sowka* NZA 1994, 967 ff.). Diese Rspr. des EuGH ist indes methodisch bedenklich und inhaltlich nicht überzeugend. Denn wegen der Pflicht zur Zahlung des Mutterschaftslohns (§ 11 MuSchG) bzw. der Zuschusspflicht nach § 14 MuSchG kann sie dazu führen, dass der Arbeitgeber für nicht unerhebliche Zeiträume entgeltpflichtig bleibt, ohne dass er eine Gegenleistung erhält. Dies gilt umso mehr, als der Arbeitnehmerin u.a. die Sonderkündigung nach § 10 MuSchG oder § 19 BEEG offen steht, so dass unsicher ist, ob der Arbeitgeber jemals eine Gegenleistung erhält. Zu diesem mit dem Verhältnismäßigkeitsprinzip kaum zu vereinbarenden Ergebnis kann der EuGH nur kommen, weil er die Beeinträchtigung des Arbeitgebers nicht einmal als Abwägungsbelang berücksichtigt. Diesem Vorgehen ist entgegenzuhalten, dass die Verabsolutierung des Zwecks einer Norm unter Außerachtlassung anderer Zwecke zu fragwürdigen Ergebnissen kommen muss. Zu diesen fragwürdigen Ergebnissen zählt es, dass der Arbeitgeber auch die Schwangerschaftsvertretung nicht nach dem Bestehen einer Schwangerschaft fragen darf, wenn sie unbefristet, also über die Zeit der Schwangerschaft hinaus, eingestellt werden soll (ebenso *BAG* 15.10.1992 EzA § 123 BGB Nr. 37; s. aber *Ehrich* DB 1993, 431, 433 f.). Dies ist insbes. deshalb misslich, weil es dem Arbeitgeber unter den Bedingungen des deutschen Arbeitsrechts wegen § 21 Abs. 3 BEEG nicht möglich ist, eine Vertretungskraft unter Vereinbarung einer Zweckbefristung für den Zeitraum des Mutterschutzes und der anschließenden Elternzeit einzustellen. Vielmehr muss der Arbeitgeber, obschon er die Dauer der Vertretungsnotwendigkeit vorher nicht kennen kann, entweder von vornherein einen bestimmten Befristungszeitraum vereinbaren oder ein unbefristetes Arbeitsverhältnis vereinbaren. **Praktisch** wird man die Rspr. des EuGH nach seinen Entscheidungen vom 5.5.1994 (EzA § 8 MuSchG Nr. 2) und 14.7.1994 (EzA Art. 119 EGV Nr. 17) dahin zu verstehen haben, dass der Arbeitgeber bei unbefristeten Arbeitsverhältnissen sämtliche Folgen der Schwangerschaft zu tragen hat, ohne daraus Konsequenzen (Kündigung, Anfechtung) ziehen zu dürfen – mit der Folge, dass bei unbefristeten Arbeitsverhältnissen nach der Schwangerschaft schlechthin nicht gefragt werden darf (*Schulte Westenberg* NJW 1995, 761, 762; zusammenfassend zur Rspr. des EuGH etwa *Stürmer* NZA 2001, 526).

54 Für **befristete Arbeitsverhältnisse** gilt grds. nichts anderes. Der Arbeitgeber darf auch hier bei der Einstellung eine Schwangerschaft nicht berücksichtigen, selbst wenn die Arbeitnehmerin befristet eingestellt wird und infolge der Schwangerschaft während des befristeten Arbeitsverhältnisses überwie-

Allgemeines Gleichbehandlungsgesetz AGG

gend nicht arbeiten kann und dies bereits bei der Einstellung weiß (*EuGH* 4.10.2001 EzA § 611a BGB Nr. 16 – *Brandt-Nielsen*). Auf die Größe des Betriebs und die Disponibilität von Austauschkräften kommt es dabei nicht an (*EuGH* 4.10.2001 EzA § 611a BGB Nr. 16). Offen ist, ob dies auch dann gilt, wenn sich hieraus ein gänzlicher Eignungsmangel für die vorgesehene Position ergibt, etwa weil es sich um eine Schwangerschaftsvertretung handelt. Hier sprechen der Interessenlage nach gewichtige Gründe dafür, dass ein Arbeitgeber die Schwangerschaft berücksichtigen und also auch danach fragen darf; ob diese freilich vom EuGH anerkannt werden, ist nach der vorgenannten Rechtsprechungslinie zweifelhaft. Wegen der überwiegenden Interessen des Arbeitgebers wird man in den verbleibenden Ausnahmefällen nach wie vor **auch ohne ausdrückliches Befragen eine Offenbarungspflicht** der schwangeren Bewerberin annehmen und ein »Recht zur Lüge« versagen müssen (MünchKommBGB-*Müller-Glöge* § 611a Rz 30; vgl. auch *Wolf/Gangel* AuR 1982, 279; *LAG Düsseld.* 15.6.1973 BB 1974, 321). Bei Unkenntnis der Bewerberin von einer bestehenden Schwangerschaft kommt in den Fällen der zuletzt genannten Art **eine Irrtumsanfechtung nach § 119 Abs. 2 BGB nicht in Betracht**, da die Schwangerschaft keine verkehrswesentliche Eigenschaft darstellt (*BAG* 15.10.1992 EzA § 123 BGB Nr. 37).

Versuche, diese Einschränkungen des Fragerechts zu **umgehen,** dürften rechtlich nicht haltbar sein. Soweit die Frage nach der Schwangerschaft unzulässig ist, darf die Unzulässigkeit aus denselben Gründen auch nicht durch die Durchführung eines **Schwangerschaftstests** im Rahmen einer Einstellungsuntersuchung umgangen werden (*Bertelsmann* u.a. III P 7 Rz 37; *Schatzschneider* NJW 1993, 115, 116; aA *Ehrich* aaO; *Zeller* BB 1991, 1124, 1125; wohl auch *Adomeit* aaO; *Schulte Westenberg* NJW 1994, 1573, 1574). Die verdeckte Durchführung des Schwangerschaftstests ist in diesem Umfang durch §§ 1, 7 AGG verboten. Eine etwaige Entbindung des Arztes von seiner Schweigepflicht durch die Bewerberin ist unwirksam, außer in den Fällen, in denen ausnahmsweise auch die Arbeitgeberfrage zulässig ist (Rz 54). Ebenso ist höchst zweifelhaft, ob die Unzulässigkeit der Frage nach der Schwangerschaft durch die **Frage** verhüllt werden kann, ob die Bewerberin in nächster Zeit **an der Arbeitsleistung verhindert** sein werde (für Zulässigkeit etwa MünchKommBGB-*Müller-Glöge* § 611a Rz 30, da diese Frage auch bevorstehenden Wehr- bzw. Zivildienst abdecke). 55

Wegen der Belastungen, die sich für den Arbeitgeber aus Schwangerschaft und Mutterschutz und den dafür geltenden Schutzvorschriften ergeben, darf grds. nicht gekündigt werden. Dagegen wird eine **krankheitsbedingte Kündigung**, soweit sie nach allg. Grundsätzen zulässig ist, nicht in allen Fällen dadurch ausgeschlossen, dass die Erkrankung Folge einer Schwangerschaft ist. Das Risiko einer Krankheit trifft Männer und Frauen in prinzipiell gleicher Weise. Dies gilt nach der Richtl. 76/207/EWG allerdings lediglich unter der Voraussetzung, dass das anwendbare mitgliedstaatliche Recht ausreichende Schutzfristen vorsieht, während derer die Arbeitnehmerin vor und nach der Entbindung von ihrer Arbeitspflicht freigestellt ist (*EuGH* 20.6.1997 DB 1997, 1282), was für das deutsche Recht zu bejahen ist. Ferner ergibt sich aus einer systematisch-teleologischen Auslegung der Richtl. 76/207/EWG mit dem Kündigungsverbot des Art. 10 Mutterschutz-Richtl. 92/85/EWG, dass bei einer krankheitsbedingten Kündigung **Fehlzeiten während einer Schwangerschaft** nicht berücksichtigt werden dürfen (*EuGH* 20.6.1997 aaO Tz 25). Berücksichtigt werden dürfen allein die nach der Niederkunft und der Beendigung des Mutterschutzes eingetretenen Fehlzeiten (*EuGH* 30.6.1998 NZA 1998, 871, Tz. 27 – *Brown*./.*Rentokil*). Des Weiteren muss sichergestellt werden, dass die Voraussetzungen der krankheitsbedingten Kündigung auf beide Geschlechter gleichmäßig angewendet werden. Ist dies der Fall, kommt auch keine mittelbare Diskriminierung in Betracht (*EuGH* 8.11.1990 EuZW 1991, 90; zum Ganzen auch *EuGH* 8.9.2005 Slg. I 2005, 7631 – *North Western Health Board*./. *Margaret McKenna*; aA *Bertelsmann* u.a. III P 51 Rz 19 ff.). § 9 MuSchG und § 18 BEEG bleiben allerdings beachtlich. 56

Diese Grundsätze können auch für die Berücksichtigung anderer Folgen einer Schwangerschaft herangezogen werden. Führt eine Schwangerschaft zu **geringerer Leistungsfähigkeit**, so ist der Arbeitgeber nicht daran gehindert, dies etwa bei einer Entscheidung über die Verlängerung eines **befristeten Probearbeitsverhältnisses** zu berücksichtigen. Erforderlich ist aber, dass eine solche geringere Leistungsfähigkeit konkret nachweisbar ist und nicht nur eine nach §§ 1, 7 AGG unzulässige generelle Einschätzung dieser Art vorliegt. 57

d) Transsexualität

Transsexualität fällt unter die Benachteiligung wegen der sexuellen Identität. Gleichwohl kann zusätzlich eine Benachteiligung wegen des Geschlechts vorliegen. Zwar handelt es sich um ein Phänomen, das bei Personen beiderlei Geschlechts auftaucht. Gleichwohl hat der EuGH in der Kündigung einer transsexuellen Person einen Fall **unmittelbarer Diskriminierung** gesehen. Beabsichtige eine Person 58 eine **Geschlechtsumwandlung** oder sei diese bereits vollzogen, so liege in einer daran anknüpfenden Kündigung eine Schlechterbehandlung gegenüber Angehörigen des Geschlechts, dem die transsexuelle Person ursprünglich zuzurechnen gewesen sei (*EuGH* 30.4.1996 NZA 1996, 695, 696, Tz 21). Während dieses Argument für Fälle bereits erfolgter Geschlechtsumwandlung überzeugt, lässt sich bei noch bevorstehender Umwandlungsoperation eine unmittelbare Diskriminierung nur schwerlich bejahen, da das Vorliegen einer solchen bei Anknüpfung an eine bloße sexuelle Neigung (wenn nicht weitere Umstände hinzutreten) zu verneinen ist. Wohl deswegen hat auch der EuGH die Unzulässigkeit der Kündigung in derartigen Fällen zusätzlich auf das Gebot des Schutzes von Freiheit und Würde des Arbeitnehmers gestützt (*EuGH* 30.4.1996 aaO, Tz 22). Nicht entschieden – allerdings nach dieser Vorgabe des EuGH zum Schutzzweck der Richtl. 76/207/EWG ebenfalls zu bejahen – ist das Vorliegen einer unmittelbaren Diskriminierung, wenn die Benachteiligung nicht gegenüber Angehörigen des Ausgangsgeschlechts, sondern gegenüber Angehörigen des infolge Umwandlung vorliegenden Geschlechts erfolgt. Will man dem nicht folgen, bleibt das Vorliegen einer mittelbaren Diskriminierung denkbar, weil überwiegend »Männer« transsexuell veranlagt sind. Soweit das BAG demgegenüber in seiner Entscheidung vom 21.2.1991 den früheren §611a BGB unangewandt gelassen hat (*BAG* 21.2.1991 EzA §123 BGB Nr. 34), beruht dies nicht auf der Verneinung einer Ungleichbehandlung, sondern auf der Annahme des Vorliegens eines Rechtfertigungsgrundes im Einzelfall.

e) Wehr- und Zivildienst

59 Als unmittelbare Diskriminierung sind grds. **Benachteiligungen** unzulässig, die an **den geleisteten oder nicht geleisteten Wehr- oder Zivildienst** anknüpfen. Dabei gelten die vorstehend zu Schwangerschaft und Mutterschutz entwickelten Grundsätze entsprechend. In der Regel rechtswidrig sind alle Fragen des Arbeitgebers bei der Einstellung, die im Zusammenhang mit einer Wehr- oder Zivildienstpflicht oder dem Ableisten der entsprechenden Dienste stehen. Eine Ausnahme kommt aber zumindest dann in Betracht, wenn die Benachteiligung nicht wegen des Geschlechts erfolgt, also wenn es sich zB um eine unmittelbar bevorstehende befristete Tätigkeit handelt, die der Wehrpflichtige bei unmittelbar bevorstehender Einberufung nicht ausüben kann (*Wißmann* DB 1991, 650, 651). Unzulässig ist auch jede Benachteiligung von Wehrdienstleistenden gegenüber Zivildienstleistenden oder umgekehrt, weil insofern an ein Merkmal angeknüpft wird, das von vornherein nur Männer betrifft (*Wißmann* aaO). Auch stellt jede **Bevorzugung** aufgrund geleisteten Wehr- oder Zivildienstes eine unmittelbare Benachteiligung von Frauen dar, da diese keinen Wehr- oder Zivildienst leisten. Die im Soldatenversorgungsgesetz vorgesehenen **Soldatenquoten** im öffentlichen Dienst führen demgegenüber nicht zu einer unmittelbaren Benachteiligung von Frauen, weil auch diese nunmehr bei der Bundeswehr dienen können. Demgegenüber liegt zwar angesichts des deutlichen Überwiegens von Männern bei der Bundeswehr im Ergebnis eine mittelbare Benachteiligung vor. Diese dürfte allerdings insofern gerechtfertigt sein, als sich ansonsten das auf einer sicherheitspolitischen Grundentscheidung beruhende und notwendige System der Verwendung von Berufs-, Zeit- und Wehrpflichtsoldaten mangels beruflicher Perspektive für länger dienende Zeitsoldaten nicht aufrechterhalten ließe (vgl. auch *BAG* 11.12.1990 – 7 AZR 186/89 – nv; 14.11.1991 – 8 AZR 145/91 – nv). Die eigentliche Ursache dieser Benachteiligung von Frauen lag im Übrigen darin, dass die Bundeswehr in weiten Bereichen für eine Verwendung von Soldatinnen nicht offen war.

f) Zölibatsklauseln

60 Die Verheiratung eines Arbeitnehmers als auflösende Bedingung in einem Arbeitsverhältnis vorzusehen, ist – außerhalb kirchlicher Institutionen, für die besondere Grundsätze gelten – grds. unwirksam. Auf ein Geschlecht beschränkte Zölibatsklauseln, wie früher gegenüber Frauen verbreitet, wären heute auch wegen Verstoßes gegen §7 AGG unwirksam (s. schon *BAG* 10.5.1957 AP Nr. 1 zu Art. 6 Abs. 1 GG Ehe und Familie).

2. Mittelbare Benachteiligung

61 Zur bedeutsamsten Fallgruppe mittelbarer Benachteiligung hat sich die Benachteiligung aufgrund von **Teilzeitbeschäftigung** entwickelt; sie kann vorliegen, wenn unter Heranziehung der maßgeblichen Vergleichsgruppen mehr Angehörige des einen Geschlechts (typischerweise Frauen) teilzeitbeschäftigt sind (*EuGH* 7.2.1991 EzA Art. 119 EWG-Vertrag Nr. 1; 17.10.1989 Slg. 1989, 3199; *BAG* 20.11.1990 BB 1991, 1570; krit. *Herrmann* SAE 1993, 269, 281, die eine geschlechtsbezogene Benachteiligungstendenz nur zugunsten solcher Arbeitnehmerinnen anerkennt, bei denen die Teilzeitbeschäfti-

gung geschlechtsrollenbedingt ist, dh auf Kindererziehung beruht). Allerdings erscheint eine in Auseinandersetzung mit der Rspr. zu entwickelnde fallgruppenbezogene Abgrenzung wegen der unklaren Unterscheidung zwischen dem Vorliegen mittelbarer Benachteiligungen und deren ausnahmsweiser Rechtfertigung lediglich im Zusammenhang mit der Erörterung der Rechtfertigungsproblematik möglich (vgl. auch *Herrmann* SAE 1993, 269, 275).

IV. Benachteiligung wegen der Religion oder Weltanschauung

1. Unmittelbare Benachteiligung

Für das Arbeitsrecht verbieten §§ 1, 7 AGG die Benachteiligung wegen der Religion und wegen der Weltanschauung gleichermaßen. Für das Merkmal Religion ist die Geltung von Lehr- oder Glaubenssätzen mit **transzendentalem Inhalt** oder Bezug prägend, deren Inhalt Gewissheit über bestimmte Aussagen zum Weltganzen sowie zur Person des Menschen verbundene Herkunft und zum Ziel des menschlichen Lebens verheißt. Außerdem hat die deutsche Rechtsprechung stets verlangt, dass die entsprechende Gemeinschaft dem **äußeren Erscheinungsbild** nach eine Religion darstellen muss. Die bloße Behauptung eines Personenzusammenschlusses, eine Religion darzustellen, reicht nicht; maßgebend sind vielmehr insbes. die aktuelle Lebenswirklichkeit, die Kulturtradition sowie das allgemeine, aber auch das religionswissenschaftliche Verständnis (*BVerfG* 5.2.1991 BVerfGE 83, 341). **62**

Anders als eine Religion wird eine Weltanschauung durch **innerweltlich** begründete oder hergeleitete Merkmale konstituiert. Als Weltanschauung können daher diejenigen Lehren gelten, die gleich einer Religion, wenn auch ohne transzendentalen Bezug, Antworten mit universellem Geltungsanspruch auf die Grundfragen menschlicher Existenz (Was kann ich wissen? Was soll ich tun? Was darf ich hoffen?) zu geben behaupten und in ähnlicher Weise wie eine Religion äußerlich verfestigt sind. Die politische Einstellung begründet daher für sich genommen keine Weltanschauung. **63**

Keine Religion oder Weltanschauung liegt vor, wenn religiöse oder weltanschauliche Ziele lediglich vorgegeben werden, um unter diesem Deckmantel **andere Zwecke**, etwa rein wirtschaftlicher Art, zu verfolgen. Letzteres hat die deutsche Rechtsprechung im Falle von Scientology angenommen (*BAG* 22.3.1995 EzA Art 140 GG Nr. 26); es bleibt abzuwarten, ob der EuGH dem folgen wird. Auch die bloße Vornahme kultischer oder ritueller Handlungen (Meditationsrituale, Hexen- oder Satanskulte; Rauschmittelkult – »First Church of Marihuana«) begründet keine Religion oder Weltanschauung. **64**

Eine **Benachteiligung** wegen der Religion oder Weltanschauung liegt nach dem EG-rechtlich vorgegebenen abstrakten Diskriminierungsbegriff nicht nur vor, wenn der Arbeitgeber Angehörige verschiedener Religionen ungleich behandelt, also Angehörigen einer Religion an Feiertagen den Besuch einer Kirche, Moschee oder Synagoge gestattet, denjenigen anderer Bekenntnisse hingegen nicht. Vielmehr ist eine Benachteiligung wegen der Religion schon dann zu bejahen, wenn überhaupt aus der Religion oder der Vornahme von religiös vorgeschriebenen Handlungen nachteilige Folgen gezogen werden. **65**

2. Mittelbare Benachteiligung

Als äußerlich scheinbar neutrale Merkmale, die sich faktisch vornehmlich zum Nachteil bestimmter Religionsangehöriger auswirken, kommen vor allem solche Maßgaben des Arbeitgebers in Betracht, die mit durch die Religion vorgesehenen Handlungen (Betzeiten, Meditationszeiten, Fastenzeiten, Bekleidungsvorschriften) in Widerspruch stehen. Die Unterbrechung der Arbeit für eine nicht auf die Arbeitszeit anrechenbare Pause zur **Verrichtung von Gebeten** hat die Rechtsprechung dem Arbeitnehmer schon seit jeher im Rahmen der §§ 626, 242 BGB und in den Grenzen der Rücksichtnahmepflicht gegenüber dem Arbeitgeber gestattet, sofern der Arbeitnehmer das Gebet in nachvollziehbarer Weise als religiöse Pflicht ansieht. Abmahnungen können unzulässig sein (im konkreten Fall verneinend *LAG Hamm* 26.2.2002 NZA 2002, 1090). Im Rahmen der §§ 1, 7 AGG ist eine mittelbar an die Religion anknüpfende nachteilige Behandlung stets als Benachteiligung anzusehen; es kommt auf das Eingreifen einer Rechtfertigung an. Das **Tragen eines Kopftuchs** aus religiösen Gründen kann mit den Kleidervorschriften des Arbeitgebers in Widerspruch stehen. Das BAG hat hierzu im Falle einer Verkäuferin eines Kaufhauses eine Kündigung wegen der bloßen Weigerung, den Bekleidungsvorschriften des Arbeitgebers zu entsprechen, für unwirksam gehalten (*BAG* 10.10.2002 EzA § 1 KSchG Verhaltensbedingte Kündigung Nr. 58). **66**

V. Benachteiligung wegen einer Behinderung

67 Ausweislich der Gesetzesbegründung soll der Begriff der »Behinderung« den **sozialrechtlich entwickelten** gesetzlichen Definitionen in § 2 Abs. 1 S. 1 SGB IX und in § 3 BGG entsprechen: Nach diesen, insoweit übereinstimmenden Vorschriften sind Menschen behindert, »wenn ihre körperliche Funktion, geistige Fähigkeit oder seelische Gesundheit mit hoher Wahrscheinlichkeit länger als sechs Monate von dem für das Lebensalter typischen Zustand abweichen und daher ihre Teilhabe am Leben in der Gesellschaft beeinträchtigt ist«. Dem ist als Faustregel zuzustimmen. Allerdings ist das Merkmal der Behinderung in der EG-Richtlinie europäisch-autonom auszulegen (*EuGH* 11.6.2006 – Rs C-13/05 – *Chacón Navas*), so dass das Verständnis des historischen-deutschen Transformationsgesetzgebers im Konfliktfall nicht den Ausschlag geben kann. Inwieweit dabei Divergenzen hervortreten werden, bleibt abzuwarten. Jedenfalls stimmt die Position des EuGH mit derjenigen des deutschen Gesetzgebers insofern überein, als eine bloße Krankheit keine Behinderung darstellt (*EuGH* 11.6.2006 aaO).

VI. Benachteiligung wegen des Alters

1. Unmittelbare Benachteiligung

68 Unmittelbare Benachteiligungen wegen des Alters umfassen diejenigen Regelungen, die an das Lebensalter anknüpfen. Das gilt in beide Richtungen, also sowohl für die Bevorzugung/Benachteiligung von Jüngeren als auch für diejenige von Älteren. Eine unmittelbare Benachteiligung wegen des Lebensalters liegt gleichermaßen vor, wenn unmittelbar an ein zahlenmäßig bestimmtes Lebensalter angeknüpft wird, und wenn an ein Ereignis angeknüpft wird, das mit einem bestimmten Lebensalter verknüpft ist, namentlich das Erreichen des **Rentenalters**. Erfasst werden insbes. **Altersgrenzen** individualvertraglicher und kollektivrechtlicher Art (*Nieders. OVG* 13.9.2006 – 12 ME 275/06 – juris Nr. MWRE060001512). Zu beachten sind die Wertungen des AGG ferner, wenn der Arbeitgeber von seiner Befugnis Gebrauch macht, zur **Sicherung einer angemessenen Altersstruktur** seiner Belegschaft einzelnen Arbeitnehmern zu kündigen. Zwar ordnet § 2 Abs. 4 AGG die Unanwendbarkeit des Gesetzes auf eine Kündigung an. Gleichwohl liegt hier der Sache nach eine unmittelbare Benachteiligung wegen des Alters vor. Denn die Kündigung des betroffenen Arbeitnehmers ist durch dessen persönliches Lebensalter veranlasst. Die Wertungen der zugrunde liegenden RL 2000/78/EG sind durch richtlinienkonforme Auslegung der §§ 1 KSchG, 242 BGB zu sichern. Problematisch sind in den genannten Fällen vornehmlich die Voraussetzungen einer Rechtfertigung.

2. Mittelbare Benachteiligung

69 Eine mittelbare Benachteiligung wegen des Alters ist gegeben, wenn ein Merkmal, auf dem eine abweichende Behandlung beruht, weit **überwiegend Angehörige eines bestimmten Lebensalters** erfasst. Das ist etwa dann der Fall, wenn eine Maßnahme oder Regelung daran anknüpft, dass der Betreffende noch in der Ausbildung ist oder bereits eine Rente oder Pension bezieht. Auch die Berücksichtigung der Dauer der Betriebszugehörigkeit benachteiligt statistisch gesehen jüngere Arbeitnehmer. Erneut kommt es in diesen Fällen vor allem auf das Vorliegen einer Rechtfertigung an.

VII. Benachteiligung wegen der sexuellen Identität

70 Das Merkmal der sexuellen Identität erfasst zunächst sexuelle Neigungen oder Veranlagungen wie **Homosexualität**, **Bisexualität** oder die Neigung zu ungewöhnlichen sexuellen Praktiken, nicht jedoch eine sexuelle Praxis als solche (*Bauer/Göpfert/Krieger* § 1 AGG Rz 52; weitergehend *Annuß* BB 2006, 1630). So darf ein Arbeitnehmer nicht deswegen wegen seiner Neigung als Transvestit benachteiligt werden; wohl aber kann ein Arbeitgeber im Rahmen allgemeiner Regeln eine angemessene Arbeitskleidung verlangen. Geschützt ist aber nicht nur die Abweichung von der Mehrheit, sondern auch die **heterosexuelle** Neigung. Wegen des durch den EuGH zugrunde gelegten abstrakten Diskriminierungsbegriffs kommt es ferner nicht darauf an, ob ein Heterosexueller etwa gegenüber einem Homosexuellen benachteiligt wurde oder umgekehrt. Vielmehr gilt ist jede Anknüpfung an die sexuelle Identität bereits in abstracto unzulässig, so dass eine Benachteiligung iSd §§ 1, 7 AGG auch etwa dann zu bejahen ist, wenn der Arbeitgeber einen Homosexuellen gegenüber einem anderen benachteiligt, weil jener sich offen hierzu bekennt. Im Falle der **Transsexualität** greift der Schutz der Regelung nicht erst, wenn eine Geschlechtsumwandlung vollständig vollzogen ist, weil bereits die Neigung geschützt wird. Nicht geschützt werden sexuelle Neigungen, die gesetzlich zum Schutz höherrangiger Rechtsgüter untersagt sind wie die Pädophilie.

VIII. Verspätete Umsetzung der Richtlinien 2000/43 und 2000/78

Die Umsetzungsfrist der Gleichbehandlungsrahmen-Richtl. 2000/78 endete am 2.12.2003. Dieses Datum beansprucht aber nur für die Gleichbehandlung wegen der Religion, der Weltanschauung und der sexuellen Ausrichtung unbedingt Geltung. Zur Umsetzung des Grundsatzes der Gleichbehandlung ohne Beachtung des Alters oder einer Behinderung können die Mitgliedstaaten nach Art. 18 der Richtl. eine Zusatzfrist von bis zu sechs Jahren in Anspruch nehmen, während derer allerdings bereits über Fortschritte bei der Bekämpfung von Diskriminierungen an die Kommission berichtet werden muss. Wie die Richtl. 76/207 erfasst auch die Richtl. 2000/78 ihrem Schwerpunkt nach arbeitsrechtliche Sachverhalte. Die Umsetzungsfrist der Richtlinie 2000/43 zur Anwendung des Gleichbehandlungsgrundsatzes ohne Unterschied der Rasse oder ethnischen Herkunft endete am 19.7.2003. Ihr Anwendungsbereich geht zwar über das Arbeitsrecht hinaus, schließt arbeitsrechtliche Sachverhalte aber in Art. 3 Abs. 1 lit. a der Richtl. mit ein. Beide Richtlinien sind nach allgemeinen EG-rechtlichen Grundsätzen spätestens seit dem Verstreichen der Umsetzungsfrist im Wege richtlinienkonformer Auslegung der maßgebenden Gesetze zu beachten, etwa des § 1 KSchG oder des früheren § 611a BGB in entsprechender Anwendung oder bei der Konkretisierung des arbeitsrechtlichen Gleichbehandlungsgrundsatzes (*BAG* 11.4.2006 NZA 2006, 1217). Dabei kommt im Rahmen allgemeiner Grundsätze in sog. »vertikalen Rechtsverhältnissen« (Staat als Arbeitgeber) eine unmittelbare Anwendung in Betracht, soweit diese Richtlinien auf die Begründung subjektiver Rechte zielen und die Richtlinien hierfür hinreichend bestimmt sind (*Thüsing* NJW 2003, 3441). In »horizontalen Rechtsverhältnissen« ist das Gebot richtlinienkonformer Auslegung zu beachten, das nicht nur für Umsetzungsvorschriften, sondern für die Rechtsordnung als Ganzes gilt. Danach müssen die Arbeitsgerichte die Anforderungen der besagten Richtlinien soweit möglich beachten. Im **Kündigungsrecht** wird man den Grundsatz aufstellen können, dass eine gegen den Verbotsgehalt der besagten Richtlinien verstoßende Kündigung unwirksam ist. Da die in der Richtlinie 2000/78/EG genannten Kriterien nach Auffassung des EuGH auf einem allgemeinen Rechtsgrundsatz des Gemeinschaftsrechts beruhen (*EuGH* 22.11.2005 – Rs C-144/04 – *Mangold*), ist die Verwirklichung des Gemeinschaftsrechts insoweit auch nicht auf die Maßgaben der richtlinienkonformen Auslegung beschränkt. Vielmehr kommt eine direkte Anwendung dieses allgemeinen Gemeinschaftsrechtsgrundsatzes – auch in Rechtsverhältnissen zwischen Privaten – in Betracht.

D. Rechtfertigung von Benachteiligungen

I. Unmittelbare Benachteiligung

Nach § 8 Abs. 1 AGG darf insoweit wegen eines an sich unzulässigen Grundes unterschieden werden, als dieser eine Voraussetzung einer bestimmten Tätigkeit darstellt. Zudem enthält § 9 AGG besondere Rechtfertigungsgründe im Falle der Benachteiligung wegen der Religion; § 10 AGG solche im Hinblick auf das Alter. § 8 Abs. 2 AGG gilt für die hier nicht zu vertiefenden Fragen der Entgeltdiskriminierung. Die Anwendung des § 8 AGG ist auch bei den in §§ 9, 10 AGG angesprochenen Merkmalen nicht ausgeschlossen. Nach dem Maßstab der Art. 4 ff. Richtl. 2000/78/EG hat die Rechtfertigungsprüfung regelmäßig in **zwei Stufen** zu erfolgen. Zuerst kommt es darauf an, ob die fragliche Benachteiligung einem **berechtigten oder legitimen Ziel** des Arbeitgebers dient. Zweitens ist alsdann zu fragen, ob die Benachteiligung zur Erreichung dieses Ziels **angemessen und erforderlich** ist (Verhältnismäßigkeitsprüfung). Bei alledem ist die Frage der Rechtfertigung nach **objektiven Kriterien** und nicht nach den Motiven des Arbeitgebers zu beurteilen (*BAG* 1.7.1993 EzA § 123 BGB Nr. 39 [zu II 2c der Gründe]; *ArbG Hannover* 15.11.1990 EzA § 611a BGB Nr. 6; MünchKommBGB-*Müller-Glöge* § 611a Rz 28). Wegen seiner Funktion als Ausnahme zu einem garantierten Individualrecht ist eine **erweiternde Auslegung** des § 8 AGG **nicht zulässig**. Das Abstellen auf ein an sich unzulässiges Unterscheidungskriterium muss, mit anderen Worten, eine wesentliche und entscheidende berufliche Anforderung verwirklichen, die einem rechtmäßigen Zweck dient und für dessen Erreichung angemessen ist.

Die Frage, ob eine Benachteiligung einem **legitimen Ziel** dient, ist anhand der Maßstäbe des AGG und den zugrunde liegenden Richtlinien zu beurteilen. Dort sind einzelne zulässige Ziele genannt; sonst ergeben sie sich aus allgemeinen Wertungen des Allgemeininteresses nach dem EG-Recht (*EuGH* 22.11.2005 – Rs C-144/4 – *Mangold*) und ferner den legitimen Bedürfnissen des Unternehmens (*EuGH* 13.5.1986 Slg. 1986, 1628). Hinsichtlich der Ausgestaltung des Arbeitsplatzprofils als Ausdruck des Unternehmensbedürfnisses besteht Gestaltungsfreiheit des Unternehmens, die man grds. lediglich einer Plausibilitätskontrolle wird unterwerfen können (vgl. *Annuß* BB 2006, 1629, 1633). Anders liegt es dann, wenn gerade die konkrete unternehmerische Zwecksetzung gegen das Gleichbehandlungsziel gerichtet ist. Das wirkt sich vor allem bei der Frage aus, ob eine bestimmte berufliche Anforderung **wesentlich** für eine Tätigkeit ist. Deshalb kann ein Arbeitgeber zwar für eine Tätigkeit als weibliches Fotomodell Frauen bevorzugen; hingegen sind für die Tätigkeit als Flugbegleiter (Steward oder Stewardess) sowohl Männer als Frauen geeignet, weil weibliche Attraktivität nicht für die eigentliche Tätigkeit bedeutsam ist.

74 Außerdem gilt der **Verhältnismäßigkeitsgrundsatz**; die Ungleichbehandlung darf nicht weiter gehen, als unbedingt erforderlich (*EuGH* 15.5.1986 Slg. 1986, 1651, 1686 f.). So kann bspw. ein völliger Ausschluss von Arbeitnehmern einer geschützten Gruppe von einem bestimmten Vorteil dann unverhältnismäßig sein, wenn dies bei einem erheblichen Teil der Gruppenangehörigen gar nicht erforderlich ist, um das betreffende Ziel zu erreichen (*EuGH* 22.11.2005 – Rs C-144/4 – *Mangold*). Anders als bei Gleichheitsrechten, die – wie zB Art. 3 GG oder § 4 TzBfG – nur willkürfreie Entscheidungen verlangen, reicht hier also das Vorliegen eines sachlichen Differenzierungsgrundes nicht aus; die Differenzierung muss vielmehr unabdingbar sein.

II. Mittelbare Benachteiligung

75 Die Rechtfertigungsregelung des § 8 AGG ist erkennbar auf die Rechtfertigungsprobleme bei **unmittelbaren Benachteiligungen** zugeschnitten und passt für **mittelbare Benachteiligungen** nicht ohne weiteres. Das Rechtfertigungsproblem stellt sich indessen auch bei mittelbarer Benachteiligung. Denn trotz eines überwiegenden Betroffenseins eines Geschlechts und der daran anschließenden wertenden Feststellung einer typischen Ungleichbehandlungssituation kann eine mittelbare Benachteiligung wegen eines unzulässigen Merkmals gerechtfertigt sein, wobei diese Feststellung mit der Prüfung zusammenfällt, ob eine Unterscheidung iSd § 3 Abs. 2 AGG sachlich gerechtfertigt und die Mittel angemessen sind.

76 Erforderlich zur Rechtfertigung einer mittelbaren Diskriminierung ist ein **nicht auf ein unzulässiges Merkmal bezogener sachlicher Grund** (*Franzen* ZEuP 1995, 796, 811 f.). Nicht jede willkürfreie Unterscheidung durch den Arbeitgeber ist jedoch erlaubt. Deshalb reicht im Zusammenhang mit Kündigungen die soziale Rechtfertigung nach § 1 Abs. 3 KSchG nicht per se aus, um eine mittelbare Benachteiligung zu rechtfertigen (*Schiek/Horstkötter* NZA 1998, 863, 866). Vielmehr müssen sich die Unterscheidungskriterien ihrerseits am Prinzip der Gleichbehandlung messen lassen. Der EuGH und – dem folgend – das BAG haben diese Anforderungen auch dahin umschrieben, Unterscheidungen zwischen verschiedenen Gruppen seien lediglich dann gerechtfertigt, wenn sie auf »objektiven Faktoren, die nichts mit dem Geschlecht (oder dem sonst in Rede stehenden Merkmal – Verf.) zu tun haben«, beruhen (*EuGH* 13.5.1986 Slg. 1986, 1607, 1627; *BAG* 9.10.1991 NJW 1992, 1125). Die Frage der Rechtfertigung ist dementsprechend auch hier (s. bereits Rz 72) nach objektiven Kriterien und nicht nach den Motiven des Arbeitgebers zu beurteilen. Die ArbG sind daher bei der Prüfung der Rechtfertigung nicht auf die vom Arbeitgeber angegebenen Gründe beschränkt (*ArbG Hannover* 15.11.1990 EzA § 611a BGB Nr. 6; **aA** *LAG Frankf.* 11.3.1988 LAGE § 611a BGB Nr. 4). Inwieweit es dem Arbeitgeber gestattet ist, **Rechtfertigungsgründe nachzuschieben**, ist demgegenüber eine Frage der Effektivität des Rechtsschutzes (dazu Rz 188). Das Hinausgehen dieser Rechtfertigungsanforderungen über eine bloße Willkürkontrolle manifestiert sich insbes. in der Anwendung des **Verhältnismäßigkeitsprinzips**. Der EuGH verlangt, dass die genannten Rechtfertigungsgründe einem »**wirklichen Bedürfnis**« des Unternehmens dienen« und zur Erreichung dieses Ziels geeignet und erforderlich sind (*EuGH* 13.5.1986 Slg. 1986, 1628 – *Bilka*; krit. zu diesem Konzept *Herrmann* SAE 1993, 281). Soweit es um die Richtlinienkonformität nationalen Gesetzesrechts geht, treten an die Stelle des Unternehmensbedürfnisses die Ziele nationaler Sozialpolitik. Gesetzliche Maßnahmen, welche zu einer mittelbaren Diskriminierung führen, müssen einem legitimen, sozialpolitischen Ziel dienen, das »nichts mit einer Diskriminierung aufgrund des Geschlechts zu tun hat« sowie zu dessen Erreichung geeignet und erforderlich sein (*EuGH* 26.9.2000 NZA 2000, 1155, Tz. 30 – *Kachelmann./.Bankhaus Lampe*). Freilich ist die Beschränkung auf sozialpolitische Erwägungen problematisch, weil nicht ersichtlich ist, warum gerade sozialpolitische Erwägungen, nicht aber solche aus anderen Politikfeldern zur Rechtfertigung mittelbarer Diskriminierung taugen (vgl. *Waas* EuR 1994, 97, 102 f.); auch der EuGH hat etwa den eher wirtschafts- als sozialpolitisch einzuordnenden Gesichtspunkt des Schutzes von Kleinbetrieben als Rechtfertigungsgrund nach Art. 137 Abs. 2 EGV akzeptiert (*EuGH* 30.11.1993 DB 1994, 50).

77 Welche **Kontrolldichte** im Hinblick auf unternehmerische Entscheidungen sich mit dem Begriff »wirkliches Bedürfnis« verbinden soll, ist unklar. Dies gilt um so mehr, als der EuGH im *Enderby*-Fall – be-

sonders wenig konkret – davon gesprochen hat, das Unterscheidungskriterium müsse »zu den Bedürfnissen und Zielen des Unternehmens in Beziehung gesetzt werden« (*EuGH* 27.10.1993 EuZW 1994, 505 – Tz 25), wobei allerdings ein Abrücken vom Standard der *Bilka*-Entscheidung (*EuGH* 13.5.1986 Slg. 1986, 1607 [1627]; vgl. oben Rz 73) nicht erkennbar ist. Die Formulierung »wirkliches Bedürfnis« deutet jedenfalls daraufhin, dass nicht jedes vom Arbeitgeber vorgebrachte Bedürfnis akzeptabel ist. Andererseits können unternehmerische Entscheidungen angesichts der wettbewerbsrechtlichen Vorgaben des EG-Vertrags nur beschränkt justiziabel sein. Das spricht dafür, als wirkliche Bedürfnisse solche anzuerkennen, die einer **Plausibilitätskontrolle** standhalten, also nicht evident nur vorgeschoben sind. Dem entspricht, dass der EuGH bei der Beurteilung dieser Frage regelmäßig lediglich eine entsprechende Darlegung des Arbeitgebers vor den nationalen Gerichten verlangt (zB *EuGH* 27.6.1989 EuZW 1990, 316; 17.10.1989 Slg. 1989, 3199), es sei denn, die allein in Betracht kommenden Rechtfertigungsgründe sind evident unzureichend (zB *EuGH* 13.12.1989 EuZW 1990, 189).

Das Bestehen einer **tarifvertraglichen Regelung** reicht als Rechtfertigungsgrund für sich genommen nicht aus, eine besondere Einschätzungsprärogative der Tarifvertragsparteien besteht nicht. Da sich die Richtl. 76/207/EWG gerade auch an die Tarifvertragsparteien richtet, können diesen gegenüber keine großzügigeren – allerdings auch keine strengeren – Maßstäbe gelten als gegenüber Unternehmensentscheidungen im Übrigen (vgl. *EuGH* 27.10.1993 EuZW 1994, 505). 78

III. Benachteiligung wegen des Geschlechts

1. Allgemeines

Die breiteste Erfahrung besteht mit Fällen einer Benachteiligung wegen des Geschlechts. Welche Tatbestände hierunter fallen, ist nicht ausdrücklich bestimmt. Die **Bundesregierung** hatte der EG-Kommission infolge eines Vertragsverletzungsverfahrens (*EuGH* 21.5.1985 Slg. 1985, 1474) einen **Katalog** von Tätigkeiten vorgelegt, bei denen eine ausdrückliche Unterscheidung nach dem Geschlecht zugelassen sein soll (BABl. 11/1987, 40). Dort werden aufgeführt: Tätigkeiten, in denen die authentische Erfüllung einer Rolle geschlechtsabhängig ist (reproduzierende Sprech- und Gesangskünstler, Modelle, Mannequins); kirchliche Tätigkeiten mit Verkündungsauftrag; berufliche Tätigkeiten außerhalb der EG, soweit dort kraft Gesetzes oder kulturellen bzw. religiösen Brauchs nur ein Geschlecht akzeptiert wird; Betreuungstätigkeit in Frauenhäusern, soweit nach dem dortigen Konzept erforderlich; Tätigkeiten im Bereich der äußeren und inneren Sicherheit (Streitkräfte/Polizei/Vollzugsdienst) im Rahmen der jeweils einschlägigen Gesetzes- und Verwaltungsvorschriften. Dieser Katalog stellt indes nicht mehr als eine regierungsamtliche Gesetzesauslegung dar, die demgemäß nicht verbindlich ist (Art. 164 EGV; Art. 92 GG), zumal die Einschränkung im Sicherheitsbereich nicht mehr der Rspr. entspricht (Rz 85). 79

Unproblematisch als Rechtfertigungsgrund können die genannten Fälle der **Authentizitätswahrung** gelten, die bei der Besetzung von Theater-, Film- und Fernsehrollen eingreifen. Gleiches gilt für die Fälle der Diskriminierung aus Gründen zwingenden Drittschutzes, der bei der Aufsicht über weibliche Gefangene oder auch bei Frauenhäusern vorliegt (zum ganzen *BAG* 14.3.1989 EzA § 611a BGB Nr. 4 [zu A I 2b der Gründe]). 80

Soweit für Frauen **gesetzliche Beschäftigungsverbote** gelten (etwa nach dem MuSchG oder nach § 64a BundesbergG), darf der Arbeitgeber dies bei der Einstellung berücksichtigen; er braucht keine Frauen für Tätigkeiten einzustellen, die sie nicht ausüben dürfen (*BAG* 14.3.1989 EzA § 611a BGB Nr. 4 [zu A I 2a der Gründe]). Allerdings unterliegt eine solche Berücksichtigung den Voraussetzungen, die generell an die Rechtfertigung von Ungleichbehandlungen zu stellen sind; sie muss daher einem zwingenden Bedürfnis des Unternehmens dienen (Rz 76f). Dementsprechend darf der Arbeitgeber das Beschäftigungsverbot lediglich dann berücksichtigen, wenn es sich beim Vollzug des Arbeitsverhältnisses in erheblicher Weise auswirkt. Der EuGH legt dabei allerdings im *Habermann-Beltermann*-Fall überstrenge Maßstäbe an (vgl. Rz 53): Die arbeitgeberseitige Beendigung oder auch die kraft Gesetzes eintretende Unwirksamkeit eines **unbefristeten Arbeitsverhältnisses** sei unvereinbar mit der Richtl. 76/207/EWG, wenn sie sich daraus ergebe, dass die bei der Einstellung unerkannt schwangere Arbeitnehmerin einem Beschäftigungsverbot unterliege, aufgrund dessen sie die vorgesehene Tätigkeit während der Schwangerschaft und Stillzeit nicht ausüben könne und somit die Tätigkeit trotz aktuellen Bedarfs des Arbeitgebers nicht aufnehmen könne (*EuGH* 5.5.1994 EzA § 8 MuSchG Nr. 2; auf Vorlage *ArbG Regensburg* 24.11.1992 EuZW 1992, 552 – LS). Bestätigt hat der EuGH diese Linie in der aufgrund einer englischen Vorlage ergangenen *Webb*-Entscheidung (*EuGH* 14.7.1994 EzA Art. 119 EGV Nr. 17), nach 81 der einer unbefristet eingestellten schwangeren Arbeitnehmerin nicht wegen ihrer Schwangerschaft gekündigt werden darf, selbst wenn sie nach dem Zweck ihres Arbeitsvertrags zunächst als Schwangerschaftsvertretung für eine andere Arbeitnehmerin eingestellt wurde und diese Aufgabe nicht wahrnehmen darf. Gegenüber der Einordnung solcher Beendigungen als diskriminierend ist allerdings der Einwand vorzubringen, dass es in diesen Fällen nicht die Schwangerschaft, sondern die konkret hervortretende, über das normale, mit jeder Schwangerschaft verbundene Maß hinausgehende Beeinträchtigung des Arbeitsverhältnisses ist, die den Arbeitgeber hier zur Beendigung des Arbeitsverhältnisses veranlasst. Daher muss richtigerweise die Berücksichtigung von Beschäftigungsverboten ebenso wie die Berücksichtigung anderer konkret auf das Arbeitsverhältnis bezogener Folgen der Schwangerschaft auch bei unbefristeten Arbeitsverhältnissen zulässig sein, wenn diese sich beim Vollzug des Arbeitsverhältnisses in erheblichem Maße und über die mit jeder Schwangerschaft verbundene Beeinträchtigung deutlich hinausgehend auswirken.

82 Im Hinblick auf die Berücksichtigung arbeitsrechtlicher **Beschäftigungsverbote** ist allerdings prinzipiell zu beachten, dass diese Verbote sich **ihrerseits an der EG-Gleichbehandlungsrichtl. messen** lassen müssen (*EuGH* 5.5.1994 EuZW 1994, 374; 25.7.1991 EzA § 19 AZO Nr. 4; *Preis/Malossek* Rz 95) und im Falle eines Benachteiligungseffekts nur bei objektiver Rechtfertigung mit dieser vereinbar sind. Außerdem darf eine Tätigkeit nicht zu Umgehungszwecken durch Teiltätigkeiten mit Beschäftigungsverboten »garniert« werden (vgl. LAG Nds. 23.11.1984 LAGE § 611a BGB Nr. 1). Keine objektive Rechtfertigung für Ungleichbehandlungen liegt daher in dem bloßen Umstand, dass für Frauen im Falle der Schwangerschaft besondere soziale Schutzvorschriften gelten. So kann ein Orchester die Nichteinstellung einer Frau nicht mit der Begründung rechtfertigen, diese könne schwanger werden und dürfe im Falle der Schwangerschaft nicht nach 20 Uhr arbeiten, wenn alle Konzerte anfangen (*Adomeit* DB 1980, 2388; vgl. auch *BAG* 10.1.1996 EzA § 611 BGB Musiker Nr. 1). Auch ein prinzipieller, wenngleich durch Ausnahmen durchbrochener Ausschluss von Frauen von Nachtarbeit kann unter den heutigen Verhältnissen nicht mehr gerechtfertigt werden; ein solcher Ausschluss lässt sich weder durch eine größere Belastung von Frauen durch Haushaltsarbeit noch durch die größere Gefährdung durch Überfälle rechtfertigen (*EuGH* 25.7.1991 EzA § 19 AZO Nr. 4; 13.3.1997 NZA 1997, 481; 4.12.1997 EWS 1998, 181). Schon mit dieser Rspr. des EuGH war das undifferenzierte Nachtarbeitsverbot für Arbeiterinnen im früheren § 19 AZO nicht vereinbar. Mit ähnlicher Tendenz hat auch das BVerfG erkannt, dass das Nachtarbeitsverbot für Frauen zugleich gegen Art. 3 Abs. 2 und 3 GG verstößt (*BVerfG* 28.1.1992 EzA § 19 AZO Nr. 5). Hiervon unberührt bleiben allerdings geschlechtsneutrale Nachtarbeitsverbote wie diejenigen des § 14 JArbSchG. Weder die bundesverfassungsgerichtliche Rspr. zu Art. 3 GG noch die Richtl. 76/207/EWG stehen hingegen Vorschriften über den Mutterschutz entgegen; das Nachtarbeitsverbot des § 8 MuSchG für werdende und stillende Mütter bleibt demnach wirksam. Ob Arbeiterinnen bei bestehendem Arbeitsverhältnis zur Nachtarbeit verpflichtet sind, richtet sich nach den für den Inhalt ihres Arbeitsvertrages allg. maßgebenden Regeln (dazu *Zmarzlik* DB 1992, 680); Nachtarbeit darf Frauen jedenfalls nicht wegen ihres Geschlechts verweigert werden. Soweit das Nachtarbeitsverbot zum Schutz von Schwangeren und stillenden Müttern besteht, ist es mit der Richtlinie vereinbar.

83 Objektiv gerechtfertigt kann eine Ungleichbehandlung auch dann sein, wenn der unternehmerische, politische oder soziale **Zweck des Unternehmens oder der Tätigkeit** gerade von geschlechtsspezifischer Unterscheidung abhängt. Eine feministische Frauenzeitschrift muss keine Männer als Redakteure anstellen. Eine nur für Männer offene studentische Korporation kann für die Besetzung von Geschäftsführungspositionen Frauen von vornherein außer Betracht lassen (ähnlich *Staudinger/Richardi* § 611a BGB Rz 49 f., der die Berücksichtigung des Unternehmenszwecks allerdings auf Tendenzschutz beschränkt; zur prinzipiellen Beachtlichkeit des Tendenzschutzes im Rahmen des § 611a BGB *ArbG Bonn* 16.7.1987 in: *Bertelsmann u.a.* Teil V Entscheidung T 2 Nr. 1). Auch ein bestimmtes Unternehmenskonzept kann in Grenzen als Rechtfertigungsgrund wirken. Bei einer pädagogischen Einrichtung kann es zur Verwirklichung des dort zugrunde gelegten pädagogischen Konzepts erforderlich sein, in bestimmter Aufteilung pädagogisches Personal beiderlei Geschlechts zu beschäftigen (*Staudinger/Richardi* § 611a BGB Rz 50); ein auf Beratung von Frauen spezialisiertes Finanzdienstleistungsunternehmen kann ausschließlich Beraterinnen einstellen (*ArbG Bonn* 8.3.2001 NZA-RR 2002, 100). Allerdings darf das verfolgte Konzept nicht seinerseits gegen den Zweck des Benachteiligungsverbots verstoßen. Deswegen kann der Umstand, dass in einer Arbeitsgruppe nur Angehörige eines Geschlechts tätig sind und ein Abweichen hiervon die »Homogenität des Teams« stören könnte, nicht zur Rechtfertigung ausreichen (aA *ArbG Hannover* 15.11.1990 EzA § 611a BGB Nr. 6). Bei der Besetzung der Funktion einer kommunalen Gleichstellungsbeauftragten ist trotz einer (auch) frauenpolitischen Aufgabenstellung nicht ohne weiteres davon auszugehen, dass diese Funktion nur von einer Frau ausgefüllt werden

kann (*BAG* 12.11.1998 EzA § 611a BGB Nr. 13 im Zusammenhang mit § 5 GO-NW). Jedoch ist es nicht ausgeschlossen, dass sich eine solche Unverzichtbarkeit nach dem § innerhalb einer Gemeinde entwickelten, über die gesetzlichen Mindestanforderungen hinausgehenden Konzept ergibt (*BAG* 12.11.1998 EzA § 611a BGB Nr. 13).

Wo die Grenzen der unabdingbaren Notwendigkeit liegen, ist ferner im Hinblick auf die **objektiven Auswirkungen subjektiver Anschauungen Dritter** problematisch. Zu weit geht es, wenn man unter Berufung auf eine Parallele zur Druckkündigung dem Arbeitgeber dann erlauben will zu diskriminieren, wenn andere Arbeitnehmer dies fordern (so aber *Eich* NJW 1980, 2329, 2331; ähnlich *Adomeit* aaO). Deshalb kann (entgegen *Eich* aaO) dem Vorgesetzten ohne weiteres zugemutet werden, auch gegen seinen Willen mit einem Sekretär statt einer Sekretärin zu arbeiten. Ansonsten bliebe entgegen der Zielsetzung des Gesetzes gerade die besonders diskriminierende Attitüde unberührt. Dagegen wird man dem Arbeitgeber in Grenzen zugestehen müssen, die Erwartungen und Einstellungen Dritter als objektiven, unbeeinflussbaren Faktor zu berücksichtigen (*LAG Bln.* 16.5.2001 PflR 2001, 439; *LAG Bln.* 14.1.1998 NJW 1998, 1429). So darf er etwa weibliches Verkaufspersonal bevorzugen, wenn es um nur für Frauen zu verwendende Kosmetikartikel geht (*Eich* aaO), genauso wie umgekehrt Männer bevorzugt werden dürfen, wenn es sich um die Fachberatung beim Verkauf von Bartpflegeartikeln handelt. Der Arbeitgeber kann politisch-kulturell-religiös begründete Ansichten ausländischer Geschäftspartner (aus Drittstaaten) berücksichtigen und zu Vertragsverhandlungen in den Orient einen Mann senden, aber nur solange und soweit die Erwartungen dortiger Geschäftspartner und nicht etwa ein eigenes Vorurteil über deren vermeintliche Einstellung dies gebieten (*Eich* aaO; *Staudinger/Richardi* § 611a BGB Rz 47; vgl. auch *Preis/Malossek* Rz 106 f.; zum Ganzen ebenso auch MünchKommBGB-*Müller-Glöge* § 611a Rz 28). Eine politische Partei kann die Position einer Bundesfrauenreferentin, die mit feministischen Gruppen Kontakte halten soll, einer Frau vorbehalten (*LAG Bln.* 14.1.1998 aaO); ein Frauenverband kann als Geschäftsführerin eine Frau suchen (*ArbG München* 14.2.2001 NZA-RR 2001, 365). Ebensolche Schranken für das AGG können sich etwa aus dem Prinzip des Schutzes der Privatsphäre ergeben, etwa wenn es um die Einstellung von Personen geht, die in den Hausstand des Arbeitgebers aufgenommen werden (vgl. *EuGH* 8.11.1983 Slg. 1983, 3441, 3448) oder um das Aufsichtspersonal im Justizvollzug geht. Ob es allerdings noch gerechtfertigt ist, wenn man annimmt, die Arzthelferin eines frei praktizierenden Chirurgen müsse weiblichen Geschlechts sein (vgl. *BAG* 21.2.1991 EzA § 123 BGB Nr. 73; krit. *Struck* BB 1990, 2267 – Anm. zur Vorinstanz), ist angesichts der Vielzahl männlicher Personen in pflegerischen und medizinischen Berufen zweifelhaft (s. allerdings *LAG Bln.* 16.5.2001 PflR 2001, 439: weibliches Pflegepersonal bei nachoperativer Pflege muslimischer Patientinnen; anders im Falle anderweitiger Einsetzbarkeit der Pflegekräfte *ArbG Bonn* 31.3.2001 PflR 2001, 321).

Im Bereich **innere Sicherheit** hat es der EuGH im Jahre 1986 in der *Johnston*-Entscheidung als zulässig angesehen, **bewaffnete polizeiliche Tätigkeiten in Nordirland** Männern vorzubehalten, sofern die Möglichkeit bestehe, dass im Falle einer Bewaffnung von Polizistinnen eine höhere Anschlaggefahr bei schweren Unruhen begründet werde. Allerdings müsse in regelmäßigen Abständen unter Beachtung der sozialen Verhältnisse geprüft werden, ob diese Ausnahme noch aufrechterhalten werden könne (*EuGH* 15.5.1986 Slg. 1986, 1651; krit. *Colneric* FS Gnade, S. 627, 636). Ein genereller Vorbehalt zugunsten der öffentlichen Sicherheit besteht nicht (*EuGH* 15.5.1986 aaO; 11.1.2000 – Rs C-285/98 – *Kreil ./. Deutschland*).

2. Zulässige und unzulässige Kriterien mit kündigungsrechtlicher Bedeutung

a) Arbeitsmarktlage

Im marktverfassten EG-Wirtschaftsraum muss den Unternehmen eine Reaktion auf Marktanforderungen möglich sein. Daher kann es ausnahmsweise zulässig sein, »typischen Männerberufen« gegenüber im Übrigen gleichwertigen (vgl. Rz 98) »typischen Frauenberufen« günstigere Arbeitsbedingungen zu gewähren, sofern damit auf Marktanforderungen reagiert wird, etwa indem versucht wird, **knappe Arbeitskräfte** zu finden oder – zB durch Einräumung besonderen vertraglichen Kündigungsschutzes – zu binden (vgl. *EuGH* 27.10.1993 EuZW 1994, 505 – zur Entgeltdiskriminierung). Zu den damit verbundenen Problemen gerichtlicher Kontrolldichte s. Rz 77.

b) Berufsausbildung

Eine Unterscheidung nach der Berufsausbildung kann sich zwar überwiegend zum Nachteil von Frauen auswirken, sofern diese weniger Gelegenheit hatten oder in geringerem Umfang die Gelegenheit genutzt haben, sich zu qualifizieren; eine mittelbare Diskriminierung liegt aber nicht vor, soweit ein Zusammenhang zwischen Berufsqualifikation und Tätigkeit besteht (entschieden im Zusammenhang mit Entgeltdiskriminierung *EuGH* 17.10.1989 Slg. 1989, 3199; *LAG Frankf.* 24.4.2003 juris, Nr. KARE600008924).

c) **Betriebsgröße**

88 Die **Kleinbetriebsklausel** in § 23 Abs. 1 S. 2 KSchG enthält keine mittelbare Diskriminierung von teilzeitbeschäftigten Frauen, auch wenn der Berechnungsmodus des § 23 Abs. 1 S. 3 KSchG zwischen Voll- und Teilzeitbeschäftigten (dazu Rz 103) unterscheidet. Denn § 23 Abs. 1 S. 2 KSchG wird auf die in Kleinbetrieben beschäftigten Voll- und Teilzeitkräfte in gleicher Weise angewandt (*EuGH* 30.11.1993 DB 1994, 50 = EuroAS 12/1993, S. 11 m. krit. Anm. *Däubler*; *Sowka* DB 1994, 1873, 1877; *Sowka/Köster* S. 73; a**A** *ArbG Reutlingen* 3.5.1991 BB 1991, 1642; jeweils zu § 23 Abs. 1 KSchG aF). Selbst wenn sich nachweisen ließe, dass Frauen in Kleinbetrieben iSd Rspr. zur mittelbaren Diskriminierung (Rz 26 ff.) erheblich überrepräsentiert sind, bliebe die Regelung zulässig, da ihr jedenfalls der Rechtfertigungsgrund des Art. 137 Abs. 2 EGV zur Seite steht.

d) **Betriebszugehörigkeit**

89 Die Unterscheidung nach der **Dauer** der Betriebszugehörigkeit (Anciennität), die kündigungsrechtlich bei der Sozialauswahl gem. § 1 Abs. 3 KSchG und für die Höhe einer Abfindung nach § 10 KSchG relevant wird, bedarf regelmäßig keiner besonderen Rechtfertigung (*Hanau/Preis* ZfA 1988, 177, 198; APS-*Linck* § 611a BGB Rz 75; ebenso im Zusammenhang mit Entgeltdiskriminierung *EuGH* 17.10.1989 Slg. 1989, 3199; a**A** *Horstkötter/Schiek* AuR 1998, 227; *Pfarr/Bertelsmann* Gleichberechtigungsgesetz Rz 317 ff.).

90 Hat allerdings eine Frau ihre Erwerbstätigkeit während einer **Familienpause** unterbrochen und später bei demselben Arbeitgeber fortgesetzt, so wird man bei der Regelung von Tatbeständen, die an die Beschäftigungszeit anknüpfen, die vor der Unterbrechung liegenden Zeiten mitrechnen müssen, wenn eine mittelbare Diskriminierung vermieden werden soll (*Schiek/Horstkötter* NZA 1998, 863, 866; vgl. auch KR-*Spilger* § 10 KSchG Rz 37). Dies gilt unabhängig davon, ob das Arbeitsverhältnis nur ruht oder eine echte Unterbrechung vorliegt. Allerdings wird man im Regelfall – je nach Art der fraglichen Vergünstigung – einen sachlichen oder zeitlichen Fortsetzungszusammenhang zwischen der früheren und der späteren Tätigkeit verlangen müssen, weil die Benachteiligung ansonsten meist durch sachliche Kriterien (zB Berufserfahrung, Bewährungszeit, Betriebstreue) gerechtfertigt sein wird. Mit alledem können die Anforderungen des Anti-Diskriminierungsrechts über die Regelung des **§ 10 Abs. 2 MuSchG** hinausgehen (vgl. KR-*Bader* § 10 MuSchG Rz 33a). Eine tarifvertragliche Regelung, wonach beim Bewährungsaufstieg im Falle einer Beurlaubung wegen Kindererziehung von bis zu fünf Jahren eine Anrechnung der Zeit vor der Beurlaubung gleichwohl erfolgt, ist daher in ihrem Kern (nach Art. 141 EGV) europarechtlich geboten. Ob auch eine fünfjährige Höchstfrist für eine unschädliche Unterbrechung akzeptabel ist, ist allerdings unsicher; dafür spricht immerhin, dass dadurch ein gewisses Mindestmaß an Zusammenhang zwischen der Beschäftigung vor und nach der Beurlaubung erreicht werden kann.

e) **Elternzeit**

91 Inwieweit aufgrund einer in Anspruch genommenen Elternzeit unterschieden werden darf, ist ungeklärt. Eine mittelbare Diskriminierung kommt bei solcher Unterscheidung deshalb in Betracht, weil tatsächlich weit überwiegend Frauen Elternzeit in Anspruch nehmen (*Mauer/Schmidt* BB 1991, 1779, 1782 f.; zum Streit über konkrete Zahlenverhältnisse aber *BAG* 28.9.1994 BB 1995, 97 [zu II 2a der Gründe]). Soweit aber nicht über eine gesetzliche, sondern über eine tarifvertragliche Regelung gestritten wird, kann indessen nicht auf die erwerbstätige Bevölkerung insgesamt abgestellt werden (Rz 29; dies verkennt die Klägerin in *BAG* 28.9.1994 aaO, wo es aber im Ergebnis darauf nicht ankam). Auch hier muss allerdings geprüft werden, woran genau die Ungleichbehandlung anknüpft. Knüpft die Regelung nicht an die Elternzeit, sondern an das Ruhen des Arbeitsverhältnisses an, sind andere Ruhenstatbestände, namentlich die sich daraus ergebende Zahl männlicher Wehrdienstleistender, mit zu berücksichtigen. Kein Verstoß gegen die EG-Gleichbehandlungsrichtl. liegt zB vor, wenn § 17 Abs. 1 BEEG eine – wegen des Ruhens – sachgerechte anteilige Kürzung des Erholungsurlaubs im Falle der Inanspruchnahme von Elternzeit zulässt.

Allgemeines Gleichbehandlungsgesetz AGG

Ob eine Elternzeit auf die in einem **Tarifvertrag** vorgesehenen Vergünstigungen für länger beschäftigte Arbeitnehmer (zB besseren Kündigungsschutz oder Beförderungszeiten) anzurechnen ist, ist zunächst eine Frage der Auslegung des einzelnen Tarifvertrags. Dabei kommt es darauf an, ob die Besserstellung wegen besserer Qualifikation durch mehr Berufserfahrung oder zur Belohnung der Betriebstreue erfolgt oder gemischten Zwecken dient. Ist zB für eine Höhergruppierung nicht erforderlich, dass die Arbeitnehmerin sich »bewährt« hat, so kommt es auf eine erhöhte Qualifikation nach der Rspr. des BAG nicht an. Folge: Auch die Elternzeit ist anzurechnen. Ob dies selbst dann gilt, wenn die Arbeitnehmerin in der fraglichen Zeit nur Elternurlaub hatte, blieb bislang ebenso offen wie die Frage, ob ggf. eine Entgeltdiskriminierung iSd Art. 141 EGV vorliegt (zum Ganzen *BAG* 21.10.1992 DB 1993, 690 = BB 1993, 367 – LS). 92

f) Zeitliche und örtliche Flexibilität

Die Unterscheidung nach diesem Merkmal ist zulässig, sofern die Anpassungsfähigkeit für die übertragene Tätigkeit bedeutsam ist (entschieden im Zusammenhang mit Entgeltdiskriminierung *EuGH* 17.10.1989 Slg. 1989, 3119). Dass kündigungsrechtlich in **§ 1 Abs. 2 Nr. 1 oder 2 lit b KSchG** auf die Versetzungsbereitschaft abgestellt wird, ist also – eine höhere Versetzungsbereitschaft von Männern unterstellt (vgl. *Hanau/Preis* ZfA 1988, 177, 197) – bedenkenfrei, weil es hier schon an einer typisch geschlechtsbezogenen Ungleichbehandlung fehlt. Ebenso kann die Versetzungs- oder Überstundenbereitschaft, soweit nach allg. Grundsätzen zulässig, im Rahmen des § 1 Abs. 3 S. 2 KSchG berücksichtigt werden. 93

g) Geringfügige Beschäftigung

Siehe unter Teilzeit. 94

h) Kinderbetreuung

Ob es ein möglicher Grund für die Einordnung einer Arbeitgebermaßnahme als mittelbar diskriminierend ist, wenn sie an ein Arbeitnehmerverhalten anknüpft, das auf Kindesbetreuung beruht, ist ungeklärt. Prinzipiell erscheint dies denkbar, denn typischerweise sind berufstätige Frauen mehr mit Kindesbetreuung befasst als vergleichbare Männer. Relevant kann dies etwa dann werden, wenn der Arbeitgeber wegen **Fehlzeiten**, die auf der Kindesbetreuung beruhen, die Arbeitnehmerin abmahnt oder kündigt. Allerdings muss beachtet werden, dass ein Verstoß gegen den Gleichbehandlungsgrundsatz nicht vorliegt, wenn die Abmahnung oder Kündigung auf einem sachlich gerechtfertigten Grund beruht, der nichts mit einer Diskriminierung aufgrund des Geschlechts zu tun hat. Das wird man annehmen können, sofern – etwa wegen Fernbleibens vom Arbeitsplatz – die allgemeinen Voraussetzungen einer verhaltensbedingten Abmahnung oder Kündigung vorliegen und keine Zwangslage auf Seiten der Arbeitnehmerin besteht (vgl. *LAG Hmb.* 28.11.1991 LAGE § 1 KSchG Verhaltensbedingte Kündigung Nr. 37, wo allerdings das Problem einer mittelbaren Diskriminierung nicht erörtert wird). 95

i) Körperkraft

Diese ist als Unterscheidungsmerkmal zulässig, wenn sie für eine Tätigkeit erforderlich ist (*LAG Hamm* 18.12.1987 LAGE § 612a BGB Nr. 1; *Lord Slynn of Hadley* RdA 1996, 78 [79]). Allerdings bedarf dieses Kriterium konkreter Prüfung und darf nicht zur Anwendung des bloßen Vorurteils geringerer weiblicher Körperkraft führen (*Schiek/Horstkötter* NZA 1998, 863). 96

j) Leitende Angestellte

Auch die kündigungsrechtliche Schlechterstellung leitender Angestellter (§ 14 KSchG) erfüllt nicht den Tatbestand der mittelbaren Diskriminierung. Zwar sind Männer unter den leitenden Angestellten überrepräsentiert; indessen erklärt sich die kündigungsrechtliche Schlechterstellung nicht aus der Geschlechtszugehörigkeit; jedenfalls ist sie durch sachliche Gründe gerechtfertigt (vgl. zur Ungleichbehandlung von leitenden Angestellten in der betrieblichen Altersversorgung *Hanau/Preis* ZfA 1988, 177, 197). 97

k) »Männer«- und »Frauenberufe«

Eine Diskriminierung kann nach der Rspr. des EuGH auch dann vorliegen, wenn typische »Männerberufe« bessere Arbeitsbedingungen – etwa im Hinblick auf den tarifvertraglichen oder einzelvertrag- 98

Pfeiffer 935

AGG Allgemeines Gleichbehandlungsgesetz

lichen Kündigungsschutz – geboten erhalten als »Frauenberufe«. Die Unzulässigkeit der Unterscheidung ist auch bei der Prüfung der Weiterbeschäftigungsmöglichkeit auf einem anderen Arbeitsplatz zu beachten (*Schiek/Horstkötter* NZA 1998, 863, 864). Voraussetzung hierfür ist allerdings, dass es sich um »gleichwertige« Tätigkeiten handelt. Die Grundlagen eines solchen Gleichwertigkeitsurteils sind jedoch noch weitgehend unklar (vgl. Rz 32; ferner *EuGH* 27.10.1993 EuZW 1994, 505: aus verfahrensrechtlichen Gründen unterstellte Gleichwertigkeit). So hat es das BAG mangels geeigneter Vergleichsgruppe abgelehnt, die Praxis einer Landesbehörde, für die Leitung von Vorschulklassen nur Teilzeitkräfte einzusetzen, als Verstoß gegen §§ 1, 7 AGG einzuordnen (*BAG* 18.2.2003 EzA § 611a BGB 2002 Nr. 2).

l) Sexuelle Orientierung

99 Eine Ungleichbehandlung aufgrund sexueller Neigung bzw. Veranlagung kann zugleich eine mittelbare Benachteiligung wegen des Geschlechts darstellen; Einzelheiten sind allerdings unsicher. Soweit es sich um eine Neigung oder Veranlagung handelt, die bei beiden Geschlechtern vorkommt (zB Homosexualität), scheidet jedenfalls das Vorliegen einer unmittelbaren Diskriminierung wegen des Geschlechts aus. Eine Ungleichbehandlung aufgrund eines bestimmten Sexualverhaltens ist dementsprechend ohne Hinzutreten weiterer Umstände keine Diskriminierung wegen der Zugehörigkeit zu einem bestimmten Geschlecht (*Erman/Hanau* Rz 9). Auch die EG-Kommission hat erklärt, sie sehe in der Diskriminierung sexueller Minderheiten keinen Verstoß gegen die EG-Gleichbehandlungsrichtl. (Stellungnahme der Kommission zur schriftlichen Anfrage Nr. 1750/90 v. 12.7.1990, [91/C/107/25], abgedruckt auch in: RdA 1991, 359 f.]). Allerdings zählt das persönliche Sexualverhalten grds. zur persönlichkeitsrechtlich geschützten Privatsphäre des Arbeitnehmers, so dass hieran anknüpfende Kündigungen schon wegen des Gebots von Treu und Glauben (§ 242 BGB) unwirksam sind (*BAG* 23.6.1994 DB 1994, 2190). Außerdem fällt die sexuelle Orientierung ausdrücklich unter § 1 AGG und die Richtl. 2000/78/EG.

m) Teilzeitbeschäftigung

100 Die Ungleichbehandlung von Teilzeitbeschäftigten kann eine mittelbare Diskriminierung sein. **Charakteristisches Merkmal** der Teilzeitbeschäftigung ist die einzelvertragliche bzw. nach § 8 TzBfG erfolgte Festlegung einer verkürzten regelmäßigen Wochen- oder Monatsarbeitszeit, zu der eine Abrede über deren Lage hinzutreten kann (GK-TzA/*Becker* Art. 1 § 2 BeschFG Rz 231).

101 Der Anwendungsbereich des AGG überschneidet sich hier mit dem Diskriminierungsverbot des § 4 Abs. 1 TzBfG. Beide Vorschriften unterscheiden sich allerdings in ihren tatbestandlichen Voraussetzungen. **§ 4 Abs. 1 TzBfG** greift bei jeder nachteiligen Ungleichbehandlung von Teilzeitbeschäftigten ein, wohingegen das AGG an die (strengeren) Voraussetzungen der mittelbaren Diskriminierung gebunden ist (§ 3 Abs. 2). Dafür wird § 4 Abs. 1 TzBfG durch jeden sachlich rechtfertigenden Grund ausgeschlossen, während § 8 AGG eine unverzichtbare Voraussetzung oder ein wirkliches Unternehmensbedürfnis als Rechtfertigung verlangt und damit höhere Anforderungen stellt.

102 Wegen dieser unterschiedlichen Systematik, die ihrerseits Ausdruck unterschiedlicher Schutzzwecke ist, **konkurrieren** die genannten Diskriminierungsverbote miteinander. Geht es um die Ungleichbehandlung von Teilzeitbeschäftigten, sind stets sämtliche Diskriminierungsverbote zu prüfen. Dies wirkt sich vor allem im Hinblick auf das Gebot der richtlinienkonformen Auslegung aus. Wegen des besagten Konkurrenzverhältnisses ist es in aller Regel nicht erforderlich, auch § 4 TzBfG richtlinienkonform auszulegen.

103 Eine mittelbare Diskriminierung kommt vornehmlich im Vergleich zwischen **Teilzeit- und Vollzeitbeschäftigten** in Betracht. Verbreitet ist indes auch, zwischen **Teilzeitbeschäftigten untereinander** zu differenzieren, indem etwa bestimmte Vergünstigungen erst ab einer wöchentlichen Mindestbeschäftigung gewährt werden (*EuGH* 7.2.1991 EzA Art. 119 EWG-Vertrag Nr. 1; 2.10.1997 EuZW 1997, 764). Auch innerhalb unterschiedlicher Gruppen von Teilzeitbeschäftigten kann daher eine nachteilige Ungleichbehandlung als mittelbare Diskriminierung zu bewerten sein, wenn deren allgemeine Voraussetzungen gegeben sind (zum Sonderproblem der geringfügigen Beschäftigung s. Rz 114). Zu prüfen ist aber stets, ob die Ungleichbehandlung auf der Teilzeitbeschäftigung oder einem anderen nicht diskriminierenden Umstand beruht. So hat es *LAG Hamm* 19.12.1991 (BB 1992, 858) im Rahmen des früheren § 2 Abs. 1 BeschFG als sachlich rechtfertigenden Unterscheidungsgrund anerkannt, wenn allen Teilzeitbeschäftigten eines Betriebs ein berufsqualifizierendes Examen fehlt, das die Vollzeitbeschäftigten abgelegt haben. Vergünstigungen, die vom Dienstalter abhängen und zwischen Voll- und Teilzeitbeschäftigten differenzieren, bedürfen der Rechtfertigung. Der Arbeitgeber muss zeigen, dass die Unterscheidung durch Faktoren gerechtfertigt ist, deren objektiver Charakter insbes. von dem Ziel abhängt, das mit der Berücksichtigung des Dienstalters verfolgt wird. Für den Fall, dass es sich um Anerkennung der erworbenen Erfahrung handelt, muss diese von der Erfahrung, dh von der Ausübung dieser Tätigkeit nach einer bestimmten Zahl von Arbeitsstunden abhängen (*EuGH* 10.3. 2005 Slg. I-2005, 1789 – *Nikolidou./.Organismos Tilepikoinonion Ellados AE*).

Das Problem der Diskriminierung von Teilzeitbeschäftigten stellt sich vor allem im Hinblick auf Fragen, für die das Verbot der **Entgeltdiskriminierung** maßgeblich ist. Hierher gehören neben der Vergütung im engeren Sinne auch Sozialleistungen und Fragen der betrieblichen Altersversorgung. Gleichwohl stellen sich auch Probleme kündigungsrechtlicher Art. **104**

Eine Anwendung des AGG kommt in Betracht bei **Beförderungsentscheidungen**. Bevorzugen darf der Arbeitgeber Vollzeitbeschäftigte dann, wenn die fragliche Beförderungsposition Anwesenheit während der vollen Arbeitszeit verlangt (vgl. zur Zulässigkeit der Anknüpfung an die Beschäftigungsdauer im Rahmen arbeitsschutzrechtlicher Fragen *BAG* 9.2.1989 EzA § 2 BeschFG 1985 Nr. 2). Dabei muss aber stets geprüft werden, ob nicht eine Besetzung der Stelle im Jobsharing in Betracht kommt. Auch darf der Arbeitgeber die aus einer Vollzeitbeschäftigung herrührende Berufserfahrung bei Beförderungen berücksichtigen. Hierfür ist allerdings Voraussetzung, dass im Einzelfall tatsächlich eine Beziehung zwischen der für eine bestimmte Tätigkeit erforderlichen Qualifikation und der durch die bloße Zahl der Arbeitsstunden gewonnenen Erfahrung besteht (*EuGH* 7.2.1991 EzA Art. 119 EWG-Vertrag Nr. 1; 10.3.2005 Slg. I-2005, 1789 – *Nikolidou./.Organismos Tilepikoinonion Ellados AE*). Daneben kann zugunsten Teilzeitbeschäftigter auch das Diskriminierungsverbot des § 4 TzBfG eingreifen; danach ist es ebenfalls unzulässig, Teilzeitbeschäftigte vom Bewährungsaufstieg völlig auszuschließen; eine anteilige Anrechnung ihrer Beschäftigungszeit kommt in Betracht (*BAG* 25.9.1991 EzA § 2 BeschFG 1985 Nr. 8). **105**

Im Falle der Gewährung **bezahlter Freizeit** nur an Vollzeitbeschäftigte kann ein Fall mittelbarer Diskriminierung vorliegen, wobei zuerst ein Verstoß gegen das Verbot der Entgeltdiskriminierung in Betracht kommt. Durch objektive Gründe kann die zusätzliche Freizeit dann gerechtfertigt sein, wenn sie auf zusätzlichen Belastungen beruht, die ausschließlich die Vollzeitbeschäftigten, nicht aber die Teilzeitbeschäftigten treffen. Angesichts strenger Rechtfertigungsanforderungen wird dies aber allenfalls selten der Fall sein. Bei allein vormittags arbeitenden Teilzeitbeschäftigten liegt aber keine Diskriminierung vor, wenn diese nicht von einer allein anlassbezogenen Nachmittagsfreizeit (zB am 24. oder 31. 12.) profitieren (*BAG* 26.5.1993 EzA Art. 119 EWG-Vertrag Nr. 12). **106**

Für die **Kündigung von Teilzeitarbeitskräften** gilt ohnedies das allgemeine Prinzip, dass die arbeitsrechtlichen Vorschriften des allgemeinen und besonderen Kündigungsschutzes auf sie in gleicher Weise wie auf Vollzeitkräfte anwendbar sind (*Sowka/Köster* S. 72). Dieses allg. Prinzip findet im AGG eine zusätzliche gesetzliche Stütze. Kündigungsrechtliche Maßnahmen gegenüber Teilzeitarbeitnehmern fallen allerdings lediglich dann unter den Gleichbehandlungsgrundsatz, wenn hinsichtlich der Gruppe der Teilzeitkräfte die allg. Voraussetzungen der mittelbaren Diskriminierung vorliegen und außerdem die Maßnahme wegen der Zugehörigkeit zur Gruppe der Teilzeitbeschäftigten erfolgt. Daraus ergibt sich zunächst das **Gebot einer gleichartigen Anwendung der kündigungsrechtlichen Vorschriften** zugunsten von Teilzeitbeschäftigten. So knüpft die Wartefrist des § 1 Abs. 1 KSchG allein an den Bestand des Arbeitsverhältnisses an und ist von Lage und Dauer der Arbeitszeit unabhängig; entsprechendes gilt für Verlängerungen der Kündigungsfristen mit zunehmender Beschäftigungsdauer und die Berücksichtigung der Beschäftigungsdauer im Rahmen der Sozialauswahl. Ebenso ist die Teilzeitbeschäftigung an sich kein zulässiges Kriterium für personen- oder verhaltensbedingte Kündigungsgründe oder für die Sozialauswahl. Neben diesen allg. Grundsätzen ergeben sich allerdings für Teilzeitarbeitskräfte eine Reihe von Sonderproblemen, von denen jedoch hier lediglich diejenigen anzusprechen sind, die (auch) auf dem Verbot der Benachteiligung wegen des Geschlechts beruhen. **107**

Bei **betriebsbedingten Kündigungen** gehört es zu der im Rahmen des § 1 Abs. 2 KSchG nur eingeschränkt nachprüfbaren unternehmerischen Entscheidung, ob der Betriebsablauf den Einsatz von Voll- oder Teilzeitkräften erfordert (*Sowka/Köster* S. 73) oder ob eine Umwandlung von Teil- in Vollzeitarbeitsplätze erforderlich ist. Soweit danach zwischen Voll- und Teilzeitkräften differenziert wird, aber die Vorschriften des Kündigungsschutzrechts auf beide Gruppen gleichmäßig angewandt werden, liegt jedenfalls keine unmittelbare Benachteiligung von Teilzeitkräften vor (*EuGH* 26.9.2000 EzA § 1 KSchG Soziale Auswahl Nr. 45, Tz. 26 – *Kachelmann./.Bankhaus Lampe*). Dies allein schließt allerdings das Vor- **108** liegen einer mittelbaren Diskriminierung nicht aus. Sind von einem Wegfall von Teilzeitarbeitsplätzen, sei es aufgrund einer auf diese beschränkten Kündigung, sei es infolge einer Umwandlung von Teilzeit- in Vollzeitarbeitsplätzen, überwiegend Frauen betroffen, so könnte hierin nach Maßgabe der Rspr. des EuGH eine mittelbare Diskriminierung liegen. Für mittelbare Benachteiligungen hat der EuGH bei Parallelproblemen die Zulässigkeitsvoraussetzung aufgestellt, es müsse mit der fraglichen Maßnahme einem »wirklichen Bedürfnis« des Unternehmens gedient werden. Gegen die beschränkte justizielle Kontrolle der unternehmerischen Entscheidung, wie sie in Deutschland praktiziert wird, haben sich in der Rspr. mit Recht keine Bedenken erhoben (vgl. *EuGH* 26.9.2000 EzA § 1 KSchG Soziale Auswahl Nr. 45 – *Kachelmann./.Bankhaus Lampe*). An diesen Beurteilungen ändert sich auch durch die Regelungen des TzBfG nichts (aA *Döbbers* AuR 2001, 23 f.; *Junker* EWiR 2001, 1117, 1118). Dies wäre lediglich dann anders zu beurteilen, wenn der Arbeitnehmer einen durchsetzbaren Anspruch auf Umwandlung oder Rückumwandlung einer Teilzeit- in eine Vollzeitstelle hätte. Ein solcher Anspruch besteht allerdings gerade nicht; vielmehr steht dem Arbeitnehmer, der eine solche Umwandlung anstrebt, nach § 9 TzBfG lediglich ein Anspruch auf vorrangige Berücksichtigung bei der Besetzung freier Stellen, nicht jedoch ein Recht zur Verdrängung bereits in Vollzeit beschäftigter Arbeitnehmer zu.

109 Vergleichbare Probleme können im Rahmen der **Sozialauswahl** nach § 1 Abs. 3 KSchG entstehen. Es stellt sich die Frage, ob der Arbeitgeber bei Wegfall eines Teilzeitarbeitsplatzes auch Vollzeitarbeitskräfte in die Sozialauswahl einbeziehen muss, um letzteren gegenüber ggf. eine Änderungskündigung auszusprechen. Auch dieser Bereich muss allerdings der unternehmerischen Entscheidungsfreiheit des Arbeitgebers zugeordnet werden (vgl. Rz 77; ferner *BAG* 19.5.1993 EzA § 1 KSchG Betriebsbedingte Kündigung Nr. 73 [zu II 2e bb der Gründe]). Sollen nur Teilzeitarbeitsplätze wegfallen, kann der Arbeitgeber die Sozialauswahl ohne Verstoß gegen das Benachteiligungsverbot des EG-Rechts auf Teilzeitkräfte beschränken (vgl. *EuGH* 26.9.2000 EzA § 1 KSchG Soziale Auswahl Nr. 45 – *Kachelmann./.Bankhaus Lampe*). Insbes. gibt es keinen allg. Grundsatz, nach dem die Änderungskündigung gegenüber Vollzeitbeschäftigten Vorrang vor der Beendigungskündigung gegenüber Teilzeitkräften hätte.

110 Zu beachten ist bei der **Umwandlung von Teil- in Vollzeitarbeitsplätze** der auch für Eingriffe in den Schutzbereich des AGG geltende Verhältnismäßigkeitsgrundsatz. Der Arbeitgeber kann daher, soweit eine betriebliche Möglichkeit hierzu besteht, gehalten sein, dem Arbeitnehmer im Wege der **Änderungskündigung** eine Weiterbeschäftigung als Vollzeitkraft anzubieten (bei umgekehrter Umwandlung: als Teilzeitkraft).

111 Inwieweit eine Ungleichbehandlung von Teilzeitbeschäftigten sich auf eine **unterschiedliche soziale Schutzbedürftigkeit** stützen kann, ist umstritten. Kündigungsrechtlich ist dies vor allem insofern relevant, als es um die Sozialauswahl gem. § 1 Abs. 3 KSchG geht. Unzulässig ist zunächst die pauschale Unterstellung, Teilzeitbeschäftigte seien nicht in gleichem Maße auf ihr Arbeitseinkommen angewiesen und daher weniger schutzbedürftig. Allenfalls im Rahmen des Kriteriums der **Unterhaltspflichten** könnte es sich auswirken, wenn die Teilzeitarbeit eine Nebenbeschäftigung darstellt, auf die ein Arbeitnehmer zur Erfüllung seiner Unterhaltspflichten nicht angewiesen ist. Auch im Hinblick auf die Berücksichtigung des Ehegatteneinkommens bei der Bewertung der Unterhaltspflichten dürfen Teilzeitbeschäftigte nicht anders behandelt werden als Vollzeitbeschäftigte.

112 Bei der Aufstellung eines **Sozialplans** hat die Rspr. es im Rahmen des Art. 141 EGV und des früheren § 2 BeschFG als sachlichen Differenzierungsgrund akzeptiert, dass Teilzeitbeschäftigte entsprechend ihrer geringeren tariflichen Arbeitszeit als Vollzeitbeschäftigte geringere Abfindungen erhalten (*BAG* 28.10.1992 EzA § 112 BetrVG 1972 Nr. 65). Denn der durch den Sozialplan auszugleichende Verlust des sozialen Besitzstandes treffe Teilzeitbeschäftigte weniger. Dem kann im Ergebnis gefolgt werden. Dabei kann zwar aufgrund der bloßen geringeren Beschäftigung nicht auf eine geringere Schutzbedürftigkeit geschlossen werden. Allerdings erscheint es sachgerecht, die Höhe der Abfindung (auch) nach dem Verdienstausfall zu bemessen. Der geringere Verdienst weniger arbeitender Teilzeitbeschäftigter rechtfertigt daher auch eine entsprechend geringere Abfindung.

113 Soweit **tarifvertragliche Kündigungsschutzregelungen** solche Beschäftigte, die eine bestimmte Wochenarbeitszeit nicht erreichen, gänzlich von der Anwendung des tarifvertraglichen Kündigungsschutzes ausnehmen, erfüllen diese regelmäßig den Tatbestand der mittelbaren Diskriminierung (für Unwirksamkeit daher *Sowka/Köster* S. 77).

114 Ein Sonderproblem im Rahmen möglicher Diskriminierung von Teilzeitbeschäftigten bildet die Behandlung der **geringfügig Beschäftigten** iSd Sozialrechts. Ihre Ungleichbehandlung kann eine mittelbare Diskriminierung darstellen, wenn verhältnismäßig wesentlich mehr Frauen als Männer geringfü-

Allgemeines Gleichbehandlungsgesetz AGG

gig beschäftigt sind (entschieden für die Entgeltdiskriminierung iSd Art. 141 EGV: *EuGH* 13.7.1989 Slg. 1989, 2743 aaO; *BAG* 9.10.1991 EzA § 1 LohnFG Nr. 122; *Kokott* NJW 1995, 1049, 1055). Soweit sie durch gesetzliche Regelungen benachteiligt werden, sind diese, sofern sie nicht durch objektive Faktoren gerechtfertigt sind (s. Rz 76), stets mittelbar diskriminierend (s.a. *Valgolio* NZA 1993, 447; *Plagemann* BB 1994, 133, 138). Denn es gehen in der Bundesrepublik Deutschland wesentlich mehr Frauen als Männer einer geringfügigen Beschäftigung nach. Auswirkungen haben sich bislang allerdings lediglich außerhalb des Kündigungsschutzrechts ergeben (etwa *BAG* 9.10.1991 EzA § 1 LohnFG Nr. 122; 16.3.1993 BB 1993, 1738 zum früheren § 2 Abs. 1 BeschFG; *EuGH* 9.9.1999 EWS 1999, 393 – *Krüger./.Kreiskrankenhaus Ebersberg*). Allerdings hat der EuGH den Mitgliedstaaten nach dem gegenwärtigen Stand des Gemeinschaftsrechts einen weiten sozialpolitischen Gestaltungsspielraum zugestanden, so dass eine sozialversicherungsrechtliche Ungleichbehandlung geringfügig Beschäftigter durch tragende Grundsätze der nationalen Sozialpolitik gerechtfertigt sein könne (*EuGH* 9.9.1999 EWS 1999, 393; 14.12.1995 BB 1996, 593; *Kokott* NJW 1995, 1049, 1055).

n) Unterhaltspflichten und »Doppelverdiener«

Die früher zum Teil üblichen automatischen Austauschkündigungen von »Doppelverdienerinnen« **115** (Kündigung der »Doppelverdienerin« und Einstellung anderer Personen) sind aus dem Arbeitsleben verschwunden. Sie waren Ausdruck der heute mit dem Gleichbehandlungsgrundsatz unvereinbaren Vorstellung, Frauen brauchten nur dann einen Beruf auszuüben, wenn das Familieneinkommen durch den Beruf des Ehemannes nicht hinreichend gesichert sei (vgl. *LAG SchlH* 27.9.1989 LAGE § 611a BGB Nr. 7). Aktuelle Probleme liegen dementsprechend vor allem bei der Berücksichtigung von Unterhaltspflichten und Familieneinkommen im Rahmen der **Sozialauswahl** (vgl. *Bertelsmann* u.a. III P 51 Rz 5 ff.): Dass Unterhaltspflichten ein wesentliches Sozialdatum im Rahmen des § 1 Abs. 3 KSchG darstellen, ist durch § 1 Abs. 3 KSchG ausdrücklich anerkannt. Unter dem Gesichtspunkt des Gleichbehandlungsgrundsatzes ist dies grds. unbedenklich. Zwar mag die Berücksichtigung von Unterhaltspflichten zu einer kündigungsrechtlichen Begünstigung männlicher Arbeitnehmer führen, weil diese, auch wenn sie unterhaltsberechtigte Kinder haben, häufiger ihre Berufstätigkeit uneingeschränkt und ohne Unterbrechung fortsetzen. Ebenso kann die Berücksichtigung von Unterhaltspflichten dann zu einer statistischen Benachteiligung von Frauen führen, wenn sie eine häufigere Entlassung allein erziehender Mütter im Vergleich zu verheirateten männlichen Arbeitnehmern bewirkt, die nicht nur für ihre Kinder, sondern auch für ihre Ehefrauen unterhaltspflichtig sind. Eine mittelbare Frauendiskriminierung liegt hier aber regelmäßig nicht vor (**aA** *Horstkötter/Schiek* AuR 1998, 227; *dies.* NZA 1998, 863, 866; *v. Roetteken* NZA 2001, 414, 417; *DKZ-Zwanziger* § 611a BGB Rz 50). Dies mag anders sein, wenn bei Beförderungsentscheidungen berücksichtigt wird, dass ein männlicher Bewerber »Haupternährer der Familie« ist (vgl. *ArbG Hameln* 11.1.1993 BB 1994, 2144). Bei der Kündigung ist demgegenüber die Berücksichtigung der Unterhaltspflicht als Auswahlkriterium sozialstaatlich ebenso wie durch die Wertentscheidung der Artt. 6 GG, 12 EMRK geboten; sie hat iSd Rspr. des EuGH nichts mit einer Diskriminierung wegen des Geschlechts zu tun. Namentlich stellt die Berücksichtigung der sozialen Schutzbedürftigkeit einen tragenden Grundsatz der deutschen Sozialpolitik im Rahmen des Kündigungsschutzrechts dar, der keine geschlechtsbezogene Tendenz aufweist und deshalb aus der Perspektive des EG-Rechts zumindest als Rechtfertigungsgrund bei etwaigen Benachteiligungseffekten anerkannt werden sollte. Ob das Einkommen des Ehegatten bei der Sozialauswahl zu berücksichtigen ist (Doppelverdienerproblematik), wird schon im Rahmen des § 1 KSchG kontrovers diskutiert. Richtigerweise ist im Rahmen des Verbots der geschlechtsbezogenen Benachteiligung zu differenzieren: Eine hiergegen verstoßende mittelbare Benachteiligung liegt vor, wenn pauschal an die Tatsache des »Doppelverdienens« angeknüpft wird, weil verheiratete Frauen meist erwerbstätige Ehegatten haben, was bei verheirateten Männern anders liegt (*Pfarr/Bertelsmann* Gleichberechtigungsgesetz Rz 284 ff.). Keinesfalls zulässig ist daher die pauschale Annahme geringerer sozialer Schutzbedürftigkeit »hinzuverdienender« Ehefrauen. Stellt man demgegenüber auf die konkreten Unterhaltslasten ab, so kann berücksichtigt werden, dass diese bei Vorliegen anderer Einkommensquellen sinken (**aA** *Preis* S. 423 ff., 426 ff.). Auch insoweit mag zwar eine mittelbare Frauenbenachteiligung vorliegen. Diese ist jedoch aufgrund einer legitimen sozialstaatlichen Zielsetzung gerechtfertigt (*APS-Linck* § 611a BGB Rz 79; **aA** *DKZ-Zwanziger* § 611a BGB Rz 50).

IV. Rasse und ethnische Herkunft

Eine unmittelbare Benachteiligung wegen der Rasse und ethnischen Herkunft kann kaum je gerecht- **116** fertigt sein. Allenfalls kommen Fälle in Frage, in denen – namentlich bei Film-, Fernseh- oder Theaterdarstellern – die **authentische Ausfüllung** einer Rolle eine bestimmte Hautfarbe oder die Zugehörigkeit zu einem bestimmten Phänotypus, etwa eine südländische Herkunft, verlangt. Ähnlich liegt es, wenn die Organisation einer in Deutschland lebenden nationalen Minderheit einen Angehörigen der eigenen Gruppe bevorzugt einstellen will (BT-Drs. 16/170, S. 35). Eine bestimmte ethnische Herkunft muss richtigerweise auch dann bevorzugt werden können, wenn dies in Ausnahmefällen zur Kundenbetreuung oder -anwerbung einen wesentlichen, entscheidenden Beitrag leistet. So kann ein Supermarkt, der sich praktisch ausschließlich an türkisches Publikum wendet, eine türkische Kassiererin bevorzugen. Ein italienisches Speiselokal darf sich aus Gründen der Authentizität auf italienisches Bedienungspersonal beschränken, eine in Regensburg ansässige Anwaltskanzlei darf einen einheimischen Bewerber bevorzugen, der die einheimische mittelständische Klientel besser anspricht. **Sprachkenntnisse** können, auch wenn dieses Erfordernis zu einer mittelbaren Benachteiligung nach der ethnischen Herkunft führt, insoweit verlangt werden, als dies zur Erfüllung der jeweiligen beruflichen Aufgaben notwendig ist. Dabei ist auch eine relative Abstufung zulässig: Ein Bewerber, der ein reines Hochdeutsch spricht darf gegenüber einem Bewerber, der lediglich über das Mindestmaß an für die Aufgabe notwendigen Sprachkenntnissen verfügt, bevorzugt werden, wenn die sichere Beherrschung der Hochsprache zur Besserung der Aufgabenbewältigung befähigt. Muttersprachler dürfen als Dolmetscher bevorzugt werden (*Bauer/Göpfert/Krieger* § 8 AGG Rz 31).

V. Religion oder Weltanschauung

117 Hier ist zu unterscheiden zwischen dem besonderen Rechtfertigungstatbestand in § 9 AGG und der daneben anwendbaren allgemeinen Rechtfertigungsregelung in § 8 AGG. § 9 AGG unterscheidet zwei Tatbestände, nämlich die Differenzierungsbefugnis nach Abs. 1 und die Loyalitätspflicht nach Abs. 2. Für diese Regelungen des deutschen Rechts findet sich in Art. 4 Richtl. 2000/78/EG eine Öffnungsklausel, nach der diese Beschränkungen des Gleichbehandlungsgebots EG-rechtlich grds. zulässig sind. Sie spiegeln Kerngehalte des **kirchlichen Arbeitsrechts** wieder. § 9 Abs. 1 AGG regelt die Zulässigkeit der Religionszugehörigkeit vor allem bei der Begründung des Arbeitsverhältnisses. Soweit eine bestimmte Tätigkeit in einer kirchlichen Einrichtung (oder einer dieser zugeordneten Einrichtung) auch Anteil am jeweiligen kirchlichen Auftrag in der Welt hat, besteht eine **Differenzierungsbefugnis** des Arbeitgebers nach der Konfession. Der Arbeitgeber kann die Zugehörigkeit zu der jeweiligen Religionsgemeinschaft verlangen; Fragen des Arbeitgebers danach sind zulässig. Die Beendigung des Arbeitsverhältnisses, weil die Zughörigkeit nicht fortbesteht, ist keine unzulässige Benachteiligung. Abs. 2 erlaubt darüber hinaus eine **Loyalitätspflicht**. Soweit der Arbeitgeber nach allgemeinen Grundsätzen ein loyales und aufrichtiges Verhalten iSd jeweiligen Lehren der Kirche verlangen kann, ändert hieran auch das AGG nichts. Die Vorschrift begründet also keine Loyalitätspflicht, sondern stellt nur klar, dass die Loyalitätspflichten des kirchlichen Arbeitsrechts durch das AGG unberührt bleiben. Das gilt innerhalb des Arbeitsverhältnisses, aber auch soweit dies die persönliche Lebensführung berührt.

118 Unterscheidungen nach der Religion können ferner auch nach dem **allgemeinen Rechtfertigungstatbestand des § 8 AGG** gerechtfertigt sein, wenn außerhalb eines kirchlichen Arbeitsverhältnisses die Religionszugehörigkeit zur authentischen Aufgabenwahrnehmung erforderlich ist. Wird beispielsweise einem privaten Kindermädchen oder einem Lehrer einer Privatschule auch die religiöse Erziehung ganz oder teilweise übertragen, so kann eine bestimmte Religionszugehörigkeit verlangt werden. Soweit es sich um eine von der Religion vorgeschriebene **Verschleierung** geht, sind alle diejenigen Einschränkungen des Arbeitgebers gerechtfertigt, welche durch die zu verrichtende Tätigkeit tatsächlich geboten sind. Das umfasst einmal die konkrete Tätigkeit selbst, kann sich aber auch auf die bei der Einstellung oder sonst, etwa bei Sicherheitskontrollen, erforderliche Identifikation einer Arbeitnehmerin beziehen, soweit nicht nur das Haupthaar, sondern auch das Gesicht oder Teile hiervon verschleiert sind.

VI. Behinderung

119 Eine Rechtfertigung von Behinderungen ist nach § 8 AGG zu beurteilen. Gerechtfertigt sind Benachteiligungen dann, wenn die Behinderung die Erfüllung bestimmter beruflicher Anforderungen erheblich einschränkt. Das kommt namentlich in Betracht, wenn eine Körperbehinderung der Verrichtung bestimmter **körperlicher Arbeiten** entgegensteht. Bei Bürotätigkeiten wird eine Körperbehinderung einer Erfüllung beruflicher Anforderungen aber meist nicht entgegenstehen. Ob es eine taugliche Rechtfertigung für eine Nichteinstellung oder Entlassung Behinderter darstellt, dass der in Frage kommende Arbeitsplatz nicht behindertengerecht ausgestaltet ist, muss nach dem in Art. 5 Richtl. 2000/78/EG nie-

dergelegten Maßstab beurteilt werden. Der Arbeitgeber ist also grds. gehalten, für Menschen mit Behinderung angemessene Vorkehrungen zu treffen, etwa für die hinreichende Barrierefreiheit sorgen. Diese Pflicht ist nach der genannten Richtlinie durch das Verhältnismäßigkeitsprinzip begrenzt, bei dessen Anwendung aber auch verfügbare öffentliche Zuschüsse berücksichtigt werden müssen.

VII. Alter

Eine **Kündigung wegen des Alters** bedarf als unmittelbare Benachteiligung (iSd EG-Rechts, nicht iSd AGG, vgl. § 2 Abs. 4 AGG) stets einer Rechtfertigung, gleichviel ob das Motiv der Kündigung ebenfalls im Alter des Arbeitnehmers selbst oder etwa in der Altersstruktur der Belegschaft insgesamt begründet wird. Die insoweit maßgebende gemeinschaftsrechtliche Vorgabe findet sich in Art. 6 Richtl. 2000/78/EG. Danach ist eine Unterscheidung aufgrund des Alters zulässig, wenn dies durch rechtmäßige nationale Ziele, insbes. aus den Bereichen **Beschäftigungspolitik, Arbeitsmarkt und berufliche Bildung**, gerechtfertigt ist. Bei der Einstellung darf daher das Alter berücksichtigt werden, sofern ein bestimmtes Mindestalter, ein bestimmtes Dienstalter oder eine bestimmte Dauer der beruflichen Erfahrung rechtmäßig als Voraussetzung für eine bestimmte Tätigkeit verlangt wird oder – im Hinblick auf die Ausbildung oder eine hinreichende zeitliche Perspektive vor dem Ruhestand – ein bestimmtes Höchstalter für die Einstellung vorgesehen wird (*BAG* 11.4.2006 NZA 2006, 1217). Insoweit ist auch die Frage nach dem Alter bei der Einstellung zulässig. In anderen Fällen ist die Frage, gleich der Frage nach der Schwangerschaft, vor dem Abschluss des Arbeitsvertrags grds. unzulässig. Im Hinblick auf die Entlassungsbedingungen, zu denen auch die Kündigung zählt, sieht Art. 6 Richtl. 2000/78/EG vor, dass besondere Vorschriften oder Bestimmungen zur Eingliederung oder zum Schutz jüngerer oder älterer Arbeitnehmer grds. zulässig sind.

120

Für die **Sozialauswahl** bei der betriebsbedingten Kündigung bedeutet dies: Die Einbeziehung des Alters in die Sozialauswahl dient dem Schutz älterer Arbeitnehmer. Sie kann im Rahmen der üblichen Abwägung nach § 1 Abs. 3 KSchG einem rechtmäßigen Ziel dienen. Die Berücksichtigung im Rahmen eines von mehreren Faktoren ist, weil (und soweit) dem Alter kein übermäßiges Gewicht zukommt, auch verhältnismäßig. Freilich sind insofern Einschränkungen anzubringen: Das berechtigte Ziel, ältere Arbeitnehmer zu schützen, rechtfertigt es nicht, einen 28-Jährigen gegenüber einem 27-Jährigen zu bevorzugen. Auch das allgemeine Ziel, die Chancen auf dem Arbeitsmarkt zu berücksichtigen, kann das schwerlich rechtfertigen. Dieser Befund würde dafür sprechen, lediglich ab einem bestimmten höheren Lebensalter – möglicherweise in Stufen – das Alter in die Sozialauswahl einfließen zu lassen. Ein möglicher Rechtfertigungsansatz für eine darüber hinausgehende lineare Berücksichtigung des höheren Lebensalters in allen Altersstufen besteht darin, dass der Mensch typischerweise mit fortschreitendem Lebensalter eine größere Zahl von Entscheidungen von einer solchen Art getroffen hat, dass sie sich nur mit zusätzlichem Aufwand korrigieren lassen. Jede grundlegende Veränderung der Lebensverhältnisse, wie sie mit einer Kündigung verbunden ist, trifft deshalb – bei stark typisierender Betrachtungsweise – auf jeder Lebensalterstufe einen Älteren stärker als einen Jüngeren (vgl. auch *Willemsen/Schweibert* NJW 2006, 2583, 2586). Dies spricht dafür, auch eine lineare Berücksichtigung des Lebensalters, allerdings nur mit einem geringeren Gewicht, zuzulassen (zweifelnd etwa *Annuß* BB 2006, 1629, 1633 f.; *Willemsen/Schweibert* aaO).

121

Zu einer mittelbaren Benachteiligung wegen des Alters führt zudem vor allem die **Berücksichtigung der Dauer der Betriebszugehörigkeit** bei der Sozialauswahl und bei den Kündigungsfristen. Von diesem Standpunkt aus ist zu erwägen, diesen Effekt zugleich als Maßnahme zu deuten, die – mittelbar – auch dem Schutz älterer Arbeitnehmer dient. Freilich sind oft in großem Umfang auch »mittelalte« Arbeitnehmer schon länger in einem Betrieb tätig als später eingestellte ältere Arbeitnehmer. Gleichwohl ist die Berücksichtigung der Dauer der Betriebszugehörigkeit gerechtfertigt. Sie dient dem berechtigten Interesse des Arbeitgebers, die spezifische, betriebliche Erfahrung der lange in einem Betrieb Beschäftigen zu nutzen und deren Betriebstreue zu belohnen, wenn diese nicht ausnahmsweise bedeutungslos ist (*EuGH* 3.10.2006 NZA 2006, 1205 – *Cadman*). Zudem hat der länger im Betrieb tätige Arbeitnehmer die größere Leistung für den Betrieb erbracht, so dass er unter den Gesichtspunkten vertraglicher Austauschgerechtigkeit einen relativ stärkeren Kündigungsschutz verdient. Auch die längeren Kündigungsfristen des § 622 BGB sind gerechtfertigt, weil der länger in einem Betrieb Beschäftigte sich mehr auf das Arbeitsverhältnis eingestellt hat, so dass das Gesetz eine längere Orientierungszeit zubilligen darf (*Willemsen/Schweibert* NJW 2006, 2583, 2586). Problematischer erscheinen tarifvertragliche Regelungen, nach denen Zeiten vor Vollendung des 25. Lebensjahres nicht zählen (*Willemsen/Schweibert* aaO).

122

123 Eine **Vereinbarung der Unkündbarkeit** ab einem bestimmten Lebensalter ist als Schutzmaßnahme zugunsten älterer Arbeitnehmer grds. zulässig. Der weggefallene § 10 Nr. 7 AGG stellte diese Maßgabe unter den Vorbehalt, dass hierdurch die Sozialauswahl iSd § 10 Nr. 7 KSchG nicht grob fehlerhaft werden darf. Dies gibt auch ohne ausdrückliche Regelung das im Grundsatz richtige Maß vor. Deshalb ist in solchen Fällen zunächst eine Sozialauswahl unter den kündbaren Arbeitnehmern vorzunehmen. Alsdann sind die Sozialdaten der am besten geschützten, aber gleichwohl zu kündigenden Arbeitnehmer mit den Sozialdaten der am wenigsten geschützten unkündbaren Arbeitnehmer zu vergleichen. Ergibt diese Auswahl, dass es grob fehlerhaft und sozial ungerechtfertigt wäre, dem unkündbaren Arbeitnehmer den Vorzug zu geben, muss sein Kündigungsschutz zurücktreten (die dadurch hervorgerufene Rechtsunsicherheit beklagend *Willemsen/Schweibert* NJW 2006, 2853, 2857).

124 **Altersgrenzen**, die in kollektivvertraglichen und individualvertraglichen Bestimmungen vorkommen, sind nach § 10 Nr. 5 AGG in Übereinstimmung mit Art. 6 RL 2000/78/EG zulässig, soweit sie ein Mindestalter für den Eintritt in den Ruhestand festlegen und soweit sie ein Höchstalter für die Einstellung vorsehen, das auf den Ausbildungsanforderungen eines Berufs beruht. Darüber hinaus muss man bei pauschalierenden Grenzen nach dem Zweck unterscheiden. Pauschalierende Altersgrenzen, die alleine an die vermeintlich mangelnde Berufseignung älterer Arbeitnehmer anknüpfen, sind idR unzulässig. Dabei ist in Berufen, denen die Sicherheit Dritter anvertraut ist (Chirurgen, Piloten), allerdings die Gefahrenabwehr als Rechtfertigungsgrund anzuerkennen (*Nieders. OVG* 13.9.2006 – 12 ME 275/06 – juris Nr. MWRE060001512). Auch hier dürften pauschale Altersgrenzen jedenfalls dann zulässig bleiben, wenn sie den Gegenbeweis fortdauernder Eignung zulassen. Verbreitet wird auch eine pauschale Altersgrenze ohne Möglichkeit des Gegenbeweises fortdauernder Eignung für zulässig gehalten (wohl *Nieders.* OVG 13.9.2006 – 12 ME 275/06 – aaO); dies erscheint nach dem Verhältnismäßigkeitsgrundsatz nicht unzweifelhaft und bedarf der Klärung durch den EuGH. Ob die Beschäftigungschancen Jüngerer ein zureichender Rechtfertigungsgrund sind, scheint nach dem Sinn des AGG zweifelhaft. Auf die Sicherung einer angemessenen Altersstruktur der Belegschaft kann sich der Arbeitgeber wohl nur dann berufen, wenn dies nicht pauschal alle Älteren in benachteiligender Weise aus einem Betrieb drängt und iSd Erforderlichkeits- und Verhältnismäßigkeitsprinzips tatsächlich eine Unausgewogenheit droht.

125 Für die **Vereinbarung von Sozialplänen** gilt § 10 Nr. 6 AGG. Dabei kann die Vorschrift, die von Sozialplänen iSd BetrVG spricht, auf freiwillige Sozialpläne entsprechend angewandt werden. Eine Berücksichtigung des Lebensalters ist in diesem Rahmen grds. zulässig. Ansonsten gilt als Leitlinie, dass eine Berücksichtigung des Lebensalters insofern zulässig ist, als dies dem Zweck des Sozialplans, soziale Härten der Kündigung abzufedern, entspricht. Daraus folgt unter anderem: Generell darf das höhere Arbeitslosigkeitsrisiko älterer Arbeitnehmer berücksichtigt werden. Soweit eine Sozialplanabfindung für Zahlungen eine Höchstgrenze (»Deckelung«) vorsieht, wird dies regelmäßig durch den begrenzten Zweck des Sozialplans (Härteabmilderung) gerechtfertigt sein. Die Kürzung von Ansprüchen rentennaher Jahrgänge ist ebenfalls zulässig.

VIII. Sexuelle Identität

126 Allenfalls ausnahmsweise kann die Berücksichtigung der sexuellen Identität gerechtfertigt sein. Mögliche Vorbehalte von Kunden, etwa gegen Homosexuelle, rechtfertigen deren Ausschluss regelmäßig nicht. In der Literatur wird das Beispiel der psychologischen Betreuung nach einem sexuellen Kindesmissbrauch genannt, wenn unabhängig von einer homosexuellen oder heterosexuellen Neigung nur solche Therapeuten eingesetzt werden, die nicht auf das Geschlecht des Kindes ausgerichtet sind (*Bauer/Göpfert/Krieger* § 8 AGG Rz 38). Bei transsexuellen Personen besteht eine besondere Rechtfertigungsproblematik vor allem dann, wenn eine Unterscheidung nach dem Geschlecht ausnahmsweise zulässig ist und sich die Frage stellt, ob alsdann Personen benachteiligt werden dürfen, deren Zugehörigkeit zum erforderlichen Geschlecht »nur« auf einer **Geschlechtsumwandlung** beruht. Dies hat das BAG für den Fall der Arzthelferin eines frei praktizierenden Chirurgen bejaht (*BAG* 21.2.1991 EzA § 123 BGB Nr. 73; krit. *Struck* BB 1990, 2267), was vor allem hinsichtlich des Ausgangspunkts (Erforderlichkeit einer weiblichen Arzthelferin für einen frei praktizierenden Chirurgen) problematisch erscheint. Im Übrigen wird man richtigerweise darauf abstellen müssen, ob nach dem konkreten Einzelfall die transsexuelle Person als solche identifizierbar ist und ob sich aus einer solchen Identifikationsmöglichkeit ihre mangelnde Eignung für die fragliche Tätigkeit ergibt.

E. Rechtsfolgen

I. Verbotsgesetz und Unabdingbarkeit

Das Benachteiligungsverbot der §§ 1, 7 AGG ist ein **Verbotsgesetz** iSd § 134 BGB. Rechtsgeschäfte, die hiergegen verstoßen, sind ex tunc **nichtig**. Das ergibt sich bereits aus § 7 Abs. 1 AGG iVm § 134 BGB und wird durch § 7 Abs. 2 AGG nochmals klargestellt. Ebenso sind vom AGG abweichende Vereinbarungen, etwa seine Modifikation durch den Arbeitsvertrag durch die Anordnung der **Unabdingbarkeit** in § 31 AGG unwirksam. Das gilt für alle arbeitsvertraglichen Vereinbarungen, also etwa für Aufhebungsverträge, aber auch für einseitige Rechtsgeschäfte, also etwa Anfechtung von Arbeitsverhältnissen, nicht jedoch für die Kündigung (§ 2 Abs. 4 AGG); ferner für alle geschäftsähnlichen Handlungen wie bspw. die Abmahnung. Der Arbeitnehmer kann deren Unwirksamkeit gerichtlich feststellen lassen. Weisungen, die ein Arbeitgeber unter Berufung auf sein Direktionsrecht erteilt, müssen, sofern sie gegen das AGG verstoßen, nicht befolgt werden. Gegenüber fortdauernden Diskriminierungen, etwa sexuellen Belästigungen (vgl. Rz 14), kann ein Unterlassungsanspruch bestehen (*Eich* NJW 1980, 2329, 2333). Sind kollektiv-rechtliche Vereinbarungen nach dem AGG nichtig, so kann ein Angehöriger der benachteiligten Geschlechts Gleichbehandlung mit den Angehörigen der begünstigten Gruppe verlangen (Überblick etwa bei *Classen* JZ 1996, 923, 928). Unwirksamkeit tritt aber nach dem Schutzzweck des AGG nur zugunsten des Benachteiligungsopfers ein; Maßnahmen des Arbeitgebers gegenüber einem unter Verstoß gegen das AGG begünstigten Arbeitnehmer bleiben grds. wirksam.

127

Soweit es insbes. um **Kündigungen** geht, können gemeinschaftsrechtskonforme Ergebnisse durch eine Anwendung der allgemeinen und besonderen Kündigungsvorschriften sowie der zivilrechtlichen Generalklauseln (Rz 71) zwar weitgehend sichergestellt werden. Allerdings hat die Rechtsprechung des EuGH etwa im Verbraucherrecht eine ausdrückliche Umsetzung der Vorgaben des Richtlinienrechts verlangt, damit der Einzelne dem nationalen Recht entnehmen könne, welche Rechte er habe (*EuGH* 18. 1. 2001 – Rs. C-162/99 – Rz 22 – *Kommission./.Niederlande*). Das wird man auf die Antidiskriminierungsrichtlinien übertragen können. Demgemäß reicht die Möglichkeit zur richtlinienkonformen Auslegung des KSchG, ungeachtet der hierdurch zu erzielenden richtlinienkonformen Ergebnisse, nicht aus, um den gemeinschaftsrechtlichen Umsetzungserfordernissen zu genügen (aA *Willemsen/Schweibert* NJW 2006, 2583, 2884). Über diese, für das einzelne Arbeitsverhältnis weniger bedeutsame Feststellung hinaus, ist auf folgende Aspekte hinzuweisen: Aus der EG-Richtl. 76/207/EWG hat der EuGH in der *Marshall II*-Entscheidung hergeleitet, dem Gebot einer ausreichenden Sanktion gegen eine diskriminierende Kündigung genüge lediglich die Rechtsfolge der Unwirksamkeit der Kündigung oder ein voller Schadensersatz, der insbes. nicht durch gesetzliche Höchstbeträge begrenzt sein dürfe (*EuGH* 2.8.1993 EuZW 1993, 708). Prinzipiell genügt dem das deutsche Recht, denn ein Verstoß gegen den Gleichbehandlungsgrundsatz führt zur Unwirksamkeit der Kündigung, sei es nach § 1 KSchG, sei es nach § 242 BGB. Zweifel an der Europarechtskonformität könnten jedenfalls in den Fällen eines Auflösungsantrags des Arbeitnehmers bestehen, der zur Erreichung EG-Rechts konformer Ergebnisse zugelassen werden sollte (zu dessen Zulässigkeit im Allgemeinen *KR-Friedrich* § 13 KSchG Rz 330 ff.), weil die Abfindungsregelung der §§ 9, 10 KSchG nicht auf Schadensersatz gerichtet ist. Vergleichbare Probleme bestehen, wenn der Arbeitnehmer wegen einer diskriminierenden ordentlichen Kündigung seinerseits außerordentlich kündigt. Hier sieht **§ 628 Abs. 2 BGB** einen Schadensersatzanspruch des Arbeitnehmers vor, der im Allgemeinen von einem Auflösungsverschulden abhängt, wohingegen die Richtl. 76/207/EWG verschuldensunabhängige Schadensersatzansprüche verlangt (vgl. *EuGH* 8.11.1990 EzA § 611a BGB Nr. 7). Eine Europarechtswidrigkeit dieses Fehlens eines vollen verschuldensunabhängigen Schadensersatzanspruchs im deutschen Recht wird man dennoch weder im Hinblick auf §§ 9, 10 KSchG noch in Bezug auf § 628 Abs. 2 BGB annehmen müssen. Die Maßgaben, welche §§ 9, 10 KSchG für die Kompensation des zu Unrecht gekündigten Arbeitnehmers vorsehen, gelten generell für Kündigungen und genügen daher dem EG-rechtlichen Postulat eines vollen Schadensersatzes nach Maßgabe des nationalen Rechts in vergleichbaren Fällen. Ob das Verschuldenserfordernis bei § 628 Abs. 2 BGB eine Verletzung EG-rechtlicher Anforderungen darstellt, ist unsicher, weil die Anforderungen, die der EuGH an die Höhe der Kompensation stellt, den Fall betreffen, in dem kraft Gesetzes – anders als im deutschen Recht – nicht die Unwirksamkeit, sondern ein Schadensersatz die Rechtsfolge der unwirksamen Kündigung darstellt, wohingegen es bei § 628 Abs. 2 BGB um eine – allerdings durch Diskriminierung veranlasste – Eigenkündigung des Arbeitnehmers geht. Soweit man gleichwohl das Erfordernis des Verschuldens des Arbeitgebers für EG-rechtswidrig hält, ist das Merkmal des »veranlasst« für eine richtlinienkonforme Auslegung offen (angedeutet auch bei *Schiek/Horst-*

128

kötter NZA 1998, 863, 867). Trotz dieser Erwägungen bleiben die Antworten auf diese Fragen ungesichert und verlangen deshalb nach einer Klärung durch den EuGH.

II. Kein Einstellungsanspruch aus dem AGG

129 Wird eine Einstellung aus diskriminierenden Gründen verweigert, so besteht **kein Einstellungsanspruch**, sofern dieser nicht aufgrund eines anderen Rechtsgrunds besteht. Dies entspracht seit jeher der herrschenden Auffassung; es ist in § 15 Abs. 6 AGG ausdrücklich klargestellt. Der Bedarf für eine derartige Klarstellung resultiert aus dem Umstand, dass ansonsten in den Fällen des Abs. 2 ein Einstellungsanspruch aus dem Prinzip der Naturalrestitution (§ 249 S. 1 BGB) folgen könnte. Dabei sind zwei Fallgestaltungen zu unterscheiden: Liegt eine diskriminierende Behandlung im Bewerbungsverfahren vor, die aber nicht ursächlich für die Nichteinstellung wurde, so greift zwar der Schadensersatzanspruch nach § 15 Abs. 2 AGG; ein Einstellungsanspruch kommt jedoch schon nach allg. Grundsätzen nicht in Betracht. Denn schadensersatzrechtliche Naturalrestitution durch Begründung eines Arbeitsverhältnisses muss hier mangels Kausalität der Diskriminierung für die unterbliebene Einstellung und damit für den Schaden ausscheiden. Dieses Ergebnis wird von § 15 Abs. 2 AGG (»billige Entschädigung in Geld«) zutreffend als selbstverständlich vorausgesetzt und bedarf daher keiner weiteren Regelung. § 15 Abs. 1 AGG erfasst demgegenüber die Fälle, in denen die Diskriminierung kausal für die Nichteinstellung war und schließt auch für diesen Fall einen Einstellungsanspruch aus. Durchgreifende Bedenken aufgrund höherrangigen Rechts bestehen gegen diese Regelung nicht. Die EG-Gleichbehandlungsrichtl. verpflichtet nicht, einen solchen Einstellungsanspruch vorzusehen (*EuGH* 10.4.1984 EzA § 611a BGB Nr. 1). Auch verfassungsrechtliche Bedenken bestehen nicht. In seiner Entscheidung vom 16.11.1993 geht das *BVerfG* (EzA Art. 3 GG Nr. 42 sub C I 2a) ausdrücklich davon aus, dass verfassungsrechtliche Bedenken wegen einer hinreichenden Sanktion für arbeitgeberseitige Diskriminierungen nur dann in Betracht kommen, wenn man sich auf den minimalen Ersatz des Vertrauensinteresses nach der Urfassung des früheren § 611a Abs. 2 BGB beschränkt. Soweit die Einführung eines Einstellungsanspruchs de lege ferenda erwogen wird, bestehen sogar erhebliche rechtssystematische und verfassungsrechtliche Einwände. Rechtssystematisch ist darauf hinzuweisen, dass ein solcher Anspruch mit dem Prinzip der freien Kündbarkeit während der Probezeit kollidieren würde; ferner muss beachtet werden, dass Arbeitnehmer auch einen Anspruch auf tatsächliche Beschäftigung haben, was dann problematisch wird, wenn bereits ein anderer Arbeitnehmer eingestellt oder befördert wurde, der ebenfalls Anspruch auf Beschäftigung hat. Verfassungsrechtlich würde ein unverhältnismäßiger Eingriff in die durch Art. 2 Abs. 1 GG geschützte negative Kontrahierungsfreiheit des Arbeitgebers vorliegen, weil Schadensersatz als effektive Sanktion ausreicht. Da die Einführung eines Einstellungsanspruchs keine Umsetzung europäischen Gemeinschaftsrechts darstellte, wäre sie auch nicht von einer Prüfung am Maßstab des GG freigestellt (KR-*Pfeiffer* vor § 612a BGB Rz 10). Liegt die Diskriminierung in der Nichtfortsetzung eines befristeten Arbeitsverhältnisses, so besteht dementsprechend kein Anspruch auf unbefristete Einstellung (*ArbG Bochum* 12.7.1991 EzA § 611a BGB Nr. 8).

130 Ein **Einstellungsanspruch aus anderen Rechtsgründen** wird allerdings durch § 15 Abs. 6 AGG nicht ausgeschlossen, was insbes. in Fällen einer zunächst befristeten Einstellung bedeutsam sein kann. § 15 Abs. 6 AGG ist lediglich zu entnehmen, dass der bloße Umstand, dass eine Arbeitnehmerin aus geschlechtsdiskriminierenden Gründen nicht (unbefristet) eingestellt wurde, nicht zu einem Einstellungsanspruch führt, gleichviel aus welchem Rechtsgrund (vgl. *Zwanziger* BB 1995, 1404, 1405). Liegen demgegenüber qualifizierende weitere Umstände vor, aufgrund derer nach sonstigen Regeln ein Einstellungsanspruch ausnahmsweise bejaht werden kann, bildet § 15 Abs. 6 AGG für einen solchen Anspruch kein Hindernis. Nach der Rspr. des BAG kommen hierzu insbes. die Fälle in Betracht, in denen der Arbeitgeber einen Arbeitnehmer zunächst befristet eingestellt hat und bei der Einstellung durch seine Erklärungen oder sein sonstiges Verhalten den Eindruck erweckt hat, er werde unter bestimmten, im vorhinein mitgeteilten Voraussetzungen zur Umwandlung des befristeten Arbeitsverhältnisses in ein unbefristetes bereit sein. In solchen Fällen soll ein Anspruch aus culpa in contrahendo (§§ 280 Abs. 1, 311a Abs. 2 BGB) bestehen, der im Wege der Naturalrestitution auf Begründung eines unbefristeten Arbeitsverhältnisses gerichtet ist (*BAG* 16.3.1989 EzA § 1 BeschFG 1985 Nr. 7; ferner KR-*Bader* § 9 MuSchG Rz 141, 143).

III. Kein Beförderungsanspruch aus dem AGG

131 Für den beruflichen Aufstieg gelten die vorstehenden Ausführungen zum Anspruch auf Einstellung entsprechend; er ist durch § 15 Abs. 6 AGG, soweit es um das AGG geht, ausgeschlossen. Besteht ein

Aufstiegsanspruch nach sonstigen Vorschriften oder Abreden, so wird er durch § 15 Abs. 6 AGG nicht ausgeschlossen. Wird dem Arbeitnehmer in geschlechtsdiskriminierender Weise der durch einen Anspruch gesicherte Aufstieg verweigert, so kann der Arbeitnehmer Beförderung verlangen. Geht es um einen Aufstieg, auf den nach allgemeinen Grundsätzen oder sonstigen Abreden und Regeln kein Anspruch besteht, so wird durch das AGG auch kein solcher Anspruch begründet.

IV. Entschädigungspflicht nach § 15 AGG

1. Überblick

§ 15 Abs. 1 u. 2 AGG begründen **Entschädigungsansprüche des Opfers einer Benachteiligung**. Die Vorschrift ist vor allem für Benachteiligungen bei Anbahnung, Begründung und Vollzug des Arbeitsverhältnisses von Bedeutung. Auf Kündigungen ist sie nicht anwendbar, wohl aber auf andere Fälle der Beendigung. Oftmals wird aber die Unwirksamkeit der Beendigung bewirken, dass kein Bedarf für einen Ersatzanspruch besteht. Jedenfalls muss eine Auslegung ausgeschlossen sein, nach welcher der Arbeitnehmer gegen eine Kündigung nicht vorgeht, um alsdann Schadensersatz wegen der Kündigung geltend zu machen (*Willemsen/Schweibert* NJW 2006, 2583, 2585). Bei Inhalt und Bemessung der Entschädigung führen § 15 Abs. 1 u. 2 AGG zur **Unterscheidung** zwischen zwei Gruppen von Anspruchstellern: **Bewerber, die aufgrund der Diskriminierung nicht eingestellt oder befördert wurden** (sog. »bestqualifizierte« Bewerber), erhalten Schadensersatz nach allg. schadensersatzrechtlichen Grundsätzen, der sich mithin auf einen Ersatz für ihre **materiellen Einbußen** erstreckt. Demgegenüber wird für **Bewerber, die zwar benachteiligt wurden, jedoch auch ohne Benachteiligung nicht eingestellt worden wären**, ein Anspruch auf »angemessene Entschädigung in Höhe von höchstens drei Monatsverdiensten« vorgesehen, der seiner Rechtsnatur nach auf Ersatz immaterieller Schäden gerichtet ist. Als Monatsverdienst ist dasjenige anzusehen, das dem Bewerber an Geld- und Sachbezügen in dem Monat zugestanden hätte, in dem das Arbeitsverhältnis hätte begründet werden sollen. Für die Geltendmachung des Anspruchs ist die Geltendmachungsfrist des Abs. 3 zu beachten.

132

Schwierigkeiten bereitet das Erfordernis des § 15 Abs. 1 S. 2 AGG, dass der Arbeitgeber die Benachteiligung **zu vertreten hat**: Nach der Rspr. des EuGH folgt aus dem **Effet utile** der Richtl. 76/207/EWG, dass jeder Fall des Verstoßes gegen das dort niedergelegte Gleichbehandlungsgebot eine effektive Sanktion in Gestalt einer »vollen Haftung« nach sich ziehen muss. Das muss für die anderen maßgebenden Gleichbehandlungsrichtlinien ebenso gelten. Dieses Effektivitätsgebot schließt es zunächst aus, dass das nationale Recht abweichend von der Richtl. einschränkende Anspruchsvoraussetzungen vorsieht, aufgrund derer der Arbeitgeber über die Richtlinie hinaus Rechtfertigungsgründe vorbringen oder sich auf sein mangelndes Verschulden berufen kann (*EuGH* 8.11.1990 EzA § 611a BGB Nr. 7 – *Dekker*; bestätigend *EuGH* 22.4.1997 EzA § 611a BGB Nr. 12 – *Draehmpaehl*). Auch die Höhe des Schadensersatzanspruchs muss, wenn sich ein nationales Recht für Schadensersatz als Sanktion der Diskriminierung entscheidet, diesem Effektivitätsgebot genügen. Dies bedeutet, dass bei Vorliegen eines materiellen Schadens eine volle Entschädigung nach Maßgabe des jeweils anwendbaren nationalen Rechts erfolgen muss (*EuGH* 22.4.1997 EzA § 611a BGB Nr. 12 – *Draehmpaehl*; 2.8.1993 EuZW 1993, 708). Unabhängig hiervon muss aber die Schadensersatzhöhe in jedem Fall als effektive Sanktion genügen. Als nicht hinreichend effektiv hat der EuGH die zunächst in Deutschland geltende Beschränkung des Ersatzanspruchs auf bloße Vertrauensschäden (Bewerbungskosten, insbes. für Porto, Kopien usw.) angesehen (*EuGH* 10.4.1984 Slg. 1984, 1891 – *v. Colson u. Kamann*) Auch das in Deutschland früher geltende Summenbegrenzungsverfahren nach § 61b ArbGG aF verletzte nach Auffassung des EuGH das aus der Richtl. sich ergebende Effektivitätsgebot, da ein solches Summenbegrenzungsverfahren geeignet sei, einzelnen benachteiligten Bewerbern durch Zersplitterung der Ansprüche der Höhe nach den Anreiz zur Geltendmachung von Schäden zu nehmen (*EuGH* 22.4.1997 EzA § 611a BGB Nr. 12 – *Draehmpaehl*).

133

Nach diesem Maßstab würde das Erfordernis des **Vertretenmüssens** dann gegen das EG-Recht verstoßen, wenn man es mit Verschulden gleichsetzte. Für die Übereinstimmung mit EG-rechtlichen Anforderungen reicht es nicht aus, dass der Anspruch aus § 15 Abs. 2 AGG verschuldensunabhängig eingreift, weil jeder Verstoß gegen die Richtlinie nach der dargestellten Rechtsprechung des EuGH die »volle Haftung« auslösen muss und diese den Ersatz der materiellen Schäden umfasst (aA *Bauer/Göpfert/Krieger* § 15 AGG Rz 15). § 276 Abs. BGB ist für eine vom Verschuldenskriterium abweichende Bestimmung des Maßstabs des Vertretenmüssens offen. Im Falle des § 15 Abs. 1 AGG ist daher § 276 BGB richtlinienkonform iS einer verschuldensunabhängigen Haftung anzuwenden. Die Grenzen der richtlinienkonformen Auslegung werden dadurch nicht überschritten, da § 276 BGB hierfür hinreichend offen ist.

134

135 Problematisch ist es ferner, dass der Arbeitgeber nach § 15 Abs. 3 AGG im Falle der bloßen Anwendung **kollektivvertraglicher Vereinbarungen** nur dann zum Schadensersatz verpflichtet sein soll, wenn er **grob fahrlässig** handelt. Damit möchte das Gesetz der erhöhten Richtigkeitsgewähr und Verlässlichkeit dieser Normquellen Rechnung tragen. Inwieweit dies den Arbeitgeber nach den Maßstäben des EG-Rechts entlasten kann, ist durch den Gesetzgeber nur insofern berücksichtigt als dieser davon ausgeht, es besteht kein EG-rechtliches Gebot, die Parteien der Kollektivverträge selbst haften zu lassen (BT-Drs. 16/1780, S. 38). Ausgangspunkt der rechtlichen Beurteilung muss es sein, dass Kollektivvereinbarungen unwirksam sind, soweit sie zu einer unzulässigen Benachteiligung führen. Demgemäß handelt der Arbeitgeber zwar möglicherweise, wenn er in bestem Glauben eine solche Norm anwendet, aufgrund eines unverschuldeten oder nur leicht fahrlässig verschuldeten Rechtsirrtums. Wie dargestellt, verlangt das EG-Recht, dass sich der Arbeitgeber bei seiner Haftung generell nicht auf ein etwa fehlendes Verschulden berufen kann. Insofern verletzt § 15 Abs. 3 AGG das maßgebende EG-Recht. Es gelten dieselben Maßgaben wie allgemein im Hinblick auf das Verschuldenskriterium (Rz 134).

2. Anspruch auf Ersatz materieller Schäden nach § 15 Abs. 1 AGG

136 Nach § 15 Abs. 1 AGG kann der benachteiligte Bewerber im Falle einer Benachteiligung eine angemessene Entschädigung in Geld verlangen. Dieser Grundsatz gilt namentlich für Bewerber, die ohne Benachteiligung eingestellt oder befördert worden wären (sog. Bestqualifizierter). **Voraussetzungen** dieses Anspruchs sind: (1.) Eine Arbeitgeberhandlung, welche den Arbeitnehmer betrifft (etwa den Ausschluss aus einem Bewerberkreis um eine Stelle, für welche er formal geeignet ist); (2) die Handlung des Arbeitgebers muss eine gleichheitswidrige Behandlung eines Arbeitnehmers oder Bewerbers iSd § 7 AGG darstellen (Anwendung eines unzulässigen Merkmals und Kausalität für die Arbeitgebermaßnahme); (3.) Eintritt eines ersatzfähigen Schadens (4.) Kausalität der Benachteiligung für den Schaden (haftungsausfüllende Kausalität) (5.) rechtzeitige formgerechte Geltendmachung nach § 15 Abs. 4 AGG. Bei prozessualer Geltendmachung muss außerdem die Klagefrist des § 61b ArbGG beachtet werden.

137 **Keine bzw. keine eigenständigen Voraussetzungen** des Anspruchs sind: Ein **Verschulden** des Arbeitgebers ist nach den dargestellten EG-rechtlichen Anforderungen nicht erforderlich (Rz 134; s.a. BT-Drs. 13/10242, S. 6). Die für frühere Fassungen des Gesetzes diskutierte Frage, ob es erforderlich ist, dass im Falle der Benachteiligung bei der Einstellung **überhaupt eine Besetzung der Stelle erfolgt** (*Hanau* FS Gnade, S. 351, 353 f.), ist nach Maßgabe des angesprochenen EG-rechtlichen Gebots eines vollen Ersatzes materieller Schäden zu beantworten. Das bedeutet: Der etwaige Umstand, dass eine ausgeschriebene Stelle überhaupt nicht besetzt wurde, mag als tatsächliches Indiz dafür angesehen werden, dass der Bewerber auch ohne die Benachteiligung nicht eingestellt worden wäre (also die notwendige Kausalität der Benachteiligung für die Nichtberücksichtigung fehlt). Eine eigenständige Anspruchsvoraussetzung ergibt sich daraus aber nicht. Steht nämlich fest, dass ein Bewerber ohne Benachteiligung eingestellt worden wäre, so kann der Umstand, dass überhaupt niemand eingestellt wurde, die kausale Verursachung eines materiellen Schadens durch die Diskriminierung nicht ausschließen (aA *LAG Düsseldorf*. 1.2.2002 LAGE § 611a nF BGB Nr.5). Ein solcher Schaden muss nach EG-rechtlichen Maßgaben ersetzt werden, so dass die Beendigung des Auswahlverfahrens durch Besetzung der Stelle mit einer anderen Person keine Anspruchsvoraussetzung sein kann.

138 Die **Rechtsfolge** des § 15 Abs. 1 AGG ist auf **vollen Schadensersatzersatz nach Maßgabe der §§ 249–252 BGB** gerichtet. Insbes. ist, wie auch ein Umkehrschluss ergibt, die Höchstgrenze von drei Monatsverdiensten auf die Diskriminierung des bestqualifizierten Bewerbers nicht anwendbar (BT-Drs. 13/10242, S. 7). Für den hier in Rede stehenden Anspruch auf Ersatz materieller Schäden des ohne Benachteiligung eingestellten Bewerbers ist eine angemessene Entschädigung allein in der Gewährung eines uneingeschränkten (»vollen«) Ersatzes der entstandenen Schäden nach Maßgabe der §§ 249–252 BGB zu sehen. Dies folgt gleichermaßen aus dem Gebot der europarechtskonformen Auslegung (*KR-Pfeiffer* vor § 621a BGB Rz 7) nach Maßgabe der Richtl. 76/207/EWG wie aus der Leitbildfunktion der §§ 249–252 BGB für diese Frage. Der Anspruch richtet sich also grds. auf das **positive Interesse**, dh, auf Zahlung der entgangenen Nettovergütung unter Anrechnung der statt dessen erlangten Einkünfte, etwa erhaltenen Arbeitslosengelds (vgl. – zum Fall der culpa in contrahendo – *LAG Köln* 28.7.1993 LAGE § 276 BGB Verschulden bei Vertragsschluss Nr. 2) oder der auf einer anderen (der bisherigen) Stelle erhaltenen Nettovergütung. §§ 9 und 10 KSchG sind demgegenüber nicht anwendbar (*Treber* NZA 1998, 856, 858; offen lassend *Willemsen/Schweibert* NJW 2006, 2583, 2589). Bei der Schadensberech-

nung muss zugunsten des Arbeitgebers eine freie Kündigungsmöglichkeit zugunsten des Arbeitgebers berücksichtigt werden, soweit deren (hypothetische) Ausübung nicht ihrerseits diskriminierend wäre (vgl. auch *Brüggemeier* ZEuP 1998, 752, 760; *Treber* NZA 1998, 856, 858). Dem Schutzinteresse des bestqualifizierten Bewerbers wird dabei genügt, da auch der bestqualifizierte Bewerber jedenfalls den sich aus seiner immateriellen Beeinträchtigung ergebenden Mindestschaden geltend machen kann (Rz 143). Der Gefahr einer Überkompensation durch eine unbegrenzt fortdauernde Ersatzpflicht kann durch eine Anwendung des § 287 ZPO vorgebeugt werden (*Brüggemeier* ZEuP 1998, 752, 761). In der Literatur wurde daher zum Teil eine Regelpauschale von vier Monatsgehältern (unter Einbeziehung der auch in solchen Fällen gegebenen immateriellen Beeinträchtigung sowie im Hinblick auf die Ungewissheit beim Bestand) vorgeschlagen (*Zwanziger* DB 1998, 1330, 1331; DKZ-*Zwanziger* § 611a BGB Rz 27), zum Teil auch eine Obergrenze von sechs Monatsgehältern (APS-*Linck* § 611a BGB Rz 104). Damit mag in manchen Fällen das Richtige getroffen werden; von der Ermittlung und Beachtung konkreter Schadensposten und (bei § 287 ZPO) Schätzungsgrundlagen können solche Vorschläge aber nicht entbinden. Der Vorschlag, die Wahrscheinlichkeit der Einstellung oder Beförderung bei der Höhe der Bemessung zu berücksichtigen (*Wagner/Potsch* JZ 2006, 1085), findet im geltenden Schadensrecht keine hinreichende Grundlage.

Auch gegenüber dem Anspruch des § 15 Abs. 1 AGG ist analog § 254 BGB ggf. ein **Mitverschulden** anzurechnen. Dem steht das EG-rechtliche Gebot der »vollen Haftung nach nationalem Recht« nicht entgegen, da zu dieser nach deutschem Recht auch die Berücksichtigung eines Mitverschuldens gehört. Ein Mitverschulden kann etwa dann vorliegen, wenn ein Bewerber voreilig einen anderen Arbeitsplatz ausschlägt. 139

3. Ersatz des immateriellen Schadens des bestqualifizierten Bewerbers nach § 15 Abs. 2 AGG

Dem bestqualifizierten Bewerber **kann** ein **Anspruch** auf Ersatz seines immateriellen Schadens zustehen. Dabei ist zwischen dem Fall eines nur immateriellen Schadens einerseits (Rz 142) und der Problematik der kumulierten Geltendmachung materieller und immaterieller Schäden (Rz 143) zu unterscheiden. Für beide Fälle gilt jedoch: Ansprüche auf Ersatz immaterieller Schäden sind zwar im deutschen bürgerlichen Recht die **Ausnahme**, vgl. § 253 Abs. 1 BGB. § 15 Abs. 2 AGG stellt jedoch eine **besondere gesetzliche Bestimmung** iSd § 253 Abs. 1 BGB dar (dies wurde hinsichtlich des früheren § 611a BGB nicht berücksichtigt durch *EuGH* 22.4.1997 EzA § 611a BGB Nr. 12 = ZIP 1997, 798 m. krit. Anm. *Oetker*; krit. Anm. *Hergenröder* JZ 1997, 1774). 140

Erleidet der bestqualifizierte Bewerber keinen materiellen, sondern **nur einen immateriellen Schaden**, weil die fragliche Stelle nicht besser vergütet ist als der bisherige (beibehaltene) Arbeitsplatz und die Bewerbung aus anderen als finanziellen Gründen erfolgte, so liegt kein materieller Schaden vor. In einem solchen Fall ein **Anspruch auf Ersatz des immateriellen Schadens des bestqualifizierten Bewerbers aus § 15 Abs. 2 iVm Abs. 1 AGG** herzuleiten. Dies folgt zunächst daraus, dass der Wortlaut des Abs. 2 (»angemessene Entschädigung«) auch den immateriellen Schaden des Bestqualifizierten umfasst. Außerdem kann dieses Ergebnis auf eine systematische Auslegung gestützt werden. Denn es wäre ein nicht nachvollziehbarer Wertungswiderspruch, wenn dem bestqualifizierten Bewerber (wenn er keinen materiellen Schaden erleidet) ein Ersatz immaterieller Schäden versagt würde, wohingegen anderen, schlechter qualifizierten Bewerbern, die ebenfalls keinen materiellen Schaden erleiden, ein Anspruch auf Ersatz ihrer immaterieller Schäden zustünde. Schließlich ist dieses Ergebnis auch EG-rechtlich zwingend, da es ansonsten Fälle ohne effektive Sanktion gäbe. 142

Inwieweit eine **kumulierte Geltendmachung materieller und immaterieller Schäden** durch den bestqualifizierten Bewerber möglich ist, bleibt nach Wortlaut und Systematik des Gesetzes unklar. Die grds. Differenzierung zwischen der primär auf materielle Schäden zielenden Regelung in § 15 Abs. 1 AGG und dem allein für den Ausgleich immaterieller Beeinträchtigung geltenden Abs. 2 spricht gegen eine uneingeschränkte Kumulationsmöglichkeit. Auch der Umstand, dass ein Anspruch auf Ersatz immaterieller Schäden u.a. deshalb geschaffen wurde, um den EG-rechtlichen Sanktionsgeboten zu genügen, streitet für dieses Ergebnis. Denn regelmäßig wird der Anspruch auf Ersatz der materiellen Schäden eine hinreichende Sanktion begründen. Diesen Erwägungen steht allerdings wiederum gegenüber, dass der bestqualifizierte Bewerber nicht schlechter stehen kann, als die auf § 15 Abs. 2 AGG beschränkten Berechtigten. Aus diesen Erwägungen iVm dem hierfür offenen Wortlaut (»angemessene Entschädigung«) ergibt sich: Grds. ist nach der Konzeption des Gesetzes den Interessen des Bestqualifizierten sowie dem Gebot einer effektiven Sanktion durch Ersatz des materiellen Schadens genügt (weitergehend *Brüggemeier* ZEuP 1998, 752, 762). Jedoch darf die Gesamtsumme des Ersatzes 143 nicht hinter dem erlittenen immateriellen Schaden (wie er im Falle des Abs. 2 gegeben wäre) zurückbleiben. Dieser ist also als Mindestschaden zu ersetzen, wobei zu beachten ist, dass die persönliche Zurücksetzung des bestqualifizierten Erwerbers schwerer wiegt als bei sonstigen Bewerbern (insofern wie hier *Zwanziger* DB 1998, 1330, 1331; DKZ-*Zwanziger* § 611a BGB Rz 27); ferner kann der bestqualifizierte Bewerber den über den immateriellen Schaden hinausgehenden (Teil-)Betrag des materiellen Schadens verlangen. Im Übrigen ist eine Kumulation ausgeschlossen (schon im Ansatz anders *Zwanziger* DB 1998, 1330, 1331; DKZ-*Zwanziger* § 611a BGB Rz 27; dazu Rz 151; zur Kompensation durch spätere Einstellung noch Rz 149).

4. Anspruch auf Ersatz immaterieller Schäden anderer Personen

a) Rechtsnatur

144 Seiner Rechtsnatur nach begründet § 15 Abs. 2 AGG einen Anspruch der benachteiligten Person auf Ersatz der durch die Diskriminierung erlittenen Beeinträchtigungen für den Fall, dass er auch ohne die Diskriminierung nicht eingestellt worden wäre, also einen **Anspruch auf Ersatz eines immateriellen Schadens**. Dabei beruht die Vorschrift auf der **europarechtlichen Vorgabe** einer effektiven Schadensersatzhöhe, die ihrerseits nicht Kompensation, sondern Sanktion bezweckt (BT-Drs. 16/1780, S. 38). Nicht das Bedürfnis, Nachteile diskriminierter Bewerber auszugleichen, sondern das Ziel, den Arbeitgeber durch eine »wirklich abschreckende Wirkung« zu einem richtlinienkonformen Verhalten zu veranlassen, bilden insofern das europarechtliche Leitbild. Dieser Befund scheint Veranlassung zu geben, § 15 Abs. 2 AGG als Entschädigungsregelung mit Doppelnatur zu begreifen: nämlich als vertragsrechtliche Regelung gerichtet auf Ausgleich immaterieller Schäden und zugleich als Vorschrift mit **pönalem Charakter**, gerichtet auf die Zuerkennung von Strafschadensersatz (vgl. *Herrmann* ZfA 1996, 19, 35). Das entspräche auch den gesetzgeberischen Vorstellungen zu den Kriterien der Schadensbemessung, die sich an Art und Schwere der Beeinträchtigung einerseits sowie am EG-rechtlichen Erfordernis der effektiven Sanktion orientieren solle (*Hohmeister* BB 1998, 1790, 1791 zum früheren § 611a BGB). Eine solche Einordnung des § 15 AGG wirft jedoch **verfassungsrechtliche Bedenken** auf. Strafschadensersatzansprüche (»punitive damages«) sind dem deutschen Zivilrecht fremd (dazu auch *Zwanziger* BB 1995, 1404, 1406; einschränkend *Rosengarten* NJW 1996, 1935). Rechtsfolge der Rechtsgüterverletzung ist im deutschen Recht regelmäßig der Ausgleich von Nachteilen, nicht aber die Bereicherung des Geschädigten, die zu besorgen ist, wenn jede Diskriminierung – selbst bei völligem Fehlen jedweder Bewerbungschance – einen Anspruch mit nicht unerheblichem Umfang begründet: »Die Erwägung, dem Opfer als Kläger eine Vergünstigung zukommen zu lassen, findet ihre Erklärung in einem Verständnis des Privatrechts als Lebensordnung mit generalpräventiver Wirkung ...: Anstelle des Staates tritt der einzelne als »privater Staatsanwalt« auf. Das ist nach deutscher Rechtsauffassung mit dem Bestrafungsmonopol des Staates und den dafür eingeführten besonderen Verfahrensgarantien unvereinbar« (*BGH* 4.6.1992 BGHZ 118, 312, 338 f.). § 15 Abs. 2 AGG daher im Lichte dieser verfassungsrechtlichen Unzulässigkeit eines bloßen Strafschadensersatzes gesehen werden. Die Vorschrift ist folglich verfassungskonform dahin **auszulegen**, dass sie auf eine effektive Sanktion durch eine Pflicht zur Kompensation immaterieller Nachteile gerichtet ist (die Möglichkeit des Eintritts immaterieller Nachteile verneinend allerdings *Volmer* DB 1997, 1582). Jede Auslegung des § 15 Abs. 2 AGG, nach der Schadensersatzansprüche begründet würden, die über das zur Kompensation materieller und immaterieller Nachteile Erforderliche hinausgehen, wäre somit verfassungswidrig (insofern ähnlich *Volmer* aaO; **aA** *Kocher* AuR 1998, 221, 222). Zwar hat das BVerfG die generelle verfassungsrechtliche Unzulässigkeit des Strafschadensersatzes ausdrücklich offen gelassen (*BVerfG* 7.12.1994 ZIP 1995, 70 [zu B II 2b bb der Gründe]). Allerdings deutet auch das BVerfG zutreffend an, dass die Zuerkennung von Schadensersatzansprüchen mit Straffunktionen nur deshalb und damit nur insoweit verfassungsrechtlich akzeptabel sein könne, als damit zugleich ein Ausgleich immaterieller Schäden verfolgt werde (*BVerfG* 7.12.1994 aaO). Da es für den Schadensersatz auf den Grad des Verschuldens nicht ankommen soll verstieße jeder Verzicht auf die hier vorgenommene verfassungskonforme Auslegung gegen das Schuldprinzip und damit gegen eine verfassungsrechtlich zwingende Grenze jeder Bestrafung. Außerdem läge ein Verstoß gegen die im Strafrecht zwingende Unschuldsvermutung vor, denn eine Anwendung der Beweislastvorschrift des § 22 AGG wäre hiermit nicht vereinbar. Schadensersatzansprüche mit bloßem Sanktionscharakter ohne Kompensationsbedarf auf der Seite des Opfers können von diesen verfassungsrechtlichen Anforderungen auch nicht durch Hinweis auf ihre europarechtlichen Grundlagen freigestellt werden. Denn zum einen ist die Sanktion geschlechtsbezogener Diskriminierungen durch zivilrechtlichen Schadensersatz europarechtlich nicht zwingend. Sofern festzustellen wäre, dass eine verfassungskonforme Umsetzung des europarechtlichen Gebots einer effektiven Sanktion mit verfas-

sungskonformen zivilrechtlichen Mitteln in Deutschland nicht zu leisten ist, könnte und müsste der Gesetzgeber zB zur Schaffung eines Ordnungswidrigkeitstatbestands schreiten (wo freilich das Schuldprinzip zu beachten ist). Im Übrigen ist auch die Rechtssetzung durch die EG an Art. 6 Abs. 2 MRK gebunden; ob damit verschuldensunabhängige Ansprüche auf Zahlung von Strafschadensersatz vereinbar wären, erscheint zweifelhaft. Alledem ist durch verfassungskonforme Auslegung Rechnung zu tragen: Schadensersatz darf nicht als bloße Sanktion diskriminierenden Verhaltens zugesprochen werden, ohne dass ein kompensationsbedürftiger immaterieller Nachteil des Diskriminierungsopfers festgestellt ist (so schon zur früheren Gesetzeslage *Herrmann* ZfA 1996, 19, 41). Sollte sich erweisen, dass damit den Anforderungen der Richtl. 76/207/EWG nicht genügt wird, bedarf es zusätzlicher gesetzgeberischer Maßnahmen außerhalb zivilrechtlicher Schadensersatzansprüche.

Im Schrifttum ist vorgeschlagen worden, § 15 Abs. 2 AGG in den Fällen anzuwenden, in denen zu einer **wirksamen Kündigung ein benachteiligendes Motiv** hinzukommt, das aber nicht den Ausschlag gegeben hat, weil in dieser Konstellation das gleiche Element der Zurücksetzung vorliegt wie im Falle des Schadensersatzes für andere als den bestqualifizierten Bewerbern (*Diller/Krieger/Arnold* NZA 2006, 887). Grundlage hierfür soll eine teleologische Reduktion des § 2 Abs. 4 AGG in diesen Fällen sein. Das ist gut vertretbar; gesetzesnäher als eine teleologische Reduktion dürfte eine richtlinienkonforme Anwendung allgemeiner Anspruchsgrundlagen sein. Jedenfalls muss ein Schadensersatzanspruch anerkannt werden. 145

b) Voraussetzungen im Einzelnen

Der Tatbestand des § 15 Abs. 2 regelt nur haftungsausfüllend die Rechtsfolge der Benachteiligung; ergänzend ist auf Abs. 1 zurückzugreifen. In persönlicher Hinsicht ist ein Anspruch aus § 15 Abs. 2 AGG **auch zugunsten anderer als des bestqualifizierten Bewerbers** begründet. Dies gilt insbes. auch dann, wenn der bestqualifizierte Bewerber einen immateriellen Schaden erleidet. In sachlicher Hinsicht muss ein Stellenbesetzungsverfahren oder eine Maßnahme durchgeführt worden sein, von welcher der Anspruchsteller als Teilnehmer oder als sonst zurückgesetzte Person betroffen ist. 146

Der Anspruch schützt insbes. die **Teilnahme an einem diskriminierungsfreien Stellenbesetzungsverfahren** (vgl. schon zu der ab 1994 geltenden Fassung des § 611a BGB BT-Drs. 12/6568, S. 44). Es kommt nicht darauf an, dass es ohne die Benachteiligung zur Einstellung des Bewerbers gekommen wäre (vgl. schon zu der ab 1994 geltenden Fassung des § 611a BGB *LAG Hamm* 22.11.1996 LAGE § 611a BGB Nr. 9; BT-Drs. 12/5468, S. 44), wodurch zugleich Vorgaben aus der Verfassungsrechtsprechung entsprochen wird (*BVerfG* 16.11.1993 EzA Art. 3 GG Nr. 42 [zu C I 2c der Gründe]). Voraussetzung für den Anspruch ist damit, dass der Anspruchsteller überhaupt an dem Einstellungs-/Bewerbungsverfahren **teilgenommen** hat oder von einer Handlung berührt ist. Eine Grenze folgt aus dem allgemeinen **Prinzip des Rechtsmissbrauchs**. 147

Ein **Vertretenmüssen** ist im Einklang mit den Vorgaben aus der EG-Richtlinie 76/207 EWG (dazu *EuGH* 8.11.1990 EzA § 611a BGB Nr. 7 – *Dekker*; bestätigend *EuGH* 22.4.1997 EzA § 611a BGB Nr. 12 – *Draehmpaehl*) **nicht erforderlich**. Der Arbeitgeber muss daher für **jede unzulässige Benachteiligung** einstehen, sofern er als deren Urheber oder Verursacher anzusehen ist. Welche Anforderungen sich hieraus ergeben, ist allerdings noch unklar (vgl. *Hilbrandt* Anm. zu EzA § 611a BGB Nr. 12). Schaltet der Arbeitgeber Dritte ein, etwa ein Personalberatungsunternehmen oder die Bundesagentur für Arbeit, so haftet er für dessen Verhalten im Rahmen des § 278 BGB (*BAG* 5.2.2004 EzA § 611a BGB 2002 Nr 3; *LAG Hamm* 22.11.1996 NZA-RR 1997, 203; **aA** zur früheren Rechtslage *Berger-Delhey* ZTR 1993, 267, 268). § 15 AGG begründet ein vertragsähnliches gesetzliches Schuldverhältnis, in dessen Rahmen ein **Dritter Erfüllungsgehilfe** iSd § 278 BGB sein kann. Bei benachteiligendem Verhalten von anderen Arbeitnehmern haftet der Arbeitgeber nach § 278 BGB, soweit der Täter im Pflichtenkreis des Arbeitgebers handelt, also Personal- oder Führungsaufgaben wahrnimmt. Sonst haftet er nach § 831 BGB oder für eigenes Handeln wegen Verletzung seiner Handlungs- und Organisationspflichten (§ 12 AGG). 148

Ein Entschädigungsanspruch verlangt die **Feststellung eines immateriellen Schadens**. Nach der gesetzgeberischen Wertentscheidung in § 15 AGG soll bereits die benachteiligende Behandlung, etwa einer Bewerbung um Einstellung oder Beförderung, regelmäßig einen ersatzbedürftigen immateriellen Schaden begründen. Damit geht § 15 Abs. 2 AGG von einer normativen Einordnung der Diskriminierung als Schädigung aus. Eine solche normative Einordnung ist insofern grds. möglich, als es zuerst dem Gesetzgeber obliegt, zu beurteilen, welche Nachteile er als ausgleichsbedürftig ansieht (*BGH* 24.4.1974 BGHZ 62, 282, 285); andererseits muss das Gesetz bei der Einordnung von Ereignissen als 149

Schaden die Grenzen der Verfassung beachten (vgl. *BVerfG* 5.2.1993 FamRZ 1993, 662). Dementsprechend darf die normative Bestimmung, ein Ereignis sei schädigend, keine reinen Sanktionszwecke ohne jedes Kompensationsbedürfnis verfolgen. Ansonsten würde es sich um unzulässigen Strafschadensersatz handeln. Dem wird § 15 AGG prinzipiell gerecht, wenn man diese verfassungsrechtliche Vorgabe bei der Auslegung berücksichtigt. Dabei kann man von der gesetzgeberischen Wertung ausgehen, welche eine benachteiligende Behandlung im Regelfall als immaterielle Beeinträchtigung ansieht. Wenn daher zB auch ohne materiellen Nachteil bereits die diskriminierende Behandlung der bloßen Bewerbung schädigt, so kann es bei festgestellter Benachteiligung an einem immateriellen Schaden nur ausnahmsweise fehlen. Dies kommt beispielsweise in Betracht, wenn der Arbeitgeber die immaterielle Beeinträchtigung durch andere Maßnahmen vollständig beseitigt – indem er etwa mit dem Diskriminierungsopfer einen Arbeitsvertrag über eine andere gleichwertige Stelle schließt, die das Diskriminierungsopfer anzunehmen bereit ist. Demgegenüber wird das bloße Angebot des Arbeitgebers, mit dem Benachteiligungsopfer ein Vorstellungsgespräch zu führen, die immaterielle Beeinträchtigung im Regelfall nicht beseitigen können (vgl. *LAG Hamm* 22.11.1996 LAGE § 611a BGB Nr. 9); im Übrigen ist es dem benachteiligten Bewerber auch unter Berücksichtigung seiner Schadensminderungspflicht regelmäßig nicht zumutbar, sich auf ein Vorstellungsgespräch einzulassen, von dem er befürchten muss, es werde nur zu Alibizwecken angeboten. Hingegen kann die immaterielle Beeinträchtigung durch ein benachteiligendes Bewerbungsverfahren in den Fällen beseitigt werden, in denen der Arbeitgeber nach Rechtsgrundsätzen außerhalb des § AGG zur Einstellung verpflichtet ist. Zu beachten ist allerdings, dass dem Opfer diese Form der Beseitigung der Diskriminierung nach der persönlichkeitsrechtlichen Konzeption des AGG auch nicht aufgedrängt werden darf. Das Opfer hat daher regelmäßig zwischen einem Anspruch auf Entschädigung aus § 15 Abs. 2 AGG und einem Einstellungsanspruch nach anderen Grundsätzen die Wahl (elektive Konkurrenz).

150 Der **Anspruch setzt** daher **voraus**: (1.) Eine Arbeitgeberhandlung, welche den Arbeitnehmer betrifft (etwa den Ausschluss aus einem Bewerberkreis um eine Stelle, für welche er formal geeignet ist); (2) die Handlung des Arbeitgebers muss eine gleichheitswidrige Behandlung eines Arbeitnehmers oder Bewerbers iSd § 7 AGG darstellen (Anwendung eines unzulässigen Merkmals und Kausalität für die Arbeitgebermaßnahme); (3.) ein immaterieller Schaden infolge einer Persönlichkeitsrechtsverletzung; (4.) rechtzeitige formgerechte Geltendmachung nach Abs. 4. Bei prozessualer Geltendmachung muss außerdem die Klagefrist des § 61b ArbGG beachtet werden.

c) Höhe

151 Für die Bemessung des Anspruchs ist zunächst beachtlich, dass das Gesetz den Anspruch durch eine **Obergrenze in Höhe des dreifachen Monatsverdienstes** beschränkt. Eine solche Obergrenze ist bei Bewerbern, welche auch ansonsten nicht eingestellt worden wären, EG-rechtlich akzeptabel (*EuGH* 22.4.1997 EzA § 611a BGB Nr. 12 – *Draehmpaehl*; *Brüggemeier* ZEuP 1998, 752, 757; *Hohmeister* BB 1998, 1790, 1791). Eine ausdrückliche Regelsumme in Höhe von einem Monatsverdienst ist im Gesetz nicht vorgesehen. Das BAG war in seiner Rspr. zum Ersatz für die persönlichkeitsverletzende Diskriminierung im Rahmen des § 823 Abs. 1 BGB von einer Regelsumme von einem Monatsverdienst ausgegangen. Hieran hatte sich der Gesetzgeber im Jahre 1994 zunächst anlehnen wollen (BT-Drs. 12/5468, S. 11); diese Anlehnung ist in jenem Gesetzgebungsverfahren zwar weggefallen, um die gerichtliche Abwägung der maßgeblichen Faktoren nicht zu präjudizieren (BT-Drs. 12/7333, S. 37, spricht – methodisch verfehlt – von einem »freie(n) Ermessensspielraum«). Auch die wortgleiche heutige Fassung sieht die Findung einer angemessenen Schadenshöhe in erster Linie als Aufgabe der Rspr. an (BT-Drs. 16/1780, S. 38). Gleichwohl wird man auf die Höhe eines Monatsverdienstes als **Orientierungsgröße für Regelfälle** zurückgreifen können, weil im Gesetzgebungsverfahren des Jahres 1994 trotz Fehlens einer Regelsumme die Orientierung an der BAG-Rspr. zu § 823 Abs. 1 BGB nicht aufgegeben wurde und die heutige Fassung insofern nicht von derjenigen des Jahres 1994 abweicht (BT-Drs. 16/1780, S. 38 u. BT-Drs. 13/10242, S. 8; zur Weitergeltung dieser Maßstäbe auch *Treber* NZA 1998, 856, 858; **aA** *Zwanziger* DB 1998, 1330, 1331; *DKZ-Zwanziger* § 611a BGB Rz 27: zwei Monatsgehälter für den Regelfall). Außerdem wird damit – im Hinblick auf die Höchstgrenze – noch genug Spielraum nach oben für schwere Fälle gelassen und gleichzeitig eine spürbare Summe ausgeurteilt.

152 Innerhalb des solchermaßen vorgegebenen Rahmens kommt es für die Höhe des Anspruchs auf eine **Abwägung** der Einzelfallumstände an. Maßgeblich sind dabei vor allem die Art und Schwere der Beeinträchtigung, Nachhaltigkeit und Fortdauer der Interessenschädigung des Bewerbers sowie Anlass und Beweggründe des Handelns des Arbeitgebers (zur insofern vergleichbaren früheren Regelung BT-

Drs. 12/5468, S. 44; *BAG* 14.3.1989 EzA § 611a BGB Nr. 4 [zu A VI 1 der Gründe]). Zu einer höheren Summe kann es etwa kommen, wenn mehrere Benachteiligungsgründe zusammentreffen (BT-Drs. 16/ 1780, S. 38) Eine Berücksichtigung der wirtschaftlichen Belastung des Arbeitgebers ist nicht schlechthin ausgeschlossen, darf aber nicht zu einer mit dem EG-Recht nicht zu vereinbarenden Wiedereinführung des abgeschafften Summenbegrenzungsverfahrens führen (vgl. BT-Drs. 13/10242; *Zwanziger* DB 1998, 1330, 1331); (nur) unverhältnismäßige Lasten braucht ein Arbeitgeber daher nicht zu tragen. Der Regelfall der Entschädigung von einem Monatsverdienst bezieht sich auf typische Fälle der Diskriminierung. Das *BAG* (14.3.1989 EzA § 611a BGB Nr. 4) hat es etwa als typischen Fall angesehen, wenn der Arbeitgeber eine Bewerberin bewusst, aber in ihrem vermeintlichen Interesse »wegen Gefährlichkeit der Stelle« nicht berücksichtigt und die Bewerberin anschließend arbeitslos ist. Demgegenüber hat das BAG einen Schadensersatzanspruch aus § 823 Abs. 1 BGB wegen fehlender Fortdauer der Interessenschädigung in einem Fall verneint, in dem eine befristet beschäftigte Bewerberin für eine Dauerstelle kurze Zeit zuvor eine vom selben Arbeitgeber angebotene andere Dauerstelle ausgeschlagen hatte (*BAG* 14.3.1989 EzA § 611a BGB Nr. 5). Dies wird man für den Anspruch aus § 15 Abs. 2 AGG nicht einschränkungslos übernehmen können. Ein voriges Angebot berechtigt den Arbeitgeber nicht zur späteren Diskriminierung (*BAG* 14.3.1989 EzA § 611a BGB Nr. 5). Die Bewerberin darf es ausschlagen, weil sie auf die diskriminierungsfreie Durchführung des späteren Verfahrens vertrauen darf. Die geringere Interessenbeeinträchtigung in einem solchen Fall macht die immaterielle Beeinträchtigung nicht ungeschehen; es kann aber die regelmäßige Entschädigungssumme von einem Monatsverdienst unterschritten werden (zB *LAG Hamm* 22.11.1996 LAGE § 611a BGB Nr. 9).

Soweit die Materialien zur insofern vergleichbaren Fassung des § 611a BGB von 1994 darüber hinaus 153 noch das Gebot einer effektiven abschreckenden **Sanktion** als Maßstab nennen (BT-Drs. 12/5468, S. 44), ist dessen Berücksichtigung **problematisch**. Wegen des bloßen Sanktionsinteresses das zur Kompensation von Nachteilen gebotene Maß der Entschädigung zu überschreiten, würde zu einem verfassungswidrigen Strafschadensersatz führen (Rz 144).

Hinsichtlich der Bemessungsgrundlage enthielt der frühere § 611a Abs. 2 S. 2 BGB eine **Definition des** 154 **Monatsverdienstes**, die sich an § 10 KSchG anlehnt (BT-Drs. 12/5468, S. 44 iVm BT-Drs. 11/6946, S. 13, krit. *Worzalla* DB 1994, 2446, 2447). Sie findet sich jetzt nicht mehr. Auf die dort anerkannten Grundsätze kann gleichwohl verwiesen werden (KR-*Spilger* § 10 KSchG Rz 27 ff.).

d) Rechtsmissbräuchliche Geltendmachung

Der Anspruch besteht nach § 242 BGB nicht, wenn seine Geltendmachung rechtsmissbräuchlich er- 155 folgt. Ein Fall des Rechtsmissbrauchs liegt beispielsweise vor, wenn der Bewerber an der ausgeschriebenen Stelle keinerlei Interesse hat, sondern sich lediglich **bewirbt, um Schadensersatz nach § 15 AGG zu erhalten** (*LAG Hamm* 22.11.1996 LAGE § 611a BGB Nr. 9; *ArbG Köln* 13.6.1996 EzA § 611a BGB Nr. 13). Kein Anspruch steht unter dem Gesichtspunkt des Rechtsmissbrauchs ferner Personen zu, die im Falle einer Bewerbung von vornherein für die fragliche Stelle ersichtlich nicht ernsthaft in Betracht kommen, sei es, dass ihnen objektiv die Eignung fehlt, sei es, dass es der Bewerbung subjektiv an der erforderlichen Ernsthaftigkeit mangelt (*BAG* 12.11.1998 EzA § 611a BGB Nr. 14). Ausgeschlossen sind also insbes. »formal Nichtqualifizierte« und »professionelle Diskriminierungskläger« (*Pfarr* RdA 1995, 204, 207; *Volmer* DB 1997, 1582, 1584). Allerdings gelangt man mit dieser Konzeption lediglich dann zu mit dem **EG-Recht konformen** sowie dem Sinn und Zweck des § 15 AGG entsprechenden Ergebnissen, wenn man dem Arbeitnehmer nicht etwa die Beweislast für die objektive und subjektive Ernsthaftigkeit auferlegt, sondern dem Arbeitgeber lediglich die ausnahmsweise Möglichkeit der Berufung auf den Rechtsmissbrauchseinwand eröffnet (*Annuß* Anm. zu EzA § 611a BGB Nr. 14). Mit dieser Maßgabe ist die Begrenzung auf prinzipiell geeignete Bewerber unbedenklich (zweifelnd zur früheren Gesetzeslage *Volmer* aaO, 1584). Zwar verlangt das Richtlinienrecht, dass jeder Verstoß gegen die Richtlinie die »volle Haftung« des Arbeitgebers auslösen müsse (*EuGH* 8.11.1990 EzA § 611a BGB Nr. 7). Auch hat der *EuGH* (22.4.1997 ZIP 1997, 798 – Tz 33) die Ansicht vertreten, eine nach EG-Recht sanktionspflichtige Diskriminierung könne schon aus dem Ausschluss vom Einstellungsverfahren folgen. Hätte aber der fragliche Bewerber aufgrund seiner prinzipiellen Ungeeignetheit ohnehin von vornherein aus dem Bewerbungsverfahren ausgeschlossen werden müssen, so fehlt es an der Kausalität der Diskriminierung für den aus dem Ausschluss folgenden immateriellen Schaden. Wenn das Richtlinienrecht und mit ihm § 15 AGG überhaupt Ansprüche zugunsten solcher Arbeitnehmer begründet, die auch bei diskriminierungsfreiem Verfahren nicht eingestellt worden wären, dann ist zumindest unter dem Gesichtspunkt des objektiven Rechtsmissbrauchs eine Begrenzung auf prinzipiell geeignete Bewerber zulässig und geboten. Dem für den Rechtsmissbrauch beweisbelasteten Arbeitgeber steht ein **Anscheinsbeweis** zur Seite, wenn andere Erklärungsmöglichkeiten für die Bewerbung nicht ersichtlich sind (*ArbG Köln* 13.6.1996 EzA § 611a BGB Nr. 13; *Ehrich* BB 1996, 1007; enger *LAG Hamm* 22.11.1996 aaO).

5. Besonderheiten beim Anspruch wegen unterbliebenen Aufstiegs

156 Der im früheren § 611a BGB noch gesondert geregelte Anspruch wegen eines unterbliebenen Aufstiegs greift lediglich dann ein, wenn auf den Aufstieg **kein Anspruch** besteht. Sofern nämlich ein – beispielsweise aus Tarifvertrag begründeter – Aufstiegsanspruch besteht, kann der Arbeitnehmer Erfüllung in Form einer Beförderung verlangen; ein sekundärer Schadensersatzanspruch kommt hier allenfalls wegen Unmöglichkeit in Betracht, zB wenn die Beförderungsposition unabänderlich anderweitig besetzt ist (vgl. auch *Worzalla* DB 1994, 2446, 2447). Besteht kein Anspruch, so verhält sich die Interessenlage von vornherein ebenso wie bei in anderen Fällen der Benachteiligung, insbes. unterbliebener Einstellung. Voraussetzung des Anspruchs ist zunächst ein **wirksames Arbeitsverhältnis**. Im Übrigen entsprechen die Voraussetzungen den allgemein für § 15 AGG geltenden. Die Benachteiligung muss im Rahmen einer Beförderungsentscheidung oder bei deren »Anbahnung« erfolgen. Als Beförderungsentscheidung in diesem Sinne ist es bereits anzusehen, wenn der Arbeitgeber eine höhere Bewertung oder Einstufung der innegehabten Stelle verweigert.

157 Bei der Entschädigung in den Fällen des unterbliebenen Aufstiegs ist ebenfalls zwischen der materiellen und der immateriellen Beeinträchtigung zu unterscheiden. Die materielle Beeinträchtigung muss – wie im Falle des unterbliebenen Aufstiegs – schon nach §§ 249 ff. BGB unter Berücksichtigung der Einkommensdivergenz ermittelt werden (**aA** *Zwanziger* DB 1998, 1330, 1331; DKZ-*Zwanziger* § 611a BGB Rz 27).

6. Form und Frist der Geltendmachung

158 Der Ersatzanspruch nach § 15 Abs. 1 u. 2 AGG ist gem. Abs. 4 innerhalb einer **zweimonatigen oder einem maßgebenden Tarifvertrag zu entnehmenden Frist** nach Kenntnis von der Benachteiligung schriftlich geltend zu machen. Diese Geltendmachungsfrist dient der Entlastung des Arbeitgebers von den Lasten einer langfristigen Dokumentation. Der Rechtsnatur nach handelt es sich um eine **materielle Ausschlussfrist** (vgl. *Hilbrandt* Anm. zu EzA § 611a BGB Nr. 12). Ihre Einhaltung ist echte Anspruchsvoraussetzung, die nicht nur auf Einrede des Arbeitgebers zu beachten ist. Eine Wiedereinsetzung in den vorigen Stand ist grds. ausgeschlossen (MünchKommBGB-*Müller-Glöge* § 611a Rz 56; s. aber Rz 163). Das **Schriftlichkeitserfordernis** soll der Rechtssicherheit dienen. Allerdings kann man es für ihre Einhaltung als ausreichend ansehen, wenn innerhalb der Frist schriftlich oder zur Niederschrift Klage erhoben wurde (*Hilbrandt* Anm. zu EzA § 611a BGB Nr. 12). Zusätzlich gilt nach § 61 b ArbGG eine **Klagefrist von drei Monaten** ab der schriftlichen Geltendmachung.

159 Der **Beginn des Fristablaufs** wird durch den Zeitpunkt der Kenntnis von der Benachteiligung bestimmt, im Falle der Ablehnung einer Bewerbung oder beim beruflichen Aufstieg mit dem Zugang der Ablehnung. Maßgebend ist der Zugang beim abgelehnten Arbeitnehmer. Für den Arbeitgeber bedeutet dies, dass durch die Benachteiligung bei Einstellung oder Aufstieg eine **Obliegenheit zur Erklärung der Ablehnung oder zur Mitteilung von der Benachteiligung** begründet wird. Kommt der Arbeitgeber dieser Obliegenheit nicht nach, so hat er die nachteilige Rechtsfolge zu tragen, dass der Fristbeginn nicht ausgelöst wird. Mit dem Abstellen auf den Zugang werden für die Bestimmung des Zugangszeitpunkts die allgemeinen Regeln über den Zugang von Willenserklärungen, insbes. die Vorschriften der §§ 130 ff. BGB, entsprechend anwendbar. Zwar stellt die Ablehnung der Bewerbung keine Willenserklärung dar; sie kann jedoch als **geschäftsähnliche Handlung** eingeordnet werden, weshalb das Gesetz folgerichtig von der Geltung der Zugangsregeln ausgeht. Eine bestimmte **Form der Ablehnung ist nicht erforderlich** (vgl. *Worzalla* DB 1994, 2446, 2447), allerdings trägt der Arbeitgeber für den Zeitpunkt der Ablehnung die Beweislast.

160 Hinsichtlich der **Dauer der Geltendmachungsfrist** wird vorrangig auf Tarifverträge verwiesen, wobei der Gesetzgeber in erster Linie an eine Konkretisierung durch tarifvertragliche Ausschlussfristen zu denken ist. Insofern ist aber nicht erforderlich, dass es sich um eine für den Fall der gleichheitswidrigen Benachteiligung geltende Frist handelt. Da EG-rechtlich jedoch nur solche Fristen akzeptabel sind, die in vergleichbaren Situationen ebenfalls gelten (eingehend *Gotthard* ZTR 2000, 448), muss im Wege richtlinienkonformer Auslegung davon ausgegangen werden, dass nur solche Fristen akzeptabel sind, welche den Bewerber auch in vergleichbaren Situationen im Arbeitsverhältnis – bei tarifvertraglichen Fristen also nur bei Tarifgebundenheit oder Bezugnahme – treffen.

Die **Berechnung des Fristlaufs** erfolgt gem. den allg. Regeln der §§ 187 ff. BGB. Eine anderweitig erworbene Kenntnis von der Ablehnung der Bewerbung reicht bei Einstellung oder Aufstieg idR nicht aus, den Fristlauf in Gang zu setzen. Nach Treu und Glauben sollte es aber dem Bewerber dann ausnahmsweise verwehrt sein, sich auf eine fehlende Ablehnung der Bewerbung zu berufen, wenn eine ausdrückliche Ablehnung zur nutzlosen Förmelei würde, weil etwa alle Beteiligten offensichtlich sichere Kenntnis vom maßgeblichen Sachverhalt haben. Auf die **Geltendmachung des Anspruchs** ist insbes. auch § 193 BGB anwendbar. Zwar ist die Geltendmachung weder eine Willenserklärung noch eine Leistung des Arbeitnehmers; allerdings stellt auch sie eine **geschäftsähnliche Handlung** dar, auf die § 193 BGB entsprechend anwendbar ist. Die Geltendmachung setzt den Zugang der entsprechenden Erklärung beim Arbeitgeber voraus; im Falle der Geltendmachung durch Klageerhebung kommt es auf den Zeitpunkt der Zustellung der Klage an. Der Arbeitgeber wird im eigenen Interesse den Fristlauf bei der Rücksendung der Bewerbungsunterlagen berücksichtigen wollen; solange die Frist nicht abgelaufen ist und folglich mit einer Geltendmachung von Ansprüchen gerechnet werden muss, wird er die Unterlagen nicht zurücksenden, um das Nichtvorliegen einer Diskriminierung substantiiert begründen zu können. Bei der Bestimmung des Fälligkeitszeitpunkts des Rückgabeanspruchs abgelehnter Bewerber ist also dieses rechtliche Behaltensinteresse des Arbeitgebers zu beachten. Hinsichtlich der Form soll einfache **Textform** ausreichen. **161**

Aufgrund der Funktion der Frist als Ausschlussfrist muss der Anspruch auch **der Höhe nach geltend gemacht** werden. Soweit dies nicht erfolgt, greift die Ausschlusswirkung der Vorschrift. Die im Hinblick auf die Konkretisierung geltenden Anforderungen dürfen allerdings auch nicht überspannt werden. Vielmehr ist dem Interesse des Arbeitgebers, aus Gründen der Rechtssicherheit, über die Geltendmachung alsbald unterrichtet zu sein, auch genügt, wenn der Arbeitnehmer zwar die Höhe nicht beziffert, sondern sich der im Gesetz selbst genannten Bezugsgröße bedient und zB Schadensersatz in Höhe einer bestimmten Zahl von Monatsgehältern geltend macht. **162**

Die **Vereinbarkeit der doppelten Ausschlussfrist in § 15 Abs. 4 AGG und § 61b Abs. 1 ArbGG mit den Vorgaben aus der Richtl. 76/207/EWG** ist **zweifelhaft** und wohl lediglich aufgrund einer richtlinienkonformen Auslegung *praeter legem* zu bejahen. Dabei wird man darauf abstellen müssen, ob die in § 15 Abs. 4 AGG und § 61b ArbGG vorgesehenen Fristen den vergleichbaren Ansprüchen geltenden Fristen gleichwertig sind und und eine hinreichend effektive Geltendmachung ermöglichen. Zu bejahen ist allerdings, soweit es um die bloße Dauer der Fristen geht, die **Gleichwertigkeit** mit vergleichbaren anderen Fristen. Die Gesetzesbegründung zum früheren § 611a BGB weist hierzu auf die verbreitet geltenden tariflichen Ausschlussfristen (BT-Drs. 13/10242, S. 8) hin. Hiergegen wird zwar der bedenkenswerte Einwand vorgebracht, dass jedenfalls im Hinblick auf die subsidiäre gesetzliche Zweimonatsfrist nur ein Vergleich mit gesetzlichen Vorschriften relevant sei (so schon zur früheren Sechsmonatsfrist *Gotthardt* ZTR 2000, 448 ff.). Indes findet sich in der – sowohl im Hinblick auf das Fehlen eines Verschuldenserfordernisses als auch im Hinblick auf die Erstreckung auf vertragliche immaterielle Schäden – am besten vergleichbaren Vorschrift des § 651g BGB sogar eine noch kürzere Monatsfrist. Soweit gegen deren Vergleichbarkeit eingewandt wird, diese gelte wiederum lediglich für Richtlinientransformationsrecht, so dass eine unzulässige Schlechterbehandlung von Ansprüchen EG-rechtlichen Ursprungs vorliege (*Gotthardt* ZTR 2000, 448, 454), ist dem nicht zu folgen. § 651g BGB bestand als autonom gesetzte Vorschrift des deutschen Rechts schon vor der Verabschiedung der EG-Pauschalreiserichtl. und geht im Hinblick auf die Einbeziehung von Gelegenheitsveranstaltern und (teilweise) von Anbietern einzelner Leistungen über die Richtlinie hinaus (dazu zB *Grundmann* Europäisches Schuldvertragsrecht – 4.01, Rz 37). Bedenken im Hinblick auf die **Effektivität** der Bedingungen der Rechtsausübung resultieren daraus, dass die Ausschlussfrist auch dann verstreichen kann, wenn der diskriminierte Bewerber von dem Vorliegen des Anspruchstatbestands keine Kenntnis hat (*Gotthardt* ZTR 2000, 448, 455; *Hohmeister* BB 1998, 1790, 1792; *Treber* NZA 1998, 856, 860; *Zwanziger* DB 1998, 1330, 1332). Ein richtlinienkonformes Ergebnis lässt sich aber durch entsprechende Anwendung des Rechtsgedankens aus § 9 Abs. 1 S. 1 Hs. 2 MuSchG erreichen, indem ein Anspruchsausschluss bei unverschuldeter Unkenntnis der anspruchsbegründenden Tatsachen ausnahmsweise verneint wird. Maßgebend ist hierfür der EG-rechtliche Satz, dass eine richtlinienkonforme Auslegung erfolgen muss, soweit sie möglich ist (KR-*Pfeiffer* vor § 612a BGB Rz 7). Dass die besagte richtlinienkonforme Auslegung in diesem Sinne möglich ist, beweist die – zwar nicht EG-rechtlich, aber (was insofern vergleichbar ist) verfassungsrechtlich veranlasste – frühere Rspr. zur unverschuldeten Versäumnis der **163**

Mitteilungsfrist nach § 9 Abs. 1 MuSchG; denn dort wurde auch ohne ausdrückliche gesetzliche Anordnung bei fehlendem Verschulden eine anspruchsausschließende Fristversäumung verneint (BAG 13.1.1982 EzA § 9 MuSchG nF Nr. 20). Trotz dieser Möglichkeit zur richtlinienkonformen Auslegung droht allerdings angesichts des unzureichenden Gesetzeswortlauts eine Vertragsverletzungsklage (vgl. KR-*Pfeiffer* vor § 612a BGB Rz 2).

V. Beschwerde- und Leistungsverweigerungsrecht

1. Beschwerderecht

164 Nach § 13 AGG kann sich der Arbeitnehmer bei **jeder zuständigen Stelle** des Betriebs oder des Unternehmens beschweren, wenn er sich wegen eines im AGG genannten Merkmals für benachteiligt hält. Das umfasst sowohl Vorgesetzte als auch eine Gleichstellungs- oder Beschwerdestelle des Betriebs. Die Rechte des Betriebs- oder Personalrats bleiben unberührt, so dass sich ein Arbeitnehmer auch an diese Stellen wenden kann.

2. Leistungsverweigerungsrecht

165 Nach § 14 AGG hat der Arbeitnehmer bei Belästigung iSd § 3 Abs. 3 AGG als auch bei einer sexuellen Belästigung iSd § 3 Abs. 4 AGG ein Leistungsverweigerungsrecht ohne Verlust der Bezüge, wenn der Arbeitgeber keine oder offensichtlich ungeeignete Maßnahmen ergreift. Kündigungsrechtlich ist dies vor allem insofern bedeutsam, als im Falle einer berechtigten Ausübung des Leistungsverweigerungsrechts eine hieran anknüpfende eine **Abmahnung** oder **Kündigung unzulässig** sind, weil die Nichterbringung der Arbeitsleistung nicht als Fehlverhalten des Arbeitnehmers bewertet werden darf. Das Leistungsverweigerungsrecht unterliegt dem Erforderlichkeitsgrundsatz; es darf nur ausgeübt werden, soweit der Arbeitnehmer dessen zu seinem Schutz vor Belästigung bedarf (BT-Drs. 16/1780, S. 37).

166 Der Arbeitgeber hat bei der Reaktion auf etwaige Beschwerden sowohl einen **Beurteilungs- als auch einen Ermessensspielraum**. Generell gilt, dass das Verhalten des Arbeitgebers (nur) darauf überprüft werden kann, ob es offensichtlich hinter dem zurückbleibt, wie ein verständiger und redlicher (gegenüber dem AGG gesetzestreuer) Arbeitgeber in einer vergleichbaren Situation handelte. Das Mindestmaß möglicher Reaktionen besteht zunächst sicher darin, dass der Arbeitgeber bei ernsthaften und plausibel vorgebrachten Beschwerden zunächst den Sachverhalt klären muss. Zeigt sich, dass eine Benachteiligung gegeben ist, muss der Arbeitgeber diejenigen Maßnahmen ergreifen, von denen er redlicherweise glauben darf, dass sie die Belästigung unverzüglich und effektiv beenden. Das kann eine Weisung oder Ermahnung an den Belästiger sein, kann erforderlichenfalls organisatorische Maßnahmen (räumliche oder zeitliche Trennung der Arbeitnehmer umfassen) und bis zur Abmahnung oder Kündigung des Belästigers reichen.

VI. Schadensersatz und Unterlassung nach anderen Vorschriften

167 Ein Anspruch nach anderen Vorschriften ist gem. § 15 Abs. 5 AGG nicht ausgeschlossen. Es gilt das Prinzip der Anspruchskonkurrenz.

1. Culpa in contrahendo und Pflichtverletzung

168 Eine Benachteiligung iSd § 7 AGG wird ebenso wie eine nach § 2 Abs. 4 AGG nicht hierunter fallende gleichheitswidrige Kündigung in aller Regel eine Pflichtverletzung iSd § 280 Abs. 1 BGB darstellen; bei der Anbahnung des Arbeitsverhältnisses kommt eine *culpa in contrahendo* (§ 311a BGB) in Frage, für die grds. die allgemeinen Regeln gelten. Zu beachten ist allerdings, dass diesen Ansprüchen eine Auffangfunktion für etwaige Fälle zukommen kann, die von § 15 AGG nicht erfasst werden, etwa bei der Kündigung. Im Rahmen der Prüfung des Vertretenmüssens (§ 276 BGB) ist zu beachten, dass das Richtlinienrecht das Bestehen – wenigstens eines – verschuldensunabhängigen Anspruchs verlangt.

2. Ersatz immateriellen Schadens bei schweren Persönlichkeitsrechtsverletzungen nach § 823 Abs. 1 BGB

169 Nachdem der EuGH die Europarechtswidrigkeit des bloßen Ersatzes der Bewerbungskosten nach der ursprünglichen Fassung des früheren § 611a Abs. 2 BGB festgestellt hatte, hatte die deutsche Rspr. versucht, dem EG-rechtlichen Gebot einer effektiven Sanktion von geschlechtsbezogenen Diskrimini-

rungen dadurch zu genügen, dass diese als mögliche **Verletzung des Persönlichkeitsrechts** iSd § 823 Abs. 1 BGB anerkannt wurden (*BAG* 14.3.1989 EzA § 611a BGB Nr. 4, 5 m. zust. Anm. *Schlachter*; krit. *Scholz* Anm. zu *BAG* AP § 611a BGB Nr. 5, 6; *Volmer* DB 1997, 1582, 1583; *Wiese* JuS 1990, 357). Für die prinzipielle Möglichkeit eines solchen Anspruchs berief sich das BAG zunächst auf das Prinzip der Anspruchskonkurrenz. Die Vorschrift des früheren § 611a Abs. 2 BGB der ursprünglichen Fassung sollte dem nicht entgegenstehen, da sie lediglich materielle Schäden regele und keine Sperrwirkung für immaterielle Schäden, also auch solche wegen Persönlichkeitsrechtsverletzung, begründe. Deshalb könne es auch nicht darauf ankommen, ob die Persönlichkeitsrechtsverletzung konkret nachteilige Folgen zeitige. Soweit es bspw. um Diskriminierungen im Zusammenhang mit Einstellungen ging, sollte es – was jetzt § 15 Abs. 2 AGG regelt – bereits ausreichen, wenn dem Bewerber in diskriminierender Weise die chancengleiche Teilnahme am Auswahlverfahren verweigert wird (*BAG* 14.3.1989 EzA § 611a BGB Nr. 4; 14.3.1989 EzA § 611a BGB Nr. 5). Es war danach also nicht maßgeblich, ob das Opfer ohne die Diskriminierung die Stelle erhalten hätte. Vorausgesetzt wurde aber zum Teil, dass überhaupt eine Besetzung der ausgeschriebenen Stelle erfolgt (*Hanau* FS Gnade, S. 351, 353 f.). Gegen die Anwendung des § 823 Abs. 1 BGB ließ sich einwenden, dass sie zu mancherlei dogmatischen Brüchen führt (etwa *Scholz* aaO). Widersprüchlich erschien insbes., einerseits eine Sperrwirkung des § 611a Abs. 2 BGB aF für immaterielle Schäden zu verneinen, andererseits (und mit Recht) aber einen Anspruch des Arbeitnehmers auf Naturalrestitution durch Einstellung selbst dann für ausgeschlossen zu halten, wenn die Persönlichkeitsrechtsverletzung sich nicht auf die Verweigerung einer chancengleichen Teilnahme am Auswahlverfahren beschränkt, sondern in einer Nichteinstellung liegt. Überdies kollidierte die Rspr. des BAG auch insofern mit den ansonsten zum Schadensersatz wegen Persönlichkeitsrechtsverletzung praktizierten Grundsätzen, als diese regelmäßig eine schwere Persönlichkeitsrechtsverletzung voraussetzen, die der bloße Verstoß gegen das Benachteiligungsverbot nicht ohne weiteres darstellt (vgl. *LAG Nds.* 23.11.1984 LAGE § 611a BGB Nr. 1; ferner *Abele* NZA 1997, 641; *Adomeit* NJW 1996, 1710, 1712). Allenfalls konnte man die Gewährung eines Anspruchs aus § 823 Abs. 1 BGB noch mit dem Versuch rechtfertigen, wenigstens die praktischen Folgen der Europarechtswidrigkeit des damaligen § 611a BGB zu beschränken (vgl. *Schlachter* aaO; hierzu und zu weiteren Einzelheiten 5. Aufl., Rz 123 ff.). Diese Rechtfertigung hat sich erledigt und kann daher nicht mehr als Grundlage der Anwendung des § 823 Abs. 1 BGB herangezogen werden. Damit kommt den gegen eine Anwendung des § 823 Abs. 1 BGB sprechenden systematischen Bedenken wieder ein ausschlaggebendes Gewicht zu. § 823 Abs. 1 BGB ist mithin auf den »Normalfall der Diskriminierung« nicht mehr anwendbar. Seine Anwendung kommt nur dann in Betracht, wenn nach den auch außerhalb der Fälle geschlechtsbezogener Benachteiligung geltenden Maßstäben eine schwere Persönlichkeitsverletzung sowie die weiteren Voraussetzungen der Vorschrift (insbes. ein Verschulden des Arbeitgebers) vorliegen. Dies kann bspw. der Fall sein, wenn die Diskriminierung in einer herabwürdigenden Weise Dritten bekannt gemacht wird. Soweit dies der Fall ist (und nur dann), kann § 823 Abs. 1 BGB noch eingreifen, ohne dass es in diesem Fall auf die Schranken aus dem AGG hinsichtlich der Höhe ankommt. Ein Anspruch auf Naturalrestitution in Form der Einstellung oder Beförderung ist nach dem Sinn und Zweck des § 15 Abs. 6 AGG in analoger Anwendung der Vorschrift grundsätzlich ausgeschlossen, weil sonst die Vorschrift ins Leere liefe.

3. § 7 AGG Schutzgesetz iSd § 823 Abs. 2 BGB

Während für den bisherigen § 611a BGB zuletzt umstritten war, ob die Vorschrift ein Schutzgesetz iSd 170 § 823 Abs. 2 BGB darstellt, wird man dies bei § 7 AGG bejahen müssen, da die Regierungsbegründung ganz allgemein von § 823 BGB spricht und eine Haftung wegen Gesetzesverletzung auch er Teleologie des AGG entspricht (BT-Drs. 16/1780, S. 38; *Schleusener/Suckow/Voigt* § 15 AGG Rz 21). Dies gilt nicht für den Fall einer Kündigung (§ 2 Abs. 4 AGG). Ein Anspruch auf Naturalrestitution in Form der Einstellung oder Beförderung ist nach dem Sinn und Zweck des § 15 Abs. 6 AGG in analoger Anwendung der Vorschrift grds. ausgeschlossen, weil sonst die Vorschrift ins Leere liefe.

4. Unterlassung und Beseitigung nach § 1004 BGB

Ein solcher Anspruch kommt namentlich bei erheblichen **Persönlichkeitsrechtsverletzungen** in Be- 171 tracht. Allerdings darf der Anspruch auf Beseitigung einer bereits eingetretenen Benachteiligung oder auf Unterlassung künftiger Benachteiligungen nicht entgegen § 15 Abs. 6 AGG zu einem Einstellungs- oder Beförderungsanspruch führen, weil sonst der Zweck dieser Vorschrift ins Leere liefe.

5. Entsprechende Geltung der Ausschluss- und Klagefristen

172 Dem Sinn und Zweck der **Fristen der §§ 15 Abs. 5 AGG, 61b ArbG** nach müssen diese für andere Ansprüche entsprechend gelten, da sonst die Anordnung ihrer Geltung ins Leere liefe. Dagegen lässt sich nicht anführen, dass der Gesetzgeber die Möglichkeit anderer Ansprüche gesehen hat und keine entsprechende Geltung angeordnet hat. Das Gesetz hat bei der Regelung der Rechtsfolgen erkennbar einen politischen Kompromisscharakter; seine Regelung erscheint nicht als geschlossenes System, so dass eine – teleologisch gesehen – planwidrige Regelungslücke zu bejahen ist, die nach der Interessenlage durch eine Analogie geschlossen werden muss.

VII. Erhöhte Selbstverantwortung bei der Bewerbung

173 Mit den Diskriminierungsverboten korrespondiert eine erhöhte Selbstverantwortung für die Arbeitnehmer. Soweit das Diskriminierungsverbot den Arbeitgeber beschränkt, kann ihm auch keine Verletzung von Aufklärungs- oder Fürsorgepflichten vorgeworfen werden. So wurde zB eine Schadensersatzklage einer Sozialarbeiterin abgewiesen, die zur Straßensozialarbeit bei männlichen Prostituierten angestellt war, sich nach Stellenantritt (aufgrund ihres Geschlechts) für ungeeignet hielt und deshalb kündigte (*LAG Düsseld.* 5.7.1991 LAGE § 276 BGB Verschulden bei Vertragsabschluss Nr. 1).

VIII. Bedeutung des Art. 141 EGV bei Beendigung des Arbeitsverhältnisses

174 Der unmittelbar geltende EG-rechtliche Gleichbehandlungsanspruch beim Entgelt aus Art. 141 EGV (*EuGH* 17.5.1990 EzA Art. 119 EWG-Vertrag Nr. 4; *BAG* 20.11.1990 BB 1991, 1570; Überblick zur Entgeltdiskriminierung etwa bei *Hunold* DB 1991, 1670), der iVm der EG-Lohngleichheitsrichtlinie gilt, kann auch kündigungsrechtlich relevant werden. Ob das AGG diese Fälle erfasst ist wegen § 2 Abs. 4 AGG zweifelhaft. Entgelt iSd Art. 141 EGV sind jedenfalls auch Zahlungen, die ein Arbeitnehmer anlässlich seiner betriebsbedingten Entlassung erhält (*EuGH* 17.5.1990 EzA Art. 119 EWG-Vertrag Nr. 4). Das gilt für alle Zahlungen, gleichviel ob sie aufgrund des Arbeitsvertrags, einer Rechtsvorschrift oder freiwillig gezahlt werden (*EuGH* 27.6.1990 EzA Art. 119 EWG-Vertrag Nr. 3 zum Übergangsgeld nach BAT). Es darf also zB weder bei tarifvertraglichen Abfindungsregelungen noch bei Zahlungen nach § 9 KSchG noch bei Zahlungen, die anlässlich von Kündigungen aufgrund eines Sozialplans oder eines Interessenausgleichs erfolgen, geschlechtsbezogen unterschieden werden. Im Falle einer mittelbaren Diskriminierung durch einen Tarifvertrag haben die Diskriminierungsopfer nach Art. 141 EGV Anspruch auf das gleiche Entgelt wie die nicht benachteiligten Arbeitnehmer, auch wenn die Tarifvertragsparteien die diskriminierende Regelung noch nicht beseitigt haben (*EuGH* 7.2.1991 EzA Art. 119 EWG-Vertrag Nr. 1). Die Tarifparteien selbst können für die Zukunft bei der Beseitigung von Entgeltdiskriminierungen frei entscheiden und eine Angleichung nach oben oder nach unten vorsehen (offen lassend *Colneric* EuZW 1991, 75, 78; *Franzen* ZEuP 1995, 796, 812).

IX. Betriebsverfassungsrechtliche Folgen

175 Nach § 75 BetrVG gehört die Überwachung des Gleichbehandlungsgrundsatzes zu den Aufgaben von Arbeitgeber und Betriebsrat. § 80 Abs. 1 Nr. 2a BetrVG berechtigt den Betriebsrat, Frauenförderungsmaßnahmen beim Arbeitgeber zu beantragen; nach § 92 BetrVG iVm § 80 Abs. 1 Nr. 2a BetrVG muss der Arbeitgeber über entsprechende Maßnahmen unterrichten. Grobe Verstöße gegen diese Pflichten berechtigen den Betriebsrat zum Vorgehen nach § 23 Abs. 3 BetrVG. Dem einzelnen Arbeitnehmer erwachsen daraus aber keine Ansprüche. § 99 Abs. 1 Nr. 1 BetrVG berechtigt den Betriebsrat, seine Zustimmung zu diskriminierenden Einzelmaßnahmen zu verweigern. Bei der Durchführung von Bildungsmaßnahmen kann der Betriebsrat nach § 98 Abs. 3 BetrVG über die Einigungsstelle die gleichheitswidrige Nichtberücksichtigung einzelner Arbeitnehmer verhindern. Bei Betriebsvereinbarungen oder Vereinbarungen gem. § 28 SprAuG ist das AGG bei der richterlichen Inhaltskontrolle zu berücksichtigen; Verstöße können im Wege der Inhaltskorrektur beseitigt werden. Sieht etwa eine Betriebsvereinbarung eine unterschiedliche Altersgrenze für Männer und Frauen vor, so tritt an die Stelle der niedrigeren Altersgrenze die höhere, sofern der Angehörige des benachteiligten Geschlechts sich darauf beruft.

F. Förderung von Frauen und von anderen geschützten Gruppen

I. Maßnahmen zur Förderung der Chancengleichheit

Nach § 5 AGG sind im Einklang mit Art. 2 Abs. 4 Richtl. 76/207/EWG, Art. 5 RL 2000/43, Art. 7 RL **176** 2000/78/EG Maßnahmen zur Förderung der Chancengleichheit benachteiligter Gruppen trotz des prinzipiell geltenden individuellen Diskriminierungsverbots **zulässig**. Zweck dieser begrenzten Ausnahmeregelung ist es, dem äußeren Erscheinungsbild nach benachteiligende Maßnahmen zuzulassen, soweit sie faktische Ungleichheiten zwischen den Geschlechtern beseitigen wollen (*EuGH* 17.10.1995 EzA Art. 3 GG Nr. 47 – Tz 16 – *Kalanke*). Allerdings enthält das Richtlinienrecht keine unbegrenzte Erlaubnis der Sonderförderung, vielmehr muss es sich um Maßnahmen zur Förderung der Chancengleichheit handeln. Als Ausnahmevorschrift zu einem durch die Richtl. 76/207/EWG anerkannten Individualrecht, ist die Regelung eng auszulegen (*EuGH* 17.10.1995 EzA Art. 3 GG Nr. 47, Tz 21; 30.9.2004 Slg. I-2004, 8807 – *Briheche./.Ministre de l'Intérieur*). Unter die Ausnahme fallen nach dem Konzept der Richtlinie primär solche Maßnahmen, die auf Beseitigung tatsächlicher Chancenungleichheiten zielen (*Loritz* EuZW 1995, 762, 763; *Starck* JZ 1996, 197, 199). Hierzu zählen bspw. Hilfen oder erleichternde Regelungen für den beruflichen Wiedereinstieg nach einer Familienphase für Frauen, etwa durch hierauf zielende Maßnahmen der beruflichen Weiterbildung (vgl. zB die Empfehlung des Rates v. 30.6.1993 über den Zugang zur beruflichen Weiterbildung [93/404/EWG, ABlEG L 181/37 v. 23.7.1993]), insbes. in traditionellen »Männerberufen« oder bevorzugte Vergabe von Kindergartenplätzen (*EuGH* 19.3.2002 EzA EGV Richtlinie 76/207 Nr. 4 – *Lommers*).

Problematisch ist insbes., ob auch die vom Staat als Arbeitgeber teilweise angewendeten **Frauenquo-** **177** **ten** hierunter fallen. Sie sind in unterschiedlicher Gestalt denkbar. Nach der Art des Vorrangs unterscheiden sich Zielquoten von Entscheidungsquoten. Erstere geben lediglich ein bestimmtes Ziel oder Ergebnis der Frauenrepräsentation vor und enthalten keine Anweisung, wie dieses zu erreichen ist; Entscheidungsquoten enthalten hingegen Regeln, nach denen unter bestimmten Voraussetzungen eine Einstellungs- oder Beförderungsentscheidung zugunsten einer Frau zu treffen ist. Innerhalb der Entscheidungsquoten sind zunächst »starre« Quoten zu nennen, die an die bloße Unterrepräsentation von Frauen anknüpfen und für diese einen bestimmten Anteil von Stellen bei der Einstellung oder Beförderung ohne Rücksicht auf weitere Kriterien reservieren. Hiervon zu unterscheiden sind »weiche« oder »flexible« Quoten. Für diese ist zwar ebenfalls typisch, dass ein bestimmter Anteil von Stellen für Frauen reserviert wird. Jedoch steht die bevorzugte Einstellung oder Beförderung hier unter dem Vorbehalt zusätzlicher Kriterien, etwa der Voraussetzung »gleicher Qualifikation« und/oder der weiteren Einschränkung eines ausnahmsweisen Nachrangs der Frauenförderung gegenüber anderen besonders gewichtigen Kriterien sozialstaatlicher Art im Einzelfall. Teilweise wird auch zwischen »automatisch« wirkenden und sonstigen, also unter dem Vorbehalt einer Abwägungsentscheidung stehenden Quoten entschieden (zur Phänomenologie etwa *Heilmann/Hoffmann* AuA 1995, 406; *Pape* AuR 1998, 14; *Pfarr* NZA 1995, 809; *dies.* RdA 1995, 204 f.). Trotz dieser vielgestaltigen Typologie ist jedoch den genannten Erscheinungsformen von Frauenquoten gemeinsam, dass sie zu einer **unmittelbaren Benachteiligung** wegen des Geschlechts iSd § 7 AGG bzw. des Art. 2 Abs. 1 Richtl. 76/207/EWG führen. Dies trifft auch für Frauenquoten zu, die lediglich im Falle »gleicher Qualifikation« eingreifen, da die Vorschrift jede Form der Ungleichbehandlung wegen des Geschlechts erfasst und nicht voraussetzt, dass die benachteiligte Person höher qualifiziert ist (*EuGH* 17.10.1995 EuZW 1995, 762 m. Anm. *Loritz* – Fall Kalanke; ebenso *Erman/Hanau* Rz 15).

Soweit es um die **Rechtfertigung** solcher Quotenregelungen nach der Vorschrift des Art. 2 Abs. 4 **178** Richtl. 76/207/EWG geht, besteht die allen Erscheinungsformen gemeinsame Problematik von Quotenregelungen darin, dass sie nicht die Startchancengleichheit, sondern die bloße zahlenmäßige Ergebnisgleichheit zum maßgeblichen Kriterium erheben (*Loritz* EuZW 1995, 763, 764; vgl. ferner BAG 22.6.1993 EuZW 1993, 552). Dies gilt auch für Quotenregelungen, die unter dem Vorbehalt der Berücksichtigung zusätzlicher Kriterien stehen. Zwar hatte der *EuGH* (17.10.1995 EuZW 1995, 762 – Tz 22; **aA** *Pfarr* NZA 1995, 809, 813) eine entsprechende Beurteilung zunächst ausdrücklich lediglich für automatisch wirkende Quoten ausgesprochen (vgl. auch *Colneric* DZWiR 1996, 17, 18; *dies.* BB 1996, 265, 268). Von einer unzulässigen »starren Quote« ist auch auszugehen, wenn die automatische Vergabe einer Stelle an einen Angehörigen des unterrepräsentierten Geschlechts lediglich unter Vorbehalt einer Sachwidrigkeitsprüfung steht (*EuGH* 6.7.2000 – Rs. 407/98 – *Abrahamson./.Fogelquist*). Am Vorliegen einer Benachteiligung ändert sich jedoch ferner nichts dadurch, dass die Benachteiligung nicht automatisch, sondern aufgrund einer durch benachteiligende Vorgaben gebundenen Entscheidung erfolgt, selbst wenn die fragliche Regelung für Ausnahmefälle eine »Härteklausel« enthält (Schlussanträge *GA*

Jakobs v. 15.3.1997 – Rs. C-409/95 – Marschall/NRW; *OVG Nordrhein-Westfalen* 19.12.1995 EzA Art. 3 GG Nr. 48 m. zust. Anm. *Berger-Delhey*; *B. Schmidt* NJW 1996, 1724, 1725; *Starck* JZ 1997, 140; *Vachek* JuS 1997, 410, 413; vgl. auch *Sachs* RdA 1998, 129; **aA** *EuGH* 28. März 2000 EzA Art. 3 GG Nr. 81 – *Badek./. Hess. Ministerpräsident II*; 28.3.2000 EzA Art. 141 EGV Nr. 4 – *Badeck./.Ministerpräsident von Hessen*; 11.11.1997 – Rs. C-409/95 – *Marschall/NRW*; *BAG* 2.12.1997 EzA Art. 3 GG Nr. 78; 5.3.1996 EzA Art. 3 GG Nr. 52; *Compensis* BB 1998, 2470; *Heilmann/Hoffmann* AuA 1995, 406; *Holznagel/Schlünder* Jura 1996, 519, 523; *Dieball/Schiek* EuroAS 11/1995, S. 185). Dass die Herstellung von Ergebnisgleichheit ein Mittel zur Verbesserung der Startchancengleichheit darstellt, ließe sich dann behaupten, wenn man die Prinzipien anwendet, die der EuGH im Rahmen des Art. 2 Abs. 1 Richtl. 76/207/EWG bei der Feststellung von Diskriminierungen zugrunde legt (*Schiek* AuR 1996, 128). Deshalb ist zu erwägen, Frauenförderquoten unter der Voraussetzung zuzulassen, dass bei ansonsten »gleicher« Qualifikation eine Frau dann zu bevorzugen ist, wenn sie konkrete Startchancennachteile durch Übernahme von Familienarbeit nachweisen kann (*Vachek* aaO, S. 413; für eine bloße Berücksichtigung im Zusammenwirken mit anderen Kriterien *Starck* JZ 1998, 140). Ferner könnte man an eine gleichsam umgekehrte Anwendung der Grundsätze über die mittelbare Diskriminierung denken. Denn auch dort geht es darum, inwieweit bloße Ergebnisungleichheit einen Rückschluss auf Ungleichbehandlungen zulässt. Dementsprechend lassen sich ergebnisbezogene Frauenquoten dann als Maßnahme zur Förderung der Chancengleichheit rechtfertigen, wenn eine erhebliche Geschlechterdisparität vorliegt und diese den Rückschluss auf Ungleichbehandlungen zulässt. Quoten, die stets greifen, wenn Frauen zu weniger als 50 vH repräsentiert sind, können jedenfalls nicht gerechtfertigt sein (vgl. auch BT-Drs. 10/5468, S. 28 f.). Zu bedenken ist schließlich, dass das Ziel einer vollständigen Geschlechterparität allenfalls auf der Grundlage einer Geschlechterparität bei den Bewerbungen bzw. den Absolventen der jeweils erforderlichen Ausbildung Sinn ergeben könnte. Keine Benachteiligung ist also anzunehmen, soweit eine Unterrepräsentation Ausdruck des Umstands ist, dass Frauen aufgrund eines früher üblichen Rollenverständnisses die für einen bestimmten Beruf erforderliche Ausbildung nur zu einem geringeren prozentualen Anteil absolviert haben (*Loritz* EuZW 1995, 763, 764).

II. Verhältnis zu Art. 3 GG

179 Soweit Frauenquoten nach den vorstehenden Ausführungen europarechtlich zulässig sind, stellt sich das zusätzliche Problem des Verhältnisses dieses europarechtlichen Befunds zu Art. 3 GG, was namentlich bei der **öffentlichen Hand als Arbeitgeber** ein Problem ist. Denn die öffentliche Hand ist auch beim Abschluss privatrechtlicher Arbeitsverträge an das Gleichbehandlungsgebot des Art. 3 Abs. 1 und Abs. 3 GG sowie Art. 33 Abs. 2 GG gebunden, bei denen wiederum angezweifelt wird, ob sie gezielte Frauenförderung zulassen (etwa *OVG Münster* 23.10.1990 EzA Art. 3 GG Nr. 27; 10.4.1992 – 12 B 2298/90; *Köbl* FS Kissel, S. 521, 523 ff.; *Loritz* EuZW 1995, 763, 764; *B. Schmidt* NJW 1996, 1724, 1726; für Vereinbarkeit mit Art. 3 GG wegen der Rechtfertigung durch Art. 3 Abs. 2 GG: *BAG* 22.6.1993 EuZW 1993, 522; *LAG Hamm* 15.7.1993 BB 1993, 1811 – LS; ebenso etwa *Holznagel/Schlünder* Jura 1996, 519, 523; *Kokott* NJW 1995, 1049, jeweils mit der Einschränkung des Verbots einer Bevorzugung schlechter qualifizierter Frauen). Inwieweit sich an dieser Ausgangslage durch Art. 3 Abs. 2 S. 2 GG etwas ändert, ist zweifelhaft: Zum einen besteht Einigkeit, dass diese Neuregelung starre Quoten nicht gestattet (*Scholz/Voscherau* Bericht der gemeinsamen Verfassungskommission von Bundestag und Bundesrat, 1994, S. 98). Zum anderen sprechen starke Argumente dafür, dass auch diese Vorschrift lediglich auf Startchancengleichheit zielt und insofern nur den nach der bisherigen Verfassungslage bereits zulässigen Umfang von Frauenfördermaßnahmen festschreibt (zum Diskussionsstand *Scholz/Voscherau* aaO; *Limbach/Eckertz-Höfer* durchgehend).

G. Prozessuales

I. Grundsatz

180 Das EG-Recht, etwa Art. 6 Richtl. 76/207/EWG, verpflichtet die Mitgliedstaaten, Diskriminierungsopfern eine **wirksame gerichtliche Geltendmachung** ihrer Rechte zu ermöglichen. Er begründet insofern eine spezialgesetzliche Regelung des allgemeinen, aus den nationalen Verfassungstraditionen sowie den Artt. 6, 13 MRK begründeten Gebots des effektiven Rechtsschutzes. Hierzu gehört insbes. das Prinzip einer umfassenden gerichtlichen Kontrolle. Der EuGH hat aus diesem Grunde verschiedene Regelungen im nationalen Recht einzelner Mitgliedstaaten für mit der Richtlinie unvereinbar gehalten; namentlich eine Regelung des britischen Rechts, nach der die Vorlage einer behördlichen Bescheinigung die unwiderlegliche Vermutung begründete, eine Ungleichbehandlung sei nicht diskrimi-

rend (*EuGH* 15.5.1986 Slg. 1986, 1651 [1663]); ferner eine Regelung des niederländischen sowie des deutschen Rechts, nach der das Diskriminierungsopfer dem Arbeitgeber Verschulden nachweisen musste (Rz 133); schließlich in verschiedenen Rechten vorgesehene Höhenbeschränkungen des Schadensersatzes.

II. Beweislast

Angesichts der Seltenheit offener Diskriminierungen besteht ein Hauptproblem in den **Beweisschwie- 181 rigkeiten des Arbeitnehmers**, so dass mit Recht gesagt worden ist, das materielle Recht stehe und falle mit den maßgebenden Beweisregelungen (*Prütting* S. 335). Wegen dieser herausragenden Bedeutung der Beweislastfrage werden die insofern maßgeblichen Anforderungen u.a. die im Anhang abgedruckte Richtl. 97/80/EG über die Beweislast bei Diskriminierung aufgrund des Geschlechts konkretisiert (AblEG L 14/6 v. 20.1.1998). § 22 AGG enthält dementsprechend in teilen eine Beweislastumkehr zugunsten des Arbeitnehmers. Außerhalb dieser Beweislastumkehr trägt allerdings nach allg. Regeln der Arbeitnehmer die Beweislast. Bei der Handhabung der Beweislast ist im Hinblick auf das Gebot der richtlinienkonformen Auslegung die Beweislastrichtl. 97/80/EG (AblEG L 14 6 v. 20.1.1998) sowie die Beweislastvorschriften anderer Richtlinien (Art. 8 Richtl. 2000/43/EG, Art. 10 Richtl. 2000/78/EG), zu beachten.

Der **Arbeitnehmer** muss zunächst die ungleiche Behandlung gegenüber einem oder mehreren ande- 182 ren Arbeitnehmern beweisen (*LAG München* 19.11.2002 juris Nr: KARE600007764). Dazu gehört sowohl das Vorliegen einer Maßnahme durch den Arbeitgeber (Einstellung, Beförderung, Weisung usw.) als auch das Betroffensein des Arbeitnehmers von dieser Maßnahme. Deshalb muss etwa der Arbeitnehmer den Zugang seiner Bewerbung bei Einstellung oder Beförderung beweisen (*LAG Hmb.* 11.2.1987 LAGE § 611a BGB Nr. 3). Diese Beweislastverteilung gilt sowohl für die Fälle unmittelbarer Ungleichbehandlung als auch für die Fälle mittelbarer Ungleichbehandlung. Dabei dürfen allerdings insbes. in den Fällen mittelbarer Diskriminierung keine überspannten Anforderungen an die Substantiierung solcher Tatsachen gestellt werden, die im Herrschaftsbereich des Arbeitgebers liegen. So muss der Arbeitnehmer, dem die entsprechenden Zahlen nicht bekannt sind oder bekannt sein können, nicht in genauen Zahlen vortragen, zu welchen Anteilen Frauen und Männer von einer Maßnahme des Arbeitgebers betroffen sind (vgl. zum allg. Gleichbehandlungsgrundsatz *BAG* 19.8.1992 EzA § 242 BGB Gleichbehandlung Nr. 52). Vielmehr reicht es aus, wenn der Arbeitnehmer Tatsachen vorträgt, aufgrund derer eine statistische Benachteiligung eines Geschlechts zu vermuten ist (zu eng *Schiek/ Horstkötter* NZA 1998, 863, 867).

Nach § 22 AGG kann dem Arbeitnehmer beim Beweis der Unzulässigkeit der Benachteiligung eine **Be- 183 weislastumkehr** zugute kommen. Sie bezieht sich in den Fällen unmittelbarer Benachteiligung auf die Kausalität des jeweiligen Merkmals für die Benachteiligung (zutreffend *LAG München* 19.11.2002 juris Nr. KARE600007764). Bei mittelbarer Benachteiligung erfasst sie die an die Stelle der Kausalität tretende geschlechtsbezogene Benachteiligungstendenz einschließlich der Rechtfertigungsproblematik. Allerdings sieht auch die Beweislast-Richtlinie ein abgestuftes System der Darlegungs- und Beweislast vor; ein vor Verabschiedung der Richtl. datierendes **obiter dictum**, nach welchem der Arbeitgeber schlechthin beweisbelastet zu sein scheint (*EuGH* 22.4.1997 EzA § 611a BGB Nr. 12, Tz. 36 – *Draempaehl./.Urania Immobilienservice*), begründet keinen Anhaltpunkt für eine Abweichung von den Richtl.-Vorgaben. Demgemäß muss der Arbeitnehmer solche Tatsachen darlegen und glaubhaft machen, die vermuten lassen, dass eine Diskriminierung vorliegt. Ein Vollbeweis für diese Tatsachen muss nicht erbracht werden. Darin liegt zunächst eine Absenkung der Darlegungslast. Der Arbeitnehmer genügt seiner **Darlegungslast**, wenn er Tatsachen (Indizien) vorträgt, die eine unzulässige Benachteiligung vermuten lassen – »**Vermutungstatsachen**«. Es ist daher nicht erforderlich, dass die Tatsachen einen zwingenden Indizienschluss auf eine Benachteiligung zulassen; vielmehr reicht es aus, wenn nach allg. Lebenserfahrung eine, und sei es nur leicht, überwiegende Wahrscheinlichkeit für eine Diskriminierung besteht (*Eich* NJW 1980, 2329, 2330; vgl. auch *Baumgärtel* § 611a BGB Rz 8).

Wann eine solche **Vermutung begründet** ist, wird vornehmlich eine Frage des Einzelfalls sein. Als Ver- 184 mutungstatsache kommen etwa diskriminierende Äußerungen des Arbeitgebers oder seiner Repräsentanten in Betracht (*LAG Hmb.* 11.2.1987 aaO). Geht es um eine Einstellung, so kann die unter Verstoß gegen § 11 AGG erfolgte geschlechtsspezifische Ausschreibung ein Indiz sein (*LAG Düssseld.* 1.2.2002 LAGE § 611a nF BGB Nr. 5; *LAG Hmb.* 11.2.1987 aaO; *Baumgärtel* § 611a BGB Rz 5; MünchKommBGB-*Müller-Glöge* § 611a Rz 37). Anders liegt es, wenn die Offenheit der Ausschreibung trotz mangelnder Neutralität der Berufsbezeichnung für den Adressatenkreis und den konkreten Bewerber erkennbar ist (*LAG Bln.* 16.5.2001 PflR 2001, 439, oder im Falle eines erkennbar versehentlich gewählten Ausschreibungstextes *ArbG Frankf.* ArbRB 2002, 190 = juris Nr. KARE600006680). Die Vermutung einer Benachteiligung wegen einer Schwangerschaft kann sich etwa aus dem engen zeitlichen Zusammenhang einer Maßnahme mit der Schwangerschaftsanzeige ergeben (*Mauer* BB 1991, 1867). Umstritten ist, ob hierfür in den Fällen der mittelbaren Diskriminierung bereits der Vortrag des statistisch überwiegenden Betroffenseins eines Geschlechts ausreicht (so zB *Groeben/Thiesing/Ehlermann/Curall* Art. 119 EGV Rz 39; *Oetker* Anm. EzA § 1 LohnFG Nr. 122 zum Parallelproblem bei Art. 141 EGV). Hierzu hat der EuGH in der Danfoss-Entscheidung den bloßen Vortrag des statistischen Überwiegens lediglich dann als Grundlage einer Beweislastumkehr akzeptiert, wenn die vom Arbeitgeber vorgenommenen Differenzierungen intransparent sind (*EuGH* 17.10.1989 Slg. 1989, 3199; vgl. auch *EuGH* 30.6.1988 Slg. 1988, 3559; ebenso *BAG* 23.9.1992 EuZW 1993, 772), was sich im deutschen Prozessrecht ohne weiteres durch eine entsprechende Handhabung sekundärer Substantiierungslasten umsetzen lässt. Allerdings handelt es sich bei der über das bloße statistische Überwiegen hinausgehenden wertenden Feststellung des Diskriminierungstatbestands im Kern um eine rechtliche Bewertung (Rz 45), so dass es praktisch oft keiner weiteren Vermutungstatsache außer dem statistischen Überwiegen mehr bedarf (so auch *EuGH* 27.10.1993 – Rs. C-127/92 – Fall *Enderby*, wobei die Entscheidung die bloße statistische Ungleichheit nur deshalb als ausreichend für die Begründung eines ersten Anscheins der Diskriminierung ansehen konnte, weil das vorlegende britische Gericht die darüber hinaus erforderliche Wertung selbst vorgenommen hatte).

185 Werden die **Vermutungstatsachen nicht oder nicht hinreichend substantiiert bestritten**, so reicht ihr bloßer Vortrag aus, um die Beweislastumkehr zu begründen. Sind sie bestritten, so trägt der Arbeitnehmer für ihr Vorliegen die Beweislast. § 22 AGG spricht nunmehr von Beweis und nicht mehr von einer Glaubhaftmachung. Nach dem zugrunde liegenden Richtlinienrecht, das den Begriff »glaubhaft« verwendet, müssen dem Arbeitnehmer allerdings weitere Beweiserleichterungen zugute kommen. Damit ist vor allem eine Absenkung des Beweismaßes verbunden; die Anforderungen an die richterliche Überzeugung von den Vermutungstatsachen dürfen nicht zu hoch angesetzt werden. Eine eidesstattliche Versicherung des Arbeitnehmers (§ 294 Abs. 1 ZPO) ist hingegen unzulässig. Zudem dürfen dem Arbeitnehmer keine Behauptungen ins Blaue gestattet werden.

186 Ist die Glaubhaftmachung der Vermutungstatsachen gelungen, trifft den **Arbeitgeber** die volle Darlegungs- und Beweislast für das Nichtvorliegen einer Diskriminierung. Es greift die **Beweislastumkehr** gem. § 22 AGG, die auf dem Prinzip der Verteilung der Beweislast nach Herrschaftssphären beruht und die sowohl die subjektive Beweisführungslast als auch die objektive Feststellungslast für den Fall des »non liquet« erfasst (*Baumgärtel* § 611a BGB Rz 10; *Prütting* S. 337; **aA** *Eich* NJW 1980, 2329, 2333: nur Regelung der Beweisführungslast). Es handelt sich damit bei der Vermutungswirkung nicht um eine gesetzliche Vermutung iSd § 292 ZPO, denn nicht § 22 AGG selbst stellt die Vermutung der Diskriminierung auf. Vielmehr ist die Vermutung Folge des Vorliegens der Indiztatsachen.

187 Der Arbeitgeber kann seiner Beweislast entsprechen, indem er entweder den **Beweis der Indiztatsachen erschüttert** oder indem er **weitere Hilfstatsachen** beweist, aus denen sich ergibt, dass trotz der Vermutungstatsachen der Tatbestand einer mittelbaren oder unmittelbaren Diskriminierung nicht erfüllt ist. Er kann seiner Beweislast auch genügen, indem er die **Voraussetzungen eines Rechtfertigungsgrundes** beweist, zB indem er beweist, dass die Stelle wegen eines für Frauen bestehenden wirksamen Beschäftigungsverbots nicht neutral ausgeschrieben und besetzt zu werden brauchte (vgl. *LAG Nds.* 23.11.1984 LAGE § 611a BGB Nr. 1).

188 Zur **prozessualen Effektuierung** des Gleichheitsrechts aus Art. 3 Abs. 2 GG hält das *BVerfG* (16.11.1993 EzA § 611a BGB Nr. 9 ; zust. MünchKommBGB-*Müller-Glöge* § 611a Rz 39) eine Beschränkung der Befugnis des Arbeitgebers zum **Nachschieben von Rechtfertigungsgründen** im Prozess für erforderlich. Notwendig sei, »dass der Arbeitgeber eine glaubhaft gemachte Benachteiligung tatsächlich entkräften muss«. Ein nachträglich vorgebrachter Grund für die Bevorzugung des Bewerbers eines anderen Geschlechts könne daher nur dann als sachlich anerkannt werden, wenn besondere Umstände erkennen ließen, dass der Arbeitgeber diesen Grund nicht nur vorgeschoben habe. Ein solcher Umstand könne darin liegen, dass sich während der Einstellung die Aufgabenstellung geändert habe oder dass ein Bewerber ausgewählt worden sei, der für die Aufgabe derart prädestiniert sei, dass mit seiner Bewerbung zum Zeitpunkt der Ausschreibung nicht habe gerechnet werden dürfen. Eine besonders kritische Würdigung sei dann geboten, wenn der nachträglich vorgebrachte Gesichtspunkt typischerweise von den Angehörigen eines Geschlechts nicht erfüllt werde, etwa längere Berufserfahrung in traditionellen »Männerberufen«. Mit alledem werden indessen die Anforderungen an die Darlegungs- und Beweis-

last des Arbeitgebers in nicht mehr zu rechtfertigender Weise überspannt. Zwar ist dem BVerfG zuzugestehen, dass jedes Gericht sorgfältig zu prüfen hat, ob ein Grund für die Nichteinstellung eines Bewerbers nur vorgeschoben ist oder nicht. Dies kann und muss aber nach allg. Regeln der Substantiierungs- und Beweislast entschieden werden, zu denen es gehört, Behauptungen einer Partei auf ihre Plausibilität zu überprüfen. Ein Abweichen von diesen allg. Maßstäben, die ihrerseits Ausdruck des verfassungsrechtlichen Gebots eines effektiven, fairen und durch den Grundsatz der Waffengleichheit geprägten Verfahrens sind, durch das Erfordernis »besonderer Umstände« setzt an die Stelle freier Beweiswürdigung die Bindung an starre Beweisregeln und ist nicht zu akzeptieren. Die Entscheidung ist überdies insofern lebensfremd, als sie den Arbeitgeber idR zwingt, sämtliche Auswahlkriterien schon in der Ausschreibung zu benennen, wozu meist weder Raum noch Anlass besteht (krit. auch *Zimmer* NJW 1994, 1203).

Eigenständige Beweislastprobleme wirft die **Abgrenzung** der (unbegrenzten) Einstandspflicht des Arbeitgebers für Vermögensschäden von der – nach § 22 AGG beschränkten – Einstandspflicht für immaterielle Schäden auf (vgl. Rz 140 ff.). Hierzu lässt das Richtlinienrecht aufgrund des in dort enthaltenen Gebots des vollen Ersatzes von Vermögensschäden eine Beschränkung der Höhe etwaiger Schadensersatzansprüche, wie sie § 15 Abs. 2 AGG vorsieht, nur unter der Voraussetzung einer für den Arbeitnehmer günstigen Verteilung der Beweislast zu. Dem Arbeitgeber muss die Beweislast dafür obliegen, dass der Arbeitnehmer die fragliche Arbeitsstelle auch bei benachteiligungsfreiem Arbeitgeberverhalten nicht erhalten hätte (*EuGH* 22.4.1997 EzA § 611a BGB Nr. 12 Tz 36). Dem ist durch richtlinienkonforme Handhabung der Beweislast im deutschen Recht zu entsprechen. 189

III. Unterstützung durch Antidiskriminierungsverbände

Gemäß § 23 AGG können Verbände, welche die Anforderungen dieser Vorschrift erfüllen, in Verfahren ohne Anwaltszwang als **Bevollmächtigte und Beistände** auftreten. 190

H. Aushangpflicht

Das AGG und § 61b ArbGG sind gem. § 12 Abs. 5 AGG an geeigneter Stelle des Betriebs auszulegen, auszuhängen oder mit der sonst betriebsüblichen Informationstechnik bekannt zu machen. 191

I. Übergangsregelung

Es gilt die Übergangsvorschrift des § 33 AGG. Diese beruht im Arbeitsrecht auf dem Grundsatz, dass für vor dem 18.8.2006 erfolgte Benachteiligungen das alte Recht einschließlich der §§ 611a, 611b, 612 Abs. 3 BGB anwendbar ist (BT-Drs. 16/1780, S. 53). Zu beachten ist allerdings, dass die Maßgaben des Gleichbehandlungsrechts bereits für das alte Recht, sei es aufgrund allgemeiner Grundsätze des EG-Rechts, sei es aufgrund richtlinienkonformer Auslegung, anwendbar sein können (Rz 71). 192

Anhang I
Richtlinie des Rates 76/207/EWG

RICHTLINIE DES RATES 76/207/EWG zur Verwirklichung des Grundsatzes der Gleichbehandlung von Männern und Frauen hinsichtlich des Zugangs zur Beschäftigung, zur Berufsbildung und zum beruflichen Aufstieg sowie in bezug auf die Arbeitsbedingungen
Vom 9. Februar 1976
(ABl. Nr. L 39/40)

DER RAT DER EUROPÄISCHEN GEMEINSCHAFTEN –

gestützt auf den Vertrag zur Gründung der Europäischen Wirtschaftsgemeinschaft, insbesondere auf Artikel 235,

auf Vorschlag der Kommission,

nach Stellungnahme des Europäischen Parlaments,

nach Stellungnahme des Wirtschafts- und Sozialausschusses,

in Erwägung nachstehender Gründe:

Der Rat hat in seiner Entschließung vom 21. Januar 1974 über ein sozialpolitisches Aktionsprogramm als eine der Prioritäten die Durchführung von Aktionen festgelegt, die zum Ziel haben, gleiche Bedingungen für Männer und Frauen hinsichtlich des Zugangs zur Beschäftigung, zur beruflichen Bildung und zum beruflichen Aufstieg sowie in Bezug auf die Arbeitsbedingungen einschließlich der Entlohnung zu schaffen.

In Bezug auf die Entlohnung hat der Rat am 10. Februar 1975 die Richtlinie 75/117/EWG zur Angleichung der Rechtsvorschriften der Mitgliedstaaten über die Anwendung des Grundsatzes des gleichen Entgelts für Männer und Frauen angenommen.

Ein Tätigwerden der Gemeinschaft erscheint auch notwendig, um den Grundsatz der Gleichbehandlung von Männern und Frauen hinsichtlich des Zugangs zur Beschäftigung, zur Berufsbildung und zum beruflichen Aufstieg sowie in Bezug auf die sonstigen Arbeitsbedingungen zu verwirklichen. Die Gleichbehandlung von männlichen und weiblichen Arbeitnehmern stellt eines der Ziele der Gemeinschaft dar, soweit es sich insbesondere darum handelt, auf dem Wege des Fortschritts die Angleichung der Lebens- und Arbeitsbedingungen der Arbeitskräfte zu fördern. Im Vertrag sind die besonderen, hierfür erforderlichen Befugnisse nicht vorgesehen.

Der Grundsatz der Gleichbehandlung im Bereich der sozialen Sicherheit ist durch spätere Rechtsakte zu definieren und schrittweise zu verwirklichen –

HAT FOLGENDE RICHTLINIE ERLASSEN:

Art. 1

(1) Diese Richtlinie hat zum Ziel, dass in den Mitgliedstaaten der Grundsatz der Gleichbehandlung von Männern und Frauen hinsichtlich des Zugangs zur Beschäftigung, einschließlich des Aufstiegs, und des Zugangs zur Berufsbildung sowie in bezug auf die Arbeitsbedingungen und in bezug auf die soziale Sicherheit unter den in Absatz 2 vorgesehenen Bedingungen verwirklicht wird. Dieser Grundsatz wird im folgenden als »Grundsatz der Gleichbehandlung« bezeichnet.

(2) Der Rat erläßt im Hinblick auf die schrittweise Verwirklichung des Grundsatzes der Gleichbehandlung im Bereich der sozialen Sicherheit auf Vorschlag der Kommission Bestimmungen, in denen dazu insbesondere der Inhalt, die Tragweite und die Anwendungsmodalitäten angegeben sind.

Art. 2

(1) Der Grundsatz der Gleichbehandlung im Sinne der nachstehenden Bestimmungen beinhaltet, daß keine unmittelbare oder mittelbare Diskriminierung auf Grund des Geschlechts – insbesondere unter Bezugnahme auf den Ehe- oder Familienstand – erfolgen darf.

(2) Diese Richtlinie steht nicht der Befugnis der Mitgliedstaaten entgegen, solche beruflichen Tätigkeiten und gegebenenfalls die dazu jeweils erforderliche Ausbildung, für die das Geschlecht auf Grund

ihrer Art oder der Bedingungen ihrer Ausübung eine unabdingbare Voraussetzung darstellt, von ihrem Anwendungsbereich auszuschließen.

(3) Diese Richtlinie steht nicht den Vorschriften zum Schutz der Frau, insbesondere bei Schwangerschaft und Mutterschaft, entgegen.

(4) Diese Richtlinie steht nicht den Maßnahmen zur Förderung der Chancengleichheit für Männer und Frauen, insbesondere durch Beseitigung der tatsächlich bestehenden Ungleichheiten, die die Chancen der Frauen in den in Artikel 1 Absatz 1 genannten Bereichen beeinträchtigen, entgegen.

Art. 3

(1) Die Anwendung des Grundsatzes der Gleichbehandlung beinhaltet, daß bei den Bedingungen des Zugangs – einschließlich der Auswahlkriterien – zu den Beschäftigungen oder Arbeitsplätzen – unabhängig vom Tätigkeitsbereich oder Wirtschaftszweig – und zu allen Stufen der beruflichen Rangordnung keine Diskriminierung auf Grund des Geschlechts erfolgt.

(2) Zu diesem Zweck treffen die Mitgliedstaaten die notwendigen Maßnahmen, um sicherzustellen,

a) daß die mit dem Grundsatz der Gleichbehandlung unvereinbaren Rechts- und Verwaltungsvorschriften beseitigt werden;

b) daß die mit dem Grundsatz der Gleichbehandlung unvereinbaren Bestimmungen in Tarifverträgen oder Einzelarbeitsverträgen, in Betriebsordnungen sowie in den Statuten der freien Berufe nichtig sind, für nichtig erklärt oder geändert werden können;

c) daß die mit dem Grundsatz der Gleichbehandlung unvereinbaren Rechts- und Verwaltungsvorschriften, bei denen der Schutzgedanke, aus dem heraus sie ursprünglich entstanden sind, nicht mehr begründet ist, revidiert werden; daß hinsichtlich der Tarifbestimmungen gleicher Art die Sozialpartner zu den wünschenswerten Revisionen aufgefordert werden.

Art. 4

Die Anwendung des Grundsatzes der Gleichbehandlung in bezug auf den Zugang zu allen Arten und Stufen der Berufsberatung, der Berufsbildung, der beruflichen Weiterbildung und Umschulung beinhaltet, daß die Mitgliedstaaten die erforderlichen Maßnahmen treffen, um sicherzustellen,

a) daß die mit dem Grundsatz der Gleichbehandlung unvereinbaren Rechts- und Verwaltungsvorschriften beseitigt werden;

b) daß die mit dem Grundsatz der Gleichbehandlung unvereinbaren Bestimmungen in Tarifverträgen oder Einzelarbeitsverträgen, in Betriebsordnungen sowie in den Statuten der freien Berufe nichtig sind, für nichtig erklärt oder geändert werden können;

c) daß Berufsberatung, Berufsbildung, berufliche Weiterbildung und Umschulung – vorbehaltlich in der in einigen Mitgliedstaaten bestimmten privaten Bildungseinrichtungen gewährten Autonomie – auf allen Stufen zu gleichen Bedingungen ohne Diskriminierung auf Grund des Geschlechts zugänglich sind.

Art. 5

(1) Die Anwendung des Grundsatzes der Gleichbehandlung hinsichtlich der Arbeitsbedingungen einschließlich der Entlassungsbedingungen beinhaltet, daß Männern und Frauen dieselben Bedingungen ohne Diskriminierung auf Grund des Geschlechts gewährt werden.

(2) Zu diesem Zweck treffen die Mitgliedstaaten die erforderlichen Maßnahmen, um sicherzustellen,

a) daß die mit dem Gleichbehandlungsgrundsatz unvereinbaren Rechts- und Verwaltungsvorschriften beseitigt werden;

b) daß die mit dem Grundsatz der Gleichbehandlung unvereinbaren Bestimmungen in Tarifverträgen oder Einzelarbeitsverträgen, in Betriebsordnungen sowie in den Statuten der freien Berufe nichtig sind, für nichtig erklärt oder geändert werden können;

c) daß die mit dem Grundsatz der Gleichbehandlung unvereinbaren Rechts- und Verwaltungsvorschriften, bei denen der Schutzgedanke, aus dem heraus sie ursprünglich entstanden sind, nicht

Anhang I zum AGG RL 76/207/EWG

mehr begründet ist, revidiert werden; daß hinsichtlich der Tarifbestimmungen gleicher Art die Sozialpartner zu den wünschenswerten Revisionen aufgefordert werden.

Art. 6
Die Mitgliedstaaten erlassen die innerstaatlichen Vorschriften, die notwendig sind, damit jeder, der sich wegen Nichtanwendung des Grundsatzes der Gleichbehandlung im Sinne der Artikel 3, 4 und 5 auf seine Person für beschwert hält, nach etwaiger Befassung anderer zuständiger Stellen seine Rechte gerichtlich geltend machen kann.

Art. 7
Die Mitgliedstaaten treffen die notwendigen Maßnahmen, um Arbeitnehmer vor jeder Entlassung zu schützen, die eine Reaktion des Arbeitgebers auf eine Beschwerde im Betrieb oder gerichtliche Klage auf Einhaltung des Grundsatzes der Gleichbehandlung darstellt.

Art. 8
Die Mitgliedstaaten tragen dafür Sorge, daß die in Anwendung dieser Richtlinie ergehenden Maßnahmen sowie die bereits geltenden einschlägigen Vorschriften den Arbeitnehmern in jeder geeigneten Form bekanntgemacht werden, beispielsweise in den Betrieben.

Art. 9 und 10
Nicht abgedruckt; betreffen die Kontrolle der Transformation ins nationale Recht durch die EG.

Art. 11
Diese Richtlinie ist an die Mitgliedstaaten gerichtet.

Anhang II
Richtlinie des Rates 2002/73/EG

Richtlinie 2002/73/EG des Europäischen Parlaments und des Rates vom 23. September 2002 zur Änderung der Richtlinie 76/207/EWG des Rates zur Verwirklichung des Grundsatzes der Gleichbehandlung von Männern und Frauen hinsichtlich des Zugangs zur Beschäftigung, zur Berufsbildung und zum beruflichen Aufstieg sowie in Bezug auf die Arbeitsbedingungen
(Text von Bedeutung für den EWR)
Vom 23. September 2002
(ABl. L 2002 Nr. 269/15)

DAS EUROPÄISCHE PARLAMENT UND DER RAT DER EUROPÄISCHEN UNION –

gestützt auf den Vertrag zur Gründung der Europäischen Gemeinschaft, insbesondere auf Artikel 141 Absatz 3,

auf Vorschlag der Kommission[1],

nach Stellungnahme des Wirtschafts- und Sozialausschusses[2],

gemäß dem Verfahren des Artikels 251 des Vertrags[3]

aufgrund des vom Vermittlungsausschuss am 19. April 2002 gebilligten gemeinsamen Entwurfs,

in Erwägung nachstehender Gründe:

(1) Nach Artikel 6 des Vertrags über die Europäische Union beruht die Europäische Union auf den Grundsätzen der Freiheit, der Demokratie, der Achtung der Menschenrechte und Grundfreiheiten sowie der Rechtsstaatlichkeit; diese Grundsätze sind allen Mitgliedstaaten gemeinsam. Ferner achtet die Union nach Artikel 6 die Grundrechte, wie sie in der Europäischen Konvention zum Schutze der Menschenrechte und Grundfreiheiten gewährleistet sind und wie sie sich aus den gemeinsamen Verfassungsüberlieferungen der Mitgliedstaaten als allgemeine Grundsätze des Gemeinschaftsrechts ergeben.

(2) Die Gleichheit aller Menschen vor dem Gesetz und der Schutz vor Diskriminierung ist ein allgemeines Menschenrecht; dieses Recht wurde in der Allgemeinen Erklärung der Menschenrechte, im VN-Übereinkommen zur Beseitigung aller Formen der Diskriminierung von Frauen, im Internationalen Übereinkommen zur Beseitigung jeder Form von Rassendiskriminierung, im Internationalen Pakt der VN über bürgerliche und politische Rechte, im Internationalen Pakt der VN über wirtschaftliche, soziale und kulturelle Rechte sowie in der Konvention zum Schutze der Menschenrechte und Grundfreiheiten anerkannt, die von allen Mitgliedstaaten unterzeichnet wurden.

(3) Diese Richtlinie achtet die Grundrechte und entspricht den insbesondere mit der Charta der Grundrechte der Europäischen Union anerkannten Grundsätzen.

(4) Die Gleichstellung von Männern und Frauen stellt nach Artikel 2 und Artikel 3 Absatz 2 des EG-Vertrags sowie nach der Rechtsprechung des Gerichtshofs ein grundlegendes Prinzip dar. In diesen Vertragsbestimmungen wird die Gleichstellung von Männern und Frauen als Aufgabe und Ziel der Gemeinschaft bezeichnet, und es wird eine positive Verpflichtung begründet, sie bei allen Tätigkeiten der Gemeinschaft zu fördern.

(5) Artikel 141 des Vertrags, insbesondere Absatz 3, stellt speziell auf die Chancengleichheit und die Gleichbehandlung von Männern und Frauen in Arbeits- und Beschäftigungsfragen ab.

(6) In der Richtlinie 76/207/EWG des Rates[4] werden die Begriffe der unmittelbaren und der mittelbaren Diskriminierung nicht definiert. Der Rat hat auf der Grundlage von Artikel 13 des Vertrags die Richtlinie 2000/43/EG vom 29. Juni 2000 zur Anwendung des Gleichbehandlungsgrundsatzes ohne

---

1 ABl. C 337 E vom 28.11.2000, S. 204, und ABl. C 270 E vom 25.9.2001, S. 9.
2 ABl. C 123 vom 25.4.2001, S. 81.
3 Stellungnahme des Europäischen Parlaments vom 31. Mai 2001 (ABl. C 47 vom 21.2.2002, S. 19), Gemeinsamer Standpunkt des Rates vom 23. Juli 2001 (ABl. C 307 vom 31.10.2001, S. 5) und Beschluss des Europäischen Parlaments vom 24. Oktober 2001 (ABl. C 112 E vom 9.5.2002, S. 14). Beschluss des Europäischen Parlaments vom 12. Juni 2002 und Beschluss des Rates vom 13. Juni 2002.
4 ABl. L 39 vom 14.2.1976, S. 40.

Unterschied der Rasse oder der ethnischen Herkunft[1] und die Richtlinie 2000/78/EG vom 27. November 2000 zur Festlegung eines allgemeinen Rahmens für die Verwirklichung der Gleichbehandlung in Beschäftigung und Beruf[2] angenommen, in denen die Begriffe der unmittelbaren und der mittelbaren Diskriminierung definiert werden. Daher ist es angezeigt, Begriffsbestimmungen in Bezug auf das Geschlecht aufzunehmen, die mit diesen Richtlinien übereinstimmen.

(7) Diese Richtlinie berührt nicht die Vereinigungsfreiheit einschließlich des Rechts jeder Person, zum Schutz ihrer Interessen Gewerkschaften zu gründen und Gewerkschaften beizutreten. Maßnahmen im Sinne von Artikel 141 Absatz 4 des Vertrags können die Mitgliedschaft in oder die Fortsetzung der Tätigkeit von Organisationen und Gewerkschaften einschließen, deren Hauptziel es ist, dem Grundsatz der Gleichbehandlung von Männern und Frauen in der Praxis Geltung zu verschaffen.

(8) Die Belästigung einer Person aufgrund ihres Geschlechts und die sexuelle Belästigung stellen einen Verstoß gegen den Grundsatz der Gleichbehandlung von Frauen und Männern dar; daher sollten diese Begriffe bestimmt und die betreffenden Formen der Diskriminierung verboten werden. Diesbezüglich ist darauf hinzuweisen, dass diese Formen der Diskriminierung nicht nur am Arbeitsplatz vorkommen, sondern auch im Zusammenhang mit dem Zugang zur Beschäftigung und zur beruflichen Ausbildung sowie während der Beschäftigung und der Berufstätigkeit.

(9) In diesem Zusammenhang sollten die Arbeitgeber und die für Berufsbildung zuständigen Personen ersucht werden, Maßnahmen zu ergreifen, um im Einklang mit den innerstaatlichen Rechtsvorschriften und Gepflogenheiten gegen alle Formen der sexuellen Diskriminierung vorzugehen und insbesondere präventive Maßnahmen zur Bekämpfung der Belästigung und der sexuellen Belästigung am Arbeitsplatz zu treffen.

(10) Die Beurteilung von Sachverhalten, die auf eine unmittelbare oder mittelbare Diskriminierung schließen lassen, obliegt den einzelstaatlichen gerichtlichen Instanzen oder anderen zuständigen Stellen nach den nationalen Rechtsvorschriften oder Gepflogenheiten. In diesen einzelstaatlichen Vorschriften kann insbesondere vorgesehen sein, dass eine mittelbare Diskriminierung mit allen Mitteln einschließlich statistischer Beweise festgestellt werden kann. Nach der Rechtsprechung des Gerichtshofs[3] liegt eine Diskriminierung vor, wenn unterschiedliche Vorschriften auf gleiche Sachverhalte angewandt werden oder wenn dieselbe Vorschrift auf ungleiche Sachverhalte angewandt wird.

(11) Die beruflichen Tätigkeiten, die die Mitgliedstaaten vom Anwendungsbereich der Richtlinie 76/207/EWG ausschließen können, sollten auf die Fälle beschränkt werden, in denen die Beschäftigung einer Person eines bestimmten Geschlechts aufgrund der Art der betreffenden speziellen Tätigkeit erforderlich ist, sofern damit ein legitimes Ziel verfolgt und dem Grundsatz der Verhältnismäßigkeit, wie er sich aus der Rechtsprechung des Gerichtshofs ergibt[4], entsprochen wird.

(12) Der Gerichtshof hat in ständiger Rechtsprechung anerkannt, dass der Schutz der körperlichen Verfassung der Frau während und nach einer Schwangerschaft ein legitimes, dem Gleichbehandlungsgrundsatz nicht entgegenstehendes Ziel ist. Er hat ferner in ständiger Rechtsprechung befunden, dass die Schlechterstellung von Frauen im Zusammenhang mit Schwangerschaft oder Mutterschaft eine unmittelbare Diskriminierung aufgrund des Geschlechts darstellt. Die vorliegende Richtlinie lässt somit die Richtlinie 92/85/EWG des Rates vom 19. Oktober 1992 über die Durchführung von Maßnahmen zur Verbesserung der Sicherheit und des Gesundheitsschutzes von schwangeren Arbeitnehmerinnen, Wöchnerinnen und stillenden Arbeitnehmerinnen am Arbeitsplatz (zehnte Einzelrichtlinie im Sinne des Artikels 16 Absatz 1 der Richtlinie 89/391/EWG)[5], mit der die physische und psychische Verfassung von Schwangeren, Wöchnerinnen und stillenden Frauen geschützt werden soll, unberührt. In den Erwägungsgründen jener Richtlinie heißt es, dass der Schutz der Sicherheit und der Gesundheit von schwangeren Arbeitnehmerinnen, Wöchnerinnen und stillenden Arbeitnehmerinnen Frauen auf dem Arbeitsmarkt nicht benachteiligen und die Richtlinien zur Gleichbehandlung von Männern und Frauen nicht beeinträchtigen sollte. Der Gerichtshof hat den Schutz der Rechte der Frauen im Bereich der Beschäftigung anerkannt, insbesondere den Anspruch auf Rückkehr an ihren früheren Arbeits-

---

1 ABl. L 180 vom 19.7.2000, S. 22.
2 ABl. L 303 vom 2.12.2000, S. 16.
3 Rechtssache C-394/96 (Brown), Slg. 1998, I-4185, und Rechtssache C-342/93 (Gillespie), Slg. 1996, I-475.
4 Rechtssache C-222/84 (Johnston), Slg. 1986, S. 1651, Rechtssache C-273/97 (Sirdar), Slg. 1999, I-7403, und Rechtssache C-285/98 (Kreil), Slg. 2000, I-69.
5 ABl. L 348 vom 28.11.1992, S. 1.

platz oder einen gleichwertigen Arbeitsplatz unter Bedingungen, die für sie nicht weniger günstig sind, sowie darauf, dass ihnen alle Verbesserungen der Arbeitsbedingungen zugute kommen, auf die sie während ihrer Abwesenheit Anspruch gehabt hätten.

(13) In der Entschließung des Rates und der im Rat Vereinigten Minister für Beschäftigung und Sozialpolitik vom 29. Juni 2000 über eine ausgewogene Teilhabe von Frauen und Männern am Berufs- und Familienleben[1] wurden die Mitgliedstaaten ermutigt, die Möglichkeit zu prüfen, in ihrer jeweiligen Rechtsordnung männlichen Arbeitnehmern unter Wahrung ihrer bestehenden arbeitsbezogenen Rechte ein individuelles, nicht übertragbares Recht auf Vaterschaftsurlaub zuzuerkennen. In diesem Zusammenhang ist hervorzuheben, dass es den Mitgliedstaaten obliegt zu bestimmen, ob sie dieses Recht zuerkennen oder nicht, und die etwaigen Bedingungen – außer der Entlassung und der Wiederaufnahme der Arbeit – festzulegen, die nicht in den Geltungsbereich dieser Richtlinie fallen.

(14) Die Mitgliedstaaten können gemäß Artikel 141 Absatz 4 des Vertrags zur Erleichterung der Berufstätigkeit des unterrepräsentierten Geschlechts oder zur Verhinderung bzw. zum Ausgleich von Benachteiligungen in der beruflichen Laufbahn spezifische Vergünstigungen beibehalten oder beschließen. In Anbetracht der aktuellen Situation und unter Berücksichtigung der Erklärung 28 zum Vertrag von Amsterdam sollten die Mitgliedstaaten in erster Linie eine Verbesserung der Lage der Frauen im Arbeitsleben anstreben.

(15) Das Diskriminierungsverbot sollte nicht der Beibehaltung oder dem Erlass von Maßnahmen entgegenstehen, mit denen bezweckt wird, Benachteiligungen von Personen eines Geschlechts zu verhindern oder auszugleichen. Diese Maßnahmen lassen die Einrichtung und Beibehaltung von Organisationen von Personen desselben Geschlechts zu, wenn deren Zweck hauptsächlich darin besteht, die besonderen Bedürfnisse dieser Personen zu berücksichtigen und die Gleichstellung von Männern und Frauen zu fördern.

(16) Der Grundsatz des gleichen Entgelts für Männer und Frauen ist in Artikel 141 des Vertrags und in der Richtlinie 75/117/EWG des Rates vom 10. Februar 1975 zur Angleichung der Rechtsvorschriften der Mitgliedstaaten über die Anwendung des Grundsatzes des gleichen Entgelts für Männer und Frauen[2] bereits fest verankert und wird vom Gerichtshof in ständiger Rechtsprechung bestätigt; dieser Grundsatz ist ein wesentlicher und unerlässlicher Bestandteil des gemeinschaftlichen Besitzstandes im Bereich der Diskriminierung aufgrund des Geschlechts.

(17) Der Gerichtshof hat entschieden, dass in Anbetracht des grundlegenden Charakters des Anspruchs auf einen effektiven gerichtlichen Rechtsschutz die Arbeitnehmer diesen Schutz selbst noch nach Beendigung des Beschäftigungsverhältnisses genießen müssen[3]. Ein Arbeitnehmer, der eine Person, die nach dieser Richtlinie Schutz genießt, verteidigt oder für ihn als Zeuge aussagt, sollte denselben Schutz genießen.

(18) Der Gerichtshof hat entschieden, dass der Gleichbehandlungsgrundsatz nur dann als tatsächlich verwirklicht angesehen werden kann, wenn bei Verstößen gegen diesen Grundsatz den Arbeitnehmern, die Opfer einer Diskriminierung wurden, eine dem erlittenen Schaden angemessene Entschädigung zuerkannt wird. Er hat ferner entschieden, dass eine im Voraus festgelegte Höchstgrenze einer wirksamen Entschädigung entgegenstehen kann und die Gewährung von Zinsen zum Ausgleich des entstandenen Schadens nicht ausgeschlossen werden darf[4].

(19) Nach der Rechtsprechung des Gerichtshofs sind einzelstaatliche Vorschriften betreffend die Fristen für die Rechtsverfolgung zulässig, sofern sie für derartige Klagen nicht ungünstiger sind als für gleichartige Klagen, die das innerstaatliche Recht betreffen, und sofern sie die Ausübung der durch das Gemeinschaftsrecht gewährten Rechte nicht praktisch unmöglich machen.

(20) Opfer von Diskriminierungen aufgrund des Geschlechts sollten über einen angemessenen Rechtsschutz verfügen. Um einen effektiveren Schutz zu gewährleisten, sollte auch die Möglichkeit bestehen, dass sich Verbände, Organisationen und andere juristische Personen unbeschadet der nationalen Verfahrensregeln bezüglich der Vertretung und Verteidigung vor Gericht bei einem entsprechenden Be-

---

[1] ABl. C 218 vom 31.7.2000, S. 5.
[2] ABl. L 45 vom 19.2.1975, S. 19.
[3] Rechtssache C-185/97, (Coote), Slg. 1998, I-5199.
[4] Rechtssache C-180/95 (Draehmpaehl), Slg. 1997, I-2195. Rechtssache C-271/95 (Marshall), Slg. 1993, I-4367.

c) die Beschäftigungs- und Arbeitsbedingungen einschließlich der Entlassungsbedingungen sowie das Arbeitsentgelt nach Maßgabe der Richtlinie 75/117/EWG;

d) die Mitgliedschaft und Mitwirkung in einer Arbeitnehmer- oder Arbeitgeberorganisation oder einer Organisation, deren Mitglieder einer bestimmten Berufsgruppe angehören, einschließlich der Inanspruchnahme der Leistungen solcher Organisationen.

(2) Zu diesem Zweck treffen die Mitgliedstaaten die erforderlichen Maßnahmen, um sicherzustellen, dass

a) die Rechts- und Verwaltungsvorschriften, die dem Gleichbehandlungsgrundsatz zuwiderlaufen, aufgehoben werden;

b) die mit dem Gleichbehandlungsgrundsatz nicht zu vereinbarenden Bestimmungen in Arbeits- und Tarifverträgen, Betriebsordnungen und Statuten der freien Berufe und der Arbeitgeber- und Arbeitnehmerorganisationen nichtig sind, für nichtig erklärt werden können oder geändert werden.«

4. Die Artikel 4 und 5 werden gestrichen.

5. Artikel 6 erhält folgende Fassung:

»*Artikel 6*

(1) Die Mitgliedstaaten stellen sicher, dass alle Personen, die sich durch die Nichtanwendung des Gleichbehandlungsgrundsatzes in ihren Rechten für verletzt halten, ihre Ansprüche aus dieser Richtlinie auf dem Gerichts- und/oder Verwaltungsweg sowie, wenn die Mitgliedstaaten es für angezeigt halten, in Schlichtungsverfahren geltend machen können, selbst wenn das Verhältnis, während dessen die Diskriminierung vorgekommen sein soll, bereits beendet ist.

(2) Die Mitgliedstaaten treffen im Rahmen ihrer nationalen Rechtsordnung die erforderlichen Maßnahmen um sicherzustellen, dass der einer Person durch eine Diskriminierung in Form eines Verstoßes gegen Artikel 3 entstandene Schaden – je nach den Rechtsvorschriften der Mitgliedstaaten – tatsächlich und wirksam ausgeglichen oder ersetzt wird, wobei dies auf eine abschreckende und dem erlittenen Schaden angemessene Art und Weise geschehen muss; dabei darf ein solcher Ausgleich oder eine solche Entschädigung nur in den Fällen durch eine im Voraus festgelegte Höchstgrenze begrenzt werden, in denen der Arbeitgeber nachweisen kann, dass der einem/einer Bewerber/in durch die Diskriminierung im Sinne dieser Richtlinie entstandene Schaden allein darin besteht, dass die Berücksichtigung seiner/ihrer Bewerbung verweigert wird.

(3) Die Mitgliedstaaten stellen sicher, dass Verbände, Organisationen oder andere juristische Personen, die gemäß den in ihrem einzelstaatlichen Recht festgelegten Kriterien ein rechtmäßiges Interesse daran haben, für die Einhaltung der Bestimmungen dieser Richtlinie zu sorgen, sich entweder im Namen der beschwerten Person oder zu deren Unterstützung und mit deren Einwilligung an den in dieser Richtlinie zur Durchsetzung der Ansprüche vorgesehenen Gerichts- und/oder Verwaltungsverfahren beteiligen können.

(4) Die Absätze 1 und 3 lassen einzelstaatliche Regelungen über Fristen für die Rechtsverfolgung betreffend den Grundsatz der Gleichbehandlung unberührt.«

6. Artikel 7 erhält folgende Fassung:

»*Artikel 7*

Die Mitgliedstaaten treffen im Rahmen ihrer nationalen Rechtsordnung die erforderlichen Maßnahmen, um die Arbeitnehmer sowie die aufgrund der innerstaatlichen Rechtsvorschriften und/oder Gepflogenheiten vorgesehenen Arbeitnehmervertreter vor Entlassung oder anderen Benachteiligungen durch den Arbeitgeber zu schützen, die als Reaktion auf eine Beschwerde innerhalb des betreffenden Unternehmens oder auf die Einleitung eines Verfahrens zur Durchsetzung des Gleichbehandlungsgrundsatzes erfolgen.«

7. Die folgenden Artikel werden eingefügt:

»*Artikel 8a*

(1) Jeder Mitgliedstaat bezeichnet eine oder mehrere Stellen, deren Aufgabe darin besteht, die Verwirklichung der Gleichbehandlung aller Personen ohne Diskriminierung aufgrund des Geschlechts zu för-

dern, zu analysieren, zu beobachten und zu unterstützen. Diese Stellen können Teil von Einrichtungen sein, die auf nationaler Ebene für den Schutz der Menschenrechte oder der Rechte des Einzelnen zuständig sind.

(2) Die Mitgliedstaaten stellen sicher, dass es zu den Zuständigkeiten dieser Stellen gehört,

a) unbeschadet der Rechte der Opfer und der Verbände, der Organisationen oder anderer juristischer Personen nach Artikel 6 Absatz 3 die Opfer von Diskriminierungen auf unabhängige Weise dabei zu unterstützen, ihrer Beschwerde wegen Diskriminierung nachzugehen;
b) unabhängige Untersuchungen zum Thema der Diskriminierung durchzuführen;
c) unabhängige Berichte zu veröffentlichen und Empfehlungen zu allen Aspekten vorzulegen, die mit diesen Diskriminierungen in Zusammenhang stehen.

Artikel 8b

(1) Die Mitgliedstaaten treffen im Einklang mit den nationalen Gepflogenheiten und Verfahren geeignete Maßnahmen zur Förderung des sozialen Dialogs zwischen den Sozialpartnern mit dem Ziel, die Verwirklichung der Gleichbehandlung, unter anderem durch Überwachung der betrieblichen Praxis, durch Tarifverträge, Verhaltenskodizes, Forschungsarbeiten oder durch einen Austausch von Erfahrungen und bewährten Verfahren, voranzubringen.

(2) Soweit mit den nationalen Gepflogenheiten und Verfahren vereinbar, ersuchen die Mitgliedstaaten die Sozialpartner ohne Eingriff in deren Autonomie, die Gleichstellung von Männern und Frauen zu fördern und auf geeigneter Ebene Antidiskriminierungsvereinbarungen zu schließen, die die in Artikel 1 genannten Bereiche betreffen, soweit diese in den Verantwortungsbereich der Tarifparteien fallen. Die Vereinbarungen müssen den in dieser Richtlinie festgelegten Mindestanforderungen sowie den einschlägigen nationalen Durchführungsbestimmungen entsprechen.

(3) Die Mitgliedstaaten ersuchen in Übereinstimmung mit den nationalen Gesetzen, Tarifverträgen oder Gepflogenheiten die Arbeitgeber, die Gleichbehandlung von Frauen und Männern am Arbeitsplatz in geplanter und systematischer Weise zu fördern.

(4) Zu diesem Zweck sollten die Arbeitgeber ersucht werden, den Arbeitnehmern und/oder den Arbeitnehmervertretern in regelmäßigen angemessenen Abständen Informationen über die Gleichbehandlung von Frauen und Männern in ihrem Betrieb zu geben.

Diese Informationen können Statistiken über den Anteil von Frauen und Männern auf den unterschiedlichen Ebenen des Betriebs sowie mögliche Maßnahmen zur Verbesserung der Situation in Zusammenarbeit mit den Arbeitnehmervertretern enthalten.

Artikel 8c

Die Mitgliedstaaten fördern den Dialog mit den jeweiligen Nichtregierungsorganisationen, die gemäß den einzelstaatlichen Rechtsvorschriften und Gepflogenheiten ein rechtmäßiges Interesse daran haben, sich an der Bekämpfung von Diskriminierung aufgrund des Geschlechts zu beteiligen, um die Einhaltung des Grundsatzes der Gleichbehandlung zu fördern.

Artikel 8d

Die Mitgliedstaaten legen die Regeln für die Sanktionen fest, die bei einem Verstoß gegen die einzelstaatlichen Vorschriften zur Umsetzung dieser Richtlinie zu verhängen sind, und treffen alle erforderlichen Maßnahmen, um deren Anwendung zu gewährleisten.

Die Sanktionen, die auch Schadenersatzleistungen an die Opfer umfassen können, müssen wirksam, verhältnismäßig und abschreckend sein. Die Mitgliedstaaten teilen diese Vorschriften der Kommission spätestens am 5. Oktober 2005 mit und unterrichten sie unverzüglich über alle späteren Änderungen dieser Vorschriften.

Artikel 8e

(1) Die Mitgliedstaaten können Vorschriften einführen oder beibehalten, die im Hinblick auf die Wahrung des Gleichbehandlungsgrundsatzes günstiger als die in dieser Richtlinie vorgesehenen Vorschriften sind.

(2) Die Umsetzung dieser Richtlinie darf keinesfalls als Rechtfertigung für eine Absenkung des von den Mitgliedstaaten bereits garantierten Schutzniveaus in Bezug auf Diskriminierungen in den von der Richtlinie abgedeckten Bereichen benutzt werden.«

Anhang II zum AGG RL 2002/73/EG

Artikel 2

(1) Die Mitgliedstaaten setzen die Rechts- und Verwaltungsvorschriften in Kraft, die erforderlich sind, um dieser Richtlinie spätestens am 5. Oktober 2005 nachzukommen, oder stellen spätestens bis zu diesem Zeitpunkt sicher, dass die Sozialpartner im Wege einer Vereinbarung die erforderlichen Bestimmungen einführen. Die Mitgliedstaaten treffen alle notwendigen Maßnahmen, um jederzeit gewährleisten zu können, dass die durch die Richtlinie vorgeschriebenen Ergebnisse erzielt werden. Sie setzen die Kommission unverzüglich davon in Kenntnis.

Wenn die Mitgliedstaaten diese Vorschriften erlassen, nehmen sie in den Vorschriften selbst oder durch einen Hinweis bei der amtlichen Veröffentlichung auf diese Richtlinie Bezug. Die Mitgliedstaaten regeln die Einzelheiten der Bezugnahme.

(2) Innerhalb von drei Jahren nach Inkrafttreten dieser Richtlinie übermitteln die Mitgliedstaaten der Kommission alle Informationen, die diese benötigt, um einen Bericht an das Europäische Parlament und den Rat über die Anwendung der Richtlinie zu erstellen.

(3) Unbeschadet des Absatzes 2 übermitteln die Mitgliedstaaten der Kommission alle vier Jahre den Wortlaut der Rechts- und Verwaltungsvorschriften über Maßnahmen nach Artikel 141 Absatz 4 des Vertrags sowie Berichte über diese Maßnahmen und deren Umsetzung. Auf der Grundlage dieser Informationen verabschiedet und veröffentlicht die Kommission alle vier Jahre einen Bericht, der eine vergleichende Bewertung solcher Maßnahmen unter Berücksichtigung der Erklärung Nr. 28 in der Schlussakte des Vertrags von Amsterdam enthält.

Artikel 3
Diese Richtlinie tritt am Tag ihrer Veröffentlichung im Amtsblatt der Europäischen Gemeinschaften in Kraft.

Artikel 4
Diese Richtlinie ist an alle Mitgliedstaaten gerichtet.

Anhang III
Richtlinie des Rates 97/80/EG

RICHTLINIE DES RATES 97/80/EG über die Beweislast bei Diskriminierung aufgrund des Geschlechts
Vom 15. Dezember 1997
(ABl. L 1998 Nr. 14/6)

DER RAT DER EUROPÄISCHEN UNION –

gestützt auf das Abkommen über die Sozialpolitik im Anhang zu dem dem Vertrag zur Gründung der Europäischen Gemeinschaft beigefügten Protokoll (Nr. 14) über die Sozialpolitik, insbesondere auf Artikel 2 Absatz 2,

auf Vorschlag der Kommission,

nach Stellungnahme des Wirtschafts- und Sozialausschusses,

gemäß dem Verfahren des Artikels 189c des Vertrags,

in Erwägung nachstehender Gründe:

(1) Ausgehend von dem Protokoll über die Sozialpolitik im Anhang zum Vertrag haben die Mitgliedstaaten mit Ausnahme des Vereinigten Königreichs Großbritannien und Nordirland (nachstehend »Mitgliedstaaten« genannt) in dem Wunsch, die Sozialcharta von 1989 umzusetzen, ein Abkommen über die Sozialpolitik geschlossen.

(2) Die Gemeinschaftscharta der sozialen Grundrechte der Arbeitnehmer erkennt die Bedeutung der Bekämpfung von Diskriminierungen jeglicher Art, insbesondere aufgrund von Geschlecht, Hautfarbe, Rasse, Überzeugung oder Glauben, an.

(3) Artikel 16 der Gemeinschaftscharta der sozialen Grundrechte der Arbeitnehmer über die Gleichbehandlung von Männern und Frauen sieht unter anderem vor, daß »überall dort, wo dies erforderlich ist, die Maßnahmen zu verstärken (sind), mit denen die Verwirklichung der Gleichheit von Männern und Frauen, vor allem im Hinblick auf den Zugang zu Beschäftigung, Arbeitsentgelt, sozialen Schutz, allgemeine und berufliche Bildung sowie den beruflichen Aufstieg, sichergestellt wird.«

(4) Die Kommission hat die Sozialpartner auf Gemeinschaftsebene gemäß Artikel 3 Absatz 2 des Abkommens über die Sozialpolitik zu der Frage gehört, wie eine Gemeinschaftsmaßnahme zur Regelung der Beweislast bei Diskriminierung aufgrund des Geschlechts gegebenenfalls ausgerichtet werden sollte.

(5) Die Kommission hat nach dieser Anhörung eine Gemeinschaftsmaßnahme für zweckmäßig gehalten und die Sozialpartner gemäß Artikel 3 Absatz 3 des Abkommens über die Sozialpolitik erneut zum Inhalt des in Aussicht genommenen Vorschlags gehört; die Sozialpartner haben ihre Stellungnahme abgegeben.

(6) Nach Abschluß dieser zweiten Anhörung haben die Sozialpartner der Kommission nicht mitgeteilt, daß sie den Prozeß nach Artikel 4 des Abkommens über die Sozialpolitik, das zum Abschluß einer Vereinbarung führen kann, in Gang setzen wollen.

(7) Gemäß Artikel 1 des Abkommens haben die Gemeinschaft und die Mitgliedstaaten unter anderem das Ziel, die Lebens- und Arbeitsbedingungen zu verbessern. Die praktische Umsetzung des Grundsatzes der Gleichbehandlung von Frauen und Männern trägt zur Verwirklichung dieses Ziels bei.

(8) Der Gleichbehandlungsgrundsatz ist niedergelegt in Artikel 119 des Vertrags und in der Richtlinie 75/117/EWG des Rates vom 10. Februar 1975 zur Angleichung der Rechtsvorschriften der Mitgliedstaaten über die Anwendung des Grundsatzes des gleichen Entgelts für Männer und Frauen sowie in der Richtlinie 76/207/EWG des Rates vom 9. Februar 1976 zur Verwirklichung des Grundsatzes der Gleichbehandlung von Männern und Frauen hinsichtlich des Zugangs zur Beschäftigung, zur Berufsbildung und zum beruflichen Aufstieg sowie in bezug auf die Arbeitsbedingungen.

(9) Die Richtlinie 92/85/EWG des Rates vom 19. Oktober 1992 über die Durchführung von Maßnahmen zur Verbesserung der Sicherheit und des Gesundheitsschutzes von schwangeren Arbeitnehme-

Anhang III zum AGG   RL 97/80/EG

rinnen, Wöchnerinnen und stillenden Arbeitnehmerinnen am Arbeitsplatz (zehnte Einzelrichtlinie im Sinne des Artikels 16 Absatz 1 der Richtlinie 89/391/EWG) trägt ebenso zur Verwirklichung der Gleichbehandlung von Frauen und Männern bei. Sie soll die Wirksamkeit der obengenannten Richtlinien über die Gleichbehandlung nicht beeinträchtigen. Die Änderung der Regeln für die Beweislastverteilung sollte auch für die von der genannten Richtlinie betroffenen Arbeitnehmerinnen gelten.

(10) Die Richtlinie 96/34/EG des Rates vom 3. Juni 1996 zu der von UNICE, CEEP und EGB geschlossenen Rahmenvereinbarung über Elternurlaub beruht ebenfalls auf dem Grundsatz der Gleichbehandlung von Männern und Frauen.

(11) Die Worte »gerichtlich« und »Gericht« beziehen sich auf Verfahren, nach denen Streitfälle unabhängigen Stellen zur Prüfung und Entscheidung vorgelegt werden können, welche für die Parteien dieser Streitfälle bindende Beschlüsse fassen können.

(12) Unter »außergerichtlichen Verfahren« sind insbesondere Verfahren wie die gütliche Einigung und die Vermittlung zu verstehen.

(13) Die Bewertung der Tatsachen, die das Vorliegen einer unmittelbaren oder mittelbaren Diskriminierung vermuten lassen, obliegt dem einzelstaatlichen Gericht oder einer anderen zuständigen Stelle im Einklang mit den innerstaatlichen Rechtsvorschriften oder Gepflogenheiten.

(14) Es bleibt den Mitgliedstaaten überlassen, auf jeder Stufe des Verfahrens eine für die klagende Partei günstigere Beweislastregelung vorzusehen.

(15) Es muß den Besonderheiten der Rechtsordnungen einiger Mitgliedstaaten Rechnung getragen werden, unter anderem in den Fällen, in denen auf das Vorliegen einer Diskriminierung geschlossen werden kann, wenn es dem Beklagten nicht gelingt, das Gericht oder die zuständige Stelle davon zu überzeugen, daß der Gleichbehandlungsgrundsatz nicht verletzt wurde.

(16) Die Mitgliedstaaten können davon absehen, die Regeln für die Beweislastverteilung auf Verfahren anzuwenden, in denen die Ermittlung des Sachverhalts dem Gericht oder der zuständigen Stelle obliegt. Dies betrifft Verfahren, in denen die klagende Partei den Beweis des Sachverhalts, dessen Ermittlung dem Gericht oder der zuständigen Stelle obliegt, nicht anzutreten braucht.

(17) Der klagenden Partei stünde unter Umständen kein wirksames Mittel zur Verfügung, um die Einhaltung des Gleichbehandlungsgrundsatzes vor den nationalen Gerichten durchzusetzen, wenn der Beweis des Anscheins einer Diskriminierung nicht dazu führte, dem Beklagten die Beweislast dafür aufzuerlegen, daß sein Verhalten in Wirklichkeit nicht diskriminierend ist.

(18) Der Gerichtshof der Europäischen Gemeinschaften hat daher entschieden, daß eine Änderung der Regeln für die Beweislastverteilung geboten ist, wenn der Anschein einer Diskriminierung besteht, und daß in solchen Fällen zur wirksamen Anwendung des Gleichbehandlungsgrundsatzes eine Verlagerung der Beweislast auf die beklagte Partei erforderlich ist.

(19) Eine mittelbare Diskriminierung ist noch schwieriger zu beweisen. Deshalb ist es wichtig, daß der Begriff der mittelbaren Diskriminierung definiert wird.

(20) Da eine angemessene Beweislastverlagerung nicht in allen Mitgliedstaaten zufriedenstellend verwirklicht wird, ist es gemäß dem Subsidiaritätsprinzip nach Artikel 3b des Vertrags sowie dem Grundsatz der Verhältnismäßigkeit geboten, dieses Ziel auf Gemeinschaftsebene zu verfolgen. Diese Richtlinie beschränkt sich auf die erforderlichen Mindestvorschriften und geht nicht über das zu diesem Zweck notwendige Maß hinaus –

HAT FOLGENDE RICHTLINIE ERLASSEN:

Art. 1. Ziel

Mit dieser Richtlinie soll eine wirksamere Durchführung der Maßnahmen gewährleistet werden, die von den Mitgliedstaaten in Anwendung des Gleichbehandlungsgrundsatzes getroffen werden, damit jeder, der sich wegen Nichtanwendung des Gleichbehandlungsgrundsatzes für beschwert hält, seine Rechte nach etwaiger Befassung anderer zuständiger Stellen gerichtlich geltend machen kann.

Art. 2. Definitionen

(1) Im Sinne dieser Richtlinie bedeutet der Ausdruck »Gleichbehandlungsgrundsatz«, daß keine unmittelbare oder mittelbare Diskriminierung aufgrund des Geschlechts erfolgen darf.

(2) Im Sinne des in Absatz 1 genannten Gleichbehandlungsgrundsatzes liegt eine mittelbare Diskriminierung vor, wenn dem Anschein nach neutrale Vorschriften, Kriterien oder Verfahren einen wesentlich höheren Anteil der Angehörigen eines Geschlechts benachteiligen, es sei denn, die betreffenden Vorschriften, Kriterien oder Verfahren sind angemessen und notwendig und sind durch nicht auf das Geschlecht bezogene sachliche Gründe gerechtfertigt.

Art. 3. Anwendungsbereich
(1) Diese Richtlinie findet Anwendung auf

a) die Situationen, die von Artikel 119 des Vertrags und den Richtlinien 75/117/EWG, 76/207/EWG, und – sofern die Frage einer Diskriminierung aufgrund des Geschlechts angesprochen ist – den Richtlinien 92/85/EWG und 96/34/EG erfaßt werden;

b) zivil- und verwaltungsrechtliche Verfahren sowohl im öffentlichen als auch im privaten Sektor, die Rechtsbehelfe nach innerstaatlichem Recht bei der Anwendung der Vorschriften gemäß Buchstabe a) vorsehen, mit Ausnahme der freiwilligen oder in den innerstaatlichen Rechtsvorschriften vorgesehenen außergerichtlichen Verfahren.

(2) Soweit von den Mitgliedstaaten nicht anders geregelt, gilt diese Richtlinie nicht für Strafverfahren.

Art. 4. Beweislast
(1) Die Mitgliedstaaten ergreifen im Einklang mit dem System ihrer nationalen Gerichtsbarkeit die erforderlichen Maßnahmen, nach denen dann, wenn Personen, die sich durch die Verletzung des Gleichbehandlungsgrundsatzes für beschwert halten und bei einem Gericht bzw. einer anderen zuständigen Stelle Tatsachen glaubhaft machen, die das Vorliegen einer unmittelbaren oder mittelbaren Diskriminierung vermuten lassen, es dem Beklagten obliegt zu beweisen, daß keine Verletzung des Gleichbehandlungsgrundsatzes vorgelegen hat.

(2) Diese Richtlinie läßt das Recht der Mitgliedstaaten, eine für die klagende Partei günstigere Beweislastregelung vorzusehen, unberührt.

(3) Die Mitgliedstaaten können davon absehen, Absatz 1 auf Verfahren anzuwenden, in denen die Ermittlung des Sachverhalts dem Gericht oder einer anderen zuständigen Stelle obliegt.

Art. 5. Information
Die Mitgliedstaaten tragen dafür Sorge, daß die in Anwendung dieser Richtlinie ergehenden Maßnahmen sowie die bereits geltenden einschlägigen Vorschriften allen Betroffenen in geeigneter Form bekanntgemacht werden.

Art. 6. Sicherung des Schutzniveaus
Die Durchführung dieser Richtlinie rechtfertigt in keinem Fall eine Beeinträchtigung des allgemeinen Schutzniveaus der Arbeitnehmer in dem von ihr abgedeckten Bereich; das Recht der Mitgliedstaaten, als Reaktion auf eine veränderte Situation Rechts- und Verwaltungsvorschriften zu erlassen, die sich von denen unterscheiden, die zum Zeitpunkt der Bekanntgabe dieser Richtlinie in Kraft waren, bleibt unberührt, solange die Mindestvorschriften dieser Richtlinie eingehalten werden.

Art. 7. Durchführung
Die Mitgliedstaaten erlassen die erforderlichen Rechts- und Verwaltungsvorschriften, um dieser Richtlinie spätestens ab dem 1. Januar 2001 nachzukommen. Sie setzen die Kommission unverzüglich davon in Kenntnis.

Wenn die Mitgliedstaaten derartige Vorschriften erlassen, nehmen sie in den Vorschriften selbst oder durch einen Hinweis bei der amtlichen Veröffentlichung auf diese Richtlinie Bezug. Die Mitgliedstaaten regeln die Einzelheiten der Bezugnahme.

Die Mitgliedstaaten übermitteln der Kommission spätestens zwei Jahre nach Durchführung dieser Richtlinie alle zweckdienlichen Angaben, damit die Kommission einen Bericht an das Europäische Parlament und den Rat über die Anwendung dieser Richtlinie erstellen kann.

Art. 8
Diese Richtlinie ist an die Mitgliedstaaten gerichtet.

Anhang IV
Richtlinie des Rates 2000/43/EG

**Richtlinie 2000/43/EG des Rates
zur Anwendung des Gleichbehandlungsgrundsatzes
ohne Unterschied der Rasse oder der ethnischen Herkunft
Vom 29. Juni 2000
(ABl. L 2000 Nr. 180/22)**

DER RAT DER EUROPÄISCHEN UNION –

gestützt auf den Vertrag zur Gründung der Europäischen Gemeinschaft, insbesondere auf Artikel 13,

auf Vorschlag der Kommission[1],

nach Stellungnahme des Europäischen Parlaments[2],

nach Stellungnahme des Wirtschafts- und Sozialausschusses[3],

nach Stellungnahme des Ausschusses der Regionen[4],

in Erwägung nachstehender Gründe:

(1) Der Vertrag über die Europäische Union markiert den Beginn einer neuen Etappe im Prozess des immer engeren Zusammenwachsens der Völker Europas.

(2) Nach Artikel 6 des Vertrags über die Europäische Union beruht die Europäische Union auf den Grundsätzen der Freiheit, der Demokratie, der Achtung der Menschenrechte und Grundfreiheiten sowie der Rechtsstaatlichkeit; diese Grundsätze sind den Mitgliedstaaten gemeinsam. Nach Artikel 6 EU-Vertrag sollte die Union ferner die Grundrechte, wie sie in der Europäischen Konvention zum Schutze der Menschenrechte und Grundfreiheiten gewährleistet sind und wie sie sich aus den gemeinsamen Verfassungsüberlieferungen als allgemeine Grundsätze des Gemeinschaftsrechts ergeben, achten.

(3) Die Gleichheit vor dem Gesetz und der Schutz aller Menschen vor Diskriminierung ist ein allgemeines Menschenrecht. Dieses Recht wurde in der Allgemeinen Erklärung der Menschenrechte, im VN-Übereinkommen über die Beseitigung aller Formen der Diskriminierung von Frauen, im Internationalen Übereinkommen zur Beseitigung jeder Form von Rassendiskriminierung, im Internationalen Pakt der VN über bürgerliche und politische Rechte sowie im Internationalen Pakt der VN über wirtschaftliche, soziale und kulturelle Rechte und in der Europäischen Konvention zum Schutz der Menschenrechte und der Grundfreiheiten anerkannt, die von allen Mitgliedstaaten unterzeichnet wurden.

(4) Es ist wichtig, dass diese Grundrechte und Grundfreiheiten, einschließlich der Vereinigungsfreiheit, geachtet werden. Ferner ist es wichtig, dass im Zusammenhang mit dem Zugang zu und der Versorgung mit Gütern und Dienstleistungen der Schutz der Privatsphäre und des Familienlebens sowie der in diesem Kontext getätigten Geschäfte gewahrt bleibt.

(5) Das Europäische Parlament hat eine Reihe von Entschließungen zur Bekämpfung des Rassismus in der Europäischen Union angenommen.

(6) Die Europäische Union weist Theorien, mit denen versucht wird, die Existenz verschiedener menschlicher Rassen zu belegen, zurück. Die Verwendung des Begriffs »Rasse« in dieser Richtlinie impliziert nicht die Akzeptanz solcher Theorien.

(7) Auf seiner Tagung in Tampere vom 15. und 16. Oktober 1999 ersuchte der Europäische Rat die Kommission, so bald wie möglich Vorschläge zur Durchführung des Artikels 13 EG-Vertrag im Hinblick auf die Bekämpfung von Rassismus und Fremdenfeindlichkeit vorzulegen.

(8) In den vom Europäischen Rat auf seiner Tagung vom 10. und 11. Dezember 1999 in Helsinki vereinbarten beschäftigungspolitischen Leitlinien für das Jahr 2000 wird die Notwendigkeit unterstri-

---
1 Noch nicht im Amtsblatt veröffentlicht.
2 Stellungnahme vom 18. Mai 2000 (noch nicht im Amtsblatt veröffentlicht).
3 Stellungnahme vom 12. April 2000 (noch nicht im Amtsblatt veröffentlicht).
4 Stellungnahme vom 31. Mai 2000 (noch nicht im Amtsblatt veröffentlicht).

chen, günstigere Bedingungen für die Entstehung eines Arbeitsmarktes zu schaffen, der soziale Integration fördert; dies soll durch ein Bündel aufeinander abgestimmter Maßnahmen geschehen, die darauf abstellen, Diskriminierungen bestimmter gesellschaftlicher Gruppen, wie ethnischer Minderheiten, zu bekämpfen.

(9) Diskriminierungen aus Gründen der Rasse oder der ethnischen Herkunft können die Verwirklichung der im EG-Vertrag festgelegten Ziele unterminieren, insbesondere die Erreichung eines hohen Beschäftigungsniveaus und eines hohen Maßes an sozialem Schutz, die Hebung des Lebensstandards und der Lebensqualität, den wirtschaftlichen und sozialen Zusammenhalt sowie die Solidarität. Ferner kann das Ziel der Weiterentwicklung der Europäischen Union zu einem Raum der Freiheit, der Sicherheit und des Rechts beeinträchtigt werden.

(10) Die Kommission legte im Dezember 1995 eine Mitteilung über Rassismus, Fremdenfeindlichkeit und Antisemitismus vor.

(11) Der Rat hat am 15. Juli 1996 die Gemeinsame Maßnahme 96/443/JI zur Bekämpfung von Rassismus und Fremdenfeindlichkeit[1] angenommen, mit der sich die Mitgliedstaaten verpflichten, eine wirksame justitielle Zusammenarbeit bei Vergehen, die auf rassistischen oder fremdenfeindlichen Verhaltensweisen beruhen, zu gewährleisten.

(12) Um die Entwicklung demokratischer und toleranter Gesellschaften zu gewährleisten, die allen Menschen – ohne Unterschied der Rasse oder der ethnischen Herkunft – eine Teilhabe ermöglichen, sollten spezifische Maßnahmen zur Bekämpfung von Diskriminierungen aus Gründen der Rasse oder der ethnischen Herkunft über die Gewährleistung des Zugangs zu unselbständiger und selbständiger Erwerbstätigkeit hinausgehen und auch Aspekte wie Bildung, Sozialschutz, einschließlich sozialer Sicherheit und der Gesundheitsdienste, soziale Vergünstigungen, Zugang zu und Versorgung mit Gütern und Dienstleistungen, mit abdecken.

(13) Daher sollte jede unmittelbare oder mittelbare Diskriminierung aus Gründen der Rasse oder der ethnischen Herkunft in den von der Richtlinie abgedeckten Bereichen gemeinschaftsweit untersagt werden. Dieses Diskriminierungsverbot sollte auch hinsichtlich Drittstaatsangehörigen angewandt werden, betrifft jedoch keine Ungleichbehandlungen aufgrund der Staatsangehörigkeit und lässt die Vorschriften über die Einreise und den Aufenthalt von Drittstaatsangehörigen und ihren Zugang zu Beschäftigung und Beruf unberührt.

(14) Bei der Anwendung des Grundsatzes der Gleichbehandlung ohne Ansehen der Rasse oder der ethnischen Herkunft sollte die Gemeinschaft im Einklang mit Artikel 3 Absatz 2 EG-Vertrag bemüht sein, Ungleichheiten zu beseitigen und die Gleichstellung von Männern und Frauen zu fördern, zumal Frauen häufig Opfer mehrfacher Diskriminierungen sind.

(15) Die Beurteilung von Tatbeständen, die auf eine unmittelbare oder mittelbare Diskriminierung schließen lassen, obliegt den einzelstaatlichen gerichtlichen Instanzen oder anderen zuständigen Stellen nach den nationalen Rechtsvorschriften oder Gepflogenheiten. In diesen einzelstaatlichen Vorschriften kann insbesondere vorgesehen sein, dass mittelbare Diskriminierung mit allen Mitteln, einschließlich statistischer Beweise, festzustellen ist.

(16) Es ist wichtig, alle natürlichen Personen gegen Diskriminierung aus Gründen der Rasse oder der ethnischen Herkunft zu schützen. Die Mitgliedstaaten sollten auch, soweit es angemessen ist und im Einklang mit ihren nationalen Gepflogenheiten und Verfahren steht, den Schutz juristischer Personen vorsehen, wenn diese aufgrund der Rasse oder der ethnischen Herkunft ihrer Mitglieder Diskriminierungen erleiden.

(17) Das Diskriminierungsverbot sollte nicht der Beibehaltung oder dem Erlass von Maßnahmen entgegenstehen, mit denen bezweckt wird, Benachteiligungen von Angehörigen einer bestimmten Rasse oder ethnischen Gruppe zu verhindern oder auszugleichen, und diese Maßnahmen können Organisation von Personen einer bestimmten Rasse und ethnischen Herkunft gestatten, wenn deren Zweck hauptsächlich darin besteht, für die besonderen Bedürfnisse dieser Personen einzutreten.

(18) Unter sehr begrenzten Bedingungen kann eine unterschiedliche Behandlung gerechtfertigt sein, wenn ein Merkmal, das mit der Rasse oder ethnischen Herkunft zusammenhängt, eine wesentliche und entscheidende berufliche Anforderung darstellt, sofern es sich um einen legitimen Zweck und

---

1 ABl. L 185 vom 24.7.1996, S. 5.

eine angemessene Anforderung handelt. Diese Bedingungen sollten in die Informationen aufgenommen werden, die die Mitgliedstaaten der Kommission übermitteln.

(19) Opfer von Diskriminierungen aus Gründen der Rasse oder der ethnischen Herkunft sollten über einen angemessenen Rechtsschutz verfügen. Um einen effektiveren Schutz zu gewährleisten, sollte auch die Möglichkeit bestehen, dass sich Verbände oder andere juristische Personen unbeschadet der nationalen Verfahrensordnung bezüglich der Vertretung und Verteidigung vor Gericht bei einem entsprechenden Beschluss der Mitgliedstaaten im Namen eines Opfers oder zu seiner Unterstützung an einem Verfahren beteiligen.

(20) Voraussetzungen für eine effektive Anwendung des Gleichheitsgrundsatzes sind ein angemessener Schutz vor Viktimisierung.

(21) Eine Änderung der Regeln für die Beweislastverteilung ist geboten, wenn ein glaubhafter Anschein einer Diskriminierung besteht. Zur wirksamen Anwendung des Gleichbehandlungsgrundsatzes ist eine Verlagerung der Beweislast auf die beklagte Partei erforderlich, wenn eine solche Diskriminierung nachgewiesen ist.

(22) Die Mitgliedstaaten können davon absehen, die Regeln für die Beweislastverteilung auf Verfahren anzuwenden, in denen die Ermittlung des Sachverhalts dem Gericht oder der zuständigen Stelle obliegt. Dies betrifft Verfahren, in denen die klagende Partei den Beweis des Sachverhalts, dessen Ermittlung dem Gericht oder der zuständigen Stelle obliegt, nicht anzutreten braucht.

(23) Die Mitgliedstaaten sollten den Dialog zwischen den Sozialpartnern und mit Nichtregierungsorganisationen fördern, mit dem Ziel, gegen die verschiedenen Formen von Diskriminierung anzugehen und diese zu bekämpfen.

(24) Der Schutz vor Diskriminierung aus Gründen der Rasse oder der ethnischen Herkunft würde verstärkt, wenn es in jedem Mitgliedstaat eine Stelle bzw. Stellen gäbe, die für die Analyse der mit Diskriminierungen verbundenen Probleme, die Prüfung möglicher Lösungen und die Bereitstellung konkreter Hilfsangebote an die Opfer zuständig wäre.

(25) In dieser Richtlinie werden Mindestanforderungen festgelegt; den Mitgliedstaaten steht es somit frei, günstigere Vorschriften beizubehalten oder einzuführen. Die Umsetzung der Richtlinie darf nicht als Rechtfertigung für eine Absenkung des in den Mitgliedstaaten bereits bestehenden Schutzniveaus benutzt werden.

(26) Die Mitgliedstaaten sollten wirksame, verhältnismäßige und abschreckende Sanktionen für den Fall vorsehen, dass gegen die aus der Richtlinie erwachsenden Verpflichtungen verstoßen wird.

(27) Die Mitgliedstaaten können den Sozialpartnern auf deren gemeinsamen Antrag die Durchführung der Bestimmungen dieser Richtlinie übertragen, die in den Anwendungsbereich von Tarifverträgen fallen, sofern sie alle erforderlichen Maßnahmen treffen, um jederzeit gewährleisten zu können, dass die durch diese Richtlinie vorgeschriebenen Ergebnisse erzielt werden.

(28) Entsprechend dem in Artikel 5 EG-Vertrag niedergelegten Subsidiaritäts- und Verhältnismäßigkeitsprinzip kann das Ziel dieser Richtlinie, nämlich ein einheitliches, hohes Niveau des Schutzes vor Diskriminierungen in allen Mitgliedstaaten zu gewährleisten, auf der Ebene der Mitgliedstaaten nicht ausreichend erreicht werden; es kann daher wegen des Umfangs und der Wirkung der vorgeschlagenen Maßnahme besser auf Gemeinschaftsebene verwirklicht werden. Diese Richtlinie geht nicht über das für die Erreichung dieser Ziele erforderliche Maß hinaus –

HAT FOLGENDE RICHTLINIE ERLASSEN:

KAPITEL I
ALLGEMEINE BESTIMMUNGEN

Art. 1 Zweck

Zweck dieser Richtlinie ist die Schaffung eines Rahmens zur Bekämpfung der Diskriminierung aufgrund der Rasse oder der ethnischen Herkunft im Hinblick auf die Verwirklichung des Grundsatzes der Gleichbehandlung in den Mitgliedstaaten.

Art. 2 Der Begriff »Diskriminierung«

(1) Im Sinne dieser Richtlinie bedeutet »Gleichbehandlungsgrundsatz«, dass es keine unmittelbare oder mittelbare Diskriminierung aus Gründen der Rasse oder der ethnischen Herkunft geben darf.

(2) Im Sinne von Absatz 1

a) liegt eine unmittelbare Diskriminierung vor, wenn eine Person aufgrund ihrer Rasse oder ethnischen Herkunft in einer vergleichbaren Situation eine weniger günstige Behandlung als eine andere Person erfährt, erfahren hat oder erfahren würde;

b) liegt eine mittelbare Diskriminierung vor, wenn dem Anschein nach neutrale Vorschriften, Kriterien oder Verfahren Personen, die einer Rasse oder ethnischen Gruppe angehören, in besonderer Weise benachteiligen können, es sei denn, die betreffenden Vorschriften, Kriterien oder Verfahren sind durch ein rechtmäßiges Ziel sachlich gerechtfertigt, und die Mittel sind zur Erreichung dieses Ziels angemessen und erforderlich.

(3) Unerwünschte Verhaltensweisen, die im Zusammenhang mit der Rasse oder der ethnischen Herkunft einer Person stehen und bezwecken oder bewirken, dass die Würde der betreffenden Person verletzt und ein von Einschüchterungen, Anfeindungen, Erniedrigungen, Entwürdigungen oder Beleidigungen gekennzeichnetes Umfeld geschaffen wird, sind Belästigungen, die als Diskriminierung im Sinne von Absatz 1 gelten. In diesem Zusammenhang können die Mitgliedstaaten den Begriff »Belästigung« im Einklang mit den einzelstaatlichen Rechtsvorschriften und Gepflogenheiten definieren.

(4) Die Anweisung zur Diskriminierung einer Person aus Gründen der Rasse oder der ethnischen Herkunft gilt als Diskriminierung im Sinne von Absatz 1.

Art. 3 Geltungsbereich

(1) Im Rahmen der auf die Gemeinschaft übertragenen Zuständigkeiten gilt diese Richtlinie für alle Personen in öffentlichen und privaten Bereichen, einschließlich öffentlicher Stellen, in bezug auf:

a) die Bedingungen – einschließlich Auswahlkriterien und Einstellungsbedingungen – für den Zugang zu unselbständiger und selbständiger Erwerbstätigkeit, unabhängig von Tätigkeitsfeld und beruflicher Position, sowie für den beruflichen Aufstieg;

b) den Zugang zu allen Formen und allen Ebenen der Berufsberatung, der Berufsausbildung, der beruflichen Weiterbildung und der Umschulung einschließlich der praktischen Berufserfahrung;

c) die Beschäftigungs- und Arbeitsbedingungen, einschließlich Entlassungsbedingungen und Arbeitsentgelt;

d) die Mitgliedschaft und Mitwirkung in einer Arbeitnehmer- oder Arbeitgeberorganisation oder einer Organisation, deren Mitglieder einer bestimmten Berufsgruppe angehören, einschließlich der Innanspruchnahme der Leistungen solcher Organisationen;

e) den Sozialschutz, einschließlich der sozialen Sicherheit und der Gesundheitsdienste;

f) die sozialen Vergünstigungen;

g) die Bildung;

h) den Zugang zu und die Versorgung mit Gütern und Dienstleistungen, die der Öffentlichkeit zur Verfügung stehen, einschließlich von Wohnraum.

(2) Diese Richtlinie betrifft nicht unterschiedliche Behandlungen aus Gründen der Staatsangehörigkeit und berührt nicht die Vorschriften und Bedingungen für die Einreise von Staatsangehörigen dritter Staaten oder staatenlosen Personen in das Hoheitsgebiet der Mitgliedstaaten oder deren Aufenthalt in diesem Hoheitsgebiet sowie eine Behandlung, die sich aus der Rechtsstellung von Staatsangehörigen dritter Staaten oder staatenlosen Personen ergibt.

Art. 4 Wesentliche und entscheidende berufliche Anforderungen

Ungeachtet des Artikels 2 Absätze 1 und 2 können die Mitgliedstaaten vorsehen, dass eine Ungleichbehandlung aufgrund eines mit der Rasse oder der ethnischen Herkunft zusammenhängenden Merkmals keine Diskriminierung darstellt, wenn das betreffende Merkmal aufgrund der Art einer bestimmten beruflichen Tätigkeit oder der Rahmenbedingungen ihrer Ausübung eine wesentliche und entscheidende berufliche Voraussetzung darstellt und sofern es sich um einen rechtmäßigen Zweck und eine angemessene Anforderung handelt.

Art. 5 Positive Maßnahmen

Der Gleichbehandlungsgrundsatz hindert die Mitgliedstaaten nicht daran, zur Gewährleistung der vollen Gleichstellung in der Praxis spezifische Maßnahmen, mit denen Benachteiligungen aufgrund der Rasse oder ethnischen Herkunft verhindert oder ausgeglichen werden, beizubehalten oder zu beschließen.

Art. 6 Mindestanforderungen

(1) Es bleibt den Mitgliedstaaten unbenommen, Vorschriften einzuführen oder beizubehalten, die im Hinblick auf die Wahrung des Gleichbehandlungsgrundsatzes günstiger als die in dieser Richtlinie vorgesehenen Vorschriften sind.

(2) Die Umsetzung dieser Richtlinie darf keinesfalls als Rechtfertigung für eine Absenkung des von den Mitgliedstaaten bereits garantierten Schutzniveaus in bezug auf Diskriminierungen in den von der Richtlinie abgedeckten Bereichen benutzt werden.

KAPITEL II
RECHTSBEHELFE UND RECHTSDURCHSETZUNG

Art. 7 Rechtsschutz

(1) Die Mitgliedstaaten stellen sicher, dass alle Personen, die sich durch die Nichtanwendung des Gleichbehandlungsgrundsatzes in ihren Rechten für verletzt halten, ihre Ansprüche aus dieser Richtlinie auf dem Gerichts- und/oder Verwaltungsweg sowie, wenn die Mitgliedstaaten es für angezeigt halten, in Schlichtungsverfahren geltend machen können, selbst wenn das Verhältnis, während dessen die Diskriminierung vorgekommen sein soll, bereits beendet ist.

(2) Die Mitgliedstaaten stellen sicher, dass Verbände, Organisationen oder andere juristische Personen, die gemäß den in ihrem einzelstaatlichen Recht festgelegten Kriterien ein rechtmäßiges Interesse daran haben, für die Einhaltung der Bestimmungen dieser Richtlinie zu sorgen, sich entweder im Namen der beschwerten Person oder zu deren Unterstützung und mit deren Einwilligung an den in dieser Richtlinie zur Durchsetzung der Ansprüche vorgesehenen Gerichts- und/oder Verwaltungsverfahren beteiligen können.

(3) Die Absätze 1 und 2 lassen einzelstaatliche Regelungen über Fristen für die Rechtsverfolgung betreffend den Gleichbehandlungsgrundsatz unberührt.

Art. 8 Beweislast

(1) Die Mitgliedstaaten ergreifen im Einklang mit ihrem nationalen Gerichtswesen die erforderlichen Maßnahmen, um zu gewährleisten, dass immer dann, wenn Personen, die sich durch die Nichtanwendung des Gleichbehandlungsgrundsatzes für verletzt halten und bei einem Gericht oder einer anderen zuständigen Stelle Tatsachen glaubhaft machen, die das Vorliegen einer unmittelbaren oder mittelbaren Diskriminierung vermuten lassen, es dem Beklagten obliegt zu beweisen, dass keine Verletzung des Gleichbehandlungsgrundsatzes vorgelegen hat.

(2) Absatz 1 läßt das Recht der Mitgliedstaaten, eine für den Kläger günstigere Beweislastregelung vorzusehen, unberührt.

(3) Absatz 1 gilt nicht für Strafverfahren.

(4) Die Absätze 1, 2 und 3 gelten auch für Verfahren gemäß Artikel 7 Absatz 2.

(5) Die Mitgliedstaaten können davon absehen, Absatz 1 auf Verfahren anzuwenden, in denen die Ermittlung des Sachverhalts dem Gericht oder der zuständigen Stelle obliegt.

Art. 9 Viktimisierung

Die Mitgliedstaaten treffen im Rahmen ihrer nationalen Rechtsordnung die erforderlichen Maßnahmen, um den einzelnen vor Benachteiligungen zu schützen, die als Reaktion auf eine Beschwerde oder auf die Einleitung eines Verfahrens zur Durchsetzung des Gleichbehandlungsgrundsatzes erfolgen.

Art. 10 Unterrichtung

Die Mitgliedstaaten tragen dafür Sorge, dass die gemäß dieser Richtlinie getroffenen Maßnahmen sowie die bereits geltenden einschlägigen Vorschriften allen Betroffenen in geeigneter Form in ihrem Hoheitsgebiet bekannt gemacht werden.

Art. 11 Sozialer Dialog

(1) Die Mitgliedstaaten treffen im Einklang mit den nationalen Gepflogenheiten und Verfahren geeignete Maßnahmen zur Förderung des sozialen Dialogs zwischen Arbeitgebern und Arbeitnehmern, mit dem Ziel, die Verwirklichung des Gleichbehandlungsgrundsatzes durch Überwachung der betrieblichen Praxis, durch Tarifverträge, Verhaltenskodizes, Forschungsarbeiten oder durch einen Austausch von Erfahrungen und bewährten Lösungen voranzubringen.

(2) Soweit vereinbar mit den nationalen Gepflogenheiten und Verfahren, fordern die Mitgliedstaaten Arbeitgeber und Arbeitnehmer ohne Eingriff in deren Autonomie auf, auf geeigneter Ebene Antidiskriminierungsvereinbarungen zu schließen, die die in Artikel 3 genannten Bereiche betreffen, soweit diese in den Verantwortungsbereich der Tarifparteien fallen. Die Vereinbarungen müssen den in dieser Richtlinie festgelegten Mindestanforderungen sowie den einschlägigen nationalen Durchführungsbestimmungen entsprechen.

Art. 12 Dialog mit Nichtregierungsorganisationen

Die Mitgliedstaaten fördern den Dialog mit geeigneten Nichtregierungsorganisationen, die gemäß ihren nationalen Rechtsvorschriften und Gepflogenheiten ein rechtmäßiges Interesse daran haben, sich an der Bekämpfung von Diskriminierung aus Gründen der Rasse oder der ethnischen Herkunft zu beteiligen, um den Grundsatz der Gleichbehandlung zu fördern.

KAPITEL III
MIT DER FÖRDERUNG DER GLEICHBEHANDLUNG BEFASSTE STELLEN

Art. 13

(1) Jeder Mitgliedstaat bezeichnet eine oder mehrere Stellen, deren Aufgabe darin besteht, die Verwirklichung des Grundsatzes der Gleichbehandlung aller Personen ohne Diskriminierung aufgrund der Rasse oder der ethnischen Herkunft zu fördern. Diese Stellen können Teil einer Einrichtung sein, die auf nationaler Ebene für den Schutz der Menschenrechte oder der Rechte des einzelnen zuständig ist.

(2) Die Mitgliedstaaten stellen sicher, dass es zu den Zuständigkeiten dieser Stellen gehört,

– unbeschadet der Rechte der Opfer und der Verbände, der Organisationen oder anderer juristischer Personen nach Artikel 7 Absatz 2 die Opfer von Diskriminierungen auf unabhängige Weise dabei zu unterstützen, ihrer Beschwerde wegen Diskriminierung nachzugehen;

– unabhängige Untersuchungen zum Thema der Diskriminierung durchzuführen;

– unabhängige Berichte zu veröffentlichen und Empfehlungen zu allen Aspekten vorzulegen, die mit diesen Diskriminierungen in Zusammenhang stehen.

KAPITEL IV
SCHLUSSBESTIMMUNGEN

Art. 14 Einhaltung

Die Mitgliedstaaten treffen die erforderlichen Maßnahmen, um sicherzustellen,

a) daß sämtliche Rechts- und Verwaltungsvorschriften, die dem Gleichbehandlungsgrundsatz zuwiderlaufen, aufgehoben werden;

b) daß sämtliche mit dem Gleichbehandlungsgrundsatz nicht zu vereinbarenden Bestimmungen in Einzel- oder Kollektivverträgen oder -vereinbarungen, Betriebsordnungen, Statuten von Vereinigungen mit oder ohne Erwerbszweck sowie Statuten der freien Berufe und der Arbeitnehmer- und Arbeitgeberorganisationen für nichtig erklärt werden oder erklärt werden können oder geändert werden.

Art. 15 Sanktionen

Die Mitgliedstaaten legen die Sanktionen fest, die bei einem Verstoß gegen die einzelstaatlichen Vorschriften zur Anwendung dieser Richtlinie zu verhängen sind, und treffen alle geeigneten Maßnahmen, um deren Durchsetzung zu gewährleisten. Die Sanktionen, die auch Schadensersatzleistungen an die Opfer umfassen können, müssen wirksam, verhältnismäßig und abschreckend sein. Die Mitgliedstaaten teilen der Kommission diese Bestimmungen bis zum 19. Juli 2003 mit und melden alle sie betreffenden Änderungen unverzüglich.

Art. 16 Umsetzung

Die Mitgliedstaaten erlassen die erforderlichen Rechts- und Verwaltungsvorschriften, um dieser Richtlinie bis zum 19. Juli 2003 nachzukommen, oder können den Sozialpartnern auf deren gemeinsamen Antrag die Durchführung der Bestimmungen dieser Richtlinie übertragen, die in den Anwendungsbereich von Tarifverträgen fallen. In diesem Fall gewährleisten die Mitgliedstaaten, dass die Sozialpartner bis zum 19. Juli 2003 im Wege einer Vereinbarung die erforderlichen Maßnahmen getroffen haben; dabei haben die Mitgliedstaaten alle erforderlichen Maßnahmen zu treffen, um jederzeit gewährleisten zu können, dass die durch diese Richtlinie vorgeschriebenen Ergebnisse erzielt werden. Sie setzen die Kommission unverzüglich davon in Kenntnis.

Wenn die Mitgliedstaaten derartige Vorschriften erlassen, nehmen sie in den Vorschriften selbst oder durch einen Hinweis bei der amtlichen Veröffentlichung auf diese Richtlinie Bezug. Die Mitgliedstaaten regeln die Einzelheiten der Bezugnahme.

Art. 17 Bericht

(1) Bis zum 19. Juli 2005 und in der Folge alle fünf Jahre übermitteln die Mitgliedstaaten der Kommission sämtliche Informationen, die diese für die Erstellung eines dem Europäischen Parlament und dem Rat vorzulegenden Berichts über die Anwendung dieser Richtlinie benötigt.

(2) Die Kommission berücksichtigt in ihrem Bericht in angemessener Weise die Ansichten der Europäischen Stelle zur Beobachtung von Rassismus und Fremdenfeindlichkeit sowie die Standpunkte der Sozialpartner und der einschlägigen Nichtregierungsorganisationen. Im Einklang mit dem Grundsatz der Berücksichtigung geschlechterspezifischer Fragen wird ferner in dem Bericht die Auswirkung der Maßnahmen auf Frauen und Männer bewertet. Unter Berücksichtigung der übermittelten Informationen enthält der Bericht gegebenenfalls auch Vorschläge für eine Änderung und Aktualisierung dieser Richtlinie.

Art. 18 Inkrafttreten

Diese Richtlinie tritt am Tag ihrer Veröffentlichung im Amtsblatt der Europäischen Gemeinschaften in Kraft.

Art. 19 Adressaten

Diese Richtlinie ist an die Mitgliedstaaten gerichtet.

Anhang V
Richtlinie des Rates 2000/78/EG

RICHTLINIE 2000/78/EG DES RATES
zur Festlegung eines allgemeinen Rahmens für die Verwirklichung der Gleichbehandlung
in Beschäftigung und Beruf
Vom 27.November 2000
(ABl. L 2000 Nr. 303/16)

DER RAT DER EUROPÄISCHEN UNION

gestützt auf den Vertrag zur Gründung der Europäischen Gemeinschaft, insbesondere auf Artikel 13,

auf Vorschlag der Kommission[1],

nach Stellungnahme des Europäischen Parlaments[2],

nach Stellungnahme des Wirtschafts- und Sozialausschusses[3],

nach Stellungnahme des Ausschusses der Regionen[4],

in Erwägung nachstehender Gründe:

(1) Nach Artikel 6 Absatz 2 des Vertrags über die Europäische Union beruht die Europäische Union auf den Grundsätzen der Freiheit, der Demokratie, der Achtung der Menschenrechte und Grundfreiheiten sowie der Rechtsstaatlichkeit; diese Grundsätze sind allen Mitgliedstaaten gemeinsam. Die Union achtet die Grundrechte, wie sie in der Europäischen Konvention zum Schutze der Menschenrechte und Grundfreiheiten gewährleistet sind und wie sie sich aus den gemeinsamen Verfassungsüberlieferungen der Mitgliedstaaten als allgemeine Grundsätze des Gemeinschaftsrechts ergeben.

(2) Der Grundsatz der Gleichbehandlung von Männern und Frauen wurde in zahlreichen Rechtsakten der Gemeinschaft fest verankert, insbesondere in der Richtlinie 76/207/EWG des Rates vom 9.Februar 1976 zur Verwirklichung des Grundsatzes der Gleichbehandlung von Männern und Frauen hinsichtlich des Zugangs zur Beschäftigung, zur Berufsbildung und zum beruflichen Aufstieg sowie in Bezug auf die Arbeitsbedingungen[5].

(3) Bei der Anwendung des Grundsatzes der Gleichbehandlung ist die Gemeinschaft gemäß Artikel 3 Absatz 2 des EG-Vertrags bemüht, Ungleichheiten zu beseitigen und die Gleichstellung von Männern und Frauen zu fördern, zumal Frauen häufig Opfer mehrfacher Diskriminierung sind.

(4) Die Gleichheit aller Menschen vor dem Gesetz und der Schutz vor Diskriminierung ist ein allgemeines Menschenrecht; dieses Recht wurde in der Allgemeinen Erklärung der Menschenrechte, im VN-Übereinkommen zur Beseitigung aller Formen der Diskriminierung von Frauen, im Internationalen Pakt der VN über bürgerliche und politische Rechte, im Internationalen Pakt der VN über wirtschaftliche, soziale und kulturelle Rechte sowie in der Europäischen Konvention zum Schutze der Menschenrechte und Grundfreiheiten anerkannt, die von allen Mitgliedstaaten unterzeichnet wurden. Das Übereinkommen 111 der Internationalen Arbeitsorganisation untersagt Diskriminierungen in Beschäftigung und Beruf.

(5) Es ist wichtig, dass diese Grundrechte und Grundfreiheiten geachtet werden. Diese Richtlinie berührt nicht die Vereinigungsfreiheit, was das Recht jeder Person umfasst, zum Schutze ihrer Interessen Gewerkschaften zu gründen und Gewerkschaften beizutreten.

(6) In der Gemeinschaftscharta der sozialen Grundrechte der Arbeitnehmer wird anerkannt, wie wichtig die Bekämpfung jeder Art von Diskriminierung und geeignete Maßnahmen zur sozialen und wirtschaftlichen Eingliederung älterer Menschen und von Menschen mit Behinderung sind.

---

1 ABl. C 177 E vom 27.6.2000, S. 42.
2 Stellungnahme vom 12.Oktober 2000 (noch nicht im Amtsblatt veröffentlicht).
3 ABl. C 204 vom 18.7.2000, S. 82.
4 ABl. C 226 vom 8.8.2000, S. 1.
5 ABl. L 39 vom 14.2.1976, S. 40.

(7) Der EG-Vertrag nennt als eines der Ziele der Gemeinschaft die Förderung der Koordinierung der Beschäftigungspolitiken der Mitgliedstaaten. Zu diesem Zweck wurde in den EG-Vertrag ein neues Beschäftigungskapitel eingefügt, das die Grundlage bildet für die Entwicklung einer koordinierten Beschäftigungsstrategie und für die Förderung der Qualifizierung, Ausbildung und Anpassungsfähigkeit der Arbeitnehmer.

(8) In den vom Europäischen Rat auf seiner Tagung am 10. und 11.Dezember 1999 in Helsinki vereinbarten beschäftigungspolitischen Leitlinien für 2000 wird die Notwendigkeit unterstrichen, einen Arbeitsmarkt zu schaffen, der die soziale Eingliederung fördert, in dem ein ganzes Bündel aufeinander abgestimmter Maßnahmen getroffen wird, die darauf abstellen, die Diskriminierung von benachteiligten Gruppen, wie den Menschen mit Behinderung, zu bekämpfen. Ferner wird betont, dass der Unterstützung älterer Arbeitnehmer mit dem Ziel der Erhöhung ihres Anteils an der Erwerbsbevölkerung besondere Aufmerksamkeit gebührt.

(9) Beschäftigung und Beruf sind Bereiche, die für die Gewährleistung gleicher Chancen für alle und für eine volle Teilhabe der Bürger am wirtschaftlichen, kulturellen und sozialen Leben sowie für die individuelle Entfaltung von entscheidender Bedeutung sind.

(10) Der Rat hat am 29.Juni 2000 die Richtlinie 2000/43/EG[1] zur Anwendung des Gleichbehandlungsgrundsatzes ohne Unterschied der Rasse oder der ethnischen Herkunft angenommen, die bereits einen Schutz vor solchen Diskriminierungen in Beschäftigung und Beruf gewährleistet.

(11) Diskriminierungen wegen der Religion oder der Weltanschauung, einer Behinderung, des Alters oder der sexuellen Ausrichtung können die Verwirklichung der im EG-Vertrag festgelegten Ziele unterminieren, insbesondere die Erreichung eines hohen Beschäftigungsniveaus und eines hohen Maßes an sozialem Schutz, die Hebung des Lebensstandards und der Lebensqualität, den wirtschaftlichen und sozialen Zusammenhalt, die Solidarität sowie die Freizügigkeit.

(12) Daher sollte jede unmittelbare oder mittelbare Diskriminierung wegen der Religion oder der Weltanschauung, einer Behinderung, des Alters oder der sexuellen Ausrichtung in den von der Richtlinie abgedeckten Bereichen gemeinschaftsweit untersagt werden. Dieses Diskriminierungsverbot sollte auch für Staatsangehörige dritter Länder gelten, betrifft jedoch nicht die Ungleichbehandlungen aus Gründen der Staatsangehörigkeit und lässt die Vorschriften über die Einreise und den Aufenthalt von Staatsangehörigen dritter Länder und ihren Zugang zu Beschäftigung und Beruf unberührt.

(13) Diese Richtlinie findet weder Anwendung auf die Sozialversicherungs- und Sozialschutzsysteme, deren Leistungen nicht einem Arbeitsentgelt in dem Sinne gleichgestellt werden, der diesem Begriff für die Anwendung des Artikels 141 des EG-Vertrags gegeben wurde, noch auf Vergütungen jeder Art seitens des Staates, die den Zugang zu einer Beschäftigung oder die Aufrechterhaltung eines Beschäftigungsverhältnisses zum Ziel haben.

(14) Diese Richtlinie berührt nicht die einzelstaatlichen Bestimmungen über die Festsetzung der Altersgrenzen für den Eintritt in den Ruhestand.

(15) Die Beurteilung von Tatbeständen, die auf eine unmittelbare oder mittelbare Diskriminierung schließen lassen, obliegt den einzelstaatlichen gerichtlichen Instanzen oder anderen zuständigen Stellen nach den einzelstaatlichen Rechtsvorschriften oder Gepflogenheiten; in diesen einzelstaatlichen Vorschriften kann insbesondere vorgesehen sein, dass mittelbare Diskriminierung mit allen Mitteln, einschließlich statistischer Beweise, festzustellen ist.

(16) Maßnahmen, die darauf abstellen, den Bedürfnissen von Menschen mit Behinderung am Arbeitsplatz Rechnung zu tragen, spielen eine wichtige Rolle bei der Bekämpfung von Diskriminierungen wegen einer Behinderung.

(17) Mit dieser Richtlinie wird unbeschadet der Verpflichtung, für Menschen mit Behinderung angemessene Vorkehrungen zu treffen, nicht die Einstellung, der berufliche Aufstieg, die Weiterbeschäftigung oder die Teilnahme an Aus- und Weiterbildungsmaßnahmen einer Person vorgeschrieben, wenn diese Person für die Erfüllung der wesentlichen Funktionen des Arbeitsplatzes oder zur Absolvierung einer bestimmten Ausbildung nicht kompetent, fähig oder verfügbar ist.

---

1 ABl. L 180 vom 19.7.2000, S. 22.

(18) Insbesondere darf mit dieser Richtlinie den Streitkräften sowie der Polizei, den Haftanstalten oder den Notfalldiensten unter Berücksichtigung des rechtmäßigen Ziels, die Einsatzbereitschaft dieser Dienste zu wahren, nicht zur Auflage gemacht werden, Personen einzustellen oder weiter zu beschäftigen, die nicht den jeweiligen Anforderungen entsprechen, um sämtliche Aufgaben zu erfüllen, die ihnen übertragen werden können.

(19) Ferner können die Mitgliedstaaten zur Sicherung der Schlagkraft ihrer Streitkräfte sich dafür entscheiden, dass die eine Behinderung und das Alter betreffenden Bestimmungen dieser Richtlinie auf alle Streitkräfte oder einen Teil ihrer Streitkräfte keine Anwendung finden. Die Mitgliedstaaten, die eine derartige Entscheidung treffen, müssen den Anwendungsbereich dieser Ausnahmeregelung festlegen.

(20) Es sollten geeignete Maßnahmen vorgesehen werden, d. h. wirksame und praktikable Maßnahmen, um den Arbeitsplatz der Behinderung entsprechend einzurichten, z. B. durch eine entsprechende Gestaltung der Räumlichkeiten oder eine Anpassung des Arbeitsgeräts, des Arbeitsrhythmus, der Aufgabenverteilung oder des Angebots an Ausbildungs- und Einarbeitungsmaßnahmen.

(21) Bei der Prüfung der Frage, ob diese Maßnahmen zu übermäßigen Belastungen führen, sollten insbesondere der mit ihnen verbundene finanzielle und sonstige Aufwand sowie die Größe, die finanziellen Ressourcen und der Gesamtumsatz der Organisation oder des Unternehmens und die Verfügbarkeit von öffentlichen Mitteln oder anderen Unterstützungsmöglichkeiten berücksichtigt werden.

(22) Diese Richtlinie lässt die einzelstaatlichen Rechtsvorschriften über den Familienstand und davon abhängige Leistungen unberührt.

(23) Unter sehr begrenzten Bedingungen kann eine unterschiedliche Behandlung gerechtfertigt sein, wenn ein Merkmal, das mit der Religion oder Weltanschauung, einer Behinderung, dem Alter oder der sexuellen Ausrichtung zusammenhängt, eine wesentliche und entscheidende berufliche Anforderung darstellt, sofern es sich um einen rechtmäßigen Zweck und eine angemessene Anforderung handelt. Diese Bedingungen sollten in die Informationen aufgenommen werden, die die Mitgliedstaaten der Kommission übermitteln.

(24) Die Europäische Union hat in ihrer der Schlussakte zum Vertrag von Amsterdam beigefügten Erklärung Nr. 11 zum Status der Kirchen und weltanschaulichen Gemeinschaften ausdrücklich anerkannt, dass sie den Status, den Kirchen und religiöse Vereinigungen oder Gemeinschaften in den Mitgliedstaaten nach deren Rechtsvorschriften genießen, achtet und ihn nicht beeinträchtigt und dass dies in gleicher Weise für den Status von weltanschaulichen Gemeinschaften gilt. Die Mitgliedstaaten können in dieser Hinsicht spezifische Bestimmungen über die wesentlichen, rechtmäßigen und gerechtfertigten beruflichen Anforderungen beibehalten oder vorsehen, die Voraussetzung für die Ausübung einer diesbezüglichen beruflichen Tätigkeit sein können.

(25) Das Verbot der Diskriminierung wegen des Alters stellt ein wesentliches Element zur Erreichung der Ziele der beschäftigungspolitischen Leitlinien und zur Förderung der Vielfalt im Bereich der Beschäftigung dar. Ungleichbehandlungen wegen des Alters können unter bestimmten Umständen jedoch gerechtfertigt sein und erfordern daher besondere Bestimmungen, die je nach der Situation der Mitgliedstaaten unterschiedlich sein können. Es ist daher unbedingt zu unterscheiden zwischen einer Ungleichbehandlung, die insbesondere durch rechtmäßige Ziele im Bereich der Beschäftigungspolitik, des Arbeitsmarktes und der beruflichen Bildung gerechtfertigt ist, und einer Diskriminierung, die zu verbieten ist.

(26) Das Diskriminierungsverbot sollte nicht der Beibehaltung oder dem Erlass von Maßnahmen entgegenstehen, mit denen bezweckt wird, Benachteiligungen von Personen mit einer bestimmten Religion oder Weltanschauung, einer bestimmten Behinderung, einem bestimmten Alter oder einer bestimmten sexuellen Ausrichtung zu verhindern oder auszugleichen, und diese Maßnahmen können die Einrichtung und Beibehaltung von Organisationen von Personen mit einer bestimmten Religion oder Weltanschauung, einer bestimmten Behinderung, einem bestimmten Alter oder einer bestimmten sexuellen Ausrichtung zulassen, wenn deren Zweck hauptsächlich darin besteht, die besonderen Bedürfnisse dieser Personen zu fördern.

(27) Der Rat hat in seiner Empfehlung 86/379/EWG vom 24. Juli 1986[1] zur Beschäftigung von Behinderten in der Gemeinschaft einen Orientierungsrahmen festgelegt, der Beispiele für positive Aktionen

---

[1] ABl. L 225 vom 12. 8. 1986, S. 43.

für die Beschäftigung und Berufsbildung von Menschen mit Behinderung anführt; in seiner Entschließung vom 17. Juni 1999 betreffend gleiche Beschäftigungschancen für behinderte Menschen[1] hat er bekräftigt, dass es wichtig ist, insbesondere der Einstellung, der Aufrechterhaltung des Beschäftigungsverhältnisses sowie der beruflichen Bildung und dem lebensbegleitenden Lernen von Menschen mit Behinderung besondere Aufmerksamkeit zu widmen.

(28) In dieser Richtlinie werden Mindestanforderungen festgelegt; es steht den Mitgliedstaaten somit frei, günstigere Vorschriften einzuführen oder beizubehalten. Die Umsetzung dieser Richtlinie darf nicht eine Absenkung des in den Mitgliedstaaten bereits bestehenden Schutzniveaus rechtfertigen.

(29) Opfer von Diskriminierungen wegen der Religion oder Weltanschauung, einer Behinderung, des Alters oder der sexuellen Ausrichtung sollten über einen angemessenen Rechtsschutz verfügen. Um einen effektiveren Schutz zu gewährleisten, sollte auch die Möglichkeit bestehen, dass sich Verbände oder andere juristische Personen unbeschadet der nationalen Verfahrensordnung bezüglich der Vertretung und Verteidigung vor Gericht bei einem entsprechenden Beschluss der Mitgliedstaaten im Namen eines Opfers oder zu seiner Unterstützung an einem Verfahren beteiligen.

(30) Die effektive Anwendung des Gleichheitsgrundsatzes erfordert einen angemessenen Schutz vor Viktimisierung.

(31) Eine Änderung der Regeln für die Beweislast ist geboten, wenn ein glaubhafter Anschein einer Diskriminierung besteht. Zur wirksamen Anwendung des Gleichbehandlungsgrundsatzes ist eine Verlagerung der Beweislast auf die beklagte Partei erforderlich, wenn eine solche Diskriminierung nachgewiesen ist. Allerdings obliegt es dem Beklagten nicht, nachzuweisen, dass der Kläger einer bestimmten Religion angehört, eine bestimmte Weltanschauung hat, eine bestimmte Behinderung aufweist, ein bestimmtes Alter oder eine bestimmte sexuelle Ausrichtung hat.

(32) Die Mitgliedstaaten können davon absehen, die Regeln für die Beweislastverteilung auf Verfahren anzuwenden, in denen die Ermittlung des Sachverhalts dem Gericht oder der zuständigen Stelle obliegt. Dies betrifft Verfahren, in denen die klagende Partei den Beweis des Sachverhalts, dessen Ermittlung dem Gericht oder der zuständigen Stelle obliegt, nicht anzutreten braucht.

(33) Die Mitgliedstaaten sollten den Dialog zwischen den Sozialpartnern und im Rahmen der einzelstaatlichen Gepflogenheiten mit Nichtregierungsorganisationen mit dem Ziel fördern, gegen die verschiedenen Formen von Diskriminierung am Arbeitsplatz anzugehen und diese zu bekämpfen.

(34) In Anbetracht der Notwendigkeit, den Frieden und die Aussöhnung zwischen den wichtigsten Gemeinschaften in Nordirland zu fördern, sollten in diese Richtlinie besondere Bestimmungen aufgenommen werden.

(35) Die Mitgliedstaaten sollten wirksame, verhältnismäßige und abschreckende Sanktionen für den Fall vorsehen, dass gegen die aus dieser Richtlinie erwachsenden Verpflichtungen verstoßen wird.

(36) Die Mitgliedstaaten können den Sozialpartnern auf deren gemeinsamen Antrag die Durchführung der Bestimmungen dieser Richtlinie übertragen, die in den Anwendungsbereich von Tarifverträgen fallen, sofern sie alle erforderlichen Maßnahmen treffen, um jederzeit gewährleisten zu können, dass die durch diese Richtlinie vorgeschriebenen Ergebnisse erzielt werden.

(37) Im Einklang mit dem Subsidiaritätsprinzip nach Artikel 5 des EG-Vertrags kann das Ziel dieser Richtlinie, nämlich die Schaffung gleicher Ausgangsbedingungen in der Gemeinschaft bezüglich der Gleichbehandlung in Beschäftigung und Beruf, auf der Ebene der Mitgliedstaaten nicht ausreichend erreicht werden und kann daher wegen des Umfangs und der Wirkung der Maßnahme besser auf Gemeinschaftsebene verwirklicht werden. Im Einklang mit dem Verhältnismäßigkeitsprinzip nach jenem Artikel geht diese Richtlinie nicht über das für die Erreichung dieses Ziels erforderliche Maß hinaus –

HAT FOLGENDE RICHTLINIE ERLASSEN:

---

1 ABl. C 186 vom 2. 7. 1999, S. 3.

KAPITEL I
ALLGEMEINE BESTIMMUNGEN

Art. 1 Zweck

Zweck dieser Richtlinie ist die Schaffung eines allgemeinen Rahmens zur Bekämpfung der Diskriminierung wegen der Religion oder der Weltanschauung, einer Behinderung, des Alters oder der sexuellen Ausrichtung in Beschäftigung und Beruf im Hinblick auf die Verwirklichung des Grundsatzes der Gleichbehandlung in den Mitgliedstaaten.

Art. 2 Der Begriff »Diskriminierung«

(1) Im Sinne dieser Richtlinie bedeutet »Gleichbehandlungsgrundsatz«, dass es keine unmittelbare oder mittelbare Diskriminierung wegen eines der in Artikel 1 genannten Gründe geben darf.

(2) Im Sinne des Absatzes 1

a) liegt eine unmittelbare Diskriminierung vor, wenn eine Person wegen eines der in Artikel 1 genannten Gründe in einer vergleichbaren Situation eine weniger günstige Behandlung erfährt, als eine andere Person erfährt, erfahren hat oder erfahren würde;

b) liegt eine mittelbare Diskriminierung vor, wenn dem Anschein nach neutrale Vorschriften, Kriterien oder Verfahren Personen mit einer bestimmten Religion oder Weltanschauung, einer bestimmten Behinderung, eines bestimmten Alters oder mit einer bestimmten sexuellen Ausrichtung gegenüber anderen Personen in besonderer Weise benachteiligen können, es sei denn:

i) diese Vorschriften, Kriterien oder Verfahren sind durch ein rechtmäßiges Ziel sachlich gerechtfertigt, und die Mittel sind zur Erreichung dieses Ziels angemessen und erforderlich, oder

ii) der Arbeitgeber oder jede Person oder Organisation, auf die diese Richtlinie Anwendung findet, ist im Falle von Personen mit einer bestimmten Behinderung aufgrund des einzelstaatlichen Rechts verpflichtet, geeignete Maßnahmen entsprechend den in Artikel 5 enthaltenen Grundsätzen vorzusehen, um die sich durch diese Vorschrift, dieses Kriterium oder dieses Verfahren ergebenden Nachteile zu beseitigen.

(3) Unerwünschte Verhaltensweisen, die mit einem der Gründe nach Artikel 1 in Zusammenhang stehen und bezwecken oder bewirken, dass die Würde der betreffenden Person verletzt und ein von Einschüchterungen, Anfeindungen, Erniedrigungen, Entwürdigungen oder Beleidigungen gekennzeichnetes Umfeld geschaffen wird, sind Belästigungen, die als Diskriminierung im Sinne von Absatz 1 gelten. In diesem Zusammenhang können die Mitgliedstaaten den Begriff »Belästigung« im Einklang mit den einzelstaatlichen Rechtsvorschriften und Gepflogenheiten definieren.

(4) Die Anweisung zur Diskriminierung einer Person wegen eines der Gründe nach Artikel 1 gilt als Diskriminierung im Sinne des Absatzes 1.

(5) Diese Richtlinie berührt nicht die im einzelstaatlichen Recht vorgesehenen Maßnahmen, die in einer demokratischen Gesellschaft für die Gewährleistung der öffentlichen Sicherheit, die Verteidigung der Ordnung und die Verhütung von Straftaten, zum Schutz der Gesundheit und zum Schutz der Rechte und Freiheiten anderer notwendig sind.

Art. 3 Geltungsbereich

(1) Im Rahmen der auf die Gemeinschaft übertragenen Zuständigkeiten gilt diese Richtlinie für alle Personen in öffentlichen und privaten Bereichen, einschließlich öffentlicher Stellen, in Bezug auf

a) die Bedingungen – einschließlich Auswahlkriterien und Einstellungsbedingungen – für den Zugang zu unselbständiger und selbständiger Erwerbstätigkeit, unabhängig von Tätigkeitsfeld und beruflicher Position, einschließlich des beruflichen Aufstiegs;

b) den Zugang zu allen Formen und allen Ebenen der Berufsberatung, der Berufsausbildung, der beruflichen Weiterbildung und der Umschulung, einschließlich der praktischen Berufserfahrung;

c) die Beschäftigungs- und Arbeitsbedingungen, einschließlich der Entlassungsbedingungen und des Arbeitsentgelts;

d) die Mitgliedschaft und Mitwirkung in einer Arbeitnehmer- oder Arbeitgeberorganisation oder einer Organisation, deren Mitglieder einer bestimmten Berufsgruppe angehören, einschließlich der Inanspruchnahme der Leistungen solcher Organisationen.

(2) Diese Richtlinie betrifft nicht unterschiedliche Behandlungen aus Gründen der Staatsangehörigkeit und berührt nicht die Vorschriften und Bedingungen für die Einreise von Staatsangehörigen dritter Länder oder staatenlosen Personen in das Hoheitsgebiet der Mitgliedstaaten oder deren Aufenthalt in diesem Hoheitsgebiet sowie eine Behandlung, die sich aus der Rechtsstellung von Staatsangehörigen dritter Länder oder staatenlosen Personen ergibt.

(3) Diese Richtlinie gilt nicht für Leistungen jeder Art seitens der staatlichen Systeme oder der damit gleichgestellten Systeme einschließlich der staatlichen Systeme der sozialen Sicherheit oder des sozialen Schutzes.

(4) Die Mitgliedstaaten können vorsehen, dass diese Richtlinie hinsichtlich von Diskriminierungen wegen einer Behinderung und des Alters nicht für die Streitkräfte gilt.

Art. 4 Berufliche Anforderungen

(1) Ungeachtet des Artikels 2 Absätze 1 und 2 können die Mitgliedstaaten vorsehen, dass eine Ungleichbehandlung wegen eines Merkmals, das im Zusammenhang mit einem der in Artikel 1 genannten Diskriminierungsgründe steht, keine Diskriminierung darstellt, wenn das betreffende Merkmal aufgrund der Art einer bestimmten beruflichen Tätigkeit oder der Bedingungen ihrer Ausübung eine wesentliche und entscheidende berufliche Anforderung darstellt, sofern es sich um einen rechtmäßigen Zweck und eine angemessene Anforderung handelt.

(2) Die Mitgliedstaaten können in Bezug auf berufliche Tätigkeiten innerhalb von Kirchen und anderen öffentlichen oder privaten Organisationen, deren Ethos auf religiösen Grundsätzen oder Weltanschauungen beruht, Bestimmungen in ihren zum Zeitpunkt der Annahme dieser Richtlinie geltenden Rechtsvorschriften beibehalten oder in künftigen Rechtsvorschriften Bestimmungen vorsehen, die zum Zeitpunkt der Annahme dieser Richtlinie bestehende einzelstaatliche Gepflogenheiten widerspiegeln und wonach eine Ungleichbehandlung wegen der Religion oder Weltanschauung einer Person keine Diskriminierung darstellt, wenn die Religion oder die Weltanschauung dieser Person nach der Art dieser Tätigkeiten oder der Umstände ihrer Ausübung eine wesentliche, rechtmäßige und gerechtfertigte berufliche Anforderung angesichts des Ethos der Organisation darstellt. Eine solche Ungleichbehandlung muss die verfassungsrechtlichen Bestimmungen und Grundsätze der Mitgliedstaaten sowie die allgemeinen Grundsätze des Gemeinschaftsrechts beachten und rechtfertigt keine Diskriminierung aus einem anderen Grund.

Sofern die Bestimmungen dieser Richtlinie im übrigen eingehalten werden, können die Kirchen und anderen öffentlichen oder privaten Organisationen, deren Ethos auf religiösen Grundsätzen oder Weltanschauungen beruht, im Einklang mit den einzelstaatlichen verfassungsrechtlichen Bestimmungen und Rechtsvorschriften von den für sie arbeitenden Personen verlangen, dass sie sich loyal und aufrichtig im Sinne des Ethos der Organisation verhalten.

Art. 5 Angemessene Vorkehrungen für Menschen mit Behinderung

Um die Anwendung des Gleichbehandlungsgrundsatzes auf Menschen mit Behinderung zu gewährleisten, sind angemessene Vorkehrungen zu treffen. Das bedeutet, dass der Arbeitgeber die geeigneten und im konkreten Fall erforderlichen Maßnahmen ergreift, um den Menschen mit Behinderung den Zugang zur Beschäftigung, die Ausübung eines Berufes, den beruflichen Aufstieg und die Teilnahme an Aus- und Weiterbildungsmaßnahmen zu ermöglichen, es sei denn, diese Maßnahmen würden den Arbeitgeber unverhältnismäßig belasten. Diese Belastung ist nicht unverhältnismäßig, wenn sie durch geltende Maßnahmen im Rahmen der Behindertenpolitik des Mitgliedstaates ausreichend kompensiert wird.

Art. 6 Gerechtfertigte Ungleichbehandlung wegen des Alters

(1) Ungeachtet des Artikels 2 Absatz 2 können die Mitgliedstaaten vorsehen, dass Ungleichbehandlungen wegen des Alters keine Diskriminierung darstellen, sofern sie objektiv und angemessen sind und im Rahmen des nationalen Rechts durch ein legitimes Ziel, worunter insbesondere rechtmäßige Ziele aus den Bereichen Beschäftigungspolitik, Arbeitsmarkt und berufliche Bildung zu verstehen sind, gerechtfertigt sind und die Mittel zur Erreichung dieses Ziels angemessen und erforderlich sind.

Derartige Ungleichbehandlungen können insbesondere Folgendes einschließen:

a) die Festlegung besonderer Bedingungen für den Zugang zur Beschäftigung und zur beruflichen Bildung sowie besonderer Beschäftigungs- und Arbeitsbedingungen, einschließlich der Bedingungen für Entlassung und Entlohnung, um die berufliche Eingliederung von Jugendlichen, älteren Arbeitnehmern und Personen mit Fürsorgepflichten zu fördern oder ihren Schutz sicherzustellen;

b) die Festlegung von Mindestanforderungen an das Alter, die Berufserfahrung oder das Dienstalter für den Zugang zur Beschäftigung oder für bestimmte mit der Beschäftigung verbundene Vorteile;

c) die Festsetzung eines Höchstalters für die Einstellung aufgrund der spezifischen Ausbildungsanforderungen eines bestimmten Arbeitsplatzes oder aufgrund der Notwendigkeit einer angemessenen Beschäftigungszeit vor dem Eintritt in den Ruhestand.

(2) Ungeachtet des Artikels 2 Absatz 2 können die Mitgliedstaaten vorsehen, dass bei den betrieblichen Systemen der sozialen Sicherheit die Festsetzung von Altersgrenzen als Voraussetzung für die Mitgliedschaft oder den Bezug von Altersrente oder von Leistungen bei Invalidität einschließlich der Festsetzung unterschiedlicher Altersgrenzen im Rahmen dieser Systeme für bestimmte Beschäftigte oder Gruppen bzw. Kategorien von Beschäftigten und die Verwendung im Rahmen dieser Systeme von Alterskriterien für versicherungsmathematische Berechnungen keine Diskriminierung wegen des Alters darstellt, solange dies nicht zu Diskriminierungen wegen des Geschlechts führt.

Art. 7 Positive und spezifische Maßnahmen

(1) Der Gleichbehandlungsgrundsatz hindert die Mitgliedstaaten nicht daran, zur Gewährleistung der völligen Gleichstellung im Berufsleben spezifische Maßnahmen beizubehalten oder einzuführen, mit denen Benachteiligungen wegen eines in Artikel 1 genannten Diskriminierungsgrunds verhindert oder ausgeglichen werden.

(2) Im Falle von Menschen mit Behinderung steht der Gleichbehandlungsgrundsatz weder dem Recht der Mitgliedstaaten entgegen, Bestimmungen zum Schutz der Gesundheit und der Sicherheit am Arbeitsplatz beizubehalten oder zu erlassen, noch steht er Maßnahmen entgegen, mit denen Bestimmungen oder Vorkehrungen eingeführt oder beibehalten werden sollen, die einer Eingliederung von Menschen mit Behinderung in die Arbeitswelt dienen oder diese Eingliederung fördern.

Art. 8 Mindestanforderungen

(1) Die Mitgliedstaaten können Vorschriften einführen oder beibehalten, die im Hinblick auf die Wahrung des Gleichbehandlungsgrundsatzes günstiger als die in dieser Richtlinie vorgesehenen Vorschriften sind.

(2) Die Umsetzung dieser Richtlinie darf keinesfalls als Rechtfertigung für eine Absenkung des von den Mitgliedstaaten bereits garantierten allgemeinen Schutzniveaus in Bezug auf Diskriminierungen in den von der Richtlinie abgedeckten Bereichen benutzt werden.

KAPITEL II
RECHTSBEHELFE UND RECHTSDURCHSETZUNG

Art. 9 Rechtsschutz

(1) Die Mitgliedstaaten stellen sicher, dass alle Personen, die sich durch die Nichtanwendung des Gleichbehandlungsgrundsatzes in ihren Rechten für verletzt halten, ihre Ansprüche aus dieser Richtlinie auf dem Gerichts- und/oder Verwaltungsweg sowie, wenn die Mitgliedstaaten es für angezeigt halten, in Schlichtungsverfahren geltend machen können, selbst wenn das Verhältnis, während dessen die Diskriminierung vorgekommen sein soll, bereits beendet ist.

(2) Die Mitgliedstaaten stellen sicher, dass Verbände, Organisationen oder andere juristische Personen, die gemäß den in ihrem einzelstaatlichen Recht festgelegten Kriterien ein rechtmäßiges Interesse daran haben, für die Einhaltung der Bestimmungen dieser Richtlinie zu sorgen, sich entweder im Namen der beschwerten Person oder zu deren Unterstützung und mit deren Einwilligung an den in dieser Richtlinie zur Durchsetzung der Ansprüche vorgesehenen Gerichts- und/oder Verwaltungsverfahren beteiligen können.

(3) Die Absätze 1 und 2 lassen einzelstaatliche Regelungen über Fristen für die Rechtsverfolgung betreffend den Gleichbehandlungsgrundsatz unberührt.

Art. 10 Beweislast

(1) Die Mitgliedstaaten ergreifen im Einklang mit ihrem nationalen Gerichtswesen die erforderlichen Maßnahmen, um zu gewährleisten, dass immer dann, wenn Personen, die sich durch die Nichtanwen-

dung des Gleichbehandlungsgrundsatzes für verletzt halten und bei einem Gericht oder einer anderen zuständigen Stelle Tatsachen glaubhaft machen, die das Vorliegen einer unmittelbaren oder mittelbaren Diskriminierung vermuten lassen, es dem Beklagten obliegt zu beweisen, dass keine Verletzung des Gleichbehandlungsgrundsatzes vorgelegen hat.

(2) Absatz 1 läßt das Recht der Mitgliedstaaten, eine für den Kläger günstigere Beweislastregelung vorzusehen, unberührt.

(3) Absatz 1 gilt nicht für Strafverfahren.

(4) Die Absätze 1, 2 und 3 gelten auch für Verfahren gemäß Artikel 9 Absatz 2.

(5) Die Mitgliedstaaten können davon absehen, Absatz 1 auf Verfahren anzuwenden, in denen die Ermittlung des Sachverhalts dem Gericht oder der zuständigen Stelle obliegt.

Art. 11 Viktimisierung
Die Mitgliedstaaten treffen im Rahmen ihrer nationalen Rechtsordnung die erforderlichen Maßnahmen, um die Arbeitnehmer vor Entlassung oder anderen Benachteiligungen durch den Arbeitgeber zu schützen, die als Reaktion auf eine Beschwerde innerhalb des betreffenden Unternehmens oder auf die Einleitung eines Verfahrens zur Durchsetzung des Gleichbehandlungsgrundsatzes erfolgen.

Art. 12 Unterrichtung
Die Mitgliedstaaten tragen dafür Sorge, dass die gemäß dieser Richtlinie getroffenen Maßnahmen sowie die bereits geltenden einschlägigen Vorschriften allen Betroffenen in geeigneter Form, zum Beispiel am Arbeitsplatz, in ihrem Hoheitsgebiet bekannt gemacht werden.

Art. 13 Sozialer Dialog
(1) Die Mitgliedstaaten treffen im Einklang mit den einzelstaatlichen Gepflogenheiten und Verfahren geeignete Maßnahmen zur Förderung des sozialen Dialogs zwischen Arbeitgebern und Arbeitnehmern mit dem Ziel, die Verwirklichung des Gleichbehandlungsgrundsatzes durch Überwachung der betrieblichen Praxis, durch Tarifverträge, Verhaltenskodizes, Forschungsarbeiten oder durch einen Austausch von Erfahrungen und bewährten Verfahren, voranzubringen.

(2) Soweit vereinbar mit den einzelstaatlichen Gepflogenheiten und Verfahren, fordern die Mitgliedstaaten Arbeitgeber und Arbeitnehmer ohne Eingriff in deren Autonomie auf, auf geeigneter Ebene Antidiskriminierungsvereinbarungen zu schließen, die die in Artikel 3 genannten Bereiche betreffen, soweit diese in den Verantwortungsbereich der Tarifparteien fallen. Die Vereinbarungen müssen den in dieser Richtlinie sowie den in den einschlägigen nationalen Durchführungsbestimmungen festgelegten Mindestanforderungen entsprechen.

Art. 14 Dialog mit Nichtregierungsorganisationen
Die Mitgliedstaaten fördern den Dialog mit den jeweiligen Nichtregierungsorganisationen, die gemäß den einzelstaatlichen Rechtsvorschriften und Gepflogenheiten ein rechtmäßiges Interesse daran haben, sich an der Bekämpfung von Diskriminierung wegen eines der in Artikel 1 genannten Gründe zu beteiligen, um die Einhaltung des Grundsatzes der Gleichbehandlung zu fördern.

KAPITEL III
BESONDERE BESTIMMUNGEN

Art. 15 Nordirland
(1) Angesichts des Problems, dass eine der wichtigsten Religionsgemeinschaften Nordirlands im dortigen Polizeidienst unterrepräsentiert ist, gilt die unterschiedliche Behandlung bei der Einstellung der Bediensteten dieses Dienstes – auch von Hilfspersonal – nicht als Diskriminierung, sofern diese unterschiedliche Behandlung gemäß den einzelstaatlichen Rechtsvorschriften ausdrücklich gestattet ist.

(2) Um eine Ausgewogenheit der Beschäftigungsmöglichkeiten für Lehrkräfte in Nordirland zu gewährleisten und zugleich einen Beitrag zur Überwindung der historischen Gegensätze zwischen den wichtigsten Religionsgemeinschaften Nordirlands zu leisten, finden die Bestimmungen dieser Richtlinie über Religion oder Weltanschauung keine Anwendung auf die Einstellung von Lehrkräften in Schulen Nordirlands, sofern dies gemäß den einzelstaatlichen Rechtsvorschriften ausdrücklich gestattet ist.

KAPITEL IV
SCHLUSSBESTIMMUNGEN

Art. 16 Einhaltung
Die Mitgliedstaaten treffen die erforderlichen Maßnahmen, um sicherzustellen, dass

a) die Rechts- und Verwaltungsvorschriften, die dem Gleichbehandlungsgrundsatz zuwiderlaufen, aufgehoben werden;

b) die mit dem Gleichbehandlungsgrundsatz nicht zu vereinbarenden Bestimmungen in Arbeits- und Tarifverträgen, Betriebsordnungen und Statuten der freien Berufe und der Arbeitgeber- und Arbeitnehmerorganisationen für nichtig erklärt werden oder erklärt werden können oder geändert werden.

Art. 17 Sanktionen
Die Mitgliedstaaten legen die Sanktionen fest, die bei einem Verstoß gegen die einzelstaatlichen Vorschriften zur Anwendung dieser Richtlinie zu verhängen sind, und treffen alle erforderlichen Maßnahmen, um deren Durchführung zu gewährleisten. Die Sanktionen, die auch Schadenersatzleistungen an die Opfer umfassen können, müssen wirksam, verhältnismäßig und abschreckend sein. Die Mitgliedstaaten teilen diese Bestimmungen der Kommission spätestens am 2. Dezember 2003 mit und melden alle sie betreffenden späteren Änderungen unverzüglich.

Art. 18 Umsetzung der Richtlinie
Die Mitgliedstaaten erlassen die erforderlichen Rechts- und Verwaltungsvorschriften, um dieser Richtlinie spätestens zum 2. Dezember 2003 nachzukommen, oder können den Sozialpartnern auf deren gemeinsamen Antrag die Durchführung der Bestimmungen dieser Richtlinie übertragen, die in den Anwendungsbereich von Tarifverträgen fallen. In diesem Fall gewährleisten die Mitgliedstaaten, dass die Sozialpartner spätestens zum 2. Dezember 2003 im Weg einer Vereinbarung die erforderlichen Maßnahmen getroffen haben; dabei haben die Mitgliedstaaten alle erforderlichen Maßnahmen zu treffen, um jederzeit gewährleisten zu können, dass die durch diese Richtlinie vorgeschriebenen Ergebnisse erzielt werden. Sie setzen die Kommission unverzüglich davon in Kenntnis.

Um besonderen Bedingungen Rechnung zu tragen, können die Mitgliedstaaten erforderlichenfalls eine Zusatzfrist von drei Jahren ab dem 2. Dezember 2003, d. h. insgesamt sechs Jahre, in Anspruch nehmen, um die Bestimmungen dieser Richtlinie über die Diskriminierung wegen des Alters und einer Behinderung umzusetzen. In diesem Fall setzen sie die Kommission unverzüglich davon in Kenntnis. Ein Mitgliedstaat, der die Inanspruchnahme dieser Zusatzfrist beschließt, erstattet der Kommission jährlich Bericht über die von ihm ergriffenen Maßnahmen zur Bekämpfung der Diskriminierung wegen des Alters und einer Behinderung und über die Fortschritte, die bei der Umsetzung der Richtlinie erzielt werden konnten. Die Kommission erstattet dem Rat jährlich Bericht.

Wenn die Mitgliedstaaten derartige Vorschriften erlassen, nehmen sie in den Vorschriften selbst oder durch einen Hinweis bei der amtlichen Veröffentlichung auf diese Richtlinie Bezug. Die Mitgliedstaaten regeln die Einzelheiten der Bezugnahme.

Art. 19 Bericht
(1) Bis zum 2. Dezember 2005 und in der Folge alle fünf Jahre übermitteln die Mitgliedstaaten der Kommission sämtliche Informationen, die diese für die Erstellung eines dem Europäischen Parlament und dem Rat vorzulegenden Berichts über die Anwendung dieser Richtlinie benötigt.

(2) Die Kommission berücksichtigt in ihrem Bericht in angemessener Weise die Standpunkte der Sozialpartner und der einschlägigen Nichtregierungsorganisationen. Im Einklang mit dem Grundsatz der systematischen Berücksichtigung geschlechterspezifischer Fragen wird ferner in dem Bericht die Auswirkung der Maßnahmen auf Frauen und Männer bewertet. Unter Berücksichtigung der übermittelten Informationen enthält der Bericht erforderlichenfalls auch Vorschläge für eine Änderung und Aktualisierung dieser Richtlinie.

Art. 20 Inkrafttreten
Diese Richtlinie tritt am Tag ihrer Veröffentlichung im Amtsblatt der Europäischen Gemeinschaften in Kraft.

Art. 21 Adressaten
Diese Richtlinie ist an die Mitgliedstaaten gerichtet.

Arbeitnehmerähnliche Personen (ArbNähnl. Pers.)

Literatur

– bis 2004 vgl. KR-Vorauflage –
Bieback Probleme des SGB II – Rechtliche Probleme des Konflikts zwischen Existenzsicherung und Integration in den ersten Arbeitsmarkt –, NZS 2005, 337; *Däubler* Die Zukunft des Arbeitsrechts, AuR 2005, 1; *Franzen* Der Franchise-Vertrag als Arbeitsvertrag, FS 50 Jahre BAG, S. 31; *Feldmann* Der Franchise-Nehmer als Arbeitnehmer, 2005; *Gaul* Arbeitsrechtliche Aspekte einer Beschäftigung im IT-Bereich, FS Bartenbach, 2004, S. 505; *Hashimoto* Der Begriff der arbeitnehmerähnlichen Personen unter besonderer Berücksichtigung der Handelsvertreter und des Franchisenehmers – zugleich mit einem Seitenblick auf die Rechtslage in Japan, Aachen 2004; *v. Hoyningen-Huene* Zum Arbeitsrecht der arbeitnehmerähnlichen Selbständigen, FS Söllner 70. Geb., S. 461; *Kaumanns* Telearbeit im Internationalen Privatrecht, Hamburg 2005; *Nebeling* Praktikanten, die besseren Arbeitnehmer ?!, NZA-RR 2004, 617; *Park* Arbeitnehmer und arbeitnehmerähnliche Person, Frankfurt/M. 2004; *Rixen/Pananis* Hartz IV: Welcher »Ein-Euro-Job« ist »zusätzlich«?, NJW 2005, 2177; *Schubert* Der Schutz der arbeitnehmerähnlichen Personen, München 2004; *Schulze* Ein-Euro-Jobber – Arbeitnehmer im Sinne des BetrVG?, NZA 2005, 1332; *Tillmann* Die Telearbeit in Deutschland und Italien, Hamburg 2004; *Waibel* Die Anspruchsgrundlage im SGB II, NZS 2005, 512; *Zwanziger* Rechtliche Rahmenbedingungen für »Ein-Euro-Jobs«, AuR 2005, 8.

Inhaltsübersicht

	Rz
A. Die Rechtsverhältnisse arbeitnehmerähnlicher Personen	1–76
I. Einleitung	1–4b
II. Begriffsbestimmung	5–30a
1. Allgemeine Begriffsbestimmung	5–9a
a) § 5 ArbGG, § 2 BUrlG	5
b) § 12a TVG	6–9
c) Folgerungen aus den gesetzlichen Definitionen	9a
2. Einzelmerkmale	10–26
a) Dienst- oder Werkvertrag	10–14
b) Kein Arbeitsverhältnis	15–20c
c) Wirtschaftliche Abhängigkeit	21–23
d) Soziale Schutzbedürftigkeit	24
e) Verhältnis zum HAG und HGB	25
f) Statusklage	26, 26a
3. Beispiele aus der Rechtsprechung für die Abgrenzung	27–30
a) Arbeitnehmerähnliche Personen	28
b) Arbeitnehmer	29
c) Weder Arbeitnehmer noch arbeitnehmerähnliche Personen	30, 30a
d) Offengelassener Status	30b
III. Die Anwendung arbeitsrechtlicher Vorschriften auf die Rechtsverhältnisse arbeitnehmerähnlicher Personen	31–38
1. Allgemeines	31–32b
2. Die Anwendung von Kündigungsschutzbestimmungen	33–38
IV. Beendigung der Rechtsverhältnisse arbeitnehmerähnlicher Personen, denen ein Dienstvertrag zugrunde liegt	39–70
1. Aufhebungsvertrag	39
2. Befristeter Dienstvertrag	40–47
a) Zeitlich bestimmte Befristung	40, 41
b) Befristung nach der Beschaffenheit oder dem Zweck der Dienste	42–46
c) Rechtzeitige Ankündigung der Beendigung	47
3. Unbefristete Dienstverhältnisse	48–50
4. Erweiterter Beendigungsschutz	51–69
a) Interessenlage	51
b) Gesetzliche Anhaltspunkte für eine Erweiterung	52, 53
c) Rechtsprechung des BAG (Kameramann-Urteil)	54–56
d) Ankündigungsfrist bei Dauerbeziehung	57, 58
e) Analogie zu § 29 HAG bei einer Kette befristeter Beschäftigungsverhältnisse	59–66
f) Analogie zu § 29 HAG bei unbefristetem Beschäftigungsverhältnis	67
g) Ankündigungsfrist auch für arbeitnehmerähnliche Mitarbeiter	68
h) Generalklauseln §§ 138, 242 BGB	69
5. Außerordentliche Kündigung	70
V. Beendigung arbeitnehmerähnlicher Rechtsverhältnisse, denen ein Werkvertrag zugrundeliegt	71–74
VI. Geltendmachung der Unwirksamkeit der Kündigung	75, 76
B. Sonderregelung für in Heimarbeit Beschäftigte	77–170
I. Allgemeines und Begriffsbestimmung	77–97
1. Allgemeines	77, 78
2. Entwicklung der Gesetzgebung	79–81
3. Geltungsbereich des HAG	82

	Rz			Rz
4. Heimarbeit und Hausgewerbetreibende, § 1 Abs. 1 HAG	83–90	III.	Kündigungsschutz im Rahmen der Betriebsverfassung, § 29a HAG	162–165
a) Heimarbeiter	83–86	IV.	Befristete Heimarbeitsverhältnisse	166–170
b) Hausgewerbetreibender	87–90	C.	Arbeitnehmerähnliche Handelsvertreter	171–230
5. Gleichgestellte, § 1 Abs. 2 HAG	91–97	I.	Einleitung und Übersicht	171–173
a) Heimarbeiterähnliche Personen	92	II.	Der Begriff des Handelsvertreters	174–183
b) Hausgewerbetreibende	93		1. Selbständigkeit	174–181
c) Lohngewerbetreibende	94		a) Freie Gestaltung der Tätigkeit und Arbeitszeit	175–178
d) Zwischenmeister	95		b) Sonstige Abgrenzungskriterien	179–181
e) Voraussetzung der Gleichstellung	96		2. Vermittlung oder Abschluss von Geschäften	182
f) Verfahren der Gleichstellung	97		3. Tätigkeit auf Dauer	183
II. Kündigung des Heimarbeitsverhältnisses	98–161	III.	Der arbeitnehmerähnliche Handelsvertreter	184–196
1. Entwicklung des HAG	98–100		1. Arbeitnehmerähnliche Handelsvertreter iSd ArbGG	185–193
2. Anwendungsbereich und Begriff	101–103		a) Sonderregelung in § 5 Abs. 3 ArbGG	185–189
a) Anwendungsbereich	101, 102		aa) Abgrenzung nach Durchschnittseinkommen	187
b) Begriff der Kündigung	103		bb) Ein-Firmen-Vertreter	188, 189
3. Die fristgerechte Kündigung	104–117		b) Anwendungsbereich	190–193
a) Kündigung während der ersten vier Wochen, § 29 Abs. 1 HAG	104		aa) Sonderregelung gegenüber § 5 Abs. 1 ArbGG	190–192
b) Kündigung nach vier Wochen, § 29 Abs. 2 HAG	105, 106		bb) Insolvenzordnung	193
c) Längere Kündigungsfristen, § 29 Abs. 3, 4 HAG	107–112		2. Arbeitnehmerähnliche Handelsvertreter im allgemeinen Sinn	194–196
d) Abweichende Regelungen	113–115a		a) Abgrenzungskriterien	194, 195
e) Anhörung des Betriebsrats	116, 117		b) Anwendungsbereich, insbesondere § 2 BUrlG	196
4. Die außerordentliche Kündigung, § 29 Abs. 6 HAG	118–121	IV.	Fristgerechte Kündigung des Vertragsverhältnisses, § 89 HGB	197–215
5. Entgeltschutz während der Kündigungsfrist, § 29 Abs. 7 HAG	122–127		1. Verhältnis der §§ 89, 89a HGB zu §§ 620 ff. BGB	197–198
6. Umgehungsschutz bei »Änderungskündigungen«, § 29 Abs. 8 HAG	128–140		2. Kündigungsfristen	199–205
a) Herabsetzung der Auftragsmenge	128–130		a) Regelfristen	199, 200
b) Verringerung der Auftragsmenge nach § 11 Abs. 2 HAG	131		b) Abänderung der Frist	201, 202
c) Kurzarbeit	132–136		c) Gleichheit abgeänderter Fristen	203–205
d) Fortsetzung des Beschäftigungsverhältnisses nach Ablauf der Frist	137–140		3. Keine Anwendung auf Handelsvertreter im Nebenberuf	206–208
7. Sonderregelung für Zwischenmeister, § 29 Abs. 9 HAG	141–146		4. Sonderkündigungsschutz	209–212
8. Anwendung anderer kündigungsrechtlicher Bestimmungen auf das Arbeitsverhältnis	147–159a		a) Keine Anwendung arbeitsrechtlicher Bestimmungen	209
			b) § 8 ArbPlSchG	210, 211
a) KSchG	147		c) Betriebsverfassungsrechtliche Stellung	212
b) §§ 138, 242 BGB	148–149		5. Entsprechende Anwendung arbeitsrechtlicher Bestimmungen	213, 214
c) MuSchG, BEEG	150–154		a) Allgemeines	213
d) Schwerbehinderte Menschen in Heimarbeit	155–158		b) § 624 BGB	214
e) ArbPlSchG	159, 159a		6. Geltendmachung der Unwirksamkeit der Kündigung	215
9. Geltendmachung der Unwirksamkeit einer Kündigung	160, 161	V.	Außerordentliche Kündigung des Vertragsverhältnisses, § 89a HGB	216–224

	Rz			Rz
1. Allgemeines	216	6. Schadenersatzansprüche		224
2. Kündigung als Willenserklärung und Begründung der Kündigung	217	VI.	Folgen aus der Beendigung des Vertragsverhältnisses	225–230
3. Begriff des wichtigen Grundes	218–221		1. Anspruch auf Erteilung eines Zeugnisses	225–227
a) Allgemeine Definition	218, 219		2. Provisionsausgleichsanspruch	228
b) Einzelheiten	220, 221		3. Wahrung von Betriebsgeheimnissen	229
4. Frist zur Geltendmachung der Kündigungsgründe	222		4. Wettbewerbsverbote	230
5. Kein Ausschluss der außerordentlichen Kündigung	223			

A. Die Rechtsverhältnisse arbeitnehmerähnlicher Personen

I. Einleitung

Das Arbeitsrecht kann als das **Sonderrecht der unselbständigen oder abhängigen Arbeitnehmer** bezeichnet werden (vgl. *Hueck/Nipperdey* I, S. 1; *MünchArbR-Richardi* § 1 Rz 9; *Nikisch* I, S. 1). Zu den Grundbegriffen des Arbeitsrechts gehört also der des **Arbeitnehmers**. Es gibt nach wie vor keine verbindliche gesetzliche Definition dieses Begriffs. Gemeinhin wird als Arbeitnehmer angesehen, wer aufgrund eines Dienstvertrages oder eines ihm gleichgestellten Rechtsverhältnisses in **persönlicher Abhängigkeit** vom Dienstberechtigten Dienstleistungen erbringt (vgl. etwa *Hueck/Nipperdey* I, S. 34, 35; *ErfK-Preis* § 611 BGB Rz 44 ff.; *MünchArbR-Richardi* § 23 Rz 7 ff.; *MünchKomm-Müller-Glöge* § 611 Rz 133 ff.; *Nikisch* I, S. 91, 92; *Schaub* § 8 I 1; *Bauschke* RdA 1994, 209; *Berger-Delhey/Alfmeyer* NZA 1991, 257; *Berndt* BB 1998, 894; *Beuthien/Wehler* RdA 1978, 2, 3; *Buchner* NZA 1998, 1144; *Griebeling* RdA 1998, 208; *Hilger* RdA 1989, 1; *Hromadka* DB 1989, 195; *ders.* NZA 1997, 1249; *ders.* NZA 1997, 569; *Reiserer* BB 1998, 1258; *Richardi* DB 1999 958; *Schliemann* RdA 1997, 322; krit. vor allem *Wank* Arbeitnehmer und Selbständige, S. 23; *ders.* DB 1992, 90 – nach *Wank* kommt es nicht auf die persönliche Abhängigkeit iS einer Weisungsgebundenheit an, eine die Arbeitnehmereigenschaft ausschließende Selbständigkeit soll vielmehr nur bei freiwilliger Übernahme des Unternehmerrisikos und eigener unternehmerischer Organisation vorliegen; so jetzt auch wieder *Neuvians* S. 38 ff.; ähnlich *Kreuder* AuR 1996, 386; s. auch *Hochrathner* NZA 2001, 564; gegen *Wank* jetzt vor allem *Hromadka* aaO; s. iE Rz 15 ff.). **1**

Die Problematik des Arbeitnehmerbegriffs liegt in erster Linie in der Abgrenzung gegenüber anderen soziologischen Erscheinungen. Das entscheidende Merkmal ist dabei nach herrsch. Auffassung die **persönliche Abhängigkeit**, in welcher der Dienstverpflichtete zum Dienstberechtigten stehen muss (so vor allem die st.Rspr. des BAG, zuletzt etwa; BAG 20.9.2000 EzA § 611 BGB Arbeitnehmerbegriff Nr. 84; 26.9.2002 EzA § 2 ArbGG 1979 Nr. 57; 25.5.2005 EzA § 611 BGB 2002 Arbeitnehmerbegriff Nr. 6; 15.11.2005 EzA § 2 BUrlG Nr. 5; s. iE dazu Rz 15 ff.). Gerade in diesem Merkmal unterscheidet sich von den Arbeitnehmern eine Personengruppe, die – insoweit den Unternehmern gleichstehend – ihre Dienste in verhältnismäßiger **persönlicher Unabhängigkeit** leistet, im Übrigen aber in ihrem Erscheinungsbild, insbes. wegen ihrer wirtschaftlichen Abhängigkeit, den Arbeitnehmern vergleichbar ist. Man spricht deshalb von den **arbeitnehmerähnlichen Personen** (zur rechtsgeschichtlichen Entwicklung s. *Hromadka* NZA 1997, 1249; *Pfarr* FS Kehrmann, S. 76 ff.). **2**

Im Wesentlichen sind dabei **drei typische Gruppen** zu verzeichnen in Bereichen, in denen aus den verschiedensten Gründen schon seit jeher die in größerer persönlicher Unabhängigkeit erbrachte Dienstleistung dem festen Arbeitsverhältnis vorgezogen wird: die **Heimarbeiter** (s.u. Rz 77 ff.), die sog. **kleinen Handelsvertreter** (s. Rz 171 ff.) und die sog. **freien Mitarbeiter** in künstlerischen, schriftstellerischen und journalistischen Berufen (vgl. auch *MünchArbR-Richardi* § 28 Rz 4 ff.; *MünchKomm-Müller-Glöge* § 611 BGB Rz 160; *Kempen/Zachert/Stein* § 12 TVG Rz 4). Der Begriff des freien Mitarbeiters wird dabei allerdings auch für nicht arbeitnehmerähnliche Personen verwandt (vgl. *Heußner* DB 1975, 788; *Hueck* DB 1955, 384; *Woltereck* AuR 1973, 133). Darüber hinaus kann sich das Problem arbeitnehmerähnlicher Personen aber letztlich in allen Bereichen stellen, in denen Dienst- oder Werkleistungen erbracht werden (vgl. auch *Schubert* S. 55 ff.). **3**

Da es sich bei diesen Gruppen wegen der fehlenden oder zumindest eingeschränkten persönlichen Abhängigkeit nicht um Arbeitnehmer handelt, finden auf die arbeitnehmerähnlichen Personen die für die Arbeitnehmer geltenden Gesetze grds. **keine direkte Anwendung** (vgl. *MünchArbR-Richardi* § 28 Rz 1; **4**

Hromadka NZA 1997, 1254; *Schubert* S. 86). Die vergleichbare wirtschaftliche und soziale Situation rechtfertigt aber in Teilbereichen eine entsprechende Heranziehung der für die Arbeitnehmer einschlägigen Bestimmungen. Das gilt gerade auch für die **Beendigung** der Rechtsverhältnisse arbeitnehmerähnlicher Personen. Anhaltspunkte dafür, inwieweit diese entsprechende Anwendung sich erstrecken kann, können Sonderregelungen entnommen werden, mit denen der Gesetzgeber dem erweiterten Schutzbedürfnis arbeitnehmerähnlicher Personen bereits Rechnung getragen hat. Sowohl in der Rechtsprechung als auch in der Gesetzgebung ist dabei eine deutliche Tendenz ablesbar, die Rechtsverhältnisse arbeitnehmerähnlicher Personen den Arbeitsverhältnissen anzugleichen (*v. Einem* BB 1994, 60, 62; *Hromadka* NZA 1997, 1255; *ders.* FS Söllner, S. 461; *Mayer* AuR 1990, 213, 218; *Oetker* FS ArbG Rheinland-Pfalz, S. 311; *Rost* NZA 1999, 113; *Wank* Arbeitnehmer und Selbständige, S. 245, hält es für Etikettenschwindel, einen Tatbestand der arbeitnehmerähnlichen Person zu schaffen ohne dem Arbeitsrecht ähnliche Rechtsfolgen; ihm folgend *Neuvians* S. 174 ff; s.a. Rz 51 ff.). Besonders klar ist dies im Bereich der Heimarbeit und hier wiederum gerade der Kündigungsschutzbestimmungen zutage getreten (s.u. Rz 99 f.).

4a Die Entwicklung der Kommunikations- und Informationstechnik hat insbes. auf dem Sektor der Büroarbeit zu neuen Arbeitsformen geführt, bei denen die Arbeit außerhalb des Betriebes an Arbeitsplätzen geleistet wird, die mit dem Betrieb durch entsprechende elektronische Medien verbunden sind. Man spricht von der sog. **Telearbeit,** auch Computerheimarbeit, Teleheimarbeit, Fernarbeit genannt (vgl. aus der umfangreichen Literatur *Boemke* BB 2000, 147; *Bosmann* NZA 1984, 85; *Collardin* Aktuelle Fragen der Telearbeit, 1995; *Fenski* S. 85 ff.; *Grafe* Die Telearbeit, 1991; *Haupt/Wollenschläger* NZA 2001, 289; *Herb* DB 1986, 1823; *Kappus* NJW 1984, 2384; *ders.* Rechtsfragen der Telearbeit; *ders.* NZA 1987, 408; *Kaumanns* Telearbeit im Internationalen Privatrecht, 2005; *Kilian/Borsun/Hoffmeister* NZA 1987, 401; *Kramer* DB 2000, 1329; *Lenk* Telearbeit, 1989; *Linnenkohl* BB 1998, 45; MünchArbR-*Heenen* § 232; *Otten* Heim- und Telearbeit, 1995; *Peter* DB 1998, 573; *Pfarr/Drüke* Rechtsprobleme der Telearbeit, 1989; *Rehbinder* UFITA Bd. 102 (1986), 75; *Schaub* § 163 B; *Simon/Kuhne* BB 1987, 201; *Ulber* AiB 1985, 22; *Tillmanns* Die Telearbeit in Deutschland und Italien, 2004; *Waniorek* Gestaltungsformen der Teleheimarbeit, 1989; *Wank* Arbeitnehmer und Selbständige, S. 290 ff.; *ders.* Telearbeit, 1997; *ders.* NZA 1999, 225; *Wedde* Telearbeit, 1994; *Zöllner* DB 1986, Beil. Nr. 7; s. auch KR-*Griebeling* § 1 KSchG Rz 65; vgl. auch den TV über alternierende Telearbeit zwischen der Telekom und der Deutschen Postgewerkschaft, NZA 1996, 189). Die Telearbeit kann arbeitsrechtlich nicht einheitlich für alle Bereiche eingeordnet werden (s. auch *Fitting* § 5 BetrVG Rz 175 ff.; *Boemke* BB 2000, 148; *Haupt/Wollenschläger* NZA 2001, 290; *Kramer* DB 2000, 1329). Der **Status** des Beschäftigten hängt von der **jeweiligen Ausgestaltung** des konkreten Verhältnisses ab (s.a. *Kempen/Zachert/Stein* § 12a TVG Rz 18). Danach kann der Telearbeiter insbes. bei der sog. On-Line-Verbindung mit dem Arbeitsplatz – also bei ständiger Kontroll- und Kontaktmöglichkeit – **Arbeitnehmer** sein (s. KR-*Griebeling* aaO; aber auch *Kappus* NJW 1984, 2385 mit dem berechtigten Hinweis, dass die On-Line-Verbindung kein zwingendes Kriterium für oder gegen die Annahme der Arbeitnehmereigenschaft ist). Entscheidend sind Kriterien wie andauernde Rufbereitschaft, Zeitvorgaben, ständige Kontrollmöglichkeit (vgl. *Fitting* § 5 BetrVG Rz 182 ff.; *Kappus* aaO; *Otten* C Rz 43 ff.; *Simon/Kuhne* BB 1987, 203; *Wank* Telearbeit, Rz 309 ff.). Insoweit ist letztlich auf die allgemeinen Abgrenzungskriterien zurückzugreifen (s.u. Rz 15 ff.). Für die Telearbeit gilt kein besonderer Arbeitnehmerbegriff (so auch MünchArbR-*Richardi* § 23 Rz 81; *Otten* C Rz 35; *Wank* aaO). Daran hat auch die jetzt ausdrückliche Erwähnung der Telearbeit in § 5 Abs. 1 BetrVG nichts geändert (s. dazu nur *Fitting* § 5 BetrVG Rz 170 ff.). Telearbeit kann auch in Form von **Heimarbeit** geleistet werden (s.u. Rz 84a; *Otten* C Rz 69 ff.; *Wank* Telearbeit, Rz 320 ff.). Liegen weder die Voraussetzungen für den Arbeitnehmerstatus noch für den Heimarbeiterstatus vor, kann der Telearbeiter als **freier Mitarbeiter** und als solcher ggf. **arbeitnehmerähnliche Person** sein (vgl. etwa *Otten* C Rz 90 ff.; *Wank* aaO, Rz 333 ff.).

4b Erfolgt die Beschäftigung im Rahmen eines sog. **Ein-Euro-Jobs** – also im Rahmen einer Arbeitsleistung für zusätzliche im öffentlichen Interesse liegende Arbeiten gegen Mehraufwendungsersatz nach § 16 Abs. 3 SGB II – entsteht durch die Beschäftigung **kein Arbeitsverhältnis**, § 16 Abs. 3 S. 2 SGB II. Es gelten allerdings kraft gesetzlicher Anordnung des BUrlG, die Arbeitsschutzbestimmungen und die Grenzen der Haftung in Arbeitsverhältnissen. **Streitig ist**, ob das Rechtsverhältnis zwischen dem nach SGB II Hilfebedürftigen und dem Maßnahmeträger als **privatrechtliches Rechtsverhältnis** anzusehen ist (so etwa *ArbG Bln.* 25.8.2005 NZA 2005, 1309; *Bieback* NZS 2005, 337, 342) oder als **öffentlichrechtliches Verhältnis** (so etwa *Voelzke* in: *Zwanziger* aaO; *Rixen/Pananis* aaO). Die besseren Gründe sprechen für die Annahme eines öffentlichrechtlichen Verhältnisses (s. insbesondere *Zwanziger* aaO; *Rixen/Pananis* aaO; **so jetzt auch** BAG 8.11.2005 – 5 AZB 36/06). Dies entspricht auch der herrschenden Auffassung zu dem früheren § 19 Abs. 2 S. 1 BSHG, der Vorbild für die gesetzliche Regelung des § 16 Abs. 3 SGB II war (vgl. BT-Drs. 15/1516 S. 54). Der »**Ein-Euro-Jobber**« nach § 16 Abs. 3 SGB II ist danach **kei-**

ne arbeitnehmerähnliche Person, da Voraussetzung hierfür ein privatrechtliches Vertragsverhältnis wäre. Geht man hingegen von einem privatrechtlichen Verhältnis aus, wäre der Hilfebedürftige regelmäßig als arbeitnehmerähnliche Person einzuordnen (*ArbG Bln.* aaO; dies bejaht auch *Zwanziger* aaO, der für etwaige zivilrechtliche Ansprüche des Hilfeberechtigten – zB aus Verletzung des Persönlichkeitsrechts – gegen den Maßnahmeträger den Rechtsweg zu den Arbeitsgerichten eröffnet sieht). Zur **betriebsverfassungsrechtlichen Stellung** des im Ein-Euro-Job Beschäftigten s. *Schulze* NZA 2005, 1322; *Richardi* § 5 BetrVG Rz 132.

II. Begriffsbestimmung

1. Allgemeine Begriffsbestimmung

a) § 5 ArbGG, § 2 BUrlG

Eine allgemein verbindliche gesetzliche Definition des **Begriffes der arbeitnehmerähnlichen Person** fehlt. Immerhin sind in Einzelgesetzen, die in ihren Schutz die arbeitnehmerähnlichen Personen einbeziehen, Abgrenzungskriterien enthalten. So sind gem. § 5 Abs. 1 S. 1 ArbGG Arbeitnehmer iSd ArbGG auch alle sonstigen Personen, die wegen ihrer **wirtschaftlichen Unselbständigkeit** als arbeitnehmerähnliche Personen anzusehen sind. Mit der gleichen Formulierung erstrecken § 2 BUrlG und § 1 Abs. 2 Nr. 1 BeschäftigtenschutzG ihren Anwendungsbereich auf arbeitnehmerähnliche Personen. Beschäftigte iSd ArbSchG sind gem. § 2 Abs. 2 Nr. 3 ArbSchG arbeitnehmerähnliche Personen iSd § 5 Abs. 1 ArbGG. § 138 Abs. 1 SGB IX (§ 54b Abs. 1 SchwbG a.F.) fingiert für Behinderte im Arbeitsbereich anerkannter Werkstätten ein arbeitnehmerähnliches Rechtsverhältnis, wenn sie nicht Arbeitnehmer sind (vgl. dazu ErfK-*Preis* § 611 BGB Rz 217; *Gröninger/Thomas* § 54b Rz 6 ff.; *Pünnel* AuR 1996, 483; vgl. auch BAG 3.3.1999 EzA § 54b SchwbG 1986 Nr. 1; s.a. Rz 32a).

b) § 12a TVG

Während diese Definitionen noch bei **einem** – allerdings entscheidenden – Merkmal stehen bleiben, dem der wirtschaftlichen Unselbständigkeit, enthält § **12a TVG**, eingefügt durch das Gesetz zur Änderung des Heimarbeitsgesetzes und anderer arbeitsrechtlicher Vorschriften (HAÄndG) v. 29.10.1974 (BGBl. I S. 2879) eine umfassende Legaldefinition:

§ 12a TVG Arbeitnehmerähnliche Personen
(1) Die Vorschriften dieses Gesetzes gelten entsprechend
1. für Personen, die wirtschaftlich abhängig und vergleichbar einem Arbeitnehmer sozial schutzbedürftig sind (arbeitnehmerähnliche Personen), wenn sie aufgrund von Dienst- oder Werkverträgen für andere Personen tätig sind, die geschuldeten Leistungen persönlich und im Wesentlichen ohne Mitarbeit von Arbeitnehmern erbringen und
 a) überwiegend für eine Person tätig sind oder
 b) ihnen von einer Person im Durchschnitt mehr als die Hälfte des Entgelts zusteht, das ihnen für ihre Erwerbstätigkeit insgesamt zusteht; ist dies nicht vorausehbar, so sind für die Berechnung, soweit im Tarifvertrag nichts anderes vereinbart ist, jeweils die letzten sechs Monate, bei kürzerer Dauer der Tätigkeit dieser Zeitraum, maßgebend;
2. für die in Nummer 1 genannten Personen, für die die arbeitnehmerähnlichen Personen tätig sind, sowie für die zwischen ihnen und den arbeitnehmerähnlichen Personen durch Dienst- oder Werkverträge begründeten Rechtsverhältnisse.
(2) Mehrere Personen, die für arbeitnehmerähnliche Personen tätig sind, gelten als eine Person, wenn diese mehreren Personen nach der Art eines Konzerns (§ 18 des Aktiengesetzes) zusammengefaßt sind oder zu einer zwischen ihnen bestehenden Organisationsgemeinschaft oder nicht nur vorübergehenden Arbeitsgemeinschaft gehören.
(3) Die Absätze 1 und 2 finden auf Personen, die künstlerische, schriftstellerische oder journalistische Leistungen erbringen, sowie auf Personen, die an der Erbringung, insbesondere der technischen Gestaltung solcher Leistungen unmittelbar mitwirken, auch dann Anwendung, wenn ihnen abweichend von Absatz 1 Nr. 1 Buchstabe b erster Halbsatz von einer Person im Durchschnitt mindestens ein Drittel des Entgelts zusteht, das ihnen für ihre Erwerbstätigkeit insgesamt zusteht.
(4) Die Vorschrift findet keine Anwendung auf Handelsvertreter im Sinne des § 84 des Handelsgesetzbuchs.

Ob die Klammerdefinition in § 12a Abs. 1 S. 1 TVG an der richtigen Stelle angebracht ist (bejahend *Lund* BABl. 1974, 683; verneinend *Kunze* UFITA 1974, S. 21; vgl. auch *Beuthien/Wehler* RdA 1978, 9, FN 64;

Däubler/Reinecke § 12a TVG Rz 30; *Kempen/Zachert/Stein* § 12a TVG Rz 13; *Löwisch/Rieble* § 12a Rz 8 u. Rz 14 ff.; *Pfarr* FS Kehrmann, S. 85; zum ganzen auch *Neuvians* S. 50 ff.), kann dahingestellt bleiben. § 12a TVG setzt seinerseits die Unterscheidung zwischen Arbeitnehmern und arbeitnehmerähnlichen Personen voraus (MünchArbR-*Richardi* § 28 Rz 10). Es ist nicht Sinn der Vorschrift, etwa den Begriff des Arbeitnehmers zugunsten des Rechts der arbeitnehmerähnlichen Person zurückzudrängen (vgl. schon *BAG* 15.3.1978 EzA § 611 BGB Arbeitnehmerbegriff Nr. 17 [unter II 3a der Gründe]; *Rosenfelder* S. 154). Die **Tarifvertragsparteien** sind allerdings **frei**, den unbestimmten Rechtsbegriff der arbeitnehmerähnlichen Person iSd § 12a TVG **auszufüllen**, wenn sie den Geltungsbereich von Tarifverträgen für diesen Personenkreis festlegen wollen, solange sie sich am **Leitbild des § 12a TVG orientieren** (*BAG* 15.2.2005 EzA § 12a TVG Nr. 3 m. Anm. *Schubert* unter Aufgabe von *BAG* 2.10.1990 EzA § 12a TVG Nr. 1, s. zuvor schon *BAG* 19.10.2004 EzA § 12a TVG Nr. 2; s.a. *Däubler/Reinecke* § 12a TVG Rz 28 ff.). Immerhin dürften zumindest die in § 12a TVG enthaltenen allgemeinen Kriterien (also die Merkmale in § 12a Abs. 1 S. 1 vor a TVG) die auch im Übrigen anerkannten Begriffsmerkmale wiedergeben und können insoweit zur Abgrenzung herangezogen werden (vgl. auch *Beuthien/Wehler* RdA 1978, 9; *Hromadka* NZA 1997, 1254; *Heußner* DB 1975, 788; einschränkend *Neuvians* S. 52; das will wohl auch das *BAG* 15.3.1978 EzA § 611 BGB Arbeitnehmerbegriff Nr. 17 nicht ausschließen, wenn gesagt wird, dass § 12a TVG keine Kriterien für die Abgrenzung selbst liefert; vgl. auch *ArbG Hmb.* 15.2.1988 EzA § 5 ArbGG 1979 Nr. 6).

9 Das BAG definiert arbeitnehmerähnliche Personen nunmehr in st.Rspr. **als Selbständige, die sich von Arbeitnehmern durch den Grad der persönlichen Abhängigkeit unterscheiden**. Sie sind – idR wegen ihrer fehlenden oder gegenüber Arbeitnehmern geringeren Weisungsgebundenheit, oft auch wegen fehlender oder geringerer Eingliederung in eine betriebliche Organisation – in wesentlich geringerem Maße persönlich abhängig als ein Arbeitnehmer. An die Stelle der persönlichen Abhängigkeit tritt das Merkmal der wirtschaftlichen Abhängigkeit bzw. Unselbständigkeit; außerdem muss der wirtschaftlich Abhängige seinem gesamten sozialen Status nach einem Arbeitnehmer vergleichbar schutzbedürftig sein (*BAG* 14.1.1997 EzA § 5 ArbGG 1979 Nr. 16; 11.4.1997 EzA § 5 ArbGG 1979 Nr. 23; 16.7.1997 EzA § 5 ArbGG 1979 Nr. 24; 8.9.1997 EzA § 5 ArbGG 1979 Nr. 25; 20.1.2004 EzA § 4 TVG Rundfunk Nr. 25; 15.2.2005 EzA § 12a TVG Nr. 3; 25.5.2005 EzA § 611 BGB 2002 Arbeitnehmerbegriff Nr. 6; 15.11.2005 EzA § 2 BUrlG Nr. 5; 17.1.2006 EzA § 2 BUrlG Nr. 6).

c) Folgerungen aus den gesetzlichen Definitionen

9a In Anlehnung daran und an die in § 5 ArbGG, § 2 BUrlG und § 12a TVG enthaltenen Umschreibungen lässt sich also allgemein der **Begriff der arbeitnehmerähnlichen Person** etwa wie folgt definieren: **Arbeitnehmerähnliche Person ist, wer, ohne Arbeitnehmer zu sein, aufgrund eines Dienst- oder Werkvertrages oder eines ähnlichen Rechtsverhältnisses in wirtschaftlicher Abhängigkeit Dienst- oder Werkleistungen persönlich und im Wesentlichen ohne Mitarbeit von Arbeitnehmern erbringt und vergleichbar einem Arbeitnehmer sozial schutzbedürftig ist** (ähnlich *Hromadka* NZA 1997, 1254, der hinsichtlich des Entgelts auf die Bezugsgrößen des § 18 SGB IV abstellen will – mindestens ein Drittel, höchstens 100 %; vgl. allgemein zur Stellung der arbeitnehmerähnlichen Personen aus der umfangreichen Literatur etwa *Appel/Frantzjoch* AuR 1998, 93; *Berger-Delhey/Alfmeyer* NZA 1991, 237; *Däubler* ZIAS 2000, 326; ders. AuR 2005, 3; *v. Einem* BB 1994, 60; *Hromadka* aaO; ders. FS Söllner, S. 475; *v. Hase/Lembke* BB 1997, 1095; *Kunz/Kunz* DB 1993, 326; *Mayer* BB 1993, 1513; *Oetker* FS ArbG Rheinland-Pfalz, S. 325; *Otten* Heim- u. Telearbeit, C Rz 90 ff.; *Pfarr* FS Kehrmann, S. 75; *Pfarr/Drüke* S. 34 ff.; *Rosenfelder* S. 274 ff.; *Rost* NZA 1999, 113; *Schubert*, S. 23 ff.; *Wank* Arbeitnehmer und Selbständige, S. 235 ff.; ders. DB 1992, 90; *Woltereck* AuR 1973, 129; *Neuvians* S. 174 ff.; zum österreichischen Recht s. *Wachter* Wesensmerkmale der arbeitnehmerähnlichen Person, 1980; ders. ZIAS 2000, 250; zum japanischen Recht vgl. *Hashimoto* Der Begriff der arbeitnehmerähnlichen Personen unter besonderer Berücksichtigung des Handelsvertreters und des Franchisenehmers – zugleich mit einem Seitenblick auf die Rechtslage in Japan, Aachen 2004; zum koreanischen Recht *Park* Arbeitnehmer und arbeitnehmerähnliche Personen, Frankfurt 2004).

2. Einzelmerkmale

a) Dienst- oder Werkvertrag

10 Der dem Beschäftigungsverhältnis der arbeitnehmerähnlichen Person zugrunde liegende Vertrag kann vom Typ her ein **Dienstvertrag** sein (§ 611 BGB), wie er auch das Arbeitsverhältnis kennzeichnet.

11 Der schuldrechtliche Vertrag kann aber auch ein **Werkvertrag** sein (§ 631 BGB). § 12a TVG dürfte insoweit bestehende Zweifel endgültig ausgeräumt haben, da dort ausdrücklich neben dem Dienstvertrag

der Werkvertrag als gleichberechtigtes Rechtsverhältnis genannt ist (vgl. *Beuthien* RdA 1978, 9; *Däubler/Reinecke* § 12a Rz 32; *Neumann/Fenski* § 2 Rz 81; *Herschel* DB 1977, 1187; *Kunze* UFITA 74, 23; *Löwisch/ Rieble* § 12a Rz 8; *Maus* RdA 1968, 372; *Stolterfoth* DB 1973, 1970, 1071; *Wiedemann/Wank* § 12a Rz 61; auch das BAG geht offensichtlich von dieser Auffassung aus, vgl. etwa BAG 8.6.1967 AP Nr. 6 zu § 611 BGB Abhängigkeit; s.a. BAG 2.10.1990 EzA § 12a TVG Nr. 1).

Ein **Werkvertrag** im Unterschied zum Dienstvertrag liegt vor, wenn nicht die Dienstleistung des Verpflichteten als solche, sondern der **Erfolg** der Tätigkeit – also die Herstellung eines bestimmten Werkes – den Schwerpunkt der vertraglichen Beziehungen ausmacht (vgl. § 631 BGB). Als Beispiel mag genannt werden etwa aus dem Bereich der Heimarbeit die Herstellung eines bestimmten Kleidungsstückes, aus dem Bereich der künstlerischen freien Mitarbeit die Erstellung eines Bühnenbildes, die Verfassung eines Drehbuches. Im Einzelnen sind die Grenzen fließend, so dass sich eine scharfe Trennung nicht immer vornehmen lässt (vgl. auch BAG 28.2.1962 AP Nr. 1 zu § 611 BGB Abhängigkeit; 8.6.1967 aaO; *Falkenberg* DB 1969, 1409). Von Bedeutung sind aus dem Bereich der werkvertraglich strukturierten Vertragsverhältnisse in erster Linie Ketten von Verträgen mit dem Besteller (s.u. Rz 71 ff.). 12

Problematisch erscheint, ob auch der **Werklieferungsvertrag** (§ 651 BGB) als Vertragstyp für ein arbeitnehmerähnliches Rechtsverhältnis in Frage kommt. Im Unterschied zum Werkvertrag verpflichtet sich hier der Unternehmer, das Werk aus einem von ihm zu beschaffenden Stoff herzustellen. Da auf den echten Werklieferungsvertrag gem. § 651 Abs. 1 BGB die Vorschriften über den Kauf anwendbar sind, wird das jedenfalls iRd § 12a TVG teilweise verneint (*Wiedemann/Wank* § 12a Rz 63; *Wlotzke* DB 1974, 2258). Für die allgemeine Begriffsbestimmung erscheint es jedoch nicht gerechtfertigt, ein arbeitnehmerähnliches Rechtsverhältnis nur deshalb abzulehnen, weil der mit der Erstellung des Werkes Beauftragte Material beschafft. Bezeichnenderweise wird gem. § 2 Abs. 1 S. 2 HAG die Eigenschaft als Heimarbeiter nicht davon beeinträchtigt, dass der Heimarbeiter Roh- und Hilfsstoffe selbst beschafft. Es ist daher davon auszugehen, dass ein arbeitnehmerähnliches Rechtsverhältnis auch durch einen Werklieferungsvertrag begründet werden kann (*Däubler/Reinecke* § 12a Rz 35; *Kempen/Zachert/Stein* § 12a Rz 26; *Löwisch/Rieble* § 12a Rz 8; *Wlotzke* DB 1974, 2258, für die allg. Begriffsbestimmung; zustimmend *Tiefenbacher* AR-Blattei SD 120 Rz 16; vgl. auch *Stolterfoth* DB 1973, 1071; wohl auch *Neumann/Fenski* § 2 Rz 82). Für den sog. unechten Werklieferungsvertrag, bei dem der Unternehmer lediglich Zutaten und Nebensachen beschafft (§ 651 Abs. 2 BGB) wird das ohnehin nicht bestritten, da auf ihn die Vorschriften über den Werkvertrag Anwendung finden (*Wiedemann/Wank* § 12a TVG Rz 61). 13

Endlich schließen auch andere Vertragselemente, wie etwa **Pacht- oder Lizenzverträge** die Eigenschaft als arbeitnehmerähnliches Rechtsverhältnis jedenfalls dann nicht aus, wenn sie im Zusammenhang stehen mit dienst- oder werkvertraglichen Elementen (vgl. *Däubler/Reinecke* § 12a Rz 38; *Löwisch/Rieble* aaO; *Wlotzke* aaO; BAG 13.9.1956 AP Nr. 2 zu § 5 ArbGG 1953; zweifelnd *Wiedemann/Wank* § 12a Rz 62). Auch ein **Franchisenehmer** kann bei entsprechender Vertragsgestaltung arbeitnehmerähnliche Person sein (BAG 16.7.1997 EzA § 5 ArbGG 1979 Nr. 24; *Däubler/Reinecke* § 12a Rz 37). 14

b) Kein Arbeitsverhältnis

Das Vertragsverhältnis der **arbeitnehmerähnlichen Person** darf kein Arbeitsverhältnis sein. Wesentliches **Merkmal des Arbeitnehmerbegriffs** ist nach st.Rspr. des BAG und der nach wie vor hL **die persönliche Abhängigkeit des Beschäftigten**. Ein Arbeitsverhältnis unterscheidet sich von dem Rechtsverhältnis eines freien Mitarbeiters durch den Grad der persönlichen Abhängigkeit, in welcher der zur Dienstleistung Verpflichtete jeweils steht. Arbeitnehmer ist wer aufgrund privatrechtlichen Vertrags im Dienste eines anderen zur Leistung weisungsgebundener Tätigkeit verpflichtet ist (BAG in st.Rspr., s. etwa BAG 3.6.1998 EzA § 611 BGB Arbeitnehmerbegriff Nr. 70; 20.9.2000 EzA § 611 BGB Arbeitnehmerbegriff Nr. 84; 29.5.2002 EzA § 611 BGB Arbeitnehmerbegriff Nr. 88; 9.10.2002 EzA § 611 BGB 2002 Arbeitnehmerbegriff Nr. 1; 4.12.2002 EzA § 611 BGB 2002 Arbeitnehmerbegriff Nr. 2; 25.5.2005 EzA § 611 BGB 2002 Arbeitnehmerbegriff Nr. 6; 15.11.2005 EzA § 2 BUrlG Nr. 5; *ErfK-Preis* § 611 BGB Rz 60 f.; *MünchKomm-Müller-Glöge* § 611 Rz 133 f.; *MünchArbR-Richardi* § 28 Rz 7 f.; *Buchner* NZA 1998, 1144; *Griebeling* RdA 1998, 208; *Schliemann* RdA 1997, 322; krit. v.a. *Wank* Arbeitnehmer und Selbständige, S. 23; *ders.* DB 1992, 90; *ders.* RdA 1999, 296; vgl. auch *Haupt/Wollenschläger* NZA 2001, 291; *Hochrathner* NZA 2001, 564; gegen *Wank* vor allem *Hromadka* aaO; *Buchner* aaO; auch *ErfK-Preis* aaO Rz 71). Dies bringt nach wie vor deutlich die Abgrenzung zwischen dem Handelsvertreter als selbständigem Gewerbetreibenden und dem nicht selbständigen Angestellten gem. § 84 Abs. 1 S. 2 HGB zum Ausdruck. Selbständig ist danach, wer im Wesentlichen frei seine Tätigkeit gestalten und seine Arbeitszeit frei bestimmen kann. Hierin liegt eine über den unmittelbaren Anwendungsbereich hinausgehende allge- 15 meine gesetzgeberische Wertung für die Unterscheidung von Dienstvertrag und Arbeitsvertrag (s. nur *BAG* 20.9.2000 EzA § 611 BGB Arbeitnehmerbegriff Nr. 84; 29.5.2002 EzA § 611 BGB Arbeitnehmerbegriff Nr. 88).

15a Der Arbeitnehmerbegriff ergibt sich vornehmlich im **Umkehrschluss** aus den Vorschriften zu den selbständigen Dienstleistenden und den arbeitnehmerähnlichen Personen. Die **gesetzliche Abstufung geht dabei** nicht von einem dualen System, sondern **von einem dreigeteilten System aus**, das zwischen Arbeitnehmern, arbeitnehmerähnlichen Personen und Selbständigen differenziert. Aus den gesetzlichen Vorgaben wird deutlich, dass weder die Tätigkeit für nur einen Auftraggeber noch der Umstand der wirtschaftlichen Abhängigkeit und/oder der sozialen Schutzbedürftigkeit den Arbeitnehmerstatus begründen kann (*BAG* 15.12.1999 EzA § 611 BGB Arbeitnehmerbegriff Nr. 80; 15.12.1999 EzA § 611 BGB Arbeitnehmerbegriff Nr. 82; 20.9.2000 EzA § 611 BGB Arbeitnehmerbegriff Nr. 84; 25.5.2005 EzA § 611 BGB 2002 Arbeitnehmerbegriff Nr. 6; *Buchner* aaO; *Hromadka* aaO; s. iE auch *Rost* NZA 1999, 114, 115). Der Gesetzgeber geht davon aus, dass es im Bereich der Dienstleistungen/Werkleistungen **Personen gibt, die wirtschaftlich abhängig oder unselbständig sind, die wie ein Arbeitnehmer sozial schutzbedürftig sind, die aber dennoch keine Arbeitnehmer sind**. Wirtschaftliche Abhängigkeit und soziales Schutzbedürfnis sind andererseits im Kern diejenigen Merkmale, die anstelle des Kriteriums des persönlichen im Sinne einer rechtlichen Abhängigkeit als neue Merkmale des Arbeitnehmerbegriffs herangezogen werden (*Wank* aaO; *Neuvians* S. 47; s. auch *Kreuder* AuR 1996, 386). Wenn danach etwa eine die Arbeitnehmereigenschaft ausschließende Selbständigkeit nur bei freiwilliger Übernahme des Unternehmerrisikos und eigener unternehmerischer Organisation vorliegen soll, zielt das letztlich auf diese Kriterien ab. **Ein solcher Arbeitnehmerbegriff würde die nach den derzeitigen gesetzlichen Regelungen als arbeitnehmerähnliche Personen angesehenen Dienstleistenden weitgehend als Arbeitnehmer erfassen**. Für eine solche Lösung mag es erwägenswerte Gründe geben. Immerhin sind arbeitnehmerähnliche Personen nach allgemeinem Verständnis einem Arbeitnehmer vergleichbar sozial schutzbedürftig. Eine solche grundsätzliche Neubestimmung des Arbeitnehmerbegriffs, der praktisch die bisher vom Gesetzgeber vorgegebene Dreiteilung in Arbeitnehmer, arbeitnehmerähnliche und wirtschaftlich selbständige Dienstleistende aufhebt, wäre aber Aufgabe des Gesetzgebers und kann nicht durch die Rechtsprechung erfolgen (so auch *Buchner* aaO; *Hromadka* aaO; *Hanau* FS Kehrmann, S. 23, 27; s. auch *Rost* NZA 1999, 115).

15b **Daran hatte sich auch durch die bis zum 31.12.2002 geltende Regelung des Rechts der sog. Scheinselbständigen im Sozialversicherungsrecht nichts geändert.** Die Vermutungsregelung des § 7 Abs. 4 SGB IV aF galt nur für die sozialversicherungsrechtliche Zuordnung eines Beschäftigungsverhältnisses. Sie hatte keine unmittelbare Bedeutung für die arbeitsrechtliche Zuordnung und führte insbes. nicht zu einer Änderung oder Neudefinition des Arbeitnehmerbegriffs (ErfK-*Rolfs* § 7 SGB IV Rz 2; MünchArbR-*Richardi* § 24 Rz 11; *Bauschke* AR-Blattei SD 110.1 Rz 65 *Schubert* S. 21 – alle mwN; eine Ausstrahlung sah immerhin *Henrici* AuR 2000, 171; s.a. *Haupt/Wollenschläger* NZA 2001, 293; *Hohmeister* NZS 1999, 179; *Neuvians* S. 40; *Sommer* NZS 2000, 124).

15c Der maßgebliche **Grad der persönlichen Abhängigkeit** lässt sich jeweils nur im Einzelfall aufgrund einer **Gesamtwürdigung aller Umstände** feststellen (s. nur *BAG* 20.9.2000 EzA § 611 BGB Arbeitnehmerbegriff Nr. 84; 29.5.2002 EzA § 611 BGB Arbeitnehmerbegriff Nr. 88; 4.12.2002 EzA § 611 BGB 2002 Arbeitnehmerbegriff Nr. 2). Dabei spielt eine wesentliche Rolle die Eigenart der jeweiligen Tätigkeit, so dass allgemein gültige abstrakte Merkmale kaum aufgestellt werden können (vgl. schon *BAG* 15.3.1978 EzA § 611 BGB Arbeitnehmerbegriff Nr. 17; s.a. *BAG* 29.5.2002 EzA § 611 BGB Arbeitnehmerbegriff Nr. 88; 4.12.2002 EzA § 611 BGB 2002 Arbeitnehmerbegriff Nr. 2).

16 Mit dieser Einschränkung sind etwa folgende Kriterien für die Unterscheidung zwischen persönlich abhängigem Arbeitnehmer und arbeitnehmerähnlichem freien Mitarbeiter zu nennen: die **Bindung an Arbeitszeiten,** die tatsächliche **Eingliederung** in den Betrieb, der **Arbeitsort,** die **Abhängigkeit** von vom Auftraggeber zur Verfügung zu stellenden **Arbeitsmitteln,** der Umfang der **Weisungsgebundenheit,** die Notwendigkeit zur **Unterordnung** unter andere im Dienst des Dienstberechtigten stehenden Personen (s. die Nachweise in Rz 15 zur st.Rspr. des *BAG* u. zur Literatur). Diese Kriterien sind ambivalent. Gerade im **pädagogischen Bereich** sind Bindungen an Ort und Zeit (Unterrichtsraum und Unterrichtsstunde) typisch und daher wenig aussagekräftig. Das gilt auch für allgemeine Lehrpläne oder sonstige allgemeine Arbeitsvorgaben wie etwa Therapiepläne im fürsorgerischen Bereich, wenn mit ihnen nur der Inhalt der Leistung bestimmt wird, nicht aber Einfluss auf den Unterricht oder die Durchführung der Therapie selbst genommen wird (*BAG* 30.10.1991 EzA § 611 BGB Arbeitnehmerbegriff Nr. 44; 13.11.1991 EzA § 611 BGB Arbeitnehmerbegriff Nr. 45; 24.6.1992 EzA § 611 BGB Arbeitneh-

merbegriff Nr. 46; 26.7.1995 EzA § 611 BGB Arbeitnehmerbegriff Nr. 56; 12.9.1996 EzA § 611 BGB Arbeitnehmerbegriff Nr. 60; 29.5.2002 EzA § 611 BGB Arbeitnehmerbegriff Nr. 88). Kein Merkmal einer arbeitsvertraglichen Weisungsgebundenheit ist die Pflicht, öffentlich-rechtlichen Anordnungen einer Aufsichtsbehörde nachzukommen; sie trifft jedermann (*BAG* 25.5.2005 § 611 BGB 2002 Arbeitnehmerbegriff Nr. 6 betr. Anordnungen im Jugendhilferecht gegenüber Leiterin einer sog. Außenwohngruppe – unter Aufgabe von *BAG* 6.5.1998 EzA § 611 BGB Arbeitnehmerbegriff Nr. 66).

Allein die **Aufnahme in Dienstpläne** (einer Rundfunkanstalt) lässt noch nicht zwingend auf eine Arbeitnehmereigenschaft schließen; ihr kommt aber eine starke Indizwirkung zu, die bei der Gesamtbetrachtung zu berücksichtigen ist (*BAG* 20.9.2000 EzA § 611 BGB Arbeitnehmerbegriff Nr. 84; s.a. *BAG* 22.4.1998 EzA § 611 BGB Arbeitnehmerbegriff Nr. 71). Eine arbeitnehmertypische Abhängigkeit kann sich aber aus der **Einbindung in Dienstpläne** ergeben, wenn der Beschäftigte die Wahrnehmung einzelner **Termine faktisch nicht ablehnen kann** (*BAG* 16.6.1998 EzA § 611 BGB Arbeitnehmerbegriff Nr. 65 – Fotoreporter einer Zeitungsredaktion). Andererseits wird etwa ein **programmgestaltender Rundfunkmitarbeiter noch nicht deshalb zum Arbeitnehmer**, weil er zur Herstellung seines Beitrages auf technische Einrichtungen und Personal der Rundfunkanstalt angewiesen ist und aus diesem Grunde **in Dispositions- und Raumbelegungspläne** aufgenommen wird (*BAG* 19.1.2000 EzA § 611 BGB Arbeitnehmerbegriff Nr. 81). Das Weisungsrecht muss sich auch **nicht zwingend auf die Arbeitszeit** erstrecken, sondern kann sich auf den Inhalt und die Durchführung der geschuldeten Tätigkeit beschränken (*BAG* 6.5.1998 EzA § 611 BGB Arbeitnehmerbegriff Nr. 66). **16a**

Die fachliche Weisungsgebundenheit ist für **Dienste höherer Art** häufig nicht typisch; dem Arbeitnehmer kann also unter Umständen ein großes Maß an Gestaltungsfreiheit und fachlicher Selbständigkeit verbleiben (*BAG* 13.11.1991 EzA § 611 BGB Arbeitnehmerbegriff Nr. 45; 30.11.1994 EzA § 611 BGB Arbeitnehmerbegriff Nr. 55).

Rein **formale Kriterien**, die früher gleichfalls herangezogen wurden, wie etwa die Zulässigkeit von Nebentätigkeiten, Art und Zahlungsweise der Vergütung, Übernahme von Steuern und Sozialversicherung (vgl. noch *BAG* 8.6.1967 AP Nr. 6 zu § 611 BGB Abhängigkeit) werden demgegenüber heute zu Recht eher als wertneutral und **zur Abgrenzung nicht ausreichend angesehen** (vgl. etwa *BAG* 9.3.1977 EzA § 611 BGB Arbeitnehmerbegriff Nr. 9 mit Hinweis auf die Besonderheiten gerade für den Medienbereich; 30.11.1994 EzA § 611 BGB Arbeitnehmerbegriff Nr. 55). **Nicht entscheidend** ist, ob der Dienstberechtigte **über den einzelnen Auftrag hinaus** über Arbeitszeit und Arbeitskraft des Mitarbeiters verfügen kann (*BAG* 15.3.1978 EzA § 611 BGB Arbeitnehmerbegriff Nr. 16, unter ausdrücklicher Aufgabe der in *BAG* 8.10.1975 EzA § 611 BGB Arbeitnehmerbegriff Nr. 4 vertretenen Auffassung; 30.11.1994 EzA § 611 BGB Arbeitnehmerbegriff Nr. 55). Von Bedeutung ist auch die Behandlung vergleichbarer Mitarbeiter (*BAG* 28.6.1973 EzA § 611 BGB Nr. 13; 13.10.1975 EzA § 611 BGB Arbeitnehmerbegriff Nr. 2 und 3; krit. *Rosenfelder* S. 162). Der Grad der Abhängigkeit hängt auch von der **Eigenart der Tätigkeit** ab. Manche Tätigkeiten können sowohl im Rahmen eines Arbeitsverhältnisses als auch eines freien Mitarbeiterverhältnisses erbracht werden, umgekehrt gibt es Tätigkeiten, die regelmäßig nur im Rahmen eines Arbeitsverhältnisses ausgeübt werden (*BAG* 30.11.1994 EzA § 611 BGB Arbeitnehmerbegriff Nr. 55; 30.10.1991 EzA § 611 BGB Arbeitnehmerbegriff Nr. 44; 22.8.2001 EzA § 611 BGB Arbeitnehmerbegriff Nr. 86). Insoweit kommt auch der **Verkehrsauffassung** ein zu beachtendes Gewicht zu. Ein Arbeitnehmer wird auch nicht allein dadurch zum freien Mitarbeiter, dass der Arbeitgeber sein **Weisungsrecht längere Zeit nicht ausübt** (*BAG* 12.9.1996 EzA § 611 BGB Arbeitnehmerbegriff Nr. 58). **16b**

Bei der Einordnung des Rechtsverhältnisses als Arbeitsvertrag oder arbeitnehmerähnliches Rechtsverhältnis ist grds. auf die **praktische Durchführung** der vertraglichen Beziehungen abzustellen, **nicht** auf die von den Parteien gewählte **Bezeichnung** (zu Statusvereinbarungen s. aber auch *Stoffels* NZA 2000, 690). Ist aufgrund der objektiven Umstände die rechtliche Einordnung eindeutig, hat ein entgegenstehender **Parteiwille zurückzutreten** (*BAG* 24.6.1992 EzA § 611 BGB Arbeitnehmerbegriff Nr. 46; 9.6.1993 EzA § 611 BGB Arbeitnehmerbegriff Nr. 51; 16.3.1994 EzA § 611 BGB Arbeitnehmerbegriff Nr. 53; 20.7.1994 EzA § 611 BGB Arbeitnehmerbegriff Nr. 54; s.a. *BGH* 26.5.2002 AP Nr. 113 zu § 611 BGB Abhängigkeit). Erst wenn sich danach ein eindeutiges Bild nicht gewinnen lasst, da objektive Momente sowohl für die eine als auch für die andere Deutung gegeben sind, ist in **zweiter Linie auf die subjektive Vorstellung** der Parteien zurückzugreifen. Es ist zu fragen, welches Rechtsverhältnis sie gewollt haben (vgl. schon *BAG* 28.6.1973 EzA § 611 BGB Nr. 13; 14.2.1974 EzA § 611 BGB Nr. 16; *BSG* 13.7.1978 AP Nr. 29 zu § 611 BGB Abhängigkeit). **17**

18 Dabei ist allerdings zu beachten, dass nach der Rechtsprechung des BAG der Abschluss des Vertrages als freier Mitarbeiter anstelle eines Arbeitsvertrages auf Seiten des Auftraggebers unter Umständen **rechtsmissbräuchlich** sein kann, wenn das Angebot dieser Vertragsform bei bestehender Möglichkeit des Abschlusses auch eines Arbeitsvertrages nicht durch einen sachlichen Grund gerechtfertigt ist, sondern nur der Umgehung des Sozialschutzes dient, insbes. des Kündigungsschutzes. Der Dienstberechtigte muss sich in diesem Fall so behandeln lassen, als liege ein Arbeitsverhältnis vor (*BAG* 14.2.1974 AP Nr. 12 zu § 611 BGB Abhängigkeit mit krit. Anm. von *Lieb*; vgl. auch *Lieb* RdA 1975, 50).

19 Rechtsmissbräuchlich kann andererseits aber auch ein Dienstnehmer handeln, wenn er sich **nachträglich darauf beruft**, Arbeitnehmer gewesen zu sein, obwohl er als freier Mitarbeiter tätig sein wollte und sich jahrelang allen Versuchen des Dienstgebers widersetzt hat, zu ihm in ein Arbeitsverhältnis zu treten (*BAG* 11.12.1996 EzA § 242 BGB Rechtsmissbrauch Nr. 2 – für die Übernahme von Sekretariats- und Sachbearbeiteraufgaben). Das gilt in gleicher Weise für einen Dienstnehmer, der **zunächst ein Urteil erstreitet**, durch das rechtskräftig festgestellt wird, dass er nicht freier Mitarbeiter, sondern Arbeitnehmer ist, **dann aber auf eigenen Wunsch mit dem Arbeitgeber das Arbeitsverhältnis aufhebt**, um wieder als freier Mitarbeiter tätig zu werden, später aber erneut die Feststellung begehrt, trotz des Aufhebungsvertrages habe ein Arbeitsverhältnis bestanden (*BAG* 11.12.1996 EzA § 242 BGB Rechtsmissbrauch Nr. 1). Nimmt ein Mitarbeiter die **Statusklage zurück**, stellt es idR eine **unzulässige Rechtsausübung** dar, wenn er sich **später** zur Begründung der Voraussetzungen tariflicher Unkündbarkeit **darauf beruft, er sei durchgehend Arbeitnehmer gewesen** (*BAG* 12.8.1999 EzA § 242 BGB Rechtsmissbrauch Nr. 4). Die Berufung auf den Arbeitnehmerstatus ist aber regelmäßig nicht schon dann rechtsmissbräuchlich, wenn der Arbeitnehmer einen Vertrag über »freie Mitarbeit« abgeschlossen und seiner vergütungsmäßigen Behandlung als freier Mitarbeiter nicht widersprochen, sondern deren Vorteile entgegengenommen hat (*BAG* 4.12.2002 AP Nr. 1 zu § 333 ZPO).

20 Besondere Probleme werfen die Beschäftigungsverhältnisse im Medienbereich auf, einem der klassischen Einsatzbereiche für freie Mitarbeiter. Das BAG hatte in st.Rspr. insbes. die **Mitarbeiter von Rundfunk und Fernsehen als Arbeitnehmer** der Anstalten angesehen dann, wenn sie in die Arbeitnehmerorganisation eingegliedert und deshalb persönlich abhängig waren. Als Kennzeichen der abhängigen und unselbständigen Arbeit wurde es u.a. betrachtet, dass der eingegliederte Mitarbeiter seine Arbeitskraft nicht nach selbst gesetzten Zielen und Bedürfnissen des Marktes in eigener Verantwortung verwirklichte, sondern sie zur Realisierung der Rundfunk- und Fernsehprogramme der Anstalten einsetzte (vgl. *BAG* 23.4.1980 EzA § 611 BGB Arbeitnehmerbegriff Nr. 21; 7.5.1980 EzA § 611 BGB Arbeitnehmerbegriff Nr. 22; 7.5.1980 AP Nr. 36 zu § 611 BGB Abhängigkeit mit gemeinsamer Anm. zu AP Nr. 34–36 zu § 611 BGB Abhängigkeit von *Otto* und *Wank* s. zum ganzen auch *Heilmann* AuA 1998, 190; *Hilger* RdA 1981, 265; *Kewenig/Thomashausen* NJW 1981, 417; *Rüthers* DB 1982, 1869; *Bezani* NZA 1997, 856; ausführlich *Wrede* NZA 1999, 1019).

Durch Beschluss vom 13.1.1982 hat das **BVerfG** festgestellt, dass diese **Rechtsprechung nicht hinreichend den verfassungsrechtlich gewährleisteten Schutz der Freiheit des Rundfunks berücksichtige**, sondern einseitig die sozialen Belange der Mitarbeiter bevorzuge (*BVerfG* 13.1.1982 EzA Art. 5 GG Nr. 9; bestätigt durch *BVerfG* 28.6.1983 EzA § 611 BGB Arbeitnehmerbegriff Nr. 28; bestätigt durch *BVerfG* 18.2.2000 EzA Art. 5 GG Nr. 25; 19.7.2000 AP Nr. 12 zu Art. 5 Abs. 1 GG Rundfunkfreiheit). Nach Auffassung des BVerfG erstreckt sich der gem. Art. 5 Abs. 1 S. 2 GG in den Schranken der allgemeinen Gesetze gewährleistete verfassungsrechtliche Schutz der Freiheit des Rundfunks auf das **Recht der Anstalten** schon bei der **Auswahl, Einstellung und Beschäftigung der an der Programmgestaltung** beteiligten Mitarbeiter dem Gebot der Vielfalt der zu vermittelnden Programminhalte Rechnung zu tragen. Dies haben die Gerichte zu beachten bei der Einordnung der Rechtsbeziehungen eines solchen Mitarbeiters als Arbeitsverhältnis oder freies Dienstverhältnis. **Nicht ausreichend** ist es, den Anforderungen der **Rundfunkfreiheit** erst im Falle einer **Kündigung** Rechnung zu tragen; bereits die Feststellung eines unbefristeten Arbeitsverhältnisses kann sie beeinträchtigen. Rundfunkfreiheit einerseits und arbeitsrechtlicher Bestandsschutz andererseits müssen abgewogen werden, wobei der Rundfunkfreiheit ein hohes Gewicht beizumessen ist, welches dasjenige des Bestandsschutzes übersteigen kann. Das BAG hatte nach Auffassung des BVerfG diese verfassungsrechtliche Lage nicht erkannt und daher das Arbeitsrecht auch nicht im Lichte des Art. 5 Abs. 1 S. 2 GG ausgelegt. Seine **Rechtsprechung** führte daher zu einer **nicht verfassungsgemäßen einseitigen Berücksichtigung** der sozialen Verhältnisse der Mitarbeiter zu Lasten der Rundfunkfreiheit (vgl. iE *BVerfG* 28.6.1983 EzA § 611 BGB Arbeitnehmerbegriff Nr. 28).

Diesen Grundsätzen ist seither bei der künftigen Einordnung von Beschäftigungsverhältnissen Rechnung zu tragen, die in der Programmgestaltung tätig sind. Die Entscheidung des BVerfG, insbes. auch der Hinweis auf die Schmälerung der beruflichen Chancen des Nachwuchses (vgl. dazu *BVerfG* 13.1.1982 EzA Art. 5 GG Nr. 9 [unter C II 3b der Gründe] – s. aber auch das Sondervotum von *Heußner* S. 273), lässt sich auf andere Bereiche übertragen. 20a

Hervorzuheben ist allerdings, dass der besondere verfassungsrechtliche **Schutz der Rundfunkfreiheit** sich in dem hier streitigen Zusammenhang der Auswahl, Einstellung und Beschäftigung des Personals **beschränkt** auf solche **Mitarbeiter,** die an Hörfunk- und Fernsehsendungen **gestaltend** mitarbeiten (*BVerfG* 13.1.1982 EzA Art. 5 GG Nr. 9 [unter C II 1b der Gründe] nennt als Beispiel Regisseure, Moderatoren, Kommentatoren, Wissenschaftler und Künstler; bestätigt durch *BVerfG* 3.12.1992 EzA § 611 BGB Arbeitnehmerbegriff Nr. 50, wonach im Einzelfall die Tätigkeit eines Rundfunksprechers nicht zu den programmgestaltenden Tätigkeiten gehören kann; s. jetzt auch *BVerfG* 18.2.2000 EzA Art. 5 GG Nr. 25; 19.7.2000 AP Nr. 12 zu Art. 5 Abs. 1 GG Rundfunkfreiheit; *BAG* 30.11.1994 EzA § 611 BGB Arbeitnehmerbegriff Nr. 55 m. Anm. *Rüthers/Beninca*; vgl. zum Ganzen auch *Dörr* ZTR 1994, 355; *Bezani* NZA 1997, 857; *Wrede* NZA 1999, 1019; s.a. *Kempen/Zachert/Stein* § 12a Rz 8 ff.). Hingegen sind nicht von Art. 5 Abs. 1 S. 2 GG betroffen Personalentscheidungen, bei denen kein direkter Zusammenhang mit der Programmgestaltung besteht, also etwa bei betriebstechnischem und verwaltungstechnischem Personal, aber auch bei solchen Mitarbeitern, deren Tätigkeit sich in der technischen Verwirklichung des Programms erschöpft und ohne inhaltlichen Einfluss auf dieses bleibt. Dementsprechend hat das *BVerfG* in seinem Beschluss v. 13.1.1982 (EzA Art. 5 GG Nr. 9) die Verfassungsbeschwerde gegen das Urteil des *BAG* vom 7.5.1980 (AP Nr. 36 zu § 611 BGB Abhängigkeit) zurückgewiesen. Die Klägerin, eine im Rundfunkorchester beschäftigte Geigerin ohne hervorgehobene Position, wurde nicht zu den unmittelbar programmgestaltenden Mitarbeitern gezählt. Hier konnte das BAG daher auch nach Auffassung des BVerfG allein von arbeitsrechtlichen Maßstäben und Regeln ausgehen. 20b

Das BAG interpretiert die **bindende Tragweite** der vom BVerfG aufgestellten Grundsätze dahin, dass sie auch für den Bereich der programmgestaltenden Mitarbeiter **nicht zur Entwicklung besonderer Kriterien** für die Abgrenzung des Arbeitsvertrages von einem Dienstvertrag zwingt, die mit dem allgemeinen Arbeitsrecht nicht übereinstimmen (*BAG* 13.1.1983 EzA § 611 BGB Arbeitnehmerbegriff Nr. 26; 13.1.1983 EzA § 611 BGB Arbeitnehmerbegriff Nr. 27; 30.11.1994 EzA § 611 BGB Arbeitnehmerbegriff Nr. 55; 22.4.1998 EzA § 611 BGB Arbeitnehmerbegriff Nr. 67 u. EzA § 611 BGB Arbeitnehmerbegriff Nr. 71; 22.4.1998 EzA § 620 BGB Nr. 151; letztlich bestätigt durch *BVerfG* 18.2.2000 EzA Art. 5 GG Nr. 25). Dem ist zuzustimmen (*Wrede* NZA 1999, 1026; s. auch *Hochrathner* NZA 2001, 562). Die Rundfunkfreiheit wird noch nicht durch die Einordnung eines Vertragsverhältnisses als Arbeitsvertrag oder freier Dienstvertrag berührt, sondern erst durch die Entscheidung über eine befristete oder unbefristete Anstellung eines Mitarbeiters (vgl. *BAG* 13.1.1983 EzA § 611 BGB Arbeitnehmerbegriff Nr. 27; insbes. 13.1.1983 EzA § 611 BGB Arbeitnehmerbegriff Nr. 26; bestätigt durch *BAG* 20.7.1994 EzA § 611 BGB Arbeitnehmerbegriff Nr. 54; 30.11.1994 EzA § 611 BGB Arbeitnehmerbegriff Nr. 55; 22.4.1998 aaO; wie das BAG etwa auch *Konzen/Rupp* Anm. *BAG* 13.1.1982 EzA Art. 5 GG Nr. 9; *Lieb* FS für Hilger/Stumpf S. 433, 435; *Otto* AuR 1982, 1, 4; *Wrede* NZA 1999, 1026; **aA** insbes. *Rüthers* DB 1982, 1869, 1877, der Auswirkungen auch für den Arbeitnehmerbegriff sieht; vgl. zur Problematik insgesamt weiter etwa *Biethmann* NJW 1983, 200; *Otto* RdA 1984, 262; *Rüthers* RdA 1985, 129; *Wank* RdA 1982, 363; zum Ganzen jetzt *Dörr* aaO; *Bezani* aaO; *Hochrathner* NZA 2001, 561, 562). 20c

c) Wirtschaftliche Abhängigkeit

Nur nach den Gesamtumständen zu beurteilen ist das Kriterium der **wirtschaftlichen Abhängigkeit.** Sie liegt vor allem dann vor, wenn der Beschäftigte im Wesentlichen für einen Auftraggeber tätig geworden ist und die hieraus fließende Vergütung seine **Existenzgrundlage** darstellt (vgl. schon *BAG* 18.2.1956 AP Nr. 1 zu § 5 ArbGG 1953; 8.11.1967 AP Nr. 7 zu § 611 BGB Abhängigkeit; 2.10.1990 EzA § 12a TVG Nr. 1; *Fohrbeck/Wiesand/Woltereck* S. 27; *Hromadka* NZA 1997, 1253; *Kunze* UFITA 74, 24; *Kempen/Zachert/Stein* § 12a Rz 21 ff.; *Wiedemann/Wank* § 12a Rz 41; auf die Höhe des Gesamteinkommens stellt ab: *Lieb* RdA 1974, 262, 263). Damit ist die Beschäftigung für mehrere Auftraggeber zugleich zwar nicht ausgeschlossen (*BAG* 8.11.1967 aaO). Je größer aber deren Zahl und je breiter demzufolge die Streuung des Einkommens des Beschäftigten ist, desto weniger wird man von einer die Existenz berührenden Abhängigkeit sprechen können. 21

Gewisse Anhaltspunkte lassen sich insoweit auch **§ 12a TVG** entnehmen (s. auch *BAG* 2.10.1990 EzA § 12a TVG Nr. 1; 15.2.2005 EzA § 12a TVG Nr. 3; s.a. Rz 8). In den Schutzbereich des Gesetzes einbezogen werden arbeitnehmerähnliche – also wirtschaftlich abhängige – Personen, die entweder überwiegend für eine Person tätig sind oder denen von einer Person mehr als die Hälfte des Entgelts – bei künstlerischen, schriftstellerischen und journalistischen Leistungen ein Drittel – zusteht, welches sie für ihre Erwerbstätigkeit insgesamt erhalten. Das Gesetz geht also davon aus, dass wirtschaftliche Abhängigkeit im hier maßgeblichen Sinne auch dann gegeben sein kann, wenn der Beschäftigte für mehrere Personen tätig ist und von einer dieser Personen wenigstens die Hälfte bzw. ein Drittel seines Gesamtentgelts bezieht. Das muss jedenfalls für den Bereich des TVG als eine Konkretisierung dessen angesehen werden, was mit **im Wesentlichen für einen Auftraggeber** tätig werden umschrieben wird.

22 Als Sonderregelung kann § 12a TVG nicht ohne weiteres ausgeweitet werden. Das gilt um so mehr, als die im Einzelnen in § 12a Abs. 1 a-c TVG aufgestellten Kriterien der Klammerdefinition des Begriffs der arbeitnehmerähnlichen Personen nachgestellt sind (vgl. Rz 8). Immerhin sollten die Abgrenzungen des § 12a TVG Anlass sein, eher die Voraussetzungen der wirtschaftlichen Abhängigkeit auch bei Vorhandensein mehrerer Auftraggeber zu bejahen (vgl. auch *Beuthien/Wehler* RdA 1978, 9, die für eine generelle Übernahme der Maßstäbe des § 12a TVG sprechen; *Herschel* DB 1977, 1185; auch *Hromadka* NZA 1997, 1254, will in etwa an die Untergrenze des § 12a TVG anknüpfen). Das würde auch der Regelung des HAG entsprechen, wonach die Beschäftigung durch nur einen Auftraggeber nicht zur Begriffsbestimmung des Heimarbeiters gehört.

23 Von einer wirtschaftlichen Abhängigkeit kann regelmäßig nur gesprochen werden bei Vorliegen einer gewissen **Dauerbeziehung** (*BAG* 6.12.1974 EzA § 611 BGB Nr. 18; *Hromadka* NZA 1997, 1255; *Kunze* UFITA 74, 26). Die einmalige kurzfristige Erbringung einer Dienst- oder Werksleistung wird in aller Regel nicht ein Entgelt zur Gegenleistung haben, welches die wesentliche Existenzgrundlage des Beschäftigten darstellt. Ein gewisses Dauermoment ergibt sich schon aus dem Vergleich zum Arbeitsverhältnis, welches ebenfalls als Dauerschuldverhältnis gestaltet ist. Es soll allerdings nicht verkannt werden, dass auch kurzfristige (Aushilfs-)Arbeitsverhältnisse denkbar und nicht ungewöhnlich sind. Nicht entscheidend ist die Frage der **Voll-** oder **Teilzeitbeschäftigung.** Auch Teilzeitbeschäftigte mit geringem Beschäftigungsumfang können Arbeitnehmer sein und als solche den Schutz des KSchG genießen (s. KR-*Griebeling* § 1 KSchG Rz 63). Dies gilt auch für die sog. **Jobsharing-Arbeitsverhältnisse** (KR-*Griebeling* § 1 KSchG Rz 66).

d) Soziale Schutzbedürftigkeit

24 Das Begriffsmerkmal der einem **Arbeitnehmer vergleichbaren sozialen Schutzbedürftigkeit** bedarf zu seiner Ausfüllung gleichfalls einer Abwägung aller Umstände des jeweiligen Einzelfalles. Soziale Schutzbedürftigkeit in diesem Sinne liegt vor, wenn ein Beschäftigter unter Berücksichtigung seiner wirtschaftlichen Abhängigkeit und der Art seiner geleisteten Dienste in seiner Gesamtbetrachtung einem Arbeitnehmer gleichkommt. Soziale Schutzbedürftigkeit und wirtschaftliche Abhängigkeit sind nicht streng voneinander zu trennen. Abzustellen ist auf den **typischen Arbeitnehmer,** der wirtschaftlich unselbständig – die Definitionen des § 5 ArbGG, § 2 BUrlG treffen insoweit besser – und deshalb schutzbedürftig ist. Freie Beschäftigte mit sehr hohen Einkommen werden diese Voraussetzungen kaum erfüllen, da sie selbst zur wirtschaftlichen Lebenssicherung in der Lage sind (vgl. auch *BAG* 2.10.1990 EzA § 12a TVG Nr. 1, wonach eine arbeitnehmertypische soziale Schutzbedürftigkeit bei einem Jahresverdienst von 280.000,– DM und weiteren existenzsichernden Einkünften nicht mehr gegeben ist; zust. *Löwisch/Rieble* § 12a Rz 16; aA *Kempen/Zachert / Stein* § 12a Rz 25, wonach die Höhe des Einkommens unerheblich sein soll; so auch *Hromadka* NZA 1997, 1252; *v. Hase/Lembke* BB 1997, 1095, 1096; s. iE *Däubler/Reinecke* § 12a Rz 51 ff.). Bei der Frage, ob eine einem Arbeitnehmer vergleichbare Schutzbedürftigkeit vorliegt, ist – besonders auch bezüglich der Art der geleisteten Dienste – auf die **Verkehrsauffassung** abzustellen (vgl. *Beuthien/Wehler* RdA 1978, 9; *Falkenberg* DB 1969, 1412; *Kunze* UFITA 74, 24, 25; *Lieb* RdA 1974, 262).

e) Verhältnis zum HAG und HGB

25 Die vorstehend erörterte Begriffsbestimmung findet **keine Anwendung** für die in Heimarbeit Beschäftigten und die sog. kleinen Handelsvertreter. Wer diesem Kreis zuzurechnen ist, bestimmt sich nach den Regelungen des HAG (s.u. Rz 77 ff.) und des HGB (s.u. Rz 171 ff.).

f) Statusklage

Besteht zwischen Dienstberechtigtem und Dienstverpflichtetem Streit über die Rechtsnatur des Beschäftigungsverhältnisses, kann der Beschäftigte Klage auf Feststellung erheben, dass zwischen den Parteien ein Arbeitsverhältnis besteht (sog. **Statusklage;** s. dazu auch *Rosenfelder* S. 266 ff.). Diese Klage kann ohne Rücksicht darauf erhoben werden, ob bei Feststellung des Bestehens eines Arbeitsverhältnisses die einzelnen Bedingungen streitig oder unstreitig sind. Aus Gründen der Prozessökonomie ist es gerechtfertigt, zunächst die grds. Frage der Arbeitnehmereigenschaft zu klären, ohne diesen Prozess mit Einzelfragen zu belasten (vgl. *BAG* 20.7.1994 EzA § 611 BGB Arbeitnehmerbegriff Nr. 54; 21.11.2001 EzA § 611 BGB Nr. 23; 29.5.2002 EzA § 4 TVG Ausschlussfristen Nr. 155; 19.10.2004 EzA § 12a TVG Nr. 2). Für eine Klage, die ausschließlich auf die Feststellung gerichtet ist, dass in der Vergangenheit ein Arbeitsverhältnis bestanden hat, ist ein Feststellungsinteresse allerdings nur dann gegeben, wenn sich aus der Feststellung Folgen für Gegenwart oder Zukunft ergeben (*BAG* 3.3.1999 EzA § 256 ZPO Nr. 50). Das Feststellungsbegehren kann sich auch auf die Feststellung richten, dass ein Tarifvertrag für arbeitnehmerähnliche Personen Anwendung findet, weil die entsprechenden Voraussetzungen gegeben sind (*BAG* 2.10.1990 EzA § 12a TVG Nr. 1). Unzulässig ist allerdings eine Klage, mit der ein Arbeitsverhältnis unter der Voraussetzung festgestellt werden soll, dass zugleich über einzelne Arbeitsbedingungen iSd Klägers entschieden wird (*BAG* 14.2.1979 EzA § 611 BGB Arbeitnehmerbegriff Nr. 19). Zur rechtsmissbräuchlichen Berufung des Dienstnehmers auf das Bestehen eines Arbeitsverhältnisses s. aber Rz 18, 19. 26

Die **Veränderung des rechtlichen Status** eines Mitarbeiters vom Selbstständigen zum Arbeitnehmer führt nicht ohne weiteres zur Unbeachtlichkeit einer bestehenden Vergütungsvereinbarung. Dies gilt regelmäßig nur dann, wenn der Arbeitgeber – wie insbes. im öffentlichen Dienst – freie Mitarbeiter und Arbeitnehmer in unterschiedlicher Form (zB Stundenpauschale und Tarifgehalt) vergütet. Fehlt es danach an einer wirksamen Vergütungsabrede für das Arbeitsverhältnis, ist die **Vergütung nach § 612 Abs. 2 BGB** zu bestimmen (s. iE *BAG* 21.11.2001 EzA § 612 BGB Nr. 23; 12.12.2001 EzA § 612 BGB Nr. 24; allg. zu den Konsequenzen eines gewonnenen Statusprozesses *Hochrathner* NZA 1999, 1016; *Hohmeister* NZA 1999, 1009). Eine Anpassung des Vertrages für die Zukunft bei beiderseitigem Irrtum nach den Grundsätzen der **Störung der Geschäftsgrundlage (jetzt § 313 BGB)** kommt nur ausnahmsweise in Betracht, wenn das Festhalten am Vertrag für den Schuldner ein unzumutbares Opfer darstellte. Ein solches kann noch nicht allein darin gesehen werden, dass der Arbeitgeber auf der Grundlage der vereinbarten Vergütung Sozialversicherungsbeiträge entrichten muss (*BAG* 12.12.2001 EzA § 612 BGB Nr. 24; s.a. *BAG* 9.7.1986 EzA § 242 BGB Geschäftsgrundlage Nr. 1). Etwaige **Rückzahlungsansprüche des Arbeitgebers** wegen überzahlter Honorare sind nach den Grundsätzen der ungerechtfertigten Bereicherung (§§ 812 f. BGB) abzuwickeln (*BAG* 14.3.2001 EzA § 4 TVG Ausschlussfristen Nr. 143; 29.5.2002 EzA § 4 TVG Ausschlussfristen Nr. 155). Zur Berechnung der Rückforderung iE s. *BAG* 29.5.2002 EzA § 4 TVG Ausschlussfristen Nr. 155. Der Rückzahlungsanspruch wird iS einer **tariflichen Ausschlussfrist erst fällig,** wenn feststeht, dass das Vertragsverhältnis ein Arbeitsverhältnis ist; bei einer gerichtlichen Feststellungsklage ist dies der Zeitpunkt der Rechtskraft der Entscheidung (*BAG* 14.3.2001 EzA § 4 TVG Ausschlussfristen Nr. 143). 26a

3. Beispiele aus der Rechtsprechung für die Abgrenzung

Die Rechtsprechung hat sich häufig mit der **Abgrenzung** zwischen Arbeitnehmern und arbeitnehmerähnlichen Personen befassen müssen. Da regelmäßig die **Umstände des Einzelfalles** entscheiden, sind Fallgruppen kaum zu bilden. Die nachfolgenden alphabetisch geordneten Beispiele können daher nicht mehr als eine Übersicht geben über die in der Rechtsprechung behandelten Tatbestände (s.a. *Hunold* NZA-RR 1999, 505). Wegen der Einzelfallbezogenheit ist dabei zu berücksichtigen, dass Tätigkeiten sowohl unter »Arbeitnehmerähnliche Personen« als auch unter »Arbeitnehmer« genannt werden können (zB Franchisenehmer, Reporter). 27

a) Arbeitnehmerähnliche Personen

Als **arbeitnehmerähnliche Personen** wurden angesehen: 28

Au-Pair-Beschäftigte, *ArbG Hanau* 8.12.1996 DB 1996, 2446; *ArbG Bamberg* 27.10.2003 AuR 2004, 116;

Betriebsprüfer, *LAG Brem.* 26.10.1956 AP Nr. 3 zu § 5 ArbGG 1953;

Bühnenbildner im Medienbereich, *LAG Bln.* 16.8.1983 EzA § 611 BGB Arbeitnehmerbegriff Nr. 29;

Dozent für gewerbliches Weiterbildungsinstitut, *BAG* 11.4.1997 EzA § 5 ArbGG 1979 Nr. 20;

Selbständiger **Erfinder**, *BAG* 13.9.1956 AP Nr. 2 zu § 5 ArbGG 1953;

Fleischzerleger, *ArbG Passau* 13.3.1998 BB 1998, 1266;

Franchisenehmer (»Eismann«), *BGH* 4.11.1998 EzA § 5 ArbGG 1979 Nr. 29;

Gästebetreuerin, *BAG* 29.11.1995 Rz K I 4a Nr. 74;

als sog. **Heimdienstfahrer** tätige Verkaufsfahrer, *LAG BW* 31.10.1969 BB 1969, 2282;

Geschäftsführer einer Betriebskrankenkasse kann im Verhältnis zum Arbeitgeber, mit dem er den Dienstvertrag geschlossen hat, arbeitnehmerähnliche Person sein, *BAG* 25.7.1996 AP Nr. 28 zu § 5 ArbGG 1979;

Jurist als Dozent in Juristischem Repetitorium bei monatlichem Bruttogehalt von ca 1.950,– DM (mindestens arbeitnehmerähnlich), *LAG Hamm* 22.8.1989 AP Nr. 7 zu § 5 ArbGG 1979;

Journalist bei der Arbeit für eine Rundfunksendung, *BAG* 17.10.1990 EzA § 5 ArbGG 1979 Nr. 7;

Kameramann, *BAG* 8.6.1967 AP Nr. 6 zu § 611 BGB Abhängigkeit; 7.1.1971 AP Nr. 8 zu § 611 BGB Abhängigkeit; 20.1.2004 EzA § 4 TVG Rundfunk Nr. 25;

Kürschnermeister, der Felle ausbesserte und dabei nicht an betriebliche Arbeitszeiten gebunden war, *BAG* 19.5.1960 AP Nr. 7 zu § 5 ArbGG 1953;

Lehrbeauftragter an Hochschule, *BAG* 16.12.1957 AP Nr. 3 zu § 611 BGB Lehrer und Dozenten; vgl. aber auch *BAG* 27.6.1984 AP Nr. 42 zu § 611 BGB Lehrer und Dozenten – **öffentlich-rechtliches** Dienstverhältnis, wenn der

Lehrauftrag durch einseitige Maßnahme der Hochschule erteilt wird;

Leiterin einer Außenwohngruppe nach § 45 SGB VIII, *BAG* 25.5.2005 EzA § 611 BGB 2002 Arbeitnehmerbegriff Nr. 6;

Motorradrennfahrerin kann arbeitnehmerähnliche Person oder Arbeitnehmer sein, *BAG* 17.6.1999 EzA § 5 ArbGG 1979 Nr. 34;

Nachtwache, *BAG* 15.2.2005 EzA § 12a TVG Nr. 3;

Rechtsanwalt als Kursleiter eines juristischen Repetitoriums, *LAG Köln* 18.5.1998 NZA 1998, 943;

Rechtsanwalt in Sozietät bei entsprechender vertraglicher Ausgestaltung, *OLG München* 24.11.1998 EzA § 611 BGB Arbeitnehmerbegriff Nr. 77;

Rechtsanwalt als »Schein-Sozius«, *Hess LAG* 1.6.1995 NZA-RR 1996, 64;

Reinigungsarbeiter im Bürohaus, *LAG Hmb.* 25.4.1967 DB 1967, 1816;

Rundfunkgebührenbeauftragter kann arbeitnehmerähnliche Person sein, *BAG* 30.8.2000 EzA § 5 ArbGG 1979 Nr. 51; s. aber auch *BAG* 26.5.1999 EzA § 611 BGB Arbeitnehmerbegriff Nr. 75;

Softwareprojekt – Auftragnehmer zur Durchführung eines Softwareprojektes (jedenfalls arbeitnehmerähnlich), *LG München* 2.10.1990 BB 1991, Beil. Nr. 7, S. 7;

Strahlenphysiker, der von der Bundespost mit Messungen beauftragt war, *BAG* 28.2.1962 AP Nr. 1 zu § 611 BGB Abhängigkeit;

Student, der neben einer Teilzeitbeschäftigung als Arbeitnehmer als »freiberuflicher« Mitarbeiter in einem Amt für Familien- und Heimpflege tätig ist, *BAG* 13.2.1979 EzA § 2 BUrlG Nr. 4;

Theaterintendant, *BAG* 17.12.1968 AP Nr. 17 zu § 5 ArbGG 1953;

Volkshochschuldozent, *BAG* 17.1.2006 EzA § 2 BUrlG Nr. 6 – idR keine Arbeitnehmer;

Stellvertretendes **Vorstandsmitglied einer Sparkasse nach § 15 Abs. 1 S. 1 DDR-SpKG**, *OLG Bra.* 29.2.1996 NZA-RR 1996, 404;

Zeitungsträgerin, *ArbG Augsburg* 7.7.1959 BB 1960, 36.

Arbeitnehmerähnliche Personen ArbNähnl. Pers.

b) **Arbeitnehmer**

Als **Arbeitnehmer** wurden angesehen:

Abrufkraft im Versand einer Zeitungsdruckerei, beschäftigt mit dem Einlegen von Prospekten, *LAG Düsseld.* 19.3.1980 DB 1980, 1222;

Außenrequisiteur bei Fernsehanstalten, *BAG* 2.6.1976 EzA § 611 BGB Arbeitnehmerbegriff Nr. 6;

Bauarbeiter, der von anderem Unternehmer mit Bauarbeiten beauftragt wird, *ArbG Wetzlar* 31.10.1995 Rz K I 4a Nr. 73;

Leitung der Buchhaltung in den Räumen des Betriebes, *ArbG Brem.* 10.7.1997 Rz K I 4a Nr. 95;

Bühnen- und Szenenbildner, *BAG* 3.10.1975 AP Nr. 17 zu § 611 BGB Abhängigkeit;

Bühnenkünstler bei einem Tourneetheater, *LAG Bln.* 29.12.1989 AP Nr. 50 zu § 611 BGB Abhängigkeit;

Co-Piloten von Verkehrsflugzeugen, *BAG* 16.3.1994 EzA § 611 BGB Arbeitnehmerbegriff Nr. 53;

Dozent in beruflicher Bildung, wenn Schulträger Unterrichtsgegenstand, Zeit und Ort vorgibt, *BAG* 19.11.1997 EzA § 611 BGB Arbeitnehmerbegriff Nr. 62;

Dozent an Berufsakademie bei entsprechender zeitlicher und fachlicher Bindung, *LAG BW* 4.7.1996 Rz K I 4a Nr. 83;

DRK-Geschäftsführer eines Kreisverbandes, dessen Vertretungsbefugnis nicht auf Satzung beruht (Arbeitnehmer oder arbeitnehmerähnliche Person) *BAG* 5.5.1997 EzA § 5 ArbGG 1979 Nr. 21;

Formal selbständiger »**Ein-Mann-Unternehmer**« nach den Umständen des Einzelfalles, *BAG* 22.6.1994 Rz K I 4a Nr. 65;

Familienhelferinnen nach § 31 SGB VIII sind regelmäßig Arbeitnehmerinnen, *BAG* 6.5.1998 EzA § 611 BGB Arbeitnehmerbegriff Nr. 66;

Fotomodell und Mannequin – es kommt nach *OLG Düsseld.* 18.9.1987 EzA § 5 ArbGG 1979 Nr. 5 auf die Umstände des Einzelfalles an;

Fotoreporter einer Zeitschrift, die in Dienstpläne eingebunden sind, *BAG* 16.6.1998 EzA § 611 BGB Arbeitnehmerbegriff Nr. 65;

Frachtführer als »Nahverkehrspartner« bei ausschließlicher Tätigkeit für ein Unternehmen, *BAG* 19.11.1997 EzA § 611 BGB Arbeitnehmerbegriff Nr. 63; s. aber auch *BAG* 30.9.1998 EzA § 611 BGB Arbeitnehmerbegriff Nr. 74;

Franchise-Nehmer – kann nach den Umständen des Einzelfalles Arbeitnehmer sein, *LAG Düsseld.* 20.10.1987 DB 1988, 293; *BAG* 16.7.1997 EzA § 5 ArbGG 1979 Nr. 24;

Fußballspieler als Vertragsamateure, wenn sie ihre Leistung aufgrund einer über die durch die Vereinsmitgliedschaft begründete Weisungsgebundenheit hinausgehenden persönlichen Abhängigkeit erbringen, *BAG* 10.5.1990 EzA § 611 BGB Arbeitnehmerbegriff Nr. 36;

Kameraassistenten sind in aller Regel Arbeitnehmer, *BAG* 22.4.1998 EzA § 611 BGB Arbeitnehmerbegriff Nr. 71;

»**Kommissionär**« kann Arbeitnehmer oder arbeitnehmerähnliche Person sein, *BAG* 8.9.1997 EzA § 5 ArbGG 1979 Nr. 25; s. aber auch *BAG* 4.12.2002 EzA BGB 2002 § 611 Arbeitnehmerbegriff Nr. 2; s.a. Rz 30 unter Kommissionär;

Kundenberater, die Kunden des Dienstherren nach dessen inhaltlichen Vorgaben zu unterweisen haben, *BAG* 6.5.1998 EzA § 611 BGB Arbeitnehmerbegriff Nr. 73;

Lehrer an Abendgymnasium, *BAG* 12.9.1996 EzA § 611 BGB Arbeitnehmerbegriff Nr. 58; **Lehrer an staatlicher Ergänzungsschule,** *LAG Nds.* 18.5.2001 LAGE § 611 BGB Arbeitnehmerbegriff Nr. 44;

Lehrer mit Lehrauftrag, *BAG* 14.1.1982 BB 1982, 1425;

Lehrkraft im Rahmen einer von der Arbeitsverwaltung finanzierten Berufsbildungsmaßnahme, *BAG* 28.5.1986 EzA § 620 BGB Nr. 79;

Lehrkräfte an Volkshochschulen im Kurs »Haupt- u Realschulabschluss«, wenn in Schulbetrieb eingegliedert, *BAG* 26.7.1995 EzA § 611 BGB Arbeitnehmerbegriff Nr. 56; *LAG Nds.* 9.12.2001 LAGE § 611 BGB Arbeitnehmerbegriff Nr. 42; s. aber auch *BAG* 29.5.2002 EzA § 611 BGB Arbeitnehmerbegriff Nr. 88;

Liquidator von Treuhand bestellt, kann auch Arbeitnehmer oder arbeitnehmerähnliche Person sein, *BAG* 29.12.1997 EzA § 5 ArbGG 1979 Nr. 27;

Musiker im Orchester, *BAG* 3.10.1975 EzA § 611 BGB Arbeitnehmerbegriff Nr. 2;

Musiker im Tanzorchester, *BAG* 26.11.1975 EzA § 611 BGB Arbeitnehmerbegriff Nr. 5;

Musikschullehrer bei der Schulleitung vorbehaltenem Recht der einseitigen Bestimmung der Lage der Unterrichtsstunden oder umfassender Regelung des Dienstverhältnisses durch Dienstanweisungen, *BAG* 24.6.1992 EzA § 611 BGB Arbeitnehmerbegriff Nr. 46;

Teilzeitbeschäftigte Musiklehrer an einer Jugendmusikschule, *BAG* 20.2.1986 EzA § 1 KSchG Betriebsbedingte Kündigung Nr. 37;

Nachrichtensprecher, *BAG* 28.6.1973 EzA § 611 BGB Nr. 13;

Orchestermusiker als Aushilfe, *BAG* 9.10.2002 EzA § 611 BGB 2002 Arbeitnehmerbegriff Nr. 1; vgl. auch *BAG* 22.8.2001 EzA § 611 BGB Arbeitnehmerbegriff Nr. 86;

Programmmitarbeiter beim Fernsehen, *BAG* 13.1.1983 EzA § 611 BGB Arbeitnehmerbegriff Nr. 26;

Propagandistin/Werbedame, *LSG Bln.* 14.8.1995 AP Nr. 83 zu § 611 BGB Abhängigkeit; *LAG Köln* 30.6.1995 LAGE § 611 BGB Arbeitnehmerbegriff Nr. 29;

Rechtsanwalt als Angestellter bei Verpflichtung, dem Arbeitgeber-Anwalt seine gesamte Arbeitskraft zur Verfügung zu stellen, *LAG BW* 14.3.1985 BB 1985, 1534;

Rechtsanwalt als Angestellter eines Landkreises, *Thür LAG* 28.3.1996 LAGE § 611 BGB Arbeitnehmerbegriff Nr. 31;

Redakteur/Moderator beim Rundfunk, der in ohne vorherige Absprache erstellten Dienstplänen aufgeführt wird, *BAG* 16.2.1994 EzA § 611 BGB Arbeitnehmerbegriff Nr. 52;

Redakteur und Chef vom Dienst bei Rundfunkanstalt, der nach einseitig vom Arbeitgeber aufgestellten Dienstplänen eingesetzt wird, *BAG* 20.7.1994 EzA § 611 BGB Arbeitnehmerbegriff Nr. 54;

Regisseurin, *BAG* 15.3.1978 EzA § 611 BGB Arbeitnehmerbegriff Nr. 17;

Reporterin beim Rundfunk, *BAG* 9.3.1977 EzA § 611 BGB Arbeitnehmerbegriff Nr. 9;

Reporter, *BAG* 15.3.1978 EzA § 611 BGB Arbeitnehmerbegriff Nr. 17;

Schlachter/Ausbeiner sind regelmäßig Arbeitnehmer, *LG Oldenburg* 17.3.1995 BB 1995, 1697;

Hauptamtlich tätiges Mitglied der »Scientology-Kirche«, *BAG* 22.3.1995 EzA Art. 140 GG Nr. 26;

Sprecher und Übersetzer beim Rundfunk, *BAG* 3.10.1975 EzA § 611 BGB Arbeitnehmerbegriff Nr. 1; s. jetzt auch *BAG* 11.3.1998 EzA § 611 BGB Arbeitnehmerbegriff Nr. 64;

Stromableser mit festem Ablesebezirk und Anweisung bzgl. der Arbeitsmodalitäten, *BFH* 24.7.1992 AP Nr. 63 zu § 611 BGB Abhängigkeit;

Tankwarte sind regelmäßig Arbeitnehmer, *BAG* 12.6.1996 EzA § 2 BeschFG Nr. 49;

Verwalter von Grundbesitz, *BSG* 18.11.1980 DB 1981, Beil. Nr. 29, S. 3;

Zeitungszusteller nach den Umständen des Einzelfalles, *BAG* 16.7.1997 EzA § 611 BGB Arbeitnehmerbegriff Nr. 61.

c) Weder Arbeitnehmer noch arbeitnehmerähnliche Personen

30 Die **Eigenschaft als Arbeitnehmer oder arbeitnehmerähnliche Person wurde verneint ohne ausdrückliche Feststellung des sonstigen Status:**

Betreiber von Pausen- und Getränkeständen mit Hilfskräften, *BAG* 12.12.2001 EzA § 611 BGB Arbeitnehmerbegriff Nr. 87;

Betreuer in Jugendfreizeitstätte, der über Art und zeitliche Lage seiner Tätigkeit mitbestimmen kann, *BAG* 9.5.1984 EzA § 611 BGB Arbeitnehmerbegriff Nr. 30;

Bildberichterstatter, die einer Zeitungsredaktion monatlich eine bestimmte Zahl von Bildern gegen pauschale Bezahlung liefern, wenn sie bei der Übernahme der Fototermine frei sind; *BAG* 29.1.1992 EzA § 5 BetrVG 1972 Nr. 52;

Bezirksstellenleiter des Süd-Lotto-München ist als selbständig tätig anzusehen, *BSG* 1.12.1977 AP Nr. 27 zu § 611 BGB Abhängigkeit;

Bildhauer mit Lehrauftrag an Kunsthochschule, *BAG* 15.2.1965 AP Nr. 7 zu § 611 BGB Lehrer und Dozenten;

Buchhalter bei Nebentätigkeit, *BAG* 9.2.1967 AP Nr. 4 zu § 61 KO;

Diakonisse, *ArbG Brem.* 31.5.1956 AP Nr. 4 zu § 5 ArbGG 1953;

Dolmetscher, der **in Anwaltskanzlei** einmal wöchentlich vier Stunden tätig ist, *LAG Bln.* 11.4.1988 BB 1988, 1186;

Dozent an einer Volkshochschule, der Sprachkurse leitet, *BAG* 23.9.1981 EzA § 611 BGB Arbeitnehmerbegriff Nr. 24 u. 25.8.1982 EzA § 611 BGB Arbeitnehmerbegriff Nr. 25; nebenberuflicher **Dozent** an einem Wirtschaftsinstitut, *BSG* 28.2.1980 AP Nr. 17 zu § 611 BGB Lehrer und Dozenten; **Dozent** an einer Volkshochschule außerhalb schulischer Lehrgänge, *BAG* 29.5.2002 EzA § 611 BGB Arbeitnehmerbegriff Nr. 88;

DRK-Schwester, *BAG* 18.2.1956 AP Nr. 1 zu § 5 ArbGG 1953 und 20.2.1986 EzA § 5 BetrVG 1972 Nr. 45; 6.7.1995 EzA § 5 ArbGG 1979 Nr. 11;

Franchisenehmerin, Arbeitnehmerin nach den Umständen des Einzelfalles, *BGH* 27.1.2000 EzA § 2 ArbGG 1979 Nr. 50;

Fußballtrainer eines kleineren Vereins im Nebenberuf, *LAG Frankf.* 27.10.1964 AP Nr. 4 zu § 611 BGB Abhängigkeit;

Geschäftsführer einer Kreishandwerkerschaft, der diese kraft Satzung vertritt, *BAG* 11.4.1997 EzA § 5 ArbGG 1979 Nr. 23;

Dienstnehmer, der zum **Geschäftsführer** bestellt werden sollte, wird nicht dadurch zum Arbeitnehmer, dass **Bestellung unterbleibt**, *BAG* 25.6.1997 AP Nr. 36 zu § 5 ArbGG 1979;

Gesellschafter: Mitarbeiter eines Zimmerereunternehmens, die alle Gesellschafter einer GmbH und alle zu Geschäftsführern bestimmt sind, *BAG* 10.4.1991 EzA § 611 BGB Arbeitnehmerbegriff Nr. 39; s. aber auch *Hess. LAG* 20.3.2000 LAGE § 611 BGB Arbeitnehmerbegriff Nr. 41;

Mitarbeitende **Gesellschafter** einer Familien-GmbH, die jeder für sich über eine Sperrminorität verfügen, *BAG* 28.11.1990 EzA § 611 BGB Arbeitnehmerbegriff Nr. 37;

Gesellschafter einer GmbH, dem mehr als 50 % der Stimmen zustehen, auch wenn er nicht Geschäftsführer ist, *BAG* 6.5.1998 EzA § 611 BGB Arbeitnehmerbegriff Nr. 68;

Frachtführer, wenn weder Dauer noch Ende der Arbeitszeit festgelegt ist und die Möglichkeit besteht, auch Transporte auf eigene Rechnung für andere Kunden auszuführen, *BAG* 30.9.1998 EzA § 611 BGB Arbeitnehmerbegriff Nr. 74; s.a. *BGH* 21.10.1998 EzA § 5 ArbGG 1979 Nr. 30; s. aber auch *BAG* 19.11.1997 EzA § 611 BGB Arbeitnehmerbegriff Nr. 63;

Handicapper im Pferderennsport, *BAG* 13.12.1962 AP Nr. 3 zu § 611 BGB Abhängigkeit;

Hausmeister, der anfallende Arbeiten auch von Dritten ausführen lassen kann und auf die Tätigkeit nicht zur Sicherung seiner Existenz angewiesen ist, *OLG Köln* 13.8.1993 AP Nr. 5 zu § 12a TVG;

Heimbetriebsleiter, der eine Kantine der Bundeswehr bewirtschaftet, *BAG* 13.8.1980 AP Nr. 37 zu § 611 Abhängigkeit;

Industrieberatung: Wissenschaftler und Ingenieure, die von einem Industrieberatungsunternehmen bei einem Auftraggeber eingesetzt werden, *BFH* 18.1.1991 AP Nr. 56 zu § 611 BGB Abhängigkeit;

IT-Freiberufler für Unternehmensberatung, *LG Wuppertal* 15.6.1999 CR 2000, 358;

Kommissionär als Betreiber einer Backwarenfiliale, *BAG* 4.12.2002 EzA § 611 BGB 2002 Arbeitnehmerbegriff Nr. 2;

Kioskbetreiber im Nebenberuf, *OLG Karlsruhe* 22.7.1998 NZA-RR 1988, 463;

Vertreter ausländischen **Kreditinstituts** nach § 53 Abs. 1 KWG, *BAG* 15.10.1997 EzA § 5 ArbGG 1979 Nr. 26;

Künstler auf einmaliger Jubiläumsveranstaltung, *BAG* 6.12.1974 AP Nr. 14 zu § 611 BGB Abhängigkeit;

Kurierdienstfahrer, *BAG* 27.6.2001 EzA § 611 BGB Arbeitnehmerbegriff Nr. 85;

Lehrbeauftragter an einer Fachhochschule, *BSG* 27.3.1980 DB 1981, Beil. Nr. 29, S. 3;

Lehrkraft an **Abendgymnasium**, *BAG* 14.12.1983 EzBAT § 1 BAT Arbeitnehmerbegriff Nr. 8;

Lehrkraft an einer Bildungseinrichtung zur Förderung der beruflichen Bildung bei einzelvertraglicher Feststellung des Inhalts der Dienstleistung und der Arbeitszeiten, *BAG* 30.10.1991 EzA § 611 BGB Arbeitnehmerbegriff Nr. 44;

medizinisch-technische Assistentin als Mithilfe bei Vorsorgeuntersuchungen, *LAG Frankf.* 30.7.1968 AuR 1970, 285;

Nachrichtensprecher an verschiedenen Anstalten, *BAG* 18.6.1973 AP Nr. 2 zu § 2 BUrlG;

Psychologe in der Behindertenfürsorge, der Zeit und Ort seiner Tätigkeit frei bestimmen kann, ist freier Mitarbeiter, *BAG* 9.9.1981 AP Nr. 38 zu § 611 BGB Abhängigkeit;

Rechtsanwalt als Sozietätspartner aufgrund eines § 705 BGB entsprechenden Gesellschaftsvertrages, *BAG* 15.4.1993 EzA § 5 ArbGG 1979 Nr. 8;

Rechtsanwälte in Vermögensämtern von Landkreisen können freie Mitarbeiter sein, *BAG* 3.6.1998 EzA § 611 BGB Arbeitnehmerbegriff Nr. 70;

Regisseur, *LAG Saarbrücken* 8.11.1967 AP Nr. 7 zu § 611 BGB Abhängigkeit;

Berufliche Rehabilitanden iSd § 56 AFG sind keine Arbeitnehmer iSd § 5 Abs. 1 BetrVG, *BAG* 26.1.1994 EzA § 5 BetrVG 1972 Nr. 57;

Rundfunkgebührenbeauftragter bei einer Rundfunkanstalt, der über Umfang und Ablauf seines Arbeitseinsatzes selbst entscheidet, im Verlaufe eines Jahres 280.000,- DM verdienen kann und über anderweitige existenzsichernde Einnahmen verfügt, *BAG* 2.10.1990 EzA § 12a TVG Nr. 1; s. aber auch *BAG* 30.8.2000 EzA § 5 ArbGG 1979 Nr. 51 – kann auch arbeitnehmerähnliche Person sein;

Programmgestaltender **Rundfunkmitarbeiter**, auch wenn er technische Einrichtungen des Dienstherren nutzt, *BAG* 19.1.2000 EzA § 611 BGB Arbeitnehmerbegriff Nr. 81;

Rundfunkreporter bei nebenberuflicher Tätigkeit, auch wenn viele Jahre fortlaufend eingesetzt, *BAG* 22.4.1998 EzA § 611 BGB Arbeitnehmerbegriff Nr. 69;

Rundfunkreporter/-moderator trotz Aufnahme in Dienstpläne, *BAG* 20.9.2000 EzA § 611 BGB Arbeitnehmerbegriff Nr. 84;

Sprachlehrer einer privaten Sprachschule, der hinsichtlich Zeit und Dauer der Tätigkeit keinen Weisungen unterliegt, *BAG* 26.6.1996 Rz K I 4a Nr. 80;

Studenten bei stundenweiser Tätigkeit in einer Sozialeinrichtung, *LAG Düsseld.* 28.2.1983 ARSt 1984, S. 44 Nr. 1043;

Tankstellenbetreiber, *BSG* 11.8.1966 AP Nr. 5 zu § 611 BGB Abhängigkeit; *BGH* 6.8.1997 WM 1998, 31; 25.10.2000 – VIII ZB 30/00;

Taxi-Besitzer, *LAG Frankf.* 19.1.1949 AP Nr. 50, 133;

Tennistrainer, der organisatorische und terminliche Absprachen unmittelbar mit Schülern trifft, *ArbG Kempten* 5.11.1997 BB 1998, 1007;

Theaterintendant bei Ausübung nebenberuflicher Tätigkeit, *BAG* 16.8.1977 EzA § 611 BGB Arbeitnehmerbegriff Nr. 13; s. auch *BAG* 22.2.1999 Rz K I 10a Nr. 43;

Arbeitnehmerähnliche Personen   ArbNähnl. Pers.

Toilettenpächter auf Rheindampfer, *LAG Düsseld.* 21.3.1957 AP Nr. 6 zu § 5 ArbGG 1953;

Trainerin – als »Beraterin für Sportverein« tätig, *LAG Köln* 25.4.1997 LAGE § 2 ArbGG 1979 Nr. 24;

Verlagsmitarbeiter, der Vorarbeiten für die Herausgabe einer Buchreihe an selbst gewähltem Ort und in selbst bestimmter Zeit erledigt, *BAG* 27.3.1991 EzA § 611 BGB Arbeitnehmerbegriff Nr. 38;

Inhaber einer **Weindepot-Agentur** als Pächter eines Wein-Einzelhandelsgeschäftes, der selbst Arbeitnehmer beschäftigt, *BAG* 21.2.1990 EzA § 611 BGB Arbeitnehmerbegriff Nr. 32;

Zeitungssonderhändler, Teamleiter eines Sonntagshandels mit Tageszeitungen, *ArbG Bln.* 15.9.1999 AfP 2000, 203;   30a

d) **Offengelassener Status**

Der Status wurde offen gelassen, da weitere Sachaufklärung erforderlich war:

Ehegatte: Zur Abgrenzung der Arbeitnehmer- zur Unternehmereigenschaft bei Tätigkeit im Betrieb des Ehegatten, *BSG* 21.4.1993 EzA § 611 BGB Ehegattenarbeitsverhältnis Nr. 2;   30b

Orchestermusiker als Aushilfe, *BAG* 22.8.2001, EzA § 611 BGB Arbeitnehmerbegriff Nr. 86; s. auch *BAG* 9.10.2002 EzA § 611 BGB 2002 Arbeitnehmerbegriff Nr. 1;

Rundfunkmitarbeiter (Autor, Regisseur, Realisator), der größere Sendungen und Magazinbeiträge erstellt, *BAG* 9.6.1993 EzA § 611 BGB Arbeitnehmerbegriff Nr. 51;

Volkshochschuldozent in Lehrgängen zur nachträglichen Erlangung von Schulabschlüssen, *BAG* 13.11.1991 EzA § 611 BGB Arbeitnehmerbegriff Nr. 45;

Zustellerin einer Sonntagszeitung bei geringer zeitlicher Inanspruchnahme und der Möglichkeit, sich vertreten zu lassen, *ArbG Oldenburg* 7.6.1996 Rz K I 4a Nr. 78;

III. Die Anwendung arbeitsrechtlicher Vorschriften auf die Rechtsverhältnisse arbeitnehmerähnlicher Personen

1. Allgemeines

Den Arbeitnehmern ausdrücklich gleichgestellt werden die arbeitnehmerähnlichen Personen in § 5 ArbGG, § 2 Abs. 2 Nr. 3 ArbSchG, § 2 BUrlG, § 6 Abs. 1 Nr. 3 AGG (zuvor § 1 Abs. 2 BeschäftigtenschutzG) und § 12a TVG (s. Rz 5, 6). Die Vorschriften dieser Gesetze haben für alle arbeitnehmerähnlichen Personen Geltung. Darüber hinaus beziehen weitere Gesetze einzelne Gruppen arbeitnehmerähnlicher Personen in ihren Schutz ein, und zwar insbes. die in Heimarbeit Beschäftigten (dazu s.u. Rz 147 ff.), aber auch die arbeitnehmerähnlichen Handelsvertreter (vgl. § 8 ArbPlSchG). Für diese Gruppen bestehen ohnehin Sonderregelungen im HAG und in einzelnen Bestimmungen des HGB.   31

Im Übrigen bestimmen sich die Rechtsverhältnisse arbeitnehmerähnlicher Personen grundsätzlich nach den für den jeweils zugrunde liegenden **Vertragstypus geltenden Vorschriften,** also den Bestimmungen über den Dienstvertrag (§§ 611 ff. BGB), den Werkvertrag (§§ 631 ff. BGB) oder den Werklieferungsvertrag (§ 651 BGB). **Arbeitsrechtliche Vorschriften** finden auf die Rechtsverhältnisse arbeitnehmerähnlicher Personen unmittelbar keine direkte Anwendung, da sie das Bestehen eines Arbeitsverhältnisses voraussetzen. Die Frage kann immer nur sein, inwieweit die vergleichbare soziale Lage eine entsprechende Anwendung dieser Bestimmungen erfordert und rechtfertigt (vgl. *Hueck/Nipperdey* I, S. 60; *Nikisch* I, S. 136; *Schaub* § 9 II 1; *Däubler* ZIAS 2000, 331; *Hromadka* NZA 1997, 1254 ff.; *ders.* FS Söllner, S. 475; *Oetker* FS ArbG Rheinland-Pfalz, S. 311; *Rost* NZA 1999, 119 ff.; *Schubert* S. 86, 87 und S. 257 ff.; *v. Einem* BB 1994, 60, 62; *Wank* Arbeitnehmer u. Selbständige, S. 245 ff.; krit. zur analogen Anwendung *Neuvians* S. 171, die statt dessen im Anschluss an *Wank* – s.o. Rz 15 – für einen erweiterten Arbeitnehmerbegriff plädiert – s. dagegen *Griebeling* AuR 2003, 461; s.a. Rz 51 ff. u. Rz 148).   32

Soweit gem. § 138 SGB IX (§ 54b SchwbG aF; s.a. Rz 5) behinderte Menschen im Arbeitsbereich anerkannter Werkstätten zu diesen in einem arbeitnehmerähnlichen Rechtsverhältnis stehen, wenn sie nicht Arbeitnehmer sind oder sich aus dem zugrunde liegenden Sozialversicherungsverhältnis etwas anderes ergibt, gelten für sie die für arbeitnehmerähnliche Personen allgemein maßgeblichen Bestimmungen an sich entsprechend (*Gröninger/Thomas* § 54b Rz 10, 11; ErfK-*Preis* § 611 BGB Rz 206). Die Neuregelung durch das Gesetz v. 19. Juni 2001 BGBl. I S. 1046 (Sozialgesetzbuch – Neuntes Buch – SGB IX – Rehabilitation und Teilhabe behinderter Menschen) hat insoweit keine Änderungen gebracht. An-   32a wendbar ist also § 2 Abs. 2 BUrlG. Hingegen stellt § 12a TVG besondere Anforderungen an den erfassten Personenkreis, die hier nicht in Betracht kommen dürften (so auch *Gröninger/Thomas* § 54b Rz 6). § 2 Abs. 1 Nr. 10 ArbGG eröffnet ausdrücklich den Weg zu den Arbeitsgerichten (s. dazu *Pünnel* AuR 1996, 483; *Gröninger/Thomas* § 54b Rz 10). Hingegen finden nur für Arbeitnehmer geltende Vorschriften keine unmittelbare Anwendung. Die entsprechende Anwendung kann aber in dem nach § 138 Abs. 3 SGB IX vertraglich näher zu regelnden Inhalt des arbeitnehmerähnlichen Rechtsverhältnisses festgelegt werden (s. dazu auch die Gesetzesbegründung zu § 54b SchwbG aF BT-Drs. 13/3904 S. 48; *Gröninger/Thomas* § 54b Rz 11 ff.).

32b Neu eingefügt durch Gesetz v. 23. Juli 2002 (BGBl. I S. 2850, 2860) wurden die Abs. 6 und 7. Gem. Abs. 6 kann der von einem volljährigen geschäftsunfähigen behinderten Menschen abgeschlossene Werkstattvertrag (s. dazu Abs. 5) nur unter den Voraussetzungen für gelöst erklärt werden, unter denen ein wirksamer Vertrag gekündigt werden kann. Nach Abs. 7 bedarf die **Lösungserklärung** durch den Träger einer Werkstatt der **schriftlichen Form** und ist zu begründen. Die Schriftform ist – entsprechend § 623 BGB – **Wirksamkeitsvoraussetzung**. Dies gilt – wie schon der Wortlaut von Abs. 7 deutlich macht – **nicht für die Begründung**. Sie soll es ermöglichen, die Lösungsgründe nachzuvollziehen und das Abschätzen von Prozessaussichten zu erleichtern (so auch *Neumann/Pahlen/Pahlen-Majerski* § 138 SGB IX Rz 34b).

2. Die Anwendung von Kündigungsschutzbestimmungen

33 Die Ausführungen unter Rz 32 zeigen, dass auch die besonderen arbeitsrechtlichen Bestimmungen über die **Beendigung** von Arbeitsverhältnissen keine Anwendung finden auf die Beendigung der Rechtsverhältnisse arbeitnehmerähnlicher Personen. Sie richtet sich grds. nach den jeweils einschlägigen Bestimmungen des BGB.

34 **Unanwendbar sind insbes.:**

Das **KSchG** (*BAG* 20.1.2004 EzA § 4 TVG Rundfunk Nr. 25; HK-*Dorndorf* § 1 Rz 22; *v. Hoyningen-Huene/Linck* § 1 Rz 46; KR-*Griebeling* § 1 KSchG Rz 80; KDZ-*Kittner* § 1 KSchG Rz 13) setzt in seinem § 1 Abs. 1 voraus, dass es sich um die Kündigung eines Arbeitsverhältnisses gegenüber einem Arbeitnehmer handelt. Eine gewisse Ausnahme gilt für in Heimarbeit Beschäftigte, die Mitglied eines Betriebsverfassungsorgans sind. Insoweit übernimmt § 29a HAG den Schutz des § 15 KSchG (s.u. Rz 162 ff.; *BAG* 20.1.2004 EzA § 4 TVG Rundfunk Nr. 25, lässt offen, ob § 15 KSchG auf arbeitnehmerähnliche Personen anwendbar ist, die Mitglied einer Personenvertretung sind/waren); zur Gewährung eines Mindestschutzes über §§ 138, 242 BGB, s. aber Rz 69 u. Rz 148;

35 die **Kündigungsschutzbestimmungen der einzelnen Sondergesetze** für schutzbedürftige Personen; § 9 MuSchG, §§ 85 ff. SGB IX, § 2 ArbPlSchG. Ausnahmen gelten wiederum für die in Heimarbeit Beschäftigten, auf deren Rechtsverhältnisse diese Regelungen kraft ausdrücklicher Verweisung Anwendung finden (s.u. Rz 150 ff.) und teilweise auch für die arbeitnehmerähnlichen Handelsvertreter (s.u. Rz 209 ff.);

36 § 622 BGB, nämlich die besonderen Kündigungsfristen für Arbeitsverhältnisse (s. zu einer **entsprechenden Anwendung** aber Rz 51 ff.). Auch insoweit unterliegen die in Heimarbeit Beschäftigten einer Sonderregelung in § 29 HAG, welche weitgehend an § 622 BGB angelehnt ist.

36a **Nicht anwendbar** ist nach *BAG* 14.12.2004 (EzA § 138 BGB 2002 Nr. 3) **das Maßregelungsverbot des § 612a BGB** (aA ErfK-*Preis* § 612a Rz 4; MünchKomm/*Müller-Glöge* § 612a Rz 4). Das BAG beurteilt allerdings eine **Kündigung als sittenwidrig** gem. § 138 BGB, wenn sie allein deswegen erfolgt, weil eine arbeitnehmerähnliche Person ihr zustehende Ansprüche geltend macht (s. iE *BAG* 14.12.2004 EzA § 138 BGB 2002 Nr. 3). **Arbeitnehmerähnliche Personen** gelten gem. § 6 Abs. 1 Nr. 3 des **Allgemeinen Gleichbehandlungsgesetzes** v. 14.8.2006 (BGBl. I S. 1897) als **Beschäftigte iS dieses Gesetzes**. Sie genießen also denselben Schutz vor Benachteiligungen iSd § 1 AGG wie Arbeitnehmer. Gemäß § 2 Abs. 4 AGG gelten allerdings für **Kündigungen** ausschließlich die Bestimmungen des allgemeinen und besonderen Kündigungsschutzes. Mangels eines besonderen Kündigungsschutzes für arbeitnehmerähnliche Personen bleibt es für sie also bei dem vor allem **aus §§ 138, 242 BGB abzuleitenden allgemeinen Schutz** vor diskriminierenden Kündigungen (s.a. Rz 69 und Rz 148).

37 **Keine Anwendung** finden – abgesehen von den Sonderregelungen für Heimarbeiter (s.u. Rz 116) – **§§ 102, 103 BetrVG**. Arbeitnehmerähnliche Personen unterliegen nicht dem BetrVG (s. dazu und über die Möglichkeiten einer entsprechenden Anwendung der für die Heimarbeiter geltenden Bestimmun-

gen *Rost* NZA 1999, 119). Die zum 28. Juli 2001 in Kraft getretene Neufassung des BetrVG hat daran nichts geändert (*Engels/Trebinger/Löhr-Steinhaus* DB 2001, 536; *Reichold* NZA 2001, 861). Etwas anderes folgt auch nicht aus der ausdrücklichen Erwähnung der Telearbeit im § 5 Abs. 1 BetrVG nF. Sie betrifft nur Arbeitnehmer in Telearbeit, nicht aber arbeitnehmerähnliche Personen (zu den unterschiedlichen Gestaltungsmöglichkeiten s.o. Rz 4a). Zur Anwendung der Bestimmungen des LPersVG Rheinland-Pfalz s. § 112 LPersVG (dazu s. *BAG* 20.1.2004 EzA § 4 TVG Rundfunk Nr. 25).

Unanwendbar ist auch § 613a BGB. Gem. § 613a Abs. 4 BGB ist die wegen eines Betriebsübergangs 38 durch den bisherigen Arbeitgeber oder durch den neuen Betriebsinhaber ausgesprochene Kündigung eines Arbeitsverhältnisses eines Arbeitnehmers unwirksam. Die arbeitnehmerähnliche Person steht nicht in einem Arbeitsverhältnis. Eine direkte Anwendung scheidet schon deshalb aus. Die entsprechende Anwendung ist angesichts des eindeutigen Wortlauts nicht gerechtfertigt. Die arbeitnehmerähnliche Person genießt auch sonst keinen dem Arbeitnehmer vergleichbaren Kündigungsschutz. Die durch § 613a BGB bewirkte Überleitung der Haftung ist lediglich die Folge des Übergangs des Arbeitsverhältnisses und nicht einer bestimmten Haftungsmasse wie etwa bei dem früheren § 419 BGB oder § 25 HGB. Soweit für arbeitnehmerähnliche Personen das BetrVG Anwendung findet – nämlich für Heimarbeiter –, kann das gleichfalls nicht zu anderen Ergebnissen führen (s.u. Rz 159a). § 613a BGB findet mithin auch **keine entsprechende** Anwendung auf arbeitnehmerähnliche Personen (*BAG* 3.7.1980 EzA § 613a BGB Nr. 29; 24.3.1998 EzA § 613a BGB Nr. 165 = AP Nr. 178 zu § 613a BGB m. Anm. *Hromadka*; *BAG* 13.3.2003 AP Nr. 249 zu § 613a BGB, AP Nr. 24 zu § 611 BGB Organvertreter; *Heinze* DB 1980, 205, 210; *Lepke* BB 1979, 526, 530; *Schwerdtner* FS für Gerhard Müller, S. 562; ErfK-*Preis* § 613a BGB Rz 67; *Palandt/Putzo* § 613a Rz 1a; *Staudinger/Richardi* § 613a Rz 30; jetzt auch MünchKomm-*Schaub* § 613a Rz 12; **aA** KR-*Pfeiffer* § 613a BGB Rz 13; *Gaul* BB 1979, 1666, 1668; *Tiefenbach* AR-Blattei SD 120 Rz 33 ff.; s. auch Rz 159a.

IV. Beendigung der Rechtsverhältnisse arbeitnehmerähnlicher Personen, denen ein Dienstvertrag zugrunde liegt

1. Aufhebungsvertrag

Keine Besonderheiten gelten für die Beendigung des arbeitnehmerähnlichen Rechtsverhältnisses 39 durch **Aufhebungsvertrag**. Wie das Arbeitsverhältnis kann auch das Dienstverhältnis des freien Mitarbeiters jederzeit einverständlich beendet werden. **Keine Anwendung findet allerdings § 623 BGB**, der nur Arbeitsverhältnisse erfasst (s. Rz 103).

2. Befristeter Dienstvertrag

a) Zeitlich bestimmte Befristung

Ist das **Dienstverhältnis befristet,** endet es mit dem Ablauf der Zeit, für die es eingegangen ist (§ 620 40 Abs. 1 BGB). Einer Kündigung bedarf es nicht. Insoweit gilt für das Arbeitsverhältnis nichts anders. Für Arbeitsverträge, die auf bestimmte Zeit abgeschlossen wurden, gilt allerdings jetzt das TzBfG, § 620 Abs. 3 BGB (s. dazu iE die Erl. bei KR-*Lipke/Bader* zum TzBfG). Das TzBfG hat die frühere Rechtsprechung abgelöst, wonach die Befristung – und zwar schon die einmalige, auf jeden Fall aber die mehrmalige – grds. nur zulässig war, wenn für sie ein sachlicher Grund bestand (grundlegend *BAG* 12.10.1960 EzA § 620 BGB Nr. 2; vgl. iE KR-*Lipke* § 620 BGB Rz 62 ff., 111 ff.; s.a. Rz 168–170). Auf diese Weise sollte insb. die Umgehung des Kündigungsschutzes verhindert werden. Mit der gesetzlichen Neuregelung des Befristungsrechts hat der Gesetzgeber die richterrechtliche Ankoppelung der Befristungskontrolle an das KSchG abgelöst und einen Paradigmenwechsel eingeleitet (*BAG* 6.11.2003 EzA § 14 TzBfG Nr. 7 = AP § 14 TzBfG Nr. 7 m. Anm. *Maschmann*).

Das TzBfG findet auf arbeitnehmerähnliche Personen keine Anwendung (*BAG* 15.11.2005 EzA § 2 41 BUrlG Nr. 5). Mangels eines entsprechenden Kündigungsschutzes fehlt es an sich an einem vergleichbaren Ansatzpunkt für die Übertragung der von der Rechtsprechung entwickelten Gedanken auf die Rechtsverhältnisse arbeitnehmerähnlicher Personen. Man wird demnach die wiederholte Befristung von Dienstverträgen in Folge als zulässig ansehen müssen (s. auch *BAG* 20.1.2004 EzA § 4 TVG Rundfunk Nr. 25). Allerdings ist der Dienstberechtigte unter gewissen Voraussetzungen in solchen Fällen verpflichtet zur Einhaltung einer sog. **Ankündigungsfrist,** wenn er weitere befristete Aufträge nicht mehr erteilen will (s. dazu Rz 47, 54 ff.).

b) Befristung nach der Beschaffenheit oder dem Zweck der Dienste

42 Ist das Dienstverhältnis nicht zeitlich bestimmt befristet, so kann sich eine Dauer doch aus der **Beschaffenheit oder dem Zweck des Dienstes** ergeben (§ 620 Abs. 2 BGB). Es handelt sich dann gleichfalls um einen befristeten Vertrag, der ohne Kündigung mit Zweckerreichung endet und insoweit dem zeitlich befristeten Vertrag gleichsteht. Als Beispiele mögen genannt sein etwa die Anstellung für die Dauer einer Messe, für die Dauer einer bestimmten Auktion, der Aufrechterhaltung einer Baustelle, als Aushilfe für einen erkrankten Mitarbeiter (vgl. *Hueck/Nipperdey* I, S. 532; *Staudinger/Preis* § 620 BGB Rz 14 ff.; KR-*Bader* § 3 TzBfG Rz 19 ff.).

43 Erforderlich ist, dass die besondere Beschaffenheit oder Zweckbestimmung der Dienstleistung zum **Vertragsbestandteil** gemacht worden ist. Beide Partner müssen sich einig sein, dass die Beschäftigung zB nur bis zur Genesung der erkrankten Stammbesetzung währen soll. Geht nur einer von dieser besonderen Zweckbestimmung aus, bleibt sie unverbindlich; es kommt dann ein unbefristeter Dienstvertrag zustande, der zu seiner Beendigung einer Kündigung bedarf (vgl. *Staudinger/Preis* § 620 BGB Rz 14; KR-*Lipke* § 15 TzBfG Rz 13; KR-*Bader* § 3 TzBfG Rz 23 ff.).

44 Die Zweckerreichung muss ferner **eindeutig und objektiv bestimmbar sein.** Das ergibt sich schon aus allgemeinen Rechtsgrundsätzen. Fehlt es an der Bestimmbarkeit, scheidet eine Anwendung des § 620 Abs. 2 BGB auch nach seinem Wortlaut aus, da die Dauer dann eben nicht aus der Beschaffenheit oder dem Zweck der Dienste zu entnehmen ist (*Staudinger/Preis* aaO; KR-*Bader* aaO).

45 Ein weiterer – von dem zweckabhängigen Dienstverhältnis nicht immer scharf zu trennender – Unterfall des zeitlich befristeten Arbeitsverhältnisses ist das Dienstverhältnis unter einer **auflösenden Bedingung** (§ 158 BGB), eines Ereignisses also, welches nicht ohne weiteres in der Dienstleistung selbst seinen Ursprung haben muss (vgl. KR-*Bader* § 21 TzBfG Rz 1 ff., 5 ff.; *Staudinger/Preis* § 620 Rz 20 ff.). Das Dienstverhältnis endet mit Bedingungseintritt ohne Kündigung (§ 158 Abs. 2 BGB). Zu denken ist etwa an die Beschäftigung eines arbeitnehmerähnlichen Mitarbeiters für die Zeit, bis er eine andere Beschäftigung gefunden hat. Bekannt geworden sind insbes. auch die sog. Zölibatsklauseln, also die Anstellungen nur bis zu einer evtl. Heirat. Eine derartige Vereinbarung verstößt gegen Art. 6 GG und ist daher nichtig (so schon *BAG* 10.5.1957 AP Nr. 1 zu Art. 6 GG Ehe und Familie).

46 Auch hier gilt, dass die Bedingung **Vertragsinhalt** geworden sein muss und nicht lediglich ein stillschweigender Vorbehalt einer Partei gewesen sein darf; andernfalls kommt ein unbefristetes Dienstverhältnis zustande.

c) Rechtzeitige Ankündigung der Beendigung

47 Die Zweckerreichung oder der Eintritt der auflösenden Bedingung ist unter Umständen **allein dem Dienstberechtigten ersichtlich.** Gleiches gilt für die Einstellung der Vergabe von Folgeaufträgen. In diesem Fall ist in einem Arbeitsverhältnis schon seit jeher der Arbeitgeber als verpflichtet angesehen worden, den Arbeitnehmer rechtzeitig auf das bevorstehende Ende des Arbeitsverhältnisses hinzuweisen. Versäumt er dies, macht er sich schadenersatzpflichtig, wobei die Obergrenze der Lohn für die Dauer der Kündigungsfrist darstellt (vgl. schon *BAG* 8.6.1967 AP Nr. 6 zu § 611 BGB Abhängigkeit; 26.3.1986 EzA § 620 BGB Nr. 81; 12.6.1987 EzA § 620 BGB Nr. 90; *Hueck/Nipperdey* I, S. 416; *Staudinger/Preis* § 620 Rz 16). Begründet wird diese Verpflichtung des Arbeitgebers mit der ihm gegenüber dem Arbeitnehmer obliegenden Fürsorgepflicht. Dieser Rechtsgedanke muss Anwendung finden auch auf die Rechtsverhältnisse der arbeitnehmerähnlichen Personen (s. dazu Rz 51 ff.).

3. Unbefristete Dienstverhältnisse

48 Ist das Dienstverhältnis des arbeitnehmerähnlichen Mitarbeiters weder ausdrücklich noch zweckbestimmt befristet, so kann jeder Teil grds. nach Maßgabe des § 621 BGB **kündigen** (§ 620 Abs. 2 BGB). Eine unmittelbare Anwendung des § 622 BGB, auf den § 620 Abs. 2 BGB gleichfalls Bezug nimmt, scheidet aus (s.a. Rz 37; s. aber für eine entsprechende Anwendung Rz 51 ff.). Die Kündigung bedarf keiner Form, § 623 BGB ist nur auf Arbeitsverträge anwendbar (vgl. auch Rz 103, s. aber auch Rz 32a).

49 § 621 BGB sieht die Einhaltung von **Kündigungsfristen** vor. Die Fristen sind in Ziff. 1–4 gestaffelt nach Zeitabschnitten, in denen die **Vergütung** gezahlt wird: An jedem Tag für den Ablauf des folgenden Tages, wenn die Vergütung nach Tagen bemessen ist (§ 621 Ziff. 1 BGB); spätestens am ersten Werktag einer Woche für den Ablauf des folgenden Sonnabends, wenn die Vergütung nach Wochen bemessen ist (§ 621 Ziff. 2 BGB); spätestens am 15. eines Monats für den Schluss des Kalendermonats, wenn die Ver-

gütung nach Monaten bemessen ist (§ 621 Ziff. 3 BGB); unter Einhaltung einer Frist von sechs Wochen für den Schluss eines Kalendervierteljahres, wenn die Vergütung nach Vierteljahren oder längeren Zeitabschnitten bemessen ist (§ 621 Ziff. 4 BGB).

Maßgeblich sind dabei nicht die Zeitabschnitte der Bezahlung, sondern der **Bemessung der Vergütung** (MünchKomm-*Schwerdtner* § 621 BGB Rz 11; *Staudinger/Preis* § 621 BGB Rz 20). Die Fristen gelten für **beide** Vertragspartner. Wird die Vergütung nicht nach Zeitabschnitten bemessen, kann das Dienstverhältnis jederzeit gekündigt werden, ohne dass es der Einhaltung einer Frist bedarf (§ 621 Ziff. 5 1. Hs. BGB). Dies gilt jedoch dann nicht, wenn es sich um ein Dienstverhältnis handelt, welches die Erwerbstätigkeit des Dienstverpflichteten **vollständig oder hauptsächlich** in Anspruch nimmt (§ 621 Ziff. 5 2. Hs. BGB). Alsdann ist eine Kündigungsfrist von zwei Wochen einzuhalten. § 621 Ziff. 5 BGB ist eingefügt worden durch das Erste Arbeitsrechtsbereinigungsgesetz vom 14.8.1969 (BGBl. I S. 1106). Die Vorschrift ist von besonderer Bedeutung für die aufgrund eines Dienstvertrages tätig werdenden arbeitnehmerähnlichen Personen. Das dort verwandte Abgrenzungskriterium der vollständig oder hauptsächlich in Anspruch genommenen Erwerbstätigkeit berührt sich mit dem zur Begriffsbestimmung der arbeitnehmerähnlichen Person gehörenden Merkmal der wirtschaftlichen Abhängigkeit. Wirtschaftliche Abhängigkeit ist regelmäßig verbunden mit der Beschränkung im Wesentlichen auf ein Dienstverhältnis (s. o. Rz 17). § 621 Ziff. 5 BGB ist also an sich einschlägig für eine Reihe arbeitnehmerähnlicher Mitarbeiter, deren Vergütung nicht in Zeitabschnitten bemessen, sondern in einmaliger Höhe oder nach Stückgeltern festgesetzt oder etwa als Provision berechnet wird. Die Einfügung dieser Vorschrift ist bezeichnend für die Tendenz des Gesetzgebers zum verstärkten Schutz aller derjenigen Personen, die zwar nicht in einem Arbeitsverhältnis stehen, aber doch ihre Arbeitskraft vollständig oder überwiegend einem Dienstberechtigten zur Verfügung stellen. Dies ist bei der Frage einer Ausweitung des allgemeinen Beendigungsschutzes arbeitnehmerähnlicher Personen über die bestehenden Regelungen hinaus in Rechnung zu stellen.

4. Erweiterter Beendigungsschutz

a) Interessenlage

Die Bestimmungen der §§ 620, 621 BGB bieten den aufgrund eines Dienstvertrages tätig werdenden arbeitnehmerähnlichen Personen einen gewissen Schutz gegen eine unvermittelte Beendigung ihres Dienstverhältnisses. Sie gelten jedoch für den Dienstvertrag allgemein, also auch für Dienstverpflichtete, die weder wirtschaftlich abhängig noch einem Arbeitnehmer vergleichbar schutzbedürftig sind. Schon das lässt erkennen, dass sie allein einen Schutz der arbeitnehmerähnlichen Personen gegen einen plötzlichen Entzug der Existenzgrundlage nicht ausreichend gewähren können. Darüber hinaus versagt dieser geringe Schutz in den häufigen Fällen, in denen kein unbefristetes Dienstverhältnis vorliegt, sondern eine Kette von Fall zu Fall geschlossener Einzelverträge. Es fragt sich daher, ob und in welcher Weise den arbeitnehmerähnlichen Personen ein Beendigungsschutz gewährt werden kann, der ihrer dem Arbeitnehmer vergleichbaren Stellung besser Rechnung trägt (s. auch *Collardin* S. 31; *Däubler* ZIAS 2000, 330; *ders.* AuR 2005, 3; *Hromadka* NZA 1997, 1255, 1256; *ders.* FS Söllner, S. 475; *Oetker* FS ArbG Rheinland-Pfalz, S. 326; *Pfarr* FS Kehrmann, S. 88). Dies verlangt auch das aus Art. 12 Abs. 1 GG folgende Gebot eines Mindestkündigungsschutzes, der grundsätzlich über die Generalklauseln der §§ 138, 242 BGB zu verwirklichen ist (s. Rz 69 u. Rz 148).

b) Gesetzliche Anhaltspunkte für eine Erweiterung

Die **gesetzlichen Regelungen** bieten dafür **Anhaltspunkte**. Einen dem Arbeitnehmer insoweit vergleichbaren Schutz durch Gewährung von Kündigungsfristen genießt der in Heimarbeit Beschäftigte, der zu den arbeitnehmerähnlichen Personen zählt. Der durch das HAÄndG neu gefasste § 29 HAG trifft eine an § 622 BGB angelehnte Regelung, wonach das Heimarbeitsverhältnis als Dauerverhältnis verstanden wird und nur unter Wahrung entsprechender Kündigungsfristen gekündigt werden kann (s. u. Rz 98 ff.).

Nur unter Einhaltung einer Kündigungsfrist beendet werden kann auch das Vertragsverhältnis der arbeitnehmerähnlichen Handelsvertreter (§ 89 HGB; s. u. Rz 197 ff.). Die allgemeinen Regeln für die Beendigung des Dienstverhältnisses enthalten in § 621 Ziff. 5 BGB eine gerade für die Rechtsverhältnisse arbeitnehmerähnlicher Personen – aber eben nicht für alle und nicht nur für diese – einschlägige Bestimmung, welche die Einhaltung einer früher dem Arbeitsverhältnis eines Arbeiters entsprechenden Kündigungsfrist fördert (s. o. Rz 50). Schließlich ist bereits ausgeführt, dass bei der nur dem Auftraggeber erkennbaren zweckbestimmten Beendigung eines Dienstverhältnisses dieser eine sog. Vorankündigungsfrist zu beachten hat, will er sich nicht schadensersatzpflichtig machen (s.o. Rz 47).

c) Rechtsprechung des BAG (Kameramann-Urteil)

54 In den genannten Bestimmungen wie in der zitierten Rechtsprechung spiegelt sich die Erkenntnis wieder, dass wirtschaftlich abhängige und sozial schutzbedürftige Personen eines **Mindestschutzes gegen den plötzlichen Verlust ihrer Existenzgrundlage** bedürfen. Von diesem Rechtsgedanken ausgehend hat das BAG schon früh einen Schutz entwickelt auch für solche arbeitnehmerähnlichen Personen, welche nicht unter eine der genannten Bestimmungen fallen, und zwar deshalb nicht, weil sie aufgrund befristeter Verträge tätig werden, ohne dass der Auftraggeber zur Erteilung jeweils neuer Aufträge verpflichtet wäre (*BAG* 8.6.1967 AP Nr. 6 zu § 611 BGB Abhängigkeit, vgl. jetzt auch *BAG* 22.4.1998 EzA § 611 BGB Arbeitnehmerbegriff Nr. 71).

55 Da bei einer solchen Fallgestaltung die Einzelaufträge ohne weiteres mit der Befristung ablaufen, ist für eine Kündigungsfrist an sich kein Raum. Das BAG verlangt aber die Einhaltung einer **Ankündigungsfrist,** wie sie auch schon zu § 620 BGB entwickelt wurde (s. auch *BAG* 26.3.1986 EzA § 620 BGB Nr. 81; 12.6.1987 EzA § 620 BGB Nr. 90; s.o. Rz 47), weil der von seinem Auftraggeber abhängige freie Mitarbeiter wenigstens einen bescheidenen Schutz benötige. Es geht dabei aus vom Bestehen einer Dauerrechtsverhältnisses über die Einzelbeziehungen hinaus (*BAG* 8.6.1967 aaO; bestätigt in: *BAG* 7.1.1971 AP Nr. 8 zu § 611 BGB Abhängigkeit [Anm. *Gerhardt*]; vgl. auch *BAG* 14.2.1974 EzA § 611 BGB Nr. 16; zust. etwa *Falkenberg* DB 1969, 1413; *Kunze* UFITA 74, 27; *Wlotzke* DB 1974, 2258, 2259; krit. zur Begr. *Lieb* RdA 1974, 265, 266 – Dauerverbindung mit gewissen Rechtswirkungen).

56 Es erscheint fraglich, ob nicht bei der vom BAG mitgeteilten Fallgestaltung (fast tägliche Beschäftigung) zwanglos hätte auch ein unbefristetes Dienstverhältnis angenommen werden können (vgl. auch *Schnorr* Anm. zu *BAG* 8.6.1967 aaO; s. jetzt auch *BAG* 22.4.1998 EzA § 611 BGB Arbeitnehmerbegriff Nr. 79; 20.1.2004 EzA § 4 TVG Rundfunk Nr. 25). Wenn man aber von einer Kette von Einzelverträgen ausgeht, ist dem BAG **zuzustimmen.** Die soziale Schutzbedürftigkeit dieser Personengruppe rechtfertigt die Erweiterung des vorgezeichneten Schutzes vor einem abrupten Entzug der Existenzgrundlage. Durch das Erfordernis einer Vorankündigungsfrist wird die Kette befristeter Dienstverträge angenähert dem unbefristeten und nur unter Einhaltung von Kündigungsfristen kündbaren Dienstverhältnis. Es läuft im Ergebnis auf den im Arbeitsrecht entwickelten Grundsatz hinaus, dass eine Kette von Arbeitsverträgen unzulässig ist, soweit ein sachlicher Grund nicht vorliegt, und in diesen Fällen ein unbefristetes Arbeitsverhältnis entsteht, welches auch nur unter Einhaltung der Kündigungsfristen kündbar ist. Auch das spricht für die Entscheidung des BAG. Nach *BAG* 20.1.2004 (EzA § 4 TVG Rundfunk Nr. 25) können **die Tarifvertragsparteien** die Rechtsverhältnisse arbeitnehmerähnlicher Personen abweichend von § 620 BGB dahin regeln, dass eine Beendigung durch Zugang einer **Beendigungsmitteilung** bewirkt wird. Es entsteht dann über die einzelne Auftragsvergabe hinaus nach Auffassung des BAG **ein Dauerrechtsverhältnis eigener Art.** Die Beendigungsmitteilung ist **keine Kündigung,** so dass Bestandsschutzvorschriften, die vor einer Kündigung schützen sollen, keine Anwendung finden. Dem ist zuzustimmen für den vom BAG angenommenen Fall, dass ohne die tarifliche Regelung zwischen den Parteien jeweils nur auf den jeweiligen Einsatz bezogene befristete Rechtsverhältnisse entstanden wären, die arbeitnehmerähnliche Person nicht mit dauernden Einsätzen rechnen konnte und hierauf auch keinen Rechtsanspruch hatte (s.a. *BAG* 19.10.2004 EzA § 12a TVG Nr. 2; s. weiter Rz 34).

d) Ankündigungsfrist bei Dauerbeziehung

57 Der Auftraggeber hat danach bei Vorliegen einer derartigen Dauerbeziehung den freien Mitarbeiter **rechtzeitig** – nach Meinung des BAG **zwei Wochen vorher** – auf die bevorstehende Einstellung der Erteilung von Aufträgen **hinzuweisen.** Unterlässt er dies, muss er ihm eine entsprechend lange Auslauffrist gewähren. Während dieser Frist ist er zur Zahlung der durchschnittlichen Bezüge verpflichtet, und zwar unabhängig davon, ob er die Dienste des arbeitnehmerähnlichen Mitarbeiters in Anspruch nimmt. Diese Folge lässt sich zwanglos herleiten aus einer zumindest entsprechenden Anwendung des § 615 BGB.

58 Wann die vom BAG geforderte **Dauerrechtsbeziehung** vorliegt, lässt sich nicht schematisch beurteilen. In den entschiedenen Fällen waren über drei bzw. vier Jahre Vertragsbeziehungen gepflegt worden. Die Annahme einer Dauerbeziehung lag insoweit auf der Hand (vgl. *BAG* 8.6.1967 AP Nr. 6 zu § 611 BGB Abhängigkeit – bei fast täglicher Beschäftigung aufgrund von jeweils Tagesaufträgen soll

mindestens nach Ablauf eines Jahres eine Dauerbeziehung entstanden sein; s. *Kunze* UFITA 74, 27, 28). Entscheidend wird nicht allein die Länge der einzelnen Aufträge sein, sondern vor allem deren Zahl. Abzustellen ist darauf, ob der freie Mitarbeiter aufgrund der Anzahl und der Folge der bereits erteilten Aufträge nach Treu und Glauben davon ausgehen kann, dass er auch weiterhin bedacht wird, der Auftraggeber also einen Vertrauenstatbestand geschaffen hat.

e) Analogie zu § 29 HAG bei einer Kette befristeter Beschäftigungsverhältnisse

Um insoweit zu einigermaßen einheitlichen Ergebnissen zu kommen, bietet sich für die nähere Ausgestaltung des Beendigungsschutzes durch Auslauffristen die Anknüpfung an das HAG an. Hat man sich bei der Einführung der zweiwöchigen Ankündigungsfrist am HAG orientiert und damit die grds. Vergleichbarkeit der sozialen Schutzbedürftigkeit beider Personengruppen anerkannt, liegt es nahe, auch die Fortentwicklung des HAG für die Rechtsverhältnisse arbeitnehmerähnlicher Personen zu berücksichtigen (so auch *Beuthien/Wehler* RdA 1978, 10; *Collardin* S. 31; *Hromadka* NZA 1997, 1256, will die Bestimmungen des HAG grds. auf arbeitnehmerähnliche Personen analog anwenden, soweit sich nicht daraus Besonderheiten ergeben, dass sie nicht in selbst gewählter Arbeitsstätte tätig sind; *Rosenfelder* S. 309 ff.; s. auch *Schmidt/Koberski/Tiemann/Wascher* Anh. nach § 19 Rz 10; *Pfarr* FS Kehrmann, S. 88 ff.). Dies gilt auch hinsichtlich der erneuten Angleichung der Fristen für Heimarbeiter an die Arbeitnehmerfristen durch das KündFristG (s.u. Rz 104 ff.). 59

Allerdings lässt sich die Regelung des § 29 HAG **nicht schematisch** übernehmen. § 29 HAG geht aus von einem ununterbrochen bestehenden Beschäftigungsverhältnis, welches vom ersten Tage an nur durch Kündigung zu lösen ist, wobei nach Ablauf von vier Wochen eine Kündigungsfrist von zwei Wochen einzuhalten ist (vgl. iE Rz 104 ff.). Bei den hier fraglichen Sachverhalten, wie sie auch den Entscheidungen des BAG zugrunde lagen, handelt es sich nicht um ein ununterbrochenes, sondern um **mehrere aneinander gereihte Beschäftigungsverhältnisse**. Dabei knüpfen die Beschäftigungsverhältnisse – im Unterschied etwa zu den typischen Kettenarbeitsverhältnissen – nicht immer zeitlich unmittelbar aneinander an und wiederholen sich auch nicht unbedingt regelmäßig (vgl. auch *Lieb* RdA 1974, 265; *Kunze* UFITA 74, 27). Das kann durchaus sachgerecht, weil durch die Art der Tätigkeit bedingt, sein (Mitarbeit an einem Film, an einem Theaterstück, an einer Reportage jeweils bis zu deren Fertigstellung). 60

Hier in Anlehnung an das HAG vom ersten Tage an eine **Dauerrechtsbeziehung** anzunehmen, würde in vielen Fällen den Verhältnissen nicht gerecht. Die tatsächlichen Umstände in der Heimarbeit dürften idR anders liegen. Bei den in Heimarbeit auszuführenden Diensten oder Werkleistungen handelt es sich regelmäßig nicht um Arbeiten, die schon von der Natur der Sache her gewisse zeitliche Einschnitte mit sich bringen. Das Bügeln von Hemden, Einsetzen von Kragen, das Aufziehen von Perlen auf Schnüre oder das Zusammensetzen von Schaltern erlaubt in anderer Weise eine zeitlich kontinuierliche Arbeit wie etwa die Mitarbeit an verschiedenen Theateraufführungen. 61

Das Dauermoment bei den hier gemeinten Beschäftigungsverhältnissen freier Mitarbeiter ist also nicht ohne weiteres vom ersten Tage an vorhanden. Es kommt vielmehr erst mit dem Zeitablauf und insbes. durch den wiederholten Abschluss von Verträgen. Die mehrfache Berücksichtigung ist es, die bei dem Beschäftigten das schutzwürdige Vertrauen wachsen lässt, er würde auch weiterhin beauftragt werden. Dieser Vertrauenstatbestand rechtfertigt es, eine Pflicht des Dienstberechtigten zu bejahen zur rechtzeitigen Ankündigung seiner Absicht, nach Auslaufen des derzeitigen Vertrages keinen Vertrag mehr anzuschließen. 62

Wenn also gegen die schematische Übernahme der Regelung des § 29 HAG auf das unterbrochene Beschäftigungsverhältnis (so *Kunze* aaO) der arbeitnehmerähnlichen Personen Bedenken bestehen, können der Regelung doch **zwei Anregungen** entnommen werden: 63

Der Zwang zur Einhaltung einer zweiwöchigen Kündigungsfrist schon nach vierwöchiger Beschäftigungsdauer gegenüber einer einjährigen Beschäftigungsdauer nach § 29 HAG aF zeigt eine ganz klare Tendenz, den Schutz der arbeitnehmerähnlichen Personen möglichst **frühzeitig** einsetzen zu lassen. Dies sollte berücksichtigt werden bei der Beurteilung, ob sich eine Dauerbeziehung iSd Rspr. des BAG entwickelt hat. Hatte das BAG in seiner Kameramannentscheidung (*BAG* 8.6.1967 AP Nr. 6 zu § 611 BGB Abhängigkeit) noch ausgeführt, bei nahezu täglicher Beschäftigung sei mindestens nach Ablauf eines Jahres die Dauerbeziehung zu bejahen, kann und muss angesichts der Neuregelung des HAG dieser Zeitpunkt vorverlegt werden. Ob sechs Monate erforderlich sind (so *Kunze* aaO – wenn überhaupt, wenig darunter), kann nicht pauschal entschieden werden. Das zeitliche Moment ist nur **ein** 64

Kriterium. Mit entscheidend ist die **Häufigkeit der Beschäftigung** (vgl. BAG 8.6.1967 aaO; nahezu täglich) und der **Befristungen** in diesem Zeitraum. Bei vielen kurzfristigen und aneinander gereihten Dienstverträgen (vgl. BAG 8.6.1967 aaO; tageweise) kann die Pflicht zur Einhaltung der Ankündigungsfrist früher einsetzen, früher auch als erst nach sechs Monaten. Sind die Fristen länger, die Unterbrechungen größer, kann sich der Zeitraum entsprechend erhöhen. Da eine wirtschaftliche Abhängigkeit vom Auftraggeber vorliegt – sonst handelt es sich bei dem Beschäftigten nicht um eine arbeitnehmerähnliche Person –, dürften allerdings im Regelfall keine größeren Unterbrechungen auftreten.

65 Der zweite aus § 29 HAG zu verwertende Gesichtspunkt ist, dass auch **längere Ankündigungsfristen** gerechtfertigt sein können. Unter den Voraussetzungen von § 29 Abs. 3 u. Abs. 4 HAG sind gegenüber Heimarbeitern nach Beschäftigungsdauer und Lebensalter gestaffelte längere Kündigungsfristen einzuhalten (s.u. Rz 107 ff.). Hat der arbeitnehmerähnliche Beschäftigte entsprechend lange Dienstzeiten aufzuweisen, ist es gerechtfertigt, die Ankündigungsfrist für den Auftraggeber entsprechend zu verlängern. Diese Fortentwicklung, an der sich das BAG in seiner Entscheidung vom 7.1.1971 (AP Nr. 8 zu § 611 BGB Abhängigkeit) noch gehindert sah wegen der fehlenden entsprechenden Regelung des HAG, kann jetzt vollzogen werden. Die für den in Heimarbeit Beschäftigten geltende Beschränkung, dass er überwiegend durch einen Auftraggeber beschäftigt werden muss, erfüllt der arbeitnehmerähnliche Beschäftigte regelmäßig. Ohne überwiegende Beschäftigung durch den Dienstberechtigten liegt das Merkmal der wirtschaftlichen Abhängigkeit nicht vor (s.o. Rz 17).

66 Die Verpflichtung zur Einhaltung einer Kündigungsfrist entfällt selbstverständlich dann, wenn ein **wichtiger Grund** für eine sofortige Auflösung bzw. für das Unterlassen einer weiteren Auftragsvergabe vorliegt (so wohl auch BAG 8.6.1967 aaO). Entsprechendes gilt sowohl für das Arbeitsverhältnis, das unbefristete Dienstverhältnis allgemein (vgl. § 626 BGB) als auch für das Heimarbeitsverhältnis (§ 29 Abs. 3 HAG). Es besteht kein Anlass, den arbeitnehmerähnlichen Mitarbeiter insoweit besser zu stellen als die Personengruppen, deren Rechtstellung für die Ausgestaltung eines Beendigungsschutzes zum Vorbild genommen wird. Zum Begriff des wichtigen Grundes s.u. Rz 70.

f) Analogie zu § 29 HAG bei unbefristetem Beschäftigungsverhältnis

67 Ist der arbeitnehmerähnliche Mitarbeiter nicht aufgrund befristeter Verträge, sondern aufgrund eines **unbefristeten Dienstvertrages** beschäftigt, so kann allerdings aus dem og Gesichtspunkt der vergleichbaren Schutzbedürftigkeit voll auf die Regelung der in Heimarbeit Beschäftigten zurückgegriffen werden (vgl. jetzt auch *Hromadka* NZA 1997, 1256; *ders.* FS Söllner, S. 475; *Oetker* FS ArbG Rheinland-Pfalz, S. 326; *Schubert* S. 440 ff; s. dort auch zur Ableitung einer angemessenen Kündigungsfrist aus § 20 Abs. 1 und Abs. 2 GWB; s. auch *Däubler* AuR 2005, 3; wohl nur de lege ferenda *Buchner* NZA 1998, 1149). Das bedeutet, dass grds. die Kündigungsfristen des § 29 HAG einzuhalten sind, soweit nicht § 621 BGB günstigere Regelungen trifft. Betroffen sind danach § 621 Nr. 1 und 2 BGB, da die Fristen des § 621 Nr. 3–5 BGB gegenüber § 29 Abs. 2 HAG günstiger sind. Wie für die in Heimarbeit Beschäftigten greift dieser erweiterte Schutz allerdings erst nach vierwöchiger Beschäftigungsdauer ein (vgl. § 29 Abs. 2 HAG; s.u. Rz 105). Soweit die Voraussetzungen des § 29 Abs. 3 und Abs. 4 HAG vorliegen, tritt eine entsprechende Verlängerung der Kündigungsfristen ein, die bei einer vom Dienstberechtigten ausgesprochenen Kündigung zu beachten sind (s.u. Rz 107 ff.).

g) Ankündigungsfrist auch für arbeitnehmerähnlichen Mitarbeiter

68 Die § 29 HAG entnommene allgemeine Kündigungs- und Ankündigungsfrist gilt nicht nur für eine Kündigung durch den Dienstberechtigten. Auch **der arbeitnehmerähnliche Mitarbeiter hat entsprechende Fristen einzuhalten**, will er sich aus dem Beschäftigungsverhältnis lösen, sei es dem von vornherein unbefristeten, sei es dem unterbrochenen Beschäftigungsverhältnis, in welchem eine Dauerbeziehung entstanden ist. Für die unbefristeten Dienstverhältnisse ergibt sich das schon aus § 29 Abs. 1 HAG. Für die von der Rechtsprechung entwickelten Ankündigungsfristen bei Bestehen einer Dauerbeziehung kann nichts anderes gelten (vgl. auch *Hromadka* FS Söllner, S. 475). An der Einhaltung einer solchen Frist hat der Dienstberechtigte gleichfalls ein schutzwürdiges Interesse. Die arbeitnehmerähnlichen Personen können insoweit auch nicht besser gestellt werden als die in Heimarbeit Beschäftigten. Für die § 29 Abs. 4 HAG entnommenen Fristen gilt dies natürlich nicht, da sie ohnehin nur Kündigungen durch den Auftraggeber betreffen (s.u. Rz 112).

h) Generalklauseln §§ 138, 242 BGB

Auf für die Beschäftigungsverhältnisse arbeitnehmerähnlicher Personen gelten die Generalklauseln §§ 138, 242 BGB (s.a. Rz 36a). Über sie ist der nach den **grundgesetzlichen Schutzpflichten** aus Art. 12 Abs. 1 GG gebotene **Mindestkündigungsschutz** (*BVerfG* 27.1.1998 EzA § 23 KSchG Nr. 17 = AR-Blattei ES 830 Nr. 18 m. Anm. *Dieterich*) zu gewährleisten (vgl. BAG 24.3.1998 EzA § 613a BGB Nr. 165; KDZ-*Däubler* §§ 29, 29a HAG Rz 21; *Däubler* ZIAS 2000, 331; *ders.* AuR 2005, 3; *Oetker* FS ArbG Rheinland-Pfalz S. 325 ff.; s. jetzt auch BAG 21.2.2001 EzA § 242 BGB Kündigung Nr. 1). Die hier vorgeschlagene analoge Anwendung der Kündigungsbestimmungen für Heimarbeiter trägt diesem Gedanken eines Mindestschutzes bereits generell Rechnung. Die Kündigung gegenüber einer arbeitnehmerähnlichen Person kann aber darüber hinaus sitten- bzw. treuwidrig sein (s. zu einzelnen Fallgestaltungen KR-*Friedrich* § 13 KSchG Rz 116 ff. u. Rz 229 ff.; s. auch BAG 21.2.2001 EzA § 242 BGB Kündigung Nr. 1; s.a. Rz 148). 69

5. Außerordentliche Kündigung

Die **fristlose Beendigung des Dienstverhältnisses** einer arbeitnehmerähnlichen Person – sei es befristet, sei es unbefristet – richtet sich nach § 626 BGB. Das Beschäftigungsverhältnis kann demnach von jedem Vertragsteil ohne Einhaltung einer Kündigungsfrist gelöst werden, wenn Tatsachen vorliegen, aufgrund derer dem Kündigenden unter Berücksichtigung aller Umstände des Einzelfalles und unter Abwägung der Interessen beider Vertragsteile die Fortsetzung des Beschäftigungsverhältnisses bis zum Ablauf der Kündigungsfrist oder bis zu der vereinbarten Beendigung nicht zugemutet werden kann (§ 626 Abs. 1 BGB). Dabei kann die Kündigung nur innerhalb von zwei Wochen erfolgen, nachdem der Kündigungsberechtigte von den für die Kündigung maßgeblichen Tatsachen erfahren hat (§ 626 Abs. 2 S. 1 BGB). Der Kündigende muss dem anderen Teil auf Verlangen den Kündigungsgrund unverzüglich schriftlich mitteilen (§ 626 Abs. 2 S. 2 BGB). Wegen der reichhaltigen Rechtsprechung zum Begriff des wichtigen Grundes und der dort entwickelten Fallgruppen vgl. die Erl. bei KR-*Fischermeier* § 626 BGB. 70

V. Beendigung arbeitnehmerähnlicher Rechtsverhältnisse, denen ein Werkvertrag zugrunde liegt

Soweit dem arbeitnehmerähnlichen Rechtsverhältnis ein **Werkvertrag** zugrunde liegt, richtet sich seine Beendigung an sich nach den einschlägigen Bestimmungen der §§ 631 ff. BGB. Nach dem Vertragszweck ist der Vertrag beendet mit der Herstellung des Werkes und der Zahlung der Vergütung. Eine Befristung oder ein Abschluss auf unbestimmte Zeit ist begrifflich nicht möglich. Bis zur Vollendung des Werkes kann der Besteller den Vertrag jederzeit kündigen, bleibt aber zur Zahlung der vereinbarten Vergütung nach Maßgabe des § 649 BGB verpflichtet. Die Verpflichtung entfällt, wenn die Kündigung aus wichtigem Grund wegen eines den Vertragszweck gefährdenden Verhaltens des Unternehmers erfolgt (s. iE *Palandt/Sprau*). Ein weiteres Sonderkündigungsrecht steht dem Besteller im Falle einer wesentlichen Überschreitung eines Kostenvoranschlages zu (§ 650 BGB). Umgekehrt kann der Unternehmer kündigen, wenn der Besteller eine Mitwirkungshandlung unterlässt (§ 643 BGB). 71

Diese für den einzelnen Werkvertrag geltenden Bestimmungen helfen jedoch nicht weiter in den Fällen, in denen der arbeitnehmerähnliche Werkleistende über einen längeren Zeitraum immer wieder Aufträge überwiegend für einen Besteller ausführt und aus dieser Tätigkeit im Wesentlichen seinen Lebensunterhalt bestreitet. Es kann sich dann in gleicher Weise wie bei einem arbeitnehmerähnlichen Dienstleistenden eine **Dauerbeziehung** entwickeln, welche die Einhaltung einer Ankündigungsfrist erforderlich macht für den Fall, dass der Besteller keine weiteren Aufträge mehr erteilen will. Das Schutzbedürfnis des arbeitnehmerähnlichen Unternehmers vor einem plötzlichen Entzug seiner Erwerbsquelle ist nicht geringer als das des arbeitnehmerähnlichen Dienstleistenden. Auch das HAG macht insoweit keinen Unterschied nach der Art der in Heimarbeit ausgeübten Tätigkeit. Über die Generalklauseln §§ 138, 242 BGB ist auch hier ein grundgesetzlich gebotener Mindestkündigungsschutz zu gewährleisten (s.o. Rz 69). 72

Auf die Ausführungen Rz 51 ff. kann daher in vollem Umfang verwiesen werden. Hat sich aufgrund der längeren Zusammenarbeit eine Dauerbeziehung zwischen Besteller und arbeitnehmerähnlichem Unternehmer entwickelt, ist der Besteller verpflichtet, die Einstellung weiterer Aufträge rechtzeitig anzukündigen. Als ausreichende Vorankündigungsfrist ist auch hier grundsätzlich die Frist von zwei Wochen angemessen. Bei längerem Bestehen der Vertragsbeziehungen kann sich die Frist entsprechend verlängern in Anlehnung an § 29 HAG. 73

74 Unterlässt der Auftraggeber die rechtzeitige Ankündigung der Einstellung weiterer Aufträge, ist er in entsprechender Anwendung von § 615 BGB verpflichtet, dem arbeitnehmerähnlichen Mitarbeiter für eine entsprechend lange Zeit die durchschnittliche Vergütung zu zahlen, auch wenn er ihm keine Aufträge mehr erteilt.

VI. Geltendmachung der Unwirksamkeit der Kündigung

75 Die **Unwirksamkeit einer Kündigung** kann der arbeitnehmerähnliche Beschäftigte im **Klagewege** geltend machen. Sachlich zuständig für diese Klage sind die **ArbG** (§ 5 Abs. 1 S. 1 ArbGG). Der Beschäftigte kann Leistungsklage erheben, indem er das ihm für die Kündigungsfrist oder für die nicht eingehaltene Ankündigungsfrist zustehende Entgelt einklagt. Soweit dieser Entgeltanspruch der einzige Anspruch aus dem Beschäftigungsverhältnis ist, wird für eine Feststellungsklage daneben idR kein Raum sein (s. zum Arbeitsverhältnis KR-*Rost* § 7 KSchG Rz 31; s. im Übrigen Rz 160). Das gilt insbes. für den Anspruch wegen nicht eingehaltener Ankündigungsfristen.

76 Hängen vom Beendigungszeitpunkt weitere Fragen ab – sei es privatrechtlicher Art, wie etwa die Höhe des Urlaubsanspruchs, sei es öffentlich-rechtlicher Art, wie steuerrechtliche oder versicherungsrechtliche Fragen –, wird man idR auch ein rechtliches Interesse an einer Feststellungsklage bejahen können, § 256 ZPO (vgl. zum Heimarbeitsverhältnis Rz 160; zum Arbeitsverhältnis KR-*Rost* § 7 KSchG Rz 29 ff. – die Beurteilung sollte großzügig gehandhabt werden). Der arbeitnehmerähnliche Beschäftigte kann dann **klagen mit dem Antrag,** festzustellen, dass das zwischen den Parteien bestehende Beschäftigungsverhältnis durch die Kündigung des Beklagten vom ... nicht bzw. erst zum ... aufgelöst worden ist. Die Dreiwochenfrist des § 4 KSchG findet keine Anwendung (s. iE Rz 161). Das Recht, die Unwirksamkeit der Kündigung geltend zu machen, kann aber verwirken (s. iE KR-*Rost* § 7 KSchG Rz 33 ff.).

B. Sonderregelungen für in Heimarbeit Beschäftigte

I. Allgemeines und Begriffsbestimmung

1. Allgemeines

77 Eine Sondergruppe stellen die **im Bereich der Heimarbeit Beschäftigten** dar. Sie werden überwiegend den **arbeitnehmerähnlichen Personen** zugerechnet (*Brecht* § 2 Rz 20 ff. – mit dem berechtigten Hinweis auf die nur theoretische Bedeutung der Frage; *Gröninger/Rost* § 2 Rz 4; *Hueck/Nipperdey* I, S. 55; MünchArbR-*Richardi* § 28 Rz 4; MünchArbR-*Heenen* § 231 Rz 90; *Nikisch* I, S. 136 f.; *Rosenfelder* S. 275; *Schaub* § 9 I 1; *Wiedemann/Wank* § 12a TVG Rz 6; von grds. Vergleichbarkeit geht auch das BAG aus, vgl. *BAG* 23.12.1961 AP Nr. 2 zu § 717 ZPO; 8.6.1967 AP Nr. 6 zu § 611 BGB Abhängigkeit; 3.4.1990 EzA § 2 HAG Nr. 1; **aA** *Schmidt/Koberski/Tiemann/Wascher* Anh. nach § 19 Rz 5 ff. – Dauerschuldverhältnis eigner Art; eine Sondergruppe arbeitnehmerähnlicher Personen und ein Rechtsverhältnis eigener Art nimmt an auch *Otten* NZA 1995, 289).

78 Dem ist grds. zuzustimmen. Geht man etwa von der Definition des § 12a TVG aus – Personen, die wirtschaftlich abhängig und vergleichbar einem Arbeitnehmer sozial schutzbedürftig sind – ist dieser Begriff weit genug, um auch die in Heimarbeit Beschäftigten zu erfassen. Der Annahme eines **Dauerrechtsverhältnisses eigener Art** bedarf es nicht (so aber vor allem *Schmidt/Koberski/Tiemann/Wascher* aaO). Richtig ist allerdings, dass das Rechtsverhältnis der in Heimarbeit Beschäftigten eine besondere Ausgestaltung erfahren hat, durch die es weiter als die Rechtsverhältnisse anderer arbeitnehmerähnlicher Personen dem Arbeitsverhältnis angenähert wird. Die entsprechenden Bestimmungen sind nicht ohne weiteres auf die Rechtsverhältnisse sonstiger arbeitnehmerähnlicher Personen zu übertragen (insoweit ist *Schmidt/Koberski/Tiemann/Wascher* aaO, sicherlich zuzustimmen). Das zwingt aber nicht dazu, die in Heimarbeit Beschäftigten als vom Typus her grds. unterschiedlich zu arbeitnehmerähnlichen Personen einzustufen. Auch die Rechtsverhältnisse bestimmter Arbeitnehmergruppen sind teils mehr, teils weniger umfassend besonders ausgestaltet, ohne dass die Betreffenden deshalb die Arbeitnehmereigenschaft verlieren. Geht man von der **grds. Vergleichbarkeit** der arbeitnehmerähnlichen Personen mit den in Heimarbeit Beschäftigten aus, kann das HAG einen wertvollen Hinweis geben auf einen auch den sonstigen arbeitnehmerähnlichen Personen zuzubilligenden Mindestschutz (davon gehen offensichtlich auch aus das *BAG* 8.6.1967 aaO; 7.1.1971 AP Nr. 8 zu § 611 BGB Abhängigkeit; 3.4.1990 EzA § 2 HAG Nr. 1; *Däubler* ZIAS 2000, 330, 331; *Hromadka* NZA 1997, 1256; *ders.* FS Söllner, S. 475; *Oetker* FS ArbG Rheinland-Pfalz, S. 324; vgl. auch *Schmidt/Koberski/Tiemann/Wascher* Anh. nach § 19 Rz 10; s.o. Rz 59 ff.).

2. Entwicklung der Gesetzgebung

Die **Heimarbeit** spielt seit jeher eine Rolle in gewissen Wirtschaftsbereichen wie dem Textil- oder Bekleidungsgewerbe, der Spielzeug- und Schmuckwarenherstellung. Es entwickeln sich auch heute noch neue Formen wie etwa die sog. Büroheimarbeit (s.u. Rz 84) oder Tätigkeiten im Bereich der Elektro- und Kunststoffindustrie (vgl. *Schmidt/Koberski/Tiemann/Wascher* Einl. Rz 32). Wegen der besonderen sozialen Lage der Heimarbeit kam es schon früh zu gesetzlichen Regelungen (vgl. zur rechtsgeschichtlichen Entwicklung *Hromadka* NZA 1997, 1249). 79

Als erste Kodifikation erging das **Hausarbeitsgesetz** v. 20.12.1911 (RGBl. S. 97), ergänzt durch das **Heimarbeiterlohngesetz** v. 27.6.1923 (RGBl. I S. 467). 1934 erfolgte eine neue Regelung durch das **Heimarbeitsgesetz** v. 23.3.1934 (RGBl. I S. 214), neu gefasst am 30.9.1939 (RGBl. I S. 2145). 80

Das geltende **Heimarbeitsgesetz** datiert v. 14.3.1951 (BGBl. I S. 191) hat gerade im Bereich des Kündigungsschutzes wesentliche Verbesserungen erfahren durch das Gesetz zur Änderung des Heimarbeitsgesetzes und anderer arbeitsrechtlicher Vorschriften **(HAÄndG)** v. 29.10.1974 (BGBl. I S. 2879). 81

3. Geltungsbereich des HAG

Der **Geltungsbereich** des HAG umfasst **zwei Gruppen:** 82

– die in Heimarbeit Beschäftigten, nämlich **Heimarbeiter** und **Hausgewerbebetreibende** (§ 1 Abs. 1 iVm § 2 Abs. 1 und 2 HAG); auf diese Personen findet das HAG ohne weiteres Anwendung;

– die **Gleichgestellten**, nämlich bestimmte Personen, die nicht Heimarbeiter iSd § 1 Abs. 1 HAG sind, ihnen aber wegen vergleichbarer Schutzbedürftigkeit gleichgestellt werden können (§ 1 Abs. 2 HAG). Auf sie findet das HAG nur dann und nur insoweit Anwendung, als sie seinem Schutz durch einen besonderen rechtsbegründeten Akt des Heimatarbeitsausschusses – die Gleichstellung – unterstellt werden.

4. Heimarbeit und Hausgewerbetreibende, § 1 Abs. 1 HAG

a) Heimarbeiter

Heimarbeiter ist, wer in selbst gewählter Arbeitsstätte (eigener Wohnung oder selbst gewählter Betriebsstätte) allein oder mit seinen Familienangehörigen erwerbsmäßig arbeitet im Auftrag von Gewerbebetreibenden oder Zwischenmeistern, den Auftraggebern jedoch die Verwertung des Arbeitsergebnisses überlässt (§ 2 Abs. 1 S. 1 HAG). Der Heimarbeiter darf also **nicht selbst für den Absatzmarkt** arbeiten. Seine Tätigkeit muss **erwerbsmäßig** sein, dh sie muss von gewisser Dauer und auf die Erzielung von Lebensunterhalt angelegt sein (*Brecht* § 2 Rz 9; *Gröninger/Rost* § 2 Rz 2a; *Schmidt/Koberski/Tiemann/Wascher* § 2 Rz 9; vgl. auch BAG 10.7.1963 AP Nr. 3 zu § 2 HAG). Eine erwerbsmäßige Tätigkeit kann dabei auch dann gegeben sein, wenn das Entgelt nur gering ist und nur unregelmäßig gearbeitet wird (BSG 18.12.1969 BB 1970, 1399). 83

Im Unterschied zum früheren Recht braucht die Tätigkeit des Heimarbeiters **nicht mehr gewerblich** zu sein. Das HAÄndG hat diese Einschränkung durch das Merkmal der **erwerbsmäßigen Tätigkeit** ersetzt. Damit sind alle Zweifel beseitigt daran, ob auch Angestelltentätigkeiten in Heimarbeit verrichtet werden können, was vor allem für die sog. **Büroheimarbeit** von Bedeutung ist (vgl. Amtl. Begr. zum RegE, BT-Drs. 7/975 S. 14 zu Nr. 2a; *BAG* 25.3.1992 EzA § 6 BetrVG 1972 Nr. 3; *Brecht* aaO; *Gröninger/Rost* aaO; *Schmidt/Koberski/Tiemann/Wascher* § 2 Rz 10; *Wlotzke* DB 1974, 2253). 84

Soweit die Angestelltentätigkeit in Form der sog. **Telearbeit** durchgeführt wird (zum Begriff s.o. Rz 4a), ist auch der Telearbeiter bei Vorliegen der in Rz 83, 84 genannten Voraussetzungen Heimarbeiter. Gegen die Einbeziehung der Telearbeit bestehen angesichts der ausdrücklichen Öffnung des HAG für Angestellte keine Bedenken. Einwendungen, dass die gerade im Bereich der Telearbeit höherwertige Qualifikation der Einbeziehung in die Heimarbeit entgegenstehe, weil es an einer Verkehrsanschauung fehlte, derartige Tätigkeiten als Heimarbeit anzusehen (*Wlotzke* DB 1974, 2252), sind nicht berechtigt. Das Gesetz sieht eine Beschränkung auf »einfache« Angestelltentätigkeiten nicht vor. Die Aufnahme eines zusätzlichen Tatbestandsmerkmals der entsprechenden Verkehrsanschauung ist weder berechtigt noch bedarf es ihrer (*Collardin* S. 28. f.; so auch *Kappus* NJW 1984, 2386, 2387; ders. Recht der Telearbeit, S. 239 ff.; ders. NZA 1987, 409; *Bosmann* NZA 1984, 187; *Fenski* Rz 363; *Herb* DB 1986, 1825; *Kilian/Borsun/Hoffmeister* NZA 1987, 404, 405; MünchArbR-*Heenen* § 238 Rz 12; *Otten* C Rz 76; *Tiefenbacher* AR-Blattei SD 120 Rz 51; *Rehbinder* UFITA Bd. 102 S. 80; *Simon/Kuhne* BB 1987, 203; *Wank* Telearbeit, 84a

Rz 324; jetzt auch *Schmidt/Koberski/Tiemann/Wascher* § 2 Rz 63; vgl. auch KDZ-*Däubler* vor § 1 HAG Rz 5; offen gelassen in *BAG* 25.3.1992 EzA § 6 BetrVG 1972 Nr. 3; s.a. Rz 88 u. Rz 4a).

85 Für den Bereich des HAG sind maßgebend allein die Kriterien des § 2 HAG. Grds. unbeachtlich ist auch die **Zahl der Auftraggeber**. Der Heimarbeiter kann für mehrere zugleich tätig sein. Allerdings setzt gerade der besondere Kündigungsschutz des § 29 Abs. 3 HAG die Beschäftigung überwiegend durch **einen** Auftraggeber voraus (s.u. Rz 107). Die Eigenschaft als Heimarbeiter wird auch dadurch nicht beeinträchtigt, dass der Heimarbeiter die **Roh- und Hilfsstoffe selbst liefert**, § 2 Abs. 1 S. 2 HAG (s.o. Rz 13). Ist die rechtliche Einordnung des Vertragsverhältnisses streitig, ist zu berücksichtigen, dass Heimarbeiter und Hausgewerbetreibende wirtschaftlich vom Unternehmen abhängig sind und wegen dieser Abhängigkeit eines besonderen Schutzes bedürfen. Es ist daher zu prüfen, ob die betroffenen Mitarbeiter von einem Unternehmen in einer Weise abhängig sind, dass dies für das Vorliegen eines Heimarbeitsverhältnisses spricht. Maßgeblich ist dabei die praktische Durchführung des Vertrages (*BAG* 3.4.1990 EzA § 2 HAG Nr. 1; *Mehrle* AR-Blattei, SD 910 Rz 6).

86 Der **Unterschied zum Arbeitnehmer** liegt in der größeren persönlichen Unabhängigkeit des Heimarbeiters. Er wird in selbst gewählter Betriebsstätte tätig, unterliegt keinem Direktionsrecht, bestimmt seine Arbeitszeit selbst. Zum **Unternehmer** grenzt der Heimarbeiter sich ab insbes. dadurch, dass er das Unternehmerrisiko nicht trägt; er arbeitet im Auftrag von Gewerbetreibenden und unterlässt diesen die Verwertung seiner Arbeitsergebnisse.

b) Hausgewerbetreibender

87 Die zweite Gruppe geborener Heimarbeiter ist die der sog. **kleinen Hausgewerbetreibenden**. Hausgewerbetreibender ist, wer im Auftrag eines Gewerbetreibenden in eigener Arbeitsstätte mit nicht mehr als zwei fremden Hilfskräften (vgl. § 2 Abs. 6 HAG) oder Heimarbeitern Waren herstellt, bearbeitet oder verpackt unter eigener Mitarbeit, die Arbeitsergebnisse jedoch dem auftraggebenden Gewerbetreibenden überlässt (§ 2 Abs. 2 HAG; vgl. auch *BAG* 3.4.1990 EzA § 2 HAG Nr. 1). Der Hausgewerbetreibende kann im Unterschied zum Heimarbeiter fremde Hilfskräfte oder Heimarbeiter – eine Neuregelung durch das HAÄndG – beschäftigen. Dies ist allerdings nicht zwingende Voraussetzung. Auch ein Gewerbetreibender, der lediglich Maschinen – zB Strickmaschinen – einsetzt, kann seinem sozialen und wirtschaftlichen Status nach einem Heimarbeiter gleichstehen und damit als Hausgewerbetreibender iSd § 2 Abs. 2 HAG angesehen werden (*BAG* 27.10.1972 AP Nr. 8 zu § 2 HAG; *Brecht* § 2 Rz 29; *Gröninger/Rost* § 2 Rz 3b; *Schmidt/Koberski/Tiemann/Wascher* § 2 Rz 27).

88 Anders als der Heimarbeiter wird der Hausgewerbetreibende iSd § 2 Abs. 2 HAG **nur gewerblich** tätig, wie die Begrenzung auf Herstellung, Bearbeiten und Verpackung von Waren zeigt. Sie lässt keinen Raum für Angestelltentätigkeiten. Ein Hausgewerbetreibender, der Büroheimarbeiten ausführt bzw. ausführen lässt – etwa ein Schreibbüro unterhält – kann deshalb nicht Hausgewerbetreibender iSd § 2 Abs. 2 HAG sein (vgl. auch *Schmidt/Koberski/Tiemann/Wascher* § 2 Rz 36; *Fenski* Rz 12; offen gelassen in *BAG* 25.3.1992 EzA § 6 BetrVG 1972 Nr. 3; s. aber Rz 49). Das gilt auch für die sog. Telearbeit (s. zum Begriff Rz 4a; s.a. Rz 84a). Der eindeutige Gesetzeswortlaut lässt eine Einbeziehung nicht zu (so auch *Kilian/Borsun/Hoffmeister* NZA 1987, 405; *Herb* DB 1986, 1824; abw. *Kappus* NJW 1984, 2388, der eine Einordnung auch der zum Gewerbe angemeldeten »Heimangestellten« unter § 2 Abs. 1 HAG vorschlägt; s.a. *ders*. NZA 1987, 408 zu Möglichkeiten einer gesetzgeberischen Neuregelung).

89 Vorübergehende unmittelbare Tätigkeit für den Absatzmarkt beeinträchtigt die Stellung des Hausgewerbetreibenden nicht (§ 2 Abs. 2 S. 2 HAG). Steuerrechtlich wird auch derjenige als Hausgewerbetreibender betrachtet, der zwar ständig unmittelbar für den Arbeitsmarkt arbeitet, wobei diese Tätigkeit aber im Verhältnis zu seiner übrigen Tätigkeit für den oder die Auftraggeber gering ist; als gering ist ein Anteil von weniger als 10 vH anzusehen (*BFH* 4.10.1962 StBl. 1963 II S. 66). Eine entsprechende Auslegung des Begriffs der vorübergehenden Tätigkeit für den Absatzmarkt ist für die arbeitsrechtliche Einordnung angebracht (vgl. *Gröninger/Rost* aaO; *Schmidt/Koberski/Tiemann/Wascher* § 2 Rz 41).

90 Beschäftigt der Hausgewerbetreibende **mehr** als zwei fremde Hilfskräfte und/oder Heimarbeiter, verliert er seine Stellung als in Heimarbeit Beschäftigter. Die Zahl der Beschäftigten ist dabei zusammenzurechnen. Der Hausgewerbebetreibende iSd § 2 Abs. 2 HAG darf also entweder zwei fremde Hilfskräfte, zwei Heimarbeiter oder eine fremde Hilfskraft und einen Heimarbeiter beschäftigen. Liegen die Beschäftigtenzahlen höher, kommt nur eine Gleichstellung gem. § 1 Abs. 2 S. 1b HAG in Frage (s. Rz 93).

5. Gleichgestellte, § 1 Abs. 2 HAG

Den in Heimarbeit Beschäftigten gem. § 1 Abs. 1 HAG **gleichgestellt** werden können gem. § 1 Abs. 2 HAG folgende **Personengruppen:** 91

a) Heimarbeiterähnliche Personen

Personen, die idR allein oder mit ihren Familienangehörigen (§ 2 Abs. 5 HAG) in eigener Wohnung oder selbst gewählter Betriebsstätte eine sich in regelmäßigen Arbeitsvorgängen wiederholende Arbeit im Auftrag eines anderen gegen Entgelt ausüben, ohne dass ihre Tätigkeit als gewerblich anzusehen oder dass der Auftraggeber ein Gewerbetreibender oder Zwischenmeister ist (§ 1 Abs. 2 S. 1a HAG). Man spricht von den sog. **heimarbeiterähnlichen Personen** (vgl. *Brecht* § 1 Rz 6; *Schmidt/Koberski/Tiemann/Wascher* § 1 Rz 8; *Mehrle* AR-Blattei, SD 910 Rz 20). Sie unterscheiden sich vom Heimarbeiter vor allem dadurch, dass ihre Tätigkeit **in keinem Fall gewerblich** (s. o. Rz 88) und der Auftraggeber **kein Gewerbetreibender** oder Zwischenmeister sein darf. Als nicht gewerbliche Tätigkeiten kommen etwa in Betracht Schreibarbeiten oder Tätigkeiten in der Landwirtschaft, wie das Auslesen von Kartoffeln oder Samen. Auftraggeber können zB staatliche Stellen oder gemeinnützige private Einrichtungen sein, Landwirte, aber auch Rechtsanwälte, Notare, Ärzte (vgl. *Brecht* § 1 Rz 7, 8; *Schmidt/Koberski/Tiemann/Wascher* § 1 Rz 12 ff.). 92

b) Hausgewerbetreibende

Gleichgestellt werden können weiter **Hausgewerbetreibende** iSd § 2 Abs. 2 HAG, die mehr als zwei fremde Hilfskräfte oder Heimarbeiter beschäftigen (§ 1 Abs. 2 S. 1b HAG; vgl. iE Rz 87 ff.). 93

c) Lohngewerbetreibende

Entsprechendes gilt nach § 1 Abs. 2 S. 1c HAG für andere in Lohnauftrag arbeitende Gewerbetreibende, die infolge ihrer wirtschaftlichen Abhängigkeit eine ähnliche Stellung wie Hausgewerbetreibende einnehmen, die sog. **Lohngewerbetreibenden** (s. *Brecht* § 1 Rz 14 ff.; *Schmidt/Koberski/Tiemann/Wascher* § 1 Rz 21 ff.; s. dazu auch BAG 19.1.1988 DB 1988, 1071). Die Grenze zu den Hausgewerbetreibenden ist fließend. Eine Abgrenzung lässt sich am ehesten aus § 2 Abs. 2 HAG gewinnen. Arbeitet der Gewerbetreibende nicht am Stück mit, arbeitet er überwiegend unmittelbar für den Absatzmarkt oder führt er nichtgewerbliche Tätigkeiten aus, kann er nicht Hausgewerbetreibender iSd § 2 Abs. 2 HAG oder des § 1 Abs. 1 S. 2b HAG sein. Dann kommt eine Gleichstellung nur über § 1 Abs. 2 S. 1c HAG als Lohngewerbetreibender in Betracht (vgl. auch *Schmidt/Koberski/Tiemann/Wascher* aaO). Die Lohngewerbetreibenden müssen infolge ihrer wirtschaftlichen Abhängigkeit eine den Hausgewerbetreibenden vergleichbare Stellung haben. Letztlich erfüllt § 1 Abs. 2 S. 1c HAG eine Auffangfunktion. Im früheren Recht kam das deutlicher zum Ausdruck, da nach dem HAG 1939 generell andere arbeitnehmerähnliche Personen einbezogen wurden. 94

d) Zwischenmeister

Gleichgestellt werden können schließlich auch die **Zwischenmeister** (§ 1 Abs. 2 S. 1d HAG). Zwischenmeister ist, wer ohne Arbeitnehmer zu sein, die ihm von Gewerbetreibenden übertragenen Arbeiten an Heimarbeiter oder Hausgewerbetreibende weitergibt (§ 2 Abs. 3 HAG). Der Zwischenmeister ist gegenüber den einzelnen Heimarbeitern selbst Auftraggeber, ist seinerseits aber nicht Arbeitnehmer seines Auftraggebers. Aus seiner Mittlerstellung ergeben sich besondere Probleme im Rahmen des Kündigungsschutzes der Heimarbeiter (vgl. § 29 Abs. 7 HAG, s. iE Rz 141 ff.). Der Zwischenmeister kann selbst Heimarbeiter oder Hausgewerbetreibender iSd § 2 Abs. 1, Abs. 2 HAG sein, wenn er am Stück mitarbeitet (*BAG* 15.12.1960 AP Nr. 2 zu § 2 HAG). Insoweit unterfällt er ohne weiteres dem HAG, ohne dass es einer Gleichstellung bedarf (*Brecht* § 1 Rz 18). 95

e) Voraussetzung der Gleichstellung

Voraussetzung der Gleichstellung ist die vergleichbare **soziale Schutzbedürftigkeit,** für deren Feststellung wiederum das Maß der wirtschaftlichen Abhängigkeit entscheidend ist (§ 1 Abs. 2 S. 2 und 3 HAG). Damit begegnet uns hier ein Abgrenzungskriterium, welches für den Begriff der arbeitnehmerähnlichen Person Bedeutung hat (s.o. Rz 17). § 1 Abs. 2 HAG nennt insoweit zu berücksichtigende Umstände: Zahl der Hilfskräfte, Abhängigkeit von einem oder mehreren Auftraggebern, Möglichkeiten des unmittelbaren Zugangs zum Absatzmarkt, Höhe und Art der Eigeninvestition sowie Umsatz. 96

Diese Aufzählung ist jedoch **nicht abschließend** (vgl. auch *BAG* 8.3.1988 AP Nr. 5 zu § 1 HAG; *Brecht* § 1 Rz 26; *Gröninger/Rost* § 1 Rz 4a; *Schmidt/Koberski/Tiemann/Wascher* § 1 Rz 38 ff.).

f) Verfahren der Gleichstellung

97 Zum **Verfahren der Gleichstellung** vgl. iE § 1 Abs. 3, Abs. 4 und Abs. 5 HAG. Der Gleichgestellte ist **nicht verpflichtet,** von sich aus dem Auftraggeber die Gleichstellung **bekannt zu geben.** Nur **ausnahmsweise** und unter besonderen Umständen besteht nach § 242 BGB eine **Offenbarungspflicht** des Gleichgestellten, bei deren Verletzung die Berufung auf die Gleichstellung eine unzulässige Rechtsausübung sein kann (*BAG* 19.1.1988 DB 1988, 1071). Die Gleichstellung ist konstitutiv. Sie kann auf bestimmte Vorschriften des HAG beschränkt werden. Soweit nichts anderes bestimmt ist, erstreckt sie sich nur auf die allgemeinen Schutzvorschriften, die Vorschriften über die Entgeltregelung, den Entgeltschutz und die Auskunftspflicht über Entgelte (§ 1 Abs. 3 S. 1 HAG). Sie umfasst also grds. nicht die Bestimmungen über die Kündigung des Heimarbeitsverhältnisses (9. Abschn. des HAG). Hierzu bedarf es einer – zulässigen – ausdrücklichen Erweiterung der Gleichstellung. Sind in anderen Gesetzen Vorschriften über die in Heimarbeit Beschäftigten enthalten, gelten diese für Gleichgestellte nur dann, wenn sie ausdrücklich Erwähnung finden (so etwa in § 12 BUrlG; § 1 Nr. 2 MuSchG; § 127 Abs. 1 SGB IX; anders zB in § 5 BetrVG, § 7 ArbPlSchG). Fehlt die entsprechende Verweisung, kann der jeweils den in Heimarbeit Beschäftigten eingeräumte Schutz nicht durch Gleichstellung auf den Personenkreis des § 1 Abs. 2 HAG erweitert werden. Eine Gleichstellung, die auf bestimmte Tätigkeiten abstellt, gilt im Zweifel auch für **Mischbetriebe,** wenn die dort überwiegend ausgeführten Arbeiten, die dem Mischbetrieb das Gepräge geben, von der Gleichstellung erfasst werden (*BAG* 8.4.1986 AP Nr. 3 zu § 1 HAG).

II. Kündigung des Heimarbeitsverhältnisses

§ 29 HAG Allgemeiner Kündigungsschutz
(1) Das Beschäftigungsverhältnis eines in Heimarbeit Beschäftigten kann beiderseits an jedem Tag für den Ablauf des folgenden Tages gekündigt werden.
(2) Wird ein in Heimarbeit Beschäftigter von einem Auftraggeber oder Zwischenmeister länger als vier Wochen beschäftigt, so kann das Beschäftigungsverhältnis beiderseits nur mit einer Frist von zwei Wochen gekündigt werden.
(3) ¹Wird ein in Heimarbeit Beschäftigter überwiegend von einem Auftraggeber oder Zwischenmeister beschäftigt, so kann das Beschäftigungsverhältnis mit einer Frist von vier Wochen zum Fünfzehnten oder zum Ende eines Kalendermonats gekündigt werden. ²Während einer vereinbarten Probezeit, längstens für die Dauer von sechs Monaten, beträgt die Kündigungsfrist zwei Wochen.
(4) Unter der in Absatz 3 Satz 1 genannten Voraussetzung beträgt die Frist für eine Kündigung durch den Auftraggeber oder Zwischenmeister, wenn das Beschäftigungsverhältnis
1. zwei Jahre bestanden hat, einen Monat zum Ende eines Kalendermonats,
2. fünf Jahre bestanden hat, zwei Monate zum Ende eines Kalendermonats,
3. acht Jahre bestanden hat, drei Monate zum Ende eines Kalendermonats,
4. zehn Jahre bestanden hat, vier Monate zum Ende eines Kalendermonats,
5. zwölf Jahre bestanden hat, fünf Monate zum Ende eines Kalendermonats,
6. fünfzehn Jahre bestanden hat, sechs Monate zum Ende eines Kalendermonats,
7. zwanzig Jahre bestanden hat, sieben Monate zum Ende eines Kalendermonats.
Bei der Berechnung der Beschäftigungsdauer werden Zeiten, die vor der Vollendung des 25. Lebensjahres des Beschäftigten liegen, nicht berücksichtigt.
(5) § 622 Abs. 4 bis 6 des Bürgerlichen Gesetzbuches gilt entsprechend.
(6) Für die Kündigung aus wichtigem Grund gilt § 626 des Bürgerlichen Gesetzbuches entsprechend.
(7) ¹Für die Dauer der Kündigungsfrist nach den Absätzen 2 bis 5 hat der Beschäftigte auch bei Ausgabe einer geringeren Arbeitsmenge Anspruch auf Arbeitsentgelt in Höhe von einem Zwölftel bei einer Kündigungsfrist von zwei Wochen, zwei Zwölftel bei einer Kündigungsfrist von vier Wochen, drei Zwölftel bei einer Kündigungsfrist von einem Monat, vier Zwölftel bei einer Kündigungsfrist von zwei Monaten, sechs Zwölftel bei einer Kündigungsfrist von drei Monaten, acht Zwölftel bei einer Kündigungsfrist von vier Monaten, zehn Zwölftel bei einer Kündigungsfrist von fünf Monaten, zwölf Zwölftel bei einer Kündigungsfrist von sechs Monaten und vierzehn Zwölftel bei einer Kündigungsfrist von sieben Monaten des Gesamtbetrages, den er in den dem

Zugang der Kündigung vorausgegangenen 24 Wochen als Entgelt erhalten hat. ²Zeiten des Bezugs von Krankengeld oder Kurzarbeitergeld sind in den Berechnungszeitraum nicht mit einzubeziehen.
(8) ¹Absatz 7 gilt entsprechend, wenn ein Auftraggeber oder Zwischenmeister die Arbeitsmenge, die er mindestens ein Jahr regelmäßig an einen Beschäftigten, auf den die Voraussetzungen der Absätze 2, 3, 4 oder 5 zutreffen, ausgegeben hat, um mindestens ein Viertel verringert, es sei denn, dass die Verringerung auf einer Festsetzung gemäß § 11 Abs. 2 beruht. ²Hat das Beschäftigungsverhältnis im Falle des Absatzes 2 ein Jahr noch nicht erreicht, so ist von der während der Dauer des Beschäftigungsverhältnisses ausgegebenen Arbeitsmenge auszugehen. 3Die Sätze 1 und 2 finden keine Anwendung, wenn die Verringerung der Arbeitsmenge auf rechtswirksam eingeführter Kurzarbeit beruht.
(9) Teilt ein Auftraggeber einem Zwischenmeister, der überwiegend für ihn Arbeit weitergibt, eine künftige Herabminderung der regelmäßig zu verteilenden Arbeitsmenge nicht rechtzeitig mit, so kann dieser vom Auftraggeber Ersatz der durch Einhaltung der Kündigungsfrist verursachten Aufwendungen insoweit verlangen, als während der Kündigungsfrist die Beschäftigung wegen des Verhaltens des Auftraggebers nicht möglich war.

§ 29a HAG Kündigungsschutz im Rahmen der Betriebsverfassung

(1) ¹Die Kündigung des Beschäftigungsverhältnisses eines in Heimarbeit beschäftigten Mitglieds eines Betriebsrats oder einer Jugendvertretung ist unzulässig, es sei denn, dass Tatsachen vorliegen, die einen Arbeitgeber zur Kündigung eines Arbeitsverhältnisses aus wichtigem Grund ohne Einhaltung einer Kündigungsfrist berechtigen würden, und dass die nach § 103 des Betriebsverfassungsgesetzes erforderliche Zustimmung vorliegt oder durch gerichtliche Entscheidung ersetzt ist. ²Nach Beendigung der Amtszeit ist die Kündigung innerhalb eines Jahres, jeweils vom Zeitpunkt der Beendigung der Amtszeit an gerechnet, unzulässig, es sei denn, dass Tatsachen vorliegen, die einen Arbeitgeber zur Kündigung eines Arbeitsverhältnisses aus wichtigem Grund ohne Einhaltung einer Kündigungsfrist berechtigen würden; dies gilt nicht, wenn die Beendigung der Mitgliedschaft auf einer gerichtlichen Entscheidung beruht.
(2) ¹Die Kündigung eines in Heimarbeit beschäftigten Mitglieds eines Wahlvorstands ist vom Zeitpunkt seiner Bestellung an, die Kündigung eines in Heimarbeit beschäftigten Wahlbewerbers vom Zeitpunkt der Aufstellung des Wahlvorschlags an jeweils bis zur Bekanntgabe des Wahlergebnisses unzulässig, es sei denn, dass Tatsachen vorliegen, die einen Arbeitgeber zur Kündigung eines Arbeitsverhältnisses aus wichtigem Grunde ohne Einhaltung einer Kündigungsfrist berechtigen würden, und dass die nach § 103 des Betriebsverfassungsgesetzes erforderliche Zustimmung vorliegt oder durch eine gerichtliche Entscheidung ersetzt ist. ²Innerhalb von sechs Monaten nach Bekanntgabe des Wahlergebnisses ist die Kündigung unzulässig, es sei denn, dass Tatsachen vorliegen, die einen Arbeitgeber zur Kündigung eines Arbeitsverhältnisses aus wichtigem Grund ohne Einhaltung einer Kündigungsfrist berechtigen würden; dies gilt nicht für Mitglieder des Wahlvorstandes, wenn dieser nach § 18 Abs. 1 des Betriebsverfassungsgesetzes durch gerichtliche Entscheidung durch einen anderen Wahlvorstand ersetzt worden ist.
(3) Wird die Vergabe von Heimarbeit eingestellt, so ist die Kündigung des Beschäftigungsverhältnisses der in den Absätzen 1 und 2 genannten Personen frühestens zum Zeitpunkt der Einstellung der Vergabe zulässig, es sei denn, dass die Kündigung zu einem früheren Zeitpunkt durch zwingende betriebliche Erfordernisse bedingt ist.

1. Entwicklung des HAG

Bis zum Inkrafttreten des HAG 1951 bestanden keine gesetzlichen Regelungen über die Kündigung des Heimarbeitsverhältnisses. Es wurde als eine Kette schuldrechtlicher Verträge angesehen, die ohne weiteres mit der Erfüllung beendet waren und für einen Kündigungsschutz keinen Raum ließen. § 29 HAG aF hatte demgegenüber einen Schritt in Richtung auf die Ausgestaltung des Heimarbeitsverhältnisses als **Dauerrechtsverhältnis** unternommen. Danach konnte ein Auftraggeber oder Zwischenmeister das Beschäftigungsverhältnis eines in Heimarbeit Beschäftigten, den er mindestens ein Jahr ausschließlich oder überwiegend beschäftigt hatte, nur mit einer Kündigungsfrist von zwei Wochen lösen, wenn der Beschäftigte seinen Lebensunterhalt überwiegend aus dem Beschäftigungsverhältnis bezog. 98

Das **HAÄndG** hat diese Entwicklung in Hinsicht auf eine **Angleichung an das Arbeitsverhältnis** nahezu abgeschlossen (vgl. auch *Brecht* § 29 Rz 2, 3; *Gröninger/Rost* § 29 Rz 1; *Hromadka* NZA 1997, 1249, 99

1250; *ders.* FS Söllner, S. 475 – Ankündigungsschutz; *Schmidt/Koberski/Tiemann/Wascher* vor § 29 Rz 2 ff.; *Mehrle* AR-Blattei, SD 910 Rz 124; vgl. auch *BAG* 24.6.1986, EzA § 29 HAG Nr. 1; vgl. auch *Däubler* ZIAS 2000, 331; *Oetker* FS ArbG Rheinland-Pfalz, S. 324). Während der ersten vier Wochen des Beschäftigungsverhältnisses kann es von beiden Parteien nur unter Einhaltung einer Frist von einem Tag gekündigt werden (§ 29 Abs. 1 HAG); nach Ablauf von vier Wochen sind grds. Kündigungsfristen einzuhalten, die denen für Arbeitnehmer gem. § 622 BGB entsprechen (§ 29 Abs. 2–5 HAG). Es bedarf also jetzt in jedem Fall einer Kündigung. Für die Dauer der Kündigungsfrist wird Sorge getragen, dass der Auftraggeber nicht durch eine Herabsetzung der Auftragsmenge das Einkommen des Heimarbeiters mindert und damit den Kündigungsschutz umgeht (§ 29 Abs. 7 und 8 HAG). Das Gesetz zur Vereinheitlichung der Kündigungsfristen von Arbeitern und Angestellten v. 7.10.1993 (BGBl. I S. 1668) hat auch die Kündigungsfristen für Heimarbeitsverhältnisse durch eine entsprechende Änderung von § 29 HAG den geänderten Kündigungsfristen für Arbeitsverhältnisse erneut angeglichen (s.u. Rz 104 ff.).

100 Diese Ausgestaltung des Heimarbeitsverhältnisses als **Dauerrechtsverhältnis,** seine Annäherung an das Arbeitsverhältnis, soweit Kündigungsfristen in Frage stehen, dürfte Auswirkungen haben für die Rechtsverhältnisse anderer arbeitnehmerähnlicher Personen, für die das HAG als einzige umfassende Regelung eines arbeitnehmerähnlichen Rechtsverhältnisses schon immer Anregungen gegeben hat. Es ist erstrebenswert und vertretbar, den in § 29 HAG entwickelten Kündigungsschutz auch anderen vergleichbaren Personengruppen zukommen zu lassen (s.o. Rz 59 ff.).

2. Anwendungsbereich und Begriff

a) Anwendungsbereich

101 § 29 HAG findet Anwendung auf die Beschäftigungsverhältnisse der **in Heimarbeit Beschäftigten. Das sind die Heimarbeiter und die Hausgewerbetreibenden** (§ 1 Abs. 1 HAG und § 2 Abs. 1 u. 2 HAG; s. iE Rz 83 ff.). **Gleichgestellte** iSd § 1 Abs. 2 HAG genießen den allgemeinen Kündigungsschutz des § 29 HAG **nur dann,** wenn die Gleichstellung dies **ausdrücklich anordnet** (s.o. Rz 97).

102 Vertragspartner der in Heimarbeit Beschäftigten und damit gleichzeitig von § 29 HAG erfasst sind die **Auftraggeber und Zwischenmeister.** Im Unterschied zu den von ihnen Beschäftigten haben sie unter den Voraussetzungen des § 29 Abs. 3 HAG längere Kündigungsfristen einzuhalten (s.u. Rz 112).

b) Begriff der Kündigung

103 Für den **Begriff der Kündigung** und ihre allgemeinen Wirksamkeitsvoraussetzungen gelten gegenüber der Kündigung des Arbeitsverhältnisses keine Besonderheiten. Eine besondere Form sieht das Gesetz nicht vor. Sie kann einzelvertraglich, tarifvertraglich oder durch bindende Festsetzung (§ 19 HAG) vorgeschrieben sein. Ein Verstoß führt dann ggf. zur Nichtigkeit der Kündigung. Da es sich bei dem Heimarbeitsverhältnis nicht um ein Arbeitsverhältnis handelt, findet **§ 623 BGB keine Anwendung** (ErfK-*Müller-Glöge* § 623 BGB Rz 4; *Müller-Glöge/von Senden* AuA 2000, 199; *Preis/Gotthardt* NZA 2000, 349; *Richardi/Annuß* NJW 2000, 1232; aA KDZ-*Däubler* § 623 BGB Rz 9 – jeweils generell für arbeitnehmerähnliche Personen; s. KR-*Spilger* § 623 BGB Rz 40; s. aber auch oben Rz 32a).

3. Die fristgerechte Kündigung

a) Kündigung während der ersten vier Wochen, § 29 Abs. 1 HAG

104 Das Beschäftigungsverhältnis eines in Heimarbeit Beschäftigten kann während der **ersten vier Wochen** eines Bestehens beiderseits an jedem Tag für den Ablauf des folgenden Tages gekündigt werden (§ 29 Abs. 1 HAG). Die kürzeste Kündigungsfrist beträgt mithin einen Tag. Sie ist vom ersten Tage des Bestehens des Beschäftigungsverhältnisses an einzuhalten.

b) Kündigung nach vier Wochen, § 29 Abs. 2 HAG

105 Beschäftigt der Auftraggeber oder Zwischenmeister den Heimarbeiter **länger als vier Wochen,** so kann das Beschäftigungsverhältnis beiderseits nur mit einer **Frist von zwei Wochen** gekündigt werden (§ 29 Abs. 2 HAG). Der erweiterte Kündigungsschutz beginnt am ersten Tag nach Ablauf der ersten vier Wochen. Da es für die Kündigungsfrist auf den Zeitpunkt des Ausspruchs der Kündigung ankommt, kann der Auftraggeber oder Zwischenmeister noch am letzten Tag der vier Wochen eine Kündigung zum folgenden Tag aussprechen gem. § 29 Abs. 1 HAG. Die Zweiwochenfrist entspricht der Kündigungsfrist für Arbeiter gem. § 622 Abs. 2 S. 1 BGB aF.

Die Einhaltung dieser Frist – wie im Übrigen auch der Frist des § 29 Abs. 1 HAG – ist **unabhängig davon**, dass der Beschäftigte **überwiegend** oder **ausschließlich** durch den Kündigenden beschäftigt wird und zugleich seinen überwiegenden Lebensunterhalt aus dieser Beschäftigung bezieht. Auch wenn der in Heimarbeit Beschäftigte für mehrere Auftraggeber tätig wird, hat jeder dieser Auftraggeber die Frist des § 29 Abs. 2 HAG zu wahren. 106

c) **Längere Kündigungsfristen, § 29 Abs. 3, 4 HAG**

§ 29 Abs. 3 HAG trifft eine § 622 Abs. 1 BGB vergleichbare Regelung. Wird ein Heimarbeiter, Hausgewerbetreibender oder Gleichgestellter iSd § 1 Abs. 1 und 2 HAG **überwiegend** von einem Auftraggeber oder Zwischenmeister beschäftigt, kann das Beschäftigungsverhältnis mit einer Frist von vier Wochen zum 15. oder zum Ende eines Kalendermonats gekündigt werden. Diese Frist entspricht der nunmehr einheitlichen Grundfrist für Arbeiter und Angestellte. Wie für diese (vgl. § 622 Abs. 3 BGB) gilt auch hier, dass die Kündigungsfrist während einer vereinbarten Probezeit – längstens für die Dauer von sechs Monaten – zwei Wochen beträgt. Bei längerem Bestand des Beschäftigungsverhältnisses erhöhen sich die Kündigungsfristen wiederum entsprechend den verlängerten Fristen für Arbeitnehmer (§ 622 Abs. 2 BGB) nach folgender Staffelung: ein Monat zum Ende eines Kalendermonats nach zweijährigem Bestand, zwei Monate nach fünfjährigem, drei Monate nach achtjährigem, vier Monate nach zehnjährigem, fünf Monate nach zwölfjährigem, sechs Monate nach fünfzehnjährigem und sieben Monate nach zwanzigjährigem Bestand. Bei der Berechnung der Beschäftigungsdauer werden nur Zeiten nach Vollendung des 25. Lebensjahres berücksichtigt. 107

Durch die Vereinheitlichung der Kündigungsfristen im Arbeitnehmerbereich ist der Streit um die Verfassungswidrigkeit unterschiedlicher gesetzlicher Kündigungsfristen zwischen Arbeitern und Angestellten erledigt (vgl. dazu die 6. Aufl. Rz 107a; s. iE auch KR-*Spilger* § 622 BGB Rz 10 ff.). Für das HAG hatte das BAG ohnehin angenommen, dass eine unterschiedliche Kündigungsregelung zwischen Heimarbeitern und Arbeitnehmern keine unzulässige Ungleichbehandlung ist, da zwischen beiden Gruppen erhebliche tatsächliche und rechtliche Unterschiede bestehen (*BAG* 24.6.1986 EzA § 29 HAG Nr. 1; MünchArbR-*Heenen* § 231 Rz 95). 107a

Voraussetzung für die Verlängerung der Kündigungsfrist ist die **überwiegende Beschäftigung** des Gekündigten durch den Auftraggeber. Überwiegend bei einem Auftraggeber beschäftigt ist der Heimarbeiter dann, wenn diese Beschäftigung im Verhältnis zu anderen Beschäftigungen für ihn die eindeutige **Hauptbeschäftigung** darstellt. Abzustellen ist dabei in erster Linie auf den **Zeitaufwand,** den die Arbeit für einen Auftraggeber im Verhältnis zu Arbeiten für andere Auftraggeber – und zwar nur Arbeiten als Heimarbeiter – erfordert. Grds. wird dem größeren Zeitaufwand auch der **höhere Verdienst** entsprechen. Das ist jedoch nicht zwingend. Ist das Arbeitseinkommen aus einer Tätigkeit zeitlich geringeren Umfangs höher, kann diese Tätigkeit unter Umständen überwiegend sein, jedenfalls dann, wenn der Unterschied zum Einkommen aus der zeitlich längeren Tätigkeit hoch, der zeitliche Unterschied selbst hingegen gering ist. Das gilt erst recht bei Tätigkeiten im Wesentlichen gleichen Umfangs. Hier kann das höhere Entgelt den Ausschlag geben (wie hier *Brecht* § 29 Rz 16; *Mehrle* AR-Blattei, SD 910 Rz 129; teilweise abw. *Schmidt/Koberski/Tiemann/Wascher* § 29 Rz 48, wonach das überwiegende Moment auch allein im Verdienst liegen kann). 108

In dieser Auslegung entspricht der Begriff der überwiegenden Beschäftigung dem in § 5 Abs. 1 S. 2 BetrVG (§ 6 Abs. 1 S. 2 u. Abs. 2 S. 2 BetrVG aF) enthaltenen Begriff des **in der Hauptsache für den Betrieb arbeitenden Heimarbeiters**. Dieser gilt als Arbeitnehmer iSd BetrVG. Die zum 28.7.2001 in Kraft getretene Neufassung des BetrVG hat insoweit keine sachliche Änderung gebracht (s.a. Rz 37). Abzustellen ist dabei auch darauf, ob die Tätigkeit gerade für diesen Betrieb die Tätigkeit für andere Betriebe überwiegt (*BAG* 27.9.1974 EzA § 6 BetrVG 1972 Nr. 1; s. auch *BAG* 25.3.1992 EzA § 6 BetrVG 1972 Nr. 3; *Fitting/Kaiser/Heither/Engels* § 5 Rz 95; GK-*Raab* § 5 Rz 61; *Rost* NZA 1999, 115; *Richardi* § 5 Rz 39). Nicht entscheidend ist, ob die Tätigkeit die Existenzgrundlage für den Heimarbeiter darstellt (s. iE *Rost* NZA 1999, 116; aA *Galperin/Löwisch* § 6 Rz 16). Die vom *BAG* (27.9.1974 EzA § 6 BetrVG 1972 Nr. 1) geäußerten Bedenken gegen eine Vergleichbarkeit von § 6 BetrVG (jetzt § 5 Abs. 1 S. 2 BetrVG) einerseits und § 29 HAG andererseits gingen aus von § 29 HAG aF. Danach wurde verlangt, dass der Heimarbeiter seinen Lebensunterhalt überwiegend aus dem Beschäftigungsverhältnis bezog (§ 29 Abs. 1 S. 1 HAG aF). Dieses Abgrenzungskriterium enthält § 29 HAG jetzt nicht mehr. Es bietet sich daher an, den Begriff der **überwiegenden Beschäftigung** und des **in der Hauptsache für den Betrieb** tätigen Heimarbeiters gleich auszulegen. Eine solche Auslegung dient einer einheitlichen Rechtsanwendung. Sie hat zur Folge, dass der als Arbeitnehmer des Betriebes iSd § 5 Abs. 1 S. 2 BetrVG geltende Heimarbeiter im- 109 mer auch bei Erfüllung der entsprechenden zeitlichen Voraussetzungen den erweiterten Kündigungsschutz des § 29 Abs. 3 HAG genießt.

110 Überwiegend muss die Beschäftigung sein **im Augenblick der Kündigung** (*Brecht* § 29 Rz 24; *Schmidt/ Koberski/Tiemann/Wascher* § 29 Rz 56). Es ist also nicht erforderlich, dass der Arbeitnehmer die überwiegende Beschäftigung für die gesamte zurückliegende Zeit nachweist. § 29 HAG aF verlangte demgegenüber noch, dass der Auftraggeber den Heimarbeiter ein Jahr lang tatsächlich überwiegend beschäftigt hatte.

111 Die **Berechnung der Beschäftigungsdauer** entspricht der Regelung des § 622 Abs. 2 BGB, auf die bzgl. der Einzelheiten verwiesen werden kann (KR-*Spilger* § 622 BGB Rz 121 ff.). Entscheidend ist der **rechtliche Bestand** des Beschäftigungsverhältnisses, nicht die tatsächliche Beschäftigung. Die Beschäftigungsdauer muss **ununterbrochen** sein, wobei kurzfristige Unterbrechungen nicht schaden, wenn zwischen den einzelnen Beschäftigungsabschnitten ein innerer Zusammenhang besteht (vgl. *Schmidt/ Koberski/Tiemann/Wascher* § 29 Rz 53; s. zur gleich gelagerten Problematik des § 1 KSchG KR-*Griebeling* § 1 KSchG Rz 108 ff.). Anrechenbar kann auch sein eine Beschäftigung als fremde Hilfskraft (§ 2 Abs. 6 HAG), wenn dieses Beschäftigungsverhältnis später in eine Beschäftigung als Heimarbeiter umgewandelt wurde (vgl. *Schmidt/Koberski/Tiemann/Wascher* § 29 Rz 54). Keine Bedenken bestehen auch gegen die Anrechnung von Zeiten eines Arbeitsverhältnisses, wenn sich das Heimarbeitsverhältnis unmittelbar anschließt (vgl. für den umgekehrten Fall *BAG* 6.12.1978 AP Nr. 7 zu § 2 AngKSchG).

112 Im Unterschied zu § 29 Abs. 1 bis 3 HAG, die auf beiderseitige Kündigungen Anwendung finden, gelten die längeren Kündigungsfristen des § 29 Abs. 4 HAG **nur für Kündigungen durch den Auftraggeber oder Zwischenmeister.** Das HAG hat damit eine Frage geklärt, die für § 622 Abs. S. 2 BGB aF Streit war, überwiegend aber in eben diesem Sinne gelöst wurde (*BAG* 26.11.1971 AP Nr. 11 zu § 622 BGB). § 622 Abs. 2 BGB nF stellt dies nunmehr auch für dessen Anwendungsbereich außer Streit. Der in Heimarbeit Beschäftigte kann sich also – nach vier Wochen Beschäftigung – jederzeit unter Einhaltung einer Frist von zwei Wochen aus dem Beschäftigungsverhältnis lösen.

d) Abweichende Regelungen

113 Gem. § 29 Abs. 5 HAG gelten § 622 Abs. 4 bis 6 BGB entsprechend. Danach können kürzere Kündigungsfristen uneingeschränkt nur durch Tarifvertrag vereinbart werden (§ 622 Abs. 4 S. 1 BGB). Eine einzelvertragliche Herabsetzung der Kündigungsfristen kommt nur unter den Voraussetzungen des § 622 Abs. 5 BGB in Betracht, der gleichfalls in Bezug genommen worden ist: Bei Einstellung nur zur vorübergehenden Aushilfe für einen Zeitraum von nicht mehr als drei Monaten (§ 622 Abs. 5 Nr. 1 BGB) oder bei kleinen Auftraggebern oder Zwischenmeistern mit idR nicht mehr als 20 Beschäftigten (vgl. § 622 Abs. 5 Nr. 2 BGB). Beschäftigt der Auftraggeber sowohl Arbeitnehmer wie Heimarbeiter, wird man jedenfalls für die Beurteilung der einzelvertraglichen Abdingbarkeit von Kündigungsfristen der Heimarbeiter beide Gruppen zusammenrechnen müssen. Die einzelvertragliche Verlängerung der Fristen ist uneingeschränkt zulässig; dabei darf die Frist für eine Kündigung durch den Heimarbeiter nicht länger sein als die des Unternehmers, § 29 Abs. 5 HAG iVm § 622 Abs. 6 BGB (vgl. zu allen Einzelheiten der Anwendung des in Bezug genommenen § 622 Abs. 4 bis 6 BGB die Erläuterungen bei KR-*Spilger* § 622 BGB).

114 Tarifverträge iSv § 29 Abs. 5 HAG iVm § 622 Abs. 5 BGB sind neben den eigentlichen Tarifverträgen auch die sog. **schriftlichen Vereinbarungen** zwischen Gewerkschaften einerseits und Auftraggebern und deren Vereinigungen andererseits über Inhalt, Abschluss oder Beendigung von Vertragsverhältnissen der in Heimarbeit Beschäftigten, die als Tarifverträge gelten (§ 17 Abs. 1 HAG); vgl. zum Begriff und zur Abgrenzung von den eigentlichen Tarifverträgen *Brecht* § 17 Rz 4, 5; *Gröninger/Rost* § 17 Rz 2; *Schmidt/Koberski/Tiemann/Wascher* § 17 Rz 20 ff.). Darüber hinaus erfasst die entsprechende Anwendung des § 622 Abs. 4 BGB auch die Abkürzung der Kündigungsfristen durch **bindende Festsetzungen** iSd § 19 HAG. Bindende Festsetzungen haben gem. § 19 Abs. 3 HAG die Wirkung eines allgemeinverbindlichen Tarifvertrages, so dass gegen ihre Einbeziehung in den Anwendungsbereich des § 622 Abs. 4 BGB, § 29 Abs. 5 HAG keine Bedenken bestehen.

115 Anwendbar ist auch § 622 Abs. 4 S. 2 BGB. Nicht organisierte Beschäftigte und Auftraggeber können also die Anwendung der kürzeren tariflichen Fristen vereinbaren durch entsprechende Inbezugnahme. Das entfällt naturgemäß für abgekürzte Kündigungsfristen bei bindenden Festsetzungen, da diese ohnehin allgemeinverbindlich sind.

Arbeitnehmerähnliche Personen **ArbNähnl. Pers.**

Anwendbar ist auch § 113 Abs. 1 InsO (*Fenski* Rz 302). Soweit also der Heimarbeiter gem. § 29 Abs. 4 **115a**
HAG eine längere Kündigungsfrist hat, reduziert sich diese bei Kündigung durch den Insolvenzverwalter auf drei Monate (KDZ-*Däubler* § 113 InsO Rz 11; s. iE KR-*Weigand* § 113 InsO Rz 36).

e) Anhörung des Betriebsrats

In Heimarbeit Beschäftigte, welche **in der Hauptsache für einen Betrieb** arbeiten, gelten als Arbeit- **116**
nehmer dieses Betriebes iSd BetrVG, § 5 Abs. 1 S. 2 BetrVG (s.o. Rz 109). Vor ihrer Kündigung ist daher
gem. § 102 Abs. 1 BetrVG der Betriebsrat anzuhören, soweit ein solcher im Betrieb besteht (s. jetzt auch
BAG 7.11.1995 EzA § 102 BetrVG 1972 Nr. 88). Unterbleibt die Anhörung, ist die Kündigung unwirksam (vgl. zu den Einzelheiten die Erl. bei KR-*Etzel* § 102 BetrVG). Berücksichtigt der Arbeitgeber bei
der Auswahl der zu kündigenden Heimarbeiter soziale Gesichtspunkte, so hat er dem Betriebsrat die
entsprechenden Daten aller Heimarbeiter mitzuteilen, die er in die soziale Auswahl einbezogen hat;
unterlässt er dies, ist die Kündigung unwirksam (*BAG* aaO).

Nicht anwendbar ist § 102 Abs. 5 BetrVG. Der Betriebsrat kann also zwar der Kündigung nach Maßga- **117**
be des § 102 Abs. 3 BetrVG widersprechen (so auch *Brecht* § 29 Rz 39; *Schmidt/Koberski/Tiemann/Wascher*
§ 29 Rz 12). Der Beschäftigte kann jedoch in diesem Fall nicht die vorläufige Weiterbeschäftigung nach
Ablauf der Kündigungsfrist bis zum rechtskräftigen Abschluss des Rechtsstreits verlangen. Voraussetzung für die Anwendung des § 102 Abs. 5 BetrVG ist die Erhebung einer Klage nach dem KSchG auf
Feststellung, dass das Arbeitsverhältnis durch die Kündigung nicht aufgelöst worden ist (§ 102 Abs. 5
BetrVG; vgl. *Fitting* § 102 Rz 59; *Galperin/Löwisch* § 102 Rz 107; *Richardi* § 102 Rz 204 ff.; DKK-*Kittner*
§ 102 Rz 255; *Schmidt/Koberski/Tiemann/Wascher* § 29 Rz 13 ff.; **aA** *Fuchs* AuR 1973, 174; s. iE KR-*Etzel*
§ 102 BetrVG Rz 205). Eine solche Klage kann aber in Heimarbeit Beschäftigte aber nicht erheben, und
zwar zu keinem Zeitpunkt, da er nicht dem KSchG unterfällt (s.u. Rz 147). Also entfällt für ihn auch
die vorläufige Weiterbeschäftigung nach § 102 Abs. 5 BetrVG (*Rost* NZA 1999, 119; *Schmidt/Koberski/
Tiemann/Wascher* § 29 Rz 11 ff.; *Schmidt* NJW 1976, 930; vgl. auch *Brecht* § 29 Rz 35; *Mehrle* AR-Blattei, SD
910 Rz 142; *Fitting* aaO; *Richardi* aaO).

4. Die außerordentliche Kündigung, § 29 Abs. 6 HAG

Gem. dem durch das HAÄndG auch insoweit abgeänderten § 29 Abs. 6 HAG gilt für eine **Kündigung** **118**
des Heimarbeitsverhältnisses aus wichtigem Grund § 626 BGB entsprechend. § 29 HAG aF hatte verwiesen auf den Grund, der zur Lösung des Arbeitsverhältnisses eines vergleichbaren Betriebsarbeiters
ohne Einhaltung der Kündigungsfrist berechtigen würde. Nach der Neuregelung des Rechts der außerordentlichen Kündigung durch das Erste Arbeitsrechtsbereinigungsgesetz vom 14.8.1969 (BGBl. I
S. 1106) war die klarstellende Verweisung auf § 626 BGB erforderlich geworden.

Das Beschäftigungsverhältnis eines in Heimarbeit Beschäftigten kann demnach von jedem Vertragsteil **119**
ohne Einhaltung einer Kündigungsfrist gekündigt werden, wenn Tatsachen vorliegen, aufgrund derer
dem Kündigenden unter Berücksichtigung aller Umstände des Einzelfalles und unter Abwägung der
Interessen beider Vertragsteile die Fortsetzung des Beschäftigungsverhältnisses bis zum Ablauf der
Kündigungsfrist oder bis zu der vereinbarten Beendigung nicht zugemutet werden kann (§ 626 Abs. 1
BGB). Dabei kann die Kündigung nur innerhalb von zwei Wochen erfolgen, nachdem der Kündigungsberechtigte von den für die Kündigung maßgebenden Tatsachen erfahren hat (§ 626 Abs. 2 S. 1
BGB). Der Kündigende muss dem anderen Teil auf Verlangen den Kündigungsgrund unverzüglich
schriftlich mitteilen (§ 626 Abs. 2 BGB).

Wegen der reichhaltigen Rechtsprechung zum Begriff des wichtigen Grundes und der dort entwickel- **120**
ten Fallgruppen vgl. die Erl. bei KR-*Fischermeier* § 626 BGB.

Auch vor Ausspruch einer fristlosen Kündigung ist der **Betriebsrat zu hören,** soweit der in Heimarbeit **121**
Beschäftigte Arbeitnehmer iSd § 6 BetrVG ist (s.o. Rz 116). Die Frage der vorläufigen Weiterbeschäftigung gem. § 102 Abs. 5 BetrVG stellt sich hier allerdings schon deshalb nicht, weil § 102 Abs. 5 BetrVG
nur die fristgerechte Kündigung erfasst. Die unwirksame außerordentliche Kündigung kann ggf. in
eine ordentliche **umgedeutet** werden, wobei jedoch die Rechte des Betriebsrats gewahrt sein müssen
(s. iE KR-*Friedrich* § 13 KSchG Rz 75 ff.).

5. Entgeltschutz während der Kündigungsfrist, § 29 Abs. 7 HAG

Da die Vergütung des in Heimarbeit Beschäftigten sich nach den ihm übertragenen Aufträgen richtet, **122**
hätte der Auftraggeber es in der Hand, diese Aufträge nach ausgesprochener Kündigung während der

Rost 1029

Kündigungsfrist so zu reduzieren, dass der Beschäftigte praktisch nichts mehr verdienen würde. Das gilt jedenfalls in den Fällen, in denen eine bestimmte Auftragsmenge innerhalb bestimmter Frist nicht vertraglich festgelegt ist. Gegen eine derartige Aushöhlung der Kündigungsfristen gem. § 29 Abs. 2 bis 5 HAG trifft § 29 Abs. 7 HAG Abhilfe. Für die **Dauer der Kündigungsfrist** behält der in Heimarbeit Beschäftigte auch bei **Verringerung** der Auftragsmenge den Anspruch auf Zahlung des durchschnittlich in den letzten 24 Wochen erzielten Arbeitsentgelts. Die Berechnung erfolgt in der Weise, dass je nach Dauer der Kündigungsfrist ein Betrag von einem Zwölftel bis höchstens vierzehn Zwölfteln des in den dem Zugang der Kündigung vorausgegangenen 24 Wochen erhaltenen Entgelts zu zahlen ist. Auch wenn das Gesetz dazu schweigt (vgl. *Hromadka* FS Söllner, S. 472), ist nach dem Schutzzweck der Norm davon auszugehen, dass sie nicht abdingbar ist. Nur das entspricht auch der grundsätzlich zwingenden Fristenregelung der Abs. 1–4, von der nur nach Maßgabe von § 622 Abs. 4–6 BGB abgewichen werden kann, § 29 Abs. 5 HAG (s.o. Rz 113).

122a Maßgeblich ist dabei die **gesetzliche Kündigungsfrist,** nicht eine etwa vertraglich eingeräumte längere Kündigungsfrist (*BAG* 13.9.1983 AP Nr. 1 zu § 29 HAG; *Brecht* § 29 Rz 25; *Schmidt/Koberski/Tiemann/ Wascher* § 29 Rz 83; *Gröninger/Rost* § 29 Rz 5). Wortlaut, Sinn und Zweck der Regelung lassen eine Ausdehnung des Entgeltschutzes nicht zu. Das wird deutlich auch aus der vorzunehmenden Berechnungsweise. Der Anspruch kann auch nicht aus § 29 Abs. 6 HAG oder aus § 615 BGB hergeleitet werden. Dem Heimarbeiter kann aber ggf. ein Schadenersatzanspruch zustehen, wenn er aufgrund einer Zusicherung – welche sich auch konkludent aus jahrelanger Praxis ableiten lassen kann – für eine absehbare Zeit mit bestimmten Arbeitsmengen rechnen konnte (s. iE *BAG* 13.9.1983 aaO).

123 Abzustellen ist auf den **Gesamtbetrag einschließlich der Zuschläge und Unkostenzuschläge** (s.a. *Brecht* § 29 Rz 26; MünchArbR-*Heenen* § 231 Rz 101; *Schmidt/Koberski/Tiemann/Wascher* § 29 Rz 85, 86; s. aber auch *Otten* A § 29 Rz 47). Der Beschäftigte soll so gestellt werden, wie er bei ordnungsgemäßer Auftragsausgabe gestanden hätte.

124 Bei **Entgelterhöhungen** während des Berechnungszeitraums oder der Kündigungsfrist ist von dem erhöhten Entgelt auszugehen. Zeiten des Bezugs von **Krankengeld** oder **Kurzarbeitergeld** sind nicht einzubeziehen (§ 29 Abs. 7 S. 2 und 3 HAG). Das entspricht der in § 11 BUrlG bzw. § 11 MuSchG enthaltenen Regelung für die Bemessung des Urlaubsentgelts bzw. des Arbeitsentgeltes bei Beschäftigungsverboten. Wie dort ausdrücklich geregelt, ist auch für § 29 Abs. 7 HAG davon auszugehen, dass es sich bei den Verdiensterhöhungen nicht um solche lediglich vorübergehender Natur handeln darf (vgl. dazu *Dersch/Neumann* § 11 Rz 14; *Bulla/Buchner* § 11 Rz 95).

125 Hat das Heimarbeitsverhältnis noch keine 24 Wochen bestanden, so ist von dem durchschnittlichen Entgelt während der Dauer des tatsächlichen Bestehens auszugehen. Das ergibt sich zwar nicht ohne weiteres aus § 29 Abs. 7 HAG. Es ist aber kein vernünftiger Grund ersichtlich, kürzer Beschäftigte schlechter zu stellen. Auch § 29 Abs. 8 HAG zeigt, dass die kürzerfristige Beschäftigung (dort unter einem Jahr) gleichbehandelt werden soll. Eine entsprechende Auslegung erfahren § 11 BUrlG, § 13 MuSchG.

126 Während der **Dauer der Kündigungsfrist** ist der Auftraggeber berechtigt, jedoch nicht verpflichtet, dem Beschäftigten Aufträge in der vorhergehenden Größenordnung zu erteilen. Der Beschäftigte muss sie ausführen, andernfalls verliert er den Anspruch auf Zahlung der Vergütung (*Gröninger/Rost* aaO; *Schmidt/Koberski/Tiemann/Wascher* § 29 Rz 89).

127 Gibt der Auftraggeber hingegen **mehr Aufträge** aus, als der Berechtigte während der Kündigungsfrist verarbeiten kann, kann hierin unter Umständen das Angebot des Auftraggebers auf eine Einigung über die **Rücknahme** der Kündigung liegen. Dieses Angebot kann durch die stillschweigende Übernahme der Aufträge angenommen werden (vgl. *Gröninger/Rost* aaO; *Schmidt/Koberski/Tiemann/Wascher* § 29 Rz 88). Was gewollt ist, muss nach den Umständen des Einzelfalles beurteilt werden. Denkbar ist auch, dass der Auftraggeber nur noch die Erledigung dieser bestimmten Aufträge wollte, also eine befristete Fortsetzung des Heimarbeitsverhältnisses über den Zeitpunkt der Kündigung hinaus, wenn die Kündigungsfrist dazu nicht ausreichen sollte (vgl. auch *Schmidt/Koberski/Tiemann/Wascher* § 29 Rz 87).

6. Umgehungsschutz bei »Änderungskündigungen«, § 29 Abs. 8 HAG

a) Herabsetzung der Auftragsmenge

128 Eine weitere **Sicherung gegen eine Umgehung** des § 29 Abs. 2 bis 5 HAG enthält § 29 Abs. 8 HAG. Verringert der Auftraggeber die Auftragsmenge erheblich – wozu er an sich grds. mangels entgegenste-

hender vertraglicher Vereinbarungen berechtigt ist –, ohne zugleich eine Kündigung auszusprechen, könnte er auf diese Weise den Beschäftigten praktisch zur Aufgabe der sich für ihn nicht mehr lohnenden Arbeit zwingen, ohne Kündigungsfristen einhalten zu müssen. § 29 Abs. 8 HAG lässt für diesen Fall § 29 Abs. 7 HAG entsprechend zur Anwendung kommen. Der Beschäftigte hat für die Dauer eines der Kündigungsfrist entsprechenden Zeitraumes wiederum Anspruch auf Zahlung eines entsprechenden Teils des durchschnittlichen Entgelts der letzten 24 Wochen bzw. des kürzeren Zeitraums bei kürzerem Bestehen des Beschäftigungsverhältnisses. Trotz fehlender gesetzlicher Regelung ist auch der Schutz nach Abs. 8 ebenso wie der Entgeltschutz nach Abs. 7 nicht abdingbar (s. Rz 122).

Auslösend für den **Beginn der Frist** ist die **Herabsetzung** der Auftragsmenge, welche mindestens ein Jahr lang durchschnittlich ausgegeben wurde, um **mindestens ein Viertel**. Bei einer unter einem Jahr liegenden Beschäftigungsdauer ist von der während dieser Zeit ausgegebenen Auftragsmenge auszugehen. **129**

§ 29 Abs. 8 HAG hat im Auge die **schlagartige und in einem Akt** erfolgende Herabsetzung des Auftragsvolumens. Vermindert der Auftraggeber die Auftragsmenge **schrittweise** um insgesamt mindestens ein Viertel, kommt § 29 Abs. 8 HAG an sich nicht zur Anwendung (APS-*Linck* § 29 Rz 33; *Brecht* § 29 Rz 32; *Fitting/Karpf* § 29 Rz 8; **aA** *Fenski* Rz 287; MünchArbR-*Heenen* § 238 Rz 105). Allerdings kann auch die etappenweise Herabsetzung die Folgen des § 29 Abs. 8 HAG auslösen, wenn aus den Gesamtumständen eine **Umgehungsabsicht** des Auftraggebers hervorgeht (im Ergebnis so jetzt auch *Schmidt/Koberski/Tiemann/Wascher* § 29 Rz 70, die auf die jeweils geltende Kündigungsfrist abstellen; so auch MünchArbR-*Heenen* § 231 Rz 105; nach KDZ-*Däubler* §§ 29, 29a HAG Rz 17 setzt die Lohnsicherung von dem Moment an ein, in dem 75 % der ursprünglichen Arbeitsmenge erreicht sind). In Frage kommt das insbes. bei den längeren Kündigungsfristen des § 29 Abs. 4 HAG (vgl. *Gröninger/Rost* § 29 Rz 6). **130**

b) **Verringerung der Auftragsmenge nach § 11 Abs. 2 HAG**

§ 29 Abs. 8 S. 1 und 2 HAG findet keine Anwendung, wenn die Verringerung der Auftragsmenge auf einer **Festsetzung gem. § 11 Abs. 2 HAG** beruht. Nach § 11 Abs. 2 HAG kann der Heimarbeitsausschuss (§ 4 HAG) zur Beseitigung von Missständen, die durch die ungleichmäßige Verteilung der Heimarbeit entstehen, für einzelne Gewerbezweige oder Arten von Heimarbeit die Arbeitsmenge festsetzen, die für einen bestimmten Zeitraum an einen Heimarbeiter (§ 9 HAG) ausgegeben werden darf. Sinn dieser Bestimmung ist, Missständen vorzubeugen, die durch einen ungesunden Wettbewerb der Heimarbeiter um die Vergabe von Aufträgen entstehen könnten. Dient die Herabsetzung der Auftragsmenge also gerade dem Schutz des Heimarbeiters, bleibt für eine Anwendung des § 29 Abs. 8 HAG kein Bedürfnis. Die Interessen der Beschäftigten sind hinreichend durch das nach § 11 HAG einzuhaltende Verfahren gesichert. **131**

c) **Kurzarbeit**

Die Anwendung des § 29 Abs. 8 S. 1 und 2 HAG scheidet weiter aus, wenn die Herabsetzung der Auftragsmenge auf der **rechtmäßigen Einführung von Kurzarbeit** beruht (§ 29 Abs. 8 S. 3 HAG). Soweit der Auftraggeber zur Abgabe einer bestimmten Vertragsmenge innerhalb bestimmter Fristen nicht verpflichtet ist, kann er die Herabsetzung ohnehin grds. frei vornehmen – vorbehaltlich des § 29 Abs. 8 S. 1 und 2 HAG (s.a. Rz 128). Die Zulässigkeit von Kurzarbeit in diesem Fall wirkt sich also dahin aus, dass er nicht nur die Auftragsmenge senken darf, sondern auch von seiner Zahlungsverpflichtung gem. § 29 Abs. 8 HAG frei wird. **132**

Ist der Auftraggeber zur Abgabe einer bestimmten Menge verpflichtet, kann er diese grds. nicht beliebig herabsetzen. Hier eröffnet die Zulässigkeit von Kurzarbeit dem Auftraggeber überhaupt erst die Möglichkeit der Herabsetzung der Auftragsmenge und zugleich der Befreiung von der Zahlungsverpflichtung des § 29 Abs. 8 HAG. **133**

Die **Einführung von Kurzarbeit** kann **einzelvertraglich** vereinbart werden. Dem Auftraggeber kann ein **tarifliches** Recht zur einseitigen Einführung von Kurzarbeit unter gewissen Voraussetzungen eingeräumt sein. Das gilt entsprechend für eine **schriftliche Vereinbarung** gem. § 17 HAG und für eine **bindende Festsetzung** nach § 19 HAG, welche beiden die Wirkung eines Tarifvertrages bzw. eines allgemeinverbindlichen Tarifvertrages zugeschrieben ist (s.o. Rz 114). Fehlen entsprechende einzelvertragliche oder kollektivrechtliche Regelungen, bleibt nur der Weg der **Änderungskündigung**, wobei allerdings regelmäßig die Kündigungsfrist einzuhalten ist (vgl. iE KR-*Weigand* § 19 KSchG Rz 3). **134**

135 Nicht hierher gehört die Einführung von **Kurzarbeit gem. § 19 KSchG** aufgrund einer entsprechenden Genehmigung des Landesarbeitsamtes im Zusammenhang mit Massenentlassungen (so aber *Schmidt/ Koberski/Tiemann/Wascher* § 29 Rz 77 ff.). In Heimarbeit Beschäftigte sind keine Arbeitnehmer und fallen daher nicht unter den Anwendungsbereich des KSchG, und zwar auch nicht dessen dritten Abschnitt über Massenentlassungen (davon gehen auch *Schmidt/Koberski/Tiemann/Wascher* aaO, aus). Ihre Entlassungen sind daher nicht nach § 17 KSchG anzuzeigen. In Frage kommt also allenfalls eine entsprechende Anwendung des § 19 KSchG. Dagegen würden zwar keine unüberwindlichen Bedenken bestehen, zumal die §§ 17 ff. KSchG einen arbeitsmarktpolitischen Zweck verfolgen und die Lage auf dem Arbeitsmarkt von der Entwicklung auf dem Heimarbeitsmarkt sicherlich nicht zu trennen ist.

136 Die Bezugnahme auf gem. § 19 KSchG eingeführte Kurzarbeit im Rahmen des § 29 Abs. 8 S. 3 HAG verbietet sich aber aus einem anderen Grund. § 29 Abs. 8 S. 3 HAG entbindet den Auftraggeber oder Zwischenmeister von der Verpflichtung, für die Dauer der nach § 29 Abs. 2 bis 5 HAG einzuhaltenden Fristen trotz verringerter Auftragsmenge das unveränderte Entgelt weiterzuzahlen, wenn die Verringerung der Auftragsmenge auf der rechtmäßigen Einführung von Kurzarbeit beruht. § 19 KSchG verpflichtet aber den Auftraggeber gerade, während der Dauer der allgemeinen gesetzlichen oder der vereinbarten Kündigungsfrist trotz Einführung von Kurzarbeit das ungekürzte Arbeitsentgelt fortzuzahlen (§ 19 Abs. 2 KSchG). Damit wird aber ein § 29 Abs. 8 S. 3 HAG entgegengesetztes Ergebnis erreicht. Die Vorschriften widersprechen sich. Es fehlt an jedem Anhaltspunkt dafür, dass § 29 Abs. 8 S. 3 HAG etwa als spezielleres Gesetz den § 19 Abs. 2 KSchG abändern wollte für den Bereich der Heimarbeit, auf den das KSchG gerade keine Anwendung findet.

d) Fortsetzung des Beschäftigungsverhältnisses nach Ablauf der Frist

137–138 Die **bloße Herabsetzung** des Auftragsvolumens nach Maßgabe des § 29 Abs. 8 HAG **führt nicht zur Beendigung** des Beschäftigungsverhältnisses. Eine Ausnahme gilt nur insoweit, als die Herabsetzung als konkludente Kündigung anzusehen ist. Angesichts der strengen Anforderungen, welche an die Eindeutigkeit einer solchen Erklärung gestellt werden müssen, dürfte eine derartige Auslegung des Verhaltens des Auftraggebers in den wenigsten Fällen berechtigt sein.

139 Das Beschäftigungsverhältnis besteht also fort. **Nach Ablauf des der Kündigungsfrist entsprechenden Zeitraums,** für den das Durchschnittsentgelt zu zahlen ist, ist der Beschäftigte nunmehr verpflichtet, zu dem entsprechend der verringerten Auftragsmenge verminderten Entgelt weiterzuarbeiten. Im Ergebnis läuft also die Regelung des § 29 Abs. 8 HAG auf die Fiktion einer fristgerechten Änderungskündigung hinaus: Nach Ablauf der »Kündigungsfrist« wird das Beschäftigungsverhältnis zu den geänderten Bedingungen fortgesetzt.

140 Im **Unterschied zur echten Änderungskündigung** hat der Beschäftigte allerdings nicht die Wahl zwischen der Annahme des Änderungsangebotes und der Fortsetzung des Beschäftigungsverhältnisses einerseits sowie Ablehnung des Änderungsangebotes und Ausscheiden nach Ablauf der Kündigungsfrist andererseits. Eine Kündigung ist nämlich gar nicht ausgesprochen. Der Heimarbeiter muss vielmehr selbst die Initiative ergreifen und seinerseits kündigen, wenn er nicht nach Ablauf der Frist zu geänderten Bedingungen weiterarbeiten will. Dabei hat er gleichfalls die Kündigungsfrist – regelmäßig von zwei Wochen – einzuhalten. Kündigt er sofort nach Bekannt werden der Herabsetzung der Auftragsmenge mit dieser Frist, läuft das Beschäftigungsverhältnis aus zu dem Zeitpunkt, bis zu dem auch das volle Entgelt weiterzuzahlen ist.

7. Sonderregelung für Zwischenmeister, § 29 Abs. 9 HAG

141 § 29 Abs. 9 HAG trifft eine besondere Regelung für den **Zwischenmeister.** Der Zwischenmeister, der Aufträge an in Heimarbeit Beschäftigte weitergibt, hat diesen gegenüber die Kündigungsfristen des § 29 Abs. 2–5 HAG zu wahren. Entsprechend treffen ihn die Entgeltschutzbestimmungen des § 29 Abs. 7 und 8 HAG. Er ist allerdings seinerseits von den Aufträgen abhängig, die ihm sein Auftraggeber zur Weitergabe an die Beschäftigten zuweist. Mindert der Auftraggeber diese Aufträge unvorhergesehen, so entlastet dies den Zwischenmeister gegenüber seinen Heimarbeitern nicht. Er kann ihnen zwar kündigen, aber nur unter Einhaltung der Fristen, während derer er das Entgelt in voller Höhe weiterzahlen muss, ohne entsprechende Aufträge weitergeben zu können.

142 Hier greift § 29 Abs. 9 HAG zum Schutz des Zwischenmeisters ein. Der Zwischenmeister hat einen Anspruch auf **Ersatz** der durch die Einhaltung von Kündigungsfristen entstandenen **Aufwendungen,** welche durch die fehlenden Beschäftigungsmöglichkeiten entstehen, wenn der Auftraggeber die künf-

tige Herabsetzung der regelmäßig zu verteilenden Arbeitsmenge nicht rechtzeitig mitteilt. Nicht rechtzeitig erfolgt die Mitteilung, wenn der Zwischenmeister keine Gelegenheit mehr hat, gegenüber den Beschäftigten Maßnahmen zu ergreifen, die ihn von der Verpflichtung zur Zahlung von Entgelt ohne entsprechende Aufträge entlasten. Eine solche Maßnahme kann zum Beispiel darin liegen, dass der Zwischenmeister sich andere Aufträge zur Weitergabe erschließt, eine Umverteilung der Aufträge vornimmt, so dass eine Kürzung evtl. nur in den nach § 29 Abs. 8 HAG unschädlichen Grenzen (weniger als ein Viertel) zu erfolgen braucht, oder als letztes Mittel eine fristgerechte Kündigung aussprechen kann.

§ 29 Abs. 9 HAG schützt allerdings nur den Zwischenmeister, der **überwiegend** für einen Auftraggeber Heimarbeit verteilt (vgl. zum Begriff Rz 108). Der Zwischenmeister, der für mehrere Auftraggeber arbeitet, wird eher in der Lage sein, Auftragsminderungen des einen durch verstärkte Übernahme von Aufträgen des anderen auszugleichen. Gelingt ihm das nicht, fallen die aus § 29 Abs. 7 und 8 HAG entstehenden Kosten ihm zur Last. **143**

Keine Voraussetzung für die Anwendung des § 29 Abs. 8 HAG ist die **Gleichstellung** des Zwischenmeisters nach § 1 Abs. 2 S. 1 d) HAG. Diese hat Bedeutung nur für eine evtl. Kündigung des Auftraggebers gegenüber dem Zwischenmeister. **144**

Beruht die Verminderung der Auftragsmenge auf einer Entscheidung gem. **§ 11 Abs. 2 HAG** (s.o. Rz 131), entfallen die Ansprüche der Beschäftigten gegenüber dem Zwischenmeister (§ 29 Abs. 8 S. 1, letzter Hs.). § 29 Abs. 9 HAG kommt in diesem Fall nicht zur Anwendung, da dem Zwischenmeister keine Aufwendungen durch die fehlenden Aufträge entstehen (im Ergebnis wie hier *Schmidt/Koberski/Tiemann/Wascher* § 29 Rz 95, wonach der Schutz des Zwischenmeisters nicht eintreten soll). **145**

Der Anspruch des Zwischenmeisters gegen den Auftraggeber berührt nicht das Verhältnis zu den Beschäftigten. Diesen steht **kein Durchgriffsrecht** auf den Auftraggeber zu. Sie haben sich an den Zwischenmeister als ihren Vertragspartner zu halten. Eine direkte Haftung des Auftraggebers gegenüber den Beschäftigten kommt nur im Falle des § 21 Abs. 2 HAG in Betracht, wenn nämlich der Auftraggeber an den Zwischenmeister Entgelte auszahlt, von denen er weiß oder den Umständen nach wissen muss, dass sie zur Zahlung der in einer Entgeltregelung festgelegten Entgelte an die Beschäftigten nicht ausreichen. Dann haftet er neben dem Zwischenmeister für diese Entgelte. Entsprechendes gilt, wenn er an einen Zwischenmeister zahlt, dessen Unzuverlässigkeit er kennt oder kennen muss. **146**

8. Anwendung anderer kündigungsrechtlicher Bestimmungen auf das Arbeitsverhältnis

a) KSchG

In Heimarbeit Beschäftigte fallen **nicht unter den Schutz des KSchG** (*BAG* 24.3.1998 EzA § 613a BGB Nr. 165 = AP Nr. 178 zu § 613a BGB m. Anm. *Hromadka; Brecht* § 29 Rz 1; *Gröninger/Rost* § 29 Rz 1; HK-*Dorndorf* § 1 Rz 22; KDZ-*Däubler* §§ 29, 29a HAG Rz 1; *v. Hoyningen-Huene/Linck* § 1 Rz 45; KR-*Griebeling* § 1 KSchG Rz 80; *Mehrle* AR-Blattei, SD 910 Rz 140). Es fehlt an einem **Arbeitsverhältnis**, welches Voraussetzung für die Anwendung des KSchG ist (s.a. *BAG* 20.1.2004 EzA § 4 TVG Rundfunk Nr. 25). Dass der Gesetzgeber gleichfalls dieser Auffassung war, ergibt sich aus der Einfügung des § 29a HAG, der als Parallelregelung zu § 15 KSchG überflüssig wäre, fände das KSchG ohnehin Anwendung. Der Heimarbeiter ist daher auch nicht gebunden an das Kündigungsschutzverfahren der §§ 4 ff. KSchG bei Geltendmachung der Unwirksamkeit der Kündigung (s.u. Rz 160). **147**

b) §§ 138, 242 BGB

Auch für das Heimarbeitsverhältnis gelten die Generalklauseln der §§ 138, 242 BGB. Über sie ist der nach den grundgesetzlichen Schutzpflichten aus Art. 12 Abs. 1 GG gebotene Mindestkündigungsschutz (*BVerfG* 27.1.1998 EzA § 23 KSchG Nr. 17 = AR-Blattei ES 830 Nr. 18 m. Anm. *Dieterich*) auch für arbeitnehmerähnliche Personen und damit auch für Heimarbeiter zu gewährleisten (*BAG* 24.3.1998 EzA § 613a BGB Nr. 165 = AP Nr. 178 zu § 613a BGB m. Anm. *Hromadka*; KDZ-*Däubler* §§ 29, 29a HAG Rz 21; *Oetker* FS ArbG Rheinland-Pfalz S. 325 ff.; *Däubler* ZIAS 2000, 331; zurückhaltend *Buchner* NZA 1998, 1149; s. jetzt auch *BAG* 21.2.2001 NZA 2001, 238). Dabei ist allerdings zu berücksichtigen, dass dies schon für ein nicht dem KSchG unterliegendes Arbeitsverhältnis und damit erst recht für ein arbeitnehmerähnliches Rechtsverhältnis nicht dazu führt, dass die Sozialwidrigkeitsgründe des § 1 KSchG über die Generalklauseln zur Anwendung kommen (*BVerfG* 27.1.1998 EzA § 23 KSchG Nr. 17; *BAG* 21.2.2001 aaO; *Oetker* aaO). Zur Anwendung des AGG s. § 6 Abs. 1 S. 3 AGG und Rz 36a. **148**

148a Die Kündigung des Beschäftigungsverhältnisses eines in Heimarbeit Beschäftigten kann daher **sittenwidrig** und damit nichtig sein gem. § 138 BGB. Die Grenze der Sittenwidrigkeit ist allgemein im Rechtsverkehr zu beachten. Bezüglich der Einzelheiten KR-*Friedrich* § 13 KSchG Rz 116 ff.).

149 Entsprechendes gilt für einen Verstoß des Kündigenden gegen **Treu und Glauben**. Auch hierbei handelt es sich um einen allgemeinen Rechtsgrundsatz (vgl. iE KR-*Friedrich* § 13 KSchG Rz 229 ff.). Ein solcher Verstoß dürfte jedoch nur in Ausnahmefällen vorliegen. Insbesondere reicht für die Annahme einer sittenwidrigen oder treuewidrigen Kündigung nicht aus ein Grund, welcher die Sozialwidrigkeit einer Kündigung nach § 1 KSchG bedingt. Eine solche Auslegung würde zu einer unzulässigen Erweiterung des KSchG führen, welches auf die Beschäftigungsverhältnisse der Heimarbeiter gerade keine Anwendung findet.

c) MuSchG, BEEG

150 Heimarbeiterinnen sind kraft ausdrücklicher Regelung dem **MuSchG** unterstellt (§ 1 Ziff. 2 MuSchG). Das gilt auch für Gleichgestellte, soweit sie am Stück mitarbeiten (§ 1 Ziff. 2, 2. Hs. MuSchG). Gem. § 9 Abs. 1 S. 1 MuSchG ist die Kündigung gegenüber einer Frau während der Schwangerschaft und bis zum Ablauf von vier Monaten nach der Entbindung unzulässig, wenn dem kündigenden Arbeitgeber – hier: Auftraggeber bzw. Zwischenmeister – zur Zeit der Kündigung die Schwangerschaft oder Entbindung bekannt war oder innerhalb zwei Wochen nach Zugang der Kündigung bzw. unverzüglich nach Kenntniserlangung von der Schwangerschaft mitgeteilt worden ist. Das Kündigungsverbot gilt gem. §§ 18, 19 BEEG auch während der **Elternzeit** und drei Monate nach seiner Beendigung (vgl. iE KR-*Bader* zu § 9 MuSchG, § 18 BEEG). Für gleichgestellte Heimarbeiter gilt § 9 MuSchG allerdings nur dann, wenn die Gleichstellung sich auf den neunten Abschnitt des HAG – Kündigung – (§§ 29, 29a HAG) erstreckt (§ 9 Abs. 1 S. 2 MuSchG).

151 Das Kündigungsverbot des § 9 MuSchG ist absolut. Es erfasst sowohl fristgerechte wie fristlose Kündigungen und Änderungskündigungen. Während der Sperrfrist ist eine Kündigung nur nach vorheriger Genehmigung der für den Arbeitsschutz zuständigen obersten Landesbehörde zulässig. Zu den Einzelheiten vgl. die Erl. bei KR-*Bader* § 9 MuSchG.

152 Der Schutz des § 9 MuSchG setzt ein **unmittelbar mit Aufnahme der Beschäftigung**. Die nach § 29 HAG aF entstandene Streitfrage, ob im ersten Jahr der Beschäftigung, in dem das Gesetz die Notwendigkeit der Lösung des Beschäftigungsverhältnisses durch eine Kündigung unter Einhaltung von Kündigungsfristen nicht vorsah, der Mutterschutz entfiel (verneinend BAG 22.9.1961 AP Nr. 22 zu § 9 MuSchG), stellt sich nicht mehr. Das Beschäftigungsverhältnis kann vom ersten Tage an nur noch durch Kündigung gelöst werden. Dies gilt auch während der ersten vier Wochen (§ 29 Abs. 1 HAG). Jede Kündigung wird aber von § 9 MuSchG erfasst (vgl. *Schmidt/Koberski/Tiemann/Wascher* § 29 Rz 125; *Meisel/Sowka* § 9 Rz 14).

153 Damit der Kündigungsschutz des § 9 MuSchG nicht dadurch unterlaufen wird, dass der Auftraggeber die Auftragsmenge herabsetzt, bestimmt § 9 Abs. 4 MuSchG ausdrücklich, dass in Heimarbeit Beschäftigte und ihnen Gleichgestellte während der Schwangerschaft und bis zum Ablauf von vier Monaten nach der Entbindung nicht gegen ihren Willen bei der Vergabe von Heimarbeit **ausgeschlossen** werden dürfen. Ausgehend von dem Schutzzweck, dass den Heimarbeiterinnen der Stand erhalten bleiben soll, den sie vor Eintritt der Schwangerschaft hatten, ist zu folgern, dass § 9 Abs. 4 MuSchG nicht nur den **völligen Ausschluss** von der Vergabe von Heimarbeit untersagt, sondern auch die **Kürzung** der Auftragsmenge (*Buchner/Becker* § 9 Rz 276; *Meisel/Sowka* § 9 Rz 15; KR-*Bader* § 9 MuSchG Rz 178). Eine Verringerung kann natürlich in Frage kommen, soweit sie durch ein Beschäftigungsverbot nach §§ 3, 4, 6 und 8 Abs. 5 MuSchG bedingt ist; auf die Anwendung dieser Vorschriften weist § 9 Abs. 4 MuSchG ausdrücklich hin. Die in Heimarbeit Beschäftigte darf bei der Ausgabe von Heimarbeit auch nicht deshalb benachteiligt werden, weil sie wegen ihrer Schwangerschaft die Arbeit nicht persönlich abholen kann (*ArbG Rosenheim* ARSt XVIII, 312; *Meisel/Sowka* § 9 Rz 16).

154 Für die **Berechnung der durchschnittlichen Auftragsmenge**, auf welche die in Heimarbeit Beschäftigte einen Anspruch hat, ist in entsprechender Anwendung von § 11 MuSchG auf die letzten 13 Wochen oder drei Monate vor Beginn der Schwangerschaft abzustellen (vgl. *Bulla/Buchner* aaO; KR-*Bader* § 9 MuSchG Rz 179). Verteilt der Arbeitgeber weniger Aufträge, hat er der Beschäftigten trotzdem das durchschnittliche Entgelt der letzten 13 Wochen zu zahlen in entsprechender Anwendung des § 615 BGB (*Buchner/Becker* § 9 Rz 276).

Arbeitnehmerähnliche Personen							ArbNähnl. Pers.

d) Schwerbehinderte Menschen in Heimarbeit

In Heimarbeit Beschäftigte unterstehen dem Schutz der §§ 85 ff., 127 Abs. 2 SGB IX (bisher §§ 15 ff., § 49 **155** Abs. 2 SchwbG). Das gilt auch für Gleichgestellte, ohne dass es einer besonderen Gleichstellung bzgl. des neunten Abschnitts des HAG bedarf. § 127 Abs. 2 SGB IX enthält keine diesbezügliche Einschränkung wie etwa § 9 Abs. 1 S. 2 letzter Hs. MuSchG (*Schmidt/Koberski/Tiemann/Wascher* § 29 Rz 118; vgl. auch *Neumann/Pahlen/Pahlen-Majerski* § 127 SGB IX Rz 12).

Zum **Begriff des schwerbehinderten Menschen** s. § 2 SGB IX (vgl. die Erläut. bei KR-*Etzel* §§ 85 ff. **156** SGB IX). Die Kündigung des in Heimarbeit beschäftigten schwerbehinderten Menschen kann nur nach vorheriger Zustimmung des Integrationsamtes erfolgen (§ 85 SGB IX; s. iE KR-*Etzel* § 85 SGB IX). Das gilt auch für die fristlose Kündigung (§ 91 SGB IX). Die Mindestkündigungsfrist beträgt vier Wochen (§ 127 Abs. 2 S. 1 SGB IX). § 29 Abs. 7 HAG findet dabei sinngemäße Anwendung (§ 127 Abs. 2 S 1 SGB IX).

Unter dem Zustimmungsvorbehalt des § 85 SGB IX stehen auch **Änderungskündigungen** (KR-*Rost* § 2 **157** KSchG Rz 180). Da § 29 Abs. 8 HAG eine Änderungskündigung fingiert (s.o. Rz 139), ist es gerechtfertigt, die nach § 29 Abs. 8 HAG relevante Herabsetzung der Auftragsmenge gleichfalls dem Zustimmungserfordernis des § 85 SGB IX zu unterwerfen (*Gröninger/Rost* § 29 Rz 8; *Schmidt/Koberski/Tiemann/ Wascher* § 29 Rz 115; *Neumann/Pahlen/Pahlen-Majerski* § 127 SGB IX Rz 22). Der Auftraggeber wird bei fehlender Zustimmung des Integrationsamtes in diesem Fall also gehalten, nicht nur für die Dauer des der Kündigungsfrist entsprechenden Zeitraums, sondern darüber hinaus das ursprüngliche durchschnittliche Entgelt weiterzuzahlen, vorausgesetzt, der in Heimarbeit Beschäftigte macht die Unwirksamkeit der »Änderungskündigung« geltend (s. dazu Rz 160).

Eine dem § 29 Abs. 9 HAG vergleichbare Regelung trifft § 127 Abs. 4 S. 2 SGB IX. Wird einer **schwerbe- 158 hinderten Hilfskraft** (vgl. § 2 Abs. 6 HAG), die von einem Hausgewerbetreibenden oder Gleichgestellten beschäftigt wird, gekündigt, weil der Auftraggeber gegenüber dem Arbeitgeber der fremden Hilfskraft die Zuteilung von Arbeit einstellt oder die regelmäßige Arbeitsmenge erheblich herabgesetzt hat, so ist der Auftraggeber verpflichtet, dem Arbeitgeber die Aufwendungen für die Zahlung des regelmäßigen Arbeitsentgelts an die schwerbehinderte Hilfskraft bis zur rechtmäßigen Lösung ihres Arbeitsverhältnisses zu erstatten (s.a. Rz 141).

e) ArbPlSchG

In Heimarbeit Beschäftigte genießen den Kündigungsschutz des **ArbPlSchG** (§§ 7, 2 ArbPlSchG). Dies **159** gilt allerdings nur, soweit sie ihren Lebensunterhalt überwiegend aus der Heimarbeit beziehen (§ 7 Abs. 1 ArbPlSchG), dann aber für alle Beschäftigungsverhältnisse (vgl. *Schmidt/Koberski/Tiemann/ Wascher* Anh. nach § 19 Rz 156). Nicht erfasst sind Gleichgestellte iSd § 1 Abs. 2 HAG, die in § 7 ArbPlSchG keine Erwähnung finden. Das Beschäftigungsverhältnis eines in Heimarbeit Beschäftigten darf während des Grundwehrdienstes oder während einer Wehrübung nicht, vor und nach dem Wehrdienst nicht aus Anlass des Wehrdienstes gekündigt werden (§ 2 Abs. 1 und 2 ArbPlSchG). Unberührt bleibt das Recht zur fristlosen Kündigung (§ 2 Abs. 3 ArbPlSchG). § 7 Abs. 2 ArbPlSchG beugt wiederum einer Aushöhlung des Kündigungsschutzes durch Senkung der Auftragsmenge vor. Die in Heimarbeit beschäftigten Wehrpflichtigen dürfen vor und nach dem Wehrdienst bei der Ausgabe von Heimarbeit im Vergleich zu den anderen in Heimarbeit Beschäftigten des gleichen Auftraggebers oder Zwischenmeisters nicht benachteiligt werden. Geschieht dies doch, haben sie Anspruch auf das dadurch entgangene Entgelt. Dabei ist auszugehen von dem durchschnittlichen Entgelt der letzten 52 Wochen, welches der Beschäftigte vor der Vorlage des Einberufungsbescheides beim Auftraggeber oder Zwischenmeister erzielt hat (§ 7 Abs. 2 S. 2 und 3 ArbPlSchG).

Nicht anwendbar auf Heimarbeitsverhältnisse **ist § 613a BGB** (*BAG* 3.7.1980 EzA § 613a BGB Nr. 29; **159a** 24.3.1998 EzA § 613a BGB Nr. 165 = AP Nr. 178 zu § 613a BGB m. Anm. *Hromadka*; *Lepke* BB 1979, 528; *Mehrle* AR-Blattei, SD 910 Rz 138; *Palandt/Putzo* § 613a Rz 1; *Schwerdtner* FS für Gerhard Müller, S. 562; jetzt auch MünchKomm-*Schaub* § 613a Rz 12; **aA** *Gaul* BB 1979, 1668; *Heinze* DB 1980, 209; KR-*Pfeiffer* § 613a BGB Rz 11; *Schmidt/Koberski/Tiemann/Wascher* § 29 Rz 55 – s. aber auch Anhang § 19 Rz 37; einschränkend auch KDZ-*Däubler* §§ 29, 29a HAG Rz 21 mit dem berechtigten Hinweis auf eine ggf. aus den Umständen zu schließende bewusst gewollte »Betriebsnachfolge«; unklar *Bauschke* AR-Blattei SD 110 Rz 94; s.a. Rz 37a). Der Umstand allein, dass der Heimarbeiter gem. § 5 Abs. 1 S. 2 BetrVG unter Umständen als Arbeitnehmer im betriebsverfassungsrechtlichen Sinne gilt, rechtfertigt keine andere Entscheidung (*BAG* aaO). Der betriebsverfassungsrechtliche Funktionsschutz ist vom Übergang des

Rost 1035

Arbeitsverhältnisses abhängig. Soweit die Nichtanwendung des § 613a BGB hinsichtlich der Beschäftigungsverhältnisse von nach § 29a HAG geschützten Heimarbeitern die Funktionsfähigkeit des Betriebsrats beeinträchtigt, ist an eine entsprechende Anwendung von § 613a BGB zu denken (offen gelassen in *BAG* 24.3.1998 EzA § 613a BGB Nr. 165 – unter Hinweis allerdings auf die sonst unbefriedigenden Folgen).

9. Geltendmachung der Unwirksamkeit einer Kündigung

160 Die **Unwirksamkeit einer Kündigung** nach § 29 HAG kann der in Heimarbeit Beschäftigte im **Klagewege** geltend machen. **Sachlich zuständig** für diese Klage sind nach ausdrücklicher gesetzlicher Regelung die **ArbG** (§ 5 Abs. 1 S. 2 ArbGG). Der in Heimarbeit Beschäftigte kann **Leistungsklage** erheben auf Zahlung des jeweils fälligen Entgelts für die Zeit nach der Kündigung. Er kann aber auch **Feststellungsklage** erheben mit dem Antrag **festzustellen, dass das Beschäftigungsverhältnis über den ... hinaus fortbesteht,** wenn die Kündigung – etwa wegen Verstoßes gegen § 9 MuSchG – überhaupt unwirksam ist, oder **festzustellen, dass das Beschäftigungsverhältnis durch die Kündigung des Auftraggebers bzw. Zwischenmeisters vom ... erst zum ... beendet worden ist,** wenn lediglich die Einhaltung der Kündigungsfrist in Streit steht. Wegen der vielfachen Nebenwirkungen auch öffentlich-rechtlicher Art, welche an die Frage des Bestehens des Beschäftigungsverhältnisses geknüpft sind, ist regelmäßig ein rechtliches Interesse an einer solchen Feststellungsklage gem. § 256 ZPO zu bejahen (vgl. KR-*Rost* § 7 KSchG Rz 30). Das gilt im Regelfall auch für die Geltendmachung nur der nicht eingehaltenen Kündigungsfrist. Die rechtskräftige Feststellung des genauen Endigungszeitpunktes des Beschäftigungsverhältnisses kann mannigfache Bedeutung haben (einschränkend insoweit *Schmidt/Koberski/Tiemann/Wascher* § 29 Rz 107 – meistens allein Leistungsklage zulässig).

161 Die Klage ist an **keine bestimmte Frist** gebunden. § 4 KSchG findet keine Anwendung (*Schmidt/Koberski/Tiemann/Wascher* § 29 Rz 109). Das Recht des Beschäftigten, die Unwirksamkeit der Kündigung geltend zu machen, kann jedoch nach allgemeinen Grundsätzen **verwirken** (vgl. iE dazu KR-*Rost* § 7 KSchG Rz 33 ff.).

III. Kündigungsschutz im Rahmen der Betriebsverfassung, § 29a HAG

162 In Heimarbeit Beschäftigte gelten gem. § 5 Abs. 1 S. 2 BetrVG (§ 6 BetrVG aF) als **Arbeitnehmer des Betriebes,** wenn sie in der Hauptsache für den Betrieb tätig werden (s. Rz 116). Das BetrVG kennt keinen spezifisch betriebsverfassungsrechtlichen Begriff des Heimarbeiters, sondern verwendet ihn iSd Bestimmungen des HAG (*BAG* 25.3.1992 EzA § 6 BetrVG 1972 Nr. 3). Nicht einbezogen werden Gleichgestellte, die auch in der Neufassung des BetrVG nicht erwähnt werden (vgl. *Fitting* § 5 Rz 95 ff.; *Galperin/Löwisch* § 6 Rz 15; *Richardi* § 6 Rz 38).

163 Die in Heimarbeit Beschäftigten, die als Arbeitnehmer iSd BetrVG anzusehen sind, können **betriebsverfassungsrechtliche Funktionen** wahrnehmen, insbes. Mitglied des Betriebsrates werden. Der durch das HAÄndG eingefügte § 29a HAG stellt klar, dass der den echten Arbeitnehmern bei Wahrnehmung betriebsverfassungsrechtlicher Aufgaben zustehende besondere Kündigungsschutz des § 15 KSchG auch den in Heimarbeit Beschäftigten zukommt. Soweit nach personalvertretungsrechtlichen Bestimmungen arbeitnehmerähnliche Personen Mitglied einer Personalvertretung sein können (s. § 112 LPersVG Rheinland-Pfalz), ist eine analoge Anwendung des § 29a HAG ernstlich in Betracht zuziehen (offen gelassen – aber wohl eher ablehnend – *BAG* 20.1.2004 EzA § 4 TVG Rundfunk Nr. 25).

164 Von § 29a HAG erfasst werden **Mitglieder des Betriebsrates** oder einer **Jugendvertretung** (§ 29a Abs. 1 HAG), **Mitglieder des Wahlvorstandes** und **Wahlbewerber** nach Maßgabe des § 29a Abs. 2 HAG. Ihr Beschäftigungsverhältnis kann während der jeweiligen Amtszeiten nur nach vorheriger Zustimmung des Betriebsrats bzw. deren Ersetzung durch das ArbG (§ 103 BetrVG) und nur auch wichtigem Grund gekündigt werden. § 29a HAG entspricht vollinhaltlich der in § 15 Abs. 1, 3 und 4 KSchG getroffenen Regelung. Wegen der Einzelheiten kann daher auf die Erläuterung zu § 15 KSchG verwiesen werden (s. KR-*Etzel* § 15 KSchG). Zur Frage einer entsprechenden Anwendung von § 613a BGB auf nach § 29a HAG geschützte Funktionsträger s.o. Rz 159a.

165 Der in § 15 Abs. 4 KSchG geregelten **Betriebsstilllegung** stellt § 29 Abs. 3 HAG gleich die Einstellung der Vergabe von Heimarbeit. Hier wie dort besteht keine Beschäftigungsmöglichkeit mehr. Wie die Betriebsstilllegung darf auch die Einstellung der Vergabe von Heimarbeit **nicht lediglich vorübergehender Natur** sein. Sie muss vielmehr auf Dauer oder jedenfalls doch auf eine unbestimmte, wirtschaftlich nicht unerhebliche Zeitspanne angelegt sein (vgl. *BAG* 17.9.1957 AP Nr. 8 zu § 13 KSchG; KR-*Etzel* § 15

KSchG Rz 88). Insbesondere darf sie auch nicht lediglich zur Umgehung des besonderen Kündigungsschutzes des § 29a HAG erfolgen.

IV. Befristete Heimarbeitsverhältnisse

§ 29 HAG regelt die Auflösung eines nicht von vornherein befristeten Beschäftigungsverhältnisses. Sie kann nur durch Kündigung unter Einhaltung der entsprechenden Fristen erfolgen. Das Heimarbeitsverhältnis kann aber auch **von vornherein befristet** werden mit der Maßgabe, dass Aufträge nur bis zu einem gewissen Zeitpunkt erteilt werden. Gegen die grds. Zulässigkeit einer solchen Befristung bestehen keine Bedenken. Soweit das Heimarbeitsverhältnis dienstvertragliche Elemente hat, ergibt sich das schon aus § 620 BGB. Soweit werkvertragliche Elemente vorherrschen, ist es gleichfalls möglich, eine Vereinbarung des Inhalts abzuschließen, dass Aufträge nur bis zu einem zeitlich im voraus fixierten Zeitpunkt erteilt werden.

Das Beschäftigungsverhältnis endet in diesem Fall mit dem **Ablauf der Befristung,** ohne dass es einer Kündigung oder der Einhaltung einer Kündigungsfrist bedarf. Da keine Kündigung vorliegt, greift der den in Heimarbeit Beschäftigten nach den einzelnen Sonderkündigungsschutzbestimmungen zustehende Kündigungsschutz nicht ein. Einer Anhörung des Betriebsrates nach § 102 BetrVG bedarf es gleichfalls nicht. Durch den Abschluss befristeter Beschäftigungsverträge könnte also der Auftraggeber den – wenn auch geringen – Kündigungsschutz der in Heimarbeit Beschäftigten unterlaufen.

Die Gefahr der **Umgehung des Kündigungsschutzes** – insbes. des Schutzes des KSchG – hat im Arbeitsrecht dazu geführt, die Befristung eines Arbeitsverhältnisses dann als unwirksam anzusehen, wenn für die Befristung kein sachlicher Grund besteht (vgl. grundlegend BAG [GS] 12.10.1960 EzA § 620 BGB Nr. 2). An die Stelle der bisher von der Rechtsprechung entwickelten Grundsätze zur Befristungskontrolle ist jetzt das TzBfG getreten (s.o. Rz 40, 41). Dieses findet auf das Heimarbeitsverhältnis jedoch keine Anwendung. Die Grundsätze der früheren Befristungsrechtsprechung können aber für das Heimarbeitsverhältnis Bedeutung behalten.

Die in Heimarbeit Beschäftigten genießen zwar keinen Kündigungsschutz nach dem KSchG. Ein gewisser Schutz besteht aber durch den Zwang der Einhaltung von Fristen und die einzelnen Sonderkündigungsschutzbestimmungen. Gegen den Verlust dieses Schutzes durch die Vereinbarung befristeter Beschäftigungsverhältnisse muss der in Heimarbeit Beschäftigte in gleicher Weise geschützt werden wie der Arbeitnehmer. **Die Befristung des Beschäftigungsverhältnisses auch des in Heimarbeit Beschäftigten ist daher unwirksam, wenn für sie kein sachlicher Grund besteht** (so auch *Brecht* § 29 Rz 6; KDZ-*Däubler* §§ 29, 29a HAG Rz 24; *Schmidt/Koberski/Tiemann/Wascher* vor § 29 Rz 9 ff.; wohl auch *Fenski* S. 242; vgl. aber auch BAG 25.8.1982 EzA § 611 BGB Arbeitnehmerbegriff Nr. 25, wonach nur die Befristung eines Arbeitsverhältnisses unwirksam sein kann; s.a. Rz 40 ff.).

Wann ein solcher sachlicher Grund fehlt, hängt von den Umständen des Einzelfalles ab. Unwirksam kann nicht nur die mehrmalige Befristung (Kettenverträge) sein, sondern auch die erstmalige Befristung des Heimarbeitsverhältnisses (vgl. iE die entsprechenden Erl. zum Arbeitsverhältnis KR-*Lipke* § 14 TzBfG Rz 21 ff.). Sachliche Gründe für eine Befristung können zB sein die Vergabe von Saisonaufträgen, die aushilfsweise Vergabe von Aufträgen, die Vergabe von Aufträgen zunächst zur Probe (zust. KDZ-*Däubler* §§ 29, 29a HAG Rz 24). In Frage kommen auch Gründe aus der Person des in Heimarbeit Beschäftigten, der selbst von vornherein nur für bestimmte Zeit Heimarbeit ausführen will, weil er zum Beispiel eine Arbeitsstelle fest in Aussicht hat oder weil er wegen einer geplanten Verheiratung oder eines geplanten Umzugs kein Interesse an einer Dauerbeschäftigung hat (vgl. iE KR-*Lipke* § 14 TzBfG Rz 182 ff.). Für die Geltendmachung der Unwirksamkeit gilt keine Frist. § 17 TzBfG wonach ein Arbeitnehmer die Unwirksamkeit der Befristung eines Arbeitsverhältnisses innerhalb von drei Wochen nach dem Ende des befristeten Arbeitsvertrages geltend machen muss, findet keine Anwendung, da ein Arbeitsverhältnis nicht vorliegt. Allerdings kann das Recht verwirken (s. KR-*Rost* § 7 KSchG Rz 36 ff.; s.a. Rz 161).

C. Arbeitnehmerähnliche Handelsvertreter

I. Einleitung und Übersicht

Neben den arbeitnehmerähnlichen Beschäftigten im künstlerischen und Medienbereich sowie den in Heimarbeit Beschäftigten hebt sich als **dritte typische Gruppe die der arbeitnehmerähnlichen Handelsvertreter** heraus. Der Handelsvertreter ist nach gesetzlicher Definition **selbständiger Gewerbe-**

treibender, § 84 Abs. 1 S. 1 HGB. Ihm fehlt das den Arbeitnehmer kennzeichnende Merkmal der **persönlichen Abhängigkeit** (s. Rz 2). Der Handelsvertreter ist also kein Arbeitnehmer und unterfällt daher grds. nicht dem Arbeitsrecht.

172 Ob im Einzelfall **Arbeitnehmerähnlichkeit** des Handelsvertreters zu bejahen ist, bestimmt sich – wie bei anderen selbständigen Dienstleistenden – maßgebend danach, ob er sich in einer dem **Arbeitnehmer wirtschaftlich und sozial vergleichbar schutzbedürftigen Stellung** befindet. Der Gesetzgeber hat für Teilbereiche exakte Kriterien festgelegt, bei deren Vorliegen Arbeitnehmerähnlichkeit des Handelsvertreters zu bejahen ist, und zwar durch Art. 3 des Gesetzes zur Änderung des HGB (Recht der Handelsvertreter) v. 6.8.1953 BGBl. I S. 771 (im Folgenden HandelsvertreterG genannt), abgelöst durch § 5 Abs. 3 ArbGG (s.u. Rz 186a). Diese Definition gilt jedoch nicht für alle Rechtsgebiete, so etwa nicht für § 2 BUrlG (s. iE Rz 196). Das führt zu dem wenig befriedigenden Ergebnis unterschiedlicher Inhalte des Begriffs des arbeitnehmerähnlichen Handelsvertreters je nach der anzuwendenden Rechtsnorm. Hier sollte der Gesetzgeber für eine Vereinheitlichung Sorge tragen.

173 Für die **Kündigung** der Dienstverhältnisse arbeitnehmerähnlicher Handelsvertreter gelten an sich keine Besonderheiten. Es finden grds. Anwendung die für Handelsvertreter geltenden Bestimmungen der §§ 89, 89a HGB. Die danach einzuhaltenden Fristen gewähren dem Handelsvertreter einen hinreichenden Schutz. Das eigentliche Problem liegt also weniger in der Abgrenzung zwischen arbeitnehmerähnlichem Handelsvertreter und normalem Handelsvertreter, als vielmehr zwischen selbständigem Handelsvertreter und unselbständigem Handelsvertreter, der gem. § 84 Abs. 2 HBG als Angestellter und damit Arbeitnehmer anzusehen ist. Auf ihn finden die allgemeinen arbeitsrechtlichen Vorschriften ohne Einschränkung Anwendung.

II. Der Begriff des Handelsvertreters

1. Selbständigkeit

174 § 84 Abs. 1 S. 1 HGB – zuletzt neu gefasst durch das HandelsvertreterG – enthält die **Legaldefinition des Handelsvertreters.** Danach ist **Handelsvertreter, wer als selbständiger Gewerbetreibender ständig damit betraut ist, für einen anderen Unternehmer (Unternehmer) Geschäfte zu vermitteln oder in dessen Namen abzuschließen.** Selbständig ist gem. § 84 Abs. 1 S. 2 HGB, wer im Wesentlichen **frei seine Tätigkeit gestalten und seine Arbeitszeit bestimmen kann.** Wer, ohne selbständig iSd Abs. 1 zu sein, ständig damit betraut ist, für einen Unternehmer Geschäfte zu vermitteln oder in dessen Namen abzuschließen, gilt als Angestellter (§ 84 Abs. 2 HGB).

a) Freie Gestaltung der Tätigkeit und Arbeitszeit

175 Entscheidendes Kriterium für die Abgrenzung zwischen freiem Handelsvertreter und angestelltem Handelsvertreter – also Arbeitnehmer – ist die **Selbständigkeit,** ausdrücklich hervorgehoben durch die Definition des § 84 Abs. 1 S. 2 HGB. Hier begegnet uns ein Tatbestandsmerkmal, welches ganz allgemein für die Abgrenzung zwischen Arbeitnehmer und freiem Mitarbeiter eine wesentliche Rolle spielt (s.o. Rz 2). Die insoweit entwickelten Abgrenzungskriterien können auch für die Einordnung des Handelsvertreters herangezogen werden, wie umgekehrt die Definition des § 84 Abs. 1 HGB fruchtbar gemacht werden kann für die allgemeine Abgrenzung zwischen freiem Mitarbeiter und Arbeitnehmer (vgl. auch *Hueck/Nipperdey* I, S. 46, 47; MünchArbR-*Richardi* § 24 Rz 22; *BAG* 9.5.1984 EzA § 611 BGB Arbeitnehmerbegriff Nr. 30; 21.2.1990 EzA § 611 BGB Arbeitnehmerbegriff Nr. 32; s. iE Rz 15 ff.).

176 Die in § 84 Abs. 1 S. 2 HGB enthaltenen Kriterien sind **nicht abschließend. Freie Gestaltung der Tätigkeit** und **Bestimmung der Arbeitszeit** stellen zwar wichtige Gesichtspunkte dar bei der Prüfung, ob Selbständigkeit gegeben ist. Daneben sind aber auch andere Umstände von Bedeutung, wie etwa die Art der Bezahlung, die Führung einer Firma, die Anmeldung eines selbständigen Gewerbes (s. iE Rz 179 ff.). Die Hervorhebung der freien Arbeitszeit und der freien Gestaltung der Tätigkeit ist **beispielhaft** zu verstehen. Sie schließt die Berücksichtigung weiterer Kriterien nicht aus (*Baumbach/Hopt* § 84 Rz 36; *Staub/Brüggemann* HGB § 84 Rz 29; *Ebenroth/Boujong/Joost-Löwisch* § 84 Rz 7 ff.; *Heymann/Sonnenschein/Weitemeyer* § 84 Rz 7 ff.; GK-HGB/*Genzow* § 84 Rz 11 ff.; *Hueck/Nipperdey* I, S. 46, FN 25; *Schlegelberger/Schröder* § 84 Rz 3; RvW-*Küstner* § 84 Rz 21 ff.; ausf. *Hopt* DB 1998, 863 ff.; *Oberthür/Lohr* NZA 2001, 131; *BGH* 4.3.1998 NJW 1998, 2057; 4.11.1998 NJW 1999, 219; *BAG* 15.12.1999 EzA § 611 BGB Arbeitnehmerbegriff Nr. 82; 15.12.1999 EzA § 611 BGB Arbeitnehmerbegriff Nr. 79; 20.8.2003 NZA 2004, 39; s. iE Rz 15 ff.). Das hat schon die Begründung zum Regierungsentwurf des HandelsvertreterG klargestellt, dessen § 84 unverändert übernommen wurde. Sie verweist ausdrücklich darauf, dass es wie

bisher von der Würdigung aller einzelnen Umstände abhänge, ob Selbständigkeit vorliege, wenn trotz der gesetzlichen Festlegung der Begriffsmerkmale die Selbständigkeit zweifelhaft sei (vgl. Amtl. Begr. BT-Drs. I/38–56, S. 15). Für eine Begrenzung auf die im Gesetz genannten Kriterien besteht kein ersichtlicher sachlicher Grund, zumal der Abgrenzung zwischen unselbständigem Arbeitnehmer und selbständigem Dienstleistenden eine solche Einschränkung gleichfalls fremd ist. Maßgebend für die Beurteilung der Selbständigkeit ist aber auch im Rahmen des § 84 HGB eine **Würdigung aller Umstände** (*Staub/Brüggemann* HGB § 84 Rz 9; *Hueck/Nipperdey* I, S. 46; GK-HGB/*Genzow* § 84 Rz 10 ff.; *Schlegelberger/Schröder* § 84 Rz 3b; *BAG* 21.1.1966 aaO; vgl. auch *BGH* 4.12.1981 DB 1982, 590). Macht ein Handelsvertreter geltend, er sei Arbeitnehmer, so ist er für den fehlenden Spielraum bei der Arbeitszeitgestaltung darlegungs- und beweisbelastet (*BAG* 20.8.2003 aaO).

Auszugehen ist von dem zwischen den Parteien bestehenden Vertragsverhältnis. Der von ihnen gewählte **Wortlaut,** die Bezeichnung der Tätigkeit, ist **nicht ausschlaggebend,** da die rechtliche Einordnung vom materiellen Gehalt der Tätigkeit und nicht ihrer Bezeichnung abhängt (vgl. *Brüggemann* aaO; *Etzel* aaO Rz 12; *Schlegelberger/Schröder* § 84 Rz 6a; *BAG* 9.3.1977 EzA § 611 BGB Arbeitnehmerbegriff Nr. 9; s.a. Rz 23). 177

Entscheidend kommt es auf die tatsächliche Ausgestaltung und Durchführung des Vertragsverhältnisses an. Soweit ein klares Ergebnis danach nicht zu erzielen ist, ist in zweiter Linie auf den **Parteiwillen** zurückzugreifen. Gegen eine Übernahme der vom BAG insoweit entwickelten Regeln auch auf die Abgrenzung zwischen selbständigem Handelsvertreter und unselbständigem Angestellten bestehen keine Bedenken (s. iE Rz 23). Anhaltspunkt für den Parteiwillen wiederum kann die von den Parteien gewählte Bezeichnung sein, die unter diesem Aspekt doch Bedeutung erlangen kann. 178

b) Sonstige Abgrenzungskriterien

Nachfolgend werden **einzelne Kriterien** genannt, die bei der Abgrenzung zu berücksichtigen sind (vgl. den beispielhaften Fall *BAG* 21.1.1996 EzA § 165 RVO Nr. 37; vgl. auch *BGH* 18.2.1982 WM 1982, 632; 11.3.1982 VersR 1982, 647; s. im Übrigen die st.Rspr. des *BAG* zur allgemeinen Abgrenzung zwischen Arbeitnehmer und Selbständigem, Rz 15 ff.; *Staub/Brüggemann* HGB § 84 Rz 9; *Baumbach/Hopt* § 84 Rz 36; *Ebenroth/Boujong/Joost-Löwisch* § 84 Rz 6 ff.; GK-HGB/*Genzow* § 84 Rz 11 ff.; *Schlegelberger/Schröder* § 84 Rz 3 ff.; RvW-*Küstner* § 84 Rz 27 ff.; *Hopt* DB 1998, 863 – alle mit zahlr. Nachw.). Eine erhebliche Rolle spielt die im Wesentlichen **freie Gestaltung der Tätigkeit** und **die freie Arbeitszeit,** § 84 Abs. 1 S. 2 HGB. Selbständig ist danach, wer **nur eingeschränkten Weisungen** unterliegt bei Ausübung der Tätigkeit, also den **Tagesablauf,** die **zu besuchenden Kunden,** die **Länge der täglichen Arbeitszeit** frei bestimmen kann (vgl. etwa *BAG* 21.1.1966 EzA § 165 RVO Nr. 37 [unter II 3a der Gründe]; *Schlegelberger/Schröder* § 84 Rz 6; *Hopt* aaO). Dabei ist **nicht völlige Weisungsfreiheit** erforderlich. Auch der normale freie Dienstleistende ist nicht völlig ungebunden. Ähnliches gilt für den Beauftragten (vgl. §§ 675, 665 BGB). Eine begrenzte **Pflicht zur Berichterstattung** etwa über die abgeschlossenen Geschäfte (vgl. § 86 Abs. 2 HGB), die Anweisung, einen **bestimmten Kundenkreis** aufzusuchen, schließen eine Selbständigkeit iSd § 84 Abs. 1 HGB noch nicht aus, wenn nur dem Handelsvertreter in dem von dem Unternehmer ausgesetzten Rahmen ein genügend weiter Spielraum bleibt, insbes. in der zeitlichen Abfolge der zu erledigenden Aufgaben (vgl. *BAG* 21.1.1996 EzA § 165 RVO Nr. 37 [unter II 3b der Gründe]; *Baumbach/Hopt* § 84 Rz 38; *Schlegelberger/Schröder* aaO). Bezeichnenderweise spricht § 84 Abs. 1 HGB denn auch nur davon, dass die Tätigkeit **im Wesentlichen** frei gestaltet müsse werden können. Die Grenze liegt dort, wo dem Handelsvertreter ein echter Spielraum nicht mehr bleibt, sondern er etwa einen vom Unternehmer ausgearbeiteten Besuchsplan bei Einhaltung bestimmter Mindestzeiten zu erfüllen hat. 179

§ 84 Abs. 1 HGB geht davon aus, dass der Handelsvertreter **Unternehmer** ist. Insoweit können die folgenden Umstände für die Bejahung der Selbständigkeit sprechen: Der Einsatz **eigenen Betriebskapitals,** die Unterhaltung einer **eigenen Betriebsstätte,** die **Beschäftigung von Mitarbeitern,** die Vergütung allein auf **Provisionsbasis** oder die **Übernahme von Geschäftsunkosten,** damit die Tragung des Unternehmerrisikos (vgl. *BAG* 21.1.1966 EzA § 165 RVO Nr. 37 [unter B II 5, 6 der Gründe]; *Baumbach/Hopt* aaO; *Brüggemann* aaO; GK-HGB/*Genzow* § 84 Rz 11 ff.; *Schlegelberger/Schröder* § 84 Rz 5; *Hopt* DB 1998, 865; zur Abgrenzung nach dem Unternehmerrisiko vgl. insbes. *Wank* Arbeitnehmer und Selbständige, S. 261 ff.; *ders.* DB 1992, 91 f.). Die Bejahung eines oder mehrerer Tatbestandsmerkmale **zwingt** jedoch **nicht** zur Annahme von Selbständigkeit. Es sind auch nur auf Provisionsbasis beschäftigte angestellte Reisende denkbar, wie umgekehrt die Gewährung eines Fixums die Annahme eines Handelsvertreterverhältnisses nicht ausschließt. Entscheidend sind immer die Gesamtumstände. 180

181 Neben diesen **materiellen** Merkmalen der Tätigkeit können eher formelle Umstände von Bedeutung sein. Dazu werden gezählt die Behandlung des Vertragsverhältnisses in **steuerrechtlicher** und **sozialversicherungsrechtlicher** Hinsicht, die **gewerbepolizeiliche Anmeldung, die Eintragung im Handelsregister** (vgl. BAG 21.1.1966 EzA § 165 RVO Nr. 37; *Baumbach/Hopt* § 84 Rz 36; *Brüggemann* aaO; *Heymann/Sonnenschein/Weitemeyer* § 84 Rz 17; *Trinkhaus* aaO). Insoweit ist jedoch Zurückhaltung geboten (vor allem *BAG* 9.3.1977 EzA § 611 BGB Arbeitnehmerbegriff Nr. 9, wonach solche Merkmale im Medienbereich idR unerheblich sind; auch *Baumbach/Hopt* aaO, sieht hierin eher schwache Indizien; so auch RvW-*Küstner* § 84 Rz 35; *Hopt* DB 1998, 865 u. 868; s. iE auch Rz 16). Die von den Vertragspartnern gezogenen Konsequenzen etwa in steuerlicher oder sozialversicherungsrechtlicher Hinsicht können auf einer irrtümlichen Würdigung des tatsächlichen Sachverhaltes beruhen, sie können auch bewusst falsch etwa zur Umgehung von Steuergesetzen gewählt worden sein. Die formelle Ausgestaltung gewinnt am ehesten noch Bedeutung bei der Ermittlung des Parteiwillens (s. dazu Rz 178).

2. Vermittlung oder Abschluss von Geschäften

182 Neben dem für die Abgrenzung zum Arbeitnehmer entscheidenden Kriterium der Selbständigkeit gehört zum Begriff des Handelsvertreters, dass er **ständig damit betraut** ist, für einen anderen Unternehmer **Geschäfte zu vermitteln oder in dessen Namen abzuschließen.** Vermittlung heißt, den Abschluss von Verträgen mit Dritten durch den Unternehmer vorzubereiten und zu ermöglichen, ist also mehr als bloßes Nachweisen einer Vertragsmöglichkeit (vgl. zu den Einzelheiten *Baumbach/Hopt* § 84 Rz 22 ff.; *Staub/Brüggemann* HGB § 84 Rz 2, 3; *Heymann/Sonnenschein/Weitemeyer* § 84 Rz 19; GK-HGB/ *Genzow* § 84 Rz 19 ff.; *Schlegelberger/Schröder* § 84 Rz 16 ff.).

3. Tätigkeit auf Dauer

183 Seinem Charakter nach ist der Handelsvertretervertrag ein **Dienstvertrag**, und zwar in seiner Ausgestaltung als **Geschäftsbesorgungsvertrag,** §§ 611, 675 BGB (*Baumbach/Hopt* § 86 Rz 1; *Staub/Brüggemann* HGB § 84 Rz 2; *v. Gamm* NJW 1979, 2493; *Heymann/Sonnenschein/Weitemeyer* § 84 Rz 32; HK-*Ruß/ Glanegger* § 84 Rz 9; GK-HGB/*Genzow* § 86 Rz 1; *Schlegelberger/Schröder* § 84 Rz 10b). Dieser Dienstvertrag muss **auf Dauer** gerichtet sein, dh der Handelsvertreter muss ständig mit der Vermittlung oder dem Abschluss von Geschäften betraut sein. Hierin **unterscheidet** sich der Handelsvertreter insbes. vom **Makler.** Handelsvertreter ist also nicht, wer nur einzelne oder nur gelegentlich Geschäfte vermittelt (*BGH* 1.4.1992 NJW 1992, 2818; *Baumbach/Hopt* § 84 Rz 41, 42; *Brüggemann* aaO; *Schlegelberger/Schröder* § 84 Rz 11). Der Handelsvertretervertrag ist daher ein **echtes Dauerschuldverhältnis.** Das schließt nicht aus, dass er befristet ist.

III. Der arbeitnehmerähnliche Handelsvertreter

184 Wegen ihrer begriffsnotwendigen Selbständigkeit sind **Handelsvertreter keine Arbeitnehmer.** Sie unterfallen daher nicht dem Arbeitsrecht. Eine Annäherung zwischen Handelsvertreter und Arbeitnehmer erfolgt in der Erscheinungsform des arbeitnehmerähnlichen Handelsvertreters. Er stellt das Bindeglied zwischen beiden Gruppen dar. Die den Handelsvertreter auszeichnende **persönliche Selbständigkeit** trifft zusammen mit einer dem **Arbeitnehmer vergleichbaren wirtschaftlichen und sozialen Lage.** Der Begriff des arbeitnehmerähnlichen Handelsvertreters ist für einen Teilbereich fest umschrieben, für andere Bereiche entspricht er dem allgemeinen Begriff der arbeitnehmerähnlichen Person.

1. Arbeitnehmerähnliche Handelsvertreter iSd ArbGG

a) Sonderregelung im § 5 Abs. 3 ArbGG

185 Rechtsstreitigkeiten zwischen Handelsvertreter und Unternehmer aus dem Handelsvertreterverhältnis sind grds. vor den **ordentlichen Gerichten** auszutragen, da es sich nicht um Arbeitsverhältnisse handelt. Gem. § 5 Abs. 1 S. 2 ArbGG gelten jedoch als Arbeitnehmer iSd ArbGG auch solche Personen, die wegen ihrer wirtschaftlichen Unselbständigkeit als arbeitnehmerähnliche Personen anzusehen sind (vgl. Rz 5). Hierunter können Handelsvertreter fallen. Wann dies der Fall ist, bestimmt sich allerdings nicht nach den allgemeinen Kriterien für arbeitnehmerähnliche Personen (s.o. Rz 5 ff.). Der Gesetzgeber hat vielmehr den Kreis der von § 5 ArbGG erfassten Handelsvertreter genau abgegrenzt.

186 Gem. § 5 Abs. 3 ArbGG gelten Handelsvertreter nur dann als **Arbeitnehmer** iSd ArbGG, wenn sie zu dem Personenkreis gehören, für den nach § 92a HGB die untere Grenze der vertraglichen Leistungen des Unternehmers festgesetzt werden kann, und sie während der letzten sechs Monate des Vertragsverhältnisses, bei kürzerer Vertragsdauer während dieser, im Durchschnitt monatlich nicht mehr als 2.000,– DM (ab 1.1.2002: 1.000,– Euro) aufgrund des Vertragsverhältnisses an Vergütung einschließlich Provision und Ersatz für im regelmäßigen Geschäftsbetrieb entstandene Aufwendungen bezogen haben. § 92a HGB erfasst die sog. **Einfirmenvertreter,** dh Handelsvertreter, die vertraglich nicht für weitere Unternehmer tätig werden dürfen oder denen dies nach Art und Umfang der Tätigkeit nicht möglich ist. Liegen diese Merkmale vor, ist der Handelsvertreter **zwingend** als Arbeitnehmer iSd § 5 Abs. 3 ArbGG anzusehen. Rechtsstreitigkeiten aus seinem Vertragsverhältnis gehören vor die ArbG.

§ 5 Abs. 3 ArbGG ist durch das Gesetz zur Beschleunigung und Bereinigung des arbeitsgerichtlichen Verfahrens v. 21.5.1979 (BGBl. I S. 545) eingefügt worden und seit dem 1.7.1979 in Kraft. Er ist an die Stelle der früheren Regelung in **Art. 3 HandelsvertreterG** getreten. Sachlich ist dabei nur insoweit eine Änderung erfolgt, als die Vergütungshöchstgrenze von 1.500,– DM auf 2.000,– DM – jetzt 1.000,- Euro – heraufgesetzt wurde und für die Anpassung der Grenze an die jeweiligen Lohn- und Preisverhältnisse nunmehr neben dem Bundesminister der Justiz auch der Bundesminister für Arbeit und Soziales zuständig ist, welche beide zusammen im Einvernehmen mit dem Bundesminister für Wirtschaft und Technologie entscheiden (die Grenze lag ursprünglich bei 500,– DM, sie wurde durch VO v. 20.10.1967 BGBl. I S. 998 auf 1.000,– DM und durch VO v. 18.12.1975 BGBl. I S. 3135 auf 1.500,– DM angehoben). Im Übrigen entspricht § 5 Abs. 3 ArbGG der früheren Regelung des Art. 3 HandelsvertreterG, so dass auch auf die zu dieser Vorschrift ergangene Rechtsprechung und Literatur zurückgegriffen werden kann. 186a

aa) Abgrenzung nach Durchschnittseinkommen

Voraussetzung für die Anerkennung des Handelsvertreters als Arbeitnehmer iSd ArbGG ist also einmal, dass eine gewisse **Vergütungshöchstgrenze** nicht überschritten wird. Maßgebend ist das **durchschnittliche Bruttoeinkommen** der letzten sechs Monate. Bei kürzerer Vertragsdauer ist diese zu berücksichtigen, wobei abzustellen ist entweder auf den Tag der Klageerhebung bei noch bestehendem Vertragsverhältnis oder auf den Tag der Beendigung des Vertragsverhältnisses (vgl. *Schlegelberger/Schröder* Art. 3 Rz 3). Die Verdienstgrenze von 1.000,- Euro im Durchschnitt der **letzten sechs Monate** des Vertragsverhältnisses ist **auch dann maßgebend,** wenn der Handelsvertreter in diesem Monat **nicht gearbeitet** und **nichts verdient** hat (*BAG* 15.2.2005 EzA § 5 ArbGG 1979 Nr. 39). Entscheidend ist der **rechtliche Bestand** des Handelsvertreterverhältnisses (*OLG Stuttg.* 11.5.1966 BB 1966, 1396; *Schlegelberger/Schröder* aaO). Bei der **Höhe der Vergütung** sind neben einem evtl. gewährten Fixum insbes. zu berücksichtigen die Provisionen und die als Ersatz für im regelmäßigen Geschäftsbetrieb entstandenen Aufwendungen bezogenen Beträge. Dabei ist auszugehen von der **tatsächlich ausgezahlten** Vergütung, nicht den Vergütungsansprüchen. Dies wird schon durch die Verwendung des Wortes »bezogen« nach dem Gesetzeswortlaut nahe gelegt, entspricht aber auch dem Schutzcharakter der Vorschrift (wie hier GK-HGB/*Etzel* vor §§ 59–83 Rz 16; GK-ArbGG/*Wenzel* § 5 Rz 160; *Oberthür/Lohr* NZA 2001,134; *Hess.* LAG 12.4.1995 NZA 1995, 1071; *LG Baden-Baden* 29.9.1994 DB 1994, 2196; **aA** *Schlegelberger/Schröder* aaO; *Baumbach/Hopt* § 84 Rz 46; *RvW-Küstner* § 92a Rz 6; wohl auch *Ebenroth/Boujong/Joost-Löwisch* § 92a Rz 6). Einberechnet werden dürfen allerdings nur die endgültig dem Handelsvertreter zustehenden Provisionsansprüche. Der Anspruch des Handelsvertreters auf Provision entsteht **unbedingt** grds. erst mit Ausführung eines Geschäftes durch den Unternehmer oder – bei Nichtausführung – unter den Voraussetzungen des § 87a Abs. 3 HGB, wenn nämlich die Ausführung unterbleibt, ohne dass sie unmöglich geworden wäre oder dem Unternehmer die Ausführung unzumutbar geworden ist. Eine danach lediglich **bedingt** verdiente Provision ist außer Acht zu lassen, auch wenn entsprechende Vorschüsse geleistet worden sind, wobei unerheblich ist, ob ein Anspruch auf Zahlung von Vorschüssen bestand (*Baumbach/Hopt* § 84 Rz 46; *Etzel* aaO; *GMPM-G/Müller-Glöge* § 5 Rz 26; *Grunsky* § 5 Rz 22; *Schlegelberger/Schröder* aaO; *BGH* 9.12.1963 AP Nr. 27 zu § 2 ArbGG 1953 Zuständigkeitsprüfung). Entfallen Provisionsansprüche nachträglich nach § 87a Abs. 2 HGB, weil feststeht, dass der Kunde nicht leistet, so können die darauf erbrachten Zahlungen von diesem Zeitpunkt an gleichfalls nicht mehr berücksichtigt werden (*BGH* 9.12.1963, aaO; *Schlegelberger/Schröder* aaO). Kraft ausdrücklicher gesetzlicher Regelung ist weiterhin zu berücksichtigen der für den regelmäßigen Geschäftsbetrieb anfallende Aufwendungsersatz. Außerordentliche Aufwendungen bleiben außer Ansatz. Die **Vergütungsgrenze** kann gem. § 5 Abs. 3 ArbGG durch den Bundesminister der Justiz und den Bundesminister für Arbeit und Soziales im Einvernehmen mit dem Bundesminister für Wirtschaft und Technologie durch Rechtsverordnung, die nicht der Zustimmung des Bundesrates bedarf, den jeweiligen Lohn-Preisverhältnissen angepasst werden. 187

bb) Ein-Firmen-Vertreter

188 § 5 Abs. 3 ArbGG erfasst durch seine Verweisung auf § 92a HGB nur den sog. Einfirmenvertreter. Das ist der Handelsvertreter, der kraft ausdrücklicher vertraglicher Regelung nicht für weitere Unternehmer tätig werden darf oder dem dies nach Art und Umfang der von ihm verlangten Tätigkeit nicht möglich ist (vgl. *Baumbach/Hopt* § 92a Rz 3; *Staub/Brüggemann* HGB § 92a Rz 3; GK-ArbGG/*Wenzel* § 5 Rz 156; GK-HGB/*Genzow* § 92a Rz 2; RvW-*Küstner* § 92a Rz 2; *Schlegelberger/Schröder* § 92a Rz 4). Nicht unter § 92a HGB fällt also der Handelsvertreter, der sich freiwillig auf die Vertretung eines Unternehmers beschränkt. Verpflichtet sich der Handelsvertreter vertraglich gegenüber dem Unternehmer, »sein ganzes Wissen und Können und seine ganze Arbeitskraft zur Verfügung zu stellen«, ist dies in erster Linie eine qualitative Bestimmung des Arbeitseinsatzes und macht ihn nach *OLG Frankf.* (13.3.1979 DB 1979, 1178) nicht zum Einfirmenvertreter.

189 Kein Einfirmenvertreter ist auch der Handelsvertreter, der im Hauptberuf Arbeitnehmer ist und die Handelsvertretertätigkeit lediglich nebenberuflich ausübt. § 92a HGB spricht zwar von einer Tätigkeit für weitere **Unternehmer** und hat damit wohl vor allem eine weitere Tätigkeit als Handelsvertreter im Auge. Nach dem Sinn der Vorschrift soll aber nur der von **einem** Dienstberechtigten abhängige und deshalb besonders schutzbedürftige Handelsvertreter erfasst werden. Diese Abhängigkeit ist bei Bestehen eines Arbeitsverhältnisses neben dem Handelsvertreterverhältnis in gleicher Weise gemindert, wie bei Bestehen mehrerer Handelsvertreterverhältnisse. § 92a HGB findet also auch in diesem Falle keine Anwendung (*LAG Frankf.* 6.8.1968 AP Nr. 2 zu § 92a HGB).

b) Anwendungsbereich
aa) Sonderregelung gegenüber § 5 Abs. 1 ArbGG

190 Liegen die Voraussetzungen des § 5 Abs. 3 ArbGG vor – Vergütung nicht über 2.000,– DM (ab 1.1.2002: 1.000,– Euro), Einfirmenvertreter –, ist der Handelsvertreter als **arbeitnehmerähnliche Person iSd ArbGG** anzusehen. Diese Regelung ist **zwingend.** Eine Prüfung sonstiger Umstände, die allgemein bei Arbeitnehmerähnlichkeit zu berücksichtigen sind – etwa die dem Arbeitnehmer vergleichbare Schutzbedürftigkeit – entfällt. Die Schutzbedürftigkeit wird in dem vom Gesetzgeber festgelegten Rahmen unwiderleglich vermutet.

191 Nach der **allgemeinen Begriffsbestimmung** der arbeitnehmerähnlichen Person ist es denkbar, die Arbeitnehmerähnlichkeit eines Handelsvertreters zu bejahen, der die Voraussetzungen des § 5 Abs. 3 ArbGG nicht erfüllt, sei es, weil er eine möglicherweise nur geringfügig über 2.000,– DM (ab 1.1.2002: 1000,– Euro) liegende Vergütung erhält, sei es, weil er für mehrere Unternehmer arbeitet, was anerkanntermaßen die Arbeitnehmerähnlichkeit nicht ausschließt (s.o. Rz 20). Es fragt sich, ob ein solcher arbeitnehmerähnlicher Handelsvertreter aus den allgemeinen Erwägungen gem. § 5 ArbGG unter die Arbeitsgerichtsbarkeit fällt. Dies ist zu verneinen. **Art. 3 HandelsvertreterG wurde als Sondervorschrift gegenüber § 5 ArbGG** angesehen (BAG in st.Rspr., vgl. *BAG* 24.9.1958 AP Nr. 3 zu § 2 ArbGG 1953 Zuständigkeitsprüfung; 15.7.1961 AP Nr. 1 zu § 92a HGB; 16.9.1963 AP Nr. 1 zu § 92 HGB; *LAG Frankf.* 6.8.1968 AP Nr. 2 zu § 92a HGB; *Dersch/Neumann* § 2 BUrlG Rz 73; *GMPM-G/Müller-Glöge* § 5 Rz 28; GK-ArbGG/*Wenzel* § 5 Rz 162; *Kissel* § 13 Rz 153; *Schlegelberger/Schröder* Art. 3 Rz 1; *Stein/Jonas-Schumann* § 1 Rz 158; *Tiefenbacher* AR-Blattei SD 120 Rz 97; aA *Grunsky* § 5 Rz 22). Daran hat sich durch die Übernahme der Regelung nach § 5 Abs. 3 ArbGG nicht nur nichts geändert, die ausdrückliche Gegenüberstellung von § 5 Abs. 1 und Abs. 3 ArbGG unterstreicht vielmehr noch die Sonderstellung der arbeitnehmerähnlichen Handelsvertreter. Der Wortlaut ist im Übrigen eindeutig: »Handelsvertreter gelten nur dann als Arbeitnehmer iSd Gesetzes, wenn ...« Er erlaubt keine andere Auslegung (s. auch *Oberthür/Lohr* NZA 2001, 135). Daß gewisse Härten auftreten mögen bei Handelsvertretern, die etwa die Verdienstgrenze nur unwesentlich überschreiten, muss wie immer in Kauf genommen werden, wenn der Gesetzgeber im Interesse der Rechtssicherheit eindeutige Abgrenzungskriterien verwendet. Gerade der Gesichtspunkt der Rechtsklarheit und Rechtssicherheit lässt die Regelung entgegen *Grunsky* (aaO) als sinnvoll erscheinen auch unter Berücksichtigung der Tendenz des HandelsvertreterG – auf das § 5 ArbGG insoweit zurückgeht –, die Rechtsstellung des Handelsvertreters insgesamt zu verbessern.

192 Nicht glücklich ist allerdings die Konsequenz, dass Handelsvertreter in anderen Bereichen, in denen die Regelung des § 5 Abs. 3 ArbGG keine Anwendung findet, als arbeitnehmerähnliche Personen arbeitsrechtliche Ansprüche erwerben können, die dann vor den ordentlichen Gerichten geltend gemacht werden müssen. Das gilt vor allem für Ansprüche nach dem BUrlG (vgl. § 2 BUrlG; s. Rz 196).

Umgekehrt kann es in Ausnahmefällen arbeitnehmerähnliche Handelsvertreter iSd ArbGG geben, denen keine Urlaubsansprüche zustehen, weil sie nicht arbeitnehmerähnlich im allgemeinen Sinne sind. Dies allein rechtfertigt aber noch nicht, sich über den eindeutigen Gesetzeswortlaut hinwegzusetzen. Dabei sollte auch nicht außer Acht gelassen werden, dass die nach § 5 Abs. 3 ArbGG zu beachtenden Grenzen weit genug sind, einen großen Teil der arbeitnehmerähnlichen Handelsvertreter zu erfassen.

bb) Insolvenzordnung

Die früher bevorzugte Berücksichtigung bestimmter Ansprüche der unter § 92a HGB fallenden Handelsvertreter im Konkurs gem. §§ 59 Abs. 1 Nr. 3c, 61 Abs. 1 Nr. 1c KO ist durch die InsO für Arbeitnehmer und Handelsvertreter gleichermaßen aufgehoben worden (zur alten Rechtslage s. 5. Aufl. Rz 193). 193

2. Arbeitnehmerähnliche Handelsvertreter im allgemeinen Sinn

a) Abgrenzungskriterien

Außerhalb des Anwendungsbereichs des § 5 Abs. 3 ArbGG gelten für die Bestimmungen der arbeitnehmerähnlichen Handelsvertreter **die allgemeinen Begriffsmerkmale für arbeitnehmerähnliche Personen**. Es sind keine Besonderheiten zu vermerken, so dass in vollem Umfang auf die Erläuterungen Rz 10 ff. verwiesen werden kann. Die Kriterien des § 5 Abs. 3 ArbGG können für die Abgrenzung herangezogen werden, da ihr Vorliegen die Arbeitnehmerähnlichkeit indiziert (vgl. *Dersch/Neumann* § 2 Rz 74; *Schelp/Herbst* § 2 Rz 33; vgl. auch *Stahlhacke/Bachmann/Bleistein/Berscheid* § 2 Rz 59). Zumindest theoretisch denkbar ist, dass ein Handelsvertreter, der arbeitnehmerähnlich iSd § 5 Abs. 3 ArbGG ist, nach allgemeinen Kriterien nicht arbeitnehmerähnlich ist, weil zB aus besonderen persönlichen Gründen die wirtschaftliche Abhängigkeit oder die soziale Schutzbedürftigkeit entfällt. 194

Die in **§ 12a TVG** genannten Kriterien können – soweit sie die allgemeinen Begriffsmerkmale wiedergeben (s. Rz 6 ff.) – zur Abgrenzung gleichfalls herangezogen werden. § 12a TVG findet aber kraft ausdrücklicher Regelung auf Handelsvertreter keine Anwendung (§ 12a Abs. 4 TVG), und zwar auch nicht auf die dem Regelungsbereich des § 5 Abs. 3 ArbGG unterfallenden Handelsvertreter (als verfassungswidrig sieht den Ausschluss an *Löwisch/Rieble* § 12a TVG Rz 5; *Wiedemann/Wank* § 12a Rz 53; so wohl auch MünchArbR-*Richardi* § 28 Rz 10; *Wank* Arbeitnehmer und Selbständige, S. 267; aA *Däubler/Reinecke* § 12a TVG Rz 17 – verfassungskonform). 195

b) Anwendungsbereich, insbesondere § 2 BUrlG

Praktische Bedeutung hat die allgemeine Begriffsbestimmung des arbeitnehmerähnlichen Handelsvertreters vor allem für den Bereich des **BUrlG** gewonnen. Gem. § 2 BUrlG gelten als Arbeitnehmer iSd Gesetzes auch Personen, die wegen ihrer wirtschaftlichen Unselbständigkeit als arbeitnehmerähnliche Personen anzusehen sind. § 2 BUrlG stimmt insoweit mit dem Wortlaut des § 5 Abs. 1 S. 2 ArbGG überein. Die nach § 5 Abs. 3 ArbGG maßgebende Definition des arbeitnehmerähnlichen Handelsvertreters kann aber nicht auf das BUrlG erweitert werden. Der Wortlaut des § 5 Abs. 3 ArbGG ist insoweit eindeutig. Eine derartige Erweiterung widerspräche auch den gesetzgeberischen Intentionen. In dem Bericht des Ausschusses für Arbeit über den eingebrachten Entwurf eines BUrlG wird ausdrücklich hervorgehoben, dass die Beschränkung der – damaligen – Art. 3 HandelsvertreterG nicht übernommen werden sollte, da sie im Einzelfall zu Unbilligkeiten führen könne (BT-Drs. IV/785, S. 2 unter III § 2). Für das BUrlG ist daher von dem allgemeinen Begriff der arbeitnehmerähnlichen Person auszugehen (s. vor allem *Dersch/Neumann* § 2 Rz 74; *Boldt/Röhsler* § 2 Rz 65–67; *Dieckhoff* DB 1963, 1120; *Ludwig* DB 1966, 1972; aA *Niessen* DB 1963, 1120). Wie aufgezeigt, kann das zu dem Ergebnis führen, dass der arbeitnehmerähnliche Handelsvertreter Urlaubsansprüche nach dem BUrlG vor den ordentlichen Gerichten geltend machen muss (s. Rz 192). 196

IV. Fristgerechte Kündigung des Vertragsverhältnisses, § 89 HGB

1. Verhältnis der §§ 89, 89a HGB zu §§ 620 ff. BGB

Ist das Vertragsverhältnis des arbeitnehmerähnlichen Handelsvertreters auf bestimmte Zeit eingegangen, endet es mit dem Zeitablauf, § 620 BGB (s. iE die Erläut. bei KR-*Lipke* § 620 BGB). Mangels eines dem Arbeitnehmer vergleichbaren Kündigungsschutzes (s.u. Rz 209 ff.) bestehen gegen die Wirksamkeit einer derartigen – auch mehrfachen – Befristung aus dem Gesichtspunkt der Umgehung des Kündigungsschutzes andere als im Arbeitsverhältnis (vgl. dazu iE KR-*Lipke* § 620 BGB Rz 9; KR-*Lipke* § 14 197

TzBfG Rz 21 ff.) idR keine Bedenken. Eine Ausnahme gilt nur insoweit, als die insbes. mehrfache Befristung nicht zur Umgehung des dem Handelsvertreter zustehenden eingeschränkten Schutzes bei Beendigung des Arbeitsverhältnisses dienen darf etwa nach § 89 HGB (s. dazu Rz 198 ff.) oder nach § 8 ArbPlSchG (s. dazu Rz 210). In diesem Fall kann ausnahmsweise die Befristung unzulässig und die Annahme eines unbefristeten Vertragsverhältnisses gerechtfertigt sein (vgl. GK-HGB/*Genzow* §§ 89, 89a; *Schlegelberger/Schröder* § 89 Rz 6 sowie die gleich gelagerte Problematik des befristeten Heimarbeitsverhältnisses, Rz 166 ff.).

197a Ist das Vertragsverhältnis hingegen auf unbestimmte Zeit eingegangen, kann es – wie jedes Dauerschuldverhältnis – einseitig nur durch Kündigung aufgelöst werden. § 89 HGB, der zurückgeht auf die Neuregelung des Handelsvertreterrechts durch das HandelsvertreterG und jetzt neu gefasst ist durch das Gesetz zur Durchführung der EG-Richtlinie zur Koordinierung des Rechts der Handelsvertreter v. 23.10.1989 (BGBl. I S. 1910 – in Kraft seit 1.1.1990), trifft Bestimmungen für die fristgerechte Kündigung, § 89a HGB für die außerordentliche Kündigung. Die allgemeinen Regelungen für die Kündigung von Dienstverhältnissen gelten für das Handelsverhältnis nur insoweit, als nicht der Anwendungsbereich der §§ 89, 89a HGB berührt ist. §§ 89, 89a HGB gehen im Verhältnis zu diesen Vorschriften vor (*Baumbach/Hopt* § 89 Rz 1 A; *Schlegelberger/Schröder* § 89 Rz 19). Hinter §§ 89, 89a HGB zurück treten also vor allem §§ 621, 626, 628 BGB. **§ 622 BGB** findet schon deshalb keine Anwendung, weil er das Bestehen eines **Arbeitsverhältnisses** voraussetzt. Ob das in § 624 BGB dem Dienstverpflichteten bei Verträgen auf Lebenszeit oder für mehr als fünf Jahre eingegangenen Verträgen eingeräumte Sonderkündigungsrecht auch für den Handelsvertreter gilt, ist umstritten, für den arbeitnehmerähnlichen Handelsvertreter jedoch zu bejahen (s.u. Rz 214). **Keine Anwendung findet § 623 BGB**, da es sich nicht um ein Arbeitsverhältnis handelt, s. Rz 39 u. Rz 103.

198 §§ 89, 89a HGB gelten grds. auch für die Vertragsverhältnisse arbeitnehmerähnlicher Handelsvertreter, da es sich bei ihnen um Handelsvertreter, nicht um Arbeitnehmer handelt. Eine Übernahme arbeitsrechtlicher Kündigungsvorschriften käme nur in Frage, wenn das besondere Schutzbedürfnis des arbeitnehmerähnlichen Handelsvertreters dies verlangte. Soweit die Einhaltung von Kündigungsfristen in Frage steht, gewährt § 89 HGB einen – auch im Vergleich zu anderen Gruppen arbeitnehmerähnlicher Personen – **hinreichenden Kündigungsschutz,** so dass es einer Ausweitung nicht bedarf (s.u. Rz 213).

2. Kündigungsfristen

a) Regelfristen

199 Nach der zum 1.1.1990 in Kraft getretenen Neufassung (Gesetz v. 23.10.1989, BGBl. I S. 1910; vgl. dazu etwa *Küstner/v. Manteuffel* BB 1990, 291) kann ein auf unbefristete Zeit eingegangenes Vertragsverhältnis im ersten Jahr der Vertragsdauer mit einer Frist von einem Monat, im zweiten Jahr mit einer Frist von zwei Monaten und im dritten bis fünften Jahr mit einer Frist von drei Monaten gekündigt werden (§ 89 Abs. 1 HGB). Nach einer Vertragsdauer von fünf Jahren beträgt die Kündigungsfrist sechs Monate. Hierbei handelt es sich um Mindestfristen, die nicht weiter herabgesetzt werden können. Maßgeblich ist die Gesamtdauer des Vertragsverhältnisses, § 89 Abs. 3 HGB. Die Kündigung ist nur für den Schluss eines Kalendermonats zulässig; insoweit kann allerdings eine abweichende Vereinbarung getroffen werden, § 89 Abs. 1 S. 3 HGB. Bisher galt in den ersten drei Jahren des Vertragsverhältnisses eine einheitliche Frist von sechs Wochen zum Schluss eines Kalendervierteljahres, die sich nach drei Jahren auf drei Monate zum Quartalsende verlängerte. § 89 HGB aF galt für vor dem 1.1.1990 abgeschlossene Handelsverträge bis zum 31.12.1993 weiter, Art. 29 EGHGB idF v. 23.10.1989 (vgl. zum bisherigen Rechtszustand im Übrigen die 4. Aufl.). Der **Lauf der Kündigungsfrist** bestimmt sich nach §§ 187 ff. BGB. Keine Anwendung findet § 193 BGB. Die Sechswochenfrist muss in jedem Fall voll gewahrt sein. Die Kündigung ist nicht mehr am nachfolgenden Werktag möglich, wenn der letzte Tag vor Beginn der Kündigungsfrist ein Samstag, Sonntag oder gesetzlicher Feiertag ist (*Baumbach/Hopt* § 89 Rz 14; *BAG* 5.3.1970 EzA § 622 BGB nF Nr. 1; *BGH* 28.9.1972 BB 1973, 498; s. iE KR-*Spilger* § 622 BGB Rz 131).

200 Für die Frage, ob die Kündigung **im ersten, zweiten oder dritten bis fünften Jahr** des Bestehens des Handelsvertreterverhältnisses erfolgt, ist grds. maßgebend der **Tag des Zugangs** der Kündigung, nicht der Tag, zu dem die Kündigung das Vertragsverhältnis auflöst. Der Tag, zu dem gekündigt wird, das Quartalsende oder Monatsende, kann **nach Ablauf** des jeweils maßgeblichen Zeitraumes liegen. Voraussetzung ist allerdings, dass der **letzte Tag vor Beginn der Kündigungsfrist** – an dem die Kündigung spätestens ausgesprochen werden muss – noch **vor Ablauf** des Jahreszeitraums liegt (ähnlich

Schlegelberger/Schröder § 89 Rz 18; **aA** *Staub/Brüggemann* HGB § 89 Rz 3, wonach der Zeitpunkt der Beendigung des Handelsvertreterverhältnisses vor Ablauf von drei Jahren liegen muss; vgl. im Übrigen zu einer vergleichbaren Problematik etwa *BAG* 10.2.1967 AP Nr. 6 zu § 19 SchwbG, mit zust. Anm. von *Schnorr von Carolsfeld*; 21.4.1966 AP Nr. 1 zu § 53 BAT).

b) Abänderung der Frist

Es fehlt eine § 622 Abs. 3 BGB entsprechende Regelung für eine weitere Herabsetzung der Kündigungsfrist durch **tarifliche Regelung**. Das ist selbstverständlich, da Handelsvertreter keine Arbeitnehmer sind, also auch keine tariffähige Arbeitnehmervereinigung bilden können. § 12a TVG, der die entsprechende Anwendung des TVG für arbeitnehmerähnliche Personen bestimmt, nimmt Handelsvertreter ausdrücklich von seinem Geltungsbereich aus (s. dazu aber Rz 195). 201–202

c) Gleichheit abgeänderter Fristen

Die Kündigungsfristen können durch Vereinbarung (nur) verlängert werden, § 89 Abs. 2 S. 1 HGB. Die Frist darf für den Unternehmer nicht kürzer sein als diejenige für den Handelsvertreter; bei einem Verstoß gilt für beide die für den Handelsvertreter vereinbarte Frist. Dieser Regelung entspricht nunmehr § 622 Abs. 6 BGB nF. § 622 Abs. 6 BGB enthält allerdings keine Regelung darüber, welche Frist bei einem Verstoß gilt. Das *BAG* (2.6.2005 EzA § 622 BGB 2002 Nr. 3) wendet insoweit § 89a HGB analog an. Die Vereinbarung einer längeren Frist für die Kündigung durch den Unternehmer (*Baumbach/Hopt* § 89 Rz 29; *Küstner/v. Manteuffel* BB 1990, 297). 203

Auch wenn dies im Gesetzeswortlaut nicht ausdrücklich hervorgehoben ist, kann sich eine nach § 89 Abs. 2 HGB unzulässige Ungleichheit nicht nur aus der Länge der Frist, sondern auch aus der **Festlegung der Beendigungstermine** ergeben. Können also beide Vertragspartner unter Einhaltung einer Monatsfrist kündigen, der Handelsvertreter aber nur zum Quartalsende, der Unternehmer hingegen zum Monatsende, so ist die Kündigungsmöglichkeit für den Handelsvertreter im Vergleich zum Unternehmer erschwert. Praktisch führt die Beschränkung auf einzelne Kündigungstermine zu einer Verlängerung der Frist. Es ist daher sachgerecht, auch diesen Fall unter § 89 Abs. 2 HGB einzuordnen. Maßgebend ist dann die Regelung, welche eingeschränktere Kündigungsmöglichkeiten enthält, im Beispielsfall die Möglichkeit der Kündigung mit Monatsfrist zum Quartalsende (wie hier *Baumbach/Hopt* § 89 Rz 27; **aA** *Schlegelberger/Schröder* § 89 Rz 15). 204–205

3. Keine Anwendung auf Handelsvertreter im Nebenberuf

Gem. § 92b Abs. 1 S. 1 HGB findet § 89 HGB keine Anwendung auf den **Handelsvertreter im Nebenberuf** (§ 92a Abs. 1 S. 1 HGB). Ob der Handelsvertreter nur als Handelsvertreter im Nebenberuf tätig ist, bestimmt sich nach der **Verkehrsauffassung** (§ 92b Abs. 3 HGB). Voraussetzung ist, dass der Handelsvertreter neben der Handelsvertretertätigkeit eine andere Tätigkeit ausübt, die nach Umfang oder Einkommen als Hauptberuf angesehen werden muss. Dabei braucht es sich **nicht** unbedingt um eine **Erwerbstätigkeit** zu handeln. Nebenberufliche Handelsvertreter iSd § 92b HGB kann zB auch ein Student sein. Denkbar ist ausnahmsweise auch, dass der nebenberufliche Handelsvertreter keinen eigentlichen Hauptberuf mehr ausübt, also etwa Rentner ist (vgl. iE *Baumbach/Hopt* § 92b Rz 2; *Staub/Brüggemann* HGB § 92b Rz 1; *RvW-Küstner* § 92b Rz 3; *Baums* BB 1986, 891; *Küstner* BB 1966, 1212; GK-HGB/ *Genzow* § 92b Rz 1; *Schlegelberger/Schröder* § 92b Rz 2a–d). 206

Wegen der geringeren Schutzbedürftigkeit des nebenberuflichen Handelsvertreters gewährt § 92b HGB **erleichterte Kündigungsmöglichkeiten**. § 89 HGB ist nicht anwendbar. Das Vertragsverhältnis kann grds. mit einer Frist von **einem Monat zum Monatsende** gekündigt werden. **Abweichende Vereinbarungen** können getroffen werden, wobei die Kündigungsfrist für beide Teile gleich sein muss. Ein **Verstoß** hiergegen führt nicht wie bei § 89 Abs. 2 S. 2 HGB zur Wirksamkeit der längeren Frist. Mangels entsprechender gesetzlicher Regelung greift in diesem Fall vielmehr die **gesetzliche Frist** des § 92b Abs. 1 HGB ein (*Heymann/Kötter* § 92b Rz 2; *Schlegelberger/Schröder* § 92b Rz 3; so jetzt auch *Baumbach/Hopt* § 92b Rz 7). 207

Auf die erleichterten Kündigungsmöglichkeiten kann sich der Unternehmer allerdings **nur** berufen, wenn der den Handelsvertreter **ausdrücklich als Handelsvertreter im Nebenberuf** mit der Vermittlung oder dem Abschluss von Geschäften **betraut** hat (§ 92b Abs. 2 HGB). Hat er dies nicht getan, kann er sie auch dann nicht für sich in Anspruch nehmen, wenn der Handelsvertreter tatsächlich nur nebenberuflich tätig ist. Umgekehrt kann sich der Handelsvertreter auch in diesem Fall nach Maßgabe des 208

§ 92b Abs. 1 HGB von dem Vertragsverhältnis trennen. § 92b Abs. 2 HGB verweigert nur dem Unternehmer die Berufung auf Abs. 1. Die ausdrückliche Einstellung als Handelsvertreter im Nebenberuf ist bedeutungslos, wenn der Handelsvertreter nach der Verkehrsauffassung die Voraussetzungen eines **hauptberuflichen Handelsvertreters** erfüllt. In diesem Fall bleibt es für Unternehmer und Handelsvertreter bei der allgemeinen Regelung des § 89 HGB. Der Handelsvertreter trägt allerdings die **Beweislast** dafür, dass er entgegen der ausdrücklichen Bezeichnung als nebenberuflicher Handelsvertreter Handelsvertreter im Hauptberuf ist (*Baumbach/Hopt* § 92b Rz 3; *LAG Hamm* 12.1.1971 BB 1971, 439).

4. Sonderkündigungsschutz

a) Keine Anwendung arbeitsrechtlicher Bestimmungen

209 Die Vertragsverhältnisse arbeitnehmerähnlicher Handelsvertreter unterliegen grds. **nicht den arbeitsrechtlichen Sonderkündigungsschutzregelungen,** soweit diese sie nicht ausdrücklich in ihren Schutzbereich einbeziehen. Es gelten also keine Besonderheiten gegenüber den sonstigen arbeitnehmerähnlichen Personen. **Unanwendbar** sind danach das **KSchG** (s.o. Rz 33, 34), das **SGB IX** für schwerbehinderte Menschen als Handelsvertreter (s.o. Rz 35), das **MuSchG** für weibliche arbeitnehmerähnliche Handelsvertreter (s.o. Rz 35). Unanwendbar ist auch § 613a BGB (s.o. Rz 37a u. Rz 159a). Insoweit steht der arbeitnehmerähnliche Handelsvertreter hinter der Sondergruppe der Heimarbeiter zurück, die ausdrücklich in den Bereich des MuSchG und des SGB IX einbezogen sind (s.o. Rz 150 ff.).

b) § 8 ArbPlSchG

210 Einen gewissen Schutz für Handelsvertreter – **und zwar allgemein,** nicht nur für den arbeitnehmerähnlichen Handelsvertreter – bietet hingegen § 8 ArbPlSchG. Gem. § 8 Abs. 1 ArbPlSchG wird das Vertragsverhältnis zwischen einem Handelsvertreter und dem Unternehmer **nicht** durch die Einberufung des Handelsvertreters zum Grundwehrdienst oder zu einer Wehrübung **gelöst.** Der Unternehmer darf das Vertragsverhältnis **aus Anlass der Einberufung zum Grundwehrdienst oder zu einer Wehrübung nicht kündigen** (§ 8 Abs. 4 ArbPlSchG). Im Unterschied zum Arbeitnehmer genießt also der Handelsvertreter keinen absoluten Schutz vor fristgerechten Kündigungen während der Wehrdienstzeit. Der Unternehmer darf nicht den Wehrdienst zum Anlass der Kündigung nehmen, aber zum Beispiel aus betrieblichen Gründen kündigen. Da § 8 ArbPlSchG keine dem § 2 Abs. 2 ArbPlSchG entsprechende Regelung der **Beweislast** zu Lasten des Unternehmers enthält, ist davon auszugehen, dass nach allgemeinen Beweisgrundsätzen der Handelsvertreter die Beweislast trägt für die ihm günstige Behauptung, der Unternehmer habe aus Anlass des Wehrdienstes gekündigt. Bei unmittelbarem zeitlichen Zusammenhang zwischen Vorlage des Einberufungsbescheides oder der Einberufung selbst und der Kündigung können zugunsten des Handelsvertreters unter Umständen die Grundsätze des **Anscheinsbeweises** eingreifen.

211 Kein betrieblicher Kündigungsgrund idS ist allerdings die zeitweise Behinderung des Handelsvertreters an der Ausübung seiner Tätigkeit und die dadurch bedingte Notwendigkeit einer anderweitigen Betreuung seines Bezirks. § 8 Abs. 5 und 6 ArbPlSchG trifft gerade für diesen Fall besondere Regelungen. Danach kann der Unternehmer vom Handelsvertreter die Erstattung der ihm oder den von ihm beauftragten Angestellten oder anderen Handelsvertretern entstehenden Aufwendungen verlangen, die durch die Wahrnehmung der dem einberufenen Handelsvertreter obliegenden Aufgaben entstehen. **Obergrenze** ist die Vergütung des Handelsvertreters. Nach § 8 Abs. 6 ArbPlSchG ist der Unternehmer während des Wehrdienstes eines Handelsvertreters auch dann berechtigt, sich selbst oder durch andere um die Vermittlung oder den Abschluss von Geschäften zu bemühen, wenn der einberufene Handelsvertreter zum Alleinvertreter bestellt ist.

c) Betriebsverfassungsrechtliche Stellung

212 **Keine Anwendung** finden auf den arbeitnehmerähnlichen Handelsvertreter die Bestimmungen des **BetrVG.** Eine der in § 5 Abs. 1 S. 2 BetrVG für Heimarbeiter getroffene Regelung (s.o. Rz 116) entsprechende ausdrückliche Einbeziehung auch der arbeitnehmerähnlichen Handelsvertreter in das BetrVG fehlt. Die Kündigung des Vertragsverhältnisses eines arbeitnehmerähnlichen Handelsvertreters bedarf also nicht der vorherigen Anhörung des Betriebsrats gem. § 102 BetrVG; s.a. Rz 36.

5. Entsprechende Anwendung arbeitsrechtlicher Bestimmungen

a) Allgemeines

Die Bestimmung des § 89 HGB bietet dem arbeitnehmerähnlichen Handelsvertreter einen **begrenzten Schutz** vor Kündigungen durch den Unternehmer. Der arbeitnehmerähnliche Handelsvertreter steht bzgl. der Einhaltung von Kündigungsfristen **besser da als vergleichbare andere arbeitnehmerähnliche Personen**. Einer entsprechenden Anwendung arbeitsrechtlicher Vorschriften, wie sie grds. für arbeitnehmerähnliche Personen erwogen wird (s. iE Rz 48 ff.), bedarf es daher nicht. Auch bzgl. der Anwendung von arbeitsrechtlichen Sonderkündigungsschutzbestimmungen ist der arbeitnehmerähnliche Handelsvertreter nicht schlechter gestellt als vergleichbare arbeitnehmerähnliche Personen, die Heimarbeiter ausgenommen. Angesichts der eindeutigen Regelung dieser Gesetze, insbes. auch der ausdrücklichen Hervorhebung gerade der in Heimarbeit Beschäftigten, ist eine – rechtspolitisch durchaus erwägenswerte – Ausweitung der Sonderkündigungsschutzbestimmungen auch auf arbeitnehmerähnliche Handelsvertreter derzeit nicht möglich (s.a. Rz 31 ff.). Allerdings gelten auch für arbeitnehmerähnliche Handelsvertreter die Generalklauseln der §§ 138, 242 BGB, über die der nach Art. 12 Abs. 1 GG gebotene Mindestschutz zu gewähren ist, s. dazu iE Rz 36a, Rz 69 u. Rz 148. 213

b) § 624 BGB

Anwendbar auf die Rechtsverhältnisse arbeitnehmerähnlicher Handelsvertreter ist allerdings § 624 BGB, wonach für die Lebenszeit einer Person oder für länger als fünf Jahre eingegangene Dienstverhältnisse von dem Verpflichteten nach Ablauf von fünf Jahren mit einer Kündigungsfrist von sechs Monaten gekündigt werden können. Dies wurde für die Rechtsverhältnisse der Handelsvertreter teilweise verneint mit Rücksicht auf den besonderen sozialen Schutzzweck des § 624 BGB, der auf den Handelsvertreter als solchen nicht zutreffe (vgl. *Boldt* BB 1962, 906; *Duden* NJW 1962, 1326; *LG Hmb.* 27.11.1962 NJW 1963, 1550 m. zust. Anm. *Würdinger;* OLG Stuttg. 16.9.1964 NJW 1964, 2255, m. zust. Anm. *Rittner;* vgl. auch *Staub/Brüggemann* HGB § 89 Rz 3). Demgegenüber wird heute überwiegend die Auffassung vertreten, dass § 624 BGB auch auf den Handelsvertreter anzuwenden ist (ErfK-*Müller-Glöge* § 624 BGB Rz 6; *Staudinger/Preis* § 624 Rz 4; MünchKomm-*Schwerdtner* § 624 Rz 4; jetzt auch *Baumbach/Hopt* § 89 Rz 7 – wenn das dienstvertragliche Element vorherrscht; offen gelassen in *BGH* 9.6.1969 BGHZ 52, 71). Dem ist zuzustimmen. Unabhängig davon wäre die teilweise geforderte soziale Komponente bei den **arbeitnehmerähnlichen Handelsvertretern** gegeben wegen ihrer Nähe zum Arbeitnehmer. Zumindest **für diesen Personenkreis ist daher § 624 BGB anwendbar** (so auch *Brüggemann* aaO; ähnlich wohl auch *Rittner* aaO; jetzt auch *Baumbach/Hopt* aaO; unklar RvW-*Küstner* § 89 Rz 7; s. auch KR-*Fischermeier* § 624 BGB Rz 5). Dabei ist auszugehen von dem allgemein definierten Begriff der Arbeitnehmerähnlichkeit, nicht dem des § 5 Abs. 3 ArbGG (anders wohl *Brüggemann* aaO). 214

6. Geltendmachung der Unwirksamkeit der Kündigung

Will der arbeitnehmerähnliche Handelsvertreter die **Unwirksamkeit einer Kündigung geltend machen** – insbes. die Nichteinhaltung der Kündigungsfrist – kann er dies im Wege der **Leistungsklage** oder der **Feststellungsklage** tun (s. iE Rz 75 ff.). Liegen die Voraussetzungen des § 5 Abs. 3 ArbGG vor (s. iE Rz 186a), ist die Klage vor dem **ArbG** zu erheben, andernfalls vor den **ordentlichen Gerichten**, selbst wenn Arbeitnehmerähnlichkeit nach allgemeinen Gesichtspunkten zu bejahen ist. 215

V. Außerordentliche Kündigung des Vertragsverhältnisses, § 89a HGB

1. Allgemeines

Gemäß § 89a HGB kann das Vertragsverhältnis des Handelsvertreters von jedem Teil **aus wichtigem Grund ohne Einhaltung einer Kündigungsfrist** gekündigt werden. § 89a HGB geht der allgemeinen Regelung über die außerordentliche Kündigung von Dienstverhältnissen in § 626 BGB an sich vor (s.o. Rz 197). Ein **wesentlicher Unterschied** in der entscheidenden Frage des Begriffs des wichtigen Grundes besteht aber **nicht**. Es kann daher auf die zu § 626 BGB entwickelten Grundsätze zurückgegriffen werden. 216

2. Kündigung als Willenserklärung und Begründung der Kündigung

Für die außerordentliche Kündigung als **Willenserklärung** gelten keine Besonderheiten gegenüber der außerordentlichen Kündigung eines Arbeitsverhältnisses. Sie bedarf **keiner Form**, § 623 BGB fin- 217 det keine Anwendung (s.o. Rz 48). § 626 Abs. 2 S. 3 BGB, wonach der Kündigende auf Verlangen dem anderen Teil unverzüglich den Kündigungsgrund schriftlich mitteilen muss, findet in § 89a HGB keine Entsprechung. Man wird dennoch annehmen müssen, dass der Unternehmer jedenfalls gegenüber dem arbeitnehmerähnlichen Handelsvertreter verpflichtet ist, **auf Verlangen die Kündigungsgründe mitzuteilen** (so jetzt auch *Baumbach/Hopt* § 89a Rz 14; *EBJ-Löwisch* § 89a Rz 43; *Heymann/Sonnenschein/Weitemeyer* § 89a Rz 27; GK-HGB/*Genzow* § 89a Rz 8; RvW-*Küstner* § 89a Rz 6; LG Köln 11.9.1991 NJW-RR 1992, 485 – s. dort auch zum Inhalt des Anspruchs). Das wird über den Rahmen des § 626 Abs. 2 S. 3 BGB hinaus für das Arbeitsverhältnis dann anerkannt, wenn die Kündigung nicht ohne weiteres möglich ist, der Arbeitnehmer also etwa Kündigungsschutz genießt (vgl. *Hueck/Nipperdey* I, S. 553; *Schaub* § 123 V 3). Begründet wird dies mit der den jeweiligen Vertragspartnern obliegenden Treue- und Fürsorgepflicht, die in § 626 Abs. 2 S. 3 BGB ihre Konkretisierung gefunden hat. Der Gekündigte hat ein berechtigtes Interesse daran, die Kündigungsgründe zu erfahren, da er erst dann beurteilen kann, ob die Kündigung wirksam ist. Wegen der Nähe des Verhältnisses des arbeitnehmerähnlichen Handelsvertreters zum Arbeitsverhältnis ist eine solche Begründungspflicht auf Verlangen des Gekündigten auch hier zu bejahen, und zwar nicht nur für den Unternehmer, sondern auch für den kündigenden Handelsvertreter. Dieser Schritt liegt umso näher, als § 626 Abs. 2 S. 3 BGB nicht auf Arbeitsverhältnisse beschränkt ist, sondern ganz allgemein für **Dienstverhältnisse** gilt, das Handelsvertreterverhältnis aber seiner rechtlichen Gestalt nach ein Dienstverhältnis ist (s.o. Rz 183). Der Arbeitnehmer hat deshalb auch Anspruch nicht nur auf eine mündliche, sondern eine **schriftliche Begründung** (*Baumbach/Hopt* § 89a Rz 14; *EBJ-Löwisch* § 89a Rz 50; RvW-*Küstner* § 89a Rz 6). Eine **Verletzung der Begründungspflicht** führt **nicht zur Unwirksamkeit** der Kündigung. Der Kündigende kann sich aber uU schadenersatzpflichtig machen (vgl. *Hueck/Nipperdey* I, S. 552, 553).

3. Begriff des wichtigen Grundes

a) Allgemeine Definition

218 § 89a HGB gibt **keine Aufzählung beispielhafter Tatbestände**, welche einen wichtigen Grund darstellen. Er enthält sich auch einer **abstrakten Definition** des Begriffs des wichtigen Grundes. Es bestehen jedoch nicht nur keine Bedenken, sondern es ist geboten, die in **§ 626 Abs. 1 BGB** festgehaltene Umschreibung des wichtigen Grundes für die außerordentliche Kündigung des arbeitnehmerähnlichen Handelsvertreterverhältnisses zugrunde zu legen. Der Gesetzgeber benutzt auch in § 626 Abs. 1 BGB den Begriff des wichtigen Grundes. Dass er in § 89a HGB einerseits, § 626 Abs. 1 BGB andererseits denselben Begriff in unterschiedlicher Weise angewandt wissen wollte, ist um so unwahrscheinlicher, als es in beiden Fällen um die außerordentliche Kündigung eines Dienstverhältnisses geht.

219 **Ein wichtiger Grund zur Kündigung ist danach gegeben,** wenn Tatsachen vorliegen, aufgrund derer dem Kündigenden unter Berücksichtigung aller Umstände des Einzelfalles und unter Abwägung der Interessen beider Vertragsteile die Fortsetzung des Dienstverhältnisses bis zum Ablauf der Kündigungsfrist oder bis zu der vereinbarten Beendigung des Dienstverhältnisses nicht zugemutet werden kann, vgl. § 626 Abs. 1 BGB (so im Ergebnis auch *Baumbach/Hopt* § 89a Rz 16; *Staub/Brüggemann* HGB § 89a Rz 4; GK-HGB/*Genzow* § 89a Rz 2 ff.; *Schlegelberger/Schröder* § 89a Rz 2, 4).

b) Einzelheiten

220 **Entscheidend sind die Umstände des Einzelfalles.** Wegen der Nähe zum Arbeitsverhältnis kann gerade für den arbeitnehmerähnlichen Handelsvertreter bzgl. der einzelnen Fallgruppen auf die Erläuterungen zu § 626 BGB verwiesen werden (s. KR-*Fischermeier* § 626 BGB Rz 404 ff.). Von der spezifischen Tätigkeit des arbeitnehmerähnlichen Handelsvertreters her dürften als **wichtige Gründe für eine Kündigung durch den Unternehmer insbes. in Frage kommen** (s. jetzt auch die ausführliche Übersicht bei *EBJ-Löwisch* § 89a Rz 38 ff. u. bei RvW-*Küstner* § 89a Rz 11 ff.):

Unzulässiger Wettbewerb und gleichzeitige Vertretung eines Konkurrenzunternehmens (vgl. etwa *OLG Nürnberg* 18.9.1958 BB 1958, 1151; *OLG Celle* 7.1.1970 BB 1970, 228; *OLG Bamberg* 26.4.1979 BB 1979, 1000; *LG Köln* 11.9.1991 NJW-RR 1992, 485; vgl. zum unzulässigen Wettbewerb als Kündigungsgrund im Arbeitsverhältnis KR-*Fischermeier* § 626 BGB Rz 460); **kannte der Unternehmer** allerdings die weitere Tätigkeit bei Vertragsabschluss und hat er sie nicht untersagt, kann er sich nicht auf die Konkurrenztätigkeit berufen (*OLG Köln* 23.2.1972 BB 1972, 467); **trotz unzulässiger Tätigkeit** für ein Konkurrenzunternehmen kann die Fortsetzung des Arbeitsverhältnisses bis zum Ablauf der Kündigungsfrist **zumutbar** sein (*BGH* 7.7.1960 VersR 1960, 864); **Verstoß gegen Berichterstattungspflichten,** sei es, dass der Handelsvertreter gar keine Berichte abgibt, sei es, dass er gefälschte Berichte abgibt (vgl. etwa *OLG Nürnberg* 13.12.1962 BB 1963, 203; *OLG Köln* 3.3.1971 BB 1971, 543); **Nichtablieferung eingezogener Gelder, Verhalten gegenüber Kunden** (vgl. *OLG Stuttg.* 9.6.1960 BB 1960, 956; *BGH* 21.11.1980 DB 1981, 987; 27.2.1981 DB 1982, 1772; 18.2.1982 WM 1982, 632 – zur Frage der Kündigung aus wichtigem Grund bei **Umsatzrückgang wegen Pflichtvernachlässigung;** 6.10.1983 DB 1984, 279 – zur fristlosen Kündigung wegen **ungenehmigter Vertretung** eines Konkurrenzunternehmens; 6.10.1983 BB 1984, 235 – zur fristlosen Kündigung bei **Weigerung** des Handelsvertreters zur **Fortsetzung** des Vertrages nach einvernehmlicher Rücknahme einer von ihm ausgesprochenen Kündigung; 30.1.1986 DB 1986, 1332 – **kein** wichtiger Grund ist eine **Betriebsumstellung** wegen wirtschaftlicher Verluste, wenn diese seit langem vorausehbar waren; 21.1.1993 NJW-RR 1993, 741 – zur fristlosen Kündigung wegen **Nichtbeachtung einer Weisung,** vor Abnahme früher georderter Ware keine neuen Aufträge an den Unternehmer weiterzuleiten; vgl. im Übrigen allg. KR-*Fischermeier* § 626 BGB Rz 404 ff.; *Baumbach/Hopt* § 89a Rz 17; *Staub/Brüggemann* HGB § 89a Rz 7; *Heymann/Sonnenschein/Weitemeyer* § 89a Rz 9 ff. – jeweils mN aus der Rspr.).

Hinsichtlich der **wichtigen Gründe,** die dem **arbeitnehmerähnlichen Handelsvertreter** ein Recht zur außerordentlichen Kündigung geben, kann gleichfalls auf § 626 BGB und die dort zusammengestellten Fallgruppen verwiesen werden (s. iE KR-*Fischermeier* § 626 BGB Rz 463 ff.). **Hervorzuheben** etwa sind hier die folgenden Gründe: **Trotz Abmahnung wiederholt unpünktliche Provisionszahlung oder Erteilung von Abrechnungen** durch den Unternehmer, **wiederholte grundlose Ablehnung von vermittelten Geschäften, Abwerben von Kunden in den Direktbezug, dauernde Schlechtlieferung** (vgl. auch *Baumbach/Hopt* § 89a Rz 22–25; *Staub/Brüggemann* HGB § 89a Rz 8; GK-HGB/*Genzow* § 89a Rz 6; *Schlegelberger/Schröder* § 89a Rz 11). 221

4. Frist zur Geltendmachung der Kündigungsgründe

§ 89a enthält **keine** § 626 Abs. 2 S. 1 BGB vergleichbare Regelung, wonach die Kündigung **nur innerhalb von zwei Wochen** erfolgen kann, nachdem der Kündigungsberechtigte von den für die Kündigung maßgebenden Tatsachen Kenntnis erlangt hat. § 626 Abs. 2 S. 1 BGB ist seinerseits aber nur Ausdruck eines **allgemeinen Rechtsgedankens,** wonach der Kündigungsberechtigte mit dem Ausspruch der Kündigung nicht übermäßig lange warten darf, will er nicht sein Kündigungsrecht verwirken. Dass die maßgebende Frist kurz sein muss, ergibt sich aus dem Begriff der Unzumutbarkeit. Bei einem in Kenntnis des Kündigungsgrundes über längere Zeit tatsächlich fortgesetzten Dienstverhältnis kann schlechterdings nicht mehr davon gesprochen werden, dass die Fortsetzung unzumutbar ist. Wegen der Nähe zum Arbeitsverhältnis spricht vieles für eine **entsprechende Anwendung des § 626 Abs. 2 S. 1 BGB** jedenfalls auf das Vertragsverhältnis des arbeitnehmerähnlichen Handelsvertreters (so auch MünchKomm-*Schwerdtner* § 626 Rz 11, 12; allgemein für den Handelsvertreter bejaht die Anwendung *Kindler* BB 1988, 2051; **gegen die Anwendung** *BGH* 27.1.1982 DB 1982, 1110 – offen gelassen für arbeitnehmerähnliche Handelsvertreter: 3.7.1986 NJW 1987, 57; 12.3.1992 BB 1992, 1162; 10.2.1993 NJW-RR 1993, 683; *OLG Bamberg* 26.4.1979 BB 1979, 1000; *Baumbach/Hopt* § 89a Rz 30; *Heymann/Sonnenschein/ Weitemeyer* § 89a Rz 30; GK-HGB/*Genzow* § 89a Rz 8 f.; *Schlegelberger/Schröder* § 89a Rz 13; *Börner/Hubert* BB 1989, 1633; vgl. auch KR-*Fischermeier* § 626 BGB Rz 11). Auch hier muss wieder darauf verwiesen werden, dass § 626 BGB allgemein Dienstverhältnisse erfasst und nicht auf Arbeitsverhältnisse beschränkt ist, was eine entsprechende Anwendung auf ein dem Arbeitsverhältnis vergleichbares Rechtsverhältnis um so eher gerechtfertigt erscheinen lässt. Die Übernahme der Regelung des § 626 Abs. 2 S. 1 BGB hat zudem den Vorzug der Rechtssicherheit, da diese Frist klar abgegrenzt ist. Wer nicht so weit gehen will, § 626 Abs. 2 S. 1 BGB analog anzuwenden, muss die Frage der Verwirkung des Kündigungsrechts nach **allgemeinen Gesichtspunkten** prüfen (vgl. auch *Baumbach/Hopt* § 89a Rz 31, 32; *Heymann/Sonnenschein/Weitemeyer* aaO; GK-HGB/*Genzow* aaO). Dabei sollte dann allerdings die Frist des § 626 Abs. 2 S. 1 BGB den Maßstab abgeben für den Zeitraum, den der Kündigungsberechtigte im Regelfall als angemessene Frist verstreichen lassen darf. Wartet er länger als zwei Wochen, liegt die Annahme einer Verwirkung nahe (vgl. auch *BGH* 14.4.1983 VersR 1983, 655 – zur Frage der fristlosen Kündigung eines Handelsvertretervertrages, wenn der Unternehmer die Kündigung nicht unverzüglich, sondern erst nach einer zweimonatigen Überlegungsfrist erklärt; nach *BGH* 12.3.1992 BB 1992, 1162 ist der Ausspruch einer fristlosen Kündigung mehr als vier Monate nach Eintritt des maßgeblichen Grundes verspätet). 222

5. Kein Ausschluss der außerordentlichen Kündigung

223 Das Recht zur außerordentlichen Kündigung kann **nicht ausgeschlossen oder beschränkt werden**. § 89a Abs. 1 S. 2 HGB spricht aus, was für § 626 BGB auch ohne gesetzliche Regelung gleichermaßen anerkannt ist (s. KR-*Fischermeier* § 626 BGB Rz 57 ff.). **Unzulässig** sind Vereinbarungen, welche das Recht zur außerordentlichen Kündigung ganz ausschließen, aber auch Vereinbarungen, wonach bestimmte Gründe die Kündigung nicht rechtfertigen. Nach der Rspr. des BGH können umgekehrt allerdings **bestimmte Gründe im Vertrag vereinbart** werden, die eine vorzeitige Vertragsbeendigung rechtfertigen; die Berechtigung zur außerordentlichen Kündigung soll dann nicht davon abhängen, dass zusätzlich noch besondere Umstände vorliegen, die ein Festhalten am Vertrag unzumutbar machen (*BGH* 7.7.1988 NJW-RR 1988, 1381; 12.3.1992 BB 1992, 1162; s. iE auch *Heymann/Sonnenschein/Weitemeyer* § 89a Rz 11; krit. zum BGH *Schwerdtner* DB 1989, 1757). Besondere Umstände können aber eine Ausübung des an sich gegebenen Kündigungsrechts als gegen Treu und Glauben verstoßend erscheinen lassen (*BGH* 7.7.1988 aaO). Dem kann – u.a. wegen der in § 89 HGB festgesetzten Mindestkündigungsfristen – **nur insoweit gefolgt werden, als es um Tatbestände geht, die an sich als wichtige Gründe geeignet sind**; der Festlegung entsprechender tatsächlicher Voraussetzungen ist dann im Rahmen der Gesamtabwägung Rechnung zu tragen (s.a. *Schwerdtner* aaO; zu § 626 BGB s. iE KR-*Fischermeier* § 626 BGB Rz 68 ff.).

6. Schadenersatzansprüche

224 Wird die Kündigung des arbeitnehmerähnlichen Handelsvertreters durch ein Verhalten veranlasst, das der andere Teil zu vertreten hat, so ist dieser zum **Ersatz des durch die Aufhebung des Vertragsverhältnisses entstehenden Schadens** verpflichtet (§ 89a Abs. 2 HGB). Diese Bestimmung entspricht § 628 Abs. 2 BGB (s. dazu jetzt *BAG* 26.7.2001 EzA § 628 BGB Nr. 19 m. Anm. *Krause*). Der dort verwandte Begriff des **vertragswidrigen** Verhaltens ist inhaltsgleich mit dem Begriff des zu **vertretenden Verhaltens** (so auch *Baumbach/Hopt* § 89a Rz 34; *Staub/Brüggemann* HGB § 89a Rz 12).

Wegen der Einzelheiten kann daher auf Erläuterungen zu § 628 BGB verwiesen werden (s. KR-*Weigand* § 628 BGB Rz 16 ff.).

VI. Folgen aus der Beendigung des Vertragsverhältnisses

1. Anspruch auf Erteilung eines Zeugnisses

225 Nach Beendigung des Vertragsverhältnisses hat der arbeitnehmerähnliche Handelsvertreter **Anspruch auf Erteilung eines Zeugnisses** gem. § 630 BGB. Das ist für den nicht arbeitnehmerähnlichen Handelsvertreter umstritten (vgl. iE *Schlegelberger/Schröder* § 89 Rz 33; *Staudinger/Preis* § 630 Rz 3 mwN). Der Anspruch wird teilweise verneint, da § 630 BGB trotz seines allgemeinen Wortlautes nur Dienstverhältnisse im Auge habe, die eine gewisse persönliche Abhängigkeit und Unterordnung begründen. Dieser Personenkreis bedürfe des Zeugnisses zur Erleichterung des Fortkommens in einer anderen dienenden Stellung (vgl. *Staudinger/Preis* aaO).

226 Ob dies allgemein zutreffend ist, mag dahingestellt bleiben (krit. *Schröder* aaO). Der **arbeitnehmerähnliche Handelsvertreter** befindet sich jedenfalls in einer dem Arbeitnehmer vergleichbaren Stellung, er ist für sein Fortkommen in gleicher Weise wie jener auf ein Zeugnis angewiesen. Dementsprechend wird sein **Anspruch auf Erteilung eines Zeugnisses** denn auch allgemein anerkannt (*Staub/Brüggemann* HGB § 92a Rz 1; ErfK-*Müller-Glöge* § 630 BGB Rz 9; *Schaub* § 146 I; *Schlegelberger/Schröder* aaO; *Staudinger/Preis* aaO). Der Begriff des arbeitnehmerähnlichen Handelsvertreters bestimmt sich dabei hier wiederum nach den **allgemeinen Kriterien** (s.o. Rz 194). Denkbar ist also, dass der arbeitnehmerähnliche Handelsvertreter den Zeugnisanspruch vor den ordentlichen Gerichten durchsetzen muss (s.o. Rz 192).

227 Der **Inhalt** des Zeugnisanspruchs richtet sich nach § 630 BGB. Das Zeugnis ist grds. über das Dienstverhältnis und dessen Dauer auszustellen. Auf Verlangen ist es auf die Leistung und die Führung im Dienst zu erstrecken.

2. Provisionsausgleichsanspruch

228 Nach Beendigung des Vertragsverhältnisses kann der arbeitnehmerähnliche Handelsvertreter unter Umständen nach Maßgabe des § 89b HGB einen **Provisionsausgleich** verlangen. Dies gilt allerdings nicht für den Handelsvertreter im Nebenberuf (§ 92b Abs. 1 S. 1 HGB). Voraussetzung für einen Provi-

sionsausgleich ist, dass der Unternehmer aus der Geschäftsverbindung mit vom Handelsvertreter geworbenen Kunden auch nach Beendigung des Vertragsverhältnisses erhebliche Vorteile hat (§ 89b Abs. 1 Ziff. 1 HGB), dass der Handelsvertreter wegen der Beendigung des Vertragsverhältnisses Ansprüche auf Provisionen verliert, die er bei Fortsetzung desselben aus bereits abgeschlossenen oder künftigen Geschäften mit den geworbenen Kunden hätte (§ 89b Abs. 1 Ziff. 2 HGB), und dass die Zahlung eines Ausgleichs unter Berücksichtigung aller Umstände der Billigkeit entspricht (§ 89b Abs. 1 Ziff. 3 HGB). Der Ausgleich beträgt höchstens eine Jahresprovision oder sonstige Jahresvergütung, berechnet nach dem Durchschnittseinkommen der letzten fünf Jahre bzw. der Dauer der Tätigkeit bei kürzerem Bestehen des Vertragsverhältnisses (§ 89b Abs. 2 HGB). Er entfällt bei Kündigungen durch den Handelsvertreter selbst, es sei denn, der Unternehmer hat durch sein Verhalten begründeten Anlass zur Kündigung gegeben, oder die Fortsetzung des Vertragsverhältnisses ist dem Handelsvertreter wegen seines Alters oder Krankheit nicht zumutbar. Der Anspruch entfällt weiter bei begründeter außerordentlicher Kündigung durch den Unternehmer wegen schuldhaften Verhaltens des Handelsvertreters (§ 89 Abs. 3 HGB). Hinzugekommen ist mit der Neufassung durch Gesetz vom 23.10.1989 (BGBl. I S. 1910 – in Kraft seit 1.1.1990) als weiterer Ausschlusstatbestand, dass ein Dritter aufgrund einer Vereinbarung zwischen dem Unternehmer und dem Handelsvertreter anstelle des Handelsvertreters in das Vertragsverhältnis eintritt; die Vereinbarung kann nicht vor Beendigung des Vertragsverhältnisses getroffen werden (vgl. dazu *Baumbach/Hopt* § 89b Rz 68; *Küstner/v. Manteuffel* BB 1990, 298). Er kann im voraus nicht ausgeschlossen werden und ist innerhalb von drei Monaten nach Beendigung des Vertragsverhältnisses geltend zu machen. Für den arbeitnehmerähnlichen Handelsvertreter gelten gegenüber dem normalen Handelsvertreter kein Besonderheiten (s. iE § 89b HGB).

3. Wahrung von Betriebsgeheimnissen

Der Handelsvertreter darf **nach Beendigung** des Vertragsverhältnisses **Betriebs- und Geschäftsgeheimnisse,** die ihm anvertraut oder als solche durch seine Tätigkeit für den Unternehmer bekannt geworden sind, nicht verwerten oder anderen mitteilen, soweit dies nach den gesamten Umständen der Berufsauffassung eines ordentlichen Kaufmanns widersprechen würde (§ 90 HGB). Eine solche Verpflichtung wird teilweise auch für den Arbeitnehmer anerkannt (vgl. *Schaub* § 54, 2; BAG 27.2.1958 AP Nr. 1 zu § 242 BGB Nachvertragliche Treuepflicht; teilw. abw. *Hueck/Nipperdey* I, S. 245). **229**

4. Wettbewerbsverbote

Zwischen Unternehmer und arbeitnehmerähnlichem Handelsvertreter kann eine **Wettbewerbsabrede** für die Zeit nach Beendigung des Vertragsverhältnisses nach näherer Maßgabe des § 90a HGB getroffen werden. Eine solche Vereinbarung, die den Handelsvertreter in seiner gewerblichen Tätigkeit beschränkt, bedarf der Schriftform und der Aushändigung einer vom Unternehmer unterzeichneten Urkunde, welche die vereinbarten Bestimmungen enthält, an den Handelsvertreter. Sie kann längstens für zwei Jahre getroffen werden. Für die Dauer der Wettbewerbsbeschränkung hat der Unternehmer dem Handelsvertreter eine entsprechende Entschädigung zu zahlen (vgl. iE § 90a Abs. 1 HGB). Bis zum Ende des Vertragsverhältnisses kann der Unternehmer schriftlich auf die Wettbewerbsbeschränkung verzichten. Er wird dann mit Ablauf von sechs Monaten nach der Erklärung von der Verpflichtung zur Zahlung frei (§ 90a Abs. 2 HGB). Kündigt ein Teil des Vertragsverhältnis aus wichtigem Grund wegen schuldhaften Verhaltens des anderen Teils, kann er sich durch schriftliche Erklärung binnen einem Monat nach der Kündigung von der Wettbewerbsabrede lossagen, § 90a Abs. 3 HGB. Diese durch Gesetz vom 22.6.1998 (BGBl. I 1474) bei gleichzeitiger Aufhebung von § 90a Abs. 2 S. 2 HGB aF erfolgte Neufassung von Abs. 3 hat die verfassungswidrige Ungleichbehandlung von Handelsvertreter und Unternehmer beseitigt (vgl. dazu 5. Aufl. Rz 230; s. jetzt *Baumbach/Hopt* § 90a Rz 25; EBJ-*Löwisch* § 90a Rz 34, 35). Von den Bestimmungen des § 90a HGB können abweichende Vereinbarungen zum Nachteil des Handelsvertreters nicht getroffen werden (§ 90a Abs. 4 HGB). **230**

Gesetz über den Schutz des Arbeitsplatzes bei Einberufung zum Wehrdienst (ArbPlSchG)

vom 30. März 1957 (BGBl. I S. 293),
in der Fassung der Bekanntmachung der Neufassung vom 14. Februar 2001
(BGBl. I S. 253).
Zuletzt geändert durch das Gesetz über die Neuordnung der Reserve der Streitkräfte und zur Rechtsbereinigung des Wehrpflichtgesetzes vom 22. April 2005 (BGBl. I S. 1106, 1123).

§ 2 Kündigungsschutz für Arbeitnehmer, Weiterbeschäftigung nach der Berufsausbildung
(1) Von der Zustellung des Einberufungsbescheides bis zur Beendigung des Grundwehrdienstes sowie während einer Wehrübung darf der Arbeitgeber das Arbeitsverhältnis nicht kündigen.
(2) ¹Im übrigen darf der Arbeitgeber das Arbeitsverhältnis nicht aus Anlaß des Wehrdienstes kündigen. ²Muß er aus dringenden betrieblichen Erfordernissen (§ 1 Abs. 2 des Kündigungsschutzgesetzes) Arbeitnehmer entlassen, so darf er bei der Auswahl der zu Entlassenden den Wehrdienst eines Arbeitnehmers nicht zu dessen Ungunsten berücksichtigen. ³Ist streitig, ob der Arbeitgeber aus Anlaß des Wehrdienstes gekündigt oder bei der Auswahl der zu Entlassenden den Wehrdienst zuungunsten des Arbeitnehmers berücksichtigt hat, so trifft die Beweislast den Arbeitgeber.
(3) ¹Das Recht zur Kündigung aus wichtigem Grunde bleibt unberührt. ²Die Einberufung des Arbeitnehmers zum Wehrdienst ist kein wichtiger Grund zur Kündigung; dies gilt im Falle des Grundwehrdienstes von mehr als sechs Monaten nicht für unverheiratete Arbeitnehmer in Betrieben mit in der Regel fünf oder weniger Arbeitnehmern ausschließlich der zu ihrer Berufsbildung Beschäftigten, wenn dem Arbeitgeber infolge Einstellung einer Ersatzkraft die Weiterbeschäftigung des Arbeitnehmers nach Entlassung aus dem Wehrdienst nicht zugemutet werden kann. ³Bei der Feststellung der Zahl der beschäftigten Arbeitnehmer nach Satz 2 sind teilzeitbeschäftigte Arbeitnehmer mit einer regelmäßigen wöchentlichen Arbeitszeit von nicht mehr als 20 Stunden mit 0,5 und nicht mehr als 30 Stunden mit 0,75 zu berücksichtigen. ⁴Satz 3 berührt bis zum 30. September 1999 nicht die Rechtsstellung der Arbeitnehmer, die am 30. September 1996 gegenüber ihrem Arbeitgeber Rechte aus der bis zu diesem Zeitpunkt geltenden Fassung der Sätze 3 und 4 hätten herleiten können. ⁵Eine nach Satz 2 zweiter Hs. zulässige Kündigung darf jedoch nur unter Einhaltung einer Frist von zwei Monaten für den Zeitpunkt der Entlassung aus dem Wehrdienst ausgesprochen werden.
(4) Geht dem Arbeitnehmer nach der Zustellung des Einberufungsbescheides oder während des Wehrdienstes eine Kündigung zu, so beginnt die Frist des § 4 Satz 1 des Kündigungsschutzgesetzes erst zwei Wochen nach Ende des Wehrdienstes.
(5) ¹Der Ausbildende darf die Übernahme eines Auszubildenden in ein Arbeitsverhältnis auf unbestimmte Zeit nach Beendigung des Berufsausbildungsverhältnisses nicht aus Anlaß des Wehrdienstes ablehnen. ²Absatz 2 Satz 3 gilt entsprechend.

Literatur

– bis 2004 vgl. KR-Vorauflage –

Inhaltsübersicht

	Rz		Rz
A. Vorbemerkungen	1–15a	b) Ausländische Wehrpflichtige	3–5a
I. Soziale Sicherung des einberufenen Wehrpflichtigen	1	aa) EU-Ausländer	4
		bb) Nicht-EU-Ausländer	5, 5a
II. Geltungsbereich des ArbPlSchG	2–14	c) Zivildienstleistende	6–9
1. Funktioneller Geltungsbereich des besonderen Kündigungsschutzes	2–10	aa) Ziviler Ersatzdienst	6
a) Wehrpflichtige	2	bb) Ziviler Dienst gem. § 15a ZDG	7, 8

	Rz		Rz
cc) Entwicklungshelfer	9	bb) Einberufung zum Wehrdienst (§ 2 Abs. 3 S. 2 bis 4 ArbPlSchG)	24–30
d) Verpflichtete nach dem Arbeitssicherstellungsgesetz	10	III. Kündigung vor und nach dem Wehrdienst	31–37
2. Persönlicher Geltungsbereich	11	1. Aus Anlass des Wehrdienstes (§ 2 Abs. 2 S. 1 ArbPlSchG)	32
3. Zeitlicher Geltungsbereich	12, 13	2. Aus dringenden betrieblichen Gründen (§ 2 Abs. 2 S. 2 ArbPlSchG)	33, 34
4. Räumlicher Geltungsbereich	14	3. Beweislastumkehr	35–37
III. Ruhen des Arbeitsverhältnisses	15, 15a	IV. Auszubildende (§ 2 Abs. 5 ArbPlSchG)	38
B. Erläuterungen	16–42	V. Kündigung von Handelsvertretern	39
I. Kündigungsschutz für Arbeitnehmer (§ 2 ArbPlSchG)	16–18	VI. Entlassung von Beamten und Richtern	40
1. Allgemeines	16, 17	VII. Kündigungsrecht des Arbeitnehmers	41
2. Anwendbarkeit des KSchG	18	VIII. Klagefrist	42
II. Kündigung während des Wehrdienstes	19–30	IX. Auszug aus dem Eignungsübungsgesetz (§§ 1–3)	43
1. Ordentliche Kündigung (§ 2 Abs. 1 ArbPlSchG)	19		
2. Außerordentliche Kündigung aus wichtigem Grund (§ 2 Abs. 3 ArbPlSchG)	20–30		
a) Wichtiger Grund	21–30		
aa) Betriebsstilllegung	22, 23		

A. Vorbemerkungen

I. Soziale Sicherung des einberufenen Wehrpflichtigen

1 Mit der Einführung der allgemeinen Wehrpflicht (§ 58 SoldG und § 1 WehrpflG in Durchführung des Art. 73 Nr. 1 GG) hatte der Gesetzgeber sich mit den möglichen Auswirkungen des Wehrdienstes auf die persönlichen Verhältnisse des Wehrpflichtigen noch insoweit zu befassen, als durch die Ableistung des Dienstes dem Betroffenen keine persönlichen Nachteile entstehen dürfen. Neben der Sicherung des Lebensunterhalts des Wehrpflichtigen und seiner unterhaltsberechtigten Angehörigen für die Dauer des Dienstes geht es vor allem um die Erhaltung des Arbeitsplatzes, den der Wehrpflichtige zum Zeitpunkt der Einberufung innehat. Die Auswirkungen des Wehrdienstes auf bestehende Arbeits- und andere Dienstverhältnisse regelt das ArbPlSchG als Nebengesetz zum WehrpflG.

II. Geltungsbereich des ArbPlSchG

1. Funktioneller Geltungsbereich des besonderen Kündigungsschutzes

a) Wehrpflichtige

2 Wehrpflichtig sind alle Männer vom vollendeten 18. Lebensjahr an, die Deutsche iSd Grundgesetzes sind und ihren ständigen Aufenthalt in der Bundesrepublik Deutschland haben (§ 1 Abs. 1 WehrpflG). Der Schutz des ArbPlSchG greift ein, wenn sie zu ihrem Dienst herangezogen werden. Allerdings muss eine Einberufung aufgrund des WehrpflG zur **Bundeswehr der Bundesrepublik Deutschland** erfolgen. Dies kann auch Wehrpflichtige nichtdeutscher Staatsangehörigkeit und Staatenlose betreffen, soweit sie in der Bundesrepublik Deutschland beschäftigt sind und durch allgemeine Anordnungen der Bundesregierung zum Wehrdienst in der Bundeswehr verpflichtet sind. Vom besonderen Kündigungsschutz gem. § 2 ArbPlSchG sind auch Soldaten auf Zeit, deren Dienstverpflichtung auf insgesamt nicht mehr als zwei Jahre festgesetzt ist (§ 16a Abs. 1 ArbPlSchG), und Arbeitnehmer, die zum Dienst beim Bundesgrenzschutz einberufen werden, (§ 59 Abs. 1 BGSG) erfasst. Zeitlich längerfristig dienstverpflichtete Soldaten und Berufssoldaten fallen nicht unter den Geltungsbereich des ArbPlSchG (vgl. auch *Kreizberg* AR-Blattei SD Wehr- und Zivildienst Rz 100).

b) Ausländische Wehrpflichtige

3 Das ArbPlSchG ist grds. nicht anwendbar auf die Arbeitsverhältnisse von ausländischen Arbeitnehmern in der Bundesrepublik Deutschland, wenn sie wegen der Einberufung zum Wehrdienst in die Armee ihres Heimatlandes den Arbeitsplatz in Deutschland verlassen müssen. Diese Differenzierung zwischen deutschen und ausländischen Arbeitnehmern ist sachlich gerechtfertigt, weil sie nicht die Nationalität des Arbeitnehmers, sondern die Nationalität der Armee zum Gegenstand hat. Das

ArbPlSchG ist ein Nebengesetz zum deutschen WehrpflG und soll Benachteiligungen in privaten Arbeitsverhältnissen wegen des Dienstes in der Bundeswehr verhindern; es ist also nicht einschlägig für Einberufene nach den entsprechenden Gesetzen anderer Länder (so auch *Schimana* BB 1978, 1017 und 1722 sowie *Riegel* BB 1978, 1422).

aa) EU-Ausländer

Nach der Entscheidung des *EuGH* (15.10.1969 AP Nr. 2 zu Art. 177 EWG-Vertrag), der das *BAG* (5.12.1969 EzA § 6 ArbPlSchG Nr. 1) beigetreten ist, muss die Wehrdienstzeit eines Wanderarbeitnehmers, der **Staatsangehöriger eines Mitgliedstaates der EU** ist und seine Tätigkeit in einem Unternehmen eines anderen Mitgliedstaates zur Erfüllung der Wehrpflicht gegenüber seinem Heimatland hat unterbrechen müssen, Anspruch auf Anrechnung der Wehrdienstzeit auf die Betriebszugehörigkeit, soweit im Beschäftigungsland zurückgelegte Wehrdienstzeiten den einheimischen Arbeitnehmern gleichfalls angerechnet werden. Unter Berufung auf das *BAG* (5.12.1969, aaO) hat das *ArbG Köln* (14.2.1977 – 11 Ca 8489) entschieden, dass ein französischer Staatsangehöriger, der in der Bundesrepublik Deutschland in einem Beschäftigungsverhältnis steht, hinsichtlich des Wehrdienstes in der französischen Armee den Schutz des deutschen ArbPlSchG in vollem Umfange beanspruchen kann, weil sich eine Ungleichbehandlung wegen seiner französischen Staatsangehörigkeit schlechthin verbiete. Zwar ist der **Gleichbehandlungsgrundsatz** aufgrund Art. 48 EWG-Vertrag in Art. 9 Abs. 1 EWG-VO 38/64 und Art. 7 EWG-VO 1612/68 zwingend für das Arbeitsrecht festgeschrieben (*EuGH* 15.10.1969, aaO), doch ist hinsichtlich des ArbPlSchG von entscheidender Bedeutung, dass es als arbeitsrechtliches Schutzgesetz gerade an das national ausgelegte Wehrrecht anknüpft (so auch *Schimana* BB 1978, 1017 und 1722 und *Riegel* BB 1978, 1422). Wiewohl es nach dem Prinzip der Gegenseitigkeit wünschenswert erscheint, dass andere EU-Staaten einen dem deutschen ArbPlSchG entsprechenden Schutz auch deutschen Wehrpflichtigen mit Arbeitsverhältnis im EU-Ausland einräumen (*Schimana* aaO), hindert dies nicht eine Gleichbehandlung des Angehörigen eines EU-Staates im Rahmen des deutschen ArbPlSchG; denn gem. Art. 5 EWG-Vertrag iVm Art. 7, 48 EWG-Vertrag steht als vorrangiges Gemeinschaftsrecht das Diskriminierungsverbot vor dem Gegenseitigkeitsprinzip (*Riegel* aaO). Auf Angehörige der EU-Staaten sind die Regelungen des ArbPlSchG entsprechend anwendbar, nicht hingegen auf Ausländer der Nicht-EU-Staaten (*BAG* 22.12.1982 EzA § 123 BGB Nr. 20; APS-*Dörner* § 2 ArbPlSchG Rz 3; KDZ-*Zwanziger* § 2 ArbPlSchG Rz 5; aA MünchArbR-*Berkowsky* § 160 Rz 85).

bb) Nicht-EU-Ausländer

Das ArbPlSchG, das für die Dauer des Wehrdienstes das Ruhen des Arbeitsverhältnisses vorsieht, gilt nicht für Angehörige von Staaten, die nicht Mitglieder der EU sind (*Pods* HzA Gruppe 15 Rz 130; aA *Lörcher* EuZW 1991, 395 mit dem Verweis auf die zum Diskriminierungsverbot gem. Art. 10 Ab. 1 Assoziationsratsbeschlusses EG-Türkei ergangene Rspr. des EuGH betreffend **türkische Arbeitnehmer**; ders. EuroAS 1995, 151, 153; ebenso *Däubler* NZA 1992, 577 bzgl. türkische und marokkanische Arbeitnehmer; *Gutmann* AuR 2000, 81). Soweit jedoch Arbeitnehmer, die zum Wehrdienst in ihre Heimatarmee außerhalb der EU einberufen werden, aus diesem Grunde vorübergehend (verkürzter Wehrdienst, zB zwei Monate für türkische Arbeitnehmer) ihre Pflichten aus einem Arbeitsverhältnis mit einem Arbeitgeber im Geltungsbereich des ArbPlSchG nicht erfüllen können, steht diesen Arbeitnehmern ein **Leistungsverweigerungsrecht für die Zeit des verkürzten Wehrdienstes** zu (ohne Vergütungsanspruch nach § 616 BGB, keine entsprechende Anwendung des § 6 Abs. 2 ArbPlSchG; KDZ-*Zwanziger* § 2 ArbPlSchG Rz 5; *Kreizberg* AR-Blattei SD Wehr- und Zivildienst Rz 32; unklar APS-*Dörner* § 2 ArbPlSchG Rz 3; so im Ergebnis für alle ausländischen Arbeitnehmer MünchArbR-*Berkowsky* § 160 Rz 86; nach MünchKomm-*Martiny* Art. 30 EGBGB Rz 58 Suspendierung der Arbeitspflicht nach Treu und Glauben für türkischen Kurzwehrdienst). Dieses Recht ergibt sich aus einer objektiven Abwägung der bei einer Kollision zwischen der Wehrpflicht und der vertraglichen Arbeitspflicht zu berücksichtigenden schutzwürdigen beiderseitigen Interessen. Das Leistungsverweigerungsrecht wird vom BAG letztlich im Wege der Rechtsanalogie zu den Vorschriften des § 616 BGB, des § 72 HGB idF vom 18.4.1950 sowie den §§ 228, 904 BGB zuerkannt. Soweit der Ausfall des Arbeitnehmers nicht zu unzumutbaren Betriebsstörungen führt, kann das Bestehen des Arbeitgebers auf der Erfüllung der Arbeitspflicht als ein Verstoß gegen Treu und Glauben (§ 242 BGB) angesehen werden. Damit scheidet wegen der Ableistung eines verkürzten Wehrdienstes eine fristlose oder -gerechte Kündigung aus. Die Androhung einer Kündigung, um den Arbeitnehmer zur Beendigung des Arbeitsverhältnisses zu veranlassen, mit der Folge einer Arbeitsvertragsauflösung durch den Arbeitnehmer, berechtigt diesen zur Anfechtung der Auflösungserklärung gem. § 123 BGB (*BAG* 22.12.1982 EzA § 123 BGB Nr. 20; zust.

§ 2 ArbPlSchG Kündigungsschutz bei Einberufung zum Wehrdienst

Anm. *Misera* SAE 1983, 271). Sonderurlaub für den Fall des verkürzten Wehrdienstes eines Türken (*ArbG Bochum* 13.5.1981 BB 1981, 1951) oder sogar Erholungsurlaub (*LAG Nürnberg* 7.4.1982 AiB 1982, 112) sind ebenso möglich (**aA** *LAG Hamm* 14.4.1982 – 2 Sa 1604/81, zit. nach AiB 1982, 112) wie die in Großbetrieben häufig geübte Praxis, mit den türkischen Arbeitnehmern vor Antritt des Wehrdienstes einen Auflösungsvertrag verbunden mit der vertraglichen Zusage der Wiedereinstellung nach Ableistung des Wehrdienstes zu vereinbaren (*BAG* 22.12.1982 EzA § 123 BGB Nr. 20). Allerdings sind die türkischen Arbeitnehmer, die den verkürzten Wehrdienst von zwei Monaten in der Türkei ableisten müssen, verpflichtet, den Arbeitgeber unverzüglich über den Zeitpunkt der Einberufung zu unterrichten und ihm auf Verlangen eine amtliche Bescheinigung vorzulegen. Die Verletzung dieser arbeitsvertraglichen Nebenpflicht kann je nach den Umständen des Einzelfalles eine ordentliche oder eine fristlose Kündigung rechtfertigen (*BAG* 7.9.1983 EzA § 626 BGB nF Nr. 87). Ist ein türkischer Arbeitnehmer zur Ableistung seines auf zwei Monate verkürzten Wehrdienstes in seinem Heimatland durch den Arbeitgeber einvernehmlich ohne Vergütung von seiner Arbeitspflicht befreit worden, so ist der Arbeitgeber nicht berechtigt, für diese Zeit den Urlaubsanspruch des Arbeitnehmers anteilig zu kürzen (*BAG* 30.7.1986 EzA § 3 BUrlG Nr. 15).

5a Auf ein **Leistungsverweigerungsrecht nicht berufen** kann sich ein Nicht-EU-Ausländer, der zu einem zwölfmonatigen Wehrdienst einberufen ist (hier: nach – ehemals – Jugoslawien); denn sonst würde der nicht unter das nur für Deutsche geltende ArbPlSchG fallende Wehrpflichtige zu weitgehend dem deutschen Arbeitnehmer gleichgestellt. Der längere ausländische Wehrdienst kann einen **personenbedingten Kündigungsgrund** iSd § 1 Abs. 2 S. 1 KSchG darstellen (Staatsangehörigkeit als persönliche Eigenschaft) und zur Kündigung berechtigen, wenn die Fehlzeit des ausländischen Arbeitnehmers betriebliche Belange erheblich beeinträchtigt und nicht durch zumutbare Maßnahmen überbrückt werden kann (*BAG* 20.5.1988 EzA § 1 KSchG Personenbedingte Kündigung Nr. 3; MünchArbR-*Berkowsky* § 160 Rz 86; *Kreizberg* AR-Blattei SD Wehr- und Zivildienst Rz 33); denn im Falle der Generalklausel im § 1 Abs. 2 S. 1 KSchG bedarf es stets einer an den Umständen des Einzelfalles ausgerichteten Interessenabwägung. Bei der Abwägung der bei der Kollision von Arbeits- und Wehrpflicht zu berücksichtigenden schutzwürdigen Interessen von Arbeitgeber und Arbeitnehmer darf für den Arbeitgeber keine Zwangslage entstehen, erhebliche Betriebsablaufstörungen braucht er nicht hinzunehmen. Im Falle eines zwölfmonatigen Wehrdienstes bedarf es vor einer personenbedingten Kündigung der Prüfung, ob durch eine befristete Versetzung eines fachlich geeigneten Arbeitnehmers des **Unternehmens** die Weiterbeschäftigung des ausländischen Wehrpflichtigen hätte gewährleistet werden können (*BAG* 20.5.1988 EzA § 1 KSchG Personenbedingte Kündigung Nr. 3).

c) Zivildienstleistende

aa) Ziviler Ersatzdienst

6 Wenn ein Wehrpflichtiger berechtigt ist, anstatt des Dienstes mit der Waffe einen zivilen Ersatzdienst zu leisten, so gelten für diese Zeit gem. § 78 Abs. 1 Nr. 1 ZDG die Vorschriften über den Schutz des Arbeitsplatzes gem. dem ArbPlSchG ebenso.

bb) Ziviler Dienst gem. § 15a ZDG

7 Von den Zivildienstleistenden zu unterscheiden sind diejenigen Dienstpflichtigen, die sowohl den **Dienst** mit der Waffe als auch den Ersatzdienst aus **Gewissensgründen verweigern,** aber zu einer Tätigkeit im Kranken-, Heil- oder Pflegebereich bereit sind (§ 15a ZDG vom 13.1.1960 – BGBl. I S. 10 idF vom 17.5.2005 BGBl. I S. 1346). Nach dem Willen des Gesetzgebers (BT-Drucks. V/3795 v. 30.1.1969, Nr. 1 der Begründung) sollen für diese Dienste begünstigende oder einschränkende Vorschriften wie zB das ArbPlSchG **keine Anwendung** finden. Demnach müssen die Pflichtigen ihr bisheriges Arbeitsverhältnis kündigen oder anders beenden oder durch besondere Vereinbarungen ruhen lassen, um ihren gesetzlich vorgeschriebenen Dienst für die Allgemeinheit ableisten zu können.

8 Diese höchst bedenkliche Regelung wird damit begründet, dass es sich bei dem Dienst in Anstalten nicht um eine Alternative zum gesetzlichen Zivildienst handele, sondern um eine Zivildienstausnahme. Das Problem der Verweigerung des Zivildienstes aus Gewissensgründen können nur dann befriedigend gelöst werden, wenn Bestimmungen vermieden würden, die den Status eines solchen Kriegsdienstverweigerers an den eines Zivildienstleistenden angleichen. Die Diskriminierung der dem § 15a ZDG unterliegenden Pflichtigen ist unsachgerecht und widerspricht der Praxis; denn sie leisten – ebenso wie viele Zivildienstleistende – den Anstalten wertvolle Dienste für die Allgemeinheit.

cc) Entwicklungshelfer

Ebenso wie die Dienstpflichtigen gem. § 15a ZDG (Rz 7) werden die Entwicklungshelfer nach § 1 Abs. 1 Ziff. 1 oder 2 EhfG, die **anstatt des Wehrdienstes** einen mindestens zweijährigen Entwicklungshilfedienst leisten, **nicht in den Schutzbereich des ArbPlSchG** einbezogen. Aus den bereits in Rz 8 genannten Gründen gebührt auch diesem Personenkreis der gleiche Schutz, wie er den Wehrdienstleistenden eingeräumt wird, wenn der Entwicklungshilfedienst den zeitlichen Rahmen des Wehrdienstes nicht erheblich überschreitet.

9

d) Verpflichtete nach dem Arbeitssicherstellungsgesetz

(Gesetz zur Sicherstellung von Arbeitsleistung für Zwecke der Verteidigung einschl. des Schutzes der Zivilbevölkerung vom 9.7.1968 BGBl. I S. 787, zuletzt geändert durch Gesetz vom 22.4.2005 BGBl. I S. 1106).

Die Vorschriften des § 1 Abs. 4 und 5, §§ 2, 3 und 4 Abs. 1 S. 1, Abs. 2–4, §§ 6, 12 Abs. 1, 13, 14a Abs. 3 und 6, 14b Abs. 1 und 5 **ArbPlSchG gelten gem. § 15 Abs. 1 ASistG entsprechend** für Arbeitnehmer der privaten Wirtschaft, wenn sie nach den Vorschriften des ASistG als Wehrpflichtige für Zwecke der Verteidigung einschließlich des Schutzes der Zivilbevölkerung in ein Arbeitsverhältnis verpflichtet werden (§ 2 ASistG). Die genannten Vorschriften des ArbPlSchG gelten auch für Frauen vom vollendeten 18. bis zum vollendeten 55. Lebensjahr, die im zivilen Sanitäts- oder Heilwesen sowie in der ortsfesten militärischen Lazarettorganisation in ein Arbeitsverhältnis verpflichtet werden (§ 2 ASistG). Für Verpflichtete im öffentlichen Dienst bleibt das bisherige Arbeitsverhältnis bestehen. Die angeführten Vorschriften des ArbPlSchG gelten entsprechend.

10

2. Persönlicher Geltungsbereich

Das ArbPlSchG ist anzuwenden auf Wehr- oder Zivildienstpflichtige:

11

– **Arbeitnehmer der privaten Wirtschaft.** Hierzu zählen Arbeiter und Angestellte sowie die zu ihrer Berufsausbildung Beschäftigten (§ 15 Abs. 1 ArbPlSchG).
– **Arbeitnehmer im öffentlichen Dienst.** Öffentlicher Dienst iS dieses Gesetzes ist die Tätigkeit im Dienste des Bundes, eines Landes, einer Gemeinde (eines Gemeindeverbandes) oder anderer Körperschaften, Anstalten und Stiftungen des öff. Rechts und der Verbände von solchen; ausgenommen ist die Tätigkeit bei öffentlichrechtlichen Religionsgemeinschaften oder ihren Verbänden (§ 15 Abs. 2 ArbPlSchG.)
– **Heimarbeiter** (§ 7 ArbPlSchG), die ihren Lebensunterhalt überwiegend aus der Heimarbeit beziehen. Es gelten die §§ 1–4 sowie § 6 Abs. 2 ArbPlSchG sinngemäß (zum Begriff des Heimarbeiters und zum Kündigungsschutz vgl. KR-*Rost* ArbNähnl.Pers.). Da Heimarbeiter nicht unter den Geltungsbereich des KSchG fallen (vgl. KR-*Rost* ArbNähnl.Pers. Rz 147), findet die Regelung gemäß § 2 Abs. 2 S. 2 ArbPlSchG keine Anwendung (darauf weist zu Recht *Fenski* HzA Gruppe 17 Rz 266 hin; anders *Schmidt/Koberski/Tiemann/Wascher* § 29 HAG Rz 129).
– **Handelsvertreter** iSd § 84 Abs. 1 S. 1 HGB (**§ 8 ArbPlSchG**). Danach ist Handelsvertreter, wer als selbständiger Gewerbetreibender ständig damit betraut ist, für einen anderen Unternehmer Geschäfte zu vermitteln oder in dessen Namen abzuschließen. Selbständig ist, wer im Wesentlichen frei seine Tätigkeit gestalten und seine Arbeitszeit bestimmen kann. Dazu zählen auch der Versicherungs- (§ 92 Abs. 1 HGB) und Bausparkassenvertreter (§ 92 Abs. 5 HGB). Wer, ohne selbständig zu sein, ständig damit betraut ist, für einen Unternehmer Geschäfte zu vermitteln oder in dessen Namen abzuschließen, gilt als Angestellter und unterfällt somit den Vorschriften über das Arbeitsverhältnis im ArbPlSchG. Nicht betroffen werden vom ArbPlSchG sog. Gelegenheitsvertreter oder Zivilagenten.
– **Beamte und Richter** werden für die Wehr- oder Zivildienstzeiten beurlaubt und werden durch das ArbPlSchG vor Entlassung und anderen Nachteilen geschützt (§ 9 ArbPlSchG).
– **Zivile Arbeitskräfte bei einer Truppe einer ausländischen Stationierungsstreitkraft** (vgl. dazu Art. 56 Abs. 1a des Zusatzabkommens zum Abkommen zwischen den Parteien des Nordatlantik-Vertrags über die Rechtsstellung ihrer Truppen hinsichtlich der in der Bundesrepublik Deutschland stationierten ausländischen Truppen vom 3.8.1959 (BGBl. 1961 II S. 1218) idF des Änderungsabkommens vom 18.3.1993 (BGBl. II 1994 S. 2598).

§ 2 ArbPlSchG   Kündigungsschutz bei Einberufung zum Wehrdienst

3. Zeitlicher Geltungsbereich

12 Das ArbPlSchG findet gem. § 1 Abs. 1 ArbPlSchG Anwendung auf:
- den **Grundwehrdienst**, der gem. § 5 Abs. 1a WPflG neun Monate dauert
- **Wehrübungen** einerseits gem. § 6 WehrpflG als Pflichtwehrübung, die höchstens drei Monate dauert, und andererseits gem. § 4 Abs. 3 S. 1 und 2 WehrpflG mit den Einschränkungen gem. § 10 ArbPlSchG. Demnach greift der Schutz der §§ 1–4, §§ 6–9, 14a und 14b ArbPlSchG bei freiwilligen Wehrübungen ein, wenn sie in einem Kalenderjahr bis zu sechs Wochen dauern (sei es als zusammenhängende Periode oder sei es in Form mehrerer Wehrübungen) oder länger dauern, aber in das jeweilige Kalenderjahr nur insgesamt sechs Wochen fallen. Zeitlich längere freiwillige Wehrübungen unterfallen nicht den Schutzregeln. Ebenso wird nicht jede freiwillige – bei mehreren – Wehrübung, die über die Periode von sechs Monaten hinausgeht, vom Schutz des ArbPlSchG erfasst. Zu den Wehrübungen iSd ArbPlSchG zählen auch Alarmübungen und die Abend- und Wochenendübungen, zu denen die Angehörigen der Territorialreserve einberufen werden. Vgl. im Übrigen § 17 Abs. 5 ArbPlSchG.

13 Auf Zeitsoldaten findet das ArbPlSchG gem. § 16a Abs. 1 ArbPlSchG dann Anwendung, wenn die Dienstzeit zunächst auf sechs Monate festgesetzt ist oder die Dienstzeit endgültig auf nicht mehr als auf zwei Jahre festgesetzt ist. Das ArbPlSchG ist nicht anzuwenden auf **Eignungsübungen,** weil hierfür das **Gesetz über den Einfluss von Eignungsübungen der Streitkräfte auf Vertragsverhältnisse der Arbeitnehmer und Handelsvertreter sowie auf Beamtenvertreter (Eignungsübungsgesetz)** mit der Verordnung zum Eignungsübungsgesetz einschlägig ist. Allerdings entspricht der besondere Kündigungsschutz für den vorgenannten Personenkreis gem. § 2 Eignungsübungsgesetz im Wesentlichen dem gem. § 2 ArbPlSchG *(die §§ 1–3 Eignungsübungsgesetz sind unter Rz 43 abgedruckt).*

4. Räumlicher Geltungsbereich

14 Das ArbPlSchG gilt für die **private Wirtschaft** und den **öffentlichen Dienst** im Geltungsbereich des Grundgesetzes der **Bundesrepublik Deutschland**. Das Gesetz hat keine Gültigkeit für Wehr- und Zivildienstpflichtige, die im Ausland bei einem ausländischen Arbeitgeber beschäftigt sind, gleichgültig, ob sie ihren ständigen Wohnsitz in der Bundesrepublik Deutschland oder im Ausland haben (insbes. sind hier die sog. Grenzgänger angesprochen). Die Nichtanwendbarkeit des ArbPlSchG auf ein im Ausland bestehendes Arbeitsverhältnis ist für sich allein kein Zurückstellungsgrund vom Wehrdienst. Allerdings sind die Zurückstellungsvoraussetzungen wegen besonderer Härte der Einberufung jedoch zu bejahen, wenn bereits die Einräumung einer angemessenen Zurückstellung geeignet ist, von dem außerhalb des Geltungsbereichs des ArbPlSchG beschäftigten Wehrpflichtigen vermeidbare Nachteile abzuwenden *(BVerwG 16.7.1970 NJW 1971, 479).*

III. Ruhen des Arbeitsverhältnisses

15 Durch die Einberufung zum Wehrdienst und zu Wehrübungen von länger als drei Tagen wird ein bestehendes Arbeitsverhältnis nicht automatisch beendet. Vielmehr ruht das Arbeitsverhältnis (§ 1 Abs. 1 ArbPlSchG). Die **Betriebszugehörigkeit bleibt bestehen**. Das Ruhen des Arbeitsverhältnisses bezieht sich vornehmlich auf die sog. Hauptpflichten aus dem Arbeitsverhältnis, die Arbeitspflicht des Arbeitnehmers sowie die Entgeltzahlungspflicht des Arbeitgebers. Gewisse Treue- und Fürsorgepflichten bleiben dagegen für beide Vertragspartner bestehen (vgl. auch *Nothoff* Das ruhende Arbeitsverhältnis als Schutz des Arbeitsplatzes wehrpflichtiger Arbeitnehmer, Diss. Münster 1972). Mit dem Beginn des Wehrdienstes bzw. der Wehrübung tritt das Ruhen des Arbeitsverhältnisses ein. Es endet mit Ablauf der im Einberufungsbescheid festgesetzten Wehrdienstzeit bzw. des durch Nachdienen verlängerten Wehrdienstes. Mit dem Ende des Ruhens leben die gegenseitigen Rechte und Pflichten aus dem Arbeitsverhältnis wieder auf; insbesondere kann der Arbeitnehmer wieder Beschäftigung an seinem alten oder einem gleichwertigen Arbeitsplatz beanspruchen (Argument aus § 6 ArbPlSchG). Befristete Arbeitsverhältnisse werden durch die Heranziehung zum Wehrdienst oder zu Wehrübungen nicht verlängert, sie enden also auch während des Dienstes, ohne dass es einer Kündigung bedarf. Wird der Arbeitnehmer während des Wehrdienstes arbeitsunfähig krank, so kann er Entgeltfortzahlung vom Arbeitgeber nicht beanspruchen *(ArbG Aachen* 27.3.1974 ARSt 1975, 12), vor allem, wenn der Arbeitnehmer nicht wieder in die Dienste des Arbeitgebers treten will *(ArbG Aachen* 10.10.1973 ARSt 1974, 190 f.).

15a Während der Teilnahme des sozialversicherten Arbeitnehmers an einer in die Beschäftigung bei demselben Arbeitgeber »eingeschobenen« Wehrübung (§ 5 Abs. 1 Nr. 3 WehrpflG iVm § 6 Abs. 1 WehrpflG)

besteht das **versicherungs- und beitragspflichtige Beschäftigungsverhältnis** (§ 2 Abs. 1 Nr. 1 AVG = § 1227 Abs. 1 Nr. 1 RVO) fort, wenn der Arbeitgeber das Arbeitsentgelt (ggf. als Urlaubsentgelt) weiterzahlt (Fortführung von BSGE 51, 234 = SozR 5745 § 3 Nr. 3). § 3 Abs. 1 Ziff. 2 SGB VI (Versicherungspflicht für Wehrdienstleistende) enthält einen nachrangigen Auffangtatbestand iS einer Mindestsicherung des Arbeitsverhältnisses (*BSG* 14.9.1989 BB 1990, 216). Allerdings wird durch das Ruhen des Arbeitsverhältnisses während der Ableistung des Wehrdienstes der Insolvenzgeldzeitraum (§ 183 Abs. 1 S. 1 SGB III; vgl. KR-*Weigand* InsO Anhang I, Rz 21 ff.) nicht unterbrochen oder verschoben (*Sächs. LSG* 17.1.2002 – L 3 AL 199/00).

B. Erläuterungen

I. Kündigungsschutz für Arbeitnehmer (§ 2 ArbPlSchG)

1. Allgemeines

Der Sinn des ArbPlSchG, die ökonomische und soziale Sicherung des einberufenen Wehrpflichtigen bzgl. **bestehender** Arbeits-, Dienst- und Beschäftigungsverhältnisse (vgl. Begründung zum 3. ÄndG des ArbPlSchG, BT-Drucks. VIII/855, S. 6), erfährt seine besondere Ausprägung in einem weitreichenden Kündigungsschutz im § 2. Zwar statuiert diese Vorschrift kein absolutes Kündigungsverbot für den Arbeitgeber, doch soll sie eine erhebliche Einschränkung der Kündigungsmöglichkeiten gewähren, eine Entlassung gerade anlässlich oder im Zusammenhang mit der Ableistung des Wehrdienstes verhindern. 16

Zunächst umfasst der relative Kündigungsschutz nach dem ArbPlSchG das **Verbot der ordentlichen Kündigung** während des Wehrdienstes und – wenn es sich um den Grundwehrdienst handelt – von der Zustellung des Einberufungsbescheids bis zur Beendigung des Grundwehrdienstes oder während der Wehrübung (Abs. 1). Unberührt davon bleibt das Recht des Arbeitgebers, den Arbeitnehmer in dieser Zeit bei Vorliegen eines wichtigen Grundes fristlos zu entlassen (Abs. 3). Vor und nach dem Wehrdienst bzw. der Wehrübung darf der Arbeitgeber den Arbeitnehmer nur aus dringenden betrieblichen Erfordernissen entlassen, wobei er die Einberufung zum Wehrdienst nicht zum Anlass der Kündigung nehmen darf (Abs. 2). Die Klagefrist im Falle einer Kündigung beginnt in jedem Fall erst zwei Wochen nach dem Ende des Wehrdienstes (Abs. 4). 17

2. Anwendbarkeit des KSchG

Das KSchG bleibt auch anwendbar für den hier betroffenen Personenkreis, soweit das Arbeitsverhältnis den Voraussetzungen des § 1 Abs. 1 KSchG entspricht und soweit der Betrieb die Voraussetzungen des § 23 Abs. 1 KSchG erfüllt. Allerdings kann die Anwendbarkeit des KSchG nicht an der gem. § 1 Abs. 1 KSchG erforderlichen Dauer der Betriebs- oder Unternehmenszugehörigkeit wegen des Ruhens scheitern; denn während des Ruhens auch eines erst kurzfristig bestehenden Arbeitsverhältnisses wegen des Wehrdienstes bleibt der Arbeitnehmer Betriebsangehöriger. Sein Arbeitsverhältnis erfährt folglich während seiner Abwesenheit im Betrieb keine Unterbrechung, und der Schutz des KSchG bleibt bestehen (*Sahmer/Busemann* ArbPlSchG E § 2 Nr. 2). 18

II. Kündigung während des Wehrdienstes

1. Ordentliche Kündigung (§ 2 Abs. 1 ArbPlSchG)

Eine ordentliche Kündigung darf der Arbeitgeber während der Dauer der Wehrzeit oder -übung, und wenn es sich um die Ableistung des Grundwehrdienstes handelt, ab der Zustellung des Einberufungsbescheides bis zur Beendigung des Grundwehrdienstes nicht aussprechen. Im Fall der Einberufung zu einer Wehrübung gilt das Verbot der ordentlichen Kündigung nicht ab der Zustellung des Einberufungsbescheides, sondern vom Beginn der Wehrübung bis zu deren Ende. Die Kündigung eines zum Wehrdienst einberufenen Arbeitnehmers ist auch dann unzulässig, wenn sie während einer vereinbarten **Probezeit** ausgesprochen wird (*ArbG Verden* 22.3.1979 ARSt 1980, 27). Das Kündigungsverbot gilt für alle Betriebe und Unternehmen der privaten Wirtschaft und des öffentlichen Rechts, auch für die Kleinbetriebe der in § 2 Abs. 3 ArbPlSchG genannten Größe und besteht während der gesamten Dauer des Ruhens des Arbeitsverhältnisses (s. Rz 15). Diese Vorschrift ist schon vom Wortlaut her **zwingend** und kann im Arbeitsvertrag nicht abbedungen werden. Ergeht dennoch eine Kündigung, so ist sie nichtig (§ 134 BGB). Insbesondere berechtigen dringende betriebliche Gründe wie die Betriebsstilllegung den Arbeitgeber nicht zu einer ordentlichen Kündigung; denn das würde contra 19 legem das Kündigungsverbot des § 2 Abs. 1 ArbPlSchG durchlöchern (ErfK-*Kiel* Rz 1, 8; *Sahmer/Busemann* ArbPlSchG E § 2 Nr. 11). Wenn dem Arbeitgeber das Festhalten am Arbeitsverhältnis nicht zugemutet werden kann, weil die betrieblichen Verhältnisse es nicht zulassen, so kann er lediglich darauf verwiesen werden, das Ende des Ruhens des Arbeitsverhältnisses abzuwarten und dann aus betrieblichen Gründen eine ordentliche Kündigung auszusprechen (s. auch Rz 22, 23).

2. Außerordentliche Kündigung aus wichtigem Grund (§ 2 Abs. 3 ArbPlSchG)

20 Das generelle Verbot der ordentlichen Kündigung gem. § 2 Abs. 1 ArbPlSchG lässt das Recht des Arbeitgebers unberührt, eine außerordentliche Kündigung aus wichtigem Grund auch während der Ableistung des Wehrdienstes oder der Wehrübung auszusprechen (so auch *Sahmer/Busemann* ArbPlSchG E § 2 Nr. 12).

a) Wichtiger Grund

21 Ein wichtiger Grund ist immer dann gegeben, wenn Tatsachen vorliegen, aufgrund derer dem Kündigenden unter Berücksichtigung aller Umstände des Einzelfalles und unter Abwägung der Interessen beider Vertragsteilnehmer die Fortsetzung des Arbeitsverhältnisses bis zum Ablauf der Kündigungsfrist – oder, wenn eine ordentliche Kündigung ausgeschlossen ist, bis zum Wiedereintritt der Kündbarkeit oder der sonstigen Beendigung des Arbeitsverhältnisses – nicht zugemutet werden kann. Dabei ist im Falle der außerordentlichen Kündigung eines unkündbaren Arbeitnehmers wie dem einberufenen Wehrpflichtigen bei der Prüfung des Vorliegens eines wichtigen Grundes ein **besonders strenger Maßstab** anzulegen. Unerheblich für das Vorliegen eines wichtigen Grundes ist, dass er schon vor der Einberufung entstanden, aber erst während der Abwesenheit des Arbeitnehmers und dem Ruhen des Arbeitsverhältnisses entdeckt worden ist. Auch die Verletzung einer Nebenpflicht während des Ruhens des Arbeitsverhältnisses berechtigt zur fristlosen Kündigung, wenn ein wichtiger Grund nach den entwickelten arbeitsrechtlichen Grundsätzen vorliegt.

aa) Betriebsstilllegung

22 Die fristlose Kündigung aus wichtigem Grund eines an sich unkündbaren Arbeitnehmers kann aus personen- oder verhaltensbedingten Gründen erfolgen, aber nicht aus betrieblichen Gründen, zB bei Arbeitsmangel (*ArbG Rheine* 17.2.1967 ARSt 1967, 108). Zwar ist es nach der Rechtsprechung (*ArbG Bochum* 17.12.1971 DB 1972, 441 f.) im Falle einer Betriebsstilllegung dem Arbeitgeber nicht verwehrt, zur Lösung auch unkündbarer Arbeitsverhältnisse auf das rechtliche Mittel der Kündigung aus wichtigem Grund zurückzugreifen, soweit ein Festhalten am Arbeitsvertrag für den Arbeitgeber unzumutbar ist. Das sei insbesondere dann der Fall, wenn der Arbeitgeber nach Beendigung des Wehrdienstes den Arbeitnehmer wegen der Liquidation des Betriebes nicht mehr weiterbeschäftigen kann. Begründet wird diese Entscheidung damit, dass der Sinn und Zweck des Kündigungsschutzes nach dem ArbPlSchG nicht leerlaufen würde, wenn der Arbeitgeber allen Arbeitnehmern wegen der Stilllegung des Betriebes kündigen muss.

23 Demgegenüber jedoch kann dem Arbeitgeber nach Sinn und Zweck der Vorschrift im Rahmen des ArbPlSchG bei der Betriebsstilllegung im Allgemeinen **nicht das Recht zur fristlosen Kündigung** aus wichtigem Grund zustehen (APS-*Dörner* Rz 15; MünchKomm-*Schwerdtner* § 622 Anh. Rz 699; KDZ-*Zwanziger* Rz 12). Wer die Vorschriften so eng interpretiert, dass der einberufene Wehrpflichtige allein vor leichtfertiger Entlassung wegen des Dienstes geschützt werden soll (*ArbG Bochum* 17.12.1971, aaO) verkennt den allgemeinen Schutzgedanken des ArbPlSchG, insbesondere den Schutz vor verschiedensten Benachteiligungen wegen der Einberufung. Eine Betriebsstilllegung berechtigt idR zur ordentlichen Kündigung aus betrieblichen Gründen mit einer Kündigungsfrist. Die Kündigungsfrist soll dem Betroffenen Zeit geben, sich rechtzeitig um eine andere Beschäftigungsmöglichkeit zu bemühen, zumal da während des Laufens der Kündigungsfrist dem Arbeitnehmer ein gesetzlicher Freistellungsanspruch (§ 629 BGB) zur Arbeitssuche zusteht. Dieser Anspruch kann nur verwirklicht werden, wenn dem Arbeitnehmer nach Beendigung des Wehrdienstes mindestens die gesetzliche Regelkündigungsfrist zur neuen Stellungssuche zur Verfügung steht. Folglich darf der Arbeitgeber im Falle der Betriebsstilllegung erst nach Ablauf des Ruhens des Arbeitsverhältnisses dem Arbeitnehmer ordentlich kündigen (so im Ergebnis auch ErfK-*Kiel* Rz 8). Sonst würde der Schutzzweck des ArbPlSchG und die intendierte Verhinderung von Benachteiligungen vereitelt, denn bei einer außerordentlichen Kündigung wird der Arbeitnehmer nach seiner Entlassung aus dem Wehrdienst sofort ohne Beschäftigungsverhältnis sein, somit benachteiligt gegenüber jenen Arbeitnehmern, denen unter Einhaltung der Kün-

digungsfrist ordentlich aus betrieblichen Gründen gekündigt wurde. Etwas anderes ergibt sich auch nicht aus dem Argument, dass auch dem in § 2 Abs. 3 S. 2 2. Hs. ArbPlSchG beschriebenen Personenkreis (vgl. Rz 26 ff.) keine Kündigungsfrist verbleibt; weil es sich hierbei um einen genau eingegrenzten Personenkreis mit fest umrissenen persönlichen Daten handelt. Die Möglichkeit einer fristlosen Kündigung gegenüber dieser Gruppe ist nicht ausdehnbar auf andere wehrpflichtige Arbeitnehmer.

bb) Einberufung zum Wehrdienst (§ 2 Abs. 3 Sätze 2 bis 4 ArbPlSchG)

Die Einberufung zum Wehrdienst oder einer Wehrübung ist **kein wichtiger Grund** für eine außerordentliche Kündigung (§ 2 Abs. 3 S. 2 ArbPlSchG). Diese Vorschrift gilt allerdings nicht im Falle des Grundwehrdienstes von mehr als sechs Monaten für unverheiratete Arbeitnehmer in Betrieben mit in der Regel fünf oder weniger Arbeitnehmern ausschl. der zur Berufsausbildung Beschäftigten, wenn dem Arbeitgeber infolge der Einstellung einer Ersatzkraft die Weiterbeschäftigung des Arbeitnehmers nach Entlassung aus dem Wehrdienst nicht zugemutet werden kann. Zu den Voraussetzungen dieser Ausnahme: 24

Der Arbeitgeber darf **idR nur fünf oder weniger Arbeitnehmer** beschäftigen, wenn er die **Ausnahmeregelung** in Anspruch nehmen will. Bei der Feststellung der Anzahl der Arbeitnehmer sind teilzeitbeschäftigte Arbeitnehmer mit einer regelmäßigen wöchentlichen Arbeitszeit von nicht mehr als 20 Stunden mit 0,5 und nicht mehr als 30 Stunden mit 0,75 zu berücksichtigen. Arbeitnehmer mit einer wöchentlichen Arbeitszeit von mehr als 30 Stunden werden den übrigen vollzeitbeschäftigten Arbeitnehmern gleichgestellt. Hinsichtlich der Berechnungswerte der Teilzeitbeschäftigten ist nicht von der im jeweiligen Betrieb im Einzelnen geltenden Vollarbeitszeit auszugehen, sondern die gesetzliche Neuregelung gem. § 2 Abs. 3 S. 3 ArbPlSchG schreibt die Prozentsätze für die Berücksichtigung von Teilzeitbeschäftigten pauschal vor. Zu Einzelheiten dieser Regelung vgl. im Übrigen KR-*Weigand* § 23 KSchG Rz 34 ff. 25

Im Übrigen ist im Wesentlichen auf die Disposition des Betriebes abzustellen, der aus einem zahlenmäßig gleich bleibenden oder saisonal unterschiedlichen Belegschaftsstamm bestehen kann, wobei im letzteren Fall die Anzahl der während der Saison beschäftigten Arbeitnehmer zugrundezulegen ist. Das Merkmal »in der Regel« (vgl. KR-*Weigand* § 23 KSchG Rz 37 ff.) umfasst nicht die zu außergewöhnlichen Zeiten zusätzlich eingestellten Arbeitskräfte (Inventar-, Stoß- und Saison-Geschäfte). Seit der Änderung des § 2 Abs. 3 durch das BeschFG 1985 ist der Kreis der nicht mitzuzählenden Beschäftigten erweitert worden: Die zur Ausbildung Beschäftigten (zB Volontäre, Praktikanten, Anlernlinge und andere kurzfristig Auszubildende) wurden nunmehr wie die Auszubildenden gem. BBiG bei der Zählung nicht mehr berücksichtigt. Das Recht zur Kündigung gem. § 2 Abs. 3 S. 2 ArbPlSchG besteht bei Einberufung zum Wehrdienst oder der Wehrübung von länger als sechs Monaten. 25a

Unverheiratet ist der Arbeitnehmer, der keine gültige Ehe vor dem Standesbeamten (§ 1310 BGB) geschlossen hat, geschieden oder verwitwet ist. 26

Eine **Ersatzkraft** eingestellt hat der Arbeitnehmer nicht, wenn er lediglich eine innerbetriebliche Versetzung vornimmt, sondern erforderlich ist die Eingliederung eines betriebsfremden Arbeitnehmers ausdrücklich zum Zwecke des Ersatzes für den einberufenen Arbeitnehmer. 27

Die **Weiterbeschäftigung** des aus dem Wehrdienst oder der Wehrübung entlassenen Arbeitnehmers ist dem Arbeitgeber dann unzumutbar, wenn er das Beschäftigungsverhältnis mit der Ersatzkraft nicht mehr lösen kann. Allerdings ist von dem Arbeitgeber zu erwarten, dass er von vornherein ein befristetes Arbeitsverhältnis mit der Ersatzkraft eingeht, so dass der Arbeitsplatz wieder rechtzeitig für den Wehrpflichtigen nach dessen Entlassung aus dem Wehrdienst oder Wehrübung frei wird. Ein Arbeitgeber, der schlüssig Tatsachen für fehlende Arbeit vortragen will, muss das konkrete Arbeitsvolumen darstellen, nämlich dass die vorhandenen und die aufgrund des üblichen Auftragseingangs zum Zeitpunkt der Beendigung des Wehrdienstes des Arbeitnehmers zu erwartenden Aufträge dergestalt sind, dass sie nur für die Auslastung der gegenwärtigen sächlichen und personellen Kapazität des Betriebs ausreichen, eine personelle Überkapazität aber vorhanden wäre, würde der den Wehrdienst ableistende Arbeitnehmer nach Beendigung des Wehrdienstes weiter beschäftigt werden müssen. Hierzu hat der Arbeitgeber konkrete Zahlen vorzutragen, wie sich zum Kündigungszeitpunkt die Auftragslage und die Auslastung der Arbeitnehmer im voraufgegangenen Jahr dargestellt hat und vergleichend die künftige Entwicklung spezifiziert darzustellen (*LAG Kiel* 31.10.1985 – 5 Sa 69/85 – nv). Das Vorbringen von Tatsachen, die die Unzumutbarkeit begründen, obliegt dem Arbeitgeber selbst. Die Unzumutbarkeit muss noch im Zeitpunkt der letzten mündlichen Verhandlung vorliegen. 28

29 Als **Betrieb** ist hier jede organisatorische Einheit anzusehen, innerhalb derer ein Unternehmer in Gemeinschaft mit den Arbeitnehmern mit Hilfe von sächlichen und immateriellen Mitteln bestimmte arbeitstechnische Zwecke fortgesetzt verfolgt. Dazu gehören gerade im Hinblick auf den Zweck der Vorschrift, Kleinbetriebe zu entlasten, auch die Praxis eines Arztes, das Büro eines Rechtsanwaltes, nicht aber der Haushalt. Auszunehmen ist die Verwaltung im Rahmen des öff. Dienstes, soweit hier der Entlastungsgedanke nicht zutrifft (vgl. auch Sahmer/Busemann ArbPlSchG E § 2 Nr. 14 Lit. f).

30 Der Arbeitgeber kann die Kündigung gem. § 2 Abs. 3 S. 2 ArbPlSchG **nur innerhalb eines bestimmten Zeitraums** aussprechen. Das Datum der Einstellung einer Ersatzkraft ist der früheste Zeitpunkt für eine Kündigung. Nach § 2 Abs. 3 S. 3 ArbPlSchG kann der Arbeitgeber bis zu zwei Monaten vor der Beendigung des Wehrdienstes spätestens die Kündigung erklären. Versäumt der Arbeitgeber diese bindende Frist, ist die Kündigung – auch bei Vorliegen aller anderen Voraussetzungen – unzulässig. Die Kündigung kann nur mit Wirkung zum Ende des Wehrdienstes oder der Wehrübung erfolgen.

III. Kündigung vor und nach dem Wehrdienst

31 Vor und nach dem Wehrdienst steht dem Arbeitgeber im Allgemeinen das Recht zur ordentlichen und außerordentlichen Kündigung des Arbeitsverhältnisses des Wehrpflichtigen zu. Hiervon sind im Gesetz zwei Ausnahmen vorgesehen:

1. Aus Anlass des Wehrdienstes (§ 2 Abs. 2 S. 1 ArbPlSchG)

32 Zunächst darf das Arbeitsverhältnis eines wehrpflichtigen Arbeitnehmers vor Beginn und nach Beendigung des Wehrdienstes nicht aus Anlass des Wehrdienstes gekündigt werden (§ 2 Abs. 1 S. 1 ArbPlSchG), weder ordentlich noch aus wichtigem Grund fristlos. Das gilt auch für die fristlose Entlassung unmittelbar nach Beendigung einer Wehrübung (*LAG Hamm* 26.5.1967 DB 1967, 1272). Aus Anlass des Wehrdienstes erfolgt jede Kündigung, für die der bestehende oder bereits abgeleistete Wehrdienst den Grund abgibt (vgl. auch die Erwägungen des *BAG* 5.2.1998 EzA § 8 EFZG Nr. 1). Dabei genügt es schon, wenn der Wehrdienst mitbestimmendes Motiv des Arbeitgebers ist. Eine aus Anlass des Wehrdienstes erklärte Kündigung ist rechtsunwirksam (§ 134 BGB). Dieses Kündigungsverbot ist zeitlich nicht begrenzt (*Sahmer/Busemann* E § 2 Nr. 15).

2. Aus dringenden betrieblichen Gründen (§ 2 Abs. 2 S. 2 ArbPlSchG)

33 Weiterhin erfährt das Recht zur Kündigung eine Einschränkung durch die Bezugnahme in § 1 Abs. 2 S. 2 ArbPlSchG auf das KSchG bei denjenigen Arbeitsverhältnissen, die den Vorschriften des KSchG unterliegen. Zwar darf der Arbeitgeber aus dringenden betrieblichen Erfordernissen Kündigungen gegenüber Wehrpflichtigen, die unmittelbar vor dem Dienst stehen oder ihn bereits abgeleistet haben, aussprechen, doch er darf bei der Auswahl der zu entlassenden Arbeitnehmer nicht die Einberufung des wehrpflichtigen Arbeitnehmers zum Wehrdienst zu dessen Ungunsten berücksichtigen. Demnach ist auch die Kündigung aus Anlass des Wehrdienstes, bei der sich der Arbeitgeber auf die Auswahl nach sozialen Gesichtspunkten gem. § 1 Abs. 3 KSchG beruft, unzulässig (*LAG Hamm* 26.5.1967 DB 1967, 1272). Bei einer Kündigung aus dringenden betrieblichen Erfordernissen ist ein zum Zeitpunkt er Kündigungserklärung unter den besonderen Schutz gemäß § 2 Abs. 1 ArbPlSchG fallender Arbeitnehmer dann in die soziale Auswahl mit einzubeziehen, wenn dieser bes. Schutz vor Ablauf der Kündigungsfrist endet (*ArbG Hamburg* 23.4.1998 AiB 1999, 50).

34 Die Einberufung liegt zwar nach dem Wortlaut der Vorschrift nur mit dem Einberufungsbescheid im technischen Sinne vor. Doch Sinn und Zweck des ArbPlSchG – Verhinderung beruflicher Nachteile – gebietet **die Ausdehnung** der Anwendung dieser Vorschrift auch **auf den Bereitstellungsbescheid.** Denn mit dem Bereitstellungsbescheid liegt die Einberufung unmittelbar im Bereich des möglichen. Da der Wehrpflichtige den Bereitstellungsbescheid dem Arbeitgeber auch vorlegen muss, wird dieser rechtzeitig gewarnt und könnte den Schutz des § 2 Abs. 2 S. 2 ArbPlSchG umgehen und die Kündigung vor dem Erlass des Einberufungsbescheides aussprechen (so auch das *ArbG Aalen* 8.3.1965 BB 1965, 791).

3. Beweislastumkehr

35 Das Vorliegen der Tatbestandsmerkmale der Kündigung »**aus Anlass des Wehrdienstes**« und die »**Berücksichtigung der Einberufung**« bei Entlassungen aus dringenden betrieblichen Erfordernissen ist für einen betroffenen Arbeitnehmer schwer zu erkennen und nachzuweisen, weil sie nur Gegenstand eines möglicherweise nach außen hin nicht erkennbaren Entscheidungsfindungsprozesses des Arbeit-

gebers sein können. Nach den allgemeinen Beweisregeln würde dem Arbeitnehmer der Beweis dafür, dass der Arbeitgeber sein Arbeitsverhältnis gerade aus Anlass des Wehrdienstes gekündigt hat, obliegen.

Nach § 2 Abs. 2 S. 3 ArbPlSchG wird die Beweislast jedoch für diese Kündigungsgründe umgekehrt: Nur wenn der Arbeitnehmer behauptet, die Kündigung verstoße gegen die Kündigungsverbote gem. § 2 Abs. 2 S. 1 und 2 ArbPlSchG und der Arbeitgeber dies bestreitet, **muss der Arbeitgeber beweisen**, dass die Einberufung zum Wehrdienst seinen Entschluss zur Kündigung des Wehrpflichtigen nicht bestimmt hat. Entsprechendes gilt im Fall der Nichtübernahme eines Auszubildenden in ein Arbeitsverhältnis (Rz 38). Hinsichtlich der Anforderungen an die Beweisführung muss mindestens verlangt werden, dass der Arbeitgeber Gründe dartut, die unabhängig von der Einberufung bei einem verständig denkenden Arbeitgeber ein Motiv für die Auflösung des Arbeitsverhältnisses darstellen können (*LAG Frankf.* 7.3.1969 AP Nr. 1 zu § 2 ArbPlSchG); denn zunächst einmal spricht die gesetzliche Vermutung bei einer Kündigung des Arbeitgebers nach Kenntniserlangung von der Einberufung des Arbeitnehmers dafür, dass die Kündigung aus diesem Anlass erfolgte und daher gem. § 2 Abs. 2 S. 1 ArbPlSchG unwirksam ist (*LAG Brem.* 1.7.1964 NJW 1965, 12). Die gesetzliche Vermutung des § 2 Abs. 2 S. 3 ArbPlSchG, dass der Arbeitgeber aus Anlass der Einberufung zum Wehrdienst gekündigt hat, gilt auch dann, wenn der ursprüngliche Einberufungsbescheid wegen Ablegung der Abschlussprüfung zunächst zurückgenommen und die Einberufung aufgehoben wird, der Arbeitgeber jedoch alsdann vor der erneuten Einberufung kündigt (*LAG Köln* 6.10.1982 EzB § 2 ArbPlSchG Nr. 1). Zur Beweislast vgl. auch *Lorenz* DB 1978, 890 f.

Unabhängig von der Einberufung zum Wehrdienst kann die Kündigung jedoch auch noch aus anderen Gründen unwirksam sein (zB sozial ungerechtfertigt gem. § 1 Abs. 2 KSchG oder Nichtberücksichtigung sozialer Gesichtspunkte gem. § 1 Abs. 3 KSchG). Hier gelten die sonst für den Kündigungsschutzprozess maßgeblichen Beweisregeln.

IV. Auszubildende (§ 2 Abs. 5 ArbPlSchG)

Das Ablehnungsverbot der Übernahme eines Auszubildenden iSv § 10 BBiG (gilt nicht für Ausbildungsverhältnisse nach § 26 BBiG) in ein Arbeitsverhältnis aus Anlass des Wehrdienstes gilt **nur für bestehende Berufsausbildungsverhältnisse** und hinsichtlich des bisherigen Ausbildungsbetriebes. Andere Arbeitgeber sind hiervon nicht betroffen (BT-Drucks. VI-II/855, S. 6). Zwar liegt in dem Ablehnungsverbot nicht explizit eine gesetzliche Pflicht zum Abschluss eines unbefristeten Arbeitsvertrages nach Beendigung des Ausbildungsverhältnisses, denn das widerspräche nach der Begründung zum ÄndG (BT-Drucks. VIII/855, S. 6) unserer freiheitlichen Wirtschaftsordnung. Doch kann der Gesetzeswortlaut nicht nur als einfacher Appell an den ausbildenden Arbeitgeber verstanden werden. Der Sinn und Zweck des ArbPlSchG besteht gerade darin, Benachteiligungen wegen der Einberufung zum Wehrdienst – insbesondere den Verlust des Arbeitsplatzes – zu verhindern. Wenn der Arbeitgeber aber trotzdem mit dem Auszubildenden ein Arbeitsverhältnis nicht eingeht – insbesondere wenn dies ursprünglich vorgesehen war –, ohne durch andere – betriebliche, persönliche oder verhaltensbedingte – Gründe dazu veranlasst worden zu sein, deren Vorliegen er auch zu beweisen hat (Rz 36), würde dies dem gesetzlichen Verbot der Ablehnung des Arbeitsvertragsschlusses widersprechen (so mit Verweis auf § 249 BGB im Ergebnis auch MünchArbR-*Berkowsky* § 160 Rz 106; aA KDZ-*Zwanziger* Rz 19). Die Nichtübernahme eines einberufenen Wehrpflichtigen in ein Arbeitsverhältnis wegen der Einberufung würde diesen auch ungerechtfertigterweise schlechter stellen als andere junge Arbeitnehmer, die – aus welchen Gründen auch immer – nicht einberufen wurden (Wehrgerechtigkeit). Von der Übernahmepflicht auszunehmen sind allerdings Arbeitgeber, deren Betrieb wirtschaftlich gefährdet wird, wenn er zum Abschluss eines Arbeitsvertrages gezwungen würde. In allen anderen Fällen berechtigt der Verstoß gegen die Pflicht zur Eingehung eines Arbeitsverhältnisses den Arbeitnehmer zur Geltendmachung von Schadensersatzansprüchen (APS-*Dörner* Rz 20; KDZ-*Zwanziger* Rz 20; *Sahmer/Busemann* ArbPlSchG E § 2 Nr. 26).

V. Kündigung von Handelsvertretern

§ 8 Abs. 4 ArbPlSchG lautet: »**Der Unternehmer darf das Vertragsverhältnis aus Anlass der Einberufung des Handelsvertreters zum Grundwehrdienst oder zu einer Wehrübung nicht kündigen.**« Dieses Kündigungsverbot ist der Vorschrift des § 2 Abs. 2 S. 1 ArbPlSchG nachgebildet. Abweichend davon gilt das Verbot der ordentlichen und außerordentlichen Kündigung des § 8 Abs. 4 ArbPlSchG wegen seiner allgemeinen Fassung insgesamt für die Zeit vor, während und nach dem Wehrdienst. Allerdings besteht hier nicht die gesetzliche Vermutung des §2 Abs. 2 S.3 ArbPlSchG, so dass dem Handelsvertreter der Beweis der Tatsachen obliegt, aus denen sich ergibt, dass die Kündigung aus Anlass der Einberufung zum Wehrdienst erfolgt. Liegt dieser Anlass für die Kündigung vor, so ist sie wegen Verstoßes gegen §8 Abs. 4 ArbPlSchG iVm §134 BGB nichtig.

VI. Entlassung von Beamten und Richtern

40 §9 Abs. 6 ArbPlSchG lautet: »**Der Beamte darf aus Anlass der Einberufung zum Grundwehrdienst oder zu einer Wehrübung nicht entlassen werden.**« Diese Vorschrift gilt für Richter gem. §9 Abs. 11 ArbPlSchG entsprechend. Wegen der ohnehin beschränkten Möglichkeiten der Beendigung des Rechtsverhältnisses mit einem Beamten oder Richter kann dieses Entlassungsverbot praktisch nur bei Probe- und Widerrufsverhältnissen bedeutsam sein.

VII. Kündigungsrecht des Arbeitnehmers

41 Von den Vorschriften des §2 ArbPlSchG bleibt das Recht des Arbeitnehmers zur Kündigung nach den allgemeinen arbeitsrechtlichen Grundsätzen unberührt.

VIII. Klagefrist

42 Geht dem Arbeitnehmer nach der Einberufung oder während des Wehrdienstes eine Kündigung zu, so beginnt – wenn er unter den Geltungsbereich des KSchG fällt – die Dreiwochenfrist, binnen derer Kündigungsschutzklage zu erheben ist, erst **nach Ablauf von zwei Wochen nach Beendigung des Wehrdienstes** zu laufen (§2 Abs. 4 ArbPlSchG). Versäumt der Arbeitnehmer diese Frist, so bleibt ihm noch die Möglichkeit entweder der nachträglichen Zulassung durch das Gericht (§6 KSchG) oder bei Kündigung aus anderen als den in §1 Abs. 2 und 3 KSchG genannten Gründen oder bei Nichtbeachtung der Verbotsvorschriften des §2 ArbPlSchG die Möglichkeit der Klage ohne Einhaltung der Dreiwochenfrist (*LAG Köln* 6.10.1982 EzB §2 ArbPlSchG Nr. 1; MünchArbR-*Berkowsky* §160 Rz 107). Ohne Bedeutung ist die Vorschrift des §2 Abs. 4 ArbPlSchG für wehrpflichtige Arbeitnehmer, die nicht dem KSchG unterliegen. Hier richtet sich die Frist für die Erhebung der Klage nach den sonst außerhalb des KSchG geltenden Regeln.

43 ### IX. Auszug aus dem Eignungsübungsgesetz (§§ 1–3)

Gesetz über den Einfluß von Eignungsübungen der Streitkräfte auf Vertragsverhältnisse der Arbeitnehmer und Handelsvertreter sowie auf Beamtenverhältnisse (Eignungsübungsgesetz)

Vom 20. Januar 1956 (BGBl. I S. 13).
Zuletzt geändert durch Drittes Gesetz für moderne Dienstleistungen am Arbeitsmarkt vom 23. Dezember 2003 (BGBl. I S. 2848, 2899).

§ 1 Arbeitsverhältnis bei Einberufung

(1) ¹Wird ein Arbeitnehmer auf Grund freiwilliger Verpflichtung zu einer Übung zur Auswahl von freiwilligen Soldaten (Eignungsübung) einberufen, so ruht das Arbeitsverhältnis während der Eignungsübung bis zur Dauer von vier Monaten. ²Der Beginn der Eignungsübung ist dem Einzuberufenden und seinem Arbeitgeber mindestens vier Wochen vor Übungsbeginn mitzuteilen; die Frist kann mit Zustimmung des Einzuberufenden und seines Arbeitgebers verkürzt werden.

(2) Wird die Eignungsübung vorzeitig beendet und ergibt sich für den Arbeitgeber aus gesetzlichen oder tarifvertraglichen Bestimmungen die Pflicht, vorübergehend für zwei Personen am gleichen Arbeitsplatz Lohn oder Gehalt zu zahlen, so hat der Arbeitgeber Anspruch auf Erstattung der ihm hierdurch ohne sein Verschulden entstandenen Mehraufwendungen.

(3) Ein befristetes Arbeitsverhältnis wird durch die Einberufung zu einer Eignungsübung nicht verlängert; das gleiche gilt, wenn ein Arbeitsverhältnis aus sonstigen Gründen während der Eignungsübung geendet hätte.

§ 2 Kündigungsverbot für den Arbeitgeber

(1) ¹Der Arbeitgeber darf das Arbeitsverhältnis während der Eignungsübung nicht kündigen. ²Das Recht zur außerordentlichen Kündigung aus Gründen, die nicht in der Teilnahme des Arbeitnehmers an einer Eignungsübung liegen, bleibt unberührt.

(2) ¹Aus Anlaß der Teilnahme des Arbeitnehmers an einer Eignungsübung darf der Arbeitgeber das Arbeitsverhältnis während der Eignungsübung nicht kündigen. ²Muß der Arbeitgeber aus dringenden betrieblichen Erfordernissen (§ 1 Abs. 2 des Kündigungsschutzgesetzes) Arbeitnehmer entlassen, so darf bei der Auswahl der zu Entlassenden die Teilnahme eines Arbeitnehmers an einer Eignungsübung nicht zu dessen Ungunsten berücksichtigt werden. ³Kündigt der Arbeitgeber binnen sechs Monaten, nachdem er von der Meldung des Arbeitnehmers bei den Streitkräften zur Teilnahme an einer Eignungsübung Kenntnis erhalten hat, oder innerhalb von drei Monaten im Anschluß an die Eignungsübung, so wird vermutet, daß die Kündigung aus Anlaß der Teilnahme an einer Eignungsübung ausgesprochen und, sofern aus dringenden betrieblichen Erfordernissen Entlassungen erfolgen, bei der Auswahl des Arbeitnehmers seine Teilnahme an einer Eignungsübung zu seinen Ungunsten berücksichtigt worden ist.

(3) Die Vorschriften des Abs. 2 gelten auch, wenn der Arbeitgeber vor Inkrafttreten dieses Gesetzes dem Arbeitnehmer wegen einer beabsichtigten Teilnahme an einer Eignungsübung gekündigt hat.

§ 3 Ende des Arbeitsverhältnisses

(1) ¹Bleibt der Arbeitnehmer im Anschluß an die Eignungsübung als freiwilliger Soldat in den Streitkräften, so endet das Arbeitsverhältnis mit Ablauf der Eignungsübung. ²Die zuständige Dienststelle der Streitkräfte hat dem Arbeitgeber spätestens zwei Wochen vor dem Ende der Eignungsübung die beabsichtigte weitere Verwendung des Arbeitnehmers in den Streitkräften und das Ende der Eignungsübung unverzüglich mitzuteilen.

(2) ¹Setzt der Arbeitnehmer die Eignungsübung über vier Monate hinaus freiwillig fort, so endet das Arbeitsverhältnis mit Ablauf der vier Monate. ²Dies gilt nicht, wenn bis zum Ablauf der vier Monate die Eignung des Arbeitnehmers wegen Krankheit von mehr als vier Wochen nicht endgültig beurteilt worden ist und der Arbeitnehmer aus diesem Grunde die Eignungsübung freiwillig fortsetzt; in diesem Falle ruht das Arbeitsverhältnis höchstens weitere vier Monate. ³Es endet, wenn der Arbeitnehmer die Eignungsübung auch noch über diesen Zeitpunkt hinaus freiwillig fortsetzt. ⁴Abs. 1 S. 2 gilt entsprechend.

Berufsbildungsgesetz (BBiG)

In der Fassung vom 23. März 2005 (BGBl. I S. 931).

§ 21 Beendigung
(1) ¹Das Berufsausbildungsverhältnis endet mit dem Ablauf der Ausbildungszeit. ²Im Falle der Stufenausbildung endet es mit Ablauf der letzten Stufe.
(2) Bestehen Auszubildende vor Ablauf der Ausbildungszeit die Abschlussprüfung, so endet das Berufsausbildungsverhältnis mit Bekanntgabe des Ergebnisses durch den Prüfungsausschuss.
(3) Bestehen Auszubildende die Abschlussprüfung nicht, so verlängert sich das Berufsausbildungsverhältnis auf ihr Verlangen bis zur nächstmöglichen Wiederholungsprüfung, höchstens um ein Jahr.

§ 22 Kündigung
(1) Während der Probezeit kann das Berufsausbildungsverhältnis jederzeit ohne Einhaltung einer Kündigungsfrist gekündigt werden.
(2) Nach der Probezeit kann das Berufsausbildungsverhältnis nur gekündigt werden
1. aus einem wichtigen Grund ohne Einhaltung einer Kündigungsfrist,
2. von Auszubildenden mit einer Kündigungsfrist von vier Wochen, wenn sie die Berufsausbildung aufgeben oder sich für eine andere Berufstätigkeit ausbilden lassen wollen.
(3) Die Kündigung muss schriftlich und in den Fällen des Absatzes 2 unter Angabe der Kündigungsgründe erfolgen.
(4) ¹Eine Kündigung aus einem wichtigen Grund ist unwirksam, wenn die ihr zugrunde liegenden Tatsachen dem zur Kündigung Berechtigten länger als zwei Wochen bekannt sind. ²Ist ein vorgesehenes Güteverfahren vor einer außergerichtlichen Stelle eingeleitet, so wird bis zu dessen Beendigung der Lauf dieser Frist gehemmt.

Literatur
– bis 2004 vgl. KR-Vorauflage –
Natzel Das neue Berufsbildungsgesetz, DB 2005, 610; Opolony Das Recht der Berufsausbildung nach dem Berufsbildungsreformgesetz, BB 2005, 1050; Taubert Neuregelungen im Berufsbildungsrecht, NZA 2005, 503; ders. Die Reform des Berufsbildungsgesetzes, FA 2005, 107; Wohlgemuth Reform des Berufsbildungsrechts, AuR 2005, 241.

Inhaltsübersicht

	Rz		Rz
A. Vorbemerkungen	1–38	1. Ablauf der Ausbildungszeit	
I. Übersicht zum BBiG	1–7	(§ 21 Abs. 1 BBiG)	19–21
1. Entwicklung und Gliederung des BBiG	1, 2	2. Vorzeitiges Bestehen der Abschlussprüfung	
2. Das Berufsausbildungsverhältnis	3–5	(§ 21 Abs. 2 BBiG)	22–24
3. Kündigungsvorschriften	6, 7	3. Verlängerung bis zur Wiederholungsprüfung	
II. Regelungs- und Geltungsbereich des BBiG	8–18	(§ 21 Abs. 3 BBiG)	25–28
1. Regelungsbereich	8–14	4. Weiterarbeitsklauseln	29–35
a) Berufsausbildungsverhältnisse	9–11	5. Verlängerung durch Wehrdienst	36
b) Fortbildungs- und Weiterbildungsverhältnisse	12	IV. Beendigung durch Aufhebungsvertrag	37, 38
c) Anlernlinge, Volontäre und Praktikanten	13, 14	B. Erläuterungen zum Kündigungsrecht (§ 22 BBiG)	39–142
2. Geltungsbereich	15–18	I. Kündigung des Berufsausbildungsverhältnisses	39–110
a) Betrieblicher Geltungsbereich	15	1. Keine ordentliche Kündigung	39, 40
b) Öffentlicher Dienst	16	2. Kündigung vor Antritt der Ausbildung	41
c) Ausbildung auf Schiffen	17		
d) Heilberufe	18	3. Kündigung während der Probezeit (§ 22 Abs. 1 BBiG)	42–43b
III. Regelmäßige Beendigung des Berufsausbildungsverhältnisses	19–36		

	Rz
4. Kündigung aus wichtigem Grund (§ 22 Abs. 2 Ziff. 1 BBiG)	44–83
a) Wichtiger Grund	45–48
b) Unzumutbarkeit	49
c) Einzelne Fallgruppen zum wichtigen Grund bei der Kündigung durch den Ausbildenden	50–74
aa) Verhalten des Auszubildenden im Betrieb	50–61
bb) Verhalten gegenüber der Person des Ausbildenden	62
cc) Leistungen des Auszubildenden im Betrieb	63
dd) Leistungen des Auszubildenden in der Berufsschule	64
ee) Gründe in der Person des Auszubildenden	65
ff) Kriminelles Verhalten	66, 67
gg) Außerbetriebliches Verhalten	68
hh) Gründe im Betrieb des Ausbildenden	69–74
d) Einzelne Fallgruppen zum wichtigen Grund bei der Kündigung durch den Auszubildenden	75–82
aa) Ausbildungsmängel beim Ausbildenden oder im Betrieb	76, 77
bb) Verstöße gegen Arbeitsschutzvorschriften	78
cc) Verhalten des Ausbildenden	79
dd) Betriebliche Gründe	80, 81
ee) Gründe in der Person des Auszubildenden	82
e) Vereinbarung weiterer Tatbestände der Vertragsparteien als wichtiger Grund	83
5. Berufsaufgabe oder -wechsel (§ 22 Abs. 2 Ziff. 2 BBiG)	84–91
a) Erklärung	85
b) Rechtsfolgen	86, 87
c) Wahrheitspflicht	88
d) Wechsel der Ausbildungsstätte	89, 90
e) Einzelfälle	91

	Rz
6. Schriftliche Begründung der Kündigung (§ 22 Abs. 3 BBiG)	92–95
a) Schriftform (§ 22 Abs. 3 BBiG)	93
b) Angabe der Gründe	94, 95
7. Kündigung innerhalb der Zweiwochenfrist (§ 22 Abs. 4 S. 1 BBiG)	96–104
a) Zeitpunkt der Kündigung	96
b) Ausschlussfrist	97
c) Lauf der Frist	98–102
d) Kündigungsverzicht, Verzeihung	103, 104
8. Kündigungserklärung von und gegenüber Minderjährigen	105–110
a) Gesetzlicher Vertreter	106, 107
b) Schriftform der Einwilligung	108
c) Kündigung durch den Ausbildenden	109
d) Nichtanwendbarkeit des § 113 BGB	110
II. Verfahren vor dem zuständigen Ausschuss gem. § 111 Abs. 2 ArbGG	111–122
1. Verfahren als Prozessvoraussetzung	111
2. Zuständigkeit des Ausschusses bei Kündigungsstreitigkeiten	112–114
3. Frist für die Anrufung des Ausschusses	115–118
4. Verfahren vor dem Schlichtungsausschuss	119-120
5. Nichtanrufung	121
6. Anfechtung des Schiedsspruchs	122
III. Kündigungsschutzklage	123
IV. Folgen bei unberechtigter Kündigung	124
V. Einstweilige Verfügung auf Weiterbeschäftigung	125–126a
VI. Nachträgliches Feststellungsinteresse	127
VII. Einzelne Folgen der Beendigung	128–142
1. Schadenersatz	128–139
2. Arbeitspapiere	140
3. Urlaubsanspruch	141
4. Arbeitslosenunterstützung	142

A. Vorbemerkungen

I. Übersicht zum BBiG

1. Entwicklung und Gliederung des BBiG

1 Mit dem Gesetz zur Reform der beruflichen Bildung (Berufsbildungsreformgesetz – BerBiRefG) vom 23.3.2005 werden die Regelungen des BBiG vom 4.8.1969 (BGBl. I S. 1112) abgelöst. Das BerBiRefG soll den veränderten Anforderungen an die jungen Menschen beim Einstieg in die Berufswelt Rechnung tragen (vgl. iE Begr. zum GesetzE BT-Drucks. 15/3980, S. 38 ff.). Die Kernpunkte des BerBiRefG bestehen in der Möglichkeit, zeitlich begrenzte Abschnitte der Berufsausbildung im Ausland durchzuführen, Teile der Abschlussprüfung bereits während der Ausbildung abzulegen, Absolventen von voll-

zeitschulischen und sonstigen Berufsausbildungsgängen zur Kammerabschlussprüfung zuzulassen, Vorqualifikationen verbessert anrechnen zu lassen, neue Ausbildungs- und Prüfungsformen zu entwickeln und zu erproben (zur Entwicklung des BBiG vgl. auch Voraufl. Rz 1). Die Vorschriften über Beginn und Beendigung des Ausbildungsverhältnisses, die vormals in den §§ 13 bis 16 BBiG geregelt waren, befinden sich in den §§ 20 bis 23 BBiG nF und sind im Wesentlichen unverändert geblieben. Der Begriff des Auszubildenden (Lehrlings) wird vom Gesetzgeber aus Gründen der »sprachlichen Gleichstellung« in den Plural – »Auszubildende« – verändert (Begr. BT-Drucks. aaO).

Das BBiG gliedert sich nach der Reform gem. dem BerBiRefG in sieben Teile. Nach den im ersten Teil beschriebenen Zielen und Begriffen zählen zur Berufsbildung iSd BBiG die Berufsausbildungsvorbereitung, die Berufsausbildung, die berufliche Fortbildung und die berufliche Umschulung. Das BBiG gilt für die Berufsbildung, soweit sie nicht in berufsbildenden Schulen durchgeführt wird, die den Schulgesetzen unterstehen (§ 3). Es gilt nicht für die Berufsbildung im Rahmen von Studiengängen an den Hochschulen, nicht in öffentlich-rechtlichen Dienstverhältnissen und nicht auf Kauffahrteischiffen. Für die Berufsbildung in Berufen der HWO gelten Teile des BBiG nicht (vgl. § 3 Abs. 3 BBiG). Im zweiten Teil des BBiG werden die o.g. Formen der Berufsbildung einschließlich derjenigen für behinderte Menschen geregelt. Die Teile drei bis sieben betreffen die für Berufsbildung zuständigen Stellen und Behörden, Forschung, Planung, Statistik, Bußgeld-, Übergangs- und Schlussvorschriften. 2

2. Das Berufsausbildungsverhältnis

Die Vorschriften über die Begründung, die Pflichten der Auszubildenden und Ausbildenden, die Vergütung, Beginn und Beendigung des Berufsausbildungsverhältnisses befinden sich im 2. Teil, §§ 10–26 BBiG. Hier wird ausdrücklich die **Anwendung der für den Arbeitsvertrag geltenden Vorschriften** auf den Berufsausbildungsvertrag statuiert (§ 10 Abs. 2). Die **Vorschriften des 2. Teils sind unabdingbar**, dh sie dürfen zu Ungunsten des Auszubildenden einzel- oder kollektivrechtlich nicht abgeändert werden; diesen Mindestnormen entgegenstehende Vereinbarungen sind nichtig (§ 25). Mögliche günstigere Regelungen können nicht im Gesamtpaket verglichen werden, sondern jede einzelne Bestimmung bedarf des Vergleichs (*BAG* 8.10.1958 AP Nr. 2 zu § 10 UrlG Hamburg, AP Nr. 1 zu Art. 7 UrlG Bayern). 3

Das Berufsausbildungsverhältnis wird **durch Vertrag begründet**, dh es unterfällt den auch sonst für Verträge geltenden Vorschriften des BGB. Insbesondere für die Eingehung des Berufsausbildungsverhältnisses ist zu beachten, dass die Ermächtigung des gesetzlichen Vertreters nach **§ 113 BGB nicht anwendbar** ist (vgl. Rz 105 ff., insbes. 110; aA *Natzel* BBiG S. 101 f.). Nicht zur Formnichtigkeit des Berufsausbildungsvertrages führt die Nichteinhaltung der Schriftform des § 4 Abs. 1 S. 1 BBiG. Auch die Nachweisrichtlinie RL 91/533/EWG hat hierzu nichts geändert *(BAG* 21.8.1997 EzB § 4 BBiG Nr. 29). Ansonsten gelten für Berufsausbildungsverträge grds. die gleichen Voraussetzungen für die Nichtigkeit wie für Arbeitsverträge, insbesondere Verstoß gegen ein gesetzliches Verbot (§ 134 BGB) oder Beschränkung in der Geschäftsfähigkeit (vgl. Rz 105 ff.). Im Übrigen ergeben sich Nichtigkeitsgründe gem. § 12 BBiG: 4

§ 12 Nichtige Vereinbarungen
(1) ¹Eine Vereinbarung, die Auszubildende für die Zeit nach Beendigung des Berufsausbildungsverhältnisses in der Ausübung ihrer beruflichen Tätigkeit beschränkt, ist nichtig. ²Dies gilt nicht, wenn sich Auszubildende innerhalb der letzten sechs Monate des Berufsausbildungsverhältnisses dazu verpflichten, nach dessen Beendigung mit den Ausbildenden ein Arbeitsverhältnis einzugehen.
(2) Nichtig ist eine Vereinbarung über
1. die Verpflichtung Auszubildender, für die Berufsausbildung eine Entschädigung zu zahlen,
2. Vertragsstrafen,
3. den Ausschluss oder die Beschränkung von Schadenersatzansprüchen,
4. die Festsetzung der Höhe eines Schadenersatzes in Pauschbeträgen.

Für das Berufsausbildungsverhältnis gelten zwar die arbeitsrechtlichen Vorschriften, doch wird es durch seinen besonderen Charakter im Rahmen einer Berufsausbildung und Erziehung geprägt und ist daher **kein Arbeitsverhältnis im engeren Sinne** (*Wohlgemuth/Lakies* § 10 Rz 4). Der besondere Charakter zeigt sich auch in seiner Befristung, die vom Zweck her sachlich begründet ist, die aber eine Verkürzung oder Verlängerung des Ausbildungsvertrages zulässt (§ 21 Abs. 3, § 8, § 10). Wird im Rahmen des **Strafvollzuges** zwischen dem Träger der Vollzugsanstalt und einem Strafgefangenen ein Berufsausbildungsverhältnis begründet, so handelt es sich hierbei nicht um ein privatrechtliches, sondern 5 um ein öffentlich-rechtliches Rechtsverhältnis. Für Rechtsstreitigkeiten aus einem solchen Rechtsverhältnis sind die Gerichte für Arbeitssachen nicht zuständig (*BAG* 18.11.1986 EzA § 2 ArbGG 1979 Nr. 8). Jugendliche, die aufgrund eines Förderprogramms des Bundes mit dem Träger eines überbetrieblichen Ausbildungszentrums einen Berufsausbildungsvertrag iSd § 10 BBiG abgeschlossen haben und in dessen Berufsausbildungsstätten nicht für den Eigenbedarf ausgebildet werden, sind Auszubildende iSd § 5 Abs. 1 BetrVG (*BAG* 26.11.1987 EzA § 5 BetrVG 1972 Nr. 46).

3. Kündigungsvorschriften

6 Das Berufsausbildungsverhältnis **endet normalerweise durch Ablauf der Ausbildungszeit** (§ 21 Abs. 1), ohne dass es einer besonderen Erklärung bedarf. Bereits vor diesem Zeitpunkt kann das Vertragsverhältnis gekündigt werden, und zwar während der Probezeit jederzeit ohne Kündigungsfrist (§ 22 Abs. 1), nach der Probezeit nur aus wichtigen Gründen fristlos (§ 22 Abs. 2 Nr. 1) und vom Auszubildenden wegen Berufsaufgabe oder -wechsels mit einer vierwöchigen Kündigungsfrist (§ 22 Abs. 2 Nr. 2). An diesen Regelungen hat sich mit dem Inkrafttreten des BerBiRefG 2005 materiell nichts geändert.

7 Diese Kündigungsregeln schließen eine ordentliche oder befristete Kündigung aus (zur Verfassungsmäßigkeit des Ausschlusses der ordentlichen Kündigung vgl. *Hartmann* AuR 1971, 46). Die Einschränkung des Kündigungsrechts gilt für alle Ausbildungsverhältnisse ohne Unterschied (*LAG Bln.* 24.5.1968 Entsch. Kal. 1968/II Fachreg. 4 S. 487). Im Übrigen gelten uneingeschränkt die sonstigen arbeitsrechtlichen **Kündigungsbeschränkungen und Kündigungsverbote** (vgl. auch *KR-Bader* § 9 MuSchG; *KR-Weigand* § 2 ArbPlSchG; *KR-Etzel* §§ 85–90 SGB IX). Schließlich ist bei jeder Kündigung § 102 Abs. 1 BetrVG zu beachten. Zum Weiterbeschäftigungsanspruch gem. § 78a BetrVG für Mitglieder der Betriebsvertretung s. *KR-Weigand* § 78a BetrVG. **Vor jeder Kündigung eines Berufsausbildungsverhältnisses** – auch in der Probezeit – **ist der Betriebsrat gem. § 102 Abs. 1 BetrVG bzw. der Personalrat gem. den jeweils einschlägigen bundes- bzw. landespersonalvertretungsrechtlichen Regelungen anzuhören;** denn gem. § 5 Abs. 1 BetrVG gilt dieses Gesetz auch für Ausbildungsverhältnisse (*ArbG Oldenburg* 13.12.1976 AuR 1977, 123). Ebenso bedarf die Kündigung eines **schwerbehinderten Auszubildenden** der vorherigen **Zustimmung** des **Integrationsamtes** (*BAG* 10.12.1987 NZA 1988, 428).

II. Regelungs- und Geltungsbereich des BBiG

1. Regelungsbereich

8 Das BBiG regelt unter dem Oberbegriff der Berufsbildung die **Berufsausbildung (einschließlich Vorbereitung), die berufliche Fortbildung** und die **berufliche Umschulung** (§ 1 Abs. 1 BBiG). Der Regelungsbereich erfaßt allerdings nicht die Berufsbildung, soweit sie in berufsbildenden Schulen, die den Schulgesetzen der Länder unterstehen, durchgeführt wird (§ 3 Abs. 1 BBiG). Der Begriff der »Berufsbildung« im BBiG ist enger als der gem. §§ 5 Abs. 1, 60 Abs. 1 BetrVG (*BAG* 30.10.1991 EzA § 5 BetrVG 1972 Nr. 50).

a) Berufsausbildungsverhältnisse

9 Die Vorschriften über die Beendigung und Kündigung von Berufsausbildungsverhältnissen (§§ 21, 22 BBiG) befinden sich im 2. Teil des BBiG; der nicht die berufliche Fortbildung und Umschulung, sondern speziell nur das Berufsausbildungsverhältnis betrifft. Unter Berufsausbildung ist eine breit angelegte berufliche Grundbildung sowie die Vermittlung der für die Ausübung einer qualifizierten beruflichen Tätigkeit notwendigen fachlichen Fertigkeiten und Kenntnisse in einem geordneten Ausbildungsgang zu verstehen. Mit dem BerBiRefG 2005 sind die Begriffe der »Fertigkeiten und Kenntnisse« durch den Begriff der »Fähigkeiten« zum Merkmal der »beruflichen Handlungsfähigkeit« ergänzt worden. Damit sollen Anforderungen wie Team-, oder Kommunikationsfähigkeiten als Elemente eines modernen Berufsbildungssystems hervorgehoben werden (§ 1 Abs. 3 BBiG). Die Berufsausbildung zeichnet sich weiter durch ihre **Verknüpfung mit Betriebsarbeit** aus, dh durch ihre Eingliederung in den laufenden Produktions- und Dienstleistungsprozess (vgl. *BAG* 21.7.1993 EzA § 5 BetrVG 1972 Nr. 56; 16.10.1974 EzA § 5 BBiG Nr. 2). Die schulisch angelegte Ausbildung wird gem. § 3 Abs. 1 BBiG explizit aus dem Geltungsbereich des 1. und 2. Teils des BBiG ausgeklammert (*BAG* 16.10.1974 aaO für die Pilotenausbildung in einer Verkehrsfliegerschule; vgl. dazu auch *BAG* 24.2.1999 EzA § 5 ArbGG 1979 Nr. 32). Sie liegt vor, wenn die Ausbildung an einer eigenen Akademie des Unternehmens erfolgt und für die Zulassung Hochschulreife oder eine gleichwertige Vorbildung nötig ist.

Ein solches – schulisches – Ausbildungsverhältnis kann so gestaltet sein, dass es wie ein Arbeitsverhältnis geregelt ist (*BAG* 20.1.1977 EzA § 611 BGB Ausbildungsverhältnis Nr. 8 im speziellen Fall der Ausbildung in einer Dienststelle der BA).

Für die wirksame **Begründung** eines Berufsausbildungsverhältnisses (vgl. § 10 BBiG) ist der Abschluss eines nicht der Schriftform bedürftigen Berufsausbildungsvertrages notwendig, dessen wesentlicher Inhalt aber spätestens noch vor dem Beginn der Berufsausbildung vom Ausbildenden schriftlich niederzulegen ist (§ 11 BBiG; vgl. dazu *Wohlgemuth/Lakies* § 11 Rz 12 ff.). Die Nichteinhaltung des Erfordernisses der **Schriftform** des § 11 Abs. 1 S. 1 BBiG führt zur Nichtigkeit des Berufsausbildungsvertrages. Hieran hat die Nachweisrichtlinie RL 91/533/EWG (NachweisG vom 25.7.1995 – BGBl. I S. 946) nichts geändert (*BAG* 21.8.1997 EzA § 4 BBiG Nr. 1). 10

Im Einzelnen betrifft der 2. Teil (§§ 10 bis 26) des BBiG in seinem persönlichen Geltungsbereich sämtliche Personen, die gem. dem Verzeichnis der **anerkannten Ausbildungsberufe** (§§ 4 ff. BBiG) in einem Berufsausbildungsverhältnis stehen. Dazu zählen insbesondere die sog. Lehrverhältnisse früheren Rechts, auch Berufsausbildungsverhältnisse im Rahmen des Strafvollzugs, soweit diese gem. § 39 Abs. 1 StVollzG außerhalb der Vollzugsanstalt durchgeführt werden. 11

b)   Fortbildungs- und Weiterbildungsverhältnisse

Fortbildungs- und Weiterbildungsverhältnisse (vgl. § 1 Abs. 4 BBiG sowie § 77 SGB III) werden grds. nicht von den Regelungen, die für Berufsausbildungsverhältnisse gelten, erfasst (*Natzel* BBiG S. 314), sondern finden ihre spezielle Regelung in den §§ 53 – 57 BBiG (*BAG* 15.3.1991 EzB § 47 aF BBiG Nr. 19). Dabei wird davon ausgegangen, dass die berufliche Fortbildung (vgl. *Natzel* BBiG S. 327 ff.) und Weiterbildung (wie auch in der Praxis üblich) im Rahmen bestehender Arbeitsverhältnisse durchgeführt wird (vgl. zB § 89 BetrVG), die dem allgemeinen arbeitsrechtlichen Schutzvorschriften unterliegen. Soweit Maßnahmeteilnehmer als in der Ausbildung befindliche Arbeitnehmer von anderen Gesetzen erfasst werden (zB zu ihrer Berufsbildung Beschäftigte gem. § 23 Abs. 1 S. 2 KSchG, *BAG* 7.9.1983 EzA § 23 KSchG Nr. 6; *ArbG Köln* 12.2.1980 DB 1981, 700; zB (vormals) Umschüler in einem Berufsausbildungsverhältnis gem. § 5 Abs. 1 BetrVG, *BAG* 10.2.1981 EzA § 5 BetrVG 1972 Nr. 37) bedeutet dies lediglich, dass der Begriff des Ausbildungsverhältnisses in diesen Vorschriften weiter gefasst ist als er nach den §§ 10 ff. BBiG vorausgesetzt wird, die auf Ausbildungsverhältnisse der Weiterbildungsteilnehmer und der Teilnehmer an berufsvorbereitenden Maßnahmen für jugendliche Arbeitslose nicht anwendbar sind (*BAG* 10.2.1981 EzA § 5 BetrVG 1972 Nr. 37). Ein **Umschulungsverhältnis** konnte insoweit nur gem. § 626 BGB aus wichtigem Grund außerordentlich gekündigt werden (*BAG* 15.3.1991 aaO sieht eine Vereinbarung nach der ein von der BA gefördertes Umschulungsverhältnis bei Wegfall der Förderung enden soll, insoweit als unwirksam an, als sie sich auf die Einstellung der Förderung aus jedem in der Person des Umschülers liegenden Grund bezieht und zwar ohne Rücksicht darauf, ob eine außerordentliche Kündigung rechtfertigen könnte. Wenn ein Umschulungsverhältnis (zB durch Unterhaltsgeld von der AA finanziert) nicht die Merkmale eines Arbeitsverhältnisses aufweist, bedarf seine Beendigung nicht der Schriftform gem. § 623 BGB (*BAG* 19.1.2006 EzA § 47 BBiG aF Nr. 2). Erfolgt die berufliche Fortbildung oder Weiterbildung insbesondere für einen anerkannten Ausbildungsberuf dagegen **im Rahmen isolierter Rechtsverhältnisse**, wie sie dem Berufsausbildungsverhältnis gem. den §§ 10 ff. BBiG (vgl. Rz 5) entsprechen (§ 26 BBiG), so gelten auch für sie die Beendigungs- und Kündigungsregeln der §§ 21, 22 BBiG (so auch *ArbG Osnabrück* 5.7.1976 ARSt 1965, 163, Nr. 146). Umschüler gehörten zu den zu ihrer Berufsbildung Beschäftigten iSd § 23 Abs. 1 S. 1 KSchG, wenn sie im Rahmen eines mehrjährigen Vertragsverhältnisses zu einem anerkannten Ausbildungsberuf ausgebildet wurden (*BAG* 7.9.1983 EzA § 23 KSchG Nr. 6). Die Anwendung der besonderen Kündigungsregelung gem. § 22 BBiG gerade auf diese Vertragsverhältnisse (dagegen *ArbG Würzburg* 21.4.1983 EzB § 626 BGB Nr. 20) war gerechtfertigt auch im Lichte der besonderen Anstrengungen, denen sich die Fort- und Umschüler unterziehen, denn sie sind oft älter und familiär gebunden und verzichten auf ihr bisheriges Gehalt (so für Umschüler: *ArbG Reutlingen* 18.11.1975 BB 1976, 745; KDZ-*Däubler* § 19 BBiG aF Rz 11). Sozialversicherungsrechtlich wurden Umschüler, die in einem geregelten Ausbildungsgang eine umfassende Fachausbildung erhalten, den Auszubildenden gleichgestellt (*BSG* 26.6.1985 – 12 RK 14/84 – nv). Ebenso ist der Rechtsweg zu den Arbeitsgerichten bei Streitigkeiten um das Bestehen von Berufsausbildungs- und Weiterbildungsverhältnissen auch mit sonstigen Berufsbildungseinrichtungen gegeben, wenn das Rechtsverhältnis auf einem privatrechtlichen Vertrag beruht und es sich nicht um schulische Berufsbildung handelt (*BAG* 21.5.1997 NZA 1997, 1013); so auch für Umschulungsverhältnisse *BAG* 24.9.2002 EzA § 5 ArbGG 1979 Nr. 37; 24.2.1999 EzA § 5 ArbGG 1979 Nr. 32. 12

c) Anlernlinge, Volontäre und Praktikanten

13 Ebenso können auch Anlernlinge, Volontäre und Praktikanten (zu den Begriffen vgl. *Natzel* BBiG S. 316 ff.; *Scherer* Verträge mit Praktikanten, NZA 1986, 280) den Auszubildenden gleichgestellt sein und unterliegen somit nach § 26 BBiG den Kündigungsregelungen gem. §§ 21, 22 BBiG (vgl. *BAG* 1.12.2004 EzA BetrVG § 78a Nr. 1; 19.6.1974 EzA § 19 BBiG aF Nr. 1; 20.2.1975 EzA Art. 12 GG Nr. 12; *Wohlgemuth/Pieper* § 26 Rz 2 ff.; überwieg. Teil der Lit., vgl. Nachweise bei *Fangmann* Die Rechtsstellung des Praktikanten, AuR 1977, 201 ff.). Dann darf allerdings die **Einstellung nicht durch einen allgemeinen Arbeitsvertrag** erfolgen, an den allgemeines Arbeitsrecht anknüpft. Vielmehr müssen die Parteien einen besonderen Ausbildungsvertrag geschlossen haben, aufgrund dessen berufliche Kenntnisse, Fertigkeiten oder Erfahrungen vermittelt werden (vgl. *KDZ-Däubler* Vorb. BBiG Rz 10). Zwar handelt es sich hierbei ebenfalls um einen Arbeitsvertrag, doch steht im Unterschied zum oben genannten Arbeitsverhältnis der Ausbildungszweck im Vordergrund. Die Ausbildung muss in ihrer betrieblich-praktischen Ausprägung gegenüber der schulisch-theoretischen überwiegen (für das in einem Kindergarten geleistete Berufspraktikum *LAG Hamm* 23.10.1980 ARSt 1982, 93). Gem. § 26 BBiG wird das Rechtsverhältnis der Personen mit diesem Ausbildungsstatus, zB Anlernlinge, Volontäre und Praktikanten, durch die §§ 10 bis 26 geregelt und folglich von den genannten Beendigungs- und Kündigungsvorschriften betroffen. Dieses besondere Ausbildungsverhältnis erfährt Ausnahmen vom ordentlichen Berufsausbildungsverhältnis insofern, als die gesetzliche Probezeit abgekürzt, auf die Vertragsniederschrift verzichtet und bei vorzeitiger Lösung des Vertragsverhältnisses nach Ablauf der Probezeit abweichend von § 23 Abs. 1 S. 1 BBiG Schadenersatz nicht verlangt werden kann (§ 26 BBiG). Behinderte iSd § 97 SGB III können im Berufsbildungswerk zu ihrer Berufsausbildung Beschäftigte sein (*BAG* 13.5.1992 EzA § 5 BetrVG 1972 Nr. 54).

14 Keine Anwendung findet § 26 BBiG auf **Studenten,** die innerhalb ihres Studiums und als dessen Bestandteil ein Praktikum absolvieren (vgl. *BAG* 19.6.1974 EzA § 19 BBiG aF Nr. 1; *KDZ-Däubler* § 19 BBiG aF Rz 7), so zB das Praktikum der Studenten einer Fachhochschule für Sozialwesen oder die gemäß der Approbationsordnung für Ärzte vom 28.10.1970 im Rahmen des Studiums zu absolvierende praktische Arbeit in Krankenanstalten während 12 Monaten, weil es sich hierbei um eine in das Gesamtstudium integrierte schulische Ausbildung handelt (*BAG* 25.3.1981 EzA § 19 BBiG aF Nr. 3; *LAG Bln.* 31.1.1978 AuR 1979, 29; *Natzel* BBiG S. 314). Ebenso betrifft der Vorbereitungsvertrag zur Einführung von Anwärtern auf eine Tätigkeit im Rahmen der Entwicklungshilfe kein Berufsausbildungsverhältnis, weil keine berufskundlichen Kenntnisse vermittelt werden (*BAG* 27.7.1977 AP Nr. 2 zu § 611 BGB Entwicklungshelfer). Nicht einschlägig im Rahmen des BBiG ist auch ein mit einer Privatschule über zwei Jahre geschlossener Unterrichtsvertrag (*OLG Frankf.* 12.5.1981 NJW 1981, 2760). Ebenso wenig gelten die Vorschriften des BBiG für die Ausbildung zum Gewerkschaftssekretär einer Einzelgewerkschaft (*LAG Stuttg.* 17.11.1983 – 11 Sa 148/83). Die Praktikanten des Modellstudienganges »Betriebswirtschaft mit Schwerpunkt Wirtschaftsinformatik« der Technischen Fachhochschule Berlin und die Praktikanten im berufspraktischen Studiensemester der Technischen Universität Berlin sind zur Berufsausbildung Beschäftigte iSd BetrVG (*BAG* 30.10.1991 EzA § 5 BetrVG 1972 Nr. 50), nicht aber iSd BBiG. Helfer im freiwilligen sozialen Jahr sind weder Arbeitnehmer noch zu ihrer Berufsausbildung Beschäftigte iSd § 5 Abs. 1 BetrVG (*BAG* 12.10.1992 EzA § 5 BetrVG 1972 Nr. 53).

2. Geltungsbereich

a) Betrieblicher Geltungsbereich

15 Das BBiG gilt für die Berufsbildung in Betrieben der Wirtschaft, in vergleichbaren Einrichtungen außerhalb der Wirtschaft, insbesondere des öffentlichen Dienstes, der Angehörigen freier Berufe und in Haushalten sowie in Berufsbildungseinrichtungen und berufsbildenden Schulen, soweit sie nicht den Schulgesetzen der Länder unterliegen (§ 2 Abs. 1 BBiG). Gem. § 2 Abs. 3 können Teile der Berufsausbildung im Ausland durchgeführt werden, wenn dies dem Ausbildungsziel dient. Zwar enthält die HandwO (§§ 21 ff.) noch Regelungen für die Ausbildung im handwerklichen Bereich, doch gelten die Vorschriften über die Beendigung und Kündigung im BBiG auch für Ausbildungsverhältnisse in Handwerksbetrieben unmittelbar.

b) Öffentlicher Dienst

16 Dem Geltungsbereich des BBiG entzogen ist einmal die Berufsausbildung von Personen, die in einem öffentlich-rechtlichen Dienstverhältnis stehen (§ 3 Abs. 2 Ziff. 2 BBiG), dh Beamte, Richter und Solda-

ten, deren Dienstverhältnis kraft Verwaltungsaktes begründet wird. Der Beamtenbegriff ist hierbei umfassend zu verstehen. Ebenso sind die Beamtenanwärter, wenn sie ausdrücklich mit dem ausschließlichen Ziel einer späteren Verwendung als Beamter ausgebildet werden, dem Geltungsbereich des BBiG entzogen. Nicht ausgenommen sind dagegen Personen, die im öffentlichen Dienst aufgrund privatrechtlichen Dienstverhältnisses für die Tätigkeit als Arbeiter oder Angestellter ausgebildet werden (*LAG Frankf.* 27.10.1970 DB 1971, 1627). Durch den Abschluss eines **privatrechtlichen Ausbildungsvertrages** zum Zwecke der Ablegung der **Zweiten Staatsprüfung** für das Lehramt an öff. Schulen entsteht kein Berufsausbildungsverhältnis nach dem BBiG iSd § 9 BPersVG (*BAG* 23.8.1984 AP Nr. 1 zu § 9 BPersVG). Wird der Ausbildungsvertrag unter dem Vorbehalt der gesundheitlichen Eignung geschlossen und ergeben sich gesundheitliche Bedenken gegen die Eignung für den Ausbildungsberuf, so entfaltet die zulässige aufschiebende Bedingung rechtliche Wirkung (*LAG Hamm* 12.9.2006 – 9 Sa 2313/05).

c) **Ausbildung auf Schiffen**

Der Geltungsbereich des BBiG erfasst zum anderen nicht die Berufsausbildung auf Kauffahrteischiffen 17 (§ 3 Abs. 2 Ziff. 3 BBiG), die nach dem Flaggenrechtsgesetz vom 8.2.1951 idF v. 25.6.2004 (BGBl. I S. 1389) die Bundesflagge führen, soweit es sich nicht um kleine Hochsee- oder Küstenschiffe handelt, auf denen die Ausbildungsverhältnisse wiederum jenen zu Land ähnlicher sind. Für die Berufsausbildung auf Kauffahrteischiffen gelten die aufgrund des § 142 Abs. 1 SeemG erlassenen Verordnungen: Verordnung über die Berufsausbildung zum Matrosen in der Seeschifffahrt und über den Erwerb des Matrosenbriefs (Matrosen-Ausbildungsordnung) vom 23.5.1975 (BGBl. I S. 1264); Verordnung über die Berufsausbildung zum Schiffsmechaniker, zur Schiffsmechanikerin und über den Erwerb des Schiffsmechanikerbriefes (Schiffsmechaniker-Ausbildungsverordnung – SM AusbV –) vom 24.4.1983 (BGBl. I S. 338), geändert durch VO vom 21.3.1984 (BGBl. I S. 490). Weitere Einzelheiten vgl. *Natzel* BBiG S. 472 ff.

d) **Heilberufe**

Nicht in den Geltungsbereich des BBiG fällt grds. die – **schulisch** geprägte – Berufsausbildung in Heil- 18 und Heilhilfsberufen (so auch zuletzt *BAG* 17.3.1982 EzA § 14 BBiG Nr. 4, dh für den Hebammenberuf, den Beruf als Krankenschwester, -pfleger (die Krankenpflegeschule eines Stifts kann eine berufsbildende Schule iSd § 3 Abs. 1 BBiG entsprechend der landesgesetzlichen Regelung sein, *LAG Frankf.* 15.5.1977 AuR 1978, 219). Krankenpflegehelfer, Kinderkrankenschwester, medizinisch- und pharmazeutisch-technische Assistentin, Masseur und Krankengymnasten. Wenn dagegen das Ausbildungsverhältnis in der Krankenpflege überwiegend **arbeitsrechtlich betrieblich** gestaltet ist, finden die Vorschriften des BBiG insoweit Anwendung, als sie nicht offen und eindeutig im Widerspruch zu Regelungen des Krankenpflegegesetzes stehen (*GmS-OGB* 27.1.1983 NJW 1983, 2070; vgl. KDZ-*Däubler* Vorb. BBiG aF Rz 12; *Wohlgemuth* § 3 Rz 9 f.). Unter diesen Voraussetzungen endet gem. § 21 Abs. 2 BBiG mit dem Zeitpunkt der Prüfung das Ausbildungsverhältnis einer Krankenschwester, die vor Ablauf der nach § 9 Abs. 1 Krankenpflegegesetz vorgesehenen dreijährigen Lehrgangsdauer die Abschlussprüfung nach § 13 Krankenpflegegesetz erfolgreich bestanden hat (*GmS-OGB* 27.1.1983 aaO; *BAG* 14.12.1983 – 5 AZR 818/79 – nv; zur Geltung des § 22 Abs. 2 Ziff. 1 im Rahmen einer Ausbildung in einer Berufsschule für Krankengymnastik vgl. *OVG HH* 30.3.2004 VjA-EzB § 15 Abs. 2 Nr. 1 BBiG aF Nr. 8). In diesem Zeitpunkt endet auch der Anspruch auf Unterhaltsgeld (*BSG* 14.6.1983 AuB 1983, 378; 18.18.1983 AuB 1983, 379).

III. **Regelmäßige Beendigung des Berufsausbildungsverhältnisses**

1. **Ablauf der Ausbildungszeit (§ 21 Abs. 1 BBiG)**

Nach § 21 Abs. 1 endet das Berufsbildungsverhältnis idR mit dem Ablauf der Ausbildungszeit. Dabei 19 geht das Gesetz davon aus, dass die Ausbildungszeit sich nach der Ausbildungsordnung oder – soweit vorhanden – nach einer einzelvertraglichen Abrede richtet. Im Rahmen der §§ 21 Abs. 3 und 8 Abs. 1 und 2 kann die Ausbildungszeit verkürzt oder verlängert werden (die Entscheidung des Arbeitgebers über die generelle Verkürzung bestimmter Ausbildungsberufe ist gem. § 98 Abs. 1 BetrVG mitbestimmungspflichtig, *BAG* 24.8.2004 EzA § 98 BetrVG 2001 Nr. 1) und endet gem. § 21 Abs. 1 mit Ablauf der veränderten Ausbildungsperiode. Auch wenn der Auszubildende nicht zur Abschlussprüfung zugelassen wird – etwa wegen fehlender Voraussetzungen gem. § 43 – oder er sie nicht ablegen will – ein Zwang besteht nicht (*LAG Brem.* 19.4.1960 DB 1960, 1131; weitere Nachw. bei *Natzel* S. 267) –, endet das

Ausbildungsverhältnis mit Ablauf der vereinbarten Frist. Allerdings kann der Ausbildende in diesem Fall verpflichtet sein, eine Nachausbildungszeit zu vereinbaren (*ArbG Hamm* 20.5.1968 DB 1968, 1762). Wenn die Abschlussprüfung nach dem vereinbarten Ende der Ausbildungszeit stattfindet, gilt eine entsprechende Verlängerung idR als stillschweigend vereinbart, wenn die Ausbildung im Hinblick auf die Prüfung tatsächlich fortgesetzt wird (*ArbG Verden* 6.1.1966 ARSt 1966, 57, Nr. 99; KDZ-*Däubler* § 14 aF Rz 6).

20 Erfolgt die Berufsausbildung in sachlich und zeitlich besonders gegliederten, aufeinander aufbauenden Stufen, so soll nach jeder Stufe ein Ausbildungsabschluss vorgesehen werden, der sowohl zu einer qualifizierten beruflichen Tätigkeit iSd § 1 Abs. 3 BBiG befähigt, als auch die Fortsetzung der Ausbildung in weiteren Stufen ermöglicht (§ 5 Abs. 2 Ziff. 1 BBiG). Diese Stufenausbildung ist vertraglich nicht pro einzelner Stufe gesondert zu vereinbaren, sondern gilt als Regelfall der geordneten Berufausbildung und wird über den gesamten Zeitraum in einem einheitlichen Vertrag zusammengefasst. Gemäß § 21 Abs. 1 S. 2 BBiG endet das Stufenausbildungsverhältnis mit Ablauf der letzten Stufe.

21 Eine während des Berufsausbildungsverhältnisses eingetretene **Schwangerschaft** (vgl. auch unten zum Mutterschutz bei bestehender Weiterarbeitsklausel Rz 34 sowie KR-*Bader* § 9 MuSchG Rz 16) hindert den Ausbildenden nicht, sich auf die durch den Fristablauf gegebene Beendigung des Ausbildungsverhältnisses zu berufen (*ArbG Hanau* 21.8.1969 ARSt 1970, 103, Nr. 104; *Wohlgemuth/Lakies* § 21 Rz 21). Diese für das Berufsausbildungsverhältnis geltende Regelung wird aus gleich lautenden Grundsätzen für das befristete Arbeitsverhältnis (*BAG* 12.10.1960 EzA § 620 BGB Nr. 2) abgeleitet. Allerdings sind Auszubildende und Anlernlinge in den Mutterschutz gem. § 9 MuSchG (absoluter Kündigungsschutz) einbegriffen; denn Ausbildungsverhältnisse sind Arbeitsverhältnisse iSd § 1 MuSchG (vgl. Ausschussberatungen des BT zum MuSchG 1952, Bericht über die 180. Sitzung des BT v. 12.12.1951, S. 75, 19 C; *BVerwG* 26.8.1970 NJW 1970, 1328; *LAG Bln.* 1.7.1985 BB 1986, 62 mit Hinweis auf § 3 Abs. 2 BBiG). Die Berufung auf die Befristung ist dann ein unzulässiger Rechtsmissbrauch und daher nicht wirksam, wenn eine Verlängerung des Vertragsverhältnisses (in Betracht kommt die Übernahme in ein Arbeitsverhältnis oder eine Verlängerung der Ausbildungszeit) ausschließlich mit Rücksicht auf die Schwangerschaft abgelehnt wird (*Schaub* § 170 V 5, S. 1266 mit Bezugnahme auf *LAG Düsseld.* 23.2.1956 AP Nr. 2 zu § 620 BGB Probearbeitsverhältnis; *BAG* 28.11.1963 EzA § 620 BGB Nr. 5; APS-*Biehl* § 14 BBiG aF Rz 8). Dies ist zu vermuten, wenn die Auszubildende sich bewährt hat und für eine Übernahme in ein unbefristetes Arbeitsverhältnis in Frage kam oder die Ausbildungsverträge vergleichbarer Auszubildender in Arbeitsverhältnisse umgewandelt wurden (vgl. *Hueck/Nipperdey* I § 69, III 9b, S. 732, FN 76; *Bulla* § 9 Rz 33). Wird die Auszubildende im Anschluss an das Berufsausbildungsverhältnis beschäftigt, ohne dass hierüber ausdrücklich etwas vereinbart worden ist (erscheint zB die Auszubildende zu dem der Beendigung des Ausbildungsverhältnisses folgenden Arbeitstag und wird sie auf Weisung oder auch nur mit Wissen des Ausbildenden oder seines Vertreters tätig [*LAG Hamm* 14.7.1976 ARSt 1978, 30, Nr. 1071], so gilt ein Arbeitsverhältnis auf unbestimmte Zeit als begründet [§ 24 BBiG]). Ausnahmen vom Kündigungsschutz sind nach § 9 Abs. 3 MuSchG nur mit vorheriger Einwilligung der zuständigen Landesbehörde zulässig (*LAG Hamm* 7.2.1979 Fredebeul Bd. 1, S. 191). Nach dem *VG Köln* (25.2.1992 EzB § 39 BBiG aF Nr. 15) kann eine Auszubildende, solange sie sich in Erziehungsurlaub befindet, ihre Ausbildungszeit nicht zurücklegen und kann ihre Ausbildungszeit in dieser Periode nicht enden iSd § 43 Abs. 1 Nr. 1 BBiG.

2. Vorzeitiges Bestehen der Abschlussprüfung (§ 21 Abs. 2 BBiG)

22 Bestehen Auszubildende vor dem regelmäßigen oder vereinbarten Ablauf der Ausbildungszeit die Abschlussprüfung, so **endet mit der Bekanntgabe des Ergebnisses durch den Prüfungsausschuss das Berufsausbildungsverhältnis** (§ 21 Abs. 2 BBiG). Dieser Zeitpunkt liegt erst vor, wenn das Prüfungsverfahren abgeschlossen ist und dem Auszubildenden das Ergebnis der Abschlussprüfung verbindlich mitgeteilt worden ist. Diese Regelung gem. BerBiRefG 2005 schreibt die st. Rspr. des BAG (*BAG* 16.6.2005 EzA § 14 BBiG aF Nr. 13; vgl. auch Voraufl. Rz 22) fest. Damit wird die vormals gegebene Möglichkeit der Festlegung eines anderen Zeitpunktes im Rahmen einer von der zuständigen Stelle erlassenen Prüfungsordnung ausgeschlossen (vgl. Voraufl. Rz 22; so auch ErfK-*Schlachter* § 21 BBiG Rz 3).

23 Arbeitet der Auszubildende nach Ablegung der Prüfung und vor Feststellung des Prüfungsergebnisses **weiter**, so hat er Anspruch auf den entsprechenden Gesellen- bzw. Facharbeiterlohn, wenn er entsprechend qualifizierte Arbeiten ausführt (*BAG* 16.6.2005 EzA BBiG § 14 aF Nr. 13; 25.7.1973 EzA § 611 BGB Ausbildungsverhältnis Nr. 3). Wenn der Auszubildende nach Abschluss der vorgeschriebenen Fach-

prüfung (nach § 21 Abs. 2 das Ende des Ausbildungsverhältnisses) beim ausbildenden Arbeitgeber weiterarbeitet, gilt damit nach § 24 BBiG ein Arbeitsverhältnis auf unbestimmte Zeit begründet, wenn im Ausbildungsvertrag nicht ausdrücklich das Gegenteil vereinbart worden ist (BAG 16.6.2005 VjA-EzB § 14 Abs. 2 BBiG aF Nr. 35). Wird ein **Arbeitsvertrag aus sozialen Gründen** abgeschlossen, um dem Arbeitnehmer nach Abschluss seiner Ausbildung bei der Überwindung von Übergangsschwierigkeiten zu helfen, so kann dies die Befristung eines solchen Vertrages sachlich rechtfertigen. Voraussetzung ist jedoch, dass gerade die sozialen Belange des Arbeitnehmers und nicht die Interessen des Betriebes für den Abschluss des Arbeitsvertrages ausschlaggebend gewesen sind. Hierfür ist der Arbeitgeber darlegungs- und beweispflichtig (im Anschluss an die Urteile des Siebten Senats des BAG 3.10.1984 sowie 26.4.1985 EzA § 620 BGB Nr. 73 und 74). Diese Befristungsmöglichkeit ist nunmehr gem. § 14 Abs. 1 Nr. 6 TzBfG geregelt und nach diesen Tatbestandsmerkmalen zulässig (vgl. Anh. V zu AGG, KR-*Lipke* § 14 TzBfG Rz 182 ff.). Im Übrigen kann im Anschluss an die Ausbildung ein **befristetes Arbeitsverhältnis** gem. § 14 Abs. 1 Nr. 2 TzBfG zulässig sein (vgl. KR-*Lipke* aaO, Rz 84 ff.). Ein Arbeitsverhältnis auf unbestimmte Zeit gilt nicht nur dann als begründet, wenn der Auszubildende nach Beendigung des Ausbildungsverhältnisses auf Weisung tätig wird, sondern auch, wenn er lediglich mit Wissen des Ausbildenden oder eines Vertreters weiterarbeitet (LAG Hamm 14.7.1976 DB 1977, 127). Das BAG hält es nicht für zwingend geboten, die nach der hL für § 625 BGB geltenden Grundsätze ohne weiteres auf § 24 BBiG zu übertragen. Anders als im Falle des § 625 BGB geht es bei der Überleitung des Berufsausbildungsverhältnisses in ein Arbeitsverhältnis nicht um eine unveränderte Fortsetzung der bisherigen Tätigkeit. Mit der Beendigung der Ausbildung ist vielmehr für die Begründung eines Arbeitsverhältnisses zumeist die Zuweisung anderer Aufgaben erforderlich. Das könnte dafür sprechen, dass im Rahmen des § 24 BBiG grds. die Kenntnis des bisherigen Ausbilders von der Beendigung des Ausbildungsverhältnisses vorausgesetzt wird. Es kann dahingestellt bleiben, wie weit die gesetzliche Fiktion des § 24 BBiG reicht und ob ein mutmaßlicher Parteiwille erforderlich ist (BAG 5.4.1984 – 2 AZR 55/83 – nv). Ein Arbeitsverhältnis auf bestimmte Dauer wird nicht begründet, wenn der Ausbildende zuvor ausdrücklich erklärt hatte, sich nach Bestehen der Abschlussprüfung vom Auszubildenden trennen zu wollen (LAG Frankf. 14.6.1982 EzB § 14 Abs. 2 BBiG aF Nr. 13).

Bei **Nichtbestehen der Prüfung,** die bereits vor Vertragsende stattgefunden hat, wird die vereinbarte 24 Dauer des Ausbildungsverhältnisses nicht berührt.

3. Verlängerung bis zur Wiederholungsprüfung (§ 21 Abs. 3 BBiG)

Wenn der Auszubildende die Abschlussprüfung nicht besteht, kann er verlangen, in der bisherigen 25 Ausbildungsstätte weiter ausgebildet zu werden, und zwar bis zur – dem Auszubildenden (*Brill* BB 1978, 208, 209) – **nächstmöglichen Wiederholungsprüfung**, allerdings nur bis **höchstens ein Kalenderjahr**, nicht ein Ausbildungsjahr (BAG 7.10.1971 EzA § 14 BBiG Nr. 2; LAG Hamm 9.11.1978 BB 1979, 631). Für den Beginn des Verlängerungszeitraumes ist das Ende der ursprünglichen Ausbildungszeit maßgebend. Die Regelung gem. § 21 Abs. 3 BBiG dient der Verwirklichung der Berufsfreiheit (Art. 12 GG) des Auszubildenden (BAG 15.3.2000 EzA § 14 BBiG aF Nr. 11). Für die Verlängerung bedarf es keines entsprechenden Vertrages zwischen den Parteien oder eines privatrechtsgestaltenden Bescheids der zuständigen Stelle, denn sie tritt gem. § 21 Abs. 3 BBiG kraft Gesetzes – ähnlich der Regelung gem. § 78a Abs. 2 S. 1 BetrVG (vgl. KR-*Weigand* § 78a BetrVG Rz 30 ff.) – ein, ohne dass der Ausbildende dies verweigern könnte (LAG Bln. 25.2.2000 LAGE § 14 BBiG aF Nr. 4). Der Verlängerungsanspruch ist unverzichtbar (§ 25 BBiG). Bei einem dreijährigen Berufsausbildungsverhältnis stellt das Verlängerungsjahr bis zur Wiederholungsprüfung nicht ein viertes Ausbildungsjahr dar (LAG Hamm 14.7.1976 DB 1977, 126). Das Berufsausbildungsverhältnis verlängert sich auf Verlangen auch, wenn nicht zu erwarten ist, dass der Auszubildende die Wiederholungsprüfung besteht (ArbG Emden 19.12.1973 ARSt 1974, 62, Nr. 1045). Nimmt er an der nächsten Wiederholungsprüfung teil, endet das Ausbildungsverhältnis mit dem Datum der Mitteilung des Prüfungsergebnisses. Bleibt der Auszubildende auch bei seinem zweiten Prüfungsversuch erfolglos, so kann er zwar zum dritten Mal sich prüfen lassen (§ 37 Abs. 1 S. 2), jedoch gewährt § 21 Abs. 3 BBiG einen Anspruch auf Verlängerung des Ausbildungsverhältnisses nur bis zur zweiten Wiederholungsprüfung, wenn diese noch innerhalb der Höchstfrist von insgesamt einem Jahr (§ 21 Abs. 3 letzter Satzteil) abgelegt wird. Dies ergibt sich aus dem Sinn des § 21 Abs. 3 BBiG, dem Auszubildenden die erfolgreiche Beendigung des Berufsausbildungsverhältnisses zu ermöglichen (BAG 26.9.2001 VjA EzB § 14 Abs. 3 BBiG aF Nr. 23; 15.3.2000 EzA § 14 BBiG aF Nr. 10; LAG Köln 7.6.1996 EzB § 14 Abs. 3 BBiG aF Nr. 15a; *Natzel* S. 268; *Gedon/Spiertz* § 14 BBiG aF Rz 32; **aA** Vorinstanz LAG Düssed. 9.6.1998 EzB § 14 Abs. 3 BBiG aF Nr. 17; APS-*Biehl* § 14 BBiG aF Rz 21, wonach der eindeutige Gesetzeswortlaut eine Verlängerung nicht zulasse). Für die Zeit der Ausbildung nach nicht bestandener Gesellenprüfung bis zur Wiederholungsprüfung besteht kein Anspruch auf die tarifliche Ausbildungsvergütung für das vierte Ausbildungsjahr. Die tarifliche Ausbildungsvergütung für ein viertes Ausbildungsjahr ist nur für die Ausbildungsberufe vorgesehen, die von vornherein eine längere als dreijährige Ausbildungszeit haben (*BAG* 8.2.1978 EzA § 10 BBiG aF Nr. 1). Die Vorschrift des § 21 Abs. 3 BBiG ist – analog – auch bei **entschuldigtem Fehlen** (zB wegen **Krankheit**) in der Abschlussprüfung anwendbar (*BAG* 30.9.1998 EzB § 14 Abs. 3 BBiG aF Nr. 18; HzA-*Taubert* Berufliche Bildung Rz 261; *Sarge* DB 1993, 1034; **aA** *ArbG Bln.* 15.12.1985 EzB § 29 Abs. 3 BBiG aF Nr. 3). Findet die Abschlussprüfung erst nach dem vertraglich vereinbarten Ausbildungsende statt, so kann der Auszubildende in Analogie zu § 21 Abs. 3 BBiG die Fortsetzung des Berufsausbildungsverhältnisses bis zum Zeitpunkt der Mitteilung des Prüfungsergebnisses verlangen (*ArbG Leipzig* 21.5.1998 EzB § 14 Abs. 3 BBiG aF Nr. 16 mit Darstellung des Meinungsstands; **aA** *LAG BW* 14.12.2005 – 10 Sa 51/05 – EzA-SD Heft 14/2006, S. 9).

26 Der Anspruch auf Verlängerung des Berufsausbildungsverhältnisses nach § 21 Abs. 3 BBiG entsteht mit Kenntnis des Auszubildenden vom Nichtbestehen der Abschlussprüfung (*BAG* 23.9.2004 EzA § 14 BBiG aF Nr. 12). Das Verlangen der weiteren Ausbildung erfolgt durch Abgabe der entsprechenden **eindeutigen Willenserklärung** (*LAG Hamm* 14.7.1976 aaO), mit deren Zugang beim Ausbildenden die Verlängerung – auch gegen dessen Willen – unmittelbar ausgelöst wird (so auch *Herkert* § 14 BBiG aF Rz 8; *Wohlgemuth/Lakies* § 21 Rz 47; **aA** *Natzel* S. 270). Im Übrigen ist **keine Form vorgeschrieben** (HzA-*Taubert* aaO Rz 263). Ist der Auszubildende noch minderjährig, so muss entsprechend den Regeln bezüglich der rechtsgeschäftlichen Handlungen beschränkt Geschäftsfähiger (§§ 106 ff. BGB) die schriftliche Einwilligung der gesetzlichen Vertreter der Verlangenserklärung beigelegt werden (vgl. Rz 105 ff.). Wenn die Abschlussprüfung erst fünf Monate nach dem Ende der Ausbildungszeit abgelegt werden kann, ist es nicht arglistig, sich auf den Schutz des § 78a BetrVG zu berufen (*LAG Stuttg.* 13.10.1977 DB 1978, 548).

27 Eine **Frist** für die Geltendmachung des Anspruchs auf Verlängerung des Berufsausbildungsverhältnisses sieht das Gesetz nicht vor. Erklärt der Auszubildende **vor dem Ablauf der im Berufsausbildungsvertrag vereinbarten Ausbildungszeit** sein Verlangen auf Fortsetzung, verlängert sich das Vertragsverhältnis unabhängig davon, wie lange der Auszubildende vom Nichtbestehen der Prüfung Kenntnis hatte. Die Geltendmachung des Verlängerungsanspruchs ist insoweit **nicht fristgebunden** (ErfK-*Schlachter* § 21 BBiG Rz 4).

28 Aber auch **nach dem Ablauf der vereinbarten Ausbildungszeit** kann der Auszubildende die Fortsetzung der Ausbildung bis zur nächsten Prüfung noch verlangen. Allerdings tritt die Rechtsfolge gem. § 21 Abs. 3 BBiG nur ein, wenn er den Anspruch **unverzüglich** und damit ohne schuldhaftes Zögern (§ 121 BGB) geltend macht (*BAG* 23.9.2004 EzA § 14 BBiG aF Nr. 12). Dafür ist der Auszubildende darlegungs- und beweispflichtig. Unverzüglich ist der Verlängerungsanspruch dem Ausbildenden gegenüber auch aus verfassungsrechtlichen Gründen zu erklären, weil die Rechtsfolge kraft Gesetzes aufgrund einseitiger Erklärung ohne jede Willenserklärung des Ausbildenden eintritt und damit in seine Berufs- und Handlungsfreiheit eingreift (Art. 12, 2 Abs. 1 GG). Ob die Vertragsverlängerung unverzüglich verlangt worden ist, bestimmt sich nach den Verhältnissen des Einzelfalls. Bei der Bemessung dieser Frist ist zu berücksichtigen, dass dem Auszubildenden eine angemessene Überlegungsfrist verbleibt, um sich nach dem Scheitern in der Prüfung über die weitere Gestaltung der Ausbildung und ggf. den Ausbildungsbetrieb Klarheit zu verschaffen. Geht dem Ausbildenden das Verlängerungsverlangen erst nach Ablauf des Vertragsverhältnisses zu, ohne dass die Gründe dafür der Risikosphäre des Auszubildenden zuzurechnen sind, so liegt nach der Rspr. des BAG kein schuldhaftes Zögern vor (*BAG* 23.9.2004 EzA § 14 BBiG aF Nr. 12). In welchem zeitlichen Rahmen eine Überlegungsfrist angemessen ist (zB 2 bis 4 Wochen nach *Wohlgemuth/Lakies* § 21 Rz 49; KDZ-*Däubler* § 14 BBiG aF Rz 17; mehrere Wochen nach *BAG* 23.9.2004 EzA § 14 BBiG aF Nr. 12), lässt sich abstrakt nicht in Tagen oder Wochen beziffern. Die Interessenlagen des Ausbildenden (weitere Verfügbarkeit des Ausbildungsplatzes) und des Auszubildenden (zielstrebige Vorbereitung auf die Wiederholungsprüfung) sowie die -nachvertragliche- Treuepflicht des Auszubildenden gebieten des, dass dieser bereits nach wenigen Tagen nach der Prüfung dem Ausbildenden anzeigt, welchen Zeitraum er für seine Überlegungsfrist benötigen wird.

4. Weiterarbeitsklauseln

29 Nach dem Ende des Berufsausbildungsverhältnisses sind die Vertragsparteien **nicht verpflichtet, ein Arbeitsverhältnis zu begründen** (*BAG* 20.11.2003 VjA-EzB § 17 BBiG aF Nr. 31; 11.4.1984 EzB § 17 BBiG

aF Nr. 12 auch bzgl. Anspruch aus TV). Allerdings gilt einerseits ein Arbeitsverhältnis auf unbestimmte Zeit als begründet, wenn der Auszubildende im Anschluss an das Berufsausbildungsverhältnis beschäftigt wird, ohne dass hierüber ausdrücklich etwas vereinbart worden ist (§ 24 BBiG, *BAG* 16.6.2005 EzA BBiG § 14 aF Nr. 13; s. auch Rz 23). Andererseits kann sich aber eine Verpflichtung zur Weiterarbeit auch aufgrund eines Kollektiv- oder Einzelvertrages ergeben (vgl. *Hueck/Nipperdey* I § 73, V, S. 757), jedenfalls für den ausbildenden Arbeitgeber. Davon unabhängig steht es den Parteien frei, ein befristetes Arbeitsverhältnis nach Maßgabe des § 14 Abs. 1 TzBfG, insbes. Abs. 1 Nr. 2, zu vereinbaren (vgl. *KR-Lipke* § 14 TzBfG). Zum Schadensersatzanspruch des ehemaligen Auszubildenden, der ohne Zustimmung des Betriebsrats zur Befreiung des Arbeitgebers von der Übernahmepflicht nicht in ein Arbeitsverhältnis übernommen wird (§§ 280, 251 Abs. 1 1. Alt. BGB vgl. *BAG* 29.9.2005, EzA § 611 BGB 2002 Einstellungsanspruch Nr. 1).

Insbesondere finden sich häufig in den Berufsausbildungsverträgen sog. Weiterarbeitsklauseln (vgl. zB die Formulare für Einheitsverträge der zuständigen Stellen), wonach sich an die Beendigung des Ausbildungsverhältnisses ein Arbeitsverhältnis anschließen soll, sofern nicht drei Monate vor der Beendigung des Ausbildungsverhältnisses eine Partei der anderen schriftlich mitteilt, dass sie ein Arbeitsverhältnis nicht eingehen wolle. Soweit derartige Weiterarbeitsklauseln dahin verstanden werden, dass sich das Arbeitsverhältnis qua Vereinbarung automatisch an das Ausbildungsverhältnis anschließt oder die Parteien wegen der vereinbarten Klausel nach dem Ende des Ausbildungsverhältnisses ein Arbeitsverhältnis zu den (branchen-)üblichen Bedingungen einzugehen haben (vgl. *Hueck/Nipperdey* I aaO; *Nikisch* I § 55, VI 6, S. 882; *Schaub* § 174, VII 3, S. 1314 f.; *LAG SchlH* 7.3.1967 DB 1967, 1902), sind sie nichtig (*BAG* 31.1.1974 EzA § 5 BBiG aF Nr. 1; *Wohlgemuth/Lakies* § 12 Rz 13). Eine solche Weiterarbeitsklausel beschränkt den Auszubildenden für die Zeit nach Beendigung des Ausbildungsverhältnisses in der Ausübung seiner beruflichen Tätigkeit und ist wegen Verstoßes gegen § 5 Abs. 1 S. 1 BBiG aF, der die Entschlussfreiheit des Auszubildenden schützen soll, nichtig (**aA** *LAG Düsseld.* 26.9.1973 BB 1974, 696). Wie die Wettbewerbsverbote beschränken ebenso Weiterarbeitsklauseln den Auszubildenden insofern, als er nach Beendigung seines Ausbildungsverhältnisses nicht mehr frei bestimmen kann, mit wem und unter welchen Bedingungen er künftig beruflich tätig wird. 30

Allerdings ist eine Weiterarbeitsklausel entsprechend dem Rechtsgedanken des § 25 BBiG nicht zu beanstanden, soweit der ausbildende Arbeitgeber der Mitteilungspflicht unterliegt, wenn er kein Arbeitsverhältnis mit dem Auszubildenden eingehen will. Erfolgt die entsprechende Mitteilung nicht oder nicht rechtzeitig, so entsteht mit Ende des Ausbildungsverhältnisses ein Arbeitsverhältnis auf unbestimmte Zeit. Durch diese einseitige Bindung wird der Arbeitgeber nicht unbillig belastet; denn einerseits ist der Auszubildende zu seiner Existenzsicherung auf einen Arbeitsplatz angewiesen und braucht die rechtzeitige Mitteilung, andererseits kann der Arbeitgeber sich innerhalb der vertraglichen Frist durch Rücktritt von der eingegangenen Vereinbarung befreien (*BAG* 13.3.1975 EzA § 5 BBiG aF Nr. 3). Darüber hinaus steht es dem ausbildenden Arbeitgeber frei, den Auszubildenden nach folgenden Modalitäten an sich zu binden: 31

Gem. § 12 Abs. 1 S. 2 BBiG kann der Auszubildende sich innerhalb der letzten sechs Monate des Ausbildungsverhältnisses verpflichten, nach dessen Beendigung mit dem Ausbildenden ein Arbeitsverhältnis einzugehen. Neben dem unbefristeten ist damit auch ein befristetes Arbeitsverhältnis ohne Einschränkung zugelassen, sei es gem. § 14 Abs. 1 TzBfG, sei es mit sachlichem Befristungsgrund, zB zur Aushilfe oder sei es nach bes. Rechtsvorschriften, zB § 23 des Bundeserziehungsgeldgesetzes. Durch eine befristete Beschäftigung sollen die Jugendlichen praktische Berufserfahrungen sammeln und ihre Chance verbessern können, entweder im Betrieb in ein unbefristetes Arbeitsverhältnis übernommen zu werden oder auf dem allgemeinen Arbeitsmarkt eine Anstellung zu finden (Begründung zum Gesetzentwurf, BT-Drucks. 13/4612, S. 18). Das Gesetz geht bei dieser Regelung davon aus, dass der Auszubildende in den letzten sechs Monaten vor Beendigung des Ausbildungsverhältnisses mit genügend Sachkunde über seine berufliche Zukunft entscheiden kann (vgl. schriftlichen Bericht des Ausschusses für Arbeit über den Gesetzentwurf zum BBiG, BT-Drucks. V/4260 zu § 5; *Herkert* § 5 aF Rz 1; *Weber* § 5 aF Rz 1; *Müller* § 5 Rz 17). 32

Die sechsmonatige Frist gilt seit dem 1.10.1996. Bei der bis dahin geltenden dreimonatigen Frist ging der Gesetzgeber von der in den 60er Jahren herrschenden Wirtschafts- und Arbeitsmarktlage mit Arbeitskräftemangel aus und wollte die Auszubildenden vor frühzeitigen Bindungen an den Betrieb schützen. Mit dem Arbeitsrechtlichen Beschäftigungsförderungsgesetz vom 25.9.1996 wird die Frist gem. § 12 Abs. 1 S. 2 BBiG auf sechs Monate verdoppelt, um den Auszubildenden möglichst frühzeitig vor Beendigung des Ausbildungsverhältnisses die Sicherheit zu ermöglichen, im Ausbildungsbetrieb 32a weiterbeschäftigt zu werden (vgl. Begr. BT-Drucks. 13/4612, S. 18). Nichtig ist die Bestimmung in einem Ausbildungsvertrag, durch die ein Auszubildender bei Abschluss des Ausbildungsvertrages einseitig verpflichtet wird, zwei Jahre nach Beendigung der Ausbildungszeit im Ausbildungsbetrieb zu verbleiben (*LAG SchlH* 15.8.1962 DB 1962, 1574).

33 Die Überführung eines Ausbildungsverhältnisses in ein Arbeitsverhältnis aufgrund der Weiterarbeitsklausel ist als **mitbestimmungsbedürftige Einstellung** iSd § 99 BetrVG anzusehen, da es sich nicht lediglich um eine Verlängerung oder Fortsetzung eines Arbeitsverhältnisses handelt (*LAG Hamm* 14.7.1982 DB 1982, 2303; *ArbG Kiel* 6.5.1970 BB 1970, 844; *Wohlgemuth/Lakies* § 24 Rz 32). Bei einem Ausbildungsverhältnis handelt es sich nicht um ein Arbeitsverhältnis im engeren Sinne (vgl. Rz 5). Schließlich ist ein Ausbildungsverhältnis stets zeitlich befristet. Wenn demgegenüber sich der Sachverhalt ändert und ein neues unbefristetes Arbeitsverhältnis begründet werden soll, rechtfertigt diese neue Situation im Hinblick auf die Interessen der Belegschaft die Annahme, dass die Fortbeschäftigung wie eine Einstellung iSv § 99 Abs. 1 BetrVG zu werten ist, die der Zustimmung des Betriebsrates bedarf (*LAG Hamm* 14.7.1982 aaO). Dem steht nicht entgegen, dass Zeiten, die ein Auszubildender im Betrieb zurückgelegt hat, auf die Wartezeit gem. § 1 Abs. 1 KSchG angerechnet werden können.

34 Soll nach der Vereinbarung im Berufsausbildungsvertrag das Vertragsverhältnis nach dem Ende der Ausbildung automatisch in ein Arbeitsverhältnis übergehen, wenn nicht drei Monate vor dem Ausbildungsende der Arbeitgeber eine gegenteilige Erklärung abgibt, und teilt die Auszubildende dem Arbeitgeber mit, sie sei schwanger, so entfaltet die Erklärung des Arbeitgebers, er beabsichtige die Weiterbeschäftigung nicht, keine Rechtswirkung. Denn in der Klausel zur Weiterbeschäftigung liegt bereits der Abschluss eines Arbeitsvertrages und ein absoluter Verpflichtungswille der Parteien. Eine Ablehnung der Weiterbeschäftigung wirkt dann praktisch wie eine Kündigung des ab dem Ausbildungsende beginnenden Arbeitsverhältnisses, wodurch der Arbeitgeber die Auszubildende den Gefahren und Nachteilen aussetzt, die das besondere Kündigungsverbot des § 9 MuSchG gerade verhindern will (*ArbG Würzburg* 26.7.1966 ARSt 1966, 131, Nr. 196).

35 Lehnt der Auszubildende die Eingehung eines Arbeitsverhältnisses nach Abschluss der Ausbildung ab, so hat dies keinen Bezug auf den Vorbehalt der **Rückzahlung einer Weihnachtsgratifikation** im Fall der Kündigung des Arbeitsverhältnisses durch den Arbeitnehmer (*BAG* 12.11.1966 EzA § 611 BGB Gratifikation, Prämie Nr. 12). Der nach der Beendigung der Ausbildung beim gleichen Arbeitgeber in ein Arbeitsverhältnis Übernommene erwirbt den Anspruch auf **Entgeltfortzahlung im Krankheitsfall** (§ 3 Abs. 3 EFZG) ohne erneute Wartezeit (*BAG* 20.8.2003 EzA § 3 EFZG Nr. 11).

5. Verlängerung durch Wehrdienst

36 Die Auswirkungen der Einberufung eines Auszubildenden zum Wehrdienst ergeben sich aus dem ArbPlSchG vom 30.3.1957, idF vom 14.2.2001 (BGBl. I S. 253). Einerseits verbietet es, aus Anlass des Wehrdienstes das Ausbildungsverhältnis einseitig zu lösen (vgl. dazu KR-*Weigand* § 2 ArbPlSchG). Andererseits schreibt § 6 Abs. 3 ArbPlSchG vor, dass die Zeit des Grundwehrdienstes oder einer Wehrübung auf Probe- und Ausbildungszeiten nicht anzurechnen sind. Folglich verlängert sich automatisch die Ausbildungszeit um die Dauer der Fehlzeit, die der Auszubildende bei der Bundeswehr oder der entsprechenden Ersatzorganisation verbracht hat (*Wohlgemuth/Lakies* § 21 Rz 59). Das gilt auch dann, wenn die Befristung des Ausbildungsverhältnisses nicht auf einen Zeitraum, sondern durch ein bestimmtes Datum, an dem die Ausbildungszeit ablaufen soll, vereinbart ist. § 6 Abs. 3 ArbPlSchG geht insoweit vor.

IV. Beendigung durch Aufhebungsvertrag

37 Das Berufsausbildungsverhältnis kann im Wege einverständlicher Aufhebung beendet werden (*BAG* 10.11.1988 EzA § 15 BBiG aF Nr. 7; *Wohlgemuth/Pieper* § 22 Rz 4). Der Aufhebungsvertrag bedarf gem. § 623 BGB zu seiner Wirksamkeit der **Schriftform**. Er kann jederzeit, auch bereits vor Beginn der Ausbildung, abgeschlossen werden und beendet zum vereinbarten Zeitpunkt das Ausbildungsverhältnis. Ein minderjähriger Auszubildender bedarf zur Abgabe der erforderlichen Willenserklärung zum Aufhebungsvertrag der Zustimmung seines gesetzlichen Vertreters (vgl. Rz 105 ff.). Übrige Beschränkungen bei der Beendigung des Berufsausbildungsverhältnisses entfallen bei der Lösung durch Aufhebungsvertrag. Allerdings dürfen durch den Abschluss eines Aufhebungsvertrages zwingende Kündigungsschutzvorschriften nicht umgangen werden (vgl. auch *Große* BB 1993, 2081). Daher ist eine einzelvertragliche Vereinbarung, nach welcher ein Berufsausbildungsverhältnis ohne weiteres endet,

wenn das Zeugnis des Auszubildenden für das nächste Berufsschulhalbjahr in einem von bestimmten in der Vereinbarung aufgeführten Fächern die Note »mangelhaft« aufweist, wegen Umgehung zwingenden Kündigungsrechts unwirksam (*BAG* 5.12.1985 EzA § 620 BGB Bedingung Nr. 5 im Anschluss an *BAG* 19.12.1974 EzA § 305 BGB Nr. 6). Ein Aufhebungsvertrag ist dann nicht anfechtbar, wenn die angedrohte Kündigung aus einem wichtigen Grund gerechtfertigt gewesen wäre (*ArbG Frankfurt/M.* 15.2.2006 VjA-EzB § 22 BBiG 2005 Nr. 2). Die Aufhebung eines **Umschulungsvertrages** bedarf nicht der Schriftform. § 623 BGB findet auch keine analoge Anwendung; denn ein Umschulungsverhältnis weist idR nicht die Merkmale eines Arbeitsverhältnisses auf (*BAG* 19.1.2006 EzA § 47 BBiG aF Nr. 2).

Ein in einem Ausbildungsverhältnis stehendes Mitglied in einem Betriebsverfassungsorgan kann auf 38 den **Sonderschutz des § 78a BetrVG** (vgl. KR-*Weigand* § 78a BetrVG) auch durch Aufhebungsvertrag nur dann wirksam verzichten, wenn der Aufhebungsvertrag in den letzten drei Monaten des Ausbildungsverhältnisses abgeschlossen wird. Früher abgeschlossene Aufhebungsverträge sind gem. § 12 BBiG nichtig (*LAG Frankf.* 9.8.1974 BB 1975, 1205). Für die Behauptung der Aufhebung des Ausbildungsvertrages ist derjenige beweispflichtig, der sich darauf beruft (*BAG* 16.3.1972 EzA § 111 BBiG Nr. 1).

B. Erläuterungen zum Kündigungsrecht (§ 22 BBiG)

I. Kündigung des Berufsausbildungsverhältnisses

1. Keine ordentliche Kündigung

Abgesehen von der Kündigungsregelung für die Probezeit gem. § 22 Abs. 1 kann das Berufsausbil- 39 dungsverhältnis nicht ordentlich, dh mit einer Frist und ohne besonderen Grund gekündigt werden (vgl. *Wohlgemuth/Pieper* § 22 Rz 1). Dieser allgemeine, in § 22 Abs. 2 enthaltene Grundsatz gilt für alle Berufsausbildungsverhältnisse (*LAG Düsseld.* 22.1.1976 DB 1976, 1112). Der Ausschluss der ordentlichen Kündigung liegt im Interesse beider Vertragsparteien: Einmal soll der Auszubildende ohne die Sorge um eine willkürliche Kündigung seine Ausbildung geordnet absolvieren können, zum anderen wird mit Fortschreiten der Ausbildung die praktische Arbeit des Auszubildenden für den Betrieb wertvoller. Eine Gegenstimme (*Hartmann* AuR 1971, 46 f.), wonach § 15 Abs. 2 mit dem Grundsatz gem. Art. 12 Abs. 1 S. 1 GG unvereinbar sei, bleibt trotz gewichtiger Argumente im Ergebnis unpraktikabel: Der Ausschluss der ordentlichen Kündigung für den Auszubildenden verstoße gegen dessen Recht der Freiheit der Wahl des Arbeitsplatzes. *Hartmann* verkennt, dass bei Ausbildungsmängeln ein wichtiger Grund zur fristlosen Kündigung (vgl. Rz 76, 77) vorliegt und darüber hinaus die zuständigen Kontrollinstanzen (Industrie- und Handelskammer, Handwerkskammer) angerufen werden können. Die Eingliederung des Auszubildenden in den Produktionsbetrieb dient als notwendiger Bestandteil der Ausbildung, wobei einer Ausbeutung seiner Arbeitskraft nicht durch die Zubilligung des ordentlichen Kündigungsrechts entgegengewirkt werden kann. Soweit die Beweismöglichkeiten für das Vorliegen eines wichtigen Grundes zur fristlosen Kündigung für den Auszubildenden ungünstiger sind, liegt es an der richterlichen Aufklärungspflicht (§ 53 Abs. 2 ArbGG iVm § 139 Abs. 1 ZPO), die intellektuellen und praktischen Unzulänglichkeiten des Auszubildenden in den Grenzen von Verhandlungsgrundsatz und richterlicher Unabhängigkeit durch entsprechende Hinweise und Hilfen zu kompensieren. Wegen der Formvorschriften für eine wirksame Kündigung (vgl. § 22 Abs. 3 BBiG) ist eine entsprechende Rechtsbelehrung in jeder Niederschrift des Ausbildungsvertrages zu fordern.

Die Zulässigkeit der ordentlichen Kündigung kann auch nicht, was bei einem befristeten Rechtsver- 40 hältnis wie dem Berufsausbildungsverhältnis notwendig wäre, **ausdrücklich vereinbart werden** (vgl. den schriftlichen Bericht des Ausschusses für Arbeit, BT-Drucks. V/4660, zu § 15 Abs. 2 aF). Dies würde dem Charakter des Berufsausbildungsvertrages und der Befristung einer Probezeit auf höchstens vier Monate (§ 20 BBiG) widersprechen (so auch *Monjau* DB 1968, 1066, 1067 mwN, FN 9; **aA** *RAG* 2.11.1932 ARS 16, 297); denn haben beide Vertragspartner diese Probezeit hinter sich gebracht, soll die Ausbildung dem Ziel – ungehindert einer ordentlichen Kündigung seitens des Ausbildenden – zugeführt werden (vgl. *LAG Düsseld.* 22.1.1976 aaO mit Hinweis auf die ehemalige Gesetzgebung in § 77 Abs. 3 S. 1 HGB, § 127b Abs. 2 S. 1 GewO, § 25 Abs. 2 S. 1 HandwO). Die vertragliche Vereinbarung einer ordentlichen Kündigung ist folglich gem. § 25 BBiG nichtig. § 11 Abs. 1 Ziff. 8 BBiG ist insoweit irreführend (vgl. *Natzel* DB 1970, 1321; vgl. demgegenüber *BAG* 22.5.1972 AP Nr. 1 zu § 611 BGB Ausbildungsverhältnis mit Anm. *Söllner*). Allerdings kann eine Kündigung aus wichtigem Grund nicht nur fristlos, sondern auch mit einer Auslauffrist erfolgen (*BAG* 16.7.1959, AP Nr. 31 zu § 626 BGB).

2. Kündigung vor Antritt der Ausbildung

41 Nach Abschluss des Berufsausbildungsvertrages und vor Antritt der Berufsausbildung selbst, dh noch vor der Probezeit, kann **von beiden Vertragspartnern ordentlich entfristet gekündigt** werden, wenn die Parteien keine abweichende Regelung vereinbart haben und sich der Ausschluss der Kündigung vor Beginn der Ausbildung für den Ausbilder auch nicht aus den konkreten Umständen (zB der Abrede oder dem ersichtlichen gemeinsamen Interesse, die Ausbildung jedenfalls für einen bestimmten Teil der Probezeit tatsächlich durchzuführen) ergibt (*BAG* 17.9.1987 DB 1988, 1454). Da das BBiG den Fall der Kündigung vor Beginn des Berufsausbildungsverhältnisses nicht ausdrücklich regelt, ergibt sich diese ordentliche Kündigungsmöglichkeit aus allgemeinen arbeitsrechtlichen Grundsätzen (§ 10 Abs. 2 BBiG; *KDZ-Däubler* § 15 BBiG aF Rz 6). Soweit keine Abrede zur Kündigungsbeschränkung besteht (damit aber nur Kündigungsausschluss für Ausbildenden, § 25 BBiG), ergibt sich die Berechtigung zur vorzeitigen Kündigung schon aus der Erwägung, dass gem. § 22 Abs. 1 BBiG bereits am ersten Tag unmittelbar nach Beginn der Ausbildung gekündigt werden kann. Nichtig sind daher Klauseln in Berufsausbildungsverträgen, die eine Kostenerstattung für den Fall des Rücktritts vom Vertrag vor Beginn der Ausbildung vorsehen. Dem Ausbildenden stehen keine Schadenersatzansprüche zu, wenn der Auszubildende die Ausbildung ohne Kündigungserklärung nicht antritt (vgl. Rz 129; so auch *Taubert* HzA Berufliche Bildung Rz 383).

3. Kündigung während der Probezeit (§ 22 Abs. 1 BBiG)

42 Während der Probezeit kann das Berufsausbildungsverhältnis von beiden Vertragsparteien **jederzeit ohne Einhaltung einer Kündigungsfrist** gelöst werden (§ 22 Abs. 1 BBiG). Diese Regelung soll den Besonderheiten des Berufsausbildungsverhältnisses insofern Rechnung tragen, als während der Probezeit die Vertragsparteien sich gegenseitig (und der Auszubildende sich selbst) prüfen können, ob die geplanten Ausbildungsziele sich mit dem Partner realisieren lassen und ob der Auszubildende sich für den zu erlernenden Beruf überhaupt eignet (vgl. schriftlichen Bericht des Ausschusses für Arbeit, BT-Drucks. V/4260, zu § 15 Abs. 1). Das Absehen von einer Kündigungsfrist während der Probezeit gemäß § 22 Abs. 1 BBiG ist mit Art. 3 Abs. 1 GG vereinbar (*BAG* 16.12.2004 VjA EzA § 15 Abs. 1 BBiG aF Nr. 28). Es bedarf auch nicht der Angabe eines Kündigungsgrundes (vgl. *BAG* 8.3.1977 DB 1977, 1322; *LAG SchlH* 17.2.1976 Fredebeul Bd. 1, S. 180; *ArbG Verden* 11.2.1970 ARSt 1970, 79, Nr. 1100; *Wohlgemuth/Pieper* § 22 Rz 7), allerdings ist die Schriftform einzuhalten (§ 623 BGB, § 22 Abs. 3 BBiG). Jedoch kann die Kündigung gegen die Vorschriften der §§ 138, 242 BGB verstoßen und unwirksam sein, wenn sie aus den dort genannten, vom Gesetz missbilligten, Gründen erfolgt ist (*LAG Hamm* 22.8.1985 DB 1986, 812; zB bei Willkür). Ein Verstoß gegen den Grundsatz von Treu und Glauben (§ 242 BGB) kann zB in der Kündigung während der Probezeit liegen, wenn der Ausbildende dem Auszubildenden die Weiterbeschäftigung zugesagt hatte (*ArbG Bielefeld* 24.1.1991 EzB § 15 Abs. 1 BBiG aF Nr. 20). Für Umstände, die die Treu- oder Sittenwidrigkeit einer Probezeitkündigung begründen, ist der **Auszubildende darlegungs- und beweispflichtig** (*LAG SA* 25.2.1997 EzB § 13 BBiG aF Nr. 26; für die arbeitnehmerseitige Darlegungs- und Beweispflicht nach st. Rspr. des *BAG* vgl. *KR-Friedrich* § 13 KSchG Rz 127 ff.).

42a Die Kündigung während der Probezeit muss nicht fristlos erfolgen. Sie kann auch mit einer **Auslauffrist** verbunden sein; denn es handelt sich bei der Kündigung gem. § 22 Abs. 1 BBiG nicht um eine außerordentliche Kündigung, sondern um eine **entfristete ordentliche Kündigung,** sie bedarf grds. keines besonderen Kündigungsgrundes. Die Auslauffrist muss allerdings so bemessen sein, dass sie nicht zu einer unangemessen langen Fortsetzung des Berufsausbildungsvertrages führt, der nach dem endgültigen Entschluss des Kündigenden nicht bis zur Beendigung der Ausbildung durchgeführt werden soll (*BAG* 10.11.1988 EzB § 15 Abs. 1 BBiG aF Nr. 18). Vor einer Kündigung während der Probezeit ist der **Betriebsrat** unter Mitteilung der Kündigungsgründe **anzuhören,** § 102 Abs. 1 BetrVG (*ArbG Oldenburg* 13.12.1976 AuR 1977, 123). Die Kündigung kann auch am letzten Tag der Probezeit ausgesprochen werden (*LAG Berlin* 30.4.2004 VjA EzB § 15 Abs. 1 BBiG aF Nr. 27; *ArbG Verden* 9.1.1976 EzB § 15 Abs. 1 BBiG aF Nr. 3).

42b Der besondere **Kündigungsschutz einer werdenden Mutter** (vgl. Rz 21) besteht auch während der Probezeit. Eine Anfechtung des Ausbildungsvertrages wegen arglistiger Täuschung scheidet grds. aus (*LAG Hamm* 7.2.1979 EzB § 13 BBiG aF Nr. 15). Im Wege der einstweiligen Verfügung (vgl. Rz 124 f.) kann die Weiterbeschäftigung bis zum Beginn der Schutzfrist verlangt werden, wenn die Kündigung offensichtlich unzulässig war (*LAG Hamm* 7.2.1979 EzB § 15 Abs. 1 BBiG aF Nr. 12 im Ergebnis ebenso).

Zu Beginn des Ausbildungsverhältnisses ist die **Dauer der Probezeit** von den Vertragsparteien **zu vereinbaren** (§ 11 Abs. 1 Ziff. 5 BBiG). Eine Vereinbarung über die Verlängerung der Probezeit über die **gesetzlich vorgeschriebene Höchstdauer von vier Monaten** hinaus ist nichtig (ebenso eine Verkürzung unter die Frist von einem Monat; § 20 BBiG), weil dadurch der Kündigungsschutz für das Berufsausbildungsverhältnis in der die drei Monate überschreitenden Zeit umgangen würde. Bei einer derartigen Vereinbarung ist entsprechend dem mutmaßlichen Willen der Vertragspartner von der gesetzlich vorgesehenen Höchstdauer (vier Monate) auszugehen (*Hueck/Nipperdey* I § 73, II 1, S. 750, mwN). Die Vereinbarung einer sechsmonatigen Probezeit ist unzulässig. Eine nach fünfeinhalb Monaten ausgesprochene Kündigung ohne wichtigen Grund ist unwirksam (*LAG BW* 15.11.1975 EzB § 13 BBiG aF Nr. 5). Bei **Unterbrechungen der Ausbildung** – gleich aus welchem Grunde – während der Probezeit verlängert sich die Probezeit nicht automatisch um die Zeitspanne der Unterbrechung. Beträgt diese mehr als einen Monat, so können die Parteien des Ausbildungsvertrages entweder bei Abschluss des Vertrages oder während der Probezeit grds. eine Vereinbarung über die Verlängerung in solchen Fällen treffen, auch wenn dadurch die Viermonatsgrenze iSd § 20 S. 2 BBiG überschritten wird. Allerdings kann der Ausbildende sich auf eine derartige Abrede nicht berufen, wenn er die Unterbrechung der Ausbildung selbst vertragswidrig herbeigeführt hat (*BAG* 15.1.1981 EzA § 13 BBiG aF Nr. 1). Durch die Verlängerung der Probezeit verlängert sich jedoch nicht die Ausbildungszeit insgesamt (**aA** *Monjau* DB 1969, 1846).

43

Erfolgt die Berufsausbildung **im Rahmen einer Stufenausbildung (§ 5 Abs. 2 Ziff. 1 BBiG)**, so ist als Beginn des Berufsausbildungsverhältnisses iSd § 20 S. 1 BBiG die Ausbildung in der ersten Stufe anzusehen. Die Probezeit ist damit durch die in dieser Stufe vereinbarten Probezeit erfüllt. Die Vereinbarung einer weiteren Probezeit in der Folgestufe weicht zu Ungunsten des Auszubildenden von § 20 BBiG ab, da dem Ausbildenden die Möglichkeit einer erneuten entfristeten Kündigung eröffnet wird. Sie ist daher insoweit nach § 25 BBiG unzulässig (*BAG* 27.11.1991 EzB § 13 BBiG aF Nr. 23). Der Ausbildungsvertrag wird für den Gesamtzeitraum der Stufenausbildung vereinbart und endet gem. § 21 Abs. 1 Ziff. 2 BBiG mit Ablauf der letzten Stufe (ErfK-*Schlachter* § 5 BBiG Rz 7).

43a

Wird ein Auszubildender **vor der Berufsausbildung im Betrieb** des Ausbildenden beschäftigt, sei es als Volontär, sei es als Praktikant oder sei es als Aushilfe, so können diese Vertragsverhältnisse idR nicht als Teil der Berufsausbildung angesehen werden, weil sie den einzelnen Anforderungen einer regulierten Ausbildung nicht entsprechen. Etwas anderes kann dann gelten, wenn der Beginn des Berufsausbildungsverhältnisses mit allen rechtlichen und tatsächlichen Konsequenzen in den Zeitraum des vorgeschalteten Vertragsverhältnisses vorverlegt wird (*Gedon/Spiertz* § 13 BBiG Rz 19). Eine Berücksichtigung eines vorangegangenen Beschäftigungsverhältnisses kann auch dann in Frage kommen, wenn darin vermittelte Fertigkeiten und ausgeübte Tätigkeiten mit dem Berufsausbildungsplan übereinstimmen; dies kann die Probezeit – allerdings auch nicht weniger als einen Monat, § 20 BBiG – im gegenseitigen Einvernehmen verkürzen. Es besteht aber kein Anspruch auf Verkürzung der Probezeit auf die Mindestfrist von einem Monat, wenn dem Ausbildungs- ein Arbeitsverhältnis vorgeschaltet war. In diesem Fall ist die Vereinbarung einer Probezeit von drei Monaten nach § 20 BBiG zulässig. Dies ergibt sich aus dem Zweck der Probezeit (vgl. Rz 42) hinsichtlich der Besonderheiten eines Berufsausbildungsverhältnisses (*BAG* 16.12.2004 EzA § 15 BBiG aF Nr. 14). Geht der Auszubildende im unmittelbaren Anschluss an ein vorzeitig beendetes Berufsausbildungsverhältnis mit einem **anderen Ausbildungsbetrieb** ein neues Berufsausbildungsverhältnis (inbes. mit modifiziertem Ausbildungsziel) unter Anrechnung der bereits zurückgelegten Ausbildungszeit ein, so gilt eine erneute Probezeit (*LAG RhPf* 19.4.2001 VjA-EzB § 13 BBiG aF Nr. 29; *LAG SA* 25.2.1997 RzK IV 3a Nr. 31).

43b

4. Kündigung aus wichtigem Grund (§ 22 Abs. 2 Ziff.1 BBiG)

Nach Ablauf der Probezeit kann neben dem Sondertatbestand des Berufswechsels des Auszubildenden (gem. § 22 Abs. 2 Ziff. 2 BBiG) nur noch durch eine Kündigung ohne Einhaltung einer Frist das Berufsausbildungsverhältnis beendet werden (§ 22 Abs. 2 Ziff. 1 BBiG). Allerdings muss die Kündigung nicht unbedingt fristlos, sondern kann auch mit einer Auslauffrist erfolgen (*BAG* 16.7.1959 AP Nr. 31 zu § 626 BGB; *Wohlgemuth/Pieper* § 22 Rz 15). Dafür bedarf es des Vorliegens eines wichtigen Grundes, der die Fortsetzung des Berufsausbildungsverhältnisses für den Kündigungserklärenden unzumutbar macht. Die Kündigung zielt im Ausbildungsverhältnis nicht auf einen Bestrafungscharakter, sondern soll ihrem Grunde nach pädagogisch auf die Zukunft gerichtet sein. Bei Störungen im Leistungs-, Verhaltens- wie auch Vertrauensbereich muss der Kündigung eine **Abmahnung** durch eine abmahnungsberechtigte Person – idR der Ausbilder, Abteilungs- oder Personalleiter – vorausgehen (*BAG* 1.7.1999

44

EzA § 15 BBiG Nr. 13; *Hess. LAG* 3.11.1997 RzK IV 3a Nr. 32; *ArbG Essen* 27.9.2005 VjA-EzB § 22 BBiG 2005 Nr. 1). Bei minderjährigen Auszubildenden muss die Abmahnung dem gesetzlichen Vertreter zugehen (*ArbG Siegen* 12.10.1979 EzB § 15 Abs. 2 Nr. 1 BBiG aF Nr. 37; *Taubert* HzA Berufliche Bildung Rz 291). Zu Ausnahmen vom Erfordernis einer Abmahnung vgl. Rz 50. Kündigt ein Ausbildender das Ausbildungsverhältnis (wenige Tage vor Ablegung der Abschlussprüfung) zu Recht fristlos, so enden mit Ausspruch der fristlosen Kündigung die beiderseitigen Rechte und Pflichten aus dem Ausbildungsverhältnis. Der Ausbildende ist in diesem Fall nach Sinn und Zweck der einschlägigen Vorschriften des BBiG nicht verpflichtet, dem Auszubildenden kostenlos die Ausbildungsmittel zur Ablegung der Abschlussprüfung zur Verfügung zu stellen (*ArbG Bielefeld* 22.9.1983 AuR 1984, 254). Bei unberechtigter Kündigung vgl. zu den Folgen Rz 124.

a) Wichtiger Grund

45 In Anlehnung an die Definition in § 626 Abs. 1 BGB ist ein wichtiger Grund immer dann gegeben, wenn Tatsachen vorliegen, aufgrund derer dem Kündigenden unter Berücksichtigung aller Umstände des Einzelfalles und unter Abwägung der Interessen beider Vertragsteile **die Fortsetzung** des Berufsausbildungsverhältnisses bis zum Ablauf der Ausbildungszeit **nicht mehr zugemutet werden kann.** Ein wichtiger Grund besteht bei erheblichen Vertragsverletzungen, wozu ein einzelner Akt wie auch ein dauerhaftes Verhalten zählen kann. Allerdings muss es sich um einen konkreten, zeitlich exakt fixierbaren Tatbestand handeln. Bei der Beurteilung des wichtigen Grundes kann nicht von den Maßstäben ausgegangen werden, die bei einem Arbeitsverhältnis eines erwachsenen Arbeitnehmers anzulegen sind (*LAG Köln* 8.1.2003 LAGE § 15 BBiG aF Nr. 14; *ArbG Essen* 27.9.2005 VjA-EzB § 22 BBiG 2005 Nr. 1; *ArbG Gelsenkirchen* 20.3.1980 BB 1980, 679; *ArbG Solingen* 5.9.1990 EzB § 15 Abs. 2 Nr. 1 BBiG aF Nr. 74; *Wohlgemuth/Pieper* § 22 Rz 11). Vielmehr muss der Zweck des Berufsausbildungsverhältnisses, nämlich die Ausbildung des Auszubildenden, in erster Linie berücksichtigt werden (*LAG BW* 21.3.1966 DB 1966, 747). Nicht jeder Vorfall, der zur Kündigung eines Arbeitnehmers berechtigt, kann als wichtiger Grund zur fristlosen Entlassung eines Auszubildenden dienen (*LAG München* 18.8.1964 ARSt 1965, Nr. 280; *LAG Düsseld.* 24.1.1968 DB 1968, 401; *ArbG Gelsenkirchen* 20.3.1980 aaO); denn die Nachteile, die einen fristlos gekündigten Auszubildenden treffen, wiegen oft unverhältnismäßig schwerer als diejenigen, die der fristlos gekündigte Arbeitnehmer zu erwarten hat. Es sollte vornehmlich darauf abgestellt werden, inwieweit eine Verfehlung einer der Parteien die Fortsetzung des Berufsausbildungsvertrages von dessen Sinn und Zweck her unzumutbar (vgl. Rz 49) macht (*BAG* 22.6.1972 EzA § 611 BGB Ausbildungsverhältnis Nr. 1). Dabei sind die Interessen der beiden Vertragspartner gegenüberzustellen und gegeneinander abzuwägen. Insbesondere gewinnen die Interessen des Auszubildenden an der Aufrechterhaltung des Berufsausbildungsverhältnisses in dem Ausmaß an Bedeutung, wie es an Dauer fortschreitet (*LAG Köln* 8.1.2003 LAGE § 15 BBiG aF Nr. 14; *LAG Düsseld.* 15.4.1993 EzB § 15 Abs. 2 Ziff. 1 BBiG aF Nr. 76). Von daher ist eine **fristlose Kündigung kurz vor Abschluss der Ausbildung** kaum noch zulässig (*LAG BW* 21.3.1966 aaO; *BAG* 10.5.1973 EzA § 15 BBiG aF Nr. 2; *LAG Hamm* 7.11.1978, DB 1970, 606 f.; *LAG Köln* 26.6.1987 EzB § 15 Abs. 2 Nr. 1 BBiG aF Nr. 63). Das *LAG Köln* (26.6.1987 aaO) beschränkt das Vorliegen eines wichtigen Grundes idR nur auf solche Umstände, die bei objektivierender Vorausschau ergeben, dass das Ausbildungsziel erheblich gefährdet oder nicht mehr zu erreichen ist. Allerdings finden die Interessen des Auszubildenden am Bestand des Ausbildungsverhältnisses ihre Grenzen, wenn beharrliche Pflichtverletzungen und häufige Bummeleien trotz mehrfacher pädagogischer und praktischer Hilfsangebote sowie mehrmaliger Abmahnungen nicht aufhören. Dann ist die Kündigung auch nach von zwei Dritteln der Ausbildungszeit zulässig (*ArbG Frankfurt a.M.* 24.2.1999 VjA EzB § 15 Abs. 1 Nr. 1 BBiG aF Nr. 85).

46 Daneben sind an das Vorliegen eines wichtigen Grundes **strengere Anforderungen** zu stellen, weil es sich beim Auszubildenden idR um einen in der geistigen, charakterlichen und körperlichen Entwicklung befindlichen Jugendlichen handelt (*LAG Köln* 8.1.2003 LAGE § 15 BBiG aF Nr. 14; *LAG BW* 31.10.1996 NZA-RR 1997, 288; keine fristlose Kündigung wegen eines »Jugendstreichs«, *ArbG Essen* 27.9.2005 VjA-EzB § 22 BBiG 2005 Nr. 1). Bei der Beurteilung fehlerhaften Verhaltens des Auszubildenden ist zu berücksichtigen, dass es gem. § 14 Abs. 1 Nr. 5 BBiG gerade zu den Pflichten des Ausbildenden gehört, den Auszubildenden auch charakterlich zu fördern (*ArbG Solingen* 6.12.1984 ARSt 1985, 98; im Zusammenhang mit den Eltern, *LAG Hannover* 5.6.1957 ARSt Bd XIX, Nr. 54) und ihn von sittlichen und körperlichen Gefährdungen fernzuhalten (§ 14 Abs. 1 Ziff. 5 BBiG). Demnach können Pflichtverletzungen und Fehlverhalten nicht zur fristlosen Kündigung berechtigen, solange der Ausbildende nicht alle ihm zur Verfügung stehenden und zumutbaren Erziehungsmittel erschöpfend angewendet hat (*LAG BW* 21.3.1966 aaO; *LAG Brem.* 30.8.1960 BB 1960, 1289). Erst nach dem Scheitern aller mögli-

chen pädagogischen Maßnahmen sowie der erfolglosen Einschaltung des gesetzlichen Vertreters kommt eine **fristlose Kündigung als ultima ratio** in Frage, soll sie als letztes Erziehungsmittel möglich sein (*LAG Mannheim* 18.8.1953 WA 1954, 35). Bei der Wahl der pädagogischen Maßnahmen kann von dem Ausbildenden verlangt werden, dass er nicht sofort zu den schärfsten Maßnahmen greift. Allerdings setzt die Rechtsprechung der Verpflichtung zur Nachsicht des Ausbildenden dort eine Grenze, wo er vom Auszubildenden eine stark abwertende Geringschätzung erfährt (Beschimpfung mit dem Götz-Zitat, *ArbG Emden* 5.6.1968 ARSt 1969, Nr. 1010). Diese strengen Anforderungen an das Vorliegen eines wichtigen Grundes, wonach dem Ausbildenden statt der Kündigung die Fortsetzung der Ausbildung mit verstärkten Erziehungsmaßnahmen zugemutet wird, will das *LAG Köln* (26.6.1987 aaO) nur zurückhaltend gelten lassen wegen der geänderten gesellschaftlichen Stellung der Jugendlichen und des oft fortgeschrittenen Lebensalters der Auszubildenden. Zu berücksichtigen sind allgemeine gesellschaftliche Entwicklungen mit Einfluss auf die sozialen und moralischen Wertmaßstäbe; denn oftmals sind Jugendliche diesen Trends ungeschützt ausgesetzt und passen sich ihnen an (*Opolony* BB 1999, 1706 hält daher frühere Entscheidungen insbes. zum Lebensstil des Auszubildenden nicht für übertragbar). Bei einem 16jährigen Lehrling bedarf es der Angabe genauer Dienstanweisungen und evtl. einer Wiederholung derselben in gewissen zeitlichen Abständen seitens des Lehrherrn, zumal da nicht jeder Jugendliche über die gleiche selbständige Überlegungskraft verfügt, um von sich aus das Erforderliche sofort zu veranlassen (*ArbG Wilhelmshaven* 16.5.1958 – Ca 657/57 – nv).

Zu **differenzieren** ist zwischen **Auszubildenden, die am Beginn ihrer Ausbildungszeit stehen** und 47 in den beruflichen Fertigkeiten sowie in ihrer charakterlichen Disposition am Beginn eines Lernprozesses stehen, **und fortgeschrittenen Auszubildenden** (*BAG* 14.12.1983 – 2 AZR 547/83 – nv; 10.5.1973 AP Nr. 3 zu § 15 BBiG aF mit Anm. *Söllner*, der berufsspezifische Verfehlungen umso schwerer wiegend ansieht, je weiter die Ausbildung fortgeschritten ist; *ArbG Essen* 27.9.2005 VjA-EzB § 22 BBiG 2005 Nr. 1; *ArbG Gelsenkirchen* 20.3.1980 aaO). An letztere wird man wohl höhere Anforderungen stellen können, was ihr Verhalten im Betrieb angeht (zur Abwägung des Zeitpunkts der Kündigung vgl. *LAG Hamm* 7.11.1978 aaO). Bei einem fast zwei Jahre bestehenden Ausbildungsvertrag ist die fristlose Beendigung des Vertrages das äußerste Mittel (*ArbG Wilhelmshaven* 16.5.1958 aaO); so auch *ArbG Solingen* (5.9.1990 aaO) bzgl. einer Kündigung sechs Wochen vor der Abschlussprüfung. Ebenso kann das **Lebensalter** zu einer differenzierenden Betrachtung veranlassen, wobei zB einem älteren Umschüler der Ausbildende weniger Nachsicht entgegenzubringen braucht. **Eigenmächtiger Urlaubsantritt** kann auch noch kurz vor der Abschlussprüfung ein wichtiger Grund zur Kündigung sein (*ArbG Bielefeld* 22.9.1983 EzB § 6 Abs. 1 Ziff. 3 BBiG aF Nr. 3). Das verspätete Zuleiten eines ärztlichen Attestes und das einmalige Fehlen ohne ärztliches Attest rechtfertigen nicht die fristlose Kündigung eines Lehrlings, dessen Lehrzeit gem. § 21 Abs. 3 BBiG wegen nicht bestandener Abschlussprüfung verlängert worden ist (*LAG SH* 9.12.1987 EzB § 15 Abs. 2 Nr. 1 BBiG aF Nr. 69). Ein Grund zur fristlosen Kündigung eines bereits weitgehend fortgeschrittenen Berufsausbildungsverhältnisses (knapp 2 Jahre) liegt vor, wenn der Auszubildende während der Arbeitszeit und mit Hilfe der ihm zur Verfügung gestellten Arbeits- bzw. Ausbildungsmittel wiederholt **neonazistische Thesen** (zB Infragestellen der Anzahl in deutschen KZ ermordeten Juden) verbreitet und bei einem Personalgespräch jede Einsicht in die Tragweite seiner Aussagen vermissen lässt (*LAG Köln* 11.8.1995 LAGE § 15 Abs. 2 BBiG aF Nr. 10; vgl. auch Rz 59 aE).

Schuldhafte Pflichtverletzungen einer Vertragspartei führen idR zu einer fristlosen Kündigung. Dies 48 ist aber nicht notwendigerweise so, weil ein wichtiger Grund nicht in der Person des Betroffenen zu liegen braucht, so dass die Frage nach schuldhaftem Verhalten nicht zu stellen ist (*Natzel* BBiG S. 282 f.). **Verdachtskündigungen** sind im Berufsausbildungsverhältnis grds. nicht zuzulassen. Eine nur in einem sehr engen Rahmen denkbare Ausnahme ist möglich, wenn der besondere Charakter des Ausbildungsverhältnisses eine vertiefte Vertrauensbasis zwischen den Vertragspartnern erfordert. (*Heinze* Verdachtskündigung im Berufsausbildungsverhältnis?, AuR 1984, 237) sieht eine Rechtfertigung der Verdachtskündigung nur, wenn die Gefahr eines Misslingens im Dienstleistungsbereich des eigentlich auf Ausbildung gerichteten Vertrages besteht.

b) Unzumutbarkeit

Grundsätzlich ist der Ausbildende verpflichtet, den Ausbildungsvertrag so lange aufrecht zu erhalten, 49 wie es ihm nach Treu und Glauben zugemutet werden kann (*LAG Düsseld.* 24.1.1968 DB 1968, 401). Allerdings sind bei der Frage der Unzumutbarkeit der Fortsetzung des Berufsausbildungsverhältnisses die gesamten Umstände des Einzelfalles zu würdigen, wobei die Entscheidung nicht nur vom Standpunkt eines der Vertragspartner und dessen subjektiver Einstellung zum Sachverhalt aus zu betrachten ist. Vielmehr müssen die berechtigten Interessen des anderen Teils (zB an der Fortsetzung des Berufsausbildungsverhältnisses) gebührend berücksichtigt werden. Die subjektive Empfindsamkeit eines Vertragspartners bleibt idR außer Betracht. Die Abwägung unter den divergierenden Standpunkten hat schließlich allein **nach objektiven Maßstäben** stattzufinden. Wird eine fristlose Entlassung auf mehrere Vorfälle gestützt, so ist zu prüfen, ob die festgestellten Verfehlungen in ihrer Gesamtheit dem Auszubildenden die Fortsetzung des Ausbildungsverhältnisses unzumutbar machen (vgl. dazu *BAG* 4.8.1955 AP Nr. 31 zu § 626 BGB).

c) **Einzelne Fallgruppen zum wichtigen Grund bei der Kündigung durch den Ausbildenden**

aa) **Verhalten des Auszubildenden im Betrieb**

50 Oberster Grundsatz bei der Beurteilung des Vorliegens eines wichtigen Grundes wegen Fehlverhaltens oder Pflichtverletzung im Betrieb ist, dass einmalige oder seltene Vorkommnisse idR nicht zur fristlosen Kündigung ausreichen (*LAG SchlH* 5.8.1969 DB 1969, 2188). Erst bei Vorliegen einer **Kette von Pflichtwidrigkeiten** (vgl. auch Rz 98), die für sich allein betrachtet noch kein wichtiger Grund sein muss, die aber den Schluss rechtfertigt, dass der Auszubildende das Ausbildungsziel nicht erreichen wird (*ArbG Aachen* 28.6.1974 BB 1976, 744) und Sinn und Zweck der Ausbildung in Frage stehen (*BAG* 22.6.1972 EzA § 611 BGB Ausbildungsverhältnis Nr. 1), kann eine fristlose Kündigung ausgesprochen werden. Dies gilt insbesondere dann, wenn der Auszubildende sein pflichtwidriges Verhalten ungeachtet strenger **Abmahnungen** (*ArbG Essen* 27.9.2005 VjA-EzB § 22 BBiG 2005 Nr. 1) und ungeachtet der Anwendung stärkerer Erziehungsmittel fortsetzt und sogar darüber hinaus die Pflichtwidrigkeiten graduell schwerer werden (*LAG Frankf.* 23.11.1954 WA 1955, 75, Nr. 141). Außerdem muss es unwahrscheinlich erscheinen, dass auf den Auszubildenden noch so eingewirkt werden kann, dass er sich der gegebenen Ordnung im Betrieb einfügt (mehrfaches **Zuspätkommen** zum Ausbildungsplatz und in die Berufsschule: *LAG Hamm* 7.11.1978, DB 1979, 606; *LAG Frankf.* 23.11.1954 aaO; *ArbG Aachen* 28.6.1974 aaO). Einer vorherigen Abmahnung bedarf es nicht, wenn der Auszubildende bei einem vor Ausspruch der Kündigung geführten Personalgespräch, zu dessen Beginn ihm die Gefährdung des Ausbildungsverhältnisses klargemacht wird, jede Einsicht in die Tragweite seiner Aussagen und seines Verhaltens (Verbreitung neonazistischer Thesen vgl. auch Rz 49 aE) vermissen lässt (*LAG Köln* 11.8.1995 LAGE § 15 Abs. 2 BBiG aF Nr. 10), die Möglichkeit einer positiven Prognose für das Ausbildungsverhältnis auszuschließen ist und der Auszubildende infolge seines fortgesetzten Fehlverhaltens das Ausbildungsziel nicht erreichen wird (*ArbG Hildesheim* 30.5.2001 LAGE § 15 BBiG aF Nr. 13; *Kleinebrink* FA 2003, 130). Auch bei Störungen im Vertrauensbereich kann eine Abmahnung dann entbehrlich sein, wenn die Pflichtverletzung besonders schwerwiegend ist und deren Rechtswidrigkeit dem Auszubildenden ohne weiteres erkennbar und deren Hinnahme durch den Ausbildenden offensichtlich ausgeschlossen ist (bei ausländerfeindlichem Verhalten im Betrieb: *BAG* 1.7.1999 EzA § 15 BBiG aF Nr. 13).

51 Eine **derartige Kette von Pflichtwidrigkeiten** kann sich zusammensetzen aus **kleineren Verfehlungen** wie häufigem Zuspätkommen, unentschuldigtem Fernbleiben (vgl. auch Rz 64), Nichteinhalten der Zeitkontrolle, wiederholtem Erschleichen und Übertreten des Urlaubs (*LAG Hamm* 7.11.1978 aaO; *LAG Frankf.* 23.11.1954 aaO; *ArbG Hmb.* 16.6.1958 BB 1959, 669), keine oder verspätete Vorlage der **Berichtshefte** trotz Abmahnung (*LAG SH* 20.3.2002 VjA-EzB § 15 Abs. 2 Nr. 1 BBiG aF Nr. 87a; *Hess. LAG* 3.11.1997 RzK IV 3a Nr. 32), was auch für die Führung der Ausbildungsnachweise gilt, die gem. § 4 Ziff. 7 Mustervertrag als privatrechtliche Leistungspflicht ausgewiesen ist (*Natzel* BBiG S. 286, FN 39). Ebenso kann eine **Gesamtschau von mangelnder Eignung** für den Beruf des Physiotherapeuten **und Leistungs- und Verhaltensmängeln** gegenüber dem Lehrkörper, anderen Auszubildenden und Patienten eine Kündigung gem. § 22 Abs. 2 Ziff. 1 BBiG rechtfertigen (*OVG HH* 30.3.2004 VjA-EzB § 15 Abs. 2 Ziff. 1 BBiG aF Nr. 1). Zur Zweiwochenfrist gem. § 22 Abs. 4 bei einer Kette von Pflichtwidrigkeiten s. Rz 98.

52 Allerdings stellen **geringer ins Gewicht fallende Verfehlungen** und Schwierigkeiten des jungen Auszubildenden wie Untätigkeit, Neugier, Unsauberkeit, Unaufmerksamkeit, Vergesslichkeit, schlechtes und störrisches Benehmen grds. keinen wichtigen Grund zur vorzeitigen Beendigung des Ausbildungsverhältnisses dar (*ArbG Herne* 12.3.1968 ARSt 1969, 15, Nr. 1013; *ArbG Heidelberg* 25.7.1966 ARSt 1966, 154, Nr. 1271; *ArbG Stade* 27.9.1957 ARSt Bd. XIX, 143, Nr. 372). Dies gilt umso mehr, wenn der Ausbildende seinerseits – zB durch die Nichtbefolgung gesetzlicher Vorschriften – ein schlechtes Beispiel gibt (*ArbG Herne* 12.3.1968 aaO). Nur in seltenen **Ausnahmefällen** von Unzumutbarkeit der Ver-

fehlung kann hierin ein wichtiger Grund liegen, wenn alle erforderlichen pädagogischen Maßnahmen und die Besprechung mit den Erziehungsberechtigten des Auszubildenden nicht zur Korrektur des Verhaltens führen (*ArbG Heidelberg* 25.7.1966 aaO). So ist nach unterbliebener Verwarnung die Belastung für den Ausbildenden noch zumutbar, wenn der Auszubildende LSD-Tabletten selbst verbraucht und verkauft und dadurch andere Arbeitnehmer gefährdet (*LAG Bln.* 17.12.1970, zit. nach *Hurlebaus* GewArch. 1980, 14).

Soweit diese Gründe aber allein die **Eignung für den erwählten Beruf** betreffen (vgl. Beispielsfälle Rz 65), sollen sie gerade während der Probezeit die Kündigung ermöglichen. Danach können derartige Gründe eine vorzeitige Entlassung nicht stützen (*ArbG Bln.* 25.5.1956 Entsch. Kal. 1956, III, 424; *ArbG Bln.* 2.11.1965 Entsch. Kal. 1966, 139). 53

Die **Verweigerung von Tätigkeiten,** die nicht unmittelbar mit der Ausbildung zusammenhängen, stellt nur in Ausnahmefällen einen wichtigen Grund dar. In der Regel kann der Auszubildende alle die Tätigkeiten verweigern, die laut Ausbildungsplan nicht der Vermittlung der fachlichen Fertigkeiten dienen und daher den Sinn und Zweck des Ausbildungsverhältnisses zuwiderlaufen. So liegt ein wichtiger Grund nicht darin, dass ein 15jähriger Auszubildender für den Bäckerberuf sich weigert, 38 Zentner Briketts in den Keller zu schaffen, weil diese Verrichtung nicht zur Bedienung des Backofens gehört (*LAG Düsseld.* 8.8.1961 DB 1961, 1652). Ebenso sind grobe Reinigungsarbeiten, insbesondere solche außerhalb der Verkaufs- und Lagerräume bzw. auf der Straße grds. nicht mit der Ausbildung zum Einzelhandelskaufmann vereinbar (*LAG SchlH* 5.8.1968 aaO). Allerdings kann die Treuepflicht gegenüber dem Ausbildenden im Notfall durchaus zu **Reinigungsarbeiten** verpflichten. Zum Aufräumen des eigenen Arbeitsplatzes und Sauberhalten der zu verkaufenden Ware und der Dekoration kann der Auszubildende angehalten werden (*LAG SchlH* 5.8.1968 aaO). Zu weit zieht das *ArbG Bielefeld* (29.1.1969, BB 1969, 405) den Rahmen der Verpflichtung zu Nebentätigkeiten, wenn es eine Verweigerung erst zulässt bei Besorgungen, die das Ausbildungsziel beeinträchtigen oder gar gefährden. Dabei definiert es das Wesen der Ausbildung nicht nur durch das entsprechende Berufsbild, sondern auch durch die Vermittlung von Einsichten, die sich aus dem Zusammenleben der Betriebsgemeinschaft und den berechtigten Belangen des Betriebes ergeben. Ausbildung umfasse auch die Vermittlung von Wohlverhalten, in gewissen Situationen Nebenverpflichtungen zu übernehmen (29jähriger Buchdruck-Auszubildender weigerte sich, an einem Tag aushilfsweise die Getränkeversorgung für die Betriebsangehörigen zu übernehmen). Dem kann nicht zugestimmt werden, weil das Verlangen einer berufsfremden Tätigkeit während eines vollen Ausbildungstages aus dem Rahmen von Sinn und Zweck der Ausbildung für einen bestimmten Beruf fällt; bestenfalls eine kurzfristige Gefälligkeit ist zuzulassen. Unvereinbar mit den sachlichen Pflichten aus einem Ausbildungsverhältnis ist der Zwang zur Teilnahme an Betriebsausflügen und ähnlichen Veranstaltungen, weil dies den Grundrechten der freien Entfaltung der Persönlichkeit und der Menschenwürde widersprechen würde, die insoweit auch im Privatrechtsverkehr gelten (*ArbG Marburg* 27.11.1962, BB 1963, 514). 54

Weigert sich der Auszubildende, **Überstunden** zu leisten, so kann hierin ein wichtiger Grund zur fristlosen Kündigung liegen. Zwar hat sich die Heranziehung zu Mehrarbeit auf Ausnahmefälle zu beschränken, sie ist aber grds. nicht ausgeschlossen (*LAG Mannheim* 31.3.1953 BB 1953, 593; für gelegentliche Mehrbeschäftigung: *LAG Düsseld.* 27.1.1955 DB 1955, 292). Allerdings sind die Vorschriften des Arbeitszeitgesetzes (insbes. §§ 3 ff. ArbZG) bzw. des JArbSchG (§§ 8 ff.) vom Ausbildenden strikt einzuhalten. Die Verweigerung von erlaubter Mehrarbeit kann dann eine Kündigung nicht rechtfertigen, wenn absolut ausbildungsfremde Tätigkeiten verlangt werden (*ArbG Reutlingen* 22.1.1989 AuR 1986, 1837; *LAG Stuttg.* 15.5.1985 – 2 Sa 26/85 – nv). 55

Wenn ein Auszubildender nur einen **Tag von der Ausbildung fernbleibt,** stellt dies keinen wichtigen Grund dar (ebenso wenig bei wenigen Tagen, *ArbG Solingen* 6.12.1984 EzB § 15 Abs. 2 Ziff. 1 BBiG Nr. 55). Dieser ist erst gegeben bei beharrlichem Leistungsverzug und nach Fehlschlagen pädagogischer Maßnahmen im Benehmen mit dem Elternhaus (*ArbG Karlsruhe* 28.8.1957 ARSt Bd. XIX, 62, Nr. 180). Allerdings müssen auch hierbei alle Umstände des Einzelfalles berücksichtigt werden, die in besonderen Situationen zur Verschärfung der Anforderungen an den Ausbildenden führen können. Ob aber einem Umschüler, der einen Tag von einem Lehrgang unentschuldigt fernbleibt, fristlos gekündigt werden kann (*ArbG Husum* 14.4.1972 ARSt 1973, 7, Nr. 10), ist zweifelhaft, weil dadurch wohl kaum das Berufsausbildungsziel gefährdet wird. Im Übrigen liegt durch das Versäumnis der Nachteil in erster Linie beim Auszubildenden selbst, wenn er fernbleibt. Das Gericht verkennt, dass eine fristlose Entlassung nicht nur Sanktionsfunktion hat. Zum eigenmächtigen Urlaubsantritt vgl. Rz 47. Das verspätete Zuleiten eines ärztlichen Attests und das einmalige Fehlen ohne ärztliches Attest rechtfer- 56 tigen nicht die fristlose Kündigung eines Auszubildenden, dessen Lehrzeit gem. § 14 Abs. 3 BBiG wegen nicht bestandener Abschlussprüfung verlängert worden ist (*LAG SchlH* 9.12.1987 EzB § 15 Abs. 2 Nr. 1 BBiG Nr. 69).

57 Wegen **unbefugten Fahrens eines Kfz** auf dem Betriebsgelände durch einen Auszubildenden im Kfz-Handwerk kann diesem fristlos gekündigt werden (*ArbG Passau* 10.2.1966 ARSt 1966, 84, Nr. 139), allerdings sollte angesichts des jugendlichen Drangs desjenigen, der sich für die Kfz-Ausbildung entscheidet, für das Autofahren und die starke Verführung dazu in der Kfz-Werkstatt berücksichtigt werden, so dass erst nach deutlicher Abmahnung eine fristlose Kündigung begründet ist. Das *LAG Bln.* (9.6.1986 LAGE § 15 BBiG aF Nr. 2) verneint demgegenüber die fristlose Kündigung eines als Speditionskaufmann Auszubildenden, der nach Arbeitsschluss einen ihm anvertrauten Firmen-Pkw unerlaubt benutzt und schuldhaft einen Kfz-Unfall mit Sachschaden verursacht. Die **pflichtwidrige Nutzung** eines dem Auszubildenden zur Verfügung gestellten **Dienstcomputers** stellt zumindest ohne vorherige Abmahnung keinen wichtigen Grund zur Kündigung dar (*ArbG Hildesheim* 30.5.2001 LAGE § 15 BBiG Nr. 13).

58 Soweit schwere **charakterliche Mängel** aber zu einem Fehlverhalten führen, das an der Geeignetheit für den angestrebten Beruf starke Zweifel aufkommen lässt, kann der Auszubildende fristlos gekündigt werden. So entschied das *ArbG Hildesheim* (1.11.1962, WA 1965, 23) bei einer Auszubildenden für den Beruf der Anwaltsgehilfin, die bewusst unerledigte Akten unter die erledigten sortierte und bei der Suche nach den betreffenden Akten das Auffinden hintertrieb. Hierbei handelte es sich nicht mehr um eine tolerierbare Unzuverlässigkeit, sondern um die Missachtung einer Vertrauensstellung bei einem Rechtsanwalt, da neben den Interessen des Ausbildenden auch die seiner Mandanten in Frage stehen. Für einen derartigen Sachverhalt knüpft das *LAG Köln* (21.8.1987 LAGE § 15 BBiG Nr. 5) an die Berechtigung der Kündigung die Voraussetzung, dass das Fehlverhalten eindeutig dem Verantwortungsbereich des Auszubildenden zuzuordnen ist.

59 Gewerkschaftliche und politische Meinungsäußerung und Betätigung im Betrieb sowie die **Mitgliedschaft in einer entsprechenden Organisation** rechtfertigen idR nicht eine fristlose Kündigung. Dem Auszubildenden stehen wie jedem anderen Arbeitnehmer diese Grundrechte zu, wobei in Übereinstimmung mit der ständigen Rechtsprechung des BAG von der sog. Drittwirkung dieser Grundrechte, also ihrer unmittelbaren Anwendbarkeit auch auf Arbeitsverhältnisse auszugehen ist. Allerdings kann etwas anderes gelten, wenn diese Aktivitäten das Arbeitsverhältnis **konkret beeinträchtigen** (vgl. zusammenfassend: *BAG* 15.7.1971 EzA § 1 KSchG Nr. 19) und den Interessen des Arbeitgebers zuwidergehandelt wird (*BAG* 24.8.1972 KJ 1972, 409 ff.). Statthaft sind kritische Tatsachen- und Meinungsdarstellungen über den Ausbildungsbetrieb, soweit diese intern bleiben oder lediglich an eine mit den entsprechenden Problemen befasste Öffentlichkeit adressiert sind (zB Diskussion von Missständen im Rahmen der betrieblichen Ausbildung in der Berufsschule), weil gerade die freie Diskussion gemeinschaftswichtiger Fragen einen besonders weiten Schutz im Rahmen der Meinungsfreiheit des Art. 5 Abs. 1 GG genießt (*BGH* 21.6.1966 BGHZ 45, 296 ff., 308). Die sog. **Kollektivierung** von Auszubildenden stellt keinen wichtigen Grund zur fristlosen Kündigung eines Auszubildenden dar (vgl. *ArbG Bln.* 27.3.1969 Entsch. Kal. 1969, 563). Art. 9 Abs. 3 GG gewährleistet die Bildung von Kollektiven zur Wahrnehmung der Interessen im Betrieb (*ArbG Solingen* 16.9.1971 KJ 1971, 441 ff., 443), wobei es auch erlaubt ist, Resolutionen zu verfassen, sich außerhalb des Betriebes zu treffen und für die Vereinigung zu werben sowie Rundschreiben im Betrieb zu verbreiten (wenn sie sich auf betriebsinterne Probleme beziehen, *ArbG Bln.* 27.3.1969 aaO). Diese Rechte sind aber abzuwägen gegenüber den berechtigten Interessen des Arbeitgebers am Betriebsfrieden und der Wahrung der sich aus dem Berufsausbildungsvertrag ergebenden Pflichten. Ebenso kann einem Praktikanten wegen der Wahrnehmung seiner Rechte zu jugendpolitischer Betätigung nicht fristlos gekündigt werden (*LAG Hamm* 7.9.1972 AuR 1972, 383). Die Weigerung eines Auszubildenden im öffentlichen Dienst (Krankenpflegeschüler), sich von den Zielen und Absichten einer **verfassungsfeindlichen Partei** (KBW) zu distanzieren und entsprechende Aktivitäten künftig zu unterlassen, ist keine Verletzung des Ausbildungsvertrages. Weder damit allein noch als letztes Glied einer Kette von Vertragsverletzungen ist eine fristlose Kündigung nach § 22 Abs. 2 Ziff. 1 BBiG zu rechtfertigen (*LAG RhPf* 29.5.1978 AuR 1979, 61). Parteipolitische (hier: kommunistische) Agitation stellt einen Kündigungsgrund dar, wenn sie das Ausbildungsverhältnis tatsächlich beeinträchtigt und den Betriebsfrieden ernsthaft und schwer gefährdet (*ArbG Kiel* 20.12.1974, zit. nach *Hurlebaus* aaO). Als ein schwerwiegender Verstoß gegen vertragliche Pflichten und als nachhaltige Beeinträchtigung der Interessen des ausbildenden Betriebes ist die Kündigung des Auszubildenden gerechtfertigt, wenn er während der Arbeitszeit und mit Hilfe der ihm zur Verfügung gestellten

Arbeits- bzw. Ausbildungsmittel neonazistische Ansichten verbreitet. In diesem vom *LAG Köln* (11.8.1995 LAGE § 15 Abs. 2 BBiG aF Nr. 10) entschiedenen Fall hatte der Auszubildende nicht lediglich Fragen aufgeworfen und zur Diskussion gestellt, sondern – offensichtlich falsche, längst widerlegte und deshalb nicht dem Schutz des Art. 5 Abs. 1 GG unterfallende – Behauptungen aufgestellt. Einen Kündigungsgrund, ohne dass es der vorherigen Abmahnung bedarf, stellen ausländerfeindliche und neonazistische und damit andere Auszubildende missachtende Verhaltensweisen dar, die auch geeignet sind, den Betriebsfrieden sowie das Ansehen und die Außenbeziehungen des ausbildenden Arbeitgebers zu gefährden (*BAG* 1.7.1999 EzA § 15 BBiG aF Nr. 13).

Die mit einer kurzfristigen **Arbeitsniederlegung** verbundene Teilnahme eines Auszubildenden an einer seine Ausbildungsprobleme betreffenden Kundgebung (Arbeitskampfmaßnahme) wird durch das in Art. 9 Abs. 3 GG verankerte Recht auf Vereinigungsfreiheit geschützt (*BAG* 12.9.1984 AP Nr. 31 zu Art. 9 GG Arbeitskampf; 29.1.1985 AP Nr. 83 zu Art. 9 GG Arbeitskampf; *ArbG Solingen* 16.9.1971 aaO; s. auch *Wohlgemuth* Zum Streikrecht des Auszubildenden, BB 1983, 1103) und stellt keinen wichtigen Grund zur fristlosen Kündigung dar. Nach der Entscheidung des *ArbG Solingen* (das sogar eine strenge Verwarnung für diesen Fall ablehnt) sind von derartigen Arbeitskampfmaßnahmen lediglich die materiellen Bedingungen des Ausbildungsverhältnisses wie Vergütung, Urlaub und Ausbildungszeit betroffen. Es spricht nichts dafür, dass die Beteiligung des Auszubildenden an einem Streik gerade und nur über die materiellen Bedingungen zu einer Beeinträchtigung des Fürsorge- und Treueverhältnisses führen müsste. Vielmehr handelt es sich insoweit neben dem Anspruch des Auszubildenden auf eine sachgerecht durchgeführte Ausbildung um gesetzlich anerkannte und gewährleistete Interessen (vgl. dazu *Lehmann* AuR 1973, 70). Es kann sogar den Grundsatz der Verhältnismäßigkeit verletzen, wenn ein Arbeitgeber einem Auszubildenden eine schriftliche Rüge verbunden mit der Androhung der fristlosen Kündigung deshalb erteilt, weil der Auszubildende an einem **gewerkschaftlich organisierten Warnstreik** teilgenommen hat. Eine solche Rüge muss der Arbeitgeber aus den Personalakten entfernen (*ArbG Stuttg.* 14.11.1979 AP Nr. 68 zu Art. 9 GG Arbeitskampf). 60

Ob in erheblichen Verstößen gegen die in § 13 BBiG aufgelisteten Verhaltensmaximen für die Berufsausbildung ein wichtiger Grund liegen kann, hängt vom Stand der Ausbildung, der Nichtbeachtung von Abmahnungen und den Umständen des Einzelfalls ab. § 13 BBiG lautet: 61

§ 13 Verhalten während der Berufsausbildung
¹Auszubildende haben sich zu bemühen, die berufliche Handlungsfähigkeit zu erwerben, die zum Erreichen des Ausbildungsziels erforderlich ist. ²Sie sind insbesondere verpflichtet,
1. die ihnen im Rahmen ihrer Berufsausbildung aufgetragenen Aufgaben sorgfältig auszuführen,
2. an Ausbildungsmaßnahmen teilzunehmen, für die sie nach § 15 freigestellt werden,
3. den Weisungen zu folgen, die ihnen im Rahmen der Berufsausbildung von Ausbildenden, von Ausbildern oder Ausbilderinnen oder von anderen weisungsberechtigten Personen erteilt werden,
4. die für die Ausbildungsstätte geltende Ordnung zu beachten,
5. Werkzeug, Maschinen und sonstige Einrichtungen pfleglich zu behandeln,
6. über Betriebs- und Geschäftsgeheimnisse Stillschweigen zu wahren.

bb) Verhalten gegenüber der Person des Ausbildenden

Grobe **Missachtung des Ausbildenden** berechtigt diesen idR zur fristlosen Kündigung (*LAG Frankf.* 23.11.1954 SAE 1955, 150), insbesondere wenn der Auszubildende seine abwertende Ansicht durch das Götz-Zitat und andere grobe Beleidigungen (*ArbG Göttingen* 13.4.1976 GewArch. 1977, 153) zum Ausdruck bringt. Die Erziehungspflicht findet ihre Grenze, wenn es sich um einen »Flegel« handelt (*ArbG Emden* 5.6.1968 ARSt 1969, 14, Nr. 1010). Dagegen stellt die Äußerung eines Auszubildenden, der ihm vorgesetzte Ausbilder sei ein kleines Licht, keinen wichtigen Grund dar (*ArbG Emden* 5.12.1973 ARSt 1974, 47, Nr. 1027). Auch reicht die Beleidigung des Ausbildenden, er sei ein Ausbeuter erster Klasse und ein Volkszertreter, für eine Kündigung nicht aus (*ArbG Göttingen* 14.3.1976, zit. nach *Natzel* BBiG S. 287). Ebenso kann nicht wegen »schnippischer Antworten« entlassen werden, weil der Ausbildende mit Fehlern und menschlichen Unzulänglichkeiten bei jungen Menschen rechnen muss, die zunächst im Einvernehmen mit den Erziehungsberechtigten korrigiert werden sollten (*LAG Hannover* 5.6.1957 WA 1957, 173, Nr. 337). Ein Ausbildungsverhältnis kann dagegen außerordentlich gekündigt werden, wenn der Auszubildende in vorwerfbarer Weise eine Kündigung des Ausbilders »provoziert« (hier: schaffen »vollendeter Tatsachen«, um eine dem Auszubildenden günstige einseitige Vertragsänderung 62

»durchzudrücken«, *LAG Frankf.* 21.3.1985 – 12 Sa 650/84 – nv). Die Androhung von Gewalt einem Vorgesetzten gegenüber kann einen Grund für die fristlose Kündigung des Berufsausbildungsverhältnisses darstellen, wenn die Drohung erkennbar ernst gemeint ist (*LAG Düsseld.* 13.2.1990 EzB § 15 Abs. 2 Nr. 1 BBiG Nr. 73). Wutausbrüche und Drohungen zu Tätlichkeiten gegenüber dem Ausbildenden berechtigen zur Kündigung gem. § 22 Abs. 1 Nr. 1 BBiG (*ArbG Frankfurt/M.* 15.2.2006 VjA-EzB § 22 BBiG 2005 Nr. 2). Vorhaltungen des Erziehungsberechtigten gegenüber dem Ausbildenden wegen Unzulänglichkeiten in der Ausbildung und Nichteinhaltung von Arbeitsschutzvorschriften berechtigen nicht zur fristlosen Entlassung des Auszubildenden, selbst wenn die Vorwürfe nicht voll zutreffen.

cc) Leistungen des Auszubildenden im Betrieb

63 Grundsätzlich darf ein Auszubildender nicht mit der Begründung fristlos entlassen werden, er werde wegen seiner Leistungen mit hoher Wahrscheinlichkeit in der bevorstehenden Prüfung versagen. Anders allerdings, wenn die Erfolgsaussichten so gering sind, dass die Mühewaltung des Ausbildenden nach Treu und Glauben in keinem mehr tragbaren Verhältnis zu den Erfolgsaussichten steht (*LAG Köln* 8.1.2003 LAGE § 15 BBiG Nr. 14; *ArbG Kiel* 14.5.1959 ARSt Bd. XXIII, 61, Nr. 170). Das kann sich aus einer gutachtlichen Auskunft der zuständigen Stelle (IHK, Handwerkskammer) oder der Nichtversetzung in die Oberstufe der Berufsschule ergeben (vgl. auch *Hoffmann* DB 1963, 1186). Schlechte Leistungen des Auszubildenden beim Absolvieren der Zwischenprüfung kommen bei einem Auszubildenden, der fast zwei Drittel der Ausbildungszeit absolviert hat, als wichtiger Grund zur fristlosen Kündigung des Berufsausbildungsverhältnisses nur dann in Frage, wenn feststeht, dass aufgrund der im Rahmen der Zwischenprüfung aufgetretenen Ausbildungslücken das Bestehen der Abschlussprüfung ausgeschlossen ist. Eine entsprechende negative Prognose ist regelmäßig erst dann gerechtfertigt, wenn der Auszubildende eine vorangegangene einschlägige Abmahnung missachtet (*ArbG Essen* 27.9.2005 EzA-SD 2006, Heft 4, S. 11). **Konzentrationsschwäche** stellt bei solchen Auszubildenden einen wichtigen Grund dar, denen zum Zweck der Ausbildung auch selbständige Verrichtungen übertragen werden müssen, zB im Kfz-Handwerk, wo erhebliche Gefahren für die Kunden entstehen können (*ArbG Emden* 10.6.1968 ARSt 1969, 15, Nr. 1011). Flüchtigkeitsfehler, die jedermann unterlaufen können, sind dagegen kein wichtiger Grund (Bankkaufmann, der falsch addiert: *LAG Düsseld.* 13.11.1970 Saarl ArbN 1971, 168). Allerdings kann die **mangelnde Befriedigung gestellter Anforderungen** nach Ablauf der Hälfte der Ausbildungszeit nicht mehr als wichtiger Grund geltend gemacht werden (*ArbG Detmold* 30.4.1957 ARSt Bd. XVIII, 142, Nr. 419). Ein zur Ausbildung in einem technischen Beruf (Rundfunk- und Fernsehtechniker) Beschäftigter kann idR nicht fristlos entlassen werden, wenn der Ausbildende ihm eine dem Ausbildungsziel nicht dienende Tätigkeit (regelmäßiges Inkasso sehr hoher Geldbeträge bei der Kundschaft) übertragen hat, bei deren Erledigung es der Auszubildende alsdann an der zumutbaren und zu erwartenden Sorgfalt fehlen lässt (Ablieferung des Inkasso erst zwei Monate später auf Vorhalt des Ausbildenden, *LAG Stuttg.* 2.11.1979 – 5 Sa 96/79 – nv).

dd) Leistungen des Auszubildenden in der Berufsschule

64 Entgegen früherer Entscheidungen (*LAG Düsseld.* 13.1.1958 BB 1959, 491; *ArbG Hildesheim* 23.8.1966 ARSt 1968, 15, Nr. 1021; *ArbG Hildesheim* 27.6.1967 ARSt 1968, 15, Nr. 1019; *LAG Bay.* 7.10.1969 ARSt 1971, 158, Nr. 1204) sind jedenfalls seit dem Inkrafttreten des BBiG am 1.9.1969 **mangelhafte Berufsschulleistungen** kein wichtiger Grund zur fristlosen Entlassung. Die Erfüllung der Lernpflicht im Rahmen des Unterrichts in der Berufsschule wird in der Abschlussprüfung neben den praktischen, im Betrieb vermittelten Fertigkeiten und Kenntnissen gesondert geprüft (§ 38 BBiG) und kann in das privatrechtliche Arbeitsverhältnis, dem ein eigenständiger Ausbildungsplan zugrunde liegt (§ 11 BBiG), nur einwirken, wenn auch dieses durch die Mängel in seinem Erfolg gefährdet wird (vgl. *LAG Düsseld.* 24.2.1966 BB 1966, 822). Unwirksam ist wegen Umgehung zwingenden Kündigungsrechts auch eine einzelvertragliche Vereinbarung, nach der ein Berufsausbildungsverhältnis ohne weiteres endet, wenn das Zeugnis des Auszubildenden für das nächste Berufsschuljahr in einem von bestimmten in der Vereinbarung aufgeführten Fächern die Note »mangelhaft« aufweist (*BAG* 5.12.1985 EzB § 15 Abs. 2 Nr. 1 BBiG aF Nr. 64). Die Verletzung der Pflicht zum **Berufsschulbesuch** kann einen wichtigen Grund darstellen wegen der in § 14 Abs. 1 Ziff. 4 BBiG statuierten Pflicht des Ausbildenden, den Auszubildenden zum Schulbesuch anzuhalten und ihn dafür freizustellen (§ 15 BBiG). Zwar handelt es sich um eine gesetzliche Pflicht, die unabhängig vom privatrechtlichen Ausbildungsverhältnis besteht (*ArbG Bielefeld* 5.3.1985 EzB § 15 Abs. 2 Ziff. 1 BBiG aF Nr. 54), jedoch ist sie integraler Bestandteil des dualen Systems der Berufsausbildung (so im Ergebnis auch *LAG Düsseld.* 15.4.1993 EzB BBiG § 15 Abs. 2 Ziff. 1, aF Nr. 76). Nach *LAG Bln.* 20.4.1988 – 7 Sa 15/88 – ist unentschuldigtes Fehlen in der Berufsschule als

Pflichtverletzung dem unentschuldigten Fehlen im Betrieb gleichzustellen, da die Verpflichtung zum Besuch des Berufsschulunterrichts im Berufsausbildungsvertrag festgelegt sei; *ArbG Bamberg* 28.11.1985 – 1 Ca 535/85 – nv). Unentschuldigtes Fehlen beim Berufsschulunterricht rechtfertigt dann eine fristlose Kündigung, wenn dadurch die Ausbildung im Betrieb beeinträchtigt wird oder wenn der Auszubildende wahrheitswidrig das Vorliegen einer ärztlichen Arbeitsunfähigkeitsbescheinigung behauptet, um den Ausbildenden zu veranlassen, ihm die Ausbildungsvergütung fortzuzahlen bzw. zu belassen, obgleich er hierauf keinen Anspruch hatte (*ArbG Düsseld.* 3.12.1984 EzB § 15 Abs. 2 Ziff. 1 BBiG aF Nr. 53; vgl. auch Rz 66 aE). Schlechte Leistungen des Auszubildenden beim Absolvieren der Zwischenprüfung kommen bei einem Auszubildenden, der fast zwei Drittel der Ausbildungszeit absolviert hat, als wichtiger Grund zur fristlosen Kündigung des Berufsausbildungsverhältnisses nur dann in Frage, wenn feststeht, dass auf Grund der im Rahmen der Zwischenprüfung aufgetretenen Ausbildungslücken das Bestehen der Abschlussprüfung ausgeschlossen ist (*ArbG Essen* 27.9.2005 VjA-EzB § 22 BBiG Nr. 1).

ee) Gründe in der Person des Auszubildenden

Mangelnde Eignung für den angestrebten Beruf trotz Erschöpfung aller Erziehungsmittel ist kein wichtiger Grund (anders *LAG München* 29.6.1955 WA 1956, 77, Nr. 164), weil sich die Parteien während der Probezeit ein Bild über die Geeignetheit machen sollen (*BAG* 29.10.1957 AP Nr. 10 zu § 611 BGB Lehrverhältnis; *LAG Stuttg.* 8.10.1951, BB 1952, 378). Lang anhaltende Krankheit kann einen wichtigen Grund darstellen, wenn im Zeitpunkt des Kündigungsausspruchs ein Ende der **Krankheit** nicht absehbar ist (*ArbG Heidelberg* 23.5.1957 ARSt Bd. XIX, 19, Nr. 55) und dadurch die Verwirklichung des Ausbildungszieles unmöglich gemacht wird (*LAG Düssel.* 24.1.1968 DB 1968, 401). Wenn ein Auszubildender sich von einer krankhaften Trunksucht durch den Aufenthalt in einer Heilstätte befreien konnte und nach erfolgter Rehabilitation der gute Wille des Auszubildenden zur Wiederholung der Ausbildung vorliegt, kann trotz längerer Abwesenheit das Ausbildungsverhältnis nicht fristlos gekündigt werden, sondern es ist dem Auszubildenden eine Wiederholung der Ausbildung zuzumuten (*BAG* 20.1.1977 EzA § 611 BGB Ausbildungsverhältnis Nr. 8). Drogenkonsum berechtigt erst nach Ausschöpfung von Therapiemaßnahmen und im Fall von Gefährdungen anderer Arbeitnehmer eine Kündigung. Zu differenzieren ist zwischen regelmäßigem Drogenkonsum und lediglich dem Probieren (*Taubert* HzA Berufliche Bildung Rz 1268; *LAG Bln.* 17.12.1970 EzB § 15 Abs. 2 Nr. 1 BBiG aF Nr. 31; *ArbG Wilhelmshaven* 16.4.1982 EzB § 15 Abs. 2 Nr. 1 BBiG aF Nr. 47). Die **Schwangerschaft** einer nichtverheirateten Auszubildenden ist kein wichtiger Grund (*ArbG Celle* 20.3.1968 ARSt 1968, 152, Nr. 177). Zur Heirat einer weiblichen Auszubildenden vgl. Rz 91. Zu **üppige Haartracht** rechtfertigt im Allgemeinen keine fristlose Kündigung, allerdings kann bei hygienischer Gefährdung und aus Gründen der individuellen und betrieblichen Sicherheit etwas anderes gelten (*ArbG Essen* 17.5.1966 BB 1966, 861; *ArbG Bayreuth* 7.12.1971 BB 1972, 175). Kein wichtiger Grund ist das Anstoßnehmen von Kunden des Ausbildenden an der Beatle-Frisur. Der sog. »Irokesenschnitt« kann dem Erscheinungsbild eines Kaufmanns bzw. kfm. Angestellten widersprechen und braucht vom ausbildenden Betrieb nicht geduldet zu werden (vgl. *LAG BW* 11.7.1989 EzB § 15 Abs. 3 aF BBiG Nr. 33).

ff) Kriminelles Verhalten

Nicht jedes kriminelle Verhalten rechtfertigt für sich eine außerordentliche Kündigung. Entscheidend sind die Umstände des Einzelfalles, die Schwere der Verfehlung sowie die Frage, ob alle denkbaren pädagogischen Mittel ausgeschöpft sind. Die Entwendung geringwertiger Verkaufsgegenstände wird sogar als nicht untypisch für jedes Ausbildungsverhältnis angesehen, soweit dies Verhalten wegen des Alters und der zurückgebliebenen persönlichen Reife noch korrigierbar erscheint. Die Wegnahme der Geldbörse eines Ausbildungskollegen kann noch kein wichtiger Grund sein (anders *ArbG Herne* 6.9.1967 ARSt 1968, 47, Nr. 1082), solange es sich um einen einmaligen Vorfall handelt und dem Ausbildenden noch die pädagogische Einwirkung obliegt, den Auszubildenden von seinen delinquenten Versuchungen zu einem sozial normgerechten Verhalten zu leiten. Allerdings kann etwas anderes gelten, wenn die Ausbildung die **Übertragung von besonderer Verantwortung** und Vertrauen erfordert, wie zB in einer Kfz-Reparaturwerkstatt. Entwendet hier der Auszubildende auch nur eine DM aus einem Kundenfahrzeug, so liegt darin ein wichtiger Grund, weil sonst die Gefahr des Vertrauensverlustes des Kunden in die Werkstatt dem Inhaber nicht zumutbar ist (*LAG Düsseld.* 6.11.1973 EzB BBiG § 15 Abs. 2 Ziff 1 aF, Nr. 17). Keinen wichtigen Grund zur Kündigung sieht das *LAG Nds.* (15.9.1989 – 15 Sa 801/89) im Fall eines mehrfachen »Berufsschulschwänzens«, das der Auszubildende bei der Berufsschule mit einem von ihm verfassten – und unbefugterweise mit einem Stempelaufdruck des Ausbildungsbetriebes versehenen – Schreibens entschuldigt hat. Das Gericht hält hier eine Abmahnung für ausreichend und dem Ausbildenden zumutbar. Nicht gefolgt werden kann dem *ArbG Braunschweig* (7.3.1989 EzB § 15 Abs. 1 BBiG aF Nr. 68), das einen wichtigen Grund zur außerordentlichen Kündigung darin erkennt, dass es ein Auszubildender billigend in Kauf nimmt, auch **Vergütung für unentschuldigte Fehltage** in der Berufsschule zu erhalten, für die ihm keine Vergütung zustand. Wegen dieses Fehlverhaltens ist zunächst eine Abmahnung auszusprechen (das *LAG Hannover* 15.9.1989 – 15 Sa 801/89 – hat der Berufung stattgegeben; **aA** *Taubert* HzA Berufsbildungsrecht Gruppe 9 Rz 300 mwN).

67 Entwendet ein Auszubildender kurz vor Ableistung der Fachprüfung Arbeitsmaterial aus dem Betrieb, das er zu dieser Prüfung benötigt, so ist dies kein wichtiger Grund zur Entlassung. Zwar kann bei der Entnahme von Material die entsprechende Verbuchung verlangt werden, doch sind bei einem kurz vor der Prüfung stehenden jungen Menschen mildere Maßstäbe anzulegen (*ArbG Gelsenkirchen* 20.3.1980 BB 1980, 679 hinsichtlich einer Straftat nach 2/3 der Ausbildungszeit). Auch bei **erheblichem kriminellen Verhalten** (zB Beteiligung an Bandendiebstählen) kann dem ausbildenden Arbeitgeber uU eine fristlose Kündigung verwehrt sein: Wenn die Fortsetzung des Ausbildungsverhältnisses entscheidend zur **Resozialisierung** eines – insbes. jungen – straffälligen Auszubildenden beiträgt, kann unter Abwägung aller Umstände des Einzelfalles der Ausbildende verpflichtet sein, die Ausbildung vertragsgemäß zu Ende zu führen (*ArbG Reutlingen* 20.5.1977 AP Nr. 5 zu § 15 BBiG aF; **aA** ErfK-*Schlachter* BBiG § 22 Rz 5). Wenn dem Ausbildenden erst nach einer sieben Monate ohne besondere Vorfälle verlaufenden Ausbildungszeit bekannt wird, dass der Auszubildende vorbestraft ist, stellt es keinen wichtigen Grund dar, wenn der Ausbildende vor Abschluss des Vertrages nicht danach gefragt hat (*ArbG Wilhelmshaven* 9.11.1972 ARSt 1974, 21, Nr. 28). Die Frage nach für das Ausbildungsverhältnis einschlägigen Vorstrafen und laufenden Verfahren bedeutet keinen unzulässigen Übergriff in die Privatsphäre.

gg) Außerbetriebliches Verhalten

68 Das außerdienstliche Verhalten des Auszubildenden kann grds. **keinen Anlass** zu irgendwelchen Maßnahmen des Ausbildenden geben. Wenn es allerdings direkt oder indirekt auf das Ausbildungsverhältnis zurückwirkt, erfordert dies erzieherische Maßnahmen zur Korrektur des fehlerhaften Verhaltens. In extremen Einzelfällen hat die Rechtsprechung auch eine fristlose Kündigung bejaht. Sog. **»liederlicher Lebenswandel«**, dh auf Dauer bezogene Verhaltensweise, die gegen die guten Sitten verstößt und »wiederholte Verletzung der Pflicht zum anständigen Benehmen« soll nach *ArbG Bln.* (11.2.1960 Entsch. Kal. 1960, IV, 199) eine fristlose Kündigung rechtfertigen, nicht dagegen eine einmalige Entgleisung. Dem ist entgegenzuhalten, dass es nicht dem Ausbildenden überlassen sein kann, die sich im dauernden Wandel befindlichen Maßstäbe für die guten Sitten zu definieren und derart auf das Privatleben des Auszubildenden Einfluss zu nehmen. So stellt nach einer Entscheidung aus dem Jahr 1997 die Veröffentlichung sog. »softpornografischer Fotos« in einer Zeitschrift keinen außerordentlichen Kündigungsgrund dar, es sei denn, das Zeitschriftenmaterial hat pornografischen Inhalt iSd strafrechtlichen Definition (*ArbG Passau* 11.12.1997 NZA 1998, 427 im Falle einer Umschülerin). Entgegen *ArbG Bln.* (11.2.1960 aaO) besteht kein sachlicher Grund, wegen der »besonderen Notwendigkeit der sog. Reinheit des öffentlichen Dienstes in personeller Hinsicht« zwischen Auszubildenden zum Beamten und Angestellten im öffentlichen Dienst und handwerklichen Auszubildenden im öffentlichen Dienst zu differenzieren. Aktivitäten des **krankgeschriebenen** Auszubildenden können einen wichtigen Grund zur fristlosen Kündigung darstellen, wenn dadurch der Heilungsprozess verzögert oder anders beeinträchtigt wird (zB Besuch eines Schwimmbades ohne zu baden, *ArbG Heide* 14.8.1969 ARSt 1969, 175, Nr. 1261) oder sich diese Aktivitäten in sonstiger Weise negativ auf das Ausbildungsverhältnis auswirken (Ableisten größerer Anzahl von Autofahrstunden lässt nach *ArbG Stade* 16.10.1970 ARSt 1971, 31 schlechte Einstellung zur Arbeit erkennen, weil der Auszubildende entsprechend den Anordnungen des Arztes den Genesungsprozess durch Spaziergänge und dgl. zu fördern habe). Zwar kann von einem im öffentlichen Dienst stehenden Auszubildenden die Erfüllung staatsbürgerlicher Pflichten besonders erwartet werden, doch ist dessen Nichtbefolgung der Aufforderung zur **Wehrerfassung** kein wichtiger Grund zur fristlosen Kündigung wegen pflichtwidrigen Verhaltens, weil die Erfüllung dieser Pflichten durch gesetzliche Maßnahmen gesichert ist (Vorführung, Geldbuße – *LAG Kiel* 8.1.1960 BB 1960, 667). Unwirksam ist auch die Kündigung des Berufsausbildungsverhältnisses wegen außerhalb des Betriebs begangener Straftaten (*ArbG Bochum* 9.8.1979 DB 1980, 214; vgl. auch Rz 66, 67). Die fristlose Kündigung aufgrund einer Straftat, die mit dem Arbeitsverhältnis nicht in unmittelbarem Zusammenhang steht, ist nur dann gerechtfertigt, wenn sie sich auf das Arbeitsverhältnis in der Weise auswirkt, dass das wechselseitige Vertrauensverhältnis durch die

Straftat erschüttert ist. Außerhalb des Arbeitsverhältnisses begangene Straftaten bedeuten die Verletzung staatsbürgerlicher Pflichten, nicht aber in jedem Fall auch die Verletzung arbeitsrechtlicher Pflichten (*LAG Hmb.* 14.11.1983 – 4 Sa 86/83 – nv). Bei Vergehen gegen das Betäubungsmittelgesetz vgl. *ArbG Wilhelmshaven* 16.4.1982 EzB § 15 Abs. 2 Ziff. 1 BBiG aF Nr. 47.

hh) Gründe im Betrieb des Ausbildenden

Im Falle der Insolvenz (vgl. KR-*Weigand* § 113 InsO Rz 55 ff.) mit einer damit verbundenen Stilllegung des Betriebs infolge wirtschaftlichen Rückgangs ist die vorzeitige Lösung des Ausbildungsverhältnisses ausnahmsweise gerechtfertigt. Arbeitsmangel dagegen reicht nicht aus (*ArbG Heidelberg* 23.6.1956 ARSt Bd. XVIII, 23, Nr. 72 mwN; nach *LAG Nürnberg* 25.11.1975 EzB § 15 Abs. 2 Ziff. 1 aF, Nr. 38 reichen weder Arbeitsmangel noch Insolvenz zur fristlosen Kündigung gem. § 15 Abs. 2 Ziff. 1 BBiG aF aus). Das Recht zur Kündigung steht sowohl dem Insolvenzverwalter als auch dem Auszubildenden zu. Nach der Interessenlage beider Parteien ist ein Festhalten am Vertrag unsinnig, ebenso erscheint eine fristlose Kündigung gegenüber dem Auszubildenden mit dem Gesetz unvereinbar. 69

Im Falle der außerordentlichen Kündigung des Berufsausbildungsverhältnisses ist als Kündigungsfrist eine Auslauffrist einzuhalten, die der dreimonatigen Höchstfrist zum Monatsende gemäß § 113 Abs. 1 S. 2 InsO entspricht (KR-*Weigand* § 113 InsO Rz 57). 70

Die Stilllegung des Betriebes verunmöglicht die weitere Ausbildung und berechtigt zur Kündigung des Ausbildungsvertrages, weil die Fortsetzung dem Ausbildenden nicht mehr zumutbar ist (*LAG Bay.* 21.11.1958 WA 1961, 149; *LAG Hannover* 15.3.1950 AR-Blattei, Arbeitsausfall II, Betriebsstörung: Entsch, 24). 71

Neben der Stilllegung soll auch eine **wesentliche betriebliche Einschränkung** der Ausbildungsstätte die Kündigung ermöglichen (*ArbG Köln* 6.5.1965 BB 1965, 1110). Die Möglichkeit zur fristlosen Kündigung ist insoweit bedenklich, als dadurch auch ein fristloser Wegfall der Pflicht zur Zahlung der Vergütung eintreten würde. Das würde bedeuten, dass dadurch der Auszubildende ohne sachlichen Grund wesentlich schlechter gestellt würde als andere Arbeitnehmer (*Hueck/Nipperdey* I § 73, II 2a FN 12, S. 752), zumal für Auszubildende kein Anspruch auf Schadenersatz besteht, wenn sich die Notwendigkeit zur Stilllegung erst nach Abschluss des Vertrages aufgrund von Strukturveränderungen ergibt (*ArbG Köln* 6.5.1965 aaO). 72

Die **Verlegung der Ausbildungsstätte** stellt einen wichtigen Grund dar, wenn dadurch die Berufsausbildung unzumutbar wird, wobei in der Verlegung keine schuldhafte Verletzung des Berufsausbildungsvertrages liegt (*LAG Düsseld.* 15.7.1959 WA 1959, 162). Das Fehlen von fachlich geeignetem Ausbildungspersonal stellt keinen Kündigungsgrund dar. Insbesondere wenn der ausbildende Arbeitgeber zur Fortsetzung der Ausbildung verurteilt worden ist, ist er verpflichtet, einen anderen Ausbilder zu engagieren und diesen mit der weiteren Ausbildung zu beauftragen (*ArbG Wilhelmshaven* 22.2.1977 ARSt 1978, 142, Nr. 1207). 73

Im Fall eines **Betriebsübergangs** kann der Widerspruch gegen den Übergang des Ausbildungsverhältnisses auch schlüssig erfolgen, z.B. durch eine form- und fristwahrende Klageerhebung gegen Vertragspartner, mit dem das Ausbildungsverhältnis zum Zeitpunkt des Übergangs begründet war (*Sächs. LAG* 11.5.2005 VjA-EzB § 615 BSB 2002 Nr. 1). 74

d) Einzelne Fallgruppen zum wichtigen Grund bei der Kündigung durch den Auszubildenden

Für die fristlose Kündigung durch den Auszubildenden gelten die gleichen Grundsätze wie für die Lossagung durch den Ausbildenden vom Vertragsverhältnis, insbesondere bei der Beurteilung, ob ein wichtiger Grund gegeben ist. Es wird hier ebenso ein strengerer Maßstab angelegt als bei einem Arbeitsverhältnis (*ArbG Rosenheim* 28.2.1956 ARSt Bd. XVI, 100, Nr. 281), vgl. Rz 45. 75

aa) Ausbildungsmängel beim Ausbildenden oder im Betrieb

Berufsrechtliche Mängel (zB keine Ausbildungsbefugnis, so dass die IHK oder Handwerkskammer die Eintragung in die Stammrolle ablehnt oder aus sonstigen Gründen die Anerkennung der Ausbildung ablehnt; Ausbildungsberuf nicht anerkannt; Betrieb eignet sich nicht für die Ausbildung; Überschreitung der betrieblichen Höchstzahl für Auszubildende) sind Gründe zur fristlosen Kündigung des Ausbildungsverhältnisses (*LAG Stuttg.* 28.2.1955 DB 1955, 560; *Wohlgemuth* § 22 Rz 13), weil der Auszubildende nicht das Risiko für eine evtl. Fehlerhaftigkeit zu tragen braucht. Die Mängel führen 76 nicht zur Nichtigkeit des Ausbildungsverhältnisses gem. § 134 BGB (*LAG Bln.* 4.1.1966 DB 1966, 747; **aA** *Reichel* DB 1955, 120 ff.), da die nicht beachtete Gesetzesvorschrift daraufhin zu untersuchen ist, ob die Verletzung die Rechtsfolge der Nichtigkeit erforderlich macht. Das gilt insbesondere bei Dauerschuldverhältnissen wie auch der betrieblichen Ausbildung. Der **Ausbildende haftet** dem Auszubildenden gegenüber wegen Verzögerungen in der Ausbildung auch, wenn er es unterlässt, den Auszubildenden trotz sich aufdrängender Zweifel auf das Risiko einer unzureichenden Berufsausbildung hinzuweisen. Ein Schaden des Auszubildenden kann auch die später eintretende Erhöhung der Ausbildungsbeihilfe oder der später eintretende Bezug des Facharbeiterlohnes sein (*LAG Bln.* 26.10.1978, AuR 1979, 284). Allerdings kann die fehlende Zeit auf das laufende Ausbildungsverhältnis und auch auf ein neues in einem anderen Betrieb angerechnet werden (*LAG Stuttg.* 28.2.1955 aaO). Bei einem fehlerhaften kündbaren Ausbildungsverhältnis steht dem Auszubildenden zwar weiter die Ausbildungsvergütung zu, jedoch nicht ein etwa gem. § 612 BGB festzusetzendes Arbeitsentgelt, das ihm erst bei vertragswidriger, nicht ordnungsgemäßer Ausbildung, nämlich bei der Verwendung als Arbeitskraft, zusteht (*LAG Bln.* 26.10.1978 aaO). Auch bei nur kurzfristiger (hier dreiwöchiger) Entziehung der Ausbildungsbefugnis durch die Behörde kann der Auszubildende fristlos kündigen, weil bei jeder Entziehung die Grundlage für das Ausbildungsverhältnis entfallen ist (*ArbG Celle* 15.12.1971 ARSt 1972, 56, Nr. 65).

77 Die Unmöglichkeit einer IHK-Prüfung des Auszubildenden ist ein wichtiger Grund iSv § 22 Abs. 2 Ziff. 1 BBiG. Weigert sich der Ausbildende, einen schriftlichen Ausbildungsvertrag abzuschließen, so kann der Auszubildende fristlos kündigen. Aber nicht eine einmalige Weigerung, sondern erst die Ausschöpfung aller Möglichkeiten, ihn dazu zu bewegen, rechtfertigen die Annahme eines wichtigen Grundes (*LAG Düsseld.* 10.8.1954 DB 1954, 932). Die Verweigerung der weiteren Ausbildung rechtfertigt die fristlose Kündigung und den Anspruch auf Ersatz des Schadens (*BAG* 11.8.1987 EzA § 16 BBiG Nr. 1 aF). Wenn der Ausbildende allgemein seine Pflichten nicht mehr erfüllen kann oder sie so stark vernachlässigt, dass die Ausbildung oder gar die Gesundheit des Auszubildenden gefährdet ist, liegt ein wichtiger Grund vor (*ArbG Augsburg* 14.2.1961 ARSt Bd. XXVII, 14, Nr. 40). Weist die Ausbildung Mängel auf, die das Erreichen des Ausbildungszieles in Frage stellen können, ist ein wichtiger Grund gegeben (Verletzung der Pflichten gem. § 6 Abs. 1 BBiG; Beschäftigung mit berufsfremden Tätigkeiten; *BAG* 10.6.1976 EzA § 6 BBiG aF Nr. 2; Vernachlässigung der Vermittlung von einschlägigen Buchhaltungskenntnissen bei der Ausbildung zum Industriekaufmann; zu den Ausbildungspflichten der Betriebe allgemein vgl. *Bodewig* BB 1976, 982). Allerdings muss vorher eine erfolglose Abmahnung erfolgen (*LAG Düsseld.* 20.12.1960 DB 1961, 342).

bb) Verstöße gegen Arbeitsschutzvorschriften

78 Die Verletzung von Arbeitsschutzbestimmungen rechtfertigt generell die fristlose Auflösung des Ausbildungsverhältnisses durch den Auszubildenden: das JArbSchG, das ArbeitszeitG, LadenschlußG, ArbeitssicherheitsG, deren Normen in ihrem öffentlich-rechtlichen Charakter unverzichtbar sind (*ArbG Bln.* 26.11.1976 Entsch. Kal. 1977, III, S. 242; ErfK-*Schlachter* BBiG § 22 Rz 6).

cc) Verhalten des Ausbildenden

79 Körperliche Züchtigungen jeglicher Art des Auszubildenden durch den Ausbildenden stellen einen wichtigen Grund dar (*ArbG Emden* 3.5.1956 ARSt Bd. XVI, 218, Nr. 604; *ArbG Rheine* 10.8.1959 WissuWir 1960, 73; *ArbG Bln.* 2.11.1959 Berl. Wirt. 1960, 83, wegen mehrfachen Schlagens ins Gesicht, weil der Auszubildende eine Arbeit nicht verrichtete, zu der er laut Ausbildungsvertrag nicht verpflichtet war). Der wichtige Grund bei körperlicher Züchtigung entfällt auch deshalb nicht, weil es sich um eine Affekthandlung des Ausbildenden handelt; denn gerade seine Tätigkeit und Verantwortung setzt stärkere Selbstbeherrschung voraus (*LAG Bay.* 30.8.1961 ARSt Bd. XXVIII, 146, Nr. 302). Die Verführung zum **sexuellen Verkehr** einer (eines) Auszubildenden durch den Ausbildenden ist ein wichtiger Grund (*ArbG Bln.* 13.3.1957 Entsch. Kal. 1957 III, S. 353). Die Frage des Leiters des Ausbildungsbetriebs nach gewissen Aktivitäten in der Freizeit (zB private Beziehungen zum Ausbilder, vgl. *ArbG Bamberg* 10.9.1976 ARSt 1977, 66, Nr. 62), stellt als Wahrnehmung »berechtigter Interessen« grds. noch keinen Grund zur fristlosen Kündigung durch die Auszubildende dar. Wenn der Auszubildende nicht zu den von der Innung vorgeschriebenen Fortbildungskursen fahren darf, kann hierin ein wichtiger Grund liegen (*ArbG Stade* 29.8.1969 ARSt 1970, 31, Nr. 1029).

dd) Betriebliche Gründe

Der interne Vorgang eines Gesellschafterwechsels im Ausbildungsbetrieb ist jedenfalls dann kein 80 wichtiger Grund, wenn dadurch kein **Wechsel in der Person des ausbildenden Meisters** eingetreten ist (*ArbG Ulm* 14.6.1960 DB 1960, 1072). Wenn der ausbildende Meister wechselt, kann ein wichtiger Grund gegeben sein, wenn dadurch die Kontinuität der Ausbildung (auch in ihrer Qualität) beeinträchtigt wird. Der **Tod des Ausbildenden** beendet das Berufsausbildungsverhältnis nicht. Es geht arbeitgeberseitig auf die Erben über (§ 1922 BGB; MünchArbR/*Wank* § 119 Rz 4 ff. bzgl. Arbeitsverhältnis) und ist fortzusetzen, es sei denn, die Erben wollen oder können es nicht fortsetzen (MünchArbR/*Natzel* § 171 Rz 255; *Grünberger* AuA 1996, 155). Allerdings kann es dann zum Ende des Berufsausbildungsverhältnisses kommen, wenn weder dessen Eltern noch der Auszubildende selbst den Vertrag fortsetzen wollen oder nicht können (*Hueck/Nipperdey* I, § 73 II 2b, aa, S. 752). Die Fortsetzung erfordert eine entsprechende vertragliche Abrede. Allerdings kann der Tod des Ausbildenden insbesondere für den Auszubildenden einen wichtigen Grund zur fristlosen Kündigung darstellen, weil die Kontinuität der Ausbildung nicht mehr gewährleistet ist.

Kein wichtiger Grund liegt vor, wenn dem Auszubildenden das Verhalten und die Wesensart der Kollegen nicht zusagen. Bei systematischem Meiden und Bloßstellen durch die Mitarbeiter allerdings kann etwas anderes gelten (*ArbG Marburg* 27.11.1962 PrAR HandwO §§ 21–29, Nr. 160). 81

ee) Gründe in der Person des Auszubildenden

Die Erklärung des beabsichtigten **Berufswechsels** (wozu persönliche Statusveränderungen wie eine 82 Heirat mit Ortswechsel gehören können) gem. § 22 Abs. 2 Ziff. 2 BBiG ist eine rechtsgestaltende Willenserklärung und ihrem Wesen nach ein besonders geregelter Fall des wichtigen Grundes (vgl. *LAG Mannheim* 17.9.1952 AR-Blattei, Rspr. 1447). Näheres dazu s. Rz 84 ff. Bei **Wohnsitzwechsel** des Erziehungsberechtigten steht dem Auszubildenden kein Recht zur fristlosen Kündigung zu. Vielmehr ist er zunächst verpflichtet, an seinem bisherigen Wohnsitz eine Unterkunftsmöglichkeit zu suchen (*ArbG Verden* 17.2.1964 ARSt 1964, 173, Nr. 340). Entwickeln sich beim Auszubildenden im Zusammenhang mit seiner Tätigkeit **Allergien**, liegt darin ein wichtiger Grund (*ArbG Solingen* 29.6.1956 ARSt Bd. XVII, 60, Nr. 182 bei einem Auszubildenden, der sich bei entblößten Füßen ekelt). Ein Auszubildender kann das Vertragsverhältnis fristlos kündigen, wenn ein **Familienangehöriger** infolge Krankheit seiner Hilfe zur Existenzsicherung bedarf und keine andere Hilfe zu erreichen ist (*ArbG Stade* 14.1.1948 ARSt Bd. I, 110, Nr. 387).

e) Vereinbarung weiterer Tatbestände der Vertragsparteien als wichtiger Grund

Durch einzelvertragliche Fixierung bestimmter Tatbestände das Recht zur Kündigung aus wichtigem 83 Grunde iSv § 22 Abs. 2 Ziff. 1 BBiG über das gesetzliche Maß hinaus zu erweitern, steht **nicht im Belieben der Parteien des Berufsausbildungsverhältnisses** (*Wohlgemuth/Pieper* § 22 Rz 14; ErfK-*Schlachter* BBiG § 22 Rz 7). Dieser im Rahmen der Kündigung gem. § 626 Abs. 1 BBiG entwickelte Grundsatz (*BAG* 22.11.1973 EzA § 626 BGB nF Nr. 33 mwN) gilt auch für die fristlose Kündigung eines Berufsausbildungsverhältnisses (*LAG Bln.* 11.2.1960 Entsch. Kal. 1960, 199); denn sonst würde die durch die besonderen Eigenheiten des Ausbildungsverhältnisses bedingte Erschwernis der Kündigung und ihre Beschränkung auf wichtige Gründe iSd § 15 Abs. 2 BBiG hinfällig. Das Vorliegen eines wichtigen Grundes darf der gerichtlichen Kontrolle insoweit nicht entzogen werden, als die Vertragsparteien neben den gesetzlichen – von der Rechtsprechung konkretisierten – selbst nicht (weitere) wichtige Gründe definieren. Allerdings können einzelvertragliche Vereinbarungen über das Vorliegen wichtiger Gründe zur fristlosen Kündigung eine gewisse rechtliche Bedeutung erlangen, wenn die Parteien solche Tatbestände, die ohnehin bei der im Berufsausbildungsverhältnis besonders gebotenen umfassenden Interessenabwägung als wichtige Gründe iSv § 22 Abs. 2 Ziff. 1 BBiG anzuerkennen sind, näher bestimmen und sich damit verdeutlichen, welche Umstände ihnen unter Berücksichtigung der Eigenart des Ausbildungsverhältnisses besonders wichtig erscheinen (*BAG* 22.11.1973 EzA § 626 BGB nF Nr. 33).

5. Berufsaufgabe oder -wechsel (§ 22 Abs. 2 Ziff. 2 BBiG)

Beabsichtigt der Auszubildende, die Berufsausbildung aufzugeben oder sich für eine andere Berufstä- 84 tigkeit ausbilden zu lassen, so kann er auch nach der Probezeit das Arbeitsverhältnis lösen, und zwar mit einer Kündigungsfrist von vier Wochen (§ 22 Abs. 2 Ziff. 2 BBiG). Die Motive des Auszubildenden können sowohl in seinem Desinteresse für den jeweiligen Beruf als auch in seiner mangelnden Geeignetheit dafür liegen. In Anwendung des Art. 12 Abs. 1 GG soll der Auszubildende nicht zur Beendigung der Berufsausbildung gezwungen werden, wenn er sich für einen anderen Beruf oder Lebensweg entschieden hat (so auch *LAG Brem.* 7.2.1961 AR-Blattei, Lehrvertrag – Lehrverhältnis: Entsch. 15; *Sommer* ArbuSozR 1966, 109).

a) Erklärung

85 Die Erklärung der beabsichtigten Aufgabe oder des Wechsels der Berufsausbildung muss vom Auszubildenden selbst oder dessen gesetzlichem Vertreter abgegeben werden (vgl. Rz 105 ff.). Sie muss schriftlich erfolgen (§ 22 Abs. 3 BBiG), und zwar mit Angabe des Willens zur Veränderung, nicht aber die Beschreibung der Motive für den Entschluss ist notwendig. Eine unvollständige Erklärung vermag die Beendigungswirkung nicht zu entfalten. Die bloße mündliche Mitteilung kann nur als Angebot zur vertraglichen Aufhebung des Ausbildungsverhältnisses angesehen werden. Der Aufhebungsvertrag kann formlos geschlossen werden (vgl. Rz 37). Eine analoge Anwendung der Regelung des § 22 Abs. 2 Ziff. 2 BBiG in diesem Fall ist ausgeschlossen (vgl. *LAG Mannheim* 17.9.1952 AR-Blattei Rspr. 1447).

b) Rechtsfolgen

86 Wird die Frist von vier Wochen eingehalten, so endet das Berufsausbildungsverhältnis mit Ablauf dieser Frist. Die Vierwochenfrist beginnt an dem Tage zu laufen, der dem Tag des Zugangs der Erklärung beim Ausbildenden folgt. Soweit diese Frist nicht ausdrücklich benannt oder zu kurz bemessen ist, endet das Vertragsverhältnis ebenso erst nach Ablauf von vier Wochen. Wenn sich der Ausbildende allerdings mit einer kürzeren Frist einverstanden erklärt oder ihr auch nicht widerspricht, kann das Berufsausbildungsverhältnis bereits vor Ablauf von vier Wochen enden.

87 Mit Zugang der schriftlichen Erklärung ist die Kündigung wirksam geworden und kann nicht mehr einseitig zurückgenommen werden. Wenn der Auszubildende also im Laufe der Kündigungsfrist oder später seine Absicht ändert und beim bisherigen Ausbildenden bleiben will, erfordert dies den Abschluss eines neuen Berufsausbildungsvertrages. Allerdings kann die bereits geleistete Ausbildungszeit insofern berücksichtigt werden, als gem. § 8 Abs. 1 BBiG eine Kürzung der Ausbildungszeit vorzunehmen ist, wenn erwartet werden kann, dass der Auszubildende das Ausbildungsziel in der gekürzten Zeit erreicht.

c) Wahrheitspflicht

88 Ob die erklärte Absicht zum Berufswechsel (oder der -aufgabe) der Wahrheit entsprechen muss (so *Rohlfing/Kiskalt/Wolff* § 127e Anm. 5; *Friauf/Stahlhacke* § 127e Anm. 77; *Schlegelberger* § 78 Anm. 2) oder glaubhaft gemacht sein muss, kann kein Kriterium für die Wirksamkeit der Kündigung sein, weil sich dies im Zeitpunkt der Kündigung kaum nachprüfen lässt (so auch *Hueck/Nipperdey* I, § 73 II 2b cc, S. 753; aA *Wohlgemuth/Pieper* § 22 Rz 18; *Stahlhacke/Preis/Vossen* Rz 579). Zwar bejaht das *LAG Brem.* (7.2.1961, AR-Blattei, Lehrvertrag – Lehrverhältnis: Entsch. 15) die Berechtigung des Ausbildenden, den Grund der Kündigung auf seine Richtigkeit, nicht aber auf seine Zweckmäßigkeit zu überprüfen, doch kann dies im Zweifel den Auszubildenden nicht daran hindern, die bisherige Ausbildung zu beenden. Denn das Interesse des Auszubildenden an der Erreichung seines Berufszieles steht beherrschend im Vordergrund, während das Interesse des Ausbildenden an der Gewinnung und Erhaltung einer – mit der Ausbildungsdauer zunehmend – wertvollen Arbeitskraft zurücktreten muss (*LAG Brem.* 7.2.1961 aaO). Ebenso schwierig und zweifelhaft ist die Frage nach der Ernsthaftigkeit der Absicht des Auszubildenden. Der Missbrauch dieser dem Auszubildenden eingeräumten Möglichkeit der Kündigung gem. § 22 Abs. 2 Ziff. 2 BBiG ist nicht auszuschließen, muss aber vor allem im Interesse des einzelnen und der Gesellschaft insgesamt an der richtigen Berufsfindung, der Rechte aus Art. 12 Abs. 1 GG sowie im Interesse des wahrheitsgemäß handelnden Auszubildenden in Kauf genommen werden.

d) Wechsel der Ausbildungsstätte

89 Der Wechsel der Ausbildungsstätte im gleichen Ausbildungsberuf wird durch § 22 Abs. 2 Ziff. 2 BBiG nicht eingeräumt, bei einer Kündigung zur Fortsetzung der Ausbildung in einem Konkurrenzunternehmen macht sich der Auszubildende schadenersatzpflichtig (*BAG* 28.2.1966 ARSt 1967, 127, Nr. 1192). Dies gilt auch, wenn der Auszubildende kündigt, um von einem handwerklich produzieren-

den in einen industriell fertigenden Betrieb desselben Ausbildungsberufes zu wechseln. Wenn der Auszubildende einen wichtigen Grund (zB mangelhafte Ausbildung) zur Auflösung des Vertragsverhältnisses hat, kann er fristlos kündigen (§ 22 Abs. 1 Ziff. 1 BBiG) und sich in einem anderen Betrieb der gleichen Branche weiter ausbilden lassen. Ebenso bleibt die Möglichkeit der einverständlichen Auflösung des Berufsausbildungsverhältnisses (Rz 37, 38).

Von diesen Grundsätzen wird insofern eine Ausnahme gemacht, als der Auszubildende zur Kündigung gem. § 22 Abs. 2 Ziff. 2 BBiG berechtigt ist, wenn er bei gleich bleibendem Ausbildungsziel seine Ausbildung in einem Betrieb aufgeben will, um sie an einer entsprechenden Fachschule fortzusetzen. Der Besuch der Fachschule bedeutet nämlich nach Inhalt und Ergebnis grds. eine andere Art der Ausbildung (§ 22 Abs. 2 Ziff. 2 BBiG) als jene in einem betrieblichen Ausbildungsverhältnis, weil das Absolvieren der Fachschule andere berufliche Möglichkeiten erschließt als die betriebliche Ausbildung (*LAG Düsseld.* 2.2.1972 EzB § 15 Abs. 2 Ziff. 2 BBiG aF Nr. 1). Wird die Anerkennung eines Ausbildungsberufes aufgegeben, so kann der Vertrag gem. § 22 Abs. 2 Ziff. 2 BBiG (arg. aus § 4 Abs. 4 BBiG) gekündigt werden. 90

e) Einzelfälle

Zur Kündigung berechtigt ist die Auszubildende, die (hier: im Ausland) heiraten und Hausfrau werden will (*LAG Brem.* 7.2.1961 AR-Blattei, Lehrvertrag – Lehrverhältnis: Entsch. 15, Rz 84: »Die Eheschließung ist ein höchstpersönliches Rechtsgeschäft, das von jedem persönlichen Zwang freigehalten werden muss«; ebenso *ArbG Bremerhaven* 5.8.1960 AuR 1961, 91), weil die Verehelichung und die damit verbundene Tätigkeit im Haus dem Berufswechsel gleichgestellt wird. Der Antritt einer Stelle im Ausland wird generell als Kündigungsgrund angesehen (*LAG Mannheim* 17.9.1952 AR-Blattei, Rspr. 1447). Abzulehnen ist die Entscheidung des *ArbG Kiel* (7.3.1958 ARSt Bd. XX, 60, Nr. 177), nach der die Auszubildende wegen der schwangerschaftshalber beabsichtigten Heirat die Auflösung des Vertrages zu vertreten habe, weil diese mit ihren Persönlichkeitsrechten nicht zu vereinbaren ist. 91

6. Schriftliche Begründung der Kündigung (§ 22 Abs. 3 BBiG)

Nach § 22 Abs. 3 BBiG muss die Kündigung schriftlich und in den Fällen einer fristlosen Kündigung aus wichtigem Grund sowie einer Aufgabe oder eines Wechsels der Berufsausbildung (Abs. 2) außerdem unter Angabe der Kündigungsgründe erfolgen. Ein Verstoß gegen diese Formerfordernisse (Schriftform, Begründung) hat die Nichtigkeit der Kündigung gem. § 125 BGB zur Folge (*BAG* 9.10.1979 EzA § 111 ArbGG 1979 Nr. 1; 22.2.1972 EzA § 15 BBiG aF Nr. 1; *LAG Hmb.* 30.9.1994 EzB § 15 Abs. 3 BBiG aF Nr. 34a). Nach Sinn und Zweck dieser Formvorschrift kann die Nichtigkeit einer Kündigung wegen fehlender oder nicht ausreichender Angabe der der Kündigung zugrunde liegenden Vorfälle durch eine spätere Nachholung der Begründung nicht geheilt werden (vgl. iE dazu *BAG* 22.2.1972 EzA § 15 BBiG aF Nr. 1 mit Anm. *Söllner*). Wenn es sich bei dem Kündigungs-Empfänger um einen ausländischen, der deutschen Sprache nicht vollkommen mächtigen Auszubildenden (bzw. dessen gesetzlichen Vertreter) handelt, gebietet es die Fürsorgepflicht des ausbildenden Arbeitgebers, diese wichtige rechtsgeschäftliche Erklärung in der jeweiligen Landessprache (evtl. neben der deutschen) abzufassen (zum Sprachrisiko vgl. *LAG Düsseld.* 2.11.1971 DB 1971, 2318). 92

a) Schriftform (§ 22 Abs. 3 BBiG)

Bereits gem. § 623 BGB bedarf die Kündigungserklärung **zu ihrer Wirksamkeit der Schriftform** (vgl. auch *Sander/Siebert* AuR 2000, 287). Zweck des Schriftformerfordernisses gem. § 15 Abs. 3 BBiG ist zum einen, die kündigende Vertragspartei vor Übereilung zu bewahren und zum anderen zur Rechtsklarheit und zur Beweissicherung beizutragen (vgl. BT-Drucks. V/4260). Der Kündigende muss die Erklärung eigenhändig durch Namensunterschrift unterzeichnet haben (§ 126 Abs. 1 BGB). Dabei genügen stattdessen weder Stempel noch eine faksimilierte Unterschrift. Erforderlich bei Namensunterschrift ist mindestens ein Familienname, bei Firmen entsprechend den jeweils geltenden handels- und gesellschaftsrechtlichen Vorschriften die Unterschrift vom Berechtigten. Der Ausbilder selbst braucht zur Wirksamkeit der Kündigungserklärung nicht eigenhändig zu unterschreiben (*LAG Frankf.* 21.3.1985 – 12 Sa 650/84 – nv). Soweit ein minderjähriger Auszubildender die Kündigungserklärung abgibt, muss er gleichzeitig die schriftliche Einwilligung des gesetzlichen Vertreters dazu vorlegen (vgl. Rz 105 ff.). Bei der Kündigung des Berufsausbildungsverhältnisses gegenüber einem Minderjährigen muss die Angabe der Kündigungsgründe – wie die Kündigungserklärung selbst – gegenüber den gesetzlichen Vertretern des Minderjährigen erfolgen (*LAG Nürnberg* 21.6.1994 LAGE § 15 BBiG aF Nr. 8). 93

b) Angabe der Gründe

94 Weiterhin sind die Kündigungsgründe im Einzelnen schriftlich anzugeben. Bewahrung vor Übereilung und Rechtsklarheit sowie Beweissicherung (vgl. BT-Drucks. V/4260) stehen hinter diesem Erfordernis. Demnach ist es idR unzulässig, im Arbeitsgerichtsprozess weitere Gründe nachzuschieben (*LAG Hmb.* 30.9.1994 LAGE § 15 BBiG aF Nr. 9; *LAG Bln.* 22.8.1977 DB 1978, 259; anders, wenn lediglich Erläuterung oder Ergänzung der schriftlich mitgeteilten Gründe vorgelegt wird, *LAG Köln* 21.8.1987 LAGE § 15 BBiG aF Nr. 5; denn an die Angabe der Kündigungsgründe im Kündigungsschreiben sind nicht die gleichen Anforderungen zu stellen wie an die Substantiierung im Prozess, *BAG* 17.6.1998 EzB § 15 Abs. 3 BBiG aF Nr. 37; 25.11.1976 EzA § 15 BBiG aF Nr. 3). Der obligatorische Begründungszwang trifft beide Vertragspartner und dient auch den Interessen beider Vertragsteile. Dem Kündigungsempfänger soll deutlich erkennbar sein, worin der Grund für die Kündigung liegt, um ihm dadurch eine Überprüfung der Rechtswirksamkeit der Kündigung zu ermöglichen (*BAG* 22.2.1972 EzA § 15 BBiG aF Nr. 1). Deshalb reicht die Schriftform für die Kündigungserklärung allein nicht aus.

95 Die Darstellung der Kündigungsgründe erfordert im Einzelnen, dass die für die Kündigung maßgebenden Tatsachen genau angegeben werden. Pauschale Angaben reichen nicht aus (*LAG Köln* 8.1.2003 LAGE § 15 BBiG aF Nr. 14; *LAG BW* 11.7.1989 LAGE § 15 BBiG aF Nr. 6). Zwar ist keine volle Substantiierung wie etwa im Falle der Regelung gem. § 102 Abs. 1 BetrVG gegenüber dem Betriebsrat zu verlangen, doch müssen die entsprechenden tatsächlichen **Vorfälle so eindeutig geschildert sein, dass der Kündigungsempfänger sich darüber schlüssig werden kann, ob er die Kündigung anerkennen will oder nicht** (*BAG* 22.2.1972 EzA § 15 BBiG aF Nr. 1; *LAG Düsseld.* 8.8.1980 – 4 Sa 663/80 – nv). Nicht erforderlich ist die vollständige Darstellung aller subjektiv erheblichen Kündigungsgründe bzw. -tatsachen, wenn der Arbeitgeber im Rechtsstreit nur diejenigen Gründe geltend macht, die er im Kündigungsschreiben angegeben hat (*LAG Hmb.* 29.8.1997 EzB § 15 Abs. 3 BBiG aF Nr. 36). Nicht ausreichend sind bloße Hinweise auf »Vorfälle in der Vergangenheit«, die allgemeine »Störung des Betriebsfriedens« oder die nur schlagwortartige Beschreibung der fraglichen Tatsachen (*BAG* 25.11.1976 EzA § 15 BBiG aF Nr. 3; *ArbG Bamberg* 21.4.1976 ARSt 1977, 18, Nr. 17). Beruft sich der Arbeitgeber für die Kündigung auf eine verspätete Vorlage von Arbeitsunfähigkeitsbescheinigungen, so reicht dazu die Formulierung im Kündigungsschreiben, der Auszubildende fehle erneut unentschuldigt, nicht (*LAG Hmb.* 30.9.1994 EzB § 15 Abs. 3 BBiG aF Nr. 34a). Nicht ausreichend ist auch die Bezugnahme im Kündigungsschreiben auf Erklärungen des Kündigenden gegenüber Dritten, wie zB eine Anzeige bei der Polizei (*LAG Nürnberg* 21.6.1994 LAGE § 15 BBiG aF Nr. 8, wo lediglich auf den »Tatbestand des Diebstahls« hingewiesen worden war). Ebenso genügt es nicht, wenn in dem Kündigungsschreiben lediglich auf bereits mündlich mitgeteilte Kündigungsgründe Bezug genommen wird oder nur Werturteile mitgeteilt werden (*LAG Frankf.* 31.1.1984 – 7 Sa 1339/83 – nv; *LAG Köln* 26.1.1982 EzA § 15 BBiG aF Nr. 5; *ArbG Marburg* 27.10.1970 DB 1971, 1627; s. aber auch *BAG* 17.6.1998 RzK IV 3a Nr. 30); denn damit ist der Formvorschrift des § 15 Abs. 3 BBiG nicht Genüge getan. Jede mündliche Erläuterung birgt die Gefahr der Rechtsunsicherheit in sich, der durch die im Gesetz zwingend vorgeschriebene Schriftform gerade vorgebeugt werden sollte. Dagegen ist dem Schriftformerfordernis gem. § 22 Abs. 3 BBiG Genüge getan, wenn die Kündigungsgründe in einer Anlage zum Kündigungsschreiben aufgeführt sind und darin selbst auf die Anlage verwiesen wird (*LAG Bra.* 10.10.1997 EzB § 111 ArbGG Nr. 25). Nicht ausreichend sind auch allgemeine Werturteile wie »mangelhaftes Benehmen« und »Störung des Betriebsfriedens« in einem Kündigungsschreiben an die gesetzlichen Vertreter und die nähere Erläuterung der Kündigungsgründe in einem späteren Schreiben an die minderjährige Auszubildende (*BAG* 25.11.1976 EzA § 15 BBiG aF Nr. 3). Dem Erfordernis der Klarheit der mitgeteilten Kündigungsgründe genügt der Hinweis auf »erneutes unentschuldigtes Fehlen« nicht, wenn der Arbeitgeber die Kündigung auf eine verspätete Vorlage von Arbeitsunfähigkeitsbescheinigungen stützt (*LAG Hmb.* 30.9.1994 LAGE § 15 BBiG aF Nr. 9).

7. Kündigung innerhalb der Zweiwochenfrist (§ 22 Abs. 4 S. 1 BBiG)

a) Zeitpunkt der Kündigung

96 Der wichtige Grund muss zum Zeitpunkt der Kündigung vorliegen, wobei die zugrunde liegenden Tatsachen schon vor Beginn des Berufsausbildungsverhältnisses entstanden sein können. Die Kündigung kann ausnahmsweise auch **bedingt** erfolgen, wenn der Eintritt der Bedingung allein vom Willen des Kündigungsempfängers abhängt (vgl. *BAG* 27.6.1968 EzA § 626 BGB nF Nr. 9).

b) Ausschlussfrist

Die Kündigung muss allerdings **innerhalb von zwei Wochen nach dem Vorfall** erklärt werden, der als wichtiger Grund für die Kündigung dient (§ 22 Abs. 4 S. 1; vgl. zur Zweiwochenfrist die allgemeinen Grundsätze KR-*Fischermeier* § 626 BGB). Hierbei handelt es sich um eine Ausschlussfrist, dh nach Ablauf dieser Frist – die der Klärung des Sachverhalts und der Rechtslage sowie der Überlegung dient – kann jenes Ereignis nicht mehr als selbständiger Kündigungsgrund verwendet werden, weil der Berechtigte damit zu erkennen gibt, dass der vorliegende Sachverhalt für ihn keinen wichtigen Grund darstellt. Die Ausschlussfrist in § 22 Abs. 4 S. 1 BBiG ist weder durch TV noch durch einzelvertragliche Abrede (*BAG* 28.10.1971 EzA § 626 BGB nF Nr. 8; 19.1.1973 EzA § 626 BGB nF Nr. 24) verlängerbar oder abdingbar. 97

c) Lauf der Frist

Die Frist beginnt zu laufen mit dem Zeitpunkt, in dem der Kündigungsberechtigte (dh zB der Auszubildende selbst, Organe einer juristischen Person, der Ausbildungs- bzw. Personalleiter) **sichere Kenntnis der für die Kündigung entscheidenden Umstände** erlangt (grob fahrlässige Unkenntnis steht der Kenntnis nicht gleich; *BAG* 28.10.1971 EzA § 626 BGB nF Nr. 8). Handelt es sich dabei um einen dauernden Zustand (vgl. Rz 50, 51), so beginnt die Frist mit der Beendigung des Zustandes zu laufen (*BAG* 11.8.1987 EzA § 16 BBiG aF Nr. 1; *LAG Frankf.* 23.11.1954 WA 1955, 75), wobei auch die länger zurückliegenden Verfehlungen als wichtiger Grund berücksichtigt werden können (*ArbG Emden* 20.2.1967 ARSt 1967, 95, Nr. 1131). Der letzte Kündigungsgrund muss das letzte Glied einer Kette sein und in einem inneren Zusammenhang mit den vorangegangen stehen, und sie sind dem gesamten Umfang nach im Kündigungsschreiben zu erwähnen (*LAG Bln.* 22.8.1977 ARSt 1978, 78, Nr. 1102). Eine Reihe von vereinzelten Fehlleistungen und Fehlverhalten des Auszubildenden, die den Ausbildenden zur fristlosen Kündigung veranlassen, stellen nicht regelmäßig einen Dauertatbestand dar. Sie können dann allenfalls zur Abrundung des Kündigungstatbestandes herangezogen werden, der sich innerhalb der Zweiwochenfrist ereignet hat (*LAG Düssel.* 8.8.1980 – 4 Sa 663/80 – nv). 98

Die Verfehlungen oder **Fehlleistungen,** welche bereits **während der Probezeit** erkennbar waren (zB bei mangelnder Eignung. *ArbG Flensburg* 20.10.1955 ARSt Bd. XV, 221, Nr. 675) unterfallen nicht diesen zur Kündigung rechtfertigenden Dauertatbeständen (vgl. auch *ArbG Rheine* 21.4.1967 DB 1967, 2123). 99

Die Zweiwochenfrist kann auch solange nicht zu laufen beginnen, wie der Kündigungsberechtigte die **zur Aufklärung des Sachverhalts nach pflichtgemäßem Ermessen notwendig erscheinenden Maßnahmen** durchgeführt und darüber hinaus dem zu Kündigenden Gelegenheit zur Stellungnahme gibt (*BAG* 6.7.1972 EzA § 626 BGB nF Nr. 15; *Wohlgemuth/Pieper* § 22 Rz 24); die Anhörung muss innerhalb einer Frist von höchstens einer Woche erfolgen, die wiederum den Lauf der Zweiwochenfrist hemmt (*BAG* 12.2.1973 EzA § 626 BGB nF Nr. 22). Allerdings hat der Kündigungsberechtigte Hinweisen, Verdachtsmomenten und Gerüchten über mögliche wichtige Gründe für eine fristlose Kündigung unverzüglich nachzugehen und nach angemessener Überlegungszeit (*LAG Düssel.* 24.10.1958 BB 1959, 563) einen Entschluss zu fassen, um die Verwirkung dieser Kündigungsgründe zu vermeiden. Jedoch kann ein verwirkter Kündigungsgrund bei weiteren Verfehlungen zur Unterstützung eines neuen selbständigen Grundes herangezogen werden. Bei dem Verdacht einer strafbaren Handlung verwirkt der Ausbildende die Kündigungsmöglichkeit wegen der Zweiwochenfrist nicht, wenn er erst den Ausgang des Strafverfahrens abwarten will (*LAG Bln.* 11.2.1960 Entsch. Kal. 1960, 199). 100

Die Fristberechnung erfolgt gem. §§ 196 ff. BGB. Der Tag der sicheren Kenntniserlangung wird nicht mitgerechnet, so dass am darauf folgenden Tag die Frist zu laufen beginnt (§ 187 Abs. 1 BGB). Die Frist läuft ab mit dem Ende des Tages der zweiten Woche danach, der durch seine Benennung dem Tag entspricht, an dem die sichere Kenntnis von dem Kündigungsgrund erlangt wurde (es sei denn, dies ist ein Samstag, Sonntag oder staatlich anerkannter Feiertag, in diesem Fall endet die Frist mit Ablauf des ersten darauf folgenden Werktages, § 193 BGB). Für die Wirksamkeit muss die Kündigung an dem Tag des Fristablaufs dem Kündigungsgegner zugehen (§§ 130, 187 Abs. 1 BGB). Dem Auszubildenden ist es nicht verwehrt, die Kündigung gegenüber dem Auszubildenden erst am letzten Tag der Frist auszusprechen (*ArbG Verden* 9.1.1976 ARSt 1977, 14, Nr. 1004). Wenn innerhalb der Zweiwochenfrist ein Verfahren gem. § 111 Abs. 2 ArbGG (vgl. dazu Rz 111 ff.) eingeleitet wird, so hemmt der entsprechende Zeitraum des Verfahrens (vgl. § 205 BGB) bis zu dessen Beendigung den Lauf der Zweiwochenfrist (§ 22 Abs. 4 S. 2 BBiG). 101

102 Hat der Ausbildende die zweiwöchige Kündigungsfrist versäumt, so ist dadurch die Kündigung **nicht rechtsunwirksam iSv § 13 Abs. 3 KSchG,** der hier nicht gilt (*BAG* 6.7.1972 EzA § 626 BGB nF Nr. 15; 8.6.1972 EzA § 626 BGB nF Nr. 12).

d) Kündigungsverzicht, Verzeihung

103 Bereits während der Zweiwochenfrist kann der Kündigungsberechtigte auf das Recht der fristlosen Kündigung **verzichten.** Allerdings müssen ihm die Gründe und das Recht zur Kündigung bekannt sein. Er kann stillschweigend oder durch aktives Tun (zB lediglich Abmahnung) verzichten. Im Voraus kann ein Verzicht nicht erklärt werden.

104 Ebenso kann der Kündigungsberechtigte einen wichtigen Grund **verzeihen,** indem er zu erkennen gibt, den betreffenden Vorfall nicht mehr als wichtigen Grund zur fristlosen Entlassung ansehen zu wollen (vgl. *Schaub* § 125 IV 5 S. 860 f.).

8. Kündigungserklärung von und gegenüber Minderjährigen

105 Die Rechtswirksamkeit der Kündigungserklärung setzt grds. die volle Geschäftsfähigkeit sowohl beim Erklärenden als auch beim Erklärungsempfänger voraus. Mit Eintritt der Volljährigkeit bei Vollendung des 18. Lebensjahres ist der Auszubildende voll geschäftsfähig. Bis zur Vollendung des 18. Lebensjahres (vom 7. Lebensjahr an) ist er minderjährig und damit nur beschränkt geschäftsfähig (§ 106 BGB).

a) Gesetzlicher Vertreter

106 Beschränkt geschäftsfähige Auszubildende iSd § 106 BGB bedürfen zur rechtswirksamen Abgabe der eigenen und rechtswirksamen Entgegennahme der Kündigungserklärung des Ausbildenden der **Einwilligung der gesetzlichen Vertreter** (§ 111 BGB). Dabei ist die Mitwirkung beider Elternteile erforderlich (vgl. *ArbG Stade* 19.11.1965 ARSt 1966, 35, Nr. 56; *ArbG Ludwigshafen* 30.10.1973 ARSt 1974, 94, Nr. 1090); denn gesetzliche Vertreter sind bei bestehender Ehe Vater und Mutter (§ 1626 BGB). Allerdings braucht die Vertretung nicht gemeinschaftlich durch Vater und Mutter zu erfolgen. Ein Elternteil kann den anderen Teil gem. § 167 Abs. 1 BGB bevollmächtigen, auch in seinem Namen zu handeln (vgl. *LAG Bay.* 30.10.1961 AmtsblBAM 1962, C 4), wobei die Grundsätze der Duldungs- und Anscheinsvollmacht anwendbar sind (*LAG Düsseld.* 8.2.1966 FamRZ 1967, 47 ff.). Kommt es zu keiner Einigung zwischen den beiden Eltern, so kann zunächst nicht von einer wirksamen Vertretung ausgegangen werden, vielmehr gilt es, das Vormundschaftsgericht anzurufen (vgl. *Brill* BB 1975, 284; *Natzel* DB 1980, 1023).

107 In anderen Fällen ist die gesetzliche Vertretung folgendermaßen geregelt: Einem Elternteil kann vom Vormundschaftsgericht die Personenfürsorge übertragen sein, wenn die Ehegatten getrennt leben (§ 1672 BGB), die Ehe geschieden ist (§ 1671 BGB) oder ein Elternteil die elterliche Gewalt verwirkt hat (§ 1679 BGB). Der Mutter steht beim nichtehelichen Kind die elterliche Gewalt zu (§ 1705 Abs. 1 S. 1 BGB), beim Tode eines Elternteils steht sie dem jeweils anderen zu (§ 1681 BGB). Die Personensorge bei adoptierten Kindern liegt bei dem annehmenden Elternteil oder bei beiden Ehegatten (§ 1757 BGB). In Fällen der Anordnung einer Vormundschaft gem. den §§ 1773 ff. BGB (zB Tod beider Eltern, Verwirkung der elterlichen Gewalt durch den überlebenden Elternteil, Entziehung der elterlichen Gewalt gem. § 1666 BGB) bedarf der Vormund nach § 1822 Nr. 6 BGB der Genehmigung des Vormundschaftsgerichts zum Abschluss eines Ausbildungsvertrages, der für längere Zeit als ein Jahr geschlossen wird. Diese Vorschrift ist auf die Kündigung von Ausbildungsverhältnissen entsprechend anzuwenden. Minderjährige, die im Rahmen der Freiwilligen Erziehungshilfe und der Fürsorgeerziehung betreut werden, unterliegen der gesetzlichen Vertretung des Landesjugendamtes (§ 69 Abs. 3 S. 3 JWG).

b) Schriftform der Einwilligung

108 Bei einer Kündigung muss der Minderjährige die Einwilligung des gesetzlichen Vertreters in **schriftlicher Form** vorlegen, andernfalls die (mit Einwilligung in sonstiger Weise) erklärte Kündigung unwirksam ist (§ 111 S. 2 BGB). Die Kündigung ist nur genehmigungsfähig, wenn der ausbildende Arbeitgeber die mangelnde Vertretungsmacht nicht beanstandet hat. Bei Verweigerung der Genehmigung durch den gesetzlichen Vertreter ist die Kündigung endgültig rechtsunwirksam und deren Verweigerung kann nicht widerrufen werden (*RAG* 13.4.1935 ARSt 24, 3).

c) Kündigung durch den Ausbildenden

Kündigt der ausbildende Arbeitgeber dem minderjährigen Auszubildenden, so ist die schriftliche Erklärung mit Angabe der für die Kündigung maßgebenden Tatsachen (vgl. Rz 92) ausdrücklich an den **gesetzlichen Vertreter** zu richten (*BAG* 25.11.1976 EzA § 15 BBiG aF Nr. 3; *LAG Nürnberg* 21.6.1994 LAGE § 15 Abs. 3 BBiG aF Nr. 8; **aA** *LAG Hamm* 10.1.1975 BB 1975, 282), weil die Abgabe einer einseitigen, empfangsbedürftigen Willenserklärung einem beschränkt Geschäftsfähigen gegenüber nur wirksam an den gesetzlichen Vertreter erfolgen kann (*Wohlgemuth/Pieper* § 22 Rz 21). Zur Entgegennahme der Kündigungserklärung ist **jeder Elternteil** berechtigt (*LAG Frankf.* 15.12.1975 EzB BBiG § 15 Abs. 3 aF, Nr. 13). Es reicht nicht aus für den Zugang der Willenserklärung an einen Minderjährigen, dass der gesetzliche Vertreter ihren Inhalt erfährt (*LAG Düsseld.* 14.5.1970 DB 1970, 1135). Diese Grundsätze gelten auch für die Abmahnung vor Ausspruch einer Kündigung (vgl. Rz 44). Eine Kündigung, die erkennbar nur dem beschränkt Geschäftsfähigen gegenüber abgegeben wird und ihm zugeht, gelangt damit nicht so in den Machtbereich des gesetzlichen Vertreters, dass er unter regelmäßigen Umständen davon Kenntnis nehmen kann (*LAG Düsseld.* 14.5.1970 aaO, unter Verweis auf RGZ 50, 194). Erfolgt die schriftliche Kündigung mit nur allgemeiner Begründung zwar an die gesetzlichen Vertreter, teilt aber der Ausbildende die für die Kündigung maßgeblichen Tatsachen schriftlich dem Auszubildenden mit, so ist die Kündigung wegen Formmangels unwirksam (*BAG* 25.11.1976 EzA § 15 BBiG aF Nr. 3). Nicht ausreichend ist die Bezugnahme im Kündigungsschreiben auf Erklärungen des Kündigenden gegenüber Dritten, wie zB eine Anzeige bei der Polizei (*LAG Nürnberg* 21.6.1994 LAGE § 15 Abs. 3 BBiG aF Nr. 8). An dem Erfordernis des Zugangs der Kündigungserklärung an den gesetzlichen Vertreter ändert auch eine Heirat einer minderjährigen Auszubildenden insofern nichts, als eine Heirat nach § 1633 BGB lediglich zur Folge hat, dass sich die Personenfürsorge gegenüber der Tochter auf die Vertretung in den die Sorge für die Person betreffenden Angelegenheiten beschränkt. Dazu zählen aber alle Rechtsgeschäfte und -handlungen, die auf das Ausbildungsverhältnis Bezug haben; denn die Ausbildung des Minderjährigen zu einem bestimmten Beruf ist wesentlicher Teil der Personensorge (*ArbG Rheine* 31.5.1968 DB 1968, 1363).

d) Nichtanwendbarkeit des § 113 BGB

Auf die Kündigung eines Berufsausbildungsverhältnisses ist § 113 BGB nicht anwendbar (*LAG SchlH* 22.12.1982 EzB § 15 Abs. 1 BBiG aF Nr. 14; *Natzel* BBiG S. 144; *Söllner* Anm. EzA § 15 BBiG Nr. 3; *Wohlgemuth* § 22 Rz 21; **aA** *Brill* DB 1975, 284 mwN, FN 50, 63, 64). Die bezüglich der Ermächtigung zur Eingehung von Dienst- oder Arbeitsverhältnissen (§ 113 BGB) entwickelten Grundsätze (vgl. *BAG* 3.7.1997 BB 2000, 567; 19.7.1974 EzA § 113 BGB Nr. 1) treffen wegen der besonderen Ausgestaltung des Berufsausbildungsverhältnisses für dessen Kündigung nicht zu. In diesem Bereich sind an die Wirksamkeit von rechtsgeschäftlichen Erklärungen wesentlich strengere Anforderungen zu stellen als beim gewöhnlichen Arbeitsverhältnis, einmal wegen der besonders starken Fürsorgepflichten des Ausbildenden gegenüber dem Auszubildenden, zum anderen wegen der besonderen Modalitäten bei der Begründung des Berufsausbildungsverhältnisses. § 4 Abs. 2 BBiG schreibt vor, dass die Niederschrift des Berufsausbildungsvertrages neben dem Ausbildenden und dem Auszubildenden auch von dessen gesetzlichem Vertreter zu unterzeichnen ist. Nach § 4 Abs. 3 BBiG hat der Ausbildende neben dem Auszubildenden auch dessen gesetzlichem Vertreter eine Ausfertigung der unterzeichneten Niederschrift unverzüglich auszuhändigen. Diese Vorschriften bezwecken, dass der gesetzliche Vertreter unmittelbaren Anteil und direkte Kontrollmöglichkeiten über die Ausgestaltung des Berufsausbildungsvertrages haben soll. Wenn er aber schon den Vertrag mitunterzeichnen muss, so erfordert dessen Auflösung ebenso eine direkte Mitwirkung. Mit diesen Grundsätzen ist eine generelle Ermächtigung iSd § 113 BGB nicht vereinbar (ähnlich *LAG Düsseld.* 14.5.1970 DB 1970, 1135, wonach § 113 BGB nicht anwendbar ist, wenn der Arbeitgeber ausdrücklich fordert und dies für alle Beteiligten offenbar ist, dass für den minderjährigen Auszubildenden dessen gesetzlicher Vertreter handeln müsse).

II. Verfahren vor dem zuständigen Ausschuss gem. § 111 Abs. 2 ArbGG

1. Verfahren als Prozessvoraussetzung

Bei Streit um die Wirksamkeit der Kündigung des Berufsausbildungsverhältnisses gem. § 22 Abs. 2 BBiG muss nach § 111 Abs. 2 ArbGG vor der Klageerhebung (s. Rz 119) zum ArbG das Verfahren vor dem Ausschuss zur Beilegung von Streitigkeiten zwischen Ausbildenden und Auszubildenden durchgeführt werden, sofern die zuständige Stelle (zB Handwerksinnung oder IHK; vgl. zu den Einzelheiten *Grunsky* § 111 Rz 4 und 5) einen solchen Ausschuss gebildet hat (*BAG* 17.6.1998 EzB § 15

Abs. 3 BBiG aF Nr. 37; 18.9.1975 EzA § 111 ArbGG Nr. 1; *Wohlgemuth/Pieper* § 22 Rz 25). **Die Verhandlung vor dem Ausschuss ist Prozessvoraussetzung für die Klage** (vgl. § 111 Abs. 2 S. 5 ArbGG). Sinn und Zweck des Schlichtungsverfahrens liegt in der Rücksichtnahme auf das besondere Vertrauensverhältnis zwischen Ausbildenden und Auszubildenden, das es zu schützen und zu erhalten gilt (*BAG* 18.9.1975 EzA § 111 ArbGG Nr. 1). In dem durch seine Friedensfunktion bestimmten Verfahren geht es um einen »gerechten Ausgleich« zwischen Ausbilder und Auszubildenden (*VG Ansbach* 24.11.1977 GewArch. 1978, 199). Deshalb sollen nach Möglichkeit Streitigkeiten zwischen beiden Teilen vor paritätisch zusammengesetzten Ausschüssen beigelegt werden, um die Fronten nicht durch eine Auseinandersetzung vor Gericht zu verhärten, jedenfalls solange Ungewissheit über eine rechtswirksame Beendigung besteht (*BAG* 13.4.1989 EzA § 13 KSchG nF Nr. 4). Auf die Durchführung des Schlichtungsverfahrens kann nicht durch ausdrückliche Abrede oder rügeloses Verhalten durch die Parteien im gerichtlichen Verfahren verzichtet werden (*BAG* 17.6.1998 aaO; 13.4.1989 EzA § 13 KSchG nF Nr. 4; BCF-*Friedrich* § 111 ArbGG Rz 2; *Germelmann/Matthes/Prütting/Müller-Glöge* ArbGG § 111 Rz 20 f.; *Hauck* § 111 ArbGG Rz 3; **aA** *Schaub* Formularsammlung, § 82 I 3d; *Grunsky* ArbGG § 111 Rz 3; HzA-*Taubert* Berufliche Bildung Rz 363; GK-ArbGG/*Ascheid* § 111 Rz 12; HWK-*Kalb* ArbGG § 111 Rz 12; *Opolony* FA 2003, 133; *Brehm* Anm. zu *BAG* 13.4.1989 EzA § 13 KSchG nF Nr. 4). Deshalb ist das Schlichtungsverfahren keine die Zulässigkeit der Klage betreffende verzichtbare Rüge. § 295 ZPO ist auch nicht entsprechend anwendbar (*BAG* 26.1.1999 AP 43 zu § 4 KSchG 1969; *BAG* 17.6.1998 aaO; *BAG* 13.4.1989 aaO). Die Anrufung des Schlichtungsausschusses ist als Prozessvoraussetzung der Klage vor dem ArbG von Amts wegen zu prüfen. Zum Verfahren des Schlichtungsausschusses vgl. auch *Ramrath* FA 2000, 45.

2. Zuständigkeit des Ausschusses bei Kündigungsstreitigkeiten

112 Entgegen der früher überwiegenden Meinung (*Dietz-Nikisch* § 111 Anm. 6; *Hueck/Nipperdey* I, § 94 Abs. 1, S. 890, FN 4; *Rohlfing/Rewolle* § 111 Anm. 3; *Auffarth/Schönherr* § 111 Anm. 2; ebenso *LAG Bln.* 15.10.1974 DB 1975, 884; *LAG BW* 21.3.1966 DB 1966, 747) ist mit dem *BAG* (18.9.1975 EzA § 111 ArbGG Nr. 1) davon auszugehen, dass der Ausschuss »zur Beilegung von Streitigkeiten zwischen Ausbildenden und Auszubildenden aus einem bestehenden Berufsausbildungsverhältnis« (§ 111 Abs. 2 ArbGG) auch bei einem Streit über die **Wirksamkeit einer außerordentlichen Kündigung zuständig ist** und **anzurufen** ist (*BAG* 17.6.1998 EzB § 15 Abs. 3 BBiG aF Nr. 37; 13.4.1989 EzA § 13 KSchG nF Nr. 4; *Germelmann/Matthes/Prütting/Müller-Glöge* ArbGG § 111 Rz 17; HzA-*Taubert* Berufliche Bildung Rz 360; *Hurlebaus* BB 1975, 1533; *Herkert* § 102 Rz 4; *Etzel* AR-Blattei, Arbeitsgerichtsbarkeit V B, C; zum Streitstand mwN vgl. *Barwasser* DB 1976, 434; *Hurlebaus* aaO). Schon der Wortlaut spricht für diese Auffassung. Wenn Streitigkeiten aus einem beendeten Berufsausbildungsverhältnis nicht vor den Ausschuss gehören (zB Anspruch auf Schadenersatz wegen vorzeitigen Vertragsbruchs, *LAG Düssel.* 26.5.1984 EzB § 16 BBiG aF Nr. 9), so lässt dies den Schluss zu, dass in den Streitfällen, die in das Bestehen des Vertrages fallen, der Ausschuss zuständig ist. Dann gehört dazu aber auch der Streit über das Bestehen des Berufsausbildungsverhältnisses selbst, die Wirksamkeit einer Kündigung. Denn das Vorliegen der Zuständigkeitsvoraussetzungen des Ausschusses ist nach den gleichen Grundsätzen zu prüfen wie beim ArbG. Für die sachliche Zuständigkeit der Gerichte ist der jeweilige Streitgegenstand maßgebend, wie er durch das Klagebegehren bestimmt wird. Beim Streit darüber, ob eine fristlose Kündigung das Berufsausbildungsverhältnis beendet hat oder es noch fortbesteht, handelt es sich ebenso um ein zuständigkeitsbegründendes Tatbestandsmerkmal, für das der Ausschuss ebenso berufen ist wie für Streitfragen zB über das Vorliegen eines Berufsausbildungsverhältnisses oder nur eines Schulverhältnisses (vgl. *Hurlebaus* aaO). Weiterhin kann allein die tatsächliche Beendigung des Berufsausbildungsverhältnisses nicht entscheidend für die Zuständigkeit des Ausschusses sein; denn sonst könnte jedes vor Ausspruch einer Kündigung eingeleitete Verfahren vor dem Ausschuss vereitelt werden, indem nun gekündigt wird, um somit nach der og überwiegenden Meinung die Zuständigkeit des Ausschusses nachträglich entfallen zu lassen (so auch *BAG* 18.9.1975 EzA § 111 ArbGG Nr. 1). Schließlich entspricht es dem vom Gesetzgeber für das Berufsausbildungsverhältnis intendierten besonders starken Bestandsschutz (vgl. Rz 39), wenn Streitigkeiten über das Fortbestehen zunächst vor dem Ausschuss auszutragen sind, weil dieses Verfahren gerade mit Rücksicht auf das besondere Vertrauensverhältnis zwischen den Parteien (und nicht zuletzt größerer Sachnähe) noch eher geeignet ist, der Auflösung des Ausbildungsverhältnisses entgegenzuwirken (vgl. *LAG Hmb.* 5.3.1975 BB 1976, 186, mit Verweis auf die parallele Argumentation des *BAG* 18.10.1961 AP Nr. 1 zu § 111 ArbGG 1953). Denn wenn die Parteien erst vor Gericht streiten, ist das Vertrauensverhältnis meist vollends zerstört und eine gütliche Einigung unwahrscheinlich (so auch *Barwasser* aaO).

Nur wenn beide Parteien davon ausgehen, dass das Berufsausbildungsverhältnis bereits beendet ist, trifft der Gesichtspunkt der Unzulässigkeit der Anrufung des Ausschusses zu, soweit noch Streitigkeiten aus dem aufgelösten Verhältnis verhandelt werden sollen (so zB im Fall des Ausscheidens des Auszubildenden im gegenseitigen Einvernehmen, vgl. *LAG Kiel* 25.8.1954 DB 1954, 956; *ArbG Bln.* 5.1.1958 Entsch. Kal. 1958, III, 265). Macht aber eine Partei das Fortbestehen geltend, muss der **Ausschuss zunächst angerufen werden** (*LAG Hmb.* 5.3.1975 aaO; *Stein/Jonas/Schumann/Leipold* § 253 Anm. VII 2 und Anm. 100; *Schaub* § 174, VII 6, S. 1029; *Dersch/Volkmar* § 111 Rz 9). Der Mangel, der in dem Fehlen dieser von Amts wegen zu beachtenden Prozessvoraussetzung liegt, kann bis zum Schluss der letzten mündlichen Verhandlung in der Berufungsinstanz geheilt werden. Lehnt der bestehende Innungsausschuss nach nachträglicher Anrufung die Durchführung eines Schiedsverfahrens ab mit der Begründung, das Arbeitsverhältnis sei beendet, dann ist der Klageweg frei (*LAG Nürnberg* 25.11.1975 BB 1976, 1076). 113

Dieses Ergebnis ergibt sich neben § 111 Abs. 2 ArbGG auch aus § 22 Abs. 4 S. 2 BBiG; denn nach dieser Vorschrift hemmt das Güteverfahren vor einer außergerichtlichen Stelle die Frist zur Geltendmachung der Kündigungsgründe. Diese Regel wäre unverständlich, wenn das ArbG ohne Einschaltung des Schlichtungsausschusses angerufen werden könnte (*LAG Hmb.* 5.3.1975 aaO). 114

3. Frist für die Anrufung des Ausschusses

Vom Gesetz nicht geregelt ist die Frage, ob und ggf. in welcher Frist der Ausschuss gem. § 111 Abs. 2 ArbG nach Auftreten des Streitfalles bzw. der Kündigung anzurufen ist. Grundsätzlich ist davon auszugehen, dass Streitverfahren im Bereich des Arbeitsrechts im Interesse beider Parteien möglichst schnell beizulegen sind. Dieser Gedanke hat für das Arbeitsgerichtsverfahren in § 9 Abs. 1 ArbGG (Beschleunigungsmaxime), in der Verkürzung von Fristen wie in §§ 47 Abs. 1, 59 S. 1 und 60 Abs. 1 und 4 ArbGG sowie in den §§ 55 Abs. 1, 56 und vor allem 61a ArbGG seinen Niederschlag gefunden. Von daher ist auch für die Anrufung des Ausschusses gem. § 111 Abs. 2 ArbGG ein zeitlicher Rahmen dergestalt einzuhalten, dass die Klärung des Streites um die Beendigung des Berufsausbildungsverhältnisses weder für den Ausbildenden noch insbesondere für den Auszubildenden wegen Zeitverlustes zu nachteiligen Folgen führt. 115

In entsprechender Anwendung des § 4 KSchG ist daher auch bei der Anrufung des Schlichtungsausschusses eine **Frist von drei Wochen** einzuhalten (so bisher schon *LAG Düsseldorf* 3.5.1988 LAGE § 111 ArbGG 1979 Nr. 1; *Germelmann/Matthes/Prütting/Müller-Glöge* ArbGG § 111 Rz 22; *Hauck* ArbGG § 111 Rz 6; *Schaub* ArbGV § 11 Rz 6; *Natzel* BBiG S. 482; *Herkert* § 102 Rz 5; **a.A.** BAG 13.4.1989 EzA § 13 KSchG n.F. Nr. 4 Anm. *Brehm*; krit. Anm. *Natzel* AP Nr. 21 zu § 4 KSchG 1969; *LAG Hamm* 19.6.1986 LAGE § 5 KSchG Nr. 24; *v. Hoyningen-Huene/Linck* KSchG § 13 Rz 34 f.; für unbefristete Anrufung: HWK-*Kalb* ArbGG § 111 Rz 16). 116

Die dreiwöchige Anrufungsfrist folgt der allgemeinen Regel nach der Novellierung der §§ 4 ff. KSchG mit Wirkung vom 1.1.2004, wonach Bestandsschutzstreitigkeiten einer einheitlichen Klagefrist unterliegen. Damit erhält die gesetzlich nicht festgelegte Anrufungsfrist zum Schlichtungsausschuss, die bisher zu Streit in Rspr. und Lit. geführt hat, eine funktionsgerechte, rechtlich klare und für die Praxis übersichtlich handhabbare Regelung. Das Verfahren vor dem Schlichtungsausschuss verfolgt eine ähnliche Funktion wie das Güteverfahren vor dem Arbeitsgericht (auch wenn es dies formal nicht ersetzt), allerdings wegen der Besonderheiten des Ausbildungsverhältnisses vor einem sachnäheren Gremium und ist Prozessvoraussetzung der arbeitsgerichtlichen Klage (vgl. Rz 111). Dies spricht hinsichtlich der Anrufungsfrist für die gleiche Regelung wie sie auch im Falle des Nichtbestehens eines Schlichtungsausschusses gilt: Dann sind die Vorschriften gemäß §§ 4 ff. KSchG ebenso anzuwenden (vgl. Rz 123). 117

Es sind zudem keine Gründe ersichtlich, für Bestandsschutzstreitigkeiten aus Ausbildungsverhältnissen längere Anrufungsfristen vorzusehen; denn angesichts der Besonderheiten eines Ausbildungsverhältnisses ist die Klärung über dessen Fortbestand mindestens ebenso dringend geboten wie bei sonstigen Arbeitsverhältnissen (vgl. § 61a ArbGG), zumal da die Ausbildung nach einem Plan inhaltlich und zeitlich strukturiert ist. Ausgehend von der beiderseitigen Interessenlage ist es den Parteien des Ausbildungsverhältnisses auch zuzumuten, innerhalb der dreiwöchigen Frist erforderliche Informationen über das Bestehen eines Schlichtungsausschusses einzuholen bzw. die Klage an das Arbeitsgericht zu richten. 118

4. Verfahren vor dem Schlichtungsausschuss

119 Gemäß § 111 Abs. 2 ArbGG hat der Schlichtungsausschuss die Parteien **mündlich zu hören**. Allerdings kann ein Spruch auch ergehen, wenn die Parteien von der ihnen eingeräumten Möglichkeit der Anhörung nicht Gebrauch gemacht haben (*Germelmann/Matthes/Prütting/Müller-Glöge* ArbGG § 111 Rz 29) oder die Gegenpartei der Verhandlung unentschuldigt fernbleibt (*BAG* 18.10.1961 AP Nr. 1 zu § 111 ArbGG 1953). Ein **Versäumnisspruch** kann nur durch die Klage beim Arbeitsgericht angefochten werden (*Germelmann/Matthes/Prütting/Müller-Glöge* aaO Rz 32).

120 Wiewohl es wegen der Funktion des Verfahrens in der Sache wenig sinnvoll erscheint, kann gem. § 11 Abs. 1 ArbGG eine **Vertretung durch Prozessbevollmächtigte** vor dem Schlichtungsausschuss erfolgen (*Germelmann/Matthes/Prütting/Müller-Glöge* ArbGG § 111 Rz 35). Allerdings besteht kein Anspruch auf die Beiordnung eines Rechtsanwaltes und auf Prozesskostenhilfe, weil § 11a ArbGG im Verfahren vor dem Schlichtungsausschuss nicht anwendbar ist (*Germelmann/Matthes/Prütting/Müller-Glöge* aaO Rz 69). Soweit die Zahlung von Gebühren gem. § 3 Abs. 6 IHKG bzw. § 73 Abs. 2 HandwO vorgesehen ist, sind diese an die Kammer bzw. Innung zu entrichten. Der **Spruch** des Schlichtungsausschusses ist **schriftlich** abzufassen, mit einer **Begründung** und **Rechtsbehelfsbelehrung** zu versehen, von allen Ausschussmitgliedern zu unterzeichnen und **den Parteien zuzustellen**.

5. Nichtanrufung

121 Der Mangel der Nichtanrufung des Schlichtungsausschusses kann **auch noch nach Klageerhebung geheilt werden,** wenn das Verfahren nach § 111 Abs. 2 ArbGG zwar nach Klageerhebung, aber noch vor der streitigen Verhandlung stattfindet (*BAG* 25.11.1976 EzA § 15 BBiG aF Nr. 3; BCF-*Friedrich* § 111 ArbGG Rz 2), nach *LAG Nürnberg* (25.11.1975 BB 1976, 1076) kann der Mangel bis zum Schluss der letzten mündlichen Verhandlung in der Berufungsinstanz geheilt werden (so auch *Stein/Jonas/Pohle* vor § 300 ZPO Anm. III 1).

6. Anfechtung des Schiedsspruches

122 Wenn der Spruch des Schlichtungsausschusses nicht innerhalb von einer Woche von beiden Parteien anerkannt wird, kann er beim ArbG **innerhalb von zwei Wochen** angefochten werden (§ 111 Abs. 2 S. 3 ArbGG). Eine nicht unterschriebene **Rechtsmittelbelehrung** in dem Spruch des Schlichtungsausschusses ist nicht ordnungsgemäß iSd §§ 111 Abs. 2 S. 4, 9 Abs. 5 ArbGG (*BAG* 30.9.1998 EzB § 10 Abs. 1 BBiG aF Nr. 66) und setzt insofern den Lauf der Anfechtungsfrist nicht in Gang (HzA-*Taubert* Berufliche Bildung Rz 367). Versäumen es beide Parteien, gegen einen nicht anerkannten Spruch des Ausschusses innerhalb der Ausschlussfrist das ArbG anzurufen, so kommen diesem Versäumnis keine materiellrechtlichen Wirkungen zu, insbesondere nicht die Fiktion der Wirksamkeit einer formnichtigen Kündigung zum Nachteil des Auszubildenden (im Fall einer wegen Verletzung des Schriftformerfordernisses unwirksamen Kündigung *LAG Frankf.* 24.6.1977 BB 1977, 1507). § 111 Abs. 2 S. 3 ArbGG enthält lediglich eine prozessuale Ausschlussfrist. Wird gegen einen nicht anerkannten Spruch des Ausschusses nicht fristgemäß Klage beim ArbG erhoben, so hat dies nur die prozessuale Folge, dass der vor dem Ausschuss verhandelte Streitgegenstand von keiner Partei mehr vor die ArbG gebracht werden kann (*BAG* 9.10.1979 EzA § 111 ArbGG 1979 Nr. 1; Anm. *Herschel* AuR 1981, 324). Allerdings kann gem. §§ 233 ff. ZPO, § 46 Abs. 2 ArbGG die Wiedereinsetzung in den vorigen Stand beantragt werden. § 7 KSchG ist nicht entsprechend anwendbar.

III. Kündigungsschutzklage

123 Wenn das Verfahren vor dem **Schlichtungsausschuss** durchgeführt ist, kann **dessen Spruch gem. § 111 Abs. 2 S. 3 ArbGG innerhalb einer Frist von zwei Wochen** vor dem Arbeitsgericht angefochten werden (vgl. Rz 120). Besteht bei der zuständigen Stelle (vgl. Rz 111) **kein Schlichtungsausschuss**, so sind nach der Rspr. des BAG die **Vorschriften des KSchG über die fristgebundene Klageerhebung** (§ 4, § 13 Abs. 1 S. 2 KSchG) auch auf außerordentliche Kündigungen von Berufsausbildungsverhältnissen anzuwenden (*BAG* 26.1.1999 EzA § 4 KSchG nF Nr. 58; 17.6.1998 RzK IV 3 a Nr. 30; 5.7.1990 EzA § 4 KSchG nF Nr. 39 m. abl. Anm. *Vollkommer*, 13.4.1989 EzA § 13 KSchG nF Nr. 4 m. Anm. *Brehm*). Danach muss der Auszubildende **innerhalb von drei Wochen nach Zugang der Kündigung Klage beim Arbeitsgericht** erheben. Das gilt auch, wenn eine Ausschussverhandlung nach § 111 Abs. 2 ArbGG nicht stattfinden muss (*LAG Köln* 10.3.2006 VjA-EzB § 111 ArbGG Nr. 38). Bei Versäumnis der Dreiwochenfrist kann sich der Auszubildende folglich nicht mehr darauf berufen, es habe kein wichtiger

Beendigung und Kündigung von Ausbildungsverhältnissen §§ 21, 22 BBiG

Grund iSd § 22 Abs. 2 Ziff. 1 BBiG (vgl. Rz 44 ff.) vorgelegen oder die für eine fristlose Kündigung erforderliche Zweiwochenfrist gemäß § 22 Abs. 4 S. 1 BBiG (vgl. Rz 98 ff.) sei nicht eingehalten. Ebenso ist es ihm verwehrt, sich nach Ablauf der Dreiwochenfrist auf das Erfordernis der gem. § 22 Abs. 3 (vgl. Rz 92 ff.) und der schriftlichen Angabe der Kündigungsgründe (vgl. Rz 94 ff.) zu berufen (HzA-*Taubert* Berufliche Bildung Rz 370). Die schuldhafte Versäumung der Klagefrist durch seinen Prozessbevollmächtigten muss sich der Auszubildende nach § 85 Abs. 2 ZPO zurechnen lassen (*LAG Köln* 10.3.2006 LAGE § 111 ArbGG 1979 Nr. 4)

IV. Folgen bei unberechtigter Kündigung

Nach Feststellung der Rechtsunwirksamkeit einer außerordentlichen Kündigung des Ausbildungsverhältnisses hat der Auszubildende grds. einen **Rechtsanspruch auf Weiterbeschäftigung** im Rahmen des Ausbildungsvertrages bis zu dessen fristgemäßer Beendigung in entsprechender Anwendung der für das Arbeitsverhältnis entwickelten Regeln (*LAG BW* 5.1.1990 EzA § 611 BGB Fürsorgepflicht Nr. 55). Bei unberechtigter Kündigung und Erteilung eines Hausverbots durch den Ausbildenden befindet sich dieser auch ohne ausdrückliches Angebot der Leistung durch den Auszubildenden in Annahmeverzug, wenn er diesem nicht den funktionsfähigen Ausbildungsplatz zur Verfügung stellt. Der Auszubildende hat in diesem Fall Anspruch auf die vereinbarte Vergütung bis zum Ende des Ausbildungsvertrages. Auf die geschuldete Vergütung hat er sich den erzielten Verdienst und sonstige Leistungen gem. § 615 S. 2 BGB anrechnen zu lassen.

124

V. Einstweilige Verfügung auf Weiterbeschäftigung

Wird einem Auszubildenden fristlos gekündigt, so kann er – soweit er gegen diese Maßnahme mit einer Kündigungsschutzklage angeht – vorläufigen Rechtsschutz insofern suchen, als er im Wege des Antrags auf Erlass einer einstweiligen Verfügung (§§ 935, 940 ZPO) beim ArbG verlangt, dass er bis zur Entscheidung in der Hauptsache vom Ausbildenden weiter ausgebildet und entsprechend dem Ausbildungsvertrag weiter beschäftigt wird (*Wohlgemuth/Pieper* § 22 Rz 35). Zwar hat der Gesetzgeber des BGB eine Beschäftigungspflicht des Arbeitgebers nicht im Gesetz vorgesehen, doch ist sie »aufgrund der gesellschaftlichen Entwicklung« anerkannt (*ArbG Hildesheim* 16.5.1975 BB 1976, 317 mit Hinweis auf *BAG* 17.2.1954, AP Nr. 1 zu § 611 BGB Beschäftigungspflicht; *BAG* 10.11.1955 EzA § 611 BGB Nr. 1; *Moritz* DB 1978, 1345 als krit. Stellungnahme zu *BAG* 26.6.1977 EzA § 611 BGB Beschäftigungspflicht Nr. 2; *Fabricius* ZfA 1972, 40 [47] mwN). Das Verfahren gem. § 111 Abs. 2 ArbGG vor dem Schlichtungsausschuss bleibt ohne Einfluss auf die Beurteilung der Zulässigkeit oder Begründetheit der einstweiligen Verfügung (*ArbG Gelsenkirchen* 5.1.1979 AuR 1979, 284; *Moritz* DB 1978, 1348 f.; der Beschäftigungsanspruch kann per einstweiliger Verfügung auch vor Anrufen des Schlichtungsausschusses geltend gemacht werden (*ArbG Hmb.* 4.7.1974, EzB § 15 Abs. 2 Ziff. 1 BBiG Nr. 42). Der Anspruch eines Auszubildenden auf Weiterbeschäftigung und Ausbildung kann nach Ausspruch einer Kündigung im Wege des einstweiligen Verfügungsverfahrens geltend gemacht werden, auch wenn eine Entscheidung erster Instanz über die Kündigungsschutzklage noch nicht vorliegt (*LAG Bln.* 22.2.1991 NZA 1991, 472).

125

Ein Anspruch auf vorläufige Weiterbeschäftigung besteht allerdings grds. nur dann, **wenn die Kündigung offensichtlich unwirksam ist** (*BAG* 11.8.1987 EzA § 16 BBiG aF Nr. 1 wegen Verletzung der Formvorschrift des § 22 Abs. 3 BBiG; *LAG Brem.* 26.10.1982 EzB § 611 BGB Beschäftigungsanspruch Nr. 18; *LAG RhPf* 29.5.1978 AuR 1979, 61: wenn Rechtsunwirksamkeit überwiegend wahrscheinlich ist; *ArbG Oldenburg* 3.12.1976 BetrR 1977, 259; nach *ArbG Gelsenkirchen* 5.1.1979 aaO ist der Weiterbeschäftigungsanspruch schon anzuerkennen, auch wenn nur wahrscheinlich ist, dass die Kündigung nicht gerechtfertigt war; nach *ArbG Bamberg* 13.12.1977 ist auch bei fristloser Kündigung der Ausbildende zur Fortsetzung der Ausbildung verpflichtet; denn bis zur rechtskräftigen Feststellung der Berechtigung der Kündigung ist nicht erwiesen, ob sie begründet war) und der Auszubildende glaubhaft macht, dass ihm ein schwerwiegender Nachteil durch die Unterbrechung der Ausbildung während der Prozessdauer des Kündigungsschutzstreits droht (*ArbG Kassel* 3.11.1976 ARSt 1977, 82, Nr. 77; *Otto* RdA 1975, 71; *Löwisch* DB 1975, 352). Der Ausbildende ist verpflichtet, den Auszubildenden idR auch dann tatsächlich zu beschäftigen, wenn er eine außerordentliche, aber rechtsunwirksame Kündigung ausgesprochen hat (zB weil die Kündigungsgründe nicht schriftlich mitgeteilt wurden), es sei denn, die Weiterbeschäftigung ist ihm im Einzelfall unzumutbar (*LAG Hmb.* 15.8.1974 EzB § 15 Abs. 2 Ziff. 1 BBiG aF Nr. 6). Für den Bereich der ehemaligen DDR hat das *LAG Bln.* 22.2.1991 aaO) gem. Art. 4 Abs. 2 des Gesetzes über die Inkraftsetzung des BBiG der Bundesrepublik Deutschland in der DDR – IGBBiG

126

– vom 19.7.1990 entschieden, dass die Betriebe verpflichtet sind, die Kapazitäten der praktischen Ausbildung zweckentsprechend mindestens bis zum Zeitpunkt der Erfüllung abgeschlossener »Lehrverträge« aufrechtzuerhalten. Für mit der Ausbildung befasste Arbeitnehmer könne demzufolge auch nicht gem. § 63 Abs. 5 AFG/DDR Kurzarbeit angeordnet werden.

126a Bei Ausbildungsverhältnissen kommt eine gerichtliche Auflösung gegen Zahlung einer Abfindung nicht in Betracht (*ArbG Bln.* 1.12.1972 AP Nr. 2 zu § 15 BBiG aF). Bei der Prüfung der Begründetheit der Kündigung ist neben den eigentlichen Kündigungsgründen auch das **Stadium der Ausbildung** zu berücksichtigen; denn kurz vor Prüfungsbeginn ist die Kündigung eines Auszubildenden idR nicht mehr möglich (vgl. Rz 45 aE). Im Rahmen des einstweiligen Verfügungsverfahrens sind bei der Beurteilung der Weiterbeschäftigungspflicht des Arbeitgebers immer die Interessen der beiden Kontrahenten gegeneinander abzuwägen (vgl. iE dazu *ArbG Hildesheim* 16.5.1975 aaO). Dies muss gerade auch im Hinblick darauf geschehen, dass die Stattgabe des Antrages faktisch die Erfüllung der im Hauptverfahren geltend gemachten Ansprüche bedeutet. Dies allerdings wird in der Rechtsentwicklung schon seit längerer Zeit durchaus in Kauf genommen, wenn es darum geht, Rechtsuchenden unter erleichterten Voraussetzungen in einem vorläufigen summarischen Verfahren zu einer richterlichen Entscheidung zu verhelfen, um ihnen dadurch wesentliche Nachteile zu ersparen. Denn einstweilige Verfügungen haben nicht mehr nur Sicherungsfunktion (*ArbG Hildesheim* 16.5.1975 aaO; *Stein/Jonas/Grunsky* vor § 935 Vorbem. IV 1). Gerade im Hinblick auf die weit reichenden nachteiligen Konsequenzen, die eine Unterbrechung der Berufsausbildung für den Auszubildenden bringen kann, ist trotz der möglichen Gefahr einer Fehlentscheidung eine vorläufige Sicherung des geltend gemachten Anspruchs auf Weiterbeschäftigung und Weiterausbildung während der Dauer des Prozesses in der Hauptsache zu bejahen, wenn besondere Gründe zugunsten des Antragstellers sprechen. Der Weiterbeschäftigungsanspruch im Rahmen des § 102 Abs. 5 BetrVG bleibt von den gesetzlichen Regelungen des einstweiligen Rechtsschutzes nach den §§ 935, 940 ZPO unberührt.

VI. Nachträgliches Feststellungsinteresse

127 Die Klage eines Auszubildenden gegen seinen ehemaligen Ausbildenden, bei dem er während des Ausbildungsverhältnisses unter gegenseitigem Schuldvorwurf fristlos ausschied, auf Feststellung, der Ausbildende habe den Ausbildungsvertrag widerrechtlich gebrochen, ist nach der Rechtsprechung unzulässig (*LAG Düsseld.* 21.7.1959 WA 1960, 30). Gem. § 256 ZPO besteht ein Feststellungsinteresse nur, wenn das Rechtsverhältnis bis in die Gegenwart fortdauert. In der angeführten Entscheidung wird das Feststellungsinteresse auch verneint, weil die fristlose Entlassung sich für den Auszubildenden nicht weiter auswirke, da er sofort einen neuen Ausbildungsplatz gefunden habe und im Übrigen für das berufliche Fortkommen allein das spätere Prüfungsergebnis entscheide. Dem kann nicht zugestimmt werden. Bei einer Einstellung wird regelmäßig der berufliche Werdegang überprüft. Von daher weckt ein brüskes Abbrechen der Ausbildung bei einem Ausbildenden oder sonstigen Arbeitgeber immer Argwohn, was sich für den Bewerber sehr nachteilig auswirken kann. Deshalb muss auch bei einer Feststellungsklage bezüglich eines bereits beendeten Ausbildungsverhältnisses das Feststellungsinteresse bejaht werden.

VII. Einzelne Folgen der Beendigung

1. Schadenersatz

128 § 23 BBiG lautet:

§ 23 Schadenersatz bei vorzeitiger Beendigung
(1) ¹Wird das Berufsausbildungsverhältnis nach der Probezeit vorzeitig gelöst, so können Ausbildende oder Auszubildende Ersatz des Schadens verlangen, wenn die andere Person den Grund für die Auflösung zu vertreten hat. ²Dies gilt nicht im Falle des § 22 Abs. 2 Nr. 2.
(2) Der Anspruch erlischt, wenn er nicht innerhalb von drei Monaten nach Beendigung des Berufsausbildungsverhältnisses geltend gemacht wird.

129 Der Schadenersatzanspruch – der das allgemeine Schadensrecht unberührt lässt, § 10 Abs. 2 BBiG – setzt demnach zunächst voraus, dass das Berufsausbildungsverhältnis nach Ablauf der Probezeit durch einen Umstand, den der andere Teil zu vertreten hat, vorzeitig beendet wird (Abs. 1 S. 1). Folglich besteht kein Anspruch bei Lösung schon vor Antritt der Ausbildung (*LAG Hannover* 1.10.1954 RAW 1956, 325, Nr. 337; *Wohlgemuth/Lakies* § 223 Rz 8) und bis zum Ende der Probezeit. Wird die Aus-

bildung vom Auszubildenden nicht angetreten, so kann der Ausbildende keinen Schadenersatz verlangen (*ArbG Celle* 23.2.1982 EzB § 16 BBiG aF Nr. 8). Unerheblich ist der Grund der Beendigung des Ausbildungsverhältnisses; denn ein wichtiger Grund kann zur fristlosen Kündigung gem. § 22 Abs. 2 Ziff. 1 BBiG führen wie auch zur Aufhebung des Vertrages im gegenseitigen Einvernehmen. Bei letzterem muss der Schadenersatz ausdrücklich geregelt sein, sonst wird von einem stillschweigenden Verzicht ausgegangen werden müssen (*ArbG Hmb.* 20.5.1980 ARSt 1960, 179). Nach Sinn und Zweck des § 23 Abs. 1 kommt es nicht darauf an, ob das Vertragsverhältnis in rechtlich zulässiger Weise beendet wurde. Es genügt die tatsächliche Beendigung, die auch im Ausscheiden unter Vertragsbruch liegen oder auch durch rechtswidrige und damit rechtlich unwirksame Kündigung erfolgen kann (*BAG* 17.8.2000 EzA § 16 BBiG aF Nr. 3 mwN). Auch die Anfechtung des Ausbildungsvertrages (§§ 119, 123 BGB) fällt unter das Merkmal der vorzeitigen Lösung iSv § 23 Abs. 1 BBiG (*Natzel* BBiG S. 298). Ausgeschlossen ist der Schadenersatz bei einer Kündigung wegen Aufgabe der Ausbildung oder Wechsels des Berufszieles (§ 22 Abs. 2 Ziff. 2 BBiG, vgl. *BAG* 22.5.1980 EzA § 249 BGB Nr. 13). **Nicht einschlägig** im Rahmen des § 23 BBiG sind **Schadenersatzansprüche aus dem laufenden** Ausbildungsverhältnis (im Übrigen gelten auch für Auszubildende die Grundsätze über die Beschränkung der Arbeitnehmerhaftung für alle Arbeiten, die durch den Betrieb veranlasst sind, vgl. *BAG GS* 12.6.1992 EzA § 611 Arbeitnehmerhaftung Nr. 58; *LAG Nürnberg* 13.12.1981 EzB § 17 BBiG aF Nr. 13). Zum Schadenersatzanspruch bei unwirksamem Ausbildungsvertrag vgl. *ArbG Wiesbaden* 8.8.1984 NZA 1985, 94.

Der Schadenersatzanspruch **kann im voraus weder ausgeschlossen noch beschränkt werden** (§ 12 Abs. 2 Nr. 3 BBiG). **Nichtig** gem. § 12 Abs. 1 BBiG ist allerdings eine **Rückzahlungsvereinbarung,** nach der der Auszubildende verpflichtet ist, während der Ausbildungszeit angefallene, vom Arbeitgeber gezahlte Führerscheinkosten für den Fall des vorzeitigen Ausscheidens des Auszubildenden nach Beendigung der Ausbildungszeit ganz oder teilweise zurückzuzahlen (*LAG Köln* 7.3.1988 AiB 1988, 198). Ebenso **nichtig** sind **Klauseln über Kostenerstattung bei Rücktritt vom Berufsausbildungsvertrag** im Falle einer nach Abschluss des Vertrages, aber vor Beginn der Ausbildung ausgesprochenen schriftlichen Kündigung des Auszubildenden, der somit nicht schadensersatzpflichtig ist (s. Rz 41). 130

Der Anspruchsgegner muss den Grund für die Beendigung **zu vertreten** haben (vgl. *BAG* 17.8.2000 EzA § 16 BBiG aF Nr. 3; 22.6.1972 EzA § 611 BGB Ausbildungsverhältnis Nr. 1), Abs. 1 S. 1, dh schuldhaft – vorsätzlich oder fahrlässig, § 276 Abs. 1 BGB – gehandelt haben (*LAG Kiel* 9.11.1984 EzB § 16 BBiG Nr. 10). Dabei ist dem Ausbildenden das Verschulden eines von ihm bestellten Ausbilders ebenso zuzurechnen wie sein eigenes. Der Ausbildende haftet auch auf Schadenersatz, wenn das Ausbildungsverhältnis beendet werden muss, weil kein geeigneter Ausbilder zur Verfügung steht (*LAG Frankf.* 6.2.1981 EzB § 16 BBiG aF Nr. 7; ErfK-*Schlachter* BBiG § 23 Rz 2) bzw. die Ausbildung wegen erheblicher Mängel beim Ausbildenden (teilweise) in einem anderen Betrieb wiederholt werden muss (*ArbG Duisburg* 30.10.1972 EzB § 16 BBiG aF Nr. 2). Grundsätzlich setzt ein Schadensersatzanspruch des Auszubildenden gegen seinen Arbeitgeber wegen unzureichender Ausbildung einen gescheiterten Prüfungsversuch voraus. Da dies bei einem vorzeitigen Abbruch der Ausbildung nicht der Fall sein kann, obliegt es dem Auszubildenden substantiiert darzulegen und zu beweisen, dass er das vereinbarte Berufsziel bei hypothetischer Fortsetzung des Ausbildungsverhältnisses nicht erreicht hätte. § 23 Abs. 1 BBiG erfasst nur den **Auflösungsschaden,** nicht einen durch unzureichende Ausbildung verursachten Schaden (*LAG Köln* 30.10.1998 LS in EzB § 16 BBiG aF Nr. 17 = NZA 1999, 317). Löst der **Auszubildende** das Berufsausbildungsverhältnis nach der Probezeit schuldhaft vorzeitig, so kann der **Ausbildende Ersatz der Aufwendungen verlangen**, die er nach den Umständen für erforderlich halten durfte. Dabei ist auf den Zeitpunkt abzustellen, zu dem die Maßnahme zu treffen war (*BAG* 17.8.2000 EzA § 16 BBiG aF Nr. 3 mwN). Ausnahmsweise ohne Verschulden ergibt sich eine Haftung auf Schadenersatz, wenn der Insolvenzverwalter das Berufsausbildungsverhältnis kündigt (KR-*Weigand* § 113 InsO Rz 96). 131

Bei **Betriebsstilllegung** besteht gegen den ausbildenden Arbeitgeber nur dann ein Schadenersatzanspruch, wenn gegen ihn der Vorwurf der Fahrlässigkeit beim Abschluss des Ausbildungsvertrages erhoben werden kann (Verschulden bei Betriebsaufgabe aus wirtschaftlichen Gründen wird generell verneint vom *LAG Kiel* 9.11.1984 aaO). So darf ein Arbeitgeber, der Vertragsverhandlungen für ein Berufsausbildungsverhältnis eingeht, bestehende Umstände, gleich welcher Art, die die vollständige Durchführung des Ausbildungsverhältnisses in Frage stellen können, nicht verschweigen, soweit sie ihm bekannt sind oder sein müssen (prekäre wirtschaftliche Lage, *BAG* 8.3.1977 DB 1977, 1322 f.). Dies ist jedoch nicht möglich, wenn sich die Notwendigkeit für die Betriebsstilllegung erst nach Beginn der Ausbildung aufgrund der veränderten Strukturentwicklung des Marktes ergeben hat (*ArbG Köln* 6.5.1965 BB 1965, 1110). 132

§§ 21, 22 BBiG   Beendigung und Kündigung von Ausbildungsverhältnissen

133 Die **Höhe des Schadenersatzanspruchs** errechnet sich aus dem Vergleich des ordnungsgemäß erfüllten mit dem vorzeitig beendeten, schlecht erfüllten Ausbildungsverhältnis. Dabei kann Ersatz des gesamten materiellen Schadens verlangt werden. Er wird nach den Grundsätzen der §§ 249 ff. BGB ermittelt (*Wohlgemuth/Lakies* § 23 Rz 24 f.). Nach der modifizierten Netto-Lohn-Theorie soll der Geschädigte nicht bereichert werden. Der Auszubildende kann demnach die Differenz zwischen den erhaltenen Vergütungen und möglicher höherer Ausbildungsvergütungen (vgl. *LAG Hamm* 24.3.1953 BB 1953, 770) sowie den Nettolohnbezügen, die er bei ordnungsgemäßer Beendigung erhalten hätte, verlangen; ebenso die entsprechenden Rentenbeiträge, die bei höherem Einkommen zu zahlen gewesen wären. Auch die Lohn- und Kirchensteuer ist zu ersetzen, wenn der Auszubildende sie entrichtet hat.

134 Zum Schadenersatzanspruch können Aufwendungen für die Begründung eines neuen Berufsausbildungsverhältnisses gehören; Mehrkosten, die durch die Ausbildung an einem anderen Ort verursacht werden, können auch dann erstattungsfähig sein, wenn sie bereits vor der rechtlichen Beendigung des alten Berufsausbildungsverhältnisses entstanden sind (*BAG* 11.8.1987 EzA § 16 BBiG aF Nr. 1). Der Ausbildende kann Kosten für Zeitungsinserate verlangen, wenn dies für die Suche eines neuen Auszubildenden notwendig war (für Arbeitnehmer: *BAG* 30.6.1961 EzA § 249 BGB Nr. 1; 18.12.1969 EzA § 249 BGB Nr. 4). In Betracht kommt auch der Ersatz eines entgangenen Gewinns (§ 252 BGB). Nicht verlangen kann der ausbildende Arbeitgeber Schadenersatz von einem vertragsbrüchigen Auszubildenden dafür, dass dessen Tätigkeit nun von einem ausgebildeten Arbeitnehmer ausgeführt wird, weil das Berufsausbildungsverhältnis nicht den Produktionserfordernissen eines Betriebes dient (*BAG* 17.8.2000 EzA § 16 BBiG aF Nr. 3; *LAG Frankf.* 16.12.1967 ARST 1969, 191, Nr. 1286) oder mit der Begründung, die vom Auszubildenden bis zur Kündigung erbrachte Leistung entspreche nicht der Ausbildungsvergütung (*LAG Düsseld.* 26.6.1984 EzB § 16 BBiG aF Nr. 9); denn der Ausbildungsvertrag sieht keine »leistungsorientierte Gewinnerwirtschaftung« vor (*BAG* 17.8.2000 EzA § 16 BBiG aF Nr. 3).

135 Neben dem vorliegenden Schaden kann auf dem Wege der Feststellungsklage auch **künftiger Schaden** dem Grunde nach begehrt werden. In Frage kommt der Schaden für den Auszubildenden, wenn er erst verspätet zur Abschlussprüfung zugelassen wird und dadurch erst später einen höheren Lohn erhält. Der Ausbildende verletzt seine Vertragspflicht auch, wenn die Erreichung des Ausbildungsziels durch Umstände unmöglich wird, die zwar vom Ausbildenden nicht verschuldet sind, aber in seinen Risikobereich fallen und der Ausbildende nichts tut, um schädliche Folgen der vorzeitigen Beendigung für den Auszubildenden auszuschalten (*LAG RhPf* 15.8.1974, zit. nach *Hess/Löns* S. 56, FN 31).

136 Zu beachten ist ein **Mitverschulden des Geschädigten gem. § 254 Abs. 1 BGB** (vgl. *BAG* 29.9.1958 AP Nr. 17 zu § 64 ArbGG 1953). Bei der Höhe der Entschädigung infolge unbegründeter fristloser Entlassung des Auszubildenden ist zu berücksichtigen, inwieweit bei der Entstehung des Schadens auch ein Verschulden des Auszubildenden mitgewirkt hat. Pflichtverletzungen des Auszubildenden, die eine fristlose Entlassung noch nicht rechtfertigen, mindern den Schadenersatzanspruch erheblich.

137 Die Schadensverursachung muss im Einzelnen von demjenigen bewiesen werden, der den Anspruch geltend macht. Verschweigt der ausbildende Arbeitgeber bei Vertragsabschluß Umstände (prekäre wirtschaftliche Lage des Unternehmens), die die Durchführung des Ausbildungsverhältnisses gefährden, so muss er in entsprechender Anwendung des Rechtsgedankens des § 282 BGB darlegen und ggf. beweisen, dass und warum ihn kein Verschulden hinsichtlich seiner Aufklärungspflichten vor und bei Abschluss der Ausbildungsverträge trifft; denn seine wirtschaftliche Lage mit ihren Folgen für die Auszubildenden gehören zum »Gefahrenkreis« des ausbildenden Arbeitgebers (*BAG* 8.3.1977 aaO; Anm. *Sturn* Stbg 1979, 21).

138 Der Schadenersatzanspruch muss innerhalb einer Frist von drei Monaten nach Beendigung des Berufsausbildungsverhältnisses geltend gemacht werden (Abs. 2). Dabei handelt es sich um eine Ausschlussfrist, dh nach ihrem Ablauf erlischt der Anspruch. Die Frist beginnt zu laufen mit dem Tage, der dem Tage der tatsächlichen (oder rechtlichen) Beendigung folgt (§ 187 Abs. 1 BGB; vgl. auch *ArbG Verden* 18.1.1966 ARSt 1966, 68, Nr. 119). Diese Frist bezieht sich auf Ansprüche gem. § 23 Abs. 1 BBiG; für sonstige Schadenersatzansprüche gelten die allgemeinen Regeln der Verjährung und Verwirkung.

139 Hat der Auszubildende, ohne dazu vom Ausbildenden veranlasst zu sein, die Lehrstelle vor Ablauf der Ausbildungszeit verlassen und fordert daraufhin der Ausbildende den vereinbarten Schadenersatz, dann ist der Auszubildende für seine Behauptung beweispflichtig, das Ausbildungsverhältnis sei im gegenseitigen Einvernehmen beendet worden (*BAG* 16.3.1972 EzA § 111 BBiG aF Nr. 1).

2. Arbeitspapiere

Nach der Beendigung des Berufsausbildungsverhältnisses sind dem Auszubildenden die Arbeitspapiere herauszugeben. Der auszubildende Arbeitgeber hat **kein Zurückbehaltungsrecht**, hält er die Papiere zurück, macht er sich schadenersatzpflichtig. Allerdings ist der Auszubildende grds. verpflichtet, sich die Arbeitspapiere abzuholen. Nur bei außergewöhnlichem Anfahrtsweg trifft den Ausbildenden eine Schickschuld. 140

3. Urlaubsanspruch

Ein im Zeitpunkt fristloser Auflösung noch bestehender Urlaubsanspruch ist **abzugelten** (§ 19 Abs. 4 JArbSchG iVm § 7 Abs. 4 BUrlG). Bei Beendigung nach § 22 Abs. 2 Ziff. 2 BBiG (Berufsaufgabe oder -wechsel) muss der Urlaub noch während der vierwöchigen Kündigungsfrist gewährt werden. Schließt ein Arbeitsverhältnis an ein Ausbildungsverhältnis beim gleichen Arbeitgeber an, ist die Abgeltung von nicht erfüllten Urlaubsansprüchen aus dem Berufsausbildungsverhältnis ausgeschlossen. Diese Urlaubsansprüche sind nach den für das Arbeitsverhältnis maßgebenden Vorschriften zu erfüllen (*BAG* 29.11.1984 EzA § 13 BUrlG Nr. 22). 141

4. Arbeitslosenunterstützung

Nach Beendigung des Ausbildungsverhältnisses besteht ein Leistungsanspruch gegenüber der Agentur für Arbeit nur, wenn der Auszubildende einen ausreichend wichtigen Grund für die Kündigung nachweisen kann. Im Fall einer einvernehmlichen Auflösung des Ausbildungsvertrages nach vorangegangener Kündigung durch den Ausbildenden wegen häufiger Fehlzeiten hat das *BSG* (13.3.1990 SozR 3-4100 § 119 Nr. 2) einen eigenmächtigen Abbruch des Ausbildungsverhältnisses gesehen. 142

§ 24 Weiterarbeit
Werden Auszubildende im Anschluss an das Berufsausbildungsverhältnis beschäftigt, ohne dass hierüber ausdrücklich etwas vereinbart worden ist, so gilt ein Arbeitsverhältnis auf unbestimmte Zeit als begründet

Literatur
– bis 2004 vgl. KR-Vorauflage § 17 BBiG –
Lakies Berufsbildung, AR-Blattei SD 400 Rz 783 ff.

Inhaltsübersicht

	Rz		Rz
I. Vertragsfreiheit und Beschränkungen	1, 2	III. Vergütung und Urlaub	8
II. Fiktion eines unbefristeten Arbeitsverhältnisses durch Weiterbeschäftigung	3–7	IV. Kündigungsschutz	9
		V. Betriebliche Mitbestimmung	10

I. Vertragsfreiheit und Beschränkungen

Die Vertragsparteien des Berufsausbildungsverhältnisses sind nach Abschluss der Ausbildung **nicht verpflichtet**, ein **Arbeitsverhältnis zu begründen** (*BAG* 5.4.1984 EzA § 17 BBiG Nr. 1; KDZ-*Däubler* § 17 BBiG Rz 14; *Wohlgemuth/Lakies* Rz 3; *Herkert/Töltl* Rz 3). Dies gilt grds. auch dann, wenn ein Tarifvertrag den Ausbildenden dazu verpflichtet, dem Auszubildenden innerhalb einer bestimmten Frist vor dem Ausbildungsende die Absicht mitzuteilen, ihn nicht in ein Arbeitsverhältnis zu übernehmen (*BAG* 5.4.1984 EzA § 17 BBiG Nr. 1; 30.11.1984 EzB § 17 BBiG Nr. 14a; *Gedon/Spiertz* § 17 BBiG Rz 22; *Herkert/Töltl* Rz 23). Zu prüfen ist allerdings ggf., ob die Entscheidung, den Auszubildenden nicht zu übernehmen, den Grundsätzen von Recht und **Billigkeit** (§ 75 Abs. 1 BetrVG) oder betrieblichen **Auswahlrichtlinien** (§ 95 BetrVG) widerspricht (*BAG* 5.4.1984 EzA § 17 BBiG Nr. 1; *BVerfG* 19.5.1992 NJW 1992, 2409; *Gedon/Spiertz* § 17 BBiG Rz 4; *Herkert/Töltl* Rz 19; KR-*Bader* § 3 TzBfG Rz 45; KDZ-*Däubler* § 17 BBiG Rz 15; *Knopp/Kraegeloh* Rz 3; BMMS-*Stück* Rz 2). Die Abschlussfreiheit des Ausbildenden wird ferner gegenüber Auszubildenden, die Mitglied der Jugend- und Auszubildendenvertretung oder des Betriebsrats sind, durch § 78 a BetrVG beschränkt (vgl. dazu KR-*Weigand* § 78a BetrVG Rz 2 ff.). Auch 1

Tarifverträge können den Ausbildenden verpflichten, dem Auszubildenden die Übernahme in ein Arbeitsverhältnis anzubieten (*BAG* 14.5.1997 EzA § 4 TVG Beschäftigungssicherung Nr. 1; *Herkert/Töltl* Rz 4 f.; KR-*Bader* § 17 TzBfG Rz 92, 100 mwN). Eine Verletzung dieser Verpflichtung begründet für die Vergangenheit **Schadensersatzansprüche** des Auszubildenden (*BAG* 12.11.1997 EzA § 611 BGB Einstellungsanspruch Nr. 12 mwN; KR-*Bader* § 17 TzBfG Rz 92, 100; *Herkert/Töltl* Rz 6; *Leinemann/Taubert* § 17 BBiG Rz 5).

2   Vertragliche **Weiterarbeitsklauseln,** die eine automatische Begründung eines Arbeitsverhältnisses nach Beendigung der Ausbildung vorsehen oder eine entsprechende Verpflichtung des Auszubildenden zum Abschluss eines Arbeitsvertrages begründen und damit den Auszubildenden in seiner Entscheidungsfreiheit beschränken, sind gem. § 12 Abs. 1 BBiG (bis zum Inkrafttreten des BerBiRefG am 1.4.2005: § 5 BBiG) nichtig, soweit sie früher als sechs Monate vor der Beendigung des Berufsausbildungsverhältnisses vereinbart wurden (vgl. zur früheren Frist von drei Monaten *BAG* 31.1.1974 EzA § 5 BBiG Nr. 1). Dagegen ist eine in den letzten sechs Monaten vereinbarte Bindung des Auszubildenden wirksam und kann trotz § 12 Abs. 2 Nr. 2 BBiG auch durch die Verabredung einer **Vertragsstrafe** gesichert werden (*BAG* 23.6.1982 EzA § 5 BBiG Nr. 5; *Gedon/Spiertz* § 17 BBiG Rz 23; KDZ-*Däubler* § 17 BBiG Rz 17; [zur Unanwendbarkeit von § 309 Nr. 6 BGB und zur zulässigen Höhe vgl. *BAG* 4.3.2004 EzA § 307 BGB 2002 Nr. 1; s. auch *Leder/Morgenroth* NZA 2002, 952 ff.; *Lingemann* NZA 2002, 191 f.; **aA** *Herbert/Oberrath* NZA 2004, 125 f. mwN zum Meinungsstreit]). Eine in einer solchen ausdrücklichen Vereinbarung unter Beachtung der Schriftform gem. § 14 Abs. 4 TzBfG verabredete Befristung des Arbeitsverhältnisses ist gem. § 14 Abs. 2 TzBfG grds. zulässig und geht § 24 BBiG (bis zum Inkrafttreten des BerBiRefG am 1.4.2005: § 17 BBiG) vor (vgl. KR-*Lipke* § 14 TzBfG Rz 299). Die **Beweislast** für ausdrückliche, von der Regel des § 24 BBiG **abweichende Vereinbarungen** liegt bei demjenigen, der sich darauf beruft (*LAG Hamm* 13.8.1980 EzB § 17 BBiG Nr. 11; *Gedon/Spiertz* § 17 BBiG Rz 21; *Herkert/Töltl* Rz 26).

II. Fiktion eines unbefristeten Arbeitsverhältnisses durch Weiterbeschäftigung

3   **Arbeitet der Auszubildende** nach Ablegung der Prüfung und der Feststellung des Prüfungsergebnisses oder nach einer sonstigen Beendigung des Berufsausbildungsverhältnisses (DLW-*Dörner* C Rz 3606; *Natzel* BBiG S. 309; zur stillschweigenden Verlängerung bis zur Prüfung vgl. KR-*Weigand* §§ 21, 22 BBiG Rz 19) **mit Wissen und Willen des Ausbildenden tatsächlich** weiter, **ohne** dass für diesen Fall **ausdrückliche Abreden** getroffen wurden, so wird durch § 24 BBiG die Begründung eines Arbeitsverhältnisses auf unbestimmte Zeit fingiert. Insoweit gelten weitgehend die gleichen Grundsätze wie bei § 625 BGB (*Gedon/Spiertz* § 17 BBiG Rz 1; *Herkert/Töltl* Rz 2; KDZ-*Däubler* § 17 BBiG Rz 1; vgl. iE KR-*Fischermeier* § 625 BGB Rz 1 ff.), jedoch ist § 24 BBiG, anders als § 625 BGB, nicht generell abdingbar (§ 25 BBiG; BMMS-*Stück* § 17 BBiG Rz 1).

4   Der Fiktion der Begründung eines Arbeitsverhältnisses auf unbestimmte Zeit steht entgegen, wenn der Auszubildende nur **beschränkt geschäftsfähig** und nicht gem. § 113 BGB zur Eingehung eines Arbeitsverhältnisses ermächtigt ist, sofern die Weiterarbeit nicht mit Wissen seines gesetzlichen Vertreters erfolgt (vgl. KR-*Fischermeier* § 625 BGB Rz 8; wohl auch *Gedon/Spiertz* § 17 BBiG Rz 15; **aA** *Herkert/Töltl* Rz 26; *Natzel* S. 309; *Wohlgemuth/Lakies* Rz 30).

5   Ob der Ausbildende, abweichend von § 625 BGB, über die Kenntnis der Weiterarbeit hinaus auch **Kenntnis** von der Beendigung des Ausbildungsverhältnisses (durch vorzeitiges **Bestehen der Abschlussprüfung**) haben muss, hat das BAG offengelassen (*BAG* 5.4.1984 – 2 AZR 55/83 – nv; bejahend *LAG Hmb.* 12.9.1980 EzB § 17 BBiG Nr. 7; *Felder* FA 2000, 339; *Gedon/Spiertz* § 17 BBiG Rz 13; *Herkert/Töltl* Rz 22; *Lakies* AiB 2002, 676; *Leinemann/Taubert* § 17 BBiG Rz 15; BMMS-*Stück* § 17 BBiG Rz 8; *Wohlgemuth/Lakies* Rz 18; vgl. auch KR-*Weigand* §§ 21, 22 BBiG Rz 23).

6   Arbeitet der Auszubildende ohne Kenntnis des Ausbildenden (Arbeitgebers) oder seiner einstellungsberechtigten Vertreter weiter, wird er nicht iSv § 24 BBiG beschäftigt, sondern beschäftigt sich nur selbst (*Herkert/Töltl* aaO). Erfährt der Ausbildende von der Weiterarbeit, kann und muss er unverzüglich widersprechen, wenn er den Eintritt der Fiktion des § 24 BBiG verhindern will (*Herkert/Töltl* aaO; *Natzel* BBiG S. 310; *Leinemann/Taubert* § 17 BBiG Rz 14). Der formlos mögliche **Widerspruch** kann auch schon zeitnah vor dem Ende des Ausbildungsverhältnisses erfolgen (*LAG Frankfurt* 14.6.1982 EzB § 17 BBiG Nr. 8; *Herkert/Töltl* Rz 25; KDZ-*Däubler* § 17 BBiG Rz 5; *Lakies* AR-Blattei SD 400 Rz 791, 797; *Natzel* aaO). Die bloße Erklärung des Ausbildenden, er wolle den Auszubildenden nur aus sozialen Gründen auf bestimmte Zeit weiterbeschäftigen, verhindert den Eintritt der Fiktion aber nicht (*LAG Düsseldorf*

Weiterarbeit § 24 BBiG

22.10.1985 EzB § 17 BBiG Nr. 15; *Gedon/Spiertz* § 17 BBiG Rz 10, 17; *Herkert/Töltl* Rz 23); trotz einer solchen Erklärung erfolgt nämlich in diesem Fall eine willentliche Weiterbeschäftigung durch den Ausbildenden (Arbeitgeber) und nach dem eindeutigen Wortlaut des § 24 BBiG, der insoweit von § 625 BGB abweicht, bedürfte die Befristung einer ausdrücklichen Vereinbarung, die zudem gem. § 14 Abs. 4 TzBfG der Schriftform unterläge (im Ergebnis auch *Lakies* aaO; *Wohlgemuth/Lakies* Rz 26). Von einer gem. §§ 14, 21 TzBfG formbedürftigen Befristung oder Bedingung abgesehen können die Vertragsparteien das Arbeitsverhältnis **nachträglich auch** durch **konkludente Abreden** modifizieren, ohne dass dem § 24 BBiG noch entgegenstünde.

Die tatsächliche Weiterarbeit muss, um die Fiktion des § 24 BBiG zu begründen, **ohne Unterbrechung** 7 erfolgen (*Felder* aaO; *Knopp/Kraegeloh* Rz 2; *Natzel* BBiG S. 310; BMMS-*Stück* § 17 BBiG Rz 8; *Wohlgemuth/Lakies* Rz 16). Ist der Auszubildende über den Zeitpunkt der rechtlichen Beendigung des Ausbildungsverhältnisses hinaus **arbeitsunfähig erkrankt** und nimmt er erst danach die Arbeit auf, so mag gegebenenfalls durch stillschweigende Vereinbarung ein Arbeitsverhältnis zustande kommen; die Beschäftigung erfolgt aber jedenfalls nicht »im Anschluss« an das Berufsausbildungsverhältnis, weshalb sich der Auszubildende nicht auf § 24 BBiG berufen kann (*Lakies* AR-Blattei SD 400 Rz 786; *Natzel* aaO; **aA** *Gedon/Spiertz* § 17 BBiG Rz 14; *Herkert/Töltl* Rz 22; KDZ-*Däubler* § 17 BBiG Rz 2; *Leinemann/Taubert* § 17 BBiG Rz 11).

III. Vergütung und Urlaub

In dem gem. § 24 BBiG zustande gekommenen Arbeitsverhältnis gilt hinsichtlich der Höhe des Arbeitsentgelts die **übliche Vergütung** als vereinbart, idR also der tarifliche Gesellen- bzw. Facharbeiterlohn (§ 612 Abs. 2 BGB; *BAG* 16.6.2005 EzA § 14 BBiG Nr. 13; *Herkert/Töltl* Rz 30; *Leinemann/Taubert* § 17 BBiG Rz 25). Entsprechendes gilt für den **Urlaub** (*Herkert/Töltl* Rz 31). Auch restliche Urlaubsansprüche aus dem Berufsausbildungsverhältnis sind nach den für das Arbeitsverhältnis maßgebenden Vorschriften zu erfüllen (*BAG* 29.11.1984 EzA § 13 BUrlG Nr. 22).

IV. Kündigungsschutz

Im betrieblichen Anwendungsbereich des Kündigungsschutzgesetzes (§ 23 KSchG) besteht für den 9 weiterbeschäftigten Auszubildenden **sofort Kündigungsschutz** (hM; *BAG* 23.9.1976 EzA § 1 KSchG Nr. 35; KR-*Griebeling* § 1 KSchG Rz 107; *Herkert/Töltl* Rz 32; *Natzel* BBiG S. 295 f.).

V. Betriebliche Mitbestimmung

Nach hM stellt die Begründung eines Arbeitsverhältnisses über § 24 BBiG eine **Einstellung** iSv § 99 10 BetrVG dar, und der Betriebsrat kann der weiteren tatsächlichen Beschäftigung gem. § 101 BetrVG entgegentreten (*LAG Hamm* 14.7.1982 EzB § 99 BetrVG Nr. 3; *Gedon/Spiertz* § 17 BBiG Rz 26; *Herkert/Töltl* Rz 33; KDZ-*Däubler* § 17 BBiG Rz 13; *Leinemann/Taubert* § 17 BBiG Rz 28; BMMS-*Stück* § 17 BBiG Rz 20; *Wohlgemuth/Lakies* Rz 32; wN bei *Fitting* § 99 Rz 49; **aA** HSWG-*Schlochauer* § 99 Rz 23; *Natzel* BBiG S. 312; *Stege/Weinspach/Schiefer* §§ 99 – 101 Rz 19 l).

Gesetz zum Elterngeld und zur Elternzeit (Bundeselterngeld- und Elternzeitgesetz – BEEG)

vom 5. Dezember 2006 (BGBl. I S. 2748)

§ 1 Berechtigte (1) Anspruch auf Elterngeld hat, wer
1. einen Wohnsitz oder seinen gewöhnlichen Aufenthalt in Deutschland hat,
2. mit seinem Kind in einem Haushalt lebt,
3. dieses Kind selbst betreut und erzieht und
4. keine oder keine volle Erwerbstätigkeit ausübt.

(2) ¹Anspruch auf Elterngeld hat auch, wer, ohne eine der Voraussetzungen des Absatzes 1 Nr. 1 zu erfüllen,
1. nach § 4 des Vierten Buches Sozialgesetzbuch dem deutschen Sozialversicherungsrecht unterliegt oder im Rahmen seines in Deutschland bestehenden öffentlich-rechtlichen Dienst- oder Amtsverhältnisses vorübergehend ins Ausland abgeordnet, versetzt oder kommandiert ist,
2. Entwicklungshelfer oder Entwicklungshelferin im Sinne des § 1 des Entwicklungshelfergesetzes ist oder als Missionar oder Missionarin der Missionswerke und -gesellschaften, die Mitglieder oder Vereinbarungspartner des Evangelischen Missionswerkes Hamburg, der Arbeitsgemeinschaft Evangelikaler Missionen e.V., des Deutschen katholischen Missionsrates oder der Arbeitsgemeinschaft pfingstlich-charismatischer Missionen sind, tätig ist oder
3. die deutsche Staatsangehörigkeit besitzt und nur vorübergehend bei einer zwischen- oder überstaatlichen Einrichtung tätig ist, insbesondere nach den Entsenderichtlinien des Bundes beurlaubte Beamte und Beamtinnen, oder vorübergehend eine nach § 123a des Beamtenrechtsrahmengesetzes zugewiesene Tätigkeit im Ausland wahrnimmt.

²Dies gilt auch für mit der nach Satz 1 berechtigten Person in einem Haushalt lebende Ehegatten, Ehegattinnen, Lebenspartner oder Lebenspartnerinnen.

(3) ¹Anspruch auf Elterngeld hat abweichend von Absatz 1 Nr. 2 auch, wer
1. mit einem Kind in einem Haushalt lebt, das er mit dem Ziel der Annahme als Kind aufgenommen hat,
2. ein Kind des Ehegatten, der Ehegattin, des Lebenspartners oder der Lebenspartnerin in seinen Haushalt aufgenommen hat, oder
3. mit einem Kind in einem Haushalt lebt und die von ihm erklärte Anerkennung der Vaterschaft nach § 1594 Abs. 2 des Bürgerlichen Gesetzbuchs noch nicht wirksam oder über die von ihm beantragte Vaterschaftsfeststellung nach § 1600d des Bürgerlichen Gesetzbuchs noch nicht entschieden ist.

²Für angenommene Kinder und Kinder im Sinne des Satzes 1 Nr. 1 sind die Vorschriften dieses Gesetzes mit der Maßgabe anzuwenden, dass statt des Zeitpunktes der Geburt der Zeitpunkt der Aufnahme des Kindes bei der berechtigten Person maßgeblich ist.

(4) Können die Eltern wegen einer schweren Krankheit, Schwerbehinderung oder Tod der Eltern ihr Kind nicht betreuen, haben Verwandte bis dritten Grades und ihre Ehegatten, Ehegattinnen, Lebenspartner oder Lebenspartnerinnen Anspruch auf Elterngeld, wenn sie die übrigen Voraussetzungen nach Absatz 1 erfüllen und von anderen Berechtigten Elterngeld nicht in Anspruch genommen wird.

(5) Der Anspruch auf Elterngeld bleibt unberührt, wenn die Betreuung und Erziehung des Kindes aus einem wichtigen Grund nicht sofort aufgenommen werden kann oder wenn sie unterbrochen werden muss.

(6) Eine Person ist nicht voll erwerbstätig, wenn ihre wöchentliche Arbeitszeit 30 Wochenstunden im Durchschnitt des Monats nicht übersteigt, sie eine Beschäftigung zur Berufsbildung ausübt oder sie eine geeignete Tagespflegeperson im Sinne des § 23 des Achten Buches Sozialgesetzbuch ist und nicht mehr als fünf Kinder in Tagespflege betreut.

(7) Ein nicht freizügigkeitsberechtigter Ausländer oder eine nicht freizügigkeitsberechtigte Ausländerin ist nur anspruchsberechtigt, wenn diese Person
1. eine Niederlassungserlaubnis besitzt,
2. eine Aufenthaltserlaubnis besitzt, die zur Ausübung einer Erwerbstätigkeit berechtigt oder berechtigt hat, es sei denn, die Aufenthaltserlaubnis wurde

a) nach den § 16 oder § 17 des Aufenthaltsgesetzes erteilt oder
b) nach § 18 Abs. 2 des Aufenthaltsgesetzes erteilt und die Zustimmung der Bundesagentur für Arbeit darf nach der Beschäftigungsverordnung nur für einen bestimmten Höchstzeitraum erteilt werden,
c) nach § 23 Abs. 1 des Aufenthaltsgesetzes wegen eines Krieges in ihrem Heimatland oder nach den §§ 23a, 24, 25 Abs. 3 bis 5 des Aufenthaltsgesetzes erteilt oder
3. eine nicht in Nummer 2 Buchstabe c genannte Aufenthaltserlaubnis besitzt und
a) sich seit mindestens drei Jahren rechtmäßig, gestattet oder geduldet im Bundesgebiet aufhält und
b) im Bundesgebiet berechtigt erwerbstätig ist, laufende Geldleistungen nach dem Dritten Buch Sozialgesetzbuch bezieht oder Elternzeit in Anspruch nimmt.

§ 4 Bezugszeitraum
(1) ¹Elterngeld kann in der Zeit vom Tag der Geburt bis zur Vollendung des 14. Lebensmonats des Kindes bezogen werden. ²Für angenommene Kinder und Kinder im Sinne des § 1 Abs. 3 Nr. 1 kann Elterngeld ab Aufnahme bei der berechtigten Person für die Dauer von bis zu 14 Monaten, längstens bis zur Vollendung des achten Lebensjahres des Kindes bezogen werden.
(2) ¹Elterngeld wird in Monatsbeträgen für Lebensmonate des Kindes gezahlt. ²Die Eltern haben insgesamt Anspruch auf zwölf Monatsbeträge. ³Sie haben Anspruch auf zwei weitere Monatsbeträge, wenn für zwei Monate eine Minderung des Einkommens aus Erwerbstätigkeit erfolgt. ⁴Die Eltern können die jeweiligen Monatsbeträge abwechselnd oder gleichzeitig beziehen.
(3) ¹Ein Elternteil kann höchstens für zwölf Monate Elterngeld beziehen. ²Lebensmonate des Kindes, in denen nach § 3 Abs. 1 oder 3 anzurechnende Leistungen zustehen, gelten als Monate, für die die berechtigte Person Elterngeld bezieht. ³Ein Elternteil kann abweichend von Satz 1 für 14 Monate Elterngeld beziehen, wenn eine Minderung des Einkommens aus Erwerbstätigkeit erfolgt und mit der Betreuung durch den anderen Elternteil eine Gefährdung des Kindeswohls im Sinne von § 1666 Abs. 1 und 2 des Bürgerlichen Gesetzbuches verbunden wäre oder die Betreuung durch den anderen Elternteil unmöglich ist, insbesondere weil er wegen einer schweren Krankheit oder Schwerbehinderung sein Kind nicht betreuen kann; für die Feststellung der Unmöglichkeit der Betreuung bleiben wirtschaftliche Gründe und Gründe einer Verhinderung wegen anderweitiger Tätigkeiten außer Betracht. Elterngeld für 14 Monate steht einem Elternteil auch zu, wenn
1. ihm die elterliche Sorge oder zumindest das Aufenthaltsbestimmungsrecht allein zusteht oder er eine einstweilige Anordnung erwirkt hat, mit der ihm die elterliche Sorge oder zumindest das Aufenthaltsbestimmungsrecht für das Kind vorläufig übertragen worden ist,
2. eine Minderung des Einkommens aus Erwerbstätigkeit erfolgt und
3. der andere Elternteil weder mit ihm noch mit dem Kind in einer Wohnung lebt.
(4) Der Anspruch endet mit dem Ablauf des Monats, in dem eine Anspruchsvoraussetzung entfallen ist.
(5) ¹Die Absätze 2 und 3 gelten in den Fällen des § 1 Abs. 3 und 4 entsprechend. ²Nicht sorgeberechtigte Elternteile und Personen, die nach § 1 Abs. 3 Nr. 2 und 3 Elterngeld beziehen können, bedürfen der Zustimmung des sorgeberechtigten Elternteils.

§ 15 Anspruch auf Elternzeit
(1) ¹Arbeitnehmerinnen und Arbeitnehmer haben Anspruch auf Elternzeit, wenn sie
1. a) mit ihrem Kind,
b) mit einem Kind, für das sie die Anspruchsvoraussetzungen nach § 1 Abs. 3 oder 4 erfüllen, oder
c) mit einem Kind, das sie in Vollzeitpflege nach § 33 des Achten Buches Sozialgesetzbuch aufgenommen haben,
in einem Haushalt leben und
2. dieses Kind selbst betreuen und erziehen.
²Nicht sorgeberechtigte Elternteile und Personen, die nach Satz 1 Nr. 1 Buchstabe b und c Elternzeit nehmen können, bedürfen der Zustimmung des sorgeberechtigten Elternteils.
(2) ¹Der Anspruch auf Elternzeit besteht bis zur Vollendung des dritten Lebensjahres eines Kindes. ²Die Zeit der Mutterschutzfrist nach § 6 Abs. 1 des Mutterschutzgesetzes wird auf die Begrenzung nach Satz 1 angerechnet. ³Bei mehreren Kindern besteht der Anspruch auf Elternzeit für jedes

Kind, auch wenn sich die Zeiträume im Sinne von Satz 1 überschneiden. ⁴Ein Anteil der Elternzeit von bis zu zwölf Monaten ist mit Zustimmung des Arbeitgebers auf die Zeit bis zur Vollendung des achten Lebensjahres übertragbar; dies gilt auch, wenn sich die Zeiträume im Sinne von Satz 1 bei mehreren Kindern überschneiden. ⁵Bei einem angenommenen Kind und bei einem Kind in Vollzeit- oder Adoptionspflege kann Elternzeit von insgesamt bis zu drei Jahren ab der Aufnahme bei der berechtigten Person, längstens bis zur Vollendung des achten Lebensjahres des Kindes genommen werden; die Sätze 3 und 4 sind entsprechend anwendbar, soweit sie die zeitliche Aufteilung regeln. ⁶Der Anspruch kann nicht durch Vertrag ausgeschlossen oder beschränkt werden.

(3) ¹Die Elternzeit kann, auch anteilig, von jedem Elternteil allein oder von beiden Elternteilen gemeinsam genommen werden. ²Satz 1 gilt in den Fällen des Absatzes 1 Satz 1 Nr. 1 Buchstabe b und c entsprechend.

(4) ¹Der Arbeitnehmer oder die Arbeitnehmerin darf während der Elternzeit nicht mehr als 30 Wochenstunden erwerbstätig sein. ²Eine im Sinne des § 23 des Achten Buches Sozialgesetzbuch geeignete Tagespflegeperson kann bis zu fünf Kinder in Tagespflege betreuen, auch wenn die wöchentliche Betreuungszeit 30 Stunden übersteigt. ³Teilzeitarbeit bei einem anderen Arbeitgeber oder selbstständige Tätigkeit nach Satz 1 bedarf der Zustimmung des Arbeitgebers. ⁴Dieser kann sie nur innerhalb von vier Wochen aus dringenden betrieblichen Gründen schriftlich ablehnen.

(5) ¹Der Arbeitnehmer oder die Arbeitnehmerin kann eine Verringerung der Arbeitszeit und ihre Ausgestaltung beantragen. ²Über den Antrag sollen sich der Arbeitgeber und der Arbeitnehmer oder die Arbeitnehmerin innerhalb von vier Wochen einigen. ³Der Antrag kann mit der schriftlichen Mitteilung nach Absatz 7 Satz 1 Nr. 5 verbunden werden. ⁴Unberührt bleibt das Recht, sowohl die vor der Elternzeit bestehende Teilzeitarbeit unverändert während der Elternzeit fortzusetzen, soweit Absatz 4 beachtet ist, als auch nach der Elternzeit zu der Arbeitszeit zurückzukehren, die vor Beginn der Elternzeit vereinbart war.

(6) Der Arbeitnehmer oder die Arbeitnehmerin kann gegenüber dem Arbeitgeber, soweit eine Einigung nach Absatz 5 nicht möglich ist, unter den Voraussetzungen des Absatzes 7 während der Gesamtdauer der Elternzeit zweimal eine Verringerung seiner oder ihrer Arbeitszeit beanspruchen.

(7) Für den Anspruch auf Verringerung der Arbeitszeit gelten folgende Voraussetzungen:
1. Der Arbeitgeber beschäftigt, unabhängig von der Anzahl der Personen in Berufsbildung, in der Regel mehr als 15 Arbeitnehmer und Arbeitnehmerinnen,
2. das Arbeitsverhältnis in demselben Betrieb oder Unternehmen besteht ohne Unterbrechung länger als sechs Monate,
3. die vertraglich vereinbarte regelmäßige Arbeitszeit soll für mindestens zwei Monate auf einen Umfang zwischen 15 und 30 Wochenstunden verringert werden,
4. dem Anspruch stehen keine dringenden betrieblichen Gründe entgegen und
5. der Anspruch wurde dem Arbeitgeber sieben Wochen vor Beginn der Tätigkeit schriftlich mitgeteilt.

¹Der Antrag muss den Beginn und den Umfang der verringerten Arbeitszeit enthalten. ²Die gewünschte Verteilung der verringerten Arbeitszeit soll im Antrag angegeben werden. ³Falls der Arbeitgeber die beanspruchte Verringerung der Arbeitszeit ablehnen will, muss er dies innerhalb von vier Wochen mit schriftlicher Begründung tun. ⁴Soweit der Arbeitgeber der Verringerung der Arbeitszeit nicht oder nicht rechtzeitig zustimmt, kann der Arbeitnehmer oder die Arbeitnehmerin Klage vor den Gerichten für Arbeitssachen erheben.

§ 16 Inanspruchnahme der Elternzeit

(1) ¹Wer Elternzeit beanspruchen will, muss sie spätestens sieben Wochen vor Beginn schriftlich vom Arbeitgeber verlangen und gleichzeitig erklären, für welche Zeiten innerhalb von zwei Jahren Elternzeit genommen werden soll. ²Bei dringenden Gründen ist ausnahmsweise eine angemessene kürzere Frist möglich. ³Nimmt die Mutter die Elternzeit im Anschluss an die Mutterschutzfrist, wird die Zeit der Mutterschutzfrist nach § 6 Abs. 1 des Mutterschutzgesetzes auf den Zeitraum nach Satz 1 angerechnet. ⁴Nimmt die Mutter die Elternzeit im Anschluss an einen auf die Mutterschutzfrist folgenden Erholungsurlaub, werden die Zeit der Mutterschutzfrist nach § 6 Abs. 1 des Mutterschutzgesetzes und die Zeit des Erholungsurlaubs auf den Zweijahreszeitraum nach Satz 1 angerechnet. ⁵Die Elternzeit kann auf zwei Zeitabschnitte verteilt werden; eine Verteilung auf weitere Zeitabschnitte ist nur mit der Zustimmung des Arbeitgebers möglich. ⁶Der Arbeitgeber hat dem Arbeitnehmer oder der Arbeitnehmerin die Elternzeit zu bescheinigen.

§ 18 BEEG   Kündigungsschutz

(2) Können Arbeitnehmerinnen und Arbeitnehmer aus einem von ihnen nicht zu vertretenden Grund eine sich unmittelbar an die Mutterschutzfrist des § 6 Abs. 1 des Mutterschutzgesetzes anschließende Elternzeit nicht rechtzeitig verlangen, können sie dies innerhalb einer Woche nach Wegfall des Grundes nachholen.
(3) ¹Die Elternzeit kann vorzeitig beendet oder im Rahmen des § 15 Abs. 2 verlängert werden, wenn der Arbeitgeber zustimmt. ²Die vorzeitige Beendigung wegen der Geburt eines weiteren Kindes oder wegen eines besonderen Härtefalles im Sinne des § 5 Abs. 1 Satz 3 kann der Arbeitgeber nur innerhalb von vier Wochen aus dringenden betrieblichen Gründen schriftlich ablehnen. ³Die Arbeitnehmerin kann ihre Elternzeit nicht wegen der Mutterschutzfristen des § 3 Abs. 2 und § 6 Abs. 1 des Mutterschutzgesetzes vorzeitig beenden; dies gilt nicht während ihrer zulässigen Teilzeitarbeit. ⁴Eine Verlängerung kann verlangt werden, wenn ein vorgesehener Wechsel in der Anspruchsberechtigung aus einem wichtigen Grund nicht erfolgen kann.
(4) Stirbt das Kind während der Elternzeit, endet diese spätestens drei Wochen nach dem Tod des Kindes.
(5) Eine Änderung in der Anspruchsberechtigung hat der Arbeitnehmer oder die Arbeitnehmerin dem Arbeitgeber unverzüglich mitzuteilen.

Hinweis:

Die §§ 1, 4, 15 und 16 BEEG sind hier ohne selbständige Kommentierung abgedruckt, weil sie im Rahmen der Erläuterungen der §§ 18, 19 und 20 BEEG von Bedeutung und diese Erläuterungen so besser verständlich sind.

§ 18 Kündigungsschutz (1) ¹Der Arbeitgeber darf das Arbeitsverhältnis ab dem Zeitpunkt, von dem an Elternzeit verlangt worden ist, höchstens jedoch acht Wochen vor Beginn der Elternzeit, und während der Elternzeit nicht kündigen. ²In besonderen Fällen kann ausnahmsweise eine Kündigung für zulässig erklärt werden. ³Die Zulässigkeitserklärung erfolgt durch die für den Arbeitsschutz zuständige oberste Landesbehörde oder die von ihr bestimmte Stelle. ⁴Die Bundesregierung kann mit Zustimmung des Bundesrates allgemeine Verwaltungsvorschriften zur Durchführung des Satzes 2 erlassen.
(2) Absatz 1 gilt entsprechend, wenn Arbeitnehmer oder Arbeitnehmerinnen
1. während der Elternzeit bei demselben Arbeitgeber Teilzeitarbeit leisten oder
2. ohne Elternzeit in Anspruch zu nehmen, Teilzeitarbeit leisten und Anspruch auf Elterngeld nach § 1 während des Bezugszeitraumes nach § 4 Abs. 1 haben.

Der Text der Vorgängerregelung des § 18 BErzGG (geltend bis zum 31.12.2006 – vgl. dazu unten § 18 Rz 2c u. 2f) lautet:

§ 18 Kündigungsschutz (1) ¹Der Arbeitgeber darf das Arbeitsverhältnis ab dem Zeitpunkt, von dem an Elternzeit verlangt worden ist, höchstens jedoch acht Wochen vor Beginn der Elternzeit, und während der Elternzeit nicht kündigen. ²In besonderen Fällen kann ausnahmsweise eine Kündigung für zulässig erklärt werden. ³Die Zulässigkeitserklärung erfolgt durch die für den Arbeitsschutz zuständige oberste Landesbehörde oder die von ihr bestimmte Stelle. ⁴Die Bundesregierung kann mit Zustimmung des Bundesrates allgemeine Verwaltungsvorschriften zur Durchführung des Satzes 2 erlassen.
(2) ¹Absatz 1 gilt entsprechend, wenn der Arbeitnehmer
1. während der Elternzeit bei seinem Arbeitgeber Teilzeitarbeit leistet oder
2. ohne Elternzeit in Anspruch zu nehmen, Teilzeitarbeit leistet und Anspruch auf Erziehungsgeld hat oder nur deshalb nicht hat, weil das Einkommen (§ 6) die Einkommensgrenzen (§ 5 Abs. 3) übersteigt. ²Der Kündigungsschutz nach Nummer 2 besteht nicht, solange kein Anspruch auf Elternzeit nach § 15 besteht.

Hinweis:

Die Kommentierung des § 18 BEEG gilt entsprechend auch für die noch unter § 18 BErzGG fallenden Altfälle, da § 18 BEEG gegenüber § 18 BErzGG keine inhaltlichen Änderungen bringt (vgl. dazu unten § 18 Rz 2f; zu den Übergangsregelungen vgl. § 18 Rz 2e).

Allgemeine Verwaltungsvorschriften zum Kündigungsschutz bei Erziehungsurlaub
(§ 18 Abs. 1 S. 3 des Bundeserziehungsgeldgesetzes) vom 2. Januar 1986
(BAnz Nr. 1 v. 3.1.1986 S. 4)

Nach § 18 Abs. 1 S. 3 des Bundeserziehungsgeldgesetzes vom 6. Dezember 1985 (BGBl. I S. 2154)[*] werden mit Zustimmung des Bundesrates folgende Allgemeine Verwaltungsvorschriften erlassen:

§ 1 ¹Die für den Arbeitsschutz zuständige oberste Landesbehörde oder die von ihr bestimmte Stelle (Behörde) hat zu prüfen, ob ein besonderer Fall gegeben ist. ²Ein solcher besonderer Fall liegt vor, wenn es gerechtfertigt erscheint, dass das nach § 18 Abs. 1 Satz 1 des Gesetzes als vorrangig angesehene Interesse des Arbeitnehmers am Fortbestand des Arbeitsverhältnisses wegen außergewöhnlicher Umstände hinter die Interessen des Arbeitgebers zurücktritt.

§ 2 (1) Bei der Prüfung nach Maßgabe des § 1 hat die Behörde davon auszugehen, dass ein besonderer Fall im Sinne des § 18 Abs. 1 Satz 2 des Gesetzes insbesondere dann gegeben ist, wenn
1. der Betrieb, in dem der Arbeitnehmer beschäftigt ist, stillgelegt wird und der Arbeitnehmer nicht in einem anderen Betrieb des Unternehmens weiterbeschäftigt werden kann,
2. die Betriebsabteilung, in der der Arbeitnehmer beschäftigt ist, stillgelegt wird und der Arbeitnehmer nicht in einer anderen Betriebsabteilung des Betriebes oder in einem anderen Betrieb des Unternehmens weiterbeschäftigt werden kann,
3. der Betrieb oder die Betriebsabteilung, in denen der Arbeitnehmer beschäftigt ist, verlagert wird und der Arbeitnehmer an dem neuen Sitz des Betriebes oder der Betriebsabteilung und auch in einer anderen Betriebsabteilung oder in einem anderen Betrieb des Unternehmens nicht weiterbeschäftigt werden kann,
4. der Arbeitnehmer in den Fällen der Nummern 1 bis 3 eine ihm vom Arbeitgeber angebotene zumutbare Weiterbeschäftigung auf einem anderen Arbeitsplatz ablehnt,
5. durch die Aufrechterhaltung des Arbeitsverhältnisses nach Beendigung des Erziehungsurlaubs die Existenz des Betriebes oder die wirtschaftliche Existenz des Arbeitgebers gefährdet wird,
6. besonders schwere Verstöße des Arbeitnehmers gegen arbeitsvertragliche Pflichten oder vorsätzliche strafbare Handlungen des Arbeitnehmers dem Arbeitgeber die Aufrechterhaltung des Arbeitsverhältnisses unzumutbar machen.

(2) ¹Ein besonderer Fall im Sinne des § 18 Abs. 1 Satz 2 des Gesetzes kann auch dann gegeben sein, wenn die wirtschaftliche Existenz des Arbeitgebers durch die Aufrechterhaltung des Arbeitsverhältnisses nach Beendigung des Erziehungsurlaubs unbillig erschwert wird, so dass er in die Nähe der Existenzgefährdung kommt. ²Eine solche unbillige Erschwerung kann auch dann angenommen werden, wenn der Arbeitgeber in die Nähe der Existenzgefährdung kommt, weil
1. der Arbeitnehmer in einem Betrieb mit in der Regel 5 oder weniger Arbeitnehmern ausschließlich der zu ihrer Berufsbildung Beschäftigten beschäftigt ist und der Arbeitgeber zur Fortführung des Betriebes dringend auf eine entsprechend qualifizierte Ersatzkraft angewiesen ist, die er nur einstellen kann, wenn er mit ihr einen unbefristeten Arbeitsvertrag abschließt; bei der Feststellung der Zahl der beschäftigten Arbeitnehmer sind nur Arbeitnehmer zu berücksichtigen, deren regelmäßige Arbeitszeit wöchentlich 10 Stunden oder monatlich 45 Stunden übersteigt, oder
2. der Arbeitgeber wegen der Aufrechterhaltung des Arbeitsverhältnisses nach Beendigung des Erziehungsurlaubs keine entsprechend qualifizierte Ersatzkraft für einen nur befristeten Arbeitsvertrag findet und deshalb mehrere Arbeitsplätze wegfallen müssten.

§ 3 Kommt die Behörde zu dem Ergebnis, dass ein besonderer Fall im Sinne des § 18 Abs. 1 Satz 2 des Gesetzes gegeben ist, so hat sie im Rahmen ihres pflichtgemäßen Ermessens zu entscheiden, ob das Interesse des Arbeitgebers an einer Kündigung während des Erziehungsurlaubs so erheb-

---

[*] Zuletzt: § 18 Abs. 1 S. 4 BErzGG und jetzt § 18 Abs. 1 S. 4 BEEG.

lich überwiegt, dass ausnahmsweise die vom Arbeitgeber beabsichtigte Kündigung für zulässig zu erklären ist.

§ 4 ¹Die Zulässigkeitserklärung der Kündigung hat der Arbeitgeber bei der für den Sitz des Betriebes oder der Dienststelle zuständigen Behörde schriftlich oder zu Protokoll zu beantragen. ²Im Antrag sind der Arbeitsort und die vollständige Anschrift des Arbeitnehmers, dem gekündigt werden soll, anzugeben. ³Der Antrag ist zu begründen; etwaige Beweismittel sind beizufügen oder zu benennen.

§ 5 (1) Die Behörde hat die Entscheidung unverzüglich zu treffen.
(2) Die Behörde hat vor ihrer Entscheidung dem betroffenen Arbeitnehmer sowie dem Betriebs- oder Personalrat Gelegenheit zu geben, sich mündlich oder schriftlich zu dem Antrag nach § 4 zu äußern.

§ 6 Die Zulässigkeit der Kündigung kann unter Bedingungen erklärt werden, zB dass sie erst zum Ende des Erziehungsurlaubs ausgesprochen wird.

§ 7 ¹Die Behörde hat ihre Entscheidung (Zulässigkeitserklärung oder Ablehnung mit Rechtsbehelfsbelehrung) schriftlich zu erlassen, schriftlich zu begründen und dem Arbeitgeber und dem Arbeitnehmer zuzustellen. ²Dem Betriebs- oder Personalrat ist eine Abschrift zu übersenden.

§ 8 (1) Die zu ihrer Berufsbildung Beschäftigten gelten als Arbeitnehmer im Sinne der vorstehenden Vorschriften.
(2) Für die in Heimarbeit Beschäftigten und die ihnen Gleichgestellten (§ 1 Abs. 1 und 2 des Heimarbeitsgesetzes), soweit sie am Stück mitarbeiten, gelten die vorstehenden Vorschriften entsprechend mit der Maßgabe, dass an die Stelle des Arbeitgebers der Auftraggeber oder der Zwischenmeister tritt (vgl. § 20 des Gesetzes).

Literatur

– bis 2004 vgl. KR-Vorauflage –
Noch zum BErzGG: *Bender/Schmidt* KSchG 2004: Neuer Schwellenwert und einheitliche Klagefrist, NZA 2004, 358; *Berrisch* § 4 KSchG nF und die behördliche Zustimmung zur Kündigung, FA 2004, 6; *Glatzel* Erziehungsgeld und Elternzeit, AR-Blattei SD 656; *Joussen* Elternzeit und Verringerung der Arbeitszeit, NZA 2005, 336; *Oberthür* Antragstellung auf Elternzeit und Teilzeitarbeit unter Berücksichtigung der neusten BAG-Rechtsprechung, ArbRB 2005, 189; *Schmidt* § 4 S. 4 KSchG und das Gesetz zu Reformen am Arbeitsmarkt, NZA 2004, 79; *Sowka* Bundeserziehungsgeldgesetz – Änderungen zur Elternzeit ab 1.1.2004, NZA 2004, 82.

Inhaltsübersicht

	Rz		Rz
I. Vorläufergesetz und Entstehungsgeschichte	1–2f	a) Grundsatz	23
II. Sinn und Zweck	3–9	b) Bedeutung des Beginns des Kündigungsschutzes	23a, 23b
III. Inhalt des Kündigungsverbots	10–20	c) Kündigungsschutz vor Beginn der Elternzeit	23c, 23d
1. Rechtsnatur	10	d) Beginn der Elternzeit	24
2. Gegenständliche Reichweite	11, 12	e) Teilzeitbeschäftigung ohne Elternzeit	25
3. Persönlicher Geltungsbereich	12a–20	f) Mehrfache Inanspruchnahme und Wechsel unter den Berechtigten	26, 27
a) Grundsatz	12a–12e	2. Ende des Kündigungsverbots	28–30
b) Grundtatbestand des Absatzes 1	13–15	3. Verwirkung des Rechts der Berufung auf das Kündigungsverbot	30a
c) Leistung von Teilzeitarbeit (Abs. 2)	16–20		
IV. Voraussetzungen des Kündigungsverbots	21, 22	VI. Behördliche Zulassung der Arbeitgeberkündigung	31–35
V. Dauer des Kündigungsverbots	23–30		
1. Beginn des Kündigungsverbots	23–27		

Kündigungsschutz § 18 BEEG

	Rz		Rz
1. Grundsätzliches	31–32a	1. Verhältnis zum Kündigungsrecht	37, 38
2. Allgemeine Verwaltungsvorschriften	33–35	2. Verhältnis zum allgemeinen Kündigungsschutzrecht	39, 39a
VII. Verhältnis zu anderen Beendigungstatbeständen	36	3. Verhältnis zum besonderen Kündigungsschutz	40, 41
VIII. Verhältnis zum Kündigungsrecht sowie zum sonstigen Kündigungsschutzrecht	37–42	4. Verhältnis zum kollektiven Kündigungsschutzrecht	42
		IX. Übergangsregelung 2000/2001	43

I. Vorläufergesetz und Entstehungsgeschichte

In der ursprünglichen Fassung des § 18 Abs. 1 des Vorläufergesetzes, des BErzGG, war bestimmt, dass 1
der besondere Kündigungsschutz nach dieser Vorschrift nur während der Inanspruchnahme des Erziehungsurlaubs gelten solle. Zwar hatte der Bundesrat in seiner Stellungnahme vom 27.9.1985 (BT-Drs. 10/3926, S. 5) zum Regierungsentwurf (BT-Drs. 10/3792) die Einfügung des folgenden Satzes 2 in Abs. 1 vorgeschlagen: »Der Arbeitgeber darf das Arbeitsverhältnis eines Arbeitnehmers, der Anspruch auf Erziehungsurlaub hat, von dem Zeitpunkt, in dem der Arbeitnehmer die nach § 16 Abs. 1 S. 1 erforderliche Erklärung abgibt, bis zum Ablauf von zwei Monaten nach Beendigung des Erziehungsurlaubs nicht kündigen.« Zur Begründung hatte der Bundesrat darauf hingewiesen, dass nach der im Regierungsentwurf vorgesehenen Fassung des Abs. 1 für den Vater das Kündigungsverbot erst mit dem Antritt des Erziehungsurlaubs beginne. Dieser Zeitpunkt sei zu spät, da der Arbeitgeber schon vor Beginn des Erziehungsurlaubs kündigen könne. Der Kündigungsschutz des Vaters sei daher dem des MuSchG nachzubilden. Dieser Vorschlag war jedoch zum damaligen Zeitpunkt nicht Gesetz geworden (BT-Drs. 10/4148, S. 13).

Eine zeitliche Vorverlegung seines Beginns hat der Kündigungsschutz nach § 18 Abs. 1 BErzGG als 1a
dann allerdings durch das am 1.1.1992 in Kraft getretene **BErzGG 1992 (2. Gesetz zur Änderung des BErzGG und anderer Vorschriften** v. 16.12.1991, BGBl. 1992 I S. 69) erfahren (»höchstens sechs Wochen vor Beginn des Erziehungsurlaubs«). Insbesondere für Väter, die vor Beginn des Kündigungsschutzes nach § 18 BErzGG nicht durch den Sonderkündigungsschutz nach § 9 MuSchG geschützt sein können, sollte insofern eine Ausweitung des Kündigungsschutzes erreicht werden (vgl. BT-Drs. 12/1125, S. 9). Diese Regelung hat zugleich insofern eine erhebliche Ausdehnung des Kündigungsschutzes bewirkt, als mit der zeitlichen Erweiterung des Rahmens für die Inanspruchnahme des **Erziehungsurlaubs** bis zur Vollendung des **dritten Lebensjahres des Kindes** (§ 15 Abs. 2 S. 1 BErzGG 1992) eine entsprechende Verlängerung des Kündigungsschutzes einherging. Ebenso wurde durch die mit § 16 BErzGG 1992 geschaffene Möglichkeit, den Erziehungsurlaub **abschnittsweise** oder im **Wechsel** der Elternteile (nach dem BErzGG 2001 [s.a. Rz 2a] auch gemeinsam) zu beanspruchen, zugleich der Zugang zum besonderen Kündigungsschutz nach § 18 BErzGG erweitert. Ferner ging die ursprünglich dem Minister für Arbeit und Sozialordnung zustehende Befugnis zum Erlass von **Verwaltungsvorschriften** durch das BErzGG 1992 auf den Bundesminister für Familie und Senioren (heute: Bundesministerium für Familie, Frauen, Senioren und Jugend) über.

§ 18 Abs. 2 BErzGG wurde aufgrund der Beschlussempfehlung des Ausschusses für Jugend, Familie 2
und Gesundheit (BT-Drs. 10/4148, S. 13) eingefügt. Zur Begründung der Einfügung führte der Ausschuss folgendes aus: Der Kündigungsschutz nach § 18 Abs. 1 BErzGG gelte auch bei einer Reduzierung der Arbeitszeit auf eine zulässige Teilzeitarbeit. Diejenigen, die keinen Erziehungsurlaub in Anspruch nähmen, weil sie bereits vorher eine im Rahmen des § 2 Abs. 1 BErzGG zulässige Teilzeitarbeit bei ihrem Arbeitgeber ausgeübt hätten und diese weiter ausüben wollten, müssten gleichgestellt werden (vgl. zur Entstehungsgeschichte auch *Halbach* DB 1986, Beil. Nr. 1, S. 13).

Durch das am 1.1.2001 in Kraft getretene **BErzGG 2001 (3. Gesetz zur Änderung des BErzGG** vom 2a
12.10.2000, BGBl. I S. 1426) ist der Beginn des Kündigungsschutzes nach § 18 Abs. 1 BErzGG weiter zeitlich vorverlegt worden, nunmehr auf höchstens acht Wochen vor Beginn des Erziehungsurlaubs. Ferner ist die Zuständigkeit zum Erlass allgemeiner Verwaltungsvorschriften vom Bundesministerium für Familie, Senioren, Frauen und Jugend – so die damalige Bezeichnung – auf die Bundesregierung übergegangen (§ 18 Abs. 1 S. 4 BErzGG). Durch Gesetz vom 30.11.2000 (BGBl. I S. 1638) wurde der Begriff »Erziehungsurlaub« in allen Vorschriften des BErzGG durch den Begriff »**Elternzeit**« ersetzt. Dies führte zur Neubekanntmachung des BErzGG vom 1.12.2000 (BGBl. I S. 1645).

§ 18 BEEG   Kündigungsschutz

2b Für die **vor dem 1.1.2001 geborenen Kinder** oder die vor diesem Zeitpunkt mit dem Ziel der Adoption in Obhut genommenen Kinder waren die Vorschriften des BErzGG in der bis zum 31.12.2000 geltenden Fassung weiter anzuwenden (§ 24 BErzGG). Soweit es hierbei um Abweichungen des § 18 BErzGG geht, wird auf die Kommentierung von *Etzel* in der 5. Aufl. dieses Kommentars verwiesen.

2c An **Änderungen** des BErzGG **in der Folgezeit**, die allerdings die §§ 18, 19 als solche nicht tangierten, sind zu nennen: Das Lebenspartnerschaftsgesetz v. 16.2.2001 (BGBl. I S. 266) und das Sechste Gesetz zur Änderung der Sozialgerichtsgesetzes v. 17.8.2001 (BGBl. I S. 2144). Zu der beabsichtigten Änderung des BErzGG durch das Zuwanderungsgesetz v. 20.6.2002 (BGBl. I. S. 1946) ist es nicht gekommen, da das BVerfG dieses Gesetz für verfassungswidrig erklärt hat. Weitere Änderungen haben sich durch das Vierte Gesetz für moderne Dienstleistungen am Arbeitsmarkt v. 24.12.2003 (BGBl. I. S. 2954), durch Art. 61 des Gesetzes v. 27.12.2003 (BGBl. I S. 3022) sowie mit Wirkung vom 1.1.2004 durch Art. 20 des **Haushaltsbegleitgesetzes 2004** v. 29.12.2003 (BGBl I S. 3076, berichtigt 13.1.2004 BGBl. I S. 69; für die Details vgl. die teils krit. Darstellung von *Sowka* NZA 2004, 82) ergeben. Das Haushaltsbegleitgesetz 2004 hat, soweit dies in diesem Zusammenhang von Interesse ist, insbes. folgende Änderungen gebracht: § 15 Abs. 1 S. 1 Nr. 1 BErzGG wurde in lit. c) neu gefasst, wonach neben der bereits erfassten Adoptivpflege (§ 1744 BGB) auch Pflegeeltern im Rahmen einer Vollzeitpflege (§ 33 SGB VIII) Anspruch auf Elternzeit haben. § 15 Abs. 3 S. 1 BErzGG nF machte deutlich, dass jeder der Elternteile die volle dreijährige Elternzeit ausnützen kann (*Sowka* NZA 2004, 82; zum bisherigen Streitstand *Buchner/Becker* Rz 15 mwN). Zugleich wurde der Personenkreis, für den Abs. 3 S. 1 entsprechend anwendbar war, erweitert (Abs. 3 S. 2 nF). Durch die Neuformulierung des § 16 Abs. 1 BErzGG wurde entsprechend der Absicht des Gesetzgebers klargestellt, dass die Frist von zwei Jahren des Abs. 1 S. 1 mit der Geburt des Kindes beginnt (*Sowka* NZA 2004, 82). Allerdings konnte die Elternzeit insgesamt nunmehr nur noch auf zwei Zeitabschnitte (pro Elternteil) verteilt werden; eine Verteilung auf weitere Zeitabschnitte war nur mit Zustimmung des Arbeitgebers möglich (§ 16 Abs. 1 S. 5 BErzGG nF; *Sowka* NZA 2004, 82). Schließlich stellte § 15 Abs. 2 S. 3 und 4, 2. Hs. BErzGG nF sicher, dass die Übertragungsmöglichkeit (zuvor in § 15 Abs. 2 S. 1, 2. Hs. BErzGG, jetzt in § 15 Abs. 2 S. 4 BEEG) auch bei einer kurzen Geburtenfolge bzw. bei Mehrlingsgeburten möglich ist (iE *Sowka* NZA 2004, 82, 83). Danach wurde das BErzGG **mit Wirkung vom 1.1.2005** durch zwei Gesetze geändert worden: durch das Zuwanderungsgesetz 2004 v. 30.7.2004 (BGBl. I S. 1950) und durch Art. 2 des Gesetzes zum qualitätsorientierten und bedarfsgerechten Ausbau der Tagesbetreuung für Kinder vom 27.12.1004 (BGBl. I. S. 3852). Durch das zweitgenannte Gesetz wurde insbes. in § 15 Abs. 4 BErzGG ein neuer Satz 2 (betreffend die Tagespflegeperson iSd § 23 SGB VIII) eingefügt worden, wodurch die bisherigen Sätze 2 und 3 des Abs. 4 zu Sätzen 3 und 4 wurden.

2d In den **neuen Bundesländern** galt das BErzGG nach dem Auslaufen sämtlicher Übergangsfristen ohne Einschränkungen (vgl. den Überblick über die Entwicklung der Rechtslage im Gebiet der ehemaligen DDR bei *Buchner/Becker* BErzGG Einf. Rz 31 f.; vgl. weiter *Buchner/Becker* Rz 4 und *Gröninger/Thomas* § 18 BErzGG nF Rz 1a).

2e Am **1.1.2007** tritt das **Gesetz zur Einführung des Elterngeldes** v. 5.12.2006 (BGBl. I. S. 2748) – vgl. dazu den Gesetzentwurf der Fraktionen der CDU/CSU und SPD vom 20.6.2006, BT-Drs. 16/1889, und die Stellungnahme des Bundesrates vom 7.7.2006, BR-Drs 426/06, sowie Beschlussempfehlung und Bericht des Ausschusses für Familie, Senioren, Frauen und Jugend vom 29.9.2006, BT-Drs. 16/2785 – in Kraft (Art. 3 Abs. 1 dieses Gesetzes). Entsprechend tritt der Zweite Abschnitt des BErzGG (§§ 15 bis 21) am 31.12.2006 außer Kraft (Art. 3 Abs. 2 S. 1 des Gesetzes zur Einführung des Elterngeldes), während das BErzGG im Übrigen am 31.12.2008 außer Kraft tritt (Art. 3 Abs. 2 S. 2 des Gesetzes zur Einführung des Elterngeldes). Art. 1 des Gesetzes zur Einführung des Elterngelds bringt als Nachfolgegesetz zum BErzGG das **Gesetz zum Elterngeld und zur Elternzeit** (Bundeselterngeld- und Elternzeitgesetz – **BEEG**). Insoweit enthält § 27 BEEG folgende **Übergangsvorschrift** (vom Abdruck des hier nicht interessierenden § 27 Abs. 3 BEEG ist abgesehen):

(1) Für die vor dem 1. Januar 2007 geborenen oder mit dem Ziel der Adoption aufgenommenen Kinder sind die Vorschriften des ersten und Dritten Abschnittes des Bundeserziehungsgeldgesetzes in der bis zum 31. Dezember 2006 geltenden Fassung weiter anzuwenden; ein Anspruch auf Elterngeld besteht in diesen Fällen nicht.

(2) Der Zweite Abschnitt ist in den in Absatz 1 genannten Fällen mit der Maßgabe anzuwenden, dass es bei der Prüfung des § 15 Abs. 1 Satz 1 Nr. 1 Buchstabe b auf den Zeitpunkt der Geburt oder der Aufnahme des Kindes nicht ankommt. Ein vor dem 1. Januar 2007 zustehender Anspruch auf Elternzeit kann bis zum 31. Dezember 2008 geltend gemacht werden.

Kündigungsschutz	§ 18 BEEG

Das BEEG soll der besseren Familienförderung dienen und durch das als **Entgeltersatzleistung** aus- 2f
gestattete **Elterngeld** insbes. für die Frauen eine bessere Vereinbarkeit von Familie und Erwerbstätigkeit ermöglichen (BT-Drs. 16/1889, S. 2 u. 33 f.). Das Elterngeld knüpft an das Erwerbseinkommen an
(§ 2 BEEG). Der Zweite Abschnitt des BEEG übernimmt ohne inhaltliche Änderungen (BT-Drs. 16/
1889 S., 54) im Wesentlichen wortgleich die Vorschriften der §§ 15 bis 21 BErzGG. Neu ist die in § 16
Abs. 1 S. 1 BEEG geregelte grundsätzliche Frist von **sieben Wochen**: Die Elternzeit muss spätestens
sieben Wochen vor Beginn schriftlich vom Arbeitgeber verlangt werden, und gleichzeitig muss erklärt
werden, für welche Zeiten innerhalb der ersten zwei Jahre die Elternzeit in Anspruch genommen werden soll. Damit wird erreicht, dass die Anmeldefrist in vollem Umfang vom Kündigungsschutz des
§ 18 BEEG erfasst wird (BT-Drs. 16/1889, S. 35). Korrespondierend zu der Regelung zu den Partnermonaten (vgl. § 4 Abs. 2 u. 3 BEEG) sieht § 15 Abs. 7 S. 1 Nr. 3 BEEG vor, dass der **Teilzeitanspruch** auch
schon für einen Zeitraum von mindestens zwei Monaten geltend gemacht werden kann.

II. Sinn und Zweck

Die primäre Zielsetzung des BEEG mit der Einführung des Elterngeldes besteht darin, die Eltern in der 3
Frühphase der Elternschaft zu unterstützen. Es soll so den Eltern ermöglicht werden, in dieser Frühphase **selbst für ihr Kind sorgen** zu können, abgesichert durch einen Schonraum ohne finanzielle
Nöte (BT-Drs. 16/1889 S. 2 u. 33 f.). Um dieses Ziel zu erreichen, gewährt das Gesetz unter bestimmten
Voraussetzungen (§ 1 BEEG) Anspruch auf **Elterngeld** (früher Erziehungsgeld: zu den Anspruchsvoraussetzungen des § 1 BErzGG iE vgl. etwa *Buchner/Becker* § 1 BErzGG Rz 1 ff.). Die gesetzgeberische
Zielvorstellung soll weiterhin dadurch gefördert werden, dass gem. § 15 BEEG solchen Müttern und
Vätern ein Anspruch auf **Elternzeit** eingeräumt wird, die vor der Geburt des Kindes in einem Arbeitsverhältnis stehen (zu den Anspruchsvoraussetzungen auch nach bisherigem Recht iE *Buchner/Becker*
§ 15 BErzGG Rz 1 ff.; *Gröninger/Thomas* § 15 BErzGG nF Rz 8 ff.). Zur gesetzgeberischen Konzeption gehört dabei insbes., dass das Arbeitsverhältnis während der Elternzeit nicht aufgelöst wird, sondern
nur seine **Hauptpflichten ruhen** (vgl. nur BAG 10.2.1993 EzA § 15 BErzGG Nr. 4; 24.5.1995 EzA § 611
BGB Gratifikation, Prämie Nr. 124; 15.4.2003 NZA 2004, 47; *Buchner/Becker* vor §§ 15-21 BErzGG Rz 24
mwN) – mit der Folge, dass es zu arbeitgeberseitigen Kündigungen kommen kann.

Als flankierende Maßnahme sieht § 18 Abs. 1 S. 1 daher einen **besonderen Kündigungsschutz** vor, und 4
zwar ab dem Zeitpunkt, von dem an Elternzeit verlangt worden ist, jedoch für höchstens acht Wochen
vor dem Beginn der Elternzeit, und während der Elternzeit. Durch die Aufhebung des § 9a MuSchG
bestand die Notwendigkeit, den besonderen Kündigungsschutz der neuen Rechtslage anzupassen.
Der Gesetzgeber hat sich dabei für eine Übernahme des dem § 9 MuSchG zugrunde liegenden legislativen Modells entschieden. Während in der starren Regelung des früheren § 9a MuSchG ein absolutes
Kündigungsverbot enthalten war (vgl. *Becker* KR 2. Aufl., § 9a MuSchG Rz 12 ff.), sieht § 18 BEEG »in
besonderen Fällen« **ausnahmsweise eine behördliche Erlaubnis für den Ausspruch von Kündigungen** vor (krit. *Heilmann* AiB 1986, 9, 16). Ein weiterer Unterschied zu § 9a MuSchG besteht darin, dass
sich das mutterschutzrechtliche Kündigungsverbot nicht nur auf die Dauer des Mutterschaftsurlaubs,
sondern auch auf die sich anschließenden beiden Monate erstreckte. Demgegenüber kennt zwar § 18
BEEG einen derartigen nachwirkenden Kündigungsschutz nicht, erfasst aber durch seine Geltung bis
maximal zum achten Lebensjahr des Kindes (vgl. § 15 Abs. 2 S. 5 BEEG) eine insgesamt wesentlich längere Zeitspanne als der frühere sechsmonatige Mutterschaftsurlaub. Am verfassungsrechtlichen Rang
des mutterschutzrechtlichen Kündigungsschutzes (KR-*Bader* vor § 9 MuSchG Rz 2) hat § 18 BEEG allerdings keinen Anteil (vgl. BAG 6.7.1995 EzA § 58 AGB 1990 [DDR] Nr. 3). Die Regelung im jetzigen
Umfang ist auch im Hinblick auf die **grundrechtlichen Positionen des Arbeitgebers** und das **Gleichheitsgebot** vor dem Hintergrund des **Art. 6 Abs. 1 u. 2 GG** nicht zu beanstanden (*Buchner/Becker* § 18
BErzGG Rz 2 mwN; krit. etwa MünchArbR-*Heenen* § 229 Rz 48; *Peters-Lange/Rolfs* NZA 2000, 685; *Reiserer/Lemke* MDR 2001, 244; *Sowka* BB 2001, 935; vl. im Übrigen zu § 10 MuSchG KR-*Bader* vor §§ 9,10
MuSchG Rz 2). Dabei ist mit zu berücksichtigen, dass die Kündigung ja in besonderen Fällen für zulässig erklärt werden kann und dass § 21 BEEG (s.u. Rz 8) den Abschluss befristeter Arbeitsverträge
für die Zeit der Elternzeit zulässt (*Gröninger/Thomas* § 18 BErzGG nF Rz 2).

Für Mütter bedeutet die Regelung des § 18 BEEG im Ergebnis eine Verlängerung des in § 9 MuSchG 5
enthaltenen Kündigungsschutzes mit der Folge, dass von Beginn der Schwangerschaft bis zum Ende
der Elternzeit eine – ggf. durch Arbeitszeiten unterbrochene – kündigungsschutzrechtliche Regelung
gilt. Für andere Elternzeit berechtigte Personen (zB Väter oder Adoptiveltern) setzt der besondere
Kündigungsschutz innerhalb einer Höchstfrist von acht Wochen vor Beginn der Elternzeit bereits mit

§ 18 BEEG   Kündigungsschutz

möglichen Geltendmachung des Anspruchs ein (18 Abs. 1 S. 1 BEEG). Der nach der früheren Fassung des BErzGG möglichen Bestandsgefährdung des Arbeitsverhältnisses (vgl. *Becker* KR 3. Aufl., § 9a MuSchG Rz 5) wird damit vorgebeugt.

5a Als **Kündigungsschutzvorschrift** zielt § 18 BEEG darauf, den Bestand des Arbeitsverhältnisses zu erhalten. Demgegenüber handelt es sich um **keine Arbeitsplatzgarantie** (*Köster/Schiefer/Überacker* DB 1994, 2341). Der Arbeitgeber ist durch § 18 BEEG nicht daran gehindert, dem Elternzeitberechtigten nach Beendigung der Elternzeit im Rahmen des nach allgemeinen Grundsätzen Zulässigen, insbes. des nach dem Arbeitsvertrag Zulässigen, eine andere Beschäftigung oder einen anderen Tätigkeitsbereich zuzuweisen (vgl. für die Möglichkeiten der Arbeitnehmerinnen und Arbeitnehmer insoweit auch § 8 TzBfG; vgl. auch unten Rz 30).

6 Die in Abs. 1 S. 2 enthaltene **behördliche Zulässigkeitserklärung** für die Kündigung in **Ausnahmefällen** ist an das Vorliegen eines »besonderen Falles« geknüpft. Dieser unbestimmte Rechtsbegriff (*Buchner/Becker* § 18 BErzGG Rz 23) sollte nach der Vorstellung des ursprünglichen Gesetzesvorschlags **eine wirtschaftliche Existenzgefährdung** des Arbeitgebers verhindern (vgl. BT-Drs. 10/3792, S. 20). Dem lag zugrunde, dass der besondere Kündigungsschutz nach der ursprünglichen Vorschlagsfassung des § 18 BErzGG zeitlich und sachlich an die Inanspruchnahme des Erziehungsurlaubs geknüpft war und dass **personen- oder verhaltensbedingte Gründe**, die zur ausnahmsweisen Zulässigkeit einer Kündigung während des Erziehungsurlaubs führen könnten, während der Beurlaubung kaum zu Tage treten konnten. Dementsprechend hatte man insbes. solche betriebsbedingten Gründe im Auge, die den Arbeitgeber in die Nähe einer Existenzgefährdung bringen könnten. Nachdem in den Ausschussberatungen § 18 Abs. 2 BErzGG eingefügt wurde (s.o. Rz 2) und mit BErzGG 1992 eine zeitliche Vorverlegung des Kündigungsschutzes erfolgt ist, ist es geboten, ähnlich den im Rahmen des § 9 MuSchG anerkannten Ausnahmefällen auch bei § 18 BEEG personen- oder verhaltensbedingte Gründe anzuerkennen (vgl. KR-*Bader* § 9 MuSchG Rz 121 ff.). Dazu wird verwiesen auf § 2 Abs. 1 Nr. 6 der allgemeinen Verwaltungsvorschriften (s.u. Rz 7), wobei jedoch zu beachten ist, dass es dabei nicht um den Maßstab des § 626 Abs. 1 BGB geht (s.u. Rz 34). Ein entsprechender Fall kann gegeben sein, wenn während der Elternzeit ohne Zustimmung des Arbeitgebers eine Teilzeittätigkeit bei einem anderen Arbeitgeber aufgenommen wird (*Buchner/Becker* § 18 BErzGG Rz 26; vgl. auch unten Rz 17 u. Rz 34; zu rufschädigenden Äußerungen *BayVGH* 30.11.2004 BayVBl. 2005, 409).

7 Durch Abs. 1 S. 4 wird die Bundesregierung ermächtigt, mit Zustimmung des Bundesrates **allgemeine Verwaltungsvorschriften** zur Durchführung des Abs. 1 S. 2 zu erlassen. Von dieser Ermächtigung hatte noch der ursprünglich zuständige Bundesminister für Arbeit und Sozialordnung am 2.1.1986 Gebrauch gemacht (vgl. zum Inhalt der Allgemeinen Verwaltungsvorschriften den vor Rz 1 abgedruckten Text).

8 Die **betrieblichen Belange des Arbeitgebers** hat der Gesetzgeber – neben der behördlichen Zulässigkeitserklärung von Kündigungen – auch insofern berücksichtigt, als § 21 BEEG den Abschluss befristeter Arbeitsverträge mit Ersatzkräften für die Dauer der Elternzeit und die Zeit der mutterschutzrechtlichen Beschäftigungsverbote ermöglicht (vgl. hierzu KR-*Lipke* § 21 BEEG Rz 10 ff.).

9 In dem aufgrund der Ausschussberatungen (s.o. Rz 2) eingefügten Abs. 2 wird das Kündigungsverbot des Abs. 1 auf **Teilzeitbeschäftigte** mit und ohne Elternzeit erstreckt. Die in Abs. 2 Nr. 1 geregelte Fallgruppe bezieht sich auf solche Arbeitnehmer, die während der Elternzeit ihre volle Arbeitszeit im Einvernehmen mit dem Arbeitgeber verkürzen. Um auch solche Arbeitnehmer in den besonderen Kündigungsschutz einzubeziehen, die keine Elternzeit in Anspruch nehmen, weil sie bereits vorher eine Teilzeitarbeit von weniger als 30 Wochenstunden bei ihrem Arbeitgeber leisten, bedurfte es in Abs. 2 Nr. 2 entsprechender Regelung (s.u. Rz 16 aE), die textlich von der in § 18 Abs. 2 BErzGG abweicht.

III. Inhalt des Kündigungsverbots

1. Rechtsnatur

10 Das in Abs. 1 enthaltene **Kündigungsverbot mit Erlaubnisvorbehalt** bezieht sich auf alle Kündigungen, die der Arbeitgeber während der zeitlichen Dauer des durch die Elternzeit bedingten Kündigungsschutzes erklärt. Ohne vorherige Zulässigkeitserklärung der Behörde – die **Darlegungs- und Beweislast** insoweit liegt beim Arbeitgeber (HaKo-*Fiebig* § 18 BErzGG Rz 36) – kann daher der Arbeitgeber in dieser Zeit nicht wirksam kündigen. Bei der Regelung des Abs. 1 S. 1 handelt es sich um ein gesetzliches Verbot iSd **§ 134 BGB** mit der Folge, dass eine **ohne vorherige behördliche Zulässig-**

keitserklärung ausgesprochene arbeitgeberseitige **Kündigung nichtig** ist (*BAG* 17.2.1994 EzA § 611 BGB Abmahnung Nr. 30 [zu II 3a der Gründe]; *Buchner/Becker* § 18 BErzGG Rz 17 mwN, in Rz 21 auch dazu, dass § 18 eine Eingriffsnorm iSd **Art. 34 EGBGB** darstelle; MünchArbR-*Heenen* § 229 Rz 46). Die Regelung begründet einen sonstigen Unwirksamkeitsgrund iSd **§ 13 Abs. 3 KSchG**, für dessen gerichtliche Geltendmachung die dreiwöchige **Klagefrist des § 4 S. 1 KSchG** ab dem 1.1.2004 jedoch gleichfalls gilt (vgl. *Bader* NZA 2004, 65, 67; *Löwisch* BB 2004, 159; *Willemsen/Annuß* NJW 2004, 177; speziell zum Stellenwert des 4 S. 4 KSchG: KR-*Friedrich* § 4 KSchG Rz 196 ff.; *Berrisch* FA 2004, 6; *Schmidt* NZA 2004, 79; weiter s.u. Rz 39a u. KR-*Bader* § 9 MuSchG 172b). Ein **vorheriger Verzicht** auf den Sonderkündigungsschutz ist unwirksam. Dies ergibt sich mittelbar aus der Unabdingbarkeit des Anspruchs auf Elternzeit (§ 15 Abs. 2 S. 6 BEEG). Ein **nachträglicher Verzicht** (dazu bzgl. § 9 MuSchG parallel KR-*Bader* § 9 MuSchG Rz 68) auf den besonderen Kündigungsschutz im Hinblick auf eine verbotswidrig erklärte Kündigung ist hingegen rechtlich zulässig (ebenso *Buchner/Becker* § 18 BErzGG Rz 21; *Gröninger/ Thomas* § 18 BErzGG nF Rz 14; *Halbach* DB 1986, Beil. Nr. 1, S. 14).

2. Gegenständliche Reichweite

Der besondere Kündigungsschutz nach Abs. 1 – die **Darlegungs- und Beweislast** hinsichtlich aller Voraussetzungen dafür liegt beim Arbeitnehmer (HaKo-*Fiebig* § 18 BErzGG Rz 36) – erfasst nur **Kündigungen des Arbeitgebers**. Er greift unabhängig davon ein, ob der Arbeitnehmer unter den allgemeinen Kündigungsschutz (§§ 1 ff. KSchG) fällt (ErfK-*Kiel* § 18 BErzGG Rz 3). Unwirksam sind sowohl **ordentliche** Beendigungs- und Änderungskündigungen als auch **außerordentliche Beendigungs- und Änderungskündigungen**. Dabei ist es rechtlich ohne Belang, ob zB für eine ordentliche Kündigung ein personen-, verhaltens- oder betriebsbedingter Grund iSd § 1 Abs. 2 KSchG vorliegt. Hingegen hindert § 18 BErzGG die Arbeitnehmerin oder den Arbeitnehmer nicht an einer eigenen Kündigung. Auch **andere Beendigungstatbestände** als die Arbeitgeberkündigung werden von § 18 nicht erfasst (*Buchner/Becker* § 18 BErzGG Rz 6). **Befristungen, Aufhebungsverträge** oder **Anfechtungen** des Arbeitsvertrages werden damit durch die Vorschrift nicht eingeschränkt. 11

Das gesetzliche Kündigungsverbot des Abs. 1 ist auch im **Insolvenzverfahren** zu beachten. Es gilt auch bei **Massenkündigungen** iSd §§ 17 ff. KSchG sowie bei **Betriebsstilllegungen**. Unter das gesetzliche Kündigungsverbot fällt auch die Kündigung im Zusammenhang mit Arbeitskämpfen (dazu KR-*Weigand* § 25 KSchG Rz 21 f.). 12

3. Persönlicher Geltungsbereich

a) Grundsatz

Der durch Elternzeit bedingte **Kündigungsschutz** nach § 18 BEEG kann nur zugunsten solcher Personen eingreifen, die **elternzeitberechtigt** iSd § 15 BEEG sind (*BAG* 17.2.1994 EzA § 611 BGB Abmahnung Nr. 30 [zu II 3b der Gründe]; *Buchner/Becker* vor §§ 15-21 BErzGG Rz 24). Dabei ist zwischen dem **Grundtatbestand des Absatzes 1** (s.u. Rz 13 ff.) und den Fällen zu differenzieren, in denen **während der Elternzeit Teilzeitarbeit** geleistet wird (Abs. 2: dazu Rz 16 ff.). 12a

Es muss sich dabei zunächst um **Arbeitnehmer** handeln (grds. dazu KR-*Rost* ArbNähnl.Pers. Rz 15 ff. mwN; zu **Praktikanten** *Buchner/Becker* § 20 BErzGG Rz 2), für deren Arbeitsverhältnis **deutsches Arbeitsrecht** gilt (*Buchner/Becker* § 15 BErzGG Rz 4 mwN, dort auch zur Problematik des Art. 30 EGBGB mwN; aA *Gröninger/Thomas* § 15 BErzGG nF Rz 35: Arbeitsverhältnis im Geltungsbereich des BErzGG). Art und Inhalt des Arbeitsverhältnisses sind grds. ohne Belang (vgl. aber Rz 16 ff zu den Teilzeitarbeit Leistenden). Erfasst werden auch die in einem **Haushalt** Beschäftigten (APS/*Rolfs* § 18 BErzGG Rz 4; ErfK-*Kiel* § 18 BErzGG Rz 3). Elternzeitberechtigt sind auch die zu ihrer **Berufsbildung** Beschäftigten (§ 20 Abs. 1 S. 1 BEEG) sowie die in **Heimarbeit** Beschäftigten und die ihnen Gleichgestellten, soweit sie am Stück mitarbeiten (§ 20 Abs. 2 S. 1 BEEG; vgl. dazu auch KR-*Rost* ArbNähnl.Pers. Rz 150 ff. mwN; s.a. Rz 12d). Für diesen Personenkreis gilt daher ebenfalls das Kündigungsverbot des § 18 BEEG (nicht erfasst werden Organmitglieder juristischer Personen als solche: HaKo-*Fiebig* § 18 BErzGG Rz 2). 12b

Weiterhin muss die in **§ 15 Abs. 1 S. 1 Nr. 1 BEEG** vorausgesetzte **Beziehung zum Kind** bestehen, das Kind muss mit **in einem Haushalt** leben und von dem, der die Elternzeit in Anspruch nimmt, **selbst betreut und erzogen** werden (§ 15 Abs. 1 S. 1 Nr. 2 BEEG). Zusätzlich ist **§ 15 Abs. 1 S. 2 BEEG** zu beachten: Bei einem leiblichen Kind eines nicht sorgeberechtigten Elternteils und in den Fällen des § 15 Abs. 1 S. 1 Nr. 1 Buchstabe b und c BEEG ist zusätzlich die Zustimmung des sorgeberechtigten Elternteils erforderlich. 12c

12d Bei **Frauen** geht der persönliche Geltungsbereich insofern über den des § 9 MuSchG hinaus, als §§ 20 Abs. 2 S. 1, 18 Abs. 1 BEEG hinsichtlich der den in **Heimarbeit** Beschäftigten gleichgestellten Frauen eine dem § 9 Abs. 1 S. 2, 2. Hs. MuSchG entsprechende Einschränkung nicht enthält. Da zu den Elternzeit berechtigten Personen nach § 15 BEEG nicht nur leibliche Mütter, sondern auch **Stiefmütter** sowie **Adoptivmütter** – unter Einschluss der Fälle der **Adoptionspflege** (§ 1744 BGB) und jetzt auch der **Vollzeitpflege** (§ 33 SGB VIII; s.o. Rz 2c) – gehören, fallen sie ebenfalls unter das Kündigungsverbot des § 18 Abs. 1 BErzGG. Auch hierin liegt eine über den Anwendungsbereich des § 9 MuSchG hinausgehende Ausweitung des persönlichen Geltungsbereichs.

12e Im Unterschied zu § 9 MuSchG – diese Bestimmung kann naturgemäß für Männer nicht gelten – gilt § 18 Abs. 1 BEEG auch für **leibliche Väter, Stiefväter und Adoptivväter** (vgl. *BAG* 17.2.1994 EzA § 611 BGB Abmahnung Nr. 30) sowie auch für Fälle von Vollzeitpflege (§ 15 Abs. 1 S. 1 Nr. 1 Buchst. c BEEG, § 33 SGB VIII; s.o. Rz 2c), soweit die übrigen Voraussetzungen erfüllt sind. Seit Inkrafttreten von Änderungen des BErzGG am 1.1.1992 können auch solche nicht sorgeberechtigten Elternteile Elternzeit beanspruchen, die mit ihrem leiblichen Kind in einem Haushalt leben, was insbes. zugunsten **nichtehelicher Väter** einen Anspruch auf Elternzeit begründen kann, selbst wenn von der Möglichkeit des gemeinsamen Sorgerechts (§ 1626a Abs. 1 Nr. 1 BGB) nicht Gebrauch gemacht wurde (beachte auch § 15 Abs. 1 S. 2 BEEG; dazu Rz 12c aE).

b) Grundtatbestand des Absatzes 1

13 Das Kündigungsverbot des § 18 Abs. 1 BEEG gilt für alle **vollzeitbeschäftigten und teilzeitbeschäftigten Arbeitnehmerinnen und Arbeitnehmer**, soweit sie **Elternzeit** (§ 15 BEEG) in Anspruch nehmen oder diesen **Anspruch geltend gemacht** haben (insoweit unter Beachtung der in § 18 Abs. 1 S. 1 BEEG geregelten Höchstgrenze von acht Wochen vor Beginn der Elternzeit). § 18 Abs. 1 BEEG erfasst auch **Arbeitsverhältnisse**, die **nach der Geburt des Kindes begründet** worden sind, wenn der Arbeitnehmer Erziehungsurlaub in Anspruch nimmt (*BAG* 11.3.1999 EzA § 18 BErzGG Nr. 4; 27.3.2003 EzA § 18 BErzGG Nr. 6).

14–15 Da Elternzeitberechtigung im **Zeitpunkt des Kündigungszugangs** vorliegen muss (vgl. auch § 18 Abs. 2 Nr. 2 S. 2 BEEG; *Buchner/Becker* § 18 BErzGG Rz 8), besteht kein Kündigungsschutz nach § 18 BEEG, wenn lediglich **unbezahlter Sonderurlaub** vereinbart wird (APS-*Rolfs* § 18 BErzGG Rz 9; ErfK-*Kiel* § 18 BErzGG Rz 5) oder eine sonstige Freistellung vorliegt (*Buchner/Becker* § 15 BErzGG Rz 3 und § 18 BErzGG Rz 8). Insoweit kann die Kündigung allenfalls aus anderen Gründen rechtsunwirksam sein (*Buchner/Becker* § 18 BErzGG Rz 9; *Meisel/Sowka* § 18 BErzGG Rz 7), sofern nicht die Anwendbarkeit des § 18 vereinbar ist (ErfK-*Kiel* § 18 BErzGG Rz 6).

c) Leistung von Teilzeitarbeit (Abs. 2)

16 Sowohl Vollzeitbeschäftigte wie auch Teilzeitbeschäftigte haben die Möglichkeit, **während der Elternzeit erwerbstätig** zu sein. Diese Erwerbstätigkeit kann sich als selbständige Tätigkeit darstellen oder als Erwerbstätigkeit **bei einem anderen Arbeitgeber** (dazu Rz 17); sie bedarf dann der Zustimmung des Arbeitgebers (§ 15 Abs. 4 S. 3 u. 4 BEEG). Sie kann natürlich auch **beim eigenen Arbeitgeber** erfolgen. In jedem Fall darf die vereinbarte **wöchentliche Arbeitszeit** für jeden Elternteil, der eine Elternzeit nimmt, **30 Stunden nicht übersteigen** (§ 15 Abs. 4 S. 1 BEEG: Elternzeit mit Teilzeit). Eine Ausnahme hiervon machen nunmehr (bereits mit Wirkung vom 1.1.2005) § 15 Abs. 4 S. 2 BErzGG und jetzt § 15 Abs. 4 S. 2 BEEG für die **Tagespflegeperson** iSd § 23 SGB VIII – diese darf die Grenze von 30 Stunden pro Woche überschreiten (eine absolute Höchstgrenze ist insofern nicht angegeben), solange sie nur maximal fünf Kinder betreut. Wird die Teilzeitarbeit beim eigenen Arbeitgeber geleistet, kann es sich um die Weiterführung einer Teilzeitbeschäftigung aus der Zeit vor der Elternzeit handeln, soweit damit die eben angesprochene sich aus § 15 Abs. 4 S. 1 u. 2 BEEG ergebende Höchstgrenze der wöchentlichen Arbeitszeit nicht überschritten wird (§ 15 Abs. 5 S. 3 BEEG). Ansonsten kann eine **Arbeitszeitreduzierung** (für die Zeit der Elternzeit; § 15 Abs. 5 S. 3 BEEG) **vereinbart** werden (§ 15 Abs. 5 S. 1 BEEG). Kommt es nicht zu einer entsprechenden Vereinbarung, kann die Verringerung der Arbeitszeit gem. § 15 Abs. 5 S. 1 u. 2, Abs. 6 u. 7 BEEG **beansprucht** werden. Im Hinblick darauf regelt § 18 Abs. 2 BEEG, dass § 18 Abs. 1 BEEG in bestimmten Fällen derartiger Teilzeitarbeit entsprechend gilt, wobei es unschädlich ist, wenn das **Teilzeitarbeitsverhältnis** erst **während der Dauer der Elternzeit neu begründet** worden ist (*BAG* 27.3.2003 EzA § 18 BErzGG Nr. 6; vgl. auch *BAG* 11.3.1999 EzA § 18 BErzGG Nr. 4: unschädlich, dass das Teilzeitarbeitsverhältnis erst nach der Geburt des Kindes begründet wurde). Dies gilt jedenfalls, wenn ein früheres Arbeitsverhältnis bei Abschluss des neuen

Kündigungsschutz § 18 BEEG

Vertrages schon beendet war. Das BAG hatte im zitierten Urteil vom 27.3.2003 die Frage offen gelassen, ob der Sonderkündigungsschutz des § 18 BErzGG auch ein Arbeitsverhältnis erfasst, das neben einem bei Geburt des Kindes schon bestehenden Arbeitsverhältnis begründet wird, hat dazu aber jetzt im Urteil vom 2.2.2006 (EzA § 18 BErzGG Nr. 8; dazu Rz 17) klar bejahend Stellung bezogen. Ist zunächst nur die völlige Freistellung von der vertraglichen Arbeit (Elternzeit) in Anspruch genommen und keine Verringerung der Arbeitszeit (Elternteilzeit) beantragt worden, kann **im Laufe der Elternzeit** noch die **Verringerung der Arbeitszeit nach § 15 Abs. 5 bis 7 BEEG** (also beim eigenen Arbeitgeber) beantragt werden (*BAG* 19.4.2005 EzA 15 BErzGG Nr. 15 = FA 2006, 21, dort auch zu den Gründen, die dem Anspruch auf Verringerung der Arbeitszeit entgegen stehen können; vgl. auch *Joussen* NZA 2005, 336).

Das Kündigungsverbot des § 18 Abs. 1 BEEG gilt entsprechend für Arbeitnehmerinnen und Arbeitnehmer, die **während der Elternzeit bei demselben** (= ihrem/seinem [vgl. dazu auch *BAG* 27.3.2003 EzA § 18 BErzGG Nr. 6]) **Arbeitgeber Teilzeitarbeit leisten** (Abs. 2 Nr. 1). Es gilt ebenfalls entsprechend für alle Arbeitnehmerinnen und Arbeitnehmer, die **Teilzeitarbeit** leisten und zwar **keine Elternzeit** in Anspruch nehmen, aber nach § 1 BEEG während des Bezugszeitraums nach § 4 Abs. 1 BEEG **Anspruch auf Elterngeld** haben (Abs. 2 Nr. 2 S. 2). § 18 Abs. 2 BEEG erfasst indes trotz des Wortlauts von Nr. 2 nicht Teilzeitbeschäftigungen bei einem anderen Arbeitgeber (dazu s.u. Rz 17). 16a

Voraussetzung ist allerdings stets, dass es sich um eine **nach dem BErzGG zulässige Teilzeitarbeit** handelt. § 18 Abs. 2 BEEG verweist zwar nicht ausdrücklich auf eine nach § 1 Abs. 1 Nr. 4 und Abs. 6 BEEG zulässige Teilzeitarbeit. Hieraus folgt aber nicht, dass das Kündigungsverbot des § 18 Abs. 1 BEEG bei Teilzeitbeschäftigten mit Elternzeit ohne Rücksicht darauf, ob die Wochenarbeitszeit 30 Stunden (die sonst in § 1 Abs. 6 BEEG genannten Voraussetzungen sind für die Teilzeitbeschäftigung beim selben Arbeitgeber, auf die allein es ankommt – vgl. Rz 16a –, ohne Relevanz)) übersteigt oder nicht, zur Anwendung gelangt (so aber zur früheren Regelung *Halbach* DB 1986, Beil. Nr. 1, S. 14; *Schleicher* BB 1986, Beil. Nr. 1, S. 9). Die in § 18 Abs. 2 Nr. 1 BEEG angeordnete entsprechende Anwendung des § 18 Abs. 1 BEEG setzt voraus, dass der Teilzeitarbeitnehmer einen Anspruch auf Elternzeit hat (vgl. § 18 Abs. 2 Nr. 2 S. 2 BEEG). Ein derartiger Anspruch stand nach dem früheren § 15 Abs. 1 BErzGG 1991 nur solchen Teilzeitarbeitnehmern zu, die einen Anspruch auf Erziehungsgeld hatten. Dies war jedoch nur bei einer nach § 1 Abs. 1 Nr. 4 und § 2 Abs. 1 BErzGG aF zulässigen Teilzeitarbeit von weniger als 19 Wochenstunden der Fall. Zwar bestand seit Inkrafttreten des § 15 BErzGG 1992 der Anspruch auf Erziehungsurlaub (jetzt: Elternzeit) unabhängig vom Anspruch auf Erziehungsgeld; an der kündigungsschutzrechtlichen Voraussetzung einer zulässigen Teilzeitarbeit hatte sich durch diese Gesetzesneufassung aber nichts geändert (ebenso APS-*Rolfs* § 18 BErzGG Rz 5; *Buchner/Becker* § 18 BErzGG Rz 34; *Gröninger/Thomas* § 18 BErzGG nF Rz 6), und dies gilt nun auch für § 18 BEEG. Dies stellte auch die 1994 erfolgte und 2001 modifizierte Novellierung des **§ 15 Abs. 4 BErzGG** insoweit klar, als damit ausdrücklich der Umfang zulässiger Erwerbstätigkeit während der Elternzeit auf 30 Wochenstunden beschränkt wurde (nunmehr mit der Erweiterung für Tagespflegepersonen iSd § 23 SGB VIII – dazu s.o. Rz 16). Das Kündigungsverbot des § 18 Abs. 1 BEEG gilt mithin nur für solche Teilzeitarbeitnehmer, die während der Elternzeit Teilzeitarbeit (**Erwerbstätigkeit bis zu 30 Wochenstunden – die Variante der Tätigkeit als Tagesbetreuungsperson iSd § 23 SGB VIII mit einer Betreuung von bis zu fünf Kindern ist für die Teilzeittätigkeit beim selben Arbeitgeber wie schon angesprochen ohne Relevanz**) leisten, wobei sich das Kündigungsverbot auch auf das Teilzeitarbeitsverhältnis erstreckt (*Sowka* NZA 2000, 1191; vgl. weiter Rz 18; zum Teilzeitarbeitsverhältnis bei einem anderen Arbeitgeber Rz 17). **Vorübergehende Überschreitungen der zulässigen Wochenarbeitszeit** (zB in Form von Überstunden infolge erhöhten Arbeitsanfalls an einzelnen Arbeitstagen) führen – im Gegensatz zu einer von vorneherein schon nach ihrem vertraglich verabredeten Umfang unzulässigen Teilzeitarbeit – nicht zum Fortfall des besonderen Kündigungsschutzes (*Gröninger/Thomas* § 18 BErzGG nF Rz 7). 16b

Verrichtet der Elternzeitberechtigte **bei einem anderen Arbeitgeber zulässige Teilzeitarbeit** (zur Zulässigkeit s.o. Rz 16), so ist hinsichtlich des **Adressaten des Kündigungsverbots** zu unterscheiden. Jedenfalls gilt das Kündigungsverbot gegenüber dem Elternzeit gewährenden eigenen Arbeitgeber (§ 18 Abs. 1 BEEG). **Gegenüber dem anderen Arbeitgeber des Teilzeitarbeitsverhältnisses** wird man hingegen den Kündigungsschutz nicht eingreifen lassen können (vgl. Rz 16 aE). Aus § 18 Abs. 2 Nr. 1 BEEG ergibt sich ein solcher Kündigungsschutz jedenfalls nicht, denn dieser schützt nur vor Kündigungen, die der Elternzeit gewährende Arbeitgeber ausspricht. Nichts anderes gilt für § 18 Abs. 2 Nr. 2 BEEG. Das ergibt sich zunächst aus dem Wortlaut der Vorschrift, der Arbeitnehmer schützt, die Teilzeitarbeit verrichten, »ohne Elternzeit ... zu nehmen«. Für dieses Ergebnis spricht auch der Zweck des 17

Gesetzes. Denn dieser ist darauf gerichtet, den von § 18 Abs. 2 Nr. 2 BEEG erfassten Personenkreis kündigungsrechtlich so zu stellen wie den durch § 18 Abs. 2 Nr. 1 BErzGG geschützten Personenkreis. Ein doppelter Kündigungsschutz gegen beide Arbeitgeber ginge über diesen Zweck hinaus (im Ergebnis ebenso *BAG* 2.2.2006 EzA § 18 BErzGG Nr. 8 unter Berufung auf Zweck und Materialien; APS-*Rolfs* § 18 BErzGG Rz 8; *Buchner/Becker* § 18 BErzGG Rz 34; *Gröninger/Thomas* § 18 BErzGG nF Rz 8; KDZ-*Zwanziger* Rz 11; MünchArbR-*Heenen* § 222 Rz 26; *Köster/Schiefer/Überacker* DB 1992, Beil. 10, S. 7; aA *Glatzel* AR-Blattei SD 656 Rz 184). Handelt es sich um eine unter Verstoß gegen § 15 Abs. 4 S. 3 BEEG **ohne Zustimmung des Arbeitgebers** aufgenommene Teilzeitarbeit, gilt zwar im Prinzip nichts anderes: Der Sonderkündigungsschutz des § 18 Abs. 1 BEEG gilt auch für Arbeitnehmer, die während der Elternzeit eine unzulässige Teilzeitarbeit bei einem anderen Arbeitgeber leisten (*Gröninger/Thomas* aaO; vgl. auch *Halbach* DB 1986, Beil. Nr. 1, S. 14; *Schleicher* BB 1986, Beil. Nr. 1, S. 9). In derartigen Fällen kann aber eine behördliche Zulassung der Kündigung in Betracht kommen (*Gröninger/Thomas* aaO; s.o. Rz 6 aE); außerdem besteht ein Unterlassungsanspruch (*Gröninger/Thomas* aaO). Der besondere Kündigungsschutz des § 18 Abs. 1 BEEG gilt nur für das Arbeitsverhältnis bei dem eigenen (bisherigen) Arbeitgeber. In dem verbotswidrig begründeten Teilzeitarbeitsverhältnis bei einem anderen Arbeitgeber besteht kein besonderer Kündigungsschutz (*Gröninger/Thomas* aaO). Beruht die Unzulässigkeit der Teilzeitarbeit bei einem anderen Arbeitgeber darauf, dass sie nach dem **Umfang** der arbeitsvertraglichen Verpflichtungen das Maß des **gesetzlich Zulässigen überschreitet** (vgl. § 15 Abs. 4 S. 1 BEEG u. Rz 16), so wird unmittelbar dem gesetzlichen Zweck der Elternzeit zuwider gehandelt mit der Folge, dass der Elternzeitberechtigte weder im einen noch im anderen Arbeitsverhältnis Kündigungsschutz genießt (*Buchner/Becker* § 18 BErzGG Rz 34; *Gröninger/Thomas* § 18 BErzGG nF Rz 7; MünchArbR-*Heenen* § 222 Rz 26). Wird bei einem anderen Arbeitgeber zulässige Teilzeitarbeit verrichtet (zur Zulässigkeit s.o. Rz 16) und fällt das bisherige Hauptarbeitsverhältnis weg, erfasst § 18 Abs. 2 Nr. 2 BEEG nicht das nunmehr alleinige Teilzeitarbeitsverhältnis, da dies die gesetzgeberische Konzeption überschreiten würde (bei anderer Sichtweise gilt Rz 20 entsprechend).

18 In den Fällen, in denen ein **Vollzeitarbeitsverhältnis** während der Elternzeit **in ein nach § 15 Abs. 4 S. 1 BEEG zulässiges Teilzeitarbeitsverhältnis** (s.o. Rz 16 u. 16b) **umgewandelt wird**, bezieht sich der besondere Kündigungsschutz des § 18 Abs. 2 Nr. 1 BEEG auf das **gesamte Arbeitsverhältnis**, da Teilzeit- und Vollzeitarbeitsverhältnis eine Einheit bilden (*Buchner/Becker* § 18 BErzGG Rz 35; **aA** FA-ArbR/*Will* 4. Aufl., Kap.1 Rz 1291; vgl. dazu auch *BAG* 23.4.1996 EzA § 2 BeschFG 1985 Nr. 46) – dies gilt auch bei einvernehmlicher Änderung der Arbeitsbedingungen (ErfK-*Kiel* § 18 BErzGG Rz 7; **aA** *Meisel/Sowka* Rz 16). Er bezieht sich also zunächst sowohl auf den **Bestand** als auch auf den **Inhalt des vereinbarten Teilzeitarbeitsverhältnisses**. Dies ergibt sich zum einen daraus, dass wie schon angesprochen das teilweise ruhende Arbeitsverhältnis und das Teilzeitarbeitsverhältnis ein einheitliches Arbeitsverhältnis darstellen. Es folgt zum anderen aus dem Zweck der Vorschrift, die Vereinbarkeit von Familie und Beruf zu erleichtern, der nur bei hinreichender Planungssicherheit erreicht wird. Der Arbeitgeber kann daher ohne behördliche Zustimmung während der Elternzeit weder eine Beendigungskündigung noch eine Änderungskündigung (zB mit dem Ziel der Verminderung der Arbeitszeit) erklären (**aA** *Köster/Schiefer/Überacker* DB 1994, 2341 [2342]; *Meisel/Sowka* § 18 BErzGG Rz 16: Teilkündigung der Teilzeitabrede ohne behördliche Genehmigung zulässig; wie hier *Buchner/Becker* § 18 BErzGG Rz 35). Entsprechend wird man auch die Vereinbarung einer **Teilkündigungsmöglichkeit** nicht für zulässig halten können (*Buchner/Becker* § 18 BErzGG Rz 35; **aA** *Ramrath* DB 1987, 1786 f.; *Sowka* NZA 1998, 349; *Stichler* BB 1995, 356 fordert diesbezüglich eine gesetzliche Änderung). Der kündigungsschutzrechtliche Bestandsschutz des § 18 Abs. 2 Nr. 1 BEEG erstreckt sich auch auf das während der Elternzeit partiell suspendierte **Vollzeitarbeitsverhältnis** (vgl. APS-*Rolfs* § 18 BErzGG Rz 6; *Gröninger/Thomas* § 18 BErzGG nF Rz 6; *Halbach* DB 1986, Beil. Nr. 1, S. 15). Die für die Dauer der Elternzeit befristet geänderten Arbeitsbedingungen (insbes. Umfang und Lage der Arbeitszeit sowie Höhe der Vergütung) sind wie dargestellt durch einen besonderen Inhaltsschutz vor einseitigen Änderungen durch den Arbeitgeber geschützt. Dies gilt ebenso für die Arbeitsbedingungen, die bereits für das Vollzeitarbeitsverhältnis maßgeblich waren und für die Dauer des befristeten Teilzeitarbeitsverhältnisses fort gelten. Die befristet auf die Dauer der Elternzeit erfolgende Umwandlung eines Vollzeitarbeitsverhältnisses in ein Teilzeitarbeitsverhältnis ist durch die mit der Elternzeit vom Gesetzgeber verfolgten familienpolitischen Zwecke (vgl. Amtl. Begr. des RegE BT-Drs. 10/3792, S. 19) dem Grunde und der Dauer nach sachlich gerechtfertigt (zum Erfordernis eines sachlichen Grundes bei der Befristung einzelner Arbeitsbedingungen vgl. KR-*Lipke* § 14 TzBfG Rz 12 ff. mwN).

19 Nach § 18 Abs. 2 Nr. 2 BEEG werden auch **Teilzeitbeschäftigte** in den besonderen Kündigungsschutz einbezogen, **die keine Elternzeit in Anspruch nehmen**. Das Kündigungsverbot des § 18 Abs. 1 BEEG

gilt auch für solche Arbeitnehmer, die ohne Elternzeit in Anspruch zu nehmen, bei ihrem Arbeitgeber Teilzeitarbeit leisten und Anspruch auf Elterngeld nach § 1 BEEG während des Bezugszeitraums nach § 4 Abs. 1 BEEG haben (bezüglich § 18 BErzGG vgl. den abw. Text von Abs. 2 Nr. 2!). Der besondere Kündigungsschutz besteht jedoch nicht, solange kein Anspruch auf Elternzeit nach § 15 BEEG besteht (§ 18 Abs. 2 Nr. 2 BEEG). Diese gesetzliche Regelung bezieht sich auf Fälle, in denen Arbeitnehmer keine volle Erwerbstätigkeit iSd §§ 15 Abs. 4 S. 1, 1 Abs. 1 Nr. 4, 1 Abs. 6 BEEG ausüben, dh eine Teilzeitarbeit bis zu 30 Wochenstunden leisten (die Variante der geeigneten Tagespflegepersonen iSd § 23 SGB VIII mit Betreuung von nicht mehr als fünf Kinder in Tagespflege ist hier nicht relevant, da es nur um die Teilzeittätigkeit beim selben Arbeitgeber gehen kann). Der gesetzgeberische Zweck der Vorschrift besteht darin, auch diesen Personenkreis, der trotz Anspruchs zwar keine Elternzeit in Anspruch nimmt, der aber im Interesse der Erziehung des kleinen Kindes auf eine umfangreichere Berufstätigkeit verzichtet, an dem Elternzeitkündigungsschutz teilhaben zu lassen (vgl. BT-Drs. 10/4212, S. 6; *Buchner/Becker* § 18 BErzGG Rz 32). Im Ergebnis kommt damit eine Vielzahl von Teilzeitkräften automatisch in den Genuss des Kündigungsschutzes nach § 18 Abs. 2 Nr. 2 BEEG (ErfK-*Kiel* § 18 BErzGG Rz 8; *Sowka* BB 2001, 935).

Bei Teilzeitarbeitnehmern, die keine Elternzeit in Anspruch nehmen, aber gleichwohl unter den besonderen Kündigungsschutz nach **§ 18 Abs. 2 Nr. 2 BEEG** fallen, hat der **Arbeitgeber** idR **keine Kenntnis von dem besonderen kündigungsschutzrechtlichen Status** der Teilzeitarbeitnehmer. Der Arbeitgeber kann bei Unkenntnis des objektiv bestehenden Sonderkündigungsschutzes nicht das Zustimmungsverfahren bei der zuständigen Landesbehörde durchführen. Damit wurde zum **Rechtszustand, wie er bis zum 31.12.2003** galt, zutreffend vertreten: Der Arbeitnehmer ist gehalten, sich **innerhalb von zwei Wochen nach Zugang der Kündigung** auf den besonderen Kündigungsschutz nach § 18 Abs. 2 Nr. 2 BErzGG zu berufen (*Etzel* KR 6. Aufl., § 18 BErzGG Rz 20). Denn wegen der – trotz stärkerer Schutzbedürftigkeit der werdenden Mutter zu bejahenden – Vergleichbarkeit der Interessenlage ist die zweiwöchige Mitteilungsfrist des § 9 Abs. 1 S. 1 MuSchG als sachnächste gesetzliche Regelung entsprechend anzuwenden (ebenso *Meisel/Sowka* § 18 BErzGG Rz 19; *Glutzel* AR-Blattei SD 656 Rz 183; *Zmarzlik* AuR 1986, 108; **strenger etwa:** *Gröninger/Thomas* § 18 BErzGG nF Rz 10; *MünchArbR-Heenen* § 222 Rz 226: unverzügliche Mitteilung analog § 16 Abs. 5 BErzGG; **großzügiger** etwa *Halbach* DB 1986, Beil. Nr. 1, S. 14 f.: entsprechende Anwendung der in BAG 19.4.1979 EzA § 12 SchwbG Nr. 6; 14.5.1982 EzA § 18 SchwbG Nr. 5 aufgestellten Grundsätze zum Schwerbehindertenkündigungsschutz, wonach eine Regelfrist von einem Monat gilt). Ab dem **1.1.2004** gilt nun anders als zuvor, dass bei einer Arbeitgeberkündigung praktisch alle Unwirksamkeitsgründe mit einer **fristgerechten Klage** geltend zu machen sind (§§ 4 S. 1, 7, 13 Abs. 1 S. 2 KSchG nF und dazu die einschlägigen Erläuterungen; vgl. dazu auch KR-*Bader* § 9 MuSchG Rz 172a), also auch der Verstoß gegen § 18 BErzGG bzw. jetzt § 18 BEEG. Wie bei § 9 Abs. 1 S. 1 MuSchG bestehen jedoch das angesprochene fristgebundene Mitteilungserfordernis und die Klagefrist nebeneinander, und beide sind zu beachten (entsprechend KR-*Bader* § 9 MuSchG Rz 172a). Es besteht also trotz der Änderungen im KSchG kein Anlass, insoweit von der zum früheren Rechtszustand vertretenen Sichtweise abzurücken (ebenso etwa APS/*Rolfs* § 18 BErzGG Rz 7; ErfK-*Kiel* § 18 BErzGG Rz 8 mwN).

IV. Voraussetzungen des Kündigungsverbots

Mit Ausnahme der in **§ 18 Abs. 2 Nr. 2 BEEG** enthaltenen Sonderregelung für Teilzeitbeschäftigte ohne Elternzeit (s.o. Rz 19 f.) ist Voraussetzung für den besonderen Kündigungsschutz, dass dem Arbeitnehmer ein Anspruch auf **Elternzeit** nach § 15 BEEG zusteht und er ihn **geltend gemacht oder angetreten hat**. Die **Darlegungslast** hierfür liegt beim Arbeitnehmer, der den Sonderkündigungsschutz in Anspruch nimmt (*BAG* 25.3.2004 EzA § 9 MuSchG nF Nr. 40). Hierbei ist zu beachten, dass der Arbeitnehmer nach Inanspruchnahme eines Teils der Elternzeit und einem **Wechsel des Arbeitsverhältnisses** auch beim neuen Arbeitgeber weitere Elternzeit beanspruchen kann (*BAG* 11.3.1999 EzA § 18 BErzGG Nr. 4). Abweichend von der früheren Rechtslage reicht nach der jetzigen Fassung des § 18 BEEG schon die Geltendmachung der Elternzeit aus, um den besonderen durch die Elternzeit bedingten Kündigungsschutz – maximal aber acht Wochen vor der Inanspruchnahme – beginnen zu lassen (*BAG* 17.2.1994 EzA § 611 BGB Abmahnung Nr. 30 [zu II 3c aa der Gründe]). Fehlt es an den gesetzlichen Voraussetzungen für die Gewährung der Elternzeit (zB fehlende Betreuung oder Erziehung des Kindes, Unterbringung des Kindes in einem anderen Haushalt), so handelt es sich bei einer gleichwohl vom Arbeitgeber gewährten Arbeitsfreistellung nicht um Elternzeit iSd § 15 BEEG mit der Folge, dass das Kündigungsverbot des § 18 Abs. 1 und Abs. 2 Nr. 1 BEEG nicht eingreift (vgl. *Halbach* DB 1986, Beil. Nr. 1, S. 15; s.o. Rz 14-15). **Maßgeblich ist die objektive Rechtslage.** Es ist daher rechtlich unbeachtlich, wenn eine Arbeitsvertragspartei (zB der Arbeitgeber) oder beide Arbeitsvertragsparteien irrtümlich davon ausgegangen sind, dem Arbeitnehmer stehe ein Anspruch auf Gewährung von Elternzeit zu (zur möglichen Unwirksamkeit der Kündigung unabhängig von § 18 BEEG in diesen Fällen s.o. Rz 14-15).

22 Die **Geltendmachung bzw. Inanspruchnahme der gesetzlich begründeten Elternzeit** (vgl. Rz 21) ist grds. Voraussetzung für das Eingreifen des Kündigungsverbots. Dies gilt sowohl für Vollzeitarbeitnehmer als auch für die von § 18 Abs. 2 Nr. 1 BEEG erfassten Arbeitnehmer, die während der Elternzeit bei ihrem bisherigen Arbeitgeber eine nach § 1 Abs. 1 Nr. 4 iVm Abs. 6 BEEG zulässige Teilzeitarbeit (bis zu 30 Wochenstunden) leisten. Für Teilzeitarbeitnehmer, die ohnehin bereits eine Wochenarbeitszeit von bis zu 30 Stunden haben und während einer an sich möglichen Elternzeit in diesem zeitlichen Umfang bei ihrem Arbeitgeber weiterarbeiten wollen, besteht keine Notwendigkeit, Elternzeit in Anspruch zu nehmen. Bei dieser Gruppe von Teilzeitarbeitnehmern sieht daher § 18 Abs. 2 Nr. 2 BEEG davon ab, den besonderen Kündigungsschutz von der Inanspruchnahme von Elternzeit abhängig zu machen. Die Vorschrift knüpft zwar an den Anspruch auf Elterngeld an, was nicht sonderlich sinnvoll ist, da ansonsten Elterngeld und Elternzeit nicht mehr verknüpft sind (krit. dazu auch *Buchner/Becker* § 18 BErzGG Rz 37; *Sowka* NZA 2000, 1191). Dessen zeitliche Begrenzung (§ 4 Abs. 1 BEEG) ist aber kündigungsrechtlich ohne Bedeutung. Der Kündigungsschutz nach § 18 Abs. 2 Nr. 2 BErzGG währt 36 Monate, da ansonsten Wertungswidersprüche entstünden und der Kündigungsschutz für die volle Zeit der Elternzeit nicht gewährleistet wäre (APS-*Rolfs* § 18 BErzGG Rz 10; *Gröninger/Thomas* § 18 BErzGG nF Rz 9; KDZ-*Zwanziger* § 18 BErzGG Rz 16; **aA** *Buchner/Becker* § 18 BErzGG Rz 36, abstellend auf den Wortlaut). Auch für diese Gruppe von Teilzeitarbeitnehmern greift der besondere Kündigungsschutz nur dann ein, wenn an sich ein Anspruch auf Elternzeit besteht (§ 18 Abs. 2 Nr. 2 BEEG; s. iE Rz 19 f.).

V. Dauer des Kündigungsverbots

1. Beginn des Kündigungsverbots

a) Grundsatz

23 Maßgeblich für den Beginn des Kündigungsschutzes – abzustellen ist hier wie sonst auf den **Zeitpunkt des Zugangs der Kündigung** (ErfK-*Kiel* § 18 BErzGG Rz 9; vgl. auch Rz 23b), so dass ein nachträglicher Wegfall der Voraussetzungen nicht schadet (ErfK-*Kiel* § 18 BErzGG Rz 5) – ist nach § 18 Abs. 1 S. 1 BEEG der **Tag der Geltendmachung** der Elternzeit (§ 16 Abs. 1 BEEG), frühestens jedoch ein Zeitpunkt **acht Wochen vor Beginn der Elternzeit** (vgl. BAG 17.2.1994 EzA § 611 BGB Abmahnung Nr. 30 [zu II 3c der Gründe]). Ihrer Rechtsnatur nach ist die Geltendmachung eine **rechtsgestaltende empfangsbedürftige Willenserklärung,** die – bei Vorliegen der sonstigen gesetzlichen Voraussetzungen – unmittelbar das Ruhen des Arbeitsverhältnisses während der Elternzeit bewirkt (*Meisel/Sowka* § 16 BErzGG Rz 3). Sachlich bezieht sich das Gestaltungsrecht des Arbeitnehmers sowohl auf die Inanspruchnahme der Elternzeit als auch auf deren zeitliche Lage (*ArbG Hanau* 19.1.1995 DB 1995, 433). Soweit das Gesetz gleichwohl von einem Anspruch auf Elternzeit spricht (§ 15 BEEG), ist damit nicht ein Anspruch iSd § 194 BGB, sondern lediglich eine Inanspruchnahme im untechnischen Sinne gemeint (ebenso *Meisel/Sowka* aaO). Allenfalls könnte noch insofern von Anspruch gesprochen werden, als der Arbeitgeber infolge der Gestaltungswirkung der Geltendmachung verpflichtet ist, die Inanspruchnahme der Elternzeit durch den Arbeitnehmer hinzunehmen (vgl. *Gröninger/Thomas* § 16 BErzGG Rz 9 u. § 15 BErzGG Rz 5) und etwaige sich daraus ergebende Pflichten zu erfüllen. Aufgrund ihrer rechtsgestaltenden Wirkung ist der Geltendmachungserklärung **Bindungswirkung** mit der Folge beizumessen, dass sie nicht mehr einseitig widerrufen werden kann (*Meisel/Sowka* § 16 BErzGG Rz 3; *ArbG Hanau* 19.1.1995 aaO); spätestens tritt nach der Interessenlage eine solche Bindungswirkung mit dem Erreichen der nunmehr einheitlichen siebenwöchigen Vorfrist des § 16 Abs. 1 S. 1 BEEG ein (noch zum BErzGG *Gröninger/Thomas* § 16 BErzGG nF Rz 9; im Einvernehmen mit dem Arbeitgeber kann indes von der Inanspruchnahme der Elternzeit abgesehen werden). Zum Antritt der Elternzeit bedarf es nach alledem – im Unterschied zum Erholungsurlaub (§ 7 BUrlG) – **auch keiner Zustimmungserklärung des Arbeitgebers.** Bei Vorliegen der Anspruchsvoraussetzungen (§ 15 BEEG) sowie bei rechtzeitiger Geltendmachung (§ 16 BEEG) kann der Arbeitnehmer zu dem beantragten Zeitpunkt der Arbeit fernbleiben. Bleibt der Arbeitnehmer unzulässigerweise schon zuvor der Arbeit fern, so liegt darin eine Verletzung des Arbeitsvertrags. Soweit der Arbeitgeber darauf erst nach Beginn des Kündigungsschutzes nach § 18 BEEG mit einer Kündigung reagiert, ist § 18 BEEG gleichwohl anwendbar (*BAG* 17.2.1994 EzA § 611 BGB Abmahnung Nr. 30 [zu II 3 der Gründe]; dazu *Köster/Schiefer/Überacker* DB 1994, 2341 [2344]). Aus der Einordnung der Geltendmachung als Gestaltungsrecht folgt ferner, dass die

Geltendmachung nur dann zur Begründung des Kündigungsschutzes führt, wenn eine nach § 16 BEEG **wirksame Geltendmachung** erfolgt ist (*BAG* 17.2.1994 EzA § 611 BGB Abmahnung Nr. 30; zust. *Hönsch* SAE 1996, 167). Insbesondere ist der Anspruch nach § 16 Abs. 1 S. 1 BEEG spätestens sieben Wochen vor Beginn der Elternzeit unter konkreter Nennung der Zeiträume der Inanspruchnahme innerhalb von zwei Jahren **schriftlich** geltend zu machen (*BAG* 17.2.1994 EzA § 611 BGB Abmahnung Nr. 30; erforderlichenfalls muss das Elternzeitverlangen wirksam wiederholt oder ergänzt werden: HaKo-*Fiebig* § 18 BErzGG Rz 23). Allerdings führt eine verspätete Geltendmachung nicht zum Erlöschen des Elternzeitanspruchs, sondern nur zu einer Verschiebung des Elternzeitbeginns (*BAG* 17.2.1994 EzA § 611 BGB Abmahnung Nr. 30; SPV-*Stahlhacke* Rz 1429; dazu auch *Köster/Schiefer/Überacker* DB 1994, 2341 [2346]); außerdem bleibt bei schuldloser Versäumung dieser Frist eine Nachholung nach § 16 Abs. 2 BErzGG möglich, soweit dessen Voraussetzungen vorliegen (SPV-*Stahlhacke* Rz 1429; auch Verzicht des Arbeitgebers auf die Einhaltung der seinem Schutz dienenden Ankündigungsfrist möglich). Da § 18 Abs. 1 BEEG hinsichtlich des Kündigungsschutzes zwischen dem **Kündigungsschutz vor Beginn und während der Elternzeit** unterscheidet, muss angenommen werden, dass die Kündigungsschutzwirkung des § 18 BEEG selbst dann nicht nachträglich ex tunc, sondern lediglich ex nunc wegfällt, wenn die Elternzeit – etwa wegen einer Abrede nach § 16 Abs. 3 BEEG – gar nicht in Anspruch genommen wird und sobald dies nach entsprechender Einigung mit dem Arbeitgeber feststeht (schon oben zur Bindungswirkung der Erklärung des § 16 Abs. 1 S. 1 BEEG und zur Beseitigung dieser Bindungswirkung).

b) Bedeutung des Beginns des Kündigungsschutzes

Bis zum Beginn des Kündigungsverbots des § 18 BEEG ist die Wirksamkeit einer arbeitgeberseitigen Kündigung nach allgemeinen kündigungsschutzrechtlichen Vorschriften (zB § 1 KSchG, § 626 BGB) zu beurteilen. Eine Bestandsschutzgefährdung tritt für das Arbeitsverhältnis bereits mit der Geltendmachung der Elternzeit (§ 16 Abs. 1 BEEG) ein. Zwar ist der Arbeitnehmer nach § 18 Abs. 1 BEEG vor dieser Gefährdung dadurch geschützt, dass bereits die Geltendmachung – die Frist hierfür liegt nunmehr einheitlich innerhalb des Zeitraums von acht Wochen (§ 16 Abs. 1 S. 1 BEEG; BT-Drs. 16/1889, S. 35) – den Beginn des Kündigungsschutzes begründet. Da der Kündigungsschutz aber frühestens acht Wochen vor Beginn der Elternzeit einsetzt, bleiben als Gefährdungskonstellationen indessen die Fälle einer noch früheren und damit vorzeitigen Geltendmachung. Eine wegen der begehrten, aber noch nicht angetretenen Elternzeit erklärte Kündigung ist zwar nicht nach § 18 Abs. 1 S. 1 BEEG unwirksam, wenn sie mehr als acht Wochen vor dem begehrten Beginn der Elternzeit erfolgt. Sofern die Kündigung wegen der begehrten Elternzeit erklärt wird, ist sie aber nach **§ 612a BGB** nichtig (*BAG* 17.2.1994 EzA § 611 BGB Abmahnung Nr. 30 [aE]; KR-*Pfeiffer* § 612a BGB Rz 9 u. 11 mwN; *Gröninger/Thomas* § 18 BErzGG nF Rz 11; *Halbach* DB 1986, Beil. Nr. 1, S. 15; *Zmarzlik/Zipperer/Viethen* Rz 19; vgl. weiter ErfK-*Kiel* § 18 BErzGG Rz 9 mit Hinweis auf *LAG Bln.* 15.12.2004 – 17 Sa 1729/04 – u. *LAG Nds.* 12.9.2005 – 5 Sa 396/05). Als Verstoß gegen § 612a BGB ist es auch anzusehen, wenn der Arbeitgeber eine begehrte Elternzeit zum Nachteil des betreffenden Arbeitnehmers im Rahmen der sozialen Auswahl (§ 1 Abs. 3 KSchG) berücksichtigt. Zur Darlegungs- und Beweislast bei § 612a BGB KR-*Pfeiffer* § 612a BGB Rz 12. Bei leiblichen Müttern kann sich eine Unwirksamkeit der Kündigung auch aus § 9 MuSchG ergeben, sofern sie innerhalb von vier Monaten nach der Entbindung der Arbeitnehmerin zugeht (vgl. *Gröninger/Thomas* § 18 BErzGG Rz 11; *Winterfeld* Rz 276; s.a. Rz 40).

23a

Mit Beginn des elternzeitbedingten Kündigungsschutzes (vgl. Rz 23, 23c f.) bzw. ab dem frühesten Zeitpunkt einer möglichen Elternzeit (s.u. Rz 25) darf der Arbeitgeber das Arbeitsverhältnis nicht kündigen, dh keine Kündigung erklären (zur Maßgeblichkeit des **Kündigungszugangs** Rz 23). Dabei ist es rechtlich unbeachtlich, zu welchem Zeitpunkt die Kündigung wirksam werden soll. Daher sind auch solche Kündigungen gem. § 18 Abs. 1 S. 1 BEEG unwirksam, die zwar während der Geltung des Kündigungsverbots dem Arbeitnehmer **zugehen**, aber zu einem Zeitpunkt wirksam werden sollen, der nach dem Ende des besonderen Kündigungsschutzes liegt (vgl. *Winterfeld* Rz 275).

23b

c) Kündigungsschutz vor Beginn der Elternzeit

Die in § 18 Abs. 1 BEEG geregelte Vorverlagerung des Kündigungsschutzes beginnt entweder mit Zugang der Geltendmachungserklärung beim Arbeitgeber oder – im Falle des § 18 Abs. 1 S. 1 3. Teils. BEEG – um 0 Uhr **am ersten Tag der achten Woche vor Beginn der Elternzeit** (Fristberechnung nach §§ 187 Abs. 2, 188 Abs. 2, 2. Fall BGB). Anknüpfungspunkt für die Fristberechnung ist in jedem Fall der Beginn der Elternzeit (*BAG* 17.2.1994 EzA § 611 BGB Abmahnung Nr. 30 [zu II 3c bb der Gründe]). Be-

23c

ginnt bspw. die Elternzeit an einem Freitag (ist also der letzte Tag der achtwöchigen Vorfrist ein Donnerstag), so beginnt der Kündigungsschutz an dem Freitag (0 Uhr), der acht Wochen vor Beginn der Elternzeit liegt. Für die Fälle mehrfacher Inanspruchnahme und des Wechsels unter den Berechtigten s.u. Rz 26 f.

23d Soweit die Elternzeit von Müttern unmittelbar im Anschluss an die Schutzfrist nach der Entbindung (§ 6 Abs. 1 MuSchG) in Anspruch genommen wird, überschneidet sich der Kündigungsschutz nach § 18 BEEG zeitlich mit dem Kündigungsschutz nach § 9 MuSchG. Praktisch kommt die Vorverlegung des Beginns des Kündigungsschutzes nach § 18 BEEG daher insbesondere zum einen Vätern, zum anderen Stief- oder Adoptivmüttern zugute. Soweit es zu einer zeitlichen Überschneidung kommt, gelten beide Kündigungsverbote nebeneinander (dazu s.u. Rz 40).

d) Beginn der Elternzeit

24 Der Beginn der Elternzeit ist für den Kündigungsschutz nach § 18 BEEG insofern maßgeblich, als der Kündigungsschutz nach § 18 Abs. 1 BEEG selbst im Falle frühzeitiger Geltendmachung **frühestens acht Wochen vor Beginn der Elternzeit** einsetzt. Die nach § 16 Abs. 1 S. 1 BEEG rechtzeitig geltend gemachte Elternzeit beginnt ihrerseits frühestens am Tage der Geburt. Im Unterschied zu der früheren Regelung des § 9a MuSchG muss die Elternzeit nicht (spätestens) in unmittelbarem Anschluss an die Schutzfrist des § 6 Abs. 1 MuSchG angetreten werden. Sie kann vielmehr auch zu einem späteren Zeitpunkt beginnen, den die Berechtigten bestimmen können.

e) Teilzeitbeschäftigung ohne Elternzeit

25 Bei Teilzeitbeschäftigten ohne Elternzeit (§ 18 Abs. 2 Nr. 2 BEEG) beginnt der besondere Kündigungsschutz in dem Zeitpunkt, **zu dem die Elternzeit frühestens hätte angetreten werden können** (ebenso APS-*Rolfs* § 18 BErzGG Rz 14; KDZ-*Zwanziger* § 18 BErzGG Rz 14). Die nach § 16 Abs. 1 S. 1 BEEG bestehende siebenwöchige Frist für die Geltendmachung der Elternzeit ist für den Beginn des besonderen Kündigungsschutzes nach § 18 Abs. 2 Nr. 2 BEEG unbeachtlich.

f) Mehrfache Inanspruchnahme und Wechsel unter den Berechtigten

26 Nach § 16 Abs. 1 BErzGG aF durfte die von den Elternteilen allein oder gemeinsam genommene Elternzeit insgesamt auf bis zu vier Zeitabschnitte verteilt werden. Hierbei mussten Elternzeitberechtigte bei der erstmaligen Geltendmachung der Elternzeit gleichzeitig erklären, für welche Zeiten innerhalb von zwei Jahren sie Elternzeit nehmen werden. Nunmehr ist in § 16 Abs. 1 S. 5 BEEG (wie bereits in § 16 Abs. 1 S. 5 BErzGG nF) geregelt, dass die **Elternzeit auf zwei Zeitabschnitte** (jetzt aber pro Elternteil; dazu *Sowka* NZA 2004, 82) **verteilt** werden kann, und eine weitere Verteilung ist nur mit Zustimmung des Arbeitgebers möglich. Es bleibt auch insoweit dabei, dass bei der erstmaligen Geltendmachung der Elternzeit gleichzeitig zu erklären ist, für welche Zeiten innerhalb der ersten zwei Lebensjahre des Kindes die Elternzeit in Anspruch genommen wird (§ 16 Abs. 1 S. 1 BEEG; *Sowka* NZA 2004, 82).

27 Dementsprechend kann die **Vorverlegung des Kündigungsschutzes auf den Zeitpunkt der Geltendmachung** nach § 18 BEEG nur für den **ersten Zeitraum der Inanspruchnahme** gelten. Für den zweiten oder einen möglichen späteren Zeitraum der Elternzeit beginnt der Kündigungsschutz erneut und erst mit der Inanspruchnahme der Elternzeit selbst (*Gröninger/Thomas* § 18 BErzGG nF Rz 11; *Meisel/Sowka* § 18 BErzGG Rz 2; MünchArbR-*Heenen* § 222 Rz 28; *Sowka* NZA 1994, 102 [104]; aA KDZ-*Zwanziger* § 18 BErzGG Rz 8). Dabei gelten die vorstehenden Prinzipien im Falle des **Wechsels der Berechtigten** bzw. im Falle der Addition von Berechtigungen für jeden Berechtigten unabhängig und nebeneinander. Das heißt insbes., dass jeder Berechtigte während seines Elternzeit-Zeitraums (zur Tragweite von § 15 Abs. 3 S. 1 BEEG insoweit *Sowka* NZA 2004, 82: 3 Jahre Höchstrahmen für jeden Elternteil) gegenüber seinem Arbeitgeber Kündigungsschutz genießt und dass ferner jedem Berechtigten für den Zeitraum seiner erstmaligen Inanspruchnahme von Elternzeit die Vorverlegung des Kündigungsschutzes nach § 18 Abs. 1 BEEG zugute kommt. Unschädlich ist es dabei, wenn ein späterer Abschnitt der Elternzeit in einem anderen Arbeitsverhältnis als in dem zur Zeit der Geburt des Kindes bestehenden geltend gemacht wird (BAG 11.3.1999 EzA § 18 BErzGG Nr. 4; *Buchner/Becker* § 18 BErzGG Rz 16 mwN; aA *Weber* SAE 2000, 74). Für etwaige Zwischenzeiten kann bei jedem Berechtigten § 612a BGB zur Anwendung kommen (vgl. KR-*Pfeiffer* § 612a BGB Rz 12; *Meisel/Sowka* aaO). Die dargestellten Grundsätze gelten auch für die Fälle der **Übertragung** nach § 15 Abs. 2 S. 4 u.5 BEEG (aA *Buchner/Becker* § 18 BErzGG Rz 13; zur Neuregelung in § 15 BErzGG *Sowka* NZA 2004, 82, 83).

2. Ende des Kündigungsverbots

Das Kündigungsverbot des § 18 Abs. 1 S. 1 BEEG **endet mit der Elternzeit**, die unter bestimmten Voraussetzungen (§ 15 Abs. 2 S. 4 u. 5 BEEG) bis zur Vollendung des achten Lebensjahres des Kindes genommen werden kann. Dabei ist es rechtlich unbeachtlich, zu welchem Zeitpunkt die Elternzeit begonnen hat. 28

Auch ein **vorzeitiges Ende der Elternzeit** führt zum Fortfall des besonderen Kündigungsschutzes nach § 18 Abs. 1 S. 1 BEEG (ErfK-*Kiel* § 18 BErzGG Rz 5), wie umgekehrt eine wirksame Verlängerung der Elternzeit den Kündigungsschutz verlängert. Ein vorzeitiges Ende der Elternzeit kann sich ebenso wie umgekehrt eine Verlängerung im Rahmen des § 15 Abs. 2 BEEG daraus ergeben, dass der Arbeitgeber einem entsprechenden Begehren des Arbeitnehmers zustimmt (**§ 16 Abs. 3 BEEG mit den dort aufgeführten Varianten**). Ferner führt der Tod des Kindes – mit einer Frist von drei Wochen – zum Ende der Elternzeit (§ 16 Abs. 4 BEEG). Unerheblich ist es, wenn vor dem Ende der Elternzeit der Anspruch auf Elterngeld endet; nach § 15 BEEG ist **die Elternzeit unabhängig vom Elterngeldanspruch** geregelt. Ist für den Elternzeitberechtigten eine Ersatzkraft mit befristetem Arbeitsvertrag eingestellt, steht dieser Umstand nach dem BEEG einem vorzeitigen Ende der Elternzeit nicht mehr entgegen; der Arbeitgeber kann der Ersatzkraft unter den Voraussetzungen des § 21 Abs. 4 BEEG (KR-*Lipke* § 21 BEEG Rz 22 ff.) kündigen. 29

Einen **nachwirkenden Kündigungsschutz** über das Ende der Elternzeit hinaus enthält § 18 BEEG nicht. Eine Kündigung, die der Arbeitgeber allein wegen einer berechtigten Inanspruchnahme von Elternzeit erklärt, verstößt aber gegen das Benachteiligungsverbot des § 612a BGB und ist deshalb unwirksam (KR-*Pfeiffer* § 612a BGB Rz 9 u. 11; zur Frage einer europarechtskonformen Auslegung des § 1 Abs. 3 KSchG KDZ-*Zwanziger* § 18 BErzGG Rz 9). Ist die Elternzeit beendet, gilt der Arbeitsvertrag mit seinen beiderseitigen Rechten und Pflichten uneingeschränkt wieder, soweit es nicht zu wirksamen Vertragsänderungen kommt (ErfK-*Kiel* § 18 BErzGG Rz 2; s.o. Rz 5a). Aus den vertraglichen Absprachen und aus etwaigen kollektivrechtlichen Regelungen ergibt sich, inwieweit der frühere Arbeitsplatz wieder eingenommen werden kann (*Buchner/Becker* § 18 BErzGG Rz 15). Gegebenenfalls kann von § 8 TzBfG Gebrauch gemacht werden. 30

3. Verwirkung des Rechts der Berufung auf das Kündigungsverbot

Das Recht, sich auf das Fehlen der behördlichen Zulässigkeitserklärung zu berufen, kann **verwirken** (§ 242 BGB: Fall **illoyaler Verspätung**; dazu *BAG* 3.7.2003 EzA § 13 InsO Nr. 14; 25.3.2004 EzA § 9 MuSchG nF Nr. 40). Das Recht ist verwirkt, wenn der Arbeitnehmer mit der Geltendmachung des Unwirksamkeitsgrundes längere Zeit wartet (Zeitmoment), der Arbeitgeber deswegen darauf vertraut, nicht mehr mit der Geltendmachung der Unwirksamkeit rechnen zu müssen (Vertrauensmoment), und es dem Arbeitgeber damit nicht mehr zumutbar ist, sich noch auf die Rüge, § 18 Abs. 1 BErzGG sei verletzt, einzulassen (Umstandsmoment; vgl. dazu insgesamt weiter KR-*Friedrich* § 4 KSchG Rz 297 u. § 13 KSchG Rz 304 ff.; KR-*Rost* § 7 KSchG Rz 36 mwN). 30a

VI. Behördliche Zulassung der Arbeitgeberkündigung

1. Grundsätzliches

In Anlehnung an die in § 9 Abs. 3 MuSchG (vgl. KR-*Bader* § 9 MuSchG Rz 95 ff.) enthaltene Regelung sieht § 18 Abs. 1 S. 2 BEEG eine **behördliche Zulassung** von **Arbeitgeberkündigungen** gegenüber den kündigungsschutzrechtlich besonders geschützten Elternzeitberechtigten vor. Die **für den Arbeitsschutz zuständige oberste Landesbehörde** oder die von ihr bestimmte Stelle (§ 18 Abs. 1 S. 3 BEEG; zur Zuständigkeit s.u. Rz 32a) kann **in besonderen Fällen** ausnahmsweise die Kündigung für zulässig erklären. Zur Rechtsnatur und Bedeutung der behördlichen Zulässigkeitserklärung kann auf die Erläuterungen zu § 9 MuSchG (KR-*Bader* § 9 MuSchG Rz 95 ff.) verwiesen werden (vgl. dazu auch *BAG* 3.7.2003 AP § 18 BErzGG Nr. 7; *LAG Hmb.* 4.3.2005 LAG Report 2005, 351). Liegt ein **bestandskräftiger** und nicht nichtiger **Verwaltungsakt** vor, sind die Gerichte für Arbeitssachen daran gebunden (*BAG* 20.1.2005 EzA § 18 BErzGG Nr. 7 = NZA 2006, 687). Die behördliche Zulässigkeitserklärung bezieht sich sowohl auf das Kündigungsverbot des **§ 18 Abs. 1 S. 1 BEEG** als auch auf das Kündigungsverbot des § 18 Abs. 2 BEEG. Hat die zuständige Behörde die Kündigung für zulässig erklärt, muss keine erneute Zulässigkeitserklärung beantragt werden, wenn der Arbeitgeber nach einer ersten Kündigung, die nach § 174 BGB zurückgewiesen worden ist, eine weitere Kündigung aussprechen will, der der gleiche Sachverhalt zugrunde liegt (*LAG Köln* 21.4.2006 NZA-RR 2006, 469). 31

32 Trotz des identischen Wortlauts des § 9 Abs. 3 S. 1 MuSchG und des § 18 Abs. 1 S. 2 BEEG können beide Vorschriften jeweils nur **unter Beachtung des jeweiligen Gesetzeszwecks** ausgelegt werden. Dies gilt insbes. für die Frage, ob ein »**besonderer Fall**« vorliegt, der ausnahmsweise eine behördliche Zulässigkeitserklärung rechtfertigt (vgl. *Gröninger/Thomas* § 18 BErzGG nF Rz 3; *Halbach* DB 1986, Beil. Nr. 1, S. 17). Dabei ist insbes. zu beachten, dass § 9 MuSchG insofern über § 18 BEEG hinausgeht, als die durch Schwangerschaft und Niederkunft körperlich und seelisch belastete Arbeitnehmerin wegen ihrer physisch-psychischen Sondersituation in besonderem Maße vor einer Kündigung zu schützen ist (vgl. KR-*Bader* § 9 MuSchG Rz 120 ff.). Beispielsweise steht es im Rahmen des § 9 MuSchG dem Vorliegen eines besonderen Falles regelmäßig entgegen, wenn im Falle der Kündigung aufgrund psychosomatischer Störungen mit einer Gefährdung des ungeborenen Kindes zu rechnen ist, wohingegen bei § 18 BEEG eine vergleichbare Schranke nicht besteht (für Berücksichtigung der für leibliche Mütter erforderlichen Regenerationsphase bei § 18 BEEG jedoch *Buchner/Becker* § 18 BErzGG Rz 23; für Berücksichtigung der Tatsache, dass für den Arbeitnehmer regelmäßig keine besonderen Kosten entstehen KDZ-*Zwanziger* § 18 BErzGG Rz 19).

32a Die **Zuständigkeit** für die Zulässigkeitserklärung entspricht grds. derjenigen des § 9 MuSchG (vgl. KR-*Bader* § 9 MuSchG Rz 109).

2. Allgemeine Verwaltungsvorschriften

33 Aufgrund der nunmehr in § 18 Abs. 1 S. 4 BEEG enthaltenen Ermächtigung hat der ursprünglich zuständige Bundesminister für Arbeit und Sozialordnung mit Zustimmung des Bundesrates »**Allgemeine Verwaltungsvorschriften zum Kündigungsschutz bei Erziehungsurlaub**« vom 2.1.1986 (BAnz S. 4, abgedr. vor den Erl. zu § 18 BEEG) erlassen. Durch diese Verwaltungsvorschriften, die nach Art. 85 Abs. 2 S. 1 GG verfassungsrechtlich zulässig sind, werden nur die zuständigen Verwaltungsbehörden, nicht dagegen die Gerichte gebunden (*Buchner/Becker* § 18 BErzGG Rz 29).

34 In § 2 der Allgemeinen Verwaltungsvorschriften vom 2.1.1986 (aaO) ist eine **beispielhafte Aufzählung** (ErfK-*Kiel* § 18 BErzGG Rz 11) von Tatbeständen enthalten, bei deren Vorliegen die Verwaltungsbehörde davon auszugehen hat, dass ein »**besonderer Fall**« iSd § 18 Abs. 1 S. 2 BEEG vorliegt. Auf den eingangs abgedruckten Text wird verwiesen. Bei der Prüfung dieser Frage handelt es sich um **keine Ermessensentscheidung** (insoweit nur auf Ermessensfehler zu überprüfen: § 114 VwGO), sondern vielmehr um die Anwendung eines **unbestimmten Rechtsbegriffs** auf den Einzelfall, die in vollem Umfang von den Verwaltungsgerichten überprüft werden kann (vgl. KR-*Bader* § 9 MuSchG Rz 120; keine Gleichsetzung mit dem wichtigen Grund iSd § 626 Abs. 1 BGB: *Buchner/Becker* § 18 BErzGG Rz 24; zu **Verhaltensgründen** s.o. Rz 6). Demgemäß kann die Verwaltungsvorschrift auch nicht als rechtlich verbindliche Konkretisierung des Merkmals »besonderer Fall« angesehen werden. So wird man bei einer Betriebsteilstilllegung bzw. -verlagerung (§ 2 Abs. 1 Nr. 2 und 3 der Verwaltungsvorschrift) lediglich nach strenger Prüfung des Fehlens einer anderweitigen Beschäftigungsmöglichkeit einen besonderen Fall annehmen dürfen. Ist streitig, ob ein Betriebsübergang vorliegt oder nicht, darf die Zulässigkeitserklärung nicht mit der Begründung versagt werden, es sei ein Betriebsübergang anzunehmen; vielmehr haben dies allein die Gerichte für Arbeitssachen zu entscheiden (BAG 20.1.2005 EzA § 18 BErzGG Nr. 7 = NZA 2006, 687; OVG Münster 21.3.2000 EzA § 18 BErzGG Nr. 5 [dazu auch aE dieser Rz]; VG Saarlouis 18.7.2003 ZInsO 2003, 946; *Buchner/Becker* § 18 BErzGG Rz 23; ErfK-*Kiel* § 18 BErzGG Rz 11; **aA** OVG Greifswald 30.6.2000 – 1 L 209/99; aber Prüfung durch Behörde, ob der Arbeitsplatz weggefallen ist, wenn das KSchG nicht anwendbar ist: VG Aachen 21.12.2004 – 2 K 2511/03 –). Gelangt die Behörde zu dem Ergebnis, dass ein »besonderer Fall« iSd § 18 Abs. 1 S. 2 BEEG gegeben ist (zB OLG Düsseld. 17.10.1991 EzA § 18 BErzGG Nr. 1: Arbeitnehmerin der katholischen Kirche heiratet geschiedenen Mann), so »**kann**« sie »ausnahmsweise« die Kündigung für zulässig erklären. Insoweit handelt es sich um eine behördliche **Ermessensentscheidung** (APS-*Rolfs* § 18 BErzGG Rz 24; ErfK-*Kiel* § 18 BErzGG Rz 11; MünchArbR-*Heenen* § 222 Rz 29). Zur Konkretisierung des behördlichen Ermessens schreibt § 3 der Allgemeinen Verwaltungsvorschriften (aaO) eine Interessenabwägung vor. Danach hat die Behörde insbesondere zu prüfen, ob das Interesse des Arbeitgebers an einer Kündigung gegenüber dem durch § 18 BEEG geschützten Bestand des Arbeitsverhältnisses überwiegt (OLG Düsseld. 17.10.1991 aaO). Dies wird zB bei einer bereits erfolgten dauerhaften Betriebsstilllegung regelmäßig zu bejahen sein, wenn der Arbeitgeber keinen weiteren Betrieb führt (OVG Münster 21.3.2000 EzA § 18 BErzGG Nr. 5 [zu dieser Entscheidung auch schon oben]; VG Saarlouis 18.7.2003 ZInsO 2003, 946; dies billigend BAG 20.1.2005 EzA § 18 BErzGG Nr. 7 = NZA 2006, 687). Eine grundsätzliche Bindung des Ermessens in eine bestimmte Richtung ist freilich nicht anzunehmen (*Buchner/Becker* § 18 BErzGG Rz 23; möglicherweise weiterge-

hend *BAG* 20.1.2005 EzA § 18 BErzGG Nr. 7 = NZA 2006, 687). Die Allgemeinen Verwaltungsvorschriften v. 2.1.1986 (aaO) erweitern jedenfalls nicht den Kündigungsschutz der betroffenen Arbeitnehmer; sie begründen insbes. nicht die Pflicht des Arbeitgebers, bei dem Ausspruch einer Kündigung wegen einer Betriebsstilllegung eine soziale Auslauffrist bis zum Ende der Elternzeit einzuräumen (*BAG* 20.1.2005 EzA § 18 BErzGG Nr. 7 = NZA 2006, 687; vgl. auch KR-*Bader* § 9 MuSchG Rz 116 f.).

In den §§ 5–7 der Allgemeinen Verwaltungsvorschriften (aaO) sind **Sonderregelungen** über das von der Behörde zu beachtende Verwaltungsverfahren enthalten. Im Übrigen gelten ergänzend die für das behördliche Zustimmungsverfahren nach § 9 Abs. 3 MuSchG geltenden Grundsätze (vgl. KR-*Bader* § 9 MuSchG Rz 102 ff.), insbes. auch zur Frage, ob ein **Widerspruch** gegen eine für zulässig erklärende Entscheidung **aufschiebende Wirkung** hat (KR-*Bader* § 9 MuSchG Rz 127; vgl. dazu auch *LAG Nds.* 18.3.2003 LAGE § 18 BErzGG Nr.2). Liegt ein **bestandskräftiger** und nicht nichtiger **Verwaltungsakt** vor, sind die Gerichte für Arbeitssachen daran gebunden (*BAG* 20.1.2005 EzA § 18 BErzGG Nr. 7 = NZA 2006, 687). Hinsichtlich der Einhaltung der Frist des **§ 626 Abs. 2 BGB** gelten die Ausführungen bei KR-*Bader* § 9 MuSchG Rz 112 entsprechend.   35

VII. Verhältnis zu anderen Beendigungstatbeständen

Der besondere Kündigungsschutz des § 18 BEEG schützt den Arbeitnehmer während der Dauer der Elternzeit lediglich vor arbeitgeberseitigen Kündigungen, nicht dagegen vor einer anderweitigen Beendigung des Arbeitsverhältnisses. Hinsichtlich der Beendigung des Arbeitsverhältnisses aus anderen Gründen als durch Kündigung des Arbeitgebers kann auf die Erläuterungen bei KR-*Bader* § 9 MuSchG Rz 133 ff. verwiesen werden.   36

VIII. Verhältnis zum Kündigungsrecht sowie zum sonstigen Kündigungsschutzrecht

1. Verhältnis zum Kündigungsrecht

Eine unter Verstoß gegen das Kündigungsverbot des § 18 BEEG erklärte arbeitgeberseitige Kündigung kann darüber hinaus auch **aus anderen Gründen unwirksam** sein (zB wegen fehlender Vertretungsmacht oder wegen Verstoßes gegen § 623 BGB). Der Arbeitnehmer kann sich im Kündigungsrechtsstreit freilich darauf beschränken, die Unwirksamkeit der Kündigung nach § 18 BEEG geltend zu machen (zur späteren Berufung auf weitere Unwirksamkeitsgründe im Prozess vgl. § 6 KSchG und die Erl. dazu; vgl. dazu weiter auch *Bader* NZA 2004, 65, 68 f.).   37

Eine mit Zustimmung der zuständigen Behörde (s.o. Rz 32a) vom Arbeitgeber erklärte Kündigung muss den kündigungsrechtlichen Vorschriften und Grundsätzen genügen. Dem Arbeitgeber obliegt es bspw., die jeweils maßgebliche Kündigungsfrist einzuhalten, zwingende Formvorschriften zu beachten sowie gesetzliche Vertretungsregelungen zu befolgen.   38

2. Verhältnis zum allgemeinen Kündigungsschutzrecht

Eine nach § 18 BEEG unwirksame Arbeitgeberkündigung kann darüber hinaus auch nach § 1 KSchG unwirksam sein. Für das Verhältnis zum allgemeinen Kündigungsschutzrecht gelten grds. die Erläuterungen zu § 9 MuSchG entsprechend (vgl. KR-*Bader* § 9 MuSchG Rz 168–172).   39

Auf die Zulässigkeitserklärung des § 18 Abs. 1 S. 2 BEEG findet § 4 S. 4 KSchG nach Auffassung des BAG Anwendung (*BAG* 3.7.2003 NZA 2003, 1135; zust. *Schmidt* NZA 2004, 79, 80; krit. *Löwisch* BB 2004, 154, 159; insgesamt näher dazu *Friedrich* KR 6. Aufl., § 4 KSchG Rz 196 ff., 205 – 206 und die aktuellen Erläuterungen zu § 6 KSchG; vgl. auch KR-*Bader* § 9 MuSchG Rz 172b mit weiterer Problemerörterung. Folgt man dem, ist die Folge, dass in Fällen fehlender Behördenentscheidung mangels Arbeitgeberantrags die Klagefrist des § 4 S. 1 KSchG nicht zu laufen beginnt; das Klagerecht ist dann allein durch die Grundsätze der Verwirkung begrenzt (*Schmidt* aaO; aA *Löwisch* aaO; vgl. weiter KR-*Bader* § 9 MuSchG Rz 172b).   39a

3. Verhältnis zum besonderen Kündigungsschutz

Bei leiblichen Müttern kann es vorübergehend zu einer **Verdoppelung** des besonderen Kündigungsschutzes nach **§ 9 MuSchG** und nach **§ 18 BEEG** kommen (krit. zur fehlenden Abstimmung der beiden Vorschriften *Meisel/Sowka* Rz 11). Dies ist dann der Fall, wenn die leibliche Mutter in unmittelbarem Anschluss an die (idR achtwöchige) Schutzfrist nach der Entbindung (§ 6 Abs. 1 MuSchG) Elternzeit in Anspruch nimmt. Bis zum Ablauf von vier Monaten nach der Entbindung gilt dann noch der besondere Kündigungsschutz nach § 9 Abs. 1 MuSchG. Trotz der weitgehenden inhaltlichen Angleichung des § 18   40

BEEG und des § 9 MuSchG verfolgen beide Gesetze teilweise unterschiedliche Zielsetzungen (vgl. Rz 3 ff., 32 sowie KR-*Bader* § 9 MuSchG Rz 5 ff.). Bei Vorliegen der gesetzlichen Voraussetzungen gelten daher beide Kündigungsverbote nebeneinander (*BAG* 31.3.1993 EzA § 9 MuSchG nF Nr. 32; zust. *Kreitner* AP Nr. 20 zu § 9 MuSchG; ebenfalls zust., aber krit. de lege ferenda *Hönsch* SAE 1994, 230; *Gröninger/Thomas* § 18 BErzGG nF Rz 3, s. aber ebenda auch Rz 1 u. 11; **aA** *Halbach* DB 1986, Beil. Nr. 1, S. 17).

41 Soweit für bestimmte Arbeitnehmergruppen ein **besonderer Kündigungsschutz** besteht (zB für schwerbehinderte Menschen, betriebsverfassungsrechtliche Funktionsträger, politische Mandatsträger; vgl. dazu die Erl. zu § 13 KSchG), gilt dieser neben dem Kündigungsverbot des § 18 BEEG. Eine nach anderen Kündigungsvorschriften (zB § 85 SGB IX) erforderliche behördliche Zustimmung ersetzt nicht die nach § 18 Abs. 1 S. 2 BEEG notwendige behördliche Zulässigkeitserklärung.

4. Verhältnis zum kollektiven Kündigungsschutzrecht

42 Der Arbeitgeber kann den **Betriebs- bzw. Personalrat** entweder vor oder nach der behördlichen Zulässigkeitserklärung wegen der beabsichtigten Kündigung nach § 102 BetrVG anhören bzw. nach § 79 BPersVG beteiligen (vgl. zur ähnlichen Rechtslage bei schwerbehinderten Arbeitnehmern *BAG* 3.7.1980 EzA § 18 SchwbG Nr. 3). Eine Versetzung, die der Arbeitgeber allein wegen der erfolgten Inanspruchnahme von Elternzeit vornimmt, verstößt gegen das Benachteiligungsverbot des **§ 612a BGB**. Dem Betriebsrat steht in einem derartigen Fall nach § 99 Abs. 2 Nr. 1 BetrVG ein Zustimmungsverweigerungsrecht zu.

IX. Übergangsregelungen

43 Hinsichtlich der zum **BErzGG** geltenden Übergangsregelungen wird verwiesen auf *Bader* KR 7. Aufl., § 18 BErzGG Rz 43. Zum Inkrafttreten des **BEEG** und zur diesbezüglichen Übergangsregelung ist bereits in Rz 2e Stellung genommen, und darauf wird Bezug genommen.

§ 19 Kündigung zum Ende der Elternzeit
Der Arbeitnehmer kann das Arbeitsverhältnis zum Ende der Elternzeit nur unter Einhaltung einer Kündigungsfrist von drei Monaten kündigen.

Hinweis:

Die Kommentierung des ab dem 1.1.2007 geltenden § 19 BEEG gilt entsprechend auch für die noch unter § 19 BErzGG (geltend bis zum 31.12.2006 – vgl. dazu KR-*Bader* § 18 BEEG Rz 2c u. 2e) fallenden Altfälle, da § 19 BEEG gegenüber § 19 BErzGG keine inhaltlichen Änderungen bringt (vgl. dazu KR-*Bader* § 18 BEEG Rz 2f; zu den Übergangsregelungen vgl. KR-*Bader* § 18 BEEG Rz 2e).

Literatur

Vgl. die Angaben zu § 18 BEEG sowie zu § 10 MuSchG.

Inhaltsübersicht

		Rz			Rz
I.	Entstehungsgeschichte	1		3. Form der Sonderkündigung	18
II.	Sinn und Zweck	2, 3	V.	Abgrenzung zu anderen	
III.	Rechtsnatur und zwingende Wirkung	4–4b		Beendigungstatbeständen	19–23
IV.	Voraussetzungen des Sonder-		VI.	Rechtsfolgen der Sonderkündigung	24–26
	kündigungsrechts	5–18		1. Lösung des Arbeitsverhältnisses	24
	1. Persönlicher Geltungsbereich	5–7		2. Keine Statussicherung bei Wieder-	
	2. Zeitpunkt und Fristen der			einstellung	25
	Sonderkündigung	8–17		3. Einfluss auf Gratifikationen	26

I. Entstehungsgeschichte

1 Ein **Sonderkündigungsrecht** zugunsten des Erziehungsgeldberechtigten (damals noch: Erziehungsgeld statt des jetzigen Elterngeldes) war bereits in dem Regierungsentwurf des seinerzeitigen BErzGG

enthalten (BT-Drs. 10/3792, S. 7), der insoweit ohne Änderung als Gesetz verabschiedet wurde. Dabei sah die ursprüngliche Fassung eine regelmäßige Kündigungsfrist von einem Monat zum Ende des Erziehungsurlaubs (damals noch: Erziehungsurlaub statt der jetzigen Elternzeit) vor. Im Rahmen der Neuregelung des Jahres 1989 durch das **Gesetz zur Änderung des Erziehungsgeldgesetzes** und anderer Vorschriften vom 30.6.1989 (BGBl. I S. 1279) wurde die **Kündigungsfrist auf drei Monate zum Ende des Erziehungsurlaubs** ausgedehnt: Einerseits habe sich die bisherige Kündigungsfrist von einem Monat im Falle der Einstellung von Ersatzkräften durch den Arbeitgeber als zu kurz erwiesen; andererseits sei mit der zugleich vorgesehenen Ausdehnung des Erziehungsurlaubs von 12 Monaten auf zunächst 15 Monate und dann 18 Monate dem Arbeitnehmer eine frühere Ausübung des Kündigungsrechts zuzumuten; um dieses Ziel möglichst effektiv zu erreichen, wurde zugleich die bis dahin einer Verkürzung durch Vereinbarung oder andere gesetzliche Kündigungsregelungen zugängliche Frist des § 19 BErzGG (Höchstkündigungsfrist) in eine einheitlich für alle Fälle der ordentlichen Kündigung geltende Frist umgewandelt (zum Ganzen BT-Drs. 11/4687, 4776 u. 4767 sowie Rz 4a). Zu beachten ist dabei, dass die mögliche Dauer des Erziehungsurlaubs durch das am 1.1.1992 in Kraft getretene **BErzGG 1992 (2. Gesetz zur Änderung des BErzGG und anderer Vorschriften** vom 16.12.1991 – BGBl. 1992 I S. 69) nochmals auf mittlerweile bis zu drei Jahren ausgedehnt wurde (§ 15 BErzGG). Die mit dem BErzGG 1992 erfolgte Neufassung des § 19 BErzGG stellte nur eine **redaktionelle Änderung** dar, durch die berücksichtigt wurde, dass die Erziehungsurlaubsberechtigung vom Anspruch auf Erziehungsgeld nicht mehr abhängt. Die weitere Neufassung durch Gesetz vom 30.11.2000 (BGBl. I S. 1638) führte nur zu einem Austausch des Begriffs »Erziehungsurlaub« durch den Begriff »**Elternzeit**« (vgl. im Übrigen KR-*Bader* § 18 BEEG Rz 2c). Seit dem **1.1.2007** gilt nun das **BEEG** (dazu und zur entsprechenden Übergangsregelung KR-*Bader* § 18 BEEG Rz 2 e und 2f). § 19 ist dabei textlich und inhaltlich unverändert geblieben.

II. Sinn und Zweck

Nach dem Wortlaut des § 19 BEEG scheint es sich lediglich um eine Kündigungsfristenregelung zu handeln. Aus Entstehungsgeschichte und Zweck der Vorschrift folgt indessen, dass diese auf die Begründung **eines fristgebundenen Sonderkündigungsrechts** des Arbeitnehmers zum Ende der Elternzeit zielt (BAG 16.10.1991 EzA § 19 BErzGG Nr. 1; ErfK-*Kiel* § 19 BEEG Rz 1). Die Regelung verfolgt in ihrer heutigen Fassung allerdings eine doppelte Zweckrichtung. Einerseits trägt die Einräumung eines Sonderkündigungsrechts durch § 19 BEEG **im Interesse der Sicherstellung einer kontinuierlichen Kindesbetreuung und -erziehung** dem Bedürfnis des Elternzeitberechtigten nach größtmöglicher Dispositionsfreiheit Rechnung. Zugleich will der Gesetzgeber mit dieser Regelung Elternzeitberechtigte mit längeren Kündigungsfristen davor bewahren, das Arbeitsverhältnis bereits zu Beginn der Elternzeit kündigen oder nach dem Ende der Elternzeit noch für einige Zeit (bis zum Ablauf der maßgeblichen Kündigungsfrist) an die Arbeitsstelle zurückkehren zu müssen (*Buchner/Becker* § 19 BErzGG Rz 2). 2

Andererseits berücksichtigt die Regelung das Interesse des Arbeitgebers an einer **vorausschauenden Personalplanung.** Dieser Zweck des § 19 BEEG hat bei der Neufassung 1989 (s.o. Rz 1) eine erhebliche Aufwertung dadurch erfahren, dass zum einen die Frist auf drei Monate verlängert wurde und zum anderen das früher nach Gesetz, tariflicher Regelung oder Einzelvereinbarung mögliche Eingreifen einer ausnahmsweise kürzeren Frist – jedenfalls für die Fälle der Kündigung nach § 19 BEEG – ausgeschlossen ist. Diese **Unabdingbarkeit der Frist** des § 19 BEEG (näher s.u. Rz 4 ff.) ergibt sich zum einen aus dem Begriff »nur« im Wortlaut der Vorschrift und zum anderen aus der ausdrücklichen gesetzgeberischen Absicht, die Planungssicherheit für den Arbeitgeber durch Bestehen einer einheitlichen Frist zu erhöhen (BT-Drs. 11/4776 u. 4767). Wegen der mit der Gewährung von Elternzeit idR verbundenen mehrmonatigen (vgl. § 15 BEEG) Freistellung hält es das Gesetz für angemessen, von dem Arbeitnehmer bei Kündigung zum Ende der Elternzeit die Einhaltung einer Kündigungsfrist von drei Monaten zu verlangen. 3

III. Rechtsnatur und zwingende Wirkung

Die gesetzliche Ausgestaltung dieses Sonderkündigungsrechts ist insofern zwingend, als **zum Nachteil des Elternzeitberechtigten keine anderweitige einzelvertragliche oder kollektivrechtliche Regelung** erfolgen kann. Unwirksam sind zB einzelvertragliche oder kollektivrechtliche Regelungen, die einen Ausschluss (*Buchner/Becker* § 19 BErzGG Rz 3) oder eine inhaltliche Beschränkung des fristgebundenen Sonderkündigungsrechts vorsehen (etwa Bindung des Sonderkündigungsrechts an be- 4 stimmte Tatbestände oder Verlängerung der vom Elternzeitberechtigten einzuhaltenden Kündigungsfrist von drei Monaten). Derartige Regelungen stehen im Widerspruch zu dem Schutzzweck dieser Bestimmung, die es dem Elternzeitberechtigten ermöglichen will, im Interesse der Kindesbetreuung und -erziehung das Arbeitsverhältnis innerhalb der durch § 19 BEEG vorgesehenen Frist zu beenden. § 19 BEEG ermöglicht die ordentliche Kündigung zum Ende der Elternzeit auch dann, wenn die ordentliche Kündigung an sich ausgeschlossen ist, etwa wegen § 15 Abs. 2 TzBfG im Falle des befristeten Arbeitsverhältnisses (HWK-*Gaul* § 19 BErzGG Rz 2).

4a Umstritten ist allerdings, in welchem Umfang die Frist des § 19 BEEG zugunsten des Arbeitgebers Wirkungen als **Mindestkündigungsfrist** entfaltet. Es wird weitgehend angenommen, diese Fristenregelung gelte nicht nur bei einer Kündigung nach § 19 BEEG, sondern auch in anderen Fällen der während der Elternzeit zum Ende der Elternzeit ausgesprochenen ordentlichen Kündigung (APS-*Rolfs* § 19 BErzGG Rz 23; *Buchner/Becker* § 19 BErzGG Rz 8; ErfK-*Kiel* § 19 BErzGG Rz 3; *Gröninger/Thomas* § 19 BErzGG nF Rz 5; *Zmarzlik* BB 1992, 592 [594]). Gegen diese Auffassung spricht zwar, dass sie nur zu einer lückenhaften Verwirklichung des angenommenen Gesetzeszwecks führen kann, weil sie dem Arbeitnehmer die Möglichkeit lässt, eine Kündigung zu jedem anderen Endzeitpunkt vor oder nach Ende der Elternzeit mit einer nach Gesetz-, Tarif- oder Einzelvertrag bestehenden kürzeren Frist auszusprechen (ausdrücklich so etwa ErfK-*Kiel* § 19 BErzGG Rz 2; *Zmarzlik* aaO; wohl auch *Gröninger/Thomas* aaO). Gleichwohl kann der Gegenansicht, die die Frist des § 19 BEEG nur auf eine auf diese Vorschrift gestützte Sonderkündigung anwenden will (*Köster/Schiefer/Überacker* DB 1992, Beil. 10, S. 7 f.), nicht gefolgt werden. Gegen diese Ansicht spricht neben dem apodiktischen Wortlaut »nur« auch der Zweck des Gesetzes. Bliebe eine ordentliche Kündigung mit kürzerer Frist zum Ende der Elternzeit möglich, so verlöre die Fristenregelung in § 19 BEEG jeden zugunsten des Arbeitgebers bestehenden Regelungsgehalt, was mit dem auf Planungssicherheit gerichteten Zweck des Gesetzes (s.o. Rz 3) nicht in Einklang steht (*Buchner/Becker* § 19 BErzGG Rz 8). Dass diese Fristenregelung durch die verbleibende Möglichkeit zur kürzerfristigen Kündigung zu einem anderen Zeitpunkt lückenhaft bleibt, ist demgegenüber unschädlich und mit dem Zweck des Gesetzes zu vereinbaren: Dieses beschränkt seine Regelung auf einen nach der Interessenlage der Parteien besonders bedeutsamen Fall. § 19 BEEG verlangt mithin von dem **Arbeitnehmer in allen Fällen der ordentlichen oder der auf § 19 BEEG gestützten Kündigung zum Ende der Elternzeit** die Einhaltung einer gesetzlichen **Kündigungsfrist von drei Monaten** zum Ende der Elternzeit. Die Dreimonatsfrist des § 19 BEEG gilt damit nicht nur für die Kündigung, die (ausdrücklich) nach § 19 BEEG erfolgt, sondern für jede ordentliche Kündigung, die zum Ende der Elternzeit ausgesprochen wird, ungeachtet einer ansonsten für die ordentliche Kündigung geltenden gesetzlichen, kollektivrechtlichen oder einzelvertraglichen kürzeren – oder auch längeren – Frist (*Meisel/Sowka* § 19 BErzGG Rz 6). Insofern handelt es sich bei § 19 BEEG um eine **spezielle gesetzliche Fristenregelung** für die Kündigung durch Elternzeitberechtigte zum Ende der Elternzeit. Unberührt bleibt neben der **Kündigung zu einem anderen Zeitpunkt** (s.o.) selbstverständlich auch die Möglichkeit der fristlosen **außerordentlichen Kündigung** nach § 626 BGB (ErfK-*Kiel* § 19 BErzGG Rz 5; s.u. Rz 21).

4b Inwieweit der **Arbeitgeber auf die Mindestkündigungsfrist verzichten** kann, ist zweifelhaft. Jederzeit möglich ist jedenfalls ein **Aufhebungsvertrag** zwischen Arbeitgeber und Arbeitnehmer (s.u. Rz 22), für den § 623 BGB zu beachten ist. In der Konsequenz wird man es auch zu akzeptieren haben, dass der Arbeitgeber sich mit einer ohne Einhaltung der dreimonatigen Frist zum Ende der Elternzeit ausgesprochenen Kündigung durch den Arbeitnehmer **nach deren Ausspruch einverstanden** erklärt (ErfK-*Kiel* § 19 BErzGG Rz 5), auch wenn dies so nicht § 623 BGB genügt. Kündigt der Arbeitnehmer jedoch zum Ende der Elternzeit ohne Einhaltung der Frist des § 19 und erklärt sich der Arbeitgeber mit der zu kurzen Frist nicht einverstanden, ist diese Kündigung nicht wirksam, sie wirkt über § 140 BGB zum nächst zulässigen Termin (ErfK-*Kiel* § 19 BErzGG Rz 3; vgl. auch hier Rz 13). Für **vorherige Vereinbarungen** wurde von *Etzel* (KR 6. Aufl.) an dieser Stelle nach dem Schutzzweck des § 19 BEEG differenziert: Tarifvertragliche oder einzelvertragliche Vereinbarungen über Kündigungsfristen sollten die Kündigungsfrist des § 19 BEEG nach dessen Regelungszweck regelmäßig unberührt lassen – bei dieser Sichtweise bleibt es. Andererseits sollte gelten: Ordnen die Parteien **ausnahmsweise und mit hinreichender Deutlichkeit** an, dass für Kündigungen im Falle des § 19 BEEG anstelle der dreimonatigen Frist zugunsten des Elternzeitberechtigten eine **kürzere Frist** gelten soll, besteht kein Grund, einer solchen Vereinbarung die Wirksamkeit zu versagen, weil kein Anlass ersichtlich ist, warum der Arbeitgeber nicht im vorhinein über die ihm eingeräumte Rechtsposition disponieren können soll. Hieran wird im Hinblick auf die aufgegebene frühere Fassung der Vorschrift (s.o. Rz 3) nicht mehr festgehalten (im Ergebnis ebenso APS-*Rolfs* § 19 BErzGG Rz 4).

IV. Voraussetzungen des Sonderkündigungsrechts
1. Persönlicher Geltungsbereich

Das fristgebundene Sonderkündigungsrecht nach § 19 BEEG gilt für solche Arbeitnehmer, denen gem. § 15 BEEG **Elternzeit zusteht** (vgl. dazu *Zmarzlik* BB 1992, 130 [131]; vgl. auch KR-*Bader* § 18 BEEG Rz 12a ff.) und die diese auch tatsächlich **in Anspruch** nehmen bzw. deren Inanspruchnahme zumindest bereits iSd § 16 Abs. 1 S. 1 BEEG wirksam **geltend gemacht** haben (ErfK-*Kiel* § 19 BErzGG Rz 1; *Buchner/Becker* § 19 BErzGG Rz 4; *Gröninger/Thomas* § 19 BErzGG nF Rz 3; HWK-*Gaul* § 19 BErzGG Rz 3; aA *Meisel/Sowka* § 19 BErzGG Rz 2: erst ab Antritt). Deshalb müssen die **Anspruchsvoraussetzungen** zum Zeitpunkt der Geltendmachung noch vorliegen (*Meisel/Sowka* § 19 BErzGG Rz 2). Gewährt der Arbeitgeber einem Arbeitnehmer Freistellung von der Arbeit, ohne dass die gesetzlichen Voraussetzungen des § 15 BEEG vorliegen, dann befindet sich der betreffende Arbeitnehmer nicht in der Elternzeit, so dass auch § 19 BEEG keine Anwendung findet (ebenso APS-*Rolfs* § 19 BErzGG Rz 5). Auch bei einer irrtümlichen Bejahung der gesetzlichen Voraussetzungen des § 15 BEEG (zB aus rechtlichen oder tatsächlichen Gründen) durch die Arbeitsvertragsparteien gelangt das Sonderkündigungsrecht des § 19 BEEG nicht zur Anwendung. Nehmen **beide Elternteile** Elternzeit in Anspruch, kann das Sonderkündigungsrecht von jedem für die individuell gewählte Elternzeit ausgeübt werden (HWK-*Gaul* § 19 BErzGG Rz 3; wohl aA Erfk/*Kiel* § 19 BErzGG Rz 3).

Das Sonderkündigungsrecht des § 19 BEEG wird auch auf solche Arbeitnehmer angewandt, die während der Dauer der Elternzeit mit ihrem bisherigen Arbeitgeber ein **Teilzeitarbeitsverhältnis** mit einer Wochenarbeitszeit bis zu 30 Stunden begründen (**§ 18 Abs. 2 Nr. 1 BEEG**). Die zuletzt genannte Arbeitnehmergruppe wird zwar in § 19 BEEG nicht ausdrücklich erwähnt. Sie fällt aber gleichwohl unter den personellen Geltungsbereich des § 19 BEEG, denn es handelt sich dabei um solche Arbeitnehmer, denen von ihrem Arbeitgeber für einen Teil der bisherigen Arbeitszeit Elternzeit gewährt wird (ebenso etwa ErfK-*Kiel* § 19 BErzGG Rz 2). Als Teilzeitarbeitnehmer mit Elternzeit können sie sich auf das Sonderkündigungsrecht des § 19 BEEG berufen und müssen die besondere Frist dieser Vorschrift beachten, sofern sie die gesetzlichen Voraussetzungen für die Gewährung von Elternzeit erfüllen (§ 15 BEEG).

Elternzeitberechtigte sind nicht die in **§ 18 Abs. 2 Nr. 2 BEEG** (vgl. dazu KR-*Bader* § 18 BEEG Rz 22) erwähnten Teilzeitarbeitnehmer, die wegen ihrer ohnehin schon verkürzten Arbeitszeit keine Elternzeit in Anspruch nehmen (müssen). In § 19 BEEG wird diese Arbeitnehmergruppe – im Unterschied zu § 18 Abs. 2 Nr. 2 BEEG – nicht ausdrücklich aufgeführt. Die gesetzliche Regelung des § 19 BEEG setzt voraus, dass sich der Arbeitnehmer in der Elternzeit befindet, wenn sie es ihm gestattet, das Arbeitsverhältnis unter Einhaltung einer Kündigungsfrist von drei Monaten »zum Ende der Elternzeit« zu kündigen (APS-*Rolfs* § 19 BErzGG Rz 4; ErfK-*Kiel* § 19 BErzGG Rz 2). Eine analoge Anwendung des § 19 BEEG auf solche Teilzeitarbeitnehmer ist weder im Hinblick auf das Sonderkündigungsrecht noch im Hinblick auf die Sonderkündigungsfrist möglich (*Meisel/Sowka* § 19 BErzGG Rz 3; aA *Gröninger/Thomas* § 19 BErzGG nF Rz 4). Die Ratio beider Regelungsteile des § 19 BEEG liegt darin, dass – wegen der Sondersituation der Suspendierung der arbeitsvertraglichen Pflichten durch die Elternzeit – Dispositionsmöglichkeiten und -schranken für eine Kündigung durch den Arbeitnehmer geschaffen werden sollen: Sonderkündigung einerseits und Planungssicherheit andererseits. Eine vergleichbare Interessenlage besteht nicht, wenn ein Arbeitnehmer nach der Geburt eines Kindes seine vorher ausgeübte Teilzeitbeschäftigung nur fortsetzt (*Buchner/Becker* § 19 BErzGG Rz 5; MünchArbR-*Heenen* § 229 Rz 58). Das früher zugunsten der Analogie zu erwägende Argument, auch der fragliche Personenkreis könne auf eine kurzfristige Kündigung angewiesen sein, hat durch die Verlängerung der Kündigungsfrist auf drei Monate an Bedeutung verloren.

2. Zeitpunkt und Fristen der Sonderkündigung

Da die von § 19 BEEG vorausgesetzte Kündigung »zum Ende der Elternzeit« nur in Betracht kommt, soweit ein solcher Endtermin überhaupt bekannt ist, ist der **frühestmögliche Zeitpunkt** für die Ausübung des Sonderkündigungsrechts der Zeitpunkt der Geltendmachung der Elternzeit nach § 16 Abs. 1 S. 1 BEEG (*Gröninger/Thomas* § 19 BErzGG nF Rz 3; *Halbach* DB 1986, Beil. Nr. 1, S. 17).

Die Kündigung des Elternzeitberechtigten ist **zum Ende der Elternzeit** zu erklären. Soweit man entgegen der hier vertretenen Ansicht eine entsprechende Anwendung des § 19 BEEG auf Teilzeitarbeitnehmer ohne Elternzeit bejahen will (s.o. Rz 7), wäre § 19 BEEG auf diese mit der Maßgabe entsprechend anzuwenden, dass diese zu dem Zeitpunkt kündigen können, zu dem die Elternzeit im Falle der Inanspruchnahme geendet hätte, zB zum Zeitpunkt der Vollendung des 3. Lebensjahres des Kindes oder zum Zeitpunkt des Übergangs zu einer Vollbeschäftigung. Der Arbeitnehmer kann zwar wie schon angesprochen auch zu einem früheren oder späteren Zeitpunkt ordentlich kündigen; er ist aber dann verpflichtet, die für ihn maßgebliche (gesetzliche, tarifvertragliche oder einzelvertragliche) Kündigungsfrist sowie einen etwa geltenden Kündigungstermin (zB zum Monatsende gem. § 622 Abs. 2 BGB) einzuhalten (s.o. Rz 4a). Wird Elternzeit **in mehreren Abschnitten** genommen, gilt § 19 nur für den letzten Abschnitt (ErfK-*Kiel* § 19 BErzGG Rz 3). Zur Elternzeit **beider Elternteile** s.o. Rz 5 a.E.

10 Hat ein Arbeitnehmer die Elternzeit in vollem Umfang in Anspruch genommen, so ist nach § 15 Abs. 2 BEEG das Ende der Elternzeit im Allgemeinen der Zeitpunkt, zu dem das Kind **drei Jahre alt** wird. Es gelten insoweit die **Fristberechnungsvorschriften der §§ 187 Abs. 2 S. 1, 188 Abs. 2 BGB**. Ist das Kind also am 16.1.2004 geboren, so hat es mit Ablauf des 15.1.2007 das dritte Lebensjahr vollendet. Dementsprechend endet die Elternzeit ebenfalls mit Ablauf des 15.1.2007 (s. KR-*Bader* § 18 BEEG Rz 28), und dies ist der Endzeitpunkt der Kündigung. Demgemäß war in dem Beispielsfall zum 15.1.2007 zu kündigen. Die Kündigung musste danach zur Wahrung der Frist des § 19 BEEG spätestens am 15.10.2006 dem Arbeitgeber zugegangen sein (§§ 187 Abs. 1, 188 Abs. 2 BGB; *Buchner/Becker* § 19 BErzGG Rz 7; KDZ-*Däubler* § 19 BErzGG Rz 3; **aA** *Meisel/Sowka* § 19 BErzGG Rz 4). Ist der letzte Tag, an dem die Kündigungserklärung nach §§ 187 Abs. 1, 188 Abs. 2 BGB zugehen muss, ein Samstag, ein Sonntag oder ein gesetzlicher Feiertag, dann gilt § 193 BGB nicht: ein Zugang der Kündigung am nachfolgenden Werktag reicht also nicht aus (etwa BAG 5.3.1970 EzA § 622 BGB nF Nr. 1; 28.9.1972 AP Nr. 2 zu § 193 BGB; vgl. weiter KR-*Spilger* § 622 BGB Rz 130 ff., insbes. Rz 131). Regelmäßig wird der Arbeitnehmer dann also dafür zu sorgen haben, dass die Kündigung am letzten Werktag vor dem letzten rechnerisch möglichen Zugangsdatum zugeht (HWK-*Gaul* § 19 BErzGG Rz 4; KDZ-*Däubler* § 19 BErzGG Rz 3; vgl. aber auch KR-*Spilger* § 622 BGB Rz 132).

11 Hat der Arbeitnehmer nur eine **kürzere Elternzeit** in Anspruch genommen oder endet die voll oder verkürzt in Anspruch genommene Elternzeit früher (zB durch Vereinbarung der Parteien gem. § 16 Abs. 3 BEEEG), so ist der frühere Endzeitpunkt der maßgebliche Kündigungstermin für eine auf § 19 BEEG gestützte Kündigung. Die gesetzliche Kündigungsfrist von drei Monaten ist von dem früheren Endzeitpunkt der verkürzten Elternzeit zurückzurechnen. Bei einem Wechsel zwischen den Anspruchsberechtigten oder einer Inanspruchnahme in mehreren Abschnitten nach § 16 Abs. 1 BEEG gilt die Kündigungsregelung des § 19 BEEG nach ihrem Zweck nur für den Zeitraum der letztmaligen Inanspruchnahme (APS-*Rolfs* § 19 BErzGG Rz 8; *Buchner/Becker* § 19 BErzGG Rz 6; *Gröninger/Thomas* § 19 BErzGG nF Rz 6)

12 Die gesetzliche Kündigungsfrist von drei Monaten entfaltet zugunsten beider Arbeitsvertragsparteien **zwingende Wirkung**. Sie gilt nicht nur für die Ausübung des Sonderkündigungsrechts des § 19 BErzGG, sondern für alle Fälle der zum Ende der Elternzeit ausgesprochenen ordentlichen oder auf § 19 BEEG gestützten Kündigung (s.o. Rz 4a). Kürzere gesetzliche (zB in den Fällen des § 622 Abs. 1, Abs. 2 Nr. 1 u. 2 BGB) oder kürzere tarifvertragliche bzw. einzelvertraglich vereinbarte Kündigungsfristen sind nicht anwendbar. Längere gesetzliche Kündigungsfristen (zB § 622 Abs. 2 Nr. 4–7 BGB) oder längere tarifvertragliche oder einzelvertraglich vereinbarte Kündigungsfristen muss der Arbeitnehmer nicht beachten, sofern er rechtzeitig unter Einhaltung der dreimonatigen Kündigungsfrist des § 19 BEEG das Arbeitsverhältnis zum Ende der Elternzeit kündigt. Anderweitige Kündigungstermine (zB zur Mitte eines Monats oder zum Ende eines Monats nach § 622 BGB) sind für den Arbeitnehmer bei einer fristgemäßen Ausübung des Sonderkündigungsrechts bedeutungslos.

13 **Versäumt der Arbeitnehmer die** im Einzelfall maßgebliche **Kündigungsfrist**, so ist diese Kündigung zwar nicht dazu geeignet, das Arbeitsverhältnis zum Ende der Elternzeit zu beenden. Sie wird in einem derartigen Fall vielmehr erst zum nächstmöglichen Termin wirksam (BAG 10.7.1973 EzA § 622 BGB nF Nr. 9; s.o. Rz 4b). Der Arbeitgeber kann sich aber mit einer Beendigung des Arbeitsverhältnisses zum nicht fristgerechten Zeitpunkt einverstanden erklären (s.o. Rz 4b).

14 Möchte der Arbeitnehmer bereits **vor oder erst nach dem Ende der Elternzeit** ausscheiden, dann muss er sowohl die für ihn geltende gesetzliche, tarifvertragliche oder einzelvertragliche Kündigungsfrist sowie einen etwaigen Kündigungstermin einhalten, es sei denn, es liegt ein wichtiger Grund iSd § 626 Abs. 1 BGB für eine außerordentliche Kündigung vor (s.o. Rz 4a).

15 Hatte der Arbeitnehmer fristgemäß eine Kündigung zum ursprünglich vorgesehenen Ende der Elternzeit erklärt, so kann sich ergeben, dass die Elternzeit vorzeitig (zB bei einem Wechsel der Betreuungs-

Kündigung zum Ende der Elternzeit § 19 BEEG

person oder beim Tod des Kindes) endet. Bei einer **datumsmäßig nicht fixierten Kündigung,** die zum Ende der Elternzeit erklärt worden ist, kann nur durch Auslegung ermittelt werden, ob der Arbeitnehmer zum jeweiligen Ende der Elternzeit kündigen wollte (*Gröninger/Thomas* § 19 BErzGG nF Rz 7; **aA** KDZ-*Zwanziger* § 19 BErzGG Rz 3a: Sonderkündigungsrecht gegenstandslos; APS-*Rolfs* § 19 BErzGG Rz 8: Gültigkeit der Kündigung).

Das Erfordernis der Einhaltung der gesetzlichen Frist des § 19 BEEG führt dann zu einem **Nichtbestehen des Sonderkündigungsrechts,** wenn dem Arbeitnehmer wegen einer vorzeitigen Beendigung der Elternzeit (zB Tod des Kindes) **eine fristgemäße Kündigung nicht möglich** ist (ebenso *Buchner/Becker* § 19 BErzGG Rz 6; *Gröninger/Thomas* § 19 BErzGG nF Rz 8). Wegen der zwingenden Ausgestaltung des § 19 BEEG kann dem Arbeitnehmer in derartigen Fällen keine kürzere Kündigungsfrist zuerkannt werden, um ihm eine einseitige Beendigung des Arbeitsverhältnisses zum vorzeitigen Ende der Elternzeit zu ermöglichen. Dem Arbeitnehmer bleibt aber wie schon mehrfach angesprochen die Möglichkeit einer ordentlichen Kündigung zu einem anderen Termin, wodurch ausreichende Dispositionsmöglichkeiten bestehen. Eine bereits ausgesprochene Kündigung zu dem vorzeitigen Ende der Elternzeit wird wirksam, wenn in diesem Zeitpunkt die dreimonatige Kündigungsfrist bereits abgelaufen ist (vgl. im Übrigen Rz 4b; vgl. weiter APS-*Rolfs* § 19 BErzGG Rz 8). 16

Es stellt **keine unzulässige Rechtsausübung** dar, wenn der Arbeitnehmer von dem Sonderkündigungsrecht aus Gründen Gebrauch macht, die nicht in einem sachlichen Zusammenhang mit der Betreuung oder Erziehung des Kindes stehen (HWK-*Gaul* § 19 BErzGG Rz 1). Das Sonderkündigungsrecht ist zwar vom Gesetzgeber in erster Linie zu dem Zwecke geschaffen worden, dem Arbeitnehmer im Interesse der Betreuung und Erziehung des Kindes eine rasche Lösung des Arbeitsverhältnisses zu ermöglichen. Der Gesetzgeber hat aber davon abgesehen, diese Zielsetzung iS eines Kündigungsgrunds im Gesetz zu verankern, der Arbeitnehmer muss auch keine Gründe für die Ausübung seines Sonderkündigungsrechts angeben (*Buchner/Becker* § 19 BErzGG Rz 10). 17

3. Form der Sonderkündigung

Die Sonderkündigung nach § 19 BEEG bedarf wie jede andere Kündigung des Arbeitsverhältnisses der **Schriftform** (§ 623 BGB). Zur Schriftform der Kündigung s. KR-*Spilger* § 623 BGB Rz 129 ff. Etwaige **strengere Formvorschriften** sind zusätzlich zu beachten (*Buchner/Becker* § 19 BErzGG Rz 9). 18

V. Abgrenzung zu anderen Beendigungstatbeständen

Während das Sonderkündigungsrecht des § 19 BEEG fristgebunden ist, kann eine Arbeitnehmerin während der Schwangerschaft und während der Schutzfrist nach der Entbindung (§ 6 Abs. 1 MuSchG) das Arbeitsverhältnis ohne Einhaltung einer Frist zum Ende der Schutzfrist nach der Entbindung kündigen (vgl. zum mutterschaftsrechtlichen Sonderkündigungsrecht KR-*Bader* § 10 MuSchG Rz 5 ff.). Sofern die leibliche Mutter die Elternzeit noch vor Ablauf der Schutzfrist nach der Entbindung (§ 6 Abs. 1 MuSchG) geltend macht, stehen ihr bis zum Ablauf der Schutzfrist des § 6 Abs. 1 MuSchG sowohl das nicht fristgebundene Sonderkündigungsrecht nach **§ 10 Abs. 1 MuSchG** als auch das fristgebundene Sonderkündigungsrecht nach § 19 BEEG zu. 19

Dem Arbeitnehmer steht es frei, das Arbeitsverhältnis während der Zeit des Bestehens des Sonderkündigungsrechts unter Einhaltung der maßgeblichen Kündigungsfrist zu einem von § 19 BEEG abweichenden Zeitpunkt **ordentlich zu kündigen** (ebenso: HWK-*Gaul* § 19 BErzGG Rz 7; KDZ-*Zwanziger* § 19 BErzGG Rz 5; s.o. Rz 4a). Eine ordentliche Kündigung des Arbeitgebers unterliegt dagegen den gesetzlichen Kündigungsbeschränkungen nach § 18 BEEG und § 9 MuSchG. 20

Bei Vorliegen eines wichtigen Grundes iSd § 626 Abs. 1 BGB kann der Arbeitnehmer das Arbeitsverhältnis unter Beachtung der zweiwöchigen Ausschlussfrist des § 626 Abs. 2 BGB **außerordentlich kündigen** (HWK-*Gaul* § 19 BErzGG Rz 7). Eine Umdeutung einer unwirksamen außerordentlichen Kündigung in eine Sonderkündigung iSd § 19 BEEG kann bei Vorliegen der gesetzlichen Voraussetzungen des § 140 BGB im Einzelfall grds. möglich sein. Eine ohne behördliche Zustimmung während der Elternzeit erklärte außerordentliche Kündigung des Arbeitgebers ist nach § 18 Abs. 1 S. 1 BEEG unwirksam. 21

Den Arbeitsvertragsparteien steht es frei, das Arbeitsverhältnis entweder zum Ende der Elternzeit oder zu jedem anderen Zeitpunkt mit sofortiger Wirkung oder für die Zukunft im Wege eines **Aufhebungsvertrages** zu beenden (ebenso: ErfK-*Kiel* § 19 BErzGG Rz 5; KDZ-*Zwanziger* § 19 BErzGG Rz 6). Das mutterschutzrechtliche Kündigungsverbot des § 9 MuSchG oder der besondere Kündigungs- 22 schutz des § 18 BEEG stehen dem nicht entgegen. Die Einigung auf einen von § 19 BEEG abweichenden Beendigungstermin verstößt auch nicht gegen die zwingende Ausgestaltung des Sonderkündigungsrechts. Der Aufhebungsvertrag ist nämlich auf eine endgültige Beendigung des Arbeitsverhältnisses und nicht auf einen vertraglichen Ausschluss oder eine inhaltliche Beschränkung des nach § 19 BEEG bestehenden Sonderkündigungsrechts gerichtet.

23 Das Arbeitsverhältnis des Arbeitnehmers kann während des Bestehens des Sonderkündigungsrechts nach § 19 BEEG auch aus **anderen Gründen enden.** Als derartige Beendigungstatbestände kommen insbes. in Betracht: Anfechtung des Arbeitsvertrages (vgl. KR-*Bader* § 9 MuSchG Rz 136 ff.), Beendigung des Arbeitsverhältnisses durch Zeitablauf (vgl. KR-*Bader* § 9 MuSchG Rz 140 ff.), auflösende Bedingung (vgl. KR-*Bader* § 9 MuSchG Rz 146) sowie Tod des Arbeitnehmers.

VI. Rechtsfolgen der Sonderkündigung

1. Lösung des Arbeitsverhältnisses

24 Ebenso wie jede andere rechtswirksame Kündigung führt auch die Ausübung des Sonderkündigungsrechts nach § 19 BEEG nicht zu einer Suspendierung, sondern zu einer **endgültigen Lösung** des Arbeitsverhältnisses zum Ende der Elternzeit. Der Arbeitgeber ist daher dazu berechtigt, den Arbeitsplatz nach dem Ausscheiden des Arbeitnehmers anderweitig zu besetzen. Dem Arbeitnehmer steht **kein gesetzlicher Wiedereinstellungsanspruch** zu. Einzelvertraglich oder kollektivrechtlich kann dem Arbeitnehmer jedoch (unter näher geregelten Voraussetzungen) ein Wiedereinstellungsanspruch eingeräumt werden.

2. Keine Statussicherung bei Wiedereinstellung

25 Im Unterschied zu § 10 Abs. 2 MuSchG (vgl. KR-*Bader* § 10 MuSchG Rz 32 ff.) enthält § 19 BEEG keine Statussicherung des Arbeitnehmers im Falle einer Wiedereinstellung innerhalb eines Jahres (ebenso: APS-*Rolfs* § 19 BErzGG Rz 10; KDZ-*Däubler* § 19 BErzGG Rz 4). Eine Anrechnung der bisherigen **Betriebszugehörigkeit** kann aber einzelvertraglich oder kollektivrechtlich vereinbart werden. Bei kurzfristigen Unterbrechungen der Betriebszugehörigkeit kann aber uU eine Anrechnung der bisherigen Dauer des Arbeitsverhältnisses auf die gesetzliche Wartezeit des § 1 Abs. 1 KSchG in Betracht kommen (vgl. KR-*Griebeling* § 1 KSchG Rz 108 ff.). Außerdem kann im Einzelfall das **Benachteiligungsverbot** des § 7 Abs. 1 AGG zu beachten sein.

3. Einfluss auf Gratifikationen

26 Sofern allgemeine **Rückzahlungsklauseln** an die Eigenkündigung des Arbeitnehmers anknüpfen, so gelten diese grds. auch für die Sonderkündigung iSd § 19 BEEG (ebenso APS-*Rolfs* § 19 BErzGG Rz 10; *Gröninger/Thomas* § 19 BErzGG nF Rz 9; vgl. auch *BAG* 17.7.1969 EzA § 611 BGB Gratifikation, Prämie Nr. 25 zu dem vergleichbaren Sonderkündigungsrecht nach § 10 Abs. 1 MuSchG). Eine andere Beurteilung ist demgegenüber geboten, wenn ein zunächst zinslos gewährtes Arbeitgeberdarlehen bei alsbaldigem Ausscheiden auf eigenes Verlangen (zB im Falle der Kündigung nach § 19 BEEG) nachträglich auch für die Zeit des Ruhens des Arbeitsverhältnisses (also auch für die Zeit der Elternzeit) zu verzinsen ist, weil eine solche nur schwebende Zinslosigkeit dem Zweck des Sonderkündigungsrechts zum Ende der Elternzeit widerspricht (*BAG* 16.10.1991 EzA § 19 BErzGG Nr. 1). Im öffentlichen Dienst bestehende tarifliche Regelungen (zB § 62 BAT), nach denen der Anspruch auf Übergangsgeld und anteilige Sonderzuwendung bei eigener Kündigung des Arbeitnehmers nur dann erhalten bleibt, wenn die Kündigung »wegen Niederkunft in den letzten drei Monaten« erfolgt, sind durch die Einführung der Elternzeit nicht lückenhaft geworden (vgl. zur entspr. Rechtslage aufgrund der Einführung des Mutterschaftsurlaubs *BAG* 13.10.1982 EzA § 8a MuSchG Nr. 3). Bei einer Sonderkündigung iSd § 19 BEEG sind daher die tariflichen Voraussetzungen nicht gewahrt (ebenso *Gröninger/Thomas* § 19 BErzGG nF aaO).

§ 20 Zur Berufsausbildung Beschäftigte, in Heimarbeit Beschäftigte

(1) Die zu ihrer Berufsbildung Beschäftigten gelten als Arbeitnehmer oder Arbeitnehmerinnen im Sinne dieses Gesetzes. Die Elternzeit wird auf Berufsbildungszeiten nicht angerechnet.

Befristete Arbeitsverträge § 21 BEEG

(2) Anspruch auf Elternzeit haben auch die in Heimarbeit Beschäftigten und die ihnen Gleichgestellten (§ 1 Abs. 1 und 2 des Heimarbeitsgesetzes), soweit sie am Stück mitarbeiten. Für sie tritt an die Stelle des Arbeitgebers der Auftraggeber oder Zwischenmeister und an die Stelle des Arbeitsverhältnisses das Beschäftigungsverhältnis.

Hinweis:

§ 20 BEEG ist hier ohne selbständige Kommentierung abgedruckt, weil er im Rahmen der Erläuterungen der §§ 18, 19 und 20 BEEG von Bedeutung ist und diese Erläuterungen so besser verständlich sind.

§ 21 Befristete Arbeitsverträge
(1) Ein sachlicher Grund, der die Befristung eines Arbeitsverhältnisses rechtfertigt, liegt vor, wenn ein Arbeitnehmer oder eine Arbeitnehmerin zur Vertretung eines anderen Arbeitnehmers oder einer anderen Arbeitnehmerin für die Dauer eines Beschäftigungsverbotes nach dem Mutterschutzgesetz, einer Elternzeit, einer auf Tarifvertrag, Betriebsvereinbarung oder einzelvertraglicher Vereinbarung beruhenden Arbeitsfreistellung zur Betreuung eines Kindes oder für diese Zeiten zusammen oder für Teile davon eingestellt wird.
(2) Über die Dauer der Vertretung nach Absatz 1 hinaus ist die Befristung für notwendige Zeiten einer Einarbeitung zulässig.
(3) Die Dauer der Befristung des Arbeitsvertrags muss kalendermäßig bestimmt oder bestimmbar oder den in den Absätzen 1 und 2 genannten Zwecken zu entnehmen sein.
(4) ¹Der Arbeitgeber kann den befristeten Arbeitsvertrag unter Einhaltung einer Frist von mindestens drei Wochen, jedoch frühestens zum Ende der Elternzeit, kündigen, wenn die Elternzeit ohne Zustimmung des Arbeitgebers vorzeitig endet und der Arbeitnehmer oder die Arbeitnehmerin die vorzeitige Beendigung der Elternzeit mitgeteilt hat. ²Satz 1 gilt entsprechend, wenn der Arbeitgeber die vorzeitige Beendigung der Elternzeit in den Fällen des § 16 Abs. 3 Satz 2 nicht ablehnen darf.
(5) Das Kündigungsschutzgesetz ist im Falle des Absatzes 4 nicht anzuwenden.
(6) Absatz 4 gilt nicht, soweit seine Anwendung vertraglich ausgeschlossen ist.
(7) ¹Wird im Rahmen arbeitsrechtlicher Gesetze oder Verordnungen auf die Zahl der beschäftigten Arbeitnehmer und Arbeitnehmerinnen abgestellt, so sind bei der Ermittlung dieser Zahl Arbeitnehmer und Arbeitnehmerinnen, die sich in der Elterzeit befinden oder zur Betreuung eines Kindes freigestellt sind, nicht mitzuzählen, solange für sie auf Grund von Absatz 1 ein Vertreter oder eine Vertreterin eingestellt ist. ²Dies gilt nicht, wenn der Vertreter oder die Vertreterin nicht mitzuzählen ist. ³Die Sätze 1 und 2 gelten entsprechend, wenn im Rahmen arbeitsrechtlicher Gesetze oder Verordnungen auf die Zahl der Arbeitsplätze abgestellt wird.

Literatur

Glatzel Erziehungsgeld und Elternzeit, AR-Blattei SD 656; *Joussen* Elternzeit und Verringerung der Arbeitszeit, NZA 2005, 336; *Preis/Kliemt/Ulrich* Das Aushilfsarbeitsverhältnis AR-Blattei SD 310; *Sowka* Bundeserziehungsgeldgesetz – Änderungen zur Elternzeit ab 1.1.2004, NZA 2004, 82; *Winterfeld* Neuregelungen zu Erziehungsgeld und Elternzeit, DB 2004, 930.
Vgl. auch Schrifttum zu §§ 18, 19 BEEG, § 620 BGB, § 1 TzBfG.

Inhaltsübersicht

	Rz		Rz
A. Gesetzeszweck	1–2f	2. HRG und ÄArbVtrG	6–7
I. Ausgangslage	1–2	3. AÜG	8
II. Änderungsgesetze 1990–1996	2a–2b	II. Tarifverträge	9–9a
III. Drittes Gesetz zur Änderung des Bundeserziehungsgeldgesetzes 2001/ Haushaltsbegleitgesetz 2004/Gesetz zur Einführung des Elterngeldes	2c–2g	III. Betriebsvereinbarungen, Arbeitsverträge	9b
		C. Voraussetzungen für die Befristung	10–18
B. Verhältnis zu anderen Befristungsregelungen	3–9b	I. Allgemeines	10–10g
		1. Begriffsbestimmungen	10
I. Andere Gesetze	5–8	2. Abschluss des befristeten Arbeitsvertrages	10a–10b
1. § 14 TzBfG	5	3. Kausalität	10c–10d

		Rz			Rz
	4. Befristungsprognose	10e–10f	D.	Rechtsfolgen der Befristung	19–34
	5. Beteiligung des Betriebsrats oder Personalrats	10g-10h	I.	Beendigung infolge Befristung	19
II.	Sachgründe zur Befristung (Abs. 1)	11–13b	II.	Vorzeitige Beendigung durch Kündigung (Abs. 4–6)	20–29
	1. Beschäftigungsverbote nach dem MuSchG	11		1. Außerordentliche Kündigung	20
	2. Elternzeit	12–13a		2. Ordentliche Kündigung aufgrund Vereinbarung	21
	3. Arbeitsfreistellung zur Kinderbetreuung	13b–13c		3. Gesetzliches Sonderkündigungsrecht	22–29
III.	Dauer der Befristung (Abs. 2)	14–15a		a) Zweck und Voraussetzungen	23–24a
	1. Zeiten der Beschäftigungsverbote und der Kinderbetreuung	14–14a		b) Kündigungsfrist	25–27
	2. Zeiten notwendiger Einarbeitung	15–15b		c) Ausschluss des KSchG	28
IV.	Bestimmtheit oder Bestimmbarkeit (Abs. 3)	16–18		d) Abdingbarkeit des Kündigungsrechts	29
	1. Kalendermäßige Befristung	16	III.	Übergang des Arbeitsverhältnisses auf unbestimmte Zeit nach § 15 TzBfG	30-30a
	2. Zweckbefristung	17–17e	IV.	Auswirkung des Erziehungsurlaubs auf Beschäftigtenzahl (Abs. 7)	31–34
	3. Auflösende Bedingung	18			

A. Gesetzeszweck

I. Ausgangslage

1 Der Gesetzgeber hat mit der **ursprünglichen Fassung** des § 21 BEEG den Zweck verfolgt, organisatorische und finanzielle Belastungen der Betriebe auszuräumen, die sich aus den Beschäftigungsverboten nach dem Mutterschutzgesetz (MuSchG) und dem Erziehungsurlaub ergeben können. Anknüpfend an die Rechtsprechung des BAG zur Befristungskontrolle, die einen sachlichen Grund für die Befristung verlangte, wenn die objektive Umgehung eines Bestandsschutzgesetzes möglich ist (vgl. dazu KR-*Lipke* § 620 BGB Rz 14), legt § 21 Abs. 1 BEEG fest, dass ein **sachlicher Grund** vorliegt, wenn ein Arbeitgeber einen Arbeitnehmer zur **Vertretung** für die Dauer der Beschäftigungsverbote oder eines zu Recht verlangten Erziehungsurlaubs einstellt. Die Mutterschaftsurlaubsvertretung wurde von der früheren Rechtsprechung schon als sachlicher Grund für die Befristung anerkannt (*BAG* 17.2.1983 EzA § 620 BGB Nr. 64; 8.9.1983 AP Nr. 77 zu § 620 BGB Befristeter Arbeitsvertrag und 3.10.1984 NZA 1985, 562). Ebenso stand und steht die sachliche Rechtfertigung der befristeten Einstellung eines Arbeitnehmers zur Vertretung eines zeitweilig ausfallenden Mitarbeiters außer Zweifel (*BAG* 9.7.1997 EzA § 21 BErzGG Nr. 2); § 21 Abs. 1 BEEG dient somit in erster Linie der Klarstellung (*BAG* 29.10.1998 EzA § 21 BErzGG Nr. 3; 15.8.2001 EzA § 21 BErzGG Nr. 4; *Annuß/Thüsing-Lambrich* TzBfG § 23 Rz 50) und schafft zugleich eine gesetzliche Grundlage für diese spezielle Befristung in Gestalt einer unwiderleglichen gesetzlichen Vermutung zum Vorliegen eines rechtfertigenden Sachgrundes (Amtl. Begr. des RegE, BT-Drs. 10/3792 S. 21; *Staudinger/Preis* § 620 Rz 208; *Buchner/Becker* Rz 2). Darüber hinausgehend erlaubt § 21 Abs. 2 BEEG die Befristung für notwendige **Zeiten der Einarbeitung** (s.u. Rz 15–15a).

1a Der Gesetzgeber beabsichtigte mit der über § 21 zugelassenen befristeten Einstellung von Ersatzkräften den **Arbeitsmarkt zu entlasten**. Arbeitnehmer(innen) kehren nach der gesetzgeberischen Einschätzung am Ende der Kinderbetreuung häufig doch nicht in das Erwerbsleben zurück. Der befristete Arbeitsvertrag der Ersatzkraft kann dann unbefristet fortgesetzt werden (BT-Drs. 10/3792, S. 21). Diese Erwartung hat sich erfüllt. Für etwa 49 % der Elternzeitler wurden Ersatzkräfte eingestellt. Davon wurde die eine Hälfte befristet, die andere Hälfte unbefristet beschäftigt (BT-Drs. 11/8517).

2 Um den Arbeitgeber bei einer vorzeitigen Beendigung des Erziehungsurlaubs vor einer Belastung mit doppelten Lohnkosten zu bewahren gibt § 21 Abs. 4 BEEG dem Arbeitgeber ein **besonderes Kündigungsrecht**, das nicht dem KSchG unterliegt. Schließlich sichert § 21 Abs. 7 BEEG, dass die zusätzliche Einstellung einer befristet beschäftigten Ersatzkraft nicht nach anderen arbeitsrechtlichen Gesetzen oder Verordnungen Nachteile für den Arbeitgeber auslöst, zB über die nach § 9 BetrVG die Größe des Betriebsrats festlegende Zahl der Beschäftigten (*LAG Nürnberg* 2.5.2005 EzAÜG BetrVG Nr. 91) oder über die den gesetzlichen Kündigungsschutz nach § 23 Abs. 1 KSchG vermittelnde Zahl der regelmäßig Beschäftigten (*LAG RhPf* 5.2.2004 – 6 Sa 1226/03 – LAG Report 2004, 305).

II. Änderungsgesetze 1990–1996

In zwei Schritten hat der Gesetzgeber die befristete Einstellung von Ersatzkräften nach § 21 BEEG erweitert. Zunächst hat er mit dem Änderungsgesetz vom 17.12.1990 (BGBl. I S. 2823) die Möglichkeit geschaffen, für über den Erziehungsurlaub hinausreichende, **auf tariflicher, betrieblicher oder arbeitsvertraglicher Regelung beruhende Freistellungen zur Kinderbetreuung** befristete Ersatzeinstellungen vorzunehmen. Ab 1.1.1992 war es auch nicht mehr erforderlich, dass sich die nicht auf Gesetz beruhende Freistellung zur Kinderbetreuung unmittelbar an die durch Erziehungsurlaub eingetretene Arbeitsfreistellung anschließen muss. **Freistellungen zur Kinderbetreuung sind daher unabhängig von der Anspruchsgrundlage** nach § 21 BEEG geeignet, eine befristete Ersatzeinstellung sachlich zu rechtfertigen. Eines Bezugs zum Mutterschutz oder zur Elternzeit bedarf es seitdem nicht mehr (*Dörner* Befr. Arbeitsvertrag Rz 844).

2a

Im Rahmen des Arbeitsrechtlichen Beschäftigungsförderungsgesetzes vom 25.9.1996 (BGBl. I S. 1476) ist der Gesetzgeber durch Änderung des Absatzes 3 der früheren Rechtsprechung des BAG entgegengetreten, bei Vertretungsfällen nach § 21 Abs. 1 BEEG eine Zweckbefristung nicht zuzulassen (vgl. *BAG* 9.11.1994 EzA § 21 BErzGG Nr. 1). Der insoweit eindeutige Wortlaut des § 21 Abs. 3 BEEG hat deshalb in Anlehnung an die Formulierung in § 620 Abs. 2 BGB eine Änderung erfahren. **Ziel** des gesetzgeberischen Eingreifens war es, ab dem Inkrafttreten **des Gesetzes** zum 1.10.1996, auch **zweckbefristete Arbeitsverträge** vollen Umfangs neben den kalendermäßig befristeten Vertretungen **zu ermöglichen** (BT-Drs. 13/4612). Rechtlich nachteilige Folgen des oft ungewissen zeitlichen Endes des Erziehungsurlaubs können den Arbeitgeber daher nicht mehr treffen, wenn er von der zugelassenen Gestaltungsform der Zweckbefristung Gebrauch macht. Er wird indessen die neuen gesetzlichen **Ankündigungsfristen nach § 15 Abs. 2 TzBfG** zu beachten haben.

2b

III. Drittes Gesetz zur Änderung des Bundeserziehungsgeldgesetzes 2001/ Haushaltsbegleitgesetz 2004/Gesetz zur Einführung des Elterngeldes 2006

Das Dritte Gesetz zur Änderung des Bundeserziehungsgeldgesetzes vom 12.10.2000 (BGBl. I S. 1426) ist zeitgleich mit dem Gesetz über Teilzeitarbeit und befristete Arbeitsverträge (TzBfG) **zum 1.1.2001** in Kraft getreten. Ziele des Gesetzes sind »angemessene **strukturelle Verbesserungen** beim Erziehungsgeld und Erziehungsurlaub einschließlich einer **erleichterten Teilzeitarbeit** während dieser Zeit, notwendige Anpassungen an das europäische Gemeinschaftsrecht sowie redaktionelle Klarstellungen« (BT-Drs. 14/3553 S. 1 f.) herbeizuführen. Die besonderen Befristungsmöglichkeiten des § 21 BEEG sind erhalten geblieben. § 23 TzBfG regelt hierzu unmissverständlich, dass außerhalb des TzBfG stehende gesetzliche Bestimmungen zu einer Befristung von Arbeitsverhältnissen unberührt bleiben. Das in Abs. 4 vorgesehene **Sonderkündigungsrecht des Arbeitgebers** ist redaktionell und inhaltlich **überarbeitet worden**. Es steht dem Arbeitgeber nunmehr gegenüber der befristet eingestellten Ersatzkraft auch dann zu, wenn er die verlangte vorzeitige Beendigung der Elternzeit nicht ablehnen darf und den Stammarbeitnehmer daraufhin tatsächlich wieder beschäftigt (§§ 21 Abs. 4 S. 2, 16 Abs. 3 S. 2 BEEG).

2c

Durch ein **Nachtragsgesetz** vom 30.11.2000 (BGBl. I S. 1638) ist der Begriff »Erziehungsurlaub« durch den **Begriff »Elternzeit«** ersetzt worden. Außerdem wurde der vorgelagerte Kündigungsschutz infolge der Veränderung der Ankündigungsfristen zur Elternzeit verlängert § 18 Abs. 1 S. 1 nF; vgl. hierzu KR-*Bader* § 18 BEEG Rz 1a, 23a ff.

2d

Die Befristungsumstände haben sich für den Arbeitgeber dadurch verändert, dass die **zulässige Teilzeitarbeit während der Elternzeit von 19 Stunden auf 30 Stunden die Woche angehoben wurde** (§ 15 Abs. 4 S. 1 BEEG). Setzt der Anspruchsinhaber von Elternzeit die Arbeit mit dem höchstmöglichen Teilzeitvolumen fort, wird in vielen Fällen eine befristete Ersatzeinstellung entbehrlich sein. Neu ist die vom Gesetz eingeräumte **Möglichkeit, einen Anteil von bis zu zwölf Monaten der dreijährigen Elternzeit mit Zustimmung des Arbeitgebers jenseits der Vollendung des dritten Lebensjahrs eines Kindes zu nehmen, und zwar bis zur Vollendung des achten Lebensjahrs** (§ 15 Abs. 2 BEEG). Damit steht neben den bisherigen Anspruchsgrundlagen zur Kinderbetreuung aus Tarifverträgen, Betriebsvereinbarungen und Arbeitsverträgen nunmehr eine **gesetzliche Elternzeit von längstens 12 Monaten**, die Befristungen von Ersatzkräften **jenseits des vollendeten dritten Lebensjahres** des zu betreuenden Kindes eröffnet. Die Aufteilung der Elternzeit auf bis zu vier Zeitabschnitte (§ 16 Abs. 1 S. 4 BEEG) und der anteilige Wechsel unter den Elternteilen (§ 15 Abs. 2 und 3 BEEG) wird in der Praxis eine größere Zahl von kurzfristigen Befristungen nach sich ziehen (vgl. *Lindemann/Simon* NJW 2001, 258).

2e

2f Mit Inkrafttreten des **Haushaltsbegleitgesetzes 2004** vom 29.12.2003 sind in Art. 20 (HbeglG 2004 BGBl. I. S. 3076, 3087) Änderungen und Klarstellungen zu den Voraussetzungen einer Inanspruchnahme von Elternzeit vorgenommen worden (*Winterfeld* DB 2004, 930). So sind neben den leiblichen Eltern und den **Adoptiveltern** nun auch die Pflegeeltern im Rahmen der Vollzeitpflege (§ 33 SGB VIII) elternzeitberechtigt, auch nach Vollendung des 3. Lebensjahres des Kindes, längstens jedoch bis zur Vollendung seines 8. Lebensjahres (ErfK-*Dörner* § 15 BErzGG Rz 13). Jeder der Elterteile kann bis zur Vollendung des 3. Lebensjahres des Kindes die dreijährige Elternzeit voll für sich beanspruchen. Die **Festlegung der Elternzeit** muss zunächst nur bis zum 2. Geburtstag des Kindes erfolgen. Die **Verteilung der Elterzeit** ist für jeden Elterteil auf nunmehr 2 Zeitabschnitte, dh für ein Elterpaar auf insgesamt 4 Zeitabschnitte beschränkt. Die **Übertragungsmöglichkeiten** für die Zeitspanne nach Vollendung des 3. Lebensjahres des Kindes werden im Fall einer kurzen Geburtenfolge und im Fall einer **Mehrlingsgeburt** erweitert. Das **Verhältnis** von Teilzeitarbeit während des Elternurlaubs und von Teilzeitarbeit nach § 8 TzBfG wird harmonisiert (*Sowka* NZA 2004, 82 f.).

2g Mit dem zum 1.1.2007 in Kraft getretenen **Gesetz zur Einführung des Elterngeldes vom 5.12.2006** (BGBl. I S. 2748) haben sich die Bezugsmöglichkeiten des Elterngeldes und die Voraussetzungen des Elternurlaubs erneut verändert. Die **Regeln zur Befristung** im Zusammenhang mit Elternzeit und Kinderbetreuung sind dagegen **gleich geblieben**.

B. Verhältnis zu anderen Befristungsregelungen

3 § 21 BEEG regelt nicht das Verhältnis zu anderen gesetzlichen Befristungsregelungen. **§ 23 TzBfG** stellt indessen klar, dass § 21 BEEG eine eigenständige Befristungsgrundlage ist. Liegen die in § 21 Abs. 1 und 2 BEEG normierten Tatbestandsvoraussetzungen vor, ist ein sachlich gerechtfertigter Befristungsgrund gegeben, ohne dass noch weitere Voraussetzungen hinzukommen müssten (*ArbG Würzburg* 26.6.1998 EzBAT SR 2 y BAT Bundeserziehungsgeldgesetz Nr. 6). § 21 Abs. 1 BEEG erweitert den Anwendungsbereich einer erlaubten befristeten Ersatzeinstellung, indem die über die gesetzliche Elternzeit hinausreichenden Freistellungen einbezogen werden, soweit sie auf Tarifvertrag, Betriebsvereinbarung oder einzelvertraglicher Vereinbarung beruhen und der Kinderbetreuung dienen.

4 Es ist rechtlich unbedenklich, an eine Befristung nach § 21 BEEG einen weiteren befristeten Arbeitsvertrag anzuschließen, wenn hierfür ein sachlicher Grund iSv § 14 Abs. 1 TzBfG vorliegt. Sind die **Voraussetzungen** einer Befristung nach § 21 Abs. 1 BEEG **nicht erfüllt, kann sich der Arbeitgeber auf andere gesetzliche Befristungsgründe berufen**. Eine erkennbare **Festlegung auf den Befristungsgrund** des § 21 BEEG ist indessen erforderlich, wenn der Arbeitgeber sich später auf seine **besonderen Kündigungsmöglichkeiten** aus den Abs. 4 und 5 der Bestimmung berufen will (ErfK-*Müller-Glöge* Rz 11; KDZ-*Däubler* Rz 3; *Buchner/Becker* Rz 26; *Annuß/Thüsing-Lambrich* § 23 TzBfG Rz 51).

I. Andere Gesetze

1. § 14 TzBfG

5 § 14 Abs. 1 und 2 TzBfG als Folgeregelungen zu § 620 BGB und § 1 BeschFG 1996 einerseits und § 21 BEEG andererseits stehen unabhängig nebeneinander (*Dörner* ArbRBGB § 620 BGB Rz 439; *Gröninger/Thomas* § 21 BErzGG Rz 19; *Annuß/Thüsing-Lambrich* § 23 TzBfG Rz 49). Sofern die Voraussetzungen des § 14 Abs. 2 TzBfG vorliegen, kann der Arbeitgeber hiernach ein befristetes Arbeitsverhältnis eingehen, wenn er über die Dauer von Beschäftigungsverboten und Elternzeit hinaus einen Zeitraum von bis zu zwei Jahren durch Neueinstellung einer Ersatzkraft abdecken will. Allerdings kann er sich dann nicht auf das Sonderkündigungsrecht des § 21 Abs. 4 BEEG berufen (vgl. o. Rz 4; *Zmarzlik/Zipperer/Viethen* Rz 7). **Ein befristeter Arbeitsvertrag nach § 21 BEEG kann sich an eine auf § 14 Abs. 2 TzBfG gestützte Befristung anschließen**. Die umgekehrte Reihenfolge ist dagegen seit Inkrafttreten des TzBfG nicht mehr zulässig, nachdem eine Befristung ohne Sachgrund nur noch bei **erstmaliger Einstellung** erlaubt ist (§ 14 Abs. 2 S. 2 TzBfG). Die im Befristungsrecht nun über § 23 TzBfG allgemein zu beachtenden Bestimmungen des § 14 Abs. 4 TzBfG (**Schriftform**) und § 17 TzBfG (**Klagefrist**) sind bei Begründung und Beendigung des befristeten Arbeitsvertrages nach § 21 BEEG ebenfalls anzuwenden (vgl. KR-*Bader* § 23 TzBfG Rz 1).

2. HRG und ÄArbVtrG

6 Weitere Sonderregelungen über befristete Arbeitsverträge enthalten das Hochschulrahmengesetz (HRG idF der Bekanntmachung vom 19. Januar 1999 BGBl. I S. 18, zuletzt geändert durch das 7. HRG-

ÄndG vom 28. August 2004 BGBl. I S. 2298 und HdaVÄndG vom 27. Dezember 2004 BGBl. I S. 3835) in den §§ 57a ff. HRG und das Gesetz über befristete Arbeitsverträge mit Ärzten in der Weiterbildung (ÄArbVtrG vom 15. Mai 1986 BGBl. I S. 742, zuletzt geändert durch Art. 3 des HdaVÄndG vom 27. Dezember 2004 BGBl. I S. 3835). Die **Befristungsmöglichkeiten** nach HRG, ÄArbVtrG und BEEG **stehen nebeneinander** und schließen sich wechselseitig nicht aus. Die Einschränkungen nach altem Rechtszustand (vgl. *Lipke* KR, 6.Aufl., Rz 6, 6a) sind nunmehr fortgefallen. Nach Ausschöpfung der Höchstbefristungsdauer des HRG kann deshalb ein wissenschaftlicher Mitarbeiter zur Vertretung aus den Gründen des § 21 Abs. 1 und 2 BEEG befristet weiterbeschäftigt werden (*Dörner* Befr. Arbeitsvertrag Rz 841; ErfK-*Müller-Glöge* Rz 6).

Indessen sind die arbeitsrechtlichen Vorschriften und Grundsätze über befristete Arbeitsverträge und deren Kündigung **nicht** anzuwenden, soweit sie **im Widerspruch zu den Bestimmungen der §§ 57b bis § 57e HRG** stehen. Da nunmehr im Anwendungsbereich des HRG anstelle der Sachgrundprüfung eine Befristungshöchstdauer getreten ist und § 57b Abs. 2 S. 3 HRG die aufstockende Befristung nach Maßgabe des TzBfG erlaubt, sind solche Fälle nicht denkbar (vgl. auch KR-*Lipke* §§ 1, 2, 3 ÄArbVtrG Rz 9; KR-*Lipke* § 57a HRG Rz 52, § 57b HRG Rz 91). Das **Zitiergebot** in § 57 b Abs. 3 HRG zwingt indessen den Arbeitgeber die Befristung ausdrücklich auf das HRG zu stützen, um sich darauf berufen zu können. Versäumt er dies, kann er sich indessen auf die Befristungsgründe in § 14 Abs. 1 und 2 TzBfG sowie auf § 21 Abs. 1 und 2 BEEG berufen, die eine Befristungsabrede, aber nicht eine Angabe des Befristungsgrunds erfordern. 6a

Grundsätzlich hängt die **Wirksamkeit der Befristung aber nicht davon ab, ob der Grund für die Befristung dem Arbeitnehmer bei Vertragsabschluss mitgeteilt worden ist** (KR-*Lipke* § 14 TzBfG Rz 57 ff.), denn es kommt nach hM **nur** darauf an, ob **bei Vertragsschluss objektiv ausreichende Befristungsgründe** vorgelegen haben oder nicht (*BAG* 15.8.2001 EzA § 21 BErzGG Nr. 4; 24.4.1996 EzA § 620 BGB Hochschulen Nr. 7, 8; 24.4.1996 EzA § 620 BGB Nr. 139; ErfK-*Müller-Glöge* § 620 BGB Rz 71; *Meisel/Sowka* Rz 7). Ist die Mitteilung des Befristungsgrundes also nicht Wirksamkeitsvoraussetzung für die Befristung, so empfiehlt sich hier dennoch die schriftliche Niederlegung des Befristungsgrundes um die Befristungsvergünstigungen des HRG zu nutzen und im Übrigen auch deshalb, weil hierdurch Streitigkeiten vermieden werden können und die Beweisführung für den Arbeitgeber erleichtert wird (ebenso *Gröninger/Thomas* aaO). Zur **Darlegungs- und Beweislast** vgl. KR-*Lipke* § 14 TzBfG Rz 371 ff. 7

3. AÜG

Zum 1. Januar 2004 sind nach einjähriger Übergangsregelung (§ 19 AÜG) die gesetzlichen Einschränkungen zur **Befristung von** Arbeitsverhältnissen zwischen Verleihern und **Leiharbeitnehmern**, insbesondere aus § 9 Nr. 2 AÜG aF, infolge der **Hartz-Reformen** vollständig weggefallen (Erstes und Zweites Gesetz für moderne Dienstleistungen am Arbeitsmarkt vom 23.12.2002 BGBl. I S. 4607 und 4621). Es gelten nunmehr für diesen Bereich die **Befristungsvoraussetzungen des TzBfG und des BEEG** (*Bauer/Krets* NJW 2003, 537; *Schüren/Behrend* NZA 2003, 521; *Däubler* AiB 2002, 729, 732; ders. AiB 2003, 73, 76; näher dazu KR-*Bader* § 23 TzBfG Rz. 4 ff. und KR-*Lipke* § 14 TzBfG Rz 75a, 110b). 8

II. Tarifverträge

Bei § 21 BEEG handelt es sich um ein **einseitig zwingendes Gesetz** (ebenso *Boewer* § 23 TzBfG Rz 56), denn die Vorschrift ist dem Arbeitnehmerschutzrecht zuzurechnen, da sie die – nun in § 14 TzBfG **gesetzlich festgeschriebene – Restriktion des § 620 Abs. 1 BGB** durch die Rechtsprechung des BAG zur Befristungskontrolle übernimmt und nur den bis dahin anerkannten Befristungsgründen eine gesetzliche Grundlage gibt. Hätte der Gesetzgeber § 21 BEEG als zweiseitig zwingendes Gesetz ausgestalten wollen, hätte dies als Ausnahme von der Regel der ausdrücklichen Anordnung bedurft. Der Gesetzgeber war sich dessen auch bewusst und hat aus diesem Grund nur in § 57 a Abs. 1 S. 2 und 3 HRG und § 1 Abs. 5 des Gesetzes über befristete Arbeitsverträge mit Ärzten in der Weiterbildung klargestellt, dass von den Vorschriften dieser Gesetze durch Tarifverträge nicht oder nur in bestimmten Grenzen abgewichen werden darf. § 21 ist deshalb zugunsten der Arbeitnehmer als **dispositiv** anzusehen (hM; statt vieler ErfK-*Müller-Glöge* Rz 1; KDZ/*Däubler* Rz 30; *Buchner/Becker* Rz 15). 9

Daran hat sich auch nach viermaliger Änderung des BErzGG (s.o. Rz 2a ff) im Ergebnis nichts geändert. Die Aufnahme des **Tarifvertrags** als **gleichberechtigte Anspruchsgrundlage** in § 21 Abs. 1 BEEG verdeutlicht nur, dass tarifvertragliche Regelungen, die zur Arbeitsfreistellung für Zwecke der Kinder- 9a betreuung über das Gesetz hinausgehen, sachlich begründet sind und damit zugleich zusätzliche Befristungsmöglichkeiten für Ersatzkräfte eröffnen können. Deshalb sind Ersatzeinstellungen bei tariflich zugelassener befristeter Teilzeitbeschäftigung (zB § 15 b BAT, § 14 b BMT-G, jetzt §§ 11, 30 TVöD; vgl. *LAG Bremen* 23.11.2000 LAGE § 15 BErzGG Nr. 5) oder Beurlaubung ohne Bezüge (zB § 50 Abs. 1 BAT, § 47 a Abs. 1 BMT-G, jetzt § 28 TVöD; vgl. *BAG* 2.7.2003 EzA § 620 BGB 2002 Nr. 6) zur **Kinderbetreuung** gestattet. Dies stellt sich für den freigestellten Arbeitnehmer unter Umständen als Vergünstigung dar, für den befristet eingestellten Vertreter ist dies indessen nicht unbedingt von Vorteil, da nun **mehrere Befristungen hintereinander zulässig sind**. Diese Befristungen können mit einer, aber ebenso mit unterschiedlichen Ersatzkräften nacheinander vereinbart werden (*BAG* 10.2.1999 RzK I 9f Nr. 60; *Gröninger/Thomas* Rz 9 ff). Ein **Tarifvertrag**, der die befristete Einstellung zur Aushilfe und Vertretung abschließend regelt, etwa bestimmte Höchstfristen einer nur befristeten Beschäftigung, die Angabe des Befristungsgrunds oder abweichend von § 21 Abs. 5 BEEG nach Abs. 6 die Anwendung des KSchG bei vorzeitiger Beendigung des Erziehungsurlaubs festlegt, hat **Vorrang vor § 21 BEEG**, da er für den betroffenen Ersatzarbeitnehmer günstiger ist (MünchArbR-*Heenen* § 229 Rz 38). Zu vergleichen sind hierbei die beiden rechtlichen Regelungen, nicht eine der beiden Regelungen mit der Lage, die ohne sie oder die andere für den Arbeitnehmer möglicherweise bestehen würde. Verlangt die tarifvertragliche Festlegung einen sachlichen Grund für die Befristung, so ist diese Voraussetzung für einen Vertretungsfall nach § 21 BEEG erfüllt (*BAG* 29.10.1998 EzA § 21 BErzGG Nr. 3 zu einem Aushilfsarbeitsverhältnis nach SR 2 y BAT). Die im **öffentlichen Dienst** nach § 2 SR 2 y BAT auftretenden Probleme, zur Wirksamkeit der Befristung die **Befristungsgrundform** ausreichend bestimmt zu vereinbaren (vgl. *BAG* 17.4.2002 EzA § 620 BGB Nr. 194; *LAG Köln* 29.3.2004 ZTR 2004, 539), stellen sich nach dem ab 1.10.2005 geltenden TVöD nicht mehr, da § 30 des Tarifvertrages diese Voraussetzung nicht mehr regelt. Insoweit sind jetzt nach § 30 Abs. 1 S. 1 TVöD die allgemeinen gesetzlichen Befristungsvorschriften maßgebend.

III. Betriebsvereinbarungen, Arbeitsvertrag

9b Entsprechendes gilt für das Verhältnis von Gesetz und Betriebsvereinbarung oder einzelvertraglicher Vereinbarung, soweit kein Tarifvertrag vorgeht (ErfK-*Müller-Glöge* Rz 1; APS/*Backhaus* Rz 2). Günstigere (freiwillige) Betriebsvereinbarungen (§ 88 BetrVG) oder einzelvertragliche Absprachen, die für die befristet eingestellte Ersatzkraft vorteilhafter als die gesetzlichen Bestimmungen sind, gehen vor (§ 22 Abs. 1 TzBfG). Ähnlich wie bei Tarifverträgen dürfte es sich vornehmlich um die **Regelung einer Arbeitsfreistellung** zur Kinderbetreuung **jenseits** von **Beschäftigungsverboten** nach dem MuSchG und der gesetzlichen **Elternzeit** handeln. Darauf deutet bereits der Wortlaut des § 21 Abs. 1 BEEG hin, wonach die befristete Einstellung einer Ersatzkraft für alle **Kinderbetreuungszeiten zusammen oder für Teile davon** möglich ist. Dass Abweichungen zugunsten der befristet eingestellten Ersatzkraft einzelvertraglich grds. möglich sind, ergibt sich aus § 21 Abs. 6 BEEG.

C. Voraussetzungen für die Befristung

I. Allgemeines

1. Begriffsbestimmungen

10 Nach § 21 Abs. 1 BEEG liegt ein sachlicher Grund zur Befristung eines Arbeitsvertrags vor, wenn ein Arbeitgeber einen anderen Arbeitnehmer zur Vertretung eines Arbeitnehmers für die Dauer der **allgemeinen und besonderen Beschäftigungsverbote** nach §§ 3, 4, 6 und 8 MuSchG oder **für die Dauer einer Elternzeit oder für beide Zeiten zusammen oder für Teile davon** einstellt. § 21 setzt nicht voraus, dass die Arbeitnehmerin in vollem Umfang an ihrer Arbeitsleistung gehindert ist (*Annuß/Thüsing-Lambrich* Rz 53). Der Arbeitgeber kann hierzu mehrere befristete Arbeitsverhältnisse mit derselben Vertretungskraft abschließen oder nacheinander verschiedene Arbeitnehmer zur Vertretung einstellen (*BAG* 10.2.1999 RzK I 9 f Nr. 60; MünchArbR-*Heenen* § 229 Rz 40). Nach der Gesetzesbegründung (BT-Drs. 12/1225) und dem Wortlaut des Gesetzes, der eine befristete Einstellung für alle Betreuungszeiten **zusammen** oder **für Teile davon** zulässt ist dies ausdrücklich erlaubt. Ein sachlicher Grund kann zB vorliegen, wenn eine Vertretungskraft zunächst für Zeiten des Mutterschutzes und danach für die Elternzeit oder, wenn diese in Abschnitten genommen wird, für die einzelnen Abschnitte der Elternzeit eingestellt wird. Das gleiche gilt für Arbeitsfreistellungen aufgrund eines Tarifvertrags, einer Betriebsvereinbarung oder einer einzelvertraglichen Vereinbarung. Treten danach zunächst unabsehbare dringende betriebliche Erfordernisse ein (zB zusätzlicher zeitgebundener Auftrag), so kann sich daraus

eine sachliche Rechtfertigung für den Abschluss eines weiteren befristeten Arbeitsvertrages ergeben, der dann allerdings nicht aus § 21 BEEG sachlich gerechtfertigt ist. Als zu vertretende Arbeitnehmer iSd Gesetzes gelten auch **Beamte**, wenn sie (mittelbar) Vertretungsbedarf für Angestellte schaffen (BT-Drs. 14/4374 S. 19; ErfK-*Müller-Glöge* Rz 5; MünchKomm-BGB/*Hesse* TzBfG § 23 Rz 19; offen gelassen *BAG* 9.7.1997 EzA § 21 BErzGG Nr. 2; 21.2.2001 EzA § 620 BGB Nr. 176; aA *Zmarzlik/Zipperer/Viethen* Rz 14a; APS-*Backhaus* Rz 17). Im Falle einer **befristeten Vertragsverlängerung ist »Einstellung«** iSv Abs. 1 der Beginn des vereinbarten Verlängerungszeitraums. Dies ist dann der maßgebliche Zeitpunkt für die Prüfung der Voraussetzungen einer zulässigen Befristung nach § 21 BEEG (*LAG Köln* 21.10.1997 LAGE § 21 BErzGG Nr. 2).

2. Abschluss des befristeten Arbeitsvertrages

Die **Befristungsabrede** ist **schriftlich** zu treffen (§ 14 Abs. 4 TzBfG; BT-Drs. 14/4374 S. 20, 22). Zwar ist dabei die **Angabe** des **Befristungsgrundes** grds. nicht erforderlich (*BAG* 15.8.2001 EzA § 21 BErzGG Nr. 4; KR-*Lipke* § 14 TzBfG Rz 57 ff.), dürfte indessen mit Rücksicht auf die Sonderrechte des Arbeitgebers im Fall des § 21 Abs. 4 und 5 BEEG geboten sein (s.o. Rz 4). Da überdies die **Dauer** des befristeten Arbeitsverhältnisses bei einem auf **bestimmte Zeit** geschlossenen Arbeitsvertrag vorab nach § 14 Abs. 4 TzBfG und später nach § 2 **Abs. 1 Nr. 3** NachwG schriftlich niederzulegen ist, hängt jedenfalls die Wirksamkeit einer **Zweckbefristung** davon ab, dass dem Arbeitnehmer der Zeitpunkt der Zweckerfüllung frühzeitig erkennbar ist. Von daher gehört im Falle der Zweckbefristung zum **Nachweis** der vorhersehbaren **Dauer** die **Angabe des Befristungsgrundes** (ErfK-*Preis* § 2 NachwG Rz 13), selbst wenn dies durch Gesetz oder kollektive Regelung nicht vorgegeben ist. Die im Rahmen der Bestimmung nun zulässige Zweckbefristung (Abs. 3) setzt deshalb voraus, dass der **Vertragszweck**, mit dessen Erreichung das Arbeitsverhältnis enden soll, sehr genau schriftlich zusammen mit der Befristungsabrede nach § 14 Abs. 4 TzBfG niedergelegt wird (*BAG* 21.12.2005 EzA § 14 TzBfG Nr. 25), denn die Bezeichnung des Vertragszwecks tritt an die Stelle der Datums- oder Zeitangabe bei der Zeitbefristung. Ausreichend soll hierzu sein, wenn als Zweck die »Dauer des Mutterschutzes und eines anschließenden Erziehungsurlaubs von Frau X« schriftlich im Arbeitsvertrag festgehalten wird (*LAG RhPf* 5.8.2004 – 11 Sa 340/04). Zur auflösenden Bedingung vgl. Rz 18. 10a

Seit der Gesetzesänderung vom 17.12.1990 (vgl. Rz 2a) bieten **darüber hinausreichende Arbeitsfreistellungen zur Betreuung eines Kinds** ebenfalls einen **sachlichen Grund** für die Befristung einer Ersatzkraft, **soweit** die Arbeitsfreistellung auf einem **Tarifvertrag**, einer **Betriebsvereinbarung** oder einer **einzelvertraglichen Vereinbarung** beruht. Bei Anwendung des **BAT** waren die befristeten Vertretungen nach § 21 BEEG, unabhängig davon ob eine Zeit- oder Zweckbefristung vereinbart wurde, der **Befristungsgrundform** des **Aushilfsangestellten** und nicht des Zeitangestellten (Nr. 1 und 2 SR 2y) zuzuordnen (*BAG* 29.10.1998 EzA § 21 BErzGG Nr. 3). Da nur die Befristungsabrede schriftlich zu treffen ist (§§ 14 Abs. 4, 22 Abs. 1 und 2 TzBfG), genügte es weiterhin, wenn sich durch Auslegung die Befristungsgrundform ermitteln lässt (*BAG* 29.10.1998 EzA § 21 BErzGG Nr. 3). Dies hat sich mit dem Inkrafttreten des **TVöD** geändert (s.o. Rz 9b). 10b

3. Kausalität

Für die Anerkennung eines Vertretungsfalls nach § 21 Abs. 1 BEEG als Befristungsgrund ist stets Voraussetzung, dass die befristete Einstellung der Vertretungskraft mit dem zeitweiligen Ausfall eines Mitarbeiters kausal verknüpft ist (st.Rspr. zuletzt *BAG* 13.10.2004 EzA § 14 TzBfG Nr. 14; 27.9.2000 EzA § BeschFG 1985 Nr. 21; *LAG Köln* 13.9.1995 LAGE § 620 BGB Nr. 41). Dies ermöglicht bei interner Umsetzung auch eine mittelbare Vertretung der wegen Kinderbetreuung freigestellten Mitarbeiters (*Buchner/Becker* Rz 7; MünchArbR-*Heenen* § 229 Rz 37 aE). Das zulässige »Aufgabenkarussell« kann jedoch nur in Gang gesetzt werden, wenn der ausfallende Mitarbeiter im Wege des Direktionsrechts in den Arbeitsbereich des Vertreters hätte umgesetzt werden können (*BAG* 17.4.2002 EzA § 620 BGB Nr. 194; *LAG Köln* 11.5.2005 NZA-RR 2006, 104). Der mittelbaren Vertretung sollte ein Vertretungskonzept zugrunde liegen; sie kann sich indessen auch aus anderen Umständen rechtfertigen (ErfK-*Müller-Glöge* Rz 8; *Annuß/Thüsing-Lambrich* § 23 TzBfG Rz 61) So ist die Befristung eines Arbeitsvertrages sachlich gerechtfertigt, wenn die Einstellung nur mit Haushaltsmitteln möglich ist, die durch die Beurlaubung der Stammkraft vorübergehend frei werden (*BAG* 15.8.2001 EzA § 21 BErzGG Nr. 4). Bleibt die Mitarbeiterzahl gleich, kann die Kausalität von Arbeitsausfall und Vertretung vermutet werden (*LAG Köln* 21.10.1997 LAGE § 21 BErzGG Nr. 2; *Hess. LAG* 16.9.1999 NZA-RR 2000, 293; *Gräfl/Arnold/Imping* Rz 42; aA APS/*Backhaus* Rz 12, der dies bei größeren Arbeitgebern nicht für gerechtfertigt hält). Der ursäch- 10c liche Zusammenhang mit dem Vertretungsfall muss aber – insbesondere bei mehrmaliger Befristung – erkennbar bleiben (*ArbG Berlin* 20.10.1995 AiB 1996, 254). Keine Rolle spielt dagegen, ob die der Vertretung zugrunde liegende Freistellung zu Recht erfolgte (APS/*Backhaus* Rz 15; MünchKomm-BGB/ *Hesse* TzBfG § 23 Rz 19).

10d Der kausale Zusammenhang ist nicht mehr gegeben, wenn die eigentliche Vertretungskraft wegen guter Arbeitsleistungen in ein unbefristetes Arbeitsverhältnis übernommen wurde und eine zweite befristete »Vertretungskraft« als **Platzhalter** für eine nur vage in Aussicht genommene Weiterbeschäftigung der zu vertretenden Elternzeitlerin an anderer Stelle dienen soll. Fehlt es also an einer klaren und für die Betroffenen erkennbaren arbeitgeberseitigen Organisationsentscheidung, so ist eine solche **Befristung auf »Vorrat«**, um sich künftige Umsetzungsmöglichkeiten offen zu halten, sachlich nicht gerechtfertigt (*LAG Köln* 14.1.1999 LAGE § 21 BErzGG Nr. 3; *Annuß/Thüsing-Lambrich* Rz 61). Gleiches gilt für ein am Gesamtvertretungsbedarf (der Finanzverwaltung) angelegtes **Stellenpoolmodell**, das sich mit dem **einzelfallorientierten Ansatz** des § 21 BEEG nicht vereinbaren lässt (*Hess. LAG* 16.9.1999 aaO). Im Streitfall trägt der Arbeitgeber die **Darlegungs- und Beweislast** für die kausale Verknüpfung der befristeten Einstellung der Ersatzkraft mit dem Vertretungsbedarf (*BAG* 15.8.2001 EzA § 21 BErzGG Nr. 4; 27.9.2000 EzA § BeschFG 1985 Nr. 21; *LAG SchlH* 1.10.1997 – 5 Sa 267/96; *Thür. LAG* 8.12.1999 – 6 Sa 609/98; ErfK-*Müller-Glöge* Rz 8). Der Hinweis auf die fachliche Austauschbarkeit der Ersatzkraft mit der zu vertretenden Kraft reicht hierfür nicht aus (*BAG* 13.10.2004 EzA § 14 TzBfG Nr. 15). Es ist vielmehr der ursächliche Zusammenhang zwischen dem zeitweiligen Ausfall des zu vertretenden Mitarbeiters und der Einstellung der Vertretungskraft im Einzelnen darzulegen (*BAG* 21.2.2001 EzA § 620 BGB Nr. 176).

4. Befristungsprognose

10e Die bei der Befristung von Arbeitsverträgen zur Vertretung eines Mitarbeiters **erforderliche Prognose** des Arbeitgebers hat sich nur auf den Wegfall des Vertretungsbedarfs, dh die zu erwartende Rückkehr des zu vertretenden Mitarbeiters zu erstrecken (vgl. allgemein zur Prognose KR-*Lipke* § 14 TzBfG Rz 46 ff.; Rz 104 ff.). **Die Prognose muss sich nicht auf den Zeitpunkt der Rückkehr und auf die Dauer des Vertretungsbedarfs und ebenso wenig auf die Frage beziehen, ob die zu vertretende Stammkraft ihre Arbeit im früheren Umfang (Voll- oder Teilzeitarbeit) wieder aufnehmen wird** (st. Rspr. zuletzt *BAG* 2.7.2003 EzA § 620 BGB 2002 Nr. 6; 6.12.2000 EzA § 620 BGB Nr. 172; 11.11.1998 EzA § 620 BGB Nr. 155; ErfK-*Müller-Glöge* Rz 10; APS/*Backhaus* Rz 22). Denn selbst wenn die Stammkraft nur in vermindertem Umfang wieder tätig wird, entfällt der Vertretungsbedarf im bisherigen Umfang. Da es dem Arbeitgeber freisteht, ob, wie und in welchem Umfang er die auszugleichende Abwesenheit abdecken will, kann er sich zB für nur eine nur zeitweise, unterhalb der Abwesenheitszeit liegende Vertretung seiner Stammkraft entscheiden. Die **fehlende Kongruenz** zwischen **Abwesenheitsdauer des zu Vertretenden und der Dauer der Befristung des Vertreters** lässt daher nicht von vornherein auf das Fehlen eines Sachgrundes schließen (*BAG* 6.12.2000 EzA § 620 BGB Nr. 172; 9.7.1997 EzA § 21 BErzGG Nr. 2). Die Prognose setzt nur dann Zweifel am Vorliegen eines Sachgrundes, wenn vom Standpunkt eines objektiven Dritten die wiederholte, jeweils befristete Beurlaubung des zu vertretenen Mitarbeiters nach den Umständen des Einzelfalls seine Rückkehr offensichtlich nicht mehr erwarten lässt (vgl. *BAG* 6.12.2000 EzA § 620 BGB Nr. 172; 22.11.1995 EzA § 620 BGB Nr. 138; 11.11.1998 EzA § 620 BGB Nr. 155; *Annuß/Thüsing-Lambrich* § 23 TzBfG Rz 62).

10f Schlichte **Zweifel**, ob der zu Vertretende seine Arbeit tatsächlich wieder aufnehmen wird, reichen deshalb nicht aus, die **Prognose** des Arbeitgebers zu erschüttern. Anders ist es, wenn der zu vertretende Arbeitnehmer sich vor dem Abschluss des befristeten Arbeitsvertrages mit der Vertretungskraft **verbindlich** gegenüber dem Arbeitgeber geäußert hat, dass er die Arbeit nicht wieder aufnehmen werde. **Unverbindliche Ankündigungen** hierzu genügen dagegen nicht (*BAG* 2.7.2003 EzA § 620 BGB 2002 Nr. 6). Behauptet die befristet eingestellte Vertretungskraft, die vertretene Arbeitnehmerin habe sich frühzeitig verbindlich gegenüber dem Arbeitgeber dahin erklärt, nicht zurückzukehren zu wollen – zB durch Ausspruch einer Kündigung -, so obliegt ihr hierfür die **Darlegungs- und Beweislast** (*BAG* 2.7.2003 EzA § 620 BGB 2002 Nr. 6). Um die Prognose als Teil des Sachgrundes zu erschüttern genügt es ferner nicht, dass der künftige Vertretungsbedarf sich über die weitere Inanspruchnahme von Elternzeit durch dritte Arbeitnehmer verlängern kann (*LAG Köln* 13.9.1995 LAGE § 620 BGB Nr. 41; APS-*Backhaus* Rz 6). Gegen die Prognose sprechen dagegen **erhebliche Zweifel**, wenn die angestrebte Gesamtvertretungszeit die Gesamtzeit sämtlicher Ausfallzeiten überschreitet (*Lambrich* aaO, Rz 62; *Gräfl/Arnold/Imping* Rz 43). Alles in allem sind die nach **§ 21 BEEG vom Arbeitgeber zu erfüllenden Anfor-**

Befristete Arbeitsverträge § 21 BEEG

derungen an eine den Sachgrund gebende Prognose **geringer** zu veranschlagen **als** in übrigen Vertretungsfällen **nach § 14 Abs. 1 Nr. 3 TzBfG**. Dies kommt schon in der abweichenden Normierung zum Ausdruck, die eine Befristung ebenso »für Teile« der Vertretungszeit gestattet (*BAG* 6.12.2000 EzA § 620 BGB Nr. 172; 11.12.1991 EzA § 620 BGB Nr. 119) und großzügig auch auf die Einarbeitungszeiten erstreckt.

5. Beteiligung des Betriebsrats oder Personalrats

Da das Gesetz in § 15 Abs. 4 BEEG während der Elternzeit eine Teilzeitbeschäftigung bis zu 30 Stunden die Woche erlaubt, fallen uU Beteiligungsrechte des Betriebsrats bei der Arbeitszeitgestaltung an. Wird für die Elternzeit die bisherige Tätigkeit in Teilzeitarbeit fortgesetzt, liegt in der Arbeitszeitreduzierung allein keine mitbestimmungspflichtige **Versetzung** nach §§ 95 Abs. 3, 99 Abs. 1 BetrVG (*BAG* 23.11.1993 EzA § 95 BetrVG 1972 Nr. 28). Wechselt der Anspruchsinhaber der Elternzeit mit Zustimmung seines Arbeitgebers befristet in ein Teilzeitarbeitsverhältnis zu einem anderen Arbeitgeber (§ 15 Abs. 4 S. 2 BEEG), ist der dortige Betriebsrat an der **Einstellung** nach § 99 Abs. 1 BetrVG zu beteiligen. Vereinbart der bisherige Arbeitgeber mit dem Berechtigten, ihn auf dem bisherigen Arbeitsplatz aushilfsweise in Teilzeit zu beschäftigen, so handelt es sich um eine beteiligungspflichtige Einstellung iSd § 99 BetrVG, da wegen des vorübergehend freigewordenen Arbeitsvolumens die Interessen des Erziehungsurlaubers mit denen anderer Belegschaftsmitglieder im Betrieb gegeneinander abzuwägen sind (*BAG* 28.4.1998 EzA § 99 BetrVG 1972 Einstellung Nr. 5). Wird indessen eine neue Kraft eingestellt, um den Ersatzbedarf wegen der Elterzeit abzudecken, verbleibt es bei den allgemeinen Verfahren nach § 99 BetrVG (vgl. dazu KR-*Lipke* § 14 TzBfG Rz 383 ff.).

10g

Sieht das **Personalvertretungsrecht** weitergehende Beteiligungsrechte des Personalrats bei der Begründung befristeter Arbeitsverhältnisse vor, ist der öffentliche Arbeitgeber unter Umständen gehalten seine Prognose offenzulegen und bei abweichender Vertragsgestaltung zum Befristungsgrund oder zur Befristungsdauer erneut eine Zustimmung des Personalrats einzuholen (*BAG* 27.9.2000 BB 2001, 412; 9.6.1999 EzA § 620 BGB Nr. 163). Im Übrigen hängt es von der unterschiedlichen Reichweite der Beteiligungsrechte des jeweiligen Landespersonalvertretungsrechts ab, ob eine fehlerhafte Unterrichtung zur Unwirksamkeit der vereinbarten Befristung nach § 21 BEEG führen kann (vgl. *LAG Hamm* 16.4.2002 LAGE § 620 BGB Personalrat Nr. 7; 16.7.2002 – 5 Sa 460/02; *LAG Nds.* 5.12.2002 LAGE § 620 BGB Personalrat Nr. 8). Eine **fehlende Zustimmung des Personalrats** hat nur dann die **Unwirksamkeit der befristeten Einstellung** oder deren Verlängerung zur Folge, wenn diese selbst **Gegenstand des Mitbestimmungsrechts** des Personalrats ist (*BAG* 5.5.2004 EzA § 15 TzBfG Nr. 1 zu § 69 PersVG Thüringen; vgl auch KR-*Lipke* § 14 TzBfG Rz 392 ff. Zu den Besonderheiten bei einer Einarbeitungszeit nach Abs. 2 s.u. Rz 15b).

10h

II. Die Sachgründe zur Befristung

1. Beschäftigungsverbote nach dem MuschG

Nach dem ersten Regierungsentwurf (s.o. Rz 1) sollte nur die Vertretung für die **Dauer der Schutzfristen vor und nach der Niederkunft** gem. § 3 Abs. 2 und § 6 Abs. 1 MuSchG als sachlicher Grund anerkannt werden (BT-Drs. 10/3792). Aufgrund der Stellungnahme des Bundesrats (BR-Drs. 350/85) ist diese Einschränkung mit der Begründung gestrichen worden, befristete Arbeitsverträge sollten **auch in den Fällen der sonstigen Beschäftigungsverbote** zulässig sein. Der Arbeitgeber kann also nach § 21 Abs. 1 BEEG für die Dauer aller Beschäftigungsverbote nach dem MuschG eine Ersatzkraft befristet einstellen. Darunter fallen die **Beschäftigungsverbote des § 3 Abs. 1 MuSchG**, soweit nach ärztlichem Zeugnis Leben oder Gesundheit von Mutter und Kind bei Fortdauer der Beschäftigung gefährdet sind (*Glatzel* AR-Blattei Rz 207; *Zmarzlik/Zipperer/Viethen* Rz 12), ebenso wie die **Beschäftigungsverbote der §§ 4 und 8 MuSchG** (Verbote von schwerer körperlicher Arbeit, von Mehrarbeit, Nacht- und Sonntagsarbeit *Gröninger/Thomas* Rz 3; *Annuß/Thüsing-Lambrich* § 23 TzBfG Rz 53). Ferner setzt **§ 6 Abs. 2 MuSchG,** der es untersagt, Frauen zu einer die Leistungsfähigkeit übersteigenden Arbeit heranzuziehen, die in den ersten Monaten nach der Entbindung nach ärztlichem Zeugnis nicht voll leistungsfähig sind, ein Beschäftigungsverbot iSv § 21 Abs. 1 BEEG. Schließlich gehören auch die in § 6 Abs. 3 MuSchG für **stillende Mütter** ausgeschlossenen Tätigkeiten dazu (ebenso *Gröninger/Thomas* aaO). Sofern die Beschäftigungsverbote die Tätigkeit der geschützten Frau nicht in vollem Umfang unterbinden (§§ 4, 8 MuSchG), kann für den abzudeckenden Rest ebenfalls befristet eine Ersatzkraft nach § 21 BEEG eingestellt werden, soweit eine kausale Verknüpfung erkennbar ist (APS-*Backhaus* Rz 14; *Dörner* Befr. Arbeitsvertrag Rz 842).

11

2. Elternzeit

12 Ein **sachlicher Grund** für die Befristung liegt nach § 21 Abs. 1 BEEG vor, wenn der Arbeitgeber einen **Vertreter für die Dauer der Elternzeit oder Teile davon** einstellt. Voraussetzung ist, dass es sich um eine Elternzeit iSv §§ 15, 16 BEEG handelt. Der Gesetzgeber hat **zum 1.1.2001 den Kreis der Anspruchsberechtigten ausgeweitet.** Er gestattet die viermalige abschnittsweise Inanspruchnahme der Elternzeit, die wechselnde oder sogar die gleichzeitige Inanspruchnahme durch die Berechtigten. Zum **1.1.2004** ist die Inanspruchnahme auf **zwei Zeitabschnitte je Elterteil** beschränkt worden (s.o. Rz 2f). Die insgesamt dreijährige Elternzeit muss in ihrem ersten Abschnitt spätestens **sechs Wochen**, so sie nach der Geburt des Kindes oder nach Ablauf der Mutterschutzfrist beginnen soll, **ansonsten acht Wochen vor ihrem Beginn schriftlich dem Arbeitgeber gegenüber verlangt werden.** Gleichzeitig ist die Erklärung abzugeben, für welche Zeiten innerhalb von zwei Jahren die Elternzeit genommen wird (§ 16 Abs. 1 BEEG; *Sowka* NZA 2004, 83). Da die Elternzeit bei einem Arbeitgeber mit idR mehr als 15 beschäftigten Arbeitnehmern (Kopfzahl) mit einem, ebenfalls acht Wochen vorher schriftlich anzuzeigenden Anspruchs auf Verringerung der Arbeitszeit (§ 15 Abs. 6 und 7 BEEG) zwischen 15 und 30 Wochenstunden verknüpft werden kann, ergeben sich in der **Arbeitskräftedisposition des Arbeitgebers, insbesondere für den Einsatz befristeter Ersatzkräfte, erhebliche Erschwernisse** (vgl. *Peters-Lange/Rolfs* NZA 2000, 684; *Sowka* NZA 2000, 1185, 1188; *Reinecke, B.* FA 2001, 10, 13; *Koch, U./Leßmann, J.* AuA 2001, 9; *Sowka* NZA 2004, 83). Die erschwerte Planbarkeit kann nur durch **herabgesetzte Anforderungen** an die dem Arbeitgeber abzuverlangende **Befristungsprognose** ausgeglichen werden (vgl. Rz 10f).

12a Nachdem das BAG nun sogar Arbeitnehmern, die sich zunächst für die Elternzeit ohne Teilzeitbeschäftigung entschieden hatten, gestattet während der laufenden Elternzeit doch noch eine Teilzeitbeschäftigung bei ihrem Arbeitgeber aufzunehmen (§§ 15 Abs. 5 bis 7 BEEG; *BAG* 19.4.2005 EzA § 15 TzBfG Nr 15), erhöht sich das **Planungsrisiko des Arbeitgebers** erneut. Hat der Arbeitgeber allerdings bereits eine Vollzeitvertretung für die Dauer der Elternzeit befristet eingestellt, können dem späten **Teilzeitverlangen** des Elternzeitberechtigten **dringende betriebliche Gründe** (vgl. hierzu *Reiserer/Penner* BB 2002, 1962) entgegenstehen. Das hat das BAG für den Fall angenommen, dass keine anderen Beschäftigungsmöglichkeiten im Betrieb vorhanden sind und sich die Ersatzkraft ebenso wie andere Arbeitnehmer weigern ihre Arbeitszeiten (übergangsweise) zu verringern.

13 Die vom Elternzeitberechtigten regelmäßig einzuhaltenden **Anzeigefristen** von sechs bzw. acht Wochen sollen dem Arbeitgeber helfen, rechtzeitig handeln und eine Ersatzkraft befristet oder unbefristet einstellen zu können. Zweifelhaft ist, ob dabei noch entscheidend auf eine »**zu Recht verlangte Elternzeit**« abzustellen ist. Obwohl § 21 Abs. 1 BEEG seit dem 1.1.1992 das **berechtigte Verlangen von Elternzeit** nicht mehr ausdrücklich zur Befristungsvoraussetzung für die Einstellung einer Ersatzkraft erhebt (*Dörner* Befr. Arbeitsvertrag Rz 843), hat sich die Rechtsprechung dazu nicht geändert (*BAG* 9.11.1994 EzA § 21 BErzGG Nr. 1; »nur redaktionelle Änderung«). Demnach schafft nur die nach Gesetz oder Tarifvertrag **ordnungsgemäße Inanspruchnahme** von Elternzeit (Erziehungsurlaub) die Grundlage für eine befristete Ersatzeinstellung mit Sachgrund. Ist ein **Antrag auf Elternzeit** gestellt, kann der Arbeitgeber mit der Vertretungskraft eine Befristung nach § 21 BEEG rechtswirksam vereinbaren (*BAG* 9.7.1997 EzA § 21 BErzGG Nr. 2). Die Erwartung, dass ein solcher Antrag gestellt werde, kann nur im Ausnahmefall eine Befristung nach § 21 BEEG rechtfertigen (*BAG* 9.11.1994 EzA § 21 BErzGG Nr. 1 mit Anm. *Berger-Delhey*).

13a Die hierzu fortgeführte Rechtsprechung erfährt durchgängig Kritik (*Backhaus* APS Rz 16, 24; *Annuß/Thüsing/Lambrich* § 23 TzBfG Rz 55; *Gräfl/Arnold/Imping* § 23 TzBfG Rz 40 f.). Nach dem geänderten Wortlaut des Gesetzes muss es genügen, wenn der Arbeitgeber aufgrund von Erfahrungen oder Äußerungen des Elternzeitberechtigten gegenüber Dritten den befristeten Arbeitsvertrag mit der Vertretung bereits vor dem Verlangen nach Elternzeit abschließt. Dies ist ihm aus Gründen der Planungssicherheit zuzugestehen. Belässt man hierbei das **Risiko des Irrtums** grds. beim vorzeitig handelnden **Arbeitgeber**, gelingt es ihm aber **die kausale Verknüpfung von Elternzeit und befristeter Ersatzeinstellung zu belegen** (s.o. Rz 10b), so kann die Befristung – schon angesichts des dem Arbeitgeber wegen denkbarer **Einarbeitungszeiten** (§ 21 Abs. 2 BEEG) zuzubilligenden **erweiterten Prognosespielraums** – in einem solchem Ausnahmefall auf § 21 BEEG gestützt werden. Dies gilt umso mehr vor dem Hintergrund der neueren Rechtsprechung zu § 15 Abs. 5 bis 7 BEEG (s.o. Rz 12a). Ein Wegfall der Geschäftsgrundlage der Befristung (so KDZ-*Däubler* § 21 BErzGG Rz 5) kann daher in diesen Fällen nicht angenommen werden.

3. Arbeitsfreistellung zur Kinderbetreuung

Ein sachlicher Grund für eine befristete Ersatzeinstellung liegt seit Änderung des BErzGG vom 17.12.1990 (s.o. Rz 2) ebenso vor, wenn auf der Grundlage eines **Tarifvertrags**, einer **Betriebsvereinbarung** oder einer **einzelvertraglichen Abrede Arbeitsfreistellung zur Betreuung eigener oder adoptierter Kinder** gewährt wird, die über die Zeiten eines Beschäftigungsverbotes nach dem MuSchG oder der gesetzlichen Elternzeit hinausreichen. § 21 Abs. 1 BEEG **will Freistellungen zur Kinderbetreuung erweitern** und damit zugleich die **befristete Einstellung von Ersatzkräften erleichtern**. So ist es durchaus möglich, nach Beendigung der Elternzeit und zeitweiliger Arbeitsaufnahme erneut eine Arbeitsbefreiung zur Kinderbetreuung zu beanspruchen, wenn diese tariflich (zB § 50 Abs. 1 BAT; jetzt § 28 TVöD), arbeitsvertraglich oder durch (freiwillige) Betriebsvereinbarung eröffnet wird. In solchem Fall gestattet § 21 Abs. 1 BEEG wiederum eine befristete Ersatzeinstellung mit sachlichem Grund (APS/*Backhaus* Rz 18; aA *Gröninger/Thomas* Rz 6). Darin liegt – selbst bei einem zeitlichen Zusammenhang zwischen der gesetzlichen Elternzeit und dem tariflichem Sonderurlaub zur Kinderbetreuung – **keine unzulässige Kettenbefristung** (ebenso *Annuß/Thüsing/Lambrich* TzBfG Rz 59).

13b

Voraussetzung für eine befristete Ersatzeinstellung ist allerdings, dass das **Arbeitsverhältnis des Vertretenen zum Arbeitgeber weiter besteht**. Es darf also nur zu einer Suspendierung der Hauptleistungspflichten kommen. Ein tarifvertraglicher Anspruch auf bevorzugte Wiedereinstellung nach dem Ausscheiden aus dem Arbeitsverhältnis zum Zwecke der Kinderbetreuung genügt hierfür nicht (*Zmarzlik/Zipperer/Viethen* Rz 13). Ob dem zu vertretenden Arbeitnehmer die Freistellung zu Recht gewährt worden ist, bleibt dagegen für die Wirksamkeit der Befristung ohne Belang (ErfK-*Müller-Glöge* Rz 9; *Dörner* Befr. Arbeitsvertrag Rz 843).

13c

III. Dauer der Befristung

1. Zeiten der Beschäftigungsverbote und der Kinderbetreuung

Die Befristungsdauer richtet sich nach § 21 Abs. 1 und 2 BEEG. Danach kann der Arbeitgeber für die Dauer der Beschäftigungsverbote nach dem MuSchG, die Dauer des Erziehungsurlaubs, die Dauer einer darüber hinausreichenden Kinderbetreuungszeit für **alle Zeiten zusammen oder Teile davon** mit einer Ersatzkraft einen befristeten Arbeitsvertrag schließen. Der Arbeitgeber wird zweckmäßigerweise mit der Ersatzkraft zunächst einen befristeten Vertrag für die Dauer der Beschäftigungsverbote und erst danach einen Anschlussvertrag für die Dauer des Erziehungsurlaubs abschließen. Später sind weitere befristete Arbeitsverträge für Ersatzkräfte zulässig, wenn darüber hinausreichende Arbeitsfreistellungen zur Kinderbetreuung nach Tarifvertrag, Betriebsvereinbarung oder Arbeitsvertrag verlangt werden.

14

Unabhängig davon ist eine **weitere Befristung mit sachlichem Grund nach § 14 Abs. 1 TzBfG zulässig**. Für jeden sachlichen Grund nach § 21 BEEG und nach § 14 Abs. 1 TzBfG kann mit verschiedenen Arbeitnehmern ein befristeter Arbeitsvertrag vereinbart werden (ArbRBGB-*Dörner* § 620 BGB Rz 439; *Buchner/Becker* Rz 11 ff.). Sowie es nunmehr nach dem Wortlaut und Sinn des **§ 21 Abs. 1 BEEG** zulässig ist, die befristete Einstellung der Ersatzkraft nach der **Einschätzung des Vertretungsbedarfs** durch den Arbeitgeber auf einen **Teil der Ausfallzeit** des zu Vertretenen zu beschränken (*BAG* 6.12.2000 EzA § 620 BGB Nr. 172; 9.7.1997 EzA § 21 BErzGG Nr. 2; *Gröninger/Thomas* Rz 11; *Dörner* aaO § 620 BGB Rz 444; s.o. Rz 10e), so ist es **außerhalb des Anwendungsbereichs von** § 21 BEEG gestattet, den Arbeitsvertrag nacheinander rechtswirksam **mit jeweils neuem sachlichen Grund** zu befristen, um den von **mehreren** zeitweilig wegen **Elternzeit** ausgeschiedenen **Kräften** entstandenen **Vertretungsbedarf insgesamt abzudecken** (*BAG* 10.5.1989 – 7 AZR 455/88 – nv; vgl. KR-*Lipke* § 14 TzBfG Rz 108). Im Rahmen des § 21 BEEG muss die Dauer der Befristung nicht in mit der Dauer des Freistellungstatbestandes übereinstimmen (*Dörner* Befr. Arbeitsvertrag Rz 845).

14a

2. Zeiten notwendiger Einarbeitung

Nach § 21 Abs. 2 BEEG darf die Befristung zusätzlich Zeiten notwendiger Einarbeitung umfassen. **Eine genaue Zeitspanne ist hierzu nicht vorgegeben.** In welchem Umfang eine Einarbeitung erforderlich ist, richtet sich nach den Umständen des Einzelfalls. Hierbei ist eine **großzügige Betrachtungsweise** geboten (ebenso APS-*Backhaus* Rz 21; *Dörner* Befr. Arbeitsvertrag Rz 845); dies spricht die Entwicklung der Gesetzgebung: Nach dem Regierungsentwurf sollte bei damals 12-monatigen Erziehungsurlaub die Gesamtdauer der Befristung 15 Monate nicht übersteigen (BT-Drs. 10/3792, S. 8). Aufgrund der Stellungnahme des Bundesrats (BR-Drs. 350/85, S. 17) ist diese Obergrenze mit der Begründung ge-

15

strichen worden, anderenfalls blieben für den Regelfall nur **sechs Wochen** zur Einarbeitung, in vielen Fällen seien aber **längere Einarbeitungszeiten** erforderlich (*Annuß/Thüsing/Lambrich* § 23 TzBfG Rz 64; ErfK-*Müller-Glöge* Rz 10; *Gröninger/Thomas* Rz 7; *Wiegand* Rz 12).

15a Über die reine Vertretungsdauer hinaus ist die **Befristung der Ersatzkraft** mithin für die zusätzliche Einweisungszeit sachlich gerechtfertigt (KDZ-*Däubler* Rz 10). Diese wird regelmäßig vor Eintritt des Vertretungsfalls stattfinden und nicht selten durch den später zu Vertretenen geleistet. Dabei kann es sich immer nur um eine **Einarbeitung, nicht um die grundlegende Vermittlung allgemeiner Kenntnisse** handeln (*Buchner/Becker* Rz 17). Aber auch der umgekehrte Fall, die **Einarbeitung des** aus einer längeren Kinderbetreuungsphase **zurückkehrenden Arbeitnehmers** durch den Vertreter, dürfte von § 21 Abs. 2 BEEG gedeckt sein (APS-*Backhaus* aaO; *Annuß/Thüsing/Lambrich* aaO, Rz 65). Der zeitliche Umfang der Einarbeitung ist von den zu übernehmenden Aufgaben und der Qualifikation der Ersatzkraft abhängig. Da bei einer Vertretung allgemein Einarbeitungszeiten erforderlich sind, ist erwogen worden, ob die Vorschrift des § 21 Abs. 2 BEEG vom Rechtsgedanken her nicht auf **alle Befristungen zum Zwecke einer Vertretung anzuwenden ist** (Analogie) oder strikt auf den Anwendungsbereich von § 21 BEEG zu beschränken bleibt (vgl. dazu KR-*Lipke* § 14 TzBfG Rz 105).

15b Ergibt sich aus der Zusammenrechnung von Elternzeit und Einarbeitungszeit eine Zeitspanne von **mehr als drei Jahren**, so ist der **Betriebsrat** hierzu nach § 99 Abs. 1 BetrVG unter Hinweis auf die Verlängerung infolge der Einarbeitung zu hören (*LAG BW* 5.7.2000 – 12 Sa 89/99), da die Weiterbeschäftigung eines Arbeitnehmers nach Erreichen des Befristungsendpunkts als Einstellung zu werten ist (*BAG* 7.8.1990 EzA § 99 BetrVG 1972 Nr. 91). Der Betriebsrat ist dabei zu den Umständen der **Einarbeitung** zu unterrichten und anzuhören. Zu den Beteiligungsrechten des Betriebsrats und Personalrats im Übrigen s.o. Rz 10g.

IV. Bestimmtheit oder Bestimmbarkeit

1. Kalendermäßige Befristung

16 Nach § 21 Abs. 3 1. Alt. BEEG muss die **Dauer** des befristeten Arbeitsvertrags mit der Ersatzkraft **kalendermäßig bestimmt oder bestimmbar** sein. Damit soll der Endzeitpunkt des Arbeitsvertrags für die Vertragsparteien von Anfang an klargestellt sein (Amtl. Begr. des RegE, BT-Drs. 10/3792, S. 22). **Kalendermäßig bestimmt ist die Dauer der Befristung, wenn das Arbeitsverhältnis zu einem bestimmten Datum endet.** Kalendermäßig bestimmbar ist ein nach Kalendermonaten befristetes Arbeitsverhältnis (»für acht Monate«, »bis Ende Juli«) oder eine Befristung für die volle Dauer der bspw. für zwei Jahre in Anspruch genommenen Elternzeit (*BAG* 9.11.1994 EzA § 21 BErzGG Nr. 1 mit abl. Anm. *Berger-Delhey*; *Gröninger/Thomas* Rz 12; *Zmarzlik/Zipperer/Viethen* Rz 15; *Buchner/Becker* Rz 18). Wird eine Zeitspanne festgelegt, richtet sich die Fristberechnung nach §§ 187 Abs. 2 S. 1, 188 Abs. 2 BGB (vgl. näher dazu KR-*Bader* § 3 TzBfG Rz 16 ff.).

2. Zweckbefristung

17 Kalendermäßig **nicht bestimmbar ist** dagegen die Befristung **»bis zum Ende der Elternzeit«**, da diese infolge eines Wechsels in der Erziehungsperson (§§ 15 Abs. 3 S. 1, 16 Abs. 1 S. 4 BEEG) oder Tod des Kindes vorzeitig enden kann, ohne dass dies von den Vertragsparteien vorauszusehen wäre (§ 16 Abs. 3 und 4 BEEG). Eine Befristung »zum Ende des Erziehungsurlaubs (Elternzeit)« war daher **bis zum Inkrafttreten der Gesetzesänderung** in § 21 Abs. 3 BErzGG zum **1.10.1996** (s.o. Rz 2b) **unzulässig**. Es reichte bis dahin nicht aus, das Befristungsende »ereignismäßig bestimmbar« zu umschreiben (*BAG* 9.11.1994 EzA § 21 BErzGG Nr. 1 mit abl. Anm. *Berger-Delhey*; offen gelassen noch *BAG* 13.6.1990 – 7 AZR 309/89 – nv; *Glatzel* AR Blattei Rz 208). Das entsprach auch den Absichten des Gesetzgebers, wie die Begründung des Regierungsentwurfs zur alten Regelung zeigt (BT-Drs. 10/3792, S. 22). Danach sollte das Ende des befristeten Arbeitsverhältnisses für beide Vertragsparteien **von Anfang an** klargestellt sein.

17a Der Gesetzgeber hat **ab 1.10.1996** durch eine Erweiterung der Regelung in Abs. 3 eine zweite Befristungsmöglichkeit (**2. Alt.**) geschaffen. Fortan ist die **Zweckbefristung ausdrücklich zugelassen,** wenn sich die Befristungsdauer für die Ersatzkraft den in § 21 Abs. 1 und 2 BEEG angeführten Zwecken entnehmen lässt (*LAG RhPf* 5.8.2004 – 11 Sa 340/04; *Preis* NJW 1996, 3369, 3374; *Gröninger/Thomas* Rz 12; APS-*Backhaus* Rz 24 ff.; BT-Drs. 13/4612, S. 13, 18 f.). Die Zweckerreichung kann nicht nur an das Ende der Elternzeit sondern außerdem an eine mit Zustimmung des Arbeitgebers vorzeitige Rückkehr aus der Elternzeit gebunden werden (*Rolfs* NZA 1996, 1140), da diese Fallgestaltung in § 16 Abs. 3 BEEG ausdrücklich vorgesehen ist. **Mit der »Rechtsprechungskorrektur« des Gesetzgebers sind die vorher bestehenden Erschwernisse für den Arbeitgeber beseitigt worden.**

Damit hat sich indessen die Rechtsstellung der befristet beschäftigten Vertretungskraft verschlechtert, weil sich unvorhersehbare Entwicklungen in der zu vertretenden Person allein zu ihren Lasten auswirken. Deshalb hat der Arbeitgeber der befristet beschäftigten Ersatzkraft in den Fällen der **nicht vorhersehbaren Zweckerreichung** deren Eintritt unverzüglich anzukündigen und dabei eine **Auslauffrist** einzuräumen, um ihr ein Minimum an Orientierungssicherheit zu gewähren (KDZ-*Däubler* Rz 12; APS-*Backhaus* Rz 24; HK-*Höland* Anh. Rz 35). Die Notwendigkeit einer rechtzeitigen Ankündigung der Zweckerreichung ergibt sich nunmehr aus § 15 Abs. 2 TzBfG. Eine unmittelbare Anwendung verbietet sich zwar aus § 23 TzBfG. Da der **Schutzzweck des § 15 Abs. 2** (näher KR-*Lipke* § 15 TzBfG Rz 6 ff.) indessen für alle Arbeitnehmer mit zweckbefristeten Arbeitsverträgen gilt, ist im Geltungsbereich des § 21 BEEG das **Gebot der schriftlichen Mitteilung** (Form: §§ 126 Abs. 1, 126a BGB) der Zweckerreichung und die Einhaltung einer Mindestauslauffrist von zwei Wochen ab Kenntnis des Arbeitnehmers vom Arbeitgeber **zu beachten** (für direkte Anwendung: *Annuß/Thüsing-Lambrich* § 23 TzBfG Rz 68; *Dörner* Befr. Arbeitsvertrag Rz 846; *Lakies* NJ 1997, 290 f.; *Staudinger/Preis* § 620 BGB Rz 239). Hält sich der Arbeitgeber nicht daran, treffen ihn die Rechtsfolgen aus § 15 Abs. 5 TzBfG (vgl. dazu KR-*Lipke* § 15 TzBfG Rz 26 ff.). Von dieser Fallgestaltung ist das Sonderkündigungsrecht des Arbeitgebers nach § 21 Abs. 4 BEEG zu trennen (s.u. Rz 22 ff.). 17b

Bei der Handhabung der Zweckbefristung ist darauf zu achten, dass der **Beendigungstatbestand hinreichend deutlich vereinbart und nicht auf unabsehbare Zeit angelegt** ist (MünchArbR-*Heenen* § 229 Rz 39). Tritt der vorgesehene Beendigungstatbestand unerwartet nicht ein, kann sich die Notwendigkeit einer **ergänzenden Vertragsauslegung** ergeben, die nicht immer die von **beiden Vertragsparteien** gewünschten Rechtsfolgen zeitigt (vgl. *BAG* 26.6.1996 EzA § 620 BGB Bedingung Nr. 12). So rechtfertigt der **Sachgrund der Vertretung** für sich allein in aller Regel nicht die Befristung eines Arbeitsvertrages mit dem Vertreter, falls **der Vertretene wider Erwarten aus dem Arbeitsverhältnis ausscheidet**; denn der Vertretungsbedarf bleibt danach grds. erhalten (*BAG* 24.9.1997 EzA § 620 BGB Nr. 147; 5.6.2002 EzA § 620 BGB Nr. 192; *Dörner* Befr. Arbeitsvertrag Rz 306f.). Für eine **Zweckbefristung** nach § 21 BEEG kann dies bedeuten, dass sie nicht trägt, wenn **der Vertretene überraschend wegen Eigenkündigung, Erwerbsunfähigkeit oder Todes endgültig aus dem Arbeitsverhältnis ausscheidet** und infolgedessen eine zeitlich begrenzte Vertretung nicht mehr vorliegt. Dies kann dann zur Entfristung des Arbeitsvertrages der Ersatzkraft führen. (ebenso APS-*Backhaus* Rz 27; *Annuß/Thüsing-Lambrich* § 23 TzBfG Rz 69). 17c

Da nicht alle Eventualitäten einer künftigen Entwicklung bei der Befristungsvereinbarung übersehen werden können, empfiehlt es sich bei der Einstellung einer Vertretungskraft nach § 21 BEEG daher, **neben der Zweckbefristung zusätzlich stets eine Zeitbefristung** vorzunehmen (*LAG Köln* 13.9.1995 LAGE § 620 BGB Nr. 41), die auch mehrfach verlängert werden kann (*B. Gaul* Anm. *BAG* 26.6.1996 EzA § 620 BGB Bedingung Nr. 12 unter Hinweis auf *BAG* 22.11.1995 EzA § 620 BGB Nr. 138). Die sog. **Doppelbefristung** ist grds. **zulässig** (st.Rspr., zuletzt *BAG* 15.8.2001 EzA § 21 BErzGG Nr. 4). Dem **Arbeitgeber** wird damit das **Risiko genommen** infolge des ungewissen Endes der Elterzeit die befristet eingestellte Ersatzkraft über den Vertretungsbedarf hinaus beschäftigen zu müssen (*LAG Hamm* 16.7.2002 – 5 Sa 460/02). 17d

Sobald die **erste Befristungsbegrenzung (Sachgrund mit Zweckbefristung)** greift, liegt in der **zweiten Befristungsbegrenzung (eigenständiger Sachgrund mit Zeitbefristung)** der nach **§ 15 Abs. 5 TzBfG** erforderliche **Widerspruch** (vgl. *BAG* 23.4.1980 EzA § 15 KSchG nF Nr. 24; 26.7.2000 § 1 BeschFG 1985 Nr. 19), welcher einen Übergang in ein unbefristetes Arbeitsverhältnis verhindert (im Ergebnis ebenso *Küttner/Kania* 90 Rz 21, 40; *Sowka* DB 2002, 1161; *Annuß/Thüsing-Lambrich* § 23 TzBfG Rz 69; *Boewer* § 14 TzBfG Rz 52; *Rolfs* § 15 TzBfG Rz 19 f.; *Gräfl/Arnold/Gräfl* § 3 TzBfG Rz 22; *Dörner* Befr. Arbeitsvertrag Rz 53, 55 mwN; aA *Backhaus* § 3 TzBfG Rz 10, § 15 TzBfG Rz 91; zweifelnd ebenso ErfK-*Müller-Glöge* § 3 TzBfG Rz 18, § 15 TzBfG Rz 41; die allein auf die im Unterschied zu § 625 BGB in § 22 Abs. 1 TzBfG festgelegte Unabdingbarkeit des § 15 Abs. 5 TzBfG abstellen wollen). Der Widerspruch kann durch schlüssiges Verhalten und schon zeitlich vor dem Erreichen des Zweckes angemeldet werden (*BAG* 5.5.2004 EzA § 15 TzBfG Nr. 1; 26.7.2000 EzA § 1 BeschFG 1985 Nr. 19; *Lambrich* aaO). Die **Funktion des Widerspruchs**, dem Arbeitnehmer Klarheit über die rechtlichen Folgen der tatsächlichen Fortsetzung des Arbeitsverhältnisses zu verschaffen, wird über die **Doppelbefristung** erfüllt. Daher bedarf es einer **teleologischen Reduktion** von § 15 Abs. 5 TzBfG (*ArbG Berlin* 27.11.2003 LAGE § 15 TzBfG Nr. 2; vgl. dazu auch KR-*Bader* § 3 TzBfG Rz 48 und differenzierend KR-*Fischermeier* § 625 BGB Rz 11a mwN. Zum erweiterten Sonderkündigungsrecht des Arbeitgebers nach Abs. 4 s.u. Rz 22 f.). 17e

3. Auflösende Bedingung

18 Die auflösende Bedingung birgt als Unterfall der Befristung in der **Ungewissheit des Bedingungseintritts** eine besondere Gefahr der Umgehung des Kündigungsschutzes in sich (KR-*Lipke* § 620 BGB Rz 131). Da die Voraussetzungen der Zweckbefristung und der auflösenden Bedingung von Arbeitsverhältnissen – abgesehen vom Grad der Ungewissheit, ob das als Beendigungstatbestand vereinbarte Ereignis eintreten wird (KR-*Bader* § 21 TzBfG Rz 17 ff.) – sich im Wesentlichen entsprechen (*BAG* 26.6.1996 EzA § 620 BGB Bedingung Nr. 12; 24.9.1997 EzA § 620 BGB Nr. 147 mit zust. Anm. *B. Gaul*; 4.12.1990 EzA § 620 Bedingung Nr. 10) hat für eine zulässige auflösende Bedingung im Zeitpunkt des Vertragsabschlusses ein **sachlicher Grund** zu bestehen. Soweit dieser den Zwecken von § 21 Abs. 1 und 2 entspricht (... Beendigung des Arbeitsverhältnisses mit Rückkehr des/der Elternzeitberechtigten X in den Betrieb ...), ist eine auflösende Bedingung jedenfalls über eine Abrede **nach §§ 21, 14 TzBfG** zulässig (APS/*Backhaus* Rz 28; ErfK-*Müller-Glöge* Rz 7; *Dörner* Befr. Arbeitsvertrag Rz 840). Eine auflösende Bedingung direkt auf § 21 BEEG zu stützen, widerspricht dagegen den erkennbaren gesetzgeberischen Motiven zur Rechtsprechungskorrektur(s.o. Rz 17a; zur Ankündigungs- und Auslauffrist s.o. Rz 17b). Die **Schriftform** für die Vereinbarung zur **auflösenden Bedingung** ist nach §§ 21, 14 Abs. 4 TzBfG einzuhalten. Die **Angabe des Befristungsgrundes** muss sich aus der Befristungsabrede eindeutig ergeben (vgl. Rz 10a und *LAG Köln* 7.4.2005 LAGE § 21 TzBfG Nr. 1).

D. Rechtsfolgen der Befristung

I. Beendigung infolge Befristung

19 Nach § 15 Abs. 1 TzBfG endet das befristete Arbeitsverhältnis mit dem Ablauf der Zeit, für die es eingegangen ist. Entsprechendes geschieht bei der Zweckbefristung mit Eintritt der Zweckerreichung (§ 21 Abs. 3 BEEG, § 620 Abs. 2 BGB). Die Beendigung des Arbeitsverhältnisses tritt selbst dann ein, wenn die befristet eingestellte Ersatzkraft während der Laufzeit des befristeten Vertrages einen **besonderen Kündigungsschutz** (§ 9 MuSchG, §§ 85 ff. SGB IX) erlangt; vgl. dazu KR-*Lipke* § 14 TzBfG Rz 4 ff.; KassArbR-*Schütz* 4.4 Rz 29 ff.

II. Vorzeitige Beendigung durch Kündigung

1. Außerordentliche Kündigung

20 Wenn die Voraussetzungen eines wichtigen Grundes zur außerordentlichen Kündigung des Arbeitsverhältnisses nach § 626 BGB vorliegen, kann das befristete Arbeitsverhältnis des Vertreters vorzeitig gekündigt werden (APS/*Backhaus* Rz 33; *ders.* § 15 TzBfG Rz 18). Eine außerordentliche Kündigung aus **betriebsbedingten Gründen** verbietet sich allerdings aus der Gestaltung des befristeten Arbeitsvertrages. Hier ist nur eine ordentliche Kündigung denkbar, soweit sie vorbehalten ist.

2. Ordentliche Kündigung aufgrund Vereinbarung

21 Für die Zeit der Vertragsdauer ist eine ordentliche Kündigung der befristeten Ersatzkraft gesetzlich nicht vorgesehen. Die Parteien können indessen das **Recht zur ordentlichen Kündigung ausdrücklich arbeitsvertraglich vereinbaren, soweit es nicht bereits tarifvertraglich vorgegeben ist** (§ 15 Abs. 3 TzBfG; *Annuß/Thüsing/Lambrich* § 23 TzBfG Rz 71). Die Kündigung unterliegt dann wie jede andere Kündigung – jedenfalls bis zum Ablauf der vorgegebenen Befristung – den arbeitsrechtlichen Schutzvorschriften (§ 102 BetrVG, § 1 KSchG, §§ 85 ff. SGB IX , § 9 MuSchG und § 2 ArbPlSchG). Fehlt eine Vereinbarung zum ordentlichen Kündigungsrecht, kann der Arbeitgeber das befristete Arbeitsverhältnis **nur** im Wege des **gesetzlichen Sonderkündigungsrechts** aus **Abs. 4** vorzeitig ordentlich beenden (*Gaul/Wisskirchen* BB 2000, 2469).

3. Gesetzliches Sonderkündigungsrecht

22 Um dem Arbeitgeber das Risiko zu nehmen, für zwei Arbeitnehmer Lohn zu zahlen, obwohl er möglicherweise nur einen beschäftigen kann, eröffnet § 21 Abs. 4 BEEG ein **gesetzliches Sonderkündigungsrecht**. Es bedarf also insoweit keiner ausdrücklichen Vereinbarung, das Arbeitsverhältnis während seiner befristeten Laufzeit ordentlich kündigen zu können. Auf diese Weise soll die Einstellung von Ersatzkräften gefördert werden, da ein besonderes Lösungsrecht für den Arbeitgeber angeboten wird (Begr. des RegE, BT-Drs. 10/3792, S. 22; *Gröninger/Thomas* Rz 16; KDZ-*Däubler* Rz 19). Das gesetzliche Sonderkündigungsrecht **beschränkt sich auf die mit der vorzeitigen Beendigung der Elternzeit**

Befristete Arbeitsverträge § 21 BEEG

verbundenen Schwierigkeiten (*Buchner/Becker* Rz 22). Das Sonderkündigungsrecht des Arbeitgebers aus Abs. 4 kommt ebenfalls zum Tragen, wenn das Arbeitsverhältnis während der Elternzeit vom Vertretenen gekündigt wird. Die zu vermeidende finanzielle Doppelbelastung des Arbeitgebers tritt in diesem Fall zwar nicht ein. Die mit dem Dritten Gesetz zur Änderung des Bundeserziehungsgeldgesetzes zum 1.1.2001 in Kraft getretene Neufassung umschließt jedoch diesen Fall (BT-Drs. 14/3553, S. 23; *Zmarzlik/Zipperer/Viethen* Rz 22; *Annuß/Thüsing/Lambrich* § 23 TzBfG Rz 72; *ErfK-Müller-Glöge* Rz 11). Das Sonderkündigungsrecht ist dagegen **nicht auf den vorzeitigen Abbruch von Kinderbetreuungszeiten anwendbar**, die auf der Grundlage **tariflicher, betrieblicher oder einzelvertraglicher Vereinbarungen** gewährt werden. Insoweit sind die dort getroffenen Regelungen maßgeblich. § 21 Abs. 4 BEEG verdrängt nicht § 15 Abs. 3 TzBfG (KR-*Bader* § 23 TzBfG Rz 14).

a) Zweck und Voraussetzungen

Der Arbeitgeber kann das befristete Arbeitsverhältnis kündigen, wenn die Elternzeit **ohne Zustimmung des Arbeitgebers** vorzeitig beendet werden kann und der Arbeitnehmer dem Arbeitgeber die vorzeitige Beendigung mitgeteilt hat (Abs. 4 S. 1). Gründe hierfür sind in erster Linie der **Tod des zu betreuenden Kinds** während der Elternzeit und – wie sich aus dem zum 1.1.2001 geänderten Wortlaut der Bestimmung ergibt (»Elternzeit ohne Zustimmung des Arbeitgebers vorzeitig endet ...«) – die **Eigenkündigung des vertretenen Arbeitnehmers** während der Elternzeit (s.o. Rz 22). Dies kann – wie sich aus § 6 Abs. 1 S. 3 MuSchG ergibt – auch bei Tod des Kindes vor Ablauf der Schutzfristen vor oder nach der Entbindung eintreten. 23

Nach dem in Abs. 4 angefügten S. 2 entsteht ein Sonderkündigungsrecht des Arbeitgebers gegenüber der befristet eingestellten Ersatzkraft ab 1.1.2001 ferner dann, wenn der Anspruchsinhaber von Elternzeit deren vorzeitige Beendigung **unter Hinweis auf die Fälle des § 16 Abs. 3 S. 2 BEEG beantragt** hat und dem Arbeitgeber dringende betriebliche Gründe zur Ablehnung des Antrags nicht zur Seite stehen oder er sie nicht innerhalb von vier Wochen schriftlich gegenüber dem Antragsteller geltend macht. Die **bloße Mitteilung des Arbeitnehmers** an den Arbeitgeber über die vorzeitige Beendigung wie im Falle des Abs. 4 S. 1 **reicht hier nicht aus**. Erforderlich ist eine **schriftliche Antragstellung**. Das zeigt die Formulierung »S. 1 gilt entsprechend« auf (BT-Drs. 14/3553, S. 23). Der Antrag des Arbeitnehmers kann wegen der Geburt eines weiteren Kindes oder wegen eines besonderen Härtefalls (§ 1 Abs. 5 BEEG: »insbesondere bei schwerer Krankheit, Behinderung oder Tod eines Elternteils oder bei erheblich gefährdeter wirtschaftlicher Existenz«) gestellt werden. Bei **antragsgebundener vorzeitiger Beendigung** der Elternzeit nach Abs. 4 S. 2 kann der Arbeitgeber sein Sonderkündigungsrecht indessen **nur dann gegenüber der befristet eingestellten Ersatzkraft nutzen, wenn er den vertretenen Arbeitnehmer tatsächlich wieder beschäftigt** (*Reinecke, B.* FA 2001, 10, 14; *Annuß/Thüsing/Lambrich* § 23 TzBfG Rz 73), dh dem zu Kündigenden anzeigt, dass er dem Antrag entsprechen wird. 23a

Lehnt der Arbeitgeber die **vorzeitige Beendigung der Elternzeit** aus **dringenden betrieblichen Gründen** ab, hat der den Antrag stellende Arbeitnehmer den Klageweg zu den Gerichten zu beschreiten. Bis zum Klageerfolg kann er seine Arbeit nicht vorzeitig wieder antreten; die Befristung der Ersatzkraft bleibt davon unberührt (*Sowka* NZA 2000, 1188; *Reiserer/Lemke* MDR 2001, 243). Dies gilt ebenso bei einem späteren Teilzeitarbeitsverlangen des zunächst in die Elternzeit mit vollständiger Arbeitsfreistellung eingetretenen Arbeitnehmers (vgl. BAG 19.4.2005 EzA § 15 BErzGG Nr. 15; näher dazu s.o. Rz 12a). 23b

Eine vorzeitige Kündigung nach Abs. 4 ist nicht gestattet, wenn der Vertretene eine **Verlängerung seiner Elternzeit** verlangen kann (§ 16 Abs. 3 S. 4 BEEG). Hier steht es dem Arbeitgeber frei, die vereinbarte Befristung mit der Ersatzkraft zu verlängern oder auslaufen zu lassen. Die Notwendigkeit einer Kündigung ist mangels finanzieller Doppelbelastung nicht gegeben. 23c

§ 21 Abs. 4 BEEG gewährt dem **Arbeitgeber** das Kündigungsrecht, wenn er auf die vorzeitige Beendigung der Elternzeit zB infolge des Tods des zu betreuenden Kindes oder der Eigenkündigung des Vertretenen **keinen Einfluss** hat. Endet dagegen die Elternzeit vorzeitig **mit Zustimmung des Arbeitgebers aus anderen als den in Abs. 4 S. 1 und 2 genannten Gründen**, hat er die mögliche **Doppelbelastung selbst gewählt** (*Gröninger/Thomas* Rz 16; *Annuß/Thüsing/Lambrich* § 23 TzBfG Rz 74). Der Arbeitgeber hat es schließlich in diesen Fällen in der Hand, die Zustimmung zur vorzeitigen Beendigung der Elternzeit zu verweigern oder erst zu einem späteren Zeitpunkt zu erteilen, zu dem er sich von der befristet eingestellten Ersatzkraft trennen kann. Deshalb steht ihm in diesem Fall ein Kündigungsrecht nach § 21 Abs. 4 BEEG nicht zur Verfügung (KDZ-*Däubler* Rz 19; *Gröninger/Thomas* aaO; 24

Buchner/Becker Rz 22). Zu erwägen ist allerdings dem Arbeitgeber das Recht zur **Anfechtung seiner Zustimmung** zuzugestehen, wenn eine Elternzeitberechtigte anzeigt vorzeitig zurückkehren zu wollen, um dann am Tag nach Wiederaufnahme der Arbeit mitzuteilen, dass sie bereits im 7. Monat schwanger sei. Die Anfechtung sollte dann bei Vortäuschung einer ernsthaften Rückkehrabsicht möglich sein. Der **EuGH** hat dagegen in diesem Fall mit Blick auf **Art. 2 Abs. 1 der Richtlinie 76/207/ EWG vom 9.2.1976** sowohl eine Verpflichtung der Arbeitnehmerin dem Arbeitgeber die Schwangerschaft vorher mitzuteilen als auch ein Recht des Arbeitgebers seine Zustimmung zu der vorzeitigen Rückkehr aus der Elternzeit anzufechten abgelehnt (*EuGH* 27.2.2003 EzA § 16 BErzGG Nr. 6). Da es der Arbeitnehmerin letztlich um den Erhalt eines höheren Mutterschaftsgeldes und eines entsprechenden Arbeitgeberzuschusses hierzu ging, wäre hier jedenfalls die Prüfung von **Rechtsmissbrauch** angebracht gewesen (zutreffend *Gröninger/Thomas* § 16 BErzGG Rz 17; ebenso *Annuß/Thüsing/Lambrich* § 23 TzBfG Rz 74).

24a Wählt der Arbeitgeber den Weg der nunmehr zugelassenen **Zweckbefristung** nach § 21 Abs. 3 BEEG, entschärft sich dieses Problem. Anstelle einer nicht erforderlichen Kündigung tritt dann allerdings eine angemessene Auslauffrist (s.o. Rz 17b; *Rolfs* NZA 1996, 1140). Die gesetzliche Regelung gibt dem **Rückkehrinteresse** des **Vertretenen** gegenüber dem Beschäftigungsinteresse der Ersatzkraft eindeutig den **Vorrang**. Dies verstärkt sich über die zum 1.1.2001 und 1.1.2004 (s.o. Rz 2f) in Kraft getretenen Neuerungen, die vielfältige Gestaltungsmöglichkeiten von Elternzeit zusätzlich eröffnen (vgl. dazu *Sowka* NZA 2000, 1185; *ders.* NZA 2004, 82; *Koch/Leßmann* AuA 2001, 8 f.) und die großzügige Rechtsprechung zugunsten der Elternzeitberechtigten (vgl. Rz 12a und 23b).

b) Kündigungsfrist

25 Der Arbeitgeber muss nach § 21 Abs. 4 BEEG eine **Kündigungsfrist** einhalten, die für alle Arbeitnehmer mindestens **drei Wochen** beträgt. Diese einheitliche Mindestkündigungsfrist steht im Einklang mit der Entscheidung des BVerfG vom 30.5.1990 (EzA § 622 BGB Nr. 27) zu den Grundkündigungsfristen für Arbeiter und Angestellte. Für die besondere Fallgestaltung der Elternzeit kann der Gesetzgeber eine kürzere als die allgemeine Grundkündigungsfrist von vier Wochen bestimmen. Insoweit hat er Gestaltungsspielräume und kann nach Einschätzung der tatsächlichen Umstände und Bedürfnisse verfahren.

26 Die **Kündigung** kann **frühestens zum Ende der Elternzeit ausgesprochen werden** (ErfK-*Müller-Glöge* Rz 11). Ist die sonst einschlägige gesetzliche Kündigungsfrist (§ 622 Abs. 1 BGB) länger als drei Wochen, gilt die kürzere Frist nach Abs. 4. Die Regelung ist eine **Spezialnorm** gegenüber § 622 Abs. 5 Nr. 4 BGB (*Annuß/Thüsing/Lambrich* § 23 TzBfG Rz 76), da § 21 Abs. 4 BEEG eine besondere Kündigungsmöglichkeit und Kündigungsfrist für bestimmte **Aushilfsarbeitsverhältnisse** enthält. Eine Vereinbarung kürzerer Kündigungsfristen für die befristete Einstellung von Ersatzkräften während der Elternzeit nach § 622 Abs. 5 Nr. 1 BGB ist daher unwirksam (*Buchner/Becker* Rz 28; KDZ-*Däubler* Rz 20); zweifelnd APS/*Backhaus* Rz 40).

26a **Längere tarifvertragliche Kündigungsfristen gehen** wegen des einseitig zwingenden Charakters des § 21 BEEG (s.o. Rz 9) und wegen der in **Abs. 6** vorgesehenen **Abdingbarkeit** von Abs. 4 **vor** (zutreffend APS-*Backhaus* Rz 40). Der Gesetzgeber hat mit der redaktionellen Überarbeitung des Abs. 4 die dreiwöchige Kündigungsfrist **ab dem 1.1.2001 als die kürzestmögliche Zeitspanne (»mindestens«) zur einseitigen Auflösung des befristeten Arbeitsvertrags** gekennzeichnet. Während längere tarifliche Kündigungsfristen bei Tarifbindung aufgrund ihrer Normwirkung (§ 4 Abs. 1 und 3 TVG) den Vorrang vor der gesetzlichen Dreiwochenfrist genießen, dürften **arbeitsvertraglich längere Kündigungsfristen** nur dann vorgehen, wenn die abweichende Regelung hierzu ausdrücklich auf § 21 Abs. 4 BEEG Bezug nimmt (*Lambrich* aaO, Rz 76; arg. Ausschlussoption nach Abs. 6). Anderenfalls würde die gesetzliche Privilegierung des Arbeitgebers (KDZ-*Däubler* Rz 20) zur Kündigungsfrist völlig leer laufen. Zum **Ausschluss des gesetzlichen Sonderkündigungsrechts** s.u. Rz 29.

27 Nach § 21 Abs. 4 BEEG ist die Kündigung frühestens zu dem Zeitpunkt zulässig, zu dem die Elternzeit **endet**. Der **Ausspruch der Kündigung kann mithin vor** und nicht erst am Ende der Elternzeit erfolgen (ebenso *Buchner/Becker* Rz 23; MünchArbR-*Heenen* § 229 Rz 42; APS/*Backhaus* Rz 39). Hiermit wird ein Interessenausgleich zwischen Elternzeitberechtigtem und befristet eingestellter Ersatzkraft herbeigeführt und gleichzeitig vermieden, dass der Arbeitgeber das **Risiko doppelter Entgeltzahlung** trägt (Begr. des RegE, BT-Drs. 10/3792, S. 22). § 21 Abs. 4 BEEG schützt insoweit die Ersatzkraft, indem die Vorschrift verhindert, dass ihr Arbeitsverhältnis vor Ablauf der Elternzeit beendet wird.

Befristete Arbeitsverträge § 21 BEEG

c) **Ausschluss des KSchG**

Nach § 21 Abs. 5 BEEG ist auf eine Kündigung nach § 21 Abs. 4 BEEG das KSchG nicht anwendbar. Der 28 **Arbeitgeber braucht** also nach Eintritt des gesetzlichen Kündigungsschutzes der Ersatzkraft **nicht darzulegen,** dass die **Kündigung sozial gerechtfertigt** ist. Der Diskriminierungsschutz aus § 612a BGB und dem AGG bleibt indessen erhalten, dürfte bei den zu behandelnden Fällen aber nur theoretischer Natur sein. Will sich die befristet eingestellte Ersatzkraft gegen die Kündigung nach Abs. 4 zur Wehr setzen, braucht sie die **dreiwöchige Klagefrist des § 4 KSchG** nicht einzuhalten (zutreffend KDZ-*Däubler* Rz 20; *Gräfl/Arnold/Imping* § 23 TzBfG Rz 49). Daran hat die zum 1.1.2004 geänderte Regelung zu § 4 KSchG nF (näher dazu KR-*Friederich* § 4 KSchG; *Bader* NZA 2004, 65, 67f.) nichts geändert, denn das Kündigungsschutzgesetz soll nach Abs. 5 – unabhängig von seiner jeweiligen Ausgestaltung – in seiner Gesamtheit nicht zur Wirkung kommen. Die **Kündigungsschutzklage** dürfte jedoch **verfristet** sein, wenn die bei planmäßiger Beendigung des befristeten Arbeitsverhältnisses zu beachtende Dreiwochenfrist des § 17 TzBfG nicht eingehalten wird (*Annuß/Thüsing/Lambrich* § 23 TzBfG Rz 77). Die **sonstigen Bestandsschutzbestimmungen außerhalb des KSchG** sind zu beachten. Der Arbeitgeber muss also nach **§ 102 BetrVG** den Betriebsrat anhören, die Vorschriften der **§ 9 MuschG, §§ 85 ff. SGB IX** und § 2 ArbPlSchG einhalten (*Gröninger/Thomas* Rz 18; *Zmarzlik/Zipperer/Viethen* Rz 22; APS-*Backhaus* Rz 38; ErfK-*Müller-Glöge* Rz 11), einen gesetzlichen **Sonderkündigungsschutz** und die **Schriftform der Kündigung** (§ 623 BGB) wahren (*Annuß/Thüsing/Lambrich* aaO Rz 77).

d) **Abdingbarkeit des Kündigungsrechts**

Die gesetzliche Kündigungsmöglichkeit nach § 21 Abs. 4 BEEG ist nicht zwingend. Sie kann nach § 21 29 Abs. 6 BEEG durch **Tarifvertrag** oder **Einzelvertrag ausgeschlossen** werden (ErfK-*Müller-Glöge* § 21 TzBfG Rz 12; zu den Kündigungsfristen s.o. Rz 26a). Ist dies geschehen, trägt der Arbeitgeber das Risiko, zwei Arbeitnehmer beschäftigen und ihnen Entgelt zahlen zu müssen, falls die Elternzeit vorzeitig beendet wird. Hat der Arbeitgeber allein **vertraglich die Möglichkeit der ordentlichen Kündigung** während der Befristung **(§ 15 Abs. 3 TzBfG),** so kann er **nur unter Beachtung des KSchG das befristete Arbeitsverhältnis vorzeitig beenden,** da die Abs. 4 und 5 in § 21 BEEG unauflösbar miteinander verbunden sind. Dies trifft auch für die in Abs. 1 genannten **Betreuungsfreizeiten** außerhalb der gesetzlichen Elternzeit zu (ErfK-*Müller/Glöge* Rz 11).

III. Übergang des Arbeitsverhältnisses auf unbestimmte Zeit nach § 15 Abs. 5 TzBfG

Das nach § 21 Abs. 1 bis 3 BEEG wirksam zeitbefristete oder zweckbefristete Arbeitsverhältnis gilt nach 30 § 15 Abs. 5 TzBfG als auf unbestimmte Zeit verlängert, wenn es nach Fristende mit Wissen des Arbeitgebers fortgesetzt wird und dieser nicht unverzüglich widerspricht (vgl. näher KR-*Lipke* § 15 TzBfG Rz 26 ff.). Bei der **Zweckbefristung** führt die vom Arbeitgeber **versäumte unverzügliche Mitteilung** der Zweckerreichung (§ 21 Abs. 3 BEEG iVm § 15 Abs. 5 TzBfG) zur Verlängerung des befristeten Arbeitsverhältnisses auf unbestimmte Zeit (*Annuß/Thüsing-Lambrich* § 23 TzBfG Rz 62). Den **Widerspruch** kann der Arbeitgeber schon vor Fristende erklären. Der Widerspruch kann bereits darin liegen, dass der Arbeitgeber dem Arbeitnehmer den Abschluss eines weiteren befristeten Arbeitsvertrages anbietet (*BAG* 23.4.1980 EzA § 15 KSchG nF Nr. 24; s.a. Rz 17e).

Gibt ein Tarifvertrag dem Arbeitgeber auf, dem Arbeitnehmer mitzuteilen, dass ein befristeter An- 30a schlussarbeitsvertrag nicht abgeschlossen wird, so führt die **Verletzung** dieser **tariflichen Mitteilungspflicht** nicht zur Unwirksamkeit der Befristung. Entsprechende Rechtsfolgen müssen sich unzweifelhaft aus dem Tarifvertrag ergeben (Modell: Nichtverlängerungsmitteilung im Bühnenbereich), ansonsten bleibt es bei der Wirksamkeit der Befristung nach den gesetzlichen Erfordernissen (*LAG Köln* 18.10.2005 – 13 Sa 863/05).

IV. Auswirkung der Elternzeit auf Beschäftigtenzahl

§ 21 Abs. 7 BEEG stellt sicher, dass **bei der Ermittlung der Anzahl der beschäftigten Arbeitnehmer** 31 **nur der Elternzeitberechtigte bzw. der zur Betreuung eines Kindes freigestellte Arbeitnehmer oder die eingestellte Ersatzkraft gezählt wird,** wenn die Anwendung arbeitsrechtlicher **Gesetze** oder **Verordnungen** von der Zahl der beschäftigten Arbeitnehmer abhängt (ErfK-*Müller-Glöge* Rz 13). Auf diese Weise wird vermieden, dass die Einstellung eines Vertreters zur Anwendung weiterer arbeitsrechtlicher Gesetze führt, obwohl die Zahl der **beschäftigten** Arbeitnehmer gleich geblieben ist (*BAG* 31.1.1991 NZA 1991, 562; *Buchner/Becker* Rz 27). Die Anwendung individualarbeitsrechtlicher Bestimmungen, wie die des Arbeitnehmerschutzrechts (zB § 23 Abs. 1 KSchG) als auch die Anwendung betriebsverfassungsrechtlicher Vorschriften (zB § 9 BetrVG), hängt in zahlreichen Fällen von der **Anzahl der Beschäftigten** oder der Zahl der **Arbeitsplätze** ab (*Zmarzlik/Zipperer/Viethen* Rz 23 ff.; *Gröninger/ Thomas* Rz 20; KDZ-*Däubler* Rz 22). Dabei kann es für die zu überwindende Hürde einmal auf das **Arbeitsvolumen** (§ 23 KSchG, § 622 Abs. 5 BGB), ein anderes Mal auf die **Kopfzahl** (§§ 99, 111 BetrVG, § 15 Abs. 7 TzBfG) ankommen. Ausschlaggebend ist hier die **Zahl der Arbeitsplätze**, nicht die Zahl der bestehenden Arbeitsverträge (*Müller-Glöge* aaO, arg. Wortlaut Abs. 7 S. 3). Die Einstellung einer **Ersatzkraft mit geringerer Arbeitszeit** führt iSv § 21 Abs. 7 BEEG nicht zu einem Absinken der Beschäftigtenzahl, da die Bestimmung den Arbeitgeber schützen, aber nicht begünstigen soll (*Däubler* aaO, Rz 23).

31a Das »**Verbot der Doppelzählung**« beschränkt sich nicht auf den Fall der zeit- oder zweckbefristeten Ersatzkraft. Es gilt ebenso bei einer unbefristet eingestellten Vertretungskraft (*LAG Düsseldorf* 26.7.2000 BB 2001, 153, APS-*Backhaus* Rz 44), da sich jedenfalls bis zum Ablauf der Elternzeit die Zahl der »**in der Regel**« **beschäftigten Arbeitnehmer** nicht erhöht (aA ErfK-*Müller-Glöge* aaO, der nur befristet angestellte Arbeitskräfte unter das Verbot der Doppelzählung fallen lässt). Für den Ausschluss der Zählung von neu eingestellten Arbeitnehmern ist jedoch erforderlich, dass ihre **Aushilfsfunktion iSv § 21 BEEG nach außen hervortritt** (zB im Verfahren nach § 99 BetrVG), ansonsten können sie bei der Feststellung der Beschäftigtenzahl ohne weiteres berücksichtigt werden (*LAG Hamm* 18.3.1998 BB 1998, 1211; *Zmarzlik/Zipperer/Viethen* Rz 27 ff.). Daran fehlt es, wenn die befristete Einstellung des Vertreters an einer formunwirksamen (mündlichen) Befristungsabrede (§ 14 Abs. 4 TzBfG) scheitert und es infolgedessen über § 16 TzBfG zum Abschluss eines unbefristeten Arbeitsvertrages kommt (*LAG RhPf* 5.2.2004 – 6 Sa 1226/03 – LAG Report 2004, 305).

31b § 21 Abs. 7 BEEG lässt sich ein seinen Anwendungsbereich **überschreitende allgemeine Rechtsgedanke** entnehmen, dass **vertretungsweise eingestellte Arbeitnehmer grds.** bei der Feststellung der für den Kündigungsschutz maßgeblichen Belegschaftsgröße **nicht mitzurechnen sind** (*LAG Hamm* 3.4.1997 LAGE § 23 KSchG Nr. 13; zweifelnd APS-*Backhaus* Rz 39). Abweichende gesetzliche Berechnungsvorschriften wie zB § 7 AltersteilzeitG oder §§ 71, 74 SGB IX gehen als **Sonderregelung** vor.

32 Die Vorschrift entfaltet keine Wirkung, wenn nach den in Betracht kommenden Bestimmungen die Ersatzkraft nicht mitzuzählen ist. Das kann ein Auszubildender sein, der nach § 23 Abs. 1 S. 2 KSchG nicht zählt oder ein Leiharbeitnehmer (*BAG* 10.3.2004 EzA § 9 BetrVG 2001 Nr. 2) oder ein freier Mitarbeiter ohne Arbeitnehmereigenschaft.

33 Nimmt ein **Betriebsratsmitglied** Elternzeit in Anspruch und kommt es zu einer Ersatzeinstellung, so bleibt dies ohne Einfluss auf die Beschäftigtenzahl, selbst wenn das Betriebsratsmitglied willens und in der Lage ist alle seine mit dem Betriebsratsamt zusammenhängenden Rechte während der Elternzeit wahrzunehmen (*LAG München* 27.2.1998 – 8 TaBV 98/97). Kommt es bei der **Anfechtung einer Betriebsratswahl** auf die Zahl der Beschäftigten an, so führt der Einsatz befristet beschäftigter Vertretungskräfte für die in Elternzeit beschäftigten Arbeitnehmer nicht zu einer Erhöhung der Zahl der regelmäßig beschäftigten Arbeitnehmer iSv § 9 BetrVG (*LAG Nürnberg* 2.5.2005 EzAÜG BetrVG Nr. 91).

34 Die Vorschrift gilt ebenfalls nicht für **Überforderungsschutzregelungen** zugunsten des Arbeitgebers, wenn diese in einem **Tarifvertrag** verankert sind. § 21 Abs. 7 BEEG betrifft seinen Wortlaut nach **nur Regelungen in Gesetzen und Verordnungen** (*BAG* 26.5.1992 EzA § 2 VRG VRTV-Bekleidungsindustrie Nr. 1).

Betriebsverfassungsgesetz (BetrVG)

In der Fassung der Bekanntmachung vom 25. September 2001
(BGBl. I S. 2518).
Zuletzt geändert durch die Neunte Zuständigkeitsanpassungsverordnung vom 31. Oktober 2006
(BGBl. I S. 2407)

§ 78a Schutz Auszubildender in besonderen Fällen

(1) Beabsichtigt der Arbeitgeber, einen Auszubildenden, der Mitglied der Jugend- und Auszubildendenvertretung, des Betriebsrats, der Bordvertretung oder des Seebetriebsrats ist, nach Beendigung des Berufsausbildungsverhältnisses nicht in ein Arbeitsverhältnis auf unbestimmte Zeit zu übernehmen, so hat er dies drei Monate vor Beendigung des Berufsausbildungsverhältnisses dem Auszubildenden schriftlich mitzuteilen.

(2) ¹Verlangt ein in Absatz 1 genannter Auszubildender innerhalb der letzten drei Monate vor Beendigung des Berufsausbildungsverhältnisses schriftlich vom Arbeitgeber die Weiterbeschäftigung, so gilt zwischen Auszubildendem und Arbeitgeber im Anschluß an das Berufsausbildungsverhältnis ein Arbeitsverhältnis auf unbestimmte Zeit als begründet. ²Auf dieses Arbeitsverhältnis ist insbesondere § 37 Abs. 4 und 5 entsprechend anzuwenden.

(3) Die Absätze 1 und 2 gelten auch, wenn das Berufsausbildungsverhältnis vor Ablauf eines Jahres nach Beendigung der Amtszeit der Jugend- und Auszubildendenvertretung, des Betriebsrats, der Bordvertretung oder des Seebetriebsrats endet.

(4) ¹Der Arbeitgeber kann spätestens bis zum Ablauf von zwei Wochen nach Beendigung des Berufsausbildungsverhältnisses beim Arbeitsgericht beantragen,
1. festzustellen, dass ein Arbeitsverhältnis nach Absatz 2 oder 3 nicht begründet wird, oder
2. das bereits nach Absatz 2 oder 3 begründete Arbeitsverhältnis aufzulösen,

wenn, Tatsachen vorliegen, auf Grund derer dem Arbeitgeber unter Berücksichtigung aller Umstände die Weiterbeschäftigung nicht zugemutet werden kann. ²In dem Verfahren vor dem Arbeitsgericht sind der Betriebsrat, die Bordvertretung, der Seebetriebsrat, bei Mitgliedern der Jugend- und Auszubildendenvertretung auch diese Beteiligte.

(5) Die Absätze 2 bis 4 finden unabhängig davon Anwendung, ob der Arbeitgeber seiner Mitteilungspflicht nach Absatz 1 nachgekommen ist.

Literatur

– bis 2004 vgl. KR-Vorauflage –
Blaha/Mehlich Unbefristeter Arbeitsvertrag durch Wahl? – Vertragsfreiheit contra »Azubi-Schutz«, NZA 2005, 667; Houben § 78a BetrVG – Schutz vor einer Schutznorm?, NZA 2006, 769.

Inhaltsübersicht

		Rz			Rz
I.	Vorbemerkungen	1–6	IV.	Mitteilungspflicht des Arbeit-	
	1. Funktion der Vorschrift	1–5		gebers (Abs. 1)	22–25
	2. Verfassungsrechtliche			1. Funktion	23
	Beurteilung	6		2. Zeitpunkt	24
II.	Persönlicher Geltungsbereich	7–12		3. Rechtsfolgen der Unterlassung	
	1. Auszubildender	8		(Abs. 5)	25
	2. Umschüler	9	V.	Weiterbeschäftigungsverlangen	
	3. Fortzubildender	10		des Auszubildenden (Abs. 2)	26–34
	4. Volontäre, Praktikanten	11		1. Verlangen	26–29
	5. Auszubildende auf Schiffen	12		a) Dreimonatsfrist	27–27b
III.	Mitgliedschaft im Betriebsverfas-			b) Schriftform	28
	sungsorgan	13–21		c) Geschäftsfähigkeit	29
	1. Mitglieder	13–13a		2. Rechtswirkungen	30–34
	2. Ersatzmitglieder	14		a) Begründung eines Arbeits-	
	3. Wahlbewerber	15		verhältnisses	30, 31
	4. Nachwirkung des Schutzes			b) Widerruf des Verlangens	32
	(Abs. 3)	16–21			

§ 78a BetrVG   Schutz Auszubildender in besonderen Fällen

	Rz		Rz
c) Kündigung und Aufhebungsvertrag	33	b) Betriebliche Gründe	41–46a
		4. Antragsfrist	47
d) Geltung des § 37 Abs. 4 und 5 BetrVG	34	VII. Verfahrensart	48–53
VI. Antrag des Arbeitgebers auf Nichtbegründung bzw. Auflösung (Abs. 4)	35–47	1. Feststellungsklage des Jugend- und Auszubildendenvertreters	48
1. Antrag	35	2. Beschlussverfahren durch Arbeitgeberantrag	49–52
2. Rechtsfolgen	36	3. Einstweilige Verfügung	53
3. Unzumutbarkeit	37–46a	4. Kosten	54
a) Persönliche Gründe	38–40		

I. Vorbemerkungen

1. Funktion der Vorschrift

1 Die Vorschrift dient dem besonderen Schutz von in Ausbildung befindlichen Mitgliedern von Betriebsverfassungsorganen, wenn ihr Berufsausbildungsverhältnis während ihrer Amtszeit endet. In der Regel läuft das Ausbildungsverhältnis nach der vereinbarten Frist oder mit Bestehen der Abschlussprüfung aus, es sei denn, die Parteien begründen ein Arbeitsverhältnis auf unbestimmte Zeit nach Maßgabe des § 24 BBiG. Von daher finden auch die §§ 102, 103 BetrVG keine Anwendung.

2 Wenn nach Abschluss der Berufsausbildung ein Betrieb dem oder den Absolventen nicht eine genügende Zahl von Arbeitsplätzen zur Verfügung stellen kann, besteht die Gefahr, dass gerade Auszubildende, die ein betriebsverfassungsrechtliches Amt mit Engagement wahrnehmen, nicht als Arbeitnehmer weiterbeschäftigt werden (vgl. Begründung zum Entwurf eines Gesetzes zum Schutze in Ausbildung befindlicher Mitglieder von Betriebsverfassungsorganen, BT-Drucks. VII/1170; *Benöhr* NJW 1973, 1778 mwN). Dem soll schon das Benachteiligungsverbot für Mitglieder der Betriebsverfassungsorgane gem. **§ 78 S. 2 BetrVG** entgegenwirken, das einem Kündigungsverbot (§ 15 KSchG) nahe kommt. Wiewohl die Weigerung der Übernahme in ein unbefristetes Arbeitsverhältnis nach Beendigung des Berufsausbildungsverhältnisses eine Benachteiligung iSd § 78 S. 2 BetrVG darstellt (*BAG* 12.2.1975 EzA § 78 BetrVG 1972 Nr. 4), kann doch aus diesem allgemeinen Benachteiligungsverbot nicht immer ein Kontrahierungszwang für den Arbeitgeber mit dem in einem Betriebsverfassungsamt befindlichen Auszubildenden abgeleitet werden (*ArbG Bln.* 2.7.1973 BB 1974, 39; *Benöhr* aaO; GK-BetrVG/*Oetker* § 78a Rz 7). Die Ablehnung der Weiterbeschäftigung ist dann berechtigt, wenn sie nicht mit der Betriebsratstätigkeit des Auszubildenden zusammenhängt, sondern auf sachlichen Erwägungen beruht, die die allgemeine Stellung als Auszubildenden betrifft (*BAG* 12.2.1975 EzA § 78 BetrVG 1972 Nr. 4).

3 Der Schutz vor Benachteiligungen der in Ausbildung befindlichen Mitglieder von Betriebsverfassungsorganen nach § 78 S. 2 BetrVG ist durch das Gesetz vom 18.1.1974 (BGBl. I S. 85) ergänzt worden: Um den Auszubildenden die Ausübung ihres Amtes ohne Furcht vor Nachteilen für die berufliche Entwicklung zu ermöglichen (vgl. Begr., BT-Drucks. VII/1170, S. 1; *ArbG Karlsruhe* 2.9.1976 BB 1976, 1367), erfolgte die Einfügung des § 78a in das BetrVG (**entsprechende Vorschrift im BPersVG: § 9**), der nicht die individuelle Besserstellung einzelner Auszubildender, sondern den notwendigen Schutz des Amts der Jugend- und Auszubildendenvertretung (*BAG* 16.1.1979 EzA § 78a BetrVG 1972, Nr. 5; *Reinecke* DB 1981, 889, der mit Recht Aspiranten zum persönlichen Vorteil aus dem Schutzgedanken gem. § 78a BetrVG ausklammert; *Schwedes* BABl. 1974, 9 ff.; *Schäfer* AuR 1978, 202, 208) bewirken soll (*Wiencke* S. 87; *Löwisch* Rz 1). **Schutzobjekt des § 78a BetrVG** ist daher neben dem einzelnen Mitglied eines Betriebsverfassungsorgans vornehmlich die Arbeitnehmervertretung als solche (*LAG Stuttg.* 13.10.1977 DB 1978, 548). Das Verfahren nach § 78a BetrVG soll zwar verhindern, dass dem Auszubildenden wegen seiner Tätigkeit in einem Betriebsverfassungsorgan der Arbeitsvertrag verweigert wird (vgl. auch Rz 30a), allerdings nicht um jeden Preis zur Begründung eines unbefristeten Arbeitsverhältnisses führen (vgl. *LAG Nds.* 8.4.1975 DB 1975, 1224). Beginnt aber nach Beendigung des Ausbildungsverhältnisses ein unbefristetes Arbeitsverhältnis, so greift damit für die Betroffenen auch der Kündigungsschutz gem. § 15 KSchG ein, da sie weiterhin Mitglieder des Betriebsverfassungsorgans bleiben.

4 Die Notwendigkeit der Regelungen in § 78a BetrVG zeigt sich nunmehr in der Praxis; denn die meisten Verfahren werden kompromisslos über die unteren Instanzen hinaus betrieben, viel Publizität und schließlich das Schutzrecht des § 78a BetrVG als Handelsobjekt für die Beteiligten zeigen die Brisanz (vgl. *Reinecke* aaO). Mit großzügigen Abfindungssummen bewegen Arbeitgeber den in den Schutzbe-

reich des § 78a BetrVG fallenden Personenkreis zum Verzicht auf die Geltendmachung der Rechte nach § 78a BetrVG. In einem vom *SG Gießen* (2.8.1977 NJW 1978, 2415) zu entscheidenden Fall war mit einem Betonbauer nach einer ca. zweijährigen Ausbildungszeit im Wege des außergerichtlichen Vergleichs gegen eine Abfindungssumme in Höhe von 24 000 DM dessen Verzicht auf die Rechte gem. § 78a Abs. 2 BetrVG vereinbart worden. Diese **Abfindungszahlung** führt nach dem *SG Gießen* **nicht zum Ruhen des Anspruchs auf Arbeitslosengeld** (vgl. die Regelung zur »Anrechnung auf das Arbeitslosengeld« gem. § 140 Abs. 1 SGB III), weil der Arbeitnehmer die Möglichkeit habe, auf einen gem. § 78a Abs. 2 BetrVG in Anspruch genommenen Schutz rechtswirksam zu verzichten (und damit die Beendigung des Arbeitsverhältnisses mit Ablegen der Prüfung herbeizuführen), solange jedenfalls eine gerichtliche Entscheidung über das Fortbestehen noch nicht rechtskräftig sei. Das *SG Gießen* begründet seine Entscheidung mit dem spezifischen Schutzzweck des § 78a BetrVG, der in keinem Zusammenhang mit den leistungsrechtlichen Vorschriften des SGB III zu sehen sei.

Ein Auszubildender, der zugleich Jugendvertreter ist, hat ein **Recht auf tatsächliche Beschäftigung** (s. auch Rz 31). Dieser Anspruch rechtfertigt den Erlass einer **einstweiligen Verfügung**; denn die Nichtbeschäftigung stellt einen wesentlichen Nachteil iSd § 940 ZPO dar. Neben dem Interesse des Jugend- und Auszubildendenvertreters selbst, durch tatsächliche Eingliederung und Beschäftigung im Betrieb sein Amt sachgemäß ausüben zu können, haben auch die Arbeitnehmer ein Recht auf tatsächliche Anwesenheit ihres Jugend- und Auszubildendenvertreters, damit dieser für die jugendliche Belegschaft ständig ansprechbar ist (*ArbG Wilhelmshaven* 8.3.1979 ARSt 1980, 15). 5

2. Verfassungsrechtliche Beurteilung

Verfassungsrechtliche Bedenken gegen § 78a BetrVG bestehen nicht (*Richardi/Thüsing* § 78a Rz 3; APS-*Künzl* Rz 10; HSWG-*Nicolai* § 78a Rz 4; KDZ-*Kittner* Rz 3; aA *H. P. Müller* DB 1974, 1526; *Blaha/Mehlich* NZA 2005, 667). Zwar schränkt die Vorschrift die Vertragsfreiheit der Arbeitgebers ein, doch dies dient dem Schutz der ungehinderten Ausübung eines durch das Betriebsverfassungsrecht gewährleisteten Amtes. Die Regelung füllt eine Lücke im System relativen Schutzes von Mitgliedern der Betriebsverfassungsorgane im Hinblick auf die besondere Situation eines Auszubildenden, dessen Vertragsverhältnis ohne besondere Willenserklärung seitens des Arbeitgebers enden kann. 6

II. Persönlicher Geltungsbereich

Von der Vorschrift betroffen sind **Auszubildende**, die Mitglieder der Jugend- und Auszubildendenvertretung, des Betriebsrats, der Bordvertretung oder des Seebetriebsrats sind und deren Berufsausbildungsverhältnis endet (Abs. 1) oder vor Ablauf eines Jahres nach Beendigung der Amtszeit in dem entsprechenden Betriebsverfassungsorgan endet (Abs. 3). **§ 78a BetrVG greift die Begriffsbestimmungen des BBiG auf**. Nicht verwendet wird die in § 5 Abs. 1 BetrVG zur Bestimmung des betriebsverfassungsrechtlichen Arbeitnehmerbegriffs enthaltene Formulierung »der zu ihrer Berufsausbildung Beschäftigten«. Deshalb folgt aus dem durch diese Vorschrift vermittelten aktiven und passiven Wahlrecht eines zur Ausbildung Beschäftigten iSd § 5 Abs. 1 BetrVG nicht ohne weiteres der Schutz des § 78a BetrVG (*BAG* 17.8.2005 EzA BetrVG § 78a Nr. 2). Allerdings führt der Bezug auf das BBiG nicht dazu, dass § 78a BetrVG nur auf staatlich anerkannte Ausbildungsberufe Anwendung findet, sondern erfasst werden auch **Vertragsverhältnisse, die aufgrund Tarifvertrag oder arbeitsvertraglicher Vereinbarung eine geordnete Ausbildung von mindestens zwei Jahren vorsehen** (*BAG* 17.8.2005 EzA § 78a BetrVG 2001 Nr. 2; 23.6.1983 EzA BetrVG 1972 § 78a Nr. 11). Von der Anwendbarkeit des § 78a BetrVG werden auch **dem BBiG vergleichbare andere Vertragsverhältnisse gem. § 26 BBiG** erfasst, soweit die Pflicht des Arbeitgebers zur Ausbildung für eine spätere qualifiziertere Tätigkeit überwiegt; denn § 26 BBiG gilt nicht für Arbeitsverhältnisse (*BAG* 1.12.2004 EzA BetrVG § 78a Nr. 1). Nach dem *ArbG Darmstadt* (8.1.1981 ARSt 1981, 103) gilt § 78a BetrVG für ein Ausbildungsverhältnis im kirchlichen Bereich nicht (HSWG-*Nicolai* § 78a Rz 5). Allerdings sieht § 18 Abs. 4 der Mitarbeitervertretungsordnung der Katholischen Kirche eine dem § 78a BetrVG angelehnte, aber enger gefasste Regelung vor. Für Mitarbeiter der evangelischen Kirche gibt es eine vergleichbare Regelung nicht (*Pielsticker* S. 29). Als Arbeitnehmer iSd BetrVG scheiden auch Rehabilitanden in reinen Berufsbildungswerken aus (*BAG* 20.3.1996 EzA § 5 BetrVG 1972 Nr. 59; 12.9.1996 EzA § 5 BetrVG 1972 Nr. 61). 7

1. Auszubildender

Auszubildender iSd § 78a BetrVG ist derjenige, der **nach Maßgabe des BBiG in einem Berufsausbildungsverhältnis iSd §§ 1 ff. BBiG steht** (vgl. KR-*Weigand* §§ 21, 22 BBiG Rz 9 ff.). Wird die betriebliche 8

§ 78a BetrVG Schutz Auszubildender in besonderen Fällen

Berufsausbildung abschnittsweise jeweils in **verschiedenen Betrieben** des Ausbildungsunternehmens oder eines mit ihm verbundenen Unternehmens durchgeführt, jedoch von einem der Betriebe des Ausbildungsunternehmens derart zentral mit bindender Wirkung auch für die anderen Betriebe geleitet, dass die wesentlichen der Beteiligung des Betriebsrates unterliegenden, die Ausbildungsverhältnisse berührenden Entscheidungen dort getroffen werden, so gehört der Auszubildende während der gesamten Ausbildungszeit dem die Ausbildung leitenden Stammbetrieb an und ist dort wahlberechtigt zum Betriebsrat und zur Jugend- und Auszubildendenvertretung. Dagegen begründet die vorübergehende Beschäftigung der Auszubildenden in den anderen Betrieben keine Wahlberechtigung zu deren Arbeitnehmervertretungen (*BAG* 13.3.1991 EzA § 60 BetrVG Nr. 2). Insbesondere kommt im Rahmen eines **überbetrieblichen Ausbildungsmodells** kein Vertragsverhältnis zum einzelnen berufspraktisch ausbildenden Betrieb zustande (*BAG* 17.8.2005 EzA § 78a BetrVG 2001 Nr. 2), es sei denn, die Beteiligten erklären ausdrücklich oder konkludent ihren Willen dahingehend, dass das ausbildende Unternehmen die im Berufsausbildungsvertrag mit dem Ausbildenden festgelegte Verpflichtung zur Vermittlung von ausbildungsrelevanten Kenntnissen übernimmt und der Auszubildende sich verpflichtet, die Ausbildungsmöglichkeit wahrzunehmen. Nur in diesem Fall eines Vertragsschlusses kann der Jugend- und Auszubildendenvertreter die Übernahme nach § 78a BetrVG verlangen (*BAG* 17.8.2005 EzA BetrVG § 78a Nr. 2).

2. Umschüler

9 Entgegen der Ansicht von *Löwisch* (Rz 3), der von § 78a BetrVG typischerweise nur jugendliche Arbeitnehmer, die am Anfang ihres Berufslebens stehen, erfasst sieht, nicht aber Erwachsene, die umgeschult werden, ist die Vorschrift auch auf Umschulungsverhältnisse anzuwenden (*Richardi/Thüsing* Rz 5; APS-*Künzl* Rz 16; *Fitting* Rz 5; GK-BetrVG/*Oetker* § 78a Rz 17 f.; *Opolony* BB 2003, 1329; **aA** HSWG-*Nicolai* § 78a Rz 6). Die besondere Schutzbedürftigkeit dieses Personenkreises ergibt sich auch nach § 26 BBiG, wonach – mit Einschränkungen – die §§ 10 bis 23 und 25 BBiG – insbesondere auch der Kündigungsschutz des § 22 BBiG – anwendbar sind. § 78a BetrVG gilt allerdings nur, wenn die Umschulung im Rahmen eines eigenständigen Rechtsverhältnisses erfolgt, das nicht gewöhnliches Arbeitsverhältnis ist, sondern vornehmlich die Umschulung für einen anerkannten Ausbildungsberuf mit den für ein Berufsausbildungsverhältnis typischen Merkmalen zum Gegenstand hat (vgl. *BVerwG* 31.5.1990 EzA BPersVG § 9 Nr. 15; *Witt* AR-Blattei Betriebsverfassung XIII A Rz 4; GK-BetrVG/*Oetker* § 78a Rz 18 mwN.). In diesem Fall, in dem der Umschüler zugleich Auszubildender ist, erscheint die beschränkte Anwendung des § 78a BetrVG auf jugendliche Arbeitnehmer (*Löwisch* aaO) abwegig; denn von der Funktion dieser Vorschrift her will sie generell Mitgliedern des Betriebsverfassungsorgans eine ungehinderte Ausübung ihres Amtes ermöglichen.

3. Fortzubildender

10 Ebenso ist den Mitgliedern des Betriebsverfassungsorgans, die in einem isolierten Berufsfortbildungsverhältnis (vgl. KR-*Weigand* §§ 21, 22 BBiG Rz 12) stehen, der durch § 78a BetrVG intendierte Schutz zuzubilligen (so auch *Reinecke* DB 1981, 889; *Witt* AR-Blattei SD Betriebsverfassung XIII A Rz 4; KDZ-*Kittner* Rz 4 f., APS-*Künzl* Rz 18; **aA** HSWG-*Nicolai* § 78a Rz 6; GK-BetrVG/*Oetker* § 78a Rz 20; MünchArbR-*Berkowsky* § 153 Rz 102 f.). Es ist kein sachlicher Grund ersichtlich, warum (wie *Löwisch* Rz 3; GK-BetrVG/*Oetker* § 78a Rz 20) den in einem eigenständigen, den Merkmalen eines Berufsausbildungsverhältnisses entsprechenden Fortbildungsverhältnis befindlichen Mitgliedern eines Betriebsverfassungsorgans die Sorge, die Ausübung ihres Amtes könne ihnen im Hinblick auf den Stand ihres Arbeitsverhältnisses und ihrer beruflichen Entwicklung nachteilig sein, nicht genommen werden soll. Zwar zählt die Garantie des angestrebten beruflichen Aufstiegs (§ 1 BBiG, insbes. § 1 Abs. 4 aE) **nicht** in erster Linie zu der von § 78a BetrVG bezweckten Wirkung, doch sollen den Fortzubildenden jedenfalls aus der betriebsverfassungsrechtlichen Tätigkeit keine beruflichen Nachteile erwachsen. Darüber hinaus würde die Nichtanwendbarkeit des § 78a BetrVG eine unsachgemäße Differenzierung gegenüber denjenigen Fortzubildenden (und Umschülern) darstellen, deren berufsbildende Maßnahme im Rahmen eines gewöhnlichen Arbeitsverhältnisses erfolgt. Denn diese Gruppe genießt als Mitglieder eines Betriebsverfassungsorgans den Schutz des § 15 KSchG. Gerade eine derartige Differenzierung würde möglichen persönlichen oder betrieblichen Erfordernissen der Fortbildung und Umschulung entgegenwirken, was von § 78a BetrVG nicht bezweckt sein kann.

4. Volontäre, Praktikanten

Volontäre und Praktikanten (KR-*Weigand* §§ 21, 22 BBiG Rz 13, 14) gehören begrifflich nicht zu den Auszubildenden iSd BBiG und des § 78a BetrVG (*LAG Köln* 23.2.2000 FA 2001, 59 für ein Volontariat auf der Grundlage eines 18monatigen Arbeitsverhältnisses in der Fernsehbranche). Zwar fallen sie unter den Begriff der Arbeitnehmer in § 5 Abs. 1 BetrVG, doch sind die zu ihrer Berufsausbildung Beschäftigten (§ 5 BetrVG) von den begrifflich wesentlich enger zu fassenden Auszubildenden zu unterscheiden Grds. müssen die Voraussetzungen für ein Berufsausbildungsverhältnis für einen staatlich anerkannten Ausbildungsberuf iSd BBiG vorliegen (vgl. Rz 7 f.). In der Regel liegen die Voraussetzungen bei Volontärs- und Praktikantenverhältnissen nicht vor, da es sich hierbei um Arbeitsverhältnisse mit Ausbildungselementen ohne formalisierte Struktur iSd §§ 4ff. BBiG handelt (im Ergebnis ebenso: *BAG* 17.8.2005 EzA § 78a BetrVG Nr. 2; 1.12.2004 EzA BetrVG 2001 § 78a Nr. 1; *Fitting* Rz 6; *Richardi/ Thüsing* Rz 5; GK-BetrVG/*Oetker* § 78a Rz 14). Eine entsprechende Anwendung des § 78a BetrVG wegen der gleich gelagerten Interessenlage der Volontäre und Praktikanten zu den Auszubildenden wird entgegen der KR-Vorauflage als nicht mehr überzeugend abgelehnt. Allerdings kann § 78a BetrVG auf Volontariatsverhältnisse dann anwendbar sein, wenn es sich dabei um ein anderes Vertragsverhältnis iSd § 26 BBiG handelt (*BAG* 1.12.2004 EzA BetrVG 2001 § 78a Nr. 1). Im Einzelfall kommt es darauf an, ob das Volontariats- mit einem Berufsausbildungsverhältnis mit geordneten, mindestens zweijährigem schriftlich niedergelegtem Ausbildungsgang in einem staatlich anerkannten Ausbildungsberuf vergleichbar ist und bei der Gewichtung der vertraglichen Pflichten der Lernzwecke eindeutig im Vordergrund steht. Liegt der Schwerpunkt aber in der Arbeitsleistung, scheidet die Anwendung des § 78a BetrVG aus. Eine dem Berufsausbildungsverhältnis iSd § 4 f. BBiG vergleichbare strukturierte und formalisierte Ausbildung kann sich auch aufgrund TV ergeben (*BAG* 1.12.2004 EzA BetrVG 2001 § 78a Nr. 1; 23.6.1983 EzA § 78a BetrVG 1972 Nr. 11 zum TV über Ausbildungsrichtlinien für Redaktionsvolontäre an Tageszeitungen).

5. Auszubildende auf Schiffen

Auszubildende im Bereich der Schifffahrt (KR-*Weigand* §§ 21, 22 BBiG Rz 17) sind Seeleute in der Ausbildung zum Matrosen oder zum Schiffsoffizier bzw. Kapitän. Befinden diese sich in einem Heuerverhältnis auf bestimmte Zeit, so ist § 78a BetrVG anzuwenden; andernfalls gilt § 15 Abs. 1 KSchG.

III. Mitgliedschaft im Betriebsverfassungsorgan

1. Mitglieder

Der Auszubildende muss im Zeitpunkt der Beendigung des Ausbildungsverhältnisses oder im Zeitraum eines Jahres vor diesem Zeitpunkt Mitglied der Jugend- und Auszubildendenvertretung, des Betriebsrats, der Bordvertretung oder des Seebetriebsrats sein. Auch wenn der Auszubildende erst kurz vor der Beendigung seines Ausbildungsverhältnisses in die Vertretung gewählt wird oder erst zu diesem Zeitpunkt die Jugend- und Auszubildendenvertretung gebildet wird, besteht der Schutz selbst dann, wenn der Arbeitgeber dem Auszubildenden bereits vor der Wahl mitgeteilt hat, dass er ihn nicht übernehmen wolle (*LAG BaWü* 13.10.1977 AP Nr. 4 zu § 78a BetrVG 1972; *LAG Köln* 31.3.2005 LAGE § 78a BetrVG 2001 Nr. 2; *Fitting* § 78a BetrVG Rz 9; DKK-*Kittner* Rz 16; krit. *Houben* NZA 2006, 769). Ein Jugend- und Auszubildendenvertreter hat die Mitgliedschaft bereits dann erworben, wenn nach der Stimmauszählung feststeht, dass er eine für seine Wahl ausreichende Stimmenzahl erhalten hat (*BAG* 22.9.1983 EzB § 78a BetrVG 1972 Nr. 34). Der nachwirkende Schutz gem. § 78a Abs. 3 BetrVG gilt auch, wenn das Mitglied eines Betriebsverfassungsorgans vor der Beendigung des Amtszeit aus dem Organ ausscheidet und dieser Zeitpunkt binnen Jahresfrist vor Beendigung des Ausbildungsverhältnisses liegt; denn die Beschränkung auf die Amtszeit des Organs würde dem Schutzgedanken des § 78a BetrVG (vgl. Rz 3) zuwiderlaufen. Somit ist auch auf die vorzeitige Beendigung, also die »**persönliche Mitgliedschaft**«, abzustellen, sofern nicht die Voraussetzungen nach § 65 Abs. 1 iVm § 24 Abs. 1 Nr. 5 und 6 BetrVG gegeben sind (*BAG* 21.8.1979 EzA § 78a BetrVG 1972 Nr. 6 mit Anm. *Kraft* in AP Nr. 6 zu § 78a BetrVG 1972; in Anlehnung an *BAG* 5.7.1979 EzA § 15 KSchG nF Nr. 22). Rückt ein Ersatzmitglied des Betriebsrats, das zugleich Jugend- und Auszubildendenvertreter ist, vorübergehend in den Betriebsrat ein, so entfällt die Wählbarkeitsvoraussetzung nach § 61 Abs. 2 S. 1 BetrVG mit der Folge, dass gem. § 61 iVm § 24 Abs. 1 Nr. 4 BetrVG das Amt des Jugend- und Auszubildendenvertreters sofort erlischt. Der nachwirkende Schutz gem. § 78a Abs. 3 BetrVG bleibt bestehen, soweit die Beendigung des Amtes in der Jugend- und Auszubildendenvertretung oder der Termin des letzten vorübergehenden Einrückens in den Betriebsrat (vgl. Rz 15 ff.) innerhalb des letzten Jahres vor Beendigung des Ausbil-

§ 78a BetrVG   Schutz Auszubildender in besonderen Fällen

dungsverhältnisses liegt. Das Amt des Jugend- und Auszubildendenvertreters (bzw. Betriebsrats) endet automatisch, wenn die Zahl der jugendlichen Arbeitnehmer im Betrieb »in der Regel« unter fünf sinkt (*LAG Bln.* 25.11.1975 ARSt 1976, 122, Nr. 111).

13a Ein Auszubildender, der über längere Zeit die Aufgaben eines **Jugend- und Auszubildendenvertreter-Obmannes faktisch wahrgenommen** hat, ohne dass die formellen Voraussetzungen für sein Nachrücken in dieses Amt vorlagen, hat einen Weiterbeschäftigungsanspruch gem. § 78a Abs. 2 BetrVG (*ArbG Mannheim* 20.1.1982 BB 1982, 1665). Ebenso genießt ein Auszubildender den Schutz gem. § 78a BetrVG, wenn er Mitglied in einer **aufgrund Tarifvertrages eingerichteten betriebsverfassungsrechtlichen Vertretung** gem. § 3 Abs. 1 Ziff. 2 BetrVG war oder ist, soweit diese Vertretung an die Stelle des Betriebsrates tritt (GK-BetrVG/*Oetker* § 78a Rz 27; *Brecht* NWB 1974, 441; *Pielsticker* Der Schutz in Ausbildung befindlicher Mitglieder von Betriebsverfassungsorganen nach § 78a BetrVG, Diss. 1987; **aA** HSWG-*Nicolai* § 78a Rz 8). Wenn es sich allerdings um die Mitgliedschaft in einer **zusätzlichen Vertretung** gem. § 3 Abs. 1 Ziff. 1 BetrVG handelt, finden nicht die für den Betriebsrat maßgebenden Vorschriften Anwendung, mithin auch nicht § 78a BetrVG (GK-*Kreutz* aaO); in diesem Fall gilt nur der relative Kündigungsschutz gem. § 78 BetrVG, dh nur die Kündigung zum Zweck, die Amtsausübung zu verhindern oder zu sanktionieren, ist nichtig (vgl. *Fitting* Rz 7). Angehörige von Arbeitsgruppen gem. § 28a BetrVG können sich nicht auf § 78a BetrVG berufen (*Opolony* BB 2003, 1329).

2. Ersatzmitglieder

14 Ersatzmitglieder können den Schutz des § 78a Abs. 1 und 2 BetrVG unbeschränkt beanspruchen, sobald sie als Mitglied Funktionen im Betriebsverfassungsorgan wahrnehmen (so nach den Grundsätzen, die zu § 25 BetrVG im Hinblick auf § 15 KSchG entwickelt wurden; vgl. *Fitting* § 25 Rz 7 ff.; *Wlotzke* S. 226; GK-BetrVG/*Oetker* § 78a Rz 32; *v. Hoyningen-Huene/Linck* § 15 Rz 22; *ArbG Lörrach* 13.8.1973 in: *Etzel* Die Rechtsprechung zum BetrVG 1972, Rz 347; *Wiencke* S. 28; **aA** *Löwisch* Rz 4, die § 78a BetrVG nur anwenden wollen, wenn das Ersatzmitglied endgültig in das Betriebsverfassungsorgan eingerückt ist). Zum nachwirkenden Kündigungsschutz s. Rz 17 ff.

3. Wahlbewerber

15 Wahlbewerber **genießen nicht den besonderen Schutz** des § 78a Abs. 1 und 2 (*ArbG Bamberg* 5.10.1976 ARSt 1977, Nr. 82; *Fitting* Rz 7; APS-*Künzl* Rz 36; KDZ-*Kittner* Rz 6; *Witt* AR-Blattei SD Betriebsverfassung XIII A Rz 6; *Wiencke* S. 31). Die Vorschrift führt den geschützten Personenkreis im Einzelnen auf und bezieht die Wahlbewerber ausdrücklich nicht mit ein. Der eindeutige Gesetzeswortlaut verbietet ebenso eine ausdehnende Auslegung, wie auch Anhaltspunkte für eine Gesetzeslücke fehlen, die durch Analogie des § 15 Abs. 3 KSchG überbrückt werden könnte (vgl. *ArbG Kiel* 10.9.1976 BB 1976, 1367). Soweit eine Benachteiligung bzw. Kündigung eines Wahlbewerbers im Zusammenhang mit seiner Wahlbewerbung steht, kann er sich jedoch auf die subsidiären Schutzvorschriften gem. §§ 78, 20 BetrVG berufen (str. vgl. entsprechende Erwägungen BAG 13.6.1996 EzA § 15 KSchG nF Nr. 44). Die Schutzwirkung des § 78a BetrVG greift erst ein, wenn der Wahlbewerber tatsächlich in das Amt des Betriebsverfassungsorgans gewählt worden ist. Dies steht mit der Auszählung der Stimmen fest (*BAG* 22.9.1983 EzA § 78a BetrVG 1972 Nr. 12). In diesem Zeitpunkt besteht der Schutz, wenn das Berufsausbildungsverhältnis noch nicht beendet ist.

4. Nachwirkung des Schutzes (Abs. 3)

16 Gem. § 78a Abs. 3 BetrVG wirkt der Schutz nach Abs. 1 und 2 während eines Jahres nach Beendigung der Amtszeit des jeweiligen betriebsverfassungsrechtlichen Organs für die Mitglieder nach. Scheidet ein Mitglied schon **vor dem Ende der Amtszeit** aus dem betriebsverfassungsrechtlichen Organ aus, kann es ebenfalls die Rechte nach Abs. 3 iVm Abs. 2 in Anspruch nehmen (*Wiencke* S. 26 f.). Dabei kommt es auf den Grund des Ausscheidens nicht an, soweit nicht die Voraussetzungen nach § 65 Abs. 1 iVm § 24 Abs. 1 Ziff. 5 und 6 BetrVG vorliegen (*BAG* 21.8.1979 EzA § 78a BetrVG 1972, Nr. 6). Zwar knüpft der Wortlaut des Abs. 3 eindeutig an die Amtszeit des Betriebsverfassungsorgans an, doch (so die Begr. des BAG in seiner Entscheidung hinsichtlich eines Jugend- und Auszubildendenvertreters) würde damit dem Schutzgedanken des § 78a BetrVG nicht hinreichend Rechnung getragen, zumal da die begriffliche Unterscheidung zwischen der Amtszeit des Organs und persönlicher Mitgliedschaft weder im BetrVG noch im KSchG konsequent durchgehalten wird. Der nachwirkende Schutz des Jugend- und Auszubildendenvertreters wird diesem individuell gegenüber dem Arbeitgeber gewährt und hat seine sachliche Begründung und zeitliche Begrenzung in der Zugehörigkeit des

Jugend- und Auszubildendenvertreters zu seinem betriebsverfassungsrechtlichen Organ (so auch *Opolony* BB 2003, 1329, 1331). Das *BAG* knüpft mit dieser Entscheidung an seine Rechtsprechung vom 5.7.1979 (EzA § 15 KSchG nF Nr. 22) an, wonach Betriebsratsmitglieder, die ihr Betriebsratsamt niedergelegt haben, grds. den nachwirkenden Kündigungsschutz des § 15 Abs. 1 Ziff. 2 KSchG genießen, obwohl in dieser Bestimmung ebenfalls auf das Ende der Amtszeit abgestellt wird (vgl. *Richardi/Thüsing* Rz 10; *Löwisch* Rz 4).

Dem **Ersatzmitglied** kommt der nachwirkende Schutz des § 78a Abs. 3 BetrVG (entsprechend § 15 Abs. 1 S. 1 KSchG) dann zugute, wenn es anstelle eines ausgeschiedenen Mitglieds in das Betriebsverfassungsorgan eingerückt ist (vgl. *Fitting* Rz 11; GK-BetrVG/*Oetker* § 78a Rz 36). Ebenso greift der nachwirkende Schutz des § 78a Abs. 3 BetrVG ein, wenn ein Ersatzmitglied nur **vorübergehend als Stellvertreter** für ein verhindertes Mitglied des Betriebsverfassungsorgans dessen Funktion wenigstens einmal während der Jahresfrist gem. § 78a Abs. 3 BetrVG wahrgenommen und die Weiterbeschäftigung innerhalb von drei Monaten vor der Beendigung des Ausbildungsverhältnisses schriftlich (s. auch Rz 28) verlangt hat (*BAG* 13.3.1986 EzA § 78a BetrVG 1972 Nr. 16 und 17; *Reinecke* DB 1981, 889; *Weiss* BetrVG § 78a Rz 2; GK-BetrVG/*Oetker* § 78a Rz 37; *Richardi/Thüsing* Rz 11; APS-*Künzl* Rz 39 ff.; *Wiencke* S. 29 f.; **aA** BVerwG 25.6.1986 ZTR 1987, 30; *Brecht* § 25 Rz 18). Die gegenteilige Ansicht geht davon aus, das Ersatzmitglied erhalte zwar nach dem Einrücken alle Rechte und Pflichten eines Mitglieds, werde aber selbst nicht Mitglied des Betriebsverfassungsorgans. Ihm sei der besondere Kündigungsschutz des § 15 KSchG (entspricht dem nachwirkenden Schutz des § 78a Abs. 3 BetrVG) nicht zuzubilligen, weil das für ein zeitweilig verhindertes Mitglied eingerückte Ersatzmitglied der Möglichkeit, ohne Sorge um den Arbeitsplatz wieder den beruflichen Anschluss zu erlangen, nicht bedürfe. 17

Dem ist zunächst entgegenzuhalten, dass die Funktion des nachwirkenden besonderen Kündigungsschutzes in § 78a Abs. 3 BetrVG eine hinsichtlich möglicher Repressionen seitens des Arbeitgebers ungehinderte und sorgenfreie Ausübung des Amtes in einem Betriebsverfassungsorgan ermöglichen soll. Für die Realisierung dieses Zweckes ist es unerheblich, ob ein Ersatzmitglied kurz- oder längerfristig sein Amt im Organ ausgeübt hat (so das Kriterium von *Gnade/Kehrmann/Schneider/Blanke* § 78a Rz 6); denn bei engagierter Amtsführung sind Benachteiligungen bei Beendigung der Berufsausbildung bezüglich einer Weiterbeschäftigung nicht auszuschließen. Ebenso erscheint das Kriterium »geringfügiger« und »unbedeutender« Belastung (*Barwasser* AuR 1977, 74) kaum wägbar. Vielmehr reicht die formale Feststellung der tatsächlichen Amtsausübung aus (vgl. KDZ-*Kittner* Rz 8). 18

Die Grundsätze zum § 25 BetrVG im Hinblick auf § 15 KSchG, dessen Schutzzweck auf den Arbeitsplatz durch Ermöglichung eines reibungslosen beruflichen Anschlusses nach der Amtszeit zielt, sind im Rahmen des § 78a Abs. 3 BetrVG nicht unmittelbar zu übernehmen (**aA** *Barwasser* aaO, der den nachwirkenden Kündigungsschutz schon aus dem Wortlaut des § 15 Abs. 1 S. 2 KSchG ableitet). Denn ein entscheidender Unterschied liegt darin, dass es sich bei den in § 78a BetrVG betroffenen Ausbildungsverhältnissen um Rechtsverhältnisse handelt, die normalerweise ohne besondere Willenserklärung und damit einfacher enden können, während bei den in § 15 KSchG betroffenen Arbeitsverhältnissen eine Kündigung erfolgen muss, die idR auch begründet sein muss. Von daher rechtfertigt Sinn und Zweck des § 78a BetrVG für die insofern sozial schwächeren auszubildenden Ersatzmitglieder, die auch nur vorübergehend amtiert haben, den Schutz des § 78a Abs. 3 BetrVG. 19

Die Entscheidung des *BAG* vom 15.1.1980 (EzA § 78a BetrVG 1972 Nr. 9), wonach es für die Wirksamkeit des Übernahmeverlangens ausreicht, wenn der Auszubildende zum Zeitpunkt des Begehrens Mitglied eines Betriebsverfassungsorgans ist, die Mitgliedschaft also nicht bis zum Ende des Ausbildungsverhältnisses dauern braucht, stößt auf Bedenken; denn das BAG lässt die Schutzwirkung des § 78a BetrVG für das vorübergehend in das Betriebsverfassungsorgan eingerückte Ersatzmitglied nur gelten, wenn der Auszubildende das Weiterbeschäftigungsbegehren gerade in dem Augenblick geltend macht, in dem er – auch wenn es nur ein Tag ist – für ein verhindertes Mitglied des Betriebsrats dessen Funktion wahrnimmt. Diese Begründung des BAG offenbart die Manipulationsmöglichkeiten bzw. sogar -notwendigkeiten, die sich einem Auszubildenden stellen, wenn er den Schutz des § 78a BetrVG in Anspruch nehmen will. Nach *Grunsky* (Anm. EzA § 78a BetrVG 1972 Nr. 9) soll daher das Ersatzmitglied denselben Schutz wie das in erster Linie berufene Mitglied genießen; denn für einen Arbeitgeber könne auch die Ersatzmitgliedschaft ausreichen, um Benachteiligungsabsichten hervorzurufen. Diese extensive Auslegung des persönlichen Geltungsbereichs generell auf alle Ersatzmitglieder wird vom Wortlaut des Gesetzes nicht mehr gedeckt. § 78a BetrVG knüpft den Schutz stets an Mitglieder eines Betriebsverfassungsorgans, Ersatzmitglieder werden nicht erwähnt. Trotzdem genießen 20

Ersatzmitglieder dann den Schutz, wenn sie einmal – wenn auch nur vorübergehend – vollwertiges Mitglied in einem Organ gem. § 78a Abs. 1 BetrVG gewesen sind (vgl. Rz 15). Nach der Rechtsprechung des BAG zu § 15 Abs. 1 S. 2 KSchG (*BAG* 6.9.1979 EzA § 15 KSchG nF Nr. 23) erwirbt das Ersatzmitglied für die Dauer der Vertretung die Rechtsstellung eines vollberechtigten Mitgliedes des Betriebsrats. Wie bereits oben (Rz 15) erläutert, reicht es für die Schutzwirkung des § 78a BetrVG aus, wenn das Ersatzmitglied innerhalb der Jahresfrist gem. § 78a Abs. 3 BetrVG einmal – wenn auch vorübergehend – in das Betriebsverfassungsorgan eingerückt war (APS-*Künzl* Rz 34).

21 Zwar kann ein Auszubildender, der bei der Wahl zum Ersatzmann des Jugend- und Auszubildendenvertreter-Obmanns nicht mit der höchsten Stimmzahl gewählt wurde, im Falle eines späteren Ausscheidens des Jugend- und Auszubildendenvertreters und seines Stellvertreters nicht im Wege des sog. Nachrückverfahrens Jugend- und Auszubildendenvertreter werden, doch hat dieser Auszubildende dann einen Übernahmeanspruch gem. § 78a Abs. 2 BetrVG, wenn er in der Annahme, er sei rechtswirksam nachgerückt, über einen längeren Zeitraum faktisch Aufgaben eines Jugend- und Auszubildendenvertreters wahrgenommen hat, ohne dass der Arbeitgeber hiergegen seine Bedenken erhoben hat (*Gnade/Kehrmann/Schneider/Blanke* § 78a Rz 6). In diesem Fall gelten die gleichen Grundsätze wie bei dem Kündigungsschutz des Jugend- und Auszubildendenvertreters gem. § 15 KSchG, § 103 BetrVG bei angefochtener, aber nicht nichtiger Wahl (*ArbG Mannheim* 20.1.1982 BB 1982, 1665).

IV. Mitteilungspflicht des Arbeitgebers (Abs. 1)

22 Nach § 78a Abs. 1 BetrVG wird der Arbeitgeber verpflichtet, dem Auszubildenden drei Monate vor dem durch Ablauf oder Ablegung der Prüfung zu Ende gehenden Ausbildungsverhältnisses schriftlich mitzuteilen, wenn er ihn nicht in ein Arbeitsverhältnis auf unbestimmte Zeit übernehmen will.

1. Funktion

23 Der wesentliche Zweck dieser Mitteilungspflicht liegt in ihrer Hinweisfunktion. Die Mitteilung kann den Auszubildenden veranlassen, einerseits die Vorkehrungen für den Antrag auf Weiterbeschäftigung und andererseits rechtzeitig Dispositionen für einen Arbeitsplatz in einem anderen Betrieb zu treffen. Mit Hinweispflicht des Arbeitgebers ist inhaltlich nicht eine Belehrung des Jugend- und Auszubildendenvertreters über seine Rechte aus § 78a Abs. 2 BetrVG verbunden (*BVerwG* 31.5.2005 NZA 2005, 613). Allerdings muss die Mitteilung schriftlich erfolgen, damit der Auszubildende rechtzeitig in verbindlicher Weise von der Absicht des ausbildenden Arbeitgebers Kenntnis erhält (vgl. *Richardi/Thüsing* Rz 12; *Löwisch* Rz 5; *Witt* AR-Blattei Betriebsverfassung XIII A Rz 12).

2. Zeitpunkt

24 Da der Arbeitgeber idR seinen Entschluss erst kurz vor dem Ende des Ausbildungsverhältnisses fassen kann, wird – abgesehen von Einzelfällen – normalerweise eine Mitteilung früher als sechs Monate vor Ende des Ausbildungsverhältnisses nicht verlangt werden können. Maßgeblicher Zeitpunkt für die Fristberechnung gem. §§ 187 ff. BGB ist in der Regel die Beendigung des Berufsausbildungsverhältnisses gem. § 21 Abs. 1 S. 1 BBiG. Im Falle einer Stufenausbildung gem. § 5 Abs. 2 Nr. 1 BBiG endet das Berufsausbildungsverhältnis mit Ablauf der letzten Stufe (*Fitting* Rz 14). Legt der Auszubildende die Abschlussprüfung vorzeitig ab (vgl. § 21 Abs. 2 BBiG), so verschiebt sich die Dreimonatsfrist entsprechend dem mutmaßlichen Datum des Endes der Prüfung, bei Kenntniserlangung des Arbeitgebers erst innerhalb dieser Frist ab diesem Zeitpunkt (*Witt* AR-Blattei Betriebsverfassung XIII A Rz. 13 ff. mwN). Zur nicht rechtzeitigen Mitteilung s. Rz 25.

3. Rechtsfolgen der Unterlassung (Abs. 5)

25 Unterlässt der ausbildende Arbeitgeber die Mitteilung, so zieht dies keine unmittelbare rechtliche Folge nach sich. Insbesondere gilt dadurch nicht ein Arbeitsverhältnis auf unbestimmte Zeit begründet (*BVerwG* 31.5.2005 NZA 2005, 613; *Richardi/Thüsing* § 78a Rz 17; GK-BetrVG/*Oetker* § 78a Rz 46; aA *Altvater/Hamer/Ohnesorg/Peiseler* BPersVG § 9 Rz 7, 19; *Ilbertz/Widmaier* BPersVG § 9 Rz 11), sondern der Auszubildende muss unabhängig davon seine Weiterbeschäftigung verlangen (§ 78a Abs. 5). Ein treuwidriges Verhalten des Arbeitgebers kann erst bei Hinzutreten besonderer, außergewöhnlicher Umstände, zB wenn der Auszubildende gezielt von der form- und fristgerechten Geltendmachung seines Weiterbeschäftigungsverlangens abgehalten werden soll, bejaht werden (*BVerwG* 31.5.2005 aaO mwN auch zur aA). Ob der Abschluss eines befristeten Arbeitsvertrages geeignet ist, den Auszubildenden

von der Geltendmachung seines Rechtes gem. § 78a Abs. 2 BetrVG abzuhalten, hängt im Einzelfall davon ab, ob dem eine treuwidrige Intention des Arbeitgebers zugrunde liegt (*BVerwG* 31.5.2005 aaO). Allerdings kann die unterlassene oder nicht rechtzeitige Mitteilung gerade im Hinblick auf die besondere Ausgestaltung der Fürsorgepflichten des Ausbildenden im Ausbildungsverhältnis Schadenersatzansprüche aus dem Gesichtspunkt der positiven Forderungsverletzung ergeben (vgl. auch *Richardi/Thüsing* Rz 18; *Fitting* Rz 16; GK-BetrVG/*Oetker* § 78a Rz 47 mwN; aA HWK-*Schrader* BetrVG § 78a Rz 23), denn die dadurch unterbliebenen – ggf. erforderlichen – Dispositionen für eine andere Arbeitsstelle können zu einem Schaden führen.

V. Weiterbeschäftigungsverlangen des Auszubildenden (Abs. 2)

1. Verlangen

Nach Abs. 2 muss der Auszubildende innerhalb der letzten drei Monate vor Beendigung des Berufsausbildungsverhältnisses schriftlich seine Weiterbeschäftigung verlangen. Für die Berechnung der Dreimonatsfrist ist auf den Zeitpunkt der Bekanntgabe des Prüfungsergebnisses der Abschlussprüfung abzustellen (*BAG* 31.10.1985 EzA § 78a BetrVG 1972 Nr. 15). Es ist nicht arglistig, sich auf den Schutz des § 78a BetrVG zu berufen, wenn die Abschlussprüfung erst fünf Monate nach Ende der Ausbildungszeit abgelegt wird (*LAG Stuttg.* 13.10.1977 DB 1978, 548). Ein Verzicht auf das Weiterbeschäftigungsverlangen kann im Abschluss eines befristeten Arbeitsvertrages innerhalb der letzten drei Monate vor dem Ausbildungsende liegen, wenn nach den Umständen des Einzelfalls kein treuwidriges Verhalten des Arbeitgebers zur Vereitelung der Rechtsposition gem. § 78a Abs. 2 BetrVG gegeben ist. Eine solche Verzichtserklärung kann ausdrücklich oder konkludent erfolgen (*BVerwG* 31.5.2005 NZA-RR 2005, 613). 26

a) Dreimonatsfrist

Die Einhaltung der Dreimonatsfrist erfordert zu ihrer Wirksamkeit den fristgerechten Zugang der Erklärung beim ausbildenden Arbeitgeber (§ 130 Abs. 1 S. 1 BGB). **Zugang** heißt, dass die Erklärung in den Machtbereich des Arbeitgebers gelangt und ihm bei Annahme gewöhnlicher Verhältnisse die Kenntnisnahme möglich ist. Auf die tatsächliche Kenntnisnahme kommt es nicht an. Die **Fristeinhaltung** ist nach Abs. 2 S. 1 zwingende Voraussetzung. Einerseits muss die Erklärung vor Beendigung des Ausbildungsverhältnisses – auch im Interesse des Arbeitgebers für dessen Dispositionen – zugegangen sein (Beendigungszeitpunkt ist Bekanntgabe des Prüfungsergebnisses der Abschlussprüfung). Ergeht das Weiterbeschäftigungsverlangen erst nach Beendigung, kann es die Fiktionswirkung des Abs. 2 S. 1 nicht auslösen. Andererseits darf diese Erklärung **nicht früher als drei Monate vor Beendigung** zugehen, sonst entsteht ein Arbeitsverhältnis kraft gesetzlicher Fiktion nicht (*BAG* 31.10.1985 EzA § 78a BetrVG 1972 Nr. 15; *BVerwG* 9.10.1996 NZA-RR 1997, 239; *Richardi/Thüsing* Rz 21). Dies gilt auch dann, wenn der Arbeitgeber seiner Hinweispflicht gem. § 78a Abs. 1 BetrVG nicht nachgekommen ist (aA *Richardi/Thüsing* § 78a Rz 22). Allerdings können die Grundsätze von Treu und Glauben ausnahmsweise bei Vorliegen besonderer Umstände (zB Einvernehmen über die Weiterbeschäftigung) gebieten, dass das Weiterbeschäftigungsverlangen trotzdem als fristgemäß gestellt wird (*BVerwG* 9.10.1996 aaO zur entsprechenden Regelung gem. § 9 Abs. 1 BPersVG). 27

Von daher muss **das vor der Dreimonatsfrist** zugegangene Weiterbeschäftigungsverlangen innerhalb der drei Monate vor Beendigung noch einmal schriftlich wiederholt bzw. bestätigt werden, wenn es wirksam werden soll (*BAG* 15.1.1980 EzA § 78a BetrVG 1972 Nr. 8; *Richardi/Thüsing* § 78a Rz 21, GK-BetrVG/*Oetker* § 78a Rz 57; krit. *Grunsky* Anm. EzA § 78a BetrVG 1972 Nr. 9, S. 54 ff.). Entsprechend kann ein Verzicht auf den Schutz nach § 78a BetrVG wie auch ein Aufhebungsvertrag wirksam erst in den letzten drei Monaten des Ausbildungsverhältnisses vereinbart werden (*LAG Frankf.* 9.8.1974 BB 1975, 205; HSWG-*Nicolai* § 78a Rz 20; GK-BetrVG/*Kreutz* § 78a Rz 56; *Etzel* Betriebsverfassungsrecht Rz 1116; aA *Wiencke* Der Schutz Auszubildender in besonderen Fällen – § 78a BetrVG, Diss. 1983, der den Verzicht wegen der in §§ 12 Abs. 1, 25 BBiG enthaltenen Regelungen ausschließt; *Witt* AR-Blattei Betriebsverfassung XIII A 78a Rz 19). Schweigt der Arbeitgeber auf ein nicht in den Dreimonatsfrist (zu früh) gestelltes Weiterbeschäftigungsverlangen, so wird kein Arbeitsverhältnis mit Auszubildenden auf unbestimmte Zeit begründet, auch wenn der Arbeitgeber erkannte, dass das Verlangen vor Fristbeginn gestellt wurde (*LAG Hamm* 1.8.1984 EzB § 78a BetrVG 1972 Nr. 39). 27a

Nicht zuzustimmen ist der Meinung, der Dreimonatsfrist komme keine zwingende Wirkung mehr zu (*Fitting* Rz 19; APS-*Künzl* Rz 61), weil diese Frist mit derjenigen gem. § 12 Abs. 1 S. 2 BBiG von der 27b

Zweckrichtung her korrespondiere und letztgenannte in der alten Fassung gemäß Arbeitsrechtlichem Beschäftigungsförderungsgesetz vom 26.9.1996 (BGBl. I S. 1426) auf sechs Monate verlängert worden sei. Daher könne auch von einer auf sechs Monate verlängerten Frist für das Weiterbeschäftigungsverlangen gemäß § 78a Abs. 2 BetrVG ausgegangen werden (vgl. auch *Jäger/Künzl* ZTR 2000, 300). Gegen die Verlängerung der Dreimonatsfrist gem. § 78a Abs. 2 BetrVG spricht der **eindeutige Wortlaut des Gesetzes**, der der Novellierung des § 5 Abs. 1 S. 2 BBiG aF (jetzt: § 12 Abs. 1 S. 2 BBiG) nicht angepasst worden ist (GK-BetrVG/*Oetker* § 78a Rz 57). Im Übrigen betreffen die beiden Fristenregelungen unterschiedliche rechtliche Konstellationen; denn im Fall des § 12 Abs. 1 S. 2 BBiG kommt ein Vertrag aufgrund übereinstimmender Willenserklärungen zustande, im Falle des § 78a Abs. 2 reicht die einseitige Willenserklärung, um Kraft gesetzlicher Fiktion (ggf. gegen den Willen des Arbeitsgerbers und entgegen betrieblicher Erfordernisse, die er erst im Verfahren gem. § 78a Abs. 4 geltend machen kann) ein Arbeitsverhältnis auf unbestimmte Zeit entstehen zu lassen. Schließlich sprechen auch systematische Erwägungen und das Erfordernis der **Rechtsklarheit** gegen eine Ausdehnung der Dreimonatsfrist auf sechs Monate; denn entsprechend könnte dies auch zur Verlängerung des Zeitraums (ggf. über sechs Monate hinaus), führen, während dem der Arbeitgeber vorsorglich infragekommende Arbeitsplätze für den Jugend- und Auszubildendenvertreter freizuhalten hätte (vgl. Rz 44).

b) Schriftform

28 Die für die Wirksamkeit erforderliche Schriftform dient der Rechtssicherheit (*Richardi/Thüsing* Rz 23 deklariert das Schrifterfordernis als Ordnungsvorschrift). Gem. § 126 BGB muss das Weiterbeschäftigungsverlangen auch eigenhändig durch Namensunterschrift unterzeichnet sein. **Mündliche Erklärungen bedürfen idR der schriftlichen Bestätigung**, sonst können sie lediglich als Angebot für den Abschluss eines Arbeitsvertrages angesehen werden (vgl. § 11 Abs. 1 Ziff. 1 BBiG). Dem Schreiben muss nach den allgemeinen Auslegungsgrundsätzen (§ 133 BGB) das Weiterbeschäftigungsverlangen deutlich zu entnehmen sein. Eine besondere Begründung ist nicht erforderlich. Allerdings kann die Berufung auf die gesetzlich vorgeschriebene Schriftform dann gegen Treu und Glauben verstoßen, wenn auf sein Verlangen dem Jugend- und Auszubildendenvertreter die Weiterbeschäftigung ausdrücklich zugesichert wurde (*ArbG Kiel* 25.7.1974 EzB § 78a BetrVG 1972 Nr. 1).

c) Geschäftsfähigkeit

29 Bei Minderjährigen (vgl. KR-*Weigand* §§ 21, 22 BBiG Rz 105 ff.) ist eine Genehmigung des gesetzlichen Vertreters zur Abgabe der Erklärung im Hinblick auf die §§ 106 ff. BGB regelmäßig nicht notwendig (so auch *LAG Nds.* 8.4.1975 EzB § 78a BetrVG 1972 Nr. 6; *Fitting* Rz 26; KDZ-*Kittner* Rz 17; **aA** GK-BetrVG/*Oetker* § 78a Rz 52; HSWG-*Nicolai* § 78a Rz 19; *Wiencke* S. 39; *Richardi/Thüsing* Rz 24; *Löwisch* § 78a Rz 8; *Witt* AR-Blattei Betriebsverfassung XIII A Rz 15a; APS-*Künzl* Rz 64). Zwar handelt es sich bei dem Weiterbeschäftigungsverlangen mit dem Eintritt der gesetzlichen Fiktion um ein Rechtsgeschäft, für das der beschränkt geschäftsfähige Minderjährige an sich die Genehmigung des gesetzlichen Vertreters braucht, doch sind im Hinblick auf § 78a BetrVG, dessen Regelung primär betriebsverfassungsrechtlichen Angelegenheiten dient, die Vorschriften im BGB über die Geschäftsfähigkeit nicht unmittelbar anzuwenden (selbst wenn sie Anwendung finden, ist davon auszugehen, dass die Einwilligung des gesetzlichen Vertreters zur Eingehung eines Berufsausbildungsverhältnisses gem. § 113 BGB auch das Weiterbeschäftigungsverlangen nach § 78a BetrVG deckt). In diesem Fall ist vom Vorrang des Rechtes des Minderjährigen auf freie Entfaltung der Persönlichkeit (Art. 2 Abs. 1 GG) vor dem in Art. 6 Abs. 2 GG statuierten Elternrecht auszugehen (iE dazu *Moritz* DB 1974, 1016; *ders.* Die Stellung der Jugendvertretung im Rahmen der Betriebsverfassung, Diss., S. 57 f., 157 ff.).

2. Rechtswirkungen

a) Begründung eines Arbeitsverhältnisses

30 Verlangt der Auszubildende seine Weiterbeschäftigung, so gilt gem. § 78a Abs. 2 S. 1 BetrVG aufgrund des Verlangens ab Beendigung des Ausbildungsverhältnisses (*ArbG Wiesbaden* 11.1.1978, EzB § 78a BetrVG 1972 Nr. 17; zum Zeitpunkt der Beendigung s. KR-*Weigand* §§ 21, 22 BBiG Rz 19 ff.) **ein Arbeitsverhältnis auf unbestimmte Zeit** als begründet. Das neue Rechtsverhältnis entsteht kraft einer gesetzlichen Fiktion, ähnlich der Regelung in § 24 BBiG (vgl. iE dazu *Moritz* DB 1974, 1016). Dem Entstehen des Arbeitsverhältnisses aufgrund des § 78a Abs. 2 BetrVG steht nicht entgegen, dass der Arbeitgeber bereits vor Beendigung des Berufsausbildungsverhältnisses einen Antrag nach § 78a Abs. 4 BetrVG gestellt hatte (vgl. Rz 36) und sich dieser Antrag letztlich als erfolgreich erweist (*BAG* 24.7.1991 aaO). Die

Mitwirkung des Betriebsrats gem. § 99 BetrVG ist für den Eintritt der Fiktionswirkung in § 78a BetrVG weder vorgesehen noch erforderlich; denn der Arbeitgeber stellt den Arbeitnehmer nicht ein iSd § 99 BetrVG (vgl. APS-*Künzl* Rz 66; *Fitting* Rz 29; KDZ-*Kittner* Rz 28). Mit der Übernahme in ein unbefristetes Arbeitsverhältnis beginnt für den Arbeitnehmer der besondere Kündigungsschutz nach § 103 BetrVG und § 15 KSchG.

Hinsichtlich des **Merkmals der Beendigung** kommt es nicht auf das Bestehen der Abschlussprüfung 30a an (vgl. GK-BetrVG/*Oetker* § 78a Rz 44, 66). Nach dem Schutzzweck des § 78a BetrVG tritt die Fiktionswirkung auch bei nicht erfolgreichem Ablegen der Prüfung ein (*LAG BW* 13.10.1977 AP Nr. 4 zu § 78a BetrVG 1972; *Fitting* Rz 24; *Witt* AR-Blattei SD Betriebsverfassung XIII A Rz 21), wiewohl dies dem Arbeitgeber unzumutbar sein kann (vgl. Rz 37 ff., 45). Ebenso ist es nicht arglistig, sich auf den Schutz des § 78a BetrVG zu berufen, wenn die Abschlussprüfung erst nach geraumer Zeit (fünf Monate) abgelegt werden kann, solange allerdings nicht ernste Zweifel am Willen des Auszubildenden bestehen, sich der Abschlussprüfung zu unterziehen. Dagegen setzt § 9 Abs. 1 BPersVG nach seinem Wortlaut ein erfolgreiches Berufsausbildungsverhältnis für den Eintritt der gesetzlichen Fiktion voraus.

Wenn statt einer unbefristeten Beschäftigungsmöglichkeit lediglich ein **freier Arbeitsplatz mit befris-** 30b **teter Dauer** zur Verfügung steht, dann ist dem Arbeitgeber die Weiterbeschäftigung des Jugend- und Auszubildendenvertreters über das Ausbildungsende hinaus nicht zumutbar. Dies folgt zwingend aus dem Wortlaut des § 78a Abs. 2 BetrVG (*BAG* 24.7.1991 EzA § 78 BetrVG 1972 Nr. 21; 16.8.1995 EzA § 78a BetrVG 1972 Nr. 23; *Löwisch* Rz 10; HSWG-*Nicolai* § 78a Rz 34; *Witt* AR-Blattei Betriebsverfassung XIII A Rz 38; *Richardi/Thüsing* Rz 42; GK-BetrVG/*Oetker* § 78a Rz 104; aA *Fitting* Rz 57; KDZ-*Kittner* § 78a Rz 44 f.; APS-*Künzl* Rz 115; die Gegenmeinung leitet aus dem Schutzzweck des § 78a auch die Begründung eines befristeten Arbeitsverhältnisses kraft gesetzlicher Fiktion ab, wenn der Auszubildende dies will bzw. dem Befragen zustimmt). Die Begründung eines befristeten Arbeitsverhältnisses bedarf stets einer dahingehenden **vertraglichen Vereinbarung** (*BAG* 24.7.1991 EzA § 78 BetrVG 1972 Nr. 21). Allerdings ist dabei das Konsensprinzip insoweit einzuschränken, als aus der Schutzfunktion des § 78a heraus ein entsprechender Antrag des Auszubildenden vor Beendigung des Ausbildungsverhältnisses auf Abschluss eines befristeten Vertrages vom Arbeitgeber nicht willkürlich und wegen der Amtsausübung diskriminierend abgelehnt werden darf (ähnlich GK-BetrVG/*Oetker* § 78a Rz 104). Unterzeichnet ein Auszubildender iSd § 78a vor Ablauf der Ausbildungszeit vorbehaltlos einen befristeten Arbeitsvertrag, verzichtet er nach dem *LAG Köln* (23.2.2000 FA 2001, 59) damit konkludent auf eine vorher geltend gemachte Weiterbeschäftigung im Rahmen eines unbefristeten Arbeitsverhältnisses gem. § 78a Abs. 2.

Aufgrund des Weiterbeschäftigungsverlangens kommt ein **Vollzeitarbeitsverhältnis** auf unbestimm- 30c te Zeit zustande (st.Rspr. *BAG* 6.11.1996 EzA § 78a BetrVG 1972 Nr. 24 mit zust. Anm. *Kukat* BB 1997, 1794; 25.5.1988 AuR 1988, 217 f.; 13.11.1987 EzA § 78a BetrVG 1972 Nr. 19; *LAG Nds.* 5.8.1987 NZA 1988, 286; *LAG Düsseld.* 29.8.1986 LAGE § 78a BetrVG 1972 Nr. 3; APS-*Künzl* Rz 78). § 78a BetrVG soll sowohl einen kollektiven als auch einen individuellen Tätigkeitsschutz bewirken. Dieser Schutzzweck betrifft auch die Unabhängigkeit des Auszubildenden bei seiner Entscheidung zur Amtsübernahme und bei seiner Amtsausübung. Der Auszubildende soll nicht befürchten müssen, der Arbeitgeber werde sich bei seiner Übernahmeentscheidung durch die Amtsübernahme bzw. -ausübung beeinflussen lassen. Zu diesem Zweck gewährt Abs. 2 des § 78a BetrVG dem Auszubildenden eine wirtschaftliche Absicherung seines mit dem jeweiligen Ausbildungsberuf erstrebten Ausbildungszieles, sofern der Arbeitgeber hiergegen keine begründeten und nach Abs. 4 zu prüfenden Einwendungen hat. Dieses Ausbildungsziel geht regelmäßig dahin, in dem erlernten Beruf ohne Hinzutreten weiterer Einkünfte eine ausreichende, dem jeweiligen Berufsbild entsprechende wirtschaftliche Lebensgrundlage zu finden.

Dies aber ist nach Auffassung des BAG nur in einem Vollzeitarbeitsverhältnis gegeben; auch die Tarif- 30d vertragsparteien würden bei der Bemessung des Arbeitsentgeltes von einem Vollzeitarbeitsverhältnis ausgehen (*BAG* 13.11.1987 EzA § 78a BetrVG 1972 Nr. 19). Dementsprechend erwarte ein Auszubildender idR, nach Abschluss seiner Berufsausbildung in einem Vollzeitarbeitsverhältnis beschäftigt zu werden. Wegen der bei Abschluss eines Arbeitsvertrages bestehenden Vertragsfreiheit brauche der Arbeitgeber dieser Erwartung außerhalb des Anwendungsbereiches des § 78a Abs. 2 BetrVG nicht nachzukommen. Er könne vielmehr in diesen Fällen privatautonom entscheiden, ohne diese Entscheidung von Rechts wegen rechtfertigen zu müssen. Demgegenüber lässt § 78a BetrVG dem Arbeitgeber keinen Raum, privatautonom darüber zu entscheiden, ob er den Auszubildenden als Vollzeitarbeitnehmer oder nur als Teilzeitarbeitnehmer beschäftigen will. Einwendungen gegen ein Vollzeitarbeitsverhältnis müssten vielmehr dem Verfahren nach § 78a Abs. 4 BetrVG standhalten (*BAG* 13.11.1987 EzA § 78a BetrVG 1972 Nr. 19).

30e Die Begründung eines Teilzeitarbeitsverhältnisses kann in einem Verfahren nach Abs. 4 weder festgestellt noch rechtsgestaltend herbeigeführt werden. Als vertragliche Verkürzung der regelmäßigen Arbeitszeit vergleichbarer vollzeitbeschäftigter Arbeitnehmer (vgl. Art. 1 § 2 Abs. 2 BeschFG 1985) unterliegt die Vereinbarung von Teilzeitarbeit grds. dem Konsensprinzip (*BAG* 6.11.1996 EzA § 78a BetrVG 1972 Nr. 24; 13.11.1987 EzA § 78a BetrVG 1972 Nr. 19). Wenn der Auszubildende – auch hilfsweise – zu geänderten Arbeitsbedingungen bereit ist weiterzuarbeiten, gebietet der Schutzzweck des § 78a BetrVG dem Arbeitgeber deren Annahme, wenn er diese Bedingungen auch anderen Auszubildenden gewähren würde.

30f Das Weiterbeschäftigungsverlangen **zu geänderten Bedingungen** muss der Auszubildende dem Arbeitgeber regelmäßig nach dessen Nichtübernahmemitteilung gem. § 78a Abs. 1 BetrVG, spätestens jedoch mit dem eigenen Weiterbeschäftigungsverlangen unter Angabe der Änderungsvorstellungen mitteilen. Eine entsprechende Einverständniserklärung erst im gerichtlichen Verfahren genügt nicht (*BAG* 6.11.1996 EzA § 78a BetrVG 1972 Nr. 24 mit zust. Anm. *Kukat* BB 1997, 1794). Die Weiterbeschäftigung in einem Teilzeitarbeitsverhältnis bejahen das *LAG Frankf.* 16.1.1987 LAGE § 78a BetrVG 1972 Nr. 4; *ArbG Kassel* 3.9.1987 DB 1987, 2418; *Künzl* NZA 1986, 2404. Fitting Rz 57 f.; *Schwerdtner* NZA 1985, 579; KDZ-*Kittner* Rz 44.

30g Dem BAG kann einerseits insoweit gefolgt werden, dass die Begründung eines Teilzeitarbeitsverhältnisses in einem Verfahren nach § 78a Abs. 4 BetrVG weder festgestellt noch rechtsgestaltend herbeigeführt werden kann. Andererseits bleibt festzuhalten, dass weder Wortlaut noch Gesamtzusammenhang der Vorschrift ein Vollzeitarbeitsverhältnis vorschreiben. Der Schutzzweck geht in erster Linie auf die Vermeidung des Arbeitsplatzrisikos der in den Betriebsverfassungsorganen tätigen Auszubildenden nach Beendigung der Ausbildung. Insbesondere unter Berücksichtigung des Benachteiligungs- und Begünstigungsverbots gem. § 78 S. 2 BetrVG erscheint das starre Anknüpfen allein an Vollzeitarbeitsverhältnissen jedenfalls dann bedenklich, wenn bei dem Arbeitgeber vorwiegend Teilzeitarbeitsplätze gerade für Absolventen der Abschlussprüfung bestehen und mit vergleichbaren Auszubildenden nur **Teilzeitarbeitsverhältnisse** vereinbart werden.

30h Die dagegen geführte Argumentation des *BAG* (13.11.1987 EzA § 78a BetrVG 1972 Nr. 19 mit Verweis auf *BAG* 16.1.1976 AP Nr. 5 zu § 78a BetrVG 1972), der vom Gesetz für notwendig gehaltene und entsprechend vom Gesetzgeber bewusst in Kauf genommene Sonderschutz führe »entgegen der Grundregel des § 78 S. 2 BetrVG zu einer gewissen Bevorzugung des unter § 78a BetrVG fallenden Auszubildenden gegenüber den übrigen Auszubildenden«, ist dem Gesetz nicht zu entnehmen und verkennt die Rechtsfolgen: Entweder kann sich der Arbeitgeber, der lediglich einen Teilzeitarbeitsplatz zur Verfügung hat, dadurch im Rahmen des Verfahrens gem. § 78a Abs. 4 BetrVG gänzlich von der gesetzlich intendierten Weiterbeschäftigungspflicht befreien oder der zitierte »Sonderschutz« begünstigt eskapistische Tendenzen auf Arbeitgeberseite (vgl. Rz 4: Abfindung für Verzicht auf Geltendmachung der Rechte aus § 78a BetrVG), die den Rechtsanspruch des Auszubildenden gegen den Zweck des Gesetzes und zur unsachgerechten materiellen Privilegierung des Auszubildenden zum Handelsobjekt degenerieren. Im Übrigen berücksichtigt das BAG bei der Begründung für das Vollzeitarbeitsverhältnis als einzige vom Gesetzeszweck gedeckte Auslegung des Begriffs Arbeitsverhältnis im § 78a Abs. 2 BetrVG nicht den gesellschaftlichen Wertewandel im Arbeitsbereich, in dem Arbeitszeiten zunehmend flexibel gestaltet werden.

31 Wenn der Arbeitnehmer einen Anspruch auf weitere Beschäftigung hat, darf er vom Arbeitgeber nicht von seinen Arbeitspflichten suspendiert werden (s. auch Rz 5). Es reicht nicht aus, dem Arbeitnehmer lediglich den Zugang zum Betrieb, den Betriebsratssitzungen und -sprechstunden zu ermöglichen. Vielmehr muss das Mitglied der Jugend- und Auszubildendenvertretung oder des Betriebsrats auch **tatsächlich beschäftigt** werden, weil die Betriebsratstätigkeit vollständig und ungestört nur ausgeübt werden kann, wenn er als normaler Arbeitnehmer in den Betrieb integriert ist und jederzeit im Kontakt zu seinen Kollegen stehen kann (*ArbG Wilhelmshaven* 4.8.1978 EzB § 78a BetrVG 1972 Nr. 20). Allerdings kann der Auszubildende **nicht den Einsatz auf einen bestimmten Arbeitsplatz** beanspruchen. Er ist in dem Betrieb zu beschäftigen, für den er in die Jugend- und Auszubildendenvertretung gewählt worden ist (*LAG Bln.* 16.12.1974 BB 1975, 837; DKK-*Kittner* Rz 21; APS-*Künzl* Rz 81). Der Einsatz in einem anderen Betrieb des Unternehmens würde den Verlust des betriebsverfassungsrechtlichen Amtes gem. §§ 65, 24 Abs. 1 Nr. 4 BetrVG mit sich bringen (*LAG Köln* 4.9.1996 LAGE § 78a BetrVG 1972

Nr. 13; dagegen zu weitgehend *LAG Nds.* 26.4.1996 LAGE § 78a BetrVG 1972 Nr. 9 und *LAG RhPf* 5.7.1996 LAGE § 78a BetrVG 1972 Nr. 12 und *LAG Nds.* 10.4.1997 LAGE § 78a BetrVG 1972 Nr. 15, die darauf abstellen, ob ein freier Arbeitsplatz im Unternehmen vorhanden ist; DKK-*Kittner* Rz 21). Im Übrigen ist die Übernahme von Auszubildenden in ein Arbeitsverhältnis gem. § 78a Abs. 2 BetrVG nicht mit dem Schutz gem. § 15 KSchG im Falle einer Kündigung einen Mitgliedes eines Betriebsverfassungsorgans vergleichbar (*BAG* 29.11.1989 § 78a BetrVG 1972 Nr. 20). Individualarbeitsrechtlich bilden das Ausbildungs- und das Arbeitsverhältnis eine Einheit: Urlaubsansprüche sind nicht abzugelten, sondern nach den für das Arbeitsverhältnis maßgebenden Vorschriften zu erfüllen (*BAG* 29.11.1984 EzA § 13 BUrlG Nr. 22).

b) Widerruf des Verlangens

Widerruft der Auszubildende dagegen sein Weiterbeschäftigungsverlangen innerhalb der Dreimonatsfrist des Abs. 2 S. 1, aber noch vor dem Ende des Ausbildungsverhältnisses, so endet das Rechtsverhältnis mit dem ausbildenden Arbeitgeber mit dem Ablauf der Ausbildungszeit. Dieser Widerruf bedarf wie das Weiterbeschäftigungsverlangen der Schriftform, einmal zur Rechtsklarheit, und zum anderen soll der Auszubildende sich seiner Erklärung voll bewusst sein (vgl. *Wiencke* S. 45). Zum Verzicht auf das Weiterbeschäftigungsverlangen vgl. Rz 26. **32**

c) Kündigung und Aufhebungsvertrag

Wenn das Berufsausbildungsverhältnis durch eine Kündigung (§ 22 Abs. 1 und 2 BBiG) oder einen Aufhebungsvertrag endet, ist § 78a BetrVG nicht anzuwenden. Allerdings kann der als Betriebsverfassungsorgan amtierende Auszubildende auf den Sonderschutz des § 78a BetrVG auch durch Aufhebungsvertrag nur dann wirksam verzichten, wenn der Aufhebungsvertrag in den letzten drei Monaten des Ausbildungsverhältnisses abgeschlossen wird. Früher abgeschlossene Aufhebungsverträge sind gem. § 12 BBiG nichtig (vgl. *LAG Frankf.* 9.8.1974 BB 1975, 1205; DKK-*Kittner* Rz 15; aA APS-*Künzl* Rz 87). Kündigt der Arbeitgeber während der Probezeit (§ 22 Abs. 1 BBiG), greift § 15 Abs. 1 KSchG ein, so dass es des Schutzes nach § 78a BetrVG nicht bedarf. Unterzeichnet ein Auszubildender iSd § 78a BetrVG vor Ablauf der Ausbildungszeit vorbehaltlos einen befristeten Arbeitsvertrag, verzichtet er damit konkludent auf eine vorher geltend gemachte Weiterbeschäftigung im Rahmen eines unbefristeten Arbeitsverhältnisses gem. § 78a Abs. 2 BetrVG (*LAG Köln* 23.2.2000 FA 2001,59). **33**

d) Geltung des § 37 Abs. 4 und 5 BetrVG

Gem. § 78a Abs. 2 S. 2 BetrVG finden auf das neu begründete Arbeitsverhältnis die Regelungen des § 37 Abs. 4 und 5 BetrVG entsprechende Anwendung. Danach steht dem weiter zu Beschäftigenden das den Arbeitnehmern mit vergleichbarer betriebsüblicher beruflicher Entwicklung entsprechende Arbeitsentgelt zu. Weiterhin ist der Betreffende nach Ende seiner Amtstätigkeit innerhalb eines Jahres nur mit Tätigkeiten zu beschäftigen, die den Tätigkeiten vergleichbarer Arbeitnehmer gleichwertig sind. Als vergleichbare Arbeitnehmer können diejenigen berücksichtigt werden, die im Zeitpunkt des Beginns des Arbeitsverhältnisses über den gleichen Ausbildungs- und Erfahrungsstand verfügen (zB Arbeitnehmer mit und ohne Prüfungsabschluss sind entsprechend der betrieblichen Gepflogenheiten differenziert einzustufen). **34**

VI. Antrag des Arbeitgebers auf Nichtbegründung bzw. Auflösung (Abs. 4)

1. Antrag

Ist dem Arbeitgeber die Weiterbeschäftigung des Auszubildenden nicht zumutbar, so kann er innerhalb der **Ausschlussfrist** von zwei Wochen nach Beendigung des Ausbildungsverhältnisses (s. auch Rz 47; GK-BetrVG/*Kreutz* § 78a Rz 110 spricht von »prozessualer Antragstellungsfrist«), aber auch schon vorher beim ArbG die Feststellung beantragen, dass ein Arbeitsverhältnis nach § 78a Abs. 2 oder 3 BetrVG nicht begründet wird oder ein bereits nach Abs. 2 oder 3 begründetes Arbeitsverhältnis wieder aufgelöst wird (insofern vergleichbar der Regelung des § 15 Abs. 1 S. 2 aE KSchG). Demnach kann der Antrag vom Arbeitgeber auch schon gestellt werden, wenn der Auszubildende seine Weiterbeschäftigung noch nicht verlangt hat (HSWG-*Nicolai* § 78a Rz 25; GK-BetrVG/*Oetker* § 78a Rz 115; **aA** *Fitting* Rz 35; KDZ-*Kittner* § 78a Rz 31; *Witt* AR-Blattei SD Betriebsverfassung XIII A Rz 31). Dies dient der frühzeitigen Klärung der Rechtslage zwischen den Parteien des Ausbildungsverhältnisses (vgl. *Löwisch* Rz 11). Von daher ist für einen derartigen Antrag des Arbeitgebers das Rechtsschutzinteresse ge- **35** geben. Stellt der Arbeitgeber den Antrag gem. Abs. 4 bereits vor Anlaufen der Drei-Monats-Frist gem. Abs. 2, so fehlt zwar regelmäßig das Rechtsschutzbedürfnis, doch reicht es aus, wenn dieses nachträglich entsteht und spätestens im Zeitpunkt der letzten mündlichen Verhandlung vorliegt (*BVerwG* 2.11.1994 PersV 1995, 361 bzgl. der Parallelregelung gem. § 9 BPersVG).

2. Rechtsfolgen

36 Praktische Rechtsfolgen ergeben sich erst aus der vom Arbeitgeber beantragten Entscheidung. Wenn das Arbeitsverhältnis schon begründet war, kann es nunmehr erst mit Rechtskraft der gerichtlichen Entscheidung aufgelöst werden (*ArbG Kassel* 12.6.1975 BB 1975, 1019). Bis zu diesem Zeitpunkt bleibt der Arbeitnehmer im Betrieb. Ein Feststellungsantrag gem. § 78a Abs. 4 S. 1 Nr. 1 BetrVG, den der Arbeitgeber bis zur Beendigung des Berufsausbildungsverhältnisses stellen kann, hindert nicht das Entstehen eines Arbeitsverhältnisses gem. § 78a Abs. 2 bzw. Abs. 3 BetrVG, wenn diesem Antrag im Zeitpunkt der Beendigung des Berufsausbildungsverhältnisses noch nicht rechtskräftig stattgegeben worden ist. Ein derartiger Feststellungsantrag wandelt sich vielmehr in einem solchen Falle im Zeitpunkt der Beendigung des Berufsausbildungsverhältnisses in einen Antrag nach § 78a Abs. 4 S. 1 Nr. 2 BetrVG auf Auflösung des nunmehr begründeten Arbeitsverhältnisses um, ohne dass es einer förmlichen Antragsänderung bedarf (*BAG* 11.1.1995 NZA 1995, 647; 24.7.1991 EzA § 78a BetrVG 1972 Nr. 21; 29.11.1989 EzA § 78a BetrVG 1972 Nr. 20 mit Anm. *Kraft* und *Raab*). Verlangt der Auszubildende erst nach Einleitung des Feststellungsverfahrens des Arbeitgebers seine Weiterbeschäftigung, so geht dieses Verfahren in ein Auflösungsverfahren über (*Moritz* DB 1974, 1017).

3. Unzumutbarkeit

37 Der Antrag des Arbeitgebers ist begründet, wenn Tatsachen vorliegen, aufgrund derer dem Arbeitgeber unter Berücksichtigung aller Umstände die Weiterbeschäftigung unzumutbar ist (§ 78a Abs. 4 S. 1 aE BetrVG). Der Begriff der Unzumutbarkeit in § 78a Abs. 4 BetrVG ist allerdings dem der Regelung in § 626 Abs. 1 BGB nicht inhaltsgleich, sondern wird an seiner unterschiedlichen Funktion ausgerichtet (st. Rspr des BAG, *BAG* 28.6.2000 – 7 ABR 57/98; 12.11.1997 EzA § 78a BetrVG Nr. 62 und Nr. 63; vgl. *Kukat* BB 1997; 1794 sowie *Natzel* SAE 1999, 8 und GK-BetrVG/*Oetker* § 78a Rz 78, jeweils mit Übersicht zum Meinungsstand; **aA** *Dannenberg* AiB 1998, 707). Der Tatbestand des § 626 Abs. 1 BGB ist erst dann gegeben, wenn dem Arbeitgeber die Fortsetzung des Arbeitsverhältnisses bis zum Ablauf der Kündigungsfrist oder bis zur vereinbarten Beendigung nicht zugemutet werden kann. Bei § 78a Abs. 4 BetrVG ist demgegenüber zu entscheiden, ob dem Arbeitgeber die Beschäftigung des Arbeitnehmers in einem unbefristeten Arbeitsverhältnis zumutbar ist. Diese Frage ist im Grundsatz zu verneinen, wenn der Arbeitgeber keinen andauernden Bedarf für die Beschäftigung eines Arbeitnehmers hat (*BAG* 6.11.1996 EzA § 78a BetrVG 1972 Nr. 24 mit zust. Anm. *Kukat* BB 1997, 1794) oder persönliche Gründe die Weiterbeschäftigung unzumutbar machen. Zur Beachtung des § 118 BetrVG im Rahmen der Prüfung der Unzumutbarkeit vgl. Rz 45; zum Zeitpunkt der Beurteilung der Unzumutbarkeit vgl. Rz 46.

a) Persönliche Gründe

38 Grundsätzlich können nur schwerwiegende Gründe persönlicher Art geeignet sein, die Nichtbegründung eines Arbeitsverhältnisses bzw. die Auflösung eines schon begründeten Arbeitsverhältnisses zu rechtfertigen (*BAG* 16.9.1979 EzA § 78a BetrVG 1972 Nr. 5; *LAG Nds.* 8.4.1975 DB 1975, 1224; *Fitting* Rz 19; GK-BetrVG/*Oetker* § 78a Rz 79; *Fitting* Rz 47; KDZ-*Kittner* Rz 38). Dazu können mangelhafte Leistungen, schwerwiegendes Fehlverhalten im Betrieb, Verstöße gegen die betriebliche Ordnung, intensive parteipolitische Agitation (*ArbG Kiel* 25.7.1974 EzB § 78a BetrVG 1972 Nr. 1; s. Rz 39), soweit dadurch das Arbeitsverhältnis berührt wird, oder verletzende Anwürfe gegen Vorgesetzte und Betriebsrat (*ArbG Kiel* 6.8.1975 DB 1975, 2041) zählen. Allerdings müssen sie auch im Rahmen des § 626 BGB als Kündigungsgrund anerkannt sein, wobei ein strenger Maßstab anzulegen ist, wenn der Jugend- und Auszubildendenvertreter gleichzeitig gegen seine Amts- und Arbeitsvertragspflichten verstoßen hat, während er bei einer bloßen Verletzung der Arbeitsvertragspflichten ebenso wie ein anderer Arbeitnehmer zu beurteilen ist (*BAG* 11.12.1975 EzA § 15 KSchG nF Nr. 6).

38a Zwar ist ein **allgemeiner Qualifikationsvergleich** nach vom Arbeitgeber subjektiv vorgegebenen Leistungskriterien bei der Prüfung im Rahmen des § 78a Abs. 4 BetrVG zwischen dem Jugend- und Auszubildendenvertreter und anderen Auszubildenden bezüglich der Besetzung eines freien Arbeitsplatzes **nicht zulässig** (hM vgl. GK-BetrVG/*Oetker* § 78a Rz 83), doch können Prüfungsnoten zumindest im öffentlichen Dienst Gegenstand für Erwägungen zur Unzumutbarkeit sein: Wenn andere Bewerber um einen freien ausbildungsadäquaten Arbeitsplatz objektiv wesentlich fähiger und geeigneter als der Jugend- und Auszubildendenvertreter sind, kann seine Weiterbeschäftigung unzumutbar sein. In einem von *BVerwG* (17.5.2000 ZTR 2000, 572) entschiedenen Fall wird die Unzumutbarkeit für einen öffentlichen Arbeitgeber gemäß § 9 Abs. 4 BPersVG bejaht, wenn der Jugend- und Auszubildendenvertreter in der maßgeblichen Abschlussprüfung um deutlich mehr als eine volle Notenstufe schlechter abgeschnitten hat als der schwächste sonstige Bewerber, den der öffentliche Arbeitgeber sonst in ein Dauerarbeitsverhältnis übernehmen würde. Dagegen soll nach einem Beschluss des LAG Berlin die Weiterbeschäftigung des Jugend- und Auszubildendenvertreters auch dann zumutbar sein, wenn er nicht wie andere vergleichbare Auszubildende die Ausbildungszeit verkürzt und mit besonders guten Ergebnissen abschließt (*LAG Bln.* 18.7.1995 LAGE § 78a BetrVG 1972 Nr. 8; *Schäfer* AuR 1978, 202, 208; *Witt* AR-Blattei SD Betriebsverfassung XIII A Rz 35; GK-BetrVG/*Oetker* § 78a Rz 83 mwN; *LAG Thüringen* 27.3.1996 LAGE § 78a BetrVG 1972 Nr. 11; aA *Wollenschläger* NJW 1974, 935 f.; *Löwisch* DB 1975, 1893; *Weng* DB 1976, 1013, 1015; *Blaha/Mehlich* NZA 2005, 667)

Der Konsum von Cannabis begründet nach einem Beschluss des *OVG des Saarlandes* (11.12.1998 AiB 1999, 463 m. Anm. *Bauer*) noch nicht die Unzumutbarkeit des Jugend- und Auszubildendenvertreters und die Auflösung des Arbeitsverhältnisses gem. § 9 Abs. 4 BPersVG (entspricht § 78a Abs. 4 BetrVG), insbes. wenn noch eine Verhaltensänderung durch eine Abmahnung möglich ist. Dieser Beschluss stößt auf Bedenken; denn es erscheint fraglich, wie ein Mitglied der Jugend- und Auszubildendenvertretung – im Unterschied zu den übrigen Auszubildenden- neben den Anforderungen an eine ordnungsgemäße Ausbildung insbes. auch seinen Verpflichtungen und seiner Verantwortung aus dem Amt angesichts des Konsums von Rauschgift gerecht wird. Im Falle begangener Straftaten ist im Einzelnen zu prüfen, ob die Weiterbeschäftigung trotzdem zumutbar ist (*BAG* 15.12.1983 EzA § 78a BetrVG 1972 Nr. 13). 38b

Nach der Rechtsprechung des BVerwG kann die Weiterbeschäftigung dem Arbeitgeber insbesondere dann nach § 9 Abs. 4 S. 1 BPersVG (entspricht der Regelung gem. § 78a BetrVG) nicht zugemutet werden, wenn die gesetzlichen und tariflichen Voraussetzungen für eine Einstellung in den öffentlichen Dienst fehlen. Das sei bei mangelnder Verfassungstreue der Fall. Der eine Weiterbeschäftigung begehrende Personal- oder Jugend- und Auszubildendenvertreter besitze die für eine Einstellung erforderliche Verfassungstreue jedenfalls dann nicht, wenn er Mitglied der DKP sei, sich zu ihren Zielen bekenne und aktiv in ihr mitarbeite (*BVerwG* 26.6.1981 BPersV 1983, 14; so auch *Dietz/Richardi* BPersVG § 9 Rz 27). Diese für den öffentlichen Dienstbereich aufgestellten Grundsätze, die auf Erwägungen beruhen, die auch vom BAG vertreten werden (vgl. zB *BAG* 29.7.1982 DB 1983, 235), sind abzulehnen. Einerseits bestehen rechtsstaatliche Bedenken bei der Anwendung dieser Grundsätze generell für alle Tätigkeitsbereiche des öffentlichen Dienstes, zum anderen rufen sie verfassungsrechtliche Zweifel hervor, solange die Mitarbeit in einer zugelassenen Partei berufliche Nachteile mit sich bringt (vgl. auch KR-*Weigand* ParlKSchG Rz 29). 39

Entgegen der Ansicht von *Löwisch* (Rz 13 ff.) besteht sehr wohl ein Bedürfnis, in der Person liegende wichtige Gründe im Rahmen der Unzumutbarkeitsprüfung des § 78a BetrVG zu berücksichtigen. Denn einmal – so *Löwisch* – soll ein vorliegender wichtiger Grund möglichst erst am Ende der Ausbildungszeit geltend gemacht werden (von daher auch unabhängig von der Zweiwochenfrist des § 22 Abs. 4 BBiG), um besondere Härten für den Auszubildenden im Interesse einer abgeschlossenen Ausbildung zu vermeiden. Zum anderen kann der ausbildende Arbeitgeber – entgegen *Löwisch* – nicht unter den gleichen Voraussetzungen die Unzumutbarkeit der Weiterbeschäftigung geltend machen wie gem. § 22 Abs. 2 S. 1 BBiG das Ausbildungsverhältnis kündigen, weil an den wichtigen Grund in § 22 Abs. 2 S. 1 BBiG ein strengerer Maßstab angelegt wird (vgl. KR-*Weigand* §§ 21, 22 BBiG Rz 45 ff.) als an den des § 626 BGB. Zur Abwägung zwischen begangenen Straftaten einerseits und der Unzumutbarkeit der Weiterbeschäftigung für den Arbeitgeber andererseits vgl. *BAG* 15.12.1983 EzA § 78a BetrVG 1972 Nr. 13. 40

b) Betriebliche Gründe

Betriebliche Gründe sind nur in einem ganz engen Umfang und **ausnahmsweise** zu berücksichtigen, wenn es um die Beurteilung der Unzumutbarkeit iSd § 78a Abs. 4 BetrVG geht (*BAG* 16.8.1995 EzA § 78a BetrVG 1972 Nr. 23 mit zust. Anm. *Grimberg* AiB 1996, 728; *Fitting* Rz 53; KDZ-*Kittner* Rz 41; APS-*Künzl* Rz 102; GK-BetrVG/*Oetker* § 78a Rz 88 ff.; *Schäfer* AuR 1978, 202, 207). **Betriebliche Gründe** müssen unter Berücksichtigung aller Umstände nicht nur dringend, sondern auch **zwingend** sein (*ArbG* 41

Emden 17.9.1979 ARSt 1980, 119; nach *LAG BW* 23.9.1976 aaO heißt Unzumutbarkeit, dass nach den Umständen dem Arbeitgeber die Begründung des Arbeitsverhältnisses vernünftigerweise nicht mehr angesonnen werden kann; zust. *Reinecke* DB 1981, 889, 894). Deshalb sind an betriebliche Erfordernisse, die der Arbeitgeber im Rahmen des § 78a Abs. 4 BetrVG geltend macht, strengere Anforderungen zu stellen als bei Prüfung eines Grundes iSd § 1 Abs. 2 S. 1 KSchG.

41a Voraussetzung für die Unzumutbarkeit der Weiterbeschäftigung ist, dass im **Betrieb des Arbeitgebers** im Zeitpunkt der Beendigung des Ausbildungsverhältnisses kein freier, auf Dauer angelegter Arbeitsplatz zur Verfügung steht, auf dem der Jugendvertreter mit seiner durch Ausbildung erworbenen Qualifikation beschäftigt werden kann (*BAG* 28.6.2000 – 7 ABR 57/98 – mwN). Die Eignung eines Arbeitsplatzes setzt voraus, dass der Auszubildende mit seiner durch die Ausbildung erworbenen Qualifikation (*BAG* 12.11.1997 EzA § 78a BetrVG 1972 Nr. 25 und 26) bzw. mit ausbildungsadäquaten Arbeiten (*BAG* 29.9.1999 – 7 ABR 10/98) beschäftigt werden kann (*BAG* 28.6.2000 – 7 ABR 57/98). Die **Bezugsgröße ist der Betrieb**, in dem der Auszubildende sein betriebsverfassungsrechtliches Amt ausübt, nicht dagegen auch andere Betriebe des Unternehmens; denn der aus seinem Betrieb ausscheidende Auszubildende verliert sein Amt. § 78a BetrVG soll den Schutz des Amts der Jugend- und Auszubildendenvertretung bewirken, nicht aber die individuelle Besserstellung einzelner Auszubildender (vgl. oben Rz 3; *LAG Köln* 18.3.2004 VjA-EzB § 78a BetrVG 2001 Nr. 1; *LAG Köln* 4.9.1996 LAGE § 78a BetrVG 1972 Nr. 13 und 28.8.1996 LAGE § 78a BetrVG 1972 Nr. 14; *LAG Düsseldorf* 19.9.1995 – 8 TaBV 53/95 –, nv; *LAG Hamm* 26.6.1996 LAGE § 78a BetrVG 1972 Nr. 10; APS-*Künzl* Rz 104; GK-BetrVG/*Oetker* § 78a Rz 93; **aA** *LAG Nds.* 26.4.1996 LAGE § 78 a BetrVG 1972 Nr. 9 und 10.4.1997 LAGE § 78 a BetrVG 1972 Nr. 15; *LAG RhPf* 5.7.1996 LAGE § 78a BetrVG 1972 Nr. 12; *LAG Bln.* 5.2.1996 – 17 TaBV 8/95 – nv; *Richardi/Thüsing* § 78a Rz 39; DKK-*Kittner* Rz 32a; *Fitting* Rz 54; ErfK-*Kania* Rz 9). Würde sich der Weiterbeschäftigungsanspruch in einem unbefristeten Arbeitsverhältnis auf andere Betriebe des Arbeitgebers erstrecken, könnte dies sogar zur Verdrängung eines Jugend- und Auszubildendenvertreters im anderen Betrieb, in dem sich ein freier Arbeitsplatz befindet, im Rahmen einer Sozialwahl führen (*LAG Köln* 18.3.2004 aaO). Wenn allerdings **tarifvertraglich eine Übernahmeverpflichtung** (in einer dem § 78a BetrVG entsprechenden Regelung) im Rahmen eines **konzernweiten Ausbildungssystems** für alle Konzerngesellschaften vereinbart ist, sind auch die Weiterbeschäftigungsmöglichkeiten in den anderen Betrieben miteinzubeziehen (*LAG Köln* 24.1.2006 – 9 TaBV 24/05). Verpflichtet sich ein Konzern in einem Tarifvertrag, Auszubildendenvertreter mit dem Ziel einer Weitervermittlung auf einen Dauerarbeitsplatz zunächst für 24 Monate in einer Beschäftigungs-/Vermittlungsgesellschaft zu übernehmen, so ist dies iRd § 78a Abs. 4 Ziff. 2 BetrVG zu berücksichtigen. Eine gerichtliche Auflösung vor Ablauf von 24 Monaten ist nicht zulässig, insbes. wenn der Auszubildendenvertreter innerhalb dieses Zeitraums auf einen Dauerarbeitsplatz hätte übernommen werden können (*LAG Nürnberg* 8.2.2006 – 9 TaBV 35/04).

41b Als **frei ist ein Arbeitsplatz** anzusehen, der unbesetzt ist (*BAG* 16.8.1995 EzA § 78a BetrVG 1972 Nr. 23). Das Vorhandensein eines Arbeitsplatzes wird nicht danach bestimmt, ob Arbeitsaufgaben vorhanden sind, mit deren Verrichtung ein Arbeitnehmer betraut werden könnte. Welche Arbeiten im Betrieb verrichtet werden sollen und wie viele Arbeitnehmer damit beschäftigt werden, bestimmt der Arbeitgeber durch seine arbeitstechnischen Vorgaben und seine Personalplanung (*BAG* 28.6.2000 – 7 ABR 57/98). Entscheidet er sich dafür, keine Arbeiten durch zusätzliche Arbeitnehmer verrichten zu lassen, und hat er mithin keinen Einstellungsbedarf, so ist ein freier Arbeitsplatz nicht vorhanden. Soweit kein Missbrauchfall vorliegt, ist der Arbeitgeber entsprechend nicht gehindert, durch eine Veränderung der Arbeitsorganisation Arbeitsplätze wegfallen zu lassen (*BAG* 6.11.1996 EzA § 78a BetrVG 1972 Nr. 24 mit zust. Anm. *Kukat* BB 1997, 1794). Es ist Teil der unternehmerischen Freiheit des Arbeitgebers zu entscheiden, ob durch Abbau von Überstunden ein Arbeitsplatz geschaffen werden soll oder nicht (*BAG* 28.6.2000 – 7 ABR 57/98; 6.11.1996 EzA § 78a BetrVG 1972 Nr. 24). Ein wegen wirtschaftlichen Rückgangs verfügter Einstellungsstopp reicht zunächst nicht aus, wenn durch Eigenkündigung eines Arbeitnehmers ein für den Ausgebildeten geeigneter Arbeitsplatz frei wird (*LAG Hamm* 22.2.1978 aaO); denn geplante Einsparmaßnahmen, die erst künftig einen Wegfall von Arbeitsplätzen zur Folge haben, können bei der Prüfung der Unzumutbarkeit einer Weiterbeschäftigung nicht berücksichtigt werden.

41c Entscheidend ist der im **rechtserheblichen Zeitpunkt** (vgl. Rz 46) tatsächlich vorhandene Arbeitskräftebedarf. Folglich ist die Weiterbeschäftigung auch dann unzumutbar, wenn ein freier Arbeitsplatz aufgrund einer unternehmerischen Entscheidung zB zur Umorganisation künftig nicht mehr zu besetzen ist (*BAG* 15.1.1980 EzA § 78a BetrVG 1972 Nr. 7; *Jäger/Künzl* ZTR 2000, 300, 304). Die Berücksichtigung der Prognose des von wirtschaftlichen und unternehmerischen Entwicklungen abhängigen Arbeitskräftebedarfs würde zu Rechtsunsicherheiten führen (*BVerwG* 2.11.1994 PersR 1995, 174) und nicht mit dem Schutzzweck der Norm vereinbar sein. Wenn der Arbeitgeber den geplanten Stellenabbau umsetzen will, hat er eine Sozialauswahl gem. § 1 Abs. 3 KSchG vorzunehmen, der auch die Mitglieder der Jugend- und Auszubildendenvertretung während ihrer Amtszeit und des einjährigen Nachwirkungszeitraums entzogen sind (*BAG* 16.8.1995 EzA § 78a BetrVG 1972 Nr. 23). Aus betrieblichen Gründen unzumutbar gem. § 78a Abs. 4 S. 1 BetrVG ist dem Arbeitgeber die Weiterbeschäftigung eines Auszubildenden nach Beendigung des Berufsausbildungsverhältnisses, wenn ein sinnvoller Arbeitseinsatz ohne Gefährdung der Arbeitsplätze anderer Arbeitnehmer nicht möglich erscheint (*ArbG Kassel* 12.6.1975 BB 1975, 1018; *ArbG Wilhelmshaven* 25.4.1979 ARSt 1980, 30).

Betriebliche Gründe gehören zu den Umständen, die im Rahmen der Zumutbarkeitsprüfung des 42 § 78a Abs. 4 BetrVG zu berücksichtigen sind, weil der Arbeitgeber im Falle des § 78a Abs. 2 BetrVG gegen seinen Willen ein Arbeitsverhältnis eingehen muss und deswegen eine Möglichkeit gegeben sein muss, betrieblich motivierten Gesichtspunkten Geltung zu verschaffen, die sonst in den Willensbildungsprozess des Arbeitgebers vor Vertragsschluss eingeflossen wären. Jedoch erfordern das durch § 78a Abs. 2 BetrVG abgedeckte Bestandsschutzinteresse des Betriebsverfassungsorgans einerseits (nicht dasjenige des Auszubildenden als Mitglied eines solchen Organs) und die grundsätzliche Vorhersehbarkeit einer Erklärung nach § 78a Abs. 2 BetrVG andererseits, dass betriebliche Gründe nicht schon dann bei der Unzumutbarkeitsprüfung berücksichtigt werden, wenn der Arbeitgeber sich auf die Fortsetzung des Arbeitsverhältnisses nicht eingerichtet hat (*LAG Stuttg.* 23.9.1976 BB 1977, 1601). Die bloße (ggf. auch zukünftige) Überschreitung des haushaltsrechtlich zahlenmäßig vorgegebenen Stellenplans reicht zur Begründung der Unzumutbarkeit schon dann nicht aus, wenn ein sinnvoller Arbeitseinsatz und die Finanzierung außerhalb des ordentlichen Stellenplans möglich ist (*LAG SchlH* 11.4.1985 – 2 TaBV 78/84 – nv).

Bei der Weiterbeschäftigung eines Auszubildenden in einem Arbeitsverhältnis kann entweder ein freier Arbeitsplatz besetzt werden, oder es würde sich die Notwendigkeit der Schaffung neuer Arbeitsplätze stellen (zur Besetzung von Teilzeitarbeitsplätzen vgl. Rz 30a). Will das BetrVG einerseits eine ordnungsgemäße Personalplanung unter Beteiligung des Betriebsrates (§§ 92–95) ermöglichen, so ist andererseits die unternehmerische Entscheidungsfreiheit bezüglich personeller Maßnahmen nicht angetastet (§§ 92, 111 BetrVG). Insofern **kann vom Arbeitgeber nicht verlangt werden, neue Arbeitsplätze für Aspiranten iSd § 78a BetrVG zu schaffen** (*BAG* 6.11.1996 EzA § 78a BetrVG 1972 Nr. 24; 24.7.1991 EzA § 78a BetrVG 1972 Nr. 21; *Wiencke* S. 112; *BAG* 16.1.1979 EzA § 78a BetrVG 1972 Nr. 5 mit Anm. *Schwedes* AP Nr. 5 zu § 78a BetrVG 1972) oder die Weiterbeschäftigung durch Entlassung eines anderen Arbeitnehmers zu ermöglichen (*BAG* 16.8.1995 BB 1996, 537; *LAG Hamm* 13.5.1977 ARSt 1978, 61 Nr. 1107; *Löwisch* Rz 16; *KDZ-Kittner* Rz 41; *Wlotzke* S. 227; *ArbG Karlsruhe* 2.9.1976 BB 1976, 1367; *ArbG Kiel* 16.6.1976 BB 1076, 1225; nach *ArbG Bln.* 24.9.1979 ARSt 1980, 110 ist die Weiterbeschäftigung dem Arbeitgeber auch dann zumutbar, wenn die in Frage kommenden Arbeitsplätze mit Arbeitnehmern besetzt sind, die nicht unter das KSchG fallen. Daher sei diesen Arbeitnehmern im Notfall zu kündigen, um einen Arbeitsplatz für den auszubildenden Jugend- und Auszubildendenvertreter frei zu machen). Der Arbeitgeber ist auch nicht verpflichtet, eine den Auszubildenden nicht unmittelbar berührende Personalentscheidung so zu treffen, dass über eine »Kettenreaktion« eine für den Auszubildenden geeignete Stelle frei wird (*BAG* 28.6.2000 – ABR 57/98).

Zu weit geht das *LAG Hamm* in seiner Entscheidung vom 6.10.1978 (EzA § 78a BetrVG 1972 Nr. 4), wonach der Umstand, dass der Arbeitgeber keinen freien Arbeitsplatz hat, auf dem er den Auszubildenden weiterbeschäftigen kann, kein wichtiger Grund sei. Vielmehr sei der Arbeitgeber gehalten, durch Entlassung eines anderen Arbeitnehmers einen Arbeitsplatz frei zu machen (so auch *Jäger/Künzl* ZTR 2000, 348 für den Fall, dass der Arbeitgeber eine Stellenbesetzung zur Vereitelung der Weiterbeschäftigung vorgenommen hat). Der Arbeitgeber ist auch nicht verpflichtet, durch organisatorische Maßnahmen (zB Änderung betrieblicher Schichtpläne) einen Arbeitsplatz neu zu schaffen (*BAG* 15.1.1980 EzA § 78a BetrVG 1972 Nr. 7; aA *Jäger/Künzl* aaO) oder noch eine Zusatzausbildung in einem anderen Ausbildungsberuf anzubieten (*ArbG Braunschweig* 31.7.1980 EzB § 78a BetrVG 1972 Nr. 31). Ebenso wenig ist der Arbeitgeber gehalten, durch den Abbau von Überstunden oder von Urlaubsüberhängen zusätzliche Einstellungsmöglichkeiten zu schaffen (*BAG* 6.11.1996 EzA § 78a BetrVG 1972 Nr. 24).

43

43a

Allerdings können **organisatorische Maßnahmen mit geringeren Auswirkungen** auf das Unternehmen und die übrigen Arbeitnehmer (zB Umverteilung von Aufgaben im Rahmen des Direktionsrechts des Arbeitgebers) dem Arbeitgeber zugemutet werden (ähnlich *Reinecke* DB 1981, 889, 893; *KDZ-Kitt-*

43b

§ 78a BetrVG *ner* § 78a BetrVG Rz 41; GK-BetrVG/*Oetker* § 78a Rz 96). Nicht verlangt werden kann vom Arbeitgeber, dass er einen Arbeitnehmer weiterbeschäftigt, wenn zwar ein Arbeitsplatz frei ist, aber die Beschäftigung des Jugend- und Auszubildendenvertreters dann gegen Arbeitsschutzvorschriften verstößt wie zB das Arbeitszeitgesetz (vgl. Rspr. des *BAG* 15.1.1980 EzA § 78a BetrVG 1972 Nr. 7 zur AZO). Ebenso wenig kann sich der Jugend- und Auszubildendenvertreter darauf berufen, er könne als Springer für Vertretungsfälle eingesetzt werden, wenn es eine solche Arbeitsstelle im Betrieb bisher nicht gegeben hat (*LAG Köln* 25.11.1987 DB 1988, 1327), wohl aber kann eine andere Tätigkeit als die des Ausbildungsberufs in Frage kommen, wenn der Jugendvertreter damit einverstanden ist (*LAG Köln* 28.8.1996 LAGE § 78a BetrVG 1972 Nr. 14).

44 Der Arbeitgeber kann sich gegenüber dem Anspruch nach § 78a BetrVG nicht auf personelle Maßnahmen (zB Einstellungen) berufen, die er in Kenntnis dieses Anspruchs für die Zeit nach Beendigung der Berufsausbildung getroffen hat (*ArbG Kassel* 12.6.1975 BB 1975, 1018). Es müssen nicht nur alle Möglichkeiten, den Auszubildenden unterzubringen, ausgeschöpft werden (*Löwisch* Rz 16; *ArbG Kiel* 6.8.1975 DB 1975, 2041), sondern es wird nach Sinn und Zweck der Regelung des § 78a BetrVG bei Zweifeln dem Arbeitgeber zugemutet werden können, dass er die erforderlichen Dispositionen für die Weiterbeschäftigung des Auszubildenden trifft (so auch GK-BetrVG/*Oetker* § 78a Rz 95 ff.).

44a **Besetzt der Arbeitgeber in den letzten drei Monaten** vor dem Ausbildungsende eines Mitglieds einer Jugend- und Auszubildendenvertretung einen für dieses in Frage kommenden Weiterbeschäftigungsplatz, so ist dem Arbeitgeber die Weiterbeschäftigung des Jugendvertreters gem. § 78a Abs. 4 Nr. BetrVG nicht unzumutbar, auch wenn kein freier Arbeitsplatz beim Ausbildungsende vorhanden ist, es sei denn, eine sofortige Neubesetzung ist durch dringende betriebliche Erfordernisse geboten (*BAG* 29.9.1999 – 7 ABR 10/98, LS in AuR 1999, 443; 12.11.1997 EzA § 78a BetrVG Nr. 25 mit krit. Anm. *Coester* SAE 1999, 3; *LAG Hamm* 26.6.1996 LAGE § 78a BetrVG 1972 Nr. 10).

44b Innerhalb des dreimonatigen Zeitraumes vor Ausbildungsende trifft den Arbeitgeber die Pflicht, bei Einstellungsvorhaben die Möglichkeit eines Übernahmeverlangens gemäß § 78a Abs. 2 BetrVG zu berücksichtigen. Erkundigt sich der Arbeitgeber in diesem Zeitraum vorsorglich beim Auszubildenden nach dessen etwaigem Übernahmewunsch, so ist dessen zunächst verneinende bzw. ausbleibende Antwort bei der Würdigung des Merkmals der Unzumutbarkeit zu seinen Lasten zu berücksichtigen (*BAG* 12.11.1997 EzA § 78a BetrVG Nr. 25). **Diese Blockierung freier Arbeitsplätze für bis zu drei Monate stößt auf Bedenken**; denn eine mögliche Hinhaltetaktik seitens des Auszubildenden kann der dem Arbeitgeber gewährleisteten Disposition über arbeitstechnische Vorgaben und Personalentscheidungen – abgesehen von Missbrauchsfällen – zuwiderlaufen (krit. auch *Natzel* DB 1998, 1721; *Coester* SAE 1993, 3 ff.). Allerdings ist die Weiterbeschäftigung nach dem BAG dem Arbeitgeber aber dann unzumutbar, wenn fünf Monate vor Beendigung des Ausbildungsverhältnisses noch freie Arbeitsplätze mit Arbeitnehmern besetzt wurden, die ihre Ausbildung vorzeitig beendet hatten. Fünf Monate vor der voraussichtlichen Beendigung der Ausbildung sei der Arbeitgeber nicht verpflichtet zu prüfen, ob durch § 78a BetrVG geschützte Auszubildende für eine Weiterbeschäftigung in Frage kommen und ein entsprechendes Verlangen stellen könnten und folglich Arbeitsplätze freizuhalten seien (*BAG* 12.11.1997 EzA § 78a BetrVG Nr. 25). Demgegenüber dehnt das *LAG Thüringen* (27.3.1996 LAGE § 78a BetrVG 1972 Nr. 11) den Zeitraum, während dem der Arbeitgeber die mögliche Weiterbeschäftigung von durch § 78a BetrVG geschützten Auszubildende im voraus zu bedenken hat, auf 6 Monate aus (zustimmend *Jäger/Künzl* ZTR 2000, 349), wenn der Arbeitgeber andere Auszubildende desselben Prüfungsjahrgangs nach vorgezogener Prüfung aus sozialpolitischen Erwägungen übernimmt, ohne dass es dafür einen betrieblichen Bedarf gibt.

44c Dem Arbeitgeber ist die Weiterbeschäftigung idR dann unzumutbar, wenn im Zeitpunkt der Beendigung kein freier Arbeitsplatz vorhanden ist. Dies gilt jedoch nicht, wenn ein freier Arbeitsplatz kurz vor der Beendigung des Ausbildungsverhältnisses besetzt wird und der Arbeitgeber nicht darlegen kann, dass der Arbeitsplatz wegen einer betrieblichen Notwendigkeit unverzüglich besetzt werden musste (*BAG* 12.11.1997 EzA § 78a BetrVG Nr. 25). Den Arbeitgeber trifft die **Beweislast**, dass eine Weiterbeschäftigung nicht möglich ist.

45 Betriebliche Gründe können dem Arbeitgeber eine Weiterbeschäftigung auch dann unzumutbar machen, wenn **personenbedingte Gründe die Ursache** sind (vgl. *LAG Nds.* 8.4.1975 aaO). Wenn ein bestimmter Arbeitsplatz eine erforderliche Qualifikation voraussetzt und der Auszubildende diese nicht vorweisen kann (zB Examensabschluss), kann die Übernahme unzumutbar sein, insbesondere wenn es für nicht ausgelernte Kräfte keinerlei Verwendungsmöglichkeiten gibt (*LAG BW* 13.10.1977 AP Nr. 4

zu § 78a BetrVG; *LAG Nds.* 8.4.1975 aaO). Dabei muss das Qualifikationserfordernis sich in einem vernünftigen Rahmen halten (*Löwisch* Rz 17). Konkurrieren von den Qualifikationen her mehrere Auszubildende, worunter sich auch Mitglieder des Betriebsverfassungsorgans befinden, so kann im Interesse der Kontinuität der Amtsführung des Betriebsverfassungsorgans dessen Anspruch aus § 78a BetrVG nur bei ganz erheblichen Qualifikationsunterschieden gegenüber den anderen Auszubildenden zurücktreten (so auch *Weng* DB 1976, 1013, 1015). Die Weiterbeschäftigung eines Jugendvertreters ist zumutbar, wenn zwar in seinem Ausbildungsberuf im Betrieb kein Arbeitsplatz frei ist, wohl aber für eine andere Tätigkeit und der Jugendvertreter damit einverstanden ist (*LAG Köln* 28.8.1996 LAGE § 78a BetrVG 1972 Nr. 14).

Bei der Prüfung der Unzumutbarkeit der Weiterbeschäftigung nach § 78a Abs. 4 BetrVG in einem **Tendenzbetrieb** iSd § 118 BetrVG ist die verfassungsrechtlich geschützte Tendenz jedenfalls dann beachtlich, wenn der Jugend- und Auszubildendenvertreter (zB Redakteur einer Tageszeitung) eine Beschäftigung als Tendenzträger begehrt. Die Weiterbeschäftigung ist unzumutbar, wenn tendenzbedingte Gründe vorliegen (*BAG* 23.6.1983 EzA § 78a BetrVG 1972 Nr. 11). Dagegen widerspricht es dem Schutzzweck des § 78a BetrVG, diese Vorschrift aus den Gründen des Tendenzschutzes auch dann einzuengen, wenn dessen Voraussetzungen dies nicht erfordern (*BAG* 23.6.1983 EzA § 78a BetrVG 1972 Nr. 11). 45a

Für die **Beurteilung der Unzumutbarkeit** der Übernahme in ein unbefristetes Arbeitsverhältnis kann nur der **Zeitpunkt** maßgebend sein, in dem das Arbeitsverhältnis begründet werden soll. Bei der Abwägung nach § 78a Abs. 4 BetrVG entscheiden nur die Umstände, die bei der Beendigung des Berufsausbildungsverhältnisses vorliegen; denn es geht allein um die Weiterbeschäftigung im unmittelbaren Anschluss an die Ausbildung (*BAG* 28.6.2000 – 7 ABR 57/98; 16.8.1995 EzA § 78a BetrVG 1972 Nr. 23; 29.11.1989 EzA § 78a BetrVG 1972 Nr. 20; *Stege/Weinspach* Rz 14; GK-BetrVG/*Kreutz* § 78a Rz 95; HSWG-*Nicolai* § 78a Rz 35). Dies folgt auch aus der Rechtsprechung des BAG, wonach für die Sozialwidrigkeit einer Kündigung der Zeitpunkt maßgebend ist, in dem die Kündigung ausgesprochen wird (*BAG* 15.7.1971 EzA § 1 KSchG Nr. 19). Davon abweichend und differenziert nach den prozessual unterschiedlichen Streitgegenständen sind nach dem *LAG Hamm* (30.3.1988 LAGE § 78a BetrVG 1972 Nr. 5) im Fall des Auflösungsantrages gem. § 78a Abs. 4 S. 1 Nr. 2 BetrVG bzgl. eines kraft gesetzlicher Fiktion begründeten Dauerarbeitsverhältnisses bei der Zumutbarkeitsprüfung alle bis zur letzten mündlichen Anhörung in der Tatsacheninstanz (als auch der Beschwerdeinstanz) eingetretenen Umstände zu berücksichtigen; denn der Arbeitgeber begehrt eine in die Zukunft wirkende Entscheidung (so im Ergebnis auch *Fitting* Rz 37). 46

Im Bereich des **öffentlichen Dienstes** begründet ein von einer übergeordneten Behörde verfügter Einstellungsstopp die Unzumutbarkeit der Weiterbeschäftigung iSd **§ 9 Abs. 4 BPersVG**, wenn er in Vollzug wenigstens globaler Anweisungen des Haushaltsgesetzgebers zur Personaleinsparung ergeht. Lässt ein solcher behördlicher Einstellungsstopp Ausnahmen zu, so müssen diese so eindeutig gefasst sein (zB durch verbindliche Pläne für die mit dem Personalabbau zu schaffenden Strukturen oder durch Eingrenzungen nach regionalen Gesichtspunkten oder nach Berufssparten), dass sich auch nur der Verdacht einer Benachteiligungsabsicht von vornherein, dh anhand objektiver Kriterien, ausschließen lässt (*BVerwG* 2.11.1994 PersV 1995, 332, 361). 46a

4. Antragsfrist

Wenn der Arbeitgeber die Unzumutbarkeit der Weiterbeschäftigung geltend machen will (vgl. auch Rz 35), muss er spätestens bis Ablauf von zwei Wochen nach Beendigung des Berufsausbildungsverhältnisses beim ArbG beantragen festzustellen, dass entweder ein Arbeitsverhältnis nach § 78a Abs. 2 und 3 BetrVG nicht begründet (Abs. 4 Ziff. 1) oder ein inzwischen bereits begründetes Arbeitsverhältnis aufgelöst wird. Den Antrag nach Ziff. 1 muss der Arbeitgeber **vor** Beendigung des Arbeitsverhältnisses stellen, sonst bewirkt die gesetzliche Fiktion die Begründung des Rechtsverhältnisses. Um die Fiktionswirkung wieder zu beseitigen, muss der Antrag auf Auflösung spätestens zwei Wochen nach Beendigung des Arbeitsverhältnisses gestellt sein. Bei dieser Zweiwochenfrist handelt es sich um eine **Ausschlussfrist**. Wird sie vom Arbeitgeber versäumt, so bedeutet das den Verlust seines Antragsrechts mit der Folge, dass ein Arbeitsverhältnis mit dem Auszubildenden aufgrund der Fiktion des Abs. 2 rechtswirksam begründet worden ist. Wenn der Arbeitgeber dann das Vertragsverhältnis mit dem Arbeitnehmer lösen will, kann er dies nur nach den allgemeinen Regeln des KSchG, soweit dies Anwendung findet, tun. Für die Antragstellung nach § 78a Abs. 4 S. 1 Ziff. 2 BetrVG sind die Ausschlussfristen gem. § 626 Abs. 2 BGB bzw. § 22 Abs. 4 S. 2 BBiG bzgl. der Kenntniserlangung der zur Unzumutbarkeit herangezogenen Tatsachen weder unmittelbar noch entsprechend anwendbar (*BAG* 47

§ 78a BetrVG — Schutz Auszubildender in besonderen Fällen

15.12.1983 EzA § 78a BetrVG 1972 Nr. 13; *Wlotzke* S. 227). Zur Antragstellung beim ArbG befugt ist der Arbeitgeber oder ein von ihm zur gerichtlichen Vertretung Bevollmächtigter (§ 11 Abs. 1 ArbGG). Stellt ein Mitarbeiter des Arbeitgebers den Feststellungs- und Auflösungsvertrag gem. § 78a Abs. 4 S. 1 BetrVG, so wird die Ausschlussfrist von zwei Wochen nach Beendigung des Ausbildungsverhältnisses entgegen § 89 Abs. 2 ZPO nur dann gewährt, wenn bis zu ihrem Ablauf eine Vollmacht beim ArbG eingereicht wird, die von der zur Vertretung des Arbeitgebers befugten Person ausgestellt ist (*BVerwG* 1.12.2003 NZA-RR 2004, 389).

VII. Verfahrensart

1. Feststellungsklage des Jugend- und Auszubildendenvertreters

48 Der **Jugend- und Auszubildendenvertreter** macht sein **Weiterbeschäftigungsverlangen** gem. § 78a Abs. 2 BetrVG beim ArbG im **Urteilsverfahren** geltend (BAG 14.5.1987 EzA § 78a BetrVG 1972 Nr. 18); denn Streitgegenstand ist hierbei die individualrechtliche Frage, ob ein Arbeitsverhältnis zwischen den Parteien begründet ist (§ 2 Abs. 3 Nr. 1b Abs. 5 iVm §§ 46 ff. ArbGG), wenn der Arbeitgeber zwar den Bestand des Arbeitsverhältnisses oder die Mitgliedschaft in einem der in § 78a Abs. 1 BetrVG genannten betriebsverfassungsrechtlichen Organe leugnet, aber die nach § 78a Abs. 4 BetrVG vorgesehenen Anträge nicht stellt. Es handelt sich um eine **Feststellungsklage** iSd § 256 ZPO (st.Rspr. des BAG, vgl. BAG 13.11.1987 EzA § 78a BetrVG 1972 Nr. 19). Daran ändert nichts, dass mit der Entscheidung über den Antrag des Jugend- und Auszubildendenvertreters auch über dessen betriebsverfassungsrechtliches Amt mit entschieden wird (BAG 23.8.1984 AP Nr. 1 zu § 9 BPersVG; 22.9.1983 EzA § 78a BetrVG 1972 Nr. 12). Der Anspruch eines Jugend- und Auszubildendenvertreters auf Beschäftigung in einem fiktiv begründeten Arbeitsverhältnis nach erfolgreich beendeter Ausbildung kann gegen einen Arbeitgeber des öffentlichen Dienstes nur vor den Verwaltungsgerichten durchgesetzt werden. Der Rechtsweg zu den ArbG ist auch dann nicht gegeben, wenn der Jugend- und Auszubildendenvertreter diese Beschäftigung nur vorläufig und bis zu einer Entscheidung des Verwaltungsgerichts klageweise begehrt (*LAG Frankf.* 29.1.1987 BB 1987, 2028).

2. Beschlussverfahren durch Arbeitgeberantrag

49 Die Anträge des Arbeitgebers entweder auf **Feststellung** gem. § 78a Abs. 4 Ziff. 1 BetrVG, dass ein Arbeitsverhältnis nach Abs. 2 oder 3 nicht begründet wird, oder auf **Auflösung** eines nach Abs. 2 oder 3 begründeten Arbeitsverhältnisses zielen in beiden Fällen auf eine rechtsgestaltende gerichtliche Entscheidung mit Rechtskraftwirkung für die Zukunft. Ist im Zeitpunkt der Beendigung des Berufsausbildungsverhältnisses über einen Feststellungsantrag des Arbeitgebers nach Nr. 1 des § 78a Abs. 4 Ziff. 1 BetrVG noch nicht rechtskräftig entschieden, so wird beim Vorliegen der Voraussetzungen des § 78a Abs. 2 oder 3 BetrVG im Anschluss an das Berufsausbildungsverhältnis ein Arbeitsverhältnis zwischen dem Auszubildenden und dem Arbeitgeber begründet. Der Feststellungsantrag nach Nr. 1 des § 78a Abs. 4 Ziff. 1 BetrVG wandelt sich in einem solchen Falle in einen Antrag nach Nr. 2 dieser Vorschrift auf Auflösung des nunmehr begründeten Arbeitsverhältnisses um, ohne dass es einer förmlichen Antragsänderung bedarf (BAG 11.1.1995 EzA § 78a BetrVG Nr. 22 mit krit. Anm. *Schiefer*, krit. Anm. *Berger-Delhey* DB 1995, 1419; 29.11.1989 EzA § 78a BetrVG 1972 Nr. 20).

50 Die Anträge gem. Abs. 4 Ziff. 2, mit denen der Arbeitgeber die Unzumutbarkeit der Weiterbeschäftigung geltend macht, zielen auf eine richterliche Rechtsgestaltung und sind im Wege des arbeitsgerichtlichen **Beschlussverfahrens** zu verfolgen (BAG 14.5.1987 EzA § 78a BetrVG 1972 Nr. 18; 5.4.1984 EzA § 78a BetrVG 1972 Nr. 14; 29.11.1989 EzA § 78a BetrVG 1972 Nr. 20). Für das fristgebunden einzuleitende Beschlussverfahren spricht insbesondere, dass bei der Prüfung der Zumutbarkeitsfrage dem Gericht alle maßgeblichen Gesichtspunkte vorgetragen werden und dies durch die Beteiligung der Betriebsverfassungsorgane, die einen besseren Einblick in die Arbeitsplatzsituation und Personalplanung des Betriebs haben, besser in dem dafür einschlägigen Verfahren gewährleistet ist. Damit wird der ratio legis des besonderen Schutzes eines Mitglieds des Betriebsverfassungsorgans eher Rechnung getragen.

51 Der Antrag des Arbeitgebers gem. § 78a Abs. 4 Ziff. 1 BetrVG **auf Feststellung,** dass die Voraussetzungen des **§ 78a Abs. 2 oder 3 BetrVG** nicht gegeben sind, weil der Auszubildende einem Betriebsverfassungsorgan nicht angehörte oder er schon vor länger als einem Jahr daraus ausgeschieden ist oder das Weiterbeschäftigungsbegehren nicht form- oder fristgerecht geltend gemacht hat, ist ebenso im **Beschlussverfahren** zusammen mit dem Auflösungsantrag gem. § 78a Abs. 4 Ziff. 2 BetrVG in einem ein-

heitlichen Verfahren zu verfolgen (*BAG* 13.3.1986 – 6 AZR 424/85 – nv; *Kraft/Raab* Anm. *BAG* 29.11.1989 EzA § 78a BetrVG 1972 Nr. 20). Für den Arbeitgeber geht es nicht um eine rechtsgestaltende, sondern um eine klar- und rechtsfeststellende gerichtliche Entscheidung darüber, dass zwischen ihm und dem Auszubildenden ein Arbeitsverhältnis gem. § 78a Abs. 2 oder 3 BetrVG nicht zustande gekommen ist. Zwar bezieht sich dieses Feststellungsbegehren in erster Linie auf das individualrechtliche Rechtsverhältnis zwischen Arbeitgeber und Auszubildendem, was für die Geltendmachung im Wege eines gesonderten Urteilsverfahrens spräche (so *BAG* 29.11.1989 EzA § 78a BetrVG 1972 Nr. 20). Jedoch ist diese Frage des individualrechtlichen Status des Auszubildenden gem. § 78a Abs. 2 oder 3 BetrVG eine Konsequenz des kollektivrechtlichen Schutzgedankens wegen der Mitgliedschaft in einem Betriebsverfassungsorgan. Die Klärung dieser Statusfrage aber ist unabdingbar, wenn das Gericht eine Interessenabwägung zwischen dem Rechtsgut der Kontinuität des betriebsverfassungsrechtlichen Amtes einschließlich des daraus folgenden Individualschutzes des betroffenen Auszubildenden einerseits und dem Rechtsgut der Vertragsfreiheit des Arbeitgebers, nämlich ein Beschäftigungsverhältnis mit dem Auszubildenden nicht aufgedrängt zu bekommen, andererseits, treffen soll (*Kraft/Raab* aaO). Auch der Gesichtspunkt der Verfahrenskonzentration gebietet die einheitliche Verfolgung der Anträge gem. § 78a Abs. 4 sowie gem. Abs. 2 und 3 BetrVG (vgl. Ausführungen zu ähnlich gelagerten Fällen *Kraft/Raab* aaO). **Danach kann der Arbeitgeber die Feststellung, dass ein Arbeitsverhältnis nach Abs. 2 oder 3 nicht begründet wird, und die Feststellung, dass ein bereits begründetes Arbeitsverhältnis wegen Unzumutbarkeit der Weiterbeschäftigung aufzulösen ist, in einem einheitlichen Beschlussverfahren beantragen.** Dem steht nicht entgegen, dass der Jugend- und Auszubildendenvertreter sein Weiterbeschäftigungsverlangen gem. § 78a Abs. 2 BetrVG im Urteilsverfahren geltend macht (Rz 48).

Nach der Rspr. des BVerwG darf bei der Entscheidung über einen Auflösungsantrag nach Abs. 4 Ziff. 2 die Vorfrage, ob das aufzulösende Weiterbeschäftigungsverhältnis zustande gekommen ist, nicht unbeantwortet bleiben. Es genüge im Interesse der Rechtsklarheit und -sicherheit nicht, dass im Tenor der Entscheidung die Auflösung nur für den Fall des Zustandekommens des Weiterbeschäftigungsverhältnisses ausgesprochen werde. Sei ein solches Beschäftigungsverhältnis nicht zustande gekommen, so müsse der isolierte Auflösungsantrag abgelehnt werden (*BVerwG* 9.10.1996 NZA-RR 1997, 239). **51a**

Die **Rechtsprechung des BAG** hat zur Verfahrensart des Feststellungsantrages des Arbeitgebers gem. § 78a Abs. 4 Ziff. 1 (Nichtbegründung eines Arbeitsverhältnisses nach Abs. 2 oder 3) einerseits und gem. Abs. 4 Ziff. 2 (Auflösung des Arbeitsverhältnisses wegen Unzumutbarkeit der Weiterbeschäftigung) andererseits **keine einheitliche Linie** verfolgt. Zunächst entschied das BAG, über die Anträge des Arbeitgebers nach § 78a Abs. 4 BetrVG sei im Urteilsverfahren zu entscheiden (str. Rspr. *BAG* 15.12.1983 EzA § 78a BetrVG 1972 Nr. 13). Zwischenzeitlich rückte das LAG Niedersachsen davon ab und sprach sich hinsichtlich des Auflösungsantrages des Arbeitgebers für das Beschlussverfahren aus (*LAG Nds.* 30.4.1980 EzA § 78a BetrVG 1972 Nr. 10). Das BAG selbst gab nach acht Jahren seine bisherige Meinung auf und entschied insbesondere im Hinblick auf den Zusammenhang mit dem Schutz des betriebsverfassungsrechtlichen Amtes, dass über die Anträge des Arbeitgebers im arbeitsgerichtlichen Beschlussverfahren zu entscheiden sei (*BAG* 5.4.1984 EzA § 78a BetrVG 1972 Nr. 14). Diese Rechtsprechung hat das *BAG* in seiner nicht veröffentlichten Entscheidung vom 13.3.1986 – 6 AZR 424/85 – nv ausdrücklich bestätigt. Allerdings wich das BAG auch von dieser Rechtsprechung wieder ab und entschied am 29.11.1989, ein Streit zwischen dem Arbeitgeber und dem Auszubildenden darüber, ob die Voraussetzungen des § 78a Abs. 2 oder 3 BetrVG erfüllt sind und demgemäß ein Arbeitsverhältnis zwischen ihnen als begründet gilt, sei auch dann im Urteilsverfahren und nicht in dem Beschlussverfahren über einen Arbeitgeberantrag nach § 78a Abs. 4 BetrVG auszutragen, wenn der Arbeitgeber das Gericht anruft und eine entsprechende negative Feststellung begehrt (*BAG* 29.11.1989 EzA § 78a BetrVG 1972 Nr. 20). Zu dieser Rechtsprechung »erwägt« das BAG eine »Rechtsprechungsänderung«, wie es in einer für die vorliegende Rechtsfrage nicht einschlägigen Entscheidung ankündigt: Das BAG »neigt dazu, dem Arbeitgeber zu ermöglichen, in einem **einheitlichen Beschlussverfahren (ggf. auch durch Kombination von Haupt- und Hilfsanträgen)** sowohl die Feststellung der Nichtbegründung des Arbeitsverhältnisses wegen Fehlens der Voraussetzungen des § 78a Abs. 2 und 3 BetrVG als auch die Auflösung eines solchen Arbeitsverhältnisses wegen Unzumutbarkeit der Weiterbeschäftigung nach § 78a Abs. 4 BetrVG zu verfolgen« (*BAG* 1.11.1995 NZA 1995, 647). **52**

3. Einstweilige Verfügung

Wenn sich der Arbeitgeber trotz des Weiterbeschäftigungsverlangens des Auszubildenden weigert, diesen nach Beendigung des Ausbildungsverhältnisses in ein Arbeitsverhältnis zu übernehmen, so kann **53** der Arbeitnehmer seinerseits mit der Begründung, dass das Arbeitsverhältnis begründet sei, bis zur rechtskräftigen Entscheidung des Gerichts über den Antrag gem. § 78a BetrVG im Hauptverfahren **im einstweiligen Verfügungsverfahren** seine Weiterbeschäftigung unter Fortzahlung des entsprechenden Entgelts verlangen (*LAG Frankf.* 14.8.1987 BB 1987, 2160; KDZ-*Kittner* Rz 52; *Wiencke* S. 192 f.). Diesen Anspruch kann der Arbeitnehmer im Urteilsverfahren gem. § 2 Abs. 1 Nr. 2 iVm § 8 Abs. 1 ArbGG geltend machen (*LAG Frankf.* 14.8.1987 EzB § 78a BetrVG 1972 Nr. 47; *LAG Bln.* 16.12.1974 EzB § 78a BetrVG 1972 Nr. 3; *ArbG Wilhelmshaven* 4.8.1978 ARSt 1979, Nr. 4; *Fitting* Rz 61; *Löwisch* Rz 19). Dagegen entbehrt nach der Entscheidung des *LAG SchlH* vom 25.3.1985 (EzB § 78a BetrVG 1972 Nr. 38) der Antrag des Jugend- und Auszubildendenvertreters auf Erlaß einer einstweiligen Verfügung regelmäßig sowohl des Verfügungsanspruches (da kein Weiterbeschäftigungsgebot im § 78a BetrVG sei) als auch des Verfügungsgrundes (Verneinung des bes. Interesses an der kontinuierlichen Fortsetzung der Tätigkeit). Soweit der Arbeitgeber geltend macht, ihm könne die **tatsächliche Weiterbeschäftigung** (vgl. auch Rz 31) auch bis zum Ende des Rechtsstreits nach § 78a Abs. 4 BetrVG nicht zugemutet werden, so ist der Antrag auf Erlass einer entsprechenden einstweiligen Verfügung grds. zulässig. Allerdings kann der Verfügungsgrund nicht allein daraus abgeleitet werden, dass die Weiterbeschäftigung unzumutbar ist (*LAG Köln* 31.3.2005 LAGE § 78a BetrVG 2001 Nr. 2; vgl. auch *Houben* NZA 2006, 769). (*Fitting* Rz 45; GK-BetrVG/*Oetker* § 78a Rz 129; ErfK-*Kania* Rz 12; aA DKK-*Kittner* Rz 46; APS-*Künzl* Rz 160; *Wiencke* S. 191 f.; *Gnade/Kehrmann/Schneider/Blanke* Rz 20). Diese kommt allerdings nur unter ganz engen Voraussetzungen in Betracht (bei Vorliegen der Voraussetzungen des § 102 Abs. 5 BetrVG, *LAG Nds.* 25.5.1998 AiB 1999, 43 m. Anm. *Dannenberg*), weil hierdurch der Arbeitnehmer sein betriebsverfassungsrechtliches Amt nicht mehr ordnungsgemäß ausüben kann (*Löwisch* aaO; nach dem *LAG Bln.* 16.12.1974 aaO ist es dem Arbeitgeber verwehrt, sich auf Verfehlungen des Jugend- und Auszubildendenvertreters zu berufen, da dieser bei Betriebswechsel sein Amt verlieren würde). Für den gem. Abs. 4 vom Arbeitgeber zu stellenden Feststellungs- oder Auflösungsantrag selbst kann eine einstweilige Verfügung als Verfahrensart nicht in Frage kommen (*ArbG Wiesbaden* 11.1.1978 EzB § 78a BetrVG 1972 Nr. 17).

4. Kosten

54 Kosten für anwaltliche Vertretung, die einem Mitglied der Jugend- und Auszubildendenvertretung in einem Verfahren nach § 78a Abs. 4 BetrVG entstehen, sind nicht vom Arbeitgeber zu tragen; denn es besteht kein betriebsverfassungsrechtlicher Kostenerstattungsanspruch, wenn ein Mitglied eines betriebsverfassungsrechtlichen Gremiums seine individualrechtlichen Interessen gegenüber dem Arbeitgeber wahrnimmt (*BAG* 5.4.2000 EzA § 40 BetrVG 1972 Nr. 91). Der Streit um die Weiterbeschäftigungspflicht nach § 78a BetrVG kann mit zwei Bruttomonatsvergütungen bewertet werden (*LAG Köln* 20.2.2006 VjA-EzB § 78a BetrVG 2001 Nr. 5).

§ 102 Mitbestimmung bei Kündigungen
(1) ¹Der Betriebsrat ist vor jeder Kündigung zu hören. ²Der Arbeitgeber hat ihm die Gründe für die Kündigung mitzuteilen. ³Eine ohne Anhörung des Betriebsrats ausgesprochene Kündigung ist unwirksam.
(2) ¹Hat der Betriebsrat gegen eine ordentliche Kündigung Bedenken, so hat er diese unter Angabe der Gründe dem Arbeitgeber spätestens innerhalb einer Woche schriftlich mitzuteilen. ²Äußert er sich innerhalb dieser Frist nicht, gilt seine Zustimmung zur Kündigung als erteilt. ³Hat der Betriebsrat gegen eine außerordentliche Kündigung Bedenken, so hat er diese unter Angabe der Gründe dem Arbeitgeber unverzüglich, spätestens jedoch innerhalb von drei Tagen, schriftlich mitzuteilen. ⁴Der Betriebsrat soll, soweit dies erforderlich erscheint, vor seiner Stellungnahme den betroffenen Arbeitnehmer hören. ⁵§ 99 Abs. 1 S. 3 gilt entsprechend.
(3) ¹Der Betriebsrat kann innerhalb der Frist des Absatzes 2 S. 1 der ordentlichen Kündigung widersprechen, wenn
1. der Arbeitgeber bei der Auswahl des zu kündigenden Arbeitnehmers soziale Gesichtspunkte nicht oder nicht ausreichend berücksichtigt hat,
2. die Kündigung gegen eine Richtlinie nach § 95 verstößt,
3. der zu kündigende Arbeitnehmer an einem anderen Arbeitsplatz im selben Betrieb oder in einem anderen Betrieb des Unternehmens weiterbeschäftigt werden kann,
4. die Weiterbeschäftigung des Arbeitnehmers nach zumutbaren Umschulungs- oder Fortbildungsmaßnahmen möglich ist oder

5. eine Weiterbeschäftigung des Arbeitnehmers unter geänderten Vertragsbedingungen möglich ist und der Arbeitnehmer sein Einverständnis hiermit erklärt hat.
(4) Kündigt der Arbeitgeber, obwohl der Betriebsrat nach Abs. 3 der Kündigung widersprochen hat, so hat er dem Arbeitnehmer mit der Kündigung eine Abschrift der Stellungnahme des Betriebsrats zuzuleiten.
(5) Hat der Betriebsrat einer ordentlichen Kündigung frist- und ordnungsgemäß widersprochen und hat der Arbeitnehmer nach dem Kündigungsschutzgesetz Klage auf Feststellung erhoben, dass das Arbeitsverhältnis durch die Kündigung nicht aufgelöst ist, so muss der Arbeitgeber auf Verlangen des Arbeitnehmers diesen nach Ablauf der Kündigungsfrist bis zum rechtskräftigen Abschluss des Rechtsstreits bei unveränderten Arbeitsbedingungen weiterbeschäftigen. Auf Antrag des Arbeitgebers kann das Gericht ihn durch einstweilige Verfügung von der Verpflichtung zur Weiterbeschäftigung nach S. 1 entbinden, wenn
1. die Klage des Arbeitnehmers keine hinreichende Aussicht auf Erfolg bietet oder mutwillig erscheint oder
2. die Weiterbeschäftigung des Arbeitnehmers zu einer unzumutbaren wirtschaftlichen Belastung des Arbeitgebers führen würde oder
3. der Widerspruch des Betriebsrats offensichtlich unbegründet war.
(6) Arbeitgeber und Betriebsrat können vereinbaren, dass Kündigungen der Zustimmung des Betriebsrats bedürfen und dass bei Meinungsverschiedenheiten über die Berechtigung der Nichterteilung der Zustimmung die Einigungsstelle entscheidet.
(7) Die Vorschriften über die Beteiligung des Betriebsrats nach dem Kündigungsschutzgesetz bleiben unberührt.

Literatur

– bis 2004 vgl. KR-Vorauflage –
Bartels Ordentliche Kündigung – Beteiligung der Mitarbeitervertretung nach MAVO, ZMV 2005, 136; *ders.* Kündigungsschutz nach dem Mitarbeitervertretungsrecht, ZMV 2006, 180; *Bayreuther* Formlose Weiterbeschäftigung während des Kündigungsrechtsstreits – Grundstein für ein unbefristetes Arbeitsverhältnis, DB 2003, 1736; *Benecke* Beteiligungsrechte des BR bei der Umdeutung von Kündigungen, AuR 2005, 48; *Barroth* Ordentliche Kündigung – Beteiligung der Mitarbeitervertretung nach MVG EKD, ZMV 2005, 135; *Bost-Klatt/Fuhrmann* Weiterbeschäftigungsanspruch bei Kündigung, AiB 2005, 413; *Brinkmeier* Ende des Weiterbeschäftigungsanspruchs nach § 102 Abs. 5 BetrVG bei nachfolgender Kündigung ohne Widerspruch des Betriebsrats?, AuR 2005, 46; *Deich* Kündigungen während der Probezeit – Inhaltliche Anforderungen an die Anhörung des Betriebsrats, Personalleiter 2005, 147; *Felser* Suspendierung von Arbeitnehmern, AiB 2006, 74; *ders.* Beteiligungsrechte des Betriebsrats bei der Kündigung, AiB 2004, 30; *Fleddermann* Umfang und Inhalt des Anhörungsverfahrens zur Kündigung bei Zustandekommen eines Interessenausgleichs mit Namensliste, ZInsO 2004, 1301; *Gaumann/Liebermann* Die zwangsweise Durchsetzung des Weiterbeschäftigungsanspruchs durch den Arbeitnehmer im Insolvenzverfahren des Arbeitgebers, NZA 2005, 908; *Goldschmidt* Kündigung eines leitenden Angestellten – Die Anhörung des Sprecherausschusses, Personalleiter 2005, 57; *Grosjean* Kündigungsrechtliche Stellung im Ausland eingesetzter Arbeitnehmer, DB 2004, 2422; *Haag/Sobek* Anhörung des Betriebsrats, AiB 2006, 417; *Isenhardt* § 102 BetrVG auf dem Prüfstand – neue Zeiten, andere Rechtsprechung?, FS 50 Jahre BAG, S. 943; *Joussen* Zur Unterrichtung der Mitarbeitervertretung vor einer Kündigung, ZMV 2006, 116; *Kirsch/Strybny* »Tücken« bei der Betriebsratsanhörung im Zusammenhang mit Kündigungen, BB 2005, Special 14, S. 10; *Kleinebrink* Ermittlung von Unterhaltspflichten des Arbeitnehmers vor Sozialauswahl und Betriebsratsanhörung, DB 2005, 2522; *Krause* Nach der Kündigung: Weiterbeschäftigung, Freistellung, Annahmeverzug, NZA 2005, Beilage 1, S. 51; *Kühnreich* Kündigung: Fallstrick Anhörung des Betriebsrats, AnwBl 2006, 694; *Matthes* Betriebsvereinbarungen über Kündigungen durch den Arbeitgeber, FA 2004, 354; *Mühlhausen* Nochmals: Zulässiges Bestreiten der Betriebsratsanhörung mit Nichtwissen, NZA 2006, 967; *Panzer* Der betriebsverfassungsrechtliche Weiterbeschäftigungsanspruch, Personalleiter 2005, 277; *Ricken* Annahmeverzug und Prozessbeschäftigung während des Kündigungsrechtsstreits, NZA 2005, 323; *Schmitz* Zustimmung der Mitarbeitervertretung im Rahmen der Anhörung vor Ausspruch einer Kündigung, ZMV 2006, 121.

Inhaltsübersicht

Kurz-Gliederung

	Rz		Rz
A. Einleitung	1–9	D. Anhörung des Betriebsrats	46–119
B. Der geschützte Personenkreis	10–17	E. Die Stellungnahme des Betriebsrats	120–175
C. Voraussetzungen des Kündigungsschutzes	18–45	F. Die Kündigung durch den Arbeitgeber	176–192c

§ 102 BetrVG — Mitbestimmung bei Kündigungen

	Rz
G. Weiterbeschäftigung des Arbeitnehmers nach Ablauf der Kündigungsfrist (§ 102 Abs. 5 BetrVG)	193–242
H. Erweiterung der Mitwirkungsrechte des Betriebsrats	243–266
I. Mitwirkungsrechte des Betriebsrats nach anderen Gesetzen	267, 268
J. Weiterbeschäftigung während eines Beendigungsrechtsstreits (allgemeiner Weiterbeschäftigungsanspruch)	269–300

Detail-Gliederung

	Rz
A. Einleitung	1–9
I. Entstehungsgeschichte	1–7
II. Zweck der Vorschrift	8, 9
B. Der geschützte Personenkreis	10–17
C. Voraussetzungen des Kündigungsschutzes	18–45
I. Vorhandensein eines Betriebsrats	18–23b
II. Funktionsfähigkeit eines Betriebsrats	24–26
III. Beendigung des Arbeitsverhältnisses	27–45
1. Kündigung durch Arbeitgeber	28–37a
2. Anderweitige Beendigung des Arbeitsverhältnisses	38–45
D. Anhörung des Betriebsrats	46–119
I. Zuständigkeit von Betriebsrat, Gesamtbetriebsrat, Bordvertretung, Seebetriebsrat oder anderen Arbeitnehmervertretungen	46–52
II. Einleitung des Anhörungsverfahrens	53–57b
III. Mitteilungspflichten des Arbeitgebers	58–75
1. Personalien, Kündigungsart, Kündigungstermin	58–61
2. Kündigungsgründe	62–70a
3. Datenschutz	71
4. Aufforderung zur Stellungnahme	72–74
5. Abdingbarkeit	75
IV. Form und Zeitpunkt der Unterrichtung des Betriebsrats	76–80a
V. Empfangsberechtigung auf Seiten des Betriebsrats zur Entgegennahme von Arbeitgebererklärungen	81–85a
VI. Frist zur Stellungnahme für Betriebsrat	86–92a
1. Ordentliche Kündigung	86–89b
2. Außerordentliche Kündigung	90–92a
VII. Willensbildung des Betriebsrats, Anhörung des Arbeitnehmers	93–100
1. Zuständigkeit	93–93b
2. Anhörung des Arbeitnehmers	94
3. Anwesenheit des Arbeitgebers	95
4. Beschlussfassung	96–97
5. Aussetzung des Beschlusses	98–100
VIII. Schweigepflicht des Betriebsrats	101
IX. Abschluss des Anhörungsverfahrens	102–104b
X. Rechtsfolgen bei Fehler im Anhörungsverfahren	105–118a
1. Unzureichende Unterrichtung des Betriebsrats	106–113b
2. Unzulässige Einflussnahme auf Betriebsrat	114
3. Fehler bei der Willensbildung des Betriebsrats und der Übermittlung des Betriebsratsbeschlusses	115–117
4. Kündigung vor Abschluss des Anhörungsverfahrens	118–118a
XI. Suspendierung vor Abschluss des Anhörungsverfahrens	119
E. Die Stellungnahme des Betriebsrats	120–175
I. Entscheidungsspielraum	120–123
II. Arten der Stellungnahme und ihre Bedeutung bei einer ordentlichen und außerordentlichen Kündigung	124–141
1. Zustimmung	124–127
2. Absehen von einer sachlichen Stellungnahme	128–130
3. Bedenken	131–135
4. Widerspruch	136–141
III. Der Widerspruch des Betriebsrats bei einer ordentlichen Kündigung	142–175
1. Voraussetzungen für einen ordnungsgemäßen Widerspruch	142–147
2. Widerspruchsgründe	148–175
a) Fehlerhafte soziale Auswahl (§ 102 Abs. 3 Nr. 1 BetrVG)	149–155
b) Verstoß gegen eine Auswahlrichtlinie nach § 95 BetrVG (§ 102 Abs. 3 Nr. 2 BetrVG)	156–162
c) Weiterbeschäftigung an einem anderen Arbeitsplatz im selben Betrieb oder in einem anderen Betrieb des Unternehmens (§ 102 Abs. 3 Nr. 3 BetrVG)	163–168
d) Weiterbeschäftigung nach zumutbaren Umschulungs- oder Fortbildungsmaßnahmen (§ 102 Abs. 3 Nr. 4 BetrVG)	169–171
e) Weiterbeschäftigung unter geänderten Vertragsbedingungen mit Einverständnis des Arbeitnehmers (§ 102 Abs. 3 Nr. 5 BetrVG)	172–175

	Rz
F. Die Kündigung durch den Arbeitgeber	176–192c
I. Abgabe der Kündigungserklärung	176–178
II. Zuleitung einer Abschrift der Stellungnahme des Betriebsrats an den Arbeitnehmer	179–181
III. Umdeutung einer außerordentlichen in eine ordentliche Kündigung	182–183
IV. Der Kündigungsschutzprozess	184–192c
1. Klagefrist	184
2. Nachschieben von Kündigungsgründen	185–190b
a) Meinungsstand	185, 185a
b) Allgemeine Voraussetzungen für die Zulässigkeit des Nachschiebens von Kündigungsgründen	185b–185d
c) Kündigungsgründe, die dem Arbeitgeber vor Ausspruch der Kündigung bekanntwerden	185e–186a
d) Kündigungsgründe, die dem Arbeitgeber erst nach Ausspruch der Kündigung bekanntwerden	187–190
e) Nach der Kündigung entstandene Kündigungsgründe	190a
f) Rechtsfolgen bei unzulässigem Nachschieben von Kündigungsgründen	190b
3. Gerichtliche Auflösung des Arbeitsverhältnisses und Abfindung	191
4. Darlegungs- und Beweislast	192–192c
G. Weiterbeschäftigung des Arbeitnehmers nach Ablauf der Kündigungsfrist (§ 102 Abs. 5 BetrVG)	193–242
I. Voraussetzungen	195–212
1. Ordentliche Kündigung	198–199e
2. Außerordentliche Kündigung	199f
3. Widerspruch des Betriebsrats	200–204
4. Kündigungsschutzklage des Arbeitnehmers	205–208
5. Verlangen des Arbeitnehmers nach vorläufiger Weiterbeschäftigung	209–212
II. Inhalt des Weiterbeschäftigungsanspruchs	213–221
1. Fortsetzung des Arbeitsverhältnisses	213–217
2. Unveränderte Arbeitsbedingungen	218–221
III. Gerichtliche Geltendmachung des Weiterbeschäftigungsanspruchs	222–222d
IV. Entbindung des Arbeitgebers von der Weiterbeschäftigungspflicht	223–235b
1. Fehlende Erfolgsaussichten der Kündigungsschutzklage	224, 225

	Rz
2. Unzumutbare wirtschaftliche Belastung	226–229
3. Unbegründetheit des Widerspruchs des Betriebsrats	230–232
4. Wegfall der Vergütungspflicht	233
5. Voraussetzungen einer einstweiligen Verfügung	234–235b
V. Wegfall des Weiterbeschäftigungsanspruchs aus sonstigen Gründen	236–242
H. Erweiterung der Mitwirkungsrechte des Betriebsrats	243–266
I. Notwendigkeit einer Betriebsvereinbarung oder eines Tarifvertrages	243–244a
II. Zustimmungsbedürftigkeit von Kündigungen	245, 245a
III. Beschränkung des Kündigungsrechts des Arbeitgebers	246, 246a
IV. Grenzen der Regelungsbefugnis der Betriebspartner	247, 247a
V. Zustimmungsverfahren beim Betriebsrat	248–250
VI. Widerspruchsrecht des Betriebsrats und Weiterbeschäftigungsanspruch des Arbeitnehmers	251
VII. Ersetzung der Zustimmung des Betriebsrats durch Einigungsstelle oder Arbeitsgericht	252–262
VIII. Ausschlussfrist bei außerordentlicher Kündigung	263, 264
IX. Kündigungsschutzklage des Arbeitnehmers	265, 266
I. Mitwirkungsrechte des Betriebsrats nach anderen Gesetzen	267, 268
J. Weiterbeschäftigung während eines Beendigungsrechtsstreits (allgemeiner Weiterbeschäftigungsanspruch)	269–300
I. Problemstellung	269–273
1. Beendigungskündigung	269–271
2. Änderungskündigung	272
3. Sonstige Beendigungsrechtsstreitigkeiten	273
II. Voraussetzungen des Weiterbeschäftigungsanspruchs	274–277
1. Offensichtliche Unwirksamkeit	274
2. Nach stattgebendem Urteil	275, 276
3. Vor stattgebendem Urteil	277
III. Inhalt des Weiterbeschäftigungsanspruchs	278–283
1. Freiwillige Weiterbeschäftigung	278, 279
2. Unfreiwillige Weiterbeschäftigung	280–283
IV. Gerichtliche Geltendmachung	284–291
1. Klage	284–288
2. Einstweilige Verfügung	289–291
V. Vollstreckung	292–295

	Rz
VI. Erlöschen des Weiterbeschäftigungsanspruchs	296
VII. Rückabwicklung nach Klageabweisung	297–300

Alphabetische Übersicht

	Rz
abschließende Stellungnahme des Betriebsrats	103 ff.
Absehen von einer sachlichen Stellungnahme des Betriebsrats	128 ff.
allgemeiner Weiterbeschäftigungsanspruch	269 ff.
Änderungskündigung	30 ff., 65 f., 199 ff.
Äußerungsfrist bei außerordentlicher Kündigung	90 ff.
Äußerungsfrist bei ordentlicher Kündigung	86 ff.
Äußerungsfrist bei Massenentlassungen	87
Anfechtung des Arbeitsvertrages	42
Anhörung des Arbeitnehmers durch Betriebsrat	94
Anwesenheit des Arbeitgebers	95
Arbeitnehmeranzahl	22
Arbeitskampf	26, 36, 45
Aufforderung zur Stellungnahme des Betriebsrats	72
Aufhebungsvertrag	42
auflösend bedingtes Arbeitsverhältnis	41
Ausschlussfrist für außerordentliche Kündigung	79, 263 f.
Ausschüsse des Betriebsrats	46a, 81 f., 93 f.
Aussetzung von Betriebsratsbeschlüssen	98 ff.
außerordentliche Kündigung	79, 90 ff., 113, 118 ff., 182 ff., 263 f.
Auswahlrichtlinien	157 ff.
Baugewerbe	37a
Bedenken gegen Kündigung	131 ff.
bedingte Kündigung	29
befristete Arbeitsverhältnisse	39 ff.
Beschlussfähigkeit des Betriebsrats	96b, 145
Beschlussfassung des Betriebsrats	96 ff.
betriebsbedingte Kündigung	62b ff.
betriebsratsloser Betrieb	18 ff.
Betriebsstilllegung	23, 34, 61
Betriebsübergang	43
Betriebsvereinbarungen	243 ff.
betriebsverfassungsrechtlicher Weiterbeschäftigungsanspruch	193 ff.
Beweislast	192–192c
Bordvertretung	49 f.
Bühnenengagementvertrag	40a
Darlegungslast	192–192c
Datenschutz	71
Eilfälle	35
Entbindung von der Weiterbeschäftigungspflicht nach Abs. 5	234 ff.
Entgegennahme von Arbeitgebererklärungen	81 f.
Entscheidungsspielraum des Betriebsrats	120 f.
Entstehungsgeschichte	1 ff.
Erörterungsanspruch	18
Ersetzung der Zustimmung des Betriebsrats kraft Betriebsvereinbarung	252 ff.
Erweiterung der Mitbestimmungsrechte	243 ff.
Fehler im Anhörungsverfahren	106 ff.
Form der Stellungnahme des Betriebsrats	123
Form der Unterrichtung des Betriebsrats	76
Freistellung des Arbeitnehmers	119
freiwillige Weiterbeschäftigung	278 f.
Frist zur Stellungnahme des Betriebsrats	86 ff., 99 ff.
Funktionsfähigkeit des Betriebsrats	24 ff.
gerichtliche Geltendmachung des Weiterbeschäftigungsanspruchs	222 ff.
Gesamtbetriebsrat	47 ff., 82a
Heimarbeiter	11
Insolvenzverfahren	34
Interessenausgleich	61, 113b, 176
Jugend- und Auszubildendenvertretung	97
Kampfkündigung	45
kirchlicher Dienst	14, 51a
Konzernbetriebsrat	48a ff.
krankheitsbedingte Kündigung	63 ff.
Kündigung durch Arbeitgeber	28 ff., 176 ff.
Kündigung durch Arbeitnehmer	42
Kündigung vor Abschluss der Anhörung	118 ff.
Kündigungsbeschränkungen	246
Kündigungsentschluss	53 f., 59 ff.
Kündigungsgründe	62 ff.
Kündigungsschutzklage	184 ff.
Kündigungstermin	59 ff.
Leiharbeitnehmer	12
leitende Angestellte	15, 27, 35 ff.
lösende Aussperrung	45
Massenentlassungen	61, 113b, 176
Mitteilungspflichten des Arbeitgebers	58 ff.
Mitwirkung betroffener Betriebsratsmitglieder	96a
Nachholung unzureichender Unterrichtung des Betriebsrats	111a ff.
Nachschieben von Kündigungsgründen	185 ff.
nichtiger Betriebsratsbeschluss	145
personenbedingte Kündigung	146
persönlicher Geltungsbereich	10 ff.
Rechtsfolgen unzureichender Unterrichtung des Betriebsrats	106 ff.
Rechtsschutzbedürfnis für Antrag auf Weiterbeschäftigung	285
Rückabwicklung des Weiterbeschäftigungsanspruchs nach Klageabweisung	297 ff.
Schadenersatz nach einstweiliger Verfügung	235a, 300

Mitbestimmung bei Kündigungen § 102 BetrVG

	Rz		Rz
Schweigepflicht des Betriebsrats	101	Verdachtskündigung	64a
Schwerbehindertenvertretung	97	Vergleichsverfahren	34
soziale Auswahl	62c ff.	verhaltensbedingte Kündigung	64 f., 146
Stellungnahme des Betriebsrats	120 ff.	Verschwiegenheitspflicht	101
Suspendierung	119	Vollstreckung eines Weiterbeschäftigungstitels	292 ff.
Teilkündigungen	37	vorläufig eingestellte Arbeitnehmer	44
Teilnahme des Arbeitgebers an Betriebsratssitzungen	95	vorsorgliche Kündigung	33
Tendenzbetrieb	13, 195	Weiterbeschäftigungsanspruch	193 ff., 269 ff.
Territorialitätsprinzip	16 f.	Weiterbeschäftigungsmöglichkeit	163, 166
Umdeutung außerordentlicher in ordentliche Kündigung	113, 182 ff.	Widerspruch des Betriebsrats	136 ff.
		Wiederholung des Anhörungsverfahrens	80
Umfang der Mitteilungspflichten des Arbeitgebers	58 ff., 66	Wiederholungskündigung	57a
Umlaufverfahren	96, 145	Zeitpunkt der Unterrichtung des Betriebsrats	77 ff.
Unabdingbarkeit	75	Zuständigkeit auf Betriebsratsseite	46 ff., 93 ff.
unfreiwillige Weiterbeschäftigung	280 ff.	Zustimmung des Betriebsrats	124 ff., 243 ff.
Unterlassungsanspruch des Betriebsrats	113a	zustimmungsbedürftige Kündigungen	245 ff., 263 f.
Unterrichtung des Betriebsrats	46 ff.		

A. Einleitung

I. Entstehungsgeschichte

§ 102 BetrVG ist Bestandteil des am 19.1.1972 in Kraft getretenen BetrVG vom 15.1.1972 (BGBl. I S. 13). **1**
Die Vorschrift ist eine **Weiterentwicklung des § 66 Abs. 1 BetrVG 1952**, der seit 14.11.1952 in Kraft war.

§ 66 Abs. 1 BetrVG 1952 lautete: »Der Betriebsrat ist vor jeder Kündigung zu hören.« Daraus schloss **2**
eine Mindermeinung, dass die Anhörung des Betriebsrats eine Wirksamkeitsvoraussetzung für die Kündigung darstelle und eine Kündigung – gleichgültig ob eine ordentliche oder außerordentliche – ohne vorherige Anhörung des Betriebsrats nichtig sei (vgl. *Fitting/Kraegeloh/Auffarth* BetrVG, 9. Aufl. 1970, § 66 Rz 14 und 14a mwN). Demgegenüber vertrat die herrschende Meinung, darunter auch das BAG, die Auffassung, dass die unterlassene Anhörung des Betriebsrats eine Kündigung nicht unwirksam macht (vgl. *BAG* 27.3.1969 AP Nr. 30 zu § 66 BetrVG; *Dietz* Betriebsverfassungsgesetz, 4. Aufl. 1967, § 66 Rz 11 ff. mwN). Allerdings machte das BAG die Einschränkung, dass ein Arbeitgeber, der rechtswidrig, vorsätzlich und schuldhaft den Betriebsrat nicht angehört habe, sich im Kündigungsschutzprozess **nicht auf die soziale Rechtfertigung der Kündigung iSv § 1 KSchG berufen könne.** Der hiervon betroffene Arbeitnehmer konnte also im Kündigungsschutzprozess ohne weiteres obsiegen, da es dem Arbeitgeber verwehrt war, die Vermutung der Sozialwidrigkeit der Kündigung zu widerlegen. Für Arbeitnehmer, die keinen Kündigungsschutz nach dem KSchG genossen, und für Arbeitnehmer, denen außerordentlich gekündigt war, blieb hingegen die unterlassene Anhörung des Betriebsrats ohne zivilrechtliche Folge im Kündigungsrechtsstreit (vgl. *BAG* 18.1.1968 EzA § 124a GewO Nr. 7; 27.3.1969 aaO).

Die für die Praxis maßgebende Rechtsprechung des BAG, die der unterlassenen Anhörung des Betriebsrats nur eine begrenzte Bedeutung für die Wirksamkeit der Kündigung beimaß, mag dazu beigetragen haben, dass in den späteren Gesetzesentwürfen zur Änderung des BetrVG die Mitwirkungsrechte des Betriebsrats bei einer Kündigung eingehender und eindeutiger geregelt wurden. Den ersten **Gesetzentwurf** legte der **Deutsche Gewerkschaftsbund im Oktober 1967** vor. Am 16.12.1968 brachte die SPD-Fraktion bei dem Deutschen Bundestag einen eigenen Gesetzentwurf ein (BT-Drs. V/3658), der in § 66 Abs. 1 folgendes vorsah: »Die ordentliche Kündigung eines Arbeitnehmers ist nur mit Zustimmung des Betriebsrats zulässig. Der Arbeitgeber hat dem Betriebsrat rechtzeitig die Gründe für die geplante Kündigung mitzuteilen.« Für den Fall der Ablehnung der Zustimmung durch den Betriebsrat sollte der Arbeitgeber die Ersetzung der Zustimmung bei der Einigungsstelle beantragen können; gegen die Entscheidung der Einigungsstelle war die Anrufung des ArbG durch Arbeitgeber oder Betriebsrat zugelassen. Vor einer außerordentlichen Kündigung schlug der Gesetzentwurf nur eine Anhörung des Betriebsrats vor, wobei ausdrücklich festgelegt war, dass eine ohne Anhörung des Betriebsrats ausgesprochene Kündigung unwirksam ist. Der hier wiedergegebene Vorschlag der SPD- **3**

§ 102 BetrVG   Mitbestimmung bei Kündigungen

Fraktion zu § 66 Abs. 1 stimmte wörtlich mit dem Gesetzentwurf des Deutschen Gewerkschaftsbundes überein, den dieser nach einigen Überarbeitungen und Ergänzungen im März 1970 erneut vorlegte. Ein Gesetzentwurf der FDP-Fraktion zur Änderung des BetrVG vom 20.3.1969 (BT-Drs. V/4011) sah keine Änderung des § 66 BetrVG 1952 vor.

4   Nunmehr wurde im **Bundesministerium für Arbeit und Sozialordnung** der **Entwurf für ein neues BetrVG** erarbeitet, der **Ende 1970** veröffentlicht wurde (RdA 1970, 357). § 102 Abs. 1 dieses Entwurfes stimmt wörtlich mit dem jetzigen § 102 Abs. 1 überein. § 102 Abs. 2 entspricht dem heutigen § 102 Abs. 2 S. 1–2 und 4 BetrVG. Die Geltendmachung von Bedenken durch den Betriebsrat gegen eine außerordentliche Kündigung war in dem Entwurf nicht vorgesehen. Nach § 102 Abs. 3 des Entwurfs konnte der Betriebsrat der ordentlichen Kündigung widersprechen, wenn nach seiner Ansicht einer der Tatbestände vorliegt, die im geltenden § 102 Abs. 3 Nr. 1–5 BetrVG aufgeführt sind. § 102 Abs. 4 und § 102 Abs. 5 des Entwurfs sind später wörtlich in das BetrVG 1972 übernommen worden (heute: § 102 Abs. 4 und Abs. 6 BetrVG). Eine Weiterbeschäftigung des Arbeitnehmers nach Ablauf der Kündigungsfrist sah der Entwurf nicht vor.

5   Der Gesetzentwurf des Bundesministers für Arbeit und Sozialordnung für § 102 BetrVG wurde vom **Gesetzentwurf der Bundesregierung** (BT-Drs. VI/1 786) übernommen, jedoch wurde in § 102 Abs. 2 BetrVG der heutige S. 3 (Bedenken des Betriebsrats gegen eine außerordentliche Kündigung) hinzugefügt. In der Begründung des Gesetzentwurfes wird betont, dass das Anhörungsrecht des Betriebsrats nach § 102 Abs. 1 BetrVG auch für außerordentliche Kündigungen gilt. In seiner Stellungnahme zum Entwurf der Bundesregierung schlug der Bundesrat vor, § 102 Abs. 3 BetrVG so zu ergänzen, dass der Betriebsrat seinen Widerspruch gegen die Kündigung nur innerhalb der Wochenfrist des § 102 Abs. 2 BetrVG geltend machen könne; die Bundesregierung stimmte diesem Änderungsvorschlag zu (Anl. 2 zu BT-Drs. VI/1786). Der Entwurf der Bundesregierung mit der Stellungnahme des Bundesrates wurde schließlich am 29.1.1971 beim Bundestag eingebracht. Die SPD-Fraktion und FDP-Fraktion verfolgten ihre früheren eigenen Gesetzentwürfe nicht mehr weiter.

6   Inzwischen hatte auch die **CDU/CSU-Fraktion** einen eigenen Gesetzentwurf über die Mitbestimmung der Arbeitnehmer in Betrieb und Unternehmen vorgelegt (BT-Drs. VI/1806). Dieser Entwurf schrieb in § 39 Abs. 1 und § 40 eine Anhörung des Betriebsrats vor Ausspruch einer ordentlichen oder außerordentlichen Kündigung vor, wobei allerdings bei einer außerordentlichen Kündigung die unverzügliche nachträgliche Unterrichtung des Betriebsrats ausreichen sollte, wenn eine vorherige Anhörung aus zwingenden betrieblichen oder in der Person des Arbeitnehmers liegenden Gründen nicht möglich sei. § 39 Abs. 2 des Entwurfes regelte das Widerspruchsrecht des Betriebsrats gegen eine ordentliche Kündigung. Von besonderer Bedeutung erwies sich im weiteren Gesetzgebungsverfahren § 39 Abs. 3 und 4 des Entwurfs. § 39 Abs. 3 lautete: »Widerspricht der Betriebsrat frist- und ordnungsgemäß und hat der Arbeitnehmer gegen die Kündigung Klage nach dem Kündigungsschutzgesetz erhoben, so bleibt das Arbeitsverhältnis mindestens bis zum rechtskräftigen Abschluss des Rechtsstreits bestehen.« § 39 Abs. 4 räumte dem Arbeitgeber das Recht ein, beim Arbeitsgericht im Wege der einstweiligen Verfügung zu beantragen, dass die Rechtsfolge des Abs. 3 nicht eintrete, wenn die Kündigungsschutzklage offensichtlich unbegründet sei oder die Aufrechterhaltung des Arbeitsverhältnisses zu schweren wirtschaftlichen Nachteilen für den Betrieb führen würde.

7   Schon am 11.2.1971 wurden der Gesetzentwurf der Bundesregierung und der Gesetzentwurf der CDU/CSU-Fraktion vom Bundestag beraten und an den **Ausschuss für Arbeit und Sozialordnung** als federführenden Ausschuss überwiesen. Der Ausschuss übernahm vom Regierungsentwurf das Anhörungs- und Widerspruchsrecht des Betriebsrats und vom Entwurf der CDU/CSU-Fraktion den Weiterbeschäftigungsanspruch des Arbeitnehmers nach Ablauf der Kündigungsfrist (BT-Drs. VI/2729) und formulierte die Vorschriften des § 102 BetrVG so, wie sie später vom Bundestag verabschiedet wurden und noch heute geltendes Recht sind. In dem schriftlichen Bericht des Ausschusses (zu BT-Drs. VI/2729) heißt es, wegen der einschneidenden Bedeutung der Kündigung für den Arbeitnehmer stellten sowohl die verstärkte Einschaltung des Betriebsrats nach dem Regierungsentwurf als auch im Grundsatz der Bestandsschutz des Arbeitsverhältnisses während des Kündigungsschutzverfahrens nach dem CDU/CSU-Entwurf eine sachgerechte Sicherung des Arbeitsplatzes dar. Durch den neuen § 102 Abs. 5 BetrVG werde die inhaltlich im CDU/CSU-Entwurf enthaltene Regelung übernommen, dass bei einem Widerspruch des Betriebsrats und Erhebung der Kündigungsschutzklage der Arbeitnehmer bis zum rechtskräftigen Abschluss des Rechtsstreits auf sein Verlangen weiter zu beschäftigen sei.

II. Zweck der Vorschrift

§ 102 BetrVG räumt dem Betriebsrat ein **Mitwirkungsrecht bei Kündigungen** durch den Arbeitgeber 8
ein. Die Nichtbeachtung dieses Mitwirkungsrechts führt zur Unwirksamkeit der Kündigung (vgl.
§ 102 Abs. 1 S. 3 BetrVG). Die vorgeschriebene Mitwirkung des Betriebsrats soll den Arbeitgeber veranlassen, eine geplante Kündigung zu überdenken, sich mit den Argumenten des Betriebsrats auseinanderzusetzen und ggf. von der Kündigung Abstand zu nehmen. § 102 BetrVG gehört damit auch zu den kündigungsschutzrechtlichen Vorschriften.

Unabhängig von der Frage der rechtlichen Beendigung des Arbeitsverhältnisses durch eine vom Ar- 9
beitgeber ausgesprochene Kündigung räumt § 102 BetrVG dem Arbeitnehmer bei einer ordentlichen
Kündigung über den Ablauf der Kündigungsfrist hinaus unter bestimmten Voraussetzungen einen
Weiterbeschäftigungsanspruch bis zum rechtskräftigen Abschluss des Kündigungsschutzprozesses
ein. Voraussetzung für den Weiterbeschäftigungsanspruch ist unter anderem, dass der Betriebsrat der
Kündigung aus bestimmten, in § 102 Abs. 3 BetrVG aufgeführten Gründen widerspricht. Dieser Widerspruch dient nicht nur dem tatsächlichen Bestandsschutz des Arbeitsverhältnisses bis zum Ablauf
des Kündigungsschutzprozesses, sondern kann auch die Sozialwidrigkeit der Kündigung begründen
(vgl. § 1 Abs. 2 KSchG) und wirkt sich damit ebenfalls als kündigungsschutzrechtliche Maßnahme aus
(s. KR-*Griebeling* § 1 KSchG Rz 195 ff., 706 ff.).

B. Der geschützte Personenkreis

§ 102 BetrVG gilt grds. **für alle Arbeitnehmer** iSd BetrVG, das sind Arbeiter und Angestellte in der pri- 10
vaten Wirtschaft (vgl. § 130 BetrVG) einschließlich der zu ihrer Berufsausbildung Beschäftigten, unabhängig davon, ob sie im Betrieb, im Außendienst oder mit Telearbeit beschäftigt werden (§ 5 Abs. 1 S. 1
BetrVG), mit Ausnahme des in § 5 Abs. 2 BetrVG aufgeführten Personenkreises. Damit werden auch
Arbeitnehmer erfasst, die noch keinen allgemeinen Kündigungsschutz nach dem KSchG genießen, deren Arbeitsverhältnis im Betrieb oder Unternehmen also im Zeitpunkt des Zugangs der Kündigung
noch nicht sechs Monate bestanden hat (*Richardi/Thüsing* Rz 14).

Als Arbeitnehmer gelten auch **die in Heimarbeit Beschäftigten,** die in der Hauptsache für den Betrieb 11
arbeiten (§ 5 Abs. 1 S. 2 BetrVG) »In der Hauptsache für den Betrieb« arbeitet derjenige in Heimarbeit
Beschäftigte, der entweder ausschließlich für den in Betracht kommenden Betrieb tätig ist oder für diesen Betrieb – im Verhältnis zu sonstigen Auftraggebern – vom zeitlichen Umfang her die größte Arbeitsleistung erbringt. Das gilt auch bei nur geringfügiger Beschäftigung (*BAG* 27.9.1974 EzA § 6
BetrVG 1972 Nr. 1). Arbeitet etwa ein Heimarbeiter für einen Betrieb 1 Stunde täglich und für einen
zweiten Betrieb 1 ½ Stunden täglich, gilt er im zweiten Betrieb als Arbeitnehmer; im ersten Betrieb gilt
er nicht als Arbeitnehmer und genießt infolgedessen hier auch nicht den Schutz des § 102 BetrVG. Arbeitet ein Heimarbeiter für mehrere Betriebe in zeitlich gleichem Umfang, ist es gerechtfertigt, für die
Bestimmung des »Hauptsache«-Betriebes auf die Vergütung abzustellen; dh derjenige Betrieb, bei dem
der Heimarbeiter die höhere Vergütung erzielt, ist der Betrieb, für den er »in der Hauptsache« arbeitet.
Bei Arbeiten in zeitlich gleichem Umfang für mehrere Betriebe und gleicher Vergütung ist der Heimarbeiter nach dem Sinn des Gesetzes sämtlichen betroffenen Betrieben zuzuordnen, so dass er in diesen Betrieben den Schutz des § 102 BetrVG genießt. Soweit in Heimarbeit Beschäftigte unter den
Schutz des § 102 BetrVG fallen, führt eine nicht ordnungsgemäße Anhörung des Betriebsrats zur Unwirksamkeit der Kündigung eines Heimarbeitsverhältnisses (*BAG* 7.11.1995 EzA § 102 BetrVG 1972
Nr. 88). In Heimarbeit Beschäftigte können aber **keinen Weiterbeschäftigungsanspruch** nach § 102
Abs. 5 BetrVG geltend machen, weil sie keinen Kündigungsschutz nach den Vorschriften des KSchG
genießen (s. Rz 205).

Leiharbeitnehmer stehen rechtlich nur in einem Arbeitsverhältnis mit dem Verleiher und genießen in- 12
soweit den Schutz des § 102 BetrVG; das heißt: der Verleiher darf das Arbeitsverhältnis mit einem Leiharbeitnehmer nur unter Mitwirkung des bei ihm bestehenden Betriebsrats kündigen. Leiharbeitnehmer sind zwar faktisch auch in den Entleiherbetrieb für eine bestimmte Zeit eingegliedert (*BAG*
14.5.1974 EzA § 99 BetrVG 1972 Nr. 6), ihr Ausscheiden aus dem Entleiherbetrieb allein – mag es auch
auf Betreiben des Entleihers beruhen – kann aber nicht als Kündigung ihres Arbeitsverhältnisses aufgefasst werden, da ihr eigentliches Arbeitsverhältnis – mit dem Verleiher – weiter besteht (*Becker* ZIP
1984, 787 mwN). Leiharbeitnehmer sind daher iSd § 102 BetrVG keine Arbeitnehmer im Entleiherbetrieb (vgl. *Fitting* § 5 Rz 235), so dass der Entleiher, der den Einsatz eines Leiharbeitnehmers vorzeitig
beenden will, hierzu nicht den bei ihm bestehenden Betriebsrat anhören muss (*Becker* ArbRGgw.

Bd. 21, S. 40). Das ist jetzt durch § 14 AÜG klargestellt (vgl. auch KassArbR-*Düwell* 4.5 Rz 466f). Hingegen wird bei unerlaubter Arbeitnehmerüberlassung zwischen Entleiher und Arbeitnehmer ein Arbeitsverhältnis fingiert (§ 10 Abs. 1 AÜG); von diesem Arbeitsverhältnis kann sich der Entleiher einseitig nur durch Kündigung lösen, vor deren Ausspruch der Betriebsrat des Entleiherbetriebes gem. § 102 BetrVG zu hören ist.

13 **Arbeitnehmer eines Tendenzunternehmens** iSv § 118 Abs. 1 BetrVG genießen insoweit den Schutz des § 102 BetrVG, als der Betriebsrat vor Ausspruch der Kündigung nach § 102 Abs. 1 BetrVG unter Mitteilung aller – auch der tendenzbedingten – Kündigungsgründe gehört werden muss (*BAG* 7.11.1975 EzA § 118 BetrVG 1972 Nr. 9; 9.5.1985 – 2 AZR 355/84 – nv; *Fitting* § 118 Rz 38; *Richardi/Thüsing* § 118 Rz 164 mwN). Soweit es sich bei dem Tendenzunternehmen um ein Presseunternehmen handelt, wird dadurch das Grundrecht der Pressefreiheit (Art. 5 Abs. 1 S. 2 GG) nicht verletzt (*BVerfG* 6.11.1979 EzA § 118 BetrVG 1972 Nr. 23). Grundsätzlich finden auch die Vorschriften des § 102 Abs. 2 bis 7 BetrVG auf Arbeitnehmer eines Tendenzbetriebes Anwendung. Lediglich bei einer tendenzbedingten Kündigung gegenüber einem Tendenzträger, das sind Arbeitnehmer, die die geistig-ideelle Zielsetzung des Unternehmens beeinflussen, steht dem Betriebsrat kein Widerspruchsrecht nach § 102 Abs. 3 BetrVG (insoweit **aA** GK-*Weber* § 118 Rz 211; *Richardi/Thüsing* § 118 Rz 166; *Heinze* S. 284; *Richter* DB 1991, 2665 – bei einem Widerspruch aus tendenzfreien Gründen) und dem Arbeitnehmer kein Anspruch auf Weiterbeschäftigung nach § 102 Abs. 5 BetrVG zu (vgl. *LAG Hmb.* 17.7.1974 EzA § 102 BetrVG 1972 Beschäftigungspflicht Nr. 2; *ArbG Gera* 9.1.2006 FA 2006, 116; GK-*Weber* aaO; *Fitting* aaO; *Galperin/Löwisch* § 118 Rz 79; ähnlich: *Bauer/Lingemann* NZA 1995, 818; *Richardi/Thüsing* aaO); insoweit kann der Betriebsrat aber Bedenken gegen die Kündigung, zB aus sozialen Gründen, erheben (*BAG* 9.5.1985 aaO; *Wester/Schlüpers-Oehmen* S. 66).

14 Arbeitnehmer, die bei einer **Religionsgemeinschaft** oder einer ihrer karitativen oder erzieherischen Einrichtungen beschäftigt sind, fallen nicht unter den Schutz des § 102 BetrVG, da das BetrVG auf diese Gemeinschaften und Einrichtungen gem. § 118 Abs. 2 BetrVG keine Anwendung findet. Die evangelische und katholische Kirche haben aber kirchliche Mitarbeitervertretungen errichtet (s. Rz 51 a), die bei Kündigungen zu beteiligen sind (s. hierzu KR-*Griebeling* § 1 KSchG Rz 73a).

15 Ebensowenig erfasst § 102 BetrVG **leitende Angestellte** iSd § 5 Abs. 3 BetrVG, da die leitenden Angestellten in § 102 BetrVG nicht erwähnt werden (vgl. § 5 Abs. 3 Hs. 1 BetrVG). Dies stellt keinen Verstoß gegen den Gleichheitssatz des Art. 3 Abs. 1 GG dar (*Becker* ZIP 1981, 1174). Die beabsichtigte Kündigung eines leitenden Angestellten ist dem Betriebsrat lediglich gem. § 105 BetrVG rechtzeitig mitzuteilen (s. KR-*Etzel* § 105 BetrVG Rz 26 ff.). Zum Begriff des leitenden Angestellten vgl. die grundlegende Entscheidung *BAG* 29.1.1980 EzA § 5 BetrVG 1972 Nr. 35 und KR-*Etzel* § 105 BetrVG Rz 4 ff. Leitende Angestellte sind aber nicht ungeschützt. Vor jeder Kündigung eines leitenden Angestellten ist der **Sprecherausschuss** zu hören (s. hierzu *Goldschmidt* Personalleiter 2005, 57); eine ohne Anhörung des Sprecherausschusses ausgesprochene Kündigung ist unwirksam (§ 31 Abs. 2 SprAuG). Ist zweifelhaft, ob ein Arbeitnehmer leitender Angestellter ist, sollte der Arbeitgeber vor einer Kündigung vorsorglich das Anhörungsverfahren nach § 102 BetrVG durchführen, wenn er das Risiko einer Unwirksamkeit der Kündigung wegen Verstoßes gegen § 102 BetrVG vermeiden will (vgl. auch KR-*Etzel* § 105 BetrVG Rz 14, 35 f.; zum Verfahren s. Rz 53 ff.). Auch wenn Arbeitgeber und Betriebsrat übereinstimmen, aber unzutreffend einen Arbeitnehmer als leitenden Angestellten ansehen, entbindet dies den Arbeitgeber nicht von der Anhörungspflicht nach § 102 BetrVG (*Richardi/Thüsing* Rz 34; vgl. auch DKK-*Kittner* Rz 10).

16 Für das BetrVG gilt das **Territorialitätsprinzip,** dh die Geltung des Betriebsverfassungsrechts ist auf das Gebiet der Bundesrepublik Deutschland beschränkt (*BAG* 30.4.1987 EzA § 12 SchwbG Nr. 15 = SAE 1989, 326 mit krit. Anm. *Junker*; 21.10.1980 EzA § 102 BetrVG 1972 Nr. 43; *Galperin/Löwisch* vor § 1 Rz 10 ff. mwN). Daraus folgt: Deutsche Arbeitnehmer, die in einem ausländischen Betrieb beschäftigt werden, fallen auch dann nicht unter den Schutz des § 102 BetrVG, wenn der Arbeitgeber (Unternehmer) deutscher Staatsangehöriger ist und die Parteien für ihr Arbeitsverhältnis deutsches Recht vereinbart haben (vgl. *BAG* 30.4.1987 und 21.10.1980, aaO; *LAG RhPf* 10.12.1996 DB 1997, 1723). Andererseits bleibt einem Arbeitnehmer der Schutz des § 102 BetrVG erhalten, wenn er von seinem deutschen Betrieb vorübergehend zur Arbeit ins Ausland entsandt wird (zB zu einer Montagestelle); in diesem Falle gehört er auch während seiner Auslandstätigkeit dem im Bundesgebiet gelegenen Betrieb an (vgl. *Galperin/Löwisch* vor § 1 Rz 10; *HaKo-BetrVG/Braasch* Rz 15; HSWG-*Schlochauer,* Rz 4; *Grosjean* DB 2004, 2422). Das gleiche gilt, wenn ein nicht nur vorübergehend im Ausland eingesetzter Arbeitnehmer wegen des Inlandsbezugs seines Arbeitsverhältnisses (zB fehlende Eingliederung in Auslandsbe-

trieb, Rückrufrecht) nach wie vor dem Inlandsbetrieb zuzuordnen ist (*BAG* 7.12.1989 EzA § 102 BetrVG 1972 Nr. 74 = AP Nr. 27 zu Internationales Privatrecht – Arbeitsrecht – mit zust. Anm. *Lorenz* = SAE 1990, 248 mit zust. Anm. *Reiff*: Reiseleiterin eines Reiseunternehmens).

Umgekehrt fallen Arbeitnehmer, die **in einem inländischen Betrieb eines ausländischen Unternehmens** beschäftigt werden, auch dann unter den Schutz des § 102 BetrVG, wenn Arbeitgeber (Unternehmer) und Arbeitnehmer nicht die deutsche Staatsangehörigkeit besitzen und für ihr Arbeitsverhältnis die Anwendung einer ausländischen Rechtsordnung vereinbart haben. Denn das Betriebsverfassungsrecht ist ein kollektives Recht, das die Belegschaft als solche erfasst, wenn diese auch – außerhalb der Betriebsversammlung – nur durch ihre Organe (Betriebsrat, Jugend- und Auszubildendenvertretung usw.) handeln kann. Es liegt nicht in der Rechtsmacht der Arbeitsvertragsparteien, die betriebsverfassungsrechtliche Stellung der Belegschaft und ihrer Organe durch Vereinbarung eines ausländischen Arbeitsstatuts zu schmälern (*BAG* 9.11.1977 EzA § 102 BetrVG 1972 Nr. 31). Das gilt auch, wenn für sämtliche Betriebsangehörige zulässigerweise ein ausländisches Arbeitsstatut vereinbart wurde (ebenso: *BAG* 7.12.1989 EzA § 102 BetrVG 1972 Nr. 74; *Richardi/Thüsing* Einl. Rz 65; *Fitting* Rz 6; **aA** *HSWG-Schlochauer* Rz 5). Soweit Arbeitnehmer eines ausländischen Unternehmens von ihrem ausländischen Betrieb nur vorübergehend in die Bundesrepublik entsandt werden, bleiben sie Angehörige des ausländischen Betriebs und fallen deshalb nicht unter § 102 BetrVG. 17

C. Voraussetzungen des Kündigungsschutzes

I. Vorhandensein eines Betriebsrats

§ 102 BetrVG gilt **nur in den Betrieben, in denen ein Betriebsrat gebildet ist** (bei Seeschifffahrtsunternehmen: Bordvertretung, Seebetriebsrat; vgl. § 115, 116 BetrVG). In betriebsratslosen Betrieben ist eine Anhörung des Betriebsrats nicht möglich; dass hier an die Stelle der Anhörung des Betriebsrats die Anhörung einer anderen betrieblichen oder außerbetrieblichen Stelle treten kann, sieht das Gesetz nicht vor. 18

Betriebsratslos ist ein Betrieb auch, wenn die Betriebsratswahl nichtig war, dh wenn sie gegen die allgemeinen Grundsätze einer ordnungsgemäßen Wahl in einem so hohen Maß verstieß, dass auch der Anschein einer Wahl nicht mehr vorlag (vgl. *BAG* 22.3.2000 EzA § 14 AÜG Nr. 4). In einem solchen Fall kann jeder sich jederzeit in einem Rechtsstreit auf die Nichtigkeit der Wahl berufen, also auch der Arbeitgeber in einem Kündigungsschutzprozess. Bei einer nichtigen Wahl entsteht kein Betriebsrat, auch ein Vertrauensschutz zugunsten eines aus solchen Wahlen hervorgegangenen »Betriebsrats« entfällt (vgl. *BAG* 27.4.1976 EzA § 9 BetrVG 1972 Nr. 8). Der Arbeitgeber braucht daher in keinem Fall die bei einer nichtigen Wahl »gewählten Betriebsratsmitglieder« zu hören. Hierbei ist es unerheblich, ob der Arbeitgeber die Nichtigkeit der Betriebsratswahl kennt oder in der Vergangenheit den aus der nichtigen Wahl hervorgegangenen »Betriebsrat« beteiligt hat (SPV-*Preis* Rz 361). 19

Nach Ablauf seiner Amtszeit (§ 21 BetrVG) scheidet der Betriebsrat aus dem Amt, auch wenn ein neuer Betriebsrat noch nicht gewählt ist. Die regelmäßige Amtszeit eines Betriebsrats beträgt vier Jahre (§ 21 S. 1 BetrVG). Sie endet vier Jahre nach Bekanntgabe des Wahlergebnisses oder, wenn zu diesem Zeitpunkt noch ein Betriebsrat bestand, vier Jahre nach Ablauf von dessen Amtszeit (allgemeine Meinung; vgl. *Fitting* § 21 Rz 17 f.; *Galperin/Löwisch* § 21 Rz 8; **aA** nur *Richardi/Thüsing* § 21 Rz 13, die entgegen dem klaren Wortlaut des § 21 S. 1 BetrVG eine Beendigung der Amtszeit vor dem 31. Mai des Jahres, in dem die regelmäßigen Betriebsratswahlen stattfinden, verneinen, wenn in diesem Zeitpunkt noch kein neuer Betriebsrat gewählt ist). Hat außerhalb des für die regelmäßigen Betriebsratswahlen festgelegten Zeitraumes eine Betriebsratswahl stattgefunden, endet die Amtszeit des Betriebsrats in dem Zeitraum, in dem eine Neuwahl gem. § 13 Abs. 3 BetrVG stattzufinden hat, mit der Bekanntgabe des Wahlergebnisses des neu gewählten Betriebsrats, spätestens aber am 31. Mai dieses Jahres (vgl. § 21 BetrVG; *BAG* 28.9.1983 EzA § 102 BetrVG 1972 Nr. 56; *Fitting* § 21 Rz 22 f.; *Galperin/Löwisch* § 21 Rz 10; *Richardi/Thüsing* § 21 Rz 14 f.). Nach Ablauf seiner Amtszeit darf der Betriebsrat die Geschäfte nicht weiterführen; ist in diesem Zeitpunkt noch kein neuer Betriebsrat gewählt, ist der Betrieb jetzt betriebsratslos geworden und infolgedessen § 102 BetrVG unanwendbar (vgl. *Gast* BB 1987, 331). 20

Vorzeitig, dh vor Ablauf seiner regelmäßigen Amtszeit endet das Amt des Betriebsrats in den Fällen des § 13 Abs. 2 BetrVG. Hier hat aber der Betriebsrat in den Fällen des § 13 Abs. 2 Nr. 1–3 BetrVG die Geschäfte bis zur Bekanntgabe des Wahlergebnisses des neu zu wählenden Betriebsrats weiterzuführen (§ 22 BetrVG). Damit ist insbesondere der Fall erfasst, dass die Zahl der Mitglieder des Betriebsrats 21 durch Rücktritt oder Beendigung des Arbeitsverhältnisses von Betriebsratsmitgliedern unter die gesetzliche Zahl sinkt und Ersatzmitglieder nicht oder nicht mehr vorhanden sind, die in den Betriebsrat nachrücken könnten (§ 13 Abs. 2 Nr. 2 BetrVG). In diesen Fällen ist der die Geschäfte weiterführende Betriebsrat gem. § 102 BetrVG vor einer Kündigung zu hören. Das gilt selbst dann, wenn nur noch ein einziges Betriebsratsmitglied vorhanden ist, das die Geschäfte fortführen kann; denn ein Kollegium wird von § 22 BetrVG nicht vorausgesetzt (*LAG Düsseld.* 20.9.1974 EzA § 22 BetrVG 1972 Nr. 1). Aber auch das Amt als geschäftsführender Betriebsrat endet spätestens mit Ablauf der regelmäßigen Amtszeit gem. § 21 BetrVG (*Richardi/Thüsing* § 22 Rz 8 mwN). Kündigt der Arbeitgeber dem letzten geschäftsführenden Betriebsratsmitglied, ist dieses für die Dauer des Kündigungsschutzprozesses – von den Fällen einer offensichtlich unwirksamen Kündigung abgesehen – an der Amtsausübung verhindert (s. KR-*Etzel* § 103 BetrVG Rz 152 f.); deshalb ist der Betriebsrat insoweit funktionsunfähig (s. Rz 24).

22 Das Amt des Betriebsrats endet ferner vorzeitig, wenn **die Zahl der idR beschäftigten ständigen wahlberechtigten Arbeitnehmer unter die vorgeschriebene Mindestzahl fünf sinkt,** da der Betrieb dann nicht mehr iSv § 1 BetrVG betriebsratsfähig ist (*Richardi/Thüsing* § 21 Rz 23; *Fitting* § 21 Rz 31). Der Betriebsrat behält jedoch auch in diesem Fall ein Restmandat (s. Rz 23). Ihm können zwar bei einem Absinken der Arbeitnehmerzahl unter 5 keine neuen Beteiligungsrechte zuwachsen (zB ist er vor Kündigungen der verbleibenden Arbeitnehmer nicht mehr nach § 102 BetrVG zu hören). Jedoch behält er seine Funktionsfähigkeit zur Abwicklung der bereits entstandenen Ansprüche und Beteiligungsrechte, zB hinsichtlich der Aufstellung eines Sozialplanes. Andernfalls könnte der Arbeitgeber durch die Entlassung von Arbeitnehmern bereits entstandene Ansprüche und Beteiligungsrechte des Betriebsrats beseitigen, was dem Schutzzweck des BetrVG widerspräche (vgl. *BAG* 16.6.1987 EzA § 111 BetrVG 1972 Nr. 21).

23 Geht ein Betrieb durch **Stilllegung, Spaltung oder Zusammenlegung** unter, bleibt dessen Betriebsrat so lange im Amt, wie dies zur Wahrnehmung der damit in Zusammenhang stehenden Mitwirkungs- und Mitbestimmungsrechte erforderlich ist (§ 21b BetrVG; sog. Restmandat). Das heißt: Der Betriebsrat besteht so lange fort – auch über das Ende der eigentlichen Wahlperiode hinaus (vgl. *BAG* 16.6.1987 § 111 BetrVG 1972 Nr. 21) –, als noch Beteiligungsrechte (zB §§ 102, 103, 111, 112 BetrVG) wahrgenommen und Ansprüche des Betriebsrats gegen den Arbeitgeber (zB Kostenerstattungsansprüche nach § 40 BetrVG) geltend gemacht werden können. Zur Geltendmachung von Beteiligungsrechten und Ansprüchen des Betriebsrats gehört auch die Durchführung von arbeitsgerichtlichen Beschlussverfahren zur Durchsetzung dieser Rechte (*BAG* 14.11.1978 EzA § 40 BetrVG 1972 Nr. 39). Diese Grundsätze gelten entsprechend, wenn der Betrieb seine Betriebsratsfähigkeit verliert (s. Rz 22).

23a Bei einem **Betriebsinhaberwechsel** bleibt der Betriebsrat wegen der Identität des Betriebes im Amt (*Feichtinger* S. 486 f.; vgl. auch GK-*Oetker* § 24 Rz 33 mwN). Für die widersprechenden Arbeitnehmer, deren Arbeitsverhältnis nicht auf den Betriebserwerber übergeht, besteht kein Restmandat (vgl. *BAG* 21.3.1996 EzA § 102 BetrVG 1972 Nr. 91; zweifelnd *Schubert* AuR 2003, 133). Wird ein Betrieb **gespalten** – auch im Zusammenhang mit einer Betriebsveräußerung oder einer Umwandlung nach dem UmwG –, so bleibt dessen Betriebsrat im Amt und führt die Geschäfte für die ihm bislang zugeordneten Betriebsteile weiter, soweit diese betriebsratsfähig sind und nicht in einen Betrieb eingegliedert werden, in dem bereits ein Betriebsrat besteht (Übergangsmandat). Werden Betriebe oder Betriebsteile zu einem neuen Betrieb zusammengefasst – auch im Zusammenhang mit einer Betriebsveräußerung oder einer Umwandlung nach dem UmwG –, nimmt der Betriebsrat des nach der Zahl der wahlberechtigten Arbeitnehmer größten Betriebs oder Betriebsteils das Übergangsmandat wahr (§ 21a Abs. 2 iVm Abs. 1 und 3 BetrVG). Das Übergangsmandat endet, sobald in den Betriebsteilen bzw. dem neuen Betrieb ein neuer Betriebsrat gewählt und das Wahlergebnis bekannt gegeben ist, spätestens jedoch sechs Monate nach Wirksamwerden der Spaltung. Durch Tarifvertrag oder Betriebsvereinbarung kann das Übergangsmandat um weitere sechs Monate verlängert werden (§ 21a Abs. 1–3 BetrVG).

23b Stellt bei einem **Gemeinschaftsbetrieb** mehrerer Unternehmen eines der Unternehmen seine betriebliche Tätigkeit ein, führt dies nicht zur Auflösung des für den Gemeinschaftsbetrieb gewählten Betriebsrats, wenn das bzw. die anderen Unternehmen die betriebliche Tätigkeit fortsetzen und die Identität des Betriebs gewahrt bleibt (*BAG* 19.11.2003 EzA § 22 BetrVG 2001 Nr. 1 = EWiR 2004, 729 m. zust. Anm. *Oetker*). In diesem Fall besteht das Mandat des Betriebsrats für die verbleibende Belegschaft bis zum Ablauf der regelmäßigen Amtszeit bzw. einer Neuwahl des Betriebsrats fort (vgl. § 24 Nr. 1, § 13 Abs. 1 Nr. 2 iVm § 22 BetrVG).

II. Funktionsfähigkeit eines Betriebsrats

Damit der Arbeitgeber vor einer beabsichtigten Kündigung das Anhörungsverfahren nach § 102 BetrVG durchführen kann, ist nicht nur das Vorhandensein eines Betriebsrats erforderlich, sondern der Betriebsrat muss auch funktionsfähig sein. Ein funktionsunfähiger Betriebsrat kann **keine Mitwirkungsrechte ausüben;** der Arbeitgeber kann hier grds. ohne Anhörung des Betriebsrats die Kündigung aussprechen (*Richardi/Thüsing* Rz 30).

Der Betriebsrat ist nur funktionsunfähig, wenn **alle Betriebsrats- und Ersatzmitglieder gleichzeitig nicht nur kurzfristig** an der Ausübung ihres Amtes **verhindert sind** (*Meisel* Rz 21; vgl. auch *Barwasser* DB 1976, 914), dh nicht in der Lage sind, Betriebsratsaufgaben wahrzunehmen, zB wegen Krankheit, Urlaub oder Dienstreisen. Hierbei ist von einer krankheitsbedingten Verhinderung schon dann auszugehen, wenn das Betriebsratsmitglied nicht zur Arbeit erscheint und sich krank meldet, auch wenn keine Krankheit vorliegt (BAG 5.9.1986 EzA § 15 KSchG nF Nr. 36). Andererseits führt krankheitsbedingte Arbeitsunfähigkeit nicht automatisch zur zeitweiligen Verhinderung des Betriebsratsmitglieds. Insoweit besteht nur eine Vermutung für die Amtsunfähigkeit, die im Streitfall von derjenigen Partei, die sich auf Amtsfähigkeit beruft, widerlegt werden muss. Hat etwa der Arbeitgeber den erkrankten Betriebsobmann während seiner Erkrankung außerhalb des Betriebes in Personalangelegenheiten beteiligt, liegt ersichtlich keine Amtsunfähigkeit vor. Daher muss er den Betriebsobmann auch vor einer beabsichtigten Kündigung gem. § 102 BetrVG anhören (BAG 15.11.1984 EzA § 102 BetrVG 1972 Nr. 58). Für den neu gewählten Betriebsrat besteht nach Beginn seiner Amtszeit bis zur Wahl des Betriebsratsvorsitzenden und seines Stellvertreters in der konstituierenden Sitzung Funktionsunfähigkeit (BAG 23.8.1984 EzA § 102 BetrVG 1972 Nr. 59 = AP Nr. 36 zu § 102 BetrVG 1972 mit zust. Anm. *Richardi/Thüsing* = SAE 1986, 117 mit zust. Anm. *Meisel*; *Richardi/Thüsing* Rz 30; SPV-*Preis* Rz 358; aA GK-*Raab* § 26 Rz 6 und *Wiese* Anm. EzA § 102 BetrVG 1972 Nr. 59: Selbstversammlungsrecht des Betriebsrats).

Wenn aber damit zu rechnen ist, dass die Funktionsfähigkeit des Betriebsrats alsbald wiederhergestellt ist, ist dem Arbeitgeber nach dem **Grundsatz der vertrauensvollen Zusammenarbeit** im Allgemeinen zuzumuten, so lange abzuwarten und dann das Anhörungsverfahren beim Betriebsrat einzuleiten (in diesem Sinne auch: DKK-*Kittner* Rz 34; HSWG-*Schlochauer* Rz 16; aA BAG 23.8.1984 EzA § 102 BetrVG 1972 Nr. 59; LAG Hamm 20.5.1999 – 4 Sa 1989/98). Hat die Amtszeit des neu gewählten Betriebsrats bereits begonnen, ist es dem Arbeitgeber danach im Allgemeinen zuzumuten, das Anhörungsverfahren erst nach der Konstituierung des Betriebsrats einzuleiten (s. hierzu Rz 24c ff.; zu einem ähnlichen Ergebnis kommt auch *Bayer* DB 1992, 782, der bereits ab Wahlbekanntgabe Funktionsfähigkeit des Betriebsrats annimmt: aA MünchArbR-*Matthes* § 348 Rz 25; SPV-*Preis* Rz 360).

Im Einzelnen gilt Folgendes: Im Hinblick darauf, dass das Gesetz für das Mitwirkungsrecht des Betriebsrats bei einer außerordentlichen Kündigung eine Äußerungsfrist von drei Tagen und bei einer ordentlichen Kündigung eine Äußerungsfrist von einer Woche vorsieht, wird man entsprechend differenzieren können: Wenn die **gleichzeitige Verhinderung** aller Betriebsrats- und Ersatzmitglieder mindestens **drei Kalendertage ununterbrochen** andauert, ist der Betriebsrat hinsichtlich der Wahrnehmung seiner Mitwirkungsrechte bei außerordentlichen Kündigungen funktionsunfähig; dauert die Verhinderung mindestens eine Woche ununterbrochen an, besteht Funktionsunfähigkeit hinsichtlich der Mitwirkung bei ordentlichen Kündigungen. Das heißt: bei gleichzeitiger Abwesenheit aller Betriebsrats- und Ersatzmitglieder oder vor der Konstituierung des Betriebsrats muss der Arbeitgeber zunächst den Ablauf von drei Kalendertagen abwarten, ehe er eine außerordentliche Kündigung erklärt, oder den Ablauf von einer Woche, eher er ordentlich kündigt (für Abwarten einer »gewissen Zeitspanne«: *Klebe/Schumann* S. 40), es sei denn, dass mit an Sicherheit grenzender Wahrscheinlichkeit die Verhinderung sämtlicher Betriebsrats- und Ersatzmitglieder für den maßgebenden Zeitraum feststeht. Im letzteren Fall kann der Arbeitgeber sofort außerordentliche bzw. ordentliche Kündigungen wegen Funktionsunfähigkeit des Betriebsrats grds. ohne dessen Mitwirkung aussprechen. Im Übrigen kann der Arbeitgeber Kündigungen ohne Mitwirkung des Betriebsrats erst dann aussprechen, wenn nach Ablauf der Frist von drei Kalendertagen bzw. einer Woche noch immer kein Betriebsrats- oder Ersatzmitglied im Betrieb vorhanden ist, das die Rechte des Betriebsrats wahrnehmen kann. Die Frist beginnt in dem Zeitpunkt, in dem der Arbeitgeber seinen Kündigungsentschluss fasst. Kündigungen vor Fristablauf sind wegen Nichtanhörung des Betriebsrats unwirksam, wenn der Betriebsrat noch vor Fristablauf wieder funktionsfähig wird und damit gerechnet werden konnte.

Hat der Arbeitgeber die **Funktionsunfähigkeit** des Betriebsrats **mitzuvertreten,** zB bei der Einführung von Betriebsferien oder berechtigter Arbeitsverweigerung des Betriebsrats, ist ihm im Allgemeinen ebenfalls zuzumuten, die Wiederherstellung der Funktionsfähigkeit des Betriebsrats abzuwarten, ehe er Kündigungen erklärt. Aber auch in diesen Fällen muss bei zwingenden und unvorhersehbaren Gründen dem Arbeitgeber die Möglichkeit eingeräumt werden, ohne Mitwirkung des Betriebsrats zu kündigen, zB wenn er andernfalls die zweiwöchige Ausschlussfrist des § 626 Abs. 2 BGB versäumen würde (aA DKK-*Kittner* Rz 35; *Fitting* Rz 7 und *Rudolph* AiB 1996, 289, die annehmen, dass während vereinbarter Betriebsferien oder sonstiger Verhinderung des Betriebsrats die Anhörungsfristen für den Betriebsrat nicht laufen; diese Auffassung findet aber keine Stütze im Gesetz).

24e **Ist vor Ablauf der Frist,** während der dem Arbeitgeber die Einleitung des Anhörungsverfahrens verwehrt ist (s. Rz 24c, 24d), **der Betriebsrat wieder funktionsfähig,** ist der Arbeitgeber verpflichtet, vor Ausspruch einer Kündigung das Anhörungsverfahren beim Betriebsrat einzuleiten. Kann er hierbei bei voller Ausschöpfung der Äußerungsfristen für den Betriebsrat selbst bestimmte Fristen nicht einhalten und würde ihm hierdurch ein unzumutbarer Nachteil entstehen (zB Versäumung der zweiwöchigen Ausschlussfrist des § 626 Abs. 2 BGB oder Nichteinhaltung einer langen Kündigungsfrist), muss sich der Betriebsrat so behandeln lassen, als hätte der Arbeitgeber das Anhörungsverfahren in dem Zeitpunkt eingeleitet, in dem er den Betriebsrat für den Fall von dessen Funktionsfähigkeit unterrichtet hätte. Von diesem fiktiven Zeitpunkt an läuft dann die Äußerungsfrist für den Betriebsrat; diesen fiktiven Zeitpunkt hat der Arbeitgeber dem Betriebsrat bei der Einleitung des Anhörungsverfahrens mitzuteilen, damit dieser den Ablauf der Äußerungsfrist berechnen kann.

25 Keine Funktionsfähigkeit des Betriebsrats tritt ein, solange auch **nur ein einziges Betriebsrats- oder Ersatzmitglied** an der Amtsausübung **nicht verhindert** ist. In diesem Fall kann der Betriebsrat zwar iSv § 33 Abs. 2 BetrVG beschlussunfähig sein; dann nimmt aber der Rest-Betriebsrat – und sei es auch nur ein einziges Betriebsratsmitglied – in entsprechender Anwendung des § 22 BetrVG die Mitwirkungsrechte nach § 102 BetrVG wahr (*BAG* 14.10.1986 EzA § 626 BGB nF Nr. 105; 18.8.1982 EzA § 102 BetrVG 1972 Nr. 48 mit zust. Anm. *Heinze* = AR-Blattei, Betriebsverfassung XIV C: Entsch. 80 mit abl. Anm. *Herschel* = SAE 1984, 121 mit zust. Anm. *Körnig*). Demgemäß endet auch die Funktionsunfähigkeit des Betriebsrats, wenn auch nur ein Betriebsrats- oder Ersatzmitglied an der Amtsausübung nicht mehr verhindert ist.

26 Durch einen **Arbeitskampf** zwischen den Tarifvertragsparteien tritt keine Funktionsunfähigkeit des Betriebsrats ein; seine Mitwirkungsrechte werden hier nicht außer Kraft gesetzt. Mag auch das Arbeitsverhältnis der Betriebsratsmitglieder infolge Streik oder Aussperrung ruhen, so bleiben sie doch als Betriebsratsmitglieder im Amt (*Fitting* § 74 Rz 17). Es besteht kein Grund zu der Annahme, das dem Betriebsverfassungsgesetz zugrunde liegende Kooperationskonzept zwischen Betriebsrat und Arbeitgeber werde im Arbeitskampf durch die Konfrontation zwischen Arbeitgeber und Arbeitnehmerschaft verdrängt. Zwischen Arbeitgeber und Betriebsrat ist ein Arbeitskampf unzulässig (§ 74 Abs. 2 S. 1 BetrVG). Die Arbeitskampffreiheit des Arbeitgebers als Tarifvertragspartei oder Mitglied einer Tarifvertragspartei wird durch das Vorhandensein eines funktionsfähigen Betriebsrats nicht berührt; denn die kollektivrechtlichen Kampfmittel der Arbeitgeberseite – Aussperrung und Boykott – bedürfen keiner Mitwirkung des Betriebsrats (s. Rz 45). Es besteht daher kein Anlass, entgegen dem Wortlaut des Gesetzes die Mitwirkungsrechte des Betriebsrats bei der individualrechtlichen Kündigung im Arbeitskampf einzuschränken. Der vom *BAG* (10.12.2002 EzA § 80 BetrVG 2001 Nr. 1; 14.2.1978 AP Nr. 58 zu Art. 9 GG Arbeitskampf mit zust. Anm. *Konzen* = EzA Art. 9 GG Arbeitskampf Nr. 22 mit abl. Anm. *Herschel* = AR-Blattei, Betriebsverfassung IX: Entsch. 37 mit abl. Anm. *Hanau*) nicht näher begründeten Auffassung, infolge der durch den Arbeitskampf geschaffenen Konfrontation zwischen Belegschaft und Arbeitgeber sei der Betriebsrat gehindert und vom Neutralitätsgebot überfordert, personelle Beteiligungsrechte bei Maßnahmen auszuüben, die der Arbeitgeber als Gegenmaßnahme auf eine rechtswidrige Arbeitsniederlegung treffe (sog. **Kampfkündigungen**), kann nicht gefolgt werden. Die Betriebsratsmitglieder können zwar im Anhörungsverfahren nach § 102 BetrVG als vom Arbeitskampf selbst betroffene Arbeitnehmer in einem gewissen Interessenkonflikt stehen, das ist aber – wie das BAG in einer anderen Entscheidung (*BAG* 25.3.1976 EzA § 103 BetrVG 1972 Nr. 12) selbst ausführt – nichts Ungewöhnliches und kann die Funktionsfähigkeit des Betriebsrats nicht beeinträchtigen (im Ergebnis wie hier: *Bösche* S. 23 f.; *Brox/Dudenbostel* DB 1979, 1848; DKK-*Kittner* Rz 41; GK-*Raab* § 102 Rz 18; HaKo-*Griebeling* Rz 47; *Heinze* S. 278; *Klebe/Schumann* S. 40; *Reuter* AuR 1973, 1 ff.; *Schrumpf* Betriebsverfassung in Recht und Praxis, Gruppe 4, S. 302; *Hanau* aaO; *Herschel* aaO und RdA 1984, 216; **aA** APS-*Koch* Rz 15; *Fitting* § 74 Rz 19 f.; *Galperin/Löwisch* § 74 Rz 13a; HaKo-BetrVG-*Braasch* Rz 20; *Richardi/Thüsing* Rz 45; *Kraft* FS Müller, S. 275; diff.: HSWG-*Schlochauer* Rz 8; unklar: *Bieback/Mayer* AuR 1982, 177). Das BAG verlangt nur für nicht arbeitskampfbedingte Kündigungen eine Anhörung des Betriebsrats nach § 102

Mitbestimmung bei Kündigungen § 102 BetrVG

BetrVG, da insoweit keine Einschränkung der Beteiligungsrechte des Betriebsrats erforderlich sei (*BAG* 6.3.1979 EzA § 102 BetrVG 1972 Nr. 40; **aA** *Meisel* Anm. AP Nr. 20 zu § 102 BetrVG 1972, der ein Mitwirkungsrecht des Betriebsrats nur in Fällen »eines wilden, illegitimen Arbeitskampfes« anerkennen will, und dann auch nur, wenn es nicht um Maßnahmen zur Abwehr des Streiks geht). *Heinze*, der – wie hier – die volle Funktionsfähigkeit des Betriebsrats im Arbeitskampf bejaht, schränkt diese Auffassung aber dahin ein, der Betriebsrat besitze dann kein Äußerungsrecht, wenn er sein Mitwirkungsrecht zum Zwecke des Arbeitskampfes missbrauche (*Heinze* S. 287 FN 1035). Dies leuchtet nicht ein. Denn ein Widerspruch des Betriebsrats hindert den Arbeitgeber nicht daran, die Kündigung auszusprechen. Es ist deshalb kein Anhaltspunkt dafür ersichtlich, inwiefern der Betriebsrat durch Ausübung seines Äußerungsrechts in einen laufenden Arbeitskampf eingreifen oder gar selbst einen Arbeitskampf eröffnen könnte. Das gilt selbst für sog. ordentliche Kampfkündigungen, mit denen der Arbeitgeber Streikende wegen Rationalisierungsmaßnahmen oder Neueinstellungen entlässt, auch wenn der Betriebsrat die einwöchige Äußerungsfrist ausnutzt. Denn bei der ordentlichen Kampfkündigung gibt der Arbeitgeber selbst zu erkennen, dass er den Arbeitskampf insoweit unter Einhaltung von Kündigungsfristen führen will (**aA** *Randerath* S. 56). Ob allerdings den Arbeitnehmern bei Kündigungen im Arbeitskampf gegen den Widerspruch des Betriebsrats ein Weiterbeschäftigungsanspruch nach § 102 Abs. 5 BetrVG zusteht, ist eine andere Frage (s. hierzu Rz 214, 223 ff.), die aber mit der Funktionsfähigkeit des Betriebsrats und seinem Recht zur Stellungnahme nach § 102 Abs. 3 BetrVG nichts zu tun hat.

III. Beendigung des Arbeitsverhältnisses

§ 102 BetrVG gilt ausnahmslos **für jede Art von Kündigung** des Arbeitsverhältnisses durch den Arbeitgeber; andererseits gilt § 102 BetrVG nicht für eine anderweitige Beendigung des Arbeitsverhältnisses und auch nicht für »Kündigungen«, die nicht auf die Beendigung des Arbeitsverhältnisses zielen (s. Rz 37 ff.). Kündigung iSv § 102 BetrVG ist die einseitige empfangsbedürftige Willenserklärung, durch die das Arbeitsverhältnis für die Zukunft aufgelöst wird (*Richardi/Thüsing* Rz 9; zum Inhalt der Kündigungserklärung s. KR-*Griebeling* § 1 KSchG Rz 151 ff.). Der Zweck des § 102 BetrVG ist allerdings schon erfüllt, wenn der Betriebsrat vom Arbeitgeber die Entlassung eines bestimmten Arbeitnehmers verlangt. In diesem Fall darf der Arbeitgeber das Arbeitsverhältnis kündigen, ohne den Betriebsrat vor der Kündigung nochmals anzuhören (*BAG* 15.5.1997 EzA § 102 BetrVG 1072 Nr. 99; s. auch KR-*Etzel* § 104 BetrVG Rz 31, 33). Hingegen muss der Arbeitgeber den Betriebsrat vor der Kündigung nochmals anhören, wenn dieser die Kündigung lediglich angeregt hat, weil in einer bloßen Anregung noch keine abschließende Stellungnahme liegt (vgl. *Bösche* S. 30). 27

Unerheblich ist es, ob der Arbeitnehmer bereit ist, die beabsichtigte Kündigung **ohne Gegenwehr hinzunehmen**, ob er mit ihr einverstanden ist oder ob er sie sogar angeregt hat, zB um ohne Sperrfrist in den Genuss von Arbeitslosengeld zu kommen; in allen diesen Fällen bleibt der Arbeitgeber zur Anhörung des Betriebsrats verpflichtet (vgl. *Heinze* S. 175). 27a

1. Kündigung durch Arbeitgeber

§ 102 BetrVG findet Anwendung auf **ordentliche und außerordentliche Kündigungen** des Arbeitgebers. Dies gilt auch, wenn der betroffene Arbeitnehmer noch keinen Kündigungsschutz nach den Vorschriften des KSchG genießt (*Fitting* Rz 6). Für eine Kündigung vor Dienstantritt (*LAG Frankf.* 31.5.1985 DB 1985, 2689; *Richardi/Thüsing* Rz 14; *Berkowsky* S. 11; **aA** *Löwisch/Kaiser* Rz 5), in der Probezeit (SPV-*Preis* Rz 368) oder mit einer tariflich zulässigen Eintagesfrist (*LAG Hamm* 5.7.1995 BB 1996, 950), ferner für die Kündigung von Aushilfsarbeitsverhältnissen und betrieblichen Ausbildungsverhältnissen gelten ebenfalls keine Besonderheiten (*Bösche* S. 28 f.). Auch bei **Kündigungen vor Abschluss eines Abwicklungsvertrages** ist das Anhörungsverfahren nach § 102 BetrVG durchzuführen, selbst wenn die Parteien des Arbeitsvertrags Einvernehmen darüber erzielt haben, dass das Arbeitsverhältnis durch eine Kündigung seitens des Arbeitgebers beendet werden und danach ein Abwicklungsvertrag abgeschlossen werden soll; denn auch in diesem Fall wird die Beendigung des Arbeitsverhältnisses erst durch die Kündigung des Arbeitgebers herbeigeführt (*BAG* 28.6.2005 EzA § 102 BetrVG 2001 Nr. 14; zust. *Haag/Sobek* AiB 2006, 417; **aA** *Wolff* FA 2004, 293). 28

Das Anhörungsverfahren nach § 102 BetrVG ist auch bei einer **bedingten Kündigung** einzuhalten (zur Zulässigkeit einer bedingten Kündigung s. KR-*Griebeling* § 1 KSchG Rz 170). 29

Der Hauptfall einer zulässigen bedingten Kündigung ist die **Änderungskündigung** (zum Begriff s. KR-*Rost* § 2 KSchG Rz 8 ff.), wenn sie unter der Bedingung ausgesprochen wird, dass der Arbeitneh- 30 mer nicht mit den angebotenen neuen Arbeitsbedingungen einverstanden sei. Da sich der Arbeitnehmer nach Ausspruch der Kündigung für oder gegen die Annahme des Angebots entscheiden kann, es somit nie von vornherein auszuschließen ist, dass es zu einem Beendigungsrechtsstreit kommt, muss der Betriebsrat vor **jeder** Änderungskündigung gehört werden (*BAG* 10.3.1982 EzA § 2 KSchG Nr. 3; *Richardi/Thüsing* Rz 11 mwN; vgl. auch KR-*Rost* § 2 KSchG Rz 114). Wenn der Arbeitnehmer nach Ausspruch der Änderungskündigung sein Einverständnis mit den vorgeschlagenen neuen Arbeitsbedingungen erklärt oder wenn er sich darauf beschränkt, nur die soziale Rechtfertigung der Änderung der Arbeitsbedingungen anzugreifen und die Änderungskündigung unter Vorbehalt anzunehmen (§ 2 KSchG), dann kommt die Kündigung zwar nicht zum Tragen, das ändert aber nichts daran, dass die Kündigung zunächst ausgesprochen und hierfür das Anhörungsverfahren nach § 102 BetrVG einzuhalten war (*Bösche* S. 25; *Galperin/Löwisch* § 99 Rz 27; *Heinze* S. 177; *Hohmeister* BB 1994, 170; **aA** *Fitting* Rz 11; *Schlochauer* RdA 1973, 160; *Meisel* BB 1973, 944).

31 Erfordern die von dem Arbeitgeber mit der Änderungskündigung angebotenen neuen Arbeitsbedingungen eine **Umgruppierung oder Versetzung** des Arbeitnehmers, muss der Arbeitgeber wegen dieses Doppelcharakters der Änderungskündigung stets **sowohl das Anhörungsverfahren nach § 102 BetrVG als auch das Mitbestimmungsverfahren nach § 99 BetrVG durchführen**, wobei das Mitbestimmungsverfahren nach § 99 BetrVG gem. Abs. 1 S. 1 dieser Vorschrift nur in Unternehmen mit idR mehr als 20 wahlberechtigten Arbeitnehmern einzuhalten ist (*BAG* 30.9.1993 EzA § 99 BetrVG 1972 Nr. 118 mit zust. Anm. *Kania*; DKK-*Kittner* Rz 13; *Richardi/Thüsing* Rz 273 ff.; *Galperin/Löwisch* aaO; *v. Hoyningen-Huene/Linck* § 2 Rz 34; *Schwerdtner* FS BAG, S. 578; *Richardi/Thüsing* DB 1974, 1335; diff.: *Fitting* Rz 9 ff.; HSWG-*Schlochauer* Rz 17 f.; *Schlochauer* aaO; ausführlich KR-*Rost* § 2 KSchG Rz 124 ff. mwN; **aA** – nur Verfahren nach § 99 BetrVG –: *Hanau* BB 1972, 455; *Kallmeyer* DB 1973, 970).

32 Ein **vorläufiger Weiterbeschäftigungsanspruch** des Arbeitnehmers zu den (bisherigen) Arbeitsbedingungen hängt bei einer Änderungskündigung davon ab, ob der Arbeitnehmer die neuen Arbeitsbedingungen ablehnt oder unter Vorbehalt (§ 2 KSchG) annimmt oder ob der Betriebsrat ggf. einer mit der Änderungskündigung verbundenen Umgruppierung oder Versetzung gem. §§ 99, 100 BetrVG widerspricht (s. Rz 199–199e).

33 Das Anhörungsverfahren nach § 102 BetrVG gilt auch für **vorsorgliche Kündigungen.** Unter einer vorsorglichen Kündigung versteht man entweder eine Kündigung, bei der sich der Arbeitgeber vorbehält, die Kündigung zurückzunehmen, wenn sich bestimmte neue tatsächliche Umstände ergeben, oder um eine Kündigung, die für den Fall ausgesprochen wird, dass eine bereits ausgesprochene Kündigung oder andere Form der Beendigung des Arbeitsverhältnisses unwirksam ist (vgl. *Schaub/Linck* § 123 Rz 48). Besonders häufig ist in der Praxis der Fall anzutreffen, dass gleichzeitig mit einer außerordentlichen Kündigung vorsorglich die ordentliche Kündigung ausgesprochen wird, falls die außerordentliche Kündigung unwirksam sei. Hier ist zu beachten, dass der Arbeitgeber dem Betriebsrat für die vorsorgliche ordentliche Kündigung die Wochenfrist des § 102 Abs. 2 S. 1 BetrVG zur Stellungnahme einräumen muss (*Fitting* Rz 63; *Stege/Weinspach/Schiefer* Rz 224; *Bösche* S. 46; **aA** *Schlochauer* RdA 1973, 159). Auch wenn sich der Arbeitgeber die Möglichkeit der Umdeutung einer außerordentlichen in eine ordentliche Kündigung offenhalten will, muss er den Betriebsrat hierzu grds. hören (s. Rz 182 f.; gegen die Zulässigkeit einer Umdeutung: *Bösche* aaO).

34 Das Anhörungsverfahren nach § 102 BetrVG muss auch bei **Betriebsstilllegungen** durchgeführt werden, wenn der Arbeitgeber allen Arbeitnehmern kündigen will, ferner auch **im Insolvenzverfahren**, wenn der Insolvenzverwalter das Arbeitsverhältnis gem. § 113 InsO kündigen will (*Fitting* Rz 16; *Galperin/Löwisch* Rz 14; GK-*Raab* § 102 Rz 32; HSWG-*Schlochauer* Rz 14; *Richardi/Thüsing* Rz 40).

35 Ebenso darf in sog. **Eilfällen** das Anhörungsverfahren nach § 102 BetrVG nicht unterbleiben, weil das Gesetz bei Kündigungen keine dem § 100 BetrVG entsprechende Regelung über eine auch nur vorläufige Kündigung enthält (*BAG* 13.11.1975 EzA § 102 BetrVG 1972 Nr. 20; *Fitting* Rz 20; *HaKo-BetrVG/ Braasch* Rz 29; **aA** *Galperin/Löwisch* Rz 3; *Stege/Weinspach/Schiefer* Rz 34; *Meisel* Rz 160). Wenn berechtigte betriebliche Belange einer Weiterbeschäftigung des Arbeitnehmers bis zum Abschluss des Anhörungsverfahrens entgegenstehen, hat der Arbeitgeber lediglich die Möglichkeit, den Arbeitnehmer unter Weiterzahlung der Vergütung von der Arbeit freizustellen (*Fitting* aaO; vgl. auch *BAG* 19.8.1976 EzA § 611 BGB Beschäftigungspflicht Nr. 1; s. Rz 119).

36 Auch Kündigungen des Arbeitgebers, die aus Anlass und **im Arbeitskampf** ausgesprochen werden, bedürfen der Mitwirkung des Betriebsrats nach § 102 BetrVG (s. Rz 26).

Bei sog. **Teilkündigungen,** die auf die einseitige Änderung der Vertragsbedingungen gegen den Wil- 37
len des Vertragspartners zielen, ohne dass das Arbeitsverhältnis selbst beendet werden soll, kommt
hingegen ein Mitwirkungsrecht des Betriebsrats schon deshalb nicht in Betracht, weil solche Teilkündigungen nach der Rechtsprechung des BAG **ausnahmslos unzulässig** sind (*BAG* 7.10.1982 EzA § 315
BGB Nr. 28). Auch soweit man Teilkündigungen für zulässig hält, ist kein Anhörungsverfahren nach
§ 102 BetrVG durchzuführen (*Richardi/Thüsing* Rz 12; *Galperin/Löwisch* Rz 12; GK-*Raab* § 102 Rz 26;
Heinze S. 178; HSWG-*Schlochauer* Rz 15; SPV-*Preis* Rz 372; *Brill* AuR 1975, 16; **aA** *Bösche* S. 28). Denn es
geht hier nicht um die Beendigung des Arbeitsverhältnisses. § 102 BetrVG ist aber nur auf Kündigungen anwendbar, die auf die Beendigung des Arbeitsverhältnisses gerichtet sind, wie sich aus den Widerspruchsgründen des § 102 Abs. 3 BetrVG (»Weiterbeschäftigung«) und dem Weiterbeschäftigungsanspruch nach § 102 Abs. 5 BetrVG (Klage auf Feststellung, dass das Arbeitsverhältnis »nicht aufgelöst
ist«) mit hinreichender Deutlichkeit ergibt (vgl. *Galperin/Löwisch* aaO). Aus demselben Grunde unterfallen auch vom Arbeitgeber aufgrund seines Direktionsrechts einseitig vorgenommene Änderungen
der Arbeitsbedingungen sowie der **Widerruf einzelner Leistungen** des Arbeitgebers aufgrund eines
Widerrufsvorbehalts nicht dem Anhörungsrecht des Betriebsrats nach § 102 BetrVG (*Galperin/Löwisch*
aaO; *Meisel* Rz 385; SPV-*Preis* aaO).

Im Baugewerbe ist es oft üblich, dass Arbeitnehmer zu einer **Arbeitsgemeinschaft** entsandt (»freige- 37a
stellt«) werden, an der der Arbeitgeber beteiligt ist. Für diesen Fall bestimmt § 9 des allgemeinverbindlichen Bundesrahmentarifvertrages für das Baugewerbe vom 4.7.2002 idF vom 29.7.2005, dass während der Dauer der Freistellung das Arbeitsverhältnis des Arbeitnehmers zum Stammbetrieb ruht, mit
der Arbeitsgemeinschaft ein Arbeitsverhältnis begründet wird und mit der Beendigung dieses Arbeitsverhältnisses das Arbeitsverhältnis zum Stammbetrieb grds. wieder auflebt. Ordnet die Arbeitsgemeinschaft einseitig die **Rückkehr des Arbeitnehmers zum Stammbetrieb** an, handelt es sich –
gleichgültig wie diese Anordnung bezeichnet wird (zB »Rückversetzung«) – um eine Kündigung, die
der Anhörung des Betriebsrats der Arbeitsgemeinschaft bedarf (*LAG Düsseld.* 17.10.1974 DB 1975, 650).
Im Übrigen ist vor jeder Kündigung des Arbeitsverhältnisses durch die Arbeitsgemeinschaft deren Betriebsrat nach § 102 BetrVG zu hören. Eine Anhörung des Betriebsrats des Stammbetriebs kommt in
diesen Fällen nicht in Betracht. Das gilt auch bei einer berechtigten außerordentlichen Kündigung, die
nach § 9 Nr. 2.2 Abs. 2 des BRTV für das Baugewerbe zur Folge hat, dass das Arbeitsverhältnis zum
Stammarbeitgeber nicht wieder auflebt (*Knigge* DB 1982, Beil. 4, S. 15).

2. Anderweitige Beendigung des Arbeitsverhältnisses

Endet das Arbeitsverhältnis auf andere Weise als durch Kündigung des Arbeitgebers, ist **§ 102 BetrVG** 38
unanwendbar; eine Anhörung des Betriebsrats nach dieser Vorschrift entfällt. Eine dem § 92 SGB IX
(s. dort) entsprechende Vorschrift gibt es im Betriebsverfassungsrecht nicht.

Eine Anhörung des Betriebsrats nach § 102 BetrVG entfällt somit insbesondere bei **befristeten Arbeits-** 39
verhältnissen, die durch Zeitablauf enden. Allerdings ist die Befristung eines Arbeitsverhältnisses
meist nur zulässig, wenn hierfür ein sachlicher Grund besteht (vgl. § 14 TzBfG). Zu den wirksam befristeten Arbeitsverhältnissen gehört auch das Berufsausbildungsverhältnis, das mit Bestehen der Abschlussprüfung oder Ablauf der Ausbildungszeit endet (§ 21 BBiG). Deshalb bedarf es auch keiner Anhörung des Betriebsrats, wenn der Arbeitgeber einem Auszubildenden gem. § 78a Abs. 1 BetrVG
mitteilt, er wolle ihn nach Beendigung des Berufsausbildungsverhältnisses nicht in ein Arbeitsverhältnis auf unbestimmte Zeit übernehmen. Sofern ein für die Befristung erforderlicher sachlicher Grund
fehlt, gilt das Arbeitsverhältnis als auf unbestimmte Zeit abgeschlossen. In diesem Fall bedarf es zur
Beendigung des Arbeitsverhältnisses durch den Arbeitgeber einer Kündigung, zu der der Betriebsrat
nach § 102 BetrVG zu hören ist.

Bei einer unzulässigen Befristung kann die Erklärung des Arbeitgebers gegenüber dem Arbeitnehmer, 40
mit der er die Nichtverlängerung der »Befristung« mitteilt (sog. **Nichtverlängerungsanzeige**) oder
sich auf die durch die Befristung angeblich herbeigeführte Beendigung des Arbeitsverhältnisses beruft, nur ausnahmsweise als Kündigungserklärung ausgelegt oder in eine Kündigung umgedeutet
werden (vgl. *BAG* 28.10.1986 EzA § 118 BetrVG 1972 Nr. 38 = AP Nr. 32 zu § 118 BetrVG 1972 mit zust.
Anm. *Mummenhoff;* ausführlich: KR-*Lipke* § 16 TzBfG Rz 9 ff.; vgl. auch *Fitting* Rz 17); jedenfalls ist insoweit Schriftform erforderlich (§ 623 BGB). In solchen Ausnahmefällen muss der Betriebsrat vor Abgabe der Arbeitgebererklärung gem. § 102 BetrVG gehört werden (s. insbes. Rz 74). Dies kann etwa in
der Weise geschehen, dass der Arbeitgeber dem Betriebsrat mitteilt, die gegenüber dem Arbeitnehmer
beabsichtigte Berufung auf die Befristung solle hilfsweise als Kündigung gelten (*Richardi/Thüsing*

§ 102 BetrVG   Mitbestimmung bei Kündigungen

Rz 18 verlangen auch gegenüber dem Arbeitnehmer hilfsweise die Erklärung der Kündigung) und insoweit die Kündigungsgründe mitteilt. Bei fehlender Anhörung des Betriebsrats ist die umgedeutete Kündigung wegen Verstoßes gegen § 102 Abs. 1 S. 3 BetrVG unwirksam (*Galperin/Löwisch* Rz 16; vgl. auch GK-*Raab* § 102 Rz 31). Dieser Verstoß führt auch dazu, dass der Arbeitnehmer seine Weiterbeschäftigung über den Kündigungstermin hinaus wegen offensichtlich rechtswidriger Kündigung verlangen kann (vgl. BAG 26.5.1977 EzA § 611 BGB Beschäftigungspflicht Nr. 2).

40a Im **Bühnenarbeitsrecht** sehen die einschlägigen Tarifverträge (zB Tarifvertrag für die Mitteilungspflicht) bei (wirksam) befristet beschäftigten Arbeitnehmern oft vor, dass der Arbeitgeber gegenüber dem Arbeitnehmer eine **Nichtverlängerungsanzeige** abgeben muss, wenn er eine automatische Verlängerung des Arbeitsverhältnisses verhindern will. Die Nichtverlängerungsanzeige steht einer Kündigung nicht gleich, so dass eine Anhörung des Betriebsrats nach § 102 Abs. 1 BetrVG entfällt (BAG 28.10.1986, aaO).

41 Bei einem **wirksam auflösend bedingten Arbeitsverhältnis** (s. BAG 9.7.1981 EzA § 620 BGB Bedingung Nr. 1) endet das Arbeitsverhältnis mit Eintritt der auflösenden Bedingung ohne weiteres; deshalb entfällt auch hier eine Mitwirkung des Betriebsrats nach § 102 BetrVG (*Richardi/Thüsing* Rz 19; *Fitting* Rz 15; GK-*Raab* § 102 Rz 25; HSWG-*Schlochauer* Rz 15).

42 Eine Mitwirkung des Betriebsrats nach § 102 BetrVG kommt ferner nicht in Betracht, wenn das Arbeitsverhältnis durch **Kündigung des Arbeitnehmers**, durch wirksamen **Aufhebungsvertrag** (aA *Keppeler* AuR 1996, 265 f.; s. aber zum Abwicklungsvertrag Rz 28), durch **gerichtliche Auflösung des Arbeitsverhältnisses** nach §§ 9, 10 KSchG (BAG 10.10.2002 EzA § 9 KSchG nF Nr. 46; aA *Müller* BB 2002, 2014; s auch Rz 62) oder aufgrund einer wirksamen **Anfechtung des Arbeitsvertrages** durch den Arbeitgeber (*Ficker* ZfA 1981, 43 f. mwN; aA *Bösche* S. 28; *Wolf/Gangel* AuR 1982, 275 f.) oder den Arbeitnehmer endet. Auch die Geltendmachung der **Nichtigkeit des Arbeitsvertrages, die zur Beendigung eines faktischen Arbeitsverhältnisses führt,** bedarf keiner Mitwirkung des Betriebsrats nach § 102 BetrVG (vgl. *Richardi/Thüsing* Rz 26; GK-*Raab* aaO; HSWG-*Schlochauer* aaO; SPV-*Preis* Rz 375). Ebensowenig ist die einverständliche **Änderung des Arbeitsvertrages** mitwirkungspflichtig (DKK-*Kittner* Rz 19).

43 Wenn das Arbeitsverhältnis ohne Widerspruch oder mit Zustimmung der betroffenen Arbeitnehmer (vgl. BAG 2.10.1974 EzA § 613a BGB Nr. 1) gem. § 613a BGB **auf einen Betriebsnachfolger** übergeht, endet das Arbeitsverhältnis mit dem bisherigen Betriebsinhaber kraft Gesetzes ohne Kündigung oder sonstige Erklärung des bisherigen Betriebsinhabers; für diesen Vorgang kann keine Beteiligung des Betriebsrats nach § 102 BetrVG in Frage kommen (vgl. – bezogen auf die »Einstellung« beim Betriebserwerber – BAG 7.11.1975 EzA § 118 BetrVG 1972 Nr. 7).

44 Eine **Beendigung** des Arbeitsverhältnisses kraft Gesetzes tritt **bei einem vorläufig eingestellten Arbeitnehmer** auch ein, wenn durch rechtskräftige gerichtliche Entscheidung gem. § 100 Abs. 3 BetrVG die Ersetzung der Zustimmung des Betriebsrats zur Einstellung abgelehnt oder festgestellt wird, dass die vorläufige Einstellung offensichtlich aus sachlichen Gründen nicht dringend erforderlich war. In diesen Fällen endet das Arbeitsverhältnis zwei Wochen nach Rechtskraft der gerichtlichen Entscheidung (§ 100 Abs. 3 BetrVG). Eine Mitwirkungshandlung des Betriebsrats gem. § 102 BetrVG kommt hier nicht in Betracht, zumal der Betriebsrat gerade in dem vorangegangenen gerichtlichen Verfahren durch die Ablehnung der Einstellung des Arbeitnehmers zum Ausdruck gebracht hat, dass er eine Beschäftigung des Arbeitnehmers im Betrieb nicht wünscht. Dem gleichzustellen ist es, wenn der Betriebsrat gem. § 101 BetrVG rechtskräftig eine gerichtliche Entscheidung erwirkt, durch die dem Arbeitgeber aufgegeben wird, eine endgültige oder vorläufige Einstellung aufzuheben; auch hier bedarf die vom Arbeitgeber aufgrund der gerichtlichen Entscheidung auszusprechende Kündigung keiner erneuten Mitwirkung des Betriebsrats (*Richardi/Thüsing* Rz 23; GK-*Raab* § 102 Rz 26; *Stege/Weinspach/Schiefer* Rz 26e). Dasselbe gilt, wenn der Arbeitgeber dem Verlangen des Betriebsrats nach Rückgängigmachung der Einstellung bereits vor einer gerichtlichen Entscheidung nachkommt und die Kündigung erklärt (*Richardi/Thüsing* aaO).

45 Soweit im Arbeitskampf überhaupt noch eine **Aussperrung** mit lösender Wirkung zulässig ist (vgl. BAG 21.4.1971 EzA Art. 9 GG Nr. 6), handelt es sich um einen kollektivrechtlichen Lösungstatbestand eigener Art, der nicht den Regeln des Kündigungsrechts und Kündigungsschutzrechts unterliegt (allgemeine Meinung; vgl. SPV-*Preis* Rz 377). Deshalb entfällt hier auch ein Mitwirkungsrecht des Betriebsrats nach § 102 BetrVG (*Richardi/Thüsing* Rz 24; *Fitting* Rz 16; GK-*Raab* § 102 Rz 26; HSWG-*Schlochauer* Rz 9; *Stege/Weinspach/Schiefer* Rz 36h; *Meisel* Rz 398). Dasselbe gilt für suspendierende Aussperrungen und den Boykott.

Mitbestimmung bei Kündigungen § 102 BetrVG

D. Anhörung des Betriebsrats

I. Zuständigkeit von Betriebsrat, Gesamtbetriebsrat, Bordvertretung, Seebetriebsrat oder anderen Arbeitnehmervertretungen

Für das Mitwirkungsverfahren bei Kündigungen nach § 102 BetrVG ist **grundsätzlich der Betriebsrat** 46
desjenigen Betriebs zuständig, zu dessen Belegschaft der zu kündigende Arbeitnehmer gehört (*BAG* 12.5.2005 EzA § 102 BetrVG 2001 Nr. 13). Hierbei erstreckt sich die Zuständigkeit des Betriebsrats bei einer nicht angefochtenen Betriebsratswahl grds. (nur) auf die Betriebsteile, deren Belegschaft ihn mitgewählt hat, weil er nur insoweit als Repräsentant der Belegschaft legitimiert ist (*BAG* 3.6.2004 EzA § 1 KSchG Soziale Auswahl Nr. 55). Dies gilt auch für solche Betriebsteile, für die nach §§ 1, 4 BetrVG ein eigener Betriebsrat hätte gewählt werden müssen, die aber tatsächlich den Betriebsrat des Hauptbetriebes mitgewählt haben. Ist allerdings der Betriebsbegriff offensichtlich verkannt worden (zB Beteiligung der Belegschaft eines Zweigwerkes im Bayerischen Wald an einer Betriebsratswahl in Kiel) und die Betriebsratswahl deshalb nichtig, besteht für den gesamten Betrieb einschließlich seiner evtl. selbständigen Betriebsteile kein Betriebsrat; folglich ist auch keine Anhörung des aus der nichtigen Wahl hervorgegangenen »Betriebsrats« erforderlich (s. Rz 19). Bilden mehrere Unternehmen einen einheitlichen Betrieb, ist für Kündigungen in diesem Betrieb durch eines der beteiligten Unternehmen der Betriebsrat zuständig, der in dem einheitlichen Betrieb gewählt ist (*BAG* 7.11.1990 RzK III 1a Nr. 47; HaKo-*Griebeling* Rz 52).

Der Betriebsrat kann in Betrieben mit mindestens neun Betriebsratsmitgliedern seine Zuständigkeit im 46a
Anhörungsverfahren nach § 102 BetrVG auf einen **Ausschuss** übertragen (s. Rz 93). Wird in einem Betrieb mit weniger als neun Betriebsratsmitgliedern ein solcher Ausschuss gebildet, handelt es sich um keinen gesetzlichen Ausschuss, an den sich der Arbeitgeber wenden darf; auch die Stellungnahme eines solchen Ausschusses zur Kündigungsabsicht des Arbeitgebers ist rechtlich unerheblich (vgl. *LAG Brem.* 26.10.1982 DB 1983, 2145) und kann das Anhörungsverfahren nicht abschließen (s. Rz 120 ff.). Das gleiche gilt, wenn der Beschluss über die Übertragung der Zuständigkeit auf den Ausschuss unwirksam ist, zB wegen formeller Mängel, und dem Arbeitgeber die Mängel bekannt sind, so dass er nicht von der Wirksamkeit der Übertragung ausgehen kann (APS-*Koch* Rz 71).

Eine **Zuständigkeit des Gesamtbetriebsrats ist nur in zwei Fällen gegeben:** 47

a) Es muss sich um Kündigungen handeln, die das Gesamtunternehmen oder mehrere Betriebe betreffen oder bei denen von der Regelungsmaterie her ein zwingendes Erfordernis für eine einheitliche Regelung auf Unternehmensebene besteht (vgl. § 50 Abs. 1 BetrVG; *BAG* 23.9.1975 EzA § 50 BetrVG 1972 Nr. 1). Dieser Fall wird nur in seltenen Ausnahmefällen gegeben sein (vgl. *Galperin/Löwisch* § 50 Rz 9, aA *Fitting* § 50 Rz 26. stets ist der Einzelbetriebsrat zuständig), etwa wenn ein Arbeitnehmer in mehreren Betrieben eines Unternehmens beschäftigt wird oder nach dem Inhalt seines Arbeitsvertrages beschäftigt werden kann, nicht jedoch schon dann, wenn der Betriebsrat der Kündigung wegen einer Weiterbeschäftigungsmöglichkeit in einem anderen Betrieb des Unternehmens widersprechen will (ebenso: APS-*Koch* Rz 73). Die letztere Frage kann der Einzelbetriebsrat in eigener Zuständigkeit prüfen; der Arbeitgeber hat dann ggf. die Realisierbarkeit der Weiterbeschäftigung in einem anderen Betrieb – unter Umständen nach Ausspruch einer Änderungskündigung – zu prüfen, wozu die Zustimmung des Betriebsrats des aufnehmenden Betriebs gem. § 99 BetrVG gehört. Eine Zuständigkeit des Gesamtbetriebsrats besteht auch dann nicht, wenn der Arbeitgeber einen Arbeitnehmer, der dem Übergang seines Beschäftigungsverhältnisses auf einen neuen Betriebsinhaber (§ 613a BGB) widersprochen hat, keinem anderen Betrieb seines Unternehmens zuordnet und ihm wegen fehlender Weiterbeschäftigungsmöglichkeiten kündigt (*BAG* 21.3.1996 EzA § 102 BetrVG 1972 Nr. 91; zust.: *Schipp* EWiR 1996, 917; *Brötzmann* WiB 1996, 1004); mangels Zuordnung des Arbeitnehmers zu einem Betrieb braucht in diesen Fällen überhaupt kein Betriebsrat angehört zu werden. Ist nach den vorstehenden Grundsätzen an sich eine Zuständigkeit des Gesamtbetriebsrats gegeben, besteht in dem Unternehmen aber kein Gesamtbetriebsrat, braucht der Arbeitgeber keinen Einzelbetriebsrat zu beteiligen (*Schmelcher* S. 506 ff.). In den Fällen des § 103 BetrVG ist dann wie bei betriebsratslosen Betrieben vor der Kündigung die Zustimmung des Arbeitsgerichts einzuholen (s. KR-*Etzel* § 103 BetrVG Rz 54).

b) Der an sich zuständige Einzelbetriebsrat kann mit der Mehrheit der Stimmen seiner Mitglieder den 48
Gesamtbetriebsrat durch schriftlichen Beschluss beauftragen, die Mitwirkung nach § 102 BetrVG in einer bestimmten Kündigungsangelegenheit zu übernehmen (§ 50 Abs. 2 BetrVG). Der Gesamtbetriebsrat ist nicht verpflichtet, den Auftrag zu übernehmen (*Galperin/Löwisch* § 50 Rz 15; aA *Fitting* § 50 Rz 70; *Richardi/Annuß* § 50 Rz 63), sondern kann ihn unverzüglich nach Zugang des Übertragungsbeschlusses

des Einzelbetriebsrats ablehnen. Lehnt der Gesamtbetriebsrat den Auftrag nicht unverzüglich ab, ist er für das Mitwirkungsverfahren nach § 102 BetrVG zuständig (vgl. *Galperin/Löwisch* aaO). Der Betriebsrat ist jedoch nicht befugt, generell alle personellen Angelegenheiten dem Gesamtbetriebsrat zu übertragen. Ein trotzdem gefasster entsprechender Beschluss des Betriebsrats ist unwirksam und kann die Zuständigkeit des Gesamtbetriebsrats nicht begründen (*LAG Köln* 20.12.1983 DB 1984, 937).

48a Entsprechend der Zuständigkeit des Gesamtbetriebsrats ist auch eine **Zuständigkeit des Konzernbetriebsrats** nur in zwei Fällen gegeben: Es muss sich um Kündigungen handeln, die den Konzern oder mehrere Konzernunternehmen betreffen und bei denen von der Regelungsmaterie her ein zwingendes Erfordernis für eine einheitliche Regelung auf Konzernebene besteht (vgl. § 58 Abs. 1 BetrVG). Dieser Fall wird nur in seltenen Ausnahmefällen gegeben sein, etwa wenn ein Arbeitnehmer in mehreren Unternehmen des Konzerns beschäftigt wird oder nach dem Inhalt seines Arbeitsvertrages beschäftigt werden kann (*Eser* BB 1994, 1995; **aA** *Richardi/Annuß* § 58 Rz 13; vgl. im Übrigen Rz 47).

48b Ein an sich zuständiger Gesamtbetriebsrat (in den Fällen von Rz 47) kann mit der Mehrheit der Stimmen seiner Mitglieder **den Konzernbetriebsrat** durch schriftlichen Beschluss **beauftragen,** die Mitwirkung nach § 102 BetrVG in einer bestimmten Kündigungsangelegenheit zu übernehmen (§ 58 Abs. 2 BetrVG). Die Ausführungen zu Rz 48 gelten dann entsprechend.

48c Wird in einem Konzern der **Arbeitsvertrag mit der konzernleitenden Obergesellschaft** abgeschlossen und wird der Arbeitnehmer aufgrund dieses Arbeitsvertrages im Betriebe eines abhängigen Unternehmens tätig, ist er nur Angehöriger dieses Beschäftigungsbetriebes. Bei einer Kündigung durch die konzernleitende Obergesellschaft ist daher weder der Betriebsrat der Obergesellschaft noch der Konzernbetriebsrat, sondern nur der Betriebsrat des Beschäftigungsbetriebes gem. § 102 BetrVG zu hören (*Eser* BB 1994, 1995; *Zeuner* FS Hilger/Stumpf S. 772 ff.). Dasselbe gilt auch, wenn die Kündigung durch den Beschäftigungsbetrieb auf Weisung der Konzernleitung ausgesprochen wird.

49 In Seeschifffahrtsunternehmen ist die **Bordvertretung** gem. § 115 Abs. 7 Nr. 1 BetrVG für das Mitwirkungsverfahren nach § 102 BetrVG zuständig, soweit der Kapitän zur Kündigung befugt ist (s. hierzu KR-*Weigand* SeemG Rz 23, 40). Kommt es zwischen Kapitän und Bordvertretung in der Kündigungssache zu keiner Einigung, kann die Bordvertretung bis zum Ablauf der Stellungnahmefrist (s. Rz 86 ff.) die Angelegenheit an den Seebetriebsrat abgeben (§ 115 Abs. 7 Nr. 2 BetrVG). Dadurch wird die Zuständigkeit des Seebetriebsrats für das Mitwirkungsverfahren nach § 102 BetrVG begründet (§ 116 Abs. 6 Nr. 1b BetrVG), der die Angelegenheit nunmehr mit dem Reeder nochmals zu verhandeln hat (vgl. *Richardi/Thüsing* § 116 Rz 2, 3). Mit Zugang des Abgabebeschlusses der Bordvertretung beim Seebetriebsrat beginnt für diesen die Stellungnahmefrist nach § 102 Abs. 2 BetrVG. Teilt die Bordvertretung bis zum Ablauf ihrer Stellungnahmefrist dem Kapitän nicht die Abgabe der Angelegenheit an den Seebetriebsrat mit, ist das Anhörungsverfahren abgeschlossen; der Kapitän kann nunmehr die Kündigung aussprechen.

50 Ist der Kapitän zur Kündigung nicht befugt oder zieht der Reeder als eigentlicher Arbeitgeber eine Kündigungsangelegenheit an sich (vgl. *Richardi/Thüsing* § 115 Rz 73), ist für das Mitwirkungsverfahren nach § 102 BetrVG die Zuständigkeit des **Seebetriebsrats** gegeben (§ 116 Abs. 6 Nr. 1c BetrVG), dessen Verhandlungspartner der Reeder ist. Die Mitteilungspflichten des Arbeitgebers nach § 102 BetrVG unterliegen in diesem Fall auch dem Reeder.

51 Die aufgrund eines Tarifvertrages nach § 3 Abs. 1 Nr. 1-3 BetrVG errichtete **andere Arbeitnehmervertretung** (an Stelle eines Betriebsrats) oder die durch Tarifvertrag nach § 117 Abs. 2 BetrVG errichtete Arbeitnehmervertretung für im Flugbetrieb beschäftigte Arbeitnehmer von Luftfahrtunternehmen sind jeweils in ihren Bereichen für das Mitwirkungsverfahren bei Kündigungen nach § 102 BetrVG zuständig.

51a Die Religionsgemeinschaften können durch besondere Kirchengesetze die Errichtung **kirchlicher Mitarbeitervertretungen** ermöglichen und ihnen ein Mitspracherecht bei der Regelung von Angelegenheiten einräumen, die die Interessen der kirchlichen Mitarbeiter berühren. Hierbei können auch einheitliche Vertretungen für alle Mitarbeiter (Arbeitnehmer; Personen, deren Beschäftigung nicht in erster Linie ihrem Erwerb dient, sondern vorwiegend durch Beweggründe karitativer oder religiöser Art bestimmt ist – § 5 Abs. 2 Nr. 3 BetrVG –, zB Mönche, Diakonissen; Kirchenbeamte) eingeführt werden. Kirchengesetze, die die Errichtung kirchlicher Mitarbeitervertretungen erlauben, sind bisher von der Mehrzahl der evangelischen Landeskirchen beschlossen worden. Grundlage hierfür bildet jetzt das Mitarbeitervertretungsgesetz (MVG) idF vom 5.11.1998, das von der Synode der Evangelischen

Kirche in Deutschland erlassen wurde (s. hierzu *Berroth* ZMV 2005, 135). Für die ordnungsgemäße Beteiligung der Mitarbeitervertretung vor einer Kündigung gelten grds. dieselben Maßstäbe wie im Anhörungsverfahren nach § 102 BetrVG (*LAG Köln* 22.3.2005 – 9 Sa 1296/04). In den einzelnen Bistümern der katholischen Kirche gelten als Kirchengesetze sog. Mitarbeitervertretungsordnungen (MAVO), die auf der Rahmenordnung einer Mitarbeitervertretungsordnung beruhen, die zuletzt am 23.6.2003 novelliert wurde (s. hierzu *Bartels* ZMV 2005, 136; *Joussen* ZMV 2006, 116; *Schmitz* ZMV 2006, 121; zur Fassung vom 20.11.1995 vgl. *Richardi/Thüsing* NZA 1998, 113). Inwieweit Grundsätze des Betriebsverfassungsrechts im Bereich der kirchlichen Mitarbeitervertretungen Anwendung finden, unterliegt der autonomen Entscheidung des jeweiligen Kirchengesetzes (Art. 140 GG iVm Art. 137 WeimRV). Dieses kann auch einen besonderen Kündigungsschutz für Mitarbeitervertreter vorsehen (vgl. *Bartels* ZMV 2006, 180).

Die nachfolgenden Ausführungen zur Anhörung des Betriebsrats (Rz 53–175) gelten entsprechend, wenn eine andere Arbeitnehmervertretung – ausgenommen kirchliche Mitarbeitervertretungen (Rz 51a) – zuständig ist. **52**

II. Einleitung des Anhörungsverfahrens

Zur Einleitung des Anhörungsverfahrens gehört, dass der Arbeitgeber einen **Kündigungsentschluss** fasst und diesen gegenüber dem Betriebsrat eindeutig zu erkennen gibt sowie seine Mitteilungspflichten gegenüber dem Betriebsrat (s. Rz 58 ff.) vollständig erfüllt. Ohne Mitteilung der Kündigungsabsicht und der sonstigen dem Betriebsrat mitzuteilenden Umstände ist das Anhörungsverfahren nicht wirksam eingeleitet. Denn nur bei einer ordnungsgemäßen Erfüllung der Mitteilungspflichten des Arbeitgebers ist der Betriebsrat in der Lage, zutreffend zu beurteilen, ob die Kündigung sachlich gerechtfertigt ist und auf welche Weise er von seinen Mitwirkungsrechten nach § 102 Abs. 2–3 BetrVG Gebrauch machen kann und soll. **53**

Bei der Mitteilung des Arbeitgebers muss auch **deutlich** werden, dass er das Anhörungsverfahren nach § 102 BetrVG einleiten will. Eine Mitteilung des Arbeitgebers nach § 105 BetrVG kann deshalb nicht ohne weiteres in eine Anhörung nach § 102 BetrVG umgedeutet werden (s. KR-*Etzel* § 105 BetrVG Rz 37). Dasselbe gilt für den Antrag des Arbeitgebers auf Zustimmung des Betriebsrats zur Abberufung eines Betriebsarztes nach § 9 Abs. 3 S. 1 ASiG, wenn er den Betriebsrat zugleich zur Kündigung des Betriebsarztes anhören will (*LAG Brem.* 7.11.1997 AuR 1998, 168), sowie für eine Unterrichtung des Betriebsrats über die Personalplanung nach § 92 BetrVG; Unklarheiten, ob insoweit auch das Anhörungsverfahren nach § 102 BetrVG eingeleitet werden soll, gehen zu Lasten des Arbeitgebers (*Fitting* Rz 22). Der an den Betriebsrat gerichtete Hinweis des Arbeitgebers auf eine zu erwartende geringere Auftragslage und deshalb evtl. notwendig werdende Entlassungen bestimmter Arbeitnehmer lässt zunächst nur erkennen, dass der Arbeitgeber damit seiner Verpflichtung aus § 92 BetrVG zur Unterrichtung des Betriebsrats über die Personalplanung nachkommen will; darin liegt aber noch keine Anhörung zur Kündigung der betroffenen Arbeitnehmer (*LAG Düsseld.* 1.8.1974 DB 1974, 191). Ferner liegt in der Unterrichtung des Betriebsrats über beabsichtigte Massenentlassungen nach § 17 Abs. 2 KSchG noch nicht ohne weiteres eine Anhörung nach § 102 BetrVG (*LAG Düsseld.* 8.10.1974 – 4 Sa 1091/74 – nv); denn zur Unterrichtung nach § 17 Abs. 2 KSchG gehört nicht die Mitteilung des Namens und sozialen Daten der Arbeitnehmer, die entlassen werden sollen. Der Arbeitgeber, der mit der Unterrichtung des Betriebsrats nach § 17 Abs. 2 KSchG auch das Anhörungsverfahren nach § 102 BetrVG einleiten will, muss dies daher deutlich zu erkennen geben. Auch in der bloßen Mitteilung des Arbeitgebers, dass der Betrieb stillgelegt werde und sämtlichen Arbeitnehmern gekündigt werden müsse, wird nicht deutlich genug, dass damit das Anhörungsverfahren eingeleitet werden soll (*ArbG Hamburg* 18.2.1991 BB 1992, 637). **53a**

Erforderlich für die Einleitung des Anhörungsverfahrens ist ein **aktueller Kündigungsentschluss** des Arbeitgebers. Der Arbeitgeber darf den Betriebsrat nicht schon zu einem Zeitpunkt unterrichten und damit das Anhörungsverfahren einleiten wollen, in dem die Kündigung noch nicht aktuell, dh **die künftige Entwicklung,** die zu einer Kündigung führen könnte, **noch nicht sicher abzusehen ist.** Denn hier kann wegen der noch nicht absehbaren künftigen Entwicklung der Betriebsrat auch nicht sachgerecht prüfen, ob Widerspruchsgründe iSv § 102 Abs. 3 BetrVG in Betracht kommen. Eine solche »Anhörung auf Vorrat« ist unzulässig und kann ein Anhörungsverfahren nach § 102 Abs. 1 BetrVG nicht einleiten (vgl. *BAG* 26.5.1977 EzA § 102 BetrVG 1972 Nr. 30). Das gilt auch, wenn der Arbeitnehmer ein bestimmtes Verhalten (zB unentschuldigte Fehlzeit) angekündigt hat und der Arbeitgeber beim Eintritt des zu erwartenden Verhaltens, nicht aber wegen der Ankündigung selbst kündigen will. In die- **54**

§ 102 BetrVG   Mitbestimmung bei Kündigungen

sem Fall muss der Arbeitgeber abwarten, bis das zu beanstandende Verhalten des Arbeitnehmers eintritt, und darf erst dann das Anhörungsverfahren einleiten (*BAG* 19.1.1983 EzA § 102 BetrVG 1972 Nr. 50). Ebenso wenig kann der Arbeitgeber das Anhörungsverfahren wirksam einleiten, wenn er seinen Kündigungsentschluss von einem bestimmten künftigen Verhalten des Arbeitnehmers abhängig machen will, zB wenn sich der Arbeitnehmer nicht für einen bestimmten Vorfall entschuldige (*LAG SchlH* 28.6.1994 LAGE § 102 BetrVG 1972 Nr. 42); denn es lässt sich hier nicht absehen, in welcher Form der Arbeitnehmer reagiert bzw. handelt oder nicht handelt. Damit bleibt die Bewertung des künftigen Verhaltens des Arbeitnehmers dem Arbeitgeber überlassen, ohne dass der Betriebsrat dies mitbeurteilen könnte. Hingegen ist es grds. zulässig, dass der Arbeitgeber im Rahmen des Anhörungsverfahrens erklärt, er wolle die Kündigung erst nach Eintritt eines bestimmten objektivierbaren Ereignisses aussprechen, z.B. die Kündigung solle erst nach Abschluss eines Interessenausgleichs und Sozialplans erfolgen; in diesem Fall ist eine nach Abschluss des Interessenausgleichs, aber vor Abschluss eines Sozialplans ausgesprochene Kündigung nicht mehr von dieser Anhörung gedeckt und daher unwirksam (*BAG* 27.11.2003 EzA § 102 BetrVG 2001 Nr. 6 = PflR 2004, 558 m.zust.Anm. *Roßbruch*).

55   Unschädlich für die ordnungsgemäße Einleitung des Anhörungsverfahrens ist, wenn der Arbeitgeber bei Einleitung des Anhörungsverfahrens seinen **Kündigungswillen schon abschließend gebildet** hatte (*BAG* 28.9.1978 EzA § 102 BetrVG 1972 Nr. 39; *Richardi/Thüsing* Rz 75; *Galperin/Löwisch* Rz 40; HSWG-*Schlochauer* Rz 25; *Stege/Weinspach/Schiefer* Rz 31; GK-*Raab* § 102 Rz 39; **aA** *Fitting* Rz 58; DKK-*Kittner* Rz 59 – nur für Extremfälle; *Gester/Zachert* ArbRGgw. Bd. 12, S. 92). Denn einerseits würde das Fehlen eines abschließenden Kündigungswillens als Merkmal der ordnungsgemäßen Einleitung des Anhörungsverfahrens zu großer Rechtsunsicherheit führen, andererseits lässt sich nie von vornherein ausschließen, dass ein Arbeitgeber trotz abschließend gebildetem Kündigungswillen sich von den Argumenten des Betriebsrats beeindrucken lässt und von der Kündigung Abstand nimmt, und schließlich geht der Arbeitgeber, der eine Kündigung gegen den Widerspruch des Betriebsrats ausspricht, das Risiko ein, dass er den Arbeitnehmer gem. § 102 Abs. 5 BetrVG weiterbeschäftigen muss und die Kündigungsschutzklage des Arbeitnehmers gem. § 1 Abs. 2 KSchG erfolgreich ist.

56   Der Arbeitgeber darf weder bei der Einleitung noch im späteren Verlauf des Anhörungsverfahrens durch **arglistige Täuschung,** dh bewusst wahrheitswidrige Behauptung von Tatsachen, oder **rechtswidrige Drohung** Einfluss auf die Entscheidung des Betriebsrats zu nehmen versuchen; denn dies wäre eine verbotene Behinderung der Betriebsratstätigkeit (§ 78 BetrVG). Der Betriebsrat soll seine Entscheidungen im Interesse der Arbeitnehmer des Betriebs ohne äußeren Druck aufgrund möglichst zutreffender Tatsachenangaben treffen können. Eine unzulässige Behinderung der Betriebsratstätigkeit durch den Arbeitgeber im Anhörungsverfahren führt daher zur Unwirksamkeit der Anhörung (s. Rz 114; offen gelassen von *BAG* 24.3.1977 EzA § 102 BetrVG 1972 Nr. 28).

57   Die Einleitung des Anhörungsverfahrens vor einer ordentlichen Kündigung ist **ausnahmsweise entbehrlich,** wenn der Betriebsrat die Kündigung eines bestimmten Arbeitnehmers verlangt und der Arbeitgeber sich deshalb aus den vom Betriebsrat genannten Gründen zur Kündigung entschließt, auch wenn kein Fall des § 104 BetrVG vorliegt (*BAG* 15.5.1997 EzA § 102 BetrVG 1972 Nr. 99 = SAE 1999, 13 mit zust. Anm. *Raab*). Ferner bedarf es keiner erneuten Anhörung des Betriebsrats mehr, wenn er kurz zuvor bei der Anhörung zu einer wegen desselben Kündigungsgrundes beabsichtigten außerordentlichen Kündigung desselben Arbeitnehmers erklärt hat, er könne nur einer ordentlichen Kündigung zustimmen. Die formelle Anhörung zur fristgerechten Kündigung würde hier lediglich aus der Wiederholung der bisherigen Kündigungsgründe bestehen, zu denen der Betriebsrat ja bereits Stellung genommen hatte (*LAG BW* 3.11.1976 DB 1977, 777; *Stege/Weinspach/Schiefer* Rz 43a).

57a   Die **erneute Einleitung** des Anhörungsverfahrens ist **erforderlich,** wenn der Arbeitgeber zunächst vor Ablauf der Anhörungsfrist für den Betriebsrat und damit unwirksam kündigt und die Kündigung nach Ablauf der Anhörungsfrist wiederholen will (*LAG Köln* 25.8.1995 ARSt 1996, 90) oder wenn er nach ordnungsgemäßer Anhörung des Betriebsrats eine Kündigung ausspricht, diese aus anderen Gründen unwirksam ist und er nunmehr die Kündigung mit gleicher Begründung wiederholen will, zB wenn er zunächst die Kündigung ohne eine erforderliche behördliche Genehmigung (z.B. Integrationsamt, Arbeitsbehörde) erklärt und sie nach Einholung der Genehmigung erneut aussprechen will. Denn mit der ersten Kündigung ist die Anhörung des Betriebsrats verbraucht (*BAG* 16.9.1993 EzA § 102 BetrVG 1972 Nr. 84 = EWiR 1994, 175 mit zust. Anm. *v. Hoyningen-Huene*; *LAG Köln* 18. 3. 2004 RzK III 1 a Nr. 122; *LAG Hamm* 13.4.1992 LAGE § 102 BetrVG 1972 Nr. 31; **aA** *LAG Hamm* 10.12.1996 BB 1997, 2002, wenn zwischen erster und zweiter Kündigung nur vier Tage Zeitabstand liegen). Entsprechendes gilt, wenn eine nach § 174 BGB zurückgewiesene Kündigung vom Vertreter des Arbeitgebers anschließend unter Verwendung des gleichen Schreibens – jedoch unter Beifügung der erforderlichen Vollmacht – erneut ausgesprochen wird (*LAG Köln* 30.3.2004 RzK III 1 a Nr. 123) oder der Arbeitgeber die Kündigung (vorsorglich) wiederholt, weil er Zweifel an der Wirksamkeit der ersten Kündigung hat (*BAG* 10.11.2005 EzA § 626 BGB 2002 Nr. 11; 31.1.1996 EzA § 102 BetrVG 1972 Nr. 90; **aA** APS-*Koch* Rz 26) oder wenn er nach ordnungsgemäßer Anhörung des Betriebsrats gegenüber dem Betriebsrat oder in der Betriebsöffentlichkeit (zB Betriebsversammlung) erklärt, die vorgesehene Kündigung werde nicht ausgesprochen, die Kündigung aber nun gleichwohl erklären will (*ArbG Neunkirchen* 15.9.1989 ARSt 1990, 34). Scheitert hingegen eine Kündigung, zu der der Betriebsrat ordnungsgemäß angehört worden ist, an dem fehlenden Zugang an den Arbeitnehmer, ist vor einem erneuten Zustellungsversuch eine nochmalige Anhörung des Betriebsrats dann entbehrlich, wenn zwischen den beiden Zustellungsversuchen ein zeitlicher Zusammenhang besteht und die Kündigung auf denselben Sachverhalt gestützt wird (vgl. *BAG* 7.5.1998 RzK III 1a Nr. 97; 6.2.1997 RzK III 2a Nr. 36; 11.10.1989 EzA § 102 BetrVG 1972 Nr. 78 mit zust. Anm. *Kraft*).

Multinationale Unternehmen sollten über die gesetzlichen Mitteilungspflichten (s. Rz 58 ff.) hinaus dem Betriebsrat – soweit er nicht bereits über den Wirtschaftsausschuss unterrichtet ist – die Informationen liefern, die für sinnvolle Verhandlungen mit der betreffenden Unternehmenseinheit erforderlich sind und die es ihm ermöglichen, ein genaues und richtiges Bild über die wirtschaftliche Lage dieser Einheit und, soweit angebracht, des Gesamtunternehmens zu erhalten (Nr. 54 der dreigliedrigen Grundsatzerklärung über multinationale Unternehmen und Sozialpolitik des Internationalen Arbeitsamtes (IAA) vom 16.11.1977). Nur unter dieser Voraussetzung kann der Betriebsrat sachgerecht zu beabsichtigten Kündigungen Stellung nehmen. 57b

III. Mitteilungspflichten des Arbeitgebers

1. Personalien, Kündigungsart, Kündigungstermin

Zur Anhörung des Betriebsrats nach § 102 Abs. 1 BetrVG gehört, dass der Arbeitgeber gegenüber dem Betriebsrat **seine Kündigungsabsicht eindeutig zu erkennen gibt** und die beabsichtigte Kündigung konkretisiert. Dazu ist erforderlich, dass er die **Person** des zu kündigenden Arbeitnehmers bezeichnet, es sei denn, er beabsichtigt, allen Arbeitnehmern des Betriebs zum gleichen Zeitpunkt zu kündigen und dies dem Betriebsrat entsprechend mitteilt (vgl. *LAG Hamm* 6.4.1995 LAGE § 102 BetrVG 1972 Nr. 52; GK-*Raab* § 102 Rz 47). Zur Bezeichnung der Person gehören neben dem Namen auch die maßgebenden **sozialen Daten des Arbeitnehmers** (s. Rz 58 a), soweit sie dem Arbeitgeber bekannt sind, wobei er sich auf die Mitteilungen des Arbeitnehmers verlassen darf (*Hümmerich* RdA 2000, 352). Aus dem Zweck der Anhörung, den Betriebsrat am Willensbildungsprozess des Arbeitgebers zu beteiligen, folgt aber auch, dass der Arbeitgeber diese Daten – abgesehen von der Namensbezeichnung – dem Betriebsrat **nicht mitzuteilen** braucht, wenn und soweit sie **für seinen Kündigungsentschluss völlig unmaßgeblich** sind (*LAG Köln* 5.10.1994 LAGE 102 BetrVG Nr. 44; in diesem Sinne auch: *Hess. LAG* 24.1.2000 NZA 2001, 34; *LAG Düsseld.* 2.3.1993 LAGE § 102 BetrVG 1972 Nr. 35; aA *BAG* 6.10.2005 EzA § 1 KSchG Verhaltensbedingte Kündigung Nr. 66, nach dem der Arbeitgeber dem Betriebsrat keine persönlichen Umstände des Arbeitnehmers – Lebensalter, Dauer der Betriebszugehörigkeit, evtl. Sonderkündigungsschutz – vorenthalten darf, die sich im Rahmen der Interessenabwägung entscheidend zu seinen Gunsten auswirken können; ähnlich: *Oppertshäuser* NZA 1997, 925). Ist zB eine Führungskraft einer Unterschlagung in Millionenhöhe überführt, kann es für den Kündigungsentschluss des Arbeitgebers ohne Bedeutung sein, wie lange der Mitarbeiter dem Betrieb angehört, wie alt er ist, wie vielen Kindern er Unterhalt schuldet und welche besonderen sozialen Umstände bei ihm vorliegen; dann braucht der Arbeitgeber diese – aus seiner Sicht unerheblichen – Daten auch nicht mitzuteilen (vgl. *BAG* 15.11.1995 EzA § 102 BetrVG 1972 Nr. 89 = AiB 1997, 667 m. abl. Anm. *Wehrisch*, für den Fall, dass der Betriebsrat die ungefähren Daten kennt). 58

Die maßgebenden sozialen Daten, die der Arbeitgeber dem Betriebsrat grds. mitzuteilen hat (Ausnahmen: s. Rz 58, 62i), sind im Einzelnen: **Dauer der Betriebszugehörigkeit, Lebensalter, Unterhaltspflichten und ggf. Schwerbehinderung des Arbeitnehmers** Eine ordentliche Unkündbarkeit des Arbeitnehmers braucht der Arbeitgeber dem Betriebsrat nicht mitzuteilen, wenn er fristlos kündigen will (*LAG Düsseldorf* 24.8.2001 LAGE § 626 BGB Unkündbarkeit Nr. 4), wohl aber, wenn er eine außerordentliche Kündigung mit Auslauffrist erklären will. Nicht mitzuteilen braucht der Arbeitgeber den Grad der Behinderung eines nicht schwerbehinderten Arbeitnehmers (*BAG* 12.1.1995 RzK III 1a Nr. 67) oder die Anschrift des Arbeitnehmers (*LAG Hamm* 27.2.1992 LAGE § 622 BGB Nr. 25). Geht es um die Betriebszugehörigkeit nach einem Betriebsübergang, hat der Arbeitgeber dem Betriebsrat die volle 58a

Dauer der Betriebszugehörigkeit und nicht nur die Dauer der Betriebszugehörigkeit seit der Betriebsübernahme mitzuteilen (*ArbG Reutlingen* 31.1.1995 BB 1995, 677).

58b Die ihm bekannten Daten muss der Arbeitgeber dem Betriebsrat **unaufgefordert** mitteilen (aA *LAG Köln* 28.1.1994 LAGE § 1 KSchG Betriebsbedingte Kündigung Nr. 25, das dies nur für den Fall der Sozialauswahl für erforderlich hält). Hingegen ist der Arbeitgeber nicht verpflichtet, die Richtigkeit dokumentierter Daten zu überprüfen (vgl. *LAG SchlH* 1.4.1999 EzA SD 1999, Nr. 16, S. 9; *LAG BW* 9.11.1990 LAGE § 102 BetrVG 1972 Nr. 25; *Kleinebrink* DB 2005, 2522). Er kann deshalb mangels anderweitiger Kenntnis auch von den Eintragungen in der Lohnsteuerkarte ausgehen (*LAG SchlH* 10.8.2004 NZA-RR 2004, 582), hat dies aber gegenüber dem Betriebsrat zu kennzeichnen, zB »Kinder laut Steuerkarte: Keine« (*BAG* 24.11.2005 EzA § 1 KSchG Krankheit Nr. 51). Eine Obliegenheit, den Arbeitnehmer nach Familienstand und Unterhaltspflichten zu befragen, besteht nicht (*Kleinebrink* DB 2005, 2522). Eine Mitteilung der sozialen Daten ist entbehrlich, soweit sie **dem Betriebsrat bereits bekannt** sind. Für die Angabe der zu kündigenden Personen genügt es nicht, wenn der Arbeitgeber dem Betriebsrat die Zahl der aus einer genau umschriebenen Gruppe zu Entlassenden mitteilt, die Auswahl aber dem Betriebsrat überlässt (*LAG Bln.* 14.9.1981 EzA § 102 BetrVG 1972 Nr. 46; *Bösche* S. 43; GK-*Raab* § 102 Rz 47). Denn die Entscheidung über die Kündigung obliegt dem Arbeitgeber. Er kann hierbei nicht dem Betriebsrat aufgeben, Entscheidungshilfen zu leisten und dadurch Mitverantwortung zu übernehmen. Hierfür fehlt die gesetzliche Grundlage.

58c Soweit es dem Betriebsrat nicht bekannt ist, hat ihm der Arbeitgeber auch mitzuteilen, welche **Tätigkeit** der Arbeitnehmer im Betrieb ausübt und ggf. welche Tätigkeit im Arbeitsvertrag vereinbart ist. Denn nur dann kann der Betriebsrat beurteilen, ob eine Weiterbeschäftigungsmöglichkeit für den Arbeitnehmer in Betracht kommt und er deshalb der Kündigung gemäß § 102 Abs. 3 Nr. 3 oder 5 BetrVG widersprechen soll (APS-*Koch* Rz 95). Auf die Angabe der Tätigkeit kann dann verzichtet werden, wenn sie für den Kündigungsentschluss des Arbeitgebers völlig unmaßgeblich ist.

59 Ferner muss der Arbeitgeber die **Art der Kündigung** (zB ordentliche oder außerordentliche; s. Rz 28 ff.) sowie grds. auch die **Kündigungsfrist** und den **Zeitpunkt, zu dem gekündigt werden soll** (Kündigungstermin) angeben (*BAG* 28.2.1974 EzA § 102 BetrVG 1972 Nr. 8; *Fitting* Rz 25; DKK-*Kittner* Rz 63 ff.; *Stege/Weinspach/Schiefer* Rz 46; aA *BAG* 29.1.1986 EzA § 102 BetrVG 1972 Nr. 64 f.; vgl. auch *BAG* 15.12.1994 EzA § 1 KSchG Betriebsbedingte Kündigung Nr. 75 und 16.9.1993 EzA § 102 BetrVG 1972 Nr. 84, die entscheidend auf die Angabe der Kündigungsfrist abstellen; GK-*Raab* § 102 Rz 52 f. hält weder die Angabe der Kündigungsfrist noch die Angabe des Kündigungstermins für grds. erforderlich). Denn nur wenn der Betriebsrat die Art der Kündigung kennt (ordentliche oder außerordentliche) und weiß, mit welcher Frist zu welchem Termin gekündigt werden soll, kann er die Tragweite der Kündigung abschätzen und evtl. Gegenvorschläge unterbreiten (vgl. auch DKK-*Kittner* Rz 66). Dies gilt insbesondere auch dann, wenn der Arbeitgeber eine **außerordentliche Kündigung mit einer Auslauffrist** aussprechen will (vgl. *BAG* 29.8.1991 EzA § 102 BetrVG 1972 Nr. 82 mit krit. Anm. *Winterfeld*); hierbei hat er auch die Dauer der Auslauffrist anzugeben. Insoweit ist es aber unschädlich, wenn die Ansicht des Arbeitgebers über die Rechtsnatur der von ihm beabsichtigten Kündigung, die er bei der Anhörung des Betriebsrats äußert, objektiv unrichtig ist, zumal wenn die Rechtsnatur nicht ohne weiteres erkennbar ist (*LAG Köln* 5.9.2000 ZTR 2001, 88).

59a Die Angabe der Kündigungsfrist ist **entbehrlich, wenn sie dem Betriebsrat bekannt ist** oder er über die tatsächlichen Umstände für die Berechnung der maßgeblichen Kündigungsfrist unterrichtet ist (*BAG* 15.12.1994 EzA § 1 KSchG Betriebsbedingte Kündigung Nr. 75; 29.3.1990 EzA § 102 BetrVG 1972 Nr. 79 mit Anm. *Marhold*; *LAG Hamm* 16.8.2000 BB 2000, 2472), wovon im Allgemeinen auszugehen ist, zB wenn der Arbeitgeber erklärt, er wolle ordentlich kündigen und dem Betriebsrat bekannt ist, dass im Betrieb die tariflichen Kündigungsfristen angewendet werden. Ist aber im Arbeitsvertrag eine vom Tarifvertrag oder Gesetz abweichende Kündigungsfrist vereinbart, muss sie der Arbeitgeber mitteilen (aA *LAG Hamm* 14.3.1995 LAGE § 102 BetrVG 1972 Nr. 51). Für die Angabe des Kündigungstermins genügt es, wenn der Arbeitgeber dem Betriebsrat mitteilt oder aus den Umständen ersichtlich ist, er wolle demnächst fristgerecht kündigen, und dem zuständigen Gremium des Betriebsrats die maßgebende Kündigungsfrist bekannt (vgl. *BAG* 28.3.1974 EzA § 102 BetrVG 1972 Nr. 9; *LAG Köln* 15.12.1994 LAGE § 102 BetrVG 1972 Nr. 47; *LAG Hamm* 15.7.1993 ZTR 1994, 85 – bei tariflicher Kündigungsfrist). Die Mitteilung sowohl über die Art der Kündigung, die Kündigungsfrist und den Kündigungstermin ist dann entbehrlich, falls darüber nach den besonderen Umständen des Einzelfalles vernünftigerweise keine Zweifel aufkommen können (*BAG* 29.1.1986 EzA § 102 BetrVG 1972 Nr. 64; *LAG Bln.* 6.2.1984 BB 1984, 1428; vgl. auch *BAG* 15.12.1994 EzA § 1 KSchG Betriebsbedingte Kündigung Nr. 75).

Mitbestimmung bei Kündigungen $ 102 BetrVG

Nicht ausreichend ist es, wenn der Arbeitgeber offen lässt, wann, unter Einhaltung welcher Kündi- 59b
gungsfrist und zu welchem Zeitpunkt die Kündigung ausgesprochen werden soll (*BAG* 7.10.1993 RzK
III 1d Nr. 8); insoweit liegt noch nicht einmal eine konkrete Kündigungsabsicht vor (DKK-*Kittner*
Rz 64). Ebenso wenig reicht es aus, wenn der Arbeitgeber dem Betriebsrat zwei mögliche Kündigungstermine nennt, ohne anzugeben, zu welchem Termin der Arbeitnehmer gekündigt werden soll (*LAG
Brem.* 10.6.1986 LAGE § 102 BetrVG 1972 Nr. 19; *Berkowsky* S. 16). Ferner genügt es nicht, wenn der Arbeitgeber dem Betriebsrat bestimmte Arbeitnehmer benennt, die entlassen werden müssten, falls keine
Aufträge mehr kämen; denn damit steht nicht fest, dass und wann Entlassungen durchgeführt werden
sollen (vgl. *LAG Düsseld.* 1.8.1974 DB 1974, 1917).

Keinen ungefähren Kündigungstermin kann der Arbeitgeber nennen, wenn er vor Ausspruch der 60
Kündigung **noch die Zustimmung einer anderen Stelle** (zB Integrationsamt nach § 85 SGB IX, oberste
Landesbehörde nach § 9 Abs. 3 MuSchG) **einzuholen hat.** In diesem Fall genügt es, wenn er den Betriebsrat auf die einzuholende Zustimmung hinweist oder dem Betriebsrat dies bekannt ist. Dann weiß
der Betriebsrat, dass noch einige Zeit vergehen kann, bis die Zustimmung erteilt ist. Der Arbeitgeber
braucht nicht die behördliche Zustimmung abzuwarten, ehe er das Anhörungsverfahren beim Betriebsrat einleitet (*BAG* 1.4.1981 EzA § 102 BetrVG 1972 Nr. 45; vgl. auch *BAG* 5.9.1979 EzA § 12
SchwbG Nr. 8). In dem Hinweis des Arbeitgebers auf die noch einzuholende Zustimmung liegt konkludent die Erklärung, alsbald nach der Erteilung der Zustimmung die Kündigung zum nächstmöglichen Kündigungstermin auszusprechen. In diesem Fall braucht der Arbeitgeber bei unverändertem
Sachverhalt den Betriebsrat nach Erteilung der Zustimmung **nicht erneut zu beteiligen,** selbst wenn
das Zustimmungsverfahren jahrelang dauert (*BAG* 11.3.1998 RzK IV 8a Nr. 45; 18.5.1994 EzA § 611 BGB
Abmahnung Nr. 31). Weiß der Betriebsrat jedoch nichts von einem noch durchzuführenden Zustimmungsverfahren und gibt der Arbeitgeber ausdrücklich oder konkludent nur zu erkennen, »demnächst« kündigen zu wollen, riskiert er, dass die nach einem längeren Zustimmungsverfahren ausgesprochene Kündigung nicht mehr als »demnächst« angesehen werden kann (s. Rz 109 f.). In diesem
Fall muss der Arbeitgeber das Anhörungsverfahren wiederholen. Im Übrigen ist es dem Arbeitgeber
unbenommen, das Anhörungsverfahren nach § 102 BetrVG erst nach Erteilung der erforderlichen Zustimmung einzuleiten.

Bei einer beabsichtigten **Betriebsstilllegung** ist grds. das genaue Datum der Betriebsstilllegung dem 61
Betriebsrat mitzuteilen (*LAG Brem.* 10.6.1986 LAGE § 102 BetrVG 1972 Nr. 19; vgl. auch *LAG Köln*
13.1.1993 EWiR 1993, 545 mit zust. Anm. *Reichold*). Es genügt aber, wenn der Arbeitgeber dem Betriebsrat mitteilt, der Betrieb solle schnellstmöglich vollständig und endgültig aufgegeben werden, alle Arbeitsplätze im Unternehmen würden ersatzlos wegfallen und die Frage einer Sozialauswahl stelle sich
nicht, da allen Mitarbeitern zum nächstmöglichen Termin gekündigt werden solle (*BAG* 18.1.2001 RzK
III 1 b Nr. 37). Hingegen reicht es vor Durchführung des Mitwirkungsverfahrens nach §§ 111 ff. BetrVG
für die Angabe eines Kündigungstermins grds. nicht, wenn der Arbeitgeber dem Betriebsrat seine Absicht bekannt gibt, den Betrieb an einem bestimmten Tag zu schließen (*ArbG Frankf.* 13.12.1977 – 13 Ca
477/77 – nv; *Böhm* BB 1976, 1270; aA *LAG Hamm* 21.7.1975 DB 1975, 1899; *Galperin/Löwisch* Rz 34; GK-*Raab* § 102 Rz 47; *Heinze* S. 181); denn im Hinblick auf das Verfahren zur Herbeiführung eines Interessenausgleichs nach § 112 BetrVG steht aufgrund der Mitteilung des Arbeitgebers noch nicht endgültig
fest, ob der Betrieb tatsächlich und zu dem zunächst beabsichtigten Zeitpunkt stillgelegt wird. Etwas
anderes gilt nur für Unternehmen mit idR weniger als 21 wahlberechtigten Arbeitnehmern, in denen
der Versuch eines Interessenausgleichs nicht unternommen werden muss; hier liegt in der Mitteilung
des Arbeitgebers über die beabsichtigte Betriebsstilllegung regelmäßig zugleich die Mitteilung über
die beabsichtigte ordentliche Kündigung aller Betriebsangehörigen zum Zeitpunkt der Stilllegung
bzw. – falls Arbeitnehmer längere Kündigungsfristen haben – zum frühestmöglichen Zeitpunkt nach
der Stilllegung (insoweit übereinstimmend: *LAG Hamm* 21.7.1975 DB 1975, 1899). Nach Abschluss des
Verfahrens über einen Interessenausgleich nach § 112 BetrVG genügt es für die Angabe des Kündigungstermins, wenn der Arbeitgeber dem Betriebsrat den Zeitpunkt der beabsichtigten Betriebsstilllegung mitteilt. Ist der Betrieb bereits stillgelegt, reicht es aus, wenn der Arbeitgeber dem Betriebsrat
mitteilt, er wolle allen Arbeitnehmern zum nächstmöglichen Termin kündigen (vgl. *BAG* 18.1.2001
RzK III 1 b Nr. 37; *LAG Hamm* 16.8.2000 RzK III 1 b Nr. 33).

2. Kündigungsgründe

Ferner muss der Arbeitgeber dem Betriebsrat die Gründe für die Kündigung mitteilen (§ 102 Abs. 1 62
S. 2 BetrVG). Damit sind nicht nur die wesentlichen Kündigungsgründe gemeint, vielmehr hat der

Arbeitgeber den Betriebsrat über **alle Gesichtspunkte** (Tatsachen und subjektive Vorstellungen) zu unterrichten, **die ihn zu der Kündigung veranlassen** (*Fitting* Rz 41; GK-*Raab* § 102 Rz 55). Hierbei ist allein auf die Umstände abzustellen, die den Arbeitgeber aus seiner subjektiven Sicht zur Kündigung bewogen haben (*BAG* 11.7.1991 EzA § 102 BetrVG 1972 Nr. 81 mit zust. Anm. *Kraft*). Er hat dem Betriebsrat die seiner Ansicht nach maßgeblichen Gründe für die Kündigung mitzuteilen (sog. **subjektive Determination**; *BAG* 6.2.1997 EzA § 102 BetrVG 1972 Nr. 96; 15.11.1995 EzA § 102 BetrVG 1972 Nr. 89; zust. *Berkowsky* NZA 1996, 1069; *BAG* 22.9.1994 EzA § 102 BetrVG 1972 Nr. 86 mit krit. Anm. *Kittner* = SAE 1996, 22 mit abl. Anm. *Boecken*; zust. *Rinke* NZA 1998, 78; **aA** *ArbG Bln.* 24.11.2000 RzK III 1 a Nr. 110; *Kraft* FS Kissel, S. 615 ff.). Dazu gehören auch dem Arbeitgeber bekannte, seinen Kündigungsgründen widerstreitende Umstände (*BAG* 6.2.1997 EzA § 102 BetrVG 1972 Nr. 96; *LAG SchlH* 15.4.1997 DB 1997, 1339), zB Entlastungszeugen für Fehlverhalten des Arbeitnehmers (*LAG Köln* 30.9.1993 LAGE § 102 BetrVG 1972 Nr. 36) oder eine Gegendarstellung des Arbeitnehmers (vgl. *BAG* 31.8.1989 EzA § 102 BetrVG 1972 Nr. 75). Geht der Arbeitgeber aber davon aus, bei dem angeblich entlastenden Umstand handele es sich um ein Täuschungs- und Vertuschungsmanöver, ist er nicht gehalten, diesen Umstand dem Betriebsrat mitzuteilen (*BAG* 27.2.1997 RzK III 1a Nr. 80). **Nicht** zu den Kündigungsgründen gehören die Tatsachen, die einen **Auflösungsantrag** des Arbeitgebers gem. § 9 KSchG **begründen sollen**; zu diesen Tatsachen braucht der Betriebsrat nicht angehört zu werden, es sei denn auf diese Tatsachen soll auch die Kündigung gestützt werden (*BAG* 10.10.2002 EzA § 9 KSchG nF Nr. 46; *v. Hoyningen/Huene/Linck* § 9 Rz 45; *Lunck* NZA 2000, 807 mwN). Eine – aus der Sicht des Arbeitgebers – **bewusst** unrichtige oder unvollständige und dadurch **irreführende Darstellung** des Kündigungssachverhalts stellt hingegen **keine ordnungsgemäße Anhörung** dar (*BAG* 31.1.1996 RzK III 1a Nr. 77; 9.3.1995 RzK III 1a Nr. 70; 22.9.1994 EzA § 102 BetrVG 1972 Nr. 86; *Bitter* FS Stahlhacke, S. 65), zB Vorlage einer Abmahnung über früheres Fehlverhalten des Arbeitnehmers, ohne den Betriebsrat darüber zu informieren, dass eine umfangreiche Gegendarstellung des Arbeitnehmers zu den Personalakten eingereicht wurde (vgl. *BAG* 31.8.1989 EzA § 102 BetrVG 1972 Nr. 75), oder Verschweigen von den Arbeitnehmer entlastenden Umständen bei einer verhaltensbedingten Kündigung (*BAG* 31.1.1996, aaO; *LAG SchlH* 15.4.1997 LAGE § 102 BetrVG 1972 Nr. 58; *Reichel* AiB 2003, 10). Denn wenn dem Betriebsrat gem. § 102 Abs. 2–3 BetrVG Gelegenheit gegeben werden soll, der Kündigung (unter Umständen durch Schweigen) zuzustimmen, Bedenken gegen die Kündigung geltend zu machen oder ihr gar zu widersprechen, muss er die Wirksamkeit der beabsichtigten Kündigung beurteilen können. Das ist aber nur möglich, wenn er alle Tatsachen kennt, auf die der Arbeitgeber seine Kündigung stützen will. Die Mitteilung alternativ erwogener Kündigungsgründe durch den Arbeitgeber genügt nicht (*LAG Köln* 8.2.1996 ARSt 1996, 234). Die Angabe unrichtiger Tatsachen ist unschädlich, wenn sie für den maßgebenden Kündigungssachverhalt **bedeutungslos** sind (vgl. *LAG SchlH* 24.7.2001 LAGE § 1 KSchG Verhaltensbedingte Kündigung Nr. 78; *Raab* Anm. EzA § 102 BetrVG 1972 Nr. 103).

62a Die **maßgebenden Tatsachen** muss der Arbeitgeber dem Betriebsrat **substantiiert mitteilen;** die pauschale Angabe von Kündigungsgründen (zB »Arbeitsverweigerung«) oder die Angabe eines Werturteils allein (zB »ungenügende Arbeitsleistungen«), genügen grds. nicht (vgl. *BAG* 21.7.2005 EzA § 102 BetrVG 2001 Nr. 15; *Galperin/Löwisch* Rz 28a; *Etzel* DB 1973, 1017). Vielmehr muss der Arbeitgeber die die Kündigung begründenden Umstände so genau und umfassend darlegen, dass der Betriebsrat ohne zusätzliche eigene Nachforschungen in der Lage ist, selbst die Stichhaltigkeit der Kündigungsgründe zu prüfen und sich über seine Stellungnahme schlüssig zu werden (*BAG* 21.7.2005 EzA § 102 BetrVG 2001 Nr. 15; 15.11.1995 EzA § 102 BetrVG 1972 Nr. 89; *LAG Köln* 11.1.2006 – 3 Sa 19/05). Die pauschale Umschreibung des Kündigungsgrundes durch ein **Werturteil** (zB »ungenügende Arbeitsleistungen«) oder durch subjektive Vorstellungen des Arbeitgebers (zB »der Arbeitnehmer ist mir unsympathisch«, »er macht keinen vertrauenerweckenden Eindruck«, »genügt nach unserer allgemeinen, subjektiven Einschätzung unseren Anforderungen nicht«), genügt ausnahmsweise, wenn der Arbeitgeber seine Motivation nicht mit konkreten Tatsachen belegen kann (*BAG* 6.6.1991 – 2 AZR 540/90 – nv; 8.9.1988 EzA § 102 BetrVG 1972 Nr. 73 mit krit. Anm. *Schwerdtner* = SAE 1989, 299 mit zust. Anm. *Oetker; Bitter* NZA 1991, Beil. 3 S. 17; *Rinke* NZA 1998, 87; *LAG Bln.* 11.12.2003 RzK III 1 a Nr. 120 und 22.1.1998 LAGE § 102 BetrVG Nr. 68 – bei Kündigungen von Ablauf der Wartefrist nach § 1 Abs. 1 KSchG). Entsprechendes gilt, wenn er die Kündigung allein wegen eines Wunsches des Vorgesetzten des Arbeitnehmers aussprechen will (vgl. *Hess LAG* 12.6.1995 LAGE § 102 BetrVG 1972 Nr. 50). In diesen Fällen wird die Kündigung jedoch regelmäßig sozialwidrig sein, weil der Arbeitgeber im Kündigungsschutzprozess weitere, ihm bei der Kündigung bekannte Kündigungstatsachen nicht nachschieben darf (s. Rz 185e). Teilt der Arbeitgeber dem Betriebsrat bestimmte Tatsachen, die die Kündigung

Mitbestimmung bei Kündigungen § 102 BetrVG

begründen sollen, erst nachträglich, ggf. auf **Nachfrage** mit, sind diese Tatsachen im Kündigungsschutzprozess verwertbar, wenn der Arbeitgeber vor der Kündigung nochmals die Anhörungsfrist des § 102 Abs. 2 BetrVG (s. Rz 86 ff.) oder die abschließende Stellungnahme des Betriebsrats (s. Rz 102 ff.) abwartet (*BAG* 6.2.1997 EzA § 102 BetrVG 1972 Nr. 96; *LAG SchlH* 15.4.1997 LAGE § 102 BetrVG 1972 Nr. 58). Eine bestimmte **Form** ist für die Unterrichtung des Betriebsrats nicht vorgeschrieben; daher bedarf die Unterrichtung des Betriebsrats auch dann nicht der Schriftform, wenn der Kündigungssachverhalt ungewöhnlich komplex ist (*BAG* 6.2.1997 EzA § 102 BetrVG 1972 Nr. 96).

Diese Grundsätze gelten **auch, wenn der betroffene Arbeitnehmer noch keinen Kündigungsschutz nach dem Kündigungsschutzgesetz genießt** (*BAG* 16.9.2004 EzA § 102 BetrVG 2001 Nr. 10 = ZBVR 2004, 62 m. zust. Anm. *Ilbertz*; 18.5.1994 EzA § 102 BetrVG 1972 Nr. 85 mit zust. Anm. *Strickel* = AP Nr. 64 zu § 102 BetrVG 1972 mit krit. Anm. *Kraft* = BetrR 1995, 46 mit krit. Anm. *Preuß*; *Klebe/Schumann* DB 1977, 1276; aA *ArbG Köln* 25.3.1977 DB 1977, 1275, das an die Begründungspflicht des Arbeitgebers geringere Anforderungen stellt; ebenso *Otten* FS Stege, S. 63 ff.; *Schwerdtner* ZIP 1983, 409; *HSWG-Schlochauer* Rz 42 mwN) oder – in Betrieben mit idR bis zu fünf bzw. zehn Arbeitnehmern – nicht genießen kann (vgl. § 23 Abs. 1 S. 2 KSchG). Dies gilt auch für Kündigungen in der Probezeit (*Preis/Kliemt/Ulrich* AR-Blattei SD 1270 Rz 327); die Begründung »Trennung in der Probezeit« reicht daher nicht aus (*BAG* 24.8.1983 – 7 AZR 475/81 – nv; *Bitter* NZA 1991, Beil. 3 S. 17). Jedoch wird dann, wenn der Arbeitnehmer noch keinen Kündigungsschutz genießt, der Kündigungsentschluss des Arbeitgebers häufig allein von subjektiven, durch Tatsachen nicht belegbaren Vorstellungen bestimmt; in diesem Fall genügt es, wenn der Arbeitgeber dem Betriebsrat seine **subjektiven Wertungen** mitteilt (s. Rz 62a; *BAG* 16.9.2004 EzA § 102 BetrVG 2001 Nr. 10; 3.12.1998 EzA § 102 BetrVG 1972 Nr. 100 mit zust. Anm. *Bährle*; *LAG Schlh.* 30.10.2002 RzK III 1 a Nr. 113; *Deich* Personalleiter 2005, 147).   62b

Im Einzelnen bedeutet dies: 62c

a) Die Mitteilung von **Scheingründen** oder die unvollständige Mitteilung von Kündigungsgründen unter bewusster Verschweigung der wahren Kündigungsgründe genügt für eine ordnungsgemäße Anhörung nicht (in diesem Sinne auch: *LAG SchlH* 12.10.1987 BB 1987, 2300; *Oetker* FS Kraft S. 445); denn hier hat der Arbeitgeber den Betriebsrat über die Gesichtspunkte, die ihn zu der Kündigung veranlassen, gerade nicht unterrichtet. Kommen hingegen – auch aus der Sicht des Arbeitgebers – für eine Kündigung mehrere Sachverhalte (Kündigungsgründe) in Betracht, führt das bewusste Verschweigen eines von mehreren Sachverhalten nicht zur Unwirksamkeit der Anhörung (*BAG* 16.9.2004 EzA § 102 BetrVG 2001 Nr. 10), sondern nur dazu, dass sich der Arbeitgeber im Kündigungsschutzprozess nicht auf den verschwiegenen Kündigungsgrund berufen darf (s. Rz 111).

b) Bei einer **betriebsbedingten** Kündigung genügt es nicht, dass der Arbeitgeber lediglich auf eine getroffene Unternehmerentscheidung hinweist (*Griese* BB 1990, 1899) oder seine Motive für die geplante (nicht näher konkretisierte) Umorganisation (zB Kosteneinsparung) ausführlich erläutert (*LAG Hamm* 30.9.1999 EzA SD 2000, Nr. 1, S. 11) oder eine pauschale Begründung, zB »Auftragsmangel« oder »Rationalisierungsmaßnahme«, angibt. Vielmehr muss er bei außerbetrieblichen Gründen (Auftragsmangel, Umsatzrückgang usw.) diese Gründe und ihre unmittelbare Auswirkung auf den Arbeitsplatz im Einzelnen darlegen und bei innerbetrieblichen Gründen (Produktionsumstellung, Rationalisierungsmaßnahmen, Umverteilung von Aufgaben, Personalabbau) diese Gründe und die deshalb beabsichtigten organisatorischen Maßnahmen mit ihren Auswirkungen auf die Arbeitsplätze näher erläutern (vgl. auch *KreisG Arnstadt* 2.5.1991 BetrR 1991, 291). Der Abschluss eines Interessenausgleichs mit Namensliste zwischen Arbeitgeber und Betriebsrat macht die Anhörung des Betriebsrats zu den Kündigungen nicht entbehrlich (*BAG* 20.5.1999 EzA § 102 BetrVG 1972 Nr. 101) und führt auch nicht zu erleichterten Anforderungen an die Betriebsratsanhörung (*BAG* 28.8.2003 EzA § 102 BetrVG 2001 Nr. 4 = SAE 2005, 48 m. krit. Anm. *Leipold*; *LAG Hamm* 3.4.2006 – 13 Sa 1776/05; jedoch kann die Anhörung mit den Verhandlungen über den Interessenausgleich verbunden werden (*BAG* 20.5.1999 EzA § 102 BetrVG 1972 Nr. 102 mit zust. Anm. *Bernstein*; *LAG Hamm* 7.2.2001 RzK IV 5 Nr. 30; *Fleddermann* ZInsO 2004, 1301; *Kirsch/Strybny* BB 2005, Special 14, S. 10) oder der Arbeitgeber kann im Rahmen der Anhörung nach § 102 BetrVG auf seine Unterrichtung im Rahmen der Interessenausgleichsverhandlungen verweisen (*ArbG Berlin* 11.8.2004 RzK III 1 a Nr. 127). Bei einer **Betriebsstilllegung** genügt die Angabe des Datums der Stilllegung (s. Rz 61); einer weiteren Begründung bedarf es nicht (*LAG Hamm* 6.4.1995 LAGE § 102 BetrVG 1972 Nr. 52), insbesondere nicht der wirtschaftlichen Hintergründe und der Motive der Stilllegung (*Thür. LAG* 16.10.2000 EzA SD 2001, Nr. 4, S. 13). Bei einer **etappenweisen Betriebsstilllegung** ist jedoch die Angabe erforderlich, inwieweit die Produktion oder Dienstleistungen zunächst eingeschränkt werden und welche Arbeitnehmer noch zur weiteren Produktion oder zu   62d

§ 102 BetrVG   Mitbestimmung bei Kündigungen

Dienstleistungen benötigt und welche Arbeitnehmer entlassen werden sollen (*BAG* 14.8.1986 – 2 AZR 683/85 – nv; *LAG Hamm* 17.2.1995 LAGE § 102 BetrVG 1972 Nr. 54).

62e Hingegen ist es bei betriebsbedingten Gründen **nicht erforderlich**, dass der Arbeitgeber konkrete Ausführungen dazu macht, **ob eine Weiterbeschäftigung auf einem anderen Arbeitsplatz möglich ist** (ebenso: *Bitter* NZA 1991, Beil. 3 S. 19); in der mitgeteilten Kündigungsabsicht liegt bereits die Verneinung einer Weiterbeschäftigungsmöglichkeit (*BAG* 29.3.1990 EzA § 1 KSchG Soziale Auswahl Nr. 29 mit zust. Anm. *Preis* = SAE 1991, 203 mit zust. Anm. *Pottmeyer*; APS-*Koch* Rz 110; in diesem Sinne auch *BAG* 22.9.2005 EzA § 1 KSchG Betriebsbedingte Kündigung Nr. 142). Hat jedoch der Betriebsrat vor Einleitung des Anhörungsverfahrens Auskunft über Weiterbeschäftigungsmöglichkeiten für den zu kündigenden Arbeitnehmer auf einem konkreten, kürzlich frei gewordenen Arbeitsplatz verlangt, muss der Arbeitgeber dem Betriebsrat mitteilen, warum aus seiner Sicht eine Weiterbeschäftigungsmöglichkeit des Arbeitnehmers auf diesem Arbeitsplatz nicht möglich ist; andernfalls ist die Anhörung nach § 102 BetrVG nicht ordnungsgemäß (*BAG* 17.2.2000 EzA § 102 BetrVG 1972 Nr. 103 mit krit. Anm. *Raab*). Ist hierbei die Unterrichtung des Betriebsrats über fehlende Weiterbeschäftigungsmöglichkeiten auf dem benannten Arbeitsplatz objektiv falsch und wird dies vom Betriebsrat innerhalb der Anhörungsfrist gerügt, hat der Arbeitgeber dem Betriebsrat ergänzend mitzuteilen, warum aus seiner Sicht trotzdem eine Weiterbeschäftigung des Arbeitnehmers auf diesem Arbeitsplatz nicht in Betracht kommt (*BAG* 17.2.2000 EzA § 102 BetrVG 1972 Nr. 103). Diese notwendige ergänzende Mitteilung des Arbeitgebers setzt die Anhörungsfrist des § 102 Abs. 2 BetrVG erneut in Lauf. Wird dem Arbeitgeber erst nach Einleitung des Anhörungsverfahrens oder vor Ausspruch der Kündigung vom Arbeitnehmer oder vom Betriebsrat eine konkrete Weiterbeschäftigungsmöglichkeit benannt, die bisher nicht in Diskussion stand, ist dies ohne Einfluss auf das vom Arbeitgeber wirksam eingeleitete Anhörungsverfahren und verlängert die Anhörungsfrist nicht, wenn der Arbeitgeber hierzu Stellung nimmt (in diesem Sinne: *BAG* 15.3.2001 RzK III 1 b Nr. 35). Der Arbeitgeber hat dann erst im Kündigungsschutzprozess auf entsprechende Rüge substantiiert darzulegen, aus welchen Gründen eine solche Umsetzung nicht möglich war; hierbei handelt es sich nicht um ein unzulässiges Nachschieben von Kündigungsgründen, sondern lediglich um eine zulässige Erläuterung des Kündigungsgrundes (*BAG* 21.9.2000 EzA § 1 KSchG Betriebsbedingte Kündigung Nr. 107 = SAE 2001, 253 mit zust. Anm. *Joussen*; s. auch Rz 70).

62f Zu den Kündigungstatsachen, die der Arbeitgeber dem Betriebsrat unaufgefordert mitteilen muss, gehören auch die **Kriterien für die Auswahl** der von den beabsichtigten Kündigungen betroffenen Arbeitnehmer, dh die Gründe, die gerade zur Auswahl dieser Arbeitnehmer geführt haben, wozu auch die Sozialdaten der vergleichbaren Arbeitnehmer gehören (*BAG* 29.3.1984 EzA § 102 BetrVG 1972 Nr. 55 mit zust. Anm. *Moll* = AR-Blattei, Kündigungsschutz: Entsch. 252 mit krit. Anm. *Löwisch* = SAE 1985, 88 mit abl. Anm. *Reuter*; *Fitting* Rz 30; *Bösche* S. 50; *Kühnreich* AnwBl 2006, 696; **aA** HSWG-*Schlochauer* Rz 37; *Stege/Weinspach/Schiefer* Rz 60; zweifelnd: *Isenhardt* FS 50 Jahre BAG, S. 953 f). Dies gilt auch bei betriebsbedingten **Änderungskündigungen** (*LAG BW* 5.10.1984 NZA 1985, 126).

62g Die Verpflichtung des Arbeitgebers zur **unaufgeforderten Mitteilung der Auswahlkriterien** ist aus folgenden Gründen sachlich berechtigt: erstens kann von der zutreffenden (sozialen) Auswahl die Wirksamkeit einer betriebsbedingten Kündigung abhängen (vgl. § 1 Abs. 3 KSchG), zu der der Betriebsrat ja Stellung nehmen soll, zweitens wird dem Betriebsrat gerade wegen unzutreffender (sozialer) Auswahl ein Widerspruchsrecht eingeräumt (§ 102 Abs. 3 Nr. 1 BetrVG), so dass er die zugrunde liegenden Auswahlgesichtspunkte kennen muss. Es kommt deshalb nicht darauf an, dass die Kriterien für die Auswahl der zur Kündigung vorgesehenen Arbeitnehmer objektiv kein unmittelbarer Kündigungsgrund sind, sondern als Kündigungsgrund hier nur die »betriebsbedingten Gründe« in Betracht kommen. Da andererseits der Arbeitgeber nur die Tatsachen mitteilen muss, die für seinen Kündigungsentschluss maßgebend sind (s. Rz 63; in diesem Sinne auch: *BAG* 29.3.1984 EzA § 102 BetrVG 1972 Nr. 55; **aA** *Reuter* SAE 1985, 92), bedeutet die Pflicht zur Mitteilung seiner Auswahlgesichtspunkte **nicht automatisch die Pflicht zur Mitteilung der Gründe für eine Sozialauswahl**. Auswahlgründe, auf die der Arbeitgeber nicht abstellen will, braucht er dem Betriebsrat nicht mitzuteilen (*BAG* 5.10.1995 RzK III 1b Nr. 24; vgl. auch *Hess. LAG* 24.1.2000 RzK III 1 b Nr. 30).

62h Der Arbeitgeber hat daher nur dann, wenn er die Auswahl der Arbeitnehmer **tatsächlich nach sozialen Gesichtspunkten vorgenommen hat**, dem Betriebsrat die Sozialdaten (Dauer der Betriebszugehörigkeit, Lebensalter, Unterhaltspflichten, Schwerbehinderung und sonstige berücksichtigte soziale Kriterien) der zur Kündigung anstehenden und der von ihm in die Sozialauswahl einbezogenen (vergleichbaren) Arbeitnehmer sowie die Gesichtspunkte, nach denen er bei der Sozialauswahl vorgegangen ist, mitzuteilen (*BAG* 20.5.1999 EzA § 102 BetrVG 1972 Nr. 102 mit zust. Anm. *Bernstein*; *Löwisch/Kaiser* Rz 13). Hierbei ist zu beachten, dass der Arbeitgeber wegen der subjektiven Determination seiner Mitteilungspflichten (s. Rz 62) diese Mitteilungspflicht auch dann erfüllt, wenn er zwar **alle für ihn subjektiv erheblichen Auswahlüberlegungen** darlegt, sich aber aus seiner Auskunft ergibt, dass er nicht alle nach dem Gesetz maßgeblichen Sozialdaten berücksichtigt, auf ungeeignete Kriterien abgestellt hat oder die von ihm beachteten Kriterien im Kündigungsschutzprozess bei objektiver Würdigung noch weiter der Konkretisierung bedürfen (*BAG* 30.6.1988 RzK III 1 b Nr. 12; *Bayer* DB 1992, 784; **aA** *LAG Köln* 4.4.2001 AiB 2002, 314: Mitteilung von Umständen erforderlich, bei denen offensichtlich ist, dass sie für die Beteiligung des Betriebsrats wichtig sind, zB allein erziehende Arbeitnehmer; *LAG BW* 30.11.1976 BB 1977, 294; vgl. auch *Linck* S. 156, nach dem der Arbeitgeber Angaben über die drei Grunddaten Betriebszugehörigkeit, Lebensalter und Unterhaltspflichten der von ihm in die Auswahlentscheidung einbezogenen Arbeitnehmer machen muss).

Hat der Arbeitgeber hingegen **die Auswahl** etwa nach Leistungs-, **nicht** aber **nach sozialen Gesichtspunkten** getroffen, so muss er dem Betriebsrat nur die Leistungsgesichtspunkte mitteilen, nach denen er die Auswahl getroffen hat; damit hat er seine Unterrichtungspflicht erfüllt. Ist nach Auffassung des Arbeitgebers eine **Sozialauswahl überflüssig**, weil kein mit dem zu kündigenden Arbeitnehmer vergleichbarer Arbeitnehmer vorhanden ist oder weil er – bei einer Betriebsstilllegung – allen Arbeitnehmern kündigen will (*BAG* 18.1.2001 EzA § 1 KSchG Betriebsbedingte Kündigung Nr. 109) oder weil der Arbeitnehmer dem Übergang seines Arbeitsverhältnisses auf einen Betriebserwerber (§ 613 a BGB) widersprochen habe, braucht er dem Betriebsrat überhaupt keine Auswahlgesichtspunkte mitzuteilen (*BAG* 22.3.2001 EzA Art. 101 GG Nr. 5; 24.2.2000 EzA § 102 BetrVG 1972 Nr. 104; 7.11.1996 RzK III 1b Nr. 26); insoweit ist auch eine Unterrichtung des Betriebsrats über Familienstand und Unterhaltspflichten der zu kündigenden Arbeitnehmer nicht erforderlich (*BAG* 13.5.2004 EzA § 102 BetrVG 2001 Nr. 7 = EWiR 2004, 1011 m. zust. Anm. *Feichtinger*). Ggf. kann sich der Arbeitgeber auch auf die Mitteilung beschränken, es seien keine vergleichbaren Arbeitnehmer vorhanden, selbst wenn dies bei objektiver Betrachtung nicht zutrifft (*BAG* 16.1.1987 RzK III 1b Nr. 9; *LAG BW* 18.11.1994 – 2 Sa 33/94 – nv). Hat der Arbeitgeber hingegen in die Sozialauswahl deshalb bestimmte Arbeitnehmer nicht einbezogen, weil ihre Weiterbeschäftigung im betrieblichen Interesse liegt (§ 1 Abs. 3 S. 2 BetrVG), hat er dies dem Betriebsrat mitzuteilen und das betriebliche Interesse zu bezeichnen (*LAG Bln.* 20.8.1996 LAGE § 1 KSchG Soziale Auswahl Nr. 19).

62i

Die **fehlende Kenntnis des Betriebsrats von den Sozialdaten** der mit den zu kündigenden vergleichbaren Arbeitnehmer kann zwar dazu führen, dass es ihm vorerst unmöglich ist, von seinem Widerspruchsrecht nach § 102 Abs. 3 Nr. 1 BetrVG (fehlerhafte Sozialauswahl) Gebrauch zu machen. Das ist aber hinzunehmen, weil dadurch Interessen der betroffenen Arbeitnehmer nicht beeinträchtigt werden. Denn legt der Arbeitgeber im Kündigungsrechtsstreit trotz Verlangens des Arbeitnehmers die Gründe für die getroffene soziale Auswahl nicht dar (zur Darlegungslast des Arbeitgebers s. KR-*Griebeling* § 1 KSchG Rz 685 f.), ist der Kündigungsschutzklage wegen fehlender Darlegung ihrer sozialen Rechtfertigung stattzugeben. Darüber hinaus ist dem Arbeitnehmer wegen der offensichtlichen Erfolgsaussichten der Kündigungsschutzklage ein Weiterbeschäftigungsanspruch während des Kündigungsrechtsstreits zuzubilligen (vgl. *BAG* 26.5.1977 EzA § 611 BGB Beschäftigungspflicht Nr. 2). Will der Arbeitgeber hingegen aufgrund des Verlangens des Arbeitnehmers Gründe für eine soziale Auswahl in den Kündigungsschutzprozess einführen, ist der Betriebsrat vorher hierzu zu hören. Die sozialen Auswahlgesichtspunkte, die der Arbeitgeber bei Ausspruch der Kündigung nicht erwogen hat, sind dem Betriebsrat erst dann mitzuteilende Kündigungstatsachen, sobald sie aufgrund des Verlangens des Arbeitnehmers nach § 1 Abs. 3 S. 1 KSchG für die soziale Rechtfertigung der Kündigung relevant sind (s. Rz 66). Die nachträgliche Anhörung des Betriebsrats zu den sozialen Auswahlgesichtspunkten ist hier aus denselben Gründen geboten, die eine Anhörung bei nachgeschobenen Kündigungsgründen, die der Arbeitgeber erst nach Ausspruch der Kündigung erfährt, erforderlich machen (s. Rz 187 f.; in diesem Sinne auch *LAG Hamm* 28.1.1999 EzA SD 1999, Nr. 7, S. 12; **aA** *BAG* 7.11.1996 RzK III 1b Nr. 26; 15.6.1989 EzA § 1 KSchG Soziale Auswahl Nr. 27, das eine nachträgliche Anhörung des Betriebsrats nicht für erforderlich hält, da es sich nur um eine Konkretisierung des bisherigen Kündigungssachverhalts – s. hierzu Rz 70 – handele; ferner *LAG Hamm* 26.11.1998 BuW 1999, 560; **aA** auch *Felser* AiB 2004, 34, der es dem Arbeitgeber wegen fehlender vorheriger Kenntnis des Betriebsrats von den Sozialdaten verwehrt, im Kündigungsschutzprozess zur Sozialauswahl vorzutragen). Der Betriebsrat ist nunmehr in der Lage zu prüfen, ob ein Widerspruch gegen die Kündigung nach § 102 Abs. 3 Nr. 1 BetrVG in Betracht kommt.

62j

62k Will der Betriebsrat, obwohl der Arbeitgeber bei der Kündigung keine Auswahl nach sozialen Gesichtspunkten getroffen hat, sich von sich aus ein Bild darüber machen, ob die beabsichtigten Kündigungen unter sozialen Gesichtspunkten gerechtfertigt sind, so kann er **vom Arbeitgeber verlangen, dass dieser** dem Betriebsrat **die maßgebenden sozialen Daten** (Dauer der Betriebszugehörigkeit, Lebensalter, Unterhaltspflichten, Schwerbehinderung) aller mit den zu kündigenden vergleichbaren Arbeitnehmer **mitteilt**, soweit sie dem Betriebsrat nicht bekannt sind (§ 80 Abs. 2 S. 1 BetrVG; *LAG Düsseld.* 5.1.1976 BB 1976, 1462; *Hanau* Anm. EzA § 102 BetrVG 1972 Nr. 37; *Linck* S. 158; *Moll* Anm. EzA § 102 BetrVG 1972 Nr. 55; **aA** *Fenski* S. 37, 47, der aber aus dem Widerspruchsrecht des Betriebsrats nach § 102 Abs. 3 Nr. 1 BetrVG herleiten will, dass der Arbeitgeber dem Betriebsrat alle sozialen Gesichtspunkte, sowohl die für, als auch die gegen den zu Kündigenden sprechen, mitzuteilen und alle Unterlagen über die sozialen Gesichtspunkte vorzulegen hat). Der Arbeitgeber ist verpflichtet, dem Verlangen des Betriebsrats unverzüglich nachzukommen. Dadurch wird aber die Äußerungsfrist für den Betriebsrat nach § 102 Abs. 2 BetrVG weder neu in Gang gesetzt noch verlängert (**aA** *BAG* 6.7.1978 EzA § 102 BetrVG 1972 Nr. 37). Denn die Mitteilung der Sozialdaten ist hier keine auf § 102 Abs. 1 BetrVG beruhende Pflicht (s. Rz 66). Die Verletzung dieser Pflicht allein führt daher auch nicht zur Unwirksamkeit der Kündigung (ebenso: *Moll* aaO; **aA** *Hanau* aaO).

62l Der **Betriebsrat ist nicht verpflichtet,** dem Verlangen des Arbeitgebers nachzukommen, unter mehreren Arbeitnehmern, die für eine betriebsbedingte Kündigung in Betracht kommen, diejenigen **auszuwählen,** denen gekündigt werden soll. Es ist vielmehr Sache des Arbeitgebers, die Auswahl zu treffen. Wählt der Betriebsrat jedoch – entsprechend dem Verlangen des Arbeitgebers – eine bestimmte Anzahl zu kündigender Arbeitnehmer aus und kündigt der Arbeitgeber nur einem Teil der ausgewählten Arbeitnehmer, ohne hierzu vorher den Betriebsrat anzuhören, liegt keine ordnungsgemäße Anhörung nach § 102 Abs. 1 BetrVG vor (*LAG Bln.* 14.9.1981 LAGE § 102 BetrVG 1972 Nr. 10).

63 c) Bei einer **krankheitsbedingten** Kündigung hat der Arbeitgeber dem Betriebsrat grds. die einzelnen Fehlzeiten aus der Vergangenheit mitzuteilen. Wenn allerdings der Arbeitnehmer seit Beginn eines langjährigen Arbeitsverhältnisses fortlaufend jedes Jahr überdurchschnittliche Krankheitszeiten aufzuweisen hat, kann es uU ausreichen, dass der Arbeitgeber lediglich nach Jahren gestaffelt die überdurchschnittliche Krankheitshäufigkeit darlegt und die Entgeltfortzahlungskosten der letzten Jahre in einem Gesamtbetrag mitteilt (*BAG* 7.11.2002 EzA § 174 BGB 2002 Nr. 1). Darüber hinaus hat der Arbeitgeber die Art der jeweiligen Erkrankung anzugeben, sofern sie ihm bekannt ist (vgl. *ArbG Passau* 22.6.1978 ARSt 1979, 46), weil daraus ggf. Schlüsse auf künftige Fehlzeiten gezogen werden können (ebenso: *Bayer* DB 1992, 783; **aA** *BAG* 12.4.1984 – 2 AZR 76/83 und 439/83 – nv, nach dem sich der Arbeitgeber darauf beschränken darf, die Fehlzeiten in der Vergangenheit darzulegen, weil diese eine Indizwirkung für die Zukunft entfalten; ebenso: *Rummel* NZA 1984, 77).

63a In der Angabe der Fehlzeiten mag zwar unausgesprochen die Erklärung des Arbeitgebers liegen, dass er auch künftig mit wiederholten krankheitsbedingten Fehlzeiten rechnet und diese ihn wirtschaftlich und betrieblich übermäßig belasten (so: *LAG Hamm* 3.3.1982 DB 1982, 1624). Darauf darf sich der Arbeitgeber aber im Allgemeinen nicht beschränken (ebenso: *LAG Hamm* 24.5.1983 BB 1984, 210; *Schumann* DB 1984, 1879; *Wenzel* Rz 272; **aA** *LAG Düsseld.* 21.10.1982 DB 1983, 723). Denn diese pauschale Begründung ermöglicht dem Betriebsrat oft nicht, die Stichhaltigkeit des Kündigungsgrundes zu überprüfen. Deshalb muss der Arbeitgeber dem Betriebsrat über die einzelnen Fehlzeiten hinaus auch **konkrete Tatsachen mitteilen, aus denen sich eine erhebliche Beeinträchtigung betrieblicher Interessen** – Betriebsablaufstörungen, erhebliche wirtschaftliche Belastungen – **ergibt** (*BAG* 9.4.1987 EzA § 1 KSchG Nr. 18), z.B. Höhe der Entgeltfortzahlungskosten (vgl. *LAG SchlH* 1.9.2004 LAGE § 102 BetrVG 2001 Nr. 4), es sei denn die Beeinträchtigungen sind dem Betriebsrat bekannt (*Becker-Schaffner* DB 1996, 427) oder offensichtlich. Ferner muss der Arbeitgeber die Tatsachen mitteilen, die belegen sollen, dass diese Beeinträchtigungen vom Arbeitgeber billigerweise nicht mehr hingenommen werden müssen (vgl. *BAG* 24.11.1983 EzA § 102 BetrVG 1972 Nr. 54; *LAG Hamm* 7.2.1984 AuR 1984, 254; *Hohmeister* NZA 1991, 211; *Rummel* aaO; *Schumann* DB 1984, 1878; **aA** *LAG Düsseld.* 19.9.1979 DB 1980, 117; *ArbG Wiesbaden* 29.7.1982 DB 1983, 181). Will aber der Arbeitgeber die Kündigung allein auf krankheitsbedingte Fehlzeiten und die hierfür aufgewandten Entgeltfortzahlungskosten stützen, genügt die Mitteilung der krankheitsbedingten Fehlzeiten und ihrer zeitlichen Lage sowie der Höhe der Entgeltfortzahlungskosten (*BAG* 2.11.1989 RzK III 1b Nr. 13).

63b Bei einer krankheitsbedingten Kündigung, die der Arbeitgeber auf die **dauernde Unmöglichkeit** des Arbeitnehmers, **die geschuldete Arbeitsleistung zu erbringen,** stützen will, braucht er dem Betriebsrat keine darüber hinausgehenden Betriebsbeeinträchtigungen mitzuteilen (*BAG* 30.1.1986 RzK III 1b

Mitbestimmung bei Kündigungen § 102 BetrVG

Nr. 5). Will der Arbeitgeber die Kündigung auf **gesundheitliche Nichteignung** des Arbeitnehmers für seinen Arbeitsplatz stützen, braucht er dem Betriebsrat nur das hierfür ausschlaggebende Leiden mitzuteilen, weil dies die Kündigung trägt. Die Unterrichtung des Betriebsrats über alle weiteren Krankheitsursachen ist daher entbehrlich (*LAG Hamm* 27.2.1992 LAGE § 622 BGB Nr. 25).

d) Bei einer **verhaltensbedingten** (ordentlichen oder außerordentlichen) Kündigung muss der Arbeitgeber dem Betriebsrat die Vorfälle genau bezeichnen, die die Kündigung rechtfertigen sollen, und ihm gegebenenfalls auch mitteilen, dass und warum der Arbeitnehmer abgemahnt wurde. Zur vollständigen Mitteilung des Kündigungssachverhalts gehört hier auch, dass der Arbeitgeber dem Betriebsrat mitteilt, zu welchem Ergebnis seine Nachforschungen zur Aufklärung des Sachverhalts geführt haben. Kann etwa der einzige in Betracht kommende Tatzeuge den von einem Zeugen vom Hörensagen erhobenen Vorwurf einer schweren Pflichtwidrigkeit nicht bestätigen, muss der Arbeitgeber dies dem Betriebsrat mitteilen (*BAG* 2.11.1983 EzA § 102 BetrVG 1972 Nr. 53). Das gleiche gilt für Gegendarstellungen des Arbeitnehmers (*BAG* 17.2.1994 RzK II 2 Nr. 7; *Felser* AiB 2004, 33). Werden dem Arbeitgeber nach der Anhörung des Betriebsrats, aber noch vor Ausspruch der Kündigung den Arbeitnehmer entlastende Umstände bekannt, hat er hierzu den Betriebsrat zu hören (*LAG BW* 11.8.2006 – 2 Sa 10/06). Ausführungen dazu, inwieweit sich das Verhalten des Arbeitnehmers störend auf den Betriebsablauf auswirkte, braucht der Arbeitgeber nur dann zu machen, wenn sich die Störung nicht bereits aus dem Verhalten des Arbeitnehmers ergibt, was meist der Fall sein dürfte (zB bei Arbeitsverweigerungen, Schlägereien, Beleidigungen). Auch betriebstypische Störungen des Betriebsablaufs bei wiederholten Verspätungen des Arbeitnehmers braucht der Arbeitgeber dem Betriebsrat nicht mitzuteilen, weil solche Verspätungsfolgen dem Betriebsrat im Allgemeinen bekannt sind (*BAG* 27.2.1997 EzA § 1 KSchG Verhaltensbedingte Kündigung Nr. 51 mit zust. Anm. *Friese*). 64

Andererseits braucht der Arbeitgeber **den Arbeitnehmer entlastende Umstände nicht mitzuteilen, wenn** diese für seine Kündigungsüberlegungen **völlig unerheblich waren**. Will zB der Arbeitgeber die Kündigung allein auf ein Fehlverhalten oder Minderleistungen des Arbeitnehmers und darauf beruhenden Störungen des Arbeitsverhältnisses bzw. Differenzen mit Arbeitskollegen stützen ohne Rücksicht darauf, auf welche Ursachen die Störungen bzw. die Minderleistungen beruhen, genügt es, wenn er den Betriebsrat über das Fehlverhalten bzw. die Minderleistungen und Differenzen unterrichtet. Es ist dann nicht erforderlich, dass er dem Betriebsrat das Fehlverhalten oder auch die von dem Arbeitnehmer angeführten Ursachen für die Minderleistungen (zB krankhafter Befund, konkrete Arbeitsbedingungen) mitteilt (*BAG* 11.7.1991 EzA § 102 BetrVG 1972 Nr. 81 mit zust. Anm. *Kraft*; **aA** *LAG RhPf* 22.9.1994 – 9 Sa 1168/93 – nv). 64a

Will der Arbeitgeber in erster Linie oder auch nur vorsorglich die Kündigung auf den **Verdacht einer Verfehlung** stützen, falls ihm der Nachweis der Tat nicht gelingt, muss er auch dies dem Betriebsrat mitteilen und die Umstände angeben, aus denen er den Verdacht herleitet. Hört er den Betriebsrat nur zu der angeblichen Verfehlung des Arbeitnehmers an, kann er im späteren Kündigungsschutzprozess die Kündigung nicht mehr auf den Verdacht stützen, wenn ihm die Verdachtsmomente bei Ausspruch der Kündigung bekannt waren, weil es sich insoweit um ein unzulässiges Nachschieben von Kündigungsgründen (s. Rz 185b) handeln würde (*BAG* 29.6.1989 RzK III 2b Nr. 10; 3.4.1986 EzA § 102 BetrVG 1972 Nr. 63 mit abl. Anm. *Rüthers/Bakker*; in diesem Sinne auch: *LAG Köln* 31.10.1997 LAGE § 626 BGB Verdacht strafbarer Handlung Nr. 7; *Haag/Sobek* AiB 2006, 421; **aA** *Dörner* AR-Blattei SD 1010.9.1 Rz 56, der es für unerheblich hält, ob der Arbeitgeber gegenüber dem Betriebsrat die Kündigung als Verdachtskündigung oder als Tatkündigung qualifiziert). Der Arbeitgeber kann aber gegebenenfalls nach erneuter Anhörung des Betriebsrats eine weitere (Verdachts-)Kündigung aussprechen. Etwas anderes gilt, wenn der Arbeitgeber den Betriebsrat zunächst nicht vollständig unterrichtet, weil er den Sachverhalt nicht vollständig aufgeklärt hat; dann kann er sich im Kündigungsschutzprozess auf später ermittelte Umstände berufen, wenn er vor ihrer Einführung in den Prozess hierzu den Betriebsrat gehört hat (s. Rz 185 ff.; **aA** *LAG Hamm* 11.12.1991 LAGE § 626 BGB Ausschlussfrist Nr. 3). Das gilt auch für den Fall, dass der Arbeitgeber den Betriebsrat nur zu einer beabsichtigten Verdachtskündigung anhört, im Kündigungsschutzprozess die Kündigung aber nunmehr auf die erwiesene Verfehlung stützt (**aA** *Griese* BB 1990, 1901 und *Bayer* DB 1992, 784, die eine nochmalige Anhörung des Betriebsrats für überflüssig halten). 64b

e) Bei **Änderungskündigungen** muss der Arbeitgeber den Betriebsrat neben den für die Kündigung maßgebenden Gründen **auch über das Änderungsangebot** unterrichten (*BAG* 10.3.1982 EzA § 2 KSchG Nr. 3 = AP Nr. 2 zu § 2 KSchG 1969 mit zust. Anm. *Meisel* = AR-Blattei Kündigungsschutz: Entsch. 224 mit zust. Anm. *Herschel* = SAE 1983, 110 mit zust. Anm. *v. Hoyningen-Huene*; 30.11.1989 EzA § 102 BetrVG 65

1972 Nr. 77 = SAE 1991, 128 mit zust. Anm. *Schmitt; LAG Hamm* 15.7.1997 LAGE § 102 BetrVG 1972 Nr. 16 – auch Angaben zur Vergütung am neuen Arbeitsplatz; KR-*Rost* § 2 KSchG Rz 115; *v. Hoyningen-Huene/ Linck* § 2 Rz 35; *Löwisch* NZA 1988, 639; *Meier* NZA 1988, Beil. 3, S. 10) sowie darüber, wann er die Änderungskündigung aussprechen will (*BAG* 7.10.1993 RzK III 1d Nr. 8) und – falls erforderlich (Rz 59) – welche Kündigungsfrist für den betroffenen Arbeitnehmer gilt (*BAG* 29.3.1990 EzA § 102 BetrVG 1972 Nr. 79 mit insoweit zust. Anm. *Marhold* = AiB 1991, 203 mit zust. Anm. *Peiseler*). Das folgt aus dem Sinn und Zweck des Anhörungsverfahrens. Nur wenn der Betriebsrat die angebotenen neuen Arbeitsbedingungen und deren voraussichtliches Inkrafttreten kennt, kann er die Tragweite der Kündigung für den betreffenden Arbeitnehmer beurteilen und insbesondere prüfen, ob er der Kündigung nach § 102 Abs. 3 Nr. 3–5 BetrVG widersprechen soll (*BAG* 10.3.1982 EzA § 2 KSchG Nr. 3). Erfordert die Fortsetzung des Arbeitsverhältnisses zu den angebotenen neuen Arbeitsbedingungen eine Versetzung, ist auch das Mitbestimmungsverfahren nach § 99 BetrVG einzuhalten (s. Rz 31, 31a).

65a Darüber hinaus verlangt das *BAG* (30.11.1989 EzA § 102 BetrVG 1972 Nr. 77 = SAE 1991, 128 mit zust. Anm. *Schmitt*; ebenso: *LAG Hamm* 15.7.1997 LAGE § 102 BetrVG 1972 Nr. 16), dass der Arbeitgeber, der sich für den Fall der Ablehnung des Änderungsangebots durch den Arbeitnehmer eine **Beendigungskündigung vorbehalten** wolle, dies dem Betriebsrat verdeutlichen müsse. Dies ist missverständlich; denn zum Wesen der Änderungskündigung gehört es, dass sie für den Fall der Ablehnung des Änderungsangebots als Beendigungskündigung wirkt, ohne dass hierzu noch irgendeine Erklärung des Arbeitgebers erforderlich ist. Daher ist auch für eine erneute (weitere) Anhörung des Betriebsrats kein Raum (in diesem Sinne auch: MünchArbR-*Matthes* § 348 Rz 17). Nur wenn – wie in dem vom *BAG* 30.1.1989, aaO entschiedenen Fall – der Betriebsrat zunächst zu einer Änderungskündigung angehört wird, der Arbeitgeber diese aber überhaupt nicht ausspricht, sondern nach Ablehnung eines Änderungsangebots durch den Arbeitnehmer eine Beendigungskündigung aussprechen will, ist der Betriebsrat hierzu vorher (nochmals) zu hören. Das kann auch schon (vorsorglich) im Rahmen des Anhörungsverfahrens zur Änderungskündigung geschehen.

66 f) Zur ordnungsgemäßen Anhörung des Betriebsrats reicht es aus, wenn der Arbeitgeber dem Betriebsrat den Tatsachenkomplex substantiiert mitteilt, **der für seinen Kündigungsentschluss maßgebend** ist (»subjektiv determiniert«), mögen diese Umstände auch die Kündigung objektiv nicht rechtfertigen, sich in subjektiven Vorstellungen des Arbeitgebers erschöpfen (s. Rz 62), sich im Kündigungsschutzprozess als unzutreffend herausstellen oder vom Arbeitgeber nicht bewiesen werden (*BAG* 15.7.2004 EzA § 1 KSchG Soziale Auswahl Nr. 54; 24.5.1989 RzK III 1 a Nr. 38; *Fitting* Rz 47; *Stege/Weinspach/Schiefer* Rz 55). Der Arbeitgeber ist im Übrigen nicht gehalten, dem Betriebsrat solche Gründe mitzuteilen, die er zwar auch die Kündigung stützen könnte, die er aber tatsächlich nicht zum Anlass für die Kündigung nehmen will (*BAG* 11.12.2003 EzA § 102 BetrVG 2001 Nr. 5 = ZVBR 2004, 199 m. Anm. *Ilbertz* = AiB 2005, 55 m. abl. Anm. *Grimberg; Gamillscheg* FS 25 Jahre BAG, S. 121; zur Zulässigkeit des Nachschiebens solcher Kündigungsgründe s. Rz 185). Vielmehr ist der Umfang der Mitteilungspflichten des Arbeitgebers insoweit durch die tatsächlich von ihm angestellten Überlegungen begrenzt (in diesem Sinne auch: *BAG* 12.4.1984, aaO; **aA** *Bösche* S. 42).

67 Können die dem Betriebsrat mitgeteilten Umstände eine Kündigung nicht rechtfertigen, kann der Arbeitgeber **weitere Tatsachen im Kündigungsschutzprozess nicht nachschieben,** wenn ihm diese Tatsachen vor Ausspruch der Kündigung bekannt waren (s. Rz 186), selbst wenn er die Kündigung zunächst nicht darauf stützen wollte (*BAG* 11.12.2003 EzA § 102 BetrVG 2001 Nr. 5). Insoweit ist der Arbeitgeber im Kündigungsschutzprozess an die Auswahl der Kündigungsgründe gebunden, die er im Anhörungsverfahren vor dem Betriebsrat getroffen hat (*Richardi/Thüsing* Rz 125). Hat er etwa den Betriebsrat zu einer verhaltensbedingten Kündigung angehört, kann er sich im Kündigungsschutzprozess nicht auf personenbedingte Kündigungsgründe berufen (*LAG Hmb.* 22.2.1991 LAGE § 102 BetrVG 1972 Nr. 28 mit abl. Anm. *Rüthers/Franke; Kohte* Anm. AP Nr. 9 zu § 1 KSchG 1969 Personenbedingte Kündigung). Das gilt auch für Begleitumstände, die dem Kündigungssachverhalt ein besonderes Gewicht verleihen (*Hess. LAG* 15.9.1998 NZA 1999, 269). Reichen die dem Betriebsrat mitgeteilten Tatsachen zur Rechtfertigung der Kündigung nicht aus, berührt dies zwar nicht die Ordnungsmäßigkeit der Anhörung, führt aber zur Sozialwidrigkeit der Kündigung (*BAG* 9.4.1987 EzA § 1 KSchG Nr. 18). Aus diesem Grunde liegt es im eigenen Interesse des Arbeitgebers, wenn er dem Betriebsrat im Anhörungsverfahren die Kündigungstatsachen so umfassend mitteilt, dass sie schlüssig einen Kündigungsgrund ergeben.

68 g) Über die erforderlichen Tatsachenangaben hinaus braucht der Arbeitgeber dem Betriebsrat **weder Unterlagen oder Beweismaterial** zur Verfügung zu stellen **noch** ihm **Einsicht in die Personalakten**

des betroffenen Arbeitnehmers zu gewähren (*BAG* 10.11.2005 EzA § 1 KSchG Krankheit Nr. 52; 6.2.1997 EzA § 102 BetrVG 1972 Nr. 96 mit zust. Anm. *Raab;* 26.1.1995 EzA § 102 BetrVG 1972 Nr. 87 m. krit. Anm. *Kittner; Richardi/Thüsing* Rz 78; *Galperin/Löwisch* Rz 29; HSWG-*Schlochauer* Rz 40 f.). Selbst wenn der Betriebsrat nach § 80 Abs. 2 BetrVG vom Arbeitgeber verlangen kann, dass ihm bestimmte Unterlagen zur Verfügung zu stellen sind, ist dies ohne Einfluss auf das Anhörungsverfahren (aA *LAG Hamm* 6.1.1994 LAGE § 102 BetrVG 1972 Nr. 40; HaKo-*Griebeling* Rz 64 – Fristhemmung bei schuldhaftem Zögern des Arbeitgebers; vgl. auch Rz 62h). Auch Umstände, die die Glaubwürdigkeit von Zeugen oder anderen Beweismitteln betreffen, gehören idR nicht zu dem, dem Betriebsrat nach § 102 BetrVG mitzuteilenden Kündigungssachverhalt, sondern betreffen nur dessen Beweisbarkeit (*BAG* 26.1.1995 EzA § 102 BetrVG 1972 Nr. 87; 22.9.1994 EzA § 102 BetrVG 1972 Nr. 86; *Berkowsky* S. 20; *Bitter* FS Stahlhacke S. 66). Daran ändert auch der Grundsatz der vertrauensvollen Zusammenarbeit zwischen dem Arbeitgeber und Betriebsrat nichts (insoweit missverständlich *BAG* 31.8.1989 EzA § 102 BetrVG 1972 Nr. 75; 2.11.1983 EzA § 102 BetrVG 1972 Nr. 53). Denn mit der Anhörung des Betriebsrats soll nur bezweckt werden, dass der Betriebsrat an den subjektiven Überlegungen des Arbeitgebers beteiligt wird, um auf seinen Willensbildungsprozess und Kündigungsentschluss einwirken zu können. Einen Anspruch darauf, die Kündigung und Kündigungsgründe mit dem Arbeitgeber zu **beraten,** hat der Betriebsrat jedoch nicht (SPV-*Preis* Rz 380). Ebenso wenig ist der Arbeitgeber verpflichtet, auf Wunsch des Betriebsrats mit diesem das Für und Wider der Kündigung zu erörtern (aA GK-*Raab* § 102 Rz 36; *Weiss* Rz 5; *Bösche* S. 60). Insoweit haben die Personalvertretungen des öffentlichen Dienstes weitergehende Beteiligungsrechte (vgl. KR-*Etzel* §§ 42, 72, 79, 108 BPersVG Rz 2, 20 ff.).

h) Ausnahmsweise entfällt eine Verpflichtung des Arbeitgebers zu einer genauen und umfassenden Darlegung der Kündigungsgründe, wenn der Arbeitgeber den Betriebsrat bereits vor Beginn des Anhörungsverfahrens aufgrund bestimmter Umstände (zB Fehlverhalten des Arbeitnehmers, Anhörungsverfahren zur Kündigung eines Arbeitskollegen) über die (späteren) Kündigungsgründe umfassend unterrichtet hatte oder **dem Betriebsrat der maßgebende Kündigungssachverhalt auf andere Weise bereits bekannt geworden** ist und der Arbeitgeber davon als sicher ausgehen kann (*BAG* 28.8.2003 EzA § 102 BetrVG 2001 Nr. 4; 20.5.1999 EzA § 102 BetrVG 1972 Nr. 102; *LAG Köln* 11.1.2006 – 3 Sa 19/05; *LAG RhPf* 30. 6. 2005 – 1 Sa 123/05). Es kommt insoweit auf den Kenntnisstand des Betriebsrats bei Einleitung des Anhörungsverfahrens an (*BAG* 5.4.1990 RzK III 1a Nr. 44). In diesen Fällen genügt der Arbeitgeber seiner Verpflichtung zur Mitteilung der Kündigungsgründe, wenn er im Anhörungsverfahren pauschal auf die bereits mitgeteilten oder dem Betriebsrat bekannten Kündigungsgründe verweist oder der Betriebsrat nach den Umständen des Einzelfalles davon ausgehen muss, dass der Arbeitgeber die Kündigung auf die bereits mitgeteilten oder ihm bekannten Kündigungsgründe stützt (vgl. *BAG* 20.3.1986 EzA § KSchG Nr. 6; 28.9.1978 EzA § 102 BetrVG 1972 Nr. 39; *Galperin/Löwisch* Rz 32; in diesem Sinne auch: *LAG Köln* 16.10.1997 LAGE § 102 BetrVG 1972 Nr. 64; aA *Hohmeister* NZA 1991, 213). Die pauschale Mitteilung der Kündigungsgründe durch den Arbeitgeber muss aber so genau sein, dass aus ihr iVm den dem Betriebsrat bekannten Umständen geschlossen werden kann, auf welchen Kündigungssachverhalt der Arbeitgeber die Kündigung stützen will (vgl. *ArbG Wetzlar* 12.11.1986 BB 1987, 686). Unerheblich für die nur pauschale Mitteilungspflicht des Arbeitgebers ist es, ob es sich um einen Klein- oder Großbetrieb handelt (*BAG* 27.6.1985 EzA § 102 BetrVG 1972 Nr. 60). Keine Befreiung von der substantiierten Mitteilungspflicht des Arbeitgebers tritt ein, wenn der Betriebsrat die Möglichkeit zur Heranziehung aktenmäßig erfaßten Informationsmaterials hat (*LAG Hamm* 24.10.1991 LAGE § 102 BetrVG 1972 Nr. 32; APS-*Koch* Rz 82) oder üblicherweise nach Einleitung des Anhörungsverfahrens selbst eigene Nachforschungen anstellt, sich dadurch die erforderlichen Kenntnisse verschafft und dann noch innerhalb der Anhörungsfrist abschließend Stellung nehmen kann (*BAG* 14.3.1985 RzK III 1 a Nr. 18; 2.11.1983 EzA § 102 BetrVG 1972 Nr. 53). Nimmt der Arbeitgeber irrtümlich an, dass der Betriebsrat bereits über den erforderlichen Kenntnisstand verfügt, und unterrichtet er deshalb den Betriebsrat nicht substantiiert über die Kündigungsgründe, geht dies zu seinen Lasten; das Anhörungsverfahren ist damit nicht ordnungsgemäß eingeleitet (*BAG* 27.6.1985 EzA § 102 BetrVG 1972 Nr. 60).

Soweit es um den Kenntnisstand des Betriebsrats geht, muss sich der Betriebsrat nur die **Kenntnis derjenigen Betriebsratsmitglieder,** die ihn gem. § 26 Abs. 2 BetrVG vertreten (Betriebsratsvorsitzender oder im Verhinderungsfall sein Stellvertreter) oder zur Entgegennahme von Erklärungen ausdrücklich ermächtigt sind, **als eigenes Wissen zurechnen lassen** (*BAG* 27.6.1985 EzA § 102 BetrVG 1972 Nr. 60 = AP Nr. 37 zu § 102 BetrVG 1972 mit zust. Anm. *Ortlepp* = SAE 1986, 309 mit zust. Anm. *Mummenhoff; LAG Frankf.* 6.3.1993 ARSt 1994, 49; APS-*Koch* Rz 83; *Bitter* NZA 1991, Beil. 3 S. 21; *Rummel* NZA 1984, 78). Ist ein Ausschuss für das Anhörungsverfahren bei Kündigungen zuständig, muss sich der Ausschuss das Wissen seines Vorsitzenden zurechnen lassen (*Bitter* aaO). Hat der Arbeitgeber vor Einleitung des Anhörungsverfahrens ein anderes Betriebsratsmitglied unterrichtet, sind dessen Kenntnisse dem Betriebsrat dann zuzurechnen, wenn es sie spätestens bei Einleitung des Anhörungsverfahrens einem empfangsberechtigten Betriebsratsmitglied mitteilt (*LAG München* 11.5.1988 LAGE § 102 BetrVG 1972 Nr. 24; zu eng *LAG Nürnberg* 24.2.1994 LAGE § 102 BetrVG 1972 Nr. 38, das eine solche Kenntnis dem Betriebsrat nur zurechnen will, wenn die Unterrichtung des empfangsberechtigten Betriebsratsmitglieds auf Veranlassung des Arbeitgebers erfolgt).

70 i) Das **Nachschieben von Kündigungsgründen,** die im Zeitpunkt des Ausspruchs der Kündigung bereits bestanden, ist unter kündigungsschutzrechtlichen Gesichtspunkten grds. zulässig (s. *BAG* 11.4.1985 EzA § 102 BetrVG 1972 Nr. 62; KR-*Fischermeier* § 626 BGB Rz 128 ff.), kann aber wegen fehlender Anhörung des Betriebsrats unwirksam sein (s. Rz 185 ff.). Unter Nachschieben von Kündigungsgründen im Zusammenhang mit der Anhörung des Betriebsrats sind alle Tatsachen zu verstehen, auf die der Arbeitgeber nach der (ersten) Unterrichtung des Betriebsrats über die Kündigungsgründe die Kündigung zusätzlich stützen will. Von einem solchen Nachschieben von Kündigungsgründen zu unterscheiden ist die **bloße Erläuterung** (*BAG* 11.4.1985 EzA § 102 BetrVG 1972 Nr. 62) der dem Betriebsrat bereits mitgeteilten Kündigungsgründe. Diese Erläuterung ist im Kündigungsschutzprozess unbeschränkt zulässig (ebenso: *Bösche* S. 57; *Winterstein* S. 13); denn hier bleibt der mitgeteilte Kündigungsgrund unbeschränkt bestehen und wird nur näher substantiiert (*BAG* 11.4.1985 EzA § 102 BetrVG 1972 Nr. 62; 18.12.1980 EzA § 102 BetrVG 1972 Nr. 44; *Hueck* FS BAG, S. 261f). Eine Erläuterung von Kündigungsgründen wird für den Arbeitgeber insbesondere dann erforderlich, wenn das Gericht seiner Aufklärungspflicht nachkommt und gem. § 139 ZPO Fragen an den Arbeitgeber stellt. Eine Erläuterung von Kündigungsgründen liegt zB vor, wenn der Arbeitgeber den Kündigungsgrund »Unberechtigte Mitnahme von 10 kg Butter aus dem Betrieb« dadurch ergänzt, dass er die Herstellerfirma und den Verkaufspreis der Butter angibt. Hingegen wäre der nachträgliche Vortrag, der Arbeitnehmer habe nicht 10 kg, sondern sogar 20 kg Butter mitgenommen, ein Nachschieben von Kündigungsgründen, weil sich dadurch das Gewicht der Pflichtverletzung ändert. Ebenso handelt es sich entgegen der Auffassung des *LAG Bln.* (30.9.1980 DB 1981, 275) nicht um eine bloße Ergänzung des Sachvortrags, sondern um ein Nachschieben von Kündigungsgründen, wenn der Arbeitgeber sich im Kündigungsschutzprozess zusätzlich auf frühere Vorfälle einschließlich etwaiger Abmahnungen beruft, mögen auch diese Vorgänge in Sachverhalt und Pflichtwidrigkeit dem eigentlichen Kündigungsvorfall entsprechen; denn das Zurückgreifen auf frühere Vorgänge verändert das Gewicht des Kündigungsgrundes.

70a **Gegen eine Differenzierung zwischen Erläuterung und Nachschieben** von Kündigungsgründen wendet sich *Höland* (ZIP 1982, 147 ff.) aus rechtstatsächlicher Sicht »im Interesse der Effektivität des präventiven Kündigungsschutzes«. *Schwerdtner* (ZIP 1981, 815) meint, die Konkretisierung und das Nachschieben von Kündigungsgründen seien nur schwer voneinander abgrenzbar. Im Übrigen sei es überflüssig, Kündigungsgründe zu erläutern, wenn es auf die Erläuterungen nicht ankomme; komme es aber auf sie an, handele es sich um ein Nachschieben von Kündigungsgründen. Diese Kritiker übersehen, dass die Erläuterung von Kündigungsgründen einerseits zwar keinen neuen Kündigungsgrund schafft, andererseits aber notwendig sein kann, um dem Gericht die Überzeugung von der Richtigkeit oder Unrichtigkeit der behaupteten Tatsachen zu vermitteln oder um ihm eine umfassende Interessenabwägung zu ermöglichen.

3. Datenschutz

71 Vorschriften des Bundesdatenschutzgesetzes (BDSG) stehen der Mitteilung der persönlichen Daten der betroffenen Arbeitnehmer und der Sozialdaten der mit ihnen vergleichbaren Arbeitskollegen durch den Arbeitgeber an den Betriebsrat nicht entgegen (*Fitting* Rz 32). Der **Betriebsrat** ist ein **unselbständiger Teil der verantwortlichen Stelle** (Arbeitgeber) iSv § 3 Abs. 7 BDSG (vgl. *Simitis/Dammann/Geiger/Mallmann/Walz* § 3 Rz 236). Da das BDSG den Datenfluss innerhalb der verantwortlichen Stelle nicht selbst regelt, wird der Datenfluss zwischen Arbeitgeber und Betriebsrat vom BDSG nicht erfasst (*Fitting* § 83 Rz 23; HAS-*Braasch/Feichtinger* § 19 J Rz 53; HK-*Höland* § 1 Anh. 1 Rz 32; nach *Fenski* S. 98 ff. geht § 102 Abs. 3 Nr. 1 BetrVG den Normen des BDSG vor, so dass allein deshalb die Mitteilung der persönlichen Daten der betroffenen Arbeitnehmer durch den Arbeitgeber an den Betriebsrat nicht gegen das BDSG verstößt).

4. Aufforderung zur Stellungnahme

Es ist grds. **nicht erforderlich,** dass der Arbeitgeber den Betriebsrat mit der Mitteilung der Kündigungsabsicht und Kündigungsgründe ausdrücklich auffordert, zu der beabsichtigten Kündigung bzw. den nachgeschobenen Kündigungsgründen Stellung zu nehmen. Denn die vom Arbeitgeber dem Betriebsrat mitgeteilte Kündigungsabsicht bzw. die nachgeschobenen Kündigungsgründe können im Allgemeinen nur so aufgefasst werden, dass der Betriebsrat hiermit Gelegenheit zur Stellungnahme erhalte, womit das Anhörungsverfahren nach § 102 Abs. 1 BetrVG eingeleitet ist (vgl. *BAG* 28.2.1974 EzA § 102 BetrVG 1972 Nr. 8; *Richardi/Thüsing* Rz 85; GK-*Raab* § 102 Rz 34; HSWG-*Schlochauer* Rz 52; *Stege/Weinspach/Schiefer* Rz 65; *Meisel* Rz 445; *Brill* AuR 1975, 18; **aA** *Bösche* S. 41). 72

Etwas anderes gilt aber dann, wenn aufgrund besonderer Umstände des Einzelfalles die vom Arbeitgeber erklärte Kündigungsabsicht und auch die mitgeteilten Kündigungsgründe **nicht ohne weiteres als Einleitung des Anhörungsverfahrens** aufgefasst werden können. In diesen Fällen muss der Arbeitgeber über die Mitteilung der Kündigungsabsicht und der Kündigungsgründe hinaus dem Betriebsrat eindeutig zu erkennen geben, dass er das Anhörungsverfahren nach § 102 BetrVG einleiten will; dies kann dadurch geschehen, dass er den Betriebsrat ausdrücklich zur Stellungnahme auffordert (*BAG* 26.5.1977 EzA § 102 BetrVG 1972 Nr. 29; *Stege/Weinspach/Schiefer* Rz 65; *Hueck* FS BAG, S. 261). 73

Solche Fälle liegen zB vor, wenn die Beteiligten sich darüber im unklaren sind, **ob überhaupt eine Anhörung des Betriebsrats** nach § 102 BetrVG **erforderlich** ist, etwa weil der Arbeitnehmer, dem gekündigt werden soll, möglicherweise leitender Angestellter iSv § 5 Abs. 3 BetrVG ist (*BAG* 7.12.1979 EzA § 102 BetrVG 1972 Nr. 42) oder freier Mitarbeiter (vgl. *LAG Frankf.* 20.6.1979 AuR 1980, 252) oder weil das Arbeitsverhältnis aufgrund einer Befristung möglicherweise automatisch endet und die »Kündigung« deshalb nur als (nicht mitbestimmungspflichtige) Anzeige der Nichtverlängerung des Arbeitsvertrages angesehen werden kann oder weil der Arbeitgeber von vornherein nur die Nichtverlängerung eines befristeten Arbeitsvertrages anzeigt und deshalb nicht ohne weiteres erkennbar ist, dass in der Nichtverlängerungsanzeige auch eine vorsorgliche Kündigungserklärung liegen soll. 74

5. Abdingbarkeit

Die dem Arbeitgeber obliegenden Mitteilungspflichten können nicht dadurch entfallen, dass der Betriebsrat auf die Anhörung verzichtet. Ein solcher **Verzicht ist unwirksam.** Der Betriebsrat hat bei der Anhörung nach § 102 BetrVG im Interesse des betroffenen Arbeitnehmers einen gesetzlichen Auftrag zu erfüllen. Über das Gesetz darf er sich nicht hinwegsetzen, indem er auf die Anhörung verzichtet (*Galperin/Löwisch* Rz 51; GK-*Raab* § 102 Rz 85; HSWG-*Schlochauer* Rz 63). **Ebenso wenig kann der betroffene Arbeitnehmer** dem Arbeitgeber wirksam **die Anhörung des Betriebsrats erlassen** (*Richardi/Thüsing* Rz 39; GK-*Raab* § 102 Rz 86; HSWG-*Schlochauer* aaO). Hat aber der Arbeitnehmer ausdrücklich darum gebeten, dass die Anhörung des Betriebsrats unterbleibt, verstößt es gegen Treu und Glauben, wenn er sich im späteren Kündigungsschutzprozess auf die unterbliebene Anhörung des Betriebsrats beruft (*Richardi/Thüsing* Rz 133; *Galperin/Löwisch* Rz 47; HSWG-*Schlochauer* Rz 60; *Kühnreich* AnwBl 2006, 697; zurückhaltend: GK-*Raab* § 102 Rz 87). 75

IV. Form und Zeitpunkt der Unterrichtung des Betriebsrats

Für die Mitteilung der Kündigungsabsicht und Kündigungsgründe an den Betriebsrat gibt es **keine Formvorschriften.** Die Mitteilung kann also schriftlich oder mündlich erfolgen (*BAG* 26.1.1995 EzA § 102 BetrVG 1972 Nr. 87; *Richardi/Thüsing* Rz 77; *Hohmeister* NZA 1991, 213; *Brill* AuR 1975, 17 mwN). Schriftform ist auch dann nicht erforderlich, wenn der Kündigungssachverhalt ungewöhnlich komplex ist (*BAG* 6.2.1997 EzA § 102 BetrVG 1972 Nr. 96). Aus Gründen der Rechtssicherheit, falls der Inhalt der Mitteilung des Arbeitgebers streitig wird, ist jedoch Schriftform zu empfehlen. Der Arbeitgeber kann hierbei ein **Formular** mit Datenfeldern benutzen, die auszufüllen sind und Raum für die spezifischen Kündigungstatsachen lassen (*Ascheid* Rz 621). 76

Eine für das Anhörungsverfahren beachtliche Unterrichtung des Betriebsrats ist erst zulässig, wenn der Kündigungsentschluss des Arbeitgebers aktuell ist (s. Rz 54); andererseits muss der Arbeitgeber den Betriebsrat so rechtzeitig unterrichten, **dass die** dem Betriebsrat nach § 102 Abs. 2 BetrVG zustehenden **Äußerungsfristen noch vor Ausspruch der Kündigung ablaufen.** Denn einerseits darf der Betriebsrat diese Fristen ausnutzen, andererseits muss der Arbeitgeber die Stellungnahme des Betriebsrats oder den Fristablauf abwarten, damit der Betriebsrat Gelegenheit erhält, auf den Kündigungsentschluss des Arbeitgebers einzuwirken. Das gilt auch in sog. Eilfällen (s. Rz 88). 77

78 Ist zur Kündigung die **Zustimmung einer dritten Stelle** (zB Integrationsamt nach § 85 SGB IX, oberste Landesbehörde nach § 9 Abs. 3 MuSchG) **erforderlich,** bleibt es dem Arbeitgeber überlassen, ob er das Anhörungsverfahren beim Betriebsrat vor oder nach Einholung der notwendigen Zustimmung durchführen will (*BAG* 5.9.1979 EzA § 12 SchwbG Nr. 8). Hört er den Betriebsrat vor Einholung dieser Zustimmung an, kann uU vor Ausspruch der Kündigung eine erneute Anhörung des Betriebsrat erforderlich werden (s. Rz 60).

79 Vor einer beabsichtigten außerordentlichen Kündigung muss der Arbeitgeber beachten, dass die **zweiwöchige Ausschlussfrist des § 626 Abs. 2 BGB** durch das Stellungnahme-Verfahren beim Betriebsrat weder unterbrochen noch um die Stellungnahmefrist für den Betriebsrat (s. Rz 90 ff.) verlängert wird (hM; s. die Nachweise bei KR-*Fischermeier* § 626 BGB Rz 332). Das bedeutet, dass der Arbeitgeber spätestens 10 Tage nach Kenntniserlangung von den Kündigungsgründen das Anhörungsverfahren beim Betriebsrat einleiten muss, wenn er nach Ablauf der dreitägigen Stellungnahmefrist für den Betriebsrat noch innerhalb der zweiwöchigen Ausschlussfrist des § 626 Abs. 2 BGB die Kündigung aussprechen will. Die zweiwöchige Ausschlussfrist läuft allerdings nicht, solange der Arbeitgeber notwendig erscheinende Maßnahmen zur Aufklärung des Kündigungssachverhalts durchführt (s. iE KR-*Fischermeier* § 626 BGB Rz 330 f.). Ist zur Kündigung die Zustimmung einer dritten Stelle erforderlich (s. Rz 78), wahrt der Arbeitgeber die zweiwöchige Ausschlussfrist des § 626 Abs. 2 BGB, wenn er innerhalb der Ausschlussfrist die Zustimmung der dritten Stelle beantragt und nach Erteilung der Zustimmung sofort das Anhörungsverfahren beim Betriebsrat einleitet und nach Abschluss des Anhörungsverfahrens sofort kündigt (vgl. KR-*Etzel* § 91 SGB IX Rz 30c).

80 Trotz ordnungsgemäßer Unterrichtung des Betriebsrats ist eine **Wiederholung des Anhörungsverfahrens** erforderlich, wenn der Arbeitgeber die Kündigung auf einen anderen Sachverhalt stützen will, als er ihn dem Betriebsrat zunächst mitgeteilt hat (*LAG Brem.* 10.6.1986 LAGE § 102 BetrVG 1972 Nr. 19). Ferner wird man vom Arbeitgeber grds. die Wiederholung des Anhörungsverfahrens beim Betriebsrat verlangen müssen, wenn sich vor Ausspruch der Kündigung der dem Betriebsrat im ersten Anhörungsverfahren unterbreitete Sachverhalt in wesentlichen Punkten zugunsten des Arbeitnehmers geändert hat (zB erhebliche Verbesserung der Auftragslage bei einer beabsichtigten betriebsbedingten Kündigung; Einführung von Kurzarbeit; vgl.: *BAG* 28.6.1984 – 2 AZR 217/83 – nv; *LAG BW* 11.8.2006 – 2 Sa 10/06 –; *LAG Hamm* 20.10.2005 – 8 Sa 205/05 – juris Pr R – ArbR 2006, Nr. 16, Anm. 4 – *Wolmerath* –). Das folgt aus dem Grundsatz, dass das Anhörungsrecht des Betriebsrats nur dann gewahrt ist, wenn er die Möglichkeit erhält, alle wesentlichen, für die Kündigungsentscheidung maßgeblichen Umstände in seine Überlegungen einzubeziehen (vgl. *BAG* 26.5.1977 EzA § 102 BetrVG 1972 Nr. 30). Soweit sich der Kündigungssachverhalt vor Ausspruch der Kündigung zuungunsten des Arbeitnehmers verändert und der Arbeitgeber hierauf die Kündigung stützen will, gelten die Grundsätze für das Nachschieben von Kündigungsgründen (s. Rz 185 ff.). Keine Wiederholung des Anhörungsverfahrens ist erforderlich, wenn der Arbeitnehmer dem Arbeitgeber nach Ausspruch der Kündigung mitteilt, er habe einen Antrag auf Anerkennung als Schwerbehinderter gestellt, daraufhin vorläufig weiterbeschäftigt wird, aber nach Ablehnung des Antrags auf Anerkennung als Schwerbehinderter nicht mehr beschäftigt wird (*LAG Bln.* 24.6.1991 LAGE § 1 KSchG Personenbedingte Kündigung Nr. 8); in diesem Fall ist nämlich die ursprüngliche Kündigung bestehen geblieben, die Weiterbeschäftigung stellt sich nur als Verlängerung der Kündigungsfrist dar (*ArbG Freiburg* 8.1.1981 NJW 1981, 2717). Ist hingegen eine Kündigung mangels vorheriger Zustimmung des Integrationsamtes unwirksam, bedarf es vor Ausspruch einer neuen Kündigung einer erneuten Anhörung des Betriebsrats (vgl. *BAG* 16.9.1993 EzA § 102 BetrVG 1972 Nr. 84; s. Rz 57a).

80a Zur Zulässigkeit der Kündigung erst **geraume Zeit nach Abschluss des Anhörungsverfahrens** s. Rz 109.

V. Empfangsberechtigung auf Seiten des Betriebsrats zur Entgegennahme von Arbeitgebererklärungen

81 Die Mitteilungen des Arbeitgebers über die Kündigungsabsicht und die Kündigungsgründe sind **grds. an den Betriebsratsvorsitzenden** oder im Falle seiner Verhinderung an den stellvertretenden Betriebsratsvorsitzenden zu richten; denn nur diese sind gem. § 26 Abs. 2 S. 2 BetrVG zur Entgegennahme solcher Erklärungen berechtigt (*BAG* 28.2.1974 EzA § 102 BetrVG 1972 Nr. 8). Ist in Betrieben mit mindestens neun Betriebsratsmitgliedern dem Betriebsausschuss oder einem Ausschuss iSd § 28 BetrVG (zB »Personalausschuss«) die Ausübung der Mitwirkungsrechte des Betriebsrats bei Kündigungen zur selbständigen Erledigung übertragen worden, ist der **Ausschussvorsitzende** oder im Falle

seiner Verhinderung sein Stellvertreter zu unterrichten (*BAG* 4.8.1975 EzA § 102 BetrVG 1972 Nr. 14; *Galperin/Löwisch* Rz 33; HAS-*Braasch/Feichtinger* § 19 J Rz 35; *Stege/Weinspach/Schiefer* Rz 66; *Wenzel* Rz 277). Solange der Betriebsrat allerdings dem Arbeitgeber noch nicht die Zuständigkeit des Ausschusses und den Namen des Ausschussvorsitzenden mitgeteilt hat, kann der Arbeitgeber die Mitteilung an den Betriebsratsvorsitzenden bzw. dessen Stellvertreter richten (vgl. *Fitting* § 26 Rz 37).

Andererseits ist **nur in Betrieben mit mindestens neun Betriebsratsmitgliedern die Bildung von** **82** **Ausschüssen zulässig** (§§ 27, 28 BetrVG). Beschließt ein Betriebsrat mit weniger als neun Betriebsratsmitgliedern die Bildung eines Ausschusses zur Ausübung der Mitwirkungsrechte bei Kündigungen, ist dieser Beschluss nichtig. Auch der Arbeitgeber, dem ein solcher Beschluss mitgeteilt wird, verdient keinen Vertrauensschutz, da der Gesetzesverstoß offensichtlich ist; deshalb kann der Arbeitgeber in diesen Fällen das Anhörungsverfahren nur durch die Unterrichtung des Betriebsratsvorsitzenden oder seines Stellvertreters wirksam einleiten (vgl. auch *LAG Brem.* 26.10.1982 AuR 1983, 123).

Ebenso wenig Vertrauensschutz verdient der Arbeitgeber, dem mitgeteilt wird, dass der Betriebsrat **82a** dem **Gesamtbetriebsrat** die Erledigung aller personellen Angelegenheiten übertragen hat; denn auch ein solcher Beschluss ist offensichtlich unwirksam (s. Rz 47 f.). Deshalb kann der Arbeitgeber trotz dieses Beschlusses das Anhörungsverfahren nur durch die Unterrichtung des Betriebsratsvorsitzenden und nicht durch die Unterrichtung des Gesamtbetriebsratsvorsitzenden wirksam einleiten (*LAG Köln* 20.12.1983 DB 1984, 937).

Der Betriebsrat oder der zuständige Ausschuss können auch ein **Betriebsratsmitglied bzw. Aus-** **83** **schussmitglied zur Entgegennahme** von Arbeitgebererklärungen in Kündigungsangelegenheiten **ermächtigen**. In diesem Fall kann der Arbeitgeber seine Kündigungsabsicht und die Kündigungsgründe gegenüber dem ermächtigten Betriebsratsmitglied erklären (*Richardi/Thüsing* Rz 79; *Fitting* § 26 Rz 37; *Stege/Weinspach/Schiefer* Rz 67; *Brill* AuR 1975, 18); auch wenn das Betriebsratsmitglied keine Empfangsvollmacht hat, der Arbeitgeber aber von einer Bevollmächtigung ausgehen kann, kann er gegenüber diesem Betriebsratsmitglied die erforderlichen Erklärungen abgeben (*BAG* 6.10.2005 EzA § 102 BetrVG 2001 Nr. 16). Daneben bleiben der Betriebsratsvorsitzende bzw. sein Stellvertreter oder der Ausschussvorsitzende bzw. sein Stellvertreter zur Entgegennahme der Arbeitgebererklärungen berechtigt, da die Vorschrift des § 26 Abs. 3 S. 2 BetrVG, die auf Ausschüsse entsprechend anwendbar ist, insoweit unabdingbar ist (*Richardi/Thüsing* § 26 Rz 42; aA GK-*Raab* § 26 Rz 58).

Die Mitteilung des Arbeitgebers an eine empfangsberechtigte Person (Rz 81 ff.) hat grds. **während de-** **84** **ren Arbeitszeit** zu erfolgen. Sind während eines ganzen Arbeitstages sämtliche empfangsberechtigten Personen verhindert und haben der Betriebsrat bzw. der zuständige Ausschuss für diesen Fall keine Vertretungsregelung getroffen, so kann der Arbeitgeber an dem betreffenden Arbeitstag die Mitteilung über die beabsichtigte Kündigung und die Kündigungsgründe an jedes beliebige Betriebsratsmitglied richten; denn in einem solchen Fall ist jedes Betriebsratsmitglied berechtigt und verpflichtet, Erklärungen des Arbeitgebers für den Betriebsrat entgegenzunehmen (*LAG Frankf.* 23.3.1976 BB 1977, 1048; *Richardi/Thüsing* § 26 Rz 41; DKK-*Kittner* Rz 136; *Bösche* S. 59). Der Arbeitgeber kann ferner eine schriftliche Mitteilung an den Betriebsrat übersenden; diese geht dann dem Betriebsrat nach den allgemeinen Grundsätzen zu (SPV-*Preis* Rz 391). Das bedeutet aber nicht, dass die schriftliche Mitteilung dem Betriebsrat schon zugeht, wenn sie in sein Postfach gelegt wird; vielmehr tritt der Zugang nach der Ablage im Postfach erst dann ein, wenn sich ein zur Entgegennahme berechtigtes Betriebsratsmitglied im Betrieb aufhält. Ein nach Dienstschluss in das Postfach gelegtes Anhörungsschreiben geht dem Betriebsrat daher erst am folgenden Tag zu (*BAG* 12.12.1996 RzK III 1a Nr. 78). Zur Rechtslage bei Abwesenheit sämtlicher Betriebsratsmitglieder s. Rz 24 ff.

Außerhalb ihrer Arbeitszeit und außerhalb der Betriebsräume sind die für den Betriebsrat empfangs- **84a** berechtigten Personen grds. nicht verpflichtet, Erklärungen des Arbeitgebers nach § 102 Abs. 1 BetrVG entgegenzunehmen. Nehmen sie aber eine solche Mitteilung widerspruchslos hin, sind diese dem Betriebsrat damit zugegangen (vgl. *BAG* 27.8.1982 EzA § 102 BetrVG 1972 Nr. 49 = AR-Blattei, Betriebsverfassung XIV C: Entsch. 81 mit krit. Anm. *Herschel*).

Gibt der Arbeitgeber die Erklärung gegenüber einem zur Entgegennahme für den Betriebsrat nicht be- **85** rechtigten Betriebsratsmitglied ab, ist dieses lediglich **Erklärungsbote** des Arbeitgebers, dh die Erklärung wird erst in dem Zeitpunkt wirksam, in dem sie einem für den Betriebsrat empfangsberechtigten Betriebsratsmitglied zugeht (*BAG* 16.10.1991 EzA § 102 BetrVG 1972 Nr. 83; *Richardi/Thüsing* Rz 80; GK-*Raab* § 102 Rz 55; *Stege/Weinspach/Schiefer* Rz 68; *Brill* AuR 1975, 18). Der Arbeitgeber trägt das volle Übermittlungsrisiko (vgl. *Fitting* Rz 21); denn es ist seine Sache, sich bei dem Betriebsrat oder dem zuständigen Ausschuss zu vergewissern, ob außer dem Vorsitzenden bzw. stellvertretenden Vorsitzenden dieser Gremien ein anderes Betriebsratsmitglied (Ausschussmitglied) zur Entgegennahme von Arbeitgebererklärungen berechtigt ist. Der Arbeitgeber kann jedenfalls von einer solchen Berechtigung nicht ausgehen. Deshalb besteht auch keine Hinweispflicht des Betriebsrats oder des zuständigen Ausschusses, ein bestimmtes Betriebsratsmitglied (Ausschussmitglied) sei nicht zur Entgegennahme von Arbeitgebererklärungen berechtigt (a A *Richardi/Thüsing* aaO).

85a Nimmt der Betriebsrat die Mitteilung des Arbeitgebers über eine Kündigungsabsicht gegenüber einem zur Empfangnahme nicht berechtigten Betriebsratsmitglied widerspruchslos hin, hindert ihn dies nicht, sich in künftigen Fällen auf die **fehlende Ermächtigung dieses Betriebsratsmitglieds** zu berufen und demgemäß geltend zu machen, er habe die Mitteilung des Arbeitgebers erst erhalten, als das betreffende Betriebsratsmitglied den Betriebsratsvorsitzenden unterrichtete. Denn aus einer einmaligen Ermächtigung kann nicht auf eine Dauerermächtigung geschlossen werden. Anders ist es, wenn der Betriebsrat wiederholt die Information eines unzuständigen Mitglieds als ordnungsgemäß gelten lässt; dann liegt insoweit eine Duldungsvollmacht vor (*Bösche* S. 59).

VI. Frist zur Stellungnahme für Betriebsrat

1. Ordentliche Kündigung

86 Will der Betriebsrat gegen eine ordentliche Kündigung Bedenken geltend machen oder Widerspruch erheben, muss er sich **innerhalb einer Woche** gegenüber dem Arbeitgeber schriftlich äußern; äußert er sich innerhalb dieser Frist nicht, gilt seine Zustimmung zur Kündigung als erteilt (§ 102 Abs. 2 und 3 BetrVG). Die Wochenfrist beginnt gem. § 187 BGB mit dem (folgenden) Tage, nachdem dem Betriebsrat, dh einer für den Betriebsrat empfangsberechtigten Person (Rz 81–84a), die Mitteilung des Arbeitgebers ordnungsgemäß zugegangen ist, aus der zu ersehen ist, dass der Arbeitgeber das Anhörungsverfahren nach § 102 BetrVG einleiten will; der Tag des Zugangs der Arbeitgebererklärung wird also bei der Fristberechnung nicht mitgerechnet (allgemeine Meinung; vgl. *Galperin/Löwisch* Rz 37). Die Frist endet mit Ablauf des Tages der nächsten Woche, der durch seine Benennung dem Tag entspricht, an dem dem Betriebsrat die Arbeitgebermitteilung zugegangen ist (§ 188 Abs. 2 BGB; *BAG* 8.4.2003 EzA § 102 BetrVG 2001 Nr. 3). Der Arbeitgeber ist zwar nicht verpflichtet, für nach Dienstschluss eingehende Schreiben des Betriebsrats einen Nachtbriefkasten einzurichten (*LAG Hamm* 11.2.1992 LAGE § 102 BetrVG 1972 Nr. 33). Das bedeutet aber entgegen der Auffassung des *LAG Hamm* vom 11.2.1992 (aaO) nicht, dass damit die Wartefrist für den Arbeitgeber mit dem Dienstschluss seiner Personalabteilung am letzten Tag der Frist endet; denn dem Betriebsrat kann nicht das Recht abgeschnitten werden, **auch noch nach Dienstschluss der Personalabteilung** für den Zugang seiner Stellungnahme beim Arbeitgeber zu sorgen. Ist der letzte Tag der Frist ein Samstag, Sonntag oder gesetzlicher Feiertag, so verlängert sich die Frist bis zum Ablauf des nächsten Werktages (§ 193 BGB). Geht zB dem Betriebsrat die Arbeitgebererklärung am Samstag, dem 7.10. zu, beginnt die Frist am Sonntag, dem 8.10. zu laufen. Die Wochenfrist endet an sich mit Ablauf des Samstags, des 14.10., wird aber, da der 14.10. ein Samstag und der 15.10. ein Sonntag ist, bis zum Ablauf des 16.10. (Montag) verlängert.

87 Die Wochenfrist kann **durch Vereinbarung** zwischen Arbeitgeber und Betriebsrat **verlängert** werden, da hierdurch die Mitwirkungsrechte des Betriebsrats erweitert werden (eingehende Ermittlungen und Verhandlungen möglich), was nach dem Sinn des § 102 Abs. 6 BetrVG möglich ist, und dem betroffenen Arbeitnehmer keine Nachteile entstehen (*BAG* 14.8.1986 EzA § 102 BetrVG 1972 Nr. 64; *Galperin/Löwisch* Rz 39; *Fitting* Rz 64; *Richardi/Thüsing* Rz 102; *GK-Raab* § 102 Rz 103, der allerdings nicht von einer Erweiterung der Mitwirkungsrechte des Betriebsrats, sondern nur von einer »Regelung des Verfahrens bei der Ausübung des Mitbestimmungsrechtes« spricht; *Klebe/Schumann* S. 54; a A HSWG-*Schlochauer* Rz 74; *Heinze* S. 189 f.; *Natzel* SAE 1987, 296; *Schlochauer* PersF 1986, 521; *Stege/Weinspach/Schiefer* Rz 92). Eine solche Verlängerung kann für den Einzelfall formlos vereinbart werden (sog. Regelungsabrede; vgl. hierzu *Fitting* § 77 Rz 218 f.), aber auch generell für alle Kündigungen durch formbedürftige Betriebsvereinbarung eingeführt werden (*Weiss* Rz 10). Durch bloße Rückfragen des Betriebsrats beim Arbeitgeber kann die Wochenfrist nicht verlängert werden, wenn der Arbeitgeber den Betriebsrat vollständig und zutreffend unterrichtet hatte (*LAG Frankf.* 21.3.1973 DB 1973, 1806; bei unzureichender Unterrichtung des Betriebsrats s. Rz 111a; zu Rückfragen des Betriebsrats bei fehlender oder unvollständiger Mitteilung sozialer Auswahlgesichtspunkte im Falle betriebsbedingter Kündigungen s. Rz 62h). Ebenso wenig tritt eine automatische Verlängerung der Äußerungsfrist ein, wenn der Arbeitgeber den Betriebsrat gleichzeitig zur beabsichtigten Kündigung einer größeren Anzahl von Arbeitnehmern anhört (*BAG* 14.8.1986 EzA § 102 BetrVG 1972 Nr. 64; **a A** *Bösche* S. 38; s. aber Rz 89b).

Mitbestimmung bei Kündigungen § 102 BetrVG

Bei **Massenentlassungen** besteht nur ein besonderer Kündigungsschutz nach § 17 ff. KSchG; eine Verlängerung des Anhörungsverfahrens beim Betriebsrat sieht das Gesetz jedoch nicht vor. Es besteht daher auch kein Anspruch des Betriebsrats auf Verlängerung der Anhörungsfrist (ebenso: *Feichtinger* S. 511; MünchArbR-*Matthes* § 348 Rz 35; *Opolony* AR-Blattei SD 1010.10 Rz 26; **aA** *Griese* BB 1990, 1902; nach MünchKomm-*Schwerdtner* vor § 620 Rz 224 handelt der Arbeitgeber aber rechtsmissbräuchlich, wenn er sich bei Massenentlassungen auf eine Verlängerung der Äußerungsfrist für den Betriebsrat nicht einlässt und sich dann bei verspätetem Eingang der Stellungnahme auf den Ablauf der Äußerungsfrist beruft; s. hierzu Rz 89b).

Der Betriebsrat darf die Wochenfrist oder verlängerte **Frist voll ausnutzen,** braucht also seine Stellungnahme erst kurz vor Fristablauf abzugeben. Das Wort »spätestens« besagt nur, dass der Betriebsrat seine Stellungnahme innerhalb der Wochenfrist (bzw. der verlängerten Frist) abgeben muss, wenn sie rechtliche Bedeutung erlangen soll. Für Eilfälle kann nichts anderes gelten. Der Arbeitgeber ist nicht berechtigt, die Wochenfrist durch einseitige Erklärung gegenüber dem Betriebsrat zu verkürzen oder die Kündigung »vorläufig« auszusprechen, da §§ 102 ff. BetrVG keine dem § 100 BetrVG entsprechende Regelung enthalten (vgl. BAG 29.3.1977 EzA § 102 BetrVG 1972 Nr. 27; *Richardi/Thüsing* Rz 103; *Fitting* Rz 20; *Galperin/Löwisch* Rz 37; HK-*Höland* § 1 Anh. 1 Rz 8; *Klebe/Schumann* S. 56; **aA** *Meisel* S. 158 ff.). In **dringenden Fällen** kann der Betriebsrat zwar aufgrund des Gebotes der vertrauensvollen Zusammenarbeit mit dem Arbeitgeber verpflichtet sein, seine Stellungnahme bereits vor Ablauf der Wochenfrist abzugeben; eine Verletzung dieser Pflicht kann aber nicht zum Abschluss des Anhörungsverfahrens vor Ablauf der Wochenfrist oder gar zur Fiktion der Zustimmung des Betriebsrats führen, sondern nur ein Verfahren gegen den Betriebsrat nach § 23 BetrVG begründen. Die Fiktion des § 102 Abs. 2 S. 2 BetrVG ist nur an den Ablauf der Wochenfrist geknüpft (**aA** *Ottow* BB 1978, 1527; *Galperin/Löwisch* Rz 37a mwN). In krassen Ausnahmefällen kann allerdings der Rechtsgedanke der § 162 BGB und § 242 BGB (Rechtsmissbrauch) dazu führen, dass das Anhörungsverfahren bereits vor einer abschließenden Erklärung des Betriebsrats und vor Ablauf der einwöchigen Äußerungsfrist als abgeschlossen gilt, zB wenn der Betriebsrat die Angelegenheit abschließend beraten hat, seine Stellungnahme dem Arbeitgeber aber nur deshalb nicht mitteilt, um diesem die Einhaltung einer bestimmten Kündigungsfrist unmöglich zu machen (vgl. *Richardi/Thüsing* Rz 103; weitergehend – bei erkennbarer Eilbedürftigkeit: *Löwisch/Kaiser* Rz 23).

Auch durch Vereinbarung zwischen Arbeitgeber und Betriebsrat kann die Wochenfrist für die Stellungnahme des Betriebsrats **nicht verkürzt** werden, weil der Betriebsrat nicht zu Lasten der Arbeitnehmer auf die ihm gesetzlich übertragenen Mitwirkungsrechte – auch nur teilweise – verzichten kann (ErfK-*Kania* Rz 11; *Galperin/Löwisch* Rz 51; **aA** APS-*Koch* Rz 131; *Richardi/Thüsing* Rz 102; *Kühnreich* AnwBl 2006, 697, unter unzutreffender Berufung auf BAG 14.8.1986 EzA § 102 BetrVG 1972 Nr. 64). Ebenso wenig ist eine Verkürzung der Wochenfrist durch Tarifvertrag möglich, weil das BetrVG im weitesten Sinne ein Schutzgesetz zugunsten der Arbeitnehmer und ihrer Interessenvertretungen ist; deshalb sind zuungunsten der Arbeitnehmer oder ihrer Interessenvertretungen vom BetrVG abweichende Regelungen nur dann zulässig, wenn das Gesetz selbst sie erlaubt, was für die Wochenfrist nicht zutrifft (vgl. auch *Stege/Weinspach/Schiefer* Rz 18; **aA** *Galperin/Löwisch* Rz 52).

Die einwöchige **Äußerungsfrist** für den Betriebsrat ist eine materiell-rechtliche **Ausschlussfrist**. Bei einer Fristversäumung (zB verspätete Einlegung eines Widerspruchs) ist daher eine Wiedereinsetzung in den vorigen Stand nicht möglich (APS-*Koch* Rz 134; **aA** *Bösche* S. 67, 93, der dann den nachträglich eingelegten Widerspruch zur Begründung eines Weiterbeschäftigungsanspruchs iSv § 102 Abs. 5 BetrVG und der Sozialwidrigkeit der Kündigung iSv § 1 Abs. 3 KSchG ausreichen lässt, den vorherigen Ausspruch der Kündigung nach Ablauf der gesetzlichen Äußerungsfrist aber gleichwohl für zulässig und wirksam hält; in diesem Sinne auch *Heinze* S. 229). Die Vorschriften der §§ 233 ff. ZPO sind nur bei der Versäumung prozessualer Fristen anwendbar (*Klebe/Schumann* S. 129).

Die Berufung des Arbeitgebers auf die Versäumung der Äußerungsfrist durch den Betriebsrat kann allerdings im Einzelfall **rechtsmissbräuchlich** sein (*Klebe/Schumann* S. 130; *Natzel* SAE 1988, 296). Dies kommt insbesondere bei **Massenentlassungen** in Betracht. Für die Annahme eines Rechtsmissbrauchs reichen objektive Umstände wie die Zahl der Kündigungen und die sich hieraus für die Bearbeitung im Betriebsrat ergebenden Schwierigkeiten aber nicht aus. Entscheidend ist vielmehr, ob der Betriebsrat innerhalb der Wochenfrist vom Arbeitgeber eine Fristverlängerung verlangt hat und wie sich beide Betriebspartner bis zur formalen Einleitung des Anhörungsverfahrens verhalten haben (BAG 14.8.1986 EzA § 102 BetrVG 1972 Nr. 64). Konfrontiert der Arbeitgeber den Betriebsrat erstmals bei der Einleitung des Anhörungsverfahrens mit Massenentlassungen, liegt Rechtsmissbrauch bei der Berufung auf die einwöchige Anhörungsfrist näher, als wenn dem Anhörungsverfahren längere Verhandlungen zwischen Arbeitgeber und Betriebsrat über einen Personalabbau vorangegangen sind (*BAG* 14.8.1986 EzA § 102 BetrVG 1972 Nr. 64). Deshalb ist es nicht in jedem Falle rechtsmissbräuchlich, wenn der Arbeitgeber bei Massenkündigungen die Bitte des Betriebsrats auf Verlängerung der einwöchigen Äußerungsfrist ablehnt (**aA** *LAG Hmb.* 31.5.1985 DB 1985, 2105; noch weitergehend Verpflichtung des Arbeitgebers zur Verlängerung der Äußerungsfrist: *LAG Hmb.* 15.3.1985 LAGE § 102 BetrVG 1972 Nr. 15).

2. Außerordentliche Kündigung

90 Bedenken gegen eine außerordentliche Kündigung hat der Betriebsrat dem Arbeitgeber grds. unverzüglich, spätestens **innerhalb von drei Tagen,** schriftlich mitzuteilen (§ 102 Abs. 2 S. 3 BetrVG; Ausnahme s. Rz 91). Da das Gesetz nicht auf Werktage oder Arbeitstage abstellt, sind hier Kalendertage gemeint (*Richardi/Thüsing* Rz 100). Für den Beginn und die Berechnung sowie eine Verlängerung der Drei-Tage-Frist gelten dieselben Grundsätze wie bei der Wochenfrist des § 102 Abs. 2 S. 1 BetrVG (s. Rz 86 f.). Bei einer Versäumung der Drei-Tage-Frist durch den Betriebsrat kommt eine Wiedereinsetzung in den vorigen Stand nicht in Betracht (s. Rz 89a). Sie wäre auch ohne rechtserhebliche Folgen, da selbst ordnungsgemäße Bedenken oder ein Widerspruch des Betriebsrats weder die Unwirksamkeit der Kündigung bedingen noch einen Weiterbeschäftigungsanspruch des Arbeitnehmers begründen können.

91 Der Betriebsrat darf **die Frist von drei Tagen nicht stets ausschöpfen,** wenn eine unverzügliche Stellungnahme schon früher möglich ist (*Galperin/Löwisch* Rz 37a; vgl. auch HSWG-*Schlochauer* Rz 73; **aA** APS-*Koch* Rz 131; *Heinze* S. 188). Allerdings darf der Betriebsrat zunächst davon ausgehen, dass er die Drei-Tage-Frist ausnutzen kann und der Arbeitgeber vorher keine Kündigung ausspricht. Denn der Grundsatz der vertrauensvollen Zusammenarbeit zwischen Arbeitgeber und Betriebsrat gebietet es dem Arbeitgeber, der eine Kündigung vor Ablauf der Drei-Tage-Frist aussprechen will, dies dem Betriebsrat mitzuteilen. Er darf hierbei die dreitägige Äußerungsfrist für den Betriebsrat abkürzen (**aA** *Richardi/Thüsing* Rz 103; APS-*Koch* aaO; *Gester/Zachert* ArbRGgw. Bd. 12, S. 90); er muss dies auch tun, falls er vorher kündigen will, damit der Betriebsrat weiß, bis zu welchem Zeitpunkt seine Stellungnahme noch Einfluss auf die Entscheidung des Arbeitgebers haben kann (vgl. *Etzel* DB 1973, 1019). Die vom Arbeitgeber gesetzte Frist ist nur dann wirksam, wenn sie nach den Umständen des Einzelfalles angemessen ist. Eine Frist von 30 Minuten dürfte in aller Regel nicht ausreichen (*LAG Düsseld.* 27.6.1973 AuR 1974, 59; vgl. auch *LAG Frankf.* 25.10.1977 – 5 Sa 1001/76 – nv); vielmehr ist dem Betriebsrat mindestens eine Frist von mehreren Stunden zur Stellungnahme zu gewähren. Sind nicht alle Betriebsratsmitglieder innerhalb des Betriebsgeländes beschäftigt, kann es auch – je nach den Umständen des Einzelfalles – geboten sein, dem Betriebsrat mindestens eine Frist von einem oder zwei Tagen zur Stellungnahme zu gewähren. Entscheidend ist stets, dass alle nicht verhinderten Betriebsratsmitglieder vor Ausspruch der Kündigung Gelegenheit erhalten müssen zusammenzutreffen, die Sache ausführlich zu beraten und ggf. auch noch Erkundigungen einzuziehen. Dies kann im Einzelfall dazu führen, dass eine Verkürzung der Drei-Tage-Frist durch den Arbeitgeber überhaupt unzulässig ist.

92 Spricht der Arbeitgeber eine außerordentliche **Kündigung vor Ablauf von drei Tagen** nach Unterrichtung des Betriebsrats aus, ohne dem Betriebsrat eine angemessene Frist zur Stellungnahme gesetzt zu haben und ohne die Stellungnahme des Betriebsrats abzuwarten, ist keine ordnungsgemäße Anhörung des Betriebsrats gegeben; eine ordnungsgemäße Anhörung des Betriebsrats liegt ferner nicht vor, wenn der Arbeitgeber dem Betriebsrat zwar eine angemessene Frist zur Stellungnahme setzt, aber die Kündigung vor Fristablauf und vor einer Stellungnahme des Betriebsrats ausspricht.

92a Will der Arbeitgeber gegenüber einem ordentlich unkündbaren Arbeitnehmer eine **außerordentliche Kündigung mit einer der ordentlichen Kündigungsfrist entsprechenden Auslauffrist** aussprechen, steht diese Kündigung zur Vermeidung eines Wertungswiderspruchs einer ordentlichen Kündigung gleich (s. KR-*Fischermeier* § 626 BGB Rz 304 f.). Der Arbeitgeber hat daher den Betriebsrat wie bei einer ordentlichen Kündigung zu beteiligen (*BAG* 12.1.2006 EzA § 626 BGB 2002 Unkündbarkeit Nr. 9; 15.11.2001 EzA § 626 BGB nF Nr. 192; 5.2.1998 EzA § 626 BGB Unkündbarkeit Nr. 2 mit zust. Anm. *Walker* = SAE 1998, 214 mit zust. Anm. *Schleusener;* **aA** *Bitter/Kiel* FS Schwerdtner S. 28 ff.), wozu insbesondere die Einräumung einer Wochenfrist zur Stellungnahme gehört (s. Rz 86 ff.).

VII. Willensbildung des Betriebsrats, Anhörung des Arbeitnehmers

1. Zuständigkeit

Die Stellungnahme zu der von dem Arbeitgeber erklärten Kündigungsabsicht steht **dem Betriebsrat als Organ** zu. Die Stellungnahme gehört nicht zu den laufenden Geschäften, die in Betrieben mit neun und mehr Betriebsratsmitgliedern vom Betriebsausschuss geführt werden (§ 27 Abs. 2 S. 1 BetrVG) und in Betrieben mit weniger als neun Betriebsratsmitgliedern auf den Betriebsratsvorsitzenden oder andere Betriebsratsmitglieder übertragen werden können (§ 27 Abs. 3 BetrVG; ebenso: *Richardi/Thüsing* Rz 87; *Fitting* § 27 Rz 67; *Galperin/Löwisch* Rz 23; *HSWG-Schlochauer* Rz 55; *GK-Raab* § 102 Rz 43; *Knorr/Bichlmeier/Kremhelmer* S. 262 Rz 72; *SPV-Preis* Rz 424; *Weiss/Weyand* Rz 15). Die laufenden Geschäfte betreffen nur den internen verwaltungsmäßigen und organisatorischen Bereich des Betriebsrats (*Fitting* § 27 Rz 83), nicht aber den Kernbereich der Aufgaben des Betriebsrats, zu dem seine Mitwirkungsrechte in personellen Angelegenheiten gehören. Diese Aufgaben kann der Betriebsrat nur **durch schriftlichen Beschluss** mit der Mehrheit der Stimmen seiner Mitglieder **dem Betriebsausschuss** (§ 27 Abs. 2 S. 2–3 BetrVG) oder einem sonstigen Ausschuss (»Personalausschuss«, § 28 Abs. 1 S. 2 BetrVG) zur selbständigen Erledigung übertragen und insoweit allerdings die Zuständigkeit eines Ausschusses für Stellungnahmen zu Kündigungsabsichten des Arbeitgebers begründen (*BAG* 4.8.1975 EzA § 102 BetrVG 1972 Nr. 14).

93

Ferner kann der Betriebsrat gem. § 28 Abs. 2 BetrVG durch einen entsprechenden Beschluss die Ausübung seiner Mitwirkungsrechte in personellen Angelegenheiten **auf seine Mitglieder in Ausschüssen übertragen**, die vom Betriebsrat und Arbeitgeber paritätisch besetzt sind (*BAG* 12.7.1984 EzA § 102 BetrVG 1972 Nr. 57). Für einen Beschluss, durch den zugleich eine Aufgabe des Betriebsrats wahrgenommen wird (zB Stellungnahme nach § 102 BetrVG), ist hierbei die Mehrheit der anwesenden vom Betriebsrat entsandten Ausschussmitglieder erforderlich (*Richardi/Thüsing* § 28 Rz 36 mwN).

93a

Nicht zulässig ist hingegen die **allgemeine Ermächtigung des Betriebsratsvorsitzenden** oder eines einzelnen Betriebsratsmitglieds durch den Betriebsrat, zu Kündigungen Stellung zu nehmen (*BAG* 28.2.1974 EzA § 102 BetrVG 1972 Nr. 8; *Galperin/Löwisch* Rz 21; *Stege/Weinspach/Schiefer* Rz 80); dies wäre mit dem Zweck der § 27 Abs. 2 S. 2–3 und § 28 Abs. 1 S. 2 BetrVG nicht vereinbar. Auch für die Ermächtigung eines einzelnen Betriebsratsmitglieds durch den Betriebsrat, in einem konkreten Einzelfall die Rechte des Betriebsrats selbständig wahrzunehmen, fehlt die gesetzliche Grundlage (aA *Richardi/Thüsing* Rz 89).

93b

2. Anhörung des Arbeitnehmers

Der Betriebsrat soll – soweit dies erforderlich erscheint – vor seiner Stellungnahme den betroffenen Arbeitnehmer hören (§ 102 Abs. 2 S. 4 BetrVG). Im Allgemeinen wird man die **Erforderlichkeit der Anhörung** des Arbeitnehmers schon deshalb bejahen müssen, damit der Arbeitnehmer den Sachverhalt aus seiner Sicht darstellen und der Betriebsrat aufgrund des Sachvortrags beider Seiten zu einer objektiven Beurteilung gelangen kann. Eine Anhörung des Arbeitnehmers kann nur unterbleiben, wenn nach den Umständen des Einzelfalles von seiner Anhörung keine weitere Aufklärung des Sachverhalts erwartet werden kann. Eine Verpflichtung des Betriebsrats zur Anhörung des Arbeitnehmers ist in jedem Falle dann zu bejahen, wenn ein Widerspruch nach § 102 Abs. 3 Nr. 4–5 BetrVG in Betracht kommt (*Fitting* Rz 69; aA *Meisel* Rz 461). Denn der Betriebsrat darf einen Widerspruch nach diesen Vorschriften nicht erheben bzw. ein erhobener Widerspruch ist unbegründet, wenn der Arbeitnehmer eine Weiterbeschäftigung iSv § 102 Abs. 3 Nr. 4–5 BetrVG ablehnt (vgl. *Galperin/Löwisch* Rz 66, 71, 76 ff.; *GK-Raab* § 102 Rz 123 ff.; *Richardi/Thüsing* Rz 173, 177). Eine vom Betriebsrat pflichtwidrig unterlassene Anhörung des Arbeitnehmers macht zwar das Anhörungsverfahren nach § 102 BetrVG nicht unwirksam (*BAG* 2.4.1976 EzA § 102 BetrVG 1972 Nr. 21; *HSWG-Schlochauer* Rz 67; *Feichtinger* S. 510), eine wiederholte Verletzung des § 102 Abs. 2 S. 4 BetrVG kann aber einen Auflösungsantrag gegen den Betriebsrat nach § 23 Abs. 1 BetrVG rechtfertigen (*Fitting* aaO).

94

3. Anwesenheit des Arbeitgebers

Der Arbeitgeber hat ein Teilnahmerecht an den Betriebsratssitzungen, die auf sein Verlangen anberaumt sind, und an den Sitzungen, zu denen der Betriebsrat ihn eingeladen hat (§ 29 Abs. 4 BetrVG). Nimmt der Arbeitgeber an einer solchen Sitzung teil, wozu er nach dem **Gebot der vertrauensvollen Zusammenarbeit** zwischen Arbeitgeber und Betriebsrat (§ 2 Abs. 1 BetrVG) im Allgemeinen verpflichtet ist (vgl. *Fitting* § 29 Rz 56 mwN), liegt es im Ermessen des Betriebsrats, ob er in dieser Sitzung in

95

Anwesenheit des Arbeitgebers über die Stellungnahme zu einer vom Arbeitgeber beabsichtigten Kündigung abschließend entscheiden oder die Entscheidung in einer weiteren Sitzung ohne Anwesenheit des Arbeitgebers treffen will. Der Betriebsrat hat hier eigenverantwortlich über seine Verfahrensweise zu befinden (*BAG* 13.6.1996 RzK III 1e Nr. 20; 24.3.1977 EzA § 102 BetrVG 1972 Nr. 28). Er kann sich darauf beschränken, dem Arbeitgeber Argumente gegen die Kündigung vorzutragen, ohne sich abschließend festzulegen. Der Arbeitgeber muss sich die Argumente des Betriebsrats anhören, ist aber nicht verpflichtet, über die ihm vorgetragenen Gründe mit dem Betriebsrat zu beraten (vgl. *Ascheid* Rz 603) oder die Argumente des Betriebsrats zu berücksichtigen (*Ascheid* aaO).

4. Beschlussfassung

96 Der Betriebsrat oder der zuständige Ausschuss, auf den insoweit § 33 BetrVG anwendbar ist (*Fitting* § 33 Rz 2), haben über die Stellungnahme zu der beabsichtigten Kündigung gem. § 33 BetrVG **in einer Sitzung** zu beraten und zu entscheiden. Eine Beschlussfassung im Umlaufverfahren ist wegen der zwingenden Vorschrift des § 33 BetrVG unzulässig (*Richardi/Thüsing* Rz 90; *Fitting* Rz 50; *Galperin/Löwisch* Rz 21; **aA** *Meisel* Rz 458).

96a Ein von der Kündigung **betroffenes Betriebsratsmitglied** ist von der Beratung und Beschlussfassung ausgeschlossen; an seine Stelle tritt nach § 25 Abs. 1 S. 2 BetrVG ein Ersatzmitglied (*Oetker* ZfA 1984, 431; s. iE KR-*Etzel* § 103 BetrVG Rz 80). Das gilt unabhängig davon, ob die ordentliche Kündigung des Betriebsratsmitglieds zulässig ist oder nicht. Soll bei einer Betriebsstilllegung allen Betriebsratsmitgliedern gekündigt werden (§ 15 Abs. 4 KSchG), sind die betroffenen Mitglieder nur insoweit als zeitweilig verhindert anzusehen, als es um ihre eigene Kündigung geht (s. KR-*Etzel* § 103 BetrVG Rz 80a).

96b Ist der Betriebsrat im Zeitpunkt der vorgesehenen Beschlussfassung **beschlussunfähig**, weil mehr als die Hälfte der Betriebsratsmitglieder an der Amtsausübung verhindert ist und nicht durch Ersatzmitglieder vertreten werden kann (§ 33 Abs. 2 BetrVG), und kann die Beschlussfähigkeit bis zum Ablauf der Äußerungsfrist nicht wiederhergestellt werden, nimmt der Rest-Betriebsrat in entsprechender Anwendung des § 22 BetrVG die Mitwirkungsrechte nach § 102 Abs. 2 BetrVG wahr (*BAG* 18.8.1982 EzA § 102 BetrVG 1972 Nr. 48 mit zust. Anm. *Heinze*). Dies gilt auch, wenn der Rest-Betriebsrat nur aus einem einzigen Mitglied besteht (vgl. *LAG Düssel.* 20.9.1974 EzA § 22 BetrVG 1972 Nr. 1). Der Rest-Betriebsrat ist beschlussfähig, wenn mindestens die Hälfte der nicht verhinderten Betriebsrats- und Ersatzmitglieder an der Beschlussfassung teilnimmt (arg. § 33 Abs. 2 BetrVG).

97 Zu jeder Sitzung des Betriebsrats kann die **Jugend- und Auszubildendenvertretung** einen Vertreter entsenden (§ 67 Abs. 1 S. 2 BetrVG). Ist von der Kündigung ein jugendlicher Arbeitnehmer betroffen, hat die gesamte Jugend- und Auszubildendenvertretung ein Teilnahmerecht und nur in diesem Falle auch ein Stimmrecht (§ 67 Abs. 1 S. 2, § 33 Abs. 3 BetrVG). Die **Schwerbehindertenvertretung** kann an allen Sitzungen des Betriebsrats teilnehmen (§ 32 BetrVG), hat aber kein Stimmrecht.

5. Aussetzung des Beschlusses

98 Erachtet die Mehrheit der Jugend- und Auszubildendenvertretung oder die Schwerbehindertenvertretung einen Beschluss des Betriebsrats als eine erhebliche Beeinträchtigung wichtiger Interessen der durch sie vertretenen Arbeitnehmer, ist nach § 35 Abs. 1 BetrVG auf ihren Antrag der Beschluss **auf die Dauer von einer Woche vom Zeitpunkt der Beschlussfassung an** auszusetzen, damit in dieser Frist eine Verständigung, ggf. mit Hilfe der im Betrieb vertretenen Gewerkschaften, versucht werden kann. Erst nach Ablauf dieser Frist ist über die Angelegenheit neu zu beschließen (§ 35 Abs. 2 BetrVG). Durch die Aussetzung eines Betriebsratsbeschlusses werden die Äußerungsfristen des § 102 Abs. 2 BetrVG für den Betriebsrat weder unterbrochen noch gehemmt (*Richardi/Thüsing* § 35 Rz 23; vgl. auch GK-*Raab* § 102 Rz 105). Wollte man daher die Vorschrift des § 35 BetrVG uneingeschränkt auf beschlossene Stellungnahmen des Betriebsrats zu beabsichtigten Kündigungen des Arbeitgebers anwenden, könnte der Betriebsrat nach der Aussetzung einen neuen Beschluss erst fassen, wenn die Äußerungsfristen des § 102 Abs. 2 BetrVG abgelaufen sind, die Zustimmung des Betriebsrats damit (bei einer ordentlichen Kündigung) als erteilt gilt und folglich der neue Beschluss keinen Einfluss auf das Anhörungsverfahren mehr haben, insbesondere keinen ordnungsgemäßen Widerspruch iSd § 102 Abs. 3 BetrVG mehr herbeiführen kann. Die Aussetzung des Betriebsratsbeschlusses würde damit den Betriebsrat seines aktiven Mitwirkungsrechts an einer Kündigung berauben. Dieses Ergebnis wäre widersinnig.

99 Aus diesem Grunde ist § 35 BetrVG auf Stellungnahmen des Betriebsrats zu beabsichtigten Kündigungen des Arbeitgebers **mit folgenden Einschränkungen anwendbar:** Wird der Aussetzungsantrag

gem. § 35 Abs. 1 BetrVG gestellt, hat der Betriebsrat zu versuchen, mit dem Arbeitgeber eine Vereinbarung über die Verlängerung der Äußerungsfrist zu erreichen. Der Arbeitgeber ist – auch im Hinblick auf das Gebot der vertrauensvollen Zusammenarbeit mit dem Betriebsrat (§ 2 Abs. 1 BetrVG) – nicht zum Abschluss einer solchen Vereinbarung verpflichtet (**aA** HaKo-*Griebeling* Rz 124, wenn dadurch die kündigungsrechtliche Position des Arbeitgebers nicht beeinträchtigt wird). Denn durch die Verlängerung der Äußerungsfrist für den Betriebsrat verschiebt sich auch der frühestmögliche Zeitpunkt, in dem der Arbeitgeber die Kündigung aussprechen kann. Dann kann aber bei einer außerordentlichen Kündigung das Kündigungsrecht des Arbeitgebers schon verwirkt sein (§ 626 Abs. 2 BGB) oder bei einer ordentlichen Kündigung die Kündigungsfrist zum vorgesehenen Kündigungstermin nicht mehr einzuhalten sein. Kommt es gleichwohl zu einer Vereinbarung zwischen Arbeitgeber und Betriebsrat über die Verlängerung der Äußerungsfrist, kann das Verfahren nach § 35 BetrVG durchgeführt werden. Kommt hingegen eine solche Vereinbarung nicht zustande, hat der Betriebsratsvorsitzende innerhalb der Äußerungsfrist des § 102 Abs. 2 BetrVG den Betriebsratsbeschluss durchzuführen, sofern der Betriebsrat die Zustimmung nicht erteilt hat, und diese (vorläufige) Stellungnahme des Betriebsrats dem Arbeitgeber bekanntzugeben. Stimmt der Betriebsrat dann nachträglich der Kündigung zu, entfällt für den Arbeitnehmer ein evtl. Weiterbeschäftigungsanspruch nach § 102 Abs. 5 BetrVG. Hatte hingegen der Betriebsrat die Zustimmung zur Kündigung erteilt und ist gegen diesen Beschluss ein Aussetzungsantrag gestellt worden, ist der Betriebsratsvorsitzende berechtigt, für den Betriebsrat die Erklärung abzugeben, die Zustimmung zur Kündigung werde vorläufig aus den von den Antragstellern vorgetragenen Gründen verweigert, bis der Betriebsrat über die Angelegenheit erneut Beschluss gefasst habe (*Richardi/Thüsing* § 35 Rz 24 mwN). Damit wird verhindert, dass im Falle einer ordentlichen Kündigung nach Ablauf der Äußerungsfrist für den Betriebsrat seine Zustimmung als erteilt gilt, falls keine Stellungnahme vorliegt (§ 102 Abs. 2 Satz 2 BetrVG); nur so kann nach einem Aussetzungsantrag sichergestellt werden, dass der Betriebsrat sich den Gründen der Antragsteller mit Außenwirkung anschließen kann. Bleibt er bei seiner zustimmenden Entscheidung, entfällt für den Arbeitnehmer ein evtl. Weiterbeschäftigungsanspruch nach § 102 Abs. 5 BetrVG.

§ 35 BetrVG ist in der oben dargelegten eingeschränkten Geltung auf beschlossene **Stellungnahmen eines zuständigen Ausschusses** (Betriebsausschuss, Personalausschuss) zu beabsichtigten Kündigungen des Arbeitgebers entsprechend anwendbar (vgl. *Richardi/Thüsing* § 35 Rz 25; *Fitting* § 35 Rz 32 mwN). Der Antrag ist an den Betriebsratsvorsitzenden zu richten *Fitting* aaO; vgl. auch *GK-Raab* § 35 Rz 15), da es Sache des Betriebsratsvorsitzenden, nicht des Ausschussvorsitzenden ist, für den Betriebsrat mit dem Arbeitgeber über eine Verlängerung der Äußerungsfrist zu verhandeln. Für die Abgabe der Stellungnahme des Ausschusses zur Kündigungsabsicht des Arbeitgebers bleibt weiterhin der Ausschussvorsitzende zuständig. **100**

VIII. Schweigepflicht des Betriebsrats

Soweit dem Betriebsrat im Rahmen der Anhörung persönliche Verhältnisse und Angelegenheiten von Arbeitnehmern bekannt werden, die ihrer Bedeutung oder ihrem Inhalt nach einer vertraulichen Behandlung bedürfen, ist er zur Verschwiegenheit verpflichtet (§ 102 Abs. 2 S. 5 BetrVG iVm § 99 Abs. 1 S. 3 BetrVG). Hierunter fallen insbesondere **persönliche Vorwürfe** gegen einen Arbeitnehmer und **Umstände privater Natur** (zB Krankheiten, Schwangerschaften, Vorstrafen; vgl. *Richardi/Thüsing* § 99 Rz 171); hingegen ist die bloße Tatsache der Kündigung nach dem Wortlaut des Gesetzes und seinem Schutzzweck (Schutz der Intimsphäre des Arbeitnehmers) nicht geheimhaltungsbedürftig (aA *Richardi/Thüsing* Rz 109). Die Verschwiegenheitspflicht besteht lediglich nicht gegenüber Mitgliedern des Betriebsrats, gegenüber dem Gesamtbetriebsrat, dem Konzernbetriebsrat, der Bordvertretung, dem Seebetriebsrat und den Arbeitnehmervertretern im Aufsichtsrat sowie im Verfahren vor der Einigungsstelle, der tariflichen Schlichtungsstelle oder einer betrieblichen Beschwerdestelle (§ 102 Abs. 2 S. 5 BetrVG iVm § 99 Abs. 1 S. 3 BetrVG und § 79 Abs. 1 S. 3–4 BetrVG). Eine Verletzung der Schweigepflicht stellt eine Amtspflichtverletzung dar, die nach § 120 Abs. 2 BetrVG strafbar ist und zu Schadenersatzansprüchen des Arbeitnehmers (§ 823 Abs. 2 BGB) führen kann (APS-*Koch* Rz 139). **101**

IX. Abschluss des Anhörungsverfahrens

Der Arbeitgeber darf erst nach Abschluss des Anhörungsverfahrens beim Betriebsrat die Kündigung des Arbeitsverhältnisses aussprechen, dh das Kündigungsschreiben absenden (vgl. *BAG* 13.11.1975 EzA § 102 BetrVG 1972 Nr. 20). Das Anhörungsverfahren ist abgeschlossen, **wenn die Äußerungsfristen** für den Betriebsrat gem. § 102 Abs. 2 BetrVG (s. Rz 86 ff.) **abgelaufen** sind, gleichgültig ob sich der **102**

Betriebsrat bis dahin geäußert hat oder nicht oder irrtümlich davon ausgeht, das Verfahren sei noch nicht abgeschlossen, zB weil er vom Arbeitgeber ohne Rechtsgrund die Einberufung einer Einigungsstelle verlangt hat.

103 Vor Ablauf dieser Äußerungsfristen wird das Anhörungsverfahren nur dann beendet, wenn der Betriebsrat bzw. der zuständige Ausschuss zu der Kündigungsabsicht des Arbeitgebers eine (mündliche oder schriftliche) Erklärung abgegeben hat, aus der sich ergibt, dass er eine weitere Erörterung des Falles nicht wünscht und keine weitere Erklärung mehr abgeben will, es sich also um eine **abschließende Erklärung des Betriebsrats** handelt (*BAG* 12.3.1987 EzA § 102 BetrVG 1972 Nr. 71; *LAG Bln.* 12.7.1999 ZTR 1999, 525; *Galperin/Löwisch* Rz 40, 42; **aA** *ArbG Hamburg* 2.12.1982 DB 1983, 2145, das nur die Erklärung von Bedenken, Widerspruch oder Zustimmung als abschließende Stellungnahme anerkennen will; abweichend auch *Fitting* Rz 65). Erklärt der Betriebsrat, dass er sich zu der Kündigung nicht äußern wolle, liegt darin schon eine abschließende Stellungnahme (*BAG* 12.3.1987 EzA § 102 BetrVG 1972 Nr. 71 mit Anm. *Kraft; Oetker* BB 1984, 1436). Dasselbe gilt, wenn der Betriebsrat erklärt, er beabsichtige, keine Stellungnahme abzugeben, oder wenn er mitteilt, er wolle die Wochenfrist ohne eigene Stellungnahme verstreichen lassen (*Hess. LAG* 18.6.1997 LAGE § 626 BGB Nr. 114; **aA** *LAG Frankf.* 21.11.1986 BB 1987, 1324), oder wenn er einen Anhörungsbogen des Arbeitgebers unterschreibt und dann kommentarlos an den Arbeitgeber zurückgibt (*LAG BW* 29.4.1986 LAGE § 1 KSchG Krankheit Nr. 6). Eine abschließende Stellungnahme kann auch in der Mitteilung des Betriebsrats liegen, er nehme die Kündigungsabsicht »zur Kenntnis«, wenn damit nach der vom Betriebsrat praktizierten Übung das Anhörungsverfahren bei ihm abgeschlossen ist (*BAG* 12.3.1987 EzA § 102 BetrVG 1972 Nr. 71; *LAG Hamm* 17.8.1982 DB 1983, 48; zust.: *Oetker* aaO).

103a Von einer abschließenden Stellungnahme kann hingegen noch keine Rede sein, wenn der Betriebsratsvorsitzende dem Arbeitgeber **Bedenken des Betriebsrats mündlich mitteilt,** aber eine schriftliche Wiedergabe dieser Bedenken in Aussicht stellt (*BAG* 28.7.1982 – 7 AZR 1181/79 – nv; **aA** *LAG Hamm* 5.12.1975 DB 1976, 680), wenn der Betriebsratsvorsitzende in der ersten Betriebsversammlung nach einer Insolvenzeröffnung erklärt, die beabsichtigten Massenentlassungen seien unwirksam (*BAG* 12.12.1996 RzK III 1e Nr. 21), wenn der Betriebsrat dem Arbeitgeber mitteilt, er stimme der Kündigung an sich zu, verlange aber noch eine schriftliche Bestätigung der Kündigungsgründe durch den vom Arbeitgeber angegebenen Belastungszeugen (*Ascheid* Rz 593) oder der Arbeitgeber nach den sonstigen Umständen noch mit einer schriftlichen Stellungnahme des Betriebsrats rechnen muss. Denn **Bedenken und Widerspruch** des Betriebsrats sind nur ordnungsgemäß, wenn sie dem Arbeitgeber schriftlich mitgeteilt werden (vgl. § 102 Abs. 2 und 5 BetrVG). Wird deshalb die schriftliche Mitteilung angekündigt, muss dem Betriebsrat nach dem Sinn der gesetzlichen Regelung die Möglichkeit eingeräumt werden, Bedenken oder Widerspruch innerhalb der Äußerungsfrist ordnungsgemäß, dh schriftlich, zu erheben. Dann aber kann das Anhörungsverfahren vor Ablauf der Äußerungsfristen für den Betriebsrat nur durch diese schriftliche Stellungnahme abgeschlossen werden.

103b Bringt hingegen der Betriebsrat bei der mündlichen Geltendmachung von Bedenken oder Widerspruch zum Ausdruck, dass er eine weitere Stellungnahme nicht mehr abgeben wird, ist damit das Anhörungsverfahren abgeschlossen (**aA** *Oetker* BB 1984, 1435). Für die **Zustimmung** des Betriebsrats zur Kündigung besteht keine Formvorschrift (s. Rz 125); hier wird durch die mündliche Mitteilung der Zustimmung an den Arbeitgeber das Anhörungsverfahren beim Betriebsrat abgeschlossen (*Oetker* aaO; s. Rz 126). Eine abschließende Erklärung des Betriebsrats liegt allerdings dann noch nicht vor, wenn er dem Arbeitgeber zwar mitteilt, er stimme der Kündigung an sich zu, verlange aber noch die Vorlage von Beweisstücken (vgl. *BAG* 1.12.1977 EzA § 103 BetrVG 1972 Nr. 21). Aus dem Schweigen des Betriebsrats auf die Mitteilung des Arbeitgebers über seine Kündigungsabsicht kann vor Ablauf der Äußerungsfrist des § 102 Abs. 2 BetrVG nicht auf eine Zustimmung des Betriebsrats zur Kündigung geschlossen werden (vgl. *BAG* 8.9.1975 EzA § 102 BetrVG 1972 Nr. 17; *Oetker* aaO).

103c Stets muss es sich aber um die Stellungnahme des **zuständigen Gremiums** handeln, wenn das Anhörungsverfahren dadurch abgeschlossen werden soll (s. Rz 46a und *LAG Brem.* 26.10.1982 DB 1983, 2145), es sei denn, dem Arbeitgeber war die Unzuständigkeit des Gremiums, zB wegen fehlender Schriftform des Übertragungsbeschlusses auf einen Personalausschuss (§ 27 Abs. 3 S. 3 BetrVG), unbekannt (s. Rz 116).

103d Für die **Abgabe einer abschließenden Erklärung** sind grds. der Betriebsratsvorsitzende bzw. der Vorsitzende des zuständigen Ausschusses zuständig, da gem. § 26 Abs. 2 S. 1 BetrVG der Betriebsratsvorsitzende den Betriebsrat und in entsprechender Anwendung des § 26 Abs. 2 S. 1 BetrVG der Aus-

Teilt ein einzelnes Betriebsratsmitglied vor Ablauf der Äußerungsfrist des § 102 Abs. 2 BetrVG dem **104**
Arbeitgeber **eine Stellungnahme** zu der vorgesehenen Kündigung zu einer Zeit **mit,** in der der Arbeitgeber weiß oder nach den Umständen annehmen muss, dass die ihm mitgeteilte Ansicht durch eine entsprechende Stellungnahme des zuständigen Gremiums (Betriebsrat, Ausschuss) nicht gedeckt ist, wird das Anhörungsverfahren durch eine solche Erklärung des Betriebsratsmitglieds noch nicht abgeschlossen (*BAG* 28.2.1974 EzA § 102 BetrVG 1972 Nr. 8; in diesem Sinne auch: *BAG* 16.1.2003 EzA § 102 BetrVG 2001 Nr. 2). Das ist etwa der Fall, wenn der Arbeitgeber den Betriebsratsvorsitzenden oder ein sonstiges Betriebsratsmitglied von einer beabsichtigten Kündigung unterrichtet und das angesprochene Betriebsratsmitglied der Kündigung sofort zustimmt (*BAG* 28.3.1974 EzA § 102 BetrVG 1972 Nr. 9). Hingegen muss der Arbeitgeber nicht allein aufgrund des Umstandes, dass bereits kurz (zB zwölf Minuten) nach Übermittlung des Anhörungsschreibens per Telefax an den Betriebsrat eine Antwort gleichfalls per Telefax erfolgt, davon auszugehen, es liege nur eine persönliche Äußerung des Betriebsratsvorsitzenden vor (*BAG* 16.1.2003 EzA § 102 BetrVG 2001 Nr. 2).

Unterrichtet hingegen der Arbeitgeber **alle versammelten Betriebsratsmitglieder** über die beabsichtigte Kündigung und die Kündigungsgründe und erklären daraufhin alle Betriebsratsmitglieder spontan ihre Zustimmung zur Kündigung, so wird durch eine solche Erklärung das Anhörungsverfahren dann ordnungsgemäß abgeschlossen, wenn sich aus dem Verhalten der Betriebsratsmitglieder ergibt, dass sie eine weitere Erörterung des Falles nicht beabsichtigen und keine weiteren Erklärungen mehr abgeben wollen. Entgegen der Auffassung des *LAG Hamm* (21.9.1982 ZIP 1983, 110; ebenso: APS-*Koch* Rz 136) ist der Arbeitgeber in einem solchen Fall nicht gehalten, dem Betriebsrat als Gremium Gelegenheit zur ordnungsgemäßen Beschlussfassung in einer Betriebsratssitzung zu geben. Denn einerseits hat der Arbeitgeber keinen Einfluss auf die Geschäftsführung des Betriebsrats, andererseits ist es sinnlos, dem Betriebsrat Gelegenheit zur Beschlussfassung in einer Betriebsratssitzung zu geben, wenn der Betriebsrat sich mit der Sache nicht mehr befassen will. Vielmehr ist es dem Betriebsrat überlassen, darüber zu befinden, ob er in Anwesenheit des Arbeitgebers sogleich zu der beabsichtigten Kündigung eines Arbeitnehmers Stellung nehmen oder ob er die gesetzliche Äußerungsfrist ausnutzen will (*BAG* 24.3.1977 EzA § 102 BetrVG 1972 Nr. 28). **104a**

Das Anhörungsverfahren wird auch dadurch abgeschlossen, dass **der Arbeitgeber seine Kündi- 104b gungsabsicht gegenüber dem Betriebsrat zurücknimmt** oder statt der geplanten Kündigung den Arbeitnehmer versetzt. Will er dann später noch kündigen, muss er den Betriebsrat erneut anhören (*Bösche* S. 86; *ArbG Celle* 25.8.1977 ARSt 1978, 133).

X. Rechtsfolgen bei Fehlern im Anhörungsverfahren

Die Rechtsfolgen sind unterschiedlich, je nachdem ob dem Arbeitgeber oder dem Betriebsrat Fehler im **105**
Anhörungsverfahren unterlaufen.

1. Unzureichende Unterrichtung des Betriebsrats

Teilt der Arbeitgeber dem Betriebsrat vor Ausspruch der Kündigung seine Kündigungsabsicht über- **106** haupt nicht mit, ist das Anhörungsverfahren nicht eingeleitet. Das gilt grds. auch dann, wenn dem Arbeitgeber die Existenz eines Betriebsrats nicht bekannt ist (vgl. *BAG* 20.12.1989 RzK III 1a Nr. 42). Damit **fehlt es** in solchen Fällen **an einer wirksamen Anhörung;** dasselbe gilt, wenn das Anhörungsverfahren aus sonstigen Gründen vom Arbeitgeber nicht wirksam eingeleitet oder nicht ordnungsgemäß durchgeführt ist (*BAG* 16.9.1993 EzA § 102 BetrVG 1972 Nr. 84 mwN; aA *Oetker* SAE 1989, 305, der nur offensichtliche und schwerwiegende Verletzungen der Mitteilungspflicht des Arbeitgebers einer unterbliebenen Anhörung, die zur Unwirksamkeit der Kündigung führt, gleichsetzen will, was er – in FS Kraft S. 445 nur bejaht, wenn der Arbeitgeber völlig auf die Angabe von Gründen verzichtet oder Gründe angibt, die für seinen Kündigungsentschluss nicht maßgebend waren oder nicht existieren; *Oppertshäuser* NZA 1997, 927, verneint eine unwirksame Anhörung, wenn die Angabe der erforderlichen Sozialdaten »in ganz geringfügiger Weise unvollständig oder ungenau« ist; zu den Anforderungen an eine ordnungsgemäße Anhörung s. Rz 53 ff.): die Kündigung ist in diesen Fällen gem. § 102 Abs. 1 S. 3 BetrVG unwirksam. Hierbei ist der Begriff der Anhörung nach seinem Zweck zu bestimmen (s. hierzu Rz 58 ff.). Sind diese Anforderungen nicht erfüllt, fehlt es an einer Anhörung, so

§ 102 BetrVG   Mitbestimmung bei Kündigungen

dass die Kündigung unwirksam ist; zur Begründung der Unwirksamkeit der Kündigung bei »nicht ordnungsgemäßer« Anhörung des Betriebsrats bedarf es daher keiner »analogen« Anwendung des § 102 Abs. 1 S. 3 BetrVG (so aber: *BAG* 22.9.1994 EzA § 102 BetrVG 1972 Nr. 86; 16.9.1993 EzA § 102 BetrVG 1972 Nr. 84; *Berkowsky* NZA 1996, 1065; *Bitter* NZA 1991, Beil. 3, S. 20; wie hier *Raab* ZfA 1995, 521 ff., der allerdings hinsichtlich eines Arbeitnehmers ohne Kündigungsschutz bei nicht ordnungsgemäßer Mitteilung der Kündigungsgründe keine Unwirksamkeit der Kündigung annimmt und ferner eine fehlerhafte Anhörung einer fehlenden Anhörung nur dann gleichstellen will, wenn der Verfahrensfehler so schwerwiegend ist, dass dem Betriebsrat die Einflussmöglichkeit in ähnlicher Weise genommen wird, als wenn er überhaupt nicht beteiligt worden wäre).

107 Eine wirksame Anhörung des Betriebsrats liegt insbesondere nicht vor,
  – wenn der Arbeitgeber seine **Mitteilungspflichten** (s. Rz 58 ff.) fehlerhaft oder nicht vollständig erfüllt, zB die Art der Kündigung (ordentliche oder außerordentliche), die Kündigungsfrist, die er einhalten will, oder den von ihm vorgesehenen Kündigungstermin falsch oder überhaupt nicht angibt; hingegen liegt keine fehlerhafte Anhörung des Betriebsrats vor, wenn die vom Arbeitgeber genannte Kündigungsfrist bzw. der Kündigungstermin (nur) aus materiell-rechtlichen Gründen unzutreffend sind, der Arbeitgeber sie aber für richtig hielt (s. auch Rz 108a),
  – oder die **Kündigungsgründe** nur pauschal bezeichnet (*BAG* 4.8.1975 EzA § 102 BetrVG 1972 Nr. 14)
  – oder eine **erforderliche erneute Anhörung** (s. Rz 80) unterlässt
  – oder sich an eine **unzuständige Arbeitnehmervertretung** wendet, zB an den Gesamtbetriebsrat statt an den zuständigen Betriebsrat (ebenso: *Knorr/Bichlmeier/Kremhelmer* S. 250 Rz 59), an den Betriebsrat statt an den zuständigen Personalausschuss, an einen unzulässigerweise gebildeten Ausschuss (s. Rz 46a) statt an den Betriebsrat oder an einen nicht mehr amtierenden Betriebsrat (*BAG* 28.9.1983 EzA § 102 BetrVG 1972 Nr. 56). Hierbei kann der Arbeitgeber von der Zuständigkeit des Betriebsrats ausgehen, solange ihm die Übertragung auf einen Ausschuss nicht bekannt ist. Im Übrigen gehört die Beteiligung einer unzuständigen Arbeitnehmervertretung zu den in den Verantwortungsbereich des Arbeitgebers fallenden Mängeln (*BAG* 19.5.1983 – 2 AZR 454/81 – nv).

107a Hinsichtlich der Unterrichtung des Betriebsrats ist es **unerheblich, ob der Arbeitnehmer schon Kündigungsschutz nach dem KSchG genießt** oder nicht; auch hinsichtlich eines Arbeitnehmers ohne Kündigungsschutz bestehen die vollständigen Mitteilungspflichten des Arbeitgebers nach § 102 Abs. 1 BetrVG mit der Folge, dass eine fehlende oder unzureichende Unterrichtung des Betriebsrats zur Unwirksamkeit der Kündigung führt (*BAG* 16. 9. 2004 EzA § 102 BetrVG 2001 Nr. 10; 13.7.1978 EzA § 102 BetrVG 1972 Nr. 36; *Fitting* Rz 6; s. ferner Rz 62b). Auf ein **Verschulden** des Arbeitgebers an der nicht ordnungsgemäßen Unterrichtung des Betriebsrats kommt es nicht an (SPV-*Preis* Rz 433).

108 Der fehlenden Angabe des Kündigungstermins steht die **unrichtige Angabe des Kündigungstermins** oder die unrichtige Angabe einer vom Arbeitgeber einzuhaltenden Kündigungsfrist, die ja den Kündigungstermin mitbestimmt, gleich, wenn der Arbeitgeber die Kündigung zu einem früheren Kündigungstermin, als er dem Betriebsrat genannt hat, ausspricht (*ArbG Kassel* 18.10.1990 RzK III 1b Nr. 14) oder zu einem späteren Kündigungstermin, der erheblich später als der dem Betriebsrat genannte Kündigungstermin liegt. Im letzteren Fall kann als Richtlinie, die aus Gründen der Rechtssicherheit in aller Regel gelten sollte, davon ausgegangen werden, dass ein Kündigungstermin, der mehr als einen Monat nach dem Betriebsrat genannten Kündigungstermin liegt, nicht mehr durch das Anhörungsverfahren beim Betriebsrat gedeckt ist. Dies entspricht auch der Regel des § 85 Abs. 3 SGB IX, der dem Arbeitgeber die ordentliche Kündigung eines schwerbehinderten Arbeitnehmers nach Zustimmung des Integrationsamtes nur innerhalb eines Monats erlaubt (ebenso: *Ottow* BB 1978, 1527). In den angeführten Fällen ist nicht auszuschließen, dass die Stellungnahme des Betriebsrats anders ausgefallen wäre, wenn der Arbeitgeber den richtigen (früheren) Kündigungstermin genannt hätte bzw. den Beginn des Anhörungsverfahrens zu dem späteren Kündigungstermin auf einen späteren Zeitpunkt verlegt hätte. Soweit der Kündigungstermin zwar später, aber nicht später als einen Monat nach dem dem Betriebsrat genannten Kündigungstermin liegt, ist dies noch nicht zu beanstanden, weil einerseits dem Arbeitnehmer durch einen späteren Kündigungstermin kein Nachteil erwächst und andererseits im Hinblick hierauf ein Zeitraum von einem Monat als noch unerheblich anzusehen ist (vgl. auch § 95 Abs. 3 S. 1 BetrVG). In allen anderen Fällen führt jedoch die unrichtige Angabe des Kündigungstermins gem. § 102 Abs. 1 S. 3 BetrVG grds. zur Unwirksamkeit der Kündigung.

108a Weil der Kündigungstermin für die Stellungnahme des Betriebsrats von großer Bedeutung sein kann, **kann der Rechtsprechung des** *BAG* (29.1.1986 EzA § 102 BetrVG 1972 Nr. 64), nach der eine ordentliche Kündigung nicht allein deshalb unwirksam ist, weil der Arbeitgeber eine unrichtige Kündigungsfrist oder einen unrichtigen Kündigungstermin angegeben hat, **nicht gefolgt werden**. Die Entscheidung ist allerdings unklar. Sollte mit ihr – und davon ist zunächst auszugehen – gemeint sein, dass der Arbeitgeber dem Betriebsrat eine bestimmte Kündigungsfrist oder einen bestimmten Kündigungstermin mitteilt, beim Ausspruch der Kündigung aber eine andere Kündigungsfrist oder einen anderen Kündigungstermin nennt, dann hat der Arbeitgeber dem Betriebsrat subjektive Vorstellungen mitgeteilt, von denen er sich beim Ausspruch der Kündigung nicht leiten ließ. Dies widerspricht dem Sinn und Zweck des Anhörungsverfahrens und führt deshalb zur Unwirksamkeit der Anhörung (ebenso: *ArbG Kassel* 18.10.1990 RzK III 1b Nr. 14; **aA** *LAG SchlH* 23.2.1995 LAGE § 102 BetrVG 1972 Nr. 45). Sollte das BAG hingegen gemeint haben, wenn der Arbeitgeber dem Betriebsrat eine bestimmte Kündigungsfrist oder einen bestimmten Kündigungstermin mitteile, danach mit entsprechender Kündigungsfrist oder zum genannten Kündigungstermin kündige, die angegebene Kündigungsfrist oder der Kündigungstermin aus materiell-rechtlichen Gründen aber nicht zutreffe, so dass die Kündigung nur zu einem anderen Kündigungstermin wirksam werden könne, berühre dies nicht die Ordnungsmäßigkeit des Anhörungsverfahrens, ist dem BAG zuzustimmen. Aber dies ist eine solche Selbstverständlichkeit und seit 1977 ständige Rechtsprechung des BAG (s. Rz 66), dass es im Jahre 1986 einer besonderen Hervorhebung durch Leitsatz nicht bedurft hätte.

Von der unrichtigen Angabe des Kündigungstermins sind die Fälle zu unterscheiden, in denen der Arbeitgeber ausdrücklich oder konkludent angibt, demnächst kündigen zu wollen, die **Kündigung** aber erst **geraume Zeit nach Abschluss des Anhörungsverfahrens** ausspricht, so dass sich dadurch auch der frühestmögliche Kündigungstermin verschiebt: Hier geht es darum, ob der Zeitpunkt des Kündigungsausspruchs nach den Umständen des Einzelfalles noch als »demnächst« – vom Zeitpunkt des Abschlusses des Anhörungsverfahrens an gerechnet – angesehen werden kann. Für einen Zeitraum bis zu einem Monat wird diese Frage im Allgemeinen ohne weiteres bejaht werden können. Im Übrigen hängt es von der betrieblichen Praxis des Arbeitgebers und dem Verhalten der Beteiligten im Einzelfall ab, was unter »demnächst« zu verstehen ist. Verzögert sich etwa die Zustellung der Kündigung, weil sich die Anschrift des Arbeitnehmers geändert hat, kann ggf. auch noch bei einer Verzögerung von 2–3 Monaten, die der Arbeitnehmer zu vertreten hat, davon gesprochen werden, dass die Kündigung »demnächst« erfolgt ist. Ist die Frage, ob die Kündigung demnächst ausgesprochen wurde, zu verneinen, ist die Kündigung durch das frühere Anhörungsverfahren nicht gedeckt und deshalb wegen fehlender Anhörung unwirksam (in diesem Sinne auch: *LAG Hamm* 18.2.1975 AuR 1975, 250; *LAG Frankf.* 18.3.1976 BB 1976, 1559; *ArbG Hamburg* 11.5.1992 AiB 1993, 187; *Bösche* S. 36; *Meisel* Nr 161). Deshalb kann der Auffassung des *BAG* (26.5.1977 EzA § 102 BetrVG 1972 Nr. 30; in diesem Sinne auch: GK-*Raab* § 102 Rz 52; zust.: *Stege/Weinspach/Schiefer* Rz 156), in einem Fall, in dem der Arbeitgeber die Kündigung demnächst aussprechen will, sei der Zeitablauf nach Abschluss des Anhörungsverfahrens bis zum Ausspruch der Kündigung rechtlich ohne Bedeutung, wenn sich zwischenzeitlich der dem Betriebsrat unterbreitete Kündigungssachverhalt nicht oder nicht wesentlich verändert habe, nicht zugestimmt werden. Das BAG übersieht hier, dass zu dem dem Betriebsrat zu unterbreitenden Kündigungssachverhalt auch die Angabe des Kündigungstermins gehört (s. Rz 58 f.).

109

Hat der Arbeitgeber den Betriebsrat darauf hingewiesen, dass die **Zustimmung einer anderen Stelle** (zB Integrationsamt nach § 85 SGB IX, oberste Landesbehörde nach § 9 Abs. 3 MuSchG) zur Kündigung noch einzuholen sei oder ist dies dem Betriebsrat ohnehin bekannt, muss mangels gegenteiliger Anhaltspunkte davon ausgegangen werden, dass der Arbeitgeber alsbald nach Erteilung der erforderlichen Zustimmung die Kündigung zum nächstmöglichen Zeitpunkt aussprechen will. Versäumt er dies, so dass eine Kündigung zum nächstmöglichen Kündigungstermin nicht mehr ausgesprochen werden kann, ist eine spätere Kündigung wegen unrichtiger Angabe des Kündigungstermins im Anhörungsverfahren unwirksam. Der Arbeitgeber muss zu der späteren Kündigung ein neues Anhörungsverfahren durchführen. Spricht der Arbeitgeber hingegen alsbald nach Erteilung der erforderlichen Zustimmung die Kündigung zum nächsten Kündigungstermin aus, ist das Anhörungsverfahren zwar hinsichtlich der Angabe des Kündigungstermins nicht fehlerhaft, muss aber bei wesentlicher Änderung des Kündigungssachverhalts uU wiederholt werden (s. Rz 80).

110

Hinsichtlich der Kündigungsgründe ist zu beachten, dass eine Kündigung nicht deshalb unwirksam ist, weil der Arbeitgeber dem Betriebsrat **nur einen Teil** der ihm bekannten und maßgebenden **Kündigungstatsachen** mitgeteilt hat. In diesem Fall ist der Arbeitgeber lediglich gehindert, die dem Betriebsrat nicht mitgeteilten Tatsachen im Kündigungsschutzprozess vorzutragen (s. Rz 185 f.), sie können im Kündigungsschutzverfahren nicht berücksichtigt werden (vgl. *BAG* 11.10.1989 EzA § 1 KSchG Betriebsbedingte Kündigung Nr. 64; 12.3.1986 EzA Art. 33 GG Nr. 13 mwN); die Anhörung zu den mit-

111

§ 102 BetrVG   Mitbestimmung bei Kündigungen

geteilten Kündigungstatsachen bleibt jedoch wirksam, der Vorschrift des § 102 Abs. 1 S. 1 BetrVG ist insoweit Genüge getan (*BAG* 8.9.1988 EzA § 102 BetrVG 1972 Nr. 73; 13.7.1978 EzA § 102 BetrVG 1972 Nr. 36). Teilt hingegen der Arbeitgeber dem Betriebsrat als Kündigungstatsachen Umstände mit, die für ihn nicht Anlass zur Kündigung sind, während er die Umstände, die ihn zur Kündigung veranlassen, verschweigt, fehlt es an der Angabe echter Kündigungsgründe, so dass die Kündigung aus diesem Grunde wegen Verstoßes gegen § 102 Abs. 1 S. 2 BetrVG unwirksam ist (s. Rz 62a; vgl. ferner *LAG Frankf.* 18.6.1976 NJW 1978, 76; *Kittner* Anm. EzA § 102 BetrVG 1972 Nr. 28).

111a Bei einer fehlenden oder fehlerhaften Unterrichtung des Betriebsrats kann der Arbeitgeber den **Mangel** dadurch **beheben,** dass er die vollständige und zutreffende Unterrichtung nachholt. In diesem Falle läuft vom Zeitpunkt der vollständigen und zutreffenden Unterrichtung des Betriebsrats ab die Äußerungsfrist für den Betriebsrat nach § 102 Abs. 2 BetrVG neu (*BAG* 3.4.1987 RzK III 1 d Nr. 3; zur Äußerungsfrist s. Rz 86 ff.). Das gilt auch, wenn der Arbeitgeber den Betriebsrat zunächst unzureichend unterrichtet und aufgrund einer Rückfrage des Betriebsrats die vollständige Unterrichtung nachholt.

112 Die fehlende oder fehlerhafte Unterrichtung des Betriebsrats, die gem. § 102 Abs. 1 S. 3 BetrVG zur Unwirksamkeit der Kündigung führt, kann hingegen **grds. nicht** dadurch **geheilt** werden, dass der Betriebsrat vor Ausspruch der Kündigung zu ihr »abschließend« Stellung nimmt (*BAG* 28.9.1978 EzA § 102 BetrVG 1972 Nr. 39) oder vor oder nach Ausspruch der Kündigung dieser zustimmt (vgl. hinsichtlich der Zustimmung nach Ausspruch der Kündigung *BAG* 28.2.1974 EzA § 102 BetrVG 1972 Nr. 8; *Fitting* Rz 59; *Galperin/Löwisch* Rz 49; *Meisel* Rz 449). Denn es lässt sich nicht ausschließen, dass die Stellungnahme des Betriebsrats bei einer fehlerfreien und vollständigen Unterrichtung anders ausgefallen wäre, er insbesondere die Zustimmung zur Kündigung nicht erteilt und den Arbeitgeber von der Kündigung abgehalten hätte; ein möglicher Widerspruch des Betriebsrats hätte darüber hinaus in kündigungsrechtlicher Hinsicht (§ 1 Abs. 2 KSchG) Bedeutung erlangen (s. KR-*Griebeling* § 1 KSchG Rz 207 ff.) und (bei einer ordentlichen Kündigung) einen Weiterbeschäftigungsanspruch des Arbeitnehmers nach § 102 Abs. 5 BetrVG (s. Rz 195 ff.) begründen können (ebenso: *BAG* 9.10.1986 – 2 AZR 649/85 – nv) Das gilt auch, wenn der Betriebsrat im Laufe des Anhörungsverfahrens den vollständigen Kündigungssachverhalt – und sei es durch eigene Nachforschungen – erfährt (*BAG* 27.6.1985 EzA § 102 BetrVG 1972 Nr. 60; **aA** *Streckel* Anm. EzA § 102 BetrVG 1972 Nr. 53; *Echterhölter* Anm. AR-Blattei, Betriebsverfassung XIV C: Entsch. 84; *Mummenhoff* SAE 1986, 315).

113 Die Zustimmung zu einer Kündigung kann allerdings dann die fehlende Anhörung ersetzen, wenn es um die **Umdeutung einer außerordentlichen in eine ordentliche Kündigung** geht und der Betriebsrat nach ordnungsgemäßer Unterrichtung der außerordentlichen Kündigung zugestimmt hatte, zu der (umgedeuteten) ordentlichen Kündigung aber nicht gehört wurde (s. Rz 182). Erklärt der Betriebsrat bei der Anhörung zu einer beabsichtigten außerordentlichen Kündigung, er könne nur einer ordentlichen Kündigung zustimmen, kann der Arbeitgeber nunmehr die ordentliche Kündigung aussprechen, ohne nochmals den Betriebsrat anhören zu müssen (*LAG BW* 3.11.1976 DB 1977, 777; *Wester/Schlüpers-Oehmen* S. 67). Ebenso kann bei einer zunächst erteilten Zustimmung zur Kündigung die Anhörung zu Kündigungsgründen, die der Arbeitgeber nachschieben will, entbehrlich werden (s. Rz 189). Im Übrigen ist der Betriebsrat nicht berechtigt, anlässlich der Anhörung zu nachgeschobenen Kündigungsgründen seine Zustimmung zur Kündigung im Hinblick auf die früher mitgeteilten Kündigungsgründe zu widerrufen (s. Rz 126).

113a Die Anhörung des Betriebsrats ist zwar zwingend vorgeschrieben; trotzdem steht dem Betriebsrat gegen den Arbeitgeber **kein Anspruch** zu, **den Ausspruch von Kündigungen zu unterlassen,** solange nicht das Anhörungsverfahren überhaupt oder ordnungsgemäß durchgeführt worden ist (*LAG Hmb.* 21.9.1983 ZIP 1983, 1382). Mit der gesetzlich vorgesehenen Sanktion bei Nichtanhörung des Betriebsrats (Unwirksamkeit der Kündigung) sind nämlich die Interessen des Betriebsrats angemessen gewahrt. Die **wiederholte vorsätzliche Nichtanhörung** des Betriebsrats stellt jedoch eine Behinderung der Betriebsratstätigkeit dar, die nach § 119 Abs. 1 S. 2 BetrVG mit Freiheitsstrafe bis zu einem Jahr oder Geldstrafe bedroht ist (*Bösche* S. 89). Die Tat wird nur auf Antrag verfolgt. Antragsberechtigt sind der Betriebsrat oder eine im Betrieb vertretene Gewerkschaft (§ 119 Abs. 2 BetrVG). Hingegen besteht kein Rechtsschutzinteresse für ein Beschlussverfahren, in dem geklärt werden soll, in welcher Weise der Arbeitgeber seine Anhörungspflichten zu erfüllen hat (**aA** *Bösche* aaO); denn das Gesetz schreibt nur die Anhörung des Betriebsrats vor, überlässt es aber dem Arbeitgeber, in welcher Weise er diese Pflicht erfüllt.

Bei **Massenkündigungen** besteht kein Anspruch des Betriebsrats auf Verbot von Entlassungen bis zum Abschluss der Verhandlungen über einen Interessenausgleich. Denn die Rechtsfolgen einer fehlenden Verhandlung über den Interessenausgleich sind in § 113 BetrVG abschließend geregelt (s. Rz 176). 113b

2. Unzulässige Einflussnahme auf Betriebsrat

Nimmt der Arbeitgeber durch arglistige Täuschung oder rechtswidrige Drohung in unzulässiger Weise Einfluss auf die Entscheidung des Betriebsrats (s. Rz 56), ist das Anhörungsverfahren nicht ordnungsgemäß durchgeführt. Die Anhörung ist folglich unwirksam. Die Unwirksamkeit der Anhörung kann durch eine vor oder nach Ausspruch der Kündigung erteilte Zustimmung des Betriebsrats **nicht geheilt werden**. Denn die Zustimmung des Betriebsrats kann ja gerade auf der unzulässigen Einflussnahme des Arbeitgebers beruhen. 114

3. Fehler bei der Willensbildung des Betriebsrats und der Übermittlung des Betriebsratsbeschlusses

Mängel, die in dem Bereich vorkommen, für den der Betriebsrat zuständig und verantwortlich ist, also Fehler bei seiner Willensbildung oder bei der Mitteilung eines Betriebsratsbeschlusses an den Arbeitgeber, **berühren die Ordnungsmäßigkeit des Anhörungsverfahrens iSv § 102 Abs. 1 BetrVG nicht**, dh, die Kündigung ist insoweit nicht wegen fehlerhafter Anhörung des Betriebsrats unwirksam. Das gilt grds. auch dann, wenn der Arbeitgeber weiß oder vermuten kann, dass das Verfahren des Betriebsrats nicht fehlerfrei verlaufen ist (*BAG* 24.6.2004 EzA § 102 BetrVG 2001 Nr. 9; 16.1.2003 EzA § 102 BetrVG 2001 Nr. 2 = BuW 2003, 1009 m. zust. Anm. *Heinemann* = ZBVR 2003, 242 m. abl. Anm. *Ilbertz*; *Galperin/Löwisch* Rz 41; *HSWG-Schlochauer* Rz 78; *Richardi/Thüsing* Rz 121; *Stege/Weinspach/Schiefer* Rz 103; **aA** *Fitting* Rz 53; *Buchner* DB 1976, 532; *Eich* DB 1975, 1603; *Südkamp* S. 245 f.: wenn der Arbeitgeber nicht auf einen wirksamen Betriebsratsbeschluss vertrauen kann, wird bei einem nichtigen Betriebsratsbeschluss das Anhörungsverfahren erst mit Ablauf der Anhörungsfrist des § 102 Abs. 1 BetrVG abgeschlossen; ähnlich *Griese* DB 1990, 1903 f.). Denn einerseits hat der Arbeitgeber keine wirksamen rechtlichen Einflussmöglichkeiten auf die Beschlussfassung des Betriebsrats (*BAG* 16.1.2003 EzA § 102 BetrVG 2001 Nr. 2; *Jobs/Bader* AR-Blattei – alte Ausgabe –, Kündigungsschutz I unter D II 1f bb); andererseits kann vom Arbeitgeber nur verlangt werden, dass er die ihm auferlegten Pflichten in seinem Verantwortungsbereich erfüllt. 115

Zu den Fehlern, die danach die Ordnungsmäßigkeit des Anhörungsverfahrens nicht berühren, gehören zB die Fälle, in denen der Betriebsrat (oder der zuständige Ausschuss) bei der Beschlussfassung **fehlerhaft besetzt** gewesen ist, etwa weil ein Mitglied oder Ersatzmitglied nicht geladen oder ein Ersatzmitglied nicht nachgerückt war, der Betriebsratsvorsitzende den nicht zuständigen Betriebsausschuss statt des Betriebsrats mit der Sache befasst (*LAG Köln* 1.7.2004 LAGE § 102 BetrVG 2001 Nr. 1), der Betriebsrat nicht in einer ordnungsgemäß einberufenen Sitzung, sondern **im Umlaufverfahren** seinen Beschluss gefasst hat, ein **Widerspruch nur mündlich oder ohne ausreichende Begründung** erhoben wird, der Arbeitgeber an der Betriebsratssitzung teilnahm, obwohl er kein Teilnahmerecht hatte (s. Rz 95), der Betriebsrat das Anhörungsverfahren dem Betriebsausschuss ohne schriftlichen Beschluss übertrug (*BAG* 24.8.1983 – 7 AZR 475/81 – nv) oder der Betriebsrat den Arbeitnehmer ermessensfehlerhaft nicht anhörte (s. Rz 94); ferner wenn der Betriebsratsvorsitzende dem Arbeitgeber eine abschließende Stellungnahme des Betriebsrats mitteilt, obwohl der Betriebsrat überhaupt noch keine oder eine andere Stellungnahme beschlossen hatte (vgl. *LAG Hamm* 12.12.1996 LAGE § 102 BetrVG 1972 Nr. 56; *GK-Raab* § 102 Rz 74; in diesem Sinne auch: *Heinze* S. 190, 201). Von letzterem Beispiel zu unterscheiden ist der Fall, in dem der Betriebsratsvorsitzende, dem der Arbeitgeber die Kündigungsabsicht mündlich mitteilt, der Kündigung sofort zustimmt; denn dann handelt es sich bei der Erklärung des Betriebsratsvorsitzenden **nicht um die Mitteilung einer Stellungnahme des Betriebsrats**, sondern um die persönliche Stellungnahme des Betriebsratsvorsitzenden, die das Anhörungsverfahren nicht abschließt (*BAG* 28.3.1974 EzA § 102 BetrVG 1972 Nr 9; s. Rz 117 aE). Dasselbe gilt, wenn der Betriebsratsvorsitzende erklärt, er werde keine Betriebsratssitzung einberufen, der Betriebsrat werde deshalb keine Stellungnahme abgeben (*ArbG Hameln* 9.10.1985 AuR 1986, 248). Der Arbeitgeber muss in diesen Fällen trotz der Erklärung des Betriebsratsvorsitzenden mit der Möglichkeit rechnen, dass noch eine Stellungnahme des zuständigen Gremiums folgen kann (*BAG* 19.5.1983 – 2 AZR 454/81 – nv). Anders ist die Rechtslage aber, wenn der Arbeitgeber die Kündigungsabsicht und die Kündigungsgründe sämtlichen anwesenden Betriebsratsmitgliedern mündlich mitteilt, diese der Kündi- 116 gung sofort zustimmen und zu erkennen geben, sie wollten sich mit der Sache nicht mehr befassen, und es sich somit um eine abschließende Stellungnahme handelt (s. Rz 102 ff.). Hingegen liegt eine abschließende Stellungnahme des Betriebsrats noch nicht vor, wenn in einer Besprechung zwischen Arbeitgeber und Betriebsrat die geplante Kündigung diskutiert wird und einzelne oder sämtliche Betriebsratsmitglieder in Diskussionsbeiträgen die geplante Kündigung befürworten (vgl. *LAG RhPf* 24.1.1986 DB 1986, 1728).

117 Eine **Ausnahme** von diesen Grundsätzen gilt dann, wenn **der Arbeitgeber durch unsachgemäßes Verhalten** Mängel bei der Beteiligung des Betriebsrats veranlaßt (*BAG* 16.1.2003 EzA § 102 BetrVG 2001 Nr. 2), zB wenn er den Betriebsratsvorsitzenden bittet, die Stellungnahme des Betriebsrats im Umlaufverfahren herbeizuführen und der Betriebsratsvorsitzende diesem Wunsch nachkommt, oder wenn er die gesetzliche Anhörungsfrist für den Betriebsrat einseitig verkürzt und dies ursächlich für eine fehlerhafte Beschlussfassung des Betriebsrats (etwa im Umlaufverfahren) ist (vgl. *LAG Hamm* 30.6.1994 LAGE § 102 BetrVG 1972 Nr. 43). Hier trifft den Arbeitgeber die Verantwortung für das fehlerhafte Verhalten des Betriebsrats. Deshalb ist in solchen Fällen eine Kündigung wegen fehlerhafter Anhörung des Betriebsrats gem. § 102 Abs. 1 S. 3 BetrVG unwirksam (HSWG-*Schlochauer* Rz 79; aA SPV-*Preis* Rz 431; offen gelassen in: *BAG* 4.8.1975 EzA § 102 BetrVG 1972 Nr. 14). Ferner ist zu beachten, dass die Stellungnahme eines Betriebsratsmitgliedes die Anhörungsverfahren nicht abschließt, wenn der Arbeitgeber nach den Umständen weiß oder annehmen muss, dass die Stellungnahme nicht durch das zuständige Gremium gedeckt ist (s. Rz 104). Der Arbeitgeber braucht aber nicht von sich aus zu prüfen, ob die ihm zugegangene Mitteilung des Betriebsrats dem gefassten Beschluss entspricht.

4. Kündigung vor Abschluss des Anhörungsverfahrens

118 Zur ordnungsgemäßen Anhörung des Betriebsrats gehört, dass der Arbeitgeber das Anhörungsverfahren einleitet und den Abschluss des Anhörungsverfahrens abwartet, bevor er eine Kündigung ausspricht, dh das Kündigungsschreiben aushändigt oder absendet (s. Rz 176a). Eine vor Abschluss des Anhörungsverfahrens ausgesprochene Kündigung ist gem. § 102 Abs. 1 S. 3 BetrVG grds. unwirksam und **unheilbar nichtig** (*BAG* 1.4.1976 EzA § 102 BetrVG 1972 Nr. 23; Ausnahme: s. Rz 176a; aA – bei Unzumutbarkeit der Anhörung – *Adomeit* DB 1971, 2362; vgl. auch *Meisel* DB 1974, 139). Auf ein Verschulden des Arbeitgebers kommt es nicht an. Die Unwirksamkeit der Kündigung kann nicht durch eine nachträgliche Anhörung, nicht einmal durch eine spätere Zustimmung des Betriebsrats geheilt werden (*BAG* 28.2.1974 EzA § 102 BetrVG 1972 Nr. 8; *Fitting* Rz 59; *Galperin/Löwisch* Rz 49; GK-*Raab* § 102 Rz 42; *Meisel* Rz 449; aA *Adomeit* BB 1972, 55 und DB 1971, 2362 sowie in AR-Blattei – alte Ausgabe – Kündigungsschutz I unter D II 1a).

118a Mit dem Ausspruch der Kündigung vor Abschluss des Anhörungsverfahrens wird das **Anhörungsverfahren grds. abgebrochen** und damit gegenstandslos; eine Stellungnahme des Betriebsrats zu einer noch auszusprechenden Kündigung hat sich erübrigt. Daher kann der Arbeitgeber nach Ablauf der Anhörungsfrist **keine wirksame zweite Kündigung** aussprechen, da auch dieser Kündigung das vom Arbeitgeber vorzeitig abgebrochene Anhörungsverfahren zugrunde liegt (*BAG* 22.9.1983 – 2 AZR 136/82 – nv). Insoweit ist auch eine wirksame Bestätigung der nichtigen Kündigung gem. § 141 BGB nach Abschluss des Anhörungsverfahrens nicht möglich (aA offenbar *BAG* 13.11.1975 EzA § 102 BetrVG 1972 Nr. 20 und SPV-*Preis* Rz 385). Vielmehr kann der Arbeitgeber nur nach erneuter Anhörung des Betriebsrats gemäß § 102 BetrVG eine wirksame (zweite) Kündigung aussprechen. Hierbei ist die Anhörung des Betriebsrats nur dann ordnungsgemäß, wenn der Arbeitgeber ihn zu einer noch auszusprechenden Kündigung anhört. Teilt der Arbeitgeber hingegen dem Betriebsrat bei der Anhörung mit, er habe die Kündigung bereits erklärt, ist dies weder eine ordnungsgemäße Anhörung für die erste bereits ausgesprochene noch für die nach der Anhörung beabsichtigte zweite Kündigung (vgl. *BAG* 18.9.1975 EzA § 102 BetrVG 1972 Nr. 17; *Richardi/Thüsing* Rz 111; aA *Meisel* Anm. AP Nr. 6 zu § 12 SchwbG: wenn der Betriebsrat einer bereits ausgesprochenen Kündigung nachträglich zugestimmt hat, dann soll dies für eine ordnungsgemäße Anhörung zu einer noch auszusprechenden zweiten Kündigung genügen).

XI. Suspendierung vor Abschluss des Anhörungsverfahrens

119 In **besonders schwerwiegenden Fällen,** wenn das Interesse des Arbeitgebers an einer Freistellung des Arbeitnehmers höher zu bewerten ist als das Interesse des Arbeitnehmers an einer Weiterbeschäftigung, kann der Arbeitgeber den Arbeitnehmer schon vor Abschluss des Anhörungsverfahrens unter Fortzahlung der Vergütung von der Arbeit freistellen (*Fitting* Rz 20; *Brill* AuR 1975, 16; *Etzel* DB 1973, 1019; *Felser* AiB 2006, 74m 75; *Gester/Zachert* ArbRGgw. Bd. 12, S. 89; vgl. auch *Krause* NZA 2005, Beila-

ge 1, S. 51; **aA** – Freistellung ohne Entgeltfortzahlung –: *Galperin/Löwisch* Rz 50; *Heinze* S. 194; HSWG-*Schlochauer* Rz 147; *Stege/Weinspach/Schiefer* Rz 225; *Meisel* Rz 482 und DB 1975, 139 f.), was keine (mitbestimmungspflichtige) Versetzung darstellt (*BAG* 28.3.2000 EzA § 95 BetrVG 1972 Nr. 33). Eine Freistellung ohne Lohnzahlungspflicht ist jedoch unzulässig; sie käme praktisch einer fristlosen Kündigung gleich, die ja vor Abschluss des Anhörungsverfahrens gerade nicht zulässig ist (vgl. *Etzel* aaO). Eine Lohnzahlungspflicht des Arbeitgebers wegen Annahmeverzugs entfällt allerdings dann, wenn der Arbeitnehmer nicht in der Lage ist, eine ordnungsgemäße Arbeitsleistung zu erbringen, zB weil gegen ihn **Strafverfolgungsmaßnahmen** (Untersuchungshaft, Vernehmungen) eingeleitet sind (*Gester/Zachert* ArbRGgw. Bd. 12, S. 89 f.; vgl. auch GK-*Raab* § 102 Rz 164).

E. Die Stellungnahme des Betriebsrats

1. Entscheidungsspielraum

Der Betriebsrat hat **nach pflichtgemäßem Ermessen** zu prüfen und gem. § 33 BetrVG zu beschließen, 120 ob und in welcher Weise er zu der beabsichtigten Kündigung Stellung nehmen will. Es gibt keine Vorschrift, die ihn zu einer bestimmten Stellungnahme verpflichtet. So kann der Betriebsrat, auch wenn er eine Kündigung für rechtmäßig hält (zB Schlägerei im Betrieb), Bedenken gegen diese Kündigung geltend machen (zB soziale Härte), um den Arbeitgeber zu veranlassen, von der Kündigung abzusehen (vgl. HSWG-*Schlochauer* Rz 70).

Der Betriebsrat ist aber wegen der ihm nach § 102 BetrVG zugewiesenen Mitwirkungsrechte **verpflich-** 121 **tet, innerhalb der ihm zustehenden Äußerungsfristen** (s. Rz 86 ff.) über die Abgabe einer Stellungnahme zu der beabsichtigten Kündigung **zu beschließen.** Hierbei muss er sich entscheiden, ob er gegenüber dem Arbeitgeber überhaupt eine Stellungnahme abgeben will und – wenn ja – ob er der Kündigung zustimmen, gegen sie Bedenken geltend machen oder Widerspruch erheben soll. Unterlässt der Betriebsrat einen solchen Beschluss, liegt darin eine Amtspflichtverletzung, die unter Umständen gem. § 23 Abs. 1 BetrVG zur Amtsenthebung führen kann (vgl. *Fitting* § 23 Rz 36). Einen klagbaren Anspruch auf ein Tätigwerden des Betriebsrats hat der betroffene Arbeitnehmer aber nicht (*Fitting* Rz 71).

Gegenvorstellungen gegen eine Kündigung kann der Betriebsrat nur durch die Erhebung von Beden- 122 ken (s. Rz 131 ff.) oder eines Widerspruchs (s. Rz 136 ff.) deutlich machen. Andere Formen des Protestes sieht das Gesetz nicht vor.

Hat der Betriebsrat sich zur Geltendmachung von Bedenken oder der Erhebung eines Widerspruchs 123 gegen die Kündigung entschlossen, hat dies der Betriebsratsvorsitzende bzw. der Vorsitzende des zuständigen Ausschusses dem Arbeitgeber **innerhalb der Äußerungsfrist** für den Betriebsrat (s. Rz 86 ff.) **schriftlich** mitzuteilen (vgl. § 26 Abs. 3 S. 1 BetrVG). Denn Bedenken und Widerspruch müssen innerhalb der Äußerungsfrist schriftlich erklärt werden (vgl. § 102 Abs. 2 BetrVG); andernfalls sind sie nicht ordnungsgemäß geltend gemacht und rechtlich unerheblich (s. Rz 133, 137). Die Zustimmung des Betriebsrats zur Kündigung kann hingegen dem Arbeitgeber mündlich mitgeteilt werden (*Richardi/Thüsing* Rz 94); aus Gründen der Rechtssicherheit ist jedoch auch hier Schriftform zu empfehlen.

II. Arten der Stellungnahme und ihre Bedeutung bei einer ordentlichen und außerordentlichen Kündigung

1. Zustimmung

Der Betriebsrat kann einer beabsichtigten Kündigung zustimmen; dann ist die Kündigung **aus be-** 124 **triebsverfassungsrechtlichen Gründen unanfechtbar.** Mit dem Forschungsprojekt »Kündigungspraxis und Kündigungsschutz in der Bundesrepublik Deutschland« wurde ermittelt, dass in zwei Dritteln aller Anhörungsverfahren der Betriebsrat einer Kündigung ausdrücklich zustimmt (*Höland* Kündigungspraxis S. 68).

Der Beschluss über die Zustimmung ist dem Arbeitgeber vom Betriebsratsvorsitzenden **mündlich** 125 **oder schriftlich** mitzuteilen (§ 26 Abs. 3 S. 1 BetrVG). Eine bestimmte Form ist nicht vorgeschrieben (*BAG* 24.8.1983 – 7 AZR 475/81 – nv; GK-*Raab* § 102 Rz 98; *Meisel* Rz 463). Solange der Beschluss dem Arbeitgeber noch nicht mitgeteilt ist, kann er vom Betriebsrat jederzeit aufgehoben und durch einen anderen Beschluss ersetzt werden (vgl. *Richardi/Thüsing* § 33 Rz 34; *Fitting* § 33 Rz 45; *Galperin/Löwisch* § 33 Rz 16; GK-*Raab* § 33 Rz 42).

126 Wird der Beschluss über die Zustimmung des Betriebsrats jedoch dem Arbeitgeber mitgeteilt, ist damit das **Anhörungsverfahren abgeschlossen** (s. Rz 103). Der Arbeitgeber muss sich auf die Mitteilung verlassen und danach seine Dispositionen treffen können. Deshalb kann der Betriebsrat nach der Mitteilung an den Arbeitgeber seinen Beschluss grds. weder aufheben noch zurücknehmen (*Fitting* § 33 Rz 45; GK-*Raab* § 33 Rz 43; HSWG-*Schlochauer* Rz 71; *Meisel* Anm. 495; in diesem Sinne auch: *Richardi/Thüsing* § 33 Rz 34; *Stege/Weinspach/Schiefer* § 33 Rz 6 a; unklar: *Galperin/Löwisch* aaO; **aA** *Gaul* RdA 1979, 271 – Rücknahme bis Ausspruch der Kündigung zulässig; ferner *Klebe/Schumann* S. 50 ff. – Rücknahme innerhalb der einwöchigen Äußerungsfrist stets zulässig). Die Rechtsgrundsätze über den Widerruf von Verwaltungsakten sind unanwendbar, da sich ein Betriebsratsbeschluss nicht mit einem Verwaltungsakt vergleichen lässt (*Richardi/Thüsing* § 33 Rz 37; GK-*Raab* aaO). Keinen uneingeschränkten Vertrauensschutz verdient jedoch der Arbeitgeber ausnahmsweise bei nachgeschobenen Kündigungsgründen; hier ist der Betriebsrat uU berechtigt, die Zustimmung zur Kündigung zu widerrufen und gegen die Kündigung Widerspruch zu erheben (s. Rz 190).

127 Für eine **Anfechtung des Betriebsratsbeschlusses** über die Zustimmung oder der Stimmabgabe durch ein einzelnes Betriebsratsmitglied ist kein Raum (*Gaul* RdA 1979, 269 f.; **aA** GK-*Raab* § 102 Rz 96 und *Richardi/Thüsing* § 33 Rz 36 [Anfechtung der Stimmabgabe zulässig]; *Schlochauer* RdA 1973, 160). Denn vor der Mitteilung an den Arbeitgeber kann der Betriebsrat seinen Beschluss jederzeit abändern; nach der Mitteilung an den Arbeitgeber verdient der Arbeitgeber grds. Vertrauensschutz, so dass aus diesem Grunde die Anfechtung ausgeschlossen ist. Soweit der Arbeitgeber den Betriebsratsbeschluss durch arglistige Täuschung oder rechtswidrige Drohung herbeigeführt hat, verdient er zwar keinen Vertrauensschutz; in diesem Falle ist aber bereits das Anhörungsverfahren fehlerhaft und führt zur Unwirksamkeit der Anhörung (s. Rz 114), so dass es auf die vom Betriebsrat erteilte Zustimmung nicht ankommt (ebenso: SPV-*Preis* Rz 435).

2. Absehen von einer sachlichen Stellungnahme

128 Der Betriebsrat kann von einer Stellungnahme zu einer beabsichtigten Kündigung absehen. Teilt der Betriebsratsvorsitzende dies dem Arbeitgeber mit, ist das **Anhörungsverfahren** damit **abgeschlossen** (s. Rz 103).

129 Sieht der Betriebsratsvorsitzende von jeder Mitteilung ab, wird das Anhörungsverfahren mit Ablauf der dem Betriebsrat zustehenden Äußerungsfrist (s. Rz 86 ff.) abgeschlossen. Hierbei gilt bei einer ordentlichen Kündigung mit Ablauf der Äußerungsfrist die Zustimmung des Betriebsrats zur Kündigung als erteilt (§ 102 Abs. 2 S. 2 BetrVG). Eine **Anfechtung der Nichtäußerung** mit der Folge, dass die (fingierte) Zustimmung zur Kündigung als nicht erteilt gilt, kommt nicht in Betracht (s. auch Rz 127).

130 Die Vorschrift des § 102 Abs. 2 S. 2 BetrVG ist aufgrund ihrer systematischen Stellung in § 102 Abs. 2 BetrVG nicht auf außerordentliche Kündigungen anwendbar; hier bleibt es bei dem allgemeinen Grundsatz, dass **Schweigen nicht als zustimmende Willenserklärung** anzusehen ist (vgl. BAG 18.8.1977 EzA § 102 BetrVG 1972 Nr. 20 mwN; **aA** *Richardi/Thüsing* Rz 105 f.; *Gumpert* BB 1972, 48; *Meisel* DB 1974, 141). Das ändert freilich nichts daran, dass mit Ablauf der Anhörungsfrist für den Betriebsrat das Anhörungsverfahren ordnungsgemäß abgeschlossen wird, wenn der Betriebsrat schweigt.

3. Bedenken

131 Will der Betriebsrat die Kündigung nicht ohne weiteres hinnehmen, kann er gegen die Kündigung Bedenken erheben, dh **in Frage stellen,** ob die Kündigung die angemessene Maßnahme ist; die Kündigung wird damit nicht grds. abgelehnt (*Hoechst* AuR 1973, 329).

132 Die Bedenken können sich auf **beliebige Gründe,** zB soziale Härte, stützen, die der Betriebsrat für beachtlich hält, auch wenn diese Gründe weder einen Widerspruch iSd § 102 Abs. 3 BetrVG begründen können noch die Kündigung sozial ungerechtfertigt oder rechtswidrig erscheinen lassen (vgl. *Fitting* Rz 70). Will der Betriebsrat jedoch seine Bedenken auf Widerspruchsgründe iSd § 102 Abs. 3 BetrVG stützen und die Position des Arbeitnehmers im Kündigungsschutzprozess verbessern (§ 1 Abs. 2 KSchG) sowie ihm eine Weiterbeschäftigung im Sinne von § 102 Abs. 5 BetrVG ermöglichen, muss er gegen die Kündigung Widerspruch erheben, der uU auch in qualifizierten »Bedenken« liegen kann (s. ferner Rz 136).

133 Bedenken gegen die Kündigung muss der Betriebsrat innerhalb der ihm zustehenden Äußerungsfrist (s. Rz 86 ff.) gegenüber dem Arbeitgeber schriftlich **unter Angabe von Gründen** geltend machen. Es

ist zwar empfehlenswert, aber nicht erforderlich, dass der Betriebsrat die Gründe konkretisiert. Erhebt er die Bedenken nicht fristgerecht oder nur mündlich oder gibt er keine Gründe für seine Bedenken an, sind die Bedenken nicht ordnungsgemäß erhoben und schon aus diesem Grunde rechtlich unbeachtlich; in diesen Fällen ist die Rechtslage nach Ablauf der Äußerungsfrist so zu beurteilen, als hätte der Betriebsrat geschwiegen (s. Rz 129; HSWG-*Schlochauer* Rz 76).

Vor Ablauf der Äußerungsfrist geltend gemachte Bedenken – gleichgültig, ob sie iSd Gesetzes ordnungsgemäß erhoben sind oder nicht – schließen das Anhörungsverfahren allerdings auch schon dann ab, wenn sich aus der Erklärung des Betriebsrats ergibt, dass es sich um eine **abschließende Stellungnahme** handelt (s. Rz 103; ebenso: HSWG-*Schlochauer* Rz 82). Liegt eine solche abschließende Stellungnahme vor, kann der Betriebsrat nachträglich – auch innerhalb der ihm zustehenden Äußerungsfrist – keinen Widerspruch mehr erheben (s. Rz 126; **aA** *Klebe/Schumann* S. 50 ff.). 134

Auch **ordnungsgemäß geltend gemachte Bedenken** durch den Betriebsrat haben für den Kündigungsschutzprozess **grds. keine Bedeutung** (GK-*Raab* § 102 Rz 93) und können auch einen Weiterbeschäftigungsanspruch des Arbeitnehmers nach § 102 Abs. 5 BetrVG nicht begründen. Da Rechte des Arbeitnehmers durch Bedenken des Betriebsrats gegen die Kündigung nicht begründet oder berührt werden, steht es dem Betriebsrat jederzeit frei, von seinen Bedenken Abstand zu nehmen und gegenüber dem Arbeitgeber eine entsprechende Erklärung abzugeben. 135

4. Widerspruch

Der Betriebsrat kann einer beabsichtigten Kündigung auch widersprechen. Widerspruch bedeutet – insoweit weitergehend als die bloße Geltendmachung von Bedenken – die **eindeutige Ablehnung der Kündigung** (*Hoechst* AuR 1973, 329), was durch Wendungen wie »Widerspruch«, »Ablehnung«, »Verweigerung der Zustimmung«, »Verneinung der Rechtmäßigkeit der Kündigung« zum Ausdruck gebracht werden kann (vgl. *LAG Düsseld.* 23.5.1975 EzA § 102 BetrVG 1972 Beschäftigungspflicht Nr. 4; *Klebe/Schumann* S. 66). Meldet der Betriebsrat gegen eine Kündigung ausdrücklich nur Bedenken an, so kann darin idR kein Widerspruch iSd § 102 BetrVG erblickt werden (vgl. *ArbG Bochum* 7.3.1974 DB 1974, 72; *ArbG Neunkirchen* 28.3.1972 BB 1973, Beil. 3, S. 10), es sei denn, dass der Betriebsrat die Kündigung eindeutig als rechtswidrig bezeichnet, was auch dadurch geschehen kann, dass er Widerspruchsgründe iSv § 102 Abs. 3 BetrVG für offensichtlich gegeben erklärt (ähnlich: *Richardi/Thüsing* Rz 181 f.). 136

Bei einer **außerordentlichen Kündigung** ist der Widerspruch in § 102 BetrVG zwar nicht ausdrücklich vorgesehen, jedoch ist dem Betriebsrat das Recht zuzubilligen, auch einer außerordentlichen Kündigung zu widersprechen, da der Widerspruch nur eine qualifizierte Art von Bedenken ist (*Kania/Kramer* RdA 1995, 296; **aA** HAS-*Braasch/Feichtinger* § 19 J Rz 78). Für die Ordnungsmäßigkeit des Widerspruchs gegen eine außerordentliche Kündigung gelten deshalb dieselben Grundsätze wie für die Ordnungsmäßigkeit von Bedenken (s. Rz 133). Das heißt: Der Widerspruch muss innerhalb der dem Betriebsrat zustehenden Äußerungsfrist (s. Rz 86 ff.) gegenüber dem Arbeitgeber schriftlich unter Angabe von Gründen erhoben werden, wobei der Widerspruch auf beliebige Gründe gestützt werden kann, ohne dass diese konkretisiert werden müssen. Erhebt der Betriebsrat den Widerspruch nicht fristgerecht oder nur mündlich oder gibt er keine Gründe für den Widerspruch an, ist der Widerspruch nicht ordnungsgemäß erhoben und schon aus diesem Grunde rechtlich unbeachtlich; die Rechtsfolgen sind hier dieselben wie bei nicht ordnungsgemäß geltend gemachten Bedenken (s. Rz 133 f.). Aber auch ein ordnungsgemäß erhobener Widerspruch kann Rechte des Arbeitnehmers nicht begründen; er ist jederzeit zurücknehmbar (vgl. Rz 135). 137

Bei einer **ordentlichen Kündigung** ist aus § 102 Abs. 3 und 5 BetrVG zu schließen, dass an die Ordnungsmäßigkeit eines Widerspruchs strengere Anforderungen als an die Ordnungsmäßigkeit von Bedenken zu stellen sind (s. Rz 142 ff.). Der Widerspruch hat hier auch weitergehende Wirkungen als die Geltendmachung von Bedenken: Er kann einen Weiterbeschäftigungsanspruch des Arbeitnehmers nach § 102 Abs. 5 BetrVG (s. Rz 193 ff.) sowie die Sozialwidrigkeit der Kündigung nach § 1 Abs. 2 KSchG (s. KR-*Griebeling* § 1 KSchG Rz 195) begründen. Dies gilt auch bei einer ordentlichen Änderungskündigung (zu den Einzelheiten s. Rz 199 ff.). 138

Der **Beschluss** über die Erhebung des Widerspruchs gegen eine ordentliche Kündigung **kann zurückgenommen werden,** aber nur so lange, als er noch keine Rechte des betroffenen Arbeitnehmers gem. § 102 Abs. 5 BetrVG oder § 1 Abs. 2 KSchG begründet hat, dh solange die Kündigung dem Arbeitnehmer noch nicht zugegangen ist (*LAG Bln.* 20.3.1978 AuR 1979, 253; APS-*Koch* Rz 150; *Richardi/Thüsing* 139

Rz 188; Rz 52; GK-*Raab* § 102 Rz 112; *Meisel* Rz 498; SPV-*Vossen* Rz 2086; auf den »Ausspruch« der Kündigung stellen ab: *Galperin/Löwisch* Rz 86; **aA** *Stege/Weinspach/Schiefer* Rz 170; HSWG-*Schlochauer* Rz 72, 97 und *Schlochauer* RdA 1973, 160 [überhaupt keine Rücknahmemöglichkeit, aber Anfechtung möglich]).

140 Der Rücknahmebeschluss entfaltet aber erst **Außenwirkung,** wenn er dem Arbeitgeber oder dem betroffenen Arbeitnehmer mitgeteilt wird. Ist in diesem Zeitpunkt die Kündigung bereits dem Arbeitnehmer zugegangen, hat die Rücknahme des Widerspruchs keinen Einfluss mehr auf die Rechte des Arbeitnehmers nach § 102 Abs. 5 BetrVG und § 1 Abs. 2 KSchG (vgl. HaKo-*Griebeling* Rz 140; *Richardi/Thüsing* Rz 188; *Klebe/Schumann* S. 218; **aA** *Stege/Weinspach/Schiefer* aaO).

141 Wird der Rücknahmebeschluss **nach Absendung des Kündigungsschreibens** und vor Zugang der Kündigung nur dem Arbeitgeber mitgeteilt, gilt folgende Besonderheit: Hat der Arbeitgeber dem Kündigungsschreiben weder die Stellungnahme des Betriebsrats beigefügt noch die Stellungnahme erwähnt und ist der Arbeitnehmer auch nicht vom Betriebsrat über den Widerspruch unterrichtet worden, wird für den Arbeitnehmer beim Zugang des Kündigungsschreibens kein Vertrauensschutz bezüglich des Widerspruchs des Betriebsrats begründet: Er erlangt keine Rechte aus § 102 Abs. 5 BetrVG bzw. § 1 Abs. 2 KSchG. Fügt der Arbeitgeber hingegen entsprechend der Vorschrift des § 102 Abs. 4 BetrVG dem Kündigungsschreiben eine Abschrift der Stellungnahme des Betriebsrats bei oder ist der Arbeitnehmer durch Arbeitgeber oder Betriebsrat auf andere Weise über den Widerspruch unterrichtet, erlangt der Arbeitnehmer mit Zugang der Kündigung einen Vertrauensschutz bezüglich des Widerspruchs des Betriebsrats und damit die Rechte aus § 102 Abs. 5 BetrVG und § 1 Abs. 2 KSchG. Diese Rechte können dem Arbeitnehmer durch eine nachträgliche Mitteilung des Rücknahmebeschlusses nicht mehr entzogen werden. Will der Arbeitgeber verhindern, dass der Arbeitnehmer die aufgrund des Widerspruchs des Betriebsrats begründeten Rechte aus § 102 Abs. 5 BetrVG und § 1 Abs. 2 KSchG erlangt, muss er dafür sorgen, dass dem Arbeitnehmer spätestens bei Zugang der Kündigung die Mitteilung über den Rücknahmebeschluss des Betriebsrats zugeht; unter dieser Voraussetzung erwirbt der Arbeitnehmer keinen Vertrauensschutz und keine Rechte aus § 102 Abs. 5 BetrVG und § 1 Abs. 2 KSchG (arg. § 130 Abs. 1 S. 2 BGB).

III. Der Widerspruch des Betriebsrats bei einer ordentlichen Kündigung

1. Voraussetzungen für einen ordnungsgemäßen Widerspruch

142 Der Widerspruch muss **innerhalb** der dem Betriebsrat zustehenden **Äußerungsfrist** (s.o. Rz 86 ff.) gegenüber dem Arbeitgeber und **unter Angabe von Gründen** (**aA** *Hoechst* AuR 1973, 330; *Bösche* S. 109) **schriftlich** erhoben werden (vgl. § 102 Abs. 3 BetrVG). Das Erfordernis der Schriftform und des Begründungszwanges für den Widerspruch ergibt sich aus dem Zusammenhang mit der Regelung des § 102 Abs. 2 BetrVG, der die Geltendmachung von Bedenken betrifft. Der Widerspruch ist nur eine qualifizierte Art von Bedenken (s. Rz 136), was es rechtfertigt, an ihn zumindest dieselben formellen Anforderungen zu stellen wie an die Geltendmachung von Bedenken (vgl. *Richardi/Thüsing* Rz 180; *Galperin/Löwisch* Rz 82; s. auch Rz 133; **aA** *Klebe/Schumann* S. 73 f., nach denen es zumindest ausreicht, wenn der Betriebsrat innerhalb der Äußerungsfrist mündlich einlegt und die schriftliche Stellungnahme nach Ablauf der Äußerungsfrist nachholt; ebenso *Gester/Zachert* ArbRGgw. Bd. 12, S. 96). Bei dem Widerspruch des Betriebsrats handelt es sich um keine Willenserklärung, sondern nur um eine **rechtsgeschäftsähnliche Handlung.** Deshalb bedarf der Widerspruch nicht der Schriftform des § 126 Abs. 1 BGB. Das Schriftlichkeitserfordernis des § 102 BetrVG soll nur gewährleisten, dass der Arbeitgeber auf sichere Weise Kenntnis von dem Widerspruch und den Widerspruchsgründen erhält. Dafür genügt es, dass die Erklärung des Betriebsrats als Schrift wahrnehmbar ist. Das Schriftlichkeitserfordernis ist deshalb auch gewahrt, wenn das Widerspruchsschreiben durch **Telefax** übermittelt wird (*BAG* 6.8.2002 EzA § 99 BetrVG 1972 Umgruppierung Nr. 2; 11.6.2002 EzA § 99 BetrVG 1972 Nr. 13; APS-*Koch* Rz 188; *Fitting* Rz 71; *Fischer* AiB 1999, 393; *Kühnreich* AnwBl 2006, 697; *Mareck* BB 2000, 2043; *Opolony* AR-Blattei SD 1010.10 Rz 60; **aA** *Rudolph* AiB 1999, 668).

142a Die einwöchige Äußerungsfrist für den Betriebsrat als Voraussetzung eines ordnungsgemäßen Widerspruchs bedeutet, dass der Betriebsrat nach Ablauf der Äußerungsfrist keine neuen Widerspruchsgründe **nachschieben** darf (ebenso *BAG* 6.12.1984 – 2 AZR 542/83 – nv). Dies gilt auch, wenn er frist- und ordnungsgemäß Widerspruch erhoben hatte (**aA** *Klebe/Schumann* S. 60 ff.). Der Arbeitgeber muss bei Ablauf der Äußerungsfrist Klarheit darüber haben, aus welchen Gründen der Betriebsrat der Kündigung widerspricht, um danach seine Dispositionen treffen zu können (Antrag auf Entbindung von der Weiterbeschäftigungspflicht, Einstellung einer Ersatzkraft). Ist der Widerspruch frist- und ordnungsgemäß erhoben, kann der Betriebsrat bis zum Ablauf der Äußerungsfrist weitere Widerspruchsgründe nachschieben.

Der Widerspruch ist ferner nur **ordnungsgemäß:** 143

(1) wenn in dem Schreiben des Betriebsrats die Widerspruchsgründe durch **Angabe von konkreten Tatsachen** erläutert werden (*LAG Düsseld.* 5.1.1976 DB 1976, 1065; *LAG Hmb.* 29.10.1975 BB 1976, 184); es genügt nicht, wenn einer der abstrakten gesetzlichen Widerspruchsgründe des § 102 Abs. 3 BetrVG lediglich formelhaft wiederholt oder lediglich auf das Gesetz Bezug genommen wird (*LAG Nds.* 22.8.1975 DB 1975, 1898; *Richardi/Thüsing* Rz 185; *Fitting* Rz 71; *Galperin/Löwisch* Rz 82a; GK-*Raab* § 102 Rz 111; HSWG-*Schlochauer* Rz 87; *Stege/Weinspach/Schiefer* Rz 109 mwN; aA *Klebe/Schumann* S. 124);

(2) wenn die vom Betriebsrat zur Begründung seines Widerspruchs angeführten Tatsachen es als **mög-** 144 **lich erscheinen lassen, dass einer der in § 102 Abs. 3 BetrVG angeführten Widerspruchsgründe vorliegt** (*LAG SchlH* 5.3.1996 LAGE § 102 BetrVG 1972 Beschäftigungspflicht Nr. 23; *LAG München* 16.8.1995 LAGE § 102 BetrVG 1972 Beschäftigungspflicht Nr. 22). Hierbei ist es nicht erforderlich, dass diese Tatsachen schlüssig einen Widerspruchsgrund iSv § 102 Abs. 3 BetrVG ergeben, dh der Widerspruch begründet wäre, wenn die vom Betriebsrat angeführten Tatsachen zuträfen (*BAG* 11.5.2000 EzA § 102 BetrVG 1972 Beschäftigungspflicht Nr. 11; *Richardi/Thüsing* Rz 183; *Fitting* aaO; *Galperin/Löwisch* Rz 82b; HSWG-*Schlochauer* aaO; SPV-*Preis* Rz 443; *Borrmann* DB 1975, 882; **aA** *ArbG Bochum* 7.3.1974 DB 1974, 729). Nach dem insoweit eindeutigen Gesetzeswortlaut kann der Arbeitgeber bei einem unbegründeten Widerspruch des Betriebsrats nur dann seine Entbindung von der Weiterbeschäftigungspflicht verlangen, wenn die Unbegründetheit des Widerspruchs »offensichtlich« ist. Damit soll nach dem Willen des Gesetzgebers in allen anderen Fällen der Unbegründetheit des Widerspruchs des Betriebsrats nicht nur ein Weiterbeschäftigungsanspruch des Arbeitnehmers entstehen können, sondern auch bis zur Beendigung des Kündigungsrechtsstreits bestehen bleiben. Wenn aber ein unbegründeter Widerspruch dem Arbeitgeber noch nicht einmal in jedem Fall das Recht gibt, seine Entbindung von der Weiterbeschäftigungspflicht zu verlangen, erscheint es nicht gerechtfertigt, für die Ordnungsgemäßheit des Widerspruchs die schlüssige Darlegung eines Widerspruchsgrundes zu fordern. Vielmehr ist ausreichend, aber auch erforderlich, dass **die vom Betriebsrat angeführten Tatsachen zusammen mit anderen Tatsachen einen Widerspruchsgrund ergeben können.** Die vom Betriebsrat vorgebrachten Tatsachen müssen also als Teil der schlüssigen Darlegung eines Widerspruchsgrundes denkbar sein. Sie müssen geeignet sein, dem Arbeitgeber und gegebenenfalls den Gerichten die Nachprüfung zu ermöglichen, ob der vom Betriebsrat angeführte Widerspruchsgrund tatsächlich gegeben ist. Diese Teilschlüssigkeit der Widerspruchsbegründung des Betriebsrats ist aber auch zu fordern, weil nur so ein konkreter Anhaltspunkt dafür ersichtlich ist, dass die Kündigung aus einem der in § 102 Abs. 3 BetrVG angeführten Gründe unwirksam sein könnte. Ohne konkreten Anhaltspunkt für das Vorliegen eines Widerspruchsgrundes kann der Widerspruch nicht als ordnungsgemäß angesehen werden, weil dann die sachliche Berechtigung fehlt, den an § 102 Abs. 3 BetrVG anknüpfenden Weiterbeschäftigungsanspruch des Arbeitnehmers auch nur entstehen zu lassen. Andererseits ist für einen ordnungsgemäßen Widerspruch des Betriebsrats nicht erforderlich, dass die von ihm geltend gemachten Umstände auch tatsächlich vorliegen;

Betrifft die Stellungnahme des Betriebsrats **mehrere Arbeitnehmer,** so muss ersichtlich sein, welche 144a Arbeitnehmer im Einzelnen gemeint sind und auf wen sich bei verschiedenen Widerspruchsgründen diese jeweils beziehen (*LAG Frankf.* 20.10.1976 AuR 1978, 57);

(3) wenn ein **ordnungsgemäßer Beschluss des Betriebsrats** oder des zuständigen Ausschusses über 145 die Erhebung des Widerspruchs zustande gekommen ist (*LAG Nürnberg* 27.10.1992 LAGE § 102 BetrVG 1972 Beschäftigungspflicht Nr. 11; *Galperin/Löwisch* Rz 83), dh nicht auf groben Formverstößen beruht (*Fitting* § 33 Rz 54 ff.). Es gilt § 33 BetrVG. Der Betriebsrat muss bei seiner Beschlussfassung beschlussfähig sein (§ 33 Abs. 2 BetrVG), der Beschluss muss mit der Mehrheit der Stimmen der anwesenden Mitglieder (§ 33 Abs. 2 BetrVG) in einer ordnungsgemäßen Sitzung des Betriebsrats – nicht etwa im Umlaufverfahren – gefasst werden, zu der Betriebsratssitzung muss ordnungsgemäß eingeladen werden (vgl. *Fitting* § 33 Rz 20 ff.). Nicht ordnungsgemäß zustande gekommene Betriebsratsbeschlüsse sind nichtig (*Richardi/Thüsing* § 33 Rz 41 ff.; *Fitting* § 33 Rz 52; vgl. auch *Klebe/Schumann* S. 67). Aus einem solchen nichtigen Betriebsratsbeschluss kann ein Arbeitnehmer keine Rechte nach § 102 Abs. 5 BetrVG oder § 1 Abs. 2 KSchG ableiten (aA *Gussone* AuR 1994, 246). Der Arbeitnehmer kann keinen Vertrauensschutz aus einem nichtigen Betriebsratsbeschluss für sich in Anspruch nehmen; denn

er hat keinen Anspruch gegen den Betriebsrat, dass dieser Widerspruch gegen die Kündigung erhebt, und kann noch nicht einmal gegen eine evtl. Untätigkeit des Betriebsrats etwas unternehmen (vgl. *Klebe/Schumann* S. 131). Insofern ist die Rechtslage anders als in den Fällen des § 103 BetrVG, in denen bei einem nichtigen Betriebsratsbeschluss dem Arbeitgeber ein Vertrauensschutz zuzubilligen ist (s. KR-*Etzel* § 103 BetrVG Rz 106 ff.). Gleichwohl kann auch ein nicht ordnungsgemäßer und damit nichtiger Beschluss des Betriebsrats das Anhörungsverfahren wirksam abschließen (s. Rz 103, 115 ff.);

145a (4) wenn der Beschluss des Betriebsrats dem Arbeitgeber **von einem zuständigen Betriebsratsmitglied** (s. Rz 81 ff.) **mitgeteilt** worden ist, weil er erst dann Außenwirkung erlangt. Legt der Betriebsratsvorsitzende oder ein bevollmächtigtes Betriebsratsmitglied im Namen des Betriebsrats Widerspruch ein, ohne dass ein ordnungsgemäßer Beschluss des Betriebsrats vorliegt, kann der Betriebsrat den Widerspruch durch ordnungsgemäßen Beschluss nachträglich genehmigen und ihm dadurch zur Wirksamkeit verhelfen (§ 184 BGB). Die nachträgliche Genehmigung ist aber nur bis zum Ablauf der Äußerungsfrist für den Betriebsrat zulässig, da in diesem Zeitpunkt für den Arbeitgeber feststehen muss, ob ein ordnungsgemäßer Widerspruch des Betriebsrats mit allen daraus folgenden Konsequenzen (Weiterbeschäftigung, Sozialwidrigkeit der Kündigung) vorliegt. Denn die Äußerungsfrist für den Betriebsrat dient auch dazu, dass der Arbeitgeber nach deren Ablauf die Konsequenzen der von ihm zu treffenden oder bereits getroffenen Entscheidung übersehen kann (**aA** *Bösche* S. 94; *Klebe/Schumann* S. 67).

146 Zur Ordnungsmäßigkeit eines Widerspruchs des Betriebsrats gehört es hingegen nicht, dass eine betriebsbedingte Kündigung vorliegt; vielmehr ist ein Widerspruch des Betriebsrats **auch bei personen- und verhaltensbedingten Kündigungen** grds. zulässig (*BAG* 24.3.1988 RzK III 1e Nr. 12; 22.7.1982 EzA § 1 KSchG Verhaltensbedingte Kündigung Nr. 10; DKK-*Kittner* Rz 182; *Richardi/Thüsing* Rz 146; *Fitting* Rz 77; GK-*Raab* § 102 Rz 122; **aA** *Buchner* Anm. AR-Blattei, Beschäftigungspflicht: Entsch. 11; *Gamillscheg* FS BAG, S. 128 f.; ferner – Widerspruchsrecht nur bei betriebsbedingten, allenfalls personenbedingten Kündigungen –: *LAG Frankf.* 20.10.1976 ARSt 1977, 130; HSWG-*Schlochauer* Rz 94 ff.; *Stege/Weinspach/Schiefer* Rz 110 ff.; *Weiss* Rz 14); Denn das Gesetz kennt keine Beschränkung des Widerspruchsrechts des Betriebsrats auf betriebsbedingte Kündigungen. Insbesondere ist auch bei beabsichtigten personen- oder verhaltensbedingten Kündigungen (zB Unverträglichkeit mit bestimmten Arbeitskollegen) im Einzelfall denkbar, dass eine Weiterbeschäftigung des Arbeitnehmers unter geänderten Vertragsbedingungen dem Arbeitgeber zumutbar und möglich ist, was ein Widerspruchsrecht des Betriebsrats nach § 102 Abs. 3 Nr. 5 BetrVG begründet. Andererseits wird es dem Betriebsrat bei personen- und verhaltensbedingten Kündigungen oft nicht gelingen, Tatsachen geltend zu machen, die einen Widerspruchsgrund ergeben können, weil die zur Begründung der Kündigung angeführten Gründe in der Person oder im Verhalten des Arbeitnehmers vielfach eine Weiterbeschäftigung gem. § 102 Abs. 3 Nr. 3–5 BetrVG ausschließen und eine soziale Auswahl gem. § 102 Abs. 3 Nr. 1 BetrVG bei personen- und verhaltensbedingten Kündigungen nicht in Betracht kommt. Dann folgt die fehlende Ordnungsmäßigkeit des Widerspruchs aber nicht aus der Art der Kündigung, sondern aus der mangelnden Darlegung eines möglichen Widerspruchsgrundes (ähnlich: *Klebe* aaO).

147 Ist der Widerspruch des Betriebsrats nicht ordnungsgemäß erhoben, ist er unwirksam und als **Widerspruch rechtlich unbeachtlich,** kann aber das Anhörungsverfahren wirksam abschließen (s. Rz 103).

2. Widerspruchsgründe

148 Der Widerspruch gegen eine ordentliche Kündigung kann **nur aus den in § 102 Abs. 3 BetrVG aufgeführten Gründen** wirksam erhoben werden. Die Aufzählung der Widerspruchsgründe in § 102 Abs. 3 BetrVG ist erschöpfend (DKK-*Kittner* Rz 184; *Richardi/Thüsing* Rz 148; *Fitting* Rz 71; *Stege/Weinspach/Schiefer* Rz 105; **aA** *ArbG Rheine* 23.12.1981 AuR 1982, 355; *Brox* FS BAG, S. 37 ff.). Jedoch können durch Tarifvertrag oder freiwillige Betriebsvereinbarung zusätzliche Widerspruchsgründe für den Betriebsrat geschaffen werden. Für die Tarifvertragsparteien folgt dieses Recht aus ihrer Rechtssetzungsmacht, betriebsverfassungsrechtliche Fragen ordnen zu können (§ 1 Abs. 1 TVG; vgl. auch Rz 244), für die Betriebspartner aus Sinn und Zweck des § 102 Abs. 6 BetrVG, das gesetzliche Mitwirkungsrecht des Betriebsrats bis zur Zustimmungsbedürftigkeit von Kündigungen durch freiwillige Betriebsvereinbarung erweitern zu können (s. Rz 243; ferner *Bösche* S. 180; *Fitting* § 88 Rz 4; *Klebe/Schumann* S. 138). Zur Bedeutung der Widerspruchsgründe bei einer **Änderungskündigung** s. KR-*Rost* § 2 KSchG Rz 117.

a) Fehlerhafte soziale Auswahl (§ 102 Abs. 3 Nr. 1 BetrVG)

Dieser Widerspruchsgrund kommt **nur bei betriebsbedingten Kündigungen** in Betracht, weil nur hier eine soziale Auswahl zu treffen ist (*Richardi/Thüsing* Rz 150; *Galperin/Löwisch* Rz 56; GK-*Raab* § 102 Rz 114; HSWG-*Schlochauer* Rz 94; *Meisel* Rz 507; *Gester/Zachert* ArbRGgw. Bd. 12, S. 98; **aA** *Bösche* S. 111). Deshalb handelt es sich um keinen ordnungsgemäßen Widerspruch, wenn der Betriebsrat seinen Widerspruch gegen eine krankheitsbedingte Kündigung auf § 102 Abs. 3 Nr. 1 BetrVG (Appell an die Fürsorgepflicht des Arbeitgebers) stützt (*LAG Köln* 19.10.2000 LAGE § 102 BetrVG 1972 Nr. 75). Die Betriebsbedingtheit der Kündigung wird vorausgesetzt, ohne dass dem Betriebsrat insoweit ein Widerspruchsrecht eingeräumt wird; der Betriebsrat kann also nicht die soziale Auswahl des für die Kündigung vorgesehenen Arbeitnehmers mit der Begründung rügen, er bestreite die Betriebsbedingtheit der Kündigung (*Meisel* Rz 508). Andererseits kann man nicht sagen, dass der Betriebsrat, der die soziale Auswahl rüge, damit die Betriebsbedingtheit der Kündigung anerkenne. Es muss dem Betriebsrat unbenommen bleiben, die Betriebsbedingtheit der Kündigung zu bestreiten, ohne dass dieses Bestreiten ein Widerspruchsrecht begründen kann, aber gleichzeitig – für den Fall, dass die Kündigung doch betriebsbedingt sei – auch die zutreffende soziale Auswahl (ebenso: *Richardi/Thüsing* Rz 151; **aA** *Stege/Weinspach/Schiefer* Rz 119 a). Eine solche Rüge des Betriebsrats kann einen Widerspruch nach § 102 Abs. 3 Nr. 1 BetrVG begründen.

Die fehlerhafte soziale Auswahl bei einer betriebsbedingten Kündigung macht die Kündigung (auch ohne Widerspruch des Betriebsrats) **sozialwidrig** iSv § 1 Abs. 3 S. 1 KSchG. Der Widerspruchsgrund des § 102 Abs. 3 Nr. 1 BetrVG stimmt mit § 1 Abs. 3 S. 1 KSchG überein. Zur Frage, wann bei der Auswahl des zu kündigenden Arbeitnehmers soziale Gesichtspunkte nicht oder nicht ausreichend berücksichtigt sind, s. KR-*Griebeling* § 1 KSchG Rz 678g ff.

Da die fehlerhafte Sozialauswahl nur bei betriebsbedingten Kündigungen gerügt werden kann, kann der Betriebsrat einer **verhaltensbedingten oder personenbedingten Kündigung** (zB Ungeeignetheit) nicht mit der Begründung widersprechen, soziale Gesichtspunkte seien nicht ausreichend berücksichtigt (*LAG Düsseld.* 2.9.1975 DB 1975, 1995). Ein so begründeter Widerspruch ist nicht ordnungsgemäß.

Zur ordnungsgemäßen Widerspruchsbegründung bei einer betriebsbedingten Kündigung ist es grds. erforderlich, aber auch ausreichend, wenn der Betriebsrat **auf einen oder mehrere der vier maßgeblichen Sozialdaten (Dauer der Betriebszugehörigkeit, Lebensalter, Unterhaltspflichten, Schwerbehinderung) hinweist,** die seines Erachtens vom Arbeitgeber unzureichend berücksichtigt worden sind (*LAG RhPf* 19.1.1982 AuR 1982 323; *Fitting* Rz 81; *Galperin/Löwisch* Rz 82a; *Klebe/Schumann* S. 141; *Weng* DB 1973, 889), und ggf. erläutert, warum Auswahlüberlegungen des Arbeitgebers – zB bei einem Punkteschema – nicht ausreichend sein sollen (*LAG SchlH* 22.11.1999 AP Nr. 12 zu § 102 BetrVG 1972 Weiterbeschäftigung). Hat der Arbeitgeber überhaupt keine Sozialauswahl durchgeführt, genügt es, wenn der Betriebsrat dies rügt und vergleichbare Arbeitnehmer benennt (*ArbG Frankf./M.* 9.1.2003 RzK III 1 f Nr. 26). Mit seinem Widerspruch kann sich der Betriebsrat nur auf Arbeitnehmer des Betriebs, nicht aber auf Arbeitnehmer anderer Betriebe des Unternehmens beziehen (*Heither* AR-Blattei SD 540.14.3 Rz 664). Ferner muss der Betriebsrat zwar nicht einzelne Arbeitnehmer angeben, die er als sozial bessergestellt ansieht, aber er muss den Kreis der mit dem betroffenen Arbeitnehmer vergleichbaren Arbeitnehmer hinreichend bestimmt oder bestimmbar bezeichnen (*BAG* 9.7.2003 EzA § 102 BetrVG 2001 Beschäftigungspflicht Nr. 1 m. krit. Anm. *Herresthal*; *Heinze* S. 226). Denn nur dann können Arbeitgeber und ggf. die Gerichte prüfen, inwiefern die sozialen Gesichtspunkte, die der Betriebsrat als unzureichend berücksichtigt ansieht, bei vergleichbaren Arbeitnehmern gegeben sind oder nicht (s. Rz 144). Es genügt zB, wenn der Betriebsrat auf die Dauer der Betriebszugehörigkeit und die Zahl der unterhaltsberechtigten Personen des Arbeitnehmers hinweist und rügt, dass in der Abteilung des betreffenden Arbeitnehmers mehrere Arbeitskollegen mit kürzerer Betriebszugehörigkeit und geringeren Unterhaltsverpflichtungen beschäftigt sind (*Fitting* Rz 74; vgl. auch *LAG Bra.* 15.12.1992 LAGE § 102 BetrVG 1972 Beschäftigungspflicht Nr. 13).

Hingegen braucht der Betriebsrat **nicht schlüssig darzulegen,** dass die vom Arbeitgeber getroffene soziale Auswahl fehlerhaft ist, dh er muss nicht die maßgebenden sozialen Daten (Dauer der Betriebszugehörigkeit, Lebensalter, Unterhaltspflichten, Schwerbehinderung) von Arbeitnehmern mit einem vergleichbaren Tätigkeitsbereich angeben, aus denen sich ergibt, dass sie sozial besser gestellt sind und daher an Stelle des vom Arbeitgeber zur Kündigung vorgesehenen Arbeitnehmers auszuwählen sind (*Fitting* Rz 81; *Klebe/Schumann* S. 115, 124; **aA** *LAG Düsseld.* 5.1.1976 DB 1976, 1065; HSWG-*Schlochauer* Rz 109; *Stege/Weinspach/Schiefer* Rz 126). Der Betriebsrat braucht also keine Alternativen aufzuzeigen, wer an Stelle des gekündigten Arbeitnehmers entlassen werden soll, damit der Gekündigte weiterbeschäftigt werden kann (*ArbG Gießen* 27.7.1988 DB 1988, 2652; **aA** – bei mehreren zur gleichen Zeit beabsichtigten Kündigungen – *BAG* 9.7.2003 EzA § 102 BetrVG 2001 Beschäftigungspflicht Nr. 1 m. Anm. *Herresthal* = SAE 2004, 145 m. krit. Anm. *Waas* = AiB 2004, 504 m. abl. Anm. *Wulff* = ZVBR 2004, 79 m. zust. Anm. *Ilbertz*).

153 Die dargelegten Anforderungen an einen ordnungsgemäßen Widerspruch des Betriebsrats gem. § 102 Abs. 3 Nr. 1 BetrVG sind nicht noch weiter herabzusetzen, wenn **der Arbeitgeber** seinerseits dem Betriebsrat bei der Unterrichtung über die Kündigung **die sozialen Daten vergleichbarer Arbeitnehmer nicht oder unvollständig angibt,** weil er diese sozialen Daten bei der Auswahl des gekündigten Arbeitnehmers nicht berücksichtigt hat. Denn die Anforderungen an die Unterrichtungspflicht des Arbeitgebers gegenüber dem Betriebsrat und an die Widerspruchsbegründung des Betriebsrats gegenüber dem Arbeitgeber korrespondieren nicht miteinander, sondern unterscheiden sich in einem wesentlichen Punkt. Der Arbeitgeber genügt seiner Unterrichtungspflicht gegenüber dem Betriebsrat, wenn er ihm seine wahren Kündigungsgründe mitteilt, unabhängig davon, ob diese Gründe die Kündigung sozial rechtfertigen können oder nicht (*BAG* 24.3.1977 EzA § 102 BetrVG 1972 Nr. 28). Dem Betriebsrat hingegen ist das Widerspruchsrecht gegen die Kündigung im Hinblick auf die fehlerhafte Sozialauswahl eingeräumt; diese ist aber stets nach den objektiven Verhältnissen im Zeitpunkt der Kündigung zu beurteilen und nicht nach den subjektiven Überlegungen des Arbeitgebers. Folglich können bei einer betriebsbedingten Kündigung die mehr oder weniger unzureichenden Überlegungen eines Arbeitgebers zur sozialen Auswahl, die er dem Betriebsrat mitteilt, nicht die Anforderungen an die Widerspruchsbegründung des Betriebsrats beeinflussen, weil diese sich an den objektiven Verhältnissen im Zeitpunkt der Kündigung ausrichten muss, das sind bei der sozialen Auswahl im Rahmen einer betriebsbedingten Kündigung die sozialen Daten der vergleichbaren Arbeitnehmer. Im Übrigen kann der Betriebsrat nach § 80 Abs. 2 S. 1 BetrVG vom Arbeitgeber Auskunft über die Sozialdaten der vergleichbaren Arbeitnehmer verlangen (s. Rz 68).

154 Falls der Arbeitgeber durch unzureichende Unterrichtung des Betriebsrats diesem nicht ermöglicht, einen ordnungsgemäßen Widerspruch nach § 102 Abs. 3 Nr. 1 BetrVG zu erheben, entstehen dem betroffenen Arbeitnehmer dadurch keine Nachteile. Will nämlich ein Arbeitgeber, der im Anhörungsverfahren dem Betriebsrat die für eine Sozialauswahl notwendigen Daten nicht oder nur unvollständig mitgeteilt hat, im Kündigungsschutzprozess (weitere) **Kriterien für die Sozialauswahl nachschieben,** muss er hierzu zuvor den Betriebsrat hören (s. Rz 62h). Dieser kann dann aufgrund der vollständig mitgeteilten Daten einen ordnungsgemäß substantiierten Widerspruch nach § 102 Abs. 3 Nr. 1 BetrVG erheben (s. Rz 188 ff.), sofern ein solcher Widerspruch überhaupt in Betracht kommt. Schiebt der Arbeitgeber, der dem Betriebsrat unzureichende Angaben zur Sozialauswahl iSv § 1 Abs. 3 KSchG gemacht hat, im Kündigungsschutzprozess keine weiteren Kriterien für die Sozialauswahl nach, hat er die soziale Rechtfertigung der Kündigung nicht dargelegt und muss im Kündigungsrechtsstreit unterliegen, falls sich der Arbeitnehmer auf die fehlerhafte Sozialauswahl beruft.

155 Stützt der Arbeitgeber die beabsichtigte Kündigung **sowohl auf betriebsbedingte als auch auf personen- oder verhaltensbedingte Gründe,** kann der Betriebsrat keinen Widerspruch nach § 102 Abs. 3 Nr. 1 BetrVG erheben (aA *Klebe/Schumann* S. 139). Denn eine fehlerhafte Sozialauswahl im Hinblick auf die betriebsbedingten Kündigungsgründe steht der Zulässigkeit einer auf personen- oder verhaltensbedingte Gründe gestützten Kündigung nicht entgegen, die ihrerseits keinen Widerspruch nach § 102 Abs. 3 Nr. 1 BetrVG ermöglicht.

b) Verstoß gegen eine Auswahlrichtlinie nach § 95 BetrVG (§ 102 Abs. 3 Nr. 2 BetrVG)

156 Der Betriebsrat muss in seinem Widerspruchsschreiben die **Auswahlrichtlinie,** gegen die verstoßen wurde, **bezeichnen,** sowie die Tatsachen angeben, aus denen sich der Verstoß gegen die Auswahlrichtlinie ergibt (zB Alter und Dauer der Betriebszugehörigkeit des zur Kündigung vorgesehenen Arbeitnehmers; vgl. *Heinze* S. 226).

157 Unter »Richtlinien« iSd § 95 BetrVG sind die Grundsätze zu verstehen, die allgemein oder für bestimmte Arten von Tätigkeiten oder Arbeitsplätzen festlegen, welche Voraussetzungen für die personelle Maßnahme (hier: Kündigung) erforderlich sind oder nicht vorliegen dürfen (vgl. *Fitting* § 95 Rz 7). Es muss sich hierbei um eine **abstrakt generelle Formulierung** für – zumindest auch – zukünftige Fälle handeln (*Galperin/Löwisch* § 95 Rz 4), so dass ein aus einem konkreten betrieblichen Anlass aufgestelltes Punkteschema zur sozialen Auswahl bei beabsichtigten betriebsbedingten Kündigungen

keine Auswahlrichtlinie iSv § 95 BetrVG darstellt (*LAG Nds.* 18.10.1994 LAGE § 95 BetrVG 1972 Nr. 15; GK-*Kraft/Raab* § 95 Rz 29 mwN; **aA** *BAG* 26.7.2005 EzA § 95 BetrVG 2001 Nr. 1).

Bei Kündigungen kommen Auswahlrichtlinien nur **für betriebsbedingte (ordentliche) Kündigungen** 158 in Betracht (*Galperin/Löwisch* § 95 Rz 34; GK-*Kraft/Raab* § 95 Rz 35; HSWG-*Schlochauer* Rz 95, 111; *Richardi/Thüsing* Rz 157; *Stege/Weinspach/Schiefer* § 95 Rz 19; *Boewer* DB 1978, 252; **aA**; DKK-*Kittner* Rz 191; *Fitting* Rz 24; *Bösche* S. 117; *Klebe/Schumann* S. 144 f.; *Gester/Zachert* ArbRGgw. Bd. 12, S. 98; *Klebe* BB 1980, 840). Für personen- und verhaltensbedingte, erst recht für außerordentliche Kündigungen können wegen der unübersehbaren Vielfalt der denkbaren Tatbestände Auswahlrichtlinien nicht aufgestellt werden. Da es ferner bei diesen Kündigungen stets auf die besonderen Umstände des Einzelfalles ankommt, dürften die notwendig abstrakten Auswahlrichtlinien, die für personen- oder verhaltensbedingte Kündigungen entweder festlegen, unter welchen (abstrakten) Voraussetzungen eine Kündigung niemals ausgesprochen werden kann, oder bestimmen, unter welchen (abstrakten) Voraussetzungen gekündigt werden darf, wegen Nichtberücksichtigung der Umstände des Einzelfalles und wegen der unvermeidbaren Nichtberücksichtigung gleichgelagerter Sachverhalte gegen die Grundsätze von Recht und Billigkeit verstoßen und deshalb gem. § 75 Abs. 1 BetrVG unwirksam sein (vgl. *Fitting* § 95 Rz 23 ff.). Dies zeigen gerade die von der Gegenmeinung angeführten Beispiele. Wenn danach etwa für personenbedingte Kündigungen geregelt werden kann, welche Umschulungs- oder Fortbildungsmaßnahmen dem Arbeitgeber zumutbar sind, um eine anderweitige Beschäftigung zu ermöglichen, oder nach welcher Zeitspanne wegen lang anhaltender Krankheit frühestens gekündigt werden darf (*Bösche* S. 117), bleiben die Umstände des Einzelfalles unberücksichtigt, die einer Anwendung dieser Richtlinien entgegenstehen können. Dies gilt ebenso für eine Richtlinie bei verhaltensbedingten Kündigungen, wonach der einmalige Diebstahl geringwertigen Betriebseigentums nicht zur Entlassung, sondern nur zum Ausspruch einer Verwarnung berechtigen soll (so aber: *Bösche* aaO). Im Übrigen setzt eine »Auswahl« voraus, dass für die im konkreten Fall auszusprechende Kündigung mehrere Arbeitnehmer in Betracht kommen können; das trifft aber grds. nur bei betriebsbedingten Kündigungen zu. Bei personen- und verhaltensbedingten Kündigungen handelt es sich idR um eine Kündigung, für die nur **eine** Person in Frage kommt.

Auswahlrichtlinien bei betriebsbedingten Kündigungen dürfen hinsichtlich der Arbeitnehmer, die un- 159 ter das Kündigungsschutzgesetz fallen, **nicht gegen § 1 KSchG verstoßen** (*BAG* 11.3.1976 EzA § 95 BetrVG 1972 Nr. 1; *Meisel* DB 1972, 1675), dh sie müssen sich grds. darauf beschränken, die nach § 1 KSchG zu berücksichtigenden Tatbestände im Hinblick auf die Verhältnisse des Betriebs zu konkretisieren, zB nähere Umschreibung der Voraussetzungen der Betriebsbedingtheit von Kündigungen, allgemeine Voraussetzungen für eine Umsetzung, Umschulung, Fortbildung oder einverständlichen Änderung der Arbeitsbedingungen zur Vermeidung von Kündigungen, Anhörung des Arbeitnehmers vor einer Kündigung (vgl. *Fitting* § 95 Rz 21; **aA** *Richardi/Thüsing* § 95 Rz 38: die Auswahlrichtlinien beziehen sich nur auf die Sozialauswahl), Verfahrensregeln vor einer Kündigung.

Insbesondere können bei betriebsbedingten Kündigungen **Richtlinien über die soziale Auswahl** der 160 zu kündigenden Arbeitnehmer festgelegt werden, zB welches Gewicht der Dauer der Betriebszugehörigkeit, dem Lebensalter, dem Familienstand, der Zahl der unterhaltsberechtigten Personen und den Einkünften der Familie zukommt (vgl. *Fitting* § 95 Rz 24). Hierbei müssen die Richtlinien im Hinblick auf die zwingende Vorschrift des § 1 Abs. 3 S. 1 KSchG über die soziale Auswahl bei Kündigungen die maßgebenden vier Sozialdaten Dauer der Betriebszugehörigkeit, Lebensalter, Unterhaltsverpflichtungen und Schwerbehinderung ausreichend berücksichtigen und in ein nicht unausgewogenes Verhältnis zueinander bringen (*BAG* 20.10.1983 EzA § 1 KSchG Betriebsbedingte Kündigung Nr. 28), wobei hinsichtlich des Lebensalters § 10 S. 3 Nr. 6 AGG zu beachten ist. Die Aufstellung eines Punktesystems ist insoweit zulässig. Die in den Richtlinien vorgenommene Bewertung der maßgebenden sozialen Daten im Verhältnis zueinander ist nur dann unbeachtlich, wenn sie grob fehlerhaft ist (vgl. § 1 Abs. 4 S. 1 KSchG). Die Richtlinien können sich auch darauf beschränken, nur eine Vorauswahl zu treffen, indem sie zB festlegen, dass die Auswahl der zu kündigenden Arbeitnehmer sich nur auf solche Arbeitnehmer erstrecken darf, die eine bestimmte Punktzahl über- oder unterschreiten.

Für **Arbeitnehmer, die nicht unter das KSchG fallen,** können in Auswahlrichtlinien ohne die Be- 161 schränkung nach § 1 Abs. 3 S. 1 KSchG die Grundsätze festgelegt werden, nach denen sie entlassen werden sollen.

Bei der Aufstellung von Auswahlrichtlinien hat der Betriebsrat ein **Mitbestimmungsrecht** (§ 95 Abs. 1 162 BetrVG); unter den Voraussetzungen des § 95 Abs. 2 BetrVG steht ihm auch ein Initiativrecht zu. Auswahlrichtlinien, die ohne Zustimmung des Betriebsrats oder Spruch der Einigungsstelle zustande gekommen sind, sind wegen Verstoßes gegen § 95 BetrVG unwirksam; auf sie kann sich der Betriebsrat auch nicht zur Begründung seines Widerspruchs berufen. Auswahlrichtlinien haben den Charakter einer Betriebsvereinbarung (*Fitting* § 95 Rz 8). Deshalb können sowohl der Arbeitgeber als auch der Betriebsrat bestehende Richtlinien kündigen (vgl. § 77 Abs. 5 BetrVG).

c) **Weiterbeschäftigung an einem anderen Arbeitsplatz im selben Betrieb oder in einem anderen Betrieb des Unternehmens (§ 102 Abs. 3 Nr. 3 BetrVG)**

163 Dieser Widerspruchsgrund betrifft die Möglichkeit einer Weiterbeschäftigung im Unternehmensbereich, bei Konzernen jedoch nicht darüber hinaus in einem anderen Konzernunternehmen (*Richardi/Thüsing* Rz 168; *Kiel* S. 200; GK-*Raab* Rz 120 mwN; **aA** *Klebe/Schumann* S. 147; APS-*Koch* Rz 197 und DKK-*Kittner* Rz 195 – für bestimmte Ausnahmefälle). Der Betriebsrat muss **darlegen, auf welchem freien Arbeitsplatz eine Weiterbeschäftigung des Arbeitnehmers in Betracht kommt** (*LAG Düsseld.* 26.6.1980 DB 1980, 2043). Hierbei muss er **den freien Arbeitsplatz zumindest in bestimmbarer Weise angeben** (*BAG* 17.6.1999 EzA § 102 BetrVG 1972 Beschäftigungspflicht Nr. 10 = SAE 2001, 16 mit zust. Anm. *Dedek*; *Heinze* S. 226; *Mareck* BB 2000, 2044) und den Bereich bezeichnen, in dem der Arbeitnehmer anderweitig weiterbeschäftigt werden kann (*LAG Hamm* 1.7.1986 LAGE § 102 BetrVG 1972 Beschäftigungspflicht Nr. 8; vgl. auch *LAG München* 17.8.1994 LAGE § 102 BetrVG 1972 Beschäftigungspflicht Nr. 18; *Richardi/Thüsing* Rz 167), zB dass in der Abteilung des betroffenen Arbeitnehmers mehrere Arbeitsplätze nicht besetzt sind, auf denen er weiterbeschäftigt werden könnte (*Fitting* Rz 74), dass er auf einem Arbeitsplatz mit gleicher Tätigkeit, aber in einer anderen Schicht beschäftigt werden könnte (*Klebe/Schumann* S. 154), dass in einer bestimmten Abteilung des Betriebs mehrere Stellen angefordert worden seien (*LAG Bln.* 15.9.1980 DB 1980, 2449), dass im Beschäftigungsbetrieb ein der Ausbildung des Arbeitnehmers entsprechender Arbeitsplatz frei sei, wenn hierüber bereits verhandelt wurde (vgl. *LAG Hamm* 20.10.1983 DB 1984, 671). Dies gilt auch bei **Massenkündigungen** (*BAG* 6.12.1984 RzK III 1e Nr. 3). Hingegen reicht es nicht aus, wenn der Betriebsrat nur allgemein auf eine anderweitige Beschäftigungsmöglichkeit im selben Betrieb oder in einem anderen Betrieb des Unternehmens verweist (*BAG* 17.6.1999 aaO; APS-*Koch* Rz 200) oder lediglich umschreibt, wie er sich eine Beschäftigungsmöglichkeit im konkreten Fall vorstellt, ohne einen konkreten freien Arbeitsplatz zu nennen (so aber: DKK-*Kittner* Rz 201; dazu neigt auch das *BAG* 24.3.1988 RzK III 1e Nr. 12), oder auf Personalengpässe bei Arbeiten hinweist, die im Betrieb von einem Subunternehmer aufgrund eines Werkvertrags erledigt werden (*BAG* 11.5.2000 EzA § 102 BetrVG 1972 Beschäftigungspflicht Nr. 11) oder gar nur zum Ausdruck bringt, es müsse im Betrieb irgendeine anderweitige Beschäftigungsmöglichkeit geben (*BAG* 24.3.1988 aaO) oder es sei – bei einer Massenentlassung – damit zu rechnen, dass durch freiwillige Abfindungsaktionen freie Arbeitsplätze entstünden (*LAG Hamm* 14.6.2004 RzK III 1e Nr. 32). Bei **personen- oder verhaltensbedingten Kündigungen** muss der Betriebsrat darüber hinaus darlegen, dass die Gründe in der Person oder in dem Verhalten des Arbeitnehmers der Weiterbeschäftigung an dem neuen Arbeitsplatz nicht entgegenstehen, sofern sich hierfür nicht aus den Umständen des Einzelfalles bereits konkrete Anhaltspunkte ergeben (vgl. *Schwerdtner* Anm. AR-Blattei, Betriebsverfassung XIV C: Entsch. 74); letzteres ist zB anzunehmen, wenn einem Arbeitnehmer nur wegen persönlicher Auseinandersetzungen mit einem in derselben Abteilung tätigen Arbeitskollegen gekündigt werden soll, eine Weiterbeschäftigung aber auf einem freien Arbeitsplatz in einer anderen Abteilung möglich ist, auf dem eine Zusammenarbeit mit jenem Arbeitskollegen nicht erforderlich ist.

163a Der für eine Weiterbeschäftigung in Betracht kommende Arbeitsplatz muss **bei Ablauf der Kündigungsfrist** oder nach Ablauf einer darauf folgenden kurzen Einarbeitungszeit **frei** sein; es ist nicht erforderlich, dass er auch schon im Zeitpunkt des Widerspruchs frei ist (*Klebe/Schumann* S. 153). Deshalb kann der Betriebsrat seinen Widerspruch zB darauf stützen, mit Leiharbeitskräften besetzte Arbeitsplätze würden demnächst frei (vgl. *ArbG Stuttg*. 5.6.1996 AuR 1996, 458). Ein Arbeitsplatz, der erst durch eine neue unternehmerische Disposition geschaffen werden müsste, kann aber für die Beurteilung der Weiterbeschäftigungsmöglichkeit keine Berücksichtigung finden und deshalb kein Widerspruchsrecht des Betriebsrats begründen (*ArbG Bln.* 20.7.1977 BB 1977, 1761). Denn der Arbeitgeber ist bei seiner wirtschaftlich-unternehmerischen Entscheidung über die Arbeitsorganisation frei und an Mitbestimmungsrechte des Betriebsrats nicht gebunden.

164 § 102 Abs. 3 Nr. 3 BetrVG berechtigt nach seinem Wortlaut den Betriebsrat zwar nur dann zum Widerspruch, wenn der Arbeitnehmer auf einem anderen Arbeitsplatz weiterbeschäftigt werden kann. In entsprechender Anwendung des § 102 Abs. 3 Nr. 3 BetrVG ist aber ein Widerspruchsrecht des Betriebs-

rats auch und erst recht dann zu bejahen, **wenn der Arbeitnehmer auf seinem bisherigen Arbeitsplatz weiterbeschäftigt werden kann;** denn in diesem Fall ist die Sozialwidrigkeit der Kündigung noch offensichtlicher als bei der Möglichkeit der Weiterbeschäftigung auf einem anderen Arbeitsplatz (*ArbG Heilbronn* 17.5.1976 AuR 1976, 315; *ArbG Ulm* 9.4.1975 AuR 1975, 250; *Fitting* Rz 90; *Bösche* S. 125; *Heinze* S. 210; *Klebe/Schumann* S. 157; **aA** *BAG* 12.9.1985 EzA § 102 BetrVG 1972 Nr. 61; *LAG München* 2.3.1994 BB 1994, 1287; HaKo-*Griebeling* Rz 147; HaKo-BetrVG-*Braasch* Rz 94; *Richardi/Thüsing* Rz 164; DKK-*Kittner* Rz 200; GK-*Raab* § 102 Rz 119; HSWG-*Schlochauer* Rz 117; *Stege/Weinspach/Schiefer* Rz 134; *Gamillscheg* FS 25 Jahre BAG, S. 129; *Ulrich* S. 20; *Wester/Schlüpers/Oehmen* S. 70). Hierbei kann der Betriebsrat allerdings **nicht die** (mitbestimmungsfreie) wirtschaftlich-unternehmerische **Entscheidung, dass der Arbeitsplatz des gekündigten Arbeitnehmers wegfällt, angreifen** (insoweit zutreffend: HSWG-*Schlochauer* Rz 118; *Stege/Weinspach/Schiefer* aaO; vgl. auch *Galperin/Löwisch* Rz 62). Er kann aber geltend machen, die Behauptung des Arbeitgebers über den Wegfall des Arbeitsplatzes des gekündigten Arbeitnehmers treffe nicht zu, der Arbeitsplatz solle demnächst wieder besetzt werden, sei also nach dem Ausscheiden des gekündigten Arbeitnehmers frei; folglich könne dieser auf seinem bisherigen Arbeitsplatz weiterbeschäftigt werden. Diese Auslegung des § 102 Abs. 3 Nr. 3 BetrVG führt auch zu einer entsprechenden Auslegung des insoweit wortgleichen § 1 Abs. 2 Nr. 1 KSchG.

Stützt der Betriebsrat seinen Widerspruch darauf, dass der Arbeitnehmer auf einem bestimmten anderen Arbeitsplatz in demselben Betrieb weiterbeschäftigt werden kann, dann liegt hierin zugleich die nach § 99 BetrVG erforderliche **Zustimmung zur Versetzung** auf den vorgeschlagenen anderen Arbeitsplatz; der Arbeitgeber, der dem Vorschlag des Betriebsrats folgt, braucht dann nicht mehr die (erneute) Zustimmung des Betriebsrats zur Versetzung nach § 99 BetrVG einzuholen (*Richardi/Thüsing* Rz 169; *Galperin/Löwisch* Rz 67; HSWG-*Schlochauer* Rz 122; *Stege/Weinspach/Schiefer* Rz 139). **165**

Widerspricht der Betriebsrat der Kündigung mit der Begründung, der Arbeitnehmer könne auf einem anderen Arbeitsplatz in einem anderen Betrieb des gleichen Unternehmens weiterbeschäftigt werden, so ist für eine solche Weiterbeschäftigung auch die **Zustimmung des Betriebsrats des aufnehmenden Betriebs** unter dem Gesichtspunkt der Einstellung nach § 99 BetrVG erforderlich (*Richardi/Thüsing* aaO; *Galperin/Löwisch* aaO; GK-*Raab* § 102 Rz 122; in diesem Sinne auch *BAG* 16.12.1986 EzA § 99 BetrVG 1972 Nr. 54). Für eine ordnungsgemäße Widerspruchsbegründung des Betriebsrats ist hier erforderlich, dass er darlegt, der Betriebsrat des anderen Betriebs sei mit der Übernahme einverstanden (*Stege/Weinspach/Schiefer* Rz 135). Ohne Zustimmung des anderen Betriebsrats ist eine Weiterbeschäftigung in dem anderen Betrieb rechtlich nicht möglich; folglich kann auch nicht von einer Weiterbeschäftigungsmöglichkeit in diesem Betrieb gesprochen werden, bevor die Zustimmung des Betriebsrats vorliegt. Die Durchführung eines Zustimmungsersetzungsverfahrens (§ 99 Abs. 4 BetrVG) in dem anderen Betrieb kann der Betriebsrat des Betriebs, dem der zu kündigende Arbeitnehmer angehört, nicht verlangen. **166**

§ 102 Abs. 3 Nr. 3 BetrVG macht – anders als § 102 Abs. 3 Nr. 5 BetrVG – das Widerspruchsrecht des Betriebsrats **nicht davon abhängig, dass der Arbeitnehmer** sich mit einer Weiterbeschäftigung iSv § 102 Abs. 3 Nr. 3 BetrVG **einverstanden erklärt;** es ist nicht gerechtfertigt, entgegen dem Wortlaut des § 102 Abs. 3 Nr. 3 BetrVG ein solches Einverständnis zu verlangen (ebenso: *Richardi/Thüsing* Rz 170; *Galperin/Löwisch* Rz 65; HK-*Höland* § 1 Anh. 1 Rz 71; *Weiss* Rz 16; *Bösche* S. 122; **aA** HSWG-*Schlochauer* Rz 121; *Stege/Weinspach/Schiefer* Rz 138; *Meisel* Rz 524). Im Hinblick auf die Regelung des § 102 Abs. 3 Nr. 5 BetrVG (»unter geänderten Vertragsbedingungen«) und die Entbehrlichkeit der Zustimmung des Arbeitnehmers ist zu schließen, dass § 102 Abs. 3 Nr. 3 BetrVG nur die Weiterbeschäftigung erfaßt, die **ohne Änderung des Arbeitsvertrages möglich ist,** die also der Arbeitgeber kraft seines Direktionsrechts ohne Einverständnis des Arbeitnehmers anordnen kann (*ArbG Ludwigshafen* 6.3.1972 EzA § 102 BetrVG 1972 Nr. 1; *Bösche* S. 119; **aA** *Richardi/Thüsing* aaO; *Galperin/Löwisch* aaO; *Stege/Weinspach/Schiefer* aaO). Ist eine Weiterbeschäftigung nur aufgrund einer Vertragsänderung oder einer Änderungskündigung – auch in einem anderen Betrieb des gleichen Unternehmens – möglich, kommt lediglich ein Widerspruchsrecht des Betriebsrats nach § 102 Abs. 3 Nr. 4 und 5 BetrVG in Betracht (s. Rz 172 ff.). **167**

Unter welchen Voraussetzungen ein Arbeitnehmer an einem anderen Arbeitsplatz im selben Betrieb oder in einem anderen Betrieb des Unternehmens weiterbeschäftigt werden kann, s. im Übrigen KR-*Griebeling* § 1 KSchG Rz 217 ff. **168**

d) Weiterbeschäftigung nach zumutbaren Umschulungs- oder Fortbildungsmaßnahmen (§ 102 Abs. 3 Nr. 4 BetrVG)

169 Dieser Widerspruchsgrund kommt insbesondere dann in Betracht, wenn infolge Rationalisierungsmaßnahmen neue technische Einrichtungen (Maschinen etc.) eingeführt werden, deren Bedienung der Arbeitnehmer (noch) nicht beherrscht. Der Betriebsrat muss **darlegen, welche für den Arbeitgeber zumutbaren Umschulungs- und Fortbildungsmaßnahmen in Betracht kommen** und welcher freie Arbeitsplatz nach der Umschulung oder Fortbildung im Unternehmensbereich verfügbar ist, der mit dem betroffenen Arbeitnehmer besetzt werden kann (*Heinze* S. 226). Die Neueinrichtung eines Arbeitsplatzes kann der Betriebsrat nicht fordern (*LAG Nürnberg* 17.8.2004 AR-Blattei ES 530.14.3 Nr. 204). Eine Beschränkung der Weiterbeschäftigungsmöglichkeit auf den betrieblichen Bereich ist nicht gerechtfertigt (*Klebe/Schumann* S. 145; **aA** HSWG-*Schlochauer* Rz 124). Eine Umschulung ist für den Arbeitgeber unzumutbar, wenn sie in angemessener Zeit offenbar keinen Erfolg verspricht (*Bost-Klatt/ Fuhrmann* AiB 2005, 413). Auf die Frage der Zumutbarkeit der vorgeschlagenen Maßnahmen für den Arbeitnehmer kommt es nicht an (*Galperin/Löwisch* Rz 71; **aA** *Klebe/Schumann* S. 160; *Stege/Weinspach/ Schiefer* Rz 143a); denn der betroffene Arbeitnehmer kann sich frei entscheiden, ob er an der Umschulung oder Fortbildung teilnehmen will. Will er nicht daran teilnehmen, entfällt ein Weiterbeschäftigungsanspruch nach § 102 Abs. 5 BetrVG (s. Rz 169c); will er jedoch daran teilnehmen, besteht kein Anlass, dem Betriebsrat einen Widerspruch nach § 102 Abs. 3 Nr. 4 BetrVG zu versagen, weil die vorgeschlagene Umschulung oder Fortbildung für den Arbeitnehmer unter objektivierten Gesichtspunkten möglicherweise unzumutbar ist.

169a Als verfügbarer Arbeitsplatz, den der Arbeitnehmer nach einer Umschulung oder Fortbildung besetzen kann, kommt **auch der bisherige Arbeitsplatz** des Arbeitnehmers in Betracht (APS-*Koch* Rz 202 *Richardi/Thüsing* Rz 172), zB wenn sich herausstellt, dass der Arbeitnehmer erst nach einer Umschulung oder Fortbildung den Anforderungen seines Arbeitsplatzes gewachsen ist, wobei es unerheblich ist, ob der Arbeitnehmer den Anforderungen von Anfang an nicht gewachsen war oder die Anforderungen im Laufe der Zeit stiegen.

169b Nach dem Sinn und Zweck der gesetzlichen Regelung sind Umschulungs- und Fortbildungsmaßnahmen **vom Arbeitgeber** bis zur Grenze der Zumutbarkeit **zu finanzieren** (*Galperin/Löwisch* Rz 70; **aA** GK-*Raab* § 102 Rz 134 mwN). Das bedeutet dann auch, dass die Frage der Zumutbarkeit von Umschulungs- und Fortbildungsmaßnahmen zwar nicht davon abhängt, ob der Arbeitgeber sie allein finanzieren kann; es ist aber zu berücksichtigen, ob die zur Verfügung stehenden finanziellen Mittel (zumutbare finanzielle Beteiligung des Arbeitgebers zuzüglich öffentlicher Mittel und evtl. freiwilliger Beiträge des Arbeitnehmers) eine Umschulung oder Fortbildung ermöglichen (**aA** *Preis* S. 168).

169c Da die Umschulung oder Fortbildung des Arbeitnehmers stets eine Änderung der Arbeitsbedingungen bedeutet, ist hierzu die **Zustimmung des betroffenen Arbeitnehmers** erforderlich (*Galperin/Löwisch* Rz 70; HSWG-*Schlochauer* Rz 128; *Richardi/Thüsing* Rz 173; *Stege/Weinspach/Schiefer* Rz 145; *Meisel* Rz 524; **aA** *Heinze* S. 218; *Klebe/Schumann* S. 148), die der Betriebsrat vorher einholen und gegenüber dem Arbeitgeber darlegen muss (GK-*Raab* § 102 Rz 129; *Richardi/Thüsing* aaO; **aA** *Galperin/Löwisch* Rz 71; *Gussone* AuR 1994, 250; *Weiss/Weyand* Rz 37). Ohne erklärtes Einverständnis des Arbeitnehmers mit der Umschulung oder Fortbildung besteht kein sachlicher Grund, den Arbeitgeber von der Kündigung abzuhalten und dem Arbeitnehmer aufgrund des Widerspruchs des Betriebsrats einen Weiterbeschäftigungsanspruch nach § 102 Abs. 5 BetrVG einzuräumen.

170 In dem Vorschlag des Betriebsrats zu Umschulungs- oder Fortbildungsmaßnahmen liegt auch die erforderliche **Zustimmung** nach § 99 BetrVG **zur Versetzung** des Arbeitnehmers, soweit der Betriebsrat in seinem Widerspruch den neuen Arbeitsplatz des Arbeitnehmers konkret bezeichnet. Handelt es sich hierbei um einen Arbeitsplatz in einem anderen Betrieb des Unternehmens, ist auch die Zustimmung des dortigen Betriebsrat erforderlich (s.o. Rz 166).

171 Zu zumutbaren Umschulungs- oder Fortbildungsmaßnahmen s. im Übrigen KR-*Griebeling* § 1 KSchG Rz 722 ff.

e) Weiterbeschäftigung unter geänderten Vertragsbedingungen mit Einverständnis des Arbeitnehmers (§ 102 Abs. 3 Nr. 5 BetrVG)

172 Auch dieser Widerspruchsgrund ist nicht auf den betrieblichen Bereich beschränkt, sondern erstreckt sich auch auf eine Weiterbeschäftigung in einem anderen Betrieb des Unternehmens (*Klebe/Schumann*

S. 145). Der Betriebsrat muss gegenüber dem Arbeitgeber unter Bezeichnung des freien Arbeitsplatzes, der auch der bisherige Arbeitsplatz des Arbeitnehmers sein kann, **die zu ändernden Vertragsbedingungen darlegen** (*Heinze* S. 226). Diese Arbeitsbedingungen können gegenüber den bisherigen auch ungünstiger sein. Beispiele: Kürzung der Vergütung oder Sonderzuwendung, Umstellung auf Teilzeitarbeit, Weiterbeschäftigung in einer anderen Betriebsabteilung oder in einem anderen Betrieb des Unternehmens, die der Arbeitgeber nicht kraft seines Direktionsrecht anordnen kann. Hingegen kann der Betriebsrat seinen Widerspruch nicht darauf stützen, dass eine Beförderungsstelle frei geworden ist, weil dem Arbeitnehmer kein Beförderungsanspruch zusteht; dies würde die unternehmerische Freiheit des Arbeitgebers beeinträchtigen, den Arbeitsplatz nach seinen Wünschen zu besetzen (*BAG* 10.11.1994 EzA § 1 KSchG Betriebsbedingte Kündigung Nr. 77; aA *Hinrichs* S. 61).

Soweit allerdings **Arbeitsbedingungen rechtsverbindlich durch Tarifvertrag oder Betriebsvereinbarung festgelegt** sind (zB Sonderzuwendungen), kann der Betriebsrat keine Weiterbeschäftigung des Arbeitnehmers zu ungünstigeren Arbeitsbedingungen geltend machen. Denn Ansprüche der Arbeitnehmer aus Tarifvertrag oder Betriebsvereinbarung sind zwingend (§ 4 Abs. 1 und 3 TVG, § 77 Abs. 4 BetrVG) und können nicht zuungunsten der Arbeitnehmer abbedungen werden (im Ergebnis ebenso: *Richardi/Thüsing* Rz 176). Andererseits kann der Widerspruch darauf gestützt werden, dass durch eine kollektive, mitbestimmungspflichtige Änderung der Arbeitsbedingungen (zB Einführung von Kurzarbeit) die Weiterbeschäftigung ermöglicht wird (vgl. *ArbG Mannheim* 9.12.1982 BB 1983, 1031; *ArbG Bocholt* 22.6.1982 BB 1982, 1425; *Richardi/Thüsing* aaO; aA *Fitting* Rz 97; HSWG-*Schlochauer* Rz 134). Im Widerspruch liegt insoweit das Angebot auf Abschluss einer entsprechenden Betriebsvereinbarung (*Klebe/Schumann* S. 166 f.). 172a

Ferner hat der Betriebsrat dem Arbeitgeber das **Einverständnis des betroffenen Arbeitnehmers** zu den vorgeschlagenen Vertragsänderungen mitzuteilen; deshalb muss der Betriebsrat dieses Einverständnis vor Erhebung des Widerspruches einholen (*Richardi/Thüsing* Rz 177; *Fitting* Rz 95; GK-*Raab* § 102 Rz 132.; *Heinze* S. 220; vgl. auch *Stege/Weinspach/Schiefer* Rz 151; aA *Klebe/Schumann* S. 164: Einverständnis nach Erhebung der Kündigungsschutzklage genügt). Ohne erklärtes Einverständnis des Arbeitnehmers ist ein auf § 102 Abs. 3 Nr. 5 BetrVG gestützter Widerspruch des Betriebsrats unwirksam (*Richardi/Thüsing* aaO). Die Einverständniserklärung des Arbeitnehmers setzt nicht voraus, dass ein entsprechendes Vertragsangebot des Arbeitgebers vorliegt; vielmehr werden hier die zu ändernden Vertragsbedingungen vom Betriebsrat vorgeschlagen (*Richardi/Thüsing* aaO). 172b

Der Arbeitnehmer kann gegenüber dem Betriebsrat sein **Einverständnis** zu der vom Betriebsrat vorgeschlagenen Vertragsänderung **unter Vorbehalt** erteilen, dass eine Änderung der Arbeitsbedingungen sozial gerechtfertigt ist (APS-*Koch* Rz 204; *Richardi/Thüsing* Rz 178; *Fitting* Rz 96; GK-*Raab* § 102 Rz 138; *Heinze* aaO; *Klebe/Schumann* S. 166; aA *Galperin/Löwisch* Rz 77; HSWG-*Schlochauer* Rz 135; *Meisel* Rz 530). Spricht der Arbeitgeber in diesem Fall entsprechend dem Vorschlag des Betriebsrats eine Änderungskündigung aus, kann der Arbeitnehmer einen Weiterbeschäftigungsanspruch nach § 102 Abs. 5 BetrVG nicht auf den Widerspruch des Betriebsrats nach § 102 Abs. 3 Nr. 5 BetrVG stützen, weil der Betriebsrat der Änderungskündigung insoweit gerade nicht widersprochen hat. Folgt der Arbeitgeber allerdings nicht dem Vorschlag des Betriebsrats, sondern spricht eine Kündigung des Arbeitsverhältnisses aus, ohne neue Vertragsbedingungen anzubieten, kann der Widerspruch des Betriebsrats nach § 102 Abs. 3 Nr. 5 BetrVG einen Weiterbeschäftigungsanspruch des Arbeitnehmers zu den bisherigen Arbeitsbedingungen begründen. 173

Ist mit der vom Betriebsrat vorgeschlagenen Änderung der Arbeitsbedingungen eine Versetzung verbunden, liegt in dem Vorschlag des Betriebsrats gleichzeitig auch die **Zustimmung zur Versetzung** nach § 99 BetrVG (*Richardi/Thüsing* Rz 169). Zur Versetzung in einen anderen Betrieb s. Rz 166. 174

Unter welchen Voraussetzungen eine Weiterbeschäftigung des Arbeitnehmers unter geänderten Vertragsbedingungen möglich ist, s. im Übrigen KR-*Griebeling* § 1 KSchG Rz 726 ff. 175

F. Die Kündigung durch den Arbeitgeber

I. Abgabe der Kündigungserklärung

Der Arbeitgeber kann die Kündigung erst aussprechen, **wenn das Anhörungsverfahren beim Betriebsrat abgeschlossen ist** (s. Rz 102 ff.). Darauf, ob bei Massenentlassungen das Verfahren zur Herbeiführung eines Interessenausgleichs iSv § 112 BetrVG abgeschlossen ist, kommt es nicht an. Die Rechtsfolgen bei Verletzung dieses Mitwirkungsrechts des Betriebsrats sind in § 113 BetrVG ausdrück- 176 lich und für die Arbeitnehmer abschließend geregelt. Daher sind **Anträge auf Erlass einer einstweiligen Verfügung zur Untersagung von Kündigungen** vor Abschluss des Verfahrens zur Herbeiführung eines Interessenausgleichs **unbegründet** (sehr streitig; wie hier: *LAG Düsseld.* 14.12.2005 EzA-SD 2006, Nr. 2, S. 15; *LAG Nds.* 29.11.2002 BB 2003, 1337; *LAG Düsseld.* 14.12.2005 EzA SD 2006, Nr. 2, S. 15; *LAG SchlH* 13.1.1992 LAGE § 111 BetrVG 1972 Nr. 11; *ArbG Passau* 22.10.2002 BB 2003, 744; *ArbG Dresden* 30.11.1999 BB 2000, 363; *ArbG Schwerin* 13.2.1998 – 1 BV Ga 2/98; *ArbG Kiel* 13.12.1996 BB 1997, 635; *ArbG Minden* 25.9.1996 BB 1997, 635; *Ehler* BB 1994, 2272 f.; *Ehrich* BB 1993, 356; *Heupgen* NZA 1997, 1271; *Stege/Weinspach/Schiefer* §§ 111-113 Rz 103 ff. mit zahlreichen weiteren Nachw.; **aA** *LAG Hamm* 28.8.2003 FA 2004, 57; *LAG Hmb.* 26.6.1997 LAGE § 113 BetrVG 1972 Nr. 6; *LAG Bln.* 7.9.1995 AP Nr. 36 zu § 111 BetrVG 1972; *Hess. LAG* 6.4.1993 RzK I 5c Nr. 47; *ArbG Frankf./M.* 8.9.1998 AuR 1998, 497; *ArbG Hmb.* 4.11.1997 AuR 1998, 38; *ArbG Kaiserslautern* 19.12.1996 AiB 1997, 179; *Berscheid* ZIP 1997, 2206; *Pflüger* DB 1998, 2062; *Zwanziger* BB 1998, 480).

176a **»Ausspruch« der Kündigung** bedeutet, dass das Kündigungsschreiben den Machtbereich des Arbeitgebers verlassen hat, zB zur Post gegeben worden ist. In diesem Zeitpunkt muss das Anhörungsverfahren abgeschlossen sein; andernfalls ist die Kündigung unwirksam (*BAG* 8.4.2003 EzA § 102 BetrVG 2001 Nr. 3; 11.7.1991 EzA § 102 BetrVG 1972 Nr. 81; *Berkowsky* S. 11; *Richardi/Thüsing* Rz 113; SPV-*Preis* Rz 384; *Stege/Weinspach/Schiefer* Rz 153; **aA** *Reiter* NZA 2003, 954: Zugang der Kündigung ist maßgebend). Hat allerdings der Arbeitgeber vor einer Stellungnahme des Betriebsrats am letzten Tag der Äußerungsfrist bei Dienstschluss das Kündigungsschreiben einem Kurierdienst übergeben und gleichzeitig dafür gesorgt, dass eine Zustellung am nächsten Tag erst so spät erfolgt, dass er sie noch verhindern kann, wenn der Betriebsrat doch noch zu der Kündigungsabsicht Stellung nimmt, führt dies nicht zur Unwirksamkeit der Kündigung (*BAG* 8.4.2003 EzA § 102 BetrVG 2001 Nr. 3 = BAG Report 2003, 336 m. zust. Anm. *Düwell*). Eine Anhörung kann nicht mehr erfolgen, wenn die Kündigung bereits erklärt ist.

177 Der fristgerecht und ordnungsgemäß erhobene **Widerspruch des Betriebsrats** sowie die Äußerung von Bedenken durch den Betriebsrat haben nicht zur Folge, dass die Kündigung unterbleiben muss (vgl. *Richardi/Thüsing* Rz 189). Ein ordnungsgemäßer Widerspruch des Betriebsrats kann aber die Sozialwidrigkeit der Kündigung begründen.

178 Lässt der Arbeitgeber nach Abschluss des Anhörungsverfahrens geraume Zeit bis zum Ausspruch der Kündigung verstreichen, kann eine **erneute Anhörung des Betriebsrats** erforderlich werden (s. Rz 109).

II. Zuleitung einer Abschrift der Stellungnahme des Betriebsrats an den Arbeitnehmer

179 Hat der Betriebsrat einer ordentlichen Kündigung **ordnungsgemäß widersprochen** (s. Rz 142 ff.), hat der Arbeitgeber dem Arbeitnehmer mit der Kündigung eine Abschrift der Stellungnahme des Betriebsrats zuzuleiten (§ 102 Abs. 4 BetrVG). Dadurch wird der Arbeitnehmer in die Lage versetzt zu beurteilen, ob ihm ein Weiterbeschäftigungsanspruch nach § 102 Abs. 5 BetrVG zusteht (s. Rz 193 ff.) und ob er die Argumente des Betriebsrats in einem evtl. Kündigungsschutzprozess verwerten kann. Die Verpflichtung des Arbeitgebers zur Zuleitung einer Abschrift der Stellungnahme des Betriebsrats besteht aber unabhängig davon, ob der Arbeitnehmer unter das KSchG fällt (*Richardi/Thüsing* Rz 189; *Fitting* Rz 100; GK-*Raab* § 102 Rz 143). Der Arbeitnehmer kann seinen Anspruch auf Überlassung der Stellungnahme des Betriebsrats **im Klagewege** durchsetzen. Der Anspruch besteht aber nur, wenn und solange der Arbeitnehmer die Wirksamkeit der Kündigung angreift und hierüber noch nicht rechtskräftig entschieden ist. Dies folgt aus dem Zweck des Anspruchs, dem Arbeitnehmer die Beurteilung zu ermöglichen oder zu erleichtern, ob die Kündigung wirksam ist und ein Weiterbeschäftigungsanspruch nach § 102 Abs. 5 BetrVG besteht.

180 Kommt der Arbeitgeber seiner Verpflichtung zur Zuleitung einer Abschrift der Stellungnahme des Betriebsrats nicht oder nicht rechtzeitig nach, führt dies zwar nicht zur Unwirksamkeit der Kündigung, es kommen aber **Schadenersatzansprüche des Arbeitnehmers** in Betracht (*Richardi/Thüsing* Rz 191; *Fitting* Rz 100; *Galperin/Löwisch* Rz 84; GK-*Raab* § 102 Rz 145; HSWG-*Schlochauer* Rz 140; *Kliemt* NZA 1993, 921; **aA** *Düwell* NZA 1988, 866 und MünchArbR-*Berkowsky* § 144 Rz 41 ff.: Unwirksamkeit der Kündigung bei Verstoß gegen § 102 Abs. 4 BetrVG), zB weil er bei Kenntnis der Stellungnahme des Betriebsrats eine Kündigungsschutzklage nicht erhoben hätte. Hingegen ist für ein **Zwangsverfahren** gegen den Arbeitgeber nach § 23 Abs. 3 BetrVG zur Herausgabe der Abschrift einer Stellungnahme des Betriebsrats an den Arbeitnehmer kein Raum (**aA** APS-*Koch* Rz 159; *Richardi/Thüsing* aaO; *Fitting* aaO),

weil insoweit ein Rechtsschutzinteresse fehlt; der Betriebsrat kann nämlich von sich aus dem betroffenen Arbeitnehmer eine Abschrift seines Widerspruchsschreibens zuleiten.

Da § 102 Abs. 4 BetrVG ausdrücklich auf § 102 Abs. 3 BetrVG Bezug nimmt, besteht **keine Verpflichtung** des Arbeitgebers, dem Arbeitnehmer eine **Abschrift der Stellungnahme des Betriebsrats** zuzuleiten, wenn der Widerspruch des Betriebsrats nicht frist- oder ordnungsgemäß erhoben ist (s. Rz 142 ff.) oder wenn es um eine außerordentliche Kündigung geht. Auch wenn der Betriebsrat nur Bedenken gegen die Kündigung (s. Rz 131 ff.) geäußert hat, braucht der Arbeitgeber dem Arbeitnehmer keine Abschrift der Stellungnahme des Betriebsrats zuzuleiten. 181

III. Umdeutung einer außerordentlichen in eine ordentliche Kündigung

Ist eine außerordentliche Kündigung unwirksam, weil kein wichtiger Grund vorliegt, kommt grundsätzlich eine Umdeutung in eine ordentliche Kündigung in Betracht; eine solche Umdeutung kann aber wegen fehlender Anhörung des Betriebsrats zur ordentlichen Kündigung scheitern. Eine Umdeutung ist **grds. nur möglich, wenn der Betriebsrat** in dem Anhörungsverfahren nach § 102 BetrVG auf die Möglichkeit einer Umdeutung hingewiesen und somit **auch zu der umgedeuteten (ordentlichen) Kündigung** unter Beachtung der hierfür geltenden Äußerungsfrist von einer Woche (s. Rz 86 ff.) vorsorglich **gehört** wurde (BAG 20.9.1984 EzA § 626 BGB nF Nr. 91; Richardi/Thüsing Rz 53, 104; Fitting Rz 63; Galperin/Löwisch Rz 26a; Benecke AuR 2005, 48; Hager BB 1989, 696; Hueck FS BAG, S. 259; Molkenbur/Krasshöfer-Pidde RdA 1989, 343; aA LAG Düsseld. 21.5.1976 DB 1977, 121; HSWG-Schlochauer Rz 149 (bei verhaltens-, in Ausnahmefällen personenbedingten Kündigungsgründen); Brill AuR 1975, 18; Ebert BB 1976, 1133 ff. [bei verhaltens- oder personenbedingten Kündigungen]; Eich DB 1975, 1606 f.; Meisel DB 1974, 142; Schlochauer RdA 1973, 159). Die Umdeutung einer außerordentlichen fristlosen Kündigung in eine außerordentliche Kündigung mit notwendiger Auslauffrist (s. hierzu KR-Fischermeier § 626 BGB Rz 304 f.) setzt grds. voraus, dass der Betriebsrat im Anhörungsverfahren auf die Möglichkeit einer solchen Umdeutung hingewiesen und wie bei einer ordentlichen Kündigung beteiligt wurde (BAG 18.10.2000 EzA § 626 BGB Krankheit Nr. 3; s. auch Rz 92a). Durch **Betriebsvereinbarung** kann festgelegt werden, dass die Unterrichtung über eine beabsichtigte außerordentliche Kündigung stets auch die Unterrichtung zu einer vorsorglichen ordentlichen Kündigung darstellen soll (SPV-Preis Rz 453 Fn 196). 182

Ohne den Hinweis auf eine vorsorgliche (umgedeutete) ordentliche Kündigung wäre dem Betriebsrat von vornherein das Recht genommen, der umgedeuteten Kündigung gem. § 102 Abs. 3 BetrVG ordnungsgemäß zu widersprechen, so dass auch ein Weiterbeschäftigungsanspruch des gekündigten Arbeitnehmers gem. § 102 Abs. 5 BetrVG nicht in Betracht käme. Die **Anhörung des Betriebsrats** zu einer (umgedeuteten) ordentlichen Kündigung ist nur dann **entbehrlich, wenn der Betriebsrat der außerordentlichen Kündigung ausdrücklich und vorbehaltlos zustimmt.** Denn in dieser Zustimmung liegt auch die Zustimmung zu der schwächeren Maßnahme der fristgerechten Kündigung (BAG 20.9.1984 EzA § 626 BGB nF Nr. 91; 16.3.1978 EzA § 102 BetrVG 1972 Nr. 32; Wester/Schlüpers/Oehmen S. 67; aA Benecke AuR 2005, 48; Haager BB 1989, 693; Löwisch/Kaiser Rz 8); insoweit schließt die Zustimmung des Betriebsrats auch das Anhörungsverfahren zu der (umgedeuteten) ordentlichen Kündigung ab, gleichgültig ob dem Betriebsrat im Anhörungsverfahren ihm zuzurechnende Fehler unterlaufen sind (s. Rz 115 ff.). Das gilt jedenfalls dann, wenn im konkreten Fall die Beteiligung des Betriebsrats den für eine ordentliche Kündigung vorgesehenen Anforderungen tatsächlich entsprochen hat (BAG 3.12.1981 – 2 AZR 679/79 – nv). Ein Widerspruch des Betriebsrats gegen die ordentliche Kündigung wäre hier allenfalls mit der Begründung denkbar, der Betriebsrat stimme nur einer außerordentlichen Kündigung zu. Ein solcher Widerspruch wäre gem. § 102 Abs. 3 BetrVG unbeachtlich (s. Rz 144) und könnte unter keinem rechtlichen Gesichtspunkt zur Begründung der Unwirksamkeit der umgedeuteten ordentlichen Kündigung herangezogen werden. Hingegen ist eine vorsorgliche Anhörung des Betriebsrats zu einer evtl. umgedeuteten ordentlichen Kündigung nicht bereits dann entbehrlich, wenn ein Widerspruch des Betriebsrats gegen die ordentliche Kündigung wegen der Art der Kündigungsgründe ausgeschlossen oder im konkreten Fall offensichtlich unbegründet wäre (BAG 9.5.1985 – 2 AZR 355/84 – nv). 182a

Da der Arbeitgeber bei einer vorsorglichen Anhörung des Betriebsrats zu einer umgedeuteten ordentlichen Kündigung die **einwöchige Äußerungsfrist** für den Betriebsrat vor Ausspruch der Kündigung beachten muss, ist es denkbar, dass nach Ablauf dieser Wochenfrist bereits die zweiwöchige Ausschlussfrist des § 626 Abs. 2 BGB für den Ausspruch der außerordentlichen Kündigung abgelaufen ist. Würde der Arbeitgeber erst jetzt die außerordentliche, in eine ordentliche umdeutbare Kündigung er- 182b klären, wäre die außerordentliche Kündigung in jedem Fall wegen Versäumung der Ausschlussfrist des § 626 Abs. 2 BGB unwirksam und es käme nur eine Umdeutung in eine ordentliche Kündigung in Betracht. Will der Arbeitgeber dies vermeiden, kann er zunächst nach Ablauf der dreitägigen Äußerungsfrist für den Betriebsrat innerhalb der Ausschlussfrist des § 626 Abs. 2 BGB die außerordentliche Kündigung aussprechen und nach Ablauf der einwöchigen Äußerungsfrist für den Betriebsrat eine vorsorgliche ordentliche Kündigung (*Richardi/Thüsing* Rz 104).

183 Ist eine außerordentliche Kündigung wegen **Verletzung des § 102 Abs. 1 BetrVG** unwirksam, ist eine Umdeutung in eine ordentliche Kündigung grundsätzlich nicht möglich, da auch die ordentliche Kündigung eine ordnungsgemäße Anhörung nach § 102 Abs. 1 BetrVG voraussetzt (*BAG* 12.8.1976 EzA § 102 BetrVG 1972 Nr. 25). Nur wenn der Arbeitgeber ein ordnungsgemäßes Anhörungsverfahren zu einer ordentlichen Kündigung nach § 102 Abs. 1 BetrVG durchgeführt hat, dann aber doch eine außerordentliche Kündigung ausspricht, ist zwar die außerordentliche Kündigung wegen Verletzung des § 102 Abs. 1 BetrVG unwirksam, kann aber in eine ordentliche Kündigung umgedeutet werden. Der umgedeuteten Kündigung liegt dann ein ordnungsgemäßes Anhörungsverfahren zu dieser Kündigung zugrunde (ebenso: *SPV-Preis* Rz 454). Die Entscheidungen des *BAG* vom 12.8.1976 (EzA § 102 BetrVG 1972 Nr. 25) und 18.9.1975 (EzA § 102 BetrVG 1972 Nr. 17) stehen dieser Rechtsauffassung nicht entgegen. In der Entscheidung vom 12.8.1976 lag der umgedeuteten Kündigung kein ordnungsgemäßes Anhörungsverfahren zugrunde, in der Entscheidung vom 18.9.1975 war das Anhörungsverfahren nicht zu der ausgesprochenen Kündigung durchgeführt.

IV. Der Kündigungsschutzprozess

1. Klagefrist

184 Die Unwirksamkeit einer gegen § 102 Abs. 1 BetrVG verstoßenden Kündigung muss der Arbeitnehmer wie jeden anderen Unwirksamkeitsgrund **innerhalb von drei Wochen nach Zugang der schriftlichen Kündigung** beim Arbeitsgericht geltend machen und die Feststellung beantragen, dass das Arbeitsverhältnis durch die Kündigung nicht aufgelöst ist (§ 4 Satz 1 KSchG; s. i.E. *KR-Friedrich* § 4 KSchG Rz 10); andernfalls gilt die Kündigung als von Anfang an rechtswirksam (§ 7 KSchG).

2. Nachschieben von Kündigungsgründen

a) Meinungsstand

185 Vom Nachschieben von Kündigungsgründen ist die bloße, stets zulässige Erläuterung der dem Betriebsrat bereits mitgeteilten Kündigungsgründe zu unterscheiden (s. Rz 70). Die Frage der Zulässigkeit des Nachschiebens von Kündigungsgründen nach Ausspruch der Kündigung gehörte lange Zeit im Hinblick auf die Beteiligung des Betriebsrats zu den umstrittensten Fragen des Betriebsverfassungsrechts. Die Vielfalt der hierzu vertretenen Auffassungen lässt sich kaum noch übersehen. Im Wesentlichen werden **folgende Meinungen** vertreten:

(1) Das Nachschieben von Kündigungsgründen ist **stets unzulässig**, weil der Betriebsrat hinsichtlich dieser Kündigungsgründe keinen Einfluß mehr auf die Kündigungsabsicht des Arbeitgebers ausüben kann (*Bösche* S. 56; *Feichtinger/Huep* AR-Blattei SD 1010.8 Rz 107; *Gester/Zachert* ArbRGgw, Bd. 12, S. 93; *Heinze* S. 184; *HK-Höland* § 1 Anh. 1 Rz 31; *MünchKomm-Schwerdtner* vor § 620 Rz 413 ff.).

(2) Das Nachschieben von Kündigungsgründen ist jedenfalls dann unzulässig, wenn sie **dem Arbeitgeber im Zeitpunkt der Unterrichtung des Betriebsrats bereits bekannt** waren (*BAG* 1.4.1981 EzA § 102 BetrVG 1972 Nr. 45; *Richardi/Thüsing* Rz 126; *Fitting* Rz 44; *GK-Raab* § 102 Rz 152; *Kühnreich* AnwBl 2006, 695; *Spinti* AR-Blattei SD 1020.1 Rz 206; **aA** *Meisel* Rz 422 ff., der ein Nachschieben nur dann für unzulässig hält, wenn die nachgeschobenen Kündigungsgründe die Stellungnahme des Betriebsrats zugunsten des Arbeitnehmers verändert hätten). Das gilt auch dann, wenn der Betriebsrat der Kündigung aufgrund der ihm früher mitgeteilten Kündigungsgründe zugestimmt hatte und nachträglich zu den neuen Kündigungsgründen gehört wird (*BAG* 26.9.1991 EzA § 1 KSchG Personenbedingte Kündigung Nr. 10; 1.4.1981 aaO; zust.: *Gröninger* AR-Blattei, Anm. Betriebsverfassung XIV C: Entsch. 78; *Hueck* Anm. AP Nr. 23 zu § 102 BetrVG 1972; ebenso: *Richardi/Thüsing* aaO; abl.: *Löwisch* Anm. EzA § 102 BetrVG 1972 Nr. 45; *Streckel* SAE 1982, 42).

(3) Das Nachschieben von Kündigungsgründen, die **dem Arbeitgeber im Zeitpunkt der Unterrichtung des Betriebsrats noch unbekannt** waren, aber vor Ausspruch der Kündigung bekannt werden, ist zulässig, aber nur wenn der Arbeitgeber hinsichtlich dieser Gründe vor Ausspruch der Kündigung

das Anhörungsverfahren nach § 102 Abs. 1–2 BetrVG durchgeführt hat (in diesem Sinne: *Richardi/Thüsing* Rz 128; *Winterstein* S. 102; GK-*Raab* § 102 Rz 153). Diese erneute Anhörung des Betriebsrats hält *Koller* (SAE 1982, 30) nur für erforderlich, wenn in dem Zeitpunkt, in dem dem Arbeitgeber die neuen Kündigungsgründe bekannt werden, das Anhörungsverfahren beim Betriebsrat wegen der bisherigen Kündigungsgründe noch nicht abgeschlossen ist. Keine neue Anhörungsfrist für den Betriebsrat, sondern lediglich die (unverzügliche) Mitteilung der neuen Kündigungsgründe vor Ausspruch der Kündigung halten für erforderlich: *LAG Hamm* 20.5.1974 EzA § 102 BetrVG 1972 Nr. 10; GK-*Raab* aaO – bei bloßer Ergänzung des Sachverhaltes –; *Brill* AuR 1975, 18 f.

(4) Das Nachschieben von Kündigungsgründen, die **dem Arbeitgeber erst nach Ausspruch der Kündigung bekannt werden,** wird von der hM unter bestimmten Voraussetzungen, die allerdings strittig sind, für zulässig gehalten. Hierzu werden folgende Meinungen vertreten:
- Nachschieben stets zulässig, auch ohne Anhörung des Betriebsrats (APS-*Koch* Rz 174; GK-*Raab* § 102 Rz 154; *Kraft* FS Kissel S. 626);
- Nachschieben stets zulässig, aber nur nach Anhörung des Betriebsrats (*BAG* 11.4.1985 EzA § 102 BetrVG 1972 Nr. 62; *Richardi/Thüsing* Rz 128 ff.; *Fitting* Rz 43; HSWG-*Schlochauer* Rz 46; SPV-*Preis* Rz 423; *Stege/Weinspach/Schiefer* Rz 49; *Otto* Anm. EzA § 102 BetrVG 1972 Nr. 36; *Winterstein* S. 114, 123);
- Nachschieben nur nach Anhörung des Betriebsrats zulässig, wenn der Arbeitgeber für einen Widerspruch geeignete Kündigungsgründe nachschieben will; im Übrigen ist das Nachschieben ohne Anhörung des Betriebsrats zulässig (*Streckel* SAE 1982, 42);
- Nachschieben nur – allerdings dann ohne Anhörung des Betriebsrats – zulässig, wenn die nachgeschobenen Kündigungsgründe nicht zu einem begründeten Widerspruch des Betriebsrats hätten führen können (*Hueck* FS 25 Jahre BAG, S. 263; *Kaup* DB 1974, 2302; vgl. auch *LAG Hamm* 22.12.1977 DB 1978, 750);
- Nachschieben nur zulässig, wenn der Betriebsrat der Kündigung vorbehaltlos zugestimmt hat und die nachgeschobenen Gründe in einem engen zeitlichen und sachlichen Zusammenhang mit den mitgeteilten stehen (*Jobs/Bader* AR-Blattei – alte Ausgabe –, Kündigungsschutz I unter D II 1d, die aber offenlassen, ob vor dem Nachschieben der Betriebsrat anzuhören ist);
- Nachschieben von Gründen unzulässig, die mit den früher mitgeteilten in keinem inneren Zusammenhang stehen (*LAG Hamm* 5.4.1976 BB 1977, 548; ähnlich *Bayer* DB 1992, 786: Nachschieben nur zur Konkretisierung bereits genannter Kündigungsgründe zulässig).

(5) Nachschieben von Kündigungsgründen stets **zulässig,** aber nur **nach vorheriger Anhörung des Betriebsrats** (HSWG-*Schlochauer* Rz 47).

(6) Nachschieben von Kündigungsgründen ohne Anhörung des Betriebsrats stets zulässig, es sei denn, durch das Nachschieben wird die Kündigung auf eine völlig andere Basis gestellt (Auswechslung der Kündigungsgründe); im letzteren Fall soll das Nachschieben nach vorheriger Unterrichtung des Betriebsrats zulässig sein (*Stahlhacke* S. 84 ff.).

(7) Nachschieben **ohne vorherige Anhörung des Betriebsrats stets zulässig,** jedoch kann der Betriebsrat der Kündigung wegen der nachgeschobenen Gründe gem. § 102 Abs. 3 BetrVG widersprechen, wobei die einwöchige Widerspruchsfrist erst in dem Zeitpunkt zu laufen beginnt, in dem der Betriebsrat von dem neuen Kündigungsgrund entweder durch eine Mitteilung des Arbeitgebers oder infolge einer Unterrichtung durch den Arbeitnehmer über das entsprechende Vorbringen des Arbeitgebers im Kündigungsschutzprozess erfährt (*Löwisch* Anm. EzA § 102 BetrVG 1972 Nr. 45; vgl. auch *Galperin/Löwisch* Rz 30b).

(8) Nachschieben von Kündigungsgründen ohne Anhörung des Betriebsrats **stets zulässig, wenn der Betriebsrat der Kündigung zugestimmt hatte** (*LAG Düsseld.* 5.2.1980 EzA § 102 BetrVG 1972 Nr. 41; *Streckel* SAE 1982, 42; *Schwerdtner* ZIP 1981, 814; wiederum anders ZIP 1981, 1122).

(9) Nachschieben von Tatsachen zulässig, von denen der Arbeitgeber mit Sicherheit annehmen durfte, dass sie **dem Betriebsrat bekannt** seien (*Koller* SAE 1982, 29).

Die Frage der Zulässigkeit des Nachschiebens von Kündigungsgründen ist nach dem **Sinn und Zweck des § 102 BetrVG** zu beantworten. Hierbei ist insbesondere zwischen den Kündigungsgründen zu unterscheiden, die dem Arbeitgeber vor oder nach Ausspruch der Kündigung bekannt geworden sind.

b) Allgemeine Voraussetzungen für die Zulässigkeit des Nachschiebens von Kündigungsgründen

185b In Betrieben mit Betriebsrat kommt ein zulässiges Nachschieben von Kündigungsgründen nur in Betracht, wenn die **Anhörung des Betriebsrats vor Ausspruch der Kündigung nicht fehlerhaft** war. Die fehlerhafte Anhörung des Betriebsrats führt zur Unwirksamkeit der Kündigung (s. Rz 106), die nachträglich nicht geheilt werden kann (s. Rz 112), auch nicht durch eine ordnungsgemäße Beteiligung des Betriebsrats vor Einführung der nachgeschobenen Kündigungsgründe in den Kündigungsschutzprozess; insoweit kann jedoch der Arbeitgeber nach ordnungsgemäßer Anhörung des Betriebsrats eine **weitere Kündigung** aussprechen.

185c War der Betrieb **im Zeitpunkt des Ausspruchs der Kündigung betriebsratslos**, bestehen gegen das Nachschieben von Kündigungsgründen, die im Zeitpunkt des Ausspruchs der Kündigung bereits bestanden, keine Bedenken, selbst wenn sie dem Arbeitgeber damals schon bekannt waren (s. Rz 70 und KR-*Fischermeier* § 626 BGB Rz 178 f.). Ist jedoch **im Zeitpunkt des Nachschiebens** im Betrieb **ein Betriebsrat** (erstmals oder wieder) **vorhanden**, ist dieser vor Einführung der nachgeschobenen Kündigungsgründe in den Kündigungsschutzprozess in entsprechender Anwendung des § 102 Abs. 1–2 BetrVG zu beteiligen. Denn durch das Nachschieben von Kündigungsgründen will der Arbeitgeber die Kündigung (auch) mit diesen Gründen rechtfertigen und hierdurch die Beendigung des Arbeitsverhältnis herbeiführen; insoweit steht das Nachschieben von Kündigungsgründen dem Ausspruch einer Kündigung gleich (s. hierzu und zur entsprechenden Anwendung des § 102 Abs. 1–2 BetrVG Rz 188).

185d Hat der Arbeitgeber den Betriebsrat vor Ausspruch der Kündigung ordnungsgemäß angehört, ist aber **im Zeitpunkt des Nachschiebens** von Kündigungsgründen im Betrieb **kein Betriebsrat mehr vorhanden,** kann er Kündigungsgründe, die im Zeitpunkt des Ausspruchs der Kündigung bereits bestanden, grds. unbeschränkt nachschieben (vgl. KR-*Fischermeier* § 626 BGB Rz 178 f.). Denn Rechte des Betriebsrats können insoweit nicht mehr berührt werden.

c) Kündigungsgründe, die dem Arbeitgeber vor Ausspruch der Kündigung bekannt werden

185e Kündigungsgründe und Kündigungstatsachen, **die dem Arbeitgeber im Zeitpunkt der Unterrichtung des Betriebsrats bekannt sind,** die er aber dem Betriebsrat – aus welchen Gründen auch immer – nicht vor Ausspruch der Kündigung mitteilt, kann er im späteren Kündigungsschutzprozess nicht nachschieben (grds. ebenso: *BAG* 18.12.1980 EzA § 102 BetrVG 1972 Nr. 44). Das gilt auch dann, wenn der Betriebsrat der Kündigung aufgrund der ihm mitgeteilten Kündigungsgründe zugestimmt hatte (*BAG* 26.9.1991 EzA § 1 KSchG Personenbedingte Kündigung Nr. 10; 2.4.1987 EzA § 626 BGB nF Nr. 108) und/oder nachträglich zu den neuen Kündigungsgründen gehört wird (*BAG* 1.4.1981 EzA § 102 BetrVG 1972 Nr. 45 und das zu Rz 185 unter (2) zitierte Schrifttum). Denn hinsichtlich dieser Kündigungsgründe hat vor der Kündigung kein Anhörungsverfahren stattgefunden und kann auch nicht mehr nachgeholt werden, da der Zweck das Anhörungsverfahrens, dem Betriebsrat Gelegenheit zu geben, vor Ausspruch der Kündigung auf den Kündigungsentschluss des Arbeitgebers im Hinblick auf die dem Arbeitgeber bekannten und deshalb seinen Kündigungsentschluss beeinflussenden Umstände einzuwirken, nicht mehr erreichbar ist. Das gilt auch dann, wenn der Arbeitgeber die dem Betriebsrat nicht mitgeteilten Umstände zunächst für unerheblich gehalten hat. Ist etwa der Betriebsrat zu verhaltensbedingten Kündigungsgründen ordnungsgemäß gehört worden, lässt sich aber die Kündigung nur aus personenbedingten Gründen (krankheitsbedingte Fehlzeiten) rechtfertigen, die dem Betriebsrat nicht mitgeteilt wurden, können diese Gründe nicht mehr nachgeschoben werden; die Kündigung ist unwirksam (*BAG* 29.1.1980 – 6 AZR 1142/78 – nv). Teilt der Arbeitgeber dem Betriebsrat bei der Anhörung nach § 102 BetrVG mit, dass er aus betrieblichen Gründen kündigen wolle, und erklärt er weiter, dass er den Arbeitnehmer wegen Leistungsmängel ausgewählt habe, so ist es ihm verwehrt, die Leistungsmängel im Kündigungsschutzprozess als selbständigen Grund für eine verhaltensbedingte Kündigung heranzuziehen (*BAG* 5.2.1981 EzA § 102 BetrVG 1972 Nr. 47). Zu den Kündigungsgründen, die insoweit nicht mehr nachgeschoben werden dürfen, gehören auch die Verdachtsmomente, die eine Verdachtskündigung begründen sollen, wenn dem Arbeitgeber die Verdachtsmomente im Zeitpunkt der Unterrichtung bekannt waren, er die Kündigung aber zunächst nur auf die Verfehlung selbst stützte. Der Arbeitgeber kann aber wegen der Kündigungsgründe, die nicht mehr nachgeschoben werden können, nach ordnungsgemäßer Anhörung des Betriebsrats eine erneute Kündigung aussprechen.

Kündigungsgründe, **die dem Arbeitgeber** im Zeitpunkt der Unterrichtung des Betriebsrats bekannt **186** sind oder noch **vor Ausspruch der Kündigung bekannt werden,** kann er im späteren Kündigungsschutzprozess nur verwerten, wenn er hinsichtlich dieser Gründe vor Ausspruch der Kündigung das Anhörungsverfahren gem. § 102 Abs. 1–2 BetrVG durchgeführt hat (s. das zu Rz 185 unter (3) zitierte Schrifttum). Denn im Zeitpunkt des Kündigungsausspruchs ist der Kündigungsentschluss des Arbeitgebers durch diese Gründe mitbestimmt; folglich muss dem Betriebsrat auch Gelegenheit gegeben werden, vor Ausspruch der Kündigung auf den Kündigungsentschluss des Arbeitgebers einzuwirken. Für diese neuen Gründe sind die Anhörungsfristen des § 102 Abs. 2 BetrVG einzuhalten. Durch diese Fristen soll der Betriebsrat vor Ausspruch der Kündigung ausreichend Gelegenheit erhalten, sich mit den Kündigungsgründen des Arbeitgebers auseinanderzusetzen, evtl. eigene Ermittlungen anzustellen und Gegenargumente zu formulieren. Dieser Zweck gilt auch für die neuen Kündigungsgründe. Eine Verkürzung der Anhörungsfristen des § 102 Abs. 2 BetrVG würde das gesetzliche Anhörungsrecht des Betriebsrats beschneiden. Das gilt auch dann, wenn er der Kündigung aufgrund der zunächst mitgeteilten Kündigungsgründe zugestimmt hat. Eine Verkürzung der Anhörungsfristen ist deshalb auch dann nicht gerechtfertigt, wenn nach Ablauf der Fristen des § 102 Abs. 2 BetrVG hinsichtlich der neuen Kündigungsgründe vom Arbeitgeber gegenüber dem Arbeitnehmer einzuhaltende Fristen (§ 626 Abs. 2 BGB; Kündigungsfristen) abgelaufen sein sollten. Dem Arbeitgeber bleibt es in einem solchen Fall unbenommen, wegen der bisherigen Kündigungsgründe die Kündigung alsbald (nach Ablauf der für diese Gründe geltenden Anhörungsfrist) auszusprechen und wegen der neuen Kündigungsgründe nach Ablauf der Anhörungsfristen des § 102 Abs. 2 BetrVG eine zweite Kündigung nachzuschieben, die dann auch zugleich auf die Kündigungsgründe der ersten Kündigung gestützt werden kann.

Kündigungsgründe, **die der Arbeitgeber** im Zeitpunkt des Ausspruchs der Kündigung nur **hätte kennen müssen,** tatsächlich aber nicht kannte, stehen den Kündigungsgründen, die dem Arbeitgeber bekannt waren, nicht gleich. Denn die unbekannten Kündigungsgründe konnten seinen Kündigungsentschluss nicht beeinflussen. **186a**

d) Kündigungsgründe, die dem Arbeitgeber erst nach Ausspruch der Kündigung bekannt werden

Wenn dem Arbeitgeber neue Kündigungsgründe, die im Zeitpunkt der Kündigung bereits vorlagen, **187** **erst nach Ausspruch der Kündigung bekannt werden,** bestehen gegen das Nachschieben dieser Gründe im Kündigungsschutzprozess insoweit keine Bedenken, als sie die Kündigung im Zeitpunkt ihres Zugangs objektiv rechtfertigen (hM; vgl. BAG 11.4.1985 EzA § 102 BetrVG 1972 Nr. 62 und KR-*Fischermeier* § 626 BGB Rz 180 f.). Der Zweck des Anhörungsverfahrens nach § 102 Abs. 1–2 BetrVG, auf den Kündigungsentschluss des Arbeitgebers einzuwirken, ist hier nicht erreichbar, weil die nachgeschobenen Kündigungsgründe den Kündigungsentschluss des Arbeitgebers überhaupt nicht bestimmten. § 102 Abs. 1–2 BetrVG ist damit auf nachgeschobene Kündigungsgründe, die dem Arbeitgeber im Zeitpunkt des Ausspruchs der Kündigung unbekannt waren, unmittelbar nicht anwendbar. Das Nachschieben von Kündigungsgründen kann hier folglich nicht mit der Begründung zurückgewiesen werden, der Betriebsrat hätte hierzu vor Ausspruch der Kündigung gehört werden müssen.

Es ist jedoch eine **entsprechende Anwendung des § 102 Abs. 1–2 BetrVG** geboten. Für den Arbeitnehmer bedeutet das Einführen neuer Kündigungsgründe in den Kündigungsschutzprozess die Gefahr, **188** dass diese Gründe die Beendigung des Arbeitsverhältnisses herbeiführen können. Das Nachschieben von Kündigungsgründen steht insoweit dem Ausspruch der Kündigung gleich. Durch die Anhörung des Betriebsrats vor dem Nachschieben der Kündigungsgründe in den Prozess soll dieser Gelegenheit erhalten, den Arbeitgeber von dem Nachschieben der Kündigungsgründe abzuhalten. Dem Betriebsrat muss hier das gleiche Recht wie vor Ausspruch der Kündigung eingeräumt werden, auf die Willensbildung des Arbeitgebers einzuwirken und so den Arbeitnehmer vor einer Beendigung des Arbeitsverhältnisses zu schützen. Darüber hinaus ist die entsprechende Anwendung des § 102 Abs. 3–5 BetrVG durch den weitergehenden Zweck des Widerspruchsrechts des Betriebsrats geboten, hinsichtlich bestimmter Kündigungsgründe gegebenenfalls den Kündigungsschutz des Arbeitnehmers (§ 1 Abs. 2 KSchG) zu verbessern und ihm einen Weiterbeschäftigungsanspruch nach § 102 Abs. 5 BetrVG zu sichern. Das gilt auch, wenn **bei Ausspruch der Kündigung noch kein funktionsfähiger Betriebsrat bestand,** aber im Zeitpunkt des Nachschiebens existiert (vgl. zum BPersVG: BAG 11.5.1995 EzA SD 1995 Nr. 11, S. 4). Die entsprechende Anwendung des § 102 Abs. 1–5 BetrVG bedeutet somit grundsätzlich: Dem Arbeitgeber im Zeitpunkt des Ausspruchs der Kündigung unbekannte Kündigungsgründe dürfen im Kündigungsschutzprozess nur nachgeschoben werden, wenn der Arbeitgeber vor der Einführung dieser Kündigungsgründe in den Prozess den Betriebsrat hierzu unter Einhaltung der Anhörungsfrist des § 102 Abs. 2 BetrVG gehört hat (im Ergebnis ebenso: das zu Rz 185 unter (4) zitierte Schrifttum und *BAG* 11.4.1985 EzA § 102 BetrVG 1972 Nr. 62 mit zust. Anm. *Kraft* = AR-Blattei, Kündigung: Entsch. 69 mit zust. Anm. *Röder*). Widerspricht der Betriebsrat den neuen Kündigungsgründen frist- und ordnungsgemäß (§ 102 Abs. 2–3 BetrVG), kann dies für den Kündigungsschutz des Arbeitnehmers gem. § 1 Abs. 2 BetrVG von Bedeutung sein und begründet unter den Voraussetzungen des § 102 Abs. 5 BetrVG einen Weiterbeschäftigungsanspruch des Arbeitnehmers.

189 Ausnahmsweise ist die **Anhörung** des Betriebsrats **zu nachgeschobenen Kündigungsgründen** dann **entbehrlich,** wenn der Betriebsrat aufgrund der zunächst mitgeteilten Kündigungsgründe der Kündigung ausdrücklich zugestimmt hatte (so *ArbG Bochum* 4.8.1983 DB 1984, 131), die Kündigung aufgrund der nachgeschobenen Kündigungsgründe nicht in einem neuen Licht erscheint und der Arbeitgeber die ursprünglich geltend gemachten Kündigungsgründe nach wie vor weiterverfolgt, zB wenn einem des Diebstahls von Firmeneigentum beschuldigten Arbeitnehmer weitere Diebstähle vorgeworfen werden (aA *BAG* 11.4.1985 EzA § 102 BetrVG 1972 Nr. 62 und KR-*Fischermeier* § 626 BGB Rz 184). Es kann davon ausgegangen werden, dass der Betriebsrat seine Zustimmung zur Kündigung aufrechterhalten hätte, wenn ihm die weiteren Kündigungsgründe mitgeteilt worden wären, gleichgültig wie er diese Kündigungsgründe beurteilt hätte, denn an den für die Zustimmung maßgebenden Kündigungsgründen hätte sich ja dadurch nichts geändert. Im Übrigen wäre hier ein Widerruf der früher erteilten Zustimmung des Betriebsrats zur Kündigung unzulässig (s. Rz 126), ein nunmehr erhobener Widerspruch also unbeachtlich. Es kommt dabei nicht darauf an, ob die ursprüngliche Zustimmung des Betriebsrats durch ordnungsgemäßen Beschluss zustande gekommen ist, wenn nur die Fehler in den Verantwortungsbereich des Betriebsrats fallen (s. Rz 115 ff.); denn wenn die fehlerhaft zustande gekommene Zustimmung als ordnungsgemäße Anhörung zu den ursprünglichen Kündigungsgründen ausreicht, muss dies auch gelten, wenn neue Kündigungsgründe hinzukommen, die maßgebenden Kündigungsgründe aber unverändert sind.

190 Anders ist die Rechtslage, wenn die nachgeschobenen Kündigungsgründe die bisherigen **Kündigungsgründe in einem anderen Licht** erscheinen lassen, zB wenn die Kündigung zunächst auf eine Tätlichkeit (Schlägerei) des Arbeitnehmers im Betrieb gestützt wird und später auf eine gesundheitliche Beeinträchtigung infolge einer früher erlittenen Kopfverletzung; denn dann kann die Tätlichkeit durch die Kopfverletzung bedingt sein und dadurch in einem milderen Licht erscheinen. Aus diesem Grunde ist dem Betriebsrat hier das Recht zuzubilligen, seine Zustimmung zur Kündigung zu widerrufen und der Kündigung gem. § 102 Abs. 3 BetrVG zu widersprechen. Das macht die vorherige Anhörung des Betriebsrats vor dem Nachschieben der Kündigungsgründe erforderlich. Dasselbe gilt, wenn der Arbeitgeber die ursprünglich geltend gemachten Kündigungsgründe nicht mehr weiterverfolgt, zB weil sich die gegen den Arbeitnehmer erhobenen Vorwürfe als unberechtigt erwiesen haben, und er nunmehr Kündigungsgründe nachschiebt. Denn hier sind die für die frühere Zustimmung des Betriebsrats maßgebenden Kündigungsgründe nicht mehr vorhanden (zust. *Schwerdtner* BlStSozArbR 1981, 152, der diese Auffassung aber in ZIP 1981, 814 aufgab und in ZIP 1981, 1122 wiederum änderte).

e) Nach der Kündigung entstandene Kündigungsgründe

190a Soweit ausnahmsweise nach der Kündigung entstandene Gründe nachgeschoben werden können (s. KR-*Fischermeier* § 626 BGB Rz 177), ist nach dem Zweck des § 102 Abs. 2 BetrVG die vorherige Anhörung des Betriebsrats grds. erforderlich. Es gelten die zu Rz 189–190 dargestellten Grundsätze. Ohne die erforderliche Anhörung des Betriebsrats ist das Nachschieben dieser Kündigungsgründe unzulässig.

f) Rechtsfolgen bei unzulässigem Nachschieben von Kündigungsgründen

190b Das unzulässige Nachschieben von Kündigungsgründen **führt nicht zur Nichtigkeit der Kündigung;** vielmehr beschränkt sich die Überprüfung im Kündigungsrechtsstreit auf die dem Betriebsrat im Anhörungsverfahren mitgeteilten Kündigungsgründe (*BAG* 1.4.1981 EzA § 102 BetrVG 1972 Nr. 45; 18.12.1980 EzA § 102 BetrVG 1972 Nr. 44; MünchKomm-*Schwerdtner* vor § 620 Rz 410). Hat etwa der Arbeitgeber die Kündigung gegenüber dem Betriebsrat auf verhaltensbedingte Gründe gestützt, kann er sich im Kündigungsschutzprozess nicht auf personenbedingte Gründe berufen, die ihm bei der Kündigung bekannt waren (*LAG Hmb.* 22.2.1991 LAGE § 102 BetrVG 1972 Nr. 28).

3. Gerichtliche Auflösung des Arbeitsverhältnisses und Abfindung

Bei einer wegen Verstoßes gegen § 102 Abs. 1 BetrVG unwirksamen Kündigung können Arbeitnehmer **191** oder Arbeitgeber grds. nicht beantragen, das Arbeitsverhältnis gem. § 9 KSchG aufzulösen und den Arbeitgeber zur Zahlung einer Abfindung zu verurteilen (vgl. § 13 Abs. 3 KSchG; *Richardi/Thüsing* Rz 135, 137; *Galperin/Löwisch* Rz 46; *Stege/Weinspach/Schiefer* Rz 235). Hat jedoch ein Arbeitnehmer, der Kündigungsschutz nach den Vorschriften des KSchG genießt (vgl. §§ 1, 23 KSchG), innerhalb von drei Wochen nach Zugang der Kündigung gegen die Kündigung Klage erhoben (§§ 4, 13 Abs. 1 KSchG) und macht er bis zum Schluss der mündlichen Verhandlung erster Instanz **die Sozialwidrigkeit** bei einer ordentlichen Kündigung **oder den Mangel des wichtigen Grundes,** wozu auch die Versäumung der Zwei-Wochen-Frist des § 626 Abs. 2 BGB gehört (s. ausführlich KR-*Friedrich* § 13 KSchG Rz 62), bei einer außerordentlichen Kündigung **geltend** (vgl. § 6 KSchG), können ihm die Rechte aus dem KSchG nicht deshalb genommen werden, weil die Kündigung auch wegen der (vom Arbeitgeber verursachten) fehlenden Anhörung des Betriebsrats unwirksam ist. Deshalb kann der Arbeitnehmer in diesen Fällen auch den Antrag nach § 9 KSchG auf Auflösung des Arbeitsverhältnisses und Zahlung einer Abfindung stellen (KR-*Spilger* § 9 KSchG Rz 27 mwN); diesem Antrag ist stattzugeben, wenn die Kündigung sozialwidrig bzw. die außerordentliche Kündigung mangels wichtigen Grundes unwirksam ist. Der Arbeitgeber kann hingegen einen solchen Antrag in keinem Falle stellen, da dem § 13 Abs. 1 S. 3 KSchG – bezüglich der außerordentlichen Kündigung – und § 13 Abs. 3 KSchG – bezüglich der ordentlichen Kündigung – entgegenstehen (vgl. BAG 9.10.1979 EzA § 9 KSchG nF Nr. 9; *Richardi/Thüsing* Rz 137; **aA** KR-*Spilger* aaO).

4. Darlegungs- und Beweislast

Nach § 102 Abs. 1 BetrVG ist die Anhörung des Betriebsrats Wirksamkeitsvoraussetzung für jede Kün- **192** digung durch den Arbeitgeber (*Richardi/Thüsing* Rz 134; *Fitting* Rz 25a; *Galperin/Löwisch* Rz 48; GK-*Raab* § 102 Rz 24). Daher trägt der **Arbeitgeber** beim Vorhandensein eines funktionsfähigen Betriebsrats die Darlegungs- und Beweislast dafür, dass die Anhörung des Betriebsrats ordnungsgemäß durchgeführt wurde (BAG 19.8.1975 EzA § 102 BetrVG 1972 Nr. 15; *Fitting* Rz 57; *Richardi/Thüsing* aaO; vgl. auch *Galperin/Löwisch* aaO; **aA** BAG 11.3.1980 – 6 AZR 4/78 – nv, und BAG 16.1.1987 EzA § 1 KSchG Betriebsbedingte Kündigung Nr. 48, das sich allerdings mit der bisherigen Rechtsprechung des BAG nicht auseinandersetzt; ferner *Eich* DB 1975, 1606; *Spitzweg/Lücke* NZA 1995, 408 f.) Hierzu gehört auch, darzulegen und notfalls zu beweisen, den Betriebsrat **nicht bewusst in die Irre geführt zu haben,** falls der Arbeitgeber den Betriebsrat objektiv unzutreffend informiert hat oder der Arbeitnehmer die Richtigkeit der Informationen an den Betriebsrat bestreitet (BAG 31.1.1996 RzK III 1a Nr. 77). Die Darlegungslast bedeutet, dass der Arbeitgeber diejenigen konkreten Behauptungen aufzustellen hat, die die abstrakten Voraussetzungen des ihm günstigen Rechtssatzes (= ordnungsgemäße Anhörung des Betriebsrats nach § 102 Abs. 1 BetrVG) ergeben (*Rosenberg* Die Beweislast, 5. Aufl., § 4 I). Demgemäß muss der Arbeitgeber im Kündigungsschutzprozess, gegebenenfalls nach einem Hinweis des Gerichts gem. § 139 ZPO, die **Tatsachen vortragen, aus denen auf eine ordnungsgemäße Anhörung des Betriebsrats geschlossen werden kann,** sofern die Existenz eines Betriebsrats feststeht (ebenso: HaKo-*Griebeling* Rz 179; *Kohte* Anm. AP Nr. 9 zu § 1 KSchG 1969 Personenbedingte Kündigung). Unterlässt er dies, haben die Gerichte für Arbeitssachen die Kündigung als unwirksam anzusehen, da eine Wirksamkeitsvoraussetzung vom Arbeitgeber nicht dargelegt ist. Aus diesem Grunde kann der bisherigen Auffassung des BAG (BAG 23.6.1983 EzA § 1 KSchG Krankheit Nr. 12; 14.10.1982 EzA § 613a BGB Nr. 38; zust.: GK-*Raab* § 102 Rz 89; *Busemann* NZA 1987, 582; *Oetker* BB 1989, 421), dass der Arbeitnehmer die ordnungsgemäße Anhörung des Betriebsrats überhaupt bestreiten müsse, wobei Bestreiten mit Nichtwissen genüge (BAG 9.10.1986 – 2 AZR 649/85 – nv; vgl. auch BAG 16.3.2000 EzA § 626 BGB nF Nr. 179; nach *Mühlhausen* NZA 2002, 644, und NZA 2006, 969 ist Bestreiten mit Nichtwissen nur zulässig, wenn der Arbeitnehmer nachweist, dass er sich beim Betriebsrat vergeblich um Informationen zum Anhörungsverfahren bemüht hat), damit die entsprechende Darlegungslast des Arbeitgebers ausgelöst werde, nicht zugestimmt werden. Das BAG (23.6.2005 EzA § 102 BetrVG 2001 Nr. 12; krit. hierzu *Mühlhausen* NZA 2006, 967) ist nunmehr von dieser Auffassung abgerückt, ohne dies zu erwähnen, und schließt sich der hier vertretenen Auffassung an. Danach setzt die Anwendung des § 102 BetrVG das **Vorhandensein eines funktionsfähigen Betriebsrats** voraus; für diese ihm günstige Tatsache ist der Arbeitnehmer darlegungs- und beweispflichtig (so schon ArbG Mainz 25.9.1997 BB 1998, 106; *Busemann* NZA 1987, 583; zust. *Oetker* BB 1989, 421). Trägt der Arbeitnehmer im Kündigungsschutzprozess unwidersprochen vor, im Betrieb bestehe ein Betriebsrat, ist von einem funktionsfähigen Betriebsrat auszugehen. Dann ist es Sache des Arbeitgebers, dessen ordnungsgemäße Anhörung darzulegen und zu beweisen.

§ 102 BetrVG   Mitbestimmung bei Kündigungen

192a Hat der Arbeitgeber eine ordnungsgemäße Anhörung des Betriebsrats im Detail schlüssig dargelegt, muss der Arbeitnehmer nach den Grundsätzen der **abgestuften Darlegungslast** deutlich machen, welche der Angaben er aus welchem Grund weiterhin bestreiten will. Soweit es um Tatsachen außerhalb seiner eigenen Wahrnehmung geht, kann der Arbeitnehmer sich dabei gemäß § 138 Abs. 4 ZPO auf Nichtwissen berufen (aA *LAG Köln* 31.1.1994 LAGE § 102 BetrVG 1972 Nr. 38); ein pauschales Bestreiten des Arbeitnehmers ohne jede Begründung genügt dagegen nicht (BAG 16.3.2000 EzA § 626 BGB nF Nr. 179 m. krit. Anm. Kraft).

192b Diese Grundsätze zur Darlegungs- und Beweislast gelten ausnahmsweise dann nicht, wenn es sich um **ungewöhnliche,** vom normalen Gang der Ereignisse stark abweichende **Mängel** handelt (zB rechtswidrige Bedrohung des Betriebsrats durch den Arbeitgeber). Solche Mängel muss der Arbeitnehmer behaupten; da es sich insoweit um einen Ausnahmetatbestand handelt, trägt er für ihn nach den allgemeinen Regeln des Prozessrechts (vgl. *Rosenberg* Die Beweislast, 5. Aufl., § 10 II 1) auch die Darlegungs- und Beweislast (*Galperin/Löwisch* Rz 48; *Hueck* Einl. Rz 105). Die Darlegungs- und Beweislast dafür, dass eine unvollständige und irreführende Darstellung des Kündigungssachverhalts nicht bewusst erfolgt ist, trägt der Arbeitgeber (*BAG* 22.9.1994 EzA § 102 BetrVG 1972 Nr. 86). Das gleiche gilt, wenn der Arbeitgeber bei der Unterrichtung des Betriebsrats von einer unzutreffenden Rechtsauffassung ausgegangen ist (zB bei der Berechnung der Dauer der Betriebszugehörigkeit nach einem Betriebsübergang) und nunmehr geltend macht, er sei einem Rechtsirrtum unterlegen (vgl. *ArbG Chemnitz* 26.11.1996 – 15 Ca 7398/96 – nv).

192c **Besteht in dem Betrieb kein Betriebsrat,** braucht der Arbeitgeber nichts vorzutragen. Deshalb ist das Gericht auch nicht berechtigt, von sich aus nachzufragen, ob in dem Betrieb des Arbeitgebers ein Betriebsrat besteht. Auch das richterliche Fragerecht nach § 139 ZPO berechtigt hierzu nicht. Insoweit ist es Sache des Arbeitnehmers, im Kündigungsschutzprozess vorzutragen, dass ein Betriebsrat besteht.

G. Weiterbeschäftigung des Arbeitnehmers nach Ablauf der Kündigungsfrist (§ 102 Abs. 5 BetrVG)

193 Der Arbeitnehmer, in dessen Person die Voraussetzungen für einen Weiterbeschäftigungsanspruch nach § 102 Abs. 5 BetrVG erfüllt sind, hat das **Wahlrecht, ob er bis zum Abschluss des Kündigungsrechtsstreits seine Weiterbeschäftigung verlangen oder nach erfolgreichem Abschluss des Rechtsstreits Ansprüche auf Entgeltfortzahlung** für die Dauer des Prozesses gem. § 615 BGB, § 11 KSchG **geltend machen will.** Hierbei ist allerdings zu beachten, dass der Anspruch auf Weiterbeschäftigung unter den Voraussetzungen des § 102 Abs. 5 BetrVG unabhängig davon besteht, ob die Kündigung sozialwidrig ist oder nicht; hingegen sind Entgeltansprüche wegen Annahmeverzugs für die Zeit nach dem Entlassungstermin nur gegeben, wenn die Kündigung unwirksam ist. Durch die Erhebung der Kündigungsschutzklage wird der Arbeitgeber – für den Fall der Unwirksamkeit der Kündigung – grds. in Annahmeverzug gesetzt (vgl. *BAG* 26.8.1981 AP Nr. 26 zu § 615 BGB). Dieser Annahmeverzug wird nicht dadurch beseitigt, dass der Arbeitnehmer keine Weiterbeschäftigung nach § 102 Abs. 5 BetrVG verlangt. Mit der Kündigungsschutzklage bietet der Arbeitnehmer dem Arbeitgeber nämlich seine Arbeitsleistung unbefristet gem. dem ungekündigten Arbeitsvertrag an, während der Anspruch nach § 102 Abs. 5 BetrVG sich nur (vorläufig) befristet auf Weiterbeschäftigung für die Dauer des Kündigungsrechtsstreits gem. dem gekündigten Arbeitsvertrag richtet. Der Arbeitgeber kann deshalb selbst durch das Angebot, den Arbeitnehmer vorläufig gem. § 102 Abs. 5 BetrVG weiterzubeschäftigen, den Annahmeverzug nach § 615 BGB nicht beseitigen (offen gelassen von *BAG* 21.5.1981 EzA § 615 BGB Nr. 40; vgl. auch *Denck* NJW 1983, 258; aA *Ohlendorf* AuR 1981, 112; *Schäfer* DB 1992, 902). Der Arbeitnehmer, der keine Weiterbeschäftigung nach § 102 Abs. 5 BetrVG verlangt, kann folglich nach erfolgreichem Abschluss des Kündigungsrechtsstreits gleichwohl Entgeltfortzahlungen nach § 615 BGB, § 11 KSchG beanspruchen (*Richardi/Thüsing* Rz 258; *Fitting* Rz 112; *Galperin/Löwisch* Rz 108; *Klebe/Schumann* S. 178). Allerdings kann in der Ablehnung eines Angebots des Arbeitgebers, den Arbeitnehmer bis zur Beendigung des Kündigungsschutzprozesses zu den bisherigen Arbeitsbedingungen vorläufig weiterzubeschäftigen, je nach den Umständen ein böswilliges Unterlassen anderweitiger Erwerbstätigkeit (§ 615 S. 2 BGB) durch den Arbeitnehmer liegen, so dass dann insoweit Vergütungsansprüche nach § 615 BGB entfallen (*BAG* 13.7.2005 EzA § 615 BGB 2002 Nr. 9; 14.11.1985 EzA § 615 BGB Nr. 46; *Heinze* S. 252; *Denck* NJW 1983, 259; **aA** *Peter* DB 1982, 494 f.; *Berkowsky* DB 1981, 1569 und BB 1982, 374 unter unzutreffender Berufung auf *BAG* 21.5.1981 EzA § 615 BGB Nr. 40).

Der Arbeitnehmer, der von seinem Anspruch auf Weiterbeschäftigung gem. § 102 Abs. 5 BetrVG kei- 194
nen Gebrauch macht, kann **nach rechtskräftigem Obsiegen in dem Kündigungsrechtsstreit** nunmehr
seine Weiterbeschäftigung gem. dem ursprünglichen ungekündigten Arbeitsvertrag verlangen; er
kann aber auch, wenn er inzwischen ein anderes Arbeitsverhältnis eingegangen ist, die Fortsetzung
des bisherigen Arbeitsverhältnisses gem. § 12 KSchG ablehnen (*Fitting* Rz 112).

Die Vorschrift des § 102 Abs. 5 BetrVG ist **zwingend.** Der Weiterbeschäftigungsanspruch kann daher 194a
durch vertragliche Vereinbarung zwischen Arbeitgeber und Arbeitnehmer **im voraus nicht abbedungen** werden. Nach Ausspruch der Kündigung kann der Arbeitnehmer aber frei entscheiden, ob er vom
Arbeitgeber seine Weiterbeschäftigung nach § 102 Abs. 5 BetrVG verlangen will; deshalb kann er nach
Ausspruch der Kündigung wirksam auf eine Weiterbeschäftigung verzichten, ggf. auch in einer Ausgleichsquittung. Wegen des zwingenden Charakters des § 102 Abs. 5 BetrVG kann der Weiterbeschäftigungsanspruch nach § 102 Abs. 5 BetrVG auch **durch Betriebsvereinbarung nicht ausgeschlossen**
werden (*LAG Düsseld.* 30.8.1977 DB 1977, 2383); ein Weiterbeschäftigungsanspruch iSv § 102 Abs. 5
BetrVG entfällt allerdings grds. dann, wenn die Kündigung aufgrund einer Betriebsvereinbarung nach
§ 102 Abs. 6 BetrVG der Zustimmung des Betriebsrats oder einer sie ersetzenden Entscheidung der Einigungsstelle oder des ArbG bedarf (s. Rz 251).

I. Voraussetzungen

§ 102 Abs. 5 BetrVG regelt lediglich die Weiterbeschäftigungspflicht des Arbeitgebers nach Ablauf der 195
Kündigungsfrist. In **Tendenzunternehmen** gilt die Vorschrift nur eingeschränkt (s. Rz 13).

Bis zum Ablauf der Kündigungsfrist (bei einer ordentlichen Kündigung) und bis zum Ausspruch ei- 196
ner außerordentlichen Kündigung gelten für die Beschäftigungspflicht des Arbeitgebers die allgemeinen Grundsätze. Danach besteht grundsätzlich eine Beschäftigungspflicht. Bei besonders schutzwürdigen Interessen des Arbeitgebers ist aber eine einseitige Suspendierung durch den Arbeitgeber unter
Fortzahlung der Vergütung möglich (vgl. *BAG* 27.2.1985 EzA § 611 BGB Beschäftigungspflicht Nr 9; s.
auch Rz 119).

Soweit **nach Ablauf der Kündigungsfrist** oder nach Ausspruch einer außerordentlichen Kündigung 197
die Regelung des § 102 Abs. 5 BetrVG nicht eingreift, kommt eine Weiterbeschäftigungspflicht des Arbeitgebers bei einer offensichtlich unwirksamen Kündigung und nach einem der Kündigungsschutzklage stattgebenden (noch nicht rechtskräftigen) Urteil des ArbG oder LAG in Betracht (*BAG* 27.2.1985
EzA § 611 BGB Beschäftigungspflicht Nr. 9; s. ferner Rz 269 ff.). Im Einzelnen setzt der Weiterbeschäftigungsanspruch des Arbeitnehmers nach § 102 Abs. 5 BetrVG voraus:

1. Ordentliche Kündigung

Erforderlich ist eine ordentliche Kündigung durch den Arbeitgeber. Bei einer außerordentlichen (frist- 198
losen) Kündigung durch den Arbeitgeber ist ein Weiterbeschäftigungsanspruch nach § 102 Abs. 5
BetrVG grundsätzlich ausgeschlossen. Der Grund hierfür ist darin zu sehen, dass der Gesetzgeber dem
Arbeitgeber wegen des Gewichtes einer außerordentlichen Kündigung, die ja – im Falle ihrer Wirksamkeit – die Unzumutbarkeit der Fortsetzung des Arbeitsverhältnisses voraussetzt, eine Weiterbeschäftigung nach Ausspruch der Kündigung nicht zumuten will. Deshalb kommt auch **kein Weiterbeschäftigungsanspruch** in Betracht, wenn der Arbeitgeber neben einer außerordentlichen
Kündigung zugleich **hilfsweise eine ordentliche Kündigung** ausspricht – es sei denn die außerordentliche Kündigung ist offensichtlich unwirksam (*Ulrich* S. 8) –; denn der Gesichtspunkt der Unzumutbarkeit der Weiterbeschäftigung wegen Ausspruchs der außerordentlichen Kündigung bleibt
auch in diesem Falle bestehen (*LAG Hamm* 18.5.1982 DB 1982, 1679; *LAG Frankf.* 28.5.1973 EzA § 102
BetrVG 1972 Beschäftigungspflicht Nr. 1; *Richardi/Thüsing* Rz 209; *Galperin/Löwisch* Rz 106; *Heinze*
S. 233; *HSWG-Schlochauer* Rz 152; *Stege/Weinspach/Schiefer* Rz 167; aA *Bösche* S. 145; *Fitting* Rz 104;
Gester/Zachert ArbRGgw Bd. 12, S. 104; *GK-Raab* § 102 Rz 165 [mit der erweiterten Möglichkeit für den
Arbeitgeber, sich von der Pflicht zur Weiterbeschäftigung entbinden zu lassen]; *Gnade/Kehrmann/
Schneider/Blanke/Klebe* Rz 30; DKK-*Kittner* Rz 249; *Klebe/Schumann* S. 92; *Weiss/Weyand* Rz 20). Nimmt
der Arbeitgeber allerdings von der außerordentlichen Kündigung Abstand und macht nur noch die
Umdeutung in eine ordentliche Kündigung geltend, ist § 102 Abs. 5 BetrVG anwendbar (ebenso:
Schaub NJW 1981, 1810; s. auch Rz 182 f.); dasselbe gilt, wenn die Unwirksamkeit der außer-
dentlichen Kündigung durch rechtskräftiges Teilurteil festgestellt ist (*Richardi/Thüsing* Rz 210; *Ulrich*
S. 8).

198a Ausnahmsweise ist § 102 Abs. 5 BetrVG bei einer **außerordentlichen Kündigung** entsprechend anwendbar, wenn die außerordentliche Kündigung – bei einem ordentlich unkündbaren Arbeitnehmer – an die Stelle einer ordentlichen Kündigung tritt und zur Vermeidung eines Wertungswiderspruchs nur **mit einer Auslauffrist** ausgesprochen werden darf (s. Rz 199 f).

199 Ein Weiterbeschäftigungsanspruch zu den bisherigen Arbeitsbedingungen kommt auch bei einer **Änderungskündigung** unter bestimmten Voraussetzungen in Betracht. Im Einzelnen gilt folgendes:

199a a) Nimmt der Arbeitnehmer das Änderungsangebot des Arbeitgebers **vorbehaltlos an,** ist der Arbeitsvertrag geändert und die Kündigung gegenstandslos; für eine Weiterbeschäftigung zu den bisherigen Arbeitsbedingungen ist dann grundsätzlich kein Raum mehr. Erfordern die neuen Arbeitsbedingungen aber eine Umgruppierung oder Versetzung des Arbeitnehmers, darf er zu den neuen Arbeitsbedingungen erst dann beschäftigt werden, wenn das erforderliche Mitbestimmungsverfahren nach §§ 99, 100 BetrVG (Rz 30) durchgeführt ist; bis zu diesem Zeitpunkt ist er zu den alten Arbeitsbedingungen weiter zu beschäftigen. Das Mitbestimmungsverfahren gilt auch bei einverständlicher Umgruppierung oder Versetzung (hM; vgl. HSWG-*Schlochauer* § 99 Rz 42; 59 mwN). Ist die Zustimmung des Betriebsrats oder ihre Ersetzung rechtskräftig abgelehnt, ist trotz des Einverständnisses des Arbeitnehmers der Arbeitsvertrag nicht rechtswirksam geändert; er muss zu den alten Arbeitsbedingungen weiterbeschäftigt werden.

199b b) Problematisch ist die Rechtslage, wenn der Arbeitnehmer das Änderungsangebot des Arbeitgebers **unter Vorbehalt der sozialen Rechtfertigung** (§ 2 KSchG) annimmt. Hier ist zu unterscheiden:

199c aa) Erfordern die neuen Arbeitsbedingungen keine Umgruppierung oder Versetzung des Arbeitnehmers, kann er einen Weiterbeschäftigungsanspruch zu den bisherigen Arbeitsbedingungen nicht auf § 102 Abs. 5 BetrVG stützen; denn § 102 Abs. 5 BetrVG setzt voraus, dass der Arbeitnehmer »Klage auf Feststellung erhoben hat, dass das Arbeitsverhältnis durch die Kündigung nicht aufgelöst ist«. Der Arbeitnehmer, der nur die soziale Rechtfertigung der Änderung der Arbeitsbedingungen rügt, muss vielmehr **vorläufig zu den geänderten Vertragsbedingungen** weiterarbeiten, bis die Änderung der Arbeitsbedingungen rechtskräftig für sozial ungerechtfertigt erklärt wird, dh bis über den Kündigungsrechtsstreit rechtskräftig entschieden ist (*BAG* 18.1.1990 EzA § 1 KSchG Betriebsbedingte Kündigung Nr. 65; 28.3.1985 EzA § 767 ZPO Nr. 1; *Richardi/Thüsing* Rz 212; *Fitting* Rz 13; HSWG-*Schlochauer* Rz 173; *Heinze* S. 235; *Löwisch/Kaiser* Rz 50; KR-*Rost* § 2 KSchG Rz 119 f.; *Meisel* Rz 616 und BB 1973, 947; ArbG Köln 26.5.1981 AuR 1982, 260; *Bösche* S. 143; DKK-*Kittner* Rz 251; *Klebe/Schumann* S. 79; *Weiss/Weyand* Rz 23; *Gester/Zachert* ArbRGgw. Bd. 12, S. 104).

199d bb) Erfordern die neuen Arbeitsbedingungen eine **Umgruppierung oder Versetzung** des Arbeitnehmers und liegt die erforderliche Zustimmung des Betriebsrats oder ihre rechtskräftige Ersetzung vor (§ 99 BetrVG) oder hat der Arbeitgeber die Maßnahme vorläufig durchgeführt (§ 100 BetrVG), muss der Arbeitnehmer ebenfalls bis zum Abschluss des Kündigungsschutzprozesses zu den neuen Arbeitsbedingungen weiterarbeiten (vgl. *Richardi/Thüsing* Rz 282). Hat hingegen der Betriebsrat der Umgruppierung oder Versetzung nicht zugestimmt, ist seine Zustimmung auch noch nicht rechtskräftig ersetzt und darf eine vom Arbeitgeber evtl. angeordnete vorläufige Umgruppierung oder Versetzung nach § 100 BetrVG nicht aufrechterhalten werden, kann der Arbeitnehmer zwar nicht nach § 102 Abs. 5 BetrVG, wohl aber aufgrund der Vorschriften der §§ 99, 100 BetrVG seine vorläufige Weiterbeschäftigung zu den bisherigen Arbeitsbedingungen verlangen (vgl. i.E. KR-*Rost* § 2 KSchG Rz 136 ff. mwN).

199e c) Will der Arbeitnehmer das Arbeitsverhältnis unter den neuen Vertragsbedingungen **unter keinen Umständen fortsetzen** und greift er deshalb die Kündigung als solche an (§ 1 KSchG), kann er unter den weiteren Voraussetzungen des § 102 Abs. 5 BetrVG seine Weiterbeschäftigung zu den bisherigen Arbeitsbedingungen verlangen (*Richardi/Thüsing* Rz 211; *Fitting* Rz 14; GK-*Raab* § 102 Rz 183; KR-*Rost* § 2 KSchG Rz 118; *Meisel* Rz 616; *Stege* DB 1975, 1512). Eine – auch nur vorläufige – Weiterbeschäftigung zu den vom Arbeitgeber angebotenen neuen Arbeitsbedingungen kommt hier nicht in Betracht.

2. Außerordentliche Kündigung

199f § 102 Abs. 5 BetrVG sieht zwar einen Weiterbeschäftigungsanspruch des Arbeitnehmers ausdrücklich nur für eine ordentliche Kündigung vor. Ist aber gegenüber einem nach Gesetz, Tarifvertrag oder Einzelarbeitsvertrag **ordentlich unkündbaren Arbeitnehmer** eine außerordentliche Kündigung nur unter Einhaltung einer fiktiven Kündigungsfrist (Auslauffrist) zulässig, die ohne den besonderen Kündigungsschutz gegen ordentliche Kündigungen gelten würde (vgl. hierzu KR-*Fischermeier* § 626 BGB

Rz 305 f.), ist eine entsprechende Anwendung des § 102 Abs. 5 BetrVG geboten (vgl. *Kania/Kramer* RdA 1995, 296). Der Arbeitgeber muss eine fiktive Kündigungsfrist dann einhalten, wenn einem vergleichbaren Arbeitnehmer ohne besonderen Kündigungsschutz bei gleichem Sachverhalt nur fristgerecht gekündigt werden könnte (KR-*Fischermeier* § 626 BGB Rz 305 f.). Es wäre eine nicht gerechtfertigte Schlechterstellung und damit ein Wertungswiderspruch, wenn der kündigungsrechtlich besonders geschützte Arbeitnehmer hinsichtlich des Weiterbeschäftigungsanspruchs schlechter gestellt würde als ein vergleichbarer Arbeitnehmer ohne besonderen Kündigungsschutz. Liegt ein ordnungsgemäßer Widerspruch iSv § 102 Abs. 3 BetrVG vor und sind die übrigen Voraussetzungen des § 102 Abs. 5 S. 1 BetrVG erfüllt, hat der gekündigte Arbeitnehmer danach auch einen Weiterbeschäftigungsanspruch (*BAG* 18.10.2000 EzA § 626 BGB Krankheit Nr. 3; 5.2.1998 EzA § 626 BGB Unkündbarkeit Nr. 2; *Kania/ Kramer* aaO).

3. Widerspruch des Betriebsrats

Der Betriebsrat muss der Kündigung **frist- und ordnungsgemäß** widersprochen haben (vgl. *LAG Köln* 24.11.2005 – 6 Sa 1172/05; zu den Voraussetzungen eines frist- und ordnungsgemäßen Widerspruchs s. Rz 142 ff.), was der Arbeitnehmer im Streitfall zu beweisen hat (vgl. *Laber/Uecker/Klöckner* ArbRB 2004, 218). Es genügt, wenn der Widerspruch erstmals zu **nachgeschobenen Kündigungsgründen** erhoben wird (s. Rz 188), es sei denn, der in dem Widerspruch enthaltene Widerruf einer früher erteilten Zustimmung zur Kündigung wäre unzulässig (s. Rz 126, 190). Auf die Begründetheit des Widerspruchs (Vorliegen des Widerspruchsgrundes) kommt es nicht an (*BAG* 17.6.1999 EzA § 102 BetrVG 1972 Beschäftigungspflicht Nr. 10; *Richardi/Thüsing* Rz 213). Insoweit kommt nur eine Entbindung des Arbeitgebers von der Weiterbeschäftigungspflicht durch einstweilige gerichtliche Verfügung in Betracht (s. Rz 230 ff.). Andererseits fehlt für die Annahme, dass ein Weiterbeschäftigungsanspruch des Arbeitnehmers auch dann bestehe, wenn der Betriebsrat der Kündigung aus Gründen, die nicht in § 102 Abs. 3 BetrVG aufgeführt sind (zB wegen fehlender dringender betrieblicher Erfordernisse), widerspreche (so: *ArbG Rheine* 23.12.1981 BB 1982, 431), die gesetzliche Grundlage. 200

Hat der Betriebsrat der Kündigung zunächst widersprochen und eine **Änderung der Arbeitsbedingungen vorgeschlagen** und hat daraufhin der Arbeitgeber entsprechend den Vorschlägen des Betriebsrats eine Änderungskündigung ausgesprochen, liegt gegenüber dieser Kündigung kein Widerspruch des Betriebsrats vor, auf den der Arbeitnehmer einen Weiterbeschäftigungsanspruch nach § 102 Abs. 5 stützen könnte. 201

Der Auffassung von *Braasch* (BB 1976, 323), gem. § 940 ZPO könne der Arbeitnehmer **auch bei fehlendem Widerspruch** des Betriebsrats seine **Weiterbeschäftigung** durch Antrag auf Erlass einer einstweiligen Verfügung geltend machen, wenn in einem betriebsratsfähigen Betrieb ein Betriebsrat nicht bestehe oder ein existierender Betriebsrat pflichtwidrig einen ordnungsgemäßen Widerspruch nicht erhoben habe und in diesen Fällen der Arbeitnehmer Kündigungsschutzklage erhoben habe und einen Widerspruchsgrund iSv § 102 Abs. 3 BetrVG glaubhaft mache, kann nicht zugestimmt werden. Denn darin liegt eine gegen den eindeutigen Wortlaut des § 102 Abs. 5 BetrVG verstoßende, unzulässige Ausdehnung des § 102 Abs. 5 BetrVG. Der fehlende Widerspruch kann nicht durch das Gericht ersetzt werden. 202

Für einen den Weiterbeschäftigungsanspruch begründenden Widerspruch des Betriebsrats ist erforderlich, dass der **Beschluss** des Betriebsrats über die Erhebung des Widerspruchs **ordnungsgemäß zustande gekommen** ist (s. Rz 145). 203

Die **Rücknahme des Widerspruchs** durch den Betriebsrat kann nur unter bestimmten Voraussetzungen den Weiterbeschäftigungsanspruch des Arbeitnehmers beseitigen (s. Rz 139 ff.). 204

4. Kündigungsschutzklage des Arbeitnehmers

Der Arbeitnehmer muss »nach dem KSchG Klage auf Feststellung erhoben (haben), dass das Arbeitsverhältnis durch die Kündigung nicht aufgelöst ist« (§ 102 Abs. 5 Satz 1 BetrVG). Diese Klage ist erforderlich, wenn ein Arbeitnehmer geltend machen will, »dass eine (schriftliche) Kündigung sozial ungerechtfertigt oder aus anderen Gründen rechtsunwirksam ist« (§ 4 S. 1 KSchG). Um eine Klage nach dem KSchG handelt es sich daher nicht nur, wenn die Sozialwidrigkeit der Kündigung, sondern auch, wenn die Unwirksamkeit der Kündigung »aus anderen Gründen« geltend gemacht wird (idS auch HaKo-*Griebeling* Rz 195). 205

205a Nach der bis 31.12.2003 geltenden Rechtslage war eine Klage nach dem KSchG nur geboten und zulässig, wenn ein Arbeitnehmer geltend machen wollte, »dass eine Kündigung sozial ungerechtfertigt ist« (§ 4 S. 1 KSchG aF). Das bedeutete, dass der Arbeitnehmer mit einer solchen Klage nur die Sozialwidrigkeit der Kündigung angreifen konnte (vgl. § 1 KSchG). Für andere Unwirksamkeitsgründe war eine Klage nach dem KSchG nicht erforderlich, so dass sie auch keinen Weiterbeschäftigungsanspruch auslösen konnten. Nach der durch das Gesetz zu Reformen am Arbeitsmarkt vom 24.12.2003 (BGBl. I S. 3002) herbeigeführten Änderung des § 4 KSchG erfasst die Verweisung in § 102 Abs. 5 S. 1 BetrVG nach ihrem eindeutigen Wortlaut nunmehr auch Kündigungen, die »aus anderen Gründen« als Sozialwidrigkeit unwirksam sind, mag auch der Gesetzgeber dies bei der Änderung des § 4 KSchG nicht bedacht haben (ebenso: HaKo-*Griebeling* Rz 195). Den Weiterbeschäftigungsanspruch nach § 102 Abs. 5 BetrVG können daher auch Arbeitnehmer ohne Kündigungsschutz nach dem KSchG und unabhängig von einem solchen Kündigungsschutz geltend machen; allerdings dürfte dem Arbeitgeber im Allgemeinen der Entbindungsgrund des § 102 Abs. 5 S. 2 Nr. 1 BetrVG zur Seite stehen, wenn er eine einstweilige Verfügung zur Entbindung von der Verpflichtung zur Weiterbeschäftigung gem. § 102 Abs. 5 Satz 2 BetrVG beantragt (s. hierzu Rz 223 ff.).

206 Kein Weiterbeschäftigungsanspruch nach § 102 Abs. 5 BetrVG entsteht, wenn der Arbeitnehmer mit seiner Klage die **Auflösung des Arbeitsverhältnisses nach § 9 KSchG** beantragt; denn mit einem solchen Antrag gibt der Arbeitnehmer sein Desinteresse an einer Fortsetzung des Arbeitsverhältnisses über den Kündigungstermin hinaus zu erkennen, so dass kein schutzwertes Interesse an einer vorläufigen Weiterbeschäftigung besteht (*Fitting* Rz 107; *Galperin/Löwisch* Rz 103; HaKo-BetrVG/*Braasch* Rz 105; *Meisel* Rz 557; *Stege/Weinspach/Schiefer* Rz 173). Stellt der Arbeitnehmer nach Klageerhebung den Auflösungsantrag nach § 9 KSchG, entfällt von diesem Zeitpunkt an der Weiterbeschäftigungsanspruch nach § 102 Abs. 5 BetrVG (*Richardi/Thüsing* Rz 208 mwN; **aA** *Klebe/Schumann* S. 218). Ein evtl. schon begründetes Arbeitsverhältnis iSv § 102 Abs. 5 BetrVG endet mit der Stellung des Auflösungsantrages fristlos (auflösende Bedingung; s. aber auch Rz 236).

207 Die **Kündigungsschutzklage** des Arbeitnehmers muss **innerhalb von drei Wochen nach Zugang der schriftlichen Kündigung** gem. § 4 KSchG erhoben sein, da die Kündigung andernfalls von Anfang an als rechtswirksam gilt und damit insoweit eine Weiterbeschäftigung nicht in Betracht kommt (*Richardi/Thüsing* Rz 217; *Fitting* Rz 106; *Stege/Weinspach/Schiefer* Rz 164; *Schlochauer* RdA 1973, 163). Hat der Arbeitnehmer die Klagefrist versäumt, wird die Klage aber nach § 5 KSchG nachträglich zugelassen, steht erst mit Rechtskraft des Zulassungsbeschlusses fest, dass die Fiktion des § 7 KSchG (Wirksamwerden der Kündigung) nicht eingetreten ist; erst von diesem Zeitpunkt an kann der Arbeitnehmer seine Weiterbeschäftigung nach § 102 Abs. 5 BetrVG verlangen (*Richardi/Thüsing* aaO; *Galperin/Löwisch* Rz 102; GK-*Raab* § 102 Rz 174; HaKo-*Griebeling* Rz 195; *Stege/Weinspach/Schiefer* aaO; *Schlochauer* aaO; **aA** *Fitting* Rz 109; *Klebe/Schumann* S. 174 und *Fuchs* AuR 1973, 174: Erhebung einer [auch verspäteten] Kündigungsschutzklage genügt).

208 **Nimmt der Arbeitnehmer** die Kündigungsschutzklage **zurück,** entfällt von diesem Zeitpunkt an sein Weiterbeschäftigungsanspruch nach § 102 Abs. 5 BetrVG (*Richardi/Thüsing* Rz 219; *Fitting* Rz 110; *Galperin/Löwisch* Rz 103; HSWG-*Schlochauer* Rz 154; *Meisel* Rz 557).

5. Verlangen des Arbeitnehmers nach vorläufiger Weiterbeschäftigung

209 Der Arbeitnehmer muss **deutlich erkennbar** seine vorläufige Weiterbeschäftigung für die Dauer des Kündigungsschutzprozesses verlangen (vgl. *Richardi/Thüsing* Rz 220). Das bloße Anbieten der Dienste, das den Annahmeverzug nach § 615 BGB begründet bzw. bekräftigt, genügt nicht. Die Forderung nach vorläufiger Weiterbeschäftigung muss **grundsätzlich spätestens am ersten Arbeitstag nach Ablauf der Kündigungsfrist** gestellt werden (in diesem Sinne jetzt: BAG 11.5.2000 EzA § 102 BetrVG 1972 Beschäftigungspflicht Nr. 11; zust. *Opolony* AR-Blattei SD 1010.10 Rz 87; vgl. auch BAG 17.6.1999 EzA § 102 BetrVG 1972 Beschäftigungspflicht Nr. 10; ArbG Frankf./M 9.1.2003 RzK III 1 f Nr. 26; **aA** *Panzer* Personalleiter 2005, 277, die die gerichtliche Geltendmachung fordert und sich hierbei zu Unrecht auf die Rechtsprechung des BAG beruft), weil der Arbeitgeber ein berechtigtes Interesse daran hat, möglichst frühzeitig zu erfahren, ob er mit einem Antrag des Arbeitnehmers rechnen muss oder über den Arbeitsplatz anderweitig verfügen kann, und dem Arbeitnehmer zugemutet werden kann, spätestens am ersten Arbeitstag nach Ablauf der Kündigungsfrist zu entscheiden, ob er von seinem Recht auf Weiterbeschäftigung Gebrauch machen will. Ist bei Ablauf der Kündigungsfrist die Dreiwochenfrist für die Erhebung der Kündigungsschutzklage (§ 4 KSchG) noch nicht abgelaufen, so genügt es allerdings, wenn der Arbeitnehmer unverzüglich nach der fristgerechten Erhebung der Kündigungsschutzklage seine vorläufige Weiterbeschäftigung verlangt (*LAG Hamm* 28.4.1976 BB 1976, 1452; HSWG-*Schlochauer* Rz 160; *Stege/Weinspach/Schiefer* Rz 172; unklar *Weber* BB 1974, 701: Geltendmachung innerhalb angemessener Frist; **aA** *BAG* 31.8.1978 EzA § 102 BetrVG 1972 Beschäftigungspflicht Nr. 7 und – ihm folgend – *Bösche* S. 152; GK-*Raab* § 102 Rz 176; *Gussone/Wroblewski* Anm. AP Nr. 11 zu § 102 BetrVG 1972 Weiterbeschäftigung; HK-*Höland* § 1 Anh. 1 Rz 79; *Klebe/Schumann* S. 177; *Reidel* NZA 2000, 460; *Richardi/Thüsing* Rz 221; *Schaub* NJW 1981, 1811; *Ulrich* S. 35: keine Frist für Geltendmachung des Weiterbeschäftigungsanspruchs; *Braasch* BB 1976, 320: erstmalige Geltendmachung noch in zweiter Instanz des Kündigungsschutzprozesses zulässig); denn einerseits darf der Arbeitnehmer die Dreiwochenfrist für die Erhebung der Kündigungsschutzklage voll ausschöpfen, andererseits kann der Anspruch auf die vorläufige Weiterbeschäftigung erst nach Erhebung der Kündigungsschutzklage entstehen. Erfährt der Arbeitnehmer erst später vom Widerspruch des Betriebsrats, weil der Arbeitgeber ihm entgegen § 102 Abs. 4 BetrVG die Stellungnahme des Betriebsrats nicht mit der Kündigung zugeleitet hat, kann er noch unverzüglich seine Weiterbeschäftigung verlangen (*Fischer* FA 1999, 311).

Wird der **Widerspruch** des Betriebsrats **erstmals beim Nachschieben von Kündigungsgründen** in den Kündigungsschutzprozess erhoben (s. Rz 188), muss der Arbeitnehmer unverzüglich, nachdem er von den nachgeschobenen Kündigungsgründen und dem Widerspruch des Betriebsrats erfahren hat, den Anspruch auf Weiterbeschäftigung gem. § 102 Abs. 5 BetrVG erheben. Entsprechendes gilt, wenn der Arbeitgeber von einer außerordentlichen Kündigung Abstand nimmt und nur noch die Umdeutung in eine ordentliche Kündigung geltend macht (s. Rz 182 f.). 210

Der Arbeitnehmer kann seine Weiterbeschäftigung auch verlangen, wenn er im Zeitpunkt des Verlangens **arbeitsunfähig krank** ist (aA *ArbG Celle* 4.1.1979 ARSt 1979, 95). Dann muss der Arbeitgeber (bei einem berechtigten Verlangen) für die Dauer der Arbeitsunfähigkeit die Vergütung nach den einschlägigen Vorschriften über die Entgeltfortzahlung weiterzahlen und den Arbeitnehmer nach Beendigung der Arbeitsunfähigkeit weiterbeschäftigen. Nur diese Auffassung wird dem Zweck des § 102 Abs. 5 BetrVG gerecht, dem Arbeitnehmer für die Dauer des Kündigungsschutzprozesses seinen Arbeitsplatz zu erhalten. Ein Anspruch des Arbeitnehmers auf Entgeltfortzahlung entfällt allerdings, wenn sein Verlangen auf Weiterbeschäftigung nach den besonderen Umständen des Einzelfalles als **rechtsmissbräuchlich** anzusehen ist, zB wenn er zu erkennen gibt, dass er nach Beendigung seiner Arbeitsunfähigkeit das Arbeitsverhältnis von sich aus beenden will. 210a

Der Antrag auf vorläufige Weiterbeschäftigung muss zwar ausdrücklich, kann aber **formlos** (mündlich) gestellt werden (GK-*Raab* § 102 Rz 175). Antragstellung durch den Betriebsrat im eigenen Namen genügt nicht (*Richardi/Thüsing* Rz 222; *Schrumpf* Betriebsverfassung in Recht und Praxis, Gruppe 8, S. 75); allerdings kann der Arbeitnehmer den Betriebsrat zur Antragstellung bevollmächtigen. 211

Verlangt der Arbeitnehmer seine Weiterbeschäftigung für die Zeit nach Ablauf des Kündigungstermins und sind auch die übrigen Voraussetzungen für eine Weiterbeschäftigung gem. § 102 Abs. 5 BetrVG erfüllt, kann der Arbeitnehmer sein Weiterbeschäftigungsverlangen nicht mehr ohne weiteres zurücknehmen (ebenso: *Schaub* NJW 1981, 1811). Denn mit dem Verlangen nach Weiterbeschäftigung wird nicht nur ein Anspruch des Arbeitnehmers auf Weiterbeschäftigung, sondern auch eine **Verpflichtung zur Arbeitsleistung** begründet. Dem Arbeitnehmer, der eine Fortsetzung der Weiterbeschäftigung vermeiden möchte, bleibt nur die Möglichkeit, entweder das Arbeitsverhältnis selbst zu kündigen, die Kündigungsschutzklage zurückzunehmen, zu versuchen, mit dem Arbeitgeber eine einvernehmliche Regelung zu erreichen oder einen Auflösungsantrag nach § 9 KSchG zu stellen. 212

II. Inhalt des Weiterbeschäftigungsanspruchs

1. Fortsetzung des Arbeitsverhältnisses

Sind die Voraussetzungen für einen Weiterbeschäftigungsanspruch gegeben, kann der Arbeitnehmer seine Weiterbeschäftigung **zu den bisherigen Arbeitsbedingungen** verlangen. 213

Der Anspruch des Arbeitnehmers richtet sich nach Wortlaut und Sinn des Gesetzes auf **tatsächliche Weiterbeschäftigung,** nicht auf bloße Entgeltfortzahlung während des Kündigungsrechtsstreits; der Sinn des Weiterbeschäftigungsanspruchs liegt darin, dem Arbeitnehmer den Arbeitsplatz zu erhalten, damit er im Falle seines Obsiegens in dem Kündigungsrechtsstreit auf diesem Arbeitsplatz auch tatsächlich weiterbeschäftigt werden kann (*BAG* 26.5.1977 EzA § 611 BGB Beschäftigungspflicht Nr. 2; *LAG Bln.* 2.6.1976 BB 1976, 1273; *Bösche* S. 157; *Richardi/Thüsing* Rz 227; *Fitting* Rz 147; *Galperin/Löwisch* Rz 110, GK-*Raab* § 102 Rz 174; HSWG-*Schlochauer* Rz 162; *Klebe/Schumann* S. 195; *Meisel* Rz 552; *Stege/* 214

Weinspach/Schiefer Rz 175; **aA** *ArbG Berlin* 7.4.1976 BB 1976, 603; *Adomeit* AR-Blattei – alte Ausgabe –, Kündigungsschutz I unter D II 1 f.; *Lepke* DB 1975, 498; *Schlochauer* RdA 1973, 164; *Weber* BB 1974, 702).

Der Anspruch auf tatsächliche Beschäftigung geht aber **nicht weiter als bei einem ungekündigten Arbeitsverhältnis** (LAG Bln. 27.6.1986 LAGE § 15 KSchG Nr. 4; *Richardi/Thüsing* Rz 229; *Krause* NZA 2005, Beil. 1, S. 51, 56; *Pallasch* Anm. LAGE § 102 BetrVG 1972 Beschäftigungspflicht Nr. 18; *Stege/Weinspach/Schiefer* aaO; *Ulrich* S. 75; in diesem Sinne auch *LAG München* 17.12.2003 NZA-RR 2005, 312); denn es besteht kein Anhaltspunkt dafür, dass der Gesetzgeber einen gekündigten Arbeitnehmer mit einem Weiterbeschäftigungsanspruch besser stellen wollte als die übrigen Arbeitnehmer. Der Anspruch des Arbeitnehmers auf tatsächliche Beschäftigung kann daher – unter Fortbestehen des Lohnanspruchs – **ausnahmsweise dann entfallen,** wenn der Weiterbeschäftigung zwingende betriebliche Gründe entgegenstehen und demgegenüber der Arbeitnehmer kein besonderes, vorrangig berechtigtes Interesse an der tatsächlichen Weiterbeschäftigung hat (*Fitting* Rz 114; *HSWG-Schlochauer* Rz 163; **aA** *LAG Hamb.* 2.11.2001 AiB 2003, 496; *HAS-Braasch/Feichtinger* § 19 J Rz 112; *Klebe/Schumann* S. 196), zB wenn der Betrieb stillgelegt ist oder der Arbeitsplatz des Arbeitnehmers weggefallen ist und für ihn ohne Gefährdung des Arbeitsplatzes anderer Arbeitnehmer keine Beschäftigungsmöglichkeit vorhanden ist (*GK-Raab* § 102 Rz 177; *ArbG Solingen* 17.2.1976 BB 1976, 696; nach *Willemsen/Hohenstatt* DB 1995, 216 f., entfällt bei Betriebsstilllegungen eine Weiterbeschäftigungspflicht des Arbeitgebers wegen Unmöglichkeit gem. § 275 Abs. 1 BGB; vgl. auch Rz 228). Im **Arbeitskampf** kann der nach § 102 Abs. 5 BetrVG weiterbeschäftigte Arbeitnehmer unter denselben Voraussetzungen ausgesperrt werden wie seine Arbeitskollegen, so dass insoweit das Weiterbeschäftigungsverhältnis ruht. Im Übrigen kann sich der Arbeitgeber unter bestimmten Voraussetzungen durch einstweilige Verfügung von der Weiterbeschäftigungspflicht entbinden lassen (s. Rz 223 ff.). Ferner ist es möglich, einen Arbeitnehmer, dem ein Weiterbeschäftigungsanspruch nach § 102 Abs. 5 BetrVG zusteht, mit seinem Einverständnis unter Fortzahlung der Vergütung zu **beurlauben** (vgl. auch DKK-*Kittner* § 102 Rz 273).

215 Die Weiterbeschäftigungspflicht zu den bisherigen Arbeitsbedingungen bedeutet, dass das Arbeitsverhältnis – zumindest – bis zum rechtskräftigen Abschluss des Kündigungsrechtsstreits fortgesetzt wird. Damit wird für den Fall der Wirksamkeit der Kündigung die Kündigungsfrist praktisch bis zum Abschluss des Kündigungsschutzprozesses verlängert (*Bösche* S. 160). Grundlage für den Beschäftigungsanspruch des Arbeitnehmers bleibt danach der Arbeitsvertrag (*Coen* S. 96). Das Arbeitsverhältnis ist zwar **auflösend bedingt durch die rechtskräftige Abweisung der Kündigungsschutzklage.** Es besteht aber kein Anlass, dieses aufgrund gesetzlicher Vorschrift (§ 102 Abs. 5 BetrVG) fortgesetzte Arbeitsverhältnis nicht als Arbeitsverhältnis, sondern als »Schuldverhältnis besonderer Art« (so: *Erdmann/Jürging/Kammann* Rz 63; ähnlich: *Stege/Weinspach/Schiefer* Rz 177) oder als »besonderes gesetzliches Beschäftigungsverhältnis« (so: *Fitting* Rz 103) oder als ein »durch Gesetz begründetes Schuldverhältnis« (so: *HSWG-Schlochauer* Rz 161; *Knorr/Bichlmeier/Kremhelmer* S. 286 Rz 131) oder als »tatsächliches Weiterbeschäftigen unter den bisherigen Bedingungen des Arbeitsverhältnisses« (so: *Brecht* BetrVG § 102 Rz 10) oder als »neues gesetzliches Arbeitsverhältnis« (so: *Weber* BB 1974, 703; ähnlich: *Klebe/Schumann* S. 186; *MünchArbR-Matthes* § 348 Rz 90) zu bezeichnen (wie hier: *BAG* 10.3.1987 EzA § 611 BGB Beschäftigungspflicht Nr. 28; 12.9.1985 EzA § 102 BetrVG 1972 Nr. 61; *Richardi/Thüsing* Rz 225; *GK-Raab* § 102 Rz 179; *Hoechst* AuR 1973, 333; *Rieble* BB 2003, 844). Auch die Annahme eines »neuen, eigenständigen Arbeitsvertrages unter der auflösenden Bedingung der rechtskräftigen Entscheidung« der ArbG (so: *Heinze* S. 244 f.) ist nicht gerechtfertigt. Wollte man keine Fortsetzung des Arbeitsverhältnisses annehmen, wäre dies mit dem Wortlaut des Gesetzes (»Weiterbeschäftigung bei unveränderten Vertragsbedingungen«) nicht zu vereinbaren.

216 Im Übrigen spricht für die hier vertretene Auffassung auch die Entstehungsgeschichte des Gesetzes. § 102 Abs. 5 BetrVG beruht auf einem Entwurf der CDU/CSU-Fraktion (BT-Drs. VI/1806), in dem es heißt: »Widerspricht der Betriebsrat frist- und ordnungsgemäß und hat der Arbeitnehmer gegen die Kündigung Klage nach den Kündigungsschutzgesetz erhoben, so bleibt das **Arbeitsverhältnis** (Hervorhebung vom Verf.) bis zum rechtskräftigen Abschluss des Rechtsstreits bestehen.« Dieser Vorschlag der CDU/CSU-Fraktion wurde vom Bundestagsausschuss für Arbeit und Sozialordnung in den jetzigen Gesetzeswortlaut umformuliert. Damit war aber keine sachliche Änderung des CDU/CSU-Entwurfs beabsichtigt; denn der Ausschuss betont in seinem schriftlichen Bericht, »der **Bestandsschutz des Arbeitsverhältnisses** (Hervorhebung vom Verf.) während des Kündigungsschutzverfahrens nach dem CDU/CSU-Entwurf« stelle eine sachgerechte Sicherung des Arbeitsplatzes dar; durch § 102 Abs. 5 BetrVG werde die inhaltlich im CDU/CSU-Entwurf enthaltene Regelung übernommen, dass

der Arbeitnehmer bei einem Widerspruch des Betriebsrats und Erhebung der Kündigungsschutzklage bis zum rechtskräftigen Abschluss des Rechtsstreits auf sein Verlangen weiter zu beschäftigten sei (zu BT-Drs. VI/2729).

Nur die Annahme der Fortsetzung des Arbeitsverhältnisses führt auch zu einer befriedigenden und einleuchtenden Lösung für die Rechte und Pflichten der Arbeitsvertragsparteien während der Dauer des Kündigungsrechtsstreits: Verlangt der Arbeitnehmer seine vorläufige Weiterbeschäftigung, hat er nicht nur einen entsprechenden Anspruch, sondern ist auch **zur Arbeitsleistung** und zur Einhaltung aller Nebenpflichten aus dem Arbeitsverhältnis (zB vereinbartes Verbot einer Nebenbeschäftigung) **verpflichtet.** Der hier vertretenen Auffassung von der Fortsetzung des Arbeitsverhältnisses kann nicht entgegengehalten werden, dies sei unvereinbar mit einem klageabweisenden Urteil des ArbG im Kündigungsschutzprozess (so aber: *Heinze* S. 244 Fn 927). Aufgrund des klageabweisenden Urteils steht fest, dass das »streitige« Arbeitsverhältnis durch die Kündigung des Arbeitgebers zu dem vorgesehenen Kündigungstermin endete. Hinsichtlich des unstreitigen Teils des Arbeitsverhältnisses, nämlich der Fortsetzung über den vom Arbeitgeber bestimmten Kündigungstermin hinaus bis zur rechtskräftigen Beendigung des Kündigungsschutzprozesses, bedarf es keines gerichtlichen Spruches, da sich diese Rechtsfolge unmittelbar aus dem Gesetz ergibt (§ 102 Abs. 5 S. 1 BetrVG). 217

2. Unveränderte Arbeitsbedingungen

§ 102 Abs. 5 S. 1 BetrVG verlängert für den Fall der Wirksamkeit der Kündigung die Kündigungsfrist über ihren regulären Ablauf hinaus bis zum rechtskräftigen Abschluss des Kündigungsschutzprozesses (*Coen* S. 96; s. Rz 215). Der Arbeitnehmer kann gegenüber dem Arbeitgeber dieselben Rechte (Vergütung, Sonderzuwendungen, Sozialleistungen) geltend machen **wie ein Arbeitnehmer in einem gekündigten Arbeitsverhältnis;** denn unter »unveränderten Arbeitsbedingungen« (§ 102 Abs. 5 S. 1 BetrVG) sind die bei Ablauf der Kündigungsfrist bestehenden Arbeitsbedingungen zu verstehen (*Schrumpf* Betriebsverfassung in Recht und Praxis, Gruppe 8, S. 76; *Ulrich* S. 88; **aA** APS-*Koch* Rz 210; DKK-*Kittner* Rz 271 und *Schaub* NJW 1981, 1811: Arbeitsbedingungen wie im ungekündigten Arbeitsverhältnis; ähnlich: *Klebe/Schumann* S. 196). Dies bedeutet zB, dass der Arbeitnehmer von solchen Leistungen ausgeschlossen werden kann, die Arbeitnehmern im gekündigten Arbeitsverhältnis nicht zustehen (*Bösche* S. 162), etwa wenn der Arbeitgeber eine freiwillige Weihnachtsgratifikation nur Arbeitnehmern im ungekündigten Arbeitsverhältnis gewährt, was rechtlich zulässig ist (vgl. *BAG* 26.10.1994 EzA § 611 BGB Gratifikation, Prämie Nr. 115). Die sonstigen Arbeitsbedingungen einschließlich der Nebenleistungen (Werkdienstwohnung, Werkmietwohnung) bleiben aber unverändert (*Galperin/Löwisch* Rz 109). Falls der Arbeitnehmer in dem Kündigungsrechtsstreit rechtskräftig obsiegt, steht rückwirkend für die Zeit seit dem Zugang der unwirksamen Kündigung fest, dass das Arbeitsverhältnis als ungekündigtes Arbeitsverhältnis unverändert fortbestanden hat; dann stehen dem Arbeitnehmer rückwirkend die Rechte zu, die sich aus einem ungekündigten Arbeitsverhältnis ergeben. Falls der Arbeitnehmer in dem Kündigungsrechtsstreit rechtskräftig unterliegt, stehen ihm für die Zeit nach dem Kündigungstermin keine Verzugslohnansprüche aus dem bis zu diesem Zeitpunkt bestehenden Arbeitsverhältnis zu; aus dem Weiterbeschäftigungsverhältnis kann der Arbeitnehmer Verzugslohn nur geltend machen, wenn er seine Weiterbeschäftigung tatsächlich angeboten und der Arbeitgeber die Arbeitsleistung abgelehnt hat. 218

Soweit es für den Grund oder die Höhe der Ansprüche des Arbeitnehmers auf die **Dauer der Betriebszugehörigkeit** ankommt (zB bei Ruhegeldansprüchen), ist – auch wenn der Arbeitnehmer im Kündigungsrechtsstreit letztlich unterliegt – als Dauer des Arbeitsverhältnisses die gesamte bisherige Beschäftigungszeit einschließlich der Zeit der Weiterbeschäftigung nach § 102 Abs. 5 BetrVG zugrunde zu legen (*Richardi/Thüsing* Rz 232; *Bösche* S. 161; *Coen* S. 96; *Hoechst* AuR 1973, 333; in diesem Sinne auch: *Klebe/Schumann* S. 198 ff.; **aA** *Fitting* Rz 114; *Heinze* S. 243; HSWG-*Schlochauer* Rz 164; *Schlochauer* RdA 1973, 164; *Weber* BB 1974, 703). Denn das im Falle der Rechtswirksamkeit der Kündigung durch die Kündigung unterbrochene Arbeitsverhältnis steht mit dem aufgrund des § 102 Abs. 5 BetrVG fortgesetzten Arbeitsverhältnis in einem unmittelbaren inneren Zusammenhang (vgl. *BAG* 23.9.1976 EzA § 1 KSchG Nr. 35). 219

Der Arbeitgeber kann den nach § 102 Abs. 5 BetrVG weiterbeschäftigten Arbeitnehmer – wie jeden anderen Arbeitnehmer auch – im Rahmen seines Direktionsrechts auf einen gleichwertigen Arbeitsplatz **umsetzen** (*Fitting* Rz 114; in diesem Sinne wohl auch *Stege/Weinspach/Schiefer* Rz 176) oder unter Beteiligung des Betriebsrats nach § 99 BetrVG auf einen anderen Arbeitsplatz versetzen. 220

§ 102 BetrVG | Mitbestimmung bei Kündigungen

221 Als Arbeitnehmer des Betriebs ist der nach § 102 Abs. 5 BetrVG weiterbeschäftigte Arbeitnehmer nach wie vor **bei Betriebswahlen aktiv und passiv wahlberechtigt** (*Fitting* Rz 115; *Galperin/Löwisch* Rz 112; *Richardi/Thüsing* Rz 231; *Otto* RdA 1975, 69; *Ulrich* S. 118 f.). Auch persönliche **Arbeitnehmerschutzrechte** kann der Arbeitnehmer während des Arbeitsverhältnisses nach § 102 Abs. 5 BetrVG erlangen, zB bei Schwangerschaft oder Schwerbehinderung; in diesen Fällen kann der Arbeitgeber eine neue Kündigung nur nach Maßgabe der einschlägigen Kündigungsschutzvorschriften (§ 9 MuSchG, §§ 85 ff. SGB IX) aussprechen (APS-*Koch* Rz 211; *Klebe/Schumann* S. 210; **aA** HSWG-*Schlochauer* Rz 164; ferner *Galperin/Löwisch* Rz 109). Das ändert aber nichts daran, dass das Arbeitsverhältnis automatisch endet (auflösende Bedingung), wenn der Arbeitnehmer im Kündigungsrechtsstreit wegen der ersten Kündigung unterliegt (s. Rz 236).

III. Gerichtliche Geltendmachung des Weiterbeschäftigungsanspruchs

222 Der Arbeitnehmer kann seinen Weiterbeschäftigungsanspruch nach § 102 Abs. 5 BetrVG **im Urteilsverfahren** durch Klage oder gegebenenfalls Antrag auf Erlass einer einstweiligen Verfügung geltend machen (*LAG Nürnberg* 27.10.1992 LAGE § 102 BetrVG 1972 Beschäftigungspflicht Nr. 11; *LAG Hmb.* 14.9.1992 LAGE § 102 BetrVG 1972 Beschäftigungspflicht Nr. 10; GK-*Raab* § 102 Rz 184 mwN). Im **Klageverfahren** muss der Arbeitnehmer das Vorliegen der Voraussetzungen des § 102 Abs. 5 BetrVG **beweisen**. Beantragt er den Erlass einer **einstweiligen Verfügung,** muss er alle Voraussetzungen des § 102 Abs. 5 BetrVG **glaubhaft machen;** dazu gehört auch die Glaubhaftmachung eines ordnungsgemäßen, form- und fristgerechten Widerspruchs des Betriebsrats nach § 102 Abs. 3 BetrVG (*LAG Düsseld.* 26.6.1980 DB 1980, 2043) einschließlich eines ordnungsgemäß gefassten Betriebsratsbeschlusses (*ArbG Hamm* 18.1.1990 BB 1990, 1206), ggf. auch – zB bei einer krankheitsbedingten Kündigung–, dass er gesundheitlich noch in der Lage ist, die begehrte Beschäftigung auszuüben (*ArbG Hanau* 19.11.1998 AiB 1999, 108). Zur Begründung der Dringlichkeit der einstweiligen Verfügung (Verfügungsgrund) bedarf es aber nicht der Darlegung weiterer Umstände als des drohenden Zeitablaufs (*LAG Bln.* 16.9.2004 LAGE § 102 BetrVG 2001 Beschäftigungspflicht Nr. 3; *LAG Hamm* 24.1.1994 LAGE § 102 BetrVG 1972 Beschäftigungspflicht Nr. 14; *Schwerdtner* Anm. AR-Blattei, Betriebsverfassung XIV C: Entsch. 74; ähnlich: *LAG München* 16.8.1995 LAGE § 102 BetrVG 1972 Beschäftigungspflicht Nr. 22; APS-*Koch* Rz 213; *Klebe/Schumann* S. 206; *Ulrich* S. 154; **aA** *LAG Nürnberg* 17.8.2004 LAGE § 102 BetrVG 2001 Beschäftigungspflicht Nr. 2; *LAG BW* 30.8.1993 LAGE § 102 BetrVG 1972 Beschäftigungspflicht Nr. 20 mit abl. Anm. *Herbst/Mattes; LAG Köln* 18.1.1984 NZA 1984, 57: Es muss die Gefahr einer Rechtsvereitelung oder sonstiger wesentlicher Nachteile vorliegen; *LAG München* 10.2.1994 LAGE § 102 BetrVG 1972 Beschäftigungspflicht Nr. 14: Es gelten die allgemeinen Grundsätze). Der Verfügungsgrund entfällt aber, wenn vor Erlass der einstweiligen Verfügung ein Urteil auf Weiterbeschäftigung ergeht, weil aus diesem vollstreckt werden kann (*Hess. LAG* 28.11.1994 – 16 SaGa 1284/94 – nv; **aA** APS-*Koch* Rz 213). Da die einstweilige Verfügung auf Weiterbeschäftigung bis zur Beendigung des Kündigungsrechtsstreits auch gerechtfertigt ist, wenn der Arbeitnehmer im Kündigungsrechtsstreit rechtskräftig unterliegt, scheiden für diesen Fall Schadenersatzansprüche des Arbeitgebers nach § 945 ZPO wegen der einstweiligen Verfügung auf Weiterbeschäftigung des Arbeitnehmers aus (*Heinze* S. 254).

222a Der Arbeitgeber kann sich im Rahmen der **Verteidigung gegen den** gerichtlich geltend gemachten **Beschäftigungsanspruch** des Arbeitnehmers nur auf Gründe stützen, die der Entstehung eines Weiterbeschäftigungsverhältnisses entgegenstehen; er kann zB einwenden, dass es sich nicht um eine ordentliche Kündigung handelt, der Betriebsrat der Kündigung nicht ordnungsgemäß widersprochen oder der Arbeitnehmer nicht rechtzeitig Kündigungsschutzklage erhoben hat. Hingegen kann der Arbeitgeber im Prozess dem Antrag des Arbeitnehmers auf Weiterbeschäftigung nicht einredeweise entgegenhalten, dass er berechtigt sei, sich nach § 102 Abs. 5 S. 2 BetrVG von der Pflicht zur Weiterbeschäftigung entbinden zu lassen; denn das Gesetz sieht für eine solche Entbindung des Arbeitgebers von der Weiterbeschäftigungspflicht ein besonderes Verfahren vor. Der Arbeitgeber kann ausschließlich durch eine von ihm erwirkte einstweilige Verfügung von der Weiterbeschäftigungspflicht entbunden werden (*LAG SchlH* 5.3.1996 LAGE § 102 BetrVG 1972 Beschäftigungspflicht Nr. 23; *LAG Hmb.* 25.1.1994 LAGE § 102 BetrVG 1972 Beschäftigungspflicht Nr. 21; *Bösche* S. 165; *Richardi/Thüsing* Rz 240; *Klebe/Schumann* S. 209; **aA** *Fitting* Rz 117).

222b Dies schließt es nicht aus, dass der Arbeitgeber im Prozess auf Weiterbeschäftigung **eine einstweilige Verfügung auf Entbindung** von der Weiterbeschäftigungspflicht beantragt und damit das Verfahren nach § 102 Abs. 5 S. 2 BetrVG eröffnet (vgl. *Richardi/Thüsing* aaO). Die einstweilige Verfügung kann der

Arbeitgeber aber **nicht im Berufungsverfahren** wegen des Antrags des Arbeitnehmers auf Weiterbeschäftigung beantragen (*Gussone* AuR 1994, 252); denn bei dem Anspruch auf Weiterbeschäftigung und dem Anspruch auf Entbindung von der Weiterbeschäftigungspflicht handelt es sich um zwei verschiedene Rechtsansprüche, so dass das ArbG als Gericht der Hauptsache für den Erlass einer einstweiligen Verfügung auf Entbindung von der Weiterbeschäftigungspflicht zuständig ist (§ 937 Abs. 1, § 943 Abs. 1 ZPO). Dies gilt auch, wenn der Kündigungsschutzprozess beim LAG anhängig ist; denn auch insoweit handelt es sich um verschiedene Rechtsverhältnisse, nämlich Wirksamkeit der Kündigung einerseits und Anspruch auf Entbindung von der Weiterbeschäftigungspflicht andererseits (aA *ArbG Düsseld.* 27.9.1983 DB 1984, 618).

Der titulierte Anspruch ist nach § 888 ZPO durch Verhängung von Zwangsgeld oder Zwangshaft gegen den Arbeitgeber vollstreckbar (*LAG Bln.* 3.5.1978, ARSt 1979, 30; *Fitting* Rz 116; *Galperin/Löwisch* Rz 113; *Böhm* BB 1974, 1645; *Braasch* BB 1976, 321; *Hanau* BB 1972, 455; **aA** *Weber* BB 1974, 702); in Insolvenzverfahren kann der Titel gem. § 727 ZPO auf den Insolvenzverwalter umgeschrieben werden (*Gaumann/Liebermann* NZA 2005, 908). Der Titel ist aber nur **vollstreckungsfähig**, wenn die Einzelheiten der Beschäftigung, ggf. durch Auslegung anhand des Tatbestandes und der Gründe, aus der Urteils- oder Beschlussformel ersichtlich sind (*LAG Frankf.* 13.7.1987 LAGE § 888 ZPO Nr. 12). Bei der Vollstreckung erfordern es das Wesen des Zwangsgeldes iSv § 888 ZPO und die Notwendigkeit der Vollstreckbarkeit, **einen einheitlichen Betrag** festzusetzen. Es ist unzulässig, für jeden Arbeitstag, an dem der Arbeitnehmer nicht beschäftigt wird, ein Zwangsgeld in einer bestimmten Höhe festzusetzen (*LAG Frankf.* 26.5.1986 LAGE § 888 ZPO Nr. 8; *LAG Hamm* 22.1.1986 LAGE § 888 ZPO Nr. 4; **aA** *LAG Hmb.* 7.7.1988 LAGE § 888 ZPO Nr. 17). 222c

Auf Antrag des Arbeitnehmers kann der Arbeitgeber gem. § 61 Abs. 2 ArbGG für den Fall, dass er den Arbeitnehmer nicht binnen einer vom Gericht festzusetzenden Frist weiterbeschäftigt, auch zur Zahlung einer **Entschädigung** verurteilt werden, die vom ArbG nach freiem Ermessen festzusetzen ist (*Klebe/Schumann* S. 204). Die Verurteilung zu einer solchen Entschädigung schließt allerdings eine Zwangsvollstreckung nach § 888 ZPO aus (§ 61 Abs. 2 S. 2 ArbGG). Die Verurteilung kann auch im Rahmen einer einstweiligen Verfügung ergehen (*Grunsky* § 61 Rz 9). 222d

IV. Entbindung des Arbeitgebers von der Weiterbeschäftigungspflicht

Gegenüber einem Arbeitnehmer, der seine Weiterbeschäftigung nach § 102 Abs. 5 BetrVG verlangt, kann der Arbeitgeber beim ArbG im Urteilsverfahren (hM; vgl. *Fitting* Rz 117; HSWG-*Schlochauer* Rz 188 mwN; **aA** *Bösche* S. 173; *Schlochauer* RdA 1973, 164 f.) eine **einstweilige Verfügung** erwirken, die ihn von der Verpflichtung zur Weiterbeschäftigung entbindet, wenn eine der unter 1.-3. (Rz 224 ff.) angeführten Voraussetzungen gegeben ist. Die in § 102 Abs. 5 S. 2 BetrVG genannten Entbindungsgründe sind abschließend und nicht erweiterungsfähig (*Klebe/Schumann* S. 220). 223

Der Antrag des Arbeitgebers auf Entbindung von der Weiterbeschäftigungspflicht ist **nicht fristgebunden** (*Bösche* S. 176). Der Weiterbeschäftigungsanspruch des Arbeitnehmers endet in diesen Fällen mit Erlass der einstweiligen Verfügung (vgl. § 936 iVm §§ 928, 929 ZPO). Die formelle Rechtskraft der Entscheidung braucht nicht abgewartet zu werden (*Klebe/Schumann* S. 248). Wird die einstweilige Verfügung im Rechtsmittelverfahren aufgehoben, lebt der Weiterbeschäftigungsanspruch vom Zeitpunkt der Entscheidung an wieder auf. In diesem Fall kommen Schadenersatzansprüche des Arbeitnehmers gegen den Arbeitgeber nach § 945 ZPO in Betracht (*Klebe/Schumann* S. 247; **aA** offenbar *BAG* 31.8.1978 EzA § 102 BetrVG 1972 Beschäftigungspflicht Nr. 7; ferner *Richardi/Thüsing* § 102 Rz 257). 223a

Auch nach rechtskräftiger Abweisung des Antrags auf Entbindung von der Weiterbeschäftigungspflicht kann der Arbeitgeber seinen Antrag jederzeit **wiederholen**. Er ist allerdings in dem neuen Verfahren wegen der Rechtskraftwirkung der ersten (abweisenden) Entscheidung mit solchen Tatsachen ausgeschlossen, die er in dem früheren Verfahren vorgebracht hat oder hätte vorbringen können (vgl. *Rosenberg/Schwab* § 156 II 1). Demgemäß kann der neue Antrag nur auf neue Tatsachen gestützt werden, die nach der abweisenden Entscheidung entstanden sind und in dem früheren Verfahren nicht vorgebracht werden konnten (*LAG Köln* 19.5.1983 DB 1983, 2368). Die Abweisung der Kündigungsschutzklage in erster Instanz ist allein keine neue Tatsache, die einen neuen Antrag des Arbeitgebers auf Entbindung von der Weiterbeschäftigungspflicht wegen fehlender Erfolgsaussicht der Kündigungsschutzklage rechtfertigen könnte (*LAG Köln* 19.5.1983, aaO). 223b

Da der Betriebsrat Widerspruchsgründe ohnehin nur innerhalb der einwöchigen Äußerungsfrist gegenüber dem Arbeitgeber geltend machen kann (s. Rz 86 ff., 142), kann er auch im Verfahren auf Be- 223c freiung des Arbeitgebers von der Weiterbeschäftigungspflicht **keine zusätzlichen Widerspruchsgründe** geltend machen (**aA** *Bösche* S. 175).

223d Ist der Arbeitgeber durch einstweilige Verfügung von der Weiterbeschäftigungspflicht entbunden, ergeht aber ein der **Kündigungsschutzklage stattgebendes Urteil,** ist von diesem Zeitpunkt an nach der Rechtsprechung des Großen Senats des *BAG* (Beschl. v. 27.2.1985 EzA § 611 BGB Beschäftigungspflicht Nr. 9) zwar grds. ein Weiterbeschäftigungsanspruch des Arbeitnehmers bis zum Abschluss des Kündigungsrechtsstreits zu bejahen. Die Vorschrift des § 102 Abs. 5 S. 2 BetrVG, die zur Entbindung von der Weiterbeschäftigungspflicht führt, ist aber demgegenüber vorrangig. Sie begründet auch iSd Rechtsprechung des Großen Senats ein überwiegendes Interesse des Arbeitgebers, den Arbeitnehmer nicht zu beschäftigen, so dass es bei der Entbindung von der Weiterbeschäftigungspflicht verbleibt (**aA** *KreisG Rostock-Land* 19.2.1991 EzA § 611 BGB Beschäftigungspflicht Nr. 45).

1. Fehlende Erfolgsaussichten der Kündigungsschutzklage

224 Die Klage des Arbeitnehmers bietet keine hinreichende Erfolgsaussicht oder erscheint mutwillig (§ 102 Abs. 5 S. 2 Nr. 1 BetrVG). Diese Voraussetzung stimmt mit den Beurteilungsgrundsätzen überein, die nach § 114 ZPO bei der Prüfung des Anspruchs auf Prozesskostenhilfe maßgebend sind. Die summarische Prüfung der Kündigungsschutzklage muss ergeben, dass die Klage **offensichtlich oder doch mit hinreichender Wahrscheinlichkeit** keinen Erfolg haben wird (*LAG Düsseld.* 23.5.1975 EzA § 102 BetrVG 1972 Beschäftigungspflicht Nr. 4; *Richardi/Thüsing* Rz 244; *GK-Raab* § 102 Rz 191; *HSWG-Schlochauer* Rz 177; *Klebe/Schumann* S. 226). Es genügt nicht, wenn nur eine gewisse Wahrscheinlichkeit dafür spricht, dass die Klage des Arbeitnehmers abgewiesen wird (**aA** *Stege/Weinspach/Schiefer* Rz 180). Lassen sich die Erfolgsaussichten der Kündigungsschutzklage im Zeitpunkt der gerichtlichen Entscheidung weder in positiver noch in negativer Hinsicht ausreichend beurteilen, dh wenn sowohl für den Arbeitgeber als auch für den Arbeitnehmer eine hinreichende Erfolgsaussicht in dem Kündigungsrechtsstreit nicht verneint werden kann, kann der Arbeitgeber von der Verpflichtung zur Weiterbeschäftigung nicht entbunden werden (*LAG Düsseld.* 23.5.1975, aaO; *ArbG Stuttg.* 5.4.1993 AuR 1993, 222; *Richardi/Thüsing* aaO). **Mutwillig** ist eine Rechtsverfolgung, wenn eine verständige Partei ihr Recht nicht in gleicher Weise verfolgen würde (*Richardi/Thüsing* Rz 245). Danach kann eine im Übrigen erfolgversprechende Kündigungsschutzklage zB dann mutwillig erhoben sein, wenn der Arbeitnehmer infolge eines schweren Unfalls nach Zugang der Kündigung auf Dauer erwerbsunfähig ist.

225 Da der Arbeitgeber mit dem Antrag auf Erlass einer einstweiligen Verfügung einen ihm zustehenden Anspruch (auf Entbindung von der Weiterbeschäftigungspflicht) geltend macht, trägt er die **Darlegungs- und Beweislast** für die seinen Anspruch begründenden Umstände. Der Arbeitgeber muss deshalb die fehlende Erfolgsaussicht der Kündigungsschutzklage, dh die soziale Rechtfertigung der Kündigung, **glaubhaft machen** (vgl. *Richardi/Thüsing* Rz 252; *Fitting* Rz 117 ff.; *Galperin/Löwisch* Rz 119; *Stege/Weinspach/Schiefer* Rz 189; *Borrmann* DB 1975, 883). Hat etwa der Betriebsrat einer auf betriebsbedingte Gründe gestützten Kündigung wegen unzutreffender Auswahl nach sozialen Gesichtspunkten widersprochen, muss der Arbeitgeber sowohl die betriebsbedingten Gründe als auch die zutreffende Auswahl nach sozialen Gesichtspunkten glaubhaft machen; andernfalls ist sein Antrag auf Entbindung von der Verpflichtung zur Weiterbeschäftigung zurückzuweisen (vgl. *ArbG Heilbronn* 17.5.1976 AuR 1976, 315; *Richardi/Thüsing* aaO). Ist die Kündigungsschutzklage des Arbeitnehmers in erster Instanz abgewiesen worden, genügt der Arbeitgeber zunächst seiner Darlegungs- und Beweislast, wenn er darauf hinweist; es ist dann Sache des Arbeitnehmers aufzuzeigen, weshalb seine Klage doch hinreichende Aussicht auf Erfolg hat (*ArbG Passau* 18.8.1992 BB 1992, 928).

2. Unzumutbare wirtschaftliche Belastung

226 Die Weiterbeschäftigung des Arbeitnehmers würde zu einer unzumutbaren wirtschaftlichen Belastung des Arbeitgebers führen (§ 102 Abs. 5 S. 2 Nr. 2 BetrVG). Da hier auf die wirtschaftliche Belastung des Arbeitgebers und nicht auf die des Betriebes abgestellt wird, ist Bezugsgröße für die wirtschaftliche Belastung das Unternehmen, das dem Arbeitgeber gehört (KDZ-*Kittner* Rz 289; *Gussone* AuR 1994, 253; **aA** *Rieble* BB 2003, 845). Eine unzumutbare wirtschaftliche Belastung des Arbeitgebers wird **nur ganz ausnahmsweise** gegeben sein, weil dem Arbeitgeber bei vorläufiger Weiterbeschäftigung des Arbeitnehmers ja auch dessen Arbeitskraft zur Verfügung steht und er andererseits – unabhängig von der Weiterbeschäftigung des Arbeitnehmers – diesem idR den Lohn weiterzahlen muss, wenn der Arbeitnehmer in dem Kündigungsstreit obsiegt (*ArbG Berlin* 29.3.1974 BB 1974, 508; *Fitting* Rz 119). Die wirtschaftliche Belastung des Arbeitgebers (Lohnkostenaufwand) muss gerade wegen der Weiterbe-

schäftigung des Arbeitnehmers so gravierend sein, dass Auswirkungen für die Liquidität oder Wettbewerbsfähigkeit des Arbeitgebers nicht von der Hand zu weisen sind (*LAG Hmb.* 16.5.2001 RzK III 1 f Nr. 25; *Galperin/Löwisch* Rz 120; *Klebe/Schumann* S. 228; weitergehend *ArbG Stuttg.* 5.4.1993 AuR 1993, 222 und *Bösche* S. 168: Existenzgefährdung). Dieser Grundsatz gilt auch, wenn der Arbeitgeber auch ohne eine Weiterbeschäftigung des Arbeitnehmers in wirtschaftlichen Schwierigkeiten ist. Es kann hierbei auch berücksichtigt werden, ob der monatliche Lohnkostenaufwand für den gekündigten Arbeitnehmer im Verhältnis zum gesamten monatlichen **Lohnkostenaufwand** des Arbeitgebers zu einer wesentlichen, die Grenze des Unzumutbaren überschreitenden Mehrbelastung des Arbeitgebers führen würde (vgl. *ArbG Solingen* 24.2.1976 DB 1976, 1385; aA *Richardi/Thüsing* Rz 246; *GK-Raab* § 102 Rz 192; *HSWG-Schlochauer* Rz 179), wobei organisatorische Maßnahmen des Arbeitgebers, die der Kündigung zugrunde liegen (zB Rationalisierung durch Maschinen statt Handarbeit), als gegeben hinzunehmen sind. Eine unzumutbare wirtschaftliche Belastung des Arbeitgebers besteht nicht schon dann, wenn er wegen der Weiterbeschäftigung des Arbeitnehmers eine Schmälerung seines Ertrags hinnehmen oder betriebliche Reserven einsetzen muss.

Verlangen **mehrere gekündigte Arbeitnehmer** ihre vorläufige Weiterbeschäftigung, ist der Lohnkostenaufwand, den diese Arbeitnehmer zusammen verursachen, dem gesamten betrieblichen Lohnkostenaufwand gegenüberzustellen (in diesem Sinne auch: *Galperin/Löwisch* aaO; aA *ArbG Siegburg* 4.3.1975 DB 1975, 700; *Klebe/Schumann* S. 229 f.; vgl. auch *LAG Bln.* 20.3.1978 ARSt 1978, 178). Führt diese Prüfung dazu, dass dem Arbeitgeber zwar nicht die Weiterbeschäftigung aller, wohl aber einzelner der gekündigten Arbeitnehmer zumutbar ist, sind so viele Arbeitnehmer weiterzubeschäftigen, wie dem Arbeitgeber wirtschaftlich zumutbar ist. Die Auswahl der weiterzubeschäftigenden Arbeitnehmer ist nach sozialen Gesichtspunkten gem. den nach § 1 Abs. 3 KSchG geltenden Grundsätzen zu treffen (ebenso: *MünchArbR-Wank* § 118 Rz 39; aA *Willemsen/Hohenstatt* DB 1995, 220 ff., die dies wegen tatsächlicher Schwierigkeiten ablehnen und statt dessen bei Massenentlassungen iSv § 17 KSchG von einer unzumutbaren wirtschaftlichen Belastung des Arbeitgebers ausgehen, wenn sich die Widersprüche des Betriebsrats und daraus abgeleitete Weiterbeschäftigungsverlangen nicht auf Einzelfälle beschränken; aA auch *Rieble* BB 2003, 848: pflichtgemäßes Ermessen des Arbeitgebers). Nimmt der Arbeitgeber keine Auswahl nach sozialen Gesichtspunkten vor, können sich alle betroffenen Arbeitnehmer auf ihren Weiterbeschäftigungsanspruch berufen; eine Entbindung von der Weiterbeschäftigungspflicht kommt insoweit nicht in Betracht (ebenso: *LAG Hmb.* 2.11.2001 AiB 2003, 496). 227

Soweit ausnahmsweise die Verpflichtung des Arbeitgebers zur tatsächlichen Weiterbeschäftigung des Arbeitnehmers **aus zwingenden betrieblichen Gründen** entfällt, zB weil der Arbeitsplatz des Arbeitnehmers infolge Rationalisierung weggefallen ist (s. Rz 214), begründet dies allein noch keine unzumutbare wirtschaftliche Belastung des Arbeitgebers iSv § 102 Abs. 5 S. 2 Nr. 2 BetrVG (APS-*Koch* Rz 221; in diesem Sinne wohl auch: *Schaub* NJW 1981, 1810; aA *LAG München* 17.12.2003 NZA-RR 2005, 312). Vielmehr ist der Arbeitgeber in diesen Fällen zunächst nur berechtigt, den Arbeitnehmer von der Arbeit freizustellen, muss aber die Vergütung fortzahlen. Von der Weiterbeschäftigung iSv § 102 Abs. 5 BetrVG und damit auch von der Vergütungspflicht kann der Arbeitgeber nur unter den Voraussetzungen von § 102 Abs. 5 S. 2 BetrVG entbunden werden (*LAG München* 10.2.1994 LAGE § 102 BetrVG 1972 Beschäftigungspflicht Nr. 14; *LAG Hmb.* 10.5.1993 LAGE § 102 BetrVG 1972 Beschäftigungspflicht Nr. 16). 228

Der Arbeitgeber muss die Tatsachen, die die vorläufige Weiterbeschäftigung des Arbeitnehmers als wirtschaftlich unzumutbar erscheinen lassen, **glaubhaft machen.** Allgemeine Angaben des Arbeitgebers, zB gesunkene Umsätze, Arbeitsmangel, finanzielle Schwierigkeiten, genügen zur Begründung einer unzumutbaren wirtschaftlichen Belastung nicht. Vielmehr ist die Angabe konkreter und detaillierter Daten über die wirtschaftliche und finanzielle Lage des Betriebes und Unternehmens und eine Prognose der künftigen Entwicklung erforderlich (*Bösche* S. 169; *Gester/Zachert* ArbRGgw. Bd. 12, S. 102 f.). 229

3. Unbegründetheit des Widerspruchs des Betriebsrats

Die offensichtliche Unbegründetheit des Widerspruchs des Betriebsrats (§ 102 Abs. 5 S. 2 Nr. 3 BetrVG) ist nur dann zu bejahen, **wenn sich die Grundlosigkeit des Widerspruchs** des Betriebsrats bei unbefangener Beurteilung **geradezu aufdrängt** (*LAG München* 5.10.1994 LAGE § 102 BetrVG 1972 Beschäftigungspflicht Nr. 19; *ArbG Stuttg.* 5.4.1993 AuR 1993 222; *Fitting* Rz 120), zB wenn der Betriebsrat geltend macht, der zu kündigende Arbeitnehmer könne nach Umschulungs- oder Fortbildungsmaßnahmen auf einem Arbeitsplatz weiterbeschäftigt werden, der mit einem anderen Arbeitnehmer besetzt 230 ist (*LAG BW* 30.8.1993 RzK III 1 f. Nr. 10), oder wenn er sich auf die Nichteinhaltung von Auswahlrichtlinien iSv § 95 BetrVG beruft, die überhaupt nicht aufgestellt sind (*LAG Bln.* 5.9.2003 – 13 Sa 1629/03). Der Widerspruch muss **im Zeitpunkt seiner Erhebung** offensichtlich unbegründet sein (*ArbG Hamburg* 17.2.1994 AiB 1994, 696). Es genügt nicht, dass er erst zu einem späteren Zeitpunkt offensichtlich unbegründet wird (*Klebe/Schumann* S. 224). Denn die Ordnungsmäßigkeit des Widerspruchs und seine rechtlichen Auswirkungen müssen aus Gründen der Rechtssicherheit im Zeitpunkt seiner Erhebung beurteilt werden können. Erweist sich der Widerspruch des Betriebsrat erst zu einem späteren Zeitpunkt als offensichtlich unbegründet, kann dies aber zur Entbindung des Arbeitgebers von der Weiterbeschäftigungspflicht wegen fehlender Erfolgsaussicht der Kündigungsschutzklage führen (s. Rz 224f).

Hierbei sind zwei Fallgruppen zu unterscheiden:

231 a) Der Arbeitgeber macht glaubhaft, dass die vom Betriebsrat zur Begründung seines Widerspruchs vorgebrachten **Tatsachen nicht vorliegen,** zB Auswahlrichtlinien iSd § 95 BetrVG, auf deren Nichteinhaltung sich der Betriebsrat beruft, überhaupt nicht aufgestellt sind (*Richardi/Thüsing* Rz 247; *Fitting* Rz 120), oder der Arbeitsplatz, an dem der zu kündigende Arbeitnehmer nach der Vorstellung des Betriebsrats nach Umschulungs- oder Fortbildungsmaßnahmen weiterbeschäftigt werden soll, mit einem anderen Arbeitnehmer besetzt ist (*LAG Düsseld.* 2.9.1975 DB 1975, 1995; *Richardi/Thüsing* aaO) oder im Betrieb überhaupt nicht vorhanden ist (vgl. *ArbG Berlin* 20.7.1977 BB 1977, 1761; *Galperin/Löwisch* Rz 121) oder der Widerspruch lediglich auf Gerüchte und Vermutungen gestützt ist und keine die Nachprüfung ermöglichenden Angaben enthält (*LAG Düsseld.* 20.12.1976 DB 1977, 1610).

232 b) Der **Widerspruch** des Betriebsrats ist **nicht ordnungsgemäß,** zB weil der Betriebsrat den Widerspruch verspätet eingelegt hat, die Widerspruchsgründe nicht ausreichend konkretisiert sind oder die vorgebrachten Tatsachen nicht geeignet sind, das Vorliegen eines Widerspruchsgrundes als möglich erscheinen zu lassen, etwa wenn bei einer personenbedingten Kündigung eine fehlerhafte Sozialauswahl gerügt wird oder es sich bei dem betroffenen Arbeitnehmer um einen leitenden Angestellten handelt, auf den demzufolge § 102 BetrVG keine Anwendung findet. In diesen Fällen besteht zwar schon von Anfang kein Weiterbeschäftigungsanspruch des Arbeitnehmers, weil dieser Anspruch einen ordnungsgemäßen Widerspruch des Betriebsrats voraussetzt, so dass nach dem Wortlaut von § 102 Abs. 5 S. 2 Nr. 3 BetrVG eine »Entbindung« von der Verpflichtung zur Weiterbeschäftigung nicht in Betracht kommt: jedoch ist **§ 102 Abs. 5 S. 2 Nr. 3 BetrVG entsprechend anwendbar,** wenn der Arbeitnehmer aufgrund eines nicht ordnungsgemäßen Widerspruchs des Betriebsrats seine vorläufige Weiterbeschäftigung nach § 102 Abs. 5 S. 1 BetrVG verlangt. Denn einmal kann auch ein nicht ordnungsgemäßer Widerspruch als »offensichtlich unbegründet« angesehen werden, zum anderen ist im Streitfall im Interesse beider Parteien zur Beilegung des Streits eine schnelle gerichtliche Entscheidung geboten, für die sich das einstweilige Verfügungsverfahren gem. § 102 Abs. 5 S. 2 Nr. 3 BetrVG anbietet (str.; wie hier: *LAG Hamm* 31.1.1979 EzA § 102 BetrVG 1972 Beschäftigungspflicht Nr. 6; *LAG Düsseld.* 15.3.1978 DB 1978, 1283; APS-*Koch* Rz 224; *Bösche* S. 171; *Richardi/Thüsing* Rz 251; *Fitting* Rz 121; *Galperin/Löwisch* Rz 122; GK-*Raab* § 102 Rz 194; HSWG-*Schlochauer* Rz 183; *Grossmann* DB 1977, 1364; *Schaub* NJW 1981, 1812; **aA** *LAG Frankf.* 2.11.1984 NZA 1985, 163; *LAG Düsseld.* 5.1.1976 BB 1976, 1462; *Klebe/Schumann* S. 234; *Boewer* DB 1978, 254; *Dütz* DB 1978, Beil. 13, S. 9; *Matthes* FS Gnade, S. 231 – für den Fall, dass es an der Einhaltung der Schriftform fehlt oder der Widerspruch nicht fristgerecht eingelegt wurde –; nach *LAG München* 5.10.1994 LAGE § 102 BetrVG 1972 Beschäftigungspflicht Nr. 19, ist bei einem nicht ordnungsgemäßen Widerspruch des Betriebsrats die Entbindung des Arbeitgebers von der Weiterbeschäftigungspflicht nur dann gerechtfertigt, wenn der Widerspruch auch offensichtlich unbegründet war). Der Arbeitgeber hat **glaubhaft** zu machen, dass die tatsächlichen Voraussetzungen eines nicht ordnungsgemäßen Widerspruchs (zB Fristversäumung) vorliegen. Gegebenenfalls genügt es, dass er den Inhalt des Widerspruchs glaubhaft macht, wenn sich bereits daraus (zB unzureichende Konkretisierung des Widerspruchsgrundes) die fehlende Ordnungsmäßigkeit des Widerspruchs ergibt (vgl. *LAG Bra.* 15.12.1992 LAGE § 102 BetrVG 1972 Beschäftigungspflicht Nr. 13).

4. Wegfall der Vergütungspflicht

233 Mit der Entbindung des Arbeitgebers von der Weiterbeschäftigungspflicht nach § 102 Abs. 5 BetrVG entfällt auch seine auf § 102 Abs. 5 BetrVG beruhende Verpflichtung zur Fortzahlung der Vergütung. Die bis dahin angefallenen Vergütungsansprüche des Arbeitnehmers aus tatsächlicher Beschäftigung oder wegen Annahmeverzugs bleiben unberührt (*BAG* 7.3.1996 EzA § 102 BetrVG 1972 Beschäftigungspflicht Nr. 9 m. abl. Anm. *Beninca* = AiB 1996, 616 m. zust. Anm. *Wahsner/Nötzel*; **aA** *Ulrich* S. 100).

Durch die Entbindung von der Weiterbeschäftigungspflicht wird ferner **nicht der Annahmeverzug** des Arbeitgebers beseitigt, der – im Falle einer unwirksamen Kündigung – durch die Erhebung der Kündigungsschutzklage herbeigeführt wurde (vgl. *BAG* 26.8.1971 EzA § 615 BGB Nr. 16). Obsiegt der Arbeitnehmer im Kündigungsrechtsstreit, hat er daher auch für die Dauer des Rechtsstreits Anspruch auf Vergütung nach § 615 BGB, obwohl der Arbeitgeber nach § 102 Abs. 5 BetrVG von der Verpflichtung zur Weiterbeschäftigung entbunden war (*LAG RhPf* 11.1.1980 AuR 1980, 284; *Richardi/Thüsing* Rz 256; *Klebe/Schumann* S. 178).

5. Voraussetzungen einer einstweiligen Verfügung

Für den Antrag des Arbeitgebers auf Erlass einer einstweiligen Verfügung muss ein **Rechtsschutzinteresse und ein Verfügungsgrund** (Eilbedürftigkeit) bestehen. Das Rechtsschutzinteresse ist stets dann zu bejahen, wenn der Arbeitnehmer Weiterbeschäftigung nach § 102 Abs. 5 BetrVG verlangt, gleichgültig, ob die Voraussetzungen für einen Weiterbeschäftigungsanspruch gegeben sind (*LAG München* 5.10.1994 LAGE § 102 BetrVG 1972 Beschäftigungspflicht Nr. 19; 13.7.1994 LAGE § 102 BetrVG 1972 Beschäftigungspflicht Nr. 17; vgl. auch Rz 232). 234

Die **Eilbedürftigkeit** für den Antrag auf Erlass einer einstweiligen Verfügung (Verfügungsgrund) ist nicht gesondert zu prüfen, da die Voraussetzungen für den Erlass der einstweiligen Verfügung in § 102 Abs. 5 BetrVG abschließend geregelt sind (*LAG München* 13.7.1994 LAGE § 102 BetrVG 1972 Beschäftigungspflicht Nr. 17; *LAG Hmb.* 14.9.1992 NZA 1993, 141; *Richardi/Thüsing* Rz 250; *Klebe/Schumann* S. 237 f.; im Ergebnis ebenso: *LAG Bln.* 16.9.2004 LAGE § 102 BetrVG 2001 Beschäftigungspflicht Nr. 3). Der Antrag des Arbeitgebers auf Entbindung von der Weiterbeschäftigungspflicht kann allerdings unter besonderen Umständen als **rechtsmissbräuchlich** zu qualifizieren sein, zB wenn er den Anspruch auf Weiterbeschäftigung gegenüber dem Arbeitnehmer zunächst ausdrücklich anerkannt oder den Arbeitnehmer längere Zeit vorläufig weiterbeschäftigt hat, ohne dass seit dem Anerkenntnis oder dem Beginn der vorläufigen Weiterbeschäftigung irgendwelche neuen Umstände eingetreten sind, die die Entbindung von der Weiterbeschäftigungspflicht rechtfertigen könnten (vgl. *Klebe/Schumann* S. 236; ferner *LAG Düsseld.* 19.8.1977 EzA § 102 BetrVG 1972 Beschäftigungspflicht Nr. 5, das in diesem Fall die Eilbedürftigkeit für den Antrag auf Erlass einer einstweiligen Verfügung verneint). 235

Über den Antrag auf Erlass einer einstweiligen Verfügung entscheidet das Arbeitsgericht auch dann, wenn der Kündigungsrechtsstreit bereits in der Berufungsinstanz anhängig ist (*LAG BW* 18.3.1988 LAGE § 102 BetrVG 1972 Beschäftigungspflicht Nr. 9). Hierbei kann das ArbG in dringenden Fällen gem. § 937 Abs. 2, § 944 ZPO **ohne mündliche Verhandlung** durch den Vorsitzenden allein entscheiden (hM, vgl. *Fitting* Rz 117). Gibt es dem Antrag statt, wird die Entbindung des Arbeitgebers von der Weiterbeschäftigungspflicht mit der Verkündung des Urteils (nach mündlicher Verhandlung) oder mit der Zustellung des ohne mündliche Verhandlung ergangenen Beschlusses im Parteibetrieb (§ 62 Abs. 2 ArbGG iVm §§ 936, 922 Abs. 2 ZPO) wirksam. Einer besonderen Vollziehung der einstweiligen Verfügung bedarf es nicht; deshalb ist auch die Zustellung eines verkündeten Urteils im Parteibetrieb entbehrlich (*LAG Hamm* 12.12.1986 DB 1987, 1945). Wird eine einstweilige Verfügung auf Entbindung von der Weiterbeschäftigungspflicht im Rechtsmittelverfahren aufgehoben, kommen **Schadenersatzansprüche** des Arbeitnehmers nach § 945 ZPO in Betracht (s. Rz 223a). 235a

Den Anspruch auf Entbindung von der Weiterbeschäftigungspflicht kann der Arbeitgeber **nicht als Einwand** in einem Verfahren geltend machen, in dem der Arbeitnehmer durch Klage oder Antrag auf Erlass einer einstweiligen Verfügung seinen Anspruch auf Weiterbeschäftigung geltend macht oder einen entsprechenden Titel zu vollstrecken versucht. Vielmehr ist nach dem Sinn der gesetzlichen Regelung davon auszugehen, dass der Arbeitgeber nur und ausschließlich durch eine von ihm erwirkte einstweilige Verfügung von der Weiterbeschäftigungspflicht entbunden werden kann (vgl. *BAG* 31.8.1978 EzA § 102 BetrVG 1972 Beschäftigungspflicht Nr. 7; *Klebe/Schumann* S. 221 ff.; s. Rz 222a). 235b

V. Wegfall des Weiterbeschäftigungsanspruchs aus sonstigen Gründen

Obsiegt der Arbeitnehmer im Kündigungsschutzprozess, gilt das bisherige Arbeitsverhältnis als durch die Kündigung nicht unterbrochen; damit endet auch das Weiterbeschäftigungsverhältnis nach § 102 Abs. 5 BetrVG (vgl. *Hueck* Einl. Rz 129). **Unterliegt hingegen der Arbeitnehmer** in dem Kündigungsrechtsstreit oder **nimmt er die Kündigungsschutzklage zurück**, so steht unmittelbar nur fest, dass das Arbeitsverhältnis (zunächst) aufgrund der Kündigung mit Ablauf der Kündigungsfrist ende- 236

§ 102 BetrVG   Mitbestimmung bei Kündigungen

te. Gleichzeitig wird damit aber auch das aufgrund des Weiterbeschäftigungsbegehrens des Arbeitnehmers fortgesetzte Arbeitsverhältnis aufgelöst (auflösende Bedingung); eine auf Weiterbeschäftigung gerichtete Klage wird unzulässig (*Hess. LAG* 18.10.2005 NZA-RR 2006, 243). Das Weiterbeschäftigungsverhältnis endet ferner automatisch, wenn der Arbeitnehmer im Kündigungsschutzprozess zum **Auflösungsantrag** nach § 9 KSchG übergeht (s. Rz 205). Da die Klagerücknahme und der Übergang zum Auflösungsantrag in ihrer Wirkung einer fristlosen Kündigung des Weiterbeschäftigungsverhältnisses gleichkommen und sich der Arbeitgeber unter Umständen schon auf die Weiterbeschäftigung bis zur Beendigung des Kündigungsrechtsstreits eingerichtet hat, wird man ihm das Recht einräumen müssen, vom Arbeitnehmer die Weiterarbeit während einer der ordentlichen Kündigungsfrist entsprechenden Auslauffrist zu verlangen (*Bösche* S. 164). Da in den hier angeführten Fällen die Auflösung des nach § 102 Abs. 5 BetrVG fortgesetzten Arbeitsverhältnisses nicht durch Kündigung erfolgt, greifen auch nicht die besonderen Kündigungsschutzvorschriften für Schwangere (§ 9 MuSchG) oder schwerbehinderte Arbeitnehmer (§§ 85 ff. SGB IX) ein. Das heißt: Auch das Arbeitsverhältnis derjenigen Arbeitnehmer, die während des Kündigungsrechtsstreits schwanger oder schwerbehindert werden, endet mit Rechtskraft des die Kündigungsschutzklage abweisenden Urteils oder mit dem Auflösungsantrag nach § 9 KSchG automatisch.

237 Auch schon vor Beendigung des Kündigungsrechtsstreits kann das Arbeitsverhältnis von beiden Vertragsparteien ganz oder »teilweise« beendet werden. Hierbei können beide Parteien des Arbeitsvertrages **einvernehmlich** das gesamte Vertragsverhältnis zwischen ihnen **auflösen** oder nur den Arbeitgeber von der Beschäftigungspflicht nach § 102 Abs. 5 BetrVG (unter Fortzahlung der Vergütung) befreien (»teilweise« Beendigung) oder den Verzicht des Arbeitnehmers auf eine Weiterbeschäftigung nach § 102 Abs. 5 BetrVG vereinbaren. Ein einseitiger Verzicht des Arbeitnehmers auf eine vorläufige Weiterbeschäftigung, nachdem er zunächst weiterbeschäftigt worden war, ist unzulässig, weil hierfür die gesetzliche Grundlage fehlt (vgl. Rz 238).

238 Einseitig – durch **Kündigung** – kann jede der Vertragsparteien das gesamte Arbeitsverhältnis beenden (HSWG-*Schlochauer* Rz 167). Es ist jedoch unzulässig, nur »das Beschäftigungsverhältnis nach § 102 Abs. 5 BetrVG« zu kündigen, ohne damit auch das mit der Kündigungsschutzklage angegriffene Arbeitsverhältnis beenden zu wollen, falls dies noch besteht (**aA** *Klebe/Schumann* S. 212 ff.; vgl. auch *Richardi/Thüsing* Rz 238: fristlose Lossagung von Weiterbeschäftigungsverhältnis zulässig; **aA** *Heinze* S. 247). Denn das nach § 102 Abs. 5 BetrVG fortgesetzte Arbeitsverhältnis bildet mit dem gekündigten Arbeitsverhältnis eine Einheit. Das heißt: Der Arbeitnehmer kann das gesamte Arbeitsverhältnis außerordentlich kündigen, wenn ihm ein wichtiger Grund zur Seite steht, oder durch ordentliche Kündigung unter Einhaltung der für ihn maßgebenden Kündigungsfrist beenden (*Fitting* Rz 111; *Galperin/Löwisch* Rz 117; GK-*Raab* § 102 Rz 178; vgl. auch *Stege/Weinspach/Schiefer* Rz 178; **aA** – keine Kündigung »zur Unzeit« –: *Bösche* S. 163).

239 Der Arbeitgeber seinerseits kann das nach § 102 Abs. 5 BetrVG fortgesetzte Arbeitsverhältnis (und damit das gesamte Arbeitsverhältnis) nur nach Maßgabe der einschlägigen Kündigungsschutzvorschriften **(erneut) ordentlich kündigen,** wobei insbesondere zu beachten ist, dass bei der Berechnung der Kündigungsfrist die gesamte bisherige Beschäftigungszeit zugrunde zu legen ist (s. Rz 219). Eine Kündigung durch den Arbeitgeber kommt insbesondere in Betracht, wenn der Arbeitnehmer seinen Verpflichtungen aus dem nach § 102 Abs. 5 BetrVG fortgesetzten Arbeitsverhältnis nicht nachkommt. Vor Ausspruch der Kündigung muss auch hier das Anhörungsverfahren beim Betriebsrat nach § 102 BetrVG durchgeführt werden (*Galperin/Löwisch* Rz 116; GK-*Raab* § 102 Rz 181). Ferner sind besondere Kündigungsschutzvorschriften zu beachten (s. Rz 221). Widerspricht der Betriebsrat der Kündigung (§ 102 Abs. 3 BetrVG), kann der Arbeitnehmer unter den Voraussetzungen des § 102 Abs. 5 BetrVG auch im Hinblick auf die neue Kündigung seine Weiterbeschäftigung verlangen. Widerspricht der Betriebsrat nicht der neuen Kündigung oder verlangt der Arbeitnehmer nicht rechtzeitig seine Weiterbeschäftigung (s. Rz 209 ff.), entfällt mit Ablauf der Kündigungsfrist der neuen Kündigung sein Weiterbeschäftigungsanspruch aufgrund der alten Kündigung (*LAG Bln.* 3.5.1978 ARSt 1979 30; *LAG Düsseld.* 19.8.1977 EzA § 102 BetrVG 1972 Beschäftigungspflicht Nr. 5; *Richardi/Thüsing* § 102 Rz 236; **aA** *Brinkmeier* AuR 2005, 46). Bei einer **außerordentlichen Kündigung des Arbeitgebers** endet in jedem Fall das Weiterbeschäftigungsverhältnis (*Richardi/Thüsing* aaO; **aA** *Klebe/Schumann* S. 221; *Brinkmeier* AuR 2005, 46). Hingegen ist der Arbeitgeber nicht berechtigt, die Weiterbeschäftigung des Arbeitnehmers während des Kündigungsrechtsstreits einseitig – ohne einstweilige Verfügung des ArbG – abzulehnen, weil er einen wichtigen Grund zur außerordentlichen Kündigung hat, ohne jedoch diese Kündigung auszusprechen. Vielmehr kann der Arbeitgeber insoweit gegen den Willen des Arbeitnehmers

Mitbestimmung bei Kündigungen § 102 BetrVG

die Entbindung von der Weiterbeschäftigungspflicht nach § 102 Abs. 5 S. 1 BetrVG nur durch einstweilige Verfügung des ArbG erreichen.

Der Weiterbeschäftigungsanspruch endet auch durch **einstweilige Verfügung** nach § 102 Abs. 5 S. 2 BetrVG (s. Rz 223 ff.). Erklärt der Arbeitgeber nach Erlass einer einstweiligen Verfügung eine **weitere vorsorgliche Kündigung**, die im wesentlichen auf den gleichen Kündigungssachverhalt gestützt wird, ist dies ohne Einfluss auf die Weitergeltung der einstweiligen Verfügung (*BAG* 18.9.2003 EzA § 102 BetrVG 2001 Beschäftigungspflicht Nr. 2). 240

Greift der Arbeitnehmer eine während der Weiterbeschäftigung nach § 102 Abs. 5 BetrVG ausgesprochene **neue Kündigung des Arbeitgebers** nicht an oder bleibt eine hiergegen gerichtliche Kündigungsschutzklage erfolglos, endet damit das Arbeitsverhältnis der Parteien, gleichgültig, wie der erste Kündigungsrechtsstreit ausgeht (so auch *Galperin/Löwisch* Rz 116). Infolgedessen entfällt auch ein Weiterbeschäftigungsanspruch nach § 102 Abs. 5 BetrVG, selbst wenn der erste Kündigungsrechtsstreit noch nicht rechtskräftig entschieden ist. 241

Endet das Arbeitsverhältnis der Parteien infolge des Wegfalls des Weiterbeschäftigungsanspruchs nach § 102 Abs. 5 BetrVG (zB nach rechtskräftiger Abweisung der Kündigungsschutzklage), ist für die Dauer des Arbeitsverhältnisses der Zeitpunkt maßgebend, in dem der Weiterbeschäftigungsanspruch nach § 102 Abs. 5 BetrVG endet: Dieser Zeitpunkt (Tag) ist in einem Zeugnis als Tag der Beendigung des Arbeitsverhältnisses anzugeben; die nach diesem Zeitpunkt berechnete **Dauer des Arbeitsverhältnisses** ist auch für Ruhegeldansprüche des Arbeitnehmers maßgebend (aA *Fitting* Rz 114; *Matthes* FS Gnade, S. 230); denn das nach § 102 Abs. 5 BetrVG fortgesetzte Arbeitsverhältnis steht in einem unmittelbaren inneren Zusammenhang mit dem gekündigten Arbeitsverhältnis. 242

H. Erweiterung der Mitwirkungsrechte des Betriebsrats

I. Notwendigkeit einer Betriebsvereinbarung oder eines Tarifvertrages

Durch freiwillige **Betriebsvereinbarung** können Arbeitgeber und Betriebsrat vereinbaren, dass Kündigungen der Zustimmung des Betriebsrats bedürfen (§ 102 Abs. 6 BetrVG). Dies kann sich in manchen Betrieben oder für bestimmte Arbeitnehmergruppen als zweckmäßig erweisen, weil das umständliche gesetzliche Verfahren wegen des Anspruchs auf Weiterbeschäftigung nach § 102 Abs. 5 BetrVG gegebenenfalls zu einer Verzögerung der Entlassung führen kann (vgl. *Fitting* Rz 130). Die rechtliche Möglichkeit, die Zustimmungsbedürftigkeit von Kündigungen zu vereinbaren, schließt auch die Befugnis ein, weniger weitgehende, aber über die gesetzliche Regelung hinausgehende Mitwirkungsrechte des Betriebsrats durch Betriebsvereinbarung festzulegen (argumentum a maiore ad minus), zB über den Katalog des § 102 Abs. 3 BetrVG hinausgehende Widerspruchsgründe (s. Rz 148) oder ein Beratungsrecht des Betriebsrats (vgl. *BAG* 6.2.1997 EzA § 102 BetrVG 1972 Nr. 97). Solche freiwillige Betriebsvereinbarungen bedürfen zu ihrer Wirksamkeit der **Schriftform** (§ 77 Abs. 2 BetrVG). Sie sind gem. § 77 Abs. 5 BetrVG kündbar, bleiben aber bei einem Betriebsinhaberwechsel (§ 613a BGB) weiter in Kraft (vgl. *Gamillscheg* ZfA 1977, 289). 243

Durch **formlose Vereinbarung** (sog. Betriebsabsprache oder Regelungsabrede) zwischen Arbeitgeber und Betriebsrat können die Mitwirkungsrechte des Betriebsrats nach § 102 Abs. 1–5 BetrVG nicht generell erweitert werden (*BAG* 14.2.1978 EzA § 102 BetrVG 1972 Nr. 33), ebenso wenig durch einzelvertragliche Vereinbarung zwischen Arbeitgeber und Arbeitnehmer (vgl. *LAG Hamm* 27.10.1975 ARSt 1978, 127). 243a

Hingegen können durch **Tarifvertrag** die Mitwirkungsrechte des Betriebsrats über § 102 BetrVG hinaus erweitert werden; insoweit kann durch Tarifvertrag die Zulässigkeit von Kündigungen auch an die Zustimmung des Betriebsrats geknüpft werden (*BAG* 21.6.2000 EzA § 1 TVG Betriebsverfassungsnorm Nr. 1 = AP Nr. 121 zu § 102 BetrVG 1972 mit abl. Anm. *Kraft*; 10.2.1988 DB 1988, 1397 = SAE 1991, 352 mit krit. Anm. *Buchner*; *Bösche* S. 181; *Fitting* Rz 132; krit. *Richardi/Thüsing* Rz 305; aA *Kraft/Raab* vor § 92 Rz 22; *Heinze* S. 292; HSWG-*Schlochauer* Rz 198; *Stege/Weinspach/Schiefer* Rz 18). Ein Unterlassungsanspruch des Betriebsrats, bereits vor Abschluss des tariflichen Mitbestimmungsverfahrens Kündigungen auszusprechen, folgt daraus jedoch nicht; denn die Interessen des Betriebsrats sind dadurch gewahrt, dass die ohne seine Zustimmung ausgesprochenen Kündigungen unwirksam sind. Die Tarifvertragsparteien können auch regeln, dass die Zustimmung des Betriebsrats als erteilt gilt, wenn er sich nicht innerhalb einer Stellungnahmefrist – mindestens in der Höhe nach § 102 Abs. 2 BetrVG – äußert (ebenso: *BAG* 21.6.2000 EzA § 1 TVG Betriebsverfassungsnorm Nr. 1), und dass bei Verweige- 244 rung der Zustimmung eine Einigungsstelle über die Berechtigung der Nichterteilung der Zustimmung verbindlich entscheidet (*LAG Köln* 24.11.1983 DB 1984, 670). Dies folgt aus der Befugnis der Tarifvertragsparteien, betriebsverfassungsrechtliche Fragen zu regeln (§ 1 Abs. 1 TVG; s. Rz 148). Deshalb ist es auch nicht gerechtfertigt, die tarifliche Erweiterung der Mitwirkungsrechte des Betriebsrats nur für ordentliche Kündigungen zuzulassen (nach *Wiedemann* § 1 Rz 602 kommt eine tarifliche Erweiterung der Mitwirkungsrechte des Betriebsrats bei außerordentlichen Kündigungen nur »mit Einschränkung« in Betracht). Die Erweiterung der Mitwirkungsrechte des Betriebsrats kann sich auch auf bestimmte Personengruppen beschränken, zB gewerkschaftliche Vertrauensleute (*LAG Düsseld.* 25.8.1995 LAGE Art. 9 GG Nr. 11). Bei bestehender tariflicher oder tarifüblicher Regelung über die Erweiterung der Mitwirkungsrechte des Betriebsrats bei Kündigungen sind zusätzliche Betriebsvereinbarungen wegen des Tarifvorrangs (§ 77 Abs. 3 BetrVG) unzulässig (APS-*Koch* Rz 180).

244a Wegen des **zwingenden Charakters** des § 102 BetrVG und wegen seines Schutzzweckes können allerdings weder durch Tarifvertrag noch durch Betriebsvereinbarung Mitwirkungsrechte des Betriebsrats nach § 102 BetrVG eingeschränkt werden.

II. Zustimmungsbedürftigkeit von Kündigungen

245 Es ist zulässig, in einer Betriebsvereinbarung **sämtliche Kündigungen** des Arbeitgebers von der Zustimmung des Betriebsrats abhängig zu machen (vgl. *Fitting* Rz 124 mwN; **aA** *Matthes* FA 2004, 354 und FS *Schwerdtner* S. 332: nur ordentliche Kündigungen). Die Zustimmungsbedürftigkeit einer Kündigung kann aber auch nur für bestimmte Arten von Kündigungen vereinbart werden, zB ordentliche Kündigungen, außerordentliche Kündigungen, betriebsbedingte Kündigungen. Kündigungen des Arbeitnehmers können nicht von der Zustimmung des Betriebsrats abhängig gemacht werden (*Richardi/Thüsing* Rz 284).

245a Ohne eine vorgeschriebene Zustimmung des Betriebsrats oder eine sie ersetzenden Entscheidung der Einigungsstelle oder des Gerichts ist eine Kündigung des Arbeitgebers **unwirksam.** Dieser Mangel kann nur innerhalb von drei Wochen gerichtlich geltend gemacht werden (§ 4 S. 1 KSchG).

III. Beschränkungen des Kündigungsrechts des Arbeitgebers

246 Eine Beschränkung des Kündigungsrechts des Arbeitgebers ist durch **freiwillige Betriebsvereinbarung nach § 88 BetrVG** möglich; diese Beschränkung muss sich aber iS eines Sozialschutzes auf bestimmte besonders schutzbedürftige Arbeitnehmergruppen beziehen, zB Ausschluss der ordentlichen Kündigung gegenüber älteren Arbeitnehmern. Insoweit ist es auch zulässig, die Kündigung an die Zustimmung des Betriebsrats zu knüpfen, ohne dass eine Überprüfung einer ablehnenden Entscheidung des Betriebsrats durch Einigungsstelle oder Arbeitsgericht ermöglicht wird (vgl. *Galperin/Löwisch* Rz 128).

246a Soweit dem Betriebsrat nur **erweiterte Mitwirkungsrechte** bei Kündigungen durch Betriebsvereinbarung eingeräumt sind, die Kündigungen aber nicht seiner Zustimmung bedürfen, führt eine Verletzung dieser Mitwirkungsrechte durch den Arbeitgeber nur dann zur Unwirksamkeit der Kündigung, wenn dies in der betreffenden Betriebsvereinbarung eindeutig geregelt ist (*BAG* 6.2.1997 EzA § 102 BetrVG 1972 Nr. 97). Andernfalls kommt bei wiederholten Verstößen des Arbeitgebers nur ein Unterlassungsverfahren gem. § 23 Abs. 3 BetrVG in Betracht.

IV. Grenzen der Regelungsbefugnis der Betriebspartner

247 Durch eine Betriebsvereinbarung, die Kündigungen mit Zustimmung des Betriebsrats zulässt, können grundgesetzliche, kollektivrechtliche oder einzelvertragliche **Kündigungsbeschränkungen nicht verdrängt** werden, zB im Arbeitsvertrag vereinbarter Ausschluss der ordentlichen Kündigung. Die Betriebsvereinbarung kann auch **keine zusätzlichen Kündigungsgründe** schaffen (*Matthes* FS Schwerdtner S. 333); ebenso wenig kann die Zustimmung des Betriebsrats eine an sich sozialwidrige Kündigung rechtswirksam machen (*Hueck* Einl. Rz 150).

247a Ebenso wenig ist eine **Erweiterung oder ein Ausschluss der Tatbestände für eine außerordentliche Kündigung** über das Gesetz (§ 626 BGB) hinaus zulässig, da die gesetzliche Regelung in § 626 BGB zwingend ist (s. KR-*Fischermeier* § 626 BGB Rz 57 ff.; vgl. ferner *Fitting* Rz 124). Durch Betriebsvereinbarung können aber außerordentliche Kündigungen an die Zustimmung des Betriebsrats gebunden werden, der insoweit eine Rechtsfrage (§ 626 BGB) zu entscheiden hat (vgl. auch *Hueck* Einl. Rz 145). Von diesem

Grundsatz gilt eine Ausnahme: Die Zustimmung des Betriebsrats und das Zustimmungsverfahren zu außerordentlichen Kündigungen von Amtsträgern iSv § 103 BetrVG (Betriebsratsmitglieder etc.) kann nicht durch Betriebsvereinbarung gem. § 102 Abs. 6 BetrVG geregelt werden, da dies bereits in § 103 BetrVG, § 15 KSchG geregelt ist und diese Vorschriften insoweit zwingende Sonderregelungen enthalten (*Fitting* Rz 124; *Halberstadt* BB 1973, 1447; HSWG-*Schlochauer* Rz 193; **aA** *Gamillscheg* ZfA 1977, 255).

V. Zustimmungsverfahren beim Betriebsrat

Werden Kündigungen an die Zustimmung des Betriebsrats geknüpft und damit die Mitwirkungsrechte nach § 102 Abs. 1–3 BetrVG erweitert, können Arbeitgeber und Betriebsrat insoweit auch das Verfahren bei der Anhörung des Betriebsrats regeln, zB ob, in welcher Weise und in welchem Umfang der Arbeitgeber dem Betriebsrat die Kündigungsgründe von sich aus oder nur auf Aufforderung des Betriebsrats mitteilen muss, ob die Unterrichtung des Betriebsrats auch noch nach Ausspruch der Kündigung zulässig ist, innerhalb welcher Frist der Betriebsrat zur Kündigung Stellung nehmen muss oder ob sein Schweigen als Zustimmung gilt. Die so getroffene Regelung **tritt an die Stelle der gesetzlichen Regelung** nach § 102 Abs. 1–2 BetrVG (BAG 7.12.2000 EzA § 1 KSchG Betriebsbedingte Kündigung Nr. 108; *Fitting* Rz 125; **aA** *Halberstadt* BB 1973, 1444 f.). Die Stellungnahmefristen für den Betriebsrat bei **einer außerordentlichen Kündigung** müssen aber so bemessen sein, dass der Arbeitgeber noch innerhalb der Zweiwochenfrist des § 626 Abs. 2 BGB die Kündigung aussprechen oder die Einigungsstelle oder das ArbG zur Ersetzung der Zustimmung des Betriebsrats anrufen kann; andernfalls läge in der vereinbarten Frist eine unzulässige Erschwerung des Rechts des Arbeitgebers zur Kündigung aus wichtigem Grund. Wird die Stellungnahmefrist für den Betriebsrat unangemessen lange (zB zwei Wochen bei außerordentlicher Kündigung) festgesetzt, ist die Vereinbarung insoweit unwirksam, und es gilt die gesetzliche Frist (§ 102 Abs. 2 BetrVG).

248

Soweit Arbeitgeber und Betriebsrat keine von § 102 Abs. 1–2 BetrVG abweichende Regelung getroffen haben, ist hinsichtlich der Mitteilungspflichten des Arbeitgebers, der Durchführung des Anhörungsverfahrens und der Äußerungsfristen für den Betriebsrat die Regelung des § 102 Abs. 1–2 BetrVG entsprechend anzuwenden, jedoch gilt das **Schweigen des Betriebsrats** hier als Ablehnung und nicht als Zustimmung zur Kündigung, da die Zustimmung des Betriebsrats iSv § 102 Abs. 6 BetrVG – ebenso wie die Zustimmung nach § 103 BetrVG – eine positiv zur Kündigung Stellung nehmende Erklärung des Betriebsrats voraussetzt (vgl. *Richardi/Thüsing* Rz 295).

249

In der Betriebsvereinbarung kann auch einschränkend festgelegt werden, dass dem Betriebsrat **nur unter bestimmten Voraussetzungen** ein Zustimmungsverweigerungsrecht zusteht (*Bösche* S. 180; *Matthes* FA 2004, 354); dann gilt im Übrigen die gesetzliche Regelung nach § 102 BetrVG und insbesondere das in Abs. 3 festgelegte, zu Ungunsten des Betriebsrats unabdingbare und unverzichtbare Widerspruchsrecht. Soweit das Zustimmungsverweigerungsrecht des Betriebsrats durch die Betriebsvereinbarung nicht eingeschränkt ist, steht es aber nicht in seinem freien oder billigen Ermessen, ob er der Kündigung zustimmen will. Dem BetrVG lässt sich insoweit nicht entnehmen, dass es den materiellen Kündigungsschutz des Arbeitnehmers verbessern will; vielmehr soll durch die Zustimmungsbedürftigkeit von Kündigungen aufgrund einer Betriebsvereinbarung nach § 102 Abs. 6 BetrVG nur das Mitwirkungsrecht des Betriebsrats gegenüber dem Arbeitgeber verstärkt werden. Dies bedeutet, dass dem Betriebsrat zum Schutz des Arbeitnehmers ein **Mitbeurteilungsrecht** über die soziale Rechtfertigung und Wirksamkeit der beabsichtigten Kündigung eingeräumt ist und er gegebenenfalls auf den Arbeitgeber einwirken kann, von der Kündigung Abstand zu nehmen. Der Betriebsrat entscheidet im Zustimmungsverfahren somit letztlich über eine Rechtsfrage (Wirksamkeit der Kündigung nach kündigungsrechtlichen Vorschriften); daher hat er bei seiner Entscheidung keinen Ermessensspielraum, sondern nur einen Beurteilungsspielraum (**aA** *Bösche* S. 179).

249a

Betriebsvereinbarungen, die dem Betriebsrat gleichwohl einen **Ermessensspielraum** (freies Ermessen, billiges Ermessen) bei der Entscheidung über die Zustimmung zur Kündigung einräumen, sind insoweit **unwirksam**, weil § 102 Abs. 6 BetrVG eine abschließende Regelung der Mitwirkung des Betriebsrats bei Kündigungen durch freiwillige Betriebsvereinbarung enthält. In diesem Fall ist die insoweit unwirksame Betriebsvereinbarung dahin umzudeuten, dass dem Betriebsrat nur ein Beurteilungsspielraum hinsichtlich der Wirksamkeit der Kündigung eingeräumt ist (Mitbeurteilungsrecht). Die Wirksamkeit der Betriebsvereinbarung im Übrigen wird dadurch nicht berührt.

249b

Wenn die Kündigung von der Zustimmung des Betriebsrats abhängig gemacht wird, muss die **Zustimmung** des Betriebsrats in entsprechender Anwendung des § 102 Abs. 1 BetrVG grds. **vor Aus-**

250

spruch der Kündigung vorliegen (*Richardi/Thüsing* Rz 296; *Galperin/Löwisch* Rz 129). Arbeitgeber und Betriebsrat können jedoch eine abweichende Vereinbarung treffen und zulassen, dass die Zustimmung zur Kündigung auch nach Ausspruch der Kündigung erteilt werden kann (HaKo-*Griebeling* Rz 225; *Richardi/Thüsing* aaO; *Knorr/Bichlmeier/Kremhelmer* S. 293 Rz 149; **aA** *Matthes* FA 2004, 354 *und* FS *Schwerdtner* S. 335; *Rieble* AuR 1993, 43). Hierbei kann die **nachträgliche Zustimmung** allgemein oder nur für bestimmte Fälle (zB außerordentliche Kündigung) zugelassen werden (*Galperin/Löwisch* aaO). Ebenso unbedenklich ist es, wenn die Einleitung des Zustimmungsverfahrens auch noch nach Ausspruch der Kündigung zugelassen wird (**aA** *Richardi/Thüsing* aaO); bei einer außerordentlichen Kündigung müssen die Fristen aber so bemessen sein, dass bei Ablauf der Zweiwochenfrist des § 626 Abs. 2 BGB das Zustimmungsverfahren beim Betriebsrat abgeschlossen ist, da es mit dem Zweck der Zweiwochenfrist unvereinbar ist, einen längeren Zeitraum bis zum Wirksamwerden der außerordentlichen Kündigung verstreichen zu lassen. In diesen Fällen ist die ohne Zustimmung des Betriebsrats ausgesprochene Kündigung zunächst **schwebend unwirksam und wird mit der Erteilung der Zustimmung rückwirkend wirksam**, so dass der erneute Ausspruch einer Kündigung entbehrlich ist (vgl. *Richardi/Thüsing* Rz 297). Da jedoch eine rückwirkende Beendigung des Arbeitsverhältnisses grundsätzlich nicht möglich ist und der Arbeitnehmer als Kündigungsempfänger grds. nicht in eine ungewisse Lage (schwebende Unwirksamkeit der Kündigung) versetzt werden darf (vgl. BAG 27. 6.1968 EzA § 626 BGB Nr. 9), ist der Arbeitnehmer so zu stellen, als ob die Kündigung erst im Zeitpunkt der Erteilung der Zustimmung des Betriebsrats ausgesprochen worden wäre. Steht daher bei einer ordentlichen Kündigung vom Zeitpunkt der Erteilung der Zustimmung des Betriebsrats ab bis zu dem Kündigungstermin, zu dem der Arbeitgeber die Kündigung ausgesprochen hatte, nicht mehr die im Einzelfall maßgebende Kündigungsfrist zur Verfügung, wird der Kündigungstermin entsprechend verlängert (vgl. *Richardi/Thüsing* aaO; **aA** *Galperin/Löwisch* aaO: nachträgliche Zustimmung des Betriebsrats unzulässig, wenn Kündigungsfrist überschritten). Die dreiwöchige Klagefrist gegen die Kündigung (§ 4 KSchG) beginnt hier in entsprechender Anwendung des § 4 Abs. 4 KSchG erst mit der Mitteilung der Zustimmung des Betriebsrats oder der sie ersetzenden Zustimmung der Einigungsstelle an den Arbeitnehmer oder mit Rechtskraft einer die Zustimmung ersetzenden gerichtlichen Entscheidung (*Richardi/Thüsing* aaO).

VI. Widerspruchsrecht des Betriebsrats und Weiterbeschäftigungsanspruch des Arbeitnehmers

251 Soweit Kündigungen an die Zustimmung des Betriebsrats oder die sie ersetzende Zustimmung einer Einigungsstelle oder des ArbG geknüpft sind, **entfällt** das gesetzliche Widerspruchsrecht des Betriebsrats nach § 102 Abs. 3 BetrVG und ein **Weiterbeschäftigungsanspruch** des Arbeitnehmers nach § 102 Abs. 5 BetrVG. Das Zustimmungserfordernis bietet bei einer Gesamtbetrachtung dem Arbeitnehmer einen weitergehenden Bestandsschutz des Arbeitsverhältnisses als ein bloßes Widerspruchsrecht des Betriebsrats. Bei fehlender Zustimmung des Betriebsrats dürfte im Allgemeinen ein Weiterbeschäftigungsanspruch nach allgemeinen Grundsätzen in Betracht kommen. Die zwischen Arbeitgeber und Betriebsrat vereinbarte Zustimmungsbedürftigkeit von Kündigungen verdrängt deshalb insoweit die gesetzlichen Regelungen über das Widerspruchsrecht des Betriebsrats und über die Rechtsfolgen des Widerspruchs (vgl. *Richardi/Thüsing* Rz 302, 304; *Fitting* Rz 125; *Galperin/Löwisch* Rz 133; **aA** *Matthes* FA 2004, 357 *und* FS *Schwerdtner* S. 338). Vereinbaren allerdings Arbeitgeber und Betriebsrat ausdrücklich, dass bei einem Widerspruch des Betriebsrats gegen die Kündigung der Arbeitnehmer bis zur Beendigung des Kündigungsrechtsstreits weiterbeschäftigt werden soll, falls die Einigungsstelle die Zustimmung zur Kündigung ersetzt und der Arbeitgeber daraufhin die Kündigung ausspricht, wird eine solche Vereinbarung durch die Regelungsbefugnis der Betriebspartner nach § 102 Abs. 6 BetrVG gedeckt. Wenn § 102 Abs. 6 BetrVG die Vereinbarung der Zustimmungsbedürftigkeit von Kündigungen erlaubt, dürfen die Betriebspartner auch alle damit zusammenhängenden Modalitäten, wozu auch die Weiterbeschäftigung bis zum Abschluss des Kündigungsrechtsstreits zu zählen ist, regeln (vgl. *Halberstadt* BB 1973, 1444 ff.).

VII. Ersetzung der Zustimmung des Betriebsrats durch Einigungsstelle oder Arbeitsgericht

252 Für den Fall, dass der Betriebsrat der Kündigung nicht zustimmt, **muss in dem maßgebenden Tarifvertrag oder in der Betriebsvereinbarung grds. die Einschaltung der Einigungsstelle oder des ArbG vorgesehen werden,** die über die Berechtigung der Nichterteilung der Zustimmung zu entscheiden haben (Ausnahme: s. Rz 246). Wenn § 102 Abs. 6 BetrVG die Möglichkeit, die Einschaltung der Einigungsstelle zu vereinbaren, vorsieht, muss davon ausgegangen werden, dass das Gesetz die Überprü-

fung einer ablehnenden Entscheidung des Betriebsrats ermöglichen will. Darüber hinaus ist aus dem systematischen Zusammenhang von § 102 Abs. 6 BetrVG mit § 102 Abs. 1–5 BetrVG zu schließen, dass § 102 Abs. 6 BetrVG nur das Verfahren bei Ausspruch einer Kündigung regeln, aber nicht das materielle Kündigungsrecht des Arbeitgebers beschränken will (**aA** *Matthes FA 2004, 355 und FS Schwerdtner* S. 334; *Rieble* AuR 1993, 41), was bei einer Unüberprüfbarkeit der ablehnenden Entscheidung des Betriebsrats einträte (*Galperin/Löwisch* Rz 130; HSWG-*Schlochauer* Rz 200; **aA** *Gamillscheg* ZfA 1977, 255; *Halberstadt* BB 1973, 1442). Eine Beschränkung des Kündigungsrechts des Arbeitgebers ist allerdings in begrenztem Umfang durch freiwillige Betriebsvereinbarung nach § 88 BetrVG möglich (s. Rz 246).

Soweit keine Beschränkung des Kündigungsrechts durch Betriebsvereinbarung nach § 88 BetrVG vorliegt, gelten folgende Grundsätze: 253

a) Ein Tarifvertrag oder eine Betriebsvereinbarung, die das Zustimmungsrecht des Betriebsrats für Kündigungen einführen, aber die **Überprüfung** einer ablehnenden Entscheidung des Betriebsrats durch die Einigungsstelle oder das ArbG ausdrücklich **ausschließen,** sind unwirksam (GK-*Raab* § 102 Rz 208; HSWG-*Schlochauer* Rz 200; *Hanau* BB 1971, 490; vgl. auch *Mauer/Schüßler* BB 2000, 2518). 254

b) Legen ein Tarifvertrag oder eine Betriebsvereinbarung lediglich fest, dass Kündigungen der Zustimmung des Betriebsrats bedürfen, und ist für den Fall einer ablehnenden Entscheidung des Betriebsrats **keine Regelung** getroffen, ist davon auszugehen, dass die Tarifpartner bzw. Arbeitgeber und Betriebsrat den gesetzlichen Regelfall – Entscheidung der Einigungsstelle – nicht ausschließen wollten und deshalb die Einigungsstelle für die Überprüfung einer ablehnenden Entscheidung des Betriebsrats zuständig ist (*BAG* 28.4.1998 EzA § 77 BetrVG 1972 Nachwirkung Nr. 1; *Richardi/Thüsing* Rz 293; *Meisel* DB 1972, 1679; **aA** *ArbG Emden* 30.12.1974 ARSt 1975, 85; *Matthes* FS Schwerdtner S. 336). 255

c) Bestimmen ein Tarifvertrag oder eine Betriebsvereinbarung, dass Kündigungen der Zustimmung des Betriebsrats bedürfen, gegen eine ablehnende Entscheidung die **Einigungsstelle** aber **nicht angerufen werden kann,** kann der Arbeitgeber die Gerichte für Arbeitssachen zur Überprüfung der Entscheidung des Betriebsrats anrufen. Dasselbe gilt, wenn Tarifvertrag oder Betriebsvereinbarung positiv regeln, dass gegen eine ablehnende Entscheidung des Betriebsrats das ArbG angerufen werden kann (*BAG* 21.6.2000 EzA § 1 TVG Betriebsverfassungsnorm Nr. 1; vgl. auch *Galperin/Löwisch* Rz 132; GK-*Raab* § 102 Rz 209; HSWG-*Schlochauer* Rz 200; **aA** *Fitting* Rz 126; *Adomeit* DB 1971, 2363; *Rieble* AuR 1993, 45). 256

Ist die **Einigungsstelle** für die Überprüfung der Entscheidung des Betriebsrats zuständig, hat sie die Zustimmung des Betriebsrats zu ersetzen, wenn die Kündigung sachlich gerechtfertigt ist. Die Einigungsstelle entscheidet somit ebenso wie der Betriebsrat über eine Rechtsfrage (*Galperin/Löwisch* Rz 131; vgl. auch *Richardi/Thüsing* Rz 299 mwN). Im Verfahren vor der Einigungsstelle kann der Arbeitgeber seine Mitteilungen zu den Kündigungsgründen noch vervollständigen (*BAG* 7.12.2000 EzA § 1 KSchG Betriebsbedingte Kündigung Nr. 108). Erteilt die Einigungsstelle die Zustimmung zur Kündigung, kann der Arbeitgeber kündigen, auch wenn der Betriebsrat die Entscheidung der Einigungsstelle mit Rechtsmitteln angreift (*Galperin/Löwisch* Rz 130a; HSWG-*Schlochauer* Rz 201). 257

Gegen die Entscheidung der Einigungsstelle ist stets die **Anrufung des ArbG** zulässig (*Fitting* Rz 127; *Galperin/Löwisch* Rz 130a, 131; vgl. auch GK-*Raab* § 102 Rz 208; *Richardi/Thüsing* Rz 299), allerdings nur durch den Arbeitgeber – falls die Zustimmung zur Kündigung nicht erteilt wurde – oder durch den Betriebsrat – falls die Zustimmung zur Kündigung erteilt wurde –, nicht jedoch durch den betroffenen Arbeitnehmer (*Fitting* Rz 128; *Galperin/Löwisch* Rz 134). Dieser kann nur die aufgrund der Zustimmung erklärte Kündigung im Klagewege angreifen und in diesem Rechtsstreit ggf. geltend machen, die Kündigung sei schon deshalb unwirksam, weil die Zustimmung nicht hätte erteilt werden dürfen (s. auch Rz 265 f.). 258

Auch das ArbG, gleichgültig ob es unmittelbar zur Überprüfung der Entscheidung des Betriebsrats zuständig ist oder gegen die Entscheidung der Einigungsstelle angerufen wird, hat über eine **Rechtsfrage** zu entscheiden. Es hat die Entscheidung des Betriebsrats oder der Einigungsstelle voll nachzuprüfen und die Zustimmung des Betriebsrats zu ersetzen, wenn die Kündigung sachlich gerechtfertigt ist (*Galperin/Löwisch* Rz 131; GK-*Raab* § 102 Rz 208; HSWG-*Schlochauer* Rz 203; *Henssler* RdA 1991, 274; **aA** *Gamillscheg* ZfA 1977, 154: nur Ermessensüberprüfung; *Rieble* AuR 1993, 45 ff.: nur Ermessenskontrolle bei personen- und verhaltensbedingter Kündigung sowie bei der Sozialauswahl). Da über eine Rechtsfrage zu entscheiden ist, findet die Zweiwochenfrist des § 76 Abs. 5 S. 4 BetrVG zur Anrufung des ArbG hier keine Anwendung (*Richardi/Thüsing* Rz 299); es besteht somit überhaupt **keine Anfech-** 259

§ 102 BetrVG   Mitbestimmung bei Kündigungen

tungsfrist zur Anrufung des ArbG (vgl. auch *Galperin/Löwisch* Rz 130a). Das Recht zur Anrufung des ArbG kann aber nach allgemeinen Grundsätzen verwirkt werden.

260 Ruft der Arbeitgeber gegen eine ablehnende Entscheidung des Betriebsrats die **Einigungsstelle** an, ist der **Arbeitnehmer in diesem Verfahren nicht Beteiligter** (*Fitting* Rz 128; *Galperin/Löwisch* Rz 34; HSWG-*Schlochauer* Rz 197). Ersetzt die Einigungsstelle die Zustimmung des Betriebsrats, kann dieser – nicht der betroffene Arbeitnehmer – zwar hiergegen die Gerichte für Arbeitssachen anrufen, dies hindert den Arbeitgeber aber nicht, die Kündigung auszusprechen, da die Entscheidung der Einigungsstelle die gleiche Funktion wie die Einigung zwischen Arbeitgeber und Betriebsrat hat (*Galperin/Löwisch* Rz 130a, § 76 Rz 37; GK-*Raab* § 102 Rz 209).

261 In dem Verfahren vor den Gerichten für Arbeitssachen, das im Beschlussverfahren durchzuführen ist (§§ 80 ff. ArbGG), ist gem. § 83 BetrVG **der betroffene Arbeitnehmer nicht Beteiligter,** weil er nicht in seiner betriebsverfassungsrechtlichen Stellung betroffen ist und das Gesetz seine Beteiligtenstellung – anders als etwa in § 103 Abs. 2 S. 2 BetrVG – auch nicht vorsieht (GMPMG-*Matthes* § 83 Rz 47; HaKo-*Griebeling* Rz 228; GK-*Raab* Rz 212; **aA** *Fitting* Rz 128; HaKo-BetrVG-*Braasch* Rz 141; HSWG-*Schlochauer* Rz 203). Der Arbeitnehmer ist vielmehr in dem Beschlussverfahren nur zu hören (§ 83 Abs. 3 ArbGG; GMPMG-*Matthes* § 83 Rz 45).

262 Ersetzt ein Gericht für Arbeitssachen die Zustimmung zur Kündigung, so kann der Arbeitgeber die **Kündigung** grds. erst aussprechen, **wenn die gerichtliche Entscheidung rechtskräftig geworden ist** (vgl. HSWG-*Schlochauer* Rz 201). Denn nach § 85 Abs. 1 ArbGG findet im arbeitsgerichtlichen Beschlussverfahren die Zwangsvollstreckung nur aus rechtskräftigen Beschlüssen der ArbG statt (vgl. BAG 11.11.1976 EzA § 102 BetrVG 1972 Nr. 17). Etwas anderes gilt nur dann, wenn nach der Betriebsvereinbarung die nachträgliche Erteilung der Zustimmung zulässig ist; dann steht der Zeitpunkt des Eintritts der Rechtskraft der gerichtlichen Entscheidung der nachträglich erteilten Zustimmung des Betriebsrats gleich (s. Rz 250).

VIII. Ausschlussfrist bei außerordentlicher Kündigung

263 Trotz des Erfordernisses der Zustimmung des Betriebsrats findet bei außerordentlichen Kündigungen die Ausschlussfrist des § 626 Abs. 2 BGB Anwendung. Es gilt hier dasselbe, was nach Auffassung des BAG bei außerordentlichen Kündigungen gegenüber Betriebsratsmitgliedern (§ 102 BetrVG, § 15 KSchG) zu beachten ist: Die Zweiwochenfrist des § 626 Abs. 2 BGB **beginnt mit der Kenntnis des Arbeitgebers von den die Kündigung begründenden Tatsachen.** Der Betriebsrat hat innerhalb der vereinbarten (s. Rz 248) oder gesetzlichen (3 Tage) Frist Gelegenheit, zur Kündigung Stellung zu nehmen. Stimmt er der Kündigung zu, muss der Arbeitgeber noch innerhalb der Zweiwochenfrist die Kündigung aussprechen. Schweigt er oder lehnt er die Zustimmung zur Kündigung ab, muss der Arbeitgeber noch innerhalb der Zweiwochenfrist die Einigungsstelle oder – falls dessen Zuständigkeit in Betracht kommt (s. Rz 256) – das ArbG anrufen (vgl. BAG 18.8.1977 EzA § 103 BetrVG 1972 Nr. 20; *Galperin/Löwisch* Rz 140; GK-*Raab* § 102 Rz 205; HSWG-*Schlochauer* Rz 195; **aA** *Fitting* Rz 124).

264 Lehnt die Einigungsstelle die Zustimmung zur Kündigung ab, muss der Arbeitgeber unverzüglich das ArbG anrufen. Ersetzt die Einigungsstelle oder ein Gericht für Arbeitssachen die Zustimmung des Betriebsrats zur Kündigung, muss der Arbeitgeber unverzüglich nach der Entscheidung der Einigungsstelle bzw. **unverzüglich** nach Eintritt der Rechtskraft der gerichtlichen Entscheidung die **Kündigung aussprechen** (vgl. BAG 24.4.1975 EzA § 103 BetrVG 1972 Nr. 8; *Galperin/Löwisch* Rz 141; HSWG-*Schlochauer* Rz 195). Ist eine nachträgliche Zustimmung zur Kündigung zulässig (s. Rz 250) und wird das Zustimmungsverfahren erst nach Ausspruch der Kündigung abgeschlossen, entfällt die Notwendigkeit einer (weiteren) Kündigung (wegen der Einzelheiten s. Rz 250).

IX. Kündigungsschutzklage des Arbeitnehmers

265 Hat ein Gericht für Arbeitssachen die Zustimmung des Betriebsrats zur Kündigung rechtskräftig ersetzt, hindert dies den Arbeitnehmer nicht, gegen die Kündigung Kündigungsschutzklage zu erheben. Jedoch wird mit der rechtskräftigen Ersetzung der Zustimmung zur Kündigung die für den nachfolgenden Kündigungsschutzprozess im Grundsatz bindende Feststellung getroffen, dass die Kündigung unter Berücksichtigung aller Umstände sachlich gerechtfertigt ist. Wegen dieser **Präjudizwirkung** kann der Arbeitnehmer im Kündigungsschutzprozess die unrichtige Entscheidung der Vorfrage (sachliche Rechtfertigung der Kündigung) nicht mehr geltend machen, soweit er sich dabei auf Tatsachen stützt, die er in dem früheren Verfahren erfolglos geltend gemacht hat oder hätte geltend machen

Mitbestimmung bei Kündigungen § 102 BetrVG

können; er kann die unrichtige Entscheidung der Vorfrage jedoch noch insoweit geltend machen, als er neue Tatsachen vorbringt, die im Beschlussverfahren noch nicht berücksichtigt werden konnten, zB nicht rechtzeitiger Ausspruch der Kündigung, Formverstoß bei Kündigung, Geschäftsunfähigkeit des Arbeitgebers (vgl. *BAG* 24.4.1975 EzA § 103 BetrVG 1972 Nr. 8; *Fitting* Rz 129; *Galperin/Löwisch* Rz 134; HSWG-*Schlochauer* Rz 201).

Gegenüber einer durch den Betriebsrat oder eine Einigungsstelle erteilten Zustimmung zur Kündigung stehen dem Arbeitnehmer im Kündigungsschutzprozess die **vollen Rechte nach dem KSchG** zu. Sein Kündigungsschutz ist nicht beschränkt. Er kann die Sozialwidrigkeit einer ordentlichen Kündigung ebenso unbeschränkt geltend machen (HSWG-*Schlochauer* Rz 201; **aA** *Fitting* Rz 129) wie das Fehlen der Voraussetzungen für die Erteilung der Zustimmung zur Kündigung (vgl. *Galperin/Löwisch* Rz 127). Ein **Weiterbeschäftigungsanspruch** nach § 102 Abs. 5 BetrVG scheidet allerdings grds. aus (s. Rz 251). Ist jedoch die Zustimmung zur Kündigung durch Betriebsrat oder Einigungsstelle offensichtlich zu Unrecht erteilt worden, kann der Arbeitnehmer seine Weiterbeschäftigung nach allgemeinen Grundsätzen durch einstweilige Verfügung gegen den Arbeitgeber erreichen (vgl. *Galperin/Löwisch* Rz 135). 266

X. Mitwirkungsrechte des Betriebsrats nach anderen Gesetzen

Die Vorschriften über die Beteiligung des Betriebsrats nach dem KSchG werden durch § 102 Abs. 1–6 BetrVG **nicht berührt** (§ 102 Abs. 7 BetrVG). Gemeint sind hiermit das Recht des Arbeitnehmers, gegen eine seines Erachtens nach sozial ungerechtfertigte Kündigung beim Betriebsrat Einspruch einzulegen, sowie die Aufgabe des Betriebsrats, eine Verständigung mit dem Arbeitgeber zu versuchen, wenn er den Einspruch für begründet hält, und auf Verlangen dem Arbeitnehmer und dem Arbeitgeber seine Stellungnahme schriftlich mitzuteilen (§ 3 KSchG); ferner sind auch die besonderen Mitwirkungsrechte des Betriebsrats bei Massenentlassungen zu beachten (§ 17 KSchG), die durch § 102 Abs. 6 BetrVG unberührt bleiben (s. hierzu die Erläut. bei KR-*Weigand* zu § 17 KSchG). 267

Auch sonstige Mitwirkungsrechte des Betriebsrats bei Kündigungen werden durch § 102 Abs. 1–6 BetrVG grds. nicht eingeschränkt oder abgelöst, zB die Beteiligung des Betriebsrats vor der Kündigung eines Schwerbehinderten im Verfahren vor dem Integrationsamt nach § 87 Abs. 2 SGB IX (vgl. *Fitting* Rz 136). 268

J. Weiterbeschäftigung während eines Beendigungsrechtsstreits (allgemeiner Weiterbeschäftigungsanspruch)

I. Problemstellung

1. Beendigungskündigung

Nach Ablauf der Kündigungsfrist bei der wirksamen ordentlichen Kündigung bzw. nach Zugang der Kündigungserklärung bei der wirksamen außerordentlichen Kündigung besteht wegen Beendigung des Arbeitsverhältnisses kein Beschäftigungsanspruch mehr. Umgekehrt bestehen das Arbeitsverhältnis und der Beschäftigungsanspruch fort, wenn die Kündigung unwirksam ist. Dieser materiell-rechtlich einfache Rechtszustand wird erheblich kompliziert, wenn eine Kündigungsschutzklage anhängig ist, über die bis zum Ablauf der Kündigungsfrist noch nicht rechtskräftig entschieden ist. Bis zur rechtskräftigen Entscheidung ist dann unklar, ob die Kündigung wirksam ist oder nicht. Dementsprechend bleibt auch zweifelhaft, ob das Arbeitsverhältnis und der Beschäftigungsanspruch bestehen. Das **Problem** besteht deshalb darin, ob während dieser **Zeit der Unklarheit bis zum rechtskräftigen Abschluss des Kündigungsrechtsstreits ein Beschäftigungsanspruch des Arbeitnehmers besteht.** Das Problem würde sich bei der ordentlichen Kündigung von selbst erledigen, wenn eine abschließende Prüfung der Wirksamkeit der Kündigung innerhalb der Kündigungsfrist möglich wäre (bis zum Ablauf der Kündigungsfrist besteht ein allgemeiner Beschäftigungsanspruch; vgl. *ArbG Leipzig* 8.8.1996 BB 1997, 366). 269

Einen besonderen Beschäftigungsanspruch für die Dauer des Kündigungsrechtsstreits regelt § 102 Abs. 5 BetrVG unter den dort genannten Voraussetzungen, falls der Betriebsrat einer ordentlichen Kündigung widersprochen hat (s. Rz 193 ff.). Damit ist aber nur ein verhältnismäßig geringer Teil der Fälle erfasst. Problematisch bleibt, ob ein Beschäftigungsanspruch auch zugunsten derjenigen Arbeitnehmer besteht, in deren Betrieb ein **Betriebsrat nicht existiert**, oder wenn der Betriebsrat der ordentlichen Kündigung **nicht widersprochen** hat (vgl. *BAG* 18.1.1979 EzA § 611 BGB Beschäftigungspflicht 270

Etzel 1269

Nr. 3). Ebenso stellt sich die Frage nach einem Beschäftigungsanspruch nach Zugang einer **außerordentlichen Kündigung** bis zum rechtskräftigen Abschluss des Kündigungsrechtsstreits, da die außerordentliche Kündigung von § 102 Abs. 5 BetrVG nicht erfasst wird.

271 Der Große Senat des *BAG* hat sich diesen in Literatur und Rechtsprechung kontrovers diskutierten Fragen in seiner Grundsatzentscheidung vom 27.2.1985 (EzA § 611 BGB Beschäftigungspflicht Nr. 9 mit Anm. *Gamillscheg*) angenommen. Im Rahmen dieser Entscheidung hat der Große Senat nochmals den allgemeinen Beschäftigungsanspruch im ungekündigten Arbeitsverhältnis bekräftigt (dagegen zu Unrecht *ArbG Nienburg* 7.1.1986 EzA § 611 BGB Beschäftigungspflicht Nr. 18; denn der Anspruch muss nicht vom Arbeitnehmer erhoben werden). Daraus folgert der Große Senat, dass ein Anspruch auf tatsächliche vertragsmäßige Beschäftigung auch für die Dauer des Kündigungsschutzprozesses gilt, falls die Kündigung unwirksam war. Da aber die Frage, ob die Kündigung unwirksam war, erst nach rechtskräftiger Beendigung des Kündigungsrechtsstreits feststeht, hat der Große Senat **unter Abwägung der beiderseitigen Interessen der Arbeitsvertragsparteien** für die Dauer des Kündigungsrechtsstreits eine Zwischenlösung gefunden. Dieser Rechtsprechung (s. Rz 275 f.), die in der Literatur teilweise als unzulässige Rechtsfortbildung abgelehnt wird (vgl. *v. Hoyningen-Huene/Linck* § 4 Rz 99 mwN), ist im Grundsatz zuzustimmen.

2. Änderungskündigung

272 Bei einer Änderungskündigung ist danach zu unterscheiden, ob der Arbeitnehmer die Kündigung **unter Vorbehalt angenommen oder sie abgelehnt hat**. Hat der Arbeitnehmer die Änderungskündigung unter Vorbehalt nach § 2 KSchG angenommen, ist seine Weiterbeschäftigung im Arbeitsverhältnis – wenn auch unter anderen Bedingungen – gesichert. Wegen Annahme des Änderungsangebots unter Vorbehalt ist er sogar zur Weiterarbeit zu den geänderten Arbeitsbedingungen verpflichtet. Ein Anspruch auf vorläufige Weiterbeschäftigung zu den bisherigen Bedingungen ist daher zu verneinen (*BAG* 19.12.1991 RzK I 10i Nr. 38; 18.1.1990 EzA § 1 KSchG Betriebsbedingte Kündigung Nr. 65 mit Anm. *Steinmeyer; Hohmeister* BuW 1994, 173). Hat der Arbeitnehmer jedoch das in der Änderungskündigung enthaltene Angebot abgelehnt oder streiten die Parteien um die Wirksamkeit des vom Arbeitnehmer erklärten Vorbehalts (vgl. hierzu *BAG* 28.3.1985 EzA § 767 ZPO Nr. 1), ist nicht nur der Inhalt sondern auch der Bestand des Arbeitsverhältnisses streitig, weil für den Fall der Wirksamkeit der Kündigung das Arbeitsverhältnis beendet ist. Dieser Fall steht einer Beendigungskündigung gleich, so dass die Grundsätze des Großen Senats über den Weiterbeschäftigungsanspruch während des Kündigungsrechtsstreits Anwendung finden.

3. Sonstige Beendigungsrechtsstreitigkeiten

273 Über einen Weiterbeschäftigungsanspruch des Arbeitnehmers kann auch dann gestritten werden, wenn es um die Wirksamkeit einer **Befristung** oder einer **auflösenden Bedingung** des Arbeitsverhältnisses geht oder darum, ob nach einer Betriebsübernahme ein Arbeitsverhältnis auf den Erwerber übergegangen ist. In diesen Fällen ist vor rechtskräftiger Beendigung des Rechtsstreits – ebenso wie in einem Kündigungsrechtsstreit – unklar, ob das Arbeitsverhältnis über den Zeitpunkt der vereinbarten Befristung oder des Eintritts der auflösenden Bedingung hinaus fortbesteht oder ob es auf den Betriebserwerber übergegangen ist. Die Interessenlage ist damit die gleiche wie in einem Kündigungsrechtsstreit. Deshalb sind die Grundsätze des Beschlusses des Großen Senats über den Weiterbeschäftigungsanspruch entsprechend anzuwenden (*BAG* 13.6.1985 EzA § 611 BGB Beschäftigungspflicht Nr. 16; *LAG Hmb.* 30.9.1994 LAGE § 611 BGB Beschäftigungspflicht Nr. 39; *LAG Hamm* 11.5.1989 LAGE § 611 BGB Beschäftigungspflicht Nr. 26). Streiten die Parteien hingegen darum, ob ein **Arbeitsverhältnis überhaupt begründet** wurde, kommt ein (Weiter-)Beschäftigungsanspruch vor rechtskräftigem Abschluss eines entsprechenden Rechtsstreits nicht in Betracht (*LAG RhPf* 15.6.1993 – 9 Sa 370/93 – nv).

II. Voraussetzungen des Weiterbeschäftigungsanspruchs

1. Offensichtliche Unwirksamkeit

274 Nach langjähriger ständiger Rechtsprechung des BAG besteht ein Anspruch auf Weiterbeschäftigung, wenn die Kündigung offensichtlich unwirksam ist (so schon *BAG* 26.5.1977 EzA § 611 BGB Beschäftigungspflicht Nr. 2, bestätigt durch den Großen Senat *BAG* 27.2.1985 EzA § 611 BGB Beschäftigungspflicht Nr. 9; abl. wegen unzulässiger Rechtsfortbildung: *LAG Nds.* 7.2.1986 EzA § 611 BGB Beschäfti-

gungspflicht Nr. 15; *ArbG Düsseld.* 8.7.1985 NJW 1985, 2975; *Wank* RdA 1987, 160). Dieser Rechtsprechung ist schon deshalb zuzustimmen, weil sie der **materiellen Rechtslage** (Fortbestehen des Arbeitsverhältnisses) konsequent **Rechnung trägt.** Eine offensichtlich unwirksame Kündigung liegt vor, wenn sich die Unwirksamkeit der Kündigung ohne Beurteilungsspielraum und ohne Beweisaufnahme jedem Kundigen aufdrängen muss, also die Unwirksamkeit ohne jeden vernünftigen Zweifel in rechtlicher oder tatsächlicher Hinsicht offen erkennbar ist (vgl. BAG 19.12.1985 EzA § 611 BGB Beschäftigungspflicht Nr. 17), zB wenn die Kündigung unstreitig ohne vorherige Anhörung des Betriebsrats erklärt wurde oder der Arbeitgeber einer Schwangeren, deren Schwangerschaft er kannte, ohne Zustimmung der zuständigen Behörde kündigt. Der offensichtlich unwirksamen Kündigung steht es gleich, wenn die Kündigung auf dieselben Gründe gestützt wird, die bereits für eine vorhergehende Kündigung vom Gericht als nicht ausreichend angesehen wurden (*BAG* 19.12.1985, aaO).

2. Nach stattgebendem Urteil

Ist die Kündigung nicht offensichtlich unwirksam, besteht nach der Rechtsprechung des Großen Senats des BAG ein Weiterbeschäftigungsanspruch dann, wenn ein die Unwirksamkeit der Kündigung feststellendes **Instanzurteil** ergeht und **keine besonderen Umstände vorliegen, die ein überwiegendes Interesse des Arbeitgebers begründen,** den Arbeitnehmer nicht weiter zu beschäftigen (*BAG* 27.2.1985 EzA § 611 BGB Beschäftigungspflicht Nr. 9). Ein überwiegendes Interesse des Arbeitgebers kann etwa gegeben sein, wenn durch die weitere Mitarbeit für den Betrieb erheblicher Schaden zu erwarten ist, zB durch den Umgang mit Geschäftsgeheimnissen. Solange kein die Unwirksamkeit der Kündigung feststellendes Instanzurteil ergangen ist, ist ebenfalls grds. ein überwiegendes schutzwertes Interesse des Arbeitgebers an der Nichtbeschäftigung des Arbeitnehmers zu bejahen, da der Prozessausgang ungewiss ist und bei einer späteren rechtskräftigen Feststellung der Wirksamkeit der Kündigung für die Zeit der Weiterbeschäftigung während des Kündigungsschutzprozesses ein tatsächliches Arbeitsverhältnis begründet würde (*BAG* 27.2.1985 EzA § 611 BGB Beschäftigungspflicht Nr. 9). Damit gilt folgende Regel: Vor einem der Kündigungsschutzklage stattgebenden Urteil besteht ein Weiterbeschäftigungsanspruch des Arbeitnehmers grds. nur, wenn die Kündigung offensichtlich unwirksam ist (Ausnahme s. Rz 277). Nach einem der Kündigungsschutzklage stattgebenden Instanzurteil **besteht grds. ein Weiterbeschäftigungsanspruch** des Arbeitnehmers, auch wenn die Kündigung nicht offensichtlich unwirksam ist (aA offenbar *Ehler* BB 1996, 377, der vom Arbeitnehmer den Vertrag verlangt, »warum seine Weiterbeschäftigung zur Verwirklichung seines Rechts auf freie Entfaltung seiner Persönlichkeit erforderlich ist«). Dieser Rechtsprechung des BAG ist zuzustimmen, da sie der beiderseitigen gegensätzlichen Interessenlage der Arbeitsvertragsparteien angemessen Rechnung trägt (gegen BAG wegen unzulässiger Rechtsfortbildung: *v. Hoyningen-Huene/Linck* § 4 Rz 99 mwN).

Stellt der Arbeitgeber nach einem der Kündigungsschutzklage stattgebenden Urteil des Arbeitsgerichts in der Berufungsinstanz erstmals einen zulässigen **Auflösungsantrag** nach § 9 KSchG, steht dies einem neuen Auflösungsgrund gleich (s. Rz 296), so dass nunmehr bis zur Entscheidung des LAG der Weiterbeschäftigungsanspruch des Arbeitnehmers entfällt (*BAG* 16.11.1995 EzA Art. 20 Einigungsvertrag Nr. 47; *Müller* BB 2004, 1849). Wird ein die Unwirksamkeit der Kündigung feststellendes Instanzurteil **durch ein** nicht rechtskräftiges **Urteil der nächsten Instanz aufgehoben** und die Klage abgewiesen, entfällt ebenfalls der bis dahin bestehende Weiterbeschäftigungsanspruch. Denn nunmehr besteht kein die Unwirksamkeit der Kündigung feststellendes Instanzurteil mehr, das ein überwiegendes Interesse des Arbeitnehmers an seiner Weiterbeschäftigung begründen könnte. Dieser Fall ist gegeben, wenn das ArbG zunächst der Kündigungsschutzklage stattgibt und damit ein Weiterbeschäftigungsanspruch des Arbeitnehmers besteht, das LAG aber die Klage abweist und die Revision gegen sein Urteil zulässt, so dass der rechtskräftige Abschluss des Verfahrens bis zur Entscheidung des BAG herausgeschoben wird. **Hebt das BAG das** klageabweisende **Urteil des LAG auf und verweist es den Rechtsstreit an das LAG** zur weiteren Verhandlung und Entscheidung zurück, lebt der Weiterbeschäftigungsanspruch aus dem erstinstanzlichen Urteil wieder auf, weil keine dieses Instanzurteil aufhebende Entscheidung mehr besteht. Haben beide Vorinstanzen der Klage stattgegeben und hebt das BAG das Urteil des LAG auf und verweist den Rechtsstreit an das LAG zurück, bleibt der Weiterbeschäftigungsanspruch des Arbeitnehmers bestehen, weil das der Klage stattgebende Urteil des Arbeitsgerichts noch besteht. Hatte das Arbeitsgericht die Klage abgewiesen, das LAG ihr stattgegeben und damit einen Weiterbeschäftigungsanspruch des Arbeitnehmers begründet und hebt das BAG das Urteil des LAG auf und verweist den Rechtsstreit an das LAG zurück, entfällt der Weiterbeschäftigungsanspruch des Arbeitnehmers, weil kein der Klage stattgegebenes Urteil mehr besteht.

3. Vor stattgebendem Urteil

277 Ist die Kündigung nicht offensichtlich unwirksam, kann ausnahmsweise auch schon vor einem die Unwirksamkeit der Kündigung feststellenden Instanzurteil ein Anspruch des Arbeitnehmers auf Weiterbeschäftigung bestehen, wenn **besondere Umstände** vorliegen, nach denen das Interesse des Arbeitnehmers an der Weiterbeschäftigung schutzwerter erscheint als das Interesse des Arbeitgebers an der Nichtbeschäftigung des Arbeitnehmers, zB wenn die Weiterbeschäftigung zu einer unmittelbar bevorstehenden Abschlussprüfung einer Berufsausbildung oder zur Erhaltung und Sicherung der Arbeitnehmerqualifikation notwendig ist (vgl. *LAG Köln* 26.11.1985 LAGE § 611 BGB Beschäftigungspflicht Nr. 8). Ergeht allerdings ein klageabweisendes Instanzurteil, das die Wirksamkeit der Kündigung feststellt, überwiegt wieder das Interesse des Arbeitgebers an der Nichtbeschäftigung des Arbeitnehmers, so dass dann ein evtl. vorher gegebener Weiterbeschäftigungsanspruch entfällt.

III. Inhalt des Weiterbeschäftigungsanspruchs

1. Freiwillige Weiterbeschäftigung

278 Eine freiwillige Weiterbeschäftigung durch den Arbeitgeber nach Ablauf der Kündigungsfrist oder nach Ausspruch einer fristlosen Kündigung liegt dann vor, wenn der Arbeitgeber einen gekündigten Arbeitnehmer auffordert, seine Tätigkeit bis zur Entscheidung über eine Kündigungsschutzklage fortzuführen und der Arbeitnehmer dieser Aufforderung nachkommt oder wenn Arbeitgeber und Arbeitnehmer eine **Vereinbarung über die Weiterbeschäftigung** bis zum Abschluss des Kündigungsrechtsstreits treffen oder wenn ein gekündigter Arbeitnehmer nach Ablauf der Kündigungsfrist und Erhebung der Kündigungsschutzklage seine Tätigkeit im Betrieb des Arbeitgebers fortsetzt und der Arbeitgeber dem nicht widerspricht. In diesen Fällen haben die Parteien des Arbeitsvertrages durch ausdrückliche Vereinbarung oder durch konkludentes Verhalten zum Ausdruck gebracht, dass das ursprüngliche Arbeitsverhältnis fortgesetzt werden soll, bis Klarheit darüber besteht, ob die Kündigung wirksam ist oder nicht (vgl. *BAG* 15.1.1986 EzA § 1 LohnFG Nr. 78). Damit ist davon auszugehen, dass das gekündigte Arbeitsverhältnis **auflösend bedingt durch die rechtskräftige Abweisung der Kündigungsschutzklage fortgesetzt wird** (*BAG* 4.9.1986 EzA § 611 BGB Beschäftigungspflicht Nr. 27; *Dollmann* BB 2003, 2682; *v. Hoyningen-Huene/Linck* § 4 Rz 105 mwN; nur faktisches Arbeitsverhältnis: *BAG* 15.1.1986 EzA § 1 LohnFG Nr. 78 = AR-Blattei, Beschäftigungspflicht: Entsch. 20 mit zust. Anm. *Buchner*). Diese auflösende Bedingung bedarf zu ihrer Wirksamkeit keines besonderen Sachgrundes und auch nicht der Einhaltung der Schriftform nach § 21 iVm § 14 Abs. 1 und 4 TzBfG, da es sich dabei um eine Rechtsbedingung handelt (*Bayreuther* DB 2003, 1736; **aA** *BAG* 22.10.2003 EzA § 14 TzBfG Nr. 6 = SAE 2005, 51 m. abl. Anm. *Bengelsdorf*: schriftformbedürftige befristete Weiterbeschäftigung; ebenso: *Ricken* NZA 2005, 323, 329; s. i.E. KR-*Fischermeier* § 625 BGB Rz 34 mwN). Es handelt sich damit um ein wirksam fortgesetztes Arbeitsverhältnis, für das die Bedingungen des bisherigen Arbeitsvertrages gelten. Für die Tatsachen und Umstände, die eine solche einverständliche Fortsetzung des Arbeitsverhältnisses begründen, trägt der Arbeitnehmer die Darlegungs- und Beweislast (*BAG* 17.1.1991 EzA § 611 BGB Beschäftigungspflicht Nr. 51 AR-Blattei ES 440 Nr. 26 mit zust. Anm. *Wertheimer*).

279 Dem Arbeitnehmer stehen bei einem so fortgesetzten Arbeitsverhältnis zB bei Arbeitsunfähigkeit die gesetzlichen Lohnfortzahlungsansprüche zu (*BAG* 15.1.1986 EzA § 1 LohnFG Nr. 78) und im Übrigen alle sonstigen **Vergütungsansprüche nach dem bisherigen Arbeitsvertrag** (vgl. *BAG* 4.9.1986 EzA § 611 BGB Beschäftigungspflicht Nr. 27). Nur wenn nach vertraglichen Vereinbarungen oder einschlägigen tariflichen Vorschriften Ansprüche des Arbeitnehmers von einem ungekündigten Arbeitsverhältnis abhängen, bestehen für die Dauer des Kündigungsschutzprozesses solche Ansprüche nicht. Wenn allerdings die Kündigung rechtskräftig für unwirksam erklärt wird, kann der Arbeitnehmer nach Beendigung des Rechtsstreits die entsprechenden Ansprüche geltend machen. Um einem evtl. Verfall dieser Ansprüche (zB aufgrund einer tariflichen Ausschlussklausel) vorzubeugen, empfiehlt es sich für den Arbeitnehmer, diese Ansprüche bereits vor Beendigung des Rechtsstreits rechtzeitig geltend zu machen.

2. Unfreiwillige Weiterbeschäftigung

280 Unfreiwillig ist die Weiterbeschäftigung durch den Arbeitgeber, wenn er verurteilt wird, den Arbeitnehmer bis zum rechtskräftigen Abschluss des Kündigungsrechtsstreits weiterzubeschäftigen und er den Arbeitnehmer daraufhin **zur Abwendung der Zwangsvollstreckung** weiterbeschäftigt (*BAG*

1.3.1990 EzA § 611 BGB Beschäftigungspflicht Nr. 41). Die Weiterbeschäftigung »zur Abwendung der Zwangsvollstreckung« braucht nicht ausdrücklich zu geschehen, sondern kann sich auch aus den Umständen ergeben. Wenn etwa der Arbeitgeber erst nach einer gerichtlichen Verurteilung den Arbeitnehmer weiterbeschäftigt oder ihm den Arbeitslohn weiterzahlt, ohne ihn zu beschäftigen, ist im Zweifel anzunehmen, dass dies zur Abwendung der Zwangsvollstreckung geschieht (vgl. *BAG* 17.1.1991 EzA § 611 BGB Beschäftigungspflicht Nr. 51; *LAG Nds.* 27.9.2005 LAGE § 21 TzBfG Nr. 2). Diese unfreiwillige Weiterbeschäftigung begründet entgegen der Auffassung von *v. Hoyningen-Huene/Linck* (§ 4 Rz 115; ebenso: *v. Hoyningen-Huene* BB 1988, 268) kein Rechtsverhältnis eigener Art, sondern die Rechtsbeziehungen der Parteien hängen vom endgültigen Ausgang des Kündigungsrechtsstreits ab.

Bei einer solchen unfreiwilligen Weiterbeschäftigung stehen dem Arbeitnehmer die vollen Ansprüche aus dem Arbeitsverhältnis zu, wenn sich nachträglich (rechtskräftig) die **Unwirksamkeit der Kündigung** herausstellt; denn dann war das Arbeitsverhältnis rechtlich überhaupt nicht unterbrochen. 281

Wird aber die Kündigungsschutzklage **rechtskräftig abgewiesen**, hat die Kündigung das Arbeitsverhältnis wirksam beendet. In diesem Fall kommt durch die unfreiwillige Weiterbeschäftigung des Arbeitnehmers kein Arbeitsverhältnis, auch kein faktisches Arbeitsverhältnis, zwischen den Parteien zustande (*BAG* 17.1.1991 EzA § 611 BGB Beschäftigungspflicht Nr. 51 = SAE 1992, 358 mit zust. Anm. *Bengelsdorf* = ZIP 1991, 1092 mit abl. Anm. *Künzl*; *Bengelsdorf* DB 1989, 2020). Denn auch ein faktisches Arbeitsverhältnis setzt einen Beschäftigungswillen des Arbeitgebers voraus. Ein solcher Wille liegt im Falle einer unfreiwilligen »aufgezwungenen« Weiterbeschäftigung nicht vor (*BAG* 10.3.1987 EzA § 611 BGB Beschäftigungspflicht Nr. 28 mit zust. Anm. *Lieb* und *Schilken* = AP Nr. 1 zu § 611 BGB Weiterbeschäftigung mit abl. Anm. *v. Hoyningen-Huene; Ramrath* DB 1987, 93; aA *LAG Nds.* 10.3.1989 LAGE § 611 BGB Beschäftigungspflicht Nr. 27; *Kreßel* JZ 1988, 1102; *Künzl* AuR 1993, 394: Fortführung des ursprünglichen Arbeitsverhältnisses). Da in diesem Fall kein Arbeitsverhältnis zustande kommt, richten sich die Zahlungsansprüche des Arbeitnehmers für erbrachte Arbeitsleistungen nach den Grundsätzen über die **ungerechtfertigte Bereicherung** (*BAG* 10.3.1987 EzA § 611 BGB Beschäftigungspflicht Nr. 28; *Geffert* S. 126 mwN; aA *ArbG Wetzlar* 28.2.1990 DB 1991, 178: es gelten dieselben Normen und Regelungen wie für das ursprüngliche Arbeitsverhältnis). Das bedeutet: da dem Arbeitgeber die Herausgabe der Arbeitsleistung des Arbeitnehmers unmöglich ist, hat er gem. § 818 Abs. 2 BGB deren Wert zu ersetzen (vgl. hierzu Rz 297 ff.). 282

Im betriebsverfassungsrechtlichen Sinne ist der unfreiwillig weiterbeschäftigte Arbeitnehmer nach wie vor Arbeitnehmer (*Geffert* S. 230 f.), dh zum Beispiel, dass bei Personalmaßnahmen im Weiterbeschäftigungszeitraum (zB Versetzungen) die **Beteiligungsrechte des Betriebsrats** zu beachten sind (vgl. *BAG* 15.1.1991 EzA § 611 BGB Beschäftigungspflicht Nr. 50 mit abl. Anm. *Geffert* = AR-Blattei, Personalvertretung XI A Entsch. 8 mit zust. Anm. *Meinel*). 283

IV. Gerichtliche Geltendmachung
1. Klage

Der Weiterbeschäftigungsanspruch für die Dauer des Kündigungsrechtsstreits kann im Wege der Klage verfolgt werden. Er kann mit einer **Leistungsklage** in einem getrennten Prozess oder im Wege **objektiver Klagehäufung** zusammen mit der Kündigungsschutzklage geltend gemacht werden. Im letzteren Falle ist es auch zulässig, dass der Arbeitnehmer den Antrag auf Weiterbeschäftigung nur für den Fall stellt, dass seiner Kündigungsschutzklage stattgegeben wird (sog. uneigentlicher Hilfsantrag; *BAG* 8.4.1988 EzA § 611 BGB Beschäftigungspflicht Nr. 30; zust.: *Bauer/Baeck* EWiR 1988, 977; MünchKomm-*Schwerdtner* vor § 620 BGB Rz 633). 284

Für die Klage auf Weiterbeschäftigung ist ein **Rechtsschutzbedürfnis** nur dann zu bejahen, wenn der Antrag inhaltlich so bestimmt ist, dass aus ihm vollstreckt werden kann (vgl. *Rosenberg/Schwab* Zivilprozessrecht § 93 IV 1). Der Antrag, der auch mit Hilfe seiner Begründung ausgelegt werden kann, ist nicht nur auf bloße Weiterbeschäftigung zu richten, vielmehr ist auch **die Art der Tätigkeit zu bezeichnen, mit der der Arbeitnehmer weiterbeschäftigt werden soll,** zB den Arbeitnehmer bis zum rechtskräftigen Abschluss des Kündigungsrechtsstreits »als Leiter des Seniorenzentrums« oder »als Glasreiniger« weiterzubeschäftigen (*BAG* 8.4.1988 EzA § 611 BGB Beschäftigungspflicht Nr. 30; *LAG Frankf.* 27.11.1992 LAGE § 888 ZPO Nr. 30). Eine weitergehende Konkretisierung des Klageantrags, zB Beschäftigung innerhalb der Normalschicht an einem näher bezeichneten Arbeitsplatz, kommt nur in Betracht, wenn das Direktionsrecht des Arbeitgebers entsprechend beschränkt ist (*Growe* NZA 1996, 285

568 f.; *Süß* NZA 1988, 722). Sind die Arbeitsbedingungen oder die Art der Tätigkeit unbestritten, so kann auch der Antrag genügen, den Arbeitgeber zur Weiterbeschäftigung »zu unveränderten Bedingungen« zu verurteilen (vgl. *Ehler* BB 1996, 377). Da es stets **nur um die Weiterbeschäftigung für die Dauer des Kündigungsrechtsstreits** geht, ist dies durch eine entsprechende Beschränkung des Klageantrages zum Ausdruck zu bringen, zB »für die Dauer des Kündigungsrechtsstreits« oder »bis zur rechtskräftigen Beendigung des Kündigungsrechtsstreits«. Enthält der Klageantrag keine ausdrückliche Beschränkung, kann er aber im Zweifel mit der Beschränkung auf die Dauer des Kündigungsrechtsstreits ausgelegt werden. Für einen weitergehenden Weiterbeschäftigungsantrag über die Dauer des Kündigungsschutzprozesses hinaus besteht idR nur dann ein Rechtsschutzbedürfnis, wenn der Arbeitnehmer damit rechnen muss, was er darzulegen hat, auch nach Obsiegen in dem Kündigungsrechtsstreit nicht von dem Arbeitgeber beschäftigt zu werden (*LAG Frankf.* 23.10.1992 Mitbestimmung 1994, 60; *LAG Frankf.* 23.6.1989 – 15 Sa 1474/88 – nv).

286 Über den Beschäftigungsanspruch kann **zusammen mit der Entscheidung über die Wirksamkeit der Kündigung** entschieden werden. Die prozessuale Durchsetzbarkeit des Beschäftigungsanspruchs ist nicht bis zur rechtskräftigen Feststellung der Unwirksamkeit der Kündigung gehemmt. Vielmehr kann das erkennende Gericht gleichzeitig über die Wirksamkeit der Kündigung und den Beschäftigungsanspruch entscheiden (dazu ausführlich *LAG RhPf* 28.3.1970 EzA § 1 KSchG Tendenzbetrieb Nr. 7) oder in einem selbständigen Prozess über den Beschäftigungsanspruch die Wirksamkeit der Kündigung als Vorfrage beurteilen, wobei jedoch § 7 KSchG zu beachten ist. Eine **Aussetzung des Prozesses** über den Beschäftigungsanspruch nach § 148 ZPO bis zum Abschluss des Kündigungsrechtsstreits **kommt** wegen der Bedeutung des Beschäftigungsanspruchs für den Arbeitnehmer **regelmäßig nicht in Betracht** (*BAG* 27.2.1985 EzA § 611 BGB Beschäftigungspflicht Nr. 9; APS-*Koch* Rz 243; **aA** *Heinze* DB 1985, 125). Das gilt erst recht, wenn der Arbeitnehmer im Kündigungsrechtsstreit ein obsiegendes (Instanz-)Urteil erreicht hat (*LAG Köln* 17.5.1991 LAGE § 148 ZPO Nr. 23). Erkennt das ArbG auf die Unwirksamkeit der Kündigung, so ist damit regelmäßig auch der Beschäftigungsanspruch zu bejahen (*BAG* 27.2.1985 EzA § 611 BGB Beschäftigungspflicht Nr. 9; so auch *LAG Brem.* 2.2.1982 BB 1282, 927; *Falkenberg* DB 1987, 1534, 1535 mN zur Gegenmeinung).

287 Im Falle eines **Betriebsübergangs** ist bei vorangegangener Kündigung des Betriebsveräußerers der Weiterbeschäftigungsanspruch gegen den Betriebsveräußerer zu richten, wenn der Arbeitnehmer dem Übergang seines Arbeitsverhältnisses widerspricht, hingegen gegen den Betriebserwerber, wenn der Arbeitnehmer von seinem Widerspruchsrecht keinen Gebrauch macht (APS-*Koch* Rz 244). Bei einem Betriebsübergang während der Rechtshängigkeit der Kündigungsschutz- und Weiterbeschäftigungsklage kann der Beschäftigungsanspruch nach § 265 ZPO mit der Kündigungsschutzklage weiterhin gegen den bisherigen Arbeitgeber geltend gemacht werden (*LAG Brem.* 2.2.1982 BB 1982, 927). Eine Vollstreckung ist nach § 325 iVm § 727 ZPO auch gegen den neuen Arbeitgeber möglich, falls der Arbeitnehmer dem Übergang seines Arbeitsverhältnisses nicht widersprochen hat (*BAG* 15.12.1976 EzA § 613a BGB Nr. 10; APS-*Koch* Rz 244).

288 Wird die Klage eines Arbeitnehmers auf Weiterbeschäftigung für die Dauer des Kündigungsrechtsstreits vom ArbG schon deshalb abgewiesen, weil das Gericht die Kündigung für wirksam hält, braucht der Arbeitnehmer **im Berufungsverfahren**, mit dem er seinen Kündigungsschutzantrag weiterverfolgt, den ebenfalls weiterverfolgten Beschäftigungsanspruch nicht gesondert zu begründen (*BAG* 2.4.1987 EzA § 611 BGB Beschäftigungspflicht Nr. 39). Entsprechendes gilt für die Revisionsinstanz, wenn ein Arbeitnehmer ein klagabweisendes Urteil des Landesarbeitsgerichts mit der Revision beim Bundesarbeitsgericht angreift.

2. Einstweilige Verfügung

289 Soweit ein Anspruch des Arbeitnehmers auf Weiterbeschäftigung für die Dauer des Kündigungsrechtsstreits besteht (s. Rz 274 ff.), kann er diesen Anspruch auch im Wege der einstweiligen Verfügung verfolgen (§ 62 Abs. 2 ArbGG iVm § 935 ZPO). Vor einem der Kündigungsschutzklage stattgebenden Urteil hat er hierbei die **tatsächlichen Voraussetzungen für einen Weiterbeschäftigungsanspruch** (s. Rz 274, 277 ff.) **glaubhaft zu machen** (aA *LAG Nds.* 18.11.1994 LAGE § 611 BGB Beschäftigungspflicht Nr. 38: Glaubhaftmachung der Wirksamkeit der Kündigung durch Arbeitgeber). Nach einem der Kündigungsschutzklage stattgebenden Urteil genügt die Bezugnahme auf dieses Urteil. Für eine **Regelungsverfügung** nach § 940 ZPO ist **kein Raum,** da der vom Großen Senat des BAG entwickelte Weiterbeschäftigungsanspruch in dem Umfang besteht, als er unter Berücksichtigung der beiderseitigen Interessen der Arbeitsvertragsparteien iSv § 940 ZPO »nötig erscheint« (s. Rz 274 ff.; **aA** *LAG Nds.*

LAGE § 611 BGB Beschäftigungspflicht Nr. 38; *v. Hoyningen-Huene/Linck* § 4 Rz 101; *Pallasch* S. 116 jeweils mwN).

Ein **Verfügungsgrund** ist gegeben, wenn ohne Befriedigung des Anspruchs dem Arbeitnehmer ein erheblicher Nachteil droht. Dies wird wegen der Gefährdung des Arbeitsplatzes regelmäßig zu bejahen sein (**aA** *LAG RhPf* 21.8.1986 LAGE § 611 BGB Beschäftigungspflicht Nr. 19; nach MünchKomm-*Schwerdtner* vor § 620 BGB Rz 632 nur bei Evidenz des Beschäftigungsanspruchs und besonderem Beschäftigungsinteresse; HK-*Dorndorf* – § 1 Anh. 2 Rz 53 – sieht den Verfügungsgrund darin, dass ein persönlichkeitsrechtlich geschütztes ideelles Interesse ohne einstweilige Regelung irreparabel verletzt würde). An dem Verfügungsgrund der Dringlichkeit (Eilbedürftigkeit) fehlt es aber, wenn der Antragsteller sie selbst herbeigeführt hat, zB, wenn er in einem von ihm geführten Kündigungsschutzprozess bereits erstinstanzlich obsiegt hat, es aber unterlassen hatte, im dortigen Verfahren kumulativ den Weiterbeschäftigungsantrag zu stellen (*LAG Köln* 18.8.2000 BB 2001, 103; 6.8.1996 LAGE § 611 BGB Beschäftigungspflicht Nr. 40), oder wenn es der Antragsteller versäumt hat, rechtzeitig nach Kenntnis der für die Einleitung des Eilverfahrens maßgebenden Umstände die einstweilige Verfügung zu beantragen (*LAG Hamm* 18.2.1986 NZA 1986, 399), zB wenn der Arbeitnehmer den Antrag auf Erlass einer einstweiligen Verfügung damit begründet, dass der Arbeitgeber seinen Arbeitsplatz mit einem anderen Arbeitnehmer besetzt hat, ihm aber dieser Umstand schon seit längerer Zeit bekannt ist. 290

Wird der Beschäftigungsanspruch mit Hilfe der einstweiligen Verfügung durchgesetzt, so kann deren **Aufhebung** nach §§ 926, 927 ZPO betrieben werden. Die Aufhebung nach § 927 ZPO kommt insbesondere bei Abweisung der Kündigungsschutzklage in Betracht, wenn mit dem Erfolg eines Rechtsmittels gegen das klageabweisende Urteil nicht zu rechnen ist. 291

V. Vollstreckung

Da die Verwirklichung des Anspruchs auf Weiterbeschäftigung einer Mitwirkungshandlung des Arbeitgebers bedarf (Zurverfügungstellung eines Arbeitsplatzes), die nicht durch einen Dritten vorgenommen werden kann, ist der Weiterbeschäftigungsanspruch **nur nach § 888 ZPO** zu vollstrecken (MünchKomm-*Schwerdtner* vor § 620 BGB Rz 634). Danach ist auf Antrag des Arbeitnehmers vom ArbG zu erkennen, dass der Arbeitgeber zur Vornahme der Handlung **durch Zwangsgeld und für den Fall, dass dieses nicht beigetrieben werden kann, durch Zwangshaft oder von vornherein durch Zwangshaft anzuhalten ist.** Zur Zwangsgeldfestsetzung vgl. Rz 222c und *LAG Hmb.* 7.7.1988 LAGE § 888 ZPO Nr. 8; *LAG Hamm* 22.1.1996 LAGE § 888 ZPO Nr. 4. Die Vollstreckung ist aber ausgeschlossen, wenn der Arbeitsplatz so weggefallen ist, dass die Weiterbeschäftigung zu den bisherigen Bedingungen unmöglich ist (*LAG Hamm* 29.11.1985 LAGE § 888 ZPO Nr. 5). Hat der Arbeitgeber den Wegfall des Arbeitsplatzes zu vertreten, hat der Arbeitnehmer Anspruch auf Zurverfügungstellung eines gleichwertigen anderen Arbeitsplatzes, den der Arbeitgeber nach billigem Ermessen bestimmen kann (*BAG* 13.6.1990 EzA § 611 BGB Beschäftigungspflicht Nr. 44). Diesen Anspruch muss der Arbeitnehmer aber durch eine entsprechende Klage verfolgen, die er von vornherein mit der Kündigungsschutzklage verbinden kann, wenn der Wegfall seines Arbeitsplatzes feststeht. 292

Ist der **Titel zu unbestimmt,** weil er die Art der Tätigkeit nicht nennt, und lässt sich der Inhalt des Weiterbeschäftigungsanspruchs auch nicht aus Tatbestand und Entscheidungsgründen des Urteils ermitteln, ist er zur Zwangsvollstreckung nicht geeignet (*LAG Bln.* 8.1.1993 BB 1993, 732; vgl. auch *Süß* NZA 1988, 719). Das gilt auch, wenn nur eine abgekürzte Urteilsausfertigung (ohne Tatbestand und Entscheidungsgründe) nach § 317 Abs. 2 S. 2 ZPO zugestellt wird, so dass Tatbestand und Entscheidungsgründe nicht zur Auslegung des Titels herangezogen werden können (*LAG Hamm* 21.11.1989 LAGE § 888 ZPO Nr. 20). Der streitige Inhalt des Weiterbeschäftigungsanspruchs kann im Vollstreckungsverfahren nicht geklärt werden (*LAG Nürnberg* 17.3.1993 LAGE § 888 ZPO Nr. 28). 293

Für die Vollstreckung genügt ein **vorläufig vollstreckbares Urteil.** Dies kann auch ein Versäumnisurteil sein (*ArbG Emden* 20.9.1990 AiB 1991, 61). Das ArbG kann aber in seinem Urteil die vorläufige Vollstreckbarkeit des dem Beschäftigungsanspruch stattgebenden Urteils nach § 62 Abs. 1 S. 2 ArbGG wegen eines dem Arbeitgeber drohenden, nicht zu ersetzenden Nachteils aussetzen. Voraussetzung hierfür ist, dass der Arbeitgeber glaubhaft macht, dass die Vollstreckung ihm einen nicht zu ersetzenden Nachteil bringen würde. Hierbei liegt der nicht zu ersetzende Nachteil nicht schon in der Weiterbeschäftigung als solcher (*Berkowsky* BB 1981, 1038; *Brill* BB 1982, 621; **aA** *Dudzus/Frohner* BB 1979, 482). Eine analoge Anwendung des § 102 Abs. 5 S. 2 BetrVG (Entbindung des Arbeitgebers von der Verpflichtung zur Weiterbeschäftigung durch einstweilige Verfügung) kommt nicht in Betracht, da 294 diese Vorschrift an den Widerspruch des Betriebsrats anknüpft (*Hess. LAG* 30.9.1996 – 11 SaGa 1595/96 – nv).

295 Entfällt der Weiterbeschäftigungsanspruch nachträglich (s. Rz 296), kann der Arbeitgeber dies nur im Wege einer **Vollstreckungsgegenklage** (§ 767 ZPO) geltend machen (**aA** *LAG Bln.* 14.7.1993 LAGE § 62 ArbGG 1979 Nr. 20, das die einstweilige Einstellung der Zwangsvollstreckung im Berufungsverfahren gem. §§ 707, 719 ZPO zulässt, wenn der Weiterbeschäftigungsanspruch wegen einer weiteren Kündigung entfällt – s. Rz 296). Im Rahmen dieses Verfahrens kann angeordnet werden, dass die Vollstreckung einstweilen eingestellt wird (§ 769 ZPO). Durch einseitige Erklärung kann sich der Arbeitgeber der Vollstreckung nicht entziehen (*LAG Frankf.* 28.1.1985 BB 1985, 1139; *Schäfer* NZA 1985, 694). **Nach Rechtskraft eines den Kündigungsschutzprozess abschließenden Urteils ist die Zwangsvollstreckung aus dem Weiterbeschäftigungstitel nicht mehr zulässig,** da der Titel nur bis zur Rechtskraft des Urteils des Kündigungsschutzprozesses reicht, es sei denn aus dem Titel ergibt sich etwas anderes (*LAG Köln* 17.2.1988 LAGE § 888 ZPO Nr. 13).

VI. Erlöschen des Weiterbeschäftigungsanspruchs

296 Der Weiterbeschäftigungsanspruch für die Dauer des Kündigungsschutzprozesses erlischt **mit Rechtskraft eines den Kündigungsschutzprozess beendenden Urteils,** da er von vornherein bis zu diesem Zeitpunkt befristet ist. Ferner erlischt er, wenn der Arbeitnehmer die Kündigungsschutzklage zurücknimmt und damit die Kündigung wirksam wird. Ebenso erlischt der Weiterbeschäftigungsanspruch grds., wenn der Arbeitgeber **eine weitere Kündigung** ausspricht, ab dem Zeitpunkt, zu dem diese Kündigung wirksam werden soll (Entlassungstermin). Denn durch die zweite Kündigung wird eine zusätzliche Ungewissheit über den Fortbestand des Arbeitsverhältnisses begründet, die das schutzwürdige Interesse des Arbeitgebers an der Nichtbeschäftigung wieder überwiegen lässt, solange hinsichtlich der zweiten Kündigung kein der Kündigungsschutzklage stattgebendes Urteil vorliegt. Etwas anderes gilt jedoch dann, wenn die weitere Kündigung offensichtlich unwirksam ist oder auf dieselben Gründe wie die erste Kündigung gestützt wird. Denn in diesen Fällen ist keine zusätzliche Ungewissheit über den Fortbestand des Arbeitsverhältnisses eingetreten (*BAG* 19.12.1985 EzA § 611 BGB Beschäftigungspflicht Nr. 17).

VII. Rückabwicklung nach Klageabweisung

297 Wird die Kündigungsschutzklage rechtskräftig abgewiesen, steht damit fest, dass das Arbeitsverhältnis aufgrund der Kündigung durch den Arbeitgeber wirksam beendet worden war. War die Weiterbeschäftigung des Arbeitnehmers während des Kündigungsrechtsstreits in diesem Fall zwischen den Parteien vereinbart (freiwillige Weiterbeschäftigung), bleibt es bei den vereinbarten Bedingungen (s. Rz 279). Hatte der Arbeitgeber den Arbeitnehmer jedoch unfreiwillig weiterbeschäftigt (s. Rz 280 ff.), fehlt es an einem Rechtsgrund für die Weiterbeschäftigung. Der Arbeitgeber hat daher grds. einen Rückzahlungsanspruch der gewährten Vergütung im Zeitraum der erzwungenen Weiterbeschäftigung **nach den Grundsätzen der ungerechtfertigten Bereicherung.** Das bedeutet: Da der Arbeitgeber seinerseits die erhaltenen Arbeitsleistungen nicht wieder herausgeben kann, schuldet er Wertersatz nach § 818 Abs. 2 BGB. Dieser Wert ist nach der Höhe der üblichen Vergütung, die auch über dem Tariflohn liegen kann (*BAG* 12.2.1992 EzA § 611 BGB Beschäftigungspflicht Nr. 52; *Konzen* FS Kim, S. 81; **aA** *LAG Düsseld.* 27.3.1990 LAGE § 611 BGB Beschäftigungspflicht Nr. 30 mit krit. Anm. *Oetker; Pallasch* BB 1993, 2225), oder mangels einer solchen nach der angemessenen Vergütung zu bestimmen; dabei kann mangels anderweitiger Anhaltspunkte zunächst davon ausgegangen werden, was die Parteien selbst für angemessen gehalten haben, als sie seinerzeit die Lohnvereinbarung für das Arbeitsverhältnis getroffen haben (*BAG* 12.2.1992 EzA § 611 BGB Beschäftigungspflicht Nr. 52 = AR-Blattei ES 440 Nr. 27 mit zust. Anm. *Wertheimer;* nach *Oetker* Anm. LAGE § 611 BGB Beschäftigungspflicht Nr. 30, ist der Marktpreis der Arbeitsleistung maßgebend, der nicht ohne weiteres der Entgeltvereinbarung entnommen werden kann). Das führt im Allgemeinen dazu, dass dem Arbeitgeber wegen der Vergütung für die Weiterbeschäftigung keine Rückzahlungsansprüche zustehen.

298 Ein Bereicherungsanspruch kommt allerdings dann in Betracht, wenn **der Wert der Arbeitsleistung des Arbeitnehmers im Zeitraum der erzwungenen Weiterbeschäftigung niedriger war als im bestehenden Arbeitsverhältnis,** zB wenn der Arbeitnehmer eine verringerte Arbeitsleistung erbracht oder im Weiterbeschäftigungszeitraum mit anderen Arbeiten als früher beschäftigt wurde. Darlegungs- und beweispflichtig hierfür ist der Arbeitgeber (ebenso: HK-*Dorndorf* § 1 Anh. 2 Rz 40). In diesem Fall steht dem Arbeitgeber ein Anspruch auf Zahlung der Differenz zwischen der gewährten Vergütung

und dem Wert der geringeren Arbeitsleistung des Arbeitnehmers zu. Gegenüber diesem Bereicherungsanspruch kann sich der Arbeitnehmer jedoch auf die Grundsätze über den Wegfall der Bereicherung nach § 818 Abs. 3 BGB berufen (*BAG* 12.2.1992 EzA § 611 BGB Beschäftigungspflicht Nr. 52).

Ferner stehen dem Arbeitgeber Ansprüche wegen ungerechtfertigter Bereicherung des Arbeitnehmers zu, wenn er im Weiterbeschäftigungszeitraum **Geldleistungen erbracht hat, ohne eine Gegenleistung zu erhalten**, zB Entgeltfortzahlung bei Arbeitsunfähigkeit des Arbeitnehmers (*Konzen* FS Kim, S. 82; *Pallasch* BB 1993, 2231), Urlaubsentgelt für erzwungenen Urlaub durch den Arbeitnehmer (*Oetker* Anm. LAGE § 611 BGB Beschäftigungspflicht Nr. 30; *Eckert* AR-Blattei SD 1620 Rz 85; *Walker* DB 1988, 1600; **aA** HK-*Dorndorf* § 1 Anh. 2 Rz 43; *v. Hoyningen-Huene/Linck* § 4 Rz 110; *v. Hoyningen-Huene* BB 1988, 267). 299

Ferner stehen dem Arbeitgeber bei vorläufiger Vollstreckung eines Weiterbeschäftigungsurteils oder Vollzug einer einstweiligen Verfügung auf Weiterbeschäftigung **Schadenersatzansprüche** gegen den Arbeitnehmer zu, wenn Urteil oder einstweilige Verfügung aufgehoben bzw. abgeändert werden (§ 717 Abs. 2, § 945 ZPO; *BAG* 10.3.1987 EzA § 611 BGB Beschäftigungspflicht Nr. 28). Als Schaden des Arbeitgebers sind alle Nachteile anzusehen, die ihm durch die erzwungene Weiterbeschäftigung des Arbeitnehmers entstanden sind, zB Kosten für die Bereithaltung des Arbeitsplatzes, Beschädigung von Eigentum des Arbeitgebers. Im Wege der Vorteilsausgleichung ist allerdings der Wert der dem Arbeitgeber im Weiterbeschäftigungsverhältnis erbrachten Arbeitsleistung anzurechnen (*Pallasch* S. 141; *Bengelsdorf* SAE 1987, 270). 300

§ 103 Außerordentliche Kündigung in besonderen Fällen

(1) Die außerordentliche Kündigung von Mitgliedern des Betriebsrats, der Jugend- und Auszubildendenvertretung, der Bordvertretung und des Seebetriebsrats, des Wahlvorstandes sowie von Wahlbewerbern bedarf der Zustimmung des Betriebsrats.
(2) ¹Verweigert der Betriebsrat seine Zustimmung, so kann das Arbeitsgericht sie auf Antrag des Arbeitgebers ersetzen, wenn die außerordentliche Kündigung unter Berücksichtigung aller Umstände gerechtfertigt ist. ²In dem Verfahren vor dem Arbeitsgericht ist der betroffene Arbeitnehmer Beteiligter.
(3) ¹Die Versetzung der in Absatz 1 genannten Personen, die zu einem Verlust des Amtes oder der Wählbarkeit führen würde, bedarf der Zustimmung des Betriebsrates; dies gilt nicht, wenn der betroffene Arbeitnehmer mit der Versetzung einverstanden ist. ²Absatz 2 gilt entsprechend mit der Maßgabe, dass das Arbeitsgericht die Zustimmung zu der Versetzung ersetzen kann, wenn diese auch unter Berücksichtigung der betriebsverfassungsrechtlichen Stellung des betroffenen Arbeitnehmers aus dringenden betrieblichen Gründen notwendig ist.

Literatur
– *bis 2004 vgl. KR-Vorauflage* –
Diller Der Wahnsinn hat Methode (Teil II), NZA 2004, 579; *Grimm/Brock/Windeln* Betriebsratswahlen: Vorzeitige Bestellung des Wahlvorstands – Sonderkündigungsschutz ohne Funktion, DB 2006, 156; *Laber* Fallstricke beim Zustimmungsverfahren gem. § 103 BetrVG, ArbRB 2005, 314; *Rudolph* Betriebsratswahl und Kündigungen, AiB 2005, 655; *Wroblewski* Kann die betriebliche Interessenvertretung gekündigt werden?, AiB 2005, 399

Inhaltsübersicht

	Rz		Rz
A. Einleitung	1–7	2. Beginn und Ende des Schutzes	19–52
I. Entstehungsgeschichte	1–6b	a) Mitglieder des Betriebsrats und anderer Arbeitnehmervertretungen	19–21
II. Zweck der Vorschrift	7	b) Wahlvorstand	22
B. Kündigungsschutz	8–155	c) Wahlbewerber	23–43
I. Voraussetzungen des Kündigungsschutzes	8–63a	d) Ersatzmitglieder	44–52
1. Persönlicher Geltungsbereich	8–18	3. Betriebsrat, betriebsratsloser Betrieb	53–56a
a) Der geschützte Personenkreis	8–16a		
b Nicht geschützter Personenkreis	17, 18		

		Rz
4.	Arten der Beendigung des Arbeitsverhältnisses	57–61
5.	Abgabe der Kündigungserklärung	62–63a
II.	Das Zustimmungsverfahren beim Betriebsrat	64–110a
1.	Zuständigkeit von Betriebsrat, Gesamtbetriebsrat, Bordvertretung, Seebetriebsrat oder anderen Arbeitnehmervertretungen	64, 64a
2.	Einleitung des Zustimmungsverfahrens	65
3.	Mitteilungspflichten des Arbeitgebers	66–70
4.	Form und Zeitpunkt der Unterrichtung des Betriebsrats	71, 72
5.	Empfangsberechtigung auf Seiten des Betriebsrats zur Entgegennahme von Arbeitgebererklärungen	73–77
6.	Frist zur Stellungnahme für Betriebsrat	78, 79
7.	Willensbildung des Betriebsrats, Anhörung des Arbeitnehmers	80–81
8.	Schweigepflicht des Betriebsrats	82
9.	Abschluss des Zustimmungsverfahrens beim Betriebsrat	83, 84
10.	Die Stellungnahme des Betriebsrats	85–99
	a) Mitbeurteilungsrecht	85
	b) Arten der Stellungnahme und ihre Bedeutung	86–99
	aa) Zustimmung	86–93
	bb) Schweigen	94
	cc) Bedenken, Widerspruch, Verweigerung der Zustimmung	95–99
11.	Rechtsfolgen bei Fehlern im Zustimmungsverfahren	100–108
	a) Unzureichende Unterrichtung des Betriebsrats	101–103
	b) Unzulässige Einflussnahme auf Betriebsrat	104
	c) Fehler bei der Willensbildung des Betriebsrats	105–108
12.	Kündigung vor Abschluss des Zustimmungsverfahrens	109, 110
13.	Kündigung nach Zustimmung des Betriebsrats	110a
III.	Die gerichtliche Ersetzung der Zustimmung des Betriebsrats	111–142c
1.	Einleitung des Verfahrens beim Arbeitsgericht	111–113a
2.	Durchführung des gerichtlichen Verfahrens	114–117
3.	Nachschieben von Kündigungsgründen	118–126
4.	Abschluss des Verfahrens beim Arbeitsgericht	127
5.	Anfechtung der Entscheidung des Arbeitsgerichts	128–129b

		Rz
6.	Einstweilige Verfügung	130
7.	Beendigung des Kündigungsschutzes vor rechtskräftigem Abschluss des gerichtlichen Verfahrens	131–134
8.	Die Kündigung durch den Arbeitgeber nach gerichtlicher Ersetzung der Zustimmung	135–142a
	a) Abgabe der Kündigungserklärung	135, 136
	b) Der Kündigungsschutzprozess	137–142a
	aa) Zulässigkeit der Kündigungsschutzklage	137, 138
	bb) Präjudizielle Wirkung der rechtskräftigen Ersetzung der Zustimmung des Betriebsrats für den nachfolgenden Kündigungsschutzprozess	139–142
	cc) Präjudizielle Wirkung einer gerichtlichen Zustimmungsersetzung für weitere Kündigungen	142a
9.	Erneutes Zustimmungsersetzungsverfahren nach rechtskräftiger Abweisung des Zustimmungsersetzugsantrags	142b, 142c
IV.	Beschäftigungsanspruch des Arbeitnehmers	143–148
1.	Beschäftigung und Suspendierung vor Ausspruch der Kündigung	143–146
2.	Beschäftigung nach Ausspruch der Kündigung	147–148
V.	Amtsausübung des Arbeitnehmers	149–155
1.	Amtsausübung vor Ausspruch der Kündigung	149, 150
2.	Amtsausübung nach Ausspruch der Kündigung	151–155
C.	Versetzungsschutz	156–204
I.	Voraussetzungen des Versetzungsschutzes	156–164
1.	Geschützter Personenkreis	156–158
2.	Beginn und Ende des Schutzes	159
3.	Betriebsrat, betriebsratsloser Betrieb	160
4.	Arten der Versetzung	161–163
5.	Abgabe der Versetzungserklärung	164
II.	Das Zustimmungsverfahren beim Betriebsrat	165–181
1.	Zuständigkeit von Betriebsrat, Gesamtbetriebsrat, Bordvertretung, Seebetriebsrat oder anderen Arbeitnehmervertretungen	165
2.	Einleitung des Zustimmungsverfahrens	166–168

	Rz		Rz
3. Empfangsberechtigung auf Seiten des Betriebsrats zur Entgegennahme von Arbeitgebererklärungen	169	4. Nachschieben von Versetzungsgründen	191
4. Frist zur Stellungnahme für Betriebsrat	170	5. Abschluss des Verfahrens beim Arbeitsgericht	192
		6. Anfechtung der Entscheidung des Arbeitsgerichts	193
5. Willensbildung des Betriebsrats, Anhörung des Arbeitnehmers	171–172	7. Einstweilige Verfügung	194
6. Schweigepflicht des Betriebsrats	173	8. Beendigung des Versetzungsschutzes vor rechtskräftigem Abschluss des gerichtlichen Verfahrens	195
7. Abschluss des Zustimmungsverfahrens beim Betriebsrat	174	9. Die Versetzung durch den Arbeitgeber nach gerichtlicher Ersetzung der Zustimmung	196–198
8. Die Stellungnahme des Betriebsrats	175–176	a) Anordnung der Versetzung	196
a) Mitbeurteilungsrecht	175–175b	b) Rechtsstreit wegen der Wirksamkeit der Versetzung	197–198
b) Arten der Stellungnahme und ihre Bedeutung	176	aa) Zulässigkeit der Arbeitnehmerklage	197
9. Rechtsfolgen bei Fehlern im Zustimmungsverfahren	177	bb) Präjudizielle Wirkung der rechtskräftigen Ersetzung der Zustimmung des Betriebsrats	198
10. Versetzung vor Abschluss des Zustimmungsverfahrens	178–180		
11. Versetzung nach Zustimmung des Betriebsrats	181		
III. Die gerichtliche Ersetzung der Zustimmung des Betriebsrats	182–199	10. Erneutes Zustimmungsersetzungsverfahren nach rechtskräftiger Abweisung des Zustimmungsersetzungsantrags	199
1. Einleitung des Verfahrens beim Arbeitsgericht	182	IV. Beschäftigungsanspruch des Arbeitnehmers	200–202
2. Versetzungsgründe	183–189	1. Beschäftigung und Suspendierung vor Ausspruch der Versetzung	200
a) Dringende betriebliche Gründe	184–187		
b) Berücksichtigung der betriebsverfassungsrechtlichen Stellung des betroffenen Arbeitnehmers	188–189	2. Beschäftigung nach Ausspruch der Versetzung	201–202
3. Durchführung des gerichtlichen Verfahrens	190	V. Amtsausübung des Arbeitnehmers	203–204

A. Einleitung

I. Entstehungsgeschichte

Die Vorschrift des § 103 BetrVG hat **im BetrVG 1952 keinen Vorläufer.** Unter dem Geltungsbereich des BetrVG 1952 war vor der außerordentlichen Kündigung eines Betriebsratsmitglieds oder eines Mitglieds eines anderen betriebsverfassungsrechtlichen Organs lediglich die allgemeine Vorschrift des § 66 Abs. 1 BetrVG (Anhörung des Betriebsrats) zu beachten, dessen Verletzung aber ohne zivilrechtliche Folgen im Kündigungsrechtsstreit blieb (vgl. KR-*Etzel* § 102 BetrVG Rz 2). 1

Der **von der SPD-Fraktion** am 16.12.1968 **vorgelegte Gesetzentwurf** (BT-Drs. V/3658) sowie ein Gesetzentwurf des Deutschen Gewerkschaftsbundes vom März 1970 sahen für die außerordentliche Kündigung von Mitgliedern des Betriebsrats, Mitgliedern der Jugendvertretung sowie von Sicherheitsbeauftragten dieselben Mitwirkungsrechte des Betriebsrats vor wie bei der ordentlichen Kündigung eines Arbeitnehmers, dh Zustimmung des Betriebsrats, die durch die Einigungsstelle ersetzt werden konnte (vgl. KR-*Etzel* § 102 BetrVG Rz 3). 2

Der vom Bundesministerium für Arbeit und Sozialordnung Ende 1970 veröffentlichte **Entwurf für ein neues Betriebsverfassungsgesetz** (RdA 1970, 357) schlug in § 103 BetrVG die Regelung vor, die später Gesetz wurde, wenn man davon absieht, dass die Mitglieder der Bordvertretung und des Seebetriebsrats in § 103 des Gesetzentwurfs nicht erwähnt sind. 3

4 Der Gesetzentwurf des Bundesministeriums für Arbeit und Sozialordnung für § 103 BetrVG wurde vom **Gesetzentwurf der Bundesregierung** (BT-Drs. VI/1786) übernommen. In der amtlichen Begründung heißt es hierzu, durch die Bindung einer außerordentlichen Kündigung an die Zustimmung des Betriebsrats solle es unmöglich gemacht werden, Betriebsratsmitglieder durch willkürliche außerordentliche Kündigung aus dem Betrieb zu entfernen und durch Ausnutzung der Rechtsmittel das Verfahren so lange zu verschieben, dass inzwischen das Betriebsratsmitglied dem Betrieb entfremdet werde und keine Aussicht auf eine Wiederwahl habe. Der Bundesrat machte keinen Änderungsvorschlag zu § 103 BetrVG des Gesetzentwurfs.

5 Der **Gesetzentwurf der CDU/CSU-Fraktion** über die Mitbestimmung der Arbeitnehmer im Betrieb und Unternehmen (BT-Drs. VI/1806) sah für die außerordentliche Kündigung von Mitgliedern des Betriebsrats und anderer betriebsverfassungsrechtlicher Organe keine besondere Mitwirkung des Betriebsrats vor, die über die in § 39 des Gesetzentwurfs vorgesehene Mitwirkung bei der außerordentlichen Kündigung eines Arbeitnehmers hinausging (vgl. KR-*Etzel* § 102 BetrVG Rz 6).

6 Der **Bundestagsausschuss für Arbeit und Sozialordnung** fügte dem Gesetzentwurf der Bundesregierung in § 103 Abs. 1 BetrVG die Worte »der Bordvertretung und des Seebetriebsrats« hinzu, um durch diese Ergänzung ausdrücklich klarzustellen, »dass auch die Mitglieder der Bordvertretung und des Seebetriebsrats dem in dieser Bestimmung geregelten besonderen Schutz gegen außerordentliche Kündigungen unterstehen« (BT-Drs. VI/2729). In dieser Fassung wurde § 103 schließlich Gesetz.

6a Durch Gesetze zur Bildung von **Jugend- und Auszubildendenvertretungen** in den Betrieben und in den Verwaltungen vom 13.7.1988 (BGBl. I S. 1034, 1037) sind an die Stelle der bisherigen Jugendvertretungen nunmehr Jugend- und Auszubildendenvertretungen getreten. Dies hat zu einer entsprechenden Änderung von § 103 Abs. 1 BetrVG geführt.

6b Durch das Betriebsverfassungs-Reformgesetz (BetrV-ReformG) vom 23.7.2001 (BGBl. I S. 1852) ist das Zustimmungserfordernis (Zustimmung des Betriebsrats oder gerichtliche Ersetzung der Zustimmung) für den Personenkreis des Abs. 1 auch auf **Versetzungen** ausgedehnt worden, die zum Verlust des Amtes oder der Wählbarkeit führen würden, dh auf Versetzungen in einen anderen Betrieb (neuer Abs. 3).

II. Zweck der Vorschrift

7 § 103 BetrVG will einerseits **verhindern, dass Mitglieder betriebsverfassungsrechtlicher Organe durch unbegründete außerordentliche Kündigungen des Arbeitgebers aus dem Betrieb entfernt werden** und dadurch die Arbeit des Betriebsrats erschwert wird. Andererseits dient das Zustimmungserfordernis des Betriebsrats nicht dazu, dem Betriebsrat das Recht einzuräumen, eine begründete außerordentliche Kündigung durch willkürliche Verweigerung seiner Zustimmung zu verhindern. Denn die verweigerte Zustimmung des Betriebsrats hat das ArbG auf Antrag des Arbeitgebers zu ersetzen, wenn die außerordentliche Kündigung gerechtfertigt ist. Das Zustimmungserfordernis des Betriebsrats soll somit die Mitglieder betriebsverfassungsrechtlicher Organe allein vor unbegründeten außerordentlichen Kündigungen schützen; der Gesetzgeber geht hierbei offenbar davon aus, dass der Betriebsrat seine Zustimmung zu einer unbegründeten außerordentlichen Kündigung nicht erteilen wird.

B. Kündigungsschutz

I. Voraussetzungen des Kündigungsschutzes

1. Persönlicher Geltungsbereich

a) Der geschützte Personenkreis

8 Nach dem Wortlaut des § 103 BetrVG werden von dieser Vorschrift die **Mitglieder des Betriebsrats und der Jugend- und Auszubildendenvertretung** erfasst. Damit erstreckt sich der Schutz des § 103 BetrVG aber automatisch auch auf die Mitglieder des Gesamtbetriebsrats, des Konzernbetriebsrats und der Gesamt-Jugend- und Auszubildendenvertretung. Denn dem Gesamtbetriebsrat (§ 46 BetrVG) und dem Konzernbetriebsrat (§ 55 iVm § 47 BetrVG) gehören nur Mitglieder von Einzelbetriebsräten, der Gesamt-Jugend- und Auszubildendenvertretung (§ 72 BetrVG) nur Mitglieder von Jugend- und Auszubildendenvertretungen an. Auch Mitglieder eines **Europäischen Betriebsrats,** die im Inland beschäftigt sind, sowie die im Inland tätigen Mitglieder des besonderen Verhandlungsgremiums und die

Außerordentliche Kündigung in besonderen Fällen § 103 BetrVG

Arbeitnehmervertreter im Rahmen eines Verfahrens zur Unterrichtung und Anhörung nach dem EBRG sind in den Schutz des § 103 BetrVG einbezogen (§ 40 EBRG).

Ferner schützt § 103 BetrVG die Mitglieder der **Bordvertretung** (§ 115 BetrVG) und des **Seebetriebs-** 9
rats (§ 116 BetrVG).

Unter den Schutz des § 103 BetrVG fallen auch die Mitglieder einer nach § 3 Abs. 1 Nr.1 – 3 BetrVG 10
durch Tarifvertrag bestimmten **anderen Vertretung der Arbeitnehmer** (*Richardi/Thüsing* Rz 5; *Fitting* Rz 5; *Galperin/Löwisch* Rz 5; *GK-Raab* § 103 Rz 5; *v. Hoyningen-Huene/Linck* § 15 Rz 9 a) oder einer Vertretung für im **Flugbetrieb** beschäftigte Arbeitnehmer iSd § 117 Abs. 2 BetrVG (*Richardi/Thüsing* aaO; aA *LAG Frankf.* 14.10.1983 AuR 1985, 29). Denn diese Vertretungen treten praktisch an die Stelle des Betriebsrats und nehmen gegenüber dem Arbeitgeber Arbeitnehmerinteressen wahr, für die sonst der Betriebsrat zuständig ist. Deshalb verdienen die Mitglieder dieser Vertretungen den gleichen Schutz wie Betriebsratsmitglieder.

Geschützt werden durch § 103 BetrVG weiter die Mitglieder des **Wahlvorstandes sowie Wahlbewer-** 11
ber, ohne dass § 103 BetrVG allerdings sagt, bei welchen Wahlen Mitglieder des Wahlvorstandes und Wahlbewerber den Schutz des § 103 BetrVG genießen sollen. Aus der Stellung des § 103 BetrVG im BetrVG ist aber zu schließen, dass nur Wahlvorstand und Wahlbewerber einer Wahl nach dem BetrVG gemeint sein können. Daher gilt § 103 BetrVG nicht für Wahlvorstände und Wahlbewerber einer Wahl nach anderen Gesetzen, zB nach dem MitbestG (Wahl der Arbeitnehmervertreter im Aufsichtsrat), es sei denn, dass ein anderes Gesetz § 103 BetrVG für Wahlvorstände und Wahlbewerber in seinem Bereich für anwendbar erklärt (zB Wahlvorstände zur Wahl der Schwerbehindertenvertretung; vgl. § 94 Abs. 6 SGB IX und Rz 14).

Darüber hinaus werden die Begriffe »Wahlvorstand« und »Wahlbewerber« in § 103 BetrVG dadurch 12
begrenzt, dass sie nur den Wahlvorstand und die Wahlbewerber für eine Wahl erfassen, **deren gewählte Kandidaten auch den Kündigungsschutz nach § 103 BetrVG genießen.** Denn der Kündigungsschutz für einen Wahlvorstand und die Wahlbewerber gründet sich auf die Bedeutung des Amtes, für dessen Wahl der Wahlvorstand eingesetzt ist und die Wahlbewerber kandidieren; genießt aber noch nicht einmal der Amtsinhaber einen besonderen Kündigungsschutz, wäre es ungereimt, dem Wahlvorstand und den Wahlbewerbern für die Wahl zu diesem Amt einen besonderen Kündigungsschutz einzuräumen (vgl. *Stein* AuR 1975, 201 f.). Daher fallen unter § 103 BetrVG nur der Wahlvorstand und die Wahlbewerber zur Wahl des Betriebsrats oder einer anderen Vertretung der Arbeitnehmer iSd § 3 Abs. 1 Nr. 1 – 3 BetrVG oder § 117 Abs. 2 BetrVG, der Jugend- und Auszubildendenvertretung, der Bordvertretung, des Seebetriebsrats und des Vertrauensmannes der Schwerbehinderten (s. Rz 12). Auch Auszubildende in der Probezeit werden als Wahlvorstandsmitglied und Wahlbewerber insoweit durch § 103 BetrVG geschützt. Der Wahlvorstand zu anderen Wahlen, zB zu einer zusätzlich betriebsverfassungsrechtlichen Vertretung der Arbeitnehmer iSv § 3 Abs. 1 Nr. 4 – 5 BetrVG (s. Rz 17) fällt hingegen nicht unter den Schutz des § 103 BetrVG.

§ 103 BetrVG gilt auch für **Wahlbewerber für das Amt des Wahlvorstandes** zur Wahl des Betriebsrats, 13
der Bordvertretung, des Seebetriebsrats oder der Schwerbehindertenvertretung (ebenso: HK-*Dorndorf* § 15 Rz 30; *Stein* AuR 1975, 202; aA *Richardi/Thüsing* Rz 8; *Fitting* Rz 10; *Galperin/Löwisch* Rz 11; *GK-Raab* § 103 Rz 6; HSWG-*Schlochauer* Rz 7; *v. Hoyningen-Huene/Linck* § 15 Rz 16; *Bader/Bram/Dörner/Wenzel* § 15 Rz 14; SPV-*Stahlhacke* Rz 1601; *Fischermeier* ZTR 1998, 434; *Nägele/Nestel* BB 2002, 356). Denn für den Wahlvorstand zu diesen Wahlen besteht Kündigungsschutz nach § 103 BetrVG, wobei es gleichgültig ist, ob der Wahlvorstand durch den Betriebsrat, das ArbG, eine Belegschaftsversammlung oder eine sonstige Stelle berufen wird. Es besteht kein sachlicher Grund, den umfassenden Begriff »Wahlbewerber« in § 103 BetrVG nicht auf Wahlbewerber für das Amt des Wahlvorstandes zu erstrecken (zustimmend: HK-*Dorndorf* aaO); der Grund für den besonderen Kündigungsschutz für Wahlbewerber, nicht aus Furcht vor Entlassung vor einer Bewerbung zurückzuschrecken, gilt auch hier. Wird der Wahlvorstand durch die Betriebsversammlung bestellt, so erfolgt dies durch eine Wahl (§ 17 Abs. 1 BetrVG). Aber auch wenn der Betriebsrat den Wahlvorstand bestellt, handelt es sich sachlich um eine Wahl (*Richardi/Thüsing* § 16 Rz 23; *Galperin/Löwisch* § 16 Rz 8; **aA** *GK-Kreutz* § 16 Rz 22; in diesem Sinne auch *Fitting* § 16 Rz 23). Die zur Bestellung durch die Betriebsversammlung oder den Betriebsrat mit ihrer Zustimmung vorgeschlagenen Kandidaten sind also Wahlbewerber für das Amt des Wahlvorstandes. Wegen des mit § 103 BetrVG verfolgten Zweckes des Kündigungsschutzes für Wahlbewerber, nicht aus Furcht vor Entlassung von einer Bewerbung zurückzuschrecken, ist § 103 BetrVG aber auch auf solche Kandidaten für den Wahlvorstand entsprechend anwendbar, die in einem gerichtlichen Bestel-

lungsverfahren (§ 16 Abs. 2, § 17 Abs. 4 BetrVG) mit ihrer Zustimmung für das Amt des Wahlvorstandes vorgeschlagen werden. Sie stehen Wahlbewerbern gleich. Der besondere Kündigungsschutz nach § 103 BetrVG für Wahlbewerber für das Amt des Wahlvorstandes ist nach Inkrafttreten des BetrV-ReformG um so mehr geboten, als nunmehr nach § 15 KSchG sogar diejenigen, die zu einer Wahlversammlung einladen oder die Bestellung eines Wahlvorstandes beantragen, einen besonderen Kündigungsschutz genießen. Zum Beginn des Kündigungsschutzes für das Amt das Wahlvorstandes im Einzelnen s. Rz 28 ff.

13a Wird beim **Job Sharing** ein Arbeitsplatz von zwei oder mehr alternierend tätigen Teilzeitbeschäftigten besetzt, die – abgesehen von der Erstellung des Arbeitszeitplanes – nur in geringem Umfang kooperieren (sog. Job Splitting), erstreckt sich der besondere Kündigungsschutz des § 103 BetrVG für einen dieser Arbeitnehmer nicht auf die anderen Mitinhaber des Arbeitsplatzes. Übernehmen hingegen zwei Teilzeitbeschäftigte die gemeinsame Verantwortung für einen Arbeitsplatz, den sie zwar abwechselnd besetzen, bei dem sich aber die Tätigkeiten vielfältig überschneiden und laufend gegenseitige Information und Abstimmung erfordern (sog. Job Pairing), handelt es sich um ein **einheitliches Arbeitsverhältnis,** bei dem grds. eine Kündigung nur gegenüber allen Teammitgliedern zulässig ist. Daher erstreckt sich in diesen Fällen der besondere Kündigungsschutz des § 103 BetrVG für einen Arbeitsplatzinhaber auch auf alle anderen Teammitglieder (*Schüren* BB 1983, 2125 f.; vgl. auch *BAG* 21.10.1971 EzA § 1 KSchG Nr. 23).

14 Schließlich gilt § 103 BetrVG kraft gesetzlicher Anordnung **für in Heimarbeit Beschäftigte,** die Betriebsratsmitglied, Jugend- und Auszubildendenvertreter, Wahlvorstandsmitglied oder Wahlbewerber sind (§ 29a HAG; s. hierzu KR-*Rost* ArbNähnl. Pers. Rz 162 ff.), sowie für die Mitglieder der **Schwerbehindertenvertretung** und Gesamtschwerbehindertenvertretung (§ 96 Abs. 3, § 97 Abs. 7 SGB IX). Auch den Wahlvorstandsmitgliedern und Wahlbewerbern zur Wahl der Schwerbehindertenvertretung sowie den Wahlbewerbern zur Wahl der Gesamtschwerbehindertenvertretung ist der Schutz des § 103 BetrVG zuzubilligen, da § 103 BetrVG hinsichtlich der Wahlvorstandsmitglieder und Wahlbewerber als Wahlschutzvorschrift anzusehen ist und die Vorschriften über den Wahlschutz bei Betriebsratswahlen auf die Wahl der Mitglieder der Schwerbehindertenvertretung sinngemäß anzuwenden sind (§ 94 Abs. 6, § 97 Abs. 7 SGB IX; ebenso: APS-*Linck* Rz 45; GK-*Raab* § 103 Rz 7; vgl. auch *Richardi/Thüsing* Rz 12; *Fitting* Rz 6; *v. Hoyningen-Huene/Linck* § 15 Rz 27; **aA** *Neumann/Pahlen/Majerski-Pahlen* § 94 Rz 41: Zustimmung des Integrationsamtes erforderlich, da die Wahl der Schwerbehindertenvertretung gem. § 94 Abs. 6 SGB IX zu den Obliegenheiten des Integrationsamtes gehöre).

15 **Ersatzmitglieder** des Betriebsrats, der Jugend- und Auszubildendenvertretung, der Bordvertretung, des Seebetriebsrats, der Schwerbehindertenvertretung und eines Wahlvorstandes erlangen dann den besonderen Kündigungsschutz für Mitglieder des betroffenen Organs nach § 103 BetrVG, wenn und solange sie anstelle eines auf Dauer ausscheidenden oder vorübergehend verhinderten Mitglieds in die Arbeitnehmervertretung nachrücken (zum Beginn und Ende des Kündigungsschutzes im Einzelnen s. Rz 44 ff.). Die Ersatzmitglieder werden bei einer Listenwahl der Reihe nach aus den nichtgewählten Arbeitnehmern derjenigen Vorschlagslisten entnommen, denen die zu ersetzenden Mitglieder angehören; bei einer Mehrheitswahl rückt grds. das Ersatzmitglied ein, das die nächsthöchste, nicht mehr zum Zuge gekommene Stimmenzahl auf sich vereinigt (vgl. § 25 BetrVG). Ein vorübergehend verhindertes Ersatzmitglied wird durch das nächste Ersatzmitglied vertreten, das dann ebenfalls für die Dauer der Vertretung den Kündigungsschutz nach § 103 BetrVG erlangt.

15a Auch in der **Insolvenz des Arbeitgebers** verliert der durch § 103 BetrVG geschützte Personenkreis nicht den besonderen Kündigungsschutz der §§ 103 BetrVG, 15 KSchG. § 125 InsO ist nur im Verhältnis zu § 1 KSchG lex specialis, nicht aber gegenüber § 15 KSchG (*BAG* 17.11.2005 EzA § 1 KSchG Soziale Auswahl Nr. 64).

16 Soll einem in einem **Tendenzunternehmen** (§ 118 Abs. 1 BetrVG) als Tendenzträger beschäftigten Amtsträger iSd § 103 BetrVG aus einem tendenzbedingten Grunde außerordentlich gekündigt werden, ist weder die Zustimmung des Betriebsrats nach § 103 Abs. 1 BetrVG noch eine sie ersetzende gerichtliche Entscheidung gem. § 103 Abs. 2 BetrVG erforderlich, wohl aber die **Anhörung** nach § 102 Abs. 1–2 BetrVG (*BAG* 28.8.2003 EzA § 118 BetrVG 2001 Nr. 3; *Müller* ZfA 1982, 496 f.; *Fitting* § 118 Rz 40; *Galperin/Löwisch* § 118 Rz 81; **aA** *LAG Hamm* 1.7.1992 LAGE § 118 BetrVG 1972 Nr. 17 – Zustimmung erforderlich –; zur Anhörung vgl. KR-*Etzel* § 102 BetrVG Rz 13), ohne dass dem Betriebsrat hierbei ein Widerspruchsrecht nach § 102 Abs. 3 BetrVG (mit der Folge eines Weiterbeschäftigungsanspruchs des Arbeitnehmers nach § 102 Abs. 5 BetrVG) einzuräumen ist (**aA** *Richter* DB 1991, 2667). Wollte man in

diesen Fällen die Zustimmung des Betriebsrats verlangen, würde die durch das Grundgesetz (Art. 5 GG) geschützte Freiheit des Unternehmers, den Tendenzzweck seines Betriebes selbst zu bestimmen, beeinträchtigt. Bei Leistungsstörungen liegen tendenzbedingte Störungen nur dann vor, wenn die von dem Tendenzträger erbrachte Arbeitsleistung als solche dem Tendenzzweck zuwiderläuft, nicht aber wenn die Leistungsmängel keinen unmittelbaren Bezug zu dem verfolgten Tendenzzweck haben (*BAG* 3.11.1982 EzA § 15 KSchG nF Nr. 28).

Im Hinblick auf den Tendenzschutz des § 118 Abs. 1 BetrVG hält *Hanau* (AR-Blattei Anm. zu Betriebsverfassung IX: Entsch. 55) auch eine **ordentliche Kündigung** gegenüber Betriebsratsmitgliedern und sonstigen Amtsträgern iSv § 103 BetrVG für zulässig, wenn die Kündigung **auf tendenzbedingte Gründe** gestützt werde; auch insoweit sei nur eine Anhörung des Betriebsrats erforderlich. Diese Auffassung ist abzulehnen, weil sie es dem Arbeitgeber ermöglicht, durch Vorschieben subjektiver und daher nicht nachprüfbarer tendenzbedingter Gründe unliebsame Betriebsratsmitglieder leichter loszuwerden. Zur Wahrung der Interessen des Arbeitgebers genügt es, dass ihm die Möglichkeit der außerordentlichen Kündigung offensteht, wenn ihm tendenzbedingte Gründe die Fortsetzung des Arbeitsverhältnisses unzumutbar machen, was er im Streitfall substantiiert darzulegen und gegebenenfalls zu beweisen hat. 16a

b) Nicht geschützter Personenkreis

§ 103 BetrVG gilt nicht für Mitglieder **zusätzlicher betriebsverfassungsrechtlicher Vertretungen** iSd § 3 Abs. 1 Nr. 4 – 5 BetrVG, nicht für Mitglieder des **Sprecherausschusses für leitende Angestellte**, des **Wirtschaftsausschusses**, der **Einigungsstelle**, einer **tariflichen Schlichtungsstelle** und einer **betrieblichen Beschwerdestelle** sowie nicht für **Arbeitnehmervertreter im Aufsichtsrat**, auch soweit es sich um nach dem MitbestG 1976 gewählte Aufsichtsratsmitglieder der Arbeitnehmer handelt (*Richardi/Thüsing* Rz 13; *Galperin/Löwisch* Rz 5; *v. Hoyningen-Huene/Linck* 15 Rz 9). Dieser Personenkreis wird nur durch § 78 BetrVG geschützt. Das heißt: Diese Arbeitnehmer genießen einen **relativen Kündigungsschutz**, weil ihnen nicht wegen ihrer betriebsverfassungsrechtlichen Tätigkeit gekündigt werden darf (*Fitting* Rz 8; vgl. auch HAS-*Basedau* § 19 J Rz 126). Insbesondere darf ihnen nicht gekündigt werden, um ihnen die Ausübung ihres Amtes unmöglich zu machen oder sie wegen ihres Amtes oder ihrer Amtsführung zu maßregeln (*v. Hoyningen-Huene/Linck* § 15 Rz 27 f.). **Initiatoren einer Betriebsratswahl** i.S. von § 15 Abs. 3a KSchG genießen nach dieser Vorschrift einen besonderen Kündigungsschutz, fallen aber nicht unter die Regelung des § 103 BetrVG. 17

Keinen Kündigungsschutz nach § 103 BetrVG oder § 78 BetrVG erlangen »Mitglieder« einer Arbeitnehmervertretung (Betriebsrat, Jugend- und Auszubildendenvertretung, Wahlvorstand etc.), wenn die **Wahl** der Arbeitnehmervertretung von vornherein **nichtig** ist (*BAG* 7.5.1986 EzA § 17 BetrVG 1972 Nr. 5; *Fitting* § 19 Rz 6; *v. Hoyningen-Huene/Linck* § 15 Rz 36; SPV-*Stahlhacke* Rz 1610). Die Nichtigkeit der Wahl kann von den Gerichten für Arbeitssachen im Kündigungsrechtsstreit inzidenter festgestellt werden (*BAG* 27.4.1976 EzA § 19 BetrVG 1972 Nr. 8). Nichtig ist eine Wahl nur bei groben und offensichtlichen Verstößen gegen wesentliche Grundsätze des gesetzlichen Wahlrechts, die so schwerwiegend sind, dass auch der Anschein einer dem Gesetz entsprechenden Wahl nicht mehr besteht (*BAG* 19.11.2003 EzA § 19 BetrVG 2001 Nr. 1; 22.3.2000 EzA § 14 AÜG Nr. 4). Es muss demnach ein sowohl offensichtlicher als auch besonders grober Verstoß gegen Wahlvorschriften vorliegen (*BAG* 22.3.2000 EzA § 14 AÜG Nr. 4). Nichtig ist zB eine Betriebsratswahl, wenn sie ohne Wahlvorstand und ohne Wahlausschreiben durchgeführt wurde oder als offene Wahl durch Zuruf in der Betriebsversammlung erfolgte oder wenn die Mehrzahl der gewählten Betriebsratsmitglieder oder der gewählte Betriebsobmann nicht wählbar waren (vgl. auch *BAG* 28.11.1977 EzA § 19 BetrVG 1972 Nr. 14) oder wenn der Betrieb nicht betriebsratsfähig ist (vgl. *BAG* 9.2.1982 EzA § 118 BetrVG 1972 Nr. 33). Nichtig ist auch die Wahl des Wahlvorstandes in einer Betriebsversammlung, wenn die Einladung zu dieser Versammlung nicht so bekannt gemacht worden ist, dass alle Arbeitnehmer des Betriebes hiervon Kenntnis nehmen konnten, diese auch nicht auf andere Weise tatsächlich hiervon erfahren haben und durch das Fernbleiben der nicht unterrichteten Arbeitnehmer das Wahlergebnis beeinflusst werden konnte (*BAG* 7.5.1986 EzA § 17 BetrVG 1972 Nr. 5). Wird bei der Durchführung der Betriebsratswahl gegen mehrere wesentliche Wahlvorschriften verstoßen, die je für sich nur die Anfechtbarkeit der Wahl begründen können, kann auch eine Gesamtwürdigung nicht zur Nichtigkeit der Wahl führen (*BAG* 19.11.2003 EzA § 19 BetrVG 2001 Nr. 1, unter Aufgabe der bisherigen Rechtsprechung); vielmehr bleibt die Wahl aus jedem dieser Gründe nur anfechtbar. Die aus einer nichtigen Wahl hervorgegangenen »Mitglieder« einer Arbeitnehmervertretung erlangen aber nach der Bekanntgabe des »Wahlergebnisses« **den nach-** 18 wirkenden **Kündigungsschutz** für Wahlbewerber (s. KR-*Etzel* § 15 KSchG Rz 67), wenn sie als Wahlbewerber nach § 103 BetrVG geschützt waren. Bei einer bloßen **Wahlanfechtung** erlangen die Arbeitnehmervertreter den vollen Kündigungsschutz nach § 103 BetrVG; dieser endet erst, wenn die Wahl rechtskräftig für unwirksam erklärt ist (s. Rz 20).

2. Beginn und Ende des Schutzes

a) Mitglieder des Betriebsrats und anderer Arbeitnehmervertretungen

19 Für Mitglieder des Betriebsrats, der Jugend- und Auszubildendenvertretung, der Bordvertretung, des Seebetriebsrats, der Schwerbehindertenvertretung und einer Arbeitnehmervertretung iSd § 3 Abs. 1 Nr. 1 – 3 BetrVG oder § 117 Abs. 2 BetrVG (s. Rz 10) beginnt der Kündigungsschutz nach § 103 Abs. 1 BetrVG **mit der Bekanntgabe des Wahlergebnisses** (vgl. GK-*Raab* § 103 Rz 12), auch wenn die Gewählten ihr Amt erst später antreten, weil die Amtszeit der bisherigen Arbeitnehmervertretung (Betriebsrat, Jugend- und Auszubildendenvertretung, Bordvertretung, Seebetriebsrat etc.) noch nicht abgelaufen ist (vgl. § 21, § 64 Abs. 2, § 115 Abs. 3, § 116 Abs. 2 BetrVG; wie hier: *Richardi/Thüsing* Rz 17; *Fitting* Rz 55; GK-*Raab* § 103 Rz 13; *v. Hoyningen-Huene/Linck* § 15 Rz 31; entsprechende Anwendung von § 103 BetrVG: SPV-*Stahlhacke* Rz 1609). Wollte man den gewählten Mitgliedern den Kündigungsschutz als Mitglied des Organs, in das sie gewählt wurden, erst mit Beginn ihrer Amtszeit zubilligen (so: *Galperin/Löwisch* Rz 7; HSWG-*Schlochauer* Rz 10), würde in den Fällen, in denen die Amtszeit erst einige Zeit nach Bekanntgabe des Wahlergebnisses beginnt, eine Lücke im Kündigungsschutz für diesen Personenkreis bestehen: Bis zur Bekanntgabe des Wahlergebnisses genießen sie den Kündigungsschutz als Wahlbewerber, danach – bis zum Beginn der Amtszeit – bliebe nur der nachwirkende Kündigungsschutz für Wahlbewerber (vgl. § 15 Abs. 3 S. 2 KSchG), der die Zulässigkeit einer außerordentlichen Kündigung aber nicht von der Zustimmung des Betriebsrats abhängig macht. Damit könnte sich der Arbeitgeber zwischen Bekanntgabe des Wahlergebnisses und Beginn der Amtszeit ohne Zustimmung des Betriebsrats unliebsamer gewählter Arbeitnehmer durch außerordentliche Kündigung entledigen und sie aus dem Betrieb entfernen. Dieses Ergebnis ist mit dem Sinn des Gesetzes unvereinbar, das dem verstärkten Kündigungsschutz für Arbeitnehmervertreter einen gleich starken Kündigungsschutz für Wahlbewerber vorgeschaltet hat und damit offenbar einen ununterbrochenen Kündigungsschutz von der Wahlbewerbung bis zur Beendigung der Amtszeit als Arbeitnehmervertreter bezweckt. Deshalb schließt sich der Kündigungsschutz für die angeführten Arbeitnehmervertreter nahtlos an den Kündigungsschutz für Wahlbewerber an. Diejenigen, die dieses Ergebnis dadurch erzielen wollen, dass sie den gewählten Arbeitnehmervertretern nach der Bekanntgabe des Wahlergebnisses bis zum Beginn der Amtszeit den vollen (nicht nur den nachwirkenden) Kündigungsschutz für Wahlbewerber gewähren wollen (*Löwisch/Spinner* § 15 Rz 13), verkennen, dass der an die Zustimmung des Betriebsrats geknüpfte Kündigungsschutz für Wahlbewerber nach dem eindeutigen Wortlaut des § 15 Abs. 3 KSchG mit der Bekanntgabe des Wahlergebnisses endet und ein gewählter Arbeitnehmervertreter nach Bekanntgabe des Wahlergebnisses nicht mehr Wahlbewerber ist.

20 Der Kündigungsschutz für Mitglieder des Betriebsrats, der Jugend- und Auszubildendenvertretung, der Bordvertretung, des Seebetriebsrats, der Schwerbehindertenvertretung oder einer Arbeitnehmervertretung iSd § 3 Abs. 1 Nr. 1 – 3 oder § 117 Abs. 2 BetrVG (s. Rz 10) oder eine nach § 103 BetrVG dauert so lange fort, **bis die Mitgliedschaft zu dem betreffenden Organ endet.** Eine vorübergehende, auch länger andauernde Verhinderung führt nicht zur Beendigung der Mitgliedschaft in der Arbeitnehmervertretung und damit auch nicht zum Verlust des Kündigungsschutzes nach § 103 BetrVG. Die Mitgliedschaft erlischt (§§ 13, 24 BetrVG) durch Ablauf der Amtszeit, Amtsniederlegung des einzelnen Mitglieds (nicht: Rücktrittsbeschluss des Organs), Verlust der Wählbarkeit, mit Rechtskraft der einer Wahlanfechtung stattgebenden gerichtlichen Entscheidung (vgl. *v. Hoyningen-Huene/Linck* § 15 Rz 38 mwN), mit Rechtskraft einer gerichtlichen Entscheidung, durch die das Mitglied aus dem Organ ausgeschlossen, das Organ aufgelöst oder festgestellt wird, dass das Mitglied nicht wählbar war (*BAG* 29.9.1983 EzA § 15 KSchG nF Nr. 32 = AP Nr. 15 zu § 15 KSchG 1969 mit zust. Anm. *Richardi/Thüsing* = SAE 1985, 115 mit zust. Anm. *Schulin* = AR-Blattei, Betriebsverfassung IX: Entsch. 60 mit zust. Anm. *Hanau*), ferner durch Beendigung des Arbeitsverhältnisses, Sinken der Zahl der idR beschäftigten ständigen wahlberechtigten Arbeitnehmer unter 5 (s. KR-*Etzel* § 102 BetrVG Rz 22) oder Betriebsstilllegung (s. aber KR-*Etzel* § 102 BetrVG Rz 23). Die Amtszeit eines außerhalb des regelmäßigen Wahlzeitraums gewählten Betriebsrats (vgl. § 13 Abs. 3 BetrVG) endet mit der Bekanntgabe des Wahlergebnisses des neu gewählten Betriebsrats (*BAG* 28.9.1983 EzA § 102 BetrVG 1972 Nr. 56). In den

Fällen des § 13 Abs. 2 Nr. 1–3 BetrVG, in denen die Arbeitnehmervertretung neu zu wählen ist, führt die bisherige Vertretung bis zur Bekanntgabe des Wahlergebnisses die Geschäfte weiter, so dass die Mitglieder bis zu diesem Zeitpunkt im Amt sind und den besonderen Kündigungsschutz des § 103 BetrVG genießen (SPV-*Stahlhacke* Rz 1611). Die Amtszeit eines außerhalb des regelmäßigen Wahlzeitraums gewählten Betriebsrats (Fälle des § 13 Abs. 2 BetrVG) endet mit der Bekanntgabe des Wahlergebnisses des neu gewählten Betriebsrats (*BAG* 28.9.1983 EzA § 102 BetrVG 1972 Nr. 56). Nach Beendigung der Mitgliedschaft in dem jeweiligen Organ bedarf die außerordentliche Kündigung durch den Arbeitgeber zwar nicht mehr der Zustimmung des Betriebsrats, es kommt aber noch der sog. nachwirkende Kündigungsschutz des § 15 Abs. 1 S. 2 KSchG Betracht (s. KR-*Etzel* § 15 KSchG Rz 56 ff.).

Für Mitglieder des **Gesamtbetriebsrats**, des **Konzernbetriebsrats** und der **Gesamt-Jugend- und Auszubildendenvertretung** besteht kein über den für sie als Mitglied des Betriebsrats oder der Jugend- und Auszubildendenvertretung geltenden Kündigungsschutz zeitlich hinausreichender Schutz. Denn im Gesamtbetriebsrat, Konzernbetriebsrat oder der Gesamt-Jugend- und Auszubildendenvertretung kann nur Mitglied sein, wer amtierendes Betriebsratsmitglied oder Mitglied der Jugend- und Auszubildendenvertretung ist (vgl. §§ 47, 49, 55, 57, 72, 73 Abs. 2 BetrVG). 21

b) Wahlvorstand

Für Mitglieder des Wahlvorstandes ergibt sich aus § 103 BetrVG nicht, wann der Kündigungsschutz nach dieser Vorschrift beginnt und wann er endet. § 103 BetrVG wird jedoch durch § 15 KSchG ergänzt, der im Einzelnen regelt, unter welchen Voraussetzungen eine außerordentliche und eine ordentliche Kündigung des Arbeitsverhältnisses zulässig ist. Entsprechend der Regelung in § 15 KSchG über die Zulässigkeit einer außerordentlichen Kündigung gilt § 103 BetrVG für Mitglieder des Wahlvorstandes **vom Zeitpunkt ihrer Bestellung an bis zur Bekanntgabe des Wahlergebnisses**. Die Bestellung des Wahlvorstandes erfolgt durch den Betriebsrat (ggf. Bordvertretung oder Seebetriebsrat), die Betriebsversammlung oder das ArbG (vgl. §§ 16 ff. BetrVG; zu den Anforderungen einer Wahl in der Betriebsversammlung vgl. auch *BAG* 7.5.1986 EzA § 17 BetrVG 1972 Nr. 5 – s. Rz 18 –). Bestellt der Betriebsrat den Wahlvorstand früher als 16 Wochen vor Ablauf seiner Amtsperiode, wollen *Grimm/Brack/Windeln* (DB 2006, 156) dem Wahlvorstand insoweit keinen Sonderkündigungsschutz zubilligen, was aber nur bei einem offensichtlichen Rechtsmissbrauch des Betriebsrats (z.B. Schutz der Bestellten vor angekündigten Kündigungen) in Betracht kommen kann. Bei einer Bestellung durch das ArbG beginnt der Kündigungsschutz erst mit Rechtskraft des Beschlusses (*Nägele/Nestel* BB 2002, 355). Vorzeitig, vor Bekanntgabe des Wahlergebnisses, endet der Kündigungsschutz nach § 103 BetrVG für Mitglieder des Wahlvorstandes, wenn sie vor Bekanntgabe des Wahlergebnisses aus dem Amt ausscheiden, also insbesondere wenn sie ihr Amt freiwillig niederlegen oder durch gerichtliche Entscheidung gem. § 18 Abs. 1 S. 2 BetrVG von ihrem Amt abberufen werden (vgl. *Richardi/Thüsing* Rz 22; v. *Hoyningen-Huene/Linck* § 15 Rz 40). Vor ihrer Bestellung zu Wahlvorstandsmitgliedern genießen diese Arbeitnehmer den Kündigungsschutz für Wahlbewerber (s. Rz 13). Zum nachwirkenden Kündigungsschutz für Wahlvorstandsmitglieder s. KR-*Etzel* § 15 KSchG Rz 67 ff. 22

c) Wahlbewerber

Auch für Wahlbewerber kann Beginn und Ende des Kündigungsschutzes nach § 103 BetrVG nicht dieser Vorschrift entnommen werden, sondern nur aus der ergänzenden Regelung des § 15 KSchG geschlossen werden. Entsprechend der Regelung in § 15 KSchG zur Zulässigkeit einer außerordentlichen Kündigung **beginnt** der Schutz des § 103 BetrVG für Wahlbewerber, **sobald der Wahlvorschlag aufgestellt ist** und die Zustimmung des Vorgeschlagenen zu seiner Kandidatur vorliegt (s. Rz 34 ff.), und **endet spätestens mit der Bekanntgabe des Wahlergebnisses (zur vorzeitigen Beendigung des Kündigungsschutzes s. Rz 41 ff.)**. Was unter »Aufstellung des Wahlvorschlages« zu verstehen ist, ist weder im KSchG noch im BetrVG ausdrücklich geregelt. Nach dem Sinn der gesetzlichen Regelung ist der Wahlvorschlag aufgestellt, wenn die Wahl eingeleitet ist und alle Voraussetzungen, die für einen nicht von vornherein ungültigen Wahlvorschlag gegeben sein müssen, erfüllt sind (in diesem Sinne auch: *BAG* 4.3.1976 EzA § 15 KSchG nF Nr. 8). Wegen des Zweckes des Kündigungsschutzes, die Durchführung der Wahl davor zu sichern, dass der Arbeitgeber die Wahl durch die Entlassung von Wahlbewerbern gegenstandslos macht, und den Arbeitnehmern die Furcht vor der Entlassung bei einer Wahlbewerbung zu nehmen, muss der Kündigungsschutz zu einem möglichst frühen Zeitpunkt beginnen. Andererseits kann man nach dem üblichen Sprachgebrauch von einem »Wahlvorschlag« nur sprechen, wenn für eine bestimmte eingeleitete Wahl ein bestimmter Kandidat benannt wird und 23 der Vorschlag Grundlage für die Wahl sein kann. Daran fehlt es, wenn der Vorschlag für die Wahl unheilbar nichtig ist; hier kann man nicht mehr von einem Wahlvorschlag sprechen. Deshalb müssen für einen »Wahlvorschlag« iSv § 15 KSchG die Formvorschriften beachtet werden, deren Nichtbeachtung zur unheilbaren Nichtigkeit des Wahlvorschlags führt. Erfüllt ein Vorschlag diese Formvorschriften, kann er Grundlage einer Wahl werden und ist deshalb als Wahlvorschlag zu qualifizieren. Es kann dann nicht mehr darauf ankommen, ob der Wahlvorschlag schon beim Wahlvorstand eingereicht ist (*BAG* 4.3.1976 EzA § 15 KSchG nF Nr. 8; SPV-*Stahlhacke* Rz 1615; *Rudolph* AiB 2005, 655; aA *Richardi/Thüsing* Rz 19; *v. Hoyningen-Huene/Linck* § 15 Rz 19 mwN) oder Mängel aufweist, die behebbar sind.

24 Weist der Wahlvorschlag behebbare **Mängel** auf, so muss er, gerade weil er noch zur Grundlage einer Wahl gemacht werden kann, als rechtlich existent und rechtserheblich behandelt werden. In diesem Fall lässt sich schon von der »Aufstellung eines Wahlvorschlages« sprechen (ebenso: *BAG* 17.3.2005 EzA § 28 BetrVG 2001 Nr. 1 = SAE 2005, 315 m. zust. Anm. *Weinspach*). Der mit dem Kündigungsschutz für Wahlbewerber verfolgte Zweck gebietet es, den auf einem solchen Wahlvorschlag aufgeführten Bewerber in den Kündigungsschutz einzubeziehen. Erst wenn die Mängel nicht mehr behebbar sind oder die Frist zur Einreichung des Wahlvorschlages verstrichen ist, ohne dass der Wahlvorschlag eingereicht ist, verliert der Vorschlag seine Qualität als Wahlvorschlag, was aber nicht zu einer rückwirkenden Beseitigung des Kündigungsschutzes führt (s. Rz 42). Im Einzelnen bedeutet dies:

25 a) Ein **Wahlvorschlag zur Betriebsratswahl** ist aufgestellt, sobald ein schriftlicher Wahlvorschlag vorliegt, der die erforderliche Zahl von Unterschriften (§ 14 Abs. 4 – 5 BetrVG) aufweist, wenn in dem Zeitpunkt, in dem die letzte erforderliche Unterschrift geleistet wird, die Frist für die Einreichung von Wahlvorschlägen (§ 6 Abs. 1 WahlO) begonnen hat, aber noch nicht abgelaufen ist, auf dem Wahlvorschlag die Bewerber in erkennbarer Reihenfolge aufgeführt sind und der in Frage kommende Bewerber wählbar ist. Sind die genannten Voraussetzungen nicht gegeben, ist der Wahlvorschlag von vornherein ungültig (§ 8 Abs. 1 WahlO), so dass für die vorgeschlagenen Bewerber kein besonderer Kündigungsschutz nach § 15 Abs. 3 KSchG entstehen kann (vgl. *BAG* 26.9.1996 EzA § 15 KSchG nF Nr. 45); sonstige Mängel des Wahlvorschlages sind behebbar (vgl. § 8 Abs. 2 WahlO).

25a **Wählbar** ist ein Arbeitnehmer grds. erst dann, wenn er im Zeitpunkt der Wahl 18 Jahre alt ist und dem Betrieb mindestens sechs Monate angehört (§ 8 Abs. 1 BetrVG). Unter dieser Voraussetzung genießt er auch Kündigungsschutz nach § 103 BetrVG, § 15 KSchG, wenn er im Zeitpunkt des Kündigungszuganges noch nicht sechs Monate dem Betrieb angehört (*LAG Hamm* 21.4.1982 DB 1982, 2709; *v. Hoyningen-Huene/Linck* § 15 Rz 18; offen gelassen von *BAG* 26.9.1996 EzA § 15 KSchG nF Nr. 45).

26 Rz 25 gilt entsprechend für **Wahlbewerber zur Wahl der Jugend- und Auszubildendenvertretung** (§ 39 WahlO), **der Bordvertretung** (§ 10 WahlO-Schifffahrt), **des Seebetriebsrats** (§ 46 WahlO-Schifffahrt) und **der Schwerbehindertenvertretung** in Betrieben der privaten Wirtschaft (vgl. § 94 Abs. 6 S. 2 SGB IX).

27 b) Der Zeitpunkt, in dem ein **Wahlvorschlag zur Wahl einer anderen Vertretung** iSd § 3 Abs. 1 Nr. 1 – 3 BetrVG aufgestellt ist, richtet sich nach den Voraussetzungen, die die tarifliche Regelung an die Gültigkeit eines Wahlvorschlages stellt. Schweigt der Tarifvertrag insoweit, gilt die für Wahlbewerber zur Betriebsratswahl geltende Regelung (s. oben unter a).

28 c) Für die Aufstellung von Kandidaten zur Wahl eines Wahlvorstandes gibt es keine bestimmten Formvorschriften. Deshalb ist ein **Wahlvorschlag zur Wahl eines Wahlvorstandes** aufgestellt, sobald eine Wahl angesetzt ist und ein Vorschlagsberechtigter dem zuständigen Gremium einen wählbaren Kandidaten zur Wahl vorschlägt.

29 Bei der **Wahl** des Wahlvorstandes **durch den Betriebsrat** bedeutet dies, dass ein Bewerber aufgestellt ist, wenn eine Betriebsratssitzung mit dem Tagesordnungspunkt »Wahl eines Wahlvorstandes« einberufen ist und ein Betriebsratsmitglied vor oder in der Sitzung einen zur Betriebsratswahl Wahlberechtigten als Kandidaten vorschlägt (vgl. § 16 Abs. 1 BetrVG).

30 Bei der **Wahl** des Wahlvorstandes **durch eine** zu diesem Zwecke einberufene **Betriebsversammlung** (§ 17 Abs. 2 – 3, § 14a Abs. 1 BetrVG) kann jeder anwesende Arbeitnehmer (auch zur Betriebsratswahl nicht Wahlberechtigte) – ausgenommen der in § 5 Abs. 2–3 BetrVG genannte Personenkreis – Vorschläge für die Zusammensetzung des Wahlvorstandes machen und sich an der Wahl des Wahlvorstandes beteiligen. Dementsprechend ist ein Wahlbewerber zur Wahl des Wahlvorstandes dann aufgestellt, wenn in der zur Wahl einberufenen Betriebsversammlung ein anwesender Arbeitnehmer einen zur Betriebsratswahl Wahlberechtigten als Kandidaten zur Wahl vorschlägt.

Außerordentliche Kündigung in besonderen Fällen § 103 BetrVG

Vor Beginn einer Betriebsversammlung zur Wahl eines Wahlvorstandes können Vorschläge für die Zusammensetzung des Wahlvorstandes nur von den drei wahlberechtigten Arbeitnehmern des Betriebs oder der im Betrieb vertretenen Gewerkschaft, die zu der Betriebsversammlung eingeladen haben, gemacht werden. Das folgt aus § 17 Abs. 3 BetrVG. Wenn nach dieser Vorschrift die zur Einladung Berechtigten mit oder nach der Einladung Vorschläge für die Zusammensetzung des Wahlvorstandes machen können, so muss aus dieser ausdrücklichen Erwähnung geschlossen werden, dass im Übrigen vor Durchführung der Betriebsversammlung kein Vorschlagsrecht besteht. 31

Bei dem Vorschlagsrecht des Einladenden vor Beginn der Betriebsversammlung handelt es sich um ein **echtes Vorschlagsrecht** und nicht nur – wie *Stein* AuR 1975, 201 meint – um die Möglichkeit zur Ankündigung eines Vorschlages in der Betriebsversammlung. Eine solche einschränkende Auslegung lässt sich weder mit Wortlaut noch mit dem Sinn von § 17 Abs. 3 BetrVG vereinbaren. Die Wahl ist durch die Einladung zur Betriebsversammlung eingeleitet. Wenn das Gesetz hierbei die Möglichkeit einräumt, dass der Einladende zusammen mit der Einladung Vorschläge für die Zusammensetzung des Wahlvorstandes macht, so bedeutet das, dass der Vorschlag in der Betriebsversammlung selbst nicht noch einmal gemacht werden muss, sondern mit evtl. anderen Vorschlägen vom Versammlungsleiter zur Abstimmung zu stellen ist; der Einladende braucht überhaupt nicht an der Betriebsversammlung teilzunehmen. Der Wahlvorschlag ist aufgestellt, sobald er von den Einladenden unterzeichnet ist. 32

Bei der **Bestellung** des Wahlvorstandes **durch das ArbG** entspricht dem Zeitpunkt der Aufstellung des Wahlvorschlages der Zeitpunkt, in dem ein Antragsberechtigter (drei Wahlberechtigte oder eine im Betrieb vertretene Gewerkschaft) einen an das ArbG gerichteten Vorschlag für die Zusammensetzung des Wahlvorstandes unterzeichnet. Machen drei Wahlberechtigte den Vorschlag, ist die Unterzeichnung durch sämtliche drei Wahlberechtigten erforderlich. 33

d) Eine **Einschränkung des Beginns des Kündigungsschutzes** folgt aus dem Begriff des Wortes »Wahlbewerber«. Nach dem allgemeinen Sprachgebrauch setzt der Begriff Bewerber voraus, dass jemand bei einer zuständigen Stelle erklärt hat, er strebe eine bestimmte Position an. Wahlbewerber iSv § 15 Abs. 3 KSchG kann daher nur sein, wer gegenüber demjenigen, der den Wahlvorschlag aufgestellt hat, oder gegenüber dem Wahlvorstand erklärt, er stelle sich der Wahl, **stimme also seiner Kandidatur zu.** Bevor der Vorgeschlagene eine solche Erklärung nicht abgegeben hat, besteht auch kein sachlicher Grund, ihm einen besonderen Kündigungsschutz zu gewähren. Denn das Gesetz will nicht diejenigen, die zufällig vorgeschlagen werden, aber kein betriebsverfassungsrechtliches oder vergleichbares Amt anstreben, schützen, sondern nur diejenigen, die sich für ein solches Amt interessieren, aber aus Furcht vor Repressalien des Arbeitgebers vor einer Kandidatur zurückschrecken könnten. Der Vorgeschlagene muss, um als »Wahlbewerber« angesehen werden zu können, seine Zustimmung zur Kandidatur gegenüber dem Vorschlagenden oder gegenüber dem Wahlvorstand erklären, weil der Vorschlagende die zustimmende Erklärung des Vorgeschlagenen in seinen Wahlvorschlag aufnehmen oder dem Wahlvorstand nachreichen kann und der Wahlvorstand die Zulässigkeit und Gültigkeit der Kandidatur zu beurteilen hat. 34

Bei einer entsprechenden Anwendung des § 15 Abs. 3 KSchG auf **Bewerber zum Wahlvorstand, der durch das ArbG bestellt wird,** kann der Vorgeschlagene seine Zustimmung zur Kandidatur gegenüber dem Vorschlagenden und gegenüber dem ArbG erklären; das ArbG ist hier diejenige Stelle, die die Zulässigkeit und Gültigkeit der Kandidatur zu beurteilen hat. 35

Sonstige Stellen, die für eine Bewerbung iSd § 15 Abs. 3 KSchG zuständig wären, etwa der Betriebsrat, der Arbeitgeber, die Personalabteilung des Unternehmens, **gibt es nicht;** deshalb reichen zustimmende Erklärungen des Vorgeschlagenen zu seiner Kandidatur gegenüber sonstigen Stellen nicht aus, um ihn als Wahlbewerber zu qualifizieren. 36

Der Vorgeschlagene kann seine **Zustimmung zur Kandidatur** gegenüber den angeführten zuständigen Stellen im Hinblick auf die Erlangung des besonderen Kündigungsschutzes **formlos** erklären; denn die für die Wahl vorgeschriebene schriftliche Zustimmung kann noch nach Einreichung der Wahlvorschläge nachgeholt werden (vgl. § 8 Abs. 2 WahlO, § 10 Abs. 5 WahlO BPersVG). Entscheidend ist, dass der Begriff »Wahlbewerber« nach dem allgemeinen Sprachgebrauch keine bestimmte Form der Bewerbung voraussetzt, eine formlose Zustimmung nicht zur unheilbaren Nichtigkeit des Wahlvorschlages führt und auch bei einer nur formlosen Zustimmung der Schutz des Bewerbers vor möglichen Repressalien des Arbeitgebers in gleicher Weise wie bei einer formgerechten Zustimmung geboten ist. 37

38 Wenn in dem Zeitpunkt, in dem ein Vorgeschlagener seiner Kandidatur zustimmt, der Wahlvorschlag bereits iSd § 15 Abs. 3 KSchG aufgestellt ist, **wirkt der besondere Kündigungsschutz** des § 15 Abs. 3 KSchG auf den Zeitpunkt der Aufstellung des Wahlvorschlages **zurück.** Das ergibt sich mit hinreichender Deutlichkeit aus dem Wortlaut des § 15 Abs. 3 KSchG. Die Rückwirkung bedeutet, dass Kündigungen, die der Arbeitgeber nach der Aufstellung des Wahlvorschlages, aber vor der Zustimmungserklärung des Vorgeschlagenen ausgesprochen hat, nur nach Maßgabe des § 15 Abs. 3–5 KSchG zulässig sind. Eine mit Zustimmung des Betriebsrats oder der Personalvertretung ausgesprochene außerordentliche Kündigung ist danach ohne weiteres zulässig. Liegt diese Zustimmung nicht vor, ist eine außerordentliche Kündigung zunächst schwebend unwirksam. Sie wird endgültig unwirksam, wenn der Vorgeschlagene seiner Kandidatur zustimmt; in diesem Fall muss der Arbeitgeber unverzüglich, nachdem ihm die Annahme der Kandidatur bekannt geworden ist, die Zustimmung des Betriebsrats zu einer neuen Kündigung und, falls er die Zustimmung nicht innerhalb von drei Tagen (§ 102 Abs. 2 S. 3 BetrVG; s. Rz 78) erreicht, unverzüglich die gerichtliche Ersetzung der Zustimmung des Betriebsrats bzw. der Personalvertretung beantragen, wenn er die Kündigungsgründe nicht verwirken will. Die Zweiwochenfrist des § 626 Abs. 2 BGB für den Ausspruch der Kündigung oder die Einleitung des gerichtlichen Zustimmungsersetzungsverfahrens ist hier nicht anwendbar; jedoch muss der Arbeitgeber in entsprechender Anwendung von § 91 Abs. 5 SGB IX die Kündigung unverzüglich erklären, nachdem der Betriebsrat der Kündigung zugestimmt hat oder seine Zustimmung durch rechtskräftige gerichtliche Entscheidung ersetzt ist (vgl. auch *BAG* 21.10.1983 AP Nr. 16 zu § 626 BGB Ausschlussfrist mit zust. Anm. *Schmidt*). Das Gericht wird die Ersetzung der Zustimmung zur Kündigung versagen müssen, wenn bei Ausspruch der zunächst schwebend unwirksamen Kündigung die Zweiwochenfrist des § 626 Abs. 2 BGB bereits verstrichen war und neue Kündigungsgründe nicht hinzugekommen sind. Ordentliche Kündigungen sind ebenfalls zunächst schwebend unwirksam; sie werden mit der Zustimmung des Vorgeschlagenen zu seiner Kandidatur unheilbar nichtig, es sei denn, es läge einer der Kündigungsgründe des § 15 Abs. 4–5 KSchG vor.

39 Die **Rückwirkung** des Kündigungsschutzes bei einer Zustimmung des Vorgeschlagenen zu seiner Kandidatur ist **sachlich gerechtfertigt,** da der Arbeitgeber schon versucht sein kann, das Arbeitsverhältnis zu kündigen, sobald ihm der Wahlvorschlag bekannt wird. Gegen die Rückwirkung bestehen aus Gründen der Rechtssicherheit keine Bedenken, da der Zeitraum zwischen Aufstellung des Wahlvorschlags und wirksamer Zustimmung des Vorgeschlagenen zu seiner Kandidatur idR höchstens drei Wochen betragen kann (vgl. § 3 Abs. 2 Nr. 8, § 7, § 8 Abs. 2 WahlO; § 6 Abs. 2 Nr. 8, § 10 Abs. 5 WahlO BPersVG). Die Rechtslage ist hier vergleichbar mit der Kündigung gegenüber einer Schwangeren, wenn die Schwangere dem Arbeitgeber zwei Wochen nach Zugang der Kündigung ihre Schwangerschaft mitteilt und damit die Kündigung unwirksam macht (vgl. § 9 MuSchG).

40 e) Vor Beginn des Kündigungsschutzes für einen Wahlbewerber, dh vor Aufstellung eines Wahlvorschlages iSv § 103 BetrVG, § 15 KSchG, ist eine Kündigung wegen Verstoßes gegen das **Verbot der Wahlbehinderung** (§ 20 Abs. 2 BetrVG) nichtig, wenn sie ausgesprochen wird, um die bevorstehende Unkündbarkeit als Wahlbewerber oder die Betriebsratswahl insgesamt zu behindern (*BAG* 4.4.1974 EzA § 15 KSchG nF Nr. 1; *Fitting* § 20 Rz 26). Hierbei kann eine tatsächliche Vermutung für eine solche Behinderung sprechen, wenn der Arbeitgeber im Zeitpunkt des Ausspruchs der Kündigung Kenntnis von der bevorstehenden Kandidatur des Arbeitnehmers hat.

41 f) Der Kündigungsschutz für Wahlbewerber nach § 103 BetrVG **endet mit der Bekanntgabe des Wahlergebnisses** durch den Wahlvorstand (vgl. § 15 KSchG). Soweit es sich um Bewerber für das Amt des Wahlvorstandes handelt, genießen sie bis zur Bekanntgabe des Wahlergebnisses für den Wahlvorstand oder bis zur anderweitigen (zB gerichtlichen) Bestellung eines Wahlvorstandes Kündigungsschutz nach § 103 BetrVG. **Vorzeitig,** vor Bekanntgabe des Wahlergebnisses bzw. der anderweitigen Bestellung des Wahlvorstandes (bei Bewerbern für den Wahlvorstand), endet der Kündigungsschutz nach § 103 BetrVG für Wahlbewerber, **wenn der Wahlvorschlag hinfällig wird,** sei es, dass der Wahlvorschlag nicht fristgerecht beim Wahlvorstand eingereicht wird, sei es, dass Mängel nicht fristgerecht gem. § 8 Abs. 2 WahlO beseitigt werden oder der Wahlbewerber seine Bewerbung zurückzieht (ebenso: *BAG* 17.3.2005 EzA § 28 BetrVG 2001 Nr. 1 – bei Zurückziehung der Bewerbung; *v. Hoyningen-Huene/Linck* § 15 Rz 20, 41 mwN; **aA** *BAG* 5.12.1980 EzA § 15 KSchG nF Nr. 25, das für den Fall, dass ein Wahlvorschlag durch spätere Streichung von Stützunterschriften gem. § 8 Abs. 2 Nr. 3 WahlO ungültig wird, den Fortbestand des Kündigungsschutzes bejaht). Danach genießt der bisherige Wahlbewerber für die Dauer von sechs Monaten den sog. **nachwirkenden Kündigungsschutz** des § 15 Abs. 3 S. 2 KSchG (s. KR-*Etzel* § 15 KSchG Rz 71; **aA** offenbar *BAG* 5.12.1980 EzA § 15 KSchG nF Nr. 25 = AP Nr. 9 zu § 15

Außerordentliche Kündigung in besonderen Fällen § 103 BetrVG

KSchG 1969 mit insoweit zust. Anm. *Pfarr*, das dem ehemaligen Wahlbewerber auch nach Wegfall des Wahlvorschlags bis zur Bekanntgabe des Wahlergebnisses anscheinend den vollen Kündigungsschutz des § 103 BetrVG zubilligen will, wofür jede sachliche Berechtigung fehlt; gegen *BAG* auch *Löwisch/Arnold* Anm. EzA § 15 KSchG nF Nr. 25; für lediglich nachwirkenden Kündigungsschutz – wie hier: *v. Hoyningen-Huene/Linck* § 15 Rz 20; *Herschel* Anm. AR-Blattei, Betriebsverfassung VI: Entsch. 59; in diesem Sinne verstehen *Bichler/Bader* DB 1983, 342, auch die angeführte Entscheidung des *BAG* 5.12.1980 aaO; vgl. ferner *Richardi/Thüsing* Rz 23 und KR-*Etzel* aaO).

Ob der Wahlbewerber seine **Bewerbung zurückziehen** kann, ist allerdings streitig: Da der Wahlbewerber die Annahme der Wahl verweigern kann (§ 17 Abs. 2, § 23 Abs. 2 WahlO) und die Rückziehung der Bewerbung nichts anderes ist als die vorweggenommene Verweigerung der Annahme der Wahl, muss die Rückziehung der Bewerbung aber zugelassen werden (wie hier: *Richardi/Thüsing* § 6 WahlO 2001 Rz 12; **aA** *Fitting* § 6 WahlO Rz 10); dadurch wird die Gültigkeit des Vorschlages hinsichtlich der übrigen vorgeschlagenen Kandidaten nicht berührt. 41a

Von dem Zeitpunkt an, in dem der **Wahlvorschlag hinfällig wird**, ist der bisherige Wahlbewerber kein Wahlbewerber mehr; auch der Zweck des Kündigungsschutzes nach § 103 BetrVG, nämlich der Schutz der Wahl vor Eingriffen des Arbeitgebers, fällt für den bisherigen Wahlbewerber weg, wenn er kein Wahlbewerber mehr ist. Bis zum Wegfall des Wahlvorschlages für den betreffenden Wahlbewerber besteht aber Kündigungsschutz nach § 103 BetrVG. Denn bis zu diesem Zeitpunkt ist der Wahlbewerber in einem Wahlvorschlag aufgestellt (s. Rz 25); der Gesetzeszweck, der Schutz der Wahl, erfordert es, dass ein solcher Wahlbewerber, der in einem Wahlvorschlag aufgestellt ist, der zur Grundlage der Wahl werden kann, besonderen Kündigungsschutz genießt; (**aA** *Stein* AuR 1975, 205). Dass sich der Wahlvorschlag ex post als ungültig bzw. hinfällig erweist, ändert nichts daran, dass bis zu diesem Zeitpunkt ein schützenswerter und nach dem Gesetzeszweck geschützter Wahlvorschlag vorlag. 42

Zum nachwirkenden Kündigungsschutz für Wahlbewerber s. KR-*Etzel* § 15 KSchG Rz 56 ff., 67 ff. 43

d) Ersatzmitglieder

Der Kündigungsschutz des Ersatzmitglieds beginnt **mit dem Nachrücken in das Gremium** (s. Rz 15). Hierbei rückt das Ersatzmitglied – auch ohne sein Wissen – in dem Zeitpunkt auf Dauer nach, in dem das von ihm zu vertretende Vollmitglied endgültig aus dem Betriebsrat (Jugend- und Auszubildendenvertretung, Bordvertretung, Seebetriebsrat etc.) ausscheidet. 44

Bei einer **vorübergehenden Verhinderung** tritt der Fall der Stellvertretung (Nachrücken des Ersatzmitglieds) grds. mit Beginn der objektiven Verhinderung (zB Krankheit, Urlaub) eines ordentlichen Betriebsratsmitglieds ein. Eine vorübergehende Verhinderung liegt immer dann vor, wenn das Betriebsratsmitglied vorübergehend aus tatsächlichen oder rechtlichen Gründen nicht in der Lage ist, seine betriebsverfassungsrechtlichen Amtsobliegenheiten auszuüben (*Fitting* § 25 Rz 17 mwN). Von einer förmlichen Benachrichtigung des Ersatzmitglieds oder ähnlichen Voraussetzungen ist das Nachrücken nicht abhängig (*BAG* 17.1.1979 EzA § 15 KSchG nF Nr. 21 mit zust. Anm. *Dütz*). Auch ein Beschluss des Betriebsrats ist nicht erforderlich (HAS-*Basedau* § 19 J Rz 127; *v. Hoyningen-Huene/Linck* § 15 Rz 23). 45

Wird ein Arbeitnehmer vom Betriebsrat **als Vertreter zur Betriebsratsarbeit herangezogen,** tritt der Sonderkündigungsschutz für Ersatzmitglieder grds. auch dann ein, wenn sich im Nachhinein herausstellt, dass ein Vertretungsfall in Wahrheit nicht vorgelegen hat (*BAG* 12.2.2004 EzA § 15 KSchG nF Nr. 56 = ZBVR 2004, 174 m. zust. Anm. *Ilbertz*), z.B. wenn das Betriebsratsmitglied sich zwar krank gemeldet hat und der Arbeit fernbleibt, es sich aber später herausstellt, dass keine Arbeitsunfähigkeit vorlag und das Betriebsratsmitglied deshalb unberechtigt fehlte (vgl. *BAG* 5.9.1986 EzA § 15 KSchG nF Nr. 36). Ausgeschlossen ist der Kündigungsschutz nur, wenn der Vertretungsfall durch kollusive Absprachen zum Schein herbeigeführt wird oder das Ersatzmitglied weiß bzw. sich ihm aufdrängen muss, dass kein Vertretungsfall vorliegt (*BAG* 12.2.2004 EzA § 15 KSchG nF Nr. 56). 45a

Ausnahmsweise beginnt der besondere Kündigungsschutz der § 103 BetrVG, § 15 KSchG für Ersatzmitglieder bereits **vor Eintritt des Vertretungsfalles,** wenn in eine kurze Vertretungszeit oder zu Beginn einer längeren Vertretungszeit eine Betriebsratssitzung fällt und das Ersatzmitglied zu dieser Sitzung vor Eintritt des Vertretungsfalles geladen wird; in diesem Falle kann das Ersatzmitglied nach Zugang der Ladung die letzten drei Arbeitstage, die dem Tag der Betriebsratssitzung vorangehen, zur Vorbereitung der Sitzung in Anspruch nehmen und genießt in diesem Zeitraum den besonderen Kün- 46 digungsschutz, auch wenn der Vertretungsfall erst am Tag der Betriebsratssitzung beginnt (*BAG* 17.1.1979, aaO mit insoweit krit. Anm. *Dütz*).

47 Auf die **Dauer der vorübergehenden Verhinderung** kommt es grds. nicht an (*LAG Nds.* 14.5.1987 RzK II 1d Nr. 6; *LAG Brem.* 15.2.1985 BB 1985, 1129; *Fitting* § 25 Rz 17; *Galperin/Löwisch* § 25 Rz 8, 12; GK-*Oetker* § 25 Rz 19; *Richardi/Thüsing* § 25 Rz 6; diff.: *Schulin* Anm. EzA § 15 KSchG nF Nr. 36). Allerdings hindert die zeitweilige Dienstverhinderung eines Betriebsratsmitglieds, die keinen vollen Arbeitstag in Anspruch nimmt (zB Arztbesuch), nicht an der Amtsausübung iSv § 25 BetrVG und führt nicht zu einem Vertretungsfall; denn der Betriebsrat kann ohne Beeinträchtigung der ihm obliegenden Aufgaben seine Geschäftsführung so einrichten, dass Betriebsrats- und Ausschusssitzungen nicht während der stundenweisen Dienstverhinderung des Betriebsratsmitglieds stattfinden.

48 Der Kündigungsschutz des nachrückenden Ersatzmitglieds besteht **unabhängig davon, ob** während des Vertretungsfalles eine Betriebsrats- oder Ausschusssitzung stattfindet oder sonstige **Betriebsratsarbeit anfällt** (vgl. *BAG* 17.1.1979 EzA § 15 KSchG nF Nr. 21; ebenso: *v. Hoyningen-Huene/Linck* § 15 Rz 24a; SPV-*Stahlhacke* Rz 1612; **aA** – bei Vertretungszeiten bis zu drei Tagen ohne Amtstätigkeit und ohne Kenntnis des Arbeitgebers von dem Vertretungsfall –: *Schulin* Anm. EzA § 15 KSchG nF Nr. 36). Denn entscheidend ist, dass das Ersatzmitglied – auch bei einer nur einen oder wenige Tage dauernden Verhinderung eines Betriebsratsmitglieds – für Betriebsratstätigkeiten zur Verfügung stehen muss, damit der Betriebsrat ohne Unterbrechung voll funktionsfähig bleibt. Dies macht es erforderlich, einem Ersatzmitglied für die Dauer der Verhinderung des von ihm zu vertretenden Betriebsratsmitglieds die volle Stellung eines Betriebsratsmitglieds einzuräumen.

49 Das nachrückende Ersatzmitglied erlangt auch dann den besonderen Kündigungsschutz, wenn es beim Eintritt oder während des Vertretungsfalles selbst **an der Amtsausübung verhindert** ist (aA *Hess-LAG* 30.3.2006 – 9/4 TaBV 209/05 – m. zust. Anm. *Decruppe* jurisPR-ArbR 39/2006 Nr. 6 und *Nickel/Kuznik* SAE 1980, 268, die die Auffassung vertreten, dass ein bei Eintritt eines Vertretungsfalles selbst verhinderter Ersatzmann nicht Ersatzmitglied wird und demzufolge auch keinen Kündigungsschutz nach § 15 KSchG erlangt). Denn während der Dauer der Verhinderung des ordentlichen Mitglieds stehen dem nachgerückten Ersatzmitglied alle Schutzrechte eines ordentlichen Mitglieds zu; während dieser Zeit ist deshalb eine Kündigung nur unter den gleichen Einschränkungen wie bei einem ordentlichen Mitglied möglich (*Richardi/Thüsing* § 25 Rz 29 f.). Ein ordentliches Mitglied behält für die Dauer seiner Verhinderung den besonderen Kündigungsschutz; dann muss dies auch für das Ersatzmitglied gelten. Der Erwägung des *BAG* (6.9.1979 EzA § 15 KSchG nF Nr. 23; ebenso: *Galperin/Löwisch* § 25 Rz 22; *Löwisch/Spinner* § 15 Rz 33; HSWG-*Schlochauer* Rz 12; *v. Hoyningen-Huene/Linck* § 15 Rz 25), dem Ersatzmitglied während einer vorübergehenden Verhinderung nur dann den Kündigungsschutz eines ordentlichen Mitglieds zuzubilligen, wenn die Dauer seiner Verhinderung im Vergleich zur voraussichtlichen Dauer des Vertretungsfalles als unerheblich anzusehen ist, kann daher nicht gefolgt werden. Es wäre zwar unter Umständen sachlich gerechtfertigt, dem nachrückenden Ersatzmitglied den besonderen Kündigungsschutz ausnahmsweise dann zu versagen, wenn bei Eintritt des Vertretungsfalles feststeht, dass das Ersatzmitglied während der gesamten Dauer des Vertretungsfalles selbst an der Amtsausübung verhindert ist und somit Konflikte mit dem Arbeitgeber wegen der Ausübung des Betriebsratsamtes ausgeschlossen sind. Das würde aber zu einer unerträglichen Rechtsunsicherheit führen, da bei Eintritt des Vertretungsfalles Feststellungen über die Dauer des Vertretungsfalles, über die Dauer der Verhinderung des Ersatzmitglieds und über die Kenntnis des Arbeitgebers von diesen Umständen (zB Krankheitsdauer) vielfach nur rein zufällig getroffen werden könnten und im Übrigen schwer beweisbar wären. Deshalb ist auch dem während der gesamten Dauer des Vertretungsfalles verhinderten Ersatzmitglied der volle Kündigungsschutz eines ordentlichen Mitglieds zuzubilligen (**aA** *Nickel* SAE 1980, 336, der bei jeder Verhinderung des Ersatzmitglieds den Kündigungsschutz des § 103 BetrVG versagen und nur den nachwirkenden Kündigungsschutz des § 15 KSchG zubilligen will). Eine Differenzierung ist nur bei dem nachwirkenden Kündigungsschutz geboten (s. KR-*Etzel* § 15 KSchG Rz 65).

50 Ist das nachgerückte Ersatzmitglied an der Amtsausübung verhindert, rückt an seiner Stelle das in der Reihenfolge nächste Ersatzmitglied nach, ist auch dieses Ersatzmitglied verhindert, das darauf folgende usw. Auf diese Weise können **bei der Verhinderung eines ordentlichen Mitglieds mehrere Ersatzmitglieder nachrücken** und den besonderen Kündigungsschutz der § 103 BetrVG, § 15 KSchG erlangen. Endet dann während der Verhinderung des ordentlichen Mitglieds die Verhinderung eines der nachgerückten Ersatzmitglieder, übt dieses Ersatzmitglied nunmehr die Funktion eines ordentlichen Mitglieds aus; damit endet für die nach diesem Ersatzmitglied nachgerückten weiteren Ersatzmitglie-

der der Vertretungsfall und folglich auch der besondere Kündigungsschutz.

Beispiel: Ein Betriebsratsmitglied und die nachfolgenden drei Ersatzmitglieder sind an der Ausübung des Betriebsratsamtes verhindert Deshalb rückt das vierte Ersatzmitglied nach. Der besondere Kündigungsschütz für Betriebsratsmitglieder steht dann dem Betriebsratsmitglied und allen vier nachgerückten Ersatzmitgliedern zu. Ist das zweite Ersatzmitglied nicht mehr an der Ausübung des Betriebsratsamtes verhindert, endet damit der besondere Kündigungsschutz für das dritte und vierte Ersatzmitglied.

Mit Ablauf des letzten Tages, an dem das ordentliche Mitglied an der Amtsausübung verhindert ist (zB letzter Urlaubstag, letzter Krankheitstag), **endet** der besondere Kündigungsschutz für das oder die nachgerückten Ersatzmitglieder. Das gilt auch dann, wenn das ordentliche Mitglied am nächsten Tag seinen Dienst verspätet antritt; denn verspäteter Dienstantritt hindert nicht an der Ausübung des Betriebsratsamtes an diesem Tag. 51

Vor Eintritt des Vertretungsfalles genießt das Ersatzmitglied uU den **nachwirkenden Kündigungsschutz für Wahlbewerber** (s. KR-*Etzel* § 15 KSchG Rz 56 ff., 67 ff.), nach Abschluss des Vertretungsfalles ggf. den nachwirkenden Kündigungsschutz für Betriebsratsmitglieder (s. KR-*Etzel* § 15 KSchG Rz 65). Während der Dauer des nachwirkenden Kündigungsschutzes bedarf die außerordentliche Kündigung nicht der Zustimmung des Betriebsrats (*BAG* 18.5.2006 – 6 AZR 627/05). 52

3. Betriebsrat, betriebsratsloser Betrieb

Nach dem Wortlaut des § 103 BetrVG setzt der besondere Kündigungsschutz für den dort aufgeführten Personenkreis das **Bestehen eines Betriebsrats** in dem jeweiligen Betrieb voraus. Da nach § 103 Abs. 1 BetrVG die außerordentliche Kündigung der Zustimmung des Betriebsrats bedarf, kann diese nur erteilt werden, wenn ein Betriebsrat vorhanden ist. Nach § 103 Abs. 2 BetrVG kann das ArbG eingeschaltet werden, wenn der Betriebsrat die Zustimmung verweigert hat. Auch die Verweigerung der Zustimmung setzt einen Betriebsrat voraus, der die Verweigerung erklärt. Wahlbewerber und Wahlvorstandsmitglieder in Betrieben, in denen ein Betriebsrat noch nicht oder nicht mehr besteht, können also nach dem Wortlaut des § 103 BetrVG keinen besonderen Kündigungsschutz nach § 103 BetrVG in Anspruch nehmen. 53

Der **Schutzzweck** des § 103 BetrVG geht jedoch weiter. § 103 BetrVG bezweckt, es dem Arbeitgeber unmöglich zu machen, den in § 103 BetrVG aufgeführten Personenkreis durch willkürliche außerordentliche Kündigungen aus dem Betrieb zu entfernen. Dieser Schutzzweck gilt auch für Wahlbewerber und Wahlvorstandsmitglieder in betriebsratslosen Betrieben. Deshalb ist **§ 103 Abs. 2 BetrVG auf Wahlbewerber und Wahlvorstandsmitglieder in betriebsratslosen Betrieben entsprechend anzuwenden**; dh vor Ausspruch einer außerordentlichen Kündigung durch den Arbeitgeber ist eine gerichtliche Ersetzung der Zustimmung zur Kündigung erforderlich (vgl. *BAG* 12.8.1976 EzA § 15 KSchG nF Nr. 9; *Richardi/Thüsing* Rz 38; *Fitting* Rz 11; *Galperin/Löwisch* Rz 33; *GK-Raab* § 103 Rz 43; *v. Hoyningen-Huene/Linck* § 15 Rz 106; SPV-*Stahlhacke* Rz 1617; *Stege/Weinspach/Schiefer* Rz 19, 31; *Gamillscheg* ZfA 1977, 296; *Lepke* BB 1973, 895; *Rudolph* AiB 2005, 655; **aA** HSWG-*Schlochauer* Rz 54). Dasselbe ist für Jugend- und Auszubildendenvertreter sowie Mitglieder der Schwerbehindertenvertretung in betriebsratslosen Betrieben anzunehmen (*Fuchs* DB 1976, 677). 54

Entsprechendes gilt ferner, wenn der Betriebsrat in dem Zeitpunkt, in dem der Arbeitgeber die Zustimmung zur Kündigung beantragen will, **funktionsunfähig** ist (s. KR-*Etzel* § 102 BetrVG Rz 24 ff.), was insbesondere auch zutrifft, wenn nach dem Nachrücken sämtlicher Ersatzmitglieder nur noch ein Betriebsratsmitglied übrig geblieben ist, dem der Arbeitgeber nun kündigen will; denn dieses Betriebsratsmitglied ist als unmittelbar Betroffener verhindert, über die Zustimmung zu seiner Kündigung zu beschließen (vgl. Rz 74; ferner *LAG SchlH* 21.12.2004 NZA-RR 2005, 309). Ein funktionsunfähiger Betriebsrat kann die Zustimmung zur Kündigung nicht erteilen. Deshalb ist hier nach dem Schutzzweck des § 103 BetrVG die gerichtliche Ersetzung der Zustimmung des Betriebsrats in entsprechender Anwendung des § 103 Abs. 2 BetrVG erforderlich (*LAG Düsseld.* 16.1.1975 DB 1975, 745; *Galperin/Löwisch* Rz 33; *Hanau* AR-Blattei, Betriebsverfassung IX unter B II 1; SPV-*Stahlhacke* Rz 1679). 55

Kein Fall von Funktionsunfähigkeit liegt allerdings vor, wenn das **einzige Betriebsratsmitglied entlassen werden soll und noch ein gewähltes Ersatzmitglied vorhanden ist.** In diesem Fall ist zwar das Betriebsratsmitglied als unmittelbar Betroffener von dem Zustimmungsverfahren ausgeschlossen; an seiner Stelle ist aber das Ersatzmitglied für die Zustimmungserteilung zuständig (*Richardi/Thüsing* 56

Rz 44; DKK-*Kittner* Rz 43; *Fitting* Rz 31; GK-*Raab* § 103 Rz 44; *Oetker* AuR 1987, 226 f.; SPV-*Stahlhacke* Rz 1659; **aA** *ArbG Siegen* 6.12.1985 NZA 1986, 267; *Gamillscheg* ZfA 1977, 295; *Schmidt* RdA 1973, 296; in diesem Sinne auch: *Coester* SAE 1983, 282). Ist allerdings kein gewähltes Ersatzmitglied vorhanden, liegt Funktionsunfähigkeit iSv Rz 55 vor; der Arbeitgeber muss dann in entsprechender Anwendung von § 103 Abs. 2 BetrVG die Zustimmung des ArbG zur Kündigung einholen (*BAG* 14.9.1994 EzA § 103 BetrVG 1972 Nr. 36; 16.12.1982 EzA § 103 BetrVG 1972 Nr. 29 = SAE 1983, 277 mit zust. Anm. *Coester* = AP Nr. 13 zu § 15 KSchG 1969 mit zust. Anm. *Kraft*).

56a Ebenso wenig ist der Betriebsrat funktionsunfähig, wenn **allen Betriebsratsmitgliedern** – unter Umständen wegen gemeinschaftlich begangener Pflichtverletzung – **gekündigt** werden soll. In einem solchen Fall ist nämlich von der Beratung und Abstimmung jeweils nur dasjenige Betriebsratsmitglied ausgeschlossen, das durch die ihm gegenüber beabsichtigte Kündigung unmittelbar betroffen wird (*BAG* 25.3.1976 EzA § 103 BetrVG 1972 Nr. 12; *Richardi/Thüsing* Rz 45 mwN; ausführlich Rz 74, 80).

4. Arten der Beendigung des Arbeitsverhältnisses

57 Der besondere Kündigungsschutz des § 103 BetrVG gilt grds. **nur für außerordentliche Kündigungen** durch den Arbeitgeber, auch wenn sie mit einer Auslauffrist erklärt werden sollen, nicht aber für anderweitige Beendigungen des Arbeitsverhältnisses oder für sonstige personelle Maßnahmen des Arbeitgebers (s. KR-*Etzel* § 15 KSchG Rz 15). Soweit eine ordentliche Kündigung durch den Arbeitgeber ausnahmsweise gem. § 15 Abs. 4–5 KSchG zulässig ist, findet kein Zustimmungsverfahren nach § 103 BetrVG, sondern nur das Anhörungsverfahren nach § 102 BetrVG statt (*Richardi/Thüsing* Rz 25 mwN).

58 Andererseits ist das Zustimmungsverfahren nach § 103 BetrVG bei **jeder Art einer außerordentlichen Kündigung** einzuhalten (vgl. *Galperin/Löwisch* Rz 4; GK-*Raab* Rz 24), also insbesondere auch bei einer bedingten außerordentlichen Kündigung und einer vorsorglich außerordentlichen Kündigung, ferner bei einer außerordentlichen Kündigung durch den Insolvenzverwalter (vgl. *BAG* 16.9.1982 EzA § 1 KSchG Betriebsbedingte Kündigung Nr. 18 mit zust. Anm. *Herschel*).

59 Ebenso werden außerordentliche **Änderungskündigungen** von § 103 BetrVG erfasst, da sie – wenn auch nur bedingt – ebenfalls auf die Beendigung des Arbeitsverhältnisses gerichtet sind (vgl. *BAG* 24.4.1969 EzA § 13 KSchG Nr. 2). Das gilt auch für außerordentliche Massenänderungskündigungen, das sind Änderungskündigungen, die der Arbeitgeber gegenüber einer Gruppe von Arbeitnehmern aus wichtigem Grund ausspricht. Die bei der ordentlichen Massenänderungskündigung strittige Frage, ob die Anwendung der Kündigungsschutzvorschriften des § 15 KSchG zu einer ungerechtfertigten Begünstigung des Personenkreises des § 15 KSchG führt (s. KR-*Etzel* § 15 KSchG Rz 18), kommt hier nicht zum Tragen; denn während die Anwendung des § 15 KSchG auf außerordentliche Massenänderungskündigungen – abgesehen von den Ausnahmefällen des § 15 Abs. 4–5 KSchG – die Unwirksamkeit der Massenänderungskündigungen gegenüber dem durch § 15 KSchG geschützten Personenkreis zur Folge hat, kann die außerordentliche Kündigung – wenn sie sachlich gerechtfertigt ist – nach Abschluss des Zustimmungsverfahrens gem. § 103 BetrVG ausgesprochen werden. Die Durchführung des Zustimmungsverfahrens ist dem Arbeitgeber – ebenso wie bei sonstigen außerordentlichen Kündigungen – auch bei außerordentlichen Massenänderungskündigungen zumutbar.

60 Von der außerordentlichen Änderungskündigung zu unterscheiden sind **Änderungen der Arbeitsbedingungen,** die der Arbeitgeber kraft seines Direktionsrechts einseitig anordnen kann. Solche Änderungen der Arbeitsbedingungen bedürfen grds. keiner Zustimmung des Betriebsrats (vgl. *Fitting* Rz 13). Erstreckt sich das Direktionsrecht des Arbeitgebers jedoch auch darauf, den Arbeitnehmer in einen anderen Betrieb zu **versetzen,** so endet mit dem Ausscheiden aus dem Betrieb auch sein betriebsverfassungsrechtliches Amt iSd § 103 BetrVG; insoweit steht das Ausscheiden aus dem Betrieb einer außerordentlichen Kündigung gleich. Diesem Umstand hat der Gesetzgeber nunmehr durch die Einfügung des § 103 Abs. 3 BetrVG Rechnung getragen, nach dem Versetzungen mit Amtsverlust grds. der Zustimmung des Betriebsrats bedürfen (s. Rz 156 ff.).

61 § 103 BetrVG gilt auch für außerordentliche **Kampfkündigungen.** Außerordentliche Kampfkündigungen sind Kündigungen wegen Arbeitsvertragsbruchs im Arbeitskampf, zB wegen rechtswidriger Arbeitsniederlegungen (HSWG-*Schlochauer* Rz 2). Auf solche rechtswidrigen Arbeitskampfmaßnahmen kann der Arbeitgeber mit kollektivrechtlichen Aussperrungen, aber auch mit außerordentlichen Kündigungen antworten (vgl. *BAG* 14.2.1978 EzA Art. 9 GG Arbeitskampf Nr. 22; 21.4.1971 EzA Art. 9 GG Nr. 6). Entschließt sich der Arbeitgeber zu kollektivrechtlichen Maßnahmen – wie zB einer Aussperrung –, entfällt ein Mitwirkungsrecht des Betriebsrats. Wählt er jedoch den individualrechtlichen Weg

der außerordentlichen Kündigung, **muss er die Mitwirkungsrechte des Betriebsrats nach §§ 102, 103 BetrVG beachten.** Entgegen der Auffassung des *BAG* (14.2.1978 aaO; 26.10.1971 EzA Art. 9 GG Nr. 7; ebenso: GK-*Raab* Rz 41; *Heinze* S. 288; *v. Hoyningen-Huene/Linck* § 15 Rz 102; *Randerath* S. 84; *Richardi/Thüsing* Rz 28; SPV-*Stahlhacke* Rz 1599; vgl. auch *Galperin/Löwisch* Rz 2, § 74 Rz 13, 13a; wie hier: DKK-*Kittner* Rz 37; *Weiss/Weyand* Rz 6 iVm § 74 Rz 11), ist der Betriebsrat im Hinblick auf die Konfrontation zwischen Arbeitnehmerschaft und Arbeitgeber infolge des Arbeitskampfes nicht als rechtlich gehindert anzusehen, personelle Beteiligungsrechte bei Maßnahmen auszuüben, die der Arbeitgeber als Gegenmaßnahme auf rechtswidrige Arbeitsniederlegungen trifft; denn der Betriebsrat steht auch in sonstigen Fällen oft in einem Interessenkonflikt, ohne dass er deshalb als funktionsunfähig oder überfordert anzusehen wäre, wie das *BAG* (25.3.1976 EzA § 103 BetrVG 1972 Nr. 12) selbst für den Fall der außerordentlichen Kündigung aller Betriebsratsmitglieder wegen gemeinsam begangener Pflichtverletzungen entschieden hat. Der Interessenkonflikt zwischen der Wahrung des Wohls der Arbeitnehmer und der Wahrung des Wohls des Betriebs ist geradezu das Kennzeichen der Betriebsratstätigkeit (vgl. § 2 Abs. 1 BetrVG). Auch die »Waffengleichheit« im Arbeitskampf wird nicht beeinträchtigt, wenn man bei außerordentlichen Kampfkündigungen die Einhaltung des Beteiligungsverfahrens beim Betriebsrat fordert. Denn soweit die Waffengleichheit die Möglichkeit spontaner Maßnahmen erfordert, ist sie dadurch ausreichend gewahrt, dass der Arbeitgeber rechtswidrige Arbeitsniederlegungen mit mitbestimmungsfreien (suspendierenden) Aussperrungen beantworten kann. Im Übrigen kann die verweigerte Zustimmung des Betriebsrats durch das Arbeitsgericht ersetzt werden. Diese **gerichtliche Ersetzung der Zustimmung des Betriebsrats** verlangt auch das *BAG* (14.2.1978 EzA § 15 KSchG nF Nr. 19; ebenso: SPV-*Stahlhacke* Rz 1599; aA GK-*Raab* aaO; *Kraft* FS Müller, S. 276), obwohl es die vorherige Einschaltung des Betriebsrats nicht für erforderlich hält; insoweit gelten für das BAG die Grundsätze bei Funktionsunfähigkeit des Betriebsrats (s. Rz 55).

5. Abgabe der Kündigungserklärung

Der Schutz des § 103 BetrVG ist dem Arbeitnehmer dann, aber auch nur dann zuzubilligen, wenn er 62 im Zeitpunkt der Abgabe der Kündigungserklärung zu dem durch § 103 BetrVG geschützten Personenkreis gehört. Ob er im Zeitpunkt der Anhörung des Betriebsrats geschützt war oder nicht, ist unerheblich (aA *ArbG Düsseld.* 2.5.1991 DB 1991, 2445); insoweit muss der Arbeitgeber ggf. das gerichtliche Zustimmungsersetzungsverfahren einleiten, wenn der Arbeitnehmer inzwischen zum geschützten Personenkreis gehört. Entscheidend ist, wann der Arbeitgeber das Kündigungsschreiben absendet; **der Zugang der Kündigung ist unerheblich** (*Fitting* Rz 9; vgl. auch *BAG* 13.11.1975 EzA § 102 BetrVG 1972 Nr. 20; aA die hM; s. *v. Hoyningen-Huene/Linck* § 15 Rz 56 mwN). Das folgt aus der Überlegung, dass vom Arbeitgeber im Zeitpunkt der Abgabe der Kündigungserklärung (= Absendung des Kündigungsschreibens) die Beachtung derjenigen gesetzlichen Vorschriften verlangt werden muss, aber auch nur verlangt werden kann, die in diesem Zeitpunkt maßgebend sind. **Das bei der Absendung des Kündigungsschreibens gebotene Verfahren muss eingehalten sein.** Das heißt: Wird das Kündigungsschreiben zu einem Zeitpunkt abgesandt, in dem der Arbeitnehmer noch kein betriebsverfassungsrechtliches Amt iSd § 103 BetrVG innehatte, bedarf die Kündigung nicht der Zustimmung des Betriebsrats, selbst wenn der Arbeitnehmer bei Zugang der Kündigung Amtsinhaber ist und die Kündigungsfrist während seiner Amtszeit abläuft. Wird die Kündigung jedoch lediglich im Hinblick auf die demnächst eintretende Unkündbarkeit ausgesprochen, so greift der Kündigungsschutz des § 15 KSchG nach dem Rechtsgedanken des § 162 BGB gleichwohl ein (vgl. auch *v. Hoyningen-Huene/Linck* § 15 Rz 55: Kündigung idR sozialwidrig). War andererseits der Arbeitnehmer bei Absendung des Kündigungsschreibens Amtsinhaber, aber nicht mehr bei dessen Zugang, ist gleichwohl die Zustimmung des Betriebsrats nach § 103 BetrVG erforderlich.

Wann die bei der **Interessenabwägung** nach § 626 Abs. 1 BGB zu berücksichtigende Kündigungsfrist 63 abläuft, ob vor, während oder nach Beendigung der Amtszeit, ist ebenso unerheblich wie die Frage, ob der Kündigungsgrund in einem Verhalten des Arbeitnehmers während seiner Amtszeit liegt oder nicht (*Gamillscheg* ZfA 1977, 262).

Erlangt ein Arbeitnehmer erst **nach Ausspruch einer ordentlichen Kündigung den besonderen Kün-** 63a **digungsschutz** der § 103 BetrVG, § 15 KSchG, ist dies ohne Einfluss auf die Wirksamkeit der Kündigung. Stellt der Arbeitgeber jedoch den Auflösungsantrag nach § 9 Abs. 1 S. 2 KSchG und begründet er diesen Antrag mit Tatsachen, die nach dem Zeitpunkt entstanden sind, in dem der Arbeitnehmer den besonderen Kündigungsschutz nach § 103 BetrVG, § 15 KSchG erwarb, darf das Arbeitsgericht dem Auflösungsantrag nur stattgeben, wenn die vom Arbeitgeber zur Begründung vorgetragenen

Tatsachen eine außerordentliche Kündigung nach § 626 Abs. 1 BGB rechtfertigen (*Richardi/Thüsing* Anh. § 103 Rz 28; **aA** *LAG Bln.* 27.5.2004 LAGE § 9 KSchG Nr. 36: Auflösungsantrag unstatthaft; vgl. auch *BAG* 7.12.1972 AP Nr. 1 zu § 9 KSchG 1969).

II. Das Zustimmungsverfahren beim Betriebsrat

1. Zuständigkeit von Betriebsrat, Gesamtbetriebsrat, Bordvertretung, Seebetriebsrat oder anderen Arbeitnehmervertretungen

64 Für die Zuständigkeit im Zustimmungsverfahren gelten die bei KR-*Etzel* § 102 BetrVG Rz 46 ff. dargestellten Grundsätze. Auch bei zustimmungsbedürftigen **Versetzungen** in einen anderen Betrieb (Rz 60) besteht keine Zuständigkeit des Gesamtbetriebsrats (*BAG* 26.1.1993 EzA § 99 BetrVG 1972 Nr. 109 = BetrR 1993, 118 mit zust. Anm. *Schölzel*). Ferner ist darauf hinzuweisen, dass auch bei der **außerordentlichen Kündigung eines Jugend- und Auszubildendenvertreters** oder eines Mitglieds des Wahlvorstands oder eines Wahlbewerbers für die Wahl der Jugend- und Auszubildendenvertretung für die Erteilung der Zustimmung der Betriebsrat und nicht die Jugend- und Auszubildendenvertretung zuständig ist. Bei der Beschlussfassung haben die Jugend- und Auszubildendenvertreter jedoch gem. § 67 Abs. 2 BetrVG Stimmrecht (*Fitting* Rz 32). Die Schwerbehindertenvertretung hat kein Stimmrecht, auch wenn es um die Zustimmung zur Kündigung eines schwerbehinderten Betriebsratsmitglieds oder sonstigen schwerbehinderten Trägers eines betriebsverfassungsrechtlichen Amtes geht; diese Arbeitnehmer genießen aber zusätzlich den Schutz nach den Vorschriften des SGB IX.

64a Zur Übertragung der Mitwirkungsrechte auf einen Ausschuss des Betriebsrats s. Rz 76.

2. Einleitung des Zustimmungsverfahrens

65 Zur Einleitung des Zustimmungsverfahrens gehört, dass der Arbeitgeber einen **Kündigungsentschluss** fasst und diesen gegenüber dem Betriebsrat eindeutig zu erkennen gibt sowie seine Mitteilungspflichten gegenüber dem Betriebsrat (s. Rz 66 ff.) vollständig erfüllt. Die bei der Einleitung des Anhörungsverfahrens nach § 102 BetrVG geltenden Grundsätze (vgl. KR-*Etzel* § 102 BetrVG Rz 53 ff.) sind entsprechend anwendbar. Das Zustimmungsersuchen des Arbeitgebers ist eine einseitige empfangsbedürftige Willenserklärung, auf die die §§ 164 ff. BGB anwendbar sind. Der Betriebsrat kann deshalb das **Zustimmungsersuchen eines Bevollmächtigten**, von dessen Vollmacht er – anders als zB bei einem Personalleiter – nicht ausgehen muss, wegen fehlender Vorlage einer Vollmacht gem. § 174 BGB zurückweisen (*Hess. LAG* 29.1.1998 ZTR 1998, 475).

3. Mitteilungspflichten des Arbeitgebers

66 Das Zustimmungsverfahren nach § 103 BetrVG ist eine gegenüber dem Anhörungsverfahren nach § 102 BetrVG weitergehende Form der Beteiligung des Betriebsrats bei einer Kündigung. Die Beteiligung des Betriebsrats nach § 103 BetrVG ist eine gegenüber § 102 BetrVG qualifizierte Beteiligung. Demgemäß sind **die für das Anhörungsverfahren geltenden Grundsätze** entsprechend auch auf das Zustimmungsverfahren anzuwenden (*BAG* 18.8.1977 EzA § 103 BetrVG 1972 Nr. 20; 29.11.1984 – 2 AZR 581/83 – nv; *Ascheid* Rz 662; GK-*Raab* § 103 Rz 43). Das rechtfertigt es, an die Mitteilungspflichten des Arbeitgebers im Rahmen des § 103 BetrVG dieselben Anforderungen zu stellen wie in dem Anhörungsverfahren nach § 102 BetrVG.

67 Daher ist der Arbeitgeber verpflichtet, dem Betriebsrat seine **Kündigungsabsicht** mitzuteilen und die **Person** des zu kündigenden Arbeitnehmers zu bezeichnen. Einer Mitteilung der für das Arbeitsverhältnis maßgebenden Kündigungsfrist, falls kein Kündigungsschutz bestände, bedarf es grundsätzlich nicht, da der Arbeitgeber fristlos kündigen will und der Betriebsrat im Allgemeinen auch ohne genaue Kenntnis der Kündigungsfrist die Zumutbarkeit einer befristeten Weiterbeschäftigung (bis zum ersten Kündigungstermin nach Ablauf des Kündigungsschutzes, s. KR-*Etzel* § 15 KSchG Rz 23) beurteilen kann (vgl. auch *LAG BW* 15.5.1995 LAGE § 103 BetrVG Nr. 12). Ferner hat der Arbeitgeber die **Kündigungsgründe** anzugeben. Hierbei muss er den Betriebsrat über alle Gesichtspunkte unterrichten, die ihn zu der Kündigung veranlassen. Denn wenn dem Betriebsrat Gelegenheit gegeben werden soll, der außerordentlichen Kündigung zuzustimmen, muss er die Wirksamkeit der Kündigung beurteilen können. Dazu bedarf es der konkreten Angaben aller Tatsachen, auf die der Arbeitgeber seine Kündigung stützt. Wegen weiterer Einzelheiten kann auf die Ausführungen bei KR-*Etzel* § 102 BetrVG Rz 62 ff. verwiesen werden. Ein Arbeitgeber, der zunächst (zutreffend oder irrtümlich) ein Verfahren nach § 103 BetrVG einleitet und den Betriebsrat entsprechend unterrichtet, hat damit **auch seine Mit-**

Außerordentliche Kündigung in besonderen Fällen § 103 BetrVG

teilungspflichten nach § 102 BetrVG erfüllt, wenn im Zeitpunkt der Kündigung zweifelsfrei feststeht, dass ein Schutz nach § 103 BetrVG nicht besteht und deshalb für eine außerordentliche Kündigung nur eine Anhörung des Betriebsrats nach § 102 BetrVG erforderlich ist (*Zumkeller* NZA 2001, 823).

Eine **Unterrichtungspflicht** des Arbeitgebers **entfällt**, wenn der Betriebsrat die außerordentliche Kündigung verlangt hat (vgl. § 104 BetrVG); denn dann liegt in dem Verlangen des Betriebsrats die vorweggenommene Zustimmung zur Kündigung aus den vom Betriebsrat genannten Gründen. Will der Arbeitgeber aus anderen Gründen kündigen, als der Betriebsrat genannt hat, bedarf es jedoch insoweit der Unterrichtung und der Zustimmung des Betriebsrats. 67a

Zum Nachschieben von Kündigungsgründen im gerichtlichen Zustimmungsersetzungsverfahren s. Rz 118 ff., im Kündigungsschutzprozess s. KR-*Etzel* § 15 KSchG Rz 44 ff. 68

Eine ausdrückliche **Aufforderung** des Arbeitgebers an den Betriebsrat, zu der beabsichtigten Kündigung bzw. den nachgeschobenen Kündigungsgründen **Stellung zu nehmen,** ist grds. nicht erforderlich. Es gilt das zu § 102 BetrVG Rz 72 ff. Ausgeführte. Freilich ist dem Arbeitgeber zu empfehlen, beim Betriebsrat die Zustimmung zur Kündigung zu beantragen, da Schweigen des Betriebsrats dem Arbeitgeber nichts nützt. 69

Aus denselben Gründen wie beim Anhörungsverfahren nach § 102 BetrVG können weder Betriebsrat noch Arbeitnehmer auf die Einhaltung des Zustimmungsverfahrens nach § 103 BetrVG und die Zustimmung des Betriebsrats als Wirksamkeitsvoraussetzung für eine außerordentliche Kündigung rechtswirksam **verzichten** (s. KR-*Etzel* § 102 BetrVG Rz 75). 70

4. Form und Zeitpunkt der Unterrichtung des Betriebsrats

Für Form und Zeitpunkt der Unterrichtung des Betriebsrats wird auf KR-*Etzel* § 102 BetrVG Rz 76 ff. verwiesen. 71

Auch die **zweiwöchige Ausschlussfrist des § 626 Abs. 2 BGB** ist zu beachten, dh der Arbeitgeber muss in entsprechender Anwendung des § 626 Abs. 2 BGB den Betriebsrat so rechtzeitig unterrichten, dass er noch innerhalb dieser Ausschlussfrist die Kündigung aussprechen oder das Zustimmungsersetzungsverfahren beim ArbG einleiten kann (*BAG* 7.5.1986 EzA § 103 BetrVG 1972 Nr. 31 mwN). Näheres zur entsprechenden Anwendung des § 626 Abs. 2 BGB s. KR-*Etzel* § 15 KSchG Rz 30 ff. 72

5. Empfangsberechtigung auf Seiten des Betriebsrats zur Entgegennahme von Arbeitgebererklärungen

Die Ausführungen zu KR-*Etzel* § 102 BetrVG Rz 81 ff. gelten mit den nachfolgenden Einschränkungen auch hier. 73

Das Betriebsratsmitglied – auch der Betriebsratsvorsitzende –, dessen Kündigung der Arbeitgeber mit der erbetenen Zustimmung erstrebt, ist als **unmittelbar Betroffener verhindert anzusehen,** die Arbeitgebererklärung entgegenzunehmen. Das folgt daraus, dass derjenige, der unmittelbar von einem Betriebsratsbeschluss betroffen wird, an der Ausübung seines Betriebsratsamtes in dem entsprechenden Verfahren als zeitweilig verhindert anzusehen ist. Mit der Entgegennahme des Zustimmungsantrages des Arbeitgebers wird die Beratung des Betriebsrats eingeleitet, von der das betroffene Betriebsratsmitglied ausgeschlossen ist (s. Rz 80, 80a). 74

Gibt der Arbeitgeber die Erklärung gegenüber einem **zeitweilig verhinderten Betriebsratsmitglied** ab, geht die Erklärung dem Betriebsrat erst zu, wenn sie einem zur Entgegennahme zuständigen und nicht verhinderten Betriebsratsmitglied oder dem Betriebsratsgremium zur Kenntnis gebracht wird (vgl. *Fitting* § 26 Rz 33). 75

Ist dem **Betriebsausschuss** oder einem Ausschuss iSd § 28 BetrVG (zB »Personalausschuss«) die Ausübung der Mitwirkungsrechte des Betriebsrats bei Kündigungen übertragen worden, liegt darin noch nicht die Übertragung des Zustimmungsrechts nach § 103 BetrVG. Wegen der großen Bedeutung des § 103 BetrVG für die Arbeit und Funktionsfähigkeit der betriebsverfassungsrechtlichen Organe ist **im Zweifel davon auszugehen, dass für die Zustimmung zur Kündigung nach § 103 BetrVG der Betriebsrat in seiner Gesamtheit zuständig ist.** Nur wenn der Betriebsrat gem. § 27 Abs. 2, § 28 Abs. 1 BetrVG einem Ausschuss ausdrücklich die Ausübung des Zustimmungsrechts nach § 103 BetrVG zur selbständigen Erledigung übertragen hat, ist dieser Ausschuss für das Zustimmungsverfahren nach § 103 BetrVG zuständig (*BAG* 17.3.2005 EzA § 28 BetrVG 2001 Nr. 1 = SAE 2005, 315 m. zust. 76

§ 103 BetrVG   Außerordentliche Kündigung in besonderen Fällen

Anm. *Weinspach* = AiB 2006, 178 m. Anm. *Müller;* vgl. auch *Fitting* Rz 32; GK-*Raab* § 103 Rz 52; HSWG-*Schlochauer* Rz 35; *Richardi/Thüsing* Rz 43; **aA** – Übertragung an Ausschuss unzulässig –: *LAG Köln* 28.8.2001 EzA SD 2001, Nr. 25, S. 16; *Galperin/Löwisch* Rz 13; DKK-*Kittner* Rz 33; *Heinze* S. 267; *Stege/Weinspach/Schiefer* § 28 Rz 5; *Weiss/Weyand* Rz 9). Allerdings hat der Arbeitgeber nur dann, wenn er von einer solchen Zuständigkeitsregelung vom Betriebsrat in Kenntnis gesetzt ist, die Mitteilung über seine Kündigungsabsicht und die Kündigungsgründe dem Ausschussvorsitzenden bzw. seinem Stellvertreter zu übermitteln (vgl. *Fitting* § 26 Rz 37).

77 Bei Mitgliedern der Bordvertretung oder des Seebetriebsrats tritt an die Stelle des Betriebsrats die **Bordvertretung** bzw. der **Seebetriebsrat** nach Maßgabe der Vorschriften des § 115 Abs. 7, § 116 Abs. 6 BetrVG (s. KR-*Etzel* § 102 BetrVG Rz 49 f.), so dass die Mitteilung des Arbeitgebers über Kündigungsabsicht und Kündigungsgründe an den Vorsitzenden der Bordvertretung bzw. des Seebetriebsrats zu richten ist. Entsprechendes gilt bei Arbeitnehmervertretungen iSv § 3 Abs. 1 Nr. 1 – 3 oder § 117 Abs. 2 BetrVG.

6. Frist zur Stellungnahme für Betriebsrat

78 Die für das Anhörungsverfahren nach § 102 BetrVG geltende Äußerungsfrist für den Betriebsrat (§ 102 Abs. 2 S. 3 BetrVG) ist auf das Zustimmungsverfahren entsprechend anwendbar (*BAG* 18.8.1977 EzA § 103 BetrVG 1972 Nr. 20; *Fitting* Rz 33; *Galperin/Löwisch* Rz 19; GK-*Raab* § 103 Rz 41; *v. Hoyningen-Huene/Linck* § 15 Rz 110; *Richardi/Thüsing* Rz 46; *Stege/Weinspach/Schiefer* Rz 9; **aA** *Gamillscheg* FS BAG, S. 126 f.; *Lepke* BB 1973, 895; *Schmidt* RdA 1973, 297). Hiernach hat der Betriebsrat seine Stellungnahme zu der vom Arbeitgeber beantragten Zustimmung zur außerordentlichen Kündigung unverzüglich, spätestens aber **innerhalb von drei Tagen** zu erklären. Schweigen gilt als Zustimmungsverweigerung (s. Rz 94). Wegen weiterer Einzelheiten zur Stellungnahmefrist s. KR-*Etzel* § 102 BetrVG Rz 90 ff.

79 Für den Beginn und die Berechnung sowie eine Verlängerung der Dreitagefrist gelten dieselben Grundsätze wie bei der Wochenfrist des § 102 Abs. 2 S. 1 BetrVG (s. KR-*Etzel* § 102 BetrVG Rz 86 f.).

7. Willensbildung des Betriebsrats, Anhörung des Arbeitnehmers

80 Auf das Zustimmungsverfahren beim Betriebsrat einschließlich der Anhörung des betroffenen Arbeitnehmers können unbedenklich die Grundsätze angewendet werden, die im Anhörungsverfahren nach § 102 BetrVG gelten (s. KR-*Etzel* § 102 BetrVG Rz 93 ff.). Ein von der Kündigung **betroffenes Betriebsratsmitglied** ist allerdings **von der Beratung und Beschlussfassung des Betriebsrats ausgeschlossen,** da es insoweit an der Ausübung seines Betriebsratsamtes zeitweilig verhindert ist (*BAG* 23.8.1984 EzA § 103 BetrVG 1972 Nr. 30; 26.8.1981 EzA § 103 BetrVG 1972 Nr. 27; *Fitting* § 25 Rz 18, 20; *Galperin/Löwisch* Rz 14; GK-*Raab* Rz 55; HSWG-*Schlochauer* Rz 39; *v. Hoyningen-Huene/Linck* § 15 Rz 100; *Oetker* ZfA 1984, 437; vgl. auch *BAG* 3.8.1999 EzA § 33 BetrVG 1972 Nr. 1 – bei Umgruppierungen –; **aA** – nur Ausschluss von Beschlussfassung –: *Richardi/Thüsing* § 25 Rz 9; – weder Ausschluss von Beratung noch von Beschlussfassung –: *Bieback* AuR 1977, 327 f.). Der Ausschluss von der Beschlussfassung folgt aus dem rechtsstaatlichen Grundsatz, dass niemand »Richter in eigener Sache« sein darf. Der Ausschluss von der Beratung ist deshalb gerechtfertigt, weil die Beratung als Grundlage für das Abstimmungsverhalten sachlich untrennbar mit der Beschlussfassung verbunden ist. Das schließt es nicht aus, dass der Betriebsrat das betroffene Betriebsratsmitglied im Rahmen seiner Beratungen anhört, wozu im Allgemeinen Anlass besteht (s. KR-*Etzel* § 102 BetrVG Rz 94; vgl. ferner *Gamillscheg* aaO). An die Stelle des ausgeschlossenen Betriebsratsmitglieds tritt zur Beratung und Beschlussfassung über den Zustimmungsantrag des Arbeitgebers nach § 25 Abs. 1 S. 2 BetrVG ein Ersatzmitglied (*BAG* 23.8.1984 EzA § 103 BetrVG 1972 Nr. 30; *v. Hoyningen-Huene/Linck* § 15 Rz 100; SPV-*Stahlhacke* Rz 1656; *Oetker* ZfA 1984, 433). Nimmt das betroffene Betriebsratsmitglied an der Beratung oder Beschlussfassung über seine eigene Kündigung teil oder wird kein Ersatzmitglied eingeladen, ist der Betriebsratsbeschluss über die Kündigung nichtig (*BAG* 23.8.1984 EzA § 103 BetrVG 1972 Nr. 30). Hingegen besteht kein Ausschlussgrund für das betroffene Betriebsratsmitglied, wenn es um die Beschlussfassung zur Beauftragung eines Rechtsanwalts für die Vertretung im Zustimmungsersetzungsverfahren (§ 103 Abs. 2 BetrVG) geht (*LAG Hamm* 10.6.1998 AiB 1999, 461).

80a Will der Arbeitgeber **mehreren Betriebsratsmitgliedern aus dem gleichen Grunde kündigen,** sind die betroffenen Mitglieder nur insoweit als zeitweilig verhindert anzusehen, als es um die Beratung und Beschlussfassung zu ihrer eigenen Kündigung geht. Hingegen sind sie nicht verhindert bei der Beratung und Beschlussfassung zu der vom Arbeitgeber beantragten Zustimmung zur Kündigung ihrer Amtskollegen (*BAG* 25.3.1976 EzA § 103 BetrVG 1972 Nr. 12; *v. Hoyningen-Huene/Linck* § 15 Rz 101; *Oetker* AuR 1987, 229; *Schmitt* NZA 1987, 80; **aA** SPV-*Stahlhacke* Rz 1657 Fn 94, wenn allen Betriebsratsmitgliedern gekündigt werden soll, weil dann »zutreffender« das gerichtliche Zustimmungsersetzungsverfahren nach § 103 Abs. 2 BetrVG durchzuführen sei). Es ist zwar nicht zu verkennen, dass das einzelne Betriebsratsmitglied hier in einem Interessenkonflikt steht, weil es bei der Beratung und Beschlussfassung über die beantragte Zustimmung zur Kündigung eines Amtskollegen mittelbar auch die Berechtigung der gegenüber ihm beabsichtigten Kündigung mitbeurteilt. Interessenkonflikte lassen sich aber bei der Betriebsratstätigkeit nie ausschließen, sondern sind ihr immanent. Die insoweit bestehende »Befangenheit« der Betriebsratsmitglieder ist nach dem System des BetrVG vorgegeben und vom Gesetzgeber in Kauf genommen. Deshalb lässt sich der Ausschluss eines Betriebsratsmitglieds von der Betriebsratstätigkeit wegen Befangenheit nur nach formalen Kriterien rechtfertigen, zu denen der Rechtsgrundsatz gehört, dass niemand »Richter in eigener Sache« sein darf. Das trifft aber nur für das einzelne Betriebsratsmitglied zu, über dessen Kündigung der Betriebsrat gerade berät und beschließt. Insoweit tritt für das verhinderte Betriebsratsmitglied das nächstberufene Ersatzmitglied in den Betriebsrat ein.

Bei der Beratung und Beschlussfassung über die Zustimmung zur **Kündigung eines Jugend- und Auszubildendenvertreters** ist zwar der betroffene Jugend- und Auszubildendenvertreter als zeitweilig verhindert anzusehen; die übrigen Mitglieder der Jugend- und Auszubildendenvertretung sind aber teilnahme- und stimmberechtigt (§ 67 Abs. 2 BetrVG; GK-*Raab* § 103 Rz 49 mwN). 80b

Erachten die Mehrheit der Jugend- und Auszubildendenvertreter oder die Schwerbehindertenvertretung einen Beschluss des Betriebsrats als eine erhebliche Beeinträchtigung der durch sie vertretenen Arbeitnehmer, ist nach § 35 Abs. 1 BetrVG auf ihren Antrag der **Beschluss auf die Dauer von einer Woche** vom Zeitpunkt der Beschlussfassung an **auszusetzen**, damit in dieser Frist eine Verständigung, ggf. mit Hilfe der im Betrieb vertretenen Gewerkschaften, versucht werden kann. Erst nach Ablauf dieser Frist ist über die Angelegenheit neu zu beschließen (§ 35 Abs. 2 BetrVG). Diese Vorschriften sind auf den Beschluss des Betriebsrats über die beantragte Zustimmung zur außerordentlichen Kündigung einer der durch § 103 BetrVG geschützten Personen voll anwendbar. Im Gegensatz zur Beschlussfassung im Anhörungsverfahren nach § 102 BetrVG ist hier keine modifizierte Anwendung des § 35 BetrVG (vgl. hierzu KR-*Etzel* § 102 BetrVG Rz 98 ff.) geboten. Die Stellungnahmefrist für den Betriebsrat ist zwar – wenn zwischen Arbeitgeber und Betriebsrat keine Verlängerung der Dreitagefrist vereinbart wurde – längst abgelaufen, wenn der Betriebsrat über die beantragte Zustimmung zur Kündigung gem. § 35 Abs. 2 BetrVG erneut beschließt. Anders als im Anhörungsverfahren nach § 102 BetrVG kann aber der Arbeitgeber nach Ablauf der Stellungnahmefrist für den Betriebsrat nicht kündigen; das Schweigen des Betriebsrats gilt nicht als Zustimmung (s. Rz 94). Der Arbeitgeber kann vielmehr nach Ablauf der Stellungnahmefrist nur beim ArbG das Zustimmungsersetzungsverfahren einleiten. Dazu wird er auch meist genötigt sein, denn die zweiwöchige Ausschlussfrist des § 626 Abs. 2 BGB wird durch die Aussetzung des Betriebsratsbeschlusses nicht gehemmt (**aA** *Eich* DB 1978, 588 f.). Erklärt dann der Betriebsrat bei seiner erneuten Beschlussfassung gem. § 35 Abs. 2 BetrVG seine Zustimmung zur Kündigung, so entfaltet diese Erklärung auch nach Ablauf der Stellungnahmefrist noch Rechtswirkung: Der Arbeitgeber kann nunmehr aufgrund der Zustimmung des Betriebsrats die Kündigung aussprechen, ein evtl. schon eingeleitetes Zustimmungsersetzungsverfahren beim ArbG wird gegenstandslos (*BAG* 23.6.1993 EzA § 103 BetrVG 1972 Nr. 34; *Fitting* Rz 36; *Galperin/Löwisch* Rz 20). Verweigert der Betriebsrat bei seiner erneuten Beschlussfassung gem. § 35 Abs. 2 BetrVG die Zustimmung zur Kündigung, kann er die Gründe hierfür in dem vom Arbeitgeber eingeleiteten Zustimmungsersetzungsverfahren beim ArbG geltend machen. Die nachträgliche Beschlussfassung des Betriebsrats kann somit noch in jedem Fall ihren Zweck erfüllen. 81

8. Schweigepflicht des Betriebsrats

Die für das Anhörungsverfahren nach § 102 BetrVG geltenden Grundsätze sind unverändert auch im Zustimmungsverfahren nach § 103 BetrVG anwendbar (s. KR-*Etzel* § 102 BetrVG Rz 101). 82

9. Abschluss des Zustimmungsverfahrens beim Betriebsrat

Der Arbeitgeber muss den Abschluss des Zustimmungsverfahrens beim Betriebsrat abwarten, ehe er – falls der Betriebsrat zustimmt – die Kündigung ausspricht oder – falls keine Zustimmung des Betriebsrats vorliegt – beim ArbG die Ersetzung der Zustimmung des Betriebsrats beantragt (vgl. *BAG* 13.11.1975 EzA § 102 BetrVG 1972 Nr. 20). Ein **vor Abschluss des Zustimmungsverfahrens gestellter** 83

§ 103 BetrVG   Außerordentliche Kündigung in besonderen Fällen

Ersetzungsantrag ist unzulässig, auch wenn er nur vorsorglich oder unter der Bedingung gestellt wird, dass der Betriebsrat die Zustimmung verweigert (*BAG* 7.5.1986 EzA § 103 BetrVG 1972 Nr. 31 = AP Nr. 18 zu § 103 BetrVG 1972 mit zust. Anm. *Leipold*; *LAG SchlH* 17.8.2000 RzK II 3 Nr. 39; **aA** *Weiss* SAE 1987, 62; s. auch Rz 111).

84 Das Zustimmungsverfahren beim Betriebsrat ist abgeschlossen, wenn die Stellungnahmefrist für den Betriebsrat abgelaufen ist, gleichgültig ob sich der Betriebsrat bis dahin geäußert hat oder nicht. Vor Ablauf dieser Stellungnahmefrist wird das Zustimmungsverfahren nur dann beendet, wenn der Betriebsrat bzw. der zuständige Ausschuss gegenüber dem Arbeitgeber zu dessen Kündigungsabsicht eine Erklärung abgibt, aus der sich ergibt, dass er eine weitere Erörterung des Falles nicht mehr wünscht, es sich also um eine **abschließende Erklärung des Betriebsrats** handelt (vgl. *BAG* 12.3.1987 EzA § 102 BetrVG 1972 Nr. 71). Die zum Abschluss des Anhörungsverfahrens nach § 102 BetrVG dargestellten Grundsätze finden auch hier Anwendung (s. KR-*Etzel* § 102 BetrVG Rz 102 ff.).

10. Die Stellungnahme des Betriebsrats

a) Mitbeurteilungsrecht

85 Daraus, dass das ArbG die Zustimmung des Betriebsrats zur außerordentlichen Kündigung zu ersetzen hat, wenn sie unter Berücksichtigung aller Umstände gerechtfertigt ist (§ 103 Abs. 2 BetrVG), ist zu schließen, dass auch der Betriebsrat unter dieser Voraussetzung die Zustimmung zur Kündigung zu erteilen hat und andererseits sie nicht erteilen darf, wenn die außerordentliche Kündigung unter Berücksichtigung aller Umstände nicht gerechtfertigt ist (vgl. *BAG* 25.3.1976 EzA § 103 BetrVG 1972 Nr. 12; *Richardi/Thüsing* Rz 48; *Stege/Weinspach/Schiefer* Rz 9; **aA** *Wroblewski* AiB 2005, 399). Ob nun die außerordentliche Kündigung unter Berücksichtigung aller Umstände gerechtfertigt ist oder nicht, ist zwar nicht nach objektiven Maßstäben feststellbar, sondern bedarf einer **bewertenden Beurteilung**. Daraus kann aber nicht gefolgert werden, dass dem Betriebsrat insoweit ein Ermessensspielraum zusteht (in diesem Sinne aber: *Bieback* RdA 1978, 83 f.; *Gamillscheg* ZfA 1977, 294; DKK-*Kittner* Rz 32). Verweigert nämlich der Betriebsrat die Zustimmung zur Kündigung, hat das ArbG bei einem Antrag auf Ersetzung der Zustimmung die Entscheidung des Betriebsrats nicht auf Ermessensfehler zu überprüfen, sondern hat die Zustimmung zur Kündigung zu ersetzen, wenn die außerordentliche Kündigung unter Berücksichtigung aller Umstände gerechtfertigt ist. Dann aber kann dem Betriebsrat kein weitergehender Entscheidungsspielraum eingeräumt werden. Er hat damit nur ein Mitbeurteilungsrecht und darf die Zustimmung zur außerordentlichen Kündigung nicht verweigern, wenn diese unter Berücksichtigung aller Umstände gerechtfertigt ist (ebenso: *Ascheid* Rz 669; *Richardi/Thüsing* aaO).

b) Arten der Stellungnahme und ihre Bedeutung

aa) Zustimmung

86 Hat der Betriebsrat die Zustimmung zur Kündigung ordnungsgemäß beschlossen und sie dem Arbeitgeber mitgeteilt, ist eine daraufhin vom Arbeitgeber ausgesprochene außerordentliche Kündigung aus betriebsverfassungsrechtlichen Gründen nicht zu beanstanden. Der Arbeitnehmer kann die Zustimmung nicht gerichtlich anfechten. Die für die Zustimmung des Betriebsrats im Anhörungsverfahren nach § 102 BetrVG geltenden Grundsätze (s. KR-*Etzel* § 102 BetrVG Rz 124 ff.) sind hier entsprechend anwendbar. Die Zustimmung ist danach grds. unwiderruflich, wenn sie dem Arbeitgeber mitgeteilt ist (s. KR-*Etzel* § 102 BetrVG Rz 26; vgl. auch APS-*Linck* Rz 18; *Richardi/Thüsing* Rz 52). Der Betriebsrat braucht die Zustimmung zur Kündigung zunächst nicht schriftlich mitzuteilen (s. aber Rz 89) und auch nicht zu begründen (vgl. *Richardi/Thüsing* Rz 48, 50; **aA** *Heinze* S. 268, der eine schriftliche Begründung verlangt).

87 Wenn der Betriebsrat die von ihm beschlossene Zustimmung zur Kündigung nicht dem Arbeitgeber, sondern dem betroffenen Arbeitnehmer mitteilt, ist die Vorschrift des § 182 BGB mit folgender Modifikation anwendbar: Die **gegenüber dem Arbeitnehmer erklärte Zustimmung** schließt das Zustimmungsverfahren nicht ab, da dieses nur durch Erklärung gegenüber dem Arbeitgeber oder Ablauf der Stellungnahmefrist für den Betriebsrat abgeschlossen wird (s. Rz 84); daher ist die vor Abschluss des Zustimmungsverfahrens ausgesprochene Kündigung unwirksam, selbst wenn im Zeitpunkt ihres Ausspruchs die Zustimmung des Betriebsrats bereits beim Arbeitnehmer vorlag.

88 Ist hingegen das **Zustimmungsverfahren** durch Ablauf der Stellungnahmefrist für den Betriebsrat **abgeschlossen** und hat der Betriebsrat die ordnungsgemäß beschlossene **Zustimmung zur Kündigung**

nur dem betroffenen Arbeitnehmer schriftlich oder mündlich **mitgeteilt,** ist eine nach Abschluss des Zustimmungsverfahrens ausgesprochene Kündigung durch den Arbeitgeber aus betriebsverfassungsrechtlichen Gründen nicht zu beanstanden, selbst wenn dem Arbeitgeber im Zeitpunkt des Ausspruchs der Kündigung die Zustimmung des Betriebsrats und ihre Mitteilung an den Arbeitnehmer nicht bekannt war (Grundsatz des § 182 Abs. 1–2 BGB). In diesem Fall kann sich aber der Arbeitgeber im Kündigungsschutzprozess auf die Mitteilung der Zustimmung des Betriebsrats an den Arbeitnehmer nicht berufen, wenn die Zustimmung nicht ordnungsgemäß zustande gekommen war. Denn eine nicht ordnungsgemäß zustande gekommene Zustimmung des Betriebsrats ist unwirksam; auf sie kann sich der Arbeitgeber nur berufen, wenn er im Zeitpunkt des Ausspruchs der Kündigung von ihrem ordnungsgemäßen Zustandekommen ausgehen kann (s. Rz 106 f.), nicht aber, wenn er von ihr im Zeitpunkt des Ausspruchs der Kündigung überhaupt nichts wusste.

Der Betriebsrat kann die Zustimmung der Kündigung zunächst **formlos** erteilen (*ArbG Kaiserslautern* 1.2.1978 ARSt 1978, 179). Der Arbeitgeber kann jedoch **vom Betriebsrat verlangen, dass dieser eine beschlossene Zustimmung schriftlich mitteilt.** Diesem Verlangen braucht der Betriebsrat nur dann nicht nachzukommen, wenn er auch den betroffenen Arbeitnehmer über die Zustimmung der Kündigung unterrichtet. Hat der Betriebsrat den betroffenen Arbeitnehmer nicht unterrichtet und legt der Arbeitgeber dem Arbeitnehmer bei Ausspruch der Kündigung keine schriftliche Zustimmung des Betriebsrats vor, kann der Arbeitnehmer die Kündigung unverzüglich zurückweisen mit der Rechtsfolge, dass die Kündigung unwirksam ist (§ 182 Abs. 3 iVm § 111 S. 2–3 BGB; *LAG Hamm* 22.7.1998 LAGE § 103 BetrVG 1972 Nr. 13; *Richardi/Thüsing* Rz 49; *Hanau* AR-Blattei – alte Ausgabe –, Betriebsverfassung IX, B II 2; aA *BAG* 4.3.2004 EzA § 103 BetrVG 2001 Nr. 3 = ZBVR 2004, 177 m. zust. Anm. *Ilbertz,* da die Zustimmung nach § 103 BetrVG keine Zustimmung iSd §§ 182 ff. BGB sei; zust. GK-*Raab* § 103 Rz 47; SPV-*Stahlhacke* Rz 1640a). 89

Erteilt der Betriebsrat entgegen dem Verlangen des Arbeitgebers die Zustimmung zur Kündigung nicht schriftlich, kann dieser innerhalb der Ausschlussfrist des § 626 Abs. 2 BGB in entsprechender Anwendung des § 103 Abs. 2 BetrVG beim ArbG ein Beschlussverfahren einleiten mit dem Antrag, den Betriebsrat **zu verpflichten, die beschlossene Zustimmung zur Kündigung schriftlich zu erteilen** (vgl. zum Verfahren Rz 111 ff.). Denn dem Arbeitgeber muss die Möglichkeit eingeräumt werden, die formellen Wirksamkeitsvoraussetzungen für eine Kündigung zu erlangen. 90

Solange der Betriebsrat eine beschlossene Zustimmung zur Kündigung weder dem Arbeitgeber noch dem betroffenen Arbeitnehmer mitgeteilt hat, ist die **Zustimmung rechtlich nicht existent** (vgl. § 182 BGB); es liegt nur eine interne Willensbildung des Betriebsrats vor, die im Übrigen jederzeit wieder geändert werden kann, solange sie nicht verlautbart ist. Eine vom Arbeitgeber ausgesprochene Kündigung ist daher trotz eines vorliegenden zustimmenden Beschlusses des Betriebsrats unwirksam, wenn der Beschluss weder dem Arbeitgeber noch dem betroffenen Arbeitnehmer mitgeteilt war. 91

Hat der Betriebsrat zunächst von einer Zustimmung zu einer Kündigung abgesehen, sei es dass er geschwiegen oder die Zustimmung ausdrücklich abgelehnt hat, hindert dies ihn nicht daran, **die Zustimmung** mit rechtserheblicher Wirkung noch bis zum Abschluss des Zustimmungsersetzungsverfahrens **nachzuholen** (ebenso: *BAG* 17.9.1981 EzA § 103 BetrVG 1972 Nr. 28 = AR-Blattei, Betriebsverfassung IX: Entsch. 53 mit zust. Anm. *Hanau*; HK-*Kriebel* Anh. § 15 Rz 27). Durch die nachträgliche Zustimmung des Betriebsrats wird das Beschlussverfahren zur Ersetzung der Zustimmung erledigt (*BAG* 23.6.1993 EzA § 103 BetrVG 1972 Nr. 34 mit zust. Anm. *Brehm*). 92

Daraus folgt auch, dass der Betriebsrat die Zustimmung zur Kündigung **unter einer aufschiebenden Bedingung** erteilen kann, zB Erteilung der Zustimmung, wenn der betroffene Arbeitnehmer nicht binnen zwei Wochen einen von ihm angerichteten Schaden ersetzt. Wenn der Betriebsrat zunächst von einer Stellungnahme absehen und dann nachträglich die Zustimmung zur Kündigung noch erteilen kann, muss dies auch in der Weise möglich sein, dass er die Erklärung bereits vorher (im Zustimmungsverfahren) abgibt, sie aber erst später (bei Eintritt der Bedingung) wirksam wird (GK-*Raab* § 103 Rz 59; aA *Hanau* Anm. AR-Blattei – alte Ausgabe – Betriebsverfassung IX. Entsch. 33; offen gelassen von *BAG* 1.12.1977 EzA § 103 BetrVG 1972 Nr. 21). Die vorherige Zustimmung zur Kündigung ist nicht bedingungsfeindlich (vgl. *Hanau* aaO), weil sie kein Gestaltungsgeschäft ist (vgl. *Palandt/Heinrichs* Einf. vor § 158 Rz 13, Überbl. vor § 104 Rz 16 ff.), sondern nur die Voraussetzungen hierzu (für die Kündigung) schafft. Durch die Zulassung einer aufschiebend bedingten Zustimmung tritt **keine erhebliche Rechtsunsicherheit** ein. Der Arbeitgeber kann, solange die Bedingung nicht eingetreten und folglich die Zustimmung nicht wirksam ist, beim ArbG das Zustimmungsersetzungsverfahren einleiten. 93

Er ist sogar gehalten, den Zustimmungsersetzungsantrag innerhalb der Ausschlussfrist des § 626 Abs. 2 BGB zu stellen; andernfalls verwirkt er sein Kündigungsrecht, selbst wenn die aufschiebende Bedingung in einem späteren Zeitpunkt eintritt. Denn die Ausschlussfrist des § 626 Abs. 2 BGB ist nur eingehalten, wenn innerhalb der Frist die Kündigung erklärt oder das Zustimmungsersetzungsverfahren eingeleitet ist (s. KR-*Etzel* § 15 KSchG Rz 32). Hat der Arbeitgeber das Zustimmungsersetzungsverfahren innerhalb der Ausschlussfrist des § 626 Abs. 2 BGB eingeleitet und tritt nunmehr die aufschiebende Bedingung ein, wird das gerichtliche Verfahren damit gegenstandslos; der Arbeitgeber muss jetzt unverzüglich kündigen, falls er sein Kündigungsrecht nicht verwirken will (s. Rz 136). Ist im Zustimmungsersetzungsverfahren die Zustimmung zur Kündigung rechtskräftig ersetzt, muss der Arbeitgeber sie unverzüglich nach Eintritt der Rechtskraft erklären (s. Rz 136); dann kommt es nicht mehr darauf an, ob die aufschiebende Bedingung zu einem späteren Zeitpunkt noch eintritt oder nicht. Ist der Zustimmungsersetzungsantrag des Arbeitgebers rechtskräftig abgewiesen und tritt jetzt die aufschiebende Bedingung ein, kann der Arbeitgeber jetzt aufgrund der vorliegenden Zustimmung des Betriebsrats die Kündigung aussprechen; hierbei muss er aber die Kündigung in entsprechender Anwendung von § 91 Abs. 5 SGB IX unverzüglich erklären, wenn er sein Kündigungsrecht nicht verwirken will. Im Kündigungsschutzprozess steht dann aber aufgrund des rechtskräftig abgewiesenen Zustimmungsersetzungsantrags fest, dass im Zeitpunkt der letzten mündlichen Verhandlung die außerordentliche Kündigung nicht gerechtfertigt war. Hiergegen kann der Arbeitgeber nur neue, nach der letzten mündlichen Verhandlung entstandene Tatsachen, zB die mit dem Eintritt der aufschiebenden Bedingung verbundenen Tatsachen, vorbringen. Zur Präjudizwirkung der rechtskräftigen gerichtlichen Entscheidung vgl. im Übrigen Rz 139 ff.

bb) Schweigen

94 Im Privatrechtsverkehr gilt der Grundsatz, dass das bloße Schweigen nicht als eine zustimmende Willenserklärung angesehen werden kann, es sei denn, das Gesetz bestimmt etwas anderes. Bei ordentlichen Kündigungen fingiert das Gesetz das Schweigen des Betriebsrats nach Ablauf der Äußerungsfrist als Zustimmung (§ 102 Abs. 2 BetrVG). Die Vorschrift des § 102 Abs. 2 BetrVG ist jedoch schon im Anhörungsverfahren nach § 102 BetrVG nicht auf außerordentliche Kündigungen anwendbar (s. KR-*Etzel* § 102 BetrVG Rz 117) und gilt daher erst recht nicht im Zustimmungsverfahren nach § 103 BetrVG. Im Schweigen des Betriebsrats kann daher **keine Zustimmung** iSd § 103 Abs. 1 BetrVG liegen; das Schweigen innerhalb der Stellungnahmefrist gilt als Zustimmungsverweigerung iSd § 103 Abs. 2 BetrVG (hM; vgl. *BAG* 18.8.1977 EzA § 103 BetrVG 1972 Nr. 20; *Fitting* Rz 33; *v. Hoyningen-Huene/Linck* § 15 Rz 112; *Richardi/Thüsing* Rz 46).

cc) Bedenken, Widerspruch, Verweigerung der Zustimmung

95 Will der Betriebsrat einer außerordentlichen Kündigung nicht zustimmen, braucht er sich nicht darauf zu beschränken, auf den Zustimmungsantrag des Arbeitgebers zu schweigen, sondern kann auch die Verweigerung seiner Zustimmung durch die Geltendmachung von Bedenken (zum Begriff s. KR-*Etzel* § 102 BetrVG Rz 131) oder Widerspruch (zum Begriff s. KR-*Etzel* § 102 BetrVG Rz 136) zum Ausdruck bringen. Dem Betriebsrat, der die außerordentliche Kündigung für nicht gerechtfertigt hält, ist sogar zu raten, dies gegenüber dem Arbeitgeber durch Erheben von Bedenken oder Widerspruch näher zu begründen, damit der Arbeitgeber möglicherweise hierdurch **von einer Kündigung abgehalten** wird. Soweit es sich um dem Arbeitgeber unbekannte Tatsachen handelt, die ihn veranlassen könnten, von der Kündigung abzusehen, kann der Betriebsrat nach dem Gebot zur vertrauensvollen Zusammenarbeit auch zur Mitteilung verpflichtet sein (vgl. *Richardi/Thüsing* Rz 51).

96 Bedenken oder Widerspruch gegen die Kündigung sollte der Betriebsrat innerhalb der ihm zustehenden Stellungnahmefrist (s. Rz 78 f.) gegenüber dem Arbeitgeber **schriftlich unter Angabe von Gründen** erheben. Die für das Anhörungsverfahren geltende Vorschrift des § 102 Abs. 2 S. 3 BetrVG ist hier entsprechend anwendbar (*Richardi/Thüsing* Rz 41). Auf die Ausführungen zu § 102 BetrVG Rz 133 f., 137 kann daher verwiesen werden. Die Nichteinhaltung der Frist oder der Schriftform ist aber praktisch folgenlos, da der Betriebsrat seine Einwendungen auch noch im Zustimmungsersetzungsverfahren vorbringen kann (s. Rz 114 f.).

97 Der Betriebsrat kann sich auf die schlichte Erklärung **(ohne Angabe von Gründen)** beschränken, er verweigere seine Zustimmung zur Kündigung; damit gibt er dem Arbeitgeber die Möglichkeit, sofort das Zustimmungsersetzungsverfahren nach § 103 Abs. 2 BetrVG einleiten zu können.

Außerordentliche Kündigung in besonderen Fällen § 103 BetrVG

Bedenken oder Widerspruch des Betriebsrats haben insofern rechtliche Bedeutung, als das ArbG in dem **Zustimmungsersetzungsverfahren** nach § 103 Abs. 2 BetrVG (s. Rz 111 ff.) bei der ihm obliegenden umfassenden Interessenabwägung **auch die Gründe zu berücksichtigen hat, die der Betriebsrat für die Verweigerung seiner Zustimmung anführt** (*BAG* 22.8.1974 EzA § 103 BetrVG 1972 Nr. 6). Hat der Betriebsrat Bedenken oder Widerspruch im Zustimmungsverfahren nicht geltend gemacht, kann er sie im gerichtlichen Zustimmungsersetzungsverfahren noch vortragen, da er in diesem Verfahren Beteiligter ist. 98

Hat der Betriebsrat seine Zustimmung zur Kündigung verweigert und wird die daraufhin vom Arbeitgeber begehrte Ersetzung der Zustimmung des Betriebsrats durch gerichtliche Entscheidung rechtskräftig abgelehnt, steht aufgrund der Rechtskraft der Entscheidung mit bindender Wirkung für die Beteiligten (Arbeitgeber, Betriebsrat, Arbeitnehmer) fest, dass der vom Arbeitgeber vorgetragene Sachverhalt die außerordentliche Kündigung nicht rechtfertigt. Dies hindert den Betriebsrat, durch **nachträgliche Erteilung der Zustimmung** für denselben Sachverhalt die Grundlage für eine außerordentliche Kündigung durch den Arbeitgeber zu schaffen (s. aber Rz 93 aE). Solange noch keine rechtskräftige Entscheidung über die vom Arbeitgeber begehrte Ersetzung der Zustimmung des Betriebsrats vorliegt, kann der Betriebsrat von zunächst erklärten Bedenken, Widerspruch, Verweigerung der Zustimmung Abstand nehmen und nachträglich die Zustimmung zur beabsichtigten Kündigung erteilen; dadurch wird ein schon eingeleitetes Zustimmungsersetzungsverfahren gegenstandslos (»erledigt«) und der Arbeitgeber kann die Kündigung aussprechen (*BAG* 23.6.1993 EzA § 103 BetrVG 1972 Nr. 34 mit zust. Anm. *Brehm;* 17.9.1981 EzA § 103 BetrVG 1972 Nr. 28; *Fitting* Rz 36; *Galperin/Löwisch* Rz 20; GK-*Raab* § 103 Rz 77; *v. Hoyningen-Huene/Linck* § 15 Rz 113; *Richardi/Thüsing* Rz 52; vgl. auch SPV-*Stahlhacke* Rz 1661). Hierbei muss er die Kündigung in entsprechender Anwendung des § 91 Abs. 5 SGB IX unverzüglich erklären, nachdem er von der nachträglichen Zustimmung Kenntnis erlangt hat, wenn er sein Kündigungsrecht nicht verwirken will (*BAG* 8.6.2000 EzA § 626 BGB Ausschlussfrist Nr. 15; 17.9.1981 EzA § 103 BetrVG 1972 Nr. 28; *LAG Bra.* 23.3.1999 LAGE § 626 BGB Ausschlussfrist Nr. 12; ebenso: *Bader/Bram/Dörner/Wenzel* § 15 Rz 54). 99

11. Rechtsfolgen bei Fehlern im Zustimmungsverfahren

Die Rechtsfolgen sind unterschiedlich, je nachdem, ob dem Arbeitgeber oder dem Betriebsrat Fehler im Zustimmungsverfahren unterlaufen. 100

a) Unzureichende Unterrichtung des Betriebsrats

Hat der Arbeitgeber dem Betriebsrat vor Ausspruch der Kündigung seine Kündigungsabsicht nicht mitgeteilt oder seine Mitteilungspflichten (s. Rz 66 ff.) nicht vollständig erfüllt, ist das Zustimmungsverfahren nicht wirksam eingeleitet. Eine gleichwohl ausgesprochene **Kündigung** ist dann **unwirksam**. 101

An der Unwirksamkeit der Kündigung **ändert sich nichts, wenn der Betriebsrat** vor oder nach Ausspruch der Kündigung dieser **zustimmt** (ebenso: *Richardi/Thüsing* Rz 53). Denn es lässt sich nicht ausschließen, dass die Stellungnahme des Betriebsrats bei einer fehlerfreien und vollständigen Unterrichtung anders ausgefallen wäre, er insbesondere die Zustimmung zur Kündigung nicht erteilt und den Arbeitgeber von der Kündigung abgehalten hätte. Es kann hier nichts anderes gelten als im Anhörungsverfahren nach § 102 BetrVG, wo sogar die schwächere Beteiligungsform der Anhörung unwirksam ist, wenn der Betriebsrat nach einer unzureichenden Unterrichtung der Kündigung zustimmt (ebenso: *Galperin/Löwisch* Rz 16; ferner KR-*Etzel* § 102 BetrVG Rz 97 mit Rechtsprechungs- und Schrifttumsnachweisen). Ob den Arbeitgeber ein Verschulden an der unzureichenden Unterrichtung trifft, ist unerheblich (vgl. *Fitting* Rz 24; *Etzel* DB 1973, 1018). 102

Eine zunächst erteilte wirksame Zustimmung des Betriebsrats zur Kündigung kann allerdings die **fehlende Unterrichtung** oder **fehlende Zustimmung zu neuen Kündigungsgründen heilen, die der Arbeitgeber** im Kündigungsschutzprozess **nachschiebt,** wenn die Kündigung dadurch nicht in einem neuen Licht erscheinen und der Arbeitgeber die ursprünglich geltend gemachten Kündigungsgründe nach wie vor weiter verfolgt (vgl. KR-*Etzel* § 102 BetrVG Rz 189). 103

b) Unzulässige Einflussnahme auf Betriebsrat

Nimmt der Arbeitgeber durch arglistige Täuschung oder rechtswidrige Drohung in unzulässiger Weise Einfluss auf die Entscheidung des Betriebsrats (vgl. KR-*Etzel* § 102 BetrVG Rz 56), ist das Zustim- 104 mungsverfahren nicht ordnungsgemäß durchgeführt und eine vom Betriebsrat erteilte **Zustimmung** folglich **unwirksam**. Der Betriebsrat muss eine Entscheidung ohne unzulässige Einflussnahme treffen können.

c) **Fehler bei der Willensbildung des Betriebsrats**

105 Mängel, die in dem Bereich vorkommen, für den der Betriebsrat zuständig und verantwortlich ist, also Fehler bei seiner Willensbildung, können zur Nichtigkeit des Betriebsratsbeschlusses führen, wenn ein **grober Verstoß** gegen Vorschriften und Grundsätze vorliegt, deren Beachtung unerlässliche Voraussetzung einer ordnungsgemäßen Beschlussfassung ist (*Fitting* § 33 Rz 54); ein solch grober Verstoß liegt zB vor, wenn der Betriebsrat (oder der zuständige Ausschuss) bei der Beschlussfassung fehlerhaft besetzt gewesen ist, etwa weil das betroffene Betriebsratsmitglied an der Beratung oder Beschlussfassung teilnahm (*BAG* 23.8.1984 EzA § 103 BetrVG 1972 Nr. 30) oder ein Mitglied oder Ersatzmitglied nicht geladen oder ein Ersatzmitglied nicht nachgerückt war und dadurch das Ergebnis der Beschlussfassung beeinträchtigt wurde (*LAG Hamm* 18.5.1983 BB 1983, 1790) oder der Betriebsrat nicht in einer ordnungsgemäß einberufenen Sitzung, sondern im Umlaufverfahren seinen Beschluss gefasst hat oder der Betriebsrat bei seiner Beschlussfassung beschlussunfähig war.

106 Trotz eines nichtigen Beschlusses des Betriebsrats über die Erteilung der Zustimmung zur Kündigung und sogar dann, wenn überhaupt kein Beschluss des Betriebsrats vorliegt, **ist von einer »Zustimmung« des Betriebsrats** iSv § 103 BetrVG **auszugehen**, wenn der Betriebsratsvorsitzende oder – im Falle seiner Verhinderung – sein Stellvertreter dem Arbeitgeber mitteilen, der Betriebsrat stimme der Kündigung zu und der Arbeitgeber nicht die Tatsachen kennt oder kennen muss, aus denen folgt, dass ein nichtiger oder überhaupt kein Betriebsratsbeschluss vorliegt (*BAG* 23.8.1984 EzA § 103 BetrVG 1972 Nr. 30 = AP Nr. 17 zu § 103 BetrVG 1972 mit abl. Anm. *van Venrooy* = AuR 1986, 92 mit zust. Anm. *Heilmann; Fischermeier* ZTR 1998, 435; **aA** *Klein* ZBVR 2000, 38; ferner *ArbG Heilbronn* 19.7.1983 AuR 1984, 190, das dem Arbeitgeber eine Nachfragepflicht beim Betriebsratsvorsitzenden aufbürdet). Der Arbeitgeber verdient insoweit einen **Vertrauensschutz**. Für ihn ist der Betriebsratsvorsitzende (bzw. sein Stellvertreter) das »Sprachrohr« des Betriebsrats, der den Betriebsrat im Rahmen der von ihm gefassten Beschlüsse vertritt (§ 26 Abs. 2 S. 1 BetrVG). Die Erklärung des Betriebsratsvorsitzenden ist für den Arbeitgeber die Erklärung des Betriebsrats; darauf muss er sich verlassen können. Der Arbeitgeber wird oft überhaupt keine Möglichkeit haben, sicher nachzuprüfen, ob der ihm mitgeteilte Beschluss des Betriebsrats ordnungsgemäß zustande gekommen ist. Im übrigen wäre es eine bedenkliche Einmischung in die Geschäftsführung des Betriebsrats, wenn dieser dem Arbeitgeber auf Verlangen im Einzelnen offenlegen müsste, wie der Betriebsratsbeschluss zustande gekommen ist (zust.: *BAG* 23.8.1984 EzA § 103 BetrVG 1972 Nr. 30), und der Arbeitgeber möglicherweise wegen bestimmter Verfahrensfehler auf eine andere Verfahrensweise dringen könnte; dieses Recht müsste aber dem Arbeitgeber eingeräumt werden, wenn er nur aufgrund eines ordnungsgemäß zustande gekommenen Betriebsratsbeschlusses über die Zustimmung zur Kündigung die Kündigung aussprechen könnte. Das ist nicht angängig. Der Betriebsrat handelt in seinem Zustimmungsbereich eigenverantwortlich ohne Mitsprache-, Aufsichts- oder Kontrollrechte des Arbeitgebers (vgl. *BAG* 4.8.1975 EzA § 102 BetrVG 1972 Nr. 14). Deshalb bleibt nur als einzig sinnvolle Konsequenz, dass der Arbeitgeber die ihm mitgeteilte Zustimmung des Betriebsrats zur Kündigung als Grundlage seiner Dispositionen machen und die Kündigung aussprechen darf (**aA** *Bieback* AuR 1977, 323, der sich zu Unrecht auf *BAG* 2.4.1976 EzA § 102 BetrVG 1972 Nr. 21 beruft). In diesem Sinne hat auch das *BAG* (4.8.1975 EzA § 102 BetrVG 1972 Nr. 14) bei Fehlern im Anhörungsverfahren nach § 102 BetrVG, die in den Verantwortungsbereich des Betriebsrats fallen, entschieden (vgl. KR-*Etzel* § 102 BetrVG Rz 115).

107 Anders als das BAG für das Anhörungsverfahren entschieden hat, ist jedoch **von keinem wirksamen Zustimmungsverfahren** und **von keiner wirksamen Zustimmung auszugehen**, wenn im Zeitpunkt der Abgabe der Kündigungserklärung **dem Arbeitgeber die Tatsachen bekannt sind** oder – weil offensichtlich – hätten bekannt sein müssen, aus denen die Unwirksamkeit oder das Nichtvorliegen eines Betriebsratsbeschlusses folgt (*BAG* 23.8.1984 EzA § 103 BetrVG 1972 Nr. 30; *LAG Hamm* 18.5.1983 BB 1983, 1790; *Fischermeier* ZTR 1998, 435; *Klebe/Schumann* DB 1978, 1594), zB wenn er durch Teilnahme an der Betriebsratssitzung die Nichtladung des Ersatzmitgliedes kennt (*Knorr/Bichlmeier/Kremhelmer* Kap. 21 Rz 36). Eine Erkundigungspflicht des Arbeitgebers, wie der Betriebsratsbeschluss zustande gekommen ist, besteht aber nicht (ebenso: APS-*Linck* Rz 20; *Ascheid* Rz 665; *Fischermeier* aaO). Keinen Vertrauensschutz verdient der Arbeitgeber insbesondere dann, wenn er selbst das fehlerhafte Verhalten beim Betriebsrat veranlasst hat, indem er ihn etwa zur Beschlussfassung im Umlaufverfahren auffor-

derte oder selbst zur Betriebsratssitzung einlud, ohne alle Betriebsratsmitglieder zu berücksichtigen (*ArbG Passau* 9.2.1988 ARSt 1988, 115). Denn in diesen Fällen weiß der Arbeitgeber oder muss wissen, dass das Zustimmungsverfahren zu keiner wirksamen Zustimmung geführt hat und kann die vom Gesetz für diesen Fall vorgesehene Ersetzung der Zustimmung des Betriebsrats zur Kündigung beim ArbG beantragen; ist hingegen das Anhörungsverfahren nach § 102 BetrVG nach einer fehlerhaften Verfahrensweise des Betriebsrats abgeschlossen worden, sind auch bei Kenntnis des Arbeitgebers von den Verfahrensfehlern alle gesetzlichen Voraussetzungen für den Ausspruch einer Kündigung erfüllt, weil die Anhörung – anders als die Zustimmung nach § 103 BetrVG – keine zur Kündigungsabsicht des Arbeitgebers zustimmend Stellung nehmende Beschlussfassung voraussetzt. Aus diesem Grunde kann der Auffassung von *Galperin/Löwisch* (Rz 105), die die Grundsätze der Entscheidung des *BAG* vom 4.8.1975 (EzA § 102 BetrVG 1972 Nr. 14) voll auf das Zustimmungsverfahren nach § 103 BetrVG anwenden wollen, nicht zugestimmt werden. Andererseits ist zu betonen, dass die **bloße Vermutung des Arbeitgebers,** die ihm mitgeteilte Zustimmung des Betriebsrats zur Kündigung sei nicht ordnungsgemäß zustande gekommen, **nicht ausreicht,** um das Vorliegen einer Zustimmung iSd § 103 BetrVG zu verneinen. Das gilt auch, wenn der Arbeitgeber aufgrund tatsächlicher Umstände **berechtigte Zweifel** an einem ordnungsgemäßen Betriebsratsbeschluss haben kann (in diesem Sinne auch: *v. Hoyningen-Huene/Linck* § 15 Rz 117; HK-*Kriebel* Anh. § 15 Rz 15; aA DKK-*Kittner* Rz 34; SPV-*Stahlhacke* Rz 1663). Rechtssicherheit und Rechtsklarheit, die bei einer außerordentlichen Kündigung gebotene Eile sowie der Lauf der Ausschlussfrist des § 626 Abs. 2 BGB erfordern es nämlich, dass der Arbeitgeber in dem Augenblick, in dem er die Kündigung aussprechen will, weiß, welchen Weg er jetzt einschlagen muss: Ausspruch der Kündigung oder Antrag auf gerichtliche Ersetzung der Zustimmung des Betriebsrats. Den Antrag auf gerichtliche Ersetzung der Zustimmung des Betriebsrats kann er nur stellen, wenn er positiv weiß oder wissen muss, dass keine ordnungsgemäße Zustimmung des Betriebsrats vorliegt. In allen anderen Fällen, in denen der Arbeitgeber nicht wissen muss oder nur vermuten kann, dass die ihm mitgeteilte Zustimmung des Betriebsrats nicht ordnungsgemäß zustande gekommen ist, kann er keinen Antrag auf gerichtliche Ersetzung der Zustimmung des Betriebsrats stellen, weil er die Umstände, aus denen die Unwirksamkeit oder das Nichtvorhandensein eines Betriebsratsbeschlusses über die Zustimmung zur Kündigung folgt, im arbeitsgerichtlichen Beschlussverfahren vortragen müsste, was ihm mangels Kenntnis nicht möglich ist. Daher kann er hier von einer ordnungsgemäßen Zustimmung des Betriebsrats ausgehen und die Kündigung aussprechen.

Erfährt der Arbeitgeber **nach Ausspruch der Kündigung** die Umstände, aus denen die Unwirksamkeit oder das Nichtvorhandensein der mitgeteilten Zustimmung folgt, führt dies nicht zur Unwirksamkeit der Kündigung. Denn das Vertrauen des Arbeitgebers darauf, nach den ihm im Zeitpunkt der Abgabe der Kündigungserklärung bekannten Umständen ordnungsgemäß verfahren zu haben, ist schutzwürdig. Das folgt aus dem Grundsatz, dass vom Arbeitgeber bei Abgabe der Kündigungserklärung nur die Beachtung derjenigen Vorschriften verlangt werden kann, die in diesem Zeitpunkt geboten sind (s. Rz 62).

12. Kündigung vor Abschluss des Zustimmungsverfahrens

Aus dem Wortlaut des § 15 Abs. 1 S. 1 KSchG folgt mit hinreichender Deutlichkeit, dass die Kündigung erst zulässig ist, wenn die Zustimmung des Betriebsrats vorliegt oder durch gerichtliche Entscheidung ersetzt ist. Eine vor Abschluss des Zustimmungsverfahrens beim Betriebsrat ausgesprochene **Kündigung ist unwirksam.** Eine nachträgliche, dh nach der Kündigungserklärung erteilte Zustimmung des Betriebsrats ist rechtlich bedeutungslos, sie heilt die Unwirksamkeit der Kündigung nicht (*BAG* 20.3.1975 EzA § 103 BetrVG 1972 Nr. 7; 22.8.1974 EzA § 103 BetrVG 1972 Nr. 6; *Galperin/Löwisch* Rz 12; GK-*Raab* § 103 Rz 48; *v. Hoyningen-Huene/Linck* § 15 Rz 93; *Stege/Weinspach/Schiefer* Rz 17; zweifelnd *Richardi/Thüsing* Rz 56). Andernfalls entstände bis zur Erteilung der Zustimmung ein hinsichtlich seiner Dauer nicht übersehbarer Schwebezustand, der bei einseitigen Gestaltungsgeschäften – wie dies die Kündigung ist – aus Gründen der Rechtssicherheit nicht hingenommen werden kann (vgl. *Etzel* DB 1973, 1018). Ein Verschulden des Arbeitgebers an der unterbliebenen Zustimmung des Betriebsrats ist nicht erforderlich (SPV-*Stahlhacke* Rz 1672).

Die **Unwirksamkeit** der Kündigung muss innerhalb von drei Wochen nach Zugang der schriftlichen Kündigung durch Klage beim Arbeitsgericht geltend gemacht werden (§ 4 S. 1 KSchG); andernfalls gilt die Kündigung als von Anfang an rechtswirksam (§ 7 KSchG). Zur Frage, ob der Arbeitnehmer die gerichtliche Auflösung des Arbeitsverhältnisses nach § 13 Abs. 1 S. 3 KSchG verlangen kann, s. KR-*Etzel* § 15 KSchG Nr. 38.

§ 103 BetrVG   Außerordentliche Kündigung in besonderen Fällen

13. Kündigung nach Zustimmung des Betriebsrats

110a Gegen eine mit Zustimmung des Betriebsrats ausgesprochene Kündigung kann der Arbeitnehmer **Kündigungsschutzklage** erheben. In diesem Verfahren kann er unbeschränkt die Unwirksamkeit der Kündigung geltend machen (vgl. *Richardi/Thüsing* Rz 92). Insoweit ist die Rechtslage anders als bei einer Kündigungsschutzklage nach rechtskräftig ersetzter Zustimmung des Betriebsrats (s. Rz 139 ff.).

III. Die gerichtliche Ersetzung der Zustimmung des Betriebsrats
1. Einleitung des Verfahrens beim Arbeitsgericht

111 Verweigert der Betriebsrat die Zustimmung zur Kündigung oder gilt diese als verweigert oder ist sie unwirksam oder ist trotz nicht vorhandenem oder funktionsunfähigem Betriebsrat das Zustimmungsersetzungsverfahren erforderlich (s. Rz 53 ff.), kann der Arbeitgeber beim ArbG den Antrag gem. § 103 Abs. 2 BetrVG stellen (*Galperin/Löwisch* Rz 23). Über den Antrag ist **im arbeitsgerichtlichen Beschlussverfahren** zu verhandeln und zu entscheiden (§ 2a Abs. 1 Nr. 1, Abs. 2 ArbGG). Der Antrag ist nur **zulässig**, wenn das Zustimmungsverfahren beim Betriebsrat abgeschlossen ist (s. Rz 83f) und keine wirksame zustimmende Erklärung des Betriebsrats vorliegt (vgl. *BAG* 18.8.1977 EzA § 103 BetrVG 1972 Nr. 20) oder das Zustimmungsersetzungsverfahren trotz nicht vorhandenem oder funktionsunfähigem Betriebsrat erforderlich ist (s. Rz 53 ff.). Dies muss der Arbeitgeber als Antragsteller in dem arbeitsgerichtlichen Beschlussverfahren durch Angabe konkreter Tatsachen vortragen (vgl. *BAG* 9.9.1975 EzA § 40 BetrVG 1972 Nr. 23).

111a Ein **vor Abschluss des Zustimmungsverfahrens** gestellter Ersetzungsantrag ist unzulässig (s. Rz 83) und wird auch nicht nach einer Zustimmungsverweigerung des Betriebsrats nachträglich zulässig (*BAG* 24.10.1996 EzA § 103 BetrVG 1972 Nr. 37; 7.5.1986 EzA § 103 BetrVG 1972 Nr. 31; *LAG SchlH* 17.8.2000 RzK III 3 Nr. 39). Denn aus Gründen der Rechtsklarheit und Rechtssicherheit muss bei der Einleitung des Zustimmungsersetzungsverfahrens feststehen, ob die gesetzlichen Voraussetzungen für das gerichtliche Verfahren (Zustimmungsverweigerung des Betriebsrats) vorliegen. Ein **nach Ausspruch der Kündigung** gestellter Zustimmungsersetzungsantrag ist von vornherein unbegründet, da die Unwirksamkeit der Kündigung wegen fehlender vorheriger Zustimmungsersetzung feststeht (*BAG* 22.6.1974 AP Nr. 1 zu § 103 BetrVG 1972; *LAG SchlH* 11.2.1988 – 6 TaBV 31/87 – nv). Das gilt auch dann, wenn der Arbeitgeber wegen Bedenken gegen die Wirksamkeit der Kündigung vorsorglich eine weitere Kündigung aussprechen will (*BAG* 24.10.1996 EzA § 103 BetrVG 1972 Nr. 37).

112 Der Arbeitgeber muss den Antrag **beim ArbG schriftlich einreichen oder bei der Geschäftsstelle des ArbG mündlich zur Niederschrift bringen** (§ 81 Abs. 1 ArbGG). Die Einreichung der Fotokopie eines Zustimmungsersetzungsantrags genügt nicht (*LAG Hamm* 31.10.1984 DB 1985, 1845). Der Arbeitgeber kann sich durch einen Bevollmächtigten vertreten lassen; Anwaltszwang besteht aber nicht (§ 80 Abs. 2 iVm § 11 ArbGG). Mit dem Antrag kann er **hilfsweise** den Antrag auf **Ausschluss** des Arbeitnehmers **aus dem betriebsverfassungsrechtlichen Gremium** (Betriebsrat, Jugend- und Auszubildendenvertretung etc.) nach § 23 Abs. 1 BetrVG verbinden (*v. Hoyningen-Huene/Linck* § 15 Rz 122; vgl. auch *Richardi/Thüsing* Rz 65). Hingegen ist es unzulässig, einen Ausschließungsantrag hilfsweise mit dem weitergehenden Antrag nach § 103 Abs. 2 BetrVG zu verbinden (*Fitting* Rz 44 mwN).

113 Der Antrag muss **innerhalb der zweiwöchigen Ausschlussfrist des § 626 Abs. 2 BGB** beim ArbG eingereicht sein und demnächst zugestellt werden (*BAG* 27.3.1991 RzK II 1a Nr. 5), wobei nur ein zulässiger Zustimmungsersetzungsantrag die Ausschlussfrist wahrt (*BAG* 24.10.1996 EzA § 103 BetrVG 1972 Nr. 37). § 626 Abs. 2 BGB ist entsprechend anzuwenden (*ArbG Schwerin* 7.10.1993 AiB 1994, 41). Die entsprechende Anwendung des § 626 Abs. 2 BGB bedeutet hier, dass der Arbeitgeber innerhalb von zwei Wochen nach Erlangung der Kenntnis von den Kündigungsgründen nicht nur das Zustimmungsverfahren beim Betriebsrat abschließen, sondern auch für den Fall der Zustimmungsverweigerung das Zustimmungsersetzungsverfahren beim ArbG einleiten muss. Die zweiwöchige Ausschlussfrist wird weder durch das Zustimmungsverfahren beim Betriebsrat unterbrochen noch um die dreitägige Stellungnahmefrist für den Betriebsrat (s. Rz 78 f.) verlängert (*BAG* 18.8.1977 EzA § 103 BetrVG 1972 Nr. 20; *MünchKomm-Schwerdtner* § 620 Rz 840; **aA** *HAS-Basedau* § 19 I Rz 143, nach dem es für die Einhaltung der Zweiwochenfrist genügt, wenn der Arbeitgeber innerhalb der Frist die Zustimmung des Betriebsrats beantragt). Erlangt der Arbeitnehmer jedoch erst während des Laufs der zweiwöchigen Ausschlussfrist zum Ausspruch der außerordentlichen Kündigung den besonderen Kündigungsschutz des § 15 KSchG, beginnt die zweiwöchige Ausschlussfrist neu zu laufen, und zwar von dem Zeitpunkt an, in dem der Arbeitgeber hiervon erfährt, da es sich bei dem besonderen Kündigungsschutz um eine neue für die Kündigung maßgebende Tatsache iSv § 626 Abs. 2 BGB handelt (vgl. *VG Frankf./M.* 28.8.2000 RzK II 3 Nr. 40). Der Arbeitgeber braucht deshalb den Zustimmungsersetzungsantrag auch erst innerhalb dieser neuen Zwei-Wochen-Frist beim ArbG zu stellen. Die Einhaltung der Zwei-Wochen-Frist für den Zustimmungsersetzungsantrag bedeutet auch, dass der Arbeitgeber spätestens **10 Tage nach Kenntniserlangung von den Kündigungsgründen** beim Betriebsrat die Zustimmung zur Kündigung beantragen muss, wenn er nach Ablauf der dreitägigen Stellungnahmefrist für den Betriebsrat für den Fall der Zustimmungsverweigerung noch innerhalb der zweiwöchigen Ausschlussfrist beim ArbG die Ersetzung der Zustimmung des Betriebsrats beantragen will. Es reicht nicht aus, dass der Arbeitgeber lediglich vor Ablauf der Zwei-Wochen-Frist beim Betriebsrat die Zustimmung zur Kündigung beantragt und nach Ablauf der Frist bei verweigerter Zustimmung das Zustimmungsersetzungsverfahren einleitet (*BAG* 8.6.2000 EzA § 626 BGB Ausschlussfrist Nr. 15). Andererseits kann das Recht auf Ersetzung der Zustimmung des Betriebsrats ohne Kenntnis des Kündigungsberechtigten vom Kündigungssachverhalt und damit vor Beginn der Ausschlussfrist des § 626 Abs. 2 BGB **nicht verwirken** (*BAG* 9.1.1986 RzK II 3 Nr. 10). Zur Einleitung des arbeitsgerichtlichen Beschlussverfahrens bei der beabsichtigten Kündigung eines schwerbehinderten Amtsträgers s. KR-*Etzel* § 91 SGB IX Rz 29a, 30.

Hat der Arbeitgeber **irrtümlich angenommen, dass der Arbeitnehmer unter den Personenkreis des § 103 BetrVG fällt,** und hat er deshalb innerhalb der zweiwöchigen Ausschlussfrist nicht die Kündigung erklärt, sondern wegen fehlender Zustimmung des Betriebsrats – überflüssigerweise – das gerichtliche Zustimmungsersetzungsverfahren eingeleitet, gereicht ihm dies nicht zum Nachteil, wenn er mit vertretbaren Gründen annehmen konnte, der Arbeitnehmer falle unter den nach § 103 BetrVG geschützten Personenkreis (vgl. *BAG* 27.3.1991 RzK II 1a Nr. 5). Das heißt: er kann nach rechtskräftigen Abschluss des Zustimmungsersetzungsverfahrens abwarten und muss dann nach einer Zurückweisung seines Antrags wegen fehlender Zustimmungsbedürftigkeit der Kündigung – ebenso wie bei einer zustimmenden Entscheidung – unverzüglich nach Eintritt der Rechtskraft die Kündigung aussprechen (s. Rz 136). 113a

2. Durchführung des gerichtlichen Verfahrens

In dem arbeitsgerichtlichen Beschlussverfahren sind **der Arbeitgeber als Antragsteller und der Betriebsrat** als Wahrer der Interessen des durch § 103 BetrVG geschützten Personenkreises **Beteiligte.** Der **betroffene Arbeitnehmer** ist kraft ausdrücklicher gesetzlicher Vorschrift Beteiligter (§ 103 Abs. 2 S. 2 BetrVG). Sämtliche Beteiligten, Arbeitgeber, Betriebsrat und betroffener Arbeitnehmer, sind vom ArbG zu hören (§ 83 Abs. 3 ArbGG). 114

Der **Arbeitgeber hat dem Gericht den Sachverhalt,** auf den er die Kündigung stützen will und den er schon dem Betriebsrat im Zustimmungsverfahren unterbreitet hat, **darzulegen.** Hierbei muss er die die Kündigung begründenden Umstände so genau und umfassend wie bei der Betriebsratsanhörung darlegen (s. Rz 66 f.), weil das ArbG insoweit nur an die Stelle des Betriebsrats tritt. Unterbleibt eine solche Darlegung, ist der Zustimmungsersetzungsantrag ohne weitere Sachaufklärung abzuweisen (in diesem Sinne auch: *Eylert/Fenski* BB 1990, 2406; s. ferner Rz 117). Sind die Kündigungsgründe ordnungsgemäß dargelegt, hat das ArbG aufgrund des für das Beschlussverfahren geltenden Untersuchungsgrundsatzes (vgl. *Grunsky* § 80 Rz 35–39) **von Amts wegen alle Umstände aufzuklären,** die für die Frage der Berechtigung der außerordentlichen Kündigung iSv § 626 Abs. 1 BGB von Bedeutung sind, zB durch Anhörung und Befragung der Beteiligten (Zeugenvernehmung von Beteiligten unzulässig: *LAG Bln.* 29.8.1988 LAGE § 15 KSchG Nr. 6), Einsichtnahme von Urkunden, Einholung von Auskünften, Vernehmung von Zeugen und Sachverständigen und Einnahme des Augenscheins, auch ohne dass jeweils ein Beweisantrag vorliegt (vgl. § 83 Abs. 3 ArbGG). Es bedarf aber idR keiner Beweisaufnahme, wenn die Beteiligten einen Sachverhalt übereinstimmend vortragen oder das substantiierte Vorbringen eines Beteiligten von den anderen nicht bestritten wird oder sich an dessen Richtigkeit keine Zweifel aufdrängen (*BAG* 10.12.1992 EzA § 103 BetrVG 1972 Nr. 33). Das ArbG hat nach der erforderlichen Sachverhaltsaufklärung von sich aus in eigener Verantwortung zu prüfen, ob die außerordentliche Kündigung unter Berücksichtigung aller Umstände gerechtfertigt ist (vgl. § 103 Abs. 2 S. 1 BetrVG), dh ob ein wichtiger Grund iSd § 626 BGB vorliegt und die Ausschlussfrist des § 626 Abs. 2 BGB (s. Rz 113) gewahrt ist oder sonstige Gründe vorliegen (zB § 9 MuSchG), die der Wirksamkeit der Kündigung entgegenstehen (*BAG* 11.5.2000 EzA § 103 BetrVG 1972 Nr. 41; **aA** *LAG Düssel.* 18.3.1999 HzA-aktuell 7/1999, S. 4, und *LAG Frankf.* 31.7.1987 LAGE § 103 BetrVG 1972 Nr. 7, die die Prüfung des Gerichts auf das »Vorliegen eines wichtigen Grundes« beschränken wollen, was aber mit dem Gesetz 115

–»Berücksichtigung aller Umstände« – nicht vereinbar ist). Maßgebend ist der Zeitpunkt der letzten mündlichen Tatsachenverhandlung (*BAG* 19.9.1991 – 2 ABR 14/91 – insoweit unveröffentlicht; vgl. auch *BAG* 22.8.1974 EzA § 103 BetrVG 1972 Nr. 6; *Richardi/Thüsing* Rz 70; s. aber auch Rz 98).

116 Der Untersuchungsgrundsatz führt allerdings nicht dazu, dass das Gericht einen bestimmten Sachverhalt, der in dem Verfahren bekannt wird, zur Rechtfertigung der beabsichtigten Kündigung heranziehen darf, wenn der Arbeitgeber die beabsichtigte Kündigung nicht auf diesen Sachverhalt stützt (*BAG* 27.1.1977 EzA § 103 BetrVG 1972 Nr. 16; *Richardi/Thüsing* Rz 71; HSWG-*Schlochauer* Rz 49; *v. Hoyningen-Huene/Linck* § 15 Rz 124). Denn es bleibt allein **dem Arbeitgeber überlassen, ob er einen bestimmten Tatsachenkomplex als Kündigungsgrund heranziehen will** oder nicht; er kann ja auch trotz vorhandener triftiger Kündigungsgründe von einer Kündigung überhaupt Abstand nehmen.

117 Sind **dem Arbeitgeber** bei der Durchführung des Zustimmungsverfahrens **Fehler unterlaufen**, zB unzureichende Unterrichtung des Betriebsrats, hat er das Zustimmungsverfahren nicht ordnungsgemäß durchgeführt; in diesem Falle darf das ArbG die Zustimmung des Betriebsrats nicht ersetzen (*LAG Frankf.* 8.5.1973 – 5 Ta BV 60/72 – nv). Das gilt insbesondere auch, wenn der Arbeitgeber die Kündigung bereits ausgesprochen hat und nunmehr zu der bereits ausgesprochenen Kündigung die Ersetzung der Zustimmung des Betriebsrats beantragt (*BAG* 22.8.1974 EzA § 103 BetrVG 1972 Nr. 6; vgl. auch *BAG* 24.10.1996 EzA § 103 BetrVG 1972 Nr. 37).

3. Nachschieben von Kündigungsgründen

118 Im Zustimmungsersetzungsverfahren vor dem ArbG oder dem LAG kann der Arbeitgeber unter Beachtung der zweiwöchigen Ausschlussfrist des § 626 Abs. 2 BGB (s. Rz 124) **unbeschränkt** neue Kündigungsgründe nachschieben, gleichgültig, ob er sie vor Einleitung des Zustimmungsverfahrens beim Betriebsrat gekannt hat oder nicht oder ob sie vor Einleitung des Zustimmungsverfahrens entstanden sind oder nicht. Voraussetzung ist allerdings, dass der Arbeitgeber die neuen Kündigungsgründe vor ihrer Einführung in das gerichtliche Zustimmungsersetzungsverfahren **dem Betriebsrat mitteilt** und ihm gem. § 102 Abs. 2 S. 3 BetrVG, der im Bereich des § 103 BetrVG Anwendung findet (s. Rz 78 f.), Gelegenheit zur Stellungnahme gibt (vgl. *BAG* 27.1.1977 EzA § 103 BetrVG 1972 Nr. 16; *LAG Nürnberg* 12.3.1999 NZA-RR 1999, 413; *Feichtinger/Huep* AR-Blattei SD 1010.8 Rz 110; *Fitting* Rz 42; *Galperin/Löwisch* Rz 24; *Richardi/Thüsing* Rz 72; *Stege/Weinspach/Schiefer* Rz 12; *v. Hoyningen-Huene/Linck* § 15 Rz 125; *Hueck* FS BAG, S. 270; aA *Dütz* Anm. EzA § 103 BetrVG 1972 Nr. 9; *Helm/Müller* AiB 1999, 604; *Schlüter* Anm. EzA § 103 BetrVG 1972 Nr. 6). Soweit vor der Einleitung des arbeitsgerichtlichen Beschlussverfahrens der Betriebsrat nicht eingeschaltet zu werden brauchte, sei es, dass noch kein Betriebsrat bestand (s. Rz 53 f.), sei es, dass er funktionsunfähig war (s. Rz 55 f.), können neue Kündigungsgründe nur dann unmittelbar in dem arbeitsgerichtlichen Verfahren nachgeschoben werden, wenn auch im Zeitpunkt des Nachschiebens noch kein funktionsfähiger Betriebsrat vorhanden ist; ist aber nunmehr ein funktionsfähiger Betriebsrat vorhanden, ist dieser vor dem Nachschieben von Kündigungsgründen in dem gerichtlichen Zustimmungsersetzungsverfahren zu hören (vgl. auch *BAG* 11.5.1995 EzA SD 1995, Nr. 11, S. 4).

119 Das unbeschränkte Nachschieben von Kündigungsgründen ist – im Gegensatz zum Nachschieben von Kündigungsgründen im Kündigungsschutzprozess ohne vorheriges Zustimmungsersetzungsverfahren (s. hierzu KR-*Etzel* § 102 BetrVG Rz 185–190b) – hier deshalb zulässig, weil es um eine noch nicht ausgesprochene Kündigung geht und damit der **Zweck des Zustimmungsverfahrens**, dem Betriebsrat Gelegenheit zu geben, vor Ausspruch der Kündigung auf den Kündigungsentschluss des Arbeitgebers einzuwirken (vgl. KR-*Etzel* § 102 BetrVG Rz 185), durch die Anhörung nach § 102 Abs. 2 S. 3 BetrVG noch erreichbar ist (in diesem Sinne auch: HAS-*Basedau* § 19 I Rz 140).

120 Auch **prozesswirtschaftliche Gründe** gebieten die unbeschränkte Zulassung des Nachschiebens von Kündigungsgründen im Zustimmungsersetzungsverfahren. Wollte man das Nachschieben von Kündigungsgründen nicht oder nur eingeschränkt zulassen, müsste der Arbeitgeber wegen der Kündigungsgründe, die er nicht nachschieben darf, selbständige Zustimmungsverfahren beim Betriebsrat und für den Fall der Zustimmungsverweigerung neue Beschlussverfahren zur Ersetzung der Zustimmung des Betriebsrats einleiten, in denen er auch – unterstützend – die in den bereits laufenden Verfahren geltend gemachten Kündigungsgründe einbringen könnte. Dann ist es aber sinnvoll, durch die unbeschränkte Zulassung des Nachschiebens von Kündigungsgründen im Zustimmungsersetzungsverfahren die Zusammenfassung aller vom Arbeitgeber geltend gemachten Kündigungsgründe in einem einzigen Verfahren zu ermöglichen (vgl. auch *BAG* 22.8.1974 EzA § 103 BetrVG 1972 Nr. 6). Dem

Außerordentliche Kündigung in besonderen Fällen § 103 BetrVG

Arbeitgeber bleibt es aber unbenommen, wegen weiterer Kündigungsgründe ein neues Zustimmungsverfahren beim Betriebsrat und ggf. ein neues Zustimmungsersetzungsverfahren für eine weitere (vorsorgliche) Kündigung einzuleiten.

Aus den vorangegangenen Ausführungen folgt, dass eine **Beschränkung der Zulassung des Nachschiebens** von Kündigungsgründen auf solche Umstände, die erst im Laufe des Beschlussverfahrens bekannt werden oder entstehen, **nicht gerechtfertigt** ist. Andererseits ist die Auffassung von *Schlüter* (Anm. EzA § 103 BetrVG 1972 Nr. 6), *Dütz* (Anm. EzA § 103 BetrVG 1972 Nr. 9) und *Stahlhacke* (SPV Rz 1674), die das Nachschieben von Kündigungsgründen im Zustimmungsersetzungsverfahren auch dann zulassen wollen, wenn der Arbeitgeber nicht zuvor vergeblich beim Betriebsrat die Zustimmung zur Kündigung im Hinblick auf die neuen Kündigungsgründe beantragt hat, abzulehnen. Nach Auffassung dieser Autoren kann die Anhörung des Betriebsrats nach der Einführung der nachgeschobenen Kündigungsgründe in das arbeitsgerichtliche Beschlussverfahren dadurch nachgeholt werden, dass der Betriebsrat hier Gelegenheit erhält, zu den neuen Kündigungsgründen Stellung zu nehmen. Damit wird aber die Funktion des arbeitsgerichtlichen Beschlussverfahrens zur Ersetzung der Zustimmung des Betriebsrats verkannt. Dieses Verfahren ist nach seinem Sinn und Zweck subsidiär gegenüber dem Zustimmungsverfahren beim Betriebsrat: Die Gerichte sollen erst mit der Sache befasst werden, wenn der Betriebsrat zuvor die Zustimmung verweigert hat und der Arbeitgeber trotz der Argumente des Betriebsrats auf der Kündigung beharrt bzw. die Kündigungsgründe weiterverfolgen will. In diesem Sinne ist auch das *BAG* (27.5.1975 EzA § 103 BetrVG 1972 Nr. 9) zu verstehen. 121

Die erforderliche **Vorbehandlung nachgeschobener Kündigungsgründe durch den Betriebsrat** wird nicht dann überflüssig, wenn der Betriebsratsvorsitzende von den neuen Umständen durch seine Teilnahme am Beschlussverfahren erfährt und der Verfahrensbevollmächtigte des Betriebsrats im Einvernehmen mit dem Betriebsratsvorsitzenden weiterhin beantragt, die vom Arbeitgeber begehrte Ersetzung der Zustimmung nicht zu erteilen (*BAG* 27.5.1975 EzA § 103 BetrVG 1972 Nr. 9; GK-*Raab* Rz 74; *Richardi/Thüsing* Rz 72). 122

Erst **nach Ablauf der Stellungnahmefrist für den Betriebsrat** darf der Arbeitgeber die nachgeschobenen Kündigungsgründe in das gerichtliche Zustimmungsersetzungsverfahren einführen. War das gerichtliche Verfahren in diesem Zeitpunkt bereits abgeschlossen, kann er – falls die Zustimmung des Betriebsrats rechtskräftig ersetzt ist – die Kündigung aussprechen und in einem evtl. Kündigungsschutzprozess die neuen Kündigungsgründe nachschieben; falls der Antrag auf Ersetzung der Zustimmung des Betriebsrats abgewiesen wurde oder noch nicht beschieden ist (zB nach Schluss der letzten Verhandlung), kann der Arbeitgeber wegen der nachgeschobenen Kündigungsgründe ein neues Beschlussverfahren zur Ersetzung der Zustimmung des Betriebsrats einleiten. 123

Beim Nachschieben von Kündigungsgründen in das gerichtliche Zustimmungsersetzungsverfahren ist die **zweiwöchige Ausschlussfrist des § 626 Abs. 2 BGB** zu beachten. Ihre (entsprechende) Anwendung bedeutet hier, dass der Arbeitgeber innerhalb von zwei Wochen, nachdem er von den nachgeschobenen Kündigungsgründen Kenntnis erlangt hat, diese Gründe **in das gerichtliche Zustimmungsersetzungsverfahren einführen** muss, nachdem er zuvor den Betriebsrat hierzu gehört hat (ebenso: DKK-*Kittner* Rz 41; *Fitting* Rz 42; *Meyer* S. 73; *Richardi/Thüsing* Rz 73). Dies wird durch den Zweck der Ausschlussfrist geboten, der darin besteht, den Kündigenden zu veranlassen, sich bald darüber schlüssig zu werden, ob er aus einem bestimmten Grund kündigen will, weil sonst zweifelhaft wird, ob der Grund so schwer wiegt, dass die Fortsetzung des Arbeitsverhältnisses unzumutbar wird (*BAG* 17.8.1972 EzA § 626 BGB nF Nr. 22); nach Fristablauf kann der Kündigungsgegner darauf vertrauen, der Kündigende werde den Kündigungsgrund nicht zum Anlass einer Kündigung nehmen. Die mit der Ausschlussfrist erstrebte Klarheit, ob aus einem bestimmten Grund gekündigt werden soll, wird erst mit der Einführung des Kündigungsgrundes in das gerichtliche Zustimmungsverfahren erreicht und nicht – wie das *BAG* (22.8.1974 EzA § 103 BetrVG 1972 Nr. 6) und ihm folgend APS-*Linck* (Rz 26), *Feichtinger/Huep* (AR-Blattei SD 1010.8 Rz 110), *Galperin/Löwisch* (Rz 24), GK-*Raab* (§ 103 Rz 74) und *Stege/Weinspach/Schiefer* (Rz 15) meinen – bereits mit dem Ersuchen an den Betriebsrat um Erteilung der Zustimmung wegen der neuen Kündigungsgründe. Dieser Zeitpunkt kann für die Einhaltung der Ausschlussfrist nicht ausschlaggebend sein. Das Zustimmungsersuchen und die Anhörung des Betriebsrats gehören noch zur internen Willensbildung des Arbeitgebers und zeigen noch keinen abschließenden Entschluss des Arbeitgebers an, diese Kündigungsgründe zum Anlass der Kündigung zu nehmen. Es ist nämlich durchaus denkbar – worin ja auch der Sinn des Anhörungsverfahrens beim Betriebsrat liegt –, dass der Betriebsrat Gegenargumente gegen die neuen Kündigungsgründe vorbringt und den Arbeitgeber dadurch davon abhält, die Kündigungsgründe weiterzuverfolgen. Es ist 124 also völlig ungewiss, ob der Arbeitgeber, der den Betriebsrat zunächst wegen neuer Kündigungsgründe um die Zustimmung zur Kündigung ersucht hat und nach einer ablehnenden Stellungnahme des Betriebsrats mehrere Wochen lang diese Kündigungsgründe nicht in das gerichtliche Zustimmungsersetzungsverfahren einführt, von den Argumenten des Betriebsrats so beeindruckt ist, dass er die Kündigungsgründe fallen lassen will, oder ob er auf die Kündigungsgründe noch in einem späteren Stadium des gerichtlichen Verfahrens zurückgreifen will. Diese Ungewissheit ist mit Sinn und Zweck der gesetzlichen Ausschlussklausel unvereinbar. Die **Rechtsprechung** des *BAG* (22.8.1974 EzA § 103 BetrVG 1972 Nr. 6), die es für die Wahrung der Ausschlussfrist genügen lässt, dass der Arbeitgeber innerhalb der Frist den Betriebsrat um die Erteilung der Zustimmung zu neuen Kündigungsgründen ersucht, und den Zeitpunkt der Einführung dieser Gründe in das gerichtliche Zustimmungsersetzungsverfahren für unerheblich hält, ist daher **abzulehnen**.

125 Wäre diese Rechtsprechung des BAG zutreffend, müsste es auch **bei nicht nachgeschobenen Kündigungsgründen** zur Wahrung der Ausschlussfrist des § 626 Abs. 2 BGB genügen, dass der Arbeitgeber innerhalb der Frist den Betriebsrat um die Erteilung der Zustimmung zur Kündigung ersucht, weil damit nach *BAG* (22.8.1974 EzA § 103 BetrVG 1972 Nr. 6) der Zweck der Ausschlussklausel, Klarheit darüber zu schaffen, ob wegen eines bestimmten Vorfalles außerordentlich gekündigt werden soll, gewahrt ist. Diese Konsequenz zieht das BAG aber bei nicht nachgeschobenen Kündigungsgründen nicht, sondern verlangt innerhalb der Ausschlussfrist des § 626 Abs. 2 BGB auch die Einleitung des gerichtlichen Zustimmungsersetzungsverfahrens.

126 Die hier vertretene Meinung steht nicht im Gegensatz zur zutreffenden Auffassung, dass für das Nachschieben von nachträglich bekannt gewordenen Kündigungsgründen in den Kündigungsschutzprozess die Ausschlussfrist des § 626 Abs. 2 BGB nicht anwendbar ist (*BAG* 4.6.1997 EzA § 626 BGB nF Nr. 167). Im Kündigungsschutzprozess scheidet die Anwendung des § 626 Abs. 2 BGB auf nachgeschobene Kündigungsgründe aus, weil die Kündigung bereits ausgesprochen, die Ungewissheit darüber, ob der Arbeitgeber sich zu einer Kündigung entschließen will, damit beseitigt ist und von nun an entsprechend allgemeinen Grundsätzen des Prozessrechts der gekündigte Arbeitnehmer auch damit rechnen muss, dass der Arbeitgeber im Laufe des Kündigungsschutzprozesses alle bis zum Ausspruch der Kündigung nicht verfristeten Gründe einführt, die seine Rechtsposition (Beharren auf der Kündigung) stützen können. Bei der Anwendung des § 626 Abs. 2 BGB im Zustimmungsersetzungsverfahren geht es hingegen um die Frage, ob bestimmte Tatsachenkomplexe (Kündigungsgründe) auf den Kündigungsentschluss des Arbeitgebers einwirken oder nicht; die **Ungewissheit, ob es** wegen bestimmter Gründe **zu einer Kündigung kommen kann** oder nicht, kann nur durch Anwendung der Ausschlussfrist des § 626 Abs. 2 BGB beseitigt werden.

4. Abschluss des Verfahrens beim Arbeitsgericht

127 Das ArbG entscheidet im arbeitsgerichtlichen Beschlussverfahren über den Antrag des Arbeitgebers auf Ersetzung der Zustimmung des Betriebsrats zur außerordentlichen Kündigung durch **Beschluss** (§ 84 ArbGG). Hält es die außerordentliche Kündigung unter Berücksichtigung aller Umstände für gerechtfertigt, insbesondere einen wichtigen Grund iSv § 626 BGB für gegeben, gibt es dem Antrag auf Ersetzung der Zustimmung statt; andernfalls weist es den Antrag ab. Sind die Umstände, die eine außerordentliche Kündigung rechtfertigen können, nicht aufklärbar, ist der Antrag des Arbeitgebers ebenfalls abzuweisen, weil den Arbeitgeber auch im arbeitsgerichtlichen Beschlussverfahren die Beweislast für das Bestehen der Kündigungsgründe trifft (vgl. *Grunsky* § 80 Rz 38); das gleiche gilt, wenn der Arbeitgeber die Kündigungsgründe nicht ordnungsgemäß dargelegt hat (s. Rz 115). Die Zustimmung des Betriebsrats ist erst mit Rechtskraft der arbeitsgerichtlichen Entscheidung ersetzt (*Richardi* RdA 1975, 73), wird also bei einer Anfechtung der Entscheidung des ArbG (s. Rz 128 f.) erst mit Rechtskraft der Entscheidung der Rechtsmittelinstanz wirksam. Hält das Gericht die **Zustimmung** des Betriebsrats zur Kündigung **für nicht erforderlich,** zB weil die Voraussetzungen des § 15 Abs. 4 oder Abs. 5 KSchG vorliegen, hat es dies in der den Ersetzungsantrag abweisenden Entscheidung festzustellen. Diese Feststellung präjudiziert auch für ein nachfolgendes Kündigungsschutzverfahren, dass es einer Zustimmung des Betriebsrats zur Kündigung nicht bedurfte (*BAG* 18.9.1997 EzA § 15 KSchG nF Nr. 46 = AP Nr. 35 zu § 103 BetrVG 1972 mit zust. Anm. *Hilbrandt*).

5. Anfechtung der Entscheidung des Arbeitsgerichts

128 Gegen einen die Zustimmung des Betriebsrats ersetzenden Beschluss des ArbG können der Betriebsrat und der betroffene Arbeitnehmer, gegen einen den Antrag des Arbeitgebers auf Ersetzung der Zustim-

Außerordentliche Kündigung in besonderen Fällen　　　　　　　　　　　　§ 103 BetrVG

mung abweisenden Beschluss kann der Arbeitgeber **Beschwerde beim LAG** einlegen (vgl. *Galperin/ Löwisch* § 103 Rz 28 mwN). Das Beschwerderecht des betroffenen Arbeitnehmers ist nicht davon abhängig, dass auch der Betriebsrat Beschwerde einlegt (*BAG* 10.12.1992 EzA § 103 BetrVG 1972 Nr. 33 mit insoweit zust. Anm. *Schultes*; *LAG Köln* 13.12.1984 AP Nr. 22 zu § 103 BetrVG 1972). Für das Verfahren vor dem LAG gelten die §§ 87–91 ArbGG. Das LAG entscheidet über die Beschwerde durch Beschluss (§ 91 Abs. 1 ArbGG).

Gegen den Beschluss des LAG ist die **Rechtsbeschwerde an das BAG** gem. § 92 ArbGG nur zulässig, **129** wenn sie in dem Beschluss des LAG zugelassen wird oder das BAG sie aufgrund einer Nichtzulassungsbeschwerde durch Beschluss zulässt. An die Zulassung der Rechtsbeschwerde durch das LAG ist das BAG gebunden (§ 92 Abs. 1 S. 2 iVm § 72 Abs. 3 ArbGG). Das LAG bzw. das BAG haben die Rechtsbeschwerde zuzulassen, wenn eine entscheidungserhebliche Rechtsfrage grds. Bedeutung hat oder der Beschluss von einer Entscheidung des Bundesverfassungsgerichts, des Gemeinsamen Senats der obersten Gerichtshöfe des Bundes oder des BAG abweicht und auf dieser Abweichung beruht oder – für den Fall, dass eine Entscheidung des BAG in der Rechtsfrage noch nicht ergangen ist – wenn die Entscheidung des LAG von der Entscheidung einer anderen Kammer desselben oder eines anderen LAG abweicht und auf dieser Abweichung beruht oder ein absoluter Revisionsgrund gem. § 547 Nr. 1 – 5 ZPO oder eine entscheidungserhebliche Verletzung des Anspruchs auf rechtliches Gehör geltend gemacht wird und vorliegt (§ 92 Abs. 1 S. 2 iVm § 72 Abs. 2 ArbGG).

Ist die Rechtsbeschwerde zugelassen, richtet sich das weitere Verfahren vor dem BAG nach den Vor- **129a** schriften der § 92 Abs. 2–3, §§ 93–96 ArbGG. Das BAG entscheidet über die Rechtsbeschwerde durch Beschluss (§ 96 Abs. 1 S. 1 ArbGG). **Im Rechtsbeschwerdeverfahren vor dem BAG ist die gerichtliche Nachprüfung** des wichtigen Grundes zur außerordentlichen Kündigung **beschränkt**. Das BAG hat nur zu prüfen, ob das Beschwerdegericht den Begriff des wichtigen Grundes als solchen richtig erkannt hat und ob es bei der Interessenabwägung alle vernünftigerweise in Betracht kommenden Umstände des Einzelfalles zur Frage berücksichtigt hat, ob es dem Arbeitgeber unzumutbar geworden ist, das Arbeitsverhältnis bis zum Ablauf der ordentlichen Kündigungsfrist fortzusetzen. Die Bewertung der für und gegen die Unzumutbarkeit sprechenden Umstände liegt weitgehend im Beurteilungsspielraum der Tatsacheninstanz; insoweit kann das BAG die angegriffene Würdigung nicht durch eine eigene ersetzen (*BAG* 16.5.1991 RzK II 3 Nr. 19). Ob zB heftige Angriffe gegen den Arbeitgeber und die Bezeichnung einer Unterschriftenliste von Arbeitnehmern als »Arschkriecherliste« (*BAG* 16.5.1991, aaO) oder der dringende Verdacht einer Kassenmanipulation von etwa 52,- DM einer langjährig beschäftigten Kassiererin (*BAG* 21.3.1991 – 2 ABR 64/90 – nv) zur außerordentlichen Kündigung ausreichen, liegt im Beurteilungsspielraum des LAG (*BAG* 21.3.1991, aaO).

Wird der Zustimmungsersetzungsantrag des Arbeitgebers in der Rechtsmittelinstanz (LAG, BAG) **129b** rechtskräftig abgewiesen, hat der Arbeitgeber dem Betriebsratsmitglied die in den Rechtsmittelinstanzen entstandenen **Rechtsanwaltskosten** in gleicher Weise zu erstatten, wie wenn das Betriebsratsmitglied in einem entsprechenden Kündigungsschutzprozess obsiegt hätte. Das folgt aus dem Benachteiligungsverbot des § 78 S. 2 BetrVG (*BAG* 31.1.1990 EzA § 40 BetrVG 1972 Nr. 64). Eine Erstattung der erstinstanzlich angefallenen Rechtsanwaltskosten entfällt hingegen im Hinblick auf § 12a Abs. 1 ArbGG (*ArbG Hamburg* 24.1.1997 EzA § 40 BetrVG 1972 Nr. 78).

6. Einstweilige Verfügung

Bei besonders schweren Pflichtverletzungen des Arbeitnehmers, die seine Weiterbeschäftigung dem **130** Arbeitgeber schlechthin unzumutbar machen (zB Raubüberfall auf den Arbeitgeber im Betrieb), ist zu überlegen, ob dem Arbeitgeber das Recht zugestanden werden kann, die vom Betriebsrat verweigerte Zustimmung zur Kündigung durch einstweilige Verfügung des ArbG ersetzen zu lassen (so noch: *Stahlhacke* 2. Aufl., S. 151; aA *Lepke* BB 1973, 899 f.). Diese einstweilige Verfügung könnte nur dann zugelassen werden, wenn die berechtigten Interessen des Arbeitgebers durch eine weniger einschneidende Maßnahme nicht gewahrt werden können (Gesichtspunkt der Dringlichkeit). Eine solche weniger einschneidende Maßnahme steht dem Arbeitgeber aber zur Verfügung: Er kann das Arbeitsverhältnis bis zum rechtskräftigen Abschluss des Zustimmungsersetzungsverfahrens **mit Zustimmung des Betriebsrats** oder einer sie ersetzenden gerichtlichen Entscheidung, notfalls auch einer einstweiligen Verfügung, **ohne Entgeltfortzahlung suspendieren** (s. Rz 145). Eine einstweilige Verfügung zur Ersetzung der Zustimmung des Betriebsrats ist daher **unzulässig** (ebenso: *ArbG Hamm* 21.7.1975 BB 1975, 1065; DKK-*Kittner* Rz 46; *Fitting* Rz 44; HSWG-*Schlochauer* Rz 52; *Richardi/Thüsing* Rz 82 mwN).

7. Beendigung des Kündigungsschutzes vor rechtskräftigem Abschluss des gerichtlichen Verfahrens

131 Endet der Kündigungsschutz eines Amtsträgers nach § 103 BetrVG (s. Rz 20 ff.), bevor das gerichtliche Verfahren auf Ersetzung der Zustimmung des Betriebsrats rechtskräftig abgeschlossen ist, bedarf die außerordentliche Kündigung keiner Zustimmung des Betriebsrats oder ihrer gerichtlichen Ersetzung mehr; damit entfällt das allgemeine Rechtsschutzinteresse für eine Fortsetzung des Verfahrens, **das gerichtliche Verfahren wird gegenstandslos** und ist auf Antrag des Arbeitgebers für erledigt zu erklären (*BAG* 30.5.1978 EzA § 102 BetrVG 1972 Nr. 34; *Richardi/Thüsing* Rz 76; **aA** DKK-*Kittner* Rz 55; *Schulz* NZA 1995, 1130, für den Fall, dass der Verlust der Organmitgliedschaft auf Umständen beruht, die aus der Sphäre des Arbeitgebers herrühren und die dieser meistens beeinflussen kann). Hält der Arbeitgeber seinen Antrag auf Zustimmungsersetzung aufrecht, ist dieser als unzulässig abzuweisen (*BAG* 27.6.2002 EzA § 103 BetrVG 1972 Nr. 43 = SAE 2003, 246 m. zust. Anm. *Küfner-Schmitt* = EWiR 2003, 97 mit zust. Anm. *Grimm/Brock*; *LAG München* 14.9.2005 EzA SD 2006, Nr. 2, S. 15). Da mit dem Verlust des Kündigungsschutzes des Amtsträgers für den Arbeitgeber das Hindernis für eine außerordentliche Kündigung beseitigt ist, muss er – ebenso wie nach der rechtskräftigen Ersetzung der Zustimmung des Betriebsrats – die Kündigung nunmehr innerhalb der zweiwöchigen Ausschlussfrist des § 626 Abs. 2 BGB oder, falls diese – was der Regelfall ist – schon abgelaufen ist, unverzüglich aussprechen (entsprechende Anwendung von § 91 Abs. 5 SGB IX: *BAG* 8.6.2000 EzA § 626 BGB Ausschlussfrist Nr. 15; auf den Zeitpunkt der Erledigung des arbeitsgerichtlichen Beschlussverfahrens durch einen entsprechenden Beschluss des Gerichts kommt es insoweit nicht an (vgl. *LAG Bra.* 23.3.1999 LAGE § 626 BGB Ausschlussfrist Nr. 12). Andernfalls verwirkt er sein Kündigungsrecht. Eine vorherige Anhörung des Betriebsrats nach § 102 Abs. 1 BetrVG ist hier nicht mehr erforderlich, soweit der Betriebsrat bereits im Zustimmungsverfahren (s. Rz 64 ff.) ordnungsgemäß beteiligt wurde (*BAG* 8.6.2000 EzA § 102 BetrVG 1972 Nr. 106 = AiB 2001, 543 mit zust. Anm. *Grimberg*).

132 **In Betrieben ohne (bisherigen) Betriebsrat** wird das Zustimmungsersetzungsverfahren zur außerordentlichen Kündigung eines Wahlvorstandsmitglieds oder eines bei der Betriebsratswahl erfolglos gebliebenen Wahlbewerbers gegenstandslos, sobald das Wahlergebnis bekanntgegeben worden ist. Dann muss der Arbeitgeber **unverzüglich den neu gewählten Betriebsrat** gem. § 102 BetrVG **anhören** und nach Abschluss des Anhörungsverfahrens die Kündigung unverzüglich aussprechen, sofern die zweiwöchige Ausschlussfrist des § 626 Abs. 2 BGB schon abgelaufen ist (vgl. *BAG* 30.5.1978 EzA § 102 BetrVG 1972 Nr. 34; *Fischermeier* ZTR 1998, 437).

133 Schließt sich nach Ablauf der Amtszeit eines Amtsträgers iSd § 103 BetrVG oder nach Bekanntgabe des Wahlergebnisses (für einen Wahlbewerber) nahtlos **ein neuer Kündigungsschutz** nach § 103 BetrVG für den Arbeitnehmer an, gilt die bisherige Erklärung des Betriebsrats (Zustimmungsverweigerung) oder ihre Fiktion (in einem bisher betriebsratslosen Betrieb) weiter, auch wenn nun ein neuer Betriebsrat amtiert (*BAG* 19.9.1991 RzK II 3 Nr. 20); eine Beteiligung des neuen Betriebsrats ist nicht erforderlich (*BAG* 8.6.2000 EzA § 102 BetrVG 1972 Nr. 106). Das gerichtliche Zustimmungsersetzungsverfahren wird durch einen neu erworbenen Kündigungsschutz nach § 103 BetrVG oder durch eine Neuwahl des Betriebsrats nicht berührt und auch nicht unterbrochen. Einem neu gewählten Betriebsrat ist es aber – ebenso wie dem bisherigen – unbenommen, im Laufe des gerichtlichen Zustimmungsersetzungsverfahrens noch die Zustimmung zur Kündigung zu erteilen (*Fitting* Rz 50) und damit das gerichtliche Verfahren gegenstandslos zu machen.

134 Zum nachwirkenden Kündigungsschutz nach Ablauf der Amtszeit des durch § 103 BetrVG geschützten Personenkreises s. KR-*Etzel* § 15 KSchG Rz 56 ff.

8. Die Kündigung durch den Arbeitgeber nach gerichtlicher Ersetzung der Zustimmung

a) Abgabe der Kündigungserklärung

135 Der Arbeitgeber darf eine Kündigung erst dann aussprechen, wenn der Beschluss über die Ersetzung der Zustimmung des Betriebsrats **rechtskräftig** ist (HSWG-*Schlochauer* Rz 53 mwN). Hierbei kommt es, wenn das Kündigungsschreiben nicht persönlich übergeben wird, auf die Absendung des Kündigungsschreibens, nicht auf den Zugang der Kündigung an; denn der Arbeitgeber muss im Zeitpunkt der Abgabe der Kündigungserklärung alle Verfahrensvoraussetzungen erfüllen, die in diesem Zeitpunkt für die Wirksamkeit einer Kündigung erforderlich sind (vgl. *BAG* 13.11.1975 EzA § 102 BetrVG 1972 Nr. 20). Da die Zwangsvollstreckung im Beschlussverfahren »aus rechtskräftigen Beschlüssen der Arbeitsgerichte« stattfindet (§ 85 Abs. 1 ArbGG), eine vorläufige Vollstreckbarkeit damit ausgeschlos-

sen ist, kommt darin zum Ausdruck, dass das Gesetz noch nicht rechtskräftigen Beschlüssen keine einstweilige Entscheidungswirkung zuerkennen will. Eine vor Rechtskraft erklärte Kündigung ist unheilbar nichtig (*BAG* 30.5.1978 EzA § 102 BetrVG 1972 Nr. 34; *LAG Hamm* 4.8.2000 RzK II 3 Nr. 38). Mit dem vorzeitigen Ausspruch der Kündigung wird das Zustimmungsersetzungsverfahren abgebrochen und damit gegenstandslos (*BAG* 9.7.1998 EzA § 103 BetrVG 1972 Nr. 39; *LAG Hamm* 4.8.2000, aaO); der Antrag auf Ersetzung der Zustimmung wird unzulässig. Die Kündigung wird auch nicht dann wirksam, wenn nach ihrem Ausspruch und evtl. noch vor ihrem Zugang eine gerichtliche Entscheidung, die die Zustimmung des Betriebsrats ersetzt, rechtskräftig wird. Diese rechtskräftige Entscheidung kann allerdings die Grundlage für eine neue Kündigung bilden (*BAG* 9.7.1998 EzA § 103 BetrVG 1972 Nr. 39; aA *LAG Hamm* 4.8.2000, aaO, das die Einleitung eines neuen Zustimmungsverfahrens beim Betriebsrat verlangt).

Ausnahmsweise kann die Kündigung auch schon vor Eintritt der Rechtskraft der gerichtlichen Entscheidung ausgesprochen werden, wenn das LAG in seinem die Zustimmung des Betriebsrats ersetzenden Beschluss die Rechtsbeschwerde nicht zugelassen hat und sich aus den Gründen der zugestellten Entscheidung eindeutig ergibt, dass eine **Nichtzulassungsbeschwerde offensichtlich unstatthaft bzw. aussichtslos** ist (*BAG* 25.10.1989 RzK II 3 Nr. 17; *BAG* 25.1.1979 AP Nr. 12 zu BetrVG 1972 mit zust. Anm. *Grunsky*; krit. *Richardi/Thüsing* Rz 84). Der Arbeitgeber kann aber auch in diesem Fall den Eintritt der formellen Rechtskraft der gerichtlichen Entscheidung abwarten (*BAG* 9.7.1998 EzA § 103 BetrVG 1972 Nr. 39 = SAE 2000, 192 mit krit. Anm. *Kohte/Lenart* = AiB 1999, 46 mit zust. Anm. *Dornieden*); denn es kann ihm nicht zugemutet werden, die oft schwierige Frage zu prüfen, ob eine Nichtzulassungsbeschwerde offensichtlich unstatthaft ist. Die offensichtliche Unstatthaftigkeit bzw. Aussichtslosigkeit der Nichtzulassungsbeschwerde dürfte nach der seit 1.1.2005 geltenden Rechtslage nur noch in seltenen Ausnahmefällen gegeben sein, da die Nichtzulassungsbeschwerde nunmehr nicht nur auf Divergenz, sondern auch auf weitere rechtliche Gesichtspunkte gestützt werden kann (s. Rz 129). 135a

Ist aber die Zustimmung des Betriebsrats durch rechtskräftige gerichtliche Entscheidung ersetzt, muss der Arbeitgeber in Anlehnung an § 91 Abs. 5 SGB IX **unverzüglich nach Eintritt der Rechtskraft** die Kündigung aussprechen (*BAG* 8.6.2000 EzA § 626 BGB Ausschlussfrist Nr. 15). Eine erneute zweiwöchige Frist für den Ausspruch der Kündigung in entsprechender Anwendung des § 626 Abs. 2 BGB kann dem Arbeitgeber nicht zugebilligt werden, weil er bis zum Eintritt der Rechtskraft des gerichtlichen Beschlusses hinreichend Gelegenheit hat, sich darüber schlüssig zu werden, ob er die von ihm beabsichtigte Kündigung auch tatsächlich aussprechen will (*BAG* 24.4.1975 EzA § 103 BetrVG 1972 Nr. 8; *Galperin/Löwisch* Rz 27; SPV-*Stahlhacke* Rz 1666; *Stege/Weinspach/Schiefer* Rz 14; aA *Diller* NZA 2004, 585; *Fitting* Rz 46). Ist die Zustimmung durch eine rechtsmittelfähige gerichtliche Entscheidung ersetzt, ist es dem Arbeitgeber zumutbar, sich nach Ablauf der Rechtsmittelfrist alsbald nach dem Eintritt der Rechtskraft zu erkundigen (*ArbG Wiesbaden* 11.1.1978 DB 1978, 796; *Fitting* aaO); andernfalls nimmt er es in Kauf, dass seine Kündigung nicht mehr als »unverzüglich nach Rechtskraft erklärt« angesehen werden kann. 136

b) Der Kündigungsschutzprozess

aa) Zulässigkeit der Kündigungsschutzklage

Spricht der Arbeitgeber nach rechtskräftiger Ersetzung der Zustimmung des Betriebsrats die außerordentliche Kündigung aus, kann der Arbeitnehmer hiergegen Kündigungsschutzklage erheben. Diese Klage ist nicht deshalb unzulässig, weil in dem arbeitsgerichtlichen Beschlussverfahren durch die Ersetzung der Zustimmung des Betriebsrats die Berechtigung einer außerordentlichen Kündigung bejaht wurde. Die materielle Rechtskraft der Entscheidung über die Ersetzung der Zustimmung steht der Kündigungsschutzklage **nicht als negative Prozessvoraussetzung** entgegen. Denn der Streitgegenstand des Beschlussverfahrens (Ersetzung der Zustimmung des Betriebsrats) ist mit dem Streitgegenstand des Kündigungsschutzverfahrens (Feststellung, dass das Arbeitsverhältnis durch die Kündigung nicht aufgelöst ist) nicht identisch (*BAG* 24.4.1975 EzA § 103 BetrVG 1992 Nr. 8; *Richardi/Thüsing* Rz 87). 137

Der Kündigungsschutzklage **fehlt** auch **nicht das Rechtsschutzbedürfnis** (*BAG* 24.4.1975 EzA § 103 BetrVG 1972 Nr. 8; *Richardi/Thüsing* Rz 86; *Galperin/Löwisch* Rz 29; GK-*Raab* § 103 Rz 91; *Etzel* DB 1973, 1022; vgl. auch *Fitting* Rz 47; aA *Adomeit* DB 1971, 2364). Diese Auffassung wäre nur vertretbar, wenn im Rahmen einer Kündigungsschutzklage lediglich Fragen zu prüfen wären, die im Beschlussverfahren wegen der Ersetzung der Zustimmung des Betriebsrats bereits entschieden sind. Das trifft jedoch 138 nicht zu. Im Kündigungsschutzprozess ist nicht nur – wie im Beschlussverfahren – zu prüfen, ob im Zeitpunkt der letzten mündlichen Tatsachenverhandlung des Beschlussverfahrens eine außerordentliche Kündigung gerechtfertigt war (s. Rz 115), sondern mindestens auch, ob der spätere Ausspruch der Kündigung selbst wirksam ist (zB Formerfordernis, Geschäftsfähigkeit des Kündigenden) und die Kündigung unverzüglich nach rechtskräftiger Ersetzung der Zustimmung des Betriebsrats ausgesprochen wurde (vgl. *Etzel* aaO).

bb) Präjudizielle Wirkung der rechtskräftigen Ersetzung der Zustimmung des Betriebsrats für den nachfolgenden Kündigungsschutzprozess

139 Die im Beschlussverfahren rechtskräftig getroffene Entscheidung, dass die Zustimmung des Betriebsrats zur Kündigung wegen Vorliegens eines wichtigen Grundes zu ersetzen ist, hat für die im Beschlussverfahren beteiligten Parteien des Kündigungsschutzprozesses (Arbeitnehmer und Arbeitgeber) präjudizielle Wirkung: Das ArbG ist im Kündigungsschutzprozess grds. **an die** im Beschlussverfahren getroffene, allerdings nicht in Rechtskraft erwachsene **Feststellung gebunden, dass die außerordentliche Kündigung unter Berücksichtigung aller Umstände gerechtfertigt ist.** Wegen dieser Präjudizwirkung kann der Arbeitnehmer im Kündigungsschutzprozess die unrichtige Entscheidung der Vorfrage (Berechtigung der außerordentlichen Kündigung) grds. nur dann geltend machen, wenn er neue Tatsachen vorträgt, die im Beschlussverfahren noch nicht berücksichtigt werden konnten, weil sie erst nach der letzten Verhandlung im Vorverfahren, in der sie hätten geltend gemacht und berücksichtigt werden können, entstanden oder – nur im Falle der Verdachtskündigung! – bekannt geworden sind (zB Formfehler bei der Kündigung; mit Rückwirkung festgestellte Schwerbehinderung). Das heißt: Der Arbeitnehmer kann sich nach rechtskräftiger Zustimmungsersetzung grds. auch nicht mehr auf Kündigungshindernisse berufen, die er schon im Zustimmungsersetzungsverfahren hätte einwenden können. Dies gilt jedoch nicht für solche Kündigungsvoraussetzungen, deren Nichtvorliegen im Zeitpunkt der letzten mündlichen Verhandlung im Zustimmungsersetzungsverfahren deshalb nicht den Schluß auf die Unwirksamkeit der beabsichtigten Kündigung zuläßt, weil sie auch später noch in einem besonderen Verfahren herbeigeführt werden können. So steht es dem Arbeitgeber z.B. frei, die Zustimmung des Integrationsamtes zur Kündigung eines schwerbehinderten Arbeitnehmers erst nach Abschluss des betriebsverfassungsrechtlichen Zustimmungsersetzungsverfahrens einzuholen. Deshalb kann der Unwirksamkeitsgrund einer Kündigung nach §§ 85, 91 SGB IX im betriebsverfassungsrechtlichen Zustimmungsersetzungsverfahren bei (noch) fehlender Zustimmung des Integrationsamtes überhaupt nicht festgestellt werden. Infolgedessen kann vom Arbeitnehmer auch nicht die Berufung auf diesen (möglichen) Unwirksamkeitsgrund im Zustimmungsersetzungsverfahren verlangt werden. Vielmehr kann er, falls der Arbeitgeber nach Abschluss des Zustimmungsersetzungsverfahrens die Zustimmung des Integrationsamtes nicht einholt, diesen Unwirksamkeitsgrund im Kündigungsschutzprozess geltend machen (*BAG* 11.5.2000 EzA § 103 BetrVG 1972 Nr. 41). Von diesen Ausnahmefällen abgesehen, kann sich der Arbeitnehmer im Kündigungsschutzprozess nicht auf sonstige Tatsachen stützen, die er in dem früheren Verfahren erfolglos geltend gemacht hat oder hätte geltend machen können (sog. Präklusionswirkung; *BAG* 24.4.1975 EzA § 103 BetrVG 1972 Nr. 8; *Galperin/Löwisch* § 103 Rz 29 ff.; vgl. auch *Fitting* Rz 47; *HSWG-Schlochauer* Rz 57; *v. Hoyningen-Huene/Linck* § 15 Rz 143 f.; *Stege/Weinspach/Schiefer* Rz 12; *Gamillscheg* ZfA 1977, 298; *Wilhelm* NZA 1988, Beil. 3, S. 30; gegen eine Bindungswirkung der Entscheidung des Vorverfahrens: *Ascheid* Rz 696 ff. und FS Hanau S. 685; *Helm/Müller* AiB 1999, 604; *Lepke* BB 1973, 900; *Maurer* BB 1972, 971; *Schultes* Anm. EzA § 103 BetrVG 1972 Nr. 33).

140 Die Präjudizwirkung der im Beschlussverfahren getroffenen Feststellung der Berechtigung einer außerordentlichen Kündigung tritt nicht ein, wenn der betroffene **Arbeitnehmer in dem Beschlussverfahren vom Gericht nicht als Beteiligter hinzugezogen wurde** (*Galperin/Löwisch* Rz 32; *v. Hoyningen-Huene/Linck* § 15 Rz 144; *SPV-Stahlhacke* Rz 1678; *Wilhelm* NZA 1988, Beil. 3, S. 30). In diesem Falle kann der Arbeitnehmer unbeschränkt alle Tatsachen vortragen, die die Berechtigung der außerordentlichen Kündigung in Zweifel ziehen.

141 War dem betroffenen Arbeitnehmer allerdings vom Gericht im Beschlussverfahren die Antragsschrift zugestellt worden und war er **trotz ordnungsgemäßer Ladung zum Verhandlungstermin nicht erschienen** und hatte er sich auch sonst nicht aktiv (zB durch Einreichung von Schriftsätzen) am Verfahren beteiligt, tritt für ihn die Präjudizwirkung der arbeitsgerichtlichen Entscheidung im Beschlussverfahren voll ein. Denn die Präjudizwirkung knüpft allein daran an, dass der betroffene Arbeitnehmer vom Gericht am Verfahren beteiligt wurde und sich die Rechtskraft der getroffenen Entscheidung da-

Außerordentliche Kündigung in besonderen Fällen § 103 BetrVG

mit auch auf ihn erstreckt. Als Beteiligter hatte er im Übrigen die rechtliche und tatsächliche Möglichkeit, die ihm wesentlich erscheinenden Tatsachen vorzutragen; wenn er davon Abstand nahm, geht dies zu seinen Lasten (vgl. auch GK-*Raab* § 103 Rz 76).

Wegen weiterer Einzelheiten zum Kündigungsschutzprozess s. KR-*Etzel* § 15 KSchG Rz 37 ff. 142

cc) **Präjudizielle Wirkung einer gerichtlichen Zustimmungsersetzung für weitere Kündigungen**

Die präjudizielle Wirkung einer gerichtlichen Zustimmungsersetzung gilt nur für die nachfolgende 142a (erste) Kündigung. Ist diese Kündigung etwa aus formellen Gründen unwirksam, muss der Arbeitgeber für eine weitere auf denselben Kündigungssachverhalt gestützte außerordentliche Kündigung erneut die Zustimmung des Betriebsrats einholen und gegebenenfalls – bei verweigerter Zustimmung des Betriebsrats – ein weiteres Zustimmungsersetzungsverfahren betreiben. In diesem Zustimmungsersetzungsverfahren entfaltet die gerichtliche Zustimmungsersetzung im ersten Zustimmungsersetzungsverfahren keine präjudizielle Wirkung. Ebenso wenig entfaltet die (erste) gerichtliche Zustimmungsersetzung, die Grundlage einer formell unwirksamen außerordentlichen Kündigung war, eine Bindungswirkung hinsichtlich des Kündigungsgrundes für einen späteren Kündigungsschutzprozess über eine auf denselben Sachverhalt gestützte ordentliche Kündigung, die der Arbeitgeber nach Beendigung des Sonderkündigungsschutzes ausgesprochen hat (*BAG* 15.8.2002 EzA § 103 BetrVG 1972 Nr. 44).

9. **Erneutes Zustimmungsersetzungsverfahren nach rechtskräftiger Abweisung des Zustimmungsersetzungsantrags**

Wird ein Zustimmungsersetzungsantrag von einem Gericht für Arbeitssachen rechtskräftig als unbe- 142b gründet abgewiesen, steht damit auch **rechtskräftig** fest, dass im Zeitpunkt der letzten gerichtlichen Anhörung der geltend gemachte Kündigungssachverhalt **eine außerordentliche Kündigung** nicht rechtfertigte. Auf denselben Kündigungssachverhalt kann daher ein neuer Zustimmungsersetzungsantrag nicht gestützt werden. Selbst wenn nunmehr der Betriebsrat zum selben Kündigungssachverhalt seine Zustimmung zur Kündigung erteilt, müsste im nachfolgenden Kündigungsschutzprozess der Kündigungsschutzklage ohne weiteres stattgegeben werden, weil das Gericht an die rechtskräftige Feststellung, dass hinsichtlich dieses Kündigungssachverhalts eine außerordentliche Kündigung nicht gerechtfertigt ist, gebunden ist (vgl. *LAG Düsseld.* 4.9.1998 AiB 1999, 470).

Nur wenn der Arbeitgeber seinen erneuten Antrag auf Zustimmung bzw. Zustimmungsersetzung zur 142c außerordentlichen Kündigung auf **neue Tatsachen** stützt, die dem bisherigen Kündigungssachverhalt ein anderes Gewicht verleihen oder einen neuen Kündigungssachverhalt darstellen, ist der Antrag zulässig und auf seine Begründetheit zu überprüfen. Wenn zB im Vorverfahren die Zustimmungsersetzung rechtskräftig mit der Begründung versagt wurde, die gegen das Betriebsratsmitglied erhobenen Tatvorwürfe seien nicht erwiesen, kann sich der Arbeitgeber in einem erneuten Zustimmungsersetzungsverfahren auf die neue Tatsache stützen, dass das Betriebsratsmitglied wegen der Tatvorwürfe inzwischen rechtskräftig verurteilt wurde und deshalb die Tatvorwürfe in einem neuen Licht erscheinen. Hingegen stellt die nicht rechtskräftige strafrechtliche Verurteilung des Betriebsratsmitglieds keine zu beachtende neue Tatsache dar, weil sie wegen der bis zur Rechtskraft geltenden Unschuldsvermutung dem (im Vorverfahren als nicht bewiesen angesehenen) Tatvorwurf kein stärkeres Gewicht verleiht (*BAG* 16.9.1999 EzA § 103 BetrVG 1972 Nr. 40).

IV. Beschäftigungsanspruch des Arbeitnehmers

1. Beschäftigung und Suspendierung vor Ausspruch der Kündigung

Da das Arbeitsverhältnis bis zum Ausspruch der Kündigung unzweifelhaft fortbesteht, besteht bis zu 143 diesem Zeitpunkt grds. ein Anspruch des Arbeitnehmers auf Beschäftigung. Der **Beschäftigungsanspruch** ist **Teil des allgemeinen Persönlichkeitsschutzes** (Art. 1, 2 GG). Während des Zustimmungsverfahrens beim Betriebsrat und während des gerichtlichen Zustimmungsersetzungsverfahrens entfällt dieser Beschäftigungsanspruch nur dann ausnahmsweise, wenn **überwiegende und schutzwürdige Interessen des Arbeitgebers** das gebieten (ebenso: *LAG Hamm* 12.12.2001 RzK II 3 Nr. 42; *Sächs. LAG* 14.4.2000 LAGE § 103 BetrVG 1972 Nr. 16; vgl. auch *BAG* 19.8.1976 EzA § 611 BGB Beschäftigungspflicht Nr. 1). Unter dieser Voraussetzung kann der Arbeitgeber einen durch § 103 BetrVG geschützten Arbeitnehmer bis zum Abschluss des Zustimmungsverfahrens beim Betriebsrat bzw. des gerichtlichen Zustimmungsersetzungsverfahrens unter Fortzahlung der Vergütung von der

Arbeit suspendieren (ebenso: GK-*Raab* § 103 Rz 96, 98; *Richardi/Thüsing* Rz 93). Ein solcher Fall ist etwa gegeben, wenn bei einer weiteren Tätigkeit des Arbeitnehmers im Betrieb die durch konkrete Tatsachen begründete Besorgnis besteht, dass es zu Störungen des Betriebsfriedens oder betrieblichen Ablaufs kommt oder andere Arbeitnehmer gefährdet werden, ggf. auch, wenn der durch objektive Tatsachen gesicherte dringende Verdacht einer strafbaren Handlung oder sonstigen schweren Arbeitsvertragsverletzung besteht (*LAG Hamm* 12.12.2001 aaO). Hingegen reicht es entgegen der Auffassung des *LAG Hamm* (24.10.1974 EzA § 103 BetrVG 1972 Nr. 5) zur Suspendierung nicht aus, dass den ins Feld geführten Kündigungsgründen »einiges Gewicht« zukommt. Wenn überwiegende und schutzwürdige Interessen des Arbeitgebers einer Weiterbeschäftigung des Arbeitnehmers nicht entgegenstehen, kann der Arbeitnehmer bei einer Suspendierung gegen den Arbeitgeber eine einstweilige Verfügung auf Weiterbeschäftigung erwirken (*LAG Köln* 2.8.2005 LAGE § 103 BetrVG 2001 Nr. 4). Überwiegende schutzwürdige Interessen des Arbeitgebers sind im Allgemeinen zu verneinen, wenn das Arbeitsgericht in erster Instanz den Zustimmungsersetzungsantrag des Arbeitgebers (§ 103 Abs. 2 BetrVG) zurückgewiesen hat (*Sächs. LAG* 14.4.2000 LAGE § 103 BetrVG 1972 Nr. 16).

144 Wenn dem Arbeitgeber jede **Weiterbeschäftigung** des Arbeitnehmers nach Treu und Glauben schlechthin **nicht zugemutet werden kann,** was bei besonders schwerwiegenden Verfehlungen des Arbeitnehmers und damit verbundener Gefährdung von Rechtsgütern des Arbeitgebers, seiner Familienangehörigen oder anderer Arbeitnehmer (zB Raubüberfall auf die Geschäftskasse des Arbeitgebers) zu bejahen ist, berechtigt dies den Arbeitgeber gleichwohl nicht, über die Suspendierung des Arbeitsverhältnisses hinaus die Fortzahlung des Arbeitsentgeltes für die Dauer der Suspendierung einseitig abzulehnen (aA *BAG* 28.4.1988 RzK II 3 Nr. 15; *Galperin/Löwisch* Rz 34; GK-*Raab* Rz 98 HSWG-*Schlochauer* Rz 61; *Lepke* BB 1973, 897). Denn darin läge eine unzulässige Umgehung des Kündigungsschutzes der durch § 103 BetrVG geschützten Personen, denen nur nach vorheriger Zustimmung des Betriebsrats oder nach vorheriger rechtskräftiger Ersetzung der Zustimmung des Betriebsrats außerordentlich gekündigt werden kann (vgl. § 15 KSchG; zust.: *Scholz* Die Personalvertretung 1979, 230). Eine Suspendierung des Arbeitsverhältnisses unter Fortfall der Vergütungspflicht stellt den Arbeitnehmer praktisch so, als ob er fristlos entlassen wäre, der Arbeitgeber seinerseits könnte damit die Vorteile für sich in Anspruch nehmen, die ihm aus einer wirksamen fristlosen Kündigung erwachsen würden, nämlich die einseitige Befreiung von der Beschäftigungs- und Lohnzahlungspflicht. Dieser Vorteil soll dem Arbeitgeber nach dem Sinn des § 15 KSchG aber erst zustehen, wenn die Zustimmung des Betriebsrats oder ihre rechtskräftige Ersetzung vorliegt (vgl. auch *Etzel* DB 1973, 1019).

145 Andererseits ist nicht zu verkennen, dass bei der Unzumutbarkeit einer jeden – auch noch so kurzfristigen – Weiterbeschäftigung der Arbeitgeber ein berechtigtes Interesse daran hat, von der Beschäftigungs- **und** Entgeltzahlungspflicht befreit zu werden, und zwar vor Beendigung eines möglicherweise monate- oder jahrelang dauernden gerichtlichen Zustimmungsersetzungsverfahrens. Diesem Interesse kann dadurch Rechnung getragen werden, dass dem Arbeitgeber das Recht eingeräumt wird, wegen der praktisch gleichen Wirkungen wie bei einer fristlosen Kündigung in entsprechender Anwendung des § 103 BetrVG **mit Zustimmung des Betriebsrats die Suspendierung unter Fortfall der Vergütungspflicht** auszusprechen. Falls der Betriebsrat die Zustimmung hierzu verweigert, kann der Arbeitgeber in entsprechender Anwendung des § 103 Abs. 2 BetrVG gegen den Arbeitnehmer beim ArbG eine Entscheidung, auch durch einstweilige Verfügung, auf Ersetzung der Zustimmung des Betriebsrats zum Wegfall des Beschäftigungs- und Vergütungsanspruchs des Arbeitnehmers erwirken (im Wesentlichen ebenso: *Dütz* Anm. EzA § 103 BetrVG 1972 Nr. 9 – anders jetzt: *ders.* DB 1978, Beil. 13, S. 17 *Hanau* AR-Blattei – alte Ausgabe –, Anm. Betriebsverfassung: IX: Entsch. 28; *Meyer* S. 80 f.; vgl. auch *Nipperdey* DB 1975, 1892; *Bieback* AuR 1977, 329). Gegen eine solche einstweilige Verfügung bestehen keine rechtlichen Bedenken, weil sie das vom Arbeitgeber erstrebte Endziel, Ersetzung der Zustimmung des Betriebsrats zur Kündigung, rechtlich nicht vorwegnimmt und ihm eine Kündigung nicht ermöglicht, andererseits aber die Suspendierung ohne Fortzahlung der Vergütung wegen der praktisch gleichen Wirkung wie eine fristlose Kündigung an die qualitativ selben rechtlichen Voraussetzungen wie eine fristlose Kündigung (Zustimmung des Betriebsrats oder gerichtliche Ersetzung) geknüpft wird. Bis zum Erlass der einstweiligen Verfügung zur Suspendierung ohne Vergütung, die in dringenden Fällen auch ohne mündliche Verhandlung erlassen werden kann (§ 937 Abs. 2 ZPO), ist nur eine vom Arbeitgeber einseitig angeordnete Suspendierung unter Fortzahlung der Vergütung möglich (**aA** *Nipperdey* aaO, der bei der Gefahr weiterer Schädigungen des Arbeitgebers oder anderer Arbeitnehmer bis zur Entscheidung über den vom Arbeitgeber unverzüglich zu stellenden Antrag auf Erlass einer einstweiligen Verfügung die Suspendierung unter Wegfall der Vergütungspflicht durch den Arbeitgeber zulässt). Wird der Antrag des Arbeitgebers, die Zustimmung des Betriebsrats zur außerordentlichen Kündigung zu ersetzen, von einem Gericht rechtskräftig zurückgewiesen, entfällt mit Rechtskraft der Entscheidung die Suspendierung des Arbeitnehmers.

Das Recht zur Suspendierung des Arbeitsverhältnisses allein berechtigt den Arbeitgeber noch nicht, dem Betriebsratsmitglied den **Zutritt zum Betrieb zur Wahrnehmung von Betriebsratsaufgaben** zu verwehren. Dieses Zutrittsrecht kann aber unter bestimmten Voraussetzungen ebenfalls entfallen (s. Rz 150). 146

2. Beschäftigung nach Ausspruch der Kündigung

Nach Ausspruch einer außerordentlichen Kündigung durch den Arbeitgeber **entfällt idR ein Beschäftigungsanspruch** des Arbeitnehmers, da der Beschäftigungsanspruch grds. auf die Zeit begrenzt ist, in der das Arbeitsverhältnis unangefochten besteht und die darüber hinausgehende Regelung des § 102 Abs. 5 BetrVG auf die dort aufgeführten Fälle beschränkt und auf außerordentliche Kündigungen nicht anwendbar ist. 147

Ausnahmsweise besteht nach Ausspruch der außerordentlichen Kündigung ein Beschäftigungsanspruch des Arbeitnehmers, 147a

a) wenn das Arbeitsverhältnis trotz der ausgesprochenen Kündigung nach der objektiven Rechtslage unzweifelhaft fortbesteht, d. h. die **Kündigung offensichtlich unwirksam** ist. Das trifft zB zu, wenn bei feststehendem Sachverhalt die Rechtsfolge der Unwirksamkeit der Kündigung sich unmittelbar aus dem Gesetz ergibt, etwa bei Verstößen gegen § 103 BetrVG (Fehlen der vorherigen Zustimmung des Betriebsrats oder ihrer rechtskräftigen Ersetzung), § 9 MuSchG (Fehlen der vorherigen Zustimmung der obersten Arbeitsbehörde), § 85 SGB IX (Fehlen der vorherigen Zustimmung des Integrationsamtes), oder wenn die Kündigung offensichtlich rechtsmissbräuchlich oder offensichtlich willkürlich ist (*BAG* 27.2.1985 EzA § 611 BGB Beschäftigungspflicht Nr. 9; *ArbG Herne* 13.10.1988 NZA 1989, 236; vgl. auch *Fitting* § 24 Rz 17; *Gamillscheg* ZfA 1977, 296; *HSWG-Schlochauer* Rz 59);

b) wenn gegenüber dem Beschäftigungsinteresse des Arbeitnehmers überwiegende schutzwerte Interessen des Arbeitgebers einer Weiterbeschäftigung nicht entgegenstehen. Hierbei überwiegt das **Beschäftigungsinteresse** des Arbeitnehmers die Interessen des Arbeitgebers idR dann, wenn im Kündigungsprozess ein die Unwirksamkeit der Kündigung feststellendes Urteil ergangen ist (*BAG* 27.2.1985 EzA § 611 BGB Beschäftigungspflicht Nr. 9; wegen weiterer Einzelheiten vgl. *KR-Etzel* § 102 BetrVG Rz 275 f.).

Liegen die Voraussetzungen für einen Weiterbeschäftigungsanspruch nach Ausspruch der Kündigung vor (s. Rz 147a), kann dieser Anspruch von dem betroffenen Arbeitnehmer ggf. auf dem Wege der **einstweiligen Verfügung** verfolgt werden (*LAG SchlH* 17.3.1976 DB 1976, 826; *LAG Düssold.* 27.2.1975 EzA § 25 BetrVG 1972 Nr. 1; *Galperin/Löwisch* Rz 37; vgl. auch *Löwisch* DB 1975, 344). Ist dem Arbeitgeber durch einstweilige Verfügung die Weiterbeschäftigung des Betriebsratsmitglieds aufgegeben worden, ist dieses nicht mehr an der Ausübung seines Betriebsratsamtes als zeitweilig verhindert anzusehen, sondern kann seine Aufgaben als Betriebsratsmitglied voll wahrnehmen (aA *LAG SchlH* 17.3.1976 aaO). 148

V. Amtsausübung des Arbeitnehmers

1. Amtsausübung vor Ausspruch der Kündigung

Solange das Arbeitsverhältnis einer der durch § 103 BetrVG geschützten Personen noch nicht gekündigt ist, also auch während des Zustimmungsverfahrens beim Betriebsrat gem. § 103 Abs. 1 BetrVG und während des gerichtlichen Zustimmungsersetzungsverfahrens, ist der betreffende Arbeitnehmer noch Inhaber seines betriebsverfassungsrechtlichen Amtes und kann zur Ausübung seines Amtes den Betrieb betreten. Der Arbeitgeber darf ihm den **Zutritt zum Betrieb nicht verwehren.** Das gilt selbst dann, wenn der Arbeitgeber den Arbeitnehmer berechtigterweise von der Arbeit suspendiert hat (s. Rz 143 ff.). Denn das überwiegende Interesse des Arbeitgebers, den Arbeitnehmer von der Arbeit freizustellen, und selbst die Unzumutbarkeit der Weiterbeschäftigung des Arbeitnehmers iSv § 626 BGB ist kein Grund, dem Arbeitnehmer die Ausübung seines betriebsverfassungsrechtlichen Amtes zu verwehren (in diesem Sinne auch: *Richardi/Thüsing* Rz 96); zur Suspendierung des Arbeitnehmers von seinem betriebsverfassungsrechtlichen Amt ist der Arbeitgeber nicht berechtigt. Der Ausschluss eines Arbeitnehmers, der ein betriebsverfassungsrechtliches Amt innehat, aus diesem Amt ist nur bei einer groben Amtspflichtverletzung und dann auch nur durch gerichtliche Entscheidung möglich (vgl. §§ 23, 18 Abs. 1 BetrVG), die in dringenden Fällen auch als einstweilige Verfügung (Untersagung der 149

Amtsausübung bis zur rechtskräftigen Entscheidung) ergehen kann (vgl. *Fitting* § 23 Rz 32 mwN). Deshalb ist auch in den Fällen einer berechtigten Suspendierung von der Arbeit grds. ein Zutrittsrecht des Arbeitnehmers zum Betrieb zur Amtsausübung zu bejahen; ein durch den Arbeitgeber erteiltes Hausverbot ist unwirksam (*LAG Hamm* 24.10.1974 EzA § 103 BetrVG 1972 Nr. 5 *Richardi/Thüsing* aaO; *Fitting* Rz 44; *Galperin/Löwisch* Rz 35; vgl. auch HSWG-*Schlochauer* Rz 60). Der Arbeitnehmer kann den Zutritt zum Betrieb **durch einstweilige Verfügung** im Beschlussverfahren gegen den Arbeitgeber erzwingen (*LAG Hamm* 27.4.1972 EzA § 5 BetrVG 1972 Nr. 1; *Galperin/Löwisch* Rz 36; SPV-*Stahlhacke* Rz 1685).

150 Ein zur Amtsausübung begehrtes Zutrittsrecht des Arbeitnehmers zum Betrieb besteht nur dann nicht, wenn die Amtsausübung als **Rechtsmissbrauch** zu beurteilen wäre (HSWG-*Schlochauer* aaO; *Richardi/Thüsing* aaO), zB wenn das Betriebsratsmitglied sich den Zutritt verschaffen will, um hierbei Eigentumsdelikte (Diebstahl etc.) zu begehen oder wenn konkrete Anhaltspunkte dafür bestehen, dass das Betriebsratsmitglied im Betrieb ihn belastendes Beweismaterial beseitigen bzw. manipulieren könnte (vgl. *LAG München* 19.3.2003 NZA-RR 2003, 641) oder durch das Betreten des Betriebes den Betriebsfrieden unmittelbar und ernstlich gefährden würde, was der Arbeitgeber durch Angabe konkreter Anhaltspunkte, etwa Ankündigung des Betriebsratsmitglieds, zu Demonstrationen oder Arbeitsniederlegungen aufzufordern etc., darzulegen hat (*LAG Hamm* 27.4.1972 EzA § 5 BetrVG 1972 Nr. 1; vgl. auch *Galperin/Löwisch* Rz 35).

2. Amtsausübung nach Ausspruch der Kündigung

151 **Nimmt** eine der durch § 103 BetrVG geschützten Personen **die Kündigung durch zustimmende Erklärung** an, endet damit das Arbeitsverhältnis und zugleich das betriebsverfassungsrechtliche Amt, das der Arbeitnehmer bisher wahrgenommen hatte (vgl. § 24 Abs. 1 Nr. 3 BetrVG). Für ein Zutrittsrecht zum Betrieb zur Amtsausübung ist danach kein Raum mehr.

152 In allen übrigen Fällen, in denen trotz der Kündigung die Beendigung des Arbeitsverhältnisses nicht zweifelsfrei feststeht, insbesondere wenn der Arbeitnehmer Kündigungsschutzklage erhoben hat, ist der betreffende Arbeitnehmer – mit Ausnahme der Wahlbewerber – grds. an der Ausübung seines Amtes als **zeitweilig verhindert** anzusehen (*LAG SchlH* 2.9.1976 BB 1976, 1319; *Fitting* § 24 Rz 16; *Galperin/Löwisch* § 24 Rz 15; GK-*Raab* § 103 Rz 99; HSWG-*Schlochauer* Rz 58; *Richardi/Thüsing* § 25 Rz 12, § 24 Rz 14; SPV-*Stahlhacke* Rz 1684; aA *Dütz* DB 1978, Beil. 13, S. 19). Denn die Berechtigung zur Amtsausübung setzt voraus, dass die betreffende Person zweifelsfrei Amtsinhaber ist. Ist dies durch eine Kündigung des Arbeitgebers zweifelhaft geworden, tritt eine zeitweilige Verhinderung an der Amtsausübung ein, so dass an die Stelle des bisherigen Amtsinhabers ein Ersatzmitglied tritt (vgl. § 25 Abs. 1 BetrVG). Mit der zeitweiligen Verhinderung an der Amtsausübung entfällt auch ein Zutrittsrecht zum Betrieb zur Amtsausübung (vgl. auch *LAG Nürnberg* 10.10.1985 LAGE § 25 BetrVG 1972 Nr. 2).

153 Etwas anderes gilt, wenn die außerordentliche **Kündigung offensichtlich unwirksam** ist (vgl. *BAG* 27.2.1985 EzA § 611 BGB Beschäftigungspflicht Nr. 9; 26.5.1977 EzA § 611 BGB Beschäftigungspflicht Nr. 2). In diesen Fällen besteht kein Zweifel an dem Fortbestehen des Arbeitsverhältnisses, so dass auch kein Grund für eine zeitweilige Verhinderung des Arbeitnehmers an der Amtsausübung vorhanden ist. Ein Amtsinhaber, dessen Entlassung offensichtlich unwirksam ist, kann folglich seine betriebsverfassungsrechtlichen Aufgaben voll wahrnehmen und zur Amtsausübung den Zutritt zum Betrieb verlangen (aA *LAG SchlH* 17.3.1976 DB 1976, 826). Dieser Anspruch auf Zutritt zum Betrieb ist durch einstweilige Verfügung im Beschlussverfahren gegen den Arbeitgeber durchsetzbar (*LAG Hmb.* 6.10.2005 AiB 2006, 238; *Fitting* § 24 Rz 17; SPV-*Stahlhacke* Rz 1685; aA *LAG Düsseld.* 3.4.1974 DB 1974, 2164; *ArbG Kaiserslautern* 11.2.1975 ARSt 1976, 100). Eine zeitweilige Verhinderung an der Amtsausübung besteht auch dann nicht, wenn der Arbeitnehmer während des Kündigungsschutzprozesses einen Weiterbeschäftigungsanspruch nach den vom Großen Senat des BAG aufgestellten Grundsätzen (s. KR-*Etzel* § 102 BetrVG Rz 275 ff.) hat (*LAG Hamm* 17.1.1996 LAGE § 25 BetrVG 1972 Nr. 4).

154 Das Zutrittsrecht zum Betrieb zur Amtsausübung besteht in diesen Fällen auch, wenn das Betriebsratsmitglied während des Kündigungsrechtsstreits **auf die Geltendmachung seines Weiterbeschäftigungsanspruchs verzichtet.** Denn Beschäftigung und Amtsausübung sind nicht notwendig miteinander verbunden, wie auch beim Recht zur Amtsausübung trotz berechtigter Suspendierung von der Arbeit (s. Rz 149) offenbar wird.

155 Eine Besonderheit gilt für **Wahlbewerber**. Diese verlieren trotz einer außerordentlichen Kündigung des Arbeitgebers nicht ihre Wählbarkeit in den Betriebsrat (*Fitting* § 8 Rz 20). Deshalb muss der Arbeitgeber ihnen die übliche Wahlwerbung im Betrieb gestatten, wozu zB das Aufhängen von Plakaten und

das Aufsuchen von Arbeitnehmern im Betrieb gehört. Zu diesem Zweck muss der Arbeitgeber dem Wahlbewerber grds. den Zutritt zum Betrieb gewähren. Nur wenn die Ausübung des Zutrittsrechts durch den Wahlbewerber als rechtsmissbräuchlich anzusehen wäre (s. Rz 150) oder die Kündigung offensichtlich begründet ist, ist ein Zutrittsrecht des Wahlbewerbers zum Betrieb zu verneinen. Soweit ein Zutrittsrecht des Wahlbewerbers zum Betrieb besteht, ist dieser Anspruch im Beschlussverfahren durch einstweilige Verfügung gegen den Arbeitgeber durchsetzbar (vgl. auch *Fitting* § 8 Rz 23).

C. Versetzungsschutz
I. Voraussetzungen des Versetzungsschutzes
1. Geschützter Personenkreis

Derselbe Personenkreis, der nach § 103 Abs. 1 BetrVG **gegen außerordentliche Kündigungen geschützt ist**, genießt nach § 103 Abs. 3 BetrVG auch einen besonderen Schutz gegen Versetzungen. Der Versetzungsschutz erstreckt sich damit auf Mitglieder des Betriebsrats, der Jugend- und Auszubildendenvertretung, der Bordvertretung, des Seebetriebsrats und des Wahlvorstandes sowie auf Ersatzmitglieder dieser Organe während ihrer Vertretungstätigkeit und auf Wahlbewerber. Auch die Mitglieder einer nach § 3 Abs. 1 Nr. 1 – 3 BetrVG durch Tarifvertrag bestimmten anderen Vertretung der Arbeitnehmer oder einer Vertretung für im Flugbetrieb beschäftigte Arbeitnehmer iSd § 117 Abs. 2 BetrVG genießen den besonderen Versetzungsschutz des § 103 Abs. 3 BetrVG; denn diese Vertretungen treten praktisch an die Stelle des Betriebsrats (s. Rz 10). Mitglieder einer Schwerbehindertenvertretung und Gesamtschwerbehindertenvertretung sind ebenfalls nach § 103 Abs. 3 BetrVG gegen Versetzungen geschützt, weil sie die gleiche persönliche Rechtsstellung gegenüber dem Arbeitgeber wie ein Betriebsratsmitglied besitzen (§ 96 Abs. 3, § 97 Abs. 7 SGB IX). 156

Soll ein in einem **Tendenzunternehmen** (§ 118 Abs. 1 BetrVG) beschäftigter Amtsträger iSd § 103 BetrVG, der selbst Tendenzträger ist, versetzt werden, ist aus dem gleichen Grunde wie bei einer außerordentlichen Kündigung weder die Zustimmung des Betriebsrats nach § 103 Abs. 3 BetrVG noch eine sie ersetzende gerichtliche Entscheidung gemäß § 103 Abs. 2 BetrVG erforderlich (s. Rz 16). Die Versetzung eines Tendenzträgers ist eine tendenzbezogene Maßnahme. Es geht hier um die durch das Grundgesetz (Art. 5 GG) geschützte Freiheit des Arbeitgebers, Personen seines Vertrauens mit den Arbeiten zu beauftragen, die bestimmend (prägend) für die Verwirklichung der geistig-ideellen Zielsetzung sind. Daher ist auch das Beteiligungsrecht des Betriebsrats nach § 99 BetrVG eingeschränkt. Bei der Versetzung eines Tendenzträgers ist der Betriebsrat zwar vorher über die geplante Maßnahme zu unterrichten, aber der Betriebsrat kann die Zustimmung nicht aus einem der in § 99 Abs. 2 Nr. 1 bis 6 BetrVG genannten Gründe verweigern, mit der Folge, dass der Arbeitgeber die Zustimmung ersetzen lassen müsste. Dies gilt unabhängig davon, ob vom Betriebsrat sog. tendenzneutrale oder tendenzbezogene Zustimmungsverweigerungsgründe geltend gemacht werden (*BAG* 27.7.1993 EzA § 118 BetrVG 1972 Nr. 61). 157

Zum geschützten und nicht geschützten Personenkreis s. im Übrigen Rz 8–15 und 17–18. Diese Ausführungen gelten bei Versetzungen entsprechend. 158

2. Beginn und Ende des Schutzes

Die Ausführungen zu Rz 19–52 gelten bei Versetzungen entsprechend. Hierbei ist jedoch zu beachten, dass das Gesetz einen nachwirkenden Versetzungsschutz für Amtsträger nach Ablauf ihrer Amtszeit (bei Ersatzmitgliedern nach Ablauf ihrer Vertretungstätigkeit) nicht vorsieht (vgl. *ArbG Düsseld.* 26.3.2003 DB 2003, 1688: kein nachwirkender Vertretungsschutz für Ersatzmitglieder des Betriebsrats). 159

3. Betriebsrat, betriebsratsloser Betrieb

Die Ausführungen zu Rz 53–56a gelten bei Versetzungen entsprechend (in diesem Sinne auch: *Richardi/Thüsing* Rz 37). 160

4. Arten der Versetzung

§ 103 Abs. 3 BetrVG betrifft nur Versetzungen, die der Arbeitgeber aufgrund des Arbeitsvertrages **kraft seines Direktionsrechts** einseitig anordnen kann. Erstreckt sich das Direktionsrecht des Arbeitgebers nicht auf die von ihm geplante Versetzung, ist zur Versetzung eine Änderungskündigung erforderlich. 161

§ 103 BetrVG　　　　　　　　　　　　　　　　　　Außerordentliche Kündigung in besonderen Fällen

Diese kann gegenüber einem Amtsträger nur als **außerordentliche Änderungskündigung** erklärt werden, die unter den Schutz des § 103 Abs. 1 BetrVG fällt (s. Rz 59; zu den Anforderungen an eine außerordentliche Änderungskündigung s. KR-*Etzel* § 15 KSchG Rz 21 ff. und KR-*Fischermeier* § 626 BGB Rz 198 ff.).

162 Nicht jede Versetzung eines Amtsträgers iSd § 103 Abs. 1 BetrVG bedarf der Zustimmung des Betriebsrats. So sind **Versetzungen, mit denen der betroffene Arbeitnehmer einverstanden ist**, nicht zustimmungspflichtig. Darüber hinaus bedürfen nur solche Versetzungen der Zustimmung des Betriebsrats, die zu einem Verlust des Amtes oder der Wählbarkeit führen würden. Zu einem Verlust des Amtes oder der Wählbarkeit können nur Versetzungen in einen anderen Betrieb führen. Versetzungen innerhalb desselben Betriebs bedürfen daher nicht der Zustimmung des Betriebsrats nach § 103 Abs. 3 BetrVG; für sie ist vielmehr das Beteiligungsverfahren nach § 99 BetrVG durchzuführen.

163 Die auf Dauer vorgesehene Versetzung von Mitgliedern des Betriebsrats, der Jugend- und Auszubildendenvertretung, der Bordvertretung, des Seebetriebsrats und des Wahlvorstandes in einem anderen Betrieb führt zum **Verlust** der Wählbarkeit in ihrem bisherigen Betrieb und damit **ihres Amtes** (vgl. § 24 Nr. 4 BetrVG); die Versetzung von Wahlbewerbern in einen anderen Betrieb führt zum **Verlust der Wählbarkeit** in ihrem bisherigen Betrieb bei der anstehenden Betriebsratswahl. Eine nur **vorübergehende Abordnung** in einen anderen Betrieb lässt die Betriebszugehörigkeit und damit Wählbarkeit im entsendenden Betrieb unberührt (vgl. *Fitting* § 24 Rz 34; GK-*Raab* Rz 33), auch wenn es sich iSv § 95 Abs. 3, § 99 BetrVG um eine mitbestimmungspflichtige Versetzung handelt; in diesem Falle ist das Zustimmungsverfahren nach § 99 BetrVG durchzuführen. Wird bei einer Betriebsspaltung ein Betriebsratsmitglied in einem abgespaltenen Betriebsteil versetzt, behält es zwar sein Übergangsmandat (§ 21a BetrVG), die Versetzung führt aber gleichwohl zum Verlust seines Amtes iSv § 103 Abs. 3 BetrVG; denn dieses Betriebsratsmitglied verliert sein Amt mit der Beendigung des Übergangsmandats, während er beim Verbleiben im bisherigen Betrieb sein Amt auch nach Beendigung des Übergangsmandats weiterführen könnte. Deshalb bedarf auch diese Versetzung der Zustimmung des Betriebsrats nach § 103 Abs. 3 BetrVG. Auch die mit einer **Beförderung zum leitenden Angestellten** verbundene Versetzung eines Mandatsträgers führt zum Verlust der Wählbarkeit und damit zum Mandatsverlust (§ 24 Nr. 4 BetrVG), jedoch dürfte die Zustimmung des Betriebsrats idR entbehrlich sein, da im Allgemeinen davon auszugehen ist, dass der Arbeitnehmer mit seiner Beförderung einverstanden ist (GK-*Raab* § 103 Rz 36; *Löwisch/Kaiser* Rz 13).

5. Abgabe der Versetzungserklärung

164 Die Ausführungen zu Rz 62 gelten bei Versetzungen entsprechend.

II. Das Zustimmungsverfahren beim Betriebsrat

1. Zuständigkeit von Betriebsrat, Gesamtbetriebsrat, Bordvertretung, Seebetriebsrat oder anderen Arbeitnehmervertretungen

165 Die Ausführungen zu Rz 64 gelten bei Versetzungen entsprechend. Insoweit ist die Arbeitnehmervertretung **des abgebenden Betriebs** zu beteiligen; aber auch der Arbeitnehmervertretung des **aufnehmenden Betriebs** steht ein Mitbestimmungsrecht zu, das sich nach § 99 BetrVG richtet. Denn für die Arbeitnehmervertretung des aufnehmenden Betriebs ist die Aufnahme des Arbeitnehmers in den Betrieb wie eine »Einstellung« zu behandeln (*BAG* 22.1.1991 EzA § 99 BetrVG 1972 Nr. 98).

2. Einleitung des Zustimmungsverfahrens

166 Da es sich hier um eine Versetzung handelt, gelten für das Zustimmungsverfahren beim Betriebsrat mangels spezieller Regelungen in § 103 BetrVG die **Verfahrensvorschriften des § 99 Abs. 1 und 3 BetrVG** entsprechend (vgl. GK-*Raab* § 103 Rz 46).

167 Danach hat der Arbeitgeber den Betriebsrat über die geplanten Versetzungen **umfassend zu unterrichten**. Er hat hierbei dem Betriebsrat unter Vorlage der erforderlichen Unterlagen Auskunft über die Person des zu versetzenden Amtsträgers (Name, Anschrift, Geburtstag und -ort sowie alle Umstände über die fachliche und persönliche Eignung für den vorgesehenen Arbeitsplatz) sowie die Auswirkungen der geplanten Maßnahme zu geben, insbesondere den in Aussicht genommenen Arbeitsplatz, den vorgesehenen Versetzungstermin und die vorgesehene Eingruppierung mitzuteilen. Eine bestimmte Form der Unterrichtung ist nicht vorgeschrieben, so dass sie auch mündlich erfolgen kann.

Außerordentliche Kündigung in besonderen Fällen　　　　　　　　　　§ 103 BetrVG

Eine ausdrückliche **Aufforderung** des Arbeitgebers an den Betriebsrat, zu der beabsichtigten Versetzung Stellung zu nehmen, ist grds. **nicht erforderlich**. Die Ausführungen zu Rz 69 und § 102 BetrVG Rz 72 ff. gelten hier entsprechend. 168

3. Empfangsberechtigung auf Seiten des Betriebsrats zur Entgegennahme von Arbeitgebererklärungen

Die Ausführungen zu Rz 73–77 gelten bei Versetzungen entsprechend. 169

4. Frist zur Stellungnahme für Betriebsrat

Die für das Beteiligungsverfahren nach § 99 BetrVG geltende Äußerungsfrist (§ 99 Abs. 3 S. 1 BetrVG) ist auf das Zustimmungsverfahren entsprechend anwendbar (s. auch Rz 166). Hiernach hat der Betriebsrat seine Stellungnahme zu der vom Arbeitgeber beantragten Zustimmung zur Versetzung **innerhalb einer Woche** zu erklären. Schweigen gilt als Zustimmungsverweigerung (s. Rz 176). 170

5. Willensbildung des Betriebsrats, Anhörung des Arbeitnehmers

Die Ausführungen zur Willensbildung des Betriebsrats bei Kündigungen (Rz 80–81 und § 102 BetrVG Rz 93–93b, 95–97) gelten bei Versetzungen entsprechend. 171

Anders als bei Kündigungen (§ 102 Abs. 2 S. 4 BetrVG) sieht das Gesetz **nicht** vor, dass der Betriebsrat vor seiner Stellungnahme zu der beabsichtigten Versetzung den betroffenen Arbeitnehmer hören soll, soweit dies erforderlich erscheint. Dem Betriebsrat ist aber ein Recht zur **Anhörung des betroffenen Arbeitnehmers** zuzugestehen, wovon er im Einzelfall Gebrauch machen sollte. 172

6. Schweigepflicht des Betriebsrats

Die Schweigepflicht des Betriebsrats besteht im gleichen Umfang wie bei Kündigungen. Es kann daher auf die Ausführungen zu § 102 BetrVG Rz 101 verwiesen werden. 173

7. Abschluss des Zustimmungsverfahrens beim Betriebsrat

Die Ausführungen zu Rz 83–84 gelten bei Versetzungen entsprechend. 174

8. Die Stellungnahme des Betriebsrats

a) Mitbeurteilungsrecht

Daraus, dass das ArbG die Zustimmung des Betriebsrats zur Versetzung zu ersetzen hat, wenn sie auch unter Berücksichtigung der betriebsverfassungsrechtlichen Stellung des betroffenen Arbeitnehmers aus dringenden betrieblichen Gründen notwendig ist (§ 103 Abs. 3 S. 2 BetrVG), ist zu schließen, dass der Betriebsrat ebenfalls **unter dieser Voraussetzung die Zustimmung zur Versetzung zu erteilen hat** und sie andererseits nicht erteilen darf, wenn die Versetzung nicht aus dringenden betrieblichen Gründen notwendig ist. 175

§ 103 Abs. 3 S. 2 BetrVG tritt als Spezialregelung an die Stelle der Zustimmungsverweigerungsgründe des § 99 Abs. 2 BetrVG. Jedoch können nach dem Sinn der Regelung – Verstärkung des Versetzungsschutzes von Amtsträgern – die in § 99 Abs. 2 Nr. 1 – 6 BetrVG aufgeführten Zustimmungsverweigerungsgründe bei der Bestimmung der »Notwendigkeit« aus dringenden betrieblichen Gründen berücksichtigt werden (ähnlich: GK-*Raab* § 103 Rz 44). In diesem Rahmen hat der Betriebsrat auch zu prüfen, ob die vorgesehene Versetzung individualrechtlich zulässig ist (vgl. § 99 Abs. 1 Nr. 2 BetrVG), dh ob die Versetzung vom Direktionsrecht des Arbeitgebers erfasst wird und ob der Arbeitgeber ggf. sein Direktionsrecht gemäß § 315 BGB nach billigem Ermessen ausgeübt hat (*Löwisch/Kaiser* Rz 23 f.). Sind danach »dringende betriebliche Gründe« iSd § 103 Abs. 3 S. 2 BetrVG zu bejahen, hat der Betriebsrat seine Zustimmung zur Versetzung zu erteilen (*Richardi/Thüsing* Rz 36; GK-*Raab* § 103 Rz 58; aA *Fitting* Rz 71 und *Laber* ArbRB 2005, 316: pflichtgemäßes Ermessen). 175a

Die Notwendigkeit einer Versetzung aus dringenden betrieblichen Gründen ist zwar nicht nach objektiven Maßstäben feststellbar, sondern bedarf einer **bewertenden Beurteilung**. Daraus kann aber nicht gefolgert werden, dass dem Betriebsrat insoweit ein Ermessensspielraum zusteht. Verweigert nämlich der Betriebsrat die Zustimmung zur Versetzung, hat das ArbG bei einem Antrag auf Ersetzung der Zustimmung die Entscheidung des Betriebsrat nicht auf Ermessensfehler zu überprüfen, sondern hat die 175b

Zustimmung zur Versetzung zu ersetzen, wenn die Versetzung auch unter Berücksichtigung der betriebsverfassungsrechtlichen Stellung des betroffenen Arbeitnehmers aus dringenden betrieblichen Gründen notwendig ist. Dann aber kann dem Betriebsrat kein weitergehender Entscheidungsspielraum eingeräumt werden. Er hat damit nur ein Mitbeurteilungsrecht und darf die Zustimmung zur Versetzung nicht verweigern, wenn diese im vorgenannten Sinne notwendig ist (vgl. auch Rz 85).

b) Arten der Stellungnahme und ihre Bedeutung

176 Anders als Versetzungen nach § 99 BetrVG erfordern Versetzungen nach § 103 BetrVG die Zustimmung des Betriebsrats, ohne eine Zustimmungsfiktion beim Schweigen des Betriebsrats vorzusehen. Für die Anwendung der Zustimmungsfiktion des § 99 Abs. 3 BetrVG ist daher kein Raum. Infolgedessen kann im **Schweigen** des Betriebsrats keine Zustimmung iSd § 103 Abs. 3 BetrVG liegen (s. Rz 94). Da das Schweigen des Betriebsrats nicht zur Zustimmung zur geplanten Versetzung führt, kann er sich auch auf die **schlichte Erklärung** beschränken, **er verweigere seine Zustimmung**, ohne Gründe hierfür anzugeben. Selbst wenn man in entsprechender Anwendung des § 99 Abs. 3 BetrVG fordern wollte, dass der Betriebsrat die Verweigerung seiner Zustimmung dem Arbeitgeber unter Angabe von Gründen innerhalb einer Woche nach Unterrichtung durch den Arbeitgeber diesem schriftlich mitzuteilen habe, bliebe ein Verstoß gegen diese Vorschrift praktisch folgenlos, weil er nicht zur Zustimmung des Betriebsrats führen oder sie ersetzen könnte. Im Übrigen gelten die Ausführungen zu Rz 86–99 bei Versetzungen entsprechend, soweit dort nicht auf die Ausschlussfrist des § 626 Abs. 2 BGB Bezug genommen wird.

9. Rechtsfolgen bei Fehlern im Zustimmungsverfahren

177 Die Ausführungen zu Rz 100–108 gelten bei Versetzungen entsprechend.

10. Versetzung vor Abschluss des Zustimmungsverfahrens

178 Vor einer Zustimmung des Betriebsrats oder einer sie ersetzenden gerichtlichen Entscheidung ist eine – auch nur vorläufige – Versetzung des Amtsträgers **unwirksam**. Umsetzungen in einen anderen Betrieb, die noch nicht die Qualität einer Versetzung erreichen (§ 95 Abs. 3 BetrVG), sind jedoch möglich. Vorübergehende Abordnungen werden von § 103 Abs. 3 BetrVG nicht erfaßt (s. Rz 163).

179 Solange die Versetzung unwirksam ist, kann der Amtsträger gegen eine Beschäftigung auf dem zugewiesenen neuen Arbeitsplatz ein **Leistungsverweigerungsrecht** geltend machen. Der Arbeitgeber, der die Beschäftigung des Amtsträgers auf dem bisherigen Arbeitsplatz ablehnt, gerät in Annahmeverzug (§ 615 BGB). Der Betriebsrat einerseits kann in analoger Anwendung des § 101 BetrVG beim Arbeitsgericht die Aufhebung der Versetzung verlangen (*LAG Bln.* 22.12.2004 AiB 2006, 516).

180 Eine **nachträgliche**, dh nach der Versetzungserklärung des Arbeitgebers erteilte **Zustimmung des Betriebsrats** heilt die Unwirksamkeit der Versetzung nicht (aA GK-*Raab* § 103 Rz 47), da einseitige empfangsbedürftige Rechtsgeschäfte – wie die Versetzung –, die der Zustimmung eines Dritten bedürfen, grds. nur mit vorheriger Zustimmung wirksam vorgenommen werden können (vgl. *Palandt/Heinrichs* § 182 Rz 5). Die nachträgliche Zustimmung des Betriebsrats kann jedoch Grundlage für eine neue Versetzungsanordnung sein.

11. Versetzung nach Zustimmung des Betriebsrats

181 Gegen eine mit Zustimmung des Betriebsrats ausgesprochene Versetzung kann der Amtsträger Klage beim Arbeitsgericht erheben. In diesem Rechtsstreit hat **das Arbeitsgericht uneingeschränkt zu prüfen**, ob die angeordnete Versetzung nach den gesetzlichen Voraussetzungen wirksam ist, dh ob sie auch unter Berücksichtigung der betriebsverfassungsrechtlichen Stellung des betroffenen Arbeitnehmers aus dringenden betrieblichen Gründen notwendig ist (§ 103 Abs. 3 S. 2 BetrVG). Zum Beschäftigungsanspruch und zur Amtsausübung des Arbeitnehmers während des Rechtsstreits s. Rz 210 f. und 204.

III. Die gerichtliche Ersetzung der Zustimmung des Betriebsrats

1. Einleitung des Verfahrens beim Arbeitsgericht

182 Die Ausführungen zu Rz 111–112 gelten bei Versetzungen entsprechend. Der Zustimmungsersetzungsantrag kann erst nach Ablauf der einwöchigen Äußerungsfrist für den Betriebsrat (s.o. Rz 170)

gestellt werden (ebenso: *Laber* ArbRB 2005, 317) oder – vorher – nach einer abschließenden Stellungnahme des Betriebsrats).

2. Versetzungsgründe

Die Gerichte für Arbeitssachen dürfen die Zustimmung zu der von dem Arbeitgeber beabsichtigten Versetzung nur dann ersetzen, wenn die Versetzung auch unter Berücksichtigung der betriebsverfassungsrechtlichen Stellung des betroffenen Arbeitnehmers **aus dringenden betrieblichen Gründen notwendig** ist (§ 103 Abs. 3 S. 2 BetrVG). 183

a) Dringende betriebliche Gründe

Dringende betriebliche Gründe beziehen sich **auf den Betrieb, in dem der Amtsträger beschäftigt ist.** Außerbetriebliche unternehmensbedingte Gründe können daher eine Versetzung kraft Direktionsrechts nicht rechtfertigen, mögen diese Gründe auch noch so dringend sein, zB wenn in einem anderen Betrieb des Unternehmens ein Spezialist ausscheidet, auf dem freien Markt kein geeigneter Nachfolger zu finden ist, der Amtsträger aber das erforderliche Spezialwissen besitzt und als Nachfolger geeignet wäre. Insoweit kann der Arbeitgeber eine Versetzung des Amtsträgers nur durch eine außerordentliche Änderungskündigung erreichen, wenn deren Voraussetzungen erfüllt sind (s. hierzu KR-*Etzel* § 15 KSchG Rz 21 ff.). 184

Die »Notwendigkeit« der Versetzung »aus dringenden betrieblichen Gründen« kann mit »dringenden betrieblichen Erfordernissen« gleichgesetzt werden, wie sie § 1 Abs. 2 S. 1 KSchG für eine betriebsbedingte Kündigung fordert. Danach muss **das Bedürfnis für die Weiterbeschäftigung des Arbeitnehmers im bisherigen Betrieb wegfallen**, wobei es dem Arbeitgeber nicht möglich ist, das Bedürfnis für die Weiterbeschäftigung des Amtsträgers durch andere Maßnahmen auf technischem, organisatorischem oder wirtschaftlichem Gebiet (zB durch Abbau von Überstunden, Kündigung von Arbeitnehmerüberlassungsverträgen bei Leiharbeitnehmern) aufrechtzuerhalten (vgl. *BAG* 18.1.1990 EzA § 1 KSchG Betriebsbedingte Kündigung Nr. 65; KR-*Etzel* § 102 BetrVG Rz 515 ff.). Hierbei ist aber eine zugrunde liegende Unternehmerentscheidung zu beachten, die nur daraufhin überprüft werden kann, ob sie offenbar unsachlich, unvernünftig oder willkürlich ist (KR-*Griebeling* § 1 KSchG Rz 522 f., 529 mwN). Danach ist die Notwendigkeit einer Versetzung aus dringenden betrieblichen Gründen vor allem dann zu bejahen, wenn wegen Stilllegung des Betriebs oder einer Betriebsabteilung eine Kündigung nach § 15 Abs. 4–5 KSchG gerechtfertigt wäre (Grundsatz der Verhältnismäßigkeit), ferner wenn die Tätigkeit, mit der der Arbeitnehmer betraut ist, im Betrieb wegfällt, zB Abschaffung eines Pförtners oder von Boten. Ist ein Stellenabbau erforderlich, dürfen Betriebsratsmitglieder im Hinblick auf ihre ordentliche Unkündbarkeit nicht in eine Sozialauswahl einbezogen werden mit der Folge, dass sie ggf. wegen ihrer sozialen Stärke ihren Arbeitsplatz verlieren könnten und deshalb eine Versetzung gerechtfertigt wäre. 185

Personenbedingte oder verhaltensbedingte Gründe können die Versetzung eines Amtsträgers in einen anderen Betrieb nicht rechtfertigen (aA *Löwisch* BB 2001, 1796, der als Versetzungsgrund auch Veränderungen in der Person des Arbeitnehmers anerkennt, etwa wenn ein nicht vom Arbeitgeber veranlasster Verlust von Kenntnissen und Fertigkeiten dem Amtsträger die weitere Ausübung seiner bisherigen Tätigkeit nicht mehr erlaubt). Der Arbeitgeber hat insoweit nur die Möglichkeit einer außerordentlichen Änderungskündigung, wenn deren Voraussetzungen erfüllt sind (s. hierzu KR-*Etzel* § 15 KSchG Rz 21 ff. und KR-*Fischermeier* § 626 BGB Rz 198 ff.). 186

Die Versetzung von **freigestellten Betriebsratsmitgliedern** in einen anderen Betrieb ist ohne deren Zustimmung unzulässig, weil sie ohnehin nicht beschäftigt sind und deshalb für sie das Bedürfnis für eine Weiterbeschäftigung nicht »entfallen« kann (ebenso: *Löwisch/Kaiser* Rz 26). 187

b) Berücksichtigung der betriebsverfassungsrechtlichen Stellung des betroffenen Arbeitnehmers

Wenn bei der Notwendigkeit einer betriebsbedingten Versetzung auch die betriebsverfassungsrechtliche Stellung des betroffenen Arbeitnehmers zu berücksichtigen ist, kann dies nur bedeuten, dass eine an sich betriebsnotwendige Versetzung ggf. im Hinblick auf die betriebsverfassungsrechtliche Stellung des Arbeitnehmers zu unterbleiben hat. Deshalb ist im Einzelfall **zunächst zu prüfen, ob eine Versetzung aus dringenden betrieblichen Gründen an sich notwendig ist** (s. Rz 184 ff.). Ist dies zu verneinen, ist die Versetzung unzulässig. 188

189 Ist hingegen die betriebliche Notwendigkeit der Versetzung an sich zu bejahen, ist weiter zu prüfen, ob die betriebsverfassungsrechtliche Stellung des Arbeitnehmers ein solches Gewicht hat, dass sie einer an sich betriebsnotwendigen Versetzung entgegensteht. Dies kann im Hinblick auf die durch das Grundgesetz (Art. 12 Abs. 1 GG, Art. 2 Abs. 1 GG) geschützte Unternehmerfreiheit (vgl. *BVerfG* 27.1.1998 EzA § 23 KSchG Nr. 17) **nur in Ausnahmefällen** angenommen werden, zB bei einem langjährigen Betriebsratsvorsitzenden oder dem einzigen in einem speziellen Fachgebiet besonders fachkundigen Betriebsratsmitglied (vgl. *Löwisch* BB 2001, 1796).

3. Durchführung des gerichtlichen Verfahrens

190 Die Ausführungen zu Rz 114–117 gelten bei Versetzungen entsprechend.

4. Nachschieben von Versetzungsgründen

191 Im Zustimmungsersetzungsverfahren vor dem ArbG oder dem LAG kann der Arbeitgeber unbeschränkt neue Versetzungsgründe nachschieben, gleichgültig, ob er sie vor Einleitung des Zustimmungsverfahrens beim Betriebsrat gekannt hat oder nicht oder ob sie vor Einleitung des Zustimmungsverfahrens entstanden sind oder nicht. Voraussetzung ist allerdings, dass der Arbeitgeber **die neuen Versetzungsgründe** vor ihrer Einführung in das gerichtliche Zustimmungsersetzungsverfahren **dem Betriebsrat** mitteilt und ihm in entsprechender Anwendung von § 99 Abs. 3 BetrVG Gelegenheit zur Stellungnahme gibt. Im Übrigen wird auf die weiteren Ausführungen zu Rz 118–123 verwiesen, die bei Versetzungen entsprechend gelten.

5. Abschluss des Verfahrens beim Arbeitsgericht

192 Die Ausführungen zu Rz 127 gelten bei Versetzungen entsprechend.

6. Anfechtung der Entscheidung des Arbeitsgerichts

193 Die Ausführungen zu Rz 128–129b gelten bei Versetzungen entsprechend.

7. Einstweilige Verfügung

194 Für eine einstweilige Verfügung, durch die die vom Betriebsrat verweigerte Zustimmung zur Versetzung einstweilen ersetzt wird, ist **kein Raum**, weil der Arbeitgeber es im Allgemeinen in der Hand hat, die betrieblichen Maßnahmen, die zum Wegfall des Bedürfnisses für eine Weiterbeschäftigung des Arbeitnehmers führen, bis zur rechtskräftigen Entscheidung über den Zustimmungsersetzungsantrag hinauszuschieben; notfalls kann er den Arbeitnehmer unter Fortzahlung seiner Vergütung bis zum Abschluss des Zustimmungsersetzungsverfahrens von der Arbeit freistellen. Für den Fall der Stilllegung des Betriebs oder einer Betriebsabteilung kann er das Arbeitsverhältnis nach § 15 Abs. 4–5 KSchG kündigen.

8. Beendigung des Versetzungsschutzes vor rechtskräftigem Abschluss des gerichtlichen Verfahrens

195 Die Ausführungen zu Rz 131–133 gelten bei Versetzungen entsprechend, soweit es dort nicht um die zweiwöchige Ausschlussfrist des § 626 Abs. 2 BGB geht.

9. Die Versetzung durch den Arbeitgeber nach gerichtlicher Ersetzung der Zustimmung

a) Anordnung der Versetzung

196 Die Versetzungsanordnung bedarf – anders als die Kündigung (§ 623 BGB) – **keiner Form**, kann also auch mündlich erklärt werden, sofern in einem anwendbaren Tarifvertrag, in einer Betriebsvereinbarung oder im Arbeitsvertrag nichts anderes geregelt ist. Im Übrigen gelten die Ausführungen zu Rz 135–136 bei Versetzungen entsprechend. Der Arbeitgeber darf die Versetzung aber erst anordnen, wenn er auch das Beteiligungsverfahren nach § 99 BetrVG beim Betriebsrat des Betriebes, in den der Arbeitnehmer versetzt werden soll, abgeschlossen hat. Insoweit ist auch eine vorläufige Versetzung nach § 100 BetrVG möglich.

b) Rechtsstreit wegen der Wirksamkeit der Versetzung
aa) Zulässigkeit der Arbeitnehmerklage

Die Ausführungen zu Rz 137–138 gelten bei Versetzungen entsprechend. 197

bb) Präjudizielle Wirkung der rechtskräftigen Ersetzung der Zustimmung des Betriebsrats

Die Ausführungen zu Rz 139–141 gelten bei Versetzungen entsprechend. 198

10. Erneutes Zustimmungsersetzungsverfahren nach rechtskräftiger Abweisung des Zustimmungsersetzungsantrags

Die Ausführungen zu Rz 142a–b gelten bei Versetzungen entsprechend. 199

IV. Beschäftigungsanspruch des Arbeitnehmers
1. Beschäftigung und Suspendierung vor Ausspruch der Versetzung

Der Beschäftigungsanspruch ist **Teil des allgemeinen Persönlichkeitsschutzes** (Art. 1, 2 GG). Der Arbeitnehmer kann daher bis zum Ausspruch der Versetzung seine Beschäftigung auf dem alten Arbeitsplatz verlangen und ggf. gegen den Arbeitgeber eine einstweilige Verfügung auf Weiterbeschäftigung erwirken. Nur wenn jede Beschäftigungsmöglichkeit für den Arbeitnehmer im bisherigen Betrieb entfallen ist, kann der Arbeitgeber ihn unter Fortzahlung seiner Vergütung von der Arbeit freistellen. 200

2. Beschäftigung nach Ausspruch der Versetzung

Nach Ausspruch der Versetzung **entfällt idR ein Anspruch des Arbeitnehmers auf Beschäftigung** am alten Arbeitsplatz. Klagt er gegen die Versetzung und obsiegt er in diesem Rechtsstreit rechtskräftig, hat er wieder Anspruch auf Beschäftigung am alten Arbeitsplatz. 201

Ausnahmsweise hat der Arbeitnehmer auch schon vor einer rechtskräftigen Entscheidung über die Wirksamkeit der Versetzung einen Anspruch auf Beschäftigung am alten Arbeitsplatz. Insoweit gelten die Ausführungen zu Rz 147a–148 bei Versetzungen entsprechend. 202

V. Amtsausübung des Arbeitnehmers

Vor Ausspruch der Versetzung besteht das betriebsverfassungsrechtliche Amt des Arbeitnehmers unverändert weiter. Der Arbeitgeber darf ihm deshalb auch nicht den Zutritt zum Betrieb verwehren, selbst wenn er den Arbeitnehmer von der Arbeit freigestellt hat. 203

Nach Ausspruch der Versetzung verliert der Arbeitnehmer sein Amt, wenn er der Versetzung nicht widerspricht und in den anderen Betrieb wechselt. Erhebt der Amtsträger hingegen Klage gegen die Versetzung, ist er – mit Ausnahme der Wahlbewerber – grds. an der Ausübung seines Amtes als zeitweilig verhindert anzusehen. Insoweit gelten die Ausführungen zu Rz 152–155 bei Versetzungen entsprechend. 204

§ 104 Entfernung betriebsstörender Arbeitnehmer

¹Hat ein Arbeitnehmer durch gesetzwidriges Verhalten oder durch grobe Verletzung der in § 75 Abs. 1 enthaltenen Grundsätze, insbesondere durch rassistische oder fremdenfeindliche Betätigungen, den Betriebsfrieden wiederholt ernstlich gestört, so kann der Betriebsrat vom Arbeitgeber die Entlassung oder Versetzung verlangen. ²Gibt das Arbeitsgericht einem Antrag des Betriebsrats statt, dem Arbeitgeber aufzugeben, die Entlassung oder Versetzung durchzuführen, und führt der Arbeitgeber die Entlassung oder Versetzung einer rechtskräftigen gerichtlichen Entscheidung zuwider nicht durch, so ist auf Antrag des Betriebsrats vom Arbeitsgericht zu erkennen, dass er zur Vornahme der Entlassung oder Versetzung durch Zwangsgeld anzuhalten sei. ³Das Höchstmaß des Zwangsgeldes beträgt für jeden Tag der Zuwiderhandlung 250 Euro.

§ 104 BetrVG

Literatur

– *bis 2004 vgl. KR-Vorauflage* –

Inhaltsübersicht

	Rz		Rz
I. Einleitung	1–3	a) Versetzung, ordentliche Kündigung	44, 45
1. Entstehungsgeschichte	1–2a	b) Außerordentliche Kündigung	46–47
2. Zweck der Vorschrift	3	5. Unbegründetheit des Versetzungs- oder Entlassungsverlangens	48–50
II. Betroffener Personenkreis	4–5b		
III. Verlangen des Betriebsrats nach Versetzung oder Kündigung	6–25	6. Die Befolgung der gerichtlichen Anordnung durch den Arbeitgeber	51–60
1. Zuständigkeit	6, 6a	a) Versetzung	51, 52
2. Ordnungsgemäße Beschlussfassung	7	b) Ordentliche Kündigung	53–55
3. Voraussetzungen für die Begründetheit des Verlangens des Betriebsrats	8–21	c) Außerordentliche Kündigung	56–58
		d) Einholung der Zustimmung eines Dritten zur Kündigung	59, 60
a) Gesetzwidriges Verhalten des Arbeitnehmers	8–10	VI. Zwangsgeldverfahren	61–64
b) Wiederholte und ernstliche Störung des Betriebsfriedens	11–13a	1. Antrag des Betriebsrats	61
		2. Verfahren und Entscheidung des Gerichts	62, 63
c) Berechtigung einer Kündigung oder Versetzung	14–21	3. Vollstreckung	64
4. Ermessensentscheidung des Betriebsrats	22–25	VII. Rechtsmittel für den betroffenen Arbeitnehmer	65–83
IV. Entscheidung des Arbeitgebers über das Versetzungs- oder Entlassungsverlangen des Betriebsrats	26–34	1. Versetzungs- oder Entlassungsverlangen des Betriebsrats	65
1. Prüfung in eigener Verantwortung	26	2. Versetzung oder Kündigung unter Verletzung der Mitwirkungsrechte des Betriebsrats	66
2. Verlangen des Betriebsrats nach Versetzung	27–30	3. Maßnahmen des Arbeitgebers aufgrund Verlangens des Betriebsrats	67–74
3. Verlangen des Betriebsrats nach ordentlicher Kündigung	31, 32	a) Versetzung	68–70
4. Verlangen des Betriebsrats nach außerordentlicher Kündigung	33–34	b) Kündigung	71–74
V. Anrufung des Arbeitsgerichts durch den Betriebsrat	35–60	4. Maßnahmen des Arbeitgebers aufgrund gerichtlicher Auflage	75–81
1. Zulässigkeit des Versetzungs- oder Entlassungsantrags	35–38	a) Versetzung	76
2. Antragsfrist, Verwirkung des Antragsrechts	39–41	b) Kündigung	77–81
3. Gerichtliches Verfahren	42, 43	5. Versetzung oder Kündigung trotz rechtskräftiger Abweisung des Versetzungs- oder Entlassungsverlangens des Betriebsrats	82, 83
4. Begründetheit des Versetzungs- oder Entlassungsverlangens	44–47		

I. Einleitung

1. Entstehungsgeschichte

1 § 104 BetrVG entspricht **im Wesentlichen der Vorschrift des § 66 Abs. 4 BetrVG 1952.** Geringfügige Änderungen sind nur insofern eingetreten, als der Begriff »unsoziales Verhalten« in § 66 Abs. 4 BetrVG 1952 durch »grobe Verletzung der in § 75 Abs. 1 enthaltenen Grundsätze« ersetzt wurde, der Antrag des Betriebsrats an das ArbG nicht mehr – wie in § 66 Abs. 4 S. 2 BetrVG 1952 – auf die Feststellung zu richten ist, »dass sein Verlangen begründet ist«, sondern sogleich lauten kann, »dem Arbeitgeber aufzugeben, die Entlassung oder Versetzung durchzuführen«, und die ausdrückliche Regelung in § 66 Abs. 4 S. 3 BetrVG 1952, dass der Arbeitgeber nach einer entsprechenden arbeitsgerichtlichen Entscheidung »die vom Betriebsrat beantragte Maßnahme unverzüglich unter Berücksichtigung der Kündigungsfristen durchzuführen« hat, weggefallen ist. Ferner wurde die Regelung über Zwangsmaßnahmen gegen den Arbeitgeber zur Durchsetzung einer arbeitsgerichtlichen Auflage neu gefasst. Die

jetzige Regelung in § 104 BetrVG beruht auf einem Vorschlag im Gesetzentwurf der Bundesregierung (BT-Drs. VI/1786), der durch den Ausschuss für Arbeit und Sozialordnung nur noch redaktionell überarbeitet und neu gefasst wurde (zu BT-Drs. VI/2729). In der Begründung zum Gesetzentwurf der Bundesregierung heißt es, die vorgeschlagene Regelung in § 104 entspreche »inhaltlich im Wesentlichen dem geltenden Recht«, konkretisiere jedoch den Begriff »unsozial« durch die Verweisung auf die »in § 75 Abs. 1 enthaltenen Grundsätze«.

Die in dem Gesetzentwurf der SPD-Fraktion (BT-Drs. V/3685), des Deutschen Gewerkschaftsbundes und des Bundesministeriums für Arbeit und Sozialordnung (RdA 1970, 357) vorgesehene Regelung, dass der Betriebsrat unter den Voraussetzungen des § 104 BetrVG auch die Entlassung oder Versetzung eines leitenden Angestellten verlangen kann, wurde nicht Gesetz. 2

Durch das **Betriebsverfassungs-Reformgesetz** (BetrV-ReformG) vom 23.7.2001 (BGBl. I S. 1852) sind als Beispiele für eine grobe Verletzung der in § 75 Abs. 1 BetrVG enthaltenen Grundsätze »rassistische oder fremdenfeindliche Betätigungen« in das Gesetz eingefügt worden. 2a

2. Zweck der Vorschrift

§ 104 BetrVG ist eine Auswirkung der dem Betriebsrat obliegenden Pflicht zur Wahrung des Betriebsfriedens. Nach § 74 Abs. 2 S. 2 BetrVG haben Arbeitgeber und Betriebsrat zwar nur Betätigungen »zu unterlassen«, durch die der Arbeitsablauf oder der Frieden des Betriebs beeinträchtigt werden. Andererseits haben Arbeitgeber und Betriebsrat aber auch zum Wohl der Arbeitnehmer und des Betriebs zusammenzuarbeiten (§ 2 Abs. 1 BetrVG). Daraus folgt, dass sie sich nicht nur Störungen des Betriebsfriedens zu enthalten, sondern auch **aktiv für die Wahrung des Betriebsfriedens** einzusetzen haben (vgl. *Buchner* DB 1974, 533). § 104 BetrVG gibt nun dem Betriebsrat ein Mittel zur Durchsetzung des Betriebsfriedens. Er ergänzt auf dem Gebiet der personellen Einzelmaßnahmen die Vorschrift des § 99 Abs. 2 Nr. 6 BetrVG, nach der der Betriebsrat die Zustimmung zu einer Einstellung, Eingruppierung, Umgruppierung oder Versetzung verweigern kann, wenn die durch Tatsachen begründete Besorgnis besteht, dass der in Aussicht genommene Bewerber oder Arbeitnehmer den Betriebsfrieden durch gesetzwidriges Verhalten oder durch grobe Verletzung der in § 75 Abs. 1 BetrVG enthaltenen Grundsätze, insbesondere durch rassistische oder fremdenfeindliche Betätigung, stören werde. § 104 BetrVG und § 99 Abs. 2 Nr. 6 BetrVG dienen durch ihre Bezugnahme auf § 75 Abs. 1 BetrVG auch dazu, dem Betriebsrat zu ermöglichen, es durchzusetzen, dass alle im Betrieb tätigen Personen jedenfalls von der Belegschaft nach den Grundsätzen von Recht und Billigkeit behandelt werden. 3

II. Betroffener Personenkreis

§ 104 BetrVG erfasst nur Arbeitnehmer iSd BetrVG, gilt also nicht für den in § 5 Abs. 2 BetrVG aufgeführten Personenkreis und auch **nicht für die leitenden Angestellten** iSd § 5 Abs. 3 BetrVG (*Galperin/Löwisch* Rz 2; HSWG-*Schlochauer* Rz 2; **aA** DKK-*Kittner* Rz 5; MünchArbR-*Matthes* § 350 Rz 4 und *Richardi/Thüsing* Rz 12 – soweit es sich um Mitarbeiter handelt, deren Beschäftigung als Einstellung nach § 99 BetrVG mitbestimmungspflichtig ist). Der Betriebsrat kann die Entfernung eines leitenden Angestellten auch dann nicht verlangen, wenn der Arbeitnehmer erst nach Schluss der mündlichen Anhörung erster Instanz zum Prokuristen bestellt wird und erst durch die Bestellung zum leitenden Angestellten wird (*LAG Nürnberg* 22.1.2002 AR-Blattei ES 530.14.3 Nr. 189). Hinsichtlich dieser Personen, deren Entlassung der Betriebsrat nach § 104 BetrVG nicht verlangen kann, kann er aber gem. § 80 Abs. 1 Nr. 2 BetrVG Maßnahmen beim Arbeitgeber beantragen, wozu auch die Entlassung oder Versetzung gehören kann (vgl. *Fitting* Rz 3; GK-*Raab* § 104 Rz 4; HSWG-*Schlochauer* aaO); jedoch kann der Betriebsrat hier – anders als in den Fällen des § 104 BetrVG – die Durchsetzung der beantragten Maßnahmen nicht erzwingen. 4

Für Arbeitnehmer iSd Betriebsverfassungsgesetzes gilt § 104 BetrVG ausnahmslos, also auch für **Vorgesetzte,** außertarifliche Angestellte und für Arbeitnehmer mit betriebsverfassungsrechtlichen Aufgaben, die dem besonderen Kündigungsschutz des § 103 BetrVG unterliegen. 5

§ 104 BetrVG gilt auch während eines **Arbeitskampfes**. Die Auffassung, § 104 BetrVG finde während des Arbeitskampfes keine Anwendung, wenn das Verlangen des Betriebsrats auf ein arbeitskampfbedingtes Verhalten des betroffenen Arbeitnehmers Bezug nehme (*Heinze* S. 288), zB wenn der Betriebsrat bei einem Arbeitskampf potentiell arbeitswillige Arbeitnehmer entfernen lassen wolle, wodurch objektiv Druck auf den Arbeitgeber mit abstrakter Gefährdung von Betriebsablauf und Betriebsfrieden ausgeübt werde (*Heinze* DB 1982, Beil. 23, S. 19), ist abzulehnen. Eine solche Einschränkung des An- 5a wendungsbereichs von § 104 BetrVG ist nicht geboten. Denn in den angeführten Fällen ist das Verlangen des Betriebsrats unter Anwendung des § 104 BetrVG unbegründet, so dass der Arbeitgeber die Forderung des Betriebsrats ablehnen kann.

5b Auch für **Tendenzbetriebe** iSv § 118 BetrVG gilt § 104 BetrVG uneingeschränkt; denn die Verfolgung geistig-ideeller Ziele kann die wiederholte ernstliche Störung des Betriebsfriedens durch gesetzwidriges Verhalten oder grobe Verletzung der in § 75 Abs. 1 BetrVG enthaltenen Grundsätze nicht rechtfertigen (APS-*Linck* Rz 6; *Richardi/Thüsing* § 118 Rz 167; **aA** *Heinze* S. 285 f. mwN).

III. Verlangen des Betriebsrats nach Versetzung oder Kündigung

1. Zuständigkeit

6 Der **Betriebsrat oder** ein von ihm mit den Kündigungsangelegenheiten nach § 104 BetrVG betrauter **Ausschuss** (§§ 27, 28 BetrVG) ist für das Verlangen nach Kündigung oder Versetzung nach § 104 BetrVG zuständig. In der Übertragung der Mitwirkungsbefugnisse bei Kündigungen durch den Betriebsrat auf einen Ausschuss liegt noch keine Übertragung der Befugnisse nach § 104 BetrVG; hierfür ist vielmehr erforderlich, dass der Betriebsrat dem Ausschuss ausdrücklich das Recht, Kündigungen oder Versetzungen nach § 104 BetrVG zu verlangen, überträgt oder wenigstens in einem Übertragungsbeschluss bei den Mitwirkungsbefugnissen zu Kündigungen die Vorschrift des § 104 BetrVG erwähnt. Denn das Mitwirkungsrecht des Betriebsrats nach § 104 BetrVG ist für ihn von besonderer Bedeutung, weil er sich hier aktiv gegen einen Arbeitnehmer, dessen Interessen er sonst zu vertreten hat, wendet; wegen dieser Bedeutung des Mitwirkungsrechts kann man deshalb – ebenso wie in den Fällen des § 103 BetrVG (s. KR-*Etzel* § 103 BetrVG Rz 76) – nicht annehmen, dass die Übertragung der Mitwirkungsbefugnisse bei Kündigungen auf einen Ausschuss ohne weiteres auch die Übertragung der Befugnisse nach § 104 BetrVG umfasst.

6a Eine Zuständigkeit des **Gesamtbetriebsrats** kommt nur ausnahmsweise in Betracht (s. KR-*Etzel* § 102 BetrVG Rz 47, 48). Sie ist zB gegeben, wenn das Verhalten des Arbeitnehmers nicht im eigenen Betrieb, sondern in einem anderen Betrieb des Unternehmens zu einer Störung des Betriebsfriedens führt. Insoweit ist auch eine Zuständigkeit des Konzernbetriebsrats denkbar, wenn die Störung des Betriebsfriedens nur in einem Konzernunternehmen, dem der Arbeitnehmer nicht angehört, auftritt (vgl. *Heinze* S. 293).

2. Ordnungsgemäße Beschlussfassung

7 Das Verlangen des Betriebsrats auf Kündigung oder Versetzung setzt – wie jede rechtserhebliche Willensäußerung des Betriebsrats (vgl. *Fitting* § 33 Rz 9) – einen ordnungsgemäßen Beschluss des Betriebsrats gem. § 33 BetrVG voraus (GK-*Raab* § 103 Rz 4 mwN). Ist der Beschluss unwirksam, was nur bei einem groben Verstoß gegen Vorschriften oder Grundsätze für eine ordnungsgemäße Beschlussfassung des Betriebsrats zu bejahen ist (s. KR-*Etzel* § 103 BetrVG Rz 105), braucht ihn der Arbeitgeber nicht zu beachten, braucht also nicht die verlangte Kündigung oder Versetzung auszusprechen (HSWG-*Schlochauer* Rz 8. **Der Arbeitgeber kann** jedoch vom Betriebsrat **nicht verlangen, dass dieser ihm** das ordnungsgemäße Zustandekommen eines Betriebsratsbeschlusses auf Verlangen nach Kündigung oder Versetzung **nachweist;** denn damit würde er sich in die eigenverantwortliche Geschäftsführung des Betriebsrats einmischen. Solange der Arbeitgeber keine Kenntnis von Umständen hat, aus denen die Unwirksamkeit des Betriebsratsbeschlusses hervorgeht, muss er daher das ihm mitgeteilte Verlangen des Betriebsrats auf Kündigung oder Versetzung als ordnungsgemäß zustande gekommen hinnehmen (vgl. auch *Stege/Weinspach/Schiefer* Rz 4). Einem ordnungsgemäßen Beschluss des Betriebsrats steht es aber nicht gleich, wenn zwar alle Betriebsratsmitglieder vom Arbeitgeber die Entlassung oder Versetzung eines Arbeitnehmers verlangt haben, dies aber einzeln getan haben (vgl. *LAG Köln* 9.2.1994 ARSt 1994, 182).

3. Voraussetzungen für die Begründetheit des Verlangens des Betriebsrats

a) Gesetzwidriges Verhalten des Arbeitnehmers

8 Das Entlassungs- oder Versetzungsverlangen setzt zunächst voraus, dass sich der betroffene Arbeitnehmer gesetzwidrig verhalten oder die in § 75 Abs. 1 BetrVG enthaltenen Grundsätze grob verletzt hat. Gesetzwidrig ist ein Verhalten, wenn es **gegen eine Rechtsnorm** verstößt (*Galperin/Löwisch* Rz 3; *Richardi/Thüsing* Rz 3; HSWG-*Schlochauer* Rz 3). Hierunter fallen insbesondere Gesetze, Rechtsverordnungen, Tarifverträge, Betriebsvereinbarungen, nicht aber bloße einzelvertragliche Vereinbarungen (Arbeitsvertrag). Auch gesetzwidrige Verhaltensweisen des Arbeitnehmers außerhalb des Betriebes kommen in Betracht (GK-*Raab* Rz 5; HSWG-*Schlochauer* aaO; *Schimana* AR-Blattei – alte Ausgabe –, Kündigung XII unter B I; s. aber Rz 15). Hingegen genügt es entgegen der Auffassung von *Fitting* (Rz 4) für ein gesetzwidriges Verhalten nicht, wenn der Arbeitnehmer nur den Willen zur Missachtung der gesetzlichen Ordnung bekundet; hierin liegt allenfalls die Vorbereitung zu einem gesetzwidrigen Verhalten. Ein gesetzwidriges Verhalten ist zB gegeben bei Beleidigungen, übler Nachrede, Verleumdungen, Körperverletzungen, Diebstählen, Unterschlagungen, Betrug, Nötigung, Erpressung, Verstößen gegen Arbeitsschutzvorschriften, Aufruf zu einem rechtswidrigen Streik. Bei **unsittlichen Handlungen** ist ein gesetzwidriges Verhalten nur zu bejahen, wenn die Handlung mit Strafe bedroht ist (§§ 174 ff. StGB); sonstige unsittliche Handlungen (unsittliche Anträge, Nachstellungen nach Sekretärin) können zwar gegen arbeitsvertragliche Pflichten verstoßen, sind aber nicht als gesetzwidriges Verhalten zu qualifizieren.

Eine **grobe Verletzung der in § 75 Abs. 1 BetrVG enthaltenen Grundsätze** liegt vor, wenn es sich um einen besonders schweren Verstoß gegen diese Grundsätze handelt (*Fitting* Rz 5; GK-*Raab* § 104 Rz 6). Nach § 75 Abs. 1 BetrVG haben Arbeitgeber und Betriebsrat darüber zu wachen, dass alle im Betrieb tätigen Personen nach den Grundsätzen von Recht und Billigkeit behandelt werden, insbesondere, dass jede unterschiedliche Behandlung von Personen wegen ihrer Abstammung, Religion, Nationalität, Herkunft, politischen oder gewerkschaftlichen Betätigung oder Einstellung oder wegen ihres Geschlechts oder ihrer sexuellen Identität unterbleibt. Sie haben darauf zu achten, dass Arbeitnehmer nicht wegen Überschreitung bestimmter Altersstufen benachteiligt werden. Ein besonders schwerer Verstoß gegen diese Grundsätze ist vor allem dann zu bejahen, wenn ein Arbeitnehmer **grob gegen die Mindestregeln des Zusammenlebens im Betrieb** verstößt oder andere Arbeitnehmer in besonders auffälliger Weise wegen ihrer Abstammung, Religion, Nationalität, Herkunft, politischen oder gewerkschaftlichen Betätigung oder Einstellung oder wegen ihres Geschlechts, ihrer sexuellen Ausrichtung oder ihres Alters **diskriminiert** (*Galperin/Löwisch* Rz 3; HSWG-*Schlochauer* Rz 3; *Richardi/Thüsing* Rz 4). § 104 BetrVG erwähnt insoweit ausdrücklich **rassistische oder fremdenfeindliche Betätigungen**. Es muss sich im Einzelfall um eine nachhaltige Benachteiligung anderer Arbeitnehmer handeln, zB stets Zuweisung einer besonders schmutzigen oder ekelerregenden Arbeit an einen bestimmten Arbeitnehmer innerhalb einer Gruppe von Arbeitnehmern mit gleichem Aufgabengebiet, steter Ausschluss eines Arbeitnehmers von betrieblichen Sondervergünstigungen (etwa heiße Getränke im Winter, kalte Getränke im Sommer). Bloße Ungefälligkeiten, Unhöflichkeiten oder Charakterschwächen (zB Geiz, Rechthaberei, Faulheit) gegenüber bestimmten Arbeitnehmern genügen im Allgemeinen nicht, sind aber dann als auffällige Diskriminierungen anzusehen, wenn sie ehrverletzend wirken, zB wenn ein Arbeitnehmer einen bestimmten Arbeitskollegen stets demonstrativ aus einem der in § 75 Abs. 1 BetrVG aufgeführten Gründe (Abstammung, Religion etc.) nicht grüßt.

Auch **kritische Äußerungen** über Betriebsratsmitglieder oder Mitglieder eines anderen betriebsverfassungsrechtlichen Organs sind erlaubt und durch die Freiheit der Meinungsäußerung gedeckt, solange sie nicht ehrverletzend wirken. Daher liegt kein grober Verstoß gegen § 75 Abs. 1 BetrVG vor, wenn Arbeitnehmer Unterschriften zur Vorbereitung eines Antrages nach § 23 Abs. 1 BetrVG sammeln (*LAG Hannover* 5.9.1952 BB 1952, 804), wohl aber, wenn Mitglieder eines betriebsverfassungsrechtlichen Organs persönlich verunglimpft werden (*Galperin/Löwisch* aaO mwN; HSWG-*Schlochauer* aaO).

b) Wiederholte und ernstliche Störung des Betriebsfriedens

Das Entlassungs- oder Versetzungsverlangen des Betriebsrats setzt weiter voraus, dass das gesetzwidrige Verhalten des Arbeitnehmers oder die grobe Verletzung der in § 75 Abs. 1 BetrVG enthaltenen Grundsätze zu einer wiederholten und ernstlichen Störung des Betriebsfriedens geführt hat. Ein gesetzwidriges Verhalten des Arbeitnehmers oder ein grober Verstoß gegen § 75 Abs. 1 BetrVG muss die **Ursache für die Störung des Betriebsfriedens** sein. Die bloße **Gefährdung des Betriebsfriedens genügt** – anders als im Falle des § 99 Abs. 2 Nr. 6 BetrVG – **nicht** (*LAG Köln* 15.10.1993 NZA 1994, 431; *Galperin/Löwisch* Rz 5; HSWG-*Schlochauer* Rz 5; *Richardi/Thüsing* Rz 6). Andererseits kann eine tatsächlich eingetretene Störung des Betriebsfriedens ein Entlassungs- oder Versetzungsverlangen des Betriebsrats nicht begründen, wenn der betroffene Arbeitnehmer die Störung des Betriebsfriedens zwar verursacht hat, sein Verhalten aber weder gesetzwidrig ist noch gegen § 75 Abs. 1 BetrVG verstößt (*Richardi/Thüsing* Rz 10). So kann etwa der Betriebsrat nicht die Entlassung eines Arbeitnehmers verlangen, wenn die in einer bestimmten Gewerkschaft organisierten Arbeitskollegen nicht mit ihm zusammenarbeiten wollen, weil der betreffende Arbeitnehmer nicht oder anders organisiert ist. Hier verhält sich der betroffene Arbeitnehmer nicht gesetzwidrig, sondern macht nur von der durch das Grundgesetz (Art. 9) garantierten positiven (bei Mitgliedschaft in einer anderen Gewerkschaft) oder negativen (wenn er nicht organisiert ist) Koalitionsfreiheit Gebrauch (vgl. *Richardi/Thüsing* aaO). Ebenso wenig kann der Betriebsrat die Entlassung eines Arbeitnehmers verlangen, wenn es wegen eines bestimmten Verhaltens des Arbeitnehmers zu Störungen des Betriebsfriedens gekommen ist, dieses Verhalten aber als pflichtgetreues Verhalten im Dienst (zB Anzeige eines schweren Diebstahls von Arbeitskollegen im Betrieb) oder als Geltendmachung eines rechtlich begründeten Anspruchs (zB auf vertraglich zugesicherte Sonderleistungen des Arbeitgebers) zu qualifizieren ist (vgl. *Galperin/Löwisch* aaO; HSWG-*Schlochauer* Rz 4).

12 Eine **ernstliche Störung** des Betriebsfriedens liegt nur vor, wenn bei einer ins Gewicht fallenden Anzahl von Betriebsangehörigen für eine gewisse Dauer eine so erhebliche Beunruhigung eingetreten ist, dass dadurch die reibungslose Zusammenarbeit im Betrieb unter den Arbeitnehmern oder zwischen Arbeitgeber und Arbeitnehmer tatsächlich erschüttert und das notwendige gegenseitige Vertrauen nicht mehr gesichert ist (vgl. *LAG Köln* 15.10.1993 NZA 1994, 431; *Galperin/Löwisch* Rz 5; *Richardi/Thüsing* Rz 6). Eine nur kurzfristige Beunruhigung der Belegschaft (»Tagesgespräch«) reicht nicht aus, um von einer »ernstlichen« Störung des Betriebsfriedens sprechen zu können (vgl. HSWG-*Schlochauer* Rz 6). Ebenso wenig genügt die Beunruhigung oder Verärgerung einer nur relativ kleinen Gruppe von Arbeitnehmern, zB des Betriebsrats (*Galperin/Löwisch* aaO).

13 Die Störung des Betriebsfriedens muss **wiederholt** eingetreten sein. Das heißt: Es muss mindestens eine zweimalige Störung des Betriebsfriedens vorliegen. Das bedeutet nicht, dass zwischen den beiden Störungen der Betriebsfrieden wiederhergestellt gewesen sein muss. Entscheidend ist vielmehr, dass der Arbeitnehmer **zwei Handlungen** (oder Unterlassungen) begangen haben muss, die beide als gesetzwidriges Verhalten oder als grober Verstoß gegen § 75 Abs. 1 BetrVG zu qualifizieren sind und beide zu einer erheblichen Beunruhigung der Belegschaft geführt haben, mag auch bei der zweiten Handlung des Arbeitnehmers die Beunruhigung der Belegschaft über die erste Handlung noch nicht abgeklungen sein und es sich somit um eine ununterbrochene Störung des Betriebsfriedens handeln. Maßgebend kann nur sein, dass sich der Arbeitnehmer durch zwei Aktionen als Störfaktor und Gefahr für den künftigen Betriebsfrieden erwiesen hat. Bei diesen beiden Aktionen braucht es sich nicht um gleiche oder gleichartige Störungshandlungen zu handeln (GK-*Raab* Rz 9; HSWG-*Schlochauer* Rz 6; *Richardi/Thüsing* Rz 7); es genügt zB wenn der Arbeitnehmer einmal Betriebsratsmitglieder in Gesprächen mit Arbeitskollegen verunglimpft und ein anderes Mal Arbeitskollegen wegen ihrer politischen Einstellung bei der Arbeit schikaniert. Ein zeitlicher Zusammenhang braucht zwischen den beiden Handlungen nicht vorzuliegen. Auch zeitlich weit auseinanderliegende Störungen können ein Antragsrecht des Betriebsrats begründen (aA *Schimana* AR-Blattei – alte Ausgabe –, Kündigung XII unter B II). Allerdings dürfte hier in manchen Fällen eine Kündigung sozial ungerechtfertigt sein, so dass aus diesem Grunde der Antrag des Betriebsrats unbegründet ist (s. Rz 14 ff.).

13a Darüber hinaus muss im Zeitpunkt des Entlassungs- oder Versetzungsverlangens des Betriebsrats entweder die Störung des Betriebsfriedens **noch andauern** und das reibungslose Zusammenarbeiten der Belegschaft beeinträchtigen oder es müssen **künftige Störungen** ernsthaft zu befürchten sein (vgl. GK-*Raab* § 104 Rz 9). Denn die Kündigung oder Versetzung des betroffenen Arbeitnehmers ist nur berechtigt, wenn sie erforderlich ist, um die Störung des Betriebsfriedens zu beseitigen oder zu verhindern (in diesem Sinne: *Heinze* S. 277).

c) Berechtigung einer Kündigung oder Versetzung

14 Voraussetzung für ein berechtigtes Entlassungsverlangen des Betriebsrats ist ferner, dass das Verhalten des Arbeitnehmers eine Kündigung iSd kündigungsschutzrechtlichen Vorschriften rechtfertigt (vgl. § 1 KSchG, § 626 BGB). Denn das **Initiativrecht** des Betriebsrats nach § 104 BetrVG **schafft keinen neuen Kündigungsgrund,** sondern setzt einen solchen voraus (*Fitting* Rz 10; GK-*Raab* § 104 Rz 13; HSWG-*Schlochauer* Rz 11). Wäre eine Kündigung nach kündigungsschutzrechtlichen Vorschriften nicht gerechtfertigt, darf der Betriebsrat sie auch vom Arbeitgeber nicht verlangen. Es wäre widersprüchlich, wenn die Rechtsordnung es gestattet, dass jemand (Betriebsrat) von einem anderen (Arbeitgeber) eine von der Rechtsordnung missbilligte Handlung (rechtswidrige Kündigung) fordern könnte.

15 Bei der Frage, ob das die Störung des Betriebsfriedens verursachende rechtswidrige Verhalten des Arbeitnehmers eine Kündigung rechtfertigt, ist vor allem zu prüfen, ob das Verhalten des Arbeitnehmers

schuldhaft ist. Grds. kann nur schuldhaftes Verhalten des Arbeitnehmers eine verhaltensbedingte Kündigung rechtfertigen, wobei Fahrlässigkeit genügt. Nur wenn der Arbeitnehmer bei seinen Handlungen unzurechnungsfähig war, kann auch ein objektives Fehlverhalten die Kündigung rechtfertigen (APS-*Linck* Rz 14; *Fitting* Rz 8; *Galperin/Löwisch* Rz 4; GK-*Raab* § 104 Rz 10; HSWG-*Schlochauer* Rz 7; *Richardi/Thüsing* Rz 8; **aA** *Heither* AR-Blattei SD 530.14.3 Rz 806: Verhalten des Arbeitnehmers muss schuldhaft sein). Ferner ist eine Kündigung nicht gerechtfertigt, wenn das gesetzwidrige Verhalten des Arbeitnehmers **im außerdienstlichen Bereich** liegt und für eine reibungslose und vertrauensvolle Zusammenarbeit im Betrieb objektiv ohne Belang ist, zB Verstöße gegen die Straßenverkehrsordnung, Verletzung gesetzlicher Unterhaltspflichten (vgl. *Fitting* Rz 7). Kommt es in solchen Fällen zur Unruhe in der Belegschaft, ist die Störung des Betriebsfriedens nicht dem Arbeitnehmer, der sich im außerdienstlichen Bereich etwas hat zuschulden kommen lassen, sondern denjenigen, die wegen seines Verhaltens Unruhe in den Betrieb bringen, zuzurechnen.

Genießt ein Arbeitnehmer **noch keinen Kündigungsschutz nach dem KSchG,** muss sein Verhalten gleichwohl eine Kündigung bzw. Änderungskündigung iSd kündigungsschutzrechtlichen Vorschriften rechtfertigen (s. Rz 14), dh er ist so zu behandeln, als ob er dem Betrieb schon sechs Monate und einen Tag angehört, also gerade Kündigungsschutz nach dem KSchG erworben hätte. Denn mag der Arbeitgeber auch in den ersten sechs Monaten des Arbeitsverhältnisses zur Kündigung berechtigt sein, ohne dass die Kündigung iSv § 1 KSchG sozial gerechtfertigt ist, kann man dem Betriebsrat nicht das Recht zubilligen, eine solche Kündigung zu fordern. Der Betriebsrat darf sich nur dann gegen einen Arbeitnehmer wenden, wenn dieser den Schutz, den ihm der Betriebsrat gegenüber dem Arbeitgeber grds. zu gewähren hat, verwirkt. Dies kann in kündigungsrechtlicher Hinsicht nur dann bejaht werden, wenn die Kündigung durch den Arbeitgeber sachlich gerechtfertigt, dh sozial gerechtfertigt iSv § 1 KSchG wäre. Nur unter dieser Voraussetzung darf der Betriebsrat vom Arbeitgeber die Kündigung eines Arbeitnehmers verlangen, der dem Betrieb noch nicht länger als sechs Monate angehört. 16

Bedarf die Kündigung der vorherigen **Zustimmung eines Dritten** (oberste Landesbehörde nach § 9 MuSchG; Integrationsamt nach §§ 85, 91 SGB IX), kann der Betriebsrat vom Arbeitgeber nicht die sofortige Kündigung, sondern zunächst nur die Einholung der Zustimmung zur Kündigung fordern. 17

Die **außerordentliche Kündigung** kann der Betriebsrat vom Arbeitgeber nur verlangen, wenn ein wichtiger Grund vorliegt (§ 626 Abs. 1 BGB). Ein wichtiger Grund zur außerordentlichen Kündigung wird zwar oft gegeben sein, wenn ein Arbeitnehmer den Tatbestand des § 104 BetrVG erfüllt, notwendig ist das aber nicht zur Wahrung der Zweiwochenfrist des § 626 Abs. 2 BGB (s.o. Rz 33). 18

Verlangt der Betriebsrat vom Arbeitgeber die **Versetzung,** ist auch für die Versetzung eine sachliche Rechtfertigung zu fordern. Das setzt voraus, dass eine **Änderung der Arbeitsbedingungen sozial gerechtfertigt** iSv § 1 KSchG ist, also durch Änderungskündigung herbeigeführt werden kann, mag auch im Einzelfall der Arbeitgeber eine Versetzung kraft seines Direktionsrechts anordnen können. Hierbei ist nur zu prüfen, ob ein sozial denkender Arbeitgeber dem Arbeitnehmer im Hinblick auf sein den Betriebsfrieden störendes Verhalten die Aufgabe seiner derzeitigen Arbeitsbedingungen ansinnen würde. Das kommt nur in Betracht, wenn das gesetzwidrige Verhalten des Arbeitnehmers schuldhaft war oder er sich im Zustand der Zurechnungsunfähigkeit befand und es sich bei dem gesetzwidrigen Verhalten nicht um Handlungen oder Unterlassungen im außerdienstlichen Bereich handelte, die für eine reibungslose und vertrauensvolle Zusammenarbeit im Betrieb objektiv ohne Belang sind (vgl. Rz 15). Hingegen braucht der Betriebsrat nicht zu prüfen und darzulegen, welcher neue Arbeitsplatz für den Arbeitnehmer in Betracht kommen kann und ihm zumutbar ist. Denn § 104 BetrVG gibt dem Betriebsrat **nicht das Recht, die Versetzung** des Arbeitnehmers **auf einen bestimmten Arbeitsplatz zu verlangen** (*Fitting* Rz 9; *Galperin/Löwisch* Rz 12; HSWG-*Schlochauer* Rz 9; *Richardi/Thüsing* Rz 18); er kann dem Arbeitgeber nur Vorschläge und Wünsche unterbreiten. Die Interessen des Betriebsrats, der eine Versetzung fordert, sind gewahrt, wenn der Arbeitnehmer von seinem bisherigen Arbeitsplatz entfernt wird. Dementsprechend steht es auch dem Gericht nicht zu, dem Arbeitgeber die Versetzung des Arbeitnehmers auf einen bestimmten Arbeitsplatz aufzugeben (HSWG-*Schlochauer* Rz 21; *Richardi/Thüsing* Rz 25). Es bleibt dem Arbeitgeber überlassen, wie er eine gerichtlich angeordnete Versetzung erfüllen will: er kann den Arbeitnehmer auf einen vorhandenen freien oder einen neu geschaffenen Arbeitsplatz versetzen, er kann aber auch die gerichtliche Anordnung dadurch gegenstandslos machen, dass er das Arbeitsverhältnis kündigt (s. Rz 52). 19

Besteht allerdings **keine Möglichkeit zur Versetzung** des Arbeitnehmers, weil kein anderer den Fähigkeiten des Arbeitnehmers entsprechender Arbeitsplatz zur Verfügung steht, kann der Arbeitgeber 20 dies gegenüber dem Versetzungsverlangen des Betriebsrats geltend machen. Dann muss das ArbG den Antrag des Betriebsrats, dem Arbeitgeber die Versetzung des betroffenen Arbeitnehmers aufzugeben, zurückweisen; denn das ArbG darf dem Arbeitgeber nicht eine Leistung auferlegen, die nach dem Gesetz notfalls durch die Verhängung von Zwangsgeld erzwungen werden soll, wenn sie überhaupt nicht erbracht werden kann. Wenn das Gesetz eine Leistung durch die Verhängung von Zwangsgeld erzwingen will, muss sie auch erbracht werden können. Der Betriebsrat kann der gerichtlichen Zurückweisung des Versetzungsverlangens wegen fehlender Versetzungsmöglichkeit dadurch begegnen, dass er nunmehr beantragt, dem Arbeitgeber die Kündigung des Arbeitsverhältnisses aufzugeben.

21 Eine **Änderungskündigung** oder andere personelle Maßnahmen (zB Entzug der Personalführungsfunktion) kann der Betriebsrat vom Arbeitgeber nicht unmittelbar verlangen (*LAG BW* 24.1.2002 RzK III 1 h Nr. 3). Das Gesetz räumt dem Betriebsrat nur das Recht ein, die Entlassung oder Versetzung zu verlangen. Mit diesen beiden Mitteln kann das Interesse des Betriebsrats an der Entfernung des Arbeitnehmers von seinem bisherigen Arbeitsplatz ausreichend gewahrt werden. Eine Änderungskündigung kann aber erforderlich werden, wenn der Betriebsrat vom Arbeitgeber die Versetzung des Arbeitnehmers verlangt und der Arbeitgeber diesem Verlangen nachkommen will.

4. Ermessensentscheidung des Betriebsrats

22 Wenn die Voraussetzungen für ein Entlassungs- oder Versetzungsverlangen erfüllt sind, hat der Betriebsrat nach **pflichtgemäßem Ermessen** zu entscheiden, ob er ein solches Verlangen stellen soll (*Richardi/Thüsing* Rz 14). Vor seiner Entscheidung sollte der Betriebsrat **den betroffenen Arbeitnehmer hören**. Irgendwelche Fristen hat der Betriebsrat nicht einzuhalten. Da er sich aber aktiv zur Wahrung des Betriebsfriedens einzusetzen hat (s. Rz 3), wird es häufig pflichtgemäßem Ermessen entsprechen, die Entlassung oder Versetzung des Arbeitnehmers alsbald zu fordern, wenn die Voraussetzungen des § 104 BetrVG vorliegen. Nur wenn dem Betriebsrat andere Erfolg versprechende Mittel zur Beseitigung der Störung des Betriebsfriedens zur Verfügung stehen (zB Vermittlung zwischen streitenden Arbeitnehmern) oder der Betriebsfrieden auf andere Weise wiederhergestellt wird (zB durch eine Entschuldigung des Störenfrieds), kann er zunächst bzw. – bei einer Wiederherstellung des Betriebsfriedens – endgültig davon absehen, die Entlassung oder Versetzung des Störers zu fordern. Verlangt der Betriebsrat trotz anhaltender Störung des Betriebsfriedens und vergeblicher Bemühungen zur Wiederherstellung des Betriebsfriedens nicht die Entlassung oder Versetzung des störenden Arbeitnehmers, handelt er pflichtwidrig, was einen Antrag auf Auflösung des Betriebsrats oder Ausschluss eines Betriebsratsmitglieds aus dem Betriebsrat gem. § 23 Abs. 1 BetrVG rechtfertigen kann.

23 Bei seiner Entscheidung muss der Betriebsrat den **Grundsatz der Verhältnismäßigkeit** beachten. Dieser im gesamten Arbeitsrecht geltende Grundsatz besagt, dass unter mehreren Mitteln das am wenigsten einschneidende (belastende) zu wählen ist, wenn es zur Erreichung des erstrebten Zwecks ausreicht. Das bedeutet, dass der Betriebsrat zunächst nur die Versetzung fordern darf, wenn durch sie der Betriebsfrieden wiederhergestellt werden kann (GK-*Raab* § 104 Rz 11; HSWG-*Schlochauer* Rz 9; *Richardi/Thüsing* Rz 14). Das Recht, eine Versetzung zu fordern, bedeutet aber nur, dass der Betriebsrat vom Arbeitgeber die Entfernung des Arbeitnehmers von dem Arbeitsplatz verlangen kann, den dieser gerade innehat. Hingegen kann er nicht den Arbeitsplatz bestimmen, auf dem der Arbeitnehmer künftig beschäftigt werden soll; denn dies gehört zur Leitung des Betriebes, die allein dem Arbeitgeber zusteht (*Fitting* Rz 9; *Galperin/Löwisch* Rz 12; HSWG-*Schlochauer* aaO; s. auch Rz 19). Dem Betriebsrat bleibt es aber unbenommen, dem Arbeitgeber Vorschläge zu unterbreiten, auf welchem Arbeitsplatz der Arbeitnehmer künftig beschäftigt werden soll. Bei der vom Arbeitgeber zu treffenden Entscheidung hat der Betriebsrat ein Mitwirkungsrecht nach Maßgabe der §§ 99, 102 BetrVG (s. Rz 27).

24 Ist durch eine Versetzung die Wiederherstellung des Betriebsfriedens nicht zu erwarten oder lehnt der Arbeitgeber eine Versetzung ab, weil kein anderer Arbeitsplatz zur Verfügung steht, den der Arbeitnehmer ausfüllen könnte, kann der Betriebsrat die **Entlassung** des Arbeitnehmers verlangen.

25 Ist nur durch ein sofortiges Ausscheiden des Arbeitnehmers aus dem Betrieb der Betriebsfrieden wiederherzustellen und sind die Voraussetzungen für eine **außerordentliche Kündigung** gegeben, kann der Betriebsrat vom Arbeitgeber den Ausspruch der außerordentlichen Kündigung fordern. Die Voraussetzungen für eine **außerordentliche Kündigung** werden nicht immer gegeben sein, zB wenn die erforderliche Zustimmung eines Dritten (vgl. § 9 MuSchG; § 91 SGB IX) nicht vorliegt. In diesem Fall

Entfernung betriebsstörender Arbeitnehmer § 104 BetrVG

kann der Betriebsrat vom Arbeitgeber die Einleitung eines erforderlichen Zustimmungsverfahrens mit anschließender außerordentlicher Kündigung bzw. die ordentliche Kündigung und – zur Wiederherstellung des Betriebsfriedens – die sofortige Suspendierung des Arbeitnehmers bis zur Beendigung des Arbeitsverhältnisses unter Fortzahlung des Arbeitsentgelts fordern, sofern die Voraussetzungen für eine solche Suspendierung (schutzwürdige Interessen des Arbeitgebers bzw. objektive Unzumutbarkeit der Weiterbeschäftigung; s. KR-*Etzel* § 103 BetrVG Rz 143 ff.) erfüllt sind, was im Regelfall zu bejahen sein dürfte (vgl. auch *Galperin/Löwisch* Rz 9; HSWG-*Schlochauer* Rz 12). Eine Suspendierung des Arbeitsverhältnisses unter Fortzahlung der Vergütung kann der Betriebsrat zur Wiederherstellung des Betriebsfriedens auch fordern, wenn der Arbeitgeber zwar zu einer außerordentlichen Kündigung berechtigt wäre, der Forderung des Betriebsrats nach einer außerordentlichen Kündigung aber nicht nachkommt, sondern eine ordentliche Kündigung ausspricht.

IV. Entscheidung des Arbeitgebers über das Versetzungs- oder Entlassungsverlangen des Betriebsrats

1. Prüfung in eigener Verantwortung

Verlangt der Betriebsrat die Entlassung oder Versetzung eines Arbeitnehmers, hat der Arbeitgeber den Sachverhalt in eigener Verantwortung zu prüfen (DKK-*Kittner* Rz 9; *Fitting* Rz 10; HSWG-*Schlochauer* Rz 10; *Richardi/Thüsing* Rz 15). Hierbei wird es idR erforderlich sein, dass er **den Arbeitnehmer** zu den Vorwürfen des Betriebsrats **hört**; eine Anhörung des Arbeitnehmers ist aber dann entbehrlich, wenn der Arbeitgeber schon vor dem Entlassungs- oder Versetzungsverlangen des Betriebsrats den Sachverhalt mit dem Arbeitnehmer erörtert hat. Unterbleibt die Anhörung des Arbeitnehmers, ist dies grundsätzlich ohne Einfluss auf die Wirksamkeit der Kündigung. Nur bei einer sog. Verdachtskündigung führt die unterbliebene Anhörung des Arbeitnehmers zur Unwirksamkeit der Kündigung (s. KR-*Fischermeier* § 626 BGB Rz 230 f.). 26

2. Verlangen des Betriebsrats nach Versetzung

Ein unbegründetes Versetzungsverlangen des Betriebsrats kann der Arbeitgeber zurückweisen, kann ihm aber auch nachkommen, wenn und soweit dies nach dem Arbeitsvertrag mit dem betroffenen Arbeitnehmer möglich ist. Ist ein Versetzungsverlangen des Betriebsrats begründet, hat der Arbeitgeber zu prüfen, ob in seinem Unternehmen ein freier Arbeitsplatz vorhanden ist, auf den der Arbeitnehmer versetzt werden könnte. Wenn ein solcher Arbeitsplatz vorhanden ist, muss der Arbeitgeber die Durchführung einer **Versetzung** auf diesen Arbeitsplatz versuchen. Hierzu hat er **den Betriebsrat gem. § 99 BetrVG zu beteiligen** und – falls die Versetzung nur durch Änderungskündigung herbeigeführt werden kann – gem. § 102 BetrVG anzuhören, es sei denn, der Betriebsrat hat die Versetzung auf den konkreten Arbeitsplatz, den der Arbeitgeber für den Arbeitnehmer künftig vorgesehen hat, selbst vorgeschlagen oder gefordert (*Fitting* Rz 13; *Galperin/Löwisch* Rz 13; HSWG-*Schlochauer* Rz 9; MünchArbR-*Matthes* § 350 Rz 14). In letzterem Fall liegt in dem Vorschlag oder der Forderung des Betriebsrats bereits die Zustimmung zu der vorgesehenen Versetzung. 27

Widerspricht der Betriebsrat der Versetzung auf einen von ihm nicht vorgeschlagenen Arbeitsplatz und ist der **Widerspruch nach §§ 99, 102 BetrVG begründet,** hat der Arbeitgeber von der Versetzung auf diesen Arbeitsplatz Abstand zu nehmen und zu prüfen, ob die Versetzung auf einen anderen Arbeitsplatz möglich ist, und ggf. die Versetzung nach erneuter Beteiligung des Betriebsrats durchzuführen. 28

Ist der Widerspruch des Betriebsrats hingegen nach §§ 99, 102 BetrVG unbegründet, kann der Arbeitgeber die vorgesehene **Versetzung auch gegen den Willen des Betriebsrats** durchführen, ggf. nach rechtskräftiger Ersetzung der Zustimmung des Betriebsrats gem. § 99 Abs. 4 BetrVG. Der Arbeitgeber kann aber auch die Versetzung auf einen anderen Arbeitsplatz ins Auge fassen und hierzu das Mitwirkungsverfahren beim Betriebsrat gem. § 99 BetrVG und – falls erforderlich (Änderungskündigung) – gem. § 102 BetrVG einleiten. Sieht der Arbeitgeber überhaupt von einer Versetzung ab und unternimmt gar nichts, riskiert er eine arbeitsgerichtliche Verurteilung (s. Rz 35 ff.). 29

Keinesfalls ist der Arbeitgeber berechtigt, gegenüber einem Arbeitnehmer, der Kündigungsschutz nach den KSchG genießt, nach einem unbegründeten Widerspruch des Betriebsrats gegen die vorgesehene Versetzung oder von vornherein aufgrund eines Versetzungsverlangens des Betriebsrats die **Kündigung** des Arbeitsverhältnisses auszusprechen, wenn eine Versetzung möglich und zumutbar ist; denn in einem solchen Falle wäre die Kündigung sozialwidrig iSv § 1 KSchG (s. KR-*Griebeling* § 1 30

KSchG Rz 217). Genießt hingegen der Arbeitnehmer noch **keinen Kündigungsschutz nach dem KSchG,** bleibt es dem Arbeitgeber überlassen, ob er bei einem Versetzungsverlangen des Betriebsrats oder bei einem (begründeten oder unbegründeten) Widerspruch des Betriebsrats gegen eine vorgesehene Versetzung das Arbeitsverhältnis kündigen will. Wenn keine besonderen kündigungsschutzrechtlichen Vorschriften eingreifen (zB § 9 MuSchG; § 91 SGB IX), ist eine solche Kündigung zulässig. Diese Kündigung beruht dann nicht auf § 104 BetrVG, sondern entspringt der Kündigungsfreiheit des Arbeitgebers während der ersten sechs Monate des Arbeitsverhältnisses. Vor der Kündigung ist allerdings der Betriebsrat gem. § 102 BetrVG zu hören.

3. Verlangen des Betriebsrats nach ordentlicher Kündigung

31 Ist das Verlangen des Betriebsrats nach einer ordentlichen Kündigung begründet (s. Rz 14 ff.), hat der Arbeitgeber diese Kündigung unter Einhaltung der maßgebenden **Kündigungsfrist** auszusprechen. Bis zum Ablauf der Kündigungsfrist ist idR die **Suspendierung** des Arbeitnehmers unter Fortzahlung des Arbeitsentgelts berechtigt. **Einer weiteren Anhörung des Betriebsrats** vor Ausspruch der Kündigung gem. § 102 BetrVG **bedarf es hier nicht,** da die Stellungnahme des Betriebsrats ja schon in seinem Entlassungsverlangen liegt (*Fitting* Rz 9; *Galperin/Löwisch* Rz 9; GK-*Raab* § 104 Rz 15; HSWG-*Schlochauer* Rz 8; *Richardi/Thüsing* Rz 16; vgl. auch BAG 30.11.1978 – 2 AZR 130/77 – nv). Nur wenn der Arbeitgeber statt der geforderten ordentlichen Kündigung eine außerordentliche Kündigung aussprechen will, muss er hierzu den Betriebsrat noch gem. § 102 BetrVG hören.

32 Ist das **Verlangen** des Betriebsrats nach einer ordentlichen Kündigung aufgrund des § 104 BetrVG **unbegründet,** kann der Arbeitgeber die Kündigung ablehnen; er kann die Kündigung aber auch aussprechen, wenn sie nach sonstigen kündigungsschutzrechtlichen Vorschriften berechtigt ist. Beharrt der Betriebsrat trotz fehlender sachlicher Berechtigung auf seinem Entlassungsverlangen, hat sich der Arbeitgeber zunächst vor den Arbeitnehmer zu stellen und zu versuchen, den Betriebsrat zur Rücknahme seines Antrages zu veranlassen; denn eine Kündigung ist nicht schon deshalb sozial gerechtfertigt iSv § 1 KSchG, weil der Betriebsrat sie verlangt (s. Rz 14). Allerdings kann der Arbeitgeber unter Umständen nach den Grundsätzen der **Druckkündigung** (s. KR-*Fischermeier* § 626 BGB Rz 204 ff.) die Kündigung aussprechen, wobei – zur Abwendung unzumutbarer eigener Schäden des Arbeitgebers – sogar eine außerordentliche Kündigung gerechtfertigt sein kann (vgl. APS-*Linck* Rz 23; *Galperin/Löwisch* Rz 11; GK-*Raab* § 104 Rz 15; HSWG-*Schlochauer* Rz 15, jeweils mwN).

4. Verlangen des Betriebsrats nach außerordentlicher Kündigung

33 Ist das Verlangen des Betriebsrats nach einer außerordentlichen Kündigung begründet, muss der Arbeitgeber die Kündigung aussprechen, wobei es ihm freisteht, ob er die Kündigung als ordentliche (unter gleichzeitiger Suspendierung des Arbeitnehmers) oder als außerordentliche erklären will (*Galperin/Löwisch* Rz 9; HSWG-*Schlochauer* Rz 11). Erklärt er die außerordentliche Kündigung, bedarf es vor Ausspruch der Kündigung keiner weiteren Anhörung des Betriebsrats gem. § 102 BetrVG oder der Durchführung eines Zustimmungsverfahrens nach § 103 BetrVG, da **in dem Entlassungsverlangen** des Betriebsrats bereits **die Zustimmung zur Kündigung** liegt (BAG 30.11.1978 – 2 AZR 130/77 – nv). Die Zweiwochenfrist des § 626 Abs. 2 BGB beginnt hier mit dem Verlangen des Betriebsrats nach einer außerordentlichen Kündigung, auch wenn der Kündigungssachverhalt schon mehrere Tage zurückliegt und dem Arbeitgeber bekannt sein mag. Denn das Entlassungsverlangen des Betriebsrats ist eine neue »für die Kündigung maßgebende Tatsache« iSv § 626 Abs. 2 BGB.

33a **Entschließt sich der Arbeitgeber** bei einem begründeten Entlassungsverlangen des Betriebsrats **nur zu einer ordentlichen Kündigung,** ist er zur Suspendierung des Arbeitnehmers unter Fortzahlung der Vergütung verpflichtet, weil er nur so dem berechtigten Verlangen des Betriebsrats nach sofortiger Entfernung des Arbeitnehmers aus dem Betrieb Rechnung tragen kann (vgl. *Galperin/Löwisch* Rz 9). Eine Anhörung des Betriebsrats zur ordentlichen Kündigung und Suspendierung nach § 102 BetrVG entfällt, weil in der Zustimmung zur außerordentlichen Kündigung bei gleich bleibendem Sachverhalt auch die Zustimmung zur ordentlichen Kündigung mit Suspendierung liegt, falls die außerordentliche Kündigung nicht erreichbar ist (vgl. BAG 16.3.1978 EzA § 102 BetrVG 1972 Nr. 32).

34 Ist das **Verlangen** des Betriebsrats nach einer außerordentlichen Kündigung aufgrund der Vorschrift des § 104 BetrVG **unbegründet,** kann der Arbeitgeber die außerordentliche Kündigung ablehnen, kann sie aber auch aussprechen, wenn diese nach allgemeinen Grundsätzen (§ 626 BGB) begründet ist; einer Anhörung des Betriebsrats nach § 102 BetrVG bedarf es hierzu nicht (s. Rz 33). Fehlt auch für eine

ordentliche Kündigung die sachliche Rechtfertigung, hat der Arbeitgeber jede Kündigung abzulehnen. Beharrt der Betriebsrat trotz der ablehnenden Haltung des Arbeitgebers auf der außerordentlichen Kündigung, ist diese unter den besonderen Voraussetzungen der sog. **Druckkündigung** (s. KR-*Fischermeier* § 626 BGB Rz 204 ff.) ausnahmsweise zulässig.

V. Anrufung des Arbeitsgerichts durch den Betriebsrat

1. Zulässigkeit des Versetzungs- oder Entlassungsantrags

Kommt der Arbeitgeber dem Entlassungs- oder Versetzungsverlangen des Betriebsrats nicht nach, kann der Betriebsrat das ArbG anrufen mit dem **Antrag, dem Arbeitgeber aufzugeben, die Entlassung oder Versetzung durchzuführen** (*Fitting* Rz 14; *Galperin/Löwisch* Rz 15; GK-*Raab* § 104 Rz 18; *Richardi/Thüsing* Rz 21), wobei der Betriebsrat – entsprechend dem Grundsatz der Verhältnismäßigkeit – bezüglich der Entlassung auch die außerordentliche oder (nur) die ordentliche Kündigung beantragen kann (**aA** GK-*Raab* § 104 Rz 19 und offenbar auch *Richardi/Thüsing* Rz 24, der nur von einer »Entscheidung auf Entlassung« spricht). Die einem solchen Antrag stattgebende gerichtliche Entscheidung bildet gem. § 104 S. 2 BetrVG die Grundlage für Zwangsmaßnahmen (»Zwangsgeld«) gegen den Arbeitgeber. Für einen – nach früherem Recht (§ 66 Abs. 4 BetrVG 1952) zulässigen – Feststellungsantrag des Betriebsrats, dass sein Verlangen begründet sei, den HSWG-*Schlochauer* (Rz 17) auch heute noch für zulässig hält, fehlt hingegen das Rechtsschutzbedürfnis; denn auf eine dem Feststellungsantrag stattgebende Entscheidung kann ein Antrag auf Zwangsgeld gem. § 104 S. 2 BetrVG nicht gestützt werden. 35

Der Antrag an das ArbG ist idR unzulässig, wenn der Betriebsrat **den Arbeitgeber** nicht zuvor vergeblich **zur Entlassung oder Versetzung des Arbeitnehmers aufgefordert** hatte. Denn für den Antrag fehlt so lange das Rechtsschutzbedürfnis, bis der Arbeitgeber die Entlassung oder Versetzung abgelehnt hat, wobei Schweigen auf ein Entlassungs- oder Versetzungsverlangen nach Ablauf einer angemessenen Überlegungszeit als Ablehnung gilt (vgl. KR-*Etzel* § 103 BetrVG Rz 94). Bei einer beantragten außerordentlichen Kündigung muss sich der Arbeitgeber wegen der Eilbedürftigkeit der Sache unverzüglich, spätestens innerhalb von drei Tagen, äußern (arg. § 102 Abs. 2 S. 2 BetrVG). 36

Hat allerdings der Arbeitgeber schon vor einer Aufforderung durch den Betriebsrat zur Entlassung oder Versetzung deutlich zu erkennen gegeben, dass er den Arbeitnehmer wegen der vom Betriebsrat angeführten Umstände nicht entlassen oder versetzen wolle, ist eine an den Arbeitgeber gerichtete **Aufforderung** durch den Betriebsrat zur Entlassung oder Versetzung **überflüssig**; der Betriebsrat kann sich vielmehr in einem solchen Falle sogleich an das ArbG wenden. 37

Ein wegen der fehlenden Aufforderung des Arbeitgebers zunächst unzulässiger Antrag des Betriebsrats an das ArbG kann **nachträglich zulässig** werden, wenn der Arbeitgeber vor einer gerichtlichen Entscheidung die Entlassung oder Versetzung des betroffenen Arbeitnehmers ablehnt. Dann kann das gerichtliche Verfahren durchgeführt und mit einer Sachentscheidung abgeschlossen werden. 38

2. Antragsfrist, Verwirkung des Antragsrechts

Eine **Frist** sieht das Gesetz für den Antrag des Betriebsrats **nicht vor.** Der Betriebsrat kann jedoch sein Antragsrecht verwirken. Eine solche Verwirkung tritt ein, wenn der Betriebsrat längere Zeit wartet, ehe er vom Arbeitgeber nach Eintritt der Störung des Betriebsfriedens die Entlassung oder Versetzung des Arbeitnehmers verlangt oder nach einer ablehnenden Entscheidung des Arbeitgebers das ArbG anruft, und wenn der Arbeitgeber infolge des Zögerns des Betriebsrats damit rechnen durfte, dass dieser keinen Entlassungs- oder Versetzungsantrag stellt, und ihm jetzt die Entlassung oder Versetzung des Arbeitnehmers nicht mehr zugemutet werden kann (vgl. auch *Schaub/Koch* § 242 Rz 10). Bei beantragter außerordentlicher Kündigung muss der Betriebsrat wegen der Eilbedürftigkeit der Sache den Antrag beim ArbG unverzüglich nach Ablehnung durch den Arbeitgeber stellen, wenn er die Verwirkung seines Antragsrechts vermeiden will. Im übrigen ist ein **ungebührliches Zögern des Betriebsrats** ein Anzeichen dafür, dass eine ernste Störung des Betriebsfriedens gar nicht vorgelegen hat; dann wäre das Verlangen des Betriebsrats nach Entlassung oder Versetzung ohnehin unbegründet (vgl. *Richardi/Thüsing* Rz 22). 39

Welcher Zeitraum im Übrigen vergangen sein muss, bis das **Zuwarten des Betriebsrats** für eine Verwirkung seines Antragsrechts ausreichen kann, hängt von den Umständen des Einzelfalles ab, insbesondere davon, ob die Störung des Betriebsfriedens behoben ist. Ist der Betriebsfrieden wiederherge- 40 stellt und will der Betriebsrat gleichwohl den Antrag nach § 104 BetrVG stellen, etwa weil er künftige Störungen des Betriebsfriedens befürchtet, wird man von ihm verlangen müssen, dass er zur Vermeidung der Verwirkung des Antragsrechts in Anlehnung an den Rechtsgedanken der § 626 Abs. 2 BGB und § 91 Abs. 2, 5 SGB IX innerhalb von zwei Wochen nach Wiederherstellung des Betriebsfriedens beim Arbeitgeber die Entlassung oder Versetzung des Arbeitnehmers verlangt und – für den Fall der Ablehnung durch den Arbeitgeber – unverzüglich das ArbG anruft (**aA** *Weiss/Weyand* Rz 9, die verlangen, dass im Zeitpunkt der Antragstellung die Störung des Betriebsfriedens noch andauert). Dies gilt auch dann, wenn es nicht um eine außerordentliche Kündigung geht. Unabhängig davon, ob der Betriebsfrieden wiederhergestellt ist oder nicht, wird man ferner als Richtlinie ein vom Beginn der Störung des Betriebsfriedens an berechnete **Frist von drei Monaten** – wie sie für die Stellung von Strafanträgen gilt (§ 77b StGB) – annehmen können, innerhalb der der Betriebsrat den Antrag beim ArbG gestellt haben muss, wenn er die Verwirkung seines Antragsrechts vermeiden will (*Fitting* Rz 15; HSWG-*Schlochauer* Rz 18; **aA** *Galperin/Löwisch* Rz 16; krit. auch: GK-*Raab* § 104 Rz 18).

41 Beim Zuwarten des Betriebsrats über die angeführten Grenzen hinaus ist dem Arbeitgeber die Entlassung oder Versetzung des Arbeitnehmers insbesondere dann unzumutbar, wenn im Zeitpunkt der Antragstellung beim ArbG **keine ernstliche Störung des Betriebsfriedens** vorliegt, sei es, dass sie nicht vorgelegen hat, sei es, dass sie behoben ist, und aus dem Verhalten des betroffenen Arbeitnehmers nicht auf künftige Betriebsstörungen geschlossen werden kann (vgl. auch *Richardi/Thüsing* Rz 22).

3. Gerichtliches Verfahren

42 Da es sich bei dem Antrag des Betriebsrats um eine »Angelegenheit aus dem BetrVG« handelt (Anspruchsgrundlage ist § 104 BetrVG), hat das ArbG hierüber **im Beschlussverfahren** zu verhandeln und zu entscheiden (§ 2a Abs. 1 Nr. 1, Abs. 2 ArbGG). Der Betriebsrat hat den Sachverhalt darzulegen, auf den er sein Entlassungs- oder Versetzungsverlangen stützt, das ArbG hat diesen Sachverhalt gem. § 83 ArbGG von Amts wegen aufzuklären (*Fitting* Rz 14; HSWG-*Schlochauer* Rz 17); hierbei hat das ArbG auch zu prüfen, ob der Betriebsrat seinen Antrag rechtzeitig gestellt und nicht verwirkt hat. **Der betroffene Arbeitnehmer ist** in dem Verfahren gem. § 83 Abs. 3 ArbGG **Beteiligter** (LAG BW 24.1.2002 RzK III 1 h Nr. 3; DKK-*Kittner* Rz 11; *Fitting* aaO; *Galperin/Löwisch* Rz 15; **aA** GK-*Raab* § 104 Rz 18; MünchArbR-*Matthes* § 350 Rz 16; *Weiss/Weyand* Rz 10). Das bedeutet: er ist zu hören, kann – ebenso wie die übrigen Beteiligten – selbständige Anträge stellen und kann gegen die Entscheidung des ArbG Beschwerde beim LAG (§ 87 Abs. 1 ArbGG) und unter den Voraussetzungen des § 92 Abs. 1 ArbGG (s. KR-*Etzel* § 103 BetrVG Rz 129) gegen die Beschwerdeentscheidung des LAG Rechtsbeschwerde beim BAG einlegen.

43 Das Gericht darf bei seiner Entscheidung **über den Antrag des Betriebsrats nicht hinausgehen** (vgl. § 308 ZPO); es darf daher nicht bei einer beantragten Versetzung dem Arbeitgeber aufgeben, die ordentliche Kündigung auszusprechen, oder bei einer beantragten ordentlichen Kündigung die außerordentliche. Hat der Betriebsrat nur die »Entlassung« des Arbeitnehmers beantragt, hat das Arbeitsgericht ggf. nach dem Grundsatz der Verhältnismäßigkeit zu prüfen, ob eine außerordentliche oder nur eine ordentliche Kündigung gerechtfertigt ist, und dem Arbeitgeber aufzugeben, eine entsprechende Kündigung auszusprechen.

4. Begründetheit des Versetzungs- oder Entlassungsverlangens

a) Versetzung, ordentliche Kündigung

44 Ist das Verlangen des Betriebsrats nach Versetzung oder ordentlicher Kündigung begründet (s. Rz 8 ff.), hat das Gericht **dem Arbeitgeber die entsprechende Maßnahme aufzugeben,** wobei das Gericht nicht den Zeitpunkt des Ausspruchs der Kündigung oder Anordnung der Versetzung und auch nicht – bei einer ordentlichen Kündigung – den Kündigungstermin festlegen darf (unklar: *Galperin/Löwisch* Rz 17; HSWG-*Schlochauer* Rz 19, die davon sprechen, das Gericht müsse dem Arbeitgeber die Einhaltung der Kündigungsfrist ermöglichen); denn dies ist Sache des Arbeitgebers, der die Maßnahme nach Rechtskraft der gerichtlichen Entscheidung zum nächstzulässigen Termin durchzuführen hat (arg. § 104 Abs. 2 BetrVG; *Fitting* Rz 17; **aA** *Richardi/Thüsing* Rz 24). Die Rechtskraft der gerichtlichen Entscheidung führt **nicht automatisch zur Beendigung des Arbeitsverhältnisses** oder zur Versetzung des Arbeitnehmers (HSWG-*Schlochauer* Rz 20).

45 Bei einem Verlangen des Betriebsrats nach Versetzung des Arbeitnehmers hat das ArbG zunächst zu prüfen, ob die Entfernung des Arbeitnehmers vom Arbeitsplatz, den er zurzeit innehat, aufgrund des

§ 104 BetrVG gerechtfertigt ist. Ist dies zu bejahen, ist dem Arbeitgeber die Versetzung aufzugeben. Das Gericht hat hingegen **nicht von Amts wegen** zu prüfen, ob und gegebenenfalls **auf welchen konkreten Arbeitsplatz eine Versetzung des Arbeitnehmers möglich ist.** Macht der Arbeitgeber allerdings geltend, dass eine Versetzung des Arbeitnehmers unmöglich ist, weil kein anderer den Fähigkeiten des Arbeitnehmers entsprechender Arbeitsplatz zur Verfügung steht, und trifft dies zu, hat das ArbG den Antrag des Betriebsrats, dem Arbeitgeber die Versetzung aufzugeben, zurückzuweisen (s. Rz 20).

b) Außerordentliche Kündigung

Ist das Verlangen des Betriebsrats nach einer außerordentlichen Kündigung berechtigt, hat das ArbG 46 dem Arbeitgeber die außerordentliche Kündigung aufzugeben (aA offenbar *Richardi/Thüsing* Rz 24, wonach die Entscheidung – nur – auf »Entlassung« lautet). Hierbei darf das Gericht die Berechtigung zur außerordentlichen Kündigung nicht deshalb verneinen, weil dem Arbeitgeber im Zeitpunkt der gerichtlichen Entscheidung die wichtigen Kündigungsgründe, wozu auch das Entlassungsverlangen des Betriebsrats gehört (s. Rz 33), länger als zwei Wochen bekannt sind. Denn zu den für die Kündigung maßgebenden Tatsachen iSd § 626 Abs. 2 BGB gehören nach einer gerichtlichen Auflage nicht nur die wichtigen Kündigungsgründe, sondern nunmehr auch die rechtskräftige gerichtliche Auflage zur Kündigung selbst. Die **zweiwöchige Ausschlussfrist** zur außerordentlichen Kündigung iSv § 626 Abs. 2 BGB **beginnt** daher mit **Rechtskraft der gerichtlichen Auflage** zur außerordentlichen Kündigung erneut zu laufen (aA HSWG-*Schlochauer* Rz 19). Bedarf die Kündigung noch einer behördlichen Genehmigung (zB § 9 MuSchG, § 91 SGB IX), ist diese innerhalb der zweiwöchigen Ausschlussfrist zu beantragen; nach Erteilung der Genehmigung muss die Kündigung unverzüglich ausgesprochen werden (entsprechende Anwendung von § 91 Abs. 5 SGB IX). Würde dem Arbeitgeber keine neue Ausschlussfrist zum Ausspruch der Kündigung eingeräumt, führte dies zu einer erheblichen Verkürzung der Rechte des Betriebsrats nach § 104 BetrVG, was mit dem Sinn der Vorschrift nicht vereinbar ist. Wenn § 104 BetrVG dem Betriebsrat ein mit Zwangsgeld verfolgbares Recht einräumt, die Entlassung eines Arbeitnehmers zu fordern, wird damit auch die außerordentliche Kündigung umfasst.

Wäre für den Beginn der Ausschlussfrist zur außerordentlichen Kündigung die Kenntnis des Arbeit- 46a gebers von den wichtigen Kündigungsgründen maßgebend, könnte dem Arbeitgeber – von den Fällen eines Dauerdelikts abgesehen – die außerordentliche Kündigung durch gerichtliche Entscheidung praktisch nie aufgegeben werden. Denn bei Eintritt der Rechtskraft der gerichtlichen Entscheidung wäre die Ausschlussfrist des § 626 Abs. 2 BGB stets abgelaufen. Bei kraft Vereinbarung unkündbaren Arbeitnehmern würde das sogar bedeuten, dass der Betriebsrat überhaupt keine Beendigung des Arbeitsverhältnisses erreichen kann. Die rechtskräftige gerichtliche Auflage zur außerordentlichen Kündigung führt zwar nicht zu einer automatischen Beendigung des Arbeitsverhältnisses, spricht aber der Arbeitgeber nicht unverzüglich nach Eintritt der Rechtskraft der gerichtlichen Entscheidung die Kündigung aus, kann der Betriebsrat sofort beim Arbeitsgericht die **Verhängung von Zwangsgeld** gegen den Arbeitgeber beantragen. Das ArbG kann dann bis zum Ablauf der Ausschlussfrist des § 626 Abs. 2 BGB gegen den Arbeitgeber für jeden Tag der Zuwiderhandlung ein Zwangsgeld bis zu 250 Euro verhängen (s. Rz 64). So kann dem Betriebsrat der vom Gesetz eingeräumte Anspruch auf fristlose Entlassung eines Arbeitnehmers und das gesetzlich vorgesehene Mittel – Zwangsgeld gegen den Arbeitgeber – zur Durchsetzung dieses Anspruchs gesichert werden. Nach Ablauf der Ausschlussfrist des § 626 Abs. 2 BGB ist eine Verhängung oder Vollstreckung von Zwangsgeld gegen den Arbeitgeber nicht mehr zulässig, da nunmehr der Zweck des Zwangsgeldes (außerordentliche Kündigung) nicht mehr in rechtlich zulässiger Weise erreichbar ist (s. auch Rz 64).

Die hier vertretene Auffassung führt zu keiner Beeinträchtigung berechtigter Interessen des betroffe- 47 nen Arbeitnehmers. Dieser muss bei ernstlichen Betriebsstörungen mit einem Entlassungsverlangen des Betriebsrats, auch mit einem Verlangen nach einer außerordentlichen Kündigung, rechnen, für das keine bestimmte Frist festgelegt ist. Lehnt der Arbeitgeber nach einem Entlassungsverlangen des Betriebsrats die geforderte außerordentliche Kündigung ab, muss der Betriebsrat, um die Verwirkung seines Antragsrechts zu vermeiden, unverzüglich das ArbG anrufen. In dem arbeitsgerichtlichen Verfahren ist der Arbeitnehmer Beteiligter. So erfährt er in angemessener Zeit, ob ein von ihm verwirkter Kündigungsgrund zum Anlass einer außerordentlichen Kündigung genommen werden soll.

5. Unbegründetheit des Versetzungs- oder Entlassungsverlangens

Ist aufgrund eines Versetzungs- oder Entlassungsverlangens des Betriebsrats nach § 104 BetrVG weder 48 eine Kündigung noch eine Versetzung gerechtfertigt, hat das ArbG den **Antrag des Betriebsrats zu-**

§ 104 BetrVG   Entfernung betriebsstörender Arbeitnehmer

rückzuweisen. Dies gilt auch dann, wenn der Arbeitgeber wegen eines auf ihn ausgeübten Druckes die verlangte Maßnahme (Versetzung oder Entlassung) durchführen darf. Das ArbG darf nur unter den Voraussetzungen des § 104 BetrVG dem Arbeitgeber die Entlassung aufgeben; im Übrigen muss es der Entscheidung des Arbeitgebers überlassen bleiben, ob er sich einem auf ihn ausgeübten Druck beugen oder trotz des Druckes von einer Kündigung oder Versetzung absehen und damit eigenen Schaden riskieren will.

49 Ist das Verlangen des Betriebsrats nach einer außerordentlichen Kündigung nach § 104 BetrVG zwar unbegründet, ist aber nach § 104 BetrVG ein Verlangen nach einer ordentlichen Kündigung oder Versetzung begründet, hat das ArbG dem Arbeitgeber **die mildeste notwendige Maßnahme** (Versetzung oder ordentliche Kündigung) aufzugeben und im Übrigen den Antrag des Betriebsrats abzuweisen. Versetzung oder ordentliche Kündigung sind gegenüber einer außerordentlichen Kündigung ein Minus, kein aliud, und werden deshalb vom Verlangen des Betriebsrats nach einer außerordentlichen Kündigung mitumfasst.

50 Hat der Betriebsrat beantragt, dem Arbeitgeber die ordentliche oder außerordentliche Kündigung des Arbeitsverhältnisses aufzugeben, ist aber zur Wiederherstellung des Betriebsfriedens **nur die Versetzung des Arbeitnehmers erforderlich** und gerechtfertigt, hat das ArbG dem Arbeitgeber die Versetzung des Arbeitnehmers aufzugeben und im Übrigen den Antrag des Betriebsrats zurückzuweisen. Die Versetzung des Arbeitnehmers ist, gemessen am Ziel des Antrags nach § 104 BetrVG (Entfernung vom bisherigen Arbeitsplatz), gegenüber der Kündigung ein Minus, so dass sie auch ohne entsprechenden (Hilfs-)Antrag des Betriebsrats dem Arbeitgeber aufgegeben werden kann. Auch hier hat das Gericht nicht von Amts wegen zu prüfen, ob die Versetzung des Arbeitnehmers auf einen geeigneten Arbeitsplatz tatsächlich möglich und durchführbar ist (s. Rz 45, aber auch Rz 20). Vor Durchführung der gerichtlich angeordneten Versetzung muss der Arbeitgeber im Hinblick auf den neuen Arbeitsplatz den Betriebsrat gem. § 99 bzw. §§ 99, 102 BetrVG beteiligen (s. Rz 27).

6. Die Befolgung der gerichtlichen Anordnung durch den Arbeitgeber

a) Versetzung

51 Der Arbeitgeber muss **unverzüglich nach Rechtskraft** einer die Versetzung anordnenden gerichtlichen Entscheidung die Versetzung betreiben. Falls er die Versetzung auf den vorgesehenen neuen Arbeitsplatz kraft seines Direktionsrechts anordnen kann, bedarf es einer Mitwirkung des Betriebsrats gem. § 99 BetrVG (s. Rz 27). Ist die Versetzung nur durch Änderungskündigung möglich, ist der Betriebsrat gem. §§ 99, 102 BetrVG zu beteiligen (s. Rz 27). Eine Mitwirkung des Betriebsrats ist allerdings dann entbehrlich, wenn der Arbeitnehmer gerade auf den konkreten Arbeitsplatz versetzt werden soll, den der Betriebsrat bisher vorgeschlagen oder gewünscht hat (HSWG-*Schlochauer* Rz 21).

52 Der Arbeitgeber kann der gerichtlich angeordneten Versetzung dadurch den Boden entziehen, dass er – nach ordnungsgemäßer Anhörung oder Zustimmung des Betriebsrats (§§ 102, 103 BetrVG) – die **Kündigung des Arbeitsverhältnisses** ausspricht, gleichgültig, ob eine Versetzung möglich ist oder nicht (im Ergebnis ebenso: *Galperin/Löwisch* Rz 17; *Richardi/Thüsing* Rz 19). Kündigt der Arbeitgeber, obwohl eine Versetzung möglich wäre, riskiert er allerdings, dass der Arbeitnehmer wegen der Möglichkeit einer Versetzung in einem Kündigungsrechtsstreit obsiegt (vgl. *Galperin/Löwisch* aaO).

b) Ordentliche Kündigung

53 Ist dem Arbeitgeber die ordentliche Kündigung des Arbeitsverhältnisses durch gerichtliche Entscheidung aufgegeben worden, kann er die Kündigung auch schon **vor Rechtskraft der Entscheidung** aussprechen, riskiert aber damit bei Arbeitnehmern mit Kündigungsschutz, dass er in einem nachfolgenden Kündigungsschutzrechtsstreit unterliegt, falls die nach § 104 BetrVG ergangene Entscheidung im Rechtsmittelverfahren aufgehoben und der Antrag des Betriebsrats auf Entlassung oder Versetzung rechtskräftig abgewiesen wird und die Kündigung auch nicht aus sonstigen Gründen (zB § 1 KSchG) gerechtfertigt ist.

54 Spricht der Arbeitgeber entsprechend dem Antrag des Betriebsrats vor oder nach Rechtskraft einer gerichtlichen Entscheidung die ordentliche Kündigung aus, bedarf es hier **nicht mehr der Anhörung des Betriebsrats nach § 102 BetrVG** (vgl. Rz 33). Will er aber statt der von Betriebsrat und Gericht verlangten ordentlichen Kündigung eine außerordentliche Kündigung aussprechen, muss er hierzu vorher den Betriebsrat nach § 102 BetrVG anhören (GK-*Raab* § 104 Rz 16). Im übrigen ist diese außerordentli-

che Kündigung nur wirksam, wenn die Voraussetzungen des § 626 BGB gegeben sind, was im Kündigungsschutzprozess in vollem Umfang nachprüfbar ist; ein Zwangsgeld gegen den Arbeitgeber gem. § 104 S. 2 BetrVG entfällt allerdings.

Der rechtskräftigen gerichtlichen Auflage, die ordentliche Kündigung auszusprechen, kommt der Arbeitgeber nicht nach, wenn er **nur eine Versetzung** des Arbeitnehmers durchführt; in diesem Fall kann der Betriebsrat ein Zwangsgeldverfahren gegen den Arbeitgeber einleiten und darüber hinaus die erforderliche Zustimmung zur Versetzung gem. § 99 Abs. 2 Nr. 1 BetrVG (Verstoß gegen eine gerichtliche Entscheidung) verweigern. 55

c) Außerordentliche Kündigung

Ist dem Arbeitgeber durch gerichtliche Entscheidung die außerordentliche Kündigung des Arbeitsverhältnisses aufgegeben worden und kommt er dieser Auflage **vor Rechtskraft der Entscheidung** nach, dann riskiert er das Unterliegen im nachfolgenden Kündigungsrechtsstreit, falls die nach § 104 BetrVG ergangene Entscheidung im Rechtsmittelverfahren aufgehoben und der Antrag des Betriebsrats auf Entlassung oder Versetzung rechtskräftig abgewiesen wird. 56

Nach Eintritt der Rechtskraft der gerichtlichen Auflage zur außerordentlichen Kündigung ist der Arbeitgeber gegenüber dem Betriebsrat verpflichtet, die Kündigung **unverzüglich** auszusprechen; hierbei ist die zweiwöchige Ausschlussfrist des § 626 Abs. 2 BGB gegenüber dem Arbeitnehmer gewahrt, wenn ihm die Kündigung innerhalb von zwei Wochen nach Eintritt der Rechtskraft der gerichtlichen Auflage zugeht (s. Rz 46). 57

Spricht der Arbeitgeber aufgrund einer gerichtlichen Auflage zur außerordentlichen Kündigung die außerordentliche oder die ordentliche Kündigung aus, so bedarf es zu keiner der beiden Kündigungen der **Anhörung oder Zustimmung des Betriebsrats** nach §§ 102, 103 BetrVG mehr, da in dem Antrag des Betriebsrats an das ArbG, dem Arbeitgeber die außerordentliche Kündigung aufzugeben, sowohl die Zustimmung zur außerordentlichen und – entsprechend dem Ziel des Antrags nach § 104 BetrVG (Entfernung vom bisherigen Arbeitsplatz) erst recht darin enthalten – die Zustimmung zur ordentlichen Kündigung liegt (*BAG* 30.11.1978 – 2 AZR 130/77 – nv). 58

d) Einholung der Zustimmung eines Dritten zur Kündigung

Bedarf es zum Ausspruch einer ordentlichen oder außerordentlichen Kündigung der vorherigen Zustimmung eines Dritten (oberste Arbeitsbehörde nach § 9 MuSchG; Integrationsamt nach §§ 85, 91 SGB IX), muss der Arbeitgeber **vor Ausspruch der Kündigung** diese Zustimmung einholen. Gegenüber dem Betriebsrat ist er hierzu unverzüglich nach Eintritt der Rechtskraft einer gerichtlichen Auflage zum Ausspruch der Kündigung oder zur Einholung der Zustimmung verpflichtet (vgl. auch *HSWG-Schlochauer* Rz 19 und oben Rz 57). 59

Bei einer angeordneten außerordentlichen Kündigung läuft für den Arbeitgeber die **Ausschlussfrist des § 626 Abs. 2 BGB** während des Zustimmungsverfahrens nicht; vielmehr ist diese Ausschlussfrist gewahrt, wenn der Arbeitgeber innerhalb von zwei Wochen nach Eintritt der Rechtskraft der gerichtlichen Entscheidung die erforderliche Zustimmung beantragt und nach erteilter Zustimmung die Kündigung unverzüglich ausspricht (allgemeiner Rechtsgedanke des § 91 Abs. 2, 5 SGB IX; vgl. *BAG* 9.2.1994 EzA § 21 SchwbG 1986 Nr. 5). 60

VI. Zwangsgeldverfahren

1. Antrag des Betriebsrats

Kommt der Arbeitgeber einer gerichtlichen Entscheidung, durch die ihm die Entlassung oder Versetzung eines Arbeitnehmers aufgegeben wird, nicht unverzüglich nach Eintritt der Rechtskraft nach, so kann der Betriebsrat beim ArbG beantragen, den Arbeitgeber durch Verhängung von **Zwangsgeld zur Befolgung der gerichtlichen Anordnung** anzuhalten (§ 104 S. 2 BetrVG). Hierbei ist zu beachten, dass der Betriebsrat keinen Antrag auf Zwangsgeld stellen kann, wenn der Arbeitgeber einer angeordneten Versetzung dadurch den Boden entzieht, dass er eine Kündigung ausspricht (s. Rz 52), oder wenn er statt einer angeordneten außerordentlichen Kündigung die ordentliche Kündigung unter Suspendierung des Arbeitnehmers erklärt (s. Rz 33). Auch wenn die ordentliche Kündigung angeordnet ist, braucht der Betriebsrat nicht abzuwarten, bis eine Kündigung zu dem nach Eintritt der Rechtskraft nächstzulässigen Kündigungstermin nicht mehr möglich ist; denn die Rechtskraft der gerichtlichen 61

Entscheidung gebietet den unverzüglichen Ausspruch der Kündigung unter Einhaltung der maßgebenden Kündigungsfrist zum frühestmöglichen Zeitpunkt (vgl. auch *Fitting* Rz 17). Der Betriebsrat muss Gelegenheit erhalten, durch die Erwirkung eines Zwangsgeldes auf eine solche Kündigung zum frühestmöglichen Zeitpunkt hinzuwirken.

2. Verfahren und Entscheidung des Gerichts

62 Das Zwangsgeldverfahren nach § 104 S. 2 BetrVG entspricht dem Zwangsverfahren zur Vornahme einer unvertretbaren Handlung nach § 888 ZPO (*Fitting* Rz 19; *Galperin/Löwisch* Rz 18; HSWG-*Schlochauer* Rz 22). Eine **vorherige Androhung** des Zwangsgeldes ist deshalb **nicht erforderlich** (*Galperin/Löwisch* aaO; HSWG-*Schlochauer* aaO), wenn auch möglich (insoweit offenbar aA HSWG-*Schlochauer* aaO). Da das Zwangsgeld keine Strafe, sondern reines Zwangsmittel ist, ist ein **Verschulden des Arbeitgebers** an der Nichtbefolgung der gerichtlichen Entscheidung **keine Voraussetzung** für die Verhängung oder Androhung von Zwangsgeld (*Baumbach/Lauterbach/Albers/Hartmann* § 888 Rz 16; *Richardi/Thüsing* Rz 28 iVm § 101 Rz 21; *Galperin/Löwisch* aaO; GK-*Raab* § 104 Rz 19). Eine Festsetzung von Ordnungs- oder Zwangshaft ist ausgeschlossen (§ 85 Abs. 1 S. 3 ArbGG), auch wenn das Zwangsgeld uneinbringlich ist.

63 Ist der Antrag des Betriebsrats auf Verhängung von Zwangsgeld begründet, hat das ArbG entweder dem Arbeitgeber Zwangsgeld anzudrohen, wenn er innerhalb einer bestimmten Frist der gerichtlichen Anordnung nicht nachkommt, oder sofort ein Zwangsgeld zu verhängen. Ist Zwangsgeld nur angedroht und kommt der Arbeitgeber innerhalb der gesetzten Frist der gerichtlichen Anordnung nicht nach, ist nunmehr auf Antrag des Betriebsrats ein Zwangsgeld festzusetzen. Die **Höhe des Zwangsgeldes** bestimmt das Gericht nach freiem pflichtgemäßem Ermessen; das Mindestmaß beträgt 1 Euro, das Höchstmaß 250 Euro für jeden Tag der Zuwiderhandlung (§ 104 S. 3 BetrVG). Die Entscheidung ergeht aufgrund mündlicher Verhandlung durch Beschluss der zuständigen Kammer des ArbG oder ohne mündliche Verhandlung nach Anhörung des Arbeitgebers durch Beschluss des Vorsitzenden der zuständigen Kammer des ArbG (§ 85 Abs. 1 ArbGG iVm § 891 ZPO; § 104 Rz 31 iVm § 101 Rz 21). Gegen den Beschluss des ArbG findet **sofortige Beschwerde** zum LAG statt (§ 85 Abs. 1 ArbGG iVm § 891 ZPO; § 793 ZPO). Gegen die Entscheidung des LAG ist die Rechtsbeschwerde zum BAG zulässig, wenn sie vom LAG zugelassen wird (§ 78 Satz 2 iVm § 72 Abs. 2 ArbGG).

3. Vollstreckung

64 Die Vollstreckung des Beschlusses, der das Zwangsgeld verhängt, erfolgt auf Antrag des Betriebsrats **nach den Vorschriften der §§ 803 ff. ZPO**. Kommt der Arbeitgeber der gerichtlich angeordneten Entlassung oder Versetzung nach, bevor das Zwangsgeld beigetrieben ist, entfällt eine weitere Zwangsvollstreckung und damit die Beitreibung des Zwangsgeldes, weil der mit ihm verfolgte Zweck (Entlassung oder Versetzung) bereits erreicht ist (*Richardi/Thüsing* Rz 28; *Galperin/Löwisch* Rz 18).

VII. Rechtsmittel für den betroffenen Arbeitnehmer

1. Versetzungs- oder Entlassungsverlangen des Betriebsrats

65 Gegen ein Versetzungs- oder Entlassungsverlangen des Betriebsrats gibt es für den betroffenen Arbeitnehmer **kein Rechtsmittel**, gleichgültig ob der Arbeitgeber dem Verlangen nachgibt oder nicht, dh, der Arbeitnehmer kann gegen den Betriebsrat nicht auf Rücknahme des Entlassungs- oder Versetzungsverlangens klagen.

2. Versetzung oder Kündigung unter Verletzung der Mitwirkungsrechte des Betriebsrats

66 Soweit der Arbeitgeber bei einer im Zusammenhang mit einem Versetzungs- oder Entlassungsverlangen des Betriebsrats oder einer gerichtlichen Auflage erklärten Versetzung oder Kündigung Mitwirkungsrechte des Betriebsrats nach §§ 99, 102 BetrVG verletzt, ist die **Entlassung bzw. Versetzung unwirksam**. Der betroffene Arbeitnehmer kann die Unwirksamkeit der Maßnahme durch Klage gegen den Arbeitgeber vor dem ArbG geltend machen, indem er die Feststellung beantragt, dass das Arbeitsverhältnis durch die Kündigung nicht aufgelöst ist bzw. die Arbeitsbedingungen durch die Versetzung nicht geändert wurden.

3. Maßnahmen des Arbeitgebers aufgrund Verlangens des Betriebsrats

Hat der Arbeitgeber bei einer Kündigung oder Versetzung die Mitwirkungsrechte des Betriebsrats nach §§ 99, 102 BetrVG beachtet, stehen dem Arbeitnehmer trotzdem gegen die Versetzung oder Kündigung Rechtsmittel zur Verfügung.

a) Versetzung

Bei einer auf ein Versetzungsverlangen des Betriebsrats vom Arbeitgeber kraft seines Direktionsrechts angeordneten Versetzung hat der Arbeitgeber **das billige Ermessen** zu wahren. Entspricht die Versetzung billigem Ermessen, ist sie wirksam; der Arbeitnehmer kann in diesem Fall keine Klage gegen den Arbeitgeber mit Erfolg erheben (vgl. GK-*Raab* § 104 Rz 26). Entspricht die Versetzung nicht billigem Ermessen, ist sie unwirksam; in einem solchen Fall kann der Arbeitnehmer mit Erfolg darauf klagen, dass der Arbeitgeber ihn zu den bisherigen Arbeitsbedingungen weiterbeschäftigt.

War das Versetzungsverlangen des Betriebsrats nach § 104 BetrVG unbegründet (vgl. Rz 8 ff.) und hat der Arbeitgeber die Versetzung unter rechtswidrigem Druck von Betriebsratsmitgliedern, anderen Arbeitnehmern oder Dritten angeordnet, kann die Versetzung unwirksam sein, weil sie nicht billigem Ermessen entspricht. Darüber hinaus kann der Arbeitnehmer von denjenigen, die den rechtswidrigen Druck ausgeübt haben, **Schadenersatz** nach § 823 Abs. 1 BGB, unter Umständen auch nach § 826 BGB verlangen (vgl. GK-*Raab* aaO), wobei der Schaden zB in höheren Fahrtkosten zwischen Wohnung und neuem Arbeitsplatz bestehen kann, bis die Versetzung rückgängig gemacht ist.

Hat der Arbeitgeber auf ein Versetzungsverlangen des Betriebsrats die Versetzung durch **Änderungskündigung** ausgesprochen, stehen dem betroffenen Arbeitnehmer dieselben Rechtsmittel zur Verfügung wie gegen eine sonstige auf Verlangen des Betriebsrats ausgesprochene Kündigung auch (s. Rz 71).

b) Kündigung

Kommt der Arbeitgeber einem Entlassungsverlangen des Betriebsrats nach und spricht er eine ordentliche Kündigung aus, kann der Arbeitnehmer, wenn er Kündigungsschutz nach dem KSchG oder anderen kündigungsschutzrechtlichen Vorschriften (§ 9 MuSchG, § 85 SGB IX) genießt, gegen die Kündigung **Kündigungsschutzklage** erheben. In diesem Rechtsstreit hat das Gericht zu prüfen, ob die Kündigung sozial gerechtfertigt iSd KSchG ist und ggf. anderen kündigungsschutzrechtlichen Vorschriften entspricht. Hierbei ist es an die Einigung zwischen Betriebsrat und Arbeitgeber über die Vornahme der Kündigung nicht gebunden; diese Einigung kann die soziale Rechtfertigung der Kündigung nicht ersetzen (*Fitting* Rz 12). Verstößt die Kündigung gegen eine kündigungsschutzrechtliche Vorschrift, hat das Gericht der Kündigungsschutzklage stattzugeben. Ein **Weiterbeschäftigungsanspruch** des Arbeitnehmers während des Kündigungsrechtsstreits gem. § 102 Abs. 5 BetrVG kommt wegen des fehlenden Widerspruchs des Betriebsrats nicht in Betracht.

Genießt der Arbeitnehmer **keinen Kündigungsschutz nach dem KSchG** oder anderen kündigungsschutzrechtlichen Vorschriften, kann er sich gegen eine ordentliche Kündigung grds. selbst dann nicht mit Erfolg wenden, wenn die Voraussetzungen des § 104 BetrVG nicht vorliegen, weil gegenüber einem Arbeitnehmer ohne Kündigungsschutz die ordentliche Kündigung auch ohne soziale Rechtfertigung iSv § 1 KSchG zulässig ist. Eine Unwirksamkeit der Kündigung kommt hier nur nach den allgemeinen Vorschriften des BGB (zB §§ 138, 242 BGB) in Betracht.

Erklärt der Arbeitgeber aufgrund eines Entlassungsverlangens des Betriebsrats die **außerordentliche Kündigung,** kann der betroffene Arbeitnehmer – gleichgültig, ob er schon Kündigungsschutz nach dem KSchG genießt oder nicht – hiergegen Klage erheben. In dem Rechtsstreit hat das Gericht – ohne Bindung an eine Einigung zwischen Betriebsrat und Arbeitgeber – zu prüfen, ob ein wichtiger Grund zur außerordentlichen Kündigung iSd § 626 BGB vorliegt oder nicht. Ist die Frage zu verneinen, hat das Gericht die außerordentliche Kündigung für unwirksam zu erklären und ggf. zu prüfen, ob die Umdeutung in eine ordentliche Kündigung in Betracht kommt (s. KR-*Fischermeier* § 626 BGB Rz 365 ff.).

Hat der Arbeitgeber, obwohl die Voraussetzungen des § 104 BetrVG nicht vorlagen, aufgrund eines Entlassungsverlangens des Betriebsrats und unter Druck eine (ordentliche oder außerordentliche) Kündigung ausgesprochen, ist diese Kündigung gleichwohl als betriebsbedingte Kündigung iSd § 1 Abs. 2 KSchG, ggf. auch als außerordentliche Kündigung wirksam, wenn die Voraussetzungen einer sog. **»Druckkündigung«** vorlagen (s. KR-*Fischermeier* § 626 BGB Rz 204 ff.). In diesem Fall kann der Arbeitnehmer mit einer gegen die Kündigung gerichteten Klage keinen Erfolg haben. Ihm stehen jedoch gegen jedes einzelne Betriebsratsmitglied sowie gegen jeden sonstigen Arbeitnehmer oder Dritten, der sich an der Ausübung des rechtswidrigen Druckes auf den Arbeitgeber zur Kündigung beteiligt hat, **Schadenersatzansprüche** wegen Verlustes des Arbeitsplatzes (§ 823 Abs. 1 BGB), unter Umständen auch wegen sittenwidriger Schädigung (§ 826 BGB) zu. Das Recht am Arbeitsplatz ist hierbei als absolutes Recht iSd § 823 Abs. 1 BGB anzusehen (*Fitting* Rz 11 *Galperin/Löwisch* Rz 11; HSWG-*Schlochauer* Rz 16). Der dem Arbeitnehmer zu ersetzende Schaden besteht u.a. in dem durch die Kündigung entgehenden Arbeitsentgelt. Ein Ausgleichsanspruch des Arbeitnehmers gegen den Arbeitgeber unter Aufopferungsgesichtspunkten besteht nicht, weil hierfür die Anspruchsgrundlage fehlt (GK-*Raab* § 104 Rz 23; HSWG-*Schlochauer* aaO; **aA** *Galperin/Löwisch* aaO). Schadensersatzansprüche des Arbeitnehmers gegen den Arbeitgeber wegen Verletzung der Fürsorgepflicht kommen aber dann in Betracht, wenn der Arbeitgeber kündigt, ohne sich darum bemüht zu haben, den Betriebsrat von seinem Entlassungsverlangen abzubringen, obwohl er dieses für unbegründet hält (GK-*Raab* aaO). Dies gilt nicht, wenn der Arbeitnehmer noch keinen Kündigungsschutz genießt (MünchArbR-*Matthes* § 350 Rz 12).

4. Maßnahmen des Arbeitgebers aufgrund gerichtlicher Auflage

75 Hat der Betriebsrat gegen den Arbeitgeber ein Beschlussverfahren anhängig gemacht mit dem Ziel, dem Arbeitgeber die Entlassung oder Versetzung des Arbeitnehmers aufzugeben, ist **der betroffene Arbeitnehmer** in diesem Verfahren **Beteiligter** und kann gegen für ihn ungünstige Entscheidungen Rechtsmittel einlegen (s. Rz 42). Das hat aber andererseits zur Folge, dass dann, wenn dem Arbeitgeber rechtskräftig die Entlassung oder Versetzung des Arbeitnehmers aufgegeben wird, der Arbeitnehmer die entsprechende Maßnahme des Arbeitgebers nur in beschränktem Umfang angreifen kann. Soweit nicht Mitwirkungsrechte nach §§ 99, 102 BetrVG verletzt sind, die stets zur gerichtlich feststellbaren Unwirksamkeit der entsprechenden Maßnahme des Arbeitgebers führen, gilt i.E. folgendes:

a) Versetzung

76 Hat der Arbeitgeber aufgrund einer rechtskräftigen gerichtlichen Entscheidung kraft seines Direktionsrechts eine Versetzung angeordnet, kann der Arbeitnehmer wegen der Rechtskraftwirkung die Entfernung vom bisherigen Arbeitsplatz nicht mit Rechtsmitteln angreifen, wohl aber kann er beim ArbG die Feststellung beantragen, dass die neuen Arbeitsbedingungen nicht **billigem Ermessen** entsprechen (s. Rz 68). Ist dieser Antrag begründet, muss der Arbeitgeber dem Arbeitnehmer einen anderen Arbeitsplatz zuweisen.

b) Kündigung

77 Hat der Arbeitgeber eine ihm rechtskräftig aufgegebene ordentliche Kündigung erklärt oder eine Versetzung durch ordentliche Änderungskündigung durchgeführt, kann ein **Arbeitnehmer, der sich auf keine kündigungsschutzrechtliche Vorschrift** (KSchG, MuSchG, SGB IX etc.) **berufen kann,** hiergegen nichts unternehmen.

78 Soweit ein Arbeitnehmer Kündigungsschutz genießt, kann er gegen eine **ordentliche Kündigung** oder ordentliche Änderungskündigung Kündigungsschutzklage erheben. Diese Klage ist nicht wegen der rechtskräftigen Entscheidung in dem Verfahren nach § 104 BetrVG unzulässig; ihr fehlt auch nicht das Rechtsschutzbedürfnis. Es gelten hier aber dieselben Erwägungen wie bei einer Kündigungsschutzklage nach der rechtskräftig ersetzten Zustimmung des Betriebsrats zu einer außerordentlichen Kündigung des Mitglieds eines Betriebsverfassungsorgans gem. § 103 BetrVG (s. KR-*Etzel* § 103 BetrVG Rz 137 f.; ebenso: *Fitting* Rz 17; vgl. auch DKK-*Kittner* Rz 10; **aA** GK-*Raab* Rz 25). Das heißt: Die im Beschlussverfahren nach § 104 BetrVG rechtskräftig getroffene Entscheidung, dem Arbeitgeber die Entlassung oder Versetzung aufzugeben, hat – wie auch in den Fällen des § 103 BetrVG (s. KR-*Etzel* § 103 BetrVG Rz 139 ff.) – für die im Beschlussverfahren beteiligten Parteien des Kündigungsschutzprozesses (Arbeitnehmer und Arbeitgeber) **präjudizielle Wirkung:** Das ArbG ist im Kündigungsschutzprozess grds. an die im Beschlussverfahren getroffene, allerdings nicht in Rechtskraft erwachsene Feststellung gebunden, dass die ordentliche Kündigung bzw. – hinsichtlich der Versetzung – die Entfernung des Arbeitnehmers von seinem bisherigen Arbeitsplatz sozial gerechtfertigt ist (ebenso APS-*Linck* Rz 38). Wegen dieser Präjudizwirkung kann der Arbeitnehmer im Kündigungsschutzprozess die unrichtige Entscheidung der Vorfrage (soziale Rechtfertigung der Kündigung bzw. Entfernung vom bisherigen Arbeitsplatz) nur dann geltend machen, wenn er Tatsachen vorträgt, die im Beschlussverfah-

ren noch nicht berücksichtigt werden konnten, weil sie erst nach der letzten Verhandlung im Vorverfahren, in der sie hätten geltend gemacht werden können, entstanden sind, zB Wiederherstellung des Betriebsfriedens oder Wegfall der Umstände, die eine Wiederholungsgefahr begründeten; hingegen kann sich der Arbeitnehmer nicht auf solche Tatsachen stützen, die er in dem früheren Verfahren erfolglos geltend gemacht hat oder hätte geltend machen können (sog. **Präklusionswirkung;** vgl. *Galperin/Löwisch* Rz 19; HSWG-*Schlochauer* Rz 20; s. im Übrigen KR-*Etzel* § 103 BetrVG Rz 139). Zur Rechtslage, wenn der Arbeitnehmer in dem Beschlussverfahren nach § 104 BetrVG nicht beteiligt war, gelten die Ausführungen zu § 103 Rz 140 f. entsprechend.

Hat der Arbeitgeber eine ihm rechtskräftig aufgegebene **außerordentliche Kündigung** ausgesprochen, kann der Arbeitnehmer hiergegen Klage erheben, ist aber wegen der Präjudizwirkung der rechtskräftigen Entscheidung nach § 104 BetrVG (s. Rz 78) im Kündigungsrechtsstreit mit der Behauptung ausgeschlossen, dass im Zeitpunkt der letzten Verhandlung im Beschlussverfahren die außerordentliche Kündigung nicht gerechtfertigt gewesen sei; jedoch kann der Arbeitnehmer einwenden, dass der Arbeitgeber sein Kündigungsrecht verwirkt habe, wenn er die Kündigung nicht innerhalb von zwei Wochen nach Eintritt der Rechtskraft der gerichtlichen Entscheidung erklärt. Spricht der Arbeitgeber nur eine ordentliche Kündigung aus, kann der Arbeitnehmer zwar gegen diese ordentliche Kündigung Klage erheben, jedoch steht auch für diesen Kündigungsrechtsstreit aufgrund der Präjudizwirkung der Entscheidung des Vorverfahrens fest, dass im Zeitpunkt der letzten Verhandlung im Beschlussverfahren die außerordentliche Kündigung berechtigt war, was im Regelfalle zur sozialen Rechtfertigung der ordentlichen Kündigung ausreicht. 79

Spricht der Arbeitgeber **statt einer rechtskräftig aufgegebenen Versetzung** oder ordentlichen Kündigung **eine außerordentliche Kündigung** aus, ist die Berechtigung der außerordentlichen Kündigung im Kündigungsschutzprozess in vollem Umfang nachprüfbar (vgl. auch GK-*Raab* § 104 Rz 25). 80

Erklärt der Arbeitgeber statt einer rechtskräftig aufgegebenen Versetzung **eine ordentliche Kündigung,** kann zwar der Arbeitnehmer, der Kündigungsschutz genießt, hiergegen Kündigungsschutzklage erheben, jedoch ist im Kündigungsrechtsstreit die Berechtigung der ordentlichen Kündigung nicht in vollem Umfang nachprüfbar (**aA** GK-*Raab* aaO); vielmehr steht aufgrund der Präjudizwirkung der Entscheidung des Vorverfahrens unangreifbar fest, dass im Zeitpunkt der letzten Verhandlung des Beschlussverfahrens die Entfernung des Arbeitnehmers von seinem bisherigen Arbeitsplatz sachlich berechtigt war (vgl. Rz 78), was in vielen Fällen zur sozialen Rechtfertigung der Kündigung ausreichen dürfte. 81

5. Versetzung oder Kündigung trotz rechtskräftiger Abweisung des Versetzungs- oder Entlassungsverlangens des Betriebsrats

Ist das Versetzungs- oder Entlassungsverlangen des Betriebsrats rechtskräftig abgewiesen worden, hindert die Rechtskraft der Entscheidung den Arbeitgeber nicht, nunmehr trotzdem eine Kündigung oder Versetzung zu erklären. Denn die Voraussetzungen für eine sozial gerechtfertigte oder außerordentliche Kündigung (§ 1 KSchG, § 626 BGB) bzw. für eine rechtmäßige Versetzung können auch dann erfüllt sein, wenn der Tatbestand des § 104 BetrVG verneint wird. Die **soziale Rechtfertigung** einer ordentlichen Kündigung oder die Berechtigung einer außerordentlichen Kündigung oder Versetzung ist **nur eine von mehreren Voraussetzungen** des § 104 BetrVG (s. Rz 8 ff.). 82

Erklärt der Arbeitgeber die vom Betriebsrat geforderte Kündigung oder Versetzung ist eine **nochmalige Anhörung oder Zustimmung** des Betriebsrats (§§ 99, 102, 103 BetrVG) **nicht erforderlich,** da die Zustimmung zu der Maßnahme in der entsprechenden Forderung des Betriebsrats liegt, auch wenn das Gericht diese Forderung unter dem Gesichtspunkt des § 104 BetrVG für unberechtigt angesehen hat. 83

§ 105 Leitende Angestellte
Eine beabsichtigte Einstellung oder personelle Veränderung eines in § 5 Abs. 3 genannten leitenden Angestellten ist dem Betriebsrat rechtzeitig mitzuteilen.

Literatur

– bis 2004 vgl. KR-Vorauflage –

§ 105 BetrVG   Leitende Angestellte

Inhaltsübersicht

		Rz			Rz
I.	Einleitung	1, 2	1.	Inhalt	25–27
	1. Entstehungsgeschichte	1	2.	Form und Zeitpunkt	28–30
	2. Zweck der Vorschrift	2	3.	Adressat	31, 32
II.	Voraussetzungen für die Anwendung		4.	Stellungnahme des Betriebsrats	33
	des § 105 BetrVG	3–19	5.	Schweigepflicht des Betriebsrats	34
	1. Leitender Angestellter	3–16	6.	Irrtum über die Notwendigkeit	
	2. Vorhandensein und Funktions-			einer Anhörung nach	
	fähigkeit eines Betriebsrats	17–19		§§ 99 ff. BetrVG	35–37a
III.	Gegenstand der Mitteilungspflicht	20–24	V.	Verletzung der Mitteilungspflicht	38–40
IV.	Mitteilung der personellen Maßnahme	25–37a			

I. Einleitung

1. Entstehungsgeschichte

1 **§ 105 BetrVG stimmt sinngemäß völlig mit § 65 BetrVG 1952 überein**, der lautete: »Vor Einstellungen und personellen Veränderungen der in § 4 Abs. 2 Buchst. c) genannten Personen ist dem Betriebsrat rechtzeitig Mitteilung zu machen.« In § 4 Abs. 2 Buchst. c) BetrVG 1952 waren die leitenden Angestellten aufgeführt. In sämtlichen Gesetzesentwürfen zum BetrVG 1972 war keine inhaltliche Änderung des § 65 BetrVG 1952 vorgesehen.

2. Zweck der Vorschrift

2 Die Mitwirkungsrechte des Betriebsrats in personellen Angelegenheiten (§§ 92–104 BetrVG) finden auf leitende Angestellte keine Anwendung. Daher kann nur durch eine Mitteilungspflicht des Arbeitgebers nach § 105 BetrVG gewährleistet werden, dass der Betriebsrat **Kenntnis von personellen Veränderungen bei leitenden Angestellten** erhält. Mit der Mitteilungspflicht werden zwei Zwecke verfolgt: Einmal soll der Betriebsrat erfahren, wie die Führungsaufgaben im Unternehmen verteilt sind, damit er weiß, an wen er sich in einer bestimmten Angelegenheit zu wenden hat; zum anderen soll der Betriebsrat aber auch Gelegenheit erhalten, aus der Sicht der Belegschaft Bedenken gegen eine personelle Maßnahme im Bereich der leitenden Angestellten geltend zu machen (vgl. *Galperin/Löwisch* Rz 1). Der Schutz der leitenden Angestellten selbst gegenüber dem Arbeitgeber wird vom Sprecherausschuss der leitenden Angestellten wahrgenommen (vgl. hierzu *Bauer* BB 1991, 274).

II. Voraussetzungen für die Anwendung des § 105 BetrVG

1. Leitender Angestellter

3 Die Vorschrift gilt nur für leitende Angestellte iSd § 5 Abs. 3 BetrVG, **nicht** aber **für Personen nach § 5 Abs. 2 BetrVG**, die nicht als Arbeitnehmer iSd BetrVG gelten. Für den Personenkreis des § 5 Abs. 2 BetrVG können sich aber Mitteilungspflichten des Arbeitgebers über personelle Veränderungen aus dem Grundsatz der vertrauensvollen Zusammenarbeit zwischen Arbeitgeber und Betriebsrat (§ 2 Abs. 1 BetrVG) ergeben (*Fitting* Rz 2; *Galperin/Löwisch* Rz 2; einschränkend auf die Personen nach § 5 Abs. 2 Nr. 1 und 2 BetrVG: GK-*Raab* § 104 Rz 4).

4 Leitender Angestellter iSd § 5 Abs. 3 BetrVG ist ein Angestellter, der die **Voraussetzungen einer der Tatbestandsgruppen des § 5 Abs. 3 Nr. 1–3 BetrVG** erfüllt. Die frühere Rechtsprechung, dass darüber hinaus auch noch bestimmte Merkmale eines Oberbegriffs des leitenden Angestellten erfüllt sein müssten (grundlegend: *BAG* 5.3.1974 EzA § 5 BetrVG 1972 Nr. 7), hat das BAG später ausdrücklich aufgegeben (*BAG* 29.1.1980 EzA § 5 BetrVG 1972 Nr. 35). In den Fällen des § 5 Abs. 3 Nr. 1–2 BetrVG (zur selbständigen Einstellung und Entlassung von im Betrieb oder in der Betriebsabteilung beschäftigten Arbeitnehmern berechtigte Angestellte oder Angestellte mit Generalvollmacht oder Prokura, wobei die Prokura auch im Verhältnis zum Arbeitgeber nicht unbedeutend sein darf) verlangt das BAG aber, dass neben den formalen Rechtsbefugnissen auch eine bedeutsame unternehmerische Führungsaufgabe wahrgenommen wird (*BAG* 11.1.1995 EzA § 5 BetrVG 1972 Nr. 58).

5 Problematisch ist vor allem, wie die Merkmale des **§ 5 Abs. 3 Nr. 3 BetrVG** näher zu bestimmen sind. Das gilt auch nach der Gesetzesänderung vom 20.12.1988 (BGBl. I S. 2312), durch die § 5 Abs. 3 Nr. 3 BetrVG neu gefasst wurde. Danach zählt zu den leitenden Angestellten, »wer nach Arbeitsvertrag und

Leitende Angestellte § 105 BetrVG

Stellung im Unternehmen oder im Betrieb regelmäßig Aufgaben wahrnimmt, die für den Bestand und die Entwicklung des Unternehmens oder eines Betriebs von Bedeutung sind und deren Erfüllung besondere Erfahrungen und Kenntnisse voraussetzt, wenn er dabei entweder die Entscheidungen im wesentlichen frei von Weisungen trifft oder sie maßgeblich beeinflusst; dies kann auch bei Vorgaben, insbesondere aufgrund von Rechtsvorschriften, Plänen oder Richtlinien, sowie bei Zusammenarbeit mit anderen leitenden Angestellten gegeben sein«.

Unter Aufgaben, die für den Bestand und die Entwicklung des Unternehmens oder eines Betriebs von Bedeutung sind, sind **unternehmerische (Teil-)Tätigkeiten** zu verstehen (*BAG* 29.1.1980 EzA § 5 BetrVG 1972 Nr. 35). Das heißt: Die Tätigkeit des Angestellten muss **auf die Leitung des Unternehmens oder eines Betriebs bezogen** sein und darf sich nicht nur in reinen Aufsichtsfunktionen erschöpfen. Unternehmerische Tätigkeit bedeutet, dass der Angestellte kraft seiner leitenden Funktion maßgeblichen Einfluss auf die wirtschaftliche, technische, kaufmännische, organisatorische, personelle oder wissenschaftliche Führung des Unternehmens (Betrieb) ausübt und zwar entweder dadurch, dass er selbst die maßgeblichen Entscheidungen trifft oder kraft seiner Schlüsselposition doch Voraussetzungen schafft, an denen die eigentliche Unternehmensführung nicht vorbeigehen kann. Insofern können auch Angestellte mit einer sog. **Stabsfunktion** leitende Angestellte sein, das sind Angestellte, die im Regelfall verbindliche Vorentscheidungen treffen, sei es aufgrund eigener Initiative oder sei es aufgrund Auftrags der Unternehmensleitung, die diese nur insgesamt annehmen oder verwerfen kann (vgl. *BAG* 8.2.1977 EzA § 5 BetrVG 1972 Nr. 27). 6

Die **Interessenpolarität** zur Arbeitnehmerschaft, die das BAG in seiner früheren Rechtsprechung als unabdingbares Merkmal eines leitenden Angestellten ansah (vgl. *BAG* 8.2.1977 EzA § 5 BetrVG 1972 Nr. 27), ist nach neuerer Rechtsprechung zwar ein Indiz für die Eigenschaft eines leitenden Angestellten, aber nicht mehr in jedem Einzelfall selbständig festzustellen. Vielmehr ergibt sich schon aus der festzustellenden unternehmerischen Tätigkeit selbst ein mehr oder weniger ausgeprägter Interessengegensatz zur Arbeitnehmerschaft (*BAG* 29.1.1980 EzA § 5 BetrVG 1972 Nr. 35). 7

Die Aufgabenübertragung muss **besondere Erfahrungen und Kenntnisse** des Angestellten voraussetzen. Ein akademisches Studium oder eine gleichwertige Ausbildung allein sind weder erforderlich noch genügend. »Erfahrungen« liegen mehr auf praktischem Gebiet, »Kenntnisse« können sowohl durch längere Tätigkeit als auch durch Selbststudium oder berufliche Bildung erworben werden. Um »besondere« Erfahrungen und Kenntnisse handelt es sich, wenn sie über den üblichen Rahmen dessen, was für die Ausführung einer »normalen« Angestelltentätigkeit verlangt wird, hinausgehen (vgl. *BAG* 9.12.1975 EzA § 5 BetrVG 1972 Nr. 22). Die besonderen Erfahrungen und Kenntnisse erfordernden Aufgaben müssen dem Angestellten »regelmäßig« übertragen werden. Dabei ist auf die in dem betreffenden Berufskreis bestehende Übung und auf die Kontinuität der Übertragung – im Gegensatz zu nur gelegentlicher Wahrnehmung – abzustellen (vgl. GK-*Raab* § 5 Rz 142 ff.). Die vorübergehende Wahrnehmung der Vertretung eines leitenden Angestellten genügt nicht (*BAG* 23.1.1986 EzA § 5 BetrVG 1972 Nr. 42). 8

Darüber hinaus muss der Angestellte die Entscheidungen im Wesentlichen frei von Weisungen treffen oder sie maßgeblich beeinflussen. Dies erfordert einen **erheblichen Entscheidungsspielraum** (vgl. *BAG* 29.1.1980 EzA § 5 BetrVG 1972 Nr. 35), wobei es unschädlich ist, wenn Vorgaben, insbesondere aufgrund von Rechtsvorschriften, Plänen oder Richtlinien, sowie eine Zusammenarbeit mit anderen leitenden Angestellten gegeben sind. Entscheidend ist nur, dass dem Angestellten ein erheblicher Entscheidungsspielraum verbleibt, mit dem er die Unternehmensführung maßgeblich beeinflussen kann. 8a

Die unternehmerischen Teilaufgaben müssen von dem Angestellten **nach dem Arbeitsvertrag und nach der Stellung** im Unternehmen bzw. Betrieb, dh in der täglichen Praxis und nicht nur gelegentlich wahrgenommen werden. Bei Kündigungen vor Dienstantritt ist nur der noch nicht in Vollzug gesetzte Arbeitsvertrag maßgebend (*LAG Frankf.* 31.5.1985 DB 1985, 2689). 9

Bleiben danach immer noch Zweifel, ob ein Angestellter die Merkmale des § 5 Abs. 3 Nr. 3 BetrVG erfüllt, **gibt § 5 Abs. 4 BetrVG eine Entscheidungshilfe** (*BAG* 22.2.1994 RzK I 4b Nr. 7) Danach ist im Zweifel leitender Angestellter, wer aus Anlass der letzten Wahl des Betriebsrats, des Sprecherausschusses oder von Aufsichtsratsmitgliedern der Arbeitnehmer oder durch rechtskräftige gerichtliche Entscheidung **den leitenden Angestellten zugeordnet** worden ist oder einer **Leitungsebene** angehört, auf der in dem Unternehmen **überwiegend leitende Angestellte** vertreten sind, zB Hauptabteilungsleiter, die der Unternehmensführung unmittelbar unterstellt sind (aus der Voraussetzung, auf der Leitungsebene des Angestellten müssten »überwiegend leitende Angestellte« vertreten sein, ist zu schlie- 9a

Etzel 1343

ßen, dass es insoweit auf die bisherige Übung im Betrieb ankommt, auf welchen Leitungsebenen Arbeitnehmer als leitende Angestellte angesehen werden), oder ein regelmäßiges **Jahresarbeitsentgelt** erhält, das für leitende Angestellte in dem Unternehmen üblich ist (auch insoweit kommt es auf die bisherige Übung im Unternehmen an), oder, falls auch im Hinblick auf diese Übung noch Zweifel bleiben, ein regelmäßiges Jahresarbeitsentgelt erhält, das das Dreifache der Bezugsgröße nach § 18 SGB IV überschreitet. Bezugsgröße iSv § 18 SGB IV ist im Jahre 2007 für die alten Bundesländer ein Betrag von 29.400,- Euro jährlich und für die neuen Bundesländer ein Betrag von 25.200,- Euro jährlich; danach muss das regelmäßige Jahresarbeitsentgelt des Angestellten 75.600,- Euro bzw. 74.340,- Euro überschreiten.

10 Die Vereinbarung einer **Probezeit** mit einem leitenden Angestellten ändert nichts an diesem Status, wenn sie dazu dienen soll, seine persönliche Eignung gerade im Hinblick auf die Aufgaben zu erproben, die seine Stellung als leitender Angestellter begründen (*BAG* 25.3.1976 EzA § 5 BetrVG 1972 Nr. 23). In diesem Falle bestehen keine Mitwirkungsrechte des Betriebsrats nach §§ 99, 100–102 BetrVG, sondern nur Mitteilungspflichten des Arbeitgebers nach § 105 BetrVG.

11 Werden hingegen während der Probezeit die (später einmal) die Eigenschaft eines leitenden Angestellten begründenden **Befugnisse temporär eingeschränkt** oder von vornherein vertraglich noch nicht (voll) gegeben, so hat dieser Angestellte in der Probezeit nicht die Stellung eines leitenden Angestellten inne (*BAG* 25.3.1976 EzA § 5 BetrVG 1972 Nr. 23); folglich sind die Mitwirkungsrechte des Betriebsrats nach §§ 99–102 BetrVG gegeben, während § 105 BetrVG keine Anwendung findet (HSWG-*Schlochauer* Rz 4).

12 Die **Einschränkung der Tätigkeit** eines leitenden Angestellten aus Anlass des Auslaufens des Arbeitsverhältnisses ist als Teilsuspendierung zu werten, die an seinem rechtlichen Status als leitendem Angestellten nichts ändert (*BAG* 23.3.1976 EzA § 5 BetrVG 1972 Nr. 25).

13 Wann **im Einzelfall** ein Arbeitnehmer die Voraussetzungen eines leitenden Angestellten iSd § 5 Abs. 3 BetrVG erfüllt, hängt **von den besonderen Umständen des jeweiligen Falles** ab, die einer umfassenden Gesamtwürdigung zu unterziehen sind. Vgl. aus der umfangreichen Rechtsprechung des BAG: *BAG* 19.11.1974 AP Nr. 2 zu § 5 BetrVG 1972 (Hauptabteilungsleiter eines Verkaufsbüros); 17.12.1974 EzA § 5 BetrVG 1972 Nr. 15 (Unternehmensplaner); 28.1.1975 EzA § 5 BetrVG 1972 Nr. 16 (Wirtschaftsprüfer einer Wirtschaftsprüfungsgesellschaft); 19.8.1975 EzA § 102 BetrVG 1972 Nr. 15 (Leiter eines Verbrauchermarktes); 27.10.1978 EzA § 5 BetrVG 1972 Nr. 32 (Vertriebsleiter eines Verlags); 29.1.1980 AP Nr. 23 zu § 5 BetrVG 1972 (Leiter der Koordinationsabteilung für ein von mehreren Unternehmen betriebenes Großprojekt des Flugzeugbaus); 25.10.2001 EzA § 5 BetrVG 1972 Nr. 64 (Zentraleinkäufer eines Warenhausunternehmens); 6.12.2001 EzA § 5 BetrVG 1972 Nr. 65 (Leiter einer Revisionsabteilung in Unternehmen mit zahlreichen Tochterunternehmen); 16.4.2002 EzA § 5 BetrVG 1972 Nr. 66 (Bereichsleiter einer Spielbank).

14 Die Frage, ob ein Arbeitnehmer leitender Angestellter ist, ist wegen der angeführten, mehr oder weniger unbestimmten Abgrenzungsmerkmale oft schwer zu beantworten. Trotzdem können sich Arbeitgeber und Betriebsrat **nicht mit rechtsbegründender Wirkung darüber einigen**, ob ein Angestellter leitender Angestellter ist oder nicht (*Fitting* Rz 1; HSWG-*Schlochauer* Rz 5). Denn § 5 Abs. 3 BetrVG, der die leitenden Angestellten weitgehend von der Anwendung der BetrVG ausschließt, enthält eine **zwingende gesetzliche Regelung** (*BAG* 19.8.1975 EzA § 102 BetrVG 1972 Nr. 15; *Fitting* § 5 Rz 327; HSWG-*Schlochauer* aaO). Es kommt daher allein auf die objektive Rechtslage an, ob jemand leitender Angestellter ist oder nicht (*Fitting* Rz 1). Der Arbeitgeber kann sich nicht auf Rechtsunkenntnis oder Irrtum berufen (DKK-*Kittner* Rz 9). Sind sich Arbeitgeber oder Betriebsrat im unklaren darüber, ob ein Angestellter leitender Angestellter ist oder nicht, kann jeder von ihnen jederzeit – auch wenn kein akuter Streitfall vorliegt – ein arbeitsgerichtliches Beschlussverfahren zur Feststellung des betriebsverfassungsrechtlichen Rechtsstatus des Angestellten einleiten (vgl. *BAG* 19.11.1974 EzA § 5 BetrVG 1972 Nr. 9).

15 Der Einstellung eines leitenden Angestellten iSd § 105 BetrVG steht es gleich, wenn ein »normaler« Angestellter durch Änderung seines Arbeitsvertrages bzw. Versetzung **zum leitenden Angestellten »befördert«** werden soll; deshalb löst dieser Beförderungsvorgang keine Beteiligungsrechte des Betriebsrats nach §§ 99, 100 BetrVG, sondern nur die Mitteilungspflicht des Arbeitgebers nach § 105 BetrVG aus (*BAG* 29.1.1980 AP Nr. 24 zu § 5 BetrVG 1972; *Galperin/Löwisch* Rz 5; GK-*Raab* § 105 Rz 3; HSWG-*Schlochauer* Rz 3; *Richardi/Thüsing* Rz 4).

Leitende Angestellte § 105 BetrVG

Eine personelle Veränderung iSd § 105 BetrVG liegt auch vor, wenn einem leitenden Angestellten **16 Funktionen,** die seiner Tätigkeit die Eigenschaft eines leitenden Angestellten geben, durch Änderungsvertrag, Änderungskündigung, Versetzung oder Widerruf (zB einer Prokura) **entzogen** werden, er also wieder zu einem »normalen« Angestellten herabgestuft wird. Diese Herabstufung unterliegt als Maßnahme, die zum Kernbereich der Unternehmensführung gehört, nicht dem Mitwirkungsrecht des Betriebsrats nach §§ 99, 102 BetrVG, sondern löst nur die Mitteilungspflicht des Arbeitgebers nach § 105 BetrVG aus (*Fitting* Rz 1; *Galperin/Löwisch* Rz 4; *GK-Raab* § 105 Rz 3; HSWG-*Schlochauer* Rz 3).

2. Vorhandensein und Funktionsfähigkeit eines Betriebsrats

Die Mitteilungspflichten des Arbeitgebers nach § 105 BetrVG setzen voraus, dass in dem Betrieb ein **17 Betriebsrat besteht.** Ein aus einer nichtigen »Wahl« hervorgegangener »Betriebsrat« ist ein Nicht-Betriebsrat (*Richardi/Thüsing* § 19 Rz 77), der keinen Vertrauensschutz für sich in Anspruch nehmen kann (BAG 27.4.1976 EzA § 19 BetrVG 1972 Nr. 8), dem gegenüber also auch keine Mitteilungspflichten des Arbeitgebers bestehen. Ist hingegen die Betriebsratswahl nur angefochten, ist der Betriebsrat bis zur Rechtskraft einer der Anfechtung stattgebenden gerichtlichen Entscheidung als rechtlich existent anzusehen (vgl. *Richardi/Thüsing* § 19 Rz 62 mwN); ihm gegenüber hat der Arbeitgeber die Mitteilungspflicht zu erfüllen.

Wenn der **Betriebsrat funktionsunfähig** (s. KR-*Etzel* § 102 BetrVG Rz 24 ff.) ist (zB alle Betriebsratsmit- **18** glieder und Ersatzmitglieder befinden sich im Urlaub), hat der Arbeitgeber keinen Adressaten, dem er Mitteilungen nach § 105 BetrVG machen kann. In diesem Fall entfällt eine Mitteilungspflicht des Arbeitgebers nach § 105 BetrVG (ebenso: GK-*Raab* § 105 Rz 5). Aus dem Grundsatz der vertrauensvollen Zusammenarbeit zwischen Arbeitgeber und Betriebsrat (§ 2 Abs. 1 BetrVG) folgt jedoch, dass der Arbeitgeber die Mitteilung nach § 105 BetrVG nachholen muss, sobald der Betriebsrat wieder funktionsfähig ist, selbst wenn der Arbeitgeber bis dahin die personelle Maßnahme bereits durchgeführt hat (vgl. GK-*Raab* aaO). Auch in diesem Zusammenhang ist darauf hinzuweisen, dass der Betriebsrat während eines Arbeitskampfes nicht funktionsunfähig ist und demgemäß die Mitteilungspflichten des Arbeitgebers nach § 105 BetrVG in vollem Umfang bestehen bleiben (*Heinze* S. 288; **aA** *Galperin/Löwisch* § 74 Rz 13).

Ist im Betrieb **kein Betriebsrat vorhanden,** tritt an seine Stelle kein anderes Organ, demgegenüber der **19** Arbeitgeber die Mitteilung nach § 105 BetrVG machen könnte. Die Anwendung des § 105 BetrVG entfällt in diesem Falle ersatzlos.

III. Gegenstand der Mitteilungspflicht

Mitzuteilen sind dem Betriebsrat die beabsichtigte **Einstellung oder personelle Veränderung** eines **20** leitenden Angestellten iSd § 5 Abs. 3 BetrVG.

Unter »**Einstellung**« ist sowohl der Abschluss eines auf Beschäftigung im Betrieb gerichteten Arbeits- **21** vertrages als auch die Arbeitsaufnahme und damit die tatsächliche Eingliederung in den Betrieb zu verstehen. Falls beide Maßnahmen zeitlich auseinander fallen, ist die zeitlich erste Maßnahme des Arbeitgebers als Einstellung anzusehen (*Fitting* § 99 Rz 32; GK-*Kraft/Raab* § 99 Rz 22; **aA** *Galperin/Löwisch* § 99 Rz 10, 11 – nur tatsächliche Eingliederung in den Betrieb maßgebend –; HSWG-*Schlochauer* Rz 12).

Unter »personeller Veränderung« sind neben der Einstellung zunächst die weiteren im Gesetz genann- **22** ten personellen Maßnahmen zu verstehen, nämlich **Eingruppierung, Umgruppierung, Versetzung oder Kündigung** (verneinend für Eingruppierung und Umgruppierung: *Richardi/Thüsing* Rz 5). Eingruppierung oder Umgruppierung eines leitenden Angestellten dürften allerdings nur selten in Betracht kommen, weil die Eingruppierung oder Umgruppierung ein tarifliches oder betriebsübliches Entgeltschema voraussetzt, in das der Arbeitnehmer eingeordnet wird (vgl. *Richardi/Thüsing* § 99 Rz 62; *Fitting* § 99 Rz 73; *Galperin/Löwisch* § 99 Rz 30; GK-*Kraft/Raab* § 99 Rz 41). Ein solches Entgeltschema dürfte für leitende Angestellte nur in Ausnahmefällen bestehen, weil das Entgelt für leitende Angestellte in aller Regel durch individuelle Vereinbarung festgelegt wird, die nicht als Eingruppierung angesehen werden kann (*Richardi/Thüsing* § 99 Rz 69; *Galperin/Löwisch* aaO; vgl. auch GK-*Raab* § 105 Rz 7).

Zu den »personellen Veränderungen« iSd § 105 BetrVG gehören nicht nur die im Gesetz genannten **23** personellen Maßnahmen, sondern **jede Veränderung des Aufgabenbereichs** des leitenden Angestellten innerhalb der Organisation des Unternehmens oder Betriebs (*Richardi/Thüsing* Rz 5; *Fitting* Rz 4;

Galperin/Löwisch Rz 4; *GK-Raab* § 105 Rz 8; *HSWG-Schlochauer* Rz 10), auch wenn es sich hierbei nicht um eine Versetzung handelt. Zu solchen Veränderungen des Aufgabenbereichs gehören zB die Erteilung oder der Widerruf einer Generalvollmacht oder Prokura (*Richardi/Thüsing* Rz 7; *HSWG-Schlochauer* aaO). Der Sinn der Mitteilungspflicht über diese personellen Veränderungen liegt darin, den Betriebsrat darüber zu unterrichten, welche Führungsaufgaben der einzelne leitende Angestellte innerhalb des Unternehmens wahrnimmt, damit der Betriebsrat weiß, an wen er sich zu wenden hat, wenn er in einer bestimmten Angelegenheit eine Erörterung mit dem Unternehmen wünscht oder Fragen stellen oder Gegenvorstellungen erheben will (*Richardi/Thüsing* Rz 6). Aus diesem Sinn der Mitteilungspflicht folgt zugleich, dass bloße Änderungen des Arbeitsvertrages eines leitenden Angestellten, zB Gehaltserhöhungen oder die Neuregelung des Urlaubs, dem Betriebsrat nicht mitzuteilen sind (HSWG-*Schlochauer* aaO; vgl. auch *Richardi/Thüsing* Rz 5).

24 § 105 BetrVG gilt **nur für vom Arbeitgeber beabsichtigte Maßnahmen,** wozu zB auch der vom Arbeitgeber veranlassten Abschluss eines Auflösungsvertrages über das Arbeitsverhältnis gehört; nicht hingegen erfasst § 105 BetrVG von dem leitenden Angestellten beabsichtigte und getroffene Maßnahmen, zB Kündigung des Arbeitsverhältnisses durch den Angestellten (APS-*Linck* Rz 3; *Galperin/Löwisch* Rz 2; HSWG-*Schlochauer* Rz 2; **aA** DKK-*Kittner* Rz 5; *Fitting* Rz 4). Jedoch kann der Arbeitgeber aufgrund des Gebots der vertrauensvollen Zusammenarbeit mit dem Betriebsrat (§ 2 Abs. 1 BetrVG) verpflichtet sein, den Betriebsrat über von dem leitenden Angestellten ausgehende personelle Veränderungen zu unterrichten (vgl. *Galperin/Löwisch* aaO; HSWG-*Schlochauer* aaO).

IV. Mitteilung der personellen Maßnahme

1. Inhalt

25 Vor einer **Einstellung** hat der Arbeitgeber den Betriebsrat über die **Person des Bewerbers und seine künftige Funktion** innerhalb der Organisation des Betriebes zu unterrichten (*Richardi/Thüsing* Rz 11; GK-*Raab* § 105 Rz 6; HSWG-*Schlochauer* Rz 11). Zu den Angaben über die Person des Bewerbers gehören dessen Personalien, nämlich Vor- und Zuname, Geburtsdatum und Geburtsort, Anschrift und Familienstand, hingegen nicht Angaben über den Gesundheitszustand des Bewerbers, seinen bisherigen beruflichen Werdegang sowie sonstige persönliche Verhältnisse (*Galperin/Löwisch* Rz 5; GK-*Raab* aaO; HSWG-*Schlochauer* aaO; **aA** offenbar *Fitting* Rz 5). Diese Beschränkung der Mitteilungspflicht gegenüber der Unterrichtungspflicht nach § 99 BetrVG folgt daraus, dass dem Betriebsrat keine Mitwirkungsrechte bei der Einstellung eines leitenden Angestellten zustehen und deshalb ein berechtigtes Interesse des Betriebsrats an der Kenntnis der persönlichen Verhältnisse eines leitenden Angestellten zu verneinen ist, es vielmehr für die Wahrnehmung der Betriebsratsaufgaben genügt, wenn der Betriebsrat die Identität des leitenden Angestellten und seinen Aufgabenbereich kennt. Deshalb braucht der Arbeitgeber außer den Angaben über die Funktion des Angestellten innerhalb der Betriebsorganisation auch keine weiteren Einzelheiten des Anstellungsvertrages mitzuteilen (*Richardi/Thüsing* aaO; GK-*Raab* aaO; HSWG-*Schlochauer* aaO). Zu der mitzuteilenden Funktion des Angestellten gehört auch seine Stellung in der Betriebshierarchie (GK-*Raab* aaO). Der Arbeitgeber hat den Betriebsrat nur über die Person und die künftigen Aufgaben des Bewerbers zu unterrichten, den er einstellen will, braucht hingegen keine Angaben über die Mitbewerber zu machen.

26 Bei Eingruppierungen, Umgruppierungen, Versetzungen oder einer sonstigen **Veränderung des Aufgabenbereichs** eines leitenden Angestellten hat der Arbeitgeber den Betriebsrat über den neuen Aufgabenbereich und die künftige Stellung des leitenden Angestellten in der Betriebshierarchie und in der Vertretung des Unternehmens nach außen (zB Erteilung oder Widerruf von Prokura oder Generalvollmacht) sowie – bei evtl. Eingruppierungen oder Umgruppierungen – über die Einordnung in eine bestimmte (betriebsübliche) Vergütungsgruppe zu unterrichten. Weitere Einzelheiten, insbesondere Änderungen des Arbeitsvertrages, braucht der Arbeitgeber nicht mitzuteilen.

27 Bei einer **Kündigung** hat der Arbeitgeber dem Betriebsrat die **Art der Kündigung und den Kündigungstermin, nicht jedoch die Kündigungsgründe** mitzuteilen, beim Abschluss eines Auflösungsvertrages nur die Tatsache der einvernehmlichen Auflösung und den Zeitpunkt der Beendigung des Arbeitsverhältnisses.

2. Form und Zeitpunkt

28 Die Unterrichtung des Betriebsrats kann **formlos** erfolgen; um Missverständnisse auszuschließen und zur Beweissicherung ist jedoch eine schriftliche Unterrichtung des Betriebsrats zu empfehlen.

Der Betriebsrat ist »**rechtzeitig**« vor der beabsichtigten Maßnahme zu unterrichten. Rechtzeitig ist die Unterrichtung nur, wenn der Betriebsrat nach der Unterrichtung noch Gelegenheit hat, gegen die beabsichtigte Maßnahme vor deren Durchführung Gegenvorstellungen oder Bedenken zu erheben. Denn darin liegt unter anderem auch der Sinn der Mitteilungspflicht des Arbeitgebers (*Richardi/Thüsing* Rz 12; *Fitting* Rz 6; GK-*Raab* § 105 Rz 10; HSWG-*Schlochauer* Rz 12). In Anlehnung an die Stellungnahmefristen in § 99 Abs. 3 BetrVG und § 102 Abs. 2 BetrVG wird man es für ausreichend, im Allgemeinen aber auch für erforderlich ansehen müssen, dass der Arbeitgeber den Betriebsrat **spätestens eine Woche vor der geplanten Durchführung der Maßnahme** unterrichtet (aA GK-*Raab* aaO). 29

Bei Einstellungen ist der Betriebsrat daher grds. spätestens eine Woche vor dem geplanten Abschluss des Arbeitsvertrages zu unterrichten (in diesem Sinne, aber ohne Festlegung auf einen bestimmten Zeitraum: *Fitting* Rz 6; aA *Richardi/Thüsing* Rz 13; *Galperin/Löwisch* Rz 8). Eine nachträgliche Unterrichtung des Betriebsrats nach Abschluss des Arbeitsvertrags verstößt auch dann gegen § 105 BetrVG, wenn Arbeitgeber und Bewerber ein schutzwürdiges Interesse an der Geheimhaltung ihrer Vertragsverhandlungen haben (aA GK-*Raab* § 105 Rz 11). Denn in diesem Falle trifft auch den Betriebsrat eine **Geheimhaltungspflicht** (ebenso: *Fitting* aaO; *Weiss/Weyand* Rz 4). Haben nämlich Arbeitgeber und Stellenbewerber ein schutzwürdiges Interesse an der Geheimhaltung ihrer Vertragsverhandlungen, sind diese Vertragsverhandlungen bis zum Abschluss des Anstellungsvertrages als Betriebsgeheimnis anzusehen, über die der Betriebsrat Stillschweigen zu wahren hat, wenn der Arbeitgeber sie ausdrücklich als geheimhaltungsbedürftig bezeichnet (§ 79 BetrVG). Zumindest aber ergibt sich eine Schweigepflicht des Betriebsrats aus dem Gebot der vertrauensvollen Zusammenarbeit zwischen Arbeitgeber und Betriebsrat (§ 2 Abs. 1 BetrVG), wenn der Arbeitgeber die Vertragsverhandlungen als geheimhaltungsbedürftig bezeichnet. In diesem Fall bleibt es dem Betriebsrat unbenommen, sich aus allgemein zugänglichen Quellen (zB Zeitungen) und bei dem Bewerber selbst über dessen Person zu unterrichten, er kann auch aus den übermittelten Personalien allein (zB Alter des Bewerbers) Bedenken gegen den Bewerber herleiten. Daher hat die Unterrichtung des Betriebsrats unter Aufrechterhaltung der Geheimhaltung der Vertragsverhandlungen auch durch den Betriebsrat durchaus ihren Sinn, selbst wenn dem Betriebsrat wegen der Notwendigkeit der Geheimhaltung nicht die Möglichkeit einzuräumen ist, sich bei dem Betriebsrat des Betriebs zu erkundigen, dem der Angestellte noch angehört! 30

3. Adressat

Der Arbeitgeber hat die beabsichtigte personelle Maßnahme **dem Betriebsrat oder** einem nach den §§ 27, 28 BetrVG für personelle Angelegenheiten zuständigen **Ausschuss** des Betriebes mitzuteilen, in dem die leitende Angestellte beschäftigt ist oder eingestellt werden soll. Erstreckt sich die Tätigkeit des leitenden Angestellten auf mehrere Betriebe, sind die Betriebsräte der betreffenden Betriebe zu unterrichten (*Galperin/Löwisch* Rz 3; HSWG-*Schlochauer* Rz 13). Der Gesamtbetriebsrat oder der Konzernbetriebsrat sind nur dann zu unterrichten, wenn der leitende Angestellte Funktionen nur im Unternehmens- oder Konzernbereich wahrnimmt (*Galperin/Löwisch* aaO; HSWG-*Schlochauer* aaO; aA APS-*Linck* Rz 5; *Richardi/Thüsing* Rz 15; GK-*Raab* § 105 Rz 5). 31

Die Mitteilung des Arbeitgebers ist **an den Vorsitzenden** bzw. den stellvertretenden Vorsitzenden **des jeweiligen Gremiums** zu richten (vgl. § 26 Abs. 3 S. 2 BetrVG). 32

4. Stellungnahme des Betriebsrats

Der Betriebsrat kann gegen die vom Arbeitgeber beabsichtigte Maßnahme **Bedenken** anmelden oder **Gegenvorstellungen** erheben. Der Arbeitgeber ist aufgrund des Gebotes der vertrauensvollen Zusammenarbeit mit dem Betriebsrat (§ 2 Abs. 1 BetrVG) verpflichtet, die Bedenken und Gegenvorstellungen des Betriebsrats anzuhören; er ist jedoch nicht verpflichtet, die Angelegenheit mit dem Betriebsrat zu erörtern, auf die Bedenken und Gegenvorstellungen des Betriebsrats (mündlich oder schriftlich) einzugehen oder gar von der personellen Maßnahme Abstand zu nehmen (*Galperin/Löwisch* Rz 6; HSWG-*Schlochauer* Rz 1). Forderte man – wie es *Fitting* (Rz 7) und *Richardi/Thüsing* (Rz 9) verlangen –, dass der Arbeitgeber auf die Bedenken und Gegenvorstellungen des Betriebsrats sachlich eingeht, würde dies praktisch auf ein Erörterungs- oder Beratungsrecht des Betriebsrats hinauslaufen, das das Gesetz dem Betriebsrat in § 105 BetrVG gerade nicht einräumt. 33

5. Schweigepflicht des Betriebsrats

34 § 105 BetrVG enthält keine dem § 99 Abs. 1 S. 3, § 102 Abs. 2 S. 5 BetrVG entsprechende Vorschrift, die die Betriebsratsmitglieder verpflichtet, über die ihnen im Rahmen der personellen Maßnahmen des Arbeitgebers bekannt gewordenen persönlichen Verhältnisse und Angelegenheiten der Arbeitnehmer, die ihrer Bedeutung oder ihrem Inhalt nach einer vertraulichen Behandlung bedürfen, Stillschweigen zu bewahren. Jedoch sind die Betriebsratsmitglieder verpflichtet, **Betriebs- oder Geschäftsgeheimnisse,** die ihnen im Zusammenhang mit der Mitteilung des Arbeitgebers nach § 105 BetrVG bekannt werden und die der Arbeitgeber ausdrücklich als geheimhaltungsbedürftig bezeichnet, nach Maßgabe des § 79 BetrVG nicht zu offenbaren und zu verwerten. Eine Schweigepflicht der Betriebsratsmitglieder ist aufgrund des Gebotes der vertrauensvollen Zusammenarbeit zwischen Arbeitgeber und Betriebsrat (§ 2 Abs. 1 BetrVG) auch hinsichtlich solcher Umstände zu bejahen, **an deren Geheimhaltung der Arbeitgeber ein schutzwürdiges Interesse hat** und die er gegenüber dem Betriebsrat als geheimhaltungsbedürftig bezeichnet, zB wenn er den Betriebsrat frühzeitig von der beabsichtigten Entlassung eines leitenden Angestellten bzw. dem Abschluss eines Aufhebungsvertrages unterrichtet und hierbei erklärt, dies sei geheimhaltungsbedürftig.

6. Irrtum über die Notwendigkeit der Anhörung nach §§ 99 ff. BetrVG

35 Hält der Arbeitgeber einen Angestellten irrtümlich für einen leitenden Angestellten und macht er deshalb dem Betriebsrat bei einer personellen Maßnahme nur die nach § 105 BetrVG erforderlichen Angaben, die nicht für eine ordnungsgemäße Unterrichtung iSv § 99 Abs. 1 oder § 102 Abs. 1 BetrVG ausreichen, kann der Betriebsrat in den Fällen des § 99 BetrVG die **Aufhebung der personellen Maßnahme** (Einstellung, Versetzung, Eingruppierung, Umgruppierung) verlangen (§ 101 BetrVG), während im Falle des § 102 BetrVG die **Kündigung unwirksam** ist. Dies gilt selbst dann, wenn auch der Betriebsrat die Rechtslage verkannt hat und er und der Arbeitgeber einverständlich davon ausgingen, dass es sich bei dem Angestellten um einen leitenden Angestellten handele. Denn für die Anwendbarkeit oder Nichtanwendbarkeit des § 105 BetrVG ist allein die objektive Rechtslage maßgebend (s. Rz 14).

36 Gehen nicht nur Arbeitgeber und/oder Betriebsrat, sondern auch der Angestellte davon aus, dass er leitender Angestellter ist, so hindert ihn das gleichwohl nicht, im Kündigungsschutzprozess geltend zu machen, er gehöre nicht zu den leitenden Angestellten iSd § 5 Abs. 3 BetrVG und deshalb sei die Kündigung wegen Verstoßes gegen § 102 BetrVG unwirksam. In diesem Falle ist **im Kündigungsschutzprozess als Vorfrage** zu prüfen, ob der Arbeitnehmer leitender Angestellter iSd § 5 Abs. 3 BetrVG ist (*BAG* 19.8.1975 EzA § 105 BetrVG 1972 Nr. 16; *GK-Raab* § 105 Rz 13; *HSWG-Schlochauer* Rz 6). Der Arbeitgeber trägt insoweit die Darlegungs- und Beweislast dafür, dass der Arbeitnehmer leitender Angestellter ist, wenn er geltend macht, er habe den Betriebsrat deshalb nicht nach § 102 BetrVG anhören müssen.

36a Die Berufung des Arbeitnehmers auf § 102 BetrVG ist allerdings **rechtsmissbräuchlich,** wenn er selbst den Arbeitgeber veranlasst hat, dem Betriebsrat nicht die vollständigen Kündigungsgründe iSv § 102 Abs. 1 BetrVG, sondern nur die Information nach § 105 BetrVG mitzuteilen; in einem solchen Falle macht eine nach § 102 BetrVG unzureichende Unterrichtung des Betriebsrats die Kündigung nicht unwirksam (vgl. *Richardi/Thüsing* § 102 Rz 133; *Galperin/Löwisch* § 102 Rz 47; weitergehend: *GK-Raab* § 105 Rz 13, der Rechtsmissbrauch bereits annimmt, wenn der Arbeitnehmer sich vor der Kündigung stets als leitender Angestellter geriert hat).

37 Beruft sich der Arbeitgeber in seiner Mitteilung an den Betriebsrat auf die Vorschrift des § 105 BetrVG oder gibt er zu erkennen, dass er den Arbeitnehmer für einen leitenden Angestellten hält, oder sind Arbeitgeber und Betriebsrat in der Vergangenheit bei dem betreffenden Arbeitnehmer stets von dem Rechtsstatus eines leitenden Angestellten ausgegangen oder weiß der Arbeitgeber, dass der Betriebsrat sich im unklaren darüber ist, ob der Arbeitnehmer ein leitender Angestellter ist, oder ihn gar für einen leitenden Angestellten hält, dann ist die Mitteilung des Arbeitgebers an den Betriebsrat über eine personelle Maßnahme aus Gründen der Rechtsklarheit zunächst nur als Mitteilung nach § 105 BetrVG anzusehen, wenn sie nicht ausdrücklich als Unterrichtung nach § 99 oder § 102 BetrVG bezeichnet wird. Eine solche Mitteilung nach § 105 BetrVG kann aber dann **in die Einleitung eines Mitwirkungsverfahrens nach § 99 oder § 102 BetrVG umgedeutet** werden, wenn die Mitteilung alle nach § 99 oder § 102 BetrVG notwendigen Angaben enthält und der Arbeitgeber dem Betriebsrat eindeutig zu erkennen gibt, dass er nicht nur eine Mitteilung nach § 105 BetrVG bezweckt, sondern zugleich – zumindest vorsorglich – auch das Mitwirkungsverfahren nach § 99 oder § 102 BetrVG einleiten will.

Das ist zur Vermeidung von Unklarheiten nötig. So genügen die Mitteilungen der Kündigungsabsicht und der Kündigungsgründe im Rahmen einer Mitteilung des Arbeitgebers nach § 105 BetrVG allein noch nicht für die Einleitung des Anhörungsverfahrens nach § 102 BetrVG; denn dann ist nicht von der Hand zu weisen, dass der Betriebsrat aus der Mitteilung des Arbeitgebers nach § 105 BetrVG entnimmt, dieser wolle nur über die Kündigung eines leitenden Angestellten unterrichten, und deshalb nicht über die Kündigung und die Kündigungsgründe berät. Fordert der Arbeitgeber hingegen den Betriebsrat – wenn auch nur vorsorglich – ausdrücklich zur Stellungnahme auf, dann ist der Betriebsrat zur Mitwirkung aufgerufen und eine Umdeutung der Mitteilung nach § 105 BetrVG in eine Anhörung nach § 102 BetrVG möglich (vgl. *BAG* 26.5.1977 EzA § 102 BetrVG 1972 Nr. 29). Gibt der Arbeitgeber bei der Mitteilung der personellen Maßnahme nach § 105 BetrVG nicht eindeutig zu erkennen, dass er (auch) ein Mitwirkungsverfahren nach § 99 oder § 102 BetrVG einleiten will, ist eine Umdeutung der Mitteilung nach § 105 BetrVG in die Einleitung eines Mitwirkungsverfahrens nach § 99 oder § 102 BetrVG nicht möglich (vgl. *BAG* 7.12.1979 EzA § 102 BetrVG 1972 Nr. 42; DKK-*Kittner* Rz 10).

In Zweifelsfällen ist dem Arbeitgeber die **vorsorgliche Anhörung** nach § 102 BetrVG anzuraten, um 37a eine Unwirksamkeit der Kündigung wegen Verstoßes gegen § 102 BetrVG zu vermeiden. Allerdings wird dadurch für den Betriebsrat die Möglichkeit eines Widerspruchs nach § 102 Abs. 3 BetrVG eröffnet, auf den der Arbeitnehmer ggf. einen Anspruch auf Weiterbeschäftigung nach § 102 Abs. 5 BetrVG stützen kann (*Becker* ZIP 1981, 1174). Von dieser Weiterbeschäftigungspflicht kann sich der Arbeitgeber nach § 102 Abs. 5 S. 2 BetrVG entbinden lassen, wenn er im einstweiligen Verfügungsverfahren glaubhaft macht, dass der Arbeitnehmer leitender Angestellter und der Widerspruch demgemäß nicht ordnungsgemäß erhoben ist (vgl. KR-*Etzel* § 102 BetrVG Rz 232).

V. Verletzung der Mitteilungspflicht

Verletzt der Arbeitgeber seine Mitteilungspflicht nach § 105 BetrVG, berührt dies die Wirksamkeit der 38 entsprechenden personellen Maßnahme nicht. So hat die Verletzung der Mitteilungspflicht durch den Arbeitgeber **auf die Wirksamkeit der Kündigung** eines leitenden Angestellten **keinen Einfluss** (*BAG* 25.3.1976 EzA § 5 BetrVG 1972 Nr. 23; APS-*Linck* Rz 9; *Fitting* Rz 9; *Galperin/Löwisch* Rz 9; GK-*Raab* § 105 Rz 15; HSWG-*Schlochauer* Rz 14). Die Verletzung der Mitteilungspflicht nach § 105 BetrVG führt auch nicht dazu, dass der Betriebsrat bei sonstigen personellen Maßnahmen in entsprechender Anwendung des § 101 BetrVG deren Rückgängigmachung verlangen kann (DKK-*Kittner* Rz 12; HSWG-*Schlochauer* aaO).

Ein Verstoß des Arbeitgebers gegen § 105 BetrVG ist auch **nicht als Ordnungswidrigkeit unter Strafe** 39 gestellt, da § 105 BetrVG in § 121 BetrVG nicht aufgeführt ist.

Bei groben Verstößen des Arbeitgebers gegen § 105 BetrVG kommt allerdings ein **Ordnungsgeld- oder** 40 **Zwangsgeldverfahren** gegen den Arbeitgeber gem. § 23 Abs. 3 BetrVG in Betracht (*Richardi/Thüsing* Rz 18).

Bürgerliches Gesetzbuch (BGB)

vom 18. August 1896 (RGBl. S. 195).
Zuletzt geändert durch Zweites Gesetz zur Modernisierung der Justiz
vom 22. Dezember 2006 (BGBl. I S. 3416, 3438)

§ 119 BGB Anfechtbarkeit wegen Irrtums

(1) Wer bei der Abgabe einer Willenserklärung über deren Inhalt im Irrtum war oder eine Erklärung dieses Inhalts überhaupt nicht abgeben wollte, kann die Erklärung anfechten, wenn anzunehmen ist, dass er sie bei Kenntnis der Sachlage und bei verständiger Würdigung des Falles nicht abgegeben haben würde.
(2) Als Irrtum über den Inhalt der Erklärung gilt auch der Irrtum über solche Eigenschaften der Person oder der Sache, die im Verkehr als wesentlich angesehen werden.

Erläuterungen hierzu bei § 626 BGB Rz 44 ff., 49 f. (Fischermeier)

§ 123 BGB Anfechtbarkeit wegen Täuschung oder Drohung

(1) Wer zur Abgabe einer Willenserklärung durch arglistige Täuschung oder widerrechtlich durch Drohung bestimmt worden ist, kann die Erklärung anfechten.
(2) ¹Hat ein Dritter die Täuschung verübt, so ist eine Erklärung, die einem anderen gegenüber abzugeben war, nur dann anfechtbar, wenn dieser die Täuschung kannte oder kennen musste. ²Soweit ein anderer als derjenige, welchem gegenüber die Erklärung abzugeben war, aus der Erklärung unmittelbar ein Recht erworben hat, ist die Erklärung ihm gegenüber anfechtbar, wenn er die Täuschung kannte oder kennen musste.

Erläuterungen hierzu bei § 626 BGB Rz 44 ff., 49 f. (Fischermeier)

§ 242 Leistung nach Treu und Glauben

Der Schuldner ist verpflichtet, die Leistung so zu bewirken, wie Treu und Glauben mit Rücksicht auf die Verkehrssitte es erfordern.

Erläuterungen hierzu bei § 13 KSchG Rz 115 ff., 137 ff. (Friedrich)

§ 314 BGB Kündigung von Dauerschuldverhältnissen aus wichtigem Grund

(1) ...
(2) ¹Besteht der wichtige Grund in der Verletzung einer Pflicht aus dem Vertrag, ist die Kündigung erst nach erfolglosem Ablauf einer zur Abhilfe bestimmten Frist oder nach erfolgloser Abmahnung zulässig. ²§ 323 Abs. 2 findet entsprechende Anwendung.
(3) ...
(4) ...

Erläuterungen hierzu bei § 626 BGB Rz 253 ff. (Fischermeier)

Vorbemerkungen zu §§ 612a, 613a BGB

Literatur

Fuchs/Marhold Europäisches Arbeitsrecht, 2. Aufl. 2006; *Hanau/Steinmeyer/Wank* Handbuch des europäischen Arbeits- und Sozialrechts (HEAS), 2002; *Oetker/Preis* Europäisches Arbeits- und Sozialrecht [EAS] – Rechtsvorschriften, Systematische Darstellungen, Rechtsprechung – [Loseblattsammlung, Stand: 115. Ergänzungslieferung April 2006] *Oppertshäuser* Arbeitsrecht, in: Gebauer/Widmann, Zivilrecht unter europäischem Einfluss, 2005, S. 677; *Schiek* Europäisches Arbeitsrecht, 2. Aufl. 2005.

Inhaltsübersicht

	Rz		Rz
A. EG-rechtliche Provenienz	1–3	2. Eingeschränkte »horizontale Wirkung«	8, 9
B. Wirkungen des Europäischen Primärrechts im Bereich des Kündigungsschutzes	4	II. Gebot richtlinienkonformer Auslegung	10, 11
C. §§ 612a, 613a BGB, AGG, § 9 MuSchG, 18 BEEG, 17 KSchG als transformiertes Richtlinienrecht	5–14	III. Staatshaftung	12
		IV. Auslegungszuständigkeit des EuGH	13
I. Direkte Wirkung	6–9	V. Eingeschränkter nationaler Grundrechtsschutz	14
1. »Vertikale Wirkung« – Staat als Arbeitgeber	7	D. Auslegung von Richtlinien	15

A. EG-rechtliche Provenienz

1 Zahlreiche Vorschriften des Arbeitsrechts, insbes. auch solche mit kündigungsschutzrechtlicher Relevanz, beruhen inzwischen ganz oder teilweise auf der Umsetzung (Transformation) EG-rechtlicher Vorgaben in das deutsche Recht (s. Erl. der Textgeschichte bei den jeweiligen Bestimmungen). Dies trifft namentlich für §§ 612a, 613a BGB, für das AGG, aber auch für § 9 MuSchG, § 18 BEEG oder § 17 KSchG zu. Sie sind damit Bestandteil des sich entwickelnden **europäischen Zivil- und Arbeitsrechts**. Die dem zugrunde liegenden arbeitsrechtlichen Kompetenzen der EG weisen allerdings nach wie vor fragmentarischen Charakter auf. Im Bereich der Sozialpolitik, zu der nach EG-rechtlicher Terminologie das Arbeitsrecht gehört, gibt es dementsprechend keine umfassende Rechtsetzungskompetenz der Gemeinschaft. Vielmehr bestehen lediglich beschränkte Einzelermächtigungen zugunsten der EG bei fortbestehender prinzipieller Rechtsetzungszuständigkeit der Mitgliedstaaten (*EuGH* 26.9.2000 NZA 2000, 1155, Tz. 30 – *Kachelmann./.Bankhaus Lampe*; zum Ganzen ferner etwa *Blanpain/Schmidt/Schweibert* Rz 115 ff.; *Preis/Gotthard* Rz 19 ff.). Dabei hatte sich die EG anfangs mangels ausdrücklicher Rechtsetzungskompetenz auf dem Gebiet des Arbeitsrechts zunächst auf die im EG-Vertrag zu findenden Zielformulierungen gestützt. Schon der **Vertrag von Maastricht** sowie das iVm hiermit abgeschlossene sog. Abkommen der Vierzehn zur Sozialpolitik (Abkommen zwischen den Mitgliedstaaten außer dem Vereinigten Königreich von Großbritannien und Nordirland über die Sozialpolitik) hatten jedoch die arbeitsrechtlichen Gemeinschaftskompetenzen beträchtlich erweitert, wobei der **Vertrag von Amsterdam** die ursprünglich unter Ausschluss des Vereinigten Königreichs im Abkommen der (zunächst) elf, bzw. (später) vierzehn getroffenen Regelungen in den EGV überführt hat, so dass diese seither für alle Mitgliedstaaten verbindlich sind (Überblick bei KassArbR-*Heinze* Kap. 12 Rz 7 ff., 45 ff.; *Preis/Gotthard* Rz 13; *Steinmeyer* RdA 2001, 10 ff.): Zunächst findet sich danach das Arbeitsrecht in den für den Tätigkeitsbereich der Gemeinschaft maßgeblichen Vorschriften wieder. Art. 2 EGV erklärt die Förderung eines hohen Beschäftigungsniveaus und ein hohes Maß an sozialem Schutz nunmehr ausdrücklich zu den Aufgaben der Gemeinschaft. Dementsprechend wird durch den Art. 3 lit. j EGV die Sozialpolitik, zu der nach europarechtlicher Terminologie das Arbeitsrecht gehört, zu den dort genannten eigenständigen Tätigkeitsbereichen der Gemeinschaft gerechnet. Nach Art. 137 EGV steht der EG, teilweise nach dem Mehrheitsprinzip, teilweise nach dem Einstimmigkeitsprinzip, eine Rechtsetzungskompetenz, zum Teil aber in der Form einer bloßen Unterstützungs- und Ergänzungskompetenz (Art. 137 Abs. 1 EGV), in nahezu allen Bereichen des Arbeitsrechts zu. Ausgenommen sind ausdrücklich allerdings die Fragen Arbeitsentgelt, Koalitionsrecht und Arbeitskampfrecht (Art. 137 Abs. 6 EGV). Hervorzuheben ist vor allem die Bestimmung des Art. 137 Abs. 3, 2. Spiegelstrich EGV. Diese Vorschrift begründet (bei Geltung des Einstimmigkeitsprinzips) die Rechtsetzungskompetenz der EG im Bereich »Schutz der Arbeitnehmer bei der Beendigung des Arbeitsvertrags«, also grds. für das **gesamte Kündigungsschutzrecht**. Darüber hinaus kann es kaum zweifelhaft sein, dass auch arbeitsrechtliche Vorschriften

Vorbemerkungen

Vor §§ 612a, 613a BGB

sich ggf. auf das Funktionieren des Binnenmarktes auswirken können, wie es die allgemeinen auf den Binnenmarkt bzw. auf den gemeinsamen Markt bezogenen Kompetenzvorschriften der **Art. 94, 95 EGV** voraussetzen. Art. 13 EGV begründet eine unbeschadet sonstiger Vorschriften geltende Kompetenzgrundlage für Antidiskriminierungsregeln der EG im Hinblick auf Geschlecht, Rasse, ethnische Herkunft, Religion, Weltanschauung, Behinderung, Alter und sexuelle Ausrichtung. Daneben kommen **Annexkompetenzen** in Betracht, deren wichtigste Grundlage Art. 308 EGV darstellt (Überblick zum Ganzen bei *Birk* RdA 1992, 67; *Konzen* EuZW 1995, 39 ff.; theoretisch instruktiv: *Windbichler* RdA 1992, 74; einschränkend *Heinze* RdA 1994, 1, 2). Als Korrektiv hatte schon der Vertrag von Maastricht das **Subsidiaritäts- und Verhältnismäßigkeitsprinzip** des heutigen Art. 5 EGV geschaffen (dazu *Konzen* EuZW 1995, 39, 44 f.; *Zwanziger* AuR 1995, 429, 437), dem allerdings praktisch eher die Funktion eines still wirkenden, denn eines in gerichtlichen Entscheidungen hervortretenden Mechanismus zukommen dürfte. Außerdem finden sich arbeitsrechtlich relevante Regelungen in den Vorschriften über die **Freizügigkeit der Wanderarbeitnehmer** in Art. 39 ff. EGV (zB die Entscheidungen des Europäischen Gerichtshofs in den Fällen *EuGH* 15.12.1995 Slg. 1995, I-4920 – *Bosmann*, oder 20.10.1993 Slg. 1993, I-5185 – *Spotti* = JZ 1994, 250 m. Anm. *Rupp*: Befristung von Arbeitsverträgen mit Fremdsprachenlektoren gem. § 57b Abs. 3 aF HRG als mittelbare Freizügigkeitsbeschränkung). Schließlich ist darauf hinzuweisen, dass der EuGH, wenngleich auf zunächst noch unsicherer Rechtsgrundlage, auch im Arbeitsrecht die Figur der Europäischen Grundrechte anwendet (vgl. *Zuleeg* RdA 1992, 133, 140), die als **europäische Arbeitnehmergrundrechte** bspw. – im Rahmen allgemeiner Vertragsfreiheit – ein Recht auf freie Wahl des Arbeitgebers begründen (vgl. KR-*Pfeiffer* § 613a BGB Rz 116b) oder bei der Kündigung transsexueller Personen zu beachten sind. Keine unmittelbar rechts- und anspruchsbegründende Wirkung entfaltet allerdings die **Gemeinschaftscharta der sozialen Grundrechte der Arbeitnehmer,** die nach ihrem Teil 2 der konkreten Umsetzung durch die Gemeinschaft bzw. die Mitgliedstaaten im Rahmen ihrer jeweiligen Zuständigkeiten bedarf (*Franzen* ZEuP 1995, 796, 798; *Heinze* FS Wlotzke, S. 669; *Junker* NZA 1999, 2, 4 f.; *Lörcher* AuR 2000, 241).

Die Regelung der **Rechtsetzungskompetenz auf dem Gebiet des Kündigungsschutzrechts** in Art. 137 **2** Abs. 3 EGV erfasst ihrem Wortlaut, Sinn und Zweck nach sämtliche Beendigungstatbestände hinsichtlich des Arbeitsverhältnisses, also nicht nur die Kündigung (*Preis/Gotthardt* Rz 42). Sie wirft allerdings Abgrenzungsfragen im Verhältnis zu Art. 137 Abs. 1 EGV auf. Nach der letztgenannten Vorschrift erfolgt die Rechtsetzung zur Regelung von »Arbeitsbedingungen« mit qualifizierter Mehrheit nach dem Mitwirkungsverfahren (Art. 251 EGV). Gegenüber dieser Kompetenznorm stellt die Rechtsetzungszuständigkeit nach dem Einstimmigkeitsprinzip für das Kündigungsrecht (Art. 137 Abs. 3 EGV) eine Spezialregelung dar. Hieraus wird überwiegend geschlossen, dass es der EG nicht möglich ist, als Annex zu einer allg. Regelung der Arbeitsbedingungen Vorschriften kündigungsschutzrechtlicher Art nach dem Mehrheitsprinzip zu erlassen (*Steinmeyer* RdA 2001, 10, 18; zur umfassenden Geltung des Art. 137 Abs. 3 EGV unter Einschluss des Sonderkündigungsschutzes auch *Preis/Gotthardt* Rz 42; aA *Calliess/Ruffert/Krebber* Art. 137 EGV Rz 13).

Zahlreiche arbeitsrechtliche Vorgaben entstammen heute dem **europäischen Sekundärrecht.** Ihrem **3** Regelungsgegenstand nach weisen die in diesem Rahmen erlassenen Verordnungen und Richtlinien einen punktuell-fragmentarischen Charakter auf, der sich inhaltlich allenfalls zum Teil systematisieren lässt (*Junker* NZA 1999, 2, 3 f.). Faktisch lässt sich allerdings sagen, dass insbes. die hinter den §§ 612a und 613a BGB und hinter dem AGG stehenden EG-Richtlinien einen wesentlichen Schwerpunkt EG-rechtlicher Einwirkungen auf das Arbeitsrecht bilden. Aus der vor diesem Hintergrund zu verstehenden Zugehörigkeit der o.g. Vorschriften (§§ 612a, 613a BGB, § 9 MuSchG, § 18 BEEG, § 17 KSchG und AGG) zum europäischen Arbeitsrecht ergeben sich für diese gemeinsam geltende **Grundsätze,** die bei ihrer **Auslegung und Anwendung beachtet** werden müssen.

B. Wirkungen des Europäischen Primärrechts im Bereich des Kündigungsschutzes

Arbeitnehmer, die sich in einen anderen Mitgliedstaat begeben, um dort ein Arbeitsverhältnis einzu- **4** gehen, stehen unter dem Schutz der Freizügigkeitsregeln der Artt. 39 ff. EGV. Diesen entnimmt der EuGH zunächst ein Verbot der (unmittelbaren oder mittelbaren) Diskriminierung nach der Staatsangehörigkeit als auch – seit der *Bosmann*-Entscheidung – ein **Beschränkungsverbot** (*EuGH* 15.12.1995 Slg. 1995, I-4921, Rz 96). Soweit Vorschriften des Ziellandes mit diesen Verboten unvereinbar sind, dürfen sie nicht angewandt werden (*Birk* NZA 1999, 13, 17, allerdings zum IPR des Arbeitsrechts). Deshalb hat der EuGH die im deutschen Recht früher vorgesehene obligatorische Befristung der Arbeitsverträge universitärer Fremdsprachenlektoren als unwirksam angesehen (*EuGH* 20.10.1993 Slg. 1993, I-5185

= JZ 1994, 250 m. Anm. *Rupp*). Daneben sind, in erster Linie, aus der Perspektive des Arbeitgebers, die sonstigen Grundfreiheiten des EG-Rechts, vor allem die Niederlassungsfreiheit von Bedeutung, da aus diesen ebenfalls Beschränkungsverbote folgen. Die zwingenden Vorschriften des Arbeitsrechts müssen sich deshalb an den Maßgaben der EG-rechtlichen Grundfreiheiten messen lassen (etwa *EuGH* 27.3.1990 Slg. 1990, I-1417 – *Rush Portuguesa*). Im Hinblick auf Vorschriften des Kündigungsrechts haben sich hieraus allerdings bislang keine Konsequenzen ergeben. Zudem hat der Europäische Gerichtshof im Kontext die in den Richtlinien 2000/43/EG und 2000/78/EG enthaltenen Diskriminierungsverbote jeweils als Ausdruck eines allgemeinen Rechtsgrundsatzes des Gemeinschaftsrechts gedeutet (KR-*Pfeiffer* AGG Rz 4), der demzufolge als unmittelbar, auch ohne Umsetzung, beachtlich ist.

C. §§ 612a, 613a BGB, AGG, §§ 9 MuSchG, 18 BEEG, 17 KSchG als transformiertes Richtlinienrecht

5 Namentlich beruhen die genannten Vorschriften auf Richtlinien iSd Art. 249 EGV. Auch bei der Anwendung nationalen Transformationsrechts gilt, wie im gesamten EG-Recht, das Prinzip des **Vorrangs des Gemeinschaftsrechts** (*EuGH* 15.7.1964 Slg. 1964, 1251). Das EG-Recht als höherrangiges Recht hat Vorrang vor den einzelnen nationalen Rechten der Mitgliedstaaten. Die Mitgliedstaaten sind verpflichtet, ihr nationales Recht mit dem Europarecht und insbes. auch mit dem Inhalt der einschlägigen Richtlinien in Einklang zu halten (*EuGH* 9.3.1978 Slg. 1978, 629; 19.1.1982 Slg. 1982, 53). Nationale Vorschriften, die gegen direkt anwendbares EG-Recht verstoßen, sind unwirksam und damit unanwendbar (*BAG* 9.10.1991 EzA Art. 119 EWG-Vertrag Nr. 5). Dieser Vorrang des Gemeinschaftsrechts gilt indessen lediglich im Rahmen des inhaltlichen Geltungsanspruchs der jeweiligen europarechtlichen Vorschrift, dessen Reichweite insbes. bei Richtlinien problematisch ist. EG-Richtlinien sind regelmäßig an die Mitgliedstaaten der EG gerichtet, denen sie ein bestimmtes Regelungsprogramm zur Umsetzung in nationales Recht vorgeben. Nach dem Konzept des Art. 249 Abs. 3 EGV richten sich die Regelungsgebote der Richtlinie in erster Linie an die jeweiligen nationalen Rechtsetzungsorgane. Diese müssen Richtlinien korrekt in nationales Recht transformieren. Soweit die Richtlinie dabei auf die Begründung konkreter subjektiver Rechte zielt, muss die Umsetzung – was im Arbeitsrecht besondere Bedeutung erlangt hat – so beschaffen sein, dass für die Betroffenen ihre Rechte mit hinreichender Verbindlichkeit und Klarheit erkennbar sind (etwa *EuGH* 13.3.1997 NZA 1997, 481 – Tz 14 ff.). Das bedeutet insbes., dass eine richtlinienkonforme Praxis ohne ausdrückliche gesetzliche Grundlage den EG-rechtlichen Anforderungen nicht genügt, soweit der einzelne Berechtigte seine individuellen Rechte nicht mit hinreichender Transparenz erkennen kann; ggf. drohen Vertragsverletzungsverfahren nach Art. 226 EGV (*EuGH* 10.5.2001 – Rs C-144/99 – *Kommission./.Niederlande*). Dabei wird den Mitgliedstaaten ein bestimmtes Ziel vorgeschrieben, in Wahl von Form und Mittel bleiben sie allerdings frei (Art. 249 Abs. 3 EGV). Zu beachten sind das Äquivalenzprinzip und das Effektivitätsprinzip (*EuGH* 21.9.1983 Sog. 1983, 2683 – *Deutsche Milchkontor GmbH*): Die zur Umsetzung ergriffenen Maßnahmen müssen dem entsprechen, was das jeweilige Recht eines Mitgliedstaates in vergleichbaren nationalen Fällen vorsieht (Äquivalenz), und müssen so beschaffen sein, das dem Gemeinschaftsrecht nicht seine praktische Wirksamkeit genommen wird (Effektivität). Schon vor Verstreichen der Umsetzungsfrist müssen die Mitgliedstaaten alle Maßnahmen unterlassen, welche die wirksame Umsetzung beeinträchtigen (*EuGH* 22.11.2005 – Rs C-144/04 – *Mangold*). Alle diese Prinzipien gelten in erster Linie für die Schaffung und Auslegung des nationalen Umsetzungsrechts. Allerdings ist der Vorrang des EG-Rechts nicht nur für ausdrückliches Transformationsrecht, sondern – etwa im Rahmen der europarechtskonformen Auslegung (Rz 7) – auch darüber hinaus zu beachten (vgl. *EuGH* 13.11.1990 Slg. 1990, I-4135). Hieraus ergeben sich vor allem folgende Konsequenzen:

I. Direkte Wirkung

6 Regelmäßig räumen EG-Richtlinien den Mitgliedstaaten **Umsetzungsfristen** ein. Verstreichen diese Fristen, ohne dass eine vollständige und zutreffende Umsetzung in nationales Recht erfolgt wäre, stellt sich die Frage, ob eine unmittelbare Anwendung (Direktwirkung) der EG-Richtlinie möglich ist. Dabei muss die direkte Anwendung im Verhältnis Mitgliedstaat/Bürger (»vertikale« Wirkung) von der direkten Anwendung im Verhältnis Bürger/Bürger (»horizontale« Wirkung) unterschieden werden.

1. »Vertikale Wirkung« – Staat als Arbeitgeber

7 Grundsätze zur **vertikalen Direktwirkung** entstammen dem öffentlichen Recht und beruhen im Wesentlichen auf dem Gedanken des Rechtsmissbrauchs. Ist ein EG-Mitgliedstaat zur Umsetzung einer

EG-Richtlinie verpflichtet, so kann er sich nach Verstreichen der Umsetzungsfrist Bürgern gegenüber nicht auf die Nichtumsetzung der Richtlinie berufen, wenn diese Rechte aus der Richtlinie geltend machen. Das gilt sowohl, wenn Bürger unmittelbar aus der Richtlinie sich ergebende Rechte oder Ansprüche geltend machen, als auch dann, wenn der Staat sich auf nicht richtlinienkonformes nationales Recht berufen will. Nicht richtlinienkonforme Vorschriften sind deshalb, soweit sie gegen EG-Recht verstoßen, unanwendbar. Dabei kommt es für die unmittelbare Wirkung auf zwei Voraussetzungen an, nämlich Verstreichen der Umsetzungsfrist und hinreichende Bestimmtheit der durch die Richtlinie begründeten, konkreten Rechte zugunsten der Marktbürger (*EuGH* 19.1.1982 Slg. 1982, 53). Diese für die vertikale Wirkung entwickelten Grundsätze gelten immer dann, wenn der Staat als Arbeitgeber fungiert, und zwar gleichviel, ob ein privatrechtliches Arbeitsverhältnis oder ein öffentlich-rechtliches Dienstverhältnis besteht. Es ist auch nicht erforderlich, dass der Staat unmittelbar als Arbeitgeber fungiert; vielmehr gelten die vorstehenden Grundsätze auch dann, wenn es sich um ein durch staatlichen Rechtsakt errichtetes, eine staatliche Dienstleistung erbringendes, mit hoheitlichen Befugnissen ausgestattetes Unternehmen unter staatlicher Aufsicht handelt (*EuGH* 12.7.1990 NJW 1991, 3086). Das schließt Unternehmen des privaten Rechts ein, deren alleiniger Gesellschafter unmittelbar oder mittelbar die öffentliche Hand ist (*EuGH* 26.5.2005 Slg. 2006, I-4305 – *Sozialhilfeverband Rohrbach*). Nach dem Grundsatz *iura novit curia* müssen die nationalen Gerichte diese Richtlinienwirkung auch dann beachten, wenn sich ein Bürger gar nicht auf sie beruft (vgl. *EuGH* 11.7.1991 EuZW 1993, 60).

2. Eingeschränkte »horizontale Wirkung«

Hinsichtlich einer horizontalen Direktwirkung (Rz 3) bekennt sich der EuGH zwar verbal zu dem 8
Grundsatz, dass eine solche Wirkung **nicht bestehe** (*EuGH* 7.3.1996 EuZW 1996, 236; 14.7.1994 EuZW 1994, 498). Das erklärt sich daraus, dass der für die vertikale Direktwirkung entscheidende Rechtsmissbrauchsgedanke sich im Verhältnis Bürger/Bürger nicht in gleicher Weise anwenden lässt. Andererseits gilt auch dort die Pflicht zu gemeinschaftsfreundlichem Verhalten (Art. 10 EGV), die gleichermaßen die Gerichte bindet. Außerdem wirkt das Europarecht als »höherrangige« Rechtsquelle stets auslegungsleitend auf das Recht der Mitgliedstaaten ein. Zu Recht kommt der EuGH deshalb im Wege der sog. richtlinienkonformen Auslegung zu Ergebnissen, die einer horizontalen Wirkung weitgehend entsprechen. Allerdings begründet der vom EuGH eingeschlagene Weg deshalb erhebliche Unsicherheiten, weil die von ihm bejahte richtlinienkonforme Auslegung sich von der abgelehnten horizontalen Direktwirkung nicht trennscharf abgrenzen lässt (vgl. sogleich Rz 10, 11), wie insbes. die Rspr. des EuGH zum Gleichbehandlungsrecht zeigt.

Inwieweit der EuGH an der Ablehnung einer horizontalen Direktwirkung festhalten kann, erscheint 9
fraglich. Eine Ausnahme von der generellen Ablehnung einer »horizontalen« Direktwirkung erkennt die Rspr. in denjenigen Fällen an, in denen es um die Anwendung nationaler Verbotsnormen geht, die ein Mitgliedstaat unter Missachtung EG-rechtlicher Verfahrenspflichten (Überprüfung der Vorschriften durch die Kommission) erlassen hat (*EuGH* 26.9.2000 EuZW 2001, 153; *Gundel* EuZW 2001, 143). Außerdem hat der EuGH in seiner zur EG-Gleichbehandlungsrichtlinie 76/207/EWG ergangenen Entscheidung im Fall *Dekker* es für möglich gehalten, dass ein privater Arbeitgeber »unmittelbar« gegen eine Richtlinie verstößt (*EuGH* 8.11.1990 EzA § 611a BGB Nr. 11). Damit hat der EuGH zumindest die Geltung des allg. europarechtlichen Grundsatzes, dass europarechtswidriges nationales Recht generell von nationalen Gerichten nicht anwendbar ist (*EuGH* 4.6.1992 EuZW 1993, 129, 131), auch im Privatrecht berücksichtigt (ebenso *Lutter* JZ 1992, 592, 597). Ein solcher unmittelbarer Verstoß setzt aber eine entsprechende horizontale Geltung voraus. Andererseits hat der EuGH die Rechtsfolge dieses Verstoßes dem »unmittelbar« verpflichteten – vgl. Rz 11) nationalen Recht entnommen. Überdies hat der EuGH in der *Arcaro*-Entscheidung erklärt, das EG-Recht enthalte keinen Mechanismus, der außerhalb der anerkannten Fälle der direkten Richtlinienanwendbarkeit bei Fehlen einer Richtlinienumsetzung dazu führe, dass richtlinienwidriges nationales Recht unanwendbar werde (*EuGH* 26.9.1996 EWS 1996, 397). Angesichts **dieser nicht widerspruchsfreien Entwicklung der Rspr. des EuGH** wird man die mit der sonstigen Rspr. des EuGH nur schwer vereinbare *Dekker*-Entscheidung möglicherweise als singuläres Ausnahmejudikat deuten müssen. Dogmatisch überzeugender wird die Rspr. des EuGH zur Differenzierung zwischen »horizontalen« und »vertikalen« Rechtsverhältnissen dadurch nicht. Trotz der inzwischen zu konstatierenden Verfestigung dieser Unterscheidung sollte jedenfalls dort eine direkte Richtlinienwirkung in horizontalen Rechtsverhältnissen anerkannt werden, in denen ansonsten zugleich eine Beeinträchtigung unmittelbar geltender EG-vertraglicher Grundfreiheiten einträte.

II. Gebot richtlinienkonformer Auslegung

10 Das Gebot **richtlinienkonformer Auslegung** beruht in erster Linie auf der Pflicht zu gemeinschaftstreuem Verhalten (Art. 10 EGV). Danach ist zunächst das nationale Transformationsrecht – soweit nach der nationalen Methodenlehre irgend möglich – iSd zugrunde liegenden EG-Richtlinie auszulegen (*EuGH* 5.10.2004 Slg. 2004, I-8835 – *Pfeiffer*). Aber auch bei der sonstigen Handhabung des nationalen Rechts, etwa der Generalklauseln, ist nach der *Marleasing*-Entscheidung das Gebot richtlinienkonformer Auslegung zu beachten (*EuGH* 13.11.1990 Slg. 1990, I-4135). Dazu ist es insbes. erforderlich, dass die nationalen **Gerichte alle Auslegungsspielräume** zugunsten einer richtlinienkonformen Auslegung **ausschöpfen** (*EuGH* 10.4.1984 EzA § 611a BGB Nr. 1; 10.4.1984 Slg. 1984, 1921; *Vogenauer* ZEuP 1997, 195, 162 ff.). Vorschriften des europäischen Arbeitsrechts wie §§ 612a, 613a BGB müssen daher, soweit irgend möglich, iSd ihnen zugrunde liegenden EG-Richtlinien ausgelegt werden.

11 Wo genau die Grenze dieser Pflicht zu ziehen ist, ist nicht abschließend geklärt; insbes. ist fraglich, in welchem Maße die nationalen Gerichte möglicherweise sogar zur richtlinienkonformen Auslegung »contra« legem verpflichtet sein können. Die arbeitsgerichtliche Rspr. hat eine richtlinienkonforme Auslegung nationalen Rechts gegen den ausdrücklichen Wortlaut eines Transformationsgesetzes bislang abgelehnt (*BAG* 5.3.1996 EuZW 1996, 474; 14.3.1989 EzA § 611a BGB Nr. 4 m. Anm. *Schlachter*; ausführlich *LAG BW* 11.12.1992 DB 1993, 1826, 1828 f.). Da es indessen abschließend der Kognitionskompetenz des EuGH unterliegt, zu erkennen, welche Folgerungen sich aus dem Europarecht ergeben, muss das nationale Recht die Vorgaben des EuGH, die zum Teil über diese Beschränkung hinausgehen, akzeptieren, auch wenn sie uns gewohnte Auslegungsmöglichkeiten der Gerichte überschreiten (für eine Pflicht zur richtlinienkonformen Rechtsfortbildung etwa *Heither* FS Gnade, S. 611, 618). Allerdings muss sich der EuGH den Einwand entgegenhalten lassen, dass seine Rspr. zur Frage der richtlinienkonformen Auslegung zumindest im Ergebnis noch nicht zu einer klaren Linie gefunden hat. So hat es der EuGH – nach dem allg. Prinzip, dass gem. Art. 234 EGV im Vorabentscheidungsverfahren zwar die Auslegung, aber nicht die Anwendung des Europarechts dem EuGH obliegt – den deutschen Gerichten überlassen, auf welche Weise eine hinreichende Sanktion von Verstößen gegen den Gleichbehandlungsgrundsatz anstelle des unzureichenden Anspruchs auf Ersatz des Vertrauensschadens (§ 611a BGB aF) im deutschen Recht erreicht werden könne (*EuGH* 10.4.1984 EzA § 611a BGB Nr. 1). Andererseits ist der EuGH in der *Dekker*-Entscheidung, in der es um die richtlinienkonforme Anwendung niederländischen Rechts ging, über die ihm an sich obliegende Zurückhaltung deutlich hinausgegangen (*EuGH* 8.11.1990 EzA § 611a BGB Nr. 7). Dort hatte das nationale Recht für geschlechtsbezogene Diskriminierungen einen verschuldensabhängigen Ersatzanspruch vorgesehen. Der EuGH hat hierzu die Auffassung vertreten, falls das nationale Recht als Sanktion für geschlechtsbezogene Diskriminierungen einen Schadensersatzanspruch vorsehe, seien solche Voraussetzungen des Schadensersatzanspruchs, die nicht richtlinienkonform seien, unanwendbar. Da das Verschuldenserfordernis mit der Richtlinie nicht vereinbar sei, müsse der Schadensersatzanspruch ohne das im nationalen Recht vorgesehene Verschuldenserfordernis angewandt werden (*EuGH* 8.11.1990 EzA § 611a BGB Nr. 7). Ebenso hat der EuGH im Zusammenhang mit der Entgeltdiskriminierung angedeutet, dass Beweislastregeln des nationalen Rechts unter dem Einfluss des europäischen Rechts modifikationsbedürftig sein können (*EuGH* 17.10.1989 EuZW 1990, 317). Demgegenüber sieht der EuGH für ein allg. Gebot zur richtlinienkonformen Auslegung contra legem offenbar keine Grundlage und überlässt die Frage ihrer Zulässigkeit insofern dem nationalen Recht (*EuGH* 26.9.1996 EWS 1996, 397; vgl. auch *Vogenauer* ZEuP 1997, 159, 170).

III. Staatshaftung

12 Obschon die Rspr. des EuGH zur richtlinienkonformen Auslegung und zum Vorrang des Gemeinschaftsrechts (Rz 6, 7) einer horizontalen Direktwirkung oftmals nahezu gleichkommt, hat dieser einen anderen Weg eingeschlagen, um der Umsetzungspflicht der Mitgliedstaaten auch im Privatrecht effektive Geltung zu verschaffen. Nach seiner Entscheidung im Fall *Francovich* haftet der jeweilige Mitgliedstaat auf **Ersatz derjenigen Schäden,** die der einzelne **durch mangelnde Umsetzung von Richtlinien** erleidet (*EuGH* 19.11.1991 NJW 1992, 165; zweifelhaft). **Voraussetzungen** hierfür sind erstens die Verleihung subjektiver Rechte an einzelne als Ziel der Richtlinie, zweitens inhaltliche Bestimmbarkeit dieser subjektiven Rechte aufgrund der Richtlinie, drittens Vorliegen eines qualifizierten Verstoßes des nationalen Rechts gegen die bzgl. dieser subjektiven Rechte bestehende Pflicht zur Umsetzung der Richtlinie und viertens Kausalität zwischen dem staatlichen Verstoß gegen die Umsetzungspflicht und dem geltend gemachten Schaden (*EuGH* 19.11.1991 aaO). Da die Umsetzungspflicht den Staat als gan-

zen, also alle Staatsorgane unter Einschluss der Gerichte trifft (EuGH 9.3.1978 Slg. 1978, 629), kann diese Staatshaftung auch greifen, wenn die ungenügende Umsetzung auf einer unzureichenden Berücksichtigung des Europarechts bei der Auslegung des nationalen Transformationsrechts durch die Gerichte beruht (*Pfeiffer* EWiR 1993, § 1 HWiG 1/93, S. 273; jetzt auch EuGH 30.9.2003 NJW 2003, 3539).

IV. Auslegungszuständigkeit des EuGH

Die **Auslegung** des europäischen Gemeinschaftsrechts ist **Aufgabe des EuGH** in Luxemburg (Art. 220 ff. EGV); seine **Anwendung** ist **Aufgabe der nationalen Gerichte**, die dabei in einem Kooperationsverhältnis zum EuGH stehen (zusammenfassend *Hirsch* RdA 1999, 48). Dies gilt für das gesamte EG-Recht unter Einschluss des sekundären Gemeinschaftsrechts, also auch für EG-Richtlinien. Die Auslegungszuständigkeit des EuGH (Kognitionskompetenz) wirkt in die nationalen Gerichtsverfahren – auch in arbeitsgerichtliche Verfahren – hinein durch die Vorlagepflichten und -rechte der nationalen Gerichte gem. Art. 234 EGV. Soweit danach eine vorrangige Zuständigkeit des EuGH besteht, muss sie von den Arbeitsgerichten beachtet werden. Jede willkürliche Missachtung einer Vorlagepflicht verstößt gegen **das Prinzip des gesetzlichen Richters** in Art. 101 Abs. 1 S. 2 GG (vgl. *BVerfG* 22.10.1986 BVerfGE 73, 339) und kann durch Verfassungsbeschwerde gerügt werden (*BVerfG* 13.6.1997 EuZW 1997, 575). Eine Zuständigkeit des EuGH bei der Anwendung nationaler Transformationsvorschriften mit EG-rechtlicher Grundlage besteht, wenn nach den vorstehenden Grundsätzen die Auslegung der jeweils einschlägigen Richtlinie ermittelt werden muss, um das deutsche Transformationsrecht auslegen zu können. Zur **Vorlage verpflichtet** sind letztinstanzliche Gerichte, also insbes. das BAG (Art. 234 Abs. 3 EGV). Die Instanzgerichte sind zur Vorlage berechtigt, aber nicht verpflichtet (Art. 234 Abs. 2 EGV). Allerdings ist die Frage der Letztinstanzlichkeit nach hM konkret zu beurteilen; dh auch die Instanzgerichte müssen vorlegen, wenn kein Rechtsmittel gegen ihre Entscheidung mehr zulässig ist (*Grabitz/Wohlfahrt* Art. 177 EGV Rz 49 mwN). Die Auslegungszuständigkeit im Rahmen des Vorabentscheidungsverfahrens besteht schlechthin, wenn eine entscheidungserhebliche europarechtliche Rechtsfrage auftaucht, unabhängig von deren Schwere und grds. Bedeutung. Entbehrlich ist die Vorlage durch die vorlageverpflichteten letztinstanzlichen Gerichte lediglich dann, wenn die europarechtliche Frage schon entschieden ist oder ihre Beantwortung unzweifelhaft ist (*acte clair*-Doktrin, EuGH 6.10.1982 Slg. 1982, 3615). Für eine solche Annahme gelten aber strenge Maßstäbe. Die Instanzgerichte entscheiden hingegen über die Vorlage nach pflichtgemäßem Ermessen. **Bindungswirkung** entfalten die Vorabentscheidungen lediglich für das vorlegende Gericht im konkreten Verfahren (vgl. *LAG BW* 11.12.1993 DB 1993, 1826); im Übrigen gleicht ihre präjudizielle Wirkung denen anderer höchstrichterlicher Judikate (zum Ganzen noch *Bauer/Diller* NZA 1996, 169; *Dieterich* NZA 1996, 673, 677 ff.; *Wißmann* RdA 1995, 193). Für den Rechtsanwender ergibt sich hieraus vor allem die Notwendigkeit eines »**Pendelblicks**«, der gleichermaßen die Rspr. des BAG wie des EuGH berücksichtigt (plastisch *Junker* NZA 1999, 2. 6).

V. Eingeschränkter nationaler Grundrechtsschutz

Nach der »*Solange II*«-**Entscheidung des BVerfG** ist das sog. sekundäre Gemeinschaftsrecht, zu dem auch die nach Art. 249 EGV erlassenen Richtlinien zählen, nicht Gegenstand der verfassungsgerichtlichen Prüfung anhand der Vorschriften des Grundgesetzes, solange ein ausreichender europäischer Grundrechtsschutz gesichert ist (*BVerfG* 22.10.1986 BVerfGE 73, 339). Bei den §§ 612a, 613a BGB und dem AGG handelt es sich aber nicht um sekundäres Gemeinschaftsrecht, sondern um nationales Recht, das seinerseits sekundäres Gemeinschaftsrecht umsetzen soll. In welchem Umfang auch dieses nationale Umsetzungsrecht von verfassungsrechtlicher Prüfung freigestellt ist, muss als zweifelhaft angesehen werden. Richtigerweise ergibt sich der Umfang der verfassungsrechtlichen Überprüfbarkeit aus dem Zusammenwirken der »*Solange II*«-Grundsätze mit dem Prinzip des Vorrangs des Europarechts. Dementsprechend bleibt die verfassungsrechtliche Überprüfbarkeit der §§ 612a, 613a BGB, des AGG, des § 17 KSchG oder des § 9 MuSchG prinzipiell erhalten. Im Übrigen muss nach der Intensität der EG-rechtlichen Vorgaben unterschieden werden: Lediglich soweit der Inhalt des nationalen Gesetzes auf zwingenden EG-rechtlichen Vorgaben beruht, muss das nationale Verfassungsrecht weichen. Damit bleiben die Grundrechte prinzipiell gültig. Sie bleiben im Rahmen der Überprüfung anhand verfassungsrechtlicher Maßstäbe zunächst insoweit beachtlich, als nicht das EG-Recht zur Abweichung von den Maßstäben des Grundgesetzes zwingt. Im Übrigen bleibt das Gebot einer verfassungskonformen Auslegung des nationalen Transformationsrechts wirksam. Zwar hat das für diese Vorschriften geltende Prinzip der richtlinienkonformen Auslegung Vorrang vor dem Gebot der verfassungskonformen Auslegung (str., wie hier *Lutter* JZ 1992, 593, 605 mwN); auch dies kann aber lediglich insofern gelten, als keine europarechtlich mögliche Auslegung oder Gestaltung besteht, die zugleich den Maßstäben des Grundgesetzes genügt (*Bleckmann* EuropaR Rz 126 f.). Im Übrigen bleibt nach der **Maastricht-Entscheidung** jedenfalls **der Vorbehalt der Prüfung der Einhaltung des europäischen Integrationsrahmens durch das BVerfG** (vgl. *BVerfG* 12.10.1993 NJW 1993, 3047 [zu C II 3b der Gründe]). Unter welchen Voraussetzungen eine unzutreffende arbeitsrechtliche Rechtsfortbildung des EuGH wegen ihrer Konsequenzen für die wirtschaftliche Betätigungsfreiheit des Arbeitgebers diesen Integrationsrahmen sprengt, ist freilich bislang nicht hinreichend geklärt (vgl. *Blomeyer* Anm. EzA § 613a BGB Nr. 114).

D. Auslegung von Richtlinien

15 Bei der Auslegung der Richtlinien selbst muss berücksichtigt werden, dass es sich bei Richtlinien um **internationales Einheits-Rahmenrecht** handelt (dazu *Kropholler* S. 1, 291), für das die **besonderen Auslegungsgrundsätze** zu beachten sind, die sich insgesamt für europäisches Einheitsrecht entwickelt haben. Damit bleiben die aus dem nationalen Recht bekannten Auslegungsregeln zwar gültig. Doch insbes. folgende Anforderungen sind bedeutsam (Überblick bei *Bleckmann* EuropaR Rz 537 ff.; *Kropholler* S. 238 ff.; *Lutter* JZ 1992, 592; *Oppermann* Rz 577 ff.):

– Berücksichtigung ihres Rechtsvereinheitlichungszwecks;
– Beachtung der verschiedenen Sprachfassungen;
– Beachtung autonomer Begriffsbildungen des Gemeinschaftsrechts (*EuGH* 19.3.1964 Slg. 1964, 381: Einordnung eines vorübergehend Beschäftigungslosen als Arbeitnehmer [bzw. »Gleichgestellten«] iSd Schutzvorschriften für Wanderarbeitnehmer; anders für Bezieher von Invaliditätsrenten *EuGH* 31.5.2001 EuZW 2001, 40; 4.6.1992 EzA § 37 BetrVG 1972 Nr. 108: Betriebsratstätigkeit als Arbeitsleistung – zweifelhaft; 3.6.1992 EzA § 3 LFZG Nr. 16: deutsche Lohnfortzahlung als Sozialleistung bei Krankheit iSd Schutzvorschriften für Wanderarbeitnehmer; 20.10.2000 NZA 2000, 1227 – *SIMAP ./. Conselleria de Sanidad*: Nachtdienst von Ärzten als Arbeitszeit;
– Beachtung allg. Grundsätze des Gemeinschaftsrechts;
– EGV-konforme Auslegung von Richtlinien; größere Bedeutung rechtsvergleichend gewonnenen Materials.

Die dem deutschen Juristen gewohnte wertungssystematische Denkweise findet sich in der Rspr. des EuGH allerdings kaum wieder, was auch auf dem fragmentarischen Charakter des Europäischen Arbeitsrechts beruht (*Kaiser* NZA 2000, 1144, 1147 ff.).

§ 612a BGB Maßregelungsverbot
Der Arbeitgeber darf einen Arbeitnehmer bei einer Vereinbarung oder einer Maßnahme nicht benachteiligen, weil der Arbeitnehmer in zulässiger Weise seine Rechte ausübt.

Literatur

– bis 2004 vgl. KR-Vorauflage –
Gaul/Otto Personalabbau durch »Turboprämie« – Abfindung nur bei Verzicht auf Kündigungsschutzklage?, ArbRB 2005, 344; *Riesenhuber* Turboprämien – Abfindung bei Verzicht auf Kündigungsschutzklage in Sozialplan und Betriebsvereinbarung, NZA 2005, 1100; *Thüsing/Wege* Sozialplanabfindung: Turboprämie ausgebremst?, DB 2005, 2634.

Inhaltsübersicht

	Rz		Rz
A. Textgeschichte und Ratio	1–2	c) Weitere Einzelfälle	9
B. Anwendungsbereich	3–10	d) Sonderproblem: Streik-	
I. Persönlicher Anwendungsbereich	3	teilnahme und Anwesen-	
II. Sachlicher Anwendungsbereich	4–10	heitsprämien	10
1. Benachteiligung	4	C. Rechtsfolgen	11
2. Maßregelungsanlässe	5–10	D. Beweislast	12
a) Grundsätze	5, 6	E. Aushangpflicht	13
b) Zusammenhang im Beweggrund	7, 8		

Maßregelungsverbot § 612a BGB

A. Textgeschichte und Ratio

Wie der frühere § 611a BGB wurde auch § 612a BGB durch das arbeitsrechtliche EG-Anpassungsgesetz 1
v. 13.8.1980 (BGBl. I S. 1380) in das BGB eingefügt. Die Vorschrift dient der Umsetzung EG-rechtlicher
Vorgaben in das deutsche Recht. Art. 7 der Gleichbehandlungsrichtlinie 76/207/EWG (abgedruckt als
Anh. I zum AGG) verlangt von den Mitgliedstaaten, die notwendigen Maßnahmen zu treffen, um Arbeitnehmer vor Entlassungen zu schützen, die als (unzulässige) Reaktion auf eine betriebliche Beschwerde oder gerichtliche Klage eines Arbeitnehmers wegen der behaupteten Verletzung des Grundsatzes der Gleichbehandlung erfolgen. Eine entsprechende Vorschrift findet sich in Art. 5 der
Lohngleichheitsrichtlinie (75/117/EWG) v. 10.2.1975 (ABlEG L 45 v. 19.2.1975) wegen betrieblicher Beschwerden oder gerichtlicher Klagen aufgrund einer Lohndiskriminierung. Auch § 612a BGB ist daher
Teil des europäischen Arbeitsrechts (KR-*Pfeiffer* vor § 612a BGB Rz 1 ff.). § 612a BGB geht allerdings
über seine europarechtlichen Grundlagen hinaus, indem er nicht nur für die Fälle der Geltendmachung eines geschlechtsbezogenen Gleichheitsverstoßes, sondern für jeden Fall einer zulässigen Geltendmachung von Arbeitnehmerrechten gegenüber dem Arbeitgeber ein Verbot der Benachteiligung
wegen zulässiger Rechtsausübung (Maßregelungsverbot) ausspricht. Diese Ausgangslage bewirkt
zwar, dass die europarechtlichen Grundlagen des § 612a BGB lediglich für einen Teil seines Anwendungsbereichs unmittelbar maßgeblich sind, nämlich soweit der Anwendungsbereich der angesprochenen Richtlinien reicht. Da aber § 612a BGB innerhalb und außerhalb dieses Bereichs einheitlich auszulegen ist, ist diese Einschränkung lediglich verfahrensrechtlich insofern bedeutsam, als nur
innerhalb des europarechtlich vorgeprägten Bereichs eine Vorlage an den EuGH nach Art. 234 Abs. 3
EGV zwingend sein kann; zulässig bleibt die Vorlage nach den Grundsätzen der »quasi-richtlinienkonformen Auslegung« aber auch außerhalb dieses Bereichs (vgl. *EuGH* 8.11.1990 Slg. 1990, 4003; zu weitgehend, da für diesen Bereich generell eine Vorlage ausschließend *BAG* 10.5.2005 EzA § 109 GewO
Nr. 3).

Im deutschen Recht fand sich schon vor Inkrafttreten des § 612a BGB ein spezielles Maßregelungsver- 2
bot in § 84 Abs. 3 BetrVG. Auch das KSchG und § 626 BGB enthalten, indem sie die Kündigung von der
Voraussetzung der sozialen Rechtfertigung oder des Vorliegens eines wichtigen Grundes abhängig
machen, ein **Verbot der Maßregelungskündigung**. Ebenso kann § 20 Abs. 1 BetrVG ähnlich einem
Maßregelungsverbot wirken. Denn nach dieser Vorschrift sind iVm § 134 BGB Kündigungen nichtig,
die ausgesprochen werden, um die Teilnahme eines Arbeitnehmers an der Betriebsratswahl zu verhindern oder wegen seines Einsatzes bei der Wahl zu maßregeln (*BAG* 13.10.1977 EzA § 77 BetrVG 1972
Nr. 3). Außerdem folgt aus dem durch die §§ 611 ff. BGB konkretisierten Inhalt des Arbeitsvertrags anerkanntermaßen eine umfassende generelle Pflicht des Arbeitgebers, die Interessen seiner Arbeitnehmer zu beachten und zu wahren – Treue- und Fürsorgepflicht. Mit dieser Pflicht ist es nicht vereinbar,
wenn auf die zulässige Rechtsausübung durch einen Arbeitnehmer mit Sanktionen reagiert wird. Ferner findet sich nach dem Vorbild des § 612a BGB ein spezielles Benachteiligungsverbot im Falle einer
Beschwerde in Diskriminierungsfällen in § 16 AGG. Des weiteren hat das BAG ausgesprochen, dass
§ 612a BGB als spezialgesetzliche Regelung derjenigen Fälle fungieren kann, die zuvor unter § 138 BGB
gefasst wurden (*BAG* 2.4.1987 EzA § 612a BGB Nr. 1; von einem Sonderfall der Sittenwidrigkeit sprechend daher auch *BAG* 22.5.2003 EzA § 242 BGB 2002 Kündigung Nr. 2). Spezielle Maßregelungsverbote finden sich auch in den §§ 5 und 11 TzBfG. Schließlich ist auch im Rahmen des Arbeitsvertrags
das aus § 242 BGB folgende Verbot unzulässiger Rechtsausübung zu beachten. § 612a BGB enthält nach
alledem also lediglich die **gesetzliche Konkretisierung eines ohnehin geltenden Grundsatzes** (ebenso *Thüsing* NZA 1994, 728 [732]).

B. Anwendungsbereich

I. Persönlicher Anwendungsbereich

Adressat des Benachteiligungsverbots ist der **Arbeitgeber**. Erfasst werden nicht nur Arbeitgeber als 3
Vertragspartner, sondern auch Dritte, etwa Entleihbetriebe, die gegenüber dem Arbeitnehmer Arbeitgeberfunktionen ausüben (*Staudinger/Richardi* Rz 5). Geschützt werden **Arbeitnehmer** unabhängig
von Inhalt und Umfang des Arbeitsverhältnisses (Arbeiter und Angestellte, Praktikanten, Volontäre,
Umschüler, Voll-, Kurz- und Teilzeitbeschäftigte). Anders als § 84 Abs. 3 BetrVG gilt die Vorschrift damit zugunsten leitender Angestellter. Auch auf **arbeitnehmerähnliche Personen** ist die Vorschrift entsprechend anwendbar (*MünchKomm-Schaub* Rz 5; RGRK-*Ascheid* Rz 3; *Staudinger/Richardi* Rz 9); das
BAG lehnt eine solche Anwendung zwar ab, erzielt aber gleiche Ergebnisse durch Anwendung des

§ 612a BGB   Maßregelungsverbot

§ 138 BGB (*BAG* 14.12.2004 EzA § 138 BGB 2002 Nr. 3). Demgegenüber kann die Vorschrift auf Personen, welche aufgrund eines freien Dienstvertrags tätig werden, nicht angewandt werden, da dies dem Wortlaut widerspricht und angesichts der sich aus anderen Vorschriften ergebenden Rechtsausübungsschranken (s.o. Rz 2) hierfür auch kein Bedarf besteht (APS-*Linck* Rz 4; *Soergel/Raab* Rz 4).

II. Sachlicher Anwendungsbereich

1. Benachteiligung

4   Benachteiligung iSd Vorschrift ist jede **Maßnahme,** die eine **Schlechterstellung oder Schlechterbehandlung** des Arbeitnehmers im Vergleich zu anderen Arbeitnehmern bewirkt sei es durch Zufügung von Nachteilen, sei es durch Vorenthalten von Vergünstigungen (*BAG* 25.5.2004 EzA § 1b BetrAVG Gleichbehandlung Nr. 1). Wird nur ein **einzelner Arbeitnehmer** beschäftigt, ist ein solcher Vergleich nicht möglich. In einem solchen Fall muss sich die Benachteiligung, insbes. bei einer Kündigung, aus den nachteiligen Folgen für diesen einzelnen Arbeitnehmer ergeben. Bei alledem kommt es für das Merkmal der Benachteiligung nicht auf eine Angemessenheitsprüfung an; die Unzulässigkeit der Benachteiligung ergibt sich aus ihrer Anknüpfung an die zulässige Rechtsausübung (vgl. *Thüsing* NZA 1994, 728 ff.). Insofern entspricht der Benachteiligungsbegriff des § 612a BGB dem des § 611a BGB (*Erman/Hanau* Rz 2; s. aber unten Rz 7). Hierunter fallen Willenserklärungen wie eine Kündigung, sonstige Rechtshandlungen wie die **Abmahnung** oder die Zuweisung einer bestimmten Arbeit (»Strafversetzung«) oder auch tatsächliche Maßnahmen sowie die Vorenthaltung von Vorteilen (*BAG* 7.11.2002 EzA § 612a BGB 2002 Nr. 1; *Schwarze* NZA 1993, 967). Auch Vereinbarungen zwischen Arbeitgeber und Arbeitnehmer können ausnahmsweise von der Vorschrift erfasst sein (ErfK-*Preis* Rz 9; *ders.* Grundfragen der Vertragsgestaltung im Arbeitsrecht, S. 171; MünchKomm-*Schaub* Rz 7; *Staudinger/Richardi* Rz 4; **aA** RGRK-*Ascheid* Rz 5), sofern eine Frage in einem Betrieb regelmäßig durch vertragliche Abrede geregelt wird und der Arbeitgeber mit dem benachteiligten Arbeitnehmer zum Zwecke der Maßregelung lediglich eine weniger günstige Abrede treffen will als mit anderen Arbeitnehmern.

2. Maßregelungsanlässe

a) Grundsätze

5   Der Arbeitgeber darf den Arbeitnehmer nicht maßregeln, weil dieser in zulässiger Weise seine Rechte ausgeübt hat. Das gilt **unabhängig von der Form der Ausübung:** gerichtlich oder außergerichtlich; individuell oder über kollektive Interessenvertretungen (Betriebsrat, Gewerkschaft); selbst oder unter Einschaltung Dritter, etwa eines Anwalts; schriftlich, mündlich oder durch tatsächliche Handlungen. Die Vorschrift schützt nicht nur die Rechtsausübung im Betrieb, sondern auch das außerdienstliche Verhalten, soweit der Arbeitnehmer von seiner allgemeinen Handlungsfreiheit oder anderen Grundrechten Gebrauch macht (KDZ-*Däubler* Rz 11). So darf der Arbeitgeber die durch die allgemeine Handlungsfreiheit und das Persönlichkeitsrecht geschützte Entscheidung der Arbeitnehmerin für eine künstliche Befruchtung nicht zum Anlass einer Kündigung nehmen (unrichtig *ArbG Elmshorn* 29.1.1997 EzA § 242 BGB Nr. 40; zur Problematik des § 611a BGB *Pfeiffer* KR 7. Aufl., § 611a BGB Rz 29). Unerheblich ist bei alledem die redliche oder unredliche Gesinnung des Arbeitgebers (KDZ-*Däubler* Rz 19); soweit im Zusammenhang mit § 612a BGB von einem Unwerturteil gesprochen wird (*BAG* 22.5.2003 EzA § 242 BGB 2002 Kündigung Nr. 2), zielt dies nicht auf die objektive Bewertung des Handlungsmotivs des maßgebenden Arbeitgebers (Rz 7).

6   § 612a BGB setzt voraus, dass der Arbeitnehmer ein tatsächlich bestehendes Recht in zulässiger Weise ausübt. Ob eine Rechtsausübung zulässig ist, muss nach der **Rechtsordnung als ganzer** beurteilt werden (vgl. *BAG* 13.10.1977 EzA § 20 BetrVG 1972 Nr. 3; 26.10.1994 EzA § 611 BGB Anwesenheitsprämie Nr. 10; *Thüsing* NZA 1994, 728 [730]), was insbes. das EG-Recht – soweit es unmittelbare Wirkungen zeitigt – einschließt. Rechtmäßig ist es zB nicht, wenn der Arbeitnehmer unverhohlen mit »Krankfeiern« droht (vgl. *BAG* 5.11.1992 EzA § 626 BGB Nr. 143). Arbeitsvertragliche **Pflichtverletzungen** darf der Arbeitgeber im Rahmen allg. Grundsätze und Vorschriften zum Anlass von Sanktionen (Beanstandung, Prämienkürzung, Abmahnung, Kündigung) nehmen (*ArbG Herford* 30.10.2003 BB 2003, 2574; MünchKomm-*Schaub* Rz 6), wie er ganz allg. die sich aus dem Verhalten des Arbeitnehmers ergebenden Rechtsfolgen geltend machen darf (*Soergel/Raab* Rz 10). § 612a BGB schließt überdies das **nach allgemeinen arbeitsrechtlichen Grundsätzen bestehende Kündigungsrecht** des Arbeitgebers nicht aus (vgl. *BAG* 22.5.2003 § 242 BGB 2002 Kündigung Nr. 2). Folgt die Kündigung auf eine zulässige Rechtsausübung des Arbeitnehmers (Ablehnung einer Vertragsabänderung oder Geltendmachung von Ent-

geltfortzahlungsansprüchen), so ist es eine Frage des Unmittelbarkeitszusammenhangs, ob die Kündigung eine unzulässige Maßregelung darstellt. Die zulässige Rechtsausübung umfasst bei zweckentsprechender Auslegung insbes. auch **Verfahrens-, Beschwerde- oder Petitionsrechte**, ohne dass es auf die sachliche Begründetheit des Rechtsbehelfs ankommt. Auch der Arbeitnehmer, der erfolglos Kündigungsschutzklage erhoben hat, darf deswegen nicht gemaßregelt werden. Er hat lediglich von einem ihm zustehenden prozessualen Recht (Klagebefugnis) Gebrauch gemacht. Wie sich ohnehin bereits aus dem betriebsverfassungsrechtlichen Zweck des Sozialplans ergibt, dürfen daher auch nach dem Rechtsgedanken des § 612a BGB Leistungen aufgrund von **Sozialplanregelungen** grds. nicht davon abhängig gemacht werden, dass der Arbeitnehmer **keine Kündigungsschutzklage** erhebt (*BAG* 31.5.2005 EzA § 112 BetrVG 2001 Nr. 14; *LAG Nds.* 16.8.2002 LAGE § 1 KSchG Soziale Auswahl Nr. 40; ErfK-*Preis* Rz 15; zur betriebsverfassungsrechtlichen Unwirksamkeit solcher Regelungen noch *BAG* 20.3.1985 EzA § 4 KSchG Ausgleichquittung Nr. 1, bejahend allerdings zur Zulässigkeit des Herausschiebens des Anspruchs bis zum Abschluss des Rechtsstreits). Auch die gerichtliche Geltendmachung eines Anspruchs auf Berichtigung des Arbeitszeugnisses fällt hierunter (vgl. *BAG* 21.6.2005 EzA § 109 GewO Nr. 4). Anders liegt es bei alledem, wenn sich die Rechtswidrigkeit der Vorgehensweise aus weiteren Gesichtspunkten ergibt (Beispiel: Arbeitnehmer stützt seine Klage bewusst auf die Falschaussage eines Zeugen). Da es dem Arbeitnehmer ferner freisteht, sich mit **Bitten oder Beschwerden** an den Arbeitgeber zu wenden, darf eine Maßregelung nicht an eine ohne Vertragsverletzung vorgebrachte Bitte oder Beschwerde geknüpft werden, selbst wenn auf deren Verwirklichung kein Anspruch besteht. Dies gilt jedenfalls dann, wenn das vorgebrachte Anliegen nicht von vornherein indiskutabel erscheint und eine angemessene äußere Form gewahrt bleibt. Deshalb hat die Rechtsprechung eine Kündigung wegen der Bitte um einen schriftlichen Arbeitsvertrag für unwirksam gehalten (*ArbG Düsseld.* 9.9.1992 BB 1992, 2364).

b) Zusammenhang im Beweggrund

Wie bei allen Benachteiligungsverboten ist auch hier die Frage, wann eine Benachteiligung **wegen** einer zulässigen Rechtsausübung des Arbeitnehmers erfolgt, nur wertend zu beantworten. Anders als § 611a BGB zielt die Vorschrift nicht auf Beseitigung mittelbar wirkender diskriminierender Verhaltensmuster, sondern will gerade Benachteiligungen als konkrete, unmittelbare Reaktion auf zulässiges Verhalten unterbinden. Das BAG hat diesen Zusammenhang in Anlehnung an die bei § 613a Abs. 4 BGB geltenden Grundsätze (s. KR-*Pfeiffer* § 613a BGB Rz 112) dahin umschrieben, dass die Rechtsausübung des Arbeitnehmers das **tragende Motiv** (bestimmender Beweggrund) der benachteiligenden Maßnahme und nicht nur deren äußerer Anlass gewesen sein müsse (*BAG* 25.5.2004 EzA § 1b BetrAVG Gleichbehandlung Nr. 1; 12.6.2002 EzA § 612a BGB Nr. 2). Deshalb kann der Arbeitgeber vorsorglich kündigen, wenn der Arbeitnehmer Entfristungsklage erhebt; die Klage ist hier nur Anlass der Kündigung, nicht aber bestimmender Beweggrund, weil der Arbeitgeber ohnehin dessen Beendigung verfolgt hat (*BAG* 22.9.2005 EzA § 1 KSchG Nr. 58). Aufgrund jenes subjektiven Einschlags ist die Vorschrift auch von den objektiven Tatbeständen des Gleichbehandlungsrechts einschließlich des arbeitsrechtlichen Gleichbehandlungsgrundsatzes abzugrenzen; § 612a BGB ist kein »Ober-Gleichbehandlungsgrundsatz« (*Krause* SAE 2003, 205 [209]). Liegt der subjektive Zusammenhang im Motiv vor, kommt es folglich nicht darauf an, ob der Arbeitgeber die Benachteiligung unmittelbar anordnet oder durch Vorenthalten von Vorteilen »mittelbar« herbeiführt (*BAG* 7.11.2002 § 612a BGB 2002 Nr. 1; aA *Franzen* RdA 2003, 372 [373]). Demgegenüber findet im Rahmen des § 612a BGB das von § 611a BGB bekannte Konzept der mittelbaren Diskriminierung jedenfalls in der von dieser Vorschrift bekannten Form keine Anwendung (MünchArbR-*Löwisch* § 238 Rz 99). Deshalb ist es zB zulässig, die **Entgeltfortzahlungskosten** bei Krankheit im Rahmen der Feststellung einer unzumutbaren Belastung des Arbeitgebers zu berücksichtigen, obwohl der Arbeitnehmer mit der Inanspruchnahme der Entgeltfortzahlung in zulässiger Weise ein ihm zustehendes Recht ausübt (*BAG* 6.9.1989 EzA § 1 KSchG Krankheit Nr. 27; 16.2.1989 EzA § 1 KSchG Krankheit Nr. 25 m. zust. Anm. *Schüren/Feuerborn* = AP § 1 KSchG 1969 Nr. 20 mit insoweit krit. Anm. *Preis*; **aA** ferner *ders.* DB 1988, 1444 [1445 f.]; krit. zur Maßgeblichkeit des Motivs *Schwarze* NZA 1993, 967 [968]; wohl auch KDZ-*Däubler* Rz 17). Denn die Kündigung des Arbeitgebers ist in solchen Fällen typischerweise keine Reaktion auf die Inanspruchnahme der Lohnfortzahlung, sondern erfolgt, um eine unzumutbare Belastung in Zukunft zu vermeiden. Spricht der Arbeitgeber eine **vorsorgliche Kündigung** aus, weil sich der Arbeitnehmer auf die Unwirksamkeit einer **Befristung** beruft, so fehlt es typischerweise an dem erforderlichen Zusammenhang, weil der Arbeitgeber mit der Kündigung das unabhängig von dem Verhalten des Arbeitnehmers bestehende Ziel der Beendigung des Arbeitsverhältnisses verfolgt (vgl. *LAG BaWü* 23.4.2002 LAGE § 612a BGB Nr. 7). Verfolgt der Arbeitgeber im Falle der Ablehnung eines Angebots des Arbeitgebers zur Vertragsänderung das mit dem Änderungsangebot verfolgte Ziel mit anderen, zulässigen Mitteln weiter, so steht dem § 612a BGB grds. nicht entgegen, weil in diesen Fällen die Ablehnung nicht das tragende Handlungsmotiv bildet. Reagiert der Arbeitgeber auf die Ablehnung daher mit einer (nach anderen Vorschriften zulässigen) Kündigung, so verstößt diese nur dann gegen § 612a BGB, wenn schon die Änderung als solche Maßregelungscharakter hatte (*BAG* 22.5.2003 EzA § 242 BGB 2002 Kündigung Nr. 2). Aus vergleichbaren Gründen hat die Rechtsprechung nicht nur Aufhebungsverträge, sondern auch nach der einseitigen Arbeitgeberkündigung geschlossene **Abwicklungsvereinbarungen** oder einen von Arbeitgeber aufgestellten **Abwicklungsplan** selbst dann für mit § 612a BGB vereinbar gehalten, wenn danach eine Abfindungszahlung davon abhängt, dass der Arbeitnehmer keine Kündigungsschutzklage erhebt (*BAG* 15.2.2005 EzA § 612a BGB 2002 Nr. 2). Nichts anderes gilt für entsprechende Betriebsvereinbarungen (*BAG* 31.5.2005 EzA § 112 BetrVG 2001 Nr. 14), nicht jedoch für den nicht auf Vereinbarung beruhenden Sozialplan (Rz 6). In diesen Fällen liegt bei wertender Betrachtung keine Maßregelung für ein zulässiges Arbeitnehmerverhalten, sondern eine Gegenleistung für ein Entgegenkommen des Arbeitnehmers vor. Anders liegt es zudem, wenn der Arbeitgeber eine Maßnahme mit bloßem Sanktionscharakter ergreift (*BAG* 12.6.2002 EzA § 612a BGB 2002 Nr. 2; zu diesem Aspekt auch *Krause* SAE 2003, 205 [208 f.]). In **zeitlicher Hinsicht** setzt § 612a BGB nicht voraus, dass die Maßregelung einer zulässigen Rechtsausübung des Arbeitnehmers nachfolgt. Vielmehr greift die Bestimmung auch dann ein, wenn die Maßregelung auf ein noch bevorstehendes (angekündigtes oder sonst dem Arbeitgeber bekanntes) Verhalten des Arbeitnehmers reagiert (*Gaul* NJW 1994, 1024 [1027]; *Preis* Grundfragen der Vertragsgestaltung im Arbeitsrecht, S. 172; *Soergel/Raab* Rz 11; str., offen lassend *BAG* 31.5.2005 EzA § 112 BetrVG 2001 Nr. 14). Dabei können auch nach Beendigung des Arbeitsverhältnisses getroffene Maßnahmen eine Maßregelung darstellen, soweit sie durch ein Verhalten des Arbeitnehmers im bestehenden Arbeitsverhältnis ausgelöst wurden (*EuGH* 22.9.1998 NZA 1998, 1223 – *Coote ./. Granada Hospitality*).

8 Mit dem Abstellen auf das tragende Motiv des Arbeitgebers korrespondiert, dass § 612a BGB die Kausalkette »abschneidet«: Der Arbeitgeber kann sich **nicht auf** denkbare **Reserverechtfertigungen berufen**. Erfolgt etwa eine Kündigung ausschließlich zum Zwecke einer unzulässigen Maßregelung, so kommt es nicht darauf an, ob andere Gründe die Kündigung rechtfertigen würden (*BAG* 22.5.2003 EzA § 242 BGB 2002 Kündigung Nr. 2; *LAG Hamm* 18.12.1987 LAGE § 612a BGB Nr. 1).

c) **Weitere Einzelfälle**

9 Verstöße gegen § 612a BGB sind etwa anzunehmen bei Abmahnung oder Kündigung: weil der **Arbeitnehmer seinerseits gekündigt** hat (*LAG Nürnberg* 7.10.1988 LAGE § 612a BGB Nr. 2); weil der Arbeitnehmer von seinem Recht auf **Erziehungsurlaub** oder seinem **Freistellungsanspruch bei Kindeserkrankung** aus § 45 Abs. 3 S. 1 SGB V Gebrauch gemacht hat (*LAG Köln* 13.10.1993 LAGE § 612a BGB Nr. 5); weil der Arbeitnehmer sich **gewerkschaftlich** betätigt (*LAG Hamm* 18.12.1987 LAGE § 612a BGB Nr. 1) oder in arbeitsvertraglich zulässiger Weise politisch äußert (vgl. *Preis/Stoffels* RdA 1996, 210; *Deiseroth* AuR 2001, 161 [165]); weil der Arbeitnehmer **Vorruhestandsgeld** beantragt hat (*BAG* 2.4.1987 EzA § 612a BGB Nr. 1); weil der Arbeitnehmer aus einem vorläufig vollstreckbaren Weiterbeschäftigungsurteil die **Zwangsvollstreckung** gegen den Arbeitgeber betrieben hat (*LAG Düsseld.* 22.4.1988 LAGE § 612a BGB Nr. 3). Auch den **gewonnenen Kündigungsschutzprozess des Arbeitnehmers** darf der Arbeitgeber nicht zum Anlass für Maßregelungen nehmen, etwa durch Zuweisung unsinniger Arbeit, diskriminierende Kontrollmaßnahmen oder räumliche Separierung des Arbeitsplatzes (*LAG SchlH* 25.7.1989 LAGE § 612a BGB Nr. 4). Keine Zustimmung verdient die These, dass die bisherige Praxis zur **außerordentlichen Kündigung im Falle einer Strafanzeige** gegen den Arbeitgeber mit § 612a BGB unvereinbar sei (so aber *Soergel/Raab* Rz 17). Da nämlich die Anwendung des § 612a BGB eine Beurteilung der Rechtmäßigkeit des Verhaltens des Arbeitnehmers vor dem Hintergrund der Rechtsordnung als ganzer verlangt (s.o. Rz 6), reicht es für die Anwendbarkeit des § 612a BGB nicht aus, dass der Arbeitnehmer zur Anzeigerstattung strafprozessual berechtigt ist. Trotz dieser Berechtigung können ihn nämlich gegenüber dem Arbeitgeber arbeitsvertragliche Treue- und Rücksichtnahmepflichten treffen, aufgrund derer es dem Arbeitnehmer verwehrt sein kann, auf jedes strafrechtlich relevante Verhalten eines Arbeitgebers ohne weiteres mit einer Strafanzeige zu reagieren.

d) **Sonderproblem: Streikteilnahme und Anwesenheitsprämien**

10 Verboten ist die Maßregelung, insbes. die **maßregelnde Kündigung wegen eines rechtmäßigen Streiks;** die Befugnis zur **Kampfkündigung** als Reaktion auf einen rechtswidrigen Streik bleibt dem-

gegenüber von § 612a BGB unberührt. Das Prinzip der freien Wahl der Kampfmittel genießt, soweit es sich tatsächlich um eine Kampfmaßnahme und nicht um eine (nachträgliche) Sanktion handelt, grds. den Vorrang (*BAG* 13.7.1993 EzA Art. 9 GG Arbeitskampf Nr. 112; 4.8.1987 EzA Art. 9 GG Arbeitskampf Nr. 70 m. Anm. *Belling*). Als Maßregelung kommt außerhalb von Kündigungen allerdings in Betracht, dass den Streikteilnehmern Vergünstigungen vorenthalten werden, die den Nichtstreikenden gewährt werden. Ergibt sich eine Besserstellung von Nichtstreikenden aus einer bereits vor dem Arbeitskampf begründeten Rechtsposition, so hält die Rechtsprechung dies – auch wenn es sich nicht um ein Kampfmittel handelt – jedenfalls dann für vereinbar mit § 612a BGB, wenn sich dadurch nur eine durch die Rechtsordnung »vorgegebene« Unterscheidung verwirkliche, die mit dem Arbeitskampf nicht zusammenhänge (*BAG* 4.8.1987 EzA Art. 9 GG Arbeitskampf Nr. 70); es kommt mithin auf das Vorliegen eines Rechtfertigungsgrundes an. Sonstige nachträgliche Vergünstigungen sind lediglich dann zulässig, wenn für sie ein außerhalb der Nichtteilnahme am Streik liegender, sachlich rechtfertigender Grund besteht (*BAG* 15.2.1990 EzA § 611 BGB Anwesenheitsprämie Nr. 9; 28.7.1992 EzA Art. 9 GG Arbeitskampf Nr. 106; 26.10.1994 EzA § 611 BGB Anwesenheitsprämie Nr. 10; zum ganzen ferner *Belling/v. Steinau-Steinrück* DB 1993, 536; *Gaul* NJW 1994, 1025; *Hunold* DB 1991, 1670 [1677]). Diese Grundsätze haben insbes. im Hinblick auf die Frage Bedeutung erlangt, ob auch während des Streiks gezahlte echte **Streikbruchprämien** gegen § 612a BGB verstoßen können, was allerdings mangels kündigungsrechtlicher Relevanz hier nicht in Einzelheiten zu erörtern ist. Auch im Hinblick auf die vergleichbare Problematik der Anwesenheitsprämien soll lediglich der Grundsatz genannt werden, dass ihre Zulässigkeit eine frühzeitige Auslobung voraussetzt, damit sie die zukünftige Anwesenheit beeinflussen, nicht aber als unzulässige Sanktion auf erlaubte krankheitsbedingte Fehlzeiten wirken (*BAG* 26.10.1994 EzA § 611 Anwesenheitsprämie Nr. 10).

C. Rechtsfolgen

§ 612a BGB ist **Verbotsnorm iSd § 134 BGB** und **sonstiges Kündigungsverbot iSd § 13 Abs. 3 KSchG**; 11
Rechtsgeschäfte, etwa Kündigungen, die gegen die Vorschrift verstoßen, sind daher nichtig (*BAG* 2.4.1987 EzA § 612a BGB Nr. 1; *Preis* NZA 1997, 1256 [1265]). Nach der Neufassung des § 13 Abs. 3 KSchG kommt es für die gerichtliche Geltendmachung dieses Unwirksamkeitsgrundes nunmehr auf die Einhaltung der Frist des § 4 KSchG an. Denkbar ist ferner eine Verwirkung (KDZ-*Däubler* Rz 20). Bei der Bemessung einer Abfindung (§ 10 KSchG) kann die Verletzung des § 612a BGB als Erhöhungsgrund wirken (*LAG Köln* 15.9.1994 LAGE § 10 KSchG Nr. 2). Gegen § 612a BGB verstoßende, verbotswidrige Arbeitszuweisungen oder Anordnungen sind rechtswidrig und damit für den Arbeitnehmer unverbindlich. Der Arbeitnehmer braucht sie schon aus diesem Grund nicht zu befolgen; für dieses Ergebnis kann es also auf ein Zurückbehaltungsrecht des Arbeitnehmers aus § 273 BGB nicht ankommen (insoweit aA MünchKomm-*Schaub* Rz 9; RGRK-*Ascheid* Rz 11). Verstößt der Arbeitgeber gegen § 612a BGB, so liegt darin eine Verletzung des Arbeitsvertrags. Der Arbeitnehmer kann Beseitigung, bei Wiederholungsgefahr Unterlassung und nach § 280 Abs. 1 BGB Schadensersatz verlangen. Bei unzulässiger Vorenthaltung von Prämien oder Sonderzuwendungen ist der Arbeitnehmer so zu stellen, wie er ohne Maßregelung stünde, und hat folglich einen Anspruch auf die Leistung (*BAG* 7.11.2002 EzA § 612a BGB 2002 Nr. 1), ggf. aus § 612a BGB iVm der für diese Leistung maßgebenden Anspruchsgrundlage (*BAG* 15.2.2005 EzA § 612a BGB 2002 Nr. 2). Außerdem ist § 612a BGB Schutzgesetz iSd § 823 Abs. 2 BGB (MünchKomm-*Schaub* Rz 10).

D. Beweislast

Grds. trägt der **Arbeitnehmer** die Darlegungs- und Beweislast für die Voraussetzungen der Vorschrift 12
(*BAG* 16.9.2004 EzA § 102 BetrVG 2001 Nr. 10; ferner *LAG Köln* 25.1.2002 AiB 2003, 507 zur Benachteiligungswirkung). Dabei kann ihm allerdings ein **Anscheinsbeweis** zugute kommen, wenn die Benachteiligung in zeitlichem Zusammenhang mit der zulässigen Rechtsausübung, etwa einer Arbeitskampfteilnahme, erfolgt (MünchKomm-*Schaub* Rz 11; *Preis* NZA 1997, 1256 [1256]); diskutiert wird dies auch für den Fall der Erstreckung eines Nachteils auf alle Arbeitnehmer, die ein bestimmtes Recht ausgeübt haben (dies allerdings nur erwägend *Krause* SAE 2003, 205 [210]; krit. *Kort* RdA 2003, 122). Außerdem kann der Arbeitgeber im Rahmen seiner sekundären Substantiierungslast aus § 138 Abs. 2 ZPO gehalten sein, die Gründe für eine Prämiengewährung darzulegen (*Gaul* NJW 1994, 1025 [1032]). Allerdings ist die abgestufte Darlegungs- und Beweislast, wie sie § 22 AGG vorsieht, nicht auf § 612a BGB übertragbar (zum ganzen *BAG* 2.4.1987 EzA § 612a BGB Nr. 1; *LAG SchlH* 25.7.1989 LAGE § 612a BGB Nr. 4).

E. Aushangpflicht

13 Nach Art. 2 des arbeitsrechtlichen EG-Anpassungsgesetzes vom 13.8.1980 (BGBl. I S. 1308) idF des Art. 9 des 2. GleiBG (BGBl. 1994 I S. 1406) muss die Vorschrift an geeigneter Stelle des Betriebs ausgehängt werden.

§ 613a Betriebsinhaberwechsel (1) [1]Geht ein Betrieb oder Betriebsteil durch Rechtsgeschäft auf einen anderen Inhaber über, so tritt dieser in die Rechte und Pflichten aus den im Zeitpunkt des Übergangs bestehenden Arbeitsverhältnissen ein. Sind diese Rechte und Pflichten durch Rechtsnormen eines Tarifvertrags oder durch eine Betriebsvereinbarung geregelt, so werden sie Inhalt des Arbeitsverhältnisses zwischen dem neuen Inhaber und dem Arbeitnehmer und dürfen nicht vor Ablauf eines Jahres nach dem Zeitpunkt des Übergangs zum Nachteil des Arbeitnehmers geändert werden. Satz 2 gilt nicht, wenn die Rechte und Pflichten bei dem neuen Inhaber durch Rechtsnormen eines anderen Tarifvertrags oder durch eine andere Betriebsvereinbarung geregelt werden. [2]Vor Ablauf der Frist nach Satz 2 können die Rechte und Pflichten geändert werden, wenn der Tarifvertrag oder die Betriebsvereinbarung nicht mehr gilt oder bei fehlender beiderseitiger Tarifgebundenheit im Geltungsbereich eines anderen Tarifvertrags dessen Anwendung zwischen dem neuen Inhaber und dem Arbeitnehmer vereinbart wird.
(2) [1]Der bisherige Arbeitgeber haftet neben dem neuen Inhaber für Verpflichtungen nach Abs. 1, soweit sie vor dem Zeitpunkt des Übergangs entstanden sind und vor Ablauf von einem Jahr nach diesem Zeitpunkt fällig werden, als Gesamtschuldner. [2]Werden solche Verpflichtungen nach dem Zeitpunkt des Übergangs fällig, so haftet der bisherige Arbeitgeber für sie jedoch nur in dem Umfang, der dem im Zeitpunkt des Übergangs abgelaufenen Teil ihres Bemessungszeitraums entspricht.
(3) Abs. 2 gilt nicht, wenn eine juristische Person oder eine Personenhandelsgesellschaft durch Umwandlung erlischt.
(4) [1]Die Kündigung des Arbeitsverhältnisses eines Arbeitnehmers durch den bisherigen Arbeitgeber oder durch den neuen Inhaber wegen des Übergangs eines Betriebs oder eines Betriebsteils ist unwirksam. [2]Das Recht zur Kündigung des Arbeitsverhältnisses aus anderen Gründen bleibt unberührt.
(5) Der bisherige Arbeitgeber oder der neue Inhaber hat die von einem Übergang betroffenen Arbeitnehmer vor dem Übergang in Textform zu unterrichten über:
1. den Zeitpunkt oder den geplanten Zeitpunkt des Übergangs,
2. den Grund für den Übergang,
3. die rechtlichen, wirtschaftlichen und sozialen Folgen des Übergangs für die Arbeitnehmer und
4. die hinsichtlich der Arbeitnehmer in Aussicht genommenen Maßnahmen.
(6) [1]Der Arbeitnehmer kann dem Übergang des Arbeitsverhältnisses innerhalb eines Monats nach Zugang der Unterrichtung nach Absatz 5 schriftlich widersprechen. [2]Der Widerspruch kann gegenüber dem bisherigen Arbeitgeber oder dem neuen Inhaber erklärt werden.

Literatur

– bis 2004 vgl. KR-Vorauflage –
Adam Betriebsübergang – Der Übergang materieller Betriebsmittel als Tatbestandsmerkmal des § 613a BGB, MDR 2004, 909; *Ahlborn* Europäisierung des Arbeitsrechts, ZfA 2005, 109; *Albrecht* Die ordentliche betriebsbedingte Arbeitgeberkündigung in der Kommunalverwaltung, KommunalPraxis BY 2005, 249; *Altenburg/Leister* Der Widerspruch des Arbeitnehmers beim umwandlungsbedingten Betriebsübergang und seine Folgen, NZA 2005, 15; *Andreas* Veränderungsmanagement – Möglichkeiten und Grenzen des Trägers – Tipps für den Chefarzt, ArztR 2005, 4; *Annuß* Tarifbindung durch arbeitsvertragliche Bezugnahme?, ZfA 2005, 405; *ders.* Informationspflicht und Widerspruchsrecht beim Betriebsübergang, FS Arbeitsgemeinschaft Arbeitsrecht im Deutschen Anwaltverein (25-jähriges Bestehen), 2006, S. 563; *Annuß/Willemsen* Auftragsnachfolge – jetzt doch ein Betriebsübergang?, DB 2004, 134; *App* Zur Veräußerung kommunaler Betriebe oder Betriebsteile an Dritte und den dabei zu beachtenden arbeitsrechtlichen Folgen, ZKF 2005, 178; *Arnold/Bauer* EuGH und Betriebsübergang, AuA 2006, 264; *Axler* Direktversicherung, AR-Blattei SD 460.4; *Bahnsen* Die Übertragung von Versorgungsverbindlichkeiten bei Unternehmensspaltungen, NJW 2005, 3328; *Baldringer/Jordans* Altersteilzeit in der Insolvenz – Betriebsübergang und Sicherung von Wertguthaben, ArbuR 2005, 429; *Bauer* Typische Fehlerquellen bei der außergerichtlichen und gerichtlichen Vertretung von Arbeitnehmern und Arbeit-

gebern, Brennpunkte des Arbeitsrechts 2004, 37; *ders.* Arbeitsrechtlicher Wunschkatalog für mehr Beschäftigung, NZA 2005, 1046; *Bauer/Haussmann* Schöne Bescherung: Abschied von der Gleichstellungsabrede!, DB 2005, 2815; *Bauschke* Arbeitgeber, AR-Blattei SD 100; *Beauregard* Fluch und Segen arbeitsvertraglicher Verweisungen auf Tarifverträge, NJW 2006, 2522; *Beckmann* Der Profi: Sonderarbeitsrecht für Sportler?, FS Arbeitsgemeinschaft Arbeitsrecht im Deutschen Anwaltverein (25-jähriges Bestehen), 2006, S. 1145; *Benkler/Borrmann/Dunst-Röper* Die Konzentration der EDV im Norden (RZN-GmbH) – ein erfolgreicher Weg mit vielen überwundenen Hindernissen, DRV 2005, 97; *Benrath* Zur Normsetzung durch Tarifverträge, FS 50 Jahre Arbeitgeberverband des privaten Bankgewerbes 2004, S. 50; *Bepler* Gleichbehandlung in Betrieb, Unternehmen, Konzern, NZA 2004, Sonderbeil. zu Heft 18, 3; *ders.* Aktuelle tarifrechtliche Fragen aus Anlass eines BAG-Urteils vom 23. März 2005, FS Arbeitsgemeinschaft Arbeitsrecht im Deutschen Anwaltverein (25-jähriges Bestehen), 2006, S. 791; *Bergmann* (Wann) Sind Abfindungs- und Entschädigungszahlungen steuerprivilegiert?, AiB 2004, 491; *ders.* Europa lässt grüßen: Wichtige Neuigkeiten vom Europäischen Gerichtshof zum Betriebsübergang, ZBVR 2004, 184; *ders.* Schwerpunktthemen des Personalrats bei der Privatisierung öffentlicher Einrichtungen, ZfPR 2004, 309; *ders.* Umgestaltung von Unternehmen, AiB 2005, 111; *Berkowsky* Betriebsübergang und Sozialauswahl widersprechender Arbeitnehmer, NZA 2004, 1374; *ders.* Auflösungsantrag und Betriebsübergang, NZI 2006, 81; *Bichlmeier* § 613a BGB und der Wiedereinstellungsanspruch in der Insolvenz, DZWIR 2006, 89; *ders.* Die Beschäftigungs- und Qualifizierungsgesellschaft (BQG) in der Insolvenz, DZWIR 2006, 239; *ders.* Arbeitsverhältnisse in der Insolvenz, AiB 2006, 355; *Bicker/Lamprecht* Schadensträchtiger Kauf beim Großhändler, JA 2004, 28; *Birk* Betriebliche Altersversorgung durch Direktzusage, AR-Blattei SD 460.2; *Blechmann* Die Zuleitung des Umwandlungsvertrags an den Betriebsrat, NZA 2005, 1143; *Boemke* Die Betriebszugehörigkeit, AR-Blattei SD 540; *Böhm/Pawlowski* Konzernweite Beschäftigungsgarantien bei Umstrukturierungen – aber was, wenn die »Heuschrecken« kommen, NZA 2005, 1377; *Bonanni/Tenbrock* Abschied vom Merkmal der eigenwirtschaftlichen Nutzung beim Betriebsübergang, ArbRB 2006, 207; *Braatz* Unternehmensnachfolgeregelung, AuA 2006, 156; *Brediendiek/Fritz/Tewes* Neues Tarifrecht für den öffentlichen Dienst, ZTR 2005, 230; *Busekist* Umwandlung einer GmbH in eine im Inland ansässige EU-Kapitalgesellschaft am Beispiel der englischen Ltd., GmbHR 2004, 650; *Clauss/Engesser Means* Eintritt in Altersteilzeitvertrag bei Arbeitgeberwechsel, NZA 2006, 293; *Cohnen* Betriebsverlagerungen ins Ausland und § 613a BGB, FS Arbeitsgemeinschaft Arbeitsrecht im Deutschen Anwaltverein (25-jähriges Bestehen) 2006, S. 595; *Commandeur/Kleinebrink* Gestaltungsoptionen im Anwendungsbereich des § 613a BGB, NZA-RR 2004, 449; *dies.* Die Änderungskündigung als Mittel zur Lösung von Zuordnungsproblemen beim Betriebsübergang, NJW 2005, 633; *dies.* Betriebsübergang in der Insolvenz, ArbRB 2005, 85; *Cramer/Danko* Arbeitsrechtliche Aspekte einer Betriebsveräußerung in der Insolvenz, BB-Special 2004, Nr. 5, 9; *Dannhorn/Wilhelm* Neue Möglichkeiten für Arbeitgeber?, AuA 2006, 343; *Däubler* Betriebsübergang, Personaldaten und Mandat des betrieblichen Datenschutzbeauftragten, RDV 2004, 55; *ders.* Tarifliche Betriebsverfassung und Betriebsübergang, DB 2005, 666; *Dendorfer/Ditges* Vererben oder Vermarkten?, AuA 2005, 460; *Depel/Raif* Kündigung in der Insolvenz – Personalabbau durch den Insolvenzverwalter, BuW 2004, 299; *Dütz* Offene Fragen im kirchlichen Arbeitsrecht, ZMV 2005, 221; *Düwell* Entwurf eines Zweiten Gesetzes zur Änderung des Umwandlungsgesetzes, FA 2006, 140; *Ebert/Wollenweber* Ausgliederung von Pensionsverbindlichkeiten nach dem Umwandlungsgesetz, NZG 2006, 41; *Emmert/Gaul/Kulejewski* Kündigung nach Auflösung eines gemeinsamen Betriebs, ArbRB 2004, 251; *Feudner* Verlagerung von Arbeit ins Ausland: Grenzen des unternehmerischen Handlungsspielraums?, DB 2004, 982; *Fischer* Sozialauswahl nach Widerspruch gegen Betriebsübergang – Neue Rechtslage durch § 1 Abs. 3 Satz 1 KSchG?, FA 2004, 230; *Freckmann/Koller-van-Delden* Das Recht des Betriebsübergangs nach Güney-Görres (EuGH v. 15.12.2005), DStR 2006, 1373; *Freihube/Kast* Privatisierung öffentlicher Arbeitgeber, DB 2004, 2530; *Fröndhoff/Kluth/Matthey* Ungeplanter Betriebsübergang bei Miete und Pacht von Gewerbeimmobilien, NZM 2005, 1; *B. Gaul* Sozialauswahl nach Widerspruch gegen Betriebsübergang, NZA 2005, 730; *ders.* Die Rechtsprechung des EuGH und ihr Einfluss auf das deutsche Arbeitsrecht, Brennpunkte des Arbeitsrechts 2005, S. 67; *Gaul/Otto* Aktuelle Aspekte einer Zusammenarbeit mit Beschäftigungsgesellschaften, NZA 2004, 1301; *dies.* Rechtsfolgen einer fehlenden oder fehlerhaften Unterrichtung bei Betriebsübergang und Umwandlung, DB 2005, 2465; *dies.* Das Spiel über die Bande – Der Wechsel in Beschäftigungsgesellschaften zur Vermeidung von § 613a BGB, ZIP 2006, 644; *Glockauer* Das Seeschifffahrtsanpassungsgesetz – Rettungsanker für die deutsche Handelsschifffahrt?, TranspR 2004, 45; *Goebel/Wisskirchen* Arbeitsrechtliche Aspekte der Verlagerung von Arbeitsplätzen ins Ausland (Off-Shoring), DB 2004, 1937; *Grau* Rechtsfolgen von Verstößen gegen die Unterrichtungspflicht bei Betriebsübergang gemäß § 613a Abs. 5 BGB, RdA 2005, 367; *ders.* Rechtsbeziehungen nach Widerspruch gegen den Übergang des Arbeitsverhältnisses bei Betriebsübergang, MDR 2005, 491; *Grau/Schnitker* Unterrichtung der Arbeitnehmer gemäß § 613a Abs. 5 BGB im Spiegel der Betriebsübernahmepraxis, BB 2005, 2238; *Greiner/Preis* Die Personalgestellung nach § 4 Abs. 3 TVöD – eine innovative Stärkung der Binnenflexibilität im Arbeitsverhältnis, ZTR 2006, 290; *Grobys* Kantinen vor Gericht, PERSONAL 2004, Nr. 6, 59; *Grub* Keine Zustimmung des Pensions-Sicherungs-Vereins zur Spaltung, DZWIR 2005, 397; *Haase* Kündigung des Veräußerers nach Erwerberkonzept – contra legem?, FS Arbeitsgemeinschaft Arbeitsrecht im Deutschen Anwaltverein (25-jähriges Bestehen) 2006, S. 613; *Hager* Der Kündigungsschutz des Arbeitnehmers im Umwandlungsrecht, Gedächtnisschrift für Meinhard Heinze 2005, S. 311; *Hamisch* Betriebliche Altersversorgung im Betriebsübergang, AuA 2005, 594; *Hamisch/Klemm* Das BAG ebnet den Weg für

»Rentner-GmbHs«, BB 2005, 2409; *Hanau* Die Rechtsprechung des BAG zur arbeitsvertraglichen Bezugnahme auf Tarifverträge, NZA 2005, 489; *Harbou/Wollenschläger* Arbeitsrechtliche Fragen bei Privatisierungs- und Outsourcingmaßnahmen in öffentlichen Krankenhäusern, NZA 2005, 1081; *Hase* Ausgewählte Fragen zur Förderung von Arbeitnehmern in Transfergesellschaften (TG) mit Transfer-Kurzarbeitergeld (Transfer-Kug) nach § 216b SGB III, AuB 2006, 33; *Hauck* Wann liegt ein Betriebsübergang vor?, AuA 2004, Nr. 5, 16; *ders.* Welche Folgen hat ein Betriebsübergang?, AuA 2004, Nr. 6, 14; *ders.* Der Widerspruch beim Betriebsübergang, NZA 2004, Sonderbeil. 1, 34; *ders.* Neuste Entwicklung der Rechtsprechung zu § 613a BGB, NZA 2004, Sonderbeil. zu Heft 18, 17; *ders.* Die Umsetzung der EG-Richtlinie 2001/23/EG des Rates vom 12. März 2001 zur Angleichung der Rechtsvorschriften der Mitgliedstaaten über die Wahrung von ..., FS für Wißmann zum 65. Geburtstag, 2005, S. 546; *ders.* Auswirkungen des Betriebsübergangs auf Betriebsratsgremien, FS Arbeitsgemeinschaft Arbeitsrecht im Deutschen Anwaltverein (25-jähriges Bestehen) 2006, S. 621; *Hauptvogel/König/Zeidler* Outsourcing: arbeitsrechtliche und umsatzsteuerliche Aspekte bei privaten Krankenhäusern, BB 2005, Sonderdruck, 9; *Helml* Widerspruch nach Teilbetriebsübergang und Sozialauswahl, AiB 2006, 350; *ders.* Aus der Praxis: Widerspruch nach Teilbetriebsübergang und Sozialauswahl, JuS 2006, 521; *Henssler* Schuldrechtliche Tarifgeltung bei Verbandsaustritt, Verbandswechsel und Unternehmensumstrukturierung, FS für Wißmann zum 65. Geburtstag 2005, S. 133; *Henssler/Strick* Aktuelle Entwicklungen im europäischen Arbeitsrecht, ZAP 2006, Fach 25, 189; *Hergenröder* Tarifeinheit oder Tarifmehrheit durch Betriebsübergang nach § 613a BGB?, FS 50 Jahre Bundesarbeitsgericht, 2004, S. 713; *Herms/Meinel* Änderung der BAG-Rechtsprechung zu Bezugnahmeklauseln in Arbeitsverträgen, DB 2006, 1429; *Hess/Hess* Betriebsinhaberwechsel in der Insolvenz (§ 128 InsO), AR-Blattei SD 915.8; *Hiekel* Kündigung nach Erwerberkonzept außerhalb der Insolvenz, BAGReport 2005, 161; *Hohenstatt/Schramm* Arbeitsrechtliche Angaben im Umwandlungsvertrag – eine Bestandsaufnahme, FS Arbeitsgemeinschaft Arbeitsrecht im Deutschen Anwaltverein (25-jähriges Bestehen), 2006, S. 629; *dies.* Vertragsregelungen beim Unternehmenskauf als Zusagen zu Gunsten der Belegschaft, NZA 2006, 251; *Hohenstatt/Seibt* Ausgliederung laufender Pensionsverbindlichkeiten – Eine arbeits- und umwandlungsrechtliche Betrachtung, ZIP 2006, 546; *Hohenstatt/Stamer* Neue Aspekte beim Widerspruchsrecht gemäß § 613a Abs 6 BGB, BAGReport 2005, 65; *Hohner/Kock* Auftragsvergabe von Dienstleistungen in den Räumlichkeiten des Auftraggebers, ArbRB 2004, 156; *Hölzle* Sanierende Übertragung – Besonderheiten des Unternehmenskaufs in Krise und Insolvenz, DStR 2004, 1433; *Homann/Suckow* Kellner in kündigungsrechtlichen Nöten, JA 2005, 720; *Hromadka* Tarifeinheit bei Tarifpluralität, Gedächtnisschrift für Meinhard Heinze 2005, S. 383; *Huke/Lepping* Die Folgen eines Betriebsübergangs auf betriebliche Interessenvertretungen, FA 2004, 136; *Hurek/Steinau-Steinrück* Widerspruch nach § 613a BGB und Sozialauswahl?, NJW-Spezial 2005, 417; *Insam/Zöll* Beschäftigungs- und Qualifizierungsgesellschaften, AuA 2006, 389; *Jaeger* Die Unterrichtungspflicht nach § 613a Abs 5 BGB in der Praxis der Betriebsübernahme, ZIP 2004, 433; *Jochums/Klumpp* Die Rechtsfolgen des Widerspruchsrechts bei Betriebsübergang, JuS 2006, 687; *Joussen* Kirchliche Arbeitsvertragsinhalte beim Betriebsübergang, NJW 2006, 1850; *ders.* Gleichbehandlung und Loyalitätspflichten beim Betriebsübergang, ZMV 2006, 57; *aiser/Gradel* Betriebliche Altersversorgung bei Unternehmenskäufen, DB 1996, 1621; *Kamanabrou* Europarechtliche Bedenken gegen die Klagefrist bei Kündigungen wegen Betriebsübergangs, NZA 2004, 950; *Katins* Betriebsübergang und Sozialauswahl, FA 2005, 336; *Kauffmann-Lauven/Schäfer* Vorstands- und Geschäftsführerverträge bei Restrukturierungsmaßnahmen FS Arbeitsgemeinschaft Arbeitsrecht im Deutschen Anwaltverein (25-jähriges Bestehen), 2006, S. 471; *Kienitz* Zur arbeitsrechtlichen Zulässigkeit sanierender Betriebsübernahmen, KH 2006, 603; *Kisters-Kölkes* Informationspflichten beim Betriebsübergang, FS für Kurt Kemper zum 65. Geburtstag, 2005, S. 227; *Klein-Blenkers* Die Entwicklung des Unternehmenskaufrechts, NZG 2006, 245; *Kleinebrink* Betriebsvereinbarungen und Gesamtbetriebsvereinbarungen beim Betriebsübergang – Schicksal und Gestaltungsmöglichkeiten, ArbRB 2004, 184; *ders.* Das Schicksal von Betriebsrat und Gesamtbetriebsrat beim Betriebsübergang, ArbRB 2004, 341; *Klemm* Weg frei für »Rentner-GmbH«, AuA 2005, 556; *ders.* Weg frei für »Rentner-GmbHs«, BetrAV 2006, 54; *Kock/Simon* Aktuelle Probleme beim Out- und Insourcing, ArbRB 2005, 115; *Köhnen* Die tarifrechtlichen Folgen des Betriebsübergangs gemäß § 613a BGB, KommunalPraxis spezial 2005, 113; *Kontusch* Der Wiedereinstellungsanspruch des Arbeitnehmers, 2004; *Konzen* Auswirkungen der europäischen Rechtsentwicklung auf das deutsche Arbeitsrecht – eine aktuelle Zwischenbilanz, ZfA 2005, 189; *Korte/Sprißler* Haftungsausschluss bei Betriebsverpachtung und deren Beendigung, GStB 2004, 68; *Kothe* Formerfordernis im Arbeitsverhältnis als Grenzen für den Einsatz elektronischer Kommunikationsmittel, DB 2006, 502; *Kreft* Normative Fortgeltung von Betriebsvereinbarungen nach einem Betriebsübergang, FS für Wißmann zum 65. Geburtstag 2005, S. 347; *Krenz/Müller* Fortgeltung von Betriebsvereinbarungen beim Wegfall des Betriebsrats, FA 2005, 4; *Kreutz* Normative Fortgeltung von Betriebsvereinbarungen nach einem Betriebsteilübergang, FS 50 Jahre Bundesarbeitsgericht 2004, S. 993; *Laber* § 613a BGB – Was gibt es Neues?, ArbRB 2004, 55; *Lambrich* Weitergeltung und Ablösung von Tarifverträgen nach Betriebsübergang, FS für Horst Ehmann zum 70. Geburtstag 2005, S. 169; *Langohr-Plato* Unternehmensspaltung nach dem UmwG – Konsequenzen für betriebliche Versorgungsverpflichtungen, NZA 2005, 966; *Leinhas/Wörlen* Unterrichtungspflicht des Arbeitgebers beim Betriebsübergang, JA 2005, 216; *dies.* Widerspruchsrecht des Arbeitnehmers bei Betriebsübergang Gesetzgebungsübersicht, JA 2005, 304; *Lemke* Umstrukturierung in der Insolvenz unter Einschaltung einer Beschäftigungs- und Qualifizierungsgesellschaft, BB 2004, 773; *Lepsien* Wiedereinstellungsanspruch in der Insolvenz, BAGReport 2005, 257; *Liedtke* Das rechtliche Schicksal des

Datenschutzbeauftragten im Falle der Betriebsveräußerung, NZA 2005, 390; *Linck* Die nichtige Kündigung, AR-Blattei SD 1010.3; *Lingemann* Kleine dynamische Bezugnahmeklausel bei Änderung der Tarifbindung, FS Arbeitsgemeinschaft Arbeitsrecht im Deutschen Anwaltverein (25-jähriges Bestehen), 2006, S. 71; *Linnenkohl/ Wassmann* Auswirkungen der Fusionen auf das Personalmanagement bei Krankenkassen, SF-Medien 2006, Nr. 156, S. 71; *Löw* Sozialauswahl unter Beteiligung des gem. § 613a Abs. 6 BGB widersprechenden Arbeitnehmers?, ArbuR 2006, 224; *Louven/Weng* Die Ausgliederung von Pensionsverbindlichkeiten – neue Optionen bei Unternehmens(ver)käufen, BB 2006, 619; *Löw* Fusion und Integration, AuA 2005, 416; *Luke* Gilt die dreiwöchige Klagefrist des § 4 KSchG auch für den Wiedereinstellungsanspruch?, NZA 2005, 92; *Lunk* Gestaltungsoptionen bei Betriebsübergangs-Sachverhalten, FS Arbeitsgemeinschaft Arbeitsrecht im Deutschen Anwaltverein (25-jähriges Bestehen), 2006, S. 645; *Lunk/Möller* Folgeprobleme nach Widerspruch gegen einen Betriebsteilübergang, NZA 2004, 9; *Mader/Teufel* Gebührenrechtliche Grenzen für Personalüberleitungsverträge bei Public-Private-Partnerships, AbfallR 2005, 167; *Manger/Urban-Crell* Konzernweite Aktienoptionspläne und Betriebsübergang, NJW 2004, 125; *Maschmann* Die Unterrichtungspflicht beim Betriebsübergang nach § 613a BGB, BB-Special 2006, Nr. 6, 29; *Menke* Gestaltungsfragen kollektiver Weitergeltung von Gesamtbetriebsvereinbarungen bei Betriebsübergang – wider ein betriebsverfassungsrechtliches Interregnum!, ZIP 2004, 545; *ders.* Rechtsprechung der Obergerichte für Arbeitssachen, PersF 2004, 96; *ders.* Regelungsidentität beim Betriebsübergang nach § 613a BGB, DB 2004, 1886; *ders.* Neue Fragen einer Kündigung bei Widerspruch gegen »Betriebsübergang«, NZA 2005, 9; *ders.* Das Schicksal von Konzernbetriebsvereinbarungen beim Betriebsübergang, BB-Special 2005, Nr. 14, 5; *ders.* Aufhebungsvertrag bei Betriebsübergang, SAE 2006, 102; *Mischewski/Thannheiser* Betriebsübernahme und Zerschlagung, AiB 2005, 108; *Mohrbutter* Betriebsübergang und Nebenleistungen, FS 50 Jahre Bundesarbeitsgericht 2004, S. 59; *ders.* Ausgewählte arbeitsrechtliche Probleme in der Insolvenz, Brennpunkte des Arbeitsrechts 2005, S. 401; *Möller* Gleichstellungsrechtsprechung »Der Anfang vom Ende?«, NZA 2006, 579; *Mückl* Rechtsfolgen einer fehlerhaften Unterrichtung des Arbeitnehmers bei Betriebsübergang – BAG, NZA 2005, 1302, JuS 2006, 395; *Mußgnug* Schutz des kirchlichen Arbeitsrechts durch das weltliche Recht, ZMV 2004, 8; *Nägele* Kündigung nach Widerspruch beim Betriebsübergang, ArbRB 2004, 312; *Neufang* Abfindung/Auflösung des Dienstverhältnisses, DSR Gruppe 3/A42, 1 (8/ 2006), DSR Gruppe 3/A42, 37 (9/2006); *Nicolai* Haftung für Altersteilzeitansprüche nach Betriebsübergang, FA 2005, 168; *ders.* Die Kündigung widersprechender Arbeitnehmer nach Betriebsübergang, BB 2006, 1162; *Oberhofer* Der Wiedereinstellungsanspruch, RdA 2006, 92; *Oberthür* Betriebsübergang im Konzern – Gemeinschaftsbetrieb und Rechtsmissbrauch, ArbRB 2005, 272; *Olbertz/Ungnad* Zeitliche Grenzen des Widerspruchsrechts nach § 613a Abs. 6 BGB im Falle fehlerhafter Unterrichtung des Arbeitnehmer, BB 2004, 213; *Opolony* Arbeitsrechtliche Fragen der Privatisierung von Bühnen, ZTR 2004, 338; *Paul* Rechte des Arbeitnehmererfinders in der Insolvenz des Arbeitgebers – Einige Zweifelsfragen zur Anwendbarkeit und zum Regelungsgehalt von § 27 ArbEG, KTS 2005, 445; *Preis/Richter* Grenzen der normativen Fortgeltung von Betriebsvereinbarungen beim Betriebsübergang, ZIP 2004, 925; *Pühler* Privatisierung öffentlicher Einrichtungen – Rahmenbedingungen für die Betriebliche Altersversorgung, PersV 2005, 204; *Quecke* Sozialauswahl und Zuordnung von Arbeitnehmern bei Teilbetriebsübergang und gleichzeitiger Stilllegung des Restbetriebs, BAGReport 2005, 97; *Reinecke* Hinweis-, Aufklärungs- und Beratungspflichten im Betriebsrentenrecht, RdA 2005, 129; *ders.* Neue Rechtsprechung des Bundesarbeitsgerichts zum Betriebsrentenrecht (2002-2005), DB 2005, 1963; *ders.* Schutz des Arbeitnehmers im Betriebsrentenrecht: Informationspflichten des Arbeitgebers und Kontrolle von Versorgungsvereinbarungen, DB 2006, 555; *Richardi* Der Beitrag des Bundesarbeitsgerichts zur Sicherung des Arbeitsvertrages in der Betriebsverfassung, FS 50 Jahre Bundesarbeitsgericht 2004, S. 1041; *ders.* Geltungsbereich des kirchlichen Arbeitsrechts, ZMV 2005, 5; *ders.* Geltung des kirchlichen Arbeitsrechts bei Umstrukturierungen, FS Arbeitsgemeinschaft Arbeitsrecht im Deutschen Anwaltverein (25-jähriges Bestehen) 2006, S. 673; *Rieble* Widerspruch nach § 613a VI BGB – die (ungeregelte) Rechtsfolge, NZA 2004, 1; *ders.* Kollektivwiderspruch nach § 613a VI BGB, NZA 2005, 1; *ders.* Konzerntarifvertrag (Teil II), Der Konzern 2005, 549; *ders.* § 613a Abs. 5 BGB: Informationspflicht und Verstoß, FS Arbeitsgemeinschaft Arbeitsrecht im Deutschen Anwaltverein (25-jähriges Bestehen) 2006, S. 687; *Ries* Materielle Verfahrenseinheit – die Kosten eines nicht eröffneten Erstverfahrens als Bestandteil der Gesamtkosten eines später eröffneten Folgeverfahrens, ZInsO 2005, 414; *Riesenhuber* Informationspflichten beim Betriebsübergang: Fehler bei der Umsetzung der Richtlinie und Anlass für eine grundsätzliche Neuordnung, RdA 2004, 340; *ders.* Die Verschmelzungsrichtlinie – »Basisrechtsakt für ein Europäisches Recht der Strukturmaßnahmen«, NZG 2004, 15; *ders.* Informationspflichten beim Betriebsübergang: Fehler bei der Umsetzung der Richtlinie und Anlass für eine grundsätzliche Neuordnung, RdA 2004, 340; *Rocke* Änderungen der Betreiberstruktur eines Krankenhauses und Auswirkungen auf den Chefarztvertrag, KH 2005, 733; *Rohde* Teile und herrsche, AiD 2005, 22; *Säcker* Entflechtung von Netzgeschäft und Vertrieb bei den Energieversorgungsunternehmen: Gesellschaftsrechtliche Möglichkeiten zur Umsetzung des sog. Legal Unbundling, DB 2004, 691; *Sandmann* Die Entwicklung des arbeitsrechtlichen Schrifttums im Jahr 2003, ZfA 2004, 537; *Schiefer* Fortgeltung kollektivrechtlicher Regelungen im Falle des Betriebsübergangs gem § 613a BGB, FS 50 Jahre Bundesarbeitsgericht 2004, S. 859; *ders.* Betriebsbedingte Kündigung – Kündigungsursache und Unternehmerentscheidung, NZA-RR 2005, 1; *ders.* Fortgeltung kollektivrechtlicher Regelungen beim Betriebsübergang gem. § 613a BGB, DB 2005, 2134; *Schipp* Gefährliche Bagatellen – Ausgliederung oder Übertragung kleinerer betrieblicher Einheiten, LAGReport 2005, 161;

ders. Durchlässigkeit von Versorgungswegen, FS Arbeitsgemeinschaft Arbeitsrecht im Deutschen Anwaltverein (25-jähriges Bestehen), 2006, S. 1097; *Schlachter* Betriebsübergang bei »eigenwirtschaftlicher Nutzung« von Betriebsmitteln des Auftraggebers, 2006, 80; *Schliemann* Tarifgeltung und arbeitsvertragliche Bezugnahme auf Tarifverträge in der neueren Rechtsprechung des BAG, ZTR 2004, 502; *Schrader/Straube* Die Behandlung von Entgeltansprüchen aus einem Altersteilzeitverhältnis nach Insolvenzeröffnung und nach einem Betriebsübergang (Teil 1), ZInsO 2005, 184; *dies.* Die Behandlung von Entgeltansprüchen aus einem Altenteilsverhältnis nach Insolvenzeröffnung und Betriebsübergang (Teil 2), ZInsO 2005, 234; *Schumacher-Mohr* Zulässigkeit einer betriebsbedingten Kündigung durch den Veräußerer bei Betriebsübergang, NZA 2004, 629; *ders.* Der Tarifwechsel als Mittel zur Flexibilisierung von Arbeitsbedingungen, Gedächtnisschrift für Meinhard Heinze 2005, S. 843; *Seffer* Softwareschutz beim Asset-Deal, ITRB 2006, 146; *Seibt* Gesamtrechtsnachfolge bei gestalteten Ausscheiden von Gesellschaftern aus Personengesellschaften: Grundfragen des Gesellschafter-, Gläubiger- und Arbeitnehmerschutzes, FS für Volker Röhricht zum 65. Geburtstag 2005, S. 603; *Seidel* Kündigungen von Mitarbeitern mit Handicap, SuP 2006, 162; *Seitz/Werner* Unbundling in der Energiewirtschaft: arbeitsrechtliche Fallstricke und Gestaltungsmöglichkeiten, BB 2005, 1961; *Simon/Zerres* Aktuelle arbeitsrechtliche Besonderheiten bei der Spaltung von Unternehmen, FA 2005, 231; *Sprenger* Kündigung wegen Betriebsübergangs: Ist § 13 Abs 3 KSchG nF europarechtskonform?, ArbuR 2005, 175; *Steffan* Der Betriebsteil als wirtschaftliche Einheit, NZA 2000, 687; *Steffen* Die Abgeltung des Urlaubsanspruchs, AR-Blattei SD 1640.3; *Stück* Outsourcing – K.o. durch die Rechtsprechung?, AuA 2004, Nr. 9, 10; *ders.* Mitbestimmung bei Outsourcing, AuA 2004, Nr. 10, 22; *ders.* Verschlechternde Änderung und Vereinheitlichung freiwilliger Sozialleistungen am Beispiel von Jubiläumsleistungen, DB 2006, 782; *ders.* GmbH-Geschäftsführer im Spannungsfeld, AuA 2006, 72; *Thannheiser* Umwandlung (Privatisierung) von Dienststellen und Dienststellenteilen, PersR 2006, 4; *Trenkle* Unbundling bei Strom- und Gasunternehmen, AiB 2005, 13; *Trittin* Outsourcing und Betriebsübergang, dbr 2005, Nr. 7, 17; *Twesten* Beginn und Ende des Arbeitsverhältnisses im Arbeitsrecht und Sozialversicherungsrecht, Die Leistungen 2006, 193; *Vallender* Unternehmenskauf in der Insolvenz (II), GmbHR 2004, 642; *Vogelgesang* Beteiligungsrechtliche Probleme bei der Privatisierung, PersV 2005, 4; *Volkert* Die Körperschaftsabspaltung, NVwZ 2004, 1438; *Waas* Rechtsprechung zum Betriebsübergang nach § 613a BGB im Jahre 2004, BB 2005, 1445; *Wahlig* Auftragsnachfolge als Betriebsübergang?, BuW 2004, 429; *Wahlig/Witteler* Betriebsübergang, AuA 2004, 14; *Wank* Der Betriebsübergang in der Rechtsprechung von EuGH und BAG, FS 50 Jahre Bundesarbeitsgericht 2004, S. 245; *ders.* Die Änderung von Arbeitsbedingungen – Systematik der Änderungsmöglichkeiten, mit Vergleich zum japanischen Recht, RdA 2005, 271; *Weber* Probleme des europäischen und internationalen Betriebsrentenrechts, ZfA 2004, 335; *Wellensiek* Probleme bei der Betriebsveräußerung aus der Insolvenz, NZI 2005, 603; *Westers* Neuregelungen im Recht des besonderen Kündigungsschutzes nach dem Neunten Buch Sozialgesetzbuch (SGB IX), Behindertenrecht 2004, 93; *Wilhelm* Das Rechtsinstitut der Anwachsung und seine Auswirkungen in der arbeitsrechtlichen Praxis, FS Arbeitsgemeinschaft Arbeitsrecht im Deutschen Anwaltverein (25-jähriges Bestehen) 2006, S. 721; *Willemsen* Arbeitsrechtliche Fragen der Privatisierung und Umstrukturierung öffentlicher Rechtsträger, FS 50 Jahre Bundesarbeitsgericht 2004, S. 287; *ders.* Arbeitsrechtliche Strategien für eine Änderung der Tarifstruktur am Beispiel der Arbeitszeitverlängerung ohne Lohnausgleich, FS Arbeitsgemeinschaft Arbeitsrecht im Deutschen Anwaltverein (25-jähriges Bestehen) 2006, S. 1013; *Zobel* Gestaltung oder Umgehung?, ZInsO 2006, 576; *Zöll* Unterrichtungspflichten beim Betriebsübergang, AuA 2006, 18; *Zwanziger* Wiedereinstellungsansprüche nach Kündigung, AiB 2005, 429; *ders.* Struktur, Probleme und Entwicklung des Altersteilzeitrechtes – ein Überblick, RdA 2005, 226.

Inhaltsübersicht

	Rz		Rz
A. Einleitung	1–9	5. Sonstige Dienstverhältnisse	
I. Entstehungsgeschichte	1, 2	und Sonderfälle	16, 17
II. Zweck und Rechtsnatur der		C. Die Voraussetzungen im Einzelnen	18–100
Vorschrift	3, 4	I. Wirtschaftliche Einheit: Betrieb	
III. Beeinträchtigung der Privat-		oder Betriebsteil	18–25
autonomie	5	1. Maßgeblichkeit des Konzepts	
IV. Abdingbarkeit	6–8	der »wirtschaftlichen Einheit«	18–21
V. Konsultationspflicht	9	2. Besonderheiten des Betriebsteils	22
B. Anwendungsbereich	10–17	3. Definition und Kriterien der	
I. Sachlicher Anwendungsbereich	10, 11	»wirtschaftlichen Einheit«	23–25
II. Geschützter Personenkreis	12–17	II. Übergang	26–65
1. Alle Arbeitnehmer	12	1. Weiterführung mit Inhaber-	
2. Arbeitnehmerähnliche Personen	13	wechsel	26
3. Gekündigte Arbeitnehmer	14	2. Übernahme eines Betriebsteils	27
4. Ausgeschiedene Arbeitnehmer	15	3. Identitätswahrung beim Über-	
		gang: maßgebende Kriterien	28–56

	Rz
a) Art des Betriebs	30–33
b) Übergang oder Nichtübergang materieller Aktiva	34–38
c) Wert immaterieller Aktiva zum Zeitpunkt des Übergangs	39–41
d) Übernahme eines Hauptteils der Belegschaft	42–44
e) Eintritt in die Kundenbeziehungen	45–49
f) Ähnlichkeit der Tätigkeit des Betriebs vor und nach dem fraglichen Übergang	50–52
g) Dauer einer etwaigen Unterbrechung	53
h) Fragen der Gesamtabwägung	54–56
4. Unmaßgebliche Gesichtspunkte	57
5. Betriebsaufspaltung	58
6. Keine Betriebsänderung	59, 60
7. Stilllegung	61–65
III. Übergang auf einen anderen Betriebsinhaber	66–71
1. Natürliche oder juristische Person, Gesamthand	67
2. Wechsel des Betriebsinhabers	68–71
IV. Übergang durch Rechtsgeschäft	72–84
1. Art und Inhalt des Rechtsgeschäfts	72–79
2. Nichtige Rechtsgeschäfte	80
3. Einzelne Rechtsgeschäfte	81–84
a) Veräußerung des Betriebs	81
b) Betriebsverpachtung, -vermietung	82
c) Fremdvergabe und Beendigung	83
d) Sonstiges	84
V. Fehlen unmittelbarer rechtsgeschäftlicher Beziehungen	85–87
VI. Mehrzahl von Rechtsgeschäften	88, 89
VII. Zeitpunkt des Übergangs	90–92
VIII. Betriebsveräußerung bei Insolvenz	93–96
1. Insolvenzverwalter nicht Betriebsinhaber	93
2. Betriebsveräußerung durch den Insolvenzverwalter	94, 95
3. Betriebsveräußerung nach Ablehnung mangels Masse	96
IX. Zwangsversteigerung und Zwangsverwaltung von Betriebsgrundstücken	97, 98
1. Zuschlag bei Zwangsversteigerung	97
2. Anordnung der Zwangsverwaltung	98
X. Darlegungs- und Beweislast	99, 100
D. Rechtsfolgen des Betriebsübergangs	101–151
I. Der Eintritt in individualrechtliche Vereinbarungen	101–107
1. Eintritt in Rechte und Pflichten	101
2. Vereinbarungen für den Übergang	102
3. Bestehende Arbeitsverhältnisse	103, 104
4. Zuordnung des Arbeitnehmers bei enger Verflechtung	105–107

	Rz
II. Übergang kraft Gesetzes und Widerspruch des Arbeitnehmers	108–123
1. Übergang kraft Gesetzes	108
2. Unterrichtung der Arbeitnehmer	108a–108i
a) Allgemeines und Rechtsnatur	108a
b) Inhalt der Unterrichtungspflicht	108b–108e
c) Form der Unterrichtung	108f
d) Zeitpunkt der Unterrichtung	108g
e) Verpflichteter	108h
f) Rechtsfolgen unterlassener, verspäteter oder fehlerhafter Unterrichtung	108i
3. Widerspruchsrecht	109–123
a) Ausübung des Widerspruchs	111, 112
b) Form	112a
c) Zeitpunkt des Widerspruchs	113, 114
d) Ausschluß des Widerspruchs	115
e) Folgen des Widerspruchs	116–123
III. Auswirkungen des Betriebsübergangs für den Arbeitnehmer	124–129
1. Rechte und Pflichten gegenüber dem neuen Arbeitgeber	124
2. Arbeitsvertragliche Grundlage	125
3. Dauer der Betriebszugehörigkeit	126–128
4. § 323 UmwG	129
IV. Rechtsstellung des neuen Betriebsinhabers	130–143
1. Eintritt in die Rechte	130–132
2. Eintritt in die Pflichten	133–136
3. Betriebliche Übung	137
4. Betriebsverfassungsrechtliche Pflichten	138
5. Versorgungsanwartschaften	139–143
V. Rechtsstellung des Betriebsveräußerers	144–151
1. Alleinige Haftung	145
2. Gesamtschuldnerische Haftung für bei Betriebsübergang fällige Forderungen	146, 147
3. Haftung für bei Betriebsübergang noch nicht fällige Forderungen	148
4. Anwendung allgemeiner schuldrechtlicher Regeln	149
5. Zusätzliche Haftungsgründe	150, 151
E. Kollektivrechtliche Folgen des Betriebsübergangs	152–175
I. Kontinuität des Betriebsrats	152–154
II. Fortgeltung kollektivrechtlicher Rechte und Pflichten	155–168
1. Überblick und Zweck	155–161
2. Unwirksamkeit von Änderungsgeschäften	162
3. Tarifverträge	163–164
4. Betriebsvereinbarungen	165, 166
a) Individualrechtliche Weitergeltung	165

		Rz			Rz
	b) Kollektivrechtliche Weitergeltung	166	II.	Voraussetzungen und Rechtsfolgen des Kündigungsverbots	182–199
	5. Andere Vereinbarungen zwischen Arbeitgeber und Betriebsrat	167		1. Kündigung	182
				2. Geltung für alle Arbeitnehmer	183
	6. Sonstige kollektivrechtliche Vereinbarungen	168		3. Zeitpunkt der Kündigung	184
III.	Vorrang der im Betrieb des Erwerbers geltenden kollektivrechtlichen Regelungen	169–172		4. Kündigung durch alten oder neuen Arbeitgeber	185
				5. Kündigung wegen des Übergangs	186–190
	1. Gleichbehandlung der gesamten Belegschaft	169		6. Kündigung aus anderen Gründen	191–192a
	2. Andere Tarifzuständigkeit und beiderseitige Tarifgebundenheit	170, 171		7. Rechtsfolgen	193
				8. Wiedereinstellungs- oder Fortsetzungsanspruch	194–197
	3. Vorrang von Tarifvertrag oder Betriebsvereinbarung	172		9. Beweislast	198, 199
			III.	Umgehungstatbestände	200–202
IV.	Änderung individualrechtlich weitergeltender Tarifverträge und Betriebsvereinbarungen	173–175	IV.	Analoge Anwendung bei Betriebsübergang kraft Gesetzes	203
			V.	Geltendmachung der Unwirksamkeit	204–210
	1. Tarifvertrag oder Betriebsvereinbarung außer Geltung	174		1. Feststellungsklage nach § 256 ZPO und Kündigungsschutzklage nach § 4 KSchG	204
	2. Anwendung eines anderen Tarifvertrags	175		2. Arbeitgeber als Beklagter	205–208
F.	Kündigung des Arbeitsverhältnisses wegen Betriebsübergangs (§ 613a Abs. 4 BGB)	176–210		3. Rechtskraft	209
				4. Beschlussverfahren	210
			G.	Kollisionsrecht	211
I.	Zweck und Rechtsnatur des § 613a Abs. 4 BGB	176–181	H.	Abweichungen von § 613a BGB im Beitrittsgebiet	212
	1. Zweck	176, 177	Anhang: Richtlinie 2001/23/EG		
	2. Rechtsnatur	178, 179			
	3. Rechtsfolgen dieser Einordnung	180, 181			

Alphabetische Übersicht

Abdingbarkeit	6	Beschlussverfahren	210
Ablauforganisation	51	Betrieb	18
Ablehnung mangels Masse	96	betriebliche Übung	137
Abschlussnormen	160, 164	Betriebsänderung	59, 117, 122
Ähnlichkeit der Tätigkeit	50	Betriebsaufspaltung	58
Änderungskündigung	182	betriebsbedingte Kündigung	117, 191
Änderungsverbot bei Tarifvertrag und Betriebsvereinbarung	162	Betriebsmethoden	51
		Betriebsnormen	164
Anwendungsvorrang bindender Kollektivverträge	169	Betriebsrat	152
		Betriebsstilllegung	192
Arbeitnehmer	12	Betriebsteil	22, 27
arbeitnehmerähnliche Person	13	Betriebsübergang kraft Gesetzes	203
Arbeitsorganisation	51	Betriebsvereinbarung	165 ff.
Arbeitspflicht	124	Betriebsverfassungsgesetz,	10
arbeitstechnischer Zweck	57	betriebsverfassungsrechtliche Pflichten	138
Arbeitsverhältnis	101, 103, 125	betriebsverfassungsrechtliche Tarifnormen	160
Art des Betriebs	30 ff.	Betriebsverlegung	62
Asset Deal	8	Bewachung	55
ausgeschiedene Arbeitnehmer	15	Bezugnahmeklauseln	171
außerordentliche Kündigung	182	Darlegungs- und Beweislast	99, 198
Beendigung des alten Arbeitsverhältnisses	144	Darlehen	125
Beendigungsnormen	164	Dauer der Betriebszugehörigkeit	126
Befristung	201	Dauerhaftigkeit der Übernahme	48
Beitrittsgebiet	212	Dienstleistungsunternehmen	31, 47
Belegschaft	42	Dienstverträge	16
Belegschaftsübernahme	55	Druckkündigung	189

	Rz		Rz
EG-rechtliche Grundlagen	2	Nachwirkung	163
eigenwirtschaftliche Nutzung von Aktiva	38	neue Länder	212
Erwerbsmotive	57	Neuvergabe	56, 86
		nichtige Rechtsgeschäfte	80
faktisches Arbeitsverhältnis	104	Notariat	33, 79
fehlende beiderseitige Tarifbindung	175		
Feststellungsklage	204	Öffentliche Hand	77
Firmentarifvertrag	163	ordentliche Kündigung	182
Fortführung des Betriebs	57	Outsourcing	56
Fortsetzung der Produktion	36	Overhead-Bereich	105
Fortsetzungsanspruch	194		
Fremdvergabe	56, 83	Pächterwechsel	85
Funktionsnachfolge	52, 55	Pachtvertrag	64
		Passivlegitimation	205
Gaststätte	41	personenbedingte Kündigung	191
gekündigte Arbeitnehmer	14	Privatisierung	78
gemeinsame Einrichtungen	160, 164	Produktionsbetrieb	31
gemeinsamer Betrieb	69	Prokura	125
Gesamtrechtsnachfolge			
siehe Universalsukzession		Räumungsverkauf	63
Gesamtschuld	146	Rechtsgeschäft	72
Gesamtzusage	101	Rechtskraft	209
Geschäftsfähigkeit	80	Rechtsmissbrauch beim Widerspruch	121
Geschäftsraummiete	64	Rechtsnatur des Widerspruchsrechts	120
Gesellschafterwechsel	70	Reinigungsunternehmen	55
Gesellschaftsvertrag	87	Restmandat	153
Gestaltungsrechte	131	Rückfall an ursprünglichen Inhaber	76
gewerbliche Schutzrechte	40		
Goodwill	40	sachlicher Anwendungsbereich	10
Großhandelsunternehmen	41	Sanierungskonzept	189
		Seeschiff	32, 35
Haftung des Veräußerers	144	Sozialauswahl nach Widerspruch	118
handelsrechtliche Vollmachten	125	Sozialplan	192
Handelsvertreter	46	Stilllegung	61, 187
		Subsumtionsirrtum	186
Identitätswahrung	28 ff.	suspendiertes Arbeitsverhältnis	104
immaterielle Aktiva	39		
Informationspflicht des Arbeitgebers	197	Tarifvertrag	163 ff.
Inhaberwechsel	26, 66 ff.	Tarifvertrag oder Betriebsvereinbarung	
Inhaltsnormen	164	außer Geltung	174
Insolvenz	93, 134, 141, 199	Transformation kollektiver in individuelle	
IPR	211	Rechte	157
		treuhänderische Übertragung	71
Know-how	40		
kollektivrechtliche Rechte und Pflichten	155	Übergangsmandat	153
kollektivrechtliche Weitergeltung	159 ff.	Überkreuzablösung	172
Kollisionsrecht	211	Umgehung	200
Konsultation der Arbeitnehmer	9	Umwandlung	74
Kundenbeziehungen	45	Umwandlungsgesetz	60, 74, 107, 129
Kündigung	176 ff.	Unanwendbarkeit des Kündigungs-	
Kündigungsmotiv	186	schutzgesetzes	178 ff.
Kündigungsschutzklage	204	Universalsukzession	72, 115
Kündigungsursache	186	Unkündbarkeit	123
		Unterbrechung	53
Ladengeschäft	37, 41	unternehmenspolitische Zielsetzung	57
Leiharbeit	17	Unwirksamkeit der Kündigung	193
Leitungsmacht	57		
Lemgoer Modell	200	Veräußererkündigung mit Erwerberkonzept	189
Lohnzahlungspflicht	133	Verbandstarifvertrag	163
		Vereinbarungen	200
Masseverbindlichkeiten	134	Vereinbarungen für den Übergang	102
materielle Aktiva	34 ff.	Verfassungsgemäßheit	5
Mehrzahl von Betriebsübergängen	161	verhaltensbedingte Kündigung	117, 191
Mehrzahl von Rechtsgeschäften	88	Vermietung	82

§ 613a BGB   Betriebsinhaberwechsel

	Rz		Rz
Verpachtung	82	wirtschaftliche Einheit	20 f., 23 ff.
Versorgungsanwartschaften	139, 202	wirtschaftliche Situation	57
Vertragshändler	46	Wirtschaftszweig	30
Vertriebsverträge	46	Zeitpunkt der Kündigung	184
Weisungsrecht	131	Zeitpunkt des Übergangs	90
Werksdienstwohnungen	125	Zentralabteilung	105
Werksmietwohnungen	125	zukünftiger Betriebsübergang	187
Wettbewerbsverbot	132	Zusatzleistungen	128
Widerspruch	109	Zwangsversteigerung	97
Wiedereinstellungsanspruch	194	Zwangsverwaltung	98

A. Einleitung

I. Entstehungsgeschichte

1 § 613a Abs. 1 S. 1, Abs. 2 und 3 BGB wurde erstmals durch § 122 BetrVG 1972 in das BGB aufgenommen und ist seit dem 19.1.1972 in Kraft. Mit dieser Regelung wollte der Gesetzgeber die für die Arbeitsverhältnisse eintretenden Rechtsfolgen eines Betriebsinhaberwechsels einer allg. Regelung unterwerfen (BT-Drs. VI/1786, S.59), nachdem zunächst die Forderung nach der Mitbestimmung des Betriebsrats bei dem Betriebsübergang als solchem erhoben worden war (Vorschläge des DGB zur Änderung des BetrVG 1970, S. 30). Wenngleich dem nicht entsprochen wurde, sollte durch § 613a BGB der weitere Bestand des Betriebsrats und bei nachfolgenden Betriebsänderungen mit nachteiligen Wirkungen für die übernommene Belegschaft das Mitbestimmungsrecht des § 111 BetrVG festgeschrieben werden.

2 Durch das **Gesetz über die Gleichbehandlung von Männern und Frauen am Arbeitsplatz und über die Erhaltung von Ansprüchen bei Betriebsübergang (Arbeitsrechtliches EG-Anpassungsgesetz)** v. 13.8.1980 (BGBl. I S. 1308), in Kraft seit dem 21.8.1980, ist § 613a BGB um Abs. 1 S. 2–4 und Abs. 4 ergänzt worden. Mit dieser Ergänzung wollte der Gesetzgeber der Verpflichtung Folge leisten, die auf Art. 100 aF EGV gestützte und zugleich im Interesse der Ziele des (heutigen) Art. 136 EGV erlassene **Richtlinie des Rates v. 14.2.1977 zur Angleichung der Rechtsvorschriften der Mitgliedstaaten über die Wahrung von Ansprüchen der Arbeitnehmer beim Übergang von Unternehmen, Betrieben oder Betriebsteilen** (77/187/EWG, ABlEG L 61 v. 5.3.1977, S. 26, später idF der Richtl. 98/50/EG v. 29.6.1998 zur Änderung der Richtl. 77/187/EWG, ABlEG L 201/88 v. 17.7.1998) in innerstaatliches Recht umzusetzen (eingehend zur Änderung der Richtl. *Franzen* RdA 1999, 361; *Gaul* DB 1999, 561 u. 582; *Waas/Johanns* EuZW 1998, 548). Zugleich ist die Richtlinie für die Staaten des **Europäischen Wirtschaftsraums** (EWR) im Rahmen des acquis communautaire zu beachten (EWR-Abkommen Anh. V Nr. 23; dazu *Baudenbacher* DB 1996, 2177). Die bisherigen Richtlinien sind jüngst allerdings durch die Richtlinie 2001/23/EG des Rates v. 12.3.2001 (mit gleicher Sachbezeichnung) ersetzt worden (ABlEG L 82/16 v. 22.3.2001). § 613a BGB ist damit **Bestandteil des Europäischen Arbeitsrechts** (KR-*Pfeiffer* vor § 612a BGB Rz 1 ff.; vgl. auch das Memorandum der Kommission zu den erworbenen Ansprüchen beim Übergang von Unternehmen Dok. KOM (97) 85 endg., abgedr. auch in DB 1997, 1030). Eine bis zum 31.12.1998 in Kraft gewesene Sonderregelung für das Beitrittsgebiet hat der Gesetzgeber anlässlich der Wiederherstellung der deutschen Einheit geschaffen. Abs. 3 hat seine heutige Fassung durch Art. 2 UmwRBerG v. 28.10.1994 (BGBl. I S. 3210) erhalten, durch den die Regelung an die Terminologie des UmwG angepasst wurde. Abs. 5 und 6 wurden durch das Gesetz zur Änderung des Seemannsgesetzes und anderer Gesetze (BGBl. I 2002 S. 1163) ergänzt.

II. Zweck und Rechtsnatur der Vorschrift

3 Vor Inkrafttreten von § 613a BGB galten für den Übergang von Arbeitsverhältnissen die allg. Grundsätze der rechtsgeschäftlichen Vertragsübernahme, die die Zustimmung aller Beteiligten (s. etwa *Palandt/Grüneberg* § 398 Rz 38) und damit auch des Betriebserwerbers voraussetzen. Dieser hatte deshalb die Möglichkeit, die Übernahme einzelner oder aller Arbeitsverhältnisse abzulehnen. Diese Möglichkeit will § 613a BGB ausschließen, indem er in Umsetzung der Richtl. 77/187/EWG **beim Betriebsübergang den Eintritt in alle Arbeitsverhältnisse als den Erwerber zwingende gesetzliche Folge** vorsieht (vgl. *EuGH* 14.11.1996 EzA § 613a BGB Nr. 144 – Tz 25). Die Vorschrift ist damit vor allem Schutzgesetz zugunsten der Arbeitnehmer (BAG 26.2.1987, EzA § 613a BGB Nr. 57). Ihre Zwecksetzung geht im Einzelnen dahin, (a) alle bestehenden **Arbeitsverhältnisse zu sichern** und unabhängig

von den Beschränkungen des KSchG vor einer Auflösung wegen des Betriebsübergangs zu schützen; (b) den mit dem Arbeitsverhältnis verbundenen Inhalt, insbes. den **sozialen Besitzstand** der Arbeitnehmer, zu erhalten (vgl. *BAG* 12.5.1992 EzA § 613a BGB Nr. 104 [zu II 2 der Gründe]); (c) den Bestand des **Betriebsrats** und seiner Mitbestimmungsrechte zu garantieren (s. auch *BAG* 3.7.1980 EzA § 613a BGB Nr. 29); (d) eine **Regelung der Haftung** des alten und neuen Betriebsinhabers hinsichtlich der Arbeitnehmeransprüche zu schaffen (*BAG* 17.1.1980 EzA § 613a BGB Nr. 24; 3.7.1980 EzA § 613a BGB Nr. 29; 11.11.1986 EzA § 613a BGB Nr. 60); (e) durch die 1980 eingefügten Ergänzungen eine Regelung für die **Fortgeltung von Tarifverträgen und Betriebsvereinbarungen** zu treffen; (f) eine vollständige und EG-rechtskonforme **Umsetzung der Richtl. 2001/23/EG** in deutsches Recht zu gewährleisten (s.o. Rz 2). Die damit zugleich erreichte Sicherung der **Funktionsfähigkeit und Kontinuität** des Betriebs ist, wie das Widerspruchsrecht des Arbeitnehmers zeigt (s.u. Rz 109), entgegen verbreiteter Ansicht (zB *Schmalenberg* NZA 1989, Beil. 4, S. 14; *MünchKomm-Schaub* Rz 6) demgegenüber kein eigenständiger Zweck, sondern lediglich eine (erwünschte) Reflexwirkung der Vorschrift.

Wie § 571 BGB regelt § 613a Abs. 1 BGB einen Fall der **Vertragsübernahme kraft Gesetzes**. Die über die unmittelbar geregelten Fälle hinausreichende dogmatische Bedeutung dieser beiden Regelungen liegt darin, dass sie zugleich unterschiedliche Gestaltungsmöglichkeiten der rechtsgeschäftlichen Vertragsübernahme vertypen. Während § 571 BGB nur den während der Innehabung des Grundeigentums entstehenden Übergang der Vertragsrechte und -pflichten begründet und damit insbes. nur einen Übergang ex nunc vorsieht, führt § 613a BGB grds. zu einem vollständigen Übergang auch der in der Vergangenheit begründeten Rechte und Pflichten (Vertragsübergang ex tunc). 4

III. Beeinträchtigung der Privatautonomie

Trotz der beträchtlichen Beschränkung der Vertragsfreiheit bestehen **verfassungsrechtlich** gegen § 613a BGB **keine durchgreifenden Bedenken**. Früher hiergegen vorgebrachten Zweifel (*Galperin* S. 11) überzeugen nicht, da die Vorschrift dem Schutz des Arbeitnehmers dient und deren Schutzbedürfnis bei einem Betriebsinhaberwechsel anerkannt werden muss. Infolgedessen rechtfertigt das in Art. 20 Abs. 1 und 28 Abs. 1 GG festgeschriebene Sozialstaatsprinzip die Einschränkung der Privatautonomie des Arbeitgebers (*Neumann/Duesberg* BB 1971, 969 [971]; *K. Schmidt* BB 1971, 1199 [1200 f.]; *MünchKomm-Schaub* Rz 6a; *Soergel/Raab* Rz 9). Aus den gleichen Gründen wird man den Übergang der Arbeitsverhältnisse auf den Erwerber idR auch nicht als unverhältnismäßige Beschränkung der EG-vertraglichen Grundfreiheiten EU-ausländischer Übernehmer ansehen können (aA *Steindorff* JZ 1994, 95 [98]). Auch im **Rundfunkwesen** hat das BVerfG eine Anwendung des § 613a BGB nicht als Verstoß gegen die Rundfunkfreiheit eingeordnet, solange keine konkrete Beeinträchtigung der Programmgestaltungsfreiheit hervortritt (*BVerfG* 19.7.2000 NZA 2000, 249). 5

IV. Abdingbarkeit

Für die Beurteilung der Abdingbarkeit von § 613a BGB ist der oben (Rz 3) genannte Schutzgedanke ausschlaggebend. Aus ihm folgt, dass § 613a BGB **zwingendes Recht** ist (allg. Ansicht, zB *BAG* 12.5.1992 EzA § 613a BGB Nr. 104 mwN), so dass die Rechtsfolgen des § 613a BGB weder durch eine Vereinbarung zwischen Veräußerer und Erwerber (*BAG* 18.3.1997 EzA § 613a BGB Nr. 150; 14.7.1981 EzA § 613a BGB Nr. 31; *BGH* 26.3.1987 NJW 1987, 2874) noch durch eine solche zwischen Veräußerer und Arbeitnehmer (*BAG* 29.10.1975 EzA § 613a BGB Nr. 4; *MünchKomm-Schaub* Rz 62) zu Lasten des Arbeitnehmers abbedungen werden können. So ist es etwa unzulässig, wenn allein der Veräußerer Schuldner der Versorgungspflichten gegenüber dem Arbeitnehmer bleiben soll (*BAG* 14.7.1981 EzA § 613a BGB Nr. 31). Auch gegenüber dem Erwerber ist ein wirksamer Verzicht durch die Arbeitnehmer grundsätzlich nicht möglich (*EuGH* 6.11.2003 Slg. 2003, I-12859 – *Martin*). Diese Unabdingbarkeit der Arbeitnehmerrechte aus § 613a BGB ist auch **europarechtlich vorgegeben**. Allerdings enthält die zugrunde liegende Richtlinie nur eine Anordnung in Bezug auf den Betriebsübergang. Soweit ein bestimmtes Arbeitnehmerrecht nach dem anwendbaren nationalen Recht ganz allgemein verzichtbar ist, bleibt ein unabhängig vom Übergang erfolgender Verzicht möglich (*EuGH* 6.11.2003 Slg. 2003, I-12859 – *Martin*). 6

Die Unabdingbarkeit des § 613a BGB kann von Veräußerer und Erwerber auch nicht durch **Kündigung und Wiedereinstellung** umgangen werden, da sonst der Schutzzweck der Vorschrift unterlaufen würde (*BAG* 20.7.1982 EzA § 613a BGB Nr. 33). So stellt die durch Arbeitsplatzgarantie des Erwerbers veranlasste fristlose Kündigung durch sämtliche Arbeitnehmer oder der Abschluss von Auflösungsverträgen und die unmittelbar darauf folgende Einstellung durch den Betriebserwerber eine **Umgehung** dar. § 613a BGB bleibt deshalb anwendbar (näher s.u. Rz 200). 7

§ 613a BGB

8 **Keine Umgehung** liegt aber vor, wenn der Pächter den **Betrieb stilllegt** (s.u. Rz 61) und anschließend die Nutzung an den Pachtgegenständen wegen Beendigung des Pachtvertrags auf den Verpächter übergeht (*BAG* 26.2.1987 EzA § 613a BGB Nr. 57; s.a. Rz 82). Das Gleiche gilt für **Vereinbarungen über die Folgen des Betriebsübergangs**, die der Arbeitnehmer in begrenztem Rahmen, dh **bei Vorliegen sachlich rechtfertigender Gründe**, mit dem alten oder dem neuen Arbeitgeber sowohl bzgl. des Bestands als auch bzgl. des Inhalts des Arbeitsverhältnisses (Entlohnung, Sozialleistungen) schließen kann (iE s.u. Rz 200).

V. Konsultations- und Informationspflicht

9 Die von Art. 7 Richtl. 2001/23/EG vorgesehene, in Deutschland nicht ausdrücklich umgesetzte **Konsultationspflicht** der Arbeitnehmervertreter vor dem Betriebsübergang ist nicht schon deshalb obsolet, weil der Arbeitnehmer dem Betriebsübergang widersprechen kann (überholt: *BAG* 1.4.1987 EzA § 613a BGB Nr. 63). Allerdings greift, soweit in dem Betrieb ein Wirtschaftsausschuss besteht, § 106 Abs. 3 Nr. 10 BetrVG ein. In den Fällen der Umwandlung ergibt sich die Unterrichtungspflicht aus § 111 S. 2 Nr. 3 BetrVG iVm §§ 5 Abs. 1 Nr. 9, 126 Abs. 1 Nr. 11, 136, 176, 177, 194 Abs. 1 Nr. 7 UmwG. Im Übrigen bedarf es in Deutschland insofern keiner Umsetzung der Konsultationspflicht, als Art. 7 Abs. 3 Richtl. 2001/23/EG eine auf §§ 111, 112 BetrVG zugeschnittene Ausnahme zur Konsultationspflicht enthält (*v. Alvensleben* S. 329 ff.). Verfehlt werden die Erfordernisse der Richtlinie, soweit die Einschränkungen des § 112a Abs. 2 BetrVG eingreifen (*Colneric* FS Steindorff, S. 1129; *Düwell* FA 2003, 107 [110]; *Franzen* RdA 1999, 361 [372]; *Oetker* NZA 1998, 1193 [1198]). Der nunmehr in Art. 7 Abs. 6 RL 2001/23/EG enthaltene **individuelle Informationsanspruch** der Arbeitnehmer bei Betriebsübergang ist in Deutschland durch § 613a Abs. 5 BGB umgesetzt (näher s.u. Rz. 108a).

B. Anwendungsbereich

I. Sachlicher Anwendungsbereich

10 § 613a BGB ist **keine Norm betriebsverfassungsrechtlicher** Art. Obwohl die Vorschrift durch § 122 BetrVG in das BGB eingefügt wurde (s.o. Rz 1), gelten hinsichtlich seines sachlichen Anwendungsbereichs **nicht die betriebsverfassungsrechtlichen Einschränkungen** der §§ 118 und 130 BetrVG (allg. Ansicht, statt aller *Soergel/Raab* § 613a BGB Rz 15). Dies folgt einmal daraus, dass § 613a BGB nicht in das organisatorische System des BetrVG Eingang gefunden hat, sowie daraus, dass diese Norm unmittelbare gesetzliche Schutzwirkungen entfaltet, ohne dass organisatorischer Schutz etwa durch den Betriebsrat oder das Mitbestimmungsrecht des Betriebsrats zwischengeschaltet wird. Dementsprechend können auch die für die Betriebe des Bundes, der Länder, der Gemeinden und sonstigen Körperschaften, Anstalten und Stiftungen des öffentlichen Rechts oder die für die Tendenzbetriebe geltenden Ausnahmeregelungen hier nicht eingreifen, weil sich diese Ausnahmen gerade auf den organisatorischen Schutz beziehen. Weiterhin folgt dieses Ergebnis aber auch aus dem allgemeinen Prinzip, dass eine Vorschrift, auch wenn sie durch ein anderes Gesetz eingefügt wurde, nach den Normen und Begriffen des Gesetzes auszulegen ist, in das sie aufgenommen wurde (vgl. *BAG* 22.2.1978 EzA § 613a BGB Nr. 18); für § 613a BGB als einer bürgerlich-rechtlichen Norm (*BAG* 7.11.1975 EzA § 118 BetrVG Nr. 7) können daher nicht die Ausnahmeregelungen des BetrVG gelten. Schließlich wäre eine solche Beschränkung auch mit der Betriebsübergangsrichtl. 2001/23/EG unvereinbar, die nach ihrem Art. 1 Abs. 1 lit. c auch für öffentliche Betriebe gilt.

11 § 613a BGB betrifft nur einen **Betriebsübergang kraft Rechtsgeschäfts**. Der Übergang durch eine gesetzliche Gesamtrechtsnachfolge, wie etwa die Erbfolge, wird nicht von der Vorschrift erfasst, da hier alle Rechtsverhältnisse, auch die Arbeitsverhältnisse, ohne § 613a BGB kraft Gesetzes übergehen und deshalb für die Arbeitnehmer kein Schutzbedürfnis besteht. Vom sachlichen Anwendungsbereich werden somit alle Fälle der **Einzelrechtsnachfolge** erfasst (Einzelheiten s.u. Rz 72 ff.). Zum Problem der Gesamtrechtsnachfolge kraft Rechtsgeschäfts Rz 73; zur Anwendbarkeit des § 613a BGB bei Betriebsveräußerungen durch den Insolvenzverwalter s.u. Rz 94.

II. Geschützter Personenkreis

1. Alle Arbeitnehmer

12 Ein europäischer Arbeitnehmerbegriff, der für § 613a BGB auslegungsvorgreiflich ist, existiert nicht. Vielmehr definiert Art. 2 Abs. 1 lit. d Richtl. 2001/23/EG Arbeitnehmer als »jede Person, die in dem be-

treffenden Mitgliedstaat aufgrund des einzelstaatlichen Arbeitsrechts geschützt ist.« Danach ist es zwar grds. Aufgabe des mitgliedstaatlichen nationalen Rechts, den Kreis der als Arbeitnehmer geschützten Personen zu definieren. Allerdings enthält die Richtlinie die Vorgabe, dass die im Allgemeinen arbeitsrechtlich geschützten Personen, den Schutz der nationalen Transformationsvorschriften zur Richtl. 2001/23/EG genießen. Von § 613a BGB werden dementsprechend alle bestehenden Arbeitsverhältnisse und damit alle Arbeitnehmer erfasst, ohne dass zwischen Arbeitern, Auszubildenden, Angestellten oder leitenden Angestellten unterschieden wird (BAG 22.2.1978 EzA § 613a BGB Nr. 18; 19.1.1988 EzA § 613a BGB Nr. 69; *Soergel/Raab* Rz 16). Entscheidend ist, dass das Arbeitsverhältnis im Zeitpunkt des Betriebsübergangs (s.u. Rz 90) besteht. Gleichgültig ist, was später mit dem Arbeitsverhältnis geschieht, ob es etwa in ein Dienstverhältnis als Geschäftsführer einer GmbH umgewandelt wird (*BAG* 19.1.1988 EzA § 613a BGB Nr. 69).

2. Arbeitnehmerähnliche Personen

Vom Wortlaut des § 613a BGB nicht unmittelbar erfasst werden demgegenüber arbeitnehmerähnliche **13** Personen, wie etwa **Heimarbeiter** (*Soergel/Raab* Rz 20), und nicht mehr bestehende Arbeitsverhältnisse wie etwa **Ruhestandsverhältnisse**, für die allenfalls eine entsprechende Anwendung des § 613a BGB in Betracht kommt. Allerdings ist eine analoge Anwendung auf Heimarbeiter geboten. Wenn das *BAG* (3.7.1980 EzA § 613a BGB Nr. 29; zust. KassArbR-*Hattesen* 6.7 Rz 98; MünchKomm-*Schaub* § 613a Rz 12; MünchArbR-*Wank* § 124 Rz 29) dies ablehnt und Ansprüche gegen den Übernehmer nur nach § 25 HGB, § 823 Abs. 2 BGB iVm § 288 StGB und nach § 826 BGB (früher auch § 419 BGB) gewährt, ist diese Auffassung nicht überzeugend. Die Bedenken gegen die Ansicht des BAG gründen in dem sonst vernachlässigten Schutz arbeitnehmerähnlicher Personen, insbes. in der so geschaffenen Umgehungsmöglichkeit des Kündigungsschutzes nach §§ 29, 29a HAG. Auch treffen die Schutzzwecke des § 613a BGB (s.o. Rz 3) auf die Heimarbeitnehmer im Wesentlichen zu. Nicht erforderlich ist, dass alle Schutzzwecke mit gleicher Intensität die Anwendung gebieten. Das *BAG* hat allerdings auch im Lichte dieser Einwände an seiner Auffassung festgehalten (24.3.1998 EzA § 613a BGB Nr. 165).

3. Gekündigte Arbeitnehmer

Auf Arbeitnehmer, denen bereits **vor der Veräußerung gekündigt** worden ist, muss § 613a BGB angewandt werden, wenn die Kündigungsfrist noch nicht abgelaufen ist, da das Arbeitsverhältnis bei Betriebsübergang noch besteht. Gleichgültig ist, ob Arbeit geleistet wird oder ob der Arbeitnehmer von der Arbeit freigestellt ist (*BAG* 22.2.1978 EzA § 613a BGB Nr. 18). Der Übergang des Arbeitsverhältnisses ist vor allem bedeutsam wegen der Haftung des neuen Arbeitgebers, einschließlich der Haftung für etwaige Lohnrückstände (*BAG* 22.2.1978 EzA § 613a BGB Nr. 18). **14**

4. Ausgeschiedene Arbeitnehmer

Eine entsprechende Anwendung könnte auch bei ausgeschiedenen Arbeitnehmern ausnahmsweise in **15** Betracht kommen, wenn noch eine **Wettbewerbsvereinbarung** besteht. Hier wird eine entsprechende Anwendung des § 613a BGB idR dann zu befürworten sein, wenn dem Erwerber – insbes. nach Branche und Standort – an der Aufrechterhaltung des **Wettbewerbsverbots** ein berechtigtes Interesse zuzusprechen ist, andernfalls erlischt das Wettbewerbsverbot. Nicht in Betracht kommt allerdings eine erweiterte Wirkung des Wettbewerbsverbots, wenn der Erwerber zusätzliche Betriebe führt. Eine Fortwirkung gegenüber dem Veräußerer wird dann bestehen, wenn dieser als Inhaber weiterer, nicht veräußerter Betriebe an dem Fortbestand des Wettbewerbsverbots ein Interesse hat (zum Ganzen KassArbR-*Welslau* 6.1 Rz 552 ff.; MünchKomm-*Schaub* Rz 11; MünchArbR-*Wank* § 120 Rz 141 ff.).

5. Sonstige Dienstverhältnisse und Sonderfälle

Personen, die in keinem Arbeits-, sondern in einem **sonstigen Dienstverhältnis**, wie etwa freier Mit- **16** arbeiter (*BAG* 13.2.2003 EzA § 613a BGB 2002 Nr. 8), ein Geschäftsführer einer GmbH (*BAG* 13.2.2003 EzA § 613a BGB 2002 Nr. 2; *OLG Celle* 15.6.1977 OLGZ 1978, 199) oder Vorstandsmitglieder einer AG, unterfallen nicht dem geschützten Personenkreis (s. aber Rz 104). Auch Personen, die – ohne Arbeitnehmer zu sein – in einem **öffentlich-rechtlichen Dienstverhältnis** stehen, unterfallen nicht dem Schutz der Richtl. 2001/23/EG (*EuGH* 14.9.2000 EzA § 613a BGB Nr. 191 – *Collino* und *Chiappero*). Dies bedeutet für das deutsche Recht, dass § 613a BGB dieser Vorgabe und seinem Wortlaut gem. auf Beamte nicht anwendbar ist (vgl. auch *EuGH* 11.11.2004 Slg. 2004, I-10823 – *Delahaye*).

17 Sinn und Zweck des § 613a BGB verbieten auch den Einbezug solcher Personen, bei **denen kein wirtschaftlich selbsttragendes Arbeitsverhältnis** vorliegt, sondern ein erhebliches Ungleichgewicht der ausgetauschten Leistungen besteht. Deshalb sind Personen, deren vertraglich festgelegte Leistungsbestimmung durch außervertragliche Gesichtspunkte geprägt wurde (Verwandtschaft, Freundschaft etc.), dann nicht geschützt, wenn ein erhebliches Ungleichgewicht hinsichtlich der ausgetauschten Leistungen besteht. § 613a BGB gilt folglich nicht für einen Dienstvertrag, der dazu dient, einen Vertragsteil für sein Ausscheiden als Gesellschafter zu entschädigen (*BGH* 10.2.1981 NJW 1981, 1364 [1365]). Bei **Leiharbeitnehmern** wird nach der Logik des Gesetzes der Fall des Übergangs des Verleiherbetriebs, nicht aber der Übergang des Entleiherbetriebs erfasst (allg. Meinung, etwa MünchArbR-*Wank* § 124 Rz 29).

C. Die Voraussetzungen im Einzelnen

I. Wirtschaftliche Einheit: Betrieb oder Betriebsteil

1. Maßgeblichkeit des Konzepts der »wirtschaftlichen Einheit«

18 § 613a BGB setzt voraus, dass ein »Betrieb« übergeht und gilt demgemäß nicht bei Vorgängen, welche die Inhaberschaft des Betriebs des Arbeitnehmers unberührt lassen (*BAG* 22.2.2005 EzA § 126 UmwG Nr. 1: Ausgliederung des Versorgungsträgers durch Spaltungsplan). Es muss sich um einen bestehenden Betrieb handeln. Darunter fällt auch ein Gemeinschaftsbetrieb, der aber eine einheitliche Leitung voraussetzt (*BAG* 16.2.2006 NZA 2006, 794), und ein Betriebsteil. Der Betriebsbegriff des § 613a BGB und das hieran anknüpfende Merkmal des Betriebsteils auf der einen Seite und die Vorgaben hierfür aus der zugrunde liegenden Richtl. 2001/23/EG auf der anderen Seite waren in den vergangenen Jahren Gegenstand **heftiger Kontroversen**. Im Ausgangspunkt der Rechtsentwicklung stand dabei die früher in der Rechtsprechung praktizierte Auffassung, der Betriebsbegriff des § 613a BGB entspreche allg. Grundsätzen, wie sie auch dem BetrVG zugrunde liegen (*BAG* 22.5.1985 EzA § 613a BGB Nr. 46; 3.7.1986 EzA § 613a BGB Nr. 53; 27.7.1994 EzA § 613a Nr. 123 [zu B I 2 a]). Hiervon ausgehend hatte die deutsche Rechtsprechung früher stets angenommen, der Betrieb sei eine organisatorische Einheit, in der Personen mit Hilfe persönlicher, sachlicher oder immaterieller Mittel bestimmte arbeitstechnische Zwecke fortgesetzt verfolgen (etwa *BAG* 21.1.1988 EzA § 613a BGB Nr. 73; 27.7.1994 EzA § 613a Nr. 123).

19 Schon dieser klassische Betriebsbegriff war weit zu verstehen und erfasste etwa folgende **Beispiele:** Produktionsbetriebe; Handelsbetriebe wie Ladengeschäfte oder das Büro eines selbständigen Handelsvertreters (*BAG* 21.1.1988 EzA § 613a BGB Nr. 73); freiberufliche Praxen wie Arztpraxen, Apotheken, Architekten- oder Ingenieurbüros, Rechtsanwaltskanzleien; fremdgenützte Mietshäuser (*BAG* 16.10.1987 EzA § 613a BGB Nr. 66); land- und forstwirtschaftliche Betriebe; öffentliche oder im öffentlichen Interesse tätige Betriebe wie Kindergärten, Krankenhäuser, Schulen, Tierparks oder ein von einer Gemeinde unterhaltenes Bootshaus (*LAG Bln.* 12.6.1991 LAGE § 613a BGB Nr. 23) oder ein von einer Fremdfirma für die U.S.-Streitkräfte verwaltetes Ersatzteillager (*BAG* 14.7.1994 EzA § 613a BGB Nr. 122; 27.7.1994 EzA § 613a BGB Nr. 123).

20 Erodierend oder doch zumindest erweiternd auf diese vor allem an sachliche und immaterielle Betriebsmittel anknüpfende Konzeption (»Substratprinzip«) hat sich die jüngere **Rspr. des** EuGH ausgewirkt, nach der als Betrieb die durch eine Gesamtwürdigung von Faktoren (s.u. Rz 23 ff.) abzugrenzende »**wirtschaftliche Einheit**« anzusehen ist (insbes. seit *EuGH* 14.4.1994 EzA § 613a BGB Nr. 114 – *Christel Schmidt* – mit krit. Anm. *Blomeyer*; klarstellend hierzu *EuGH* 11.3.1997 EzA § 613a BGB Nr. 145 Tz 21 – *Ayse Süzen*; aus jüngerer Zeit etwa *EuGH* 24.1.2002 EGV Richtlinie 77/187/EWG Nr. 1 – *Temco Service Industries*; dieser Rspr. folgen seit 1997 auch die deutschen Gerichte, etwa *BAG* 22.5.1997 EzA § 613a BGB Nr. 149 zu B II 2c u. Nr. 157 zu B II 3; 26.6.1997 EzA § 613a BGB Nr. 151; Analyse des Rechtsprechungswechsels des BAG bei *Preis/Steffan* DB 1998, 309; zust. ErfK-*Preis* Rz 5 ff.). Insofern kann heute von einem einheitlichen Betriebsbegriff im Arbeitsrecht nicht mehr gesprochen werden (eingehende Analyse bei *Preis* RdA 2000, 257 ff.; ferner *Moll* RdA 1999, 233 ff.).

21 Dieser Konzeptionswechsel, zu dem das BAG im Hinblick auf die Rspr. des EuGH gezwungen war, führt schon wegen der mangelnden Greifbarkeit des unklaren Begriffs der wirtschaftlichen Einheit zu erheblichen Rechtsunsicherheiten (*Franzen* DZWiR 1995, 397 [401]; vgl. auch *Moll* RdA 1999, 233 [235]). Zwar hat der EuGH zur Konkretisierung des Merkmals der wirtschaftlichen Einheit bestimmte Kriterien entwickelt, anhand derer beim Übergang die Identität des Betriebs beurteilt werden soll. Dies hat

jedoch die gebotene Rechtsklarheit schon deshalb nicht herbeiführen können, sondern die Unsicherheiten eher noch verstärkt, weil der EuGH trotz inzwischen erfolgter Klarstellungen keine überzeugende Abwägungsdogmatik bei diesen Kriterien anbieten kann (Einzelheiten bei Rz 28 ff.). Im Übrigen misst der EuGH der Übernahme von Teilen der Belegschaft ein übermäßiges Gewicht bei. Allerdings hatte die Konzeption des EuGH (in ihrer seit *EuGH* 11.3.1997 EzA § 613a BGB Nr. 145 Tz 21 – *Ayse Süzen*, praktizierten Ausprägung) ungeachtet dieser Bedenken schon durch die Neufassung des Art. 1 Abs. 1 lit. b Richtl. 77/187/EWG **durch die Richtl. 98/50/EG jedenfalls im Grundsatz ausdrückliche normative Billigung** erfahren (*Franzen* RdA 1999, 361 [364]; nunmehr Art. 1 Abs. lit. b Richtl. 2001/23/EG). Diese ausdrückliche normative Billigung auf der Ebene der Richtlinie bindet methodisch bei der Auslegung des § 613a BGB. Deshalb wäre ein Festhalten an der früheren Rechtsprechung des BAG *de lege lata* nicht mehr vertretbar; vielmehr ist der Konzeption des EuGH nunmehr im Grundsatz zu folgen. Für die Auslegung des § 613a BGB hat diese Maßgeblichkeit der Rspr. des EuGH insbes. zur Konsequenz, dass die Merkmale **Betrieb und Betriebsteil lediglich noch als Fallgruppen innerhalb des Richtlinienkriteriums der »wirtschaftlichen Einheit«** fungieren.

2. Besonderheiten des Betriebsteils

Betriebsteil ist eine wirtschaftliche **Teileinheit** innerhalb eines Betriebs. Diese Teileinheit muss nach 22 den für das Konzept der wirtschaftlichen Einheit maßgebenden Kriterien innerhalb des Betriebs abgrenzbar sein (*BAG* 26.8.1999 EzA § 613a BGB Nr. 185). Dies kann etwa ein bestimmter Geschäftsbereich innerhalb eines Unternehmens sein, etwa die Werkstatt eines Kfz.-Vertragshändlers, oder die operativen Bereiche oder Abteilungen eines Industrieunternehmens. In Betracht kommen aber auch betriebliche Nebenzwecke wie der technische Kundendienst eines Warenhauses (*BAG* 26.8.1999 EzA § 613a BGB Nr. 185), das Gefahrstofflager eines Industriebetriebs (*BAG* 22.7.2004 EzA § 613a BGB 2002 Nr. 27) oder bloße, auch untergeordnete Hilfszwecke wie etwa eine Kantine. Werden einzelne materielle oder immaterielle Betriebsmittel übertragen, so müssen diese eine organisatorische Untergliederung des ursprünglichen Betriebs gebildet und einen eigenständigen wirtschaftlichen Teilzweck gedient haben (*BAG* 26.8.1999 EzA § 613a BGB Nr. 185). Die Einheit muss bereits vor dem Übergang die Voraussetzungen eines Teilbetriebs erfüllt haben; es reicht nicht, wenn dieser erst infolge der bzw. nach der Übernahme einzelner Betriebsmittel gebildet wurde (*BAG* 26.8.1999 EzA § 613a BGB Nr. 185; 22.7.2004 EzA § 613a BGB 2002 Nr. 27).

3. Definition und Kriterien der »wirtschaftlichen Einheit«

Die als Gegenstand des Übergangs in Betracht kommende »wirtschaftliche Einheit« (Betrieb oder Be- 23 triebsteil iSd § 613a BGB) wird in Art. 1 Abs. 1 lit. b Richtl. 2001/23/EG definiert. Danach handelt es sich um eine **»organisierte Zusammenfassung von Ressourcen zur Verfolgung einer wirtschaftlichen Haupt- oder Nebentätigkeit«**. Diese Definition ist breiter gefasst als die in der früheren Rechtsprechung (bis 1997) zugrunde gelegten Kriterien der Verfolgung eines bestimmten abgrenzbaren arbeitstechnischen Zwecks und der hierfür erforderlichen materiellen oder immateriellen Betriebsmittel. Sie steht nach der Konzeption des EuGH in engem Wertungszusammenhang zum Merkmal des Übergangs.

Um als Betrieb oder Betriebsteil eingeordnet zu werden, muss es sich um eine **wirtschaftliche** Einheit 24 handeln. Dabei kommt es ausschließlich auf die Verfolgung eines bestimmten wirtschaftlichen Zwecks an. Der Begriff der wirtschaftlichen Einheit ist **unabhängig von Finanzierung und Rechtsform** des Trägers (*EuGH* 26.9.2000 EzA § 613a BGB Nr. 192 – *Mayeur./.APIM*). Einer **Gewinnerzielungsabsicht** bedarf es – im Einklang mit Art. 1 Abs. 1 lit. c S. 1 Richtl. 2001/23/EG – folglich **nicht**. Ist der Gegenstand des Übergangs aber eine ausschließlich hoheitliche Tätigkeit so fehlt es jedenfalls am Vorliegen einer wirtschaftlichen Einheit iSd Richtl. 2001/23/EG (*EuGH* 14.9.2000 EzA § 613a BGB Nr. 191 – *Collino* und *Chiappero*). Dies würde eine weitergehende entsprechende Anwendung des § 613a BGB im deutschen Recht zwar nicht ausschließen. Jedoch wird man der dargestellten EG-rechtlichen Wertung im Rahmen des § 613a BGB folgen müssen.

Legt man die Konzeption des EuGH zugrunde, liegt die **Wertungsaufgabe** zwar auch in der Abgren- 25 zung von Betrieben oder Betriebsteilen als möglichem Objekt des Übergangs, jedoch vor allem in der **Feststellung der Identitätswahrung beim Übergang**. Jede organisierte Zusammenfassung von Ressourcen (materielle und immaterielle Betriebsmittel sowie Personen) zur Verfolgung wirtschaftlicher Zwecke, die beim Übergang zur Wahrung ihrer »Identität« potentiell in der Lage ist, stellt zugleich eine wirtschaftliche Einheit im geforderten Sinne dar. Insofern kommt als Betrieb oder Betriebsteil jedes zum Übergang geeignete »Etwas« in Betracht. Aus dem Merkmal der organisierten Zusammenfassung folgt zugleich, dass die wirtschaftliche **Einheit nicht mit der durch sie ausgeübten Tätigkeit gleichgesetzt** werden darf (etwa *EuGH* 10.12.1998 EzA § 613a BGB Nr. 172, Tz. 30 – *Hidalgo* und *Ziemann*; 10.12.1998 § 613a BGB, Tz 30 – *Vidal*). Zudem gehört zum Merkmal der organisierten Zusammenfassung, dass sie auf **Dauer** angelegt – das heißt regelmäßig: nicht auf die Durchführung eines Einzelvorhabens beschränkt – sein darf (*EuGH* 10.12.1998 EzA § 613a BGB Nr. 172, Tz. 25 – *Hidalgo* und *Ziemann*). Deshalb muss die abgrenzbare wirtschaftliche Einheit schon vor dem Übergang bestanden haben und darf nicht erst als Folge desselben geschaffen worden sein (*BAG* 13.11.1997 EzA § 613a BGB Nr. 166). Bei der Feststellung der Identitätswahrung nimmt die Rspr. eine Gesamtbetrachtung vor, die insbes. den folgenden Kriterienkatalog berücksichtigt: (1.) Die Art des Betriebs; (2.) den Übergang oder Nichtübergang materieller und immaterieller Aktiva unter Berücksichtigung ihres jeweiligen Werts; (3.) die Übernahme eines Hauptteils der Belegschaft; (4.) den Eintritt in Kundenbeziehungen; (5.) die Ähnlichkeit der Tätigkeit des Betriebs vor und nach dem fraglichen Übergang und (6.) die Dauer einer etwaigen Unterbrechung (etwa *EuGH* 19.5.1992 Slg. 1992, I-3189 Tz 24; 10.12.1998 EzA § 613a BGB Nr. 172, Tz. 29 – *Hidalgo* und *Ziemann*; zust. *BAG* 22.5.1997 EzA § 613a BGB Nr. 149; explizit mit diesem Kriterienkatalog 11.12.1997 EzA § 613a BGB Nr. 159, seither st.Rspr. aus jüngerer Zeit etwa *BAG* 26.8.1999 EzA § 613a BGB Nr. 187). Den **Sinn und Zweck** eines so gefassten Betriebsbegriffs wird man darin zu sehen haben, dass der neue Inhaber dann die Arbeitnehmer zu übernehmen hat, wenn er sich die durch den alten Inhaber geschaffene Arbeitsorganisation zunutze macht (*BAG* 11.12.1997 EzA § 613a BGB Nr. 159; *Franzen* DZWiR 1998, 336 [338]; s. auch *EuGH* 24.1.2002 EzA EGV Richtlinie 77/187/EWG Nr. 1 – *Temco Service Industries*: »organisierte Gesamtheit von Personen und Sachen zur Verfolgung eines wirtschaftlichen Ziels«). Die tatsächliche Identitätswahrung ist freilich keine Voraussetzung des Betriebsbegriffs, sondern vielmehr eine des für das Eingreifen des § 613a BGB erforderlichen Übergangs (s. daher Rz 28 ff.).

II. Übergang

1. Weiterführung mit Inhaberwechsel

26 Ein Betriebsübergang liegt vor, wenn der Inhaber des Betriebs wechselt, indem unter Wahrung der Betriebsidentität an die Stelle des Veräußerers (Art. 2 Abs. 1 lit. a Richtl. 2001/23/EG) der Erwerber (Art. 1 Abs. 1 lit. b Richtl. 2001/23/EG) tritt. Hierzu muss der bisherige Inhaber seine Betätigung in dem Betrieb bzw. als Inhaber desselben einstellen; der **neue Inhaber** muss den Betrieb **tatsächlich mit einer gewissen Dauerhaftigkeit weiterführen**. Bloße Vorbereitungshandlungen wie das Ansprechen einzelner Arbeitnehmer, sie sollten sich für eine Fortsetzung der Arbeit bereithalten, genügen nicht (*BAG* 25.9.1997 EzA § 613a BGB Nr. 155). Ebenso führt die bloße gemeinsame Nutzung bestimmter Betriebsmittel durch verschiedene Arbeitgeber nicht zum Übergang des Arbeitsverhältnisses auf eine »Arbeitgebergruppe« (*BAG* 16.2.2006 NZA 2006, 592). Einer besonderen Übertragung der Organisations- und Leitungsmacht bedarf es ebenfalls nicht (*BAG* 18.3.1999 EzA § 613a BGB Nr. 177). Maßgebend ist die tatsächliche Wiedereröffnung oder Weiterführung der Geschäftstätigkeit durch diejenige Person, die für den Betrieb als Inhaber »verantwortlich« ist (*BAG* 18.3.1999 EzA § 613a BGB Nr. 177; ferner *EuGH* 10.12.1998 EzA § 613a BGB Nr. 172 – *Hidalgo* und *Ziemann*; 10.12.1998 § 613a BGB – *Vidal*). Verantwortlicher **Inhaber** ist danach diejenige natürliche oder juristische Person, die den Betrieb im eigenen Namen führt (*BAG* 18.3.1999 EzA § 613a BGB Nr. 178; 15.12.2005 EzA § 613a BGB 2002 Nr. 45; s.u. Rz 66, 71).

2. Übernahme eines Betriebsteils

27 Für die **Übernahme eines Betriebsteils** (zum Begriff s.o. Rz 22) reicht es aus, dass der Erwerber bestimmte verselbständigungsfähige Teilzwecke weiterverfolgen kann (*BAG* 22.5.1985 EzA § 613a BGB Nr. 45; 25.6.1985 EzA § 613a BGB Nr. 48), so zB den Betriebsteil Handel oder Dienstleistung bei Ausgliederung oder Stilllegung des Produktionsteils (s.a. Rz 58 zur Betriebsaufspaltung). Es müssen aber, bezogen auf diesen Betriebsteil, die allgemeinen Voraussetzungen der Betriebsübernahme vorliegen (*BAG* 24.4.1997 NZA 1998, 253). Die Trennung eines Teils vom Betriebsganzen darf den wirtschaftlichen Zweck und die organisatorische Verbundenheit der übergehenden Einheit nicht auflösen. Die Veräußerung einzelner Betriebsmittel, die Übernahme einzelner Tätigkeiten oder Arbeitnehmer führt deshalb im allg. nicht zu einem Übergang. Ob der Betriebsteil auch beim Übernehmer verselbständigt bleibt, ist für einen Übergang aber nicht ausschlaggebend (*BAG* 17.4.2003 EzA § 613a BGB 2002 Nr. 11). Maßgeblich ist, ob mit den fraglichen Betriebsmitteln im abgebenden Betrieb ein verselbständigter Be-

Betriebsinhaberwechsel § 613a BGB

triebsteilzweck verfolgt wird oder ob dort ihnen nur eine unselbständige Funktion zukommt. So kommt die isolierte Übernahme des »operativen Geschäfts« ohne Verwaltung dann in Betracht, wenn beide für sich betrachtet teilbetrieblich organisiert sind (*BAG* 8.8.2002 EzA § 611a BGB Nr. 209). Dabei entscheiden auch Größe und Art des Betriebs (*BAG* 22.5.1985 EzA § 613a BGB Nr. 45 [zu II 2 der Gründe]). Unerheblich ist demgegenüber, ob der verbleibende Rest ohne den übergehenden Teil fortgeführt wird oder fortgeführt werden kann (*BAG* 18.4.2002 EzA § 613a BGB Nr. 207). Damit ein Arbeitsverhältnis übergeht, muss der betreffende Arbeitnehmer dem Betriebsteil zugeordnet sein.

3. Identitätswahrung beim Übergang: maßgebende Kriterien

Als entscheidend für die Identität des übernommenen Betriebs galt nach früherer Vorstellung, dass die 28 für die Wahrung des Betriebscharakters erforderlichen Betriebsmittel übergehen, sog. Substratprinzip (etwa *Heinze* FS Schaub, S. 275). Hiervon ist die Rspr. des EuGH und die hierauf beruhende Neufassung der Betriebsübergangsrichtl. abgerückt. Ob ein Betrieb (wirtschaftliche Einheit) die Identität wahrt, lässt sich danach grds. nur im Rahmen einer **Gesamtabwägung der maßgeblichen Faktoren** feststellen (*EuGH* 19.5.1992 Slg. 1992, I-3189). Bei der Feststellung der Identitätswahrung nimmt der EuGH eine Gesamtbetrachtung vor, die insbes. den folgenden Kriterienkatalog berücksichtigt: (a) die Art des Betriebs; (b) den Übergang oder Nichtübergang materieller Aktiva, insbes. der beweglichen und unbeweglichen Güter; (c) den Wert immaterieller Aktiva zum Zeitpunkt des Übergangs; (d) die Übernahme oder Nichtübernahme eines Hauptteils der Belegschaft; (e) den Eintritt in Kundenbeziehungen; (f) die Ähnlichkeit der Tätigkeit des Betriebs vor und nach dem fraglichen Übergang und (g) die Dauer einer etwaigen Unterbrechung (*EuGH* 19.5.1992 Slg. 1992, I-3189 Tz 24; st.Rspr., aus jüngerer Zeit etwa *EuGH* 24.1.2002 EGV Richtlinie 77/187/EWG Nr. 1 – *Temco Service Industries*; vgl. auch die Zusammenfassung durch *BAG* 21.3.1996 EzA § 613a BGB Nr. 141 [zu V]); allerdings (h) sämtliche Kriterien unterliegen dem Gebot der Gesamtbetrachtung.

Auch wenn der **Kriterienkatalog** der Rspr. zur erleichterten Orientierung auch hier zugrunde gelegt 29 wird, ist zunächst zu betonen, dass dieser nach seiner eigenen Logik erstens insofern einer **Präzisierung bedarf**, als auch hinsichtlich des Übergangs materieller Güter deren Wert und – vor allem – deren Relevanz für den verfolgten wirtschaftlichen Zweck zu berücksichtigen ist. Zweitens liegt eine unzulässige Verkürzung darin, nur vom Wert der immateriellen Aktiva zum Zeitpunkt des Übergangs zu sprechen. Auch hier bedarf es – insbes. bei Immaterialgüterrechten – der vorhergehenden Prüfung, welche der vorhandenen immateriellen Aktiva übergehen oder nicht übergehen, sowie ferner der Berücksichtigung der Relevanz derselben für den verfolgten wirtschaftlichen Zweck (ausdrücklich etwa *BAG* 11.12.1997 § 613a BGB Nr. 160 zu B I aE; hiervon ersichtlich ausgehend ferner zB *BAG* 13.11.1997 EzA § 613a BGB Nr. 156). Kritisch müssen auch einige Aspekte der auf diesen Katalog gestützten Praxis gesehen werden. Während der EuGH in besonderem Maße das Gebot der Gesamtbetrachtung betont und dabei der **Ähnlichkeit der Tätigkeit** großes Gewicht beimisst (zust. zu einem tätigkeitsbezogenen Betriebsbegriff *Joost* FS Wlotzke, S. 683; *ders.* Betrieb und Unternehmen, S. 382 ff.; vgl. auch *Ekkenga* ZIP 1995, 1225; krit. *Waas* EuZW 1996, 215; vgl. schon Rz 18 ff.), sprechen (auch bei prinzipieller Zugrundelegung des Konzepts der wirtschaftlichen Einheit) gewichtige Gründe, insbes. die normative Anknüpfung an den Veräußerungsvorgang und die Gebote der Rechtssicherheit und -klarheit, für eine stärkere Betonung des **materiellen oder immateriellen Betriebssubstrats** (vgl. auch *LAG SchlH* 10.2.1995 DB 1995, 2275; *Heinze* FS Henckel, S. 401 [409]). Immerhin haben sich in der neueren Rspr. des BAG Abgrenzungskriterien entwickelt, die sich prinzipiell mit den durch den EuGH erarbeiteten Kriterien sowie dem Gebot der Gesamtabwägung dann vereinbaren lassen, wenn man sie als Herausstellung typischer Fallgruppen im Rahmen des Gebots der Gesamtabwägung begreift (vgl. *BAG* 14.7.1994 EzA § 613a BGB Nr. 122) und schematische Beurteilungen vermeidet (*BAG* 27.7.1994 EzA § 613a BGB Nr. 123; zu dieser Konvergenz auch *Heither* RdA 1996, 96 [101]; *Joost* EWiR 1995, § 613a BGB 8/1995, S. 437 [438]; *ders.* FS Wlotzke S. 683 [689]; *Schipp* EWiR 1997, § 613a BGB 2/1997, S. 449). Bei alledem ist für praktische Zwecke zu beachten, dass es wegen des Rechtsprechungswechsels zum Betriebsbegriff im Jahre 1997 bei der Berücksichtigung älterer Entscheidungen stets einer Prüfung bedarf, inwieweit diese noch der nunmehr in der Rspr. verfolgten Konzeption entsprechen (vgl. *BAG* 2.12.1999 § 613a BGB Nr. 188). Daraus ergeben sich folgende Aspekte im Rahmen der maßgebenden Einzelkriterien:

a) Art des Betriebs

Die Art des Betriebs ist vor allem insofern bedeutsam, als sie **bestimmt, welches Gewicht den anderen** 30 **maßgebenden Kriterien zukommt** (*BAG* 13.11.1997 EzA § 613a BGB Nr. 156; *ErfK-Preis* § 613a BGB

Rz 12). Dabei kommt es nicht nur auf die Art der in dem Betrieb ausgeübten Tätigkeit, also insbes. auf den **Wirtschaftszweig**, dem der Betrieb zugehört, und den **wirtschaftlichen Zweck** des Betriebs an. Vielmehr muss erforderlichenfalls auch eine individuelle Betrachtung des Betriebs, dh der dort praktizierten **Produktions- oder Betriebsmethoden**, vorgenommen werden (*EuGH* 10.12.1998 EzA § 613a BGB Nr. 172, Tz 31 – *Hidalgo* und *Ziemann*). Dies schließt aber die Feststellung generalisierbarer Tendenzen nicht aus:

31 Bei einem **Produktionsbetrieb** kommt es typischerweise jedenfalls in stärkerem Maße als bei anderen Betrieben auf die **sachlichen Betriebsmittel** an, ohne dass die **immateriellen Betriebsmittel** bedeutungslos sein müssen. Demgegenüber können bei **Dienstleistungsunternehmen** zwar die materiellen Betriebsmittel auch bedeutsam sein. Darunter fallen etwa bei einem Linienbusunternehmen die Busse (vgl. *EuGH* 25.1.2001 NZA 2001, 249 – *Liikenne./.Liskojärvi u. Juntunen*), bei einem Lager die Regale und Büroausstattung (*BAG* 22.7.2004 EzA § 613a BGB 2002 Nr. 27), bei Handwerksbetrieben u.a. die Räume, deren Einrichtung und der Fuhrpark (*BAG* 16.2.2006 NZA 2006, 592). Allerdings kommt den **immateriellen Betriebsmitteln** tendenziell ein stärkeres Gewicht zu (etwa *Schiefer* NZA 1998, 1095 [1097]; s. auch *BAG* 20.6.2002 EzA § 613a BGB Nr. 211: Malerbetrieb; 27.10.2005 EzA § 613a BGB 2002 Nr. 42). Hierzu zählen etwa der Eintritt in bestehende Lieferungs- oder Abnahmeverträge, Übernahme gewerblicher Schutzrechte oder – ggf. – öffentlich-rechtlicher Konzessionen (*LAG Köln* DB 1994, 1628: Fernverkehrskonzession bei Transportunternehmen), Geschäftspapiere, Kundenlisten, Überlassung von »good will« sowie »Know-how« und ähnliches (*BAG* 15.5.1985 EzA § 613a BGB Nr. 32 [zu II 1 der Gründe]; 20.6.2002 EzA § 613a BGB Nr. 211; 27.10.2005 EzA § 613a BGB 2002 Nr. 42). Dies gilt jedenfalls dann, wenn etwaige materielle Betriebsmittel vom Betriebszweck her gesehen als unwesentlich einzustufen sind (*BAG* 14.7.1994 EzA § 613a BGB Nr. 122 [zu II 1]). Letzteres wird insbes. bei persönlich zu erbringenden Dienstleistungen häufig der Fall sein (*BAG* 27.7.1994 EzA § 613a BGB Nr. 123 [zu B I 2a cc]).

32 Die grds. anerkannten Unterschiede zwischen Produktionsbetrieben (erhebliches Gewicht der sachlichen und immateriellen Betriebsmittel) und Dienstleistungsbetrieben (größeres Gewicht der immateriellen Betriebsmittel) gelten dann nicht, wenn sie den konkreten Betrieb nicht zutreffend und hinreichend individuell kennzeichnen. So kann bei einem richtigerweise als Transportdienstleistungsbetrieb zu qualifizierenden **Seeschiff** die Schiffsübernahme auch ohne jede Übernahme immaterieller Betriebsmittel, insbes. ohne Übernahme von Kundenbeziehungen in der Form des Eintritts in Fracht- oder Charterverträge, grds. als Betriebsübergang ausreichen (*BAG* 18.3.1997 EzA § 613a BGB Nr. 150). Umgekehrt hat das BAG bei einem Verkehrsschild-Produktionsbetrieb die sachlichen Betriebsmittel für bedeutungslos gehalten, weil es entscheidend auf die für jeden Absatz der Produkte unerlässliche Mitgliedschaft in der Gütegemeinschaft für Verkehrszeichen angekommen sei (*BAG* 16.2.1993 EzA § 613a BGB Nr. 6).

33 Mit der Maßgeblichkeit der wirtschaftlichen Einheit ist die Abkehr vom sog. Substratprinzip verbunden. Der Betrieb kann übergehen, selbst wenn es am Übergang eines Betriebsmittels vollständig fehlt. Dies gilt insbes. dann, wenn für die Identität des **Betriebs weder die materiellen noch die immateriellen Betriebsmittel prägend** sind. Bei einem **Notariat** liegt das für den Betrieb prägende, weil schlechthin konstitutive Element in der höchstpersönlichen Notarbefugnis des Amtsinhabers, wohingegen Akten und Kundenbeziehungen für sich genommen nicht nutzbar und damit nicht relevant sind (*BAG* 26.8.1999 EzA § 613a BGB Nr. 187).

b) Übergang oder Nichtübergang materieller Aktiva

34 Hier bedarf es zunächst – da der EuGH lediglich die Übernahme materieller Aktiva als solche nennt – der Klarstellung, dass hinsichtlich des Übergangs materieller Güter nicht nur das »**Ob**« des Übergangs, sondern auch deren **Wert** sowie – vor allem – **deren Relevanz für den verfolgten wirtschaftlichen Zweck** zu berücksichtigen ist. Die bloße Verrichtung an denselben Geräten wird etwa im Sicherheits- oder Bewachungsgewerbe alleine nicht ausreichen (*LAG Köln* 12.8.2004 LAGE § 613a BGB 2002 Nr. 5a).

35 Zu den relevanten materiellen Aktiva können sämtliche beweglichen und unbeweglichen Sachen gehören, ein Betriebsgrundstück, das aufstehende Gebäude, Büroeinrichtungen und -maschinen, Produktionsmaschinen oder ein Fuhrpark (vgl. etwa *BAG* 13.11.1997 EzA § 613a BGB Nr. 156). In aller Regel kommt es darauf an, ob es sich um Einzelgegenstände oder um eine Gesamtheit von Gegenständen handelt, welche die Verfolgung eines eigenständigen wirtschaftlichen Zwecks ermöglicht. Dies ist

etwa bei einem **Seeschiff** zu bejahen (*BAG* 18.3.1997 EzA § 613a BGB Nr. 150). Umgekehrt bleiben unwesentliche Teile des Betriebsvermögens außer Betracht (*BAG* 27.7.1994 EzA § 613a BGB Nr. 123 [zu B I 2 a]; 27.4.1995 EzA § 613a BGB Nr. 125).

Soweit es bei Produktionsbetrieben um die sachlichen Betriebsmittel geht, ist zunächst **deren Bedeutung für die Fortsetzung der Produktion** entscheidend; meist werden die Produktionswerkzeuge und -maschinen bedeutsamer sein als die jederzeit wieder beschaffbaren oder im eigenen Bestand des Übernehmers bereits vorhandenen Rohstoffe (vgl. *BAG* 22.9.1994 EzA § 613a BGB Nr. 121). Ferner kommt es darauf an, ob die Produktionsmittel zur Übernahme der Produktionsorganisation dienen oder als Einzelstücke in die bestehende Organisation des Erwerbers eingefügt werden (*BAG* 16.5.2002 EzA § 613a BGB Nr. 210). Der fehlenden Übernahme eines Betriebsgrundstücks oder von Produktionsmaschinen kommt erhebliches Gewicht zu, wenn diese zur Fortsetzung einer Produktion in derselben Art wie der Ursprungsbetrieb erforderlich sind. Erhebliche Bedeutung wurde etwa einem früheren Kasernengrundstück zugemessen, das dem Betriebszweck dient, das aufstehende Gebäude an verschiedene Unternehmen zur gewerblichen Nutzung zu vermieten (*BAG* 2.12.1998 EzA § 620 BGB Nr. 161). Demgegenüber schließt eine Ortsverlegung das Vorliegen eines Betriebsübergangs nicht aus, wenn die Betriebsorganisation mit den beweglichen Produktionsmitteln verlagert werden kann und verlagert wird (*BAG* 16.5.2002 EzA § 613a BGB Nr. 210). 36

Falls die verwandten **materiellen Betriebsmittel nicht prägend** sind, was insbes. bei Dienstleistungsunternehmen der Fall sein kann, kommt ein Betriebsübergang auch ohne den Übergang materieller Aktiva in Betracht. Dementsprechend wird die tatsächliche Übernahme materieller Aktiva bei solchen Unternehmen oftmals ohne besondere Bedeutung sein. Deshalb hat das BAG bei einem Betrieb, dessen Zweck in der Verwaltung eigenen Grundbesitzes bestand, keinen Betriebsübergang auf den Grundstückserwerber angenommen, weil der Erwerber die Verwaltung des Grundstücks gar nicht selbst erledigt (*BAG* 18.3.1999 EzA § 613a BGB Nr. 178). Ebenso wird bei einem **Ladengeschäft**, das von seinem Goodwill und den Kundenbeziehungen »lebt«, die Übernahme des Warenlagers meist von geringerer Bedeutung sein; auch die Übernahme der Ladeneinrichtung ist von geringem Belang (ausführlich schon *BAG* 30.10.1986 EzA § 613a BGB Nr. 58; zur Fortgeltung dieser älteren Rspr. *BAG* 22.12.1999 EzA § 613a BGB Nr. 188). Damit reicht insbes. die bloße Übernahme von Ladenlokal und -einrichtung regelmäßig nicht aus (etwa *LAG Frankf.* 17.11.1986 LAGE § 613a BGB Nr. 8). Aus den gleichen Gründen liegt regelmäßig bei der bloßen Neuvergabe des **Catering** für eine Betriebskantine kein Übergang vor (*BAG* 11.12.1997 EzA § 613a BGB Nr. 160). 37

Sind die materiellen Aktiva **von einem Dritten überlassen** worden, dann setzte deren Relevanz für den Betriebszweck nach der hergebrachten Auffassung des BAG eine **eigenwirtschaftliche Nutzung** voraus, die insbes. auf einer Pacht oder auf einem Leasingvertrag beruhen kann. Wurde hingegen eine Dienstleistung auf Geräten (etwa ein bloßer Gastronomieservice in einer fremden Kantine oder einem fremden Hotel- oder Bordrestaurant erbracht, die durch Auftraggeber betrieben und unterhalten werden, so galten deren Geräte für die Wahrung der wirtschaftlichen Einheit nicht prägend (*BAG* 11.12.1997 EzA § 613a BGB Nr. 160; ferner 22.1.1998 EzA § 613a BGB Nr. 162). Der EuGH – und dem folgend jetzt auch das BAG – messen nunmehr demgegenüber dem Umstand der eigenwirtschaftlichen Nutzung keinerlei Bedeutung bei und stellen allein auf die tatsächliche Nutzung ab (*EuGH* 15.12.2005 EzA § 613a BGB 2002 Nr. 41, Tz 38f – *Güney-Görres*; wohl auch schon *EuGH* 20.11.2003 EzA § 613a BGB 2002 Nr. 12 Tz 42 – *Abler*; *BAG* 6.4.2006 NZA 2006, 723). Stellt in einer Branche üblicherweise der Auftraggeber die Geräte zur Verfügung, so steht es zudem – selbst wenn die Geräte für den Betrieb von erheblicher Bedeutung sind – einem Übergang nicht entgegen, dass der Übernehmer die Geräte nicht vom früheren Inhaber erhalten hat (*EuGH* 2.12.1999 EzA § 613a BGB Nr. 186, Tz 30 – *Allen/./.Amalgamated Construction*). 38

c) **Wert immaterieller Aktiva zum Zeitpunkt des Übergangs**

Hier bedarf es zunächst – da der EuGH lediglich den Wert immaterieller Aktiva als Kriterium nennt – der Klarstellung, dass hinsichtlich des Übergangs immaterieller Aktiva auch das »**Ob**« des **Übergangs**, ferner der **Wert** derselben sowie – vor allem – **deren Relevanz für den verfolgten wirtschaftlichen Zweck** zu berücksichtigen ist. 39

Als **immaterielle Aktiva** kommen Immaterialgüterrechte, Patente und sonstige gewerbliche Schutzrechte (vgl. *BAG* 13.11.1997 EzA § 613a BGB Nr. 156), der »Goodwill« der Firma oder das »Know-how« des Unternehmens in Betracht. Im Hinblick auf die Firma kann die geänderte Übernahme der Firma, 40

§ 613a BGB   Betriebsinhaberwechsel

je nach den Umständen, ein Anhaltspunkt für eine Teilübernahme sein (*BAG* 13.11.1997 EzA § 613a BGB Nr. 156), wenngleich hier gegenüber Manipulationsversuchen Vorsicht geboten erscheint. Dabei kommt es nicht allein auf deren Wert an. Wie bei materiellen Aktiva bedarf es vielmehr – insbes. bei Immaterialgüterrechten – der vorhergehenden Prüfung, welche der vorhandenen immateriellen Aktiva übergehen oder nicht übergehen, sowie ferner der Berücksichtigung der Relevanz derselben für den verfolgten wirtschaftlichen Zweck.

41 Welches bei alledem die **maßgeblichen immateriellen Betriebsmittel** sind, hängt von der Art des Unternehmens ab. So stellen etwa bei einem **Großhandelsunternehmen** dessen entscheidende Betriebsmittel typischerweise die Lieferbeziehungen zum Einzelhandel und evtl. gewerbliche Schutzrechte dar (*BAG* 28.4.1988 EzA § 613a BGB Nr. 80). Für den Betriebsübergang eines **Ladengeschäfts** ist maßgebend, ob die Grundlagen für die Erhaltung des Kundenkreises erhalten bleiben. Hierüber entscheiden in erster Linie das Warensortiment sowie die Betriebsform (etwa Fachgeschäft oder Warenhaus). Abgesehen von Sonderfällen (zB Spezialgeschäfte oder am Ort konkurrenzloser Betrieb) wird meist auch die Lage des Geschäfts für die Kundenbindung ausschlaggebend sein, so dass typischerweise die Übernahme der Räume oder doch die Beibehaltung einer unmittelbaren räumlichen Nähe notwendig ist. Auf die Bezugsquellen kommt es jedenfalls dann nicht an, wenn auf andere Lieferanten ausgewichen werden kann. Nicht anders liegt es beim Betrieb einer **Gaststätte**. Hier kommt es darauf an, ob die Gaststätte trotz der Übernahme ihren Gesamtcharakter (ihre Identität) wahrt, was bspw. zu verneinen ist, wenn ein bislang gutbürgerliches Speiselokal unter neuem Namen mit neuem Personal nach mehrmonatiger Unterbrechung als arabisches Spezialitätenlokal fortgeführt wird (*BAG* 11.9.1997 EzA § 613a BGB Nr. 153).

d) Übernahme eines Hauptteils der Belegschaft

42 Kontroversen hat vor allem die Frage ausgelöst, inwiefern die **Übernahme der Belegschaft oder eines Teils** hiervon für das Vorliegen eines Übergangs bedeutsam ist. Hier legte die deutsche Rspr. ursprünglich die Ansicht zugrunde, dass zu dem als Anknüpfungspunkt für einen Übergang in Betracht kommenden Betrieb nur die sachlichen und immateriellen Betriebsmittel, nicht aber die kraft Gesetzes übergehenden Arbeitsverhältnisse zählen (*BAG* 22.5.1985 EzA § 613a BGB Nr. 45 [zu II 1 der Gründe]; 12.2.1987 EzA § 613a BGB Nr. 64 [zu II 2 der Gründe]). Demgegenüber gehen heute sowohl der EuGH als auch die deutsche Rspr. davon aus, dass die **Übernahme eines wesentlichen Teils der Belegschaft** ein Kriterium dafür ist, dass ein Betrieb übernommen wurde, und zwar auch und gerade im Falle einer Weiterbeschäftigung zu geänderten Arbeitsbedingungen (*EuGH* 14.4.1994 EzA § 613a BGB Nr. 114; krit. etwa *LAG SchlH* DB 1995, 2275; *Buchner* DB 1994, 1417; *Ziemons* ZIP 1995, 987 [991 f.]; zust. *Buschmann* AuR 1997, 215; *Heilmann* AuR 1996, 168; *Trittin* DB 1997, 1333; *Zwanziger* DB 1994, 2621; einschränkend noch *LAG Nürnberg* 26.8.1996 LAGE § 613a BGB Nr. 51, wenn gegenüber den Arbeitnehmern infolge eines Ortswechsels eine Änderungskündigung ausgesprochen werden muss). Eine unproblematische Grenze dieses Konzepts ergibt sich zunächst daraus, dass die bloße Übernahme eines Teils der Personal, für sich allein betrachtet, idR auch nach dem Konzept der wirtschaftlichen Einheit zur Identitätswahrung nicht ausreichen kann, da stets eine Gesamtbetrachtung erfolgen muss (vgl. *BAG* 13.11.1997 EzA § 613a BGB Nr. 156 [zu II 1]). Auch der Grundsatz, dass der Übernahme von Arbeitsverhältnissen je nach Art und Umfang eine Indizfunktion beigemessen wird, erscheint nicht problematisch (*Franzen* DZWiR 1998, 336 [338]). Übernimmt der neue Inhaber einen **Hauptteil des Personals**, kann dies deshalb ein Anzeichen dafür sein, dass der Erwerber den alten Betrieb mit einem eingespielten Team fortsetzen möchte (*EuGH* 19.2.1992 EuZW 1994, 149; *BAG* 9.2.1994 EzA § 613a BGB Nr. 115 [zu II 2f der Gründe]; 19.11.1996 EzA § 613a BGB Nr. 146; *Blomeyer* EWiR § 613a BGB 4/97, S. 835 [836]; *Heither* RdA 1996, 96 [102]). Ebensolches gilt für die Sonderfälle, in denen immaterielle Betriebsmittel wie Geschäftskontakte, »good will« oder ein betriebsspezifisches »Know-how« durch bestimmte leitende Angestellte verkörpert werden (*BAG* 11.9.1997 EzA § 613a BGB Nr. 153; 18.3.1997 EzA § 613a BGB Nr. 150; **aA** *Loritz* RdA 1987, 65 [77]). Auch der Koch einer Speisegaststätte kann in diesem Sinne Know-how-Träger sein (*BAG* 11.9.1997 EzA § 613a BGB Nr. 153; krit. insofern die Anm. *Willemsen/Annuß* EzA § 613a BGB Nr. 153 aE). Ein derartiger Fall kann selbst dann vorliegen, wenn sich der Know-how-Erwerb in der Übernahme des einzigen relevanten Know-how-Trägers des Betriebs manifestiert, sofern weitere Kriterien wie die vorübergehende Fortsetzung der Tätigkeit in denselben Betriebsräumen und die Übergabe von Kundenlisten für dasselbe Ergebnis sprechen (*BAG* 9.2.1994 EzA § 613a BGB Nr. 115). Wird lediglich ein Viertel der Arbeitnehmer übernommen, die zudem allein einem von mehreren Tätigkeitsbereichen des Betriebs zuzurechnen sind, so spricht dies nur für den Übergang des entsprechenden Teilbetriebs und gerade gegen die Übernahme des Gesamtbetriebs (*BAG* 13.11.1997

EzA § 613a BGB Nr. 156). Umstritten ist in erster Linie die Relevanz des Personals in sonstigen Fällen. Nach früherer Auffassung der deutschen Arbeitsgerichte führt die bloße Übernahme des fachlich geschulten Personals eines Betriebs oder Teilbetriebs nicht zu dessen Übergang (BAG 29.9.1988 EzA § 613a BGB Nr. 85). Anders konnte es stets ausnahmsweise dann liegen, wenn das Personal gerade im Hinblick auf den besonderen Betriebszweck, den der Erwerber weiterführt, fachlich eingearbeitet ist (BAG 27.7.1994 EzA § 613a BGB Nr. 123; 22.5.1997 EzA § 613a BGB Nr. 149 zu B II 2c und Nr. 157 zu B II 3c; vgl. auch BAG 11.9.1997 EzA § 613a BGB Nr. 153). Darüber hinausgehend formuliert die Rspr. heute allgemeiner, es könne, namentlich bei »**betriebsmittelarmen Betrieben**«, ausreichen, »wenn der Erwerber einen nach Zahl und Sachkunde wesentlichen Teil des Personals übernimmt« (EuGH 11.3.1997 EzA § 613a BGB Nr. 145 Tz 21 – *Ayse Süzen*; BAG 11.12.1997 EzA § 613a BGB Nr. 159, st. Rspr; aus jüngerer Zeit etwa BAG 18.3.1999 § 613a BGB Nr. 178; 22.7.2004 EzA § 613a BGB 2002 Nr. 27; EuGH 24.1.2002 EGV Richtlinie 77/187/EWG Nr. 1 – *Temco Service Industries*; zur Maßgeblichkeit des Personals auch *Joost* Betrieb und Unternehmen, S. 343; *Schwanda* S. 209).

Dieser Grundsatz soll auch bei Fehlen besonders qualifizierten Personals greifen und lediglich **je nach** 43 **Art des Betriebs** in unterschiedlicher Weise zum Tragen kommen. Die Relevanz des Kriteriums der **Belegschaftsübernahme** hängt von der Art des Betriebs ab. Da die erforderliche Sachkunde der Arbeitnehmer durch den Zweck des Betriebs bestimmt wird, gelangt die Rspr. zu folgenden Unterscheidungen: Je größer die für bestimmte Tätigkeiten erforderliche Sachkunde ist, desto eher kann die Übernahme der nach ihrer Sachkunde wesentlichen Arbeitnehmer ausreichen. Bei einem geringem Maß erforderlicher Sachkenntnisse soll es hingegen auf die Zahl der Arbeitnehmer ankommen; je geringer die erforderliche Sachkunde, desto größer müsse allerdings der Anteil übernommenen Personals sein, um einen Schluss auf die Übernahme der Arbeitsorganisation zu rechtfertigen (grdl. BAG 11.12.1997 EzA § 613a BGB Nr. 159; st.Rspr. aus jüngerer Zeit etwa BAG 26.8.1999 EzA § 613a BGB Nr. 178). In bestimmten Wirtschaftszweigen, zu denen nach Auffassung des EuGH insbes. das Bewachungs- oder Reinigungsgewerbe zählen, träten Betriebsmittel »nur in ihrer einfachsten Form« in Erscheinung; deshalb könne schon eine »organisierte Gesamtheit von Arbeitnehmern, denen eine gemeinsame Aufgabe auf Dauer zugewiesen ist, eine wirtschaftliche Einheit darstellen, ohne dass weitere Betriebsmittel vorhanden« seien (EuGH 10.12.1998 EzA § 613a BGB Nr. 172, Tz 26 – *Hidalgo* und *Ziemann*; EuGH 10.12.1998 § 613a BGB, Tz 31 – *Vidal*; EuGH 24.1.2002, EGV Richtlinie 77/187/EWG Nr. 1 – *Temco Service Industries*). Das BAG beschreibt denselben Grundsatz dahin, die fast vollständige Belegschaftsübernahme solle »in Branchen, in denen es im Wesentlichen auf die menschliche Arbeitskraft ankommt,« deshalb einen Betriebs- oder Betriebsteilübergang darstellen, weil diese zur Erledigung neuer Aufträge wie bisher in der Lage seien (BAG 11.9.1997 EzA § 613a BGB Nr. 153). In bestimmten Wirtschaftszweigen, zu denen nach Auffassung des EuGH insbes. das Bewachungs- oder Reinigungsgewerbe (nicht aber ein Linienbusunternehmen, vgl. EuGH 25.1.2001 NZA 2001, 249 – *Liikenne./.Liskojärvi u. Juntunen*; auch nicht eine Krankenhauskantine, EuGH 20.11.2003 EzA § 613a BGB 2002 Nr. 13) zählen, könne schon eine »organisierte Gesamtheit von Arbeitnehmern, denen eine gemeinsame Aufgabe auf Dauer zugewiesen ist«, eine wirtschaftliche Einheit darstellen, ohne dass weitere Betriebsmittel vorhanden« seien (EuGH 10.12.1998 EzA § 613a BGB Nr. 172, Tz 26 – *Hidalgo* und *Ziemann*; s. ferner EuGH 10.12.1998 § 613a BGB, Tz 31 – *Vidal*; EuGH 24.1.2002 EGV Richtlinie 77/187/EWG Nr. 1 – *Temco Service Industries*). **Praktisch** heißt das, dass jedenfalls bei größeren Reinigungsobjekten die Übernahme der fast kompletten Belegschaft zur Reinigung desselben Objekts als Betriebsübernahme gilt (BAG 2.12.1999 EzA § 613a BGB – »wirtschaftliche Einheit ›Reinigung im Objekt Ford-Werke Köln‹ «). Umgekehrt wird auch nur bei solchen betriebsmittelarmen Betrieben angenommen, dass die fehlende Übernahme der Belegschaft das Vorliegen eines Betriebsübergangs ausschließt (BAG 22.7.2004 EzA § 613a BGB 2002 Nr. 27; 24.5.2005 EzA § 613a BGB 2002 Nr. 37: kein Betriebsübergang, wenn 60 % der Belegschaft nicht übernommen werden).

Stellungnahme: Richtigerweise kann die Übernahme der Belegschaft außerhalb ihrer Indizfunktion 44 lediglich insofern Bedeutung erlangen, als sie für die Identität des Betriebs oder Betriebsteils als wirtschaftlicher Einheit konstitutiv ist. Nicht die Arbeitskräfte als solche, sondern die aus ihrer organisatorischen Verbundenheit erwachsende Wertschöpfungsmöglichkeit muss ausschlaggebend sein (*Franzen* DZWiR 1996, 397 [402]). Wie bei anderen übernommenen Betriebsmitteln müsste es nach der eigenen Logik des EuGH auch hier darauf ankommen, ob der Übernehmer denselben wirtschaftlichen Zweck nur mit der übernommenen Belegschaft oder auch ohne dieselbe weiterführen kann (vgl. EuGH 7.3.1996 EzA § 613a BGB Nr. 138 Tz 21). Soweit jenes der Fall ist – wie etwa bei der Übernahme einer nahezu kompletten Mannschaft bei einer professionellen Mannschaftssportart, nicht jedoch bei einem Leiharbeitsunternehmen, bei dem es vor allem auf Goodwill und Kundenbeziehungen ankommt (ähnlich *LAG Köln* 15.1.1997 NZA 1998, 484) – erscheint ihre Berücksichtigung andererseits auch zwingend.

Demgegenüber führt die Rechtsprechung des EuGH insbes. im Falle der Übernahme einer erheblichen Zahl gering qualifizierter Arbeitnehmer, die – etwa im Reinigungsgewerbe – einzelne organisatorisch im Wesentlichen unverbundene Tätigkeiten verrichten, zur Anwendung des § 613a BGB, obschon aus der Übernahme keinerlei gesteigerte Wertschöpfungsmöglichkeit folgt. Die in der Rechtsprechung in derartigen Fällen angeführte These, aus ihrer dauerhaft gemeinsamen Tätigkeit erwachse eine organisierte Gesamtheit, die im Falle der Personalübernahme übergehe, erscheint wirklichkeitsfern. Außerdem ist darauf hinzuweisen, dass die starke Betonung des Übergangs der Arbeitskräfte die stoffliche oder organisatorische Fassbarkeit des Betriebsbegriffs herabsetzt und sich insofern zu Lasten der Rechtssicherheit auswirkt. Methodisch bleibt der Rechtsprechung des EuGH zudem entgegenzuhalten, dass sie die Gefahr einer Vermengung von Rechtsfolge und Tatbestand des Betriebsübergangs begründet (»Konfusionsargument«, *Hanau* ZIP 1994, 1038 [1039]; *Schwerdtner* WPrax 10/1994, S. 2), was sich insbes. dadurch auswirkt, dass sie fälschlich auch bestimmte Fälle bloßer Funktionsnachfolge als Betriebsübergang einordnet. Damit geht einher, dass die Anknüpfung an die Arbeitnehmer dem Übernehmer erhebliche Manipulationsmöglichkeiten eröffnet, wenn er deren Übernahme bewusst vermeidet (*Lorenz* ZIP 1997, 531 [533]). Dem entspricht, dass dem EuGH zustimmende Stellungnahmen in der deutschen Literatur betont rechtsfolgenorientiert argumentieren: dem Schutzbedürfnis der Arbeitnehmer werde nicht genügt, wenn der Übergang von Betriebsmitteln verlangt werde (so *Trittin* DB 1997, 1333; *Zwanziger* DB 1994, 2621 [2624]). Die erforderliche konstitutive Bedeutung kann dem Personal lediglich dann zukommen, wenn der neue Inhaber die Tätigkeit ohne Übernahme des Personals nicht oder nicht in der gleichen Weise und mit der gleichen Leistung fortsetzen könnte.

e) **Eintritt in die Kundenbeziehungen**

45 Der Eintritt in die Kundenbeziehungen ist ein insbes. für bestimmte Arten von Betrieben bedeutsamer Aspekt des Übergangs immaterieller Betriebsmittel; sie ist zugleich relevant für die »Ähnlichkeit der Tätigkeit«. Ihre Bedeutung hängt davon ab, dass sie **in einer für den Betrieb prägenden Weise verfestigt** sind. Ihr Fehlen kann gegen einen Übergang sprechen, schließt diesen aber – etwa in den Fällen der Fremdvergabe bisher hausintern erledigter Aufträge – nicht in allen Fällen notwendig aus (*EuGH* 2.12.1999 EzA § 613a BGB Nr. 186 Tz 31 – *Allen./.Amalgamated Construction*).

46 Von besonderer Bedeutung sind die Kundenbeziehungen bei **Vertriebsverträgen**, also im Falle eines **Handelsvertreters** oder eines **alleinvertriebsberechtigten Vertragshändlers**. Hier können sie insbes. in Verbindung mit der Übernahme von erheblichen Teilen der Belegschaft zum Betriebsübergang führen (vgl. *EuGH* 7.3.1996 EzA § 613a BGB Nr. 138 – *Merckx*; *Moll* RdA 1999, 239).

47 Bei **Dienstleistungsunternehmen**, die ihre Leistungen im Rahmen längerfristiger dienst- oder werkvertraglicher Beziehungen erbringen, ist es zur Wahrung der Identität des Betriebs idR ebenfalls erforderlich, dass der Übernehmer in die bestehenden Verträge eintritt. Der bloße Eintritt in die Kundenbeziehungen reicht allerdings bei Dienstleistungsunternehmen gewöhnlich nicht; es handelt sich dann um eine bloße Funktionsnachfolge. So liegt es etwa, wenn ein Versicherungsunternehmen einen bestimmten Geschäftszweig eines anderen übernimmt, der bei diesem zwar einem selbständigen Betriebsteil zugewiesen war, vom Übernehmer jedoch auf verschiedene Teile der dort schon bestehenden Organisation aufgeteilt wird (*BAG* 6.10.2005 EzA § 102 BetrVG 2001 Nr. 16). Schon gar nicht genügt eine nur übergangsweise Übertragung von Aufgaben (*LAG Nds.* 23.6.2003 LAGE § 613a BGB 2002 Nr. 2). Ebenso reicht der bloße Neuabschluss eines auf die gleiche Funktion gerichteten Dienstleistungsvertrags mit dem Auftraggeber ohne Übernahme von Betriebsmitteln regelmäßig nicht (*BAG* 29.9.1988 EzA § 613a BGB Nr. 85; offen lassend *BAG* 27.6.1995 EzA § 111 BetrVG Nr. 31), sofern nicht ein Fall des sog. betriebsmittelarmen Betriebs vorliegt. An dem letztgenannten Punkt ändert auch die neuere Rechtsprechung des EuGH nichts (zutr. *Gaul* Anm. zu EzA § 111 BetrVG Nr. 31).

48 Die Übernahme setzt eine gewisse **Dauerhaftigkeit** voraus. Bei Schließung des bisher hausinternen technischen Kundendienstes eines Warenhauses und Vergabe an eine Fremdfirma tritt diese zwar zukünftig bei Reparaturen in Beziehung zu den Kunden des Warenhauses; sie tritt jedoch nicht in bestehende Kundenbeziehungen ein, da es sich bei den Reparaturen idR um einmalige Vorgänge handelt (*BAG* 22.1.1998 § 613a BGB Nr. 161). Ebenso fehlt es an der erforderlichen Dauerhaftigkeit, wenn es um die Fertigstellung eines durch ein anderes Unternehmen begonnenen Werkvertrags geht (*Moll* RdA 1999, 233 [239]; *Schiefer* NZA 1998, 1095 [1096]).

49 Inwieweit zu berücksichtigen ist, ob der alte Inhaber – **ohne Vorliegen einer entsprechenden Übernahmevereinbarung** – die bisherigen Kunden »freigibt«, ist noch nicht abschließend geklärt und wohl

eine Frage des Einzelfalls (vgl. *BAG* 18.10.1990 EzA § 613a BGB Nr. 91 [zu B II 2b aa der Gründe]). Auf den Eintritt in die bisherigen Verträge dürfte es jedenfalls dann nicht ankommen, wenn der Übernehmer für die Führung des Betriebs unverzichtbare sachliche Betriebsmittel übernimmt und – anstelle des Eintritts in bestehende Vertragsbeziehungen – aufgrund einer Neuausschreibung eine gleichartige Beziehung zu den fraglichen Kunden herstellt (*BAG* 14.7.1994 EzA § 613a BGB Nr. 122).

f) **Ähnlichkeit der Tätigkeit des Betriebs vor und nach dem fraglichen Übergang**

Auch wenn die Rechtsprechung der Ähnlichkeit der Tätigkeit großes Gewicht beimisst, kann es anerkanntermaßen **allein auf dieses Kriterium nicht** ankommen (*EuGH* 10.12.1998 EzA § 613a BGB Nr. 172, Tz 30 – *Hidalgo* und *Ziemann*; 10.12.1998 § 613a BGB, Tz 30 – *Vidal BAG* 13.11.1997 EzA § 613a BGB Nr. 156 [zu II.1.]; 11.12.1997 EzA § 613a BGB Nr. 159, st.Rspr. aus jüngerer Zeit etwa *BAG* 26.8.1999 § 613a BGB Nr. 178). 50

Zur Feststellung einer Ähnlichkeit ist auch bei Produktionsbetrieben nicht ohne weiteres erforderlich, dass die gleichen Produkte hergestellt werden (*BAG* 22.5.1985 EzA § 613a BGB Nr. 45 [zu II 1 der Gründe.]). Ausschlaggebend ist vielmehr, dass die Arbeitsplätze in ihrer Aufgabenstellung im Wesentlichen gleich bleiben. Maßgebend hierfür sind aber nicht die Arbeitsergebnisse, sondern vielmehr vor allem die **Arbeitsorganisation** (zB die Ablauforganisation) und die **Betriebsmethoden** (*EuGH* 10.12.1998 EzA § 613a BGB Nr. 172, Tz 30 – *Hidalgo* und *Ziemann*; 10.12.1998 § 613a BGB, Tz 30 – *Vidal*; *BAG* 10.12.1998 § 613a BGB Nr. 174; 13.11.1997 EzA § 613a BGB Nr. 156; 11.12.1997 EzA § 613a BGB Nr. 159). Eine wesentliche Änderung der Tätigkeiten aufgrund eines geänderten Konzepts und einer andersartigen Arbeits- oder Organisationsstruktur können daher der Wahrung der wirtschaftlichen Einheit entgegenstehen (*BAG* 4.5.2006 ZIP 2006, 1545). Diese werden zB dann geändert, wenn mit den veräußerten Produktionsmaschinen an einem anderen Ort ein neuer Betrieb aufgebaut werden soll (*LAG Düsseld.* 16.2.1995 LAGE § 613a BGB, Nr. 45). Freilich erweckt die Rechtsprechung zur Fremd- oder Neuvergabe von Reinigungsaufträgen doch den Eindruck, unterschwellig werde die Ähnlichkeit der äußeren Arbeitsumstände berücksichtigt. Insofern scheint die – dogmatisch richtige – These, zwischen einer Fremdvergabe von innerhalb und außerhalb des Betriebs zu erledigenden Aufgaben (»Inhouse-Outsourcing« versus »Outhouse-Outsourcing«) brauche nicht unterschieden zu werden (*Schiefer* NZA 1999, 1095 [1101]), in der Praxis doch relativiert zu werden (vgl. *BAG* 2.12.1999 EzA § 613a BGB – »wirtschaftliche Einheit ›Reinigung im Objekt Ford-Werke Köln‹«). 51

Eine **bloße Funktionsnachfolge** liegt vor, wenn eine Tätigkeit von einer anderen Person vorgenommen wird, also insbes. bei der Neuvergabe von Dienstleistungsaufträgen oder bei der Fremdvergabe bislang selbst erledigter Aufgaben. Sie führt – für sich genommen – nicht zum Vorliegen eines Betriebsübergangs. Insbesondere auch der EuGH hält eine bloße Funktionsnachfolge nicht für ausreichend, um das Vorliegen eines Betriebsübergangs zu begründen. Zwar stellt nach dessen Auffassung das Vorliegen einer Funktionsnachfolge unter dem Gesichtspunkt der Ähnlichkeit zwischen der Tätigkeit des Veräußerers und des Erwerbers einen für die Feststellung des Übergangs erheblichen Abwägungsbelang dar. Die durch Funktionsnachfolge begründete bloße Ähnlichkeit begründet aber nicht den nach Ansicht des EuGH erforderlichen Übergang der wirtschaftlichen Einheit als solcher (klarstellend *EuGH* 11.3.1997 EzA § 613a BGB Nr. 145, Tz 15 – *Ayse Süzen*; ebenso etwa *BAG* 10.12.1998 EzA § 613a BGB Nr. 174; 13.11.1997 EzA § 613a BGB Nr. 154; so auch die überwiegende Analyse des EuGH in der Literatur: *Bröske* DB 1997, 1412; *Blomeyer/Huep* Anm. zu EzA § 613a BGB Nr. 141; *Schlachter* EWiR 1995, § 613a BGB 10/95, S. 555 [556]; *Wank* EWiR 1996, § 613a BGB 1/96, S. 301 [302]). Auch nach der Rechtsprechung des EuGH gilt, dass die Funktionsnachfolge lediglich im Zusammenwirken mit dem dort vorliegenden Übergang sachlicher und immaterieller Betriebsmittel und der Übernahme eines Teils der Belegschaft eine Betriebsnachfolge begründen könne (*EuGH* 19.2.1992 Slg. 1992, I-3189 – *Redmond Stichting*). Insbesondere der Verlust eines bestimmten Dienstleistungsauftrags an einen Wettbewerber ist daher für sich genommen kein Betriebs- oder Betriebsteilübergang (*BAG* 11.12.1997 EzA § 613a BGB Nr. 160; 22.1.1998 § 613a BGB Nr. 162). 52

g) **Dauer einer etwaigen Unterbrechung**

Die Bedeutung der in der Rechtsprechung des EuGH als Abwägungsbelang genannten Dauer der Betriebsunterbrechung erwächst daraus, dass es für einen Übergang typisch ist, dass die Arbeiten ohne Unterbrechung in der gleichen Weise fortgesetzt werden (*EuGH* 2.12.1999 EzA § 613a BGB Nr. 186, Tz 33 – *Allen./.Amalgamated Construction*). Dieses Merkmal hat sich praktisch gleichwohl vor allem als **Abwägungsbelang mit negativer Funktion** ausgewirkt. Erreicht sie eine Dauer, die zur Annahme ei- 53 ner Betriebsstilllegung führt, so scheidet ein Betriebsübergang aus (*BAG* 22.5.1997 EzA § 613a BGB Nr. 149 u. Nr. 157). Demgegenüber schließt eine vorübergehende Unterbrechung die Wahrung der Identität nicht aus (*EuGH* 2.12.1999 EzA § 613a BGB Nr. 186, Tz 33). Maßgebend bei der Bewertung der Dauer der Unterbrechung sind die Umstände des Rechtsgeschäfts, namentlich etwa seine Komplexität (*EuGH* 2.12.1999 EzA § 613a BGB Nr. 186, Tz 32). Ob die vereinzelt zur Konkretisierung vorgeschlagene Anknüpfung an bestimmte Fristen des deutschen Arbeitsrechts (zB *Berscheid* MDR 1999, 1129 [1132]; *Gaul* RdA 2000, 244 [248]) EG-rechtsdogmatisch tragfähig ist, muss zwar angezweifelt werden. Zutreffend ist jedoch, dass eine siebenmonatige Unterbrechung (§ 622 Abs. 2 Nr. 7 BGB) idR nicht ohne Identitätsverlust verstreicht. Beruht der Betriebsübergang auf der Übernahme von Personal sowie der Ähnlichkeit der Tätigkeit, so kann dies zu einem zeitlichen Auseinanderfallen der Personalübernahme und der Funktionsnachfolge und damit einer Unterbrechung führen, die aber – wenn es sich um einen komplexen Übernahmevorgang handelt – die Wahrung der Identität nicht ausschließt (*EuGH* 2.12.1999 EzA § 613a BGB Nr. 186, Tz 32 f.).

h) Fragen der Gesamtabwägung

54 Nach dem Konzept der wirtschaftlichen Einheit verbietet sich ein isoliertes Abstellen auf einzelne Kriterien. Vielmehr ist **stets eine Gesamtbetrachtung** durchzuführen (etwa *EuGH* 10.12.1998 EzA § 613a BGB Nr. 172, Tz 29 – *Hidalgo* und *Ziemann* mwN). Eine erhebliche und in ihrer Berechtigung zweifelhafte Einschränkung dieser Vorgabe ergibt sich allerdings daraus, dass der EuGH den Standpunkt vertritt, in bestimmten Fällen könne eine »organisierte Gesamtheit von Arbeitnehmern, denen eine gemeinsame Aufgabe auf Dauer zugewiesen ist, eine wirtschaftliche Einheit darstellen, ohne dass weitere Betriebsmittel vorhanden sind« (*EuGH* 10.12.1998 EzA § 613a BGB Nr. 172, Tz 26).

55 Prägend für die Rechtsprechung ist bei alledem eine **teilweise »Entstofflichung« des Betriebsbegriffs**. Da eine wirtschaftliche Einheit in bestimmten Branchen ohne relevante materielle oder immaterielle Betriebsmittel tätig sein könne, sei deren Übernahme (insoweit) auch keine Voraussetzung des Übergangs (*EuGH* 10.12.1998 EzA § 613a BGB Nr. 172, Tz 31 – *Hidalgo* und *Ziemann*; 7.3.1996 EzA § 613a BGB Nr. 138; krit. *Franzen* DZWiR 1995, 397; *Waas* EuZW 1996, 215). Dies wirkt sich insbes. in Fällen des **Zusammentreffens einer Funktionsnachfolge mit der Übernahme des Personals oder Teilen** desselben aus. In dem hierzu kontrovers diskutierten Fall Christel Schmidt (*EuGH* 14.4.1994 EzA § 613a BGB Nr. 114 mit Anm. *Blomeyer* – auf Vorlage des *LAG SchlH* 27.10.1992 ZIP 1994, 1040), in dem eine Auslagerung der Reinigungsaufgaben von einer einzigen betriebsinternen Kraft auf eine Reinigungsfirma als Übergang eines Betriebsteils angesehen wurde, hat der EuGH allerdings formell am Prinzip festgehalten, dass es auf eine Fülle von Faktoren ankommt – ohne jedoch eine solche Gesamtbewertung in angemessener Weise tatsächlich vorzunehmen (*Blomeyer* Anm. EzA § 613a BGB Nr. 114). Denn als für einen identitätswahrenden Übergang sprechenden Umstand konnte der EuGH dort lediglich die bloße Ausführung gleichartiger Tätigkeiten durch die gleiche Kraft (Reinigung derselben Räume durch dieselbe Arbeitnehmerin) anführen. An der Irrelevanz der bloßen Funktionsnachfolge vermag die Entscheidung im Fall Christel Schmidt (*EuGH* 14.4.1994 EzA § 613a BGB Nr. 114) gleichwohl nichts zu ändern (so aber *ArbG Hmb.* 4.7.1994 BB 1994, 1501; *LAG Hamm* 11.10.1994 LAGE § 613a BGB Nr. 37; vgl. auch *Buchner* DB 1994, 1417 [1419 f.]; *Röder/Baeck* NZA 1994, 542 [544]); denn dort wurde zwar der Anwendungsbereich des Merkmals Betriebsübergang überdehnt (*Bauer* BB 1994, 1433 [1434 f.]; *Buchner* DB 1994, 1417; *Blomeyer* EWiR 1995, § 613a BGB 11/95, S. 755; *Heinze* DB 1997, 677; ders. FS Henckel, S. 401 [409]; *Junker* NJW 1994, 2527; *Lutter* ZIP 1994, 1514; *Waas* EuZW 1994, 528; *Voß* NZA 1995, 205; *Ziemons* ZIP 1995, 987), aber keineswegs jede Fremdvergabe § 613a BGB unterstellt (vgl. *Hanau* ZIP 1994, 1038 [1040]; ferner *Bauer* BB 1994, 1433 [1435]; *Zwanziger* DB 1994, 2621 [2623]). Diese Entscheidung stützt sich vielmehr maßgeblich darauf, dass die Fremdfirma die bisherigen Aufgaben am selben Ort (= Ähnlichkeit der Tätigkeit) und zusätzlich mit dem bisherigen Personal – allerdings zu anderen Arbeitsbedingungen – dauerhaft weiterführen wollte, was bei Fremdvergaben keineswegs regelmäßig der Fall ist. Nach seinem eigenen Konzept hätte der EuGH nach den Fakten der Christel-Schmidt-Entscheidung einen Betriebsübergang allerdings verneinen müssen. Hält man den Bereich »Betriebsreinigung« für eine abgrenzbare wirtschaftliche Einheit, so wurde zwar dessen Personal vollständig übernommen; jedoch kommt es nach Auffassung des EuGH auch auf dessen Sachkunde an, deren ausschlaggebende Bedeutung für die Identität des Betriebs hier nicht ersichtlich ist. Hinzu tritt das Fehlen einer übernommenen Arbeitsorganisation, so dass spätestens im Rahmen der an sich gebotenen, aber tatsächlich unterbliebenen Gesamtabwägung ein anderes Ergebnis hätte gefunden werden müssen. Wegen dieser Ungereimtheiten verwundert es nicht, dass die Entscheidung zunächst teilweise dahin verstanden wurde, eine Funktionsnachfolge müsse bereits ausreichen (*ArbG*

Hmb. 4.7.1994 BB 1994, 1501; *LAG Hamm* 11.10.1994 LAGE § 613a BGB Nr. 37; *LAG Hamm* 24.1.1995 ZIP 1995, 1374; vgl. ferner die insofern missverständliche Passage in *EuGH* 14.4.1994 EzA § 613a BGB Nr. 114, Tz 17). Die Unrichtigkeit eines solchen Verständnisses ist jedoch inzwischen klar, nachdem der EuGH seine zu weit reichenden Folgerungen aus dem Konzept der wirtschaftlichen Einheit zurückgenommen hat (s. *EuGH* 11.3.1997 EzA § 613a BGB Nr. 145 Tz 21 – *Ayse Süzen*). Der Einordnung der Funktionsnachfolge als Betriebsübergang kommt zwar auch die *Merckx*-Entscheidung des EuGH recht nahe, in der ein alleinvertriebsberechtigter Vertragshändler ohne Übernahme immaterieller Betriebsmittel als Nachfolger des zuvor alleinvertriebsberechtigten Händlers angesehen wurde (*EuGH* 7.3.1996 EzA § 613a BGB Nr. 138; krit. *Franzen* DZWiR 1996, 397; *Waas* EuZW 1996, 215). Jedoch geht auch der dort zugrunde liegende Sachverhalt über die bloße Funktionsnachfolge insofern hinaus, als zum einen ein (kleinerer) Teil der Belegschaft übernommen wurde und zum anderen zumindest versucht wurde, den Kundenstamm und »good will« (und damit ein für einen Vertriebshändler wichtiges immaterielles Betriebsmittel) auf den Unternehmer zu übertragen (dazu *Buchner* NZA 1997, 408). Dies geschah überdies – was allerdings nach Ansicht des *EuGH* (7.3.1996 EzA § 613a BGB Nr. 138, Tz 31) das Vorliegen eines Betriebsübergangs nicht begründet, sondern nur »bestätigt« – aufgrund vertraglicher Abreden zwischen dem Übernehmer und der Muttergesellschaft des »Veräußerers«. Demgegenüber lehnt auch der EuGH das Vorliegen eines Betriebsübergangs ab, wenn sich die Funktionsnachfolge darin erschöpft, dass der Nachfolger lediglich ein einzelnes Projekt des Vorgängers weiterführt und hierzu das vom Vorgänger angeschaffte Material sowie einige Arbeitskräfte übernimmt (*EuGH* 19.9.1995 EzA § 613a BGB Nr. 128 – *Rygaard*). Gleichwohl zeigt gerade das Beispiel der **Neuvergabe von Reinigungsaufträgen** die heutige Praxis recht plastisch: Als ausreichend für die Identitätswahrung hat die Rechtsprechung es angesehen, dass ein neues Reinigungsunternehmen dasselbe Objekt unter Übernahme von 85 % der Belegschaft aufgrund eines neu vergebenen Auftrags reinigt (*BAG* 11.12.1997 EzA § 613a BGB Nr. 159; krit. zur neuen Konzeption etwa *Buchner* JZ 1999, 593 [597]).

All dies gilt zunächst für die Fälle der **Fremdvergabe (»Outsourcing«)** bisher im Betrieb selbst erbrachter Leistungen. Richtigerweise sind sie regelmäßig als bloße Funktionsnachfolge einzuordnen, soweit keine weiteren, zu einem Übergang führenden Umstände hinzutreten (*BAG* 22.1.1998 NZA 1998, 536). Ein über die bloße Funktionsnachfolge hinausgehender Teilbetriebsübergang kommt demgegenüber in Betracht, soweit mit der Fremdvergabe zugleich der Übergang einer abgeschlossenen Einheit von Betriebsmitteln verbunden ist (*BAG* 9.4.1994 ZIP 1994, 1041). Ähnliches gilt zum anderen für die **Neuvergabe** eines bereits zuvor an eine Fremdfirma vergebenen Dienstleistungsauftrags, etwa Reinigungsaufgaben oder Lagerverwaltung. Auch diese begründet für sich genommen keinen Betriebsübergang und kann – wie jede Funktionsnachfolge – allenfalls bei Vorliegen weiterer Kriterien anders zu beurteilen sein. 56

4. Unmaßgebliche Gesichtspunkte

Nicht erforderlich ist ein besonderer, **auf die Leitungsmacht bezogener Übertragungsakt**; erforderlich und ausreichend ist vielmehr, **dass der bisherige Inhaber die wirtschaftliche Betätigung im fraglichen Betrieb oder Betriebsteil einstellt und ein neuer Inhaber den Betrieb führt** (*BAG* 12.11.1998 EzA § 613a BGB Nr. 170; krit. *Annuß* DB 1998, 1582 [1585]). Hierzu ist die tatsächliche **Fortführung des Betriebs** erforderlich; die **bloße Möglichkeit** reicht – entgegen einer früheren Rechtsprechung (Nachw. 5. Aufl. Rz 27) – nicht aus (grdl. *BAG* 18.3.1999 EzA § 613a BGB Nr. 177; ferner etwa *BAG* 22.7.2004 EzA § 613a BGB 2002 Nr. 27; *Annuß* NZA 1998, 70 [73 ff.]; *Willemsen/Annuß* EzA § 613a BGB Nr. 153; einschränkend *Moll* RdA 1999, 233 [237]). Ist der Betrieb (die Leitungsmacht) übergegangen, schadet es nicht, wenn dem Erwerber ein **Rücktrittsrecht** eingeräumt ist (*BAG* 15.12.2005 EzA § 613a BGB 2002 Nr. 45). Für sich genommen nicht aussagekräftig ist auch die **bloße Eigentümerstellung**. Im Falle der **Sicherungsübereignung** bzw. -übertragung »des Betriebs« wird der Sicherungsnehmer nicht ohne weiteres neuer Betriebsinhaber, selbst wenn er in die Leitung des Unternehmens eingreift; maßgebend ist vielmehr die Übernahme der Leitungsmacht im eigenen Namen (*BAG* 20.3.2003 EzA § 613a BGB Nr. 7). Ohne Bedeutung ist die **wirtschaftliche Situation** des Betriebs (s.u. Rz 90). Nicht entscheidend sind ferner die **Erwerbsmotive**. Ein Übergang liegt auch vor, wenn der Erwerb zum Zwecke der Stilllegung, zur Umstellung der Produktion oder zur sonstigen Umorganisation des Betriebs erfolgt (s. auch *BAG* 26.2.1987 EzA § 613a BGB Nr. 62; *Birk* Anm. zu EzA § 613a BGB Nr. 1; *Heinze* DB 1980, 205 [208]; *Seiter* Betriebsübergang, S. 53 ff.). Eine fehlende Gewinnerzielungsabsicht des Übernehmers ist ebenso unschädlich (*BAG* 12.11.1998 § 613a BGB Nr. 170). Das Gleiche gilt, wenn die **unternehmenspolitische Zielsetzung** sich ändert (*BAG* 20.11.1984 EzA § 613a BGB Nr. 41 [zu 1c der Gründe]), etwa wenn frühere »volkseigene« Betriebe der ehemaligen DDR nunmehr am marktwirtschaftlichen Wett- 57

§ 613a BGB   Betriebsinhaberwechsel

bewerb teilnehmen oder sich als Verein im öffentlichen Interesse betätigen (aA *Adomeit* NZA 1993, 433 [435]). Demgemäß schließt es die Anwendung des § 613a BGB auch nicht aus, wenn der Übernehmer die übergegangenen Betriebsmittel für einen **anderen arbeitstechnischen Zweck** einsetzt, solange er nur die Möglichkeit hätte, den alten Betrieb fortzusetzen (*BAG* 19.11.1996 EzA § 613a BGB Nr. 146). Ohne Bedeutung ist es auch, wenn die Betriebsmittel oder die Arbeitnehmer nach der Übertragung in anderen Unternehmen eingesetzt werden (*BAG* 27.9.1984 EzA § 613a BGB Nr. 40 [zu B II 2b der Gründe]). Auch eine zeitlich befristete treuhänderische Betriebsübernahme hindert den Übergang nicht (*BAG* 20.11.1984 EzA § 613a BGB Nr. 41). Für den Betriebsübergang ist auch nicht ausschlaggebend, dass die Arbeitnehmer hiervon unterrichtet werden (*BAG* 1.4.1987 EzA § 613a BGB Nr. 63), obwohl Art. 7 Richtl. 2001/23/EG (s.o. Rz 2) eine Unterrichtungspflicht vorsieht. Ohne Bedeutung ist ferner, ob der Veräußerer für seine Arbeitnehmer Regelungen gem. § 111 BetrVG getroffen hat (*BAG* 12.2.1987 EzA § 613a BGB Nr. 64 [zu II 2b der Gründe]). Nicht erforderlich oder ausschlaggebend ist schließlich der Übergang des Eigentums (*EuGH* 2.12.1999 EzA § 613a BGB Nr. 186 Tz 30 – *Allen./.Amalgamated Construction; BAG* 15.12.2005 EzA § 613a BGB 2002 Nr. 45). Es genügt, wenn dem Übernehmer eine zeitlich begrenzte Nutzungsmöglichkeit, etwa als Pächter oder Nießbrauchsberechtigter, eingeräumt ist (*BAG* 21.1.1988 EzA § 613a BGB Nr. 73).

5. Betriebsaufspaltung

58 Als Betriebsaufspaltung oder Betriebsspaltung wird zunächst die tatsächliche **Aufspaltung eines Betriebs in zwei verschiedene Betriebe** bezeichnet (vgl. *BAG* 10.12.1996 ZIP 1997, 1388 zu B II 1a). Ein solcher Fall liegt etwa vor, wenn ein bisheriger Betriebsteil ausgelagert und als selbständiger Betrieb fortgeführt wird. Damit kann eine Aufspaltung iSd Umwandlungsrechts einhergehen (dazu s.u. Rz 74), ohne dass dies allerdings zwingend wäre (*BAG* 10.12.1996 aaO). Erfolgt eine solche Spaltung nicht unternehmensintern, sondern wird einer der Betriebe von einem anderen als dem bisherigen Rechtsträger geführt, **so liegt regelmäßig ein Betriebsübergang** vor. Hiervon zu unterscheiden ist die herkömmlicherweise ebenfalls als »Betriebsaufspaltung« bezeichnete **Aufteilung eines Unternehmens in eine Besitz- und Produktionsgesellschaft** (zu letzterem *Birk* ZGR 1984, 23; *Gussen/Dauck* Rz 295). Auch diese kann entweder durch Umwandlung, insbes. durch Ausgliederung, Auf- oder Abspaltung (vgl. *KR-Friedrich* §§ 322–324 UmwG Rz 10 ff.), oder durch Einzelrechtsnachfolge im Zusammenhang mit einer Neugründung vollzogen werden. Im letztgenannten Fall kommt es regelmäßig zu einem Betriebsübergang, weil die Besitzgesellschaft den Betrieb an die neu gegründete Produktionsgesellschaft verpachtet und diese im eigenen Namen und für eigene Rechnung tätig wird (*BAG* 17.2.1981 EzA § 111 BetrVG 1972 Nr. 13). Allerdings kann die bloße Verpachtung der Anlagen, für sich betrachtet, lediglich dann zum Übergang der bisher bestehenden wirtschaftlichen Einheit führen, wenn die Produktionsgesellschaft die ihr verpachteten fremden Betriebsmittel wenigstens **eigenwirtschaftlich nutzt** (*BAG* 11.12.1997 EzA § 613a BGB Nr. 160). Dies bedeutet aber nicht, dass die Parteien den Rechtsfolgen des Betriebsübergangs in den Fällen der Betriebsaufspaltung schon durch eine Gestaltung ausweichen können, nach der die Besitzgesellschaft zugleich die Anlagenbewirtschaftung übernimmt, wohingegen die Produktionsgesellschaft lediglich den Arbeitnehmereinsatz lenkt (vgl. zu dieser Problematik *Annuß* DB 1998, 1582 [1584]). Nach dem Konzept der wirtschaftlichen Einheit kann sich ein identitätswahrender Übergang in solchen Fällen daraus ergeben, dass die Produktionsgesellschaft die organisierte Gesamtheit des Produktionsprozesses (Betriebsmethoden, Organisation, Arbeitnehmer) übernimmt. Umgekehrt liegt kein Betriebsübergang vor, wenn zwar die Anlagen veräußert werden, jedoch die Funktion der Produktionsgesellschaft durch den bisherigen Arbeitgeber wahrgenommen wird (vgl. *Schaub* ZIP 1984, 275). Soweit ein Betriebsübergang vorliegt, hat dieser regelmäßig zur Folge, dass die Arbeitsverhältnisse auf die idR vermögenslose Produktionsgesellschaft übergehen und die Besitzgesellschaft im Rahmen der Rechtsfolgen des § 613a BGB von der Haftung befreit wird. Die so möglicherweise beeinträchtigten Arbeitnehmerinteressen können nur dann Berücksichtigung finden, wenn die Besitzgesellschaft über andere Haftungsgrundlagen, zu denen etwa § 134 UmwG gehört (dazu *Däubler* RdA 1995, 143), zur Leistung herangezogen werden kann (*Schaub* ZIP 1984, 272 [273]).

6. Keine Betriebsänderung

59 Ein **Betriebsübergang** ist für sich allein **keine Betriebsänderung** iSv § 111 BetrVG (*BAG* 19.1.1999 EzA § 113 BetrVG Nr. 28; st. Rspr). Der Wechsel des Betriebsinhabers wird allein durch § 613a BGB geregelt. Finden jedoch über den bloßen Inhaberwechsel hinaus sonstige Änderungen des Betriebs gem. § 111 BetrVG statt, so ist § 111 BetrVG neben § 613a BGB anzuwenden, da § 111 BetrVG die über den reinen

Betriebsinhaberwechsel § 613a BGB

Inhaberwechsel hinausgehenden Nachteile für die Belegschaft vermeiden oder ausgleichen will (*BAG* 16.6.1987 EzA § 111 BetrVG 1972 Nr. 20; *Neef* NZA 1994, 97; **aA** *Hanau* FS Gaul, S. 289 [294 f.], für den Fall, dass beim Erwerber § 112a Abs. 2 BetrVG eingreift). Zu beachten ist insofern, dass die mangelnde Identität des Betriebsbegriffs in § 613a BGB einerseits und dem BetrVG andererseits (s.o. Rz 18) gerade im Zusammenhang mit § 111 BetrVG ihre Wirkungen zeigt. Eine Betriebsänderung kann dementsprechend insbes. dann vorliegen, wenn eine unveränderte Übernahme wegen der Ausübung des Widerspruchsrechts durch eine Vielzahl von Arbeitnehmern misslingt (s.u. Rz 121 f.) oder wenn es sich um die Übernahme eines Teilbetriebs handelt (*BAG* 16.6.1987 EzA § 111 BetrVG 1972 Nr. 20), weil dann häufig eine grundlegende Änderung der Betriebsorganisation erforderlich sein wird.

Nichts anderes gilt für die im **Umwandlungsgesetz geregelten gesellschaftsrechtlichen Umwandlungsvorgänge,** die ebenfalls nicht ohne weiteres zu einer Betriebsänderung führen, sondern lediglich im Einzelfall aufgrund der konkret vorliegenden Voraussetzungen des § 111 BetrVG als solche eingeordnet werden können (*Gaul* DB 1995, 2265 [2266]). Die **Sonderregel** des § 111 Abs. 1 Nr. 3 BetrVG knüpft an den Zusammenschluss oder die Spaltung eines Betriebs an. Damit ist nicht die im Umwandlungsgesetz geregelte Verschmelzung oder Spaltung von Gesellschaften gemeint (*Willemsen* RdA 1996, 791 [797]), mit der ein Betriebszusammenschluss oder eine Betriebsspaltung einhergehen kann, aber nicht einhergehen muss (*BAG* 10.12.1996 ZIP 1997, 1388 zu B II 1a). Wird nur ein **Betriebsteil** übertragen und werden andere Teile stillgelegt, so kann ein Sozialplan Ansprüche ohne Verstoß gegen den Gleichbehandlungsgrundsatz auf Arbeitnehmer beschränken, deren Arbeitsverhältnis nicht übergeht (*Neef/Schrader* NZA 1998, 804 [805]).

60

7. Stilllegung

Ein Übergang **scheidet aus,** wenn der Betrieb vor dem Erwerb stillgelegt wird (*BAG* 17.3.1987 EzA § 111 BetrVG 1972 Nr. 19; 16.5.2002 EzA § 613a BGB Nr. 210). Die Veräußerung der Produktionsmittel nach erfolgter Stilllegung stellt daher keinen Betriebsübergang dar (*BAG* 27.4.1995 EzA § 613a BGB Nr. 126); dies gilt erst recht für eine nach Stilllegung erfolgte Funktionsnachfolge (*LAG Hamm* 9.10.1995 LAGE § 613a BGB Nr. 44). Ebenso schließt umgekehrt, wie gerade § 613a BGB zeigt, das Vorliegen einer Veräußerung des Betriebs die Einordnung eines Vorgangs als kündigungsrechtfertigende Stilllegung aus (*BAG* 9.2.1994 EzA § 613a BGB Nr. 116 [zu II 2b der Gründe]; 24.8.1988 EzA § 613a BGB Nr. 80). Solange der bisherige Inhaber in Übernahmeverhandlungen mit einem Interessenten steht, fehlt es daher regelmäßig an der greifbar gewordenen Stilllegung (*BAG* 27.4.1995 EzA § 613a BGB Nr. 126 [zu B I 2]). Ist jedoch im Zeitpunkt des Zugangs der Kündigung die Betriebsstilllegung endgültig und hat sie bereits greifbare Formen angenommen, behält sich der Arbeitgeber lediglich aber eine Betriebsveräußerung vor, die alsdann auch gelingt, bleibt es bei der sozialen Rechtfertigung der Kündigung (*BAG* 19.6.1991 EzA KSchG § 1 Betriebsbedingte Kündigung Nr. 70; 29.9.2005 EzA § 1 KSchG Betriebsbedingte Kündigung Nr. 140). Es kommt allerdings ein Wiedereinstellungsanspruch in Betracht (s.u. Rz. 194).

61

Von der Stilllegung zu unterscheiden ist die (nicht endgültige) **Unterbrechung**; ihre Dauer fließt nach der Konzeption des EuGH in die zur Feststellung der Identität erforderliche Gesamtabwägung ein. Maßgebend für die **Abgrenzung zwischen Übergang und Stilllegung** ist, ob die organisatorische Betriebsmitteleinheit übergeht oder zerschlagen wird (*BAG* 12.2.1987 EzA § 613a BGB Nr. 64 [zu II 1 der Gründe]). Dadurch unterscheidet sich auch die **Betriebsverlegung** von der Stilllegung (*BAG* 12.2.1987 EzA § 613a BGB Nr. 64). Allerdings findet sich in der **Rechtsprechung des EuGH** die wenig präzise Formulierung, ein Betriebsübergang liege auch vor, wenn »das veräußerte Unternehmen zum Zeitpunkt der Veräußerung seine Tätigkeit einstellt und anschließend liquidiert wird« (*EuGH* 7.3.1996 EzA § 613a BGB Nr. 136 – Tz 23). Ob diese Wendung in dem Sinne gedeutet werden muss, dass der EuGH auch unter solchen Umständen einen Betriebsübergang annimmt, unter denen nach der bisherigen Rspr. des BAG eine Stilllegung zu bejahen ist, ist unsicher. Richtigerweise wird man sie dahin zu verstehen haben, dass die durch den EuGH als maßgeblich für den Betriebsübergang angesehene Fortführung der »wirtschaftlichen Einheit« das Vorliegen einer Stilllegung stets ausschließt.

62

Die Stilllegung **erfordert** den ernstlichen und endgültigen Entschluss, die Betriebs- und Produktionsgemeinschaft zwischen Arbeitgeber und Arbeitnehmer für dauernd oder für einen unbestimmten, aber wirtschaftlich nicht nur unerheblichen Zeitraum aufzuheben (*BAG* 28.4.1988 EzA § 613a BGB Nr. 80 [zu II der Gründe]; 19.6.1991 EzA § 1 KSchG Betriebsbedingte Kündigung Nr. 70 [zu II 1 der Gründe]; 27.4.1995 EzA § 613a BGB Nr. 126 [zu B I 2]). Erheblich ist zB bei einem Modefachgeschäft ein Zeitraum von neun Monaten (*BAG* 22.5.1997 EzA § 613a BGB Nr. 149 u. 157). Der Stilllegungswille muss nach außen »greifbare Formen« annehmen, dh durch die Auflösung der Betriebsorganisation

63

zum Ausdruck gebracht werden (vgl. *BAG* 30.10.1986 EzA § 613a BGB Nr. 58; 16.5.2002 EzA § 613a BGB Nr. 210). Entscheidend ist die tatsächliche Stilllegung, ohne dass zu prüfen ist, ob die Stilllegung unsachlich, unvernünftig oder willkürlich ist. Insofern gelten andere Maßstäbe als für die Sozialwidrigkeit der Kündigung nach § 1 KSchG. Zur Stilllegung gehört im Regelfall die tatsächliche und vollständige Einstellung der Betriebstätigkeit, die Auflösung der dem Betriebszweck dienenden Organisation (*BAG* 13.11.1986 EzA § 613a BGB Nr. 55), die Kündigung aller Arbeitsverhältnisse und die Herauslösung der Produktionsmittel aus dem Produktionsprozess, was im Wesentlichen durch deren getrennte Veräußerung an verschiedene Erwerber geschehen kann. Die bloße Produktionseinstellung reicht für sich betrachtet nicht aus (*BAG* 16.5.2002 EzA § 613a BGB Nr. 210). Eine Stilllegung ist hingegen trotz Fortsetzung des bisherigen Betriebszwecks bejaht worden, wenn eine nicht unerhebliche räumliche Verlegung des Betriebs vorgenommen wird, die alte Betriebsgemeinschaft tatsächlich aufgelöst wird und der Aufbau einer im Wesentlichen neuen Betriebsgemeinschaft erfolgt (*BAG* 12.2.1987 EzA § 613a BGB Nr. 64), so dass die Identität der organisatorischen Betriebsmitteleinheit entfällt.

64 Die Stilllegung kann sich auf einen **Betriebsteil** beschränken. Arbeitsverhältnisse aus dem stillgelegten Betriebsteil gehen nicht auf den Erwerber über (vgl. *BAG* 13.11.1986 EzA § 613a BGB Nr. 55 [zu II 3a der Gründe]). Bei einem **Pachtvertrag** muss berücksichtigt werden, dass der Pächter über die gepachteten Gegenstände nicht verfügen kann. Es genügt deshalb die unmissverständliche Kundgabe der Stilllegungsabsicht, zu der hinzutreten muss: die Kündigung aller Arbeitsverhältnisse, die tatsächliche und vollständige Einstellung der Betriebstätigkeit und die Veräußerung der dem Pächter gehörenden Betriebsmittel unter Auflösung ihrer Produktionsgemeinschaft (*BAG* 21.1.1988 EzA § 613a BGB Nr. 73; 27.4.1995 EzA § 613a BGB Nr. 126 [zu B I 2]). Ein **anschließender Rückfall** der Pachtgegenstände an den Verpächter stellt keinen Betriebsübergang mehr dar (*BAG* 26.2.1987 EzA § 613a BGB Nr. 57; s. aber Rz 82). Demgegenüber ist bei der bloßen **Geschäftsraummiete** die Zusammenfassung der Betriebsmittel zu einem Betrieb Sache des Mieters, der es demzufolge in der Hand hat, die Betriebsgemeinschaft selbst aufzulösen (*BAG* 22.5.1997 § 613a BGB Nr. 149 u. Nr. 157).

65 Für eine Stilllegung **nicht ausreichend** ist die Kündigung der Arbeitsverhältnisse durch die Arbeitnehmer unter dem Versprechen, dass ein Großteil vom neuen Erwerber übernommen werde; denn der Betrieb bleibt funktionsfähig, weil die Arbeitnehmer dem Erwerber vereinbarungsgemäß sofort zur Verfügung stehen (*BAG* 13.11.1986 EzA § 613a BGB Nr. 55 [zu II 1c der Gründe]; vgl. auch Rz 90 ff.). Keine Stilllegung liegt auch vor, wenn zu Zwecken der Erneuerung einzelne Betriebsteile ausgetauscht werden, auch wenn der Austausch einige Zeit in Anspruch nimmt (*BAG* 3.7.1986 EzA § 613a BGB Nr. 53 [zu II 5a der Gründe]). Auch ein bloßer **Räumungsverkauf** oder **Renovierungsarbeiten** reichen für sich betrachtet regelmäßig nicht aus (etwa *LAG Hamm* 4.4.2000 DZWIR 2000, 240 [244]). Keine Stilllegung ist ferner die Einstellung der Produktion, wenn die dem Betriebszweck dienende Organisation bestehen bleibt (*BAG* 3.7.1986 EzA § 613a BGB Nr. 53 [zu III 1 der Gründe]). Einer Stilllegung steht es ebenso entgegen, wenn der Erwerber den Betrieb tatsächlich fortführt (*BAG* 3.7.1986 EzA § 613a BGB Nr. 53 [zu III 2 der Gründe]). Legt erst der Erwerber den Betrieb still, so liegt dennoch ein Betriebsübergang vor (*BAG* 26.2.1987 EzA § 613a BGB Nr. 62). Bei alsbaldiger Wiedereröffnung des Betriebs oder Betriebsteils soll eine tatsächliche Vermutung gegen eine ernsthafte Stilllegungsabsicht sprechen (st.Rspr., etwa *BAG* 27.9.1984 EzA § 613a BGB Nr. 40; 27.4.1995 EzA § 613a BGB Nr. 126 [zu B I 2]; krit. mit beachtlichen Gründen *Loritz* RdA 1987, 65 [70]; zweifelnd auch *Bauer/Röder* S. 235). Führt der zur Aufgabe entschlossene ursprüngliche Arbeitgeber parallel zu seinen Stilllegungsvorbereitungen Verkaufsverhandlungen, kann er also im Falle wider Erwarten gelungener Veräußerung die Anwendung des § 613a BGB nur dann vermeiden, wenn er den Beweis führt, trotz der Verhandlungen zur Stilllegung fest entschlossen gewesen zu sein (vgl. *Schiefer* NZA 1994, 83 [90]; *Bauer/Röder* S. 235 f.). Kein ausreichender Anhaltspunkt für die Stilllegung ist die Gewerbeabmeldung (*BAG* 3.7.1986 EzA § 613a BGB Nr. 53 [zu III 2 der Gründe]) oder der Antrag auf Eröffnung des Insolvenzverfahrens (*BAG* 3.7.1986 EzA § 613a BGB Nr. 53 [zu III 3 der Gründe]), auch nicht die Beendigung des Miet- und Pachtvertrags, da der Betrieb dann auf den Vermieter oder Verpächter übergehen kann (*BAG* 3.7.1986 EzA § 613a BGB Nr. 53 [zu III 3 der Gründe]; s.a. Rz 82]; für sich alleine nicht ausreichend ferner: der Abschluss und die Durchführung eines Sozialplans oder Kündigungen bei weitgehender Wahrung der Identität der Belegschaft (*Hillebrecht* NZA 1989, Beil. 4, S. 10 [18]; zT anders *Pietzko* S. 78 f.). Allenfalls eingeschränkte Indizwirkung hat die Veräußerung eines Warenzeichens (großzügig *BAG* 18.4.1988 EzA § 613a BGB Nr. 80 mit insoweit krit. Anm. *Löwisch*).

III. Übergang auf einen anderen Betriebsinhaber

Ein Übergang auf einen anderen Betriebsinhaber liegt dann vor, wenn die natürliche oder juristische **66** **Person wechselt**, die den Betrieb im eigenen Namen führt (*BAG* 18.3.1999 EzA § 613a BGB Nr. 178). Die Gewinnabführung an einen andere als die den Betrieb führende Person steht dem Vorliegen eines Übergangs nicht entgegen (*BAG* 20.3.2002 EzA § 613a BGB 2002 Nr. 7; 15.12.2005 EzA § 613a BGB 2002 Nr. 45).

1. Natürliche oder juristische Person, Gesamthand

Für die Inhaberstellung des Veräußerers oder Erwerbers ist es gleichgültig, ob es sich um eine **natür-** **67** **liche oder juristische Person** handelt. Auch eine **Gesamthand** oder eine juristische Person des öffentlichen Rechts kann Betriebsinhaber iSd § 613a BGB sein. Letzteres ergibt sich aus der Anwendung des § 613a BGB auch auf die Betriebe iSd § 130 BetrVG (vgl. hierzu Rz 10). Bei **formwechselnden Umwandlungen** gem. §§ 190 ff. UmwG ist zu beachten, dass hier die Gesellschaft lediglich ihre Rechtsform ändert, ihre rechtliche Identität jedoch nicht einbüßt (näher etwa *Gussen/Dauck* Rz 317 mN). Deshalb liegt kein Betriebsinhaberwechsel vor (*Schaub* FS Wlotzke, S. 103 [105]). Nichts anderes gilt für den Übergang einer **Vorgesellschaft** in die spätere Hauptgesellschaft (MünchKomm-*Schaub* Rz 22).

2. Wechsel des Betriebsinhabers

Der Übergang setzt einen **Wechsel des Betriebsinhabers** infolge der rechtsgeschäftlichen Übertragung **68** voraus. Hierfür ist es erforderlich und ausreichend, dass der Betrieb oder Betriebsteil von einer **anderen natürlichen oder juristischen Person geführt** wird als zuvor. Ein solcher Inhaberwechsel kann sich auch zwischen zwei **demselben Konzern** angehörenden Unternehmen vollziehen, und zwar auch, wenn diese unter einer einheitlichen Leitung stehen (*EuGH* 2.12.1999 EzA § 613a BGB Nr. 186, Tz 30 – *Allen./.Amalgamated Construction*). Auf die Art des Rechtsgeschäfts kommt es insofern nicht an. So können bspw. auch der Übergang auf eine sog. Auffanggesellschaft (*BAG* 20.11.1984 EzA § 613a BGB Nr. 41) oder die werkvertragliche Ausgliederung eines Betriebsteils hierunter fallen (*BAG* 9.2.1994 EzA § 613a BGB Nr. 116).

Führen **mehrere Unternehmen einen gemeinsamen Betrieb** und scheidet ein Arbeitgeber mit den bei **69** ihm beschäftigten Arbeitnehmern aus dem gemeinsamen Betrieb aus, so könnte es sich für die Zwecke des § 613a BGB allenfalls um einen Betriebsteilübergang handeln. Indessen bleibt diejenige Person, welche die fragliche wirtschaftliche Einheit im eigenen Namen und auf eigene Rechnung führt, identisch. Es liegt damit kein Inhaberwechsel vor (*LAG Düssed.* 19.6.1998 BB 1998, 2063 – Ls.).

Bei einem **Gesellschafterwechsel in einer Personengesellschaft** liegt kein Betriebsinhaberwechsel **70** vor, weil die Personengesellschaft ihre Identität als Arbeitgeber behält (*BAG* 3.5.1983 EzA § 1 BetrAVG Nr. 25; *BGH* 8.11.1965 BGHZ 44, 229). Das gilt unabhängig von der Gesellschaftsform selbst dann, wenn ein vollständiger Gesellschafterwechsel stattfindet (vgl. *BAG* 12.7.1990 EzA § 613a BGB Nr. 90 mit Anm. *Rüthers/Franke*; *Gussen/Dauck* Rz 300; aA *Schleifenbaum* BB 1991, 1705, bei der GbR). Auch eine analoge Anwendung der Vorschrift kommt nicht in Frage. Denn wegen der Identität des Arbeitgebers bleiben die Arbeitsverhältnisse rechtlich unberührt, so dass die Ratio der Vorschrift, die gerade durch den Arbeitgeberwechsel begründete rechtliche Lücke im Kündigungsschutzrecht zu schließen, nicht einschlägig ist. Es eignet sich also weder § 613a Abs. 2 BGB als Grundlage einer vorzeitigen Enthaftung ausgeschiedener Gesellschafter (vgl. auch MünchArbR-*Wank* § 124 Rz 156; aA *Ulmer/Wiesner* ZHR 144 [1980], 392 [417 ff.]) noch kommt Abs. 4 als Grundlage eines über § 1 KSchG hinausgehenden Verbots der Kündigung »wegen Gesellschafterwechsels« in Betracht (*BAG* 12.7.1990 EzA § 613a BGB Nr. 90; zust. *Schiefer* RdA 1994, 83 [85]). Allenfalls wenn die Gesellschaft aufgelöst und der Betrieb dann auf den Erwerber übertragen wird, greift § 613a BGB ein. Ein Betriebsinhaberwechsel liegt aber regelmäßig vor, wenn in einem Konzern ein Betrieb auf ein Schwester- oder Tochterunternehmen übertragen wird oder ein Betrieb oder Betriebsteil bei einer Unternehmensaufspaltung einem rechtlich verselbständigten Unternehmen zugeordnet wird (*BAG* 19.1.1988 EzA § 613a BGB Nr. 69 [zu I 2 der Gründe]).

Auch **treuhänderischen Übertragungen** sind nach Kriterium der Leitungsmacht zu beurteilen. Deshalb **71** liegt ein Betriebsübergang iSd § 613a BGB vor, wenn ein Not leidendes Unternehmen auf Veranlassung seiner Gläubiger die Abwicklung seiner laufenden Geschäfte einer Auffanggesellschaft überlässt und diese treuhänderisch und befristet alle wesentlichen Betriebsmittel übernimmt (*BAG* 20.11.1984 EzA § 613a BGB Nr. 41). Die Voraussetzungen des § 613a BGB sind bei Beendigung des Treuhandverhältnisses und Rückübertragung des Betriebs ein weiteres Mal erfüllt, so dass diese Regelung dann ebenfalls anzuwenden ist.

IV. Übergang durch Rechtsgeschäft

1. Art und Inhalt des Rechtsgeschäfts

72 Das Merkmal »durch Rechtsgeschäft« in § 613a BGB dient der Umsetzung der Formulierung »durch vertragliche Übertragung« in Art. 1 Abs. 1 lit. a Richtl. 2001/23/EG. Bei der Auslegung dieser Formulierung hat sich eine Orientierung am Wortlaut der Richtl. wegen starker Unterschiede in den verschiedenen Textfassungen als nur schwer durchführbar erwiesen (vgl. *EuGH* [Schlussanträge Generalanwalt *van Gerven*] 24.3.1992 Slg. 1992, I-3196 [3206]). Durchgesetzt hat sich deshalb ein teleologisches, am »Effet utile« der Richtlinie orientiertes Verständnis. Danach wird jeder Übergang erfasst, der sich innerhalb eines vertraglichen oder sonst rechtsgeschäftlichen Rahmens vollzieht (*EuGH* 7.3.1996 EzA § 613a BGB – Tz 27; krit. *Wank/Börgmann* DB 1997, 1229). Bedeutungslos ist auch das Motiv für den Abschluss des Rechtsgeschäfts. Folgt das Vorliegen eines Betriebsübergangs aus der Übernahme eines für die Identität des Betriebs maßgebenden Teils der Belegschaft, so steht es dem Vorliegen einer rechtsgeschäftlichen Übernahme nicht entgegen, wenn der Arbeitgeber zu dieser Personalübernahme tarifvertraglich oder sonst verpflichtet ist (zur tarifvertraglichen Pflicht *EuGH* 24.1.2002 EGV Richtlinie 77/187/EWG Nr. 1 – *Temco Service Industries*). All dies entspricht auch dem in Deutschland seit jeher überwiegend anerkannten **Zweck** der Beschränkung des § 613a BGB auf rechtsgeschäftliche Betriebsübergänge. Dieser geht dahin, die Fälle der **Universalsukzession kraft Gesetzes oder Hoheitsakts**, etwa die Erbfolge, von der Anwendung der Vorschrift **auszuschließen.** Dementsprechend kommt bei der Universalsukzession kraft Gesetzes auch eine analoge Anwendung nicht in Betracht (vgl. *BAG* 13.7.1994 EzA § 4 TVG Nachwirkung Nr. 17). Denn in diesen Fällen gehen die Arbeitnehmer bereits kraft Gesetzes auf den Nachfolger über. Allerdings wendet die deutsche Rechtsprechung beim Übergang kraft Gesetzes das Kündigungsverbot des § 613a Abs. 4 BGB entsprechend an. Im Übrigen kann es in den Fällen der Gesamtrechtsnachfolge kraft Gesetzes oder Hoheitsakts dann zu einer Anwendung des § 613a BGB kommen, wenn diese ausdrücklich angeordnet ist (MünchKomm-*Schaub* § 613a Rz 40).

73 Umstritten ist, ob die etwa in den Fällen der Verschmelzung, Auf- oder Abspaltung vorliegende und prinzipiell mögliche **Universalsukzession kraft Rechtsgeschäfts** ebenfalls von § 613a BGB erfasst wird (so *K. Schmidt* AcP 191 [1991], 495 (515 ff.); *Boecken* ZIP 1994, 1087 [1090]). Dagegen spricht zwar der Wortlaut des Gesetzes, der an die rechtsgeschäftliche Übertragung des Betriebs, nicht aber an den gesellschaftsrechtlichen Übergang von Teilen am Trägerunternehmen anknüpft. Außerdem kommt es auf die wesentliche Rechtsfolgenanordnung des § 613a BGB, nämlich auf den in Abs. 1 S. 1 angeordneten Übergang der Arbeitsverhältnisse, nicht an, soweit der Übergang der Arbeitsverhältnisse kraft Gesetzes eintritt, wie dies bei der rechtsgeschäftlichen Universalsukzession kraft deren Rechtsnatur der Fall ist. Allerdings gilt die Richtl. 2001/23/EG jedenfalls für den Fall der Verschmelzung (Art. 1 Abs. 1 Alt. 1) und die Spaltung von Aktiengesellschaften in Aktiengesellschaften. Zudem hat die neue, durch das EG-Recht beeinflusste Konzeption des § 613a BGB zu dem Grundsatz geführt, dass der Übergang durch Rechtsgeschäft alle Fälle einer Fortführung derselben wirtschaftlichen Einheit im Rahmen vertraglicher oder sonst rechtsgeschäftlicher Beziehungen erfasst (*BAG* 2.12.1999 EzA § 613a BGB Nr. 189). Vor diesem Hintergrund wird heute man von einer grundsätzlichen Anwendbarkeit des § 613a BGB auf die Universalsukzession durch Rechtsgeschäft ausgehen müssen (ErfK-*Preis* Rz 58; **aA** *Staudinger/Richardi/Annuß* Rz 83). Praktisch beschränkt sich wegen der ohnehin unzweifelhaften Übergangswirkung der Universalsukzession das Problem auf die Frage des Widerspruchsrechts, die Frage der Weitergeltung kollektivrechtlicher Pflichten und der Geltung des Kündigungsverbots nach Abs. 4 in diesen Fällen. Europarechtsgemäße Ergebnisse müssten, wenn man § 613a BGB für unanwendbar hielte, durch richtlinienkonforme Auslegung erreicht werden (*Düwell* NZA 1996, 393 [397]): Sei es aufgrund einer analogen Teilanwendung des § 613a BGB (*Hanau* FS Gaul, S. 289 [292]), wie sie die Rechtsprechung für die schuldrechtliche Fortgeltung tarifvertraglicher Rechte der Arbeitnehmer im Falle einer Verschmelzung bejaht hat (*BAG* 5.10.1993 EzA § 1 BetrAVG Zusatzversorgung Nr. 6 [zu II 2 der Gründe]); sei es aufgrund einer richtlinienkonformen Auslegung des Kündigungsverbots aus § 242 BGB oder der Gesamtrechtsnachfolge-Vorschriften (offen lassend *v. Alvensleben* S. 316; vgl. ferner *Hanau* FS Gaul, S. 289 [302]; zum Ganzen auch *Quander* passim).

74 Allerdings kennt das deutsche Recht inzwischen in **§ 324 UmwG** für wesentliche Fallgruppen der Universalsukzession eine ausdrücklich, wenn auch unglücklich normierte besondere Regel für die Uni-

versalsukzession kraft Rechtsgeschäfts. Zwar vollzieht sich nach der Konzeption dieses Gesetzes der Übergang der vermögensrechtlichen Positionen der beteiligten Gesellschaften (Betriebsinhaber) kraft Gesetzes mit Handelsregistereintragung (§ 20 Nr. 1 UmwG für die Verschmelzung, § 131 UmwG für die Spaltung sowie Verweisungen hierauf in den §§ 176 ff. UmwG für die Vermögensübertragung; zur formwechselnden Umwandlung Rz 67). Dies ist für die Anwendbarkeit des § 613a BGB aber regelmäßig deswegen ohne Bedeutung, weil mit dem fraglichen Umwandlungsakt die erforderliche rechtsgeschäftliche Grundlage vorliegt und der gesetzliche Übergang des Vermögens, für sich alleine betrachtet, nach dem Konzept der wirtschaftlichen Einheit für den Betriebsübergang als solchen regelmäßig keine konstitutive Bedeutung hat (*BAG* 25.5.2000 EzA § 613a BGB Nr. 190). Dem entspricht es, dass § 613a Abs. 1 u. 4 BGB durch die Wirkungen der Eintragung nach § 324 UmwG »unberührt« bleiben. Hinter dieser Formulierung verbirgt sich die ausdrückliche gesetzliche Anordnung, dass der Übergang von Arbeitsverhältnissen sich in diesen Fällen nicht als gesetzliche Folge der Universalsukzession, sondern aus § 613a Abs. 1 S. 1 BGB ergeben soll. Für den Übergang der Arbeitsverhältnisse ist in diesen Fällen daher § 613a Abs. 1 S. 1 BGB maßgeblich. Geht man von dieser trotz unklarer Gesetzesformulierung allein mit dem Gesetz zu vereinbarenden Auffassung aus, so muss sie richtigerweise für alle in § 324 UmwG genannten Umwandlungsformen gelten. Obwohl man also – wenn § 324 UmwG nicht gelten würde – insbes. bei der Verschmelzung und Vermögensvollübertragung auch ohne § 613a BGB einen Übergang der Arbeitsverhältnisse annehmen müsste, vollzieht sich auch in diesen Fällen der Übergang der Arbeitsverhältnisse nicht umwandlungsrechtlich, sondern nach § 613a Abs. 1 S. 1 BGB (*Gussen/Dauck* Rz 310; *Wlotzke* DB 1995, 40 [41]; aA *Bachner* NJW 1995, 2881 [2882]; *Willemsen* RdA 1993, 133). Soweit nicht eine Umsetzung eines Arbeitnehmers vor der Umwandlung konsensual erfolgt oder einseitig im Rahmen des Direktionsrechts angeordnet werden kann oder sich eine Zuordnung zu einem bestimmten Betriebsteil nicht vornehmen lässt (s.u. Rz 105), ist somit für abweichende Festlegungen, zB im Spaltungsplan (§ 126 Abs. 1 UmwG), kein Raum (vgl. BT-Drs. 12/6699, S. 118; *Boecken* ZIP 1994, 1087 [1089 f.]; KassArbR-*Hattesen* 6.7 Rz 107; *Joost* ZIP 1995, 976 [980]; *Schaub* FS Wlotzke, S. 103 [105, 111]; *Willemsen* RdA 1996, 791 [799]; *Wlotzke* DB 1995, 40; *Wollenschläger/Pollert* ZfA 1996, 547 [557]; *Worzalla* DtZ 1992, 306 [308]; offen lassend *Bauer/Lingemann* NZA 1994, 1057 [1061]; *Duwell* NZA 1996, 393 [396, 398]; vgl. ferner *Däubler* RdA 1995, 136 [139, 1421]; *Hanau* ZGR 1990, 548 [551]; *Heinze* ZfA 1997, 1 [15]; *Henssler* NZA 1994, 294 [295 f.]; zu Folgefragen s. aber Rz 129). Die Geltung des § 613a BGB ist insbes. für die Anwendbarkeit des § 613a Abs. 1 S. 2–4 BGB von Bedeutung. Sie führt aber auch zum Bestehen eines Widerspruchsrechts des Arbeitnehmers gegen den Übergang des Arbeitsverhältnisses (*BAG* 25.5.2000 EzA § 613a BGB Nr. 190). Freilich entbindet § 324 UmwG nicht von den Anwendungsvoraussetzungen des § 613a BGB, so dass die Vorschrift auch bei einer Umwandlung nur anwendbar ist, wenn tatsächlich ein Betrieb übergeht (*BAG* 25.5.2000 EzA § 613a BGB Nr. 190; *Joost* ZIP 1995, 976 [980]; vgl. auch *Gussen/Dauck* Rz 313). Soweit es zu einem Umwandlungsvorgang kommt, ohne dass die tatbestandlichen Voraussetzungen des § 613a BGB erfüllt sind, kann sich nach wie vor ein Übergang von Arbeitsverhältnissen kraft Universalsukzession ergeben (vgl. *Boecken* ZIP 1994, 1087 [1091]; *Däubler* RdA 1995, 136 [143]).

Der »Betrieb« als solcher ist kein Gegenstand des Rechtsverkehrs. Das Rechtsgeschäft muss sich auf **75** den Übergang der tatsächlichen Nutzungs- und Verfügungsgewalt** über die für die wirtschaftliche Einheit konstitutiven Merkmale beziehen. Gleichgültig ist die **Art des Rechtsgeschäfts** oder die Rechtsnatur des Vertragsverhältnisses, das die Nutzung verschafft (*BAG* 15.5.1985 EzA § 613a BGB Nr. 43 [zu II 2b der Gründe]). Es kann sich um einen Kaufvertrag, einen Pachtvertrag oder einen Mietvertrag handeln. Auch Nießbrauch, Schenkung oder Vermächtnis kommen in Betracht (*BAG* 15.5.1985 EzA § 613a BGB Nr. 43) ebenso ein Gesellschaftsvertrag (s.u. Rz 81) oder ein Vermögensanfall aufgrund der Satzungsbestimmung eines Vereins (*LAG Köln* 11.5.1995 LAGE § 613a BGB Nr. 42). § 613a BGB setzt auch nicht voraus, dass der Betriebsinhaberwechsel zur Übertragung des Eigentums führt (s.o. Rz 57). Auf die Übernahme der bestehenden Arbeitsverhältnisse muss sich das Rechtsgeschäft nicht beziehen (*BAG* 30.10.1986 EzA § 613a BGB Nr. 54 [zu II 1a aa der Gründe]; *BGH* 26.3.1987 ZIP 1987, 800), da insoweit ein Übergang kraft Gesetzes eintritt (s.u. Rz 108). Soweit man auf die Übernahme von Arbeitnehmern abstellt, müssen diese willentlich übernommen worden sein (*BAG* 13.11.1997 EzA § 613a BGB Nr. 154). Die rechtsgeschäftlichen Beziehungen müssen nicht unmittelbar zwischen dem früheren und dem neuen Betriebsinhaber bestehen, sei es, dass ein Betrieb vom alten Pächter nicht direkt an den neuen Pächter übergeben wird, sondern der Verpächter den Pachtvertrag mit dem Erwerber abschließt oder dass der bisherige Inhaber mit anderen einen Gesellschaftsvertrag abschließt und dabei die Betriebsmittel einbringt, die von der neu entstandenen Gesellschaft genutzt werden. Entscheidend ist, dass der neue Inhaber die Befugnis zur Betriebsfortführung aus einem Rechtsgeschäft herleiten kann

(*BAG* 22.5.1985 EzA § 613a BGB Nr. 46 [zu B II 2 der Gründe]; 3.7.1986 EzA § 613a BGB Nr. 53 [zu IV 1 der Gründe]). Ausreichend ist auch eine Mehrzahl von Rechtsgeschäften mit verschiedenen Dritten über einzelne Betriebsmittel, wenn diese insgesamt auf den Übergang eines funktionsfähigen Betriebs oder Betriebsteils gerichtet sind (zum Ganzen s.u. Rz 85 ff.).

76 **Unmaßgeblich** ist, ob ein Betriebsübergang mit dem Rechtsgeschäft überhaupt **bezweckt** wurde (aA *Joost* FS Wlotzke S. 683 [693]). Dies ist insbes. von Bedeutung, wenn die Errichtung oder Innehabung des Betriebs zunächst auf Nießbrauchsüberlassung, Vermietung oder Verpachtung beruhte und der Betrieb durch deren Ende wieder an den ursprünglichen Inhaber zurückfällt. Auch in diesem **Rückfall** liegt, sofern nicht zuvor eine Stilllegung erfolgt ist (s.o. Rz 61), ein Betriebsübergang durch Rechtsgeschäft, wie schon aus Art. 3 Abs. 1 Richtl. 77/187/EWG folgt (*EuGH* 5.5.1988 EzA § 613a BGB Nr. 89; *BAG* 27.4.1995 EzA § 613a BGB Nr. 126 [zu B II 3 b]). Dies gilt unabhängig von dem den Rückfall auslösenden Rechtsgeschäft, sei es eine Kündigung, Anfechtung oder die im ursprünglichen Vertrag vorgesehene Befristung oder auflösende Bedingung. Voraussetzung ist allerdings entgegen einer früheren Konzeption, dass der Verpächter den Betrieb auch tatsächlich führt (*BAG* 18.3.1998 EzA § 613a BGB Nr. 177).

77 An einer Übertragung durch Rechtsgeschäft kann es bei **Betrieben der öffentlichen Hand** fehlen. Allerdings ist § 613a BGB auch auf einen Übergang einer öffentlich-rechtlichen Betriebs- oder einer sonstigen Dienststelle anwendbar, soweit sie die Voraussetzungen der Vorschrift erfüllt (*BAG* 26.6.1997 EzA § 613a BGB Nr. 151; 25.5.2000 EzA § 613a BGB Nr. 190). Hieran fehlt es aber, wenn lediglich ein gesetzlich begründeter Zuständigkeitswechsel zwischen verschiedenen Hoheitsträgern stattfindet (*BAG* 16.3.1994 EzA § 613a BGB Nr. 117; 26.6.1997 EzA § 613a BGB Nr. 151; ebenso 13.11.2002 EzA § 613a BGB 2002 Nr. 4 bei Übergang durch sonstigen Hoheitsakt, etwa durch staatskirchenrechtlichen Vertrag). Fehlt es deshalb an einem Rechtsgeschäft, verneint die Rechtsprechung auch ein Widerspruchsrecht des Arbeitnehmers. Das dürfte im Hinblick auf Art. 1 Abs. 1 lit. c Richtl. 2001/23/EG auch mit EG-Recht vereinbar sein. Die bloße Übertragung hoheitlicher Aufgaben oder die Umstrukturierung von Verwaltungsbehörden stellt nach Art. 1 Abs. 1 lit. c Richtl. 2001/23/EG keinen Betriebsübergang dar (*EuGH* 15.10.1996 Slg. 1996, I-4989 – *Henke*; 14.9.2000 EzA § 613a BGB Nr. 191, Tz 31 – *Collino* und *Chiappero*; *BAG* 2.3.2006 NZA 2006, 848), zumal der bloße **Zuständigkeitswechsel** lediglich eine Funktionsnachfolge begründet (*BAG* 26.6.1997 EzA § 613a BGB Nr. 151). Wird demgegenüber eine öffentlich-rechtliche Körperschaft insgesamt, etwa im Rahmen einer Gebietsreform, aufgelöst und geht in einer oder mehreren anderen auf, so liegt ein Fall einer Gesamtrechtsnachfolge oder partiellen Gesamtrechtsnachfolge vor, bei dem für § 613a BGB weder Raum noch Bedarf ist. Eine entsprechende Anwendung des § 613a BGB kommt in Betracht, wenn lediglich eine einzelne öffentlich-rechtliche Einrichtung, welche die Voraussetzungen des Betriebs oder Betriebsteils erfüllt, etwa eine Abfallentsorgungseinrichtung, auf einen anderen Hoheitsträger übergeht. Allerdings muss man unterscheiden. In den Anwendungsbereich des § 613a BGB fallen von vornherein nur Arbeitnehmer, nicht jedoch Beamte. Ferner kommt es darauf an, worauf der Übergang beruht. Beruht er auf Gesetz oder Verwaltungsakt, so liegt kein Übergang aufgrund eines Rechtsgeschäfts vor (*BAG* 8.5.2001 EzA § 613a BGB Nr. 195; *LAG Köln* 14.3.1996 LAGE § 613a BGB Nr. 48). Auch eine analoge Anwendung kommt nicht in Betracht (*BAG* 6.9.1978 EzA § 613a BGB Nr. 20; vgl. ferner *BAG* 16.3.1994 EzA § 613a BGB Nr. 117). Denn es fehlt regelmäßig an einer planwidrigen Lücke, da die Erforderlichkeit, den Übergang der Arbeitsverhältnisse in dem der öffentlich-rechtlichen Übertragung zugrunde liegenden Gesetz gesondert zu regeln, den Gesetzgebungsorganen nach dem heutigen Stand der Gesetzgebungstechnik bekannt ist. Im Zweifel ist daher zunächst zu versuchen, dem entsprechenden Hoheitsakt durch Auslegung zu entnehmen, welche Rechtsfolgen für die Beschäftigten eintreten (MünchKomm-*Schaub* Rz 36). Beruht der Übergang auf öffentlich-rechtlichem Vertrag, so ist § 613a BGB gem. § 62 Abs. 2 VwVfG entsprechend anzuwenden. Dies gilt auch dann, wenn kraft Gesetzes für eine Aufgabe ein anderer öffentlich-rechtlicher Träger zuständig wird und der alte Träger die Übertragung der Einrichtung durch Verwaltungsvereinbarung mit dem neuen Träger regelt (*BAG* 7.9.1995 EzA § 613a BGB Nr. 136). Entsprechendes gilt erst recht, wenn ein Übergang kraft frei vereinbarten öffentlich-rechtlichen Vertrags vorliegt (*LAG SA* 16.5.1995 LAGE § 613a BGB Nr. 40; *ArbG Neuruppin* 13.10.1992 AuA 1993, 183). Schließlich ist noch der Vollzug in zwei Stufen denkbar, bei dem das Stattfinden des Übergangs zwar zunächst gesetzlich angeordnet, aber dann mit privatrechtlichen Mitteln vollzogen wird. Dies reicht für eine Anwendung des § 613a BGB aus (*BAG* 25.1.2001 EzA § 613a BGB Nr. 194). Im öffentlich-rechtlichen Schrifttum wird die Anwendung des § 613a BGB auf Übergänge im öffentlichen Sektor zum Teil abgelehnt und statt dessen eine analoge Anwendung der §§ 128 ff. BRRG vorgeschlagen (*Schink* S. 249 ff. mwN). Dabei ist allerdings zu bedenken, dass ein Übergang von Beamtenrechts-

verhältnissen kraft Gesetzes lediglich für den Fall der vollständigen Eingliederung einer Körperschaft in eine andere in § 128 Abs. 1 BRRG vorgesehen ist, wohingegen § 128 Abs. 2 u. 3 BRRG für die Fälle der Eingliederung in mehrere Körperschaften oder der teilweisen Eingliederung lediglich eine Übernahmepflicht anordnet, die des Vollzugs durch entsprechende Vereinbarungen bzw. Verwaltungsakte bedarf (vgl. *BAG* 20.3.1997 NZA 1997, 1225 zu B III; 22.2.1996 EzA Art. 13 EinigungsV Nr. 17). Im Hinblick auf die Erforderlichkeit solcher Verwaltungsvereinbarungen ist allerdings dann ggf. ein rechtsgeschäftlicher Übergang und damit die Anwendbarkeit des § 613a BGB zu bejahen. Dem steht nicht entgegen, dass die Übertragung durch die einseitige Entscheidung staatlicher Stellen veranlasst wurde (vgl. *EuGH* 14.9.2000 EzA § 613a BGB Nr. 191).

Geht es um die **Privatisierung öffentlicher Einrichtungen oder Betriebe,** gelten allgemeine Grundsätze. Soweit die Voraussetzungen der Vorschrift vorliegen, ist § 613a BGB anwendbar, auch wenn die öffentliche Hand der alleinige Gesellschafter des neuen privatrechtlichen Rechtsträgers ist (*BAG* 25.5.2000 EzA § 613a BGB Nr. 190). Insbesondere bleibt § 613a BGB bei einer durch privatrechtlichen Vertrag erfolgenden Übertragung unmittelbar und bei einer durch öffentlich-rechtlichen Vertrag erfolgenden Übertragung gem. § 62 S. 2 VwVfG entsprechend anwendbar (*Kothe* DB 1997, 1738 [1741]). Die Voraussetzungen des Betriebsübergangs können insbes. auch dann vorliegen, wenn die Privatisierung durch Ausgliederung eines öffentlich-rechtlichen Betriebs aus dem Vermögen einer Körperschaft zur Aufnahme oder Neugründung einer Kapitalgesellschaft gem. § 168 UmwG erfolgt (*BAG* 25.5.2000 EzA § 613a BGB Nr. 190; vgl. auch *EuGH* 26.5.2005 Slg. 2006, I-4305 – *Sozialhilfeverband Rohrbach*). Eine bloße Aufgabenübertragung an Private führt aber lediglich zu einer nicht unter § 613a BGB fallenden Funktionsnachfolge (*Wollenschläger/v. Harbou* NZA 2005, 1081 [1085]; **aA** *Kothe* DB 1997, 1738 [1742]; ferner zum Ganzen *Schipp* NZA 1994, 865). Des weiteren ist § 613a BGB nicht anwendbar, wenn die Privatisierung auf Grunde eines Gesetz nur vollziehenden öffentlich-rechtlichen Vertrag beruht; hier kann ggf. (wie in den Fällen des Vermögensgesetzes, KR, 5. Aufl. Rz 134) eine partielle Gesamtrechtsnachfolge vorliegen; ebensolches gilt bei einer formwechselnden Umwandlung eines öffentlich-rechtlich betriebenen Unternehmens in eine privatrechtliche Rechtsform, auf die § 613a BGB – wegen fehlenden Wechsels der Identität des Inhabers – ebenfalls nicht anwendbar ist (*BAG* 25.5.2000 EzA § 613a BGB Nr. 190; *Trümner* PersR 1993, 473 [475]). Die gleichen Grundsätze gelten umgekehrt, wenn eine bislang durch einen privaten Rechtsträger wahrgenommene staatliche (nicht notwendig: hoheitliche) Aufgabe, etwa die Fremdenverkehrs- und Wirtschaftsförderung, nunmehr durch eine staatliche Stelle wahrgenommen werden soll; grds. kann ein Betriebsübergang vorliegen, wenn dessen Voraussetzungen gegeben sind und es sich nicht nur um eine Funktionsnachfolge handelt (*EuGH* 26.9.2000 EzA § 613a BGB Nr. 192 – *Mayeur./.APIM*). Die besonderen Mitwirkungs- und Mitbestimmungsregeln des Personalvertretungsrechts sind zu beachten (*Wollenschläger/v. Harbou* NZA 2005, 1081).

Betrieben der öffentlichen Hand vergleichbar sind Betriebe, deren Tätigkeit auf der Verleihung einer **höchstpersönlichen Amtsbefugnis** beruht, wie dies beim **Notar** der Fall ist. Ihre Tätigkeit beruht auf Verleihung des Notarsamtes durch die Landesjustizverwaltung, so dass ein Notar das wesentliche Betriebssubstrat nicht aufgrund eines Rechtsgeschäfts mit dem Amtsvorgänger erwirbt (*BAG* 26.8.1999 EzA § 613a BGB Nr. 187).

2. Nichtige Rechtsgeschäfte

Im Urteil v. 6.2.1985 (EzA § 613a BGB Nr. 44) hat das BAG § 613a Abs. 1 BGB auch auf den Fall angewandt, dass die Übertragung des Betriebs aufgrund eines **nichtigen Rechtsgeschäfts** erfolgt. Dem ist aufgrund des Schutzzwecks des § 613a BGB, der in erster Linie an die tatsächliche Betriebsfortführung anknüpft und einen lückenlosen Schutz bei einem Betriebsinhaberwechsel sicherstellen will (s.o. Rz 3), grds. zuzustimmen (s. auch *Seiter* Betriebsübergang, S. 47; *Soergel/Raab* Rz 69). Ein rechtsgeschäftlicher Übergang iSv § 613a BGB liegt deshalb zB vor, wenn der Übertragungsvertrag wegen Formmangels nach § 125 BGB nichtig ist. Entscheidend sind der willentliche Übergang und die tatsächliche Ausübung der Inhaberschaft. Stets bedarf es jedoch einer Abwägung des Schutzzwecks des § 613a BGB mit dem Schutzzweck der Nichtigkeitsvorschrift. Deshalb gilt § 613a BGB entgegen dem *BAG* (6.2.1985 EzA § 613a BGB Nr. 44) nicht ohne weiteres bei der Betriebsübernahme durch nicht oder nicht voll geschäftsfähige Personen, da dem Schutzzweck des § 613a BGB der durch §§ 104 ff. BGB gewährleistete **Schutz der nicht voll Geschäftsfähigen** entgegensteht und dieser Schutz grds. Vorrang genießt (*Loritz* RdA 1987, 65 [74]; *MünchArbR-Wank* § 124 Rz 95; s. auch *Schröder* NZA 1986, 286). Soweit der **Erwerber nicht voll geschäftsfähig** ist oder ein **Einwilligungsvorbehalt nach § 1903 Abs. 1 BGB** angeordnet ist, dürfen ihm die Folgen des Betriebsübergangs nach § 613a BGB nicht generell aufgebürdet werden.

Der nicht voll geschäftsfähige Betriebserwerber haftet deshalb für Altverbindlichkeiten des bisherigen Inhabers grds. nicht. Für die ihm nach Betriebsübergang geleistete Arbeit haftet er nach den Grundsätzen des faktischen Arbeitsvertrags (s. *Soergel/Hefermehl* vor § 104 Rz 14; für den konkreten Fall deshalb richtig *BAG* 6.2.1985 EzA § 613a BGB Nr. 44). Eine Haftung des bisherigen Inhabers besteht insoweit nicht (s. *BAG* 6.2.1985 EzA § 613a BGB Nr. 44 [zu I 5 der Gründe]). Der Schutz Geschäftsunfähiger wirkt sich auch bei der Durchführung der **Rückabwicklung** aus, die der Geschäftsunfähige vom Erwerber verlangen kann (*BAG* 6.2.1985 EzA § 613a BGB Nr. 44): Da der ursprüngliche Veräußerer – mangels Anwendbarkeit des § 613a BGB – seine Arbeitgeberstellung nicht verloren hat, besteht mit diesem ein wirksames Arbeitsverhältnis. Dasselbe Ergebnis ergibt sich aber auch, wenn man mit dem BAG § 613a BGB auch auf den nichtigen Betriebserwerb anwendet. Denn die Rückabwicklung führt jedenfalls zu einem Betriebsrückübergang auf den ursprünglichen Veräußerer, auf den man dann seinerseits § 613a BGB anwenden muss. Ein Widerspruchsrecht der Arbeitnehmer (s.u. Rz 109) gegen den Rückübergang muss aus Gründen des Schutzes Geschäftsunfähiger ausscheiden. Ist dagegen der **Veräußerer geschäftsunfähig**, während der Erwerber voll geschäftsfähig ist, so entfällt ein Bedürfnis für den Schutz des Geschäftsunfähigen und § 613a BGB kann trotz des nichtigen Rechtsgeschäfts zur Anwendung kommen (*Soergel/Raab* Rz 70). In verfahrensrechtlicher Hinsicht ist anzumerken, dass etwaige Einschränkungen des § 613a BGB zugunsten des Minderjährigenschutzes einer Vorlage an den EuGH zur Prüfung der (richtigerweise zu bejahenden) Vereinbarkeit mit der Richtl. 2001/23/EG bedürfen.

3. Einzelne Rechtsgeschäfte
a) Veräußerung des Betriebs

81 Ein **Hauptanwendungsfall** des rechtsgeschäftlichen Inhaberwechsels ist die Veräußerung des Betriebs, die auf Kauf- oder Schenkungsvertrag gegründet sein kann (Übernahme durch sog. »asset deal«). Betriebsübergang kann auch der Kauf eines fremdgenutzten Mietshauses sein (*BAG* 16.10.1987, EzA § 613a BGB Nr. 66). Auch der auf ein Vermächtnis zurückgehende Betriebsübergang unterfällt § 613a BGB. Dies begründet sich allerdings nicht daraus, dass der Begriff des Rechtsgeschäfts auch Verfügungen von Todes wegen umfasst, sondern aus der Tatsache, dass der nur schuldrechtliche Vermächtnisanspruch durch die Übertragung des Erben erfüllt wird und der Begünstigte erst durch dieses Rechtsgeschäft unter Lebenden das Tatbestandsmerkmal des § 613a BGB erfüllt. Auch ein Gesellschaftsvertrag kann Grundlage für einen Betriebsübergang sein (s. Rz 70, 87). Zielt die Veräußerung des Betriebs aber nicht auf den Übergang einer wirtschaftlichen Einheit, also etwa beim »Sale-and-Lease-Back« (*Gaul* RdA 2000, 244 [246]), liegt kein Inhaberwechsel vor.

b) Betriebsverpachtung, -vermietung

82 Auch die Betriebsverpachtung mit dem Nutzungsübergang vom Verpächter auf den Pächter **stellt einen rechtsgeschäftlichen Betriebsübergang dar** (*BAG* 15.11.1978 EzA § 613a BGB Nr. 21; 26.2.1987 EzA § 613a BGB Nr. 57), wenngleich der Verpächter Eigentümer der dem Betrieb zugehörigen Gegenstände bleibt. Ausschlaggebend ist allein, dass der Pächter die Nutzungsbefugnis erlangt und den Betrieb in eigenem Namen und für eigene Rechnung betreiben kann (*Seiter* Betriebsinhaberwechsel, S. 44; *Schwerdtner* SAE 1978, 65; *Liessem* S. 41 ff.). Gleiches gilt für die Vermietung (*BAG* 30.10.1986 EzA § 613a BGB Nr. 58; 26.2.1987 EzA § 613a BGB Nr. 62; *BGH* 26.3.1987 NJW 1987, 2874). § 613a BGB setzt nicht voraus, dass der Betriebsinhaberwechsel zur Übertragung des Eigentums führt (s.a. Rz 57). Ein rechtsgeschäftlicher Betriebsübergang liegt auch vor, wenn im Anschluss an den vom früheren Pächter beendeten Pachtvertrag der Betrieb an den Verpächter zurückfällt (*BAG* 27.4.1995 EzA § 613a BGB Nr. 126 [zu B I 2]) oder ein neuer Pächter durch Pachtvertrag mit dem Verpächter den Betrieb weiterführt (*BAG* 25.2.1981 EzA § 613a BGB Nr. 28; 26.2.1987 EzA § 613a BGB Nr. 57; *Heinze* DB 1980, 205 [208]; *Seiter* Betriebsübergang, S. 45; *Kraft* FS 25 Jahre BAG, S. 306 ff.; *MünchKomm-Schaub* Rz 48; *Soergel/Raab* Rz 56; aA aber *Hadding/Häuser* SAE 1978, 54 [56]). Gleiches gilt im Falle einer Unterpacht: Für das Vorliegen eines Übergangs durch Rechtsgeschäft bedeutungslos ist es, ob der Übergang bereits im befristeten oder auflösend bedingten Pachtvertrag vorgegeben ist oder ob der Pachtvertrag durch rechtsgeschäftliche Kündigungserklärung oder durch einen Aufhebungsvertrag endet (*BAG* 26.2.1987 EzA § 613a BGB Nr. 57). Unmaßgeblich ist, wenn der Pachtvertrag vom Insolvenzverwalter beendet wurde (*BAG* 26.2.1987 EzA § 613a BGB Nr. 57). Bei Stilllegung durch den Pächter scheidet jedoch ein Übergang aus (s.o. Rz 66 ff.).

c) Fremdvergabe und Beendigung

Dass eine Fremdvergabe einer bisher hausintern wahrgenommenen Aufgabe, namentlich einer 83 Dienstleistung (Kantinenbetrieb, Reinigung, Bewachung, Kundendienst) als Übergang durch Rechtsgeschäft anzusehen ist, lässt sich unmittelbar der Anwendung dieses Merkmals entnehmen. Jedoch führt auch der **Rückfall** dieser Aufgabe an das auftraggebende Unternehmen aufgrund einer Vertragsbeendigung dazu, dass der Betrieb, soweit die sonstigen Voraussetzungen vorliegen, aufgrund eines Rechtsgeschäfts auf den früheren Auftraggeber übergeht (*EuGH* 10.12.1998 § 613a BGB, Tz 25 – *Vidal*).

d) Sonstiges

Ein Betriebsinhaberwechsel durch Rechtsgeschäft ist auch bei **Nießbrauchsbestellung** an den einzel- 84 nen betrieblichen Gegenständen gegeben (*BAG* 15.11.1978 EzA § 613a BGB Nr. 21). § 613a BGB greift ein zweites Mal ein, wenn der Nießbrauch endet und der Betrieb an den Eigentümer zurückfällt. Auch der Rückfall der Betriebszwecke (einschl. Sachmittel) eines Handelsvertreters an den Prinzipal kann ein solches Rechtsgeschäft sein (*BAG* 21.1.1988 EzA § 613a BGB Nr. 73).

V. Fehlen unmittelbarer rechtsgeschäftlicher Beziehungen

Nach dem Zweck des § 613a BGB bzw. der Richtl. 2001/23/EG kommt es nicht auf das Vorliegen un- 85 mittelbarer rechtsgeschäftlicher Beziehungen an. Maßgeblich ist allein, ob der Übergang im Rahmen vertragsrechtlicher Rechtsbeziehungen erfolgt (*EuGH* 10.12.1998 EzA § 613a BGB Nr. 172, Tz. 23 – *Hidalgo* und *Ziemann*; 10.12.1998 EzA § 613a BGB Nr. 173, Tz 24 – *Vidal*; 7.3.1996 EzA § 613a BGB Nr. 138, Tz 27 – *Merckx*; krit. *Wank/Börgmann* DB 1997, 1229). Verpachtet der Eigentümer den Betrieb nach Ablauf des ersten Pachtvertrages an einen neuen Pächter, so dass die Betriebsinhaberschaft von dem bisherigen Pächter auf den neuen Pächter übergeht (»**Pächterwechsel**«), dann besteht kein unmittelbares Rechtsgeschäft zwischen altem und neuem Betriebsinhaber. Eine gleichgelagerte Situation kann auch bei Bestellung eines neuen Nießbrauchs oder Begründung eines neuen Treuhandverhältnisses eintreten. Berücksichtigt man jedoch, dass bei einem »indirekten« Betriebsübergang, dh der Rückgabe an den Verpächter und anschließenden Weitergabe an den neuen Pächter, ein Betriebsübergang ebenfalls vorliegen würde, dann wird deutlich, dass dieser Umweg über den Verpächter nicht ausschlaggebend sein kann, sondern dass allein die Übernahme eines Betriebs mit dem Willen, sich die intakte Betriebsstruktur nutzbar zu machen, und die Möglichkeit einer Weiterführung der arbeitstechnischen Zwecksetzung ausreichen. Andererseits ist es für das Schutzbedürfnis der Arbeitnehmer nicht erforderlich und wegen der fehlenden Eingriffsmöglichkeit in Bezug auf die Zwecksetzung auch nicht geboten, den Eigentümer in die Haftung einzubeziehen. Dementsprechend ist es folgerichtig, auf das rechtsgeschäftliche Unmittelbarkeitserfordernis zu verzichten, und § 613a BGB auch den Übergang vom alten auf den neuen Pächter anzuwenden (im Ergebnis ebenso *BAG* 25.2.1981 EzA § 613a BGB Nr. 28; 3.7.1986 EzA § 613a BGB Nr. 53 [zu IV 1 der Gründe] mwN; 13.11.1986 EzA § 613a BGB Nr. 55; ebenso *BGH* 4.7.1985 EzA § 613a BGB Nr. 47 [zu I 3 der Gründe]; krit. *Meilicke* DB 1982, 1169). Ein »Durchgangserwerb« des Verpächters scheidet dementsprechend aus (MünchKomm-*Schaub* Rz 47). Abzugrenzen ist der Fall des Pächterwechsels von den Fällen, in denen die Betriebsmittel aus mehreren verschiedenen Händen zusammenerworben werden (s.u. Rz 88).

Dem Pächterwechsel strukturell vergleichbar ist, soweit es um das Merkmal »durch Rechtsgeschäft« 86 geht, die Problematik der **Neuvergabe von Dienstleistungsaufträgen**, etwa Reinigungs- oder Bewachungsverträge geht. Soweit der neue Auftragnehmer die Identität der wirtschaftlichen Einheit wahrt, erscheint es folgerichtig, aufgrund der Beendigung des ursprünglichen Auftrags und der rechtsgeschäftlich (vertraglich) erfolgenden Neuvergabe einen Übergang durch Rechtsgeschäft anzunehmen (*EuGH* 10.12.1998 EzA § 613a BGB Nr. 172, Tz 23 – *Hidalgo* und *Ziemann*; *BAG* 11.12.1997 EzA § 613a BGB Nr. 159). Ob der abgebende Dienstleister nur als Subunternehmer tätig war oder mit dem Empfänger der Dienstleistung in unmittelbarer Vertragsbeziehung stand, kann danach keine Bedeutung haben (*EuGH* 24.1.2002 EGV Richtlinie 77/187/EWG Nr. 1 – *Temco Service Industries*).

An unmittelbaren rechtsgeschäftlichen Beziehungen kann es auch bei **Gesellschaftsverträgen** fehlen, 87 die eine **Sachgründung** vorsehen. Wird die Verpflichtung zur Überlassung des Betriebs- oder Betriebsanteiles als Sacheinlage in die Betriebsgesellschaft eingebracht, so liegt darin lediglich ein Rechtsgeschäft des alten Arbeitgebers mit den gründenden Gesellschaftern, nicht aber mit der neu gegründeten Gesellschaft als dem Betriebserwerber. Gleichwohl ist aber nach der Funktion des Merkmals »durch

§ 613a BGB Betriebsinhaberwechsel

Rechtsgeschäft«, Fälle der gesetzlichen Gesamtrechtsnachfolge auszuschließen, anzunehmen, dass auch bei derartigen Sachgründungen ein Übergang durch Rechtsgeschäft vorliegt, wenn die bisherigen arbeitstechnischen Zwecke weiter verfolgt werden (*BAG* 19.1.1988 EzA § 613a BGB Nr. 69). Das kann insbes. dann der Fall sein, wenn der bisherige Betrieb in eine unter Beteiligung von Dritten gegründete Auffanggesellschaft eingebracht wird, damit diese den Betrieb oder Betriebsteile weiterführt (*BAG* 25.1.1985 EzA § 613a BGB Nr. 48). Teilweise wird auch eine analoge Anwendung des § 613a BGB auf die Sachgründung vorgeschlagen (*Weimar/Alfes* BB 1993, 783 [785]); zT wird das zugrunde liegende Rechtsgeschäft in dem späteren Vollzugsgeschäft gesehen (*Loritz* RdA 1987, 65 [78]). Ist indes schon der Gesellschaftsvertrag auf den Übergang der wirtschaftlichen Einheit gerichtet, so bedarf es eines Rekurses auf das Vollzugsgeschäft nicht.

VI. Mehrzahl von Rechtsgeschäften

88 Prinzipiell möglich ist auch, dass **mehrere Rechtsgeschäfte,** sei es mit einem Vertragspartner oder mit verschiedenen Dritten, einem Betriebsübergang zugrunde liegen, etwa wenn das Betriebsgrundstück vom Zwangsverwalter erworben wird, während die Betriebsmittel (zB Maschinen) von verschiedenen Leasinggebern geleast oder von einer Bank übereignet werden, die an diesen Gegenständen Sicherungseigentum erworben hatte (*BAG* 22.5.1985 EzA § 613a BGB Nr. 45; 13.11.1986 EzA § 613a BGB Nr. 55; 11.12.1997 EzA § 613a BGB Nr. 160; *EuGH* 10.2.1988 Slg. 1988, 739 – *Daddy's Dance Hall; v. Hoyningen-Huene/Windbichler* RdA 1977, 329 [330]; *Bracker* S. 37; *Posth* S. 79; *Schreiber* RdA 1982, 137 [143]; aA *Hj. Weber* BB 1983, 1536 [1537]; *Annuß* DB 1998, 1582 [1585]). Nicht anders liegt es, wenn die sachlichen Betriebsmittel vom Veräußerer erworben werden, wohingegen die für den Betriebszweck ebenfalls bedeutsame Kundenbeziehung aufgrund einer Neuausschreibung durch den Kunden erlangt wird (*BAG* 14.7.1994 EzA § 613a BGB Nr. 122 [zu II 2 g]) oder wenn mehrere Gesellschaften, zB eine Betriebs-, eine Verwaltungs- und eine Besitzgesellschaft, ein gemeinschaftlich betriebenes Geschäft durch mehrere Verträge auf den Erwerber übertragen (*BAG* 20.7.1982 EzA § 613a BGB Nr. 33 [zu I b der Gründe]). Obwohl der Wortlaut nur ein einzelnes, umfassendes Rechtsgeschäft zu erfassen scheint, ist auch hier wegen der sonst gegebenen Möglichkeit, die Zwecksetzung des § 613a BGB zu unterlaufen, eine Anwendung dieser Vorschrift geboten. Notwendig ist allerdings, dass die Rechtsgeschäfte insgesamt auf den Erwerb eines funktionsfähigen Betriebs oder Betriebsteils angelegt sind (grundlegend *BAG* 22.5.1985 EzA § 613a BGB Nr. 46 mit zust. Anm. *Gaul;* 29.10.1985 EzA § 613a BGB Nr. 52; 13.11.1986 EzA § 613a BGB Nr. 55).

89 Sind die **Betriebsmittel aus mehreren verschiedenen Händen zusammenerworben,** so liegt ein Betriebsübergang allerdings nicht ohne weiteres vor. Maßgeblich muss hier sein, ob der Erwerber sich durch die verschiedenen Geschäfte in die Lage versetzt, die Leitungsmacht über den einheitlichen Betrieb zur Fortsetzung der dort verfolgten arbeitstechnischen Zwecke auszuüben (*BAG* 29.10.1985 EzA § 613a BGB Nr. 52; 13.11.1986 EzA § 613a BGB Nr. 55 [zu II 1a der Gründe]). Völlig unschädlich für das Vorliegen eines Übergangs ist es daher, wenn der Übernehmer einzelne materielle oder immaterielle Betriebsmittel von Dritten übertragen erhält, etwa wenn ihm einzelne Gegenstände von Sicherungsnehmern des früheren Inhabers übertragen werden (*BAG* 12.11.1991 EzA § 613a BGB Nr. 96). Selbst wenn der Übernehmer der zur Weiterführung des Betriebs erforderlichen Betriebsmittel ebenso wie fertige und halbfertige Waren von einer Mehrzahl verschiedener Sicherungsnehmer, Leasinggeber oder Verpächter erwerben muss, kann § 613a BGB eingreifen (*BAG* 22.5.1986 EzA § 613a BGB Nr. 45; *BAG* 13.11.1986 EzA § 613a BGB Nr. 55; *Willemsen* ZIP 1986, 485). Eine Vermutung hierfür besteht jedenfalls dann, wenn der alte Betriebsinhaber, gleich in welcher Form, an der Übertragung einer intakten Betriebsstruktur mitwirkt. Demgegenüber greift § 613a BGB nicht ein, wenn ein Betrieb wegen Insolvenz vollständig eingestellt wird und ein neuer Arbeitgeber mit den Maschinen und der alten Belegschaft einen neuen Betrieb eröffnet (*LAG Frankf.* 16.4.1980 DB 1980, 1947).

VII. Zeitpunkt des Übergangs

90 Die Bezugnahme des § 613a BGB auf das für den Betriebsübergang notwendige Rechtsgeschäft führt nicht dazu, dass bereits das schuldrechtliche Verpflichtungsgeschäft die tatbestandlichen Voraussetzungen erfüllt. Ebenso wenig maßgeblich ist der sachenrechtliche Übergang der einzelnen Vermögensgegenstände. Der für den Betriebsübergang maßgebliche Zeitpunkt ist der Moment, in dem der Erwerber über diejenigen Elemente **tatsächlich disponiert,** die für die Identität der wirtschaftlichen Einheit konstitutiv sind. Bei einem aus der Übernahme der Betriebsmittel folgenden Betriebsübergang also der Zeitpunkt, zu dem der Erwerber die **Leitungsmacht** übernimmt, also die betriebliche Leitungs- und

Organisationsgewalt innehat (st.Rspr., etwa *BAG* 12.11.1991 EzA § 613a BGB Nr. 96; 16.2.1993 EzA § 613a BGB Nr. 106; 18.5.1995 EzA § 613a BGB Nr. 139; 26.3.1996 EzA § 613a BGB Nr. 143; 25.9.1997 EzA § 613a Nr. 155). Der EuGH spricht etwas unklarer von der »Verantwortung« für den Betrieb (*EuGH* 26.5.2005 Slg. 2005, I-4389 – *Celtec Ltd.*); der Begriff lässt sich wohl in dem vorgenannten Sinne deuten (s.o. Rz 26). Kann der neue Inhaber mit Hilfe der sachlichen und immateriellen Betriebsmittel sowie der Arbeitnehmer die von ihm definierten arbeitstechnischen Zwecke verfolgen, so hat er die Organisations- und Leitungsmacht inne. Ausreichend ist aber auch, wenn der bisherige Betriebsinhaber sich der Leitungsmacht des Erwerbers unterstellt, indem er dessen Anweisungen befolgt (s. auch *BAG* 13.11.1986 EzA § 613a BGB Nr. 55). An der früheren Rechtsprechung, nach der es ausreicht, dass bei objektiver Betrachtungsweise nach den Parteivereinbarungen die **tatsächliche Möglichkeit zu ihrer Ausübung** besteht (*BAG* 12.11.1991 EzA § 613a BGB Nr. 96; 16.2.1993 EzA § 613a BGB Nr. 106; 18.5.1995 EzA § 613a BGB Nr. 139), wird man nicht festhalten können, da es bei der bloßen Möglichkeit der Fortführung an einem Betriebsübergang fehlt (*BAG* 18.3.1998 EzA § 613a BGB Nr. 177). Bloße Vorbereitungshandlungen genügen ebenfalls nicht (*BAG* 27.9.1997 EzA § 613a BGB Nr. 155). Gehen die Betriebsmittel nach und nach auf den Erwerber über, so ist der Betriebsübergang spätestens dann erfolgt, wenn die wesentlichen, zur Fortführung des Betriebs erforderlichen Betriebsmittel übergegangen sind und die Entscheidung über den Betriebsübergang als solchen nicht mehr rückgängig gemacht werden kann (*BAG* 16.2.1993 EzA § 613a BGB Nr. 106).

Der maßgebende Zeitpunkt steht kraft Gesetzes fest und unterliegt **nicht der Disposition** der Parteien (*EuGH* 14.11.1996 EzA § 613a BGB Nr. 144 – Tz 25; 26.5.2005 Slg. 2005, I-4389 – *Celtec Ltd.*); die Parteien haben es allerdings in der Hand, die tatsächlichen Voraussetzungen des Übergangs der Leitungsmacht entsprechend ihren Vorstellungen zu gestalten und dadurch mittelbar über den Übergangszeitpunkt zu disponieren (vgl. *LAG Nürnberg* 8.11.1994 LAGE § 613a BGB Nr. 38). 91

Im Einzelnen: Genügen kann auch der Abschluss eines Gesellschaftsvertrags iVm der Einbringung der Betriebsmittel (*BAG* 25.6.1985 EzA § 613a BGB Nr. 48). Umbauarbeiten im Zeitpunkt des Erwerbs hindern den Betriebsübergang bei Vorliegen der sonstigen Voraussetzungen grds. nicht, auch wenn sie erst später abgeschlossen werden (*BAG* 3.7.1986 EzA § 613a BGB Nr. 53 [zu V 3 der Gründe]). Liegt dem Betriebsübergang der Erwerb eines Mietshauses zugrunde (s.o. Rz 19, 41), so geht der Betrieb in dem Zeitpunkt über, in dem der Erwerber die Nutzen und Lasten übernimmt. Der Eigentumsübergang ist nicht entscheidend (*BAG* 16.10.1987 EzA § 613a BGB Nr. 66). Vollzieht sich die Übernahme in mehreren Schritten, so muss die Übernahme »perfekt« sein (*BAG* 23.7.1991 EzA § 613a BGB Nr. 94); dh die wesentlichen Betriebsmittel müssen übergegangen sein und die Entscheidung über den Übergang darf nicht mehr rückgängig zu machen sein, sondern muss den »point of no return« überschritten haben (*BAG* 16.2.1993 EzA § 613a BGB Nr. 106). 92

VIII. Betriebsveräußerung bei Insolvenz

1. Insolvenzverwalter nicht Betriebsinhaber

Der **Insolvenzverwalter,** dem gem. § 80 InsO die Dispositionsbefugnis über die Aktiva des Betriebsinhabers zukommt, wird **nicht Betriebsinhaber,** da er den Betrieb oder Betriebsteil nicht rechtsgeschäftlich erwirbt. Es fehlt daher schon am tatbestandlichen Eingreifen des § 613a BGB (s. auch *BAG* 4.12.1986 EzA § 613a BGB Nr. 56). Setzt der Insolvenzverwalter den Betrieb nach der Eröffnung des Insolvenzverfahrens zunächst fort und hält er es für erforderlich, aus Rationalisierungsgründen Kündigungen auszusprechen, so kann er sich grds. auf das besondere Kündigungsrecht aus § 113 Abs. 1 S. 1 InsO berufen. Auch verstoßen diese Kündigungen nicht gegen § 613a Abs. 4 S. 1 BGB, denn sie sind nicht aus Anlass einer Betriebsveräußerung ausgesprochen worden. Allerdings ist das Kündigungsrecht des Insolvenzverwalters nach Maßgabe der jeweiligen Voraussetzungen der allgemeinen und besonderen Kündigungsschutzvorschriften beschränkt. Zur Frage der Kündigung wegen eines vom Erwerber verfolgten Sanierungskonzepts s. Rz 113. Entsprechendes gilt für die Fortführung eines Betriebs zum Zwecke der Reorganisation durch einen Sequester, einen Vergleichsverwalter oder den zukünftigen Insolvenzverwalter; zwar kann § 613a BGB auch in einem Reorganisationsverfahren Anwendung finden, allerdings erst bei einer etwaigen Veräußerung an einen Dritten (vgl. *EuGH* 25.7.1991 ZIP 1993, 936). Letzteres gilt auch im Falle der Veräußerung durch einen Liquidator (vgl. *EuGH* 12.3.1998 EzA § 613a BGB Nr. 158 – *Dethier*). 93

§ 613a BGB   Betriebsinhaberwechsel

2. Betriebsveräußerung durch den Insolvenzverwalter

94 Bei einer Betriebsveräußerung durch den Insolvenzverwalter sind die **Voraussetzungen des § 613a BGB erfüllt** und die von dieser Vorschrift angeordneten Rechtsfolgen greifen ein (ausführlich *BAG* 26.5.1983 EzA § 613a BGB Nr. 34; 29.10.1985 EzA § 613a BGB Nr. 52; 4.12.1986 EzA § 613a BGB Nr. 56). Die früher gegen diese Praxis vorgebrachten Einwände (vgl. 4. Aufl.) haben sich auf der normativen Ebene erledigt und sind allenfalls noch rechtspolitisch von Belang. Denn dem durch Art. 6 des arbeitsrechtlichen Beschäftigungsförderungsgesetzes vom 25.9.1996 in Kraft gesetzten § 128 Abs. 2 InsO ist die gesetzgeberische Billigung der Anwendbarkeit des § 613a BGB in der Insolvenz zu entnehmen (BR-Drs. 1/92, S. 97; *LAG Hamm* 4.4.2000 DZWIR 2000, 240 [243] mit insofern zust. Anm. *Franzen*). Die bei der Anwendung dieser Regelung zu beachtende Einschränkung, dass der neue Betriebsinhaber nicht für **bereits vor Konkurs- oder Vergleichseröffnung entstandene Verbindlichkeiten** haftet, ist aber weiterhin zu beachten (s.u. Rz 133, 145). Dies gilt auch für Versorgungsanwartschaften (*BAG* 19.5.2005 EzA § 613a BGB 2002 Nr. 33). Demgegenüber unterliegen Ansprüche, die aus Rechtshandlungen des Insolvenzverwalters erwachsen, als Masseschulden keinen besonderen insolvenzrechtlichen Verteilungsgrundsätzen, so dass § 613a BGB anwendbar ist. In Rentenanwartschaften, die ein Arbeitnehmer für Zeiten nach der Eröffnung eines insolvenzrechtlichen Verfahrens erwirbt, tritt daher im Falle eines späteren Betriebsübergangs der Betriebserwerber ein. Die Masse haftet für derartige Ansprüche demgegenüber nur insoweit, als die besonderen Voraussetzungen einer Mithaftung des Betriebsveräußerers vorliegen (*BAG* 19.5.2005 EzA § 613a BGB 2002 Nr. 33).

95 In **europarechtlicher Hinsicht** sind sowohl die Anwendung des § 613a BGB als auch die nach §§ 125–128 InsO geltenden Einschränkungen des Kündigungsschutzes als richtlinienkonform anzusehen. Ausgangspunkt der Beurteilung muss sein, dass die Anwendung des § 613a BGB auf Veräußerungen durch den Insolvenzverwalter europarechtlich nicht geboten ist (vgl. *EuGH* 7.2.1985 ZIP 1985, 824). Hiervon geht ausdrücklich auch Art. 5 Richtl. 2001/23/EG aus. Maßgebend ist allerdings der Zweck des fraglichen Verfahrens nach nationalem Recht. Verfahren die auf Reorganisation, gerichtliche oder freiwillige Liquidation (im Auftrag der Gesellschaft oder Gesellschafter) zielen, unterfallen dem Anwendungsbereich der Richtlinie (*EuGH* 12.11.1998 EzA § 613a BGB Nr. 168). Soweit der *EuGH* (7.2.1985 aaO) erklärt hat, den Mitgliedsstaaten stehe ein Übergang der Arbeitsverhältnisse auf einen Erwerber in der Insolvenz europarechtlich frei, kann daraus entgegen verbreiteter Ansicht nicht auf eine voraussetzungsfreie europarechtliche Zulässigkeit der Anwendung des § 613a BGB im Konkurs geschlossen werden (so aber anscheinend RGRK-*Ascheid* Rz 113). Denn der EuGH begründet die Nichtanwendung der Betriebsübergangsrichtlinie mit der »ernsthaften Gefährdung« der sozialen Ziele des Art. 136 EGV durch eine solche Anwendung, weil diese sanierungsfeindlich wirken kann. Auch den Mitgliedstaaten ist durch Art. 10 Abs. 2 EGV schon jede Gefährdung der Ziele des EGV verboten. Daraus muss geschlossen werden, dass die Betriebsübergangsrichtlinie die Anwendung des § 613a BGB im Konkursverfahren lediglich dann gestattet, wenn die Gefahr übermäßiger sanierungsfeindlicher Wirkungen im nationalen Recht ausgeschlossen ist (i. Erg. ebenso *Hanau* ZIP 1998, 1817 [1819]; *LAG Hamm* 4.4.2000 DZWIR 2000, 240 [243] mit insofern krit. Anm. *Franzen*). Das ist in Deutschland zwar keineswegs zweifelsfrei, wie die schon seit jeher gegen die Anwendbarkeit des § 613a BGB auf Veräußerungen durch den Insolvenzverwalter vorgebrachten Bedenken zeigen (*Keller-Stoltenhoff* S. 3), aber im Ergebnis wohl zu bejahen. Zwar wird vorgebracht, bei Anwendung des § 613a BGB bestehe die Gefahr, dass eine Betriebsveräußerung im Konkurs be- oder gar verhindert werde und so die Existenz aller Arbeitsplätze bedroht sei (bestätigende Umfrageergebnisse bei *Keller-Stoltenhoff* S. 68; ökonomische Analyse bei *Druckarczyk/Rieger* KTS 1986, 209). Auch wenn jedoch § 613a BGB in der Praxis zu Schwierigkeiten bei Betriebsveräußerungen führt, sind im Rahmen einer EG-rechtlichen Gesamtwürdigung auch die Einschränkungen seiner Rechtsfolgen im Konkurs zu beachten. Die angesprochenen Schwierigkeiten werden insbes. gemildert durch die Einschränkung der Haftung für Altverbindlichkeiten (s.u. Rz 134, 141); außerdem bleibt die Möglichkeit der Kündigung nach § 113 InsO unter Beachtung der allgemeinen Vorschriften; zusätzliche Erleichterungen können sich aus §§ 125 ff. InsO ergeben.

3. Betriebsveräußerung nach Ablehnung mangels Masse

96 § 613a BGB ist einschränkungslos **anzuwenden,** wenn der Betrieb veräußert wird, nachdem die **Eröffnung** des Insolvenzverfahrens **mangels Masse abgelehnt** worden ist (*BAG* 22.5.1985 EzA § 613a BGB Nr. 46 [zu B I der Gründe]; 29.10.1985 EzA § 613a BGB Nr. 52).

IX. Zwangsversteigerung und Zwangsverwaltung von Betriebsgrundstücken

1. Zuschlag bei Zwangsversteigerung

Die Voraussetzungen des § 613a BGB sind nicht erfüllt, wenn der Betriebsinhaberwechsel auf Grund eines Zuschlags bei einer **Zwangsversteigerung** erfolgt. Dies begründet sich einmal daraus, dass der Zuschlag gem. § 89 ZVG durch Verkündung wirksam wird und der Ersteher dementsprechend kraft Hoheitsakts Eigentum am Grundstück erwirbt. Mithin ist das Tatbestandsmerkmal des rechtsgeschäftlichen Übergangs nicht erfüllt (*Bieler* BB 1981, 436). Weiterhin scheitert die Anwendung des § 613a BGB aber auch daran, dass nicht der Betrieb als solcher Gegenstand der Zwangsversteigerung ist, sondern das Betriebsgrundstück und die weiteren Gegenstände, auf die sich die Zwangsvollstreckung gem. § 90 Abs. 2 ZVG erstreckt. Dem Erwerber die Rechtsfolgen des § 613a BGB aufzuerlegen, scheint aber nur dann geboten, wenn er nicht nur die einzelnen Betriebsgegenstände erwirbt, sondern zusätzlich den Betrieb als solchen fortführt und zu diesem Zweck die etwa erforderlichen Unterlagen, Einweisungen oder ähnliches vom alten Betriebsinhaber erhält. In diesem Fall findet § 613a BGB infolge des dann zwischen altem und neuem Betriebsinhaber bestehenden Rechtsgeschäfts unmittelbare Anwendung (*BAG* 14.10.1982 EzA § 613a BGB Nr. 38; *Richardi* RdA 1976, 56 [59 ff.]; *Henckel* ZIP 1980, 3). 97

2. Anordnung der Zwangsverwaltung

Auch die Anordnung der **Zwangsverwaltung** bezieht sich wie die Zwangsversteigerung **nur auf** das **Grundstück** und nicht auf den Betrieb als solchen. **Wenn** der **Zwangsverwalter** etwa infolge seiner Verpflichtung, den wirtschaftlichen Bestand des Grundstücks zu erhalten und dieses ordnungsgemäß zu nutzen, den **Betrieb fortführen** möchte, ist hierfür eine **entsprechende Vereinbarung** mit dem Eigentümer zu treffen. Nur infolge des dann gegebenen Rechtsgeschäfts findet § 613a BGB auf diese Betriebsübernahme (unmittelbare) Anwendung (*BAG* 9.1.1980 EzA § 613a BGB Nr. 25; 14.10.1982 EzA § 613a BGB Nr. 38). Erfolgt später doch die Zwangsversteigerung, dann treffen die Rechtsfolgen des § 613a BGB den Erwerber nur, wenn dieser infolge der auch dort notwendigen Vereinbarung den Betrieb fortführt. Führt der Erwerber den Betrieb nicht fort, muss der Zwangsverwalter den Betrieb unter Berücksichtigung der §§ 111, 112 BetrVG stilllegen. 98

X. Darlegungs- und Beweislast

Hinsichtlich der Beweislast gelten die allgemeinen Grundsätze. Wer Rechtsfolgen aus § 613a BGB geltend macht, muss also zunächst die Arbeitnehmereigenschaft der betreffenden Person beweisen *BAG* 13.2.2003 EzA § 613a BGB 2002 Nr. 8). Die für den Betriebsübergang maßgeblichen Tatsachen sind ebenfalls von demjenigen vorzutragen und zu beweisen, **der sich auf** den **Übergang beruft** (*LAG Hmb.* 26.11.1984 BB 1985, 1667), also regelmäßig vom Arbeitnehmer (*LAG Köln* 15.1.1997 NZA 1998, 484). Hierfür reicht es aus, Tatsachen vorzutragen, aus deren Gesamtheit geschlossen werden kann, dass der Erwerber den Betrieb mit den übernommenen Mitteln fortsetzt. Der Arbeitgeber kann diesen Schluss widerlegen, indem er Tatsachen vorträgt und ggf. beweist, aus denen sich ergibt, dass er lediglich unter Einsatz erheblicher eigener Mittel tätig werden konnte. Sind die Regelvoraussetzungen des Betriebsübergangs dargelegt und bewiesen, so muss Ausnahmen vom Betriebsübergang, wie zB eine Stilllegung (dazu *BAG* 3.7.1986 EzA § 613a BGB Nr. 53 [zu III 3 der Gründe]), darlegen und beweisen, wer sich auf das Vorliegen einer Ausnahme beruft. Möglich ist auch ein **Anscheinsbeweis** (*BAG* 3.7.1986 EzA § 613a BGB Nr. 53 [zu II 5b der Gründe]). Ein Anscheinsbeweis für den Übergang durch Rechtsgeschäft liegt etwa vor, wenn der Geschäftsführer einer GmbH persönlich den Betrieb nach Insolvenz der GmbH fortführt (*LAG Frankf.* 4.9.1986 ZIP 1987, 867), oder wenn ein vom Geschäftsführer einer GmbH persönlich gemietetes Betriebsgrundstück oder sonstige Betriebsmittel anschließend von der GmbH genutzt werden (s. *BAG* 3.7.1986 EzA § 613a BGB Nr. 53 [zu IV 2 der Gründe]). Allgemein spricht ein Beweis des ersten Anscheins für einen rechtsgeschäftlichen Übergang, wenn der Arbeitnehmer beweist, dass der Betriebserwerber die wesentlichen Betriebsmittel des bisherigen Inhabers verwendet (*BAG* 15.5.1985 EzA § 613a BGB Nr. 43 mit Anm. *Birk*; *LAG Hamm* 9.10.1995 LAGE § 613a BGB Nr. 44). Indizfunktion kann auch der Übernahme der Belegschaft zukommen. Bei Vorliegen eines Anscheinsbeweises greift keine Beweislastumkehr ein, vielmehr reicht zu dessen Erschütterung der Beweis der ernsthaften Möglichkeit eines atypischen Geschehensablaufs aus (s. etwa *Rosenberg/Schwab/Gottwald* § 115 III 4; ungenau deshalb *BAG* 3.7.1986 EzA § 613a BGB Nr. 53 [zu II 5b der Gründe]; zum Ganzen *Becker-Schaffner* BB 1992, 557 [563]). 99–100

D. Rechtsfolgen des Betriebsübergangs

I. Der Eintritt in individualrechtliche Vereinbarungen

1. Eintritt in Rechte und Pflichten

101 § 613a Abs. 1 S. 1 BGB ordnet **das Eintreten des neuen Betriebsinhabers in die Rechte und Pflichten** aus den im Übergangszeitpunkt bestehenden Arbeitsverhältnissen an. Damit stellt § 613a BGB einen Fall der Beendigung des Arbeitsverhältnisses kraft Gesetzes dar, die mit dem gesetzlichen Übergang des unveränderten Arbeitsverhältnisses auf den neuen Inhaber verbunden ist (*BAG* 30.10.1986 EzA § 613a BGB Nr. 54; *Herschel* ZfA 1977, 219; *Gaul* BB 1979, 1966; *Seiter* Betriebsinhaberwechsel, S. 50). Der Begriff der Rechte und Pflichten iSd § 613a Abs. 1 S. 1 BGB umfasst jedoch allein individualrechtliche Vereinbarungen unter Einschluss solcher tarifvertraglicher Regelungen, die durch Einbeziehung eines Tarifvertrags Bestandteil des Einzelvertrags geworden sind (vgl. zu letztgenanntem Gesichtspunkt etwa *LAG Hamm* 27.7.1999 DB 2000, 95). Als individualrechtliche Vereinbarung ist auch die, etwa als Versorgungszusage, erteilte **Gesamtzusage** des Arbeitgebers zu qualifizieren (*BAG* 18.3.1997 EzA § 613a BGB Nr. 150). Der Eintritt in die Rechte und Pflichten findet auch statt, wenn der Betrieb in der Insolvenz veräußert wurde oder wenn vor dem Betriebsübergang die Eröffnung des Insolvenzverfahrens mangels Masse abgelehnt wurde (s.o. Rz 94 ff.). Die Übernahme des Arbeitsverhältnisses wird ferner nicht dadurch gehindert, dass der bisherige Arbeitnehmer zum Geschäftsführer und vertretungsberechtigten Organ der Erwerbsgesellschaft bestellt wird, wenn bereits zuvor mit dem Übernahmevertrag das bisherige Arbeitsverhältnis auf den Erwerber übergegangen ist (*BAG* 25.6.1985 EzA § 613a BGB Nr. 48 [zu II der Gründe]). Der Eintritt in Rechte und Pflichten umfasst auch den **Eintritt in sich entwickelnde oder bestehende Rechtslagen,** wie sie sich aus dem Arbeitsvertrag ergeben. Daher wirkt ein Annahmeverzug des alten Arbeitgebers gegen den neuen Arbeitgeber fort (*BAG* 21.3.1991 EzA § 615 BGB Nr. 68: § 613a BGB als anderweitige Regelung iSd § 425 Abs. 1 BGB; *LAG Bln.* 11.10.2002 LAGE § 613a BGB Nr. 84); auch eine Kenntnis des alten Arbeitgebers von der Schwangerschaft wirkt im Rahmen des § 9 MuSchG fort. Eine dem alten Arbeitgeber nach § 9 MuSchG oder § 85 SGB IX erteilte behördliche Zustimmung zur Kündigung wirkt ebenfalls privatrechtsgestaltend auf das Arbeitsverhältnis ein, so dass ggf. auch der Erwerber aufgrund einer dem Veräußerer erteilten Zustimmung kündigen kann. Will die Behörde diesen Effekt ausschließen, so kann sie die Zustimmung unter der auflösenden Bedingung erteilen, dass der Betrieb nicht veräußert wird (MünchKomm-*Schaub* Rz 86). Zu **handelsrechtliche Vollmachten** (Prokura, Handlungsvollmacht) s.u. Rz 125.

2. Vereinbarungen für den Übergang

102 Der Übergang einzelner, mehrerer oder aller Arbeitsverhältnisse kann nicht durch Vereinbarung zwischen dem alten und neuen Inhaber ausgeschlossen werden (*BAG* 30.10.1986 EzA § 613a BGB Nr. 54; s.o. Rz 5 ff.). Diese gesetzliche Wertung ist auch bei der Beurteilung von Vereinbarungen zu beachten, die anlässlich des Übergangs zwischen dem Arbeitnehmer und dem alten oder neuen Arbeitgeber geschlossen werden (dazu schon Rz 7). Solche Vereinbarungen sind zwar prinzipiell möglich, und zwar sowohl als **Aufhebungsvertrag**, etwa um beim alten Arbeitgeber weiterarbeiten zu können (*BAG* 11.7.1995 EzA § 613a BGB Nr. 130 [zu III 2b aa]; weitere Einzelheiten s.u. Rz 115a), als auch als **inhaltsändernde Abrede.** Typischerweise fehlt es jedoch den beteiligten Arbeitnehmern an der erforderlichen rechtsgeschäftlichen Entscheidungsfreiheit, denn die Arbeitnehmer sehen sich in derartigen Fällen häufig vor die Alternative gestellt, entweder eine Verschlechterung der Arbeitsbedingungen hinzunehmen oder den Arbeitsplatz ganz zu verlieren. Diese Drucksituation rechtfertigt eine richterliche Kontrolle, ob sich die fraglichen Abreden auf einen sachlich rechtfertigenden Grund stützen können (*BAG* 12.5.1992 EzA § 613a BGB Nr. 104 [zu II 2 der Gründe]; MünchArbR-*Wank* § 124 Rz 23; **aA** *Feudner* DB 1996, 830). Die gegenüber dieser Inhaltskontrolle im Hinblick auf ihre Vereinbarkeit mit Art. 3 der Richtl. 2001/23/EG vorgebrachten Zweifel (*Moll* NJW 1993, 2016 [2022 f.]) können nicht durchdringen. Denn die richterliche Inhaltskontrolle ist für die Arbeitnehmer günstigeres nationales Recht iSd Art. 7 der Richtlinie. Daher kann durch Vereinbarung zwischen Arbeitnehmer und dem neuen Arbeitgeber auf rückständigen Arbeitslohn und freiwillig begründete betriebliche Sozialleistungen lediglich dann verzichtet werden, wenn für den Verzicht sachliche Gründe sprechen (*BAG* 18.8.1976 EzA § 613a BGB Nr. 7; 26.1.1977 EzA § 613a BGB Nr. 8; für Verzicht ohne sachlichen Grund *Seiter* Anm. zu AP § 613a BGB Nr. 5; *Kraft* FS 25 Jahre BAG, S. 299 [312 ff.]; **aA** auch *Willemsen* RdA 1987, 327). Wann ein solcher Sachgrund vorliegt, ist noch nicht abschließend geklärt. Jedenfalls bedarf es einer sorgfältigen Abwägung der betroffenen Arbeitnehmerinteressen mit dem Entlastungsinteresse des Übernehmers (*BAG* 29.10.1985 EzA § 613a BGB Nr. 52; 12.5.1992 EzA § 613a BGB Nr. 104 [zu II 3 der Gründe]; zum Verzicht

auf Versorgungsleistungen Rz 80). Als sachlicher Grund kommt insbes. in Betracht, dass der Verzicht für die dauerhafte Erhaltung von Arbeitsplätzen erforderlich ist (*BAG* 18.8.1976 EzA § 613a BGB Nr. 7; 26.1.1977 EzA § 613a BGB Nr. 8; 17.1.1980 EzA § 613a BGB Nr. 24). Vereinbarungen mit dem Zwangsverwalter als Übernehmer gelten jedoch im Zweifel nur für die Dauer der Zwangsverwaltung (*BAG* 14.10.1982 EzA § 613a BGB Nr. 38 [zu II 2 der Gründe]). Tarifvertraglich und betriebsverfassungsrechtlich begründete Rechte und Pflichten unterliegen dem Änderungsverbot in Abs. 1 S. 2 (iE s.u. Rz 155 ff.).

3. Bestehende Arbeitsverhältnisse

§ 613a BGB findet auf **alle Arbeitsverhältnisse** Anwendung. Auch leitende Angestellte oder Auszubildende werden erfasst (s.o. Rz 12). Für Heimarbeiter ist eine analoge Anwendung entgegen der Rechtsprechung des BAG geboten (s.o. Rz 13). Das Arbeitsverhältnis muss im Zeitpunkt des Betriebsübergangs bestehen (s.o. Rz 12). Der Übergang betrifft jedoch nur solche Arbeitsverhältnisse, die dem übergegangenen Betrieb oder Betriebsteil zuzuordnen sind, nicht solche Arbeitsverhältnisse, die zu stillgelegten oder beim alten Inhaber verbleibenden Betriebsteilen gehören (*BAG* 13.11.1986 EzA § 613a BGB Nr. 55 [zu II 3a der Gründe]; 28.10.2004 EzA § 1 KSchG Soziale Auswahl Nr. 56; s.a. Rz 105). Lässt sich ein Arbeitsverhältnis nicht eindeutig einem Betrieb oder Betriebsteil zuordnen oder besteht die Zuordnung zu mehreren Betriebsteilen, so ist in erster Linie der Wille der Beteiligten zu beachten (*BAG* 20.7.1982 EzA § 613a BGB Nr. 33; 25.6.1985 EzA § 613a BGB Nr. 48 [zu II der Gründe]). Im Übrigen ist danach zu entscheiden, wo der Schwerpunkt der Betriebstätigkeit liegt und ob nach dem Zweck der Betriebsveräußerung die Sicherung des sozialen Besitzstands des Arbeitnehmers gerechtfertigt ist (vgl. auch *BAG* 25.6.1985 EzA § 613a BGB Nr. 48). Der Schwerpunkt liegt regelmäßig dort, wo der Arbeitnehmer überwiegend tätig war (*BAG* 20.7.1982 EzA § 613a BGB Nr. 33 [zu I c der Gründe]). 103

Da der neue Betriebsinhaber ohne Einschränkung in die bestehenden Arbeitsverhältnisse eintritt, werden auch die sog. **faktischen** (vgl. hierzu KR-*Griebeling* § 1 KSchG Rz 47) und die **bereits gekündigten Arbeitsverhältnisse** während des Laufs der Kundigungsfrist erfasst (*BAG* 22.2.1978 EzA § 613a BGB Nr. 18; s.a. Rz 14); ebenso **suspendierte Arbeitsverhältnisse**, zB bei Elternzeit (vgl. *BAG* 2.12.1999 EzA § 613a BGB Nr. 188), Kurzarbeit oder einer vorübergehenden Bestellung zum Geschäftsführer (*LAG Köln* 12.1.1993 LAGE § 613a BGB Nr. 30; *Hanau* FS Gaul, S. 287 [289]). Der Erwerber tritt jedoch nur in bestehende Arbeitsverhältnisse ein, nicht in zum Erwerbszeitpunkt bereits beendete. Der Erwerber tritt auch dann nicht in Ansprüche aus einem beendeten Arbeitsverhältnis ein, wenn diese erst nach Beendigung fällig und abgewickelt werden, wie zB Provisionsansprüche und dazu gehörende Auskunftsansprüche (*BAG* 11.11.1986 EzA § 613a BGB Nr. 60). § 613a BGB ist insoweit auch nicht analog anzuwenden (*BAG* 11.11.1986 EzA § 613a BGB Nr. 60). Die Rechte aus dem alten Arbeitsverhältnis bleiben jedoch trotz Kündigung des bisherigen Inhabers erhalten, wenn im Anschluss daran mit dem Erwerber ein neues Arbeitsverhältnis geschlossen wird, da darin eine Umgehung liegt, die die Anwendung von § 613a BGB nicht auszuschließen vermag (s.u. Rz 200). Ebenso kann es liegen, wenn das Arbeitsverhältnis auf den Tag des Übergangs befristet ist und der Erwerber mit dem Arbeitnehmer ein neues Arbeitsverhältnis begründet, das bei wertender Betrachtung das frühere Arbeitsverhältnis fortsetzt (*BAG* 19.5.2005 EzA § 613a BGB 2002 Nr. 33). 104

4. Zuordnung des Arbeitnehmers bei enger Verflechtung

Bei **eng verflochtenen Betrieben bzw. Betriebsteilen oder bei zentralistisch organisierten Unternehmen** kann die Zuordnung eines Arbeitnehmers zum veräußerten oder nicht veräußerten Betrieb oder Betriebsteil schwierig sein. Können sich in solch einem Fall die Beteiligten **nicht einigen**, zu welchem Betrieb oder Betriebsteil ein Arbeitnehmer gehört, dann müssen objektive Merkmale zur Entscheidung herangezogen werden. Hierfür kommt insbes. der Schwerpunkt der Arbeitstätigkeit in Betracht, dh, für welchen Betrieb oder Betriebsteil der Arbeitnehmer überwiegend tätig war (*BAG* 20.7.1982 EzA § 613a BGB Nr. 33; 28.10.2004 EzA § 1 KSchG Soziale Auswahl Nr. 56). Damit wird zugleich regelmäßig eine Zuordnungsentscheidung des Arbeitgebers im Rahmen seines Direktionsrechts erforderlich sein (*LAG Düsseld.* 14.5.2004 LAGE § 613a BGB 2002 Nr. 4). Eine kontrollfreie unternehmerische Organisationsprärogative kann wegen des zwingenden Charakters des § 613a BGB nicht anerkannt werden (*Müller/Thüsing* ZIP 1997, 1869 [1871 f.]; **aA** *Gentges* RdA 1996, 265 [270]). Auf die überwiegende Tätigkeit wird es im Ergebnis jedoch dann nicht mehr ankommen, wenn ein Arbeitnehmer nach dem **übereinstimmenden Willen aller Beteiligten** Arbeitnehmer des Erwerbers werden soll (*BAG* 25.6.1986 EzA § 613a BGB Nr. 48; vgl. auch *BAG* 18.3.1997 EzA § 613a BGB Nr. 150; **aA** *Loritz* RdA 1987, 65 [79]). 105

Allerdings erfolgt der Übergang in einem solchen Fall nicht nach § 613a BGB, sondern nach § 415 BGB. Wegen der Bedeutung des Zeitpunkts des Betriebsübergangs ist dabei im Zweifel gewollt, dass die Arbeitsverhältnisse dann übergehen, wenn auch der Übergang nach § 613a BGB erfolgt. Insbesondere bei **zentralistisch organisierten Betrieben** ist zweifelhaft, ob mit dem Übergang einzelner Betriebsteile zugleich ein Übergang von Arbeitsverhältnissen der zentralen Verwaltungsebenen oder von Springern verbunden ist. Dafür spricht, dass ohne solchen Übergang häufig mit betriebsbedingten Kündigungen im nicht veräußerten Betrieb zu rechnen ist, wovor der Übergang der Arbeitsverhältnisse schützen kann (ausf. *Lieb* ZfA 1994, 229; *Gentges* RdA 1996, 265 [269 ff.]). Gegen diesen Standpunkt spricht allerdings, dass der Anwendungsbereich der Vorschrift damit in methodisch problematischer Weise von den Rechtsfolgen her statt von den Voraussetzungen her definiert wird. Überdies lassen sich die dann auftretenden Zuordnungsprobleme mit dem Regelungsprogramm des § 613a BGB nicht bewältigen. Deswegen werden zwar Ersatzlösungen diskutiert: Eine Ausrichtung an den unternehmerischen Organisationsentscheidungen bei einvernehmlichem Betriebsübergang, sonst am Beschäftigungsschwerpunkt (dafür *Annuß* NZA 1998, 70 [76 ff.]; *Gentges* aaO), berücksichtigt aber nicht hinreichend den Zweck des § 613a BGB, wobei eine andere Beurteilung dann möglich ist, wenn der Beschäftigungsschwerpunkt hinreichend eindeutig überwiegt. Der Vorschlag eines Wahlrechts der Arbeitnehmer beruht auf der Annahme, dass allein deren Interessen berührt seien (*Müller/Thüsing* aaO S. 1873 für die Fälle der in mehreren Betriebsteilen Beschäftigten), was wegen der bei zweckwidriger Zuordnung den Arbeitgeber treffenden Kündigungslast nicht überzeugt. Denkbar wäre noch eine entsprechende Anwendung des § 1 Abs. 3 KSchG (so *Lieb* aaO), für die jedoch das Vorliegen hinreichender gesetzlicher Anhaltspunkte zweifelhaft ist (vgl. *Müller/Thüsing* aaO S. 1876). Insgesamt zeigt diese Diskussion, dass solche Fälle von § 613a BGB nicht geregelt sind. Ein Übergang von Arbeitsverhältnissen mit einem bestimmten Betriebsteil findet also bei Unmöglichkeit einer Zuordnung zu gerade diesem Betriebsteil nicht statt (*BAG* 17.6.2003 EzA § 613a BGB 2002 Nr. 15; *LAG Düsseld.* 18.4.1996 LAGE § 613a BGB Nr. 47; 18.4.1996 LAGE § 613a BGB Nr. 49; *Moll* RdA 1999, 233 [240]; hiervon ausgehend auch *BAG* 13.11.1997 EzA § 613a BGB Nr. 156 [zu II.3. der Gründe]).

106 Geboten ist allerdings die **Anwendung des § 613a BGB,** wenn eine Zuordnung zu einem bestimmten Betriebsteil möglich ist (Beispiel: Ein Mitarbeiter der zentralen Personalabteilung ist ausschließlich mit Personalangelegenheiten des übergehenden Betriebsteils befasst). Zwar stellt die neuere Rechtsprechung bei nicht zuzuordnenden Arbeitnehmern darauf ab, dass diese dem übergehenden Betriebsteil nicht angehören; jedoch ist das Eingreifen des § 613a BGB bei solchen Arbeitnehmern des »Overheadbereichs« angemessen, bei denen eine solche Zuordnung möglich ist (*Annuß* DB 1998, 1582 [1586]). In diesem Fall muss deshalb das Arbeitsverhältnis mit übergehen.

107 Eine in ihrem Anwendungsbereich allerdings beschränkte **Sonderregelung** sieht ferner **§ 323 Abs. 2 UmwG** für einen Betriebsübergang im Zusammenhang mit einer Umwandlung vor (s.o. Rz 73 f.). Sofern nämlich im Rahmen einer Verschmelzung, Spaltung oder Vermögensübertragung zugleich eine Betriebsänderung iSd § 111 BetrVG erfolgt und durch einen Interessenausgleich (§ 112 BetrVG) einzelne Arbeitnehmer namentlich bestimmten Betrieben oder Betriebsteilen zugeordnet werden, soll diese Zuordnung arbeitsgerichtlich lediglich auf »grobe Fehlerhaftigkeit« hin überprüfbar sein. Da das Konkurrenzverhältnis dieser Regelung zum Prinzip des zwingenden Übergangs der Arbeitsverhältnisse mit dem jeweiligen Betrieb oder Betriebsteil nicht ausdrücklich gesetzlich geregelt ist, fragt sich, inwieweit § 323 Abs. 2 UmwG die Regelung des § 613a Abs. 1 S. 1 BGB verdrängen kann. Für eine solche Verdrängungswirkung spricht zwar insbes., dass § 323 Abs. 2 UmwG seinem Inhalt und Standort nach für die von ihm geregelten Fälle als Spezialregelung gelten muss. Gleichwohl muss es im Ergebnis weitgehend bei den Wertungen des § 613a Abs. 1 S. 1 BGB bleiben (so im Ergebnis auch *Wlotzke* DB 1995, 40 [45]; offen lassend *Bauer/Lingemann* NZA 1994, 1057 [1061]; aA *Bungert* DB 1997, 2209). Dies folgt vor allem aus dem Gebot der richtlinienkonformen Auslegung, das dazu zwingt, alle Auslegungsmöglichkeiten zu nutzen, um zu einer richtlinienkonformen Anwendung des § 613a BGB zu gelangen (Rz 2; KR-*Pfeiffer* vor § 612a BGB Rz 7). Im Anwendungsbereich der Richtl. 2001/23/EG muss sich die Zuordnung einzelner Arbeitnehmer daher an den Vorgaben der Richtlinie (und damit des § 613a Abs. 1 S. 1 BGB) ausrichten; eine Absenkung des Kontrollstandards, wie sie § 323 Abs. 2 UmwG vorzuschreiben scheint, ist hiermit sowie mit dem gemeinschaftsrechtlichen Gebot des effektiven Rechtsschutzes (vgl. KR-*Pfeiffer* AGG Rz 80 ff.) unvereinbar. Für eine solche richtlinienkonforme Auslegung ist das deutsche Recht offen: sei es, dass man das unklare Verhältnis des § 323 Abs. 2 UmwG zu § 613a Abs. 1 S. 1 BGB richtlinienkonform bestimmt, sei es, dass man jede richtlinienwidrige Zuordnung von Arbeitnehmern als grob fehlerhaft iSd § 323 Abs. 2 UmwG einordnet. Liegt demgegenüber eine Umwandlung vor, ohne dass die Richtl. 2001/23/EG anwendbar ist (zB weil kein Betrieb übergeht oder die Arbeitnehmer einer

II. Übergang kraft Gesetzes und Widerspruch des Arbeitnehmers

1. Übergang kraft Gesetzes

§ 613a Abs. 1 S. 1 BGB ordnet die Beendigung des Arbeitsverhältnisses mit dem bisherigen Betriebsinhaber und den Übergang auf den neuen Inhaber **kraft Gesetzes** an, ohne dass es einer Gestaltungserklärung eines der Beteiligten bedürfte. Dementsprechend ist auch keine Zustimmung des Arbeitnehmers erforderlich (*BAG* 30.10.1986 EzA § 613a BGB Nr. 54). Ist die Ausübung von Ansprüchen gegen den alten Arbeitgeber – etwa durch Tarifvertrag – an eine bestimmte Frist nach dem Ausscheiden des Arbeitnehmers gebunden, so beginnt der Fristlauf mit dem Zeitpunkt des Übergangs (*BAG* 10.8.1994 ZIP 1994, 1883).

108

2. Unterrichtung der Arbeitnehmer

a) Allgemeines und Rechtsnatur

Zur Umsetzung der Informationspflicht nach Art. 7 Abs. 6 der Richtl. 2001/23/EG hat der Gesetzgeber mit dem Gesetz zur Änderung des Seemannsgesetzes und anderer Gesetze (BGBl. I 2002, S. 1163) § 613a Abs. 5 BGB in Kraft gesetzt. Die Informationspflicht aufgrund dieser Vorschrift besteht dann, wenn ein Betriebsübergang iSd Abs. 1 erfolgt. Ihrer Rechtsnatur nach ist die Unterrichtungspflicht keine bloße Obliegenheit, sondern eine Rechtspflicht (*Willemsen/Lembke* NJW 2002, 1159 [1160]). Dies entspricht Wortlaut und System des Gesetzes, das von einer Verpflichtung ausgeht und nicht lediglich an die Nichtunterrichtung nachteilige Rechtsfolgen knüpft. Auch die Wortwahl der Gesetzesbegründung stützt dieses Ergebnis (BT-Drs. 14/7760, S. 19).

108a

b) Inhalt der Unterrichtungspflicht

Die Unterrichtungspflicht bezieht sich auf »die betroffenen Arbeitnehmer«. Die Unterrichtung erstreckt sich damit zunächst auf die allgemeinen Verhältnisse für die Arbeitnehmer des übergehenden Betriebs oder Betriebsteils; eine individuelle Belehrung einzelner Arbeitnehmer wird nicht verlangt (*Gaul* FA 2002, 299 [300]; *Huke* FA 2002, 263 [265]). Nach der klaren Systematik des Art. 7 der Betriebsübergangsrichtlinie sind aber auch Arbeitnehmer des aufnehmenden Betriebs zu unterrichten soweit sie – etwa durch Umstrukturierungen – betroffen sind. Dem ist durch richtlinienkonforme Auslegung des Merkmals »betroffene Arbeitnehmer« in § 613a Abs. 5 BGB Rechnung zu tragen (*Riesenhuber* RdA 2004, 340). Die Belehrung muss ferner das rechte Maß zwischen Kürze, Verständlichkeit und Transparenz einerseits und Detailgenauigkeit andererseits wahren, wobei man dem Arbeitgeber im Rahmen der gesetzlichen Anforderungen als Konsequenz seiner Formulierungsverantwortung einen gewissen Ermessensspielraum einräumen sollte. Das Gesetz nennt vier Aspekte, auf welche sich die Unterrichtungspflicht dabei bezieht: den Zeitpunkt oder geplanten Zeitpunkt des Übergangs, den Grund für den Übergang, die rechtlichen, wirtschaftlichen, und sozialen Folgen des Übergangs für die Arbeitnehmer und die hinsichtlich derselben in Aussicht genommenen Maßnahmen.

108b

Der **Zeitpunkt des Übergangs** ergibt sich aus allgemeinen Grundsätzen. Es kommt mithin auf denjenigen Zeitpunkt an, in dem der neue Inhaber über diejenigen Elemente des Betriebs tatsächlich disponieren kann, die für den Übergang des Betriebs konstitutiv sind (s.o. Rz 90). Die Nennung des geplanten Zeitpunkts reicht im Regelfall, also bei rechtzeitiger Unterrichtung vor dem Betriebsübergang, aus. Problematisch erscheint die Auffassung, bei **Umwandlungen** könne auf den Zeitpunkt der voraussichtlichen Eintragung abgestellt werden (etwa *Gaul* FA 2002, 299). Da § 324 UmwG lediglich eine Rechtsgrundverweisung enthält, ist die bloße Eintragung nicht ausreichend, um die Voraussetzungen eines Übergangs zu erfüllen. Erfolgt der Übergang der Leitungsmacht auf den neuen Rechtsträger nach dem maßgebenden Rechtsgeschäft schon vor der Eintragung des Umwandlungsvorgangs, so ist ein früherer Zeitpunkt maßgebend.

108c

Mit dem im Gesetz genannten **Grund** für den Übergang ist nicht der wirtschaftliche, sondern der rechtliche Grund des Übergangs gemeint (*Huke* FA 2002, 263 [266]). Zu informieren ist also darüber, ob eine Veräußerung des Betriebs, ein gesellschaftsrechtlicher Vorgang oder ein anderweitiger Übergang der im Betrieb liegenden wirtschaftlichen Einheit gegeben ist.

108d

108e Bei der Unterrichtung über die **rechtlichen, wirtschaftlichen und sozialen Folgen** des Betriebsübergangs ist zu unterscheiden. Die rechtlichen Folgen ergeben sich aus dem Gesetz, insbes. aus den Regelungen in § 613a Abs. 1 – 4 BGB. Der Arbeitgeber muss also über die aus dem Gesetz durch Anwendung auf den konkreten Übergangsfall resultierenden Folgen informieren. Hierzu zählen die Weitergeltung oder ggf. Änderung der bisherigen Rechte und Pflichten aus dem Arbeitsverhältnis, die Haftung des bisherigen Arbeitgebers und des neuen Inhabers des Betriebs gegenüber dem Arbeitnehmer, die Geltung des Kündigungsverbots in § 613a Abs. 4 BGB sowie das Widerspruchsrecht (zweifelnd *Gaul* FA 2002, 299 [300]), die dabei zu beachtende Frist und wohl auch die Möglichkeit der Kündigung im Falle des Widerspruchs. Weitere Folgen für den Arbeitnehmer, über die zu unterrichten ist, können aus den jeweiligen Gegebenheiten beim neuen Arbeitgeber resultieren. Das gilt hinsichtlich der rechtlichen Folgen für dort geltende bestimmte Arbeitsbedingungen, für etwaige kollektivvertragliche Regelungen oder für die betriebsverfassungsrechtliche Struktur (einschränkend *Gaul* FA 2002, 299 [300]). Daraus folgt, je nach den Umständen, die Pflicht zur Unterrichtung über das Fortgelten von Kollektivregelungen oder deren Verdrängung durch die beim neuen Arbeitgeber geltenden Kollektivregeln, soweit die Voraussetzungen hierfür vorliegen (*Huke* FA 2002, 263 [266]; *Gaul* FA 2002, 299). Zu unterrichten ist aber auch über etwaige tatsächliche wirtschaftliche und soziale Folgen (»Sekundärfolgen«), etwa Sozialleistungen des neuen Arbeitgebers, deren Gewährung sich nicht schon als Rechtsfolge des Übergangs ergibt. Eine Beschreibung der wirtschaftlichen Lage des neuen Arbeitgebers kann im Allgemeinen aber nicht verlangt werden. Über ein laufendes Insolvenzverfahren des neuen Arbeitgebers muss allerdings unterrichtet werden. Zu den **hinsichtlich der Arbeitnehmer in Aussicht genommenen Maßnahmen** gehören zunächst alle Maßnahmen, welche der neue Arbeitgeber aus Anlass oder infolge des Betriebsübergangs für die Arbeitnehmer des übergegangenen Betriebs vorgesehen hat. Dabei kann es sich um einfachere Maßnahmen wie Weiterbildungsmaßnahmen handeln. Die Gesetzesbegründung (BT-Drs. 14/7760, S. 19) spricht aber ganz allgemein von anderen »Maßnahmen«, die die berufliche Entwicklung der Arbeitnehmer betreffen«. Wie weit diese Anforderung reicht, erscheint noch unklar. Dabei kommen insbes. alle Reorganisationsmaßnahmen des Arbeitgebers infolge des Betriebsübergangs in Betracht (etwa die Zusammenlegung, Reorganisation oder Auflösung von Betriebsteilen oder Abteilungen). Führen diese schon beim Übergang zu einer Betriebsänderung mit Interessenausgleich oder Sozialplan, so ist hierüber zu informieren. Das kann ggf. auch durch Verweis auf den Sozialplan geschehen. Erforderlich ist aber in jedem Fall, dass sich das Vorhaben des Übernehmers so verfestigt hat, dass ihr die Qualität einer »in Aussicht genommenen« Maßnahme zukommt (*Willemsen/Lembke* NJW 2002, 1159 [1163]). Hierzu ist neben einer objektiven Konkretisierung eine hinreichend verfestigte subjektive Absicht erforderlich, auf die ggf. aus objektiven Indizien geschlossen werden kann.

c) Form der Unterrichtung

108f Die Unterrichtung muss in **Textform** gem. § 126b BGB erfolgen. Durch das Textformerfordernis soll der Arbeitnehmer in die Lage versetzt werden, den Inhalt der Unterrichtung dauerhaft verfügbar zu halten, um sich alsdann weitergehend zu erkundigen oder – insbes. im Hinblick auf die Entscheidung über einen Widerspruch gegen den Betriebsübergang – beraten lassen zu können (BT-Drs. 14/7760, S. 19). Eine mündliche Unterrichtung, etwa auf einer Betriebsversammlung, reicht mithin nicht aus. Das Textformerfordernis verlangt eine Erklärung in Schriftzeichen, die entweder in einer Urkunde oder auf eine andere zur dauerhaften Wiedergabe geeigneten Weise abgegeben wurde. Die Person des Erklärenden muss genannt werden und das Ende der Erklärung durch Nachbildung der Namensunterschrift oder auf andere Weise (etwa durch Vermerk wie »der Vorstand«) kenntlich gemacht werden. Damit ist für eine Unterrichtung entweder die schriftliche Unterrichtung, etwa durch ein Merkblatt, oder auch eine Unterrichtung per E-Mail, soweit sie die genannten Voraussetzungen erfüllt, ausreichend.

d) Zeitpunkt der Unterrichtung

108g Der Arbeitgeber hat den Arbeitnehmer gem. § 613a Abs. 5 BGB **vor dem Betriebsübergang** zu unterrichten. Aus dieser Regelung folgt allerdings nicht, dass die Erfüllung der Unterrichtungspflicht mit Verstreichen dieses Zeitpunkts objektiv unmöglich iSd § 275 Abs. 1 BGB wird und damit erlischt (*Willemsen/Lembke* NJW 2002, 1159 [1163]). Ändern sich die Verhältnisse nach der Unterrichtung, wird man eine erneute Unterrichtung nicht verlangen können (*Gaul* FA 2002, 299 [300]). Der Arbeitnehmer ist zunächst dadurch geschützt, dass er auf der Grundlage falscher Information getroffene rechtsgeschäftliche Entscheidungen unter den Voraussetzungen des § 119 Abs. 2 BGB anfechten kann. Außerdem bleiben die Informationsrechte des Wirtschaftsausschusses, ferner diejenigen des Betriebsrates und diejenigen des Arbeitnehmers nach § 81 BetrVG unberührt.

e) **Verpflichteter**

Verpflichtet zur Unterrichtung der Arbeitnehmer sind **sowohl der bisherige Arbeitgeber als auch der neue Betriebsinhaber**. Dabei geht das Gesetz davon aus, dass sich beide Beteiligte untereinander verständigen, in welcher Weise sie ihre Informationspflicht erfüllen (BT-Drs. 14/7760, S. 19). Insofern besteht eine Kooperationspflicht als Nebenpflicht aus dem dem Übergang zugrunde liegenden Rechtsgeschäft, ggf. aus § 242 BGB. Dadurch wird zugleich deutlich, dass zwischen dem alten und dem neuen Arbeitgeber bei der Erfüllung der Informationspflicht eine Erfüllungsgemeinschaft besteht, die rechtlich als Gesamtschuld iSd §§ 420ff. BGB qualifiziert werden kann (zutr. *Gaul* FA 2002, 299; *Willemsen/Lembke* NJW 2002, 1159 [1162]). Dass bestimmte Informationen nur einem der beiden beteiligten Arbeitgeber bekannt sind, so dass dieser zur Erfüllung der Informationspflicht insoweit selbst gar nicht in der Lage ist, steht der Annahme einer Gesamtschuld nach allgemeinen Grundsätzen nicht entgegen. Bei widersprechender Unterrichtung ist die Informationspflicht grds. gleichwohl erfüllt, wenn ein Arbeitgeber zutreffend informiert hat. Den falsch informierenden Arbeitgeber kann unter den Voraussetzungen des § 280 Abs. 1 BGB eine Schadensersatzpflicht treffen. Ist die falsche Unterrichtung zeitlich später erfolgt, kann nach Treu und Glauben eine Klarstellungspflicht bestehen. 108h

f) **Rechtsfolgen unterlassener, verspäteter oder fehlerhafter Unterrichtung**

Nach § 613a Abs. 6 BGB beginnt die in dieser Vorschrift vorgesehene **Widerspruchsfrist** für den Arbeitnehmer gegen den Übergang seines Arbeitsverhältnisses erst nach **Zugang der Unterrichtung** gem. Abs. 5. Diese Rechtsfolge greift nicht nur bei vollständig ausbleibender Unterrichtung, sondern auch bei unvollständiger oder unzutreffender Unterrichtung ein (BT-Drs. 14/7760, S. 19). Ferner kann das Ausbleiben, die Unvollständigkeit oder Verspätung bei der Unterrichtung aufgrund der Einordnung des Unterrichtungserfordernisses als echte Rechtspflicht Schadensersatzansprüche des Arbeitnehmers nach § 280 BGB auslösen. Maßgebender Beurteilungszeitpunkt für die Richtigkeit ist derjenige des Zugangs der Mitteilung (*Willemsen/Lembke* NJW 2002, 1159 [1164]). Erfolgt die Unterrichtung verspätet, so wird das Verstreichen des spätesten, zulässigen Unterrichtungszeitpunkts (= Zeitpunkt des Übergangs) regelmäßig ausreichen, um nach § 286 Abs. 2 Nr. 4 BGB den Verzugseintritt zu begründen. Wurde der Arbeitnehmer unzutreffend unterrichtet, kann auch ein Anfechtungsrecht hinsichtlich des Widerspruchs bestehen, wenn die Voraussetzungen des § 123 Abs. 1 BGB vorliegen oder wenn hinsichtlich des übernehmenden Arbeitgebers ein nach § 119 Abs. 2 BGB relevanter Eigenschaftsirrtum vorliegt (vgl. *Willemsen/Lembke* NJW 2002, 1159 [1163]). Hingegen führt eine unzutreffende oder ausgebliebene Unterrichtung, auch unter Berücksichtigung von § 242 BGB, grds. nicht zur Unwirksamkeit einer Arbeitgeberkündigung, wenn der Arbeitnehmer in der Folge dem Übergang widerspricht (*BAG* 24.5.2005 EzA § 613a BGB 2002 Nr. 35, zum Ganzen noch *Grau* RdA 2005, 367). Anders sollte es, auch zur Verhinderung von Missbräuchen, nach § 242 BGB freilich dann liegen, wenn eine unzutreffende Information ihrer Art nach geeignet ist, den Arbeitnehmer zu einem Widerspruch zu bestimmen. Umgekehrt kann der Arbeitnehmer das Widerspruchsrecht verwirken. Maßgebend sind allgemeine Grundsätze, also längeres Zuwarten des Arbeitnehmers (Zeitmoment) und Umstände, nach denen der Arbeitgeber darauf vertrauen darf, der Arbeitnehmer werde nicht mehr widersprechen Umstandsmoment; zum Ganzen etwa *LAG Düsseld.* 7.5.2003 LAGE § 613a BGB 2002 Nr. 1). 108i

3. **Widerspruchsrecht**

In Übereinstimmung mit einer schon lange in der Rechtsprechung vertretenen Ansicht (*BAG* 6.2.1980 EzA § 613a BGB Nr. 26 mit Anm. *Gaul;* 7.4.1993 EzA § 1 KSchG Soziale Auswahl Nr. 30) räumt das Gesetz dem Arbeitnehmer in § 613a Abs. 6 BGB ein Widerspruchsrecht gegen den Übergang ein. Der Übergang des Arbeitsverhältnisses und dessen Beendigung gegenüber dem bisherigen Arbeitgeber erfolgen nicht, wenn der Arbeitnehmer dem widerspricht. Dieses ursprünglich durch teleologische Reduktion des § 613a Abs. 1 S. 1 BGB gewonnene Widerspruchsrecht des Arbeitnehmers ist wegen des höchstpersönlichen Charakters der Dienstleistung und nach den Regeln der Schuldübernahme gem. §§ 414, 415 BGB überzeugend (s. *Wolf* SAE 1981, 12). Außerdem ist auf die durch Art. 12 GG geschützte **Freiheit zur Wahl des Arbeitsplatzes** und auf die Möglichkeit des Verzichts auf den arbeitsrechtlichen Bestandsschutz zu verweisen (BT-Drs. 14/7760, S. 20; *BAG* 30.10.1986 EzA § 613a BGB Nr. 54). Ein sachlicher Grund ist für die Wirksamkeit des Widerspruchs nicht erforderlich (*BAG* 19.3.1998 EzA § 613a 109

BGB Nr. 163; 30.9.2004 EzA § 613a BGB 2002 Nr. 28). Der Arbeitnehmer trägt jedoch das Risiko der Kündigung durch den alten Arbeitgeber (*BAG* 19.3.1998 EzA § 613a BGB Nr. 163).

110 Nicht zulässig, weil mit Art. 3 Richtl. 2001/23/EG unvereinbar, ist es, wenn ein Arbeitnehmer nur **einzelnen Folgen des Übergangs,** etwa dem Freiwerden des Arbeitgebers von seinen Verbindlichkeiten gegenüber dem Arbeitnehmer, widerspricht (*EuGH* 5.5.1988 EzA § 613a BGB Nr. 89). Dass aus dieser Einschränkung nicht folgen kann, dass das Widerspruchsrecht des Arbeitnehmers schlechthin europarechtswidrig wäre (vgl. *Bauer* NZA 1990, 883; *Berger-Delhey* Anm. zu *BAG* EzA § 613a BGB Nr. 89, Bl. 7 ff.; *Gaul* Anm. zu *BAG* EzA § 613a BGB Nr. 89, Bl. 13 ff.; *Meilicke* DB 1990, 1770), hat inzwischen nach einiger Zeit der Unsicherheit (vgl. zB den Vorlagebeschluss des *BAG* 21.5.1992 EzA § 613a BGB Nr. 103) auch der EuGH entschieden. Das Widerspruchsrecht des Arbeitnehmers ist mit Art. 3 Abs. 1 der Richtl. vereinbar, da den Arbeitnehmern ein europäisches Grundrecht (vgl. KR-*Pfeiffer* vor § 612a BGB Rz 1) auf freie Wahl des Arbeitgebers zusteht (*EuGH* 16.12.1992 EzA § 613a BGB Nr. 105 = EuZW 1993, 161 mit Aufsatz *Birk*; daraufhin am Widerspruchsrecht festhaltend *BAG* 7.4.1993 EzA § 1 KSchG Soziale Auswahl Nr. 30). Das Problem, ob das Recht des Arbeitnehmers zum Widerspruch als Anwendung günstigeren nationalen Rechts iSd Art. 8 Richtl. 2001/23/EG zulässig ist (so LAG Bln. 12.6.1991 LAGE § 613a BGB Nr. 23; ArbG Hmb. 14.2.1991 DB 1991, 1333 – LS), ist damit hinfällig.

a) Ausübung des Widerspruchs

111 Das Widerspruchsrecht ist ein **Gestaltungsrecht** (*BAG* 22.4.1993 EzA § 613a BGB Nr. 112 [zu V 2c bb der Gründe]; 30.10.1986 EzA § 613a BGB Nr. 54; *M. Wolf* SAE 1981, 12). Es ist auf Verhinderung oder Beseitigung der Rechtsfolge des § 613a Abs. 1 S. 1 BGB gerichtet (*BAG* 27.4.1995 EzA § 613a BGB Nr. 126 [zu B II 3 b] spricht von einem »Rechtsfolgenverweigerungsrecht«). Seine Ausübung erfolgt **durch empfangsbedürftige Willenserklärung** (*BAG* 27.4.1995 EzA § 613a BGB Nr. 126), die auch **konkludent** abgegeben werden kann (*LAG Brem.* 18.9.1987 LAGE § 613a BGB Nr. 9; offen lassend, aber mit bejahender Tendenz *BAG* 29.11.1988 EzA § 613a BGB Nr. 81). Es gelten allgemeine Auslegungsgrundsätze (vgl. *BAG* 24.5.2005 EzA § 613a BGB 2002 Nr. 35 zu II 1 c). Die Widerspruchserklärung ist bedingungsfeindlich (vgl. *BAG* 24.5.2005 EzA § 613a BGB 2002 Nr. 35 zu II 1 c). Die Angabe eines Grundes ist für die Ausübung des Widerspruchs nicht erforderlich (*BAG* 15.2.1984 EzA § 613a BGB Nr. 39; s. aber Rz 65). Ausreichend kann iVm sonstigen Umständen sein, dass der betreffende Arbeitnehmer trotz eines entsprechenden Angebots nicht mehr an seinen Arbeitsplatz zurückkehrt. Keine Widerspruchserklärung liegt im Regelfall darin, dass der Arbeitnehmer ein ihm nachteiliges Änderungsangebot des neuen Arbeitgebers ablehnt (*BGH* 26.3.1987 ZIP 1987, 800). Die Widerspruchserklärung kann nach §§ 119, 123 BGB angefochten werden (s. *LAG Brem.* 18.9.1987 LAGE § 613a BGB Nr. 9).

112 **Adressat** des Widerspruchs ist nach Wahl des Arbeitnehmers der alte oder der neue Arbeitgeber. Die wechselseitige Unterrichtung der Arbeitgeber haben diese als Nebenpflicht des Übertragungsgeschäfts zu erledigen.

b) Form

112a Für den Widerspruch schreibt das Gesetz die Einhaltung der **Schriftform** vor. Die **elektronische Form** des § 126a BGB ist damit ebenfalls nicht ausgeschlossen. Das Schriftformerfordernis dient dem **Übereilungsschutz** des Arbeitnehmers, der im Falle einer fehlenden Beschäftigungsmöglichkeit beim alten Arbeitgeber Gefahr läuft, seinen Arbeitsplatz zu verlieren, und **Beweiszwecken** (BT-Drs. 14/7760, S. 20).

c) Zeitpunkt des Widerspruchs

113 Für die Ausübung des Widerspruchsrechts gilt eine Frist von einem Monat. Sie beginnt mit dem Zugang der vollständigen Information durch den Arbeitgeber. Das gilt gleichermaßen für einen vor oder nach dem Übergang erklärten Widerspruch. Bloße Kenntnis vom Übergang genügt nicht, um den Fristlauf auszulösen. Auch nach erfolgtem und für den Arbeitnehmer erkennbarem Übergang beginnt mithin die Widerspruchsfrist erst mit dem Zugang der vollständigen Information. Allerdings dürfte es nicht ausgeschlossen sein, dass das Widerspruchsrecht auch ohne Unterrichtung des Arbeitnehmers verwirkt wird, soweit dessen Ausübung nach längerer Zeit treuwidrig wäre (*Willemsen/Lembke* NJW 2002, 1159 [1160]).

114 An der Geltung der Monatsfrist vermag auch das Vorliegen außergewöhnlicher Umstände, etwa ein Insolvenzverfahren, nichts zu ändern. Wenngleich im Interesse der Arbeitsplatzsicherung und der Be-

triebserhaltung eine Betriebsübernahme im **Insolvenzverfahren** in kürzester Zeit abgewickelt werden muss, darf dies nicht als Ansatzpunkt für eine faktische Ausschaltung der Überlegungsfrist dienen. Vielmehr muss der Arbeitnehmer wegen der großen Bedeutung der Tatsache, für welchen Arbeitgeber er arbeitet, auch in der Insolvenz eine angemessene Überlegungsfrist eingeräumt bekommen. Keinesfalls ausreichend ist daher eine eintägige Widerspruchsfrist (**aA** *LAG Nürnberg* 4.12.1985 BB 1986, 941).

d) Ausschluss des Widerspruchs

Die Ausübung des Widerspruchs ist ausgeschlossen, wenn der Arbeitnehmer auf sein Widerspruchs- 115 recht **verzichtet** hat, was sowohl durch Vereinbarung mit dem alten wie mit dem neuen Arbeitgeber, aber auch durch eine einseitig erklärte Zusage des Arbeitnehmers, den Widerspruch nicht auszuüben, geschehen kann (s. auch *BAG* 15.2.1984 EzA § 613a BGB Nr. 39). Der Widerspruch kann auch wegen **Rechtsmissbrauchs** unwirksam sein (*BAG* 6.2.1980 EzA § 613a BGB Nr. 26). Ein Verstoß gegen Treu und Glauben liegt etwa dann vor, wenn der Arbeitnehmer vor Betriebsübergang erklärte, er werde dem Übergang nicht widersprechen und dies später doch tut, obwohl der bisherige Arbeitgeber auf die erste Erklärung des Arbeitnehmers vertraute (*BAG* 15.2.1984 EzA § 613a BGB Nr. 39). Wegen Rechtsmissbrauchs unwirksam kann auch die Anfechtung der Widerspruchserklärung sein (*LAG Brem.* 18.9.1987 LAGE § 613a BGB Nr. 9). Noch nicht vollständig geklärt sind die Rechtsverhältnisse bei der Anwendung des § 613a BGB im Rahmen von Umwandlungsvorgängen bzw. Fällen der **Gesamtrechtsnachfolge.** Hier wird teilweise die Ansicht vertreten, ein Widerspruch scheide stets aus, da die Arbeitsverhältnisse »automatisch« übergingen (MünchKomm-*Schaub* § 613a Rz 214; vgl. auch *Heinze* ZfA 1997, 1 [6]). Diese Ansicht ist jedoch mit der ausdrücklichen Anordnung des § 324 UmwG (im Anwendungsbereich dieser Vorschrift) unvereinbar, wonach § 613a BGB – samt den sich daraus ergebenden Rechtsfolgen (einschließlich Widerspruchsrecht) – unberührt bleibt (s.o. Rz 74). Jedoch kann ein effektives Widerspruchsrecht dadurch ausgeschlossen sein, dass der abgebende Rechtsträger erlischt, so dass ein Widerspruch ins Leere geht. Dies ist gem. § 123 Abs. 1 bzw. § 20 Abs. 1 bzw. § 176 Abs. 3 S. 2 UmwG namentlich im Falle der Aufspaltung, der Verschmelzung und der Vermögensvollübertragung zu bejahen (*Bauer/Lingemann* NZA 1994, 1057 [1061]; *Wlotzke* DB 1994, 40 [43]; s.a. bereits *Hanau* ZGR 1990, 348 [557]). Da indessen dem Arbeitnehmer kein neuer Arbeitgeber aufgezwungen werden kann, muss ein Widerspruchsrecht auch bei Aufspaltung, Verschmelzung und Vermögensvollübertragung in Betracht kommen mit der Folge, dass das Arbeitsverhältnis mit Wirksamwerden des Umwandlungsvorgangs erlischt (*Boecken* ZIP 1994, 1092; *Däubler* RdA 1995, 136 [140]). Soweit hiergegen eingewandt wird, dies komme einem voraussetzungslosen Lösungsrecht des Arbeitnehmers gleich, welches das deutsche Arbeitsrecht nicht kenne (*Kallmeyer/Willemsen* § 324 UmwG Rz 9), überzeugt dies nicht. Denn nicht der Arbeitnehmer löst sich einseitig von seinem bisherigen Arbeitgeber. Vielmehr beendet der bisherige Arbeitgeber einseitig seine rechtliche Existenz und macht es dem Arbeitnehmer damit unmöglich, die Arbeitsleistung gegenüber diesem zu erfüllen. Zudem kann der Übergang des Betriebs auch schon vor einer gesellschaftsrechtlichen Umwandlung liegen; hier führt der Widerspruch zum Weiterbestehen des Arbeitsverhältnisses mit dem ursprünglichen Inhaber, der bei Vorliegen der allg. Voraussetzungen aber kündigen kann (*Bauer/Mengel* ZIP 2000, 1635 [1637]). Einer Umdeutung in eine außerordentliche Kündigung durch den Arbeitnehmer bedarf es mithin nicht (**aA** *Gaul/Bonanni* Anm. zu EzA § 613a BGB Nr. 190). Bei der Aufspaltung wird darüber hinaus vorgebracht, dass zwar der alte Rechtsträger erlösche, dass aber ähnliche Wirkungen wie bei einer Abspaltung herbeigeführt würden, so dass dem Arbeitnehmer ein Wahlrecht zwischen den übernehmenden Rechtsträgern eingeräumt werden müsse (*K. Mertens* AG 1994, 66 [73]). Dem ist für den Regelfall nicht zu folgen, da das Widerspruchsrecht nur auf der Ratio beruht, dass dem Arbeitnehmer kein Arbeitgeber gegen seinen Willen aufgezwungen werden kann (*Boecken* ZIP 1994, 1087 [1092]). Anders kann es nur liegen, wenn die Aufspaltung wegen der Art der getroffenen Aufteilung ausnahmsweise als abspaltungsgleich einzuordnen ist.

e) Folgen des Widerspruchs

Der Widerspruch **verhindert den Übergang des Arbeitsverhältnisses** des Widersprechenden auf den 116 Betriebserwerber. Das Arbeitsverhältnis bleibt mit dem Betriebsveräußerer bestehen. Wird der Widerspruch zulässigerweise (s.o. Rz 113) erst nach dem Übergang ausgeübt, tritt die rechtsgestaltende Wirkung ex tunc ein; die Rechtslage wird rückwirkend umgestaltet, da dem Arbeitnehmer auch nicht vorübergehend ein anderer Arbeitgeber aufgezwungen werden darf (*BAG* 22.4.1993 EzA § 613a BGB Nr. 111; **aA** nunmehr *Rieble* NZA 2004, 1). Gleichwohl kann der Arbeitnehmer vom Erwerber Entgelt unter dem Gesichtspunkt des faktischen Arbeitsverhältnisses verlangen (*LAG Köln* 11.6.2004 LAGE

§ 613a BGB 2002 Nr. 5; *Moll* AP Nr. 103 zu § 613a BGB; *Worzalla* NZA 2002, 353 [358]); hingegen besteht gegenüber dem Veräußerer kein vertraglicher Anspruch, weil dort keine Arbeit verrichtet wurde und es an den Voraussetzungen des Annahmeverzugs (§ 615 BGB) fehlt (*LAG Köln* 11.6.2004 LAGE § 613a BGB 2002 Nr. 5; **aA** *Franzen* RdA 2002, 258 [271]). Der Veräußerer kann nach § 280 BGB wegen unzureichender Information haften, falls vom Erwerber nichts zu erlangen ist (*Moll* AP Nr. 103 zu § 613 a BGB).

116a Widerspricht der Arbeitnehmer dem Übergang eines **Teilbetriebs**, so stellt sich die Frage, welchem Teil des verbleibenden Betriebs er zuzuordnen ist. Dies ist namentlich dann relevant, wenn alsdann weitere Betriebsteile übergehen. Diese Zuordnung kann und muss der Arbeitgeber im Rahmen seines Direktionsrechts vornehmen, was allerdings auch konkludent möglich sein sollte. Ohne solche Zuordnungsentscheidung ist der Arbeitnehmer nicht ohne weiteres in einem bestimmten Betriebsteil beschäftigt (*BAG* 13.2.2003 EzA § 613a BGB 2002 Nr. 6).

116b Für die Frage, welche Rechtsfolgen die Ausübung des Widerspruchs für das mit dem alten Arbeitgeber bestehende Arbeitsverhältnis zeitigt, ordnet **Art. 4 Abs. 2 Richtl. 2001/23/EG** an, dass das Arbeitsverhältnis als vom Arbeitgeber gekündigt gilt, wenn der Übergang wesentliche Nachteile für den Arbeitnehmer herbeiführt und es deshalb zu einer Beendigung des Arbeitsverhältnisses kommt. Hieraus schließt der EuGH zunächst, dass keine EG-rechtlichen Vorgaben bestehen, wenn sich der Arbeitnehmer »frei«, dh ohne durch wesentliche Nachteile hierzu veranlasst zu sein, gegen den Übergang des Arbeitsverhältnisses entscheidet (*EuGH* 7.3.1996 EzA § 613a BGB Nr. 138 – Tz 35), was angesichts der Herleitung des Widerspruchsrechts aus den Arbeitnehmergrundrechten wenig konsequent erscheint (zutr. *Waas* EuZW 1996, 215 [216]; bestätigend etwa *EuGH* 12.11.1998 EzA § 613a BGB Nr. 168). Tritt infolge des Übergangs eine wesentliche Änderung der Arbeitsbedingungen zum Nachteil des Arbeitnehmers ein und führt diese zu einer Beendigung des Arbeitsverhältnisses, so muss das mitgliedstaatliche Recht vorsehen (fingieren), dass diese auf einer Kündigung durch den Arbeitgeber beruht. Diese Vorschrift bezweckt, dass der Arbeitnehmer in den Genuss aller Vergünstigungen kommt, die ihm bei einer arbeitgeberseitigen Kündigung zustehen (*Oetker* in: Oetker/Preis B 7200, Rz 76). Sie ist insbes. auch dann anwendbar, wenn der Arbeitnehmer einem Übergang auf einen neuen Arbeitgeber widerspricht und es deshalb zu einer Beendigung kommt (*EuGH* 12.11.1998 EzA § 613a BGB Nr. 168). Da die Vorschrift voraussetzt, dass es zu einer Beendigung des Arbeitsverhältnisses kommt, betrifft sie nicht die Wirksamkeit der Kündigung, sondern lediglich deren Folgen. Als wesentliche Änderung hat der EuGH etwa den Rückgang der Vergütung, auch wenn diese umsatzabhängig gezahlt wird, angesehen (*EuGH* 12.11.1998 EzA § 613a BGB Nr. 168). Auch sonstige soziale Vergünstigungen, etwa hinsichtlich der Altersvorsorge kommen in Betracht (*Oetker* aaO, Rz 77).

117 Eine **verhaltensbedingte Kündigung** kann zwar nicht auf die Ausübung des Widerspruchsrechts gestützt werden. Dies ergibt sich sowohl aus § 613a Abs. 4 BGB (etwa *Wank/Brüning* ZfA 1995, 699 [712]) als auch aus dem Maßregelungsverbot des § 612a BGB. Jedoch geht der Arbeitnehmer bei Ausübung seines Widerspruchsrechts das Risiko ein, dass der alte Arbeitgeber eine **betriebsbedingte Kündigung** gem. § 1 KSchG ausspricht, wenn eine Weiterbeschäftigung wegen des Betriebsübergangs nicht möglich ist (*BAG* 2.10.1974 EzA § 613a BGB Nr. 1; vgl. auch *Bauer* DB 1983, 713). Die dann gegebene Kündigung unterfällt nicht dem Anwendungsbereich des § 613a Abs. 4 BGB, da diese Regelung durch dringende betriebliche Erfordernisse begründete Kündigungen nicht ausschließt (*Hutzler* BB 1981, 1470, 1471; s.o. Rz 114). Im Falle einer hinreichend großen Zahl notwendig werdender Kündigungen kann der Arbeitgeber zu einer **Betriebsänderung** gezwungen sein (*Gaul* DB 1995, 2265 [2266]), deren Vorliegen nicht daran scheitert, dass die Ursache der Kündigung mittelbar in der Sphäre der Arbeitnehmer gesetzt wurde (*BAG* 10.12.1996 ZIP 1997, 1471).

118 Umstritten ist, ob die im Widerspruch liegende Ausschlagung des Arbeitsplatzes beim neuen Arbeitgeber im Rahmen der **Sozialauswahl** nach § 1 Abs. 3 KSchG als Argument für eine mangelnde Schutzbedürftigkeit berücksichtigt werden kann. Stellt man richtigerweise auf den Zweck des Widerspruchsrechts, nämlich den europarechtlich und verfassungsrechtlich gebotenen Schutz der rechtsgeschäftlichen Abschlussfreiheit des Arbeitnehmers ab, so muss eine solche Berücksichtigung idR ausscheiden (*v. Hoyningen-Huene* § 1 KSchG Rz 441b). Aus diesem Grunde ist die Auffassung, die Ausübung des Widerspruchs sei, falls sie nicht gesondert zu rechtfertigen sei, grob rechtsmissbräuchlich (*Kreitner* S. 164; dem folgend *LAG Hamm* 19.7.1994 LAGE § 1 KSchG Soziale Auswahl Nr. 11), schon im dogmatischen Ansatz verfehlt (insofern wie hier auch *Ingelfinger* ZfA 1996, 591 [598]). Überdies wird eine wirkliche Wahlfreiheit des Arbeitnehmers nur gesichert, wenn seine Entscheidung gegen den neuen Arbeitgeber nicht mit einem verminderten Bestandsschutz erkauft werden muss (*Helpertz*

Betriebsinhaberwechsel § 613a BGB

DB 1990, 1562). Im Einklang mit diesem Ausgangspunkt geht auch die Rechtsprechung davon aus, dass der Arbeitnehmer dem Übergang seines Arbeitsverhältnisses **ohne Begründung widersprechen** und sich auf eine **fehlerhafte Sozialauswahl** nach § 1 Abs. 3 KSchG berufen kann (*BAG* 18.3.1999 § 1 KSchG Soziale Auswahl Nr. 40).

Allerdings will das BAG die **Gründe für den Widerspruch bei der Durchführung der Sozialauswahl** 119 **berücksichtigen**, da die Vertragsfreiheit des widersprechenden Arbeitnehmers und die soziale Schutzbedürftigkeit der beim ursprünglichen Arbeitgeber verdrängten Kollegen zum Ausgleich gebracht werden müssten (*BAG* 18.3.1999 § 1 KSchG Soziale Auswahl Nr. 40; vgl. bereits *BAG* 7.4.1993 EzA § 1 KSchG Soziale Auswahl Nr. 30). Auf dieser Grundlage gelangt das BAG zu einem beweglichen Abwägungssystem, das auf der einen Seite das Gewicht der Widerspruchsgründe und auf der anderen Seite das Ausmaß unterschiedlicher sozialer Schutzbedürftigkeit der in die Sozialauswahl einzubeziehenden Arbeitnehmer berücksichtigt. Je geringer die Unterschiede in der sozialen Schutzbedürftigkeit seien, desto gewichtiger müssten die Sachgründe des widersprechenden Arbeitnehmers sein, um einen anderen Arbeitnehmer verdrängen zu können. Eine unbeschränkte Sozialauswahl nach den sonst geltenden Grundsätzen will das BAG nur vornehmen, wenn ohne Widerspruch die Gefahr eines baldigen Arbeitsplatzverlusts oder einer baldigen wesentlichen Verschlechterung der Arbeitsbedingungen droht (zusammenfassend *BAG* 18.3.1999 § 1 KSchG Soziale Auswahl Nr. 40). In erster Linie sind hier die Fälle der drohenden Insolvenz oder mangelnden Zuverlässigkeit des neuen Arbeitgebers zu nennen. Nicht abschließend gesichert ist, ob mit einer wesentlichen Verschlechterung der Arbeitsbedingungen auch die **individual-rechtlichen Rahmenbedingungen** gemeint sind. Nach der Ratio der Rechtsprechung des BAG sollte man jedenfalls gewichtige Verschlechterungen der rechtlichen Rahmenbedingungen als wesentlich ansehen; hier kommt etwa eine kündigungsrechtliche Schlechterstellung in Betracht, insbes. wenn der neue Betrieb nicht dem KSchG unterfällt (*LAG Hamm* 19.7.1994 LAGE § 1 KSchG Soziale Auswahl Nr. 11; *Gragert* FS Schwerdtner, S. 49 [55]; ErfK-*Preis* Rz 104; *Staudinger/Richardi/Annuß* Rz 135). Geringeres Gewicht hat demgegenüber die tatsächliche Schmälerung der Zahl der in eine etwaige Sozialauswahl einzubeziehenden Arbeitnehmer. Sonstige rechtliche Rahmenbedingungen werden nach der Konzeption des BAG entsprechend ihrer aktuellen Relevanz im Zeitpunkt der Übergabe berücksichtigt werden müssen. Hierzu zählen: der Verlust der Sozialplanpflichtigkeit; der Verlust der Betriebsratspflichtigkeit (weniger gewichtig, da änderbar: das tatsächliche Nichtbestehen eines Betriebsrats in einem betriebsratsfähigen Betrieb, vgl. *Gragert* FS Schwerdtner, S. 49 [55]). Tatsächlichen Lästigkeiten (größere Entfernung zum Arbeitsplatz, weniger angenehme Arbeits- oder Urlaubszeiten) dürfte in Regelfall ein geringeres Gewicht zukommen. Auch soweit man dem BAG folgt, ist es allerdings nicht erforderlich, dass der Arbeitnehmer den Widerspruch bereits bei der Ausübung begründet. Auch ohne erklärte Begründung ist er mit der Geltendmachung einer sachlichen Rechtfertigung im anschließenden Kündigungsschutzprozess nicht präkludiert (*Wollenschläger/Pollert* ZfA 1996, 547 [564]). Hinsichtlich der im Falle einer Kündigung erforderlichen **Anhörung des Betriebsrats** gilt: Der alte Arbeitgeber braucht den Gesamtbetriebsrat nicht anzuhören, wenn er dem widersprechenden Arbeitnehmer kündigt, ohne ihn zuvor einem anderen Betrieb zugeordnet zu haben (*BAG* 21.3.1996 BB 1996, 1502). Widerspricht ein Betriebsratsangehöriger dem Übergang desjenigen Betriebsteils, in welchem er beschäftigt ist, so finden § 15 Abs. 4 u. 5 KSchG zumindest entsprechende Anwendung (*BAG* 18.9.1997 EzA § 15 KSchG Nr. 46).

Zwar ist dem BAG zuzugestehen, dass seine Konzeption das verständliche Ziel einer gerechten Ver- 120 teilung von Arbeitsplätzen verfolgt. Gleichwohl ist entgegenzuhalten, dass die **dogmatisch-normative Grundlage** der durch das BAG entwickelten »Meta-Abwägungstheorie«, welche die ohnehin schon auf Abwägung beruhende Feststellung sozialer Schutzbedürftigkeit einer weiteren Abwägungsschranke unterwirft, unklar ist. Seine Vereinbarkeit mit dem **Grundrechtscharakter des Widerspruchsrechts** ist zweifelhaft, da die Hürde des baldigen Arbeitsplatzverlusts und der baldigen wesentlichen Verschlechterung der Arbeitsbedingungen sehr hoch gesetzt ist. Praktisch führt die zusätzliche Abwägung zwischen den Widerspruchsgründen auf der einen Seite und der ohnehin schon auf Abwägung beruhenden Sozialauswahl zu Rechtsunsicherheit und ist auch deshalb abzulehnen (ErfK-*Preis* Rz 104).

Die Berücksichtigung der Gründe des Widerspruchs sollte daher auf Fälle des **Rechtsmissbrauchs** be- 121 schränkt werden. Ein solcher kann lediglich unter engen Voraussetzungen – evident zweckwidriger Gebrauch – angenommen werden, etwa wenn der Arbeitnehmer nur widerspricht, um an einem Sozialplan des Veräußerers zu partizipieren (*Hanau* FS Gaul, S. 287 [292]; insofern wie hier auch *Ingelfinger* ZfA 1996, 591 [598]) oder um den Betriebsübergang im Zusammenwirken mit anderen ebenfalls wi-

§ 613a BGB   Betriebsinhaberwechsel

dersprechenden Arbeitnehmern ganz zu verhindern (s.u. Rz 122). Im Übrigen bestehen nach dem Rechtsgedanken des § 112 Abs. 5 Nr. 2 S. 2 BetrVG auch keine Bedenken, die Möglichkeit zur Weiterarbeit bei dem neuen Arbeitgeber bei der Formulierung eines Sozialplans des Veräußerers zu berücksichtigen (*BAG* 5.2.1997 BB 1997, 2169; ferner *Meyer* NJW 2002, 1615 [1619 f]); *Neef/Schrader* NZA 1998, 804 [806]; *Schiefer* NJW 1998, 1817 [1826]; *Schlachter* NZA 1995, 705 [710]). Anders liegt es, wenn der Übernehmer eine baldige Kündigung in Aussicht stellt (*Neef/Schrader* NZA 1998, 804 [806]). Inwieweit ein Sozialplan Leistungen auch im Falle des Widerspruchs vorsieht, muss diesem im Wege der Auslegung entnommen werden (*BAG* 15.12.1998 EzA § 112 BetrVG 1972 Nr. 103).

122 Übt ein nicht unerheblicher Teil der betriebsangehörigen Arbeitnehmer das Widerspruchsrecht aus, dann wird der neue Betriebsinhaber zu einer **Betriebsänderung** gezwungen. Ein solcher Nicht-Mitvollzug des Betriebsübergangs kommt einer Auflösung der zwischen Arbeitgeber und Arbeitnehmer bestehenden Betriebs- und Produktionsgemeinschaft gleich, weshalb sie als Betriebseinstellung einzustufen ist (*Neef* NZA 1994, 97 [98 f.]). Wird das Widerspruchsrecht als kollektives Druckmittel planvoll eingesetzt, kann dies rechtsmissbräuchlich sein (**str.,** zum Ganzen *Pietzko* S. 316 ff.). Maßgebend ist, ob er dazu eingesetzt wird, andere Zwecke als die Sicherung der arbeitsvertraglichen Rechte und die Beibehaltung des bisherigen Arbeitgebers herbeizuführen (*BAG* 30.9.2004 EzA § 613a BGB 2002 Nr. 28).

123 Widerspricht ein Arbeitnehmer, der **aufgrund tarifvertraglicher Regelung unkündbar** ist, dem Übergang des Arbeitsverhältnisses, so kommt ihm sein stärkerer Bestandsschutz gegenüber Arbeitskollegen beim alten Arbeitgeber ohne Einschränkung zugute. Der Arbeitgeber darf nicht wegen Wegfalls des Arbeitsplatzes ohne weiteres außerordentlich kündigen. Vielmehr muss der Arbeitgeber dem Arbeitnehmer einen Arbeitsplatz, erforderlichenfalls durch Kündigung eines nicht in gleicher Weise geschützten Arbeitnehmers, »freimachen«, wenn der widersprechende unkündbare Arbeitnehmer dieses nach zumutbarer Einarbeitung wahrnehmen kann (*BAG* 22.1.1999 EzA § 626 BGB Unkündbarkeit Nr. 3).

III. Auswirkungen des Betriebsübergangs für den Arbeitnehmer

1. Rechte und Pflichten gegenüber dem neuen Arbeitgeber

124 Widerspricht der Arbeitnehmer dem Übergang des Arbeitsverhältnisses nicht, dann erlischt seine **Arbeitspflicht** gegenüber dem alten Betriebsinhaber. Sie besteht nun gegenüber dem neuen Arbeitgeber, demgegenüber der Arbeitnehmer auch möglicherweise noch ausstehende Schadensersatzansprüche oder Rückzahlungsansprüche wegen überzahlten Lohnes zu erfüllen hat und dessen Weisungsrecht er jetzt unterliegt. Arbeitsvertragliche **Nebenpflichten** (Verschwiegenheits- und Rücksichtspflichten etc.) muss der Arbeitnehmer ab dem Zeitpunkt des Übergangs dem neuen Arbeitgeber gegenüber erfüllen (*Schaub* ZIP 1984, 272 [277]). Der Arbeitnehmer kann aber gegen den neuen Arbeitgeber grds. alle Ansprüche aus dem Arbeitsverhältnis geltend machen, gleichgültig ob sie schon vor oder erst nach dem Übergang entstanden sind (s. *BAG* 18.8.1976 EzA § 613a BGB Nr. 7; zu Einschränkungen s.u. Rz 134, 141). Dies gilt auch dann, wenn es um Rechte geht, die vom ungewissen Eintritt eines Ereignisses nach dem Übergang abhängen (*EuGH* 6.11.2003 EuGHE 2003, I-12859 – *Martin*).

2. Arbeitsvertragliche Grundlage

125 Der Übergang ist auf Rechte und Pflichten **aus dem Arbeitsverhältnis** beschränkt. Rechtspositionen, die auf anderen Rechtsakten beruhen (Prokura, Vollmachten, Darlehen, Werksmietwohnungen usw.) gehen daher nicht über (AR-Blattei-*Hergenröder* 500.1 Rz 657 ff.; KassArbR-*Hattesen* Nr. 6.7 Rz 135; ErfK-*Preis* Rz 73; *Staudinger/Richardi/Annuß* Rz 154); anderes gilt für Werksdienstwohnungen, deren Bewohnung zum Inhalt des Arbeitsverhältnisses gehört (*Staudinger/Richardi/Annuß* Rz 154). Hiervon ist die Frage zu unterscheiden, ob der Arbeitgeber aufgrund des Arbeitsverhältnisses, sei es aufgrund des Arbeitsvertrags, einer Gesamtzusage oder einer betrieblichen Übung, zur Vornahme solcher Rechtsakte, etwa zur Gewährung von Arbeitgeberdarlehen, verpflichtet ist. Sofern dies der Fall ist, bestehen entsprechende Ansprüche gegen den neuen Inhaber (APS-*Steffan* Rz 83; *Staudinger/Richardi/Annuß* Rz 154). Auch soweit die fraglichen Rechtsakte, wie etwa bei der Erteilung von Prokura oder Handlungsvollmacht im Außenverhältnis zeitigen, tritt der Übernehmer grds. im Innenverhältnis in die arbeitsvertragliche Pflichtenstellung des Arbeitgebers ein. Daraus wird dem Arbeitnehmer aber regelmäßig kein Anspruch auf Erteilung der Prokura zustehen, so dass allenfalls ein außerordentliches Kündigungsrecht des Arbeitnehmers oder ein Schadensersatzanspruch gegen den neuen Arbeitgeber in Betracht kommen, falls dieser eine vertraglich zugesicherte Prokura nicht erteilt (*BAG* 26.8.1986

NJW 1987, 862). Räumt der alte Arbeitgeber seinen Arbeitnehmer einen **Personalrabatt** beim Erwerb eigener Produkte ein, kann die Auslegung ergeben, dass es sich um eine Maßnahme der Mitarbeitermotivation Herstellung eigener Produkte handelt; der neue Arbeitgeber ist – wenn er solche Produkte nicht herstellt – hieran dann nicht gebunden (*BAG* 7.9.2004 EzA § 611 BGB 2002 Personalrabatt Nr. 1). Für die Zusage von **Aktienoptionen** kommt es ebenfalls auf den Inhalt und die Auslegung der Zusage an, aus der sich ergibt, inwieweit die Optionseinräumung als Entgeltbestandteil auch arbeitsvertraglich geschuldet ist (*BAG* 12.2.2003 § 613a BGB 2002 Nr. 3; *Bauer/Göpfert/v. Steinau-Steinrück* ZIP 2001, 1129; *Urban-Crell/Manger* NJW 2004, 125).

3. Dauer der Betriebszugehörigkeit

Für alle Rechtsfragen, bei deren Beantwortung die Dauer der Betriebszugehörigkeit ausschlaggebend ist, ist für deren Berechnung grds. auch **die Zeit vor dem Betriebsübergang zu berücksichtigen**, soweit diese beim alten Arbeitgeber rechtsbegründend gewirkt hat (*EuGH* 14.9.2000 EzA § 613a BGB Nr. 191 – *Collino u. Chiappero*). So wird etwa die Dauer der Betriebszugehörigkeit, soweit sie Voraussetzung für zusätzliche soziale Leistungen oder für Kündigungsfristen ist, durch den Übergang nicht unterbrochen. Für die Berechnung der Unverfallbarkeit einer von der Betriebszugehörigkeitsdauer abhängigen Versorgungsanwartschaft sind sowohl die Beschäftigungszeit beim Veräußerer als auch die beim Erwerber heranzuziehen, auch wenn der Betriebsveräußerer keine Versorgungszusage erteilt hatte (*BAG* 20.7.1993 EzA § 613a BGB Nr. 110). Dieses Prinzip gilt auch, wenn eine kollektivvertragliche Regelung der Altersversorgung nach § 613a Abs. 1 S. 3 BGB abgelöst wird (*Hambach* NZA 2000, 291). Nichts anderes ist unter Berücksichtigung der Ratio des § 613a BGB selbst dann maßgebend, wenn der Betriebsinhaberwechsel vor Inkrafttreten des § 613a BGB stattfand (*BAG* 8.2.1983 EzA § 613a BGB Nr. 37); aber zu weiteren Einzelheiten bei der Verdrängung der Altersversorgungsregelung gem. § 613a Abs. 1 S. 3 BGB s.u. Rz 169 aE.

126

Beispiele für Auswirkungen dieser zeitlichen Kontinuität: gesetzliche oder tarifvertragliche Verlängerungen der Kündigungsfristen; Sechsmonatsfrist des § 1 Abs. 1 KSchG; Berücksichtigung der Betriebszugehörigkeit in § 1 Abs. 3 KSchG, die Ruhegeldanwartschaften (*BAG* 21.2.1979 EzA § 847 BGB Nr. 3) und die gratifikationsrelevanten Zeiträume.

127

Führt der neue Betriebsinhaber **eigene betriebliche Zusatzleistungen** ein, besteht für ihn die Möglichkeit, die unter seiner Arbeitgeberstellung unterschiedlichen Zugehörigkeiten der Arbeitnehmer zu berücksichtigen (*BAG* 15.3.1979 EzA § 613a BGB Nr. 22). Er braucht also bspw. Zeiten einer früheren Beschäftigung beim alten Arbeitgeber bei der Berechnung der Höhe einer Betriebsrente nicht zu berücksichtigen (*BAG* 19.4.2005 EzA § 1b BetrAVG Nr. 3). Der neue Betriebsinhaber ist für den Fall, dass er bereits vorher noch einen anderen Betrieb führte und diesen gleichzeitig weiterführt, nicht dazu verpflichtet, eine Anpassung an die bei ihm bestehenden Arbeitsbedingungen vorzunehmen (*BAG* 30.8.1979 EzA § 613a BGB Nr. 23).

128

4. § 323 UmwG

Erfolgt der Betriebsübergang im Rahmen einer **Umwandlung** nach dem UmwG, so ist die Regelung des § 323 Abs. 1 UmwG zu beachten. Danach gilt in den Fällen der Spaltung oder Vermögensteilübertragung nach dem UmwG, dass sich die kündigungsrechtliche (nicht nur: kündigungsschutzrechtliche) Stellung der Arbeitnehmer innerhalb eines Zeitraums von zwei Jahren nicht verschlechtert. Diese Vorschrift, die in erster Linie auf § 23 KSchG zielt, gilt für alle gesetzlichen, tarifvertraglichen oder betriebsverfassungsrechtlichen Regelungen, die für die kündigungsrechtliche Stellung des Arbeitnehmers von Bedeutung sind und auf deren Voraussetzungen sich die Umwandlung auswirkt (*Gussen/Dauck* Rz 325 f.; aA *Kreßel* BB 1995, 925 [928]). Soweit ein Arbeitnehmer also durch die Umwandlung aus dem Anwendungsbereich einer für ihn günstigen gesetzlichen oder kollektivrechtlichen kündigungsrechtlichen Schutzregelung herausfiele, steht dem § 323 Abs. 1 UmwG entgegen, der insofern – wegen seiner eigenständigen Schutzrichtung – mit dem Schutz aus § 613a Abs. 1 S. 2–4 BGB konkurriert (im Ergebnis ähnlich *Wlotzke* DB 1995, 40 [44]. Spezialität des § 323 Abs. 1 UmwG). Dogmatisch-konstruktiv handelt es sich dabei um einen kraft Gesetzes bestehenden Schutz durch Verweisung auf anderweitige gesetzliche oder kollektivvertragliche Schutzregelungen (str., **aA** *Gussen/Dauck* Rz 325 ff., 363: »partielle Fortgeltung sui generis«). **Verschlechterungen des kündigungsschutzrechtlichen Status** sind durch § 323 Abs. 1 UmwG nicht schlechthin, sondern nur insofern ausgeschlossen, als diese ihre Ursache in der Umwandlung haben. Das Durchschlagen kündigungsrechtlicher Verschlechterungen für den Arbeitnehmer, die zB aufgrund einer gesetzlichen Änderung eintreten, wird durch § 323

129

§ 613a BGB   Betriebsinhaberwechsel

Abs. 1 UmwG nicht ausgeschlossen. **Beispiel** zur Kleinbetriebsklausel des § 23 KSchG: In einem Betrieb mit 8 Arbeitnehmern wurde vor Erhöhung der nach § 23 KSchG zeitweise (von 1.10.1996 bis 31.12.1998) geltenden Arbeitnehmerzahl von 5 auf 10 (also vor dem 1.10.1996) ein Betriebsteil mit 3 Arbeitnehmern auf eine abgespaltene Gesellschaft übertragen. § 323 Abs. 1 UmwG erhielt für die Zeit von 1.10.1996 bis 31.12.1998 den bei Umwandlung bestehenden Status insofern, als es bei der Anwendung des § 23 KSchG auf die vor der Abspaltung vorhandene Zahl der Arbeitnehmer ankam, sichert aber nicht die Weitergeltung des § 23 KSchG unabhängig von dessen jeweils geltenden Voraussetzungen. **Individualrechtliche Vereinbarungen,** die von den in Bezug genommenen Schutzvorschriften abweichen können, sind möglich, soweit die fragliche Schutzvorschrift dies zulässt (*Bauer/Lingemann* NZA 1994, 1057 [1061]). Erforderlich ist aber stets, dass die kündigungsrechtliche Stellung des Arbeitnehmers selbst betroffen ist, was etwa im Hinblick auf § 17 KSchG oder § 111 BetrVG nicht der Fall ist (*Bauer/Lingemann* NZA 1994, 1057 [1060]).

IV. Rechtsstellung des neuen Betriebsinhabers

1. Eintritt in die Rechte

130 Mit dem Eintritt in die bestehenden Arbeitsverhältnisse an Stelle des alten Betriebsinhabers erwirbt der neue Betriebsinhaber diejenigen Rechte, die vor Betriebsübergang in der Person des früheren Inhabers bestanden. Zunächst stehen dem neuen Betriebsinhaber das **Weisungsrecht** gegenüber den Arbeitnehmern und der Anspruch auf Erfüllung der arbeitsvertraglichen Nebenpflichten seitens der Arbeitnehmer zu (zu den Arbeitnehmerpflichten s.o. Rz 101).

131 Weiterhin kann der neue Betriebsinhaber aber auch bestehende **Gestaltungsrechte** (Kündigungs- und Anfechtungsrechte) gegenüber dem Arbeitnehmer ausüben, soweit sie nach dem Betriebsübergang entstanden sind. Ist das betreffende Gestaltungsrecht bereits vor Betriebsübergang entstanden, so gilt: Durch § 613a BGB soll ein vollständiger Austausch der Vertragsparteien herbeigeführt werden. Dementsprechend muss der neue Betriebsinhaber grds. auch die beim Vorgänger begründeten Gestaltungsrechte geltend machen können (MünchKomm-*Schaub* Rz 101). Sie müssen aber zum Zeitpunkt des Übergangs noch bestanden haben; ein wirksamer Verzicht des Veräußerers geht zu Lasten des Erwerbers. Soweit es für das Bestehen des Gestaltungsrechts auf eine Interessenabwägung ankommt, wie dies bei § 1 KSchG oder § 626 BGB der Fall ist, ist jedoch grds. auf die Interessenlage zum Zeitpunkt der Ausübung des Gestaltungsrechts abzustellen. Insofern kommt es dann auf die Verhältnisse beim Erwerber sowie darauf an, ob durch die Gründe für das Entstehen des Gestaltungsrechts eigene Interessen des neuen Arbeitgebers berührt werden (MünchArbR-*Wank* § 124 Rz 147). Von einer Betroffenheit eigener Interessen ist aber wegen des Einrückens in die Arbeitgeberstellung meist auszugehen. In jedem Fall sind die entsprechenden Fristen zur Ausübung zu beachten.

132 Bei arbeitsvertraglich festgelegten **Wettbewerbsverboten** kann der neue Betriebsinhaber den Unterlassungsanspruch gegenüber dem übernommenen Arbeitnehmer geltend machen. Eine vom früheren Arbeitgeber abgegebene Einwilligung bleibt jedoch weiterhin wirksam (*Schaub* ZIP 1984, 272 [275]). Soweit der Erwerber andere oder weitergehende Unternehmenszwecke verfolgt, kann eine ursprünglich zulässige Nebentätigkeit unzulässig werden und umgekehrt (KassArbR-*Welslau* 6.1 Rz 553; MünchArbR-*Wank* § 124 Rz 143).

2. Eintritt in die Pflichten

133 Mit dem Eintritt in die bestehenden Arbeitsverhältnisse an Stelle des alten Betriebsinhabers treffen den neuen Betriebsinhaber diejenigen Pflichten, die vor Betriebsübergang für den früheren Inhaber bestanden. Da der neue Betriebsinhaber dieselbe Rechtsstellung erlangt, wie sie sein Vorgänger innehatte, muss er dieselben **Löhne und Gehälter** einschließlich aller **Nebenleistungen** zahlen oder gewähren, wie sie vor Betriebsübergang gezahlt oder gewährt wurden. Auch die sonstigen Bedingungen, etwa der Zeitpunkt der Auszahlung, bleiben bestehen (*EuGH* 12.11.1992 EzA § 613 BGB Nr. 124 – Tz 24). Ferner müssen rückständige Lohnansprüche von ihm beglichen (*BAG* 18.8.1976 EzA § 613a BGB Nr. 7) und noch nicht gewährter Urlaub gewährt werden (*BAG* 2.12.1999 EzA § 613a BGB Nr. 189), nicht jedoch Ansprüche von bei Betriebsübergang bereits ausgeschiedenen Arbeitnehmern (s.o. Rz 16). Verpflichtungen gegenüber dem Arbeitnehmer, etwa soziale Nebenleistungen betreffend, können nur unter den für diese geltenden allg. Voraussetzungen widerrufen oder gekündigt werden (*EuGH* 14.9.2000 EzA § 613a BGB Nr. 191 – *Collino* und *Chiappero*). Kommt es dadurch zu einer Besserbehandlung der übernommenen gegenüber der alten Belegschaft, so ist dies als Folge der Besitzstandswahrung auch

unter Berücksichtigung des Gleichbehandlungsgrundsatzes grds. hinzunehmen. Zwar wird die Legitimationsgrundlage dieser Ungleichbehandlung mit Zeitablauf schwächer. Dem Übernehmer ist jedoch zuzumuten, die Wiederherstellung der Gleichbehandlung durch die natürliche Fluktuation der übernommenen Arbeitnehmer zu bewirken (vgl. *Moll* NJW 1993, 2016 [2019]; *Skuderis* S. 397 ff.). Umgekehrt kann der übernommene Arbeitnehmer keine Anpassung verlangen; der Arbeitgeber ist nur im Falle einer Neuregelung für alle Arbeitnehmer zur Gleichbehandlung verpflichtet (*BAG* 31.8.2006 EzA § 613a BGB 2002 Nr. 39).

Im Falle der **Insolvenz** haftet der Erwerber nicht für Ansprüche, die **bei Eröffnung** des Verfahrens beim Veräußerer **bereits entstanden** waren, da dadurch gegen den Grundsatz der gleichmäßigen Befriedigung aller Gläubiger in der Insolvenz verstoßen würde. Es gilt das Prinzip, dass insolvenzrechtliche Wertungen nicht durch § 613a BGB ausgehebelt werden sollen. Eine volle Haftung des Erwerbers würde sich wegen eines geminderten Erwerbspreises zum Nachteil der Gläubiger auswirken, die nicht Arbeitnehmer sind. Eine solche Benachteiligung rechtfertigt § 613a BGB nicht und erfordert deshalb eine teleologische Reduktion (*BAG* 17.1.1980 EzA § 613a BGB Nr. 24; 11.2.1992 EzA § 613a BGB Nr. 97, st.Rspr.; hieran nach der Insolvenzrechtsreform festhaltend *BAG* 20.6.2002 EzA § 613a BGB Nr. 211). Gleichgültig ist, ob es sich um eine individualrechtlich oder eine kollektivrechtlich begründete Forderung – etwa aus § 40 Abs. 1 BetrVG – handelt (*BAG* 13.7.1994 EzA § 40 BetrVG 1972 Nr. 70). Unerheblich ist auch, ob die Insolvenzmasse zur Befriedigung ausreicht oder ob die Forderung anderweitig gesichert ist (*BAG* 13.11.1986 EzA § 613a BGB Nr. 55 [zu II 3b der Gründe]). In zeitlicher Hinsicht maßgebend ist regelmäßig allein, dass der Betriebsübergang nach Eröffnung des Insolvenzverfahrens erfolgt ist. Ein bereits durch einen vorläufigen Insolvenzverwalter (§ 22 InsO) veranlasster Übergang führt die Befreiungswirkung auch dann nicht herbei, wenn dieser später zum Insolvenzverwalter ernannt wird und der vor Eröffnung des Insolvenzverfahrens erfolgte Übergang bereits der Bestandteil der Verwertung ist. Denn insofern sind keine vorrangigen gesetzlichen Verteilungsgrundsätze zu beachten (*BAG* 21.1.1990 EzA § 613a BGB Nr. 88; hieran nach der Insolvenzrechtsreform festhaltend *BAG* 20.6.2002 EzA § 613a BGB Nr. 211 aA *Lohkemper* ZIP 1999, 1251). Etwas anderes kann lediglich dann gelten, wenn der vorläufige Insolvenzverwalter Eil- oder Sicherungsmaßnahmen treffen muss, um eine die spätere Veräußerung hindernde Betriebsunterbrechung zu vermeiden und dem späteren Übernehmer trotz ungewissen Ausgangs der Übernahmeverhandlungen eine beschränkte Nutzung des Betriebs einräumt (*BAG* 28.4.1987 EzA § 613a BGB Nr. 67; 12.11.1991 EzA § 613a BGB Nr. 96; offen lassend *BAG* 20.6.2002 EzA § 613a BGB Nr. 211 für den Fall der Veräußerung durch den vorläufigen Insolvenzverwalter zur Sicherung sonst nicht erreichbarer Vorteile). Darlegungs- und beweispflichtig ist der Erwerber, der sich auf den Haftungsausschluss beruft (*BAG* 13.11.1986 EzA § 613a BGB Nr. 55 [zu II 2c bb der Gründe]).

134

Das Prinzip des Vorrangs der insolvenzrechtlichen Abwicklung gilt auch bei **Sozialplanansprüchen** der Arbeitnehmer. Da besondere insolvenzrechtliche Regelungen (§ 123 InsO) auch für nach Verfahrenseröffnung begründete Sozialplanansprüche vorgesehen sind, gilt dieser Vorrang gleichermaßen für vor und nach Insolvenzeröffnung begründete Sozialplanansprüche und ferner unabhängig davon, ob der Übernehmer infolge der Wahrung der Betriebsidentität in die betriebverfassungsrechtliche Position des alten Arbeitgebers einrückt. Eine Haftung des neuen Arbeitgebers für derartige Ansprüche besteht mithin nicht (*BAG* 15.1.2002 EzA § 613a BGB Nr. 206).

134a

Der Vorrang der insolvenzrechtlichen Abwicklung greift nicht, soweit es um Verbindlichkeiten geht, die der Insolvenzverwalter als Veräußerer begründet hatte. Der Betriebserwerber, der den Betrieb vom Insolvenzverwalter übernimmt, muss demgemäß für die bis zum Betriebsübergang als **Masseverbindlichkeiten** entstandenen Ansprüche einstehen (*BAG* 4.12.1986 EzA § 613a BGB Nr. 56; 11.10.1995 EzA § 611 BGB Gratifikation, Prämie Nr. 132 [zu II 2 a]; **aA** zum früheren Konkursrecht *Henckel* ZIP 1980, 173). Das umfasst bei der Altersteilzeit auch Zahlungen, die der Arbeitgeber während der Freistellungsphase spiegelbildlich zu denjenigen der Arbeitsphase zu leisten hat (*BAG* 19.10.2004 EzA § 613a BGB 2002 Nr. 29) Gleiches gilt für solche Lohnansprüche, die durch Insolvenzgeld gesichert sind (*BSG* 6.11.1985 BB 1986, 1439). Ungeklärt ist, inwieweit eine teleologische Reduktion des § 613a BGB auch für nach Eröffnung des Insolvenzverfahrens begründete Sozialplanansprüche eingreift (bejahend *ArbG Minden* 11.8.1999 DZWIR 2000, 147).

135

Möglich ist aber, dass der neue Betriebsinhaber mit den Arbeitnehmern **Vereinbarungen über eine Abänderung** des jeweiligen Vertragsverhältnisses schließt (vgl. hierzu Rz 5 ff., 57) oder im Rahmen allg. arbeitsrechtlicher Grundsätze und unter Beachtung des § 613a Abs. 4 BGB eine Änderungskündigung ausspricht (s.u. Rz 182).

136

3. Betriebliche Übung

137 Bereits wirksam gewordene **betriebliche Übungen** müssen vom neuen Arbeitgeber befolgt werden. Den Eintritt der Bindung an noch nicht bindende Betriebsübungen kann der neue Betriebsinhaber verhindern, indem er den von seinem Vorgänger gesetzten Vertrauenstatbestand ausdrücklich beseitigt. Eine infolge von Unkenntnis nicht ausdrücklich beseitigte Vertrauensposition der Belegschaft muss der neue Arbeitgeber gegen sich gelten lassen, wenn die vom Vorgänger eingeführte Übung während der Zeit seiner Arbeitgeberstellung bindend wird (*Soergel/Raab* § 613a BGB Rz 77).

4. Betriebsverfassungsrechtliche Pflichten

138 Die **Verantwortlichkeit für die Erfüllung betriebsverfassungsrechtlicher Pflichten** trägt der jeweilige Betriebsinhaber. Soweit über die Rechtsbeziehungen zwischen dem Arbeitgeber und dem Betriebsrat im arbeitsgerichtlichen Beschlussverfahren anhängig sind, geht die Beteiligtenfunktion über (*BAG* 12.6.2003 EzA § 613a BGB Nr. 10); wenn rechtskräftige Entscheidungen ergangen sind, binden diese auch den neuen Arbeitgeber (*BAG* 5.2.1991 EzA § 613a BGB Nr. 93; s.a. Rz 209).

5. Versorgungsanwartschaften

139 Auch in die bestehenden Versorgungsanwartschaften der übernommenen Arbeitnehmerschaft **tritt der neue Betriebsinhaber grds. ein** (*BAG* 22.6.1978 EzA § 613a BGB Nr. 19; 12.5.1992 EzA § 613a BGB Nr. 104 mN zur st.Rspr.). Die Rechtsnatur des Eintritts hängt nach § 613a BGB davon ab, inwieweit die Versorgungszusage individualrechtlich oder kollektivrechtlich erfolgt ist (*Kaiser/Gradel* DB 1996, 1621). Soweit der Erwerber oder Veräußerer etwaige Anwartschaften durch Zahlung einer Abfindung ablösen möchte, sind die gesetzlichen Grenzen des § 3 BetrAVG zu beachten (*Kaiser/Gradel* DB 1996, 1621 [1625]; *Willemsen* RdA 1987, 327). Mit dem Schutzzweck des § 613a BGB ist es aber unabhängig davon unvereinbar, den Arbeitnehmern allein wegen des Betriebsübergangs einen Verzicht auf Ansprüche auf Leistungen aus der betrieblichen Altersversorgung zuzumuten (*BAG* 29.10.1985 EzA § 613a BGB Nr. 52; 12.5.1992 EzA § 613a BGB Nr. 104). Allerdings kann auch hier ein Verzicht aus sachlichem Grund (Rz 200) zulässig sein. Jedoch müssen Erwerber und Veräußerer vorrangig versuchen, die Zusage gem. § 7 Abs. 1 S. 3 Nr. 5, S. 4 BetrAVG zu widerrufen (*BAG* 12.5.1992 EzA § 613a BGB Nr. 104). Dabei ist zu unterscheiden zwischen: erstens bereits erdienten Leistungen, zweitens einer hierauf entfallenden Dynamik und drittens noch nicht erdienten Steigerungen. Erstere dürfen wegen der besonderen Schutzbedürftigkeit allenfalls in seltenen Ausnahmefällen gekürzt werden; für Eingriffe in eine bereits erdiente Dynamik müssen triftige Sachgründe vorliegen. Demgegenüber kann in noch nicht erdiente Steigerungen auch aus weniger gewichtigen sachlichen Gründen eingegriffen werden (*BAG* 29.10.1985 EzA § 613a BGB Nr. 52). Soweit Höhe oder Unverfallbarkeit von Ansprüchen von der Dauer der Betriebszugehörigkeit abhängen, sind Beschäftigungszeiten beim alten oder neuen Arbeitgeber zu addieren (*BAG* 8.2.1983 EzA § 613a BGB Nr. 37; s.o. Rz 126). Dies gilt für Direktzusagen des alten Arbeitgebers, für Zusagen über die Versorgung aus einer Unterstützungskasse ebenso wie für eine Versorgung durch eine Lebensversicherung (*BAG* 8.11.1988 EzA § 613a BGB Nr. 83). Allerdings beschränkt sich der Übergang auf die aktive Belegschaft und gilt nicht für bereits im Ruhestand befindliche Arbeitnehmer (*BAG* 18.3.2003 BB 2004, 269). Eine Unterstützungskasse geht nicht automatisch auf den Erwerber über. Wird sie nicht rechtsgeschäftlich übertragen oder leistet die zulässigerweise rechtsgeschäftlich übertragene Kasse nicht, so haftet der neue Arbeitgeber für die Zusage und muss sie ggf. aus seinem eigenen Vermögen erfüllen (*BAG* 28.1.1989 EzA § 613a BGB Nr. 84); eine ebensolche Haftung besteht auch, wenn die vom alten Arbeitgeber zugesagte Lebensversicherung nicht zahlt, weil dieser sie beliehen hat (*BAG* 8.11.1988 EzA § 613a BGB Nr. 83). Der Übergang der Anwartschaften kann nicht durch den Übernahmevertrag zwischen Veräußerer und Erwerber ausgeschlossen werden (*BAG* 14.7.1981 EzA § 613a BGB Nr. 31), auch nicht zum Zwecke der Sanierung. Dies soll ohne Rücksicht auf die Zustimmung des Arbeitnehmers gelten (*BAG* 14.7.1981 EzA § 613a BGB Nr. 31 [zu III der Gründe]) mit Ausnahme bei Übernahme durch den Träger der Insolvenzsicherung (*BAG* 14.7.1981 EzA § 613a BGB Nr. 31 [zu III 3 der Gründe]). Übernimmt umgekehrt der Erwerber bereits fällige Versorgungsschulden durch Schuldbeitritt mit der Pflicht, die Betriebsrentner zur Haftungsfreistellung des Veräußerers zu veranlassen, so liegt darin eine Umgehung von § 4 BetrAVG (*BAG* 17.3.1987 EzA § 4 BetrAVG Nr. 3). Streitig ist, ob eine nicht übertragene Unterstützungskasse nur in demselben Umfang wie der Veräußerer, also unter Anwendung der Haftungsbeschränkung des Abs. 2, haftet (so *BAG* 15.3.1979 EzA § 613a BGB Nr. 22 unter Berufung auf die wirtschaftliche Einheit zwischen Unternehmer und Unterstützungskasse). Diese wirtschaftliche Betrachtungsweise berücksichtigt nicht hinreichend die juristische Selbständigkeit der regelmäßig als eV oder Stiftung mit eigener Rechtspersönlichkeit ausgestatteten Unterstützungskassen. Daher erscheint die Auffassung vorzugswürdig, die eine solche Haftungsbeschränkung zugunsten der Unterstützungskasse nicht vorsieht. Soweit bspw. die Unterstützungskasse in der Form eines eingetragenen Vereins betrieben wird, ändert der Betriebsübergang an der Mitgliedschaft der Arbeitnehmer nichts; für einen Anspruchsverlust der Arbeitnehmer gibt es keinen Grund (*Schaub* NZA 1987, 1 [3]).

Bereits entstandene Versorgungsansprüche oder **unverfallbare Anwartschaften ausgeschiedener** 140
Arbeitnehmer gehen nicht über. Dies gilt wegen § 4 BetrAVG ebenso dann, wenn die verpflichtete Unterstützungskasse mit übernommen wird. Auch wenn der Erwerber fällige Versorgungsansprüche oder unverfallbare Anwartschaften ausgeschiedener Arbeitnehmer durch kumulativen Schuldbeitritt mit der Pflicht übernimmt, diese zu einer Haftungsfreistellung zu veranlassen, liegt eine Umgehung von § 4 BetrAVG vor (*BAG* 17.3.1987 EzA § 4 BetrAVG Nr. 3; *Schaub* ZIP 1984, 272 [275]). Auch insoweit kann der Betriebsübernehmer aber eine Unterstützungskasse erwerben und sich gegenüber dem alten Arbeitgeber im Innenverhältnis zur Freistellung verpflichten. Falls jedoch die Kasse oder der neue Arbeitgeber nicht zahlt oder zahlen kann, kann sich der Arbeitnehmer nach wie vor an den alten Arbeitgeber halten. Daneben ist eine Haftungsübernahme unter den Voraussetzungen des § 25 HGB möglich (*BAG* 24.3.1987 EzA § 25 HGB Nr. 1).

Eine weitere Ausnahme muss dann gelten, wenn der Betrieb im Rahmen eines **Insolvenzverfahrens** 141
veräußert wird. Hier müssen die Versorgungsanwartschaften, die im Insolvenzverfahren geltend gemacht werden können, wie andere Ansprüche (s.o. Rz 134) am Insolvenzverfahren teilnehmen, wodurch die Haftung des Betriebserwerbers gem. § 613a BGB verdrängt wird (*BAG* 17.1.1980 EzA § 613a BGB Nr. 24). Dabei kann es nicht darauf ankommen, ob das Insolvenzverfahren nach Übergang des Betriebs wegen Masseunzulänglichkeit nach § 207 InsO eingestellt wird (*BAG* 11.2.1992 EzA § 613a BGB Nr. 97). Denn die Einstellung des Insolvenzverfahrens ändert in einem solchen Falle nichts daran, dass die vorhandene Masse nach insolvenzrechtlichen Grundsätzen zur Befriedigung der Gläubiger zu verteilen ist. Ebenso ist gleichgültig, ob Versorgungsansprüche bereits entstanden sind und ob es sich um noch verfallbare oder bereits unverfallbare Anwartschaften handelt (*BAG* 29.10.1985 EzA § 613a BGB Nr. 52 [zu II 3 der Gründe]; aA *Stürner* ZZP [1981], 263 [284], für verfallbare Ansprüche); in jedem Fall muss die insolvenzrechtliche Gleichbehandlung beachtet werden. Der neue Inhaber haftet daher nur für den nach Insolvenzeröffnung erdienten Teil der Versorgung zeitanteilig (*BAG* 29.10.1985 EzA § 613a BGB Nr. 52 [zu II 3c der Gründe]; ungenau die teilweise verwandte Formulierung, der Übernehmer hafte nur für die bei ihm erdienten Anteile; etwa *BAG* 12.11.1991 EzA § 613a BGB Nr. 96; 11.2.1992 EzA § 613a BGB Nr. 97; **Berechnungsformel**: Haftung des Übernehmers = Höhe der Betriebsrente: gesamte Beschäftigungsdauer bis zur Rente x Beschäftigungsdauer nach der Eröffnung des Insolvenzverfahrens, vgl. *BAG* 11.2.1992 EzA § 613a BGB Nr. 97 [zu II 4b der Gründe]). Verfallbare Anwartschaften für die Zeit vor Insolvenzeröffnung müssen zur Insolvenztabelle angemeldet werden. Unverfallbare Versorgungsanwartschaften sind nach § 7 Abs. 2 BetrAVG, bereits entstandene Versorgungsansprüche nach § 7 Abs. 1 BetrAVG und vom Träger der Insolvenzsicherung zu erfüllen (*BAG* 11.2.1992 EzA § 613a BGB Nr. 97 [zu II 2b der Gründe]). Beruft sich der Erwerber auf seine eingeschränkte Haftung, so ist dies grds. auch nicht rechtsmissbräuchlich (*BAG* 26.3.1996 EzA § 613a BGB Nr. 143 [zu B II 4]). Demgemäß eröffnet diese Rechtslage die Möglichkeit, durch gezielte Insolvenzeröffnung vor der Übernahme der Organisations- und Leitungsmacht durch den Übernehmer einen Großteil der Pensionslasten beim PSV »abzuladen« (vgl. *Griebeling* EWiR 1997, § 613a BGB 1/97, S. 153). Ein solches Vorgehen ist grds. aber nicht rechtsmissbräuchlich (*OVG Münster* 30.9.1997 NZA 1998, 764).

Die **Beitragspflicht** des Übernehmers gegenüber dem Träger der Insolvenzsicherung entspricht der zi- 142
vilrechtlichen Rechtslage; sie besteht bei Übernahme in der Insolvenz lediglich insoweit, als der Übernehmer dem Arbeitnehmer gegenüber für nach der Verfahrenseröffnung begründete Anwartschaften haftet (*OVG Münster* 30.9.1997 aaO).

Außerhalb des Insolvenzverfahrens gilt der Grundsatz der gleichmäßigen Gläubigerbefriedigung 143
nicht, so dass § 613a BGB anwendbar ist, wenn der **Betriebsübergang vor der Eröffnung des Insolvenzverfahrens** erfolgt ist (*BAG* 26.3.1996 EzA § 613a BGB Nr. 143 [zu B II 2]) oder wenn vor Betriebsveräußerung die Verfahrenseröffnung mangels Masse abgelehnt wurde (*BAG* 20.11.1984 EzA § 613a BGB Nr. 41; grds. bestätigt in *BAG* 22.5.1985 EzA § 613a BGB Nr. 46; unter ausdrücklicher Aufgabe der Auffassung von *BAG* 3.7.1980 EzA § 613a BGB Nr. 27). Voraussetzung ist allerdings, dass der Übergang vor Ablehnung der Insolvenzeröffnung erfolgt ist. In diesem Falle haftet der neue Arbeitgeber für die

Erfüllung der von dem alten Arbeitgeber direkt zugesagten unverfallbaren Versorgungsanwartschaft. Die Haftung des Trägers der Insolvenzsicherung greift nicht, da der Sicherungsfall des § 7 Abs. 3 Nr. 1 BetrAVG erst nach dem Übergang des Arbeitsverhältnisses auf den neuen Arbeitgeber eingetreten ist (*BAG* 29.11.1988 EzA § 613a BGB Nr. 81). Die Maßgeblichkeit des Zeitpunkts des Betriebsübergangs für den Haftungsumfang des Arbeitgebers hat in prozessualer Hinsicht zur Entwicklung eines abgestuften Systems der **Darlegungs- und Beweislast** für den Zeitpunkt des Übergangs geführt. Liegt ein Betriebsübergang vor, so obliegt es grds. dem Übernehmer zu beweisen, dass sich nach Insolvenzeröffnung ein zum Betriebsübergang führender Geschehensablauf zugetragen hat. Alsdann trifft denjenigen, der sich auf eine uneingeschränkte Haftung des Übernehmers beruft – etwa den PSV – die Beweislast dafür, dass der Erwerber bereits zu einem vor Insolvenzeröffnung liegenden Zeitpunkt die Leitungsmacht ausüben konnte. Hierfür reicht allerdings ein Hinweis auf bereits im Wesentlichen abgeschlossene Übernahmeverhandlungen nicht aus (zum ganzen *BAG* 26.3.1996 EzA § 613a BGB Nr. 143 [zu B II 2]).

V. Rechtsstellung des Betriebsveräußerers

144 § 613a BGB bewirkt die **Beendigung des Arbeitsverhältnisses** zwischen Arbeitnehmer und bisherigem Betriebsinhaber (aA *Löwisch* ZIP 1986, 1102). Den Interessen der Arbeitnehmer würde es jedoch widersprechen, wenn der Betriebsveräußerer den Arbeitnehmern einen neuen – möglicherweise finanzschwachen – Arbeitgeber aufdrängen und gleichzeitig für sich eine völlige Haftungsbefreiung herbeiführen könnte. Andererseits ist jedoch dem bisherigen Betriebsinhaber ein berechtigtes Interesse zuzuerkennen, nicht unbegrenzt weiterzuhaften, sondern eine begrenzte Haftung allein für solche Vorgänge festzuschreiben, für die sich zumindest abstrakt die Möglichkeit zur Realisierung im Veräußerungserlös erzielen ließe. Diesem Interessengegensatz zwischen Arbeitnehmerschaft und altem Arbeitgeber trägt das Gesetz durch eine gestufte Haftungsregelung Rechnung. Soweit eine Haftung des Veräußerers aus § 613a Abs. 2 BGB nicht begründet ist, entfällt grds. seine Haftung für Ansprüche aus dem übernommenen Arbeitsverhältnis. Eine **Weiterhaftung** kann sich nur aus zusätzlichen Haftungsgründen ergeben. Unanwendbar ist die Haftungsregelung des Abs. 2, soweit der Betriebsübergang im Rahmen einer Umwandlung nach dem UmwG erfolgt. Dies ergibt sich im Umkehrschluss aus § 324 UmwG, wonach nur § 613a Abs. 1 und 4 BGB, nicht aber Abs. 2 unberührt bleibt. Dasselbe ergibt sich für Spaltungen noch aus § 133 UmwG, wonach §§ 25, 26 HGB, nicht aber § 613a Abs. 2 BGB unberührt bleibt (*Boecken* ZIP 1994, 1087 [1094]; *Wlotzke* DB 1995, 40 [43]). Aus § 613a Abs. 3 BGB folgt nichts anderes, weil diese Vorschrift nur deklaratorische Bedeutung hat.

1. Alleinige Haftung

145 Da durch § 613a Abs. 1 S. 1 BGB nur der Übergang der Rechte und Pflichten aus bestehenden Arbeitsverhältnissen angeordnet wird, bleibt für solche Verpflichtungen, die **aus vor dem Betriebsübergang bereits beendeten Arbeitsverhältnissen** hervorgegangen sind, die volle Haftung bestehen. Deshalb haftet der alte Betriebsinhaber für rückständige Lohnforderungen bereits früher ausgeschiedener Arbeitnehmer allein und zeitlich unbegrenzt weiter (anders bei den übrigen rückständigen Lohnforderungen, s.u. Rz 148). Berücksichtigt werden müssen insofern allein die allgemeinen Verjährungsvorschriften. Auch sonstige Ansprüche infolge arbeitsvertraglicher Nebenpflichten, Ansprüche auf Ruhegelder und unverfallbare Versorgungsanwartschaften unterfallen der vollen Haftung des Betriebsveräußerers, wenn der Betriebsübergang erst nach dem Ausscheiden des betroffenen Arbeitnehmers erfolgt (s.o. Rz 139 bzgl. der Versorgungsanwartschaften).

2. Gesamtschuldnerische Haftung für bei Betriebsübergang fällige Forderungen

146 Obwohl der neue Betriebsinhaber alle zur Zeit des Betriebsübergangs bestehenden Pflichten aus bestehenden Arbeitsverhältnissen übernimmt, ordnet § 613a Abs. 2 S. 1 BGB die **zusätzliche Haftung** des alten Betriebsinhabers für solche Verpflichtungen an, die vor Betriebsübergang entstanden und bereits fällig waren. Damit macht das Gesetz von einer durch Art. 3 Abs. 1 S. 2 Richtl. 2001/23/EG eingeräumten Möglichkeit Gebrauch (aA *Gaul* EzA § 613a BGB Nr. 89, Bl. 15: arbeitnehmergünstiges nationales Recht iSd Art. 7 der Richtl.). Die Vorschrift ist durch den beschriebenen Interessenausgleich (s.o. Rz 144) gerechtfertigt und gilt nicht nur für Verpflichtungen, die nach Betriebsübergang aber vor Ablauf eines Jahres fällig werden, wie dies der sprachlich unglücklich zu nennende Gesetzestext leicht glauben machen könnte. Vielmehr werden vom Normtext auch solche Verpflichtungen erfasst, deren Fälligkeit vor Betriebsübergang eintrat. Hauptanwendungsbereich sind rückständige Lohnzahlungen oder Verpflichtungen aus arbeitsvertraglichen Nebenpflichten hinsichtlich der bei Betriebsübergang

betriebszugehörigen Arbeitnehmer. Gegenstand der gesetzlichen Weiterhaftungsregelung ist allein das **Außenverhältnis** des Veräußerers zum Arbeitnehmer, nicht jedoch das nach allgemeinen schuldrechtlichen Regeln (s.u. Rz 149) zu beurteilende Innenverhältnis zwischen Veräußerer und Erwerber. Der Rechtsnatur nach zielt die Vorschrift demgemäß auf Begründung einer **gesamtschuldnerischen Haftung** im Außenverhältnis. Das Entstehen einer Gesamtschuld setzt nur die auf ein gleiches Leistungsinteresse gerichtete rechtliche Verpflichtung des alten und des neuen Arbeitgebers voraus, nicht aber, dass jeder die Leistung tatsächlich überhaupt oder in gleicher Weise erbringen kann (*Palandt/Heinrichs* § 421 BGB Rz 4; *Soergel/Wolf* § 421 BGB Rz 18). Eine Gesamtschuld besteht deshalb auch, wenn der neue Arbeitgeber Urlaub gewährt, den der alte Arbeitgeber nicht mehr oder nur noch als Urlaubsabgeltung gewähren kann (*BGH* 4.7.1985 EzA § 613a BGB Nr. 47; *BAG* 25.3.1999 EzA § 613a BGB Nr. 180; aA *OLG Frankf.* 17.2.1983 MDR 1983, 666). Die Vereinbarung zwischen Erwerber und Veräußerer, dass der Erwerber bereits fällige Versorgungsansprüche mit übernehmen und er auf die Versorgungsempfänger iS einer Freistellung des Veräußerers einwirken muss, stellte eine Umgehung von § 4 BetrAVG dar (*BAG* 17.3.1987 EzA § 4 BetrAVG Nr. 3). Das **Verhältnis des § 613a BGB zu anderen Weiterhaftungsnormen,** namentlich etwa § 133 Abs. 2 UmwG (dazu *Willemsen* RdA 1995, 791 [800]), ist noch unklar. Richtigerweise dürfte, soweit nichts anderes angeordnet ist, grds. von einer Konkurrenz der Haftungsnormen auszugehen sein, so dass – wenn § 613a BGB nicht eingreift – eine Weiterhaftung aus anderen Vorschriften möglich ist.

Die in **Abs. 3** vorgesehene **Unanwendbarkeit der gesamtschuldnerischen Haftung** rechtfertigt sich daraus, dass es bei Erlöschen des alten Arbeitgebers ohnehin an einem geeigneten Haftungsträger fehlt. Hingegen gilt § 613a Abs. 3 BGB für die Fälle der Abspaltung nach § 123 Abs. 2 UmwG oder § 1 Abs. 1 Nr. 2 SpTrUG sowie der Ausgliederung gem. § 152 ff. UmwG nicht. Denn bei der Abspaltung und der Ausgliederung bleibt das ursprüngliche Unternehmen erhalten.

3. Haftung für bei Betriebsübergang noch nicht fällige Forderungen

Eine gesamtschuldnerische Haftung trifft den alten Betriebsinhaber auch bei solchen Verpflichtungen, die zwar bereits vor Betriebsübergang entstanden sind, aber erst nach Betriebsübergang fällig werden. Durch § 613a Abs. 2 S. 1 BGB wird die Haftung jedoch auf solche Verpflichtungen beschränkt, die vor Ablauf eines Jahres nach Betriebsübergang fällig werden, so dass eine zeitliche Beschränkung der Haftung erreicht wird. Diese Haftung ist ferner dadurch beschränkt, dass sie nur anteilig entsprechend dem im Übergangszeitpunkt abgelaufenen Bemessungszeitraum erfolgt. Dementsprechend haftet der alte Arbeitgeber etwa bei **Weihnachtsgratifikationen** anteilig für den Teil des Jahres, der noch seiner Arbeitgeberstellung unterfiel. Bei dem Anspruch gegen den neuen Arbeitgeber auf **Urlaubsgewährung** lässt sich die Weiterhaftung nur in Gestalt der Haftung für einen Urlaubsabgeltungsanspruch realisieren (MünchKomm-*Schaub* Rz 107).

4. Anwendung allgemeiner schuldrechtlicher Regeln

Hinsichtlich des Eintritts der Fälligkeit der entstandenen Verpflichtung und zur Beurteilung der angeordneten **Gesamtschuldnerstellung** sind die allgemeinen schuldrechtlichen Regelungen heranzuziehen, so dass einerseits die §§ 614, 271 BGB, andererseits die §§ 421 ff. BGB Anwendung finden. Dementsprechend richtet sich die Ausgleichspflicht zwischen Betriebsveräußerer und Betriebserwerber nach § 426 BGB. Maßgeblich sind bei Vorliegen unmittelbarer rechtsgeschäftlicher Beziehungen im Ergebnis daher in erster Linie die Abreden zwischen Veräußerer und Erwerber. Ansonsten haften im Innenverhältnis die Arbeitgeber nach § 426 BGB gegenseitig anteilig entsprechend der jeweils maßgeblichen Dauer des Arbeitsverhältnisses (*BGH* 4.7.1985 EzA § 613a BGB Nr. 47). Der bisherige Betriebsinhaber schuldet dem Betriebserwerber gem. §§ 613a Abs. 2, 426 BGB auch anteiligen Ausgleich in Geld für die vor Betriebsübergang entstandenen Arbeitnehmeransprüche auf Urlaubsgewährung, wenn der neue Betriebsinhaber diese Ansprüche erfüllt hat. Gleichgültig ist dabei, ob der Urlaubsanspruch in Form von bezahlter Freizeit oder in Form von Urlaubsabgeltung besteht. Für Lohnansprüche nach dem Übergang haftet im Innenverhältnis im Regelfall allein der neue Arbeitgeber (s. auch *BGH* 26.3.1987 ZIP 1987, 800).

5. Zusätzliche Haftungsgründe

Außer aus § 613a Abs. 2 BGB kann sich eine **Haftung aus zusätzlichen Haftungsgründen** ergeben, zB aus arbeitsvertraglichen Restbeziehungen zum Veräußerer (*BAG* 19.1.1988 EzA § 613a BGB Nr. 69 [zu II 1 der Gründe]), aus sonstigen vertraglichen Vereinbarungen oder aus einer Durchgriffshaftung (vgl.

BAG 19.1.1988 EzA § 613a BGB Nr. 69 [zu II 3 der Gründe]). Kein zusätzlicher Haftungsgrund ergibt sich aus dem konzernrechtlichen Verlust- und Nachteilsausgleich, da solche Ansprüche gem. § 302 Abs. 1, § 309 Abs. 2, § 317 AktG nur zwischen den Gesellschaften, nicht aber unmittelbar gegenüber den Arbeitnehmern bestehen (*Simon* ZfA 1987, 311 [333 f.]). Bei Betriebsaufspaltungen haftet die den Produktionsbetrieb veräußernde Besitzgesellschaft nicht aufgrund einer Ausfallbürgschaft (*BAG* 19.1.1988 EzA § 613a BGB Nr. 69 [zu II 2 der Gründe]; **aA** *Birk* ZGR 1984, 23, 32; *Kittner* Anm. zu *BAG* AP Nr. 9 zu § 111 BetrVG).

E. Kollektivrechtliche Folgen des Betriebsübergangs

I. Kontinuität des Betriebsrats

152 Bei der Veräußerung eines ganzen Betriebs mit eigener Identität bleibt der **bisherige Betriebsrat** im Amt, und die Betriebsratsmitglieder behalten ihr Mandat (*BAG* 1.8.2001 EzA § 613a BGB Nr. 199). Entsprechendes gilt auch für im Betrieb vorhandene **Sprecherausschüsse** (*Wollenschläger/Pollert* ZfA 1996, 547 [571]). Geht nur ein **Betriebsteil** über, so ist zu unterscheiden: Bleiben der ursprüngliche Betrieb und die Betriebsorganisation erhalten, weil lediglich eine Abteilung (ggf. auch mehrere Abteilungen) des ursprünglichen Betriebs zukünftig in der Form eines selbständigen Unternehmens fortgeführt wird, so bleibt der Betriebsrat und alle Betriebsratsmitglieder im Amt und stehen lediglich verschiedenen Arbeitgebern gegenüber (*Wollenschläger/Pollert* ZfA 1996, 547 [573]). Denn ein einheitlicher Betrieb kann gem. § 1 BetrVG auch bei verschiedenen Arbeitgebern vorliegen. Anderenfalls bleibt der Betriebsrat beim veräußernden Arbeitgeber im Amt, sofern die Identität des Betriebs trotz des übergegangenen Betriebsteils gewahrt bleibt, wobei ggf. nach § 13 Abs. 2 Nr. 1 u. 2 BetrVG eine Neuwahl durchzuführen ist. Kommt zu einem Unternehmen ein neuer Betrieb hinzu, dessen Arbeitnehmer Vertreter in den Gesamtbetriebsrat entsenden, ist der Betriebsausschuss neu zu wählen (*BAG* 16.3.2005 EzA § 51 BetrVG 2001 Nr. 2).

153 Im Übrigen treffen für die Fälle der Spaltung, der Zusammenfassung und der Stilllegung des Betriebs nunmehr §§ 21a und 21b BetrVG ausdrückliche Regelungen über die Frage eines Übergangs- bzw. Restmandats des im Ausgangsbetrieb bestehenden Betriebsrats. Dabei regelt – in Erfüllung der Vorgaben der Richtl. 2001/23/EG (vgl. *Franzen* RdA 1999, 361 [369]; *Krause* NZA 1998, 1201; *Oetker* NZA 1998, 1193; *Gaul* DB 1999, 582 [584]) – zunächst § 21a BetrVG die Begründung eines **Übergangsmandats**, wobei Abs. 3 der Vorschrift ihre nach Maßgabe ihrer allgemeinen Voraussetzungen ihre Geltung für die Fälle der Betriebsveräußerung klarstellt. Ein solches Übergangsmandat besteht (§ 21a BetrVG) zunächst, wenn es infolge der Veräußerung eines Betriebsteils oder einer Umwandlung zu einer Betriebsspaltung kommt. Aufgrund des Übergangsmandats führt der bisherige Betriebsrat die Geschäfte für die ihm bisher zugeordneten Betriebsteile weiter, soweit diese nach § 1 Abs. 1 S. 1 BetrVG betriebsratsfähig sind und nicht in einen Betrieb mit bestehendem Betriebsrat eingegliedert werden. Aufgrund des Übergangsmandats hat der Betriebsrat unverzüglich Wahlvorstände zu bestellen (§ 21a Abs. 1 S. 2 BetrVG). Das Übergangsmandat endet gem. S. 3 der Bestimmung mit der Wahl eines neuen Betriebsrats, spätestens aber nach sechs Monaten, soweit keine nach S. 4 durch Tarifvertrag oder Betriebsvereinbarung mögliche Verlängerung eingreift. Geht ein Betrieb durch Stilllegung, Spaltung oder Zusammenlegung unter, so besteht nach § 21b BetrVG lediglich ein Restmandat, aufgrund dessen der Betriebsrat so lange im Amt bleibt, wie dies zur Wahrnehmung der damit im Zusammenhang stehenden Mitbestimmungs- und Mitwirkungsrechte erforderlich ist. Wird der erworbene Betrieb mit einem bei dem Erwerber bereits bestehenden Betrieb zu einem einheitlichen neuen Betrieb zusammengefasst, so kann nach § 13 Abs. 2 BetrVG ein neuer Betriebsrat zu wählen sein (MünchKomm-*Schaub* Rz 142).

154 Vom Betriebsratsgremium ist das **individuelle Betriebsratsmandat** der mit dem Betriebsteil übergehenden Arbeitnehmer zu unterscheiden; dieses erlischt beim alten Arbeitgeber (§ 24 Abs. 1 Nr. 3 BetrVG), es sei denn, ein Arbeitnehmer hat dem Übergang des Arbeitsverhältnisses widersprochen.

II. Fortgeltung kollektivrechtlicher Rechte und Pflichten

1. Überblick und Zweck

155 Die Regelungen des § 613a Abs. 1 S. 2–4 BGB bewirken, dass für das Arbeitsverhältnis eines Arbeitnehmers die **tariflichen Vorschriften und Betriebsvereinbarungen weitergelten**, wie sie bisher Anwendung fanden. Gem. § 613a Abs. 1 S. 2 Hs. 1 BGB gehen die Rechte und Pflichten aus den zum Zeitpunkt des Betriebsübergangs bestehenden Arbeitsverhältnissen, soweit sie durch einen Tarifvertrag oder

eine Betriebsvereinbarung festgelegt waren, auf das Verhältnis zwischen neuem Betriebsinhaber und Arbeitnehmer über. Diese individualrechtliche Weitergeltung kollektivvertraglicher Regelungen wurde erst nachträglich durch das arbeitsrechtliche EG-Anpassungsgesetz vom 13.8.1980 eingefügt (s.o. Rz 2) und dient der Umsetzung des in Art. 3 Abs. 3 Richtl. 2001/23/EG verankerten Prinzips der Aufrechterhaltung der in Kollektivverträgen vereinbarten Arbeitsbedingungen (vgl. *EuGH* 12.11.1992 EzA § 613a BGB Nr. 124 – Tz 29). Die Weitergeltung hat der Gesetzgeber jedoch ausdrücklich ausgeschlossen, wenn die Arbeitsverhältnisse bei dem neuen Inhaber durch Rechtsnormen eines anderen Tarifvertrages geregelt werden. Der Schutz des Arbeitnehmers wird durch die beim Betriebserwerber geltenden Tarifvorschriften gewährleistet. Damit betont der Gesetzgeber das Prinzip der Tarifeinheit mit Vorrang vor dem Günstigkeitsprinzip (§ 4 Abs. 3 TVG). Der neue, für den Übernehmer gültige Tarifvertrag verdrängt den bisherigen auch dann, wenn die Bindungswirkung des neuen Tarifvertrags erst Monate nach dem Betriebsübergang entsteht (*BAG* 19.3.1986 EzA § 613a BGB Nr. 51). Nicht anwendbar sind die kollektivrechtlichen Regelungen des § 613a Abs. 1 BGB auf den Fall, dass der Betriebserwerber derselben Tarifzuständigkeit unterliegt wie die tarifgebundenen Arbeitnehmer. In diesen Fällen identischer Tarifzuständigkeit gelten die jeweiligen Tarifverträge ohnehin kollektivrechtlich weiter. Einer besonderen Regelung bedarf es insoweit nicht. Für alle anderen Fälle trifft § 613a Abs. 1 S. 2 BGB die grds. Regelung für kollektivrechtliche Vereinbarungen. Danach gehen auch Betriebsvereinbarungen, die die Rechte und Pflichten aus dem Arbeitsverhältnis regeln, kraft Gesetzes in den Inhalt des Arbeitsverhältnisses zwischen Betriebserwerber und Arbeitnehmer ein. Eine Abänderung zum Nachteil der Arbeitnehmer ist dann frühestens nach Ablauf eines Jahres möglich. Von diesem Grundsatz wird nur dann abgewichen, wenn entweder die Voraussetzungen des § 613a Abs. 1 S. 3 BGB (s.u. Rz 169 ff.) oder die einer Alternative des § 613a Abs. 1 S. 4 BGB vorliegen (s.u. Rz 173 ff.).

Zweck der Transformation ist es, dass dem Arbeitnehmer bisherige Rechte aus Kollektivvereinbarungen während einer Übergangszeit, vorbehaltlich der beiderseitigen Gebundenheit an einen anderen Tarifvertrag oder eine Betriebsvereinbarung, erhalten bleiben (**inhaltlicher Bestandsschutz**). Andererseits soll dem neuen Arbeitgeber die Möglichkeit gegeben werden, nach Ablauf des durch Satz 2 normierten Änderungsverbots eine Angleichung der Arbeitsbedingungen an diejenigen seiner bisherigen Belegschaft vorzunehmen (**Schutz des Einheitlichkeitsinteresses**; vgl. auch BT-Drs. 8/3317; *Schaub* ZIP 1984, 272 [279]). Hierzu steht dem Betriebserwerber entweder die Änderungskündigung im Rahmen der allg. Grundsätze oder der Abschluss von Änderungsverträgen mit den betreffenden Arbeitnehmern zur Verfügung. Die Änderung durch neue Tarifverträge und Betriebsvereinbarungen ist jederzeit möglich (s.u. Rz 169 ff.); der Schutz durch die individualrechtliche Weitergeltung reicht also weiter als der kollektivrechtliche Schutz (*BAG* 14.8.2003 EzA § 613a BGB Nr. 200; 28.6.2005 EzA § 613a BGB 2002 Nr. 38; *LAG Köln* 8.4.2003 LAGE § 1 BetrAVG Ablösung Nr. 7).

Die Vorschriften über die Weitergeltung kollektivrechtlicher Rechtsnormen setzen deren **kollektivrechtliche Geltung** voraus. Sie greifen daher nicht ein, wenn lediglich eine **individualrechtliche Bezugnahme** einer kollektivrechtlichen Regelung vorliegt, also wenn etwa der einzelne Arbeitsvertrag auf den Tariflohn verweist; für diesen Fall gilt § 613a Abs. 1 S. 1 BGB (*BAG* 4.3.1993 EzA § 613a BGB Nr. 107; *LAG Hamm* 27.7.1999 DB 2000, 95). Eine Weitergeltung nach § 613a Abs. 1 S. 1 BGB setzt aber, wenn die Bezugnahmeklausel – wie im Regelfall – eine Gleichstellung mit den tarifgebundenen Arbeitnehmern bezweckt, voraus, dass die Tarifbindung auch beim Erwerber kollektivrechtliche Wirkungen entfaltet. Dies ist nicht der Fall, wenn der Erwerber seinerseits nicht tarifgebunden ist (*BAG* 4.8.1999 EzA § 613a BGB Nr. 184). Die Annahme einer Gleichstellung mit den nach § 613a Abs. 1 S. 2 BGB nur durch individualrechtliche Weitergeltung geschützten Arbeitnehmern wird den Sinn der Bezugnahmeklausel regelmäßig überdehnen (aA *Gaul* BB 2000; 1086; *Seitz/Werner* NZA 1257 [1265]). Auch auf **Gesamtzusagen** sind die für kollektivrechtliche Regelungen geltenden Maßgaben nicht anzuwenden (*BAG* 18.3.1997 EzA § 613a BGB Nr. 150).

Gegen die herrschende individualrechtliche Konzeption der durch § 613a Abs. 1 S. 2–4 BGB angeordneten Weitergeltung sind im Schrifttum Bedenken artikuliert worden (*Zöllner* DB 1995, 1401). Diesen **Bedenken** ist jedoch im Ergebnis **nicht zu folgen**. Zwar trifft es zu, dass die Wirkungen von Abs. 1 S. 2–4 dogmatisch nur schwer erklärbar sind, wenn man bei der Bestimmung ihres Geltungsgrundes vom Vorliegen einer fingierten Vereinbarung ausgeht. Erklären lassen sich diese nur zeitweise zwingenden Wirkungen indessen dann, wenn man sie (mit allen Besonderheiten) als gesetzliche Vorgabe für den Inhalt des Individualarbeitsvertrags begreift (gegen *Zöllner* auch *Gussen/Dauck* Rz 128 ff.).

Durch die in § 613a Abs. 1 S. 2 BGB vorgesehene individualrechtliche Weitergeltung wird eine **kollektivrechtliche Weitergeltung nicht ausgeschlossen.** § 613a Abs. 1 S. 2 BGB ist lediglich eine Auffangvorschrift, die eine individualrechtliche Weitergeltung sicherstellen soll, falls es zu einer kollektivrechtlichen Weitergeltung nicht kommt (*BAG* 5.2.1991 EzA § 613a BGB Nr. 93 [zu B IV 2c der Gründe]; *Wollenschläger/Pollert* ZfA 1996, 547 [575]; **aA** *M. Junker* RdA 1993, 203). Voraussetzung für eine kollektivrechtliche Weitergeltung ist jedoch, dass der Betriebserwerber nach allg. Grundsätzen kollektivrechtlich gebunden ist, was entweder dann in Betracht kommt, wenn im Verhältnis des Erwerbers zu den Arbeitnehmern ebenso wie beim Veräußerer Tarifbindung besteht, oder wenn der Erwerber betriebsverfassungsrechtlich in die Pflichten des Veräußerers aus einer Betriebsvereinbarung eingerückt ist (s.u. Rz 166). In **Umwandlungsfällen** kann sich die Weitergeltung schon aus einer gesetzlichen Universalsukzession ergeben; § 324 UmwG enthält insofern keine Rechtsfolgenverweisung auf § 613a BGB, sondern lässt dessen subsidiäre Anwendbarkeit lediglich unberührt (*BAG* 24.6.1998 § 20 UmwG Nr. 1 anlässlich eines Falles der Verschmelzung zur Neugründung; dazu auch *Mengel* S. 130 ff.). Soweit keine kollektivrechtliche Bindung des Erwerbers besteht, verlieren die kollektivvertraglichen Pflichten ihren kollektivrechtlichen Charakter und gelten als individualrechtlicher Vertragsinhalt weiter. Die Umwandlung in individualrechtliche Rechtspositionen gilt jedoch nur für solche Rechte und Pflichten, die zur Zeit des Betriebsübergangs bestehen. Demgegenüber werden von der Transformation des § 613a BGB solche Regelungen nicht erfasst, die von den Tarifparteien erst nach Betriebsübergang getroffen werden. Deshalb ist der nicht tarifgebundene Arbeitgeber nicht verpflichtet, die neue tarifliche Regelung zu befolgen (*BAG* 9.7.1985 EzA § 1 BetrAVG Nr. 37; 13.11.1985 EzA § 613a BGB Nr. 49).

160 Gegen die **Vereinbarkeit der individualrechtlichen Weitergeltung** anstelle einer stets kollektivrechtlichen Weitergeltung mit **Art. 3 Abs. 3 Richtl. 2001/23/EG** sind in der Literatur Bedenken erhoben worden (*v. Alvensleben* S. 306 ff.; *Hanau* FS Gaul, S. 289 [301]; *Zöllner* DB 1995, 1401 [Fußn. 3]). Diese Bedenken erscheinen im Lichte der Rechtsprechung des EuGH jedoch unbegründet, da dieser der Richtl. lediglich entnimmt, dass den Übernehmer eine Verpflichtung zur Aufrechterhaltung der in den bestehenden Kollektivverträgen vorgesehenen Bedingungen trifft (*EuGH* 12.11.1992 EzA § 613a BGB Nr. 124 – Tz 29). Eine solche Verpflichtung ist bei Eingreifen einer individualrechtlichen Weitergeltung gesichert. Im Übrigen folgt aus Art. 249 Abs. 2 EGV, dass die Mitgliedstaaten bei der Richtlinienumsetzung hinsichtlich des Umsetzungsmittels nicht gebunden sind. Praktisch relevant kann die Frage werden, soweit kollektivrechtliche Normen wegen ihres Inhalts nicht in das individualrechtliche Arbeitsverhältnis transponiert werden können, was insbes. bei Tarifnormen betriebsverfassungsrechtlichen Inhalts, bei Normen über gemeinsame Einrichtungen der Tarifpartner und bei Abschlussnormen ein Problem darstellen kann. Dabei kann und muss aber von dem Prinzip ausgegangen werden, dass die individualrechtliche Weitergeltung gem. § 613a Abs. 1 S. 2 BGB im Wege richtlinienkonformer Auslegung so zu konzipieren ist, dass sie einen Rechtsverlust einzelner Arbeitnehmer vermeidet. Soweit es um **Abschlussnormen** geht, ist deren mangelnde individualrechtliche Weitergeltung (s. aber Rz 94) unter dem Gesichtspunkt der Richtlinienkonformität ohnehin unproblematisch, da die Richtlinie lediglich den Schutz bereits bestehender Arbeitsverhältnisse verlangt. Bei Normen über **gemeinsame Einrichtungen** ist zweifelhaft, ob deren Wirkungen zugunsten der Arbeitnehmer überhaupt von der Richtl. 2001/23/EG erfasst werden. Denn eine Weitergeltung kollektivvertraglicher Regelungen kann von der Richtlinie nicht verlangt werden, wenn dies rechtlich nicht möglich ist. Will man eine Weitergeltung nach der Richtlinie wegen der mittelbaren Auswirkungen auf Ansprüche des einzelnen Arbeitnehmers annehmen, kommt ein individueller Anspruch gegen den neuen Arbeitgeber in Betracht, der darauf gerichtet ist, Zugang zu der Einrichtung zu verschaffen oder gleiche Leistungen selbst zu gewähren (*Hanau/Vossen* FS Hilger/Stumpf, S. 291; *MünchKomm-Schaub* § 613a Rz 157; offen lassend *Meyer* DB 2000, 1174 [1175]; krit. *Gussen/Dauck* Rz 220 f.). Die Möglichkeit, einen derartigen Zugang zu verschaffen, kann – etwa bei Zusatzversorgungskassen zur betrieblichen Altersversorgung – durch deren Satzung beschränkt sein (*Schipp* NZA 1994, 865 [866]; zum Ganzen noch *Moll* RdA 1996, 275 [278]); ist dies der Fall, richtet sich der Anspruch auf Verschaffung entsprechender Leistungen auf andere Weise (*BAG* 18.9.2001 EzA § 613a BGB Nr. 205). Lediglich bei **betriebsverfassungsrechtlichen Tarifnormen**, die sich nicht im individuellen Arbeitsverhältnis auswirken, scheidet eine individualrechtliche Weitergeltung aus (ebenso bei entsprechenden Normen einer Betriebsvereinbarung, *Meyer* DB 2000, 1174), es sei denn, die Normen wirken sich ausnahmsweise unmittelbar auf den Inhalt des einzelnen Arbeitsverhältnisses aus. Ein Verstoß gegen EG-Recht liegt nicht vor, da diese betriebsverfassungsrechtlichen Normen nicht zu den Arbeitsbedingungen iSd Art. 3 Abs. 3 Richtl. 2001/23/EG zählen (MünchKomm-*Schaub* § 613a Rz 155; str., **aA** *v. Alvensleben* S. 242 ff.; *Wollenschläger/Pollert* ZfA 1996, 547 [583]). Zu einer Weitergeltung kollektivrechtlicher Kündigungsregelungen kann es neuerdings auch durch § 323 Abs. 1 UmwG kommen, der bei Spaltungen oder Vermögensteilübertragungen ein kündigungsrechtliches Verschlechterungsverbot für die Dauer von zwei Jahren vorsieht (s.o. Rz 129).

Deshalb ist es missverständlich, wenn formuliert wird, die Weitergeltung kollektivrechtlicher Vorschriften richte sich in den Fällen der Umwandlung ausschließlich nach § 613a Abs. 1 S. 2–4 BGB (so aber *Willemsen* RdA 1993, 133 [137]).

Nach dem inhaltlichen Bestandsschutzzweck der Weitergeltung bleibt die Transformationswirkung auch im Falle **mehrerer Betriebsübergänge** bestehen (*Moll* RdA 1996, 275 [275]), wobei die Jahresfrist des § 613a Abs. 1 S. 2 BGB bei jedem Übergang von neuem zu laufen beginnt (*Worzalla* DtZ 1992, 306 [309]). Der Neubeginn des Fristlaufs ist durch den Zweck des § 613a Abs. 1 S. 2 BGB geboten, den Arbeitnehmer nach jedem Übergang individualrechtlich so zu stellen, als ob der Kollektivvertrag noch gelten würde. Dies folgt auch im Wege richtlinienkonformer Auslegung aus Art. 3 Abs. 3 Richtl. 2001/23/EG, wonach die Arbeitsbedingungen »in dem gleichen Maße«, dh mit im Ergebnis den gleichen Wirkungen, aufrecht erhalten werden müssen, und der EG-rechtlichen Verankerung der Jahresfrist als Mindestfrist in derselben Vorschrift. Der dogmatisch-konstruktive Umstand, dass § 613a Abs. 1 S. 2 keine kollektivvertragliche Weitergeltung beim ersten und allen weiteren Erwerbern vorsieht, steht folglich einem Neubeginn der Frist beim jeweiligen Anschlusserwerber nicht entgegen (**aA** *Gussen/Dauck* Rz 172). 161

2. Unwirksamkeit von Änderungsgeschäften

Vor **Ablauf des Änderungsverbots** ist jedes auf eine Änderung gerichtete individualvertragliche Rechtsgeschäft unwirksam, gleichgültig, ob es sich zB um eine Änderungskündigung, einen Aufhebungs- oder Änderungsvertrag handelt. Der zeitliche Ablauf des Änderungsverbotes richtet sich nach den allg. Regeln der §§ 187 ff. BGB und beginnt mit dem Betriebsübergang. Wird die Jahresfrist nicht eingehalten und liegen auch die Voraussetzungen des § 613a Abs. 1 S. 4 BGB nicht vor, dann ist ein Verstoß gegen ein gesetzliches Verbot gegeben, so dass § 134 BGB eingreift. 162

3. Tarifverträge

Von der **individualrechtlichen Weitergeltung** nach § 613a BGB werden als Tarifverträge sowohl **Firmen-** als auch **Verbandstarifverträge** erfasst. Dabei ist zu beachten, dass bei Verbandstarifverträgen eine kollektivrechtliche Weitergeltung (s.o. Rz 159) möglich ist, die bei Firmentarifverträgen mangels Tarifbindung des Erwerbers ausscheidet (str.; ausführlich und zutr. *Gussen/Dauck* Rz 192 ff.; ebenso KassArbR-*Hattesen* 6.7 Rz 184; MünchArbR-*Wank* § 124 Rz 182; nunmehr auch *BAG* 20.6.2001 EzA § 613a BGB Nr. 203; **aA** *Moll* NJW 1993, 2016 [2020]; *ders.* RdA 1996, 275; diff. MünchKomm-*Schaub* § 613a Rz 133: Weitergeltung kraft Nachwirkung, wenn der übernommene Betrieb oder Betriebsteil organisatorisch erhalten bleibt). Notwendig für die individualrechtliche Weitergeltung ist zunächst, dass die Rechte und Pflichten beim Veräußerer durch den Tarifvertrag geregelt sind, was grds. nur bei **beiderseitiger Tarifgebundenheit** der Fall ist. Der Tarifvertrag oder die Betriebsvereinbarung muss im **Zeitpunkt des Betriebsübergangs** bereits in Geltung sein (*BAG* 4.8.1999 EzA § 613a BGB Nr. 184; 13.11.1985 EzA § 613a BGB Nr. 49). Erfasst von Abs. 1 S. 2 wird aber auch die **Nachwirkung von Tarifverträgen** gem. § 4 Abs. 5 TVG (*BAG* 27.11.1991 EzA § 4 TVG Nachwirkung Nr. 15; *Gussen/Dauck* Rz 143; *Moll* RdA 1996, 275 [278]; zu Besonderheiten bei Abs. 1 S. 4: Rz 102; **aA** *Heinze* FS Schaub, S. 275 [277 ff.]). 163

Maßgeblich für den Inhalt der individualrechtlichen Weitergeltung ist ebenfalls der **Zeitpunkt des Betriebsübergangs**. An der Weiterentwicklung der Rechte und Pflichten der bisherigen Kollektivvereinbarungen nimmt der Arbeitnehmer nach dem § 613a Abs. 1 S. 2 BGB zugrunde liegenden Prinzip der **statischen Verweisung** nicht teil (*BAG* 1.4.1987 EzA § 613a BGB Nr. 63; 21.2.2001 EzA § 613a BGB Nr. 195; *EuGH* 9.3.2006 EzA § 613a BGB 2002 Nr. 44 – *Werhof*). Dies gilt auch dann, wenn der Veräußerer nach Übergang einen Tarifvertrag mit Rückwirkung schließt (*BAG* 13.9.1994 EzA § 613a BGB Nr. 125; *ArbG Cottbus* 9.10.1991 EzA § 613a BGB Nr. 95; *Moll* RdA 1996, 275 [279]) oder wenn der beim alten Arbeitgeber geltende Firmentarifvertrag eine dynamische Bezugnahme auf einen weiteren Tarifvertrag vorsah (*BAG* 20.6.2001 EzA § 613a BGB Nr. 203). Für die Frage, was gilt, wenn der Tarifvertrag beim alten Arbeitgeber kraft einer dynamischen Verweisungsklausel im individuellen Arbeitsvertrag maßgebend war, kommt es auf die Auslegung der Bezugnahmeklausel an. Problematisch ist dies namentlich dann, wenn der neue Arbeitgeber nicht tarifgebunden ist. Geht man von eine bloße Gleichstellungsabrede aus (Gleichstellung der nicht gebundenen mit den tarifgebundenen Arbeitnehmern), so ist es konsequent, die betreffenden Arbeitnehmer ebenfalls nach den vorstehenden Grundsätzen zu behandeln; die Arbeitnehmer nach dem Übergang nicht mehr an der Dynamik des Tarifvertrags teil, weil der neue Arbeitgeber nicht tarifgebunden ist (so *BAG* 29.8.2001 EzA § 613a BGB Nr. 201). Misst 163a man der Bezugnahme eigenständigen Regelungsgehalt bei, so muss dieser nach dem Übergang zum Tragen kommen, so dass der Arbeitnehmer an späteren Änderungen des Tarifvertrags teilnimmt (*Thüsing/Stelljes* Anm. zu EzA § 613a BGB Nr. 195). Hierzu hat das *BAG* infolge der Geltung AGB-rechtlicher Auslegungsgrundsätze angenommen, es werde für nach dem 1.1.2002 abgeschlossene Verträge nicht mehr ohne weiteres von einer Auslegung als Gleichstellungsabrede ausgehen (14.12.2005 NZA 2006, 607).

163b Diese Konzeption ist allerdings durch die **neuere Rechtsprechung des EuGH** in Frage gestellt (*EuGH* 9.3.2006 EzA § 613a BGB 2002 Nr. 44 – *Werhof*). Dieser ist zunächst zu entnehmen, dass eine Auslegung im Sinne einer dynamischen Verweisung jedenfalls nicht EG-rechtlich vorgegeben ist. Darüber hinaus deutet der EuGH an, eine Auslegung im Sinne einer dynamischen Verweisung könne die negative Vereinigungsfreiheit beeinträchtigen, weil der Arbeitgeber an den Tarifvertrag gebunden sei, ohne dem Arbeitgeberverband anzugehören. Das ist indessen nur faktisch richtig; rechtlich ist der Grund der Bindung in der Bindung des Arbeitgebers an den Arbeitsvertrag zu sehen, die auf einer wirksamen Richtlinienvorgabe beruht. Deshalb bleibt abzuwarten, ob der EuGH bei deutlich als dynamischen Verweisungsklauseln ausgewiesenen Vertragsbestimmungen bei seiner Ansicht bleibt (*Melot de Beauregard* NJW 2006, 2522).

164 Weiterhin ist erforderlich, dass Rechte und Pflichten aus einem im Zeitpunkt des Betriebsübergangs bestehenden Arbeitsverhältnis tariflich geregelt sind. Zu unterscheiden ist daher zwischen dem schuldrechtlichen und dem normativen Teil des Tarifvertrags. Da der schuldrechtliche Teil lediglich das Verhältnis der Tarifpartner zueinander regelt, kommt eine individualrechtliche Weitergeltung nicht in Betracht. Auch für den **normativen Teil** ergeben sich Einschränkungen. **Abschlussnormen** haben für die bei Betriebsübergang bestehenden Arbeitsverhältnisse idR keine Bedeutung; anders kann es beim Abschluss von Änderungsabreden liegen. Anders kann sich die Situation ferner dann darstellen, wenn sich die Abschlussnorm auf die Wiederaufnahme oder die Fortsetzung eines unterbrochenen Arbeitsverhältnisses bezieht. Zwar erfasst der Wortlaut des § 613a Abs. 1 BGB unmittelbar nur bestehende Arbeitsverhältnisse, jedoch wird eine entsprechende Anwendung regelmäßig geboten sein (für unmittelbare Anwendung *Soergel/Raab* § 613a BGB Rz 110). Die größte Bedeutung hat Abs. 1 S. 2 bei **Inhaltsnormen**. Seinem Zweck nach transformiert § 613a Abs. 1 S. 2 BGB auch **Beendigungsnormen** in das zum neuen Arbeitgeber bestehende Arbeitsverhältnis. **Betriebsnormen** gelten insofern weiter, als sie zugleich (als Inhaltsnormen) unmittelbare Ansprüche der Arbeitnehmer begründen, nicht soweit sie lediglich betriebsverfassungsrechtliche Regelungen enthalten (s.o. Rz 160). Für Normen, die **gemeinsame Einrichtungen** regeln, kommt lediglich eine Weitergeltung mit Modifikationen in Betracht (s.o. Rz 160; zum Ganzen etwa *Gussen/Dauck* Rz 203 ff.; *Moll* RdA 1996, 275 [277]; MünchKomm-*Schaub* § 613a Rz 154 ff.).

4. Betriebsvereinbarungen

a) Individualrechtliche Weitergeltung

165 Der **Begriff der Betriebsvereinbarung** iSd § 613a Abs. 1 BGB entspricht dem des BetrVG. Da das BetrVG Gesamtbetriebsvereinbarungen wie einfache Betriebsvereinbarungen behandelt, unterfallen die Gesamtbetriebsvereinbarungen auch dem Anwendungsbereich des § 613a Abs. 1 BGB, soweit sie den Inhalt des Arbeitsverhältnisses durch Rechte und Pflichten festlegen und keine konzernspezifische Sonderregelung vorliegt (*Schaub* ZIP 1984, 272 [278]; *Meyer* DB 2000, 1174 [1175]). Voraussetzung ist aber, dass der Gesamtbetriebsrat als zuständiger Repräsentant der Arbeitnehmer des übergehenden Betriebs gehandelt hat. Das ist dann nicht der Fall, wenn es um Regelungen geht, die für die betroffenen Arbeitnehmer erst nach dem Übergang relevant werden können (*BAG* 1.4.1987 EzA § 613a BGB Nr. 63). Ebenso kann dem Betriebsrat des Veräußerers die Zuständigkeit für Regelungen fehlen, die allein für die Arbeitnehmer eines übergehenden Betriebsteils und für diese erst nach dem Übergang relevant werden. Zur Frage, welche Regelungen aus einer Betriebsvereinbarung individualrechtlich weitergelten können, vgl. Rz 164 entsprechend. Für welchen Betrieb eine Betriebsvereinbarung gilt, können die Parteien insbes. in den Fällen der Konzern- oder Gesamtbetriebsvereinbarung festlegen. Eine **Dispositionsbefugnis** der Parteien über die Rechtsfolgen des § 613a Abs.1 S. 2 BGB ist aber nicht anzuerkennen (zu weitgehend insofern wohl *Schiefer* NJW 1998, 1817 [1821]). Ob eine zulässige Bestimmung des Geltungsbereichs der Vereinbarung oder eine unwirksame Abbedingung des § 613a Abs. 1 S. 2 BGB vorliegt, ist nach dem Sinn und Zweck der Vereinbarung zu ermitteln.

b) Kollektivrechtliche Weitergeltung

Eine kollektivrechtliche Weitergeltung von Betriebsvereinbarungen ist möglich, weil und soweit § 613a Abs. 1 S. 1 BGB die Pflichten des Betriebsinhabers nicht nur als Vertragspartner der Arbeitnehmer, sondern auch als Inhaber der betrieblichen Organisationsgewalt regelt. Tritt der Erwerber in die Stellung des Veräußerers als Inhaber der betrieblichen Organisationsgewalt ein, erfasst dieser **Eintritt auch betriebsverfassungsrechtliche Pflichten**. Deshalb gelten Betriebsvereinbarungen prinzipiell kollektivrechtlich weiter, soweit der übernommene Betrieb mit dem Betrieb identisch ist, für den die Betriebsvereinbarung gilt (*BAG* 5.2.1991 EzA § 613a BGB Nr. 93; 27.7.1994 EzA § 613a BGB Nr. 123). Dabei ist nach Auffassung des BAG nicht erforderlich, dass die Betriebsvereinbarung nur für den übernommenen Betrieb oder Betriebsteil galt; ausreichend ist vielmehr, dass die Betriebsvereinbarung jedenfalls auch im übernommenen Betriebsteil maßgebend war. Für eine **Gesamtbetriebsvereinbarung** heißt das: Werden alle oder mehrere Betriebe übernommen, so gilt die Gesamtbetriebsvereinbarung als solche fort. Wird ein Betrieb übernommen, so gilt sie als Einzelbetriebsvereinbarung weiter (*BAG* 18.9.2002 EzA § 613a BGB 2002 Nr. 5). Wird ein übernommener Betriebsteil als eigenständiger Betrieb weitergeführt, so gelten die für die für den übernommenen Teilbetrieb maßgebenden Gesamt- oder Einzelbetriebsvereinbarungen ebenfalls weiter – entweder als Gesamtbetriebsvereinbarung, wenn mehrere Teilbetriebe als selbständige Betriebe weitergeführt werden, sonst als Einzelbetriebsvereinbarung. Einer Fortgeltung nach diesen Maßgaben steht es nicht entgegen, wenn das aufnehmende Unternehmen bereits über eine betriebliche Struktur verfügt, sofern nur die übernommenen Betriebe oder Betriebsteile organisatorisch verselbständigt bleiben (*Bachner* NJW 2003, 2861 [2864]). Eine kollektive Weitergeltung **scheidet** demgegenüber **aus**: wenn der übernommene Betrieb mit einem anderen des Übernehmers vereinigt wird; wenn der Betrieb kollisionsrechtlich oder sachlich (§ 118 Abs. 2 BetrVG) nicht mehr dem BetrVG unterliegt (*BAG* 9.2.1982 EzA § 118 BetrVG 1972 Nr. 33). Ebenfalls ausscheiden muss eine kollektivrechtliche Weitergeltung schließlich dann, wenn sich aus der Auslegung der Betriebsvereinbarung ergibt, dass diese nur für den Veräußerer (MünchKomm-*Schaub* § 613a Rz 145) oder nur unter der Voraussetzung des Fortbestehens bestimmter dort bestehender Verhältnisse gelten soll *Bachner* NJW 2003, 2861 [2863]).

5. Andere Vereinbarungen zwischen Arbeitgeber und Betriebsrat

Andere Vereinbarungen zwischen Arbeitgeber und Betriebsrat, die nicht in der Form einer Betriebsvereinbarung getroffen wurden, werden vom Wortlaut des § 613a Abs. 1 BGB **nicht erfasst**. Da diese Betriebsabsprachen, betrieblichen Einigungen oder Regelungsabreden genannten formlosen Einigungen zwischen Arbeitgeber und Betriebsrat auch keine normative Wirkung hinsichtlich des Inhalts der Arbeitsverhältnisse entfalten und durch § 613a Abs. 1 S. 2–4 BGB die Fortgeltung kollektivrechtlicher Normen geregelt werden soll, kommt auch eine analoge Anwendung nicht in Betracht. Soweit diese Regelungen Inhalt des Individualvertrags geworden sind, gehen sie mit diesem über (*Gussen/Dauck* Rz 181).

6. Sonstige kollektivrechtliche Vereinbarungen

Nach Art. 3 Abs. 3 Richtl. 2001/23/EG gilt das Prinzip der Weiterwirkung für kollektivvertragliche Regelungen jeglicher Art, sofern es sich nicht nur um formlose Abreden handelt (s.o. Rz 167). Als sonstige Kollektivverträge kommen insbes. die personalvertretungsrechtliche **Dienstvereinbarung** (§ 73 BPersVG; entsprechende Ländervorschriften) und die **Vereinbarung gem. § 28 SprAuG** in Betracht. Sie werden zwar vom Wortlaut des § 613a Abs. 1 S. 2–4 BGB nicht erfasst. Wegen des Prinzips der richtlinienkonformen Auslegung ist jedoch die analoge Anwendung des § 613a Abs. 1 S. 2–4 BGB grds. geboten. Wird beispielsweise eine öffentliche Einrichtung an einen privaten Träger übertragen, kann eine Dienstvereinbarung individualrechtlich weitergelten (*Schipp* NZA 1994, 865 [870]; s.a. Rz 77). Soweit nach allgemeinen Grundsätzen eine kollektivrechtliche Weitergeltung möglich ist, bedarf es allerdings einer Analogie nicht. Bei Vereinbarungen nach § 28 SprAuG wird indessen teilweise nach deren Verbindlichkeitsgrad differenziert (*Gussen/Dauck* Rz 181). Unzweifelhaft ist deren individualrechtliche Weitergeltung geboten, soweit sie zwingenden Charakter nach § 28 Abs. 2 S. 1 SprAuG haben. Aber auch, soweit es sich um lediglich schuldrechtlich zwischen Arbeitgeber und Sprecherausschuss wirkende Vereinbarungen oder auch bloße Richtlinienabreden handelt, ist deren Weiterwirkung geboten, soweit sie sich auf die Arbeitsbedingungen auswirken. Allerdings nach der Vorgabe der Richtl. 2001/23/EG nur in dem Maße, wie sie auch beim Veräußerer gegolten haben.

III. Vorrang der im Betrieb des Erwerbers geltenden kollektivrechtlichen Regelungen

1. Gleichbehandlung der gesamten Belegschaft

169 Um dem **Vorrang der kollektivrechtlichen** vor den individualrechtlichen **Regelungen** Rechnung zu tragen und dem neuen Betriebsinhaber eine Gleichbehandlung der gesamten Belegschaft zu ermöglichen, greift die durch § 613a Abs. 1 S. 2 BGB eingeführte Transformation kollektivrechtlicher Vorschriften in die individualrechtlichen Regelungen gem. S. 3 der Bestimmung nicht ein, wenn **die betreffenden Rechte und Pflichten** beim Betriebserwerber durch Rechtsnormen eines anderen Tarifvertrags oder einer anderen Betriebsvereinbarung geregelt sind. Ihrer Rechtsnatur nach ist die Regelung in § 613a Abs. 1 S. 3 BGB eine Rangkollisionsnorm. Sie ordnet die **beim neuen Arbeitgeber geltenden kollektivvertraglichen Vorschriften** gegenüber den individualrechtlich fortgeltenden Rechten nach Abs. 1 S. 2 als höherrangig ein und gibt ersteren daher den **Anwendungsvorrang** (*BAG* 14.8.2001 EzA § 613a BGB Nr. 200). Dieser Anwendungsvorrang setzt aber zunächst voraus, dass die betreffenden Rechte und Pflichten durch Vereinbarung beim neuen Arbeitgeber »geregelt« sind, was deren normative Geltung voraussetzt (auch in kirchlichen Arbeitsverhältnissen, *BAG* 20.3.2002 EzA § 613a BGB Nr. 208). Für Tarifverträge kommt es insofern auf die Voraussetzungen der Tarifgebundenheit nach dem TVG (Rz 170) sowie die Anwendbarkeitsvoraussetzungen des Tarifvertrags an. Bei Betriebsvereinbarungen ist nach dem **Kongruenzprinzip** erforderlich, dass sich betriebsverfassungsrechtlich auch für den übernommenen Betrieb gelten. Dies scheidet insbes. dann aus, wenn der übernommene Betrieb mit eigener Identität fortbesteht, weil dann auch dessen Betriebsrat als betriebsverfassungsrechtliche Vertretung der übergehenden Arbeitnehmer fortbesteht, wohingegen ein im bereits bestehenden Betrieb des Übernehmers eingerichteter Betriebsrat hierzu kein Mandat hat (*BAG* 1.8.2001 EzA § 613a BGB Nr. 199). Außerdem kann die Ablösungswirkung nur soweit reichen, wie der Inhalt der vorrangigen Regelung dies verlangt. Die beim neuen Arbeitgeber geltenden Kollektivverträge entfalten daher lediglich insoweit Vorrangwirkung, als sie denselben Regelungsgegenstand betreffen (*BAG* 1.8.2001 EzA § 613a BGB Nr. 199; 20.4.1994 EzA § 613a BGB Nr. 118 [zu IV 3a der Gründe]). Unerheblich ist das »Wie« der Regelung; es kommt allein auf die funktionelle Identität des Regelungsgegenstands an. Soweit das BAG diese Rechtslage dahin umschrieben hat, dass es darauf ankomme, ob der beim neuen Arbeitgeber geltende Kollektivvertrag eine Regelung enthalte oder schweige (*BAG* 20.4.1994 EzA § 613a BGB Nr. 118), kann dem zwar prinzipiell gefolgt werden. Es ist allerdings zu beachten, dass sich aus der Auslegung eines Tarifvertrags auch ergeben kann, dass es sich um ein »beredtes Schweigen« handelt, dem zu entnehmen ist, dass eine bestimmte Vergünstigung oder Beschränkung nicht gelten soll (hiervon ausgehend, wenngleich im Ergebnis im konkreten Fall verneinend *BAG* 21.1.2003 EzA § 613a BGB 2002 Nr. 4). Maßgeblich sind bei alledem allg. tarifvertragliche Auslegungsgrundsätze (*BAG* 20.4.1994 EzA § 613a BGB Nr. 118 [zu IV 3b der Gründe]). Die Vorschrift erfasst sowohl den Fall, dass zum Zeitpunkt des Übergangs beim neuen Arbeitgeber eine **kollektivvertragliche Regelung bereits besteht** als auch den Fall einer erst **nach dem Betriebsübergang beim neuen Arbeitgeber abgeschlossenen oder sonst bindend gewordenen Kollektivvereinbarung** (*BAG* 20.4.1994 EzA § 613a BGB Nr. 118 [zu IV 2c aa]; 16.5.1995 EzA § 613a BGB Nr. 127 [zu II 2 b]); hierunter fällt namentlich auch die Begründung einer kongruenten Tarifgebundenheit infolge der Verschmelzung Arbeitgeberverbänden oder Gewerkschaften (*BAG* 11.5.2005 EzA § 613a BGB 2002 Nr. 34): Die für die individualrechtliche Abänderung geltende Sperrfrist von einem Jahr ist in den genannten Fällen nicht anwendbar. Sie greift wegen des Vereinheitlichungszwecks des § 613a BGB auch unter dem Gesichtspunkt des Günstigkeitsprinzips nicht ein, zumal dieses wegen des Fiktionscharakters der individualvertraglichen Weitergeltung seinem Zweck nach nicht einschlägig ist (im Ergebnis ebenso *BAG* 16.5.1995 EzA § 613a BGB Nr. 127). Gleichgültig ist bei alledem, ob dies für den übernommenen Arbeitnehmer nachteilig ist oder eine Verbesserung bringt (*BAG* 20.4.1994 EzA § 613a BGB Nr. 118 [zu IV 3a der Gründe]), weshalb es durch diese Norm zu einer Einschränkung von Sozialleistungen kommen kann (*BAG* 27.6.1985 EzA § 77 BetrVG 1972 Nr. 16; 19.11.1996 EzA § 613a BGB Nr. 147; *Knigge* BB 1980, 1272 [1276]; aA *Falkenberg* BB 1987, 328). Besondere Grundsätze gelten in diesem Zusammenhang bei einer beim alten Arbeitgeber durch Betriebsvereinbarung geregelten betrieblichen Altersversorgung. Zwar verdrängt eine beim neuen Arbeitgeber geltende Betriebsvereinbarung die individualrechtliche Weitergeltung der beim alten Arbeitgeber maßgebenden Altersversorgungsregelung. Allerdings bleibt die beim alten Arbeitgeber erdiente Versorgung iS einer Besitzstandsgarantie erhalten. Das bedeutet: Bleibt die beim neuen Arbeitgeber erdiente Versorgung hinter dem Besitzstand des Arbeitnehmers zurück, so gilt dieser. Geht sie darüber hinaus, so bleibt die Besitzstandsgarantie ohne Bedeutung (*BAG* 24.7.2001 EzA § 613a BGB Nr. 204).

2. Andere Tarifzuständigkeit und beiderseitige Tarifgebundenheit

Da beim Betriebserwerber ein anderer Tarifvertrag gelten muss als beim Veräußerer, damit die Wirkungen des § 613a Abs. 1 S. 3 BGB eintreten, ist eine **andere Tarifzuständigkeit** des neuen Arbeitgebers erforderlich. Auch ist die beiderseitige Tarifgebundenheit Voraussetzung, weil sonst die Rechte und Pflichten aus dem Arbeitsverhältnis nicht durch einen Tarifvertrag geregelt sind. Ist der **Arbeitnehmer oder Arbeitgeber nicht tarifgebunden,** so gilt der inhaltliche Bestandsschutz mit Vorrang vor dem Gedanken der Tarifeinheit beim neuen Arbeitgeber (*BAG* 21.2.2001 EzA § 613a BGB Nr. 195; *Gussen/Dauck* Rz 233 ff.; MünchKomm-*Schaub* Rz 186; MünchArbR-*Wank* § 124 Rz 193; **aA** *Heinze* FS Schaub, S. 275 [290]; *Wellenhofer-Klein* ZfA 1999, 239 [256]; *Moll* RdA 1996, 275 [280]; *Zöllner* DB 1995, 1401 [1403]: Tarifgebundenheit des Arbeitgebers allein ausschlaggebend). 170

Lediglich mittelbar stellt sich die Ablösungsproblematik im Falle einer **individualvertraglichen Verweisung** auf einen Tarifvertrag. Dabei ist zunächst daran zu erinnern, dass der Geltungsgrund im Falle einer solchen Verweisungsklausel individualvertraglicher Art ist und für die Weitergeltungsregeln der § 613a Abs. 1 S. 2–4 BGB kein Raum ist (s.o. Rz 156); auch keine Analogie zu § 613a Abs. 1 S. 3 BGB wird der Problematik nicht gerecht (**aA** etwa *Wellenhofer-Klein* ZfA 1999, 239 [264]). Vielmehr stellt sich allein die Frage nach der Auslegung der gem. § 613a Abs. 1 S. 1 BGB übergehenden Pflichten aus der Bezugnahmeklausel. Bei der »**großen**« **Bezugnahmeklausel** mit in zeitlicher und sachlicher Hinsicht nicht eingeschränkter Verweisung auf den jeweils geltenden Tarifvertrag führt der Übergang zur Inbezugnahme des beim Erwerber maßgeblichen Tarifvertrags. Im Hinblick auf das Erfordernis einer beiderseitigen Tarifbindung führt dies aber nur dann zur Verdrängung des bisher in Bezug genommenen Tarifvertrags, wenn die organisierten Arbeitnehmer an diesen Vertrag tarifvertragsrechtlich gebunden sind. Dies ist entweder dann der Fall, wenn die beim Erwerber maßgebenden Tarifverträge mit derselben Gewerkschaft abgeschlossen sind, oder wenn die organisierten Arbeitnehmer in die fragliche Gewerkschaft umtreten. Welcher Anteil der organisierten Arbeitnehmer der beim Erwerber zuständigen Gewerkschaft beitreten oder angehören muss, ist umstritten. Interessengerecht ist insofern weder, den Umtritt eines einzelnen Arbeitnehmers genügen zu lassen, noch das Erfordernis des Umtritts aller Organisierten (so aber *Gussen/Dauck* Rz 265). Vielmehr wird man es nach dem Zweck der auf gleichmäßige Behandlung gerichteten »großen« Verweisungsklausel als ausreichend, aber auch erforderlich ansehen müssen, dass der fraglichen Gewerkschaft die Mehrzahl der tarifgebundenen Arbeitnehmer im Betrieb des Übernehmers, gleichviel ob durch Beitritt, Umtritt oder eine schon zuvor bestehende Mitgliedschaft, angehört. Bei der »**kleinen**« **dynamischen Verweisungsklausel** (= Maßgeblichkeit eines bestimmten Tarifvertrags in seiner jeweils geltenden Fassung) und der **statischen Verweisungsklausel** kommt es darauf an, ob diese die tariflichen Arbeitsbedingungen einer bestimmten Branche bzw. eines ganz bestimmten Tarifvertrags festschreiben oder einheitliche Bedingungen im Veräußererbetrieb herstellen wollen. Soweit die Bedingungen einer bestimmten Branche fixiert werden sollen (etwa Verweis auf einen branchenfremden Tarifvertrag; Festschreibung günstiger Arbeitsbedingungen des öffentlichen Dienstes) bleibt es bei der Auslegung als Bezugnahme auf diesen Vertrag (*Kania* DB 1994, 529 [532 f.]; vgl. ferner *Schipp* NZA 1994, 865 [869]). Ansonsten schlägt das in der Klausel idR niedergelegte Einheitlichkeitsziel durch und man wird eine Vertragsanpassung nach der Geschäftsgrundlagenlehre vornehmen können (vgl. *Gussen/Dauck* Rz 263, 278f; APS-*Steffan* Rz 145; MünchArbR-*Wank* § 124 Rz 194). 171

3. Vorrang von Tarifvertrag oder Betriebsvereinbarung

Unbeachtlich ist nach dem Wortlaut und Zweck des § 613a Abs. 1 S. 3 BGB dagegen, ob die beim Betriebsveräußerer geltenden kollektivrechtlichen Normen von einem Tarifvertrag oder einer Betriebsvereinbarung verdrängt werden. Dies kann dazu führen, dass eine tarifvertragliche Regelung bestimmter Rechte und Pflichten durch eine Betriebsvereinbarung ersetzt wird, die diese Rechte und Pflichten beim neuen Arbeitgeber regelt. Eine sog. **Überkreuzablösung** ist also grds. zulässig (*Gussen/Dauck* Rz 249; *Meyer* DB 2000, 1177 [1179]; ders. NZA 2001, 751 f.; *Moll* RdA 1996, 275 [283]). Von § 613a Abs. 1 S. 3 BGB unberührt bleiben jedoch allg. betriebsverfassungsrechtliche Schranken, die sich aus § 87 Abs. 1 S. 1 BetrVG sowie § 77 Abs. 3 S. 1 BetrVG ergeben können (*Moll* aaO, S. 283; **aA** *Meyer* NZA 2001, 751 ff.). Dabei vermag allerdings der in § 87 Abs. 1 S. 1 BetrVG angeordnete Tarifvorbehalt die Verdrängung eines beim Veräußerer in Geltung gewesenen Tarifvertrags durch eine beim Erwerber geltende Betriebsvereinbarung nicht auszuschließen. Denn ohne das Eingreifen der Betriebsvereinbarung gem. § 613a Abs. 1 S. 3 BGB würde die entsprechende tarifliche Regelung gem. § 613a Abs. 1 S. 2 BGB nur noch individualrechtlich, nicht jedoch – wie von § 87 Abs. 1 S. 1 BetrVG vorausgesetzt (vgl. 172

§ 613a BGB   Betriebsinhaberwechsel

GK-BetrVG/*Wiese* § 87 BetrVG Rz 53; *Hess/Schlochauer/Glaubitz* § 87 BetrVG Rz 53) – als unabdingbare Tarifnorm gelten. Nichts anderes kann gelten, soweit es um den Vorrang einer tariflichen Regelung nach § 77 Abs. 3 S. 1 Alt. 1 BetrVG geht (im Ergebnis ebenso *Zöllner* DB 1995, 1401 [1406]). Eine Sperrwirkung des nur individualrechtlich weitergeltenden Tarifvertrags scheidet somit insgesamt aus (*Gussen/Dauck* Rz 250). Als Hindernis für die Verdrängungswirkung einer Betriebsvereinbarung bleibt jedoch die unabhängig von der Geltung einer tarifvertraglichen Bindung eingreifende Sperrwirkung der Tarifüblichkeit (§ 77 Nr. 3 S. 1 Alt. 2 BetrVG). Deren Reichweite wird allerdings dadurch beschränkt, dass die Rechtsprechung im Verhältnis zwischen § 77 Abs. 3 BetrVG und § 87 Abs. 1 S. 1 BetrVG anstelle der Zwei-Schranken-Theorie die vom Vorrang des § 87 Abs. 1 S. 1 BetrVG ausgehende Vorrangtheorie zur Anwendung bringt (etwa *BAG* 24.2.1987 EzA § 87 BetrVG 1972 Nr. 10; *BAG (GS)* 3.12.1991 EzA § 87 BetrVG Betriebliche Lohngestaltung Nr. 30; aA GK-BetrVG/*Kreutz* § 77 BetrVG Rz 139; GK-BetrVG/*Wiese* § 87 BetrVG Rz 44; *Hess/Schlochauer/Glaubitz* § 77 BetrVG Rz 136; Darstellung der Konsequenzen bei Zugrundelegung der im Schrifttum weiterhin überwiegenden Zwei-Schranken-Theorie bei *Moll* aaO, S. 283).

IV. Änderung individualrechtlich weitergeltender Tarifverträge und Betriebsvereinbarungen

173 Eine weitere Ausnahme vom inhaltlichen Bestandsschutz wird durch die Regelung des § 613a Abs. 1 S. 4 BGB eröffnet. Danach besteht die Möglichkeit, die einseitig zwingende Wirkung des § 613a Abs. 1 S. 2 BGB **bereits vor Ablauf eines Jahres** zu beseitigen. Nach § 613a Abs. 1 S. 4, 1. Alt. BGB ist eine Änderung zulässig, wenn der Tarifvertrag oder die Betriebsvereinbarung, die schon das frühere Arbeitsverhältnis betrafen, wegen Fristablauf oder Kündigung beendet werden. Die 2. Alternative gestattet eine Änderung, wenn der neue Arbeitgeber und der Arbeitnehmer die Anwendung eines neuen Tarifvertrags, der für sie nicht schon aufgrund beiderseitiger Tarifgebundenheit gilt, vereinbaren. Bei Betriebsvereinbarungen wird man eine **Kündigung nach § 77 Abs. 5 BetrVG** (auch durch den Erwerber) zulassen müssen, da § 613a Abs. 1 S. 2 BGB keine Verbesserung, sondern lediglich eine Aufrechterhaltung bestehender Rechtspositionen bezweckt (*Bauer/v. Steinau-Steinrück* NZA 2000, 507 [508]; *Meyer* DB 2000, 1174 [1177]). Der Abschluss einer kollektivrechtlichen **Aufhebungsvereinbarung** wird man im Rahmen des § 613a Abs. 1 S. 3 BGB hingegen aufgrund der danach bestehenden Dispositionsbefugnis der Tarif- oder Betriebsparteien grds. für möglich halten können; allerdings dürfte eine teilweise (auf den übergehenden Betrieb beschränkte) Aufhebung einer Gesamtbetriebsvereinbarung ausscheiden (*Meyer* DB 2000, 1174 [1177]).

1. Tarifvertrag oder Betriebsvereinbarung außer Geltung

174 Voraussetzung für die 1. Alt. des § 613a Abs. 1 S. 4 BGB ist, dass der Tarifvertrag oder die Betriebsvereinbarung außer Geltung ist. Dies ist bei befristeten Übereinkommen nach Fristablauf, sonst nach rechtswirksamer Kündigung oder einvernehmlicher Aufhebung der Fall. Auch bei kraft **Nachwirkung** geltenden Tarifverträgen oder Betriebsvereinbarungen ist eine Weitergeltung iSd § 613a Abs. 1 S. 4 BGB nicht gegeben, so dass eine einzelvertragliche Änderung möglich ist (*BAG* 27.11.1991 EzA § 4 TVG Nachwirkung Nr. 15; *Gussen/Dauck* Rz 143; MünchKomm-*Schaub* § 613a Rz 164; *Heinze* FS Schaub, S. 275 [282]).

2. Anwendung eines anderen Tarifvertrags

175 Eine vorzeitige Beendigung des Änderungsverbots des § 613a Abs. 1 S. 2 BGB ist gem. § 613a Abs. 1 S. 4, 2. Alt. BGB auch dann möglich, wenn bei **fehlender beiderseitiger Tarifgebundenheit** die Anwendung eines anderen Tarifvertrags vereinbart wird, in dessen Gestaltungsbereich der Betrieb fällt. Wenngleich der Wortlaut keine weitere Eingrenzung des Gestaltungsbereichs vornimmt, so dass der räumliche, fachliche, persönliche oder betriebliche Geltungsbereich ausreichen könnte, entsprach es dem gesetzgeberischen Willen, hier keine Wahlmöglichkeit einzuräumen (*Soergel/Raab* § 613a BGB Rz 136). Vielmehr darf nur der »einschlägige« (BT-Drs. 353/79, S. 18) als der eigentlich zutreffende Tarifvertrag herangezogen werden (*Moll* RdA 1996, 275 [284]). Die in diesem Fall vorliegende individualrechtliche Vereinbarung bewirkt die Ausgestaltung der Arbeitsverhältnisse entsprechend der tarifvertraglichen Regelungen. »Fehlende beiderseitige Tarifgebundenheit« iSd § 613a Abs. 1 S. 4 BGB liegt nach dem Vereinheitlichungszweck der Vorschrift schon dann vor, wenn nur eine der Arbeitsvertragsparteien nicht tarifgebunden ist (*Kania* DB 1994, 529 [531]; MünchArbR-*Wank* § 124 Rz 193; *Zöllner* DB 1995, 1401 [1404]).

F. Kündigung des Arbeitsverhältnisses wegen Betriebsübergangs (§ 613a Abs. 4 BGB)
I. Zweck und Rechtsnatur des § 613a Abs. 4 BGB
1. Zweck

§ 613a Abs. 4 BGB wurde durch das Gesetz über die Gleichbehandlung von Männern und Frauen am 176
Arbeitsplatz und über die Erhaltung von Ansprüchen bei Betriebsübergang (Arbeitsrechtliches EG-Anpassungsgesetz) vom 13.8.1980 (s.o. Rz 1) eingefügt und enthält eine **Vorschrift des besonderen Kündigungsschutzes.**

Erfolgt eine **Kündigung wegen des Betriebsübergangs,** dann ist die ausgesprochene Kündigung nach 177
§ 613a Abs. 4 S. 1 BGB »unwirksam«. Die Vorschrift gewährt keinen absoluten Bestandsschutz gegen Kündigungen im Zusammenhang mit einem Betriebsübergang, verbietet aber, gerade den Betriebsübergang zum Anlass der Kündigung zu nehmen. Sie schließt damit eine Umgehung des zwingend angeordneten Übergangs der Arbeitsverhältnisse durch Kündigung aus (s. auch *Willemsen* ZIP 1983, 411 [413]). Demgegenüber bleibt gem. § 613a Abs. 4 S. 2 BGB das Kündigungsrecht aus anderen Gründen unberührt.

2. Rechtsnatur

Die scheinbar eindeutige Rechtsfolgenanordnung der Vorschrift wirft die Frage auf, ob § 613a Abs. 4 178
S. 1 BGB ein eigenständiges Kündigungsverbot iSd §§ 13 Abs. 3 KSchG, 134 BGB enthält, oder ob nur die Sozialwidrigkeit einer solchen Kündigung klargestellt wird, die nach dem Maßstab des § 1 KSchG zu beurteilen ist. Entgegen anfänglichen Zweifeln und Einwänden (*Bauer* DB 1983, 713; *ders.* Unternehmensveräußerung und Arbeitsrecht, S. 83; *Berkowsky* DB 1983, 2683 [2685]; *Gröninger* FS Herschel, S. 167 f.; *Herschel/Löwisch* § 1 Rz 206; *Hilger* ZGR 1984, 258 [261]; *Lorenz* DB 1980, 1745) hat sich inzwischen allerdings die Auffassung durchgesetzt, dass § 613a Abs. 4 BGB nicht nur eine Konkretisierung des Merkmals der Sozialwidrigkeit in § 1 KSchG, sondern ein **eigenständiges Kündigungsverbot iSd §§ 13 Abs. 3 KSchG, 134 BGB enthält** (*BAG* 31.1.1985 EzA § 613a BGB Nr. 42, 19.5.1988 EzA § 613a BGB Nr. 82, st.Rspr.; zust. zB *BGH* 4.7.1985 EzA § 613a BGB Nr. 47 [zu II 3 der Gründe]; *Meyer* AR-Blattei, Betriebsinhaberwechsel I, Anm. zu Entsch. Nr. 55; *Wank* Anm. zu EzA § 613a BGB Nr. 42). Bedeutung erlangt diese Feststellung bei der weiteren Frage, ob nicht unter das KSchG fallende Arbeitnehmer durch § 613a Abs. 4 BGB vor einer ordentlichen Kündigung geschützt werden (s.u. Rz 180).

Ausschlaggebend für dieses Ergebnis ist zunächst der Gesetzeswortlaut, der ein selbständiges Verbot 179
der Kündigung wegen des Betriebsübergangs festschreibt. Eine teleologische Reduktion ist weder nach dem Regelungsgehalt des § 613a Abs. 1 und 4 BGB noch nach der Entstehungsgeschichte des § 613a Abs. 4 BGB möglich. Zudem würde es einen evidenten Wertungswiderspruch bedeuten, wenn auch den nicht unter das KSchG fallenden Arbeitnehmern bei einem Betriebsinhaberwechsel der Fortbestand der Arbeitsverhältnisse gesichert werden soll, dieser beschränkte Bestandsschutz aber gleichzeitig durch das »freie Kündigungsrecht« des alten oder neuen Betriebsinhabers beseitigt werden könnte. Eine derart unvollkommene und widersprüchliche Normsetzung kann dem Gesetzgeber nicht unterstellt werden. Andererseits kann die Funktion des § 613a Abs. 4 BGB als eigenständiges Kündigungsverbot bei dessen Auslegung auch beschränkend wirken. Die Vorschrift soll als spezialgesetzliche Konkretisierung des allg. Umgehungsverbots eine Umgehung des Schutzes durch § 613a Abs. 1 BGB verhindern (*Hillebrecht* NZA 1989, Beil. 4, S. 10 [11]). Sie hindert demgemäß aber nicht an einer Kündigung, die aus anderen Gründen gerechtfertigt ist (*BAG* 18.7.1996 EzA § 613a BGB Nr. 142 [zu I 2]; näher s.u. Rz 191).

3. Rechtsfolgen dieser Einordnung

Folge der Auslegung als eigenständiges Kündigungsverbot ist, dass die **Voraussetzungen des Kündi-** 180
gungsschutzes nach dem KSchG grds. nicht anzuwenden sind. Auch eine entsprechende Anwendung des KSchG scheidet insofern grds. aus (*BAG* 5.12.1985 EzA § 613a BGB Nr. 50). Allerdings muss der Unwirksamkeitsgrund nach Abs. 4 S. 1 **innerhalb der Klagefrist des § 4 KSchG** geltend gemacht werden.

Das Kündigungsverbot gilt ferner unabhängig von den sachlichen oder persönlichen Voraussetzun- 181
gen des KSchG für alle Arbeitnehmer (s.o. Rz 178). Dementsprechend greifen die Kündigungsregelungen des allgemeinen und besonderen Kündigungsschutzes neben § 613a Abs. 4 BGB konkurrierend ein. Die Wirksamkeit einer nicht nach § 613a Abs. 4 BGB unwirksamen Kündigung kann sich aus dem KSchG oder Vorschriften des **besonderen Kündigungsschutzes** ergeben.

II. Voraussetzungen und Rechtsfolgen des Kündigungsverbots

1. Kündigung

182 Voraussetzung des Abs. 4 ist zunächst das Vorliegen einer Kündigung. Dabei ist es sowohl angesichts des umfassenden Wortlauts als auch angesichts der bestandsschützenden Zwecksetzung des § 613a BGB unbeachtlich, ob es sich um eine **ordentliche oder außerordentliche Kündigung** handelt (im Ergebnis wie hier *Schaub* ZIP 1984, 272 [276]). Auch eine **Änderungskündigung** unterfällt dem Anwendungsbereich dieser Regelung, weil zum einen die Änderungskündigung rechtlich als Beendigungskündigung mit Fortsetzungsangebot zu qualifizieren ist und zum anderen für alle Ausprägungen des Kündigungsschutzes gilt, dass nicht nur der Bestand des Arbeitsverhältnisses, sondern auch der Arbeitsvertrag mit seinem konkreten Inhalt erhalten werden soll (Inhaltsschutz).

2. Geltung für alle Arbeitnehmer

183 § 613a Abs. 4 BGB gilt für alle Arbeitnehmer, **auch wenn sie nicht unter das KSchG fallen,** weil sie zB noch nicht sechs Monate beschäftigt sind oder unter § 23 KSchG fallen, da es sich um ein eigenständiges Kündigungsverbot handelt (s.o. Rz 178) und der Gesetzgeber von der in Art. 4 Abs. 1 S. 3 Richtl. 2001/23/EG vorgesehenen Möglichkeit, einzelne Gruppen von Arbeitnehmern vom Kündigungsverbot auszunehmen, keinen Gebrauch gemacht hat (*BAG* 31.1.1985 EzA § 613a BGB Nr. 42).

3. Zeitpunkt der Kündigung

184 **Gleichgültig** ist grds. der **Zeitpunkt der Kündigung,** ob sie vor oder nach Betriebsübergang ausgesprochen wird. Ein naher zeitlicher Zusammenhang ist nicht zwingend erforderlich (*BAG* 19.5.1988 EzA § 613a BGB Nr. 82 [zu V 2b aa der Gründe]). Auch eine während eines Insolvenzverfahrens ausgesprochene Kündigung unterfällt § 613a Abs. 4 BGB (*BAG* 26.5.1983 EzA § 613a BGB Nr. 34).

4. Kündigung durch alten oder neuen Arbeitgeber

185 **Unbeachtlich** ist im Rahmen des § 613a Abs. 4 BGB, ob die Kündigung vom bisherigen Betriebsinhaber **als altem Arbeitgeber oder vom Erwerber** als neuem Arbeitgeber ausgesprochen wird. Da die Gestaltungsrechte des Arbeitgebers bei Betriebsübergang ebenfalls übergehen, ist die Ausübung des Kündigungsrechts jeweils nur in dem Zeitraum möglich, in dem das Arbeitsverhältnis zu dem kündigenden Arbeitgeber besteht. Eine gleichwohl nach dem Übergang erklärte Kündigung des Veräußerers geht somit ins Leere und entfaltet keinerlei Wirkung (*BAG* 18.4.2002 EzA § 613a BGB Nr. 207).

5. Kündigung wegen des Übergangs

186 Die Kündigung muss **wegen des Übergangs** eines Betriebs oder Betriebsteils ausgesprochen werden. Damit wird zum einen an ein objektives Merkmal (Betriebsübergang), zum anderen an das subjektive Kriterium des Kündigungsmotivs angeknüpft (für eine objektive Bestimmung *Schaub* ZIP 1984, 274 [276]; wie hier zB *Hillebrecht* NZA 1989, Beil. 4, S. 10 [14]). Wegen des Übergangs erfolgt eine Kündigung sicherlich dann, wenn der Betriebsübergang den **alleinigen Beweggrund** abgibt. Es ist jedoch nicht notwendig, dass der Betriebsübergang der alleinige Beweggrund ist. Ausreichend ist angesichts des Wortlauts, der eine solch enge Auslegung nicht nahe legt, und des Schutzgedankens des § 613a Abs. 4 BGB, wenn der Betriebsübergang für den Ausspruch der Kündigung die **wesentliche Ursache** war und andere sachliche Gründe, die aus sich heraus die Kündigung zu rechtfertigen vermögen, nicht vorgebracht *BAG* 27.9.1984 EzA § 613a BGB Nr. 40; 18.3.1999 § 613a BGB Nr. 179, st.Rspr.; *Willemsen* ZIP 1983, 411 [413]; *Wollenschläger/Pollert* ZfA 1996, 547 [565]; *Seiter* Betriebsinhaberwechsel, S. 112). Maßgeblich sind ausschließlich die Verhältnisse zum Zeitpunkt des Ausspruchs der Kündigung (*BAG* 19.6.1991 EzA § 1 KSchG Betriebsbedingte Kündigung Nr. 70; 18.3.1999 § 613a BGB Nr. 179). Unbeachtlich ist ein bloßer **Subsumtionsirrtum** des Veräußerers; das Verbot der Kündigung wegen Betriebsübergangs kann auch dann eingreifen, wenn der Arbeitgeber den Betriebsübergang unzutreffend als Betriebsstilllegung einordnet (*BAG* 28.4.1988 EzA § 613a BGB Nr. 80).

187 Ein **zukünftiger Betriebsübergang** kann folglich lediglich dann zur Unwirksamkeit der Kündigung führen, wenn die hierfür maßgebenden Tatsachen zum Zeitpunkt des Zugangs der Kündigung entweder bereits feststehen oder doch zumindest »greifbare Formen« angenommen haben (*BAG* 13.11.1997 EzA § 613a BGB Nr. 154; 18.3.1999 § 613a BGB Nr. 179). Dies ist nach Maßgabe der für die Identitätswahrung maßgebenden Kriterien zu entscheiden (*BAG* 12.11.1998 EzA § 613a BGB Nr. 171). In der zi-

tierten Entscheidung vom 18.3.1999 hat es das BAG (§ 613a BGB Nr. 179) hierfür ausreichen lassen, dass Verkaufsverhandlungen geführt werden, dass ferner feststand, dass der Betrieb nur als solcher (und nicht einzelne Maschinen) zum Verkauf standen und dass schließlich der Erwerber mit Arbeitnehmern einen Grundriss des projektierten Fortführungsbetriebs erörtert. Eine Kündigung ist daher nicht nach § 613a Abs. 4 BGB unwirksam, wenn der Arbeitgeber eine **Stilllegung** plant, deswegen eine betriebsbedingte Kündigung ausspricht und sich dann erst für eine Veräußerung entscheidet. Voraussetzung hierfür ist aber, dass ein ernsthafter und endgültiger Entschluss zur Stilllegung bestand und »greifbare Formen« angenommen hatte (*BAG* 19.6.1991 EzA § 1 KSchG Betriebsbedingte Kündigung Nr. 70 mit zust. Anm. *Kraft/Raab*). Nicht notwendig ist, dass mit der Durchführung einzelner Stilllegungsmaßnahmen bereits begonnen wurde (*BAG* 19.6.1991 EzA § 1 KSchG Betriebsbedingte Kündigung Nr. 70 [zu II 1b der Gründe]). Erforderlich und ausreichend ist es vielmehr, wenn sich die Stilllegung schon konkret und greifbar abzeichnet. Sie muss also soweit vorbereitet sein, dass nach vernünftiger betriebswirtschaftlicher Prognose für die Arbeitnehmer bei Ablauf der Kündigungsfrist nach überwiegender Wahrscheinlichkeit keine Beschäftigungsmöglichkeit vorhanden sein wird (*BAG* 28.4.1988 EzA § 613a BGB Nr. 80 [zu II 2e der Gründe]; 19.6.1991 EzA § 1 KSchG Betriebsbedingte Kündigung Nr. 70 [zu II 1a der Gründe]; 4.12.1997 BB 1998, 1108). Ist eine Kündigung aller Arbeitnehmer erfolgt und ein Sozialplan zustande gekommen, kann dessen Geschäftsgrundlage entfallen, wenn der Übernehmer den gekündigten Arbeitnehmern eine Fortsetzung ihres Arbeitsverhältnisses anbietet (*BAG* 28.8.1996 ZIP 1997, 83). Allerdings kann bei Betriebsunterbrechung eine alsbaldige Wiederaufnahme des Betriebs indizieren, dass von vornherein keine Stilllegung geplant war (s.o. Rz 61 ff.) und damit die Kündigung wegen eines Betriebsübergangs erfolgt ist. Außerdem kann dem Arbeitnehmer ein **Wiedereinstellungs- oder Fortsetzungsanspruch** zustehen (s.u. Rz 194).

Den Fällen des nachträglichen Verzichts auf die Stilllegung stehen umgekehrt die Fälle des **Nichtstattfindens des beabsichtigten Betriebsübergangs mit der Folge der Stilllegung** gegenüber. Hier ist eine Kündigung nach § 613a Abs. 4 BGB selbst dann unwirksam, wenn der zunächst **beabsichtigte Betriebsübergang**, der schon »greifbare Formen« angenommen hatte, später **scheitert** (*BAG* 19.5.1988 EzA § 613a BGB Nr. 82). Der Arbeitgeber muss in einem solchen Fall erneut kündigen. 188

Wird eine **Kündigung vor Betriebsübergang** deshalb ausgesprochen, weil der Betriebserwerber den oder die betreffenden Arbeitnehmer aus Kostengründen nicht übernehmen möchte und anderenfalls der gesamte Betriebsübergang in Frage gestellt würde, so führt dies nach der Rechtsprechung grds. zur Unwirksamkeit, weil sonst der von § 613a BGB bezweckte Bestandsschutz des Arbeitsverhältnisses (s.o. Rz 3) unterlaufen werden könnte (*BAG* 26.5.1983 EzA § 613a BGB Nr. 34). Dies gilt auch dann, wenn der Erwerber damit droht, anderenfalls den Betrieb nicht zu übernehmen. § 613a Abs. 4 S. 1 BGB will nach seinem Zweck gerade auch solche **Druckkündigungen** für unwirksam erklären (*BAG* 26.5.1983 EzA § 613a BGB Nr. 34 [zu IV 1 der Gründe]; *Willemsen* ZIP 1983, 411 [415]). Soweit der Veräußerer hingegen zur Durchführung eines aus eigenem Antrieb verfolgten **Sanierungskonzepts** (mit dem Ziel einer späteren Veräußerung) selbst Kündigungen ausspricht, gelten allgemeine Grundsätze. Es kommt dementsprechend gerade nicht darauf an, dass im Hinblick auf eine Veräußerung bereits Vereinbarungen vorliegen (*BAG* 18.7.1996 EzA § 613a BGB Nr. 142 [zu II 2 a]). Inwieweit Umstände aus der Sphäre des Erwerbers bereits den Veräußerer zu einer Kündigung ermächtigen können, ist im Übrigen nicht vollständig unumstritten. Das BAG hat solche Umstände ursprünglich für prinzipiell unbeachtlich gehalten und früher insbes. die Auffassung vertreten, der Veräußerer dürfe lediglich dann aufgrund eines vom Erwerber verfolgten Sanierungskonzepts kündigen, wenn er dieses Konzept auch selbst verwirklichen könnte (*BAG* 26.5.1983 EzA § 613a BGB Nr. 34; *Hillebrecht* aaO). Eine Öffnung der Rechtsprechung deutete sich bereits vor einigen Jahren dadurch an, dass das BAG diese Frage zunächst offen gelassen hat (*BAG* 18.7.1996 EzA § 613a BGB Nr. 142 [zu II 2 c]). Jüngst hat das BAG jedenfalls für den Fall der Insolvenz des veräußernden Arbeitgebers entschieden, dass es bei der sanierenden Übertragung für eine Veräußerungskündigung mit Erwerberkonzept nicht darauf ankommt, ob diese auch durch den Veräußerer selbst hätte durchgeführt werden können. Dafür spricht, dass eine Kündigung ohne Sanierung im Falle der Insolvenz unvermeidlich wäre. Insofern liegt jedenfalls keine mit § 613a Abs. 4 BGB unvereinbare Erweiterung der Kündigungsmöglichkeit vor (s. etwa *Hanau* ZIP 1984, 141 [143]; *Hillebrecht* ZIP 1985, 259 [264]; *Westhelle* ZIP 1982, 622). Insgesamt erscheint eine einschränkende Auffassung zur sog. **Veräußererkündigung mit Erwerberkonzept** indes nicht überzeugend. Sie berücksichtigt nicht hinreichend, dass in derartigen Fällen die Kündigung nicht wegen des Betriebsübergangs, sondern im Hinblick auf betriebliche Dispositionen, insbes. ein Sanierungskonzept des Betriebserwerbers erfolgt (vgl. *Grunsky* ZIP 1992, 772 [776]; *Hanau* aaO; *Loritz* RdA 1987, 65 [83 f.]; *MünchKomm-Schaub* Rz 72; *Sieger/Hasselbach* DB 1999, 430). Gleich den Fällen einer Kündigung im 189

Hinblick auf eine geplante Betriebsstilllegung muss es aber auch hier Voraussetzung sein, dass ein hinreichend konkretisiertes betriebliches Konzept des Erwerbers vorliegt, dessen Verwirklichung ebenso wie der Übergang auf den Erwerber bereits greifbare Formen angenommen hat (*BAG* 20.3.2003 EzA § 613a BGB 2002 Nr. 9; *Hanau* FS Gaul, S. 287 [290]). Dass eine Veräußererkündigung mit Erwerberkonzept zulässig ist, lässt sich auch auf §§ 125 ff. InsO stützen. Denn diese enthalten in den §§ 125–127 InsO Vorschriften über die Modifikation des Kündigungsschutzes, wenn die Kündigung durch den Insolvenzverwalter einen Bestandteil eines mit dem Betriebsrat vereinbarten Interessenausgleichs darstellt. Diese Modifikationen des Kündigungsschutzes gegenüber einer Kündigung durch den Insolvenzverwalter gelten nach § 128 Abs. 1 InsO auch dann, wenn die vereinbarte Betriebsänderung (also die Sanierung) erst nach Betriebsveräußerung durch den Erwerber durchgeführt werden soll. Die Vorschrift des § 128 Abs. 2 InsO bezieht nun in diese Modifikationen des Kündigungsschutzes auch § 613a Abs. 4 BGB ein, indem sie anordnet, dass in den Fällen der §§ 125 Abs. 1 S. 1 Nr. 1, 126 Abs. 1 S. 1 InsO eine Vermutung gegen das Vorliegen einer Kündigung wegen des Betriebsübergangs besteht. Da diese Vermutung, wie aus § 128 Abs. 1 InsO hervorgeht, auch im Falle der Veräußererkündigung mit Erwerberkonzept eingreift, kann eine hierauf gestützte Kündigung durch § 613a Abs. 4 BGB bei Vorliegen der sonstigen Voraussetzungen nicht ausgeschlossen sein, da ansonsten die besagte Vermutung stets widerlegt wäre (ähnlich *Hanau* ZIP 1998, 1817 [1820]).

190 Wird dem **Erwerber die Kündigung überlassen,** so ergeben sich Folgeprobleme bei etwaigen Sozialplänen. Für diese sind dann die Verhältnisse beim Erwerber maßgeblich. Bei einer Veräußerung in der Insolvenz entfallen dann trotz Sanierungsbedürftigkeit die insolvenzrechtlichen Besonderheiten. Andererseits kann zum Nachteil der Arbeitnehmer § 112a Abs. 2 BetrVG eingreifen, wenn es sich um eine Neugründung handelt (zum Ganzen *Hanau* FS Gaul, S. 287 [291, 294 f.]).

6. Kündigung aus anderen Gründen

191 Da das Recht zur Kündigung aus anderen Gründen gem. § 613a Abs. 4 S. 2 BGB unberührt bleibt, kann sich der Arbeitgeber neben **personen- und verhaltensbedingten Gründen** auf **sämtliche betriebsbedingten Gründe** berufen, die ihren Ursprung in anderen betrieblichen Erfordernissen als denen des Betriebsübergangs haben. Ebenso kann der Übernehmer nach allg. arbeitsrechtlichen Grundsätzen eine Änderungskündigung aussprechen (vgl. *EuGH* 12.11.1992 EzA § 613a BGB Nr. 124 – Tz 25). Die außerhalb des Betriebsübergangs bestehenden Gründe sind in solchen Fällen für die Wirksamkeit der Kündigung allein ausschlaggebend. Eine Kündigung mit dem Ziel, durch eine bessere Betriebsorganisation die Veräußerungschancen zu erhöhen, ist keine Kündigung wegen eines bestimmten Betriebsübergangs und deshalb zulässig (*Schiefer* NJW 1998, 1817 [1823]). Möglich ist deshalb zB eine Kündigung wegen Rationalisierungen im Anschluss an den Betriebsübergang. Es gelten insoweit die allgemeinen kündigungsrechtlichen Vorschriften für Kündigungen aus personen-, verhaltens- oder betriebsbedingten Gründen. Auch der alte Arbeitgeber, mit dem das Arbeitsverhältnis nach Ausübung des Widerspruchs fortbesteht (s.o. Rz 116), kann wegen sonstiger betrieblicher Erfordernisse kündigen, insbes. wegen fehlender Beschäftigungsmöglichkeit oder wegen Stilllegung des Betriebs (s. *BAG* 27.9.1984 EzA § 613a BGB Nr. 40 [zu B III 2 der Gründe]; 30.10.1986 EzA § 613a BGB Nr. 58). Unter den gleichen Voraussetzungen besteht ein solches Kündigungsrecht auch schon dann, wenn eine Weiterbeschäftigung bei dem neuen Arbeitgeber nur bei einer Änderung des Arbeitsvertrags möglich ist und der Arbeitnehmer erklärt, dem nicht zuzustimmen (*BAG* 20.4.1989 EzA § 1 KSchG Betriebsbedingte Kündigung Nr. 61; krit. *Däubler* FS Kissel, S. 120 [135]). Die ernsthafte und endgültige Stilllegungsabsicht muss jedoch bereits im Zeitpunkt des Zugangs der Kündigungserklärung bestanden haben (s.o. Rz 63). Die tatsächliche Stilllegung braucht der Arbeitgeber aber nicht abzuwarten (*BAG* 28.4.1988 EzA § 613a BGB Nr. 80). Anders kann es liegen, wenn Übernahmeverhandlungen geführt werden und die Kündigung nur vorsorglich ausgesprochen wird oder wenn der Betrieb wenig später (*BAG* 27.9.1984 EzA § 613a BGB Nr. 40 [zu B II 3b, bb der Gründe]: zwei Monate) vom Erwerber funktionsfähig übernommen wird. Ist die Kündigung nicht sozial gerechtfertigt, so braucht ihre Unwirksamkeit nach Abs. 4 S. 1 nicht mehr geprüft zu werden (*BAG* 27.9.1984 EzA § 613a BGB Nr. 40 [zu B der Gründe]).

192 Ist **unsicher,** ob eine geplante Maßnahme als **Betriebsstilllegung** einzuordnen ist, welche den Arbeitgeber zur Kündigung berechtigt und veranlasst, oder zu einem Betriebsübergang führt, können die Betriebspartner für den Fall des Nichtvorliegens eines Betriebsübergangs **vorsorglich** einen **Sozialplan** vereinbaren. Das Vorliegen eines Betriebsübergangs kann innerhalb des Streits über die Wirksamkeit des Sozialplans inzident gerichtlich geprüft werden (*BAG* 1.4.1998 EzA § 112 BetrVG 1972 Nr. 99).

Betriebsinhaberwechsel § 613a BGB

Soweit die beim neuen Arbeitgeber maßgebenden betrieblichen Erfordernisse dies erfordern, gestattet 192a
§ 613a Abs. 4 S. 2 BGB auch eine **Änderungskündigung**. Maßgebend ist, ob die Kündigung wegen des
Betriebsübergangs oder aufgrund betrieblicher Erfordernisse beim neuen Arbeitgeber erfolgt. Einer
Änderungkündigung kann es beispielsweise dann bedürfen, wenn der Übergang mit einem Ortswechsel verbunden ist.

7. Rechtsfolgen

Da § 613 BGB als eigenständiges **sonstiges Kündigungsverbot iSd § 13 Abs. 3 KSchG** einzuordnen ist, 193
gelten für die Rechtsfolgen die für sonstige Kündigungsrechte im Allgemeinen anerkannten Rechtsfolgen (KR-*Friedrich* § 13 KSchG Rz 302 ff.). Bei § 613a Abs. 4 BGB sind folgende Besonderheiten hervorgetreten: Grundsätzlich ist eine entgegen dieser Vorschrift erklärte Kündigung unwirksam. Auf diese
kraft Gesetzes eintretende Unwirksamkeit *erga omnes* kann sich grds. auch der Arbeitgeber berufen.
Ausnahmsweise kann etwas anderes gelten und der **Arbeitgeber nach Treu und Glauben (§ 242 BGB)
gehindert sein, sich auf eine Unwirksamkeit der Kündigung zu stützen**. Dies gilt beispielsweise
dann, wenn der Arbeitgeber die Kündigung ausgesprochen und an ihr festgehalten hat und lediglich
zur Vermeidung einer Sozialplanpflicht die Unwirksamkeit der Kündigung infolge der Umgehung
des § 613a BGB behauptet (BAG 27.6.1995 EzA § 111 BetrVG 1972 Nr. 31 mit Anm. *Gaul*).

8. Wiedereinstellungs- oder Fortsetzungsanspruch

Ein solcher Anspruch kommt in Betracht, wenn es trotz vorgesehener Stilllegung und infolgedessen 194
wirksamer Kündigung zu einem Betriebsübergang kommt. Hierzu ist in terminologischer Hinsicht zunächst anzumerken, dass die Begriffe Wiedereinstellungsanspruch und Fortsetzungsanspruch zum
Teil bedeutungsgleich verwandt werden. Zum Teil wird hingegen von Wiedereinstellungsanspruch
auch nur gesprochen, soweit es um die »Wiedereinstellung« durch den ursprünglichen Betriebsinhaber geht, wohingegen bei Geltendmachung gegen den Erwerber von einem Fortsetzungsanspruch die
Rede ist (etwa APS-*Steffan* Rz 184 f.). In der Diskussion um diese Ansprüche und das hierzu vorliegende Entscheidungsmaterial wird ferner mitunter nicht hinreichend beachtet, dass dabei in dogmatischer Hinsicht zu unterscheidende Fragestellungen zu beantworten sind. Einmal geht es nämlich um
die – **allgemein kündigungsrechtliche – Frage**, inwieweit aufgrund vertraglicher Treuepflichten nach
§ 242 BGB ein Anspruch auf Wiedereinstellung besteht, wenn sich die Kündigung zugrunde liegende Prognoseentscheidung, der Betrieb werde stillgelegt, sich nachträglich als falsch erweist. Zum
anderen stellt sich **im Anwendungsbereich der Betriebsübergangsrichtlinie** die hiervon zu unterscheidende Frage, ob aufgrund des Gebots der richtlinienkonformen Auslegung ein Fortsetzungsanspruch ein notwendiges Instrument darstellt, um den dogmatischen Grundsatz des deutschen Rechts,
dass die Kündigungswirksamkeit nach dem Zeitpunkt des Zugangs der Kündigung zu beurteilen ist,
wohingegen der Prozess des Betriebsübergangs aufgrund des Konzepts der wirtschaftlichen Einheit
(insbes. bei einer zunächst eintretenden Funktionsnachfolge und einer späteren hinzutretenden Übernahme der organisierten Belegschaft) sich über längere Zeit erstrecken kann, in einer mit der Richtl.
vereinbaren Weise durchzuführen. Schließlich kann individualvertraglich oder kollektivrechtlich ein
Wiedereinstellungsanspruch durch Vereinbarung begründet werden. Voraussetzungen und Inhalt eines solchen Anspruchs bedürfen ggf. der Ermittlung durch Auslegung (BAG 19.10.2005 EzA § 77
BetrVG 2001 Nr. 13).

Die **Rechtsprechung** bejaht einen gesetzlichen, auf Treu und Glauben gestützten Wiedereinstellungs- 195
anspruch, wenn sich (1.) die der Kündigung zugrunde liegende Prognoseentscheidung noch vor Ablauf der Kündigungsfrist als falsch herausstellt, weil es wider Erwarten doch zu einem Betriebsübergang gekommen ist, (2.) der Übernehmer noch keine anderen Dispositionen getroffen hat und (3.) die
Wiedereinstellung auch im Übrigen zumutbar ist (BAG 27.2.1997 § 1 KSchG Wiedereinstellungsanspruch Nr. 1; zusammenfassend 13.5.2004 EzA § 613a BGB 2002 Nr. 25). Umstritten sind vor allem die
Fälle, in denen die **Kündigungsfrist bereits abgelaufen** ist, wenn sich die Prognoseentscheidung als
falsch herausstellt. Hierzu hat der 7. Senat (außerhalb der Problematik des Betriebsübergangs) einen
Wiedereinstellungsanspruch nach § 242 BGB verneint, wenn sich die Unrichtigkeit der Prognoseentscheidung erst nach Ablauf der Kündigungsfrist ergibt (BAG 6.8.1997 EzA § 1 KSchG Wiedereinstellungsanspruch Nr. 2; offen lassend der 2. Senat 4.12.1997 § 1 KSchG Wiedereinstellungsanspruch Nr. 3).
Der 8. Senat hatte hingegen für Fälle nach Ablauf der Kündigungsfrist im Hinblick auf einen Fortsetzungsanspruch zunächst angenommen, dieser ergebe sich aus einer richtlinienkonformen Auslegung
des § 613a BGB und bestehe deshalb stets, wenn nach Kündigungszugang infolge der Übernahme ei-

nes großen Teils der Belegschaft) ein Betriebsübergang erfolge (*BAG* 13.11.1997 EzA § 613a BGB Nr. 154 mit krit. Anm. *Peters/Thüsing* aaO), und zwar insbes. auch, wenn der Betriebsübergang nach der Beendigung des Arbeitsverhältnisses erfolgt (ausdrücklich *BAG* 12.11.1998 EzA § 613a BGB Nr. 171; 10.12.1998 EzA § 613a BGB Nr. 175). Im Hinblick auf den Anlass des Betriebsübergangs wurde ein Fortsetzungsanspruch bislang in Fällen anerkannt, in denen zunächst der ursprüngliche Arbeitgeber seinen Betrieb (bzw. den Betriebsteil) stillgelegt hat, und es – infolge einer späteren Belegschaftsübernahme durch den Funktionsnachfolger – wider Erwarten zu einem Betriebsübergang kommt. Demgegenüber blieb offen, ob der EG-rechtlich begründete Fortsetzungsanspruch bei einem Betriebsübergang infolge der Übernahme materieller und immaterieller Betriebsmittel entstehen kann (*BAG* 10.12.1998 EzA § 613a BGB Nr. 171). Diese (anhand von Fällen außerhalb einer Insolvenz entwickelte) Position hat der 8. Senat mittlerweile revidiert und anerkannt, dass die Betriebsübergangsrichtlinie keinen Wiedereinstellungsanspruch, sondern lediglich den Übergang bestehender Arbeitsverhältnisse vorsehe. Dementsprechend sei jedenfalls in der Insolvenz – unabhängig davon, ob diese auf Liquidation oder Sanierung ziele – ein Wiedereinstellungsanspruch ausgeschlossen (*BAG* 13.5.2004 EzA § 613a BGB 2002 Nr. 25; 28.10.2004 EzA § 613a BGB Nr. 30; vgl. auch 10.12.1998 EzA § 613a BGB Nr. 171; *LAG Hamm* 4.4.2000 DZWIR 2000, 240 mit Anm. *Franzen*). Die Behandlung von Fällen außerhalb der Insolvenz lässt der Senat bislang offen (*BAG* 13.5.2004 EzA § 613a BGB 2002 Nr. 25). Einschränkend ist im Hinblick auf den Fortsetzungsanspruch zudem anerkannt, dass der Arbeitnehmer unverzüglich nach Kenntnis von den maßgebenden Tatsachen das Fortsetzungsverlagen geltend machen muss (*BAG* 12.11.1998 EzA § 613a BGB Nr. 171; vgl. auch *Preis/Steffan* DB 1998, 309 [310] u. *Boewer* NZA 1999, 1177 [1180]: spätestens drei Wochen; *LAG Hamm* 27.3.2003 LAGE § 1 KSchG Wiedereinstellungsanspruch Nr. 5; und *Oberhofer* RdA 2006, 92: ein Monat in Anlehnung an Abs. 6). Im Falle eines tarifvertraglichen Wiedereinstellungsanspruchs soll die Geltung für den neuen Arbeitgeber von der Auslegung des Tarifvertrags abhängen (*BAG* 1.12.2004 EzA § 4 TVG Malerhandwerk Nr. 4).

196 Im Rahmen einer **Stellungnahme** ist zu betonen, dass zwischen dem allgemeinen kündigungsrechtlichen Wiedereinstellungsanspruch einerseits und dem Problem der richtlinienkonformen Auslegung zu unterscheiden ist. Der auf die **allgemeine Treuepflicht gestützte Wiedereinstellungsanspruch** ist das Ergebnis einer Gesamtabwägung. Hier kann etwa der Umstand einfließen, dass in der Insolvenz nach §§ 125 ff. InsO eine rechtssichere Kündigung möglich sein soll (gegen einen Wiedereinstellungsanspruch im Konkurs daher *Hanau* ZIP 1998, 1817 [1820]). Ebenso ist zu beachten, dass der Zeitpunkt der Beendigung des Arbeitsverhältnisses eine Zäsur darstellt, durch welche die Treuebindung des Arbeitgebers schwächer wird. Im Hinblick auf das Gebot der Gesamtabwägung sind damit nach Ablauf der Kündigungsfrist an die Anerkennung eines Wiedereinstellungsanspruchs höhere Anforderungen zu stellen, ohne dass jedoch ein solcher schlechthin ausgeschlossen sein kann. Einen Wiedereinstellungsanspruch kraft nachvertraglicher Treuepflicht kommt lediglich gegenüber dem Veräußerer in Betracht, da der Erwerber lediglich in bestehende Arbeitsverhältnisse, nicht aber in Pflichten *e contractu finito* eintritt (vgl. *Boewer* NZA 1999, 1177 [1179]). Hiervon zu unterscheiden ist die Frage nach einem durch das **Gebot richtlinienkonformer Auslegung begründeten Anspruch**, als dessen Grundlage im deutschen Recht eine teleologische Extension des § 613a Abs. 1 u. 4 BGB angesehen werden könnte (insofern ähnlich *Langenbucher* ZfA 1999, 299 [306]). Seine Existenz hängt zunächst davon ab, ob die Richtlinie eine Fortführung des Arbeitsverhältnisses derjenigen Arbeitnehmer verlangt, deren Kündigung infolge der irrigen Annahme, es komme zu keinem Betriebsübergang, als wirksam beurteilt wurde (verneinend etwa *Sandmann* SAE 2000, 295 [300]). Soweit dies im Hinblick auf den *Effet utile* der Richtlinie bejaht wird, muss der Anspruch auch nach Ablauf der Kündigungsfrist bestehen. Denn der Zeitpunkt des Ablaufs der Kündigungsfrist steht mit den Voraussetzungen des Betriebsübergangs in keinerlei systematischen Zusammenhang (vgl. auch *Moll* RdA 1999, 233 242). Angesichts des wertungsoffenen Konzepts der wirtschaftlichen Einheit, nach dem der Betriebsübergang auch als gestreckter Tatbestand erfolgen kann, spricht mehr dafür, dass das Vorliegen einer Weiterführung der wirtschaftlichen Einheit auch noch durch Umstände (gleich welcher Art, also auch der Übergang von Betriebsmitteln) begründet werden kann, die nach Ablauf der Kündigungsfrist eintreten. Dass die Identität der wirtschaftlichen Einheit mit der Entlassung der Arbeitnehmer entfällt (APS-*Steffan* Rz 186), lässt sich nicht ohne weiteres sagen, weil die Dauer einer Betriebsunterbrechung nur einen von mehreren Wertungsfaktoren bildet. Weitere Zumutbarkeitserwägungen wird man bei diesem EG-rechtlich fundierten Anspruch grds. nicht anstellen müssen; allerdings besteht der Anspruch wegen des Privilegs in Art. 4 Abs. 1 S. 2 Richtl. 2001/23/EG nicht, wenn der Übernehmer aus anderen Gründen zur Kündigung – insbes. betriebsbedingt, weil er ein bestimmtes Sanierungskonzept verfolgt – ohnehin berechtigt wäre (ähnlich *Meyer* BB 2000, 1032 ff.). Zu beachten ist ferner, dass die EG-rechtliche

Fundierung der vorstehenden Erwägungen ungesichert ist und deshalb einer Klärung durch den EuGH bedarf. Sollte sich ergeben, dass ein Fortsetzungsanspruch gegen den Erwerber EG-rechtlich nicht geboten ist, kommt ein Anspruch gegen den Erwerber aufgrund einer teleologischen Extension des § 613a Abs. 1 BGB kraft autonom nationaler Überlegungen in Betracht, die aber an den aus § 242 BGB gestützten Anspruch anzulehnen wären (weitergehend *Kontusch* Wiedereinstellungsanspruch, S. 59 ff.). Nur ergänzend sei darauf hingewiesen, dass die tatsächliche Wiedereinstellung idR die Geschäftsgrundlage einer etwaigen **Sozialplanzahlung** entfallen lässt (*Berscheid* MDR 1999, 1129 [1131]).

Ob eine **Informationspflicht des Arbeitgebers** anzuerkennen ist, den Arbeitnehmer über den Wegfall des Kündigungsgrundes zu unterrichten, erscheint unsicher (bejahend *Boewer* NZA 1999, 1177 [1188]); soweit eine richtlinienkonforme Auslegung des § 613a BGB die Anerkennung eines Fortsetzungsanspruchs gebietet, greift auch das Informationsgebot, das allerdings primär gegenüber den Arbeitnehmervertretern besteht. Für einen weitergehenden Informationsanspruch dürfte kein durchgreifendes Bedürfnis bestehen. 197

9. Beweislast

Entsprechend den allg. Beweislastregeln trägt der Arbeitnehmer hinsichtlich der notwendigen **Kausalität zwischen Betriebsübergang und Kündigung** die Beweislast, wenn er die Unwirksamkeit der Kündigung geltend macht (*BAG* 5.12.1985 EzA § 613a BGB Nr. 50 [zu II 2 der Gründe]). Dies gilt jedoch nur, wenn sich der Arbeitnehmer mit der Feststellungsklage nach § 256 ZPO allein auf den Unwirksamkeitsgrund nach Abs. 4 S. 1 stützt. Macht er dagegen die Sozialwidrigkeit der Kündigung nach §§ 1, 4 KSchG geltend, so muss der Arbeitgeber nach § 1 Abs. 2 S. 4 KSchG die soziale Rechtfertigung beweisen. Der Arbeitnehmer muss deshalb im Verfahren nach §§ 1, 4 KSchG nicht gem. Abs. 4 S. 1 darlegen und beweisen, dass die Kündigung nur wegen des Betriebsübergangs erfolgt ist, da, solange hieran Zweifel bleiben, dem Arbeitgeber der Nachweis der sozialen Rechtfertigung nicht gelungen ist (*BAG* 5.12.1985 EzA § 613a BGB Nr. 50 [zu II 2a der Gründe]; 9.2.1994 EzA § 613a BGB Nr. 116 [zu II 2d der Gründe]; *Berkowsky* DB 1985, 2686; eingehend *Gaul* FS Schwerdtner, S. 653 [665 ff.]). Hat der Arbeitnehmer die Unwirksamkeit nach § 613a Abs. 4 BGB zu beweisen, so genügt als erstes Indiz der Hinweis auf den zeitlichen Zusammenhang mit dem Betriebsübergang. Zur Widerlegung dieses Indizes reicht jede nachvollziehbare Begründung, die einen sachlichen Grund dafür enthält, dass die Kündigung nur äußerlich formal mit dem Betriebsübergang verbunden ist, nicht aber materiell wegen des Betriebsübergangs erfolgt ist (*BAG* 5.12.1985 EzA § 613a BGB Nr. 50 [zu II 2b der Gründe]). Damit kann der Verdacht einer Kündigung wegen des Betriebsübergangs ausgeschlossen werden (*BAG* 31.1.1985 EzA § 613a BGB Nr. 42). Der Arbeitnehmer kann den Vortrag des Arbeitgebers aber durch neuen Vortrag erschüttern. Als sachlicher Grund kommt etwa eine ernsthafte und endgültige Stilllegungsabsicht in Betracht, wenn sie bereits erkennbar durchgeführt wird (*BAG* 5.12.1985 EzA § 613a BGB Nr. 42). Kommt es jedoch bei einer zunächst geplanten Betriebsstilllegung noch innerhalb der Kündigungsfrist zu einem Betriebsübergang iSd § 613a Abs. 1 S. 1 BGB, dann spricht, wie bei einer alsbaldigen Wiedereröffnung des Betriebs (KR-*Etzel* § 15 KSchG Rz 88), eine tatsächliche Vermutung gegen eine ernsthafte und endgültige Stilllegungsabsicht des veräußernden Betriebsinhabers im Zeitpunkt der Kündigung (*BAG* 27.9.1984 EzA § 613a BGB Nr. 40; 5.12.1985 EzA § 613a BGB Nr. 42 [zu II 2b der Gründe]). Auch das sonstige geschäftliche Verhalten, namentlich ob der Arbeitgeber Vorbereitungen für eine Veräußerung der zum Betriebsvermögen gehörenden Gegenstände getroffen oder Verhandlungen über eine Weiterführung durch einen Erwerber geführt hat (*BAG* 19.11.1996 EzA § 613a BGB Nr. 146; zusammenfassend *Gaul* FS Schwerdtner, S. 653 [662]), ist von Bedeutung. Fehlt die Stilllegungsabsicht, ist die Kündigung bereits nach § 1 Abs. 2 S. 1 KSchG sozial ungerechtfertigt, so dass es auf die zeitlich später eingreifende Norm des § 613a Abs. 4 S. 1 BGB nicht mehr ankommt (*BAG* 27.9.1984 EzA § 613a BGB Nr. 40). 198

In der **Insolvenz** gelten seit Inkrafttreten der §§ 125 ff. InsO **besondere Beweislastgrundsätze**, sofern ein Interessenausgleich mit Namensliste der zu kündigenden Arbeitnehmer verabredet wird und eine Betriebsänderung vorliegt (Überblick bei *Berscheid* MDR 1998, 1129, *Giesen* ZIP 1998, 46). In diesem Fall trägt nämlich der Arbeitnehmer die Beweislast sowohl dafür, dass die Kündigung nicht durch dringende betriebliche Erfordernisse bedingt ist (§ 125 Abs. 1 Nr. 1 InsO; s. KR-*Weigand* § 125 InsO Rz 19 f.), als auch dafür, dass die Kündigung wegen des Betriebsübergangs erfolgt ist (§ 128 Abs. 2 InsO; KR-*Weigand* § 128 InsO Rz 3). § 125 Abs. 1 Nr. 1 InsO entfaltet zwar nur für Arbeitnehmer Wirkung, die durch das KSchG erfasst werden. Seinem Wortlaut, Sinn und Zweck nach greift die Vermutungswirkung des § 128 Abs. 2 InsO aber auch für nicht unter das KSchG fallende Kündigungen (**aA** *Giesen* ZIP 199

1998, 46 [51]). All dies gilt nur, wenn das Vorliegen einer Betriebsänderung feststeht (*BAG* 28.8.2003 EzA § 102 BetrVG 2001 Nr. 4).

III. Umgehungstatbestände

200 Der Arbeitgeber ist grds. befugt, Rechtsgeschäfte so zu gestalten, dass § 613a BGB nicht eingreift. Dementsprechend kann zB die Neuvergabe eines Dienstleistungauftrags so gestaltet werden, dass eine bloße Funktionsnachfolge vorliegt. Dabei sind **Umgehungsverbote aus § 613a BGB wie die Maßgaben aus anderen Vorschriften** zu beachten. So hat die Rechtsprechung angenommen, wenn ein Unternehmen einen Betriebsteil stilllege und den betroffenen Arbeitnehmer betriebsbedingt kündige, um dessen bisherige Funktion durch ein konzernabhängiges neues Unternehmen mit neu eingestellten Arbeitnehmern erfüllen zu lassen, liege ein Rechtsmissbrauch vor; es fehle ein dringendes betriebliches Kündigungserfordernis iSd § 1 Abs. 3 KSchG (*BAG* 26.9.2002 EzA § 1 KschG Betriebsbedingte Kündigung Nr. 124; *Rost* FS Schwerdtner, S. 169 [178]). Als Umgehung des Kündigungsverbots des § 613a Abs. 4 BGB sieht es die Rechtsprechung an, wenn der Arbeitgeber den Arbeitnehmer veranlasst, einen Aufhebungsvertrag zu schließen oder eine Eigenkündigung auszusprechen, um dem aus dieser Vorschrift folgenden Kündigungsverbot auszuweichen (*BAG* 15.2.1995 EzA § 620 BGB Nr. 130). Dies wird dann angenommen, wenn die Abrede darauf zielt, die Kontinuität des Arbeitsverhältnisses ohne sachlich rechtfertigenden Grund zu beseitigen, obschon der Arbeitsplatz erhalten bleibt (*BAG* 10.12.1998 EzA § 613a BGB Nr. 175). Zu den typischerweise erfassten Fallkonstellationen zählt es, wenn Arbeitnehmer vom alten Inhaber oder durch einen Insolvenzverwalter unter Hinweis auf eine Wiedereinstellung bzw. eine Wiedereinstellungszusage (mit geänderten Arbeitsbedingungen) beim potentiellen Übernehmer veranlasst werden, beim alten Arbeitgeber eine **Eigenkündigung** auszusprechen oder einen **Aufhebungsvertrag** abzuschließen (sog. **Lemgoer Modell**). Nichts anderes kann von diesem Standpunkt aus für den Fall gelten, dass die Arbeitnehmer zunächst dem Übergang ihres Arbeitsverhältnisses widersprechen (s.o. Rz 109), um anschließend mit dem Erwerber neue Arbeitsverträge zu anderen Bedingungen zu schließen (*Ende* NZA 1994, 494). Ferner kommt, wenn **unverfallbare Versorgungsanwartschaften** betroffen sind, eine Umgehung des § 4 BetrAVG in Betracht. **Rechtsfolge** dieser Umgehung ist die **Nichtigkeit** der Arbeitnehmerkündigung oder des Aufhebungsvertrags (*BAG* 28.4.1987 EzA § 613a BGB Nr. 67 mit teilw. krit. Anm. *Willemsen*; *BAG* 12.11.1992 EzA § 613a BGB Nr. 97 (zu III 1 der Gründe]).

201 Zu den Fällen der Änderung der Arbeitsbedingungen zählt auch die Verabredung einer zuvor nicht vorgesehenen **Befristung**; auch für diese verlangt das BAG – selbst wenn das KSchG nicht eingreift – das Vorliegen eines rechtfertigenden Grundes (*BAG* 2.12.1998 § 620 BGB Nr. 161). Demgegenüber lässt die Rechtsprechung **Aufhebungsverträge** im Zusammenhang mit einem Betriebsübergang dann ohne die Voraussetzung eines sachlichen Grundes zu, wenn sie auf das endgültige Ausscheiden zielen (vgl. die Analyse bei *Hanau* ZIP 1998, 1817 [1821 f]). Das führt zwar zu dem *prima facie* erstaunlichen Ergebnis, dass der Inhalt des Arbeitsverhältnisses stärker geschützt wird als dessen Bestand; indessen bewirkt das Angebot einer Fortsetzung durch den Übernehmer (zu schlechteren Bedingungen) unter einer Voraussetzung einer Aufhebung des ursprünglichen Arbeitsvertrags eher eine die Entscheidungsfreiheit des Arbeitnehmers beeinträchtigende Dilemmasituation als ein Aufhebungsvertrag, der auf ein endgültiges Ausscheiden zielt. Einen solchen Fall der Verabredung des endgültigen Ausscheidens nimmt die Rechtsprechung auch dann an, wenn beim Abschluss des Aufhebungsvertrags ein neues (befristetes) Arbeitsverhältnis mit einer Beschäftigungs- oder Qualifizierungsgesellschaft begründet wird und eine unbefristete Wiedereinstellung durch eine Nachfolgegesellschaft lediglich für einen Teil der Arbeitnehmer in Aussicht gestellt wird (*BAG* 10.12.1998 EzA § 613a BGB Nr. 175). An dieser Konzeption hat das BAG auch im Lichte der nachstehend erläuterten literarischen Kritik festgehalten (*BAG* 18.8.2005 EzA § 613a BGB 2002 Nr. 40).

202 Diese Rechtsprechung wird – vor dem Hintergrund einer Anwendung des § 613a BGB in der Insolvenz – in der Literatur zum Teil insofern als bedenklich angesehen, als sie dem Übernehmer trotz Vorliegens eines Betriebsübergangs erlaubt, die weiter zu beschäftigenden Arbeitnehmer auszuwählen, ohne an die Kriterien des KSchG, insbes. der Sozialauswahl, gebunden zu sein (krit. ErfK-*Preis* Rz 141; APS-*Steffan* Rz 201). Vom Standpunkt des Umgehungskonzepts könnte deshalb nahe liegen, dass der Aufhebungsvertrag oder die Eigenkündigung unter der Voraussetzung sachlicher Rechtfertigung zulässig ist, wie dies auch für inhaltsändernde Vereinbarungen anerkannt ist (s.o. Rz 102). Gegen das Erfordernis eines sachlichen Rechtfertigungsgrundes bei Auflösungsverträgen oder Eigenkündigungen spricht aber zum einen die Unklarheit dieses Kriteriums und zum andern der Verbotsgehalt des § 613a

Abs. 1 BGB. Denn gerade der Betriebsübergang kann danach die Auflösung des Arbeitsverhältnisses niemals rechtfertigen (*Hillebrecht* NZA 1989, Beil. 4, S. 10 [11 f.]). Dies kann allerdings lediglich dann gelten, wenn der Arbeitnehmer der Eigenkündigung oder Auflösung unter Druck, also um eine Wiedereinstellung durch den neuen Arbeitgeber zu erreichen und den Arbeitsplatz nicht ganz zu verlieren, zugestimmt hat (dazu schon oben Rz 200). Der Feststellung dieser Drucksituation – mit anderen Worten: der **rechtsgeschäftlichen Entscheidungsfreiheit** ausscheidender Arbeitnehmer – muss daher besondere Bedeutung zukommen. Als wichtiges Indiz hierbei hat es zu gelten, wenn die Aufhebungsverträge oder Eigenkündigungen vom alten oder neuen Arbeitgeber veranlasst wurden (ähnlich *Hillebrecht* aaO). Ob man neben § 613a Abs. 1 BGB auf die Heranziehung des Rechtsgedankens aus § 613a Abs. 4 BGB zur Begründung dieses Ergebnisses verzichten kann (so *Hillebrecht* aaO), erscheint problematisch, weil nicht schlechthin jede vom alten oder neuen Arbeitgeber veranlasste Eigenkündigung bzw. jeder Aufhebungsvertrag unwirksam sein kann, sondern lediglich solche, die wegen des Betriebsübergangs veranlasst werden. Nach alledem ist ein Aufhebungsvertrag zwischen dem Arbeitnehmer und dem neuen Arbeitgeber beispielsweise dann wirksam, wenn er ohne eine solche Drucksituation, zB erst dann abgeschlossen wird, wenn das Arbeitsverhältnis auf den neuen Arbeitgeber übergegangen ist. Ebenso liegt es, wenn durch den Aufhebungsvertrag zwischen Arbeitnehmer und neuem Arbeitgeber lediglich die Wirkungen herbeigeführt werden, die auch durch Ausübung des Widerspruchsrechts des Arbeitnehmers (s.o. Rz 109) herbeigeführt werden könnten (*BAG* 29.10.1975 EzA § 613a BGB Nr. 4 [zu 2 der Gründe]).

IV. Analoge Anwendung bei Betriebsübergang kraft Gesetzes

Die Rechtsprechung hält das Kündigungsverbot des § 613a Abs. 4 BGB außerhalb der Fälle des Übergangs der Arbeitsverhältnisse nach Abs. 1 dann für **entsprechend anwendbar**, wenn sich der **Übergang des Betriebs kraft Gesetzes** vollzieht und dieser Betriebsübergang nach dem Zweck des Gesetzes auch den gesetzlichen Übergang der Arbeitsverhältnisse bewirkt. Letzteres wurde namentlich in den Fällen des Übergangs von Einrichtungen der ehemaligen DDR (Art. 13 EV) bejaht, mit denen gem. Art. 20 EV iVm Anl. 1 Kap. XIX Sachgeb. A Abschn. III Abs. 2 u. 3 EV ein entsprechender Übergang von Arbeitsverhältnissen verbunden war (*BAG* 21.7.1994 EzA § 613a BGB Nr. 119). Hierauf beruht auch die Analogie, das das Kündigungsverbot der notwendigen Flankierung des Übergangs dient. Eine weitergehende Analogie (etwa zu Abs. 6) ist hieraus nicht herzuleiten (*BAG* 2.3.2006 NZA 2006, 848). 203

V. Geltendmachung der Unwirksamkeit

1. Feststellungsklage und § 4 KSchG

Die Unwirksamkeit nach § 613a Abs. 4 BGB kann im Wege der allgemeinen **Feststellungsklage nach § 256 ZPO** geltend gemacht werden, wobei die Frist des § 4 KSchG beachtet werden muss (s.o. Rz 180). In jedem Fall muss der Arbeitnehmer die Kündigungsschutzklage nach § 4 KSchG erheben, um sich nicht der Folge des § 7 KSchG auszusetzen. Im Rahmen der **Kündigungsschutzklage nach § 1 KSchG** ist zugleich die Unwirksamkeit nach § 613a Abs. 4 BGB zu prüfen. Mit der Klage aus § 1 KSchG sichert sich der Arbeitnehmer auch Beweislastvorteile für den Unwirksamkeitsgrund des Abs. 4 (s.o. Rz 198). 204

2. Arbeitgeber als Beklagter

In der Rechtsprechung ist formuliert worden, die Klage solle sich grds. gegen den Arbeitgeber als Beklagten richten, der die Kündigung ausgesprochen hat (s.a. *BAG* 26.5.1983 EzA § 613a BGB Nr. 34; 27.9.1984 EzA § 613a BGB Nr. 40 [zu B I der Gründe]). Das erscheint jedoch für den Fall einer erst **nach dem Betriebsübergang erhobenen Klage** insofern problematisch, als das (gekündigte) Arbeitsverhältnis mit dem Betriebsübergang auf den Erwerber übergeht und dieser – und nicht der Veräußerer – für Feststellungsstreitigkeiten aus dem Arbeitsverhältnis passiv legitimiert ist (*Löwisch/Neumann* DB 1996, 474). Demgegenüber geht die Rechtsprechung zwar von einer Passivlegitimation des alten Arbeitgebers aus (*BAG* 18.3.1999 EzA § 613a BGB Nr. 179), bezieht diese jedoch zutreffend lediglich auf das mit Übergang beendete Arbeitsverhältnis zum alten Arbeitgeber. Da im Rahmen der Kündigungsschutzklage inzident zu prüfen ist, ob im Zeitpunkt des Wirksamwerdens der Kündigung überhaupt ein Arbeitsverhältnis zu dem beklagten Arbeitgeber bestand, wird (bei Übergang zwischen Kündigungserklärung und Wirksamwerden derselben) eine gegen den Veräußerer gerichtete Kündigungsschutzklage trotz Unwirksamkeit der Kündigung konsequenterweise abgewiesen (*BAG* 18.3.1999 EzA § 613a BGB Nr. 179). Das gilt auch dann, wenn der alte Arbeitgeber nach Betriebsübergang und Übergang des Arbeitsverhältnisses eine ins Leere gehende und damit unwirksame Kündigung ausgesprochen hat 205

(*BAG* 18.4.2002 EzA § 613a BGB Nr. 207; 15.12.2005 EzA § 613a BGB 2002 Nr. 45). Unzweifelhaft ist im Übrigen: Nach Betriebsübergang kann der Arbeitnehmer auf Feststellung des Fortbestandes des Arbeitsverhältnisses **gegen den neuen Arbeitgeber** nicht nur klagen, wenn dieser gekündigt hat, sondern auch, wenn die Kündigung vom alten Arbeitgeber ausgesprochen wurde, denn die Wirksamkeit der Kündigung kann auch im Prozess mit dem neuen Arbeitgeber geklärt werden, und der Arbeitnehmer ist darauf in Fällen fehlender Rechtskrafterstreckung angewiesen. Die ursprünglich abweichende Auffassung der Rechtsprechung (*BAG* 26.5.1983 EzA § 613a BGB Nr. 34) ist gegenstandslos (*Hillebrecht* NZA 1989, Beil. 4, S. 14 [19]).

206 Eine Klage gegen den **alten Arbeitgeber** kommt dementsprechend vor allem in Betracht, soweit es um dessen Weiterhaftung nach § 613a Abs. 2 BGB geht. Wird die **Klage vor Betriebsübergang** gegen den alten Arbeitgeber erhoben, so haben die Betriebsveräußerung und der damit verbundene Übergang der Arbeitsverhältnisse nach § 265 Abs. 2 ZPO keinen Einfluss auf den Prozess. Der alte Arbeitgeber bleibt prozessführungsbefugt (*BAG* 20.3.1997 EzA § 613a BGB Nr. 148). Der neue Arbeitgeber kann den Prozess nur mit Zustimmung des klagenden Arbeitnehmers übernehmen, nicht aber als Hauptpartei mit den Rechtsfolgen des § 62 ZPO beitreten (*BAG* 4.3.1993 EzA § 613a BGB Nr. 107). Auch das Feststellungsinteresse des Arbeitnehmers muss nach der gesetzlichen Interessenbewertung in § 265 Abs. 2 S. 2 ZPO unberührt bleiben (*Stein/Jonas/Schumann* § 265 ZPO Rz 15, 41; *Thomas/Putzo* § 265 ZPO Rz 12; aA *LAG Hamm* 17.5.1993 BB 1993, 1520: Rechtsschutzbedürfnis lediglich dann, wenn zur Klärung von Ansprüchen gegen alten Arbeitgeber erforderlich; ansonsten Erledigung). Bei einer **Kündigung des neuen Arbeitgebers** kann auch auf Feststellung gegen den alten Arbeitgeber geklagt werden, soweit dafür ein Rechtsschutzbedürfnis besteht, insbes. im Hinblick auf etwaige Ansprüche nach § 613a Abs. 2 BGB.

207 Grds. kann eine Klage auch **gegen beide Arbeitgeber** als Streitgenossen (§ 59 ZPO) erhoben werden, wobei grds. eine einfache Streitgenossenschaft besteht (*BAG* 25.4.1996 BB 1996, 2413), sofern nicht wegen Rechtskrafterstreckung (s.u. Rz 209) eine notwendige Streitgenossenschaft gegeben ist. Erforderlichenfalls ist zur Durchführung eines einheitlichen Verfahrens eine Gerichtsstandsbestimmung nach § 36 Nr. 3 ZPO zulässig (*BAG* 25.4.1996 aaO).

208 Wird ein Kündigungsschutzprozess nach § 265 ZPO auch nach Betriebsveräußerung gegen den Veräußerer fortgesetzt, so greift die Wirkung des § 265 ZPO für einen **nach Veräußerung gestellten Auflösungsantrag** des Arbeitnehmers nach § 9 KSchG nicht mehr ein. Denn dieser ist ein selbständiger prozessualer Antrag (*BAG* 20.3.1997 EzA § 613a BGB Nr. 148 zu B II 4d bb). Will der Arbeitnehmer nach Betriebsübergang einen Auflösungsantrag stellen, muss er entweder den Erwerber in den Kündigungsschutzprozess hineinziehen oder dem Übergang des Arbeitsverhältnisses widersprechen. Stellt der Arbeitnehmer trotz seiner Kenntnis vom Betriebsübergang einen Auflösungsantrag gegen den Veräußerer, so kann darin ein konkludent erklärter Widerspruch gegen den Übergang des Arbeitsverhältnisses liegen, wenn durch den Antrag zum Ausdruck kommt, dass sich der Arbeitnehmer auch zukünftig allein an den Veräußerer als seinen ursprünglichen Vertragspartner halten will. Umgekehrt muss man, schon aus prozesspraktischen Gründen, dem mit der Kündigungsschutzklage in Anspruch genommenen Veräußerer zubilligen, auch nach Betriebsübergang noch einen Auflösungsantrag zu stellen (*BAG* 24.5.2005 EzA § 613a BGB 2002 Nr. 32). Ob auf einen **vor dem Betriebsübergang rechtshängig gewordenen Auflösungsantrag** § 265 ZPO anwendbar ist, ist umstritten (offen lassend *BAG* 20.3.1997 EzA § 613a BGB Nr. 148). Durchgreifende prozessuale Gründe gegen eine Anwendung des § 265 ZPO sind nicht ersichtlich (aA *Löwisch/Neumann* DB 1996, 474 [475]). Den neuen Arbeitgeber an die Entscheidung über den Auflösungsantrag zu binden, ist nicht weniger angemessen, als ihn an das Ergebnis des Kündigungsschutzprozesses zu binden, und ein Ausgleich zwischen Erwerber und Veräußerer bleibt ohnehin möglich.

3. Rechtskraft

209 Die Rechtskraft eines **Urteils gegen oder für den alten Arbeitgeber** wirkt nach § 325 ZPO auch für und gegen den neuen Arbeitgeber, falls der Betriebsübergang nach Klageerhebung eingetreten ist. Um aus dem Titel gegen den alten Arbeitgeber gegen den neuen Arbeitgeber vollstrecken zu können, muss der Arbeitnehmer nach § 727 ZPO eine Titelumschreibung erreichen bzw. nach § 731 ZPO Klage auf Klauselerteilung erheben. Im Rahmen dieses Verfahrens wird geprüft, ob der neue Arbeitgeber tatsächlich Betriebsübernehmer iSd § 613a BGB ist, was durch den Vorprozess nicht rechtskräftig festgestellt ist. Daher kann es sich empfehlen, Klage gegen beide Arbeitgeber zu erheben. Wird die Klage gegen den alten Arbeitgeber erst nach Betriebsveräußerung erhoben, so greift § 325 ZPO nicht (*Zeuner* FS Schwab, S. 575 [586]). Der Arbeitnehmer muss zur Vermeidung widersprechender Urteile zum Mittel der Streit-

verkündung greifen oder, um zugleich einen Titel zu erhalten, beide Arbeitgeber verklagen. Auch ein gewillkürter Parteiwechsel kann in Betracht kommen, allerdings in der Berufungsinstanz nicht ohne Zustimmung des Erwerbers (weitergehend *Zeuner* FS Schwab, S. 575 [590 ff.]).

4. Beschlussverfahren

In der **Insolvenz** steht dem Verwalter zur Klärung der Rechtmäßigkeit von Kündigungen das Beschlussverfahren unabhängig von den Anwendungsvoraussetzungen des KSchG nach § 126 InsO offen (*Schaub* DB 1999, 217 [225]). **210**

G. Kollisionsrecht

Die **internationalprivatrechtliche Behandlung** des § 613a BGB ist **umstritten**. Die Rechtsprechung (*BAG* 29.10.1992 EzA Art. 30 EGBGB Nr. 2; *LAG Köln* 6.4.1993 LAGE § 613a BGB Nr. 26) hat im Einklang mit einem Teil der Literatur (*Däubler* FS Kissel, S. 119 [125 f.]; *Feudner* NZA 1999, 1184; *Mankowski* IPRax 1994, 88; MünchKomm-*Martiny* Art. 30 EGBGB Rz 5) die Auffassung vertreten, maßgeblich für den kollisionsrechtlichen Anwendungsbereich des § 613a BGB sei das Arbeitsvertragsstatut der Art. 27, 30 EGBGB. Dem ist nur eingeschränkt zu folgen. Zwar richtet sich die kollisionsrechtliche Anknüpfung des § 613a BGB nach international-vertragsrechtlichen Grundsätzen. Allerdings ist § 613a BGB, soweit dies die Richtl. 2001/23/EG bindend vorgibt, eine Vorschrift mit international zwingendem Geltungsanspruch iSd Art. 34 EGBGB (aA *BAG* 29.10.1992 EzA Art. 30 EGBGB Nr. 2). Die Vorschrift ist zunächst unabhängig vom Sitz des Betriebs anwendbar, wenn bis zum Betriebsübergang deutsches Arbeitsvertragsrecht gilt, Art. 27, 30 EGBGB. Darüber hinaus gilt sie aber als Eingriffsnorm stets dann, wenn ein hinreichender Inlandsbezug dadurch besteht, dass der fragliche Betrieb zum Zeitpunkt des Übergangs der Leitungsmacht seinen Sitz in der Bundesrepublik Deutschland hat, gleichviel ob im Übrigen deutsches oder ausländisches Arbeitsvertragsrecht Anwendung findet. Dieser kollisionsrechtlich zwingende Geltungsanspruch ergibt sich zwar noch nicht aus dem sachrechtlich zwingenden Geltungsanspruch der Vorschrift (Art. 27 Abs. 3 EGBGB). Die international zwingende Geltung folgt jedoch aus Art. 1 Abs. 2 Richtl. 2001/23/EG (vgl. *Pfeiffer* in Leible, Das Grünbuch zum internationalen Vertragsrecht, 2004, S. 25 [31]). Danach ist die Richtlinie stets, also ohne Möglichkeit zur Rechtswahl anwendbar, wenn der **Betrieb vor dem Übergang seinen Sitz im territorialen Geltungsbereich des EG-Vertrags** hat (Ausnahme: Seeschiffe, Art. 1 Abs. 3 der Richtl.); dies muss ggf. durch eine nach Art. 234 EGV durch Vorlage an den EuGH geklärt werden. Die genannte **richtlinieneigene Kollisionsvorschrift** muss im Wege richtlinienkonformer Auslegung bei der kollisionsrechtlichen Einordnung unter die Tatbestände des EGBGB berücksichtigt werden. Hierfür bietet der Tatbestand des Art. 34 EGBGB hinreichend Raum. Soweit der Betrieb außerhalb der Bundesrepublik Deutschland, aber im territorialen Geltungsbereich des EGV liegt, muss das jeweilige nationale Umsetzungsrecht zur Richtl. 2001/23/EG angewendet werden. Soweit § 613a BGB anwendbar ist, schließt dies die individualrechtliche Bestandssicherung nach Abs. 1 S. 2 ein; soweit der Betrieb ins Ausland verlagert wird, kann alsdann ausländisches kollektives Arbeitsrecht anwendbar sein. Eine Verdrängung der individualrechtlichen Weitergeltung durch ausländische Kollektivverträge ist möglich. **211**

H. Frühere Abweichungen von § 613a BGB im Beitrittsgebiet

Zu der nach **Art. 232 § 5 Abs. 2 EGBGB bis zum 31.12.1998** abweichenden Gesetzeslage im Beitrittsgebiet s. *Pfeiffer* KR 6 Aufl. Rz 212 mit weiterführenden Hinweisen. **212**

Anhang zu § 613a BGB   RL 2001/23/EG

Anhang

Richtlinie 2001/23/EG des Rates
RICHTLINIE DES RATES 2001/23/EG zur Angleichung der Rechtsvorschriften der Mitgliedstaaten über die Wahrung von Ansprüchen der Arbeitnehmer beim Übergang von Unternehmen, Betrieben oder Unternehmens- oder Betriebsteilen
Vom 12. März 2001
(ABl. L 2001 Nr. 082/16)

DER RAT DER EUROPÄISCHEN UNION –

gestützt auf den Vertrag zur Gründung der Europäischen Gemeinschaft,

insbes. auf Artikel 94,

auf Vorschlag der Kommission,

nach Stellungnahme des Europäischen Parlaments (Stellungnahme vom 25.10. 2000),

nach Anhörung des Wirtschafts- und Sozialausschusses (ABl. C 367 vom 20.12. 2000, S. 21),

in Erwägung nachstehender Gründe:

(1) Die Richtlinie 77/187/EWG des Rates vom 14. Februar 1977 zur Angleichung der Rechtsvorschriften der Mitgliedstaaten über die Wahrung von Ansprüchen der Arbeitnehmer beim Übergang von Unternehmen, Betrieben oder Unternehmens- oder Betriebsteilen (ABl. L 61 vom 5.3.1977, S. 26) wurde erheblich geändert (s. Anhang I Teil A). Aus Gründen der Klarheit und Wirtschaftlichkeit empfiehlt es sich daher, die genannte Richtlinie zu kodifizieren.

(2) Die wirtschaftliche Entwicklung führt auf einzelstaatlicher und gemeinschaftlicher Ebene zu Änderungen in den Unternehmensstrukturen, die sich unter anderem aus dem Übergang von Unternehmen, Betrieben oder Unternehmens- oder Betriebsteilen auf einen anderen Inhaber durch vertragliche Übertragung oder durch Verschmelzung ergeben.

(3) Es sind Bestimmungen notwendig, die die Arbeitnehmer bei einem Inhaberwechsel schützen und insbes. die Wahrung ihrer Ansprüche gewährleisten.

(4) Zwischen den Mitgliedstaaten bestehen in bezug auf den Umfang des Arbeitnehmerschutzes auf diesem Gebiet weiterhin Unterschiede, die verringert werden sollten.

(5) In der am 9. Dezember 1989 verabschiedeten Gemeinschaftscharta der sozialen Grundrechte der Arbeitnehmer (Sozialcharta) wird unter Nummer 7, Nummer 17 und Nummer 18 insbes. folgendes festgestellt:»Die Verwirklichung des Binnenmarktes muss zu einer Verbesserung der Lebens- und Arbeitsbedingungen der Arbeitnehmer in der Europäischen Gemeinschaft führen. Diese Verbesserung muss, soweit nötig, dazu führen, dass bestimmte Bereiche des Arbeitsrechts, wie die Verfahren bei Massenentlassungen oder bei Konkursen, ausgestaltet werden. Unterrichtung, Anhörung und Mitwirkung den Arbeitnehmer müssen in geeigneter Weise, unter Berücksichtigung der in den verschiedenen Mitgliedstaaten herrschenden Gepflogenheiten, weiterentwickelt werden. Unterrichtung, Anhörung und Mitwirkung sind rechtzeitig vorzusehen, vor allem bei der Umstrukturierung oder Verschmelzung von Unternehmen, wenn dadurch die Beschäftigung der Arbeitnehmer berührt wird.«

(6) Im Jahre 1977 hat der Rat die Richtlinie 77/187/EWG erlassen, um auf eine Harmonisierung der einschlägigen nationalen Rechtsvorschriften hinsichtlich der Wahrung der Ansprüche und Rechte der Arbeitnehmer hinzuwirken; Veräußerer und Erwerber werden aufgefordert, die Vertreter der Arbeitnehmer rechtzeitig zu unterrichten und anzuhören.

(7) Die Richtlinie 77/187/EWG wurde nachfolgend geändert unter Berücksichtigung der Auswirkungen des Binnenmarktes, der Tendenzen in der Gesetzgebung der Mitgliedstaaten hinsichtlich der Sanierung von Unternehmen in wirtschaftlichen Schwierigkeiten, der Rechtsprechung des Gerichtshofs der Europäischen Gemeinschaften, der Richtlinie 75/129/EWG des Rates vom 17. Februar 1975 zur Angleichung der Rechtsvorschriften der Mitgliedstaaten über Massenentlassungen (ABl. L 48 vom 22.2.1975, S. 29; Richtlinie ersetzt durch die Richtlinie 98/59/EG (ABl. L 225 vom 12.8.1998, S. 16)) sowie der bereits in den meisten Mitgliedstaaten geltenden gesetzlichen Normen.

(8) Aus Gründen der Rechtssicherheit und Transparenz war es erforderlich, den juristischen Begriff des Übergangs unter Berücksichtigung der Rechtsprechung des Gerichtshofs zu klären. Durch diese Klärung wurde der Anwendungsbereich der Richtlinie 77/187/EWG gemäß der Auslegung durch den Gerichtshof nicht geändert.

(9) In der Sozialcharta wird die Bedeutung des Kampfes gegen alle Formen der Diskriminierung, insbes. aufgrund von Geschlecht, Hautfarbe, Rasse, Meinung oder Glauben, gewürdigt.

(10) Diese Richtlinie sollte die Pflichten der Mitgliedstaaten hinsichtlich der Umsetzungsfristen der in Anhang I Teil B angegebenen Richtlinien unberührt lassen –

HAT FOLGENDE RICHTLINIE ERLASSEN:

Kapitel I. Anwendungsbereich und Definitionen

Art. 1

(1)

a) Diese Richtlinie ist auf den Übergang von Unternehmen, Betrieben oder Unternehmens- bzw. Betriebsteilen auf einen anderen Inhaber durch vertragliche Übertragung oder durch Verschmelzung anwendbar.

b) Vorbehaltlich Buchstabe a) und der nachstehenden Bestimmungen dieses Artikels gilt als Übergang im Sinne dieser Richtlinie der Übergang einer ihre Identität bewahrenden wirtschaftlichen Einheit im Sinne einer organisierten Zusammenfassung von Ressourcen zur Verfolgung einer wirtschaftlichen Haupt- oder Nebentätigkeit.

c) Diese Richtlinie gilt für öffentliche und private Unternehmen, die eine wirtschaftliche Tätigkeit ausüben, unabhängig davon, ob sie Erwerbszwecke verfolgen oder nicht. Bei der Übertragung von Aufgaben im Zuge einer Umstrukturierung von Verwaltungsbehörden oder bei der Übertragung von Verwaltungsaufgaben von einer Behörde auf eine andere handelt es sich nicht um einen Übergang im Sinne dieser Richtlinie.

(2) Diese Richtlinie ist anwendbar, wenn und soweit sich das Unternehmen, der Betrieb oder der Unternehmens- bzw. Betriebsteil, das bzw. der übergeht, innerhalb des räumlichen Geltungsbereichs des Vertrages befindet.

(3) Diese Richtlinie gilt nicht für Seeschiffe.

Art. 2

(1) Im Sinne dieser Richtlinie gelten folgende Begriffsbestimmungen:

a) »Veräußerer« ist jede natürliche oder juristische Person, die aufgrund eines Übergangs im Sinne von Artikel 1 Absatz 1 als Inhaber aus dem Unternehmen, dem Betrieb oder dem Unternehmens- bzw. Betriebsteil ausscheidet.

b) »Erwerber« ist jede natürliche oder juristische Person, die aufgrund eines Übergangs im Sinne von Artikel 1 Absatz 1 als Inhaber in das Unternehmen, den Betrieb oder den Unternehmens- bzw. Betriebsteil eintritt.

c) »Vertreter der Arbeitnehmer« oder ein entsprechender Ausdruck bezeichnet die Vertreter der Arbeitnehmer nach den Rechtsvorschriften oder der Praxis der Mitgliedstaaten.

d) »Arbeitnehmer« ist jede Person, die in dem betreffenden Mitgliedstaat aufgrund des einzelstaatlichen Arbeitsrechts geschützt ist.

(2) Diese Richtlinie läßt das einzelstaatliche Recht in bezug auf die Begriffsbestimmung des Arbeitsvertrags oder des Arbeitsverhältnisses unberührt.

Die Mitgliedstaaten können jedoch vom Anwendungsbereich der Richtlinie Arbeitsverträge und Arbeitsverhältnisse nicht allein deshalb ausschließen, weil

a) nur eine bestimmte Anzahl von Arbeitsstunden geleistet wird oder zu leisten ist,

b) es sich um Arbeitsverhältnisse aufgrund eines befristeten Arbeitsvertrags im Sinne von Artikel 1 Nummer 1 der Richtlinie 91/383/EWG des Rates vom 25. Juni 1991 zur Ergänzung der Maßnahmen zur Verbesserung der Sicherheit und des Gesundheitsschutzes von Arbeitnehmern mit befristetem Arbeitsverhältnis oder Leiharbeitsverhältnis (ABl. L 206 vom 29.7.1991, S. 19) handelt,

c) es sich um Leiharbeitsverhältnisse im Sinne von Artikel 1 Nummer 2 der Richtlinie 91/383/EWG und bei dem übertragenen Unternehmen oder dem übertragenen Betrieb oder Unternehmens- bzw.

Betriebsteil als Verleihunternehmen oder Teil eines Verleihunternehmens um den Arbeitgeber handelt.

Kapitel II. Wahrung der Ansprüche und Rechte der Arbeitnehmer

Art. 3

(1) Die Rechte und Pflichten des Veräußerers aus einem zum Zeitpunkt des Übergangs bestehenden Arbeitsvertrag oder Arbeitsverhältnis gehen aufgrund des Übergangs auf den Erwerber über.

Die Mitgliedstaaten können vorsehen, dass der Veräußerer und der Erwerber nach dem Zeitpunkt des Übergangs gesamtschuldnerisch für die Verpflichtungen haften, die vor dem Zeitpunkt des Übergangs durch einen Arbeitsvertrag oder ein Arbeitsverhältnis entstanden sind, der bzw. das zum Zeitpunkt des Übergangs bestand.

(2) Die Mitgliedstaaten können geeignete Maßnahmen ergreifen, um zu gewährleisten, dass der Veräußerer den Erwerber über alle Rechte und Pflichten unterrichtet, die nach diesem Artikel auf den Erwerber übergehen, soweit diese dem Veräußerer zum Zeitpunkt des Übergangs bekannt waren oder bekannt sein mussten. Unterläßt der Veräußerer diese Unterrichtung des Erwerbers, so berührt diese Unterlassung weder den Übergang solcher Rechte und Pflichten noch die Ansprüche von Arbeitnehmern gegenüber dem Erwerber und/oder Veräußerer in bezug auf diese Rechte und Pflichten.

(3) Nach dem Übergang erhält der Erwerber die in einem Kollektivvertrag vereinbarten Arbeitsbedingungen bis zur Kündigung oder zum Ablauf des Kollektivvertrags bzw. bis zum Inkrafttreten oder bis zur Anwendung eines anderen Kollektivvertrags in dem gleichen Maße aufrecht, wie sie in dem Kollektivvertrag für den Veräußerer vorgesehen waren.

Die Mitgliedstaaten können den Zeitraum der Aufrechterhaltung der Arbeitsbedingungen begrenzen, allerdings darf dieser nicht weniger als ein Jahr betragen.

(4)

a) Sofern die Mitgliedstaaten nicht anderes vorsehen, gelten die Absätze 1 und 3 nicht für die Rechte der Arbeitnehmer auf Leistungen bei Alter, Invalidität oder für Hinterbliebene aus betrieblichen oder überbetrieblichen Zusatzversorgungseinrichtungen außerhalb der gesetzlichen Systeme der sozialen Sicherheit der Mitgliedstaaten.
b) Die Mitgliedstaaten treffen auch dann, wenn sie gemäß Buchstabe a) nicht vorsehen, dass die Absätze 1 und 3 für die unter Buchstabe a) genannten Rechte gelten, die notwendigen Maßnahmen zum Schutz der Interessen der Arbeitnehmer sowie der Personen, die zum Zeitpunkt des Übergangs bereits aus dem Betrieb des Veräußerers ausgeschieden sind, hinsichtlich ihrer Rechte oder Anwartschaftsrechte auf Leistungen bei Alter, einschließlich Leistungen für Hinterbliebene, aus den unter Buchstabe a) genannten Zusatzversorgungseinrichtungen.

Art. 4

(1) Der Übergang eines Unternehmens, Betriebs oder Unternehmens- bzw. Betriebsteils stellt als solcher für den Veräußerer oder den Erwerber keinen Grund zur Kündigung dar. Diese Bestimmung steht etwaigen Kündigungen aus wirtschaftlichen, technischen oder organisatorischen Gründen, die Änderungen im Bereich der Beschäftigung mit sich bringen, nicht entgegen. Die Mitgliedstaaten können vorsehen, dass Unterabsatz 1 auf einige abgegrenzte Gruppen von Arbeitnehmern, auf die sich die Rechtsvorschriften oder die Praxis der Mitgliedstaaten auf dem Gebiet des Kündigungsschutzes nicht erstrecken, keine Anwendung findet.

(2) Kommt es zu einer Beendigung des Arbeitsvertrags oder Arbeitsverhältnisses, weil der Übergang eine wesentliche Änderung der Arbeitsbedingungen zum Nachteil des Arbeitnehmers zur Folge hat, so ist davon auszugehen, dass die Beendigung des Arbeitsvertrags oder Arbeitsverhältnisses durch den Arbeitgeber erfolgt ist.

Art. 5

(1) Sofern die Mitgliedstaaten nichts anderes vorsehen, gelten die Artikel 3 und 4 nicht für Übergänge von Unternehmen, Betrieben oder Unternehmens- bzw. Betriebsteilen, bei denen gegen den Veräußerer unter der Aufsicht einer zuständigen öffentlichen Stelle (worunter auch ein von einer zuständigen Behörde ermächtigter Insolvenzverwalter verstanden werden kann) ein Konkursverfahren oder ein

entsprechendes Verfahren mit dem Ziel der Auflösung des Vermögens des Veräußerers eröffnet wurde.

(2) Wenn die Artikel 3 und 4 für einen Übergang während eines Insolvenzverfahrens gegen den Veräußerer (unabhängig davon, ob dieses Verfahren zur Auflösung seines Vermögens eingeleitet wurde) gelten und dieses Verfahren unter der Aufsicht einer zuständigen öffentlichen Stelle (worunter auch ein nach dem innerstaatlichen Recht bestimmter Insolvenzverwalter verstanden werden kann) steht, kann ein Mitgliedstaat vorsehen, dass

a) ungeachtet des Artikels 3 Absatz 1 die vor dem Übergang bzw. vor der Eröffnung des Insolvenzverfahrens fälligen Verbindlichkeiten des Veräußerers aufgrund von Arbeitsverträgen oder Arbeitsverhältnissen nicht auf den Erwerber übergehen, sofern dieses Verfahren nach dem Recht des betreffenden Mitgliedstaats einen Schutz gewährt, der dem von der Richtlinie 80/987/EWG des Rates vom 20. Oktober 1980 zur Angleichung der Rechtsvorschriften der Mitgliedstaaten über den Schutz der Arbeitnehmer bei Zahlungsunfähigkeit des Arbeitgebers (ABl. L 283 vom 20.10.1980, S. 23; Richtlinie zuletzt geändert durch die Beitrittsakte von 1994) vorgesehenen Schutz zumindest gleichwertig ist, und/oder

b) der Erwerber, der Veräußerer oder die seine Befugnisse ausübenden Personen auf der einen Seite und die Vertreter der Arbeitnehmer auf der anderen Seite Änderungen der Arbeitsbedingungen der Arbeitnehmer, insoweit das geltende Recht oder die geltende Praxis dies zulassen, vereinbaren können, die den Fortbestand des Unternehmens, Betriebs oder Unternehmens- bzw. Betriebsteils sichern und dadurch der Erhaltung von Arbeitsplätzen dienen.

(3) Die Mitgliedstaaten können Absatz 2 Buchstabe b) auf Übergänge anwenden, bei denen sich der Veräußerer nach dem einzelstaatlichen Recht in einer schwierigen wirtschaftlichen Lage befindet, sofern das Bestehen einer solchen Notlage von einer zuständigen öffentlichen Stelle bescheinigt wird und die Möglichkeit einer gerichtlichen Aufsicht gegeben ist, falls das innerstaatliche Recht solche Bestimmungen am 17. Juli 1998 bereits enthielt. Die Kommission legt vor dem 17. Juli 2003 einen Bericht über die Auswirkungen dieser Bestimmung vor und unterbreitet dem Rat erforderlichenfalls entsprechende Vorschläge.

(4) Die Mitgliedstaaten treffen die erforderlichen Maßnahmen, damit Insolvenzverfahren nicht in mißbräuchlicher Weise in Anspruch genommen werden, um den Arbeitnehmern die in dieser Richtlinie vorgesehenen Rechte vorzuenthalten.

Art. 6

(1) Sofern das Unternehmen, der Betrieb oder der Unternehmens- bzw. Betriebsteil seine Selbständigkeit behält, bleiben die Rechtsstellung und die Funktion der Vertreter oder der Vertretung der vom Übergang betroffenen Arbeitnehmer unter den gleichen Bedingungen erhalten, wie sie vor dem Zeitpunkt des Übergangs aufgrund von Rechts- und Verwaltungsvorschriften oder aufgrund einer Vereinbarung bestanden haben, sofern die Bedingungen für die Bildung der Arbeitnehmervertretung erfüllt sind.

Wurde gegen den Veräußerer unter der Aufsicht einer zuständigen öffentlichen Stelle (worunter auch ein von einer zuständigen Behörde ermächtigter Insolvenzverwalter verstanden werden kann) ein Konkursverfahren oder ein entsprechendes Insolvenzverfahren mit dem Ziel der Auflösung des Vermögens des Veräußerers eröffnet, können die Mitgliedstaaten die erforderlichen Maßnahmen ergreifen, um sicherzustellen, dass die vom Übergang betroffenen Arbeitnehmer bis zur Neuwahl oder Benennung von Arbeitnehmervertretern angemessen vertreten sind. Unterabsatz 1 findet keine Anwendung, wenn gemäß den Rechts- und Verwaltungsvorschriften oder der Praxis der Mitgliedstaaten oder durch Vereinbarung mit den Vertretern der betroffenen Arbeitnehmer die Bedingungen für die Neubestellung der Vertreter der Arbeitnehmer oder die Neubildung der Vertretung der Arbeitnehmer erfüllt sind.

Behält das Unternehmen, der Betrieb oder der Unternehmens- bzw. Betriebsteil seine Selbständigkeit nicht, so treffen die Mitgliedstaaten die erforderlichen Maßnahmen, damit die vom Übergang betroffenen Arbeitnehmer, die vor dem Übergang vertreten wurden, während des Zeitraums, der für die Neubildung oder Neubenennung der Arbeitnehmervertretung erforderlich ist, im Einklang mit dem Recht oder der Praxis der Mitgliedstaaten weiterhin angemessen vertreten werden.

(2) Erlischt das Mandat der Vertreter der vom Übergang betroffenen Arbeitnehmer aufgrund des Übergangs, so gelten für diese Vertreter weiterhin die nach den Rechts- und Verwaltungsvorschriften oder der Praxis der Mitgliedstaaten vorgesehenen Schutzmaßnahmen.

Kapitel III. Information und Konsultation

Art. 7

(1) Der Veräußerer und der Erwerber sind verpflichtet, die Vertreter ihrer jeweiligen von einem Übergang betroffenen Arbeitnehmer über folgendes zu informieren:

– den Zeitpunkt bzw. den geplanten Zeitpunkt des Übergangs,
– den Grund für den Übergang,
– die rechtlichen, wirtschaftlichen und sozialen Folgen des Übergangs für die Arbeitnehmer,
– die hinsichtlich der Arbeitnehmer in Aussicht genommenen Maßnahmen.

Der Veräußerer ist verpflichtet, den Vertretern seiner Arbeitnehmer diese Information rechtzeitig vor dem Vollzug des Übergangs zu übermitteln.

Der Erwerber ist verpflichtet, den Vertretern seiner Arbeitnehmer diese Informationen rechtzeitig zu übermitteln, auf jeden Fall aber bevor diese Arbeitnehmer von dem Übergang hinsichtlich ihrer Beschäftigungs- und Arbeitsbedingungen unmittelbar betroffen werden.

(2) Zieht der Veräußerer bzw. der Erwerber Maßnahmen hinsichtlich seiner Arbeitnehmer in Betracht, so ist er verpflichtet, die Vertreter seiner Arbeitnehmer rechtzeitig zu diesen Maßnahmen zu konsultieren, um eine Übereinkunft anzustreben.

(3) Die Mitgliedstaaten, deren Rechts- und Verwaltungsvorschriften vorsehen, dass die Vertreter der Arbeitnehmer eine Schiedsstelle anrufen können, um eine Entscheidung über hinsichtlich der Arbeitnehmer zu treffende Maßnahmen zu erhalten, können die Verpflichtungen gemäß den Absätzen 1 und 2 auf den Fall beschränken, in dem der vollzogene Übergang eine Betriebsänderung hervorruft, die wesentliche Nachteile für einen erheblichen Teil der Arbeitnehmer zur Folge haben kann.

Die Information und die Konsultation müssen sich zumindest auf die hinsichtlich der Arbeitnehmer in Aussicht genommenen Maßnahmen erstrecken.

Die Information und die Konsultation müssen rechtzeitig vor dem Vollzug der in Unterabsatz 1 genannten Betriebsänderung erfolgen.

(4) Die in diesem Artikel vorgesehenen Verpflichtungen gelten unabhängig davon, ob die zum Übergang führende Entscheidung vom Arbeitgeber oder von einem den Arbeitgeber beherrschenden Unternehmen getroffen wird.

Hinsichtlich angeblicher Verstöße gegen die in dieser Richtlinie vorgesehenen Informations- und Konsultationspflichten findet der Einwand, der Verstoß gehe darauf zurück, dass die Information von einem den Arbeitgeber beherrschenden Unternehmen nicht übermittelt worden sei, keine Berücksichtigung.

(5) Die Mitgliedstaaten können die in den Absätzen 1, 2 und 3 vorgesehenen Verpflichtungen auf Unternehmen oder Betriebe beschränken, die hinsichtlich der Zahl der beschäftigten Arbeitnehmer die Voraussetzungen für die Wahl oder Bestellung eines Kollegiums als Arbeitnehmervertretung erfüllen.

(6) Die Mitgliedstaaten sehen vor, dass die betreffenden Arbeitnehmer für den Fall, dass es unabhängig von ihrem Willen in einem Unternehmen oder in einem Betrieb keine Vertreter der Arbeitnehmer gibt, vorher zu informieren sind über

– den Zeitpunkt bzw. den geplanten Zeitpunkt des Übergangs,
– den Grund für den Übergang,
– die rechtlichen, wirtschaftlichen und sozialen Folgen des Übergangs für die Arbeitnehmer,
– die hinsichtlich der Arbeitnehmer in Aussicht genommenen Maßnahmen.

Kapitel IV. Schlußbestimmungen

Art. 8

Diese Richtlinie schränkt die Möglichkeit der Mitgliedstaaten nicht ein, für die Arbeitnehmer günstigere Rechts- oder Verwaltungsvorschriften anzuwenden oder zu erlassen oder für die Arbeitnehmer günstigere Kollektivverträge und andere zwischen den Sozialpartnern abgeschlossene Vereinbarungen, die für die Arbeitnehmer günstiger sind, zu fördern oder zuzulassen.

Art. 9
Die Mitgliedstaaten nehmen in ihre innerstaatlichen Rechtssysteme die erforderlichen Bestimmungen auf, um allen Arbeitnehmern und Vertretern der Arbeitnehmer, die ihrer Ansicht nach durch die Nichtbeachtung der sich aus dieser Richtlinie ergebenden Verpflichtungen benachteiligt sind, die Möglichkeit zu geben, ihre Forderungen durch Gerichtsverfahren einzuklagen, nachdem sie gegebenenfalls andere zuständige Stellen damit befasst haben.

Art. 10
Die Kommission unterbreitet dem Rat vor dem 17. Juli 2006 einen Bericht, in dem die Auswirkungen der Bestimmungen dieser Richtlinie untersucht werden. Sie legt gegebenenfalls die erforderlichen Änderungsvorschläge vor.

Art. 11
Die Mitgliedstaaten teilen der Kommission den Wortlaut der Rechts- und Verwaltungsvorschriften mit, die sie auf dem unter diese Richtlinie fallenden Gebiet erlassen.

Art. 12
Die Richtlinie 77/187/EWG, geändert durch die in Anhang I Teil A aufgeführte Richtlinie, wird unbeschadet der Pflichten der Mitgliedstaaten hinsichtlich der in Anhang I Teil B genannten Fristen für ihre Umsetzung aufgehoben. Verweisungen auf die aufgehobene Richtlinie gelten als Verweisungen auf die vorliegende Richtlinie und sind nach der Übereinstimmungstabelle in Anhang II zu lesen.

Art. 13
Diese Richtlinie tritt am zwanzigsten Tag nach ihrer Veröffentlichung im Amtsblatt der Europäischen Gemeinschaften in Kraft.

Art. 14
Diese Richtlinie ist an alle Mitgliedstaaten gerichtet.

§ 620 Ende des Dienstverhältnisses
(1) Das Dienstverhältnis endigt mit dem Ablaufe der Zeit, für die es eingegangen ist.
(2) Ist die Dauer des Dienstverhältnisses weder bestimmt noch aus der Beschaffenheit oder dem Zwecke der Dienste zu entnehmen, so kann jeder Teil das Dienstverhältnis nach Maßgabe der §§ 621 bis 623 kündigen.
(3) Für Arbeitsverträge, die auf bestimmte Zeit abgeschlossen werden, gilt das Teilzeit- und Befristungsgesetz.

Literatur
– bis 2004 vgl. KR-Vorauflage –
Balzer Überblick zum sozialen Arbeitsschutz in der EU, EAS B 5000; *Bauschke* Befristete Arbeitsverträge, AR-Blattei SD 380; *Reinfelst* Saison- und Kampagnebetrieb, AR-Blattei SD 1390; 1231; *Rolfs* Befristung des Arbeitsvertrages EAS B 3200; *Rudolph, H.* Befristete Arbeitsverträge und Leiharbeit. Quantitäten und Strukturen »prekärer Beschäftigungsformen« in Linne/Vogel (Hrsg.), Leiharbeit und befristete Beschäftigung; *Rüthers* Der geltende Kündigungsschutz-Beschäftigungsbremse oder Scheinproblem? NJW 2006, 1640; *Thüsing* Teilzeit- und Befristungsgesetz – Oder: Von der Schwierigkeit eines Kompromisses zwischen Beschäftigungsförderung und Mitarbeiterschutz, ZfA 2004, 67; *Walter* Befristung und ordentliche Kündigung, AiB 2004, 225.
Vgl. auch Schrifttumsnachweise vor § 1 TzBfG; § 21 BEEG; §§ 57a HRG.

Inhaltsübersicht

	Rz		Rz
A. Regelungsgehalt	1, 2	C. Beendigung des selbständigen Dienst-	
B. Geltungsbereich	3–6	verhältnisses	7–14
I. Dienstvertrag/Arbeitsvertrag	3, 4	I. Selbständige Dienstverträge	7–13
II. Selbständiger Dienstvertrag	5, 6	1. Befristung	7–10

		Rz
2.	Auflösende Bedingung	11
3.	Kündigung	12
4.	Sonstige Beendigungstatbestände	13
II.	Besondere Dienstverhältnisse	14
D.	Beendigung des Arbeitsverhältnisses	15–51
I.	Befristung/auflösende Bedingung	15, 16
II.	Kündigung	17,17a
III.	Abgrenzung zu sonstigen Beendigungstatbeständen	18–51
1.	Anfechtung	19
2.	Arbeitnehmerüberlassung – Wegfall der Erlaubnis	20
3.	Aufhebungs- und Abwicklungsvertrag	21–24a
a)	Aufhebungsvertrag	21–23a
b)	Abwicklungsvertrag	24, 24a
4.	Aussperrung und Streik	25
5.	Beendigung einer vorläufigen Einstellung (§ 100 BetrVG)	26
6.	Betriebsübergang	27
7.	Fortsetzungsverweigerung (§ 12 KSchG)	28
8.	Freistellung	29
9.	Fristlose Dienstentlassung als Disziplinarmaßnahme	30
10.	Gerichtliche Auflösung	31, 32
a)	§ 78a Abs. 4 S. 1 Nr. 2 BetrVG	31
b)	§§ 9, 10, 13 Abs. 1 S. 3 u. Abs. 2 S. 2 KSchG	32
11.	Insolvenz	33
12.	Lossagungsrecht	34
13.	Nichtigkeit	35
14.	Rücktritt	36
15.	Ruhen des Arbeitsverhältnisses	37, 38
16.	Eintritt in den Ruhestand/Berufs- und Erwerbsunfähigkeit	39
17.	Suspendierung	40–46
18.	Tod des Arbeitgebers	47
19.	Tod des Arbeitnehmers	48
20.	Unmöglichkeit	49, 50
21.	Wegfall der Geschäftsgrundlage	51
E.	Sonderregelung für befristete Arbeitsverträge (Abs. 3)	52–142

		Rz
I.	Rechtliche und tatsächliche Bedeutung der Befristung	52–61
1.	Wirkung der Befristung	52–54
2.	Tatsächliche Verbreitung befristeter Arbeitsverträge im Arbeitsleben	55–61
II.	Befristungsregelungen	62–89
1.	Richterrecht (bis 31.12.2000)	62–76
2.	Gesetzliche Sonderregelungen	77–89
a)	ÄArbVtrG	78
b)	AGG	79
c)	ArbPlSchG	80
d)	AÜG	81
e)	BBiG	82
f)	BEEG	83
g)	HRG idF des HdAVÄndG	84
f)	SGB VI/AltersteilzeitG	85
g)	Landesgesetze	86–89
III.	Die Europäische Befristungsrichtlinie	90–99g
1.	Die Entwicklung europäischer Rechtsgrundlagen	90–93
2.	Wesentliche Inhalte der Richtlinie 1999/70/EG	94–99
3.	Rechtsprechung des EuGH	99a–99g
IV.	Verfassungsrecht	100–110
1.	Berufsfreiheit	101-102
2.	Gleichheitssatz	103, 104
3.	Tarifautonomie	105
4.	Mutterschutz/Schwerbehindertenschutz	106, 107
5.	Sozialstaatsprinzip	108–110
V.	Befristungsregelung durch das TzBfG (ab 1.1.2001)	111–134
1.	Entwicklung des Gesetzesvorhabens	111–115
2.	Allgemeine Zielsetzungen	116, 117
3.	Geltungsbereich	118–121
4.	Kernpunkte der gesetzlichen Regelung	122–134
VI.	Übergangsrecht	135–142

A. Regelungsgehalt

1 § 620 Abs. 1 bestimmt, dass ein **Dienstverhältnis auf bestimmte Zeit** begründet werden kann. Es endet, ohne dass es einer Kündigung bedarf, mit dem Ablauf der vorgegebenen Zeit (kalendermäßige Festlegung eines Endtermins oder bestimmte Dauer). Dies entspricht den allgemeinen Regeln, die für Dauerschuldverhältnisse gelten (ErfK-*Müller-Glöge* Rz 1). Grenzen der vertraglichen Bindung zeigen nur § 624 BGB bzw. § 15 Abs. 4 TzBfG auf. Mit der **Schuldrechtsreform** sind ab dem 1.1.2002 über die **Inhaltskontrolle** nach §§ 305 ff. BGB zusätzliche Einschränkungen möglich. Wie sich aus Abs. 2 ergibt, kann an die Stelle einer vereinbarten festen Zeitspanne eine sog. **Zweckbefristung** treten. Für ein **Arbeitsverhältnis** – Unterfall des Dienstvertrages –, das auf bestimmte Zeit abgeschlossen wird, erklärt der mit Wirkung vom 1.1.2001 eingefügte **Abs. 3** (dazu s.u. Rz 52 ff.) zur Klarstellung (BT-Drs. 14/4374 S. 22) das zum gleichen Zeitpunkt in Kraft getretene **TzBfG** für anwendbar, in dem sich nähere Regelungen zur kalendermäßigen Befristung, zur **Zweckbefristung** und zur auflösenden Bedingung finden (vgl. allgemein zum TzBfG auch Rz 116 ff., 122 ff. sowie KR-*Bader* § 1 TzBfG Rz 5).

Ende des Dienstverhältnisses § 620 BGB

Zur **Beendigung unbefristeter Dienst- und damit auch Arbeitsverhältnisse** verweist Abs. 2 auf die §§ 621 bis 623 BGB (s.u. Rz 12 u. 17). Daraus folgt im Verbund mit der Verweisung auf das TzBfG in Abs. 3, dass § 620 BGB grds. auch auf Arbeitsverträge anzuwenden ist (MünchKomm/*Hesse* Rz 2). Für das Arbeitsverhältnis sind neben der Einhaltung der Kündigungsfristen nach Maßgabe des § 622 die materiellen **Kündigungsschutzvorschriften** (zB KSchG) zu beachten; für den selbständigen Dienstvertrag genügt im Falle der ordentlichen Kündigung die Einhaltung der gesetzlichen Kündigungsfristen nach § 621. Die Abgrenzung zwischen Dienstverträgen und Arbeitsverhältnissen ist daher von Bedeutung (*Staudinger/Preis* § 620 Rz 2 f., 7) 2

B. Geltungsbereich

I. Dienstvertrag/Arbeitsvertrag

Abs. 1 gilt als Grundnorm für alle Arten von Dienstverträgen, mithin auch für **Arbeitsverträge**. Da für Arbeitsverträge (zur Abgrenzung s.u. Rz 6) jedoch jetzt die Spezialregelung des TzBfG zur Anwendung kommt (**Abs. 3**), beschränkt sich der Anwendungsbereich des Abs. 1 im Ergebnis auf den sog. **selbständigen** oder freien **Dienstvertrag** (s.u. Rz 6). **Abs. 2** erfasst alle Arten von Dienstverhältnissen, indem er für Arbeitsverhältnisse auf die §§ 622, 623 verweist, für selbständige Dienstverträge dagegen nur auf § 621 (dazu s.u. Rz 12 u. 17). 3

Ein **Dienstvertrag** ist ein Vertrag, durch den sich der Dienstverpflichtete (beim Arbeitsverhältnis: der Arbeitnehmer) dem Dienstberechtigten (beim Arbeitsverhältnis: dem Arbeitgeber) gegenüber zu **Dienstleistungen** gegen Vergütung verpflichtet (§ 611 Abs. 1). Gegenstand des Dienstvertrages können Dienste jeder Art sein (§ 611 Abs. 2). Geregelt ist der Dienstvertrag in den **§§ 611 ff.**, wobei sich neben Bestimmungen, die für alle Dienstverträge gelten, auch etliche Vorschriften finden, die nur Arbeitsverträge erfassen (612a, 613a, 622 und 623), während umgekehrt § 621 nur für Dienstverhältnisse gilt, die nicht Arbeitsverhältnisse sind. Anders als der **Werkvertrag** (§§ 631 ff.; Beispiel: Vertrag über Anfertigung eines Anzugs) ist der Dienstvertrag **nicht erfolgsbezogen**, sondern es ist eine Tätigkeit, die Dienstleistung, geschuldet (Beispiele: Vertrag über Arztbehandlung; Vertrag mit Rechtsanwalt hinsichtlich der Vertretung in einem Rechtsstreit). 4

II. Selbständiger Dienstvertrag

Für den selbständigen Dienstvertrag regelt zunächst **Abs. 1** den Regelfall der Beendigung (s.u. Rz 7). Liegt keine Befristung vor, kann gem. § 621 ordentlich gekündigt werden **(Abs. 2)**. Befristungen sind bei Dienstverträgen frei vereinbar, sowohl als Zeit- als auch Zweckbefristung. Bei langjähriger wirtschaftlicher Abhängigkeit des freien Mitarbeiters von einem Auftraggeber ist im Fall einer Zweckbefristung eine **Ankündigungsfrist** zu wahren, die zwei Wochen nicht unterschreiten darf(ErfK-*Müller-Glöge* Rz 4; BAG 7.1.1971 AP Nr. 8 zu § 611 BGB Abhängigkeit). Insoweit ergibt sich eine Parallele zu der Ankündigungsfrist des § 15 Abs. 2 TzBfG, die nur für Arbeitsverhältnisse gilt. 5

Von einem freien, selbständigen oder unabhängigen Dienstvertrag spricht man dann, wenn der Dienstverpflichtete seine **Tätigkeit** im Wesentlichen **frei gestalten** und seine **Arbeitszeit selbst bestimmen** kann (vgl. § 84 Abs. 1 HGB; KR-*Spilger* § 623 BGB Rz 40 u. § 622 BGB Rz 63). Hierzu zählen neben den Dienstverpflichteten, die ihre Dienste typischerweise in wirtschaftlicher und sozialer Selbständigkeit und Unabhängigkeit leisten (etwa: Architekten, Ärzte, Rechtsanwälte oder Künstler), ua auch die mit Dienstvertrag verpflichteten Vorstandsmitglieder einer Aktiengesellschaft oder Geschäftsführer einer GmbH (vgl. auch BGH 25.7.2002 NJW 2002, 3104, ständiger Vertreter des Hauptgeschäftsführers einer Handwerkskammer). Anders als die **Heimarbeitnehmer** (§ 29 HAG) arbeiten die **arbeitnehmerähnlichen Personen** (vgl. etwa § 5 Abs. 1 S. 2 ArbGG, §§ 2 S. 2, 12 BUrlG) selbständig (ErfK-*Müller-Glöge* Rz 4), sofern man sie nicht als separate Gruppe zwischen den Arbeitnehmern und den (echten) selbständigen Dienstverpflichteten begreifen will (näher dazu KR-*Rost* ArbNähnl. Personen Rz 1ff.). Für die in **wirtschaftlicher Abhängigkeit** stehenden arbeitnehmerähnlichen Personen gelten besondere **Schutzvorschriften**, zT wird für sie darüber hinaus die entsprechende Anwendung von Arbeitnehmerschutzvorschriften befürwortet. So dürfte – jedenfalls bei Zweckbefristungen und auflösenden Bedingungen – für diesen Personenkreis die zweiwöchige Ankündigungsfrist der §§ 15 Abs. 2; 21 TzBfG zu wahren sein (BBDW/*Bader* Rz 2). Im Übrigen ist jedoch im Umkehrschluss aus der Legaldefinition in § 3 TzBfG davon auszugehen, dass arbeitnehmerähnliche Personen allein § 620 Abs. 1 und 2 BGB unterfallen (MünchKomm-*Hesse* Rz 7; vgl. insgesamt die Erl. KR-*Rost* ArbNähnl. Personen). Die für freie Dienstverträge geltende **Vertragsfreiheit** findet ihre Grenzen allein in der 6

§ 620 BGB   Ende des Dienstverhältnisses

höchstzulässigen Bindungsdauer von 5 Jahren in § 624 und in der Inhaltskontrolle nach §§ 305 ff. (*Staudinger/Preis* § 620 Rz 7 f.).

C. Beendigung des selbständigen Dienstverhältnisses
I. Selbständige Dienstverträge
1. Befristung

7   Der selbständige Dienstvertrag endet – das Gesetz sieht dies insofern als den **Regelfall** an – mit Ablauf der **vereinbarten Zeit**. Damit ist zum einen die **kalendermäßige Befristung** erfasst (zum Begriff KR-*Bader* § 3 TzBfG Rz 16), zum anderen – arg. Abs. 2 – die **Zweckbefristung** (zum Begriff KR-*Bader* § 3 TzBfG Rz 19).

8   Bei der Zweckbefristung des selbständigen Dienstvertrages muss wie bei der Zweckbefristung des Arbeitsvertrages ein entsprechender **gemeinsamer Vertragswille** vorliegen (dazu entsprechend KR-*Bader* § 3 TzBfG Rz 23 f.). Unerheblich ist es auch hier, wann die vorgestellte Zweckerfüllung tatsächlich eintritt (*Staudinger/Preis* § 620 Rz 14). Auch bei völliger **Ungewissheit** darüber, wann der Zweck erreichbar sein wird, bleibt die Vereinbarung wirksam (diesbezüglich zum Arbeitsvertrag KR-*Bader* § 3 TzBfG Rz 25 ff.). Anders als beim Arbeitsvertrag wird man hier nicht grds. zu fordern haben, dass die Zweckerreichung **nach objektiven Maßstäben bestimmbar** ist (*Staudinger/Preis* § 620 Rz 25 mwN; insoweit zum Arbeitsvertrag KR-*Bader* § 3 TzBfG Rz 25 ff.; aA HWK-*Schmalenberg* Rz 6 unter Hinweis auf § 307 BGB). Ein Schutz für den Dienstverpflichteten insoweit ist nicht geboten.

9   Die Befristungsvereinbarung unterliegt hier **keiner gesetzlichen Form** (anders § 14 Abs. 4 TzBfG; HWK-*Schmalenberg* Rz 10), und sie bedarf **keines Sachgrundes**, da § 14 TzBfG nicht eingreift (s.u. Rz 10). Nach dem systematischen Verhältnis des Abs. 1 zu Abs. 2 ist eine **ordentliche Kündigung** für die Dauer der vereinbarten Befristung ausgeschlossen (BAG 19.6.1980 EzA § 620 BGB Nr. 47; Münch-Komm-*Hesse* Rz 11), es sei denn, die Möglichkeit dazu ist ausdrücklich vereinbart (BAG 29.6.1989 EzA § 174 BGB Nr. 6). Dies gilt auch, wenn die Befristungsvereinbarung unwirksam sein sollte (BAG 19.6.1980 EzA § 620 BGB Nr. 47). Möglich sind unter den jeweils umschriebenen Voraussetzungen hingegen die außerordentliche Kündigung nach **§ 626 BGB** (KR-*Fischermeier* § 626 BGB) und die Kündigung nach **§ 627 BGB** (dazu etwa *BBDW/Bader* § 627 BGB Rz 2; *Staudinger/Preis* § 627 Rz 5, 8; BGH 13.1.1993 DB 1993, 2281; 12.7.2006 BB 2006, 2199).

10 Da **arbeitsrechtliche Schutzvorschriften** insoweit **nicht gelten**, steht es den Vertragsparteien frei, ob sie den Vertrag auf bestimmte Zeit abschließen wollen (BAG 13.11.1991 EzA § 611 BGB Arbeitnehmerbegriff Nr. 45, 9.5.1984 EzA § 611 BGB Arbeitnehmerbegriff Nr. 30; *Staudinger/Preis* § 620 BGB Rz 6; MünchKomm-*Hesse* Rz 6; HWK-*Schmalenberg* Rz 7). Das **AGG** gilt nach § 6 des Gesetzes nur für Arbeitnehmer; Auszubildende und arbeitnehmerähnliche Personen, für Selbständige und Organmitglieder nur im Zusammenhang mit dem Zugang zum Beruf und bei einem beruflichen Aufstieg (§ 6 Abs. 3 AGG). Schranken der Vertragsfreiheit werden bei unabhängigen Dienstverträgen nur durch das Kündigungsrecht des Dienstverpflichteten bei Verträgen über **mehr als fünf Jahre** nach **§ 624 BGB** (dazu KR-*Fischermeier* Erl. zu § 624) und (seit 1.1.2002) durch eine **Inhaltskontrolle** nach §§ 309 Nr. 9; 307 (Gesetz zur Modernisierung des Schuldrechts: BT-Drs. 14/6040 S. 11 f.) gesetzt. Hinsichtlich der Inhaltskontrolle spielt bei selbständigen Dienstverhältnissen häufig eine zu lange vertragliche Bindung eine Rolle (*Staudinger/Preis* § 620 Rz 8 mwN). Für Vorstände von Aktiengesellschaften ist § 84 AktG einschlägig.

2. Auflösende Bedingung

11 Die auflösende Bedingung ist im Rahmen der **Vertragsfreiheit** zulässig (**§ 158 Abs. 2**). Bedenken gegen die Wirksamkeit werden für **Dienstverhältnisse** nach § 620 Abs. 2 regelmäßig nicht bestehen (*Staudinger/Preis* § 620 Rz 25; MünchKomm-*Hesse* Rz 5; vgl. auch BGH 24.10.2005 BB 2006, 14). Für den Begriff der auflösenden Bedingung und die Abgrenzung zur Zweckbefristung gelten die Ausführungen zu § 21 TzBfG entsprechend (KR-*Bader* § 21 TzBfG Rz 1). Wie während der Dauer einer vereinbarten Befristung (s.o. Rz 9, dort auch zu §§ 626, 627) bleibt bis zum Eintritt einer auflösenden Bedingung die Möglichkeit der **ordentlichen Kündigung** ausgeschlossen, es sei denn, das Recht zur ordentlichen Kündigung wird ausdrücklich vereinbart (BAG 19.6.1980 EzA § 620 BGB Nr. 47). Dies wird für **Arbeitsverhältnisse** in § 15 Abs. 3 TzBfG nun ausdrücklich so geregelt. Näher dazu KR-*Lipke* § 15 TzBfG Rz 20 ff.

Ende des Dienstverhältnisses § 620 BGB

3. Kündigung

Für die ordentliche Kündigung **unbefristeter Dienstverträge** gilt nach der Regelung in Abs. 2 § 621. **12**
Außerdem verbleibt es bei dem unabdingbaren gesetzlichen Freiheitsrecht sich im Falle eines wichtigen Kündigungsgrundes im Wege der außerordentlichen Kündigung nach § 626 fristlos aus dem Dienstverhältnis zu lösen oder – soweit nicht abbedungen – bei einer Vertrauensstellung und Leistung höherer Dienste das Vertragsverhältnis nach § 627 (*Staudinger/Preis* § 627 Rz 5 ff., 18 f.; *BAG* 12.7.2006 BB 2006, 2199) zu beenden. Ob der ordentlichen Kündigung bei Dienstverpflichteten und Organmitgliedern eine **Abmahnung** vorauszugehen hat, ist wohl nach neuem Recht ab 1.1.2002 (§§ 314 Abs. 2 S. 2 iVm § 323 Nr. 3 BGB) zu bejahen (*Koch* ZIP 2005, 1621; HWK-*Schmalenberg* Rz 20). Nach bisheriger Rechtsprechung wurde dies verneint (*BGH* 10.9.2001 EzA § 611 BGB Abmahnung Nr. 43).

4. Sonstige Beendigungstatbestände

Der selbständige Dienstvertrag kann daneben aufgrund anderer Tatbestände sein Ende finden. Dazu **13**
zählen die **Anfechtung** des Vertrages, die Berufung auf die **Nichtigkeit** des Vertrages und der **Aufhebungsvertrag**. Zu den Rechtswirkungen beim **Tod des Dienstberechtigten und des Dienstverpflichteten** wird auf die entsprechenden Ausführungen zum Arbeitsverhältnis verwiesen (s.u. Rz 19ff.), die auch hier insgesamt einschlägig sind. Anders als bei Arbeitsverträgen bedarf der **Aufhebungsvertrag im Dienstverhältnis** dagegen **nicht der Form des § 623** (KR-*Spilger* § 623 Rz 39 u. 42, vgl. aber auch Rz 41; ErfK-*Müller-Glöge* § 623 Rz 4; MünchKomm-*Hesse* Rz 11), sondern kann – soweit vertraglich nicht anders vereinbart – **formfrei** geschlossen werden.

II. Besondere Dienstverhältnisse

Die Besonderheiten, die für die Beendigung von Dienstverhältnissen **arbeitnehmerähnlicher Personen**, **14**
von in **Heimarbeit** Beschäftigten und von **arbeitnehmerähnlichen Handelsvertretern** gelten, sind in den Erläuterungen von *Rost* – Arbeitnehmerähnliche Personen – umfassend kommentiert. Die Beendigung von Vertragsverhältnissen mit **selbständigen Handelsvertretern** ist gesondert in §§ 89, 89a HGB geregelt. Näher dazu KR-*Rost* ArbNähnl. Personen Rz 174 ff.

D. Beendigung des Arbeitsverhältnisses

I. Befristung/auflösende Bedingung

Soweit es um die **Befristung** – kalendermäßige Befristung oder Zweckbefristung – eines **Arbeitsver-** **15**
hältnisses geht, gelten nach Abs. 3 die Vorschriften des **TzBfG**. Dazu wird auf die **Erläuterungen zu Abs. 3** (s.u. Rz 111 ff.) und **zum TzBfG** verwiesen. Dasselbe gilt für die **auflösende Bedingung**, die nunmehr in § 21 TzBfG (KR-*Bader* § 21 TzBfG) geregelt ist. Festzuhalten bleibt, dass abweichend von der Konzeption des BGB (s.o. Rz 7) nach dem TzBfG der **unbefristete Arbeitsvertrag die Regel**, die Befristung die Ausnahme bleiben soll (Erwägung Nr. 2 der dem TzBfG zugrunde liegenden europäischen Rahmenvereinbarung, abgedr. im Anhang TzBfG; BT-Drs. 14/4374 S. 12; KDZ-*Däubler* § 3 TzBfG Rz 1; s.u. Rz 117).

Zu den Voraussetzungen, unter denen ein Arbeitsverhältnis im Falle der (wirksamen oder unwirksa- **16**
men) Vereinbarung einer Befristung oder einer auflösenden Bedingung **gekündigt** werden kann vgl. KR-*Lipke* § 15 TzBfG Rz 20 ff.; § 16 Rz 2 ff.; KR-*Bader* § 21 TzBfG Rz 11 u. 13). Zur tarifvertraglich geregelten **Nichtverlängerungsmitteilung** im **Bühnenbereich** (TV »Normalvertrag Bühne«) s. KR-*Bader* § 3 TzBfG Rz 38 ff. Zur Beendigung des Arbeitsverhältnisses durch Erreichen der **Altersgrenze** s.u. Rz 39.

II. Kündigung

Handelt es sich um ein von vorneherein **unbefristetes Arbeitsverhältnis**, kann dieses gem. Abs. 2 **17**
nach Maßgabe des § 622 (dazu KR-*Spilger* § 622 BGB) gekündigt werden, wobei die Form des § 623 zu beachten ist (KR-*Spilger* § 623 BGB Rz 93 ff.). Dieses Kündigungsrecht findet indes seine Grenzen in den **Vorschriften des allgemeinen und besonderen Kündigungsschutzrechts**. Daneben steht beiden Parteien unter den Voraussetzungen des § 626 das Recht zur **außerordentlichen Kündigung** zur Verfügung (KR-*Fischermeier* § 626 BGB).

Zu den **Erscheinungsformen der Kündigung** wird auf die Übersichten KR-*Griebeling* § 1 KSchG **17a**
Rz 151 ff., KR-*Rost* § 2 KSchG Rz 8 ff., KR-*Fischermeier* § 626 BGB Rz 22 ff. verwiesen. Zu den **Formerfor-**

dernissen, den Begründungspflichten und den einzuhaltenden **Kündigungsfristen** bei einer Kündigung wird Bezug genommen auf die Erl. von *Spilger* zu §§ 622, 623 BGB. Der **Zugang einer Kündigung** und ihre **Rücknahme** werden behandelt von KR-*Friedrich* § 4 KSchG Rz 100 ff., 51 ff.

III. Abgrenzung zu sonstigen Beendigungstatbeständen

18 Eine Vielzahl weiterer Tatbestände kann zur Beendigung des Arbeitsverhältnisses führen. Ein Überblick in alphabetischer Reihenfolge fasst die wesentlichen Gesichtspunkte hierzu zusammen:

1. Anfechtung

19 Der Arbeitsvertrag kann unabhängig vom Recht zur außerordentlichen Kündigung nach § 626 gem. §§ 119, 123 **wegen Irrtums, arglistiger Täuschung oder Drohung** angefochten werden. Für die Darstellung der Voraussetzungen und Folgen einer derartigen Anfechtung wird Bezug genommen auf KR-*Fischermeier* § 626 BGB Rz 44 ff. Eine wirksame Anfechtung kann das bereits in Vollzug gesetzte Arbeitsverhältnis nicht rückwirkend, sondern erst **mit Zugang der Anfechtungserklärung** beenden (Wirkung **ex nunc**). Für die Anfechtung gilt nicht das Schriftformerfordernis des § 623; der Sonderkündigungsschutz nach § 9 MuSchG, § 18 BEEG, § 15 KSchG oder nach §§ 85 SGB IX steht einer Anfechtung nicht im Wege (vgl. BAG 3.12.1998 EzA § 123 BGB Nr. 51 mit Anm. *Mankowski*; krit. *Stricker* NZA 2000, 695; ErfK-*Müller-Glöge* § 620 Rz 29; MünchKomm-*Hesse* Vor § 620 BGB Rz 4 ff., 22). Die Anfechtungsmöglichkeiten dürften sich nach Inkrafttreten des **AGG zum 18.8.2006** (BGBl. I S. 1897) im Blick auf die dortigen Regelungen in §§ 7, 1 ,2 Abs. 1 Nr. 1 verringern. Vgl. dazu Erl. KR-*Pfeiffer* zum AGG.

2. Arbeitnehmerüberlassung – Wegfall der Erlaubnis

20 Ist ein Leiharbeitsverhältnis mit einem Verleiher begründet, der **nachträglich** die nach § 1 AÜG erforderliche **Erlaubnis verliert**, so tritt nachträglich ein Unwirksamkeitsgrund iSv § 9 Nr. 1 AÜG ein: Dies führt zum **Ende des Arbeitsverhältnisses mit dem Verleiher**, und zugleich gilt ein Arbeitsverhältnis zwischen dem Leiharbeitnehmer und dem Entleiher als zustande gekommen (§ 10 Abs. 1 S. 1, 2. Hs. AÜG; ebenso ErfK-*Wank* § 10 AÜG Rz 3). Im Zuge der **Hartz-Reformen** (Erstes Gesetz für moderne Dienstleistungen am Arbeitsmarkt v. 23.12.2002 BGBl. I. S. 4607) hat sich an dieser Rechtsfolge nichts geändert. Seit dem 1.1.2004 ist das **Verbot der wiederholten Befristung** eines Leiharbeitsverhältnisses, ohne dass ein Grund in der Person des Leiharbeitnehmers besteht, beseitigt. Ebenso ist das Verbot der wiederholten Kündigung und Neueinstellung eines Leiharbeitnehmers vor Ablauf von drei Monaten entfallen. In den Fällen vermuteter, nicht gewerbsmäßiger Arbeitnehmerüberlassung nach § 1 Abs. 2 AÜG wird das Arbeitsverhältnis von Verleiher und Leiharbeitnehmer dagegen nicht unwirksam (MünchKomm-*Hesse* Vor § 620 BGB Rz 61). Näher zum Verhältnis von Arbeitnehmerüberlassung und Befristung KR-*Bader* § 23 TzBfG Rz 4 ff. und KR-*Lipke* § 14 TzBfG Rz 214h.

3. Aufhebungs- und Abwicklungsvertrag

a) Aufhebungsvertrag

21 Ein Arbeitsvertrag kann durch Aufhebungsvertrag mit **sofortiger Wirkung** oder zu einem bestimmten **künftigen Zeitpunkt** beendet werden. Im letzteren Fall bedarf es für eine die Kündigungsfrist überschreitende befristete Fortsetzung des Arbeitsverhältnisses eines Sachgrundes (*BAG* 12.1.2000 EzA § 611 BGB Aufhebungsvertrag Nr. 33 m. Anm. *W. Richardt*; APS-*Schmidt* Aufhebungsvertrag Rz 22; MünchKomm-*Hesse* Vor § 620 BGB Rz 23). Bei **unbedingtem Aufhebungsvertrag mit bedingter Wiedereinstellungszusage** kommen die Maßstäbe des auflösend bedingten Aufhebungsvertrages nur dann zum Tragen, wenn der Arbeitnehmer seinen bereits erworbenen Kündigungsschutz dabei verlieren kann (*BAG* 7.3.2002 EzA § 611 BGB Aufhebungsvertrag Nr. 40). Zum **bedingten Aufhebungsvertrag** (dazu gleichfalls KR-*Bader* § 21 TzBfG Rz 3) sowie zur **Anfechtung** eines Aufhebungsvertrages wird auf KR-*Fischermeier* § 626 BGB Rz 47 bis 50a, zur einzuhaltenden **Schriftform** auf KR-*Spilger* § 623 BGB Rz 71 ff. u. 146 ff. verwiesen. Schwierigkeiten kann bei **künftiger Beendigung** (zB bei nachträglicher Befristung) die **Abgrenzung zur Befristung** machen (*Dörner* Der befristete Arbeitsvertrag Rz 155; KR-*Bader* § 3 TzBfG Rz 5). Aufhebungsverträge, die im Zusammenhang mit Betriebsübergängen geschlossen werden, können an § 613a Abs. 4 scheitern (KR-*Pfeiffer* § 613a Rz 200 ff. mwN). Auf die seit dem 1.1.2002 geschlossenen Aufhebungsvereinbarungen kommt das **neue Schuldrecht** zur Anwendung, ohne dass im Falle eines formularmäßig erstellten Aufhebungsvertrags dem Arbeitnehmer ein **gesetzliches Rücktritts- bzw. Widerrufsrecht** aus § 312 BGB zusteht (vgl. u Rz 23; *BAG* 27.11.2003 EzA

§ 312 BGB 2002 Nr. 1; MünchKomm-*Hesse* Vor § 620 BGB Rz 26, 31 ff.). Es bleibt dem Arbeitnehmer in diesen Fällen nur das Anfechtungsrecht.

Vor Abschluss eines Aufhebungsvertrages kann der Arbeitgeber aufgrund einer vertraglichen Nebenpflicht (§ 241 Abs. 2 BGB) gehalten sein, den Arbeitnehmer **auf** mögliche **negative Folgen hinzuweisen** (insbes. zur Altersversorgung oder zu sozialrechtlichen Folgen; zu letzterem vgl. KR-*Wolff* § 144 SGB III). Die wesentlichen Grundsätze dazu stellen sich nach der zustimmungswürdigen Rechtsprechung des BAG (weitergehend ArbG Wetzlar 7.8.1990 DB 1991, 976; ArbG Hmb. 10.12.1990 BB 1991, 625; ArbG Freiburg 20.6.1991 DB 1991, 2600; LAG Hmb. 20.8.1992 LAGE § 611 BGB Aufhebungsvertrag Nr. 9) wie folgt dar, wobei es aber stets auf die Umstände des Einzelfalls und die Abwägung der beiderseitigen Interessen ankommt (BAG 10.3.1988 EzA § 611 BGB Aufhebungsvertrag Nr. 6; 13.11.1984 EzA § 611 BGB Fürsorgepflicht Nr. 36): In der Regel muss sich der Arbeitnehmer **selbst** über die Folgen eines Aufhebungsvertrages **informieren** (BAG 16.11.2005 EzA § 8 ATG Nr. 1; 11.12.2001 EzA § 611 BGB Fürsorgepflicht Nr. 62; ErfK-*Müller-Glöge* § 620 BGB Rz 11). Kommt aber der Aufhebungsvertrag auf **Initiative des Arbeitgebers** und in dessen Interesse zustande (vgl. BAG 23.9.2003 EzA § 113 BetrVG 2001 Nr. 3), so kann der Arbeitnehmer den Eindruck gewinnen, damit würden auch seine Interessen gewahrt und der Arbeitgeber werde ihn nicht ohne ausreichende Aufklärung erheblichen, atypischen Versorgungsrisiken aussetzen (BAG 21.2.2002 EzA § 1 KSchG Wiedereinstellung Nr. 7; 12.12.2002 EzBAT § 8 BAT Fürsorgepflicht Nr. 41; 3.7.1990 EzA § 611 BGB Aufhebungsvertrag Nr. 7; MünchKomm-*Hesse* Vor § 620 BGB Rz 40) – dies kann **gesteigerte Hinweispflichten** auslösen. Die erkennbaren Informationsbedürfnisse des Arbeitnehmers auf der einen und die Beratungsmöglichkeiten des Arbeitgebers auf der anderen Seite sind dabei immer mit in Rechnung zu stellen (BAG 17.10.2000 EzA § 611 BGB Fürsorgepflicht Nr. 59; 13.12.1988 EzA § 611 BGB Fürsorgepflicht Nr. 53). *Däubler* (KDZ Einl. Rz 312) verlangt dazu stets **Bedenkzeit**. Hierfür gibt es aber keine Rechtsgrundlage (LAG Hamm 1.4.2003 LAGE § 312 BGB 2002 Nr. 3). Kommt der Arbeitgeber Hinweis- und Aufklärungspflichten nicht nach, die ihn nach den dargestellten Grundsätzen treffen, kann dies wegen des Verstoßes gegen arbeitsvertragliche Nebenpflichten **Schadensersatzansprüche (jetzt § 280 BGB 2002)** auslösen (BAG 10.3.1988 EzA § 611 BGB Aufhebungsvertrag Nr. 6). Eine Pflicht zur Rückgängigmachung des Aufhebungsvertrages bei ungenügender Aufklärung (so KDZ-*Däubler* Einl. Rz 313; *Lorenz* JZ 1997, 280) ist angesichts der Anfechtungs- und Schadensersatzmöglichkeiten abzulehnen. Dasselbe gilt, wenn der Arbeitgeber – gefragt oder ungefragt – **Auskünfte** erteilt, die aber nicht **vollständig und richtig** sind (BAG 23.5.1989 AP BetrAVG § 1 Zusatzversorgungskassen Nr. 28). Eine falsche Antwort führt nicht zur Unwirksamkeit des Aufhebungsvertrages und regelmäßig auch nicht zu dessen Anfechtbarkeit. Zum ausnahmsweise denkbaren **Wiedereinstellungsanspruch** vgl. BAG 21.1.2002 EzA § 1 KSchG Wiedereinstellungsanspruch Nr. 7.

Ein **gesetzliches Widerrufsrecht** für Aufhebungsverträge nach **§ 312 BGB 2002** besteht grds. nicht, da es bei einer Unterzeichnung der Aufhebungsvereinbarung im Betrieb an einer »überraschenden«, das Widerrufsrecht beim »Haustürgeschäft« begründenden Situation fehlt (BAG 27.11.2003 EzA § 312 BGB 2002 Nr. 1; ebenso SPV-*Vossen* Rz 35; ErfK-*Müller-Glöge* Rz 13 mwN). Eine **rückwirkende Aufhebung** eines Arbeitsvertrages wird zumeist ausscheiden, da andernfalls für den Zwischenzeitraum ein faktisches Arbeitsverhältnis entstehen würde, was zu vermeiden ist (BAG 10.12.1998 EzA § 613a BGB Nr. 175 mwN zum Meinungsstand in der Literatur; 21.9.1999 EzA § 7 BUrlG Abgeltung Nr. 6). Eine Ausnahme ist dann zu machen, wenn das Arbeitsverhältnis bereits **außer Vollzug** gesetzt worden ist (ErfK-*Müller-Glöge* § 620 BGB Rz 9). Dann ist eine rückwirkende Beendigung zu einem Zeitpunkt rechtlich zulässig, zu dem es keinen Vollzug des Arbeitsverhältnisses (weder durch Arbeit noch anderweitig, etwa durch Zahlungen wie Entgeltfortzahlungen) mehr gab. Ist in der Aufhebungsvereinbarung ein weiter zurückliegender Beendigungszeitpunkt gewählt, kann es möglich sein, über § 140 (Umdeutung) die rückwirkende Beendigung auf den Zeitpunkt der Außervollzugsetzung des Arbeitsverhältnisses zu »verlegen«. Zum Aufhebungsvertrag vgl. im Übrigen KR-*Fischermeier* § 626 BGB Rz 47 ff.

Soweit in **Tarifverträgen** dem Arbeitnehmer nach dem Abschluss eines Aufhebungsvertrages ein befristetes **Widerrufsrecht** eingeräumt ist (dazu auch ErfK-*Müller-Glöge* § 620 BGB Rz 12; MünchKomm-*Hesse* Vor § 620 BGB Rz 38), ist dieses teilweise verzichtbar ausgestaltet (zu einem solchen Verzicht BAG 30.9.1993 EzA § 611 BGB Aufhebungsvertrag Nr. 13).

b) Abwicklungsvertrag

Vom Aufhebungsvertrag strikt zu trennen ist der **Abwicklungsvertrag**, der nach vorangegangener Kündigung die Modalitäten der Vertragsauflösung festlegt und nicht an die Formvorschrift des § 623

BGB gebunden ist (MünchKomm-*Hesse* Vor § 620 BGB Rz 42). Die Beendigung des Arbeitsverhältnisses beruht mithin auf der Kündigung und nicht auf vertraglicher Vereinbarung (APS-*Schmidt* Aufhebungsvertrag Rz 20; *Hümmerich* BB 1999, 1868). Die daran anknüpfenden sozialrechtlichen Folgen sind für den Arbeitnehmer unter Umständen riskant, da hierin ein Lösen des Beschäftigungsverhältnisses iSv § 144 Abs. 1 Nr. 1 SGB III liegen kann (*BSG* 18.12.2003 EzA § 144 SGB III Nr. 4, Sperrzeit; dazu s.u. Rz 24a und KR-*Wolff* § 144 SGB III; APS-*Steinmeyer* SozR Rz 393). Die Hinnahme der Kündigung als solcher reicht also nicht aus, um eine Sperrfrist zu vermeiden (HWK-*Schmalenberg* Rz 30 mwN). Für **leitende Angestellte** kann – mit Rücksicht auf § 14 Abs. 2 S. 1 KSchG – der Ausstieg aus dem Arbeitsverhältnis auf dem Weg eines Aufhebungs- oder Abwicklungsvertrages risikoloser sein, wenn sie einen Auflösungsantrag des Arbeitgebers nach §§ 9 Abs. 1 S. 2, 14 Abs. 2 S. 2 KSchG zu gewärtigen haben (*BSG* 17.11.2005 SozR 4-4300 § 144 Nr. 11 = EzA-SD 2006 Nr. 5 S. 15). Im **Wechsel vom unbefristeten in ein befristetes Arbeitsverhältnis** liegt ein wichtiger Grund zur Lösung des Beschäftigungsverhältnisses, wenn mit dem neuen Berufsfeld eine Erweiterung der beruflichen Einsatzmöglichkeiten verbunden ist (*BSG* 26.9.2006 – B 11a AL 55/05R).

24a Zur Abgrenzung zu dem ab 1.1.2004 in das **Kündigungsschutzgesetz** aufgenommenen **§ 1a** (Gesetz zu Reformen am Arbeitsmarkt v. 24.12.2003 BGBl. I S. 3002) wird auf KR-*Spilger* § 1a KSchG hingewiesen. Das BSG erwägt jedenfalls neuerdings ab 1.1.2004 einen die Sperrzeit ausschließenden wichtigen Grund für die Lösung des Beschäftigungsverhältnisses iSv § 144 SGB III anzuerkennen, wenn dem Arbeitnehmer ansonsten eine rechtmäßige arbeitgeberseitige Kündigung des Arbeitsverhältnisses aus nicht verhaltensbedingten Gründen zum gleichen Zeitpunkt droht, soweit die Abfindungsgrenze des § 1a KSchG dabei nicht überschritten wird (*BSG* 26.9.2006 – B 11a AL 47/05R).

4. Aussperrung und Streik

25 Eine **lösende Aussperrung** führt zur Beendigung des Arbeitsverhältnisses, wobei der Arbeitgeber aber im Rahmen billigen Ermessens verpflichtet ist, den Arbeitnehmer nach dem Ende des Arbeitskampfes wieder einzustellen (*BAG* 21.4.1971 EzA Art. 9 GG Nr. 6; vgl. weiter KR-*Weigand* § 25 KSchG Rz 14 ff.; HaKo-*Gallner* § 1 Rz 128). Allerdings ist dies Vergangenheit (ErfK-*Müller-Glöge* § 620 BGB Rz 41). Eine **rechtmäßige Aussperrung** führt regelmäßig nur zur **Suspendierung** oder zum Ruhen der beiderseitigen Hauptpflichten aus dem Arbeitsvertrag für die Dauer der Aussperrung (*BAG* 3.8.1999 EzA Art. 9 GG Arbeitskampf Nr. 133; BBDW-*Dörner* § 25 KSchG Rz 5). Dem Arbeitnehmer soll im durch Aussperrung suspendierten Arbeitsverhältnis ein Recht zur **Abkehr** zustehen (*BAG* 21.4.1971 EzA Art. 9 GG Nr. 6; MünchKomm-*Hesse* Vor § 620 BGB Rz 58). Richtiger dürfte sein, dem Arbeitnehmer in dieser Lage ein Recht zur außerordentlichen Kündigung einzuräumen, das inhaltlich dem Abkehrrecht gleichkommt (zutr. *Hesse* aaO). Die **Abkehrerklärung** des Arbeitnehmers bei einer suspendierenden Aussperrung führt zu einer Beendigung des Arbeitsverhältnisses (*BAG* 21.4.1971 EzA Art. 9 GG Nr. 6; KR-*Fischermeier* § 626 BGB Rz 56 mwN). Praktische Bedeutung hat dies nicht mehr (ErfK-*Müller-Glöge* Rz 41). Rechtmäßige Arbeitskämpfe führen für die Dauer des Streiks oder der Aussperrung nur zur Suspendierung oder zum Ruhen der beiderseitigen Hauptpflichten aus dem Arbeitsvertrag (*BAG GS* 28.1.1955 AP Art. 9 GG Arbeitskampf Nr. 1; *BAG* 31.5.1988 EzA Art. 9 GG Arbeitskampf Nr. 81).

5. Beendigung einer vorläufigen Einstellung (§ 100 BetrVG)

26 Gem. § 100 Abs. 1 BetrVG kann der Arbeitgeber unter den dort genannten Voraussetzungen eine **personelle Maßnahme** iSv § 99 Abs. 1 S. 1 BetrVG **vorläufig** durchführen. § 100 Abs. 2 S. 3 und Abs. 3 S. 2 BetrVG legen jedoch Fälle fest, in denen der Arbeitgeber die personelle Maßnahme nicht weiter aufrechterhalten darf. Die vorläufige Einstellung endet dann – ohne dass es einer Kündigung bedarf – mit Ablauf von zwei Wochen nach Rechtskraft der gerichtlichen Entscheidung. Das voll wirksame Arbeitsverhältnis selbst (*BAG* 28.4.1992 EzA § 99 BetrVG 1972 Nr. 106) kann dagegen nur durch ordentliche **Kündigung** sein Ende finden (MünchKomm-*Hesse* Vor § 620 BGB Rz 60; näher dazu KR-*Griebeling* § 1 KSchG Rz 178 ff.). Indessen besteht die Möglichkeit, in Form einer auflösenden Bedingung den Bestand des Arbeitsverhältnisses an die betriebsverfassungsrechtliche Zustimmung oder arbeitsgerichtliche Ersetzung zu binden (§ 21 TzBfG; ErfK-*Kania* § 100 BetrVG Rz 9).

6. Betriebsübergang

27 Liegt ein Betriebsübergang vor (§ 613a Abs. 1 S. 1), geht das Arbeitsverhältnis bei fehlendem Widerspruch des Arbeitnehmers auf den Übernehmer über. Das **Arbeitsverhältnis zum alten Arbeitgeber**

7. Fortsetzungsverweigerung (§ 12 KSchG)

Gem. § 12 S. 1 KSchG kann der Arbeitnehmer nach gewonnenem Kündigungsschutzprozess die Fortsetzung des alten Arbeitsverhältnisses verweigern, wenn er inzwischen ein neues Arbeitsverhältnis eingegangen ist. Gibt er diese »**Nichtfortsetzungserklärung**« nach unwirksamer ordentlicher oder außerordentlicher Kündigung (arg. § 13 Abs. 1 S. 3, 2. Hs. KSchG) rechtzeitig ab (§ 12 S. 1 u. 2 KSchG), endet das alte Arbeitsverhältnis mit Zugang der Erklärung (§ 12 S. 3 KSchG; ErfK-*Müller-Glöge* Rz 38). Die rechtliche Einordnung dieser Erklärung und damit ihre **Formbedürftigkeit** sind streitig. Die **hM** geht von einem **Sonderkündigungsrecht** aus und hält deshalb die Erklärung für formbedürftig (*Preis/Gotthardt* NZA 2000, 350; KR-*Spilger* § 623 BGB Rz 68 mwN; **aA** für besondere, nicht formbedürftige Beendigungserklärung BBDW-*Bader* § 12 KSchG Rz 17 und § 623 BGB Rz 12). Daneben ist es dem Arbeitnehmer unbenommen, nach Obsiegen im Kündigungsschutzprozess sein Arbeitsverhältnis ordentlich zu kündigen. Im Übrigen wird verwiesen auf KR-*Rost* § 12 KSchG. 28

8. Freistellung

Von einer Freistellung (von der Arbeitsleistung) spricht man insbesondere, wenn – aufgrund einer Vereinbarung oder aufgrund einseitiger Erklärung des Arbeitgebers – nach ausgesprochener Kündigung für die Dauer der Kündigungsfrist auf die Arbeitsleistung des Arbeitnehmers verzichtet wird. Die damit zusammenhängenden Fragen sind unter dem Stichwort »**Suspendierung**« behandelt (s.u. Rz 40 ff.). 29

9. Fristlose Dienstentlassung als Disziplinarmaßnahme

Diese besondere Form der Beendigung des Arbeitsverhältnisses sog. **Dienstordnungs-Angestellter** ist bei KR-*Fischermeier* § 626 BGB Rz 51 bis 54 und KR-*Griebeling* § 1 KSchG Rz 187 ausführlich dargestellt. 30

10. Gerichtliche Auflösung

a) § 78a Abs. 4 S. 1 Nr. 2 BetrVG

Nach dieser Bestimmung kann der Arbeitgeber beim **Arbeitsgericht** beantragen, ein bereits nach § 78a Abs. 2 oder 3 BetrVG begründetes Arbeitsverhältnis mit einem ehemaligen Auszubildenden **aufzulösen**. Hierzu wird verwiesen auf KR-*Weigand* § 78a BetrVG Rz 35 ff. und KR-*Fischermeier* § 626 BGB Rz 55). 31

b) §§ 9, 10, 13 Abs. 1 S. 3 u 4., Abs. 2 KSchG

Sind die inhaltlichen und verfahrensmäßigen Voraussetzungen gegeben, hat das **Gericht** auf entsprechenden Antrag – des Arbeitnehmers oder des Arbeitgebers – gem. § 9 Abs. 1 S. 1 u. 2 KSchG das Arbeitsverhältnis **durch Urteil aufzulösen**, und zwar gegen eine **Abfindung**, zu deren Höhe § 10 KSchG Aussagen macht. Dasselbe gilt unter den dort genannten Voraussetzungen gem. § 13 Abs. 1 S. 3 KSchG, wenn der Arbeitnehmer im Verfahren über die Wirksamkeit einer außerordentlichen Kündigung einen Auflösungsantrag stellt. Löst das Arbeitsgericht das Arbeitsverhältnis auf, endet es (rückwirkend) mit dem im Urteil genannten Zeitpunkt. Die entsprechenden Erläuterungen finden sich bei KR-*Spilger* § 9 und § 10 KSchG sowie bei KR-*Friedrich* § 13 KSchG. Die gerichtliche Auflösung des Arbeitsverhältnisses ist strikt von der ab 1.1.2004 »neu« eröffneten Abfindungsregelung in **§ 1a KSchG** zu trennen, die dem Arbeitnehmer – ohne Befassung des Arbeitsgerichts – die Hinnahme der arbeitgeberseitigen betriebsbedingten Kündigung erleichtern soll (vgl. dazu oben Rz 24 und KR-*Spilger* Erl. zu § 1a KSchG). 32

11. Insolvenz

Wie die Kündigungsregelung für den Insolvenzverwalter in **§ 113 InsO** verdeutlicht, berührt der Eintritt der Insolvenz allein nicht den Bestand des Arbeitsverhältnisses. Die Eröffnung des Insolvenzverfahrens über das Vermögen des Arbeitgebers oder des Arbeitnehmers löst weder Dienst- (*BGH* 20.6.2005 NJW 2005, 3069) noch Arbeitsverhältnisse auf (ErfK-*Müller-Glöge* Rz 34). Vgl. hierzu KR-*Weigand* § 113 InsO Rz 4 f. 33

12. Lossagungsrecht

34 Beim **faktischen Arbeitsverhältnis** (s. dazu das Stichwort »Nichtigkeit« Rz 35) hat jede der Vertragsparteien die Möglichkeit, sich jederzeit vom Vertrag loszusagen. Darin liegt keine Kündigung. Die Lossagung wirkt regelmäßig nur für die Zukunft. Näher dazu KR-*Griebeling* § 1 KSchG Rz 47 und KR-*Fischermeier* § 626 BGB Rz 46c.

13. Nichtigkeit

35 Ist der Arbeitsvertrag fehlerhaft und deshalb nichtig (KR-*Fischermeier* § 626 BGB Rz 46b), wird aber dennoch gearbeitet, wurde bisher ein **faktisches Arbeitsverhältnis** angenommen (SPV-*Preis* Rz 33), von dem sich die Parteien jederzeit lossagen können (s.o. Rz 34; KR-*Fischermeier* § 626 BGB Rz 46c). Nichtigkeitsgründe können Verstöße gegen ein gesetzliches Verbot, die guten Sitten, Wucher oder eine Gesetzesumgehung sein. Als Rechtsfolge kann die Nichtigkeit des Arbeitsverhältnisses in seiner Gesamtheit oder in Teilen eintreten. Denkbar ist ferner eine bereicherungsrechtliche Rückabwicklung, die sich aber im Verhältnis von erbrachter Arbeitsleistung zu empfangener Arbeitsvergütung verbietet (HWK-*Thüsing* § 611 BGB Rz 71 ff., § 119 BGB Rz 66). Zweifel hierzu zeigt *Gotthard* – im Blick auf § 311a BGB – (Arbeitsrecht nach der Schuldrechtsreform Rz 42 f.) auf (vgl. auch Rz 49). Jedenfalls darf eine Gesamtnichtigkeit des Arbeitsverhältnisses nicht einseitig den Arbeitnehmer belasten (*BAG* 26.2.2003 EzA § 134 BGB 2002 Nr. 1; 24.3.2004 EzA § 134 BGB 2002 Nr. 2; ErfK-*Preis* § 611 BGB Rz 417 ff). Lücken im Arbeitsvertrag sind durch dispositives Recht zu füllen (vgl. auch KR-*Fischermeier* § 626 BGB Rz 46b f.).

14. Rücktritt

36 §§ 323 ff. BGB 2002 vermitteln im Arbeitsverhältnis **kein Rücktrittsrecht**. Die speziellen Regelungen in §§ 620 Abs. 2, 626 und im KSchG gehen weiterhin den neu geschaffenen allgemeinen BGB Regelungen vor. Wird dennoch schriftlich (§ 623) ein »Rücktritt« erklärt, ist dies als außerordentliche Kündigung auszulegen oder umzudeuten (insgesamt KR-*Fischermeier* § 626 BGB Rz 40 f. mwN).

15. Ruhen des Arbeitsverhältnisses

37 Aufgrund einer **Vereinbarung** oder **gesetzlicher Regelung** kann es zum vollständigen oder teilweise Ruhen (Suspendierung) der beiderseitigen Rechte und Pflichten aus dem Arbeitsverhältnis kommen. Nebenpflichten können dabei fortbestehen. Eine vorsorglich für die Zukunft – ggf. unter bestimmten Voraussetzungen – **vertraglich** getroffene Ruhensvereinbarung ist **tarifvertraglich zulässig** (*BAG* 27.2.2002 EzA § 4 TVG Rundfunk Nr. 23), ansonsten aber unwirksam, da damit der gesetzliche Kündigungsschutz umgangen würde; ebenso die **einseitige** arbeitgeberseitige »Suspendierung«, dem der Beschäftigungsanspruch des Arbeitnehmers im bestehenden Arbeitsverhältnis entgegensteht (*LAG München* 7.3.2003 LAGE § 611 BGB Beschäftigungspflicht Nr. 1; SPV-*Preis* Rz 25 ff.; einschr. *MünchKomm-Hesse* Vor § 620 BGB Rz 44 f.; ErfK-*Müller-Glöge* Rz. 39 f. für eine zulässige im voraus im Arbeitsvertrag vereinbarte Suspendierung im Falle der Kündigung). Festlegungen zum Suspendierungsrecht des Arbeitgebers im Falle der Kündigung bis zum Ablauf der Kündigungsfrist lässt die hM dagegen zu (*LAG Hamm* 3.2.2004 NZA-RR 2005, 358; *LAG Bln.* 13.10.2003 LAGE § 611 BGB Beschäftigungspflicht Nr. 2). Die Ruhensvereinbarung muss jedenfalls klar formuliert sein und ergeben, dass die beiderseitigen Hauptpflichten tatsächlich ruhen sollen. Von seltenen Ausnahmefällen abgesehen (*BAG* 29.10.1987 EzA § 615 BGB Nr. 54) bleibt die Entgelt(fort)zahlungspflicht vom Ruhen der Hauptpflichten unberührt (ErfK-*Müller-Glöge* Rz 40; HWK-*Schmalenberg* Rz 22; s. auch Rz 42).

38 Zu einem Ende des Arbeitsverhältnisses führt die Vereinbarung des Ruhens nicht. Allerdings soll es, wenn das Arbeitsverhältnis beiderseits **nicht mehr vollzogen** wird, dem Arbeitnehmer nach einiger Zeit verwehrt sein, sich auf den Fortbestand des Arbeitsverhältnisses zu berufen (etwa *BAG* 24.8.1995 EzA § 242 BGB Geschäftsgrundlage Nr. 5). Dies erscheint angesichts der Formvorgabe des § 623 BGB für Aufhebungsverträge nicht mehr haltbar. In diesen Fällen ist ein (fortgesetztes) Ruhen anzunehmen (*BAG* 9.8.1995 EzA § 611 BGB Gratifikation, Prämie Nr.130). Zum Teil führen auch **gesetzliche Regelungen** zu einem Ruhen des Arbeitsverhältnisses (etwa § 1 Abs. 1 ArbPlSchG und § 15 BEEG).

16. Eintritt in den Ruhestand/ Berufs- und Erwerbsunfähigkeit

39 Eine tarif- oder arbeitsvertraglich vereinbarte Altersgrenze ist nach neuerer Rechtsprechung keine auflösende Bedingung, sondern eine Höchstbefristung (*BAG* 19.11.2003 EzA § 620 BGB Altersgrenze

Ende des Dienstverhältnisses § 620 BGB

Nr. 4), die bei Beendigung des Arbeitsverhältnisses mit oder nach Vollendung des 65. Lebensjahres regelmäßig im Blick auf den Bezug einer Altersrente sachlich gerechtfertigt ist (näher dazu KR-*Lipke* § 14 TzBfG Rz 214 ff.). Insoweit kommt es im Fall einer Vereinbarung zu einer selbsttätigen Auflösung des Arbeitsvertrages, was nach § 10 Nr. 5 AGG auch zukünftig zulässig ist. Das gilt ebenso bei einer Rente wegen Altersteilzeitarbeit (*BAG* 27.4.2004 EzA § 4 TVG Altersteilzeit Nr.12) Fehlt dagegen eine solche Vereinbarung, führt das Erreichen des Rentenalters nicht von selbst zur Beendigung des Arbeitsverhältnisses (MünchKomm-*Hesse* Vor § 620 BGB Rz 55; ErfK-*Müller-Glöge* Rz 33), sondern es muss gekündigt werden. Das Arbeitsverhältnis bleibt schließlich bestehen, wenn der Arbeitnehmer dauerhaft arbeitsunfähig, berufs- oder erwerbsunfähig wird. Abweichende Regelungen hierzu können in Tarifverträgen in Form von auflösenden Bedingungen getroffen werden (zB § 59 BAT; *BAG* 11.5.1998 EzA § 59 BAT Nr. 5; vgl. auch *BAG* 26.9.2001 EzA § 4 TVG Einzelhandel Nr. 51; ErfK-*Müller-Glöge* § 14 TzBfG Rz 79; näher zu Letzterem KR-*Bader* § 21 TzBfG Rz 41 ff.).

17. Suspendierung

Eine Suspendierung ist gegeben, wenn der Arbeitgeber **einseitig auf die Arbeitsleistung verzichtet** 40 (vgl. auch Rz 37) und die Auslegung (unter Beachtung des § 623 BGB) ergibt, dass damit keine Kündigung gemeint ist (HaKo-*Gallner* § 1 KSchG Rz 127). Gebrauch gemacht wird davon vor allem im Vorfeld von Kündigungen und nach dem Ausspruch ordentlicher Kündigungen für die Dauer der Kündigungsfrist. Man spricht dann zT auch von **Freistellung** (s.o. Rz 29).

Das Ende des Arbeitsverhältnisses wird mit einer Suspendierung nicht herbeigeführt. Und vom Aus- 41 gangspunkt her ist es dem Arbeitgeber auch verwehrt, durch eine Suspendierung einseitig in den Vertrag einzugreifen: Der Arbeitnehmer hat während des unangefochtenen Bestands des Arbeitsverhältnisses **Anspruch** darauf, wirklich **beschäftigt zu werden** (zutr. *BAG* 13.6.1990 EzA § 611 BGB Beschäftigungspflicht Nr. 44).

Doch wird eine **Suspendierung unter Fortzahlung der Bezüge** für wirksam gehalten, wenn es einen 42 hinreichenden Grund dafür gibt, den Beschäftigungsanspruch des Arbeitnehmers auszusetzen (*BAG* 19.8.1976 EzA § 611 BGB Beschäftigungspflicht Nr. 1, dort ebenso für die **Teilsuspendierung; aA** *BAG* 21.9.1993 EzA § 7 AWbG NW Nr. 14: pauschal die Möglichkeit einseitiger Suspendierung verneinend, was aber als obiter dictum einzuordnen ist). Ein derartiger **hinreichender Grund**, der nicht das Gewicht eines wichtigen Grundes zu erreichen braucht, ist dann zu bejahen, wenn die **Abwägung der beiderseitigen Interessen** es rechtfertigt, die Beschäftigungsinteressen des Arbeitnehmers zurücktreten zu lassen. Das BAG formuliert es so: Wenn überwiegende und schutzwürdige Interessen des Arbeitgebers die Suspendierung gebieten (so *BAG* 19.8.1976 EzA § 611 BGB Beschäftigungspflicht Nr. 1; 15.6.1972 AP Nr.7 zu § 628 BGB: besonders schutzwürdige Interessen, wobei strenge Anforderungen zu stellen sind; ErfK-*Müller-Glöge* Rz 40 mwN: billigenswerter Grund). Diese sind bei der Suspendierung für die Dauer der **Kündigungsfrist** keineswegs stets gegeben (Beschäftigungsanspruch s.o. Rz 37; *LAG München* 7.3.2003 LAGE § 611 BGB Beschäftigungspflicht Nr. 1; *LAG Köln* 20.3.2001 LAGE § 611 BGB Beschäftigungspflicht Nr. 44 als vorübergehend milderes Mittel zur Vermeidung einer sofortigen außerordentlichen Kündigung; SPV-*Preis* Rz 28; **aA** *LAG Hmb.* 10.6.1994 LAGE § 611 BGB Beschäftigungspflicht Nr. 37; *ArbG Düsseld.* 3.6.1993 NZA 1994, 559), sondern können nur dann vorliegen, wenn der **Arbeitgeber beachtliche Interessen** ins Feld führen kann, etwa um der Geheimhaltung willen, wegen beabsichtigter künftiger Konkurrenztätigkeit (*LAG Hamm* 3.11.1993 LAGE § 611 BGB Beschäftigungspflicht Nr. 36), wegen erheblicher Gefahren für den Betrieb oder für die dort Beschäftigten (*Sächs. LAG* 14.4.2000 LAGE § 103 BetrVG 1972 Nr. 14 bei einem Betriebsratsmitglied; KR-*Etzel* § 103 BetrVG Rz 143) oder im Hinblick auf eine nicht mehr gewährleistete vertrauensvolle Zusammenarbeit, was bei **leitenden Angestellten** wohl vielfach zu bejahen sein wird. Im Übrigen kann ein auf objektive Tatsachen gegründeter Verdacht, der in einer Vertrauensstellung beschäftigte Arbeitnehmer habe seine Aufgaben nicht sorgfältig oder redlich erfüllt und dadurch Schaden verursacht, eine (teilweise) Suspendierung rechtfertigen (*BAG* 15.6.1972 AP Nr. 7 zu § 628 BGB; KR-*Fischermeier* § 626 BGB Rz 223, 231 u. 471). Zu beachten ist schließlich die **Zeitkomponente**. Auch wenn ein sachlicher Grund vorliegt, darf die Suspendierung eine angemessene Dauer nicht überschreiten, weil andernfalls ein unverhältnismäßiger Eingriff in das Vertragsgefüge vorläge. Dies gilt insbes. bei Freistellungen im Vorfeld von (außerordentlichen) Kündigungen (MünchKomm-*Sandmann* § 626 BGB Rz 46; ErfK-*Müller-Glöge* Rz 40).

Darüber hinaus wird vertreten, dass eine Suspendierung ausnahmsweise auch die **Vergütungspflicht** 43 **entfallen** lassen kann, wenn es nämlich dem Arbeitgeber unzumutbar ist, die Arbeitsleistung weiter anzunehmen und weiter Vergütung zu zahlen (*BAG* 29.10.1987 EzA § 615 BGB Nr. 54; ErfK-*Müller-Glöge* Rz 40; ErfK-*Preis* § 611 BGB Rz 706). Zum Teil wird dies beschränkt auf die Fälle vertreten, in denen die an sich gebotene außerordentliche Kündigung von der Zustimmung Dritter (zB Betriebsrat oder Integrationsamt) abhängig ist (so etwa GK-*Kraft* § 103 Rz 90 mwN). Beiden Ansätzen kann in dieser Allgemeinheit nicht gefolgt werden. Wenn die Situation derart gravierend ist, bleibt dem Arbeitgeber die außerordentliche Kündigung (dazu auch *BAG* 4.6.1964 EzA § 626 BGB Nr. 5). Auch in den angesprochenen Zustimmungsfällen kann er die Wirkung einer außerordentlichen, fristlosen Kündigung nicht durch eine Suspendierung mit Entgeltfortfall quasi vorverlegen – das Gesetz mutet dann dem Arbeitgeber gerade zu, mit der außerordentlichen Kündigung bis zur Erteilung der Zustimmung zuzuwarten, und er kann sich bis dahin mit einer normalen Suspendierung unter Entgeltfortzahlung behelfen (KR-*Etzel* § 103 BetrVG Rz 144, in Rz 145 zu einer weiteren Abhilfemöglichkeit).

44 Man mag allenfalls in äußersten Extremfällen vertreten können, dass wegen erheblichen Fehlverhaltens des Arbeitnehmers schon gar **kein ordnungsgemäßes Arbeitsangebot** vorliegt und der Arbeitgeber deswegen nicht in Annahmeverzug gerät. Bedenklich ist es jedoch, auf diesem Wege lediglich einem Arbeitgeber helfen zu wollen, der nicht korrekt gekündigt hat (so *BAG* 29.10.1987 EzA § 615 BGB Nr. 54; vgl. weiter SPV-*Preis* Rz 29).

45 Eine **Suspendierung** (mit Entgeltfortzahlung – zur Ruhensvereinbarung s.o. Rz 37) kann auch **vereinbart** werden, etwa in einem **gerichtlichen Vergleich** für die (restliche) Dauer der Kündigungsfrist. Dabei ist es stets empfehlenswert, festzulegen, ob die Freistellung widerruflich oder unwiderruflich erfolgt, ob damit zugleich Resturlaub gewährt wird (*BAG* 9.6.1998 EzA § 7 BUrlG Nr. 106) und ob und inwieweit § 615 S. 2 BGB anwendbar ist. Der Inhalt der Vereinbarung kann schließlich sozialversicherungsrechtlich die Beendigung des Beschäftigungsverhältnisses zur Folge haben, wenn die Freistellung unwiderruflich ist (*BSG* 12.7.2006 – B 11a AL 47/05R; *Schlegel* NZA 2005, 272).

46 Wird eine Suspendierung **vorab für einen künftigen Fall vereinbart**, wird man sie grds. einer **Vertragsinhaltskontrolle** zu unterziehen haben (SPV-*Preis* Rz 26 mwN: Nur aus besonderen Gründen zulässig). Wird eine solche Vereinbarung für den Fall der Kündigung für die Dauer der Kündigungsfrist getroffen oder wird vereinbart, dass dem Arbeitgeber für diese Zeit das Recht zur Suspendierung zusteht, kann der formularmäßige Vorausverzicht auf den Beschäftigungsanspruch **im ungekündigten Arbeitsverhältnis** gegen § 307 Abs. 1 BGB 2002 verstoßen (ErfK-*Preis* § 611 BGB Rz 707). Daneben tritt im konkreten Fall eine **Ausübungskontrolle** nach § 315 BGB. Im gekündigten Arbeitsverhältnis gelten die zu Rz 42 aufgezeigten Regeln.

18. Tod des Arbeitgebers

47 Der Tod des Arbeitgebers führt grundsätzlich **nicht zur Beendigung des Arbeitsverhältnisses** (KR-*Griebeling* § 1 KSchG Rz 186). Die Erben treten an die Stelle des bisherigen Arbeitgebers. Eine Ausnahme kann bestehen, wenn das Arbeitsverhältnis auf die **Lebenszeit des Arbeitgebers befristet** wird (*BAG* 25.3.2004 EzA § 626 BGB 2002 Unkündbarkeit Nr. 3).

19. Tod des Arbeitnehmers

48 Stirbt der Arbeitnehmer, tritt damit immer die **Beendigung** des Arbeitsverhältnisses ein (KR-*Etzel* § 1 KSchG Rz 184 f.). Dies ergibt sich bereits aus § 613 S. 1 BGB. Nicht erfüllte Ansprüche aus dem Arbeitsverhältnis sind in aller Regel vererblich (ErfK-*Müller-Glöge* Rz 31).

20. Unmöglichkeit

49 Der am 1.1.2002 mit dem Gesetz zur Modernisierung des Schuldrechts in Kraft (dazu etwa *Däubler-Gmelin* NJW 2001, 2281; *Löwisch* NZA 2001, 465) getretene **§ 311a BGB 2002** enthält – abweichend von der früheren Rechtslage – in Abs. 1 die Regelung, dass es der Gültigkeit eines Vertrages nicht entgegensteht, wenn die **Leistung für den Schuldner oder für jedermann schon bei Vertragsschluss unmöglich** ist. In einem solchen Fall erhält der Gläubiger nach seiner Wahl Schadensersatz statt der Leistung oder Ersatz seiner Aufwendungen, es sei denn, der Schuldner kannte die Unmöglichkeit nicht und hatte diese Unkenntnis auch nicht zu vertreten (*Däubler-Gmelin* NJW 2001, 2281, 2287; *Löwisch* NZA 2001, 465, 466 f., dort auch zu den Auswirkungen der Neuregelung auf Fälle des gesetzlichen Verbots; ebenfalls zu § 311a BGB 2002 *Joussen* NZA 2001, 745, 749; *Gotthardt* Arbeitsrecht nach der Schuldrechtsreform, Rz 42 ff. mwN; **krit**. zur Neuregelung *Heldrich* NJW 2001, 2521). Eine automatische Beendigung des Arbeitsverhältnisses bei Unmöglichkeit der Arbeitsleistung scheidet mithin aus; die

Ende des Dienstverhältnisses § 620 BGB

Unmöglichkeit setzt indessen regelmäßig einen Grund zur ordentlichen oder außerordentlichen Kündigung (MünchKomm-*Hesse* Rz 57; HWK-*Schmalenberg* Rz 27).

Ebenso führt die **nachträgliche Unmöglichkeit** der Arbeitsleistung als solche nicht zur Beendigung 50 des Arbeitsverhältnisses, es bedarf dazu stets einer außerordentlichen oder ordentlichen Kündigung (*Gotthardt* aaO Rz 30, 37; HaKo-*Gallner* § 1 KSchG Rz 129; *Schmalenberg* aaO). Das Gesetz zur Modernisierung des Schuldrechts bringt insoweit keine Änderungen (zu Folgen für den Entgeltanspruch *Löwisch* NZA 2001, 465, 467).

21. Wegfall der Geschäftsgrundlage

Der Wegfall der Geschäftsgrundlage schafft für das Arbeitsverhältnis keinen **selbständigen Beendi-** 51 **gungsgrund** (*BAG* 9.2.1995 EzA § 1 KSchG Personenbedingte Kündigung Nr. 12; MünchKomm-*Hesse* Vor § 620 BGB Rz 56). Ein Wegfall der Geschäftsgrundlage berechtigt aber nach neuem **Recht (§ 313 Abs. 3 S. 2 BGB 2002) zur Kündigung des Arbeitsvertrages**; erlaubt dagegen nicht den Rücktritt vom Arbeitsvertrag (SPV-*Preis* Rz 150 f.). Nur in krassen Ausnahmefällen kann deshalb in Zukunft unmittelbar aufgrund des Wegfalls der Geschäftsgrundlage eine Vertragsbeendigung eintreten. Davon soll auszugehen sein, wenn für die Arbeitsvertragsparteien erkennbar die tatsächlichen Grundlagen für eine Beschäftigung des Arbeitnehmers durch äußere Ereignisse auf Dauer oder auf unabsehbare Zeit entfallen sind (ErfK-*Müller-Glöge* Rz 37; näher dazu KR-*Fischermeier* § 626 BGB Rz 42 f. mwN; im konkreten Fall Beendigung verneinend zB *BAG* 24.8.1995 EzA § 242 BGB Geschäftsgrundlage Nr. 5).

E. Sonderregelung für befristete Arbeitsverträge (Abs. 3)
I. Rechtliche und tatsächliche Bedeutung der Befristung
1. Wirkung der Befristung

Ein Arbeitsverhältnis auf **unbestimmte Zeit** kann idR nur durch eine Kündigung beendet werden. 52 Wenn für das Arbeitsverhältnis eine bestimmte Zeitdauer festgelegt wird, ist es eine **selbstverständliche** und gesetzlich in § 620 Abs. 1 bestätigte **Rechtsfolge der Befristung,** dass das Arbeitsverhältnis unter den vereinbarten Voraussetzungen (Fristablauf oder Zweckerfüllung) **von selbst endet,** ohne dass es einer Kündigung bedarf (APS-*Backhaus* Rz 7; HK-*Höland* Anh. Rz 4; *v. Hoyningen-Huene/Linck* § 1 Rz 555; *Staudinger/Preis* Rz 2). Eine **ordentliche Kündigung** ist bei einer echten Befristung regelmäßig **ausgeschlossen** (*BAG* 19.6.1980 EzA § 620 BGB Nr. 47; *Staudinger/Preis* Rz 4, 179), soweit sich nicht aus §§ 15 Abs. 3, 16 TzBfG diese Möglichkeit eröffnet.

Daraus folgt, dass bei einer wirksamen Befristung der **Hinweis** auf den demnächst erfolgenden Fristablauf oder die spätere **Berufung** auf die Befristung grds. **keine Kündigung** darstellt (zuletzt *BAG* 53 26.4.1979 EzA § 629 BGB Nr. 39; MünchKomm-*Hesse* Vor § 620 BGB Rz 50; *A. Hueck* Anm. AP Nr. 34 zu § 620 BGB Befristeter Arbeitsvertrag; vgl. hierzu näher KR-*Lipke* § 16 TzBfG Rz 9 ff.). Zu den Besonderheiten der nach **§ 15 Abs. 2 TzBfG** erforderlichen **Unterrichtung über die Zweckerreichung** und der einzuhaltenden Auslauffrist bei einem zweckbefristeten Arbeitsvertrag vgl. KR-*Lipke* § 15 TzBfG Rz 10 ff. Die im **Tarifrecht der Bühnen** übliche **Nichtverlängerungsmitteilung** bestimmt dagegen, unter welchen Voraussetzungen vom Vorliegen der zum Abschluss von Anschlussverträgen notwendigen Willenserklärungen auszugehen ist. Danach kommt dem Schweigen einer Partei eine rechtsgestaltende Bedeutung (erneutes befristetes Engagement) zu (*Dörner* Der befristete Arbeitsvertrag Rz 404). Die damit verbundene Fiktion muss durch Abgabe einer Willenserklärung (Nichtverlängerungsanzeige) entkräftet werden (zuletzt *BAG* 3.11.1999 EzA § 4 TVG Bühnen Nr. 7). Diese ist **weder als eine Kündigung noch als eine aufschiebende Bedingung zu deuten oder umzudeuten** (*BAG* 6.8.1997 EzA § 101 ArbGG 1979 Nr. 3; 23.10.1991 EzA § 9 MuSchG nF Nr. 29; vgl. hierzu näher KR-*Bader* § 3 TzBfG Rz 39 ff.).

Da es bei einer Beendigung des Arbeitsverhältnisses durch Zeitablauf keiner Kündigung bedarf, greift 54 **weder** der **allgemeine Kündigungsschutz** nach dem KSchG **noch** der **besondere Kündigungsschutz** (§ 15 KSchG, § 9 MuSchG, § 18 BEEG und §§ 85 ff. SGB IX) ein (*Staudinger/Preis* Rz 2; einschränkend MünchArbR-*Wank* § 116 Rz 72, der nach alter wie nach neuer Rechtslage die Umgehung des Sonderkündigungsschutzes prüfen will). Sowohl der allgemeine als auch der besondere Kündigungsschutz setzt indessen eine **Kündigung** durch den Arbeitgeber voraus (*BAG* 28.2.1963 EzA § 620 BGB Nr. 4; 24.10.1979 EzA § 620 BGB Nr. 41). Unabhängig von der Ausgestaltung der Befristung bleibt die **außerordentliche Kündigung** nach § 626 BGB auch während des laufenden befristeten Arbeitsvertrages zu-

§ 620 BGB   Ende des Dienstverhältnisses

lässig, denn weder § 620 Abs. 2 BGB noch § 15 Abs. 3 TzBfG schränken dieses **unverzichtbare Freiheitsrecht** ein.

2. **Tatsächliche Verbreitung befristeter Arbeitsverträge im Arbeitsleben**

55 Befristete Arbeitsverträge waren zwar nach der früheren Systematik des Gesetzes der Normaltyp des Arbeitsvertrages (*Hofmann* ZTR 1993, 399). In der **Praxis** war indessen **bis Mitte der 80er Jahre** der Abschluss **unbefristeter Arbeitsverträge** der **Regelfall** und **die Befristung** die **Ausnahme.** Das unbefristete Arbeitsverhältnis ist gegenüber dem befristeten Arbeitsvertrag auch die »sozialrechtlich privilegierte und sozialstaatlich erwünschtere Regelung« (BAG 26.11.1955 AP Nr. 14 zu § 2 KSchG; BT-Drs. 13/4612 S. 12 zur Neuregelung des § 1 BeschFG 1996). In der **Privatwirtschaft** wurden mit kaufmännischen und gewerblichen Arbeitnehmern Befristungen üblicherweise nur in Arbeitsverhältnissen **zur Probe oder zur Aushilfe** (etwa zu 30 % der Befristungen), ferner im **Saisongewerbe** und im **Baugewerbe** vereinbart. Daneben entfielen Mitte der 80er Jahre auf befristete Tätigkeiten zum Zwecke der **Vertretung** etwa 16 % und zur Erledigung besonderer Arbeitsaufgaben (befristeter Mehrbedarf) etwa 20 % (zu den Quellen vgl. *Lipke* KR, 5. Aufl. Rz. 35 f., 67 f., 161 f., 179 f.). Weit verbreitet waren und sind Zeitarbeitsverträge in künstlerischen Berufen und im Unterhaltungsgewerbe, und zwar insbes. mit Mitgliedern des **Bühnenpersonals,** soweit bei ihnen die individuelle Gestaltung und nicht die Ensembleleistung im Vordergrund steht (*Staudinger/Preis* Rz 72; *Wiedemann* FS Lange, S. 408 f.). Auch in **Rundfunk-** und **Fernsehanstalten** wurden und werden u.a. Redakteure, Regisseure und Kommentatoren in großer Zahl befristet eingestellt (vgl. BAG 25.1.1973 EzA § 620 BGB Nr. 17; *Wiedemann* aaO).

56 **Zunehmende Bedeutung** haben die Befristungen bei Ersteinstellungen erst aufgrund des **BeschFG 1985/1996** gewonnen, das für die Zeit vom 1.5.1985 bis zum **31.12.2000** (BeschFG 1990, BGBl. I S. 2406; BeschFG 1994, BGBl. S. 1786; BeschFG 1996, BGBl. I S. 1476) Befristungen erleichterte (vgl. dazu *Lipke* KR, 5. Aufl. § 1 BeschFG 1996 Rz 3–6 ff.). Die Arbeitgeber nutzten die **Möglichkeit einer längeren Erprobung** im Rahmen eines bis zu zwei Jahren währenden **befristeten Arbeitsverhältnisses nach § 1 BeschFG 1996,** bevor sie sich entschieden, ob sie ein unbefristetes Arbeitsverhältnis anschließen lassen. Ein (befristeter) **Übergang ins Dauerarbeitsverhältnis** fand bis Ende der 90ger Jahre in den alten Bundesländern bei etwa 45 % und in den neuen Bundesländern bei fast 2/3 aller Neueinstellungen statt. An dieser Entwicklung lässt sich ablesen, dass in der Praxis **Befristungen mit sachlichem Grund** gegenüber anderen Befristungsmöglichkeiten (vor allem ohne sachlichen Grund) **erheblich an Bedeutung verloren haben.**

57 Der Befristungsanteil an allen Arbeitsverhältnissen hat sich zwischen 1984 und 2003 etwa verdreifacht. Während die **Befristungsquote** im Juni 1984 in der Bundesrepublik Deutschland nur 4,2 % betrug, lag sie in der **Privatwirtschaft** im April 1988 bereits bei etwa 9 %, nach Erhebungen der OECD in 1996 bei etwa 10,3 % (*Büchtemann/Höland* Befristete Arbeitsverträge nach dem BeschFG 1985, Bd. 183 der Forschungsberichte, Hrsg. BMA 1989; *Frohner/Pieper* ArbuR 1992, 104 ff. mwN; HK-Anh./*Höland* Rz 2) und 2003 bei über 12 %. Die mit der deutschen Einheit verstärkt auftretenden Arbeitsmarktprobleme und die leeren öffentlichen Kassen haben diese Entwicklung befördert. Im **europäischen Maßstab** lag der Anteil der befristeten Arbeitsverhältnisse in Deutschland im Jahr **2003** bei etwa 12,2 %, die größte Verbreitung befristeter Arbeitsverträge ist in Polen (18,9 %), Portugal (20,6 %) und Spanien (30,6 %) anzutreffen. Der Schnitt europaweit lag bei 12,8 % (Ergebnisse der EU-Arbeitskräfteerhebung 2003). Nur die Hälfte aller neu eingestellten Arbeitnehmer erhielt von Anfang an einen unbefristeten Arbeitsvertrag (*Merllié/Paoli* ArbuR 2002, 132, 135 f.).

58 Die **Befristungsquote** liegt **im öffentlichen Dienst** über den Werten der Privatwirtschaft. Sie dürfte mindestens um 50 % über den Zahlen der Privatwirtschaft (*Henneberger* PersV 1997, 433, 444; *Büchtemann/Höland* aaO) anzusetzen sein. Im **öffentlichen Dienst** sind im **Hochschulbereich** seit längerem Zeitverträge insbes. mit Assistenten und wissenschaftlichen Mitarbeitern üblich. Mit dem Inkrafttreten des **HRG** vom 16.2 2002 zum 23.2.2002 (BGBl. I. S. 693) ist die **Befristung** von Arbeitsverhältnissen des sog. »Mittelbaus« Standard (näher dazu KR-*Lipke* §§ 57a–57f HRG). In anderen Bereichen werden befristete Arbeitsverträge häufig aus **haushaltsrechtlichen Erwägungen** abgeschlossen (*Wiedemann* FS Lange, S. 402 f.). Insoweit nimmt der **öffentliche Dienst** gegenüber der Privatwirtschaft eine **Sonderstellung** ein. So sei ein verständiger Behördenleiter gegenüber der Beschäftigungsbehörde und der Öffentlichkeit verpflichtet, nach der zu erwartenden Kürzung oder Streichung von Haushaltsmitteln oder der Ungewissheit des künftigen Personalbedarfs nur befristete Einstellungen vorzunehmen (vgl. hierzu *Walz* ZRP 1978, 77). Der **Gesetzgeber des TzBfG** hat diese **Befristungsprivilegierung** des öf-

fentlichen Dienstes durch § 14 Abs. 1 Nr. 7 TzBfG noch einmal bewusst **verstärkt** (BT-Drs. 14/4374 S. 19 abw. vom Referenten-E S. 10).

Vor Inkrafttreten der neuen gesetzlichen Befristungsregelungen im TzBfG haben **Erhebungen** für das 59 Jahr **1999** ergeben, dass in Deutschland **2,34 Mio. Arbeitnehmer in einem befristeten Arbeitsverhältnis** standen. Daraus ergab sich in 1999 eine **Befristungsquote von 8,3 %** (BT-Drs. 14/4374 S. 12) für Deutschland, die im europäischen Vergleich eher im unteren Mittelfeld liegt (Spanien: 31,6 %; Portugal 16,9 %; Finnland 16,1 %; Frankreich: 11,8 %; Österreich: 3,6 %; Luxemburg: 2,0 % / Eurostat Labour Force Survey, Befristungsquoten 1998 jeweils in % der abhängig Erwerbstätigen, einschl. Beamte; *Rudolph* IAB Kurzbericht 12/2000, 1, 7). In diesen statistischen Zahlen sind ca. 460.000 Arbeitnehmer enthalten (87.000 in den alten Bundesländern 377.000 in den neuen Bundesländern), die im April 1999 in **ABM oder Strukturanpassungsmaßnahmen (SAM)** befristet beschäftigt wurden. Die unterschiedliche Arbeitsmarktsituation in **Ost** und **West** drückte sich darin aus, dass die Befristungsquote in den **neuen Bundesländern bei 13,1 %** und in den **alten Bundesländern bei nur 7,1 %** lag (April 1999; *Rudolph* aaO; *Link/Fink* AuA 2001, 4). Im April **2001** gab es im Bundesgebiet 2,3 Mio. Arbeiter und Angestellte mit befristeten Arbeitsverträgen, im Westen nahezu unverändert bei einer Befristungsquote von 7,1 %, im Osten bei 12,2 %, auf Deutschland bezogen bei **8 %**. Damit ist eine gewichtige Ausweitung befristeter Arbeitsverhältnisse seit Mitte der 90-Jahre nicht mehr festzustellen. Der Anteil der befristete Beschäftigten in Voll- und Teilzeit ist zwischen 1985 und 2000 nur um **1,4 %- Punkte** gestiegen (*Rudolph* in Linne/Vogel, Leiharbeit und befristete Beschäftigung, 2003, S. 9 ff.).

Die Verbreitung befristeter Arbeitsverträge nach dem Mikrozensus ergibt folgendes Bild: Die **höchsten** 60 **Befristungsquoten** finden sich – tendenziell ansteigend – unter **jungen Arbeitnehmern bis 30 (Berufseinstieg)** und **Ausländern**. 2004 wurden 40 % der Arbeitnehmer unter 20 Jahre, Arbeitnehmer unter 24 Jahre zu knapp 30 % zunächst befristet eingestellt, wobei die Berufsausbildungsverhältnisse nicht mitgerechnet sind. Diese Zahl hat sich bis 2006 noch erheblich erhöht. Erfahrungsgemäß werden inzwischen Neueinstellungen zu etwa 60 % im Wege des (sachgrundlos) befristeten Arbeitsvertrages vorgenommen. Hoch ist der Befristungsanteil vornehmlich in **privatisierten Staatsunternehmen** (Bsp.: Deutsche Post AG 18 %). **Teilzeit** unter 20 Wochenarbeitsstunden wird überdurchschnittlich in befristeten Arbeitsverhältnissen ausgeübt. Der Einstieg in das Berufsleben nach der Ausbildung ist häufig mit Befristungen verknüpft. Schwerpunkte von Befristungen finden sich (**April 1999/Mai 2000**) in den Branchen **Land- und Forstwirtschaft, Fischerei** (10,2 % / 10,4 % West / 19,4 % / 17,7 % Ost), **Dienstleistungen** (7,7 % / 7,9 % West / 12,3 % / 11,8 % Ost), **Handel** (6,0 % / 5,9 % West / 10,8 % / 9,4 % Ost) sowie bei Organisationen ohne Erwerbscharakter / **privaten Haushalten** (12,5 % / 12,1 % West / 16,7 % / 16,5 % Ost). Auffällig sind ferner die hohen Befristungsquoten im **öffentlichen Dienst** in den **neuen Bundesländern** mit 19,1 % / 16,8 % (7,8 % / 7,3 % West). Inzwischen verzeichnet beispielsweise **Sachsen** laut Pressemitteilung des dortigen Statistischen Landesamtes für **2005** Befristungsanteile von 23,5 % im öffentlichen Dienst, 18,7 % in der Land- und Forstwirtschaft, gefolgt von dem Hotel- und Gastgewerbe mit 15,7 %, der Energie- und Wasserversorgung mit 13,9 % und der Bauwirtschaft mit 13,4 %. Zuwächse bei den Befristungsquoten sind von 1995 bis 2001 insbes. in den Wirtschaftszweigen Land- und Forstwirtschaft, Handel und Gastgewerbe, Baugewerbe und in den Dienstleistungsbereichen zu verzeichnen. Eine erhöhte Inanspruchnahme von Befristungen für Arbeitnehmer ab dem 60. Lebensjahr lässt noch nicht signifikant erkennen, obwohl nach dem Gender Datenreport 2005 eine leichte Steigerung unter den Männern ab 60 zu beobachten ist (vgl. zu allem *Rudolph* IAB und Befristete Arbeitsverträge aaO).

Die **Quote der Übernahme** in ein unbefristetes Arbeitsverhältnis wird seit 1996 von **Infratest** auf 35 % 61 bis 50 % geschätzt, nach Analysen von *McGinnity* und *Mertens* (2002) auf etwa 28 % (*Rudolph* Befristete Arbeitsverträge und IAB aaO). Für den Zeitraum **1995/1996** wurde nach europaweiten Erhebungen für Deutschland nach Luxemburg und der Schweiz die dritthöchste Übernahmequote von etwas **über 40 %** ermittelt (Beschäftigung in Europa 2001, S. 70). Dabei lag die **Übernahmequote bei Befristungen ohne sachlichen Grund** etwas höher als bei Befristungen mit sachlichem Grund, was den Erprobungscharakter von längerfristigen Befristungen ohne Sachgrund vermuten lässt. Die Ausweitung dieser Befristungsmöglichkeit durch Erhöhung der Höchstdauer auf 24 Monate und die Übernahmemöglichkeit nach der Ausbildung ohne Nachweis eines fehlenden Dauerarbeitsplatzes seit 1996 könnte sich deshalb in **höheren Befristungsquoten bei Arbeitnehmern bis 30 Jahren** niedergeschlagen haben (s.o. Rz 60). Insgesamt bleibt festzustellen, dass das **BeschFG 1985/1996** volkswirtschaftlich **nicht zu einer Aushöhlung von unbefristeten Arbeitsverträgen** durch höhere Befristungsquoten **geführt hat** (vgl. *Rudolph* IAB aaO; GesetzE der BReg, BT-Drs. 14/4374 S. 13 f.; Pressemitteilung BMA v.

10.5.2001). Ob diese Einschätzung angesichts ständig wachsender Zahlen zur befristeten Beschäftigung 2006 noch geteilt werden kann, ist mehr als fraglich. Es ist mit einem weiteren Anwachsen der Befristungsquote zu rechnen, wenn die ab **1. Januar 2004 in § 14 Abs. 2a TzBfG** eröffnete Möglichkeit für **Existenzgründer** angenommen wird, bis zu vier Jahren nach Aufnahme der Erwerbstätigkeit Arbeitnehmer sachgrundlos befristet beschäftigen zu dürfen (BT-Drs. 15/1204 S. 10, 14; *Thüsing* ZfA 2004, 67, 94 ff.). Hierzu gibt es bisher keine Erkenntnisse. Festzustellen ist indessen, dass der stete Anstieg von befristeter Beschäftigung mit einer rasanten Verbreitung von Leiharbeit einhergeht. Die **Erosion** des **unbefristeten Normalarbeitsverhältnisses** schreitet mithin fort.

II. Befristungsregelungen

1. Richterrecht (bis 31.12.2000)

62-76 Bereits bevor der Gesetzgeber durch einzelne Regelungen die Voraussetzungen zulässiger Befristungen in Teilbereichen wie den Hochschulen und Großforschungseinrichtungen, wie rund um den Mutterschutz und die Elternzeit festlegte, waren sich die Rechtsprechung und die hM im Schrifttum bei unterschiedlichen Begründungen und Folgerungen darin einig, dass entgegen dem **Wortlaut des § 620 Abs. 1 BGB** Befristungen von Arbeitsverträgen nicht uneingeschränkt wirksam sind (vgl. *Lipke* KR, 5. Aufl. Rz 70 ff., 82 ff.; APS-*Backhaus* § 620 BGB Rz 37 ff.). Nur vereinzelt wurde die Auffassung vertreten, ein befristeter Arbeitsvertrag ende ohne weitere Voraussetzungen nach § 620 BGB grds. mit Ablauf der vereinbarten Vertragszeit (vgl. *Adomeit* NJW 1989, 1715; *Kraft* ZfA 1994, 478 f.). Dies folge aus dem **Grundsatz der Vertragsfreiheit** (vgl. *Junker* NZA 1997, 1308 ff.). Mit dem Inkrafttreten des **TzBfG** zum 1.1.2001 (BGBl. I S. 1966) ist das Rechtsgebiet des Befristungsrechts auf eine völlig **neue gesetzliche Grundlage** gestellt worden, die das Richterrecht zur objektiven Umgehung des Kündigungsschutzgesetzes abgelöst hat. Eine Darstellung der richterrechtlichen Befristungskontrolle erübrigt sich mithin. Es wir auf die Erläuterungen von *Lipke* KR, 7. Aufl. Rz 62-76 verwiesen. Vgl. auch KR-*Lipke* § 14 TzBfG Rz 21-23.

2. Gesetzliche Sonderregelungen

77 Die **richterrechtliche** Befristungskontrolle trat bereits vor Geltung des TzBfG zurück, soweit der Gesetzgeber in Teilbereichen eigenständige Zulässigkeitsvoraussetzungen aufstellte. Dies ergab sich nach **alter Rechtslage** im Umkehrschluss aus **§ 1 Abs. 4 BeschFG 1996**, aus eindeutiger gesetzlicher Vorgabe in **§ 21 Abs. 1 BErzGG** (»Ein sachlicher Grund ... liegt vor, wenn ...«) und **§ 57b Abs. 2 HRG aF** (»Sachliche Gründe, ... liegen auch vor, wenn ...«). Nachdem das **TzBfG** die allgemeine Befristungskontrolle gesetzlich gestaltet hat und das **HRG** eine personen- und zeitbezogene Befristung grundsätzlich zulässt, bleiben gleichwohl einige Sonderregelungen bestehen, die **unabhängig vom TzBfG** die Zulässigkeit von **Befristungen in Teilbereichen gesondert bestimmen**. Dafür steht jetzt § 23 TzBfG. Im Überblick sind – bezogen auf den aktuellen **Gesetzeszustand** zum 1.1.2007 – noch folgende Befristungsregelungen in Bundes- und Landesgesetzen zu nennen:

a) ÄArbVtrG

78 Eine eigenständige – jetzt dauerhafte – gesetzliche **Konkretisierung des sachlichen Grundes** nimmt **§ 1 des Gesetzes über befristete Arbeitsverträge** mit **Ärzten** in der **Weiterbildung** v. 15.5.1986 (BGBl. I S. 742, zuletzt geändert durch Gesetz zur Änderung dienst- und arbeitsrechtlicher Vorschriften im Hochschulbereich vom 27.12.2004 BGBl. I. S. 3835) vor. Vgl. dazu KR-*Lipke* §§ 1-3 ÄArbVtrG.

b) AGG

79 Das **Allgemeine Gleichbehandlungsgesetz** v. 14.8.2006 (*AGG*; BGBl. I S. 1897) will Benachteiligungen, die im Zusammenhang mit Einstellungs-, Beschäftigungs- und Arbeitsbedingungen entstehen können, vermeiden, soweit diese aus Gründen der Rasse, der ethnischen Herkunft, des Geschlechts, der Religion oder Weltanschauung, einer Behinderung, des Alters oder der sexuellen Identität eines Arbeitnehmers/einer Arbeitnehmerin eintreten (§ 1 AGG; *Nollert-Borasio/Perreng* AGG § 2 Rz 41). Dabei können **die Vereinbarung einer befristeten Anstellung** (zB wegen befürchteter Schwangerschaft) oder die Nichtfortsetzung befristeter Arbeitsverhältnisse eine bedeutsame Rolle spielen, wenn die arbeitgeberseitige Entscheidung hierzu sich auf die verbotenen Differenzierungsmerkmale gründet (vgl. hierzu ErfK-*Schlachter* § 611a BGB Rz 13; *Pfeiffer* KR, 7. Aufl. § 611a BGB Rz 32 f.). Wird bspw. eine Frau oder ein Ausländer allein wegen dieser Merkmale befristet eingestellt oder das Arbeitsverhältnis nicht

verlängert (*EuGH* 4.10.2001 NJW 2002, 125), während ansonsten die unbefristete Beschäftigung im Unternehmen für die vorgesehene Tätigkeit üblich ist, kann dieses Verhalten den Arbeitgeber zur **Entschädigung** und zum **Schadensersatz** verpflichten. Es kann sogar ein unbefristetes Arbeitsverhältnis entstehen, selbst wenn §§ 7, 10 Abs. 6 AGG einen Anspruch auf Begründung eines Arbeitsverhältnisses nicht gewähren. Dies ist dann denkbar, wenn bereits ein befristetes Arbeitsverhältnis begründet worden ist. Zur Unwirksamkeit einer sachgrundlosen **Altersbefristung** nach § 14 Abs. 3 S. 4 TzBfG vgl. *EuGH* 22.11.2005 NZA 2005, 1345; KR-*Lipke* § 14 TzBfG Rz 339 ff.; o. Rz 39 und u. Rz 85. Die Rechtsprechung hat bisher diese Diskriminierungsfälle mit Hilfe von Gleichbehandlungs- und Gleichberechtigungserwägungen auf gemeinschafts- und verfassungsrechtlicher Ebene sowie über (den jetzt aufgehobenen) § 611a BGB und den § 242 BGB (Rechtsmissbrauch) gelöst (näher dazu KR-*Pfeiffer* Erl. zum AGG).

c) **ArbPlSchG**

Nach § 1 Abs. 4 ArbPlSchG (idF der Bek. v. 14.2.2001 BGBl. I. S. 253; zuletzt geändert durch Art. 5 Streitkräfte-Neuordnungsgesetz v. 22.4.2005 BGBl. I. S. 1106) wird ein befristetes Arbeitsverhältnis durch die Einberufung zum Grundwehrdienst oder zu einer Wehrübung nicht verlängert. 80

d) **AÜG**

Eine weitere gesetzliche Regelung der Befristung enthielt **§ 9 Nr. 2 AÜG aF bis zum 31.12.2003.** Dort war bestimmt, dass Befristungen des Arbeitsverhältnisses zwischen Verleiher und Leiharbeitnehmern nur zulässig sind, wenn die Befristung aus einem in der **Person** des **Leiharbeitnehmers** liegenden **sachlichen Grund** gerechtfertigt ist, **oder** die **Befristung** für einen Arbeitsvertrag vorgesehen ist, der **unmittelbar an einen mit demselben Verleiher geschlossenen Arbeitsvertrag anschließt** (dazu *Dörner* Der befristete Arbeitsvertrag Rz 830 ff.; KR-*Bader* § 23 TzBfG Rz 4 ff.). Mit der zum 1.1.2004 im Zuge von »Hartz I« geänderten Rechtslage (Erstes Gesetz für moderne Dienstleistungen am Arbeitsmarkt v. 23.12.2002 BGBl. I S. 4607) ist diese Bestimmung aufgehoben worden. Nunmehr können Leiharbeitsverhältnisse nur nach den allgemeinen Bestimmungen des TzBfG begründet werden (*Schuren/Behrend* NZA 2003, 521; *Däubler* AiB 2002, 732; *Düwell* Das Arbeitsrecht nach Hartz, Tagungsbericht 2003, 28 f.). Bei fehlender Erlaubnis des gewerbsmäßigen Verleihers kann es nach §§ 9 Nr. 1 iVm 10 Abs. 1 S. 1 und 2 AÜG zur Begründung eines befristeten Arbeitsverhältnisses zwischen Entleiher und Leiharbeitnehmer kommen (ErfK-*Wank* § 10 AÜG Rz 30 f.; s.a. Rz 20). 81

e) **BBiG**

Nach § 21 Abs. 1 BBiG (idF v. 23.3.2005, zuletzt geändert durch Art. 2 a Nr. 1 des BerufsbildungsreformG v. 23.3.2005 BGBl. I S. 931) endet ein **Berufsausbildungsverhältnis** mit dem Ablauf der Ausbildungszeit, wobei sich die Dauer der Ausbildungszeit nach der Ausbildungsordnung und bei ihrem Fehlen nach der Vereinbarung der Parteien richtet. Vorzeitig wird das Arbeitsverhältnis nach § 21 Abs. 2 BBiG mit Bestehen der Abschlussprüfung beendet, während es nach § 21 Abs. 3 BBiG im Anschluss an eine nicht bestandene Abschlussprüfung auf Verlangen des Auszubildenden bis zur nächstmöglichen Wiederholungsprüfung, aber nicht länger als um ein Jahr verlängert wird (vgl. dazu KR-*Weigand* §§ 21, 22 BBiG Rz 19, 25 ff.). Im Zusammenhang mit der Neuregelung im TzBfG hat der Gesetzgeber verdeutlicht, dass das **Berufsausbildungsverhältnis kein vorangehendes Arbeitsverhältnis iSv § 14 Abs. 2 S. 2** TzBfG ist (BT-Drs. 14/4374 S. 20). Die Anwendung arbeitsrechtlicher Regelungen beruht allein auf § 10 Abs. 2 BBiG (*LAG Nds.* 4.7.2003 LAGE § 14 TzBfG Nr. 11; vgl. näher KR-*Lipke* § 14 TzBfG Rz 299). 82

f) **BEEG**

Eine **besondere Regelung** bei befristeter **Vertretung für Zeiten** eines Beschäftigungsverbots nach dem MuSchG, einer Elternzeit, einer auf Tarifvertrag, Betriebsvereinbarung oder einzelvertraglicher Vereinbarung beruhenden **Arbeitsfreistellung zur Betreuung eines Kindes enthält § 21 BEEG** in der zum 1.1.2007 in Kraft getretenen Fassung (Gesetz zur Einführung des Elterngeldes vom 5.12.2006, BGBl. I S. 2748). Der Sachgrund der Vertretung umfasst hierbei nach Abs. 2 der Bestimmung ausdrücklich **zusätzliche Zeiten der Einarbeitung** (weiterführend KR-*Lipke* § 21 BEEG). 83

g) HRG idF des HdaVÄndG

84 Seit 1985 gibt es für den Hochschul- und Forschungsbereich eigenständige Regelungen zur Befristung im Arbeitsverhältnis im sog. »Mittelbau«. Zunächst enthielten das **HFVG** (Art. 1 des Gesetzes über befristete Arbeitsverträge mit wissenschaftlichem Personal an Hochschulen und Forschungseinrichtungen v. 14.6.1985 BGBl. I. S.1065) die in das **HRG aF** eingefügten §§ **57a–f** und das **FFVG** (Art. 2 des o.g. Gesetzes). Durch das 5. HRGÄndG v. 16.2.2003 (BGBl. I. S. 693) und das eine Übergangsregelung beinhaltende 6. HRGÄndG v. 15.8.2003 (BGBl. I. S. 3138) hat der Gesetzgeber – einer **neuen Konzeption** folgend – ab Inkrafttreten zum 23.2.2003 einen »**personenbezogenen**« Sonderbefristungstatbestand geschaffen, der innerhalb bestimmter zeitlicher Grenzen auf die Festlegung einzelner Sachgründe für eine Befristung verzichtet. Nach der **Nichtigkeitserklärung** durch das **BVerfG** v. 27.7.2004 (NJW 2004, 2803) hat der Gesetzgeber die arbeitsrechtlichen Befristungsregeln mit dem HdaVÄndG v. 27.12.2004 (BGBl. I S. 3835) ab 2005 wieder in Kraft gesetzt. Vgl. näher zum alten und neuen Rechtszustand KR-*Lipke* §§ 57 a-f HRG.

h) SGB VI/AltersteilzeitG

85 **§ 41 S. 2 SGB VI** bestimmt seit dem 1.1.2000 (Neufassung idF der Bek. v. 19.2.2002 BGBl. I S. 754, ber. S. 1404, ber. S. 3384, zuletzt geändert durch Art. 4 FortentwG v. 20.7.2006 BGBl. I S. 1706), dass eine **Vereinbarung**, die die **Beendigung des Arbeitsverhältnisses eines Arbeitnehmers ohne Kündigung** zu einem Zeitpunkt vorzieht, in dem der Arbeitnehmer **vor Vollendung des 65. Lebensjahres** eine Rente wegen Alters beantragen kann, dem Arbeitnehmer gegenüber als auf die Vollendung des 65. Lebensjahres abgeschlossen gilt, es sei denn, dass die Vereinbarung innerhalb der letzten drei Jahre vor diesem Zeitpunkt abgeschlossen oder von dem Arbeitnehmer bestätigt worden ist. Damit verbunden war infolge zwischenzeitlicher Gesetzesänderungen ein jahrelanger Streit über die Zulässigkeit der **Festlegung von Altersgrenzen** in Tarifverträgen, Betriebsvereinbarungen und Arbeitsverträgen (näher dazu KR-*Lipke* § 14 TzBfG Rz 214 ff.).

85a Richtigerweise handelt es sich bei den Altersgrenzen- und Erwerbsunfähigkeitsregelungen um einen Unterfall der in der **Person des Arbeitnehmers** liegenden **Befristungssachgründe** aus § 14 Abs. 1 S. 2 Nr. 6 TzBfG (ebenso *Dörner* Der befristete Arbeitsvertrag Rz 326 ff.; ErfK-*Rolfs* § 41 SGB VI Rz 11).

85b Damit im Zusammenhang steht ein weiterer gesetzlicher Befristungstatbestand in **§ 8 Abs. 3 AltersteilzeitG (ATG)**, der auf die Vereinbarung der Beendigung des Arbeitsverhältnisses für den Zeitpunkt abstellt, in dem der Arbeitnehmer Anspruch auf Rente nach Altersteilzeit hat (Zeit- oder Zweckbefristung, *BAG* 27.4.2004 § 4 TVG Altersteilzeit Nr. 12). § 8 Abs. 3 ATG ist als **lex specialis** im Verhältnis zu § 41 S. 2 SGB VI vorrangig (ErfK-*Rolfs* § 8 ATG Rz 7 f.).

i) Landesgesetze

86 Im Blick auf die **konkurrierende Gesetzgebungskompetenz** des Bundes (Art. 74 Abs. 1 Nr. 12 GG) auf dem **Gebiet des Arbeitsrechts** war es bereits in der Vergangenheit zweifelhaft, ob Ländergesetze eine verbindliche, unmittelbare Regelung über die Zulässigkeit befristeter Arbeitsverträge festlegen können (vgl. dazu BVerfGE 77, 308, 329). Neben den Sonderregelungen (s.o. Rz 26 ff.) hat die **Befristung** nun zum **1.1.2001** mit dem **TzBfG** eine **abschließende bundesgesetzliche Ausgestaltung** erfahren. Deshalb können die Bundesländer **nicht** durch **Landessonderrecht** Befristungen **abweichend** regeln.

87 Dies hat das BAG für den Bereich des Befristungsrechts im Hochschul- und Forschungsbereich ausdrücklich erkannt (*BAG* 14.2.1996 EzA § 620 BGB Hochschulen Nr. 4; 28.1.1998 EzA § 620 BGB Hochschulen Nr. 13). Die **Nichtigkeitsentscheidung des BVerfG** v. 27.7.2004 (NJW 2004, 2803) ändert diese Kompetenzverteilung zwischen Bund und Ländern nicht, da es dort allein um die Überschreitung der Rahmengesetzgebungsbefugnisse des Bundes zu den Grundsätzen des Hochschulwesens ging (näher dazu KR-*Lipke* § 57a HRG Rz 12 ff.).

88 Unangetastet bleiben landesgesetzliche Annexregelungen zum **Personalvertretungsrecht** der Länder (vgl. *BAG* 29.9.1999 EzA § 620 BGB Hochschulen Nr. 23). Mit der Entscheidung des BVerfG v. 27.7.2004 (aaO) sind – zB im Hochschulbereich – auch zusätzliche Regelungen im **Beamtenrecht** möglich geworden. Geht es nicht um eine eigenständige landesgesetzliche Sonderregelung zur Befristung, sondern nur bspw. darum »Leitlinien« für die Befristung aufzustellen und die Üblichkeit im Arbeitsleben insoweit zu »legitimieren« oder (haushaltsrechtlich) »verbindlich festzulegen«, dass für bestimmte Dienstposten eine Befristung des Arbeitsverhältnisses vorzusehen ist, so kann dabei nicht von den gesetzli-

chen Grundregeln des TzBfG oder des HRG abgewichen werden. Zum Personalvertretungsrecht bei Befristungen vgl. KR-*Lipke* § 14 TzBfG Rz 380 ff.

Die **Notwendigkeit bundesgesetzlicher Regelung** der Befristung folgt aus Art. 72 Abs. 2 GG. Danach kann es die **Wahrung der Rechtseinheit** im gesamtstaatlichen Interesse erfordern bundeseinheitliche Befristungsregelungen zu schaffen (Bsp.: Ärztliche Weiterbildung, ÄArbVtrG, BT-Drs. 13/8668 S. 5; Gesetz zu Reformen am Arbeitsmarkt, BT-Drs. 15/1204 S. 10; HdaVÄndG, BT-Drs. 15/4132 S. 11 f.). Das TzBfG setzt überdies **europäische Richtlinien** über befristete Arbeitsverträge um. Eine solche Umsetzung bedarf einer bundesgesetzlichen Regelung, um regional unterschiedliche Vorschriften und damit **ein unterschiedliches arbeitsrechtliches Schutzniveau für Arbeitsvertragsparteien im Interesse der Rechtssicherheit zu vermeiden** (BT-Drs. 15/1204 S. 10). Da das TzBfG keinen Raum für abweichendes Landesrecht zur Befristung von Arbeitsverhältnissen belässt, wären entsprechende Landesregelungen mit dem Bundesrecht unvereinbar (Art. 31 GG) und infolgedessen nichtig. 89

III. Die Europäische Befristungsrichtlinie

1. Die Entwicklung europäischer Rechtsgrundlagen

Die Kommission legte 1982 und 1984 Richtlinienvorschläge zur **Zeitarbeit** vor, die neben der Arbeitnehmerüberlassung auch die **befristeten Arbeitsverhältnisse** betrafen. Ziel des Richtlinienvorschlags 1982 war der Schutz in Zeitarbeit Beschäftigten und die Förderung der Dauerbeschäftigung. Der Schutz der befristet Beschäftigten sollte durch Gleichstellung mit den Dauerbeschäftigten erreicht werden. In Art. 15 des Richtlinienvorschlags waren die Gründe aufgelistet, die eine Befristung rechtfertigten (Richtlinienvorschlag 1982, ABlEG Nr. C 128/2; EG-Dok. 6886/82 = BR-Drs. 211/82, abgedr. bei *Becker/Bader* RdA 1983, 1 ff.). Dieser Vorschlag scheiterte ebenso wie ein überarbeiteter Richtlinienentwurf aus dem Jahr 1984 (ABlEG Nr. C 133/1). Im Jahr 1990 wurden neue Richtlinienvorschläge für die **atypischen Arbeitsverhältnisse** vorgelegt, zu denen neben den befristeten Arbeitsverhältnissen aus europarechtlicher Sicht die Leiharbeit, die Teilzeitarbeit, die Heimarbeit, die Telearbeit und die Saisonarbeit der sog. Wanderarbeitnehmer zählten (näher dazu *Wank* RdA 1992, 103 ff.; zum Ganzen *Schmidt M.* Die Richtlinienvorschläge der Kommission der Europäischen Gemeinschaften zu den atypischen Arbeitsverhältnissen, 1992; *Annuß/Thüsing-Annuß* TzBfG Einf. Rz 15 ff.). 90

Eine auf Art. 118a EWG-Vertrag gestützte **Richtlinie zur Verbesserung der Sicherheit und des Gesundheitsschutzes von Arbeitnehmern mit befristetem Arbeitsverhältnis** oder Leiharbeitsverhältnis (91/383/EWG) ist europarechtlich in Kraft getreten (91/383/EWG; *Oetker/Preis* EAS A 3320; *Däubler/Kittner/Lörcher* Internationale Arbeits- und Sozialordnung, 2. Aufl., 1305 ff.) und zwischenzeitlich national durch das **Arbeitsschutzgesetz** (ArbSchG v. 7.8.1996 BGBl. I S. 1246) zum 22.8.1996 umgesetzt worden. Die auf Art. 100 EWG-Vertrag gestützte **Nachweisrichtlinie** (91/533/EWG; *Oetker/Preis* EAS A 3330) hat ihre Umsetzung durch das **Nachweisgesetz** v. 20.7.1995 (BGBl. I S. 946), zuletzt geändert durch Gesetz v. 13.7.2001 (BGBl. I S. 1542) erfahren. Danach ist **dem befristet eingestellten Arbeitnehmer** grds. spätestens einen Monat nach dem vereinbarten Beginn des Arbeitsverhältnisses die **vorhersehbare Dauer des Arbeitsverhältnisses** schriftlich **nachzuweisen** (§ 2 Abs. 1 Nr. 3 NachwG; vgl. dazu KR-*Lipke* § 14 TzBfG Rz 58 ff.).

Die weiteren **Richtlinienvorschläge,** die auf Art. 100 und Art. 100a EWG-Vertrag gestützt wurden, behandelten die notwendige **schriftliche Niederlegung** der **Arbeitsbedingungen** bei Begründung des befristeten Arbeitsverhältnisses, den verbesserten Zugang der befristeten Arbeitnehmer zu Berufsbildungsmaßnahmen, zu Leistungen der sozialen Dienste des Unternehmens und der sozialen Sicherung (Nachw. bei *Oetker/Preis* EAS A 6010, A 6020, A 6021). Die Befristung war danach in jedem Fall zu begründen. 91

Da die Erörterungen zu diesen Richtlinienvorschlägen bis 1996 zu keinem Ergebnis führten, leitete die Kommission nach Art. 4 Sozialabkommen ein Verfahren der Sozialpartner ein, um deren eigenständige Vereinbarungen durch den Rat zu verabschieden (*Gaul* NZA 1997, 1028). Im Jahr 1998 nahmen die Union der Industrie- und Arbeitgeberverbände Europas (UNICE), der Europäische Zentralverband der öffentlichen Wirtschaft (CEEP) und der Europäische Gewerkschaftsbund (EGB) Verhandlungen über gemeinschaftliche Rahmenbedingungen zu befristeten Arbeitsverhältnissen auf, die am 18.3.1999 in einer Rahmenvereinbarung mündeten. Der Kommission wurde die Rahmenvereinbarung vorgelegt, damit sie diese dem Rat zur Beschlussfassung vorschlage. **Inhaltlich ist die Vereinbarung ein Kompromiss,** da sich weder die Arbeitgeberverbände noch die Gewerkschaften mit ihren Vorstellungen durchsetzen konnten (vgl. *Kaufmann* ArbuR 1999, 332; *Rolfs* EAS B3200 S.5). Nach entsprechendem 92

Vorschlag der Kommission nahm der Rat die Richtlinie mit Beschluss vom 28.6.1999 an (Verfahren nach Art. 139 EG; Amsterdamer Vertrag). **Die Richtlinie beschränkt sich darauf, die in ihrem Anhang enthaltene Rahmenvereinbarung der Sozialpartner durchzuführen** (Art. 1), den Mitgliedstaaten eine Frist zur Umsetzung in nationales Recht bis zum 10.7.2001 vorzugeben (Art. 2), das Inkrafttreten der Richtlinie festzulegen sowie ihre Adressaten zu nennen (Art. 3 und 4). Die **Richtlinie 1999/70/EG** (AblEG 10.7.1999 Nr. L 175/43; abgedr. als Anhang zum TzBfG) zu der von der UNICE, CEEP und EGB geschlossenen Rahmenvereinbarung über befristete Arbeitsverträge steht in einer Reihe mit den Richtlinien über den Elternurlaub (96/34/EG) und über die Teilzeitarbeit (97/81/EG), die ebenfalls auf vorangegangenen Rahmenvereinbarungen der europäischen Sozialpartner fußen.

93 Wenngleich sich damit der in Art. 138 f. EG vorgesehene **soziale Dialog der Sozialpartner** um eine Befristungsregelung im Ergebnis als Erfolg erwiesen hat, so sind doch **Vorbehalte gegen das gewählte Verfahren** zu erheben. Zwar trifft der Rat eine eigene freie Entscheidung zur Richtlinie und ist an den Vorschlag der Sozialpartner nicht gebunden (*Röthel* NZA 2000, 65). Dennoch bleibt ein faktischer Zwang zur Übernahme; vor allem wenn man die vorangegangenen vergeblichen Bemühungen der Kommission bedenkt. Die **Rechtsetzung**, zumindest aber deren Vorbereitung wird damit in die Hände **von Interessenvereinigungen** gelegt, die vornehmlich ihre eigenen Ziele verfolgen. Es stellt sich daher nach wie vor die Frage nach der ausreichenden **Legitimation** der Sozialpartner (krit. auch *Weiss* FS Gnade S. 583, 591 ff.; *Konzen* EuZW 1995, 39, 46).

2. Wesentliche Inhalte der Richtlinie 1999/70/EG

94 Die im Anhang der Richtlinie aufgeführte Rahmenvereinbarung definiert in § 3.1 den »befristet beschäftigten Arbeitnehmer« und in § 3.2 den »vergleichbaren Dauerbeschäftigten«, der den Maßstab für das in § 4.1 festgelegte **Diskriminierungsverbot** gegenüber befristet beschäftigten Arbeitnehmern setzt. Hierdurch findet der bisher für das Verhältnis von befristet und unbefristet beschäftigten Arbeitnehmern anzuwendende **ungeschriebene arbeitsrechtliche Gleichbehandlungsgrundsatz** eine zu begrüßende ausdrückliche **europarechtliche Normierung** (*Wank/Börgmann* RdA 1999, 385). Eine unterschiedliche schlechtere Behandlung bedarf eines sachlichen Grundes. Für alle Arbeitsbedingungen gilt, »wo dies angemessen ist«, der **Pro-rata-temporis Grundsatz** (§ 4.2). Haben Betriebszugehörigkeitszeiten Einfluss auf Beschäftigungsbedingungen, sind befristet beschäftigte Arbeitnehmer den Dauerbeschäftigten gleichzustellen (§ 4.4). Dem Arbeitgeber werden gegenüber den befristet beschäftigten Arbeitnehmern **Informationspflichten über freiwerdende Dauerarbeitsplätze** sowie **erleichterter Zugang zu Aus- und Weiterbildungsmöglichkeiten** auferlegt (§ 6). § 7 der Rahmenvereinbarung legt fest, dass **befristet Beschäftigte** bei der **Berechnung der Schwellenwerte** für die Einrichtung von Arbeitnehmervertretungen zu berücksichtigen sind und die Arbeitgeber gegenüber den vorhandenen Arbeitnehmervertretungen eine angemessene Information über befristete Arbeitsverhältnisse »in Erwägung« zu ziehen haben. Den Mitgliedstaaten bleibt es nach § 8 vorbehalten günstigere Bestimmungen beizubehalten oder einzuführen, sie dürfen **die Richtlinie dagegen nicht zum Anlass nehmen, das bestehende Arbeitnehmerschutzniveau abzusenken** (*Rolfs* aaO; *Röthel* aaO; *Wank/Börgmann* aaO).

95 Der **Schwerpunkt** der verbindlichen europarechtlichen Vorgaben findet sich in **§ 5 der Vereinbarung, der Maßnahmen zur Vermeidung von Missbrauch bei der Gestaltung befristeter Arbeitsverträge festlegt.** Danach obliegt es nach § 5.1 den Mitgliedstaaten und/oder den (nationalen) Sozialpartnern »unter Berücksichtigung der Anforderungen bestimmter Branchen/oder Arbeitnehmerkategorien« **eine oder mehrere folgender Maßnahmen** zu ergreifen:

- Sachliche Gründe, die eine Verlängerung solcher Verträge oder Verhältnisse rechtfertigen;
- die insgesamt maximal zulässige Dauer aufeinander folgender Arbeitsverträge oder -verhältnisse;
- die zulässige Zahl der Verlängerungen solcher Verträge oder Verhältnisse festzulegen.

96 Die zu treffenden Maßnahmen sind für die Mitgliedstaaten **alternativ, nicht** etwa **kumulativ verbindlich** (*Löwisch* NZA 2000, 756; *Bauer* NZA 2000, 756; *Preis/Gotthardt* DB 2000, 2065; *Rolfs* EAS B 3200, S.11). Daraus ergibt sich ein **weiter Gestaltungsrahmen** für die nationale Umsetzung der Richtlinie. Die sachgrundlose Befristung nach dem BeschFG 1996 wäre deshalb mit den Anforderungen der Richtlinie zu vereinbaren gewesen (*Löwisch* NZA 2000, 1044), denn sie lässt die Verlängerung von befristeten Arbeitsverträgen nicht nur aus sachlichen Gründen zu, sondern auch ohne diese, aber nach Dauer und Zahl begrenzt (*Hanau* NZA 2000, 1045; aA *Schmalenberg* NZA 2000, 582, 1043). Eine Einschränkung kann hierzu nur der **Präambel zur Rahmenvereinbarung** entnommen werden, die den

unbefristeten Arbeitsvertrag als übliche Form des Beschäftigungsverhältnisses anerkennt und damit eine allzu großzügige sachgrundlose Befristungsgestattung verwehrt (*Rolfs* aaO).

Es bleibt den Mitgliedstaaten des Weiteren **überlassen** (»gegebenenfalls«) nach § 5.2 zu bestimmen, unter welchen Bedingungen befristete Arbeitsverhältnisse oder Beschäftigungsverhältnisse 97

– als »aufeinander folgend« zu betrachten sind;
– als unbefristete Verträge oder Verhältnisse zu gelten haben.

Werden die in § 5.1 gezogenen Grenzen bei einer Befristungsvereinbarung nicht eingehalten, muss eine nationale Umsetzungsregelung als **Rechtsfolge nicht automatisch das Entstehen eines unbefristeten Arbeitsverhältnisses** vorsehen. Die Mitgliedstaaten haben selbst zu entscheiden, in welcher Form und mit welchen Mitteln sie das von der Richtlinie 1999/70/EG verfolgte Ziel erreichen wollen (*Rolfs* EAS B 3200, S. 12).

Die Richtlinie nimmt von ihrem Umsetzungsauftrag **Kleinbetriebe und Haushalte** nicht aus. Da die anhand des KSchG entwickelte **Umgehungstheorie ihre Berechtigung verloren hat,** sind nunmehr – anders als bis zum 31.12.2000 – in Betrieben bis zu fünf Arbeitnehmern und in allen Familienhaushalten die in § 5.1 angeführten **Befristungsbeschränkungen zu beachten**. Der in den allgemeinen Erwägungen zu Nr. 11 der Rahmenvereinbarung erwähnte Gesichtspunkt, verwaltungstechnische, finanzielle oder rechtliche Zwänge zu vermeiden, die eine Gründung und Entwicklung von kleinen und mittleren Unternehmen behindern könnten, ändert daran nichts. Diese Erwägung geht nämlich selbst davon aus, dass diese Notwendigkeiten bereits in der Vereinbarung berücksichtigt sind und erlaubt es nicht, im Wege eigener Wertung neue Ausnahmetatbestände zu schaffen (*Preis/Gotthardt* DB 2000, 2065 f.; *Hanau* aaO; *Rolfs* aaO S. 19). Da in **Kleinbetrieben** zukünftig **weiterhin ohne soziale Rechtfertigung gekündigt werden kann** (§ 23 Abs. 1 KSchG), ergeben sich dadurch für die Praxis keine Schwierigkeiten (kritisch *Thüsing* ZfA 2004, 67, 89 f.) 98

Die nach der Richtlinie zugelassene **Umsetzung durch** eine Vereinbarung der **Sozialpartner** ist in Deutschland kein gangbarer Weg. Eine einheitliche und flächendeckende Umsetzung des Richtlinieninhalts scheitert an der hier traditionell nach Branchen und Regionen zersplitterten **Tarifzuständigkeit** und den nicht tarifgebundenen Außenseitern. Solange die deutsche Tarifstruktur insoweit keine umfassenden Verhandlungsmandate für die Sozialpartner schafft und nur das schwerfällige Instrument der Allgemeinverbindlicherklärung vorhält, ist eine Umsetzung der Richtlinie durch hoheitlichen Rechtsakt des Staates unumgänglich (*Röthel* NZA 2000, 67). Davon unberührt bleibt eine nationale **Bestimmung, die den Tarifvertragsparteien** innerhalb eines festen gesetzlichen Befristungsrahmens **abweichende Regelungen** erlaubt. 99

3. Rechtsprechung des EuGH

Der EuGH hat sich seit Inkrafttreten der EG-Richtlinie 1999/70 in einer größeren Zahl von Entscheidungen mit den zur Befristung von Arbeitsverhältnissen national umgesetzten Bestimmungen und ihre Vereinbarung mit dem Gemeinschaftsrecht beschäftigen müssen. Soweit das deutsche Recht betroffen ist, hat die Entscheidung »**Mangold**« besondere Bedeutung erlangt (*EuGH* 22.11.2005 – C-144/04). Damit hat der Gerichtshof die Bestimmung des § 14 Abs. 3 S. 4 TzBfG für **europarechtswidrig** erklärt, da der uneingeschränkte Abschluss befristeter Arbeitsverträge mit Arbeitnehmern, die das **52. Lebensjahr** vollendet haben **Art. 6 Abs. 1 der RL 2000/78** entgegensteht. Überraschenderweise hat der EuGH keinen Verstoß gegen die Befristungsrichtlinie erkannt, sondern die Verletzung europäischen Gemeinschaftsrechts darin gesehen, dass eine Rechtfertigung zur Schlechterstellung älterer Arbeitnehmer vor Art. 6 der RL 2000/78 nicht nachgewiesen werden konnte. Allein die Festlegung einer **Altersgrenze** zur sachgrundlosen Befristung ohne Verknüpfungen mit der **Struktur des jeweiligen Arbeitsmarktes** genügt demnach nicht. Im Ergebnis hat der EuGH die Vorschrift des § 14 Abs. 3 S. 4 TzBfG mit dem Ziel der nationalen Regelung, die berufliche Eingliederung arbeitsloser älterer Arbeitnehmer zu erreichen, weder als angemessen noch als erforderlich gewertet. Der EuGH hat damit eine **Verletzung des Grundsatzes der Verhältnismäßigkeit** beanstandet. Die Entscheidung setzt Maßstäbe, selbst wenn die für gemeinschaftswidrig erkannte Bestimmung ohnehin zum 31.12.2006 ausgelaufen wäre. Für die Arbeitgeber, die von der befristeten Regelung Gebrauch gemacht hatten, ergibt sich kein **Vertrauensschutz** (*BAG* 26.4.2006 NJW 2005, 3695 = EzA § 14 TzBfG Nr. 28) Zur Neuregelung des § 14 Abs. 3 TzBfG vgl. KR-*Lipke* § 14 TzBfG Rz 339 ff. 99a

Die Mangold-Entscheidung des EuGH ist auch aus einem anderen Grund ein Meilenstein. Sie greift die bereits in der Entscheidung »**Pfeiffer**« (*EuGH* 5.10.2004 – C- 397/01 – NZA 2004, 1145) aufgezeigte 99b

§ 620 BGB

Rechtsprechungslinie auf, wonach es dem **nationalen Gericht** obliegt jede dem Gemeinschaftsrecht entgegenstehende Bestimmung nationalen Rechts europarechtskonform auszulegen oder unangewendet zu lassen und **für die Wirksamkeit des Gemeinschaftsrechts Sorge zu tragen**, selbst wenn die dafür laufende **Umsetzungsfrist** einer Richtlinie noch nicht abgelaufen ist (ErfK-*Wissmann* EG-Vorb. Rz 11, 23). Nach Ablauf der Umsetzungsfrist haben die nationalen Gerichte der noch nicht umgesetzten Richtlinie bei Anwendung innerstaatlichen Rechts dieses – soweit wie möglich – im Lichte des Wortlauts und des Zwecks der betreffenden Richtlinie auszulegen (*EuGH* 4.7.2006 **Adeneler** – C-212/ 04 – NJW 2006, 2465 = EzA EG-Vertrag 1999 Richtlinie 99/70 Nr. 1).

99c Damit wird der nationale Richter zum Richter des Gemeinschaftsrechts. Das *ArbG Bln.* hat daher – ohne Vorlage an den EuGH – am 30.3.2006 (LAGE § 14 TzBfG Nr. 27) die Bestimmung des **§ 14 Abs. 3 S. 1 TzBfG**, die eine sachgrundlose Befristung ab Vollendung des **58. Lebensjahres** erlaubt, ebenfalls als Verstoß gegen Art. 6 der RL 2000/78 (Verbot der Altersdiskriminierung) erkannt. Dabei hat es im Gleichbehandlungsgrundsatz und im Diskriminierungsverbot in Art. 13 EGV unmittelbar anzuwendendes Primärrecht gesehen und – wie das BAG – einen **Vertrauensschutz** für die Arbeitgeber zu **Satz 1** des § 14 Abs. 3 TzBfG ausgeschlossen.

99d Der EuGH hat indessen auch zur **Richtlinie 1999/70** (Befristungsrichtlinie; Abdruck als Anhang zum TzBfG) neue Erkenntnisse beigesteuert. So hat er die Begriffe der »**aufeinander folgenden Verträge**« und der »**sachlichen Gründe**« in § 5 Nr. 1 lit. a) der Rahmenvereinbarung über befristete Arbeitsverträge v. 18. März 1999 im Anhang der Richtlinie 1999/70/EG des Rates v. 28. Juni 1999 zu der EGB-UNICEF-CEEP-Rahmenvereinbarung über befristete Arbeitsverträge klargestellt (*EuGH* 4.7.2006 – C-212/04 – NJW 2006, 2465 = EzA EG-Vertrag 1999 Richtlinie 99/70 Nr. 1; 7.9.2006 **Marruso, Sardino** – C-53/04). So reicht eine nationale Regelung zu »aufeinander folgenden Befristungen« für sich genommen nicht aus, um sie im Einklang mit § 5 der Rahmenvereinbarung zu sehen. Das Erfordernis der »sachlichen Gründe« in § 5 Nr. 1 lit. a) bedingt vielmehr, dass der in der nationalen Regelung vorgesehene Rückgriff auf **diese besondere Art des Arbeitsverhältnisses durch konkrete Gesichtspunkte gerechtfertigt wird, die vor allem mit der betreffenden Tätigkeit und den Bedingungen ihrer Ausübung zusammenhängen.** Der Sachgrund muss sich demnach erklären lassen, da die Richtlinie eine **missbräuchliche Nutzung** des (eben nur eingeschränkt) zulässigen befristeten Arbeitsverhältnisses unterbinden soll. Die übliche Form des Beschäftigungsverhältnisses soll der unbefristete Arbeitsvertrag bleiben. Aus diesem Grund sieht der Gerichtshof die zu § 5 Nr. 1 lit. b) vorgesehene **Begrenzung aufeinander folgender befristeter Arbeitsverträge** nach nationalem Recht als nicht ausreichend an, wenn diese nur in einem Abstand von höchstens 20 Werktagen auseinander erfasst werden (*EuGH* 4.7.2006 EzA EG-Vertrag 1999 Richtlinie 99/70 Nr. 1). Damit würden der Sinn und Zweck der Richtlinie und ihre praktische Wirksamkeit unterlaufen; die Begrenzung wäre inhaltslos, da eine unbeschränkte Wiederaufnahme des befristeten Arbeitsverhältnisses nach drei Wochen ab Beendigung des vorangehenden befristeten Arbeitsverhältnisses möglich wäre.

99e Um die missbräuchliche Inanspruchnahme aufeinander folgender befristeter Arbeitsverträge auszuschließen, bedarf es deshalb einer nationalen Regelung, die entsprechend § 5 Nr. 2 der Rahmenvereinbarung die **Umwandlung in einen unbefristeten Arbeitsvertrag** bestimmt. Das gilt jedenfalls ohne Einschränkungen für den **Privatsektor**. Abstriche davon sind für Arbeitgeber im **öffentlichen Sektor** denkbar, bedürfen aber der Rechtfertigung. So kann im öffentlichen Dienst ein uneingeschränktes gesetzliches Verbot der Umwandlung aufeinander folgender befristeter Arbeitsverträge in unbefristete Arbeitsverträge keine Anerkennung finden, wenn damit ein ständiger und dauernder Bedarf des Arbeitgebers gedeckt werden soll (*EuGH* 4.7.2006 EzA EG-Vertrag 1999 Richtlinie 99/70 Nr. 1; 7.9.2006 **Marruso, Sardino** –C-53/04). An die Stelle einer Umwandlung in einen unbefristeten Arbeitsvertrag kann eine andere gesetzliche Sanktion treten, soweit sie geeignet ist den Missbrauch aufeinander folgender befristeter Arbeitsverträge zu verhindern.

99f Der EuGH hat im Zusammenhang mit befristeten Arbeitsverträgen weitere Erkenntnisse gefördert. So sah er die **Freizügigkeit** der **Lektoren im Hochschulbereich** (Art. 39 Abs. 2 EGV) durch die für diese Personengruppe offene Befristungsregelung als bedroht an (*EuGH* 20.10.1993 EzA § 620 BGB Nr. 122), was den deutschen Gesetzgeber 1998 zum Handeln zwang (vgl. KR-*Lipke* § 57a HRG Rz 43; *Lipke* 7. Aufl. § 57b HRG Rz 13 f.).

99g Als weitere Schwerpunkte der Rechtsprechung des EuGH haben sich die Felder der Gleichbehandlung von Männern und Frauen am Arbeitsplatz und die **Verhinderung geschlechtsbedingter Diskriminierung** bei der **Begründung** und der **Nichtfortsetzung befristeter Arbeitsverhältnisse** erwiesen. Der

EuGH hat dazu in zwei Entscheidungen der 5. Kammer v. 4.10.2001 (**Tele Danmark AS** – C- 109/00 – EzA § 611a BGB Nr. 16; **Melgar** – C- 438/99 EzA EGV Richtlinie 92/85 Nr. 1) im Blick auf Art. 5 Abs. 1 der RL 76/207 und Art. 10 der RL 92/85 vorgegeben, dass die Entlassung einer **schwangeren Arbeitnehmerin**, die **befristet eingestellt** wurde, den Arbeitgeber dabei nicht über ihre Schwangerschaft unterrichtete und infolge der Schwangerschaft einen wesentlichen Teil der Vertragszeit nicht arbeiten würde, europarechtlich unzulässig ist, selbst wenn der Arbeitgeber häufig nur Aushilfspersonal beschäftigt (Tele Danmark AS – C-109/00 – Kundendienst Mobiltelefonkunden). Darüber hinaus hat die 5. Kammer des EuGH in der Sache Melgar (C-438/99) eine unmittelbare Diskriminierung wegen des Geschlechts (Art. 2 Abs. 1 und Abs. 3 der RL 76/207) in der **Nichterneuerung eines befristeten (Teilzeit-)Arbeitsvertrages** (als von der Gemeinde angestellte Hilfe im Haushalt und zur Betreuung schulpflichtiger Kinder von Familien in wirtschaftlicher Not) erkannt, wenn diese **auf die Schwangerschaft** der Arbeitnehmerin **zurückzuführen** ist. Ansonsten hindert das Kündigungsverbot nach Art. 10 der RL 92/85 selbst bei Schwangerschaft nicht, den befristeten Arbeitsvertrag auslaufen zu lassen. Die Nichterneuerung eines solchen Vertrages ist nicht als eine nach dieser Vorschrift verbotene Kündigung anzusehen. Diese Rechtsprechung findet ihre Bestätigung in der Sache **Busch** (*EuGH* 27.2.2003 – C- 320/01 – EzA § 16 BErzGG Nr. 6). Dabei ging es um eine Krankenschwester, die – erneut schwanger ohne dies dem Arbeitgeber anzuzeigen – aus finanziellen Erwägungen vor Ende des Erziehungsurlaubs (Elternzeit) nur kurzfristig ihre Tätigkeit im Krankenhaus aufnahm, bevor sie in die neue Schutzfrist nach § 3 Abs. 2 MuSchG ausschied. In diesem Verfahren hat der EuGH noch einmal verdeutlicht, dass Diskriminierungen im Zusammenhang mit der Schwangerschaft sich weder aus den vom Arbeitgeber zu respektierenden **Beschäftigungsverboten** noch aus den damit verbundenen **finanziellen Lasten** für den Arbeitgeber rechtfertigen lassen (*EuGH* 27.2.2003 EzA § 16 BErzGG Nr. 6). Vgl. im Übrigen KR-*Bader* § 17 TzBfG Rz 93 ff. mwN und o. Rz 79.

IV. Verfassungsrecht

Die nationale Umsetzung der Richtlinie 99/70/EG durch den deutschen Gesetzgeber hat nicht allein der Erreichung der gemeinschaftsrechtlichen Zielsetzungen zu dienen. Es gilt ebenso den für das **Arbeitsrecht maßgeblichen verfassungsrechtlichen Eckpunkten** genügend Aufmerksamkeit zu zollen. Unabhängig vom **Verschlechterungsverbot in § 8.3 in der** von der **Richtlinie** in Bezug genommenen Gesamtvereinbarung ist es nämlich denkbar, dass selbst bei Wahrung der Richtlinie verfassungsrechtliche Minimalstandards die GG unterschritten werden. Das gilt selbst dann, wenn man dem **Gemeinschaftsrecht Vorrang** gegenüber dem **nationalen Verfassungsrecht** einräumt (BVerfGE 73, 339, 387; BVerfGE 89, 155, 1888; BVerfGE 102, 147; ErfK-*Wissmann* EG-Vorb. Rz 21 f.). Zum **Verständnis der an der Verfassung ausgerichteten richterlichen Befristungskontrolle** *Dörner* ZTR 2001, 487; *ders.* Der befristete Arbeitsvertrag Rz 216 ff.; *Schmidt* FS Dieterich S. 585 und *BAG* 11.3.1998 EzA § 620 BGB Altersgrenze Nr. 8; 9.8.2000 EzBAT § 59 BAT Nr. 17; 2.7.2003 EzA § 620 BGB 2002 Bedingung Nr. 2; 21.7.2004 EzA § 620 BGB 2002 Altersgrenze Nr. 5; *Boerner* AP Nr. 29 zu § 620 BGB Bedingung. Zu den **Grundlagen** vgl. ErfK-*Dieterich* Art. 12 GG Rz 31, 34 ff. ErfK-*Wißmann* EG-Vorb. Rz 14 ff.; ErfK-*Preis* § 611 BGB Rz 248 ff. Zur **Rundfunk-, Kunst-, Presse- und Wissenschaftsfreiheit** aus Art. 5 GG und zur **Kirchenautonomie** vgl. KR-*Lipke* § 14 TzBfG Rz 131, 141, 246; § 57a HRG Rz 22 ff.

1. Berufsfreiheit

Die für Arbeitnehmer und Arbeitgeber in **Art. 2 Abs. 1 und 12 Abs. 1 GG** verbürgten Freiheiten der Berufswahl und Berufsausübung können Einschränkungen durch gesetzgeberische Maßnahmen erfahren (»Stufentheorie«, *BVerfG* BVerfGE 7, 377 = AP Art.12 GG Nr. 13; 23.1.1990 § 128 AFG Nr. 1). So ist die Neuregelung zur sachgrundlosen Befristung im BeschFG 1996 aus »**vernünftigen Erwägungen des Gemeinwohls**« angesichts der gestiegenen Arbeitslosenzahlen gerechtfertigt gewesen, um Arbeitssuchende, wenngleich zu schlechteren Bedingungen, in zumindest befristete Arbeitsverhältnisse zu bringen (vgl. *Badura* FS Herschel 1982. S. 33 ff.). Dies wurde in der Sachverständigenanhörung von Vertretern der Kirche im Vergleich zur Rücknahme des Kündigungsschutzes als besserer Weg anerkannt (BT-Drs. 13/5107 S. 26). Die beruflichen Chancen der Arbeitssuchenden verschlechterten sich nicht, sondern sollten eher besser werden, selbst wenn sie anstelle eines sonst möglicherweise unbefristeten nun nur einen befristeten Arbeitsvertrag erhalten (*LAG BW* 20.9.1988 LAGE § 1 BeschFG Nr. 9; *Friauf* NZA 1985, 514 zum BeschFG 1985). **Art. 12 Abs. 1 GG erweist sich insofern als ambivalent,** als er einerseits den **Bestandsschutz** der beschäftigten Arbeitnehmer in ihrer beruflichen Position und damit ihre Berufsfreiheit gewährleistet, andererseits aber den Gesetzgeber verpflichtet, durch geeignete Regelungen zur **Beseitigung der Arbeitslosigkeit** beizutragen und auf diese Weise möglichst Vielen

Gelegenheit zu geben, von ihrem Recht auf **Berufsfreiheit** Gebrauch zu machen (BVerfGE 59, 231, 266; *Benda* FS Stinge 1984, S. 43, 46 f.; *Zöllner* Gutachten für 52. DJT, 1978, D 113). Eine verfassungsrechtliche Betrachtung darf daher nicht aus dem Auge verlieren, dass bei einer gesetzlichen Ausgestaltung Interessenkollisionen der einzelnen beteiligten Grundrechtsträger zu berücksichtigen sind. Das Recht auf freie Wahl des Arbeitsplatzes seitens des Arbeitsuchenden trifft auf das Bestandsschutzinteresse des Arbeitsplatzinhabers. Beiden steht der Arbeitgeber gegenüber, der im Rahmen seiner Berufsfreiheit frei darüber entscheiden möchte, mit wem er wie lange zusammenarbeiten will (vgl. *Benda* aaO). Solange der Gesetzgeber also nicht ein untaugliches Mittel zur Lösung dieses Zielkonflikts wählt oder eindeutig mehr als nötig in den Bestandsschutz eingreift, ist von der Vereinbarkeit mit Art. 12 Abs. 1 GG auszugehen. Das Vorgehen des Gesetzgebers zum BeschFG 1996 war insoweit **plausibel**.

102 Diese Sicht lässt sich auf die **Befristungsregelungen in § 14 TzBfG** ohne weiteres übertragen. Dem **Gesetzgeber** steht innerhalb der europarechtlichen Vorgaben eine **große Gestaltungsfreiheit** zur Seite (vgl. *BVerfG* 4.7.1995 EzA § 116 AFG Nr. 5). Das fortbestehende gesetzgeberische Anliegen, erleichterte Befristungsmöglichkeiten im Interesse der Flexibilität der Beschäftigung (Arbeitgeberinteresse) und als Brücke zu unbefristeten Arbeitsverhältnissen (Arbeitnehmerinteresse) weiterhin zuzulassen (BT-Drs. 14/4374 S. 1, 12) entspricht den Zielen des Art. 12 Abs. 1 GG (s.o. Rz 101). Dabei hat der Gesetzgeber im Einklang mit der Richtlinie und der Rechtsprechung des EuGH (s.o. Rz 99a ff.) nochmals bestätigt, dass das **unbefristete Arbeitsverhältnis die Regel, das befristete die Ausnahme bleiben soll** (Präambel zur Rahmenvereinbarung; BT-Drs. 14/4374 S. 12; vgl. auch *BVerfG* 24.4.1991 EzA Art. 13 EinigungsV Nr. 1). Die Zahlenerhebungen der letzten Jahre (s.o. Rz 55 ff.) zur Verbreitung der befristeten Arbeitsverhältnisse decken sich mit diesem Befund. Eine gesetzliche Befristungsregelung muss daher nur gewährleisten, dass das **Bestandsinteresse des Arbeitnehmers Berücksichtigung findet** (vgl. *Schmidt, I.* FS Dieterich 1999, S. 599) und ihm durch die gesetzliche Regelung **sein Arbeitsplatz nicht willkürlich entzogen** werden kann (*BVerfG* 27.1.1998 EzA § 23 KSchG Nr. 17, 18; *Hanau* FS Dieterich 1999, S. 201). Art. 12 Abs. 1 GG ist deshalb nicht verletzt, wenn **§ 14 Abs. 2 TzBfG** dem Arbeitgeber die **sachgrundlose Neueinstellung** für höchstens zwei Jahre (nur) einmal erlaubt (ebenso *Däubler* ZIP 2000, 1967). Dagegen sind von Anfang an gegen die inzwischen als europarechtswidrig erkannte Vorschrift des **§ 14 Abs. 3 TzBfG** auch **verfassungsrechtliche Bedenken** erhoben worden, da hierdurch eine nahezu unbegrenzte **sachgrundlose Befristung älterer Arbeitnehmer** gestattet wurde (*Richardi/Annuß* BB 2000, 2004 zur Altersgrenze 58. Lebensjahr; *Dörner* Der befristete Arbeitsvertrag Rz 622 f.). Vgl. dazu Rz 99a und Rz. 104; KR-*Lipke* § 14 TzBfG Rz 339 ff. Zur verfassungsrechtlichen Bewertung des **Existenzgründerprivilegs nach § 14 Abs. 2a TzBfG** vgl. KR-*Lipke* § 14 TzBfG Rz 316 ff.

2. Gleichheitssatz

103 Je nachdem, ob sich der Arbeitgeber entschließt einen Arbeitnehmer unbefristet oder befristet (ohne Sachgrund) einzustellen, erwirbt der Arbeitnehmer dauerhaft Kündigungsschutz oder nicht. Die **unterschiedliche** Gruppenbildung und **Behandlung der Arbeitnehmer** sind nach **Art. 3 Abs. 1 GG** nicht zu beanstanden. Die verfassungsrechtlich unbedenkliche Zielverfolgung durch den Gesetzgeber, Impulse für den Arbeitsmarkt zur Verminderung der Arbeitslosigkeit auszulösen, gestattet den abgestuften Bestandsschutz zu § 1 KSchG einerseits und zu § 14 Abs. 2, 2a TzBfG andererseits.

104 Die **erleichterte sachgrundlose Befristung älterer Arbeitnehmer (ab Vollendung des 58 Lebensjahres)** nach § 14 Abs. 3 S. 1 und S. 4 TzBfG hat jedenfalls **vor Art. 3 Abs. 1 GG** Bestand. Dem **bisherigen Ansatz** folgend (§ 1 Abs. 2 BeschFG 1996; dazu *Rolfs* NZA 1996, 1138) sollte Arbeitslosen ab dem vollendeten 52. (58.) Lebensjahr damit eine Chance auf eine zumindest befristete Beschäftigung eröffnet werden (BT-Drs. 14/4374 S. 14, 20). Der Zugang an Arbeitslosen ist zwischen dem 50. und dem 60. Lebensjahr besonders hoch. Die Chancen für die Vermittlung in eine (unbefristete) offene Stelle bewegen sich gegen Null, sodass die Zahl der älteren Langzeitarbeitslosen stetig wächst. Wenn der Gesetzgeber auf der Grundlage dieses Befundes die Befristungsschranken für diese Arbeitnehmergruppe zusätzlich absenkt, um Einstellungsanreize für Arbeitgeber zu schaffen, steht dieser Schritt im Einklang mit dem Gleichheitssatz. Der Gesetzgeber darf, wenn er die Rechtsverhältnisse verschiedener Personengruppen regelt, eine Gruppe von Normadressaten im Vergleich zu anderen Normadressaten dann anders behandeln, wenn zwischen beiden Gruppen Unterschiede von solcher Art und solchem Gewicht bestehen, dass sie eine Ungleichbehandlung rechtfertigen können (BVerfGE 85, 176 ff.; 87, 234 ff.). Die **Lage älterer Arbeitnehmer** auf dem **Arbeitsmarkt** ist dafür **Differenzierungsgrund** genug. Im Übrigen stehen dieser Arbeitnehmergruppe anders als anderen Arbeitnehmern öffentliche Hilfen der BA und eine mögliche Frühverrentung zur Seite. Eine **willkürliche Schlechterbehandlung** dieser Perso-

nengruppe ist somit – gemessen an Art. 3 Abs. 1 GG – nicht festzustellen (**aA** KDZ-*Däubler* § 14 TzBfG Rz 150, 178). Zur gemeinschaftsrechtlichen Bewertung der bisher geltenden Regelung in § 14 Abs. 3 TzBfG s. o. Rz 99a.

3. Tarifautonomie

Die Tarifautonomie aus **Art. 9 Abs. 3 GG** ist nicht gefährdet, wenn die gesetzliche Regelung bestehende Tarifnormen nicht beseitigt und den Tarifparteien für die Zukunft Gestaltungsmöglichkeiten belässt (*Gamillscheg* KA S. 298, 691). Wie §§ 14 Abs. 2, 22 Abs. 1 TzBfG zu entnehmen ist, können Tarifverträge **zugunsten** und in wenigen **Ausnahmefällen** auch **zu Ungunsten der Arbeitnehmer** vom gesetzlichen Regelwerk abweichen. Damit ist die Tarifautonomie gewahrt. Zu den Besonderheiten im HRG vgl. BVerfGE 94, 268; ErfK-*Dieterich* Art. 9 GG Rz 57 f.; § 57a HRG Rz 22 ff.; vgl. im Übrigen KR-*Lipke* § 14 TzBfG Rz 309 f.; KR-*Bader* § 22 TzBfG. 105

4. Mutterschutz/Schwerbehindertenschutz

Das TzBfG verletzt auch nicht **Art. 6 Abs. 4 GG**. Zum einen hat der Gesetzgeber Gestaltungsfreiheit, wie er die zum **Mutterschutz** verfassungsrechtlich gesetzten Vorgaben verwirklicht. Zum anderen liegt es in diesem Rahmen, wenn er von einer denkbaren Ausnahmeregelung zugunsten von Frauen Abstand nimmt, weil zu befürchten ist, dass sich dann die Einstellungschancen von weiblichen Arbeitnehmern, wenigstens eine befristete Beschäftigung zu erlangen, erheblich verschlechtern (*LAG BW* 20.9.1988 LAGE § 1 BeschFG Nr. 9; *Löwisch* NZA 1985, 481 zur Rechtslage nach § 1 BeschFG 1996). 106

Der Gesetzgeber hat im TzBfG die **Teilzeitarbeit** erheblich **attraktiver** ausgestaltet und damit insbes. für Frauen mit Kindern zusätzliche Vorteile geschaffen (Anspruch auf Teilzeitarbeit, 30 Std. Wochenarbeitszeit während der Elternzeit). Das **Gesetzespaket TzBfG** ist in einer Gesamtbewertung zusammen mit §§ 15, 16, 18 und 21 BEEG ohne weiteres mit Art. 6 Abs. 4 GG vereinbar (vgl. dazu *Preis/Gotthardt* DB 2001, 145, 147 f.).

Art. 3 Abs. 3 S. 2 GG bestimmt neuerdings, dass niemand wegen seiner **Behinderung** benachteiligt werden darf. Diese Verfassungsregelung ist mit dem ab 18.8.2006 geltenden AGG durch einfaches Recht – angestoßen durch europäische Richtlinien – für das Arbeitsverhältnis näher ausgeformt worden (s. o. Rz 79; vgl. dazu Erl. KR-*Pfeiffer* AGG). Schwerbehinderte Arbeitnehmer werden in § 14 Abs. 2, 2a und 3 TzBfG in Bezug auf die Befristungsmöglichkeiten ohne sachlichen Grund nicht schlechter gestellt als nicht behinderte Arbeitnehmer. Es ist sogar nicht auszuschließen, dass diesem auf dem Arbeitsmarkt benachteiligten Personenkreis infolge der auf zwei bzw. vier Jahre verlängerten »Probezeit« (§ 14 Abs. 2 und Abs. 2a TzBfG) bessere Einstiegschancen eröffnet werden. Im Übrigen wird dem besonderen Schutz dieser Personengruppe durch §§ 81 ff. SGB IX einfachrechtlich Genüge getan. 107

5. Sozialstaatsprinzip

Übereinstimmung besteht darüber, dass Art. 20 Abs. 1, 28 Abs. 1 GG **nicht lediglich ein Programmsatz** ist, sondern den Staat zur Verwirklichung einer sozial gerechten Ordnung verpflichtet. Der Staat hat also sowohl einen wirksamen Bestandsschutz der Arbeitsverhältnisse bereitzustellen (*BVerfG* 27.1.1998 EzA § 23 KSchG Nr. 17) als auch die Massenarbeitslosigkeit zu bekämpfen. Dabei ist zu bedenken, dass ein hoher arbeitsrechtlicher Bestandsschutz außen stehende, sich um einen Arbeitsplatz bemühende Arbeitnehmer sperren kann, was nicht im Sinne des Sozialstaatsprinzips ist (BVerfGE 59, 231, 266 = EzA Art. 5 GG Nr. 9; *LAG BW* 20.9.1988 LAGE § 1 BeschFG Nr. 9; *Staudinger/Preis* § 620 Rz 193; **aA** *LAG Nds*. 20.10.1989 LAGE § 620 BGB Nr. 22). Deshalb muss der Gesetzgeber bei der Wahl des Weges, insbes. auch bei der **Auflösung des Zielkonflikts** zwischen effizienter Arbeitsplatzsicherung und Beschäftigungsförderung ein weites Gestaltungsermessen haben. Art. 20 Abs. 1, 28 Abs. 1 GG bestimmen nur das »Was«, das Ziel, die **gerechte Sozialordnung**; sie lassen aber für das »Wie« der Erreichung des Ziels alle Wege offen (BVerfGE 22, 180, 204). Festzuhalten ist indessen, dass die **grenzenlose Aneinanderkettung befristeter Arbeitsverträge** ohne sachlichen Grund **dem Sozialstaatsprinzip widersprechen würde** (vgl. BAG 21.10.1954 AP Nr. 7 zu § 1 KSchG; BAG GS 12.10.1960 EzA § 620 BGB Nr. 2). Den Kernbestand des arbeits- und sozialrechtlichen Bestandsschutzes darf der Gesetzgeber deshalb nicht antasten. Da eine **dauerhafte Befristung ohne sachlichen Grund unzulässig** bleibt und der Gesetzgeber am unbefristeten Arbeitsvertrag (mit Kündigungsschutz) als dem sozialpolitisch erwünschten Normalfall festhält (BT-Drs. 13/4612 S. 12; BT-Drs. 14/4374 S. 12), ist dieser verfassungs- 108

§ 620 BGB   Ende des Dienstverhältnisses

widrige Zustand nicht gegeben. Zu den besonderen verfassungsrechtlichen Bewertungen im **Wissenschafts- und Forschungsbereich** vgl. KR-*Lipke* § 57a HRG Rz 22 ff.

109 Allerdings verlangt das *BVerfG* ein hohes Maß an **Rationalität im Gesetzgebungsverfahren** (BVerfGE 37, 154, 165 f.; BVerfGE 50, 290 = AP Nr.1 zu § 1 MitbestG m. Anm. *Wiedemann*). Insbesondere hat der Gesetzgeber in seiner Prognose sorgfältig die Geeignetheit der Regelung für die Erreichung des beabsichtigten Ziels zu prüfen, gleichfalls, ob es sich um das schonendste Mittel handelt (*Friauf* NZA 1985, 515; *Schanze* RdA 1986, 32; *Mückenberger* NZA 1985, 518; *Löwisch* NZA 1985, 479, jeweils mit sehr unterschiedlichen Gewichtungen). Verfassungsrechtliche Bedenken konnten den Regelungen in § 1 BeschFG 1996 deshalb begegnen, weil die Prognosegrundlagen im Gesetzgebungsverfahren nur sehr vage angegeben worden waren. Das vorgelegte Zahlenmaterial aus dem Jahr 1992 war dürftig und wenig aussagekräftig. Empirische Grundlagen fehlten (Sachverständigenanhörung, BT-Drs. 13/5107 S. 22). Vgl. näher *Lipke* KR, 5. Aufl. § 1 BeschFG 1996 Rz 13 ff.

110 Aufgrund des dem Gesetzgebungsverfahrens zum TzBfG zugrunde liegenden Zahlenmaterials (s.o. Rz 55 ff.) konnte der Gesetzgeber jetzt davon ausgehen, dass die erweiterten Gestaltungsmöglichkeiten zur (sachgrundlosen) Befristung von Arbeitsverhältnissen nicht zu einer Inflation von Befristungen geführt (Befristungsquote April 1999: 8,3 %) und den **unbefristeten Arbeitsvertrag als Standardarbeitsverhältnis nicht gefährdet** haben. Die (wenngleich begrenzte) **Brückenfunktion** des befristeten zum unbefristeten Arbeitsvertrag ist ebenfalls belegt (BT-Drs. 14/4374 S. 13, 14). Vor diesem Hintergrund stand das Sozialstaatsgebot einer **dauerhaften Verankerung** der **einmalig sachgrundlosen Befristung** bis zu einer Höchstdauer von zwei Jahren (§ 14 Abs. 2 TzBfG) nicht mehr im Wege. Dem steht auch die **Neuregelung ab 1.1.2004** mit einer für **Existenzneugründer** auf **vier Jahre** ausgedehnten sachgrundlosen Befristungsmöglichkeit in § 14 Abs. 2a TzBfG nicht entgegen. Hinzu tritt, dass sich die Einschätzung des Gesetzgebers vor dem Hintergrund der **europäischen Vorgaben** in der Richtlinie 1999/70/EG entwickelt hat, der – bezogen auf die vorgenommene Regelung – einen noch **größeren Spielraum** eröffnet hätte (*Dörner* Der befristete Arbeitsvertrag Rz 594b).

V. Befristungsregelung durch das TzBfG (ab 1.1.2001)

1. Entwicklung des Gesetzesvorhabens

111 Das Arbeitsrechtliche Beschäftigungsförderungsgesetz mit seinen im Vergleich zur vorangehenden Regelung des BeschFG 1985 ab 1.10.1996 erweiterten Befristungsmöglichkeiten (vgl. *Lipke* KR, 5. Aufl. § 1 BeschFG 1996 Rz 7 ff.) war vom zeitlichen Geltungsbereich auf das Ende des Jahres 2000 begrenzt (§ 1 Abs. 6 BeschFG 1996). Es war deshalb zu entscheiden, ob eine befristete oder dauerhafte Verlängerung dieser Regelung zur sachgrundlosen Befristung, deren ersatzloser Wegfall oder eine neues gesetzliches Fundament aller zulässigen Befristungsformen anzustreben war. Während die **Arbeitgeberverbände** für die **Ausweitung der Befristung ohne Sachgrund**, zumindest aber für die Beibehaltung der Bestimmungen des § 1 BeschFG eintraten, forderten die **Gewerkschaften** die **Abschaffung aller Möglichkeiten sachgrundloser Befristung** (vgl. zur Anhörung der Sachverständigen: Beschlussempfehlung und Bericht des Ausschusses für Arbeit und Sozialordnung BT-Drs. 14/4625 S. 17–19; *Blanke* AiB 2000, 729, 733; *Engel* ArbuR 2000, 365; *Stähle* AiB 2000, 457; *Bauer* NZA 2000, 756; *Buchner* NZA 2000, 905, 912; *Löwisch* NZA 2000, 756; *Schiefer* DB 2000, 2118; *Sowka* DB 2000, 2427; *Annuß/Thüsing*-*Annuß* TzBfG Einf. Rz 1 ff.).

112 Auf dem **63. Deutschen Juristentag in Leipzig** war zu der Frage »**Welche arbeits- und ergänzenden sozialrechtlichen Regelungen empfehlen sich zur Bekämpfung der Arbeitslosigkeit?**« ein Gutachten von *Hanau* vorgelegt worden, welches die **Fortschreibung des BeschFG 1996** vorschlug. Unter dem Motto »**Flexurity**« empfahl *Hanau*, neben der Beibehaltung der grds. zweijährigen Befristung ohne Sachgrund für Neueinstellungen, in neuen Unternehmen diese Frist auf vier Jahre auszuweiten und tarifvertraglich eine Verlängerung auf bis zu drei Jahren zu gestatten. Um die Einstellung älterer arbeitsloser Arbeitnehmer zu fördern, erinnerte *Hanau* ferner an die Empfehlung des 62. DJT, die Altersgrenze für sachgrundlose Befristungen auf 55 Jahre zu senken. Der 63. DJT ist diesen Empfehlungen im Wesentlichen gefolgt, hat indessen zu den vorgeschlagenen Befristungserleichterungen für ältere Arbeitnehmer keine Altersgrenze genannt und auf die **europarechtlichen Vorgaben** hingewiesen (Beschlüsse der Abteilung Arbeits- und Sozialrecht, abgedr. NZA 2000, 1323).

113 Eine umfassende gesetzliche Regelung des gesamten Befristungsrechts war inzwischen ebenfalls durch die **Richtlinie 1999/70/EG** geboten (vgl. Rz 90 ff.). Das für die **Erarbeitung eines Gesetzentwurfes federführende BMA** und der ihm vorstehende Minister *Riester* wurden 1999 und 2000 von Ge-

werkschaftsseite stark bedrängt, die sachgrundlose Befristung völlig abzuschaffen. In öffentlichen Diskussionen wies *Riester* jedoch immer wieder auf die seiner Ansicht nach bestehende Gefahr hin, dass eine Beseitigung dieser befristungsform die Ausweitung der noch weniger erwünschten Arbeitnehmerüberlassung, die verstärkte Einschaltung von »Subunternehmern« und die Förderung von Schwarzarbeit zur Folge hätte.

Am 5.9.2000 legte das BMA einen **Referentenentwurf zur gemeinsamen Regelung von Teilzeitarbeit und befristeten Arbeitsverträgen** vor (abgedr. NZA 2000, 1045). Der Entwurf war Gegenstand zahlreicher wissenschaftlicher Veröffentlichungen (zB *Bauer* NZA 2000, 1039; *Braun* ZRP 2000, 447; *Däubler* ZIP 2000, 1961; *Preis/Gotthardt* DB 2000, 2065; *Richardi/Annuß* BB 2000, 2201; *Schiefer* DB 2000, 2118; *Schmalenberg* NZA 2000, 582). Der endgültige **Gesetzesentwurf der Bundesregierung** (BT-Drs. 14/4374) hat einen Teil der laut gewordenen **Kritik zur Regelungssystematik** berücksichtigt, Wesentliches aber nicht geändert (*Däubler* ZIP 2001, 217, 222; *Preis/Gotthardt* DB 2001, 145, 150; Stellungnahme des *Arbeitsrechtsausschusses des DAV* DB 2000, 2223). 114

Der **Ausschuss für Arbeit und Sozialordnung** hat nach seinen Beratungen und nach öffentlicher Anhörung von Sachverständigen dem Bundestag eine **überarbeitete Fassung des Gesetzesentwurfs** zur Annahme vorgelegt (BT-Drs. 14/4625). Zu den Änderungen wird in den Erläuterungen zu den jeweiligen Bestimmungen Stellung bezogen. Nach Durchlaufen des parlamentarischen Verfahrens ist das **Teilzeit- und Befristungsgesetz (TzBfG)** nach Verkündung v. 28.12.2000 (BGBl. I S. 1966) **am 1.1.2001 in Kraft getreten.** 115

2. Allgemeine Zielsetzungen

Die Zielsetzung des Gesetzes ist es, zum einen die **Europäische Richtlinie 1999/70/EG** des Rates zu der EGB/UNICE/CEEP-Rahmenvereinbarung über befristete Arbeitsverträge vom 28.6.1999 (s.o. Rz 94 ff.) fristgerecht in nationales Recht umzusetzen und zum anderen das **BeschFG 1996** durch eine **dauerhafte Regelung abzulösen**. Um die **Rechtssicherheit** zu verbessern, soll die bisherige unübersichtliche und lückenhafte gesetzliche Regelung der befristeten Arbeitsverhältnisse auf eine neue allgemeine **gesetzliche Grundlage** gestellt werden. Mit einer zusammenhängenden Normierung des Befristungsrechts soll ein **ausgewogenes Verhältnis zwischen flexibler Organisation der Arbeit und Sicherheit für die Arbeitnehmer erreicht werden** (BT-Drs. 14/4374 S. 1, 13). Dem entspricht es, wenn der Rat der Europäischen Union in seinen beschäftigungspolitischen Leitlinien für 1999 dazu aufgefordert hat, auf allen geeigneten Ebenen die Arbeitsorganisation zu modernisieren, um die Unternehmen produktiv und wettbewerbsfähig zu machen und zugleich eine Balance zwischen Anpassungsfähigkeit und Sicherheit zu finden. 116

Europäischen Regelungsmustern folgend bestimmt § 1 TzBfG die Ziele des Gesetzes damit, 117

Teilzeitarbeit zu fördern, die Voraussetzungen für die Zulässigkeit befristeter Arbeitsverträge festzulegen und die Diskriminierung von teilzeitbeschäftigten und befristet beschäftigten Arbeitnehmern zu verhindern.

Dabei knüpft das Gesetz zur Festlegung der eine Befristung sachlich rechtfertigenden Gründe ausdrücklich an die **richterrechtlichen Erkenntnisse des** BAG an (BT-Drs. 14/4374 S. 13, 18). Die sachgrundlose Befristung wird nur noch in engen Grenzen zugelassen. Das befristete Arbeitsverhältnis erfährt mit der dauerhaften gesetzlichen Neuregelung keine Aufwertung. Am **Normalfall des unbefristeten Arbeitsverhältnisses** hält der Gesetzgeber aus sozialpolitischen Gründen unverändert fest (BT-Drs. 14/4374 S. 12; s. KR-*Bader* § 1 TzBfG).

3. Geltungsbereich

Im Einklang mit den europäischen Vorgaben der Richtlinie 1999/77/EG (s.o. Rz 98) erfassen die gesetzlichen Bestimmungen alle befristeten Arbeitsverhältnisse. Damit müssen – im Unterschied zur bisherigen Rechtslage, die auf eine Umgehung des KSchG abstellte – auch **Befristungen in Kleinbetrieben und Familienhaushalten**, grds. einen sachlichen Grund haben. Zwar ist der Gesetzesbegründung an einer Stelle (BT-Drs. 14/4374 S. 18) zu entnehmen, dass »in Betrieben mit nicht mehr als fünf Arbeitnehmern ... erleichterte Befristungen weiterhin geschlossen werden (können), weil eine Umgehung des Kündigungsschutzes nicht möglich ist«. Zu Recht wird aber darauf hingewiesen, dass dies weder im Normtext zu § 14 TzBfG seinen Ausdruck gefunden hat noch mit den Vorgaben der Richtlinie zu vereinbaren wäre (*Preis/Gotthardt* DB 2000, 2070; *Richardi/Annuß* BB 2000, 2204; *Hanau* NZA 2000, 1045; *Kliemt* NZA 2001, 297; APS-*Backhaus* § 14 TzBfG Rz 3, 19 mwN, **aA** *Schiefer* DB 2000, 2121). 118

Lipke 1471

119 Es hat insoweit ein **Paradigmenwechsel** stattgefunden (*Hromadka* BB 2001, 621; *Viethen* BArbBl. 2001, 5; *Dörner* ZTR 2001, 486 f.; *ders*. NZA Beil. Heft 16, S. 33 f.), der einen **Rückgriff auf den Umgehungsgedanken verbietet.** Ein weiteres systematisches Argument dafür lässt sich aus der verbundenen Regelung von Teilzeitbeschäftigung und Befristung in einem Gesetz ableiten. Wenn das Gesetz bestimmte Regelungen zur Teilzeitarbeit daran festmacht, ob der Arbeitgeber mehr als 15 Arbeitnehmer beschäftigt (§ 8 Abs. 7 TzBfG), hätte es nahe gelegen entsprechende Schwellenwerte ebenso zum Sachgrunderfordernis in § 14 Abs. 1 TzBfG aufzunehmen (*Lakies* DZWIR 2001, 1, 8). In der Praxis ändert dies nichts daran, dass es dem Arbeitgeber in einem Kleinbetrieb im Fall einer unwirksamen, weil sachgrundlosen Befristung weiterhin jederzeit gestattet bleibt das Arbeitsverhältnis ordentlich zu kündigen. Von daher macht das Sachgrunderfordernis hier wenig Sinn (APS-*Backhaus* aaO Rz 17). Zu den bis zu sechs Monaten befristeten Arbeitsverhältnissen vgl. KR-*Lipke* § 14 TzBfG Rz 2 f. Trotz des Paradigmenwechsels hält der Gesetzgeber inhaltlich und textlich an vielen bekannten Regelungen, zB dem **BeschFG** in seinen unterschiedlichsten Ausprägungen, fest (MünchArbR-*Wank* § 116 Rz 21 f.).

120 Da weder § 14 noch § 3 TzBfG Einschränkungen des **sachlichen Geltungsbereiches** vorsehen, sind durch das Gesetz **alle privaten und öffentlichen Arbeitsverhältnisse** betroffen. Darin eingeschlossen sind die Arbeitsverhältnisse leitender Angestellter. Die bisherigen Erwägungen der hM, dass bei **leitenden Angestellten iSv § 14 Abs. 2 KSchG** eine Umgehung des KSchG nicht anzunehmen sei, wenn sie eine §§ 9, 10 KSchG entsprechende Entschädigung erhalten (vgl. *Lipke* KR, 5. Aufl. Rz 101, 190) sind damit hinfällig (*BAG* 6.11.2003 EzA § 14 TzBfG Nr. 7; *Annuß/Thüsing-Maschmann* § 14 TzBfG Rz 6; HWK-*Schmalenberg* § 14 TzBfG Rz 2; MünchKomm-*Hesse* § 14 TzBfG Rz 11; *Vogel* NZA 2002, 313, 318; *Hromadka* BB 2001, 621 f.; **aA** APS-*Backhaus* § 14 TzBfG Rz 19, MünchArbR-*Wank* § 116 Rz 67, die in der zugesagten Entschädigung einen ausreichenden Sachgrund erblicken). Nicht erfasst von der gesetzlichen Regelung sind dagegen die Beamten. Eine **Sonderbehandlung** erfahren Arbeitnehmer in neu gegründeten Unternehmen in § 14 Abs. 2a TzBfG und **ältere Arbeitnehmer** in § 14 Abs. 3 TzBfG. Zum **persönlichen Geltungsbereich** wird im Übrigen auf die Erläuterungen in den jeweiligen Bestimmungen (zB §§ 14 TzBfG, 21 BErzGG, 57a HRG) verwiesen.

121 Zum **zeitlichen Geltungsbereich** ist festzuhalten, dass die **Regelungen zur sachgrundlosen Befristung erstmals auf Dauer angelegt sind** und mit dem Inkrafttreten ab 1.1.2001 die nach § 1 Abs. 6 BeschFG auf den 31.12.2000 befristeten Bestimmungen des § 1 BeschFG 1996 ersetzen. Die in Art. 3 des Gesetzes vorgesehene Aufhebung des Beschäftigungsförderungsgesetzes war nur mit Rücksicht auf die unbefristet angelegten Regelungen zur **Entfristungsklage** (§ 1 Abs. 5 BeschFG 1996) und zur Teilzeitarbeit (§§ 2 bis 6 BeschFG) erforderlich. **Übergangsregelungen** sieht das Gesetz nicht vor. Zur Behandlung von Übergangsproblemen s. u. Rz 135 ff. und die Erläuterungen bei den jeweiligen Vorschriften.

4. Kernpunkte der gesetzlichen Neuregelung

122 Zu den **Kernpunkten** der neuen gesetzlichen Befristungsregelungen zählen die **Begriffsbestimmungen** zum »befristet beschäftigten Arbeitnehmer«, zum »befristeten Arbeitsvertrag« und zum »vergleichbaren unbefristet beschäftigten Arbeitnehmer« (§ 3 TzBfG). Das Gesetz liefert in Abs. 1 jeweils eine **Legaldefinition** zum kalendermäßig befristeten und zum zweckbefristeten Arbeitsvertrag, lässt dagegen eine Umschreibung des **auflösend bedingten Arbeitsvertrages** vermissen, der in § 21 TzBfG erstmals ausdrücklich anerkannt wird. Hierzu wird auf die bislang geltenden Grundsätze zurückzugreifen sein (*Hromadka* BB 2001, 621). Näher dazu KR-*Bader* Erl. zu §§ 3, 21 TzBfG.

123 Aufbauend auf die Begriffsbestimmungen in § 3 TzBfG schafft § 4 Abs. 2 S. 1 TzBfG ein ausdrückliches **Diskriminierungsverbot**, um im Verhältnis zu einem vergleichbaren unbefristet beschäftigten Arbeitnehmer eine Benachteiligung ohne sachlichen Grund zu unterbinden. Konkretisierungen dieses normierten Gleichbehandlungsgrundsatzes finden sich in Abs. 2 S. 2 und 3, aber ebenso in §§ 18, 19 des Gesetzes. Über das **AGG** hinaus wird ein eigenständiges **Benachteiligungsverbot** in § 5 TzBfG aufgenommen, das den befristet beschäftigten Arbeitnehmer bei der Wahrnehmung seiner Rechte aus diesem Gesetz schützen soll.

124 In **§ 14 Abs. 1 TzBfG** wird zum **Grundsatz** erhoben, dass die Befristung eines Arbeitsvertrages regelmäßig eines sachlichen Grundes bedarf (BT-Drs. 14/4374 S. 13, 18). Was ein **sachlicher Befristungsgrund** ist, wird nicht begrifflich umschrieben. Der Gesetzgeber beschränkt sich darauf, die von der Rechtsprechung anerkannten Sachgründe als **Orientierung** in einer nicht abschließenden (»insbesondere«) Auflistung festzuschreiben, hierzu Klarstellungen (zB Nr. 7, 8) anzubringen und Ergänzungen

Ende des Dienstverhältnisses § 620 BGB

vorzunehmen (zB Nr. 2). Die **beispielhafte Aufzählung** soll weder andere nicht genannte, aber von der Rechtsprechung bereits zugelassene Sachgründe (zB Befristungen im Zusammenhang mit Arbeitsförderungsmaßnahmen; Befristungen auf Wunsch des Arbeitnehmers; Altersgrenzen) ausschließen noch die richterrechtliche Schöpfung neuer sachlicher Befristungsgründe unterbinden (BT-Drs. 14/ 4374 S. 18). Der Katalog gesetzlich anerkannter Befristungsgründe setzt eine **Typologie des Sachgrundes** und soll Maßstäbe für Ergänzungen durch Richterrecht schaffen (so APS-*Backhaus* § 14 TzBfG Rz 78 ff.; krit. *Schiefer* DB 2000, 2121; vgl. näher hierzu KR-*Lipke* § 14 TzBfG Rz 24, 28 ff., 243 ff.). Keinesfalls handelt es sich bei der Enumerierung in Abs. 1 um **Regelbeispiele** (so aber *Preis/Gotthardt* DB 2000, 2070; *Kliemt* NZA 2001, 297; *Nielebock* AiB 2001, 75, 78), da deren Charakter durch ihre Widerlegbarkeit gekennzeichnet sind, was hier gerade nicht der Fall sein soll (ErfK-*Müller-Glöge* Rz 4; Rolfs TzBfG Rz 3; HWK-*Schmalenberg* § 14 TzBfG Rz 11; *Richardi/Annuß* BB 2000, 2205; APS-*Backhaus* § 14 TzBfG aaO). Die »**Wertungsmaßstäbe der Befristungskontrolle**«, die einem Ausgleich zwischen dem gesetzlichen Kündigungsschutz und der sich aus § 620 Abs. 1 BGB ergebenden Vertragsfreiheit dienen (*Dörner* ZTR 2001, 487), werden nunmehr durch die Aufzählung anerkannter Sachgründe in § 14 Abs. 1 TzBfG und die in Abs. 2, 2a und 3 gestatteten Ausnahmen vorgegeben (MünchKomm-*Hesse* § 14 TzBfG Rz 12). Die Wertungen der früheren Rechtsprechung gehen dabei aber nicht vollständig verloren (*Dörner* ZTR 2001, 485, 491; *Bauer* BB 2001, 2526). Damit wird die **Befristungskontrolle grds. vom allgemeinen Kündigungsschutz abgekoppelt** (ebenso *Dörner* Der befristete Arbeitsvertrag Rz 134; HWK-*Schmalenberg* § 14 TzBfG Rz 9).

Ausnahmen vom Sachgrunderfordernis bei Befristungen sieht das Gesetz in den Abs. 2, 2a und 3 des § 14 TzBfG vor. Nach Abs. 2 können ein befristeter Arbeitsvertrag – wie nach der Rechtslage des § 1 Abs. 1 BeschFG 1996 – bis zu einer Gesamtdauer von zwei Jahren abgeschlossen werden und kürzer befristete Arbeitsverträge innerhalb der Höchstbefristung dreimal verlängert werden (BT-Drs. 14/ 4374 S. 19). **Die Befristung ohne Sachgrund scheidet indessen aus, wenn zu demselben Arbeitgeber zuvor schon ein unbefristetes oder ein befristetes Arbeitsverhältnis bestanden hat. Damit sind befristete Kettenverträge im Wechsel mit und ohne Sachgrund nicht mehr möglich** (vgl. dazu *Lipke* KR, 5. Aufl. § 1 BeschFG 1996 Rz 9, 141 ff.). Auf einen befristeten Arbeitsvertrag ohne Sachgrund darf nur noch ein unbefristeter Arbeitsvertrag oder ein befristeter Arbeitsvertrag mit Sachgrund folgen (BT-Drs. 14/4374 S. 14; *Sowka* DB 2000, 2427; *Plander* ZTR 2001, 499, der weiterhin die Gefahr von Kettenarbeitsverhältnissen sieht). Das in § 1 Abs. 3 BeschFG 1996 geregelte **Anschlussverbot** bei einem engen sachlichen Zusammenhang (Viermonatszeitraum) zum vorangehenden Rechtsverhältnis ist ersatzlos **weggefallen** (*Schiefer* DB 2000, 2122; APS-*Backhaus* § 14 TzBfG Rz 76 ff.). Damit stellt das Gesetz zu einem großen Teil den **Rechtszustand von vor dem 1.10.1996** wieder her, der eine sachgrundlose Befristung nur einmalig bei einer **Neueinstellung** gestattete (vgl. dazu *Lipke* KR, 4. Aufl. § 1 BeschFG 1985 Rz 47, 58). Näher dazu KR-*Lipke* § 14 TzBfG Rz 250 ff. Die im **Koalitionsvertrag** zwischen CDU, CSU und SPD **v. 11. November 2005** verabredeten Änderungen zu einer Reform des Kündigungsschutzes und des Befristungsrechts sind dagegen – abgesehen von den erforderlichen Anpassungen an die **Vorgaben des Europarechts** (s.o. Rz 99a) bei den **Befristungserleichterungen für ältere Arbeitnehmer** – vorläufig vom Tisch. Darin war verabredet worden, die sachgrundlose Befristungsmöglichkeit nach § 14 Abs. 2 TzBfG zu streichen und dafür den Arbeitgebern eine Option an die Hand zu geben, anstelle der gesetzlichen Regelwartezeit von 6 Monaten mit dem Einzustellenden eine Wartezeit bis zu 24 Monaten zu vereinbaren, die bei demselben Arbeitgeber erneuert werden konnte, wenn seit dem Ende des vorhergehenden Arbeitsverhältnisses mindestens 6 Monate verstrichen waren (vgl. dazu *Hanau* ZIP 2006, 153). 125

Mit dem zum 1.1.2004 in Kraft getretenen Art. 2 des Gesetzes zu Reformen am Arbeitsmarkt v. 24.12.2003 (BGBl. I S. 3002) ist neben Änderungen im Kündigungsschutzgesetz **Abs. 2a** in § 14 TzBfG eingefügt worden, der für **neu gegründete Unternehmen** die sachgrundlose Befristung von Arbeitsverhältnissen – mit mehrfacher Verlängerungsmöglichkeit – auf insgesamt **vier Jahre** ausdehnt. Damit soll **Existenzgründern** die Entscheidung zur Neueinstellung von Arbeitnehmern erleichtert werden, da für sie in der Anfangsphase der wirtschaftliche Erfolg besonders ungewiss ist (BT-Drs. 15/1204 S. 10). Die gesetzliche Neuregelung knüpft an eine bis zum 30.9.1996 geltende Regelung in § 1 Abs. 2 des BeschFG 1985 für neu gegründete kleinere Unternehmen an (vgl. dazu *Lipke* KR, 4. Aufl. Rz 91 ff.) und ergänzt § 112a Abs. 2 BetrVG, wonach neu gegründete Unternehmen von der Sozialplanpflicht befreit sind (*Preis* DB 2004, 70, 78 f.). Mehr dazu KR-*Lipke* § 14 TzBfG Rz 316 ff. 125a

Neu ist die Öffnung für **tarifvertragliche Abweichungen** in § 14 Abs. 2 S. 3 TzBfG, die – anders als nach § 22 Abs. 1 TzBfG – beschränkt auf die Anzahl der Verlängerungen und die Höchstdauer der Be- 125b fristung **auch zu Lasten des Arbeitnehmers** geregelt werden dürfen, um **branchenspezifische Lösungen** zu erleichtern (BT-Drs. 14/4374 S. 14). Vgl. auch KR-*Bader* § 22 TzBfG.

126 Während es im Interesse einer Einschränkung von Kettenverträgen zu einer deutlichen Verschärfung der allgemeinen Voraussetzungen für eine Befristung ohne Sachgrund in Abs. 2 gekommen ist, setzte der Gesetzgeber die **Hürden für eine sachgrundlose Befristung der Arbeitsverhältnisse älterer Arbeitnehmer** in § 14 Abs. 3 **S. 1** TzBfG im Vergleich zur vorangehenden gesetzlichen Regelung **herab**. Nunmehr ist für diese Personengruppe die **nahezu grenzenlose Befristung ohne Sachgrund** bereits ab **Vollendung des 58. Lebensjahres** möglich. Hier genießen eindeutig arbeitsmarktpolitische Anliegen den Vorrang vor einem angemessenen Bestandsschutz (BT-Drs. 14/4374 S. 14, 20).

127 Mit Art. 7 des Ersten Gesetzes für moderne Dienstleistungen am Arbeitsmarkt (Hartz I) v. 23.12.2002 (BGBl. I S. 4607, 4619) hat der Gesetzgeber die **Altersgrenze** für die sachgrundlose Befristung von älteren Arbeitnehmern in § 14 Abs. 3 **S. 4** TzBfG **nochmals herabgesetzt**. Für die Zeit vom **1.1.2003 bis zum 31.12.2006** sollte der Arbeitgeber die erleichterten Befristungsvoraussetzungen bereits ab **Vollendung des 52. Lebensjahres** nutzen können. Es ist demzufolge auch zulässig einer sachgrundlosen Befristung iSv § 14 Abs. 2 TzBfG eine Befristung unter den erleichterten Bedingungen des Abs. 3 folgen zu lassen. Eine Sperre besteht nur noch zu einem in einem engen sachlichen Zusammenhang stehenden vorangehenden unbefristeten Arbeitsvertrag mit demselben Arbeitgeber. Den Neuregelungen in § 14 Abs. 3 TzBfG begegneten von Anfang an Bedenken, ob sie die **Mindestvorgaben der Richtlinie 1999/70/EG** erfüllen und den Anforderungen des **Art. 12 GG** genügen (*Däubler* ZIP 2000, 1965; ders. ZIP 2001, 224; *Richardi/Annuß* BB 2000, 2204; APS-*Backhaus* § 14 TzBfG Rz 417 ff.; **aA** *Preis/Gotthardt* DB 2000, 2072; *Kliemt* NZA 2000, 300; *Bauer* NJW 2001, 2673; ders. NZA 2003, 30). Die **Regelungen zur Altersbefristung** in Abs. 3 S. 1 und 4 sind wegen Verstoßes gegen den **Grundsatz der Verhältnismäßigkeit europarechtlich nicht haltbar** und stehen deshalb vor einer umfassenden Überarbeitung (s.o. Rz 99a ff.). Zur Neuregelung KR-*Lipke* § 14 TzBfG Rz 339 ff.

128 Das bereits seit dem 1.5.2000 in **§ 623 BGB** bestehende **Schriftformerfordernis** zur Befristungsabrede ist inzwischen nach **§ 14 Abs. 4 TzBfG** übernommen worden (BT-Drs. 14/4625 S. 11). Die angestrebte zusammenhängende Regelung in einem Gesetz war Anlass für den Wechsel des Ortes der Regelung (*Preis/Gotthardt* DB 2001, 150). Der entsprechende Passus in § 623 BGB wurde gestrichen (Art. 2 des Gesetzes über Teilzeitarbeit und befristete Arbeitsverträge und zur Änderung und Aufhebung arbeitsrechtlicher Bestimmungen; BT-Drs. 14/4625 S. 21). Im Einzelnen dazu KR-*Lipke* § 14 TzBfG Rz 367 ff. und KR-*Spilger* Anh. zu § 623 BGB.

129 Die **Abkoppelung vom Dienstvertragsrecht** des BGB findet in den eigenständigen Regelungen zum Ende des befristeten Arbeitsverhältnisses und zu den Folgen unwirksamer Befristungen in den **§§ 15, 16 TzBfG** seinen Ausdruck. Zum Teil sind bekannte Bestimmungen in §§ 620 Abs. 3, 622 Abs. 3, 624 und 625 BGB als Vorbild modifiziert übernommen (BT-Drs. 14/4374 S. 20 f.; BT-Drs. 14/4625 S. 21; *Hromadka* NJW 2001, 404), zum Teil sind neue **Regelungen zur Zweckerreichung** bei zweckbefristeten Arbeitsverträgen (§ 15 Abs. 2 TzBfG), zur **Kündbarkeit des befristeten Arbeitsverhältnisses** (§§ 15 Abs. 3, 16 S. 2 TzBfG) und zum **Fortbestehen des Arbeitsverhältnisses bei rechtsunwirksamer Befristung (§ 16 S. 1 TzBfG)** in Anlehnung an die bisherige Rechtsprechung geschaffen worden. Näher dazu KR-*Lipke* §§ 15, 16 TzBfG.

130 Das Modell der **Entfristungsklage** mit dreiwöchiger Klagefrist ist aus § 1 Abs. 5 BeschFG 1996 übernommen worden, allerdings um einen in den Beratungen des Arbeits- und Sozialausschusses zusätzlich aufgenommenen (höchst unverständlichen) Satz 3 ergänzt (BT-Drs. 14/4625 S. 21). Die Absicht des Gesetzgebers, Klarheit für den Beginn der Dreiwochenfrist bei Zweckbefristungen zu schaffen, ist insoweit gründlich missglückt (*Preis/Gotthardt* DB 2001, 151; *Kliemt* NZA 2001, 303; APS-*Backhaus* § 17 Rz 16 ff.). **§ 17 TzBfG** schafft eine **materiell-rechtliche Klagefrist** nach dem Muster von § 4 KSchG, die nach ihrem Ablauf alle der Befristung entgegenstehenden Mängel heilt. Näher dazu KR-*Bader* § 17 TzBfG Rz 23 ff.

131 Der **auflösend bedingte Arbeitsvertrag** wird »hoffähig« und unterliegt nun denselben Regelungen wie der kalendermäßig befristete oder zweckbefristete Arbeitsvertrag (§ 21 TzBfG). Damit endet ein langer Streit über die Zulässigkeit auflösender Bedingungen im Arbeitsrecht (vgl. nur *Lipke* KR, 5. Aufl. Rz 51 ff.; *Annuß/Thüsing-Annuß* § 21 TzBfG Rz 4 f.). Im Prinzip können daher fortan **alle Sachgründe, die eine Befristung erlauben, ebenso eine auflösende Bedingung rechtfertigen** (*Hromadka* NJW 2001, 405; ders. BB 2001, 621, 625; *Kliemt* NZA 2001, 303; ErfK-*Müller-Glöge* § 21 TzBfG Rz 2, 4; *Annuß* aaO Rz 9; einschränkend APS-*Backhaus* § 21 TzBfG Rz 6, *Staudinger/Preis* § 620 BGB Rz 198, die

hier strengere Anforderungen an den Sachgrund stellen wollen). Näher dazu KR-*Bader* § 21 TzBfG Rz 17 ff.

Der **Tarifautonomie** trägt die Bestimmung des § 22 TzBfG Rechnung, die im Grundsatz nur **günstige-** 132 **re Befristungsnormen** für die Arbeitnehmer zulässt. Ausnahmen hiervon für ungünstigere tarifliche Regelungen sind im Gesetz in Abs. 1 abschließend aufgelistet. Neben den bereits genannten Ausnahmen in § 14 Abs. 2 S. 3 TzBfG (s.o. Rz 125) erstreckt das Gesetz in § 22 Abs. 2 mögliche tarifvertragliche Abweichungen – erweitert um § 15 Abs. 3 TzBfG – auf die **nichttarifgebundenen Arbeitnehmer** des **öffentlichen Dienstes** und der Zuwendungsempfänger. Damit wird ein Regelungsmuster aus § 6 Abs. 2 BeschFG 1985 übernommen (BT-Drs. 14/4374 S. 22). Im Einzelnen dazu *Pöltl* NZA 2001, 582; *Rzadkowski/Renners* Personalrat 2001, 51; KR-*Bader* Erl. zu § 22 TzBfG.

Schlussendlich begründet das Gesetz **weitere Pflichten des Arbeitgebers** gegenüber dem befristet be- 133 schäftigten Arbeitnehmer und der Arbeitnehmervertretung in den §§ 18 bis 20 TzBfG. Der Arbeitnehmer soll über Dauerarbeitsplätze im Betrieb und Unternehmen unterrichtet werden, um für ihn **bessere Möglichkeiten des Übergangs in ein unbefristetes Arbeitsverhältnis zu schaffen**. Diesem Ziel dient ebenfalls die Teilhabe an Aus- und Weiterbildungsmaßnahmen. Flankierend zu den Beteiligungsrechten nach §§ 92, 93 und 99 BetrVG erhalten Betriebsrat, Personalrat (vgl. KR-*Lipke* § 14 TzBfG Rz 382 ff.) oder sonstige Arbeitnehmervertretungen auf allen Ebenen ein **zusätzliches Auskunftsrecht** zur Anzahl der im Betrieb und Unternehmen befristet beschäftigten Arbeitnehmer (BT-Drs. 14/4374 S. 21). Dieses Auskunftsrecht steht auch Sprecherausschüssen und Mitarbeitervertretungen im kirchlichen Bereich zu, was am Begriff **Arbeitnehmervertretung** abzulesen ist. Näher dazu KR-*Bader* Erl. zu §§ 18 bis 20 TzBfG.

Besondere gesetzliche Regelungen über die Befristung von Arbeitsverträgen bleiben nach § 23 TzBfG 134 **unberührt**. Damit sind insbes. die Bestimmungen des **ÄArbVtrG**, des **BEEG** und des **HRG** gemeint (vgl. KR-*Bader* § 23 TzBfG). Der gesetzgeberische Plan, das Recht der befristeten Arbeitsverhältnisse im Interesse höherer Rechtssicherheit zusammenhängend (BT-Drs. 14/4374 S. 13) und infolgedessen vollständig zu regeln, ist insoweit nicht umgesetzt. Gleichwohl **strahlt das TzBfG auf die Spezialgesetze aus**. In der Gesetzesbegründung findet sich dazu der Hinweis, dass die allgemeinen Vorschriften des TzBfG auf die spezialgesetzlich geregelten befristeten Arbeitsverhältnisse anzuwenden sind, wenn die Spezialgesetze nichts Abweichendes regeln (BT-Drs. 14/4374 S. 22). Das **TzBfG** ist deshalb **subsidiär heranzuziehen,** soweit die Spezialgesetze schweigen.

VI. Übergangsrecht

Eine **Übergangsregelung sieht das TzBfG nicht vor.** Art. 3 des Gesetzes hebt das BeschFG auf, soweit 135 die dortigen Bestimmungen wie § 1 Abs. 1 bis 4 BeschFG 1996 nicht ohnehin in ihrer Geltungsdauer auf den 31.12.2000 (§ 1 Abs. 6 BeschFG 1996) befristet waren. Art. 4 des Gesetzes setzt das TzBfG zum 1.1.2001 in Kraft. Es sind deshalb die allgemeinen **Rechtsgrundsätze des intertemporalen Rechts** anzuwenden. Da es sich beim TzBfG um eine Fortschreibung des bisherigen Rechts handelt, kann größtenteils auf die zum Übergang vom BeschFG 1985 auf das BeschFG 1996 gefundenen Lösungen zurückgegriffen werden (vgl. KDZ-*Däubler* § 1 BeschFG Rz 8; *Lipke* KR, 5. Aufl. § 1 BeschFG Rz 119 f.). Zu den Besonderheiten des Übergangsrechts bei einzelnen Bestimmungen des TzBfG vgl. die dortigen Erläuterungen.

Nach dem **Tatbestandsprinzip** sind daher alle Fallgestaltungen unproblematisch zu lösen, bei denen 136 der Vertragsabschluss und der Tätigkeitsbeginn entweder vor dem 1.1.2001 oder nach dem 31.12.2000 liegen. Es ist dann das **Recht** anzuwenden, das im **Zeitpunkt** der Tatbestandsverwirklichung, d.h. bei **Abschluss des befristeten Arbeitsvertrages** oder seiner Verlängerung galt (*BAG* 15.1.2003 EzA § 14 TzBfG Nr. 2; 15.1.2003 AP Nr. 1 zu § 14 TzBfG; 14.7.2005 EzA § 613a BGB 2002 Nr. 36; *Lipke* KR, 5. Aufl. § 1 BeschFG Rz 30; ErfK-*Müller-Glöge* § 14 TzBfG Rz 31 ff.; *Staudinger/Preis* § 620 BGB Rz 22 f.; *Rolfs* § 14 TzBfG Rz 131; *Annuß/Thüsing-Maschmann* § 14 TzBfG Rz 8 ff.). Eine noch vor dem 1.1.2001 unter erleichterten Voraussetzungen (BeschFG 1996 oder im Kleinbetrieb) wirksam abgeschlossene Befristung ohne Sachgrund, die erst nach dem 1.1.2001 ausläuft, regelt sich deshalb nach dem früheren Recht (vgl. *BAG* 15.1.2003 AP Nr. 1 zu § 14 TzBfG). Eine andere Auffassung liefe auf eine **verfassungsrechtlich problematische Rückwirkung** hinaus (*Gotthardt/Preis* DB 2001, 152; *Hopfner* BB 2001, 200; *Kliemt* NZA 2001, 200; *LAG Düsseld.* 11.1.2002 und 8.3.2002 LAGE § 14 TzBfG Nr. 2, 4). Bei einer nach dem 1.1.2001 erfolgten **Verlängerungsvereinbarung** stellt sich diese als **eigenständiges Rechtsgeschäft** (*BAG* 15.1.2003 EzA § 14 TzBfG Nr. 1) dar, das dem neuen Recht unterliegt. Dabei stellt das BAG auch auf die

§ 620 BGB   Ende des Dienstverhältnisses

teilweise Parallelität der alten und neuen Befristungsregelungen ab. Befristete Arbeitsverhältnisse ohne Sachgrund, die **ab dem 1.1.2001** vereinbart und begonnen wurden, haben indessen den erhöhten Anforderungen des TzBfG zu genügen.

137 Der tatsächliche **Beginn des Arbeitsverhältnisses** hat für das anzuwendende alte oder neue Recht nur **eingeschränkte Bedeutung.** Die **Rechtswirksamkeit** einer Befristung richtet sich ausschließlich **nach den Verhältnissen, die bei ihrer schriftlichen Vereinbarung** (§ 623 BGB aF; § 14 Abs. 4 TzBfG) **bestanden** (*BAG* 26.7.2000 EzA § 1 BeschFG 1985 Nr. 18; 15.1.2003 EzA § 14 TzBfG Nr. 3; *Dörner* Der befristete Arbeitsvertrag Rz 579 f.; **aA** *Sowka* DB 2000, 2427; *Straub* NZA 2001, 927). Das gebietet die Rechtssicherheit. Für Befristungen mit Sachgründen sind diese und unter Umständen die Prognosegrundlagen des Arbeitgebers, für sachgrundlose Befristungen sind die jeweiligen gesetzlichen Zulässigkeitsvoraussetzungen nach dem BeschFG 1996 bzw. § 14 Abs. 2 TzBfG zu prüfen.

138 Allerdings darf das zeitliche Auseinanderfallen von Abschluss des befristeten Arbeitsvertrages und vertragsgemäßer Arbeitsaufnahme nicht dazu führen, dass die dem Arbeitgeber günstigeren Zulässigkeitsvoraussetzungen (zB Fehlen des Neueinstellungserfordernisses) für eine sachgrundlose Befristung nach dem BeschFG 1996 uferlos erhalten bleiben. Den **zeitlichen Rahmen** setzt hierzu das insoweit bis zum 31.12.2000 befristete Gesetz selbst. Eine vor dem 1.1.2001 vereinbarte Befristung ohne Sachgrund darf auch bei späterer Arbeitsaufnahme (zB 1.11.2001) **nicht über den 31.12.2002 hinaus** reichen, da das Gesetz nach § 1 Abs. 1 BeschFG 1996 nur eine Höchstdauer von zwei Jahren gestattete (*Kliemt* NZA 2001, 306).

139 Innerhalb dieser Zeitspanne stand es dem Arbeitgeber zu, die Vorteile des § 1 BeschFG 1996 auszuschöpfen, soweit deutlich war, dass er den befristeten Arbeitsvertrag auf diese gesetzliche Grundlage stützen wollte (*BAG* 22.3.2000 EzA § 1 BeschFG 1985 Klagefrist Nr. 4 m. Anm. *Gotthardt*; 25.10.2000 EzA § 1 BeschFG 1985 Nr. 22 mwN). Von daher kann der Arbeitgeber selbst nach vorheriger befristeter oder unbefristeter Beschäftigung des Arbeitnehmers **ungeachtet des verschärften Anschlussverbots in § 14 Abs. 2 S. TzBfG** eine vor dem 1.1.2001 vereinbarte Befristung ohne Sachgrund abwickeln, soweit er nur die Voraussetzungen des § 1 Abs. 1 und 3 BeschFG 1996 einhält (*BAG* 15.1.2003 EzA § 14 TzBfG Nr. 2, 3; Erf*K-Müller-Glöge* § 14 TzBfG Rz 115; *Sowka* 2000, 2427; *Hopfner* BB 2001, 201; **aA** *Preis/Gotthardt* DB 2001, 152 Fn. 81). § 14 Abs. 2 S. 2 TzBfG **sperrt** nämlich vom Tatbestand her allein **die Neubegründung eines sachgrundlos befristeten Arbeitsvertrages.** Deshalb ist hier allein auf die **Erstbefristung** des noch nicht abgelaufenen befristeten Arbeitsvertrages (§ 14 Abs. 2 S. 1, 1. Hs. TzBfG) abzustellen (*BAG* 15.1.2003 EzA § 14 TzBfG Nr. 3; *Kliemt* aaO, 306).

140 Dies soll auch gelten, wenn eine vor dem 1.1.2001 vereinbarte und (ggf. später) aufgenommene befristete Tätigkeit **nach dem 31.12.2000** verlängert wird (*BAG* 15.1.2003 EzA § 14 TzBfG Nr. 3). Zum Begriff der Verlängerung vgl. KR-*Lipke* § 14 TzBfG Rz 286 ff. Da die **Verlängerung ein formbedürftiges Rechtsgeschäft** ist (KR-*Spilger* Anh. zu § 623 BGB Rz 81 ff.), das ab dem 1.1.2001 der Regelung in **§ 14 Abs. 2 S. 1 TzBfG unterliegt, sind die zu diesem Zeitpunkt geltenden gesetzlichen Voraussetzungen maßgeblich** (*BAG* 15.1.2003 EzA § 14 TzBfG Nr. 2, 3; MünchKomm-*Hesse* § 14 TzBfG Rz 122; KDZ-*Däubler* § 1 BeschFG Rz 11; **aA** wohl *Sowka* DB 2000, 2429; *Preis/Gotthardt* DB 2001, 152; *Hopfner* BB 2001, 201; *Kliemt* NZA 2001, 306; *Straub* NZA 2001, 927). Dabei darf nicht übersehen werden, dass der **Gesetzgeber,** im Unterschied zur vorhergehenden Ablösung des § 1 Abs. 1 BeschFG 1985, **sachgrundlose Befristungen einschränken und nicht ausweiten wollte** (s.o. Rz 125; iE ebenso *Staudinger/Preis* § 620 BGB Rz 22; *Rolfs* § 14 TzBfG Rz 132). Da Rechtshandlungen nach dem 31.12.2000 betroffen sind, stellt sich nicht das Problem der Rückwirkung.

141 Das **BAG** hat eine von **systematischen und teleologischen Überlegungen** geleitete **Auslegung des Wortlauts** von § 14 Abs. 2 TzBfG vorgenommen, da eine gesetzliche Übergangsregelung fehle und der Wortlaut der Bestimmung nicht eindeutig gefasst sei, ob der **Begriff der Befristung** auch den Tatbestand der **Verlängerung** mit umfasse. Der nach **Abs. 2 S. 2** in Bezug genommene Satz 1 regele sowohl die Befristung eines Arbeitsvertrages (1. Hs.) als auch dessen Verlängerung (2. Hs.); eine Verlängerung stelle aber zugleich auch eine Befristung dar. In der Folge wären deshalb Verlängerungen an sich schädlich, da sie iSd gesetzlichen Privilegierung kein Neuabschluss mehr wären. Eine solche Absicht des Gesetzgebers sei nicht erkennbar. Daher müsse sich § 14 Abs. 2 S. 2 TzBfG systematisch allein auf **Erstbefristungen** und nicht auf Verlängerungen beziehen (ebenso *LAG Nds.* 26.6.2002 LAGE § 14 TzBfG Nr. 8). Im Übrigen widerspreche eine Erstreckung des Anschlussverbotes auf Verlängerungen dem Sinn und Zweck des Gesetzes, da keine unzulässige Befristungskette entstehe. Ein nach dem BeschFG 1996 begründeter und nach dem TzBfG verlängerter Befristungsvertrag, der im Rahmen von

1476   *Lipke*

Kündigungsfristen bei Arbeitsverhältnissen § 622 BGB

zwei Jahren bleibe, entspreche in Umsetzung der Richtlinie 1999/70/EG dem gesetzgeberischen Anliegen (*BAG* 15.1.2003 EzA § 14 TzBfG Nr. 2, 3; *Dörner* Der befristete Arbeitsvertrag Rz 583 f.).

Abweichend sind **Verlängerungen von Altverträgen mit älteren Arbeitnehmern** zu bewerten (§ 14 Abs. 3 TzBfG). Der Gesetzgeber hat die bis zum 31.12.2000 vorhandenen Einschränkungen zweimal gelockert (s.o. Rz 126 f.; KR-*Lipke* § 14 TzBfG Rz 339 ff.). Auch befristete Arbeitsverträge ohne Sachgrund, die in einem **engen sachlichen Zusammenhang** mit dem Neuabschluss eines solchen Vertrages stehen, waren nunmehr erlaubt (vgl. zur früheren Rechtslage *Lipke* KR, 5. Aufl. § 1 BeschFG 1996 Rz 138 bis 140). Der – zeitlich erweiterte – enge sachliche Zusammenhang (weniger als sechs anstelle von vier Monaten) schränkt nach **§ 14 Abs. 3 S. 2 und 3 TzBfG** nur **Anschlussbefristungen zu einem vorhergehenden unbefristeten Arbeitsvertrag** ein. Dies kann auch ein unwirksam befristeter Arbeitsvertrag sein. Da die **Regelung in Gänze gemeinschaftswidrig** ist (s.o. Rz 99a ff.) und bis zum 22.11.2005 (EuGH-Entscheidung »**Mangold**«) ein gemeinschaftsrechtlicher **Vertrauensschutz** für die **Arbeitgeber** nicht gewährt wird (*BAG* 26.4.2006 EzA § 14 TzBfG Nr. 28), stellt sich das Problem nicht mehr. Rettung für die Arbeitgeberseite bietet insoweit nur ein nachweisbarer Sachgrund für die Befristung (§ 14 Abs. 1 TzBfG) oder die (unwahrscheinliche) Erfüllung der Voraussetzungen einer sachgrundlosen Befristung nach § 14 Abs. 2, 2a TzBfG. Näher dazu KR-*Lipke* § 14 TzBfG Rz 339 ff. Zum Übergang von einer sachgrundlosen Befristung nach § 14 Abs. 2 zu einer sachgrundlosen Befristung nach § 14 Abs. 2a TzBfG vgl. KR-*Lipke* § 14 TzBfG Rz 333.

142

§ 622 Kündigungsfristen bei Arbeitsverhältnissen

(1) Das Arbeitsverhältnis eines Arbeiters oder eines Angestellten (Arbeitnehmers) kann mit einer Frist von vier Wochen zum Fünfzehnten oder zum Ende eines Kalendermonats gekündigt werden.

(2) ¹Für eine Kündigung durch den Arbeitgeber beträgt die Kündigungsfrist, wenn das Arbeitsverhältnis in dem Betrieb oder Unternehmen
1. zwei Jahre bestanden hat, einen Monat zum Ende eines Kalendermonats,
2. fünf Jahre bestanden hat, zwei Monate zum Ende eines Kalendermonats,
3. acht Jahre bestanden hat, drei Monate zum Ende eines Kalendermonats,
4. zehn Jahre bestanden hat, vier Monate zum Ende eines Kalendermonats,
5. zwölf Jahre bestanden hat, fünf Monate zum Ende eines Kalendermonats,
6. fünfzehn Jahre bestanden hat, sechs Monate zum Ende eines Kalendermonats,
7. zwanzig Jahre bestanden hat, sieben Monate zum Ende eines Kalendermonats.

²Bei der Berechnung der Beschäftigungsdauer werden Zeiten, die vor der Vollendung des fünfundzwanzigsten Lebensjahres des Arbeitnehmers liegen, nicht berücksichtigt.

(3) Während einer vereinbarten Probezeit, längstens für die Dauer von sechs Monaten, kann das Arbeitsverhältnis mit einer Frist von zwei Wochen gekündigt werden.

(4) ¹Von den Absätzen 1 bis 3 abweichende Regelungen können durch Tarifvertrag vereinbart werden. ²Im Geltungsbereich eines solchen Tarifvertrages gelten die abweichenden tarifvertraglichen Bestimmungen zwischen nichttarifgebundenen Arbeitgebern und Arbeitnehmern, wenn ihre Anwendung zwischen ihnen vereinbart ist.

(5) ¹Einzelvertraglich kann eine kürzere als die in Absatz 1 genannte Kündigungsfrist nur vereinbart werden,
1. wenn ein Arbeitnehmer zur vorübergehenden Aushilfe eingestellt ist; dies gilt nicht, wenn das Arbeitsverhältnis über die Zeit von drei Monaten hinaus fortgesetzt wird;
2. wenn der Arbeitgeber in der Regel nicht mehr als zwanzig Arbeitnehmer ausschließlich der zu ihrer Berufsbildung Beschäftigten beschäftigt und die Kündigungsfrist vier Wochen nicht unterschreitet.

²Bei der Feststellung der Zahl der beschäftigten Arbeitnehmer sind teilzeitbeschäftigte Arbeitnehmer mit einer regelmäßigen wöchentlichen Arbeitszeit von nicht mehr als 20 Stunden mit 0,5 und nicht mehr als 30 Stunden mit 0,75 zu berücksichtigen. ³Die einzelvertragliche Vereinbarung längerer als der in den Absätzen 1 bis 3 genannten Kündigungsfristen bleibt hiervon unberührt.

(6) Für die Kündigung des Arbeitsverhältnisses durch den Arbeitnehmer darf keine längere Frist vereinbart werden als für die Kündigung durch den Arbeitgeber.

§ 622 BGB — Kündigungsfristen bei Arbeitsverhältnissen

Übersicht*

Vereinheitlichung der gesetzlichen Kündigungsfristen für Arbeiter und Angestellte

	Bisher geltende Regelung		Neuregelung
	Arbeiter (und Arbeiter und Angestellte in den NBL)	Angestellte (in den alten Bundesländern)	Arbeitnehmer
Kündigungsfrist während der Probezeit (bis 6 Monate)	2 Wochen	1 M/ME	2 Wochen
Grundkündigungsfrist	2 Wochen	6 W/VE	4 W zum 15. des M oder zum ME
verlängerte Fristen (für Arbeitgeberkündigung) Berechnung der BZ ab 25. Lebensjahr	5 Jahre BZ–1 M/ME 10 Jahre BZ–2 M/ME 20 Jahre BZ–3 M/VE	* 5 Jahre BZ–3 M/VE 8 Jahre BZ–4 M/VE 10 Jahre BZ–5 M/VE 12 Jahre BZ–6 M/VE	2 Jahre BZ–1 M/ME 5 Jahre BZ–2 M/ME 8 Jahre BZ–3 M/ME 10 Jahre BZ–4 M/ME 12 Jahre BZ–5 M/ME 15 Jahre BZ–6 M/ME 20 Jahre BZ–7 M/ME
Zulässigkeit der tarifvertraglichen** Abkürzung der – Frist während der Probezeit – Grundkündigungsfrist – verlängerte Fristen	ja NBL: nein ja (NBL: nein) ja	ja ja nein	ja
Zulässigkeit der einzelvertraglichen Abkürzung der Grundkündigungsfrist	nein	ja: bei Aushilfe bis 3 Monate (NBL: nein) sonst ja, mindestens aber 1 M/ME	– bei Aushilfe bis 3 Monate – bei Arbeitgebern mit nicht mehr als 20 AN***, mindestens aber 4 Wochen

* Gilt nur, wenn beim Arbeitgeber in der Regel mehr als zwei Angestellte ausschließlich der zu ihrer Berufsbildung Beschäftigten tätig sind.
** die tarifvertraglichen Abweichungen gelten zwischen nichttarifgebundenen Arbeitgebern und Arbeitnehmern, wenn ihre Anwendungen zwischen ihnen einzelvertraglich vereinbart ist.
*** Feststellung der Zahl der beschäftigten Arbeitnehmer unter quotaler Berücksichtigung teilzeitbeschäftigter Arbeitnehmer.

Abkürzung: BZ – Betriebszugehörigkeit   W – Wochen
M/ME – Monat(e) zum Monatsende   W/VE – Wochen zum Vierteljahresende
M/VE – Monate zum Vierteljahresende   NBL – Neue Bundesländer

Aus: BArbBl. 12/1993, 10 (ergänzt)

Vor der seit 1.10.1996 aufgrund Art. 7 des Arbeitsrechtlichen Beschäftigungsförderungsgesetzes (vom 25.9.1996, BGBl. I S. 1476) geltenden Neuregelung hatte § 622 Abs. 5 S. 2 folgenden Wortlaut:

Bei der Feststellung der Zahl der beschäftigten Arbeitnehmer sind nur Arbeitnehmer zu berücksichtigen, deren regelmäßige Arbeitszeit wöchentlich zehn Stunden oder monatlich fünfundvierzig Stunden übersteigt.

---

* Einen Überblick über die in den Mitgliedstaaten der EU maßgebenden Kündigungsfristen geben *Mozet* NZA 1998, 128, sowie *Kutzki* FA 2005, 69, 70.

Kündigungsfristen bei Arbeitsverhältnissen § 622 BGB

Vor der seit 1.1.1999 aufgrund Art. 6a des Gesetzes zu Korrekturen in der Sozialversicherung und zur Sicherung der Arbeitnehmerrechte (vom 19.12.1998, BGBl. I S. 3843) geltenden Neuregelung waren auch teilzeitbeschäftigte Arbeitnehmer mit einer regelmäßigen wöchentlichen Arbeitszeit von »nicht mehr als zehn Stunden mit 0,25« zu berücksichtigen.

Literatur

– bis 2004 vgl. KR-Vorauflage –
Annuß Das Verbot der Altersdiskriminierung als unmittelbar geltendes Recht, BB 2006, 325; *ders.* Das Allgemeine Gleichbehandlungsgesetz im Arbeitsrecht, BB 2006, 1629; *Bauer/Rennpferdt* AR-Blattei SD 1010.5 Kündigung V, Kündigungsfristen; *Bayreuther* Kündigungsschutz im Spannungsfeld zwischen Gleichbehandlungsgesetz und europäischem Antidiskriminierungsrecht, DB 2006, 1842; *Bröhl* Kündigung im öffentlichen Dienst nach dem neuen TVöD, ZTR 2006, 174; *Eisemann* Kündigungsfristen; S. 251, in: Küttner (Hrsg.), Personalbuch 2005, 12. Aufl. 2005 (zit.: Eisemann Personalbuch); *Krause* AR-Blattei SD 220.2.2 Arbeitsvertrag – Arbeitsverhältnis II B, Nachweis von Arbeitsbedingungen; *Krebber* The Social Rights Approach of the European Court of Justice to enforce European Employment Law, Comparative Labor Law & Policy Journal (demnächst); *Kretz* Handwörterbuch Arbeitsrecht, Kündigungsfristen und Kündigungsfristengesetz; *ders.* AR-Blattei SD 1010.6 Kündigung VI, Kündigungstermine; *Linck* AR-Blattei SD 1010.1.3 Kündigung I C, Kündigung vor Dienstantritt; *Löwisch* Kündigen unter dem AGG, BB 2006, 2189; *Preis* Verbot der Altersdiskriminierung als Gemeinschaftsgrundrecht, NZA 2006, 401; *Preis/Kliemt/Ulrich* AR-Blattei SD 310 Das Aushilfsarbeitsverhältnis; *dies.* AR-Blattei SD 1270 Das Probearbeitsverhältnis; *Reichold/Hahn/Heinrich* Neuer Anlauf zur Umsetzung der Antidiskriminierungs-Richtlinien, NZA 2005, 1270; *Röder/Krieger* Einführung in das neue Antidiskriminierungsrecht, FA 2006, 199; *Waltermann* Verbot der Altersdiskriminierung – Richtlinie und Umsetzung, NZA 2005, 1265; *Wiedemann* Anm. zu BAG 27.8.1982, AP Nr. 133 zu § 1 TVG Auslegung; *Willemsen/Schweibert* Schutz der Beschäftigten im Allgemeinen Gleichbehandlungsgesetz, NJW 2006, 2583; *Wolff* Verbot der Altersdiskriminierung – terra incognita im Arbeitsrecht, FA 2006, 260.

Inhaltsübersicht

Kurz-Gliederung

	Rz		Rz
A. Entstehungsgeschichte	1–50	G. Tarifvertragliche Regelungen (§ 622 Abs. 4 S. 1)	206–269
B. Überblick	51–62		
C. Geltungsbereich	63–85b	H. Auswirkungen des KündFG auf Altkündigungen und auf Altregelungen	270–286
D. Verbot, Ausschluss und Beschränkung der ordentlichen Kündigung	86–120	I. Auswirkungen der Schuldrechtsmodernisierung	287–290
E. Anfang, Berechnung und Ablauf der Kündigungsfristen	121–140		
F. Einzelvertragliche Regelungen (§ 622 Abs. 3, Abs. 4 S. 2, Abs. 5, Abs. 6)	141–205a		

Detail-Gliederung

A. Entstehungsgeschichte		1–50	2. Kündigungsfristen in den neuen Bundesländern	36–48
I. Rechtszustand bis zu dem Inkrafttreten des KündFG am 15.10.1993		7–48	a) Grundsatz	36, 37
1. Kündigungsfristen in den alten Bundesländern		7–35	b) Weitergeltung des § 55 AGB-DDR	38, 39
a) Entstehungsgeschichte des § 622 BGB 1969		7–9	c) Regelungsgehalt	40–48
b) Verfassungswidrigkeit einzelner Teilregelungen		10–35	II. Das KündFG vom 7.10.1993	49, 50
			B. Überblick	51–62
aa) Unterscheidung zwischen Arbeitern und Angestellten		10–21	I. Grundkündigungsfrist	51, 52
bb) Verfassungsrechtliche Konsequenzen der Unterscheidung		22–25	II. Verlängerte Kündigungsfristen	53–62
			1. Allgemeines	53, 54
			2. Beschäftigung in einem Betrieb oder Unternehmen	55
cc) Auswirkungen der Unvereinbarkeitserklärungen		26–33	3. Bestimmung und Berechnung der Wartezeiten (§ 622 Abs. 2 S. 1 mit S. 2)	56–62
dd) Weitere vorläufige Anwendung der Fristen des § 622 Abs. 2 BGB 1969		34, 35	C. Geltungsbereich	63–85b
			I. Persönlicher Geltungsbereich	63–66
			1. Bestehen eines Arbeitsverhältnisses	63

		Rz				Rz
	2. Arbeitnehmer in Kleinunternehmen; Schwellenwert; anteilige Berücksichtigung der Teilzeitbeschäftigten	64–64b		3. Anfang der Frist bei Kündigung vor Dienstantritt		127–129a
			II.	Berechnung der Frist		130–136
				1. Regelung des § 187 Abs. 1 BGB		130–133
	3. Hausangestellte	65		2. Anwendung des § 187 Abs. 2 BGB		134
	4. Arbeitnehmerähnliche Personen und Organmitglieder	66		3. Vorzeitige Kündigung		135, 136
II.	Sachlicher Geltungsbereich und Regelungsgehalt	67–74	III.	Fristablauf		137–140
				1. Fristende nach § 188 BGB		137–139
	1. Regelung der ordentlichen Kündigung	67–73a		2. Kündigung mit unzureichender Frist/Prozessuales		140
	2. Arbeitsverhältnis auf unbestimmte Dauer	74	F.	Einzelvertragliche Regelungen (§ 622 Abs. 3, Abs. 4 S. 2, Abs. 5, Abs. 6)		141–205a
III.	Zeitlicher Geltungsbereich (Art. 222 EGBGB)	75, 76	I.	Verkürzung der Kündigungsfristen und Änderung der Kündigungstermine		141–170
IV.	Gesetzliche Sonderregelungen (nur Übersicht; Einzelheiten s. gesonderte Kommentierungen)	77–85b		1. Zwingende Kündigungsfristen und Ausnahmen		141–151a
	1. Berufsbildungsgesetz	77, 78		2. Vereinbarte Probezeit (§ 622 Abs. 3)		152–155b
	2. Schwerbehindertenrecht	79				
	3. Bundeserziehungsgeldgesetz	80				
	4. Arbeitnehmerüberlassungsgesetz	81, 82		3. Vorübergehende Einstellung zur Aushilfe (§ 622 Abs. 5 S. 1 Nr. 1)		156–168
	5. Heimarbeitsgesetz	83				
	6. Seemannsgesetz	84		4. Kleinunternehmen (§ 622 Abs. 5 S. 1 Nr. 2)		169, 170
	7. Insolvenzverfahren	85, 85a				
	8. Teilzeit- und Befristungsgesetz (TzBfG)	85b	II.	Verlängerung der Kündigungsfristen und Änderung der Kündigungstermine (§ 622 Abs. 5 S. 3)		171–178
	9. Mutterschutzgesetz	85c				
	10. Kündigungsfrist bei Arbeitsverträgen auf Lebenszeit oder über mehr als fünf Jahre	85d		1. Kündigungsfristen		171–176
				2. Kündigungstermine		177, 178
	11. SGB III	85e	III.	Vereinbarung der Anwendung abweichender tarifvertraglicher Bestimmungen (§ 622 Abs. 4 S. 2)		179–195
D.	Verbot, Ausschluss und Beschränkung der ordentlichen Kündigung	86–120				
I.	Gesetzliche Kündigungsverbote	86–97		1. Zweck der vertraglichen Zulassungsnormen		179
	1. Zeitlich unbegrenzte Verbote	86				
	2. Zeitlich begrenzte Verbote	87–96		2. Bezugnahme im Geltungsbereich des Tarifvertrages		180–183
	3. Sachlich begrenzte Verbote	97				
II.	Gesetzlicher Kündigungsausschluß	98–102		a) Ersetzung der fehlenden Tarifunterworfenheit		180
	1. Auswirkung der Grundrechte	99		b) Verweisung auf »fremde« Tarifverträge		181, 182
	2. Sittenwidrige Kündigung	100				
	3. Treuwidrige Kündigung	101		c) Tarifkonkurrenz		183
	4. Sozialwidrige Kündigung	102		3. Möglicher und notwendiger Inhalt der Bezugnahme		184–188
III.	Vorherige Zustimmung; vorherige Anhörung	103–108		a) Fristen und Termine		184
	1. Vorherige Zustimmung	104–107		b) Kündigungskomplex – einzelne Kündigungsbestimmungen		185, 186
	2. Vorherige Anhörung	108				
IV.	Ausschluss der Kündigung durch Tarifvertrag	109–114		c) Kündigungskomplex – Tarifvertrag		187
V.	Regelung durch Betriebsvereinbarung	115		d) Verweisung auf nachwirkenden Tarifvertrag		188
VI.	Vertragliche Regelungen	116–120		4. Form der Vereinbarung		189–192
E.	Anfang, Berechnung und Ablauf der Kündigungsfristen	121–140		a) Vertrag – betriebliche Übung – Gleichstellungsabrede		189, 190
I.	Anfang mit Zugang der ordentlichen Kündigung	121–129a				
	1. Kündigung als empfangsbedürftige Willenserklärung	121–123		b) Betriebsvereinbarung		191, 192
				5. Wirkung der Bezugnahme		193–195
	2. Zugang nach § 130 BGB	124–126		a) Keine Normenwirkung		193, 194

	Rz
b) Änderungen des Tarifvertrages	195
IV. Rechtsfolgen unwirksamer oder lückenhafter Vereinbarungen	196–205
1. Keine Nichtigkeit des gesamten Vertrages	196, 197
2. Verkürzung der Kündigungsfrist	198
3. Verlängerung der Kündigungsfrist	199–203
4. Unzulässige Vereinbarung von Kündigungsterminen	204, 205
V. Einfluß des Nachweisgesetzes	205a
G. Tarifvertragliche Regelungen (§ 622 Abs. 4 S. 1, Abs. 6)	206–269
I. Bedeutung des Vorrangprinzips	206–210d
II. Inhalt und Grenzen der Regelungsbefugnis	211–216
1. Entfristete Kündigungen	211, 212
2. Verkürzung der Fristen für ältere Arbeitnehmer	213, 214
3. Verlängerung der Fristen	215
4. Regelung der Kündigungstermine	216
III. Geltung tariflicher Kündigungsvorschriften	217–239
1. Tarifgebundenheit	217–220
2. Allgemeinverbindlichkeit	221
3. Geltungsbereich des Tarifvertrages	222–237
a) Grundsätzliches	222, 223
b) Zeitlicher Geltungsbereich	224–228
c) Räumlicher Geltungsbereich	229–234
d) Persönlicher Geltungsbereich	235
e) Betrieblich-branchenmäßiger Geltungsbereich	236
f) Fachlicher Geltungsbereich	237
4. Blankettverweisungen in Tarifverträgen	238
5. Tarifkonkurrenz	239
IV. Tarifvertrag und günstigere Individualabsprache	240–242
V. Nachwirkende Tarifverträge	243–246

	Rz
VI. Verfassungswidrigkeit unterschiedlicher tariflicher Kündigungsfristen und Wartezeiten für Arbeitgeber und Angestellte	247–269
1. Bindung der Tarifpartner an Art. 3 GG	247
2. Prüfungsmaßstab	248–251
a) Beschränkte materielle Richtigkeitsgewähr	249, 250
b) Darlegungslast – Amtsermittlung	251
3. Praktische Folgerungen aus dem Prüfungsmaßstab	252–263
a) Verfassungskonforme Regelungen	252–260
b) Verfassungswidrige Regelungen	261–263
4. Auswirkungen verfassungswidriger Kündigungsregelungen	264–269
H. Auswirkungen des KündFG auf Altkündigungen und auf Altregelungen	270–286
I. Allgemeines	270
II. Altkündigungen – Übergangsvorschrift des Art. 222 EGBGB	271–279
1. Regelungsgehalt	271–274
2. Günstigkeit	275
3. Verfassungsmäßigkeit der Teilregelungen in Art. 222 EGBGB	276–279
III. Altregelungen – Auswirkungen auf bestehende einzelvertragliche und auf bestehende tarifvertragliche Regelungen	280–286
1. Allgemeines	280
2. Auswirkungen auf bestehende einzelvertragliche Regelungen (sog. Altverträge)	281–283
3. Auswirkungen auf bestehende tarifvertragliche Regelungen	284–286
I. Auswirkungen der Schuldrechtsmodernisierung (AGB-Kontrolle)	287-290

Alphabetische Übersicht

AGB-DDR	38, 39
AGB-Kontrolle	287–290
Allgemeinverbindlichkeit	221
Alte Bundesländer	7–35
Ältere Arbeitnehmer	213, 214
Änderung der Kündigungstermine	141–170, 177, 178
Anfang der Kündigungsfristen	121–129a
Angestellte	10–21
Anhörung	108
Arbeiter	10–22
Arbeitnehmerähnliche Personen	66
Arbeitnehmerüberlassungsgesetz	81, 82

Arbeitsverhältnis	63
Art. 222 EGBGB	75, 76, 271–279
Aushilfe	156–168
Ausschluss der ordentlichen Kündigung	86–120
Berechnung Kündigungsfristen	130–136
Berechnung Wartezeiten	56–62
Berufsbildungsgesetz	77, 78
Beschränkung der ordentlichen Kündigung	86–120
Bestimmung Wartezeiten	56–62
Betrieb	55
Betriebsvereinbarung	115, 151a, 171, 177, 191, 192
Beweislast	141

	Rz		Rz
Bezugnahme auf Tarifvertrag	179–195	Persönlicher Geltungsbereich	63–66
Bezugnahme auf Tarifvertrag, einzelne Kündigungsbestimmungen	185, 186	Probezeit	152–155b
		Prozessuales	140
Bezugnahme auf Tarifvertrag, Form	189–192	Regelungsgehalt	67–74
Bezugnahme auf Tarifvertrag, Fristen	184		
Bezugnahme auf Tarifvertrag, Gleichstellungsabrede	190, 289	Sachlicher Geltungsbereich	67–74
		Schwellenwert	64
Bezugnahme auf Tarifvertrag, Kündigungskomplex	185, 186	Schwerbehindertenrecht	79
		Seemannsgesetz	84
Bezugnahme auf Tarifvertrag, möglicher Inhalt	184–188	Sittenwidrige Kündigung	100
		Sonderregelungen	77–85 b
Bezugnahme auf Tarifvertrag, notwendiger Inhalt	184–188	Sozialwidrige Kündigung	102
		Tarifgebundenheit	217–220
Bezugnahme auf Tarifvertrag, Termine	184	Tarifkonkurrenz	183
Bezugnahme auf Tarifvertrag, Wirkung	193–195	Tarifunterworfenheit	180
Bezugnahme, nachwirkender Tarifvertrag	188	Tarifvertrag und günstigere Individualabsprache	240–242
Blankettverweisungen	238	Tarifvertragliche Regelung, deklaratorische	210–210d
Bundeserziehungsgeldgesetz	80		
Einzelvertragliche Regelungen	141–205	Tarifvertragliche Regelung, entfristete Kündigung	211, 212
Entfristete Kündigungen	211, 212		
Entstehungsgeschichte	1–50	Tarifvertragliche Regelung, Kündigungstermine	216
Entstehungsgeschichte § 622 BGB	1969 7–9		
Fristablauf	137–140	Tarifvertragliche Regelung, selbständige	210–210d
Fristende nach § 188 BGB	137–139	Tarifvertragliche Regelung, Verkürzung der Fristen	213, 214
Geltungsbereich	63–85b		
Geltungsbereich des Tarifvertrages	180–183, 222–237	Tarifvertragliche Regelung, Verlängerung der Fristen	215
		Tarifvertragliche Regelungen	206–269
Geltungsbereich des Tarifvertrages, betrieblich-branchenmäßiger	235	Tarifvertragliche Regelungsbefugnis	211–216
		Tarifvertraglicher Kündigungsausschluss	109–114
Geltungsbereich des Tarifvertrages, fachlicher	237	Teilzeitbeschäftigte	64
Geltungsbereich des Tarifvertrages, persönlicher	235	Teilzeit- und Befristungsgesetz	85b
		Treuwidrige Kündigung	101
Geltungsbereich des Tarifvertrages, räumlicher	229–234	Übergangsvorschrift Art. 222 EGBGB	75, 76, 271–279
Geltungsbereich des Tarifvertrages, zeitlicher	224–228	Umwandlung	62
		Unternehmen	55
Gesetzliche Kündigungsverbote	86–97	Unterscheidung Arbeiter/Angestellte	10–21, 247–269
Gesetzlicher Kündigungsausschluß	98–102		
Grundkündigungsfrist	51, 52	Unterschiedliche tarifliche Kündigungsfristen	247–269
Hausangestellte	65		
Heimarbeitsgesetz	83	Unterschiedliche tarifliche Kündigungstermine	247–269
Insolvenzverfahren	85–85a		
		Unwirksame Vereinbarungen, Folgen	196–205
Klagefrist	140	Unzureichende Frist	140
Kleinunternehmen	64, 169, 170	Verbot der ordentlichen Kündigung	86–120
KündFG	49, 50		
KündFG und Altkündigungen	271–279	Verfassungskonforme tarifliche Regelungen	252–260
KündFG und Altregelungen	280–286		
Kündigung vor Dienstantritt	127–129a	Verfassungswidrige Kündigungsregelungen, Auswirkungen	22–25, 26–33, 34, 35, 264–269
Lebenszeit	85b, 85d		
Lückenhafte Vereinbarungen, Folgen	196–205	Verfassungswidrige tarifliche Regelungen	261–263
		Verfassungswidrigkeit früherer Teilregelungen	10–35
Nachweisgesetz	205a		
Nachwirkende Tarifverträge	243–246	Verfassungswidrigkeit unterschiedlicher tariflicher Fristen und Wartezeiten	247–269
Neue Bundesländer	36–48		
		Verkürzung der Kündigungsfristen	141–170
Ordentliche Kündigung	67–73a	Verlängerte Kündigungsfristen	53–62
Organmitglieder	66	Verlängerung der Kündigungsfristen	171–176

Kündigungsfristen bei Arbeitsverhältnissen   § 622 BGB

	Rz		Rz
Verweisung auf »fremde« Tarifverträge	181, 182	Zeitlicher Geltungsbereich	75, 76
Verweisung auf nachwirkende Tarifverträge	188	Zugang	124–126
Vorrangprinzip	206–210d	Zulassungsnormen	179
Vorzeitige Kündigung	135, 136	Zustimmung	104–107
		Zwingende Kündigungsfristen	141–151
Wartezeiten	56–62		

A. Entstehungsgeschichte

Für die ordentliche Kündigung von Arbeitsverhältnissen galten unterschiedliche gesetzliche **Grund-** **1** **fristen.** In den **alten Bundesländern** konnte das Arbeitsverhältnis **eines Arbeiters** mit einer Frist von **zwei Wochen**, das eines Angestellten mit einer Frist von sechs Wochen zum Ende eines Kalendervierteljahres (Regelfrist) oder bei einer entsprechenden einzelvertraglichen Vereinbarung mit einer Frist von **einem Monat zum Monatsende** (Mindestfrist) gekündigt werden. Das *BVerfG* hat mit Beschluss vom 30.5.1990 (EzA § 622 BGB nF Nr. 27) entschieden, dass § 622 Abs. 2 BGB 1969 mit dem allgemeinen Gleichheitssatz unvereinbar war, soweit hiernach die Kündigungsfristen für Arbeiter kürzer sind als für Angestellte. In den Gründen dieser Entscheidung wird unter anderem ausgeführt, dass der Gesetzgeber die Rechtslage unverzüglich – spätestens jedoch bis 30.6.1993 – mit dem Grundgesetz in Einklang zu bringen habe.

In den neuen Bundesländern galt nach dem EV die Vorschrift des **§ 55 AGB-DDR** weiter, der **für alle** **2** **Arbeitsverhältnisse einheitliche** Grundkündigungsfristen vorsah, die denen für Arbeiter in den alten Bundesländern entsprachen. Demzufolge galten für alle als Angestellte einzuordnenden Personen in den neuen Bundesländern kürzere gesetzliche Kündigungsfristen als für Angestellte in den alten Bundesländern.

Unterschiede zwischen den alten und den neuen Bundesländern gab es auch bei den für ältere und **3** länger beschäftigte Arbeitnehmer **verlängerten Kündigungsfristen.** Deren Regelung in **§ 55 Abs. 2 AGB-DDR** war zwar **identisch** mit den Wartezeiten und Fristen, die nach § 622 Abs. 2 S. 2 BGB 1969 **für ältere Arbeiter** in den alten Bundesländern galten. § 622 Abs. 2 S. 2 BGB 1969 stand jedoch nach der Entscheidung des *BVerfG* (30.5.1990 EzA § 622 BGB nF Nr. 27) nicht im Einklang mit der Verfassung. Darüber hinaus galten für **ältere Angestellte** in den alten Bundesländern die verlängerten Kündigungsfristen nach dem **AngKSchG** anstelle derjenigen des § 622 Abs. 2 S. 2 BGB 1969 bzw. des auf die neuen Bundesländer beschränkten § 55 Abs. 2 AGB-DDR.

Das *BAG* sah sich mit Beschluss vom 16.1.1992 (EzA § 2 AngKSchG Nr. 1) veranlasst, den **Ausschluss** **4** **der Angestellten bei Arbeitgebern** (in den alten Bundesländern) **mit nicht mehr als zwei Angestellten** von den längeren Kündigungsfristen in der entsprechenden Regelung des AngKSchG dem BVerfG aufgrund Art. 100 Abs. 1 GG zur verfassungsrechtlichen Prüfung vorzulegen. Der Beschluss ist mit Blick auf die mittlerweile in Kraft getretene Neuregelung der Kündigungsfristen und die dabei geschaffene Übergangsbestimmung wieder aufgehoben worden.

Am 15.10.1993 ist das **Kündigungsfristengesetz** (Gesetz zur Vereinheitlichung der Kündigungsfristen **5** von Arbeitern und Angestellten vom 7.10.1993 BGBl. I S. 1668 – **KündFG** –) in Kraft getreten (zu **dessen** Entstehungsgeschichte s. Rz 49). Art. 1 KündFG hat **sämtliche Kündigungsfristen von Arbeitern und Angestellten** durch **Änderung des § 622 des BGB vereinheitlicht.** Nach Art. 221 des Einführungsgesetzes zum BGB wurde aufgrund Art. 2 Nr. 1 KündFG als Art. 222 eine **Übergangsvorschrift zum KündFG** eingeführt. Art. 3 und 4 haben die Regelungen über Kündigungsfristen im SeemG bzw. im HAG geändert. Durch Art. 5 wurde die fortgeltende Bestimmung des **§ 55 AGB-DDR** bei gleichzeitiger Anordnung ihrer weiteren Fortgeltung für die bis 31.12.1993 verlängerten Sonderkündigungsrechte im öffentlichen Dienst nach dem EV **aufgehoben.** Aufgrund Art. 7 ist mit Inkrafttreten des KündFG das **AngKSchG außer Kraft getreten.**

Durch die Neuregelung haben sich zahlreiche Streitfragen erledigt, die durch die Entscheidung des **6** BVerfG und durch die bestehende und die einigungsbedingte Rechtszersplitterung hervorgerufen waren. Neue Streitfragen sind aufgetreten (zB nach der Verfassungsmäßigkeit von Teilregelungen der Übergangsvorschrift). **Zum Verständnis der Neuregelung und der Übergangsvorschrift ist die Kenntnis des Rechtszustands bis zu dem Inkrafttreten des KündFG unerlässlich. Außerdem haben die durch den früheren Rechtszustand hervorgerufenen Streitfragen vor und auch noch nach der Neuregelung bei tarifvertraglichen Kündigungsfristen Entsprechungen materiellrechtlicher und** prozessrechtlicher Art gefunden. Die Klärung der damit verbundenen Probleme wird durch die Kenntnis der zu den früheren gesetzlichen Fristen entwickelten Lösungen erleichtert. Schließlich ist der frühere Rechtszustand in den neuen Bundesländern noch für eine Reihe von **Altfällen** von Interesse, auf die sich die Übergangsvorschrift nicht bezieht. Betroffen hiervon sind Kündigungen, die ein Arbeitsverhältnis auf einen Zeitpunkt vor dem 15.10.1993 beendet haben (und bei denen der Streit nur noch um den genauen Zeitpunkt der Beendigung geht). Außerdem hat der alte Rechtszustand noch Relevanz für Streitfälle, die aus den bis 31.12.1993 verlängerten Sonderkündigungsrechten im öffentlichen Dienst nach dem EV resultieren.

I. Rechtszustand bis zu dem Inkrafttreten des KündFG am 15.10.1993

1. Kündigungsfristen in den alten Bundesländern

§ 622 BGB 1969

(1) Das Arbeitsverhältnis eines Angestellten kann unter Einhaltung einer Kündigungsfrist von sechs Wochen zum Schluß eines Kalendervierteljahres gekündigt werden. Eine kürzere Kündigungsfrist kann einzelvertraglich nur vereinbart werden, wenn sie einen Monat nicht unterschreitet und die Kündigung nur für den Schluß eines Kalendermonats zugelassen wird.

(2) Das Arbeitsverhältnis eines Arbeiters kann unter Einhaltung einer Kündigungsfrist von zwei Wochen gekündigt werden. Hat das Arbeitsverhältnis in demselben Betrieb oder Unternehmen fünf Jahre bestanden, so erhöht sich die Kündigungsfrist auf einen Monat zum Monatsende, hat es zehn Jahre bestanden, so erhöht sich die Kündigungsfrist auf drei Monate zum Ende eines Kalendervierteljahres; bei der Berechnung der Beschäftigungsdauer werden Zeiten, die vor der Vollendung des fünfunddreißigsten Lebensjahres liegen, nicht berücksichtigt.

(3) Kürzere als die in den Absätzen 1 und 2 genannten Kündigungsfristen können durch Tarifvertrag vereinbart werden. Im Geltungsbereich eines solchen Tarifvertrages gelten die abweichenden tarifvertraglichen Bestimmungen zwischen nicht tarifgebundenen Arbeitgebern und Arbeitnehmern, wenn ihre Anwendung zwischen ihnen vereinbart ist.

(4) Ist ein Arbeitnehmer zur vorübergehenden Aushilfe eingestellt, so können kürzere als die in Absatz 1 und Absatz 2 Satz 1 genannten Kündigungsfristen auch einzelvertraglich vereinbart werden; dies gilt nicht, wenn das Arbeitsverhältnis über die Zeit von drei Monaten hinaus fortgesetzt wird.

(5) Für die Kündigung des Arbeitsverhältnisses durch den Arbeitnehmer darf einzelvertraglich keine längere Frist vereinbart werden als für die Kündigung durch den Arbeitgeber.

a) Entstehungsgeschichte des § 622 BGB 1969

7 Am 18.12.1968 leitete die Bundesregierung dem Bundesrat den Entwurf eines **Ersten Gesetzes zur Bereinigung** arbeitsrechtlicher Vorschriften (ArbRBereinigG) zu, der vorsah, durch eine **Neufassung des § 622 BGB** die Kündigungsfristen für alle Arbeitnehmer mit Ausnahme derjenigen, die unter das SeemG fallen, zusammenzufassen und zu vereinheitlichen (vgl. BR-Drs. 705/68, S. 10). Der Bundesrat schlug vor, zwischen der Kündigung von **Dienst- und Arbeitsverhältnissen** durch eine entsprechende Klarstellung im § 621 BGB deutlicher zu trennen, und diesem Vorschlag stimmte die Bundesregierung zu (BT-Drs. V/3913 Anl. 2 und 3). Der geänderte Entwurf wurde in der ersten Beratung im Bundestag am 23.4.1969 (BT-Prot. Bd. 69, 12514 ff.) an den Ausschuss für Arbeit verwiesen, der in seinem schriftlichen Bericht vom 12.6.1969 dafür eintrat, die im Regierungsentwurf vorgesehene Verlängerung der Kündigungsfristen für ältere Arbeiter mit längerer Betriebszugehörigkeit zu erweitern (BT-Drs. V/4376, S. 3). Der Bundestag hat am 26.6.1969 das ArbRBereinigG in zweiter und dritter Lesung einstimmig angenommen, und zwar hinsichtlich der **Neufassung des § 622 BGB** ohne Aussprache (BT-Prot. Bd. 70, 13550 ff.). Das Gesetz wurde am 16.8.1969 im Bundesgesetzblatt veröffentlicht (BGBl. I S. 1106 ff.) und trat am **1.9.1969** in Kraft (vgl. im Übrigen zur Entstehungsgeschichte: *Fitting* DB 1969, 1459; *Herbst* BABl. 1969, 491; *Monjau* BB 1969, 1042; *Neumann* ArbRGgw. Bd. 7, 1970, S. 26; *Staudinger/Preis* Rz 3).

8 Als **erster** Ansatz des Bestrebens, das Arbeitsrecht übersichtlicher zu gestalten, ist durch die im Rahmen des ArbRBereinigG erfolgte **Neufassung** des § 622 BGB 1969 die **ordentliche Kündigung** von **Arbeits**verhältnissen für die überwiegende Zahl von Arbeitnehmern **einheitlich** geregelt worden. Die bis zum 31.8.1969 geltenden unterschiedlichen Vorschriften über die ordentliche Kündigung von Arbeitern und Angestellten im BGB, im HGB, in der GewO, in den Berggesetzen der Länder, dem Binnenschifffahrts- und Flößereigesetz wurden aufgehoben und durch § 622 BGB 1969 ersetzt (Art. 5 Ar-

bRBereinigG). Die §§ 621, 622 BGB aF hatten für die Kündigung von Arbeitsverhältnissen nur **geringe praktische Bedeutung.** Sie enthielten zwar Regelungen der Kündigungsfristen sowohl für selbständige Dienstverträge als auch für Arbeitsverträge, wurden aber im Bereich des Arbeitsrechts durch zahlreiche Sondervorschriften verdrängt. Es handelte sich zudem um **dispositive** Vorschriften, die auch vertraglich abbedungen werden konnten und deswegen auch den Arbeitnehmern **keine zwingenden Mindestfristen** sicherten.

Durch § 622 BGB 1969 ist die **Rechtszersplitterung** im Bereich des Rechts der ordentlichen Kündigung von Arbeitsverhältnissen seit dem 1.9.1969 zunächst **weitgehend beseitigt** worden. Die Dauer der Kündigungsfristen richtete sich jetzt **nicht** mehr wie früher **danach,** ob es sich um Arbeitnehmer handelt, die in einem gewerblichen, kaufmännischen oder landwirtschaftlichen Betrieb beschäftigt sind oder ob sie wissenschaftliche oder künstlerische Tätigkeiten verrichten. Unterschieden wurde in § 622 Abs. 1 und 2 BGB 1969 vielmehr nur noch zwischen **Angestellten** und **Arbeitern** (*Stahlhacke/Preis* [5. Aufl.] Rz 361), während § 622 Abs. 3–5 BGB 1969 auf beide Gruppen von Arbeitnehmern anzuwenden waren. Unberührt bleiben die längeren Kündigungsfristen für ältere **Angestellte** nach dem AngKSchG. 9

b) Verfassungswidrigkeit einzelner Teilregelungen

aa) Unterscheidung zwischen Arbeitern und Angestellten

§ 622 Abs. 1 BGB 1969 regelte die ordentliche Kündigung des Arbeitsverhältnisses eines **Angestellten.** Der Gesetzgeber hatte an der zwar überlieferten, aber soziologisch überholten und **rechtspolitisch bedenklichen** Unterscheidung zwischen Angestellten und Arbeitern festgehalten, die zudem **verfassungswidrig** ist, soweit die Fristen für die Arbeiter kürzer sind als die für die Angestellten. Während diese Differenzierung insbesondere von *Dieterich* (Vierteljahresschrift für Sozialrecht 1976, 61), *Kraushaar* (AuR 1981, 65; AuR 1983, 147), *Lipke* (DB 1983, 111), *Mayer-Maly* (Arbeiter und Angestellte, 1969, S. 18), *Popp* (HAS § 19 B Rz 16), *Richardi* (ZfA 1971, 81) und *Söllner* ([9. Aufl.] § 4 I 1) kritisiert wurde, wollte *Falkenberg* (ArbRGgw. Bd. 7, S. 59 f.) daran **festhalten.** Das Gesetz ging von einem **vorgegebenen Begriff** des Angestellten aus, ohne ihn zu bestimmen (vgl. MünchKomm-*Schwerdtner* [2. Aufl.] Rz 8 ff.; *Stahlhacke/Preis* [5. Aufl.] Rz 361; BAG 13.5.1981 EzA § 59 HGB Nr. 2). 10

Das **entscheidende Merkmal** für die Unterscheidung zwischen Angestellten und Arbeitern ist nach Rechtsprechung und Schrifttum die **Art** der vom Arbeitnehmer **ausgeübten Tätigkeit** (sog. **materielle Unterscheidung**) und nicht die Vorstellung der Parteien oder die von ihnen im Arbeitsvertrag gewählte Bezeichnung (BAG 29.11.1958 AP Nr. 12 zu § 59 HGB; 4.7.1966 AP Nr. 117 zu § 1 TVG Auslegung; *Staudinger/Neumann* [Voraufl.] § 622 Rz 5; MünchKomm-*Schwerdtner* [2. Aufl.] Rz 10; *Stahlhacke/Preis* [5. Aufl.] Rz 361), wobei im Zweifelsfall die **Verkehrsanschauung** maßgeblich sein soll. Als allgemeiner Maßstab dient folgende Formel: Ein **Angestellter** erledigt vornehmlich **geistige, gedankliche** Aufgaben **(geistige Arbeit),** während ein **Arbeiter** überwiegend **mechanisch, körperlich** arbeitet **(Handarbeit).** 11

Zur **Präzisierung** und **Ergänzung** der generellen Unterscheidung von geistiger und körperlicher Tätigkeit ergeben sich **Anhaltspunkte** aus § 59 S. 1 HGB, § 3 des aufgehobenen AVG der Rentenversicherung, den im Zusammenhang damit ergangenen Berufsgruppenverzeichnissen vom 8.3.1924 und den Ergänzungen vom 4.2.1927 und 15.7.1977 (BGBl. III, 821/1), wobei diese Vorschriften vielfach nur **vage Aufschlüsse** geben und für die Abgrenzung im Rahmen des § 622 BGB 1969 **nicht allein maßgeblich** waren (MünchKomm-*Schwerdtner* [2. Aufl.] Rz 8). 12

Außerhalb des **betrieblich-technischen Bereichs** ist Angestellter derjenige Arbeitnehmer, der **kaufmännische** oder **büromäßige** Arbeiten verrichtet, und zwar selbst dann, wenn diese Leistungen überwiegend mechanischer Art sind (MünchKomm-*Schwerdtner* [2. Aufl.] Rz 9; *Stahlhacke/Preis* [5. Aufl.] Rz 361). Das galt nach § 3 Abs. 1 Nr. 3 AVG nur dann **nicht,** wenn es sich um **völlig untergeordnete** Tätigkeiten (zB Botengänge, Reinigungs- und Aufräumarbeiten) handelt. Arbeitnehmer, die **typische Büroarbeiten** (insbes. Schreibarbeiten oder Buchhaltungsarbeiten an Schreibmaschinen oder Datenverarbeitungsanlagen) verrichten, werden deswegen regelmäßig als Angestellte behandelt, ohne dass es im Einzelfall auf den Grad der geistigen Beanspruchung ankommt (BAG 13.5.1981 EzA § 59 HGB Nr. 2). Zu den **Büroangestellten** werden u.a. gerechnet: Stenotypistinnen, Schreibkräfte, Telefonistinnen, Dolmetscher, Lagerverwalter, Bürovorsteher, Redakteure, Bibliothekare, Kassierer, Programmierer und Texterfasser an Datenverarbeitungsgeräten. Nur bei Tätigkeiten, die zwar rein äußerlich mit dem Bürobetrieb verbunden sind, aber überwiegend **körperlich** oder **mechanisch** verrichtet werden (Reinigungs- und Aufräumarbeiten) fehlt idR die **Angestellteneigenschaft.** Auch die Erfüllung **kauf-** 13 männischer Dienste begründet grds. die **Angestellteneigenschaft,** und zwar unabhängig vom Maß der erforderlichen geistigen Leistung. Das gilt zB für das Verkaufen oder Kassieren im Laden, Warenlager (§ 56 HGB) oder Selbstbedienungsläden (*BAG* 6.12.1972 EzA § 4 TVG Einzelhandel Nr. 1), die Tätigkeit als Vertreter im Außendienst, in der Werbung oder im Einkauf. **Unerheblich** ist, ob die kaufmännischen Dienste in einem **Handelsgewerbe** erbracht werden, und deswegen gelten auch zB Gehilfen und Praktikanten in Apotheken als Angestellte (§ 3 Abs. 1 Nr. 4 AVG). Nur untergeordnete Botengänge und rein mechanische Tätigkeiten werden nicht zur Angestelltentätigkeit gerechnet (*BAG* 23.7.1963 AP Nr. 22 zu § 59 HGB für eine Verkäuferin an einem Süßwarenstand).

14 Arbeitnehmer, die im **betrieblich-technischen Bereich** beschäftigt sind, haben nur dann die Angestellteneigenschaft, wenn ihre Tätigkeit **höheren technischen Dienstleistungen** iSd § 133a GewO aF entspricht (*BAG* 11.11.1954 AP Nr. 2 zu § 59 HGB; *Stahlhacke/Preis* [5. Aufl.] Rz 361) bzw. wenn sie in **gehobener Stellung** erbracht werden, die ihrer Natur nach wie zB bei Werkmeistern und Ingenieuren überwiegend durch geistige Arbeit gekennzeichnet sind (§ 3 Abs. 1 Nr. 2 des aufgehobenen AVG). In der **Rechtsprechung** ist die Angestellteneigenschaft zB **anerkannt** worden für einen **Zahntechniker** (*LAG Frankf.* 9.3.1984 DB 1984, 1530) und für den **Hausmeister** einer **Fachhochschule** (*LSG Bln.* 6.7.1988 BB 1989, 71), während der **Alleinkoch** (*LAG Bln.* 6.11.1989 LAGE § 622 BGB Nr. 16) und der **Hausmeister** einer Eigentümergemeinschaft (*LSG Bln.* 6.7.1988 aaO) als Arbeiter eingestuft worden sind.

15 Die Erfüllung **künstlerischer Aufgaben** ist idR die Grundlage für ein Angestelltenverhältnis (vgl. § 3 Abs. 1 Nr. 5 des aufgehobenen AVG »Bühnenmitglieder und Musiker«). Das gilt auch für die Tätigkeit eines **Schriftstellers** oder eines Fotografen, wenn sie im Rahmen eines Arbeitsverhältnisses erbracht wird.

16 Den Status eines **Angestellten** hatten nach § 3 Abs. 1 Nr. 6 AVG auch Arbeitnehmer, die **pädagogische, wissensvermittelnde, sozialfürsorgerische** oder **krankenpflegerische Dienstleistungen** erbringen. Dazu zählen im Arbeitsverhältnis stehende Lehrer, Sozialbetreuer, Masseure (*BSG* 16.6.1959 AP Nr. 1 zu § 3 AVG), angestellte Ärzte, Kindergärtnerinnen und Krankenschwestern.

17 Das **Bordpersonal** der **Zivilluftfahrt** stand nach § 3 Abs. 1 Nr. 8 AVG ohne Rücksicht auf die konkreten Aufgaben im **Angestelltenverhältnis,** während in der **Schifffahrt** nur Besatzungsmitglieder in gehobener und höherer Stellung Angestellte sind (§ 3 Abs. 7 AVG).

18 In den **Berufsgruppenverzeichnissen** vom 8.3.1924 und den Ergänzungen vom 4.2.1927 und 15.7.1977 wurden u.a. Chemiker, Physiker, Architekten, Förster, landwirtschaftliche Verwalter, Techniker, Ingenieure und Zeichner als Angestellte genannt.

19 Soweit es um Tätigkeiten geht, die **weder im § 3 AVG** noch im **Berufsgruppenverzeichnis** aufgeführt wurden, hat die **Verkehrsanschauung** entscheidende Bedeutung für die Abgrenzung zwischen Angestellten- und Arbeitertätigkeit. Maßgebend ist dabei zunächst die Auffassung der im **konkreten Fall** beteiligten Berufskreise. Wenn es daran fehlt, ist auf die **allgemeine Verkehrsanschauung** zurückzugreifen (*BAG* 24.7.1957 AP Nr. 5 zu § 59 HGB). Die Angestellteneigenschaft setzt voraus, dass es sich nach der Verkehrsanschauung um überwiegend geistige Arbeit handelt, wozu neben kaufmännischen und Bürotätigkeiten vor allem auch leitende und beaufsichtigende Tätigkeiten gehören. Ein Indiz für die Verkehrsanschauung kann auch die Einordnung als Angestelltentätigkeit in einem Tarifvertrag sein (*BAG* 29.11.1958 AP Nr. 12 zu § 59 HGB; *BSG* 12.9.1991 NZA 1992, 392), wobei bei einer gemischten Tätigkeit maßgebend ist, welche Tätigkeit die Gesamtarbeitsleistung prägt (*BAG* 24.7.1957 aaO).

20 Einen **instruktiven Überblick** über die in der Rechtsprechung entschiedenen zahlreichen Einzelfälle geben für die Zeit bis 1961 *Bulla* (Die Rechtsprechung der Arbeitsgerichte und Sozialgerichte zu Eingruppierungsstreitigkeiten von Angestellten und Arbeitern, Bd. II, S. 13/85) und für die **neuere Zeit** *Schaub* (§ 13 III, Rz 12 f.), *Brill* (DB 1981, 859 ff.) und *MünchKomm-Schwerdtner* (2. Aufl. Rz 12 f.). Diese **Abgrenzungen** sind noch **nicht überholt,** weil in über den 1.7.1993 fortgeltenden Tarifverträgen zwischen Kündigungsfristen für Angestellte und Arbeiter weiterhin unterschieden wird. Deswegen bedarf es auch künftig noch der Klärung, ob der Arbeitnehmer eine Angestellten- oder eine Arbeitertätigkeit verrichtet.

21 Ein Arbeitnehmer, der nach seiner Tätigkeit als Arbeiter einzuordnen ist, wird zwar durch die **Übernahme in das Angestelltenverhältnis** bei **gleich bleibender Beschäftigung** nicht zum Angestellten im Rechtssinne. Diese arbeitsvertragliche oder kollektivrechtliche Vereinbarung räumt einem Arbeiter aber im Bereich des **Arbeitsvertragsrechts** wirksam die **Rechtsstellung** eines Angestellten ein, soweit

sie für ihn günstiger ist (*BAG* 9.8.1984 –2 AZR 329/83 –, juris, für einen **Zahntechniker**; *BAG* 2.2.1984 – 2 AZR 371/82 – nv – für einen **Discjockey**). Das gilt auch für die im Verhältnis zu den Arbeitern längeren Kündigungsfristen für Angestellte (*Kretschmar* BB 1958, 1315; *Söllner* [9. Aufl.] §4 I 1; *Nikisch* S. 130; *Stahlhacke/Preis* [5. Aufl.] Rz 362).

bb) Verfassungsrechtliche Konsequenzen der Unterscheidung

Nach dem Beschluss des *BVerfG* vom 16.11.1983 (EzA Art. 3 GG Nr. 13) war es **mit Art. 3 GG unvereinbar,** bei der Berechnung der für die Berechnung der verlängerten Fristen des §622 Abs. 2 BGB 1969 maßgeblichen Beschäftigungsdauer bei **Arbeitern** Zeiten nicht zu berücksichtigen, die vor Vollendung des 35. Lebensjahres lagen. Mit dem Gesetz vom 26.6.1990 (BGBl. I S. 1208) wurde §622 Abs. 2 S. 2 2. Hs. BGB 1969 dahin geändert, dass das Wort fünfunddreißigsten durch das Wort fünfundzwanzigsten ersetzt und folgende Überleitungsvorschrift eingefügt wurde: 22

»Bei einer vor dem 1. Juli 1990 zugegangenen Kündigung werden bei der Berechnung der Beschäftigungsdauer auch Zeiten, die zwischen der Vollendung des fünfundzwanzigsten und des fünfunddreißigsten Lebensjahres liegen, berücksichtigt, wenn am 1. Juli 1990

1. das Arbeitsverhältnis noch nicht beendet ist oder

2. ein Rechtsstreit über den Zeitpunkt der Beendigung des Arbeitsverhältnisses anhängig ist.« Diese **beschränkte Rückwirkung** war verfassungsrechtlich **unbedenklich.** Ihr standen weder das Rechtsstaats- noch das Sozialstaatsprinzip entgegen (*BAG* 21.3.1991 EzA § 622 BGB nF Nr. 33).

Wie das *BVerfG* durch Beschluss vom 30.5.1990 (EzA § 622 BGB nF Nr. 27) entschieden hat, waren die **Kündigungsfristen für Arbeiter** in §622 Abs. 2 S. 1 und S. 2 1. Hs. BGB 1969 mit dem allgemeinen Gleichheitssatz des Art. 3 GG **unvereinbar,** soweit die Kündigungsfristen für Arbeiter kürzer waren als für Angestellte nach dem AngKSchG. Dem **Gesetzgeber wurde vom** *BVerfG* **aufgegeben,** die Kündigungsfristen für Angestellte und Arbeiter **bis zum 30.6.1993** neu zu regeln. 23

Die Unterscheidung zwischen Angestellten und Arbeitern ist zwar nach der Auffassung des *BVerfG* an sich wie vor durchführbar. Für die beträchtliche **Ungleichbehandlung** von Arbeitern und Angestellten bei den gesetzlichen Kündigungsfristen habe es aber **keine sachlichen Gründe** gegeben. Einige der Unterschiede zwischen Arbeitern und Angestellten, die zur Rechtfertigung der ungleichen Kündigungsfristen herangezogen wurden, seien dazu von vornherein nicht geeignet gewesen, weil es an einem **Legitimationszusammenhang** zwischen ihnen und den Kündigungsfristen **gefehlt habe.** Das gelte für die Abgrenzung zwischen überwiegend geistiger und überwiegend körperlicher Arbeit, die angebliche besondere Gruppenmentalität der Angestellten, die Auffassung der beteiligten Kreise (Tarifvertragsparteien), die längere vorberufliche Ausbildung der Angestellten und den angeblich erzielbaren Leistungsansporn durch längere Kündigungsfristen. Die **folgenden Unterscheidungsmerkmale** könnten zwar an sich ungleiche Fristen rechtfertigen, seien aber nicht **hinreichend gruppenspezifisch,** sondern träfen nur jeweils für eine Teilgruppe der Normadressaten zu. Wenn der Gesetzgeber diese Merkmale zum Anlass für abweichende Kündigungsfristen nehmen wollte, dann hätte er **nicht pauschal** Arbeiter und Angestellte verschieden behandeln dürfen. Das gelte für folgende Merkmale: Die **längere Arbeitslosigkeit** für den Teil der Angestellten, den pauschalen Hinweis auf die **Verteuerung** von Kündigungen und Sozialplänen und das Argument, die Unternehmer müssten in der Lage sein, im **produktiven Bereich** zügiger Personal zu **entlassen.** Dieser Grund habe im Laufe der Zeit seine Unterscheidungskraft verloren, weil keineswegs alle Arbeiter im Produktionsprozess stehen. 24

Wenn eine Norm mit der Verfassung **nicht** vereinbar ist, dann ist sie **grds. für nichtig** zu erklären. Davon hat das *BVerfG* abgesehen, weil sich vorliegend ein Verfassungsverstoß aus dem Zusammenwirken mehrerer Vorschriften ergab und eine Korrektur auf verschiedene Weise vorgenommen werden konnte. Die für Arbeiter geltenden Kündigungsfristen seien mit dem allgemeinen Gleichheitssatz unvereinbar, weil sie ohne ausreichenden Grund die Arbeiter schlechter stellen als die Angestellten. Durch eine **Nichtigkeitserklärung** würde die bestehende **Ungleichheit** nur noch **vertieft** werden. Beseitigt werden kann der Verfassungsverstoß nur durch eine **Neuregelung** der einschlägigen Vorschriften durch den **Gesetzgeber.** Das *BVerfG* hat sich deswegen darauf beschränkt, die diskriminierende Bestimmung als **unvereinbar** mit dem Grundgesetz zu erklären. Der Gesetzgeber ist verpflichtet, die Rechtslage unverzüglich mit dem Grundgesetz in Einklang zu bringen, die **Gerichte** müssen **anhängige Verfahren,** bei denen die Entscheidung von der verfassungswidrigen Norm abhängt, **aussetzen,** bis eine Neuregelung in Kraft tritt. Ein solcher Schwebezustand kann allerdings seinerseits verfas- 25 sungswidrig werden, wenn er zu lange andauert. Zur Neuregelung hat das *BVerfG* **eine Frist** bis zum **30.6.1993** gesetzt. Bereinige der Gesetzgeber den Verfassungsverstoß nicht fristgemäß, dann müssten die Gerichte, wollten sie nicht selbst verfassungswidrig handeln, die bei ihnen anhängigen Rechtsstreitigkeiten fortführen und verfassungskonform entscheiden.

cc) Auswirkungen der Unvereinbarkeitserklärungen

26 Da das *BVerfG* (30.5.1990 EzA § 622 BGB nF Nr. 27) die Auswirkungen seiner Entscheidung auf anhängige Kündigungsrechtsstreite, in denen auch oder ausschließlich die Dauer der Kündigungsfrist streitig ist, nicht in allen Konsequenzen beschrieben hat, ist es im **Schrifttum** und in der **Rechtsprechung** der **Instanzgerichte** zunächst **streitig** geworden, wie sich die Verfassungswidrigkeit des § 622 Abs. 2 BGB 1969 im Einzelnen auswirkt. *Blanke* (AuR 1991, 1 ff.) wollte die weiterhin gültigen, für Angestellte geltenden Vorschriften im Wege der »Anpassung nach oben« auch auf die Rechtsverhältnisse der Arbeiter anwenden (ebenso *Kraushaar* BB 1990, 1764 ff.; *ArbG Reutlingen* 2.10.1990 EzA § 622 BGB nF Nr. 28; *LAG Nds.* 22.8.1990 LAGE § 622 BGB Nr. 17). Eine **vermittelnde Lösung** hat *Hanau* (DB 1991, 40 ff.) vorgeschlagen, indem er als verfassungsrechtlichen Mittelweg eine **Grundkündigungsfrist** für **Arbeiter** von einem **Monat** zum Monatsende empfahl und bis zum 30.6.1993 an der Unterschiedlichkeit der verlängerten Kündigungsfristen für Arbeiter und Angestellte festhalten wollte. Auch *Buchner* (NZA 1990, 41, 45) hielt es für **denkbar**, für Arbeiter die Monatsfrist des § 622 Abs. 1 S. 2 BGB 1969 anzuwenden. Demgegenüber traten *Koch* (NZA 1991, 50 ff.) und *Stahlhacke/Preis* ([5. Aufl.] Rz 376 ff.) dafür ein, § 622 Abs. 2 BGB 1969 bis zur gesetzlichen Neuregelung der Kündigungsfristen **vorläufig weiter** anzuwenden, soweit die Kündigung wirksam ist oder im Falle ihrer Sozialwidrigkeit ein begründeter Auflösungsantrag gestellt worden ist, durch **Teilurteil** zu entscheiden, dass das Arbeitsverhältnis nicht vor Ablauf der Fristen des § 622 Abs. 2 BGB 1969 beendet worden ist und **im Übrigen das Verfahren** bis zu einer gesetzlichen Neuregelung der Vorschrift **auszusetzen**.

27 Das *BAG* hat seine Rechtsprechung zu den Rechtsfolgen der Verfassungswidrigkeit des § 622 Abs. 2 2. Hs. BGB 1969 (*BVerfG* 16.11.1982 EzA Art. 3 GG Nr. 13) **fortgeführt** und für die Zeit bis zu der vom Verfassungsgericht aufgegebenen gesetzlichen Neuregelung der Kündigungsfristen (30.6.1993) folgende **Rechtsgrundsätze** aufgestellt, die überwiegend im Schrifttum Zustimmung gefunden haben (*Ascheid* Kündigungsschutzrecht Rz 25; *Kittner/Trittin* [1. Aufl.] Rz 16; *Stahlhacke/Preis* [5. Aufl.] Rz 377; *Popp* HAS § 19 B Rz 26–29).

28 Im Anschluss an die Entscheidung des *BVerfG* vom 16.11.1982 (EzA Art. 3 GG Nr. 13) war die insoweit verfassungswidrige Vorschrift des § 622 Abs. 2 S. 2 2. Hs. BGB 1969 weiterhin **vorläufig** mit folgender Maßgabe **anzuwenden:** Wenn die vom Arbeitnehmer angegriffene Kündigung dem Grunde nach sachlich gerechtfertigt war, konnte im Beendigungsstreit nur durch **Teilurteil** festgestellt werden, dass das Arbeitsverhältnis jedenfalls **nicht vor Ablauf der Frist** beendet worden ist, die sich aus der Beschäftigungszeit nach Vollendung des 35. Lebensjahres ergab. Da die Festlegung des endgültigen Zeitpunktes der Beendigung des Arbeitsverhältnisses noch nicht möglich war, musste der **Rechtsstreit** im Übrigen bis zur gesetzlichen Neuregelung ausgesetzt werden (*BAG* 12.12.1985 EzA § 622 BGB nF Nr. 22, 23; zuletzt *BAG* 25.1.1990 – 2 AZR 398/89 – juris).

29 Für diese Lösung waren insbes. folgende **Überlegungen** maßgebend: Das BVerfG hat den unterschiedlichen Beginn der anrechenbaren Wartezeiten für Arbeiter und Angestellte **nicht** für **nichtig**, sondern (nur) als mit Art. 3 Abs. 1 GG unvereinbar, dh für verfassungswidrig erklärt. Es lag deswegen **keine Gesetzeslücke** vor, die durch Richterrecht hätte ausgefüllt werden können. Die verfassungswidrige Vorschrift war vielmehr in Fällen dieser Art verfassungskonform weiter vorläufig anzuwenden. Diese vorläufige Weiteranwendung stellte einen **Kompromiss** dar zwischen den **Bedürfnissen** der **Praxis** und dem **rechtsstaatlichen Gebot,** keine rechtskräftigen gerichtlichen Entscheidungen zu treffen, durch die noch vom Gesetzgeber zu bestimmende Rechtspositionen hätten unabänderlich beeinträchtigt werden können.

30 Dieses Verständnis des BAG von den Folgen und Auswirkungen einer gesetzlichen Vorschrift, die für unvereinbar erklärt worden ist, hat der **Gesetzgeber bestätigt,** indem er in Art. 3 des Änderungsgesetzes zum BGB vom 26.6.1990 die Änderung des Beginns der Wartezeiten für Arbeiter auch auf Kündigungen erstreckt hat, über deren Wirksamkeit noch ein Rechtsstreit anhängig ist. **Ebenso ist der Gesetzgeber zwischenzeitlich in der Übergangsvorschrift zum KündFG verfahren.**

31 Die vorgenannten Grundsätze galten entsprechend auch für die Konsequenzen, die sich aus dem Beschluss des *BVerfG* vom 30.5.1990 (EzA § 622 BGB nF Nr. 27) ergaben. Das BVerfG hat sich darauf beschränkt, § 622 Abs. 2 BGB nicht für nichtig, sondern (nur) als mit Art. 3 GG unvereinbar zu erklären. Da auch die Gerichte für Arbeitssachen nach § 31 BVerfGG an die Feststellung der Unvereinbarkeit, die bewusst unterlassene Feststellung der Nichtigkeit dieser Vorschrift und die tragenden Gründe dieser Entscheidung gebunden waren, hat sich sowohl eine unveränderte weitere Anwendung des § 622 Abs. 2 BGB 1969 in der gegenwärtigen Fassung als auch eine »verfassungskonforme« Auslegung oder Fortbildung dieser Vorschrift verboten (*BAG* 21.3.1991 EzA § 622 BGB nF Nr. 33; 29.8.1991 EzA § 622 BGB nF Nr. 35).

Die Notwendigkeit zur Aussetzung bis zur gesetzlichen Neuregelung ergab sich unabhängig von Art. 20 Abs. 2 GG bereits aus dem **Tenor** der Entscheidung des *BVerfG*, das die Kompetenz zur **Neuregelung** dem **Gesetzgeber** und eben nicht den Gerichten übertragen hatte. Es fehlte demgemäß an einer Gesetzeslücke, die im Wege der Rechtsfortbildung durch die Gerichte hätte geschlossen werden können und dürfen. Sowohl die Bindungswirkung der Entscheidung des BVerfG als auch der Grundsatz der Gewaltenteilung (Art. 20 Abs. 2 GG) standen dem Vorschlag (*Hanau* DB 1991, 40 f.) entgegen, durch richterliche Rechtsfortbildung entweder die Vorschriften des AngKSchG auf die Kündigung älterer Arbeiter zu übertragen oder durch eine vermittelnde Zwischenlösung die Grundfristen auf vier Wochen zum Monatsschluss zu verlängern. Da das *BVerfG* dem Gesetzgeber auch für die Vergangenheit einen Gestaltungsspielraum eingeräumt hat, war eine **völlige Angleichung** der Kündigungsfristen für ältere Arbeiter an diejenigen der älteren Angestellten **nicht** der **einzige Weg** zur Beseitigung des verfassungswidrigen Zustandes. Auch eine ergänzende Vertragsauslegung machte die Aussetzung des Verfahrens bis zur gesetzlichen Neuregelung nicht entbehrlich (**aA** *Kraushaar* DB 1990, 1767). 32

Das *BVerfG* hat zwar im Beschluss vom 30.5.1990 (EzA § 622 BGB nF Nr. 27) allgemein darauf verwiesen, anhängige Verfahren, bei denen die Entscheidung von der verfassungswidrigen Norm des § 622 Abs. 2 BGB 1969 abhingen, seien auszusetzen, bis eine Neuregelung in Kraft trete. Durch diesen Hinweis wurde aber die **Möglichkeit,** durch **Teilurteil** beschränkt über den Fortbestand des Arbeitsverhältnisses zu entscheiden, nicht ausgeschlossen. Sie ergab sich vielmehr aus dem Grundsatz, dass eine Aussetzung nur dann erforderlich ist, wenn und soweit die Entscheidung von der Anwendung der verfassungswidrigen Norm abhängt (*BAG* 21.3.1991 EzA § 622 BGB nF Nr. 33; 29.8.1991 EzA § 622 BGB nF Nr. 34; *Koch* NZA 1991, 54). Wenn nicht im Rahmen einer Kündigungsschutzklage nach § 4 KSchG über die Wirksamkeit der Kündigung, sondern aufgrund einer Feststellungsklage nach § 256 ZPO auch darüber zu entscheiden war, zu welchem Zeitpunkt eine dem Grunde nach nicht beanstandete ordentliche Kündigung das Arbeitsverhältnis aufgelöst hat, dann war eine Entscheidung über einen **Teil** des Streitgegenstandes **sachdienlich,** wenn sich aus der objektiven Rechtslage eine längere als die vom Kündigenden gewählte Frist ergab oder über die vom Gekündigten beanspruchte Frist wegen der noch ausstehenden gesetzlichen Neuregelung noch nicht abschließend entschieden werden konnte. Darüber hinaus kam der Erlass eines Teilurteils auch dann in Betracht, wenn eine Kündigung mit der Kündigungsschutzklage nach § 4 KSchG angegriffen wurde und **sowohl** ihre **Wirksamkeit** als auch die einzuhaltende **Frist streitig** waren (*BAG* 28.2.1985 EzA § 622 BGB nF Nr. 22; 21.3.1991 EzA § 622 BGB nF Nr. 33; 29.8.1991 EzA § 622 BGB nF Nr. 34). Wenn eine Kündigung nicht nur dem Grunde nach streitig ist, sondern der gekündigte Arbeitnehmer darüber hinaus für sich zumindest eine längere Frist beansprucht, wird eine Auslegung seines Klageantrages oder eine Aufklärung nach § 139 ZPO zumeist ergeben, dass er die Kündigungsschutzklage nach § 4 KSchG hilfsweise mit einer auf den längeren Bestand des Arbeitsverhältnisses gerichteten Feststellungsklage nach § 256 ZPO verbinden will. Wenn diese sach- und interessengerechte Bestimmung des Streitgegenstandes nicht möglich ist, stellt § 301 ZPO jedenfalls aufgrund einer gebotenen verfassungskonformen Auslegung eine ausreichende gesetzliche Grundlage für den Erlaß eines Teilurteils über den »Grund der Kündigung« dar (*BAG* 28.2.1985 EzA § 622 BGB nF Nr. 22; 21.3.1991 EzA § 622 BGB nF Nr. 33; 29.8.1991 EzA § 622 BGB nF Nr. 34; *Koch* aaO). 33

dd) Weitere vorläufige Anwendung der Fristen des § 622 Abs. 2 BGB 1969

Die Frage, ob die verfassungswidrigen Grundfristen und die verlängerten Fristen für Arbeiter auch dann bis zur gesetzlichen Neuregelung weiter anzuwenden waren, wenn im Anschluss an eine unwirksame Kündigung über einen begründeten **Auflösungsantrag** nach § 9 KSchG zu entscheiden oder bei der Interessenabwägung nach § 626 BGB die **Frist** zur **ordentlichen Kündigung** zu ermitteln war, hat das *BAG* nach dem 30.5.1990 nicht erneut entscheiden müssen. Es hätte allerdings eindeutig in der Tendenz der bisherigen Rechtsprechung über die Folgen der vollständigen Verfassungswidrigkeit des § 622 Abs. 2 BGB 1969 gelegen, auch insoweit die Grundsätze der bisherigen Rechtsprechung zu den 34

Folgen der teilweisen Verfassungswidrigkeit fortzuschreiben. Bei einem begründeten Auflösungsantrag nach § 9 KSchG war deswegen durch **Teilurteil** das Arbeitsverhältnis frühestens zu dem Termin aufzulösen, der sich aus § 622 Abs. 2 BGB in der alten Fassung ergab und im Übrigen das Verfahren bis zur gesetzlichen Neuregelung auszusetzen (*BAG* 28.2.1985 EzA § 622 BGB nF Nr. 22; *Stahlhacke/Preis* [5. Aufl.] Rz 379, die auch hinsichtlich der Höhe der Abfindung zutreffend ein Teilurteil für möglich und geboten hielten).

35 Bei der **Interessenabwägung** im Rahmen einer außerordentlichen Kündigung nach § 626 BGB zur Ermittlung der sonst einzuhaltenden oder der bei der Kündigung eines Betriebsratsmitglieds zu ermittelnden fiktiven Frist war zunächst weiterhin die Regelung des § 622 Abs. 2 BGB 1969 zugrunde zu legen (*BAG* 2.4.1987 EzA § 626 BGB nF Nr. 108). Da im Grundsatz das Gewicht des wichtigen Grundes im umgekehrten Verhältnis zur Dauer der sonst einzuhaltenden Vertragsbindung steht, konnte sich eine Kündigungsfrist, die länger war als die in § 622 Abs. 2 BGB 1969 vorgesehenen Fristen im Rahmen einer Interessenabwägung auch nachteilig für den Arbeitnehmer auswirken. Die vorläufige weitere Anwendung des § 622 Abs. 2 in der bisherigen Fassung führte deswegen insoweit **nicht** zwangsläufig zu einem **endgültigen Rechtsnachteil** für den gekündigten Arbeiter. Das rechtfertigte die weitere Anwendung des § 622 BGB 1969 zur Bestimmung der tatsächlichen oder fiktiven Kündigungsfrist im Rahmen der Interessenabwägung nach § 626 Abs. 1 BGB (ebenso *Coester* SAE 1988, 125), die auch deswegen geboten war, weil eine Aussetzung der Entscheidung über eine außerordentliche Kündigung bis zur gesetzlichen Neuregelung zu einer **unerträglichen Rechtsunsicherheit** geführt hätte, indem dann die Entscheidung nicht nur über den Beendigungszeitpunkt, sondern auch über den Bestand des Arbeitsverhältnisses selbst hätte unzumutbar lange hinausgeschoben werden müssen.

2. Kündigungsfristen in den neuen Bundesländern

§ 55 AGB-DDR

Kündigungsfristen und -termine
(1) Die Kündigungsfrist beträgt mindestens 2 Wochen.
(2) Hat der Arbeitsvertrag in demselben Betrieb oder Unternehmen 5 Jahre bestanden, erhöht sich für die Kündigung durch den Arbeitgeber die Kündigungsfrist auf 1 Monat zum Monatsende, hat er zehn Jahre bestanden, erhöht sich die Kündigungsfrist auf 2 Monate zum Monatsende, hat er 20 Jahre bestanden, erhöht sich die Kündigungsfrist auf 3 Monate zum Ende des Kalendervierteljahres; bei der Berechnung der Beschäftigungsdauer werden Zeiten, die vor der Vollendung des fünfundzwanzigsten Lebensjahres des Arbeitnehmers liegen, nicht berücksichtigt.
(3) Kürzere als die im Absatz 2 genannten Kündigungsfristen können durch Tarifvertrag vereinbart werden. Im Geltungsbereich eines solchen Tarifvertrages gelten die abweichenden tarifvertraglichen Bestimmungen zwischen nicht tarifgebundenen Arbeitgebern und Arbeitnehmern, wenn ihre Anwendung zwischen ihnen vereinbart ist.
(4) Für die Kündigung des Arbeitsvertrages durch den Arbeitnehmer darf arbeitsvertraglich keine längere Frist vereinbart werden als für die Kündigung durch den Arbeitgeber.
(5) Für bestimmte Personengruppen können in Rechtsvorschriften besondere Kündigungsfristen und -termine festgelegt werden.

a) Grundsatz

36 Mit dem Wirksamwerden des **Beitritts** der Deutschen Demokratischen Republik zur Bundesrepublik Deutschland am **3.10.1990** (Kap. I EV v. 31.8.1990 BGBl. II S. 889) sind auf Arbeitsverträge, die **nach** dem **Stichtag** abgeschlossen worden sind, idR uneingeschränkt die seitdem in der ehemaligen DDR geltenden Rechtsvorschriften der **Bundesrepublik Deutschland** anzuwenden; und zwar auch **arbeitsrechtliche Gesetze** und das BGB, soweit es Arbeitsverhältnisse regelt (*Ascheid* Arbeitsvertragsrecht Rz 846; *MünchKomm-Oetker* EinigungsV Rz 113 f.; *Stahlhacke/Preis* [5. Aufl.] Rz 1368). Das gilt im Interesse der Praktikabilität auch für **bereits bestehende** Arbeitsverträge (*MünchKomm-Oetker* EinigungsV Rz 114). Gesetzesrecht der früheren DDR ist nach Art. 9 EV nur dann weiter anzuwenden, wenn es in Anl. II EV ausdrücklich als fortgeltendes Recht der ehemaligen DDR aufgeführt wird (*Stahlhacke/Preis* [5. Aufl.] Rz 1368). Von diesem **Regel-Ausnahmeverhältnis** geht auch Art. 230 EGBGB aus, der in Abs. 1 bestimmt, dass für das in Art. 3 des EV genannte Gebiet der § 616 Abs. 2 und 3 und die §§ 622 sowie 1706 bis 1710 des BGB nicht gelten und **im Übrigen das BGB** und dessen Einführungsgesetz in diesem Gebiet am Tag des Wirksamwerdens des Beitritts nach Maßgabe der vorliegenden Übergangsvorschriften in Kraft tritt. In Durchbrechung dieses Grundsatzes gelten zur Verhinderung eines

tariflosen Zustandes allerdings auch **Rahmenkollektivverträge** und **Tarifverträge** nach DDR-Recht fort, bis neues Tarifrecht ablöst oder aufhebt (*BAG* 13.7.1994 EzA § 14 AGB 1977 (DDR) Nr. 3 für registrierte Rahmenkollektivverträge; MünchKomm-*Oetker* EinigungsV [Zivilrecht im Einigungsvertrag, 1991] Rz 113).

Zur Rechtslage bei **Kündigungen, die vor** dem **1.7.1990** oder in der Zeit vom 1.7. bis zum 2.10.1990 ausgesprochen worden sind vgl. *Fenski/Linck* (NZA 1992, 337 f.) und *Stahlhacke/Preis* (5. Aufl. Rz 1327 ff.). 37

b) Weitergeltung des § 55 AGB-DDR

Zu den **fortgeltenden Vorschriften** gehörte nach Kap. VIII Sachgebiet A Abschn. III der Anl. II des EV 38 auch § 55 des AGB-DDR vom 16.6.1977 (GBl. I Nr. 18 S. 185), das zuletzt durch das Gesetz zur Änderung und Ergänzung des Arbeitsgesetzbuches vom 22.6.1990 (GBl. I Nr. 35 S. 371) geändert wurde (*Ascheid* Arbeitsvertragsrecht Rz 850; *Kittner/Trittin* [2. Aufl.] § 55 AGB Rz 1; *Popp* HAS § 19 B Rz 34; MünchKomm-*Oetker* EinigungsV [Zivilrecht im Einigungsvertrag, 1991] Rz 1492 f.), und zwar **ohne** den ausdrücklichen **Vorbehalt** einer **abgekürzten Übergangsfrist** (*Stahlhacke/Preis* [5. Aufl.] Rz 1369). Insoweit ist jedoch ergänzend der **Normzweck** der Vorschrift zu berücksichtigen, die nur die Lücken schloss, die durch das modifizierte Inkrafttreten des Bundesrechts hinsichtlich der gesetzlichen Kündigungsfristen für Arbeitsverhältnisse entstanden sind. Mit Rücksicht auf die Rechtsprechung des *BVerfG* zur Verfassungswidrigkeit der im Verhältnis zu den Angestellten kürzeren Fristen für Arbeiter (Rz 1) haben sich die Parteien des EV bewusst für eine Fortgeltung von § 55 AGB-DDR entschieden (Erl. BReg. BT-Drs. 11/7817, S. 154; MünchKomm-*Oetker* EinigungsV [Zivilrecht im Einigungsvertrag, 1991] Rz 1494). **Sachlich** enthielt § 55 AGB-DDR deswegen eine **Übergangsregelung** bis zur verfassungskonformen gesetzlichen Neuregelung der Kündigungsfristen (*Kittner/Trittin* [2. Aufl.] § 55 AGB Rz 1). Wäre der Gesetzgeber weder dem ihm von *BVerfG* erteilten **Kodifizierungsauftrag** noch dem aus Art. 4 Nr. 4 EV (vgl. auch Art. 143 Abs. 1 GG nF) folgenden **Regelungserfordernis** bis zum **31.12.1992** (*Stahlhacke/Preis* [5. Aufl.] Rz 1369) nachgekommen, hätten **verfassungsrechtliche** Bedenken (Art. 3 GG) an einer fortwährenden **Differenzierung** der **Kündigungsfristen** für **Angestellte** in den alten und in den neuen Bundesländern bestanden (so wohl auch *Stahlhacke/Preis* aaO). *Fenski/Linck* (NZA 1992, 345), *Kittner/Trittin* (2. Aufl. § 55 AGB Rz 1), nahmen eine Verfassungswidrigkeit ab 1.1.1993 an, weil nach Art. 143 Abs. 1 S. 1 GG das Recht im Beitrittsgebiet längstens bis zum 31.12.1992 von den Bestimmungen des Grundgesetzes abweichen dürfte.

§ 55 AGB-DDR wurde durch Art. 5 des KündFG bei gleichzeitiger Anordnung seiner Fortgeltung für 39 die bis 31.12.1993 verlängerten Sonderkündigungsrechte im öffentlichen Dienst nach dem EV **mit Wirkung ab 15.10.1993 aufgehoben.** Die partielle Fortgeltung erscheint sinnvoll. Denn sie betrifft eine in sich geschlossene Regelung, deren Einzelkomponenten (Kündigungstatbestände, Kündigungsfristen, Übergangsgeld) nicht ohne Veränderung des inhaltlichen Gleichgewichts der Bestimmung geändert werden können (so *Adomeit/Thau* NJW 1994, 15 unter Bezugnahme auf die Begründung des Regierungsentwurfs zum KündFG.

c) Regelungsgehalt

Die Regelung des § 55 AGB-DDR wies gegenüber § 622 BGB 1969 folgende **Besonderheiten** auf: Er ent- 40 hielt **keine** dem § 622 Abs. 1 BGB 1969 entsprechende **Privilegierung** der **Fristen** für **Angestellte**. Die **Grundkündigungsfrist** von zwei Wochen gem. § 622 Abs. 2 S. 1 BGB wurde vielmehr **generell** auf **alle Arbeitsverhältnisse** übertragen (§ 55 Abs. 1 AGB-DDR). Die Regelung der **verlängerten Fristen** war **identisch** mit den Wartezeiten und Fristen, die nach § 622 Abs. 2 S. 2 BGB 1969 **für ältere Arbeiter** galten. § 55 Abs. 1 und 2 AGB-DDR erfüllte damit hinsichtlich der Gleichbehandlung von Arbeitern und Angestellten die Anforderungen, die das *BVerfG* (Beschluss v. 30.5.1990 EzA § 622 BGB nF Nr. 27) an eine verfassungskonforme Fristenregelung gestellt hatte (*Kittner/Trittin* [2. Aufl.] § 55 AGB Rz 1; *Popp* HAS § 19 B Rz 34; *Stahlhacke/Preis* [5. Aufl.] Rz 1369; *Fenski/Linck* NZA 1992, 345; vgl. auch *Etzel* KR, 4. Aufl., § 1 KSchG Rz 678).

Die **Tariföffnungsklausel** in § 55 Abs. 3 AGB-DDR beschränkte – anders als § 622 Abs. 3 BGB 1969 – 41 das Vorrangprinzip ausschließlich auf die **verlängerten Kündigungsfristen** in § 55 Abs. 2 AGB-DDR, während die Grundfrist des Abs. 1 auch von den Tarifvertragsparteien nicht verkürzt werden konnte. Die Tariföffnungsklausel galt nicht nur für Tarifverträge, die nach dem 3.10.1990 im Geltungsbereich des TVG abgeschlossen worden sind, sondern bis zur tariflichen Neuregelung auch für die vor dem **Stichtag** abgeschlossenen **Rahmenkollektivverträge** und **Tarifverträge** des Rechts der früheren DDR

(Anl. I Kap. XIX Sachgebiet A Abschnitt III Nr. 1 Abs. 1 EV, § 9 TVG nF; MünchKomm-*Oetker* EinigungsV [Zivilrecht im Einigungsvertrag, 1991] Rz 113; 910 ff.; 1495). Das galt allerdings nur für Rahmenkollektiv- oder Tarifverträge, die entsprechend dem AGB-DDR **registriert** worden waren. Fehlt es daran, dann ist der vor dem 1.7.1990 vereinbarte **Tarifvertrag** in seinem normativen Teil **unwirksam,** wenn er nicht durch einen weiteren Tarifvertrag bestätigt (neu vereinbart) worden ist (*BAG* 13.2.1992 EzA § 14 AGB 1977 [DDR] Nr. 1; *Fenski/Linck* NZA 1992, 346). Allerdings ist ein nicht registrierter Tarifvertrag **wirksam,** der zwar am 31.5.1990 im Gebiet der DDR abgeschlossen war, dessen Inkrafttreten aber erst **zum** 1.7.1990 vereinbart wurde (*BAG* 28.6.1994 EzA § 14 AGB 1977 [DDR] Nr. 4). **Rationalisierungsschutzabkommen,** die vor dem 1.7.1990 abschlossen und registriert wurden, sind ohne Nachwirkung am 31.12.1990 außer Kraft getreten, soweit es nicht um Arbeitnehmer geht, die bis zum 31.12.1990 die Voraussetzungen der Rationalisierungsschutzabkommen erfüllt haben (MünchKomm-*Oetker* EinigungsV [Zivilrecht im Einigungsvertrag, 1991] Rz 926 ff.; zum interlokalen Tarifrecht vgl. *Kempen* AuR 1991, 129 ff.). Die **Beseitigung** eines durch einen Rahmenkollektivvertrag Anfang 1990 begründeten Anspruchs auf erhöhtes Überbrückungsgeld iSv § 121 Abs. 2 AGB-DDR nach § 31 Nr. 3 InkrG vom 21.6.1990 durch das Inkrafttreten eines Tarifvertrages mit Wirkung vom 1.7.1990 verstößt **nicht** gegen das **Rechtsstaatsprinzip,** da die Normadressaten des Rahmenkollektivvertrages nach Abschluss des Staatsvertrags über die Schaffung einer Währungs-, Wirtschafts- und Sozialunion vom 18.5.1990 mit der Ablösung des Arbeitsrechts der DDR und der kraft dessen geltenden Rahmenkollektivverträge ab 1.7.1990 rechnen mussten (*BAG* 13.12.1995 EzA § 14 AGB 1997 [DDR] Nr. 5).

42 Die **tarifvertragliche Verlängerung der Kündigungsfristen** wurde durch § 55 AGB-DDR nicht ausgeschlossen (MünchKomm-*Säcker/Oetker* EinigungsV Rz 1006). Anderes ergibt sich lediglich aus dem **Sonderkündigungsrecht** für den öffentlichen Dienst nach dem EV für Kündigungen, die **bis zum 2.10.1992** ausgesprochen worden sind (Nichtanwendbarkeit der Regelungen in § 53 Abs. 3 BAT-O, vgl. *BAG* 25.3.1993 EzA § 55 AGB 1990 [DDR] Nr. 1; *Etzel* KR, 4. Aufl., § 1 KSchG Rz 679). Für später (bis zum 31.12.1993) aufgrund der Sonderkündigungstatbestände erklärte Kündigungen sind die einschlägigen tarifvertraglichen Regelungen jedoch anwendbar (*LAG Chemnitz* 3.11.1993 BB 1994, 219 [LS]; *BAG* 26.5.1994 EzBAT § 53 BAT EinigungsV Nr. 13; *LAG Bln.* 8.5.1995 – 9 Sa 144/94 – nv).

43 Dagegen fehlte ein dem § 622 Abs. 4 BGB 1969 entsprechender Tarifvorbehalt für **Aushilfsarbeitsverhältnisse,** bei denen in den neuen Bundesländern deswegen die Frist **nicht vertraglich verkürzt** werden konnte (*Fenski/Linck* NZA 1992, 346).

43a Bei einer Kündigung nach Anl. I Kap. XIX Sachgebiet A Abschn. III Nr. 1 Abs. 4 EV richtet sich die Kündigungsfrist auch dann nach § 55 AGB-DDR, wenn **einzelvertraglich** eine längere Kündigungsfrist vereinbart war. Der darin liegende gesetzliche Eingriff in die vertraglich erworbene Rechtsposition des Arbeitnehmers ist verfassungsrechtlich nicht zu beanstanden (*BAG* 27.10.1994 ZTR 1995, 235).

44 Eine der Rechtssystematik und dem Verfassungsverständnis in den alten Bundesländern **fremde Verordnungsermächtigung** zur Festlegung besonderer Kündigungsfristen und -termine durch Erlass von Rechtsvorschriften für bestimmte Personengruppen enthielt § 55 Abs. 5 AGB-DDR (= § 55 **Abs. 2 AGB-DDR 1977**). Durch derartige Verordnungen konnten nicht nur im Verhältnis zu § 55 AGB-DDR **längere,** sondern auch **kürzere** Kündigungsfristen geregelt werden (MünchKomm-*Oetker* EinigungsV [Zivilrecht im Einigungsvertrag, 1991] Rz 1496). Auf der Grundlage von § 55 **Abs. 2** AGB-DDR **1977** sind zB die Verordnung über die wissenschaftlichen Mitarbeiter an den wissenschaftlichen Hochschulen – Mitarbeiterverordnung (MVO) – vom 6.11.1968 (GBl. II Nr. 127 S. 1007), die Verordnung über die Pflichten und Rechte der Lehrkräfte und Erzieher der Volksbildung und Berufsbildung – Arbeitsordnung für pädagogische Kräfte – vom 29.11.1979 (GBl. I Nr. 44 S. 444), die Verordnung über die Arbeit und das Verhalten an Bord von Seeschiffen – Seemannsordnung – vom 2.7.1969 (Gbl. II Nr. 58 S. 381) erlassen worden (MünchKomm-*Oetker* EinigungsV [Zivilrecht im Einigungsvertrag, 1991] Rz 1496 Fn 8), die für die arbeitsrechtliche Praxis weiter bedeutsam sein können (*Fenski/Linck* NZA 1992, 346). Allerdings muss im Einzelfall anhand der Regelungen des EV festgestellt werden, ob die jeweilige Verordnung nach dem Beitritt noch zu dem fortgeltenden Recht der DDR zählt. Bei der Arbeitsordnung für pädagogische Kräfte ist das nicht der Fall (*BAG* 28.4.1994 EzA Einigungsvertrag Art. 20 Nr. 35).

45 Vor dem 1.7.1990 abgeschlossene Tarifverträge im Gebiet der ehemaligen DDR sind **unwirksam,** wenn sie nicht nach § 14 Abs. 2 AGB-DDR 1977 registriert worden sind (*BAG* 13.2.1992 EzA § 14 AGB 1977 [DDR] Nr. 1; 21.5.1992 EzA § 14 AGB 1977 [DDR] Nr. 2; *Ascheid* NZA 1993, 99). Nach dem AGB-DDR **wirksam** zustande gekommene Rahmenkollektivverträge sind Tarifverträge auch iSv § 72a ArbGG (*BAG* 10.3.1993 DB 1993, 1522). In **Betriebskollektivverträgen** nach § 28 AGB-DDR konnten vor dem

1.7.1990 nur Ansprüche festgelegt werden, die entsprechend den damaligen Rechtsvorschriften im Betriebskollektivvertrag zu treffen waren (*BAG* 26.5.1992 EzA § 28 AGB 1977 [DDR] Nr. 1; 14.9.1994 DB 1995, 535). Dazu gehörte die Regelung von Kündigungsfristen nicht.

Im Geltungsbereich des Tarifvertrages zur Überleitung des RTV für die technischen und kaufmännischen Angestellten auf das Gebiet der neuen Länder richteten sich die Kündigungsfristen nach den gesetzlichen Vorschriften in den neuen Bundesländern. Für die Kündigung von Angestellten galt dagegen § 55 AGB-DDR und nicht das AngKSchG oder § 622 BGB 1969 (*LAG Bra.* 27.11.1991 RzK I 8m dd Nr. 12; *BAG* 23.9.1992 – 4 AZR 105/92 – nv; **aA** *Däubler* Tarifvertragsrecht Rz 1818). 46

Die Frist des § 55 AGB-DDR war kraft ausdrücklicher und durch das KündFG unberührter Anordnung (Art. 5 S. 2 KündFG) bis 31.12.1993 auch für **ordentliche Kündigungen** im öffentlichen Dienst nach Anl. I Kap. XIX Sachgebiet A Abschn. III Nr. 1 Abs. 4 EV anzuwenden. 47

Arbeiten Arbeitgeber und Arbeitnehmer im Bereich der alten Bundesländer, wird der Arbeitnehmer aber ausschließlich für einen **Einsatz** in den **neuen Bundesländern** eingestellt, dann richtete sich die Kündigungsfrist bei fehlender ausdrücklicher oder konkludenter Vereinbarung nach § 55 AGB-DDR (*LAG MV* 18.3.1993 –1 Sa 104/92; vgl. auch *Däubler* Tarifvertragsrecht Rz 1815; *Hanau/Preis* Das Arbeitsrecht der neuen Bundesländer I 2 S. 11). 48

II. Das KündFG vom 7.10.1993

Der Neuregelung ging ein Entwurf der **Bundesregierung** (BT-Drs. 12/5081, 5191), der Fraktionen der CDU/CSU und der FDP (BT-Drs. 12/4902) sowie ein Entwurf der Fraktion der **SPD** (BT-Drs. 12/4907) voraus. Nach den Vorstellungen der **SPD** sollte die bislang nur für Angestellte geltende sechswöchige Kündigungsfrist zum Ende eines Kalendervierteljahres auch auf Arbeitsverträge mit Arbeitern ausgedehnt werden. Der **DGB** forderte eine Frist von zwei Monaten zum Monatsende (AiB 1993, 346, 347; zu den eingebrachten Reformvorschlägen vgl. *Sieg* AuA 1993, 165, und *Wank* NZA 1993, 962 f.; zu möglichen Unklarheiten im Regierungsentwurf [§ 622 Abs. 3 S. 2 des Entwurfs, der dann auch mit einer vom Vermittlungsausschuss vorgeschlagenen **Änderung** Gesetz geworden ist] *Bauer* NZA 1993, 495, und *Wank* NZA 1993, 965). Der **Bundestagsausschuss für Arbeit und Sozialordnung** legte seinen Bericht und seine Beschlussempfehlung am 22.6.1993 vor (BT-Drs. 12/5228), worauf der **Bundestag** in zweiter und dritter Lesung am 23.6.1993 dem Gesetzentwurf in der Ausschussfassung zustimmte (165. Sitzung des Bundestages, Plenarprotokoll 12/165). Der vom **Bundesrat** angerufene **Vermittlungsausschuss** empfahl eine Änderung der vom **Bundestag** beschlossenen Fassung (BT-Drs. 12/5721). Danach sollten bisher nicht vorgesehene Kündigungstermine zum Fünfzehnten oder zum Ende eines Kalendermonats eingeführt werden. Abs. 5 S. 1 der Fassung wurde um eine Sonderregelung für Kleinunternehmen ergänzt. Abs. 5 S. 2 erhielt seine dann auch Gesetz gewordene (ursprüngliche) Fassung. Am 30.9.1993 wies der **Bundestag** den Einspruch des **Bundesrates** zurück und verabschiedete das am 15.10.1993 in Kraft getretene Gesetz in der vom **Vermittlungsausschuss** vorgeschlagenen Fassung (Darstellung des Gesetzgebungsverfahrens bspw. bei *Schwedes* BABl. 12/1993, 9, und *Wank* NZA 1993, 963 f.; zur Entstehungsgeschichte vgl. *Kittner/Trittin* [3. Aufl.] Rz 1–5, zu weiteren Novellierungsvorschlägen dort Rz 6). 49

Art. 1 KündFG hat **sämtliche Kündigungsfristen von Arbeitern und Angestellten** durch **Änderung des § 622 des BGB vereinheitlicht.** Nach Art. 221 des Einführungsgesetzes zum BGB wurde aufgrund Art. 2 Nr. 1 KündFG als Art. 222 eine **Übergangsvorschrift zum KündFG** eingeführt. Art. 3 und 4 haben die Regelungen über Kündigungsfristen im SeemG bzw. im HAG geändert. Durch Art. 5 wurde die fortgeltende Bestimmung des § 55 AGB-DDR bei gleichzeitiger Anordnung ihrer Fortgeltung für die bis 31.12.1993 verlängerten Sonderkündigungsrechte im öffentlichen Dienst nach dem EV **aufgehoben.** Aufgrund Art. 7 ist mit Inkrafttreten des KündFG das AngKSchG **außer Kraft getreten.** Die Neuregelung hat weder die früheren Angestelltenregelungen noch die früheren Arbeiterregelungen übernommen, sondern ist den Weg einer echten **Neuorientierung** gegangen, die einerseits zu einer **Vereinheitlichung der Kündigungsfristen auf mittlerem Niveau** zwischen den früheren Regelungen für beide Arbeitnehmergruppen und andererseits zu einer **stärkeren Staffelung der Kündigungsfristen** als bisher führt. Damit sollten sowohl die Schutzbedürfnisse beider Arbeitnehmergruppen als auch das Interesse der Arbeitgeber an möglichst großer Flexibilität ausgewogen berücksichtigt werden. Zugleich sollten Einstellungshemmnisse, die sich aus einer zu großen Verlängerung der Kündigungsfristen für Arbeitgeber, vor allem in den ersten Beschäftigungsjahren, ergeben könnten, vermieden werden (BT-Drs. 12/4902, S. 7). **Keine** arbeitsrechtlich (sondern nur für Zwecke der **Arbeitsförde-** 50 rung) maßgeblichen Kündigungsfristen sind die Fiktionen bei Kündigungsausschluss in § 143a Abs. 1 S. 3 und 4 SGB III (vgl. *LAG Bra.* 16.5.2001 – 7 Sa 77/01).

B. Überblick
I. Grundkündigungsfrist

51 § 622 Abs. 1 sieht nunmehr eine **Grundkündigungsfrist von vier Wochen einheitlich für das Arbeitsverhältnis eines Arbeiters oder eines Angestellten** (Arbeitnehmers) in den ersten beiden Beschäftigungsjahren vor. Sie ist verbunden mit **zwei Kündigungsterminen zum Fünfzehnten oder zum Ende eines Kalendermonats.** Eine zum Fünfzehnten eines Kalendermonats ausgesprochene Kündigung wirkt im Falle ihres verspäteten Zugangs zum nächst zulässigen Kündigungstermin, also zum Monatsende, falls die Parteien keinen abweichenden Kündigungstermin vereinbart haben. **Mit vier Wochen sind 28 Tage gemeint** und nicht, wie die Umgangssprache vielleicht nahe legt, ein Monat (*Staudinger/Preis* Rz 24; *Schaub/Linck* § 124 III 3b, Rz 28; *Hromadka* BB 1993, 2373; ArbRBGB-*Röhsler* Rz 41; MünchKomm-*Hesse* Rz 22).

52 Die Neuregelung verzichtet auf Kündigungstermine zum Ende eines Kalendervierteljahres, die bisher allgemein für Angestellte sowie für Arbeiter nach 20jähriger Betriebszugehörigkeit galten. Der Gesetzgeber hat den Verzicht auf das Quartal als Kündigungstermin damit begründet, dass je nach Erklärungszeitpunkt der Kündigung **sachlich nicht gerechtfertigte Unterschiede bei den tatsächlichen Kündigungsfristen** festzustellen waren. Ferner wurde es nicht mehr als gerechtfertigt angesehen, den **Arbeitsmarkt sowie Arbeitsämter und Arbeitsgerichte** schubweise zu Quartalsterminen zu belasten. Die **Bundesanstalt für Arbeit** hatte eine Konzentration auf vier Kündigungstermine im Jahr für eine geordnete Beratungs- und Vermittlungstätigkeit als untragbar angesehen (vgl. BT-Drs. 12/4902, S. 7; zweifelnd hinsichtlich der angestrebten Entlastungswirkung für den Arbeitsmarkt *Hohmeister* PersR 1994, 11; *Kehrmann* [AiB 1993, 746] befürchtet das Entstehen einer großen Zahl von Zeiten einer Zwischenarbeitslosigkeit; ebenso *Kittner/Trittin* [2. Aufl.] Rz 14). Bei Arbeitgebern mit idR nicht mehr als 20 Arbeitnehmern kann davon abweichend eine Kündigungsfrist von vier Wochen ohne festen Kündigungstermin vereinbart werden (§ 622 Abs. 5 S. 1 Nr. 2). Inwieweit der Fünfzehnte eines Kalendermonats vor dem Hintergrund der Abrechnungspraxis vieler Arbeitgeber Bedeutung erlangen wird, bleibt abzuwarten (*Staudinger/Preis* Rz 6; *Adomeit/Thau* NJW 1994, 13).

II. Verlängerte Kündigungsfristen
1. Allgemeines

53 Bei den verlängerten Kündigungsfristen nach § 622 Abs. 2 wurde an **Kündigungsterminen zum Ende eines Kalendermonats** festgehalten.

54 § 622 Abs. 2 regelt die **(nur) vom Arbeitgeber** (SPV-*Preis* Rz 488; – einseitig zwingend – ArbRBGB-*Röhsler* Rz 46) einzuhaltenden **Kündigungsfristen gegenüber länger beschäftigten Arbeitnehmern.** Die Neuregelung sieht einen allmählichen stufenweisen Übergang von kürzeren Fristen zu Beginn des Arbeitsverhältnisses zu längeren Fristen **in Abhängigkeit von der Dauer der Betriebs- bzw. Unternehmenszugehörigkeit (Wartezeiten)** – was **für sich allein** keinen Verstoß gegen das allgemeine Verbot der Diskriminierung wegen **Alters** (s. Rz 56), **bestenfalls** eine **mittelbare** Diskriminierung darstellen dürfte (weil der Arbeitnehmer mit der fortschreitenden Dauer des Arbeitsverhältnisses eben auch älter wird; vgl. auch *Willemsen/Schweibert* NJW 2006, 2583, 2586; das **AGG** jedenfalls hat die Vorschrift unverändert gelassen; ohnehin darf an das **Dienstalter** angeknüpft werden, *EuGH* 3.10.2006 – C-17/05) – vor. Der Gesetzentwurf greift Grundgedanken der mit der **IG Chemie** und mit der **DAG** abgeschlossenen und am 1.1.1993 in Kraft getretenen Manteltarifverträge für die chemische Industrie auf (BT-Drs. 12/4902, S. 7). Die für eine Kündigung durch den Arbeitgeber verlängerten Fristen gelten – **abweichend vom alten Recht – bereits nach zweijähriger Betriebszugehörigkeit** mit einer Frist von einem Monat zum Ende eines Kalendermonats. Über insgesamt sieben Stufen wird nach 20jähriger Betriebszugehörigkeit die Höchstdauer von sieben Monaten zum Ende eines Kalendermonats erreicht. Wie nach altem Recht werden bei der Berechnung der Betriebszugehörigkeit nur die Zeiten nach der Vollendung des 25. Lebensjahres des Arbeitnehmers berücksichtigt (dies erscheint veraltet: *Staudinger/Preis* Rz 8; ebenso *Kittner/Trittin* [2. Aufl.] Rz 32). Damit ergibt sich für Arbeiter im Vergleich zur früheren Regelung eine erhebliche Verbesserung. So verlängert sich bspw. die Kündigungsfrist nach zwei Jahren Betriebszugehörigkeit im Durchschnitt auf das Dreifache und verdoppelt sich nach fünf Jahren Betriebszugehö-

rigkeit. Die bisher nur Angestellten vorbehaltenen Fristen ab der Vier-Monats-Frist sind neu eingeführt. Für Angestellte ergibt sich außer der Umstellung von Quartals- auf den Monatskündigungstermin zwar ein um zwei bzw. drei Jahre verzögertes Erreichen einer Steigerungsstufe (bspw. wird die dreimonatige Kündigungsfrist erst nach acht Jahren statt vormals nach fünf Jahren erreicht). Andererseits tritt für langjährig beschäftigte Angestellte eine Verbesserung durch die Verlängerung der Höchstfrist von früher sechs auf nunmehr sieben Monate ein. Eine weitere Verbesserung besteht für Angestellte darin, dass die gesetzliche Verlängerung nicht mehr an das Erfordernis der Beschäftigung durch einen Arbeitgeber von regelmäßig mehr als zwei Angestellten gebunden ist (so der durch das KündFG aufgehobene § 2 Abs. 1 S. 1 AngKSchG).

2. Beschäftigung in einem Betrieb oder Unternehmen

Da § 622 Abs. 2 S. 1 ein Arbeitsverhältnis in **dem Betrieb** oder **Unternehmen** voraussetzt, spricht die dem § 1 Abs. 1 KSchG angenäherte Fassung der Regelung dafür, von dem **Betriebsbegriff iSd KSchG** auszugehen. Damit können die sog. **Hausangestellten** auch nach einer längeren Beschäftigung keine verlängerten Kündigungsfristen beanspruchen, weil der **Haushalt weder Betrieb noch ein Unternehmen ist** (KR-*Griebeling* § 1 KSchG Rz 138; *Schaub/Linck* § 124 II 1c, Rz 15; *Staudinger/Preis* Rz 13; SPV-*Preis* Rz 492; *Bauer/Rennpferdt* AR-Blattei SD 1010.5 Kündigung V, Kündigungsfristen Rz 24; ArbRBGB-*Röhsler* Rz 12; MünchKomm-*Hesse* Rz 7; APS-*Linck* Rz 17). Der Gesetzgeber hat die Besserstellung der im Haushalt Beschäftigten durch Aufhebung von § 9 Abs. 1 S. 2 Hs. 1 MuSchG mit Wirkung ab 1.1.1997 und die damit verbundene kündigungsschutzrechtliche Gleichbehandlung (dazu *Sowka* NZA 1997, 296, 297; *Zmarzlik* DB 1997, 474, 475 f.) aller Arbeitnehmerinnen nicht zum Anlass genommen, auch für eine Gleichbehandlung bei den Kündigungsfristen zu sorgen. Das ist mit Blick auf Art. 6 Abs. 4 GG iVm Art. 3 GG nicht unproblematisch, werden doch im Haushalt überwiegend Frauen beschäftigt. Die Anknüpfung an den **Betrieb** oder das **Unternehmen** ist insofern unsystematisch, als § 622 Abs. 5 S. 1 Nr. 2 auf den **Arbeitgeber** abstellt, § 1 Abs. 3 KSchG von der Dauer der **Betriebs**zugehörigkeit und § 10 Abs. 2 KSchG wiederum von dem **Bestand** des **Arbeitsverhältnisses** redet, § 23 Abs. 1 KSchG dann wieder vom **Betrieb** ausgeht. Eine **Legaldefinition** des »**Unternehmers**« findet sich jetzt in § 14 BGB.

3. Bestimmung und Berechnung der Wartezeiten (§ 622 Abs. 2 S. 1 mit S. 2)

Die **Wartezeiten nach Vollendung des 25. Lebensjahres** (§ 622 Abs. 2 S. 1 mit S. 2) – welche **Altersgrenze** wegen des allgemeinen Verbotes der Diskriminierung wegen des Alters nach *EuGH* 22.11.2005 (EzA § 14 TzBfG Nr. 21) **entweder** nicht mehr **angewendet** werden darf (*Annuß* BB 2006, 325, 326; so f. § 14 Abs. 3 TzBfG auch *BAG* 26.4.2006 – 7 AZR 500/04 – jur:s) oder »**zu streichen**« ist (*Reichold/Hahn/Heinrich* NZA 2005, 1270, 1275; wohl auch *Waltermann* NZA 2005, 1265, 1266, 1270; zum Problem *Löwisch* BB 2006, 2189; *Preis* NZA 2006, 401, 408; *Willemsen/Schweibert* NJW 2006, 2583, 2586; *Wolff* FA 2006, 260, 263; das **AGG** hat § 622 Abs. 2 S. 2 BGB nicht geändert; a. KR-*Spilger* § 10 KSchG Rz 40) – **bestimmen sich nach der rechtlichen Dauer des Arbeitsverhältnisses**. Der **Arbeitnehmer** hat erforderlichenfalls diejenigen Tatsachen darzulegen und zu beweisen, aus welchen sich die Bestimmung der Wartezeiten zu seinen Gunsten ergibt.

Tatsächliche Unterbrechungen der Beschäftigung wirken sich auf die Dauer des Arbeitsverhältnisses selbst dann nicht aus, wenn sie – wie zB anhaltende Erkrankungen oder unbezahlter Urlaub – von längerer Dauer sind. Die **Wartezeit** für die Erlangung längerer Kündigungsfristen wird auch dann nicht unterbrochen, wenn das ursprünglich begründete Arbeitsverhältnis rechtlich beendet wird und sich daran ohne zeitliche Unterbrechung ein weiteres Arbeitsverhältnis mit demselben Arbeitgeber anschließt (*BAG* 23.9.1976 EzA § 1 KSchG Nr. 35).

Die Auswirkung **rechtlicher Unterbrechungen** des Arbeitsverhältnisses ist für die Berechnung der Dauer des Arbeitsverhältnisses nach § 622 Abs. 2 S. 1 nicht anders zu behandeln als für die Wartezeit nach § 1 KSchG (vgl. dazu KR-*Griebeling* § 1 KSchG Rz 99 ff., 108 ff.) und § 4 BUrlG (*BAG* 6.12.1976 EzA § 1 KSchG Nr. 36) sowie § 3 Abs. 3 EFZG (s. allg. *Natze*, Die Betriebszugehörigkeit im Arbeitsrecht, 2000). Rechtliche Unterbrechungen des Arbeitsverhältnisses sind dann **unerheblich**, wenn die mehreren Arbeitsverhältnisse in einem **engen sachlichen (inneren) Zusammenhang** zueinander stehen (MünchKomm-*Hesse* Rz 27). Davon ließ sich übrigens auch § 1 Abs. 3 BeschFG leiten. Bei der Prüfung des erforderlichen Zusammenhangs zwischen mehreren Arbeitsverhältnissen kommt es insbesondere auf den **Anlass** und die **Dauer** der **Unterbrechung** und auf die **Art** der **Weiterbeschäftigung** an (*BAG* 6.12.1976 EzA § 1 KSchG Nr. 36; 20.8.1998 EzA § 1 KSchG Nr. 50). Es reicht **nicht** aus, wenn der Arbeitnehmer schon bald nach seinem Ausscheiden wieder eingestellt wird, weil die Dauer der Unterbrechung **allein** nicht maßgebend sein kann. Andererseits ist eine **besonders lange Dauer** der Unterbrechung ein Umstand, der bei fallbezogener Würdigung nicht unberücksichtigt gelassen werden darf. Es wird regelmäßig an einem inneren Zusammenhang zwischen mehreren Arbeitsverhältnissen fehlen, wenn die **Dauer** der rechtlichen **Unterbrechung länger** ist als die jeweiligen **Zeiträume**, in denen das Arbeitsverhältnis **bestanden hat** (*BAG* 18.1.1979 EzA § 1 KSchG Nr. 39). Mit einer bestimmten Dauer der Unterbrechung **allein** allerdings kam ein enger sachlicher Zusammenhang idR **nicht** verneint werden; je länger die Unterbrechung währt, umso gewichtiger müssen die für einen sachlichen Zusammenhang sprechenden Umstände sein (*BAG* 20.8.1998 EzA § 1 KSchG Nr. 50). Werden zwei Lehrer-Arbeitsverhältnisse lediglich durch die Schulferien getrennt und war im ersten Vertrag eine bevorzugte Berücksichtigung bei der Besetzung von Dauerarbeitsplätzen zugesagt, ist dieser Zusammenhang indiziert (vgl. *BAG* 20.8.1998 DB 1998, 2533 [Parallelentscheidung zu *BAG* 20.8.1998 EzA § 1 KSchG Nr. 50]). Auch eine Unterbrechung zur Absolvierung eines Meisterlehrgangs ist unschädlich (*LAG Nds.* 25.11.2002 LAGE § 622 BGB Nr. 43). Die Vereinbarung der Weiterbeschäftigung iR eines Arbeitsverhältnisses nach zwischenzeitlichem Aufstieg eines Arbeitnehmers zum Geschäftsführer der persönlich haftenden GmbH einer GmbH & Co. KG soll bei unwesentlicher Veränderung der Arbeitsaufgaben sogar für die Anrechnung der Beschäftigungszeit als Geschäftsführer sprechen (*BAG* 24.11.2005 EzA § 1 KSchG Nr. 59), obwohl sie nicht als Arbeitsverhältnis zurückgelegt war. Die zeitliche Unterbrechung von **über fünf Monaten** ist zu groß, um noch von einem sachlichen Zusammenhang ausgehen zu können (*BAG* 22.9.2005 EzA-SD 2006, Nr. 6, 12).

59 Nur teilweise kann dem Vorschlag von *Sieg* (SAE 1977, 240) zugestimmt werden, der empfiehlt, die Voraussetzung für den engen sachlichen Zusammenhang wie folgt zu präzisieren: Der Arbeitsplatz des zweiten Arbeitsverhältnisses müsse im Wesentlichen so beschaffen sein wie bei der ersten Anstellung. Der Einschnitt dürfe nicht länger als drei Wochen gedauert haben, und der Arbeitnehmer dürfe in der Zwischenzeit kein Arbeitsverhältnis bei einem anderen Arbeitgeber aufgenommen haben. Auf den Anlass der Lösung des ersten Arbeitsverhältnisses soll es nicht ankommen. Dazu ist zu bemerken, dass es allerdings der **Rechtssicherheit** dient, die unerheblichen Zeiten der rechtlichen Unterbrechung mehrerer Arbeitsverhältnisse grds. auf **drei Wochen** zu begrenzen, sofern nicht ausnahmsweise die Umstände des Einzelfalles eine andere Beurteilung erfordern. Nicht einzusehen ist hingegen, weshalb die kurzfristige Tätigkeit bei einem anderen Arbeitgeber während der Dauer der Unterbrechung stets schädlich sein soll. Darauf kann es insbes. dann nicht ankommen, wenn die Parteien sich bei dem Ausscheiden des Arbeitnehmers darüber einig waren, er solle sobald wie möglich wieder eingestellt werden und der Arbeitgeber selbst eine vorübergehende Aushilfstätigkeit vermittelt hat. Wie dieses Beispiel zeigt, kann es für den sachlichen Zusammenhang zwischen mehreren Arbeitsverhältnissen durchaus wesentlich sein, aus welchem **Anlass** das erste Arbeitsverhältnis beendet worden ist. **Abgelehnt** hat das *BAG* (16.3.2000 EzA § 108 BPersVG Nr. 2) den Vorschlag, die Anrechnungsregel in § 1 des aufgehobenen Beschäftigungsförderungsgesetzes – 4-Monats-Grenze – entsprechend anzuwenden.

60 Wenn zwischen mehreren Arbeitsverhältnissen ein innerer Zusammenhang besteht, ist auch die **Zeit der Unterbrechung** bei der Berechnung der Dauer des Arbeitsverhältnisses mit anzurechnen (aA KR-*Griebeling* § 1 KSchG Rz 110 für die Wartezeit nach § 1 Abs. 1 KSchG; *LAG Hamm* 20.12.1996 LAGE § 1 KSchG Nr. 10; *Rudolph* BuW 2000, 937, 938). Diese vom *BAG* (6.12.1976 EzA § 1 KSchG Nr. 36) offen gelassene Folgerung ist deswegen geboten, weil – wie in den Fällen der §§ 210, 212 BGB und § 207 ZPO – zunächst eine Unterbrechung eingetreten ist, die rückwirkend als nicht eingetreten zu behandeln ist (*Sieg* SAE 1977, 241). Gegen die Berücksichtigung der Unterbrechenszeit nach § 12 Nr. 1.2 BRTV-Bau *LAG Nürnberg* 21.3.2002 DB 2002, 1561 sowie – **bestätigend** – *BAG* 17.6.2003 EzA § 622 BGB 2002 Nr. 1.

61 Bei der Berechnung der Wartezeiten war es nach der alten Regelung und ist es erst recht nach der neuen Regelung **unerheblich,** ob der Arbeitnehmer zunächst oder im Wechsel **Arbeiter- oder/und Angestelltentätigkeiten** verrichtet hat. Mit zu **berücksichtigen** sind die Zeiten der **beruflichen Ausbildung** (vgl. zur Wartezeit des § 1 Abs. 1 KSchG *BAG* 23.9.1976 EzA § 1 KSchG Nr. 35, und *Etzel* KR, 6. Aufl., § 1 KSchG Rz 107 mwN; umgekehrt wird die in einem vorhergehenden Arbeitsverhältnis zurückgelegte Zeit nicht auf die Probezeit im Berufsausbildungsverhältnis angerechnet, *BAG* 16.12.2004 EzA § 15 BBiG Nr. 14), **soweit** diese im Unternehmen **nach Vollendung des 25. Lebensjahres** (zu der Auswirkung *EuGH* 25.11.2005 EzA § 14 TzBfG Nr. 21, s. Rz 56) erfolgte (*BAG* 2.12.1999 EzA § 622 BGB nF Nr. 60). Entsprechendes gilt für ein **betriebliches Praktikum,** das der beruflichen Fortbildung (§§ 53 ff. BBiG) gedient hat, soweit es im **Rahmen eines Arbeitsverhältnisses** abgeleistet wurde (*BAG* 18.11.1999 AP Nr. 11 zu § 1 KSchG 1969 Wartezeit). **Unberücksichtigt** bleibt hingegen eine dem Arbeitsverhältnis vorhergehende erlaubte Tätigkeit als **Leiharbeitnehmer** bei dem Entleiher, weil ein Ar-

beitsvertrag während dieser Zeit nur mit dem Verleiher bestand. Schließlich bleibt **unberücksichtigt** die Tätigkeit in einem dem Arbeitsvertrag vorhergehenden **Eingliederungsvertrag** nach §§ 229–234 SGB III aF, der selbst keinen Arbeitsvertrag darstellte (*Natzel* NZA 1997, 806, 809; **aA** *Etzel* KR, 6. Aufl., § 1 KSchG Rz 107 unter Hinweis auf § 231 Abs. 2 S. 1 SGB III; **wie hier** jetzt *BAG* 17.5.2001 EzA § 1 KSchG Nr. 54 m. Anm. *Caspers*). Anrechenbar auf die Wartezeit sein, kann die Beschäftigungszeit als **Geschäftsführer** nach Kündigung des Geschäftsführervertrages und Weiterbeschäftigung des Betreffenden – ohne wesentliche Änderung seiner Arbeitsaufgaben – als Arbeitnehmer; dies soll sich mangels abweichender Vereinbarung nach *BAG* 24.11.2005 (NJW 2006, 1899) »regelmäßig« aus dem Parteiwillen schließen lassen

§ 622 Abs. 2 S. 1 stellt auf das Bestehen des Arbeitsverhältnisses **in einem Betrieb** oder **Unternehmen** 62 ab. Deshalb wird die **Dauer des Arbeitsverhältnisses, mithin auch diejenige der Wartezeiten,** durch einen **Betriebsübergang** iSv § 613a BGB (vgl. *BAG* 10.12.1998 AP Nr. 187 zu § 613a BGB) oder durch eine **Gesamtrechtsnachfolge (zB Erbfall)** nicht berührt, und zwar bei Betriebsübergang auch nicht durch kurzfristige Unterbrechung (*BAG* 27.6.2002 EzA § 1 KSchG Nr. 55; 18.9.2003 EzA § 622 BGB 2002 Nr. 2). Vielmehr ist auch die Dauer des Arbeitsverhältnisses mit dem früheren Arbeitgeber anzurechnen (APS-*Linck* Rz 64). Zeiten in anderen Unternehmen eines **Konzerns** hingegen sind ohne vertragliche Abmachung nicht anrechenbar (Einzelheiten KR-*Griebeling* § 1 KSchG Rz 118; APS-*Linck* Rz 55; KassArbR-*Isenhardt* 6.3 Rz 196), Zeiten in einem **Gemeinschaftsbetrieb** hingegen berücksichtigungsfähig. Die mit einer **Spaltung** oder **Teilübertragung** nach dem UmwG verbundenen nachteiligen kündigungsrechtlichen Auswirkungen werden durch § 323 Abs. 1 UmwG ausgeschlossen. Dem Arbeitnehmer bleiben danach auch sämtliche erworbene Kündigungsfristen bzw. dafür vorausgesetzte Wartezeiten erhalten (vgl. *Joost*, in: *Lutter* [Hrsg.] UmwG § 323 Rz 9). Die Vorschrift bezieht sich keineswegs lediglich auf die kündigungs**schutz**rechtliche Stellung des Arbeitnehmers (*Dehmer/Stratz/Hörtnagl* § 323 UmwG Rz 6, 7). Die Zeit des **Grundwehrdienstes** oder einer **Wehrübung** oder des **Zivildienstes** wird nach § 6 Abs. 2 S. 1 ArbPlSchG bzw. § 78 Abs. 1 ZDG iVm § 6 Abs. 2 S. 1 ArbPlSchG auf die »Berufs- und Betriebszugehörigkeit« angerechnet. Dabei ist »Betriebszugehörigkeit« nach der Intention des Gesetzes auch als »Unternehmenszugehörigkeit« zu verstehen, so dass ein Wechsel von einem Betrieb des Unternehmens in einen anderen Betrieb des Unternehmens nach Ablauf des Wehrdienstes oder der Wehrübung nicht schadet. Für **Eignungsübungen** ergibt sich die gleiche Rechtsfolge wie nach dem ArbPlSchG insoweit, als § 6 Abs. 1 EignungsübungsG den Ausschluss von Nachteilen in »beruflicher und betrieblicher« Hinsicht anordnet.

C. Geltungsbereich

I. Persönlicher Geltungsbereich

1. Bestehen eines Arbeitsverhältnisses

Die Anwendung des § 622 BGB setzt voraus, dass ein **Arbeitsverhältnis** vorliegt, das durch den Ar- 63 beitgeber oder den Arbeitnehmer gekündigt wird. Die den Schluss auf ein Arbeitsverhältnis begründenden Tatsachen hat erforderlichenfalls der **Arbeitnehmer** darzulegen und ggf. zu beweisen. Für die Frage, ob ein Dienstverpflichteter (§ 611 BGB) in einem Arbeitsverhältnis steht, kommt es auf den Grad der **persönlichen Abhängigkeit** vom Dienstberechtigten an (*BAG* 15.3.1978 EzA § 611 BGB Arbeitnehmerbegriff Nr. 17; 17.5.1978 EzA § 611 BGB Arbeitnehmerbegriff Nr. 18). Die persönliche Abhängigkeit ist dadurch gekennzeichnet, dass ein Arbeitnehmer **fremdbestimmte** Arbeit für einen Arbeitgeber leistet, während der Selbständige, der in einem unabhängigen Dienstverhältnis steht, dem Dienstberechtigten in größerem Maße nach Zeit und Ausführung selbstbestimmte Arbeit leistet (*BAG* 15.3.1978 EzA § 611 BGB Arbeitnehmerbegriff Nr. 17). Vgl. zu den Abgrenzungsmerkmalen zwischen selbständigen Dienstverhältnissen und abhängigen Arbeitsverhältnissen KR-*Rost* ArbNähnl. Pers Rz 10 ff.; für arbeitnehmerähnliche Personen gilt die Vorschrift nicht, MünchKomm-*Hesse* Rz 9. § 622 BGB gilt für alle Arbeitnehmer, sowohl hinsichtlich der Grundkündigungsfrist als auch für die verlängerten Kündigungsfristen. Die Regelung gilt auch für Teilzeitbeschäftigte und für geringfügig Beschäftigte. Sie gilt ohne Rücksicht darauf, wie viele Arbeitnehmer im Unternehmen beschäftigt sind (*Staudinger/Preis* Rz 11; **beachte** aber **Abs. 5 S. 1 Nr. 2!**). **Kein Arbeitsverhältnis** besteht im Falle erlaubter Tätigkeit als **Leiharbeitnehmer** zwischen diesem und dem Entleiher, sondern mit dem Verleiher. Der **Eingliederungsvertrag** nach §§ 229–234 SGB III aF stellte **keinen Arbeitsvertrag** dar (*Natzel* NZA 1997, 806, 809; **aA** *Etzel* KR, 6. Aufl., § 1 KSchG Rz 117 unter Hinweis auf § 231 Abs. 2 S. 1 SGB III aF; **wie hier** jetzt *BAG* 17.5.2001 EzA § 1 KSchG Nr. 54 mit Anm. *Caspers*). Die Streitfrage ist **hier** ohne praktische Relevanz, weil dieser Vertrag nach § 232 Abs. 2 SGB III aF jederzeit für **gescheitert** erklärt werden konnte. **Keine Arbeitnehmer** sind **Heimarbeiter, Hausgewerbetreibende, Zwischenmeister** oder in einem **Werkstattverhältnis** gem. §§ 136 ff. SGB IX Tätige oder »Ein-Euro-Jobber« (§ 16 Abs. 3 SGB II, *LAG Bln.* 27.3.2006 NJ 2006, 335; *ArbG Ulm* 17.1.2006 NZA-RR 2006, 383; *ArbGer Bautzen* – 2 Ca 2151/05 – rkr.).

2. Arbeitnehmer in Kleinunternehmen; Schwellenwert; anteilige Berücksichtigung der Teilzeitbeschäftigten

64 § 622 gilt auch für Arbeitsverhältnisse in Kleinunternehmen. Auf Empfehlung des **Vermittlungsausschusses** wurde allerdings die Regelung des § 622 Abs. 5 S. 1 Nr. 2 aufgenommen, wonach **einzelvertraglich eine kürzere Grundkündigungsfrist** vereinbart werden kann, wenn der Arbeitgeber **idR nicht mehr als 20 Arbeitnehmer ausschließlich der zu ihrer Berufsbildung Beschäftigten** (das sind auch Umschüler, Anlernlinge, Volontäre und Praktikanten, *Hromadka* BB 1993, 2373; ArbRBGB-*Röhsler* Rz 153) **beschäftigt (Schwellenwert) und die Kündigungsfrist vier Wochen nicht unterschreitet** (KDZ-*Zwanziger* – § 622 BGB Rz 44 mit Art. 3 GG Rz 18 – hält die Differenzierung zwischen großen und kleinen Arbeitgebern für verfassungsrechtlich unbedenklich; für die Kleinbetriebsklausel des § 8 Abs. 7 TzBfG auch *LAG Köln* 18.1.2002 NZA-RR 2002, 511). Bei der Feststellung der Zahl der beschäftigten Arbeitnehmer waren aufgrund Art. 7 des Arbeitsrechtlichen Beschäftigungsförderungsgesetzes (vom 25.9.1996 BGBl. I S. 1476) ab 1.10.1996 nach § 622 Abs. 5 S. 2 **teilzeitbeschäftigte Arbeitnehmer mit einer regelmäßigen wöchentlichen Arbeitszeit** von nicht mehr als **zehn Stunden** mit **0,25**, nicht mehr als **20 Stunden** mit **0,5** und nicht mehr als **30 Stunden** mit **0,75** zu berücksichtigen. Die Regelung konnte nach einem Beispiel von *Schaub* (8. Aufl. Anh. II § 124 VII 2) dazu führen, dass etwa Dienstleistungsunternehmen, die neben einem Geschäftsführer nur geringfügig beschäftigte Teilzeitbeschäftigte beschäftigen, bis zu 79 Arbeitnehmer beschäftigen können, ohne den Schwellenwert zu überschreiten. Zum 1.1.1999 hat sich die Berechnung der maßgeblichen Arbeitnehmerzahl **geändert**. Für Teilzeitkräfte mit einer regelmäßigen wöchentlichen Arbeitszeit von nicht mehr als zehn Stunden gilt kein eigener Anrechnungsfaktor mehr. Sie zählen seither zu den Beschäftigten mit nicht mehr als 20 Stunden und werden mit 0,5 berücksichtigt (näheres Rz. 64b). Maßgebend war »die Gefahr, dass es für den Arbeitgeber attraktiv ist, Arbeitnehmer nur in geringem Stundenumfang zu beschäftigen« (Beschlussempfehlung und Bericht des [11.] Ausschusses für Arbeit und Sozialordnung, BT-Drs. 14/151, S. 38).

64a § 622 Abs. 5 S. 1 Nr. 2 **bewirkt,** dass in Kleinunternehmen eine **vierwöchige Kündigungsfrist ohne festen Endtermin vereinbart** werden kann. Dies gilt **auch** für **Teilzeitbeschäftigte.** Diese werden lediglich nach Maßgabe des § 622 Abs. 5 S. 2 bei der Feststellung der Zahl der beschäftigten Arbeitnehmer in dem dort angegebenen Umfang **lediglich quotal** mitgezählt. Für das Eingreifen der Regelung des § 622 Abs. 5 S. 1 Nr. 2 ist entscheidend, wie viele Arbeitnehmer der Arbeitgeber zum **Zeitpunkt des Zugangs der Kündigung idR** beschäftigt. Die **maßgebliche Zahl** ist durch einen Blick auf die Beschäftigtenzahl in der Vergangenheit und durch eine Einschätzung deren voraussichtlicher künftiger Entwicklung zu ermitteln (ähnlich ArbRBGB-*Röhsler* Rz 153). Es kommt nicht darauf an, wie viele Arbeitnehmer zum Zeitpunkt des Zugangs der Kündigung zufällig gerade tatsächlich beschäftigt sind, sondern wie viele Arbeitnehmer bei normalem Betrieb beschäftigt werden. Kurzfristige Schwankungen nach oben (zB durch Weihnachtsgeschäft, Jahresabschlussarbeiten, außergewöhnlich personalintensive Aufträge – *Knorr* ZTR 1994, 271) wie nach unten (zB durch Urlaubszeit, Schlechtwetterperiode im Baugewerbe, Nachsaison – *Knorr* aaO) sind ohne Bedeutung. **Ruhende Arbeitsverhältnisse – Wehrdienst** (§ 1 Abs. 1 ArbPlSchG), **Wehrübungen** (wie vor), **Zivildienst** (wie vor iVm § 78 Abs. 1 ZDG), **Eignungsübung** (§ 1 Abs. 1 EignungsübungsG), **Erziehungsurlaub** (eine ausdrückliche Ruhensanordnung fehlt zwar, die jeweiligen Hauptleistungspflichten sind aber jedenfalls im Ergebnis suspendiert), **unbezahlte Freistellung** – zählen mit, wie dies **§ 21 Abs. 7 BEEG** ausdrücklich für den Fall anordnet, dass für den Erziehungsurlauber kein Vertreter nach Abs. 1 jener Vorschrift eingestellt ist (**zu § 23 Abs. 1 KSchG** wie hier: *Hueck/v. Hoyningen-Huene* § 23 Rz 26; *Löwisch* § 23 Rz 22; KR-*Weigand* § 23 KSchG Rz 40; BBDW-*Dörner* § 23 Rz 22; **aA** *Hromadka* aaO). Dies gilt auch, wenn der Ruhenszeitraum 6 Monate übersteigt und keine Ersatzkraft eingestellt ist (**wiederum zu § 23 Abs. 1 KSchG** wie hier: *Hueck/v. Hoyningen-Huene* § 23 Rz 26; KR-*Weigand* § 23 KSchG Rz 40; **abw.** *ArbG Stuttg.* 13.10.1983 BB 1984, 1097). Wurde allerdings eine Ersatzkraft eingestellt, wird der Arbeitsplatz nur einmal gezählt (*BAG* 31.1.1991 EzA § 23 KSchG Nr. 23). Anderenfalls käme es zu einer Doppelzählung (**wie hier zu § 23 Abs. 1 KSchG** *Löwisch* § 23 Rz 20). **Vertreter** von Arbeitnehmern, die sich in **beruflicher Weiterbildung** befinden, bleiben nach der arbeitsrechtlichen Regelung in **§ 231 Abs. 2 SGB III** außer Betracht. **Unberücksichtigt** bleiben **Leiharbeitnehmer** im Falle erlaubter Tätigkeit, weil ein Arbeitsvertrag während dieser Zeit nur mit dem Verleiher besteht. **Einzurechnen sind diejenigen Arbeitsverhältnisse,**

die auch nach der ähnlich gestalteten Vorschrift des § 23 Abs. 1 S. 2 KSchG Berücksichtigung finden würden (*Staudinger/Preis* Rz 12; *KR-Weigand* § 23 KSchG Rz 37–40). Allerdings stellt § 23 Abs. 1 KSchG auf den **Betrieb**, § 622 Abs. 5 S. 1 Nr. 2 hingegen auf den **Arbeitgeber** ab (diese Anknüpfung ist insofern unsystematisch, als § 622 Abs. 2 S. 1 auf den Betrieb oder das Unternehmen abstellt, zwar auch § 1 Abs. 3 KSchG von der Dauer der Betriebszugehörigkeit, § 10 Abs. 2 KSchG aber dann wiederum so dem Bestand des Arbeitsverhältnisses redet, § 23 Abs. 1 KSchG dann wieder, wie gesagt, vom Betrieb ausgeht).

Gefolgt ist der Gesetzgeber durch die seit 1.10.1996 aufgrund Art. 7 des Arbeitsrechtlichen Beschäftigungsförderungsgesetzes (vom 25.9.1996 BGBl. I S. 1476) geltende und durch Art. 6a des Gesetzes zu Korrekturen in der Sozialversicherung und zur Sicherung der Arbeitnehmerrechte (vom 19.12.1998 BGBl. I S. 3843) lediglich durch die Herausnahme der Teilzeitbeschäftigten mit einer regelmäßigen wöchentlichen Arbeitszeit von nicht mehr als zehn Stunden ab 1.1.1999 geänderten Neuregelung in § 622 Abs. 5 S. 2 **dem Vorschlag der quotalen Anrechnung der Teilzeitbeschäftigten zur Feststellung der maßgeblichen Arbeitnehmerzahl**. Mit deren früherer Herausnahme bei der Feststellung der maßgeblichen Beschäftigtenzahl war das Risiko einer europarechtlichen Verwerfung mit Blick auf das Verbot der Diskriminierung geringfügig Beschäftigter verbunden. Da die Länge der Kündigungsfristen unmittelbare Auswirkung auf das zu zahlende Entgelt hat, war auch der Schutzbereich des Art. 119 EWGV berührt (vgl. zu § 1 Abs. 3 Nr. 2 LohnFG aF: *EuGH* 13.7.1989 EzA § 1 LohnFG Nr. 107; *BAG* 9.10.1991 EzA § 1 LohnFG Nr. 122; *Preis/Kramer* DB 1993, 2127; *Kramer* S. 131; *Kittner/Trittin* [3. Aufl.] Rz 77; **vgl. zu § 23 Abs. 1 KSchG** *EuGH* 30.11.1993 EzA § 23 KSchG Nr. 13). Nach der **Neuregelung** werden bei der Feststellung der Zahl der beschäftigten Arbeitnehmer – **wie beim allgemeinen Kündigungsschutz in der Neufassung des § 23 Abs. 1 S. 4 KSchG** – Teilzeitbeschäftigte nunmehr entsprechend der bereits oben wiedergegebenen Dauer ihrer Arbeitszeit berücksichtigt (**ebenso** jetzt § 2 Abs. 3 S. 3 ArbPlSchG, § 6 Abs. 1 ArbPlSchG und § 11 S. 1 des Gesetzes über Betriebsärzte, Sicherheitsingenieure und andere Fachkräfte für Arbeitssicherheit – hier ebenfalls seit 1.1.1999 unter Herausnahme der unter zehn Wochenarbeitsstunden Beschäftigten). Neben dieser **Vereinheitlichung** war auch an die **Förderung der Teilzeitarbeit** gedacht. Die durch die alte Regelung aufgeworfenen **europarechtlichen** Fragen haben für den Gesetzgeber anscheinend keine Rolle gespielt, sind aber durch die Neuregelung **erledigt** (zu den Zielen der Vereinheitlichung vgl. die *Begr. des Gesetzentwurfes* in BT-Drs. 13/4612, S. 1 und S. 17; zu der Frage, ob durch die quotale Berücksichtigung von Teilzeitbeschäftigten Einstellungshindernisse abgebaut werden **einerseits** *Löwisch* NZA 1996, 1009, 1015, **andererseits** *Preis* NJW 1996, 3369 f.). **Sie ist mit einem systematisch bedingten Unterschied wortidentisch mit der ebenfalls durch das Arbeitsrechtliche Beschäftigungsförderungsgesetz neu gefassten und durch das Korrekturgesetz ebenfalls nur durch die Herausnahme der unter zehn Wochenarbeitsstunden Beschäftigten geänderten Bestimmung in § 23 Abs. 1 S. 3 (jetzt S. 4) KSchG**. Auf deren Kommentierung durch *Weigand* (*KR-Weigand* § 23 KSchG Rz 34–36) wird daher **verwiesen**. Zu beachten ist, dass der **Schwellenwert** des § 23 Abs. 1 S. 2 KSchG bei (wieder) **fünf** Arbeitnehmern liegt, hier bei **zwanzig** Arbeitnehmern. **Überschritten** ist die Schwelle mit dem **einundzwanzigsten** Arbeitnehmer **unabhängig von dessen eigenem Arbeitszeitvolumen**; er kann mithin auch selbst Teilzeitbeschäftigter sein (**für § 23 Abs. 1 S. 3 [jetzt: S. 4] KSchG** ebenso *Bader* NZA 1996, 1125, 1126; *Preis* NJW 1996, 3369, 3370; *ders*. NZA 1997, 1073, 1074; *Bepler* AuA 1997, 325, 326; *Wlotzke* BB 1997, 414, 415; **wohl auch** *Worzalla* Das Arbeitsrechtliche Beschäftigungsförderungsgesetz und seine Auswirkungen für die betriebliche Praxis, 1996, Rz 141). Zu beachten ist **weiter**, dass die ursprüngliche Regelung über die quotale Anrechnung der Teilzeitbeschäftigten **nicht** von einer **Übergangsregelung** begleitet war (anders die Bestandsschutzregelung in § 23 Abs. 1 S. 4 [aF] KSchG). Das gleiche gilt von der zum 1.1.1999 erfolgten Herausnahme der unter zehn Wochenarbeitsstunden Beschäftigten. Gleichwohl behält eine nach altem Recht wirksam vereinbarte kürzere Kündigungsfrist ihre Gültigkeit auch für eine erst unter Geltung des neuen Rechts erklärte Kündigung. In **bestehende Abreden** wollten (und konnten unter dem Gesichtspunkt des Vertrauensschutzes) die Neuregelungen nicht eingreifen. Da die verabredete Kündigungsfrist auch nicht Wirksamkeitsvoraussetzung der Kündigung ist, ist deren Ausspruch erst **nach** Inkrafttreten der Änderung ohne Belang.

3. Hausangestellte

Sog. Hausangestellte können die **verlängerten Kündigungsfristen** nicht in Anspruch nehmen. Denn der Haushalt ist weder Betrieb noch Unternehmen iSv § 622 Abs. 2 S. 1 (s. Rz 55).

4. Arbeitnehmerähnliche Personen und Organmitglieder

66 § 622 gilt **unmittelbar** nur für echte Arbeitnehmer und nicht für **arbeitnehmerähnliche Personen,** die nicht persönlich, sondern nur wirtschaftlich von dem Dienstberechtigten abhängig sind (Münch-Komm-*Hesse* Rz 9; vgl. dazu KR-*Rost* ArbNähnl. Pers. Rz 36). Die Fristen für die Kündigung von Rechtsverhältnissen arbeitnehmerähnlicher Personen regelt § 621, wenn sie aufgrund eines Dienstvertrages beschäftigt werden. Eine **entsprechende Anwendung** des § 622 ist hingegen für Geschäftsführer einer GmbH dann geboten, wenn sie am Kapital der GmbH nicht beteiligt sind (BGH 29.1.1981 AP Nr. 14 zu § 622 BGB; *Dernbach* BB 1982, 1268; Einzelheiten KR-*Rost* § 14 KSchG Rz 61 ff.). Daran hat sich auch durch die Neuregelung der Kündigungsfristen nichts geändert (*Staudinger/Preis* Rz 14; SPV-*Preis* Rz 493; MünchKomm-*Hesse* Rz 10, § 621 Rz 11 ff.; *Reiser* DB 1994, 1823; *Bauer* BB 1994, 855 f.; *Bauer/Rennpferdt* AR-Blattei 1010.5 Kündigung V, Kündigungsfristen Rz 34, 35 auch für Vorstandsmitglieder; ArbRBGB-*Röhsler* Rz 18; APS-*Linck* Rz 22; **aA** *Hümmerich* NJW 1995, 1178 ff; BBDW-*Bader* Rz 26). **Vorstehendes gilt auch für die verlängerten Kündigungsfristen** des § 622 Abs. 2 (SPV-*Preis* Rz 493; MünchKomm-*Hesse* § 621 Rz 12; *Bauer* BB 1994, 855 ff.; *Bauer/Röder* Taschenbuch, S. 50; ArbRBGB-*Röhsler* Rz 19). Eine Differenzierung zwischen Geschäftsführern und Vorstandsmitgliedern ist, anders als unter Geltung des AngKSchG, nicht mehr erforderlich (*Kittner/Trittin* [3. Aufl.] Rz 24; MünchKomm-*Hesse* § 621 Rz 12; **aA** wohl *LAG Bln.* 30.6.1997 AP Nr. 41 zu § 5 ArbGG 1979).

II. Sachlicher Geltungsbereich und Regelungsgehalt

1. Regelung der ordentlichen Kündigung

67 Sachlich enthält § 622 eine **Einschränkung** der nach dem liberalistischen Grundsatz der **Vertragsbeendigungsfreiheit** (vgl. KR-*Griebeling* § 1 KSchG Rz 15 ff.) ohne besonderen Beendigungsgrund und an sich auch ohne Einhaltung einer Kündigungsfrist sofort möglichen **ordentlichen Kündigung** durch die Bindung der Kündigung an **Kündigungsfristen** und **Kündigungstermine** (*Popp* HAS § 19 B Rz 3). Die **ordentliche Kündigung** ist das in der Rechtsordnung vorgesehene **übliche Mittel** zur Beendigung eines Dauerschuldverhältnisses (*Staudinger/Neumann* vor § 620 Rz 88; SPV-*Preis* Rz 486). Sie ist von der im § 626 BGB geregelten außerordentlichen Kündigung nach **Voraussetzungen, Tatbestand, Rechtswirkungen** und **Anwendungsbereich** zu **unterscheiden**. Vereinzelt wird im Schrifttum allerdings auch die Auffassung vertreten, die nur unter den Voraussetzungen des § 1 KSchG wirksame Kündigung sei ebenfalls keine ordentliche, sondern eine außerordentliche Kündigung (*Bickel* Anm. AP Nr. 12 zu § 1 KSchG Betriebsbedingte Kündigung mwN).

68 Eine ordentliche Kündigung setzt anders als die außerordentliche Kündigung im Grundsatz **keinen Kündigungsgrund** voraus (*Staudinger/Neumann* vor § 620 Rz 88; SPV-*Preis* Rz 486). Das gilt allerdings uneingeschränkt nur noch für die Kündigung durch den Arbeitnehmer. Bei der Kündigung durch den Arbeitgeber besteht nur in den ersten sechs Monaten des Bestehens eines Arbeitsverhältnisses (vgl. § 1 KSchG) der **Grundsatz der Kündigungsfreiheit,** der allerdings – wie bei allen Kündigungen – dadurch eingeschränkt wird, dass die Kündigung rechtsunwirksam ist, wenn sie gegen gesetzliche Verbote verstößt (§ 134 BGB), sittenwidrig (§ 138 BGB) oder treuwidrig (§ 242 BGB) ist (BAG 28.9.1972 EzA § 1 KSchG Nr. 25). Wenn Arbeitnehmer den allgemeinen Kündigungsschutz gem. §§ 1 ff. KSchG in Anspruch nehmen können, erfordert auch die ordentliche Kündigung durch den Arbeitgeber das Vorliegen von Kündigungsgründen (vgl. dazu KR-*Griebeling* § 1 KSchG Rz 254 ff.).

69 Die **ordentliche Kündigung** ist nach § 622 regelmäßig eine **befristete Kündigung,** während eine außerordentliche Kündigung idR **fristlos** ausgesprochen wird (KR-*Fischermeier* § 626 BGB Rz 27; *Staudinger/Preis* Rz 10; SPV-*Preis* Rz 491). Das ist jedoch kein entscheidendes Merkmal für die Abgrenzung zwischen der ordentlichen und der außerordentlichen Kündigung (*Popp* HAS § 19 E Rz 64). Eine ordentliche Kündigung kann vielmehr auch ohne Einhaltung einer Frist erfolgen **(entfristete ordentliche Kündigung)** und bei der außerordentlichen Kündigung kann der Kündigende eine Auslauffrist **(befristete außerordentliche Kündigung)** gewähren (*Staudinger/Neumann* vor § 620 Rz 86–89; KR-*Fischermeier* § 626 BGB Rz 26 und 29 f.). Zur **Abgrenzung** der ordentlichen Kündigung von anderen Beendigungsgründen (insbes. Rücktritt, Aufhebung, Unmöglichkeit, Dienstentlassung) vgl. KR-*Griebeling* § 1 KSchG Rz 172–188.

70 Nach § 622 Abs. 1, 2 und 3 sind bei der ordentlichen Kündigung bestimmte Fristen einzuhalten. Die Festlegung von **Kündigungsfristen** hat zur Folge, dass das gekündigte Arbeitsverhältnis nicht bereits mit Zugang der Kündigungserklärung, sondern erst mit Ablauf der Kündigungsfrist beendet wird (*Popp* HAS § 19 B Rz 4). Die Kündigungsfristen nach § 622 Abs. 1 und 2 sind zudem mit festen **Kündi-**

gungsterminen verbunden. Dadurch wird zugunsten des Kündigungsempfängers sichergestellt, dass die Beendigungswirkung der Kündigung unabhängig von der im konkreten Fall eingehaltenen Frist nur zu den im Gesetz vorgesehenen Zeitpunkten (zum Fünfzehnten oder zum Ende eines Kalendermonats) eintreten kann.

Die Einführung von Kündigungsfristen iVm Kündigungsterminen gewährt beiden Vertragspartnern einen **zeitlich begrenzten Kündigungsschutz** (*BAG* 18.4.1985 EzA § 622 BGB nF Nr. 21; *Kittner/Trittin* [3. Aufl.] Rz 21; *Erman/Belling* § 620 BGB Rz 2; *Staudinger/Preis* Rz 9; *Molitor* S. 158 ff.; **einschränkend** *Popp* HAS § 19 B Rz 5; **abl.** ArbRBGB-*Röhsler* Rz 33). Der Gesetzgeber hat die soziale Schutzfunktion der Kündigungsfristen und -termine als zeitliche Kündigungsbeschränkungen bewusst zugunsten der Arbeitnehmer genutzt, indem er für ältere Beschäftigte die Kündigungsfristen verlängert und Kündigungen nur zu bestimmten Terminen zugelassen hat. Diese Schutzfunktion greift auch ein, wenn die Parteien entsprechend der gesetzlichen Regelung des § 622 Abs. 1 für die ordentliche Kündigung eine Frist von vier Wochen zum Ende eines Kalendermonats vereinbart haben und der Arbeitgeber dann am 3.12. eine Kündigung zum 15.1. des nächsten Jahres ausspricht. Da der **Kündigungstermin** nicht nur der technischen Bestimmung der Kündigungsfrist dient, sondern eine **eigenständige** Bedeutung hat, wirkt die Kündigung in diesem Falle erst zum 31.1. des Folgejahres (vgl. *BAG* 18.4.1985 EzA § 622 BGB nF Nr. 21). Aber auch unabhängig von einer Vereinbarung vorstehender Art gilt eine verspätet zugegangene Kündigung im Zweifel als **zum nächst zulässigen Termin** erklärt (*BAG* 18.4.1985 EzA § 622 BGB nF Nr. 21; *Staudinger/Preis* Rz 25; *Hromadka* BB 1993, 2373).

Die Kündigungsfristen und -termine des § 622 beziehen sich nur auf ordentliche Kündigungen und **nicht** auf **außerordentliche befristete Kündigungen**. Arbeitgeber und Arbeitnehmer brauchen sich bei einer außerordentlichen Kündigung, die nicht fristlos, sondern mit einer **Auslauffrist** erklärt wird, nicht an die gesetzlichen Kündigungsfristen zu halten. Es steht ihnen vielmehr frei, selbst zu bestimmen, zu welchem Zeitpunkt die Kündigung wirksam werden soll (*BAG* 15.3.1973 AP Nr. 3 zu § 63 SeemG; *Staudinger/Preis* Rz 9). Ist die ordentliche Kündigung **vertraglich** oder **tarifvertraglich ausgeschlossen** (sog. **Unkündbarkeit**), so ist im Falle der Betriebsstilllegung oder ähnlicher Tatbestände, etwa in der Person liegender Gründe, eine außerordentliche Kündigung möglich, weil sich keine Partei dieses **Lösungstatbestandes begeben kann** (vgl. *BAG* 4.2.1993 EzA § 626 BGB nF Nr. 144). Der Arbeitgeber hat auch bei einer danach zulässigen außerordentlichen Kündigung **die** gesetzliche oder tarifvertragliche Kündigungsfrist einzuhalten, **die gelten würde,** wenn die ordentliche Kündigung **nicht ausgeschlossen wäre**. Es würde einen Wertungswiderspruch darstellen, den Arbeitnehmer mit besonderem Kündigungsschutz durch eine fristlose Kündigung schlechter zu stellen als den Arbeitnehmer, dem gegenüber eine fristlose ordentliche Kündigung zulässig ist und nur aus demselben Kündigungsgrund (zB Betriebsstellung) nur ordentlich gekündigt werden könnte. Mit einer »sozialen« Auslauffrist, also einem besonderen sozialen Entgegenkommen des Arbeitgebers, hat dies nichts zu tun (*BAG* 5.2.1998 EzA § 626 BGB Unkündbarkeit Nr. 2 mit Anm. *Walker*). Nicht verwechselt werden darf die einzuhaltende Frist auch mit der Berücksichtigung der »fiktiven« Kündigungsfrist, wenn über die **Kündbarkeit** (den Kündigungs**grund**) bei Unkündbaren zu entscheiden ist (zB *BAG* 10.2.1999 EzA § 15 KSchG nF Nr. 47).

Dagegen gelten die Fristen und Termine des § 622 auch für **ordentliche Änderungskündigungen,** die echte Kündigungen iSd § 1 KSchG und des § 622 BGB sind (*BAG* 12.1.1994 EzA § 622 BGB nF Nr. 47; *KR-Rost* § 2 KSchG Rz 9; *Staudinger/Preis* Rz 10).

Die Einhaltung der Fristen und Termine des § 622 BGB kann je nach Fallgestaltung auch erforderlich werden, wenn sich der Arbeitgeber – einer Nichtverlängerungsanzeige ähnlich – auf den Eintritt einer zulässigerweise vereinbarten auflösenden Bedingung berufen möchte (vgl. *Hess. LAG* 8.12.1994 LAGE § 620 BGB Bedingung Nr. 4; *LAG Düsseld.* 26.5.1995 LAGE § 620 BGB Bedingung Nr. 5).

2. Arbeitsverhältnis auf unbestimmte Dauer

Wie sich aus der Verweisung in § 620 Abs. 2 BGB ergibt, regelt § 622 nur die Kündigung von Arbeitsverhältnissen, deren Dauer weder bestimmt noch aus dem Zweck oder der Beschaffenheit der Dienstleistungen zu entnehmen ist. Auf Arbeitsverhältnisse, die **kalendermäßig befristet oder zweckbefristet** sind (vgl. § 3 Abs. 1 TzBfG), ist § 622 nicht kraft Gesetzes, sondern nur dann anzuwenden, wenn die ordentliche Kündigung **einzelvertraglich** oder **im anwendbaren Tarifvertrag** (nicht in einer Betriebsvereinbarung) vereinbart ist (§ 15 Abs. 3 TzBfG), es mithin überhaupt **kündbar** gestellt ist.

III. Zeitlicher Geltungsbereich (Art. 222 EGBGB)

75 § 622 hat seine jetzige Fassung durch Art. 1 des **am 15.10.1993 in Kraft getretenen** KündFG erhalten. Nach Art. 221 des Einführungsgesetzes zum BGB wurde aufgrund Art. 2 Nr. 1 KündFG als Art. 222 die nachfolgend abgedruckte **Übergangsvorschrift** eingeführt:

Art. 222 EGBGB
Übergangsvorschrift zum Kündigungsfristengesetz vom 7. Oktober 1993
Bei einer vor dem 15. Oktober 1993 zugegangenen Kündigung gilt Artikel 1 des Kündigungsfristengesetzes vom 7. Oktober 1993 (BGBl. I S. 1668), wenn am 15. Oktober 1993
1. das Arbeitsverhältnis noch nicht beendet ist und die Vorschriften des Artikels 1 des Kündigungsfristengesetzes vom 7. Oktober 1993 für den Arbeitnehmer günstiger als die vor dem 15. Oktober 1993 geltenden gesetzlichen Vorschriften sind oder
2. ein Rechtsstreit anhängig ist, bei dem die Entscheidung über den Zeitpunkt der Beendigung des Arbeitsverhältnisses abhängt von
    a) der Vorschrift des § 622 Abs. 2 S. 1 und S. 2 erster Halbsatz des Bürgerlichen Gesetzbuchs in der Fassung des Artikels 2 Nr. 4 des Ersten Arbeitsrechtsbereinigungsgesetzes vom 14. August 1969 (BGBl. I S. 1106) oder
    b) der Vorschrift des § 2 Abs. 1 S. 1 des Gesetzes über die Fristen für die Kündigung von Angestellten in der im Bundesgesetzblatt Teil III, Gliederungsnummer 800–1, veröffentlichten bereinigten Fassung, das zuletzt durch Artikel 30 des Gesetzes vom 18. Dezember 1989 (BGBl. I S. 2261) geändert worden ist, soweit danach die Beschäftigung von in der Regel mehr als zwei Angestellten durch den Arbeitgeber Voraussetzung für die Verlängerung der Fristen für die Kündigung von Angestellten ist.

76 Danach gilt die Neufassung des § 622 unter den in der Übergangsvorschrift genannten Voraussetzungen auch für Kündigungen, die **vor dem 15.10.1993 erklärt** worden sind. Sie gilt **bundesweit** und mithin auch in jenen Fällen, in denen sich die Frist für die vor jenem Zeitpunkt erklärte Kündigung nach **§ 55 AGB-DDR** bestimmt hat. Sie gilt ferner auch für vor dem Inkrafttreten des KündFG gegenüber Arbeitern ausgesprochene (ordentliche) **Änderungskündigungen,** bei denen nur um den Zeitpunkt des Wirksamwerdens der **Vertragsänderung** gestritten wird (BAG 12.1.1994 AP Nr. 43 zu § 622 BGB). Diesen Problemkreis hat der Gesetzgeber bei der Übergangsbestimmung offenbar übersehen (Staudinger/Preis Rz 92; vgl. auch Rz 272). Zum **näheren Regelungsgehalt** der Übergangsvorschrift s. Rz 271–274, zur Bestimmung des Merkmals der »**Günstigkeit**« s. Rz 275, zur Beurteilung der **Verfassungsmäßigkeit** der Teilregelungen in Art. 222 EGBGB s. Rz 276–279. Zu den **Auswirkungen** des KündFG **auf Altregelungen** s. Rz 280–286.

IV. Gesetzliche Sonderregelungen
(nur Übersicht; Einzelheiten s. gesonderte Kommentierungen)

1. Berufsbildungsgesetz

77 Das Berufsausbildungsverhältnis kann nach § 22 Abs. 1 BBiG während der Probezeit (§ 20 BBiG) jederzeit ohne Einhalten einer Kündigungsfrist gekündigt werden. Den Parteien steht es frei, während der Probezeit auch eine ordentliche Kündigung unter Einräumung einer Auslauffrist auszusprechen, wobei die Auslauffrist nicht zu einer **unzumutbaren Verlängerung** des Berufsausbildungsvertrages führen darf (BAG 10.11.1988 EzA § 15 BBiG Nr. 7). Eine Probezeit von drei Monaten benachteiligt den Auszubildenden nicht unangemessen iSv § 307 Abs. 1 S. 1 BGB (BAG 16.12.2004 EzA § 15 BBiG Nr. 14). Nach der Probezeit kann das Berufsausbildungsverhältnis nur noch aus einem wichtigen Grund ohne Einhalten einer Kündigungsfrist (das ist verfassungsgemäß: BAG 16.12.2004 EzA § 15 BBiG Nr. 14) oder durch den Auszubildenden mit einer Kündigungsfrist von vier Wochen, wenn er die Berufsausbildung aufgeben oder sich für eine andere Berufstätigkeit ausbilden lassen will, gekündigt werden (§ 22 Abs. 2 BBiG).

78 Im Insolvenzverfahren über das **Vermögen des Ausbilders** kann das Berufsausbildungsverhältnis für den Regelfall nicht außerordentlich, sondern nur unter Einhalten einer ordentlichen Kündigungsfrist vom Verwalter gekündigt werden. Denn der Ausschluss der ordentlichen Kündbarkeit des Berufsausbildungsverhältnisses soll den Auszubildenden schützen. Die **Kündbarkeit** ergibt sich aus der Regelung in **§ 113 S. 1 InsO.** Die Anwendbarkeit der Vorschrift auf das Berufsausbildungsverhältnis ergibt sich aus der Verweisungsnorm des § 10 Abs. 2 BBiG auf »die für den Arbeitsvertrag geltenden Rechtsvorschriften und Rechtsgrundsätze« (zu der nicht ausdrücklich aufgehobenen, jedoch durch Zeitab-

lauf überholten Regelung in § 22 Abs. 1 S. 2 KO vgl. BAG 27.5.1993 EzA § 22 KO Nr. 5 mit zust. Anm. von *Uhlenbruck*). Die Kündigungsfrist beträgt nach § 113 S. 2 InsO **drei Monate zum Monatsende**, »wenn nicht eine kürzere Frist maßgeblich ist«.

2. Schwerbehindertenrecht

§ 86 SGB IX sieht eine Mindestkündigungsfrist von vier Wochen für Arbeitsverhältnisse mit schwerbehinderten Menschen vor. Nach § 90 Abs. 1 Nr. 1 SGB IX gilt diese Mindestkündigungsfrist nicht für schwerbehinderte Menschen, deren Arbeitsverhältnis im Zeitpunkt des Zugangs der Kündigungserklärung ohne Unterbrechung noch nicht länger als sechs Monate besteht. Gegenüber § 622 BGB hat § 86 SGB IX wenig Bedeutung. Die hauptsächliche Relevanz der Vorschrift liegt darin, dass ihre Frist **weder einzel- noch tarifvertraglich verkürzt werden kann.** Der Frist von zwei Wochen des § 622 Abs. 3 während einer vereinbarten **Probezeit** von längstens 6 Monaten kann sie aufgrund § 90 Abs. 1 Nr. 1 SGB IX **nicht** vorgehen. Nach dem Günstigkeitsprinzip gehen längere gesetzliche, tarifvertragliche oder vertragliche Regelungen zugunsten der schwerbehinderten Menschen dem § 86 SGB IX vor (vgl. zu § 16 SchwbG *BAG* 25.2.1981 EzA § 17 SchwbG Nr. 3). Für die Kündigung durch den schwerbehinderten Menschen gilt § 86 SGB IX nicht, da es sich hierbei lediglich um eine Schutzvorschrift zugunsten des Arbeitnehmers handelt (vgl. KR-*Griebeling* §§ 85–90 SGB IX Rz 134; vgl. zu § 16 SchwbG: GK-SchwbG/ *Steinbrück* § 16 SchwbG Rz 26; *Cramer* SchwbG § 16 Rz 4; aA *Neumann/Pahlen/Majerski-Pahlen* § 86 Rz 4).

3. Bundeserziehungsgeldgesetz

Nach § 19 BErzGG kann der die Elternzeit in Anspruch nehmende Arbeitnehmer das Arbeitsverhältnis zum Ende der Elternzeit nur unter Einhaltung einer Kündigungsfrist von drei Monaten kündigen. Nach § 21 Abs. 4 BErzGG kann der Arbeitgeber den befristeten Arbeitsvertrag gem. Abs. 1 dieser Vorschrift unter bestimmten Voraussetzungen unter Einhaltung einer Frist von mindestens drei Wochen, jedoch frühestens zum Ende der Elternzeit, kündigen.

4. Arbeitnehmerüberlassungsgesetz

Nach Art. 1 § 11 Abs. 4 AÜG war § 622 Abs. 4 BGB 1969 nicht auf Arbeitsverhältnisse zwischen Verleihern und Leiharbeitnehmern anzuwenden, dh für **Leiharbeitnehmer** konnten auch bei einer vorübergehenden Beschäftigung zur Aushilfe keine kürzeren als die gesetzlichen **Mindestfristen** vereinbart werden. Die auf die alte Fassung des § 622 bezogene Regelung in Art. 1 § 11 Abs. 4 AÜG war im Zuge der Neuregelung nicht angepasst worden. Hierbei handelte es sich offensichtlich um ein **Redaktionsversehen.** Der Sache nach fand sich § 622 Abs. 4 BGB 1969 daher in § 622 **Abs. 5 S. 1 Nr. 1** wieder, so dass **diese** Regelung nicht auf Leiharbeitsverhältnisse anzuwenden war (*Staudinger/Preis* [Voraufl.] Rz 19; *Voss* NZA 1994, 57 ff.). Eine **Korrektur** der Verweisung aus dem AÜG erfolgte durch die (den Satz nicht benennende) Angabe »§ 622 Abs. 5 Nr. 1 des Bürgerlichen Gesetzbuchs« durch den am 1.8.1994 in Kraft getretenen Art. 3 des Gesetzes vom 26.7.1994 (BGBl. I S. 1786). **Sinn** des partiellen Anwendungsausschlusses ist die Verhinderung der Umgehung des Lohnfortzahlungsrisikos für die Zeiten fehlender Einsatzmöglichkeit durch (Individual-)Vereinbarung (ArbRBGB-*Röhsler* Rz 28).

Kürzere als die in § 622 Abs. 1 geregelten Kündigungsfristen für Aushilfskräfte in Leiharbeitsverhältnissen können nur **tarifvertraglich** oder durch **einzelvertraglich vereinbarte Anwendung eines einschlägigen Tarifvertrags** festgelegt werden. Erfolgt die Bezugnahme auf einen nicht einschlägigen Tarifvertrag, ist die Fristverkürzung unwirksam mit der Folge, dass die gesetzlichen Kündigungsfristen gelten (*Staudinger/Preis* Rz 19; SPV-*Preis* Rz 495; *Preis/Kliemt/Ulrich* AR-Blattei SD 310 Das Aushilfsarbeitsverhältnis Rz 207; ArbRBGB-*Röhsler* Rz 28).

5. Heimarbeitsgesetz

Durch das KündFG wurden auch die Kündigungsfristen für Heimarbeiter der Neuregelung des § 622 angepasst. Nach § 29 Abs. 3 HAG beträgt die Grundkündigungsfrist für Heimarbeiter vier Wochen zum Fünfzehnten oder zum Ende eines Kalendermonats. Mit steigender Beschäftigungsdauer verlängert sich die Frist für die Kündigung des Auftraggebers oder des Zwischenmeisters in gleicher Weise wie für Arbeitsverhältnisse nach § 622 Abs. 2 (vgl. § 29 Abs. 4 HAG). Auch die Kündigungsfrist während der vereinbarten Probezeit gilt entsprechend (§ 29 Abs. 3 S. 2 HAG). Im Übrigen findet § 622 Abs. 4 bis 6 Anwendung. Entsprechend der Neuregelung für die Kündigungsfristen wurde auch die Mindestentgeltregelung der Dauer dieser Fristen angepasst (vgl. § 29 Abs. 7 bis 9 HAG).

6. Seemannsgesetz

84 Die Kündigungsfristen für die Beendigung des Heuerverhältnisses der **Besatzungsmitglieder** (Schiffsleute, Schiffsoffiziere und sonstige Angestellte) und des **Kapitäns** auf **Kauffahrteischiffen unter Bundesflagge** wurden durch das KündFG weitgehend den Kündigungsfristen des § 622 angepasst. In § 63 Abs. 1 SeemG ist eine Sonderregelung für das **Heuerverhältnis der Besatzungsmitglieder** enthalten. Dieses kann während der ersten drei Monate mit einer Frist von einer Woche gekündigt werden. Dauert die Reise länger als drei Monate, so kann die Kündigung während der ersten sechs Monate noch in den auf die Beendigung der Reise folgenden drei Tagen mit Wochenfrist ausgesprochen werden. Anschließend beträgt die Kündigungsfrist vier Wochen zum Fünfzehnten oder zum Ende eines Kalendermonats. Sie erhöht sich auf zwei Monate zum Ende eines Kalendermonats, wenn das Heuerverhältnis in dem Betrieb oder Unternehmen zwei Jahre bestanden hat. In § 63 Abs. 2 SeemG sind für die Kündigung **durch den Reeder** verlängerte Kündigungsfristen geregelt, wenn das Heuerverhältnis in dem Betrieb oder Unternehmen acht Jahre und mehr bestanden hat. Die Verlängerung entspricht den in § 622 Abs. 2 geregelten Steigerungsstufen. Im Übrigen sind nach § 63 Abs. 2a SeemG die Regelungen in § 622 Abs. 3 bis 6 sinngemäß anwendbar. Für das auf unbestimmte Zeit eingegangene **Heuerverhältnis des Kapitäns** enthält § 78 Abs. 3 S. 1 SeemG eine Kündigungsfrist von vier Wochen zum Fünfzehnten oder zum Ende eines Kalendermonats. Hat das Heuerverhältnis in dem Betrieb oder Unternehmen zwei Jahre bestanden, erhöht sich die Kündigungsfrist auf zwei Monate zum Ende eines Kalendermonats. Im Übrigen gelten die Steigerungsstufen des § 63 Abs. 2 SeemG sinngemäß (§ 78 Abs. 3 S. 3 SeemG).

7. Insolvenzverfahren

85 Im Konkurs-, Gesamtvollstreckungs- und Vergleichsverfahren des Arbeitgebers konnte **bis 30.9.1996 bundesweit** das Arbeitsverhältnis (zur Insolvenz des Ausbilders und der Kündbarkeit eines Berufsausbildungsverhältnisses sowie der hierbei zu wahrenden Frist s. Rz 78) von **jedem** Teile mit der **gesetzlichen** Kündigungsfrist gekündigt werden (§ 22 Abs. 1 S. 2 KO, § 9 Abs. 2 GesO, § 51 Abs. 2 VglO). War die vertragliche Frist länger als die gesetzliche, dann galt die kürzere gesetzliche Frist. **Gesetzliche Fristen** waren die **Grundkündigungsfrist** des § 622 Abs. 1, bei Vorliegen der Voraussetzungen die **verlängerten Fristen** des § 622 Abs. 2 oder die **tarifliche Frist** (BAG 7.6.1984 EzA § 22 KO Nr. 4; zum Streitstand vor dieser Entscheidung *Herschel* BB 1984, 987; gesetzliche Kündigungsfristen iSv **§ 9 Abs. 2 GesO** konnten ebenfalls die in einem **Tarifvertrag** geregelten Kündigungsfristen sein, BAG 9.3.1995 EzA § 9 GesO Nr. 1 mit zust. Anm. *Marschner* AR-Blattei ES 1840 Nr. 26). Die insoweit zur KO ergangene Rechtsprechung galt für die GesO gleichermaßen. Denn § 1 Abs. 4 S. 2 GesO inkorporierte »Rechtsvorschriften« in die GesO, die das Konkursverfahren betrafen. Für die höchstrichterliche Auslegung solcher konkursrechtlicher Rechtsvorschriften darf nichts anderes gelten.

85a In dem **Geltungsbereich der Konkursordnung** gilt jedoch **seit 1.10.1996** (umfassend *Weigand* KR, Voraufl., § 113 InsO Rz 1–30) die Regelung in **§ 113 InsO** (aA *ArbG Limburg* 2.7.1997 EzA § 113 InsO Nr. 2: 1.1.1999), **bundesweit seit 1.1.1999**. Nach § 113 S. 2 InsO beträgt die Kündigungsfrist **drei Monate zum Monatsende**, soweit nicht eine kürzere Frist maßgeblich ist. Unerheblich ist, ob die Kündigung von dem **Insolvenzverwalter (nicht aber: vom vorläufigen** Insolvenzverwalter mit Verwaltungs- und Verfügungsbefugnis – § 22 Abs. 1 InsO, sog. »starker« vorläufiger Insolvenzverwalter, BAG 20.1.2005 EzA § 113 InsO Nr. 15) oder von dem **Arbeitnehmer** erklärt wird (*Grunsky/Moll* Arbeitsrecht und Insolvenz, 1997, Rz 332). Sie gilt auch für Altersteilzeitverhältnisse [Kündigung in der Arbeitsphase der Block-Altersteilzeit in der Insolvenz], BAG 6.6.2005 AP Nr. 13 zu § 3 ATG. In dem **Anwendungsbereich** des § 113 InsO ist die **nicht ausdrücklich aufgehobene** Regelung des § 22 KO durch Zeitablauf **überholt** (*Warrikoff* BB 1994, 2338; *Grunsky/Moll* Arbeitsrecht und Insolvenz, 1997, Rz 330; *Hess/Weis/Wienberg* Insolvenzarbeitsrecht, 1997, Rz 416; *Preis* NJW 1996, 1369, 1377; *Hueck/v. Hoyningen-Huene* § 1 Rz 107e [Voraufl.]; *v. Hoyningen-Huene/Linck* DB 1997, 41, 45; KassArbR-*Isenhardt* 6.3 Rz 238; *Zwanziger* Das Arbeitsrecht der Insolvenzordnung, 1997, § 113 InsO Rz 3; *Giesen* ZIP 1998, 46, 48). Die dreimonatige Frist gilt auch dann, wenn der **Ausschluss** der ordentlichen Kündigung vereinbart ist (§ 113 S. 1 InsO). Die Neuregelung liefert für diesen Fall den Kündigungsgrund gleich mit und bleibt nicht bei der Regelung der Frist stehen (vgl. *Giesen* ZIP 1998, 46, 47). § 113 S. 2 InsO geht sämtlichen im Einzelfall anwendbaren **allgemeinen** oder **besonderen gesetzlichen** Kündigungsfristen vor, soweit nach diesen eine **längere** Kündigungsfrist einzuhalten wäre. Gleiches gilt für »**vereinbarte**« Regelungen der Kündbarkeit (vgl. § 113 S. 1 InsO). Dies gilt sowohl für **arbeitsvertragliche Abmachungen** wie für **Betriebsvereinbarungen** wie schon unter dem alten Rechtszustand (vgl. BAG 17.3.1976 AP Nr. 2 zu § 22 KO). Die Rechts-

Kündigungsfristen bei Arbeitsverhältnissen § 622 BGB

grundlage für die längere Kündigungsfrist ist also gleichgültig (vgl. *LAG SchlH* 28.4.2004 NZA-RR 2004, 546). Der **gewollte** (*Bericht des Rechtsausschusses* BT-Drs. 12/7302, Nr. 72; *Hess/Weis/Wienberg* Insolvenzarbeitsrecht, 1997, Rz 431; *Löwisch* NZA 1996, 1009, 1017; *Lorenz* DB 1996, 1973, 1977; *Preis* NJW 1996, 1369, 1377; *Schrader* NZA 1977, 70; *Zwanziger* Das Arbeitsrecht der Insolvenzordnung, 1997, § 113 InsO Rz 12) **Eingriff** auch in längere **tarifvertragliche** Kündigungsfristen (ja sogar in einen etwaigen Ausschluss der ordentlichen Kündbarkeit) und damit in den **Schutzbereich des Art. 9 Abs. 3 GG** ist jedoch **verfassungsgemäß** (*BAG* 16.6.1999 EzA § 113 InsO Nr. 9 sowie die Andeutungen in den Beschlüssen der 2. Kammer des Ersten Senats des *BVerfG* 21.5.1999 [EzA § 113 InsO Nr. 8] und 8.2.1999 [EzA § 113 InsO Nr. 7], die beiden erstgenannten Entscheidungen betreffen die Frist, die letztgenannte Entscheidung eine tarifvertagliche Unkündbarkeitsregelung; **abw.** frühere Aufl. Rz 85b). Wegen der Einzelheiten s. umfassend KR-*Weigand* § 113 InsO Rz 1-120.

8. Teilzeit- und Befristungsgesetz (TzBfG)

Ist das Arbeitsverhältnis für die Lebenszeit einer Person oder für längere Zeit eingegangen, so kann es von dem **Arbeitnehmer** nach Ablauf von fünf Jahren gekündigt werden; die Kündigungsfrist beträgt sechs Monate (§ 15 Abs. 4 TzBfG, kongruent mit § 624 BGB). Dadurch wird sowohl die nach § 622 maßgebende Frist als auch der danach maßgebende Kündigungstermin verdrängt (*Kliemt* NZA 2001, 296, 302). Der Sache nach eine Kündigungsfrist enthält auch § 16 S. 1 TzBfG, der bei rechtsunwirksamer Befristung eine Kündigung seitens des **Arbeitgebers** im Zweifel frühestens zum vereinbarten Ende des Arbeitsverhältnisses zulässt. Siehe näher KR-*Fischemeier* § 624 BGB. 85b

9. Mutterschutzgesetz

Aufgrund der Regelung in § 10 Abs. 1 MuSchG kann eine Frau während der Schwangerschaft und während der Schutzfrist nach der Entbindung (§ 6 Abs. 1 MuSchG) das Arbeitsverhältnis **ohne Einhaltung einer Frist** zum Ende der Schutzfrist nach der Entbindung kündigen. 85c

10. Kündigungsfrist bei Arbeitsverträgen auf Lebenszeit oder über mehr als fünf Jahre

Zu der hier sich ergebenden Kündigungsfrist nach §§ 624 BGB, 15 Abs. 4 TzBfG s. Rz 85b sowie KR-*Fischermeier* § 624 BGB. 85d

11. SGB III

Das Arbeitsverhältnis **zugewiesener Arbeitnehmer** i.R.v. **Arbeitsbeschaffungsmaßnahmen** nach §§ 260 ff. SGB III kann von beiden Teilen nach § 270 **Abs. 1** (Arbeitnehmer) bzw. **Abs. 2** (Arbeitgeber) SGB III ohne Einhaltung einer Frist gekündigt werden, wenn die dort genannten Voraussetzungen (etwa Aufnahme einer Ausbildung oder Arbeit, Abberufung) vorliegen. 85e

D. Verbot, Ausschluss und Beschränkung der ordentlichen Kündigung
(vgl. umfassend auch KR-*Friedrich* § 13 KSchG Rz 176–354)

I. Gesetzliche Kündigungsverbote

1. Zeitlich unbegrenzte Verbote

Im Bereich der neuen Bundesländer darf der Arbeitgeber nach § 58 Abs. 1a mit Abs. 2 AGB-DDR **Kämpfern** gegen den **Faschismus** und **Verfolgten** des **Faschismus** (vgl. zu diesen Begriffen MünchKomm-*Oetker* EinigungsV [Zivilrecht im Einigungsvertrag, 1991] Rz 1502 ff.) ausnahmsweise nur dann fristgemäß nach vorheriger Zustimmung des Arbeitsamtes kündigen, wenn ein Betrieb oder ein Betriebsteil stillgelegt wird (vgl. zur Ausnahme MünchKomm-*Oetker* EinigungsV [Zivilrecht im Einigungsvertrag, 1991] Rz 1504 ff.). Auf eine eingehende Kommentierung wird verzichtet, weil dieser Kündigungsschutz faktisch gegenstandslos geworden ist (*Seidel* AuA 1990, 133 f.; *Stahlhacke/Preis* [5. Aufl.] Rz 1376). 86

2. Zeitlich begrenzte Verbote

Gesetzliche Verbote, die die **ordentliche Kündigung** zwar nicht auf Dauer, aber für bestimmte **Schutzzeiten** ausschließen, bestehen für folgende Gruppen von Arbeitnehmern (vgl. die Aufstellung von *Schmidt* AR-Blattei Kündigungsschutz VIII, B I 1): **Abgeordnete** des **Deutschen Bundestages** können 87 von der Aufstellung als Bewerber bzw. von der Einreichung des Wahlvorschlages an bis zum Ablauf von einem Jahr nach der Beendigung ihres Mandates aus anderen Gründen als der Bewerbungsannahme oder Ausübung des Bundestagsmandats **nur aus wichtigem Grund** gekündigt werden (§ 2 Abs. 3 AbgG; vgl. dazu KR-*Weigand* ParlKSch Rz 43–52). Für **Abgeordnete** der **Landtage** und **Mitglieder** von **Ortsbeiräten, Gemeindevertretungen** usw. gewähren Landesgesetze einen entsprechenden Schutz (vgl. dazu KR-*Weigand* ParlKSch Rz 53 ff.).

88 Im Bereich der neuen Bundesländer durfte der Arbeitgeber nach § 58 Abs. 1b AGB-DDR **Mütter** bzw. **Väter**, deren Kind vor dem 1.1.1991 geboren wurde, bzw. **allein erziehende Arbeitnehmer**, deren Kind vor dem 1.1.1992 geboren wurde, bis zum 5. Lebensjahr des Kindes nicht fristgemäß kündigen. Zum personellen Geltungsbereich dieses Sonderkündigungsschutzes, der bei diesen allein erziehenden Arbeitnehmern dem § 9 MuSchG und dem § 18 BErzGG vorging *Stahlhacke/Preis* [5. Aufl.] Rz 1377 f.; vgl. MünchKomm-*Oetker* EinigungsV [Zivilrecht im Einigungsvertrag, 1991] Rz 1512 ff.

89 **Auszubildende** können nach Ablauf der Probezeit nicht mehr ordentlich gekündigt werden (§ 22 Abs. 2 BBiG). Zur Insolvenz des Ausbilders s. Rz 78.

90 **Dienstpflichtige** im **Zivilschutzcorps** sind während der Dienstleistung unkündbar (§ 18 Abs. 1 des Gesetzes über das Zivilschutzcorps v. 12.8.1965 BGBl. I S. 792 iVm § 2 Abs. 1 ArbPlSchG; vgl. dazu *Reichel* AR-Blattei Notstandsgesetzgebung V, C III).

91 Mitglieder einer **Betriebs-** oder **Personalvertretung** sowie die anderen im § 15 Abs. 1 und 2 KSchG genannten Amtsträger können während ihrer Amtszeit und innerhalb eines Jahres nach deren Beendigung (sechs Monate bei Mitgliedern einer Bordvertretung) nur aus wichtigem Grunde entlassen werden. Das gleiche gilt für Mitglieder eines **Wahlvorstandes** zu einer Betriebs- oder Personalvertretung nach § 15 Abs. 3 KSchG von ihrer Bestellung bis zum Ablauf von sechs Monaten nach der Bekanntgabe des Wahlergebnisses (vgl. hierzu KR-*Etzel* § 103 BetrVG Rz 19 ff.). § 15 Abs. 3a KSchG dehnt den Schutz entsprechend für die Dauer von drei Monaten (so keine Vertretung gewählt wird, sonst bis zur Bekanntgabe des Wahlergebnisses) ab Einladung oder Antragstellung aus auf die ersten drei in Einladung oder Antragstellung aufgeführten Arbeitnehmer, die zu einer Betriebs-, Wahl- oder Bordversammlung einladen oder die Bestellung einer Wahlvorstandes beantragen.

92 Die Kündigung gegenüber einer Arbeitnehmerin ist während der **Schwangerschaft,** bis zum Ablauf der Schutzfrist von vier Monaten nach der Niederkunft und bis zum Ablauf von zwei Monaten nach Beendigung des Mutterschaftsurlaubs grundsätzlich unzulässig (vgl. KR-*Bader* § 9 MuSchG Rz 63 ff.).

93 Gegenüber **Wahlbewerbern** zu einer Betriebs- oder Personalvertretung ist nach § 15 Abs. 3 KSchG vom Zeitpunkt der Aufstellung des Wahlvorschlages bis zum Ablauf von sechs Monaten nach Bekanntgabe des Wahlergebnisses die ordentliche Kündigung ausgeschlossen (vgl. KR-*Etzel* § 15 KSchG Rz 56 ff.).

94 Für **Wehrpflichtige** ist nach § 2 Abs. 1 ArbPlSchG während des Grundwehrdienstes und einer Wehrübung die ordentliche Kündigung ausgeschlossen. Das gilt auch für Teilnehmer an einer **Eignungsübung** nach § 2 Abs. 1 EignungsübungsG während der Übung.

95 Verboten ist auch die ordentliche Kündigung **zivildienstpflichtiger** Arbeitnehmer nach § 78 Abs. 1 Nr. 1 ZDG iVm § 2 Abs. 1 ArbPlSchG während der Dienstleistung (vgl. *Harrer* AR-Blattei Zivildienst I, B; s. jetzt *Kreizberg* AR-Blattei SD 1800 Wehr- und Zivildienst).

96 Nach § 58 Abs. 1 BImSchG ist die Kündigung des **Immissionsschutzbeauftragten,** der Arbeitnehmer des zur Bestellung verpflichteten Arbeitgebers ist, während der Amtszeit und im Nachwirkungszeitraum nur zulässig, wenn Tatsachen vorliegen, die den Arbeitgeber zur Kündigung aus wichtigem Grund ohne Einhaltung einer Kündigungsfrist berechtigen. Dieser nachwirkende Schutz greift **nicht** ein, wenn der Arbeitgeber den Beauftragten nicht abberufen, sondern dieser selbst durch einseitige Erklärung sein Amt vor Ausspruch der Kündigung niedergelegt hat (BAG 22.7.1992 DB 1993, 1192).

3. Sachlich begrenzte Verbote

97 Neben den zeitlich begrenzten **absoluten** Verboten für ordentliche Kündigungen bestehen noch **relative** gesetzliche **Kündigungsverbote,** die eine ordentliche Kündigung eines Arbeitnehmers nicht allgemein, sondern nur **aus bestimmten Gründen** für unzulässig erklären (*Schmidt* AR-Blattei Kündigungsschutz VIII, B I 2). Für die Praxis besonders wichtig sind die Verbote, Arbeitnehmern eines betriebsratsfähigen Betriebes oder einer personalratsfähigen Behörde wegen der Ausübung des **akti-**

ven oder **passiven Wahlrechts** (vgl. § 20 BetrVG und § 24 BPersVG) oder **ehrenamtlichen Richtern** in der Arbeits- und Sozialgerichtsbarkeit wegen Übernahme oder Ausübung des Richteramtes zu kündigen (vgl. § 26 ArbGG und § 20 SGG und dazu *Brill* AR-Blattei Arbeitsgerichtsbarkeit IV, D II 4a). Ein **Arbeitnehmervertreter im Aufsichtsrat** hat einen relativen Kündigungsschutz gegen Kündigungen, die nur deswegen erfolgt sind, um ihm die weitere Ausübung seines Amtes unmöglich zu machen oder ihn wegen dieser Tätigkeit zu maßregeln (vgl. EAG 4.4.1974 EzA § 15 KSchG nF Nr. 1). Unwirksam ist auch eine Kündigung, die gegen das **Benachteiligungsverbot des § 78 BetrVG verstößt** (*BAG* 22.2.1979 EzA § 103 BetrVG 1972 Nr. 23). Zur Kündigung von **Betriebsärzten** und **Sicherheitsfachkräften** vgl. Rz 107. Auch die ordentliche Kündigung eines **betrieblichen Datenschutzbeauftragten** ist unwirksam, wenn sie auf personen- oder verhaltensbedingte Gründe gestützt wird, die in einem untrennbaren Zusammenhang mit seinen Aufgaben im Rahmen des Datenschutzes stehen (*Ehrich* DB 1991, 1985).

II. Gesetzlicher Kündigungsausschluss

Wegen bestimmter Kündigungsgründe gesetzlich ausgeschlossen ist sowohl die außerordentliche als auch die ordentliche Kündigung insbesondere in folgenden Fällen (*Schmidt* AR-Blattei Kündigungsschutz VIII, B): **98**

1. Auswirkung der Grundrechte

Aus dem **unmittelbaren Geltungsanspruch** einzelner Verfassungsbestimmungen (zB Art. 9 Abs. 3 GG) und der **mittelbaren Geltung** der Grundrechte der Art. 3, 4, 5 und 6 GG folgt, dass Kündigungen, die wegen einer Betätigung oder einer Einstellung des Gekündigten erfolgen, der den Schutz der Grundrechte genießt, unzulässig sind (*Schmidt* AR-Blattei Kündigungsschutz VIII, B II). **99**

2. Sittenwidrige Kündigung

Nach § 138 BGB ist eine Kündigung dann ausgeschlossen, wenn sie auf einem verwerflichen Motiv des Kündigenden beruht (**sittenwidrige Kündigung**: vgl. dazu KR-*Friedrich* § 13 KSchG Rz 111 ff.; *Schmidt* AR-Blattei Kündigungsschutz VIII, C). **100**

3. Treuwidrige Kündigung

Von der Rechtsordnung missbilligt werden auch Kündigungen, durch die das Kündigungsrecht **rechtsmissbräuchlich** ausgeübt wird (**treuwidrige Kündigung**; vgl. dazu KR-*Friedrich* § 13 KSchG Rz 229 ff.; *Schmidt* AR-Blattei Kündigungsschutz VIII, D). **101**

4. Sozialwidrige Kündigung

Gesetzlich ausgeschlossen ist eine ordentliche Kündigung durch den Arbeitgeber insbesondere dann, wenn das KSchG anwendbar ist und die Kündigung nicht sozial gerechtfertigt iSd § 1 KSchG ist (vgl. dazu KR-*Etzel* Erl. zu § 1 KSchG). **102**

III. Vorherige Zustimmung; vorherige Anhörung

Ebenso wie bei der außerordentlichen Kündigung (vgl. KR-*Fischermeier* § 626 BGB Rz 13 ff.) sind auch bei der ordentlichen Kündigung **ergänzende Sonderregelungen** zu beachten, die eine wirksame ordentliche Kündigung von der **Zustimmung** einer Behörde oder der **vorherigen Mitwirkung** der zuständigen Arbeitnehmervertretung abhängig machen oder **einzelne Bestimmungen** des § 622 ausschließen oder abändern. **103**

1. Vorherige Zustimmung

In **Nordrhein-Westfalen** und im **Saarland** bedarf die ordentliche Kündigung eines Arbeitnehmers, der einen **Bergmannsversorgungsschein** besitzt, der **Zustimmung** durch die Zentralstelle für den Bergmannsversorgungsschein (§ 11 Gesetz NRW v. 14.4.1971 GVBl. NRW S. 125; § 11 Gesetz Saarland v. 11.7.1962 ABl. Saarland S. 605). Vgl. dazu *Boldt* AR-Blattei Bergarbeiterrecht IV, D II 1; *Martens* AR-Blattei Kündigung IV, C IV. **104**

In **Niedersachsen** ist zur Kündigung des Inhabers eines **Bergmannsversorgungsscheins** die Zustimmung der Hauptfürsorgestelle (jetzt: Integrationsamt) einzuholen, weil er den **Schwerbehinderten** **105** (jetzt: schwerbehinderte Menschen) gleichgestellt ist (Gesetz Nieders. v. 6.1.1949 GVBl. S. 15). Vgl. dazu *Schmidt* AR-Blattei Kündigungsschutz VIII, B 3.

106 Die ordentliche Kündigung des Arbeitsverhältnisses eines **schwer behinderten Menschen** bedarf nach § 85 SGB IX der vorherigen **Zustimmung** des Integrationsamtes.

107 Die **Abberufung** von angestellten **Betriebsärzten** und **Sicherheitsfachkräften** bedarf nach § 9 Abs. 2 ASiG der **Zustimmung** des **Betriebsrates**. Verweigert der Betriebsrat die Zustimmung und wird diese auch nicht im Einigungsverfahren ersetzt, dann führt das jedenfalls dann zur **Unwirksamkeit** der Kündigung, wenn die **Kündigungsgründe** mit der **Tätigkeit** als Betriebsarzt oder Sicherheitsfachkraft sachlich in **untrennbarem Zusammenhang** stehen (*BAG* 24.3.1988 EzA § 9 ASiG Nr. 1; *Egger* BB 1992, 629, 634).

2. Vorherige Anhörung

108 Nach § 102 BetrVG und § 79 BPersVG ist der **Betriebsrat** bzw. der **Personalrat** vor jeder ordentlichen Kündigung **anzuhören** bzw. zu **beteiligen** (vgl. KR-*Etzel* Erläut. zu § 102 BetrVG und §§ 72, 79, 108 BPersVG). Eine ohne Anhörung bzw. Beteiligung ausgesprochene Kündigung ist rechtsunwirksam.

IV. Ausschluss der Kündigung durch Tarifvertrag

109 Die ordentliche Kündigung kann auch in Tarifverträgen eingeschränkt werden (**rechtstatsächliche Einzelheiten** *Kania/Kramer* RdA 1995, 287, 288 ff. mit Bewertung und Auslegung einzelner Regelungen). Üblich sind tarifliche Regelungen, die zum Schutz **älterer Arbeitnehmer** von dem Erreichen einer bestimmten Altersgrenze und nach einer bestimmten Dauer der Betriebszugehörigkeit die **ordentliche Kündigung** durch den Arbeitgeber **ausschließen** (SPV-*Preis* Rz 333; *Wiedemann* § 1 Rz 537 ff.; *BAG* 19.1.1973 EzA § 626 BGB nF Nr. 24). Die Beschränkung betriebsbedingter Kündigungen gilt im Zweifel **unabhängig** davon, ob der Arbeitnehmer den allgemeinen Kündigungsschutz nach dem KSchG genießt (*BAG* 13.6.1996 EzA § 4 TVG Luftfahrt Nr. 2).

110 Im **öffentlichen Dienst** der alten Bundesländer sind Angestellte und Arbeiter nach einer Beschäftigungszeit von 15 Jahren frühestens nach der Vollendung des 40. Lebensjahres in dem Sinne »**unkündbar**«, dass der Arbeitgeber nicht mehr ordentlich, sondern nur noch außerordentlich aus wichtigem Grunde kündigen kann (§ 53 BAT, früher § 58 MTB II, § 58 MTL II, früher § 26a TV Arb Deutsche Bundespost; § 34 TVöD-AT; vgl. dazu KR-*Fischermeier* § 626 BGB Rz 70 ff). Die dabei vorkommenden Unterschiede zwischen Arbeitern und Angestellten – teilzeitbeschäftigte Angestellte wurden im Gegensatz zu Arbeitern nur dann »unkündbar«, wenn die arbeitsvertraglich vereinbarte durchschnittliche regelmäßige wöchentliche Arbeitszeit mindestens die Hälfte der regelmäßigen Arbeitszeit eines entsprechenden vollbeschäftigten Angestellten beträgt/hinsichtlich der Kündigung von Arbeitnehmern, die den Status der »Unkündbarkeit« erreicht haben, beinhaltet § 55 Abs. 1 BAT eine erhebliche Besserstellung gegenüber Arbeitern der Länder gem. § 59 MTL II; insbes. beschränkt § 55 Abs. 1 BAT die Beendigungskündigung eines »unkündbaren« Angestellten auf personelle oder verhaltensbedingte Kündigungsgründe – wurden schon geraume Zeit als sachlich nicht gerechtfertigt angesehen, vgl. *Hanau/Kania* S. 98 ff.; *dies.* ZTR 1994, 488; *Kania/Kramer* RdA 1995, 287, 288; dies gilt allenthalben für eine Tarifnorm, die zur Erlangung der Unkündbarkeit bei Teilzeitbeschäftigten die Zurücklegung einer längeren Dienstzeit forderte als bei Vollzeitbeschäftigten, weshalb der frühere § 26a TV Arb Deutsche Bundespost nach *BAG* 13.3.1997 EzA § 2 BeschFG 1985 Nr. 52, nichtig war; entsprechend erkannt hat das *BAG* auch eine verfassungswidrige Differenzierung bei der Regelung der tariflichen Unkündbarkeit von Teilzeitbeschäftigten (unterhälftig Beschäftigten) nach § 53 Abs. 3 BAT (*BAG* 18.9.1997 EzA § 2 BeschFG 1985 Nr. 55). Die Voraussetzungen der Unkündbarkeit müssen zwar grds. bereits bei Zugang der Kündigung erfüllt sein. Eine wegen objektiver Umgehung des § 53 BAT tarifwidrige und deswegen unwirksame Kündigung liegt aber dann vor, wenn eine kurz vor Eintritt der Unkündbarkeit erklärte ordentliche Kündigung erst zu einem späteren als dem nächst zulässigen Kündigungstermin wirken soll und der Arbeitgeber für eine derartige frühzeitige Kündigung keinen einleuchtenden Grund hat (*BAG* 16.10.1987 EzA § 626 BGB nF Unkündbarkeit Nr. 1; *Popp* HAS § 19 B Rz 14; SPV-*Preis* Rz 331). Besteht ein **tarifliches Kündigungsverbot** für ordentliche Kündigungen, dann erfasst es auch die ordentliche Änderungskündigung (*BAG* 10.3.1982 EzA § 2 KSchG Nr. 2; SPV-*Preis* Rz 332). **Im Bergbau** unter Tage verbrachte Zeiten sind allerdings **nicht** nach § 9 Abs. 3 BergmannVersorgScheinG bei der Berechnung der Unkündbarkeit nach § 53 BAT zu berücksichtigen (*BAG* 30.4.1990 RzK I 3c Nr. 11).

111 Diese tariflichen Regelungen enthalten **keine unzulässigen Differenzierungen** zwischen organisierten und nicht organisierten Arbeitnehmern (vgl. zum Differenzierungsverbot *BAG* 29.11.1967 EzA

Art. 9 GG Nr. 3), weil es den öffentlichen Arbeitgebern nicht verwehrt ist, die Vergünstigung auch nicht organisierten Arbeitnehmern zu gewähren. Das ist vielmehr im öffentlichen Dienst üblich, weil die Arbeitsverträge regelmäßig unter Bezugnahme auf die Vorschriften der einschlägigen Tarifverträge abgeschlossen werden. Es verstößt auch nicht gegen das Gleichbehandlungsgebot oder Art. 3 GG, die **Unkündbarkeit** vom Alter und von der Dauer der Betriebszugehörigkeit abhängig zu machen. Dabei darf aber nicht von Teilzeitbeschäftigten eine längere Dienstzeit als von Vollzeitbeschäftigten gefordert werden (*BAG* 13.3.1997 EzA § 2 BeschFG 1985 Nr. 52). **Unzulässig** erscheint demgegenüber eine fortwährende Differenzierung zwischen **alten** und **neuen Bundesländern** (so aber § 34 Abs. 2 S. 1 TVöD-AT), nachdem auch die die Ungleichbehandlung gestattenden Fristen nach Art. 143 GG längst abgelaufen sind (s.a. *Bröhl* ZTR 2006, 174, 178 f.).

Auch in der **Privatwirtschaft** werden seit einigen Jahren in zunehmendem Umfang Tarifverträge über Verdienstsicherung und Kündigungsschutz für **leistungsgeminderte ältere Arbeitnehmer** abgeschlossen. Das gilt insbesondere für den Bereich der Metall-, der Eisen- und der Stahlindustrie. Die sog. verdienstgesicherten Arbeitnehmer können idR nach einer Betriebszugehörigkeit von mindestens 10 Jahren und der Vollendung des 55. Lebensjahres nur noch aus wichtigen Gründen außerordentlich gekündigt werden (vgl. zB § 8 TV über Verdienstsicherung und Kündigungsschutz für leistungsgeminderte ältere Arbeitnehmer der Hess. Metallindustrie v. 27.1.1975). 112

Auch in **Rationalisierungsschutzabkommen** sind häufig **Kündigungsverbote** iVm einer Versetzungspflicht vorgesehen. Eine ordentliche Kündigung, die gegen tarifliche Kündigungsverbote verstößt, ist unwirksam. Derartige Beschränkungen dürften allerdings unwirksam sein, soweit sie künftige Rationalisierungen von vornherein völlig unwirtschaftlich machen (*Koller* ZfA 1978, 45; *Reuter* ZfA 1978, 1; vgl. ferner *Blomeyer* ZfA 1980, 1; *Gift* RdA 1969, 72; vgl. ferner *Beck* AuR 1981, 333 ff.). 113

Umstritten ist die Zulässigkeit tariflicher Regelungen, die zum Schutz **gewerkschaftlicher Vertrauensleute** die ordentliche Kündigung völlig oder teilweise ausschließen. Bedenken gegen einen besonderen Schutz gewerkschaftlicher Vertrauensleute bestehen nur dann, wenn sie in die Aufgaben des Betriebsrats eingreifen oder ihnen wesentliche Funktionen des Betriebsrates übertragen werden (*ArbG Kassel* 5.8.1976 EzA Art. 9 GG Arbeitskampf Nr. 16; *Herschel* AuR 1977, 137; *Wlotzke* RdA 1976, 80; **aA** *Blomeyer* DB 1977, 101; *Söllner* [9. Aufl.] § 37 V 3, § 19 V), nicht aber, wenn ihre Einbeziehung in eine Sozialauswahl in Rede steht (*LAG Düsseld.* 25.8.1995 LAGE Art. 9 GG Nr. 11). Denn darin verwirklicht sich gerade der Schutzzweck. 114

V. Regelung durch Betriebsvereinbarung

Solange und soweit nicht **tarifliche Kündigungsvorschriften** bestehen oder üblich sind, kann auch in (freiwilligen) Betriebsvereinbarungen die ordentliche Kündigung ausgeschlossen oder eingeschränkt werden (§§ 77 Abs. 3 und 4, 95 BetrVG; s. dazu *Kania/Kramer* RdA 1995, 287, 290). Von Bedeutung ist insbesondere die Möglichkeit, durch Betriebsvereinbarung festzulegen, dass Kündigungen der Zustimmung des Betriebsrates bedürfen (§ 102 Abs. 6 BetrVG; vgl. dazu KR-*Etzel* § 102 BetrVG Rz 245 f.). 115

VI. Vertragliche Regelungen

Durch vertragliche Kündigungsvereinbarungen (monographisch und mit Beispielen *Kramer* S. 29–56) kann das Recht zur ordentlichen Kündigung **mit unmittelbarer Wirkung ausgeschlossen** oder **eingeschränkt** werden (*Staudinger/Neumann* vor § 620 Rz 101). Möglich sind auch **schuldrechtliche Kündigungsbeschränkungen,** die zwar das Kündigungsrecht selbst unberührt lassen, aber die Verpflichtung begründen, das Kündigungsrecht nur unter bestimmten Voraussetzungen auszuüben (*BAG* 8.10.1959 AP Nr. 1 zu § 620 BGB Schuldrechtliche Kündigungsbeschränkung). 116

Ausgeschlossen ist die ordentliche Kündigung insbes. dann, wenn das Arbeitsverhältnis **zeitlich** oder **durch** seine Zweckbestimmung befristet ist und die Parteien sich nicht ausdrücklich die Möglichkeit zur ordentlichen Kündigung vorbehalten haben (*BAG* 19.6.1980 EzA § 620 BGB Nr. 47; SPV-*Preis* Rz 328; vgl. § 15 Abs. 1, 3 TzBfG). Die **Zusage einer Lebensstellung** enthält idR noch nicht den Ausschluss der ordentlichen Kündigung (KR-*Fischermeier* § 624 BGB Rz 13 ff.; SPV-*Preis* Rz 326; **aA** *Kramer* S. 43 f.). Darauf kann es aber hindeuten, wenn ein Arbeitnehmer **langfristig** als Betriebsleiter beschäftigt und ihm eine **Sicherstellung im Alter** durch die Zusage eines Ruhegeldes gewährt wird (*BAG* 12.10.1954 AP Nr. 1 zu § 52 Regelungsgesetz). Der Hinweis, der Arbeitnehmer werde für eine Dauer- oder Lebensstellung eingestellt, kann auch die schwächere Wirkung haben, dass die ordentliche Kündigung **nur für eine angemessene Zeit** ausgeschlossen sein soll (*BAG* 7.11.1968 EzA § 66 HGB Nr. 2). 117

118 Die ordentliche Kündigung kann auch dadurch **eingeschränkt** werden, dass sie nur bei **bestimmten Kündigungsgründen** zulässig sein soll. Derartige Regelungen dürfen aber nicht den sozialen Schutz anderer Arbeitnehmer beseitigen, weil der Kündigungsschutz einschließlich der Grundsätze für die soziale Auswahl nicht abdingbar ist (Einzelheiten KR-*Griebeling* § 1 KSchG Rz 31 ff.; *Kramer* S. 29 ff.; **Meinungsstand** bei *Kania/Kramer* RdA 1997, 287, 288).

118a Wegen der Kontrolle vorformulierter Klauseln (AGB-Kontrolle) s. Rz 287 ff.

119 **Faktische Kündigungsbeschränkungen** wirken sich zwar nicht unmittelbar auf die Wirksamkeit, wohl aber auf den **Kündigungsentschluss** des Kündigungsberechtigten aus, weil sie ihn für den Fall der Kündigung mit vom Kündigungsempfänger ausbedungenen Zahlungspflichten belasten. **Rückzahlungsklauseln**, die den Arbeitnehmer verpflichten, zB **Gratifikationen, Urlaubsgeld, Ausbildungskosten, Umzugskosten** oder **Prämien** zurückzuzahlen, wenn er überhaupt oder vor einem bestimmten Zeitpunkt kündigt, sind **unwirksam**, wenn sie unter Verletzung von Art. 12 GG zu einer unangemessen langen **Betriebsbindung** führen und damit zugleich oder selbständig den aus § 622 Abs. 6 (früher Abs. 5) herzuleitenden **Grundsatz** (vgl. Rz 146) verletzen, dass dem Arbeitnehmer infolge der Kündigung des Arbeitsverhältnisses **keine Rechtsnachteile** erwachsen dürfen (*Erman/Belling* Rz 21; SPV-*Preis* Rz 299 ff.; MünchKomm-*Schwerdtner* [2. Aufl.] Rz 59, der allerdings die Rückzahlung von Gratifikationen und Prämien nur nach den dafür entwickelten Grundsätzen bestimmen will; Staudinger/*Preis* Rz 53; BAG 6.9.1989 EzA § 622 BGB nF Nr. 26; gegen eine zu »enge Bindung« an § 622 Abs. 5 BGB 1969 [jetzt: Abs. 6] und für eine unmittelbare Anwendung von Art. 12 GG oder eine Inhaltskontrolle nach § 242 BGB auch: *Hager* SAE 1990, 279 f.). Derartige unzulässige Kündigungsbeschränkungen zu Lasten des Arbeitnehmers liegen u.a. vor, wenn der Arbeitnehmer für den Fall der fristgerechten Kündigung eine von ihm gestellte **Kaution** verlieren (*BAG* 11.3.1971 EzA § 622 BGB nF Nr. 2), eine **Vertragsstrafe** für den Fall einer fristgemäßen Kündigung zahlen (*BAG* 9.3.1972 EzA § 622 BGB nF Nr. 6), eine **Mindestumsatzgrenze** auch bei unterjähriger Beschäftigung aufgrund einer Kündigung durch den Arbeitnehmer nicht anteilig zu kürzen, sondern jahresbezogen sein (*BAG* 25.4.1989 – 3 AZR 414/87 – nv) oder wenn der Arbeitnehmer bei einem auf unbestimmte Zeit geschlossenen Arbeitsvertrag für den Fall einer vertraglich eingeräumten kürzeren fristgemäßen Eigenkündigung eine **Abfindung** zahlen soll, und zwar auch dann, wenn der Arbeitgeber bei einer fristgerechten Kündigung seinerseits ebenfalls eine Abfindung zahlen soll, deren Betrag höher ist (*BAG* 6.9.1989 EzA § 622 BGB nF Nr. 26). Auch die einseitige Vereinbarung einer **Vertragsstrafe** zu Lasten des Arbeitnehmers für den Fall einer Kündigung vor Dienstantritt verstößt gegen § 622 Abs. 6 (*LAG Hamm* 15.3.1989 LAGE § 622 BGB Nr. 14). Vgl. für Kautionsklauseln, Abfindungsregelungen und einseitigen Ausschluss der Kündbarkeit vor Dienstantritt SPV-*Preis* Rz 519, der das Problem jedoch nicht in § 622 Abs. 6 BGB, sondern in der Kontrolle vorformulierter Vertragsbedingungen erkennt.

120 Wenn es allein um die Verpflichtung zur Rückzahlung von **Ausbildungskosten** geht, stellt die Rechtsprechung des *BAG* (24.7.1991 NZA 1992, 11; 16.3.1994 EzA § 611 BGB Ausbildungsbeihilfe Nr. 10; *Becker-Schaffner* DB 1991, 1016 ff.) allerdings zumeist ausschließlich darauf ab, ob der Arbeitnehmer durch die Verpflichtung, die Kosten bei einer Kündigung vor Ablauf einer bestimmten Zeit zurückzuzahlen, in seinem Grundrecht auf **freie Wahl** des **Arbeitsplatzes** (Art. 12 GG) beeinträchtigt wird. Das hängt davon ab, ob den möglichen Nachteilen für den Arbeitnehmer ein angemessener Ausgleich gegenübersteht, wobei alle Umstände zu berücksichtigen sind. Die Rückzahlungspflicht muss vom Standpunkt eines verständigen Betrachters aus einem begründeten und zu billigenden Interesse des Arbeitgebers entsprechen, während der Arbeitnehmer mit der Ausbildungsmaßnahme eine angemessene Gegenleistung für die Rückzahlungsverpflichtung erhalten haben muss. Dabei kommt es insbes. auf die **Dauer** der **Bindung**, den **Umfang** der **Fortbildungsmaßnahme**, die **Höhe** des **Rückzahlungsbetrages** und dessen Abwicklung an. **Vorrangig** für die Interessenabwägung ist, ob und inwieweit der Arbeitnehmer mit der Aus- oder Weiterbildung einen **geldwerten Vorteil** erlangt hat.

E. Anfang, Berechnung und Ablauf der Kündigungsfristen

I. Anfang mit Zugang der ordentlichen Kündigung

1. Kündigung als empfangsbedürftige Willenserklärung

121 Für die im § 622 geregelten Fristen und Termine gelten nach § 186 BGB die Auslegungsvorschriften der §§ 187–193 BGB. Das für den Beginn der Kündigungsfrist **maßgebende Ereignis** iSd § 187 BGB ist der **Zugang** der **ordentlichen Kündigung** (*Popp* HAS § 19 B Rz 11).

Kündigungsfristen bei Arbeitsverhältnissen § 622 BGB

Die ordentliche Kündigung ist eine **einseitige, empfangsbedürftige** und **rechtsgestaltende Willens-** 122
erklärung (KR-*Friedrich* § 4 KSchG Rz 100 ff.), durch die der Kündigende seinen Willen verlautbart, das Arbeitsverhältnis zu einem in der Zukunft liegenden Zeitpunkt idR befristet oder ausnahmsweise entfristet zu beenden. Die Kündigung bedarf nach § 623 BGB der **Schriftform**. Die Kündigungserklärung, die nach § 133 BGB auszulegen ist, muss den **Beendigungswillen** klar erkennen lassen. Sie darf **nicht** mit einer **Bedingung** verbunden werden, deren Eintritt ungewiss ist, und die nicht durch den Willen des Kündigungsempfängers beeinflusst werden kann (*Ascheid* Kündigungsschutzrecht Rz 270 ff.). Dagegen ist eine **vorsorgliche** Kündigung unbedenklich zulässig (vgl. KR-*Friedrich* § 4 KSchG Rz 270). Es hängt von den jeweiligen besonderen Umstände des Einzelfalles ab, ob die »Bestätigung« einer Kündigung den wiederholten Ausspruch einer Kündigung beinhaltet oder nur deklaratorische Bedeutung hat (*BAG* 13.11.1958 AP Nr. 17 zu § 3 KSchG; 2.3.1973 EzA § 133 BGB Nr. 7; 4.12.1986 – 2 AZR 33/86 – nv; vgl. KR-*Friedrich* § 4 KSchG Rz 269). Die Formulierung, eine Kündigung zu wiederholen, bedeutet zwar nach dem Wortsinn, sie noch einmal auszusprechen (*BAG* 13.11.1958 aaO). Für die **Auslegung** sind aber weiter alle Begleitumstände zu würdigen, die für die Frage, welcher Wille der Beteiligte bei seiner Erklärung gehabt hat, von Bedeutung sind und dem Erklärungsempfänger bekannt waren (*BAG* 2.3.1973 EzA § 133 BGB Nr. 7; 21.3.1988 EzA § 4 KSchG Nr. 33). Auch die spätere Reaktion einer Partei auf eine von ihr abgegebene Willenserklärung kann für deren Auslegung von Bedeutung sein (*BAG* 17.4.1970 AP Nr. 32 zu § 133 BGB). **Vor** Einführung des Schriftformzwangs nach § 623 BGB sprach es gegen eine erneute, in ihrem rechtlichen Bestand von der ersten Kündigung unabhängige Kündigung, wenn der Kündigende mit der »Wiederholung« der Kündigung nur die beim mündlichen Ausspruch der Kündigung gescheiterte Übergabe des Kündigungsschreibens nachholen wollte und wenn er sich im Rechtsstreit nur darauf berief, dem Gekündigten sei vorsorglich noch einmal eine schriftliche Kündigung zugeleitet worden (*BAG* 4.12.1986 – 2 AZR 33/86 – nv). Vielmehr ist die allein formgültige Wiederholung der Kündigung nunmehr als Neuvornahme zu werten.

Die Kündigungserklärung ist unwirksam, wenn der Kündigende oder Kündigungsempfänger **ge-** 123
schäftsunfähig ist (§ 104 BGB) und für die Partei kein gesetzlicher Vertreter handelt. Ist der Kündigende oder der Kündigungsempfänger **beschränkt geschäftsfähig** (§ 106 BGB), dann bedarf es – von den Fällen der §§ 112, 113 BGB abgesehen – der Einwilligung des gesetzlichen Vertreters zum Ausspruch der Kündigung durch den beschränkt Geschäftsfähigen (§§ 107, 131 Abs. 2 S. 2 BGB) und zur Entgegennahme der Kündigung des Zugangs an den gesetzlichen Vertreter (§ 131 Abs. 2 S. 1 BGB; vgl. i.E. KR-*Friedrich* § 13 KSchG Rz 292–294). Zur grds. Unzulässigkeit der Teilkündigung vgl. KR-*Rost* § 2 KSchG Rz 51 und *BAG* 7.10.1982 EzA § 315 BGB Nr. 28 mit Anm. *Herschel*.

2. Zugang nach § 130 BGB

Wird die Kündigung in Anwesenheit des Kündigungsempfängers durch **persönliche Übergabe** des 124
Kündigungsschreibens ausgesprochen, dann geht sie als Erklärung unter Anwesenden zu, sobald sie der Gekündigte **zur Kenntnis** nimmt (KR-*Friedrich* § 4 KSchG Rz 100, 101; *BAG* 27.8.1982 EzA § 102 BetrVG 1972 Nr. 49). Nach Treu und Glauben und der Verkehrssitte muss der Kündigende, der bemerkt, dass der Empfänger die Erklärung nicht als Kündigung verstanden hat, sie gegenüber dem Gegner verdeutlichen und wiederholen (*Molitor* S. 132 f.). Auch Kündigungen, die durch einen gesetzlichen oder rechtsgeschäftlichen Vertreter ausgesprochen oder an ihn gerichtet werden, sind Erklärungen unter Anwesenden (KR-*Friedrich* § 4 KSchG Rz 100, 101). Übersicht bei *Becker-Schaffner* BB 1998, 422.

Eine nach Maßgabe des § 623 BGB **schriftliche Kündigung** wird erst in dem Zeitpunkt wirksam, in 125
dem sie dem Kündigungsempfänger **zugeht**. Zugegangen ist die Kündigung nach § 130 Abs. 1 BGB, sobald sie in **verkehrsüblicher Art** in die tatsächliche **Verfügungsgewalt** des Empfängers oder eines anderen, der ihn in der Empfangnahme von schriftlichen Mitteilungen vertreten konnte, gelangt und ihm dadurch die **Möglichkeit** der Kenntnisnahme verschafft worden ist (*BAG* 16.1.1976 EzA § 130 BGB Nr. 5; 13.10.1976 EzA § 130 BGB Nr. 7; 18.2.1977 EzA § 130 BGB Nr. 8; 16.12.1980 EzA § 130 BGB Nr. 10 mit Anm. v. *M. Wolf*; KR-*Friedrich* § 4 KSchG Rz 102 ff.). Es kommt grds. nicht darauf an, ob und wann der Empfänger von dem Kündigungsschreiben tatsächlich Kenntnis genommen hat und ob er daran aus besonderen Gründen zunächst gehindert war. Geht dem Arbeitnehmer eine Arbeitgeberkündigung per **Einschreiben** zu, so ist die Klagefrist des § 4 KSchG auch dann grds. ab der Aushändigung des Einschreibebriefes zu berechnen, wenn der Postbote den Arbeitnehmer nicht antrifft und dieser das Einschreiben zwar nicht alsbald, aber noch innerhalb der ihm von der Post mitgeteilten Aufbewahrungsfrist beim zuständigen Postamt abholt oder abholen lässt (*BAG* 25.4.1996 EzA § 130 BGB Nr. 27

mit Anm. *v. Hoyningen-Huene*). Wegen der besonderen Zugangsprobleme, insbes. bei Kündigungen durch **Einschreiben,** einer **längeren Abwesenheit** des Empfängers (Urlaub) und wegen der Rechtsfolgen einer **Empfangsvereitelung** wird auf die eingehende Darstellung von KR-*Friedrich* § 4 KSchG Rz 107–112 verwiesen. Übersicht zum Kündigungszugang bei Kündigung unter Abwesenden *Becker-Schaffner* BB 1998, 422 ff.

126 Eine **vertragliche Vereinbarung** der Parteien, die **Aufgabe** des Kündigungsschreibens als Zugang zu werten, ist dann unwirksam, wenn sie dazu führt, dass gesetzlich zwingend vorgeschriebene Mindestkündigungsfristen verkürzt werden. Das ist der Fall, wenn zwischen dem wirklichen Zugang der Kündigung und dem nächst zulässigen Kündigungstermin ein Zeitraum liegt, der kürzer ist als die jeweils einzuhaltende gesetzliche Mindestfrist (*BAG* 13.10.1976 EzA § 130 BGB Nr. 6). Vereinbarungen über Art und Weise des Zugangs, die keine Schutzpositionen beeinträchtigen, sind dagegen zulässig. Daran hat sich auch durch § 623 BGB nichts geändert. Zu **vorformulierten** Regelungen s.a. Rz 287 ff.

3. Anfang der Frist bei Kündigung vor Dienstantritt

127 Nach der hM kann eine ordentliche Kündigung bereits **vor dem vorgesehenen Dienstantritt** ausgesprochen werden (*BAG* 22.8.1964 EzA § 620 BGB Nr. 6; 6.3.1974 EzA § 620 BGB Nr. 19; 2.11.1978, EzA § 620 BGB Nr. 38; 17.9.1987 EzA § 15 BBiG Nr. 6; 25.3.2004 EzA § 620 BGB 2002 Kündigung Nr. 1; *Schmidt* AR-Blattei Kündigung I c, II; SPV-*Preis* Rz 227 ff.; *M. Wolf* Anm. zu *BAG* AP Nr. 3 zu § 620 BGB; *Berger-Delhey* DB 1989, 380 f.; *Linck* AR-Blattei SD 1010.1.3. Kündigung I C, Kündigung vor Dienstantritt Rz 2; APS-*Linck* Rz 70). Der **Ausschluss** der ordentlichen Kündigung vor Dienstantritt (monographisch und mit Beispielen *Kramer* S. 46 ff.; zum Sinn eines derartigen Ausschlusses *Legerlotz* ArbB 2003, 92 ff. – pro – und *Diller* ArbB 2003, 221 – contra –) setzt eine eindeutige Vereinbarung zwischen den Parteien voraus (*Linck* AR-Blattei SD 1010.1.3. Kündigung I C, Kündigung vor Dienstantritt Rz 4). Diese Voraussetzung ist zB erfüllt, wenn für den verspäteten oder unterlassenen Dienstantritt eine **Vertragsstrafe** festgelegt wird (*LAG Frankf.* 18.6.1980 DB 1981, 532; aufgegeben durch selbe Kammer *Hess. LAG* 25.11.1996 LAGE § 620 BGB Kündigung vor Dienstantritt Nr. 1; SPV-*Preis* Rz 229; *Linck* AR-Blattei SD 1010.1.3. Kündigung I C, Kündigung vor Dienstantritt Rz 7). Ein vertraglicher Ausschluss lediglich für die arbeitnehmerseitige Kündigung ist als Verstoß gegen § 622 Abs. 6 unwirksam (*LAG Hamm* 15.3.1989 DB 1989, 1191; *Kramer* S. 48; *Linck* AR-Blattei SD 1010.1.3. Kündigung I C, Kündigung vor Dienstantritt Rz 7). **Lässt sich ein entgegenstehender Parteiwille** nicht ermitteln, ist das Arbeitsverhältnis dann für beide Teile vor Dienstantritt kündbar (*Kramer* S. 48 f.). Diese Grundsätze gelten für das **Berufsausbildungsverhältnis** entsprechend (vgl. *BAG* 17.9.1987 AP Nr. 7 zu § 15 BBiG). Selbst bei **vertraglichem Ausschluss** der **Kündbarkeit** vor **Dienstantritt kündbar** ist das Arbeitsverhältnis vor Dienstantritt nach § 113 S. 1 InsO. Denn danach kann durch den Insolvenzverwalter und vom anderen Teil ohne Rücksicht auf einen vereinbarten Ausschluss des Rechts zur ordentlichen Kündigung gekündigt werden. Freilich wird die Regelung nur für den Arbeitnehmer praktisch, weil der Insolvenzverwalter auch nach § 103 Abs. 1 InsO vorgehen und das Arbeitsverhältnis gar nicht erst in Gang setzen kann (vgl. zu § 17 KO *Zwanziger* Das Arbeitsrecht der Insolvenzordnung, 1997, § 113 InsO Rz 11; **aA** unter wohl unzutreffendem Hinweis auf § 113 Abs. 2 InsO aF *Grunsky/Moll* Arbeitsrecht und Insolvenz, 1997, Rz 343).

128 Streitig ist hingegen, welches Ereignis oder welcher Zeitpunkt für den Beginn der Kündigungsfrist dann maßgebend ist, wenn die Kündigung bereits vor Dienstantritt **zugeht.** Das *BAG* (22.8.1964 EzA § 620 BGB Nr. 6) hat zunächst den Standpunkt vertreten, wenn es an einer eindeutigen Vereinbarung fehle, dann beginne die Kündigungsfrist erst in dem Zeitpunkt zu laufen, in dem die Arbeit vertragsgemäß aufgenommen werden solle (**aA** – Beginn regelmäßig bereits mit Zugang – SPV-*Preis* Rz 230; *Caesar* NZA 1989, 253). Diese Auffassung ist mit der Begründung aufgegeben worden, es hänge nicht von rechtsdogmatischen Erwägungen, sondern von den Vereinbarungen der Parteien ab, zu welchem Zeitpunkt die Frist für eine vor Dienstantritt ausgesprochene Kündigung beginne. Wenn eine eindeutige vertragliche Regelung fehle, dann sei die jeweilige **beiderseitige Interessenlage** dafür **maßgebend,** wann die Kündigungsfrist zu laufen beginne. Dabei sei entscheidend auf die konkreten Umstände des jeweiligen Einzelfalles abzustellen und nicht von allgemeinen Erfahrungsregeln oder einem schematisch angewandten Grundsatz des Vertrauensschutzes auszugehen (*BAG* 6.3.1974 AP Nr. 2 zu § 620 BGB mit zust. Anm. v. *G. Hueck* = EzA § 620 BGB Nr. 19 mit abl. Anm. v. *Herschel; BAG* 25.3.2004 EzA § 620 BGB 2002 *Kündigung Nr. 1*). Dieser Auffassung ist **zuzustimmen,** weil die u.a. von *Herschel* (aaO) erhobene Kritik, diese differenzierende Betrachtung sei für die Praxis unbrauchbar (ähnl.: MünchKomm-*Schwerdtner* vor § 620 Rz 161 [Voraufl.]; Zusammenfassung der Gegenstimmen bei *Kramer*

S. 53), das gebotene Interesse an einer verfeinerten Einzelfallgerechtigkeit vernachlässigt (*G. Hueck* aaO). Fehlt eine vertragliche Vereinbarung über den Beginn der Kündigungsfrist (Vertragsgestaltungshinweise bei *Kramer* S. 50 ff.), dann liegt eine **Vertragslücke** vor, die im Wege der ergänzenden Vertragsauslegung zu schließen ist. Für die Ermittlung des mutmaßlichen Parteiwillens und der beiderseitigen Interessenlage ist grds. auf die konkreten Umstände des Einzelfalles abzustellen. Das schließt jedoch nicht aus, bei **typischen Vertragsgestaltungen** im Interesse der Rechtssicherheit allgemeine **Erfahrungsregeln** zu berücksichtigen. So können zB insbesondere die **Länge** der **Kündigungsfrist** oder die **Art** der vorgesehenen **Beschäftigung** Anhaltspunkte dafür sein, ob ein Interesse an einer zumindest vorübergehenden Realisierung des Arbeitsverhältnisses besteht und deswegen die Annahme berechtigt ist, die Parteien hätten dann, wenn sie diese Frage bedacht hätten, die Kündigungsfrist nicht vor Vertragsbeginn in Lauf setzen wollen. Ein solches **Interesse fehlt** regelmäßig, wenn die Parteien die **kürzeste** zulässige **Kündigungsfrist** vereinbart haben und insbes. dann, wenn das Arbeitsverhältnis zunächst nur der Erprobung dienen soll (*BAG* 9.5.1985 EzA § 620 BGB Nr. 75; *Neumann* DB 1966, 1607; *Preis/Kliemt/Ulrich* AR-Blattei SD 1270 Das Probearbeitsverhältnis Rz 215; **abl.** *Schwerdtner* aaO; **zum Streitstand** *Berger-Delhey* DB 1989, 380; *Linck* AR-Blattei SD 1010.1.3. Kündigung I C, Kündigung vor Dienstantritt Rz 17). Letzterenfalls **läuft** ab Kündigungszugang die **Frist** von **zwei Wochen** des § 622 Abs. 3. Denn es entspricht in aller Regel nicht dem Parteiwillen, für den Zeitraum zwischen Vertragsschluss und Antritt der Probezeit eine ohne die Probezeitvereinbarung maßgebliche längere gesetzliche oder tarifvertragliche Kündigungsfrist anzuwenden (*Preis/Kliemt/Ulrich* AR-Blattei SD 1270 Das Probearbeitsverhältnis Rz 214). **Fehlen** jegliche tatsächliche Anhaltspunkte für eine ergänzende Vertragsauslegung, ist im Zweifel von Fristbeginn mit Zugang der Kündigungserklärung auszugehen (*Joussen* NZA 2002, 1177, 1180ff.; ähnlich jetzt auch *BAG* 25.3.2004 EzA § 620 BGB 2002 Kündigung Nr. 1).

Ist aufgrund einer Auslegung des Vertrages oder bei Abwägung der Interessen der Parteien davon auszugehen, dass die Kündigungsfrist erst mit dem Zeitpunkt des Dienstantritts beginnen soll, dann wird zwar nicht die mit dem Zugang eintretende Wirksamkeit der ordentlichen Kündigung, wohl aber deren **Beendigungswirkung** hinausgeschoben. In diesem Falle ist der **Beginn des Tages**, an dem vertragsmäßig die Arbeit aufgenommen werden sollte, der für den Anfang der Kündigungsfrist maßgebende Zeitpunkt iSd § 187 Abs. 2 BGB (*BAG* 2.11.1978 EzA § 620 BGB Nr. 38; SPV-*Preis* Rz 232). Für den Anfang der Kündigungsfrist ist es dann unerheblich, ob und wann das Arbeitsverhältnis tatsächlich aktualisiert worden ist. **129**

Kein Fristlauf beginnt, wenn, soweit oder solange besondere Regelungen eine Kündigung **verbieten, ausschließen** oder **beschränken.** Solche Bestimmungen sind jeweils darauf zu überprüfen, ob sie auch die Kündigung **vor Dienstantritt** betreffen. Bei § 102 Abs. 1 BetrVG ist das der Fall (*LAG Frankf.* 31.5.1985 LAGE § 5 BetrVG 1972 Nr. 14; KR-*Etzel* § 102 BetrVG Rz 28; *Linck* AR-Blattei SD 1010.1.3. Kündigung I C, Kündigung vor Dienstantritt Rz 13), bei § 9 MuSchG hingegen nicht. Denn die Regelung betrifft nach § 1 Nr. 1 MuSchG nur Frauen, die (bereits) in einem Arbeitsverhältnis »stehen«. Das ist bei hinausgeschobenem Beginn gerade (noch) nicht der Fall (**wie hier:** *Linck* AR-Blattei SD 1010.1.3. Kündigung I C, Kündigung vor Dienstantritt Rz 12; APS-*Linck* Rz 75; **aA** *LAG Düsseld.* 30.9.1992 LAGE § 9 MuSchG Nr. 18; *Kittner/Trittin* [3. Aufl.] § 9 MuSchG Rz 11; **abw.** auch KR-*Bader* § 9 MuSchG Rz 13). **129a**

II. Berechnung der Frist

1. Regelung des § 187 Abs. 1 BGB

Nach § 187 Abs. 1 BGB ist der Tag, an dem die Kündigung zugeht, nicht in die Berechnung der Kündigungsfrist mit einzubeziehen. Die Kündigungsfrist beginnt vielmehr erst am nächsten Tage, so dass eine Kündigung bereits einen Tag vor Beginn der Kündigungsfrist zugegangen sein muss, wenn sie zum nächstmöglichen Kündigungstermin wirken soll (*Bleistein* Rz 93). Für den Regelfall des § 622 Abs. 1, bei dem eine Grundkündigungsfrist von vier Wochen zum Fünfzehnten oder zum Ende eines Kalendermonats einzuhalten ist, sind mit Rücksicht auf §§ 187 Abs. 1, 188 Abs. 2 BGB folgende Kündigungstage, an denen die Kündigung zur Wahrung der Frist zugegangen sein muss, zu beachten: Im Februar: 31.1. (Schaltjahr 1.2.) für eine Kündigung zum 28.2. (29.2.) oder 15.2. (Schaltjahr 16.2.) für eine Kündigung zum 15.3. In Monaten mit 30 Tagen: 2. des Monats für eine Kündigung zum Monatsende oder 17. des Monats für eine Kündigung zum Fünfzehnten des Folgemonats. In Monaten mit 31 Tagen: 3. des Monats für eine Kündigung zum Monatsende oder 18. des Monats für eine Kündigung zum Fünfzehnten des Folgemonats. Eine Vereinbarung, dass der Tag der Absendung des Kündigungsschreibens als Tag der Erklärung gelten soll, ist unzulässig (*BAG* 13.10.1976 EzA § 130 BGB Nr. 6; *Kramer* S. 407; SPV-*Preis* Rz 502). **130**

131 Ist der jeweils letzte Tag vor Beginn der Kündigungsfrist ein **Samstag, Sonntag** oder **Feiertag**, dann führt das nicht dazu, dass die Kündigung in entsprechender Anwendung des § 193 BGB auch noch am folgenden Werktag erklärt werden kann (*BAG* 5.3.1970 EzA § 622 BGB nF Nr. 1; 28.9.1972 AP Nr. 2 zu § 193 BGB; *Staudinger/Preis* Rz 23; vgl. auch *BGH* 27.4.2005 NJW 2005, 2154, 2155 f. zur Karenzzeit von drei Werktagen für die Wahrung der Kündigungsfrist nach Wohnraummietrecht). Die Einhaltung der vollen Kündigungsfrist dient dem Schutz des Kündigungsempfängers, der höher zu bewerten ist als das Interesse des Kündigenden daran, mit dem Ausspruch der Kündigung möglichst lange zu warten.

132 Der Kündigungsempfänger kann eine Kündigung, die ihm noch am letzten Tage vor dem Beginn der Kündigungsfrist zugegangen ist, nicht deswegen zurückweisen, weil sie ihm an einem **Sonn-** oder **Feiertag** per Eilbrief zugestellt worden ist.

133 Eine Verkürzung der Kündigungsfrist tritt auch dann nicht ein, wenn der Arbeitnehmer an dem Tage, an dem spätestens zum nächstmöglichen Termin gekündigt werden kann, in einer Nachtschicht arbeitet, die bis in den folgenden Tag hineinreicht und dem Arbeitnehmer die Kündigung kurz **nach Mitternacht** zugeht (*BAG* 15.7.1969 EzA § 130 BGB Nr. 3; *Bleistein* Rz 93).

2. Anwendung des § 187 Abs. 2 BGB

134 Während die Frist in allen Fällen, in denen sie durch den Zugang der Kündigung ausgelöst wird, nach § 187 Abs. 1 BGB zu berechnen ist, greift § 187 Abs. 2 S. 1 BGB dann ein, wenn bei einer Kündigung vor Dienstantritt der Beginn eines Tages der für den Anfang der Frist maßgebende Zeitpunkt ist (vgl. Rz 129). Ein bereits vorher ordentlich gekündigtes Arbeitsverhältnis, für das eine Kündigungsfrist von vier Wochen zum Fünfzehnten oder zum Ende eines Kalendermonats gilt, wird somit bei einem vorgesehenen Dienstantritt zum 1.4. durch eine Kündigung, die spätestens am 18.3. zugegangen ist, nicht zum 15.4. sondern erst am 30.4. beendet.

3. Vorzeitige Kündigung

135 Der Kündigende ist nicht verpflichtet, mit dem Ausspruch der Kündigung bis zum letzten Tage vor Beginn der Frist zum nächstmöglichen Termin zu warten. Er ist vielmehr grundsätzlich berechtigt, schon vor diesem Zeitpunkt oder mit einer längeren als der gesetzlichen oder vorgesehenen Frist zu kündigen (*Hueck/Nipperdey* I, S. 565 Anm. 12; *Molitor* S. 160–162; *Popp* HAS VI B Rz 552; *Staudinger/Preis* Rz 26; *LAG Bln.* 11.1.1999 LAGE § 622 BGB Nr. 41). In der sog. **vorzeitigen** Kündigung liegt idR ein **Verzicht** auf die gesetzliche Kündigungsfrist (vgl. *Popp* HAS § 19 B Rz 14; *Schaub* § 124 III 3c, Rz 29), während das Recht aus einem wichtigen Grunde außerordentlich zu kündigen unberührt bleibt, wenn der wichtige Grund erst später eintritt oder dem Kündigenden bekannt wird.

136 Bedenklich ist eine verfrühte Kündigung dann, wenn die Kündigung an dem letztmöglichen Zeitpunkt für die Einhaltung der Kündigungsfrist **erschwert** oder **ausgeschlossen** wäre. Wenn der Arbeitgeber nur deswegen vorzeitig gekündigt hat, um die Kündigung noch vor Ablauf der Wartezeit des § 1 KSchG auszusprechen, ist er nach den Rechtsgedanken des § 162 BGB gehindert, sich auf den fehlenden Kündigungsschutz zu berufen (*Popp* aaO; *Molitor* S. 161; *Schaub/Linck* § 124 III 3c, Rz 29; *Staudinger/Preis* Rz 26; *BAG* 16.10.1987 BB 1988, 1393; **aA** KR-*Griebeling* § 1 KSchG Rz 103). Dies muss **nicht** nach § 4 S.1 KSchG nF geltend gemacht werden. Diese Vorschrift bezieht sich **nicht** auf das »Wann« der Beendigung des Arbeitsverhältnisses bei **ordentlicher** Kündigung (vgl. Gesetzesbegr. BT-Drs. 15/1204, S. 9). Eine schwangere Arbeitnehmerin kann dagegen nicht mit der Begründung den Kündigungsschutz des § 9 MuSchG beanspruchen, dass sie zu dem späteren Zeitpunkt, an dem die Kündigung noch zu dem vorgesehenen Termin hätte erfolgen können, bereits schwanger gewesen sei.

III. Fristablauf

1. Fristende nach § 188 BGB

137 Bei einer Frist, die **ohne festen Kündigungstermin** lediglich **nach Wochen** bestimmt ist (zB Frist von zwei Wochen während einer vereinbarten Probezeit, § 622 Abs. 3, oder vereinbarte Wochenfrist im Aushilfsarbeitsverhältnis iSv § 622 Abs. 5 S. 1 Nr. 1) endet die Kündigungsfrist nach § 188 Abs. 2 BGB mit dem Ablauf desjenigen Tages der letzten Woche, der durch seine Bezeichnung dem Tage entspricht, an dem die Kündigung zugegangen ist. Eine mit einer Frist von zwei Wochen ausgesprochene Kündigung, die an einem **Montag** zugegangen ist, beendet das Arbeitsverhältnis demgemäß mit Ablauf des Montags der **übernächsten Woche**. Für die Grundkündigungsfrist und für die verlängerten

Fristen nach § 622 Abs. 1 und Abs. 2 ist das Fristende nicht aus § 188 Abs. 2 BGB zu entnehmen, weil **feste Beendigungstermine** zum Fünfzehnten oder zum Ende eines Monats einzuhalten sind.

Von Bedeutung ist § 188 Abs. 2 BGB allerdings für Fristen, die nicht mit festen Kündigungsterminen 138 verbunden (vereinbarte Probezeit, § 622 Abs. 3) oder zulässigerweise unter Aufhebung der gesetzlichen Kündigungstermine vereinbart worden sind (beispielsweise durch Tarifvertrag, § 622 Abs. 4, oder in einem Aushilfsarbeitsverhältnis oder in einem Kleinunternehmen, § 622 Abs. 5 S. 1 Nrn. 1 und 2). Eine Kündigung, die das Arbeitsverhältnis zu einem beliebigen Termin beenden kann, wirkt zum Ablauf desjenigen Tages, der durch seine Benennung oder seine Zahl dem Tage entspricht, an dem die Kündigung zugegangen ist. Wenn eine Kündigung, für die eine Frist von einem Monat gilt, zB am 20.3. zugegangen ist, endet das Arbeitsverhältnis mit Ablauf des 20.4.

Für das Fristende nach § 188 BGB ist es ebenso wie für die gesetzlichen Kündigungstermine unerheb- 139 lich, ob der letzte Tag auf einen Samstag, Sonntag oder Feiertag fällt, weil sich § 193 BGB nicht auf das Ende der Kündigungsfrist bezieht (*BGH* 17.2.2005 NJW 2005, 135 ff.; *Staudinger/Preis* Rz 23; *Palandt/ Heinrichs* § 193 Rz 3; *APS-Linck* Rz 47). Diese muss dem Gekündigten unverkürzt zur Verfügung stehen. Kann ein Arbeitsverhältnis ordentlich nur zum Schluss eines Kalendervierteljahres gekündigt werden, ist eine zum 1. April ausgesprochene Kündigung idR dahin auszulegen, dass sie das Arbeitsverhältnis zum 31. März beenden soll (*BAG* 25.9.2002 AP Nr. 27 zu §§ 22,23 BAT Zuwendungs-TV; **aA** *LAG Bln.* 13.12.2002 – 6 Sa 1628/02).

2. Kündigung mit unzureichender Frist/Prozessuales

Wenn der Zeitraum, der zwischen dem Zugang der Kündigung und dem vom Kündigenden bestimm- 140 ten Kündigungstermin liegt, geringer ist als die gesetzliche oder vertragliche Kündigungsfrist, dann ist die Kündigung nicht absolut unwirksam. Die Kündigung wirkt vielmehr im Zweifel zu dem **nächsten zulässigen Termin** (*BAG* 18.4.1985 EzA § 622 BGB nF Nr. 21; *Bleistein* Rz 93; *Popp* HAS § 19 B Rz 15; *Söllner/Waltermann* Rz 897; *Staudinger/Preis* Rz 25; *MünchKomm-Hesse* Rz 39). Daran hat sich **für den Arbeitnehmer** auch durch § 4 S. 1 KSchG nF **nichts geändert**. Die Vorschrift betrifft nur das »Ob«, nicht das »Wann« der Beendigung (vgl. Gesetzesbegr. BT-Drs. 15/1204, S. 9). Deshalb bedarf es nicht der Einhaltung der Klagefrist um die richtige Frist zu erstreiten (anders nur bei außerordentlicher fristloser Kündigung). **So** jetzt auch das *BAG* (15.12.2005 EzA § 4 KSchG nF Nr. 72). **Einzelheiten mit Nachweis des Streitstandes** KR-*Spilger* § 1a KSchG Rz 67. **Zeitliche Grenze** der Möglichkeit, die Nichteinhaltung geltend zu machen, ist die sich aus **Verwirkung** ergebende Frist. Für den **Arbeitgeber**, für den weder § 4 KSchG aF galt noch § 4 KSchG nF gilt, war (und ist) dies nicht anders.

F. Einzelvertragliche Regelungen (§ 622 Abs. 3, Abs. 4 S. 2, Abs. 5, Abs. 6)

I. Verkürzung der Kündigungsfristen und Änderung der Kündigungstermine

1. Zwingende Kündigungsfristen und Ausnahmen

Die gesetzliche **Grundkündigungsfrist** von vier Wochen stellt eine **grds. nicht abdingbare Mindest-** 141 **kündigungsfrist** dar. Dies folgt aus § 622 Abs. 5 S. 3, der Abweichungen von den in den Abs. 1 bis 3 genannten Kündigungsfristen **zu Lasten des Arbeitnehmers** der Sache nach verbietet, aus der genauen Bezeichnung der **möglichen** Abweichungen in der Norm selbst (*Preis/Kramer* DB 1993, 2126; SPV-*Preis* Rz 504; *Kramer* S. 108; *ders.* BB 1997, 731; *Kittner/Trittin* [3. Aufl.] Rz 22) sowie aus ihrer Entstehungsgeschichte. Denn mit der gesetzlichen Neuregelung sollte klargestellt werden, dass einzelvertraglich keine Abkürzungen der Kündigungsfrist zulässig sind (BT-Drs. 12/4902, S. 9). Etwas anderes gilt nur für die gesetzlichen Sonderfälle einer vereinbarten Probezeit (§ 622 Abs. 3, **Rz 152–155b**), einer vorübergehenden Einstellung zur Aushilfe (§ 622 Abs. 5 S. 1 Nr. 1, **Rz 156–168**), einer Beschäftigung in Kleinunternehmen (§ 622 Abs. 5 S. 1 Nr. 2, **Rz 169–170**) oder einer Vereinbarung der Anwendung abweichender tarifvertraglicher Bestimmungen (§ 622 Abs. 4 S. 2, **Rz 179–195**: *Staudinger/Preis* Rz 28). In allen diesen Fällen trägt im Streitfall die **Beweislast** für die Vereinbarung (bzw. die Voraussetzungen) einer von § 622 Abs. 1, Abs. 2 abweichenden Frist diejenige Partei, die hieraus Rechtsfolgen herleiten möchte.

Die nach § 622 Abs. 2 S. 1 **vom Arbeitgeber** einzuhaltenden **verlängerten Kündigungsfristen** sind aus 142 den genannten Gründen **ebenfalls zwingend** (*Staudinger/Preis* Rz 29; SPV-*Preis* Rz 505; *Kittner/Trittin* [3. Aufl.] Rz 66). Verkürzungen sind, anders als von der Grundkündigungsfrist des Abs. 1, auch in den Fällen des Abs. 5 S. 1 Nrn. 1 und 2 unzulässig. Denn Abs. 5 S. 1 bezieht sich ausdrücklich nur auf die in **Abs. 1** genannte Kündigungsfrist.

§ 622 BGB   Kündigungsfristen bei Arbeitsverhältnissen

143 Auch dürfen jenseits der oben bezeichneten Ausnahmen einzelvertraglich **keine zusätzlichen, über das Gesetz hinausgehenden Kündigungstermine** vereinbart werden (*Staudinger/Preis* Rz 29; SPV-*Preis* Rz 505; *Kramer* S. 109; *Kittner/Trittin* [3. Aufl.] Rz 66). Soweit dies aufgrund **Abs. 5** (dessen S. 1 dem **Wortlaut** nach nur die **Frist, der Sache nach** aber auch den **Termin** betrifft, *Kretz* AR-Blattei SD 1010.6 Kündigung VI, Kündigungstermin Rz 6; näher u. Rz 152, 166) möglich ist, muss berücksichtigt werden, dass dieser Absatz sich in seinem Satz 1 **nur auf die in Abs. 1 geregelte Grundkündigungsfrist** und die **mit ihr verbundenen Termine,** nicht jedoch auf die nach Abs. 2 verlängerten Kündigungsfristen und die mit jenen verbundenen Termine bezieht (vgl. *Adomeit/Thau* NJW 1994, 14).

144 Von den genannten Ausnahmen abgesehen kann die gesetzliche Mindestfrist auch nicht zum »**Vorteil**« des Arbeitnehmers vertraglich abgekürzt werden (*Neumann* ArbRGgw. Bd. 7, S. 29; *Schaub* [7. Aufl.] § 124 IV 2a; *Wenzel* MDR 1969, 887; *Kramer* S. 108; *ders.* BB 1997, 731, 732; *LAG Düsseld.* 17.4.1972 DB 1972, 1169; *LAG Bln.* 28.4.1976 AuR 1976, 315). *Kramer* (BB 1997, 731, 732) hat erstmals nachgewiesen, dass dies aus Wortlaut der Vorschrift, Systematik des Gesetzes und insbes. der Entstehungsgeschichte der Norm sowie auch daraus folgt, dass die Einhaltung der Kündigungsfrist den Interessen beider Vertragsteile dient. Allerdings will *Kramer* (aaO) die Berufung des Arbeitgebers auf die gesetzliche Frist nicht gelten lassen, wenn dieser die unzulässig kurze Frist durch eine von ihm gestellte vorformulierte Vertragsbedingung selbst veranlasst hat (und deshalb nicht schutzbedürftig sei); wann dies der Fall ist, sollte nach § 1 Abs. 1 S. 1 AGB-Gesetz überprüft werden. Dagegen lässt sich einwenden, dass das AGB-Gesetz nach seinem § 23 Abs. 1 für Verträge auf dem Gebiet des Arbeitsrechts nicht gilt und auch das *BAG* bisher davon abgesehen hat, sich auch nur auf die analoge Anwendung seiner Bestimmungen festzulegen (für überraschende Klauseln in Formulararbeitsverträgen vgl. *BAG* 29.11.1995 EzA § 611 BGB Inhaltskontrolle Nr. 4). Wenn ein Arbeitnehmer mit einer unwirksam vereinbarten kürzeren Frist kündigt, kann es allerdings rechtsmissbräuchlich sein, wenn der Arbeitgeber ihn unter Berufung auf die Mindestfrist wegen Vertragsbruches belangen will (*LAG Düsseld.* und *LAG Bln.* aaO).

145 Eine **unzulässige Verkürzung** der Frist liegt nicht nur dann vor, wenn die Parteien eindeutig und unmittelbar die Frist auf weniger als vier Wochen abkürzen. Unwirksam sind vielmehr auch Abreden, die sich im **Ergebnis** als Verkürzung der Frist auswirken und damit zu einer **Umgehung** der zwingenden Vorschriften des § 622 Abs. 1 oder Abs. 2 führen. Das trifft zB dann zu, wenn im Arbeitsvertrag Tatbestände als Gründe zur außerordentlichen Kündigung bestimmt werden, die nicht als wichtige Gründe iSd § 626 BGB anzuerkennen sind (*BAG* 22.11.1973 EzA § 622 BGB nF Nr. 33).

146 Da § 622 Abs. 6 den **allgemeinen Grundsatz** enthält, dass die ordentliche Kündigung durch den Arbeitnehmer gegenüber der des Arbeitgebers nicht erschwert werden darf (vgl. zu Abs. 5 aF *Popp* HAS § 19 B Rz 79 f.; *Soergel/Kraft* Rz 34), sind auch sog. **faktische Kündigungsbeschränkungen** zu Lasten des Arbeitnehmers **unzulässig** (vgl. zu Abs. 5 aF MünchKomm-*Schwerdtner* [2. Aufl.] Rz 58 f.; SPV-*Preis* Rz 519). Dazu können etwa das Maß des § 623 BGB übersteigende **strengere Formvorschriften** für den Ausspruch der Kündigung durch den **Arbeitnehmer** gehören (vgl. APS-*Preis* § 623 BGB Rz 20; *Müller-Glöge/von Senden* AuA 2000, 199, 202; *Preis/Gotthardt* NZA 348, 359).

147 Eine ausnahmsweise zulässige vertragliche (und erforderlichenfalls vom **Arbeitgeber** darzulegende und ggf. zu beweisende) Verkürzung der Kündigungsfristen ist nicht formbedürftig, sofern nicht durch Arbeits- oder Tarifvertrag für den Abschluss oder für Änderungen und Ergänzungen des Arbeitsvertrages ein **gewillkürter Formzwang** mit konstitutiver Bedeutung vorgesehen ist (§§ 125–127 BGB). Von diesen Ausnahmen abgesehen kann die gesetzliche Frist sowohl im schriftlichen Arbeitsvertrag als auch durch mündliche Vereinbarungen ausdrücklich oder stillschweigend abgeändert werden. Nach dem am 28.7.1995 in Kraft getretenen **Nachweisgesetz** (NachwG, vom 20.7.1995 BGBl. I S. 946) sind die Fristen für die Kündigung des Arbeitsverhältnisses für Arbeitnehmer **im Anwendungsbereich jenes Gesetzes** in die Arbeitsvertragsniederschrift aufzunehmen (Art. 1 § 2 Abs. 1 Nr. 9, § 1 NachwG). Diese Regelung ist **nicht präzise,** weil sie das Problem der fehlenden Vorausberechenbarkeit der Kündigungsfrist nicht regelt. Dies ist aber gerade der Regelfall, weil mit zunehmender Dauer des Arbeitsverhältnisses die Dauer der Kündigungsfrist steigt. Deshalb wird es unabweisbar, die maßgebenden **Kriterien** für die Festlegung der Länge der Kündigungsfrist in die Niederschrift aufzunehmen (*Birk* RdA 1996, 281, 287). Die Angabe kann ersetzt werden durch einen Hinweis auf die einschlägigen Tarifverträge, Betriebs- oder Dienstvereinbarungen und ähnliche Regelungen, die für das Arbeitsverhältnis gelten. Ist die gesetzliche Regelung maßgebend, so kann hierauf verwiesen werden (Art. 1 § 2 Abs. 3 NachwG). Nähere Einzelheiten zu dem Einfluss des NachwG u. **Rz 205a**.

Kündigungsfristen bei Arbeitsverhältnissen § 622 BGB

Die Wirksamkeit ausnahmsweise zulässiger vertraglicher Abreden über Kündigungsfristen und Termine ist darüber hinaus an dem **einseitig zugunsten** der Arbeitnehmer fortgeltenden Grundsatz der **Gleichheit der Kündigungsfristen** zu messen (BAG 25.11.1971 EzA § 622 nF Nr. 5; SPV-*Preis* Rz 518). Der früher als Regel angenommene Grundsatz der Gleichheit der Kündigungsfristen gilt zwar nicht mehr uneingeschränkt fort, aber nach Abs. 6 darf für die Kündigung des Arbeitsverhältnisses **durch den Arbeitnehmer** einzelvertraglich keine längere Frist vereinbart werden als für die Kündigung durch den Arbeitgeber. Es ist danach beispielsweise **unzulässig**, die Kündigungsfrist für den Arbeitgeber aufgrund § 622 Abs. 5 S. 1 Nr. 2 durch Änderung der Regeltermine des Abs. 1 zu verkürzen, es aber für die Kündigung durch den Arbeitnehmer bei den Regelterminen zu belassen. Denn bei der Prüfung, ob eine Kündigungsfrist zuungunsten des Arbeitnehmers länger ist, sind auch die vereinbarten **Kündigungstermine** zu berücksichtigen (*Staudinger/Preis* Rz 52; SPV-*Preis* Rz 518f.; *Neumann* ArbRGgw. Bd. 7; S. 30; *Nikisch* I, S. 715; *Schaub/Linck* § 124 IV 7a, Rz 41). 148

Ein Verstoß gegen § 622 Abs. 6 ist nach Sinn und Zweck dieser Vorschrift auch dann anzunehmen, wenn im Falle einer ausnahmsweise an sich statthaften Vereinbarung der **Arbeitgeber jederzeit,** der **Arbeitnehmer** dagegen nur zu bestimmten Terminen oder **nicht vor** einem bestimmten Termin kündigen darf (BAG 9.3.1972 EzA § 622 BGB nF Nr. 6; *Staudinger/Preis* Rz 52; *Kramer* S. 39 f.). 149

Wenn die Parteien in einem Arbeitsvertrag **zulässigerweise** kürzere Kündigungsfristen vereinbaren, ohne dabei zu unterscheiden, von welcher Seite die Kündigung ausgesprochen wird, ist aufgrund einer interessengerechten Vertragsauslegung davon auszugehen, dass nicht nur der Arbeitnehmer, sondern auch der Arbeitgeber mit der abgekürzten Frist kündigen kann (BAG 25.11.1971 EzA § 626 BGB nF Nr. 5). 150

Werden unzulässig kurze Kündigungsfristen oder unzulässig viele Kündigungstermine vereinbart, so tritt an die Stelle dieser unwirksamen Vereinbarung die gesetzliche Regelung. Es gilt also nach § 622 Abs. 1 eine vierwöchige Grundkündigungsfrist bzw. eine gem. § 622 Abs. 2 verlängerte Frist **zum nächst erreichbaren Termin** gerechnet ab Ausspruch der Kündigung (*Preis/Kramer* DB 1993, 2126; SPV-*Preis* Rz 506; *Kittner/Trittin* [3. Aufl.] Rz 23; *Krømer* S. 109, wegen der Einzelheiten vgl. Rz 196 ff.). Die früher vorhandene Unterscheidung zwischen gesetzlicher Mindest- und Regelkündigungsfrist ist nach der gesetzlichen Neuregelung entfallen. Damit hat sich auch die alte Streitfrage erledigt, ob im Falle der Vereinbarung einer unzulässig kurzen Kündigungsfrist die gesetzliche Mindest- oder die Regelfrist anzuwenden ist (*Kramer* S. 109; *ders.* BB 1997, 731, 732; SPV-*Preis* Rz 506). 151

Zur Regelbarkeit durch **Betriebsvereinbarung** vgl. Rz 191 f. entspr. 151a

2. Vereinbarte Probezeit (§ 622 Abs. 3)

§ 622 Abs. 3 trifft eine ausdrückliche Regelung der Kündigungsfrist während einer **vereinbarten Probezeit,** soweit diese sechs Monate nicht übersteigt. Zur Berechnung des Ablaufs ist der Tag der Arbeitsaufnahme voll einzurechnen, auch wenn der schriftliche Arbeitsvertrag erst nach Arbeitsbeginn – am Tag der Arbeitsaufnahme – unterzeichnet wird (EAG 27.6.2002 EzA §§ 187-188 BGB Nr. 1; § 187 Abs. 2 iVm § 188 Abs. 2 BGB). Die Kündigungsfrist beträgt **zwei Wochen ohne Bindung an einen Termin.** Die zwei Wochen können also **jederzeit auslaufen** (SPV-*Preis* Rz 553; *Hromadka* BB 1993, 2374; *Knorr* ZTR 1994, 270; *Kittner/Trittin* [3. Aufl.] Rz 38; *Preis/Kliemt/Ulrich* AR-Blattei SD 1270 Das Probearbeitsverhältnis Rz 195; ArbRBGB-*Röhsler* Rz 61). Nach Einschätzung des Gesetzgebers wird hierdurch der Abschluss unbefristeter Arbeitsverhältnisse erleichtert (BT-Drs. 12/4902, S. 7). Die **Frist** ist **einzelvertraglich verländer-** aber **nicht verkürzbar** (*Preis/Kliemt/Ulrich* AR-Blattei SD 1270 Das Probearbeitsverhältnis Rz 191 f.; BBDW-*Bader* Rz 53). Anders – **verkürzbar** – ist sie **durch Tarifvertrag,** § 622 Abs. 4 S. 1, auf welchen im Rahmen des § 622 Abs. 4 S. 2 **einzelvertraglich verwiesen** werden darf (SPV-*Preis* Rz 556). **Nicht verkürzbar** ist sie durch bloße Deklaration als Aushilfsarbeitsverhältnis über § 622 Abs. 5 S. 1 Nr. 1 (vgl. **Rz 156 ff.** sowie *Preis/Kliemt/Ulrich* aaO Rz 193), weil es bei wirklicher vorübergehender Aushilfe iSv § 622 Abs. 5 S. 1 Nr. 1 nicht mehr um eine vereinbarte Probezeit geht. Auch über § 622 Abs. 5 S. 1 Nr. 2 ist keine weitere Verkürzung zu erzielen, weil diese Bestimmung **kein Unterschreiten** der Kündigungsfrist von vier Wochen erlaubt (vgl. BBDW-*Bader* aaO). Hinsichtlich der Einhaltung der Frist von sechs Monaten ist auf den **Zeitpunkt der Kündigungserklärung** abzustellen. Die Kündigungsfrist von zwei Wochen kann **bis zum Ablauf von sechs Monaten ausgenutzt werden,** auch wenn das Ende der Kündigungsfrist erst nach diesem Zeitpunkt liegt (BAG 21.4.1966 AP Nr. 1 zu § 53 BAT; *Staudinger/Preis* Rz 36; SPV-*Preis* Rz 555; *Preis/Kliemt/Ulrich* AR-Blattei SD 1270 Das Probearbeitsverhältnis Rz 191 f.; BBDW-*Bader* aaO; **zur Kündigungsfrist bei Kündigung vor Dienstantritt** 152

s. Rz 128 aE). **Nach Ablauf** des sechsten Beschäftigungsmonats gilt grundsätzlich die allgemeine Grundkündigungsfrist von vier Wochen mit den Kündigungsterminen des § 622 Abs. 1 (SPV-*Preis* Rz 555; *Preis/Kliemt/Ulrich* AR-Blattei SD 1270 Das Probearbeitsverhältnis Rz 190, 196).

153 **Probezeit** meint den **einem unbefristeten Arbeitsverhältnis vorgeschalteten** (nur zu **Beginn** der Vertragsbeziehung zulässig *LAG BW* 28.2.2002 LAGE § 622 BGB Nr. 42) Zeitraum zum Zwecke der Erprobung in dem Arbeitsverhältnis. Nicht gemeint ist das **befristet geschlossene Probearbeitsverhältnis**. Dieses ist bei Fehlen einer anderen Abmachung der Parteien nicht ordentlich kündbar und endet mit dem Ablaufe der Zeit, für die es eingegangen ist (**§ 15 Abs. 1, 3 TzBfG**). Eine Kündigungsfrist, auch die des Abs. 3, wäre daher **substratlos** (*Bauer/Rennpferdt* AR-Blattei 1010.5 Kündigung V, Kündigungsfristen Rz 13; *Hromadka* BB 1993, 2372; 2374; *Preis/Kramer* DB 1993, 2127; *Preis/Kliemt/Ulrich* AR-Blattei SD 1270 Das Probearbeitsverhältnis Rz 143; *Staudinger/Preis* Rz 37 f.; SPV-*Preis* Rz 552; ArbRBGB-*Röhsler* Rz 61; aA *Kramer* S. 130 f. sowie APS-*Linck* Rz 88 ff. und *BAG* 4.7.2001 EzA § 620 BGB Kündigung Nr. 4, wohl durch § 15 Abs. 1, 3 TzBfG überholt, wonach die Abrede der Kündbarkeit erforderlich ist, so auch KDZ-*Zwanziger* Rz 15). Auf Probezeiten wird die **Zeit des Grundwehrdienstes oder einer Wehrübung oder eines Zivildienstes eines Kriegsdienstverweigerers nicht angerechnet** (§ 6 Abs. 3 ArbPlSchG; § 78 Abs. 1 ZDG iVm § 6 Abs. 3 ArbPlSchG). Die Probezeit ist dadurch **gehemmt** und setzt sich im Anschluss an den Wehrdienst bis zum Ablauf des Probezeitraums **fort.** Dies steht zwar nicht dem Erwerb der Wartezeit nach § 1 Abs. 1 KSchG im Wege (vgl. § 6 Abs. 2 ArbPlSchG, § 78 Abs. 1 ZDG). Die **Kündigungsfrist** jedoch bestimmt sich während einer in dem Fortsetzungszeitraum zugegangenen Kündigung nach § 622 Abs. 3 (ebenso *BBDW-Bader* Rz 52). **Keine** Probezeit stellt ein sog. **Einführungsverhältnis** dar (vgl. *Sächs. LAG* 5.3.2004 – 2 Sa 386/03 – mwN).

154 **Vereinbart** sein kann die Probezeit auch **durch Tarifvertrag** (BBDW-*Bader* Rz 48 oder **Betriebsvereinbarung** (*Bader* aaO). Denn anders als in § 622 Abs. 5 Eingangssatz und Satz 2 fehlt der Zusatz »einzelvertraglich«. Auch aus den Gesetzesmaterialien ergibt sich **kein Hinweis** darauf, dass die Probezeit **einzelvertraglich** vereinbart sein muss.

155 Die **Frist** von zwei Wochen **bedarf keiner besonderen** Vereinbarung. Denn sie wird **als Folge einer vereinbarten Probezeit** automatisch **(ipso iure)** maßgeblich (*Sächs. LAG* 27.9.2000 – 10 Sa 695/99 – nv; *Hromadka* BB 1993, 2374; *Preis/Kramer* DB 1993, 2127; *Preis/Kliemt/Ulrich* AR Blattei SD 1270 Das Probearbeitsverhältnis Rz 187; *Staudinger/Preis* Rz 39; SPV-*Preis* Rz 553; KDZ-*Zwanziger* Rz 14; *Schaub/Linck* § 124 IV 2b, Rz 33; ArbRBGB-*Röhsler* Rz 61; MünchKomm-*Hesse* Rz 31; APS-*Linck* Rz 93). Ist im Arbeitsvertrag eine längere Kündigungsfrist ausbedungen, so kann das Arbeitsverhältnis während der Probezeit gleichwohl in der Regel mit der kürzeren gesetzlichen Frist gekündigt werden (vgl. *LAG Düsseld.* 20.10.1995 NZA 1996, 1156). Ist die längere Frist **vorformuliert**, gehen Unklarheiten zu Lasten des Verwenders. Die Vereinbarung einer Frist von zwei Wochen (ohne festen Endtermin; SPV-*Preis* Rz 553) für die Dauer von bis zu sechs Monaten nach Beginn eines unbefristeten Arbeitsverhältnisses wird allerdings im Zweifel zugleich als die **stillschweigende Vereinbarung** einer **Probezeit** iSd § 622 Abs. 3 auszulegen sein (BBDW-*Bader* Rz 49; MünchKomm-*Hesse* Rz 31). Die Frist gilt für **beide Teile,** nicht nur für den Arbeitgeber (ebenso BBDW-*Bader* Rz 45; APS-*Linck* Rz 82; strenge Anforderungen auch SPV-*Preis* Rz 550). Das ergibt sich zwar nicht aus dem Verbot der Vereinbarung längerer Fristen nach § 622 Abs. 6 (so aber wohl *Adomeit/Thau* NJW 1994, 14). Denn »vereinbart« iSd § 622 Abs. 6 ist nicht die Frist, sondern die Probezeit. Das ergibt sich aber aus Abs. 3 selbst, der, anders als § 622 Abs. 2, nicht den Zusatz »für eine Kündigung **durch den Arbeitgeber**« enthält. Erforderlichenfalls darzulegen und ggf. zu beweisen hat die Vereinbarung einer Probezeit die Partei, die sich auf die für sie günstigere kurze Frist beruft.

155a Für **schwer behinderte Menschen** gilt **während einer Probezeit** bis zu sechs Monaten Dauer die **Mindestkündigungsfrist von vier Wochen** des § 86 SGB IX aufgrund § 90 Abs. 1 Nr. 1 SGB IX **nicht.** Im **Berufsausbildungsverhältnis** kann aufgrund § 15 Abs. 1 BBiG während der Probezeit **ohne Einhaltung einer Kündigungsfrist** gekündigt werden (vgl. Rz 77).

155b Ausnahmsweise kann bereits eine **Probezeit** von **unter** sechs Monaten **unangemessen lang** sein, etwa bei ganz einfachen Tätigkeiten (*Preis/Kliemt/Ulrich* AR-Blattei SD 1270 Das Probearbeitsverhältnis Rz 230). Ist die Probezeit unangemessen lang, so kann mit der Frist von zwei Wochen **nur innerhalb** des Zeitraums gekündigt werden, der noch angemessen ist. Dies bringt das Gesetz mit dem Wort »**längstens**« zum Ausdruck (gegen die damit einhergehende gerichtliche Überprüfung der Länge der vereinbarten Probezeit *ArbG Braunschweig* 13.3.1997 – 5 Ca 323/95 – nv). **Nach Ablauf des angemessenen Zeitraums** gilt dann die Grundkündigungsfrist des § 622 Abs. 1 oder eine anwendbare längere

Kündigungsfristen bei Arbeitsverhältnissen § 622 BGB

tarifliche Frist (vgl. *Hromadka* BB 1993, 2372, 2374; *Kittner/Trittin* [3. Aufl.] BGB Rz 36). Wird eine **Probezeit nachträglich verlängert,** kann noch innerhalb der Grenze von sechs Monaten mit der Frist von zwei Wochen gekündigt werden (*LAG RhPf* 5.1.1999 NZA 2000, 258, 259). Entscheidend ist nur, dass die Probezeitverlängerung **zum Zeitpunkt des Kündigungszuganges** bereits **wirksam abgemacht** war. Ist allerdings eine längere Frist oder ein Kündigungstermin vereinbart, der nur mit längerer Frist eingehalten werden kann, gilt diese Abmachung.

3. **Vorübergehende Einstellung zur Aushilfe (§ 622 Abs. 5 S. 1 Nr. 1)**

Die gesetzliche **Grundkündigungsfrist in Abs. 1** kann **vertraglich** nach Abs. 5 S. 1 Nr. 1 dann abgekürzt werden, wenn ein Arbeitnehmer (gleichgültig ob Angestellter oder Arbeiter) zur **vorübergehenden Aushilfe** eingestellt wird und das Arbeitsverhältnis nicht über die Zeit von drei Monaten hinaus fortgesetzt wird. 156

Das galt nach Art. 1 § 11 Abs. 4 **AÜG** nicht für **Leiharbeitsverhältnisse.** Nach Art. 1 § 11 Abs. 4 AÜG war § 622 Abs. 4 BGB 1969 nicht auf Arbeitsverhältnisse zwischen Verleihern und Leiharbeitnehmern anzuwenden, dh für **Leiharbeitnehmer** konnten auch bei einer vorübergehenden Beschäftigung zur Aushilfe keine kürzeren als die gesetzlichen **Mindestfristen** vereinbart werden. Die auf die alte Fassung des § 622 bezogene Regelung in Art. 1 § 11 Abs. 4 AÜG war im Zuge der Neuregelung nicht angepasst worden. Hierbei handelte es sich jedoch offensichtlich um ein **Redaktionsversehen.** Der Sache nach fand sich § 622 Abs. 4 BGB 1969 nunmehr in § 622 Abs. 5 S. 1 Nr. 1 wieder, so dass **diese** Regelung nicht auf Leiharbeitsverhältnisse anzuwenden war (*Staudinger/Preis* [Voraufl.] Rz 19; *Voss* NZA 1994, 57 ff.). Eine **Korrektur** der Verweisung aus dem AÜG erfolgte durch die (den Satz nicht benennende) Angabe »§ 622 Abs. 5 Nr. 1 des Bürgerlichen Gesetzbuchs« durch den am 1.8.1994 in Kraft getretenen Art. 3 des Gesetzes vom 26.7.1994 (BGBl. I S. 1786). In Leiharbeitsverhältnissen können kürzere als die in § 622 Abs. 1 geregelten Kündigungsfristen demgemäß **nur durch Tarifvertrag bzw. durch Verweisung auf einen einschlägigen Tarifvertrag** abgemacht werden (Nachw. Rz 82). 157

Der Gesetzgeber hat für das **Aushilfsarbeitsverhältnis** Kündigungserleichterungen geschaffen, ohne den Begriff gesetzlich zu definieren. Nach der im Schrifttum und in der Rechtsprechung überwiegend vorgenommenen Begriffsbestimmung besteht die Besonderheit eines Aushilfsarbeitsverhältnisses darin, dass es ein Arbeitsverhältnis ist, das der Arbeitgeber **ausdrücklich** von vornherein **nicht auf Dauer** eingehen will, sondern nur, um einen vorübergehenden Bedarf an Arbeitskräften zu decken, der nicht durch den **normalen Betriebsablauf,** sondern durch den **Ausfall** von Stammkräften oder einen zeitlich begrenzten **zusätzlichen Arbeitsanfall** begründet ist (*Dieterich* AR-Blattei Aushilfsarbeitsverhältnis I, A III 1; *Popp* HAS § 19 B Rz 35; *Preis/Kliemt/Ulrich* AR-Blattei SD 310 Das Aushilfsarbeitsverhältnis Rz 2 mit zahlr. Nachw.; MünchKomm-*Hesse* Rz 75; *Schaub* § 41 I 1, Rz 1; *Staudinger/Preis* § 622 Rz 32; *BAG* 22.5.1986 EzA § 622 BGB nF Nr. 24; *BAG* 19.5.1988, EzA § 1 BeschFG Nr. 5). 158

Demgegenüber hat *Neumann* (Staudinger/*Neumann* [Vorauf1.] Rz 28) zur wortgleichen alten Regelung in § 622 Abs. 4 BGB 1969 darauf hingewiesen, im Gegensatz zu § 7 Abs. 3 SchwbG (jetzt: § 73 Abs. 3 SGB IX) werde in Abs. 4 nicht verlangt, dass das Arbeitsverhältnis »ausdrücklich« zur Aushilfe abgeschlossen worden sei. Er schließt daraus, die Einstellung zur vorübergehenden Aushilfe könne sich entweder aus der Vereinbarung oder den Umständen ergeben. Diese Auffassung ist abzulehnen, weil sie die erforderliche **Rechtssicherheit** bei der Abkürzung gesetzlicher Mindestfristen nicht gewährleistet und deren **Schutzzweck** gefährdet. Der deutlich erklärte Hinweis auf eine nur vorübergehende Beschäftigung muss ausdrücklich zum Inhalt des Arbeitsvertrages gemacht worden sein, zB durch die Aufnahme der sog. Aushilfsklausel in den Vertrag (*LAG Frankf.* 25.10.1988 DB 1989, 734; SPV-*Preis* Rz 562; *Preis/Kliemt/Ulrich* AR-Blattei SD 310 Das Aushilfsarbeitsverhältnis Rz 24 ff.; *Kittner/Trittin* [3. Aufl.] Rz 72). Ein innerer, nicht erklärter Vorbehalt des Arbeitgebers ist unerheblich und führt nicht zum Abschluss eines Aushilfsarbeitsvertrages. Dazu reicht auch der bei den Einstellungsverhandlungen erfolgte Hinweis, es liege zZ ein besonders großer Arbeitsanfall vor, nicht aus (*Walter* Arbeitsverhältnisse zur Probe und zur Aushilfe, S. 67). 159

Neben diesem ausdrücklichen Vorbehalt, der im Streitfall vom Arbeitgeber darzulegen und zu beweisen ist (MünchKomm-*Hesse* Rz 75; bei vorteilhafter Rechtsfolge aber wohl vom Arbeitnehmer, etwa bei Wunsch rascher Aufgabe des Arbeitsverhältnisses), ist es erforderlich, dass der Tatbestand des vorübergehenden Personalbedarfs auch **objektiv vorliegt** (§ 14 Abs. 1 S. 2 Nr. 1 TzBfG; *Dieterich* AR-Blattei Aushilfsarbeitsverhältnis I, A II 2; MünchKomm-*Hesse* Rz 75; SPV-*Preis* Rz 562; *Preis/Kliemt/Ulrich* AR-Blattei SD 310 Das Aushilfsarbeitsverhältnis Rz 23, 33 ff.; *LAG BW* 23.1.1969 AR-Blattei, Aushilfsar- 160

§ 622 BGB   Kündigungsfristen bei Arbeitsverhältnissen

beitsverhältnis: Entsch. 1; *LAG Düssel.* 12.11.1974 EzA § 622 BGB nF Nr. 11). Es müssen objektiv erkennbare Umstände gegeben sein, die deutlich machen, dass nur eine vorübergehende Tätigkeit in Betracht kommt, oder die zumindest geeignet sind, die erkennbare Annahme des Arbeitgebers zu rechtfertigen, es sei nur mit einem vorübergehenden Bedürfnis für die Tätigkeit zu rechnen (*BAG* 22.5.1986 EzA § 622 BGB nF Nr. 24; *Preis/Kliemt/Ulrich* AR-Blattei SD 310 Rz 34). Auch das muss der Arbeitgeber im Prozess **darlegen** und **beweisen**.

161 Abs. 5 S. 1 Nr. 1 betrifft grds. nur diejenigen Arbeitsverhältnisse zur vorübergehenden Aushilfe, die **nicht** befristet sind und mit dem Ablauf der vorgesehenen Zeit bzw. Zweckerreichung enden, ohne dass es einer Kündigung bedarf. Bei **befristeten Arbeitsverhältnissen** ist Abs. 5 S. 1 Nr. 1 nur dann anwendbar, wenn die Parteien die Befristung als Höchstdauer abgemacht haben und die Kündbarkeit einzelvertraglich oder ein anwendbarer Tarifvertrag vereinbart ist (vgl. § 15 Abs. 3 TzBfG). Abs. 5 S. 1 Nr. 1 setzt nicht voraus, dass die Parteien **zunächst** damit gerechnet haben, das Arbeitsverhältnis werde nicht länger als drei Monate dauern. Es kann vielmehr bei jedem Aushilfsarbeitsverhältnis die Frist für die Kündigung in den ersten drei Monaten verkürzt werden (*Neumann* ArbRGgw., Bd. 7, S. 30; *Staudinger/Preis* Rz 31; *BAG* 15.10.1987 – 2 AZR 612/87 – nv; vgl. MünchKomm-*Hesse* Rz 76).

162 Für die ersten drei Monate kann die Frist zur Kündigung des Aushilfsarbeitsverhältnisses unbeschränkt verkürzt werden. Es kann auch eine **entfristete sofortige ordentliche Kündigung** vereinbart werden (*BAG* 22.5.1986 EzA § 622 BGB nF Nr. 24; *Dieterich* AR-Blattei Aushilfsarbeitsverhältnis I, C I 2; *Preis/Kliemt/Ulrich* AR-Blattei SD 310 Das Aushilfsarbeitsverhältnis Rz 209; MünchKomm-*Hesse* Rz 74; *Soergel/Kraft* Rz 27; *Staudinger/Preis* Rz 31; SPV-*Preis* Rz 561; *Schaub/Linck* § 124 IV 4b, Rz 37; APS-*Linck* Rz 153; **aA** BBDW-*Bader* Rz 91).

163 Die Kündigungsfristen für **ältere Arbeitnehmer** (Abs. 2) sind auch in einem Aushilfsarbeitsverhältnis nicht durch Vertrag, sondern nur durch **Tarifverträge** abdingbar (*Preis/Kliemt/Ulrich* AR-Blattei SD 310 Das Aushilfsarbeitsverhältnis Rz 204). Die verlängerten Fristen sind allerdings nur dann anzuwenden, wenn der ältere Arbeiter in einem **engen sachlichen Zusammenhang** mit einer früheren Beschäftigung im selben Betrieb oder Unternehmen erneut zur Aushilfe eingestellt wird, und wenn die bisherige Dauer der anzurechnenden Beschäftigungszeiten bereits zwei Jahre beträgt oder im Laufe der Aushilfsbeschäftigung diese Wartezeit erreicht wird. Dabei ist die Altersgrenze des § 622 Abs. 2 S. 2 zu beachten.

164 Wenn ein Arbeitnehmer zur vorübergehenden Aushilfe eingestellt wird und die Parteien über die Kündigungsfrist **keine ausdrückliche Vereinbarung** getroffen haben, ist zunächst aufgrund aller Begleitumstände zu ermitteln, ob die Parteien die Kündigungsfrist abkürzen wollten (*Dieterich* AR-Blattei Aushilfsarbeitsverhältnis I, C II 1; *Preis/Kliemt/Ulrich* AR-Blattei SD 310 Das Aushilfsarbeitsverhältnis Rz 216 ff.). **Streitig** ist, ob bei einer nicht eindeutigen Auslegung davon auszugehen ist, dass die Parteien bereits durch den Vorbehalt der vorübergehenden Beschäftigung die Kündigungsfrist im Zweifel abgekürzt haben. Nach der **früher überwiegenden Ansicht** war im Zweifel eine Abkürzung der Frist auf das zulässige Mindestmaß, dh eine entfristete Kündigung anzunehmen (*Hueck/Nipperdey* I, S. 575; *Molitor* S. 171; *Nikisch* I, S. 717 f.; *Walter* Arbeitsverhältnisse zur Probe und zur Aushilfe, S. 79–80). Eine **vermittelnde Auffassung** trat dafür ein, bei Aushilfsklauseln nicht von einer völligen Entfristung, sondern von einer Abkürzung der Kündigungsfrist auf die gesetzliche Mindestfrist auszugehen (*Düringer/Hachenburg/Höninger* § 61 Rz 1); **diese Ansicht** ist mit Blick auf die nunmehr einheitliche Mindestkündigungsfrist **gegenstandslos** (vgl. *Preis/Kliemt/Ulrich* AR-Blattei SD 310 Das Aushilfsarbeitsverhältnis Rz 219). Demgegenüber wird in **neuerer Zeit zunehmend die Ansicht** vertreten, die Aushilfsklausel allein lasse noch nicht den Willen der Parteien zur Abkürzung der Kündigungsfrist erkennen. Wenn eine eindeutige Regelung fehle, verbleibe es bei den gesetzlichen Regelfristen (*Preis/Kliemt/Ulrich* AR-Blattei SD 310 Das Aushilfsarbeitsverhältnis Rz 220 ff.; *Schaub* § 41 III 2a [Rz 7]; *Schaub/Linck* § 124 IV 4b [Rz 37]; SPV-*Preis* Rz 563; *Staudinger/Preis* Rz 33).

165 Die Streitfrage ist im Anschluss an die noch zu der Vorgängerregelung in § 622 Abs. 4 BGB 1969 ergangenen Entscheidung des *BAG* 22.7.1971 (EzA § 622 BGB nF Nr. 3) wie folgt zu lösen (**abw. Lösung** bei *Preis/Kliemt/Ulrich* AR-Blattei SD 310 Das Aushilfsarbeitsverhältnis Rz 223 f.): Das *BAG* hat in der genannten Entscheidung seine bisherige Auffassung, in der Vereinbarung eines Probearbeitsverhältnisses sei idR noch keine Abkürzung der gesetzlichen Kündigungsfrist zu sehen, mit folgender Begründung aufgegeben: Die bisherige Möglichkeit, das Arbeitsverhältnis durch einfache vertragliche Vereinbarungen praktisch als entfristet kündbar zu gestalten, gebe es nach dem ArbRBereinigG nicht mehr. Dadurch sei das Bedenken ausgeräumt, dem Arbeitnehmer werde jeglicher Schutz gegen ent-

fristete Kündigungen genommen, falls die Vereinbarung eines Probearbeitsverhältnisses zugleich als Vereinbarung der gesetzlichen Mindestkündigungsfrist ausgelegt werde. Für die Auslegung des § 622 Abs. 4 (jetzt: Abs. 5 S. 1 Nr. 1) ergeben sich aus dieser Entscheidung folgende Konsequenzen: Es ist der Sinn und Zweck dieser Bestimmung, den Parteien die Möglichkeit zu geben, die **gesetzlichen Mindestfristen** abzukürzen. Sie sind an die Mindestfristen nicht gebunden, sondern können auch entfristete Kündigungen vereinbaren. Damit sind gegen eine Auslegungsregel, eine Aushilfsklausel enthalte gleichzeitig eine Verkürzung der gesetzlichen Mindestfristen, die **gleichen Bedenken** zu erheben, die früher gegen diese Deutung der Probeklausel bestanden. Auch wenn die Aushilfsklausel den Parteien deutlich macht, dass keine Beschäftigung auf Dauer beabsichtigt ist, kann ihnen nicht die Vorstellung und der Wille unterstellt werden, eine entfristete Kündigung zu vereinbaren. Wie *Dieterich* (AR-Blattei Aushilfsarbeitsverhältnis I, C II 3) zutreffend betont, haben auch **dispositive Gesetzesvorschriften** im Arbeitsrecht regelmäßig eine **Schutzfunktion** zugunsten des Arbeitnehmers. Es muss deswegen vom Arbeitgeber erwartet werden, eine eindeutige Vereinbarung zu treffen, wenn er die gesetzlichen Mindestfristen abkürzen will. Das muss sich zumindest bei einer Auslegung aller Begleitumstände eindeutig ergeben. Bei einem Aushilfsarbeitsverhältnis verbleibt es damit **im Zweifel** bei der **gesetzlichen Grundkündigungsfrist** von vier Wochen (ebenso MünchKomm-*Hesse* Rz 77; ErfK-*Müller-Glöge* Rz 37; APS-*Linck* Rz 155).

Abs. 5 S. 1 Nr. 1 lässt bei wörtlicher Auslegung zwar nur eine Verkürzung der Kündigungsfristen zu und sieht keine Vereinbarung über abweichende Kündigungstermine vor. Das dürfte jedoch mit einem reinen **Redaktionsversehen** zu erklären sein, weil die Parteien auch eine entfristete Kündigung vereinbaren können und in diesem Falle das Arbeitsverhältnis ohne Vorankündigung noch an den Kündigungsterminen selbst beendet werden kann. Wenn auch die Kündigungstermine an sich eine eigenständige Schutzfunktion haben (vgl. Rz 71), ist es wenig sinnvoll, an diesem Schutz auch dann festzuhalten, wenn er durch entfristete Kündigungen weitgehend entwertet wird (wie hier SPV-*Preis* Rz 561; ebenso zur gleichen Problemlage nach altem Recht *Dieterich* AR-Blattei Aushilfsarbeitsverhältnis I, C 12; *BAG* 22.5.1986 EzA § 622 BGB nF Nr. 24; *Schaub* § 41 III 2b, Rz 8; *Soergel/Kraft* [11. Aufl.] Rz 17; aA *Monjau* BB 1970, 41). 166

Während der ersten drei Monate der Aushilfstätigkeit kann das Arbeitsverhältnis auch dann mit der vereinbarten kürzeren Frist oder dem auf jeden Tag zu legenden Kündigungstermin gekündigt werden, wenn es durch die Kündigung erst **nach Ablauf von drei Monaten** beendet wird. Darüber, ob die Verkürzung der Frist und die Abweichung von den gesetzlichen Kündigungsterminen zulässig ist, entscheidet allein der **Zeitpunkt des Ausspruchs** der Kündigung (*BAG* 21.4.1966 AP Nr. 1 zu § 53 BAT; *Erman/Belling* Rz 9; *Gumpert* BB 1956, 114; MünchKomm-*Hesse* Rz 76; *Neumann* ArbRGgw., Bd. 7, S. 30; *Staudinger/Preis* Rz 35; SPV-*Preis* Rz 566; *Preis/Kliemt/Ulrich* AR-Blattei SD 310 Das Aushilfsarbeitsverhältnis Rz 233). 167

Wird das Aushilfsarbeitsverhältnis – gleich, ob auf mehr als drei Monate befristet oder unbefristet (*BAG* 15.10.1987 – 2 AZR 612/87 – juris; *Preis/Kliemt/Vossen* AR-Blattei SD 310 Das Aushilfsarbeitsverhältnis Rz 231 mwN) – über die Dauer von drei Monaten hinaus **fortgesetzt,** dann werden Vereinbarungen über Kündigungsfristen und Termine unwirksam, soweit sie den in concreto anwendbaren gesetzlichen Kündigungsfristen und den gesetzlichen Kündigungsterminen widersprechen (ebenso *Popp* HAS VI B Rz 569; SPV-*Preis* Rz 566; *Preis/Kliemt/Ulrich* AR-Blattei SD 310 Das Aushilfsarbeitsverhältnis Rz 228 ff., 235). Bei **befristeter** Einstellung zur Aushilfe verleiht § 21 Abs. 4 BErzGG dem Arbeitgeber ein **Sonderkündigungsrecht bei Einhaltung einer Kündigungsfrist von drei Wochen,** wobei die Kündigung frühestens zu dem Zeitpunkt der Beendigung der Elternzeit des anderen Arbeitnehmers ausgesprochen werden darf. 168

4. Kleinunternehmen (§ 622 Abs. 5 S. 1 Nr. 2)

In Kleinunternehmen iSv § 622 Abs. 5 S. 1 Nr. 2 (Rz 64 f.), welche Voraussetzungen erforderlichenfalls diejenige Partei darzulegen und ggf. zu beweisen hat, die sich auf eine ihr günstige Fristverkürzung beruft, kann einzelvertraglich eine »kürzere als die in Abs. 1 genannte Kündigungsfrist« vereinbart werden, wenn »die Kündigungsfrist vier Wochen nicht unterschreitet«. Diese Formulierung ist unglücklich und missverständlich, weil die Grundkündigungsfrist in Abs. 1, um deren Abkürzbarkeit es geht, ja vier Wochen beträgt. **Bedeutung** hat Abs. 5 S. 1 Nr. 2 demgemäß **nur dahingehend,** dass in Kleinunternehmen eine vierwöchige Kündigungsfrist **ohne festen Endtermin** vereinbart werden kann (so auch *Adomeit/Thau* NJW 1994, 13; *Staudinger/Preis* § 622 Rz 48 ErfK-*Müller-Glöge* Rz 41; APS-*Linck* Rz 160). 169

170 Abs. 5 S. 1 Nr. 2 gilt **nur** für die Grundkündigungsfrist in Abs. 1, nicht für die verlängerten Fristen des Abs. 2 (so auch *Adomeit/Thau* NZA 1994, 14; SPV-*Preis* Rz 514). Dies bedeutet, dass nach zweijähriger Betriebs- bzw. Unternehmenszugehörigkeit, die ein Arbeitnehmer nach Vollendung des 25. Lebensjahres zurückgelegt hat, ohne besondere Vereinbarung die verlängerten Fristen des Abs. 2 iVm den dort aufgeführten Kündigungsterminen maßgeblich werden.

II. Verlängerung der Kündigungsfristen und Änderung der Kündigungstermine (§ 622 Abs. 5 S. 3)

1. Kündigungsfristen

171 Nach dem Grundsatz der **Vertragsfreiheit** ist es zulässig, vertraglich **längere Kündigungsfristen** und **weitreichende Kündigungstermine** (zB durch ein Hinausschieben zum Jahresschluss) zu vereinbaren (*Herschel* BB 1970, 7; *Richardi* ZfA 1971, 91; *Staudinger/Preis* Rz 49; SPV-*Preis* Rz 515; BAG 17.3.1976 EzA § 22 KO Nr. 1). Das wird **durch § 622 Abs. 5 S. 3 lediglich noch einmal klargestellt** (vgl. *Kramer* S. 109). Wenn arbeitsvertraglich eine längere als die in Betracht kommende gesetzliche Kündigungsfrist vereinbart worden ist, kann das Arbeitsverhältnis allerdings im Insolvenzfall mit der Dreimonatsfrist des § 113 S. 2 InsO gekündigt werden (*BAG* 3.12.1998 EzA § 113 InsO Nr. 6; s.a. Rz 85). Zu Formfragen sowie zu dem NachwG vgl. Rz 147. Zur Regelbarkeit durch **Betriebsvereinbarung** s. Rz 191 f. entspr. Verlängerungsabreden **nach** erfolgter Kündigung dürfen nicht der Sache nach in eine befristete Fortführung des Arbeitsverhältnisses umschlagen, weil sie dann dem Befristungskontrollrecht unterfallen (vgl. BAG 12.1.2000 EzA § 611 BGB Aufhebungsvertrag Nr. 33).

172 § 622 Abs. 5 S. 3 verbietet nur die Vereinbarung **untergesetzlicher** Kündigungsfristen. Deshalb ist es zulässig, die verlängerten Kündigungsfristen des Abs. 2 **auf die Kündigung des Arbeitnehmers** zu erstrecken (*Kramer* S. 142; mit eingehender und zutreffender Begründung SPV-*Preis* Rz 521; das BAG hatte keine Gelegenheit zur Stellungnahme, nachdem das Verfahren – 8 AZR 221/01 – durch Vergleich erledigt wurde).

173 Auch bei Verlängerungen der Kündigungsfristen durch den Einzelarbeitsvertrag sind die Parteien an den Grundsatz des Abs. 6 gebunden, dass die **Frist** für den **Arbeitnehmer nicht länger** sein darf als für die Kündigung durch den Arbeitgeber (*Staudinger/Preis* Rz 52; SPV-*Preis* Rz 521; *Kramer* S. 109 u. 143; s. weiter Rz 146).

173a In diesen Grenzen (keine untergesetzlichen Fristen, keine ungleichen Fristen) ist nichts gegen Fristen in **absteigender Länge** einzuwenden, die sich an dem **Kündigungsgrund** (betriebs-, personen- oder verhaltensbedingt) orientieren.

174 Zugunsten des Arbeitnehmers greift ferner § 15 Abs. 4 TzBfG ein, der für den zeitlichen Ausschluss des Kündigungsrechts des Arbeitnehmers eine **Höchstgrenze von fünf Jahren** setzt, nach deren Ablauf der Arbeitnehmer das Arbeitsverhältnis mit einer Frist von sechs Monaten kündigen kann (*Popp* HAS § 19 B Rz 79; MünchKomm-*Hesse* Rz 88; *Schaub* § 38 III 2, Rz 7; *Staudinger/Preis* Rz 50; SPV-*Preis* Rz 516; *Schmidt* AR-Blattei Kündigung VII, D VII; vgl. zu § 624 BGB im Übrigen KR-*Fischermeier* Erläut. zu § 624 BGB). Diese Begrenzung ist auf vertragliche Verlängerungen der Kündigungsfrist mit der Maßgabe anzuwenden, dass für den Arbeitnehmer keine Kündigungsfristen vereinbart werden können, die in Verbindung mit den vorgesehenen Kündigungsterminen zu einer vertraglichen **Bindung** mit einer **längeren Dauer** als fünf Jahre und sechs Monate führen (ebenso *Popp* aaO; SPV-*Preis* Rz 516; vgl. zum Ablauf der Frist einer nach § 624 BGB möglichen Kündigung: *Soergel/Kraft* § 624 Rz 6; BBDW-*Bader* Rz 83; KR-*Fischermeier* § 624 BGB Rz 27). Deshalb verstößt es nicht gegen Art. 12 GG, wenn in einem auf Lebenszeit geschlossenen Vertrag das Einhalten einer Kündigungsfrist von 6 Monaten erfordert ist (*BAG* 24.10.1996 EzA Art. 12 GG Nr. 29).

175 Bei einer Kündigungsfrist, die zwar die nach § 15 Abs. 4 TzBfG gesetzten Grenzen einhält, aber **wesentlich länger** als die gesetzliche Regelfrist ist, hängt es von der Abwägung aller Umstände ab, ob sie das Grundrecht des Arbeitnehmers auf **freie Wahl des Arbeitsplatzes** nach Art. 12 Abs. 1 GG verletzt oder sonst eine **unangemessene Beschränkung** seiner beruflichen und wirtschaftlichen Bewegungsfreiheit darstellt (*BAG* 17.10.1969 EzA § 60 HGB Nr. 2; 17.8.1983 – 5 AZR 251/81 –, juris; SPV-*Preis* Rz 516; aA *Kramer* S. 111 f.). Nur de lege ferenda ist die von *Gaul* (BB 1980, 1542) für »obere Führungskräfte« angesetzte Obergrenze von zwölf Monaten diskutabel (krit. auch *Kramer* S. 111 sowie SPV-*Preis* Rz 516 f. mit weiterem Beispielsfall). Die von ihm empfohlenen relativ kurzen Fristen (für andere Arbeitnehmer soll diejenige Frist erträglich sein, die ihre Bewerbung um andere Stellen »nicht von vorn-

herein aussichtslos« macht) führen sachlich doch zur Derogation des §15 Abs. 4 TzBfG. Es ist deswegen nicht zu beanstanden, wenn mit einer Sekretärin schon für die Kündigung nach einer Probezeit von drei Monaten eine beiderseitige Kündigungsfrist von drei Monaten zum Quartalsende vereinbart wird (*BAG* 27.8.1982 EzA § 1 TVG Auslegung Nr. 13), die unbedenklich auch auf ein Jahr zum Jahresschluss verlängert werden kann (*BAG* 17.10.1969 EzA § 60 HGB Nr. 2). Das *BAG* (19.12.1991 EzA § 624 BGB Nr. 1) hat eine Vertragsgestaltung für zulässig gehalten, die zu einer Kündigungsfrist von mehr als einem Jahr führt (Vertragsschluss auf fünf Jahre, mit Verlängerung um fünf Jahre, falls keine Kündigung des Erstvertrages unter Einhaltung einer Frist von einem Jahr).

Auch die Verlängerung der Kündigungsfrist braucht nicht ausdrücklich (für Gesamtzusage s. *Sächs.* **176** *LAG* 12.1.1999 – 1 Sa 1008/98 – nv) vereinbart zu werden und unterliegt bei Fehlen einer anderen Abmachung keinen Formerfordernissen. Wenn ein Arbeitnehmer zwar nicht auf **Lebenszeit** eingestellt wird (vgl. dazu KR-*Fischermeier* § 624 BGB Rz 9 ff.), ihm aber eine »**Lebensstellung**« zugesichert wird, kann darin uU die Zusage des Arbeitgebers liegen, bei Kündigungen eine **längere Frist** einzuhalten (*Hueck/Nipperdey* I, S. 566 Anm. 13; *LAG Osnabrück* 20.1.1936 ARSt 26, 41 mit zust. Anm. *A. Hueck*; KR-*Fischermeier* § 624 BGB Rz 13 ff.). Die Dauer der verlängerten Kündigungsfrist ist dann durch den Kündigenden in entsprechender Anwendung des § 315 Abs. 1 BGB nach **billigem Ermessen** zu bestimmen. Wenn sie nicht der Billigkeit entspricht, wird die Frist im Streitfall durch das Gericht festgesetzt.

2. Kündigungstermine

§ 622 Abs. 5 S. 3 meint nicht dem Wortlaut **aber der Sache nach auch** die **Kündigungstermine** (vgl. für **177** S. 1 der Vorschrift ebenso *Kretz* AR-Blattei 1010.6 Kündigung VI, Kündigungstermine Rz 6). Sie können vertraglich (zur Regelbarkeit durch **Betriebsvereinbarung** s. Rz 191 f. entspr.) hinausgeschoben werden, indem Kündigungen nicht zu **jedem** Fünfzehnten oder zum Ende jedes Kalendermonats zugelassen werden. **Außerhalb** des Fünfzehnten oder eines Monatsendes liegende Kündigungstermine können auch nicht als **Ausgleich** für erheblich verlängerte Kündigungsfristen vereinbart werden. Der **Fünfzehnte** oder **Schluss eines Kalendermonats** ist für die Kündigung des Arbeitsverhältnisses der **zwingende, vertraglich unabdingbare Kündigungstermin** (ErfK-*Müller-Glöge* Rz 97; APS-*Linck* Rz 168). Diesen Termin können **die Parteien** auch dann nicht in den Ablauf eines Monats legen, wenn die gesetzliche Regelung der Fristen und Termine eine frühzeitigere Beendigung des Arbeitsverhältnisses ermöglichen würde als die verlängerte Frist in Verbindung mit dem innerhalb eines Monats liegenden Kündigungstermin (zB Kündigung mit einer Frist von vier Monaten zum 10. eines jeden Monats). Ein **Günstigkeitsvergleich** ist insoweit nicht vorgesehen und nicht statthaft. Die Motive zum KündFG lassen nicht den Schluss zu, dass bei Verlängerungen der Kündigungsfrist **beliebige Schlusszeitpunkte** zugelassen werden sollten. Die unwirksame Terminvereinbarung ist dadurch zu ersetzen, dass auch bei einer Fristverlängerung durch Terminhinausschiebung nur zum nächsten Fünfzehnten oder zum nächsten Ende eines Kalendermonats gekündigt werden kann.

Davon zu unterscheiden ist die Frage, wie ein Vertrag auszulegen ist, der zB eine Kündigungsfrist von **178** drei Monaten bestimmt, aber über den Kündigungstermin schweigt. Da der regelmäßige Kündigungstermin der Fünfzehnte oder das Ende eines Kalendermonats ist, verändert die Verlängerung der Kündigungsfrist nicht ohne weiteres den Kündigungstermin vom Fünfzehnten zum Monatsende und umgekehrt. Wenn sich aus den Umständen des Einzelfalles nicht eindeutig ein anderer Wille der Parteien ergibt, ist davon auszugehen, dass **bei Verlängerung** der Kündigungsfristen das Arbeitsverhältnis zum nächst erreichbaren Termin gekündigt werden kann. Ein vereinbarter (zulässiger) Kündigungstermin, zB »zum Quartal«, ist auch dann einzuhalten, wenn sich, mit oder ohne Kombination mit einer wirksam verlängerten Frist (zB 6 Wochen), im Ergebnis eine längere als die anwendbare oder vereinbarte Frist ergibt. Denn die Festschreibung des Kündigungstermins hat eigenständige zu beachtende Bedeutung (vgl. *LAG Hamm* 1.2.1996 LAGE § 622 BGB Nr. 38; **abw.** *LAG Nürnberg* 13.4.1999 BB 1999, 1983; *Diller* NZA 2000, 293 ff.; ausführlich APS-*Linck* Rz 180 ff.); für »Altverträge« **abw.** auch *BAG* 4.7.2001 EzA § 622 BGB nF Nr. 63 m. Anm. *Lambrich*; s. Rz 281; **wie hier** KDZ-*Zwanziger* Rz 46.

III. Vereinbarung der Anwendung abweichender tarifvertraglicher Bestimmungen (§ 622 Abs. 4 S. 2)

1. Zweck der vertraglichen Zulassungsnormen

Um die Anwendung **tarifvertraglich** vereinbarter Kündigungsfristen in den in Betracht kommenden **179** Bereichen auch auf die Arbeitsverhältnisse **nicht tarifgebundener** Arbeitgeber und Arbeitnehmer zu ermöglichen, bestimmt § 622 Abs. 4 S. 2 **entsprechend dem früher geltenden Recht** (§ 622 Abs. 3 S. 2 BGB 1969), dass abweichende tarifvertragliche Vorschriften **in ihrem Geltungsbereich** auch zwischen **nicht tarifgebundenen** Arbeitgebern und Arbeitnehmern **vereinbart** werden können. An diesem **Zweck,** eine dem einschlägigen Tarifvertrag entsprechende **einheitliche Gestaltung** der Kündigungsvorschriften zu gewährleisten (vgl. *Staudinger/Preis* Rz 42; ErfK-*Müller-Glöge* Rz 81; APS-*Linck* Rz 135), muss die **Auslegung** dieser **Zulassungsnorm** (vgl. dazu *Herschel* RdA 1969, 211) ausgerichtet werden. Die Vereinbarung tariflicher Vorschriften ist nicht nur dann möglich, wenn Arbeitgeber **und** Arbeitnehmer nicht tarifgebunden sind. Nach ihrem Zweck ist die Zulassungsnorm vielmehr auch anzuwenden, wenn **nur eine** Partei des Arbeitsverhältnisses nicht tarifgebunden ist (GK-BUrlG/*Berscheid* § 13 Rz 34; *Neumann/Fenski* § 13 Rz 26; *Leinemann/Linck* § 13 Rz 16; *Natzel* § 13 Rz 32).

2. Bezugnahme im Geltungsbereich des Tarifvertrages

a) Ersetzung der fehlenden Tarifunterworfenheit

180 Die erwünschte **einheitliche betriebliche Ordnung** kann nur erreicht werden, wenn die zulässige Bezugnahme auf den für den tarifgebundenen Arbeitnehmer und Arbeitgeber geltenden Tarifvertrag beschränkt wird. Das stellt § 622 Abs. 4 S. 2 sicher, indem er sachlich die Vereinbarung des **einschlägigen Tarifvertrages** fordert. Durch die Bezugnahme auf den Tarifvertrag wird nur die **fehlende Tarifunterworfenheit** der Parteien des Arbeitsvertrages ersetzt (vgl. *Wiedemann/Oetker* § 3 Rz 243, 257; *Gaul* ZTR 1991, 194). Das bedeutet, dass der Tarifvertrag, auf den verwiesen wird, im Übrigen alle für den Geltungsbereich wesentlichen Kriterien erfüllen muss, dh bei einer beiderseitigen Tarifgebundenheit einschlägig und anwendbar sein würde (*Neumann/Fenski* § 13 Rz 25; *Leinemann/Linck* § 13 Rz 19; *Popp* HAS § 19 B Rz 73; *von Hoyningen-Huene* RdA 1974, 146; LAG Düsseld. 31.3.1974 DB 1974, 537).

b) Verweisung auf »fremde« Tarifverträge

181 Im Grundsatz kann die Anwendung **»fremder« Tarifverträge** nicht vereinbart werden, mögen sie auch **günstiger** sein als der einschlägige Tarifvertrag (*Bleistein* Rz 110; *Popp* HAS § 19 B Rz 74; SPV-*Preis* Rz 530; *Wiedemann/Oetker* § 3 Rz 257; LAG Düsseld. 31.1.1974 DB 1974, 587; aA *Dietz* DB 1974, 1771 f., der die gesetzlichen Kündigungsfristen im Geltungsbereich eines Tarifvertrages **allgemein** für **dispositiv** hält und **alle** vertraglichen Vereinbarungen und tariflichen Verweisungen anerkennen will, die **günstiger** sind als der einschlägige Tarifvertrag; vgl. insgesamt zu den Gestaltungsmöglichkeiten auch *Gerhard Müller* RdA 1990, 321 ff.; *Staudinger/Preis* Rz 45; *Däubler* Tarifvertragsrecht Rz 333).

182 Die Auffassung von *Dietz* (aaO) trifft nur für den **Sonderfall** zu, in dem ein Arbeitgeber auch mit tarifgebundenen Arbeitnehmern **allgemein** günstigere Kündigungsbestimmungen eines »fremden« Tarifvertrages vereinbart hat, als in dem einschlägigen Tarifvertrag vorgesehen sind. Dann entspricht es dem durch Abs. 4 S. 2 anerkannten betrieblichen **Ordnungsprinzip,** wenn der Arbeitgeber auch mit den nicht tarifgebundenen Arbeitnehmern zum Zwecke der **allgemeinen Regelung der Arbeitsbedingungen** das Recht zur ordentlichen Kündigung zwar **schlechter** als das Gesetz, aber besser als der einschlägige Tarifvertrag regelt. Diese teleologische Auslegung ist unter den genannten Voraussetzungen einer rein **formalen Auslegung** vorzuziehen (ebenso *Popp* HdA Rz 597).

c) Tarifkonkurrenz

183 Wenn mehrere Tarifverträge sich in ihrem Geltungsbereich überschneiden (echte Tarifkonkurrenz), steht es den Parteien nicht völlig frei, auf **welchen** Tarifvertrag sie verweisen wollen (*Bleistein* Rz 110; *Wiedemann/Stumpf* [5. Aufl.] § 3 Rz 108; **unklar:** *Richardi* ZfA 1971, 85 f.; aA BBDW-*Bader* Rz 63). Die gegenteilige Auffassung kann nicht mit dem Sinn und Zweck des tariflichen Vorrangprinzips begründet werden, welches nur den **Gegenstand** der Regelungsbefugnis der Tarifvertragsparteien betrifft und nicht den **Geltungsbereich** des Tarifvertrags **bestimmt**. Da Abs. 4 S. 2 nur eine **beschränkte Zulassungsnorm** für Bezugnahme auf Tarifverträge enthält (Verweisung auf den einschlägigen Tarifvertrag), muss bei einer echten Tarifkonkurrenz der anzuwendende Tarifvertrag, auf den verwiesen werden kann, nach dem Grundsatz der **Tarifeinheit** und der **Sachnähe** bestimmt werden.

3. Möglicher und notwendiger Inhalt der Bezugnahme

a) Fristen und Termine

184 Ausdrücklich zugelassen ist im Gegensatz zum alten Recht nicht mehr nur die Vereinbarung tariflicher

Vorschriften, durch die die **Kündigungsfristen abgekürzt** werden, sondern die Vereinbarkeit »von den Absätzen 1 bis 3 abweichender tarifvertraglicher Bestimmungen«. Daraus folgt, dass eine zulässige Vereinbarung der einschlägigen Kündigungsregelungen auch die in einem Tarifvertrag vom Gesetz abweichend festgelegten **Kündigungstermine** umfasst.

b) Kündigungskomplex – einzelne Kündigungsbestimmungen

Entgegen einer nach dem Wortlaut möglichen Auslegung genügt es nicht, wenn **nur** die tariflichen Vorschriften für **bestimmte** Fristen (zB für die Probezeit) oder **ausschließlich** die **Fristenbestimmungen** übernommen und die Termine ausgeklammert werden. Die tarifliche Regelung der ordentlichen Kündigung muss vielmehr insgesamt vereinbart, dh der »**Regelungskomplex Kündigung**« in Bezug genommen werden (*Dietz* DB 1974, 1970; *v. Hoyningen-Huene* RdA 1974, 142; *Popp* HAS § 19 B Rz 76; MünchKomm-*Hesse* Rz 67; *Richardi* ZfA 1971, 87; *Schaub/Linck* § 124 IV 3b, Rz 35; *Soergel/Kraft* Rz 21; SPV-*Preis* Rz 531; *Wiedemann/Oetker* § 3 Rz 258; *LAG Düsseld.* 12.11.1974 EzA § 622 BGB nF Nr. 10; *Staudinger/Preis* Rz 45; *Neumann* ArbRGgw., Bd. 7, S. 35). 185

Die Anerkennung der **Tarifautonomie** beruht auf der Erwägung, durch die Mitwirkung der Gewerkschaften beim Abschluss eines Tarifvertrages würden regelmäßig die **schutzwürdigen** Interessen der Arbeitnehmer hinreichend berücksichtigt. Tarifverträge schaffen einen tatsächlichen Machtausgleich und bieten eine **materielle Richtigkeitsgewähr** (*BAG* 31.3.1966 EzA § 611 BGB Gratifikation, Prämie Nr. 17). Diese Vermutung ist bei einer einzelvertraglich übernommenen Tarifregelung nicht gerechtfertigt, wenn nur **einzelne Kündigungsbestimmungen** übernommen werden (*Biedenkopf* Anm. zu *BAG* 31.3.1966 EzA § 611 BGB Gratifikation, Prämie Nr. 17; *Popp* HAS § 19 B Rz 76; *Richardi* ZfA 1971, 87; *Schaub/Linck* § 124 IV 3b, Rz 35). Diese grundsätzlichen Bedenken gegen eine beschränkte Vereinbarung einzelner tariflicher Kündigungsvorschriften werden bei der **formalen Begründung** nicht berücksichtigt, § 622 Abs. 4 BGB enthalte entgegen § 13 BUrlG, der nur die Übernahme der gesamten Urlaubsregelung erlaubt, keinen entsprechenden Vorbehalt (vgl. zu dem gleichlautenden § 622 Abs. 3 S. 2 BGB 1969 *Neumann* aaO). Wenn schon bei der **weniger einschneidenden** inhaltlichen Gestaltung des Urlaubsrechts nach § 13 BUrlG eine »Richtigkeitsgewähr« erforderlich ist, dann muss das erst recht für die Vereinbarungen über Fristen und Termine für Kündigungen gelten, die von **existentieller Bedeutung** für die Arbeitnehmer sind. Ihr Schutzbedürfnis wird nicht hinreichend gewahrt, wenn es hinsichtlich der nicht übernommenen Kündigungsregelungen bei den gesetzlichen Mindestbedingungen bliebe. Es schließt vielmehr zB Vertragsgestaltungen aus, durch die nur die ungünstigeren Tarifbestimmungen vereinbart, die zum »Ausgleich« gewährten tariflichen Vorteile (zB längere Fristen nach der Probezeit, günstigere Termine) dem Arbeitnehmer aber vorenthalten werden. 186

c) Kündigungskomplex – Tarifvertrag

Es ist zwar einerseits erforderlich, andererseits aber auch **ausreichend,** wenn umfassend auf die **Kündigungsregelung** eines Tarifvertrages verwiesen wird (für Bezugnahme auf Regelungskomplex »Urlaub« vgl. *BAG* 17.1.2006 NZA 2006, 923). Der Tarifvertrag braucht nicht insgesamt übernommen zu werden (*Wiedemann/Oetker* § 3 Rz 258; GK-BUrlG/*Berscheid* § 13 Rz 29; *Neumann/Fenski* § 13 Rz 23; *Leinemann/Linck* § 13 Rz 20; *Natzel* § 13 Rz 35; aA *Kempen/Zachert-Stein* § 3 Rz 175). Ist allgemein auf den einschlägigen Tarifvertrag verwiesen worden, dann liegt darin zugleich eine **ausreichend deutliche** und **bestimmte Vereinbarung** der tariflichen Kündigungsvorschriften (MünchKomm-*Schwerdtner* Rz 75; *LAG Hmb.* 9.7.1970 BB 1970, 1178; *LAG Düsseld.* 31.1.1974 DB 1974, 587; 12.11.1974 EzA § 622 BGB nF Nr. 10; *LAG Hamm* 29.9.1975 DB 1976, 874; ebenso für § 13 BUrlG: *Boldt/Röhsler* § 13 Anm. 36; *Neumann/Fenski* § 13 Rz 23; aA *Wenzel* MDR 1969, 885: spezielle Bezugnahme auf Kündigungsregelung erforderlich). Es reicht allerdings nicht aus, wenn kürzere Fristen **ohne Bezug** auf den einschlägigen Tarifvertrag vereinbart werden, und zwar auch dann nicht, wenn sie länger sind als diejenigen, auf die verwiesen werden könnte (*Soergel/Kraft* Rz 22; *LAG Düsseld.* 12.11.1974 EzA § 622 BGB nF Nr. 10). 187

d) Verweisung auf nachwirkenden Tarifvertrag

Während zwischen tarifgebundenen Arbeitnehmern und Arbeitgebern auch im Nachwirkungszeitraum der nachwirkende Tarifvertrag ohne weiteres gilt und nicht vereinbart zu werden braucht, ist das **notwendig** und **möglich,** wenn für einen im **Nachwirkungszeitraum** abgeschlossenen Arbeitsvertrag zwischen **nicht tarifgebundenen** Parteien die nachwirkenden Bestimmungen gelten sollen (*Däubler* Tarifvertragsrecht Rz 333; GK-BUrlG/*Berscheid* § 13 Rz 41; *Neumann/Fenski* § 13 Rz 21; *Leinemann/Linck* § 13 Rz 23; *Natzel* § 13 Rz 41; *Schaub/Linck* § 124 IV 3b, Rz 35; *Stahlhacke* DB 1969, 1652 f.; SPV-*Preis* Rz 531; *Neumann* ArbRGgw., Bd. 7, S. 36; *Soergel/Kraft* Rz 21; *Staudinger/Preis* Rz 46; *Wiedemann/Oetker* 188

§ 3 Rz 260 f.; *BAG* 27.6.1978 EzA § 13 BUrlG Nr. 13; 29.1.1975 EzA § 4 TVG Nachwirkung Nr. 3; **aA** noch: *BAG* 15.2.1965 AP Nr. 6 zu § 13 BUrlG mit zust. Anm. *G. Hueck; Boldt/Röhsler* § 13 Rz 25 ff.; *Herschel* NJW 1958, 1033; *ders.* ZfA 1976, 100; *Lieb* ZfA 1970, 204 f.). Nach dem Zweck der Zulassungsnorm sollen innerhalb eines Betriebes möglichst einheitliche Bedingungen gelten. Diesem Anliegen widerspricht es, für die vorübergehende Zeit eines **tariflosen Zustandes** andere und unterschiedliche Kündigungsfristen als vorher und nachher gelten zu lassen (*Neumann* aaO; *v. Hoyningen-Huene* RdA 1974, 150; vgl. auch *Herschel* AR-Blattei Tarifvertrag V D, II 2; s.a. APS-*Linck* Rz 140). Diese Bezugnahme muss jedoch deutlich auf einen nachwirkenden Tarifvertrag hinweisen. Dazu reicht die Verweisung auf einen »den Arbeitgeber bindenden« Tarifvertrag nicht aus (*BAG* 18.8.1982 – 5 AZR 281/80 – nv).

4. Form der Vereinbarung

a) Vertrag – betriebliche Übung – Gleichstellungsabrede

189 Die Bezugnahme auf tarifliche Kündigungsvorschriften ist **nicht formbedürftig**. Sie braucht nicht ausdrücklich in den Arbeitsvertrag aufgenommen zu werden, sondern kann auch **stillschweigend** erfolgen (*Staudinger/Preis* Rz 47; SPV-*Preis* Rz 532; *Wiedemann/Oetker* § 3 Rz 256; **aA** *Kramer* S. 134 ff., der als Einbeziehungsvoraussetzung die Verschaffung zumutbarer Kenntnismöglichkeit vom Inhalt des Tarifvertrages durch den Arbeitgeber verlangt; unklar *Kempen/Zachert-Stein* § 3 Rz 161). Das ist insbes. dann anzunehmen, wenn aufgrund einer **betrieblichen Übung** in einem Betrieb für alle Arbeitnehmer einheitlich die Bestimmungen des einschlägigen Tarifvertrages angewandt werden (*Gaul* ZTR 1991, 91; *Neumann/Fenski* § 13 Rz 20; *Leinemann/Linck* § 13 Rz 17; *Soergel/Kraft* Rz 21; *Neumann* ArbRGgw., Bd. 7, S. 35; SPV-*Preis* Rz 532; *Wiedemann/Oetker* § 3 Rz 256, 271 f.; **zurückhaltend** *Kempen/Zachert-Stein* § 3 Rz 161; *Hanau/Kania* FS Schaub, 1998, S. 239, 258; APS-*Linck* Rz 137: Kenntnis und Einverständnis; **aA** *BAG* 3.7.1996 RzK I 3 e Nr. 62) oder eine entsprechende **Gesamtzusage** besteht (GK-BUrlG/*Berscheid* § 13 Rz 28; *Leinemann/Linck* § 13 Rz 17; *Natzel* § 13 Rz 36). Die **Gegenmeinung** des *BAG*, die damit argumentiert, § 622 Abs. 4 S. 2 verlange ausdrücklich eine »Vereinbarung« der Arbeitsvertragsparteien über die Anwendung tarifvertraglicher Bestimmungen, ist abzulehnen. Denn betriebliche Übungen stehen ungeachtet der unterschiedlichen dogmatischen Herleitungsversuche (**monographisch** *Seiter* Die Betriebsübung, 1967) im Arbeitsleben im Ergebnis vertraglichen Abmachungen gleich. Die Gegenmeinung des *BAG* steht auch im **Widerspruch** zu einer Entscheidung seines **1. Senats** (*BAG* 19.1.1999 EzA § 3 TVG Bezugnahme auf Tarifvertrag Nr. 10), wonach die vertragliche Bezugnahme nicht formgebunden ist und sich auch aus einer betrieblichen Übung oder konkludentem Verhalten der Arbeitsvertragsparteien ergeben kann (**krit.** auch APS-*Linck* Rz 138). Bei Abweichung **zuungunsten des** Arbeitnehmers allerdings muss die Übung den Parteien nicht nur bekannt sein; vielmehr müssen beide mit der Anwendung der Tarifnorm einschließlich der Abweichung vom Gesetz einverstanden sein (vgl. *LAG Köln* 15.8.1997 RzK I 3 e Nr. 66).

190 Die tarifliche Regelung kann sowohl durch **Bezugnahme** auf den Tarifvertrag als auch dessen wörtliche Wiedergabe vereinbart werden (*Dietz* DB 1974, 1771; *Soergel/Kraft* Rz 21; **aA** *Boldt/Röhsler* § 13 Rz 37 sowie *Kramer* S. 137 f.). Die Verweisung muss so eindeutig sein, dass es zweifelsfrei möglich ist, den anwendbaren Tarifvertrag zu ermitteln (*Wiedemann/Oetker* § 3 Rz 256; *Kempen/Zachert-Stein* § 3 Rz 161; *Hanau/Kania* FS Schaub, 1998, S. 239, 243: Tarifvertrag müsse nur hinreichend klar zu bestimmen sein). Dies vorausgesetzt genügt auch eine allgemeine **Bezugnahme auf die für den Betrieb geltenden Tarifverträge** (KassArbR-*Isenhardt* 1.3 Rz 209). Es ist nicht erforderlich, dass sich die Parteien bei der Vereinbarung eines Tarifvertrages **bewusst** sind, damit von der gesetzlichen Regelung **abzuweichen** (vgl. *Dietz* DB 1974, 1770; **aA** *Boldt/Röhsler* aaO). Zur Problematik von **Gleichstellungsabreden** s. Rz 289. Dort sowie Rz 288 auch zu **vorformulierten** Bezugnahmeklauseln (**AGB**).

b) Betriebsvereinbarung

191 Da in der Entstehungsgeschichte des § 77 BetrVG hinreichend deutlich wird, dass eine **Betriebsvereinbarung** nicht dazu dienen soll, einen Tarifvertrag auf betrieblicher Ebene für **allgemeinverbindlich** zu erklären (*Wiedemann/Oetker* § 3 Rz 265), können Kündigungsregelungen grds. nicht aufgrund der Zulassungsnorm des Abs. 4 S. 2 durch Bezugnahme auf den ganzen Tarifvertrag in Betriebsvereinbarungen übernommen werden (*Staudinger/Preis* Rz 47; SPV-*Preis* Rz 532; *Neumann* ArbRGgw., Bd. 7, S. 35; *Schaub/Linck* § 124 IV 3b, Rz 35; *Kempen/Zachert-Stein* § 3 Rz 215, 103; KDZ-*Zwanziger* Rz 39; **vgl. zu der entsprechenden Problematik in § 13 BUrlG:** GK-BUrlG/*Berscheid* § 13 Rz 43; *Neumann/Fenski* § 13 Rz 28; *Boldt/Röhsler* § 13 Rz 49–52; *Natzel* § 13 Rz 43; **zu § 77 BetrVG vgl.:** *Richardi* § 77 Rz 288 ff.; *Fitting* § 77 Rz 98; *Löwisch/Kaiser* § 77 Rz 69; GK-BetrVG/*Kreutz* § 77 Rz 131 ff.; MünchKomm-*Hesse* Rz 64; **aA**

Stege/Weinspach § 77 Rz 21). Die Sperrwirkung tritt nach § 77 Abs. 3 BetrVG dann nicht ein, wenn der Tarifvertrag ausdrücklich eine Übernahme der Kündigungsbestimmungen zulässt (*Staudinger/Preis* aaO; *Soergel/Kraft* Rz 21). Bei betriebsnotwendig einheitlicher Regelung kam eine auf diese Ermächtigung hin geschlossene Betriebsvereinbarung ggf. auch **Außenseiter** (als Beendigungsnorm sowie als Norm betriebsverfassungsrechtlicher Fragen – Doppelnorm –) erfassen (*Spilger* Tarifvertragliches Betriebsverfassungsrecht, 1988, S. 215 ff.). Ordnet man die Ermächtigung als tarifvertragliche Zulassungsnorm ein, wird die Außenseiterwirkung der auf dieser Grundlage ergangenen Betriebsvereinbarung überwiegend bejaht (*Spilger* aaO, S. 220 ff. mwN).

Mit *Wiedemann/Stumpf* (§ 3 Rz 114) **wurde in den Vorauflagen** zwischen der Übernahme der gesamten **192** tariflichen Ordnung und der Bezugnahme auf **einzelne Regelungsbereiche** des einschlägigen Tarifvertrages unterschieden, die nicht durch die Sperrwirkung des § 77 BetrVG verhindert werde. Der durch die Zulassungsnorm des § 622 Abs. 4 S. 2 erstrebte **Zweck**, die **Kündigungsbestimmungen** im **Betrieb einheitlich** zu gestalten, werde durch Betriebsvereinbarungen einfacher, sicherer und vollständiger erreicht als durch eine Vielzahl individueller Abreden. Entgegen der h. A. sei aus diesem Grunde an der zum BetrVG 1952 vertretenen Auffassung festzuhalten, dass eine tarifliche Teilregelung der Kündigungsfristen und -termine auch durch Betriebsvereinbarung einheitlich für die Arbeitnehmer eines Betriebes eingeführt werden könne. **Diese Auffassung wird aufgegeben**: § 622 Abs. 4 S. 2 erfordert ausdrücklich eine **Vereinbarung zwischen Arbeitgeber und Arbeitnehmer**. Bereits diese Voraussetzung erfüllt eine Betriebsvereinbarung aber nicht. **Auf die Frage nach der Sperrwirkung kommt es daher nicht an,** auch wenn der Gesetzgeber das Problem bei der Neuregelung des § 622 Abs. 4 S. 2 nicht bedacht haben mag.

5. Wirkung der Bezugnahme

a) Keine Normenwirkung

Im Schrifttum wird unterschiedlich beurteilt, ob die vertraglich aufgrund einer **Zulassungsnorm** in **193** Bezug genommenen tariflichen Vorschriften **normativ** wirken (so: *v. Hoyningen-Huene* RdA 1974, 143), **oder** ob sie wie bei sonstigen Verweisungen auf Tarifverträge kraft **vertraglicher Abrede** Bestandteil des Arbeitsvertrages werden (so hL: *Däubler* Tarifvertragsrecht Rz 338; *Neumann* ArbRGgw., Bd. 7, S. 34; *Richardi* ZfA 1971, 87; *Wiedemann/Oetker* § 3 Rz 218 ff., 226; *APS-Linck* Rz 143). Zwischen der Vereinbarung tariflicher Vorschriften aufgrund einer gesetzlichen Zulassungsnorm und anderen Verweisungen bestehen keine erheblichen sachlichen Unterschiede. Deswegen tritt auch bei einer Bezugnahme nach § 622 Abs. 4 S. 2 keine Normenwirkung und keine abgeschwächte Tarifwirkung ein (*Wiedemann/Oetker* aaO; *Löwisch/Rieble* § 3 Rz 225, 241; vgl. auch *Waas* ZTR 1999, 540).

Die vereinbarten tariflichen Kündigungsbestimmungen können somit jederzeit vertraglich wieder **194 aufgehoben** oder **abgeändert** werden. Das ist aber nicht einseitig durch den Arbeitgeber möglich, sondern nur mit Zustimmung des Arbeitnehmers oder aufgrund einer Änderungskündigung. Der Arbeitnehmer ist gegen spätere Verschlechterungen seiner Rechtsstellung zudem dadurch geschützt, dass bei einer **Aufhebung der Bezugnahme** keine gegenüber dem Gesetz ungünstigeren Regelungen vereinbart werden können. Wie bei der unmittelbaren Geltung des Tarifvertrages ist es allerdings in Verbindung mit einer entsprechenden vertraglichen Bezugnahme möglich, gegenüber dem **einschlägigen** Tarifvertrag **günstigere** Fristen zu vereinbaren, auch wenn sie kürzer als die gesetzlichen Fristen sind (*Dietz* BB 1974, 1770; *Soergel/Kraft* Rz 22).

b) Änderungen des Tarifvertrages

In Verweisungsklauseln im Arbeitsvertrag oder in der (tarifvertraglich zugelassenen) Betriebsverein- **195** barung (zur Außenseiterproblematik oben Rz 191) können die Parteien entweder auf den **bestehenden** oder auf den **jeweils geltenden** Tarifvertrag verweisen (BAG 11.7.1961 AP Nr. 2 zu § 614 BGB Gehaltsvorschuss; *Wiedemann/Oetker* § 3 Rz 240; *Gerhard Müller* RdA 1990, 321 f.). Im Zweifel ist letzteres gewollt (BAG 20.3.1991 EzA § 4 TVG Tarifkonkurrenz Nr. 7 mit Anm. von *Vogg*; *Wiedemann/Oetker* § 3 Rz 211; *Hanau/Kania* FS Schaub, S. 239, 246 f.). Die Parteien sind allerdings (anders als bei Blankettverweisungen in Tarifverträgen) nur an **Neuregelungen** gebunden, mit denen sie **billigerweise rechnen konnten** (*BBDW-Bader* Rz 65), und die sachlich und systematisch nicht den bisherigen Rahmen sprengen. Mit diesem Vorbehalt ist **im Zweifel** eine **dynamische Verweisung** anzunehmen (*Däubler* Tarifvertragsrecht Rz 333). Die **Verweisung endet** mit dem endgültigen Wegfall der Wirkung des in Bezug genommenen Tarifvertrages, wenn nicht – aufgrund dynamischer Verweisung – ein etwaiger Folgeta-

§ 622 BGB

rifvertrag anwendbar wird. Eine arbeitsvertragliche Verweisungsklausel, die einen konkret benannten Tarifvertrag in der jeweils geltenden Fassung in Bezug nimmt, muss bei **Verbandswechsel** des **Arbeitgebers** idR dahin korrigierend ausgelegt werden, dass die Verweisung auf den jeweils für den Betrieb geltenden Tarifvertrag erfolgt; dies gilt jedenfalls dann, wenn die Tarifverträge von derselben Gewerkschaft abgeschlossen werden (*BAG* 4.9.1996 EzA § 3 TVG Bezugnahme auf Tarifvertrag Nr. 7 mit Anm. *Buchner* sowie *B. Gaul*; weiter *Gaul* NZA 1998, 9). **Anderenfalls** gilt dann die in concreto anwendbare gesetzliche Regelung der Kündigungsfristen. Allgemein zu Fragen der Änderung eines in Bezug genommenen Tarifvertrages *Hanau/Kania* FS Schaub, 1998, S. 239, 249 f, und *Kania* NZA Sonderbeil. Heft 3/2000, 45. Zu **Gleichstellungsabreden** s. Rz 289. Ist ein (nur noch) **nachwirkender** Tarifvertrag in Bezug genommen, muss – kein Vertrauensschutz – damit gerechnet werden, dass die Nachwirkung durch neuen Tarifvertrag **rückwirkend** beseitigt wird (vgl. – »für Tarifunterworfene« – *BAG* 8.9.1999 EzA § 1 TVG Rückwirkung Nr. 4). Dies kann sich bspw. auf eine »erdiente« Kündigungsfrist auswirken, nicht aber auf die bei einer bereits ausgesprochenen Kündigung zu wahrende Frist. (**aA** *BAG* 18.9.1997 RzK I 3 e Nr. 67; zur rückwirkenden Verschlechterung des **Tarifentgelts** aus jüngerer Zeit allg. *BAG* 11.10.2006 – 4 AZR 486/05 – Pressemitteilung).

IV. Rechtsfolgen unwirksamer oder lückenhafter Vereinbarungen
1. Keine Nichtigkeit des gesamten Vertrages

196 Wenn Vereinbarungen über Kündigungsfristen oder Termine mit § 622 Abs. 1, Abs. 2, Abs. 4 S. 2, Abs. 5, Abs. 6 oder § 624 BGB **nicht zu vereinbaren** sind, berührt das die **Wirksamkeit** des Arbeitsvertrages **im Übrigen nicht** (vgl. zum alten Recht *BAG* 10.7.1973 EzA § 622 BGB nF Nr. 9; *Bleistein* Rz 101; *Hueck/Nipperdey* I, S. 571; *Nikisch* I, S. 715; *Popp* HAS § 19 B Rz 80; *Neumann* DB 1958, 1130). Das gilt auch dann, wenn die Parteien für die Kündbarkeit eine von der gesetzlichen Regelung abweichende Vereinbarung angestrebt, sich darüber aber noch **nicht geeinigt** haben, sofern sie sich trotz der lückenhaften Vereinbarung sofort binden wollten (*BAG* 26.1.1967 AP Nr. 2 zu § 611 BGB Vertragsabschluß; 16.11.1979 EzA § 154 BGB Nr. 1). An die Stelle der nichtigen oder lückenhaften Vereinbarung treten nicht ohne weiteres die abdingbaren gesetzlichen Fristen und Termine. Es gelten vielmehr jeweils diejenigen gesetzlich zulässigen Termine und Vereinbarungen, die dem **Willen** der Parteien am meisten **entsprechen** (*Hueck/Nipperdey*, *Popp*, *Neumann* und *BAG* jeweils aaO). Dabei kann auch die in einem Tarifvertrag getroffene Vereinbarung maßgebend werden (*LAG Köln* 5.4.1995 LAGE § 622 BGB Nr. 33).

197 Im Ausgangspunkt sind sich insoweit Rechtsprechung und Schrifttum einig. Streitig ist jedoch im Einzelnen, welche Folgerungen aus diesem Grundsatz zu ziehen sind, weil oft nicht genügend berücksichtigt wird, dass bei der Ausfüllung der Vertragslücken soweit wie möglich **der Parteiwille** zu berücksichtigen ist (*Hueck/Nipperdey* I, S. 571). Sachlich gesehen geht es bei einer unwirksamen Vereinbarung um eine **beschränkte Umdeutung** nach § 140 BGB, bei der unter Berücksichtigung des **ursprünglichen Willens** der Parteien (Zweck der getroffenen Regelung) und ihrem **mutmaßlichen Willen** (Vereinbarung bei Kenntnis der Unwirksamkeit) eine den Interessen beider Parteien entsprechende Bestimmung des Vertragsinhaltes vorzunehmen ist. An diesem Zweck ist auch die bei einem **Einigungsmangel** über die Kündbarkeit erforderliche **ergänzende Vertragsauslegung** nach § 157 BGB auszurichten (*BAG* 16.11.1979 EzA § 154 BGB Nr. 1). Vgl. allgemein zur Umdeutung im Arbeitsrecht *Molkenbur/Krasshofer/Pidde* (RdA 1989, 397 ff.). Zu demselben Ergebnis dürfte *Bader* (BBDW Rz 20) gelangen, der mit § 139 BGB arbeitet.

2. Verkürzung der Kündigungsfrist

198 Wenn die Parteien die Kündigungsfrist für **beide Teile** unzulässig auf weniger als vier Wochen verkürzt haben, zeigt das ihren Willen, das Arbeitsverhältnis beiderseitig möglichst **kurzfristig** beenden zu können. Ihren Vorstellungen kommt es dann am nächsten, wenn die Grundkündigungsfrist von vier Wochen angewandt wird. Ebenso ist zu verfahren, wenn die unzulässig kurzen Fristen darüber hinaus auch noch ungleich und für den Arbeitnehmer ungünstiger (Abs. 6) sind. Die gesetzliche Grundkündigungsfrist greift ferner für die Kündigung durch den **Arbeitnehmer** ein, wenn **einseitig** für ihn eine Frist von zwei Wochen festgelegt ist, während der Arbeitgeber eine Frist von zwei Monaten einzuhalten hat. In diesem Falle gilt die Frist von zwei Monaten nicht für beide Teile, weil die Parteien nach Abs. 6 eine einseitige Erleichterung der Kündigung durch den Arbeitnehmer beabsichtigt haben, die im Rahmen des Zulässigen zu wahren ist. Eine Verkürzung der Kündigungsfrist rechtfertigt sich nicht allein durch die **Kombination** mit einem **Kündigungstermin**, der, je nach dem Zeitpunkt des Ausspruchs der Kündigung, die verkürzte oder eine **längere** als die gesetzliche oder die gesetzliche Frist zum Tragen kommen lässt. Ist bspw. mit einem unter § 622 Abs. 2 S. 1 Nr. 7, S. 2 fallenden Arbeitnehmer eine Kündigung von **sechs** (anstatt von **sieben**) Monaten zum Ende eines Kalenderjahres abgemacht, dann wirkt eine am 30.6.2000 erklärte Kündigung jedenfalls nicht auf den 31.12.2000, sondern mangels anderer Anhaltspunkte auf den 31.12.2001. Ob auch der 31.1.2001 als Kündigungstermin in Betracht kommt, hängt davon ab, welche Bedeutung die Parteien dem Kündigungstermin **beigemessen** haben. Dies stellt – anders als im Verhältnis zwischen **Tarifvertrag** und Individualabsprache (vgl. Rz 240–242) – keine Frage des Günstigkeitsprinzips dar. Zu den Rechtsfolgen unzulässig kurzer Kündigungsfristen s. auch *Kramer* BB 1997, 731 ff.

3. Verlängerung der Kündigungsfrist

Vereinbarungen, durch die die Kündigungsfristen verlängert werden, können wegen § 622 Abs. 5 S. 3 nicht nach Abs. 1 bis 3, sondern nur nach § 15 Abs. 4 TzBfG oder wegen Verletzung des Verbots, ungünstigere Regelungen für die Kündigung durch den Arbeitnehmer zu vereinbaren (Abs. 6), unwirksam sein. **199**

Eine Kündigungsfrist, die den Arbeitnehmer **länger** als fünf Jahre und sechs Monate bindet (vgl. § 624 S. 2 mit S. 1 BGB), ist so zu kürzen, dass sie eine Kündigung zum Ablauf von fünf Jahren und sechs Monaten nach Beginn des Arbeitsverhältnisses ermöglicht. *Kramer* (S. 112 f.) schlägt für **arbeitnehmerseitige** Kündigungen eine geltungserhaltende Reduktion der überlangen Fristen auf die gesetzliche Kündigungsfrist vor. Dagegen dürfte jedoch **mit Blick auf die erstrebte Bindungsdauer** beider Seiten idR der Parteiwille stehen. **200**

Zweifelhaft ist, wie sich das Verbot, für den Arbeitnehmer ungünstigere Bedingungen zu vereinbaren, dann auswirkt, wenn **unterschiedliche Kündigungsfristen** festgelegt werden, die **länger** als die gesetzlichen Fristen sind (vgl. *Hueck/Nipperdey* I, S. 571 Anm. 29; MünchKomm-*Hesse* Rz 107; *Neumann* DB 1958, 1130; *Nikisch* I, S. 715; *Staudinger/Preis* Rz 56; *BAG* 29.7.1958 EzA § 620 BGB Nr. 1). Soweit nach dem vor Inkrafttreten des § 622 BGB 1969 geltenden Recht der Grundsatz der **Gleichheit der Kündigungsfristen** für beide Teile gleichmäßig galt (zB § 67 Abs. 1 HGB), wurde von *Nikisch* (aaO) und *Neumann* (aaO) angenommen, an die Stelle einer unzulässigen Vereinbarung ungleicher Kündigungsfristen trete nicht ohne weiteres die **gesetzliche** oder die vereinbarte **kürzere** Frist. Regelmäßig gelte vielmehr die **längere** Frist für beide Teile. Sie sei sowohl dann einzuhalten, wenn sie zulässigerweise kürzer als die gesetzliche Frist sei, als auch dann, wenn sie länger als diese sei. Demgegenüber haben *Hueck/Nipperdey* (aaO) die Auffassung vertreten, wenn die Frist für den Arbeitgeber kürzer, für den Arbeitnehmer dagegen länger als die gesetzliche Frist sei, könne die längere Frist nicht ohne weiteres als für beide Teile gewollt angesehen werden. **201**

Auch wenn der Grundsatz der Gleichheit der Kündigungsfristen nach § 622 Abs. 6 nur noch **zugunsten** des Arbeitnehmers gilt, ist daran **festzuhalten**, dass im Zweifel bei ungleichen Kündigungsfristen zuungunsten des Arbeitnehmers die **längere Kündigungsfrist** für beide Parteien **maßgebend** ist (ebenso *Popp* HAS § 9 B Rz 80; BBDW-*Bader* Rz 99a). Diese Auslegungsregel entspricht der für die Kündigung des Vertragsverhältnisses eines Handelsvertreters geltenden gesetzlichen Regelung, nach der bei der Vereinbarung ungleicher Fristen für beide Teile die längere Frist gilt (§ 89 Abs. 2 S. 2 HGB); **im Ergebnis auch** *Staudinger/Preis* Rz 57, *Preis* DB 1993, 2125, *Kramer* S. 146 f. und SPV-*Preis* Rz 522, die die Bestimmung jedoch analog anwenden – zust. ArbRBGB-*Röhsler* Rz 165 sowie MünchKomm-*Schwerdtner* Rz 94 [3. Aufl.] – und daher keinen Raum für eine ergänzende Vertragsauslegung sehen mit der Konsequenz, dass beiderseits die längeren Kündigungsfristen nicht nur im Zweifel, sondern stets zur Anwendung gelangen. **Im Ergebnis auch** KDZ-*Zwanziger* Rz 50; ErfK-*Müller-Glöge* Rz 80. **Abl.** *Eisemann* Personalbuch Rz 14, **wonach die Interessenlage nach HGB nicht zwingend dieselbe wie bei einer abhängigen Beschäftigung sei** (iSd **hier vertretenen** – erstgenannten – Auffassung jetzt auch *BAG* 2.6.2005 EzA § 622 BGB 2002 Nr. 3). Es ist nicht gerechtfertigt, die umgekehrte Auslegungsregel, dass im Zweifel die zulässige kürzere Frist gilt, nur deswegen anzunehmen, weil der Arbeitnehmer durch § 622 Abs. 6 begünstigt werden soll. Die **beiderseitige** Einhaltung einer zugunsten des Arbeitgebers vereinbarten **kürzeren** Frist ist für den Arbeitnehmer idR **nicht günstiger,** weil sein Vorteil, mit der kürzeren als der für ihn vereinbarten Frist kündigen zu können, durch den Nachteil, vom Arbeitgeber nicht die Einhaltung derselben längeren Frist verlangen zu können, wieder ausgeglichen wird. Wenn keine eindeutigen Anhaltspunkte dafür vorliegen, die beiderseitige Geltung der kürzeren Frist sei für den Arbeitnehmer vorteilhafter (zB Abrede auf Wunsch des Arbeitnehmers), muss davon ausgegangen werden, dass die beiderseitige Geltung der **längeren** Frist dem mutmaßlichen Willen des Arbeitnehmers und auch der Interessenlage der Parteien entspricht. **Vorstehendes** **202**

§ 622 BGB Kündigungsfristen bei Arbeitsverhältnissen

gilt auch, wenn lediglich weniger **Kündigungstermine** zu Lasten des Arbeitnehmers vereinbart sind (vgl. SPV-*Preis* Rz 522).

203 Der Unterschied der gegensätzlichen Auffassungen zeigt sich an einem von *Neumann* (*Staudinger/Neumann* [Voraufl.] Rz 35) gebildeten Beispiel: Wenn der **Arbeitgeber** mit Monatsfrist, der **Arbeitnehmer** aber nur mit einer Frist von **zwei Monaten** kündigen kann, dann gilt nach *Neumann* für beide Parteien die Monatsfrist, weil das für den Arbeitnehmer günstiger sei. Nach der hier vertretenen Ansicht gilt hingegen die Frist von zwei Monaten für die Kündigung durch beide Seiten, weil im Zweifel anzunehmen ist, dass der Arbeitnehmer den ohnehin gebilligten Nachteil, nur mit einer Frist von zwei Monaten kündigen zu können, erst recht dann hinzunehmen bereit sein wird, wenn auch der Arbeitgeber nur mit derselben Frist kündigen kann.

4. Unzulässige Vereinbarung von Kündigungsterminen

204 Ein Kündigungstermin, der nicht auf den Fünfzehnten oder das Ende eins Kalendermonats abstellt (zB auf den Zehnten eines Monats), wird durch den Fünfzehnten und nicht durch das Ende eines Kalendermonats ersetzt, weil die unzulässige Vereinbarung der Parteien erkennen lässt, dass das Arbeitsverhältnis durch eine Kündigung zum gesetzlich nächst zulässigen Termin beendet werden können soll. Zu den Rechtsfolgen unzulässig vieler Kündigungstermine s. *Kramer* BB 1997, 731, 733.

205 Wenn die Parteien vereinbart haben, der **Arbeitgeber** könne zu **jedem Monatsende,** der **Arbeitnehmer** aber nur zum **Schluss** jeden **zweiten Monats,** zum Quartalsschluss oder zu noch späteren Terminen kündigen, ist im Zweifel anzunehmen, dass beide Parteien jeweils nur zu dem **vereinbarten späteren Termin** kündigen dürfen. Da der Arbeitgeber den Arbeitnehmer ersichtlich lange an den Vertrag binden wollte, wird auch er notfalls bereit sein, diese Bindung auch bei einer von ihm beabsichtigten Kündigung hinzunehmen. Das ist auch das aus einer Analogie zu § 89 Abs. 2 S. 2 HGB hergeleitete Ergebnis von *Preis* (*Staudinger/Preis* Rz 58 und 57; s.a. Rz 202).

V. Einfluss des Nachweisgesetzes

205a Nach dem am **28.7.1995** in Kraft getretenen **Nachweisgesetz** (NachwG, vom 20.7.1995 BGBl. I S. 946) sind die Fristen für die Kündigung des Arbeitsverhältnisses für Arbeitnehmer im Anwendungsbereich jenes Gesetzes in die Arbeitsvertragsniederschrift aufzunehmen (Art. 1 § 2 Abs. 1 Nr. 9, § 1 NachwG). Diese Regelung ist **nicht präzise,** weil sie das Problem der fehlenden Vorausberechenbarkeit der Kündigungsfrist nicht regelt. Dies ist aber gerade der Regelfall, weil mit zunehmender Dauer des Arbeitsverhältnisses (bereits nach Ablauf der Probezeit!) die Dauer der Kündigungsfrist steigt. Deshalb wird es unabweisbar, **die maßgebenden Kriterien** für die Festlegung der Länge der Kündigungsfrist in die Niederschrift aufzunehmen (*Birk* RdA 1996, 281, 287; ähnlich *Krause* AR-Blattei SD 220.2.2 Arbeitsvertrag – Arbeitsverhältnis II B, Nachweis von Arbeitsbedingungen Rz 160, wonach die Mitteilung der maßgebenden Regelung ausreiche, am besten in deutscher Sprache (*Riesenhuber* NZA 1999, 798 ff.). Die Angabe kann **ersetzt** werden durch einen **Hinweis** auf die einschlägigen **Tarifverträge, Betriebs-** oder **Dienstvereinbarungen** und **ähnliche Regelungen,** die für das Arbeitsverhältnis gelten. Ist die **gesetzliche Regelung** maßgebend, so kann **hierauf** verwiesen werden (Art. 1 § 2 Abs. 3 NachwG). Die **Rechtsfolgen** eines **Verstoßes gegen** das **NachwG** (hierzu *Schwarze* ZfA 1997, 43, 61 ff.) sind noch **weithin ungeklärt.** Zu denken ist an den Anspruch auf Ausstellung des Nachweises, an eine Schadensersatzpflicht wegen schuldhafter Verletzung von Informationspflichten (s. ArbG Frankf./M. 25.8.1999 DB 1999, 2316), an einen Anspruch auf Erfüllung des fehlerhaft Ausgefüllten, an den Einwand unzulässiger Rechtsausübung und an die Frage nach einer Verschiebung der **Beweislast (Beweislastumkehr)** bei unterlassener Ausstellung des Nachweises (für Letzteres *LAG Hamm* 27.7.1995 LAGE § 2 NachweisG Nr. 1; *Birk* NZA 1996, 281, 289; *Höland* AuR 1996, 87, 93; *Hohmeister* BB 1996, 2406 f.; *ders.* BB 1998, 587; wohl auch *Wank* RdA 1996, 21, 24; nach der Entscheidung des EuGH [s.u.] auch *Linck* FA 1998, 105 ff.) oder jedenfalls Erleichterungen der **Beweisführungslast** im Rahmen des § 286 ZPO unter dem Gesichtspunkt der Beweisvereitelung (*Preis* RdA 1997, 10, 13; *Richter/Mitsch* AuA 1996, 7, 11 f.; *Schwarze* ZfA 1997, 43, 63 ff.; *Zwanziger* DB 1996, 2027, 2029 f.; *Krause* AR-Blattei SD 220.2.2 Arbeitsvertrag – Arbeitsverhältnis II B, Nachweis von Arbeitsbedingungen Rz 258; wohl auch *Franke* DB 2000, 274 ff.). **Für die letztgenannte Ansicht streitet der Umstand,** dass der Gesetzgeber dem Vorschlag des **Bundesrates,** die Beweislast bei Verletzung der Nachweispflicht dem Arbeitgeber aufzuerlegen, gerade **nicht** gefolgt ist (vgl. BT-Drs. 13/668 Anl. 2 Nr. 6). Die erstgenannte Ansicht war Gegenstand zweier **Vorlagen** des *LAG Hamm* an den **Europäischen Gerichtshof** gem. Art. 177 EGV (9.7.1996

LAGE § 2 NachwG Nrn. 2, 3 mit Anm. *Knetsch*). Der EuGH (4.12.1997 EzA § 2 NachwG Nr. 1 mit Anm. *Krause*; **krit.** *Bergwitz* RdA 1999, 188 ff.) hat mittlerweile entschieden, dass die nationalen Beweislastregeln als solche durch die dem NachwG zugrunde liegende Richtlinie 91/533/EWG des *Rates* vom 4.10.1991 **nicht** berührt werden. Auf die Mitteilung des Arbeitgebers allein dürfe daher nicht abgestellt werden. Vielmehr sei der Beweis des Gegenteils durch ihn zulässig. Im Anschluss daran hat das BAG den Meinungsstreit darüber, ob aufgrund dieser Entscheidung eine Umkehr der Beweislast oder nur eine Beweiserleichterung (**im Rahmen der sog. korrigierenden Rückgruppierung im öffentlichen Dienst**) stattfinde, für **unerheblich** angesehen (*BAG* 16.2.2000 EzA § 4 TVG Rückgruppierung, mit Darstellung des Streitstandes seit der Entscheidung des *EuGH*). Damit lässt sich für das nationale Recht jedenfalls **außerhalb** des Problemfeldes »korrigierende Rückgruppierung« die auch hier favorisierte »Erleichterung der Beweisführungslast« vertreten (in diesem Sinne wohl auch Vorlagebeschluss des *ArbG Bremen* – 25.8.1999 BB 1999, 2404 – an den *EuGH*). Als geklärt kann lediglich angesehen werden, dass ein Verstoß gegen die Nachweisrichtlinie keine Formnichtigkeit begründet (*BAG* 21.8.1997 NJW 1998, 922) und eine Ausschlussfrist auch bei unterlassener Auslage des sie enthaltenden Tarifvertrages gilt, weil der Arbeitnehmer keinen Schadensersatzanspruch habe (*BAG* 23.1.2002 EzA § 2 NachwG Nr. 3). Anders aber bei nicht erfüllter Nachweispflicht an sich: *BAG* 17.4.2002 EzA § 2 NachwG Nr. 5. Eine Verletzung des Nachweises der Kündigungsfrist resultiert im Einzelnen nur darin, dass die ohnehin (an sich) einzuhaltende Frist gilt.

G. Tarifvertragliche Regelungen (§ 622 Abs. 4 S. 1, Abs. 6)

I. Bedeutung des Vorrangprinzips

Nach § 622 Abs. 4 S. 1 können von den Abs. 1 bis 3 **abweichende Regelungen** durch Tarifvertrag vereinbart werden. § 622 Abs. 3 S. 1 BGB 1969 hatte sich dem Wortlaut nach noch darauf beschränkt, **Verkürzungen** der **Kündigungsfristen** zuzulassen. Die Beschränkung auf **Verkürzungen** war aus verfassungsrechtlichen Gründen unerheblich (vgl. Rz 215), die Nichteinbeziehung der Kündigungs**termine** beruhte auf einem **Redaktionsversehen** (3. Aufl. Rz 215; SPV-*Preis* Rz 525). Deshalb haben sich durch die Neuregelung gegenüber dem früheren Rechtszustand insoweit keine Änderungen ergeben. **Neu ist,** dass die Tarifvertragsparteien **aufgrund § 622 Abs. 6** nunmehr ausdrücklich **an das Benachteiligungsverbot** zu Lasten der Arbeitnehmer (s. Rz 146) gebunden sind. Denn diese Vorschrift verzichtet – im Unterschied zu § 622 Abs. 5 BGB 1969 – bewusst auf die Einschränkung »einzelvertraglich« (RegE BT-Drs. 12/4902 S. 9; *Staudinger/Preis* Rz 64; SPV-*Preis* Rz 525; vgl. den Fall *LAG Köln* 31.1.2001 NZA-RR 2002, 146).

206

Der **Vorrang tariflicher Regelungen** war nach der Begründung des Regierungsentwurfs zu § 622 Abs. 3 S. 1 BGB **1969** aus **Zweckmäßigkeitserwägungen** anerkannt worden (BT-Drs. V/3913, S. 10; vgl. auch *Richardi* ZfA 1971, 86). Der Gesetzgeber hatte sich von der Erwägung leiten lassen, die **Kündigungsfristen** könnten für gewisse Bereiche (zB für die Bauwirtschaft) **zu starr** sein. Er hat das Schutzbedürfnis der Arbeitnehmer bei tarifvertraglichen Regelungen als hinreichend gewahrt angesehen, weil die tarifliche Praxis lehre, dass kürzere Fristen nur vereinbart würden, wenn die Besonderheiten des Wirtschaftszweiges oder der Beschäftigungsart das notwendig machten. Die **Neuregelung** in Abs. 4 S. 1 hat eine ähnliche Einschätzung des Gesetzgebers begleitet (BT-Drs. 12/4902, S. 9). Auch hier wurden praktische Bedürfnisse geltend gemacht, verbunden mit der Erwartung, dass die Tarifvertragsparteien »– wie bisher –« von der Möglichkeit abweichender tariflicher Regelungen unter ausreichender Berücksichtigung der Schutzinteressen der Arbeitnehmer Gebrauch machen.

207

Der Gesetzgeber hat durch diese **tarifliche Zulassungsnorm** (vgl. zum alten Recht *Wiedemann/Stumpf* [5. Aufl.] Rz 120) den Grundsatz der **Tarifautonomie** anerkannt (vgl. zum alten Recht *Stahlhacke/Preis* [5. Aufl.] Rz 544) und es den Tarifvertragsparteien erlaubt, von zwingendem Gesetzesrecht abzuweichen. Es kommt deswegen nicht auf die umstrittene Frage an, ob der Gesetzgeber für den Bereich der Arbeits- und Wirtschaftsbedingungen nicht ohnehin nach Art. 9 Abs. 3 GG nur **subsidiär** zuständig ist (vgl. zum Streitstand: *Biedenkopf* Grenzen der Tarifautonomie, 1964, S. 104 ff.; *Galperin* Die autonome Rechtsetzung im Arbeitsrecht, FS für Molitor, 1962, S. 143 ff.; *Hueck/Nipperdey* II S. 370–371; *Hölders* Anm. AP Nr. 5 zu § 626 BGB Ausschlussfrist; *Wiedemann/Stumpf* [5. Aufl.] Einl. Rz 40–47; *Wiedemann* Anm. AP Nr. 10 zu § 622 BGB). Vgl. zum Günstigkeitsprinzip im Verhältnis zum Tarifvertrag *Heinze* (NZA 1991, 329 ff.) und zur tariflichen Regelungsmacht *Käppler* (NZA 1991, 745 f.).

208

Auch die Tarifvertragsparteien sind allerdings **an den Gleichheitssatz** des Art. 3 GG gebunden. Sie dürfen deswegen hinsichtlich der Fristen **keine Differenzierungen** zwischen **Arbeitern** und **Ange-**

209

stellten vornehmen, die nicht durch **sachliche Merkmale gerechtfertigt** sind (*BAG* 21.3.1991 EzA § 622 BGB nF Nr. 31; 16.9.1993 AP Nr. 42 zu § 622 BGB; **zum Prüfungsmaßstab vgl. Rz 248**).

210 Der Vorrang gilt nur für Tarifnormen iSd § 4 TVG. Bei tarifvertraglichen Bestimmungen, die inhaltlich mit außertariflichen Normen (insbes. den gesetzlichen Vorschriften über Kündigungsfristen) übereinstimmen oder auf sie verweisen, ist durch Auslegung zu ermitteln, ob die Tarifvertragsparteien hierdurch eine **selbständige,** dh in ihrer normativen Wirkung von der außertariflichen Norm unabhängige konstitutive Regelungen treffen wollten, oder ob die Übernahme ohnehin einschlägiger gesetzlicher Vorschriften nur rein **deklatorischen** Charakter in Gestalt einer sog. **neutralen Klausel** hat (*BAG* 27.8.1982 EzA § 1 TVG Auslegung Nr. 13; 21.3.1991 EzA § 622 BGB nF Nr. 31). Im letzteren Fall, der zB bei § 12 Ziff. 1.2 BRTV-Bau vorliegt (*BAG* 28.1.1988 EzA § 148 ZPO Nr. 15), bestimmt sich die Zulässigkeit einer abweichenden einzelvertraglichen Vereinbarung nicht nach § 4 Abs. 3 TVG, sondern danach, ob die außertarifliche Norm zwingenden Charakter hat. Zur Kritik an der Rspr. des *BAG* vgl. *Creutzfeldt* AuA 1995, 87.

210a Eine **selbständige** Regelung ist regelmäßig anzunehmen, wenn die Tarifvertragsparteien eine im Gesetz nicht oder anders enthaltene Regelung übernehmen, die sonst nicht für die betroffenen Arbeitnehmer gelten würde (zB § 4.5.1.1. MTV Metallindustrie Nordwürttemberg/Nordbaden, *BAG* 16.9.1993 AP Nr. 42 zu § 622 BGB; zu Nr. 11 MTV Arb Metall- und Elektroindustrie in Berlin und Brandenburg: *BAG* 5.10.1995 NZA 1996, 325). Für einen rein **deklaratorischen** Charakter der Übernahme spricht hingegen, wenn einschlägige gesetzliche Vorschriften wörtlich oder inhaltlich unverändert übernommen werden. In einem derartigen Fall ist bei fehlenden gegenteiligen Anhaltspunkten davon auszugehen, dass es den Tarifvertragsparteien darum gegangen ist, im Tarifvertrag eine **unvollständige Darstellung der Rechtslage zu vermeiden.** Sie haben dann die unveränderte Regelung im Interesse der Klarheit und Übersichtlichkeit in den Tarifvertrag aufgenommen, um die Tarifgebundenen möglichst umfassend über die zu beachtenden Rechtsvorschriften zu **unterrichten** (*BAG* 28.1.1988 EzA § 148 ZPO Nr. 15; 21.3.1991 EzA § 622 BGB nF Nr. 31; 16.9.1993 aaO; 10.5.1994 AP Nr. 3 zu § 1 TVG Tarifverträge: Verkehrsgewerbe); **zust.** *Hromadka* BB 1993, 2372, 2375; *Hergenröder* Anm. zu AP Nr. 40 zu § 622 BGB; *Jansen* Anm. zu AP Nr. 42 zu § 622 BGB; vgl. *Eisemann* Personalbuch Rz 22; *Müller-Glöge* FS Schaub, 1998, S. 497, 505; **krit.** *Wiedemann* Anm. zu AP Nr. 133 zu § 1 TVG Auslegung; *Bengelsdorf* NZA 1991, 121, 126 f.; *Creutzfeldt* AuA 1995, 87). **An dieser Rechtsprechung hält das BAG auch nach wiederholter Kritik** (s. *Sächs. LAG* 24.1.1995 LAGE § 622 BGB Nr. 31) **fest** (*BAG* 5.10.1995 EzA § 622 BGB nF Nr. 52 mit Anm. *K. Gamillscheg* SAE 1996, 277 **[krit.]**; mit Anm. *Bengelsdorf* AP Nr. 48 zu § 622 BGB **[abl.]**; mit Anm. *Barth* EWiR 1996, 617 **[abl.]**; *Hamacher* Anm. EzA § 4 Entgeltfortzahlungsgesetz Tarifvertrag Nr. 38 **[abl.** insbes. f. Fall des Verweises auf zum Zeitpunkt des Tarifabschlusses nicht mehr geltendes Gesetz]; *BAG* 5.10.1995 NZA 1996, 325). Das *BAG* nimmt eine deklaratorische Verweisung insbes. auch dann an, wenn die Gesetzesnorm ohne wörtliche Wiedergabe in Bezug genommen wird – zB »im Übrigen ...« oder »für Kündigungen gelten die Regelungen des § 622 BGB/die gesetzlichen Regelungen« (*BAG* 29.8.1991 EzA § 622 BGB nF Nr. 35; 21.3.1991 EzA § 622 BGB nF Nrn. 31, 32, 33; 4.3.1993 EzA § 622 BGB nF Nr. 44; 16.9.1993 EzA § 622 BGB nF Nr. 45; *Worzalla* NZA 1994, 146 f.; **krit.** *Creutzfeldt* AuA 1995, 87 [betr. v. a. Gesetzesidentität tariflicher Kündigungsfristen mit § 55 Abs. 1 und 2 AGB-DDR]). Die **Rechtsprechungspraxis** zeigt, dass in Tarifverträgen idR **konstitutive** Vereinbarungen getroffen werden (*Staudinger/Preis* Rz 70; *SPV-Preis* Rz 537; *Kramer* ZIP 1994, 931, mit Beispielen 930 ff.).

210b **Fraglich** ist jedoch, ob tarifvertragliche Regelungen hinsichtlich der Kündigungsfristen in einen **konstitutiven** und in einen **deklaratorischen** Teil aufgespalten werden können. Die **Rechtsprechung** nimmt das an (bspw. *BAG* 2.4.1992 EzA § 622 BGB nF Nr. 43; 4.3.1993 EzA § 622 BGB nF Nr. 44; 23.1.1992 EzA § 622 BGB nF Nrn. 41, 42; 14.2.1996 EzA § 622 BGB nF Nr. 54; 29.1.1997 EzA § 4 TVG Textilindustrie Nr. 9; **aA** *Bengelsdorf* NZA 1991, 127; **vgl. auch** *Hromadka* BB 1993, 2372, und *Kramer* ZIP 1994, 931; **zweifelnd** *Worzalla* NZA 1994, 146).

210c Ob die Zulassung abweichender tariflicher Regelungen in ansonsten zwingenden gesetzlichen Vorschriften eine dem Gesetz inhaltsgleiche eigenständige tarifliche Normsetzung **ausschließt**, hat das *BAG* bislang (5.10.1995 EzA § 622 BGB nF Nr. 52) ausdrücklich unbeantwortet gelassen. Unbenommen ist es den Tarifpartnern allerdings, bei der Vereinbarung kürzerer als die gesetzlichen Kündigungsfristen in Teilbereichen die jeweiligen gesetzlichen Kündigungsfristen als **Mindestschutz** bestehen zu lassen (*BAG* 14.2.1996 EzA § 622 BGB nF Nr. 54 mit Anm. *Kamanabrou* AP Nr. 21 zu § 1 TVG Tarifverträge: Textilindustrie). Vereinbaren die Tarifpartner lediglich eine eigenständige tarifliche **Grundkündigungsfrist** und verweisen hinsichtlich der **verlängerten Kündigungsfristen** auf das Gesetz, so spricht dies im Zweifel dafür, dass sie auch die Entscheidung darüber, ab welcher Beschäftigungszeit verlängerte Kündigungsfristen eingreifen sollen, dem Gesetzgeber überlassen wollten (*BAG* 14.2.1996 EzA § 622 BGB nF Nr. 53).

Die gesamte vorstehende Problematik ist durch die Frage nach den Auswirkungen des KündFG auf tarifvertragliche Altregelungen wieder in den Brennpunkt des Interesses gerückt (vgl. dazu Rz 284 ff. mit Beispielen). Denn die Tariföffnungsklausel des § 622 Abs. 4 S. 1 ist nicht so zu verstehen, dass lediglich in **künftigen** Tarifverträgen von den gesetzlichen Kündigungsfristen abgewichen werden kann (*BAG* 5.10.1995 EzA § 622 BGB nF Nr. 52; 14.2.1996 EzA § 622 BGB nF Nr. 53; 29.1.1997 EzA § 4 TVG Textilindustrie Nr. 9; *LAG Düsseld.* 29.3.1996 LAGE § 622 BGB Nr. 37), weshalb sich gerade bei **Altregelungen** häufig die Frage stellt, ob gerade auch von dem jeweils geltenden Gesetzesrecht abgewichen sein sollte. 210d

II. Inhalt und Grenzen der Regelungsbefugnis

1. Entfristete Kündigungen

Die tarifliche Zulassungsnorm zur Regelung der in § 622 genannten Fristen für die ordentliche Kündigung enthält **keine Einschränkung** für bestimmte Gruppen von Arbeitnehmern oder Arten von Arbeitsverhältnissen. Sie gewährleistet auch **keine** verkürzten **Mindestfristen.** Daraus ergeben sich für die Tarifvertragsparteien insbes. folgende Gestaltungsmöglichkeiten: Die **Kündigungsfrist** kann – auch für Probearbeitsverhältnisse – im Tarifvertrag auf einen Tag (so zB die eintägige Kündigungsfrist während der Probezeit nach § 20 Abs. 1 BMTV Güter- und Möbelfernverkehr, die während der Dauer der Probezeit gilt: *BAG* 28.4.1987 EzA § 622 BGB nF Nr. 25), auf Stunden oder auf jede andere Frist **verkürzt** werden. Es kann sogar – wie zB im § 55 MTE II – eine **entfristete Kündigung** (sofortige ordentliche Kündigung) vereinbart werden (*BAG* 2.8.1978 AP Nr. 1 zu § 55 MTE II; 28.8.1987 – 7 AZR 249/86 – juris; *Erman/Belling* Rz 13; MünchKomm-*Hesse* Rz 48; *Staudinger/Preis* Rz 65; SPV-*Preis* Rz 526; *Müller-Glöge* FS Schaub, 1998, S. 497, 499; **aA** *Gamillscheg* Arbeitsrecht I, S. 259; *Wenzel* MDR 1969, 971). 211

Eine entfristete Kündigung kann auch festgelegt werden, indem **Gründe** für eine **sofortige Beendigung** des Arbeitsverhältnisses bestimmt werden, die den Voraussetzungen des wichtigen Grundes zur außerordentlichen Kündigung nach § 626 BGB nicht entsprechen (*Bleistein* Rz 106; *ders.* HzA Gruppe 5, S. 115; *Hueck/v. Hoyningen-Huene* § 13 Rz 9; *Neumann* ArbRGgw., Bd. 7, S. 41; BBDW-*Bader* Rz 55; **aA** *Gamillscheg* Arbeitsrecht I, S. 199; *Wenzel* MDR 1969, 971; wohl auch *Erman/Belling* Rz 13). **Voraussetzung** ist allerdings, dass in den Tarifverträgen eindeutig **entfristete ordentliche Kündigungen** und keine wichtigen Gründe iSd § 626 BGB geregelt werden (vgl. KR-*Fischermeier* § 626 BGB Rz 70 ff.). In allen Fällen, in denen sich eine tariflich vorgesehene entfristete Auflösung des Arbeitsverhältnisses sachlich als ordentliche Kündigung darstellt (so zB bei § 15 RTV Maler und Lackierer: *BAG* 4.6.1987 EzA § 1 KSchG Soziale Auswahl Nr. 25), greift das für ordentliche Kündigungen geltende Mitbestimmungs- oder Mitwirkungsrecht des Betriebs- oder Personalrates ein (*BAG* 2.8.1978 AP Nr. 1 zu § 55 MTE II), und der Arbeitgeber hat eine soziale Auswahl nach § 1 Abs. 3 KSchG vorzunehmen (*BAG* 4.6.1987 EzA § 1 KSchG Soziale Auswahl Nr. 25; MünchKomm-*Schwerdtner* [2. Aufl.] Rz 41). 212

2. Verkürzung der Fristen für ältere Arbeitnehmer

Umstritten und bislang höchstrichterlich nicht geklärt ist, ob auch die verlängerten Kündigungsfristen für ältere Arbeitnehmer (§ 622 Abs. 2) **uneingeschränkt** der **künftigen Regelung** durch die Tarifpartner unterliegen (für die am 1.9.1969 bereits bestehenden Tarifverträge, in denen für ältere Arbeiter kürzere Fristen vereinbart worden sind, gilt das Vorrangprinzip nicht: *BAG* 5.8.1971 EzA § 626 BGB nF Nr. 4). Da das in Abs. 4 S. 1 anerkannte tarifliche Vorrangprinzip keine Einschränkungen enthält, liegt insoweit **keine Regelungslücke** vor, sondern die Tariföffnungsklausel erstreckt sich **grds.** auch auf die verlängerten Fristen für ältere Arbeitnehmer (für ältere Arbeiter unter dem alten Recht vgl. *Erman/Hanau* [8. Aufl.] Rz 26; *Richardi* ZfA 1971, 87f; *Wiedemann/Stumpf* [5. Aufl.] § 1 Rz 236; *LAG Hamm* 2.7.1970 DB 1970, 1446) und die Voraussetzungen, unter denen die verlängerten Fristen anwendbar sind (Dauer der Betriebszugehörigkeit, Berechnung der Betriebszugehörigkeit ab einem bestimmten Lebensalter), **Regierungsentwurf** BT-Drs. 12/4902, S. 9; *BAG* 10.3.1994 EzA § 622 BGB nF Nr. 50 (allgemein für Wartezeiten); *Staudinger/Preis* Rz 63; *Bauer/Rennpferdt* AR-Blattei SD 1010.5 Kündigung V, Kündigungsfristen Rz 42; *Müller-Glöge* FS Schaub, 1998, S. 497, 499. 213

Daraus folgt aber nicht zugleich, dass auch die Kündigungen für ältere Arbeitnehmer **entfristet** oder die für sie geltenden Fristen denen der übrigen Arbeitnehmer **voll angeglichen** werden können (**aA** *Richardi* ZfA 1971, 88, sowie ArbRBGB-*Röhsler* Rz 92). Auch Tarifverträge müssen sich vielmehr an die 214

§ 622 BGB   Kündigungsfristen bei Arbeitsverhältnissen

Zielsetzung des Gesetzgebers halten, ältere Arbeitnehmer durch längere Fristen **stärker** zu schützen (*Canaris* GS für Rolf Dietz, S. 199, 218; *Erman/Hanau* aaO; KassArbR-*Isenhardt* 1.3 Rz 197; *Wiedemann/Stumpf* [5. Aufl.] § 1 Rz 122; *Wiedemann* Anm. AP Nr. 10 zu § 622 BGB; *LAG Düsseld.* 2.7.1970 DB 1970, 1446; **aA** *Müller-Glöge* FS Schaub, 1998, S. 497, 500; wohl auch *BBDW-Bader* Rz 55; *APS-Linck* Rz 113). Die Tarifvertragsparteien können deswegen zwar auch die längeren Fristen für ältere Arbeitnehmer verkürzen, aber sie müssen ihnen gegenüber der Grundkündigungsfrist **verlängerte Fristen** zubilligen. Wenn ein Tarifvertrag an der gesetzlichen Kündigungsfrist für Arbeitnehmer von vier Wochen festhält, sind auch die verlängerten Fristen für ältere Arbeitnehmer unverändert zu übernehmen. Wird die Grundkündigungsfrist für die übrigen Arbeitnehmer verringert, dann muss bei Abkürzungen der verlängerten Fristen der **Abstand** der Fristen des Abs. 2 von der Grundkündigungsfrist des Abs. 1 entsprechend eingehalten werden. Daran hat sich auch durch die Neuregelung nichts geändert. Zwar sollten durch sie Zweifel daran, ob auch vom Gesetz abweichende tarifvertragliche Regelungen der für die verlängerten Kündigungsfristen maßgeblichen Wartezeiten (Dauer der Betriebszugehörigkeit) zulässig sind, Einhalt geboten werden (RegE BT-Drs. 12/4902, S. 9 unter Hinweis auf *BAG* 29.8.1991 EzA § 622 BGB nF Nr. 35). Über die Reichweite der zugelassenen Regelungen ist damit aber keine Aussage getroffen.

3. Verlängerung der Fristen

215 Die Verlängerung der Kündigungsfristen wird von Abs. 4 S. 1 der Neuregelung (anders noch § 622 Abs. 3 S. 1 BGB 1969) systemgerecht mitumfasst. Dabei hätte es insoweit keiner besonderen Zulassungsnorm bedurft, weil das Gesetz nur **Mindestfristen** vorsieht. Anders ausgedrückt: Die Tarifvertragsparteien könnten aufgrund ihrer auf Art. 9 Abs. 3 GG beruhenden allgemeinen Regelungsbefugnis längere Fristen vereinbaren, als in § 622 Abs. 1, 2 und 3 vorgesehen sind (hL; *Herschel* BB 1970, 7; *Wiedemann* § 1 Rz 544). Dabei müssen sich die Tarifpartner aber nunmehr an das Benachteiligungsverbot aus § 622 Abs. 6 halten (s. Rz 206 mit 146), wobei in der Tarifpraxis gleiche Fristen üblich sind. So gelten zB auch die verlängerten Kündigungsfristen des § 53 Abs. 2 BAT sowohl für den Arbeitgeber als auch für den Arbeitnehmer (*BAG* 20.12.1990 RzK I 3c Nr. 16).

4. Regelung der Kündigungstermine

216 Nicht nur die Kündigungsfristen, sondern auch die **Kündigungstermine** sind **tarifdispositiv.** Abs. 4 S. 1 enthält diesbezüglich dem Wortlaut nach keine Einschränkung. Der Gesetzgeber wollte erklärtermaßen auch die Termine erfassen (BT-Drs. 12/4902, S. 9). Damit sind zahlreiche Streitfragen zur früheren Regelung entfallen, die sich lediglich auf die Fristen bezog (*Staudinger/Preis* Rz 63 und 66; SPV-*Preis* Rz 525; *Preis/Kramer* DB 1993, 2128; *Kramer* S. 109; *Kretz* HwB AR Kündigungsfristen und Kündigungsfristengesetz, Rz 75; im Ergebnis auch *Knorr* ZTR 1994, 270; *Wank* NZA 1993, 965; *Müller-Glöge* FS Schaub, 1998, S. 497, 499).

III. Geltung tariflicher Kündigungsvorschriften

1. Tarifgebundenheit

217 Tarifliche Vorschriften, die Kündigungsfristen und -termine regeln, gelten unmittelbar und zwingend nur **zwischen tarifgebundenen** Arbeitnehmern und Arbeitgebern (§§ 3, 4 Abs. 1 TVG). Tarifgebunden sind die **Mitglieder der Tarifvertragsparteien** und beim **Firmentarifvertrag** der **Arbeitgeber,** der den Tarifvertrag abgeschlossen hat (vgl. zu dieser Besonderheit des deutschen Tarifrechts: *Söllner/Waltermann* Rz 430 und *Hueck/Nipperdey* II 1, S. 630). Der Vorrang des Tarifvertrages bleibt auch im Zeitraum der **Nachwirkung** nach § 4 Abs. 5 TVG bestehen.

218 Die **Treuhandanstalt** war im tarifrechtlichen Sinne nicht Arbeitgeber der ihr gehörenden Kapitalgesellschaften. Sie konnte auch nicht als Arbeitgeberverband angesehen werden. Der **Ministerrat** der DDR konnte nach dem 1.7.1990 keinen Tarifvertrag für privatisierte Kapitalgesellschaften abschließen (*BAG* 12.2.1992 AP Nr. 14 zu § 3 TVG).

219 Wenn ein tarifgebundener Arbeitgeber oder Arbeitnehmer aus dem **Verband ausscheidet,** der den einschlägigen Tarifvertrag abgeschlossen hat, dann bleibt die Tarifgebundenheit zunächst weiter bestehen. Sie erlischt nach § 3 Abs. 3 TVG erst mit der **Beendigung** des Tarifvertrages (*BAG* 10.3.1982 EzA § 2 KSchG Nr. 3; *Däubler* Tarifvertragsrecht Rz 299 f.; *Bieback* DB 1989, 477). Endet der Tarifvertrag, wirkt er allerdings gem. § 4 Abs. 5 TVG nach. Seine Rechtsnormen gelten daher weiter, bis sie für das einzelne Arbeitsverhältnis verbindlich durch eine andere Abmachung ersetzt werden (*BAG* 13.12.1995

EzA § 3 TVG Nr. 11). Dies gilt auch dann, wenn der Zeitpunkt der Beendigung der Mitgliedschaft mit demjenigen der Beendigung des Tarifvertrages identisch ist (BAG 13.12.1995 EzA § 3 TVG Nr. 11). Der Beendigung des Tarifvertrages ist dessen inhaltliche **Änderung** oder **Ergänzung** gleichzustellen (Wiedemann/Oetker § 3 Rz 70). Ein **Änderungstarifvertrag** beeinträchtigt dabei nicht den kraft beiderseitiger Tarifgebundenheit **entstandenen** Anspruch eines Arbeitnehmers, der vor Abschluss des Änderungstarifvertrages aus der tarifvertragschließenden Gewerkschaft ausgeschieden war (BAG 13.12.1995 EzA § 4 TVG Nachwirkung Nr. 19). Vgl. zu den Rechtsfolgen der Nachwirkung unten Rz 243 ff.

Wenn der Arbeitgeber oder Arbeitnehmer **erst nach dem Inkrafttreten eines Tarifvertrages,** der das 220 Recht der ordentlichen Kündigung regelt, oder nach Abschluss der Arbeitsverträge Mitglieder der vertragschließenden Parteien werden, dann **beginnt die Tarifgebundenheit mit dem Erwerb der Mitgliedschaft** (Wiedemann/Oetker § 3 Rz 29 f., 31). **Beendigungsnormen** erstrecken sich dann **nicht** auf bereits **erklärte** Kündigungen (str., wie hier Wiedemann/Oetker aaO).

2. Allgemeinverbindlichkeit

Die Rechtswirkung eines Tarifvertrages wird auf alle Außenseiter erstreckt, die nicht Mitglieder der 221 jeweiligen Tarifvertragsparteien sind, wenn ein Tarifvertrag nach § 5 TVG für **allgemeinverbindlich** erklärt wird (vgl. Däubler Tarifvertragsrecht Rz 1275 ff.; Wiedemann/Oetker § 5 Rz 127 ff.; zum sozialpolitischen Zweck der Allgemeinverbindlicherklärung vgl. Söllner/Waltermann Rz 470). Die Tarifbindung besteht in diesem Falle auch über eine Insolvenzeröffnung hinaus (vgl. BAG 28.1.1987 EzA § 3 TVG Nr. 5). § 113 Abs. 1 InsO bleibt allerdings unberührt.

3. Geltungsbereich des Tarifvertrages

a) Grundsätzliches

Auch wenn beide Parteien eines Arbeitsvertrages tarifgebunden sind, gelten nach Abs. 4 S. 1 zulässige 222 abweichende Regelungen zwischen ihnen nur dann, wenn sie unter den **Geltungsbereich des Tarifvertrages** fallen, der das Recht der ordentlichen Kündigung abweichend vom Gesetz regelt (§ 4 Abs. 1 TVG; vgl. zum Unterschied zwischen Tarifgebundenheit und Geltungsbereich Wiedemann/Wank § 4 Rz 104). Es bedarf dazu eines **Rechtssetzungswillens** der Tarifpartner (BAG 27.8.1982 EzA § 1 TVG Auslegung Nr. 13). Der Geltungsbereich wird im Tarifvertrag in **zeitlicher, räumlicher, fachlicher, persönlicher und betrieblicher Hinsicht** umschrieben und begrenzt (vgl. zu den Einteilungskriterien Söllner [Vorauf.] § 16 V; Buchner AR-Blattei Tarifvertrag IV; Wiedemann/Wank § 4 Rz 96 ff.).

In Zweifelsfällen ist der Geltungsbereich eines Tarifvertrages durch **Auslegung** nach den Grundsätzen 223 der Gesetzesauslegung zu ermitteln (vgl. zur Auslegung: BAG 18.11.1975 EzA §§ 22–23 BAT VerGr Nr. IV b, 2 Nr. 2). Maßgeblich für die Auslegung ist der **Wille der Tarifvertragsparteien,** der im Tarifvertrag seinen **erkennbaren Ausdruck** gefunden hat. Wenn Wortlaut, Sinn und Zweck des Tarifvertrages nicht eindeutig sind, ist auf die **Tarifgeschichte** und die **Tarifübung** zurückzugreifen (BAG 12.9.1984 EzA § 1 TVG Auslegung Nr. 14). Eine **Tarifübung** ist jedoch **unbeachtlich,** wenn sie dem durch Auslegung ermittelten Inhalt einer Tarifnorm widerspricht (BAG 31.3.1973 AP Nr. 1 zu § 42 BAT).

b) Zeitlicher Geltungsbereich

Der zeitliche Geltungsbereich bestimmt den **Beginn** und das **Ende** der Tarifwirkung. Der Beginn fällt 224 idR mit dem Abschluss des Tarifvertrages zusammen. Der Tarifvertrag wirkt regelmäßig von diesem Zeitpunkt an auf die bestehenden und künftig begründeten Arbeitsverhältnisse ein (Wiedemann/Wank § 4 Rz 230 ff.).

Es ist jedoch grundsätzlich zulässig, den Beginn der Tarifwirkung auf einen vor dem Abschluss liegen- 225 den Zeitpunkt zurückzubeziehen (**Tarifverträge mit rückwirkender Kraft;** vgl. Söllner/Waltermann Rz 467; Wiedemann/Wank § 4 Rz 236 ff.; BAG 30.4.1969 AP Nr. 6 zu § 1 TVG Rückwirkung; zur Legitimation rückwirkender Tarifverträge allgemein Neuner ZfA 1998, 53 ff.). Die allgemeinen Grenzen der Rückwirkung von Tarifverträgen ergeben sich insbes. aus folgenden Grundsätzen, die zugleich die Zulässigkeit rückwirkender Kündigungsregelungen einschränken: Im Interesse der Rechtssicherheit und der Rechtsklarheit muss in einem Tarifvertrag klar und unmissverständlich vereinbart werden, ob die Tarifnormen auf einen bereits abgeschlossenen Sachverhalt **rückwirkend** angewandt werden sollen (BAG 20.6.1958 AP Nr. 2 zu § 1 TVG Rückwirkung; 21.3.1991 EzA § 622 BGB nF Nr. 32; Däubler Tarifvertragsrecht Rz 282; *Wiedemann/Wank* § 4 Rz 239). Diese Absicht der Tarifvertragsparteien ergibt sich zB nicht aus dem MTV für die Angestellten des rheinisch-westfälischen Steinkohlenbergbaus vom 16.7.1973, der in § 4 Abs. 3 die Wirksamkeit einer Kündigung davon abhängig macht, ob vor oder nach dem Ausspruch einer Kündigung bis zum Ausscheiden ein Interessenausgleich erfolgt ist. Diese Vorschrift ist deswegen auch dann nicht auf Kündigungen anzuwenden, die vor dem Abschluss des Tarifvertrages ausgesprochen worden sind, wenn der Arbeitnehmer erst nach dem Inkrafttreten des MTV ausgeschieden ist (*BAG* 1.12.1977 DB 1978, 701). Das gilt auch für § 12 Ziff. 1.2 BRTV-Bau vom 27.4.1990 (*BAG* 21.3.1991 EzA § 622 BGB nF Nr. 32).

226 Eine **verschlechternde Rückwirkung** ist grds. unzulässig, weil sie gegen den Grundsatz des Vertrauensschutzes verstößt (*Schaub* § 203 II 3b, Rz 8; *Wiedemann/Wank* § 4 Rz 244). Daraus folgt zB, dass ein Arbeitnehmer, der aufgrund eines bisherigen Tarifvertrages »unkündbar« geworden ist, diesen Status nicht dadurch wieder verlieren kann, dass ein neuer Tarifvertrag die Unkündbarkeit von Voraussetzungen abhängig macht, die der Arbeitnehmer nicht erfüllt (*BAG* 6.2.1962 AP Nr. 11 zu § 4 TVG Günstigkeitsprinzip; *Däubler* Tarifvertragsrecht Rz 287; *Schaub* § 203 II 3d, Rz 10; *Söllner/Waltermann* Rz 467; zur rückwirkenden Tariflohnsenkung und dem dadurch bedingten Eingriff in sog. »**wohlerworbene Rechte**« vgl. aber *BAG* 23.11.1994 EzA § 1 TVG Rückwirkung Nr. 3). Die **Beseitigung** eines durch einen **Rahmenkollektivvertrag** Anfang 1990 begründeten **Anspruchs** auf erhöhtes Überbrückungsgeld iSv § 121 Abs. 2 AGB-DDR nach § 31 Nr. 3 InkrG vom 21.6.1990 durch das Inkrafttreten eines Tarifvertrages mit Wirkung vom 1.7.1990 verstößt nicht gegen das Rechtsstaatsprinzip, da die Normadressaten des Rahmenkollektivvertrages nach Abschluss des Staatsvertrags über die Schaffung einer Währungs-, Wirtschafts- und Sozialunion vom 18.5.1990 mit der Ablösung des Arbeitsrechts der DDR und der kraft dessen geltenden Rahmenkollektivverträge ab 1.7.1990 rechnen mussten (*BAG* 13.12.1995, EzA § 14 AGB 1997 [DDR] Nr. 5). Allerdings tragen tarifvertragliche Regelungen auch **während der Laufzeit** des Tarifvertrages den **immanenten Vorbehalt** ihrer **rückwirkenden Abänderbarkeit** durch Tarifvertrag in sich (*BAG* 23.11.1994 EzA § 1 TVG Rückwirkung Nr. 3; 15.11.1995 EzA § 315 BGB Nr. 45 mit Anm. *Ahrens*). Eine danach zulässige rückwirkende Abänderung eines Tarifvertrages kann auch darin bestehen, dass der neue Tarifvertrag eine Regelung über den Ausschluss der ordentlichen Kündigung durch Präzisierung der Ausnahmetatbestände modifiziert, die Unkündbarkeit aber ansonsten unangetastet lässt (*BAG* 15.11.1995 EzA § 315 BGB Nr. 45 mit Anm. *Ahrens*). **Möglich** ist rückwirkende Beseitigung der **Nachwirkung** (s. Rz 195).

227 Eine Rückwirkung ist ausgeschlossen, wenn es faktisch bzw. rechtlich **unmöglich** oder **undurchführbar** ist, neu eingeführte Anforderungen für ein in der Vergangenheit liegendes, abgeschlossenes Verhalten nachträglich zu erfüllen (*Däubler* Tarifvertragsrecht Rz 288; *Wiedemann/Wank* § 4 Rz 246; *Neuner* ZfA 1998, 91). Dieser Grundsatz verbietet es, auf eine Kündigung, die unter Einhaltung der bisherigen Fristen erfolgt ist, die **verlängerten** Fristen anzuwenden, die in einem **nach Ablauf** der bisherigen Kündigungsfrist abgeschlossenen Tarifvertrag vereinbart worden sind (vgl. *Schaub* § 203 II 3d, Rz 10).

228 Die Anwendbarkeit tariflicher Bestimmungen über die Beendigung des Arbeitsverhältnisses in rückwirkenden Tarifverträgen wird auch durch den Grundsatz eingeschränkt, dass die Wirksamkeit von Rechtsgeschäften grundsätzlich nach den Rechtsnormen zu beurteilen ist, die zum **Zeitpunkt ihrer Vornahme** bestanden (*BAG* 10.3.1982 EzA § 2 KSchG Nr. 3: Zugang der Kündigung maßgebend; *BAG* 21.7.1988 EzA § 4 TVG Bauindustrie Nr. 44 = AR-Blattei Tarifvertrag IV Entscheidung Nr. 18 mit Anm. *Buchner* für die Kündigungsbeschränkung des § 4 Abs. 5 TV Vorruhestand Bauindustrie). Es bedarf deshalb ausdrücklicher **Überleitungsbestimmungen**, wenn längere Fristen, die zwar nach Ausspruch der Kündigung, aber noch vor Ablauf der Kündigungsfrist vereinbart werden, sich auch auf die bereits ausgesprochenen Kündigungen auswirken sollen (**aA** mit beachtlichen Argumenten *Sächs. LAG* 14.6.1995 – 12 Sa 148/95), was nach **abzulehnender** Ansicht des *BAG* (18.9.1997 RzK I 3e Nr. 67) möglich sein soll. Die von *Wiedemann/Wank* § 4 Rz 255 für rückwirkende Abschlussnormen erwogene Bestätigung des Rechtsgeschäfts scheidet bei Kündigungen aus. Der Kündigende müsste bei der Wiederholung seiner Kündigung nach § 141 BGB erneut die volle – inzwischen verlängerte – Kündigungsfrist einhalten, wodurch seine nach dem bisherigen Tarifvertrag bestehende Rechtsposition unzumutbar verschlechtert würde.

c) Räumlicher Geltungsbereich

229 In dem Umfang, in dem die Tarifvertragsparteien nach ihrer Satzung ihre **Tarifzuständigkeit** festgelegt haben (vgl. zur Tarifzuständigkeit: *Richardi* ZfA 1971, 85; *Wiedemann/Oetker* § 2 Rz 43 ff.) können sie den räumlichen **Geltungsbereich** eines Tarifgebietes entweder auf das gesamte **Gebiet,** für das sie

zuständig sind, erstrecken, oder auf einzelne **Bezirke** und **Orte** begrenzen (vgl. i.E. *Wiedemann/Oetker* § 2 Rz 53 ff.). Dabei geht nach dem **Grundsatz der Spezialität** der Tarifvertrag für den engeren Bereich einem Landes- oder Bundestarifvertrag vor.

Durch die Fortgeltung von Rahmenkollektivverträgen im Bereich der neuen Bundesländer und der 230 Möglichkeit unterschiedlicher Tarifverträge jeweils für den Bereich der alten und der neuen Bundesländer kommt es zu einer **lokalen Differenzierung** auch im Bereich des Tarifrechts. Die bisher im Bundesgebiet bestehenden Tarifverträge haben nicht automatisch mit dem Beitritt Geltung auch im Bereich der neuen Bundesländer erlangt, und die seit dem Beitritt in den neuen Bundesländern abgeschlossenen Tarife beschränken ihre Geltung bislang stets auf diesen Bereich (*Hanau/Preis* Das Arbeitsrecht der neuen Bundesländer I 2, S. 11). Wegen dieser örtlichen Differenzierung des deutschen Arbeitsrechts ist die Anwendung von **Regeln** des **interlokalen Rechts** erforderlich, die darüber bestimmen, welches Recht anwendbar ist, wenn ein Sachverhalt verschiedene Rechtsgebiete **innerhalb** eines Staates berührt.

Bei Tarifverträgen ist der Geltungsbereich **primär** durch **Auslegung** zu ermitteln, wobei von folgender 231 Regel auszugehen ist: Grundsätzlich ist derjenige Tarifvertrag auf das Arbeitsverhältnis anzuwenden, der am **Erfüllungsort** des Arbeitsverhältnisses, dh regelmäßig am Sitz des Betriebes, gilt (*Hanau/Preis* aaO; *Schaub* § 203 III 1a, Rz 21 f.). Auch wenn ein Arbeitnehmer vereinbarungsgemäß oder aufgrund des Direktionsrechts des Arbeitgebers außerhalb des Betriebssitzes beschäftigt wird, ist gleichwohl der Tarifvertrag des Betriebssitzes anzuwenden, und zwar sowohl dann, wenn der Arbeitnehmer für den Betriebssitz eingestellt und später an einen anderen Ort entsandt wird, wie auch für Stammarbeitskräfte, die von vornherein für Arbeiten außerhalb des Betriebssitzes eingestellt werden. Das gilt nur für solche Arbeitnehmer nicht, die für **vorübergehende Arbeiten außerhalb** des Betriebssitzes eingestellt werden oder für eine vom Betriebssitz entfernte besondere Betriebsstätte (*Hanau/Preis* aaO; *Schaub* aaO; *Wiedemann/Oetker* § 2 Rz 62; *Däubler* Tarifvertragsrecht Rz 257 f.). Ist im Arbeitsvertrag eines nicht tarifgebundenen Angestellten des öffentlichen Dienstes vereinbart, dass ein bestimmter Tarifvertrag des öffentlichen Dienstes und die diesen ergänzenden Tarifverträge Anwendung finden, so bedeutet dies mangels entgegenstehender Anhaltspunkte in der Regel nur, dass gelten soll, **was bei Tarifgebundenheit gelten würde** (BAG 21.10.1992 AP Nr. 27 zu § 23a BAT; 1.6.1995 EzA § 4 TVG Geltungsbereich Nr. 9). Dieser Grundsatz findet Anwendung, soweit es darum geht, ob auf das Arbeitsverhältnis eines Angestellten der ausdrücklich im Arbeitsvertrag in Bezug genommene BAT-O oder der BAT anzuwenden ist (BAG 1.6.1995 EzA § 4 TVG Geltungsbereich Nr. 9).

Aus diesen Grundsätzen ergeben sich für die Anwendung von **West-** oder **Osttarifen** folgende **Kon-** 232 **sequenzen** (*Däubler* Tarifvertragsrecht Rz 1805 ff.): Wird ein **aus den alten Bundesländern** stammender Arbeitnehmer für eine Tätigkeit in den neuen Bundesländern eingestellt, dann sind die dort geltenden Tarifverträge anzuwenden (vgl. BAG 6.10.1994 AP Nr. 2 zu § 1 BAT-O). Dies soll nach *BAG* (21.9.1995 AP Nr. 6 zu § 1 BAT-O) selbst dann gelten, wenn Arbeitgeber das Land Berlin ist. Aufgrund des Günstigkeitsprinzips nach § 4 Abs. 3 TVG kann allerdings im Einzelfall eine Anhebung auf »Westniveau« vereinbart werden. Das wird idR unumgänglich sein, um geeignete Arbeitskräfte zu gewinnen. Wird ein Arbeitnehmer mit Wohnsitz in den **neuen Bundesländern** für das Gebiet der alten Bundesländer eingestellt, dann wird das Arbeitsverhältnis vom Geltungsbereich der West-Tarife erfasst (BAG 23.2.1995 AP Nr. 2 zu § 1 TV Ang Bundespost). Bei **Rückkehr** in das jeweils andere Gebiet gilt dann wieder der dort maßgebende Tarif (vgl. dazu BAG 23.2.1995 AP Nr. 3 zu § 1 TV Ang Bundespost bzw. AP Nr. 1 zu § 1 BMT – G II).

Nicht evident ist die Rechtslage bei folgenden drei Kollisionsfällen (vgl. *Däubler* Tarifvertragsrecht 233 Rz 1807 ff.; *ders.* ZTR 1992, 145 ff.; *Kranzusch* ZTR 1992, 288): Werden Arbeitnehmer aus dem Tarifgebiet West in das Tarifgebiet Ost versetzt, weil ihre Dienststelle dorthin verlegt wird, dann greifen an sich die Osttarife ein (*Däubler* Tarifvertragsrecht Rz 1815). Nach den bestehenden Verhältnissen wird eine solche Versetzung allerdings nur dann akzeptiert werden, wenn sie zumindest mit der Wahrung der bisherigen Vergütungsregelung und den sonstigen Arbeitsbedingungen verbunden ist. Das gilt entsprechend für den Fall der Versetzung vom Tarifgebiet Ost in die alten Bundesländer (dh Anwendung West-Tarife) jedenfalls dann, wenn das Arbeitsverhältnis zwar im Beitrittsgebiet begründet worden ist, aber auf **nicht absehbare** Zeit im Geltungsbereich eines **West-Tarifvertrages fortgesetzt** werden soll (BAG 1.6.1995 EzA § 4 TVG Geltungsbereich Nr. 9). Zu diesem Ergebnis führt eine **verfassungskonforme** Auslegung des Ost-Tarifes, weil die weitere Einbeziehung des entsandten Arbeitnehmers in den Geltungsbereich des Ost-Tarifes zu einer nicht gerechtfertigten Ungleichbehandlung mit anderen auf Dauer im Geltungsbereich des West-Tarifes beschäftigten Arbeitnehmern führen würde (*BAG*

30.7.1992 EzA § 4 TVG Geltungsbereich Nr. 3 = DB 1993, 332; *Däubler* ZTR 1992, 145 ff.; *ders.* Tarifvertragsrecht Rz 1816). **Gleiches** gilt in Sonderheit bei **(gebietsunabhängigen) Zulagen** oder aber **übertariflichen Leistungen** (*BAG* 26.10.1995 AP Nr. 7 zu § 1 BAT-O). Eine **Fortgeltung** des Ost-Tarifes kommt allenfalls bei einer **kurzzeitig befristeten Entsendung** in den Geltungsbereich des West-Tarifes, zB zur Einarbeitung oder zur Fortbildung (vgl. *BAG* 1.6.1995 EzA § 4 TVG Geltungsbereich Nr. 9) oder dann, wenn der Arbeitnehmer durch die Arbeit im Geltungsbereich des West-Tarifs **Aufgaben seiner bisherigen Dienststelle wahrnimmt** oder **in deren Interesse tätig wird** (*BAG* 20.3.1997 AP Nr. 8 zu § 1 BAT-O), in Betracht.

234 Durch die **Rechtsprechung** bislang **nicht geklärt** und im **Schrifttum umstritten** ist die dritte Fallgestaltung, bei der ein Arbeitnehmer aus einem Tarifgebiet vorübergehend oder auf Dauer in das andere entsandt wird, ohne die Verbindung zum bisherigen Arbeitsort und zum Hauptsitz seines Arbeitgebers vollständig aufzugeben. Nach *Däubler* (Tarifvertragsrecht Rz 1817) passen für die Ost-West-Konstellation weder die Regeln des **interlokalen** Rechts der Tarifverträge noch die Grundsätze des **Internationalen** Privatrechts nach Art. 30 EGBGB. Er will vielmehr bei **Einstellung** im »**Billigtarifland**« und Entsendung in das »**Hochtarifland**« den **günstigeren Tarifvertrag** nach einer **Frist** von **drei Monaten** eingreifen lassen (vgl. auch *Däubler* DB 1991, 1622 ff.). *Kempen* (AuR 1991, 136) will diese Wartefrist auf einen Monat verkürzen, während *Schaub* (§ 203 III 1b, Rz 23) bei »dauernder Entsendung« ohne Vorbehalt den West-Tarif anwenden will.

d) Persönlicher Geltungsbereich

235 Der persönliche Geltungsbereich fällt zB dann nicht mit der Tarifgebundenheit zusammen, wenn getrennte Tarifverträge für **Angestellte** oder **Arbeiter** abgeschlossen werden oder wenn andere Gruppen von Beschäftigten (zB **Auszubildende** oder **Aushilfskräfte**) ausgeklammert werden (*Söllner/Waltermann* Rz 442; *Wiedemann/Oetker* § 3 Rz 8).

e) Betrieblich-branchenmäßiger Geltungsbereich

236 Der **betriebliche Geltungsbereich** wird weitgehend dadurch bestimmt, dass die Gewerkschaften und die Arbeitgeberverbände zumeist nach dem sog. **Industrieverbandsprinzip** organisiert sind, dh ihre Mitglieder Unternehmer oder Beschäftigte in bestimmten **Wirtschaftszweigen** oder **Betrieben** sind (Bau-, Bank-, Gaststättengewerbe, Betriebe der Metall- oder der Holzindustrie). Die Tarifverträge werden deswegen üblicherweise für bestimmte Wirtschaftszweige oder Betriebe (zB für das Baugewerbe, für die Betriebe der Metallindustrie) abgeschlossen (*Wiedemann/Wank* § 4 Rz 136).

f) Fachlicher Geltungsbereich

237 Auch wenn Tarifverträge für **alle** Betriebe eines Wirtschaftszweiges vereinbart sind, kommt es weiter darauf an, ob sie für alle Arbeitsverhältnisse der in den erfassten Betrieben **beschäftigten Arbeitnehmer** gelten. Das richtet sich nach dem fachlichen Geltungsbereich (im engeren Sinne) der jeweiligen Tarifverträge, die zB zwischen **technischen** und **kaufmännischen** Angestellten oder Handwerkern und sonstigen Arbeitern unterscheiden können (*Wiedemann/Wank* § 4 Rz 174 ff.).

4. Blankettverweisungen in Tarifverträgen

238 In Tarifverträgen sind Verweisungen auf jeweils geltende **andere tarifliche Vorschriften** dann zulässig, wenn der Geltungsbereich der verweisenden Norm mit dem der Tarifnorm, auf die verwiesen wird, in einem **engen sachlichen Zusammenhang** steht. Dann ist auch nicht zwischen sog. **Überraschungsklauseln** und sonstigen Normen zu unterscheiden (*BAG* 10.11.1982 EzA § 1 TVG Nr. 16).

5. Tarifkonkurrenz

239 Wenn trotz der verschiedenen Abgrenzungsmerkmale **mehrere Tarifverträge** auf ein Arbeitsverhältnis anwendbar sein können, liegt ein **Fall der sog. echten Tarifkonkurrenz** vor (vgl. *Däubler* Tarifvertragsrecht Rz 1482; *Hueck/Nipperdey/Stahlhacke* § 4 Rz 250). Das trifft allerdings selten zu, weil die **Tarifzuständigkeiten** regelmäßig **genau abgegrenzt** sind und die Tarifvertragsparteien bestrebt sind, wirkliche Tarifkonkurrenzen zu vermeiden (*BAG* 24.9.1975 EzA § 4 TVG Tarifkonkurrenz Nr. 1; *Däubler* Tarifvertragsrecht Rz 1483 f.). Bei einer echten Tarifkonkurrenz ist von dem **Grundsatz der Tarifeinheit** auszugehen, nach dem in **einem Betrieb** in aller Regel nur **ein Tarifvertrag** maßgebend sein soll (*Hueck/Nipperdey* I, S. 648; *BAG* 19.12.1958 AP Nr. 6 zu § 4 TVG Tarifkonkurrenz). Nicht allein dieser

Grundsatz löst jedoch das Problem, sondern das **Prinzip der Sachnähe** gebietet es, bei Tarifkonkurrenzen nach dem Grundsatz der **Spezialität** (*BAG* 10.3.1982 AP Nr. 2 zu § 2 KSchG 1969) den Tarifvertrag anzuwenden, der den **Erfordernissen** und **Eigenarten** des betreffenden Betriebes und der darin **tätigen Arbeitnehmer** am besten gerecht wird (*Wiedemann/Wank* § 4 Rz 289 ff.; *BAG* 24.9.1975 EzA § 4 TVG Tarifkonkurrenz Nr. 1). Der sachfernere wird durch den sachnäheren Tarifvertrag verdrängt (*BAG* 20.3.1991 EzA § 4 TVG Tarifkonkurrenz Nr. 4). Die größere persönliche Nähe des anzuwendenden Tarifvertrages kann sich auch daraus ergeben, dass er die meisten Arbeitsverhältnisse des gesamten Betriebes umfasst (*Söllner/Waltermann* Rz 447). Zur Geltung von Tarifverträgen in **Mischbetrieben** vgl. *BAG* 25.11.1987 EzA § 4 TVG Geltungsbereich Nr. 1. Zum Rangverhältnis zwischen einem für allgemeinverbindlich erklärten und einem anderen Tarifvertrag vgl. *Gerhard Müller* DB 1989, 1970 f. Gegen das Prinzip der Tarifeinheit werden im Schrifttum neuerdings zunehmend gewichtige Bedenken erhoben und die praktischen Probleme einer Tarifpluralität für lösbarer gehalten (*Däubler* Tarifvertragsrecht Rz 1502 f.; *Reuter* JuS 1992, 108; *Zöllner/Loritz* § 37 V 2; *Kraft* RdA 1992, 168).

IV. Tarifvertrag und günstigere Individualabsprache

Die Tarifnormen gelten zwar zwischen tarifgebundenen Parteien **unmittelbar** und **zwingend**, nach § 4 Abs. 3 TVG sind aber vom Tarifvertrag abweichende vertragliche Abreden zulässig, wenn sie eine **Änderung zugunsten** des Arbeitnehmers enthalten (*Staudinger/Preis* Rz 86). Dadurch wird der **Grundsatz** bestätigt, dass die **Tarifverträge** nur unabdingbare **Mindestbedingungen** zugunsten der Arbeitnehmer enthalten (*BAG* 25.11.1970 AP Nr. 12 zu § 4 TVG Günstigkeitsprinzip). 240

Das **Günstigkeitsprinzip** gestattet es dem Arbeitgeber, mit einem tarifgebundenen Arbeitnehmer **Kündigungsfristen und Termine** zu vereinbaren, die zwar **schlechter** als die gesetzlichen Bestimmungen, aber für den Arbeitnehmer besser als die Vorschriften des einschlägigen Tarifvertrages sind (*Dietz* DB 1974, 1770; *Soergel/Kraft* Rz 22; *BAG* 29.8.2001 EzA § 622 BGB Tarifvertrag Nr. 2 für längere als die tarifliche Frist; s.a. *BAG* 30.4.1994 EzA § 622 BGB Nr. 49). Die **zwingende Wirkung der gesetzlichen Bestimmungen** wird durch den **Vorrang** des Tarifvertrages verdrängt, und beim **Günstigkeitsvergleich** sind nur die einschlägige tarifliche Regelung und die abweichende vertragliche Vereinbarung miteinander zu vergleichen (vgl. zum Günstigkeitsvergleich *Wiedemann/Wank* § 4 Rz 432 ff., 470 ff). Für den Arbeitnehmer günstiger und auch sonst zulässig kann auch die vertragliche Übernahme eines anderen **(fremden)** Tarifvertrages sein, der nach seinem Geltungsbereich nicht anwendbar ist (*Däubler* Tarifvertragsrecht Rz 336; *Dietz* DB 1974, 1771; *Richardi* ZfA 1971, 85 f.; einschränkend *BAG* 10.6.1965 AP Nr. 13 zu § 9 TVG: Vereinbarung eines fremden Tarifvertrages, **solange** kein einschlägiger Tarifvertrag abgeschlossen ist). Davon ist die andere Frage zu unterscheiden, ob bei **fehlender Tarifgebundenheit** auch Tarifverträge mit einem anderen Geltungsbereich in Bezug genommen werden können (vgl. dazu Rz 181 f.). 241

Bei der Prüfung, ob eine einzelvertragliche Abmachung **günstiger** ist als der kraft beiderseitiger Tarifgebundenheit geltende Tarifvertrag, dürfen nicht getrennt die Kündigungsfristen und die Kündigungstermine einander gegenübergestellt werden (sog. **Rosinentheorie**). Es müssen vielmehr nach einem individuellen Maßstab und in objektiver Würdigung die Kündigungsvorschriften des Tarifvertrages und die vertragliche Regelung **insgesamt** miteinander verglichen werden (sog. **Sachgruppenvergleich**: *Söllner/Waltermann* Rz 419; *Wiedemann/Oetker* § 4 Rz 470 ff.; *Kramer* S. 124; im Ergebnis ebenso ArbRBGB-*Röhsler* Rz 119: »Gesamtbindungsdauer«; s.a. *Müller-Glöge* FS Schaub, 1998, S. 497, 501 wie hier APS-*Linck* § 622 Rz 179). Das ist jetzt auch die Ansicht von *Preis* (SPV-*Preis* Rz 533; *Staudinger/Preis* Rz 87). Auch das *BAG* (4.7.2001 EzA § 622 BGB Nr. 63 m. Anm. *Lambrich*) stellt auf die **Gesamtbindungsdauer** ab, wobei maßgebend der Zeitpunkt des Vertragsschlusses ist (vgl. *BAG* 12.4.1972 AP Nr. 13 zu § 4 TVG Günstigkeitsprinzip). Eine günstigkeitsneutrale Abrede ist mit Blick auf § 4 Abs. 1 S. 1 iVm § 4 Abs. 3 TVG unwirksam (*Staudinger/Preis* Rz 88 f.; SPV-*Preis* Rz 533; *Preis/Kramer* DB 1993, 2129 f.; *Kramer* S. 125). 242

V. Nachwirkende Tarifverträge

Das **tarifliche Vorrangprinzip** wird zeitlich nicht durch **den Ablauf** eines Tarifvertrages **begrenzt**. Nach § 4 Abs. 5 TVG gelten die Rechtsnormen eines Tarifvertrages nach seinem Ablauf weiter, bis sie durch eine andere Abmachung ersetzt werden (zur Nachwirkung von **Verweisungsnormen** vgl. *BAG* 10.11.1982 EzA § 1 TVG Nr. 16; vgl. auch *BAG* 13.12.1995 EzA § 3 TVG Nr. 11 zur Nachwirkung nach Verbandsaustritt). Der Gesetzgeber hat im Interesse der Klarheit und Rechtssicherheit das **Prinzip der Nachwirkung** der **nicht mehr zwingenden** Tarifnormen anerkannt (vgl. zu den Zwecken i.E. *Wiede-* 243 *mann/Wank* § 4 Rz 327-329). Im Nachwirkungszeitraum gelten die tariflichen Vorschriften zwar nicht unabdingbar weiter, aber sie behalten ihre **ordnende Funktion** als kollektive Regelungen. Ihnen bleibt der **Vorrang** vor den gesetzlichen Bestimmungen erhalten (*Adomeit* SAE 1965, 179; *Bleistein* HzA Gruppe 5, S. 121–125; *Neumann/Fenski* § 13 Rz 21; *Leinemann/Linck* § 13 Rz 23; *G. Hueck* Anm. AP Nr. 6 zu § 13 BUrlG; *Neumann* ArbRGgw., Bd. 7, S. 36; *Stahlhacke* DB 1969, 1652 f.; *Staudinger/Preis* Rz 46; vgl. *Wiedemann/Wank* § 4 Rz 320; **aA** *Boldt* FS für Heymanns-Verlag, S. 227–239; *Boldt/Röhsler* § 13 Rz 25). Die Nachwirkung nach dem **Austritt** des Arbeitgebers aus dem **Arbeitgeberverband** (BAG 4.8.1993 AP Nr. 15 zu § 3 TVG) ist mit Art. 9 Abs. 3 GG vereinbar (*BVerfG* [2. Kammer des 1. Senats] 3.7.2000 AuR 2001, 145 [für tarifvertragliche »Unkündbarkeitsregelung«]).

244 Die Nachwirkung kündigungsrechtlicher Vorschriften in beendeten Tarifverträgen soll sich nach der hL nicht auf solche **Arbeitsverhältnisse** erstrecken, die erst im **Nachwirkungszeitraum begründet** werden (BAG 6.6.1958 AP Nr. 1 zu § 4 TVG Nachwirkung; 13.6.1958 AP Nr. 2 zu § 4 TVG Effektivklausel; 15.2.1965 AP Nr. 6 zu § 13 BUrlG; 29.1.1975 EzA § 4 TVG Nachwirkung Nr. 3; *Hueck/Nipperdey* II 1, S. 540; *G. Müller* DB 1959, 84; *Neumann* aaO; *Erman/Küchenhoff* [8. Aufl.] Rz 10). Diese Auffassung wird dem Zweck der **Nachwirkung** nicht gerecht, im Interesse des Arbeitgebers und der Belegschaft die bisherige tarifliche (und damit betriebliche) Ordnung zunächst aufrechtzuerhalten. Das **Bedürfnis nach einer Übergangsregelung** (vgl. *Wiedemann/Wank* § 4 Rz 327 ff.) rechtfertigt es, die Nachwirkung auch auf Arbeitsverhältnisse auszudehnen, die erst nach dem Ablauf des Tarifvertrages begründet werden (*Buchner* Anm. AR-Blattei, Tarifvertrag IV: Entsch. 12; *Däubler* Tarifvertragsrecht Rz 1464; *Kempen/Zachert-Stein* § 3 Rz 168; *Gamillscheg* Arbeitsrecht II, S. 120; *Herschel* ZfA 1976, 89, 99; *v. Hoyningen-Huene* RdA 1974, 138, 150; *Lieb* S. 103; *Popp* HAS § 19 B Rz 261; *Wiedemann* Anm. AP Nr. 6 zu § 4 TVG Nachwirkung; *Wiedemann/Wank* § 4 Rz 330 ff.).

245 Die Inkonsequenz der hL zeigt sich darin, dass zwar einerseits die Nachwirkung für später abgeschlossene Arbeitsverträge bestritten oder bezweifelt, andererseits aber empfohlen wird, mit den neu eintretenden Arbeitnehmern – gleichgültig, ob tarifgebunden oder nicht – die Anwendung der nachwirkenden Vorschriften des Tarifvertrages zu vereinbaren (vgl. MünchKomm-*Schwerdtner* [3. Aufl.] Rz 74; *Staudinger/Preis* Rz 46; *Neumann* ArbRGgw., Bd. 7, S. 36). Damit wird dem Vorrangprinzip eine Bedeutung zuerkannt, die auch die entsprechende Erweiterung der Nachwirkung begründet.

246 Nach § 4 Abs. 5 TVG gelten die nachwirkenden Rechtsnormen eines Tarifvertrages allerdings nur so lange weiter, bis sie durch eine **andere Abmachung** ersetzt werden (vgl. dazu i.E. *Däubler* Tarifvertragsrecht Rz 1449 ff.). Darunter ist nicht nur der Abschluss eines neuen Tarifvertrages (zur Möglichkeit der **rückwirkenden** Beseitigung der **Nachwirkung** durch Folgetarifvertrag s. Rz 195), sondern **auch eine abändernde einzelvertragliche Regelung** zu verstehen (BAG 10.3.1982 EzA § 2 KSchG Nr. 2; *Wiedemann/Wank* § 4 Rz 356). Die Zulässigkeit vertraglicher Abmachungen über die ordentliche Kündigung ist im Nachwirkungszeitraum nicht mehr an den **tariflichen Vorschriften**, sondern an den **gesetzlichen Mindestbestimmungen** für Kündigungsfristen und -termine zu messen.

VI. Verfassungswidrigkeit unterschiedlicher tariflicher Kündigungsfristen und Wartezeiten für Arbeiter und Angestellte

1. Bindung der Tarifpartner an Art. 3 GG

247 Wenn die Grundfristen, die verlängerten Fristen für Arbeiter oder die Wartezeiten für die verlängerten Fristen für die ordentliche Kündigung von Arbeitern **in Tarifverträgen eigenständig (konstitutiv, nicht lediglich deklaratorisch durch Übernahme der gesetzlichen Regelung)** geregelt sind, haben die Gerichte für Arbeitssachen in eigener Kompetenz zu prüfen, ob die Kündigungsregelungen im Vergleich zu den für Angestellte geltenden Bestimmungen mit dem **Gleichheitssatz** des Art. 3 GG **zu vereinbaren** sind (BAG 21.3.1991 EzA § 622 BGB nF Nr. 31; 21.3.1991 EzA § 622 BGB nF Nr. 32; 21.3.1991 EzA § 622 BGB nF Nr. 33; 23.1.1992 EzA § 622 nF Nr. 40; 23.1.1992 EzA § 622 nF Nr. 41; 23.1.1992 EzA § 622 nF Nr. 42; 2.4.1992 EzA § 622 BGB nF Nr. 43; 29.8.1991 EzA § 622 BGB nF Nr. 35; 16.9.1993 AP Nr. 42 zu § 622 BGB; *Ascheid* Kündigungsschutzrecht Rz 26; *Däubler* Tarifvertragsrecht Rz 435, 941 f.; *Konzen* SAE 1988, 45; *K. Meyer* DB 1992, 1881; *Popp* HAS § 19 B Rz 32 f.; *Staudinger/Preis* § 622 Rz 67). Die Tarifparteien sind durch Abs. 4 S. 1 **nicht zu Regelungen** ermächtigt, die dem **Gesetzgeber** selbst durch die Verfassung verboten sind und den Art. 3 GG verletzen (BAG 28.1.1988 EzA § 148 ZPO Nr. 15; 21.3.1991 EzA § 622 BGB nF Nr. 31; 2.4.1992 EzA § 622 BGB nF Nr. 43; *Bengelsdorf* NZA 1991, 121, 130; *Buchner* NZA 1991, 41, 47; *Marschollek* DB 1991, 1069, 1071; *Sachs* RdA 1989, 25 ff.). Der Gleichheitssatz des Art. 3 GG verlangt allerdings **keine völlige Gleichstellung** der Arbeiter mit den Angestellten, sondern nur, dass Ungleichbehandlung und rechtfertigender Grund in einem angemessenen Verhältnis zueinander stehen (*BAG* 23.1.1992 EzA § 622 nF Nr. 40; 23.1.1992 EzA § 622 nF Nr. 41; 23.1.1992 EzA § 622 nF Nr. 42; 2.4.1992 EzA § 622 BGB nF Nr. 43).

2. Prüfungsmaßstab

Im Anschluss an den Beschluss des *BVerfG* (30.5.1990 EzA § 622 BGB nF Nr. 27) gilt nach der neueren Rechtsprechung des *BAG* für die Prüfung, ob sachliche Differenzierungsgründe für die Ungleichbehandlung zwischen Arbeitern und Angestellten vorliegen, folgender **Maßstab**: An sachlichen Gründen für unterschiedliche Regelungen fehlt es, wenn eine schlechtere Rechtsstellung der Arbeiter nur auf einer **pauschalen Differenzierung** zwischen den Gruppen der Angestellten und der Arbeiter beruht. Sachlich gerechtfertigt sind nur hinreichend **gruppenspezifisch** ausgestaltete unterschiedliche Regelungen, die zB entweder nur eine **verhältnismäßig kleine** Gruppe **nicht intensiv benachteiligen,** oder **funktions-, branchen- oder betriebsspezifischen Interessen** beider Seiten oder zumindest der Arbeitgeber im Geltungsbereich eines Tarifvertrages durch die Einführung verkürzter Kündigungsfristen für Arbeiter entsprechen (zB überwiegende [etwa 75 vH der Beschäftigten, vgl. *BAG* 4.3.1993 EzA § 622 BGB nF Nr. 44] Beschäftigung von Arbeitern in der Produktion). Durch diese Beispiele werden andere sachliche Differenzierungsgründe nicht ausgeschlossen. Dieser Prüfungsmaßstab gilt sowohl für unterschiedliche Grundfristen als auch für ungleich verlängerte Fristen für Arbeiter und Angestellte mit längerer Betriebszugehörigkeit und höherem Lebensalter. Er ist insbes. auch auf unterschiedliche Wartezeiten für die verlängerten Fristen zu erstrecken. Zunächst möglicherweise erhebliche Unterschiede zwischen Angestellten und Arbeitern hinsichtlich ihrer Schutzbedürftigkeit oder einem betrieblichen Interesse an einer flexiblen Personalplanung und -anpassung verlieren bei längerer Betriebszugehörigkeit erheblich an Gewicht (*BAG* 21.3.1991 EzA § 622 BGB nF Nr. 31; 21.3.1991 EzA § 622 BGB nF Nr. 32; 21.3.1991 EzA § 622 BGB nF Nr. 33; 29.8.1991 EzA § 622 BGB nF Nr. 35; 23.1.1992 EzA § 622 nF Nr. 40; 23.1.1992 EzA § 622 nF Nr. 41; 23.1.1992 EzA § 622 nF Nr. 42; 2.4.1992 EzA § 622 BGB nF Nr. 43; 16.9.1993 AP Nr. 42 zu § 622 BGB; *Popp* HAS § 19 B Rz 63 ff.; *Staudinger/Preis* § 622 Rz 67).

a) Beschränkte materielle Richtigkeitsgewähr

Wie bereits dargelegt (Rz 207 f.) hat der Gesetzgeber die Tarifautonomie aus Zweckmäßigkeitserwägungen anerkannt und sich dabei von der Erwägung leiten lassen, die gesetzliche Fristenregelung könne für gewisse Bereiche, zB gerade für die Bauwirtschaft zu starr sein. Die Tarifpartner haben aufgrund dieser Öffnungsklausel eine sachlich begrenzte, insbes. auch an Art. 3 GG zu messende Gestaltungsfreiheit, wobei es nicht Sache der Gerichte ist zu prüfen, ob sie jeweils die »gerechteste oder zweckmäßigste Regelung« vereinbart haben. Die gerichtliche Kontrolle beschränkt sich darauf, ob die tarifliche Regelung die Grenzen des Gestaltungsspielraums der Tarifpartner überschreitet, was nur dann der Fall ist, wenn sie Differenzierungen festgelegt haben, für die sachlich einleuchtende Gründe nicht ersichtlich sind (*BAG* 1.6.1983 AP Nr. 5 zu § 611 BGB Deputat; 25.2.1987 EzA Art. 3 GG Nr. 21; *BVerfG* 26.3.1980 AP Nr. 116 zu Art. 3 GG für den Gesetzgeber und das staatliche Gesetzesrecht).

Wenn sich weder aus dem Wortlaut oder aus der Systematik des einschlägigen Tarifvertrages noch aus dem Vortrag – insbes. des Arbeitgebers – konkrete Anhaltspunkte für sachliche Differenzierungen und eine angemessene Berücksichtigung auch der Interessen der Arbeitnehmer ergeben, kann die Verfassungsmäßigkeit unterschiedlicher Regelungen zu Lasten der Arbeiter nicht allein mit dem Grundsatz einer Richtigkeitsgewähr begründet werden (*BAG* 21.3.1991 EzA § 622 BGB nF Nr. 33; 16.9.1993 AP Nr. 42 zu § 622 BGB; 18.1.2001 EzA § 622 BGB nF Nr. 62, wonach eine Gesamtbetrachtung der Kündigungsfristen in einem Tarifvertrag vorzunehmen ist; aA *Bengelsdorf* NZA 1991, 131). Das reicht deswegen nicht aus, weil diesem Grundsatz im Bereich unterschiedlicher Kündigungsregelungen zwischen Arbeitern und Angestellten nur eine beschränkte Bedeutung zukommt. Die Auffassung der betroffenen Kreise allein kann nach der Würdigung des *BVerfG* (30.5.1990 EzA § 622 BGB nF Nr. 27) sachwidrige Differenzierungen nicht rechtfertigen. Auch das *BVerfG* (30.5.1990 EzA § 622 BGB nF Nr. 27) hat vielmehr konkrete Anhaltspunkte für sachgerechte Differenzierungen und eine »nähere Einsicht« in die Gründe für das Zustandekommen von Tarifverträgen verlangt. Nur wenn sich konkrete Anhaltspunkte für sachliche Differenzierungen ergeben, ist von einer materiellen Richtigkeitsgewähr für die tariflichen Regelungen auszugehen (*BAG* 2.4.1992 EzA § 622 BGB nF Nr. 43; 16.9.1993 aaO).

b) Darlegungslast – Amtsermittlung

251 Auch wenn wie beim Normenkontrollverfahren durch das BVerfG bei der Prüfung der Verfassungsmäßigkeit eines Tarifvertrages durch die Arbeitsgerichte **nicht** auf die **Darlegungs-** und **Beweislast** der **Parteien** im engeren Sinne abzustellen ist (so allerdings *Koch* NZA 1991, 52), trifft sie schon im eigenen Interesse eine **Prozessförderungspflicht,** indem der Arbeitgeber aus dem Tarifvertrag nicht ersichtliche sachliche Differenzierungsgründe für die verschlechterte Rechtsstellung der Arbeiter vorzutragen und der Arbeitnehmer, soweit ihm das möglich ist (vgl. § 138 Abs. 4 ZPO) dazu sachlich Stellung zu nehmen hat. Wird die Verfassungswidrigkeit tariflicher Vorschriften von einer Partei **angesprochen oder** vom Gericht **bezweifelt,** dann haben die Arbeitsgerichte nach den Grundsätzen des § 293 ZPO **von Amts wegen** die näheren für unterschiedliche Fristen maßgeblichen Umstände, die für oder gegen die Verfassungswidrigkeit sprechen, zu ermitteln, und zwar insbes. durch Einholung von Auskünften der Tarifpartner (*BAG* 4.3.1993 EzA § 622 BGB nF Nr. 44; 16.9.1993 AP Nr. 42 zu § 622 BGB; ähnlich *Marschollek* DB 1991, 1069 f.).

3. Praktische Folgerungen aus dem Prüfungsmaßstab

a) Verfassungskonforme Regelungen

252 Bei der Anwendung des vorstehenden Prüfungsmaßstabes hat das *BAG* zunächst allgemein darauf abgestellt, der jeweils zu prüfende einschlägige Tarifvertrag betreffe einen Kreis von Arbeitnehmern, der nicht mit den Großgruppen aller Arbeiter und Angestellten identisch sei, sondern sich auf einen bestimmten, abgegrenzten Ausschnitt aus dem Gesamtspektrum der Arbeitnehmerschaft beschränke (*BAG* 2.4.1992 EzA § 622 BGB nF Nr. 43). Es hat zudem jeweils den **gesamten Tarifinhalt** berücksichtigt, soweit er einen Bezug zum Bestand des Arbeitsverhältnisses hat (*BAG* 21.3.1991 EzA § 622 BGB nF Nr. 31) und aufgrund dieser allgemeinen und der individuellen Kriterien, die sich aus dem jeweiligen Tarifvertrag ergeben, für folgende tarifliche Regelungen der Kündigungsfristen für Arbeiter deren Verfassungsmäßigkeit bestätigt:

253 Die **Grundfrist** des § 12 Ziff. 3b RTV für **Arbeiter** der **Gartenbaubetriebe** in **Schleswig-Holstein** vom 3.4.1990 (7 Tage bei einer Betriebszugehörigkeit bis zu 6 Monaten) verstößt, gemessen an der für Angestellte geltenden Frist von sechs Wochen zum Quartalsende nicht gegen Art. 3 GG. Für diese Branche rechtfertigt das Bedürfnis an einer durch Witterung und Saison bedingten flexiblen Personalplanung im produktiven Bereich, in dem überwiegend die Arbeiter tätig sind, die erheblich kürzeren Grundfristen für Arbeiter (*BAG* 23.1.1992 EzA § 622 BGB Nr. 40; **abl.** *Goergens* AiB 1992, 658 ff.).

254 Die **Grundkündigungsfrist** des § 2 Ziff. 6 MTV **Nordrheinische Textilindustrie** von zwei Wochen zum Wochenende verstößt nicht gegen Art. 3 GG, weil in dieser Branche das Bedürfnis an flexibler Personalplanung im produktiven Bereich wegen produkt-, mode- und saisonbedingter Auftragsschwankungen die erheblich kürzere Frist für Arbeiter rechtfertigt, die im Gegensatz zu den Angestellten überwiegend nur in der Produktion tätig sind (*BAG* 23.1.1992 EzA § 622 BGB nF Nr. 41; s. zu dieser Regelung auch *LAG Düsseld.* 5.9.1991 LAGE § 622 BGB Nr. 21). Dies gilt jedoch nicht ohne weiteres auch für die verlängerten Kündigungsfristen desselben Tarifvertrages (*BAG* 11.8.1994 EzA § 622 BGB nF Nr. 51).

255 Die **Grundkündigungsfrist** des § 12 Ziff. 1.1 **BRTV-Bau aF** (von 12 Werktagen) enthält eine eigenständige Kündigungsregelung und verstößt im Vergleich zu der für Angestellte im Baugewerbe geltenden Kündigungsfrist (6 Wochen zum Quartalsende) wegen der Besonderheiten des Baugewerbes bei gewerblichen Arbeitnehmern nicht gegen Art. 3 GG (*BAG* 2.4.1992 EzA § 622 BGB nF Nr. 43; Weiterführung von *BAG* 29.8.1991 – 2 AZR 72/91 – nv [s. zu dieser Regelung auch *LAG Köln* 27.9.1991 LAGE § 622 BGB Nr. 22]; zust. *Schwab* AR-Blattei ES 1010.5 Nr. 34). Als funktions- und branchenspezifische Interessen für eine unterschiedliche Gestaltung der Kündigungsfristen im Baugewerbe sprechen insbes. folgende Anhaltspunkte: Im **Baugewerbe** sind die **Arbeiter** ausschließlich im **Produktionsbereich** beschäftigt, während die Angestellten weit überwiegend in der Verwaltung und Arbeitsvorbereitung tätig sind. Es ist deswegen ein besonderes Interesse der Arbeitgeberseite anzuerkennen, auf **Konjunktureinbrüche** und Auftragsrückgänge unmittelbar und ohne erhebliche Verzögerung reagieren zu können. Selbst wenn Auftragsbestände in der Baubranche einen Zeitraum von drei Monaten abdecken sollten, kann dem eine ältere Belegschaft mit längeren Kündigungsfristen (§ 12 Ziff. 1.2 BRTV-Bau) gegenüberstehen, was es erforderlich macht, betriebsbedingte Kündigungen bei Arbeitern mit kürzerer Betriebszugehörigkeit verhältnismäßig rasch umsetzen zu können. Wie die Urlaubsregelung im Baugewerbe zeigt, haben die Tarifpartner eine Fluktuation im produktiven Bereich als üblich

und regelungsbedürftig angesehen. Die Tarifpartner haben zudem einen gewissen Ausgleich im Bereich des Bestandsschutzes dadurch geschaffen, dass Zeiten unterbrochener Betriebszugehörigkeit, die ohne Veranlassung des Arbeitnehmers erfolgt und kürzer als sechs Monate sind, zusammengerechnet werden, so dass das Arbeitsverhältnis in diesen Fällen als nicht unterbrochen gilt. Aufgrund dieser konkreten Anhaltspunkte ist davon auszugehen, dass bei einer Gesamtbetrachtung der tariflichen Regelungen die Arbeitnehmerinteressen angemessen berücksichtigt worden sind.

Auch die **verlängerte Kündigungsfrist** nach fünfjähriger Betriebszugehörigkeit von einem Monat zum Monatsende des § 17 Ziff. 2 **Arbeiter** der **Baden-Württembergischen Textilindustrie** verstößt, gemessen an der für Angestellte geltenden Kündigungsfrist von drei Monaten zum Quartal, nicht gegen Art. 3 GG (BAG 23.1.1992 EzA § 622 BGB Nr. 42 = RzK I 3e Nr. 24). Das gilt aus den gleichen Gründen auch für die **verlängerte Frist** des § 2 Ziff. 6 MTV **Arbeiter Nordrheinische Textilindustrie** vom 10.3.1978 (BAG 19.3.1992 – 2 AZR 529/91 – juris). In der Textilindustrie rechtfertigt das Bedürfnis an einer flexiblen Personalplanung im produktiven Bereich wegen produkt-, mode- und saisonbedingter Auftragsschwankungen die gegenüber den Angestellten (6 Wochen zum Quartal) erheblich kürzere Grundkündigungsfrist von zwei Wochen zum Wochenende (BAG 23.1.1992 EzA § 622 BGB nF Nr. 41; s. Rz 254). Das trifft auch für die darauf aufbauende verlängerte Frist nach fünfjähriger Betriebszugehörigkeit für Arbeiter zu, wenn diese im Gegensatz zu den Angestellten ganz überwiegend nur in der Produktion tätig sind. Wie besonders zu betonen ist, geht es bei diesen Entscheidungen nicht um die verfassungsrechtliche Prüfung von gegenüber den Angestellten **verlängerten Wartezeiten** für längere Kündigungsfristen älterer Arbeiter, sondern nur um die Verkürzung der verlängerten Fristen gegenüber der Regelung für Angestellte. Für tarifliche Fristenregelungen in diesem Bereich ist von dem Grundsatz auszugehen, dass eine auf sachlichen Differenzierungsgründen beruhende Verkürzung der Grundfrist idR auch eine entsprechende Verkürzung der verlängerten Frist rechtfertigt. Da im Streitfall die verlängerte Frist in der ersten Stufe immer noch deutlich länger ist als die Grundfrist für Arbeiter, brauchte das BAG auch in diesem Zusammenhang nicht auf die unter Rz 214 behandelte Frage einzugehen, ob die Tarifparteien den älteren Arbeitnehmern (hier: Arbeitern) zumindest eine gegenüber der Regelfrist verlängerte Frist zubilligen müssen. 256

Die tarifliche **Grundkündigungsfrist** für **Chemiearbeiter** von 14 Tagen (§ 11a MTV **Chemische Industrie**) ist verfassungskonform (BAG 4.3.1993 EzA § 622 BGB nF Nr. 44). Das Bedürfnis nach erhöhter personalwirtschaftlicher Flexibilität besteht zwar nicht generell allein wegen des größeren Einsatzes von Arbeitern in der Produktion. Bei einem ganz überwiegenden Anteil von Arbeitern in der Produktion der chemischen Industrie ist es aber gerechtfertigt, einen sachlichen Grund für die kürzere Kündigungsfrist innerhalb der ersten zwei Jahre des Arbeitsverhältnisses anzuerkennen. Das **Flexibilitätsargument** trägt auch die Verkürzung der Frist nicht nur für betriebs-, sondern auch für personen- und verhaltensbedingte Kündigungen, weil es den Tarifpartnern um eine **einheitliche Regelung der Frist geht** (BAG 16.9.1993 AP Nr. 42 zu § 622 BGB; 4.3.1993 EzA § 622 BGB nF Nr. 44; 10.3.1994 EzA § 622 BGB nF Nr. 50; **für eine Differenzierung nach Kündigungsgründen und für eine Beschränkung auf die betriebsbedingte Kündigung: Däubler** Tarifvertragsrecht Rz 943; K. Meyer DB 1992, 1881 ff.; Kramer ZIP 1994, 933 mit Fn. 40 unter Hinweis darauf, dass nach Falke/Höland/Rhode/Zimmermann [Kündigungspraxis und Kündigungsschutz in der Bundesrepublik Deutschland, Bd. I, 1981, S. 64 ff.] bei normaler Konjunktur zwei Drittel aller Kündigungen verhaltens- oder personenbedingt sind). 257

Nicht geklärt war lange Zeit, ob für die **Grundkündigungsfrist** von 14 Tagen für Arbeiter nach § 20 Nr. 1 Buchst. a) MTV **Eisen-, Metall-, Elektro- und Zentralheizungsindustrie Nordrhein-Westfalen** hinreichend sachliche Gründe bestehen. Das BAG hat in drei Entscheidungen (BAG 23.9.1992 – 2 AZR 150/92 – juris, – 2 AZR 231/92 – juris; 15.10.1992 – 2 AZR 296/92 – juris) die Rechtsstreite zur weiteren Aufklärung an die Berufungsgerichte zurückverwiesen. Insbesondere bei einem **Tarifvertrag**, dessen Geltungsbereich **Klein-, Mittel- und Großbetriebe** verschiedener Brachen umfasst, seien branchenspezifische Gründe nicht ohne eingehende Prüfung der Besonderheiten des geregelten Bereiches anzuerkennen. **Mittlerweile** hat das BAG (in der Sache – 2 AZR 605/93, 10.3.1994 EzA § 622 BGB nF Nr. 50 = BB 1994, 1422) die Tarifnorm gebilligt. Es hält daran fest, dass als rechtfertigender Grund für eine ungleiche Behandlung von Arbeitern und Angestellten bei einer eigenständigen tariflichen Regelung der Grundkündigungsfristen, wie hier, das **objektiv vorliegende und anerkennenswerte** Bedürfnis nach personalwirtschaftlicher Flexibilität in der Produktion jedenfalls dann ausreicht, wenn die Arbeiter auch angesichts neuartiger Fertigungsverfahren (zB Einsatz elektronischer Technologien, just-in-time-Fertigung) noch überwiegend in der Produktion und die Angestellten im Verwaltungsbereich tätig sind. Derartige Produktabhängigkeiten sind, wie in der Textilindustrie, in der Bauindustrie 258 und in der branchenmäßig weit gefächerten chemischen Industrie auch für die Metallindustrie als sachlicher Differenzierungsgrund für unterschiedliche Kündigungsfristen von Arbeitern und Angestellten anzuerkennen. Das Bedürfnis nach personalwirtschaftlicher Flexibilität muss sich nicht unbedingt auf die verschiedenen (Unter-)Branchen der Metallindustrie beziehen. Selbst bei unterschiedlichen Verhältnissen in den (Unter-)Branchen ist den historisch gewachsenen Strukturen in den Koalitionen nach dem Industrieverbandsprinzip aufgrund der Tarifautonomie (Art. 9 Abs. 3 GG) Rechnung zu tragen (*BAG* 10.3.1994 EzA § 622 BGB nF Nr. 50; 16.9.1993 AP Nr. 42 zu § 622 BGB; 16.9.1993 – 2 AZR 120/93 – juris). Danach bestimmen sie ihre Tarifzuständigkeit, zB auch für weit gefächerte Branchen, selbst. Überwiegt das Flexibilitätsinteresse für die meisten Betriebe der (Unter-)Branchen oder für mehr als die Hälfte der von einem Tarifvertrag erfassten Arbeitnehmer, so gilt dies für die gesamte Branche (*BAG* 10.3.1994 EzA § 622 BGB nF Nr. 50).

258a Die Zulässigkeit der Differenzierung zwischen Arbeitern und Angestellten bei den **Kündigungsfristen** im MTV für die **Systemgastronomie** (§ 9 Nr. 2) war nach der Zurückverweisung (*BAG* 21.11.1996 RzK I 3c) an das *LAG*, dass die Regelung für unwirksam gehalten hat (*LAG RhPf* 7.12.1995 LAGE § 622 BGB Nr. 35), weiter klärungsbedürftig. Das *BAG* (29.10.1998 RzK I 3e Nr. 70) hat sie mittlerweile mit Blick auf die hohe Fluktuation der Branche gebilligt.

258b In der **Bekleidungsindustrie** (§ 22 Nr. 2a MTV gewerbliche Arbeitnehmer idF vom 29.9.1994) rechtfertigt das Bedürfnis nach flexibler Personalplanung im produktiven Bereich wegen produkt-, mode- und saisonbedingter Auftragsschwankungen eine kürzere Frist (1 Monat zum Monatsende) auch für überwiegend in der Produktion tätige Arbeiter mit einer Betriebszugehörigkeit von fünf Jahren nach Vollendung des 30. Lebensjahres (*BAG* 6.11.1997 RzK I 3e Nr. 69).

258c Wegen des erhöhten Bedürfnisses der Branche nach personeller Flexibilität ist auch § 15 Nr. 6 A MTV gewerbliche Arbeitnehmer und Angestellte des **Glas- und Wasserinstallateur- und Klempner-Handwerks Hamburg** idF vom 12.4.1995 mit seiner (für Arbeiter) Grundkündigungsfrist von 3 Wochentagen gegenüber derjenigen von 6 Wochen zum Quartal für Angestellte gebilligt worden (*BAG* 12.11.1998 RzK I 3e Nr. 72).

258d Unbeanstandet geblieben ist auch die für Arbeiter/innen kürzere Grundfrist des § 14 Abs. 2 Ziff. 1a MTV **Friseurhandwerk in Hessen** (*BAG* 18.1.2001 EzA § 622 BGB nF Nr. 62).

259 Auch in einer ganzen Reihe **instanzgerichtlicher Entscheidungen** (soweit oben nicht bereits erwähnt) zu mehreren Tarifverträgen verschiedener Branchen wurde die **unterschiedliche Behandlung** von Arbeitern und Angestellten bei den Kündigungsfristen **gebilligt**: **Dachdeckerhandwerk**: LAG Köln 29.5.1991 LAGE § 622 BGB Nr. 19 = DB 1991, 2447; **Maler- und Lackiererhandwerk**: LAG Köln 10.8.1992 LAGE § 622 BGB Nr. 23; MTV Betriebsarbeiter und Betriebsarbeiterinnen **Berliner Bekleidungsindustrie**: ArbG Bln. 2.12.1993 ZAP-EN-Nr. 290/94; RTV Gewerbliche Arbeitnehmer **Gebäudereinigerhandwerk**: ArbG Karlsruhe 11.9.1992 DB 1993, 332; **Metallverarbeitende Industrie**: LAG Hamm 20.8.1990 – 19 Sa 184/90 – nv; MTV für gewerbliche Arbeitnehmer und Angestellte der **Metallindustrie Hamburg und Umgebung sowie Schleswig-Holstein**: *LAG SchlH* 2.12.1992 LAGE § 622 BGB Nr. 26; MTV für das **metallverarbeitende Handwerk in Niedersachsen**: ArbG Göttingen 8.10.1990 – 1 Ca 284/90 – nv; **Hotel- und Gaststättengewerbe Nordrhein-Westfalen**: LAG Köln 29.7.1991 LAGE § 622 BGB Nr. 20; 10.3.1995 LAGE § 622 BGB Nr. 30 (**Grundkündigungsfrist**); **Wach- und Sicherheitsgewerbe Nordrhein-Westfalen**: LAG Köln 26.10.1995 LAGE § 622 BGB Nr. 34.

260 Die **bisherigen** Entscheidungen des *BAG* zur Ungleichbehandlung zwischen Arbeitern und Angestellten hinsichtlich der Grundfristen und der verlängerten Fristen für ordentliche Kündigungen ließen die **Tendenz** erkennen, die Tarifautonomie nach Art. 9 Abs. 3 GG und § 622 Abs. 4 S. 1 BGB bei vertretbaren sachlichen Differenzierungen möglichst zu wahren und die Regelungskompetenz nicht ohne zwingenden Grund durch Annahme verfassungswidriger Klauseln und dadurch bedingter unbewusster Tariflücken (vgl. dazu Rz 264) auf die Gerichte oder den Gesetzgeber zu verlagern. Diesem Bestreben widersprach es nicht, wenn das *BAG* in anderen Entscheidungen die Verfassungswidrigkeit verlängerter tariflicher Kündigungsfristen angenommen hat. Denn bei konsequenter Anwendung der Rechtsprechung sind sachliche Differenzierungsgründe nach Zweck und Auswirkung tariflicher Regelungen bei unterschiedlichen **Grundfristen eher anzuerkennen als bei verlängerten Kündigungsfristen** (*Popp* HAS § 19 B Rz 66). **Nunmehr** kündigt sich jedoch eine **Abkehr** von der bisher geübten Zurückhaltung bei der Beurteilung ungleicher **tariflicher Grundkündigungsfristen** an. Das *BAG* hat in einem Urteil vom 10.3.1994 (in der Sache – 2 AZR 605/93, EzA § 622 BGB nF Nr. 50 = BB 1994, 1422) **ausdrücklich** offen gelassen, ob auch bei Vorliegen eines Flexibilitätsbedürfnisses in Zukunft angesichts des KündFG

noch der im Streitfall große Unterschied der Kündigungsfrist von zwei Wochen ohne Termin für Arbeiter im Vergleich zu sechs Wochen zum Quartal für Angestellte **sachlich zu rechtfertigen** ist, und seine Entscheidung zu einer Tarifregelung des Jahres 1988 und einer Kündigung aus dem Jahr 1990 wiederum **ausdrücklich** nur **vergangenheitsbezogen** verstanden. Nach der Rechtsprechung des *BVerfG* (Beschluss v. 30.5.1990 EzA § 622 BGB nF Nr. 27) muss nicht nur ein die Ungleichbehandlung rechtfertigender Grund vorliegen, sondern die Ungleichbehandlung und der rechtfertigende Grund müssen auch in einem **angemessenen Verhältnis zueinander** stehen. Die Bestimmung des § 622 BGB nF stellt gem. dem Auftrag des BVerfG eine Konkretisierung des Art. 3 Abs. 1 GG dar, dh wenn die Tarifpartner von der Öffnungsklausel des § 622 Abs. 3 S. 1 BGB 1969 bzw. § 622 Abs. 4 S. 1 nF Gebrauch machen, **dürften sachlich begründete, unterschiedliche Kündigungsfristen von Arbeitern und Angestellten hinsichtlich ihrer Diskrepanz an den neuen Vorgaben des KündFG zu messen sein.** Die Tarifautonomie gilt insofern nicht schrankenlos (*BAG* 10.3.1994 EzA § 622 BGB nF Nr. 50). Anders ausgedrückt: der **Rechtfertigungsdruck** für ungleich behandelnde Tarifregelungen ist mit Inkrafttreten des KündFG am 15.10.1993 **zumindest gestiegen** (so richtig *Staudinger/Preis* Rz 81; *SPV-Preis* Rz 542 unter Hinweis auf die **Aufgabe des Gruppenprinzips in der Betriebsverfassung** im Jahre 2001; *Preis/Kramer* DB 1993, 2129; ebenso BBDW-*Bader* Rz 79; *Kretz* HwB AR Kündigungsfristen und Kündigungsfristengesetz, Rz 84; *Kehrmann* AiB 1993, 748; vgl. auch *Hromadka* BB 1993, 2378; *Erman/Belling* appelliert an die Rspr., die Tarifpraxis dazu anzuhalten, nicht länger nach der Gruppenzugehörigkeit zu unterscheiden). Nach *Worzalla* (NZA 1994, 148) gelten **bestehende** unterschiedliche konstitutive tarifvertragliche Regelungen für Arbeiter und Angestellte fort. *Wank* (NZA 1993, 966) stimmt der **bisherigen** Linie des *BAG* zu. Sie folge den Vorgaben des *BVerfG* und eröffne den Tarifparteien Differenzierungsmöglichkeiten, die auf die Besonderheiten der jeweiligen Branche zugeschnitten sind. Das entspreche dem auch in der Begründung des Gesetzentwurfs zum Ausdruck gekommenen Grundgedanken des § 622 Abs. 4 S. 1 nF Die Praxis sollte sich jedoch auf die zu erwartende neue Linie in der Rechtsprechung einstellen, die in die richtige Richtung weist. Weder mit § 622 Abs. 4 S. 1 nF noch mit der dahinterstehenden Tarifautonomie aus Art. 9 Abs. 3 GG werden sich künftig nennenswerte Ungleichbehandlungen rechtfertigen lassen (vgl. *Staudinger/Preis* Rz 82 f.; *Hromadka* aaO). Das gilt jedenfalls in Zukunft auch für Altregelungen, sobald nach der Entscheidung des *BVerfG* und seit dem Inkrafttreten des KündFG am 15.10.1993 im jeweiligen Einzelfall unter Berücksichtigung der Tariflaufzeiten objektiv hinreichend Zeit für eine verfassungskonforme Neuregelung bestanden hat, die ungenutzt verstrichen ist (vgl. *BAG* 10.3.1994 EzA § 622 BGB nF Nr. 48 = BB 1994, 1355 = DB 1994, 1425; bzgl. ungleicher Wartefristen vgl. auch *BAG* 10.3.1994 [- 2 AZR 605/93 - BB 1994, 1422] für »**Kündigungsfälle bzw. Tarifklauseln, die nach dem 15.10.1993 anfallen**« und entsprechend wohl auch für unterschiedliche Kündigungsfristen an sich; *Bauer/Rennpferdt* AR-Blattei SD 1010.5 Kündigung V, Kündigungsfristen Rz 65; zur Kündbarkeit von Altregelungen s. *Worzalla* NZA 1994, 149; zur rechtlichen und praktischen Problematik der Angleichung der Arbeiter- und der Angestelltenkündigungsfristen mit Blick auf das nicht tarifdispositive und erst durch das KündFG aufgehobene AngKSchG vgl. aber *Hromadka* BB 1993, 2378 f.; zur **Perspektive** *Kittner/Trittin* [3. Aufl.] Rz 61; für eine Anpassungspflicht innerhalb von deutlich weniger als drei Jahren KassArbR-*Isenhardt* 6.3 Rz 204 unter Hinweis auf die vom BVerfG dem Gesetzgeber nachgelassene Frist). Die Tariföffnungsklausel wird dadurch nicht ihres Sinns entleert. Nur stellt die – unbestritten gewollte – Zulassung der Regelung branchenspezifischer Besonderheiten angesichts des vom Gesetzgeber mit dem Erlass des KündFG verfolgten Ziels gerade nicht die Sanktion einer bestehenden oder künftigen verfassungswidrigen Tarifpraxis dar. Dazu wäre der Gesetzgeber, dem übrigens hinsichtlich der Verwirklichung des Gleichbehandlungsgebots auch Schutzpflichten gegenüber benachteiligten Gruppen obliegen, gar nicht befugt. Dem Gesetzgeber war bewusst, dass Kündigungsfristen in bestimmten Wirtschaftsbereichen eigenständig durch Tarifverträge geregelt sind (BT-Drs. 12/4902, S. 6 f.). Nur so ist die seiner Einschätzungsprärogative überlassene Sichtweise zu erklären, mit dem KündFG für alle Arbeitnehmer eine Regelung der Kündigungsfristen auf »mittlerem Niveau« erreicht zu haben. Konsequenterweise sollen nach der Begründung des Entwurfs des KündFG in der Praxis erforderliche differenzierte Regelungen für einzelne **Beschäftigtengruppen** zulässig sein, soweit sie »**möglich**« sind. **Gerade nicht gemeint ist damit jedoch die** (eben nicht »mögliche«, da unzulässige) **Differenzierung nach dem gruppenspezifischen Kriterium Arbeiter/Angestellter** (vgl. BT-Drs. 12/4902, S. 6 f.). Das betrifft zweifellos künftige Regelungen. Erfasst werden unter den oben genannten Voraussetzungen aber auch verfassungswidrige Altregelungen, die das Gesetz seinen Materialien zufolge ersichtlich nicht ausklammern wollte. Zwar sollte durch die gesetzliche Neuregelung in bestehende tarifvertragliche Regelungen der Kündigungsfristen nicht eingegriffen werden (vgl. *ArbG Karlsruhe* 15.12.1994 – 6 Ca 200/94). Diese bleiben aber nur wirksam, wenn sie für Arbeiter und Angestellte gleiche Fristen vorsehen (BT-Drs. 12/4902, S. 7).

b) Verfassungswidrige Regelungen

261 **Verfassungswidrig** sind § 13 Nr. 9 Buchst. a MTV 1980 für **Arbeiter, Angestellte und Auszubildende in der Eisen-, Metall-, Elektro- und Zentralheizungsindustrie Nordrhein-Westfalen** (*BAG* 21.3.1991 EzA § 622 BGB nF Nr. 33; das ist nach dem Schlussurteil *BAG* 10.3.1994 EzA § 622 BGB nF Nr. 48 = BB 1994, 1355 = DB 1994, 1425 **eindeutig**) und § 8 MTV **Gewerbliche Arbeitnehmer Bayerische Metallindustrie** vom 9.5.1982 (*BAG* 29.8.1991 EzA § 622 BGB nF Nr. 35). In beiden Fällen sind die tariflichen Regelungen deswegen beanstandet worden, weil sie ohne sachlichen Grund für **Wartefristen** für die verlängerten Fristen älterer Arbeiter gegenüber dehnen der Angestellten **deutlich verkürzt** haben, und zwar indem sie entweder die Wartezeiten für die Staffelung der verlängerten Kündigungsfristen für Arbeiter weitgehend der verfassungswidrigen Regelung des § 622 Abs. 2 BGB 1969 angeglichen (so im Falle *BAG* 21.3.1991 EzA § 622 BGB nF Nr. 33) oder die Wartefristen sogar noch im Verhältnis zu der schon mit dem Gleichheitssatz unvereinbaren Vorschrift des § 622 Abs. 2 S. 2 BGB 1969 noch weiter zuungunsten der Arbeiter verkürzt haben (im Falle *BAG* 29.8.1991 EzA § 622 BGB nF Nr. 35). Insoweit ist zunächst schon **zweifelhaft,** ob die Verlängerung der Wartezeiten überhaupt noch durch die Tariföffnungsklausel des § 622 Abs. 3 S. 1 BGB 1969 (sachlich Abs. 4 S. 1 nF) gedeckt war. Die Regelung machte zwar auch die Kündigungstermine tarifdispositiv (*BAG* 29.8.1991 EzA § 622 BGB nF Nr. 35). Es sprechen jedoch erhebliche Bedenken dagegen, die Tariföffnung auch auf die Wartezeiten zu beziehen. Systematisch war § 622 Abs. 2 S. 2 BGB 1969 so aufgebaut, dass auf der Tatbestandsseite in drei Stufen die Betriebszugehörigkeit und das Lebensalter miteinander verknüpft wurden, woraus sich auf der Rechtsfolgenseite die Kündigungsfristen zu entsprechenden Kündigungsterminen ergaben. Das legte die Auslegung nahe, § 622 Abs. 3 S. 1 BGB 1969 auf die Rechtsfolgeseite des § 622 Abs. 2 S. 2 BGB 1969 zu beschränken (so *Fenski* DB 1991, 2438 ff.; nicht abschließend entschieden von *BAG* 29.8.1991 EzA § 622 BGB nF Nr. 35). Für diese Verschlechterung der Rechtsstellung der älteren Arbeiter gegenüber den Angestellten sind hinsichtlich der unterschiedlichen Wartezeiten keine sachlichen Differenzierungsgründe ersichtlich. Da für die unterschiedliche Staffelung der Wartezeiten, wenn überhaupt, so doch nur unter besonderen Umständen nach Art. 3 GG erhebliche Gründe denkbar sind, greift, zumindest insoweit keine materielle Richtigkeitsgewähr für die Verfassungsmäßigkeit der tariflichen Kündigungsregelungen zugunsten des Arbeitgebers ein (*BAG* 21.3.1991 EzA § 622 BGB nF Nr. 33 und 29.8.1991 EzA § 622 BGB nF Nr. 35; **aA** *Bengelsdorf* NZA 1991, 131). Die Verfassungswidrigkeit und damit Unwirksamkeit der längeren Wartefristen für ältere Arbeiter gegenüber denen der Angestellten führt insgesamt zur Unwirksamkeit der tariflichen Regelung der Kündigung für ältere Arbeiter, weil die Regelung der Dauer der für die längeren Fristen erforderlichen Betriebszugehörigkeit so eng mit der Regelung der Fristen verbunden ist, dass damit die Grundlage für die Regelung der Kündigung älterer Arbeiter entsprechend § 139 BGB insgesamt entfällt (*BAG* 21.3.1991 EzA § 622 BGB nF Nr. 33 und 29.8.1991 EzA § 622 BGB nF Nr. 35; *Popp* HAS § 19 B Rz 69; **krit.** *Kramer* EWiR 1994, 680). Die Teilnichtigkeit tariflicher Regelungen führt allerdings dann nicht insgesamt zur Nichtigkeit, wenn sie Bestimmungen betrifft, die nicht Teile einer Gesamtregelung sind, sondern selbständige Bedeutung haben (*LAG Köln* 29.7.1991 LAGE § 622 BGB Nr. 20). Aus den vorstehenden Gründen ist auch die **verlängerte Kündigungsfrist** für **ältere Arbeiter** nach § 21 MTV **Brauerei Nordrhein-Westfalen** verfassungswidrig (*BAG* 7.4.1993 – 2 AZR 408/92 [A] – nv).

262 **Verfassungswidrig** ist auch die **zweiwöchige Kündigungsfrist** des § 8 MTV **Gewerbliche Arbeitnehmer Bayerische Metallindustrie** (*BAG* 10.3.1994 PersV 1994, 763).

262a Soweit die Tarifpartner im MTV **Gaststätten- und Hotelgewerbe Nordrhein-Westfalen,** gültig ab 1.1.1991, für gewerbliche Arbeitnehmer nach einer **Betriebszugehörigkeit von 15 Jahren** sowohl hinsichtlich der Zahl der **Erhöhungsstufen** als auch hinsichtlich der **Kündigungsfristen** erhebliche Verschlechterungen gegenüber Angestellten vereinbart haben, verstößt die Regelung gegen Art. 3 GG und ist durch § 622 idF des KündFG zu ersetzen (*BAG* 14.2.1996 RzK I 3e Nr. 58).

262b Eine Tarifnorm, die zur Erlangung der **Unkündbarkeit** bei **Teilzeitbeschäftigten** die Zurücklegung einer **längeren** Dienstzeit fordert als bei **Vollzeitbeschäftigten** (§ 26a TV **Arb Deutsche Bundespost**) verstößt gegen den Gleichheitssatz des Art. 3 Abs. 1 GG und ist nichtig (*BAG* 13.3.1997 EzA § 2 BeschFG 1985 Nr. 52). Entsprechend erkannt hat das *BAG* nun auch eine verfassungswidrige Differenzierung bei der Regelung der **tariflichen Unkündbarkeit** von Teilzeitbeschäftigten (**unterhälftig Beschäftigten**) nach § 53 Abs. 3 BAT (*BAG* 18.9.1997 EzA § 2 BeschFG 1985 Nr. 55).

263 Auch in einer Reihe **instanzgerichtlicher Entscheidungen** zu mehreren Tarifverträgen verschiedener Branchen wurde die **unterschiedliche Behandlung** von Arbeitern und Angestellten bei den Kündigungsfristen **missbilligt**. Als Beispiele seien genannt: MTV für die gewerblichen Arbeitnehmer der **Kunststoffverarbeitenden Industrie: LAG Hamm** 10.3.1992 – 6 (20) Sa 1493/91 – nv; MTV für die **Eisen-, Metall-, Elektro- und Zentralheizungsindustrie Nordrhein-Westfalen: ArbG Bochum** 16.1.1991 BB 1991, 840; *ArbG Hagen* 19.12.1991 DB 1992, 587; BMTV **Systemgastronomie: ArbG Oldenburg** 15.6.1994 AuR 1994, 424 (s. dazu Rz 258a); RTV **Maler- und Lackiererhandwerk: LAG Nds.** 18.10.1994 LAGE §1 KSchG Verhaltensbedingte Kündigung Nr. 44; *LAG Hmb.* 3.8.1995 LAGE §622 BGB Nr. 36; MTV **Friseurhandwerk: LAG Düsseld.** 10.7.1995 BB 1996, 222; **Brot- und Backwarenindustrie Nordrhein-Westfalen: LAG Düsseld.** 30.8.1996 – 15 Sa 603/96 – nv; **Druckindustrie:** *LAG Düsseld.* 4.9.1996 LAGE §622 BGB Nr. 40; **Bekleidungsindustrie Nordrhein-Westfalen**: *ArbG Mönchengladbach* 9.6.1999 RzK I 3e Nr. 73.

4. Auswirkungen verfassungswidriger Kündigungsregelungen

Wenn eine tarifliche Kündigungsregelung wegen Verstoßes gegen Art. 3 GG **nichtig** ist, dann liegt eine **264 unbewusste Regelungslücke** vor, die von den Gerichten durch **ergänzende Auslegung** zu schließen ist, wenn sich unter Berücksichtigung von Treu und Glauben ausreichende **Anhaltspunkte** für den **mutmaßlichen Willen** der Tarifpartner ergeben, welche Entscheidung sie getroffen hätten, wenn ihnen die Nichtigkeit bekannt gewesen wäre (*BAG* 28.2.1985 EzA § 622 BGB nF Nr. 22; 21.3.1991 EzA § 622 BGB nF Nr. 33; 29.8.1991 EzA § 622 BGB nF Nr. 35). Das setzt allerdings voraus, dass ausreichende Umstände für eine bestimmte Ergänzungsregelung sprechen oder diese nach objektiver Betrachtung zwingend geboten ist.

Vor Inkrafttreten des KündFG wurde angenommen, dass im Falle des Fehlens ausreichender An- **265** haltspunkte für einen anderen mutmaßlichen Willen der Tarifvertragsparteien davon auszugehen sei, dass sie eine **andere verfassungskonforme** Regelung getroffen und dabei die erforderliche gesetzliche **Neuregelung** entweder **übernommen** oder doch maßgeblich **berücksichtigt** hätten (*BAG* 28.2.1985 EzA § 622 BGB nF Nr. 22; 21.3.1991 EzA § 622 BGB nF Nr. 33; 29.8.1991 EzA § 622 BGB nF Nr. 35; *Wiedemann/Stumpf* [5. Aufl.] § 1 Rz 404). Da sich wegen des dem Gesetzgeber vorbehaltenen Gestaltungsrahmens, der auch nach dem Beschluss des *BVerfG* vom 30.5.1990 (EzA § 622 BGB nF Nr. 27) nicht durch die Notwendigkeit einer völligen Angleichung eingeschränkt war, der Inhalt einer verfassungskonformen Regelung nicht bestimmen ließ, war die Tariflücke nicht zu schließen (*BAG* 29.8.1991 EzA § 622 BGB nF Nr. 35; *Popp* HAS § 19 B Rz 72). In diesen Fällen war der Rechtsstreit hinsichtlich des endgültigen Zeitpunktes der Beendigung bis zur tariflichen, spätestens bis zur gesetzlichen Neuregelung, allerspätestens bis zum 30.6.1993 auszusetzen (*BAG* 21.3.1991 EzA § 622 BGB nF Nr. 33; 29.8.1991 EzA § 622 BGB nF Nr. 35; *Stahlhacke/Preis* [5. Aufl.] Rz 384; *Berger-Delhey* ZTR 1991, 242 f.).

Nach Inkrafttreten des KündFG sind Tariflücken, die durch verfassungswidrige tarifliche Kündi- **266** gungsfristen entstanden sind, **durch die gesetzlichen Kündigungsfristen der Neufassung des § 622 zu schließen** (*BAG* 10.3.1994 EzA § 622 BGB nF Nr. 48 = BB 1994, 1355 = DB 1994, 1425; s. auch *BAG* 10.3.1994 – 2 AZR 220/91 [B], PersV 1994, 763; aA *Hromadka* BB 1993, 2378 f.; *Kehrmann* AiB 1993, 748). Nach der Übergangsvorschrift des Art. 222 EGBGB gilt dies auch für solche Fälle, in denen noch ein Rechtsstreit über diese Fragen anhängig ist (*BAG* 10.3.1994 EzA § 622 BGB nF Nr. 48).

Die Tariflücke, die durch unwirksame tarifliche Kündigungsfristen entstanden ist, kann durch die ge- **267** setzlichen Kündigungsfristen aber nur geschlossen werden, **soweit noch keine Neuregelung durch die Tarifvertragsparteien erfolgt ist** (vgl. *BAG* 10.3.1994 EzA § 622 BGB nF Nr. 48; *Staudinger/Preis* Rz 85; *Worzalla* NZA 1994, 149). Allerdings unterliegt es erheblichen Bedenken, ob die Tarifpartner rechtlich in der Lage wären, **nach Inkrafttreten des KündFG** auch rückwirkende Tarifregelungen über die Kündigungsfristen zu treffen, die in den **am 15.10.1993 noch anhängigen Prozessen** zu beachten wären. Denn die Übergangsvorschrift des Art. 222 EGBGB verweist für diese Fälle ausdrücklich auf die Anwendung des **KündFG** (*BAG* 10.3.1994 EzA § 622 BGB nF Nr. 48). Deshalb ist auch die **Aussetzung** eines anhängigen Rechtsstreits **bis zu einer Anpassung durch die Tarifvertragsparteien in aller Regel nicht veranlasst** (vgl. dazu *Hromadka* BB 1993, 2379). Ein Aussetzungsgrund iSv § 148 ZPO liegt nicht vor und auch die Tarifautonomie (Art. 9 Abs. 3 GG) erfordert eine derartige Aussetzung jedenfalls dann nicht, wenn die Tarifvertragsparteien Anpassungsabsichten weder ausdrücklich kundtun noch sonst erkennen lassen (*BAG* 10.3.1994 EzA § 622 BGB nF Nr. 48).

Die Auffassung von *Hromadka* (BB 1993, 2379), wonach bis zur Neuregelung der Kündigungsfristen **268** von einer **Fortgeltung** der **bisherigen tarifvertraglichen** Regelung auszugehen sei, ist **abzulehnen** (*BAG* 10.3.1994 EzA § 622 BGB nF Nr. 48; *Staudinger/Preis* Rz 85; *Worzalla* NZA 1994, 149).

269 Auch können, wenn – wie zumeist – **Anzeichen für** einen entsprechenden **mutmaßlichen Willen der Tarifvertragsparteien** fehlen, zur Schließung der nachträglich entstandenen Tariflücke **nicht im Wege der ergänzenden Vertragsauslegung** nach § 157 BGB die entsprechenden **für Angestellte geltenden tarifvertraglichen Kündigungsfristen und Wartezeiten herangezogen werden** (aA *Kehrmann* AiB 1993, 748). Das gilt **in Sonderheit** dann, wenn die **Tarifpartner zu erkennen gegeben haben,** dass sie **um eine Angleichung** der für Arbeiter und Angestellte geltenden Fristen **auf mittlerem Niveau** bemüht sind (*BAG* 10.3.1994 EzA § 622 BGB nF Nr. 48), oder wenn die **für Angestellte geltenden Fristen** wegen des gerade auf dem Verhältnis der Fristen beruhenden Verstoßes gegen das Gleichbehandlungsgebot **ebenso** wie die für Arbeiter geltenden Regelungen **nichtig** sind (*Bauer/Rennpferdt* AR-Blattei SD 1010.5 Kündigung V, Kündigungsfristen Rz 67; *Bengelsdorf* NZA 1991, 131; *Worzalla* NZA 1994, 149; vgl. *Hromadka* BB 1993, 2378).

H. Auswirkungen des KündFG auf Altkündigungen und auf Altregelungen

I. Allgemeines

270 Die Neufassung des § 622 aufgrund des KündFG gilt **originär** für alle nach dem Inkrafttreten des Gesetzes am 15.10.1993 erklärten Kündigungen und alle danach begründeten Einzelverträge und Tarifverträge. Für bestimmte **Altkündigungen** (Rz 271) gilt die Neufassung aufgrund und unter den Voraussetzungen der **Übergangsregelung** in Art. 222 EGBGB. Für **Altregelungen** (Rz 280 ff.) fehlt eine Übergangsregelung, weshalb in jedem Einzelfall zu prüfen ist, ob die Neufassung oder die Altregelung gilt.

II. Altkündigungen – Übergangsvorschrift des Art. 222 EGBGB

1. Regelungsgehalt

271 Bei einer **vor dem 15.10.1993 zugegangenen** Kündigung gilt aufgrund Art. 222 EGBGB (s. Rz 75) die Neufassung des § 622, wenn **am 15.10.1993 das Arbeitsverhältnis noch nicht beendet ist und** die Regelungen der **Neufassung** für den Arbeitnehmer **günstiger** als die **vor dem 15.10.1993** geltenden **gesetzlichen** Vorschriften sind **oder ein Rechtsstreit anhängig ist,** bei dem die **Entscheidung über den Zeitpunkt der Beendigung** des Arbeitsverhältnisses **abhängt** von § 622 Abs. 2 S. 1 und S. 2 1. Hs. BGB **1969 oder** der durch das KündFG **aufgehobenen Vorschrift des** § 2 Abs. 1 S. 1 des **AngKSchG,** soweit danach die Beschäftigung von idR mehr als zwei Angestellten durch den Arbeitgeber Voraussetzung für die Verlängerung der Fristen für die Kündigung von Angestellten ist. Die Neufassung gilt **bundesweit** und mithin auch in jenen Fällen, in denen sich die Frist für die vor dem 15.10.1993 erklärte Kündigung nach **§ 55 AGB-DDR** bestimmt hat. **Anhängig** waren oder sind insbesondere solche Rechtsstreite, die nach dem Beschluss des *BVerfG* vom 30.5.1990 (EzA § 622 BGB nF Nr. 27) bis zur gesetzlichen Neuregelung der Kündigungsfristen ausgesetzt werden mussten.

272 Die Neufassung des § 622 gilt auch für vor dem Inkrafttreten des KündFG gegenüber Arbeitern ausgesprochene (ordentliche) **Änderungskündigungen,** bei denen nur um den Zeitpunkt des Wirksamwerdens der **Vertragsänderungen** gestritten wird (*BAG* 12.1.1994 AP Nr. 43 zu § 622 BGB). Diesen Problemkreis hat der Gesetzgeber bei der Übergangsbestimmung offenbar übersehen (*Staudinger/Preis* Rz 92; *Widlak* AuA 1995, 228; aA *Raab* SAE 1995, 74). Deren erweiternde Auslegung verstößt nicht gegen das verfassungsrechtliche Rückwirkungsverbot (*BAG* 12.1.1994 aaO; s. Rz 276 ff., insbes. Rz 278). Auch wird man nur so der Zielsetzung des Gesetzgebers gerecht, Schwebezustände zu beseitigen (*BAG* 12.1.1994 aaO).

273 Aufgrund Art. 222 Nr. 2b EGBGB erlangen Angestellte in **deren** noch anhängigen Verfahren **nur die kürzeren Fristen des KündFG,** nicht die längeren des aufgehobenen AngKSchG (*BAG* 17.3.1994 EzA § 622 BGB nF Nr. 49). Es gelten allerdings die Fristen des aufgehobenen AngKSchG, wenn diese für den Angestellten günstiger sind und die Anwendbarkeit sowie die Voraussetzungen des § 2 Abs. 1 S. 1 AngKSchG zwischen den Parteien nicht strittig sind.

274 Die Übergangsvorschrift betrifft lediglich das Verhältnis der neuen zu den alten **gesetzlichen** Regelungen über Kündigungsfristen. Sie bezieht sich nicht auf einzelvertragliche oder auf tarifvertragliche Regelungen. Daher unterliegt es erheblichen Bedenken, ob die Tarifpartner rechtlich in der Lage wären, **nach Inkrafttreten des KündFG** auch rückwirkende Tarifregelungen über die Kündigungsfristen zu treffen, die in den **am 15.10.1993 noch anhängigen Prozessen** zu beachten wären (*BAG* 10.3.1994 EzA § 622 nF Nr. 48 = BB 1994, 1355 = DB 1994, 1425).

2. Günstigkeit

Bei einer vor dem 15.10.1993 zugegangenen Kündigung gilt aufgrund Art. 222 Nr. 1 EGBGB die Neufassung des § 622, wenn am 15.10.1993 das Arbeitsverhältnis noch nicht beendet ist und die Regelungen der Neufassung **für den Arbeitnehmer günstiger** als die vor dem 15.10.1993 geltenden gesetzlichen Vorschriften sind. Was »günstiger« ist, muss aus der Sicht eines verständigen Arbeitnehmers unter Berücksichtigung der Umstände des Einzelfalls beurteilt werden. Günstiger sind nicht stets die längeren Kündigungsfristen. Das folgt schon daraus, dass der Gesetzgeber nicht einfach von längeren Kündigungsfristen spricht, aber auch daraus, dass der Ausdruck »günstiger« im vorliegenden Zusammenhang einen fest umrissenen Inhalt hat. Bei ambivalenten Regelungen, dh bei Regelungen, die – wie die Kündigungsfristen – für den Arbeitnehmer Vor- oder Nachteile haben können, ist eine typisierende Einzelfallbetrachtung anzustellen. Anhand von Beruf, Arbeitsmarktlage und Lebensalter ist zu prüfen, ob das Mobilitätsinteresse des Arbeitnehmers oder sein Bestandsschutzinteresse überwiegt (*Hromadka* BB 1993, 2374; *ArbG Zwickau* 19.1.1994 AuA 1994, 185; zust. *ArbRBGB-Röhsler* Rz 176; vgl. auch *Knorr* ZTR 1994, 274). Indizielle Bedeutung kann dabei der Umstand erlangen, welcher Teil die Lösung des Arbeitsverhältnisses betreibt, und im Falle einer arbeitnehmerseitigen Kündigung weiter, ob ein bestimmter möglicher Kündigungstermin genannt wurde, wenn ja welcher.

3. Verfassungsmäßigkeit der Teilregelungen in Art. 222 EGBGB

Das KündFG hat **verfassungsmäßige** Kündigungsfristen gebracht. Allerdings ist geltend gemacht worden, dass die begleitende Übergangsvorschrift in Art. 222 EGBGB **ihrerseits** nicht mit der Verfassung im Einklang stehe.

Folgende **Problemkreise** sind zu **trennen**: Ist es mit dem Prinzip der **Rechtsstaatlichkeit (Vertrauensschutz)** vereinbar, dass die Übergangsregelung **für bestimmte Altkündigungen rückwirkend** für Arbeiter sowie für ältere und länger beschäftigte Angestellte von Arbeitgebern mit weniger als zwei Angestellten sowie für Arbeitnehmer, deren Kündigungsfrist sich bislang nach § 55 AGB-DDR bestimmte, längere als die bislang anwendbaren Kündigungsfristen »nachreicht«? – Betroffen hiervon ist das KündFG, soweit es nach Art. 221 EGBGB die **Teilregelungen in Nr. 1, in Nr. 2a und in Nr. 2b** iVm dem Eingangssatz der Übergangsvorschrift des Art. 222 EGBGB eingefügt hat. – Stellt es einen Verstoß gegen den **Gleichbehandlungsgrundsatz** dar, dass Arbeiter **im Anwendungsbereich der Übergangsvorschrift lediglich** die für sie durch das KündFG verbesserten Kündigungsfristen und **nicht** zum Zeitpunkt der Kündigung geltende günstigere Angestelltenkündigungsfristen in Anspruch nehmen können? Das wird angenommen von *Wollgast* AuR 1993, 325, sowie *Kehrmann* AiB 1993, 749. – Betroffen hiervon ist das KündFG, soweit es nach Art. 221 EGBGB die Teilregelungen in Nr. 1 und Nr. 2a iVm dem Eingangssatz der Übergangsvorschrift eingefügt hat.

Hinsichtlich des **ersten Problemkreises** gilt Folgendes. Richtig ist, dass die **Teilregelung** in Art. 222 Nr. 2b EGBGB zwar für Betriebe, die idR nicht mehr als zwei Angestellte beschäftigen (§ 2 des aufgehobenen AngKSchG) zu einer rückwirkenden Änderung der für Angestellte geltenden Kündigungsfristen führt. Die Kleinstbetriebsklausel in § 2 AngKSchG wurde jedoch schon seit geraumer Zeit für verfassungswidrig gehalten (Vorlagebeschluss des *BAG* gem. Art. 100 Abs. 1 GG, *BAG* 16.1.1992 EzA § 2 AngKSchG Nr. 1). Auf ein Fortbestehen des mit großer Wahrscheinlichkeit verfassungswidrigen Zustands konnte sich – wie stets – weder mit Blick auf das Prinzip der Rechtsstaatlichkeit noch auf dasjenige der Sozialstaatlichkeit ein schutzwürdiges Vertrauen gründen (*BAG* 17.3.1994 EzA § 622 BGB nF Nr. 49; *Bauer/Rennpferdt* AR-Blattei SD 1010.5 Kündigung V, Kündigungsfristen Rz 17; *Kramer* EWiR 1994, 784). Für die rückwirkende Verlängerung der Kündigungsfristen für Arbeiter durch die **Teilregelung** in Art. 222 **Nr. 1** und in **Nr. 2a** sowie für Arbeitnehmer, deren Kündigungsfrist sich bislang nach § 55 AGB-DDR bestimmte, gilt **nichts anderes**. Das *BVerfG* hat mit Beschluss vom 30.5.1990 (EzA § 622 BGB nF Nr. 27) entschieden, dass § 622 Abs. 2 BGB 1969 mit dem allgemeinen Gleichheitssatz unvereinbar war, soweit hiernach die Kündigungsfristen für Arbeiter kürzer sind als für Angestellte. In den Gründen dieser Entscheidung wird unter anderem ausgeführt, dass der Gesetzgeber die Rechtslage unverzüglich – spätestens jedoch bis 30.6.1993 – mit dem Grundgesetz in Einklang zu bringen habe. Seit dieser Entscheidung konnte kein Arbeitgeber mehr auf das Fortbestehen der ungleichen Kündigungsfristen vertrauen (*Adomeit/Thau* NJW 1994, 14; *Bauer/Rennpferdt* aaO). Dies gilt zumal dann, wenn eine Übergangsregelung – wie hier die Teilregelung Nr. 2 – an die Anhängigkeit eines Rechtsstreits über die Beendigung des Arbeitsverhältnisses anknüpft und damit das schutzwerte Vertrauen nicht völlig unberücksichtigt lässt (*BAG* 10.3.1994 EzA § 622 BGB nF Nr. 48). Anderes gilt auch nicht für vor dem Inkrafttreten des KündFG gegenüber Arbeitern ausgesprochene (ordentliche) Änderungs-

§ 622 BGB kündigungen, bei denen nur um den Zeitpunkt des Wirksamwerdens der Vertragsänderung gestritten wird (*BAG* 12.1.1994 AP Nr. 43 zu § 622 BGB).

279 Hinsichtlich des **zweiten Problemkreises** gilt Folgendes: Richtig ist, dass Arbeiter aufgrund der Teilregelungen in Art. 222 Nr. 1 und Nr. 2a EGBGB lediglich die für sie durch das KündFG verbesserten Kündigungsfristen und nicht, anders als Angestellte früher sowie noch im Fall der Teilregelung in Art. 222 Nr. 1 EGBGB, die zum Zeitpunkt der Kündigung geltende **günstigere** Angestelltenkündigungsfrist in Anspruch nehmen können.

Die darin liegende Ungleichbehandlung stellt jedoch keinen Verstoß gegen Art. 3 Abs. 1 GG dar. Denn sie ist weniger gewichtig als durch die alte Regelung in § 622 BGB 1969. Außerdem besteht sie nur temporär und betrifft nur die Gruppe der bei Inkrafttreten des KündFG bereits gekündigten Arbeitnehmer, deren Arbeitsverhältnisse zu diesem Zeitpunkt noch nicht beendet (Nr. 1) und die kleine Gruppe derjenigen, deren Kündigungssachen bei Inkrafttreten des KündFG noch anhängig (Nr. 2a) waren. Es gibt zudem einsehbare und hinreichend tragfähige Gründe für die Ausgestaltung der Teilregelungen: Der Gesetzgeber wollte ersichtlich für die kleine Gruppe der betroffenen Arbeiter keine nur kurzfristig geltenden längeren Kündigungsfristen einführen, als das Gesetz im Endergebnis vorsieht (vgl. zur Zielsetzung BT-Drs. 12/4902, S. 7). Das ist im Interesse einer stetigen – schrittweisen – Rechtsentwicklung sinnvoll. Dabei war auch die Gleichbehandlung mit denjenigen Arbeitern zu bedenken, deren Arbeitsverhältnis bereits beendet war oder die gerichtlichen Kündigungsschutz im fraglichen Zeitraum nicht in Anspruch genommen haben. Ihnen gegenüber werden die von der Übergangsregelung betroffenen Arbeiter ohnehin begünstigt. Entsprechendes gilt im Verhältnis zu gekündigten Arbeitnehmern in den neuen Bundesländern (vgl. die Andeutungen des *BVerfG* [Zweite Kammer des Ersten Senats] in dem auf Vorlage des *ArbG Bonn* 5.11.1993 – 4 Ca 632/93 – gem. § 81a BVerfGG idF v. 11.8.1993 [BGBl. I S. 1473] ergangenen einstimmigen Beschl. v. 25.1.1994 EzA § 622 BGB nF Nr. 46; *BAG* 10.3.1994 EzA § 622 BGB nF Nr. 48; *LAG Nürnberg* 20.12.1993 LAGE § 622 BGB Nr. 28; *LAG Hamm* 25.1.1994 LAGE § 622 BGB Nr. 27 [die dagegen eingelegte Verfassungsbeschwerde wurde nicht zur Entscheidung angenommen]). **Alle** Entscheidungen betrafen lediglich die **Teilregelung** in Art. 222 **Nr. 2 a** EGBGB. Für deren Verfassungsmäßigkeit sowie für die Verfassungsmäßigkeit der Teilregelung in **Nr. 1** auch *Staudinger/Preis* Rz 91; BBDW-*Bader* Rz 15 *Kittner/Trittin* [3. Aufl.] Rz 13; *Preis/Kramer* DB 1993, 2130 mit Fn. 65 und 82; *Knorr* ZTR 1994, 274). Zu berücksichtigen ist auch, dass selbst auf die Angestellten in **deren noch anhängigen Verfahren nur die kürzeren Fristen des KündFG anwendbar** sind (*BAG* 17.3.1994 EzA § 622 BGB nF Nr. 49; vgl. den Hinweis auf diesen Umstand in *BAG* 10.3.1994 EzA § 622 BGB nF Nr. 48). Diesen Angestellten gegenüber fehlt es mithin schon an einer Ungleichbehandlung der hier in Rede stehenden Arbeiter.

III. Altregelungen – Auswirkungen auf bestehende einzelvertragliche und tarifvertragliche Regelungen

1. Allgemeines

280 Für **bestehende** einzelvertragliche und tarifvertragliche **Regelungen der Kündigungsfristen** fehlt eine gesetzliche Regelung des Verhältnisses zu der Neufassung des § 622. In bestehende **tarifvertragliche** Regelungen **sollte** sie zwar nicht eingreifen (BT-Drs. 12/4902, S. 7; aA *Staudinger/Preis* Rz 94 und ErfK-*Müller-Glöge* Rz 128, wonach auch in einzelvertragliche Regelungen nicht habe eingegriffen werden sollen). Dessen ungeachtet ist sowohl für einzelvertragliche wie für tarifvertragliche Bestimmungen in jedem Einzelfall zu prüfen, ob die gesetzliche Neufassung oder die vertragliche Altregelung gilt. Anlass hierzu bietet die reichhaltige Regelungspraxis hinsichtlich der Kündigungsfristen. Sowohl in Arbeitsverträgen wie auch in Tarifverträgen finden sich sowohl Regelungen, die lediglich die gesetzlichen Bestimmungen (**deklaratorisch**) in Bezug nehmen, als auch solche, die eigenständige (**konstitutive**) Regelungen der Kündigungsfristen enthalten. Darüber hinaus gibt es bei Tarifverträgen **Mischformen**. Hinsichtlich der deklaratorischen Regelungen wirft die gesetzliche Neuregelung der Kündigungsfristen die Frage auf, ob nunmehr die **Neufassung** des § 622 oder die **alte** in Bezug genommene gesetzliche Regelung der Kündigungsfristen gilt. Hinsichtlich der konstitutiven Regelungen stellt sich die Frage, ob sie ihre die gesetzlichen Bestimmungen **verdrängende Wirkung** auch **gegenüber** der **Neufassung entfalten** können, oder was gilt, wenn sie, **aus welchem Rechtsgrund auch immer, unwirksam** sein sollten. Bei Mischformen (deklaratorisch/konstitutiv) **kumulieren** die genannten Fragen; insbesondere geht es um die **Auswirkung** der für den deklaratorischen Teil zu ziehenden **Folgerungen auf** das **konstitutive** Element. Die Feststellung, ob eine Regelung deklaratorischen, konstitutiven oder gemischten Charakter hat, beantwortet in aller Regel schon die Frage nach der An-

wendbarkeit der Neufassung. Sie muss daher zunächst – und zwar wegen der unterschiedlichen Auslegungsgrundsätze für Arbeitsverträge und für Tarifverträge (*Hromadka* BB 1993, 2375 ff.; *Preis/Kramer* DB 1993, 2130 ff.; *Staudinger/Preis* Rz 94, der allerdings – ebenso wie *Bauer/Rennpferdt* AR-Blattei SD 1010.5 Kündigung V, Kündigungsfristen Rz 88 dies tun – auf die geringe Auswirkung dieser Unterschiede auf die in Rede stehende Problematik hinweist; *SPV-Preis* Rz 508; *Knorr* ZTR 1994, 274) getrennt für einzelvertragliche und für tarifvertragliche Regelungen – getroffen werden. **Besteht weder eine einzelvertragliche noch eine tarifvertragliche Regelung, gilt die Neufassung ipso iure.** Für regelungslose Fälle gelten die nachstehenden Erörterungen nicht.

2. Auswirkungen auf bestehende einzelvertragliche Regelungen (sog. Altverträge)

Bei arbeitsvertraglichen Regelungen, die inhaltlich mit gesetzlichen Normen übereinstimmen oder auf sie verweisen, ist jeweils durch Auslegung zu ermitteln, ob die Arbeitsvertragsparteien hierdurch eine selbständige, dh in ihrer Wirkung von der außervertraglichen Norm unabhängige eigenständige Regelung treffen wollten. Anders als in Tarifverträgen muss ein entsprechender Wille keinen hinreichend erkennbaren Ausdruck in einem schriftlichen Vertrag gefunden haben (zu Auslegungsfragen in dem hier in Rede stehenden Zusammenhang s. *Hromadka* BB 1993, 2375 ff.; *Preis/Kramer* DB 1993, 2130 ff.; *Staudinger/Preis* Rz 94; *SPV-Preis* Rz 508; *Bauer/Rennpferdt* AR-Blattei SD 1010.5 Kündigung V, Kündigungsfristen Rz 87). Verweist die Klausel im Arbeitsvertrag auf die »**gesetzlichen Kündigungsfristen**«, so gelten, auch wenn der Arbeitsvertrag vor Inkrafttreten des KündFG abgeschlossen worden ist, für diesen Arbeitsvertrag nunmehr die **neuen** gesetzlichen Kündigungsfristen (*Bauer/Rennpferdt* AR-Blattei SD 1010.5 Kündigung V, Kündigungsfristen Rz 89; *Hromadka* BB 1993, 2380; *Kramer* ZIP 1994, 937; ders. S. 120 f.; *Preis/Kramer* DB 1993, 2130 f.; *Staudinger/Preis* Rz 96; *SPV-Preis* Rz 509; *Eckert* DStR 1993, 1926; *Worzalla* NZA 1994, 150). Ebenso wenn es etwa heißt »**die Frist ist die gesetzliche, dh die Kündigung muss 6 Wochen vor dem Ende des Quartals erfolgen**« (vgl. *ArbG Krefeld* 13.7.2000 EzA § 622 BGB nF Nr. 61) oder »**die gesetzlich vorgesehenen Fristen betragen z. Zt.**« (vgl. Kündigungsfristen für Wohnraum *BGH* 15.3.2006 NJW 2006, 1867). Anders ist die Rechtslage, wenn die Klausel konkret die Fristdauer von »**sechs Wochen zum Schluss des Kalendervierteljahres**« benennt. Einer solchen Altregelung kommt idR konstitutive Wirkung zu (*Kramer* ZIP 1994, 937; ders. S. 121; **aA** *Eckert* aaO. Zur Rechtslage gesetzeswiederholender Kündigungsregelungen nach der **Miet**rechtsreform s. *BGH* 18.6.2003 ZIP 2003, 1547; 6.4.2005 NJW 2005, 1572 ff.; »Korrektur« dieser Rspr. durch den Gesetzgeber: NJW 2005, Heft 20, VI). Konstitutive **Regelungen bleiben** – soweit **günstiger** – von der Neufassung des § 622 **unberührt** (*Bauer/Rennpferdt* AR-Blattei SD 1010.5 Kündigung V, Kündigungsfristen Rz 91; vgl. *LAG Hamm* AE 1997, 91). Das ergibt sich als allgemeines Vertragsrecht. Bei **Formularverträgen** ist auf die Verständnismöglichkeit des Durchschnittspartners des Verwenders, also des sog. Durchschnittsarbeitnehmers, abzustellen (*Kramer* ZIP 1994, 937; ders. S. 121; *Staudinger/Preis* aaO; beide mit Nachw. auf die Problemlage nach dem AGB; *SPV-Preis* aaO). Dies führt – entsprechend einer Orientierung am Wortlaut der Vertragsabrede – dazu, dass in aller Regel weiterhin die sechswöchige Kündigungsfrist zum Quartalsende gilt. Da in der Vereinbarung das Wort »Gesetz« nicht vorkommt, sondern ausschließlich eine konkrete Frist benannt wird, muss aus Sicht eines Durchschnittsarbeitnehmers auch eben **diese** Frist gelten, selbst wenn sie mit der zwischenzeitlich geänderten gesetzlichen Frist identisch ist (*Kramer* ZIP 1994, 937; ders. S. 121; *Preis/Kramer* DB 1993, 2131; *Staudinger/Preis* Rz 98; *SPV-Preis* aaO; *Kretz* HwB AR Kündigungsfristen und Kündigungsfristengesetz, Rz 41). Dasselbe gilt jedoch auch für die Formulierung »**gesetzliche Kündigungsfrist von sechs Wochen zum Quartalsende**«, weil die konkrete Festlegung der Frist die Bezugnahme auf das Gesetz **überwiegt** (*ArbG Krefeld* 13.7.2000 EzA § 622 BGB nF Nr. 61; *Preis/Kramer* DB 1993, 2131; *Kramer* S. 121 f.; *Staudinger/Preis* Rz 99; *SPV-Preis* aaO; *Hromadka* BB 1993, 2376; *Kretz* aaO). Nach der Auffassung des *BAG* (4.7.2001 EzA § 622 BGB nF Nr. 63 m. Anm. *Lambrich*) soll der vertragliche Kündigungstermin (es ging das Quartalsende) **keinen Bestand** haben, wenn nach einer Gesetzesänderung der Gesamtvergleich von Kündigungsfrist und -termin zu dem Ergebnis führt, dass die gesetzliche Regelung für den Arbeitnehmer stets günstiger ist. Zur Problematik vereinbarter **Quartalskündigungsfristen** näher Rz 178.

Verstößt eine konstitutive einzelvertragliche Regelung der Kündigungsfristen gegen den arbeitsrechtlichen Gleichbehandlungsgrundsatz und ist deswegen ihre Unwirksamkeit in Betracht zu ziehen, tritt im Zweifel die Neufassung des § 622 in die Lücke. Die Unwirksamkeit kann darauf beruhen, dass **nach dem 15.10.1993** aus sachwidrigen Gründen unterschiedliche einzelvertragliche Regelungen mit Arbeitern und Angestellten getroffen wurden bzw. werden. Für Altregelungen, die nicht eo-ipso unwirksam werden (*Eisemann* Personalbuch Rz 32), dürfte eine **Anpassungspflicht** wegen der im Normalfall fehlenden **rechtlichen Durchsetzbarkeit** jedoch **abzulehnen** sein (*Staudinger/Preis* Rz 100 f.; *SPV-Preis*

Rz 510; *Bauer/Rennpferdt* AR-Blattei SD 1010.5 Kündigung V, Kündigungsfristen Rz 92 ff.; *Schaub* § 124 VI 2b, Rz 55; *Worzalla* NZA 1994, 151; **abl.** nur für eine Übergangszeit *Hromadka* BB 1993, 2379, der anstelle der kürzeren Fristen während der Übergangszeit allerdings die längeren Fristen gleichmäßig angewandt wissen will; im letzteren Sinne auch *Widlack* Betrieb und Wirtschaft 1993, 783). Etwas anderes kann nur dann gelten, wenn durch die Verknüpfung über den Gleichbehandlungsgrundsatz (das Berufen auf ihn allein wäre allerdings kein Grund für eine Änderungskündigung: *BAG* 28.4.1982 EzA § 2 KSchG Nr. 4) ein bestehendes Kündigungsfristensystem im Betrieb **derart gestört** wird, dass dem Arbeitgeber ein Festhalten daran **unzumutbar** ist (*Worzalla* aaO; *Hromadka* aaO). Dann stellt auch der **Vertrauensschutz** in getroffene Abmachungen **kein hinreichendes Differenzierungskriterium** (dazu *Preis* DB 1993, 2125; KassArbR-*Isenhardt* 6.3 Rz 223) mehr dar (so wohl auch *Eisemann* Personalbuch Rz 32; **abw.** MünchKomm-*Schwerdtner* Rz 67 [3. Aufl.]).

283 Als Mittel einer im Einzelfall zulässigen Anpassung kommt **mit Blick auf etwaigen anwendbaren** allgemeinen Kündigungsschutz nur die **Änderungskündigung** (so auch *Eisemann* Personalbuch Rz 32; vgl. SPV-*Preis* Rz 510), **nicht** die Berufung auf den durch die Neufassung des § 622 bedingten **Wegfall der Geschäftsgrundlage** in Betracht (den zweiten Weg hält aber wohl *Worzalla* [NZA 1994, 151] für gangbar; zur Störung der Geschäftsgrundlage bei Gesetzesänderungen vgl. *BAG* 23.9.2003 EzA § 305c BGB 2002 Nr. 1). Denn **radikal** wurde das rechtliche Umfeld der vertraglichen Regelungen nicht umgestaltet, sondern **moderat** iS einer Neuorientierung auf mittlerem Niveau **(s. Rz 50)**. Kündigungsschutz ist auch für den Fall des Ausspruchs von Massenänderungskündigungen, mit denen die Anpassung durchgesetzt werden soll, **uneingeschränkt** zu gewähren (anders aber *Hromadka* BB 1993, 2380).

3. Auswirkungen auf bestehende tarifvertragliche Regelungen

284 Bei tariflichen Normen, die inhaltlich mit gesetzlichen Normen übereinstimmen oder auf sie verweisen, ist jeweils durch **Auslegung** zu ermitteln, ob die Tarifvertragsparteien hierdurch eine **selbständige,** dh in ihrer normativen Wirkung von der außertariflichen Norm unabhängige eigenständige Regelung treffen wollten. Dieser Wille muss im Tarifvertrag einen **hinreichend erkennbaren Ausdruck** gefunden haben. Das ist regelmäßig anzunehmen, wenn die Tarifvertragsparteien eine im Gesetz nicht oder anders enthaltene Regelung vereinbaren oder eine gesetzliche Regelung übernehmen, die sonst nicht für die betroffenen Arbeitsverhältnisse gelten würde. Für einen rein **deklaratorischen** Charakter der Übernahme spricht hingegen, wenn einschlägige gesetzliche Vorschriften wörtlich oder inhaltlich unverändert übernommen oder nur auf sie verwiesen wird, insbes. dann, wenn es den Tarifvertragsparteien allein darum gegangen ist, im Tarifvertrag eine unvollständige Darstellung der Rechtslage zu vermeiden **(Einzelheiten Rz 210–210c)**. Fraglich ist dabei auch, ob tarifvertragliche Regelungen hinsichtlich der Kündigungsfristen in einen **konstitutiven** und in einen **deklaratorischen** Teil **aufgespalten** werden können. Die Rechtsprechung nimmt das an (bspw. *BAG* 2.4.1992 EzA § 622 BGB nF Nr. 43; 4.3.1993 aaO; 23.1.1992 EzA § 622 BGB nF Nr. 41; 23.1.1992 EzA § 622 BGB nF Nr. 42; 14.2.1996 EzA § 622 BGB nF Nr. 54; 29.1.1997 EzA § 4 TVG Textilindustrie Nr. 9; **aA** *Bengelsdorf* NZA 1991, 127; vgl. auch *Hromadka* BB 1993, 2372, und *Kramer* ZIP 1994, 931; zweifelnd *Worzalla* NZA 1994, 146). **Hiernach ergibt sich, dass die Grundkündigungsfristen sowie die verlängerten Kündigungsfristen sowie die noch fortbestehenden Kündigungsfristen von Arbeitern und Angestellten jeweils gesondert darauf hin zu überprüfen sind, ob und inwieweit eine konstitutive oder deklaratorische Regelung vorliegt.** Die Abweichung bei einer Gruppe macht die Regelung der anderen nicht notwendigerweise konstitutiv (*Kramer* ZIP 1994, 931; *Bauer/Rennpferdt* AR-Blattei SD 1010.5 Kündigung V, Kündigungsfristen Rz 53; *Staudinger/Preis* Rz 70; SPV-*Preis* Rz 537).

285 Liegt eine **deklaratorische** Regelung vor, **gilt** die **Neufassung** des § 622 (*Bauer/Rennpferdt* AR-Blattei SD 1010.5 Kündigung V, Kündigungsfristen Rz 57; *Hromadka* BB 1993, 2380; *Kramer* ZIP 1994, 932; *Worzalla* NZA 1994, 147; *Kempen/Zachert-Kempen*, Grundlagen Rz 228). Liegt eine **wirksame konstitutive** Regelung vor, **gilt diese** und nicht die **Neufassung** (*Bauer/Rennpferdt* AR-Blattei SD 1010.5 Kündigung V, Kündigungsfristen Rz 58 ff.; *Worzalla* NZA 1994, 148). Eine konstitutive Wirkung tritt nicht schon dadurch ein, dass eine bislang gesetzeswiederholende Regelung nach Neufassung des § 622 BGB – ohne Bestätigung des Regelungswillens – beibehalten wurde (*BAG* 7.3.2002 EzA § 622 BGB Tarifvertrag Nr. 3). Ist die **konstitutive** Regelung **unwirksam, gilt** in aller Regel die **Neufassung**. Die Unwirksamkeit kommt insbes. dann in Betracht, wenn Arbeiter und Angestellte sachwidrig ungleich behandelt werden **(Einzelheiten Rz 247 ff., Rz 260; zu den Rechtsfolgen verfassungswidriger eigenständiger Regelungen s. Rz 264–269)** oder ältere Arbeitnehmer nicht durch längere Fristen stärker geschützt werden **(s. Rz 214)**. Liegt eine **Mischform** vor, **gilt** für die Arbeitnehmergruppe mit der **deklaratorischen** Teilregelung die **Neufassung**. Die **konstitutive Teilregelung** ist **nur** im Falle ihrer Wirksamkeit **weiterhin** anwendbar; **anderenfalls gilt** auch insoweit die **Neufassung** (*Bauer/Rennpferdt* AR-Blattei SD 1010.5 Kündigung V, Kündigungsfristen Rz 67; *Kramer* ZIP 1994, 936; *Worzalla* NZA 1994, 149). Die Unwirksamkeit der konstitutiven Teilregelung kommt insbes. dann in Betracht, wenn Arbeiter und Angestellte sachwidrig ungleich behandelt werden und der Verstoß gegen das Gleichbehandlungsgebot gerade auf dem Verhältnis der für Arbeiter (deklaratorisch) und der für Angestellte (konstitutiv) geltenden Fristen beruht (s. bereits Rz 269).

Zu den **rechtstatsächlichen Auwirkungen** des Kün=FG auf **Tarifverträge** s. *Bispink/Höhnen-Wilhelmy/Kranz/Marth/Müller/Peukes/Schwacke* WSI-Mitteilungen 1993, 322. Zu den **Auswirkungen** des KündFG **auf die tariflichen Kündigungsfristen des Baugewerbes** für gewerbliche Arbeitnehmer und kaufmännische und technische Angestellte in den alten und in den neuen Bundesländern s. *Drüll/ Schmitte* NZA 1994, 398 (die Verfasser stellen fest, dass im Baugewerbe jetzt folgende Fristen gelten: 1. Gewerbliche Arbeitnehmer: Grundkündigungsfrist § 12 Nr. 1.1 BRTV-Bau [Geltung in den alten und in den neuen Bundesländern; **so auch** *Sächs.* LAG 21.6.1996 – 2 Sa 980/95 –, nv; LAG Bra. 28.8.1996 LAGE § 622 BGB Nr. 39] – verlängerte Kündigungsfrist § 622 Abs. 2 nF [**so auch** *BAG* 14.2.1996 EzA § 622 BGB nF Nr. 53]; 2. Angestellte/Poliere: Grundkündigungsfrist § 622 Abs. 1 nF – verlängerte Kündigungsfrist § 622 Abs. 2 nF – Probezeit § 11 Nr. 1.2 RTV-Angestellte, § 12 Nr. 1.2 RTV-Poliere – Aushilfstätigkeit § 11 Nr. 1.3 RTV-Angestellte, § 12 Nr. 1.3 RTV-Poliere). Bei der Regelung der **Kündigungsfristen** in Nr. 11 MTV **Arb Metall- und Elektroindustrie Berlin und Brandenburg** (Tarifgebiet II) vom 10.3.1991 handelt es sich um eine **deklaratorische** Regelung, die ihre Wirkung mit Inkrafttreten des § 622 nF verloren hat (*BAG* 5.10.1995 NZA 1996, 325). Bei der **Grundkündigungsfrist** und den **verlängerten Kündigungsfristen** des MTV **Ang Metall- und Elektroindustrie Berlin und Brandenburg** (Tarifgebiet II) vom 10.3.1991 handelt es sich nicht um **eigenständige** Regelungen, sondern um **deklaratorische** Klauseln (*BAG* 5.10.1995 RzK I 3e Nr. 54). **Deklaratorischer** Natur ist auch die Regelung über die **verlängerten Fristen** nach § 14 Nr. 2.2.4 MTV **Metallindustrie Hamburg und Umgebung sowie Schleswig-Holstein** (*LAG SchlH* 18.4.1996 BB 1997, 1591). **Gleiches gilt** für die Regelung in § 8 MTV **gewerbliche Arbeitnehmer Metall- und Elektroindustrie Sachsen** (*BAG* 5.10.1995 EzA § 622 BGB nF Nr. 52, gegen *Sächs.* LAG 26.4.1994 LAGE § 622 Nr. 31), für die **Grundkündigungsfrist** und die **verlängerten Kündigungsfristen** für Arbeiter und Angestellte in der **Metallindustrie des Landes Thüringen** vom 8.3.1995 (*BAG* 5.10.1995 RzK I 3e Nr. 55) für die **Bezugnahme** von § 17 Nr. 2 MTV Arb **Baden-württembergische Textilindustrie** auf die **verlängerten gesetzlichen Kündigungsfristen** (*BAG* 14.2.1996 EzA § 622 BGB nF Nr. 54), § 2 Nr. 6 MTV gewerbliche Arbeitnehmer der nordrheinischen Textilindustrie vom 10.5.1978 (*BAG* 29.1.1997, AP Nr. 22 zu § 1 TVG Tarifverträge: Textilindustrie) sowie § 2 MTV-Angestellte **südbay. Textilindustrie** (*BAG* 7.3.2002 EzA § 622 BGB Tarifvertrag Nr. 3). **Konstitutiv** ist hingegen § 2 Nr. 6 MTV **gewerbliche Arbeitnehmer Textilindustrie Nordrhein-Westfalen** (vom 10.5.1978), *BAG* 29.1.1997 EzA § 4 TVG Textilindustrie Nr. 9; **ebenso** Vorinstanz *LAG Düsseld.* 29.3.1996 LAGE § 622 BGB Nr. 37) sowie § 12a BRTV-Bau; idF vom 19.5.1992 mit seiner Grundkündigungsfrist von zwei Wochen (neue Bundesländer), *BAG* 26.6.1997 RzK I 3e Nr 65 und sind es die Kündigungsfristen für Angestellte in der **Erdölindustrie** (*BAG* 8.11.1999 RzK I 3e Nr. 74) und Ziff. 13 MTV für die **holz- und kunststoffverarbeitende Industrie im nordwestdeutschen Raum der BRD**, der die Grundkündigungsfrist abweichend von § 622 regelt (*BAG* 29.8.2001 EzA § 622 BGB Tarifvertrag Nr. 2). 286

I. Auswirkungen der Schuldrechtsmodernisierung (AGB-Kontrolle)

§§ 305-310 BGB, die nach Abschaffung der Bereichsausnahme des früheren Gesetzes über Allgemeine Geschäftsbedingungen im Arbeitsrecht Anwendung finden können, werden von **geringer Auswirkung** auf die Gestaltung von Kündigungsfristen und -terminen durch **Allgemeine Arbeitsbedingungen** bleiben. Soweit § 622 überhaupt Abänderungen zulässt, bestand schon bisher und sogar bzgl. individueller einzelvertraglicher Abmachungen eine hinreichend große Kontrolldichte, insbes. durch § 622 Abs. 6. 287

Relevanz dürften daher im Wesentlichen die Bestimmungen über die **Einbeziehung** der Bedingungen (§§ 305-306 BGB), das **Umgehungsverbot** (§ 306a BGB) und das **Transparenzgebot** (§ 307 Abs. 1 S. 2 BGB) gewinnen (vgl. *Däubler* NZA 2001, 1329, 1336: Bezugnahmeklauseln; *Reinecke* DB 2002, 583, 585: Vertragsstrafen; *Thüsing* BB 2002, 2666, 2670 f.: Einbeziehung, Transparenz, Vertragsstrafe). 288

Das Transparenzgebot des § 307 Abs. 1 S. 2 BGB kann in Sonderheit im Zusammenhang mit **arbeitsvertraglichen Bezugnahmeklauseln** auf andere Rechtsquellen, im Zusammenhang mit Kündigungsfris- 289 ten und -terminen insbes. im Zusammenhang mit **Verweisungen auf Tarifverträge**, Bedeutung erlangen (zu arbeitsvertraglichen Bezugnahmeklauseln nach der Schuldrechtsreform *Thüsing/Lambrich* RdA 2002, 193, 200f.; *dies.* NZA 2002, 1361ff.). Probleme, die hierbei insbes. bei **dynamischen** Verweisungen auftreten, werden jedoch dadurch gemindert, dass der Arbeitgeber nach §2 Abs. 1 Nr. 10 NachwG nur einen »**in allgemeiner Form gehaltenen Hinweis auf die für das Arbeitsverhältnis anwendbaren Tarifverträge**« zu geben hat (*Däubler* aaO). Ein besonderes Problem werfen **vorformulierte Arbeitsverträge** auf, die von einem tarifgebundenen Arbeitgeber verwendet werden: Bezugnahmen auf die für das Arbeitsverhältnis einschlägigen Tarifverträge werden bislang als sog. **Gleichstellungsabrede** aufgefasst. Sie sollte die etwa fehlende Tarifbindung des Arbeitnehmers ersetzen und zur schuldrechtlichen Anwendung des Tarifvertrages führen, der für die tarifgebundenen Arbeitnehmer kraft Gesetzes gilt. Diese Rspr. beabsichtigt das *BAG* (14.12.2005 EzA §3 TVG Bezugnahme auf Tarifvertrag Nr. 32) nicht mehr bei Arbeitsverträgen fortzuführen, die seit Inkrafttreten der Unklarheitenregelung in § 305c Abs. 2 BGB ab dem 1.1.2002 vereinbart worden sind. In der Konsequenz führt dies zur Anwendung des konkret (formularmäßig) in Bezug genommenen Tarifvertrages etwa auch dann, wenn die Tarifbindung des Arbeitgebers endet oder ein anderer Tarifvertrag anzuwenden wäre. Zwischenzeitlich hat ein weiterer Senat des *BAG* (9.11.2005 EzA § 305c BGB 2002 Nr. 3) entschieden, dass es nach § 305c Abs. 2 BGB zu Lasten des Arbeitgebers gehe, wenn die Tragweite der Verweisung auf Tarifnormen in einem Formulararbeitsvertrag zweifelhaft sei. Auf die Unklarheitenregelung darf nur zurückgegriffen werden, wenn trotz Ausschöpfung der anerkannten Auslegungsmethoden nicht behebbare Zweifel verbleiben (*BAG* 17.1.2006 NZA 2006, 923).

290 **Zugangsfiktionen (§ 308 Nr. 6 BGB)** sind bei Kündigungen ohnehin unstatthaft, wenn dadurch gesetzlich zwingend vorgeschriebene Mindestkündigungsfristen verkürzt werden (o. Rz 126), dürften aber jetzt grds. scheitern. Gleiches gilt für die Abrede **fingierter** Erklärungen (§ 308 Nr. 5 BGB; idR wird schon die Schriftform nicht gewahrt sein). Wegen **§§ 309 Nr. 13, 310 Abs. 4 S. 2 BGB** kann seit 1.1.2002 keine **strengere Form** für Kündigungen als die des **§ 623 BGB** in allgemeinen Arbeitsbedingungen vorgesehen werden (APS-*Preis* § 623 BGB Rz 11; ErfK-*Müller-Glöge* § 623 BGB Rz 20; *Staudinger/Oetker* § 623 BGB Rz 16). Da der Arbeitsvertrag **Verbrauchervertrag** iSd § 310 Abs. 3 BGB ist (*BAG* 25.5.2005 EzA § 307 BGB 2002 Nr. 3; 31.8.2005 EzA §6 ArbZG Nr. 6) gilt dies sogar für vorformulierte Verträge, die lediglich zur **einmaligen** Verwendung bestimmt sind (HWK-*Bittner* § 623 BGB Rz 42). **Schriftformklauseln** an sich bleiben grds. zulässig, können aber je nach Ausgestaltung eine **unangemessene Benachteiligung** iSd § 307 Abs. 1 BGB darstellen und **deshalb** unwirksam sein. Auch besondere **Zugangserfordernisse** scheitern an § 309 Nr. 13 BGB. **Kündigungserschwerungen (Fallgruppen** s. Rz 119 f.) können sich als **unangemessen** erweisen (ErfK-*Preis* §§ 305-310 BGB Rz 50).

§ 623 Schriftform der Kündigung

Die Beendigung von Arbeitsverhältnissen durch Kündigung oder Auflösungsvertrag bedürfen (sic!) zu ihrer Wirksamkeit der Schriftform; die elektronische Form ist ausgeschlossen.

Fassung bis 31. Juli 2001:
Die Beendigung von Arbeitsverhältnissen durch Kündigung oder Auflösungsvertrag bedürfen (sic!) zu ihrer Wirksamkeit der Schriftform.

Fassung bis 31. Dezember 2000 (in Kraft ab 1. Mai 2000):
Die Beendigung von Arbeitsverhältnissen durch Kündigung oder Auflösungsvertrag sowie die Befristung bedürfen zu ihrer Wirksamkeit der Schriftform.

Literatur

– bis 2004 vgl. KR-Vorauflage –
Bauer/Krieger Formale Fehler bei Abberufung und Kündigung vertretungsberechtigter Organmitglieder, ZIP 2004, 1247; *Dahlem/Wiesner* Arbeitsrechtliche Aufhebungsverträge in einem Vergleich nach § 278 VI ZPO, NZA 2004, 530; *Haase* Das ruhende Arbeitsverhältnis eines zum Vertretungsorgan einer GmbH bestellten Arbeitnehmers und das Schriftformerfordernis des § 623 BGB, GmbHR 2004, 279; *Henssen* Formnichtigkeit einer Kündigung gem. § 623 BGB: Berufung auf Treu und Glauben, insbesondere wegen widersprüchlichen Verhaltens, DB 2006, 1613; *Klein* Die Kündigung »i.A.«–Kennzeichen mangelnder Schriftform?, NZA 2004, 1198; *Knauer/Wolf* Zivilprozessuale und strafprozessuale Änderungen durch das Erste Justizmodernisierungsgesetz – Teil 1: Änderungen der ZPO, NJW 2004, 2857; *Kuckuk* Wahrung des Schriftformerfordernisses durch

einen gerichtlichen Vergleich nach § 278 Abs. 6 ZPO?, ArbRB 2006, 61; *Löw* Die Beendigung des Anstellungsverhältnisses des GmbH-Geschäftsführers, BuW 2004, 78; *Nungeßer* Vergleichen vergleichsweise schwierig Formale und materiell-rechtliche Hürden beim Vergleichsschluss nach § 278 VI ZPO, NZA 2005, 1027; *Schrader/Schubert* Der Geschäftsführer als Arbeitnehmer DB 2005, 1457; *Zirnbauer* Das reanimierte Arbeitsverhältnis des Organvertreters, FS 25 Jahre Arge ArbR DAV 2006, 553; *Zwanziger* Rechtliche Rahmenbedingungen für »Ein-Euro-Jobs«, AuR 2005, 8.

Inhaltsübersicht

Kurz-Gliederung

	Rz		Rz
A. Einleitung	1–38	G. Sonstige Auswirkungen des Formzwanges	227–245
B. Gegenstand des Schriftformzwanges	39–92	H. Verhältnis zu Schriftformzwang nach anderen Rechtsquellen	246–252
C. Schriftliche Form	93–177		
D. Schriftform als Wirksamkeitsvoraussetzung; Rechtsfolge bei Formmangel	178–199	**Anhang:** Schriftform der Befristung (§ 14 Abs. 4 TzBfG)	
E. Berufung auf Formmangel; Grenzen	200–211a		
F. Prozessuales Geltendmachen des Formmangels	212–226		

Detail-Gliederung

A. Einleitung		1–38	V. (Fassung bis 31. Dezember 2000) »Die« Befristung	79–92
I.	Entstehungsgeschichte	1–15a	1. Befristung (Fassung bis 31. Dezember 2000)	79–81
	1. Vorarbeiten	1–5	2. Arten der Befristung (Fassung bis 31. Dezember 2000)	82–84
	2. Arbeitsgerichtsbeschleunigungsgesetz	6–12	3. Ähnliche Lösungstatbestände (Fassung bis 31. Dezember 2000)	85–92
	3. Teilzeit- und Befristungsgesetz (TzBfG)	13–15	C Schriftliche Form	93–177
	4. Schuldrechtsmodernisierung	15a	I. Gesetzliche Form	93
II.	Normzweck	16–20	II. Umfang	94–96
	1. Gesetzesbegründung	16	III. Wahrung der Form	97–115
	2. Formzweck nach BGB	17–20	1. Allgemeines / Ausschluss der »elektronischen Form« sowie der »Textform«	97
III.	Bedeutung der Norm	21–29	2. Urkunde	98–99
IV.	Abdingbarkeit/IPR	30–31	3. Unterzeichnung	100–103
V.	Geltungsbeginn	32–35	4. Aussteller/Vertreter und Vollmachterteilung	104–106
	1. Maßgebender Zeitpunkt bei Kündigung	33	5. Notarielle Beglaubigung; Handzeichen; Schreibunfähige	107
	2. Maßgebender Zeitpunkt bei Auflösungsvertrag und (Fassung bis 31. Dezember 2000) Befristungsabrede	34–35	6. Vertrag	108–110
VI.	Geltungsende bei Befristungsabrede	36–38	7. Notarielle Beurkundung	111
B. Gegenstand des Schriftformzwanges		39–92	8. Gerichtlicher Vergleich	112–114
I.	Beendigung bzw. (Fassung bis 31. Dezember 2000) Befristung von Arbeitsverhältnissen	39–57	9. Zustimmung; Minderjährige	115
	1. Arbeitsverhältnis	39–45a	IV. Zugang der formgerecht errichteten Willenserklärung	116–127
	2. Beendigung bzw. (Fassung bis 31. Dezember 2000) Befristung	46–57	1. Allgemeines	116–118
II.	Beendigungstatbestände	58–61	2. Telegramm	119
III.	Beendigung durch Kündigung	62–70	3. Fotokopie	120
	1. Allgemeines	62–63	4. Telefax (Fernkopie)	121
	2. Arten der Kündigung	64	5. Computerfax	122
	3. Sonstige einseitige Lösungstatbestände	65–70	6. E-Mail/SMS/Intranet	123
IV.	Beendigung durch Auflösungsvertrag	71–78	7. Schriftsatz	124
			8. Blinde; Leseunkundige; Sprachunkundige	125
			9. Anerkennung neuer Übertragungstechniken	126–127

		Rz			Rz
V.	Beweislast für Wahrung der Form	128		e) Arbeit auf Abruf (Fassung bis 31. Dezember 2000)	173
VI.	Schriftliche Form der Kündigung	129–145			
	1. Erklärung	130			
	2. Erklärungsinhalt	131–132		3. Bezugnahme auf Tarifvertrag oder Betriebsvereinbarung (Fassung bis 31. Dezember 2000)	174–175
	3. Einverständnis	133			
	4. Art der Kündigung	134			
	5. Änderungskündigung	135–138			
	6. Kündigungsgrund	139–140		4. Sonstiges (Fassung bis 31. Dezember 2000)	176–177
	7. Nochmals: Telefax	141	D.	Schriftform als Wirksamkeitsvoraussetzung; Rechtsfolge bei Formmangel	178–199
	8. Nochmals: Schriftsatzkündigung	142			
	9. Kündigung zu gerichtlichem Protokoll	143–144			
	10. Zustimmungsbedürftige Kündigung	145		I. Wirksamkeitsvoraussetzung	178–179
				II. Nichtigkeit bei Formmangel; Folge für das Arbeitsverhältnis	180–185
VII.	Schriftliche Form des Auflösungsvertrages	146–160		III. Teilnichtigkeit	186–189
	1. Zustandekommen	147–148		IV. Umdeutung	190–194
	2. Vertragsinhalt	149–153		V. Heilung (Bestätigung)	195–199
	3. Bezugnahmen	154–155	E.	Berufung auf Formmangel; Grenzen	200–211a
	4. Gerichtlicher Vergleich	156		I. Allgemeines; Unzulässige Rechtsausübung	200–203
	5. Außergerichtlicher Vergleich durch Parteien oder Rechtsanwälte	157–158		II. Berufung auf den Formmangel im Rahmen des § 623 BGB	204–211a
	6. Sonstiges	159–160	F.	Prozessuales Geltendmachen des Formmangels	212–226
VIII.	(Fassung bis 31. Dezember 2000) Schriftliche Form der Befristung	161–177		I. Form und Frist	212–223
				1. Kündigung	212–214
	1. Zustandekommen (Fassung bis 31. Dezember 2000)	162–165		2. Auflösungsvertrag	215
				3. (Fassung bis 31. Dezember 2000) Befristung	216–222
	2. Inhalt der Befristungsabrede (Fassung bis 31. Dezember 2000)	166–173			
	a) Abrede bei iim Übrigen mündlichem Arbeitsvertrag (Fassung bis 31. Dezember 2000)	166		4. Sonstiges	223
				II. Parteivorbringen und Beweislast	224–226
			G.	Sonstige Auswirkungen des Formzwanges (Einzelprobleme)	227–245
	b) Dauer der Befristung (Fassung bis 31. Dezember 2000)	167–169		I. Kündigung	228–236
				II. Auflösungsvertrag	237–239
	c) Grund der Befristung (Fassung bis 31. Dezember 2000)	170–171		III. (Fassung bis 31. Dezember 2000) Befristung	240–245
			H.	Verhältnis zu Schriftformzwang nach anderen Rechtsquellen	246–252
	d) Zweck der Befristung (Fassung bis 31. Dezember 2000)	172		**Anhang:** Schriftform der Befristung (§ 14 Abs. 4 TzBfG)	

A. Einleitung

I. Entstehungsgeschichte

1. Vorarbeiten

1 § 623 BGB realisiert ältere Ideen, Beendigung von Arbeitsverhältnissen durch Kündigung oder Auflösungsvertrag sowie (Fassung bis 31. Dezember 2000) die Befristung einem Schriftformzwang zu unterwerfen. Die Entwürfe eines Allgemeinen Arbeitsvertragsgesetzes (1923), eines Gesetzes über das Arbeitsverhältnis (1938) und einer Regelung der Arbeit (1942) haben sich mit Schriftformerfordernissen für arbeitsrechtliche Beendigungstatbestände nicht befasst (Entwürfe abgedruckt bei *Ramm* Arbeitsvertragsgesetz, S. 133 ff. bzw. S. 243 ff. bzw. S. 345 ff.). Der Entwurf eines Arbeitsvertragsgesetzbuches – Allgemeines Arbeitsvertragsrecht – (1977) sah hingegen ein Schriftformerfordernis vor. Dieses beschränkte sich aber auf die **Kündigung** (die ordentliche sowie die außerordentliche) und hierbei weiter auf diejenige durch den **Arbeitgeber**. Zudem war ausdrücklich die Tarifdispositivität der Bestimmung

vorgesehen (Entwurf abgedruckt bei *Ramm* aaO, S. 407 ff., 459). Nach dem Entwurf des Deutschen Gewerkschaftsbundes für ein neues Arbeitsverhältnisrecht (AuR 1977, 242, 246) sollte für die Kündigung des Arbeitsverhältnisses künftig die Schriftform vorgeschrieben werden.

Das Arbeitsgesetzbuch der Deutschen Demokratischen Republik (**AGB-DDR**) vom 16. Juni 1977 (GBl. DDR I S. 185) schrieb für die fristgemäße Kündigung durch den Betrieb bzw. für die fristlose Entlassung des Werktätigen die Schriftform vor (§§ 54 Abs. 4, 56 Abs. 2 mit Abs. 1 AGB-DDR). Einen Aufhebungsvertrag hatte der Betrieb nach § 52 Abs. 2 S. 2 AGB-DDR schriftlich unter Angabe der Gründe auszufertigen. Nach § 48 Abs. 1 S. 1 AGB-DDR war die Dauer des befristeten Arbeitsvertrages bei Vertragsabschluss durch einen Termin zu bestimmen; Entsprechendes galt nach § 48 Abs. 1 S. 3 AGB-DDR für die Zweckbefristung. Da der Arbeitsvertrag nach § 41 Abs. 1 S. 1 AGB-DDR durch übereinstimmende Willenserklärungen des Werktätigen und des Betriebes über den notwendigen Vertragsinhalt zustande kam und der Betrieb nach § 42 S. 1 AGB-DDR verpflichtet war, die mit dem Werktätigen getroffenen Vereinbarungen in einen schriftlichen Arbeitsvertrag aufzunehmen, unterlag damit im Ergebnis auch die Befristungsabrede einem Schriftformzwang.

Art. 30 Abs. 1 Nr. 1 des Vertrages zwischen der Bundesrepublik Deutschland und der Deutschen Demokratischen Republik über die Herstellung der Einheit Deutschlands – **Einigungsvertrag** – vom 31. August 1990 (BGBl. II S. 889) macht es u.a. zur Aufgabe des gesamtdeutschen Gesetzgebers, das Arbeitsvertragsrecht (möglichst bald einheitlich) neu zu kodifizieren. Die dadurch angeregten Kodifikationsvorschläge haben sich in unterschiedlicher Weise auch mit Schriftformerfordernissen für Beendigungstatbeständen befasst, auch wenn diese naturgemäß nicht im Mittelpunkt des Interesses standen (*Kliemt* Formerfordernisse, S. 571).

Der sog. **Professorenentwurf** des Arbeitskreises Deutsche Rechtseinheit im Arbeitsrecht (Gutachten D für den 59. DJT 1992) sah in § 118 Abs. 2 Schriftform für die **Kündigung** durch den **Arbeitgeber** und in § 131 Abs. 1 für den **Aufhebungsvertrag** vor. Über die Schriftform einer Befristungsabrede verhielt er sich **nicht**. § 16 Abs. 1 S. 2 der **DGB**-Thesen für ein Arbeitsverhältnisgesetz (AuR 1992, 267 ff.) unterwarf **jedwede** Kündigung der Schriftform. § 4 Abs. 1 sah vor, dass in einem schriftlichen Arbeitsvertrag wenigstens die wesentlichen Angaben über die Parteien des Arbeitsverhältnisses und seine Bedingungen enthalten sein müssen. Dadurch dürfte eine Befristungsabrede mit umfasst gewesen sein. Über die Schriftform eines Auflösungsvertrages oder einer gleich zu achtenden Vereinbarung verhielten sich die Thesen nicht. Der vom **Freistaat Sachsen** beim Bundesrat eingebrachte Entwurf eines Gesetzes über das Recht des Arbeitsvertrages (BR-Drs. 293/95) sah in seinem § 116 Abs. 2 vor, dass die Kündigung der Schriftform bedarf und bestimmte in seinem § 131 Abs. 1 S. 1, dass die Arbeitsvertragsparteien das Arbeitsverhältnis schriftlich durch Vertrag beenden können; die Befristung wird **keiner** Form unterworfen. Nach der Einzelbegründung zu § 118 sollte das Schriftformerfordernis für die Kündigung in Anlehnung an die Regelung in der DDR eingeführt werden; angesichts der Bedeutung der Kündigung sei die Schriftform aus Gründen der Rechtssicherheit geboten. Nach der Einzelbegründung zu § 131 sollte die Form aus Gründen der Rechtssicherheit und auch der notwendigen Überlegung eine konstitutive Schriftform sein. In Einzelpunkten weiter ging Art. 1 (Arbeitsvertragsgesetz) des als Gesetzesantrag des **Landes Brandenburg** beim Bundesrat eingebrachten Entwurfes eines Gesetzes zur Bereinigung des Arbeitsrechts (BR-Drs. 671/96): Ein § 116 Abs. 2 Arbeitsvertragsgesetz-Brandenburg bestimmte, dass die Kündigung der Schriftform bedarf. Nur im Wortlaut abweichend gegenüber dem sächsischen Entwurf bestimmte § 131 Abs. 1 S. 1, dass die Arbeitsvertragsparteien das Arbeitsverhältnis schriftlich durch Vertrag beenden können. Allerdings war die Regelung durch einen S. 2 dahingehend ergänzt, dass für bedingte Aufhebungsverträge die Regeln über auflösend bedingte Arbeitsverträge nach § 26 des Entwurfs entsprechend gelten. Schließlich bestimmte das Arbeitsvertragsgesetz-Brandenburg in § 56 Abs. 4, dass die **Befristung** des Arbeitsvertrages zu ihrer Wirksamkeit der Schriftform bedarf, in der der **Befristungsgrund** (nach Abs. 1 des Entwurfs) anzugeben ist.

Unter anderem diese Bestimmung sollte nach § 26 Abs. 6 des brandenburgischen Entwurfs entsprechend gelten, wenn der Arbeitsvertrag unter einer **auflösenden** Bedingung geschlossen wird. In der Einzelbegründung zu § 116 Abs. 2 hieß es, dass das Schriftformerfordernis für **alle** Kündigungen geregelt werde. Die besondere Bedeutung der Kündigungserklärung sowohl für Arbeitgeber als auch für Arbeitnehmer rechtfertige dieses konstitutive Schriftformerfordernis. Es sei auch nicht angezeigt, die Schriftform lediglich für die Kündigung des Arbeitgebers vorzuschreiben, weil die Kündigung für den Arbeitnehmer besondere Bedeutung habe. In der Praxis sei häufig streitig, ob eine mündliche Erklärung des Arbeitnehmers bereits als Kündigung zu werten sei. Dies führe in der arbeitsgerichtlichen Praxis zu unergiebigen Streitigkeiten, ob der Arbeitnehmer überhaupt gekündigt, ob dies fristlos oder fristgemäß geschehen oder ob gar die Erklärung des Arbeitnehmers als Angebot auf Abschluss eines Aufhebungsvertrages zu werten sei. Aus diesem Grund sei es gerechtfertigt, jede Kündigung dem Schriftformerfordernis zu unterstellen. Zudem korrespondiere das Schriftformerfordernis für die Kündigung mit dem entsprechenden Schriftformerfordernis für den Aufhebungsvertrag nach Maßgabe des § 131 (des Entwurfs, der Verfasser). In der Einzelbegründung zu § 131 hieß es, aus Gründen der Rechtssicherheit sei ein konstitutives Schriftformerfordernis vorgesehen. In der Einzelbegründung zu § 56 des brandenburgischen Entwurfs hinsichtlich dessen in seinem Abs. 4 begründeten Schriftformerfordernisses heißt es, dies sei aus Gründen der Rechtssicherheit geboten, weil man sich bei Vertragsschluss auf einen (der in Abs. 1 des Entwurfs geregelten Befristungsgründe) einigen müsse. Ein Austausch oder Nachschieben von bei Vertragsschluss nicht vorhandenen Befristungsgründen werde damit ausgeschlossen.

5 Bekanntlich ist keiner der vorstehend nachgezeichneten Entwürfe Gesetz geworden (ausführlich zu den Hintergründen *Neumann* FS Stahlhacke, S. 349; *ders.* FS Hanau, S. 43 ff.; *ders.* DB 1995, 2013). Was allerdings die Kodifizierung von Schriftformerfordernissen für arbeitsrechtliche Beendigungstatbestände bzw. (Fassung bis 31. Dezember 2000) die Befristung von Arbeitsverhältnissen anbelangt, spiegelt die Neuregelung in § 623 BGB weitgehend die entsprechenden Entwürfe in dem Arbeitsvertragsgesetz-Brandenburg wider. Signifikante Unterschiede bestanden allerdings darin, dass § 623 BGB (in seiner bis 31. Dezember 2000 geltenden Fassung) nicht, wie von § 26 Abs. 4 des Entwurfs aber vorgesehen, auch den Befristungs**grund** dem Schriftformerfordernis unterwarf. Außerdem verhielt sich § 623 BGB in seiner bis 31. Dezember 2000 geltenden Fassung, anders als § 26 Abs. 6 des Arbeitsvertragsgesetzes-Brandenburg, nicht ausdrücklich dazu, ob das Formerfordernis auch im Falle des Arbeitsvertragsschlusses unter einer auflösenden Bedingung gelten sollte.

2. Arbeitsgerichtsbeschleunigungsgesetz

6 § 623 BGB wurde aufgrund Art. 2 des am 7. April 2000 verkündeten und am 1. Mai 2000 in Kraft getretenen Gesetzes zur Vereinfachung und Beschleunigung des arbeitsgerichtlichen Verfahrens (Arbeitsgerichtsbeschleunigungsgesetz) vom 30. März 2000 (BGBl. I S. 333), nach § 622 BGB in das BGB eingefügt. Hier bestand eine Lücke, seit ein die Kündigungsfrist von Dienstverhältnissen betreffender früherer § 623 BGB durch Gesetz vom 14. August 1969 (BGBl. I S. 1106) ersatzlos aufgehoben war. Es ist zweifelhaft, ob der Inhalt der Regelung systematisch an diese Stelle gehört. Denn die unmittelbar vorhergehenden bzw. nachfolgenden Regelungen betreffen ausschließlich die Kündigung und die dabei einzuhaltende bzw. nicht einzuhaltende Frist, während § 623 BGB auch den Auflösungsvertrag betrifft und eine Formvorschrift darstellt. Hingegen ist gegen die Unterbringung im **BGB** an sich nichts einzuwenden, soweit nicht (bis 31. Dezember 2000) der Tatbestand der Befristungsabrede betroffen war, nachdem sich die Bestimmungen darüber, dass und unter welchen Voraussetzungen Arbeitsverhältnisse befristet werden können, **außerhalb** des BGB fanden (zB BeschFG, HRG und, über § 620 Abs. 3 BGB neu iVm dem TzBfG sowie über dessen § 23, etwa hinsichtlich des HRG, übrigens weiter finden). Die amtliche Wortwahl »Arbeitsgerichtsbeschleunigungsgesetz« erscheint zumindest schief, als es in der Sache um ein Arbeitsgerichts**verfahrens**-Beschleunigungsgesetz geht (auf diesen Umstand weist auch *Schaub* NZA 2000, 344, hin).

7 Die nunmehr geltende Regelung in § 623 BGB entspricht mit Ausnahme der ab 1. Januar 2001 in das TzBfG (dort § 14 Abs. 4) ausgelagerten Formvorschrift für die Befristungsabrede und der im Zuge der Schuldrechtsmodernisierung aufgrund Art. 1 Abs. 2 des Gesetzes v. 26.11.2001 (BGBl. I S. 3138) ab 1.1.2002 zugefügten (wenn auch in ihrer Einschränkung auf die Kündigung **falschen**) amtl. Überschrift unverändert einem diesbezüglichen **neuerlichen** bei dem Bundesrat eingebrachten Gesetzesantrag des Landes **Brandenburg** (BR-Drs. 321/98) betreffend den Entwurf eines Gesetzes zur Vereinfachung und Beschleunigung des arbeitsgerichtlichen Verfahrens (Arbeitsgerichtsbeschleunigungsgesetz). Nach der **Zielsetzung** des initiierenden Landes (BR-Drs. 321/98, S. 1) soll mit dem Gesetz das Verfahren vor den Arbeitsgerichten beschleunigt werden. Das Ziel, die Funktionsfähigkeit der Arbeitsgerichte durch vertretbare Verfahrensvereinfachungen sicherzustellen, werde danach u.a. erreicht durch: »Schriftformerfordernis für die Beendigungs- und Änderungskündigung nach dem Bürgerlichen Gesetzbuch« (S. 1/2). Während der Entwurf des § 623 BGB, wie gesagt, bereits mit Ausnahme der wieder ausgelagerten »Befristung« seinem heutigen Inhalt entsprach und auch den Auflösungsvertrag sowie die Befristung nannte (Anlage zu BR-Drs. 321/98, S. 5), verliert die Zielsetzung über diese beiden Tatbestandsmerkmale kein Wort. Umgekehrt nennt sie, anders als der Vorschlag, ausdrücklich auch die Änderungskündigung. In der Einzelbegründung zur Änderung des Bürgerlichen Gesetzbu-

ches (Anl. BR-Drs. 321/98, S. 15) heißt es dann: »Die Kündigung des Arbeitsverhältnisses, die Befristung und auch die einvernehmliche Beendigung des Arbeitsverhältnisses (Aufhebungsvertrag) bedürfen der Schriftform. Die besondere Bedeutung dieser Gestaltungsrechte (sic!) – insbes. der Beendigung (Anm. d. Verf.: Was auch sonst?, die **Änderung** ist nicht vorgeschlagen) des Arbeitsverhältnisses – rechtfertigen dies iSd Gewährleistung größtmöglicher Rechtssicherheit. Das konstitutive Schriftformerfordernis führt aber auch zu einer enormen Entlastung der Arbeitsgerichte. Insbesondere werden unergiebige Rechtsstreitigkeiten, zB ob überhaupt eine Kündigung vorliegt, vermieden bzw. die entsprechende Beweiserhebung wird wesentlich vereinfacht.«

Danach steht die »einvernehmliche Beendigung des Arbeitsverhältnisses (Aufhebungsvertrag)« dem vorgeschlagenen und Gesetz gewordenen »Auflösungsvertrag« gleich. Die weitere Begründung betrifft auch den Auflösungsvertrag sowie die (später wieder ausgelagerte) Befristung, auch wenn es sich dabei nicht um »Gestaltungsrechte« handelt. 8

Die Änderung des Bürgerlichen Gesetzbuches durch Einfügung des § 623 BGB hat der **Bundesrat** in seiner 734. Sitzung unverändert beschlossen (BT-Drs. 14/626, S. 3 mit S. 6). Die **Bundesregierung** stimmte in ihrer Stellungnahme (BT-Drs. 14/626, S. 14) der Einführung des Schriftformerfordernisses für die Beendigung von Arbeitsverhältnissen durch Kündigung oder Auflösungsvertrag sowie für die Befristung eines Arbeitsvertrages nicht zu. Das Schriftformerfordernis für die Kündigung werde die Arbeitsgerichte nicht entlasten. In der weit überwiegenden Zahl der Kündigungsschutzklagen gehe es nicht um den Nachweis der Kündigungserklärung, sondern um deren sachliche Berechtigung. Im Übrigen würden sich Streitigkeiten um die Abgabe der Kündigungserklärung bei Einführung eines Schriftformerfordernisses auf die Frage verlagern, ob die Erklärung wirksam zugegangen ist. 9

In der Stellungnahme des **Arbeitsrechtsausschusses des Deutschen Anwaltvereins** vom November 1999 zu dem Entwurf heißt es, entgegen den Bedenken der Bundesregierung sei die Einführung des Schriftformerfordernisses für die Beendigung von Arbeitsverhältnissen durch Kündigung oder Auflösung des Vertrages sowie für die Befristung eines Arbeitsvertrages sinnvoll. Sie erscheine im Übrigen bereits aufgrund der Parallele zu den Schriftformerfordernissen des Nachweisgesetzes sachlich geboten. Zu beachten sei allerdings, dass Kündigungserklärungen häufig unter einem besonderen Zeit- und Fristendruck (zB im Hinblick auf die Zwei-Wochen-Frist des § 626 Abs. 2 BGB) stünden. Daher komme modernen Kommunikationsmitteln für die Übermittlung von Kündigungserklärungen besondere Bedeutung zu. Es sollte daher in § 623 BGB (neu) der Satz eingefügt werden, wonach die Schriftform auch bei Übermittlung durch Telefax gewahrt sei, was ohne eine derartige Klarstellung für die gesetzliche Schriftform nicht der Fall wäre. 10

Die Beschlussempfehlung und der Bericht des (11.) **Ausschusses für Arbeit und Sozialordnung** hat die vorgeschlagene Änderung des Bürgerlichen Gesetzbuches durch Einfügung des § 623 BGB ungeachtet der Stellungnahmen unverändert gelassen (BT-Drs. 14/2490, S. 8). Auch hier wird die Problemlösung, und zwar die Beschleunigung des Verfahrens vor den Arbeitsgerichten, u.a. in dem Schriftformerfordernis für Kündigungen, befristete Arbeitsverträge und Aufhebungsverträge gesehen (BT-Drs. 14/2490, S. 1). Wegen der Einzelheiten jedoch hat der Ausschuss auf die »entsprechende Drucksache« bzw. auf den Gesetzentwurf verwiesen (BT-Drs. 14/2490, S. 10 bzw. 11). Bei den Ausschussberatungen haben die Mitglieder der **Koalitionsfraktionen** das vorgesehene Schriftformerfordernis begrüßt (BT-Drs. 14/2490, S. 11). Nach der Erklärung der Mitglieder der **Fraktion der CDU/CSU** teilte ihre Fraktion das Anliegen des Deutschen Anwaltvereins, in das Schriftformerfordernis bei Kündigungen (sic!) auch das Telefax einzubeziehen. Eine gesetzgeberische Klarstellung (sic!) könne hier nicht schaden, müsse sich aber auf alle Rechtsbereiche erstrecken und sollte daher aus systematischen Gründen nicht im laufenden Verfahren erfolgen. Die Mitglieder der **Fraktion der F.D.P.** erklärten, die im Gesamtpaket vorgesehene Einführung des Schriftformerfordernisses werde von ihrer Fraktion mitgetragen, auch wenn sie darin keinen wesentlichen Punkt der Verbesserung sehe. Das Schriftformerfordernis bei der Kündigung von Arbeitsverträgen führe letztlich zu einer Mehrbelastung der kleinen und mittleren Unternehmen (BT-Drs. 14/2490, S. 11). Die Mitglieder der **Fraktion der PDS** haben sich zu dem Schriftformerfordernis nicht erklärt (vgl. BT-Drs. 14/2490, S. 11). 11

Der **Deutsche Bundestag** hat in seiner 81. Sitzung am 20. Januar 2000 aufgrund der Beschlussempfehlung und des Berichts des Ausschusses für Arbeit und Sozialordnung den vom Bundesrat eingebrachten Entwurf des Arbeitsgerichtsbeschleunigungsgesetzes und damit § 623 BGB in unveränderter Form angenommen (vgl. BR-Drs. 63/00, S. 1, Anlage S. 3). 12

3. Teilzeit- und Befristungsgesetz (TzBfG)

13 Durch Art. 2 Nr. 2 des am 1. Januar 2001 in Kraft getretenen Gesetzes über Teilzeitarbeit und befristete Arbeitsverträge und zur Änderung und Aufhebung arbeitsrechtlicher Bestimmungen (Teilzeit- und Befristungsgesetz – TzBfG) vom 21. Dezember 2000 (BGBl. I S. 1966) wurden in § 623 BGB die Wörter »sowie die Befristung« mit Blick auf die durch Art. 1 dieses Gesetzes eingeführte Bestimmung des § 14 Abs. 4 TzBfG (»Die Befristung eines Arbeitsvertrags bedarf zu ihrer Wirksamkeit der Schriftform.«), also nach nur achtmonatiger Geltung, ohne Übergangsregelung wieder gestrichen. Das Wort »bedürfen« in § 623 BGB wurde nicht gleichzeitig in »bedarf« geändert, ist aber zur Vermeidung eines Torsos so zu lesen.

14 Soweit es um die **Befristung** geht, ist aufgrund der durch Art. 2 Nr. 1b vorgenannten Gesetzes angefügten Regelung in § 620 Abs. 3 BGB neu (»Für Arbeitsverträge, die auf bestimmte Zeit abgeschlossen werden, gilt das Teilzeit- und Befristungsgesetz.«) **nunmehr** allein § 14 Abs. 4 TzBfG maßgebend. Mit der erst auf der Beschlussempfehlung und dem Bericht des **Ausschusses für Arbeit und Sozialordnung** vom 15. November 2000 (BT-Drs. 14/4625, S. 13, 21) beruhenden und Gesetz gewordenen Streichung sollte nach dem Willen der Initiatoren eine »Parallelregelung ... inhaltlich übereinstimmend mit § 623 des Bürgerlichen Gesetzbuches« vermieden werden. Die Frage, ob sich dadurch **unbeabsichtigt** inhaltliche Änderungen zu der bis 31. Dezember 2000 geltenden Fassung des § 623 BGB ergeben haben, ist (auch) Gegenstand dieser Kommentierung sowie derjenigen des § 14 Abs. 4 TzBfG.

15 Wenig durchdacht wirkt (auch) die Änderung des § 620 Abs. 2 BGB durch Art. 2 Nr. 1a TzBfG dahingehend, dass die Angabe »§§ 621, 622« durch die Angabe »§§ 621 bis 623« ersetzt wurde, obzwar die Regelung dadurch jetzt die »Kündigung« nach Maßgabe der in Bezug genommenen Regelungen betrifft, worunter der »Auflösungsvertrag« in § 623 BGB aber nicht fällt. Derartige gesetzgeberische Lässlichkeiten, einschließlich des nach Streichung der Befristung verbliebenen Torsos des § 623 BGB, lassen befürchten, dass die Übersicht über das Regelungssubstrat verloren gegangen ist und die ordnende Hand fehlt. Dies zeigt sich auch daran, dass mit dem durch das am 1. August 2001 in Kraft getretene Gesetz zur Anpassung der Formvorschriften des Privatrechts und anderer Vorschriften des Privatrechts an den modernen Rechtsgeschäftsverkehr vom 13. Juli 2001 (BGBl. I S. 1542) umgesetzten Regierungsentwurf eines »Gesetzes zur Anpassung der Formvorschriften des Privatrechts und anderer Vorschriften an den modernen Rechtsverkehr vom 8. September 2000« (BR-Drs. 535/00) schon wieder eine Änderung des § 623 BGB erfolgt ist, wonach die durch § 126 Abs. 3 BGB nF eingeführte »elektronische Form« in § 623 BGB durch Anfügung des Hs. 2 ausdrücklich ausgeschlossen ist (u. a. um die Arbeitnehmerinnen und Arbeitnehmer – vom Arbeitgeber ist keine Rede – nicht schon nach wenigen Monaten (!) der Existenz des § 623 BGB mit einer Öffnung der elektronischen Form zu konfrontieren, S. 42 der Drs.) und weder die vereinfachte »Textform« nach § 126b BGB nF noch, da nur für die rechtsgeschäftlich bestimmte schriftliche Form ermöglicht, die nach § 127 Abs. 2 S. 1 BGB nF eingeführte geplante »telekommunikative Übermittlung« für § 623 BGB vorgeschrieben bzw. zugelassen wurde.

4. Schuldrechtsmodernisierung

15a Die im Zuge der Schuldrechtsmodernisierung aufgrund Art. 1 Abs. 2 des Gesetzes vom 26. November 2001 (BGBl. I S. 3138) ab 1. Januar 2002 zugefügte **amtl**. Überschrift ist in ihrer **Einschränkung** auf die **Kündigung** falsch und ist geeignet, zu Fehlern bei der Rechtsanwendung zu führen (Übersehen des Beendigungstatbestandes »Auflösungsvertrag«).

II. Normzweck

1. Gesetzesbegründung

16 Nach den im **Gesetzgebungsverfahren** vorgebrachten Begründungen verfolgt § 623 BGB nur **zwei** Zwecke. Zum einen geht es um die Verfahrensbeschleunigung durch Entlastung der Arbeitsgerichte, zum anderen um die Rechtssicherheit wegen der Bedeutung der geregelten Beendigungstatbestände bzw. (bis 31. Dezember 2000) der Befristung. Soweit die Bedeutung hinsichtlich dieser Tatbestände bzw. der Befristung »insbes. (bei) der Beendigung des Arbeitsverhältnisses« hervorgehoben wird, dürfte es sich um eine versehentliche Betonung der »Beendigung« handeln. Denn der Entwurf handelt **nur** von der »Beendigung« von Arbeitsverhältnissen (also zB insbes. nicht von deren Begründung oder Änderung), soweit es um Kündigung oder Auflösungsvertrag geht. Und auch (bis 31. Dezember 2000) »die« Befristung – wenn auch von den vorhergehenden Tatbeständen abgesetzt – **bewirkt** ein Ende

Schriftform der Kündigung § 623 BGB

(arg. jedenfalls ex § 1 Abs. 5 BeschFG/§ 17 TzBfG), ob nun anfänglich oder nachträglich abgemacht oder eine bestehende Befristung verändernd (vgl. § 620 Abs. 1 BGB).

2. Formzweck nach BGB

Die **Inkorporation** des Schriftformzwangs für Kündigung, Auflösungsvertrag sowie Befristung in das BGB bewirkt, über die Gesetzesbegründungen (Verfahrensbeschleunigung und Rechtssicherheit) **hinaus**, dass bei der Auslegung der Norm auch die sonstigen Zwecke gesetzlicher Formvorschriften nach dem BGB zu berücksichtigen sind. Danach verfolgen diese Zwecke drei verschiedene Funktionen, die alternativ oder in beliebigen Kombinationen Geltung beanspruchen können. Und zwar geht es um die **Warnfunktion**, die **Klarstellungsfunktion** sowie um die **Beweisfunktion** (s. zur Herleitung und unter Bezugnahme auf die dies zum Ausdruck bringenden Motive zum BGB instruktiv *Kliemt* Formerfordernisse, S. 7 mwN), zu welchen Funktionen aufgrund des Erfordernisses der eigenhändigen Unterschrift auch **Identitäts-**, **Echtheits-** und **Verifikations**funktion (Erkennbarkeit des Ausstellers, Herkunft der Urkunde und Überprüfbarkeit ihrer Echtheit, vgl. BAG 21.4.2005 EzA § 623 BGB 2002 Nr. 4) zählen. 17

Ohne Einfluss auf die Auslegung des § 623 BGB ist es im Ergebnis, wenn man die in dem Gesetzgebungsverfahren angesprochenen Zwecke der Verfahrensbeschleunigung sowie der Rechtssicherheit wegen der Bedeutung der Beendigungstatbestände bzw. der Befristung lediglich als Unterfälle oder besondere Ausprägungen der auch sonst üblichen Funktionen gesetzlicher Formvorschriften auffasst. So hat die Beschleunigungsfunktion insofern mit der Beweisfunktion zu tun, als es um die (rasche) Erweislichkeit oder die Nichterweislichkeit derjenigen Tatsachen geht, aus denen auf einen Beendigungstatbestand bzw. eine (Rechtslage bis 31. Dezember 2000) Befristung geschlossen werden kann. Die Frage der Rechtssicherheit lässt sich der Klarstellungsfunktion zuordnen. Soweit die Rechtssicherheit wegen der besonderen Bedeutung der Beendigungstatbestände bzw. der Befristung gewährleistet sein soll, dürfte die Warnfunktion angesprochen sein. Denn vor **unbedeutenden** Willenserklärungen und/oder Rechtsgeschäften dürfte es unter rechtspolitischen Gesichtspunkten keiner Warnung bedürfen. Dabei dürfte gerade diese **Warnfunktion** im Gesetzgebungsverfahren zu Unrecht in den Hintergrund geraten sein, nachdem gerade in Vorarbeiten (oben Rz 4) die **Bedeutung** arbeitsrechtlicher Beendigungstatbestände hervorgehoben und gerade Schriftformerfordernisse hiermit begründet worden sind. Es spricht einiges dafür (s.u. Rz 19 f., 24), dass § 623 BGB gerade mit der Facette seiner **Warnfunktion** Bedeutung in der Rechtswirklichkeit erlangen wird. Dies darf allerdings nicht etwa mit der Nachrangigkeit der übrigen Funktionen der Norm (Klarstellungs- und Beweisfunktion) verwechselt werden. 18

Decouvrierend ist, dass in späteren Gesetzesvorhaben bzw. -begründungen der Regelung in § 623 BGB bzw. des § 14 Abs. 4 TzBfG genau **diejenigen** (und nicht: die zum Arbeitsgerichtsbeschleunigungsgesetz geltend gemachten) Zwecke beigemessen werden, die üblicherweise Formzwecken des BGB innewohnen: So streicht etwa der Referentenentwurf des TzBfG für das Schriftformerfordernis (der Befristung, jetzt: nach § 14 Abs. 4 TzBfG), und zwar ausschließlich (!) das Interesse der »**Rechtsklarheit**« heraus (vom 5. September 2000, III a 4/III a 1–31325, S. 36), »befolgt« vom Gesetzentwurf der Bundesregierung vom 24. Oktober 2000 (BT-Drs. 14/4374, S. 20). Und der Gesetzentwurf **derselben Regierung** betreffend den »Entwurf eines Gesetzes zur Anpassung der Formvorschriften des Privatrechts und anderer Vorschriften an den modernen Rechtsgeschäftsverkehr« vom 8. September 2000 führt (BR-Drs. 535/00, S. 42, dort – S. 28 ff. – auch Zusammenstellung der Funktionen einer Schriftform), also nur wenige Tage nach dem Referentenentwurf des TzBfG, aus: »Das Schriftformerfordernis (gemeint: des § 623 BGB in damaliger Fassung) soll im Hinblick darauf, dass für den größten Teil aller Arbeitnehmerinnen und Arbeitnehmer der Arbeitsplatz die einzige Einnahmequelle und damit die Existenzgrundlage für sich und ihre Familien ist, die **Rechtssicherheit** (Hervorhebung durch Verf.) erhöhen und **insbes. vor einer übereilten Aufgabe des Arbeitsplatzes schützen**« (Hervorhebung erneut durch den Verf.); in der Folge wird ausdrücklich die Warnfunktion der Schriftform erwähnt. Genau **das** ist der reale Zweck der Regelung: **Die Warnung** (auch wenn eine Beschränkung auf **Arbeitnehmer** vorgenommen wird; dazu sogleich), ähnlich KDZ-*Däubler* Rz 6. Von **Verfahrensbeschleunigung** ist nirgendwo mehr die Rede. Noch unerforscht ist, ob **Wechsel** in der gesetzgeberischen Intention, die nur »en passant« vorkommen, auslegungsrelevant sind. Hier stellt sich die Frage, ob Formverstöße übergangen werden dürfen, wenn deren Aufklärung das Verfahren »verlangsamen« würde! 19

Durch die Schriftform **gewarnt** ist **jede** Arbeitsvertragspartei vor der **Abgabe** einer auf die Beendigung bzw. (Rechtslage bis 31. Dezember 2000) Befristung des Arbeitsverhältnisses zielenden Erklärung. Die Notwendigkeit der Beobachtung einer Form ruft bei den Beteiligten eine geschäftsmäßige 20

Spilger 1561

Stimmung hervor, weckt das juristische Bewusstsein, fordert zur besonneneren Überlegung heraus und gewährleistet die Ernstlichkeit der gefassten Entschließung (Motive zum Bürgerlichen Gesetzbuch, abgedruckt bei *Mugdan* Materialien zum BGB, Band I, S. 451). Dabei kommt der Schriftform diese Wirkung **beiden** Arbeitsvertragsparteien **gleichermaßen** zugute. Nicht nur schützt sie den Arbeitnehmer vor der unbedachten und voreiligen Aufgabe seiner (in aller Regel) wirtschaftlichen Lebensgrundlage. Geschützt wird auch der Arbeitgeber vor unbesonnenen auf die Beendigung des Arbeitsverhältnisses gerichteten Erklärungen, insbes. Kündigungen, die bei Unwirksamkeit erhebliche wirtschaftliche Risiken (Nachzahlungsanspruch bei Annahmeverzug) bergen können. Letztlich schützt der Zwang zur Einhaltung einer Form stets auch die **Gegenseite** vor Übereilung des **anderen** Teils. **Ist** die Schriftform gewahrt, setzt sich die Warnung bei dem **Empfänger** einer **Kündigung** oder der Partei einer (Fassung bis 31. Dezember 2000) **Befristungsabrede**, da dokumentiert, noch **fort**, insbes. wenn er bzw. sie sich dagegen wehren will oder, zur Wahrung der Rechte, zumindest zunächst einmal fristgerecht wehren muss. Für den **Arbeitnehmer** etwa kann die Drei-Wochen-Frist des §4 S.1 KSchG oder konnte – bis 31. Dezember 2000 – die des §1 Abs. 5 S.1 BeschFG (nach Auslagerung der Befristung in §14 Abs. 4 TzBfG jetzt: §17 TzBfG) in Lauf gesetzt sein. Für den **Arbeitgeber** kann die Beschaffung von Ersatz oder die Einhaltung der Kündigungsfrist oder gar die Verurteilung zur Arbeitsleistung (s. aber §888 Abs. 3 ZPO) oder die Verhinderung von Wettbewerb in Rede stehen.

III. Bedeutung der Norm

21 Die Bedeutung der Norm wird seit ihrem Werdegang sowie seit ihrem Inkrafttreten kritisch beobachtet und recht unterschiedlich beurteilt. Ihre **reale** Bedeutung wird sich möglicherweise nur durch Mittel der Rechtstatsachenforschung erschließen lassen. Das betrifft insbes. die Frage nach dem Beschleunigungseffekt. In dem Gesetzgebungsverfahren ist zu keinem Zeitpunkt quantifiziert worden, in welchem Maß die Gerichte für Arbeitssachen in Bestandsstreitigkeiten zunächst mit Feststellungen solcher Tatsachen aufgehalten werden, aus denen darauf geschlossen werden kann, ob eine Arbeitsvertragspartei bzw. beide einen arbeitsrechtlichen Beendigungs- bzw. (Fassung bis 31. Dezember 2000) Befristungstatbestand gesetzt haben.

22 Gleiches gilt für die Einschätzung der **Bundesregierung** in ihrer Stellungnahme (oben Rz 9), wonach sich Streitigkeiten um die Abgabe der Kündigungserklärung bei Einführung eines Schriftformerfordernisses auf die Frage verlagern würden, ob die Erklärung wirksam zugegangen ist. Mit dem Auflösungsvertrag und der Befristung beschäftigt sich die Stellungnahme erst gar nicht; die angesprochenen Zugangsprobleme lassen sich über §132 Abs.1, Abs.2 BGB in den Griff bekommen.

23 Es steht nach Sichtung der ersten Stellungnahmen zu der Norm allerdings zu befürchten, dass sie nichts »beschleunigen« wird. Die Streitigkeiten werden sich auf Formfragen verlagern (Einhaltung? Nichteinhaltung? Nichteinhaltung wegen §242 BGB nicht relevant?) und, wegen erschwerter Bezugnahmevoraussetzungen, Ausscheidensvergleiche erschweren.

24 Mit seiner Warnfunktion jedenfalls ist der eingeführte Formzwang zu **begrüßen**, soweit es um den **Übereilungsschutz** für die Arbeitsvertragsparteien und nicht allein um ihr Interesse oder dasjenige der Allgemeinheit an beschleunigten Arbeitsgerichtsprozessen geht. Es ist nichts dagegen einzuwenden, eine Arbeitsvertragspartei vor Abgabe einer auf die Beendigung seiner oder/und derjenigen seiner Familie wirtschaftlichen Existenzgrundlage gerichteten Erklärung bzw. vor einer (Rechtslage bis 31. Dezember 2000) Befristungsabrede zu warnen. Das muss nicht unbedingt der Arbeitnehmer sein. Gefährdet sein kann genauso der Arbeitgeber ohne finanzielle Reserven. Hohe Nachzahlungsansprüche nach unwirksamer, da unbesonnener, Kündigung können darüber hinaus einen Betrieb und andere Arbeitsplätze in Gefahr bringen. Darüber hinaus ist jeder Vertragsteil auch vor ihm nachteiligen Rechtshandlungen des **anderen** Teils geschützt. Gemessen an **anderen** gesetzlichen Formvorschriften, die Geltung ohne Rücksicht auf die wirtschaftliche Bedeutung des Rechtsgeschäfts beanspruchen, erscheint das Erfordernis einer Form für arbeitsrechtliche Beendigungstatbestände (im weitesten Sinne) evident.

25 **Zweifel** an dem Beschleunigungseffekt des Formzwanges äußern etwa *Sander/Siebert* BuW 2000, 424 (»Begründung mag den Praktiker verwundern«), *Schulte* Anwalts-Handbuch Arbeitsrecht, Teil 3 C Rz 38, *Richardi/Annuß* NJW 2000, 1231 ff. (»mehr Realitätsnähe beweise gegenüber der Gesetzesbegründung die von der Bundesregierung geäußerte Erwartung, dass mit dem Schriftformerfordernis keine Entlastung der Arbeitsgerichte herbeigeführt werden kann«) und *Opolony* NJW 2000, 2171, 2172. *Schaub* (NZA 2000, 344, 347) teilt wie *Richardi/Annuß* die Auffassung, dass der Schriftformzwang das

Problem eher iSd Stellungnahme der Bundesregierung auf Zugangsfragen verlagere (ähnlich *Weber* NJ 2000, 236 f., die jetzt **hierzu** Beweisaufnahmen erwartet). Stets unter Hervorhebung der **Warnfunktion** bzw. dieses durch die Norm verfolgten Zwecks wird die Regelung begrüßt bspw. von *Backmeister/Trittin/Mayer* Rz 1, sowie *dies.* DB 2000, 618, 621, und weiter von BBDW-*Bader* Rz 2, von ErfK-*Müller-Glöge* Rz 2 f. sowie *Müller-Glöge/von Senden* AuA 2000, 199, von *Berscheid* ZInsO 2000, 208, und schließlich von *Däubler* AiB 2000, 188, 199. *Däubler* weist darauf hin (aaO), dass der Schriftformzwang ein wichtiges Stück Absicherung für den Arbeitnehmer bedeute, für den die Beendigung des Arbeitsverhältnisses idR existenzielle Bedeutung besitze. Dass dies in der amtlichen Begründung nicht zum Ausdruck gekommen sei, sei ein wenig dem Zeitgeist geschuldet, dem die Entlastung der Arbeitsgerichtsbarkeit ersichtlich wichtiger war als ein Stück mehr Arbeitnehmerschutz. S. weiter etwa *Düwell* FA 2000, 82 f.; *Sander/Siebert* aaO; *Wurm* ZBVR 2000, 91.

Den bereits in dieser Kommentierung angestellten Vergleich zu anderen weniger wichtigen Rechtsgeschäften hat bereits *Düwell* (FA 1998, 219, 221) während des Gesetzgebungsverfahrens bemüht, um die Norm zu rechtfertigen. 26

Appel/Kaiser halten die Kritik, der Effekt der Neuregelung könne nur gering sein, weil die Anzahl der um die Existenz eines Beendigungstatbestandes geführten Rechtsstreite nur gering sei, für unberechtigt. Sie räumen allerdings ein, dass keine statistischen Erhebungen vorlägen. Jedoch könne jeder Praktiker, der »in diesem Gerichtszweig« – zumindest in den Tatsacheninstanzen – tätig ist, bestätigen, dass Streitigkeiten darüber, ob der Arbeitgeber oder Arbeitnehmer eine Kündigung erklärt hat bzw. wie eine bestimmte Äußerung oder ein Verhalten zu deuten ist, einen relativ großen Raum (der Verf. erinnert sich nach ca. 22 Berufsjahren an etwa fünf einschlägige Sachen) einnähmen. Da der Schwerpunkt solcher Streitigkeiten im Tatsächlichen liege, könne ihre Häufigkeit nicht an der Anzahl der hierzu veröffentlichten Entscheidungen gemessen werden (AuR 2000, 281, 284). Sie erwidern insoweit konkret auf *Böhm* (NZA 2000, 561 ff.), der mögliche Defizite der Regelung aufdeckt und als Fazit (aaO, 564) eine fehlende Folgenabschätzung der Norm moniert. 27

Zu der bislang differenziertesten Folgenabschätzung sind *Preis/Gotthardt* (NZA 2000, 348 ff.) gelangt. Diese begrüßen die Regelung; angesichts der Bedeutung des Arbeitsverhältnisses für den Arbeitnehmer als Lebensgrundlage könne das Schriftformerfordernis (auch) nicht als überflüssige Förmelei bezeichnet werden. Zustimmung verdiene die Tatsache, dass der Gesetzgeber mit dem Schriftformerfordernis eben nur für (relevant bis 31. Dezember 2000) Befristungen, nicht aber für unbefristete Arbeitsverträge klarstelle, dass er den unbefristeten Arbeitsvertrag als Regelfall betrachte (aaO, 361, ebenso APS-*Preis* Rz 3). Sie sehen (aaO, 361) die Schwächen der Regelung in ihrer technischen Umsetzung. Hierauf wird im Folgenden noch einzugehen sein. 28

Schulte (aaO) bemerkt aus der Sicht des in der Praxis tätigen Rechtsanwaltes, dass sowohl auf Arbeitgeber- wie auf Arbeitnehmerseite künftig klar sein wird, ob der jeweils andere Vertragspartner gekündigt habe oder nicht. Damit entfalle die auch taktisch bislang schwierig zu bewältigende Frage, ob und wie man sich gegen eine vermeintliche Kündigung zur Wehr setzen solle – so auf Arbeitnehmerseite – oder wie man sich unmittelbar nach einer vermeintlichen Arbeitnehmerkündigung in Bezug auf die Annahme der Arbeitskraft verhalten solle. Die Schriftform bringe die notwendige Klarheit und Sicherheit, die bislang nur vereinzelt in gesetzlichen Vorschriften zu finden sei. 29

IV. Abdingbarkeit/IPR

Der gesetzliche Formzwang in § 623 BGB kann nicht abbedungen werden, aus welchem Rechtsgrund auch immer. Dies folgt – neben dem eindeutigen Wortlaut – daraus, dass das Schriftformerfordernis in dem gesamten Gesetzgebungsverfahren hindurch stets als »konstitutiv« angesehen worden ist (s. bspw. BR-Drs. 321/98, S. 15, sowie BT-Drs. 14/626, S. 11). Demgemäß ist es allgemeine Auffassung, dass das gesetzliche Formerfordernis weder durch Arbeitsvertrag noch durch Betriebsvereinbarung oder Tarifvertrag (etwa § 58 BAT [= § 33 Abs. 1b) TVöD-AT] über die jederseitige Beendbarkeit des Arbeitsverhältnisses im gegenseitigen Einvernehmen) abbedungen werden kann (vgl. statt vieler APS-*Preis* Rz 20; BBDW-*Bader* Rz 58; *Müller-Glöge/von Senden* AuA 2000, 199, 200; *Preis/Gotthardt* NZA 2000, 348, 349; *Richardi/Annuß* NJW 2000, 1231, 1232). Dies folgt aus dem Grundsatz, dass gesetzliche Formvorschriften zwingend sind (allg.M, vgl. MünchKomm-BGB-*Schilling* § 568 Rz 11) sowie, bezogen auf die hier zu beurteilende Norm, daraus, dass der Gesetzgeber nicht einmal die noch in dem sog. Professorenentwurf (oben Rz 4) vorgesehene Tarifdispositivität hat gelten lassen wollen. Dann kann für die im Range niedrigere Betriebsvereinbarung bzw. den im Rang niedrigeren Arbeitsvertrag nichts an- 30 deres gelten. § 22 Abs. 1 TzBfG stellt dies – allerdings nur für die Formvorschrift betreffend die **Befristung** in § 14 Abs. 4 TzBfG – jetzt nur noch einmal klar.

31 »Konstitutiv« bedeutet »zwingend«. Demgemäß stellt § 623 BGB auch eine iSd Art. 30 Abs. 1 EGBGB »zwingende« Bestimmung dar (*LAG Düsseld.* 27.5.2003 LAGE § 623 BGB 2002 Nr. 1), deren Schutz der Arbeitnehmer nicht durch die – nach Art. 27 Abs. 1 S. 1 EGBGB an sich freie – Wahl des Rechts eines anderen Staates entzogen werden darf. Auf diese zwingende Bestimmung des Arbeitsvertragsstatuts wird es allerdings nicht ankommen, wenn das durch Rechtswahl des anderen Staates anzuwendende Recht den gleichen oder gar einen besseren Schutz gewährleistet (vgl. *Palandt/Heldrich* EGBGB 30 [IPR] Rz 5). Dies setzt das Vorhandensein eines ebenfalls zwingenden gesetzlichen Schriftformerfordernisses für – je nach Sachverhalt – Kündigung, Auflösungsvertrag sowie (bis 31. Dezember 2000 aus § 623 BGB, danach aus § 14 Abs. 4 TzBfG) Befristung voraus. **Internationalprivatrechtlich** ist im Übrigen Art. 11 EGBGB betr. die Form von Rechtsgeschäften zu beachten. Für **Kündigungen** ist nach dessen Abs. 1 die Einhaltung des auf den Arbeitsvertrag anwendbaren Rechts oder des Rechts des Staates, in dem die Kündigungserklärung »vorgenommen« wird, maßgebend. Für **Auflösungsverträge** gilt nach dessen Abs. 2 für Personen, die sich in verschiedenen Staaten befinden, die Formerfordernisse des Rechts, das auf das seinen »Gegenstand« bildende Rechtsverhältnis anzuwenden ist, oder das Recht eines dieser Staaten.

V. Geltungsbeginn

32 Die Norm **gilt** aus staatsrechtlichen Gründen (ex lege) ab dem Zeitpunkt ihres Inkrafttretens am 1. Mai 2000 auch für die **vor** ihrem Inkrafttreten bestehenden Arbeitsverhältnisse (unechte Rückwirkung) nach den folgenden Maßgaben:

1. Maßgebender Zeitpunkt bei Kündigung

33 Der Schriftformzwang betrifft einhelliger Ansicht nach nur solche Kündigungen, die nach dem Inkrafttreten des (neuen) § 623 BGB **am** 1. Mai 2000 erklärt worden sind bzw. erklärt werden (*Backmeister/Trittin/Mayer* Rz 5; BBDW-*Bader* Rz 60; *Berscheid* ZInsO 2000, 208, 211; *Däubler* AiB 2000, 188, 192; *ders.* KDZ Rz 56; *Lakies* BB 1999, 667; ErfK-*Müller-Glöge* Rz 18; *Preis/Gotthardt* NZA 2000, 348, 349; *Weber* NJ 2000, 236; vgl. BAG 6.7.2000 NZA 2001, 718). Dies schließt den 1. Mai 2000 selbst – obzwar Feiertag – ein (*Däubler* aaO, 192; **unrichtig** HK-*Dorndorf*, § 1 KSchG Rz 117: »nach« dem 1. Mai. Denn § 193 BGB gilt nicht, vgl. KR-*Spilger* § 622 BGB Rz 131 f. mwN). Dies rechtfertigt sich daraus, dass Kündigungen den zum Zeitpunkt ihres Zuganges geltenden Regelungen zu genügen haben. Außerdem hat der Gesetzgeber der Vorschrift keine rückwirkende Geltung für solche Kündigungen beigelegt, die zum Zeitpunkt des Inkrafttretens der Norm bereits erklärt waren. Daraus ergibt sich umgekehrt, dass Kündigungen, die vor dem Inkrafttreten des neuen § 623 BGB erklärt worden sind, dem Schriftformerfordernis nicht unterfallen. Dies gilt selbst dann, wenn sie vor dem Inkrafttreten erklärt worden sind, der Kündigungstermin wegen einer zu beachtenden Kündigungsfrist jedoch erst nach dem Inkrafttreten der Neuregelung liegt. Mit anderen Worten ist es ohne Belang, dass die Kündigungsfrist uU erst am oder nach dem 1. Mai 2000 endet (BBDW-*Bader* Rz 60; ErfK-*Müller-Glöge* Rz 18). Bei derartigen »Altkündigungen« nicht übersehen werden dürfen allerdings etwaige Formvorschriften nach anderer gesetzlicher Grundlage oder aus Tarifvertrag, Betriebsvereinbarung oder Arbeitsvertrag. Denn zeitlich kollidiert § 623 BGB jedenfalls nicht mit solchen Formzwängen, denen Kündigungen bereits vor seinem Inkrafttreten unterworfen waren.

2. Maßgebender Zeitpunkt bei Auflösungsvertrag und (Fassung bis 31. Dezember 2000) Befristungsabrede

34 Auch bei Auflösungsverträgen und bei (Fassung bis 31. Dezember 2000) Befristungsabreden kommt es für die Anwendbarkeit des § 623 BGB darauf an, ob der Vertrag oder die Abrede vor dem am 1. Mai 2000 erfolgten Inkrafttreten oder beginnend ab dem 1. Mai 2000 getroffen wurde bzw. getroffen wird (BBDW-*Bader* Rz 60; *Berscheid* ZInsO 2000, 208, 211; *Däubler* AiB 2000, 188, 192; *ders.* KDZ Rz 56; *Gaul* DStR 2000, 691, 693; *Lakies* BB 1999, 667; *Preis/Gotthardt* NZA 2000, 348, 349; *Weber* NJ 2000, 236; BAG 16.5.2000 DB 2000, 1768, 1769 [für Aufhebung]). Maßgebend ist also der Zeitpunkt des Vertragsschlusses bzw. (Fassung bis 31. Dezember 2000) der Abrede der Befristung, datumsmäßig wiederum unter Einschluss des 1. Mai 2000 (*Däubler* aaO). Ebenso wenig wie bei Kündigungen legt sich das Gesetz bei Auflösungsverträgen und (Fassung bis 31. Dezember 2000) Befristungen hinsichtlich des Formzwanges Rückwirkung bei. Dies bedeutet, dass das Inkrafttreten des § 623 BGB die Wirksamkeit von Auflö-

sungsverträgen und (Fassung bis 31. Dezember 2000) Befristungsabreden unberührt lässt, die vor dem 1. Mai 2000 wirksam zustande gekommen sind. Dies gilt selbst dann, wenn die Auflösung oder die (Fassung bis 31. Dezember 2000) Befristung erst nach dem 1. Mai 2000 wirksam geworden ist oder wirksam werden soll (s. für derartige »Altverträge« *Lakies* BB 1999, 667; weiter ErfK-*Müller-Glöge* Rz 18) oder der vor dem 1. Mai 2000 geschlossene befristete Vertrag erst ab oder nach diesem Datum tatsächlich angetreten werden sollte.

Wurde oder wird allerdings bei einem nach alten Recht wirksam formlos zustande gekommenen Auf- 35
lösungsvertrag nach dem 1. Mai 2000 der Auflösungszeitpunkt verändert oder wurde oder wird bei einer nach altem Recht noch wirksam formlos getroffenen Befristungsabrede nach Inkrafttreten des § 623 BGB (bzw. jetzt des § 14 Abs. 4 TzBfG) diese Abrede verändert (bspw. durch einvernehmliche befristete Verlängerung des befristeten Arbeitsvertrages), so ist **nunmehr** die Schriftform zu wahren. Entsprechendes gilt, wenn nach altem Recht ohne Wahrung der Schriftform wirksam abgemacht worden ist, dass sich das befristete Arbeitsverhältnis ohne Nichtverlängerungsmitteilung zwar fortsetzt, jedoch nur auf bestimmte Zeit. Auch dies stellt der Sache nach eine nunmehr dem Formzwang unterworfene Änderung der Befristungsabrede dar. Allein die Tatsache, dass die formbedürftige Änderung der Befristungsabrede unter der Bedingung des Nichtausspruchs der Nichtverlängerungsmitteilung vereinbart ist, steht dem Formerfordernis nicht entgegen (vgl. *Preis/Gotthardt* NZA 2000, 348, 357 f. mwN, deren Fallbeispiel allerdings nicht ausdrücklich das Problem einer von § 623 BGB [bzw. jetzt: des § 14 Abs. 4 TzBfG] »eingeholten« Vertragsgestaltung betrifft). Auf die Formfreiheit zum Zeitpunkt der ursprünglichen Befristungsabrede wird also nicht abgestellt werden können, wenn das Arbeitsverhältnis nach dem 1. Mai 2000 zu einem bestimmten Zeitpunkt enden und nunmehr »stillschweigend« (wiederum befristet) verlängert werden soll. Auf die damit u.a. im Bühnenarbeitsrecht einhergehenden Probleme hat *Opolony* (NJW 200, 2171, 2172) hingewiesen. Genügt wird dem Formzwang bei einer derartigen Konstellation, bei welcher das Unterlassen des Ausspruchs der Nichtverlängerungsmitteilung unter Weiterarbeit eine neuerliche Befristung auslösen soll, auch nicht dadurch, dass die grundsätzliche Abrede über diese Verfahrensweise zu dem Zeitpunkt, als dies noch formlos möglich war, schriftlich fixiert worden ist (ähnlich *Opolony* aaO). Denn die wirkliche Übereinkunft beider Parteien über eine weitere befristete Fortsetzung des Arbeitsverhältnisses fällt erst nach dem Beginn der Geltung des § 623 BGB bzw. jetzt des § 14 Abs. 4 TzBfG. Ergibt sich allerdings die Verlängerung der Befristung bei Nichtausspruch einer Nichtverlängerungsmitteilung aus Tarifvertrag (etwa aufgrund § 2 des Tarifvertrages über die Mitteilungspflicht), so gilt die neuerliche Befristung jedenfalls zwischen beiderseits Tarifgebundenen schon aufgrund der Rechtsnormwirkung in § 4 Abs. 1 S. 1 TVG als Rechtsnorm über die Beendigung des Arbeitsverhältnisses (§ 1 Abs. 1 TVG). Dies ergibt sich schon daraus, dass der Gesetzgeber für Tarifverträge durch § 623 BGB bzw. jetzt des § 14 Abs. 4 TzBfG ein über den Schriftformzwang für Tarifverträge nach § 1 Abs. 2 TVG noch hinausgehendes Schriftformerfordernis weder ausdrücklich geschaffen hat noch schaffen wollte (im Ergebnis wie hier: *Preis/Gotthardt* NZA 2000, 348, 358; abw. *Opolony* NJW 2000, 2171 f.). Der Gesetzgeber hatte bei Schaffung des § 623 BGB (und hinsichtlich der nach § 14 Abs. 4 TzBfG ausgelagerten Befristung letztlich auch bzgl. dieser Vorschrift) – wie gezeigt (oben Rz 18) – die Abgabe »ungeschützter« Erklärungen der Arbeitsvertragsparteien im Blick. Dieses Schutzes bedürfen jedenfalls Tarifgebundene insoweit nicht, als der Befristungstatbestand im Tarifvertrag selbst und abschließend und unter Einhaltung des bereits im Tarifvertragsgesetz vorgesehenen Schriftformzwanges geregelt ist. Bei dieser Sichtweise bedarf es keiner näheren Untersuchung, ob der Gesetzgeber überhaupt befugt wäre, eine Tarifnormwirkung an die Erfüllung von Voraussetzungen zu knüpfen, die die Tarifvertragsparteien selbst nicht vorgesehen haben. Zumindest wird er ihnen die Chance lassen müssen, sich an das durch den Formzwang verschärfte rechtliche Milieu anzupassen **(s. auch Rz 175).**

VI. Geltungsende bei Befristungsabrede

Durch Art. 2 Nr. 2 des am 1. Januar 2001 in Kraft getretenen TzBfG (s. näher o. Rz 13 ff.) wurden in § 623 36
BGB die Wörter »sowie die Befristung« mit Blick auf die durch Art. 1 dieses Gesetzes eingeführte Bestimmung des § 14 Abs. 4 TzBfG (»Die Befristung eines Arbeitsvertrages bedarf zu ihrer Wirksamkeit der Schriftform.«) ohne Übergangsregelung gestrichen.

Mangels einer Zeitenkollisionsregel ist maßgebliche Formvorschrift für Befristungen bis 31. Dezember 37
2000 § 623 BGB, für Befristungen eingegangen ab 1. Januar 2001 ausschließlich § 14 Abs. 4 TzBfG **(s. näher gesonderte Kommentierung im Anh. zu § 623 BGB)**. Relevant ist diese Auslagerung insofern, als dadurch weitere Vorschriften des TzBfG zur Anwendung kommen, welche sich wiederum auf die An-

§ 623 BGB   Schriftform der Kündigung

wendung bzw. auch die Auslegung der Formvorschrift auswirken (zB Definition der Befristung nach § 3 Abs. 1 TzBfG, Regelung der Folgen unwirksamer Befristung nach § 16 TzBfG, neue Vorschrift über die Anrufung des Arbeitsgerichts in § 17 TzBfG, Anwendbarkeit des § 14 Abs. 4 TzBfG aufgrund § 21 TzBfG auch für auflösende Bedingungen, Unabdingbarkeitsregel in § 22 Abs. 1 TzBfG, Kollisionsregel bzgl. besonderer Regelungen über die Befristung von Arbeitsverträgen nach anderen gesetzlichen Vorschriften durch § 23 TzBfG).

38 Für die Lösung von Altfällen, die aus Befristungen unter der Herrschaft des § 623 BGB resultieren – also Befristungsabreden zwischen 1. Mai 2000 und 31. Dezember 2000 –, wird die Regelung auch in ihrer alten Fassung erläutert. Es ist nicht auszuschließen, dass gerade in der ersten Zeit nach Einführung des Schriftformzwanges durch § 623 BGB und seiner für Befristungen maßgebenden Regelung der Form nach problematische Befristungsabreden getroffen wurden, die zwar andauern, aber nicht nach § 14 Abs. 4 TzBfG, sondern nach § 623 BGB in seiner bis 31. Dezember 2000 geltenden Fassung zu beurteilen sind. Bereits während der kurzen Geltung der Formvorschrift für die Befristung in § 623 BGB sind zahlreiche Streitfragen aufgetreten, zu deren Lösung nicht einfach auf § 14 Abs. 4 TzBfG und dessen Normumfeld zurückgegriffen werden darf (bspw. die nur im TzBfG enthaltene ausdrückliche Anwendbarkeit der Formvorschrift auch für die auflösende Bedingung sowie die sonst nach dem TzBfG für dessen § 14 Abs. 4 relevanten Bestimmungen, vgl. vorstehende Rz aE).

B. Gegenstand des Schriftformzwanges
I. Beendigung bzw. (Fassung bis 31. Dezember 2000) Befristung von Arbeitsverhältnissen
1. Arbeitsverhältnis

39 Betroffen von dem Schriftformzwang ist nur die Beendigung von **Arbeitsverhältnissen** bzw. (Fassung bis 31. Dezember 2000) **deren** Befristung, auch wenn Letzteres wegen des vorangestellten »die« nicht deutlich zum Ausdruck kam und die Stellung der Norm dazu verleiten konnte, sie insoweit auch oder gar ausschließlich auf reine Dienstverträge zu beziehen (an sich hätte es statt »die« »deren« heißen können, wodurch aber ein Konflikt mit den beiden im Satz vorhergehenden Beendigungstatbeständen heraufbeschworen worden wäre), was etwa dazu geführt hätte, dass die Befristung von Geschäftsführer- oder Vorstandsanstellungsverhältnissen nunmehr formbedürftig geworden wäre.

40 Dabei ist die lediglich auf das Sozialversicherungsrecht beschränkte und auf den umfassenderen Begriff der Beschäftigung bezogene Vermutung des § 7 Abs. 4 SGB IV insoweit nicht anzuwenden (*Richardi/Annuß* NJW 2000, 1231, 1232). **Ohne arbeitsrechtliche Auswirkungen** (iSd Schriftformzwanges) sind auch die neuen **Zusammenwirkungspflichten** von Arbeitgebern und Arbeitnehmern mit den **Agenturen für Arbeit** gem. § 2 SGB III (s. auch *Kreutz* AuR 2003, 201, 202 f.). Auf die Erläuterungen an anderer Stelle dazu, wann ein Arbeitsverhältnis vorliegt, wird verwiesen (KR-*Rost* ArbNähnl.Pers. Rz 1 ff. sowie KR-*Spilger* § 622 BGB Rz 63). Lediglich für den eiligen Leser ist darauf hinzuweisen, dass § 623 BGB durch seine Beschränkung auf das Arbeitsverhältnis insbes. nicht erfasst ein Dienstverhältnis, das nicht die Merkmale eines Arbeitsverhältnisses aufweist. Betroffen davon ist bspw. das Rechtsverhältnis eines sog. »freien« Mitarbeiters sowie der Anstellungsvertrag eines Organs einer Kapitalgesellschaft (eines GmbH-Geschäftsführers, eines Vorstandsmitglieds einer Aktiengesellschaft) oder dasjenige einer arbeitnehmerähnlichen Person iSv § 5 Abs. 1 S. 2 ArbGG, § 12a TVG (ErfK-*Müller-Glöge* Rz 4; **aA** KDZ-*Däubler* Rz 9) einschließlich der Heimarbeiter (BBDW-*Bader* Rz 4 mwN).

41 Bei einem **Anstellungsverhältnis** eines **GmbH-Geschäftsführers** allerdings, der am Kapital nicht beteiligt ist, rechtfertigt sich die Anwendung des § 623 BGB aus gleichen Erwägungen, die auch zur entsprechenden Anwendung der Kündigungsfristen des § 622 BGB geführt haben (hierzu KR-*Spilger* § 622 BGB Rz 66 mN; aus sozialversicherungsrechtlicher Sicht *Hennig/Schlegel* SGB III, § 25 Rz 86 ff.; wohl auch *Küttner/Kania* 193 Rz 8 mit 18; **aA** *Zimmer* BB 2003, 1175 ff.; *Erman/Belling* Rz 4; *Bauer/Krieger* ZIP 2004, 1247, 1250; **zu § 613a** BGB abl. *BAG* 13.2.2003 EzA § 613a BGB 2002 Nr. 2). Es ist jedoch ausdrücklich darauf hinzuweisen, dass diese Problematik in den Gesetzgebungsverfahren nicht angesprochen worden ist. Zur Einhaltung der Schriftform aus anwaltlicher Sorgfalt rät daher *Löw* BuW 2004, 78.

42 **Außerhalb** des Anwendungsbereichs des § 623 BGB bleiben damit namentlich arbeitnehmerähnliche Personen, Werkunternehmer, die Tätigkeiten von Freiberuflern aufgrund von Geschäftsbesorgungsverträgen (Ärzte, Rechtsanwälte) sowie Heimarbeiter, Hausgewerbetreibende und Zwischenmeister.

Schriftform der Kündigung §623 BGB

Nicht allerdings kommt es für die Anwendung des §623 BGB auf die Tätigkeit in einem »Betrieb« oder 43
»Unternehmen« (zur gesetzlichen Definition des »Unternehmers« s. jetzt §14 BGB), wie das in §622
Abs. 2 BGB für die verlängerten Kündigungsfristen vorausgesetzt wird, an. Deshalb werden von §623
BGB auch **Hausangestellte** erfasst, obzwar der Haushalt weder Betrieb noch Unternehmen darstellt
(KR-*Spilger* §622 BGB Rz 55 mN).

Strittig ist, ob der frühere **Eingliederungsvertrag** nach §§ 229 ff. SGB III aF einen Arbeitsvertrag dar- 44
stellte (s. hierzu abl. KR-*Spilger* §622 BGB Rz 63 mN. Dagegen auch zwischenzeitlich *BAG* 17.5.2001
EzA §1 KSchG Nr. 54). Jedenfalls waren aufgrund §231 Abs. 2 S. 1 SGB III aF die Vorschriften und
Grundsätze des Arbeitsrechts auf den Eingliederungsvertrag anzuwenden, »soweit sich aus den nachfolgenden Bestimmungen nichts anderes ergibt« (**anders** jetzt ausdrücklich für **Arbeitsgelegenheiten**
iSd §16 Abs. 3 S. 1 SGB II, welche Arbeiten nach §16 Abs. 3 S. 2 Hs. 2 SGB II **kein** Arbeitsverhältnis begründen – sog. »**Ein-Euro-Jobs**«, vgl. *LAG Bln*. 27.3.2006 NJ 2006, 335; *ArbG Bautzen* 26.5.2005 – 2 Ca
2151/05 – rkr.; *ArbG Ulm* 17.1.2006 NZA-RR 2006, 383; *Zwanziger* AuR 2005, 8, 10). Danach galt auch
§623 BGB (BBDW-*Bader* Rz 4; *Richardi/Annuß* NJW 2000, 1231, 1232) sowie jetzt auch §14 Abs. 4 TzBfG.
Dies blieb jedoch im Ergebnis ohne praktische Relevanz. Denn nach §232 Abs. 2 SGB III aF konnten
der Arbeitslose und der Arbeitgeber die Eingliederung ohne Angabe von Gründen für gescheitert erklären und dadurch den Eingliederungsvertrag auflösen. Diese Scheiternserklärung war ein Beendigungstatbestand eigener Art (*LAG Köln* 26.1.2000 AP Nr. 1 zu §232 SGB III; APS-*Preis* Rz 8; *Gagel/Bepler*
SGB III §232 Rz 11; *Hanau* DB 1997, 1278, 1279; *Preis/Gotthardt* NZA 2000, 348, 350). Damit bedurfte es
für die Beendigung des Eingliederungsvertrages weder der Erklärung einer formbedürftigen Kündigung noch des Abschlusses eines dem Formzwang unterliegenden Auflösungsvertrages. Ein ohne
Einhaltung der Schriftform geschlossener Auflösungsvertrag mag zwar unwirksam sein. Allerdings
konnte jede auf seinen Abschluss gerichtete Erklärung jeder Vertragspartei als die formlos (**aA** KDZ-
Däubler Rz 8 [5. Aufl.]) jederzeit mögliche Scheiternserklärung ausgelegt werden. Ohne Relevanz war
§623 BGB bzw. seit 1. Januar 2001 §14 Abs. 4 TzBfG auch für die Befristung des Eingliederungsvertrages. Dieser war nach §232 Abs. 1 S. 1 SGB III aF auf mindestens zwei Wochen, längstens auf sechs Monate zu befristen und konnte nach §232 Abs. 1 S. 2 SGB III aF, soweit seine Laufzeit kürzer als sechs
Monate war, bis zu einer Gesamtdauer von sechs Monaten verlängert werden. Eine entsprechend getroffene Befristungsabrede wäre bei Anwendung des §623 BGB bzw. des §14 Abs. 4 TzBfG zwar ohne
Einhaltung der Schriftform unwirksam gewesen. Die damit fehlende Befristung wirkte sich aber jedenfalls bis zum Ablauf der zulässigen Befristungshöchstdauer von sechs Monaten nicht aus. Denn bis
dahin konnte die Eingliederung jederzeit formfrei für gescheitert erklärt werden, was zur Auflösung
des Vertrages führte. Relevant wurde der Schriftformzwang erst dann, wenn der nicht wirksam befristete Eingliederungsvertrag durch Überschreiten der gesetzlichen Höchstdauer in ein Arbeitsverhältnis
umschlug, das nicht mehr für gescheitert erklärt, sondern nur noch durch Kündigung oder Auflösungsvertrag beendet werden konnte. §623 BGB (bzw. seit 1. Januar 2001: §14 Abs. 4 TzBfG) galt auch
für den Fall der Verlängerung der Gesamtdauer des Eingliederungsvertrages nach §232 Abs. 1 S. 2
SGB III aF.

§623 BGB gilt auch für das **Berufsausbildungsverhältnis**. Denn nach §10 Abs. 2 BBiG sind auf den Be- 45
rufsausbildungsvertrag, soweit sich aus seinem Wesen und Zweck und aus dem Berufsbildungsgesetz
nichts anderes ergibt, die für den Arbeitsvertrag geltenden Rechtsvorschriften und -grundsätze anzuwenden. Dessen §10 BBiG und damit §623 BGB gilt nach §26 BBiG (soweit nicht ein Arbeitsverhältnis
vereinbart ist) auch für Personen, die eingestellt werden, um berufliche Kenntnisse, Fertigkeiten und
Erfahrungen zu erwerben, ohne dass es sich um eine Berufsausbildung iSd Berufsbildungsgesetzes
handelt, bspw. Praktikanten oder Volontäre (vgl. BBDW-*Bader* Rz 4; *Preis/Gotthardt* NZA 2000, 348, 349;
Richardi/Annuß NJW 2000, 1231, 1232). An dem ohnehin bestehenden Schriftformerfordernis für Kündigungen nach §15 Abs. 3 BBiG aF (jetzt: §22 Abs. 3 BBiG) hat §623 BGB nichts geändert. Die Beendigung eines Berufsausbildungsverhältnisses oder eines anderen Vertragsverhältnisses iSd §26 BBiG
durch **Auflösungsvertrag** bedarf jedoch nunmehr entgegen der bisherigen Rechtslage der Form (so
auch APS-*Preis* Rz 9; *Preis/Gotthardt* NZA 2000, 348, 354). **Keine** Folge jedoch wiederum hat §623 BGB
in seiner bis 31. Dezember 2000 geltenden Fassung für die in §21 BBiG vorgesehenen gesetzlichen Beendigungstatbestände. Diese bedürfen, obzwar sie das Berufsausbildungsverhältnis beenden (Beendigung mit dem Ablauf der Ausbildungszeit, §21 Abs. 1 S. 1 BBiG) bzw. auflösend bedingen (Beendigung mit dem Bestehen der Abschlussprüfung, §21 Abs. 2 BBiG; nach hier vertretener Auffassung –
Rz 85 ff. – schon keine formpflichtige Befristung iSd §623 BGB, da Erfolgseintritt ungewiss) bzw. nach
Maßgabe des §21 Abs. 3 BBiG befristen (vgl. *BAG* 15.3.2000 AP Nr. 10 zu §14 BBiG) nach dem Berufsbildungsgesetz, anders als der Tatbestand der Kündigung nach §22 Abs. 3 BBiG, zu ihrer Wirksamkeit

keiner Form. Eines Schutzes durch Schriftformzwang, der sie an die Endlichkeit ihres Vertragsverhältnisses erinnert, bedürfen die Parteien der Berufsbildung nicht. Weder ihnen noch dem Gesetzgeber schwebt (anders als bei Arbeitsverhältnissen) der **unbefristete** (Berufsausbildungs-)Vertrag (oder ein entsprechendes Vertragsverhältnis) vor. Im Übrigen wird von *Preis/Gotthardt* (NZA 2000, 348, 357) sowie APS-*Preis* (Rz 15) unter Bezugnahme auf *BAG* 22.2.1972 (AP Nr. 1 zu § 15 BBiG) und *BAG* 21.8.1997 (ARSt 1998, 49) zu Recht darauf hingewiesen, dass der Abschluss des Berufsbildungsvertrages ungeachtet der Regelung in § 11 BBiG formfrei möglich ist und dass der Verstoß gegen das Gebot, den Vertrag schriftlich niederzulegen, lediglich eine Ordnungswidrigkeit nach der Regelung in § 102 Abs. 1 Nr. 1 BBiG darstellt. An der Möglichkeit, ein Berufsausbildungsverhältnis mündlich begründen zu können, habe § 623 BGB nichts ändern wollen.

45a Nicht unter § 623 BGB fällt ein **Umschulungsverhältnis** iSd §§ 1 Abs. 5, 58 ff. BBiG, wofür schon die Verweisungsnorm in § 10 Abs. 2 BBiG (o. Rz 245) nicht gilt (vgl. *BAG* 15.3.1991 AP Nr. 2 zu § 47 BBiG; **ausdrückl.** jetzt auch *BAG* 19.1.2006 – 6 AZR 638/04 – juris). **AA** für die Kündigung des Umschulungsvertrages *Leinemann/Taubert* BBiG § 1 Rz 69. Für die (nicht näher begründete) Anwendbarkeit des § 623 BGB auf ein **Werkstattverhältnis** nach §§ 136 ff. SGB IX *Jobs* ZTR 2002, 515, 519.

2. Beendigung bzw. (Fassung bis 31. Dezember 2000) Befristung

46 Gegenstand des Schriftformzwangs nach § 623 BGB sind nur Kündigungen oder Auflösungsverträge, die zur Beendigung des Arbeitsverhältnisses (»durch«) führen (Beendigungstatbestände ieS), sowie (Fassung bis 31. Dezember 2000) die Befristung. Dabei reicht es nach dem Normzweck aus, dass die Beendigungstatbestände zur Herbeiführung der Beendigung **geeignet** sind. Denn genau genommen ist nicht die **Beendigung** des Arbeitsverhältnisses dem Formzwang unterworfen, sondern sind es – wie es sich für die (Fassung bis 31. Dezember 2000) Befristung deutlich ergibt – die in § 623 BGB genannten **Beendigungstatbestände** iwS: Die Kündigung, der Auflösungsvertrag sowie (Fassung bis 31. Dezember 2000) die Befristung.

47 Zu einer Beendigung des Arbeitsverhältnisses bzw. seiner Befristung ungeeignet sind solche Rechtshandlungen, die den Fortbestand des Arbeitsverhältnisses, wenn vielleicht auch in veränderter Form, **unberührt** lassen bzw. nicht zu **seiner** Befristung führen. Das gilt etwa für die **Teilkündigung**, soweit sie überhaupt zulässig ist, oder den – ggf. – vorbehaltenen **Widerruf** einzelner Vertragsbedingungen.

Das gilt nicht für die **Änderungskündigung**, die **bei Nichtannahme** des Änderungsangebots zur Beendigung des Arbeitsverhältnisses geeignet ist, sowie für die **vorsorgliche Kündigung**. Dies gilt jedoch wiederum für eine nur einvernehmliche **Änderung** des Arbeitsvertrages sowie für die **Befristung** nur **einzelner Arbeitsvertragsbestandteile**, soweit zulässig. Besteht die Veränderung in der **nachträglichen** Befristung (soweit überhaupt zulässig) oder in der **Veränderung** einer **bestehenden** Befristung, bedarf es hingegen der Einhaltung der Schriftform (bis 31. Dezember 2000 § 623 BGB, jetzt nach § 14 Abs. 4 TzBfG). Keine »Beendigung« ist der Eintritt des **Ruhens** des Arbeitsverhältnisses, etwa bei Wehrdienst (§ 1 ArbPlSchG), Wehrübungen (wie vor), Zivildienst (wie vor iVm § 78 Abs. 1 ZDG), Eignungsübung (§ 1 Abs. 1 EignungsübungsG) oder Elternzeit. Unbeendigt bleibt auch das Arbeitsverhältnis bei **Betriebsinhaberwechsel**, selbst wenn seinem Übergang widersprochen wird. Denn im ersten Fall besteht es mit dem Erwerber (§ 613a Abs. 1 S. 1 BGB), im zweiten Fall mit dem Veräußerer fort. **Deren** Rechtsgeschäft unterfällt daher ebenso wenig dem Formzwang des § 623 BGB wie der Widerspruch.

48 Da § 623 BGB nur von dem »Arbeitsverhältnis« und **dessen** Beendigung bzw. (Fassung bis 31. Dezember 2000) – der Sache nach – **dessen** Befristung redet, kann es mithin auch nur um dieses in seiner **Gesamtheit** gehen. Allerdings ist eine Anwendung des § 623 BGB für den Fall zu erwägen, dass eine aus Rechtsgründen an sich nicht zur Beendigung des Arbeitsverhältnisses bzw. (Fassung bis 31. Dezember 2000) seiner Befristung geeignete Rechtshandlung dem Formzwang dann zu unterwerfen ist, wenn von einem Arbeitsverhältnis substantiell nicht mehr die Rede sein kann (ähnlich für Begründung eines völlig neuartigen Arbeitsverhältnisses KDZ-*Däubler* Rz 40). Jedenfalls unterliegt dem Formzwang die »**Umwandlung**« eines Arbeitsverhältnisses in ein Vertragsverhältnis, das (nicht mehr) die Merkmale eines Arbeitsverhältnisses aufweist, bspw. die Aufgabe eines Arbeitsverhältnisses zugunsten einer freien Mitarbeiterschaft oder eines Geschäftsführer-Anstellungsvertrages (Einzelheiten unter Rz 239).

49 Wichtig ist **bei Kündigung und Auflösungsvertrag** schließlich, dass die Beendigung auf einem dieser im Gesetz genannten Beendigungstatbestände **beruht**, maW durch einen solchen iSd juristischen Kausalitätskriterien verursacht wird. So stellt etwa **keinen** formpflichtigen Auflösungsvertrag ein sog. **Ab-**

wicklungsvertrag dar, der lediglich die **Folgen** einer Kündigung regelt. Denn vom Zweck des § 623 BGB sind bloße Folgeregelungen nach einem **wirksam** erklärten Beendigungstatbestand nicht erfasst (wie hier APS-*Preis* Rz 3; ErfK-*Müller-Glöge* Rz 14; KDZ-*Däubler* Rz 42; *Kleinebrink* FA 2000, 174, 176; *Krabbenhöft* DB 2000, 1562, 1567; *Müller-Glöge/von Senden* AuA 2000, 199, 200; *Preis/Gotthardt* NZA 200, 348, 354; *Rolfs* NJW 2000, 1227, 1228; *Wurm* FA 2000, 91; zu den für den Arbeitnehmer sich bei nach § 4 KSchG wirksam gewordener Kündigung bei formnichtigem Abwicklungsvertrag ergebenden Folgen *Bauer* NZA 2002, 169, 170; **aA** *Schaub* NZA 2000, 344, 347; *Düwell* FA 2000, 82, 83, und auch *Berscheid* ZInsO 2000, 208, 209 sowie *Sander/Siebert* BuW 2000, 424, 425, und *dies.* AuR 2000, 330, 335). Dies gilt auch für den Fall einer lediglich aufgrund § 7 KSchG aF wirksam **gewordenen** Kündigung, selbst wenn erkennbar rechtsunwirksam. Dies **galt** ferner auch für den Fall eines auf eine noch zu erklärende Kündigung bezogenen Abwicklungsvertrages, sofern ein Wirksamwerden nach § 7 KSchG aF wegen erkennbarer anderer unheilbarer Mängel (zB schwerbehinderten- oder mutterschutzrechtlicher Art) nicht ausgeschlossen war (*Gaul* DStR 2000, 691, 692, verlangt die Formwahrung bereits bei Erkennbarkeit der Unwirksamkeit einer Kündigung); denn letzterenfalls wurde das Ende allein durch den Vertrag herbeigeführt. Gleiches gilt auch unter der Neufassung des § 7 KSchG, wenn rechtzeitig Klage erhoben ist und **nunmehr** die Beendigung nicht durch die »aufgehaltene« (formwidrige) Kündigung, sondern durch **außergerichtlichen Vergleich** oder durch **Verpflichtung zur Klagerücknahme** herbeigeführt werden soll. Derartige Abreden unterliegen also dem Formzwang. Eine dem Formzwang nicht unterliegende Folgeregelung ist hingegen der **Klageverzicht** (§ 397 BGB), der zum einen keinen schuldrechtlichen Anspruch betrifft und es bei dem allerdings formbedürftigen Beendigungstatbestand der Kündigung bleibt (vgl. *LAG Hamm* 9.10.2003 RzK I 10 f Nr. 18), oder die (**einseitig**) unterzeichnete **Ausgleichsquittung** nach vorangegangenem anderen Beendigungstatbestand (BBDW-*Bader* Rz 19; *Däubler* AiB 2000, 188, 192; *ders.* KDZ Rz 43; *Kleinebrink* FA 2000, 174, 176; *Preis/Gotthardt* NZA 2000, 348, 355; **aA** *Backmeister/Trittin/Mayer* Rz 12). Diese kann wegen § 126 Abs. 2 BGB auch nicht in einen Aufhebungsvertrag umgedeutet werden (vgl. SPV-*Preis* Rz 45).

Soweit es nicht um den angesprochenen Abwicklungsvertrag sowie die erwähnte Ausgleichsquittung geht, herrscht zu den zuvor aufgeführten Einzelpunkter bislang im Ergebnis **im Wesentlichen Einigkeit** (vgl. *Backmeister/Trittin/Mayer* § 1 KSchG Rz 8, 8a [Teilkündigung, Änderungskündigung; APS-*Preis* Rz 6 [Änderungskündigung, vorsorgliche Kündigung, Teilkündigung], 18 [Befristung einzelner Arbeitsbedingungen], 17 [Verlängerung Befristung]; BBDW-*Bader* Rz 9 [Änderungskündigung], 10 [Teilkündigung], 20 [Änderungsvertrag]; ErfK-*Müller-Glöge* Rz 7 [Änderungskündigung, vorsorgliche Kündigung, Teilkündigung], 11 [Widerruf einzelner Arbeitsbedingungen], 13 [Änderung Arbeitsbedingungen], 4. Aufl. 21 [Befristung einzelner Arbeitsbedingungen], 4. Aufl. 20 [nachträgliche Änderung einer Befristungsabrede und nachträgliche Befristung]; *Däubler* AiB 2000, 188, 192 [Teilkündigung, Befristung einzelner Arbeitsbedingungen]; *Berscheid* ZInsO 2000, 208, 210 [Befristung einzelner Arbeitsbedingungen, Verlängerung Befristung, nachträgliche Befristung]; *Dassau* ZTR 2000, 289, 292 [Änderungskündigung]; *Düwell* FA 2000, 82, 83 [Änderungskündigung, Teilkündigung, Widerruf einzelner Arbeitsbedingungen]; *Gaul* DStR 2000, 691 [Änderungskündigung], 692 [Änderungsverträge], 693 [Befristung einzelner Arbeitsbedingungen], 692 [Verlängerung Befristung]; *Kleinebrink* FA 2000, 174 [Änderungskündigung, Teilkündigung, Widerruf einzelner Vertragsbedingungen], 177 [Befristung einzelner Vertragsbedingungen]; *Krabbenhöft* DB 2000, 1562, 1567 [Änderungskündigung, Teilkündigung]; *Lakies* BB 1999, 667 [Verlängerung Befristung, nachträgliche Befristung]; *Müller-Glöge/von Senden* AuA 2000, 199 [Änderungskündigung, vorsorgliche Kündigung, Teilkündigung], 200 [Widerruf einzelner Arbeitsbedingungen, Änderung Arbeitsbedingungen, Befristung einzelner Arbeitsbedingungen, Änderung einer Befristungsabrede und nachträgliche Befristung]; *Preis/Gotthardt* NZA 2000, 348, 359 [Teilkündigung], 350 [Änderungskündigung], 354 [Änderungsverträge], 358 [Befristung einzelner Arbeitsbedingungen]; *Richardi/Annuß* NJW 2000, 1231, 1233 [betreffend die Aufhebung, die Befristung oder sonstige Beendigung einzelner Arbeitsbedingungen; Teilkündigung, Änderungskündigung]; *Rolfs* NJW 2000, 1227, 1228 [Änderungskündigung]; *Sander/Siebert* BuW 2000, 424 [Änderungskündigung]; *Schuldt* ZAP-Fach 17, 527 [Änderungskündigung]. **AA** allein für die Teilkündigung lediglich *Kiel/Koch* Betriebsbedingte Kündigung, Vorbem. Rz 5).

Der vorstehende Hinweis darauf, dass die maßgebende Rechtshandlung (nur) **geeignet** sein muss, die Beendigung des Arbeitsverhältnisses herbeizuführen, bedeutet keine Rücknahme des Schriftformzwanges. Nun ist es allerdings nach dem Gesetzestext hinsichtlich Kündigung und Auflösungsvertrag (nicht aber – Fassung bis 31. Dezember 2000 – der Befristung) so, dass »die **Beendigung** ... zu ihrer Wirksamkeit der Schriftform« bedarf. Dies ist schief: Denn die Beendigung ist die **Rechtsfolge** eines Beendigungstatbestandes, die sich für sich nicht schriftlich »zu ihrer Wirksamkeit« bestätigen lässt.

Der Sache nach unterworfen wird der Schriftform nicht die Beendigung, sondern der **Beendigungstatbestand**, der zur Herbeiführung der Beendigung geeignet ist. Bei der **Befristung** ist der Gesetzestext (Fassung bis 31. Dezember 2000) insoweit eindeutig.

52 Auch die (Fassung bis 31. Dezember 2000) **Befristung** ist bezogen auf eine **Beendigung** von **Arbeitsverhältnissen** (nicht: Dienstverhältnissen iSd BGB), ob anfänglich oder nachträglich vereinbart (vgl. § 620 Abs. 1 BGB). Daran ändert sich nichts dadurch, dass der Gesetzgeber »die« Befristung in Anbetracht der Tatbestandsmerkmale »Arbeitsverhältnis« und »Beendigung« von den beiden vorhergehenden Beendigungstatbeständen separiert hat. Dies zeigt sich in der Vorschrift über die Anrufung des Arbeitsgerichts in § 17 TzBfG, wonach Ziel einer Entfristungsklage zu sein hat, dass das Arbeitsverhältnis aufgrund der Befristung nicht **beendet** ist (ebenso unter Geltung der aF des § 623 BGB die Regelung in § 1 Abs. 5 BeschFG).

53 Im Ergebnis und zusammenfassend ungeeignet zur Beendigung bzw. Befristung des Arbeitsverhältnisses sind:
– eine Teilkündigung,
– die Ausübung eines Widerrufsvorbehalts hinsichtlich einzelner Arbeitsbedingungen,
– ein Änderungsvertrag (soweit Gegenstand nicht gerade eine Befristung ist),
– ein Betriebsinhaberwechsel (durch Rechtsgeschäft zwischen Arbeitgeber und Drittem) oder ein Widerspruch gegen den gesetzlich an sich angeordneten Übergang des Arbeitsverhältnisses (dadurch wird kein Arbeitsverhältnis beendet, sondern nur einem bestimmten Arbeitgeber zugeordnet),
– ein Abwicklungsvertrag oder eine (wenn auch beidseitig unterzeichnete) Ausgleichsquittung, **sofern nicht beides der Sache nach in der Gestalt eines Auflösungsvertrages** (sondern nur als Abwicklungsvertrag oder Ausgleichsquittung bezeichnet) **daherkommt**,
– eine Befristung einzelner Arbeitsbedingungen.

54 Ergänzend siehe diejenigen sub. B III 3 (Rz 65 ff.) und B V 3 (Rz 85 ff.) dargestellten Sachverhalte, soweit diese keine Beendigung (oder Befristung) bewirken bzw. schon nicht durch Rechtshandlungen der Parteien geschaffen sind. Zum »Verstreichenlassen« des § 1a KSchG s. KR-*Spilger* § 1a KSchG Rz 63 ff., 72.

55 **Nicht** auf eine Beendigung abzielend und daher nicht von § 623 BGB (in seiner Fassung bis 31. Dezember 2000) erfasst sind jedoch Abmachungen, die eine bloße **Mindestdauer** vorsehen. Hier liegt kein befristetes Arbeitsverhältnis vor, sondern ein unbefristetes mit der Vereinbarung, dass das Recht zur ordentlichen Kündigung bis zu einem bestimmten Termin ausgeschlossen ist. Dieser Ausschluss jedoch unterliegt gerade nicht dem Formerfordernis. Ohne Kündigungserklärung wird ein solches Arbeitsverhältnis nicht mit Ablauf der Mindestdauer beendet, sondern als Arbeitsverhältnis auf unbestimmte Zeit fortgesetzt. Die Schriftform ist in diesen Fällen nur für die **Kündigung** des Arbeitsverhältnisses zu wahren (APS-*Preis* Rz 11; *Preis/Gotthardt* NZA 2000, 348, 356 f. mwN; so auch Ergebnis ErfK-*Müller-Glöge* [4. Aufl.] Rz 18 sowie *Richardi/Annuß* NJW 2000, 1231, 1233). Ähnlich liegt es, wenn ein Arbeitsvertrag zunächst für eine bestimmte Zeit geschlossen wird und eine **Verlängerungsabrede** enthält, wonach sich das Arbeitsverhältnis um einen bestimmten Zeitraum verlängert, wenn nicht eine Partei vorher und unter Einhaltung einer bestimmten Kündigungsfrist ordentlich kündigt. Denn durch das Erfordernis einer vorherigen Kündigung führt die Verlängerungsklausel zur Begründung eines unbefristeten Arbeitsverhältnisses mit einer Kündigungsmöglichkeit zu einem bestimmten Zeitpunkt. Das Arbeitsverhältnis endet nicht aufgrund Befristung. Vielmehr bedarf es stets einer Kündigung (die jeweils nur zum Ablauf der Mindestdauer zulässig ist, APS-*Preis* Rz 17; *Preis/Gotthardt* NZA 2000, 348, 358 mwN). Hier steht lediglich eine nicht formbedürftige Modifikation des Kündigungsrechts in Rede. Erst die Kündigung **selbst** unterliegt dem Formzwang (*Preis/Gotthardt* aaO).

56 **Rüge** oder **Abmahnung** führen selbst nicht zu einer Beendigung des Arbeitsverhältnisses, sondern dienen entweder dessen Erhaltung (so zur Abmahnung *Backmeister/Trittin/Mayer* Rz 8d) oder jedenfalls nur der **Vorbereitung** einer Beendigung, insbes. durch Kündigung. Rechtspolitisch mag auch hier Schriftform sinnvoll sein (vgl. KDZ-*Däubler* Rz 13 mN). § 314 Abs. 2 S. 1 BGB nF hat aber keinen Formzwang bei der Abmahnung eingeführt. Auch eine **Suspendierung** ist formfrei möglich (*Staudinger/Oetker* Rz 18).

57 Der **Widerspruch** nach § 625 BGB bzw. § 15 Abs. 5 TzBfG bleibt formfrei (vgl. BBDW-*Bader* Rz 15; ErfK-*Müller-Glöge* Rz 11; *Müller-Glöge/von Senden* AuA 2000, 199, 200; *Preis/Gotthardt* NZA 2000, 348, 358; *Richardi/Annuß* NJW 2000, 1231, 1233). Seine Erhebung führt nicht zur Beendigung bzw. zur Befristung oder Zweckerreichung des Vertrages, welche Umstände § 625 BGB bzw. § 15 Abs. 5 TzBfG als

bloße Rechtsfolgenregelungen **voraussetzen**, sondern hindert lediglich den Eintritt der Fiktion des **Fortbestandes**, was im Übrigen gleichfalls formlos abgemacht werden könnte.

II. Beendigungstatbestände

Das Gesetz nennt lediglich drei (Fassung ab 1. Januar 2001: zwei; die Befristung ist nach § 14 Abs. 4 TzBfG ausgelagert) von vielen denkbaren möglichen arbeitsrechtlichen Lösungstatbeständen. Weder die Entstehungsgeschichte der Norm noch ihre Vorgeschichte (die Vorarbeiten, oben Rz 1 ff.) geben Auskunft über den Grund dieser Beschränkung. Allerdings bestätigt die Erfahrung aus der Praxis, dass der Gesetzgeber die in der gerichtlichen Praxis am häufigsten anzutreffenden Beendigungstatbestände dem Formzwang unterworfen hat. Die nicht gerade seltenen Streitigkeiten um die **Anfechtung** einer auf das Zustandekommen eines Arbeitsvertrages gerichteten Willenserklärung waren dem Gesetzgeber nicht wichtig oder er hat sie nicht bedacht. Hier geht es jedoch nicht um die Kritik des Gesetzes, sondern darum, ob diese Beschränkung Rechtsfolgen zeitigt. So gibt es neben der Anfechtungserklärung bspw. eine ganze Reihe weiterer **einseitiger** arbeitsrechtlicher Lösungstatbestände, deren Verwirklichung gleiche oder gar dieselben Rechtsfolgen auslösen oder doch faktisch eine nämliche Folge haben. Bei der Erwähnung der (Fassung bis 31. Dezember 2000) »**Befristung**« im Gesetzestext stellt sich für jeden Praktiker sofort die Frage nach dem Schicksal **auflösender Bedingungen**. 58

Die Beschränkung auf drei (Fassung bis 31. Dezember 2000) **benannte** Beendigungstatbestände deutet auf eine **ausnahmsweise** Regelung (nur) dieser Tatbestände hin (ähnlich APS-*Preis* Rz 4). Als Ausnahmeregelung wäre § 623 BGB dann eng auszulegen und insbes. nicht analogiefähig hinsichtlich der nicht erwähnten Beendigungstatbestände (vgl. rechtsmethodisch *Palandt/Heinrichs* BGB, Einl. Rz 53). Wäre die Entstehungsgeschichte deutlicher und aus ihr ersichtlich, dass der Gesetzgeber die rechtspraktisch wichtigsten Beendigungstatbestände auch quantitativ möglichst umfassend dem Formzwang unterwerfen wollte, wäre das Regel-/Ausnahmeverhältnis wohl umgekehrt. Dem gesetzgeberischen Ziel entsprechen würde dann wohl eher eine weite Auslegung des § 623 BGB mit dem Ziel, dass auch solche Beendigungstatbestände von der Norm erfasst werden, deren Subsumtion unter sie nicht aus anderen Gründen von vornherein ausgeschlossen erscheint. 59

Dem gesetzgeberischen Ziel am nächsten dürfte eine Auslegung der einzelnen Beendigungstatbestände und anderer nicht ausdrücklich genannter Lösungstatbestände (zur Vermeidung von Umgehungen) sein, welche die Einbeziehung der letzteren wenigstens als Unterfälle der ersteren nicht von vornherein ausschließt. Lösungstatbestände hingegen, die in Voraussetzungen und/oder Rechtsfolge gänzlich anders strukturiert sind, dürften schon aus Gründen der Rechtssicherheit nicht im Wege einer Analogie den wörtlich geregelten Tatbeständen untergeordnet werden dürfen. 60

Die Vorschrift betrifft **Rechtshandlungen** der **Arbeitsvertragsparteien**, nicht die Beendigung oder (bis 31. Dezember 2000) die Befristung aus **anderem** Rechtsgrund (etwa eine schon staatsrechtlich geltende gesetzliche Befristung, etwa des Berufsausbildungsvertrages, oder Beendigungsnormen nach Tarifverträgen oder Betriebsvereinbarungen [soweit Normbindung, und sei es nur durch – **formgerechte** – Bezugnahme, besteht], §§ 4 Abs. 1 S. 1, 1 Abs. 2 TVG, § 77 Abs. 4 S. 1 BetrVG), es sei denn, die Parteien hätten hier zur Herbeiführung der Rechtsfolge noch einen Regelungsspielraum, wobei es für die einzuhaltende Form keine Rolle spielt, ob die Normen ihrerseits einem Formzwang unterliegen und ihm im Einzelfall auch genügen. Vorstehendes kann etwa bei Ausscheidensregelungen wegen Alters oder Invalidität relevant sein. 61

III. Beendigung durch Kündigung

1. Allgemeines

Soweit es um die Kündigung geht, ist der Wortlaut des § 623 BGB stark der Regelung in § 564a Abs. 1 S. 1 BGB aF (jetzt § 568 Abs.1) betreffend die Schriftform bei Kündigung von Wohnraum angenähert, wo es heißt, dass die Kündigung eines Mietverhältnisses über Wohnraum der schriftlichen Form bedarf. Diese vergleichbare Rechtstechnik bedeutet für die Praxis, dass eine Reihe vergleichbarer Anwendungsprobleme bereits durch die Rechtsprechung und die Literatur zum **Wohnraummietrecht** (umfassend zB *Palandt/Weidenkaff* § 568; MünchKomm-BGB/*Schilling* § 568) gelöst sein dürften. 62

Zum Begriff der Kündigung im Einzelnen kann hier verwiesen werden auf die Erläuterungen bei KR-*Griebeling* § 1 KSchG Rz 151 ff. sowie auf KR-*Spilger* § 622 BGB Rz 67 ff., und auf *Preis* S. 109 ff. 63

2. Arten der Kündigung

64 § 623 BGB betrifft jedwede zur **Beendigung** des Arbeitsverhältnisses geeignete **Kündigung**, unabhängig davon, ob diese von dem **Arbeitgeber** (auch der kündigende **Insolvenzverwalter** [oder der vorläufige Insolvenzverwalter nach § 22 InsO] ist durch § 113 InsO von der Wahrung der Form nicht dispensiert; die Vorschrift stellt keine selbständige **Form**vorschrift dar, ErfK-*Müller-Glöge* Rz 4; *BAG* 4.11.2004 NZA 2005, 513) oder von dem **Arbeitnehmer** erklärt wird. Lediglich die **Teilkündigung** – soweit sie überhaupt zulässig (etwa aus § 8 Abs. 5 S. 4 TzBfG) oder schon nicht in den Widerruf einzelner Arbeitsbedingungen umzudeuten ist – scheidet aus, weil sie nicht auf die **Beendigung** des Arbeitsverhältnisses als ganzes gerichtet ist. Somit gilt die Regelung für die **ordentliche** Kündigung, für die **außerordentliche** Kündigung (gleich, ob **fristlos** oder unter Gewährung einer **Auslauffrist** ausgesprochen) sowie die **Änderungskündigung** (so ausdrücklich Zielsetzung des Gesetz gewordenen Antrages Brandenburgs, oben Rz 7). Insbesondere kommt es hinsichtlich der Änderungskündigung nicht darauf an, ob das Änderungsangebot später **angenommen** bzw. – im Geltungsbereich der Vorschriften des ersten Abschnitts des Kündigungsschutzgesetzes – unter **Vorbehalt** seiner sozialen Rechtfertigung angenommen wird. Denn zu dem (für die Wahrung der Form allein maßgebenden) Zeitpunkt der Kündigung steht die Annahme und damit die Abwendung der Beendigung des Arbeitsverhältnisses noch nicht fest. Ähnliches gilt für die **vorsorgliche** oder **hilfsweise** Kündigung, auf die es ankommen **kann**. Siehe im Übrigen bereits die zahlreichen Nachweise oben Rz 50.

3. Sonstige einseitige Lösungstatbestände

65 **Keine** Kündigung im Rechtssinne stellen dar:

- die **Anfechtung** des Arbeitsvertrages (**aA** für § 623 BGB lediglich *Däubler* AiB 2000, 188, 190, *ders.* KDZ Rz 17, sowie *Sander/Siebert* BuW 2000, 424, 425 und AuR 2000, 330, 333),
- die **Berufung** auf die **Nichtigkeit** des Arbeitsvertrages (das Abstandnehmen vom Arbeitsvertrag),
- der **Zeitablauf** und die **Zweckerreichung**,
- die **auflösende Bedingung**, der **Aufhebungsvertrag**, die Beendigung einer vorläufigen Einstellung nach § 100 Abs. 3 BetrVG,
- die **Beendigung fehlerhafter Leiharbeitsverhältnisse** in den Fällen der fehlenden Verleiherlaubnis,
- die **lösende** Abwehraussperrung,
- der **Tod** des Arbeitnehmers (§ 613 S. 1 BGB),
- die **Entlassung** von Dienstordnungsangestellten sowie die **Abberufung** nach AGB-DDR

(Einzelheiten mit Nachweisen KR-*Griebeling* § 1 KSchG Rz 172 ff., zT mit Weiterverweisungen), ferner

- die Wahl der Nichterfüllung gem. § 103 Abs. 2 S. 1 InsO,
- der Widerspruch nach § 625 BGB bzw. § 15 Abs. 5 TzBfG (oben Rz 57),
- der Widerspruch gegen den Übergang des Arbeitsverhältnisses bei Betriebsinhaberwechsel (oben Rz 53),
- die Scheiternserklärung nach § 232 Abs. 2 SGB III aF (als Beendigungstatbestand eigener Art, s.o. Rz 44),
- der Widerruf eines Aufhebungsvertrages (vgl. *LAG Düsseld.* 22.6.2001 LAGE § 623 BGB Nr. 1);
- tariflich abgemachte Arbeitsunterbrechungen (zB nach § 62 MT-Waldarbeiter),
- tarifvertragliche Beendigungsmitteilungen gegenüber arbeitnehmerähnlichen Personen (*BAG* 20.1.2004 EzA § 4 TVG Rundfunk Nr. 25).

66 Der **Tod** des **Arbeitgebers** scheidet grds. aus, weil er (schon) nicht zur Beendigung des Arbeitsverhältnisses führt; vielmehr treten die Erben nach dem Grundsatz der Universalsukzession (§ 1922 BGB) in das Arbeitsverhältnis ein (s. KR-*Griebeling* § 1 KSchG Rz 186). Ebenso wenig führt die **Liquidation** und anschließende **Löschung** einer **Handelsgesellschaft** im Handelsregister (zB GmbH, OHG, KG) für sich zur Beendigung des Arbeitsverhältnisses (siehe KR-*Griebeling* § 1 KSchG Rz 186). Entsprechendes gilt für die **Eröffnung** eines **Insolvenzverfahrens** über das Vermögen des Arbeitgebers oder die Anordnung einer **vorläufigen Insolvenzverwaltung**. In allen diesen Fällen bedarf es zur Beendigung des Arbeitsverhältnisses des Ausspruchs einer Kündigung oder des Abschlusses eines Auflösungsvertrages, welche Beendigungstatbestände dann allerdings dem Formzwang unterliegen. Insbesondere dispensiert auch § 113 InsO nicht von der Einhaltung der Form.

67 **Keine** Kündigung stellt auch die (vorbehaltene Möglichkeit der) **Anzeige** einer **Nichtverlängerung** des Arbeitsverhältnisses (sog. Nichtverlängerungsanzeige) dar (*BAG* 26.4.1974 EzA § 620 BGB Nr. 39;

Schriftform der Kündigung § 623 BGB

ErfK-*Müller-Glöge* Rz 8), bedarf also keiner Form (anders die schriftlich zu erfolgende Unterrichtung über die Zweckerreichung nach § 15 Abs. 2 TzBfG). Allerdings führt eine unterlassene **schriftliche** Erklärung des **Arbeitgebers**, wonach das Arbeitsverhältnis aufgrund einer Befristung beendet sei, zur Veränderung des Beginns der Anrufungsfrist des § 17 S. 1 TzBfG, wenn das Arbeitsverhältnis nach dem vereinbarten Ende fortgesetzt wurde (§ 17 S. 3 TzBfG).

Formbedürftig allerdings ist das Lösungsrecht des **§ 12 S. 1 KSchG** sowie des § 16 S. 2 KSchG. Dabei 68
handelt es sich – wie sich aus § 12 S. 3 KSchG ergibt – um ein fristgebundenes Sonderkündigungsrecht (KR-*Rost* § 12 KSchG Rz 22; *Hueck/v. Hoyningen-Huene/Linck* § 12 Rz 5; *Preis/Gotthardt* NZA 2000, 348, 350 m. eing. Begründung, und auch APS-*Preis* Rz 7, ErfK-*Müller-Glöge* Rz 9; *Küttner/Eisemann* 256 Rz 29; *Müller-Glöge/von Senden* AuA 2000, 199; *Richardi/Annuß* NJW 2000, 1231, 1232; aA BBDW-*Bader* Rz 12: besondere Beendigungserklärung). Dabei kommt die Schriftlichkeit dem **Arbeitgeber** zugute, worin sich der **beidseitig** zwingende Charakter des § 623 BGB realisiert.

Nicht gilt dies entsprechend für einen **Auflösungsantrag** nach § 9 KSchG (zu **seiner** Rechtsnatur s. 69
KR-*Spilger* § 9 KSchG Rz 16 f.), der eine Kündigung **voraussetzt**. Außerdem handelt es sich um einen Prozessantrag (bei dem Arbeitnehmer um einen uneigentlichen Eventualantrag bzw. bei dem Arbeitgeber um einen echten Eventualantrag oder Hauptantrag, KR-*Spilger* § 9 KSchG Rz 16 f.). Ausreichend zur Wahrung seiner Form ist die Antragstellung (s. § 9 Abs. 1 S. 3 KSchG). Hierfür genügt nach § 297 Abs. 1 ZPO die Verlesung aus den vorbereitenden Schriftsätzen oder aus einer dem Protokoll als Anlage beizufügenden Schrift oder die Erklärung zu Protokoll. Die Ankündigung des Antrags kann sogar nach §§ 130 Nr. 6, 130a ZPO als Telekopie oder elektronisches Dokument erfolgen. § 623 BGB als Norm des materiellen Rechts hat daran nichts geändert. Im Übrigen sind die Parteien durch den Zwang zur Antragstellung sowie dadurch, dass die Auflösung nur durch das Gericht erfolgen kann, vor einer unbesonnenen Auflösung des Arbeitsverhältnisses hinreichend gewarnt und geschützt.

Modifikationen des Kündigungsrechts, insbes. dessen Ausschluss, unterliegen der Schriftform nicht 70
(APS-*Preis* Rz 6).

IV. Beendigung durch Auflösungsvertrag

Erfasst vom Schriftformzwang wird auch der Auflösungs- oder Aufhebungsvertrag, soweit er nicht 71
aufgrund atypischer Fallgestaltung nicht auf die Beendigung des Arbeitsverhältnisses, sondern lediglich auf die Änderung des Vertrages (einzelner oder mehrerer Arbeitsbedingungen) oder auf die Regelung der **Folgen** eines anderen Beendigungstatbestandes (als sog. Abwicklungsvertrag oder durch einvernehmliche Verlängerung einer bereits **laufenden** Kündigungsfrist) gerichtet ist (s. bereits oben Rz 49 f.).

Anhand der Entstehungsgeschichte des § 623 BGB lässt sich nicht mehr feststellen, warum die Geset- 72
zesinitiative des Landes Brandenburg und dann der Gesetzgeber das Wort »Auflösungs«Vertrag gewählt haben. In der Praxis üblich ist die Verwendung der Begriffe »Aufhebungs«Vertrag bzw. »Ausscheidensvereinbarung«. Auch die früheren Arbeitsvertragsgesetz-Entwürfe haben stets nur von »Aufhebungsverträgen« geredet (vgl. auch entsprechender früheren Formulierungen im Arbeitsvertragsgesetz Brandenburg in seinem § 131 [BR-Drs. 671/96, und zwar sowohl im Entwurf selbst – S. 95 – als auch in der Einzelbegründung – S. 244 –]). Selbst die Zielsetzung des Gesetz gewordenen Antrages des Landes Brandenburg definierte die »einvernehmliche Beendigung des Arbeitsverhältnisses« als »Aufhebungsvertrag« (oben Rz 7). Möglicherweise haben sich die Initiatoren des Gesetzes und der Gesetzgeber aufgrund ihrer/seiner Nähe zum öffentlichen Dienst davon leiten lassen, dass in den dortigen Tarifverträgen die einvernehmliche Beendigung von Arbeitsverhältnissen durchgängig als »Auflösungsvertrag« definiert ist bzw. definiert wurde (zB § 58 BAT/BAT-O, § 49 Abs. 1 BMT-G-II/BMT-G-O, § 56 Abs. 1 MTArbO, 33 Abs. 1b) TVöD-AT).

Mit der »Auflösung« verbindet das Gesetz die Folge, dass ein früherer Rechtszustand, wenn auch 73
ohne Rückwirkung betreffend die Zwischenzeit, wieder eintritt (vgl. bspw. für die auflösende Bedingung die Regelung in § 158 Abs. 2 Hs. 2 BGB; weiter ist in § 4 S. 1 KSchG und in § 9 KSchG von »auflösen« die Rede). Wie bei § 158 Abs. 2 BGB bzw. § 159 BGB geht es daher bei § 623 BGB um Verträge, die mit ihrem Abschluss oder zu dem bestimmten Zeitpunkt die Wirkung eines Arbeitsvertrages beenden. Deshalb ist mit einem »Auflösungsvertrag« auch ein »Aufhebungsvertrag« bzw. eine »Ausscheidensvereinbarung« gemeint, die auf die Herbeiführung nämlicher Rechtsfolge gerichtet sind. Die Begriffe lassen sich also synonym verwenden (so oder ähnlich auch APS-*Preis* Rz 9; *Backmeister/Trittin/Mayer* Rz 10; BBDW-*Bader* Rz 17; ErfK-*Müller-Glöge* Rz 12; *Palandt/Putzo* Rz 5; *Däubler* AiB 2000, 188, 191; *Gaul*

DStR 2000, 691, 692; *Preis/Gotthardt* NZA 2000, 348, 354; *Sander/Siebert* BuW 2000, 424; *Trittin/Backmeister* DB 2000, 618, 621). Entscheidend ist nicht die Bezeichnung der Vereinbarung, sondern ihr **Geschäftssinn**. Geht dieser dahin, das Arbeitsverhältnis »aufzulösen« oder »aufzuheben« oder ein entsprechendes »Ausscheiden« herbeizuführen, unterliegt dies dem Formzwang (ähnlich ErfK-*Müller-Glöge* aaO; *Lakies* BB 2000, 667; *Erman/Belling* Rz 10). Dies rechtfertigt sich auch aus dem Gesetzeswortlaut selbst, der die »Beendigung« voraussetzt. Um eine »Beendigung« handelt es sich in sämtlichen genannten Fällen. Schon keinen **Vertrag** stellt die auf **beiderseitigen** Antrag gem. § 9 KSchG gerichtliche Auflösung des Arbeitsverhältnisses dar.

74 Anhaltspunkte dafür, dass durch die Wahl des Wortes »Beendigung« die Möglichkeit einer **rückwirkenden** Auflösung genommen werden sollte, gibt es nicht. Nur muss das Arbeitsverhältnis bereits außer Vollzug gesetzt sein (*BAG* 10.12.1998 EzA § 613a BGB Nr. 175).

75 Nach dem Vorstehenden wäre eine Formulierung des Inhalts klarer gewesen, wonach ein **Aufhebungsvertrag** der Schriftform bedarf. Ein derartiger Vertrag kommt – wie jeder andere Vertrag auch – nach Maßgabe der §§ 145 ff. BGB durch die Annahme eines Antrags zustande. Der anzunehmende Antrag muss den (ggf. durch Auslegung zu ermittelnden) Inhalt haben, das Arbeitsverhältnis – zu welchem Zeitpunkt auch immer – zu **beenden** (und nicht: nur abzuändern oder nach vorangegangenem anderen Beendigungstatbestand **abzuwickeln**, dazu oben Rz 49 f.).

76 Soweit das *BAG* (12.1.2000 EzA § 611 BGB Aufhebungsvertrag Nr. 33) einen Aufhebungsvertrag, der seinem Regelungsgehalt nach nicht auf die **alsbaldige** Beendigung, sondern auf eine befristete Fortsetzung des Arbeitsverhältnisses gerichtet ist, zu seiner Wirksamkeit einem sachlichen Grund iSd Befristungskontrollrechts unterwirft, ändert dies nichts an seiner Rechtsnatur als – formbedürftiger – **Auflösungsvertrag** iSd § 623 BGB. Die Formbedürftigkeit nach eben dieser Norm (bis 31. Dezember 2000, danach aufgrund § 14 Abs. 4 TzBfG) bliebe auch dann erhalten, wenn der Aufhebungsvertrag der Sache nach insgesamt als nachträgliche **Befristung** des ursprünglich unbefristeten Arbeitsvertrags anzusehen wäre (ähnlich ErfK-*Müller-Glöge* Rz 13).

77 Wegen der Einzelheiten betreffend das Zustandekommen von Aufhebungsverträgen, insbes. ihrer zulässigen oder unzulässigen Gestaltungsformen, wird verwiesen auf KR-*Fischermeier* § 626 BGB Rz 47 ff. Soweit danach zulässig unterliegt auch ein **bedingter** Aufhebungsvertrag (*Ermann/Belling* Rz 12) oder eine **unbedingte** Aufhebung des Arbeitsverhältnisses mit **bedingter Wiedereinstellungszusage** dem Formzwang. Bei ersterem ergibt sich dies daraus, dass der Vertrag auf die Beendigung des Arbeitsverhältnisses gerichtet bzw. wie eine (nach § 14 Abs. 4 TzBfG ebenso formbedürftige) nachträgliche **Befristung** zu behandeln ist, und nicht aus dem Umstand, dass das Arbeitsverhältnis nunmehr auflösend bedingt wäre; die auflösende Bedingung wurde von § 623 BGB in seiner bis 31. Dezember 2000 geltenden Fassung nicht erfasst (Einzelheiten zu dieser strittigen Frage unter Rz 85 ff.; **aA** *Preis/Gotthardt* NZA 2000, 348, 354; SPV-*Preis* Rz 41 [der Schriftform gem. § 21 iVm § 14 Abs. 4 TzBfG unterliegende auflösende Bedingung]).

78 Formbedürftig ist auch ein **multilateraler**, etwa dreiseitiger **Vertrag**, sofern er etwa das Ausscheiden bei einem alten Arbeitgeber und die Begründung des Arbeitsverhältnisses bei einem neuen Arbeitgeber, etwa einer Beschäftigungsgesellschaft, vorsieht (vgl. APS-*Preis* Rz 9; *Preis/Gotthardt* NZA 2000, 348, 354).

V. (Fassung bis 31. Dezember 2000) »Die« Befristung

1. Befristung (Fassung bis 31. Dezember 2000)

79 Wegen der Bedeutung des Wortes »**die**« wird zunächst auf Rz 166 ff. verwiesen. Gemeint mit »die« ist danach insbes. nicht eine besondere (bestimmte) Befristung, sondern jedwede auf die Beendigung eines **Arbeitsverhältnisses** (und im Übrigen nicht einzelner seiner Bedingungen) zielende (Befristungs-)Abrede. Das »die« rückt, gewissermaßen fokussierend, gerade den **Tatbestand** in den Blick, der zur Beendigung des Arbeitsverhältnisses geeignet ist. Das ist die Befristung an sich, nicht etwa ein Befristungsgrund. Dies ergibt sich schon daraus, dass es Befristungstatbestände gibt, die keiner besonderen Rechtfertigung bedürfen (bis 31. Dezember 2000 etwa nach dem Beschäftigungsförderungsgesetz). Die Frage, ob und unter welchen Voraussetzungen ein Arbeitsverhältnis befristbar ist (**Befristungsgrund** oder **nach dem früheren § 1 BeschFG** ist), wurde von § 623 BGB **nicht** berührt (vgl. APS-*Preis* Rz 14; ErfK-*Müller-Glöge* [4. Aufl.] Rz 19 und *Backmeister/Trittin* [1. Aufl.] Nachtrag Rz 13, wonach es unerheblich sei, welche Vorschrift die Befristung rechtfertigen soll; *Lakies* BB 1999, 667; *Kleinebrink* FA 2000, 174, 177;

eingehend *Preis/Gotthardt* NZA 2000, 348, 359; *Richardi/Annuß* NJW 2000, 1231, 1234; wohl auch *Rolfs* NJW 2000, 1227, 1228; *Trittin/Backmeister* DB 2000, 618, 621). Die Norm galt **unabhängig** davon, worauf die Befristung **gestützt** war (zB Rechtsprechungsgrundsätze, § 1 BeschFG, zulässige Befristungsgründe nach anderen Gesetzen oder Rechtsquellen).

Eine Legaldefinition dessen, was eine »**Befristung**« ist, fehlt in dem Allgemeinen Teil des BGB. In dem Vierten Titel (Bedingung, Zeitbestimmung) handelt lediglich die Regelung in § 163 (BGB) davon, dass dann, wenn für die Wirkung eines Rechtsgeschäfts bei dessen Vornahme ein Anfangs- oder ein Endtermin bestimmt worden ist, im ersteren Fall die für die aufschiebende, im letzteren Fall die für die auflösende Bedingung geltenden Vorschriften der §§ 158, 160, 161 (BGB) entsprechende Anwendung finden. Hierunter wird allgemein eine Regelung der Befristung verstanden. Bei dieser handelt es sich um eine durch den Parteiwillen in ein Rechtsgeschäft eingefügte Bestimmung, wonach ein zukünftiges gewisses Ereignis für den Beginn der Rechtswirkungen (Anfangstermin) oder deren Ende (Endtermin) maßgebend ist (vgl. *Palandt/Heinrichs* vor § 158 Rz 2). Eine den § 163 BGB entsprechende Zeitbestimmung und damit Befristungsregel enthält § 620 Abs. 1 BGB, wonach das Dienstverhältnis mit dem **Ablauf der Zeit** endigt, für die es eingegangen ist (sog. **Zeitbefristung**). Darüber hinaus endet nach § 620 Abs. 2 BGB das Dienstverhältnis zu dem Zeitpunkt, der aus der Beschaffenheit oder dem Zweck der Dienste zu entnehmen ist (sog. **Zweckbefristung**). Die »Befristung« von Arbeits**verträgen** (nicht: Arbeits**verhältnissen**, wie aber in § 623 BGB) findet ausdrücklich Erwähnung nur in **außerhalb** des Bürgerlichen Gesetzbuches geltenden Vorschriften (zB HRG, früher in den Beschäftigungsförderungsgesetzen). Dabei knüpfen diese Gesetze stets an eine Befristung an und bestimmen, dass oder / und unter welchen Voraussetzungen eine Befristung zulässig ist. Erst **hier** findet sich eine **Legaldefinition** des befristeten Arbeitsvertrags. Bei ihm handelt es sich nach § 57a HRG um einen Arbeitsvertrag »für eine bestimmte Zeit« (s. nunmehr die allerdings für die Rechtslage vor 1. Januar 2001 unmaßgebliche Legaldefinition »Begriff des befristet beschäftigten Arbeitnehmers« in § 3 TzBfG [auf welches Gesetz § 620 Abs. 3 BGB neu verweist] und hier diejenige des befristeten Arbeitsvertrages in Abs. 1 S. 2). Jedenfalls dabei handelt es sich um die Befristung, die auch § 623 BGB meint. Allerdings sind die kalendermäßig befristeten Arbeitsverhältnisse von den sog. zweckbefristeten Arbeitsverträgen oft nur schwer abzugrenzen. Eine saubere Trennung ist allerdings – anders als bei der auflösenden Bedingung – auch nicht erforderlich. Denn nach § 620 Abs. 2 BGB ergibt sich, dass die Vereinbarung einer bestimmten Vertragszeit der Bestimmung einer Zeitdauer gleichsteht, die sich aus der Beschaffenheit oder dem Zweck der Dienste ergibt (*BAG* 17.2.1983 EzA § 620 BGB Nr. 64). **Befristung auch iSd § 623 BGB** ist damit **sowohl** die **Vereinbarung** einer **bestimmten Zeit** als auch die **Zweckbefristung**.

Zur Beendigung eines Arbeitsverhältnisses **geeignet und** damit formbedürftig ist nicht nur die erstmalige Befristung, sondern – soweit überhaupt zulässig – auch die **nachträgliche** Befristung (die als bloße Vertrags**änderung** nicht etwa auch einen Auflösungsvertrag darstellt) oder die **Verkürzung** oder die **Verlängerung** einer Befristung, **nicht** aber die Befristung einzelner **Arbeitsbedingungen** (s. bereits die Nachweise oben Rz 50).

2. Arten der Befristung (Fassung bis 31. Dezember 2000)

Der Formzwang gilt für eine Befristung **jedweder** Art, soweit sie geeignet ist, ein Arbeitsverhältnis zu beenden (ausführlich Auskunft über die Arten von Befristungen gibt *Lipke* [KR, 5. Aufl.] § 620 BGB Rz 43 bis 69, worauf verwiesen wird), in Sonderheit auch für die Befristung eines Arbeitsverhältnisses **zur Probe**.

Lediglich ergänzend ist darauf hinzuweisen, dass dem Formzwang auch sog. **atypisch** befristete Verträge unterliegen, wie solche mit Höchstdauer und gleichzeitigem Recht zur ordentlichen Kündigung oder Zweckbefristungen verbunden mit einer Höchstdauer. Denn auch im ersten Fall steht die Befristung des Arbeitsvertrages im Vordergrund; im zweiten Fall erfolgt sogar eine Doppelbefristung (APS-*Preis* Rz 11; *Preis/Gotthardt* NZA 2000, 348, 356).

Die Abrede einer **Mindestvertragsdauer** ist formfrei möglich. Denn der Sache nach handelt es sich dabei nicht um eine Befristung, sondern den Ausschluss der ordentlichen Kündbarkeit eines unbefristet laufenden Arbeitsverhältnisses vor einem bestimmten Termin. Die Schriftform des **Ausschlusses** des Kündigungsrechts wird jedoch weder vom Wortlaut des § 623 BGB noch seinem Schutzzweck erfasst bzw. gefordert (ähnlich APS-*Preis* Rz 11 mit 6; im Ergebnis wie hier ErfK-*Müller-Glöge* [4. Aufl.] Rz 18).

3. Ähnliche Lösungstatbestände (Fassung bis 31. Dezember 2000)

85 Mit dem Inkrafttreten des § 623 BGB ist Streit darüber ausgebrochen, ob mit »Befristung« auch die Abrede einer **auflösenden Bedingung** dem Formzwang unterworfen werden sollte (gelöst erst durch § 21 TzBfG für das seit 1. Januar 2001 nach § 14 Abs. 4 TzBfG ausgelagerte Formerfordernis für die Befristung dahingehend, dass § 14 Abs. 4 TzBfG für den unter einer auflösenden Bedingung geschlossenen Arbeitsvertrag entsprechend gilt). Wird ein Rechtsgeschäft unter einer auflösenden Bedingung vorgenommen, so endigt nach § 158 Abs. 2 BGB mit dem Eintritt der Bedingung die Wirkung des Rechtsgeschäfts; mit diesem Zeitpunkt tritt danach der frühere Rechtszustand wieder ein. Die Vorschrift findet sich im Vierten Titel (Bedingung, Zeitbestimmung) des Dritten Abschnitts des Allgemeinen Teils des Bürgerlichen Gesetzbuches, dh im Normumfeld der für die Befristung (Zeitbestimmung) maßgebenden Vorschrift des § 163 BGB, der für den Fall der Vereinbarung eines Termins ausdrücklich die entsprechende Anwendung der für die auflösende Bedingung geltenden Vorschriften der §§ 158, 160 und 161 BGB anordnet. Dies könnte dafür streiten, bei der Auslegung des § 623 BGB die auflösende Bedingung lediglich als einen Unterfall der Befristung zu erkennen und daher als selbstverständlich mitgeregelt anzusehen. Andererseits wird in §§ 158 ff. BGB und in der entsprechenden Titelüberschrift ausdrücklich zwischen Bedingung und Zeitbestimmung getrennt. Die Voraussetzungen sind verschieden. Der Anordnung der entsprechenden Geltung eines Teils der Rechtsfolgen einer auflösenden Bedingung für die Zeitbestimmung hätte es nicht bedurft, wenn sich Bedingung und Zeitbestimmung ohne weiteres entsprächen. (Die auflösende Bedingung im Einzelfall, ihre Abgrenzung zur Befristung sowie Anforderungen an zulässige auflösende Bedingungen sowie Beispielsfälle behandelt *Lipke* [KR, 5. Aufl.] § 620 BGB Rz 51 bis 57e.)

86 Wegen des Wortlauts des § 623 BGB bzw. des Umstandes, dass Befristung und Bedingung selbständig nebeneinander stehen, wird die Anwendung der Vorschrift auf die auflösende Bedingung **abgelehnt** von BBDW-*Bader* (Rz 27 [40. Lfg.]), *Dassau* (ZTR 2000, 289, 291 f.), *Gaul* (DStR 2000, 691, 693), *Schaub* (Nachtrag [z. Vorauf.] Rz 6; ders. NZA 2000, 344, 347) sowie danach auch von *Müller-Glöge* (ErfK 4. Aufl. Rz 17). *Gaul* (aaO) weist darauf hin, dass dem Gesetzgeber auflösende Bedingungen als Form der Vertragsbeendigung nicht unbekannt seien, wie § 41 SGB VI deutlich mache. Wenn demgegenüber § 623 BGB insofern schweige, werde die Bedingung nicht erfasst.

87 Im Wesentlichen wegen des Schutzzwecks des § 623 BGB halten demgegenüber die Regelungen auch für auflösende Bedingungen für **anwendbar**: *Däubler* (AiB 2000, 188, 192), *Lakies* (BB 1999, 667), *Preis/Gotthardt* (NZA 2000, 348, 357) sowie hernach *Preis* in APS Rz 12, *Richardi/Annuß* (NJW 2000, 1231, 1232), *Rolfs* (NJW 2000, 1227, 1228) und *Sander/Siebert* (BuW 2000, 424, 425).

88 *Appel/Kaiser* (AuR 2000, 281, 286) führen aus, die Bedeutung des Begriffs »Befristung« im weiteren Sinne, die Ähnlichkeit der Zweckbefristung und der auflösenden Bedingung und ihre gleichartige Behandlung im Rahmen der gerichtlichen Kontrolle sprächen für eine Auslegung dahingehend, dass auch die auflösende Bedingung dem Formzwang unterliege. Sie weisen darauf hin, die Gesetzesmaterialien gäben keinen Aufschluss darüber, ob die Bedingung einzubeziehen oder bewusst ausgeklammert sein sollte. Dem kann **nicht** gefolgt werden. Richtig ist, dass die auflösende Bedingung in den Gesetzesmaterialien nicht erwähnt wird. Gerade deshalb wird man sie nicht mit der Befristung gleichstellen dürfen. § 623 BGB ist – wie schon das nicht Gesetz gewordene Arbeitsvertragsgesetz – vom Land Brandenburg initiiert worden. In dem Arbeitsvertragsgesetz-Entwurf Brandenburg ist jedoch durchgängig sauber zwischen Befristung und auflösender Bedingung unterschieden worden. Bereits der vorgeschlagene § 26 redete in seiner Überschrift von »befristeter und auflösend bedingter Arbeitsvertrag«; in § 26 Abs. 6 wurden die Absätze 1 bis 5 betreffend den befristeten Arbeitsvertrag ausdrücklich einem unter einer auflösenden Bedingung geschlossenen Arbeitsvertrag gleichgestellt; in dem vorgeschlagenen § 131 über den Aufhebungsvertrag wurden in Abs. 1 S. 2 für »bedingte« Aufhebungsverträge die Regeln über auflösend bedingte Arbeitsverträge des § 26 für entsprechend anwendbar erklärt. Die Einzelbegründung zu § 26 verhielt sich schon der Überschrift nach ausdrücklich zu befristeten und auflösend bedingten Arbeitsverträgen; für Abs. 6 wurde die entsprechende Anwendung für einen unter einer auflösenden Bedingung geschlossenen Arbeitsvertrag erläutert (s. i.E. BR-Drs. 671/96). Daraus ergibt sich, dass der zur auflösenden Bedingung schweigende und im Wortlaut unverändert zu § 623 BGB führende Entwurf desselben Landes die auflösende Bedingung jedenfalls nicht mit auf den Weg des Gesetzgebungsverfahrens gebracht hat. Nachdem weder Ausschuss noch Parlament Änderungen vorgenommen haben, ist die auflösende Bedingung ungeregelt geblieben. Dies ist jedenfalls mit Blick auf den von § 623 BGB verfolgten Schutzzweck misslich. Denn die Funktion des Kündigungsschutzes ist durch auflösende Bedingungen stärker als durch Befristungen gefähr-

det (Einzelheiten *Lipke* [KR, 5. Aufl.] § 620 BGB Rz 53, 53a). Eine analoge Anwendung des § 623 BGB scheidet angesichts des klaren Wortlauts und der Entstehungsgeschichte der Norm sowie deshalb aus, weil sie durch Beschränkung auf drei Beendigungstatbestände Ausnahmecharakter hat und schon deshalb nicht analogiefähig ist.

Das *BAG* (23.2.2000 EzA § 1 BeschFG 1985 Klagefrist Nr. 3) und das *LAG Hessen* (9.7.1999 NZA-RR 2000, 380) haben inzwischen entschieden, dass die Klagefrist betreffend **Befristungen** nach (der mit Wirkung zum Ablauf des 31. Dezember 2000 aufgehobene Vorschrift des) § 1 Abs. 5 BeschFG **keine Anwendung** bei der Beendigung eines Arbeitsverhältnisses infolge des Eintritts einer **auflösenden Bedingung** finde. Auch das *BAG* (23.2.2000 EzA § 1 BeschFG 1985 Klagefrist Nr. 3) hat auf den eindeutigen Wortlaut der Vorschrift sowie darauf abgestellt, dass sich die Gesetzesbegründung ausschließlich mit Befristungsabreden befasst habe. Zu § 623 BGB wird angesichts dessen kaum eine andere Entscheidung zu erwarten sein. 89

Bestätigt wird dieser Befund letztlich dadurch, dass erst durch § 21 des am 1. Januar 2001 in Kraft getretenen TzBfG die nach § 14 Abs. 4 TzBfG ausgelagerte Formvorschrift für die Befristung für entsprechend anwendbar für den unter einer auflösenden Bedingung geschlossenen Arbeitsvertrag erklärt wird. Dessen hätte es nicht bedurft, wenn »Befristung« gleich »auflösende Bedingung« (gewesen) wäre. Insbesondere handelt es sich nicht um eine Klarstellung des **alten** Rechtszustands. Zu Unrecht nimmt die Gesetzesbegründung (der Bundesregierung, vom 24. Oktober 2000, BT-Drs. 14/4374, S. 1, 21) zu der Gesetz gewordenen Fassung des § 21 TzBfG Bezug auf eine »heutige« Rechtsprechung des *BAG* betreffend »die entsprechende Anwendung von Vorschriften über befristete Arbeitsverträge auf auflösend bedingte Arbeitsverträge«. Dabei ist die Entscheidung des *BAG* vom 23.2.2000 (EzA § 1 BeschFG 1985 Klagefrist Nr. 3) ebenso aus dem Blick geraten wie der Umstand, dass das Gericht derartiges zu der alten Fassung des § 623 BGB bislang nicht entschieden hat. 90

Die bloße Anzeige oder der Hinweis darauf, dass ein Arbeitsverhältnis aufgrund einer Befristungsabrede enden werde (sog. **Nichtverlängerungsanzeige**), unterliegt dem Formzwang, anders als die Befristungsabrede selbst, nicht. Ist die Befristung hingegen nicht wirksam und lässt sich die Nichtverlängerungsanzeige (Tatfrage) auch als Kündigung auslegen, unterliegt sie als solche dem Formzwang. Muss allerdings bei **Zweckbefristung** die **Zweckerreichung** mangels **Vorhersehbarkeit angekündigt** werden, um weder zwingende Mindestkündigungsfristen noch die Beendigungsform (Kündigung) zu umgehen, bedarf die **Ankündigung** der **Schriftform**, um die **Auslauffrist** in Lauf zu setzen (vgl. APS-*Backhaus* § 620 BGB Rz 168; APS-*Preis* Rz 49; *Preis/Gotthardt* NZA 2000, 348, 359; *Richardi/Annuß* NJW 2000, 1231, 1234). 91

Keine nachträgliche Befristungsabrede stellt ein **Auflösungsvertrag** dar, der seinem Regelungsgehalt nach nicht auf alsbaldige Beendigung, sondern auf befristete Fortführung des Arbeitsverhältnisses gerichtet ist (und vom *BAG* dem Befristungskontrollrecht unterworfen wird, s. oben Rz 76), was an der Formbedürftigkeit allerdings nichts ändert. 92

C. Schriftliche Form

I. Gesetzliche Form

Bei der Regelung in § 623 BGB handelt es sich iSd § 126 Abs. 1 BGB um eine »**durch Gesetz**« vorgeschriebene schriftliche Form. **Gesetz** iSd Bürgerlichen Gesetzbuches, mithin auch iSd § 126 Abs. 1 BGB, ist aufgrund Art. 2 EGBGB **jede Rechtsnorm**, mithin auch § 623 BGB. 93

II. Umfang

§ 623 BGB redet, soweit es um Kündigung und Auflösungsvertrag geht, davon, dass die **Beendigung** von Arbeitsverhältnissen zu ihrer Wirksamkeit der Schriftform bedarf. Das ist ungenau. Der Schriftformzwang betrifft der Sache nach die aufgezählten Beendigungstatbestände, also die Kündigung, den Auflösungsvertrag sowie (Fassung bis 31. Dezember 2000) die Befristung. Die Beendigung von Arbeitsverhältnissen an sich kann keinem Formzwang unterworfen werden, sondern nur die darauf abzielenden Beendigungstatbestände. Folglich ordnet auch § 125 S. 1 BGB im Falle des Formmangels lediglich die Nichtigkeit des **Rechtsgeschäfts** (und nicht: seiner intendierten Rechts**folge**) an. 94

Ergibt sich – wie in § 623 BGB – keine Einschränkung des Formzwangs, ist das Rechtsgeschäft **im Ganzen** betroffen. Beim **Vertrag** (dem Auflösungsvertrag, der – Fassung bis 31. Dezember 2000 – Be- 95 fristungsabrede) erstreckt sich das Formerfordernis auf **alle** Abreden, aus denen sich nach dem Willen der Parteien der Vertragsinhalt zusammensetzen soll (vgl. *BGH* 13.11.1963 BGHZ 40, 255, 262). Der Formzwang gilt auch für **Nebenabreden** (*BAG* 9.12.1981 DB 1982, 1417). **Voraussetzung** ist jedoch, dass die Nebenabrede Vertragsinhalt werden soll (*Palandt/Heinrichs* § 125 Rz 7). Formfrei hingegen sind in entsprechender Anwendung der Regelung in § 139 BGB solche Abreden, von denen anzunehmen ist, dass die Parteien auch **ohne** sie kontrahiert hätten (vgl. *BGH* 20.6.1980 NJW 1981, 222). Nach der Rechtsprechung des BGH **unschädlich** ist die Nichteinhaltung der Form insbes. dann, wenn sich die Rechtsfolge der formnichtigen Nebenabrede bereits aus dem Gesetz, auch etwa aus dem Grundsatz von Treu und Glauben, ergibt (*BGH* 18.5.1982 BGHZ 84, 125, 127). Die Verbindung **mehrerer** Rechtsgeschäfte, von denen lediglich eines formbedürftig ist, zu rechtlich **einem** Geschäft macht dieses **insgesamt** formbedürftig (*BGH* 29.6.1982 BGHZ 84, 322, 324). Bei dem Ausspruch einer **Änderungskündigung**, also einer Beendigungskündigung, die mit einem Angebot zur Fortsetzung des Arbeitsverhältnisses unter veränderten Bedingungen verbunden ist, ergibt sich die Formbedürftigkeit des Änderungsangebots jedenfalls **nicht** aus dieser »Verbindungsrechtsprechung« des BGH. Denn das Änderungsangebot stellt für sich als Antrag iSd §§ 145 ff. BGB kein Rechtsgeschäft dar, sondern soll vielmehr **Teil** des zweiseitigen Rechtsgeschäfts (geänderter) »Vertrag« werden (vgl. *Palandt/Heinrichs* § 145 Rz 1; Einzelheiten später, Rz 136 f.). Anders kann es sich jedoch bei einem **Auflösungsvertrag** verhalten. Bei einer **Befristungsabrede** wiederum wird durch die Wortwahl des Gesetzes in seiner Fassung bis 31. Dezember 2000 (»die« Befristung) auch nur **dieselbe** dem Formerfordernis unterworfen und nicht auch die Abmachungen der Parteien im Übrigen (Einzelheiten Rz 166 ff.). Zur Frage nach den Konsequenzen der »Tarnung« eines Auflösungsvertrages durch eine nachträgliche Befristungsabrede s. Rz 177.

96 Ein gesetzlicher Formzwang gilt auch für spätere **Änderungen** und **Ergänzungen** (*BGH* 26.10.1973 NJW 1974, 271). Die Bezugnahme des Zweit- auf den Erstvertrag genügt, wenn dem Zweitvertrag eindeutig zu entnehmen ist, dass es bei den übrigen Vertragsbedingungen bleibt (*Palandt/Heinrichs* § 126 Rz 4a mwN). Nicht gilt ein Formzwang, soweit gesetzlich nichts anderes angeordnet ist, für die **Aufhebung** eines formbedürftigen Rechtsgeschäfts (vgl. *Palandt/Heinrichs* § 125 Rz 8 mwN).

III. Wahrung der Form

1. Allgemeines/Ausschluss der »elektronischen Form« sowie der »Textform«

97 Ist durch Gesetz schriftliche Form vorgeschrieben, so muss nach § 126 Abs. 1 BGB »die Urkunde von dem Aussteller eigenhändig durch Namensunterschrift oder mittels notariell beglaubigten Handzeichens unterzeichnet werden«. Bei einem Vertrag muss nach § 126 Abs. 2 S. 1 BGB die Unterzeichnung der Parteien auf »derselben« Urkunde erfolgen. Werden über den Vertrag mehrere gleichlautende Urkunden aufgenommen, so genügt es nach § 126 Abs. 2 S. 2 BGB, wenn jede Partei die für die andere Partei bestimmte Urkunde unterzeichnet. Die schriftliche Form kann durch die **elektronische Form** ersetzt werden, wenn sich nicht aus dem Gesetz ein anderes ergibt, § 126 Abs. 3 BGB nF. **Letzteres** ist bei § 623 BGB aufgrund des **mit Wirkung ab 1. August 2001** angefügten Hs. 2 der Fall, bei § 14 Abs. 4 TzBfG, wohin der Schriftformzwang für die Befristung zum 1. Januar 2001 ausgelagert wurde, hingegen nicht. Die schriftliche Form wird nach § 126 Abs. 4 BGB durch die notarielle Beurkundung, die sich nach den Vorschriften des Beurkundungsgesetzes richtet, ersetzt. Die notarielle Beurkundung wiederum wird bei einem gerichtlichen Vergleich – und nur bei diesem – nach § 127a BGB »durch die Aufnahme der Erklärungen in ein nach den Vorschriften der Zivilprozessordnung errichtetes Protokoll« ersetzt. Die »**Textform**« des § 126b BGB nF ist nicht vorgeschrieben, weswegen ihre Erleichterungen **nicht** gelten.

2. Urkunde

98 »**Urkunde**« iSd Formvorschriften des BGB setzt **schriftliche** Abfassung voraus. Die **Art der Herstellung** ist jedoch gleichgültig. Deshalb kann sie bspw. von der Partei oder von einem Dritten mit der Hand, der Maschine oder dem PC geschrieben, gedruckt oder vervielfältigt werden (vgl. *Palandt/Heinrichs* § 126 Rz 2). **Nicht** vorgeschrieben ist die Verwendung der deutschen Sprache. Deshalb kann die Urkunde in jeder lebenden oder toten Sprache errichtet sein (*MünchKomm-BGB/Einsele* § 126 Rz 5). **Unerheblich** ist das **Material** der Urkunde, soweit es nur **Schriftzeichen dauerhaft festhalten** kann (ähnlich die – **nicht anwendbare** da nicht vorgeschrieben – »**Textform**« iSd § 126b BGB nF), sowie die **Angabe** von **Ort** oder **Zeit** der Errichtung (vgl. *Palandt/Heinrichs* § 126 Rz 2).

Schriftform der Kündigung § 623 BGB

Mehrere Blätter bilden eine Urkunde dann, wenn die Zusammengehörigkeit erkennbar ist (vgl. *BGH* 99
24.9.1997 BGHZ 136, 357). Einer **körperlichen Verbindung** der einzelnen Blätter bedarf es dafür **nicht**. Es reicht aus, dass sich die Zusammengehörigkeit der Urkunde aus fortlaufender Paginierung, fortlaufender Nummerierung, auch einzelner Bestimmungen, einheitlicher graphischer Gestaltung, inhaltlichem Zusammenhang des Textes oder vergleichbarer Merkmale zweifelsfrei ergibt (*BGH* 24.9.1997 BGHZ 136, 357). Für den Interessenausgleich mit Namensliste nach § 1 Abs. 5 KSchG aF hat es das *BAG* (6.12.2001 EzA § 1 KSchG Interessenausgleich Nr. 9) ausreichen lassen, wenn in dem unterschriebenen Interessenausgleich auf die als Anlage mittels Heftmaschine verbundene Namensliste ausdrücklich Bezug genommen ist.

3. Unterzeichnung

§ 126 Abs. 1 BGB erfordert ein »**Unterzeichnen**«, und zwar »**eigenhändig**« durch »**Namensunter-** 100
schrift«. **Die Erleichterungen der nicht vorgeschriebenen und damit nicht anwendbaren »Textform«** nach § 126b BGB nF **gelten nicht**.

Da die Zeichnung »**unter**« zu erfolgen hat, muss sie die Urkunde **räumlich abschließen**. Nicht ausrei- 101
chend ist die »**Oberschrift**« oder eine Zeichnung am Rande (vgl. *BGH* 20.11.1990 BGHZ 113, 48). Eine **Blankounterschrift** (zur Zulässigkeit i.E. *Palandt/Heinrichs* § 126 Rz 6) genügt auch für die in § 623 BGB genannten Beendigungstatbestände. Der Schutzzweck des § 623 BGB gebietet es auch nicht, die Ermächtigung zur Ausfüllung des Blanketts ihrerseits dem Formzwang zu unterwerfen. Dies lässt sich aus § 167 Abs. 2 BGB schließen. Danach bedarf die Erteilung der Vollmacht nicht der Form, welche für das Rechtsgeschäft bestimmt ist, auf das sich die Vollmacht bezieht. Anderes gilt in Anlehnung an die Rechtsprechung zur Form der Verpflichtung zur Veräußerung oder zum Erwerb eines Grundstücks nach § 311b BGB für den Fall der Erteilung einer **unwiderruflichen** Ermächtigung (Einzelheiten vgl. *Palandt/Heinrichs* § 311b Rz 20 mN).

»**Eigenhändigkeit**« bedeutet, dass der Schriftzug von dem Willen des Ausstellers der Urkunde be- 102
stimmt wird; deshalb ist die Hinzuziehung einer **Schreibhilfe** zulässig, sofern der Aussteller lediglich unterstützt und der Schriftzug von seinem Willen bestimmt wird (*BGH* 3.2.1967 BGHZ 47, 68, 70 ff.). Unerheblich ist die **Schriftart**. Es genügt auch eine stenografische Unterschrift (zu Schriftart vgl. MünchKomm-BGB/*Einsele* § 126 Rz 17). An der Eigenhändigkeit fehlt es bei der »Unterzeichnung« durch **mechanische Hilfsmittel**, etwa durch Stempel oder Faksimile (*BGH* 25.3.1970 NJW 1970, 1078, 1080) oder bei der (**qualifizierten**) **elektronischen Signatur**. Bei letzterer fehlt aufgrund ihrer unkörperlichen Übermittlung nach derzeitiger Rechtslage überall dort, wo die elektronische Form nicht nachgelassen ist (also bei § 623 BGB, **nicht** aber bei § 14 Abs. 4 TzBfG), auch schon der Zugang (dieser nicht formgerecht errichteten) Willenserklärung, s. unten Rz 118, 127.

Die vom Gesetz geforderte »**Namensunterschrift**« soll die Person des Ausstellers erkennbar machen 103
(*Palandt/Heinrichs* § 126 Rz 9). Die Angabe des **Nachnamens** ohne Angabe des Vornamens genügt (*Palandt/Heinrichs* § 126 Rz 9). Die bloße Angabe des Vornamens genügt, wenn hierdurch bei dem Empfänger der Erklärung keine Zweifel über den Aussteller der Urkunde hervorgerufen werden, etwa unter Freunden oder Angehörigen (**aA** für Unterzeichnung **notarieller** Urkunde lediglich mit Vornamen *BGH* 25.10.2002 NJW 2003, 1120). Bei einem **Kaufmann** genügt die Unterzeichnung mit der Firma (§ 17 HGB), sofern sie vollständig verwendet wird (*Palandt/Heinrichs* § 126 Rz 9 mN). Zulässig ist auch die Unterzeichnung mit dem Teil eines **Doppelnamens** oder einem tatsächlich geführten Namen, einem sog. **Pseudonym**, sofern die als Aussteller in Betracht kommende Person zweifelsfrei feststeht (*BGH* 18.1.1996 NJW 1996, 997; MünchKomm-BGB/*Einsele* § 126 Rz 16; *Palandt/Heinrichs* § 126 Rz 9). Sogar die versehentliche Unterzeichnung mit einem **fremden Namen** soll ausreichen, wenn sich die Identität des Unterzeichnenden einwandfrei aus der Urkunde ergibt (*BayObLG* 2.9.1955 NJW 1956, 24). **Keine** Namensunterschrift ist die Unterzeichnung mit einer **Verwandtschaftsbezeichnung**, einem **Titel** oder einer **Rechtsstellung** (*Palandt/Heinrichs* § 126 Rz 9) oder mit einer **Paraphe** (*BGH* 13.7.1967 NJW 1967, 2310). Auf die **Lesbarkeit** kommt es nicht an, jedoch muss der Schriftzug Andeutungen von Buchstaben erkennen lassen (*BGH* 29.10.1986 NJW 1987, 1333; *Palandt/Heinrichs* § 126 Rz 9). Es genügt ein die Identität des Unterzeichnenden ausreichend kennzeichnender individueller Schriftzug, der einmalig ist, entsprechende charakteristische Merkmale aufweist, sich als Wiedergabe eines Namens darstellt und die Absicht einer vollen Unterschriftsleistung erkennen lässt (*BGH* 22.10.1993 NJW 1994, 55; *Palandt/Heinrichs* § 126 Rz 9). Die Verwendung **ausländischer Schriftzeichen** ist zulässig (*VGH* München 16.8.1976 NJW 1978, 510 f. [arabische]; *Palandt/Heinrichs* § 126 Rz 9).

4. Aussteller/Vertreter und Vollmachterteilung

104 Vom »**Aussteller**« (die Regelungen der »**Textform**« des § 126b BGB nF gelten, da nicht vorgeschrieben, **nicht**) herrühren muss nur die **Unterzeichnung**, nicht die Urkunde (oben Rz 98). Das können auch **mehrere Personen** sein, etwa die **Gesellschafter einer GbR**. Aussteller ist auch, wer als **organschaftlicher Vertreter** oder als **Bevollmächtigter** unterzeichnet. Dabei bedarf die Erteilung der Vollmacht nach § 167 Abs. 2 BGB nicht der Form, welche für das Rechtsgeschäft bestimmt ist, auf die sich die Vollmacht bezieht. Für eine **unwiderruflich** erteilte Vollmacht gilt dies nicht (vgl. bereits oben Rz 101), selbst wenn die von dem Bevollmächtigten ausgesprochene Kündigung oder der von ihm geschlossene Auflösungsvertrag oder (Fassung bis 31. Dezember 2000) die von ihm getroffene Befristungsabrede ihrerseits die Form wahren sollten. Denn im Mittelpunkt des Formzwecks des § 623 BGB steht die Warnung der Arbeitsvertragspartei vor der Vornahme eines auf die Beendigung des Arbeitsverhältnisses gerichteten Rechtsgeschäfts. Dieser Zweck würde sich nicht verwirklichen, wenn die sich aus einer unwiderruflichen Vollmacht bereits ergebende Bindung allein durch mündliche Erklärung herbeigeführt werden könnte.

105 Die Frage, **wie** ein Vertreter (bei Aktiv- oder Passivvertretung) zu **unterschreiben** hat (mit eigenem Namen unter Hinweis auf das Vertretungsverhältnis oder mit dem Namen des Vertretenen) gehört nicht nur in das Rechtsgebiet von Vertretung und Vollmacht. Ist Schriftform einzuhalten, muss vielmehr die **Urkunde entsprechend** unterschrieben sein. Unterschreibt der Vertreter mit **seinem** Namen, muss das Vertretungsverhältnis in der Urkunde zum Ausdruck kommen (*BGH* 16.7.2003 NJW 2003, 3053 f.; *BAG* 21.4.2005 EzA § 623 BGB 2002 Nr. 4 [Angabe aller Gesellschafter einer GbR in Kopfzeile sowie maschinenschriftlich in der Unterschriftszeile für sich unzureichend]) oder sich aus den gem. § 133 BGB zu berücksichtigenden Umständen ergeben (*Ackermann* NZM 2005, 491). Der Vertreter darf aber auch mit dem **Namen des Vertretenen** unterschreiben (*BGH* 3.3.1966 BGHZ 45, 193, 195 f.). Die Unterzeichnung mit »i.A.« genügt, wenn Bevollmächtigung vorliegt (anders als etwa nach Prozessrecht im Anwaltsprozess muss der Vertreter ja nicht ein qualifizierendes Merkmal wie »Rechtsanwalt« erfüllen) und ersichtlich **vertreten** (und nicht als **Bote** gehandelt; zur Abgrenzung *Klein* NZA 2004, 1198, 1199 f.) werden sollte.

106 Bei **Gesamtvertretern** (zB bei **Gesamtprokura**) nach § 48 Abs. 2 HGB) genügt zur Formwahrung eine **einzige** Unterschriftsleistung, wenn der Unterzeichnende erkennbar auch vom anderen bevollmächtigt ist **und diesen vertritt** (vgl. *RG* 5.2.1923 RGZ 106, 268 ff.), bspw. durch die Formulierung »kündigen wir«. **Landesrechtliche** Vertretungsregelungen (etwa in Gemeindeordnungen) enthalten wegen § 55 EGBGB selbst dann keine (zusätzlichen) Formvorschriften, wenn sie Gesamtvertretung oder/und Schriftlichkeit von Erklärungen fordern (*BGH* 10.5.2001 EBE/BGH 2001, 195 ff.).

5. Notarielle Beglaubigung; Handzeichen; Schreibunfähige

107 Die Unterzeichnung mit einem **Handzeichen** (Kreuzen, Strichen, Initialen) bedarf nach § 126 Abs. 1 BGB der notariellen Beglaubigung. Diese richtet sich nach den Vorschriften in §§ 39 ff. des Beurkundungsgesetzes; bei Schreibunfähigen ist § 25 BeurkG zu beachten. Eine derartige Beglaubigung ist auch dann wirksam, wenn der Aussteller schreiben und lesen kann (*Palandt/Heinrichs* § 126 Rz 10). Des Notars bedarf es nicht, wenn eine andere Person gem. § 167 Abs. 2 BGB **formfrei** zur Abgabe der Erklärung bevollmächtigt wird (Vorschlag von KDZ-*Däubler* Rz 27). Ist eine Verständigung nur durch Gebärden- oder Bewegungszeichen möglich, bleibt nur die notarielle Beurkundung nach § 126 Abs. 4 BGB (bzw. bei einem gerichtlichen Vergleich nach § 127a BGB), wobei die Regeln über die Beteiligung behinderter Personen nach §§ 22 ff. BeurkG zu beachten sind.

6. Vertrag

108 Um die Unterzeichnung der Parteien auf »**derselben**« Urkunde bei einem **Vertrag** nach § 126 Abs. 2 S. 1 BGB handelt es sich auch dann, wenn die Urkunde aus mehreren Blättern besteht und deren Zusammengehörigkeit erkennbar gemacht wird (Einzelheiten oben Rz 99). Ein Briefwechsel oder ein sonstiger Austausch einseitiger Erklärungen ist für die **gesetzliche** Schriftform bei einem Vertrag nach § 126 Abs. 2 S. 1 BGB – anders als für die gewillkürte Schriftform nach § 127 Abs. 2 S. 1 BGB – nicht nachgelassen und im Umkehrschluss hierzu auch nicht zulässig (Rechtsprechungsnachweise bei *Palandt/Heinrichs* § 126 Rz 12). Lediglich bei der Aufnahme mehrerer gleichlautender Urkunden reicht es nach § 126 Abs. 2 S. 2 BGB für die Wahrung des gesetzlichen Schriftformzwangs bei einem Vertrag aus, wenn jede Partei die für die andere Partei bestimmte Urkunde unterzeichnet.

Schriftform der Kündigung § 623 BGB

Sowohl bei der Unterzeichnung auf derselben Urkunde als auch bei Unterzeichnung der für die ande- 109
re Partei bestimmten Urkunde muss die Unterschrift den Urkundentext räumlich (nach unten) abschließen (s.o. Rz 101). Daraus ergibt sich, dass der **gesamte** Vertragsinhalt durch die Unterschrift **beider** Parteien gedeckt sein muss (*Palandt/Heinrichs* § 126 Rz 12). Die Unterzeichnung des Angebots durch die eine Partei und der Annahme durch die andere **genügt nicht** (*BGH* 18.10.1993 NJW-RR 1994, 280). Dies gilt selbst dann, wenn sich beide Erklärungen auf einem Schriftstück befinden (*RG* 19.6.1922 RGZ 105, 60, 62; **anders** jetzt – auch wenn mangels Streiterheblichkeit nicht abschließend geklärt – *BGH* 16.2.2000 NJW-RR 2000, 1108, sowie **unter Aufgabe** der Rspr. des *RG* und **für § 566 BGB aF** *BGH* 14.7.2004 NJW 2004, 2962, 2963 f.), dem sich das BAG angeschlossen hat: 26.7.2006 – 7 AZR 514/05 – Pressemitteilung Nr. 53/06). Die die Willenseinigung der Beteiligten ergebenden rechtsgeschäftlichen Erklärungen müssen maW in ihrer **Gesamtheit** durch die Unterschriften gedeckt werden (*RG* 19.6.1922 aaO). Es darf also nicht etwa eine Partei lediglich den Urkundenteil, der nur ihre einseitige Erklärung enthält, und nur die andere Seite den gesamten Vertragsinhalt unterzeichnen (*RG* 19.6.1922 aaO). S. auch Rz 241!

Bei **gemischten** oder **zusammengesetzten Verträgen** erstreckt sich der Formzwang auf den **gesamten** 110
Vertrag, sofern dieser rechtlich eine Einheit bildet (*BGH* 6.12.1979 BGHZ 76, 43, 48). Dies ist der Fall, wenn die Vereinbarungen nach dem Willen der Parteien nicht für sich allein gelten, sondern miteinander »stehen und fallen« sollen (*BGH* 24.9.1987 BGHZ 101, 393, 396; *Palandt/Heinrichs* § 311b Rz 32 mwN).

7. Notarielle Beurkundung

Soweit die schriftliche Form – bei welchem Rechtsgeschäft auch immer – nach § 126 Abs. 4 BGB zuläs- 111
sigerweise durch die **notarielle Beurkundung** ersetzt werden soll, richtet sich dies nach den Vorschriften in §§ 6 ff. des Beurkundungsgesetzes. Eine notarielle Beurkundung kann sich anbieten, wenn Blinde oder Leseunkundige beteiligt sind und von vornherein die Erregung eines Erklärungsirrtums vermieden werden soll.

8. Gerichtlicher Vergleich

Die schriftliche Form, und zwar auch die gesetzliche nach § 126 BGB, wird **nach Maßgabe des § 127a** 112
BGB auch durch einen **gerichtlichen Vergleich** ersetzt. Zwar ersetzt nach § 127a BGB der gerichtliche Vergleich lediglich die notarielle Beurkundung. Diese wiederum jedoch ersetzt nach § 126 Abs. 4 BGB die schriftliche Form, weswegen der Vergleich genügt.

Gemeint sind Vergleiche, die zwischen den Parteien oder zwischen einer Partei und einem Dritten zur 113
Beilegung des Rechtsstreits seinem ganzen Umfang nach oder in betreff eines Teils des Streitgegenstands vor einem deutschen Gericht abgeschlossen, sowie Vergleiche, die gem. § 118 Abs. 1 S. 3 ZPO oder § 492 Abs. 3 ZPO zu richterlichem Protokoll genommen sind (vgl. § 794 Abs. 1 Nr. 1 ZPO). Über diese Voraussetzungen hinaus muss der Vergleich sowohl aus Gründen des **materiellen Rechts** wie aus Gründen des **Prozessrechts** wirksam sein. Insbes. auf die Verfahrensart kommt es nicht an. Nur muss diese überhaupt den Abschluss eines Vergleichs gestatten. Einzuhalten sind die Vorschriften der ZPO über die **Protokollierung** nach §§ 160 ff. (*Palandt/Heinrichs* § 127a Rz 3). Das Gericht muss **nicht zuständig** sein. Es genügt, wenn es in irgendeiner Weise mit dem Gegenstand des Vergleichs **befasst** ist (*Thomas/Putzo* § 794 Rz 7). Es muss **nicht** notwendig **vorschriftsmäßig besetzt** sein (*BGH* 28.6.1961 BGHZ 35, 309). Materiell-rechtlich muss es sich auch wirklich um einen **Vergleich** handeln, dh um einen Vertrag, durch den Streit oder die Ungewissheit der Parteien über ein Rechtsverhältnis im Wege gegenseitigen Nachgebens beseitigt wird (§ 779 Abs. 1 BGB; *Palandt/Heinrichs* § 127a Rz 3).

Die Vorschriften über den **Anwaltsprozess** nach § 78 ZPO sind zu beachten (*BGH* 20.2.1991 NJW 1991, 114
1743), die jedoch für einen beitretenden Dritten nicht gelten (*BGH* 16.12.1982 BGHZ 86, 160 ff.). Nach § 78 Abs. 3 ZPO sind allerdings die Vorschriften über den Anwaltsprozess u.a. nicht auf das Verfahren vor einem beauftragten oder ersuchten Richter anzuwenden. Dies gilt auch dann, wenn das Gericht nach § 278 Abs. 5 S. 1 ZPO die Parteien für die Güteverhandlung (= Güteversuch nach § 279 Abs. 1 S. 2 ZPO aF) vor einen beauftragten oder ersuchten Richter verweist. In einer derartigen Situation wird die Partei für den entsprechenden Verfahrensabschnitt selbst postulationsfähig und kann selbst wirksam einen Prozessvergleich schließen (zur Anwendbarkeit der Regelung vor den Landesarbeitsgerichten, bei denen nach Maßgabe des § 11 Abs. 2 ArbGG u.a. die Pflicht der Parteien besteht, sich durch Rechtsanwälte als Prozessbevollmächtigte vertreten zu lassen: *Spilger* AR-Blattei 160.10.2 Arbeitsgerichtsbar-

keit X B, Berufung Rz 69). Selbst postulationsfähig sind auch die Beteiligten im Zweiten Rechtszug des arbeitsgerichtlichen Beschlussverfahrens, soweit es nicht um die Unterzeichnung der Beschwerdeschrift geht (vgl. § 89 Abs. 1 ArbGG). Denn § 87 Abs. 2 S. 2 ArbGG verweist nur auf § 11 Abs. 1 ArbGG, nicht den Vertretungszwang vor den Landesarbeitsgerichten nach § 11 Abs. 2 ArbGG. Entsprechendes gilt wegen §§ 94 Abs. 1, 92 Abs. 2 S. 2 ArbGG auch für den Dritten Rechtszug.

9. Zustimmung/Minderjährige

115 Soweit ein Auflösungsvertrag – aus welchem Rechtsgrund auch immer – einer Zustimmung bedarf, so bedarf diese ihrerseits aufgrund der Regelung in § 182 Abs. 2 BGB **nicht** der Schriftform. Anders ist dies aber nach Maßgabe des § 111 S. 2 BGB wegen § 182 Abs. 3 BGB bei der Kündigung oder bei der Kündigung durch einen Minderjährigen (so nicht die Voraussetzungen des § 113 Abs. 1 S. 1 BGB vorliegen).

IV. Zugang der formgerecht errichteten Willenserklärung

1. Allgemeines

116 Empfangsbedürftige Willenserklärungen, die einem Schriftformerfordernis unterliegen, werden nur wirksam, wenn die formgerecht errichtete Erklärung gegenüber dem **anwesenden** Erklärungsempfänger abgegeben wird oder dem **abwesenden** Empfänger nach Maßgabe des § 130 BGB (oder durch Zustellung gem. § 132 BGB, was bei Massenkündigung vorkommt; dann wird begl. Abschrift zugestellt, § 169 Abs. 2 S. 1 ZPO) **zugeht**. Auf die bloße Wahrnehmung durch den Empfänger kommt es bei einer schriftformgerecht errichteten und somit verkörperten Erklärung nicht an (vgl. *Palandt/Heinrichs* § 130 Rz 13 und 14 mN; *LAG Hamm* 4.12.2003 LAGE § 623 BGB 2002 Nr. 3). Demgegenüber ist nach Auffassung des *BAG* (4.11.2004 AP Nr. 3 zu § 623 BGB) für den Zugang einer schriftliche Kündigungserklärung **unter Anwesenden** nicht darauf abzustellen, ob der Empfänger die Verfügungsgewalt über das Schriftstück **dauerhaft** erlangt hat; es genügt die Aushändigung und Übergabe, so dass der Empfänger in der Lage ist, vom Inhalt der Erklärung Kenntnis zu nehmen (ebenso *LAG Bln.* 7.1.2005 LAGE § 14 TzBfG Nr. 19 für Verbleib Befristungsabrede).

117 Der Zugangszeitpunkt ist auch der Zeitpunkt, zu welchem dem Formzwang spätestens genügt sein muss.

118 Unzureichend für die Wahrung des **gesetzlichen materiellrechtlichen** (anders weitgehend im Prozessrecht) Schriftformzwangs ist es nach derzeitiger Rechtslage, wenn dem Empfänger der Willenserklärung nicht die verkörperte Erklärung in ihrer Urschrift zugeht, sondern nur ihr Inhalt, und sei es in einer durch eine aufnehmende Person oder ein aufnehmendes technisches Gerät verkörperten Form. Dies ist daraus zu entnehmen, dass § 127 Abs. 2 S. 1 BGB nF lediglich für die **gewillkürte** Schriftform die **telekommunikative** (früher telegraphische – § 127 S. 2 BGB aF) Übermittlung zur Wahrung der Form genügen lässt und es demgemäß lediglich bei dieser Übermittlungsart und lediglich bezogen auf die gewillkürte Schriftform ausreichen lässt, dass etwa nur die Aufgabeerklärung eigenhändig unterzeichnet ist oder selbst hierauf (Erklärung aus dem Computer etwa) verzichtet wird. Ob durch die Übertragung die »**elektronische Form**« des § 126a BGB nF gewahrt wird, ändert nichts, da diese Form durch § 623 Hs. 2 **ausgeschlossen** ist. Die Grundsätze einer **Zugangsfiktion** (etwa bei Vereitelung des Zugangs durch den vorgesehenen Empfänger) bleiben **unberührt**, wenn nur die Erklärung, deren Zugang fingiert wird, formwahrend errichtet ist. **Unberührt** bleibt auch die Möglichkeit eines ausdrücklichen oder konkludenten **Verzichts auf den Zugang der Annahmeerklärung** (bei Auflösungsvertrag oder Befristungsabrede) **gem. § 151 S. 1 BGB** (vgl. *BGH* 27.4.2004 ZIP 2004, 1303).

2. Telegramm

119 Ein **Telegramm** genügt zur Wahrung der durch **Gesetz** vorgeschriebenen schriftlichen Form nicht (oben Rz 118).

3. Fotokopie

120 Eine **Fotokopie** als bloßes Abbild der formgerecht errichteten Willenserklärung wahrt die durch **Gesetz** vorgeschriebene schriftliche Form ebenfalls nicht (oben Rz 118). Soweit ein Telefax eine abgemachte (**gewillkürte**) Schriftform wahrt, genügt allerdings nicht der Zugang einer (weiteren) Kopie, die lediglich von der von dem Empfangsgerät ausgedruckten Fernkopie gezogen wurde (*Sächs. LAG* 23.10.1996 – 2 Sa 769/96).

Schriftform der Kündigung § 623 BGB

4. Telefax (Fernkopie)

Unzureichend zur Wahrung der **gesetzlichen** Schriftform ist auch ein **Telefax** (Fernkopie, *BGH* 28.1.1993 BGHZ 121, 224; nachgelassen nur im Prozessrecht, zB §§ 174 Abs. 4 S. 2, 130 Nr. 6 ZPO; ebenso *LAG RhPf* 21.1.2004 LAGRep. 2005, 43). Der Zugang einer Fernkopie soll selbst dann nicht genügen, wenn ihr eine formgültige Erklärung nachfolgt und auch nicht zur Fristwahrung (so *Palandt/Heinrichs* § 126 Rz 11; **aA** *Schürmann* NJW 1992, 3005). Ausreichend aber, wenn das Eingangsfax nach Ausdruck vor Zugang von einem Vertretungsberechtigten unterschrieben wurde. Ist bei einem Vertrag – und wenn auch erst nach Gegenzeichnung – von beiden Parteien auf derselben Urkunde gezeichnet, schadet es nicht, wenn dem Erstzeichner vom Zweitzeichner ein Telefax der Urkunde übermittelt wird (**aA** *LAG Düssel.* 29.11.2005 LAGE § 623 BGB 2002 Nr. 4). Denn der Vertrag ist mit Unterzeichnung zustandegekommen (ebenso *BAG* 26.7.2006 – 7 AZR 514/05 – Pressemitteilung Nr. 53/06). **121**

5. Computerfax

Ein **Computerfax** stellt nach derzeitig geltender Rechtslage mangels Schriftlichkeit bereits keine Urkunde dar. Auch ist es nicht unterzeichnet. Selbst wenn man von dem Erfordernis der Schriftlichkeit oder der Unterzeichnung oder von beidem absehen würde, geht dem Empfänger – wie bei einem Telefax (Fernkopie) – nicht die formgerecht errichtete Willenserklärung selbst zu, weswegen jedenfalls (**materiellrechtlicher**, arg. e contrario § 174 Abs. 4 S. 2 ZPO, §§ 130 Nr. 6, 130a ZPO) **gesetzlicher** Schriftformzwang nicht gewahrt ist. Anders, wenn Ausdruck erfolgt und vor Zugang von Vertretungsberechtigtem unterzeichnet wird. **122**

6. E-Mail/SMS/Intranet

Auch eine **E-Mail** oder eine im Wege des **SMS** übermittelte Erklärung (das Übertragungsnetz spielt keine Rolle: auch ein betriebliches Intranet genügt nicht, obzwar nicht »telekommunikativ«: es geht nur ein elektronisches Dokument zu) ist zur Wahrung einer durch **Gesetz** vorgeschriebenen schriftlichen Form nicht geeignet (HK-*Dorndorf* § 1 Rz 117a). Die Ausführungen zu dem Computerfax (oben Rz 122) gelten entsprechend. **123**

7. Schriftsatz

Die Schriftform kann, in Sonderheit bei der nach § 623 BGB formbedürftigen Kündigung, durch eine im **Schriftsatz** eines Rechtsanwalts enthaltene Erklärung gewahrt werden. Allerdings muss dafür auf dem zugestellten Exemplar der Beglaubigungsvermerk unterschrieben sein (*BGH* 4.7.1986 NJW-RR 1987, 395 f.). **Einzelheiten** Rz 142. **124**

8. Blinde; Leseunkundige; Sprachunkundige

Bei einem **Blinden** genügt der Zugang einer in **Brailleschrift** errichteten und unterzeichneten Urkunde, wenn er diese Schrift umzusetzen in der Lage ist. Ist dies nicht der Fall oder wird eine für ihn nicht lesbare, aber ansonsten formgerecht errichtete Erklärung übermittelt, geht diese ihm frühestens zu dem Zeitpunkt zu, zu dem er unter normalen Verhältnissen die Möglichkeit hat, von dem Inhalt der Erklärung durch ihr Vorlesen durch einen Dritten Kenntnis zu nehmen. Entsprechendes gilt für **Lese**unkundige. Für **Sprach**unkundige ist der Zeitpunkt entscheidend, zu dem ohne schuldhaftes Zögern eine Übersetzungsmöglichkeit bestanden hätte. **125**

9. Anerkennung neuer Übermittlungstechniken

Die weitgehende Anerkennung neuer Übermittlungstechniken zur Wahrung prozessualer Fristen im **Prozessrecht** durch die Rspr. (zunächst Fernschreiben, dann auch Telefax-Fernkopie und zuletzt die Übertragung einer Textdatei mit eingescannter Unterschrift auf ein Faxgerät des Gerichts – *Gem. Senat der Obersten Gerichtshöfe des Bundes* 5.4.2000 NJW 2000, 2340) hat sich bislang nicht auf gesetzliche Schriftformerfordernisse des **materiellen** Rechts (sondern nur auf **gewillkürte** Schriftformerfordernisse) übertragen lassen. Damit entsagt sich pünktlich zur Jahrtausendwende gerade das High-Tech-Land Deutschland durch § 623 BGB für weite Bereiche des Arbeitsrechts der Möglichkeit der Nutzung moderner Übertragungsmittel. **126**

Die Richtlinie 1999/93/EG des Europäischen Parlaments und des Rates vom 13. Dezember 1999 über gemeinschaftliche Rahmenbedingungen für elektronische Signaturen (ABlEG L 13 v. 19. Januar 2000, **127**

S. 12), die bis zum 19. Juli 2001 umzusetzen war, sowie die Richtlinie 2000/31/EG des Europäischen Parlaments und des Rates vom 8. Juni 2000 über bestimmte rechtliche Aspekte der Dienste der Informationsgesellschaft, insbes. des elektronischen Geschäftsverkehrs, im Binnenmarkt (»Richtlinie über den elektronischen Geschäftsverkehr«, ABlEG L 178 v. 17. Juni 2000, S. 1), die bis zum 17. Januar 2002 umzusetzen ist, haben Änderungen nicht für § 623 BGB, sondern lediglich für den nach § 14 Abs. 4 TzBfG ausgelagerten Schriftformzwang für die Befristung gebracht: Das Bundeskabinett hat am 6. August 2000 den Entwurf eines Gesetzes über Rahmenbedingungen für elektronische Signaturen sowie den Fahrplan für eine rasche Umsetzung der EG-Richtlinie über den elektronischen Geschäftsverkehr in Deutschland (sog. E-Commerce) verabschiedet. Das Gesetz regelt die erforderliche Sicherheitsstruktur für elektronische Signaturen mit Rechtswirkung, die »qualifizierten elektronischen Signaturen«. Gleichzeitig greift der Entwurf die Ergebnisse der Evaluierung des seit 1997 geltenden Signaturgesetzes auf. Die **Rechtswirkung** dieser **Signaturen** wird **nicht** vom Signaturgesetz geregelt, sondern ist Gegenstand eines **Gesetzentwurfs** zur **Anpassung der Formvorschriften des Privatrechts** und anderer Vorschriften an den **modernen Rechtsgeschäftsverkehr** (Gesetzentwurf der Bundesregierung vom 8. September 2000, BR-Drs. 535/00; zu ihm bereits oben Rz 15), der zeitnah zum Signaturgesetz in den Bundestag eingebracht wurde (Auszug aus Pressemitteilung des Bundesministeriums für Wirtschaft und Technologie vom 17. August 2000, NJW 2000, LIII; zur Betrachtung gesetzlicher Schriftformerfordernisse im Arbeitsrecht unter besonderer Berücksichtigung elektronischer Kommunikationsmittel s. *Köstner* BuW 2001, 126). Mittlerweile (am 22. Mai 2001) ist das »Gesetz über Rahmenbedingungen für elektronische Signaturen und zur Änderung weiterer Vorschriften« vom 16. Mai 2001 (Signaturgesetz – SigG) sowie, am 1. August 2001, das Gesetz zur Anpassung der Formvorschriften des Privatrechts und anderer Vorschriften an den modernen Rechtsgeschäftsverkehr vom 13. Juli 2001 (BGBl. I S. 876 bzw. 1542) in Kraft getreten. Die durch Letzteres eingeführte »telekommunikative« Übermittlung in § 127 Abs. 2 S. 1 BGB nF ist weder für § 623 BGB noch für § 14 Abs. 4 TzBfG nutzbar, da nur auf die durch **Rechtsgeschäft** bestimmte Form bezogen. Die durch § 126a Abs. 1 BGB nF gebrachte »elektronische Form« für den Fall einer Übertragung im Wege elektronischer Daten (durch das Erfordernis einer [qualifizierten] elektronischen Signatur nach dem SigG, § 126a Abs. 1 BGB nF, § 2 Nr. 3 SigG) ist für § 623 BGB (Hs. 2) von vornherein ausgeschlossen worden und gilt nur für § 14 Abs. 4 TzBfG, also – beginnend ab 1. August 2001 – lediglich für die Befristungsabrede.

V. Beweislast für Wahrung der Form

128 Ein Rechtsgeschäft, welches der durch Gesetz vorgeschriebenen Form ermangelt, ist nach § 125 S. 1 BGB **nichtig**. Anders als dieser Wortlaut nahe legt, ist der Formmangel nicht als rechtshindernde Einrede anzusehen. Vielmehr ist, wie sich aus der Entstehungsgeschichte des Gesetzes ergibt, die Formgültigkeit Bestandteil des **rechtsbegründenden** Tatbestands (vgl. *Kliemt* Formerfordernisse, S. 50 mN). Ist für ein Rechtsgeschäft eine gesetzliche Form vorgeschrieben, muss demgemäß diejenige Partei sämtliche Voraussetzungen der jeweiligen Formvorschrift beweisen, die für sich aus dem Rechtsgeschäft Folgen herleitet (*Kliemt* aaO mwN). Dies gilt auch für § 623 BGB (APS-*Preis* Rz 55; ErfK-*Müller-Glöge* Rz 28). *Kliemt* (aaO) weist zu Recht darauf hin, dass die daraus resultierende Beweislastverteilung auch sachlich gerechtfertigt ist. Denn der Beweis der Formwahrung lasse sich im allgemeinen verhältnismäßig einfach führen; überdies würde es dem Zweck der Formvorschriften widersprechen, ein Rechtsgeschäft bei einem »non liquet« bzgl. der Formwahrung als wirksam anzuerkennen (aaO mwN). Die Beweisregel des § 416 ZPO bezieht sich auch auf die **Begebung** einer schriftlichen Willenserklärung (*BGH* 18.12.2002 NJW-RR 2003, 384).

VI. Schriftliche Form der Kündigung

129 Für den **Umfang** der schriftlichen Form, für die **Wahrung** der Form, für den **Zugang** der formgerecht errichteten Willenserklärung sowie für die **Beweislast** gelten für die arbeitsrechtliche Kündigung die **Ausführungen zu C II bis V** (Rz 94–128); soweit diese nicht die bei einem **Vertrag** zu wahrende gesetzliche Schriftform betreffen. Nachstehend geht es nur noch um gewisse **Konkretisierungen**.

1. Erklärung

130 Dem Formzwang bei einer auf die Beendigung eines Arbeitsverhältnisses gerichteten Kündigung unterliegen sämtliche Elemente der die Kündigung begründenden Willenserklärung bzw. das gesamte einseitige Rechtsgeschäft »Kündigung«. Die Kündigungserklärung muss sich also grds. aus einer in Schriftform errichteten Urkunde ergeben, die von dem Aussteller eigenhändig durch Namensunter-

schrift oder durch notariell beglaubigtes Handzeichen unterzeichnet ist. Alternativ kommt notarielle Beurkundung oder **bei einem gerichtlichen Vergleich** die Aufnahme der Kündigungserklärung in ein nach den Vorschriften der Zivilprozessordnung errichtetes Protokoll in Betracht. In sämtlichen Fällen hat die so formgerecht errichtete Willenserklärung dem Empfänger zuzugehen.

2. **Erklärungsinhalt**

Die formgerecht errichtete und zugegangene Erklärung muss auf die Beendigung eines Arbeitsverhältnisses abzielen. Während mündliche Spontanäußerungen (wie:»Verschwinden Sie« oder »Putz die Platte«) nicht mehr ausreichen, genügt es auch nach Einführung des Formzwangs allerdings, wenn sich der Beendigungswille aus der Urkunde zweifelsfrei ergibt (vgl. *BAG* 11.6.1959 AP Nr. 1 zu § 130 BGB; 23.1.1958 AP Nr. 1 zu § 1 KSchG Nr. 50). Das Wort »Kündigung« muss nicht fallen. Allerdings kann es dem an einer formwirksamen Kündigung interessierten Erklärungsgegner uU Schwierigkeiten bereiten, den sich spontan oder erregt mündlich Äußernden auch zur Wahrung der Form zu bringen. 131

Mit anderen Worten besteht auch weiterhin die Möglichkeit, »konkludent« bzw. »schlüssig« zu kündigen, wenn nur der entsprechende Wille **formgerecht verkörpert** ist (ähnlich APS-*Preis* Rz 33, hier auch zu prozessualem Vorbringen, aus dem die andere Partei unmissverstänlich auf Kündigungswillen schließen kann). Die Übersendung der Arbeitspapiere mit unterzeichnetem Anschreiben (»hier haben Sie Ihre Papiere aufgrund Ihres Verhaltens am . . . «) vermag also auch nach Erfüllung des Formzwangs durchaus eine formgerechte Kündigung darzustellen. Der Angabe des **Kündigungsgrundes** bedarf es nicht (näher unter Rz 139 f.). 132

3. **Einverständnis**

Das bloße **Einverständnis** des Kündigungsempfängers mit einer nicht formgerecht errichteten Kündigung bzw. sein »**Verzicht**« auf den Zugang der formgerecht errichteten Kündigung ersetzt die schriftliche Form nicht. Selbst ein schriftlich erklärtes Einverständnis ersetzt den Mangel der Form nicht. Selbst eine **Umdeutung** der an sich korrespondierenden Willenserklärungen in ein zweiseitiges Rechtsgeschäft dahingehend, das Arbeitsverhältnis zu dem mit der formunwirksamen Kündigung angesonnenen Zeitpunkt aufzuheben, scheidet seit Einführung des Formzwangs aus. Denn möglich wäre dies nur durch einen ebenfalls dem Formzwang des § 623 BGB unterliegenden Auflösungsvertrag. Ein solcher wäre jedoch wegen des Fehlens der Unterzeichnung **einer** Partei (§ 126 Abs. 2 BGB) seinerseits **ebenfalls form**unwirksam. Ob es sich bei dem schriftlichen Einverständnis des Empfängers der formunwirksamen Kündigung um eine – formgerechte – **Eigenkündigung** handelt, ist Auslegungs- bzw. Tatfrage und jedenfalls ohne das Hinzutreten und die Erkennbarkeit weiterer Umstände nicht ohne weiteres anzunehmen. Der **Verzicht** auf anwendbaren allgemeinen oder besonderen Kündigungsschutz – etwa in einer Ausgleichsquittung – bedarf **keiner** gesetzlichen Form. 133

4. **Art der Kündigung**

Aus der Urkunde muss sich nicht ergeben, ob **ordentlich** oder **außerordentlich** gekündigt wird (vgl. APS-*Preis* Rz 30; *Erman/Belling* Rz 17). Gegenstand der Urkunde muss bei einer ordentlichen Kündigung insbes. **weder** die **Kündigungsfrist** noch der **Kündigungstermin** sein. Bei einer außerordentlichen Kündigung muss sich aus der Urkunde nicht ergeben, ob sie **fristlos** oder mit **Auslauffrist** ausgesprochen sein soll. In sämtlichen Fällen ist vielmehr durch Auslegung zu ermitteln, welche Rechtsfolge die für sich formgerecht errichtete und entsprechend zugegangene Kündigungserklärung haben soll. Der Formzwang betrifft die tatbestandliche Voraussetzung »Kündigung«, mit der ein Arbeitsverhältnis beendet wäre. **Diese** Wirkung hat jede der vorgenannten Kündigungsarten. Alles andere ist Auslegungsfrage. Ergeben sich aus der Urkunde keine entgegenstehenden Anhaltspunkte, ist **ordentlich** unter Einhaltung der maßgebenden Kündigungsfrist zum nächst zulässigen Kündigungstermin gekündigt. Ist »**außerordentlich**« ohne Zusatz gekündigt, so wird in der Regel eine **fristlose** Kündigung gemeint sein. Ist nach der Urkunde »**fristlos**« gekündigt, bedeutet dies eine **außerordentliche** Kündigung. Drückt sich der Kündigende **unklar** aus, geht dies **zu seinen Lasten** (vgl. *BAG* 11.6.1959 AP Nr. 1 zu § 130 BGB), was aber keinen Formmangel bedeutet (KDZ-*Däubler* Rz 14). Eine nicht als außerordentliche Kündigung erkennbare Kündigung wirkt **ordentlich**. Bei einer außerordentlichen Kündigung unter unklarer Angabe einer **Auslauffrist** muss sich der Erklärende uU so behandeln lassen, als habe er lediglich **ordentlich** gekündigt. Einer **Umdeutung** einer außerordentlichen in eine ordentliche Kündigung steht § 623 BGB **nicht** im Wege (aA *Staudinger/Oetker* Rz 74). **S. auch** Rz 64! 134

5. Änderungskündigung

135 Eine Änderungskündigung setzt sich zusammen aus einer Beendigungskündigung und einem Angebot, das Arbeitsverhältnis zu veränderten Bedingungen fortzusetzen. **Der auf die Beendigung** des **Arbeitsverhältnisses zielende Teil der Änderungskündigung**, die Beendigungskündigung, **unterliegt dem Formzwang nach § 623 BGB.** Denn zu dem Zeitpunkt des Ausspruchs der Änderungskündigung steht nicht fest, ob der Kündigungsempfänger das Änderungsangebot annehmen wird und das Arbeitsverhältnis deshalb nicht sein Ende findet, sondern zu veränderten Bedingungen fortbesteht. Gleiches gilt, wenn das Arbeitsverhältnis den Vorschriften des Ersten Abschnitts des Kündigungsschutzgesetzes unterfällt und, bei Arbeitgeberkündigung, der Arbeitnehmer nach Maßgabe des § 2 KSchG das Änderungsangebot unter dem Vorbehalt annehmen kann, dass die Änderung der Arbeitsbedingungen nicht sozial ungerechtfertigt ist. Auch hier ist zum Zeitpunkt der Kündigungserklärung offen, ob eine derartige Annahme unter Vorbehalt erfolgen wird.

136 **Nicht** dem Schriftformzwang unterfällt allerdings das **Änderungsangebot** selbst (wie hierzu *Caspers* RdA 2001, 30 f., 37 mit eingehender Begr.). Dieses kann im Zusammenhang mit der Kündigung mündlich erfolgen. Dies ergibt sich daraus, dass § 623 BGB nur die dort genannten Rechtsgeschäfte einem Formzwang unterwirft. Bei dem Änderungsangebot handelt es sich um einen Antrag iSd §§ 145 ff. BGB. Als solches stellt es zwar eine Willenserklärung dar, aber noch kein Rechtsgeschäft (weswegen der Formzwang auch nicht aus der sog. »Verbindungsrechtsprechung« des *BGH* – oben Rz 95 – folgt). Vielmehr ist das Angebot (der Antrag) erst darauf **gerichtet**, ein (zweiseitiges) Rechtsgeschäft, die Abrede über die Vertragsänderung als Änderungsvertrag, herbeizuführen. Abreden über Änderungen des Arbeitsvertrages jedoch unterfallen nach § 623 BGB ebenso wenig dem Formzwang wie der Neuabschluss eines Vertrags. Würde bspw. der Empfänger der Änderungskündigung das Änderungsangebot ablehnen oder, als Arbeitnehmer, bei Anwendbarkeit des § 2 KSchG, die Drei-Wochen-Frist des § 4 KSchG verstreichen lassen, würde das Arbeitsverhältnis also enden, wäre es den bisherigen Arbeitsvertragsparteien unbenommen, anschließend gleichwohl ein neues Arbeitsverhältnis zu den zuvor schon einmal angebotenen geänderten Bedingungen abzuschließen. Da dies wieder auf ein entsprechendes Angebot einer Vertragspartei zurückgehen müsste und der Neuabschluss keinem Formzwang unterliegt, ist nicht einsichtig, warum dies bei der Verbindung einer Beendigungskündigung mit einem Änderungsangebot anders sein sollte (ähnlich *Caspers* RdA 2001, 28, 30).

137 Die – **allerdings herrschende** – Gegenansicht (*BAG* 16.9.2004 EzA § 623 BGB 2002 Nr. 2; *LAG Köln* 26.9.2003 LAGE § 623 BGB 2002 Nr. 2a; KR-*Rost* § 2 KSchG Rz 28a; APS-*Preis* Rz 32; SPV-*Preis* Rz 153; BBDW-*Bader* Rz 9; ErfK-*Müller-Glöge* Rz 22; KDZ-*Däubler* Rz 11; *Gaul* DStR 2000, 691; *Müller-Glöge/von Senden* AuR 2000, 199, 202; *Preis/Gotthardt* NZA 2000, 398, 354; *Richardi/Annuß* NJW 2000, 1231, 1233; *Sander/Siebert* AuR 2000, 287, 291; *Hoß* ArbB 2003, 344,345; **aA** *Caspers* RdA 2001, 28, 30 f., 37 mit eingehender Begründung) stellt demgegenüber auf die »Verklammerung« von Kündigungserklärung sowie Änderungsangebot und/oder auf die Legaldefinition »Änderungskündigung« in § 2 S. 1 KSchG ab. Ersteres hilft jedoch nicht weiter, sondern es handelt sich letztlich um eine »petitio principii«. Das Änderungsangebot wird nicht allein dadurch seinerseits formbedürftig, dass es zeitgleich mit einer Kündigung abgegeben ist, die in nicht auszuschließender Weise ohnehin erklärt worden wäre. Insofern ist nicht einsichtig, wieso der Empfänger des Änderungsangebots durch **dessen** Schriftlichkeit vor **diesem gewarnt** werden sollte, obwohl es doch gerade auf die **Fortsetzung** des Arbeitsverhältnisses (wenn auch zu geänderten Bedingungen) abzielt. Das zweite Argument (aus § 2 S. 1 KSchG) ist schon deshalb nicht tragfähig, weil die Norm überhaupt nur im Geltungsbereich der Vorschriften des Ersten Abschnitts des Kündigungsschutzgesetzes anwendbar ist und dort auch lediglich die arbeitgeberseitige Kündigung betrifft, somit als Regelung eines kleinen Ausschnitts nicht analogiefähig zu sein scheint.

138 **Nicht formbedürftig** ist die **Annahme des Änderungsangebots** oder die Erklärung des **Vorbehalts nach § 2 KSchG** (APS-*Preis* Rz 32; ErfK-*Müller-Glöge* Rz 22, bzgl. der **Annahme** beide unter Beschränkung auf diejenige des Arbeitnehmers, obzwar eine Änderungskündigung auch von diesem herrühren und das Änderungsangebot vom **Arbeitgeber** formlos angenommen werden kann).

6. Kündigungsgrund

139 Der **Kündigungsgrund** ist nicht nach § 623 BGB der Schriftform unterworfen (allg. Ansicht, APS-*Preis* Rz 28; ErfK-*Müller-Glöge* Rz 22 mwN; KDZ-*Däubler* Rz 15). Die unterlassene Mitteilung kann allerdings Folgen für die Auslegung der Kündigungserklärung haben, wenn sich aus dieser nicht zweifelsfrei ergibt, ob ordentlich oder außerordentlich gekündigt sein soll.

Hätte der Gesetzgeber auch die Angabe des Kündigungsgrundes dem Formzwang unterwerfen wollen, hätte er dies, etwa wie in § 22 Abs. 3 BBiG, anordnen müssen. Dass dies nicht geschehen ist, zeigt, dass die Angabe des Kündigungsgrundes einem Schriftformzwang nur dann unterfällt, wenn dies – jenseits der Regelung in § 623 BGB – gesondert angeordnet ist. Für dieses Ergebnis streitet auch die unverändert gebliebene Regelung in § 626 Abs. 2 S. 2 BGB, wonach der Kündigende bei einer Kündigung aus wichtigem Grund dem anderen Teil den Kündigungsgrund nur auf dessen Verlangen schriftlich mitteilen muss. Das »unverzüglich« bezieht sich auf die bereits erfolgte Kündigung. Daraus ergibt sich, dass die Mitteilungspflicht nach § 626 Abs. 2 S. 2 BGB nicht Wirksamkeitsvoraussetzung der Kündigung ist. Sonst hätte in die Richtung formuliert werden müssen, dass eine ohne unverzügliche schriftliche Mitteilung des Kündigungsgrundes erklärte Kündigung unwirksam ist. Weder derartiges noch eine dem § 626 Abs. 2 S. 2 BGB entsprechende Regelung enthält § 623 BGB. Auch dies lässt nur den Schluss zu, dass es zur Wahrung der Schriftform der Angabe des Kündigungsgrundes nicht bedarf (weiter arg. § 569 Abs. 4 BGB, § 9 Abs. 3 S. 2 MuSchG: APS-*Preis* Rz 28). 140

7. Nochmals: Telefax

Nach Inkrafttreten des § 623 BGB haben *Kiel/Koch* (Betriebsbedingte Kündigung, Vorbem. Rz 5) geäußert, die Übermittlung des Kündigungsschreibens durch Telefax wahre das Schriftformerfordernis, sofern das »Original« des gesendeten Schriftstücks vom Erklärenden unterzeichnet sei. Hierzu beziehen sie sich auf die Bundestags-Drucksache 14/2490, Bericht A III, dritter Absatz. Diese Auffassung trifft jedoch nicht zu. Bereits der **Deutsche Anwaltverein** hat in seiner Stellungnahme (Rz 10) darauf hingewiesen, dass ohne die Einfügung eines Satzes, wonach die Schriftform auch bei Übermittlung durch Telefax gewahrt ist, die (gesetzliche) Schriftform nicht gewahrt sei. Er hat sich dabei auf die auch im Übrigen allgemein vertretene Ansicht von *Müller-Glöge* [ErfK [4. Aufl.] § 620 BGB Rz 238 mwN] bezogen. Aus Seite 11 (der Beschlussempfehlung und des Berichts) der Drucksache ergibt sich nur, dass die Mitglieder der **Fraktion der CDU/CSU** das Anliegen des Deutschen Anwaltvereins geteilt haben, in das Schriftformerfordernis bei Kündigungen auch das Telefax einzubeziehen. Eine gesetzgeberische Klarstellung könne hier nicht schaden, müsse sich aber auf alle Rechtsbereiche erstrecken und sollte daher aus systematischen Gründen nicht im laufenden Verfahren erfolgen. Hierzu ist zu bemerken, dass eine bloße »Klarstellung« nicht ausgereicht hätte. Vielmehr hätte, dem Vorschlag des Deutschen Anwaltvereins entsprechend, zur Wahrung der gesetzlichen Schriftform ausdrücklich die Übermittlung durch Telefax (bzw. eine Fernkopie) nachgelassen werden müssen. Dies ist aber weder ausdrücklich noch wenigstens »klarstellend« geschehen. Damit hat der Gesetzgeber in Kenntnis des Problems einem berechtigten durch den Deutschen Anwaltverein postulierten Anliegen der Praxis gerade **nicht** Rechnung getragen. Auch die nunmehr (ab 1. August 2001) eingeführte »telekommunikative Übermittlung« genügt nach § 127 Abs. 2 S. 1 BGB nF lediglich der **durch Rechtsgeschäft** (und nicht wie hier: **gesetzlich**) bestimmten schriftlichen Form. 141

8. Nochmals: Schriftsatzkündigung

Besondere Bedeutung im arbeitsgerichtlichen Verfahren haben sog. **Schriftsatzkündigungen**, häufig sog. **Folge-** oder **Nachkündigungen**. Neben den bereits geschilderten Voraussetzungen, wie durch Schriftsatz schriftliche Form gewahrt wird (oben Rz 124) ist noch auf folgendes hinzuweisen: Mit Blick darauf, dass es zur Wahrung der schriftlichen Form auch des **Zugangs** der formgerecht errichteten Willenserklärung bedarf, genügt es nicht, wenn dem Kündigungsempfänger (oder seinem – empfangsbefugten! – **Prozessbevollmächtigten**, hierzu BAG 22.1.1988 NJW 1988, 2691; *Erman/Belling* Rz 16: empfangsbefugt der Prozessbevollmächtigte des Kündigungsempfängers, wenn sich die Kündigung »auf den Streitgegenstand des anhängigen Prozesses« beziehe, wie bei einer Verbindung einer Kündigungsschutzklage gem. § 4 KSchG mit einer allg. Feststellungsklage gem. § 256 ZPO der Fall sei; ebenso *LAG Nds.* 30.11.2001 LAGE § 623 BGB Nr. 2) lediglich eine nicht unterzeichnete und auch nicht wenigstens beglaubigte **Ausfertigung** des Schriftsatzes zugeht. Enthält der zugehende Schriftsatz eine Zeichnung, muss sie auch von dem Kündigungsberechtigten bzw. von der zum Ausspruch der Kündigung bevollmächtigten Person selbst herrühren. Unzureichend ist es deshalb bspw., wenn zwar die **Gerichtsschrift** von dem auch zum Ausspruch einer Kündigung bevollmächtigten Rechtsanwalt unterzeichnet ist, der Beglaubigungsvermerk jedoch von einer in concreto nicht bevollmächtigten Person (einem anderen Rechtsanwalt, für den Prozessvollmacht nicht erteilt ist, von Kanzleipersonal, durch Beglaubigungsvermerk des Gerichts; **Einzelheiten** BGH 4.7.1986 WM 1986, 1419; **präziser** *LAG Nds.* 30.11.2001 LAGE § 623 BGB Nr. 2) gezeichnet ist (vgl. APS-*Preis* Rz 33 sowie ErfK-*Müller-Glöge* Rz 22). Unzureichend ist auch der Zugang eines bei Gericht lediglich per **Fax** eingegangenen **Doppels**, auch 142 wenn dieses in der Urschrift unterzeichnet oder beglaubigt ist. Entsprechendes gilt erst recht vom Zugang einer bloßen **Fotokopie** der unterzeichneten Gerichtsschrift oder (der Kopie) eines, gleich ob mit Briefpost oder Fax, eingegangenen Doppels.

9. Kündigung zu gerichtlichem Protokoll

143 Die Regelung in § 127a BGB, wonach die notarielle Beurkundung und damit die Schriftform bei einem gerichtlichen **Vergleich** durch die Aufnahme der Erklärungen in ein nach den Vorschriften der Zivilprozessordnung errichtetes Protokoll ersetzt wird, darf nicht dazu verleiten, eine Kündigung zu **Gerichtsprotokoll** für wirksam zu erachten (vgl. *Küttner/Eisemann* 256 Rz 31). § 127a BGB redet ausdrücklich nur von dem gerichtlichen **Vergleich**, nicht von irgendwelchen **Protokollerklärungen**, selbst wenn das Protokoll zur Durchsicht vorgelesen und genehmigt oder die Erklärung auf Tonträger aufgezeichnet und die aufgenommene Erklärung vorgespielt und genehmigt und letzteres auch vermerkt wurde.

144 Bei einem Vergleich muss die Kündigungserklärung auch **Inhalt bzw. Gegenstand** des Vergleiches sein. Kommt es in einer Kündigungssache zu einem **Beendigungsvergleich**, ist jedenfalls für die Zwecke der Formwahrung die Erwähnung der Kündigung **entbehrlich**, wenn inhaltlich ein **Auflösungsvertrag** zu richterlichem Protokoll genommen wird. Denn dann ist durch die Aufnahme der auf Abschluss des derartigen Vertrages gerichteten Erklärungen über § 127a BGB dem Formzwang genügt. Gleiches gilt, wenn Gegenstand des Rechtsstreits eine formunwirksame Kündigung war und es zu einem Auflösungsvertrag im Rahmen eines Beendigungsvergleichs kommt. Wird hingegen nach formloser Kündigung lediglich ein **Abwicklungsvertrag** protokolliert, ist durch Auslegung zu ermitteln, ob dieser (wie im Zweifel: ja) auch das Arbeitsverhältnis zum Ende bringen soll und dem Schriftformzwang deshalb als **Auflösungsvertrag** genügt.

10. Zustimmungsbedürftige Kündigung

145 Bedarf eine Kündigung einer Zustimmung (zB nach § 85 SGB IX), so ersetzt diese auch dann, wenn sie selbst schriftlich zu erfolgen hat und auch erfolgt, die für die Kündigung ihrerseits einzuhaltende Form nicht (s.a. Rz 115).

VII. Schriftliche Form des Auflösungsvertrages

146 Auch für den Auflösungsvertrag gelten die **Ausführungen zu C II bis V** (Rz 94–128) zum **Umfang** der schriftlichen Form, zur **Wahrung** der Form, zum **Zugang** der (hier wenigstens zwei) formgerecht errichteten Willenserklärungen sowie zur **Beweislast** entsprechend, **soweit nicht allein auf einseitige Rechtsgeschäfte bezogen** (deshalb gilt in Sonderheit § 126 Abs. 2 S. 1 BGB).

1. Zustandekommen

147 Bei einem Auflösungsvertrag hat sich die Schriftform auf sämtliche Elemente zu beziehen, die einen Vertrag ausmachen, der zur Beendigung eines Arbeitsverhältnisses dadurch führt, dass es aufgehoben wird.

148 Möglich auch nach Einführung des Schriftformzwangs für Auflösungsverträge ist weiterhin das »konkludente« oder »schlüssige« Zustandekommen des Auflösungsvertrages, wenn die entsprechenden Erklärungen dem Schriftformerfordernis gehorchen. Für die Anstellung von **Geschäftsführern** oder **Vorständen** s. aber **Rz 239**.

2. Vertragsinhalt

149 Beurkundet sein muss die **Aufhebung** des Arbeitsvertrages, zu welchen Voraussetzungen (etwa Bedingungen) oder zu welchem Zeitpunkt auch immer. Da § 623 BGB keine ausdrücklichen Festlegungen über den notwendigen Urkundeninhalt trifft, ist zu dessen Bestimmung der Zweck der Vorschrift mit zu berücksichtigen. Danach hat sicher Inhalt das »**Ob**« der Auflösung zu sein. Dahinstehen kann, ob auch die **Parteien** (so aber APS-*Preis* Rz 39) des Auflösungsvertrages aufzuführen sind. Denn diese haben sich, bei formgerechter Errichtung, aus ihren **Namensunterschriften** zu ergeben, im Vertretungsfall durch Angabe oder wenigstens Kenntlichkeit des entsprechenden Vertretungsverhältnisses. **Unmaßgeblich** ist die Bezeichnung des Arbeitsverhältnisses (nach Gegenstand und Zeit seiner Errichtung etwa), um dessen Aufhebung es geht. Unmaßgeblich ist auch der **Zeitpunkt**, zu dem die Aufhe-

Schriftform der Kündigung § 623 BGB

bung erfolgen soll. Bleibt der Zeitpunkt **offen**, so wird im Zweifel die sofortige Beendigung gewollt sein (argument § 271 Abs. 1 BGB). Wegen des »Umschlagens« einer nicht auf eine **alsbaldige** Beendigung gerichteten Auflösung in eine (gleichermaßen sowohl nach § 623 BGB aF als nach § 14 Abs. 4 TzBfG neu formbedürftige) **Befristung** s. Rz 76.

Unerheblich ist, wie die Parteien den Vertrag (bspw. in einer Überschrift) **bezeichnen** oder welche Worte sie wählen, solange aus diesen auf den Willen zur Aufhebung des sie verbindenden Arbeitsverhältnisses geschlossen werden kann. Auch dürfen – wie sonst bei formbedürftigen Erklärungen – selbst Umstände außerhalb der Urkunde jedenfalls bei der Auslegung mitberücksichtigt werden (vgl. *BGH* 8.12.1982 BGHZ 86, 41, 46 f.). Selbst eine wissentliche Falschbezeichnung des Vertrages schadet nicht, soweit dies nicht zur Nichtigkeit des Auflösungsvertrages als Scheingeschäft (§ 117 BGB) führt. 150

Ist Inhalt einer Aufhebungsvereinbarung unter Beteiligung eines oder mehrerer Dritter die Neu- bzw. Anschlussbegründung eines Arbeitsverhältnisses mit einem anderen als mit dem bisherigen Vertragspartner und ist die Neu- bzw. Anschlussbegründung erkennbar Voraussetzung für die Auflösung des bisherigen Arbeitsverhältnisses, so ist dieser mehrseitige Vertrag **insgesamt** formbedürftig (APS-*Preis* Rz 40; *Preis/Gotthardt* NZA 2000, 348, 355). Bei Formverstoß kann dies dazu führen, dass der Arbeitnehmer in einem nicht wirksam beendeten und in einem – formfrei möglich – neuen weiteren Arbeitsverhältnis steht (*ArbG Bln.* 4.9.2002 LAGE § 611 BGB Aufhebungsvertrag Nr. 27). Überhaupt wird jede vertragsweise Abrede, die – wenn auch an Voraussetzungen oder Bedingungen anknüpfend – eine Beendigung des Arbeitsverhältnisses erstrebt, **insgesamt** formbedürftig sein. Damit ist die Problematik der seinerzeit nicht in § 623 BGB aufgenommenen auflösenden Bedingung jedenfalls **insoweit** ohne Substrat. **Formbedürftig** ist bspw. Die Umwandlung eines Arbeitsverhältnisses in einen **freien Dienstvertrag** (*LAG Bln.* 5.3.2003 ZTR 2003, 352 [L]), in einen **Umschulungsvertrag** (*LAG Düsseld.* 11.9.2003 LAGE § 623 BGB 2002 Nr. 2) sowie in jede Vertragsbeziehung, die **kein** Arbeitsverhältnis mehr (zwischen den **bisherigen** Parteien) darstellt. Die Abmachung mit einem Dritten, dass **kein** Arbeitsverhältnis zustande gekommen sei, ist **nicht** formbedürftig (vgl. *LAG Hamm* 22.5.2002 LAG Report 2002, 243 [für Abrede mit Betriebserwerber]; s. **auch Rz 239**). 151

Keinen Auflösungsvertrag allerdings stellt ein **mit seiner Eingehung** einer Befristung oder Bedingung unterworfener Vertrag dar. Insoweit ergibt sich allerdings der Formzwang für die Befristung aus § 623 BGB selbst bzw. seit 1. Januar 2001 aus § 14 Abs. 4 TzBfG, wohingegen die Verabredung einer auflösenden Bedingung (str., s. Rz 85 ff.) nach § 623 BGB aF formfrei möglich war. 152

Dem Formzwang unterliegt nach allgemeinen Grundsätzen (s.o. Rz 95) der **gesamte** Auflösungsvertrag. Zu beurkunden sind demgemäß alle **vertragswesentlichen Bestandteile** bzw. Nebenabreden, ohne die der Vertrag nicht geschlossen würde oder, anders gewendet, diejenigen, die Vertragsinhalt werden sollen (vgl. APS-*Preis* Rz 39; ErfK-*Müller-Glöge* Rz 23). Dazu gehört zB die Zahlung einer Abfindung, Regelungen über die Besitzstandswahrung trotz Ausscheidens (zB bzgl. einer Versorgungszusage) oder eine Ausgleichs(Verzichts-)Klausel (vgl. APS-*Preis* sowie ErfK-*Müller-Glöge*, jeweils aaO). Die Aufhebung oder Änderung **einzelner Arbeitsbedingungen** ist formfrei möglich (*Staudinger/Oetker* Rz 34). 153

3. Bezugnahmen

Aufgrund des Umfangs des Formzwangs (s.o. Rz 95) sowie des Erfordernisses der Urkundeneinheit (s.o. Rz 99, 108 ff.) ergibt sich für den Auflösungsvertrag – wie für jeden anderen Vertrag auch – als Folge, dass **Bezugnahmen** zwar (weiterhin) möglich sind, das in Bezug Genommene jedoch **seinerseits** dem Schriftformzwang unterliegt und ihm auch entsprechen muss. Werden also Regelungen, die wesentliche Bestandteile des Vertrages sein sollen, nicht in diesen selbst aufgenommen, sondern befinden sich diese in anderen Schriftstücken bzw. werden diese in andere Schriftstücke ausgelagert, beispielsweise als Anlage, so dass sich der gesamte Inhalt erst aus dem Zusammenspiel der Bestimmungen ergibt, müssen die Parteien zur Wahrung des Formzwangs die Zusammengehörigkeit dieser Schriftstücke in geeigneter Weise zweifelsfrei kenntlich machen. Dies kann durch eine körperliche Verbindung, aber auch durch Verweisung im Vertrag sowie Unterzeichnung der Parteien auf jedem Blatt der Anlage geschehen (vgl. APS-*Preis* Rz 37; *Preis/Gotthardt* NZA 2000, 348, 355 unter Angabe ergänzender Rspr. des *BGH* zum Problemkreis und Hinweis darauf, dass dort neuerdings eine bloße Paraphierung von Anlagen erwogen werde; jedenfalls ausreichend sein soll bei der Auslagerung von Essentialia in eine Anlage, wenn diese so genau bezeichnet werden, dass eine zweifelsfreie Zuordnung möglich ist [*BGH* 18.12.2002 NJW 2003, 1248]). 154

155 Werden in einem Auflösungsvertrag Regelungen eines **Tarifvertrages** oder einer **Betriebsvereinbarung** in Bezug genommen (etwa Bestimmungen eines Rationalisierungsschutzabkommens, eines Sozialtarifvertrages, eines Sozialplans), so stellen sich die vorbezeichneten Probleme nicht, **wenn** diese Regelungen ohnehin – normativ – gelten. Dies ist bei tariflicher Regelung der Fall bei beiderseitiger Tarifbindung oder Allgemeinverbindlichkeit (§ 4 Abs. 1 TVG, § 5 Abs. 4 TVG) oder nach § 1 Abs. 3a AEntG; Betriebsvereinbarungen entfalten ihre unmittelbare und zwingende Wirkung (§ 77 Abs. 4 S. 1 BetrVG), soweit das Arbeitsverhältnis ihrem Geltungsbereich unterfällt. **Anders** sieht es hingegen aus, wenn ein Tarifvertrag oder eine an sich nicht anwendbare Betriebsvereinbarung bislang lediglich arbeitsvertraglich durch bloße Verweisung in Bezug genommen ist oder gar erstmals mit dem Auflösungsvertrag in Bezug genommen wird. Hier reicht die Bezugnahme für sich, wie konkret auch immer, nicht aus, um dem Formzwang und -zweck zu entsprechen. Vielmehr muss im vorstehenden Sinne für die Wahrung der Urkundeneinheit Sorge getragen werden. Unzureichend ist in Sonderheit, dass Tarifverträge bzw. Betriebsvereinbarungen ihrerseits der Schriftform (§ 1 Abs. 2 TVG, § 77 Abs. 2 S. 2 Hs. 1 BetrVG) bedürfen. Denn dadurch wird nicht die **bezugnehmende Arbeitsvertragspartei** iSd § 623 BGB gewarnt (s. zum Problem APS-*Preis* Rz 1). Die für Tarifvertrag und Betriebsvereinbarung geltenden Schriftformerfordernisse richten sich schon nicht an den am Normenvertrag nicht beteiligten Arbeitnehmer. **Erst recht** ausgeschlossen ist, so es um die Formwahrung geht, die stillschweigende Bezugnahme auf einen Tarifvertrag (hierzu *BAG* 19.1.1999 AP Nr. 9 zu § 1 TVG Bezugnahme auf Tarifvertrag). **Umgekehrt** braucht es nicht einmal eines pauschalen Verweises oder einer pauschalen Inbezugnahme im Ergebnis also nur dann, wenn die Voraussetzungen und Folgen der Norm eines Tarifvertrages oder einer Betriebsvereinbarung bei oder mit Auflösung des Arbeitsvertrages kraft Rechtsnormwirkung ohnehin verwirklicht werden. Eine Verweisung oder eine Bezugnahme hätte hier nur deklaratorischen Charakter.

4. Gerichtlicher Vergleich

156 Die Beurkundung eines Auflösungsvertrages durch **gerichtlichen Vergleich** entbindet insbes. nicht von der Berücksichtigung des notwendigen **Umfangs** der Form. Auch hier ist **jeder** formbedürftige Vertragsinhalt mit zu beurkunden. Insbes. sind auch im Rahmen eines gerichtlichen Vergleiches **Bezugnahmen** nur unter den vorstehenden Voraussetzungen möglich. Soweit in Bezug genommene Regelungen nicht ohnehin gelten, müssen diese nach Maßgabe der §§ 160 ff. ZPO, § 54 Abs. 3 ArbGG mit protokolliert bzw. in die Niederschrift aufgenommen werden. Anderenfalls ist nicht nur die Wirksamkeit des Auflösungsvertrages in Gefahr, sondern die prozessbeendigende Wirkung des Vergleiches selbst. Hier bietet sich die Aufnahme einer »**salvatorischen**« Klausel des Inhalts an, dass sich keine Partei auf das Unterlassen der Aufnahme notwendiger Bestandteile in Bezug genommener Regelungen berufen werde. Der gleichwohl erhobenen Berufung kann dann mit § 242 BGB »gekontert« werden. Ein **gerichtlicher Vergleich** gem. § 278 Abs. 6 ZPO ersetzt nach § 127a BGB die notarielle Beurkundung (für **entspr.** Anwendung der Regelung *Dahlem/Wiesner* NZA 2004, 530, 532; *Kuckuk* ArbRB 2006, 61, 63 f.; mit **ausf.** Begr. *LAG BW* 10.11.2005 – 21 Sa 60/05 – juris – Rev. anhängig *BAG* – 6 AZR 394/06; **aA** *Zöller/Greger* § 278 Rz 25; *Knauer/Wolf* NJW 2004, 2857, 2858 f. [mangels entspr. Verfahrensgarantien]; *Nungeßer* NZA 2005, 1027, 1031) und damit gem. § 126 Abs. 4 BGB die schriftliche Form, mithin auch diejenige des § 623 BGB.

5. Außergerichtlicher Vergleich durch Parteien oder Rechtsanwälte

157 Die Beurkundung eines Auflösungsvertrages in außergerichtlichem Vergleich der Parteien richtet sich nach den zur Wahrung der Form bei einem Vertrag (s.o. Rz 108 ff.) geltenden Regeln. Danach wird der Vergleich, der selbst Vertrag ist (§ 779 Abs. 1 BGB), im Zweifel insgesamt formbedürftig. Die Unterzeichnung nur von Angebot oder Annahme durch eine Partei oder Briefwechsel reichen zur Wahrung der Form danach ebenso wenig wie ein sonstiger Austausch einseitiger Erklärungen wie im Falle des § 127 Abs. 2 S. 1 BGB (s.o. Rz 108 f.). insbes. kommt ein Vergleich demnach nicht durch Zusendung entsprechender Angebots- und Annahmeerklärungen mittels Telefax (Fernkopie; Computerfax; E-Mail/ SMS) zustande, wenn Ziel (auch) die Auflösung eines Arbeitsverhältnisses ist.

158 Für die Beurkundung eines Auflösungsvertrages in außergerichtlichem Vergleich durch Rechtsanwälte gilt nichts anderes. Insbesondere sind auch Vergleiche entsprechenden Inhalts durch Rechtsanwälte betroffen, die nach Maßgabe des § 796a ZPO für vollstreckbar erklärt werden können. Zwar galt hier ein »Schriftformerfordernis« schon bislang, weil derartige Vergleiche nach § 796a Abs. 1 ZPO **niedergelegt** werden können müssen (s. *Zöller/Geimer* § 796a Rz 13). **Tot** ist jedoch das weitgehend praktizier-

Schriftform der Kündigung § 623 BGB

te und für zulässig erachtete (*Zöller/Geimer* aaO, Rz 17) Zustandekommen im Wege des »Umlaufverfahrens«, soweit dieses § 126 Abs. 1 BGB nicht genügt (also zB bloße Unterzeichnung von Angebot oder Annahme und nicht des gesamten Urkundentextes, Zu- und Rückleitung eines – zur Niederlegung an sich geeigneten Telefax). Diese die außergerichtliche Streitbeilegung durch Rechtsanwälte geradezu behindernde Wirkung hat der Gesetzgeber nicht bedacht, und sie steht im Widerspruch zu dem reklamierten Gesetzeszweck, arbeitsgerichtliche Verfahren zu beschleunigen. Denn zu diesem Zweck dürfte auch die vor- oder außergerichtliche Streitbeilegung rechnen.

6. Sonstiges

Wie bei jedem sonstigen formbedürftigen Rechtsgeschäft auch ist die **Änderung** oder **Ergänzung** eines 159 Auflösungsvertrages ihrerseits **grds.** formbedürftig, seine **Aufhebung** hingegen nicht (s.o. Rz 96; KDZ-*Däubler* Rz 41). Für den **Rücktritt** sehen §§ 346 ff. BGB keine Form vor. Der – ohnehin nach 355 Abs. 1 S. 2 BGB lediglich der **Textform** unterliegende – Widerruf findet nicht statt (*BAG* 27.11.2003 – 2 AZR 177/03 – juris).

Der Form**umfang** bei einem Auflösungsvertrag lässt sich nicht dadurch wirksam reduzieren, dass äu- 160 ßerlich eine **nachträgliche Befristungsabrede** getroffen und die Schriftform auf diese beschränkt wird.

VIII.(Fassung bis 31. Dezember 2000) Schriftliche Form der Befristung

Eine Befristung kommt nicht einseitig zustande, sondern bedarf der Abrede der Parteien. Diese stellt 161 ein zweiseitiges Rechtsgeschäft dar. Für den **Umfang** des Formzwangs, die **Wahrung** der Form, den **Zugang** der (beidseitig) formgerecht errichteten Willenserklärungen sowie die **Beweislast** kann auf die **Ausführungen zu C II bis V** (Rz 94–128) verwiesen werden. Insbesondere ist § 126 Abs. 2 S. 1 BGB zu beachten. Die Ersetzung der schriftlichen Form durch die elektronische ist zwar seit 1. August 2001 aufgrund § 126a Abs. 1 BGB nachgelassen, für § 623 BGB ausgeschlossen und für die Befristungsabrede deshalb – ab 1. August 2001 – erst aufgrund des dort fehlenden Ausschlusses in § 14 Abs. 4 TzBfG zugelassen.

1. Zustandekommen (Fassung bis 31. Dezember 2000)

Dem Formzwang unterliegen sämtliche Elemente des zweiseitigen Rechtsgeschäfts, das eine Befris- 162 tung des Arbeitsverhältnisses der Parteien begründen soll. Da eine isolierte Befristungsabrede für sich einen eigenen Vertrag darstellen würde, kann hinsichtlich des Zustandekommens ergänzend auf die Ausführungen über das Zustandekommen eines Auflösungsvertrages (s.o. Rz 147 f.) verwiesen werden. Danach wird auch eine Befristung durch Erklärungen der Parteien zustande kommen können, die einen Befristungswillen hinreichend **deutlich** zum Ausdruck bringen bzw. einen dahingehenden **Geschäftssinn** haben, ohne dass das Wort »Befristung« fallen muss.

Unzureichend ist die bloße Aushändigung einer **Niederschrift** des Arbeitgebers **nach § 2 Nr. 3 Nach-** 163 **wG** über die vorhersehbare Dauer des Arbeitsverhältnisses oder die **Angabe des Befristungsgrundes** nach § 57b Abs. 5 HRG aF bzw. die Zitierung iSd § 57b Abs. 3 S. 1 HRG nF. Eine Angabe mag ausreichen, wenn alle geschäftswesentlichen Elemente auch der Befristung an sich Ausdruck finden und sie beidseitig unterzeichnet ist.

Unzureichend ist weiter die nicht schriftliche (**konkludente**) **Annahme** einer angesonnenen Befris- 164 tungsabrede, auch einer befristeten Verlängerung eines befristeten Arbeitsvertrages, etwa durch **Weiterarbeit** (vgl. APS-*Preis* Rz 44).

Ergibt sich die **Befristung** bei beiderseitiger Tarifgebundenheit oder Allgemeinverbindlichkeit **aus Ta-** 165 **rifvertrag** oder – in deren Geltungsbereich – **aus Betriebsvereinbarung** (so überhaupt zulässig), bedarf es hierfür nicht noch einer schriftlichen Individualabrede. Die Vorschriften gelten normativ und beruhen auf Rechtsquellen, die ihrerseits »zu ihrer Wirksamkeit« der Schriftform bedürfen (§ 1 Abs. 2 TVG, § 77 Abs. 2 S. 2 Hs. 1 BetrVG). Weitergehende Voraussetzungen für die Normgeltung hat § 623 BGB nicht eingeführt und lagen auch nicht in der Intention des Gesetzgebers. Jedenfalls trägt die **dafür** ohnehin vorgeschriebene Form dem Schutzzweck des § 623 BGB dann Rechnung, wenn durch Tarifvertrag oder Betriebsvereinbarung nicht lediglich ein **Rahmen** für Befristungsabreden aufgestellt ist. Wird den Arbeitsvertragsparteien hingegen ein **Spielraum** gelassen, ob oder wie sie befristen, bedarf die – nur ausfüllende – Individualvereinbarung der Schriftform. **Erst recht** gilt dies bei bloßer arbeitsvertraglicher Inbezugnahme von Tarifvertrag oder Betriebsvereinbarung.

Spilger

2. Inhalt der Befristungsabrede (Fassung bis 31. Dezember 2000)

a) Abrede bei im Übrigen mündlichem Arbeitsvertrag (Fassung bis 31. Dezember 2000)

166 Nach dem ausdrücklichen Gesetzeswortlaut (auch ab 1. Januar 2001 jetzt des § 14 Abs. 4 TzBfG) ist »**die**« Befristung formbedürftig. **Nicht** dem Formzwang unterworfen ist deshalb der Arbeitsvertrag **im Übrigen** (vgl. APS-*Preis* Rz 46 f.). Die Parteien können deshalb im Rahmen eines **mündlichen** Arbeitsvertrages anfänglich oder auch später eine Befristungsabrede formwirksam allein dadurch treffen, dass die Abrede im Rechtssinne schriftlich erfolgt.

b) Dauer der Befristung (Fassung bis 31. Dezember 2000)

167 Der Wortlaut »die« Befristung darf nicht dazu verleiten, auf die Angabe der **Dauer** zu verzichten. Fehlt eine derartige Angabe, würde der Arbeitsvertrag im Zweifel mit Eingehen der Befristungsabrede – also sofort – sein Ende finden. Das wäre die Situation des Auflösungsvertrages. Stünde eine derartige Befristungsabrede am Anfang des Eingehens eines Arbeitsvertrages, würde dieses uno actu sein Ende finden, was keinen Sinn macht. Deshalb bedarf **jedenfalls** die **anfängliche** Befristungsabrede der Angabe der Befristungsdauer. Bei einer nachträglichen Befristungsabrede hingegen ist es Auslegungsfrage, ob das Arbeitsverhältnis sein Ende sofort oder erst zu einem späteren Zeitpunkt finden soll (für grds. schriftliche Vereinbarung der Dauer APS-*Preis* Rz 48; *Preis/Gotthardt* NZA 2000, 348, 355), wobei bei **alsbald** gewollter Beendigung die Befristung in einem Auflösungsvertrag »umschlagen« dürfte (s. zum umgekehrten Fall oben Rz 76), was aber das Formerfordernis nicht berührt.

168 Die Dauer kann **benannt** (zB »ein Jahr«) werden oder sich aus einem eindeutig bestimmten oder bestimmbaren (zu bestimmenden) **Endtermin** ergeben (so auch § 57b Abs. 3 S. 1 HRG nF). Beides ist bei Zweckbefristung **entbehrlich**, wenn nicht vorhersehbar (APS-*Preis* Rz 49).

169 Von der **Angabe** der Befristungsdauer zu unterscheiden ist die beabsichtigte Befristungsdauer **an sich**. Der Form des § 623 BGB in seiner Fassung bis 31. Dezember 2000 unterliegen auch Befristungen mit einer längeren Zeitdauer als fünf Jahre, sei es, dass es sich um eine kalendermäßige Befristung, sei es, dass es sich um eine Zweckbefristung handelt. § 624 BGB (jetzt – seit 1. Januar 2001 – für Arbeitsverhältnisse die inhaltsgleiche Regelung in § 15 Abs. 4 TzBfG) steht dem nicht entgegen. § 623 BGB und § 624 BGB gelten nebeneinander. Konsequenz der Formunwirksamkeit nach § 623 BGB ist, dass die Befristung als solche unwirksam ist, während § 624 BGB das Sonderkündigungsrecht des Arbeitnehmers mit der Frist des § 624 S. 2 BGB zur Folge hat. § 624 BGB bewirkt zudem nicht, dass das befristete Arbeitsverhältnis nach Ablauf der vereinbarten Zeit ohne Kündigung als unbefristetes fortbesteht, sondern gewährt eben nur ein Sonderkündigungsrecht. Ohne Kündigung endet das Arbeitsverhältnis nach Ablauf der vereinbarten Zeit (Vorstehendes insgesamt *Preis/Gotthardt* NZA 2000, 348, 357).

c) Grund der Befristung (Fassung bis 31. Dezember 2000)

170 § 623 BGB (Fassung bis 31. Dezember 2000) verlangt nicht die Angabe des Befristungs**grundes** (APS-*Preis* Rz 50; ErfK-*Müller-Glöge* [4. Aufl.] Rz 28; *Lakies* BB 2000, 667; *Richardi/Annuß* NJW 2000, 1231, 1234; *Rolfs* NJW 2000, 1227, 1228). Dies ergibt sich wieder aus dem Wortlaut der Norm, die nur von »**die**« Befristung redet. Umstände, die dafür streiten würden, auch einen (oder den) Befristungsgrund dem Schriftformerfordernis zu unterwerfen, sind demgegenüber nicht ersichtlich (und übrigens im Gesetzgebungsverfahren nie benannt worden) und vom **Schutzzweck** der Norm auch nicht gefordert. Zum einen bedarf nicht jedwede Befristung überhaupt eines Grundes (zB – vor Inkrafttreten des TzBfG – bei Arbeitsverhältnissen in einem Betrieb, bei dem nach § 23 KSchG die Vorschriften des Ersten Abschnitts des Kündigungsschutzgesetzes schon keine Anwendung finden und Umgehungen des allgemeinen Kündigungsschutzes durch Befristungen nicht zu besorgen sind, oder bei einer intendierten Beschäftigungsdauer von weniger als sechs Monaten). In diesen Fällen könnte schon kein rechtlich relevanter Grund genannt werden. Im Übrigen **bedarf** es der Angabe des Grundes nicht. Soweit ein solcher Wirksamkeitsvoraussetzung der Befristung ist und fehlt (vor Inkrafttreten des TzBfG nach Rechtsprechungsgrundsätzen oder etwa nach § 21 BErzGG oder § 9 Nr. 2 AÜG aF, nur nicht wegen § 21 BBiG für das Berufsausbildungsverhältnis), ergibt sich die Unwirksamkeit der Befristung bereits aus **diesem** Umstand. **Besteht** hingegen ein Sachgrund, sichert seine Angabe in der Befristungsabrede bestenfalls seine Beweisbarkeit und schützt vor Auswechslung, falls man eine Bindung an den angegebenen Grund überhaupt bejaht (wie die überwiegende Meinung **nicht**, vgl. APS-*Preis* Rz 53 mwN; ErfK-*Müller-Glöge* [4. Aufl.] Rz 28). Dies ist zwar **auch** Schutzziel der Norm, hätte aber angesichts der bekannten

Schriftform der Kündigung § 623 BGB

(s. das noch im Gesetzesantrag Brandenburg – BR-Drs. 671/96 – in § 56 Abs. 4 vorgesehene Zitiergebot, das durch das Arbeitsgerichtsbeschleunigungsgesetz nicht aufgegriffen worden ist) Unterscheidung zwischen Befristungsabrede und -grund hinsichtlich des letzteren deutlich zum Ausdruck gebracht werden müssen.

Für das befristete Arbeitsverhältnis **zur Probe** ist keine Abweichung begründbar (ErfK-*Müller-Glöge* 171 [4. Aufl.] Rz 28). Soweit das *BAG* (31.8.1994 AP Nr. 163 zu § 620 BGB Befristeter Arbeitsvertrag) nur die zum Vertrags**inhalt** erhobene Erprobung als Befristungsgrund anerkennt, ergibt sich daraus nichts anderes (aA APS-*Preis* Rz 52; *Preis/Gotthardt* NZA 2000, 348, 360), weil § 623 BGB aus den vorstehenden Gründen die Angabe der Erprobung jedenfalls nicht zur Wahrung der Form fordert, auch wenn es sich um einen essentiellen Vertragsbestandteil handelt.

d) Zweck der Befristung (Fassung bis 31. Dezember 2000)

Bei einer **Zweckbefristung** ist bei nicht vorhersehbarer **Dauer** des Arbeitsverhältnisses **statt dieser** die 172 **Angabe des Zwecks** essentieller Bestandteil der Beurkundung (vgl. APS-*Preis* Rz 49; ErfK-*Müller-Glöge* [4. Aufl.] Rz 28; *BAG* 21.12.2005 EzA § 14 TzBfG Nr. 25).

e) Arbeit auf Abruf (Fassung bis 31. Dezember 2000)

Vereinbaren die Parteien **Arbeit auf Abruf** (vgl. jetzt § 12 TzBfG) bzw., in früherer Terminologie, eine 173 kapazitätsorientierte variable Arbeitszeit, handelt es sich **allein deshalb** (so nicht zusätzlich eine Befristungsabrede getroffen wird) **nicht** um ein befristetes Arbeitsverhältnis. Anderes gilt nur für Vereinbarungen, in deren Rahmen immer wieder **auf Abruf** befristete Einzelarbeitsverhältnisse geschlossen werden, sowie für die Einzelbefristungen selbst (vgl. APS-*Preis* Rz 54).

3. Bezugnahme auf Tarifvertrag oder Betriebsvereinbarung (Fassung bis 31. Dezember 2000)

Die bloße Bezugnahme auf einen **Tarifvertrag** (oder eine **Betriebsvereinbarung**) führt **für sich** nicht 174 zu einer wirksamen Befristung aufgrund der tarifvertraglichen Vorschriften (eingehend zur Befristung der Arbeitsverhältnisse der Bühnenkünstler *Germelmann* ZfA 2000, 149, 153 ff., 155) bzw. derjenigen der Betriebsvereinbarung. Entweder **gilt** die tarifliche Regelung kraft beiderseitiger Tarifbindung oder qua Allgemeinverbindlichkeit bzw. die Betriebsvereinbarung aufgrund ihres Geltungsumfangs; dann bedarf es schon keiner besonderen einzelvertraglichen Befristungsabrede oder Bezugnahme, um die Normwirkung (so sie nicht lediglich einen individualvertraglich auszufüllenden Spielraum für eine Befristung hergibt) herbeizuführen. Oder dies ist nicht der Fall; dann ist eine **wirksame** Bezugnahme zur Wahrung der Urkundeneinheit nach den Grundsätzen möglich und nötig, die vorstehend im Zusammenhang mit Auflösungsverträgen (s.o. Rz 154–156) aufgezeigt worden sind, worauf verwiesen werden kann.

Praktische Bedeutung erlangt die Bezugnahme dann, wenn sie eine tarifvertragliche **Altersgrenze** um- 175 fasst, die nach zutreffender Ansicht (APS-*Preis* Rz 49; *Preis/Gotthardt* NZA 2000, 348, 358) **entgegen** *BAG* 20.12.1984 (AP Nr. 9 zu § 620 BGB Bedingung: auflösende Bedingung) als eine **Befristung** des Arbeitsverhältnisses anzusehen ist (anders jetzt aber *BAG* 19.11.2003 EzA § 620 BGB 2002 Altersgrenze Nr. 4; 27.7.2005 EzA § 620 BGB 2002 Altersgrenze Nr. 6). Auch wenn der Wortlaut der Tarifregelung nicht wörtlich wiederholt werden muss (*Müller-Glöge/von Senden* AuA 2000, 199, 200) bedarf es jedoch wenigstens der anderweitigen zweifelsfreien Kenntlichmachung der Zusammengehörigkeit mit dem Arbeitsvertrag, am besten der körperlichen Verbindung (s. APS-*Preis* sowie *Preis/Gotthardt* Rz 49 bzw. 358 f.; s.a. Rz 35).

4. Sonstiges (Fassung bis 31. Dezember 2000)

Auch für die **Änderung** oder **Ergänzung** der Befristungsabrede gilt, dass beides **grds.** dem Form- 176 zwang unterliegt, die **Aufhebung** hingegen formlos möglich ist (**s.o. Rz 96**). **Nicht** formbedürftig ist die **Verlängerung** der einem **unbefristeten** Arbeitsverhältnis vorgeschalteten **Probezeit**, da weder die bisherige Probezeit ein befristetes Arbeitsverhältnis darstellt noch die Verlängerung auf die Erzielung eines befristeten Arbeitsverhältnisses gerichtet ist. **Keine** formbedürftige Änderung der Befristungsabrede ist es, wenn eine tarifvertragliche Vorschrift **bei beiderseitiger** Tarifgebundenheit eine **Verlängerung** der Befristung durch Nichtausspruch einer Nichtverlängerungsmitteilung vorsieht (s. bereits o. Rz 35 sowie APS-*Preis* Rz 44), etwa § 2 Tarifvertrag über die Mitteilungspflicht.

Spilger 1593

177 Der Form**umfang** bei einem Auflösungsvertrag lässt sich nicht wirksam dadurch reduzieren, dass äußerlich eine nachträgliche Befristung abgemacht und die Schriftform auf die Befristungsabrede beschränkt wird.

D. Schriftform als Wirksamkeitsvoraussetzung; Rechtsfolge bei Formmangel
I. Wirksamkeitsvoraussetzung

178 Die Schriftform ist **Wirksamkeitsvoraussetzung** sowohl dann, wenn es um die Beendigung von Arbeitsverhältnissen durch Kündigung oder Auflösungsvertrag geht, als auch dann, wenn (Fassung bis 31. Dezember 2000) die Befristung eines Arbeitsverhältnisses in Rede steht. Das ergibt sich daraus, dass § 623 BGB nicht lediglich ein Schriftformerfordernis aufstellt, sondern dieses **ausdrücklich** zum Wirksamkeitserfordernis erhebt. Dabei bezieht sich nach dem **Gesetzeswortlaut** die »Wirksamkeit« einmal auf die **Beendigung** von Arbeitsverhältnissen (durch Kündigung oder Auflösungsvertrag) und (Fassung bis 31. Dezember« 2000) auf die **Befristung**. Das bedeutet, dass sich die »Wirksamkeit« einmal auf die **Rechtsfolge** (die Beendigung, die Befristung), bei der Befristung auch auf den Beendigungs**tatbestand** (bzw. die Befristung) bezieht. »**Wirksam**« sein kann der Beendigungstatbestand oder die damit intendierte Beendigung bzw. Befristung. Der **Schriftform** unterstehen kann nur das die Rechtsfolge auslösende **Rechtsgeschäft** (vgl. § 125 S. 1 BGB). Deshalb ist § 623 BGB so zu lesen, dass sich die Schriftform auf die drei genannten rechtsgeschäftlichen Beendigungstatbestände zu **deren** Wirksamkeit bezieht und diese sich wiederum auf die intendierte Rechtsfolge (Beendigung, Befristung). In **diesem** Sinne ist die Schriftform Wirksamkeitsvoraussetzung (von missglückter Gesetzgebungstechnik spricht zu Recht *Staudinger/Oetker* Rz 1).

179 Der Angabe »zu ihrer Wirksamkeit« hätte es an sich nicht bedurft. Denn die Rechtsfolge bei Formmangel wird bereits durch § 125 S. 1 BGB dahin gezogen, dass das Rechtsgeschäft **nichtig** ist (und demgemäß keine Rechtswirkungen zeitigen kann).

II. Nichtigkeit bei Formmangel; Folge für das Arbeitsverhältnis

180 Ein Rechtsgeschäft, welches der durch Gesetz vorgeschriebenen Form ermangelt, ist nach § 125 S. 1 BGB **nichtig**. Diese Folge erleiden nach § 623 BGB eine Kündigung, ein Auflösungsvertrag oder (Fassung bis 31. Dezember 2000) eine Befristung, die dem Schriftformzwang nicht genügen. In der (überflüssigen, s.o. Rz 179) Terminologie des § 623 BGB sind Beendigung bzw. Befristung darüber hinaus nicht wirksam.

181 Das **Arbeitsverhältnis** besteht mithin bei nichtiger **Kündigung** bzw. nichtigem **Auflösungsvertrag** zu den **bislang** geltenden Bedingungen (ggf. bei früherer wirksamer Befristung: eben befristet) unverändert fort. Das zum Zweck der Erfüllung eines nichtigen **Auflösungsvertrages** bereits Geleistete, etwa eine Abfindung, ist nach **Bereicherungsrecht** (§§ 812 ff. BGB) herauszugeben, wobei eine Rückforderung im Falle bewusst rechtsgrundloser Leistung aufgrund § 814 BGB ausgeschlossen sein kann.

182 Bei nichtiger **Befristungsabrede** (Rechtslage bis 31. Dezember 2000) gilt im Einzelnen folgendes: Diese Abrede stellt ein **eigenes** Rechtsgeschäft dar, nicht nur einen Teil des Rechtsgeschäfts »Arbeitsvertrag« iSd § 139 BGB. Ist es nichtig, bleibt der – nach wie vor formlos schließbare – Arbeitsvertrag davon unberührt. Es kommt ein **unbefristetes** Arbeitsverhältnis zustande. Denn anderenfalls würde der Schutzzweck der Norm in sein Gegenteil verkehrt (vgl. so o.ä. APS-*Preis* Rz 60; ErfK-*Müller-Glöge* [4. Aufl.] Rz 32; *Müller-Glöge/von Senden* AuA 2000, 199, 203; *Preis/Gotthardt* NZA 2000, 348, 360; *Richardi/Annuß* NJW 2000, 1231, 1234; *Rolfs* NJW 2000, 1227, 1228; aA *Löwisch* § 1 Rz 437a; *Caspers* RdA 2001, 28, 33 ff., 37, für die Fälle der Befristung ohne vorhergehendes Arbeitsverhältnis und der formwidrigen Verlängerung eines zuvor wirksam befristeten Arbeitsverhältnisses; anders nur für die nachträgliche formunwirksame Befristung eines laufenden unbefristeten Arbeitsverhältnisses). Auf den entgegenstehenden Parteiwillen kommt es **nicht** an (aA ErfK-*Müller-Glöge* [4. Aufl.] Rz 32 für den Beispielsfall einer geplanten Aushilfe).

183 Haben die Parteien keine ordentliche Kündbarkeit vorgesehen, ist die formwidrige Befristungsabrede im Zweifel als die – formfrei mögliche – Vereinbarung der **Mindestdauer** des Arbeitsvertrages (»geltungserhaltend«) zu verstehen. Das Arbeitsverhältnis kann dann von beiden Seiten erstmals zum vereinbarten Fristablauf unter Einhaltung der anwendbaren Mindestkündigungsfrist gekündigt werden (vgl. APS-*Preis* Rz 61; *Preis/Gotthardt* NZA 2000, 348, 360). **Keine** Mindestbindung soll hingegen mangels Anknüpfungspunktes für eine dahingehende Auslegung (wegen Nichtigkeit der Befristungsab-

rede) bestehen zufolge *Müller-Glöge* (ErfK [4. Aufl.] Rz 32; s.a. *Müller-Glöge/von Senden* AuA 2000, 199, 203; **aA** auch BBDW-*Bader* Rz 59 [40. Lfg.]), während *Richardi/Annuß* (NJW 2000, 1231, 1234 f.) nur eine solche für den **Arbeitgeber** annehmen.

Bei einer formunwirksamen Befristung auf mehr als fünf Jahre ergibt sich ein nach Maßgabe des § 624 **184** BGB (bzw. jetzt § 15 Abs. 4 TzBfG) durch den **Arbeitnehmer** kündbares (unbefristetes) Arbeitsverhältnis (vgl. APS-*Preis* Rz 61).

Wird ein **befristetes** Arbeitsverhältnis formwidrig **befristet verlängert**, entsteht ein **unbefristetes** Ar- **185** beitsverhältnis (APS-*Preis* Rz 63 f.; *Preis/Gotthardt* NZA 2000, 348, 360). Nach der **Gegenansicht** (ErfK-*Müller-Glöge* [4. Aufl.] Rz 32; *Müller-Glöge/von Senden* AuA 2000, 199, 203; *Caspers* RdA 2001, 28, 38 ff., 37) bleibt die ursprüngliche Abrede in Kraft. Dem ist **nicht** zu folgen, weil die ursprüngliche Abrede nach dem Parteiwillen im Zweifel **beseitigt** werden sollte, was aber formfrei möglich ist. Außerdem stünde der Arbeitnehmer schlechter da als vor Einführung des § 623 BGB (APS-*Preis* Rz 65). Insofern **überlagert** § 623 BGB **§ 625 BGB** bzw. § 15 Abs. 5 TzBfG für den Fall, dass der Widerspruch in dem Angebot des Arbeitgebers liegt, das Arbeitsverhältnis befristet zu verlängern (APS-*Preis* Rz 65).

III. Teilnichtigkeit

Ist ein **Teil** eines Rechtsgeschäfts nichtig, so ist nach § 139 BGB das ganze Rechtsgeschäft nichtig, wenn **186** nicht anzunehmen ist, dass es auch ohne den nichtigen Teil vorgenommen sein würde. Für die beiden in § 623 BGB geregelten Beendigungstatbestände bzw. (bis 31. Dezember 2000) die Befristung ergibt sich daraus im Einzelnen folgendes:

Entspricht bei einer Änderungskündigung die **Kündigung** nicht dem Formzwang, so betrifft das nur **187** die Kündigung. Das Änderungs**angebot** selbst ist nicht Rechtsgeschäft, sondern nur auf Zustandekommen eines solchen (zweiseitigen) Rechtsgeschäfts angelegtes Angebot. Dieses bleibt im Zweifel wirksam. Denn der die Änderungskündigung erklärende Teil wird sich im Zweifel zufrieden geben, wenn zwar nicht seine Kündigung durchdringt, jedoch sein Änderungsangebot annahmefähig ist und angenommen wird. Allerdings erlischt das Angebot, wenn es dem Kündigenden gegenüber abgelehnt oder wenn es nicht diesem gegenüber nach Maßgabe der §§ 147 bis 149 BGB rechtzeitig angenommen wird (§ 146 BGB).

Bei einem **Auflösungsvertrag** muss im Einzelfall festgestellt werden, ob er auch ohne formwirksame **188** Mitbeurkundung an sich vorgesehener Teile geschlossen worden wäre. Im Zweifel ist nach § 139 BGB Nichtigkeit anzunehmen.

Entsprechendes gilt bei einer (Fassung bis 31. Dezember 2000) **Befristungsabrede** in Sonderheit dann, **189** wenn diese im Zusammenhang mit Bezugnahmen steht und **ihre** Wirksamkeit aufgrund der Inbezugnahme eines nichtigen Rechtsgeschäfts in Rede steht und nicht diejenige des **Arbeitsvertrages**. Dieser ist in jedem Fall als wirksam zustande gekommen anzusehen. »Die Befristung« iSd Gesetzes ist **eigenes** Rechtsgeschäft, nicht »Teil« des Rechtsgeschäfts »Arbeitsvertrag« iSd § 139 BGB.

IV. Umdeutung

Entspricht ein nichtiges Rechtsgeschäft den Erfordernissen eines anderen Rechtsgeschäfts, so gilt nach **190** § 140 BGB das Letztere, wenn anzunehmen ist, dass dessen Geltung bei Kenntnis der Nichtigkeit gewollt sein würde. Für die beiden in § 623 BGB geregelten Beendigungstatbestände sowie (Fassung bis 31. Dezember 2000) die Befristung bedeutet dies:

Eine formunwirksame **Kündigung** lässt sich bestenfalls in den Antrag auf Abschluss eines Aufhe- **191** bungsvertrages (zur Umdeutbarkeit einer außerordentlichen in eine ordentliche Kündigung s. Rz 134) umdeuten. Dies führt aber nicht weiter, weil auch **dieser** Antrag dem Schriftformzwang unterliegt (APS-*Preis* Rz 58; ErfK-*Müller-Glöge* Rz 25). Die (an sich statthafte, vgl. APS-*Preis* Rz 58; ErfK-*Müller-Glöge* Rz 25; *Müller-Glöge/von Senden* AuA 2000, 199, 203; *Preis/Gotthardt* NZA 2000, 348, 352) Umdeutung in eine formfrei mögliche **Anfechtungserklärung** wird regelmäßig daran scheitern, dass letztere im Unterschied zur Kündigung einen Grund voraussetzt, der schon vor oder bei Abschluss des Arbeitsvertrages vorgelegen hat oder wenigstens aus dieser Zeit »stark nachwirkt« (*BAG* 14.12.1979 EzA § 119 BGB Nr. 11). Die Umdeutung einer mündlichen Anfechtungserklärung in eine Kündigung, die an sich möglich ist (s. KR-*Fischermeier* § 626 BGB Rz 45), scheitert im Ergebnis am Formzwang des § 623 BGB. Unberührt bleibt die Möglichkeit der Umdeutung einer außerordentlichen in eine ordentliche Kündigung, **sofern die Form gewahrt ist** (vgl. APS-*Preis* Rz 58).

192 Ein formunwirksamer **Auflösungsvertrag** lässt sich vom Geschäftssinn her im Zweifel **nicht** in die Kündigung durch die eine oder die andere Partei umdeuten, abgesehen davon, dass auch insoweit das Schriftformerfordernis nicht gewahrt wäre. Dies gilt auch dann, wenn nur die Unterschrift einer Partei fehlt.

193 Eine wegen Formmangels fehlgeschlagene **Befristungsabrede** lässt sich auch dann nicht in den Antrag auf Abschluss eines Auflösungsvertrages umdeuten, wenn die Befristung nachträglich während des Laufs eines bereits bestehenden Arbeitsverhältnisses aufgenommen werden sollte. Zum einen hat die Befristung einen anderen Geschäftssinn als ein Auflösungsvertrag. Zum anderen fehlt es auch für einen Auflösungsvertrag jedenfalls an der Form, wenn auch nur eine Unterschrift fehlt.

194 Soweit eine Umdeutung überhaupt in Betracht kommen mag, dürfte dieser Umstand jedenfalls **dann** nicht von Amts wegen zu berücksichtigen sein, wenn es hierzu des Vortrags entsprechender Tatsachen bedarf.

V. Heilung (Bestätigung)

195 Wird ein nichtiges Rechtsgeschäft von demjenigen, welcher es vorgenommen hat, bestätigt, so ist die Bestätigung nach § 141 Abs. 1 BGB als erneute Vornahme zu beurteilen. Daraus ergibt sich, dass die Rechtswirkungen **erst ab Bestätigung** eintreten. Für die beiden in § 623 BGB geregelten Beendigungstatbestände sowie (Fassung bis 31. Dezember 2000) die Befristung ergibt sich daraus folgendes, wobei das Fehlen einer etwa dem § 311b Abs. 1S. 2 BGB entsprechenden Regelung zu berücksichtigen ist:

196 Die formunwirksame Kündigung lässt sich nicht in dem Sinne bestätigen, als dass sie – rückbezogen auf den Zeitpunkt ihres Ausspruchs – Wirkung entfalten soll. Eine Bestätigung ist im Zweifel als **erneute** Kündigung zu beurteilen, bedarf zur Wirksamkeit aber der Schriftform und wirkt erst ab Zugang. Anstelle der Bestätigung bedarf es also der Sache nach des Ausspruchs einer **weiteren** Kündigung (ähnlich APS-*Preis* Rz 57; ErfK-*Müller-Glöge* Rz 24). Dies kann zu Fristnot (zB dann, wenn § 626 Abs. 2 BGB einzuhalten ist) führen.

197 Das **Erbringen von Leistungen** zur Erfüllung eines formnichtigen **Auflösungsvertrags** allein führt nicht zur Heilung des Formmangels (vgl. ErfK-*Müller-Glöge* Rz 27).

198 Bei einem **Auflösungsvertrag** und bei (Fassung bis 31. Dezember 2000) einer **Befristung** ist § 141 **Abs. 2** BGB zu berücksichtigen. Danach sind die einen nichtigen Vertrag bestätigenden Parteien im Zweifel verpflichtet, einander zu gewähren, was sie haben würden, wenn der Vertrag von Anfang an gültig gewesen wäre. Dies kann Auswirkungen dann haben, wenn im Rahmen eines Auflösungsvertrages und im Rahmen einer Befristungsabrede auch Verpflichtungen eingegangen worden sind. Die Rechtswirkung des Auflösungsvertrages bzw. der Befristungsabrede jedoch wird durch § 141 Abs. 2 BGB nicht vorverlegt. Vielmehr bleibt es dabei, dass die Rechtswirkung gem. § 141 Abs. 1 BGB erst ab Bestätigung eintritt. Dies kann bei einer formunwirksamen Befristung **gravierende Folgen** haben: Ermangelt diese der Schriftform und entdecken die Parteien dies hinterher und bestätigen sie die mündlich unwirksam verabredete Befristung später formwirksam schriftlich, so handelt es sich wegen der erst nunmehr eintretenden Rechtsfolge um die **nachträgliche Befristung** eines bislang nicht wirksam, mithin unbefristeten, Arbeitsvertrages. Das war bis 31. Dezember 2000 nach § 1 Abs. 3 S. 1 BeschFG (zumindest ähnlich jetzt § 14 Abs. 2 S. 2 TzBfG, der wohl entgegen seinem Wortlaut nicht nur Befristungen nach vorhergehenden abgelaufenen Arbeitsverhältnissen, sondern auch die nachträgliche Befristung eines laufenden Vertrags betreffen dürfte) unzulässig. Bei entsprechender Beschäftigungsdauer und entsprechender Betriebsgröße, mithin dann, wenn die Vorschriften des Ersten Abschnitts des Kündigungsschutzgesetzes für das Arbeitsverhältnis gelten würden und § 1 KSchG erfüllt ist (nach TzBfG obsolet), müsste die als neue Befristungsabrede geltende Bestätigung zu ihrer Wirksamkeit nunmehr von einem sachlichen Grund getragen werden.

199 Ein Verstoß gegen § 623 BGB kann auch nicht dadurch geheilt werden, dass der Arbeitgeber dem Arbeitnehmer eine Niederschrift gem. § 2 Abs. 1 Nr. 3 **NachwG aushändigt**, aus der sich die Befristung und die Dauer des Arbeitsverhältnisses ergeben (*Richardi/Annuß* NJW 2000, 1231, 1234), oder dass nachträglich der **Angabepflicht** des § 57b Abs. 5 HRG aF oder der Zitierung nach § 57b Abs. 3 S. 1 HRG nF genügt wird. Eine derartige Angabe kann aber uU als nachträgliche Befristung zu verstehen sein, wenn beidseitig unterzeichnet.

E. Berufung auf Formmangel; Grenzen

I. Allgemeines; Unzulässige Rechtsausübung

Leidet einer der in § 623 BGB genannten Beendigungstatbestände oder (Fassung bis 31. Dezember 2000) die Befristung an einem Formmangel, kann sich die Arbeitsvertragspartei hierauf berufen, zu deren Gunsten sich der Formmangel auswirkt. Unter »Berufung« auf den Formmangel ist hier nicht die Frage gemeint, ob eine Partei den Mangel im Prozess geltend zu machen hat, bejahendenfalls welche, oder ob der Formmangel vom Gericht im Rahmen einer Schlüssigkeits- oder Erheblichkeitsprüfung zu berücksichtigen ist, ohne dass die eine oder die andere Seite die Frage einer etwaigen Formnichtigkeit eines streiterheblichen Rechtsgeschäfts problematisiert hat (hierzu unten Rz 224 f.). Hier geht es vielmehr darum, ob dann, wenn die Tatsachenfeststellung das Vorkommen eines Formmangels ergibt, die dadurch begünstigte Partei diesen Umstand zu ihren Gunsten schrankenlos »ausschlachten« darf. Die Frage zu stellen heißt, sie zu verneinen. Wie auch sonst für gesetzliche Formvorschriften gilt allerdings für § 623 BGB, dass **gesetzliche** Formvorschriften im Interesse der Rechtssicherheit nicht aus bloßen **Billigkeitserwägungen** außer Acht gelassen werden dürfen (*BGH* 20.9.1984 BGHZ 92, 164, 172; vgl. *BAG* 16.9.2004 EzA § 623 BGB 2002 Nr. 1). Die Vorschrift nimmt bewusst in Kauf, dass auch **unstreitig im Ernst** – aber eben nur mündlich – abgegebene Auflösungserklärungen unwirksam sind (*BAG* 16.9.2004 EzA § 623 BGB 2002 Nr. 1). **Ausnahmen sind nur zulässig**, wenn es nach den Beziehungen der Parteien und den gesamten Umständen **mit Treu und Glauben (§ 242 BGB)** unvereinbar wäre, das Rechtsgeschäft am Formmangel scheitern zu lassen; das Ergebnis muss nach einer von der Rechtsprechung ständig verwandten Formel für die betroffene Partei nicht bloß hart, sondern **schlechthin untragbar** sein (*BGH* 24.4.1998 BGHZ 138, 339, 348). Die Einschränkung der Nichtigkeitsfolge des § 125 S. 1 BGB durch die Regelung in § 242 BGB ist **von Amts wegen** zu beachten (*BGH* 3.12.1958 BGHZ 29, 6, 12). Dabei darf das formwidrige Rechtsgeschäft allerdings nicht **gegen** den erklärten Willen der schutzbedürftigen Partei aufrechterhalten werden. Die Tatsachen, aus denen auf die Aufrechterhaltung des Rechtsgeschäfts zu schließen ist, hat die Partei zu beweisen, die aus dem Rechtsgeschäft Rechte herleiten will (vgl. *Palandt/Heinrichs* § 125 Rz 16 mN). 200

Hierzu hat sich eine reichhaltige **Kasuistik** herausgebildet, die mehr oder weniger umfangreich in jeder Kommentierung des § 125 BGB wiedergegeben ist. Da es sich bei den der Berufung auf den Formmangel gesteckten Grenzen um **Ausnahmen** handelt, sollen im Folgenden nur einige wichtige **Grundsätze** in Erinnerung gerufen werden: 201

Die Partei, die am Rechtsgeschäft festhalten will, muss auf die Formgültigkeit **vertraut** haben. Deshalb greift § 242 BGB nicht ein, wenn beide Parteien den Formmangel **kannten**. Dies soll nach strittiger Auffassung selbst dann gelten, wenn der eine Teil unter Hinweis auf seine berufliche oder/und soziale **Stellung** die Erfüllung des formungültigen Vertrags besonders zugesichert hatte. Auch **grob fahrlässige Unkenntnis** soll keinen Schutz verdienen. Für das Kennen oder das Kennenmüssen von Vertretern gilt § 166 BGB, weswegen sich derjenige, der bei Verhandlungen durch einen **Juristen** vertreten war, sich idR auf § 242 BGB nicht berufen kann (das gesamte Vorstehende mwN *Palandt/Heinrichs* § 125 Rz 19). 202

Die Berücksichtigung des Formmangels gerät zu einem **untragbaren Ergebnis** insbes. in den Fällen der **Arglist, schwerer Treuepflichtverletzungen** sowie bei **Existenzgefährdung** (Übersicht mwN *Palandt/Heinrichs* § 125 Rz 20, 21 bis 25; MünchKomm-BGB/*Einsele* § 125 Rz 52–64). Darüber hinaus kann die Möglichkeit der Berufung auf den Formmangel uU **verwirken**. 203

II. Berufung auf den Formmangel im Rahmen des § 623 BGB

In Anwendung dieser Grundsätze auf die von § 623 BGB erfassten Rechtsgeschäfte ergibt sich etwa Folgendes (umfassend APS-*Preis* Rz 73 bis 75 für Kündigung, Rz 76 für Auflösungsvertrag, Rz 77 für Befristung; *Preis/Gotthardt* NZA 2000, 348, 352 ff. – für Kündigung, 355 f. – für Auflösungsvertrag, 361 – für Befristung; *Henssen* DB 2006, 1613, 1614 ff. für Kündigung), wobei die »Warnfunktion« und nicht die Beschleunigung arbeitsgerichtlicher Verfahren (s.o. Rz 18 f., 21 ff.) die Auslegung bestimmen sollte (**aA** *Henssen* DB 2006, 1613): 204

Hat eine Vertragspartei die andere von der Wahrung der Form (der Kündigung, des Auflösungsvertrages, der Befristungsabrede) **abgehalten**, um sich später auf den Formmangel berufen zu können, ist das betreffende Rechtsgeschäft wegen **Arglist** als **gültig** anzusehen. Dazu müssen die Voraussetzungen eines Arglisteinwands vorliegen. Daran **fehlt** es bei schuldlosem oder nicht vorsätzlichem Handeln (ebenso *Henssen* DB 2006, 1613, 1614). 205

206 Die praktisch häufigsten Anwendungsfälle werden diejenigen **schwerer Treuepflichtverletzungen** in der Ausprägung schwerwiegender Verstöße gegen das Verbot des widersprüchlichen Verhaltens (venire contra factum proprium) sein. Wird etwa dem Kündigungsempfänger **im Gerichtstermin** in Anwesenheit des Kündigenden eine bloße **Fotokopie** der formgerecht errichteten Urschrift der Kündigung übergeben und ist eine sofortige Einsicht darin möglich, ist es treuwidrig, sich auf einen Formmangel zu berufen, wenn nicht der Erklärungsempfänger von diesen Aufklärungsmöglichkeiten Gebrauch macht oder die Erklärung wegen Nichteinhaltung der Form unverzüglich zurückweist, sondern sich erst geraume Zeit später auf den Formmangel beruft (*BAG* 20.8.1998 EzA § 127 BGB Nr. 1; **abw.** *Henssen* DB 2006, 1613, 1615). Hier hätte der Kündigungsempfänger die Alternative gehabt, eine das Schriftformerfordernis nicht wahrende einfache Kopie zurückzuweisen (**krit.** *Henssen* DB 2006, 1613, 1615). In einer derartigen Situation gilt die Kündigung auch als zugegangen, obzwar hierfür die bloße **Wahrnehmung** an sich nicht ausreicht (vgl. *LAG Hamm* 4.12.2003 LAGE § 623 BGB 2002 Nr. 3). Widersprüchlich ist es insbes., wenn ein Arbeitnehmer eine Kündigung (sog. Eigenkündigung) **mehrmals** und auch auf Vorhaltungen der anderen Seite ernsthaft und nicht nur einmalig ausgesprochen hat, sich aber nachträglich auf die Formunwirksamkeit beruft (vgl. *BAG* 4.12.1997 EzA § 242 BGB Rechtsmissbrauch Nr. 3). Widersprüchliches Verhalten liegt auch vor, wenn der **Arbeitgeber** formwidrig kündigt, der Arbeitnehmer die Kündigung **hinnimmt**, eine **neue Stelle** antritt und sich der Arbeitgeber dann auf den Formmangel beruft und den Arbeitnehmer zur Wiederaufnahme der Arbeit unter Unterlassung der neuen Beschäftigung auffordert (*BAG* 4.12.1997 EzA § 242 BGB Rechtsmissbrauch Nr. 3) **oder** der Arbeitnehmer die formunwirksame Kündigung in Kenntnis ihres Mangels ausdrücklich akzeptiert oder »anerkennt« (**anders** aber bei einseitiger Freistellung unter Einverständnis mit der Beendigung, *LAG Hamm* 11.10.2004 LAGRep. 2005, 170) oder sich nach 2 ½ Monaten gescheiterter Umschulung des Arbeitsverhältnisses »besinnt« (*Sächs. LAG* 12.3.2003 – 2 Sa 596/02) oder auf Faxkündigung selbst mit Fax reagiert (und darin Einverständnis mit iRd Kündigung angesonnenen Abwicklungsmodalitäten erklärt, *ArbG Bln.* 1.3.2002 NZA-RR 2002, 522; **aA** *Henssen* DB 2006, 1613, 1615). Dies gilt umgekehrt entsprechend für die formunwirksame Arbeitnehmerkündigung, die der **Arbeitgeber akzeptiert** und die **Stelle neu besetzt**, wenn sich nun der Arbeitnehmer auf den Formmangel beruft (APS-*Preis* Rz 74; *Preis/Gotthardt* NZA 2000, 348, 353). *Preis* (aaO) und *Preis/Gotthardt* (aaO) weisen aber zu Recht darauf hin (wie jetzt auch *BAG* 16.9.2004 EzA § 623 BGB 2002 Nr. 1), dass – um nicht den Zweck des § 623 BGB (vor Übereilung zu schützen) durch § 242 BGB ins Leere laufen zu lassen – **strenge Maßstäbe** angelegt werden müssen. So werde ein Arbeitgeber der Folge des § 623 BGB nicht dadurch entgehen können, dass er **unmittelbar** nach einer einmaligen spontanen Eigenkündigung des Arbeitnehmers dessen Stelle intern neu besetzt. Anders liege es, wenn der Arbeitnehmer **mehrfach ernsthaft** mündlich zum Ausdruck bringt, er kündige und der Arbeitgeber nach einem **längeren Auswahlverfahren** einen neuen Arbeitnehmer eingestellt hat. Wenn der **Kündigungsempfänger** die mündlich ausgesprochene Kündigung **schriftlich bestätigt**, er sich später aber auf den Formmangel beruft, ist dies ebenfalls treuwidrig (APS-*Preis* Rz 75; *Preis/Gotthardt* aaO; **aA** *ArbG Leipzig* 18.12.2000 – 1 Ca 8140/00 – für die Bestätigung einer durch Telefax [also formunwirksam] erklärten Kündigung). Anders liegt es jedoch, wenn sich nach der schriftlichen Bestätigung des Erklärungsempfängers der **Kündigende** auf den Formmangel beruft (APS-*Preis* aaO; *Preis/Gotthardt* aaO). Scheidet ein Arbeitnehmer aufgrund mündlichen **Aufhebungsvertrages** aus, so hat er seine wesentliche Vertragsleistung erbracht. Akzeptiert dies der Arbeitgeber über längere Zeit, so kann er sich nicht unter Berufung auf den Formmangel weigern, eine später fällig werdende **Abfindung** zu zahlen (*Preis/Gotthardt* aaO, 356). Umgekehrt wird sich ein Arbeitnehmer nach Ablauf eines Zeitraumes von **sieben Monaten** nach **betrieblicher Abschiedsfeier** unter **Entgegennahme von Abschiedsgeschenken** und in Kenntnis des Umstandes, dass die **Entlassung** seines **Nachfolgers** auf der Stelle nur deshalb nicht erfolgt ist, weil sich für ihn selbst nach formwidrigem Ausscheiden die **Möglichkeit des Bezuges von Altersruhegeld** ergab (vgl. Sachverhalt *Sächs. LAG* 25.11.2003 – 7 Sa 578/03 –) auf die Formwidrigkeit nicht berufen können. **Unzureichend** ist die bloße (formwidrige) Kündigung **auf Verlangen** des anderen Teils oder die auf die **formwidrige Befristung** eines Arbeitsverhältnisses gestützte Kündigung, auch wenn der Vertrag zuvor jahrelang anstandslos durchgeführt worden ist (vgl. für **Miet**vertrag *BGH* 5.11.2003 NJW 2004, 1103).

207 **Kein** Anwendungsfall des § 242 BGB ist es bei einem **Auflösungsvertrag**, wenn die Parteien einen die Freigrenzen übersteigenden Teil einer vereinbarten **Abfindungssumme verschleiern**. Denn dadurch unterlassen sie wissentlich die Beurkundung eines für sie maßgeblichen Geschäftsteils, was nicht schutzwürdig ist. Gleiches gilt bei Ablösung eines Arbeitsvertrages durch einen Dienstvertrag (etwa bei Bestellung des Arbeitslosen zum Organ, s. Rz 239), wenn die Formvorschrift übersehen wird. Warum sich der Geschäftsführer hier nicht auf das Arbeitsverhältnis besinnen können soll, wird von der Gegenansicht (*Niebler/Schmiedl* NZA-RR 2001, 281, 287; diff. *LAG Hamm* 22.5.2002 LAGRep. 2002, 243) nicht näher begründet. Das bloße **Fernbleiben von der Arbeit** genügt nicht, weil allein daraus schon kein Auflösungswille gefolgert werden kann. Auf den Formverstoß wird sich in dieser Situation aber wohl nicht berufen dürfen, wer sich dem **Verlangen** nach Einhaltung der Schriftform (etwa im Wege der Eigenkündigung oder des Auflösungsvertrages) grundlos widersetzt.

Kein Anwendungsfall des die Formvorschrift einschränkenden Grundsatzes von Treu und Glauben ist es ferner, wenn eine oder beide Seiten der Warnung oder des Übereilungsschutzes – da ohnehin gewarnt oder da ohnehin nicht in Eile – an sich nicht bedurft hätten und sich dann doch auf den Formmangel berufen. Denn die **Notwendigkeit** der Schriftform im **Einzelfall** ist nicht Tatbestandsmerkmal der Norm (ähnlich APS-*Preis* Rz 79; *Preis/Gotthardt* NZA 2000, 348, 353 f. mwN, 356). Gleiches gilt, wenn zur Sicherung von »Mobilität« auf die Einhaltung jedweder Form verzichtet wurde (Kenntnis des Formmangels). 208

In der Regel wird keiner Partei die Berufung auf den Formmangel unter Hinweis auf § 242 BGB mit der Begründung verwehrt werden dürfen, dass sie vorher über die Formbedürftigkeit hätte **aufklären** müssen. Denn das Schriftformerfordernis gilt als Gesetz unabhängig von Hinweisen oder Belehrungen zwischen Privaten aus staatsrechtlichen Gründen. Im Extremfall mag sich aus **Fürsorgegesichtspunkten** etwas anderes ergeben, etwa dann, wenn es an Arglist grenzen würde, die das Formerfordernis **offensichtlich** übersehende Partei unaufgeklärt zu lassen, insbes. dann, wenn hieraus eigene Vorteile gezogen werden sollen. Eine generelle Fürsorgepflicht (Belehrungspflicht) des **Arbeitgebers** besteht allerdings nicht (APS-*Preis* Rz 80; SPV-*Preis* Rz 171; BBDW-*Bader* Rz 53; ErfK-*Müller-Glöge* Rz 26; *Müller-Glöge/von Senden* AuA 2000, 199, 203; *Preis/Gotthardt* NZA 2000, 348, 354). 209

Der **Einwand**, die Berufung auf die Nichteinhaltung der Form stelle eine unzulässige Rechtsausübung dar und verstoße gegen den Grundsatz von Treu und Glauben nach § 242 BGB, findet **seinerseits** eine Grenze in eben jenem Grundsatz. **Insbesondere** wird er nicht ohne zeitliche Grenze zurückgehalten werden können, nur um ihn im dann passenden Moment zu platzieren (**Verwirkung des Einwandes**). 210

Soweit *Preis/Gotthardt* (NZA 2000, 348, 361; s.a. APS-*Preis* Rz 77) der Auffassung sind, dass angesichts der bei unwirksamer **Befristung** (Fassung bis 31. Dezember 2000) einzuhaltenden **Klagefrist** des § 1 Abs. 5 BeschFG (seit 1. Januar 2001 ersetzt durch § 17 TzBfG) der Einwand der unzulässigen Rechtsausübung von **geringerer** praktischer Relevanz sei, kann dem in dieser Allgemeinheit nicht zugestimmt werden. Durch die Klagefrist erledigt sich lediglich das Problem des allzu langen Zuwartens mit der Berufung auf den Formmangel. In der Sache jedoch kann sich auch hier bspw. ein widersprüchliches Verhalten dadurch ergeben, dass die Parteien trotz – gar erkannter – Formunwirksamkeit einer Befristung faktisch auseinander gegangen sind und ein Verhalten an den Tag gelegt haben, aus dem die eine oder die andere Seite nur den Schluss ziehen konnte, die Gegenseite werde sich auf den Formmangel nicht beziehen. Hinzu kommt, dass die Klagefrist des § 1 Abs. 5 BeschFG (ersetzt durch § 17 TzBfG) lediglich vom Arbeitnehmer, nicht vom Arbeitgeber zu wahren ist. 211

Der Problemkreis hat sich für die Kündigung durch § 4 S. 1 KSchG nF **nicht** erledigt, weil auch danach der Zugang einer **schriftlichen** Kündigung erforderlich ist. »**Schriftlich**« ist die Kündigung auch nach dieser Regelung im Ergebnis, wenn sich der Erklärungsempfänger nach Maßgabe der vorgenannten Grundsätze wegen § 242 BGB auf die Formwidrigkeit nicht berufen darf. 211a

F. Prozessuales Geltendmachen des Formmangels

I. Form und Frist

1. Kündigung

Eine wegen Formmangels nichtige **Kündigung** gegenüber dem Arbeitnehmer war zugleich iSd Regelung des § 13 Abs. 3 KSchG aF eine solche Kündigung, die bereits »aus anderen als den in § 1 Abs. 2 und 3 KSchG bezeichneten Gründen« rechtsunwirksam war (APS-*Preis* Rz 57; ErfK-*Müller-Glöge* [4. Aufl.] Rz 29). Nach dieser Vorschrift fanden die Vorschriften des Ersten Abschnitts des Kündigungsschutzgesetzes auf eine derartige Kündigung keine Anwendung. Wollte ein **Arbeitnehmer** geltend machen, dass eine rechtswirksame Kündigung allein wegen des Formmangels nicht vorlag, musste er demgemäß hierfür **nicht** die Drei-Wochen-Frist des § 4 KSchG aF wahren. Dies galt nur, wenn er die Unwirksamkeit der Kündigung auch gem. § 1 Abs. 2 und 3 KSchG geltend machen wollte. Hatte er al- 212 lerdings gleichwohl die Frist von drei Wochen eingehalten, sollte ihn das Arbeitsgericht nach § 6 KSchG darauf hinweisen, dass er in diesem Verfahren bis zum Schluss der mündlichen Verhandlung Erster Instanz auch die Unwirksamkeit der Kündigung gem. § 1 Abs. 2 und 3 KSchG bzw. das Fehlen eines wichtigen Grundes iSd § 626 Abs. 1 BGB (§ 13 Abs. 1 S. 2 KSchG) geltend machen konnte.

213 **Einzuhalten** vom **Arbeitnehmer** war allerdings die Drei-Wochen-Frist des **§ 113 Abs. 2 S. 1 InsO aF**, wenn der **Insolvenzverwalter** das Arbeitsverhältnis ohne Beachtung der Schriftform gekündigt hatte (*Berscheid* ZInsO 2000, 208, 209; *Kohls* ZInsO 2000, 537).

213a Nach der **seit 1.1.2004 geltenden Neufassung des § 4 S. 1 KSchG** läuft die Dreiwochenfrist jetzt **allg.** erst ab Zugang der (**nach Maßgabe des § 623 BGB**) **schriftlichen** Kündigung (vgl. die entspr. Formulierung in § 5 Abs. 1 S. 1 KSchG nF). Ohne diesen Zusatz wäre § 623 BGB in Anbetracht der Schriftform der Kündigung bei verstrichener Klagefrist leergelaufen (*Richardi* [DB 2004, 486, 489], hält die Neuregelung insoweit für »sinnwidrig«).

214 Will der Kündigungsempfänger, gleich ob Arbeitnehmer oder Arbeitgeber, die Unwirksamkeit der Kündigung **wegen des Formmangels** geltend machen, so kann er dies gegenüber der Gegenseite, welche sich einer wirksamen Kündigung berühmt, entweder **einredeweise** oder durch Erhebung einer **allgemeinen Feststellungsklage** nach § 256 ZPO geltend machen. Für diese besteht das besondere **Rechtsschutzbedürfnis**, wenn sich die Gegenseite der Beendigung des Arbeitsverhältnisses durch Kündigung **berühmt. Jenseits** der Frist des § 4 S. 1 KSchG sind Einrede bzw. Klage in den Grenzen der **Verwirkung** (§ 242 BGB) statthaft.

2. Auflösungsvertrag

215 Bei einem **Auflösungsvertrag** (auch einem solchen, der auf gerichtlichem Vergleich beruht) kann die Partei, die dessen Unwirksamkeit wegen des Formmangels geltend machen möchte, dies **einredeweise** oder im Wege einer **allgemeinen Feststellungsklage** nach § 256 ZPO des Inhalts verfolgen, wonach das Arbeitsverhältnis der Parteien durch den (am besten genau zu bezeichnenden) Auflösungsvertrag kein Ende gefunden habe bzw. dass das Arbeitsverhältnis der Parteien über den im Auflösungsvertrag vorgesehenen Zeitpunkt hinaus fortbestehe. Auch insoweit sind (mangels gesetzlicher Fristen für das Geltendmachen der Unwirksamkeit) die Grenzen der Verwirkung (§ 242 BGB) zu beachten.

3. (Fassung bis 31. Dezember 2000) Befristung

216 Auf die Unwirksamkeit der **Befristung einredeweise** kann sich nur der **Arbeitgeber** beziehen. Der **Arbeitnehmer** hingegen ist zur Klageerhebung gehalten. Denn § 17 TzBfG, welcher seit 1. Januar 2001 an die Stelle des § 1 Abs. 5 BeschFG getreten ist und auch für Befristungen vor Inkrafttreten des § 14 Abs. 4 TzBfG, mithin noch unter Herrschaft des § 623 BGB aF getroffene Befristungsabreden, gilt, verlangt dies von ihm. Will danach ein Arbeitnehmer geltend machen, dass die Befristung eines Arbeitsvertrages rechtsunwirksam ist, so muss er innerhalb von drei Wochen nach dem vereinbarten Ende des befristeten Arbeitsvertrages Klage beim Arbeitsgericht auf Feststellung erheben, dass das Arbeitsverhältnis aufgrund der Befristung nicht beendet ist (wobei die **§§ 5 bis 7 KSchG** für entsprechend anwendbar erklärt sind). Wird das Arbeitsverhältnis nach dem vereinbarten Ende fortgesetzt, so beginnt nach § 17 S. 3 TzBfG die Klagefrist mit dem Zugang der schriftlichen Erklärung des Arbeitgebers, dass das Arbeitsverhältnis aufgrund der Befristung beendet sei. Die Unwirksamkeit der Befristung wegen Formmangels stellt auch einen gem. § 17 TzBfG durch fristgebundene Klage geltend zu machenden Unwirksamkeitsgrund dar. Dies ergibt sich zumindest aus dem Gesetzeswortlaut und der Rechtsprechung des *BAG* (9.2.2000 EzA § 1 BeschFG 1985 Klagefrist Nr. 2), wonach mit der Versäumung der Klagefrist des dem § 17 TzBfG zum Teil entsprechenden früheren § 1 Abs. 5 S. 1 BeschFG **sämtliche** Voraussetzungen einer rechtswirksamen Befristung fingiert wurden. Fingiert wird maW damit auch die Wahrung der Form.

217 Allerdings stammt die Rspr. des *BAG* aus der Zeit vor Inkrafttreten des § 623 BGB. Nicht zuletzt deshalb ist das Ergebnis auf Befremden bzw. Kritik gestoßen, wonach dem Arbeitnehmer der Schutz der Formvorschrift durch den Zwang zum klageweisen Geltendmachen partiell wieder weggenommen ist (eingehend *Bader* NZA 2000, 635 ff.). *Preis/Gotthardt* (NZA 2000, 348, 360 sowie jetzt APS-*Preis* Rz 62) weisen auf das sich daraus ergebende widersprüchliche Ergebnis hin, dass bei der formunwirksamen Befristung fristgerecht geklagt werden muss, nicht aber bei der formunwirksamen Kündigung. *Richardi/Annuß* (NJW 2000, 1231, 1235) zeigen auf, dass bei der formunwirksamen Befristung aufgrund der

Regelung in § 1 Abs. 5 BeschFG (jetzt § 17 TzBfG) nur der Arbeitnehmer klagen muss, der Arbeitgeber hingegen nur durch die Grundsätze der Verwirkung eingeschränkt ist.

Diese Kritik ist **berechtigt** (aA *Kohls* ZInsO 2000, 537, 539 f.). Die Auswirkungen des § 623 BGB in der Arbeitsrechtsordnung sind vor seinem Inkrafttreten, wie sich aus Abschn. G (Rz 227 ff.) noch ergeben wird, nicht näher durchdacht und schon gar nicht mit der Fachwelt diskutiert worden. Die Vorschrift »klemmt« an einigen Ecken und Enden. Allerdings wird dem Wortlaut des § 1 Abs. 5 BeschFG und damit jetzt des § 17 TzBfG in seiner durch die Rechtsprechung des *BAG* gefundenen Form Folge zu leisten sein. Dem Vorschlag von *Bader* (aaO), § 1 Abs. 5 BeschFG (und damit jetzt § 17 TzBfG) hinsichtlich formnichtiger Befristungsabreden aufgrund des Normzwecks des § 623 BGB (jetzt: des § 14 Abs. 4 TzBfG) nur einschränkend anzuwenden (636 f.), wird daher – bei aller Sympathie für den Gedanken – nicht gefolgt werden können (wie hier unter Hinweis auf die allerdings nicht mehr zeitgerechte Unterscheidung bei Kündigung und Befristung ErfK-*Müller-Glöge* [4. Aufl.] Rz 33 mwN zur Anwendbarkeit der Klagefrist). 218

Zu klagen ist auch bei einer **nachträglichen** Befristung eines bislang unbefristeten Arbeitsverhältnisses, selbst wenn diese in einem – seinerseits **nicht** fristgebunden anzugreifenden – Auflösungsvertrag »versteckt« ist, jedenfalls **dann**, wenn dem Regelungsgehalt noch keine alsbaldige Beendigung erstrebt wird (und das *BAG* die Abrede demgemäß auch dem Befristungskontrollrecht unterwirft, s.o. Rz 76). 219

Bei Anwendbarkeit des § 17 TzBfG muss – wie ausgeführt – nur der **Arbeitnehmer** in der bereits genannten maßgebenden Frist Klage (beim Arbeitsgericht) erheben. **Streitgegenstand** ist bei der Behauptung der Formnichtigkeit die Feststellung, dass das Arbeitsverhältnis aufgrund der Befristung (die es sich empfiehlt näher zu bezeichnen) nicht (auch hier empfiehlt sich die Bezeichnung des Zeitpunkts) beendet ist. Damit ist auch der entsprechende Klageantrag und Urteilstenor bei Klagestattgabe bzw. der Gegenstand einer Abweisung vorgegeben. Es handelt sich um eine Feststellungsklage besonderer Art wie nach der entsprechenden Regelung in § 4 S. 1 KSchG. 220

Die Klagefrist ist auch zu wahren, wenn der Arbeitnehmer geltend machen will, ein befristeter Arbeitsvertrag sei gar nicht geschlossen worden, weil seine **Unterschrift gefälscht** sei (was allerdings mehr als einen bloßen Formmangel darstellt, *Hess. LAG* 18.1.2000 LAGE § 1 BeschFG 1985 Klagefrist Nr. 11). Allerdings wird hierfür die nachträgliche Anrufung des Arbeitsgerichts (§ 17 S. 2 TzBfG, § 5 KSchG) erforderlich werden, wenn die maßgebende Kenntnis erst mehr als drei Wochen nach dem vermeintlichen Befristungsende erlangt ist. 221

Die **Klagefrist** des früheren § 1 Abs. 5 BeschFG fand **keine Anwendung** bei der Beendigung eines Arbeitsverhältnisses infolge des Eintritts einer **auflösenden Bedingung** (*BAG* 23.2.2000 EzA § 1 BeschFG 1985 Klagefrist Nr. 3; *Hess.* LAG 9.7.1999 LAGE § 1 BeschFG 1985 Klagefrist Nr. 8). Dies war, ob gewollt oder nicht, jedenfalls im Ergebnis die Kompensation dafür, dass die auflösende Bedingung nicht dem Schriftformzwang des § 623 BGB unterworfen war (str., oben Rz 85 ff.). Die Vorschrift über die Anrufung des Arbeitsgerichts in § 17 TzBfG gilt demgegenüber aufgrund § 21 TzBfG auch für den unter einer auflösenden Bedingung geschlossenen Arbeitsvertrag, unabhängig davon, ob vor Inkrafttreten des § 623 BGB, unter dessen alter Fassung oder jetzt geschlossen. 222

4. Sonstiges

In allen Fällen, in denen über die Wirksamkeit eines der in § 623 BGB genannten Rechtsgeschäfte wegen Formmangels gestritten wird, handelt es sich um Rechtsstreitigkeiten zwischen Arbeitnehmern und Arbeitgebern über das Bestehen oder Nichtbestehen eines Arbeitsverhältnisses, wofür die Gerichte für Arbeitssachen nach § 2 Abs. 1 Nr. 3b ArbGG ausschließlich zuständig sind. Für die auch für Befristungen unter der alten Fassung des § 623 BGB maßgebliche »Entfristungsklage« des § 17 TzBfG ergibt sich dies schon daraus, dass die Klage »beim« Arbeitsgericht zu erheben ist (zu den möglichen misslichen Folgen der Erhebung einer derartigen Klage erst im Berufungsverfahren s. *Spilger* AR-Blattei SD 160.10.2 Arbeitsgerichtsbarkeit X B, Berufung in Arbeitssachen, Rz 352 ff.). 223

II. Parteivorbringen und Beweislast

Zu dem schlüssigen bzw. zu dem erheblichen Parteivorbringen gehört Vortrag zu den **Umständen**, aus denen auf die Wahrung der Form geschlossen werden kann, nur dann, wenn die Parteien den Formmangel **angesprochen** haben. Die Frage ist nicht »von Amts wegen« aufzugreifen. So ist etwa Vorbringen des beklagten Arbeitgebers zur Begründung seiner streitigen Kündigung nicht deshalb unerheb- 224 lich, weil er nicht von sich aus Tatsachen vorträgt, aus denen auf die Einhaltung der für die Kündigung nach § 623 BGB vorgeschriebenen Schriftform geschlossen werden kann.

225 Wird allerdings in dem Beispielsfall der Formmangel von dem Arbeitnehmer geltend gemacht, muss sich der Beklagte näher erklären. Umgekehrt gehört es nicht zur schlüssigen Arbeitnehmerklage, mögliche Beendigungstatbestände von vornherein **auszuräumen**. Die Klage auf Lohn für den Monat September 2001 beinhaltet jedenfalls der Sache nach bei einem bereits vorher begründeten Arbeitsverhältnis auch die Behauptung, dass dieses nicht bereits am 31.8.2001 sein Ende gefunden hat. Trägt der Arbeitnehmer jedoch selbst eine Arbeitgeberkündigung oder gar eine Eigenkündigung zu jenem Zeitpunkt vor, muss er deren Wirksamkeit ausräumen, damit die Klage hinsichtlich des Lohnes für September 2001 schlüssig ist (bzw. bleibt). Dazu kann **uU** das Vorbringen gehören, dass die Kündigung bereits wegen fehlender Schriftform nichtig sei. Beschäftigt sich der Arbeitnehmer hingegen in seinem Vortrag lediglich mit einer Arbeitgeberkündigung sowie damit, dass diese aus anderen Gründen denn wegen Formmangels unwirksam sei, ist es nicht Sache des Gerichts zu prüfen, ob die Kündigung nicht ohnehin wegen Formmangels unwirksam ist.

225a Berücksichtigungsfähig ist aber Vorbringen, aus dem Formverstoß zu entnehmen ist, ohne dass es auf rechtliche Wertungen ankommt (arg. § 6 KSchG: nur »Gründe« geltend zu machen), zB die Vorlage einer formnichtigen Fax-Kündigung.

226 Die Darlegungsanforderungen im Zusammenhang mit formunwirksamen Rechtsgeschäften nach § 623 BGB folgen im Übrigen der Beweislast. Dieserhalb wird auf Rz 128 verwiesen sowie, ergänzend, auf ErfK-*Müller-Glöge* Rz 28).

G. Sonstige Auswirkungen des Formzwanges (Einzelprobleme)

227 Der mit § 623 BGB eingeführte Schriftformzwang hat Stärken und Schwächen. Letztere beruhen, wie sich aus Teilen der vorstehenden Kommentierung ergibt, in der technischen Umsetzung der Norm (so auch der Tenor des Urteils von *Preis/Gotthardt* NZA 2000, 348, 361). Insbesondere für den eiligen Leser sollen im Folgenden einige gewichtige Auswirkungen des eingeführten Formzwangs zusammengestellt werden, die zwar in der Darstellung überwiegend bereits gestreift oder erörtert sind oder sich aus den allgemeinen Anforderungen des Schriftformzwangs nach dem Bürgerlichen Gesetzbuch ergeben, jedoch für arbeitsrechtliche »Problemlagen« fortgedacht werden müssen.

I. Kündigung

228 Die Einführung des Formzwangs für die Kündigung führt insbes. dazu, dass – **so nicht schriftlich** – nicht mehr »konkludent« oder »schlüssig« gekündigt werden kann. Durch den Schriftformzwang erledigen sich viele **Auslegungsprobleme** dazu, ob es sich bei einer Erklärung überhaupt um eine Kündigung handelt oder wie die Erklärung sonst zu verstehen ist (vgl. *Müller-Glöge/von Senden* AuA 2000, 199, 203). Das erleichtert auch die **Prozesstaktik**, gleich für welche Seite (aus anwaltlicher Sicht *Schulte* Anwalts-Handbuch Arbeitsrecht, Teil C Rz 38). Insbesondere »**Spontankündigungen**«, ob unüberlegt oder aus Erregung heraus, wird es nicht mehr im bisherigen Umfang geben (vgl. *Krabbenhöft* DB 2000, 1562, 1567; *Wurm* ZBVR 2000, 91). Betroffen hiervon sein werden nicht selten **arbeitnehmerseitige** Kündigungen (sog. Eigenkündigungen). Allerdings können sich aus formunwirksamen »Eigenkündigungen« **weitere** unbedachte Folgen ergeben. So stellt sich etwa die Frage, wie der spontankündigende Vertragspartner dazu **gebracht** werden kann, seine Spontaneität zu beweiszwecken auch noch in Schriftform zu kleiden (vgl. hierzu *Böhm* NZA 2000, 561, 562; s.a. Rz 207). **Es tritt maW als neue Frage diejenige auf, wie sich der Gegner der formunwirksamen Erklärung nun verhalten soll** (die Sache auf sich beruhen lassen, seinerseits – formgerecht – kündigen, die der Arbeit fernbleibende Gegenseite zunächst einmal abmahnen?). Es stellt sich maW die Frage nach den gegenseitigen Rechten und Pflichten aus dem Arbeitsvertrag, wenn die Spontanerklärung – etwa durch Verlassen des Arbeitsplatzes durch den Arbeitnehmer oder durch Hausverweis durch den Arbeitgeber – auch in die, wenn auch formungerechte, Tat umgesetzt wird.

229 Nicht mehr möglich sein wird der Ausspruch von **Massenkündigungen** durch Aushang am **Schwarzen Brett**. Selbst wenn der Aushang formgerecht errichtet sein sollte, bedarf es jedenfalls der weiteren Prüfung des Zugangs der formgerechten Erklärung (vgl. BBDW-*Bader* Rz 33; *Schaub* NZA 2000, 344, 347; zu **Zugangsfiktionen** vor und nach der Schuldrechtsmodernisierung vgl. auch KR-*Spilger* § 622 BGB Rz 126, 290).

Schriftform der Kündigung § 623 BGB

Die gleichen Rechtsfolgen einer unwirksamen Spontan- und Eigenkündigung stellen sich ein, wenn aufgrund der durch den Schriftformzwang **eingeschränkten Umdeutungsmöglichkeiten** bzw. einer **Abstandnahme von der formunwirksamen Kündigung** (die mangels Verkörperung weder unter Anwesenden und nach Maßgabe des § 130 Abs. 1 BGB unter Abwesenden wirksam werden kann) von einem Fortbestand des Arbeitsverhältnisses ausgegangen werden muss. 230

Schuldt (ZAP Fach 17, 527, 529) befürchtet u.a., es sei mit der Einführung des § 623 BGB nun damit zu rechnen, dass in Kündigungssachen zunehmend um die Frage gestritten werde, ob eine Kündigung allein deshalb unwirksam sei, weil diese mangels **Vorlage einer Vollmachtsurkunde** unverzüglich nach § 174 BGB zurückgewiesen worden sei. Dem ist zuzustimmen. Sobald sich das Schriftformerfordernis im Rechtsbewusstsein der Bevölkerung entfaltet hat, wird es wahrscheinlicher, dass der Empfänger einer Kündigungserklärung, die für ihn nicht erkennbar vom Vertragspartner herrührt, die Legitimation der erklärenden Person in Frage stellen wird. 231

Die eigentlichen Probleme dürften allerdings nunmehr im Zusammenhang mit dem Nachweis des **Zugangs** der formgerecht errichteten Kündigung auftreten, in Sonderheit dann, wenn Fristen gewahrt werden sollen oder – etwa die Erklärungsfrist nach § 626 Abs. 2 BGB – zu wahren **sind**. Auf die Zugangsproblematik hat im Gesetzgebungsverfahren bereits die Bundesregierung in ihrer Stellungnahme hingewiesen. Die Praxis wird sich – wie im Wohnraummietrecht wegen § 568 Abs. 1 BGB – mit der Zustellung durch Gerichtsvollzieher oder gar öffentlich (§ 132 Abs. 1, Abs. 2 BGB) zu helfen wissen. 232

Gegenüber einer **bereits wegen des Formmangels** unwirksamen Kündigung räumt die hM (s. hierzu krit. KR-*Spilger* § 9 KSchG Rz 27 ff.) dem Arbeitgeber **nicht** die Vergünstigung ein, nach **§ 9 KSchG die Auflösung** des Arbeitsverhältnisses zu beantragen. 233

Die mündliche Eigenkündigung des Arbeitnehmers löst, wenn es hernach an einem **Arbeitsangebot** fehlt (*Caspers* RdA 2001, 28, 29 f., 37) mangels **Annahmeverzuges** keinen **Nachzahlungsanspruch** nach § 615 BGB aus (BBDW-*Bader* Rz 56; *Schaub* NZA 2000, 344, 347; *Däubler* AiB 2000, 188, 191). Selbst wenn ein Grund zur Kündigung, gar zur außerordentlichen fristlosen, bestanden hat, so wird für den Arbeitnehmer ein **Zurückbehaltungsrecht** an der Arbeitsleistung nach § 273 BGB nur schwer zu begründen sein. Dadurch setzt sich der Arbeitnehmer der **Gefahr einer Arbeitgeberkündigung** aus, die allerdings des Ausspruchs einer fruchtlosen **Abmahnung** bedürfen wird (*Schaub* aaO). Darüber hinaus ist zu erwägen, ob – wenn die unwirksame Kündigung durch vertragswidriges Verhalten des Arbeitgebers veranlasst ist – nicht über den **Schadensersatzanspruch nach § 628 Abs. 2 BGB** iVm § 249 BGB die ungekündigte Fortführung des Arbeitsverhältnisses beansprucht werden kann. Will der Arbeitnehmer das Arbeitsverhältnis fortsetzen, muss er seine **Bereitschaft zur Arbeit** dem Arbeitgeber gegenüber erklären. Von diesem Moment an besteht dann auch wieder ein Anspruch nach § 615 BGB (*Däubler* aaO; *Schaub* aaO). Ist allerdings **längere Zeit** vergangen und hat der Arbeitgeber den Arbeitsplatz **anderweitig besetzt**, kann er dem Arbeitnehmer entgegenhalten, es verstoße gegen Treu und Glauben, wenn er sich nunmehr auf die Formnichtigkeit seiner früheren Kündigung beruft (*Däubler* aaO). Hierfür sind jedoch **strenge Maßstäbe** anzulegen, weil der Arbeitgeber einen einfachen Weg besitzt, um sich die nötige Klarheit zu verschaffen: Er kann den Arbeitnehmer zur **Fortsetzung der Arbeit auffordern** und ihm bei Nichterscheinen am Arbeitsplatz eine **Kündigung androhen**. Verzichtet er darauf, muss er es sich gefallen lassen, wenn sich der Arbeitnehmer in absehbarer Zeit auf den Fortbestand des Arbeitsverhältnisses beruft (*Däubler* aaO). 234

Hat dagegen der **Arbeitgeber** mündlich gekündigt, so ist diese Kündigung unwirksam. Der Arbeitgeber gerät – wie bei einer aus anderem Grund unwirksamen Kündigung – in **Annahmeverzug**. Auch hier kann er allerdings den Arbeitnehmer zur Arbeit auffordern, um aus dem **Annahmeverzug herauszukommen**. Insoweit dürfte die Rechtsprechung zur »Rücknahme« von Kündigungen und Annahmeverzug modifiziert sein (*Schaub* NZA 2000, aaO). Kündigt der Arbeitgeber schriftlich **erneut**, ist ab Zugang dieser Kündigung bei Anwendbarkeit der Vorschriften des Ersten Abschnitts des Kündigungsschutzgesetzes die Drei-Wochen-Frist des § 4 KSchG einzuhalten, wenn der Arbeitnehmer die Sozialwidrigkeit der Kündigung geltend machen will. Zweckmäßigerweise wird er im Wege kumulativer **Klagenhäufung** einerseits die Unwirksamkeit der mündlichen Kündigung und andererseits die fehlende Rechtfertigung der (Folge-)Kündigung geltend machen (vgl. *Schaub* NZA 2000, aaO). An sich läuft hinsichtlich der mündlichen Kündigung keine Klagefrist. Jedoch erscheint es aus Gründen des Selbstschutzes oder – bei Beratung – aus Gründen der prozessualen Fürsorge angeraten, die mündliche Kündigung **deshalb** mit in Streit zu ziehen, um das hierauf bezogene Klagerecht nicht zu **verwirken**. 235

§ 623 BGB   Schriftform der Kündigung

236 Schließlich kann damit gerechnet werden, dass – wie bereits nach bisherigem Recht bei vertraglich oder tarifvertraglich vereinbarter, aber nicht eingehaltener Schriftform – mit Bezug auf den **Grundsatz von Treu und Glauben** um die Frage gestritten werden wird, ob nicht die Arbeitsvertragsparteien sich einvernehmlich über den Schriftformzwang des § 623 BGB **hinweggesetzt** haben (so *Schuldt* ZAP Fach 17, 527, 529).

II. Auflösungsvertrag

237 Der formunwirksame Auflösungsvertrag löst teilweise ähnliche Probleme aus. Insbesondere **spontane** Aufhebungsverträge wird es nicht mehr im bisherigen Umfang geben, es sei denn, trotz aller Spontaneität sei die Schriftform gewahrt. Viele »kleinere« Arbeitgeber, die bislang nach dem Motto verfuhren, »mein Wort« oder »der Handschlag« genügt, werden umlernen müssen (*Schuldt* ZAP Fach 17, 527). Die Möglichkeit des »**Rücktritts**« bzw. der **Abstandnahme** vom Auflösungsvertrag ist bereits angesprochen. Auch hieraus resultiert dann das Problem, welche Rechte und Pflichten im Einzelnen sich aus dem nunmehr fortbestehenden Arbeitsverhältnis ergeben, also insbes. auch die Frage nach der Lohnzahlungspflicht oder einem Nachzahlungsanspruch. Auch hier wird sich verstärkt die Frage stellen, ob und ggf. inwieweit sich die eine oder die andere Vertragspartei mit Blick auf den Grundsatz von **Treu und Glauben** auf die Formunwirksamkeit des Auflösungsvertrages berufen darf.

238 **Keinen** Auflösungsvertrag kann es nach dem sich aus § 623 BGB ergebenden Schriftformerfordernis darstellen, wenn sich die von einem formunwirksamen Ansinnen betroffene Arbeitsvertragspartei nur nicht wehrt.

239 Die Begründung eines Geschäftsführer- oder Vorstandsanstellungsverhältnisses mit einem Arbeitnehmer und seine Bestellung zum Organ(-mitglied), auch einer dritten Gesellschaft, vermag seit Einführung des Schriftformzwangs für Auflösungsverträge nicht mehr »im Zweifel« zu einer Aufhebung eines bisherigen Arbeitsverhältnisses führen (vgl. hierzu *BAG* 8.6.2000 EzA § 5 ArbGG Nr. 35; 24.11.2005 NJW 2006, 1899; 14.6.2006 – 5 AZR 592/05 – juris). Dies bedarf, auch für eine nach wie vor mögliche konkludente Aufhebung, der Schriftform. Erfolgt die Aufhebung nicht ausdrücklich oder konkludent, bleibt das Arbeitsverhältnis ggf. als ruhendes bestehen. Die konkludente Aufhebung kann allerdings auch durch den – allerdings schriftlich zu schließenden (vgl. *LAG Brem.* 2.3.2006 BB 2006, 724) – Anstellungsvertrag bewirkt werden, zB durch Anstellungsbedingungen, die mit einem fortbestehenden Arbeitsvertrag unvereinbar (oder eigenständig, *LAG Bln.* 15.2.2006 LAGE § 623 BGB 2002 Nr. 5 m. Anm. *Gravenhorst*) sind oder dessen Aufhebung wenigstens »andeuten« (*Krause* ZIP 2000, 2284, 2289 f., 2291; *Baeck/Hopfner* DB 2000, 1914, 1915; *Kamanabrou* DB 2002, 146, 149 f.; *ArbG Ulm* 4.11.2005 – 3 Ca 72/ 05; ferner *Nägele* BB 2001, 305, 308, der allerdings keine konkludente Aufhebung zulässt; **aA** auch *Fischer* NJW 2003, 2417, 2418 f. [unter Hinweis darauf, dass für **Anstellung** anderes Organ als für Beendigung Arbeitsverhältnis zuständig ist; dazu auch *Zirnbauer* FS 25 Jahre Arge ArbR DAV 2006, 553, 556 f.] und *Holthausen* NZA-RR 2002, 281, 287 f.; **anders aber** Andeutungen in einer noch nicht § 623 unterfallenden Sache durch *BAG* 25.4.2002 EzA § 543 ZPO Nr. 11). Gegen Anwendbarkeit des § 623 BGB bei der Ablösung eines Arbeits- durch einen Dienstvertrag *Adam* Anm. *BAG* 8.6.2000 SAE 2001, 105, 109, 113 f.; *Niebler/Schmiedl* NZA-RR 2001, 281, 287, wollen dem Organmitglied die Berufung auf die Formnichtigkeit mit Blick auf § 242 BGB versagen. Zum Problemkreis weiter *Bauer/Baeck* ZIP 2003, 1821 ff.; *Dollmann* BB 2003, 1838 ff; *Haase* GmbHR 2004, 279, 281 ff.; *Schrader/Schubert* DB 2005, 1457, 1463.

III. (Fassung bis 31. Dezember 2000) Befristung

240 Ähnlich wie beim Auflösungsvertrag und bei der Kündigung ergeben sich auch weit reichende Folgen des Schriftformzwangs für Befristungsabreden. Auch hier wird in der Praxis noch Lehrgeld zu zahlen sein. Die (fehlende) Möglichkeit der **Abstandnahme** von einem unwirksam befristeten Vertrag bzw. die Folgen der **Bestätigung** einer unwirksamen Befristungsabrede (unwirksame nachträgliche Befristung) sind bereits angesprochen worden (oben Rz 182, 195, 198). Zu letzterem Problemkreis weisen *Richardi/Annuß* (NJW 2000, 1231, 1235) zutreffend darauf hin, dass die gewollte und zunächst nur mündlich abgemachte Befristung scheitert, wenn der Arbeitnehmer **vor** Unterzeichnung der Abrede tatsächlich im Unternehmen **eingesetzt** wird (und die »nachgereichte« Schriftform dann nur ex nunc wirkt; s. näher o. Rz 195, 198).

241 *Böhm* (NZA 2000, 561, 564) zeigt auf, wie rasch eine **beidseitig gewollte** Befristung, obzwar unterzeichnet, **an den Anforderungen des § 126 BGB scheitern kann** (Aussteller nimmt Studentin als Hos-

Schriftform der Kündigung § 623 BGB

tess für die Dauer einer Messe schriftlich unter Vertrag. Ausstellung wird um drei Tage verlängert. Aussteller teilt der Studentin schriftlich mit, dass er den Vertrag um drei Tage verlängern möchte [was formbedürftig ist], und bittet sie, zum Zeichen ihres Einverständnisses eine beiliegende Ausfertigung zu unterschreiben und zurückzugeben. Studentin schreibt unter die Unterschrift des Arbeitgebers das Wort »einverstanden« und setzt ihre Unterschrift darunter: Keine Wahrung der Schriftform, weil die Unterschrift des Arbeitgebers räumlich nicht auch das »Einverstanden«, also die auf die Befristungsabrede bzw. ihre Verlängerung gerichtete Erklärung der Studentin, abschließt. Nach den hierfür geltenden strengen Regeln kein Fall, in dem sich die Studentin **nicht** auf den Formmangel berufen darf, so nicht die Rechtsprechungsänderung des *BGH* [s.o. Rz 109] **zu § 566 BGB aF** übertragen wird).

Auswirkungen des Schriftformzwangs und seiner Verletzung bei Befristungsabreden werden auch Rechtsstreitigkeiten um **Nachzahlungsansprüche** aus § 615 BGB sein sowie – wie im vorstehenden Beispielsfall von *Böhm* – Diskussionen darüber, ob und inwieweit sich auf den Formmangel **berufen** werden darf oder nicht. 242

Lange **ungeklärt** war auch, was gilt, wenn der Arbeitgeber eine Kündigungssache im ersten Rechtszug verliert und die Parteien – mit oder ohne Abrede – das Arbeitsverhältnis im Interesse beider Seiten (Beschäftigungsinteresse des Arbeitnehmers, Interesse an der Vermeidung eines Nachzahlungsanspruchs des Arbeitgebers) fortsetzen, bis der Prozess rechtskräftig abgeschlossen ist. Erfolgt die Weiterbeschäftigung aufgrund im ersten Rechtszug **ausgeurteilter Prozessbeschäftigung** zur Meidung der Zwangsvollstreckung ergeben sich **keine** Probleme: Dieser Anspruch ist nach der Rspr. des *BAG* (4.9.1986 EzA § 611 BGB Beschäftigungspflicht Nr. 27) **auflösend bedingt** durch das Ergebnis in der Kündigungssache (so auch *LAG Nds.* 27.9.2005 LAGE § 21 TzBfG Nr. 2). Unterwirft man die Vereinbarung einer auflösenden Bedingung – wie hier (o. Rz 85 ff.) – schon nicht dem Schriftformerfordernis des (Fassung bis 31. Dezember 2000) § 623 BGB, ergeben sich keine Probleme. Auch die Gegenansicht jedoch wird nicht dazu kommen, dass die vorläufige Weiterbeschäftigung zwischen den Parteien zur Begründung ihrer Vorläufigkeit der schriftlichen Abrede bedarf. Denn mit Erfolg der Kündigungssache besteht das **Arbeitsverhältnis** fort; dem steht eine Abrede über eine nur vorläufige **Beschäftigung** wegen der Kündigungssache nicht entgegen. Wird die Klage (im zweiten oder dritten Rechtszug) hingegen **abgewiesen**, so **endet** der erstinstanzliche ausgeurteilte Anspruch auf Prozessbeschäftigung gewissermaßen qua Richterrechts. Ist aber der Prozessbeschäftigungsanspruch, einem Berufsausbildungsverhältnis gleich, **von vornherein endlich**, muss diese Rechtsfolge nicht erst durch schriftliche Vereinbarung herbeigeführt werden. **Problematischer** ist **die** Situation, in welcher eine Weiterbeschäftigung **nicht** ausgeurteilt ist, die Parteien aber **gleichwohl** mit Blick auf den Erfolg der Kündigungsschutzklage im Ersten Rechtszug oder allein bis zur Klärung der Wirksamkeit der Kündigung (»unter Vorbehalt deren Wirksamkeit«, wie häufig durch Insolvenzverwalter, vgl. *Kohls* ZInsO 2000, 537, 538 f.) aus wohlverstandenen beiderseitigen Interessen eine Fortführung des Arbeitsverhältnisses bis zum Ausgang ihrer Rechtssache vereinbaren oder es einfach fortsetzen. Auch **hier** ist die Fortbeschäftigung bedingt durch die mögliche Abweisung der Kündigungsschutzklage (*BAG* 4.9.1986 EzA § 611 BGB Beschäftigungspflicht Nr. 27). Unterwirft man eine auflösende Bedingung – wie die hM – dem Formzwang (nach § 623 BGB aF; für § 14 Abs. 4 TzBfG ist das Problem durch § 21 TzBfG gelöst), hätten die Parteien – ohne es zu wollen – eine **unbefristete** Beschäftigung verabredet (für Schriftform daher konsequent APS-*Preis* Rz 12). Dem könnte bestenfalls noch entgegengehalten werden, dass es den Parteien nicht um das **Arbeitsverhältnis**, sondern lediglich um die **Beschäftigung** während des Prozesses gegangen sei, die aber für sich von § 623 BGB nicht erfasst werde. Vgl. zur **Rechtslage unter Geltung** des § 14 Abs. 4 TzBfG jetzt KR-*Spilger* Anhang zu § 623 BGB Rz 122. 243

Opolony (NJW 2000, 2171, 2172) hat für das **Bühnenarbeitsrecht** darauf hingewiesen, dass der mit § 623 BGB (aF) gewollte Bestandsschutz im Bühnenleben **in sein Gegenteil** dadurch umschlagen könnte, dass sich die Arbeitgeber gezwungen sähen, gegenüber sämtlichen aufgrund befristeter Arbeitsverhältnisse Beschäftigten **Nichtverlängerungsmitteilungen** auszusprechen, um nunmehr – im Falle des Scheiterns einvernehmlicher Regelungen – in den Einzelarbeitsverträgen Schriftform für die nach den maßgebenden Tarifverträgen befristeten Bühnenarbeitsverhältnisse durchzudrücken. Dies ist richtig, soweit es um die Arbeitsverhältnisse nicht tarifgebundener Arbeitnehmer geht, in deren Arbeitsverhältnisse lediglich auf die einschlägigen Tarifverträge Bezug genommen wird. 244

Ein **Sonderproblem** erwächst auch aus der Regelung in **§ 625 BGB**. Danach gilt ein Dienstverhältnis (Arbeitsverhältnis) als auf unbestimmte Zeit verlängert, wenn es nach dem Ablauf der Dienstzeit von dem Verpflichteten mit Wissen des anderen Teils fortgesetzt wird, sofern nicht der andere Teil unverzüglich widerspricht. Widerspricht der Arbeitgeber mit dem Ziel, lediglich eine **befristete** Verlänge- 245 rung zu erreichen, hat es mit dem **an sich** formfreien Widerspruch nach § 625 BGB nicht sein Bewenden. Vielmehr ist nach (Fassung bis 31. Dezember 2000) § 623 BGB (nunmehr) eine schriftliche Verlängerungsabrede zu treffen (APS-*Preis* Rz 65; *Preis/Gotthardt* NZA 2000, 348, 361). Dabei bleibt es übrigens auch seit Geltung des § 14 Abs. 4 TzBfG, weil insoweit die dem § 625 BGB entsprechende Regelung in § 15 Abs. 5 TzBfG für den Fall des Ablaufens einer Befristung oder Zweckerreichung zu beachten ist.

H. Verhältnis zu Schriftformzwang nach anderen Rechtsquellen

246 Erörterungsbedürftig ist das Verhältnis des Schriftformzwanges nach § 623 BGB zum Schriftformzwang nach **anderen** Rechtsquellen, weil § 623 BGB nicht disponibel ist (oben Rz 30). Zu dem (rein zeitlichen) Verhältnis zu der Neuregelung in § 14 Abs. 4 TzBfG s. bereits o. Rz 37.

247 Das Verhältnis des Schriftformzwanges nach § 623 BGB zum Schriftformzwang nach anderen Rechtsquellen ist **unproblematisch**, soweit sich aus diesen ein inhaltlich dem § 623 BGB **gleichwertiger** Schriftformstandard ergibt (ebenso SPV-*Preis* Rz 173). Dies ist nur der Fall, wenn die Verletzung des in concreto angeordneten Schriftformzwanges, ebenso wie bei Verletzung desjenigen nach § 623 BGB, zur Nichtigkeit von Kündigung, Auflösungsvertrag oder (Fassung bis 31. Dezember 2000) einer Befristung führt. Dies vorausgesetzt werden entsprechende inhaltsgleiche, erst recht strengere Rechtsquellen also **nicht verdrängt** (vgl. APS-*Preis* Rz 20; ErfK-*Müller-Glöge* Rz 19; **unrichtig** HK-*Dorndorf* § 1 KSchG Rz 117b für kollektivvertragliche Normen). Das trifft zu für inhaltsgleiche **gesetzliche** Bestimmungen sowie für entsprechende Regelungen in **Tarifverträgen** oder **Betriebsvereinbarungen**, nicht aber für – arbeitsvertraglich – **gewillkürte** Schriftformerfordernisse. Für Schriftformzwänge nach **Gesetz** ergibt sich dies schon daraus, dass sie der Regelung in § 623 BGB gleichwertig sind und ihre Ablösung durch § 623 BGB weder ausdrücklich noch der Entstehungsgeschichte der Norm nach gewollt war; sie gelten also nebeneinander. **Derogiert** werden lediglich etwaige einen schwächeren Schriftformstandard enthaltende ältere Gesetze. Für Schriftformzwang nach **Tarifverträgen** (weshalb der Streit darüber, ob SR 2y Nr. 2 zum BAT konstitutiv oder deklaratorisch sei, praktisch erledigt ist, *Kröll* Personalrat 2001, 179, 187) oder **Betriebsvereinbarungen** gilt das vorstehend zum Verhältnis zwischen § 623 BGB und gesetzlichen Schriftformerfordernissen entsprechend. Denn auch hierbei handelt es sich um eine iSd § 125 S. 1 BGB »durch Gesetz« vorgeschriebene Form (für tarifvertragliche Bestimmungen: *BAG* 15.11.1957 NJW 1958, 397; 9.2.1972 AP § 4 BAT Nr. 1; 18.5.1977 DB 1977, 2145; 18.9.2002 EzA § 242 BGB Betriebliche Übung Nr. 48; jetzt **klar** aufgrund § 310 Abs. 4 S. 3 BGB für § 307 Abs. 2 BGB). Zu prüfen ist aber jeweils, ob der Tarifvertrag nicht lediglich einen **Anspruch** auf schriftliche Festlegung begründet und die Wirksamkeit mündlicher Erklärungen unberührt lassen will (*BAG* 7.7.1955 BB 1955, 669). Anders ist dies bei einer **gewillkürten** Schriftform. Dabei handelt es sich nicht um eine Bestimmung »durch Gesetz«. Gewillkürter Schriftformzwang gewährt keinen dem § 623 BGB vergleichbaren Standard. Das ergibt sich zum einen daraus, dass die Wahrung der Form nach Maßgabe des § 127 Abs. 2 BGB gegenüber einem gesetzlichen Schriftformzwang erleichtert ist. Darüber hinaus kann eine gewillkürte Schriftform von den Parteien sowohl ausdrücklich als sogar konkludent, etwa dadurch, dass ohne Einhaltung der Schriftform gehandelt wird, abbedungen werden (so nicht das Abbedingen seinerseits – qualifizierte Schriftformklausel – dem Formzwang unterworfen ist). Daher geht der Schriftformzwang nach § 623 BGB einem **gewillkürten** Schriftformzwang stets **vor**.

248 Für **Kündigungen** ergibt sich Schriftformzwang zB (auch) aus § 22 Abs. 3 BBiG, § 9 Abs. 3 S. 2 **MuSchG** oder aus §§ 62 Abs. 1 S. 1, 68a, 78 Abs. 2 S. 1 **SeemG**. Aufgrund § 57 **BAT/BAT-O** bedürfen sowohl ordentliche als auch außerordentliche Kündigungen nach Ablauf der Probezeit der Schriftform. § 54 **BMT-G II/BMT-G-O** enthielt eine im Wesentlichen gleichlautende Regelung, allerdings nur für Kündigungen seitens des **Arbeitgebers.** Soweit konstitutiver Schriftformzwang nicht bereits **danach** gilt, ist **nunmehr** § 623 BGB zu berücksichtigen.

249 Soweit nach **anderen** Rechtsquellen **weitergehende** Schriftformanforderungen aufgestellt sind, bleiben diese durch § 623 BGB **unberührt**. So bleibt es dabei, dass nach § 22 Abs. 3 BBiG die Kündigung in den Fällen dessen Abs. 2 schriftlich unter **Angabe** der **Kündigungsgründe** erfolgen muss. Die schriftliche Kündigung nach § 9 Abs. 3 S. 3 MuSchG muss den **zulässigen Kündigungsgrund** angeben. § 54 BMT-G II zwang den Arbeitgeber, im Kündigungsschreiben die Gründe **so genau** zu bezeichnen, dass der Kündigungsempfänger genügend klar erkennen kann, was gemeint ist und was ihm – im Falle einer verhaltensbedingten Kündigung – zur Last gelegt wird. Die Bezugnahme auf den Inhalt eines Gesprächs (*BAG* 10.2.1999 EzA § 125 BGB Nr. 13) oder die Verwendung von Werturteilen oder die bloße

Bezeichnung »betriebsbedingt« (*BAG* 10.2.1999 EzA § 125 BGB Nr. 13) war unzureichend (s. *Dassau* ZTR 2000, 289, 291; *Müller-Glöge/von Senden* AuA 2000, 199, 200). Auch eine **strengere gewillkürte Schriftform** bleibt/ist auch **nach** Inkrafttreten des § 623 BGB von Relevanz (vgl. APS-*Preis* Rz 20; SPV-*Preis* Rz 173; ErfK-*Müller-Glöge* Rz 20). Soweit für die Schriftform bei Kündigung von **Wohnraum** mit Blick auf den »Sozialcharakter des Wohnraummietrechts« Gegenteiliges vertreten wird (*Palandt/Weidenkaff* § 568 Rz 3), ist dies auf § 623 BGB nicht übertragbar. Für die **Erschwerung der arbeitsvertraglichen Kündigung** gelten eigene Grenzen (zB aus § 622 Abs. 6 BGB; Einzelheiten KR-*Spilger* § 622 BGB Rz 116 ff., 146, 148 f.). Lediglich in **AGB** kann seit dem 1.1.2002 **wegen §§ 309 Nr. 13, 310 Abs. 4 S. 2 BGB** keine **strengere** Form als die in § 623 BGB vorgesehen werden (APS-*Preis* Rz 11; ErfK-*Müller-Glöge* Rz 20; *Staudinger/Oetker* Rz 16). Da der Arbeitsvertrag Verbrauchervertrag iSd **§ 310 Abs. 3 BGB** ist (*BAG* 25.5.2005 EzA § 307 BGB 2002 Nr. 3; 31.8.2005 EzA § 6 ArbZG Nr. 6) gilt dies sogar für vorformulierte Verträge, die nur zur **einmaligen** Verwendung bestimmt sind (HWK-*Bittner* Rz 42; zu **Zugangsfiktionen, Fingierung von Erklärungen, strengeren Formregelungen, besonderen Zugangserfordernissen** und **unangemessenen** vorformulierten Klauseln s. KR-*Spilger* § 622 BGB Rz 290). Im Übrigen darf die Erschwerung nur nicht **zu Lasten** des Arbeitnehmers **ungleich** sein (arg. § 622 Abs. 6 BGB, § 22 Abs. 1 TzBfG).

Keine Kollision zwischen § 623 BGB und anderen Rechtsquellen tritt auf, wenn durch letztere **sonstige** 250 Schriftformanforderungen aufgestellt werden, deren Verletzung aber nicht zur Nichtigkeit des Rechtsgeschäfts führt. Dies ist – wie bereits angesprochen – in Sonderheit dann anzunehmen, wenn die Auslegung ergibt, dass es sich nur um ein deklaratorisches Schriftformerfordernis handelt. Insbesondere gehören hierher aber auch solche Regelungen, die der einen Partei gegen die andere Partei lediglich einen **Anspruch** auf Wahrung einer bestimmten schriftlichen Form einräumen, oder wenn an die Verletzung geforderter schriftlicher Form andere Rechtsfolgen als diejenige der Nichtigkeit des Rechtsgeschäfts geknüpft werden. Letzteres ist etwa bei der **Vertragsniederschrift des § 11 BBiG** der Fall, deren Nichterrichtung lediglich eine **Ordnungswidrigkeit** darstellt und dazu führt, dass der Berufsausbildungsvertrag nicht eingetragen wird. Einen bloßen Anspruch auf schriftliche Mitteilung des Kündigungsgrundes enthält § 626 Abs. 2 S. 2 BGB, einen bloßen Anspruch auf Niederschrift und deren Aushändigung enthält § 2 Abs. 1 Nr. 3 NachwG hinsichtlich der Angabe der vorhersehbaren **Dauer** des Arbeitsverhältnisses bei (bedeutsam für die Fassung des § 623 BGB bis 31. Dezember 2000) **befristeten** Arbeitsverhältnissen (keine Wirksamkeitsvoraussetzung, vgl. *BAG* 21.8.1997 EzA § 4 BBiG Nr. 1). Die Verletzung der Verpflichtung nach § 57b Abs. 5 **HRG aF**, den Grund für die Befristung nach § 57b Abs. 2 bis 4 HRG aF im Arbeitsvertrag anzugeben, hat lediglich **die** Folge, dass die Rechtfertigung der Befristung nicht auf die genannten Absätze gestützt werden kann (Entsprechendes gilt für die Verletzung des Zitierungsgebotes aus § 57b Abs. 3 S. 1 HRG nF). Ist im **Arbeitsvertrag** vereinbart, dass die Kündigung durch eine besondere **Versendungsart**, zB durch **eingeschriebenen Brief**, zu erfolgen hat, ist das **kein** Formerfordernis, sondern soll nur den sicheren Zugang der Kündigung ermöglichen (*BAG* 4.12.1997 EzA § 242 BGB Rechtsmissbrauch Nr. 3; *Schulte* Anwalts-Handbuch Arbeitsrecht, Teil 3 C Rz 40). **Keine** der vorgenannten **Mitteilungs-, Erteilungs-** oder **Angabepflichten** usw. wahrt für sich das Formerfordernis des § 623 BGB. Die schriftliche Mitteilung des Kündigungsgrundes **auf Verlangen** ersetzt nicht die schriftliche Erklärung der Kündigung selbst. Die Niederschrift nach **§ 2 Abs. 1 Nr. 3 NachwG** ersetzt die schriftliche Befristung (für § 623 BGB maßgebend in dessen bis 31. Dezember 2000 geltender Fassung) ebenso wenig wie die Angabe des Befristungsgrundes nach § 57b Abs. 5 HRG aF oder diejenige nach § 57b Abs. 3 S. 1 HRG nF. **§ 623 BGB ist also daneben einzuhalten.**

In Sonderheit ist § 623 BGB also **immer** auch **dann** einzuhalten, wenn andere Rechtsquellen nur bestimmen, **unter welchen Voraussetzungen** gekündigt, aufgelöst oder (Fassung bis 31. Dezember 2000) 251 befristet werden kann und es zur Verwirklichung der Kündigung, der Auflösung oder (Fassung bis 31. Dezember 2000) der Befristung noch der darauf gerichteten Rechtsgeschäfte bedarf.

Soweit sich nach dem Vorstehenden allerdings eine **Kollision** des § 623 BGB mit einer **rangniederen** 252 Norm ergibt, geht § 623 BGB **vor**. Dies gilt in Sonderheit auch gegenüber einer tarifvertraglichen Formvorschrift, die schwächer als § 623 BGB ausgestaltet ist. Zwar wiegt eine tarifvertragliche Formvorschrift nach dem Vorstehenden wie eine durch Gesetz bestimmte Form. Dies ändert jedoch nichts daran, dass der Tarifvertrag als im Range niedrigere Rechtsquelle keinen geringeren Formstandard als § 623 BGB normieren darf und hat sich hinsichtlich der Befristungsabrede auch nach deren Auslagerung nach § 14 Abs. 4 TzBfG, wie sich aus § 22 TzBfG ergibt, nicht geändert.

Anhang

§ 14 Abs. 4 TzBfG (4) Die Befristung eines Arbeitsvertrages bedarf zu ihrer Wirksamkeit der Schriftform.

Literatur

– bis 2004 vgl. KR-Vorauflage –
Bahnsen Schriftform nach § 14 IV TzBfG – die neue Befristungsfalle für Arbeitgeber, NZA 2005, 676; *Bengelsdorf* Anm. zu BAG 22.10.2003 – 7 AZR 113/03 –, SAE 2005, 53; *ders.* Die Anwendbarkeit der §§ 14 IV, 21 TzBfG auf die Weiterbeschäftigungsverhältnisse während eines Kündigungsschutzverfahrens, NZA 2005, 277; *Nadler/Medem* Formnichtigkeit einer Befristungsabrede im Arbeitsvertrag – ein nicht zu korrigierender Fehler? NZA 2005, 1214; *Preis* Flexibilität und Rigorismus im Befristungsrecht, NZA 2005, 714; *Riesenhuber* Keine Rettung der formnichtigen Befristungsabrede im Arbeitsvertrag?, NJW 2005, 2268; *Sittard/Ulbrich* Die Prozessbeschäftigung und das TzBfG, RdA 2006, 218; *Tschöpe* Weiterbeschäftigung während des Kündigungsrechtsstreits: Neue Trends beim Annahmeverzug des Arbeitgebers, DB 2004, 434, *ders.* Achtung Formfalle – Schriftliche Befristung bei vorläufiger Weiterbeschäftigung, BAGRep 2005, 1.

Inhaltsübersicht

Kurz-Gliederung

	Rz			Rz
A. Einleitung	1–29	F.	Prozessuales Geltendmachen des Formmangels (§ 17 TzBfG)	112–120
B. Gegenstand des Schriftformzwanges	30–43	G.	Sonstige Auswirkungen des Formzwangs	121, 122
C. Schriftliche Form	44–91	H.	Verhältnis zu Schriftformzwang nach anderen Rechtsquellen (§ 23 TzBfG)	123
D. Schriftform als Wirksamkeitsvoraussetzung; Rechtsfolge bei Formmangel (§ 16 S. 1, S. 2 TzBfG)	92–104			
E. Berufung auf Formmangel; Grenzen	105–111			

Detail-Gliederung

		Rz			Rz
A.	Einleitung	1–29		c) Nichtarbeitsvertragliche Befristungen	40
I.	Entstehungsgeschichte	1–15	II.	Auflösende Bedingung (§ 21 TzBfG)	41
	1. Rechtslage bis 31. Dezember 2000 (§ 623 BGB aF)	1–2	III.	Ähnliche Lösungstatbestände	42, 43
	2. Teilzeit- und Befristungsgesetz (TzBfG)	3–12	C.	Schriftliche Form	44–91
			I.	Gesetzliche Form	44
	3. Folgen der Auslagerung des Schriftformzwanges aus § 623 BGB/»Elektronische Form«	13–15	II.	Umfang	45
			III.	Wahrung der Form	46–54
II.	Normzweck	16, 17		1. Allgemeines/Zulassung der »elektronischen Form«/ Ausschluss der »Textform«	46
	1. Gesetzesbegründung	16		2. Urkunde	47
	2. Formzweck nach BGB	17		3. Unterzeichnung	48
III.	Bedeutung der Norm	18		4. Aussteller/Vertreter und Vollmachterteilung	49
IV.	Anwendbarkeit (§ 620 Abs. 3 BGB neu, § 21 TzBfG)	19, 20		5. Notarielle Beglaubigung/ Handzeichen/Schreibunfähige	50
V.	Abdingbarkeit (§ 22 Abs. 1 TzBfG)/ Rechtswahl	21–23		6. Vertrag	51
VI.	Geltungsbeginn	24–29		7. Notarielle Beurkundung	52
B.	Gegenstand des Schriftformzwanges	30–43		8. Gerichtlicher Vergleich	53
I.	Befristung eines Arbeitsvertrages	30–40		9. Zustimmung; Minderjährige	54
	1. Arbeitsvertrag	30, 31	IV.	Zugang der formgerecht errichteten Willenserklärung	55–64
	2. Befristung (§ 3 Abs. 1, § 15 Abs. 1, 2 TzBfG)	32–40		1. Allgemeines	55
	a) Befristung (§ 3 Abs. 1 TzBfG)	32–38		2. Telegramm	56
	b) Arten der Befristung (§ 3 Abs. 1 S. 2, § 15 Abs. 1, 2 TzBfG)	39		3. Fotokopie	57
				4. Telefax (Fernkopie)	58
				5. Computerfax	59

		Rz			Rz
	6. E-Mail/SMS/Intranet	60	I.	Wirksamkeitsvoraussetzung	92, 93
	7. Schriftsatz	61	II.	Nichtigkeit bei Formmangel/	
	8. Blinde; Leseunkundige; Sprach-			Unwirksamkeitsfolgen nach	
	unkundige	62		§ 16 S. 1, S. 2 TzBfG	94–98
	9. Anerkennung neuer Übertra-		III.	Teilnichtigkeit	99
	gungstechniken/		IV.	Umdeutung	100
	»Elektronische Form«	63, 64	V.	Heilung (Bestätigung)	101–104
V.	Beweislast für Wahrung der Form	65	E	Berufung auf Formmangel; Grenzen	105–111
VI.	Schriftliche Form der Befristung	66–84	I.	Allgemeines; Unzulässige	
	1. Zustandekommen	67–70		Rechtsausübung	105
	2. Inhalt der Befristungsabrede	71–78	II.	Berufung auf den Formmangel	
	a) Abrede bei im Übrigen			im Rahmen des § 14 Abs. 4	
	mündlichem Arbeitsvertrag	71		TzBfG	106–111
	b) Dauer der Befristung	72–74	F.	Prozessuales Geltendmachen des	
	c) Grund der Befristung	75, 76		Formmangels (§ 17 TzBfG)	112–120
	d) Zweck der Befristung	77	I.	Form und Frist (§ 17 TzBfG)	112–119
	e) Arbeit auf Abruf	78	II.	Parteivorbringen und Beweislast	120
	3. Bezugnahme auf Tarifvertrag		G.	Sonstige Auswirkungen des Form-	
	oder Betriebsvereinbarung	79, 80		zwanges	121, 122
	4. Sonstiges	81–84	H	Verhältnis zu Schriftformzwang nach	
VII.	Schriftliche Form der auflösenden			anderen Rechtsquellen (§ 23 TzBfG)	123
	Bedingung (§ 21 TzBfG)	85–91			
D.	Schriftform als Wirksamkeitsvoraus-				
	setzung; Rechtsfolge bei Formmangel				
	(§ 16 S. 1, S. 2 TzBfG)	92–104			

A. Einleitung

I. Entstehungsgeschichte

1. Rechtslage bis 31. Dezember 2000 (§ 623 BGB aF)

Für den Zeitraum vom **1. Mai 2000 bis zum 31. Dezember 2000** bestimmte die alte Fassung des § 623 BGB: »Die Beendigung von Arbeitsverhältnissen durch Kündigung oder Auflösungsvertrag sowie die Befristung bedürfen zu ihrer Wirksamkeit der Schriftform.« 1

Wegen der sich danach für die Befristung (von Arbeitsverhältnissen) ergebenden Rechtslage wird verwiesen auf KR-*Spilger* § 623 BGB. 2

2. Teilzeit- und Befristungsgesetz (TzBfG)

Die Regelung der Befristung (von Arbeitsverhältnissen) in § 623 BGB aF hat zahlreiche und **bislang** zumindest richterlich ungeklärte Streitfragen ausgelöst. Betroffen waren und sind hiervon nicht nur die tatbestandlichen Voraussetzungen (ob bspw. aufgrund des Wortlauts und der Inkorporation des § 623 BGB in das Dienstvertragsrecht des BGB die Befristung jedweden Dienstverhältnisses der Schriftform bedurfte bzw. ob mit »Befristung« auch die auflösende Bedingung erfasst sein sollte), sondern auch die sich aus einer formunwirksamen Befristung ergebenden Rechtsfolgen (Einzelheiten KR-*Spilger* § 623 BGB). 3

Nicht dies war allerdings Anlass für den Gesetzgeber, die Befristung eines (nunmehr) Arbeitsver**trages** (und nicht mehr, wenn auch ohne sachlichen Unterschied, eines Arbeitsver**hältnisses**) unter Streichung der Wörter »sowie die Befristung« in der alten Fassung des § 623 BGB der Schriftform nunmehr nach § 14 Abs. 4 TzBfG zu unterwerfen. Vielmehr hat es damit folgende Bewandtnis: 4

In einem Entwurf des **Bundesministeriums für Arbeit und Sozialordnung** eines Gesetzes über Teilzeitarbeit und befristete Arbeitsverträge und zur Änderung und Aufhebung arbeitsrechtlicher Bestimmungen vom 5. September 2000 (III a 4/III a 1 – 31325) war als § 14 Abs. 4 noch vorgeschlagen worden: 5

»In der schriftlichen Vereinbarung der Befristung (§ 623 des Bürgerlichen Gesetzbuches) ist anzugeben, ob die Befristung auf Abs. 1, 2 oder 3 (des § 14 des Entwurfs, Anm. des Verf.) beruht; im Fall des Abs. 1 ist auch der sachliche Grund für die Befristung anzugeben. Ist die Schriftform nicht eingehalten oder fehlt die Angabe der Befristungsgrundlage oder des sachlichen Grundes für die Befristung, ist die Befristung nicht zulässig.«

6 Dieser Referentenentwurf (abgedruckt in NZA 2000, 1045; dazu *Bauer* NZA 2000, 1039, sowie APS-*Backhaus* Nachtrag Rz 10 [»Form überschießend«]; *Schiefer* DB 2000, 2118, 2123 [»äußerst kompliziert« ausgestaltet]) ist am 27. September 2000 als **modifizierter Gesetzentwurf der Bundesregierung verabschiedet** worden (Umdruck der BMA-Pressestelle vom 27. September 2000). Hier ist § 14 Abs. 4 nur noch in folgender Fassung enthalten:

»Ein befristeter Arbeitsvertrag ist schriftlich zu schließen. Wird die Schriftform nicht eingehalten, ist die Befristung nicht zulässig.«

7 Der damit einhergehende **Verzicht** auf die schriftlichen Angaben der Befristungsgrundlagen oder des sachlichen Grundes im Arbeitsvertrag ist begrüßt worden von *Bauer* (NZA 2000, X).

8 Die Entwurfsfassung des § 14 Abs. 4 TzBfG ist dann auch so beim Bundestag als **Gesetzentwurf der Bundesregierung eines Gesetzes über Teilzeitarbeit und befristete Arbeitsverträge und zur Änderung und Aufhebung arbeitsrechtlicher Bestimmungen** eingebracht worden (BT-Drucks. 14/4374, S. 9). Nach der Einzelbegründung (S. 20 der Drucks.) lege die Vorschrift im Interesse der Rechtsklarheit fest, dass ein befristeter Arbeitsvertrag der Schriftform bedarf. Die Nichteinhaltung der Schriftform habe – ebenso wie das Nichtvorliegen der in den in Abs. 1 bis 3 (des Entwurfs, Anm. des Verf.) geregelten Befristungsvoraussetzungen (dazu zu Recht **krit.** APS-*Backhaus* Nachtrag Rz 10) – die Unzulässigkeit der Befristung zur Folge. Eine unzulässige Befristung sei rechtsunwirksam; der Arbeitsvertrag gelte auf unbestimmte Zeit geschlossen (§ 16, Anm. des Verf.: des Entwurfs).

9 Als wenig überzeugend wurde alsbald **kritisiert**, dass zusätzlich zur Schriftformregelung des § 623 BGB auch noch in § 14 Abs. 4 TzBfG Schriftform für den befristeten Arbeitsvertrag **als solchen**, also nicht nur für die Befristungsabrede vorgeschrieben werden solle (*Arbeitsrechtsausschuss des Deutschen Anwaltvereins* DB 2000, 2223, 2225; *Preis/Gotthardt* DB 2000, 2065, 2073; *dies.* DB 2001, 145, 150; *Schiefer* DB 2000, 2118, 2123). In anderer Stellungnahme wurde eben dies hingegen begrüßt (*Blanke* AiB 2000, 729, 735; *Hegner* S. 67).

10 **Gesetz** geworden ist § 14 Abs. 4 TzBfG in der von dem **(11.) Ausschuss für Arbeit und Sozialordnung** unter dem 15. November 2000 empfohlenen Fassung (Beschlussempfehlung und Bericht des Ausschusses, BT-Drucks. 14/4625, S. 11). Ausweislich des Berichts (S. 18 der Drucks.) hatte der Sachverständige *Richardi* zur Herausnahme des Schriftformerfordernisses überhaupt geraten. Die Einzelbegründung zu § 14 Abs. 4 in der Fassung der Beschlussempfehlung (S. 21 d. Drucks.) gibt **keine** Auskunft darüber, warum von dem weitergehenden Schriftformerfordernis in dem Gesetzentwurf der Bundesregierung abgewichen werden solle. Es heißt nur, dass die Vorschrift inhaltlich übereinstimmend mit § 623 des Bürgerlichen Gesetzbuches regele, dass die Befristung eines Arbeitsvertrages nur wirksam ist, wenn sie schriftlich vereinbart wurde. Für die schriftliche Niederlegung der vereinbarten übrigen Arbeitsbedingungen gelte für befristete wie für unbefristete Arbeitsverträge das Nachweisgesetz. In der Einzelbegründung der Beschlussempfehlung zu Art. 2 des Gesetzes (Änderung des Bürgerlichen Gesetzbuches), durch dessen Nr. 2 in § 623 BGB die Wörter »sowie die Befristung« zu streichen seien, heißt es (wiederum S. 21 d. Drucks.), die Regelung über die gesetzliche Schriftform der Befristung eines Arbeitsvertrages werde im Interesse der besseren **Übersichtlichkeit** (Hervorhebung durch den Verf.) in das Gesetz über Teilzeitarbeit und befristete Arbeitsverträge aufgenommen (§ 14 Abs. 4). Mit der Streichung in § 623 werde eine Parallelregelung vermieden.

11 Durch Art. 2 Nr. 2 des **am 1. Januar 2001 in Kraft getretenen** Gesetzes über Teilzeitarbeit und befristete Arbeitsverträge und zur Änderung und Aufhebung arbeitsrechtlicher Bestimmungen **(Teilzeit- und Befristungsgesetz – TzBfG)** vom 21. Dezember 2000 (BGBl. I S. 1966) wurden in § 623 BGB die Wörter »sowie die Befristung« mit Blick auf die durch Art. 1 dieses Gesetzes eingeführte Bestimmung des § 14 Abs. 4 TzBfG (»Die Befristung eines Arbeitsvertrages bedarf zu ihrer Wirksamkeit der Schriftform«), **also nach nur achtmonatiger Geltung, ohne Übergangsregelung** wieder gestrichen. Das Wort »bedürfen« in § 623 BGB wurde nicht gleichzeitig in »bedarf« geändert, ist aber zur Vermeidung eines Torsos so zu lesen.

12 Soweit es um die **Befristung** geht, ist aufgrund der durch Art. 2 Nr. 1b des vorgenannten Gesetzes angefügten Regelung in § 620 **Abs. 3 BGB neu** (»Für Arbeitsverträge, die auf bestimmte Zeit abgeschlossen werden, gilt das Teilzeit- und Befristungsgesetz«) nunmehr **allein** § 14 Abs. 4 TzBfG maßgebend.

3. Folgen der Auslagerung des Schriftformzwanges aus § 623 BGB/»Elektronische Form«

Mit der – wie gezeigt – erst auf der Beschlussempfehlung und dem Bericht des Ausschusses für Arbeit und Sozialordnung vom 15. November 2000 (BT-Drucks. 14/4625, S. 13, 21) beruhenden und Gesetz gewordenen Streichung der Wörter in der alten Fassung des § 623 BGB sollte nach dem Willen der Initiatoren eine »Parallelregelung . . . inhaltlich übereinstimmend mit § 623 des Bürgerlichen Gesetzbuches« vermieden werden. Dies lässt offen, ob der Inkorporation des Schriftformerfordernisses für die Befristung von Arbeitsverhältnissen in das TzBfG gegenüber der Regelung in der alten Fassung des § 623 BGB sachliche Bedeutung zukommen soll. Der Hinweis auf das Vermeiden einer Parallelregelung könnte dazu verleiten anzunehmen, dass eine sachliche Änderung nicht habe bewerkstelligt werden sollen. Dies erlaubt wenigstens die Frage, warum dann die Änderung für notwendig erachtet und vorgenommen wurde. Eine Parallelregelung hätte sich auch durch einen Verzicht auf die Neuregelung in § 14 Abs. 4 TzBfG vermeiden lassen. Da sich die Motive des Gesetzgebers nicht weiter aufklären lassen, kann und darf hier lediglich darauf hingewiesen werden, welche **Folgen** die Auslagerung des Schriftformerfordernisses für Befristungsabreden aus § 623 BGB der alten Fassung nach § 14 Abs. 4 TzBfG nach sich gezogen hat:

Anders als § 623 BGB der alten Fassung redet § 14 Abs. 4 TzBfG ohne erkennbaren Grund statt von »Arbeitsverhältnis« von »Arbeitsvertrag«. Zumindest wird nunmehr deutlich, anders als noch unter der Herrschaft der alten Fassung des § 623 BGB, dass lediglich die **Befristungsabrede** der Schriftform unterfällt, nicht aber der Abschluss eines befristeten Arbeitsvertrags überhaupt. Darüber hinaus wird deutlich, dass dem Schriftformzwang lediglich die Befristungsabrede eines Arbeitsvertrages (oder Arbeitsverhältnisses), nicht aber eines Dienstvertrages unterliegt. Durch die Einbettung des § 14 Abs. 4 TzBfG in das Normumfeld des TzBfG ergibt sich über die Altregelung in § 623 BGB hinaus weiter Folgendes: § 3 Abs. 1 TzBfG bringt eine Legaldefinition des befristeten Arbeitsvertrages und stellt Zeit- und Zweckbefristung einander gleich. § 15 Abs. 2 TzBfG enthält eine Regelung der schriftlichen Unterrichtung über den Zeitpunkt einer Zweckerreichung. § 16 TzBfG regelt die Folgen unwirksamer Befristung, und zwar auch bei Mangel der Schriftform. § 17 TzBfG enthält Bestimmungen über die Anrufung des Arbeitsgerichts. Sein Satz 3 regelt – über den früheren § 1 Abs. 5 BeschFG hinausgehend – den Beginn der Anrufungsfrist bei Fortsetzung des Arbeitsverhältnisses nach vereinbartem Ende. § 21 TzBfG erklärt u.a. die Regelung in § 14 Abs. 4 TzBfG für anwendbar, wenn der Arbeitsvertrag unter einer auflösenden Bedingung geschlossen wird, was unter Geltung des § 623 BGB aF nicht unzweifelhaft war. Geltung erlangt damit u.a. auch für die auflösende Bedingung weiter die Vorschrift des § 17 TzBfG über die Anrufung des Arbeitsgerichts, nach altem Recht ebenfalls ein Streitpunkt. Anders als zu der alten Fassung des § 623 BGB stellt § 22 Abs. 1 TzBfG u.a. auch zu § 14 Abs. 4 TzBfG klar, dass hiervon nicht abgewichen werden kann, einschränkend: nicht zuungunsten des Arbeitnehmers. Schließlich ordnet § 23 TzBfG an, dass besondere Regelungen über Teilzeitarbeit und über die Befristung von Arbeitsverträgen nach anderen gesetzlichen Vorschriften unberührt bleiben, was auch § 14 Abs. 4 TzBfG betrifft. Zu guter Letzt ist darauf hinzuweisen, dass der Gesetzentwurf zur Anpassung der Formvorschriften des Privatrechts und andere Vorschriften an den modernen Rechtsgeschäftsverkehr (Gesetzentwurf der Bundesregierung vom 8. September 2000, BR-Drucks. 535/00) sich zu dem Schriftformzwang des § 14 Abs. 4 TzBfG nicht verhielt (s.a. APS-*Backhaus* Nachtrag Rz 11, der aber keine inhaltliche Änderung gegenüber § 623 BGB aF – Rz 113 – erkennt), über den aufgrund Art. 1 des Gesetzes zur Anpassung der Formvorschriften des Privatrechts an den modernen Rechtsgeschäftsverkehr vom 13. Juli 2001 (BGBl. I S. 1542) eingeführten § 126a Abs. 1 BGB nF nunmehr (seit 1. August 2001) aber die schriftliche durch die elektronische Form ersetzt werden kann (vgl. § 126 Abs. 3 BGB nF), obzwar dies für **§ 623 BGB** abgelehnt (!) worden war, s. KR-*Spilger* § 623 BGB Rz 15. Zu Folgen der Auslagerung für den Normzweck s. Rz. 16.

Nach dem Vorstehenden wird schwerlich vertreten werden können (so aber wohl *Dassau* ZTR 2001, 64, 70; *Kliemt* NZA 2001, 296, 301; *Nielebock* AiB 2001, 75, 81; KDZ-*Däubler* § 623 BGB Rz 3), dass die Auslagerung des Schriftformerfordernisses für Befristungsabreden aus § 623 BGB aF nach § 14 Abs. 4 TzBfG keinerlei Folgen gehabt haben soll. Dagegen streitet allein, dass auch der Formmangel nach § 17 TzBfG gerichtlich geltend zu machen ist (Rz 112). Eine andere Frage ist die, ob die offensichtlich **fehlende** Folgenabschätzung des Gesetzgebers dazu zwingt, die Regelung in § 14 Abs. 4 TzBfG so auszulegen, als ob das TzBfG nicht in Kraft getreten wäre (weil ja angeblich nur eine Parallelregelung zu § 623 BGB aF hat vermieden werden sollen). **Dann** allerdings hätte es auch getrost bei der Regelung in § 623 BGB bleiben können.

Anhang zu § 623 BGB § 14 Abs. 4 TzBfG

II. Normzweck

1. Gesetzesbegründung

16 Der Zweck des Schriftformerfordernisses in § 14 Abs. 4 TzBfG dürfte sowohl nach dem Referentenentwurf als auch nach dem Gesetzentwurf der Bundesregierung im Interesse der »Rechtsklarheit« liegen (oben Rz 8). Gesetzgeberischer Zweck des ursprünglich in § 623 BGB enthaltenen Schriftformzwanges für die Befristungsabrede war seinerzeit die (angebliche) Beschleunigung der arbeitsgerichtlichen Verfahren (s. KR-*Spilger* § 623 BGB Rz 7, 11, 16 mwN). Aufgrund der Fassung des § 14 Abs. 4 TzBfG in der durch den (11.) Ausschuss für Arbeit und Sozialordnung vorgeschlagenen Form (oben Rz 10), wonach es sich bei § 14 Abs. 4 TzBfG (hinsichtlich der Befristung) um eine Parallelregelung zu § 623 BGB gehandelt hätte, wenn aus letzterer Vorschrift der Schriftformzwang für die Befristungsabrede nicht herausgenommen worden wäre (vgl. zu dieser Intention oben Rz 10), dürfte § 14 Abs. 4 TzBfG hinsichtlich der Befristung eben **den Zweck** erfüllen, den der Schriftformzwang für die Befristung auch in § 623 BGB aF erfüllen sollte. Es kann demgemäß verwiesen werden auf KR-*Spilger* § 623 BGB Rz 16–20.

2. Formzweck nach BGB

17 Zu § 623 BGB in seiner alten Fassung wird hier die Ansicht vertreten, dass der Norm aufgrund ihrer Inkorporation in das Bürgerliche Gesetzbuch über die in Gesetzesbegründungen enthaltenen Begründungen hinaus diejenigen Formzwecke zukommen, die **bürgerlich-rechtlichen** Formvorschriften üblicherweise beigemessen werden (KR-*Spilger* § 623 BGB Rz 17 ff.). Daran ändert sich hinsichtlich des **§ 14 Abs. 4 TzBfG** nichts dadurch, dass es sich bei dem TzBfG um ein aufgrund Art. 1 des Gesetzes über Teilzeitarbeit und befristete Arbeitsverträge und zur Änderung und Aufhebung arbeitsrechtlicher Bestimmungen vom 21. Dezember 2000 (BGBl. I S. 1966) erlassenes Gesetz handelt. Denn aufgrund Art. 2 Nr. 1 b dieses Gesetzes ist durch die dort verfügte Einfügung eines Abs. 3 an § 620 BGB (»Für Arbeitsverträge, die auf bestimmte Zeit abgeschlossen werden, gilt das Teilzeit- und Befristungsgesetz«) ein bei arbeitsrechtlichen Gesetzen sonst nicht anzutreffender **Zusammenhang** (nirgendwo im Bürgerlichen Gesetzbuch wird bspw. für die Kündigung von Arbeitsverhältnissen auf die Geltung des Kündigungsschutzgesetzes hingewiesen) **zwischen TzBfG und Bürgerlichem Gesetzbuch** hergestellt. Allein dieser Zusammenhang rechtfertigt es, auch bei der Auslegung und der Anwendung des § 14 Abs. 4 TzBfG die Formzwecke nach BGB zu berücksichtigen (hierzu i.E. KR-*Spilger* § 623 BGB Rz 17 ff.). Durch das Verbot der Abweichung zuungunsten des **Arbeitnehmers** in § 22 Abs. 1 TzBfG wird der Schutzzweck nicht zu Lasten des Arbeitgebers zurückgenommen, sondern der Sache nach Verbesserungen zugunsten des Arbeitnehmers **nicht ausgeschlossen**.

III. Bedeutung der Norm

18 § 14 Abs. 4 TzBfG hat dieselbe Bedeutung wie § 623 BGB (siehe hierzu KR-*Spilger* § 623 BGB Rz 21–29).

IV. Anwendbarkeit (§ 620 Abs. 3 BGB neu, § 21 TzBfG)

19 § 14 Abs. 4 TzBfG gilt im Rahmen des TzBfG, das seinerseits wiederum aufgrund **§ 620 Abs. 3 BGB neu** für Arbeitsverträge gilt, die auf bestimmte Zeit abgeschlossen werden. Wird der Arbeitsvertrag unter einer auflösenden Bedingung geschlossen, gilt § 14 Abs. 4 TzBfG aufgrund ausdrücklicher Anordnung in **§ 21 TzBfG** entsprechend.

20 § 14 Abs. 4 TzBfG gilt **unabhängig** davon, ob und unter welchen Voraussetzungen nach welcher Rechtsquelle auch immer ein Arbeitsvertrag befristbar ist. Dies muss sich also **nicht** aus dem TzBfG selbst ergeben (vgl. BBDW-*Bader* § 620 BGB Rz 249; *Däubler* ZIP 2001, 217, 224; *Kliemt* NZA 2001, 296, 305).

V. Abdingbarkeit (§ 22 Abs. 1 TzBfG)/Rechtswahl

21 Anders als § 623 BGB wird § 14 Abs. 4 TzBfG nach Maßgabe des § 22 Abs. 1 TzBfG **ausdrücklich** für unabdingbar erklärt. Untersagt ist allerdings, damit **ebenfalls** in Abweichung zu § 623 BGB, eine Abweichung **zuungunsten** des Arbeitnehmers. Betroffen von § 22 Abs. 1 TzBfG ist jedwede untergesetzliche abweichende Rechtsquelle, also Tarifvertrag, Betriebsvereinbarung und Arbeitsvertrag. Es handelt sich bei § 14 Abs. 4 TzBfG mithin um ein **gesetzliches** Schriftformerfordernis (*Kliemt* NZA 2001, 296, 301).

22 »Zuungunsten« des Arbeitnehmers ist, bezogen auf § 14 Abs. 4 TzBfG, jedwede »Aufweichung« des Schriftformzwangs, etwa die Abrede, die intendierte Befristungsabrede durch Fotokopie, Telefax

(Fernkopie) oder Computerfax, E-Mail oder SMS (telekommunikative Übermittlung iSd § 127 Abs. 2 S. 1 BGB nF), so nicht (im Falle der Übertragung im Wege elektronischer Daten) der elektronischen Form nach § 126a BGB nF genügt ist, oder unter Verwendung einer **anderen** als der in § 126a BGB bestimmten elektronischen Form (§ 127 Abs. 3 S. 1 BGB nF) zustande kommen zu lassen. Unerheblich für die Beurteilung der »Günstigkeit« ist es, ob sich der Arbeitnehmer auf die Abweichung von der vorgeschriebenen Form deshalb eingelassen hat, um **überhaupt** in ein Arbeitsverhältnis zu gelangen. Denn nach § 16 S. 1 Hs. 1 TzBfG gilt der befristete Arbeitsvertrag als auf **unbestimmte** Zeit geschlossen, wenn die Befristung, bspw. auch wegen Formmangels, rechtsunwirksam ist. **Nicht** zuungunsten des Arbeitnehmers dürften, bezogen auf § 14 Abs. 4 TzBfG, demgemäß nur solche Abweichungen sein, die einen über die Norm hinausgehenden Formstandard (**Erschwerungen** also, die damit ausdrücklich nachgelassen zu sein scheinen, anders als bei der Schriftform bei Kündigung von **Wohnraum** also, hierzu KR-*Spilger* § 623 BGB Rz 249) aufstellen (im Interesse des Bestandsschutzes, vgl. **Däubler** ZIP 2001, 217, 225). Rechtsfolge ist auch bei dessen Verletzung dann diejenige des § 16 TzBfG. Denn die Norm unterscheidet nicht danach, ob die Befristung gemessen an den Regelungen des **TzBfG** oder aus **anderen** Gründen rechtsunwirksam ist.

Hinsichtlich der Frage der Rechtswahl gilt das zu § 623 BGB Gesagte (KR-*Spilger* § 623 BGB Rz 31). **23**

VI. Geltungsbeginn

§ 14 Abs. 4 TzBfG **gilt** aus staatsrechtlichen Gründen (ex lege) ab dem Zeitpunkt seines Inkrafttretens am 1. Januar 2001 auch für die **vor** seinem Inkrafttreten bestehenden Arbeitsverträge (unechte Rückwirkung) mit der Maßgabe, dass die Befristungsabrede ab dem 1. Januar 2001 getroffen wurde bzw. getroffen wird. Maßgebend ist also der Zeitpunkt der Abrede der Befristung, datumsmäßig unter **Einschluss** des 1. Januar 2001, obzwar Feiertag. Die Möglichkeit der Ersetzung der schriftlichen durch die **elektronische Form** (§ 126a Abs. 1 BGB nF) besteht seit 1. August 2001 (Rz 14). **24**

Erst recht gilt § 14 Abs. 4 TzBfG ab 1. Januar 2001 für die Befristung von Arbeitsverträgen, die **ab** diesem Zeitpunkt geschlossen werden. **25**

Aus dem Vorstehenden ergibt sich, dass § 14 Abs. 4 TzBfG maßgebend auch für die **nachträgliche** Befristung eines bislang unbefristeten Arbeitsvertrages ist, sofern nur die Befristungsabrede ab dem 1. Januar 2001 getroffen wurde bzw. getroffen wird. **26**

Mangels einer Zeitenkollisionsregel ist maßgebliche Formvorschrift für Befristungen **bis** 31. Dezember 2000 **ausschließlich** § 623 BGB, für Befristungen eingegangen **ab 1. Januar 2001 ausschließlich** § 14 Abs. 4 TzBfG (**Tatbestandsprinzip**; der vorgesehene Vertrags**beginn** ist unmaßgeblich, wenn die Abrede **vor** dem 1. Januar 2001 lag, vgl. *Kliemt* NZA 2001, 296, 305 f.). **Relevant** ist dies insofern, als dadurch ab 1. Januar 2001 weitere Vorschriften des TzBfG zur Anwendung kommen, welche sich wiederum auf die Anwendung bzw. auch die Auslegung der Formvorschrift auswirken (zB Definition der Befristungen nach § 3 Abs. 1 TzBfG, Regelung der schriftlichen Unterrichtung über den Zeitpunkt einer Zweckerreichung nach § 15 Abs. 2 TzBfG, Regelung der Folgen unwirksamer Befristungen nach § 16 TzBfG, neue Vorschrift über die Anrufung des Arbeitsgerichts in § 17 TzBfG, Anwendbarkeit des § 14 Abs. 4 TzBfG aufgrund § 21 TzBfG auch für auflösende Bedingungen, Unabdingbarkeitsregeln in § 22 Abs. 1 TzBfG, Kollisionsregel bzgl. besonderer Regelungen über die Befristung von Arbeitsverträgen nach anderen gesetzlichen Vorschriften durch § 23 TzBfG). **27**

Für die Lösung von **Altfällen**, die aus Befristungen unter der Herrschaft des § 623 BGB resultieren – also Befristungsabreden zwischen 1. Mai 2000 und 31. Dezember 2001 –, wird auf die Erläuterung des § 623 BGB auch in seiner alten Fassung hingewiesen (KR-*Spilger* § 623 BGB). **28**

Das Problem der »**Einholung**« vertraglicher Gestaltungsformen durch das seit 1. Mai 2000 durch § 623 BGB a F eingeführte und seit 1. Januar 2001 durch § 14 Abs. 4 TzBfG fortgeführte Schriftformerfordernis für die Befristung hat sich durch die Auslagerung nach § 14 Abs. 4 TzBfG nicht erledigt (s. hierzu KR-*Spilger* § 623 BGB Rz 35). **29**

Anhang zu § 623 BGB § 14 Abs. 4 TzBfG

B. Gegenstand des Schriftformzwanges
I. Befristung eines Arbeitsvertrages
1. Arbeitsvertrag

30 Anders als § 623 BGB bezieht sich § 14 Abs. 4 TzBfG ausdrücklich auf die Befristung eines »Arbeitsvertrages«, wohingegen § 623 BGB auch in seiner alten Fassung jedenfalls der Sache nach auch hinsichtlich der Befristung nur von »Arbeitsverhältnissen« handelte. Ein Grund für die unterschiedliche Wortwahl ergibt sich aus den Gesetzesmaterialien nicht. Der Gesetzgeber verwendet die Begriffe »Arbeitsverhältnis« und »Arbeitsvertrag« ersichtlich synonym. Dies ergibt sich auch daraus, dass in §§ 621, 622 BGB etwa von »Arbeitsverhältnissen« die Rede ist, in § 620 Abs. 3 BGB neu hingegen der »Arbeitsvertrag«, wie auch sonst im TzBfG (in dessen § 15 allerdings zwischen den Begriffen »gesprungen« wird), Einzug gehalten hat.

31 Zur Bestimmung dessen, was einen »Arbeitsvertrag« iSd § 14 Abs. 4 TzBfG darstellt, kann infolgedessen auf die Ausführungen dazu, welche Arbeitsverhältnisse § 623 BGB betrifft, verwiesen werden (KR-*Spilger* § 623 BGB Rz 39–45). Dies betrifft in Sonderheit die Ausführungen zum früheren **Eingliederungsvertrag**. Dass der **Abschluss** eines **Berufsausbildungsverhältnisses** nicht dem Schriftformzwang unterliegt, wurde dort bereits ausgeführt, dürfte sich jetzt aber klar aus § 23 TzBfG ergeben, wonach u.a. **auch** besondere gesetzliche Regelungen über die Befristung von Arbeitsverträgen (vgl. § 10 Abs. 2 BBiG!) unberührt bleiben.

2. Befristung (§ 3 Abs. 1, § 15 Abs. 1, 2 TzBfG)
a) Befristung (§ 3 Abs. 1 TzBfG)

32 Gegenstand des § 14 Abs. 4 TzBfG ist – entgegen der ursprünglichen gesetzgeberischen Intention – lediglich die **Befristung** eines Arbeitsvertrages. **Nicht** dem Schriftformzwang wird der **Abschluss** des Arbeitsvertrages selbst unterworfen (BBDW-*Bader* § 620 BGB Rz 248 und 258; *Hold* BuW 2001, 253, 260; *Kliemt* NZA 2001, 296, 301; *Lakies* NJ 2001, 70, 74; *Ranbach/Sartorius* ZAP Fach 17, 599; **aA** *Wurm* ZfPR 2001, 56, 57; *Link/Fink* AuA 2001, 204, 207 f.) oder die Befristung **übriger Arbeitsbedingungen** (*v. Hoyningen-Huene/Linck* § 1 KSchG Rz 620), auf deren Kontrolle auch § 17 TzBfG nicht anwendbar ist (*BAG* 4.6.2003 EzA § 620 BGB 2002 Nr. 3), oder die befristete Erhöhung der Arbeitszeit innerhalb eines unbefristeten Arbeitsverhältnisses (*BAG* 3.9.2003 EzA § 14 TzBfG Nr. 4; 14.1.2004 EzA § 14 TzBfG Nr. 5).

33 Befristet beschäftigt ist nach § 3 Abs. 1 S. 1 TzBfG ein Arbeitnehmer mit einem auf bestimmte Zeit geschlossenen Arbeitsvertrag. Nach § 3 Abs. 1 S. 2 TzBfG liegt ein auf bestimmte Zeit geschlossener Arbeitsvertrag (befristeter Arbeitsvertrag) vor, wenn seine Dauer kalendermäßig bestimmt ist (kalendermäßig befristeter Arbeitsvertrag) oder sich aus Art, Zweck oder Beschaffenheit der Arbeitsleistung ergibt (zweckbefristeter Arbeitsvertrag). Für § 14 Abs. 4 TzBfG unerheblich ist, welche **Art** die Befristung (mit oder ohne Sachgrund, nach welcher Vorschrift auch immer, vgl. BBDW-*Bader* § 620 BGB Rz 249; KDZ-*Däubler* Rz 182) hat.

34 Zu einer Befristung eines Arbeitsvertrages ungeeignet sind solche Rechtshandlungen der Parteien, die nicht gerade zur Befristung des Arbeitsvertrages **als solchen** führen. Bei der Befristung nur **einzelner Arbeitsvertragsbestandteile** (BBDW-*Bader* § 620 BGB Rz 248; *Däubler* ZIP 2001, 217, 224; ders. KDZ Rz 186; *Kliemt* NZA 2001, 296, 301; dies gilt, obzwar – anders als bei § 623 BGB – nicht mehr der Bezug zur **Beendigung** des Arbeitsverhältnisses hergestellt ist, *Preis/Gotthardt* DB 2001, 145, 150), soweit zulässig, ist dies nicht der Fall und auch nicht durch § 14 Abs. 4 TzBfG gefordert. Anderes ist allerdings erwägenswert, wenn die Befristung einzelner Arbeitsvertragsbestandteile substantiell soweit geht, dass der Arbeitsvertrag im Übrigen, wenn auch unbefristet, sinnentleert dasteht. Besteht die Veränderung in der **nachträglichen** Befristung (soweit überhaupt zulässig) oder in der **Veränderung** einer bestehenden Befristung, bedarf es jedenfalls der Einhaltung der Schriftform.

35 Ebenfalls unterliegt dem Formzwang eine Befristung, wenn sich nach Ablauf des Arbeitsvertrages ein Rechtsverhältnis anschließen soll, das **nicht** die Merkmale eines Arbeitsvertrages aufweist (bspw. der Anstellungsvertrag eines Geschäftsführers oder eines Vorstandes).

36 Vgl. zum Vorstehenden insgesamt KR-*Spilger* § 623 BGB Rz 46 ff. mwN zu der insoweit durch § 14 Abs. 4 TzBfG nicht veränderten Rechtslage unter der Herrschaft der alten Fassung des § 623 BGB.

Nicht von § 14 Abs. 4 TzBfG erfasst sind Abmachungen, die eine bloße **Mindestdauer** vorsehen. Hier 37 liegt kein befristeter Arbeitsvertrag vor, sondern ein unbefristeter mit der Vereinbarung, dass das Recht zur ordentlichen Kündigung bis zu einem bestimmten Termin ausgeschlossen ist. Dieser Ausschluss jedoch unterliegt gerade nicht dem Formerfordernis. Ohne Kündigungserklärung wird ein solcher Arbeitsvertrag nicht mit Ablauf der Mindestdauer beendet, sondern als Arbeitsvertrag auf unbestimmte Zeit fortgesetzt. Die Schriftform ist in diesen Fällen – und zwar aufgrund § 623 BGB – nur für die **Kündigung** des Arbeitsvertrages zu wahren (KR-*Spilger* § 623 BGB Rz 55 mwN; im Ergebnis auch BBDW-*Bader* § 620 BGB Rz 248).

Ähnlich liegt es, wenn ein Arbeitsvertrag zunächst für eine bestimmte Zeit geschlossen wird und eine 38 **Verlängerungsabrede** enthält, wonach sich der Arbeitsvertrag um einen bestimmten Zeitraum verlängert, wenn nicht eine Partei vorher und unter Einhaltung einer bestimmten Kündigungsfrist ordentlich kündigt. Denn durch das Erfordernis einer vorherigen Kündigung führt die Verlängerungsklausel zur Begründung eines unbefristeten Arbeitsvertrages mit einer Kündigungsmöglichkeit zu einem bestimmten Zeitpunkt. Der Arbeitsvertrag endet nicht aufgrund Befristung. Vielmehr bedarf es stets einer Kündigung (die jeweils nur zum Ablauf der Mindestdauer zulässig ist, s. die Nachweise bei KR-*Spilger* § 623 BGB Rz 55). Hier steht lediglich eine nicht formbedürftige Modifikation des Kündigungsrechts in Rede. Erst die Kündigung **selbst** unterliegt dem Formzwang (KR-*Spilger* § 623 BGB aaO mN; vgl. BBDW-*Bader* § 620 BGB Rz 250).

b) Arten der Befristung (§ 3 Abs. 1 S. 2, § 15 Abs. 1, 2 TzBfG)

Der von § 14 Abs. 4 TzBfG erfasste **kalendermäßig befristete Arbeitsvertrag** (§ 3 Abs. 1 S. 2 TzBfG) ist, 39 wie sich aus § 15 Abs. 1 TzBfG ergibt, ein solcher, der **mit Ablauf der vereinbarten Zeit enden soll**, ohne Rücksicht auf die Dauer, zB Tage oder Stunden. Ein ebenfalls von § 14 Abs. 4 TzBfG erfasster **zweckbefristeter Arbeitsvertrag** (§ 3 Abs. 1 S. 2 TzBfG) ist nach § 15 Abs. 2 TzBfG ein solcher, der **mit Erreichen des Zwecks** endet.

c) Nichtarbeitsvertragliche Befristungen

Aus dem Vorstehenden ergibt sich, dass § 14 Abs. 4 TzBfG Befristungen der **Arbeitsvertragsparteien** 40 betrifft, nicht Befristungen aus **anderem** Rechtsgrund (etwa eine schon staatsrechtlich geltende gesetzliche Befristung, etwa des Berufsausbildungsvertrages, oder Beendigungsnormen nach Tarifverträgen oder Betriebsvereinbarungen [soweit Normbindung, und sei es nur durch – **formgerechte** – Bezugnahme, besteht], §§ 4 Abs. 1 S. 1, 1 Abs. 2 TVG, § 77 Abs. 4 S. 1 BetrVG), es sei denn, die Parteien hätten hier zur Herbeiführung der Rechtsfolge noch einen **Regelungsspielraum**, wobei es für die einzuhaltende Form keine Rolle spielt, ob die Normen ihrerseits einem Formzwang unterliegen und ihm im Einzelfall auch genügen. Vorstehendes kann etwa bei Ausscheidensregelungen wegen Alters oder Invalidität relevant sein.

II. Auflösende Bedingung (§ 21 TzBfG)

Wird der Arbeitsvertrag unter einer auflösenden Bedingung geschlossen, gilt nach § 21 TzBfG u.a. § 14 41 Abs. 4 TzBfG **entsprechend**. Der Streit zu der alten Fassung des § 623 BGB, ob die auflösende Bedingung der Befristung gleichstehe (hierzu KR-*Spilger* § 623 BGB Rz 85–90), hat sich damit seit Inkrafttreten des TzBfG am 1. Januar 2001 erledigt. Da sich das TzBfG und mithin auch § 14 Abs. 4 TzBfG allerdings **keine** Rückwirkung beimisst, bleibt die Streitfrage für auflösende Bedingungen, die unter der Geltung der alten Fassung des § 623 BGB (vom 1. Mai 2000 bis zum 31. Dezember 2000) verabredet wurden, offen.

III. Ähnliche Lösungstatbestände

Die bloße Anzeige oder der Hinweis darauf, dass ein Arbeitsverhältnis aufgrund einer Befristungsab- 42 rede ende (sog. **Nichtverlängerungsanzeige**), unterliegt dem Formzwang, anders als die Befristungsabrede selbst, nicht. Ist die Befristung hingegen nicht wirksam und lässt sich die Nichtverlängerungsanzeige (Tatfrage) auch als Kündigung auslegen, unterliegt sie **als solche** dem Formzwang nach § 623 BGB. Nicht aus § 14 Abs. 4 TzBfG, jedoch aus **§ 15 Abs. 2 TzBfG** ergibt sich nunmehr, dass ein **zweckbefristeter Arbeitsvertrag** frühestens zwei Wochen nach Zugang der **schriftlichen** Unterrichtung des Arbeitnehmers durch den Arbeitgeber über den Zeitpunkt der Zweckerreichung endet.

Keine nach § 14 Abs. 4 TzBfG formbedürftige nachträgliche Befristungsabrede stellt ein **Auflösungs-** 43 **vertrag** dar, der seinen Regelungsgehalt nach nicht auf alsbaldige Beendigung, sondern auf befristete

Anhang zu § 623 BGB § 14 Abs. 4 TzBfG

Fortführung des Arbeitsverhältnisses gerichtet ist (und vom *BAG* dem Befristungskontrollrecht unterworfen wird, s. KR-*Spilger* § 623 BGB Rz 76), was an der Formbedürftigkeit – aus § 623 BGB – allerdings nichts ändert.

C. Schriftliche Form
I. Gesetzliche Form

44 Siehe KR-*Spilger* § 623 BGB Rz 93 entspr.

II. Umfang

45 Siehe KR-*Spilger* 623 BGB Rz 94–96 entspr.

III. Wahrung der Form
1. Allgemeines/Zulassung der »elektronischen Form«/Ausschluß der »Textform«

46 Siehe KR-*Spilger* § 623 BGB Rz 97. Danach ist – anders als bei § 623 BGB – die **»elektronische Form« nicht** ausgeschlossen, ebenso wie dort allerdings die **»Textform«**. Ersteres folgt aus § 126 Abs. 3 BGB nF, wonach die schriftliche Form durch die elektronische Form ersetzt werden kann, wenn sich nicht aus dem Gesetz – wie bei § 14 Abs. 4 TzBfG nicht der Fall – ein anderes ergibt (**aA** *Rolfs* TzBfG, § 14 Rz 117).

2. Urkunde

47 Siehe KR-*Spilger* § 623 BGB Rz 98–99.

3. Unterzeichnung

48 Siehe KR-*Spilger* § 623 BGB Rz 100–103.

4. Aussteller/Vertreter und Vollmachterteilung

49 Siehe KR-*Spilger* § 623 BGB Rz 104–106.

5. Notarielle Beglaubigung/Handzeichen/Schreibunfähige

50 Siehe KR-*Spilger* § 623 BGB Rz 107.

6. Vertrag

51 Siehe KR-*Spilger* § 623 BGB Rz 108–110.

7. Notarielle Beurkundung

52 Siehe KR-*Spilger* § 623 BGB Rz 111.

8. Gerichtlicher Vergleich

53 Siehe KR-*Spilger* § 623 BGB Rz 112–114.

9. Zustimmung; Minderjährige

54 Siehe KR-*Spilger* § 623 BGB Rz 115.

IV. Zugang der formgerecht errichteten Willenserklärung
1. Allgemeines

55 Siehe KR-*Spilger* § 623 BGB Rz 116–118. Wird durch eine an sich nicht mögliche **»telekommunikative Übermittlung«** (§ 127 Abs. 2 S. 1 BGB nF) technisch die **»elektronische Form«** des § 126a Abs. 1 BGB nF gewahrt, kann allerdings dadurch bei § 14 Abs. 4 TzBfG – anders als bei § 623 BGB – die Schriftform ersetzt werden.

2. Telegramm

Siehe KR-*Spilger* § 623 BGB Rz 119. 56

3. Fotokopie

Siehe KR-*Spilger* § 623 BGB Rz 120. 57

4. Telefax (Fernkopie)

Siehe KR-*Spilger* § 623 BGB Rz 121. 58

5. Computerfax

Siehe KR-*Spilger* § 623 BGB Rz 122 und oben Rz 55. 59

6. E-Mail/SMS/Intranet

Siehe KR-*Spilger* § 623 BGB Rz 123 und oben Rz 55. 60

7. Schriftsatz

Siehe KR-*Spilger* § 623 BGB Rz 124. 61

8. Blinde; Leseunkundige; Sprachunkundige

Siehe KR-*Spilger* § 623 BGB Rz 125. 62

9. Anerkennung neuer Übertragungstechniken/»Elektronische Form«

Siehe zunächst KR-*Spilger* § 623 BGB Rz 126–127, dort auch zur »elektronischen Form«. 63

Der Gesetzentwurf zur Anpassung der Formvorschriften des Privatrechts u.a. Vorschriften an den modernen Rechtsgeschäftsverkehr (Gesetzentwurf der BReg. vom 8. September 2000, BR-Drucks. 535/00) beschäftigte sich zwar mit § 623 BGB (in seiner **alten Fassung**), **nicht** jedoch mit dem seinerzeit noch im Stadium des Referentenentwurfs befindlichen **§ 14 Abs. 4 TzBfG**. Konsequenz ist die – anders als bei § 623 BGB ausgeschlossene – wohl »versehentliche« Zulassung der »elektronischen Form« iRd § 14 Abs. 4 TzBfG. Soll die **gesetzlich** vorgeschriebene schriftliche Form durch die elektronische Form ersetzt werden, so muss nach § 126a Abs. 1 BGB nF der Aussteller der Erklärung dieser seinen Namen hinzufügen und das **elektronische Dokument** mit einer **qualifizierten »elektronischen Signatur«** nach dem SigG (vgl. dessen § 2 Nr. 3) versehen. Bei einem **Vertrag** (wie bei einer Befristungsabrede der Fall) müssen beide Parteien aufgrund § 126a Abs. 2 BGB nF jeweils ein **gleichlautendes Dokument** in der in § 126a Abs. 1 BGB nF bezeichneten Weise **elektronisch signieren**. Abgesehen davon, dass das Erfordernis der Hinzufügung des Namens **datenschutzfeindlich** ist (*Roßnagel* NJW 2001, 1825) und § 12 BGB auch ein aufdeckbares Pseudonym als Namen anerkennt (*Roßnagel* aaO), ist die Zulassung der elektronischen Form iR einer **Befristungsabrede realitätsfern**, weil aufgrund § 2 Abs. 1 S. 2 Nr. 3 NachwG bei befristeten Arbeitsverhältnissen die vorhersehbare Dauer des Arbeitsverhältnisses in die Niederschrift aufzunehmen ist, der zeitgleich und durch dasselbe Gesetz wie § 126a BGB nF eingefügte S. 3 nach § 2 Abs. 1 S. 2 NachwG den Nachweis der wesentlichen Vertragsbedingungen in elektronischer Form aber **ausschließt**. Wird der Nachweis demgemäß ohnehin schriftlich erbracht, ist die Annahme der parallelen Beschreitung des Weges der elektronischen Form **nur für die Befristungsabrede** höchst unwahrscheinlich. Entweder fließt diese gleich in einen über den Nachweis hinausgehenden und der Nachweispflicht genügenden schriftlichen Arbeitsvertrag ein oder die Notwendigkeit einer schriftlichen Fixierung wird übersehen. Ein – gar elektronischer – Heilungsversuch dürfte kaum vorkommen. 64

V. Beweislast für Wahrung der Form

Siehe KR-*Spilger* § 623 BGB Rz 128. Bei qualifizierter elektronischer Signatur ist der **Anscheinsbeweis** nach Maßgabe des **§ 292a ZPO** zu beachten. 65

Anhang zu § 623 BGB § 14 Abs. 4 TzBfG

VI. Schriftliche Form der Befristung

66 Eine Befristung kommt nicht einseitig zustande, sondern bedarf der Abrede der Parteien. Diese stellt ein zweiseitiges Rechtsgeschäft dar. Für den **Umfang** des Formzwangs, die **Wahrung** der Form, den **Zugang** der (beidseitig) formgerecht errichteten Willenserklärungen sowie die **Beweislast** kann auf die Ausführungen bei KR-*Spilger* § 623 BGB Rz 94–128 sowie oben Rz 65 verwiesen werden. Insbesondere ist § 126 Abs. 2 S. 1 BGB zu beachten.

1. Zustandekommen

67 Dem Formzwang unterliegen sämtliche Elemente des zweiseitigen Rechtsgeschäfts, das eine Befristung des Arbeitsverhältnisses der Parteien begründen soll. Zustande kommen kann eine Befristung auch durch Erklärungen der Parteien, die einen Befristungswillen hinreichend **deutlich** zum Ausdruck bringen bzw. einen dahingehenden **Geschäftssinn** haben, ohne dass das Wort »Befristung« fallen muss.

68 **Unzureichend** ist die bloße Aushändigung einer **Niederschrift** des Arbeitgebers nach § 2 Nr. 3 NachwG über die vorhersehbare Dauer des Arbeitsverhältnisses oder die **Angabe des Befristungsgrundes** nach § 57b Abs. 5 HRG aF oder die **Angabe nach § 57b Abs. 3 S. 1** HRG nF. Eine derartige Angabe mag ausreichen, wenn alle geschäftswesentlichen Elemente auch der Befristung an sich Ausdruck finden.

69 **Unzureichend** ist weiter die nicht schriftliche **(konkludente) Annahme** einer angesonnenen Befristungsabrede, auch einer befristeten Verlängerung eines befristeten Arbeitsvertrags, etwa durch Weiterarbeit (KR-*Spilger* § 623 BGB Rz 164; vgl. APS-*Preis* § 623 BGB Rz 44).

70 Ergibt sich die **Befristung** bei beiderseitiger Tarifgebundenheit oder Allgemeinverbindlichkeit **aus Tarifvertrag** oder – in deren Geltungsbereich – **aus Betriebsvereinbarung** (so überhaupt zulässig), bedarf es hierfür nicht noch einer schriftlichen Individualabrede. Die Vorschriften gelten normativ und beruhen auf Rechtsquellen, die ihrerseits zu ihrer Wirksamkeit der Schriftform bedürfen (§ 1 Abs. 2 TVG, § 77 Abs. 2 S. 2 Hs. 1 BetrVG). Weitergehende Voraussetzungen für die Normgeltung hat § 14 Abs. 4 TzBfG nicht eingefügt und lagen auch nicht in der Intention des Gesetzgebers. Jedenfalls trägt die **dafür** ohnehin vorgeschriebene Form dem Schutzzweck des § 14 Abs. 4 TzBfG dann Rechnung, wenn durch Tarifvertrag oder Betriebsvereinbarung nicht lediglich ein **Rahmen** für Befristungsabreden aufgestellt ist. Wird den Arbeitsvertragsparteien hingegen ein **Spielraum** gelassen, ob oder wie sie befristen, bedarf die – nur ausfüllende – Individualvereinbarung der Schriftform. **Erst recht** gilt dies bei lediglich arbeitsvertraglicher Inbezugnahme von Tarifvertrag oder Betriebsvereinbarung.

2. Inhalt der Befristungsabrede

a) Abrede bei im Übrigen mündlichem Arbeitsvertrag

71 Nach dem ausdrücklichen Gesetzeswortlaut ist »**die**« Befristung formbedürftig. **Nicht** dem Formzwang unterworfen ist deshalb der Arbeitsvertrag **im Übrigen** (s. bereits Rz 32 sowie KR-*Spilger* § 623 BGB Rz 166; APS-*Preis* § 623 BGB Rz 46 f.). Die Parteien können deshalb im Rahmen eines **mündlichen** Arbeitsvertrages anfänglich oder auch später eine Befristungsabrede formwirksam allein dadurch treffen, dass die Abrede im Rechtssinne schriftlich erfolgt. Auch eine **befristete Arbeitszeiterhöhung** innerhalb eines unbefristeten Vertrages unterliegt dem Formzwang **nicht** (*BAG* 3.9.2003 EzA § 14 TzBfG Nr. 4).

b) Dauer der Befristung

72 Der Wortlaut »die« Befristung darf nicht dazu verleiten, auf die Angabe der **Dauer** zu verzichten. Fehlt eine derartige Angabe, würde der Arbeitsvertrag im Zweifel mit Eingehen der Befristungsabrede – also sofort – sein Ende finden. Das wäre die Situation des Auflösungsvertrages. Stünde eine derartige Befristungsabrede am Anfang des Eingehens eines Arbeitsvertrages, würde dieses uno actu sein Ende finden, was keinen Sinn macht. Deshalb bedarf **jedenfalls** die **anfängliche** Befristungsabrede der Angabe der **Befristungsdauer** oder des **Endtermines**. Bei einer nachträglichen Befristungsabrede hingegen ist es Auslegungsfrage, ob das Arbeitsverhältnis sein Ende sofort oder erst zu einem späteren Zeitpunkt finden soll (s. bereits KR-*Spilger* § 623 BGB Rz 167; für grds. schriftliche Vereinbarung der Dauer APS-*Preis* § 623 BGB Rz 48; *Preis/Gotthardt* NZA 2000, 348, 355; BBDW-*Bader* § 620 BGB Rz 259; *Däubler* ZIP 2001, 217, 224; *ders.* KDZ Rz 188; *Kliemt* NZA 2001, 296, 301; *Lakies* DZWIR 2001, 14), wobei bei **alsbald** gewollter Beendigung die Befristung in einen Auflösungsvertrag »umschlagen« dürfte, was aber das Formerfordernis (wegen § 623 BGB) nicht berührt.

§ 14 Abs. 4 TzBfG   **Anhang zu § 623 BGB**

Die Dauer kann **benannt** (zB »ein Jahr«) werden oder sich aus einem eindeutig bestimmten oder be- 73
stimmbaren (zu bestimmenden) **Endtermin** (aA KDZ-*Däubler* Rz 188: Enddatum zu »fixieren«) ergeben (arg. § 1 Abs. 2 Hs. 2 ÄArbVtrG sowie § 57b Abs. 3 S. 3 HRG, auch wenn danach nicht ausdrücklich
Schriftlichkeit angeordnet wird). Beides ist bei Zweckbefristung **entbehrlich**, wenn nicht vorhersehbar
(s. bereits KR-*Spilger* § 623 BGB Rz 168; APS-*Preis* § 623 BGB Rz 49).

Von der **Angabe** der Befristungsdauer zu unterscheiden ist die beabsichtigte Befristungsdauer **an sich**. 74
Der Form des § 14 Abs. 4 TzBfG unterliegen auch Befristungen mit einer längeren Zeitdauer als fünf
Jahre, sei es, dass es sich um eine kalendermäßige Befristung, sei es, dass es sich um eine Zweckbefristung handelt. § 15 Abs. 4 TzBfG (für Arbeitsverhältnisse partiell kongruent mit § 624 BGB) steht dem
nicht entgegen. § 14 Abs. 4 TzBfG und § 15 Abs. 4 TzBfG gelten nebeneinander. Konsequenz der Formunwirksamkeit nach § 14 Abs. 4 TzBfG ist, dass die Befristung als solche unwirksam ist, während
§ 15 Abs. 4 TzBfG das Sonderkündigungsrecht des Arbeitnehmers mit der Frist des § 15 Abs. 4 S. 2
TzBfG zur Folge hat. § 15 Abs. 4 TzBfG bewirkt zudem nicht, dass das befristete Arbeitsverhältnis nach
Ablauf der vereinbarten Zeit ohne Kündigung als unbefristetes fortbesteht, sondern gewährt eben nur
ein Sonderkündigungsrecht. Ohne Kündigung endet das Arbeitsverhältnis nach Ablauf der vereinbarten Zeit (zum Verhältnis zwischen § 623 BGB und § 624 BGB KR-*Spilger* § 623 BGB Rz 169; dazu insgesamt *Preis/Gotthardt* NZA 2000, 348, 357).

c) **Grund der Befristung**

§ 14 Abs. 4 TzBfG verlangt nicht die Angabe des Befristungs**grundes** (*BAG* 23.6.2004 EzA § 14 TzBfG 75
Nr. 10; BBDW-*Bader* § 620 BGB Rz 259; *Däubler* ZIP 2001, 217, 227; *ders.* KDZ Rz 190; *Dassau* ZTR 2001,
64, 70; *Kliemt* NZA 2001, 296, 301; *Lakies* NJ 2001, 70, 74; *ders.* DZWIR 2001, 1, 14; *Meinel/Heyn/Herms*
TzBfG, § 14 Rz 113; **aA** *Kallenberg* ZBVR 2001, 64, 67; *Rzadkowski/Renners* PersonalR 2001, 51, 54), und
zwar auch dann nicht, wenn Gesetz oder Rechtsprechung die Angabe des Grundes zum notwendigen
Bestandteil des Vertrages (zB § 57b Abs. 5 HRG aF) erheben (s. Rz 76). Dies ergibt sich schon aus dem
Wortlaut der Norm, die nur von »**die**« Befristung redet. Umstände, die dafür streiten würden, auch einen (oder den) Befristungsgrund dem Schriftformerfordernis zu unterwerfen, sind demgegenüber
nicht ersichtlich. Das noch in dem Referentenentwurf enthaltene »Zitiergebot« ist bereits vom Kabinett
nicht mehr beschlossen worden (vgl. *Schiefer* PflegeR 2001, 178, 182) und war konsequenterweise auch
nicht mehr Gegenstand des Gesetzesentwurfs der BReg. Die Angabe des Befristungsgrundes wird
auch vom Schutzzweck der Norm nicht gefordert. Zum einen bedarf nicht jedwede Befristung überhaupt eines Grundes (bspw. nach § 14 Abs. 4 S. 1 TzBfG), so dass schon kein rechtlich relevanter Grund
genannt werden könnte. Im Übrigen **bedarf** es der Angabe des Grundes nicht. Soweit ein solcher Wirksamkeitsvoraussetzung der Befristung ist und fehlt (nach § 14 Abs. 1 TzBfG oder etwa nach § 21
BErzGG oder § 9 Nr. 2 AÜG aF, nur nicht wegen § 21 BBiG für das Berufsausbildungsverhältnis), ergibt
sich die Unwirksamkeit der Befristung bereits aus **diesem** Umstand. **Besteht** hingegen ein sachlicher
Grund, sichert seine Angabe in der Befristungsabrede bestenfalls seine Beweisbarkeit und schützt vor
Auswechslung, falls man eine Bindung an den angegebenen Grund überhaupt bejaht (wie die überwiegende Meinung **nicht**, vgl. APS-*Preis* § 623 BGB Rz 53 mwN; ErfK-*Müller-Glöge* § 14 TzBfG Rz 146).
Dies ist zwar **auch** Schutzziel der Norm, hätte aber angesichts der bekannten Unterscheidung zwischen Befristungsabrede und -grund hinsichtlich des letzteren deutlich zum Ausdruck gebracht werden müssen (s. zum Problem auch APS-*Backhaus* Nachtrag Rz 117 ff.). Aus dem Vorstehenden sowie
daraus, dass das Zitiergebot nicht Gesetz geworden ist. folgt weiter, dass auch nicht nur die **Befristungsgrundlage** anzugeben (zu zitieren) ist.

Für das befristete Arbeitsverhältnis **zur Probe** ist keine Abweichung begründbar (KR-*Spilger* § 623 76
BGB Rz 171; ErfK-*Müller-Glöge* § 14 TzBfG Rz 146; LAG Düsseld. 18.9.2003 LAGE § 14 TzBfG Nr. 12). Soweit das *BAG* (31.08.1994 AP Nr. 163 zu § 620 BGB Befristeter Arbeitsvertrag) nur die zum Vertrags**inhalt** erhobene Erprobung als Befristungsgrund anerkennt, ergibt sich daraus nichts anderes (aA APS-
Preis § 623 BGB Rz 52; *Preis/Gotthardt* NZA 2000, 348, 360; *Däubler* ZIP 2001, 217, 224; *ders.* KDZ Rz 191),
weil § 14 Abs. 4 TzBfG aus den vorstehenden Gründen die Angabe der Erprobung jedenfalls nicht zur
Wahrung der Form erfordert, auch wenn es sich um einen essentiellen Vertragsbestandteil handelt.

d) **Zweck der Befristung**

Bei einer **Zweckbefristung** ist bei nicht vorhersehbarer **Dauer** des Arbeitsverhältnisses **statt dieser** die 77
Angabe des Zwecks essentieller Bestandteil der Beurkundung (s. bereits KR-*Spilger* § 623 BGB Rz 172;
vgl. APS-*Preis* § 623 BGB Rz 49; ErfK-*Müller-Glöge* § 14 TzBfG Rz 146; BBDW-*Bader* § 620 BGB Rz 260;

Däubler ZIP 2001, 217, 224; *ders.* KDZ Rz 189; *Kliemt* NZA 2001, 296, 301; *Lakies* NJ 2001, 70, 74; *ders.* DZWIR 2001, 1, 14; *BAG* 21.12.2005 EzA § 14 TzBfG Nr. 25; *LAG RhPf* 19.5.2004 LAGRep. 2004, 323).

e) Arbeit auf Abruf

78 Vereinbaren die Parteien **Arbeit auf Abruf** (vgl. § 12 TzBfG) bzw., in früherer Terminologie, eine kapazitätsorientierte variable Arbeitszeit, handelt es sich **allein deshalb** (so nicht zusätzlich eine Befristungsabrede getroffen wird) **nicht** um ein befristetes Arbeitsverhältnis. Anderes gilt nur für Vereinbarungen, in deren **Rahmen** immer wieder **auf Abruf** befristete Arbeitsverhältnisse geschlossen werden, sowie für die Einzelbefristungen selbst (s. bereits KR-*Spilger* § 623 BGB Rz 173; vgl. APS-*Preis* § 623 BGB Rz 54), für den Rahmen als solchen hingegen **nicht** (BBDW-*Bader* § 620 BGB Rz 256; KDZ-*Däubler* Rz 183; s. auch *BAG* 31.7.2002 AP Nr. 2 zu § 4 TzBfG).

3. Bezugnahme auf Tarifvertrag oder Betriebsvereinbarung

79 Die bloße Bezugnahme auf einen **Tarifvertrag** (oder eine **Betriebsvereinbarung**) führt **für sich** nicht zu einer wirksamen Befristung aufgrund der tarifvertraglichen Vorschriften (eingehend zur Befristung der Arbeitsverhältnisse der Bühnenkünstler *Germelmann* ZfA 2000, 149, 153 ff., 155) bzw. derjenigen der Betriebsvereinbarung. Entweder **gilt** die tarifliche Regelung kraft beiderseitiger Tarifbindung oder qua Allgemeinverbindlichkeit bzw. die Betriebsvereinbarung aufgrund ihres Geltungsumfangs; dann bedarf es schon keiner besonderen einzelvertraglichen Befristungsabrede oder Bezugnahme, um die Normwirkung (so sie nicht lediglich einen individualvertraglich auszufüllenden Spielraum für eine Befristung hergibt) herbeizuführen. Oder dies ist nicht der Fall; dann ist eine **wirksame** Bezugnahme zur Wahrung der Urkundeneinheit nach den Grundsätzen möglich und nötig, die bereits an anderer Stelle im Zusammenhang mit Auflösungsverträgen (KR-*Spilger* § 623 BGB Rz 154–156) aufgezeigt worden sind, worauf verwiesen werden kann.

80 Praktische Bedeutung erlangt die Bezugnahme dann, wenn sie eine tarifliche **Altersgrenze** umfasst, wobei aufgrund der Anwendbarkeit des § 14 Abs. 4 TzBfG auch für den unter einer auflösenden Bedingung geschlossenen Arbeitsvertrag nach § 21 TzBfG unerheblich (geworden) ist, ob die Altersgrenze als eine Befristung oder eine auflösende Bedingung des Arbeitsvertrages anzusehen ist (zum Streitstand KR-*Spilger* § 623 BGB Rz 175). Auch wenn der Wortlaut der Tarifregelung nicht wörtlich wiederholt werden muss (*Müller-Glöge/von Senden* AuA 2000, 199, 200), bedarf es jedoch wenigstens der anderweitigen zweifelsfreien Kenntlichmachung der Zusammengehörigkeit mit dem Arbeitsvertrag, am besten der körperlichen Verbindung (KR-*Spilger* § 623 BGB Rz 175; s. APS-*Preis* § 623 BGB Rz 49; *Preis/Gotthardt* NZA 2000, 348, 358 f.; **aA** *BühnenBezSchG Hamburg* 21.1.2002 NZA-RR 2002, 462; *BühnenBezSchG Berlin* 12.4.2002 NZA-RR 2002, 574; ErfK-*Müller-Glöge* § 14 TzBfG Rz 144; s. zu Bühnenarbeitsverhältnissen auch *Opolony* ZUM 2003, 358 und *Germelmann* BühnenGen 2001, 19).

4. Sonstiges

81 Auch für die **Änderung** oder **Ergänzung** (zB **Verlängerung** oder **Verkürzung** der einmal vereinbarten Befristungs**dauer**, KDZ-*Däubler* Rz 182) der Befristungsabrede gilt, dass beides dem Formzwang unterliegt (BBDW-*Bader* § 620 BGB Rz 249; *Kliemt* NZA 2001, 296, 301; zur **Änderung durch Bezugnahme** s. aber KR-*Spilger* § 623 BGB Rz 96; zur Folge des Formmangels bei Verlängerung s. Rz 98; gilt **nicht** bei **gesetzlicher** Verlängerung, zB § 90 Abs. 2 LPVG Brandenburg, *Sievers* TzBfG §14 Rz 266), die **Aufhebung** hingegen formlos möglich ist (s. KR-*Spilger* § 623 BGB Rz 176).

82 **Nicht** formbedürftig ist die **Verlängerung** der einem **unbefristeten** Arbeitsvertrag vorgeschalteten **Probezeit**, wenn weder die bisherige Probezeit einen befristeten Arbeitsvertrag darstellt noch die Verlängerung auf die Erzielung eines befristeten Arbeitsvertrages gerichtet ist. Entsprechendes gilt für die einvernehmliche Verlängerung einer laufenden Kündigungsfrist.

83 **Keine** formbedürftige Änderung der Befristungsabrede ist es, wenn eine tarifvertragliche Vorschrift (so nach Inkrafttreten des TzBfG noch zulässig) **bei beiderseitiger** Tarifgebundenheit eine **Verlängerung** der Befristung durch Nichtausspruch einer Nichtverlängerungsmitteilung vorsieht (s. bereits KR-*Spilger* § 623 BGB Rz 35, 176, sowie APS-*Preis* § 623 BGB Rz 44), etwa § 2 TV über die Mitteilungspflicht.

84 Der Form**umfang** bei einem **Auflösungsvertrag** lässt sich nicht wirksam dadurch reduzieren, dass äußerlich eine nachträgliche Befristung abgemacht und die Schriftform auf die Befristungsabrede beschränkt wird.

VII. Schriftliche Form der auflösenden Bedingung (§ 21 TzBfG)

Aufgrund § 21 TzBfG gilt § 14 Abs. 4 TzBfG auch für den unter einer auflösenden Bedingung geschlossenen Arbeitsvertrag. Auch eine auflösende Bedingung kommt nicht einseitig zustande, sondern bedarf der Abrede der Parteien. Diese stellt ein zweiseitiges Rechtsgeschäft dar. Für den **Umfang** des Formzwangs, die **Wahrung** der Form, den **Zugang** der (beidseitig) formgerecht errichteten Willenserklärungen sowie die **Beweislast** kann auf die Ausführungen bei KR-*Spilger* § 623 BGB Rz 94–128 verwiesen werden. Insbesondere ist § 126 Abs. 2 S. 1 BGB zu beachten sowie an die Möglichkeit der Ersetzung der schriftlichen durch die elektronische Form nach § 126a Abs. 1 BGB nF zu denken. 85

Für das Zustandekommen sowie den Inhalt der Abrede der auflösenden Bedingung gelten die vorstehenden Ausführungen zur schriftlichen Form der Befristung entsprechend. Dem Formzwang unterliegen danach sämtliche Elemente des zweiseitigen Rechtsgeschäfts, das eine auflösende Bedingung des Arbeitsvertrags der Parteien begründen soll. Danach wird auch eine auflösende Bedingung durch Erklärungen der Parteien zustande kommen können, die einen Bedingungswillen hinreichend **deutlich** zum Ausdruck bringen bzw. einen dahingehenden **Geschäftssinn** haben, ohne dass das Wort »auflösende Bedingung« fallen muss. **Unzureichend** ist die nicht schriftliche **(konkludente) Annahme** einer angesonnenen Abrede einer auflösenden Bedingung, etwa durch Einstellung der Arbeit. 86

Soweit die auflösende Bedingung aus Tarifvertrag oder Betriebsvereinbarung (so überhaupt zulässig) folgt, gelten ebenfalls die vorstehenden Ausführungen zu dem Zustandekommen einer Befristung entsprechend. 87

Auch das Erfordernis der Schriftform für eine auflösende Bedingung begründet keinen Formzwang für das Zustandekommen des Arbeitsvertrages im Übrigen. 88

Die auflösende Bedingung kommt der Zweckbefristung häufig nahe bzw. ist von ihr idR schwer unterscheidbar. Die Angabe einer Vertragslaufzeit oder eines Endtermins ist demgemäß ebenso wie bei der Zweckbefristung **entbehrlich**, wenn nicht vorhersehbar. Anstelle der nicht vorhersehbaren **Dauer** des Arbeitsvertrages ist allerdings **statt dieser**, ähnlich wie bei der Zweckbefristung die Angabe des Zwecks, die **Angabe der Bedingung** essentieller Bestandteil der Beurkundung (*Lakies* NJ 2001, 70, 74; ders. DZWIR 2001, 14). 89

Wegen der Frage der Bezugnahme auf Tarifvertrag oder Betriebsvereinbarung kann ebenfalls auf die vorstehenden Ausführungen im Zusammenhang mit der schriftlichen Form des Inhalts der Befristungsabrede verwiesen werden. Praktische Bedeutung haben insbes. Bezugnahmen auf einen Tarifvertrag, der eine Beendigung des Arbeitsverhältnisses im Falle des Bezuges einer Rente (welcher Art auch immer) vorsieht. 90

Auch für die **Änderung** oder **Ergänzung** der Abrede über die auflösende Bedingung gilt, dass beides dem Formzwang unterliegt, die **Aufhebung** hingegen formlos möglich ist. 91

D. Schriftform als Wirksamkeitsvoraussetzung; Rechtsfolge bei Formmangel (§ 16 S. 1, S. 2 TzBfG)

I. Wirksamkeitsvoraussetzung

Die Schriftform (bzw. die gleichwertige elektronische Form nach § 126a Abs. 1 BGB nF) ist nach ausdrücklicher Anordnung **Wirksamkeitsvoraussetzung**. Damit bezieht sich die »Wirksamkeit« einmal auf die **Rechtsfolge** (die Befristung), gleichzeitig aber auch den Befristungstatbestand. »**Wirksam**« sein kann der Befristungstatbestand oder die damit intendierte Befristung. Der **Schriftform** unterstehen kann nur das die Rechtsfolge auslösende **Rechtsgeschäft** (vgl. § 125 S. 1 BGB). Deshalb ist § 14 Abs. 4 TzBfG so zu lesen, dass sich die Schriftform auf den Befristungstatbestand zu **dessen** Wirksamkeit bezieht und diese sich wiederum auf die intendierte Rechtsfolge (Befristung). In **diesem** Sinne ist die Schriftform Wirksamkeitsvoraussetzung. 92

Der Angabe »zu ihrer Wirksamkeit« hätte es an sich nicht bedurft. Denn die Rechtsfolge bei Formmangel wird bereits durch § 125 S. 1 BGB dahin gezogen, dass das Rechtsgeschäft **nichtig** ist (und demgemäß keine Rechtswirkungen zeitigen kann). 93

II. Nichtigkeit bei Formmangel/Unwirksamkeitsfolgen nach § 16 S. 1, S. 2 TzBfG

94 Ein Rechtsgeschäft, welches der durch Gesetz vorgeschriebenen Form ermangelt, ist nach § 125 S. 1 BGB **nichtig**. Diese Folge erleidet nach § 14 Abs. 4 TzBfG eine Befristung (und zwar **nur** die Befristungsabrede **selbst**, *Koppenfels* AuR 2001, 201, 203, nicht der **Arbeitsvertrag**, *BAG* 1.12.2004 EzA § 623 BGB 2002 Nr. 3), die dem Schriftformzwang nicht genügt. In der – an sich überflüssigen – Terminologie des § 14 Abs. 4 TzBfG ist die Befristung darüber hinaus nicht **wirksam**.

95 Ist – in der Terminologie des TzBfG – die Befristung rechtsunwirksam, so gilt nach § 16 S. 1 TzBfG der befristete Arbeitsvertrag als auf **unbestimmte Zeit** geschlossen; er kann vom Arbeitgeber frühestens zum vereinbarten Ende ordentlich gekündigt werden, sofern nicht nach § 15 Abs. 3 TzBfG die ordentliche Kündigung zu einem früheren Zeitpunkt möglich ist. Wegen der Einzelheiten der Folgen unwirksamer Befristung nach § 16 TzBfG wird verwiesen auf KR-*Lipke* § 16 TzBfG.

96 »Rechtsunwirksam« iSd § 16 S. 1 TzBfG ist die Befristung auch, wenn es an der **Form** mangelt. Damit löst § 16 S. 1 TzBfG eine Reihe derjenigen Streitfragen, die im Zusammenhang mit der alten Fassung des § 623 BGB hinsichtlich des Schicksals des Arbeitsverhältnisses bei formunwirksamer Befristungsabrede aufgetreten sind (hierzu KR-*Spilger* § 623 BGB Rz 182 ff. mN). Neben § 16 S. 1 TzBfG muss § 16 **S. 2** TzBfG beachtet werden: Ist die Befristung **nur wegen des Mangels der Schriftform** unwirksam, so kann danach der Arbeitsvertrag auch **vor** dem vereinbarten Ende ordentlich gekündigt werden (gemeint wohl: auf einen vor dem vereinbarten Ende **liegenden** Zeitpunkt, arg. § 16 S. 1 TzBfG, wonach dort nur »zum« ... Ende gekündigt werden darf). Damit stehen sich die Parteien (im Zweifel der Arbeitnehmer) **schlechter** als **vor** der Einführung des Schriftformzwanges; seinerzeit hätte die Kündbarkeit des befristeten Vertrages ausdrücklich vereinbart werden müssen (*Hromadka* NJW 2001, 400, 404; wohl auch *Däubler* ZIP 2001, 217, 225, und *Nielebock* AiB 2001, 75, 81; s.a. *Koppenfels* AuR 2001, 201, 203). Auch § 15 Abs. 3 TzBfG sieht dies an sich vor. Die Abweichung in § 16 S. 2 TzBfG stellt insofern zumindest einen Wertungswiderspruch dar.

97 Bei einer formunwirksamen Befristung auf mehr als fünf Jahre ergibt sich ein nach Maßgabe des § 15 Abs. 4 TzBfG durch den **Arbeitnehmer** kündbares (unbefristetes) Arbeitsverhältnis, welche Vorschrift § 16 S. 2 TzBfG, da einen Sonderfall betreffend, vorgeht.

98 Die Rechtsfolge des § 16 S. 1 TzBfG tritt auch ein, wenn ein **befristetes** Arbeitsverhältnis formwidrig **befristet verlängert** wird. Es bleibt nicht etwa nur die ursprüngliche Abrede in Kraft. Denn diese haben die Parteien im Zweifel **beseitigen** wollen, was aber **formfrei** möglich ist. Außerdem stünde der Arbeitnehmer anderenfalls schlechter da als vor Einführung des § 14 Abs. 4 TzBfG/§ 16 S. 1 TzBfG. Insofern **überlagert** § 16 S. 1 TzBfG **§ 625 BGB** (bei Befristung auf Zweckerreichung: **§ 15 Abs. 5 TzBfG**) für den Fall, dass der Widerspruch in dem Angebot des Arbeitgebers liegt, das Arbeitsverhältnis befristet zu verlängern (s. hierzu bereits KR-*Spilger* § 623 BGB Rz 185; APS-*Preis* § 623 BGB Rz 65; **aA** ErfK-*Müller-Glöge* § 14 TzBfG Rz 152).

III. Teilnichtigkeit

99 Ist ein **Teil** eines Rechtsgeschäfts nichtig, so ist nach § 139 BGB das ganze Rechtsgeschäft nichtig, wenn nicht anzunehmen ist, dass es auch ohne den nichtigen Teil vorgenommen sein würde. Bei einer Befristungsabrede muss im Einzelfall festgestellt werden, ob sie auch ohne formwirksame Mitbeurkundung an sich vorgesehener Teile geschlossen wäre. Dabei ist bei nichtiger Befristungsabrede allerdings nicht im Zweifel nach § 139 BGB auch die Nichtigkeit des Arbeitsvertrages anzunehmen. Denn § 16 S. 1 TzBfG ordnet gerade an, dass der Arbeitsvertrag als auf unbestimmte Zeit geschlossen gilt. Deswegen bedarf es keiner Erörterung, ob das Rechtsgeschäft »Befristungsabrede« überhaupt iSd § 139 BGB »Teil« des Rechtsgeschäfts »Arbeitsvertrag« ist. Von Bedeutung ist die Regelung in § 139 BGB allerdings und in Sonderheit dann, wenn die Befristungsabrede im Zusammenhang mit Bezugnahmen steht und **ihre** Wirksamkeit aufgrund der Inbezugnahme eines nichtigen Rechtsgeschäfts in Rede steht und nicht diejenige des Arbeitsvertrages.

IV. Umdeutung

100 Entspricht ein nichtiges Rechtsgeschäft den Erfordernissen eines anderen Rechtsgeschäfts, so gilt nach § 140 BGB das Letztere, wenn anzunehmen ist, dass dessen Geltung bei Kenntnis der Nichtigkeit gewollt sein würde. Dabei lässt sich eine wegen Formmangels fehlgeschlagene Befristungsabrede auch dann nicht in den Antrag auf Abschluss eines Aufhebungsvertrages umdeuten, wenn die Befristung

nachträglich während des Laufs eines bereits bestehenden Arbeitsverhältnisses aufgenommen werden sollte. Zum einen hat die Befristung einen anderen Geschäftssinn als ein Auflösungsvertrag, zum anderen fehlt es auch für einen Auflösungsvertrag jedenfalls an der dafür nach § 623 BGB erforderlichen Form, wenn auch nur **eine** Unterschrift fehlt.

V. Heilung (Bestätigung)

Wird ein nichtiges Rechtsgeschäft von demjenigen, welcher es vorgenommen hat, bestätigt, so ist die Bestätigung nach § 141 Abs. 1 BGB als erneute Vornahme zu beurteilen. Daraus ergibt sich, dass die Rechtswirkungen **erst ab Bestätigung** eintreten. Für die in § 14 Abs. 4 TzBfG geregelte Befristung ergibt sich daraus Folgendes, wobei das Fehlen einer dem § 311b Abs. 1 S. 2 BGB entsprechenden Regelung zu berücksichtigen ist: 101

Bei einer Befristung ist § 141 **Abs. 2** BGB zu berücksichtigen. Danach sind die einen nichtigen Vertrag bestätigenden Parteien im Zweifel verpflichtet, einander zu gewähren, was sie haben würden, wenn der Vertrag von Anfang an gültig gewesen wäre. Dies kann Auswirkungen dann haben, wenn im Rahmen einer Befristungsabrede auch Verpflichtungen eingegangen worden sind. Die Rechtswirkung der Befristungsabrede jedoch wird durch § 141 Abs. 2 BGB nicht vorverlegt (vgl. ebenso *BAG* 1.12.2004 EzA § 623 BGB 2002 Nr. 3). Vielmehr bleibt es dabei, dass die Rechtswirkung gem. § 141 Abs. 1 BGB erst ab Bestätigung eintritt. Dies kann bei einer formunwirksamen Befristung, also bei der **Unterzeichnung des Arbeitsvertrages nach Arbeitsantritt, gravierende Folgen** haben: 102

Ermangelt diese der Schriftform und entdecken die Parteien dies hinterher und bestätigen sie die mündlich unwirksam verabredete Befristung später formwirksam schriftlich, so handelt es sich wegen der erst nunmehr eintretenden Rechtsfolge um eine **nachträgliche Befristung** eines bislang nicht wirksam befristeten, mithin unbefristeten Arbeitsvertrages. Das ist nach § 14 Abs. 2 S. 2 TzBfG, der wohl entgegen seinem Wortlaut nicht nur Befristungen nach vorhergehenden abgelaufenen Arbeitsverhältnissen, sondern auch die nachträgliche Befristung eines laufenden Vertrags betreffen dürfte, unzulässig (aA *LAG Düsseld.* 6.12.2001 LAGE § 17 TzBfG Nr. 1 für den Fall der »schriftlichen Bestätigung« eines mündlichen die Befristung verlängernden Vertrages nach Ablauf der Erstbefristung; i.E. ebenso *Gaumann* [FA 2002, 40, 41 ff.], der bis zur Wahrung der Form von einem Dissens und damit dem Fehlen eines Arbeitsverhältnisses ausgeht; ferner *Straub* [NZA 2001, 919, 927], der § 141 Abs. 2 BGB anführt; **krit.** zu Recht *von Koppenfels* AuR 2002, 241 ff.; wie hier i.E. jetzt *BAG* 1.12.2004 EzA § 623 BGB 2002 Nr. 3, das aber schon keine nachträgliche Befristung erkennt, diese jedenfalls aber für unwirksam wegen Verstoßes gegen das Anschlussverbot hält; **krit.** *Bauer/Krieger* Anm. AP Nr. 15 zu § 14 TzBfG; *Bahnsen* NZA 2005, 676 ff.; *Riesenhuber* NJW 2005, 2268 ff.; *Preis* NZA 2005, 714, 716 ff.; *Nadler/Medem* NZA 2005, 1214, 1215 ff.; *Janko* SAE 2005, 337, 340 ff.; **zust.** *Lembke* BAGRep. 2005, 289, 291 f.; das *BAG* hat seine Rspr. ungeachtet der Kritik **bestätigt**, 16.3.2005 EzA § 14 TzBfG Nr. 17 m. **ausf.** Anm. *Kortstock* AP Nr. 16 zu § 14 TzBfG). Die als neue Befristungsabrede geltende Bestätigung müsste zu ihrer Wirksamkeit nunmehr nach § 14 Abs. 1 TzBfG von einem sachlichen Grund getragen werden. Einen Ausweg stellt sonst nur die Kündbarkeit nach § 16 S. 2 TzBfG dar. *LAG Köln* 23.6.2005 NZA-RR 2006, 19. 103

Ein Verstoß gegen § 14 Abs. 4 TzBfG kann auch nicht dadurch geheilt werden, dass der Arbeitgeber dem Arbeitnehmer eine **Niederschrift gem. § 2 Abs. 1 Nr. 3 NachwG aushändigt**, aus der sich die Befristung und die Dauer des Arbeitsverhältnisses ergeben (zu § 623 BGB s. bereits KR-*Spilger* § 623 BGB Rz 199), oder das nachträglich der Angabepflicht des § 57b Abs. 5 **HRG** aF oder nach § 57b Abs. 3 S. 1 HRG nF genügt wird. Eine derartige Angabe kann aber uU als nachträgliche Befristung zu verstehen sein. 104

E. Berufung auf Formmangel; Grenzen
I. Allgemeines; Unzulässige Rechtsausübung

S. KR-*Spilger* § 623 BGB Rz 200–203. 105

II. Berufung auf den Formmangel im Rahmen des § 14 Abs. 4 TzBfG

Hat eine Vertragspartei die andere von der Wahrung der Form **abgehalten**, um sich später auf den Formmangel berufen zu können, ist das betreffende Rechtsgeschäft wegen **Arglist** als **gültig** anzusehen. Dazu müssen die Voraussetzungen eines Arglisteinwandes vorliegen. Daran **fehlt** es bei schuldlosem oder nicht vorsätzlichem Handeln. 106

107 Die praktisch häufigsten Anwendungsfälle werden diejenigen **schwerer Treuepflichtverletzungen** in der Ausprägung schwerwiegender Verstöße gegen das Verbot des widersprüchlichen Verhaltens (venire contra factum proprium) sein.

108 Kein Anwendungsfall des die Formvorschrift einschränkenden Grundsatzes von Treu und Glauben ist es, wenn eine oder beide Seiten der Warnung oder des Übereilungsschutzes – da ohnehin gewarnt oder da ohnehin nicht in Eile – an sich nicht bedurft hätten und sich dann doch auf den Formmangel berufen. Denn die **Notwendigkeit** der Schriftform im **Einzelfall** ist nicht Tatbestandsmerkmal der Norm (KR-*Spilger* § 623 BGB Rz 208; ähnlich APS-*Preis* § 623 BGB Rz 79; *Preis/Gotthardt* NZA 2000, 348, 353 f., 356). Gleiches gilt, wenn zur Sicherung von »Mobilität« auf die Einhaltung jedweder Form verzichtet wurde (Kenntnis des Formmangels).

109 In der Regel wird keiner Partei die Berufung auf den Formmangel unter Hinweis auf § 242 BGB mit der Begründung verwehrt werden dürfen, dass sie vorher über die Formbedürftigkeit hätte **aufklären** müssen. Denn das Schriftformerfordernis gilt als Gesetz unabhängig von Hinweisen oder Belehrungen zwischen Privaten aus staatsrechtlichen Gründen. Im Extremfall mag sich aus **Fürsorgegesichtspunkten** etwas anderes ergeben, etwa dann, wenn es an Arglist grenzen würde, die das Formerfordernis **offensichtlich** übersehende Partei unaufgeklärt zu lassen, insbes. dann, wenn hieraus eigene Vorteile gezogen werden sollen. Eine generelle Fürsorgepflicht (Belehrungspflicht) des **Arbeitgebers** besteht allerdings nicht (KR-*Spilger* § 623 BGB Rz 209; APS-*Preis* § 623 BGB Rz 80; ErfK-*Müller-Glöge* [4. Aufl.] § 623 BGB Rz 31; *Müller-Glöge/von Senden* AuA 2000, 199, 203; *Preis/Gotthardt* NZA 2000, 348, 354).

110 Der **Einwand**, die Berufung auf die Nichteinhaltung der Form stelle eine unzulässige Rechtsausübung dar und verstoße gegen den Grundsatz von Treu und Glauben nach § 242 BGB, findet **seinerseits** eine Grenze in eben jenem Grundsatz. **Insbesondere** wird er nicht ohne zeitliche Grenze zurückgehalten werden können, nur um ihn im dann passenden Moment zu platzieren **(Verwirkung des Einwandes)**.

111 Soweit *Preis/Gotthardt* (NZA 2000, 348, 361; auch APS-*Preis* § 623 BGB Rz 47) der Auffassung sind, dass angesichts der bei unwirksamer **Befristung** einzuhaltenden **Klagefrist** (damals § 1 Abs. 5 BeschFG, jetzt des § 17 TzBfG) der Einwand der unzulässigen Rechtsausübung von **geringerer** praktischer Relevanz sei, kann dem in dieser Allgemeinheit nicht zugestimmt werden. Durch die Klagefrist erledigt sich lediglich das Problem des allzu langen Zuwartens mit der Berufung auf den Formmangel. In der Sache jedoch kann sich auch bspw. ein widersprüchliches Verhalten dadurch ergeben, dass die Parteien trotz – gar erkannter – Formunwirksamkeit einer Befristung faktisch auseinander gegangen sind und ein Verhalten an den Tag gelegt haben, aus dem die eine oder die andere Seite nur den Schluss ziehen konnte, die Gegenseite werde sich auf den Formmangel nicht beziehen. Hinzu kommt, dass die Klagefrist lediglich vom Arbeitnehmer, nicht aber vom Arbeitgeber zu wahren ist.

F. Prozessuales Geltendmachen des Formmangels (§ 17 TzBfG)

I. Form und Frist (§ 17 TzBfG)

112 Auf die Unwirksamkeit der Befristung wegen Formmangels **einredeweise** kann sich nur der **Arbeitgeber** beziehen. Der **Arbeitnehmer** hingegen ist (**anders als wegen § 4 S. 1 KSchG nF bei einer nicht schriftlichen Kündigung!**) zur Klageerhebung **auch bei Formmangel** gehalten. Denn § 17 TzBfG, der seit 1. Januar 2001 anstelle des § 1 Abs. 5 BeschFG getreten ist und auch für Befristungen **vor** Inkrafttreten des § 14 Abs. 4 TzBfG, mithin noch unter Herrschaft des § 623 BGB aF oder früher getroffene Befristungsabreden gilt, verlangt dies von ihm (vgl. *LAG Düsseld.* 26.9.2002 LAGE § 15 TzBfG Nr. 1). Will danach ein Arbeitnehmer geltend machen, dass die Befristung eines Arbeitsvertrages rechtsunwirksam ist, so muss er innerhalb von drei Wochen nach dem vereinbarten Ende des befristeten Arbeitsvertrages Klage beim Arbeitsgericht auf Feststellung erheben, dass das Arbeitsverhältnis aufgrund der Befristung nicht beendet ist (wobei die **§§ 5 bis 7 KSchG** für entsprechend anwendbar erklärt sind). Wird das Arbeitsverhältnis nach dem vereinbarten Ende **fortgesetzt**, so beginnt nach § 17 S. 3 TzBfG die Klagefrist mit dem Zugang der **schriftlichen** Erklärung des Arbeitgebers, dass das Arbeitsverhältnis aufgrund der Befristung beendet sei. Dass die Unwirksamkeit der Befristung wegen **Formmangels** auch einen gem. § 17 TzBfG durch fristgebundene Klage geltend zu machenden Unwirksamkeitsgrund darstellt (**aA** *Koppenfels* AuR 2001, 201, 204 ff.), ergibt sich zumindest aus dem Gesetzeswortlaut und der Rechtsprechung des *BAG* (9.2.2000 RzK I C c Nr. 47), wonach mit der Versäumung der Klagefrist des dem § 17 TzBfG zum Teil entsprechenden früheren § 1 Abs. 5 S. 1 BeschFG **sämtliche** Voraussetzungen einer rechtswirksamen Befristung fingiert wurden. Fingiert wird maW damit auch die Wah-

rung der Form. Die Frist des § 17 TzBfG wird durch einen Formmangel **nicht berührt** (BBDW-*Bader* § 620 BGB Rz 275), wobei aber die Anwendbarkeit des **§ 6 KSchG** zu beachten ist (BBDW-*Bader* aaO).

Allerdings stammt die Rechtsprechung des *BAG* aus der Zeit vor Inkrafttreten des § 623 BGB und damit auch des § 14 Abs. 4 TzBfG. Nicht zuletzt deshalb ist das Ergebnis auf Befremden bzw. Kritik gestoßen, wonach dem Arbeitnehmer der Schutz der Formvorschrift durch den Zwang zum klageweisen Geltendmachen partiell wieder weggenommen ist. Der daraus resultierende Streit (Darstellung s. KR-*Spilger* § 623 BGB Rz 217 f.) ist auch durch § 17 TzBfG nicht erledigt (**aA** *Kliemt* NZA 2001, 296, 302, der eine Klarstellung erkennt). Insbes. besteht kein Gleichklang mit § 4 S. 1 KSchG nF, wonach die dort geregelte Klagefrist bei Kündigung erst mit Zugang der **schriftlichen** Kündigung läuft. 113

Zu klagen ist auch bei einer **nachträglichen** Befristung eines bislang unbefristeten Arbeitsverhältnisses, selbst wenn diese in einem – seinerseits **nicht** fristgebunden anzugreifenden – Auflösungsvertrag »versteckt« ist, jedenfalls dann, wenn dem Regelungsgehalt nach **keine alsbaldige** Beendigung erstrebt wird (und das *BAG* die Abrede demgemäß auch dem Befristungskontrollrecht unterwirft, s. KR-*Spilger* § 623 BGB Rz 76). 114

Bei Anwendbarkeit des § 17 TzBfG muss – wie ausgeführt – nur der **Arbeitnehmer** in der bereits genannten maßgebenden Frist Klage (beim Arbeitsgericht) erheben. **Streitgegenstand** ist bei der Behauptung der Formnichtigkeit die Feststellung, dass das Arbeitsverhältnis aufgrund der Befristung (die es sich empfiehlt, näher zu bezeichnen) nicht (auch hier empfiehlt sich die Bezeichnung des Zeitpunkts) beendet ist. Damit ist auch der entsprechende Klageantrag und Urteilstenor bei Klagestattgabe bzw. der Gegenstand einer Abweisung vorgegeben. Es handelt sich um eine Feststellungsklage besonderer Art wie nach der entsprechenden Regelung in § 4 KSchG. 115

Die Klagefrist ist auch zu wahren, wenn der Arbeitnehmer geltend machen will, ein befristeter Arbeitsvertrag sei gar nicht geschlossen worden, weil seine **Unterschrift gefälscht** sei (was allerdings mehr als einen bloßen Formmangel darstellt; *Hess. LAG* 18.1.2000 NZA 2000, 1071). Allerdings wird hierfür die nachträgliche Anrufung des Arbeitsgerichts (§ 17 S. 2 TzBfG, § 5 KSchG) erforderlich werden, wenn die maßgebende Kenntnis erst mehr als drei Wochen nach dem vermeintlichen Befristungsende erlangt ist. Nach Auffassung des *BAG* (20.2.2002 EzA § 17 TzBfG Nr. 1) allerdings gilt die Klagefrist nicht, wenn darüber gestritten wird, ob **überhaupt** eine Befristungsabrede getroffen wurde (**wie hier** aber *LAG Düsseld.* 1.3.2002 § 1 BeschFG 1985/1996 Klagefrist Nr. 13 – rkr.) oder eine **auflösende Bedingung** tatsächlich **eingetreten** ist (*BAG* 23.6.2004 EzA § 17 TzBfG Nr. 5). 116

Die Vorschrift über die Anrufung des Arbeitsgerichts des § 17 TzBfG gilt, anders noch als § 1 Abs. 5 BeschFG (hierzu KR-*Spilger* § 623 BGB Rz 222) aufgrund § 21 TzBfG **auch** für den unter einer **auflösenden Bedingung** geschlossenen Arbeitsvertrag **unabhängig** davon, ob **vor** Inkrafttreten des § 623 BGB, **unter dessen alter** Fassung oder **jetzt** geschlossen. 117

Unterbleibt die (rechtzeitige) Klage oder wird sie nach Fristablauf zurückgenommen oder **gilt** sie aufgrund § 54 Abs. 5 S. 4 ArbGG als zurückgenommen (was nicht selten übersehen wird), gilt die Befristung gem. § 17 S. 2 TzBfG iVm § 7 KSchG als von Anfang an rechtswirksam. 118

In **allen** Fällen, in denen über die Wirksamkeit einer Befristungsabrede wegen Formmangels gestritten wird, handelt es sich um Rechtsstreitigkeiten zwischen Arbeitnehmern und Arbeitgebern über das Bestehen oder Nichtbestehen eines Arbeitsverhältnisses, wofür die Gerichte für Arbeitssachen nach § 2 Abs. 1 Nr. 1b ArbGG **ausschließlich** zuständig sind. Für die auch für Befristungen unter der alten Fassung des § 623 BGB maßgebliche »Entfristungsklage« des § 17 TzBfG ergibt sich dies schon daraus, dass die Klage »beim« Arbeitsgericht zu erheben ist. 119

II. Parteivorbringen und Beweislast

Zu Parteivorbringen und Beweislast vgl. bereits KR-*Spilger* § 623 BGB Rz 224–226. 120

G. Sonstige Auswirkungen des Formzwanges

Bereits der mit § 623 BGB in seiner alten Fassung eingeführte Schriftformzwang hat und hatte Stärken und Schwächen. Letztere beruhen auf der technischen Umsetzung der Norm. Daran hat sich hinsichtlich der Befristung allein durch die Auslagerung aus § 623 BGB nach § 14 Abs. 4 TzBfG, wie in der vorangehenden Kommentierung bereits erörtert, durch die Einbettung in das Normumfeld des TzBfG **einiges gebessert** (bspw. durch die **Definition** des befristeten Arbeitsvertrages, die Regelung der 121

§ 624 BGB   Kündigungsfrist bei Verträgen über mehr als fünf Jahre

Folgen unwirksamer Befristung oder durch die entsprechende Anwendbarkeit für **auflösend bedingte** Arbeitsverträge [womit die Frage obsolet ist, ob eine vereinbarte Altersgrenze das Arbeitsverhältnis befristet oder auflösend bedingt: nunmehr **jedenfalls** formpflichtig, BBDW-*Bader* § 620 BGB Rz 254]). Andere Probleme sind geblieben oder hinzugekommen. **Wegen der Einzelheiten kann zunächst auf die Darstellung bei** KR-*Spilger* § 623 BGB Rz 240–245, **verwiesen werden**. Hierzu ist Folgendes zu ergänzen:

122 Haben die Parteien in einer Situation, in der eine Weiter- bzw. Prozessbeschäftigung **nicht** ausgeurteilt wurde, mit Blick auf den Erfolg der Kündigungsschutzklage im ersten Rechtszug oder allein bis zur Klärung der Wirksamkeit der Kündigung (»unter Vorbehalt deren Wirksamkeit«) aus wohlverstandenen beiderseitigen Interessen eine **Fortführung des Arbeitsverhältnisses bis zum Ausgang ihrer Rechtssache vereinbart** oder es **einfach fortgesetzt**, dürfte die – nunmehr zweifelsfrei nach § 21 TzBfG **formpflichtige** – Abrede einer **auflösenden Bedingung** zustande gekommen sein (vgl. BBDW-*Bader* § 620 BGB Rz 254; das *BAG* [22.10.2003 EzA § 14 TzBfG Nr. 6] nimmt eine **formpflichtige** Befristung an; **krit. insgesamt** *Tschöpe* DB 2004, 434, 436 f.; *Löwisch* Anm. AP Nr. 6 zu § 14 TzBfG; *Tschöpe* BAGRep. 2005, 1, 2 f.; *Bengelsdorf* SAE 2005, 50, 53 ff.; *ders.* NZA 2005, 277, 281 f.; *Sittard/Ulbrich* RdA 2006, 218 ff.; **wie hier** – aufl. Bedingung – *LAG Hamm* 16.1.2003 NZA-RR 2003, 468). Bei formwidriger Abrede entstünde ein **unbedingtes** Anschlussarbeitsverhältnis, ohne dass es auf die Zulässigkeit der Bedingung nach § 21 i.V.m. § 14 Abs. 1 TzBfG ankäme. Der Rechtsstreit um die Kündigung wäre in der Hauptsache erledigt, weil die streitgegenständliche Kündigung und der Ausgang des über sie geführten Rechtsstreits keinen Einfluss mehr darauf haben können, ob sich das Arbeitsverhältnis der Parteien fortsetzt oder nicht (zu den Rechtsfolgen des Formmangels s. i.E. Rz 94 ff.). Nimmt man eine **Rechtsbedingung** (Ausgang der Rechtssache) an, wäre die Abrede richtigerweise **formfrei** möglich (*Bayreuther* DB 2003, 1736, 1738 f.). Jedenfalls besteht Formfreiheit, wenn sich der Arbeitgeber lediglich einer ausgeurteilten Prozessbeschäftigung beugt (*LAG Nds.* 27.9.2005 LAGE § 21 TzBfG Nr. 2). Einzelheiten auch KR-*Spilger* § 623 BGB Rz 243 sowie oben Rz 102 f. zur Frage der **Bestätigung** der formunwirksamen Befristung.

H. Verhältnis zu Schriftformzwang nach anderen Rechtsquellen (§ 23 TzBfG)

123 Für das Verhältnis des § 14 Abs. 4 TzBfG zu Schriftformzwang nach anderen Rechtsquellen gelten die Ausführungen KR-*Spilger* § 623 BGB Rz 240–245 entsprechend. Hinzuweisen ist lediglich darauf, dass nach **§ 23 TzBfG** besondere Regelungen u.a. über die Befristung von Arbeitsverträgen nach **anderen gesetzlichen Vorschriften unberührt** bleiben. Das ist **dieselbe** Rechtslage wie zur Frage der Regelung der Befristung in § 623 BGB. In Sonderheit hat sich durch § 23 TzBfG die Frage erledigt, ob das – gesetzlich befristete – Berufsausbildungsverhältnis, da befristet, aufgrund § 14 Abs. 4 TzBfG (früher insoweit nach § 623 BGB) schriftlich (wie nicht) zu vereinbaren ist.

§ 624 Kündigungsfrist bei Verträgen über mehr als fünf Jahre ¹Ist das Dienstverhältnis für die Lebenszeit einer Person oder für längere Zeit als fünf Jahre eingegangen, so kann es von dem Verpflichteten nach dem Ablauf von fünf Jahren gekündigt werden. ²Die Kündigungsfrist beträgt sechs Monate.

Literatur

– bis 2004 vgl. KR-Vorauflage –

Inhaltsübersicht

		Rz		Rz
I.	Zweck der Vorschrift	1-3	1. Anstellung auf Lebenszeit	9-22
II.	Geltungsbereich	4-6	a) Begriff	9, 10
	1. Arbeitnehmer – Dienstverpflichtete	4	b) Strenge Anforderungen	11, 12
	2. Handelsvertreter	5	c) Lebens- oder Dauerstellung	13-18
	3. Analoge Anwendung	6	d) Schadensersatz bei Kündigung	
III.	Zwingendes Recht	7, 8	einer Lebens- oder Dauer-	
IV.	Tatbestandsvoraussetzungen	9-24	stellung	19-21

Kündigungsfrist bei Verträgen über mehr als fünf Jahre § 624 BGB

	Rz		Rz
e) »Unkündbare« Beschäftigte	22	1. Bindung des Dienstberechtigten	25, 26
2. Dienstverhältnis auf mehr als fünf Jahre	23, 24	2. Vorzeitige Kündigung des Dienstverpflichteten	27-29
a) Einmalige oder mehrfache Befristung	23	VI. Darlegungs- und Beweislast	30
b) Zulässige Verlängerungen	24		
V. Rechtsfolgen einer Bindung auf Lebenszeit oder auf mehr als fünf Jahre	25-29		

I. Zweck der Vorschrift

Die Vorschrift des § 624 BGB dient dem Schutz der »persönlichen Freiheit« des Dienstverpflichteten **1** (*Mugdan* Die gesamten Materialien des BGB, Bd. II, S. 911 f.), wie sie nun insbes. in Art. 12 GG abgesichert ist (vgl. dazu BAG 19.12.1991 EzA § 624 BGB Nr. 1). Sie beruht auf der Erwägung, dass eine über eine gewisse Zeit hinausgehende Bindung des Dienstverpflichteten sich aus sozialen und wirtschaftlichen Gründen verbietet. Eine längere als eine fünfjährige Bindung beschränkt den Dienstverpflichteten übermäßig in der persönlichen Freiheit und widerstrebt der Entwicklung, die darauf gerichtet ist, die wirtschaftliche **Freiheit des Dienstverpflichteten** als des wirtschaftlich Schwachen zu erweitern (Mot. zum BGB Bd. 2, S. 466; Prot. Bd. 2, S. 300).

Der Gesetzgeber ist davon ausgegangen, in den Fällen des § 624 BGB bedürfe es einer besonderen Re- **2** gelung der Kündigungsbefugnis des Dienstverpflichteten, weil ein Arbeitsvertrag idR nicht schon allein wegen einer **übermäßig langen Bindung** nach § 138 BGB sittenwidrig ist (Mot. zum BGB, Bd. 2, S .466). Ein Vertrag, der für die **Lebenszeit** des Dienstverpflichteten eingegangen worden ist, von diesem aber ordentlich gekündigt werden kann, verstößt nicht schon wegen des nur einseitig eingeräumten Kündigungsrechts gegen die guten Sitten (RAG 9.3.1935, ARS 23, 190; *Staudinger/Preis* Rz 7). Sittenwidrig ist ein Arbeitsvertrag auf Lebenszeit auch nicht deshalb, weil zwischen einer Haushälterin und dem Dienstberechtigten ein intimes Verhältnis besteht, das Anlass für den Abschluss des Vertrages gewesen ist. Etwas anderes gilt nur dann, wenn die Vergütung gerade für die geschlechtlichen Beziehungen gezahlt wird (RAG 23.11.1935, ARS 25, 190).

Da durch die Regelung des § 624 BGB nur eine unangemessen lange Bindung des Dienstverpflichteten **3** verhindert werden soll, wird nur ihm ein vorzeitiges Kündigungsrecht eingeräumt, während die **Wirksamkeit des Vertrages** im übrigen unberührt bleibt (MünchKomm-*Henssler* Rz 2; *Reuter* Anm. AP Nr. 1 zu § 28 BGB; s.u. Rz 25 f.). Dass der Dienstverpflichtete für die vorzeitige Kündigung eine Frist von sechs Monaten einzuhalten hat, verstößt nicht gegen Art. 12 GG (BAG 24.10.1996 EzA Art. 12 GG Nr. 29).

II. Geltungsbereich

1. Arbeitnehmer – Dienstverpflichtete

§ 624 BGB gilt seit 1.1.2001 nicht mehr für **Arbeitsverhältnisse** (vgl. zur Abgrenzung zwischen allge- **4** meinem Dienstvertrag und Arbeitsvertrag KR-*Rost* ArbNähnl. Pers. Rz 1 f.); für Arbeitnehmer enthält jetzt das TzBfG in § 15 Abs. 4 eine spezielle, aber gleichlautende Regelung. Es ist unerheblich, ob die Arbeits- oder Dienstleistungen in einem Betrieb oder in einem Haushalt erbracht werden. Es bestehen ferner keine Ausnahmen für bestimmte Arten von Beschäftigungen, zB künstlerische oder wissenschaftliche Tätigkeiten (RG 25.10.1912 RGZ 80, 278). § 624 BGB ist grds. auch dann anzuwenden, wenn die Dienste nicht persönlich zu leisten sind, sondern einem Dritten übertragen werden dürfen (HWK-*Bittner* Rz 5; MünchKomm-*Henssler* Rz 3; HaKo-*Pfeiffer* Rz 2; *Staudinger/Preis* Rz 3; ArbRBGB-*Röhsler* Rz 6; aA APS-*Backhaus* Rz 4; abw. auch *Soergel/Kraft* Rz 2, wenn die Tätigkeit mehr unternehmens- als personenbezogen ist). Es kommt auch nicht auf die Art der Vergütung oder die Zahlungsmodalitäten an (*Staudinger/Preis* aaO). Unerheblich ist ferner, ob die Arbeits- oder Dienstleistungen die hauptsächliche Erwerbstätigkeit des Dienstpflichtigen sind oder nur einen Nebenerwerb bedeuten. Auf **Altenheimverträge** ist § 624 BGB im Hinblick auf den Schutzzweck der Norm dagegen nicht anwendbar (MünchKomm-*Henssler* Rz 6; ArbRBGB-*Röhsler* Rz 10; KDZ-*Zwanziger* Rz 1).

2. Handelsvertreter

5 Während umstritten ist, ob § 624 BGB für selbständige Handelsvertreter (§ 89 HGB) gilt (vgl. zum Streitstand: KR-*Rost* ArbNähnl.Pers. Rz 214), ist mit der hM davon auszugehen, dass die Vorschrift jedenfalls auf die Rechtsverhältnisse **arbeitnehmerähnlicher Handelsvertreter** anzuwenden ist (KR-*Rost* aaO; *Erman/Belling* Rz 2).

3. Analoge Anwendung

6 Ob § 624 BGB auf **dienstvertragsähnliche Verhältnisse** entsprechend anzuwenden ist, hängt jeweils von der Besonderheit der Vertragsgestaltung ab (*Staudinger/Preis* Rz 5 f.). Auf sog. Tankstellenverträge ist § 624 BGB idR nicht anzuwenden (*BGH* 31.3.1982 BGHZ 83, 313).

III. Zwingendes Recht

7 §§ 624 S. 1 BGB, 15 Abs. 4 TzBfG sind **zwingender Natur,** d. h., die Kündigungsbefugnis des Dienstverpflichteten kann weder durch **Arbeitsvertrag** noch durch **Tarifvertrag** ausgeschlossen werden (*Erman/Belling* Rz 1; HWK-*Bittner* Rz 21; MünchKomm-*Henssler* Rz 11; MünchKomm-*Hesse* § 15 TzBfG Rz 34; ArbRBGB-*Röhsler* Rz 27; *Staudinger/Preis* Rz 7; *RG* 25.10.1912 RGZ 80, 278; ausdrücklich § 22 Abs. 1 TzBfG).

8 Da die gesetzliche Kündigungsfrist des § 624 S. 2 BGB einseitig den Schutz des Dienstverpflichteten bezweckt, kann zwar keine längere, wohl aber eine **kürzere Frist** zwischen den Parteien vereinbart werden (MünchKomm-*Henssler* Rz 12; *Staudinger/Preis* Rz 8; ArbRBGB-*Röhsler* Rz 28).

IV. Tatbestandsvoraussetzungen

1. Anstellung auf Lebenszeit

a) Begriff

9 Auf Lebenszeit einer Person wird ein Dienstverhältnis idR dann eingegangen, wenn auf die Lebensdauer des Dienstberechtigten oder des Dienstverpflichteten abgestellt wird. Möglich ist es auch, ein Arbeitsverhältnis für die **Lebenszeit einer dritten Person** (zB Anstellung zur Pflege eines Kranken) zu vereinbaren (APS-*Backhaus* § 15 TzBfG Rz 33; BBDW-*Bader* Rz 4; *Erman/Belling* Rz 3; MünchKomm-*Hesse* § 15 TzBfG Rz 35; *Soergel/Kraft* Rz 3; *Staudinger/Preis* Rz 10; ArbRBGB-*Röhsler* Rz 11).

10 Wenn die Dauer eines Arbeitsverhältnisses von der Lebenszeit eines Dritten abhängig gemacht wird, endet es im Zweifel erst mit dessen Tod. Das ist auch dann anzunehmen, wenn die **Lebenszeit des Dienstberechtigten** maßgebend sein soll. Wenn auf die **Lebenszeit des Dienstverpflichteten** abgestellt ist, scheint dagegen zu sprechen, dass seine Fähigkeit, die vertraglich übernommenen Dienstleistungen zu erbringen, mit zunehmendem Alter erfahrungsgemäß immer mehr nachlässt. Diese Erwägung reicht jedoch nicht aus, ein auf Lebenszeit des Dienstverpflichteten eingegangenes Dienstverhältnis als durch den Eintritt der dauernden **Arbeitsunfähigkeit** oder durch den Zeitpunkt begrenzt anzusehen, zu dem der Dienstverpflichtete einen Antrag auf Gewährung einer Altersrente oder eine Rente wegen Erwerbsunfähigkeit stellen kann. Der Dienstverpflichtete kann eine Beschäftigung, die ihn zu stark belastet, dadurch beenden, dass er nach Ablauf von fünf Jahren das Dienstverhältnis mit der gesetzlichen Frist von sechs Monaten kündigt (s.u. Rz 27 f.). Auch der Dienstberechtigte ist nicht gezwungen, ein für ihn unzumutbar gewordenes Dienstverhältnis bis zum Tode des Dienstverpflichteten fortzusetzen, weil das Recht zur **außerordentlichen Kündigung** auch im Rahmen eines Dienstverhältnisses nach § 624 BGB bestehen bleibt (vgl. unten Rz 25). Da allein das **Alter** des Dienstverpflichteten noch nicht einmal ein Grund zur ordentlichen Kündigung eines Arbeitsverhältnisses ist (vgl. KR-*Griebeling* § 1 KSchG Rz 289), sind allerdings an eine außerordentliche Kündigung wegen altersbedingter **Leistungsminderung** des Dienstverpflichteten strenge Anforderungen zu stellen. Es genügt nicht, wenn die körperlichen oder geistigen Kräfte merklich nachgelassen haben, sondern die Leistungsminderung muss einen solchen Grad erreicht haben, dass es dem Dienstberechtigten unter Berücksichtigung aller Umstände des Einzelfalles und unter Abwägung der beiderseitigen Interessen nicht mehr zumutbar ist, das Dienstverhältnis fortzusetzen (§ 626 Abs. 1 BGB; ArbRBGB-*Röhsler* Rz 30; vgl. zur außerordentlichen Kündigung wegen Leistungsmängeln und zur Bedeutung der Dauer der vorgesehenen Vertragsbindung KR-*Fischermeier* § 626 BGB Rz 298 f., 442).

b) Strenge Anforderungen

§ 14 Abs. 4 TzBfG (Schriftform) findet zwar keine Anwendung, da diese Vorschrift nicht eine Mindestbefristung unter Ausschluss der ordentlichen Kündigung betrifft (vgl. APS-*Backhaus* § 15 TzBfG Rz 40) und § 15 Abs. 4 TzBfG, der speziell für die dort genannten Fälle einer längeren Vertragsbindung die Kündigungsmöglichkeit regelt, § 16 S. 2 TzBfG vorgeht (vgl. KR-*Spilger* Anh. zu § 623 BGB Rz 97; **aA** *Gräfl/Arnold* § 15 TzBfG Rz 57 und jetzt auch APS-*Backhaus* § 15 TzBfG Rz 35, dessen Argumentation jedoch zumindest dann nicht einleuchtet, wenn die Anstellung für die Lebenszeit des Arbeitnehmers erfolgt, weil das Arbeitsverhältnis mit dessen Tod ohnehin endet und folglich eine unwirksame Höchstbefristung nicht vorliegen kann [vgl. KR-*Fischermeier* § 626 BGB Rz 56]). Eine so weitgehende **Bindung wie die Einstellung auf Lebenszeit** einer der Parteien oder eines Dritten muss sich jedoch in jedem Fall eindeutig aus den schriftlichen oder mündlichen Vereinbarungen zwischen den Parteien unter Berücksichtigung aller Begleitumstände ergeben. Eine lebenslängliche Anstellung muss idR **ausdrücklich zugesagt** werden; sie kann sich nur ausnahmsweise aus ganz besonderen Umständen (massiven Anhaltspunkten) konkludent ergeben (MünchKomm-*Hesse* § 15 TzBfG Rz 35; *Staudinger/Preis* Rz 13, 16; ArbRBGB-*Röhsler* Rz 14; *LAG Düsseld.* 9.5.1968 DB 1968, 1911). Es entspricht im Zweifel nicht dem Willen der Parteien, sich auf Lebenszeit vollständig zu binden und die ordentliche Kündigung auszuschließen (ebenso MünchArbR-*Richardi* ErgBd. § 44 Rz 26). Anstellungen auf Lebenszeit i. S. des § 624 BGB sind deswegen im Arbeitsleben die Ausnahme und in der Rechtsprechung selten anerkannt worden. **11**

Allein der Vereinbarung einer **Ruhegehaltsverpflichtung** für den Fall der Dienstunfähigkeit eines Arbeitnehmers ist noch nicht die Absicht der Parteien zu entnehmen, ein lebenslängliches Arbeitsverhältnis einzugehen (*RAG* 5.2.1936 ARS 28, 169). Die Zusage eines Ruhegeldes soll aber ausnahmsweise dann ausreichen können, wenn sie gegenüber dem Leiter eines größeren Betriebes erfolgt ist, der nach Ablauf der ursprünglich vorgesehenen festen Vertragszeit das Dienstverhältnis jahrelang fortgesetzt hat und dessen Wirtschaftsführung erfolgreich gewesen ist (*BAG* 12.10.1954 AP Nr. 1 zu § 52 RegelungsG; **aA** APS-*Backhaus* § 15 TzBfG Rz 34). **12**

c) Lebens- oder Dauerstellung

Der Anstellung auf Lebenszeit ist nicht die Zusage einer **Lebens- oder Dauerstellung** gleichzusetzen (MünchKomm-*Hesse* § 15 TzBfG Rz 35; *Hueck/Nipperdey* I, S. 312 Anm. 12; ErfK-*Müller-Glöge* § 15 TzBfG Rz 22; *Soergel/Kraft* Rz 3; *Staudinger/Preis* Rz 13 ff.). Das Gesetz kennt die im Sprachgebrauch des Arbeitslebens häufig verwendeten Begriffe Lebensstellung, Dauerstellung oder Dauerarbeitsplatz nicht. Sie haben keine bestimmte allgemein gültige rechtliche Bedeutung. Wie eine solche Zusage im Einzelfall zu verstehen ist, muss durch **Auslegung** des Vertrages unter Berücksichtigung der jeweiligen Interessenlage der Parteien ermittelt werden. **13**

Der Begriff der Dauerstellung ist allerdings nicht nur als ein dauerndes Dienstverhältnis i. S. des § 629 BGB zu verstehen, das von einer vorübergehenden Beschäftigung zu unterscheiden ist (*RG* 11.12.1934 RGZ 146, 116). Soweit es sich nicht bloß um eine allgemeine, erkennbar rechtlich unverbindliche Anpreisung des Arbeitsplatzes handelt (vgl. *Hunold* AR-Blattei SD 1080 Rz 22), bedeutet die Vereinbarung einer Dauer- oder Lebensstellung vielmehr eine Anstellung auf unbefristete Zeit mit **verbessertem Kündigungsschutz**. **14**

In der Rechtsprechung reichen die Auslegungen von der Annahme eines rechtlich unverbindlichen Hinweises darauf, die Stellung könne auf Dauer sein, wenn die Leistungen des Arbeitnehmers zufrieden stellend seien und keine Störung des Vertrauensverhältnisses eintrete (*RAG* 19.12.1928 ARS 5, 29) bis zum völligen Ausschluss der ordentlichen Kündigung (*BAG* 12.10.1954 AP Nr. 1 zu § 52 RegelungsG). Zwischen diesen beiden **Alternativen** sind noch folgende Fallgestaltungen angenommen worden: Die Zusage einer Lebens- oder Dauerstellung kann bedeuten, dass die ordentliche Kündigung für einen angemessenen Zeitraum ausgeschlossen ist (*BAG* 7.11.1968 EzA § 66 HGB Nr. 2), dass die Kündigungsfrist angemessen zu verlängern ist (*LAG Osnabrück* 20.1.1936 ARS 26, 41), dass der allgemeine Kündigungsschutz bereits mit Beginn des Arbeitsverhältnisses eingreifen soll (*BAG* 18.2.1967 EzA § 1 KSchG Nr. 5; 8.6.1972 EzA § 1 KSchG Nr. 24), dass eine in den ersten sechs Monaten ohne hinreichenden Grund ausgesprochene Kündigung treuwidrig ist (*LAG Kiel* 14.11.1957 AP Nr. 2 zu § 1 KSchG Unterbrechung des Arbeitsverhältnisses), dass die Kündigung zwar nicht auf wichtige, aber doch wirklich gewichtige (triftige) Gründe beschränkt ist (*LAG EN* 29.2.1952 BB 1952, 320; *Staudinger/Preis* Rz 16), dass der Arbeitgeber bei der Stilllegung eines Betriebes einen »Dauerangestellten« in ei- **15** nen anderen Betrieb zu versetzen hat (*LAG Brem.* 25.2.1953 DB 1952, 276) oder dass der zugesagten Dauerstellung bei der **Interessenabwägung** nach § 626 BGB oder § 1 KSchG zugunsten des Arbeitnehmers ein besonderer Wert beizumessen ist (*BAG* 21.10.1971 EzA § 1 KSchG Nr. 23). Nicht zu überzeugen vermag die Ansicht *Hunolds* (AR-Blattei SD 1080 Rz 40), solange nicht ausdrücklich entsprechende Vereinbarungen getroffen würden, beinhalte die Zusage einer Dauerstellung keinerlei Einschränkung des Kündigungsrechts, sondern könne nur den Arbeitgeber schadensersatzpflichtig machen, wenn ihm ein Verschulden bei Vertragsabschluss vorzuwerfen sei.

16 Wenn auch stets die besondere Interessenlage der Parteien und der bei den Vertragsverhandlungen erkennbar gewordene **Zweck der Anstellung** zu berücksichtigen sind, so bedarf es doch im Interesse der Rechtssicherheit bestimmter Auslegungsregeln, die in Zweifelsfällen anzuwenden sind. Auch ein auf Dauer angelegtes Arbeitsverhältnis enthält idR nur bei Vorliegen besonderer Umstände eine **stillschweigende Vereinbarung** über einen Ausschluss oder eine Beschränkung der ordentlichen Kündigung (*BAG* 8.6.1972 EzA § 1 KSchG Nr. 24). Die gemeinsame Vorstellung der Parteien von einer Dauerstellung reicht allein für eine **Kündigungserschwerung** nicht aus. Die erforderlichen besonderen Umstände können gegeben sein, wenn ein Arbeitnehmer bei den Vertragsverhandlungen betont hat, dass er nur an einer Dauerstellung interessiert ist, und dem Arbeitgeber bekannt war, dass der Arbeitnehmer einen **sicheren Arbeitsplatz aufgeben** muss (*BAG* 18.2.1967 EzA § 1 KSchG Nr. 5).

17 Wenn die Zusage der Dauerstellung aus besonderen Gründen mehr bedeutet als den Hinweis darauf, es handele sich nicht nur um eine vorübergehende Beschäftigung, ist ein völliger **Ausschluss der ordentlichen Kündigung** im allgemeinen **nicht anzunehmen,** weil damit im Ergebnis eine Anstellung auf Lebenszeit vorliegen würde, die die Parteien gerade nicht vereinbart haben. Zurückhaltung ist auch geboten bei der Annahme eines zeitlich begrenzten Ausschlusses der ordentlichen Kündigung oder einer Verlängerung der Kündigungsfristen. Es müssen deutliche Anhaltspunkte vorliegen, die einen entsprechenden Willen der Parteien erkennen lassen und die Bestimmung der maßgebenden Fristen erleichtern.

18 Im Zweifel ist davon auszugehen, dass die ordentliche Kündigung nicht aus jedem Grund möglich sein soll, sondern dafür besonders **gewichtige Gründe** (nicht wichtige Gründe iSd § 626 BGB) vorliegen müssen. Letztlich bedeutet dies für den Regelfall die bloße Berücksichtigung innerhalb der Güter- und **Interessenabwägung** bei Anwendung der einschlägigen Kündigungsschutznormen (*Staudinger/Preis* Rz 16).

d) Schadenersatz bei Kündigung einer Lebens- oder Dauerstellung

19 Wenn trotz der Zusage einer Lebens- oder Dauerstellung keine Beschränkung des Kündigungsrechts anzunehmen ist oder die Beschränkung wegen Vorliegens eines triftigen Grundes zur Kündigung nicht eingreift, kann der Arbeitgeber unter dem Gesichtspunkt des **Verschuldens beim Vertragsabschluß** (§§ 311 Abs. 2, 249 BGB) gegenüber dem Arbeitnehmer schadenersatzpflichtig sein (*BAG* 12.12.1957 EzA § 276 BGB Nr. 1; *Staudinger/Preis* Rz 17; unklar und widersprüchlich *Hunold* AR-Blattei SD 1080 Rz 40, 66, 69). Ein Schadenersatzanspruch des Arbeitnehmers, der entgegen seinen Vorstellungen die ihm zugesagte Lebens- oder Dauerstellung alsbald wieder verloren hat, setzt allerdings voraus, dass der Arbeitgeber seine **Aufklärungspflicht** schuldhaft verletzt hat (*BAG* 12.12.1957 EzA § 276 BGB Nr. 1).

20 Grundsätzlich ist der Arbeitgeber bereits bei den **Einstellungsverhandlungen** verpflichtet, auf die besonderen Interessen des Bewerbers Rücksicht zu nehmen und ihn insbes. über die künftigen Verhältnisse aufzuklären, wenn er erkennt, dass der Arbeitnehmer besondere Wünsche und Erwartungen hinsichtlich der Dauer der Beschäftigung hat. Eine solche Aufklärungspflicht trifft einen Arbeitgeber aber nur insoweit, als es sich nicht um Umstände handelt, die sich aus der Sachlage von selbst ergeben. Dazu gehört die Erwartung, dass der Arbeitnehmer, wenn er mit einem erhöhten Gehalt eingestellt wird, auch den besonderen Anforderungen gerecht wird, die in seiner neuen Stellung an ihn gestellt werden. Ein Arbeitnehmer, der sich von seiner bisherigen Arbeitsstelle abwerben lässt, trägt grds. das mit der neuen Tätigkeit verbundene Risiko (*BAG* 12.12.1957 EzA § 276 BGB Nr. 1). Ein Arbeitgeber macht sich jedoch schadenersatzpflichtig, wenn er einen Arbeitnehmer bestimmt, eine sichere Stellung aufzugeben, um bei ihm einzutreten, seinen Angaben zu entnehmen ist, dass er eine aussichtsreiche Lebensstellung anzubieten hat, er aber bei den Verhandlungen die Schwierigkeiten verschweigt, die einer längeren Fortsetzung der übernommenen Tätigkeit entgegenstehen und später auch zur Kündigung führen (*RAG* 29.1.1936 ARS 27, 46). Den Arbeitnehmer trifft allerdings ein **Mitverschulden** (§ 254

BGB), wenn er bei der Einstellung nicht darauf hinweist, dass er in der Erwartung einer Dauerstellung eine sichere Position aufgibt.

Der Arbeitnehmer kann bei einem Verschulden beim Vertragsabschluß idR nur den Ersatz des sog. **Vertrauensinteresses** verlangen, d. h., er kann verlangen, so gestellt zu werden, wie er stünde, wenn er wegen der Ungewissheit der künftigen Entwicklung auf den Stellenwechsel verzichtet und sein früheres Arbeitsverhältnis fortgesetzt hätte. 21

e) »Unkündbare« Beschäftigte

Während echte Anstellungen auf Lebenszeit selten sind, erwerben zahlreiche Arbeitnehmer, zumeist aufgrund von Tarifverträgen, nach einer längeren Beschäftigung von einem höheren Lebensalter ab eine **ähnliche gesicherte Rechtsstellung** wie diejenigen Arbeitnehmer, die von vornherein auf Lebenszeit eingestellt worden sind. Das gilt insbes. im öffentlichen Dienst. Als sog. **unkündbaren Arbeitnehmer können sie** nicht mehr ordentlich, sondern nur noch aus wichtigem Grunde gekündigt werden (vgl. *Staudinger/Preis* Rz 12 und KR-*Fischermeier* § 626 BGB Rz 301 ff.). Zu einer Anstellung auf Lebenszeit führt die Unkündbarkeit aber deswegen nicht, weil die Arbeitnehmer selbst ihr Recht zur ordentlichen Kündigung mit den tariflichen Fristen behalten und weil die Arbeitsverhältnisse oft nach den tariflichen Regelungen bereits vorher durch Feststellung der Berufs- oder Erwerbsunfähigkeit oder mit der Vollendung des 65. Lebensjahres der Arbeitnehmer beendet werden. 22

2. **Dienstverhältnis auf mehr als fünf Jahre**

a) **Einmalige oder mehrfache Befristung**

Der Anstellung auf Lebenszeit wird der Tatbestand gleichgestellt, dass ein Dienstverhältnis auf **mehr als fünf Jahre** eingegangen wird. Eine Dauer des Vertrages von mehr als fünf Jahren kann sich sowohl aus einer kalendermäßigen Befristung als auch daraus ergeben, dass der vertragliche Zweck der Dienste (§ 620 Abs. 2 BGB) nicht innerhalb von fünf Jahren erreicht wird (MünchKomm-*Hesse* § 15 TzBfG Rz 36; *Soergel/Kraft* Rz 6; ErfK-*Müller-Glöge* § 15 TzBfG Rz 24; *Staudinger/Preis* Rz 18; ArbRBGB-*Röhsler* Rz 20). Auch für auflösend bedingte Arbeitsverträge dürfte nichts anderes gelten, obwohl § 21 TzBfG nicht auf § 15 Abs. 4 TzBfG verweist (APS-*Backhaus* § 21 *TzBfG* Rz 33; HWK-*Schmalenberg* § 15 TzBfG Rz 19; ErfK-*Müller-Glöge* aaO; *Annuß/Thüsing/Maschmann* § 15 TzBfG Rz 14; jPK-*Weth* Rz 6; **aA** *Dörner* Befr. Arbeitsvertrag, Rz 926; KR-*Lipke* § 15 TzBfG Rz. 24b; HaKo-*Mestwerdt* § 15 TzBfG Rz 17); der Gesetzgeber wollte nämlich insoweit eine dem § 624 BGB inhaltlich entsprechende Regelung schaffen (vgl. BT-Drucks. 14/4374 S. 20). Wurde bei der Vereinbarung das Schriftformerfordernis des § 14 Abs. 4 TzBfG nicht beachtet, hindert dies nach dem Normzweck nur die automatische Beendigung des Arbeitsverhältnisses mit Fristablauf; die vereinbarte Befristung gilt dann als Mindestdauer des Vertrages, weil § 15 Abs. 4 TzBfG als lex specialis § 16 S. 2 TzBfG vorgeht (s.o. Rz 11; zust. MünchKomm-*Hesse* § 15 TzBfG Rz 36). Eine unzulässige Bindung für mehr als fünf Jahre liegt nicht nur dann vor, wenn die Zeitdauer eines Vertrages von vornherein länger ist. Ein Dienstverhältnis ist vielmehr auch dann »auf mehr als fünf Jahre eingegangen«, wenn der Dienstpflichtige sich durch **mehrere** gleichzeitig oder nacheinander abgeschlossene **Verträge** für mehr als fünf Jahre zur Leistung gleicher oder gleichartiger Dienste verpflichtet (*RG* 25.10.1912 RGZ 80, 279 f.; APS-*Backhaus* § 15 *TzBfG* Rz 47; *Schaub* § 38 Rz 6a; *Staudinger/Preis* Rz 19; **aA** ArbRBGB-*Röhsler* Rz 21). Bei einer derartigen Vertragsgestaltung ist aber entscheidend, ob eine **echte Bindung** für eine Gesamtdauer von mehr als fünf Jahren eintritt (zB gleichzeitiger Abschluss eines Vertrages über fünf Jahre und dreier Anschlussverträge über je ein Jahr oder Vertrag über fünf Jahre und Verlängerung um drei Jahre vor dem Ablauf des zweiten Jahres der Beschäftigung). Nur mit dieser Einschränkung ist die Forderung berechtigt, die Vertragsverlängerung, die zu einer Gesamtdauer von mehr als fünf Jahren führt, müsse von »vornherein« beabsichtigt gewesen sein (so *Soergel/Kraft* aaO), oder der Vertrag müsse von »vornherein« auf mehr als fünf Jahre abgeschlossen werden (so HWK-*Bittner* Rz 15 MünchKomm-*Hesse* § 15 TzBfG Rz 37; ähnlich *BAG* 1.10.1970 AP Nr. 59 zu § 626 BGB [*A. Hueck*]). Diese Voraussetzung ist nicht erfüllt, wenn ein Vertrag auf fünf Jahre zum Ablauf dieser Frist vom Dienstberechtigten gekündigt werden kann und sich dann um fünf Jahre verlängert, wenn er nicht gekündigt wird (*BAG* 1.10.1970 aaO; 19.12.1991 EzA § 624 BGB Nr. 1; BBDW-*Bader* Rz 9; *Erman/Belling* Rz 4; MünchKomm-*Hesse* aaO; krit. APS-*Backhaus* § 15 TzBfG Rz 49 f.; einschränkend ferner HWK-*Bittner* Rz 17, *Staudinger/Preis* Rz 21 und KDZ-*Zwanziger* Rz 5 für vorformulierte Verträge). Dann besteht **wegen des Kündigungsrechts** zu keinem Zeitpunkt eine Bindung für mehr als fünf Jahre. Da der Dienstverpflichtete die Möglichkeit hat, »rechtzeitig auszusteigen«, liegt auch **keine Umgehung** des § 624 BGB vor. Die Bindung verstößt auch nicht gegen Art. 12 GG (*BAG* 19.12.1991 EzA § 624 BGB Nr. 1). 23

b) Zulässige Verlängerungen

24 Während **Verlängerungen** des Vertrages in den ersten Jahren nach Beginn der Tätigkeit auf die Gesamtdauer anzurechnen sind (**aA** jPK-*Weth* Rz 7), kann sich der Dienstverpflichtete nach dem Ablauf der fünf Jahre wiederum durch einen neuen Dienstvertrag auf weitere fünf Jahre binden (*RG* 25.10.1912 RGZ 80, 280; MünchKomm-*Hesse* § 15 TzBfG Rz 37 f.; *Staudinger/Preis* Rz 20; einschränkend APS-*Backhaus* § 15 TzBfG Rz 48, 50). Da die Vertragsfreiheit des Dienstverpflichteten nicht über den Zweck des § 624 BGB hinaus beschränkt werden soll, kann die Verlängerung des Dienstverhältnisses schon eine **angemessene Zeit vor** dem **Ablauf** der fünf Jahre zugelassen werden (*RG* 25.10.1912 aaO; *Erman/Belling* aaO; HWK-*Bittner* Rz 15; MünchKomm-*Hesse* aaO; *Hueck/Nipperdey* I, S. 567; ErfK-*Müller-Glöge* § 15 TzBfG Rz 26; *Soergel/Kraft* Rz 6; HaKo-*Pfeiffer* Rz 6; *Staudinger/Preis* aaO; ArbRBGB-*Röhsler* Rz 22). Welche Frist als angemessen zu erachten ist, hängt davon ab, wann der Dienstpflichtige die Umstände übersehen kann, die für seinen Entschluss von Bedeutung sind, ob er das Dienstverhältnis kündigen oder fortsetzen will. Ein Schauspieler ist idR nach vierjähriger Dauer des Engagements in der Lage, die maßgebenden Verhältnisse zu übersehen und kann sich deswegen schon im fünften Vertragsjahr auf weitere fünf Jahre unkündbar binden. Das ist auch bei einem leitenden Angestellten oder einem Mitglied des Vorstandes einer AG anzunehmen (*Schaub* aaO; *Staudinger/Preis* aaO; generell für Verlängerungen im letzten Jahr MünchKomm-*Hesse* aaO).

V. Rechtsfolgen einer Bindung auf Lebenszeit oder auf mehr als fünf Jahre

1. Bindung des Dienstberechtigten

25 Da § 624 BGB nur den Dienstverpflichteten vor einer zu starken Einschränkung seiner Vertragsfreiheit schützen will, ist der **Dienstberechtigte** an einen auf Lebenszeit oder mehr als fünf Jahre abgeschlossenen Vertrag **gebunden,** ohne ordentlich kündigen zu können (*BAG* 25.3.2004 EzA § 626 BGB 2002 Unkündbarkeit Nr. 3; *Erman/Belling* Rz 6; *Staudinger/Preis* Rz 26). Unberührt bleibt für beide Seiten und damit auch für den Dienstberechtigten das Recht zur **außerordentlichen Kündigung** aus wichtigem Grund nach § 626 BGB (*BAG* 25.3.2004 EzA § 626 BGB 2002 Unkündbarkeit Nr. 3; *Erman/Belling* aaO; *Schaub* § 38 Rz 8; *Staudinger/Preis* aaO).

26 Ist eine außerordentliche Kündigung gem. § 626 BGB zulässig, so ist weiter zu prüfen, ob ohne die gesteigerte Vertragsbindung bei im Übrigen gleicher Sachlage die Einhaltung der dann einschlägigen Kündigungsfrist zumutbar wäre. Ggf. ist zur Vermeidung eines Wertungswiderspruchs eine entsprechende **Auslauffrist** einzuräumen (*BAG* 25.3.2004 EzA § 626 BGB 2002 Unkündbarkeit Nr. 3; vgl. KR-*Fischermeier* § 626 BGB Rz 305 f. mwN auch zu abweichenden Ansichten).

2. Vorzeitige Kündigung des Dienstverpflichteten

27 Der Dienstverpflichtete (Arbeitnehmer) kann das Dienstverhältnis nach dem Ablauf von fünf Jahren mit einer **Kündigungsfrist** von sechs Monaten vorzeitig kündigen. Für den **Beginn der Bindung** ist nicht der Zeitpunkt des Vertragsschlusses, sondern der der Aktualisierung des Dienstverhältnisses maßgebend (*Erman/Belling* Rz 5; MünchKomm-*Henssler* Rz 8; ErfK-*Müller-Glöge* § 15 TzBfG Rz 27; *Staudinger/Preis* Rz 22; ArbRBGB-*Röhsler* Rz 24; jPK-*Weth* Rz 12; einschränkend APS-*Backhaus* § 15 TzBfG Rz 41; **aA** HaKo-*Pfeiffer* Rz 8). Das Kündigungsrecht entsteht nicht bereits sechs Monate vor Ablauf einer Vertragszeit von fünf Jahren; der Vertrag kann somit nicht schon zum Ablauf des fünften Jahres gekündigt werden (*Staudinger/Preis* aaO). Eine **Kündigung,** die bereits **vor Ablauf** von fünf Jahren ausgesprochen wird, ist jedoch nicht unwirksam, sondern setzt die Kündigungsfrist mit Beginn des sechsten Vertragsjahres in Lauf, so dass sie das Arbeitsverhältnis nach fünf Jahren und sechs Monaten beendet (*Gräfl/Arnold* § 15 TzBfG Rz 62; APS-*Backhaus* § 15 TzBfG Rz 42; *Erman/Belling* aaO; HWK-*Bittner* Rz 19; MünchKomm-*Henssler* Rz 9; *Soergel/Kraft* Rz 7; *Hunold* AR-Blattei SD 1080 Rz 56; ErfK-*Müller-Glöge* aaO; HaKo-*Pfeiffer* aaO; ArbRBGB-*Röhsler* aaO; *Staudinger/Preis* aaO; **aA** *KG* 1.7.1911 Recht 1911 Nr. 2858: Ausspruch der Kündigung erst nach Ablauf von fünf Jahren möglich).

28 Die Ausübung des gesetzlichen Kündigungsrechts ist nicht an eine **Ausschlussfrist** gebunden (*Erman/Belling* aaO; *Staudinger/Preis* Rz 23). Das einmal erwachsene Kündigungsrecht steht dem Dienstverpflichteten künftig jederzeit zu. Es unterliegt auch nicht der **Verwirkung** (*Gräfl/Arnold* aaO; *Erman/Belling* aaO; HWK-*Bittner* Rz 20; **aA** MünchKomm-*Hesse* § 15 TzBfG Rz 40), weil der Dienstverpflichtete sonst entgegen dem Zweck des § 624 BGB doch auf Lebenszeit oder auf länger als fünf Jahre an den Dienstvertrag gebunden wäre. Zwar ist entgegen *Franzen* (AnwaltKomm Rz 11) ein **Verzicht** auf das

bereits entstandene Kündigungsrecht zulässig, aber dieser Verzicht gilt wiederum nur für höchstens fünf Jahre (MünchKomm-*Henssler* Rz 9; ErfK-*Müller-Glöge* § 15 TzBfG Rz 28).

Die **vorzeitige Kündigung** kann nach Ablauf der fünf Jahre mit der Frist von sechs Monaten jederzeit **zu jedem Termin** ausgesprochen werden. Da § 622 BGB nur für ordentliche Kündigungen gilt, ist die Kündigung nicht nur zum Monats- oder Quartalsende zulässig (*BAG* 24.10.1996 EzA Art. 12 GG Nr. 29; *Erman/Belling* aaO; MünchKomm-*Henssler* Rz 9 f.; ErfK-*Müller-Glöge* § 15 TzBfG Rz 29; *Soergel/Kraft* aaO; *Staudinger/Preis* Rz 24). 29

VI. Darlegungs- und Beweislast

Wenn es zwischen den Parteien streitig ist, ob ein Dienstverhältnis auf Lebenszeit oder für länger als fünf Jahre eingegangen ist, muss derjenige, der die Rechtsstellung aus § 624 BGB bzw. § 15 Abs. 4 TzBfG für sich beansprucht (zB Ausschluss der ordentlichen Kündigung), **unabhängig von** seiner **Parteirolle** im Prozess die tatbestandlichen Voraussetzungen (s.o. Rz 9 ff., 23 f.) darlegen und beweisen (ErfK-*Müller-Glöge* § 15 TzBfG Rz 32; MünchKomm-*Henssler* Rz 13). Der Arbeitnehmer ist ggf. auch darlegungs- und beweispflichtig dafür, dass zwar keine Anstellung auf Lebenszeit, wohl aber eine Lebens- oder Dauerstellung (s.o. Rz 13 ff.) zugesagt worden ist und sich daraus der von ihm geltend gemachte Ausschluss oder die Einschränkung der ordentlichen Kündigung ergibt (*BAG* 8.6.1972 EzA § 1 KSchG Nr. 24). 30

§ 625 Stillschweigende Verlängerung Wird das Dienstverhältnis nach dem Ablauf der Dienstzeit von dem Verpflichteten mit Wissen des anderen Teiles fortgesetzt, so gilt es als auf unbestimmte Zeit verlängert, sofern nicht der andere Teil unverzüglich widerspricht.

Literatur

– bis 2004 vgl. KR-Vorauflage –
Bengelsdorf Die Anwendbarkeit der §§ 14 Abs. 4, 21 TzBfG auf die Weiterbeschäftigungsverhältnisse während eines Kündigungsschutzverfahrens, NZA 2005, 277; *Moderegger* Fallen der Weiterbeschäftigung, ArbRB 2004, 188; *Ricken* Annahmeverzug und Prozessbeschäftigung während des Kündigungsrechtsstreits, NZA 2005, 323; *Sittard/Ulbrich* Die Prozessbeschäftigung und das TzBfG, RdA 2006, 218; *Tschöpe* Achtung Formfalle – Schriftliche Befristung bei vorläufiger Weiterbeschäftigung. BAGReport 2005, 1

Inhaltsübersicht

		Rz			Rz
I.	Anwendungsbereich	1-3	2.	Fortsetzung des Dienstverhältnisses	23-25
II.	Regelungsgehalt	4-21	3.	Fortsetzung mit Wissen	
	1. Gesetzliche Fiktion	4-6		des Dienstberechtigten	26-28
	2. Anwendung der Regeln für		4.	Fehlender Widerspruc	
	Rechtsgeschäfte	7-10		des Dienstberechtigten	29-38
	3. Abweichende Vereinbarungen	11-19	IV.	Rechtsfolgen	39, 40
III.	Voraussetzungen der Anwendung	20-38	V.	Beweislast	41
	1. Ablauf der Dienstzeit	20-22			

I. Anwendungsbereich

Bei Dauerschuldverhältnissen werden die Vertragsbeziehungen zwischen den Parteien häufig über das zunächst vorgesehene Vertragsende hinaus tatsächlich fortgesetzt. Daraus ergibt sich ein besonderes gesetzliches Regelungsbedürfnis, für das bereits im römischen Recht das Institut der **relocatio tacita** entwickelt wurde (*Oertmann* § 568 Rz 1, § 625 Rz 1). Dieses Institut hat das BGB in § 568 für die Miete und in § 625 für Dienstverträge anerkannt und näher ausgestaltet. § 625 BGB erfasst grds. die stillschweigende Verlängerung von **Dienstverhältnissen jeder Art.** Jedoch kann ein Eingliederungsverhältnis (§ 231 Abs. 2 S. 1 SGB III aF) nicht im Wege des § 625 BGB in ein reguläres Arbeitsverhältnis übergehen, weil damit außer der Vertragsdauer auch andere Arbeitsbedingungen verändert würden (APS-*Backhaus* § 15 TzBfG Rz 58; *Bamberger/Roth/Fuchs* Rz 3; aA KDZ-*Däubler* Rz 4; *Gerntke/Ulber* AiB 1997, 514; *I. Schmidt* AuR 1997, 468). Zweifelhaft ist die Anwendbarkeit auf Anstellungsverträge von 1

§ 625 BGB   Stillschweigende Verlängerung

Vorstandsmitgliedern einer Aktiengesellschaft (*OLG Karlsruhe* 13.10.1995 WM 1996, 161; APS-*Backhaus* Rz 5; *Erman/Belling* Rz 2; HWK-*Bittner* Rz 12; MünchKomm-*Henssler* Rz 6; ErfK-*Müller-Glöge* Rz 5; HaKo-*Pfeiffer* Rz 3).

2 Eine Sonderregelung für den Fall der Weiterarbeit nach Beendigung eines **Berufsausbildungsverhältnisses** enthält § 24 BBiG, der bestimmt, dass ein Arbeitsverhältnis auf unbestimmte Zeit als begründet gilt, wenn der Auszubildende im Anschluss an das Berufsausbildungsverhältnis weiterbeschäftigt wird und die Parteien hierüber ausdrücklich nichts vereinbart haben (vgl. KR-*Fischermeier* § 24 BBiG Rz 1 ff.; KR-*Weigand* §§ 21, 22 BBiG Rz 23, 29).

3 Ob mit dem zum 1.1.2001 in Kraft getretenen **§ 15 Abs. 5 TzBfG** für alle Arbeitsverhältnisse eine spezielle Regelung getroffen werden sollte, ist unklar (vgl. BT-Drs. 14/4374 S. 21). Jedenfalls erfasst die Vorschrift nach ihrem eindeutigen Wortlaut tatsächlich nur **befristete bzw.** gem. § 21 TzBfG auch **auflösend bedingte Arbeitsverträge** (ebenso *Nehls* DB 2001, 2720; *Staudinger/Preis* Rz 2; MünchArbR-*Wank* ErgBd. § 116 Rz 269). Soweit sich für diese wegen des mit § 625 BGB nicht deckungsgleichen Wortlauts von § 15 Abs. 5 TzBfG und wegen § 22 TzBfG Besonderheiten ergeben, wird darauf an den entsprechenden Stellen der nachfolgenden Kommentierung eingegangen. Werden Arbeitsverhältnisse nach einer Kündigung über den Auflösungszeitpunkt hinaus fortgesetzt, bleibt § 625 BGB einschlägig (so zutr. APS-*Backhaus* Rz 4; *Boewer* § 15 TzBfG Rz 55; MünchKomm-*Henssler* Rz 3; *Nehls* aaO; HaKo-*Pfeiffer* Rz 6; *Rolfs* § 15 TzBfG Rz 26; s. allerdings auch unten Rz 22). Nicht anwendbar ist § 625 BGB aber dann, wenn die Parteien im Anschluss an eine vom Arbeitnehmer unter Vorbehalt nach § 2 KSchG angenommene **Änderungskündigung** das Arbeitsverhältnis fortsetzen. Die bisherigen Arbeitsbedingungen gelten nur weiter, wenn die Änderungskündigung nicht wirksam ist (vgl. KR-*Rost* § 2 KSchG Rz 172 f.).

II. **Regelungsgehalt**

1. **Gesetzliche Fiktion**

4 Die Bestimmung enthält keine Auslegungsregel, sondern eine gesetzliche **Rechtsfolgenregelung** (*Larenz* II, S. 215). Es ist für die Anwendung des § 625 BGB unerheblich, ob tatsächlich Umstände vorliegen, die auf den stillschweigenden Willen der Parteien hindeuten, das Dienstverhältnis fortzusetzen (*RG* 5.5.1931 RGZ 140, 314, 317 f.). Das bedeutet jedoch nicht, dass im Rahmen des § 625 BGB ein bestimmtes Verhalten der Parteien ausschließlich als rein äußerer Vorgang mit den Wirkungen einer Willenserklärung ausgestattet wird. Die Fortsetzung des Dienstverhältnisses durch beide Vertragspartner iSv § 625 BGB ist vielmehr zugleich ein **Tatbestand schlüssigen Verhaltens** kraft gesetzlicher **Fiktion** (so jetzt auch MünchKomm-*Henssler* Rz 2). Die gesetzliche Regelung beruht auf der Erwägung, die Fortsetzung der Dienstleistungen durch den Dienstverpflichteten mit Wissen des Dienstberechtigten sei im Regelfall der Ausdruck eines stillschweigenden Willens der Parteien zur Verlängerung des Dienstverhältnisses (Motive II, 468 zu § 625; *BAG* 11.8.1988 EzA § 625 BGB Nr. 3; *LAG Hamm* 9.6.1994 LAGE § 625 BGB Nr. 4 mit zust. Anm. von *Kliemt/Kramer*; APS-*Backhaus* Rz 2; BBDW-*Bader* Rz 5; *Berger-Delhey* Anm. EzBAT § 53 BAT Nr. 5; ErfK-*Müller-Glöge* Rz 1; *Staudinger/Preis* Rz 1, 7; krit. HWK-*Bittner* Rz 2 ff.).

5 Demgegenüber geht *Schwerdtner* (MünchKomm 3. Aufl. Rz 11) von einem wesentlich anderen Verständnis des § 625 BGB aus. Er bezieht die gesetzliche Fiktion, die sich nach hL schon auf die **einverständliche Fortsetzung** des Dienstvertrages erstreckt, nur auf die **unbefristete Dauer** der Verlängerung. Diese Auslegung schwächt die praktische Bedeutung der Vorschrift ohne zwingenden Grund ab. Eine Fiktion nur für die Dauer der Verlängerung hätte sich der Gesetzgeber ersparen können, denn wenn die rechtsgeschäftliche Fortsetzung ohne Vorbehalt erfolgt, ist sie ohnehin auf eine unbestimmte Verlängerung gerichtet (ebenso *Kramer* NZA 1993, 1117). Wie *Schwerdtner* zuzugeben ist, setzt eine Willenserklärung zwar nach dem neueren Verständnis des *BGH* (7.6.1984 DB 1984, 2399; ebenso *BAG* 24.9.1985 DB 1986, 1627) kein tatsächlich bestehendes Erklärungsbewusstsein voraus. Fehlt dem Erklärenden das Bewusstsein, überhaupt rechtsgeschäftlich tätig zu sein, wird ihm eine Willenserklärung dann zugerechnet, wenn der Empfänger bei Anwendung der ihm zumutbaren Sorgfalt annehmen durfte, es handele sich um eine Willenserklärung (*Brox* Rz 85, 137). Dies macht aber die Fiktion des § 625 BGB im Verständnis der hL nicht entbehrlich.

6 Von der fingierten Fortsetzung des Dienstverhältnisses nach § 625 BGB ist die ausdrückliche oder stillschweigende **tatsächliche Vereinbarung** über die Weiterbeschäftigung zu unterscheiden. Für die Fiktion des § 625 BGB ist kein Raum, wenn der Arbeitgeber nicht nur untätig bleibt, sondern zB durch die

Stillschweigende Verlängerung § 625 BGB

Zuweisung eines anderen Arbeitsplatzes gegenüber dem Arbeitnehmer seine Bereitschaft bekundet, das Arbeitsverhältnis fortzusetzen. Darin kann eine vor oder nach dem Auslaufen des Vertrages erfolgte schlüssige Vereinbarung über die Verlängerung des Arbeitsverhältnisses zu sehen sein (*BAG* 11.11.1966 AP Nr. 117 zu § 242 BGB Ruhegehalt).

2. Anwendung der Regeln für Rechtsgeschäfte

Die Besonderheit der Fortsetzung des Dienstverhältnisses nach §§ 625 BGB, 15 Abs. 5 TzBfG gegenüber einer echten Verlängerungsvereinbarung liegt darin, dass aufgrund der unwiderleglichen gesetzlichen Vermutung ein Geschäftswille ohne Rücksicht darauf, ob er tatsächlich vorgelegen hat, unterstellt wird (*BAG* 1.12.1960 AP Nr. 1 zu § 625 BGB; 13.8.1987 – 2 AZR 122/87 – nv; **aA** MünchKomm-*Schwerdtner* aaO). Deswegen sind auf das fingierte schlüssige Verhalten der Parteien die Regeln über das **Rechtsgeschäft entsprechend** anzuwenden (MünchKomm-*Henssler* Rz 2; *Staudinger/Preis* Rz 9). 7

Das gilt zunächst für die Vorschriften der §§ 104 ff. BGB über die **Geschäftsfähigkeit** (vgl. *Erman/Belling* Rz 4; HWK-*Bittner* Rz 23; MünchKomm-*Henssler* Rz 9; *Soergel/Kraft* Rz 3; *Oertmann* § 568 Rz 3). Die Willenserklärungen der Parteien werden zwar fingiert, aber es ist nicht anzunehmen, dass der Gesetzgeber auch das Verhalten solcher Personen als ausreichend für die Fiktion angesehen hat, die sich durch eine wirkliche Erklärung nicht rechtlich binden könnten (vgl. *Kramer* NZA 1993, 1116). Da die Fortsetzung eines Dienstverhältnisses durch einen beschränkt Geschäftsfähigen (vgl. § 106 BGB) diesem nicht lediglich rechtliche Vorteile bringt, bedarf es dazu nach § 107 BGB der Einwilligung des gesetzlichen Vertreters, sofern dieser ihn den Jugendlichen nicht bereits nach § 113 BGB ermächtigt hat, in Dienst oder Arbeit zu treten. Ist der Arbeitgeber nicht geschäftsfähig, dann kommt es darauf an, ob seinem gesetzlichen Vertreter bekannt ist, dass der Arbeitnehmer seine Arbeitsleistungen fortsetzt. 8

Auf die Tatbestände der §§ 625 BGB, 15 Abs. 5 TzBfG ist auch das **Recht der Stellvertretung** (§§ 164 ff. BGB) anzuwenden (*BAG* 1.12.1960 AP Nr. 1 zu § 625 BGB). Auf Seiten des Arbeitgebers ist somit darauf abzustellen, ob sein Vertreter, der die Fortsetzung der Beschäftigung geduldet hat, dabei innerhalb seiner Vertretungsmacht gehandelt hat (*LAG Hamm* 9.6.1994 LAGE § 625 BGB Nr. 4 mit zust. Anm. von *Kliemt/Kramer*) oder ob er aufgrund einer Anscheinsvollmacht (*BAG* 13.8.1987 – 2 AZR 122/87 – nv) als Vertreter des Arbeitgebers anzusehen ist. In Fällen der Gesamtvertretung kommt es auf die Kenntnis aller Vertreter an (vgl. APS-*Backhaus* Rz 27; *Kramer* NZA 1993, 1117). 9

Streitig ist, ob der Partei, die sich über Bedeutung und Folgen ihres Verhaltens nach §§ 625 BGB, 15 Abs. 5 TzBfG geirrt hat, ein Recht zur **Anfechtung** wegen **Irrtums** nach § 119 BGB zusteht (abl.: *Gräfl/Arnold* § 15 TzBfG Rz 75; APS-*Backhaus* Rz 30; BBDW-*Bader* Rz 5; *Erman/Belling* Rz 5; HWK-*Bittner* Rz 24; *Larenz* II, S. 213; *Soergel/Kraft* Rz 9; *Oertmann* aaO; *Staudinger/Preis* Rz 13; ArbRBGB-*Röhsler* Rz 3; *Sievers* § 15 TzBfG Rz 46; **aA** MünchKomm-*Schwerdtner* 3. Aufl. Rz 13; *Staudinger/Neumann* 12. Aufl. Rz 6). Da die unwiderlegliche gesetzliche Vermutung die Berufung auf einen fehlenden Geschäftswillen ausschließt, ist es folgerichtig, ein Anfechtungsrecht nach § 119 BGB auch dann **zu versagen,** wenn ein tatsächlich vorhandener Geschäftswille durch einen Irrtum beeinflusst worden ist. Eine Ausnahme ist nur dann zu machen, wenn aufgrund eines **gemeinsamen Irrtums** bei der Berechnung der Dauer eines befristeten Dienstverhältnisses beide Parteien das Dienstverhältnis über das tatsächliche bis zum vermeintlichen Fristende hinaus fortsetzen (*BAG* 21.12.1957 AP Nr. 5 zu § 4 TVG). In einem solchen Fall greift die Fiktion der §§ 625 BGB, 15 Abs. 5 TzBfG nicht ein (*Gräfl/Arnold* aaO; *Boewer* § 15 TzBfG Rz 62; *Erman/Belling* Rz 3; *Staudinger/Preis* Rz 22; ArbRBGB-*Röhsler* aaO; im Ergebnis auch APS-*Backhaus* Rz 18). 10

3. Abweichende Vereinbarungen

Da die Fiktion des § 625 BGB dem üblicherweise dem Verhalten der Parteien zu entnehmenden Willen entspricht, steht es ihnen frei, diese Rechtsfolgen auszuschließen und abweichende Vereinbarungen über die Weiterbeschäftigung zu treffen (*Soergel/Kraft* Rz 11; *Staudinger/Preis* Rz 34 f.; *BAG* 15.3.1960 AP Nr. 9 zu § 15 AZO; *LAG Hamm* 9.6.1994 LAGE § 625 BGB Nr. 4 [*Kliemt/Kramer*]; im Ergebnis auch MünchKomm-*Henssler* Rz 18). Die gesetzliche Fiktion ist **dispositives Recht.** Ein Ausschluss ist auch in Formulararbeitsverträgen möglich (APS-*Backhaus* Rz 37; HWK-*Bittner* Rz 43; *Erman/Belling* Rz 11; KDZ-*Däubler* Rz 28; *Hennige* NZA 1999, 283; MünchKomm-*Henssler* Rz 20; *Kramer* NZA 1993, 1118; *Staudinger/Preis* Rz 40), aber nicht schon in bloßen Schriftformklauseln zu sehen (*BAG* 11.8.1988 EzA § 625 BGB Nr. 3; 4.8.1988 – 6 AZR 354/86 – nv; HWK-*Bittner* Rz 44; MünchKomm-*Henssler* Rz 19; ErfK-*Müller-Glöge* Rz 20; *Staudinger/Preis* Rz 38 f.). Ein Ausschluss schon im Dienst- bzw. Arbeitsvertrag muss hinreichend bestimmt zum Ausdruck gebracht werden (*Kramer* aaO). 11

§ 625 BGB   Stillschweigende Verlängerung

11a Für befristete oder auflösend bedingte Arbeitsverträge ist § 15 Abs. 5 TzBfG dagegen nicht abdingbar (vgl. § 22 Abs. 1 TzBfG); ein Ausschluss schon im Arbeitsvertrag ist deshalb nicht möglich und auch einer sog. **Doppelbefristung** (Zeit- und Zweckbefristung) steht die Unabdingbarkeit entgegen (APS-*Backhaus* § 15 TzBfG Rz 90 f.; ErfK-*Müller-Glöge* § 15 TzBfG Rz 41; *Rolfs* § 15 TzBfG Rz 20; wohl auch HWK-*Schmalenberg* § 15 TzBfG Rz 28; **aA** zur Doppelbefristung *Annuß* in *Annuß/Thüsing* TzBfG § 3 Rz 5; *Gräfl/Arnold* § 15 TzBfG Rz 88; *Dörner* Befr. Arbeitsvertrag, Rz 55; *Meinel/Heyn/Herms* § 15 TzBfG Rz 59a; MünchKomm-*Hesse* § 15 TzBfG Rz 55; KR-*Lipke* § 21 BEEG Rz 17e; HaKo-*Mestwerdt* § 15 TzBfG Rz 24 f.; ferner *Sowka* DB 2002, 1160 f. und KR-*Bader* § 3 TzBfG Rz 48, deren Hinweis auf das Fehlen schutzwürdigen Vertrauens des Arbeitnehmers aber bei jeder ausdrücklich abweichenden Regelung im Arbeitsvertrag zutreffen würde). Jedoch ist ein Ausschluss erst bei Vertragsende zumindest als Widerspruch anzusehen (s.u. Rz 31 ff.; APS-*Backhaus* § 15 TzBfG Rz 87; *Sievers* § 15 TzBfG Rz 40). Auch bleiben tarifliche Regelungen im Bereich des **Bühnenrechts**, die mangels Nichtverlängerungsmitteilung eine nur befristete Verlängerung des Arbeitsverhältnisses vorsehen, trotz der Unabdingbarkeit von § 15 Abs. 5 TzBfG weiter anwendbar (*Maaß* S. 158 ff.; *Meinel/Heyn/Herms* § 15 TzBfG Rz 58a; im Ergebnis auch APS-*Backhaus* § 15 TzBfG Rz 92; *Boewer* § 15 TzBfG Rz 99; HaKo-*Mestwerdt* § 15 TzBfG Rz 26; *Opolony* ZUM 2003, 358; *Seidemann* S. 163 ff.; **aA** *Rolfs* § 15 TzBfG Rz 11).

12 Die Parteien können sich vor oder nach dem Ablauf der Dienstzeit darüber einigen, das Dienstverhältnis nicht mit dem bisherigen Inhalt auf unbestimmte Zeit zu verlängern, sondern zu **anderen Bedingungen** oder nicht auf unbestimmte Zeit fortzusetzen. Das kann ausdrücklich oder stillschweigend geschehen, wenn nur der übereinstimmende Wille der Parteien klar erkennbar ist (*BAG* 12.6.1987 EzA § 4 KSchG nF Nr. 32; *Koch* NZA 1985, 351; *Staudinger/Preis* Rz 34, 36 f.). Bei der Vereinbarung eines befristeten oder auflösend bedingten Arbeitsverhältnisses ist dagegen nun die Schriftform der §§ 14 Abs. 4, 21 TzBfG zu beachten; ihre Verletzung ändert zwar nichts an der Unanwendbarkeit der §§ 625 BGB, 15 Abs. 5 TzBfG, es kommt jedoch ein **neues Arbeitsverhältnis** auf unbestimmte Zeit zustande (vgl. *Preis/Gotthardt* NZA 2000, 360; zur Befristungsverlängerung auch KR-*Spilger* Anh. zu § 623 BGB Rz 98).

13 Treffen die Parteien über die Kündigungsfrist oder eine Befristung keine Vereinbarung, dann setzt sich ein anderweitig abgeändertes Dienstverhältnis auch dann auf unbestimmte Zeit fort, wenn es nach dem ursprünglichen Vertrag befristet war.

14 Die Fiktion des § 625 BGB greift nicht ein, wenn ein Dienstverhältnis vorläufig in der **Erwartung** fortgesetzt wird, beide Parteien würden sich noch darüber einigen, ob und unter welchen Bedingungen ein **neuer Vertrag** abgeschlossen wird (*BAG* 30.11.1984 AP Nr. 1 zu § 22 MTV Ausbildung; *Erman/Belling* Rz 10; *Hennige* aaO; MünchKomm-*Henssler* Rz 19; *Staudinger/Preis* Rz 36).

15 Zweifelhaft ist, ob und wie ein im Einverständnis beider Parteien zunächst nur vorläufig fortgesetztes Dienstverhältnis während des **Schwebezustandes** bis zur erfolgreichen oder gescheiterten Verhandlung über die Bedingungen für die endgültige Fortsetzung des Vertrages beendet werden kann. Abzulehnen ist die Auffassung, nach dem Ablauf des Vertrages komme ein unbefristeter Vertrag zustande, von dem sich gleichwohl beide Parteien jederzeit durch einfache Erklärung lossagen können (*RAG* 10.9.1931 ARS 13, 48). Das wäre nur richtig, wenn die Weiterbeschäftigung aufgrund eines wegen fehlender Einigung der Parteien (§§ 154, 155 BGB) nicht zustande gekommenen Vertrages erfolgen würde und die Parteien deswegen das fehlerhafte Dienstverhältnis jederzeit beenden könnten (vgl. zum faktischen Arbeitsverhältnis: *BAG* 7.12.1961 AP Nr. 1 zu § 611 BGB Faktisches Arbeitsverhältnis). Diese Voraussetzung fehlt jedoch, wenn die Parteien sich darüber einig sind, das Dienstverhältnis trotz der noch für erforderlich gehaltenen Dauerregelung zunächst fortzusetzen (**aA** offenbar APS-*Backhaus* Rz 33).

16 Im Arbeitsverhältnis können, sofern nicht tarifliche Vorschriften eingreifen (§ 622 Abs. 4 BGB) oder der Tatbestand des § 622 Abs. 5 Nr. 1 BGB erfüllt ist, **kürzere Fristen** als die des § 622 Abs. 1 bis 3 BGB oder gar eine **tägliche Kündigung** auch für eine bloß vorläufige Fortsetzung des Arbeitsverhältnisses nicht mehr wirksam vereinbart werden (KR-*Spilger* § 622 BGB Rz 141 ff.).

17 Selbstverständlich steht es den Parteien, wenn die Weiterbeschäftigung unter dem Vorbehalt einer angestrebten Vertragsänderung erfolgen soll, frei, für die Übergangszeit einen **befristeten** oder **auflösend bedingten Dienstvertrag** abzuschließen (*Erman/Belling* Rz 10), wobei für entsprechende Arbeitsverträge allerdings die Schriftform gem. §§ 14 Abs. 4, 21 TzBfG zu beachten ist. Zur Fortsetzung während des Rechtsstreites über eine Kündigung s.u. Rz 34.

Stillschweigende Verlängerung § 625 BGB

Auch im Fall einer Weiterbeschäftigung aus reiner Gefälligkeit ist idR § 625 BGB stillschweigend abbe- 18
dungen (*RAG* 3.5.1933 ARS 18, 42; *LAG Saarl.* 17.3.1965 WA 1965, 79; *ArbG Bochum* 25.10.1962 DB 1963,
173; APS-*Backhaus* Rz 13; *Erman/Belling* aaO; *Hueck/Nipperdey* aaO; *Kramer* NZA 1993, 1116; *Staudinger/
Preis* Rz 37). Die Gefälligkeit liegt auf Seiten des Arbeitgebers, wenn er den Arbeitnehmer aus sozialen
Erwägungen weiterbeschäftigt, weil dieser sich noch um eine andere Anstellung bemüht, und auf Seiten des Arbeitnehmers, wenn er die Arbeit fortsetzt, weil der Arbeitgeber noch keinen Ersatz gefunden
hat. § 625 BGB ist jedoch nicht schon stets dann ausgeschlossen, wenn die Weiterbeschäftigung auf Bitten des Arbeitgebers oder des Arbeitnehmers erfolgt (*RAG* 23.7.1928 ARS 3, 192). Es muss vielmehr
beiden Parteien **bewusst** sein, dass die Weiterbeschäftigung aus Entgegenkommen nur als Übergangsregelung erfolgen soll und keine dauernde Bindung beabsichtigt ist.

Die Form der Beendigung eines nur aus Gefälligkeit fortgesetzten Dienstverhältnisses hängt von den 19
zwischen den Parteien getroffenen Vereinbarungen ab, wobei entscheidend auf die Vorstellungen der
Parteien, den Zweck der Weiterbeschäftigung und den Grad ihres Bindungswillens abzustellen ist.
Nur wenn der Gefälligkeitscharakter so überwiegt, dass die Parteien sich auch nicht für eine vorübergehende Zeit echt binden wollen, handelt es sich um ein **reines Gefälligkeitsverhältnis**, das **von Tag
zu Tag** neu begründet wird und jederzeit beendet werden kann (*Hueck/Nipperdey* aaO; *Nikisch* I, S. 678;
ArbG Bochum 25.10.1962 aaO). Bei einem wenn auch zeitlich begrenzten Bindungswillen der Parteien
wird entweder eine **Zweckbefristung** (zB bis der Arbeitnehmer eine neue Stelle oder der Arbeitgeber
für den Arbeitnehmer einen Nachfolger gefunden hat) gewollt sein, die jedoch häufig am Schriftformerfordernis des § 14 Abs. 4 TzBfG scheitern wird, oder es kann eine Vereinbarung vorliegen, nach der
das Arbeitsverhältnis mit den gesetzlichen **Mindestfristen** gekündigt werden kann (*Staudinger/Preis*
aaO).

III. Voraussetzungen der Anwendung

1. Ablauf der Dienstzeit

Vorausgesetzt wird zunächst, dass die Dienstzeit des zwischen den Parteien abgeschlossenen Vertra- 20
ges bereits abgelaufen ist. Es ist unerheblich, ob die Beendigung durch **Ablauf** eines zeitlich **befristeten Vertrages** (§ 620 BGB), durch eine außerordentliche **Kündigung** oder durch den Ablauf der Kündigungsfrist erfolgt ist (*Erman/Belling* Rz 3; MünchKomm-*Henssler* Rz 7; *Soergel/Kraft* Rz 3; *Staudinger/
Preis* Rz 15; *Palandt/Putzo* Rz 1) oder ob eine Kündigung als von Anfang an rechtswirksam gilt, weil der
Arbeitnehmer die **Klagefrist versäumt** hat (*LAG Hamm* 22.8.1996 RzK I 5 e Nr. 47). Wenn ein befristetes
Probearbeitsverhältnis über die Probezeit hinaus fortgesetzt (*BAG* 11.8.1988 EzA § 625 BGB Nr. 3; *Kramer* NZA 1993, 1116) oder wenn ein 65jähriger Arbeitnehmer weiterbeschäftigt wird, obwohl das Arbeitsverhältnis nach tariflichen Bestimmungen mit **Vollendung des 65. Lebensjahres** endet (*LAG Bln.*
28.11.1991 LAGE § 625 BGB Nr. 2; *Hennige* NZA 1999, 282), gilt nun speziell § 15 Abs. 5 TzBfG. Auf das
Auslaufen **einzelner Arbeitsbedingungen** (zB befristet erhöhte Arbeitszeit) sind § 625 BGB bzw. § 15
Abs. 5 TzBfG dagegen nicht anwendbar (*BAG* 3.9.2003 EzA § 14 TzBfG Nr. 4; jPK-*Weth* Rz 8). Zur Weiterbeschäftigung während der **Abwicklung** einer Einrichtung gem. Art. 13 EV vgl. *BAG* 23.9.1993 EzA
Art. 13 EinigungsV Nr. 13.

Endet außerhalb des Anwendungsbereichs des § 15 Abs. 5 TzBfG (s. unten Rz 25) ein Dienstverhältnis 21
durch **Zweckerfüllung** (§ 620 S. 2 BGB), kommt die durch § 625 BGB geregelte Fiktion der stillschweigenden Fortsetzung nicht in Betracht (*Erman/Belling* Rz 3; HWK-*Bittner* Rz 15; MünchKomm-*Henssler*
Rz 8; *Kramer* aaO; HaKo-*Pfeiffer* Rz 7; *Palandt/Putzo* aaO; *RAG* 10.9.1931 ARS 13, 48, 51; **aA** APS-*Backhaus* Rz 8; *Soergel/Kraft* aaO; jPK-*Weth* Rz 7). Eine Fiktion nach § 625 BGB ist entbehrlich, weil die Fortsetzung des Vertrages nach seiner Zweckerreichung voraussetzt, dass sich die Parteien ausdrücklich
oder konkludent darüber einigen, den Vertrag mit einer neuen Arbeitsaufgabe fortzusetzen (s.o. Rz 6).
Gleiches gilt, wenn das Dienstverhältnis durch einen **Aufhebungsvertrag** beendet worden ist, weil
dann Einigkeit über die Nichtfortsetzung bestand (*RAG* aaO). Setzen die Parteien das Dienstverhältnis
trotzdem fort, liegt dem eine nicht nur fingierte, sondern eine konkludente Vereinbarung über die Fortsetzung oder die Neubegründung des Vertrages zugrunde (wie hier HWK-*Bittner* Rz 16; KDZ-*Däubler*
Rz 9; MünchKomm-*Henssler* Rz 7; **aA** APS-*Backhaus* Rz 7; *Erman/Belling* aaO; ErfK-*Müller-Glöge* Rz 6
[anders noch in ErfK 4. Aufl. Rz 7]; *Nehls* DB 2001, 2718; HaKo-*Pfeiffer* Rz 6; jPK-*Weth* Rz 5). Der vom
RAG (aaO) erwogenen analogen Anwendung des § 625 BGB bedarf es nicht.

Seit § 15 Abs. 5 TzBfG die Fortsetzung befristeter und auflösend bedingter Arbeitsverhältnisse speziell 22
regelt, ist die praktische Bedeutung von § 625 BGB eher gering. Die Vorschrift gilt zwar an sich auch

für den Ablauf der Dienstzeit durch eine Kündigung. Wenn der Dienstberechtigte sich in diesem Fall vorbehaltlos ohne Widerspruch (s.u. Rz 31 ff.) auf die Fortsetzung des Dienstverhältnisses einlässt, liegt darin jedoch idR eine **konkludente Rücknahme der Kündigung** (*Staudinger/Preis* aaO). Wird die Kündigung im Einvernehmen mit dem Gekündigten zurückgenommen (vgl. KR-*Friedrich* § 4 KSchG Rz 63 ff.), dann begründen die Parteien im Zweifel kein neues Dienstverhältnis, sondern setzen nur das alte, nicht wirksam gekündigte fort.

2. Fortsetzung des Dienstverhältnisses

23 Die **Fortsetzung** seiner **Dienstleistung** muss durch den geschäftsfähigen (s.o. Rz 8) Dienstverpflichteten **bewusst** und in der Bereitschaft geschehen, die Pflichten aus dem Dienstverhältnis weiter zu erfüllen (MünchKomm-*Henssler* Rz 10; *Staudinger/Preis* Rz 19). Daran fehlt es, wenn ein Arbeitnehmer sich aus reiner Gefälligkeit bewegen lässt, das Arbeitsverhältnis fortzusetzen und ersichtlich nicht bereit ist, über die tatsächlich erbrachten Arbeitsleistungen hinausgehende Verpflichtungen zu übernehmen (s.o. Rz 19). Es genügt die bewusste Fortsetzung der Dienste auch an einem **neuen Arbeitsplatz** (*Soergel/Kraft* Rz 4). Wegen der Fiktionswirkung des § 625 ist es unerheblich, ob es sich der Dienstverpflichtete »als zumindest möglich« vorstellt, dass der Dienstvertrag bereits beendet ist (APS-*Backhaus* Rz 12; KDZ-*Däubler* Rz 10; MünchKomm-*Henssler* aaO; *Kramer* NZA 1993, 1116; *Annuß/Thüsing/Maschmann* § 15 TzBfG Rz 18; ArbRBGB-*Röhsler* Rz 14; **aA** AnwaltKomm-*Franzen* Rz 8; ErfK-*Müller-Glöge* Rz 10; *Schimana* AR-Blattei, Kündigung X, II 2 a; HWK-*Schmalenberg* § 15 TzBfG Rz 22).

24 Ein **Widerspruch des Dienstverpflichteten** gegen die Fortsetzung des Dienstverhältnisses ist – anders als beim Dienstberechtigten – gesetzlich **nicht vorgesehen.** Das ist keine Regelungslücke, weil die bewusste Fortsetzung des Dienstverhältnisses durch den Dienstverpflichteten bereits eine Voraussetzung für die Anwendung des § 625 ist. Setzt er das Dienstverhältnis fort, ohne seinen Willen, sich künftig nicht mehr rechtlich binden zu wollen, dem Vertragspartner gegenüber kenntlich zu machen, dann ist sein **geheimer Vorbehalt** (§ 116 BGB) unbeachtlich (*Kramer* aaO; *Staudinger/Preis* aaO; im Ergebnis auch APS-*Backhaus* aaO).

25 Die Rechtsfolge des § 625 tritt nur ein, wenn der Dienstverpflichtete unmittelbar nach dem Ablauf des Dienstverhältnisses seine **Tätigkeit** tatsächlich fortsetzt (*BAG* 30.11.1984 aaO; 2.12.1998 EzA § 625 BGB Nr. 4; APS-*Backhaus* Rz 10; BBDW-*Bader* Rz 7 ff.; HWK-*Bittner* Rz 21 f.; *Hennige* aaO; MünchKomm-*Henssler* Rz 11; *Nehls* DB 2001, 2718 f.; ArbRBGB-*Röhsler* aaO; **aA** KDZ-*Däubler* Rz 10). Es genügt zB nicht, wenn der Arbeitgeber dem Arbeitnehmer über den Kündigungstermin hinaus Urlaub bewilligt (vgl. *BAG* 2.12.1998 EzA § 625 BGB Nr. 4 [krit. *Schmitt* AiB 1999, 350]; 20.2.2002 EzA § 620 BGB Altersgrenze Nr. 11) oder wenn der **Arbeitnehmer** nach Ablauf der Kündigungsfrist **erkrankt** ist, keine Arbeitsleistung erbringt und ihm nur aus Versehen die Vergütung für den auf das Vertragsende folgenden Monat gezahlt wird (vgl. *LAG Hamm* 5.9.1990 LAGE § 625 BGB Nr. 1; eine nicht auf der Fiktion des § 625 BGB, sondern auf einer konkludenten Vereinbarung beruhende Fortsetzung des Arbeitsvertrages ist bei einer solchen Fallgestaltung allerdings dann zu erwägen, wenn der Arbeitgeber anordnet, an den nach der Beendigung des Vertrages erkrankten Arbeitnehmer das Gehalt weiterzuzahlen). Demgegenüber verlangt **§ 15 Abs. 5 TzBfG**, anders als § 625 BGB, keine Fortsetzung durch den Dienstverpflichteten (Arbeitnehmer). Die Fiktion kann deshalb auch durch Handlungen auf Arbeitgeberseite ausgelöst werden, die wie zB die Fortzahlung der Vergütung oder Urlaubsgewährung prinzipiell als schlüssiges Fortsetzungsverhalten des Arbeitgebers anzusehen sein könnten (vgl. APS-*Backhaus* § 15 TzBfG Rz 62 f.; HWK-*Bittner* Rz 21; MünchArbR-*Wank* ErgBd. § 116 Rz 270; *Annuß/Thüsing/Maschmann* § 15 TzBfG Rz 18; **aA** *Gräfl/Arnold* § 15 TzBfG Rz 70; *Boewer* § 15 TzBfG Rz 70; *Dörner* Befr. Arbeitsvertrag Rz 932; *Hansen/Kelber/Zeißig* Rz 698; *Holwe/Kossens/Pielenz/Räder* § 15 TzBfG Rz 33; *Meinel/Heyn/Herms* § 15 TzBfG Rz 44; MünchKomm-*Hesse* § 15 TzBfG Rz 44; HaKo-*Mestwerdt* § 15 TzBfG Rz 28; ErfK-*Müller-Glöge* § 15 TzBfG Rz 35; *Sievers* § 15 TzBfG Rz 36; *Worzalla* § 15 TzBfG Rz 19). Dies gilt auch im Fall der Zweckerreichung. Wird der Arbeitnehmer dagegen nach der Zweckerreichung mit neuen Arbeitsaufgaben beschäftigt, liegt eine ausdrückliche oder zumindest konkludente Einigung der Parteien vor; für die Fiktion des § 15 Abs. 5 TzBfG bleibt dann kein Raum (s.o. Rz 21).

3. Fortsetzung mit Wissen des Dienstberechtigten

26 Die fingierte Bereitschaft des Dienstberechtigten, das Dienstverhältnis fortzusetzen, setzt voraus, dass ihm bekannt ist, dass der Dienstverpflichtete für ihn weitere Dienstleistungen erbringt (*Erman/Belling* Rz 3; MünchKomm-*Henssler* Rz 9; *Staudinger/Preis* Rz 21; *Palandt/Putzo* Rz 2; *BAG* 30.11.1984 AP Nr. 1 zu § 22 MTV Ausbildung; *BAG* 2.12.1998 EzA § 625 BGB Nr. 4). Im Fall des § 15 Abs. 5 TzBfG genügt

Stillschweigende Verlängerung § 625 BGB

ggf. auch das Wissen um arbeitgeberseitige Fortsetzungshandlungen (s.o. Rz 25; APS-*Backhaus* § 15 TzBfG Rz 66). Es kommt auf die **Kenntnis** des geschäftsfähigen **Dienstberechtigten** oder seines **Vertreters** an, wobei sich die Vertretungsmacht auf den Abschluss eines Dienst- bzw. Arbeitsvertrages beziehen muss (s.o. Rz 9; *AG* 20.2.2002 EzA § 625 BGB Nr. 5; 24.10.2001 EzA § 620 BGB Hochschulen Nr. 31; HWK-*Bittner* Rz 28; MünchKomm-*Hesse* § 15 TzBfG Rz 44; *Kramer* NZA 1993, 1117).

Ein Arbeitsverhältnis auf unbestimmte Zeit kommt zB dann nicht zustande, wenn lediglich **Kollegen** 27 **des Arbeitnehmers** über dessen weiteres Verbleiben am Arbeitsplatz unterrichtet sind, die den Endzeitpunkt des Arbeitsverhältnisses nicht kennen und nicht zur Entscheidung über das weitere Verbleiben des Arbeitnehmers befugt sind (*LAG Düsseld.* 2.5.1957 ArbGeb 1957, 622). Das gleiche gilt, wenn ein Arbeitnehmer nach Ablauf der Kündigungsfrist noch drei Wochen lang im **Außendienst** weiterarbeitet, ohne dem Arbeitgeber hiervon Kenntnis zu geben (*LAG Frankf.* 15.10.1971 AR-Blattei, Kündigungsschutz: Entsch. 131).

Mit Wissen des Dienstberechtigten wird das Dienstverhältnis auch dann fortgesetzt, wenn er die wei- 28 tere Dienstleistung deswegen entgegennimmt, weil er **irrtümlich** davon ausgeht, das Dienstverhältnis sei noch nicht beendet worden (s.o. Rz 10; *LAG Düsseld.* 26.9.2002 LAGE § 15 TzBfG Nr. 1; *Gräfl/Arnold* § 15 TzBfG Rz 75; APS-*Backhaus* Rz 17; BBDW-*Bader* Rz 10; *Erman/Belling* Rz 3; KDZ-*Däubler* Rz 17; AnwaltKomm-*Franzen* Rz 9; *Meinel/Heyn/Herms* § 15 TzBfG Rz 46; MünchKomm-*Hesse* § 15 TzBfG Rz 45; *Annuß/Thüsing/Maschmann* § 15 TzBfG Rz 20; HaKo-*Mestwerdt* § 15 TzBfG Rz 30; ArbRBGB-*Röhsler* Rz 19; *Rolfs* § 15 TzBfG Rz 31; *Sievers* § 15 TzBfG Rz 39; *Soergel/Kraft* Rz 5; *Staudinger/Preis* aaO; *Worzalla* § 15 TzBfG Rz 21; aA *Dörner* Befr. Arbeitsvertrag, Rz 933; *Hansen/Kelber/Zeißig* Rz 699; *Holwe/Kossens/Pielenz/Räder* § 15 TzBfG Rz 35; ErfK-*Müller-Glöge* Rz 11, 13; *Bamberger/Roth/Fuchs* Rz 7; widersprüchlich HWK-*Schmalenberg* § 15 TzBfG Rz 23, 25; differenzierend danach, ob der Irrtum verschuldet ist, HWK-*Bittner* Rz 26 f.). Entsprechendes gilt für die Fortsetzung eines zweckbefristeten oder auflösend bedingten Arbeitsverhältnisses durch den Arbeitgeber in Unkenntnis der Zweckerreichung bzw. des Bedingungseintritts (vgl. APS-*Backhaus* § 15 TzBfG Rz 78; MünchArbR-*Wank* ErgBd. § 116 Rz 271).

4. Fehlender Widerspruch des Dienstberechtigten

Auch wenn die vorgenannten Voraussetzungen der §§ 625 BGB, 15 Abs. 5 TzBfG erfüllt sind, kann der 29 Dienstberechtigte deren Rechtsfolgen ausschließen, wenn er **unverzüglich widerspricht** (*BAG* 30.11.1984 AP Nr. 1 zu § 22 MTV Ausbildung.). Im Fall eines zweckbefristeten oder auflösend bedingten Arbeitsverhältnisses genügt statt eines Widerspruchs auch die unverzügliche Mitteilung der Zweckerreichung bzw. des Bedingungseintritts an den Arbeitnehmer (§ 15 Abs. 5 TzBfG); im Gegensatz zur Unterrichtung als Voraussetzung des Beginns der Ankündigungsfrist gem § 15 Abs. 2 TzBfG bedarf diese Mitteilung zur Vereitelung der Fiktion gem. § 15 Abs. 5 TzBfG **nicht** der **Schriftform** (ebenso *Gräfl/Arnold* § 15 TzBfG Rz 35, 80; *Boewer* § 15 TzBfG Rz 88; *Dörner* Befr. Arbeitsvertrag, Rz 899, 941; *Hromadka* BB 2001, 676; *Kleinebrink* FA 2001, 356; ErfK-*Müller-Glöge* § 15 TzBfG Rz 39; *Staudinger/Preis* § 620 BGB Rz 183; HWK-*Schmalenberg* § 15 TzBfG Rz 24; *Sievers* § 15 TzBfG Rz 20; aA APS-*Backhaus* § 15 TzBfG Rz 80; KDZ-*Däubler* § 15 TzBfG Rz 19; MünchKomm-*Hesse* § 15 TzBfG Rz 50; *Annuß/Thüsing/Maschmann* § 15 TzBfG Rz 21 f.; *Hansen/Kelber/Zeißig* Rz 707; *Holwe/Kossens/Pielenz/Räder* § 15 TzBfG Rz 38; *Meinel/Heyn/Herms* § 15 TzBfG Rz 50, 54; HaKo-*Mestwerdt* § 15 TzBfG Rz 34; *Richardi/Annuß* BB 2000, 2205; *Sowka* DB 2002, 1158 f.; SPV-*Preis* Rz 26).

Der Widerspruch ist eine rechtsgeschäftliche, einseitige empfangsbedürftige **Willenserklärung**, für 30 die die §§ 130 ff. BGB gelten (*Erman/Belling* Rz 5; MünchKomm-*Henssler* Rz 12; ErfK-*Müller-Glöge* Rz 14; *Soergel/Kraft* Rz 6; *Staudinger/Preis* Rz 25; *Palandt/Putzo* Rz 3).

Er kann ausdrücklich oder **konkludent** (zB durch Aushändigung der Arbeitspapiere) auch schon ei- 31 nige Zeit **vor Ablauf** eines befristeten Arbeitsverhältnisses erklärt werden (*BAG* 14.8.2002 AP Nr. 1 zu § 90 LPVG Brandenburg; 20.2.2002 EzA § 625 BGB Nr. 5; 26.7.2000 EzA § 1 BeschFG 1985 Nr. 16 mwN; *Hennige* NZA 1999, 283; *Nehls* DB 2001, 2720; MünchKomm-*Henssler* aaO; zweifelnd *Kramer* NZA 1993, 1117).

Ein Widerspruch gegen die Fortsetzung eines Arbeitsverhältnisses auf unbestimmte Zeit kann auch 32 darin liegen, dass der Arbeitgeber dem Arbeitnehmer nur den Abschluss eines **befristeten Vertrages** anbietet (*BAG* 23.4.1980 EzA § 15 KSchG nF Nr. 24 [Fortsetzung bis zur Betriebsstilllegung]; 26.7.2000 EzA § 1 BeschFG 1985 Nr. 19; 23.1.2002 EzA § 620 BGB Nr. 185; HWK-*Bittner* Rz 31; *Hennige* aaO; MünchKomm-*Henssler* aaO; MünchKomm-*Hesse* § 15 TzBfG Rz 49; *Nehls* DB 2001, 2719; *Sievers* § 15 TzBfG Rz 40; *Staudinger/Preis* Rz 26; einschränkend *Erman/Belling* Rz 5). Nimmt der Arbeitnehmer dieses Angebot nicht an, dann kommt es weder zu einer befristeten noch zu einer unbefristeten Fortsetzung des Arbeitsverhältnisses nach §§ 625 BGB, 15 Abs. 5 TzBfG (*BAG* 5.5.2004 EzA § 15 TzBfG Nr. 1).

33 Das gleiche gilt dann, wenn sich der Dienstberechtigte kurz vor dem Ende der Vertragszeit oder unverzüglich danach nur zu einer **vorläufigen Weiterbeschäftigung** mit dem Hinweis bereit erklärt, er sei dazu nur aus sozialen Gründen oder bis zur endgültigen Regelung der künftigen Vertragsbeziehungen bereit. Auch wenn derartige Vorbehalte nicht zum vertraglichen Ausschluss der §§ 625 BGB, 15 Abs. 5 TzBfG führen (s.o. Rz 14, 18), dann reichen sie doch als Widerspruch des Dienstberechtigten aus (ebenso HWK-*Bittner* Rz 33; MünchKomm-*Henssler* aaO; ErfK-*Müller-Glöge* Rz 16; **aA** jPK-*Weth* Rz 16).

34 Wenn ein gekündigter Arbeitnehmer nach Ablauf der Kündigungsfrist und Erhebung der **Kündigungsschutzklage** auf Veranlassung des Arbeitgebers seine Tätigkeit im Betrieb fortsetzt oder aus eigener Initiative nicht einstellt und der Arbeitgeber den Lohn fortzahlt, wenn der Arbeitgeber aber andererseits Klageabweisung beantragt und diesen Antrag aufrechterhält, dann hat er zwar einen Beschäftigungswillen, macht aber zugleich seine Absicht deutlich, an der Wirksamkeit der Kündigung festhalten und mit der Weiterbeschäftigung nur eine **Übergangsregelung** treffen zu wollen. Das prozessuale Verhalten des Arbeitgebers stellt regelmäßig einen Widerspruch iSv § 625 BGB dar (vgl. *LAG Köln* 4.3.2004 LAGE § 625 BGB 2002 Nr. 1). Nach Rspr. und hM wollen die Parteien in diesem Fall das gekündigte Arbeitsverhältnis idR **auflösend bedingt** durch die rechtskräftige Abweisung der Kündigungsschutzklage fortsetzen (*BAG* 4.9.1986 EzA § 611 BGB Beschäftigungspflicht Nr. 27; *Boewer* § 15 TzBfG Rz 65; KDZ-*Däubler* Rz 7; ErfK-*Müller-Glöge* § 21 TzBfG Rz 3, 10; *Staudinger/Preis* Rz 37; ArbRBGB-*Röhsler* Rz 12; *Tschöpe* BAGReport 2005, 1 ff.; zweifelnd BBDW-*Bader* Rz 25; **aA** *LAG Hamm* 22.8.1996, RzK I 5 e Nr. 47). Die Wirksamkeit dieser auflösenden Bedingung **bedarf keines** besonderen **Sachgrundes und** auch **nicht** der Einhaltung **der Schriftform** gem. §§ 21, 14 TzBfG (**aA** *LAG Hamm* 16.1.2003 EzA-SD 2003 Nr. 8 S. 8; *LAG Nds.* 17.2.2004 RzK I 10i Nr. 55; HWK-*Bittner* Rz 17; *Karlsfeld* ArbRB 2003, 284; *Moderegger* ArbRB 2004, 190; ErfK-*Müller-Glöge* aaO; *Gräfl/Arnold/Rambach* § 21 TzBfG Rz 22; *Ricken* NZA 2005, 329; *Sittard/Ulbrich* RdA 2006, 218 ff.; zur Vereinbarung einer befristeten Beschäftigung während des Prozesses *BAG* 22.10.2003 EzA § 14 TzBfG Nr. 6 und KR-*Lipke* § 14 TzBfG Rz 369a). Es handelt sich nämlich um eine bloße Rechtsbedingung (*Bayreuther* DB 2003, 1738; ErfK-*Müller-Glöge* § 21 TzBfG Rz 3; H/S-*Natzel* § 3 Rz 464a; **aA** *Ricken* aaO; *Sittard/Ulbrich* aaO), auf die §§ 21, 14 TzBfG keine Anwendung finden (so auch KR-*Spilger* Anh. zu § 623 BGB Rz 122). Jedenfalls wäre unter Berücksichtigung des Schutzzwecks des Befristungsrechts insoweit eine teleologische Reduktion geboten (vgl. APS-*Backhaus* § 21 TzBfG Rz 27; *Bayreuther* aaO; *Bengelsdorf* NZA 2005, 277, 281; *Dollmann* BB 2003, 2687; im Ergebnis auch *Löwisch* Anm. AP Nr. 6 zu § 14 TzBfG und *Tschöpe* aaO).

35 Der Widerspruch bzw. die ihm nach § 15 Abs. 5 TzBfG gleichgestellte Mitteilung muss **unverzüglich**, d. h. nach § 121 BGB ohne schuldhaftes Zögern erfolgen (*BAG* 13.8.1987 – 2 AZR 122/87 – nv). Die nach den Umständen des jeweiligen Einzelfalles unter Berücksichtigung der Interessenlage der Parteien zu bemessende Frist für den Widerspruch kann erst mit der Kenntnis des Dienstberechtigten von den für die Entscheidung über das Fortbestehen des Dienstverhältnisses maßgebenden Umständen beginnen. Dazu gehört ggf. die **Kenntnis**, dass der Dienstverpflichtete über die Vertragszeit hinaus seine Dienste weiter erbringt (*BAG* 13.8.1987 aaO; *Gräfl/Arnold* § 15 TzBfG Rz 73; *Erman/Belling* Rz 6; HWK-*Bittner* Rz 34; *Boewer* § 15 TzBfG Rz 78, 83; MünchKomm-*Henssler* Rz 12; HaKo-*Mestwerdt* § 15 TzBfG Rz 31; *Rolfs* § 15 TzBfG Rz 31; *Staudinger/Preis* Rz 23; **aA** APS-*Backhaus* Rz 24; *Annuß/Thüsing/Maschmann* § 15 TzBfG Rz 21; *Sievers* § 15 TzBfG Rz 43). Wartet der Dienstberechtigte dann noch länger als eine Woche, wird der Widerspruch idR verspätet sein (*Kramer* NZA 1993, 1117; *Nehls* DB 2001, 2720; MünchKomm-*Henssler* Rz 13).

36 Ein schuldhaftes Zögern ist dem Dienstberechtigten dann nicht vorzuwerfen, wenn er zunächst im Interesse des Betriebes oder des Dienstverpflichteten den **Versuch einer Einigung** über Dauer und Form einer Weiterbeschäftigung anstrebt (HWK-*Bittner* Rz 34; MünchKomm-*Henssler* aaO; *Staudinger/Preis* Rz 27) oder den Einwand des Betriebsrates überprüft, der Arbeitnehmer befinde sich bereits in einem Arbeitsverhältnis auf unbestimmte Zeit (*BAG* 13.8.1987 aaO). Dagegen sind an das Merkmal der Unverzüglichkeit besonders strenge Anforderungen zu stellen, wenn der Dienstberechtigte die Weiterbeschäftigung nicht nur geduldet, sondern darüber hinaus einen besonderen **Vertrauenstatbestand** gesetzt hat, aus dem der Dienstverpflichtete schließen durfte, der Dienstberechtigten sei mit der Fortsetzung des Dienstverhältnisses einverstanden (*BAG* 1.11.1966 AP Nr. 117 zu § 242 BGB Ruhegehalt; MünchKomm-*Henssler* aaO).

Stillschweigende Verlängerung §625 BGB

Wenn der Widerspruch unverzüglich erfolgt ist, greift die Fiktion der §§ 625 BGB, 15 Abs. 5 TzBfG **37** nicht, sondern es kann dann aufgrund des weiteren Verhaltens der Parteien nur der Abschluss eines **neuen Dienstvertrages** in Betracht kommen (*Staudinger/Preis* Rz 23). Das ist denkbar, wenn ein Arbeitgeber zwar der Weiterbeschäftigung widerspricht, aber keine gesetzlich zulässige und ihm zumutbare Maßnahme ergreift, um den Arbeitnehmer daran zu hindern, wie bislang an seinem Arbeitsplatz tätig zu werden. Nimmt der Arbeitgeber nach erfolglosem Widerspruch die Arbeitsleistung nicht nur kurzfristig ohne weiteren Protest entgegen, dann muss er damit rechnen, dass sein Verhalten als Bereitschaft gewertet wird, das Arbeitsverhältnis trotz anfänglichen Widerspruches fortsetzen zu wollen (vgl. *Kliemt/Kramer* Anm. LAGE § 625 BGB Nr. 4 und KDZ-*Däubler* Rz 30, die in Anlehnung an § 626 Abs. 2 BGB für eine Reaktionszeit von 2 Wochen plädieren). Kommt es dagegen nicht zum Abschluss eines neuen Dienstvertrages, sind nach der Beendigung des Dienstverhältnisses erbrachte Leistungen nach bereicherungsrechtlichen Grundsätzen auszugleichen (*Gräfl/Arnold* § 15 TzBfG Rz 82; MünchKomm-*Hesse* § 15 TzBfG Rz 53; ErfK-*Müller-Glöge* Rz 19; *Nehls* DB 2001, 2721 f.; teilw. **aA** MünchKomm-*Henssler* Rz 17 und LAG Köln 4.3.2004 LAGE § 625 BGB 1002 Nr. 1: »faktisches Arbeitsverhältnis« bis zum Widerspruch bzw. bei Dissens über Befristung).

Von dem Widerspruch nach §§ 625 BGB, 15 Abs. 5 TzBfG ist die einzelvertraglich mögliche und gele- **38** gentlich in Tarifverträgen vorgesehene Verpflichtung zu unterscheiden, dem Arbeitnehmer innerhalb einer bestimmten Frist vor Ablauf des Vertrages mitzuteilen, ob er das Arbeitsverhältnis über die Befristung hinaus fortsetzen will (sog. **Nichtverlängerungsanzeige**; vgl. dazu KR-*Bader* § 3 TzBfG Rz 38 ff.). Es richtet sich nach den in den einschlägigen tariflichen Bestimmungen oder den in den vertraglichen Vereinbarungen vorgesehenen Rechtsfolgen, ob die Verletzung der Mitteilungspflicht durch den Arbeitgeber zur Verlängerung des Arbeitsverhältnisses auf unbestimmte Zeit führt oder nur Schadenersatzansprüche des Arbeitnehmers auslöst (LAG Frankf. 21.9.1949 AP 1950 Nr. 221; LAG Düssed. 11.3.1952 DB 1952, 471; LAG Brem. 18.4.1963 BB 1963, 1130). Der arbeitsvertraglichen Vereinbarung einer bloß befristeten Verlängerung des Arbeitsverhältnisses als Rechtsfolge der Unterlassung der Anzeige steht nunmehr die Unabdingbarkeit des § 15 Abs. 5 TzBfG gem. § 22 TzBfG entgegen (zum Bühnentarifrecht s.o. Rz 11a).

IV. Rechtsfolgen

Wenn sämtliche Voraussetzungen für die Anwendung des § 625 BGB bzw. des § 15 Abs. 5 TzBfG erfüllt **39** sind, wird das Dienstverhältnis kraft Gesetzes mit den **bisherigen Rechten** und **Pflichten** fortgesetzt, ohne Rücksicht darauf, ob das dem tatsächlichen Willen der Parteien entspricht (*Staudinger/Preis* Rz 28 f.). Einen abweichenden Geschäftswillen können die Parteien nur noch durch eine **einverständliche Abänderung** des Vertrages verwirklichen. Betriebsverfassungsrechtlich stellt sich die Weiterbeschäftigung als Einstellung iSv **§ 99 BetrVG** dar (vgl. *Nehls* DB 2001, 2722 und zu der ähnlichen Problematik bei der Weiterbeschäftigung von Auszubildenden KR-*Fischermeier* § 24 BBiG Rz 10 mwN; **aA** jPK-*Weth* Rz 24; diff. *Gräfl/Arnold* § 15 TzBfG Rz 84 f.; APS-*Backhaus* § 15 TzBfG Rz 95; HaKo-*Pfeiffer* Rz 16). Zur Problematik der Klagefrist des § 17 S. 3 TzBfG bei Fortsetzung eines befristeten oder auflösend bedingten Arbeitsverhältnisses vgl. KR-*Bader* § 17 TzBfG Rz 23 ff. mwN.

Diejenigen Vereinbarungen der Parteien, die die Beendigung des Vertrages betreffen (Kündigung oder **40** Befristung), werden durch die gesetzliche Regelung ersetzt, nach der das Dienstverhältnis als auf **unbestimmte Zeit** verlängert gilt. Davon werden auch die bisherigen Vereinbarungen der Parteien über die Dauer der Kündigungsfristen betroffen. Wenn die Parteien keine abweichende Vereinbarung treffen, werden die vereinbarten vertraglichen nunmehr durch die **gesetzlichen Kündigungsfristen** ersetzt (RG 14.1.1908 JW 1908, 138; *RAG* 21.9.1935 ARS 25, 9; 22.3.1939 ARS 36, 7; *Erman/Belling* Rz 9; HWK-*Bittner* Rz 37; *Soergel/Kraft* Rz 37; *Palandt/Putzo* Rz 4; im Ergebnis ähnlich *Nehls* DB 2001, 2721; **aA** *Gräfl/Arnold* § 15 TzBfG Rz 81; APS-*Backhaus* § 15 TzBfG Rz 84; BBDW-*Bader* Rz 19; ErfK-*Müller-Glöge* Rz 18; HaKo-*Pfeiffer* Rz 15; ArbRBGB-*Röhsler* Rz 28; *Sievers* § 15 TzBfG Rz 45; jPK-*Weth* Rz 21). Dabei bleibt es den Parteien unbenommen, die Fortgeltung der bisherigen vertraglichen Kündigungsfrist zu vereinbaren. Das kann entgegen der vom *RAG* (aaO) vertretenen Ansicht nicht nur ausdrücklich, sondern auch durch konkludentes Verhalten geschehen (*BAG* 1.8.1988 EzA § 625 BGB Nr. 3 = EzBAT § 53 BAT Nr. 5 Fristen mit krit., insoweit aber zust. Anm. von *Berger-Delhey*; MünchKomm-*Henssler* Rz 15). Die übrigen Vereinbarungen – insbes. auch über die Vergütung – gelten selbst bei verminderter oder geänderter Arbeitsleistung zunächst weiter (*Staudinger/Preis* Rz 29). Es kann dann allerdings auch ein verdeckter Einigungsmangel (§ 155 BGB) vorliegen, der eine **ergänzende Vertragsauslegung** erforderlich macht (ebenso MünchKomm-*Henssler* Rz 14).

V. Beweislast

41 Diejenige Partei, die für sich die Rechtsfolgen des § 625 BGB bzw. des § 15 Abs. 5 TzBfG in Anspruch nimmt, muss darlegen und beweisen, dass das Dienstverhältnis mit Wissen des Dienstberechtigten fortgesetzt worden ist. Wer trotz der bekannten Fortsetzung der Dienstleistungen die stillschweigende Verlängerung bestreitet, ist für den unverzüglich erhobenen Widerspruch des Dienstberechtigten beweispflichtig (*BAG* 30.11.1984 AP Nr. 1 zu § 22 MTV Ausbildung; *Erman/Belling* Rz 8; *MünchKomm-Henssler* Rz 21; *Staudinger/Preis* Rz 41; *Sievers* § 15 TzBfG Rz 48).

§ 626 Fristlose Kündigung aus wichtigem Grund

(1) Das Dienstverhältnis kann von jedem Vertragsteil aus wichtigem Grund ohne Einhaltung einer Kündigungsfrist gekündigt werden, wenn Tatsachen vorliegen, aufgrund derer dem Kündigenden unter Berücksichtigung aller Umstände des Einzelfalles und unter Abwägung der Interessen beider Vertragsteile die Fortsetzung des Dienstverhältnisses bis zum Ablauf der Kündigungsfrist oder bis zu der vereinbarten Beendigung des Dienstverhältnisses nicht zugemutet werden kann.

(2) ¹Die Kündigung kann nur innerhalb von zwei Wochen erfolgen. ²Die Frist beginnt mit dem Zeitpunkt, in dem der Kündigungsberechtigte von den für die Kündigung maßgebenden Tatsachen Kenntnis erlangt. ³Der Kündigende muss dem anderen Teil auf Verlangen den Kündigungsgrund unverzüglich schriftlich mitteilen.

Literatur

– bis 2004 vgl. KR-Vorauflage –

Bauer/Powietzka Kündigung schwerbehinderter Arbeitnehmer – Nachweis, Sozialauswahl, Klagefrist und Reformbedarf, NZA-RR 2004, 505; *Bauer/Winzer* Vom Personalleiter zum Pförtner? – Änderungskündigung als Bürokratiemonster! BB 2006, 266; *Belling* Umsetzung der Antidiskriminierungsrichtlinie im Hinblick auf das kirchliche Arbeitsrecht, NZA 2004, 885; *Benecke* Der verständige Arbeitgeber – Anfechtung arbeitsrechtlicher Aufhebungsverträge wegen widerrechtlicher Drohung, RdA 2004, 149; *dies.* Die »überflüssige« Änderungskündigung – ein Scheinproblem, NZA 2005, 1092; *Braun* Fragerecht und Auskunftspflicht – Neue Entwicklungen in Gesetzgebung und Rechtsprechung, MDR 2004, 64; *ders.* Fragerecht und Offenbarungspflicht im Einstellungsverfahren, RiA 2004, 5; *ders.* Die arbeitsrechtliche Abmahnung, RiA 2005, 265; *Bröhl* Aktuelle Rechtsprechung des Bundesarbeitsgerichts zur Sozialauswahl, BB 2006, 1050; *Budde* Kirchenaustritt als Kündigungsgrund? AuR 2005, 353; *Bürkle* Weitergabe von Informationen über Fehlverhalten in Unternehmen (Whistleblowing) und Steuerung auftretender Probleme durch ein Compliance-System, DB 2004, 2158; *Busch* Der folgenschwere Verdacht, WiVerw 2005, 154; *Däubler* Die Unkündbarkeit von Arbeitsverhältnissen – ein Fremdkörper im Arbeitsrecht? GedS Heinze 2005, 121; *Deinert* Die Verdachtskündigung – Neues zu einem alten Thema? AuR 2005, 285; *Diller* Kündigung des GmbH-Geschäftsführers wegen Spesenbetrugs, GmbHR 2006, 333; *ders.* »Gesuchte« Kündigungsgründe, NZA 2006, 569; *Diller/Krieger/Arnold* Kündigungsschutzgesetz plus Allgemeines Gleichbehandlungsgesetz, NZA 2006, 887; *Dütz* Rechtsschutz für kirchliche Bedienstete im individuellen Arbeitsrecht, irbes. Kündigungsschutzverfahren, NZA 2006, 65; *Fiedler/Küntzer* Die Verdachtskündigung und das Nachschieben von Kündigungsgründen, FA 2005, 264; *Fischermeier* Zulässigkeit und Grenzen der Verdachtskündigung, FS ARGE Arbeitsrecht im DAV 2006, 275; *Freihube* Beschaffungskriminalität zulasten des Arbeitgebers zur Befriedigung der Spielsucht, DB 2005, 1274; *Giesen/Besgen* Fallstricke des neuen gesetzlichen Abfindungsanspruchs, NJW 2004, 185; *Griebeling* Neues im Sonderkündigungsschutz schwerbehinderter Menschen, IZA 2005, 494; *Herbert/Oberrath* Schweigen ist Gold? NZA 2005, 193; *Horstmeier* Können angestellte Leitungsorgane von Gesellschaften ohne vorherige Abmahnung außerordentlich gekündigt werden? GmbHR 2006, 40; *Insam* Ist die Druckkündigung nur als außerordentliche Kündigung zulässig? DB 2005, 2298; *Kappelhoff* Spielregeln der Änderungskündigung, ArbRB 2006, 183; *Kiel* Die Kündigung unkündbarer Arbeitnehmer, NZA 2005, Beil. 1 S. 18; *Kleinebrink* Die vorsorgliche Abmahnung, FA 2004, 162; *Korinth* Beweisverwertungsprobleme beim illegalen Speichern von Daten, ArbRB 2005, 178; *Kramer* Internetnutzung als Kündigungsgrund, NZA 2004, 457; *Koch* Das Abmahnungserfordernis bei der außerordentlichen Kündigung von Organmitgliedern einer Kapitalgesellschaft, ZIP 2005, 1621; *Küttner* Der »gesuchte« wichtige Grund und § 626 Abs. 1 BGB, FS Bartenbach 2005, 599; *Linck/Scholz* Die Kündigung »unkündbarer« Arbeitnehmer, AR-Blattei SD 1010.7; *Löw* Erkrankung als Grund für eine personenbedingte Kündigung, MDR 2004, 1340; *Löwisch* Neuregelungen des Kündigungs- und Befristungsrechts durch das Gesetz Reformen am Arbeitsmarkt, BB 2004, 154; *ders.* Kündigen unter dem AGG, BB 2006, 2189; *Matthes* Betriebsvereinbarungen über Kündigungen durch den Arbeitgeber, FA 2004, 354; *Mengel* Alte arbeitsrechtliche Reaktionen im Umgang mit der neuen virtuellen Welt, NZA 2005, 752; *Mennemeyer/Dreymüller* Verzögerungen der

Fristlose Kündigung aus wichtigem Grund § 626 BGB

Arbeitnehmeranhörung bei der Verdachtskündigung, NZA 2005, 382; *Picker* Das Arbeitsrecht zwischen Marktgesetz und Machtansprüchen, ZfA 2005, 353; *Reichel* Entwendung geringwertiger Sachen des Arbeitgebers als Kündigungsgrund, AuR 2004, 250; *Reiserer* Kündigung des Dienstvertrags des GmbH-Geschäftsführers, DB 2006, 1787; *Richardi* Neues und Altes – Ein Ariadnefaden durch das Labyrinth des Allgemeinen Gleichbehandlungsgesetzes, NZA 2006, 881; *Sagan* Die Sanktion diskriminierender Kündigungen nach dem Allgemeinen Gleichbehandlungsgesetz, NZA 2006, 1257; *Sasse/Freihube* Die Anhörung bei der Verdachtskündigung, ArBR 2006, 15; *Sauer* »Whistleblowing« – notwendiger Bestandteil moderner Personalpolitik?, DÖD 2005, 121; *Schiefer/Worzalla* Neues – altes – Kündigungsrecht, NZA 2004, 345; *Schlachter* Fristlose Kündigung wegen Entwendung geringwertiger Sachen des Arbeitgebers, NZA 2005, 433; *Stein* Die rechtsmissbräuchliche Strafanzeige, BB 2004, 1961; *Trappehl/Scheuner* Abmahnung jetzt auch bei Vorständen und Geschäftsführern Kündigungsvoraussetzung? DB 2005, 1276; *Tschöpe* Neues Kündigungsschutzrecht 2004, MDR 2004, 193; *Wißmann* Gerichtsverbot, JZ 2004, 190; *Zeising/Kröpelin* Die Geltung der Drei-Wochen-Frist des § 4 Satz 1 KSchG bei behördlichen Zustimmungserfordernissen – Realität oder bloße Fiktion? DB 2005, 1626; *Zwanziger* Aktuelle Rechtsprechung des Bundesarbeitsgerichts in Insolvenzsachen, BB 2004, 824.

Inhaltsübersicht
Kurz-Gliederung

	Rz		Rz
A. Geltungsbereich	1–21	I. Systematisierung der Kündigungsgründe nach der Auswirkung auf das Arbeitsverhältnis	166–171
B. Ausübung des Rechts zur außerordentlichen Kündigung	22–39	J. Systematisierung der Kündigungsgründe nach dem Zeitpunkt ihrer Entstehung und Geltendmachung	172–197
C. Abgrenzung der außerordentlichen Kündigung von anderen Beendigungstatbeständen	40–56	K. Besondere Arten der außerordentlichen Kündigung	198–234
D. Ausschluss, Beschränkung und Erweiterung der außerordentlichen Kündigung	57–73	L. Die Interessenabwägung	235–310
E. Methoden der gesetzlichen Regelung zur außerordentlichen Kündigung und allgemeine Merkmale des wichtigen Grundes	74–102	M. Die Ausschlussfrist für die Kündigungserklärung	311–364
		N. Umdeutung einer unwirksamen außerordentlichen Kündigung	365–370
F. Begriff des Kündigungsgrundes und Folgerungen aus der Begriffsbestimmung	103–109	O. Verfahrensfragen	371–403
		P. Fallgruppen des wichtigen Grundes aus der Rechtsprechung	404–473
G. Nachteilige Auswirkung auf das Arbeitsverhältnis	110–127	Q. Recht des Arbeitgebers zur außerordentlichen Kündigung im öffentlichen Dienst der neuen Bundesländer	474–501
H. Systematisierung nach der Art der Kündigungsgründe	128–165		

Detail-Gliederung

	Rz		Rz
A. Geltungsbereich	1–21	C. Abgrenzung der außerordentlichen Kündigung von anderen Beendigungstatbeständen	40–56
I. Unmittelbare Anwendung	1–4		
II. Entsprechende Anwendung	5	I. Rücktritt	40, 41
III. Abschließende Sonderregelungen	6–12	II. Wegfall der Geschäftsgrundlage	42, 43
IV. Ergänzende Sonderregelungen	13–21	III. Anfechtung	44–46a
B. Ausübung des Rechts zur außerordentlichen Kündigung	22–39	IV. Berufung auf die Nichtigkeit des Arbeitsvertrages	46b, 46c
I. Rechtsgeschäftliche Willenserklärung	22, 23	V. Aufhebungsvertrag	47–50a
II. Rückwirkende Kündigung – Kündigung vor Dienstantritt	24, 25	VI. Fristlose Dienstentlassung als Dienststrafe	51–54
III. Arten der außerordentlichen Kündigung	26–30	VII. Auflösungsantrag nach § 78a BetrVG	55
1. Außerordentliche fristlose Kündigung	27, 28	VIII. Sonstige Beendigungsgründe	56
2. Außerordentliche befristete Kündigung	29–30	D. Ausschluss, Beschränkung und Erweiterung der außerordentlichen Kündigung	57–73
IV. Anhörung des Gekündigten	31–34		
V. Mitteilung der Kündigungsgründe	35–39	I. Ausschluss	57–63

Fischermeier 1643

			Rz				Rz
		1. Grundsatz der Unabdingbarkeit	57–60			1. Kündigung durch Arbeitgeber	147, 148
		2. Abgrenzung zu Verzicht und Verzeihung	61–63			2. Kündigung durch Arbeitnehmer	149
	II.	Beschränkung	64–67		IV.	Gründe in der Person des Kündigenden	150–154
		1. Unzumutbare Erschwerungen	64, 65			1. Kündigung durch Arbeitgeber	151
		2. Ausschluss von Kündigungsgründen	66, 67			2. Kündigung durch Arbeitnehmer	152–154
	III.	Erweiterungen	68–73		V.	Betriebsbedingte Gründe	155–158
		1. Vertragliche Regelungen	68, 69		VI.	Mischtatbestände	159–165
		2. Tarifliche Regelungen	70–73	I.	Systematisierung der Kündigungsgründe nach der Auswirkung auf das Arbeitsverhältnis		166–171
E.	Methoden der gesetzlichen Regelung zur außerordentlichen Kündigung und allgemeine Merkmale des wichtigen Grundes		74–102		I.	Störungen verschiedener Bereiche des Arbeitsverhältnisses	166–170
	I.	Rechtslage vor dem 1. September 1969	74–77			1. Leistungsbereich	167
	II.	Regelungsgehalt der Neufassung des § 626 BGB	78–80			2. Bereich der betrieblichen Verbundenheit	168
	III.	Problematik des unbestimmten Rechtsbegriffs	81, 82			3. Vertrauensbereich	169
	IV.	Nähere Bestimmung des wichtigen Grundes	83–101			4. Unternehmensbereich	170
		1. Allgemeiner Prüfungsmaßstab	83–86		II.	Bedeutung der Systematisierung	171
		2. An sich geeignete Gründe	87–90	J.	Systematisierung der Kündigungsgründe nach dem Zeitpunkt ihrer Entstehung und Geltendmachung		172–197
		3. Grundsätzlich ungeeignete Gründe	91–101		I.	Gründe vor Zugang der Kündigung	172–175
	V.	Weitere Konkretisierung des wichtigen Grundes und Systematisierung der Kündigungsgründe	102			1. Objektiv vorliegende Gründe	172
F.	Begriff des Kündigungsgrundes und Folgerungen aus der Begriffsbestimmung		103–109			2. Der Zugang der Kündigung als maßgeblicher Zeitpunkt	173, 174
	I.	Objektiver Tatbestand des wichtigen Grundes	103–105			3. Gründe vor Beginn des Arbeitsverhältnisses	175
	II.	Kenntnis, Motiv des Kündigenden	106, 107		II.	Gründe nach Zugang der Kündigung	176, 177
	III.	Beurteilungszeitpunkt	108		III.	Nachschieben von Gründen	178–191
	IV.	Beurteilungsmaßstab	109			1. Vor der Kündigung entstandene Gründe	178–182
G.	Nachteilige Auswirkung auf das Arbeitsverhältnis		110–127			a) Bekannte Gründe	178, 179
	I.	Allgemeine Grundsätze, Prognoseprinzip	110–112			b) Unbekannte Gründe	180–182
	II.	Nebentätigkeit	113			2. Nachschieben und Anhörung des Betriebsrates	183, 184
	III.	Straftaten	114			3. Nachschieben und Zustimmungserfordernis	185–186a
	IV.	Meinungsäußerungen, politische Betätigung	115–120			4. Nachschieben und Ausschlussfrist (§ 626 Abs. 2)	187–190
	V.	Tendenzbetriebe, Kirchen	121–125			5. Gründe nach Zugang der Kündigung	191
	VI.	Sicherheitsbedenken	126		IV.	Nachschieben von Gründen als neue Kündigung	192–197
	VII.	Ruhendes Arbeitsverhältnis	127			1. Auslegungsgrundsätze	192, 193
H.	Systematisierung nach der Art der Kündigungsgründe		128–165			2. Erklärungs- und Empfangsvollmacht	194, 195
	I.	Sachliche Abgrenzungskriterien	128			3. Beurteilung späterer Kündigungsgründe	196, 197
	II.	Gründe in der Person des Gekündigten	129–136	K.	Besondere Arten der außerordentlichen Kündigung		198–234
		1. Kündigung durch Arbeitgeber	130–135		I.	Außerordentliche Änderungskündigung	198–203
		2. Kündigung durch Arbeitnehmer	136			1. Zulässigkeit	198
	III.	Gründe im Verhalten des Gekündigten	137–149			2. Prüfungsmaßstab	199–203

		Rz
II.	Druckkündigung	204–209
	1. Begriff	204, 205
	2. Voraussetzungen	206–208
	3. Schadenersatz	209
III.	Die Verdachtskündigung	210–234
	1. Begriff und Typisierung	210, 211
	2. Voraussetzungen und allgemeine Grundsätze	212–218
	3. Divergenz zwischen BGH und BAG	219, 220
	4. Meinungsstand im Schrifttum	221–226
	5. Eigener Standpunkt	227–234
L.	Die Interessenabwägung	235–310
I.	Notwendigkeit	235
II.	Umfassende Interessenabwägung	236–245
III.	Abwägung bei mehreren Kündigungsgründen	246–250
	1. Einzelprüfung und Gesamtabwägung	246–248
	2. Berücksichtigung verfristeter und verziehener Kündigungsgründe	249, 250
IV.	Außerordentliche Kündigung als ultima ratio	251–297
	1. Abmahnung	253–284
	a) Rügerecht	253–255
	b) Abmahnung als Kündigungsvoraussetzung	256–260
	c) Ausnahme einzelner Störbereiche?	261–264
	d) Grenzen der Erforderlichkeit	265–268
	e) Rechtsnatur der Abmahnung	269
	f) Funktionen der Abmahnung	270–276
	g) Abmahnungsberechtigte Personen	277
	h) Mitbestimmung des Betriebs- bzw. Personalrates?	278
	i) Verhältnismäßigkeit der Abmahnung	279
	j) Verzicht auf Kündigung	280
	k) Erneute Pflichtverstöße als Kündigungsgrund	281
	l) Gerichtliche Überprüfung der Abmahnung	282–284
	2. Betriebsbußen	285
	3. Widerrufsvorbehalt, Direktionsrecht	286
	4. Feststellungs-, Unterlassungsklage	287
	5. Umsetzung, Versetzung	288–293
	6. Änderungskündigung	294–296
	7. Ordentliche Kündigung	297
V.	Bedeutung der Unkündbarkeit und der Dauer der Vertragsbindung	298–306
	1. Verhältnis zwischen Kündigungsgrund und Vertragsdauer	298–300

		Rz
	2. Altersgesicherte und unkündbare Arbeitnehmer	301–303
	3. Befristete außerordentliche Kündigung aus minder wichtigem Grund?	304–306
VI.	Gleichbehandlungsgrundsatz	307–309
VII.	Gesichtspunkt der Solidarität	310
M.	Die Ausschlussfrist für die Kündigungserklärung	311–364
I.	Zweck und Bedeutung der Frist	311–318
	1. Verfassungsgemäße Konkretisierung der Verwirkung	312–316
	2. Zwingendes Recht für Vertrags- und Tarifvertragsparteien	317, 318
II.	Beginn und Hemmung der Ausschlussfrist	319–342
	1. Kenntnis von den für die Kündigung maßgebenden Tatsachen	319–322
	2. Fristbeginn bei Dauergründen	323–329
	3. Hemmung des Beginns der Frist	330, 331
	4. Einfluß des Mitwirkungs- bzw. des Mitbestimmungsrechts des Betriebs- oder Personalrats auf die Ausschlussfrist	332–336
	a) Anhörung des Betriebs- oder Personalrats	332
	b) Verhältnis zwischen § 626 Abs. 2 BGB und § 15 KSchG	333–335
	c) Mitbestimmung in anderen Fällen	336
	5. Einfluß von § 9 MuSchG, § 18 BErzGG und §§ 85, 91 SGB IX auf die Ausschlussfrist	337–342
	a) Zulässigkeitserklärung nach § 9 Abs. 3 MuSchG	337
	b) Kündigung während der Elternzeit	338
	c) Zustimmung nach §§ 85, 91 SGB IX	339–342
III.	Für die Kenntnis maßgebender Personenkreis	343–355
	1. Kreis der Kündigungsberechtigten	343–352
	2. Vertragliche Regelung der Kündigungsbefugnis	353, 354
	3. Kenntnis anderer, nicht kündigungsberechtigter Personen	355
IV.	Berechnung und Ablauf der Ausschlussfrist	356–360
	1. Berechnung	356, 357
	2. Erfordernis des rechtzeitigen Zugangs	358
	3. Hemmung des Ablaufs der Frist	359, 360

		Rz
V.	Rechtsmißbräuchliche Berufung auf die Ausschlussfrist	361–364
N.	Umdeutung einer unwirksamen außerordentlichen Kündigung	365–370
I.	Vorrang der Auslegung	365
II.	Umdeutung in eine ordentliche Kündigung	366
III.	Umdeutung in Angebot zur Vertragsaufhebung	367–370
O.	Verfahrensfragen	371–403
I.	Frist und Form der Klage gegen eine außerordentliche Kündigung	371–376
1.	Kündigungsschutzklage	371, 372
2.	Feststellungsklage nach § 256 ZPO	373–376
II.	Fortbestand der Parteifähigkeit des Kündigenden	377
III.	Darlegungs- und Beweislast	378–388
1.	Ausspruch einer außerordentlichen Kündigung	378, 379
2.	Vorliegen wichtiger Gründe	380–384a
3.	Wahrung der Ausschlussfrist	385–388
IV.	Auswirkungen des Beschlußverfahrens nach § 103 Abs. 2 BetrVG auf den nachfolgenden Kündigungsschutzprozeß	389
V.	Nachprüfung des wichtigen Grundes in der Revisionsinstanz	390
VI.	Materielle Rechtskraft und Präklusionswirkung	391–403
1.	Klageabweisung	391, 392
2.	Wirkung des obsiegenden Urteils	393–395
3.	Berufung auf Umdeutung in fristgemäße Kündigung	396–402
4.	Wiederholungskündigung, Trotzkündigung	403
P.	Fallgruppen des wichtigen Grundes aus der Rechtsprechung	404–473
I.	Vorbemerkung	404
II.	Außerordentliche Kündigung durch den Arbeitgeber	405–462
1.	Abkehrwille	405
2.	Abwerbung	406
3.	Alkohol, Drogen	407
4.	Anzeigen gegen den Arbeitgeber	408
5.	Arbeitsbummelei	409
6.	Arbeitskampf	410
7.	Arbeitspapiere	411
8.	Arbeitsverweigerung	412
9.	Arztbesuch	413
10.	Außerdienstliches Verhalten	414
11.	Beleidigungen	415
12.	Betriebsfrieden, betriebliche Ordnung	416
13.	Betriebsschließung und -veräußerung	417
14.	Datenschutz, Computermißbrauch	418
15.	Dienst- und Privatfahrten	419

		Rz
16.	Druckkündigung	420
17.	Ehrenämter	421
18.	Fähigkeiten, Eignung	422
19.	Gruppenarbeitsverhältnis	423
20.	Hafenarbeiter	424
21.	Krankheit	425–429
22.	Leiharbeitsverhältnis	430
23.	Manko	431
24.	Maßregelung	432
25.	Mitteilungs- und Berichtspflichten	433
26.	Nebenbeschäftigung	434
27.	Offenbarungspflicht	435
28.	Öffentlicher Dienst – Kirche	436, 437
29.	Politische Betätigung, Werbung für Weltanschauung	438
30.	Probearbeitsverhältnis	439
31.	Rauchverbot	440
32.	Rücksprache	441
33.	Schlechtleistung	442
34.	Sexuelle Belästigung	443
35.	Stechuhren und andere Kontrolleinrichtungen	444
36.	Strafbare Handlungen, Treuepflicht	445–448
37.	Tätlichkeiten, Bedrohungen	449
38.	Torkontrolle	450
39.	Untersuchungshaft – Freiheitsstrafe	451
40.	Urlaub – Antritt, Überschreitung	452–454
41.	Verdachtskündigung	455
42.	Verschuldung des Arbeitnehmers	456
43.	Verschwiegenheitspflicht	457
44.	Vollmachtsüberschreitung	458
45.	Weisungen (Direktionsrecht)	459
46.	Wettbewerb	460–462
III.	Außerordentliche Kündigung durch den Arbeitnehmer	463–473
1.	Allgemeiner Grundsatz	463, 464
2.	Arbeitsplatzwechsel	465
3.	Arbeitsschutz	466
4.	Gehaltsrückstand	467
5.	Gewissenskonflikt	468
6.	Maßregelung, Mißachtung, Verdächtigung	469
7.	Verdienstminderung	470
8.	Vertragsverletzungen	471
9.	Werkswohnung	472
10.	Sonstige Gründe	473
Q.	Recht des Arbeitgebers zur außerordentlichen Kündigung im öffentlichen Dienst der neuen Bundesländer	474–501
I.	Rechtsgrundlage	474
II.	Personell-sachlicher Geltungsbereich	475–477
III.	Verhältnis zu § 626 BGB	478–482
IV.	Verhältnis zum Mitwirkungsrecht des Personalrats und zum besonderen Kündigungsschutz nach MuSchG und SGB IX	483

Fristlose Kündigung aus wichtigem Grund § 626 BGB

		Rz
V.	Die Tatbestandsvoraussetzungen gem. Abs. 5 Nr. 1 und Nr. 2	484–492
	1. Verstoß gegen Grundsätze der Menschlichkeit oder Rechtsstaatlichkeit	484–487

		Rz
	2. Tätigkeit für MfS/AfNS	488–492
VI.	Unzumutbarkeit	493–499
VII.	Verhältnis zu Abs. 4 und § 1 KSchG	500
VIII.	Prozessuales	501

Alphabetische Übersicht

Abänderung der Ausschlussfrist	317 f.
Abberufung	12
Abkehrwille	405
Abmahnung	62 f., **253 ff.**, 381
absolute Kündigungsgründe	8, 81, 244, 478
abstrakte Gefährdung	116 f., 416
Abwerbung	406, 460
Abwicklung	477
Abwicklungsvertrag	50a
Änderungskündigung	**198 ff.**, 286, **293 ff.**
Alkohol	134, 326 f., **407**, 414, 416, 425
Alterssicherung	158, **297 ff.**, 322, 425
Amt für Nationale Sicherheit (AfNS)	488 ff.
Anfechtung	44 ff., 49 f.
Anhörung des Betriebs- bzw. Personalrats	20, 47, 183 ff., 216 f., 306, 332, 483
Anhörung des Gekündigten	**31 ff.**, 207, 214, 216, 230 f., 330 f.
Anscheinsbeweis	487, 501
Anstellungsbetrug	88
Anzeigen gegen den Arbeitgeber	408
Arbeitgeberwechsel	357, 477
Arbeitnehmerähnliche Personen	3
Arbeitnehmerkündigung	136, 149, 152 ff., **463 ff.**
Arbeitnehmerüberlassung	430
Arbeitsbeschaffungsmaßnahme	15
Arbeitsbummelei	382, 409
Arbeitsgenehmigung	130, 326, 433
Arbeitskampf	310, 410, 473
Arbeitsordnung	168
Arbeitspapiere	411
Arbeitsplatzwechsel	152, 456
Arbeitsschutzbestimmungen	459, 466, 471
Arbeitsunfähigkeit	132 ff., 154, 326 f., 382, **425 ff.**, 453 ff.
Arbeitsvertragsbruch	167
Arbeitsverweigerung	141 ff., **412**, 432
Arztbesuch	413
Aufhebungsvertrag	47 ff., 367 ff.
Aufklärung	214, 230 f., **330 f.**, 386
Auflösungsantrag (§ 78 a BetrVG)	55
Auflösungsantrag (§ 13 Abs. 1 S. 3 KSchG)	371
Ausbildungsbefugnis	136
Auslauffrist	29 ff., 133, 200, 302, **304 ff.**, 500

	Rz
Ausländerfeindlichkeit	438
Auslegung	28, 41, 72, 192, 355, 482
Ausschluss der außerordentlichen Kündigung	57 ff.
Ausschluss der ordentlichen Kündigung	158, **297 ff.**, 322, 425
Ausschlussfrist	186 ff., 249 f., 253, 283, **311 ff.**, 372, **385 ff.**, 499

außerdienstliches Verhalten	113 ff., **414**, 455
Aussperrung	410, 473
Auswechseln der Kündigungsgründe	180
Auswirkung auf das Arbeitsverhältnis	95, **110 ff.**, 166 ff.
Bedingung	23, 48, 56, 371
Bedrohung	449, 473
Beleidigung	148, 381, **415 f.**, 469
Berichtspflichten	433, 489
Berufsausbildungsverhältnis	9
Beschränkung der außerordentlichen Kündigung	58, 64 ff.
betriebsbedingte Gründe	133, **155 ff.**, 170, 203 ff., 248, 305, 329
Betriebsbußen	278, 285
Betriebsfrieden	116 f., 168, 207, **416**, 438, 449
Betriebsgeheimnisse	405, 457
Betriebsordnung	168, 416
Betriebsrat	20 f., **133**, 183 ff., 216 f., 255, **332 ff.**
Betriebsstilllegung	155, **157 f.**, 329, 417
Betriebsübergang	49b, 357
Beurteilungsmaßstab	109
Beurteilungsspielraum	81, 83, 390
Beurteilungszeitpunkt	108, **173 ff.**, 220, 226, 233
Beweisverwertungsverbot	384a
Beweislast	378 ff., 501
Computermissbrauch	418
Darlegungslast	378 ff., 501
Datenschutz	418
Dauertatbestand	301, 323 ff.
Denunziation	485 ff.
Dienstentlassung	51 ff.
Dienstfahrten	419
Dienstordnungs-Angestellte	51 ff.
Dienststrafe	51 ff.
Dienstverhältnis	1 f., 10, 81, 311
Direktionsrecht	200, 286, 293, 381, **412**, 459
Diskriminierung	93, 469
Disziplinarmaßnahme	51 ff.
Doping	407
Drittinteressen	94
Drogen	407, 425
Druckkündigung	161, **204 ff.**, 326 f., 420
Eheschließung	153
Ehrenämter	421
Ehrverletzung	148, 381, **415 f.**, 469
Eigenkündigung des Arbeitnehmers	49, 463
Eignung	131, 140, 164 f., 259, **422**, 439
Eingliederungsmanagement	132

Fischermeier 1647

	Rz
Einigungsvertrag	7, 474 ff.
Einschränkung der außerordentlichen Kündigung	58, 64 ff.
Elternzeit	14, 338
entfristete ordentliche Kündigung	70 f.
Entlastungstatsachen	495
Entschuldigungsgrund	381 f.
Entstehungsgeschichte	74 ff.
Erweiterung der außerordentlichen Kündigung	59, 68 ff.
Erschwerung der außerordentlichen Kündigung	64 ff.
Fähigkeiten	131, 140, 164 f., 259, **422**, 439
Fahrerlaubnis	290, 328, 407
Fahrlässigkeit	**139 f.**, 242, 319, 442
faktisches Arbeitsverhältnis	46c
Feststellungsklage (allgemeine)	195, 287, **373 f.**, 379, 391, 395, 464
Freiheitsstrafe	135, 435, 451
Freistellung	29, 210, 223, 231, 240, 290, 471
Fürsorgepflicht	169, 234, 451
Gehaltsrückstand	143, 149, 412, **467**
Geltungsbereich	1 ff.
Genehmigung vollmachtsloser Kündigung	316, 346
Generalklausel	75, 78 ff.
geringfügige Pflichtverletzung	**100**, 264, 274
Geschäftsgeheimnisse	405, 457
Geschäftsgrundlage	**42 f.**, 49b, 204
Gesellschaftlicher Mitarbeiter für Sicherheit (GMS)	488 ff.
gewerkschaftliche Betätigung	93, 206
Gewissensentscheidung	**141 f.**, 254, 412, 468
Gleichbehandlungsgrundsatz	123, 203, 253, **307 ff.**
Gruppenarbeitsverhältnis	423
Hafenarbeiter	424
Handelsvertreter	11
Haschisch	407
Heimarbeitsverhältnis	5
Hemmung der Ausschlussfrist	330 ff., 359 ff., 386
herausgreifende Kündigung	308 ff.
Inoffizieller Mitarbeiter (IM)	488 ff.
Insolvenz	13, **158**, 170, 371 f.
Interessenabwägung	69, 80 ff., 202, **235 ff.**, 390, 445 f.
Irrtum	105, 144, **242**, 384, 455
Kenntnis der Kündigungstatsachen	**104 ff.**, 175, 178 ff., 233, **319 ff.**, **343 ff.**, 385 ff.
Kinderbetreuung	142
Kirchen	121, **123 f.**, 244, 437
Klagefrist	200a, **371 f.**, 379, 403, 501
Konkurrenztätigkeit	113, 197, 383, 405 f., **460 ff.**
Kontrolleinrichtungen	229, **444**, 455
Konzern	127, 414
Krankheit	132 ff., 154, 326 f., 382, **425 ff.**, 453 ff., 473
Kritik	112
Kündigungsarten	26

	Rz
kündigungsberechtigte Personen	343 ff.
Kündigungserklärung	**22 f.**, 26 ff., 30
Kündigungsgrund (s.a. wichtiger Grund)	86, 308
Kündigungsschutzklage	**371 f.**, 378 f., 391 ff., 501
Kündigungsverbote	93
Kündigungszeitpunkt	24 f., **173 f.**, 219 f., 226, 233, 455
Leiharbeit	430
Leistungsbereich	166 f., 261
Leistungsverweigerungsrecht	141 f., 468
Lohnrückstand	143, 149, 412, **467**
Manko	431
Maßregelung	432, 469
Menschenrechte	484 ff.
Meinungsäußerungen	**115 ff.**, 416, 438
Minderjährige	344, 498
Ministerium für Staatssicherheit (MfS)	46, 476, **488 ff.**
Mischtatbestände	159 ff., 246
Missachtung	469
Mitteilung der Kündigungsgründe	**35 ff.**, 174, 179 f.
Mitteilungspflichten	433, 435
Mobbing	325, 416
Motiv	105 ff.
Mutterschutz	14, 18, **337**, 483
Nachschieben	**178 ff.**, 216, 220, 233
Nebenpflicht	116, **145 f.**, 287, 425 ff.
Nebentätigkeit	113, 429, **434 ff.**
neue Bundesländer	474 ff.
Nichtigkeit des Arbeitsvertrages	46b f.
objektive Theorie	85, **103 ff.**, 109, 172 ff., 212, 233
öffentlicher Dienst	51 ff., 66, 114, **118 ff.**, 352, 436, 447, 474 ff.
Offenbarungspflicht	435
ordentliche Kündigung	155, 257 f., **297**, 315, 366, 396 ff., 500
Organisationsrisiko	335
Parteifähigkeit	377
Persönlichkeitsrecht	270, 282, 384a
Personalakten	276, 282 ff.
Personalrat (s. a. Betriebsrat)	20 f., 278, **332 ff.**, 483
personenbedingte Gründe (s. a. Krankheit)	**128 ff.**, 139 ff., **150 ff.**, 163 ff., 211, 259
Pflichtenkollission	142
Pflichtverletzung (s. a. geringfügige Pflichtverletzung)	110, **137 ff.**, 197
politische Betätigung	93, 111, **114 ff.**, 168, 438
Präklusion	393 ff.
Privatfahrten	407, 419
Privatsphäre (s. a. außerdienstliches Verhalten)	238, 494
Probearbeitsverhältnis	439
Prognoseprinzip	**110 ff.**, 146, 262, 266 ff., 281, 327, 329

	Rz		Rz
Provokation	148	Tatkündigung	34, **215 ff.**, 321, 403
Prozessvollmacht	194 f.	Teilkündigung	198, 472
Prüfungsmaßstab	83 ff., 101, 107, 109, 133, 199 ff., **300 ff.**	Tendenzbetriebe	121 ff., 244
		Tod	56, 151
		Torkontrolle (s. a. Kontrolleinrichtungen)	450
Rationalisierungsmaßnahmen	329	Treuepflicht	169, 406, 410, 429, **445 ff.**, 460
Rauchverbot	440	Trotzkündigung	403
Rechtfertigungsgrund	381 ff.		
Rechtsirrtum	144, **242**, 384	Überbrückungsmöglichkeiten	112, 135, 146, 451
Rechtskraft	391 ff.	Überführung	477
Rechtsmissbrauch	50, 203, 349, **361 ff.**, 403, 408	ultima-ratio-Prinzip	200, 202, 230, 232, **251 ff.**
Rechtsstaatlichkeit	482, **484 ff.**, 496, 501	Umdeutung	41, 45, 54, 306, 315, **365 ff.**, **396 ff.**
Reisekader	489	Umgehung	48
Revision	83, 390	Umsetzung	288
Rücksprache	441	Unabdingbarkeit	57 ff.
Rücktritt	40, 50	unbestimmter Rechtsbegriff	75, 78 ff.
Rückwirkung	24	unentschuldigtes Fehlen	325, 381 f., **409**
Ruhegeld	243	unkündbare Arbeitnehmer	66, 71 f., 155, 158, 201
ruhendes Arbeitsverhältnis	127, 240		**297 ff.**, 322, 340, 425
		Unmöglichkeit	42, 56, 327
Sanktion	28, 51, 254, 272, 278, 285	Unpünktlichkeit	138, 167, 292, 382, **409**
Schaden	100, **242**, 442, 445 ff.	Unschuldsvermutung	211
Schadenersatz	33, **37 ff.**, 209, 243	Unterlassungsklage	287
Scheidung	415	Unternehmensbereich	166, 170
Scheingrund	107	unternehmerische Entscheidung	133, **155**, 203,
Schiedsstelle	64		329
Schlechtleistung	167, 442	Unternehmerrisiko	96, **157 f.**, 170
Schmiergeld	447	Untersuchungshaft	451
Schriftsatzkündigung	194	Unzumutbarkeit	80 ff., 201 f., **235 ff.**, 327, 329, 390,
Schulden	456		481 f., 493 ff.
Schwangerschaft	14, 18, **337**, 483	Urlaub	325, 381 f., 428, **452 ff.**, 455
Schwarzarbeit	460		
schwerbehinderte Menschen	19, 306, **339 ff.**, 435, 483	Verdächtigung	149, 469
		Verdachtskündigung	34, 169, **210 ff.**, 320 f., 455, 487, 492
Scientology	123, 438	Verdienstminderung	470
Seeschifffahrt	8	Vergütungsrückstand	143, 149, 412, **467**
Selbstbindung	309	verhaltensbedingte Gründe	**137 ff.**, 211, 259
sexuelle Belästigung	443	Verhältnismäßigkeit	200, 202, 230, 232, **251 ff.**
Sicherheitsbedenken	126	Verjährung	498
Sicherheitsvorschriften	459	Verpflichtungserklärung	489, 501
Sittenwidrigkeit	107	Verschulden	139 f., 144, 231, **242 f.**, 384, 486
Solidarität	310, 410	Verschuldung	456
soziale Auswahl	133, 158	Verschwiegenheitspflicht	457
Sphärentheorie	163, 261	Versetzung	288 ff.
Spesenbetrug	148, 229, 328, **445**	Vertragsverletzung	110, **137 ff.**, 197
Spielsucht	425	Vertrauensbereich	169, 211 ff., **261 ff.**, 328, 455
Staatssicherheitsdienst (Stasi)	476, 488 ff.	Vertraulichkeit	112, 415
Stechuhren	444, 455	Verwirkung	62 f., 104, 179, 189 f., 253, 283, **313**, 376, 499
Störung	110 f., 116 f., 145 f., **166 ff.**, 240, 261 ff., 416	Verzeihung	**63**, 189, 250
Straftaten	114, 212 ff., 264, 268, 292, 321, 328, **445 f.**	Verzicht	**61 ff.**, 277, 280
Streik	310, 410	Verzug	149, 381, 409, 467
Streikarbeit	141	Volkspolizei	490
Streitgegenstand	375, 391 ff.	Vollmachtsüberschreitung	458
subjektive Theorie	85, **103 ff.**, 109, 212	Vorstrafen	435
Suspendierung (s. a. Freistellung)	29, 223, 231, 469, 471		
		Wehrdienst	16, **142**, 146, 435, 494
Tätlichkeit	138, 169, 407, **449**, 473	Weisungen	200, 243, 286, 381, **412**, **459**
tarifliche Maßregelungsverbote	60	Werkswohnung	472
tarifliche Unkündbarkeit	66, 71 f., 155, 158, **297 ff.**, 322, 340, 425	Wettbewerb	113, 197, 383, 405 f., **460 ff.**

Fischermeier

	Rz		Rz
Whistleblowing	408	Zeitpunkt der Beurteilung	108, 220, 226, 233
wichtiger Grund	75, **80 ff., 103 ff.**, 128 ff., 390, 404 ff.	Zeitpunkt der Entstehung der Kündigungsgründe	172 ff., 233
widersprüchliches Verhalten	107, 274, 295, 463	Zugang	**173 f.**, 194, **358 ff.**
Wiedereinsetzung in den vorigen Stand	314	Zumutbarkeit	80 ff., 201 f., **235 ff.**, 327, 329, 390, 481 f., 493 ff.
Wiedereinstellungsanspruch	49c, 219, 234		
Wiederholungsgefahr	111, 139, 146, 240, 301	Zurückbehaltungsrecht	143, 412, 452, 467
Wiederholungskündigung	403	Zustimmung	**17 ff.**, 64, 185 f., **333 ff.**, 483
Widerrufsvorbehalt	200, 286	Zwingendes Recht	**57 ff., 317 f.**, 354, 358
Willenserklärung	22 f., 269		

A. Geltungsbereich

I. Unmittelbare Anwendung

1 Das Recht der außerordentlichen Kündigung ist in § 626 BGB idF des ArbRBereinigG vom 14.8.1969 (vgl. zur Entstehungsgeschichte KR-*Spilger* § 622 BGB Rz 7) bis auf wenige Sonderregelungen (s.u. Rz 6 ff.) einheitlich für **alle Arten von Dienstverhältnissen** geregelt worden. Die wichtigste Erscheinungsform des Dienstverhältnisses ist das **Arbeitsverhältnis** (vgl. zur Abgrenzung zwischen dem freien unabhängigen Dienstvertrag und dem das Arbeitsverhältnis begründenden Arbeitsvertrag KR-*Rost* ArbNähnl.Pers. Rz 1-3, 15 ff.). Die Vorschrift gilt sowohl für die Kündigung eines Arbeitsverhältnisses durch den Arbeitnehmer (vgl. zum Begriff des Arbeitnehmers KR-*Rost* ArbNähnl.Pers. Rz 1 f.) als auch für die Kündigung durch dessen Vertragspartner, den Arbeitgeber. § 626 BGB ist lex specialis gegenüber § 314 BGB, der die Kündigung von Dauerschuldverhältnissen aus wichtigem Grund allgemein regelt (für Betriebsrenten vgl. allerdings BAG 8.5.1990 EzA § 1 BetrAVG Rechtsmissbrauch Nr. 3 und zur Abmahnung s.u. Rz 256).

2 Auf die Kündigung von Dienstverhältnissen, die keine Arbeitsverhältnisse sind, ist § 626 BGB grds. ohne Rücksicht darauf anwendbar, ob **Dienste höherer Art** oder einfache Tätigkeiten zu leisten sind (BAG 10.4.1975 EzA § 626 BGB nF Nr. 37; zur Kündigung des Anstellungsvertrages eines Vorstandsmitgliedes oder GmbH-Geschäftsführers *Dernbach* BB 1982, 1268; *Staudinger/Preis* Rz 19 mwN). Eine Ausnahme gilt aber für die in § 627 Abs. 1 BGB geregelten Fälle (s.u. Rz 10).

3 Auch die außerordentliche Beendigung der Dienstverhältnisse **arbeitnehmerähnlicher Personen** richtet sich nach § 626 BGB (KR-*Rost* ArbNähnl.Pers. Rz 70).

4 Wie sich bereits aus dem Wortlaut des § 626 Abs. 1 BGB ergibt, gilt die Vorschrift sowohl für **unbefristete** als auch für **befristete** Dienst- und Arbeitsverhältnisse (KR-*Lipke* § 620 BGB Rz 9, 12, 54; *Staudinger/ Preis* Rz 3).

II. Entsprechende Anwendung

5 Entsprechend anwendbar ist § 626 BGB für die Kündigung eines **Heimarbeitsverhältnisses** (§ 29 HAG; vgl. KR-*Rost* ArbNähnl.Pers. Rz 118 f.).

III. Abschließende Sonderregelungen

6 Die Geltung des § 626 BGB für grds. alle Arten von Dienstverhältnissen wird von einigen **Sonderregelungen** durchbrochen, neben denen § 626 BGB nach dem Grundsatz des Vorrangs der lex specialis nicht anwendbar ist.

7 Im Bereich der Arbeitsverhältnisse ist lex specialis die Regelung im **Einigungsvertrag** für die Kündigung aus wichtigem Grund gegenüber Arbeitnehmern im öffentlichen Dienst der neuen Bundesländer (s.u. Rz 474 ff.).

8 Die außerordentliche Kündigung von Heuerverhältnissen in der **Seeschifffahrt** wird für Besatzungsmitglieder in den §§ 64 bis 68a SeemG und für die Kapitäne in § 78 SeemG **abschließend** geregelt. Soweit in diesen Sonderregelungen Tatbestände als wichtige Gründe aufgeführt werden, für die nicht auf die Zumutbarkeit abgestellt wird (zB § 64 Abs. 1 Nr. 1-3 und 5 SeemG), handelt es sich um **absolute Kündigungsgründe,** bei denen eine Interessenabwägung ausscheidet (BAG 16.1.2003 EzA § 242 BGB 2002 Kündigung Nr. 3; KR-*Weigand* SeemG Rz 114). Die früher für die Binnenschifffahrt und Flößerei

geltenden Sonderregelungen sind aufgehoben worden, so dass auch in diesem Bereich § 626 BGB anzuwenden ist.

Die außerordentliche Kündigung eines **Berufsausbildungsverhältnisses** richtet sich nach § 22 BBiG (vgl. zum Begriff des wichtigen Grundes iS dieser Vorschrift KR-*Weigand* §§ 21, 22 BBiG Rz 44 f.). 9

Für Dienstverhältnisse, die keine Arbeitsverhältnisse sind, gilt gem. § 627 BGB dann, wenn kein dauerndes Dienstverhältnis mit festen Bezügen vorliegt und **Dienste höherer Art** zu leisten sind, die aufgrund besonderen Vertrauens übertragen zu werden pflegen, die Besonderheit, dass sie auch ohne einen wichtigen Grund iSd § 626 außerordentlich gekündigt werden können. 10

Das Vertragsverhältnis eines **Handelsvertreters** kann nach § 89a HGB von jedem Teil aus wichtigem Grunde ohne Einhaltung einer Kündigungsfrist gekündigt werden. Dieses Recht kann nicht ausgeschlossen oder beschränkt werden. Sachlich besteht kein Unterschied zwischen den Voraussetzungen der außerordentlichen Kündigung nach § 626 Abs. 1 BGB und nach § 89 a HGB (*Staudinger/Preis* Rz 28; KR-*Rost* ArbNähnl.Pers. Rz 216 ff.). Die Anwendbarkeit der Ausschlussfrist des § 626 Abs. 2 BGB auch für die außerordentliche Kündigung nach § 89a HGB wird vom BGH in st.Rspr. verneint, ist aber str. (vgl. zum Streitstand KR-*Rost* ArbNähnl.Pers. Rz 222; ferner *Erman/Belling* Rz 4; KDZ-*Däubler* Rz 9; *Staudinger/Preis* aaO; *Woltereck* DB 1984, 279). 11

Nicht die Kündigung von Dienstverhältnissen, sondern den **Widerruf der Bestellung** zum Vorstandsmitglied oder Geschäftsführer oder den **Ausschluss** als Betriebsrats- oder Personalratsmitglied betreffen § 84 AktG, § 38 GmbHG (vgl. dazu *Dernbach* BB 1982, 1266 f.), § 23 BetrVG und § 28 BPersVG. Das der bisherigen Amts- oder Organstellung zugrunde liegende Dienstverhältnis wird durch die Abberufung von **Organmitgliedern** oder den Ausschluss von **Amtsträgern** nicht zugleich beendet. Es bedarf vielmehr einer Kündigung, die nicht schon allein wegen der Tatsache des Widerrufs oder der Abberufung aus wichtigem Grunde gerechtfertigt ist (*EAG* 17.8.1972 EzA § 626 BGB nF Nr. 16; MünchKomm-*Henssler* Rz 29, 31; *Staudinger/Preis* Rz 19; HAS-*Popp* § 19 B Rz 222; HWK-*Sandmann* Rz 35 ff.). Andererseits führt die fristlose Entlassung eines Arbeitnehmervertreters im Aufsichtsrat nicht zugleich zum Verlust seines Mandates (*BGH* 21.2.1963 BGHZ 39, 116). 12

IV. Ergänzende Sonderregelungen

Besonders ausgestaltete außerordentliche Kündigungen, bei denen die Voraussetzungen des § 626 BGB nicht erfüllt zu sein brauchen, sind im **Insolvenzverfahren** des Dienstberechtigten für den Dienstverpflichteten und den Insolvenzverwalter in § 113 InsO vorgesehen (vgl. dazu KR-*Weigand* § 113 InsO Rz 26 ff.; *Staudinger/Preis* Rz 267). Daneben besteht beim Vorliegen eines wichtigen Grundes (wozu die Eröffnung des Insolvenzverfahrens allein nicht ausreicht, vgl. *BAG* 25.10.1968 EzA § 626 BGB Nr. 10) auch in diesem Bereich die Befugnis zur außerordentlichen Kündigung nach § 626 BGB (vgl. KR-*Weigand* § 113 InsO Rz 73; *Staudinger/Preis* aaO). 13

Für Arbeitnehmerinnen besteht gem. § 10 MuSchG während der **Schwangerschaft** und nach der Entbindung die zusätzliche Möglichkeit, das Arbeitsverhältnis ohne Einhaltung einer Frist zum Ende der Mutterschutzfrist zu kündigen (vgl. KR-*Bader* § 10 MuSchG Rz 3, 5 ff.; zum fristgebundenen Sonderkündigungsrecht in der **Elternzeit** vgl. KR-*Bader* § 19 BEEG Rz 2 ff., 21 und KR-*Lipke* § 21 BEEG Rz 22 ff.). 14

Ein zusätzliches Recht zur fristlosen Kündigung gewährt § 270 SGB III beiden Arbeitsvertragsparteien, wenn die Agentur für Arbeit den im Rahmen einer **Arbeitsbeschaffungsmaßnahme** beschäftigten Arbeitnehmer abberuft. Der Arbeitnehmer hat dieses Kündigungsrecht auch dann, wenn er eine andere Arbeit oder Ausbildungsstelle findet oder an einer Maßnahme zur beruflichen Bildung teilnehmen kann. 15

Auch der Kündigungsschutz für **Soldatinnen und Soldaten** gem. §§ 2, 16a ArbPlSchG (vgl. dazu KR-*Weigand* § 2 ArbPlSchG Rz 16 ff.) lässt das Recht zur Kündigung aus wichtigem Grunde grds. unberührt (§ 2 Abs. 3 ArbPlSchG). Das Recht wird aber dadurch eingeschränkt, dass – von Ausnahmen für unverheiratete Arbeitnehmer in Kleinbetrieben abgesehen – die Einberufung zum Wehrdienst kein wichtiger Grund zur Kündigung ist (vgl. dazu KR-*Weigand* § 2 ArbPlSchG Rz 24 ff.). 16

Keine abschließenden, sondern den § 626 BGB ergänzende Sonderregelungen enthalten ferner die gesetzlichen Kündigungsbeschränkungen, nach denen eine außerordentliche Kündigung nur mit vorheriger **Zustimmung** einer **Behörde** oder der zuständigen **Arbeitnehmervertretung** bzw. nach deren **Mitwirkung** zulässig ist. 17

18 Nach § 9 MuSchG ist auch die außerordentliche Kündigung gegenüber einer **schwangeren** Arbeitnehmerin von der vorherigen Zulässigkeitserklärung der zuständigen Landesbehörde abhängig (vgl. dazu KR-*Bader* § 9 MuSchG Rz 95 ff.).

19 Die außerordentliche Kündigung eines **schwer behinderten Menschen** bedarf nach den §§ 85, 91 SGB IX der vorherigen Zustimmung durch das Integrationsamt (s.u. Rz 339 ff.).

20 Die Kündigung eines **Mitglieds des Betriebsrats** oder eines anderen in § 15 KSchG genannten **Amtsträgers** ist nach § 15 KSchG iVm § 103 BetrVG bzw. §§ 47, 108 BPersVG nur zulässig, wenn der Betriebs- oder Personalrat zuvor der Kündigung zugestimmt hat oder die verweigerte Zustimmung durch das Arbeits- oder Verwaltungsgericht ersetzt worden ist (vgl. zum Zustimmungs- und Ersetzungsverfahren KR-*Etzel* § 15 KSchG Rz 19, § 103 BetrVG Rz 8 ff., §§ 47, 108 BPersVG Rz 2 ff.). In Betrieben und Verwaltungen, für die ein Betriebs- oder Personalrat gebildet worden ist, muss das zuständige Vertretungsorgan auch vor beabsichtigten außerordentlichen Kündigungen gegenüber anderen Arbeitnehmern nach § 102 BetrVG bzw. § 79 Abs. 1 BPersVG angehört werden (vgl. dazu KR-*Etzel* § 102 BetrVG Rz 10 ff., 28 und §§ 72, 79, 108 BPersVG Rz 66). Eine ohne **Anhörung** des Betriebs- oder Personalrats ausgesprochene außerordentliche Kündigung ist unwirksam.

21 Die in den Rz 13-20 behandelten ergänzenden Sonderregelungen wirken sich auf die **Auslegung** des Begriffs des wichtigen Grundes iSd § 626 BGB nur insoweit aus, als bei einer Zustimmungsverweigerung des Betriebs- bzw. Personalrats im Ersetzungsverfahren nach § 103 Abs. 2 BetrVG bzw. nach §§ 47, 108 BPersVG in Grenzfällen auch eventuelle kollektive Interessen an der Fortführung des Amtes gerade durch den betroffenen Arbeitnehmer bei der Interessenabwägung mit zu berücksichtigen sind (zu weitgehend BAG 22.8.1974 EzA § 103 BetrVG 1972 Nr. 6; vgl. auch KR-*Etzel* § 15 KSchG Rz 24). **Grundsätzlich** wird die sachliche Bedeutung des § 626 BGB von den Sonderregelungen **nicht berührt** (zur Ausschlussfrist des § 626 Abs. 2 BGB im Regelungsbereich der ergänzenden Sondervorschriften s.u. Rz 332 ff.).

B. Ausübung des Rechts zur außerordentlichen Kündigung

I. Rechtsgeschäftliche Willenserklärung

22 Ein Arbeitsverhältnis wird **nicht automatisch** beendet, wenn ein Vertragsteil einen wichtigen Grund zur außerordentlichen Kündigung hat. Der Kündigungsberechtigte muss vielmehr ein ihm zustehendes **Gestaltungsrecht** zur vorzeitigen Auflösung des Arbeitsverhältnisses auch ausüben, wenn er nicht mehr am Vertrag festhalten will. Dazu bedarf es der Erklärung einer außerordentlichen Kündigung (BGH 28.4.1960 AP Nr. 41 zu § 626 BGB).

23 Die außerordentliche Kündigung ist eine einseitige rechtsgestaltende **Willenserklärung,** die dem Kündigungsempfänger gegenüber zu erklären ist. Ihre Wirksamkeitsvoraussetzungen richten sich nach den gesetzlichen Vorschriften, die für einseitige empfangsbedürftige Rechtsgeschäfte gelten. Vgl. zur Geschäftsfähigkeit und zur Vertretung des Kündigenden und des Gekündigten KR-*Friedrich* § 13 KSchG Rz 292 ff., 284 ff.; zur Form der Kündigung KR-*Friedrich* § 13 KSchG Rz 226 ff. und KR-*Spilger* § 623 BGB Rz 129 ff.; zum Zugang der Kündigung KR-*Friedrich* § 4 KSchG Rz 100 ff.; zur Bedingungsfeindlichkeit KR-*Griebeling* § 1 KSchG Rz 170.

II. Rückwirkende Kündigung – Kündigung vor Dienstantritt

24 Da ein wichtiger Grund nicht automatisch zur Beendigung des Arbeitsverhältnisses führt, kann die außerordentliche Kündigung das Arbeitsverhältnis frühestens mit ihrem **Zugang** beenden. Eine fristlose Kündigung kann deswegen **nicht rückwirkend** für den Zeitpunkt ausgesprochen werden, zu dem die Kündigungsgründe eingetreten sind oder der Kündigungsentschluss gefasst worden ist (HzA-*Isenhardt* 5/1 Rz 252). Eine rückwirkende fristlose Kündigung ist aber **nicht deswegen unwirksam,** weil sie die beabsichtigten Rechtsfolgen nicht voll erreichen kann. Sie führt vielmehr mit Zugang zur Beendigung des Arbeitsverhältnisses, wenn die sonstigen Voraussetzungen für ihre Wirksamkeit vorliegen (BAG 22.3.1979 – 2 AZR 360/77 – nv; *LAG Brem.* 17.5.1960 BB 1961, 532; MünchKomm-*Henssler* Rz 71; HAS-*Popp* § 19 B Rz 329; SPV-*Preis* Rz 589).

25 Die Kündigung kann nach Vertragsschluss schon **vor** dem vorgesehenen **Dienstantritt** wirksam erklärt werden (*Linck* AR-Blattei SD 1010.1.3 Rz 5; *Soergel/Kraft* vor § 620 Rz 66). Anders als bei der ordentlichen Kündigung (vgl. dazu KR-*Spilger* § 622 BGB Rz 128 f.) wirkt eine außerordentliche Kündi-

gung vor Dienstantritt bereits sofort mit Zugang und beendet den Arbeitsvertrag vor seiner Realisierung (*Dreher* S. 133; MünchKomm-*Henssler* aaO; SPV-*Preis* Rz 233).

III. Arten der außerordentlichen Kündigung

Mit einer außerordentlichen Kündigung bringt der Kündigende seinen Willen zum Ausdruck, das Arbeitsverhältnis wegen der Unzumutbarkeit, es für die vorgesehene Zeit oder bis zum Ablauf der Kündigungsfrist fortzusetzen, sofort oder zu einem in der Zukunft liegenden Zeitpunkt zu beenden – außerordentliche **fristlose** Beendigungskündigung (s.u. Rz 27 f.) oder außerordentliche **befristete** Beendigungskündigung (s.u. Rz 29 f.) – oder den Inhalt des Arbeitsverhältnisses abzuändern – fristlose oder befristete außerordentliche **Änderungskündigung** (s.u. Rz 198 ff.). Die Änderungskündigung ist von der **Teilkündigung** zu unterscheiden, durch die nur einzelne Vertragsbedingungen beseitigt oder geändert werden sollen und die nur ausnahmsweise zulässig ist (vgl. KR-*Rost* § 2 KSchG Rz 51 f.; *BAG* 7.10.1982 EzA § 315 BGB Nr. 28). 26

1. Außerordentliche fristlose Kündigung

Der **Regelfall** der außerordentlichen Kündigung ist die **fristlose** Kündigung, durch die das Arbeitsverhältnis sofort beendet werden soll. Diese Wirkung tritt mit dem Zugang der Erklärung ein, wenn sie durch einen wichtigen Grund gerechtfertigt ist (vgl. *Staudinger/Neumann* vor §§ 620 ff. Rz 43 ff.). 27

Die fristlose Kündigung braucht **nicht ausdrücklich** erklärt zu werden, sondern es genügt jede formgerechte Erklärung des Kündigungsberechtigten, aus der der Vertragspartner eindeutig und zweifelsfrei entnehmen kann, dass die Beschäftigung sofort endgültig eingestellt und das Arbeitsverhältnis nicht fortgesetzt werden soll (Grundsatz der Klarheit; zu der seit 1.5.2000 gebotenen **Schriftform** der Kündigung vgl. KR-*Spilger* § 623 BGB Rz 130 ff.). Es ist unter Berücksichtigung der besonderen Umstände nach § 133 BGB durch **Auslegung** zu ermitteln, ob eine fristlose Entlassung beabsichtigt und erklärt worden ist (*BAG* 13.1.1982 EzA § 626 BGB nF Nr. 81). An der Erkennbarkeit des Willens, das Arbeitsverhältnis aus einem wichtigen Grunde zu beenden, kann es mangeln, wenn der Kündigende sich auf einen Beendigungstatbestand beruft, der keinen wichtigen Grund voraussetzt (zB Anfechtung, Formmangel – *BAG* 13.1.1982 EzA § 626 BGB nF Nr. 81). Die außerordentliche fristlose Kündigung stellt sich nach der Verkehrsauffassung vielfach als »Unwerturteil« über Person oder Verhalten des Gekündigten dar (*BAG* 20.3.1986 EzA § 256 ZPO Nr. 25). Nach ihrer rechtlichen Funktion ist sie aber **keine Sanktion** (*BAG* 21.1.1999 EzA § 626 BGB nF Nr. 178; *Preis* DB 1990, 686; s.a. Rz 51; **aA** *Gentges* S. 242). 28

2. Außerordentliche befristete Kündigung

Eine außerordentliche Kündigung führt zwar nach § 626 Abs. 1 BGB ohne Einhaltung einer Kündigungsfrist zur Beendigung des Dienstverhältnisses. Dies bedeutet aber nicht, dass sie zwangsläufig als fristlose Kündigung erklärt werden müsste, wenn einem Vertragspartner die Fortsetzung des Arbeitsverhältnisses bis zum Fristablauf unzumutbar geworden ist. Er ist dann vielmehr auch berechtigt, aus wichtigem Grund mit einer Frist zu kündigen (sog. außerordentliche Kündigung mit sozialer **Auslauffrist**), die der gesetzlichen, tariflichen oder vereinbarten Kündigungsfrist nicht zu entsprechen braucht (HzA-*Isenhardt* 5/1 Rz 270; SPV-*Preis* Rz 588), deren Ablauf aber von vornherein bestimmt sein muss (vgl. *BGH* 22.10.2003 ZIP 2004, 317). Das gilt selbst dann, wenn der Kündigungsberechtigte die Auslauffrist im eigenen Interesse gewährt, um sich zunächst um eine Ersatzkraft oder eine neue Stellung zu bemühen (vgl. *BAG* 9.2.1960 AP Nr. 39 zu § 626 BGB; 15.3.1973 AP Nr. 3 zu § 63 SeemG). Beschäftigt der kündigende Arbeitgeber den Arbeitnehmer allerdings während einer längeren Auslauffrist tatsächlich weiter, wird es idR an der erforderlichen Unzumutbarkeit iSd § 626 Abs. 1 fehlen, sofern er damit nicht nur seiner Schadensminderungspflicht nach § 254 Abs. 2 BGB (Fehlen einer Ersatzkraft) nachkommt (*BAG* 9.2.1960 aaO; 6.2.1997 AuR 1997, 210; SPV-*Preis* aaO; **aA** MünchKomm-*Henssler* Rz 332, der jedenfalls bei einer der ordentlichen Kündigungsfrist entsprechenden Auslauffrist stets eine Suspendierung verlangt). Zur in Ausnahmefällen bestehenden Verpflichtung zur Einräumung einer Auslauffrist s.u. Rz 304 ff. 29

Sofern dem Gekündigten nicht vorzuwerfen ist, er versuche rechtsmissbräuchlich aus seinem eigenen vertragswidrigen Verhalten Vorteile zu ziehen, braucht er sich auf die ihm freiwillig eingeräumte Frist nicht einzulassen, sondern kann auf sofortiger Beendigung des Arbeitsverhältnisses bestehen (*Stahmer/Kerls/Confurius-Heilmann* 4/1.5; MünchKomm-*Henssler* Rz 329; *Isenhardt* aaO; *Schaub/Linck* § 125 Rz 3; SPV-*Preis* aaO; MünchArbR-*Wank* § 120 Rz 7; *Zöllner/Loritz* S. 289; **aA** HaKo-*Griebeling* Rz 36; 29a

ErfK-*Müller-Glöge* Rz 228; **aA** auch *Däubler* [KDZ Rz 19] für den Fall, dass der Arbeitgeber die Auslauffrist nicht allein im Interesse des Arbeitnehmers einräumt); *Sandmann* (HWK Rz 373) will darüber hinaus dem Arbeitnehmer, der sich zunächst auf die Auslauffrist eingelassen hat, grds. ein Recht zur Kündigung mit der Mindestkündigungsfrist zubilligen.

30 Wenn der Kündigungsberechtigte bei einer Kündigung aus wichtigem Grund die Frist für die ordentliche Kündigung einhält, muss er durch einen geeigneten Hinweis **klarstellen,** auf sein Recht zur außerordentlichen Kündigung nicht zu verzichten, sondern nur aus Entgegenkommen oder um eine Störung des Betriebsablaufs zu verhindern, eine befristete Weiterbeschäftigung hinnehmen zu wollen. Fehlt es an einer solchen Klarstellung, dann darf der Gekündigte berechtigt annehmen, ihm sei ordentlich gekündigt worden (*BAG* 12.9.1974 EzA §1 TVG Auslegung Nr. 3; *Busemann/Schäfer* Rz 334; HK-*Dorndorf* § 1 Rz 122; HAS-*Popp* § 19 B Rz 334 f.; *Schaub/Linck* aaO; SPV-*Preis* aaO). Nicht jede aus einem möglicherweise wichtigen Grunde unter Einhaltung der gesetzlichen oder vertraglichen Frist ausgesprochene Kündigung ist darauf zu prüfen, ob eine außerordentliche Kündigung vorliegt.

IV. Anhörung des Gekündigten

31 Die **Anhörung** des Gekündigten vor dem Ausspruch einer Kündigung ist **keine Wirksamkeitsvoraussetzung** für eine außerordentliche Kündigung, sofern es nicht um eine sog. Verdachtskündigung geht (s.u. Rz 230 ff.). In einer Entscheidung vom 14.7.1960 (EzA § 123 BGB Nr. 3) hat das *BAG* zwar angenommen, die Fürsorgepflicht des Arbeitgebers gebiete es, dem Arbeitnehmer vor Ausspruch einer außerordentlichen Kündigung Gelegenheit zur Stellungnahme zu geben, wenn nicht auszuschließen sei, dass er sich hierdurch entlasten könne. Die Bedeutung dieses Grundsatzes blieb aber zunächst zweifelhaft, weil nicht bestimmt wurde, welche Rechtsfolgen sich aus der unterlassenen Anhörung ergeben sollen. Diese Zweifel sind durch spätere Entscheidungen ausgeräumt worden (*vgl. BAG* 10.2.1977 EzA § 103 BetrVG 1972 Nr. 18). Es gibt keinen allgemeinen Rechtssatz des Inhalts, dass eine außerordentliche Kündigung ausgeschlossen ist, wenn der Kündigende den Gekündigten vor der Kündigung nicht zu den Kündigungsgründen angehört oder sonstige Aufklärungsmaßnahmen, zB eine **Gegenüberstellung** mit Belastungszeugen, unterlassen hat (vgl. auch *BAG* 21.11.1996 EzA § 626 BGB nF Nr. 162; 18.9.1997 EzA § 626 BGB nF Nr. 169). Dieser zutr. Auffassung ist die hM im Schrifttum gefolgt (*Erman/Belling* Rz 27; APS-*Dörner* Rz 55, 92; *Stahmer/Kerls/Confurius-Heilmann* 4/1.4; MünchKomm-*Henssler* Rz 69; *Kukat* BB 1997, 1103; ErfK-*Müller-Glöge* Rz 71; HAS-*Popp* § 19 B Rz 342 f.; SPV-*Preis* Rz 596; **aA** *Backmeister/Trittin/Mayer* Rz 76; *Gaul* Das Arbeitsrecht im Betrieb, L II Rz 153; *Däubler* 2 Rz 976 ff.). Sie gilt auch für die Druckkündigung (*BAG* 24.10.1990 EzA § 626 BGB Druckkündigung Nr. 2).

32 Die Anhörung vermag an dem objektiven Tatbestand des wichtigen Grundes nichts zu ändern. Maßgeblich ist allein, ob objektiv die Fortsetzung des Arbeitsverhältnisses bis zum Fristablauf zumutbar ist (*Popp* aaO Rz 343). Mit der Anhörung handelt der Kündigende allerdings **im eigenen Interesse.** Wenn er sie unterlässt, geht er das Risiko ein, dass der Gekündigte im Prozess ihn entlastende Umstände vorträgt, die einen wichtigen Grund ausschließen und bei deren Kenntnis die Kündigung nicht ausgesprochen worden wäre. Schon um einen aussichtslosen Prozess zu vermeiden, empfiehlt es sich, vor Ausspruch einer außerordentlichen Kündigung den Sachverhalt durch Anhörung des Betroffenen aufzuklären.

33 Teilweise wird demgegenüber angenommen, der Arbeitgeber oder der Arbeitnehmer sei unter besonderen Umständen aufgrund der Fürsorge- oder Treuepflicht gehalten, eine Anhörung vorzunehmen; die Verletzung dieser Pflicht könne einen **Schadenersatzanspruch** auslösen, der dann die Verpflichtung begründe, das Arbeitsverhältnis fortzusetzen, wenn der Gekündigte nachweise, die Kündigung wäre bei seiner Anhörung nicht erklärt worden (*Hillebrecht* KR, 4. Aufl. Rz 81; *Busemann/Schäfer* Rz 337; offen gelassen von *BAG* 10.2.1977 EzA § 103 BetrVG 1972 Nr. 18). Dabei wird übersehen, dass die Kündigung beim Fehlen eines wichtigen Grundes ohnehin unwirksam wäre. Besteht dagegen objektiv ein wichtiger Grund, könnte ihn der Kündigende auch nachschieben (s.u. Rz 178 f.). Hat ein gekündigter Arbeitnehmer es versäumt, rechtzeitig gem. §§ 13, 4 KSchG Klage zu erheben, wäre auch ein etwaiger Schadensersatzanspruch verwirkt. Deshalb kommt es auch dann, wenn die Kündigung bei Anhörung des Gekündigten zunächst unterblieben wäre, allein darauf an, ob ein wichtiger Grund objektiv vorgelegen hat (ebenso APS-*Dörner* Rz 95; *Popp* aaO Rz 345; HWK-*Sandmann* Rz 138).

34 Die Unterlassung einer im Interesse des Gekündigten gebotenen Anhörung führt also nur dann zur Unwirksamkeit der Kündigung, wenn es sich um eine **Verdachtskündigung** handelt (s.u. Rz 230 f.). Der vom Arbeitgeber selbst mit dem Verdacht begründeten Kündigung ist eine **Tatkündigung** aus den

oben Rz 32 f. dargelegten Gründen auch dann nicht gleichzustellen, wenn objektiv nur eine unsubstantiierte Verdächtigung vorliegt (aA *Hillebrecht* KR, 4. Aufl. Rz 82; SPV-*Preis* Rz 597). Zur Bedeutung der Anhörung im Rahmen der **Ausschlussfrist** des § 626 Abs. 2 BGB s.u. Rz 330 f.

V. Mitteilung der Kündigungsgründe

Nach § 626 Abs. 2 S. 3 BGB muss der Kündigende auf Verlangen des anderen Teiles den **Kündigungs-** 35
grund unverzüglich **schriftlich mitteilen**, wobei »schriftlich« hier nicht gleichbedeutend ist mit »Schriftform« iSv § 126 BGB (vgl. *Gotthardt/Beck* NZA 2002, 880; aA HaKo-*Griebeling* Rz 151). Das Verlangen kann auch noch nach Ablauf der Frist des § 4 KSchG gestellt werden (vgl. KDZ-*Däubler* Rz 231; APS-*Dörner* Rz 160 f.; HaKo-*Griebeling* Rz 150; HAS-*Popp* § 19 B Rz 337; *Staudinger/Neumann* 12. Aufl. Rz 92; HWK-*Sandmann* Rz 444; aA KPK-*Bengelsdorf* Kap. 2 Rz 19; *Feichtinger/Huep* Rz 89; MünchKomm-*Henssler* Rz 63; *Schaub/Linck* § 125 Rz 22; MünchArbR-*Wank* § 120 Rz 113). Die Pflicht des Kündigenden, die Gründe für die Kündigung bei ihrem Ausspruch oder später anzugeben, kann sich nur auf die ihm bekannten Gründe beziehen (*Adomeit/Spinti* AR-Blattei SD 1010.9 Rz 19). Andererseits ist der Begriff des Kündigungsgrundes objektiv zu bestimmen (s.u. Rz 103 ff.). Aus der deswegen relativen Bedeutung der Mitteilungspflicht folgt, dass der wichtige Grund zur außerordentlichen Kündigung durch eine Verletzung der Mitteilungspflicht nicht berührt wird. Die Mitteilung ist **keine Wirksamkeitsvoraussetzung** für die außerordentliche Kündigung (BAG 17.8.1972 EzA § 626 BGB nF Nr. 22; *Busemann/ Schäfer* Rz 118, 346; MünchKomm-*Henssler* Rz 61; SPV-*Preis* Rz 599; *Popp* aaO Rz 336; *Soergel/Kraft* Rz 27).

Die Angabe des Kündigungsgrundes gehört nur dann zum notwendigen Inhalt der Kündigungserklä- 36
rung, wenn das durch eine **konstitutive Formabrede** (Tarifvertrag, Betriebsvereinbarung oder Arbeitsvertrag) vorgesehen **oder** – wie zB in § 22 BBiG (vgl. dazu KR-*Weigand* §§ 21, 22 BBiG Rz 92-95) oder § 9 MuSchG (vgl. KR-*Bader* § 9 MuSchG Rz 132c) – **gesetzlich vorgeschrieben** ist (MünchKomm-*Henssler* aaO).

Ansonsten kann aus der pflichtwidrigen Nichtangabe des Kündigungsgrundes für den Gekündigten 37
ein Anspruch auf **Schadenersatz** wegen der Kosten des Prozesses erwachsen, den der Gekündigte zunächst im Vertrauen darauf anhängig gemacht hat, dass für die Kündigung kein wichtiger Grund vorlag (BAG 17.8.1972 EzA § 626 BGB nF Nr. 22; SPV-*Preis* Rz 600). Sie hindert den Kündigenden aber nicht daran, die Gründe später nachzuschieben (s.u. Rz 178 f.).

Die Verpflichtung zur Mitteilung der Kündigungsgründe erstreckt sich auch darauf, diejenigen Grün- 38
de, die den Kündigenden zur Kündigung veranlasst haben oder auf die er sich weiter stützt, **wahrheitsgemäß** und **vollständig** anzugeben (*Staudinger/Preis* Rz 258). Ein Arbeitgeber macht sich somit schadenersatzpflichtig, wenn der Arbeitnehmer deswegen keine neue Anstellung findet, weil für die außerordentliche Kündigung nur vorgeschobene, nicht zutreffende Gründe angegeben wurden, während der Arbeitnehmer bei Mitteilung der richtigen Gründe in einem anderen Betrieb beschäftigt worden wäre. Der kündigende Arbeitgeber kann sich dann nicht darauf berufen, die außerordentliche Kündigung sei jedenfalls aus einem anderen, nicht genannten Grunde berechtigt. Seine Schadenersatzpflicht wird bereits durch die Verletzung der Mitteilungspflicht und nicht durch eine in der Kündigung liegende Vertragsverletzung begründet. Die Kausalität dürfte allerdings fast nie gegeben sein (vgl. HaKo-*Griebeling* Rz 152).

Der Schadensersatzanspruch des Gekündigten richtet sich dagegen **nicht** auf die **Rücknahme der** 39
Kündigung (vgl. MünchKomm-*Henssler* Rz 67; HAS-*Popp* § 19 B Rz 340). Das gilt auch dann, wenn der Gekündigte nachweisen kann, dass er die Kündigungsgründe bei rechtzeitiger Mitteilung hätte ausräumen können. Bei einem Streit um die Wirksamkeit der Kündigung muss der Kündigende im Prozess ohnehin das Vorliegen von Kündigungsgründen beweisen. Gelingt ihm der Nachweis nicht, so ist die Unwirksamkeit der Kündigung festzustellen, ohne dass es noch ihrer Rücknahme bedürfte. Zum Nachschieben von Kündigungsgründen s.u. Rz 178 f.

C. Abgrenzung der außerordentlichen Kündigung von anderen Beendigungstatbeständen

I. Rücktritt

Das **Rücktrittsrecht** nach den §§ 323 ff. BGB ist durch § 626 BGB als lex specialis für die sofortige Been- 40
digung von Dienstverhältnissen **ausgeschlossen** (*Ascheid* Rz 92; *Gotthardt* Rz 43; *Herschel* BB 1982, 254; HAS-*Popp* § 19 B Rz 115; SPV-*Preis* Rz 150). Da eine Kündigung schon vor Dienstantritt zulässig ist (s.o.

§ 626 BGB   Fristlose Kündigung aus wichtigem Grund

Rz 25) braucht auch für diesen Fall nicht auf die Vorschriften über das Rücktrittsrecht zurückgegriffen zu werden.

41 Wenn ein »Rücktritt« vom Arbeitsvertrag erklärt wird, liegt darin zumeist eine ungenaue Ausdrucksweise. Die Erklärung ist bei gewahrter Schriftform als Kündigung **auszulegen** oder in eine außerordentliche Kündigung **umzudeuten** (vgl. SPV-*Preis* Rz 151).

II. Wegfall der Geschäftsgrundlage

42 Eine wesentliche Veränderung oder ein **Wegfall der Geschäftsgrundlage** für den Abschluss eines Arbeitsvertrages (vgl. § 313 BGB) ist rechtlich idR nur dann erheblich, wenn deswegen eine außerordentliche Kündigung erklärt wird (vgl. § 313 Abs. 3 S. 2 BGB u. allg. zum Wegfall der Geschäftsgrundlage *Ascheid* Rz 91; *Herschel* FS Müller 1981 S. 199; SPV-*Preis* Rz 149). Die Berufung auf den Wegfall der Geschäftsgrundlage ist grds. **kein selbständiger Beendigungsgrund** für ein Vertragsverhältnis, wenn nach den gesetzlichen oder vertraglichen Bestimmungen die Möglichkeit zur fristlosen Kündigung eines Vertrages besteht (BAG 5.3.1957 AP Nr. 1 zu § 1 TVG Rückwirkung; MünchKomm-*Hesse* vor § 620 BGB Rz 56; HAS-*Popp* § 19 B Rz 112). Das gilt auch für die **nachträgliche** dauernde **Unmöglichkeit** der Erfüllung der Pflichten aus dem Arbeits- oder Dienstvertrag (MünchKomm-*Hesse* vor § 620 BGB Rz 57; *Herschel* BB 1982, 254; SPV-*Preis* Rz 150; *LAG Hamm* 13.1.1990 LAGE § 1 KSchG Krankheit Nr. 14; aA *Aden* RdA 1981, 280 f.). Ändert sich allerdings durch Gesetzesänderungen die Geschäftsgrundlage für ein Arbeitsverhältnis grundlegend, kann sich daraus die Notwendigkeit ergeben, die vertraglichen Abreden nach den Regeln über den Wegfall oder die Änderung der Geschäftsgrundlage anzupassen (BAG 25.2.1988 EzA § 611 BGB Krankenhausarzt Nr.1). Nicht um eine Kündigung geht es auch dann, wenn die Parteien sich gegenseitig bei Wegfall oder Änderung der Geschäftsgrundlage ein **Bestimmungsrecht zur Anpassung** des Vertrages eingeräumt haben. Die Ausübung dieses Bestimmungsrechts, die keine Änderungs- oder Teilkündigung darstellt, ist dahin zu überprüfen, ob die Änderung der Billigkeit entspricht (BAG 10.12.1992 EzA § 315 BGB Nr. 40 mit abl. Anm. *Fabricius*).

43 Ebenso wie beim unzulässigen Rücktritt wird dann, wenn ein Vertragspartner wegen Wegfalls der Geschäftsgrundlage die Fortsetzung des Arbeitsverhältnisses ablehnt, darin eine außerordentliche Kündigung zu sehen sein, für deren Wirksamkeit allerdings die Schriftform gewahrt sein muss. Wenn eine Kündigung **ausnahmsweise** nicht möglich ist oder der **Arbeitsvertrag gegenstandslos** geworden ist, kann wegen Wegfalls der Geschäftsgrundlage gem. § 242 BGB die Berufung eines Arbeitnehmers auf das Fehlen einer Kündigung unbeachtlich sein, etwa wenn wegen einer Abschiebung aus der DDR im Jahr 1979 der Zweck des Arbeitsverhältnisses erkennbar für unabsehbare Zeit unerreichbar geworden war (BAG 24.8.1995 EzA § 242 BGB Geschäftsgrundlage Nr. 5; vgl. zu solchen Extremfällen ferner BAG 3.10.1961 und 12.3.1963, AP Nr. 4 und 5 zu § 242 BGB Geschäftsgrundlage; aA BBDW-*Bader* Rz 20).

III. Anfechtung

44 Unberührt durch das Recht zur außerordentlichen Kündigung bleibt die Möglichkeit, einen Arbeitsvertrag unter den Voraussetzungen der §§ 119, 123 BGB wegen **Irrtums** oder **Täuschung** anzufechten (vgl. SPV-*Preis* Rz 146; einschränkend: *M. Wolf/Gangel* AuR 1982, 271 ff.). Die Ausübung dieses Gestaltungsrechts erfolgt durch eine empfangsbedürftige Willenserklärung (§ 143 BGB), die nicht der Schriftform gem. § 623 BGB bedarf, sondern formfrei möglich ist. Im Unterschied zur Kündigung setzt die Anfechtung einen **Grund** voraus, der schon **vor** oder **beim Abschluss des Arbeitsvertrages** vorgelegen hat (vgl. BAG 1.8.1985 EzA § 123 BGB Nr. 26). Die Anfechtung wegen Irrtums muss nach § 121 BGB unverzüglich erklärt werden. Bei einem Irrtum über verkehrswesentliche Eigenschaften wird dieser Begriff durch die Zwei-Wochen-Frist des § 626 BGB Abs. 2 konkretisiert (BAG 21.1.1981 EzA § 119 BGB Nr. 12); jedoch dürfen auch innerhalb dieser Frist keine schuldhaften Verzögerungen erfolgen (BAG 21.2.1991 EzA § 123 BGB Nr. 35). Im Übrigen findet auf die Anfechtung weder § 626 BGB noch § 1 KSchG Anwendung; insbes. bedarf es keiner Interessenabwägung (BAG 6.7.2000 EzA § 123 BGB Nr. 55). Für die Anfechtung wegen Täuschung ist allerdings nach deren Entdeckung die Jahresfrist des § 124 Abs. 1 BGB zu beachten; auch kann das Anfechtungsrecht ausnahmsweise schon vor Ablauf der Jahresfrist verwirken (BAG 16.12.2004 EzA § 123 BGB 2002 Nr. 5). Die Anfechtung kann ferner dann gegen Treu und Glauben (§ 242 BGB) verstoßen, wenn sich der Anfechtungsgrund nicht mehr auf das Arbeitsverhältnis auswirkt (BAG 16.12.2004 EzA § 123 BGB 2002 Nr. 5; 6.7.2000 EzA § 123 BGB Nr. 55).

45 Wenn ein Anfechtungsgrund so stark nachwirkt, dass er dem Anfechtungsberechtigten die Fortsetzung des Arbeitsverhältnisses unzumutbar macht, kann ein und derselbe Grund sowohl zur **Anfech-**

tung als auch zur ordentlichen oder außerordentlichen **Kündigung** berechtigen. In einem solchen Fall steht es dem Anfechtungs- und Kündigungsberechtigten frei, welche rechtliche Gestaltungsmöglichkeit er ausüben will (*BAG* 16.12.2004 EzA § 123 BGB 2002 Nr. 5; *Ascheid* Rz 100; *Erman/Belling* Rz 13; KDZ-*Däubler* § 140 BGB Rz 17; MünchKomm-*Henssler* Rz 37; MünchArbR-*Wank* § 120 Rz 12). Eine Anfechtungserklärung kann evtl. in eine außerordentliche Kündigung **umgedeutet** werden oder dahin **auszulegen** sein, eine solche Kündigung solle vorsorglich erklärt werden (*BGH* 27.2.1975 NJW 1975, 1700; aA *Hillebrecht* KR, 4. Aufl. Rz 31; der Ansicht von *Hillebrecht* ist nur für den Fall zuzustimmen, dass der Erklärung die Berufung auf einen wichtigen Grund nicht entnommen werden kann, s.o. Rz 28). Nimmt der Arbeitgeber den Anfechtungsgrund zum Anlass einer ordentlichen Kündigung, so gilt der allgemeine Kündigungsschutz. In der Kündigung kann uU eine **Bestätigung** des anfechtbaren Rechtsgeschäfts gem. § 144 BGB liegen (*BAG* 21.2.1991 EzA § 123 BGB Nr. 35 [*Behlert*]; MünchKomm-*Henssler* Rz 39).

Eine Anfechtung des Arbeitsvertrags durch den Arbeitgeber **wegen arglistiger Täuschung** (§ 123 BGB) kommt insbesondere dann in Betracht, wenn der Arbeitnehmer vor Abschluss des Arbeitsvertrages eine vom Arbeitgeber zulässigerweise gestellte Frage (vgl. *Braun* MDR 2004, 64; ders. RiA 2004, 53; *Ehrich* DB 2000, 421; *Hanel* Personal 1995, 470; *Hergenröder* AR-Blattei SD 715 Rz 3, 17 ff.; *Schaub* § 26 Rz 12, 14 ff.) vorsätzlich falsch beantwortet hat, zB Fragen nach der fachlichen Qualifikation des Bewerbers (*LAG Hamm* 8.2.1995 LAGE § 123 BGB Nr. 21), nach einer Tätigkeit für das frühere Ministerium für Staatssicherheit (MfS) der DDR bei einer Bewerbung für den öffentlichen Dienst oder für eine Berufsgenossenschaft (*BAG* 16.12.2004 EzA § 123 BGB 2002 Nr. 5; 2.12.1999 EzA § 94 BetrVG 1972 Nr. 4; vgl. auch KR-*Griebeling* § 1 KSchG Rz 310, 497), nach für die vorgesehene Tätigkeit belastenden Vorstrafen oder der Einleitung eines entsprechenden Straf(ermittlungs)verfahrens (*BAG* 20.5.1999 EzA § 123 BGB Nr. 52) oder nach früheren Arbeitgebern und der Dauer der jeweiligen Beschäftigungsverhältnisse (*LAG Köln* 13.11.1995 LAGE § 123 BGB Nr. 23). Zur Anfechtung wegen Schwangerschaft vgl. *LAG Hamm* 1.3.1999 RzK I 9 h Nr. 30 und KR-*Bader* § 9 MuSchG Rz 136 ff.; zur Anfechtung wegen Schwerbehinderung vgl. KR-*Etzel* §§ 85-90 SGB IX Rz 31 f. Keine arglistige Täuschung ist anzunehmen, wenn eine transsexuelle Person, deren Geschlechtsumwandlung noch nicht erfolgt ist, bei Einstellungsverhandlungen ihr wahres Geschlecht ungefragt nicht angibt; in Betracht kommt dann jedoch eine Anfechtung wegen Irrtums über eine verkehrswesentliche Eigenschaft (vgl. *BAG* 21.2.1991 EzA § 123 BGB Nr. 35).

Die Anfechtung führt zwar grds. zur rückwirkenden Nichtigkeit der angefochtenen Willenserklärung; ein bereits in Vollzug gesetzter Arbeitsvertrag kann aber im Allgemeinen nicht mit Rückwirkung angefochten werden (st.Rspr. seit *BAG* 5.12.1957 EzA § 123 BGB Nr. 1 und hM, vgl. HK-*Dorndorf* § 1 Rz 126 mzN; aA *Boemke* AR-Blattei SD 220.5 Rz 143). Wurde jedoch die Arbeitsleistung schon vor der Anfechtung eingestellt (zB infolge krankheitsbedingter Arbeitsunfähigkeit), so macht die Rückabwicklung für die Folgezeit keine Schwierigkeiten und die Anfechtung wirkt auf diesen Zeitpunkt zurück (zutr. *BAG* 3.12.1998 EzA § 123 BGB Nr. 51 unter Aufgabe teilw. entgegenstehender früherer Rspr.).

IV. Berufung auf die Nichtigkeit des Arbeitsvertrages

Nichtig kann ein Arbeitsvertrag zB wegen **anfänglicher**, objektiver und dauerhafter **Unmöglichkeit** der Arbeitsleistung (§ 306 BGB aF; zur Änderung der Rechtslage ab 1.1.2002 s. aber KR-*Lipke* § 620 BGB Rz 49), wegen **Verstoßes gegen ein Gesetz** (§ 134 BGB) oder **gegen die guten Sitten** (§ 138 BGB) sein. Auch ein Verstoß **gegen gesetzliche Formvorschriften** führt zur Nichtigkeit des Arbeitsvertrages (§ 125 BGB). Das **Nachweisgesetz** stellt dagegen keine gesetzlichen Formerfordernisse in diesem Sinne auf (*Höland* AuR 1996, 92; *Schwarze* ZfA 1997, 45; *Wank* RdA 1996, 24).

Wurde dem nichtigen Vertrag gemäß gearbeitet, so liegt ein sog. **faktisches Arbeitsverhältnis** vor, das von jeder der Parteien zu jeder Zeit beendet werden kann. Bei der Ausübung dieses **Lossagungsrechts** unter Berufung auf die Nichtigkeit des Arbeitsvertrages handelt es sich um keine Kündigung. § 1 KSchG und § 626 BGB finden daher in diesen Fällen keine Anwendung (allg. Ansicht, vgl. auch KR-*Griebeling* § 1 KSchG Rz 47 mwN). Die Berufung auf die Nichtigkeit des Arbeitsvertrages wirkt allerdings idR nicht rückwirkend, sondern nur für die Zukunft (s.o. Rz 46a).

V. Aufhebungsvertrag

Ein Arbeitsvertrag kann auch durch einen **Aufhebungsvertrag** sofort oder zu einem bestimmten Zeitpunkt beendet werden (zu der seit 1.5.2000 gem. § 623 BGB gebotenen **Schriftform** vgl. KR-*Spilger*

§ 626 BGB Fristlose Kündigung aus wichtigem Grund

§ 623 BGB Rz 146 ff.; zum früher möglichen Zustandekommen eines Aufhebungsvertrages durch schlüssiges Verhalten, Erklärung des Einverständnisses mit einer vorausgegangenen Kündigung oder Unterzeichnung einer sog. Ausgleichsquittung vgl. *Etzel* KR, 5. Aufl. § 1 Rz 196 mwN sowie zur Abgrenzung *Etzel* aaO Rz 198 mwN; wegen der Abgrenzung zur nachträglichen Befristung des Arbeitsvertrages vgl. BAG 12.1.2000 EzA § 611 BGB Aufhebungsvertrag Nr. 33 mwN und KR-*Bader* § 3 TzBfG Rz 5). Der Aufhebungsvertrag bedarf weder eines wichtigen Grundes iSv § 626 BGB, noch findet auf ihn der allgemeine Kündigungsschutz gem. § 1 KSchG Anwendung (vgl. BAG 19.12.1974 EzA § 305 BGB Nr. 6); auch muss **nicht** etwa analog § 102 BetrVG zuvor der **Betriebsrat** angehört werden (HWK-*Sandmann* Rz 33; LAG *Hamm* 19.7.2002 NZA-RR 2002, 642 mwN; aA *Keppeler* AuR 1996, 265 f.). Sogar eine **rückwirkende Auflösung** des Arbeitsverhältnisses ist möglich, soweit dieses bereits außer Vollzug gesetzt war (vgl. BAG 10.12.1998 EzA § 613a BGB Nr. 175; KR-*Lipke* § 620 BGB Rz 23).

48 Unzulässig ist es allerdings, einen **bedingten Aufhebungsvertrag** als Ersatz für eine sonst erforderliche außerordentliche Kündigung vorzusehen (*Burkardt* S. 161 ff.; HAS-*Popp* § 19 B Rz 118; für die entsprechende Anwendung von §§ 21, 14 Abs. 1 TzBfG KR-*Bader* § 21 TzBfG Rz 3). Darin liegt eine objektive **Umgehung** von § 626 BGB, weil damit der Nachprüfung entzogen wird, ob das als Bedingung vorgesehene Ereignis als wichtiger Grund für eine außerordentliche Kündigung ausreicht (für Urlaubsüberziehung als aufschiebende Bedingung BAG 19.12.1974 EzA § 305 BGB Nr. 6; für die Auflösung eines Berufsausbildungsverhältnisses bei einer bestimmten Note im Berufsschulzeugnis BAG 5.12.1985 EzA § 620 BGB Bedingung Nr. 5; für den Rückfall eines alkoholabhängigen Arbeitnehmers als aufschiebende Bedingung LAG *München* 29.10.1987 BB 1988, 348; für die Unterschreitung einer bestimmten Quote krankheitsbedingter Fehltage als auflösende Bedingung LAG BW 15.10.1990 DB 1991, 918; vgl. auch SPV-*Preis* Rz 38; zur Wirksamkeit eines unter einer auflösenden Bedingung geschlossenen Arbeitsvertrages vgl. KR-*Bader* § 21 TzBfG Rz 8 f., 17 ff.). Eine unzulässige Umgehung von Kündigungsbestimmungen kann auch die unbedingte Auflösung des Arbeitsverhältnisses mit **bedingter Wiedereinstellungszusage** darstellen (vgl. BAG 13.12.1984 EzA § 620 BGB Bedingung Nr. 2; 25.6.1987 EzA § 620 BGB Bedingung Nr. 8; SPV-*Preis* aaO; HWK-*Sandmann* aaO; aA *Bickel* Anm. AP Nr. 8 zu § 620 BGB Bedingung; *Burkardt* S. 168 ff.). Etwas anderes gilt nur dann, wenn die Bedingungen keine schutzwürdigen Interessen des Arbeitnehmers verletzen (vgl. BAG 7.3.2002 EzA § 611 BGB Aufhebungsvertrag Nr. 40 für einen innerhalb der Wartezeit des § 1 Abs. 1 KSchG geschlossenen Aufhebungsvertrag mit bedingter Wiedereinstellungszusage). Sachlich gerechtfertigt ist zB auch eine Bedingung, die darauf abstellt, dass der Arbeitnehmer für die vereinbarte Arbeitsleistung nach einem amtsärztlichen Attest tauglich ist (LAG *Bln.* 16.7.1990 LAGE § 620 BGB Bedingung Nr. 2; SPV-*Preis* aaO; zur Wirksamkeit eines Aufhebungsvertrages mit einer »Heimkehrklausel«, in der die Rückforderung der dem ausländischen Arbeitnehmer zugesagten Abfindung für den Fall vorbehalten wurde, dass der Arbeitnehmer nicht alsbald in sein Heimatland zurückkehrt, vgl. BAG 7.5.1987 EzA § 9 KSchG nF Nr. 21).

49 Unter den Voraussetzungen des § 119 BGB kommt die Anfechtung eines Aufhebungsvertrages wegen **Irrtums** in Betracht, die gem. § 121 BGB unverzüglich erfolgen muss. Für die Anfechtung durch eine Arbeitnehmerin bei **Schwangerschaft** gilt Gleiches wie bei einer Eigenkündigung (vgl. dazu KR-*Bader* § 9 MuSchG Rz 152 ff.). Hat der Arbeitgeber den Arbeitnehmer mit der **Androhung** einer außerordentlichen oder einer ordentlichen **Kündigung** zur einverständlichen Vertragsauflösung veranlasst, so kann der Arbeitnehmer den **Aufhebungsvertrag** gem. § 123 BGB wegen widerrechtlicher Drohung innerhalb der Jahresfrist des § 124 BGB (BAG 6.11.1997 EzA § 242 BGB Prozessverwirkung Nr. 2) **anfechten,** wenn ein verständiger Arbeitgeber aufgrund des vorliegenden Sachverhaltes eine Kündigung nicht ernsthaft in Erwägung gezogen hätte (st.Rspr, vgl. BAG 6.12.2001 EzA § 611 BGB Aufhebungsvertrag Nr 39 mwN; *Burkard* S. 64 ff.; *Burkardt* S. 224 ff.; vgl. auch BGH 19.4.2005 WM 2005, 1235, wonach es auf die Vertretbarkeit der Rechtsansicht ankommt; aA. *Adam* SAE 2000, 206 ff. [Kündigungsdrohung nie widerrechtlich]; *Benecke* RdA 2004, 149 ff. [widerrechtlich, wenn unter Berücksichtigung der Begleitumstände der Arbeitnehmer zu einer überstürzten Entscheidung gezwungen wurde; ähnlich *Franz* S. 476 ff.]; *Singer* RdA 2003, 197 [stets widerrechtlich, wenn Kündigung unwirksam gewesen wäre]). **Widerrechtlich** ist die **Drohung** mit einer verhaltensbedingten Kündigung auch dann, wenn es einer Abmahnung bedurft hätte (*BAG* 16.1.1992 EzA § 123 BGB Nr. 36) oder wenn lediglich ein gewisser Anfangsverdacht für eine Pflichtverletzung bestand und der Arbeitgeber nichts unternommen hat, die Verdachtsmomente aufzuklären (BAG 21.3.1996 EzA § 123 BGB Nr. 42; HzK-*Legerlotz* 1 Rz 613; krit. *Weber/Ehrich/Burmester* Teil 1 Rz 839). Die Drohung durch Vorgesetzte kann uU auch dann ausreichen, wenn diese ersichtlich nicht selbst kündigungsberechtigt sind (BAG 15.12.2005 NZA 2006, 841). Ein Anfechtungsrecht gem. § 123 BGB kann sich ferner daraus ergeben, dass eine der Parteien durch **arg-**

listige **Täuschung** zum Abschluss des Aufhebungsvertrages bestimmt wurde. Der Arbeitgeber braucht den Arbeitnehmer allerdings grds. nicht von sich aus darauf hinzuweisen, dass er weitere Entlassungen beabsichtigt, die einen Sozialplan erfordern (BAG 13.11.1996 EzA § 112 BetrVG 1972 Nr. 90). Entsprechende Grundsätze gelten für die **Anfechtung** einer **Eigenkündigung** des Arbeitnehmers (BAG 5.12.2002 EzA § 123 BGB 2002 Nr. 1). Wegen evtl. Hinweispflichten des Arbeitgebers zu sozialversicherungsrechtlichen Nachteilen und den Folgen für die Altersversorgung vgl. KR-*Lipke* § 620 BGB Rz 22 mwN.

Nach einer wirksamen Anfechtung gem. § 123 BGB kann das Recht des Arbeitnehmers, die Nichtigkeit **49a** des Aufhebungsvertrages klageweise geltend zu machen, im Hinblick auf den eigenen Verstoß des Arbeitgebers gegen Treu und Glauben nur unter ganz außergewöhnlichen Umständen verwirken (BAG 6.11.1997 EzA § 242 BGB Prozessverwirkung Nr. 2). Ist der Aufhebungsvertrag unwirksam, entfaltet eine zuvor erklärte Kündigung wieder ihre vollen rechtlichen Wirkungen (LAG Hmb. 7.4.1994 LAGE § 4 KSchG Nr. 29; zu den prozessualen Folgen bei Kündigungsschutzklagen: *Weber/Ehrich* DB 1995, 2369).

Die **Geschäftsgrundlage** (§ 113 BGB) für einen aus betrieblichen Gründen geschlossenen Aufhebungs- **49b** vertrag mit **Abfindung** fällt nicht ohne weiteres weg, wenn nach dessen Abschluss zum gleichen Auflösungszeitpunkt auch noch eine verhaltensbedingte ordentliche Kündigung ausgesprochen wird. Der Auflösungsvertrag wird jedoch gegenstandslos, wenn das Arbeitsverhältnis vor dem vereinbarten Auflösungszeitpunkt aufgrund einer außerordentlichen Kündigung endet (BAG 29.1.1997 EzA § 611 BGB Aufhebungsvertrag Nr. 27; 5.4.2001 EzA § 626 BGB Verdacht strafbarer Handlung Nr 10). Zum kollusiven Zusammenwirken eines zur Geschäftsführung befugten Gesellschafters mit einer Arbeitnehmerin zu Lasten der Gesellschaft beim Abschluss eines Aufhebungsvertrages mit Abfindung vgl. BAG 29.1.1997 EzA § 123 BGB Nr. 47. Zur Zulässigkeit von Aufhebungsverträgen im Zusammenhang mit einem **Betriebsübergang** vgl. BAG 18.8.2005 EzA § 613a BGB 2002 Nr. 40 und KR-*Pfeiffer* § 613a BGB Rz 200 ff.

Den Arbeitgeber treffen erhöhte Hinweis- und Aufklärungspflichten, wenn er im betrieblichen Inter- **49c** esse den Abschluss eines Aufhebungsvertrages vorschlägt und dadurch den Eindruck erweckt, er werde bei der vorzeitigen Beendigung des Arbeitsverhältnisses auch die Interessen des Arbeitnehmers wahren (vgl. BAG 22.4.2004 EzA § 312 BGB 2002 Nr. 2; KR-*Lipke* § 620 BGB Rz 22 mwN). Hat er einen Wechsel des Arbeitnehmers zu einem Tochterunternehmen veranlasst und dabei den Anschein erweckt, er werde »im Fall der Fälle« für eine Weiterbeschäftigung des Arbeitnehmers sorgen, so kann er im Fall der Insolvenz des Tochterunternehmens nach **Treu und Glauben** verpflichtet sein, seinen früheren Arbeitnehmer wiedereinzustellen (BAG 21.2.2002 EzA § 1 KSchG Wiedereinstellungsanspruch Nr. 7).

Wenn Tarifverträge bei Aufhebungsverträgen eine **Bedenkzeit** vorsehen, auf die verzichtet werden **50** kann, darf der **Verzicht** bereits in die Urkunde über die Vertragsauflösung aufgenommen werden (BAG 24.1.1985 EzA § 4 TVG Einzelhandel Nr. 2). Darüber hinaus ist die Berufung auf einen Aufhebungsvertrag nicht schon deswegen rechtsmissbräuchlich, weil der Arbeitgeber den Arbeitnehmer zu einem Gespräch gebeten hat, ohne ihm dessen Thema zu nennen, und ihm keine Bedenkzeit oder ein Rücktrittsrecht eingeräumt hat (BAG 30.9.1993 EzA § 611 BGB Aufhebungsvertrag Nr. 13 mit zust. Anm. *Kaiser*; 14.2.1996 EzA § 611 BGB Aufhebungsvertrag Nr. 21 mit zust. Anm. *Wank*; LAG MV 6.7.1995 LAGE § 611 BGB Aufhebungsvertrag Nr. 18; *Bauer* Arbeitsrechtliche Aufhebungsverträge Rz 191; *Bengelsdorf* DB 1997, 874; *Germelmann* NZA 1997, 240; aA LAG Hmb. 3.7.1991 LAGE § 611 BGB Aufhebungsvertrag Nr. 6; *ArbG Wetzlar* 29.3.1995 DB 1995, 2376; im Ergebnis auch *Schacht* S. 168; ferner *Lorenz* JZ 1997, 277, der für die Anwendung des HausTWG plädierte [zust. KDZ-*Däubler* 5. Aufl. Einl. Rz 275; abl. *Bauer* Arbeitsrechtliche Aufhebungsverträge, 6. Aufl. Rz 91 d]; w.N. zum Meinungsstreit bei *Wank* aaO). Auch die §§ 312, 355 BGB idF des Schuldrechtsmodernisierungsgesetzes haben an dieser Rechtslage nichts geändert und geben dem Arbeitnehmer **kein Widerrufsrecht** (BAG 27.11.2003 EzA § 312 BGB 2002 Nr. 1 [*Krause*] und BB 2004, 1858; 22.4.2004 EzA § 312 BGB 2002 Nr. 2; LAG Hamm 1.4.2003 EzA-SD 2003 Nr. 10 S. 12; LAG Köln 6.2.2003 LAGE § 312 BGB 2002 Nr. 2a; zum diesbezüglichen Meinungsstreit vgl. *Franz* S. 219 ff.; *Kienast/Schmiedl* DB 2003, 1440 f. und *Preis* Sonderbeil. zu NZA 16/2003 S. 21 ff., 30 jew. mzN). Andererseits ändert die Einräumung einer Bedenkzeit idR nichts an der Kausalität und der Widerrechtlichkeit einer Drohung (aA *Bauer* Arbeitsrechtliche Aufhebungsverträge Rz 186; MAH-ArbR/*Bengelsdorf* § 46 Rz 353; *Burkardt* S. 227 f.; *Franz* S. 481, 492; HzK-*Legerlotz* 1 Rz 615). Zur AGB-Kontrolle von Aufhebungsverträgen vgl. *Bauer* NZA 2002, 172, *Franz* S. 145 ff., *Lingemann* NZA 2002, 185 und *Preis* aaO S. 30 f. Zum Rücktritt vom Aufhebungsvertrag vgl. LAG Köln 5.1.1996

LAGE § 794 ZPO Nr. 8; *Bauer/Haußmann* BB 1996, 901; *v. Puttkammer* BB 1996, 1440 und zu § 323 BGB nF *Bauer* NZA 2002, 170 f.

50a Vom Aufhebungsvertrag ist der sog. **Abwicklungsvertrag** zu unterscheiden, der von den Arbeitsvertragsparteien **nach einer Kündigung** durch den Arbeitgeber abgeschlossen wird, die der Arbeitnehmer hinnimmt (vgl. hierzu *Hümmerich* BB 1999, 1868 mwN). Kündigungsschutzprobleme ergeben sich insoweit nicht.

VI. Fristlose Dienstentlassung als Dienststrafe

51 Von der außerordentlichen Kündigung ist die in Dienstordnungen vorgesehene fristlose **Dienstentlassung** von Bediensteten **(Dienstordnungs-Angestellten)** der Sozialversicherungsträger als **Disziplinarmaßnahme** zu unterscheiden (*BAG* 25.2.1998 RzK I 8 e Nr. 2; vgl. allg. zur Rechtsstellung der Dienstordnungsangestellten *Brackmann* 10. Aufl., I/1 S. 174 ff.; *Siebeck* Anm. zu AP Nr. 31 zu § 611 BGB Dienstordnungs-Angestellte; *Salzhuber* Anm. zu AP Nr. 32 zu § 611 BGB Dienstordnungs-Angestellte). Gesetzliche Grundlage für den Erlass entsprechender Dienstordnungen, die keiner Mitbestimmung durch den Personalrat unterliegen (*BAG* 25.5.1982 AP Nr. 53 zu § 611 BGB Dienstordnungsangestellte), sind § 352 RVO und § 145 SGB VII; anders als im Bereich der gesetzlichen Unfallversicherung geht es im Bereich der gesetzlichen Krankenversicherung aber nur noch um Altfälle (vgl. § 358 RVO). Außerordentliche Kündigung und fristlose Dienstentlassung entsprechen sich zwar insoweit in ihren Wirkungen, als durch eine einseitige rechtsgeschäftliche Willenserklärung ein privatrechtliches Dienstverhältnis für die Zukunft beendet wird. Gleichwohl handelt es sich um unterschiedlich zu beurteilende Rechtsinstitute, weil ihre **Funktionen verschieden** sind. Die Entlassung als Dienststrafe bedeutet für den betroffenen Arbeitnehmer eine mit einem Unwerturteil verbundene Sanktion. Demgegenüber ist eine außerordentliche Kündigung, die nicht im Rahmen eines Disziplinarverfahrens erfolgt, keine Sanktion, sondern das von der Rechtsordnung vorgesehene Mittel, um ein Arbeitsverhältnis unter den gesetzlichen und vertraglichen Voraussetzungen zu beenden (*BAG* 17.1.1991 EzA § 1 KSchG Verhaltensbedingte Kündigung Nr. 37; ArbRBGB-*Corts* vor § 620 Rz 34). Der aufgrund einer Kündigung ausgeschiedene Arbeitnehmer kann weiterhin für den öffentlichen Dienst geeignet und tragbar sein (*BAG* 11.11.1971, 3.2.1972 AP Nr. 31, 32 zu § 611 BGB Dienstordnungs-Angestellte; HAS-*Popp* § 19 B Rz 119).

52 Wegen der unterschiedlichen Voraussetzungen kann der Sozialversicherungsträger zwischen fristloser Dienstentlassung und außerordentlicher Kündigung nicht frei wählen (*BAG* 26.5.1966 AP Nr. 23 zu § 611 BGB Dienstordnungs-Angestellte; aA *Hillebrecht* KR, 4. Aufl. Rz 34); die **Kündigung** ist gegenüber der Dienstentlassung auch **kein milderes Mittel** (*BAG* 25.2.1998 aaO).

53 Für die Nachprüfung einer Dienstentlassung eines Dienstordnungs-Angestellten ist der **Rechtsweg** zu den Gerichten für Arbeitssachen gegeben (*BAG* 11.11.1971 AP Nr. 31 zu § 611 BGB Dienstordnungs-Angestellte). Die gerichtliche Überprüfung erstreckt sich darauf, ob das Dienststrafverfahren in der vorgeschriebenen Form (zB notw. Anhörung des Arbeitnehmers) und mit der vorgesehenen Beteiligung des Personalrats (zB § 79 Abs. 3 BPersVG, vgl. *BAG* 2.12.1999 EzA § 94 BetrVG 1972 Nr. 4) ordnungsgemäß durchgeführt worden ist und ob der Dienstherr bei der Verhängung der Dienststrafe ohne **Ermessensfehler** gehandelt hat. Fehlerhaft ist die Entscheidung des Dienstherrn insbesondere dann, wenn er den Grundsatz der **Verhältnismäßigkeit** verletzt hat, indem er zB nicht geprüft hat, ob der Arbeitnehmer bei Verhängung einer milderen Dienststrafe als der Dienstentlassung noch im Dienst tragbar wäre. Dagegen gilt bei der Verhängung der Dienststrafe der Dienstentlassung die **Ausschlussfrist** des § 626 Abs. 2 BGB weder unmittelbar noch entsprechend (*BAG* 3.2.1972 AP Nr. 32 zu § 611 BGB Dienstordnungs-Angestellte).

54 Außerhalb des Anwendungsbereichs der §§ 352 RVO, 145 SGB VII ermächtigen weder das BetrVG 1972 noch die Personalvertretungsgesetze des Bundes und der Länder zum Abschluss einer **Betriebs- oder Dienstvereinbarung**, aufgrund derer eine Entlassung im Disziplinarwege ausgesprochen werden kann (*BAG* 28.4.1982 EzA § 87 BetrVG 1972 Betriebsbuße Nr. 5). Spricht der Arbeitgeber dennoch keine Kündigung aus, sondern gibt er als Disziplinarmaßnahme eine **andersartige Beendigungserklärung** ab, so führt diese Erklärung nicht zur Beendigung des Arbeitsverhältnisses, sofern sie nicht in eine Kündigung **umzudeuten** ist. Erklärt der Arbeitgeber hingegen eine Kündigung in Form einer Disziplinarmaßnahme, so ist auf Antrag des Arbeitnehmers zwar die Unwirksamkeit der Disziplinarmaßnahme festzustellen, aber unabhängig von diesem Formfehler die Wirksamkeit der in dem unzulässigen Dienststrafbescheid enthaltenen Kündigung zu prüfen (*BAG* 28.4.1982 aaO).

VII. Auflösungsantrag nach § 78a BetrVG

Nicht um eine der außerordentlichen Kündigung vergleichbare Ausübung des Gestaltungsrechts geht es auch bei einem **Auflösungsantrag** des Arbeitgebers nach **§ 78 a Abs. 4 Nr. 2 BetrVG**. Die Zumutbarkeitsbegriffe in § 626 Abs. 1 BGB und in § 78 a Abs. 4 BetrVG sind inhaltlich nicht identisch (*BAG* 6.11.1996 EzA § 78a BetrVG 1972 Nr. 24). § 626 Abs. 2 BGB ist auf den Auflösungsantrag weder unmittelbar noch entsprechend anwendbar (*BAG* 15.12.1983 EzA § 78a BetrVG 1972 Nr. 13; vgl. KR-*Weigand* § 78a BetrVG Rz 47). 55

VIII. Sonstige Beendigungsgründe

Im Ergebnis zur sofortigen Beendigung führen ebenfalls **Fristablauf** oder **Bedingungseintritt** bei befristeten oder auflösend bedingten Dienst- bzw. Arbeitsverhältnissen (vgl. KR-*Lipke* § 620 BGB Rz 7, 11, 15), der **Tod des Arbeitnehmers** (vgl. hierzu KR-*Griebeling* § 1 KSchG Rz 184 f.; *Soergel/Kraft* vor § 620 Rz 8), die **Nichtfortsetzungserklärung** gem. § 12 KSchG (vgl. KR-*Lipke* § 620 BGB Rz 28), das Verbleiben als **freiwilliger Soldat** in den Streitkräften gem. § 3 EignungsübungsG, die **lösende Aussperrung** (*BAG* 21.4.1971 EzA Art. 9 GG Nr. 6; vgl. KR-*Weigand* § 25 KSchG Rz 14 ff.) sowie die **Abkehrerklärung** des Arbeitnehmers **bei** einer **suspendierenden Aussperrung** (*BAG* 21.4.1971 EzA Art. 9 GG Nr. 6; *Löwisch* Arbeitskampf 170.3.1 Rz 36 f.; aA *Zöllner/Loritz* S. 478). Als weitere sofort wirkende gesetzliche Beendigungsgründe kommen ferner das Erlöschen der Verleiherlaubnis bei gewerbsmäßiger Arbeitnehmerüberlassung (**Art. 1 §§ 9 Nr. 1, 10 Abs. 1 AÜG**; vgl. KR-*Lipke* § 620 BGB Rz 20) und der Übergang des Arbeitsverhältnisses im Fall des Betriebsübergangs (**§ 613 a Abs. 1 S. 1 BGB**; vgl. KR-*Pfeiffer* § 613a BGB Rz 124) in Betracht. 56

D. Ausschluss, Beschränkung und Erweiterung der außerordentlichen Kündigung

I. Ausschluss

1. Grundsatz der Unabdingbarkeit

Das **Recht zur außerordentlichen Kündigung** ist für beide Vertragsteile **unabdingbar** (*BAG* 19.12.1974 AP Nr. 3 zu § 620 BGB Bedingung; *Böhl* S. 69 ff.; APS-*Dörner* Rz 7; *Erman/Belling* Rz 18; HzA-*Isenhardt* 5/1 Rz 255; *Kiel* NZA 2005, Beil. 1 S. 19; *Löwisch* DB 1998, 880; MünchKomm-*Henssler* Rz 48; HzK-*Mues* 2 Rz 179; *Schaub/Linck* § 125 Rz 15; *Soergel/Kraft* Rz 12, vor § 620 Rz 32; SPV-*Preis* Rz 831; *Zöllner/Loritz* S. 287). Es kann weder durch einzelvertragliche noch durch kollektivrechtliche Vereinbarungen (**Betriebsvereinbarungen** oder **Tarifvertrag**) von vornherein ausgeschlossen werden (*Herschel* FS Müller 1981 S. 191 ff.; ErfK-*Müller-Glöge* Rz 234; HAS-*Popp* § 19 B Rz 126 f.). Diese Unabdingbarkeit ist wohl bereits gewohnheitsrechtlich anerkannt (*Oetker* S. 266; *Wiedemann* EWiR 1998, 538; s. ferner die Gesetzesbegründung zu § 314 BGB, BT-Drs. 14/6040 S. 176). 57

Überzogen ist die Kritik von *Gamillscheg* (AuR 1981,105 ff.; zust. *Hamer* PersR 2000, 147), die These von der Uneinschränkbarkeit der Kündigungsfreiheit des Arbeitgebers nach § 626 BGB gehöre ins »Reich der Fabel«. Er versucht darzulegen, § 626 BGB habe wegen des »arbeitsrechtlichen Schutzprinzips« zwar zwingende Wirkung zugunsten des Arbeitnehmers. Die von der hM angenommene **beiderseitig zwingende Natur** des § 626 BGB verstoße aber gegen das in Art. 9 Abs. 3 GG verankerte Günstigkeitsprinzip. Diese Kritik überzeugt aus folgenden Gründen nicht: Unzumutbares kann von Rechts wegen keiner Partei – auch dem Arbeitgeber nicht – zugemutet werden (so jetzt auch BBDW-*Bader* Rz 16; vgl. ferner *Ascheid* Rz 109; MünchKomm-*Henssler* aaO; *Kiel* aaO; *Oetker* RdA 1997, 12; *Papier* RdA 1989, 140). Die außerordentliche Kündigung eines unzumutbar gewordenen Arbeitsverhältnisses als »fundamentales Recht« zum **Selbstschutz** kann deshalb auch durch einen Tarifvertrag nicht ausgeschlossen werden (*Wiedemann* § 1 Rz 554). Dem vermeintlichen Günstigkeitsgrundsatz stehen die Art. 2 und 12 GG entgegen (*Zöllner* Gutachten DJT 52 [1978] S. 97 ff.; vgl. ferner *BAG* 5.2.1998 EzA § 626 BGB Unkündbarkeit Nr. 2 [*Walker*]; *Hergenröder* ZFA 2002, 373; *Kiel/Koch* Rz 16; HzK-*Mues* aaO; *Oetker* aaO). Auch das Sozialstaatsprinzip rechtfertigt keine restriktive Auslegung einer Vorschrift zugunsten des Arbeitnehmers, wenn Wortlaut und Zweck eindeutig sind (*Rüthers* DB 1982, 1875). Im Grunde geht es *Gamillscheg* jedoch nur um die Zulässigkeit **zumutbarer Einschränkungen** des Kündigungsrechts des Arbeitgebers (vgl. *Erman/Belling* Rz 22). Insoweit ist eine beschränkte Regelungsbefugnis auch im Rahmen der hL anzuerkennen und angemessen zu verwirklichen (s.u. Rz 64 ff.). 58

Auf einem zu einseitigen Verständnis zeitlicher Kündigungsschutzbestimmungen und der Regelung der außerordentlichen Kündigung beruht auch die von *Wolf* (KR 3. Aufl. Grunds. Rz 459 b) vertretene 59

Auffassung, das Recht zur außerordentlichen Kündigung unterliege insofern beschränkt der Parteidisposition, als der wichtige Grund zwar nicht zum Nachteil des Arbeitnehmers eingeschränkt oder ausgeschlossen werden dürfe, Vereinbarungen, die das **Kündigungsrecht des Arbeitnehmers** zum Nachteil des Arbeitgebers erweitern, aber grds. wirksam seien. Sowohl § 626 BGB als auch § 622 BGB sind keine reinen Arbeitnehmerschutzbestimmungen (die Mindestfristen des § 622 BGB sind vielmehr abgesehen von den dort genannten Ausnahmen beiderseitig zwingend: BAG 25.11.1971 EzA § 622 BGB nF Nr. 5; KR-*Spilger* § 622 BGB Rz 71, 144 f. mwN). Allein die von *Wolf* in einem anderen Zusammenhang (KR 3. Aufl. Grunds. Rz 185) undifferenziert behauptete wirtschaftliche, soziale und angeblich auch intellektuelle Überlegenheit des Arbeitgebers gegenüber dem Arbeitnehmer reicht nicht aus, um ihm den gesetzlichen Selbstschutz vor Erweiterungen des außerordentlichen Kündigungsrechts des Arbeitnehmers bzw. entsprechenden Verkürzungen der Mindestfristen, deren tatsächliche Bedeutung und Auswirkung beim Eintreten der geregelten Tatbestände zumeist nicht von vornherein übersehen werden kann, grds. zu versagen (vgl. eingehend *Hillebrecht* KR, 4. Aufl. Rz 37b).

60 An dem Grundsatz der Unabdingbarkeit (s.o. Rz 57) sind auch **tarifliche Maßregelungsverbote** für das Verhalten von Arbeitnehmern bei Arbeitskämpfen zu messen. Tarifklauseln, die bereits im Hinblick auf künftige Kampfaktionen spätere Kündigungen ohne Differenzierung nach dem Vorliegen wichtiger Gründe ausschließen wollen, sind wegen Verletzung des § 626 BGB unwirksam (*Belling* Anm. EzA Art. 9 GG Arbeitskampf Nr. 71; *v. Hoyningen-Huene* DB 1989, 1466; *Zöllner* S. 15 ff.). Eine unzulässige Einschränkung des § 626 BGB ist auch dann anzunehmen, wenn tarifliche Maßregelungsverbote die außerordentliche Kündigung wegen vorausgegangener Arbeitskämpfe nicht nur bei schlichten Streikbeteiligungen, sondern auch bei Streikexzessen ohne Rücksicht auf die konkreten Umstände des Falles verbieten (*Zöllner* aaO; **aA** *ArbG Stuttg.* 9.6.1976 EzA Art. 9 GG Arbeitskampf Nr. 20 mit abl. Anm. *Stahlhacke*; KDZ-*Däubler* Rz 242; HaKo-*Griebeling* Rz 18).

2. Abgrenzung zu Verzicht und Verzeihung

61 Von dem vorherigen Ausschluss des Kündigungsrechts ist der **nachträgliche Verzicht** auf die Kündigungsbefugnis zu unterscheiden. Der Kündigungsberechtigte kann zwar nicht von vornherein darauf verzichten, das Arbeitsverhältnis beim Vorliegen eines wichtigen Grundes außerordentlich zu kündigen. Er kann aber davon absehen, ein auf bestimmte Gründe gestütztes und bereits konkret bestehendes Kündigungsrecht auszuüben (*Ascheid* Rz 106; HAS-*Popp* § 19 B Rz 347 f.; *Staudinger/Preis* Rz 70, 113; MünchKomm-*Henssler* Rz 50).

62 Ein Verzicht auf ein entstandenes Kündigungsrecht muss ausdrücklich oder konkludent durch eine empfangsbedürftige **Willenserklärung** des Kündigungsberechtigten erfolgen (BAG 6.3.2003 EzA § 626 BGB 2002 Nr. 3; HK-*Dorndorf* § 1 Rz 322; *Popp* aaO Rz 348). Vor Ablauf der Ausschlussfrist des § 626 Abs. 2 BGB (s.u. Rz 319 ff.) ist ein Verzicht nur anzunehmen, wenn der Kündigungsberechtigte eindeutig seine Bereitschaft zu erkennen gibt, das Arbeitsverhältnis fortzusetzen (BAG 6.3.2003 EzA § 626 BGB 2002 Nr. 3). Da mit dem Ablauf der Ausschlussfrist das Kündigungsrecht ohnehin verwirkt (s.u. Rz 312 f.), kommt dem Verzicht im Bereich des § 626 BGB keine große Bedeutung mehr zu. Ein schlüssiger Verzicht auf das Recht zur außerordentlichen Kündigung liegt dann vor, wenn der Kündigungsberechtigte **vor Ablauf der Ausschlussfrist** des § 626 Abs. 2 BGB eine **Abmahnung** oder eine **ordentliche Kündigung** ausspricht (BAG 31.7.1986 RzK I 8 c Nr. 10; *Ascheid* aaO; MünchKomm-*Henssler* Rz 277; *Schaub/Linck* § 125 Rz 40; *Staudinger/Preis* aaO), es sei denn, der Arbeitgeber hatte in Verkennung eines (tarif)vertraglichen Ausschlusses der ordentlichen Kündigung fristgerecht zu kündigen versucht (BAG 5.2.1998 EzA § 626 BGB Unkündbarkeit Nr. 2). Der Verzicht führt zum Erlöschen des Kündigungsrechts (*Ascheid* aaO).

63 Auch die sog. **Verzeihung** eines Kündigungsgrundes setzt voraus, dass der Kündigungsberechtigte ausdrücklich oder durch schlüssiges Verhalten zu erkennen gegeben hat, einen bestimmten Kündigungsgrund nicht mehr zum Anlass für eine außerordentliche Kündigung nehmen zu wollen (*Preis* Prinzipien S. 369 f.; krit. KR-*Griebeling* § 1 KSchG Rz 249a). Zwischen einem Verzicht auf das Kündigungsrecht und einer Verzeihung der Kündigungsgründe besteht nur insoweit ein rechtlich erheblicher Unterschied (*Ascheid* aaO; *Popp* aaO Rz 353), als bei der Verzeihung der **Kündigungsgrund entfällt** und der Berechtigte auch nicht mehr ordentlich kündigen kann, weshalb eine Abmahnung jedenfalls auch verzeihende Wirkung hat (vgl. HWK-*Sandmann* 1. Aufl. Rz 68). Eine **Verwirkung** des Kündigungsrechts kommt neben § 626 Abs. 2 BGB grds. nicht in Betracht (vgl. BAG 9.1.1986 EzA § 626 BGB nF Nr. 98; *Busemann/Schäfer* Rz 352; HzA-*Isenhardt* 5/1 Rz 285; **aA** *Popp* aaO Rz 354; s.a. Rz 190, 313).

II. Beschränkung

1. Unzumutbare Erschwerungen

Nicht nur ein Ausschluss, sondern auch eine für den kündigenden Vertragspartner **unzumutbare Erschwerung** seines Rechts zur außerordentlichen Kündigung ist unzulässig (*BAG* 8.8.1963 AP Nr. 2 zu § 626 BGB Kündigungserschwerung; *Erman/Belling* Rz 21; *MünchKomm-Henssler* Rz 53 ff.; *Soergel/Kraft* Rz 13; HAS-*Popp* § 19 B Rz 128; SPV-*Preis* Rz 832). Eine solche liegt nicht schon dann vor, wenn interne gesellschaftsrechtliche Bindungen bestehen bzw. arbeitsvertraglich modifiziert werden (z.B. Kündigung nur nach vorheriger Zustimmung der Gesellschafterversammlung [*BAG* 28.4.1994 EzA § 37 GmbHG Nr. 1 und 11.3.1998 EzA § 37 GmbHG Nr. 2] bzw. eines Gesellschafters [*BAG* 20.10.1960 AP Nr. 1 zu § 164 HGB]; vgl. ErfK-*Müller-Glöge* Rz 243; zur vertraglichen Beschränkung der Kündigungsberechtigung auf die Person des Arbeitgebers s.u. Rz 353). Unzumutbar erschwert wird das Recht zur außerordentlichen Kündigung dagegen dann, wenn eine fristlose Entlassung durch den Arbeitgeber nur mit Zustimmung einer dritten Stelle zulässig sein soll, sofern nicht eine unabhängige Schiedsstelle vorgesehen ist, die die Versagung der Zustimmung nachprüfen und ersetzen kann (*BAG* 6.11.1956 AP Nr. 14 zu § 626 BGB). Ist eine echte **Schiedsgerichtsklausel** vereinbart, so muss ferner geprüft werden, ob nicht ein Verstoß gegen §§ 2, 101 ArbGG vorliegt (*BAG* 11.7.1958 AP Nr. 27 zu § 626 BGB). Da in den Fällen, in denen die Zustimmung zur außerordentlichen Kündigung durch den Betriebs- oder Personalrat oder durch eine Behörde eine gesetzliche Zulässigkeitsvoraussetzung für die Kündigung ist (s.o. Rz 17–20), die Verweigerung der Zustimmung gerichtlich überprüft werden kann, wird durch den gesetzlichen Sonderkündigungsschutz das Recht zur außerordentlichen Kündigung nicht unzumutbar erschwert (*Erman/Belling* aaO; *Oetker* aaO). Aus dem gleichen Grunde ist es unbedenklich, dass nach § 102 Abs. 6 BetrVG auch die außerordentliche Kündigung eines Arbeitnehmers, der keinen Sonderkündigungsschutz hat, durch **Betriebsvereinbarung** an die **Zustimmung des Betriebsrats** gebunden werden kann (KR-*Etzel* § 102 BetrVG Rz 245; HzA-*Isenhardt* 5/1 Rz 260; **aA** *Matthes* FA 2004, 354), denn bei der Verweigerung der Zustimmung hat die neutrale Einigungsstelle zu entscheiden (vgl. dazu KR-*Etzel* § 102 BetrVG Rz 252 ff.; *Staudinger/Preis* Rz 42). Das gilt auch für eine tarifliche Regelung, die bei Meinungsverschiedenheiten die Einschaltung einer Einigungsstelle vorsieht (*BAG* 12.11.1997 EzA § 611 BGB Einstellungsanspruch Nr. 12; *LAG Köln* 24.11.1983 DB 1984, 670; *LAG Düsseld.* 25.8.1995 LAGE Art. 9 GG Nr. 11; **aA** *Gamillscheg* Kollektives Arbeitsrecht I, S. 616: Möglichkeit zur Anrufung der Einigungsstelle nicht notwendig).

Eine für den Arbeitgeber **unzulässige Kündigungserschwerung** enthält die Vereinbarung, die ihn bei einer ohne Zustimmung des Betriebsrats erfolgten außerordentlichen Kündigung des Arbeitsverhältnisses verpflichtet, während des anschließenden Kündigungsschutzprozesses teilw. vorbehaltlos und teilw. mit dem Recht der Rückforderung die Vergütung des gekündigten Arbeitnehmers weiterzuzahlen (*BAG* 18.12.1961 AP Nr. 1 zu § 626 BGB Kündigungserschwerung; HzA-*Isenhardt* 5/1 Rz 262; krit. HaKo-*Griebeling* Rz 23). Unzumutbar erschwert wird eine außerordentliche Kündigung ferner, wenn der jeweils Kündigende trotz eines vom Gekündigten schuldhaft gesetzten wichtigen Grundes zur Zahlung einer **Vertragsstrafe** oder einer **Abfindung** verpflichtet sein soll (*BAG* 8.8.1963 aaO; *BGH* 3.7.2000 EzA § 626 BGB nF Nr. 181; *MünchKomm-Henssler* Rz 55; teilw. **aA** KDZ-*Däubler* Rz 247) oder wenn dem Arbeitnehmer bei einer von ihm ausgesprochenen außerordentlichen Kündigung die **Rückzahlung** von Urlaubsentgelt, Urlaubsgeld oder Gratifikationen auferlegt wird (DLW-*Dörner* D Rz 653; *Soergel/Kraft* aaO; *Staudinger/Preis* Rz 41; vgl. ferner zu faktischen Kündigungsbeschränkungen KR-*Spilger* § 622 BGB Rz 119 f.).

2. Ausschluss von Kündigungsgründen

Zumeist unwirksame Einschränkungen des Rechts zur außerordentlichen Kündigung sind auch in der Form denkbar, dass in Arbeits- oder Tarifverträgen **abschließend** festgelegt wird, welche **bestimmten Gründe** zur außerordentlichen Kündigung berechtigen sollen, und damit eine außerordentliche Kündigung in anderen als den vorgesehenen Fällen ausgeschlossen wird (*Staudinger/Preis* aaO; *Schaub/Linck* § 125 Rz 15; *LAG Düsseld.* 22.12.1970 DB 1971, 150). Auch die Wirksamkeit dieser Vereinbarungen über den wichtigen Grund ist daran zu messen, ob sie für den Kündigenden eine unzumutbare Erschwerung bedeuten. Das ist schon dann anzunehmen, wenn für sog. unkündbare Arbeitnehmer das Recht zur außerordentlichen Beendigungskündigung auf Gründe beschränkt wird, die in der Person oder im Verhalten des Arbeitnehmers liegen, und für andere wichtige Gründe, insbesondere dringende betriebliche Erfordernisse, **nur** eine außerordentliche **Änderungskündigung** zugelassen wird (so zB § 55 Abs. 2 BAT im Gegensatz zum neuen § 34 Abs. 2 S. 1 TVöD; vgl. *Etzel* ZTR

§ 626 BGB

2003, 215; *Geller* S. 173 ff.; *Kania/Kramer* RdA 1995, 288 f.; APS-*Kiel* Rz 318d; *Löwisch/Spinner* vor § 1 Rz 118; *Moll* FS Wiedemann 2002 S. 337; ErfK-*Müller-Glöge* Rz 235; *Pfohl* Rz 325; *Preis/Hamacher* FS 50 Jahre Arbeitsgerichtsbarkeit Rheinland-Pfalz 1999, 255; *Schaub/Linck* aaO; *Walker* Anm. AP Nr. 4 zu § 55 BAT; **aA** *Hillebrecht* KR, 4. Aufl. Rz 42; KDZ-*Däubler* Rz 239; *Hamer* PersR 2000, 147; für den öffentlichen Dienst auch *Kiel/Koch* Rz 19). Zwar beruht die Regelung des § 55 Abs. 2 BAT auf der im allgemeinen berechtigten Erwartung, im öffentlichen Dienst sei es bei einer Änderung der Organisation dem Arbeitgeber zumutbar, den Arbeitnehmer zu veränderten Bedingungen weiterzubeschäftigen (ähnlich ArbRBGB-*Corts* Rz 69) und das BAG hat die Regelung des § 55 BAT im Prinzip gebilligt (*BAG* 25.10.2001 EzA § 626 BGB Änderungskündigung Nr. 2; vgl. auch *BAG* 19.1.1973 EzA § 626 BGB nF Nr. 24). Jedoch sind auch im öffentlichen Dienst Fälle denkbar, in denen dringende betriebliche Erfordernisse einer Weiterbeschäftigung schlechthin entgegenstehen (s.u. Rz 158; zust. APS-*Dörner* Rz 14; vgl. ferner ArbRBGB-*Corts* aaO und *Soergel/Kraft* Rz 14, der dem Ausschluss nur Bedeutung für die gebotene Gesamtwürdigung beimisst). Auch im **öffentlichen Dienst** sind die grundlegenden Organisationsentscheidungen des Arbeitgebers grds. nicht auf Notwendigkeit und Zweckmäßigkeit zu überprüfen (*BAG* 26.1.1995 EzA § 2 KSchG Nr. 22; 6.10.2005 EzA § 626 BGB 2002 Nr. 14; zur Entscheidung, eine defizitäre Musikschule nur noch mit freiberuflich tätigen Lehrern zu betreiben, *LAG BW* 22.11.1999 EzBAT § 54 BAT Unkündbare Angestellte Nr. 10; vgl. auch *Kiel* NZA 2005, Beil. 1 S. 23). Ob eine Weiterbeschäftigung des Arbeitnehmers zu veränderten Bedingungen möglich und zumutbar ist, muss unter Berücksichtigung aller Umstände des Einzelfalles geprüft und kann nicht in einem Tarifvertrag generalisierend bejaht werden. Allerdings wird man im Hinblick auf § 55 Abs. 2 BAT an die Darlegungs- und **Substantiierungspflicht** des Arbeitgebers besonders **strenge Anforderungen** zu stellen haben (krit. *Reichold* EWiR 2003, 105 f.). So genügt es insbes. nicht, wenn der Arbeitgeber nur das Vorhandensein geeigneter freier Arbeitsplätze in Abrede stellt. Vielmehr hat der Arbeitgeber unter Vorlegung der Stellenpläne im Einzelnen zu erläutern, weshalb eine Weiterbeschäftigung oder eine Vermittlung zu anderen Arbeitgebern des öffentlichen Dienstes auch nach einer Fortbildung oder Umschulung des Arbeitnehmers nicht möglich oder nicht zumutbar sein soll (*BAG* 17.9.1998 EzA § 626 BGB Unkündbarkeit Nr. 3; 27.6.2002 EzA § 626 BGB Unkündbarkeit Nr. 8; 6.10.2005 EzA § 626 BGB 2002 Nr. 14 mwN). Dabei sind auch solche Arbeitsplätze zu berücksichtigen, deren Freiwerden aufgrund üblicher Fluktuation innerhalb der zu gewährenden Auslauffrist (s.u. Rz 304) zu erwarten ist oder die der Arbeitgeber durch Umsetzungen in Ausübung seines Direktionsrechts freimachen kann (vgl. *BAG* 17.9.1998 EzA § 626 BGB Unkündbarkeit Nr. 3; 27.6.2002 EzA § 626 BGB Unkündbarkeit Nr. 8; 6.10.2005 EzA § 626 BGB 2002 Nr. 14; in anderem Zusammenhang auch *BAG* 29.1.1997 EzA § 1 KSchG Krankheit Nr. 42; *Moll* aaO, S. 352 f.; s.a. Rz 158).

67 Mit der Beschränkung auf zumutbare Erschwerungen (vgl. *Erman/Belling* Rz 22) ist der Auffassung von *Herschel* (FS Nikisch 1958 S. 49; FS Müller 1981 S. 195 f.) zuzustimmen, dass die Parteien und die Tarifpartner die Grenzen der **relativen Unzumutbarkeit** bestimmen können (ähnlich *Staudinger/Preis* Rz 46). So ist es zB unbedenklich, die außerordentliche Kündigung wegen pflichtwidrigen Verhaltens auf Gründe zu beschränken, die bei einem Beamten die Entfernung aus dem Dienst rechtfertigen (weitergehend KDZ-*Däubler* aaO; *Herschel* FS Müller 1981 S. 197). Zur Übernahme des Vergütungsrisikos bei betrieblichen Gründen, s.u. Rz 158.

III. Erweiterungen

1. Vertragliche Regelungen

68 Die Parteien eines **Arbeitsvertrages** können das Recht zur außerordentlichen Kündigung auch vertraglich **nicht** über das gesetzliche Maß hinaus **erweitern** (*BAG* 22.11.1973 EzA § 626 BGB nF Nr. 33; *Erman/Belling* Rz 19; *Busemann/Schäfer* Rz 338; *Däubler* 2 Rz 1150; HzA-*Isenhardt* 5/1 Rz 256; SPV-*Preis* Rz 833; *Soergel/Kraft* Rz 15; *Schaub/Linck* § 125 Rz 18; **aA** *Wolf* KR, 3. Aufl. Grunds. Rz 459b – s.a. Rz 59). Die **Festlegung bestimmter Tatbestände** als wichtige Gründe über den durch § 626 BGB gesetzten Rahmen hinaus verstößt gegen die in § 622 BGB zwingend festgelegten **Mindestkündigungsfristen** (*BAG* 22.11.1973 EzA § 626 BGB nF Nr. 33; KR-*Spilger* § 622 BGB Rz 145; MünchKomm-*Henssler* Rz 58; HAS-*Popp* § 19 B Rz 136; HWK-*Sandmann* Rz 65; die Kündigungsfristen des § 621 BGB für **sonstige Dienstverhältnisse** sind dagegen nicht unabdingbar, weshalb vertragliche Erleichterungen hier in den Grenzen der §§ 138, 242 BGB zulässig sind [vgl. *BGH* 2.7.1988 EzA § 626 BGB nF Nr. 117; AnwaltKomm-*Franzen* Rz 12]).

69 Eine beschränkte rechtliche Bedeutung haben Vereinbarungen über Gründe zur außerordentlichen Kündigung im Rahmen der **Interessenabwägung** nur dann, wenn die Parteien Tatbestände, die an

sich als wichtige Gründe geeignet sind, näher bestimmen und damit zu erkennen geben, welche Umstände ihnen unter Berücksichtigung der Eigenart des jeweiligen Arbeitsverhältnisses als Gründe für die vorzeitige Beendigung besonders wichtig erscheinen (vgl. MünchKomm-*Henssler* Rz 59; *Soergel/Kraft* Rz 16; SPV-*Preis* aaO; zu weit gehend HWK-*Sandmann* Rz 68, der die Interessenabwägung dann für entbehrlich hält; aA HaKo-*Griebeling* Rz 25; *Stahmer/Kerls/Confurius-Heilmann* 4/1.2). Überschritten wird dieser Spielraum jedoch mit einer Vereinbarung der Parteien, wonach der Arbeitgeber zur fristlosen Kündigung berechtigt sein soll, wenn Fehlbestände in einer Verkaufsstelle festgestellt werden, und zwar ohne Rücksicht darauf, ob das Manko von der gekündigten Verkäuferin verursacht worden ist (*BAG* 22.11.1973 EzA § 626 BGB nF Nr. 33), oder wenn schon die einmalige Verletzung der Pflicht zur Krankmeldung für den Arbeitgeber ein wichtiger Grund sein soll (MünchKomm-*Henssler* Rz 58). Nur unter besonderen Umständen ist es möglich, die Vereinbarung von wichtigen Gründen, die § 626 BGB nicht genügen, als Regelung von ordentlichen Kündigungen mit der gesetzlichen Mindestfrist auszulegen (*BGH* 11.5.1981 AP Nr. 15 zu § 622 BGB; *LAG Nürnberg* 26.4.2001 LAGE § 626 BGB Nr. 134 [*Adam*]; s.a. Rz 72).

2. Tarifliche Regelungen

Auch die Tarifvertragsparteien können das gesetzliche Recht zur außerordentlichen Kündigung nicht erweitern (*BAG* 24.6.2004 EzA § 626 BGB 2002 Unkündbarkeit Nr. 7; HzA-*Isenhardt* 5/1 Rz 257; SPV-*Preis* Rz 833; jetzt auch BBDW-*Bader* Rz 19). Allerdings sind die Tarifvertragsparteien nach § 622 Abs. 4 BGB nicht an die gesetzlichen Mindestfristen gebunden, sondern können auch **entfristete Kündigungen** vereinbaren (KR-*Spilger* § 622 BGB Rz 211 f.). Sie überschreiten deswegen nicht die Grenzen ihrer Regelungsbefugnis, wenn sie besondere Kündigungsgründe (sog. **minder wichtige Gründe**) für Kündigungen festlegen, die entfristet oder mit kürzeren Kündigungsfristen erfolgen können (*BAG* 19.1.1973 EzA § 626 BGB nF Nr. 24; *Staudinger/Freis* Rz 47). Grenzen setzte insoweit allerdings das frühere AngKSchG für ältere Angestellte (vgl. *Hillebrecht* KR, 4. Aufl. Rz 46) und setzt noch § 622 Abs. 6 BGB (s.u. Rz 73). 70

Zumeist werden »wichtige Gründe« nur in solchen **Tarifvorschriften** näher bestimmt, die das Recht zur »außerordentlichen Kündigung« von Arbeitnehmern regeln, denen mit Rücksicht auf die Dauer ihrer Betriebszugehörigkeit nicht mehr ordentlich gekündigt werden kann (sog. **unkündbare Arbeitnehmer**). Bei einer tariflich vorgesehenen Kündigung von an sich unkündbaren Arbeitnehmern aus bestimmten Gründen handelt es sich sachlich nicht um eine außerordentliche Kündigung iSd § 626 BGB, sondern um eine entfristete oder befristete **ordentliche Kündigung** (*Isenhardt* aaO). Eine bloße Ausnahme vom Verbot der ordentlichen Kündigung kann zB vorliegen bei der Zulassung von Kündigungen gegenüber unkündbaren Arbeitnehmern, die unter den Geltungsbereich eines Sozialplans fallen (*BAG* 9.5.1985 EzA § 4 TVG Metallindustrie Nr. 25) oder von Kündigungen bei der Stilllegung wesentlicher Betriebsteile oder in anderen »sachlich begründeten Fällen« (*BAG* 8.8.1985 EzA § 1 KSchG Soziale Auswahl Nr. 21). Auch bei der nach § 46 (früher §15) BRTV Maler und Lackierer möglichen entfristeten Kündigung wegen schlechten Wetters handelt es sich um eine ordentliche Kündigung (*BAG* 4.6.1987 EzA § 1 KSchG Soziale Auswahl Nr. 25). Dasselbe galt für § 30 Abs. 4 LTVDB, der auch bei unkündbaren Arbeitnehmern eine befristete Kündigung vorsah, wenn nach einem Gutachten zum Rentenbezug berechtigende dauernde Arbeitsunfähigkeit vorlag (*BAG* 9.9.1992 EzA § 626 BGB nF Nr. 142). Dagegen handelt es sich bei der in § 21 Nr. 4 MTV Brauereien NRW geregelten Kündigung ebenso um eine außerordentliche Kündigung iSd § 626 BGB (*BAG* 29.8.1991 EzA § 102 BetrVG Nr. 82) wie bei der in § 3 Nr. 1b TV Goethe-Institut iVm § 11 TV Ang. Ausland (*BAG* 24.6.2004 EzA § 626 BGB 2002 Unkündbarkeit Nr. 7). 71

Tariflichen Vorschriften, die das Recht zur außerordentlichen Kündigung regeln, muss eindeutig zu entnehmen sein, dass die Tarifvertragsparteien dem **Begriff des wichtigen Grundes** eine andere Bedeutung beigemessen haben, als ihm nach § 626 BGB zukommt, wenn sie in Wahrheit die ordentliche Kündigung unter besonderen Voraussetzungen zulassen wollten (*Isenhardt* aaO; HAS-*Popp* § 19 B Rz 138). Verwendet ein Tarifvertrag den Begriff des wichtigen Grundes, dann ist grds. davon auszugehen, dass die Tarifvertragsparteien diesen Begriff auch in seiner allgemein gültigen Bedeutung iSd § 626 BGB gebraucht haben und nicht anders verstanden wissen wollen (*BAG* 29.8.1991 EzA § 102 BetrVG Nr. 82) Wenn diese **Auslegungsregel** eingreift, sind die im Tarifvertrag genannten »wichtigen Gründe« an den Anforderungen des § 626 BGB zu messen. Das gilt zB auch für die in § 55 Abs. 2 BAT aus dienstlichen Gründen zugelassene Änderungskündigung eines unkündbaren Angestellten zum Zwecke der Herabgruppierung (*BAG* 17.5.1984 EzBAT § 55 BAT Nr. 1). 72

73 Eine weitere Einschränkung der Wirksamkeit tariflicher Regelungen des «wichtigen Grundes» ergibt sich daraus, dass nach dem Sinn und Zweck des § 622 Abs. 6 BGB für die Kündigung durch den Arbeitgeber nicht nur keine kürzeren Fristen vereinbart werden können als für den Arbeitnehmer. Darüber hinaus dürfen auch im Übrigen die Anforderungen für die Kündigung durch den Arbeitgeber nicht geringer sein als für den Arbeitnehmer (*Staudinger/Preis* § 622 Rz 64, § 626 Rz 47; *Popp* aaO Rz 138). Aus diesem Grund ist es nicht möglich, einseitig zuungunsten der Arbeitnehmer besondere Gründe für eine entfristete Kündigung vorzusehen. Die **minder wichtigen Gründe** müssen vielmehr für **beide Vertragsteile** gelten (*LAG Köln* 31.1.2001 ZTR 2001, 474).

E. Methoden der gesetzlichen Regelung zur außerordentlichen Kündigung und allgemeine Merkmale des wichtigen Grundes

I. Rechtslage vor dem 1. September 1969

74 Das Recht zur außerordentlichen Kündigung war bis zur Neufassung des § 626 BGB und der damit verbundenen **Rechtsvereinheitlichung** durch das ArbRBereinigG unterschiedlich geregelt. Es galten nebeneinander drei methodisch verschiedene Regelungen, die wegen des persönlichen Geltungsbereichs auf die Tätigkeit des Arbeitnehmers abstellten.

75 Für die wichtigsten Gruppen von Arbeitnehmern war § 626 BGB aF durch Sondervorschriften ausgeschlossen. Der nur im beschränkten Umfang auf Arbeitsverhältnisse anwendbare § 626 BGB enthielt eine **Generalklausel,** nach der das Dienstverhältnis von jedem Teil ohne Einhaltung einer Kündigungsfrist gekündigt werden konnte, wenn ein **wichtiger Grund** vorlag. Dieser unbestimmte Rechtsbegriff wurde in der Rspr. wie folgt umschrieben: »Ein wichtiger Grund zur fristlosen Kündigung eines Arbeitsverhältnisses ist dann anzunehmen, wenn dem einen Vertragsteil nicht zugemutet werden kann, unter Berücksichtigung aller Umstände nach Treu und Glauben das Arbeitsverhältnis mit dem anderen Vertragsteil weiter fortzusetzen, und zwar auch nicht für die Dauer der vorgesehenen Kündigungsfrist« (*BAG* 3.11.1955 EzA § 626 BGB Nr. 1).

76 Insbesondere für gewerbliche Arbeiter (ebenso jetzt noch § 64 Abs. 1 Nr. 1-3 und Nr. 5 SeemG) galt das sog. Enumerationsprinzip, dh das Gesetz zählte erschöpfend die Gründe für die außerordentliche Kündigung auf (vgl. § 123 GewO, §§ 82, 83 AllgBergG). Wenn einer der gesetzlich bestimmten Entlassungsgründe vorlag, brauchte nicht mehr unter Berücksichtigung aller Umstände geprüft zu werden (keine Interessenabwägung), ob nach der Sachlage die Fortsetzung des Arbeitsverhältnisses noch zumutbar war oder nicht, was bei dem Erfordernis des wichtigen Grundes nach § 626 BGB aF zusätzlich erforderlich war (*BAG* 9.12.1954 AP Nr. 1 zu § 123 GewO; 30.11.1978 AP Nr. 1 zu § 64 SeemG).

77 Eine dritte Form zur Regelung der außerordentlichen Kündigung hatte der Gesetzgeber insbesondere für kaufmännische und gewerbliche Angestellte gewählt (vgl. zB §§ 70-72 HGB und §§ 133 b – 133d GewO). Sie bestand darin, Beispiele für wichtige Gründe, die zur außerordentlichen Kündigung berechtigten, sofern nicht besondere Umstände eine andere Beurteilung rechtfertigen, anzuführen und ergänzend mit einer Generalklausel zu verbinden.

II. Regelungsgehalt der Neufassung des § 626 BGB

78 Der Gesetzgeber hat bei der Änderung des § 626 BGB die Methode der Regelung durch eine regulative Generalklausel (*SPV-Preis* Rz 607) bzw. **Blankettnorm** (*Ascheid* Rz 113) gewählt. Der wichtige Grund wird nur durch allgemeine Merkmale gekennzeichnet. Er ist damit als **umfassender unbestimmter Rechtsbegriff** ausgestaltet worden (vgl. eingehend *Preis* Prinzipien S. 94 ff. und S. 478 ff.). Bei seiner Ausfüllung ist der objektive Gehalt der **Grundrechte** zu beachten, wobei insbesondere Art. 12 GG Bedeutung erlangt, der die Freiheit der beruflichen Betätigung sowohl von Arbeitnehmern als auch von privaten Arbeitgebern schützt (vgl. *BVerfG* 27.1.1998 EzA § 23 KSchG Nr. 17). Sachlich bedeutet die Neufassung keine Änderung gegenüber der schon bisher nach § 626 BGB aF bestehenden Rechtslage bei einer außerordentlichen Kündigung aus wichtigem Grund (*Staudinger/Preis* Rz 2).

79 Diese Kontinuität des Begriffes des wichtigen Grundes in § 626 BGB wird von *Ascheid* (Rz 113 ff.) bestritten. Er gibt zu bedenken, im Unterschied zur Urfassung des § 626 BGB enthalte die jetzt geltende Fassung im »Wenn-Satz« die »offene« Definition des wichtigen Grundes. Die höchstrichterliche Rspr. mit ihrer Differenzierung zwischen der abstrakt-generellen Eignung eines Sachverhalts als wichtiger Grund und der zusätzlichen umfassenden Interessenabwägung im Einzelfall erwecke den Eindruck, sie halte im Wege einer **historizistischen Auslegung** am Ur-Wortlaut der Vorschrift fest und berück-

sichtige die Aussage des heutigen Wenn-Satzes nicht bei der maßgebenden Bestimmung des Kündigungsgrundes (*Ascheid* Rz 117 f.).

Berücksichtigt man die **Entstehungsgeschichte** der Änderung des § 626 BGB durch das ArbRBereinigG vom 16.8.1969 (vgl. dazu KR-*Spilger* § 622 BGB Rz 7), so lässt sich feststellen, dass es dem historischen Gesetzgeber an einem Rechtsgestaltungswillen und systematischen Vorstellungen ersichtlich gefehlt hat. Der Gesetzgeber hat unkritisch, ohne klärende Diskussion im Ausschuss oder in den Verhandlungen des Bundestages mit unwesentlichen sprachlichen Änderungen den in der Rspr. des BAG geprägten Begriff des wichtigen Grundes übernommen (Entwurf der BReg., Drs. 705/68, S. 4, 11; Bericht über Sitzung des Bundesrates vom 7.2.1969, S. 51; Regierungsvorlage vom 24.2.1969, Drs. V/3913, S. 11; Protokoll der Sitzung des Deutschen Bundestages vom 23.4.1969, S. 12513 ff.; Bericht des Ausschusses für Arbeit, Drs. V/4376, S. 3, 11; Sitzung des Deutschen Bundestages vom 26.6.1969, S. 13550). Nach den erkennbaren Vorstellungen des BAG bestehen zwischen der früheren Fassung (wichtiger Grund) und der nunmehrigen gesetzlichen Umschreibung des wichtigen Grundes hinsichtlich der Möglichkeit und Notwendigkeit, zwischen der Erfassung des Grundes und der Interessenabwägung abzugrenzen, keine sachlichen Unterschiede. Für diese beiden Elemente wird auch von *Ascheid* (Rz 119) die Abgrenzbarkeit nicht ernstlich bestritten, wenn er ausführt, der Tatbestand des § 626 Abs. 1 BGB stelle tatbestandseinheitlich auf das Vorliegen der Unzumutbarkeit ab und enthalte in diesem Rahmen allenfalls zwei abgrenzbare Elemente, nämlich die Erfassung des Grundes und die Interessenabwägung. Wenn der Grund vorliege und die Interessenabwägung gegen den Gekündigten spreche, sei die Kündigung wirksam. Im Übrigen dient diese **Abgrenzung** zwischen dem **wichtigen Grund »an sich«** und der **Interessenabwägung** durch das BAG (s.u. Rz 83 ff.) dazu, im Bereich des Kündigungsrechtes mehr Rechtssicherheit zu schaffen und die Möglichkeit der Beurteilung der Prozessaussicht zu verbessern. In diesem pragmatischen Bestreben nähert sich *Ascheid* (Rz 125) der Rspr. des BAG an, indem er die Differenzierung erwägt zwischen Umständen des Einzelfalles, die beim Kündigungsgrund immer zu beachten sind, und den Besonderheiten des Einzelfalls.

III. Problematik des unbestimmten Rechtsbegriffs

Nach § 626 Abs. 1 BGB ist bei allen Kündigungsgründen eine Berücksichtigung aller **Umstände des Einzelfalles** und eine Abwägung der (jeweiligen) **Interessen beider Vertragsteile** erforderlich. Das Erfordernis, die Besonderheiten des Einzelfalles umfassend zu berücksichtigen, schließt es aus, bestimmte Tatsachen stets als wichtige Gründe zur außerordentlichen Kündigung anzuerkennen. Wegen dieser »relativen Erheblichkeit« des wichtigen Grundes gibt es im Rahmen des § 626 BGB (zur Ausnahme bei Sonderregelungen s.o. Rz 8, 76) **keine unbedingten (absoluten) Kündigungsgründe** (BAG 15.11.1984 EzA § 626 BGB nF Nr. 95; *Ascheid* Rz 116 f.; Mü=chKomm-*Henssler* Rz 74; *Herschel* FS Müller 1981 S. 202; HzA-*Isenhardt* 5/1 Rz 310; HAS-*Popp* § 19 B Rz 173; SPV-*Preis* Rz 607). Auch wenn ein an sich durchaus als wichtiger Grund geeigneter Umstand vorliegt, muss stets eine Abwägung aller für und gegen die Lösung des Arbeitsverhältnisses sprechenden Umstände erfolgen. Nur in seltenen Fällen kann der **Beurteilungsspielraum** der Tatsachengerichte so eingegrenzt sein, dass aus der »relativen« praktisch eine »absolute« Unzumutbarkeit der Fortsetzung des Arbeitsverhältnisses wird (*Herschel* FS Nikisch 1958 S. 58 ff.; *Popp* aaO). Dies gilt auch bei der außerordentlichen Kündigung von freien Dienstverträgen, die die Arbeitskraft des Dienstverpflichteten überwiegend in Anspruch nehmen (BAG 2.6.1960 AP Nr. 42 zu § 626 BGB).

Auch dann, wenn **mehrere Kündigungen** vom Arbeitgeber **aus demselben Anlass** oder wegen eines gleichartigen Kündigungssachverhaltes, ausgesprochen werden, ist es bei Berücksichtigung aller Umstände des Einzelfalles und der beiderseitigen Interessen nicht nur möglich, sondern uU sogar geboten, die Wirksamkeit der von den gekündigten Arbeitnehmern angegriffenen Kündigungen unterschiedlich zu beurteilen (BAG 25.3.1976 EzA § 103 BetrVG 1972 Nr. 12). Im Interesse der gebotenen **Einzelfallgerechtigkeit** wird dadurch zwangsläufig die Rechtssicherheit beeinträchtigt (*Popp* aaO Rz 141; vgl. auch die eingehende krit. Darstellung von *Preis* Prinzipien S. 174 ff.). Gleichwohl ist die Regelung des § 626 BGB rechtspolitisch nicht verfehlt. Ein Versuch, die Tatbestände des wichtigen Grundes durch eine abschließende gesetzliche Regelung zu bestimmen, müsste an der Vielfältigkeit und der Unterschiedlichkeit der denkbaren Kündigungssachverhalte scheitern. Damit das Recht der außerordentlichen Kündigung nicht zu einem unübersichtlichen und unberechenbaren echten **»case-law«** wird (*Adomeit/Spinti* AR-Blattei SD 1010.9 Rz 50 f.), also zur Erhöhung der Rechtssicherheit, bedarf es allerdings einer **Strukturierung** des wichtigen Grundes, der Konkretisierung typischer Kündigungssachverhalte, einer **Systematisierung** der Kündigungsgründe und der Entwicklung allgemeiner

Richtlinien für die Beurteilung bestimmter Kündigungsgründe (*Herschel* FS Müller 1981 S. 200 f.; *Preis* Prinzipien S. 476 ff.). *Hillebrecht* hat hierzu mit seiner Kommentierung bis zur 4. Auflage einen bedeutenden Beitrag geleistet. Im Folgenden wurde seine Konzeption überwiegend beibehalten.

IV. Nähere Bestimmung des wichtigen Grundes

1. Allgemeiner Prüfungsmaßstab

83 Ein brauchbarer Ansatzpunkt zur Konkretisierung des wichtigen Grundes ist der vom BAG entwickelte Maßstab zur **revisionsrechtlichen Nachprüfung** des wichtigen Grundes. Die Anwendung und Auslegung des § 626 Abs. 1 BGB ist im Revisionsverfahren dahin zu überprüfen, ob ein bestimmter Sachverhalt ohne die besonderen Umstände des Einzelfalles an sich geeignet ist, einen wichtigen Grund zu bilden, und ob bei der Berücksichtigung der Umstände des Einzelfalles und der Interessenabwägung alle vernünftigerweise in Betracht kommenden Umstände vollständig und widerspruchsfrei berücksichtigt worden sind (*BAG* 2.6.1960 AP Nr. 42 zu § 626 BGB; s.u. Rz 390). Dieser **Prüfungsmaßstab** ist für den Tatsachenrichter dahin zu ergänzen, dass ihm bei der Berücksichtigung der Umstände des Einzelfalles und der Interessenabwägung ein **Beurteilungsspielraum** zusteht (krit. *Adam* ZTR 2001, 349 ff.).

84 Der **wichtige Grund** ist damit **in zwei** systematisch zu trennenden **Abschnitten zu prüfen** (ebenso KPK-*Bengelsdorf* Kap. 2 Rz 27; ArbRBGB-*Corts* Rz 29; APS-*Dörner* Rz 29 f.; *Dütz* NJW 1990, 2090 f.; H/S-*Hümmerich/Holthausen* § 10 Rz 557; *Knorr/Bichlmeier/Kremhelmer* 6 Rz 14; ErfK-*Müller-Glöge* Rz 34; HAS-*Popp* § 19 B Rz 145 ff.; *Soergel/Kraft* Rz 33; **krit.:** *Ascheid* Rz 125 ff., s.o. Rz 79 f.; MünchKomm-*Henssler* Rz 76 ff.; SPV-*Preis* Rz 612; eine dreistufige Prüfung empfehlen HK-*Dorndorf* § 1 Rz 511 und HaKo-*Griebeling* Rz 51 ff., s.u. Rz 97). Diese Abgrenzung steht entgegen der Auffassung von *Adomeit/Spinti* (AR-Blattei SD 1010.9 Rz 57) zu der Bestimmung des wichtigen Grundes nicht in einem gewissen Widerspruch. Sie ermöglicht vielmehr die notwendige Systematik für die generell geeigneten Gründe und grenzt im Übrigen die voll überprüfbare Rechtsfrage (generelle Eignung als wichtiger Grund) von der beschränkt revisiblen Würdigung der besonderen Umstände des Falles und der jeweiligen Interessen (Zumutbarkeitsprüfung) ab. Der abgestufte Prüfungsmaßstab ist geeignet, den Begriff des wichtigen Grundes näher zu klären, weil für die vorrangige Frage, ob ein bestimmter Grund an sich eine außerordentliche Kündigung rechtfertigen kann, mehrere allgemeine Grundsätze gelten.

85 Diese Differenzierung macht zudem deutlich, dass nach der Rspr. des BAG für die Bestimmung des wichtigen Grundes die von *Herschel* (FS Müller 1981 S. 194 ff.) befürwortete sog. **objektive Theorie** (Bindung an objektive Voraussetzungen) in der Praxis doch Bedeutung gewonnen hat. Die objektive Theorie ist allerdings nach Wortlaut und Zweck des § 626 Abs. 1 durch die sog. **subjektive Theorie** zu ergänzen, nach der für die Wirksamkeit der außerordentlichen Kündigung auch von subjektiven Momenten (Zumutbarkeit oder Unzumutbarkeit der Fortsetzung für den Kündigenden) abhängt. Auch in dieser Verbindung objektiver und subjektiver Umstände zeigt sich die komplexe Rechtsnatur des wichtigen Grundes, dessen unterschiedliche Elemente oft nicht genau genug unterschieden, sondern verwechselt und vermengt werden (*Herschel* FS Müller 1981 S. 191 f.).

86 Zutr. schlägt *Popp* (HAS § 19 B Rz 144) vor, terminologisch genauer zwischen dem Begriff des **Kündigungsgrundes** und den **Kündigungstatsachen** bzw. dem Kündigungssachverhalt **zu unterscheiden.** Der Begriff des Kündigungsgrundes ist weiter, weil er neben dem Kündigungssachverhalt auch dessen rechtliche Bewertung umfasst. Kündigungsgrund ist ein Kündigungssachverhalt, der an sich geeignet ist, die Fortsetzung des Arbeitsverhältnisses unzumutbar zu machen. Auf eine zusätzliche Differenzierung, die die Systematisierung des wichtigen Grundes nicht erleichtern dürfte, läuft hingegen der Vorschlag von *Popp* (aaO Rz 149, 157) hinaus, den Begriff des wichtigen Grundes zunächst nur unter dem Blickwinkel der ordentlich kündbaren Arbeitsverhältnisse zu bestimmen, insoweit den Kreis der für eine außerordentliche Kündigung geeigneten Tatsachen enger zu ziehen als für die nach § 1 Abs. 2 S. 1 KSchG möglichen Kündigungsgründe und für ordentlich unkündbare Arbeitsverhältnisse den Kreis der als wichtige Gründe geeigneten Tatsachen zu erweitern (zur außerordentlichen Kündigung bei »unkündbaren« Arbeitsverhältnissen s.u. Rz 301 ff.).

2. An sich geeignete Gründe

87 Die in den **aufgehobenen gesetzlichen Vorschriften** genannten Beispiele für wichtige Gründe sind trotz ihrer im Einzelnen voneinander abweichenden Gestaltung weiterhin als **typische Sachverhalte** anzuerkennen, die an sich geeignet sind, einen wichtigen Grund zur außerordentlichen Kündigung zu

bilden (KPK-*Bengelsdorf* Kap. 2 Rz 28; ArbRBGB-*Corts* Rz 30; APS-*Dörner* Rz 57; HaKo-*Griebeling* Rz 2; H/S-*Hümmerich/Holthausen* § 10 Rz 557; *Hromadka/Maschmann* § 10 Rz 109; *Staudinger/Neumann* 12. Aufl. Rz 24; *Zöllner/Loritz* S. 283; *BAG* 15.11.1984 EzA § 626 BGB nF Nr. 95; **aA** KDZ-*Däubler* Rz 2; HAS-*Popp* § 19 B Rz 175; *Staudinger/Preis* Rz 53). Diesen »Regeltatbeständen« kommt allerdings nicht die Bedeutung zu, dass bei ihrem Vorliegen idR wichtige Gründe anzuerkennen sind, wenn keine besonderen Gründe für den Gekündigten sprechen. Sie begründen **keine** vom Gekündigten auszuräumende tatsächliche **Vermutung** für die Unzumutbarkeit der Fortsetzung des Arbeitsverhältnisses (*Popp* aaO Rz 175; *Preis* Prinzipien S. 479). Auch wenn ein bestimmter Kündigungssachverhalt einem in einer früheren Kündigungsbestimmung als wichtiger Grund genannten Tatbestand entspricht, kann sich der Kündigende nicht darauf beschränken, auf die regelmäßigen Auswirkungen des typischen Sachverhalts zu verweisen, wenn der Gekündigte eine konkrete Beeinträchtigung des Arbeitsverhältnisses bestreitet. Nicht nur die generell möglichen, sondern auch die jeweils **konkreten** betrieblichen oder wirtschaftlichen **Auswirkungen** einer bestimmten Störung des Arbeitsverhältnisses sind **bereits Teil des Kündigungsgrundes** und nicht erst und ausschließlich bei der Interessenabwägung zu berücksichtigen (*BAG* 15.11.1984 EzA § 626 BGB nF Nr. 95; MünchKomm-*Henssler* Rz 131; *Popp* aaO Rz 173).

Mit dieser Maßgabe kommen zwar **nicht** als **absolute Kündigungsgründe** (s.o. Rz 81), wohl aber als Gründe, die im Grundsatz eine außerordentliche Kündigung rechtfertigen können, nach wie vor in Betracht: **Anstellungsbetrug** (§ 123 Abs. 1 Nr. 1 GewO), dauernde oder **anhaltende Arbeitsunfähigkeit** (§ 72 Abs. 1 Nr. 3 HGB), beharrliche **Arbeitsverweigerung** oder **Arbeitsvertragsbruch** (§ 123 Abs. 1 Nr. 3 GewO und § 72 Abs. 1 Nr. 2 HGB), grobe Verletzung der **Treuepflicht** (§ 72 Abs. 1 Nr. 1 HGB), Verstöße gegen das **Wettbewerbsverbot** (§ 72 Abs. 1 Nr. 1 HGB), **Tätlichkeiten** oder erhebliche **Ehrverletzungen** gegenüber dem Arbeitgeber bzw. dessen Vertreter (§ 72 Abs. 1 Nr. 4 HGB; vgl. dazu *BAG* 11.7.1991 RzK I 5 i Nr. 68) und Dienstverhinderungen des Arbeitnehmers durch eine längere **Freiheitsstrafe** (§ 72 Abs. 1 Nr. 3 HGB; vgl. dazu *BAG* 3.3.1995 EzA § 626 BGB nF Nr. 154). 88

Außerordentliche **Kündigungen durch Arbeitnehmer** sind an sich berechtigt, wenn sie **dauernd zur Fortsetzung** der **Arbeit unfähig** werden (§ 124 Abs. 1 Nr. 1 GewO und § 71 Nr. 1 HGB), wenn der Arbeitgeber die **Vergütung** nicht zahlt (§ 124 Abs. 1 Nr. 4 GewO und § 71 Nr. 2 HGB) oder wenn der Arbeitgeber sich **Tätlichkeiten** oder erhebliche **Ehrverletzungen** (*BAG* 9.8.1990 RzK 5 i Nr. 63, für die grobe Beleidigung) gegen den Arbeitnehmer zuschulden kommen lässt (§ 124 Abs. 1 Nr. 2 GewO, § 71 Nr. 4 HGB). 89

Es trägt allerdings nur unwesentlich dazu bei, die Rechtssicherheit auf dem Gebiet des Kündigungsrechts zu verstärken, wenn bei einem Kündigungssachverhalt, der einen früher gesetzlich geregelten Tatbestand erfüllen kann, zunächst geprüft wird, ob die Voraussetzungen gegeben sind, unter denen nach früherem Recht eine außerordentliche Kündigung regelmäßig gerechtfertigt war. 90

3. Grundsätzlich ungeeignete Gründe

Während positive abstrakte Rechtssätze für Gründe, die die Kündigung schlechthin rechtfertigen, nicht möglich sind (s.o. Rz 81), lassen sich negative Obersätze für Fallgestaltungen bilden, bei denen eine außerordentliche Kündigung von vornherein ausgeschlossen ist (HAS-*Popp* § 19 B Rz 176 ff.). 91

So kann sich der Kündigende zur Begründung einer außerordentlichen Kündigung nicht auf **Umstände** berufen, die er **vor Vertragsschluss gekannt** hat, und zwar selbst dann nicht, wenn er sie oder ihre Folgen nicht richtig eingeschätzt hat (s.u. Rz 175). 92

Auch die dem **Diskriminierungsverbot** des Art. 3 GG unterliegenden Tatbestände sind grds. absolut ungeeignete Kündigungsgründe (HAS-*Popp* § 19 B Rz 177). Insbesondere kann die Zugehörigkeit zu einer bestimmten **Rasse** für sich allein kein Kündigungsgrund sein. Auch die **politische** oder **gewerkschaftliche Tätigkeit** reicht für sich genommen nicht als Grund für eine außerordentliche Kündigung aus (vgl. § 16 Vorl. LandarbO). Dasselbe gilt für die **gesetzlich geregelten** absoluten und relativen **Kündigungsverbote**, soweit sie bestimmte Tatsachen als Kündigungsgründe absolut ausschließen (*Popp* aaO Rz 178). 93

Nur vertragsbezogene Interessen beider Parteien des Arbeitsverhältnisses sind im Rahmen des § 626 Abs. 1 BGB geschützt; Interessen, die völlig außerhalb des Vertragsverhältnisses stehen, können eine Kündigung nicht rechtfertigen (*Erman/Belling* Rz 38; *BAG* 20.9.1984 EzA § 626 BGB nF Nr. 91). Da nur auf die konkrete Rechtsbeziehung Arbeitnehmer/Arbeitgeber abzustellen ist, kann auch die Verletzung von »Drittinteressen« nicht als wichtiger Grund anerkannt werden (*Preis* Prinzipien S. 237). 94

95 Daraus ist der allgemeine Grundsatz abzuleiten, dass alle Umstände und Verhaltensweisen, die sich nicht nachteilig auf das Arbeitsverhältnis auswirken, dh den durch Auslegung zu ermittelnden Vertragsinhalt verletzen oder die Abwicklung stören, als wichtige Gründe ausscheiden (HAS-*Popp* § 19 B Rz 176; *Preis* Prinzipien S. 491 f.). Ein bestimmter Vorfall ist von vornherein ungeeignet, einen wichtigen Grund abzugeben, wenn er nicht zu einer **konkreten Beeinträchtigung** des **Arbeitsverhältnisses** geführt hat (s.u. Rz 110 ff.).

96 Wenn und solange der Arbeitgeber bei einer **Betriebsstockung** verpflichtet ist, auch an die Arbeitnehmer, die deswegen nicht beschäftigt werden können, den Lohn fortzuzahlen, ist er nicht berechtigt, aus wichtigem Grund zu kündigen (*BAG* 28.9.1972 EzA § 626 BGB nF Nr. 17). Darüber hinaus darf der Arbeitgeber generell keine Gründe, die in den Bereich seines **Unternehmerrisikos** fallen, zum Anlass für eine außerordentliche Kündigung nehmen (s.u. Rz 155 ff., 170).

97 Verhaltensbedingte Gründe, die abmahnungsfähig und -bedürftig sind (s.u. Rz 253 ff.), scheiden als wichtige Gründe aus, wenn es an der **Abmahnung** fehlt (*BAG* 18.12.1980 EzA § 102 BetrVG 1972 Nr. 44; *Herschel* Anm. BAG AP Nr. 63 zu § 626 BGB; s.a. Rz 260). Demgegenüber wollen *Griebeling* (KR § 1 KSchG Rz 405 ff.) und *Dorndorf* (HK § 1 Rz 511) das Abmahnungserfordernis ebenso wie die negative Prognose (s.u. Rz 110 ff.) und die mangelnde Weiterbeschäftigungsmöglichkeit (s.u. Rz 288 ff.) separat in einer zweiten Stufe vor der Interessenabwägung prüfen.

98 Gründe, die dem Arbeitgeber schon **länger als zwei Wochen** vor Ausspruch der Kündigung **bekannt** gewesen sind, können allein keine außerordentliche Kündigung stützen (§ 626 Abs. 2; s.u. Rz 311 ff.).

99 Nur bei einer systematischen Unterscheidung zwischen ordentlich kündbaren und ordentlich unkündbaren Arbeitsverhältnissen (s.o. Rz 86) sind für ordentlich kündbare Arbeitsverhältnisse Tatsachen in der Person des Gekündigten oder des Kündigenden als relativ ungeeignete und betriebsbedingte als absolut ungeeignete Gründe für eine außerordentliche Kündigung auszugrenzen (HAS-*Popp* § 19 B Rz 179).

100 Str. ist, ob auch **geringfügigen Pflichtverletzungen** des Arbeitnehmers, die zu einer als **geringfügig** anzusehenden **Schädigung** des Arbeitgebers führen, von vornherein die Eignung für eine außerordentliche Kündigung abzusprechen ist. Nach der Auffassung des *BAG* (17.5.1984 EzA § 626 BGB nF Nr. 90; 12.8.1999 EzA § 626 BGB Verdacht strafbarer Handlung Nr. 8 m. zust. Anm. *Walker*; 11.12.2003 EzA § 626 BGB 2002 Nr. 5) ist diese Abgrenzung nicht möglich, weil es bereits eine von den konkreten Umständen des Einzelfalles abhängende Wertungsfrage ist, ob eine bestimmte Vertragsverletzung und die daraus folgende Störung des Arbeitsverhältnisses als geringfügig anzusehen sind (s.u. Rz 445; ebenso jetzt *Popp* aaO Rz 180 unter Aufgabe seiner früher abw. Ansicht; zust. auch APS-*Dörner* Rz 276; **aA**: HK-*Dorndorf* § 1 Rz 533; KDZ-*Däubler* Rz 81 ff.; MünchKomm-*Henssler* Rz 77). Die Rspr. des BAG ist insoweit konsequent, weil bei einer fallbezogenen Würdigung bereits in der ersten Prüfungsabschnitt die bisherige Systematik aufgegeben würde. Die Lösung des BAG führt im Übrigen schon deshalb nicht zwangsläufig zu unbilligen Ergebnissen, weil der Grad des Verschuldens und die Höhe des Schadens bei einer generellen Eignung jedenfalls im Rahmen der Interessenabwägung zu berücksichtigen sind (s.u. Rz 139) und in diesem Bereich auch bei Störungen im Vertrauensbereich die Notwendigkeit einer vorherigen vergeblichen Abmahnung zu prüfen ist (s.u. Rz 264). Kein geeignetes Kriterium für die Abgrenzung zwischen an sich geeigneten wichtigen Gründen und von vornherein unerheblichen Gründen ist aus den gleichen Erwägungen auch das an sich zutr. Kriterium, dass der Kündigungsgrund von »einigem Gewicht« sein muss und § 626 BGB einen Kündigungsgrund von »noch höherem Gewicht« verlangt (so *Wank* RdA 1993, 81). Die unterschiedliche Gewichtung von Kündigungsgründen kann nur im Rahmen der Interessenabwägung und für das systematische Verhältnis zwischen der ordentlichen und der außerordentlichen Kündigung rechtserheblich sein, nicht aber für die Bestimmung eines an sich geeigneten Grundes im Rahmen der außerordentlichen Kündigung.

101 Gleiches gilt für den »einfachen Rechtssatz«, nach dem eine außerordentliche Kündigung jedenfalls dann unwirksam ist, wenn die arbeitgeberseitige Kündigung schon an den **Rechtsschranken** scheitern müsste, die **für** eine **ordentliche Kündigung** gelten (MünchKomm-*Henssler* Rz 2; ErfK-*Müller-Glöge* Rz 37; SPV-*Preis* Rz 608). Dieser Maßstab setzt als Kontrollüberlegung zunächst die Prüfung voraus, ob der vorgelegte Sachverhalt überhaupt eine ordentliche personen-, verhaltens- oder betriebsbedingte Kündigung rechtfertigen kann. Diese Prüfung macht eine Interessenabwägung idR nicht entbehrlich, denn auch bei der Prüfung der sozialen Rechtfertigung einer ordentlichen Kündigung aus Gründen in der Person oder im Verhalten des Arbeitnehmers ist zwischen dem Kündigungsgrund an sich und der Interessenabwägung zu unterscheiden (vgl. dazu KR-*Griebeling* § 1 KSchG Rz 210 f.; HWK-*Sandmann*

Rz 80; zu einer [Änderungs-]Kündigung aus betrieblichen Gründen vgl. dagegen *BAG* 20.1.2000 EzA § 15 KSchG nF Nr. 49).

V. Weitere Konkretisierung des wichtigen Grundes und Systematisierung der Kündigungsgründe

Weitere Möglichkeiten, den unbestimmten Rechtsbegriff des **wichtigen Grundes** überschaubarer und anwendbarer zu machen, ergeben sich durch die **Bestimmung des Begriffs** des Kündigungsgrundes (s.u. Rz 103 ff.), die Konkretisierung des Erfordernisses **nachteiliger Auswirkungen** auf das Arbeitsverhältnis (s.u. Rz 110 ff.), die **Systematisierung** der Kündigungsgründe **nach** ihrem **sachlichen Gehalt** (s.u. Rz 128 ff.), ihren **Auswirkungen** (s.u. Rz 166 ff.) und ihrer **zeitlichen Entstehung** und Geltendmachung (s.u. Rz 172 ff.) sowie durch **allgemeine Regeln für bestimmte Gründe** (s.u. Rz 198 ff.) und **für die Interessenabwägung** (s.u. Rz 235 ff.). 102

F. Begriff des Kündigungsgrundes und Folgerungen aus der Begriffsbestimmung

I. Objektiver Tatbestand des wichtigen Grundes

Für die Bestimmung der für die Prüfung des wichtigen Grundes maßgebenden objektiven oder subjektiven Voraussetzungen (s.u. Rz 106 f.), des Beurteilungsmaßstabes (s.u. Rz 109), die Bedeutung der Angabe des Grundes (s.o. Rz 35 ff.) und der Anhörung (s.o. Rz 31 ff.) sowie für die Systematisierung der Kündigungsgründe nach dem Zeitpunkt ihrer Entstehung und Geltendmachung (s.u. Rz 172 ff.) ist entscheidend, ob der **Kündigungsgrund** als Motiv bzw. subjektiver Anlass oder als äußerer, **objektiver Tatbestand** bzw. als objektiver Anlass (*Adomeit/Spinti* AR-Blattei SD 1010.9 Rz 11 ff.; SPV-*Preis* Rz 602, 610) zu verstehen ist. 103

In § 626 Abs. 2 wird der Begriff der »für die Kündigung maßgebenden Tatsachen« mit der für den Beginn der Ausschlussfrist entscheidenden **Kenntnis des Kündigungsberechtigten** in Verbindung gebracht. Das darf nicht zu der Auslegung verleiten, für die Kündigung seien nur dem Kündigenden bekannte Tatsachen, d. h. die wichtigen Gründe maßgebend, die ihn tatsächlich zur Kündigung veranlasst hätten (so allerdings im Ergebnis *Kehrmann* Anm. zu EzA § 102 BetrVG 1972 Nr. 10). Diese Folgerung ist deswegen verfehlt, weil sich die Regelung des § 626 Abs. 2 schon nach ihrem Wortlaut nicht auf einzelne Kündigungsgründe bezieht, sondern auf die Ausübung des Kündigungsrechts, das seinerseits einen wichtigen Grund iSd § 626 Abs. 1 voraussetzt (*BAG* 17.8.1972 EzA § 626 BGB nF Nr. 22). § 626 Abs. 2 BGB begründet nur die unwiderlegliche Vermutung dafür, dass dem Kündigungsberechtigten trotz Vorliegens eines wichtigen Grundes die Fortsetzung des Arbeitsverhältnisses zugemutet werden kann (*BAG* 12.2.1979 EzA § 626 BGB nF Nr. 26). Es geht insoweit sachlich nicht um eine »Verfristung« eines in Abs. 2 näher umschriebenen Kündigungsgrundes, sondern systematisch um die **Verwirkung** der **Kündigungsbefugnis** (*Herschel* Anm. zu EzA § 626 BGB nF Nr. 37). Da die Verwirkung durch den **Zeitablauf** begründet wird, ist es systemgerecht, wenn in Abs. 2 für den Beginn der Ausschlussfrist auf die Kenntnis des Kündigungsberechtigten abgestellt wird. Das besagt noch nichts darüber, ob die Kenntnis auch im Übrigen ein subjektives Element des wichtigen Grundes selbst ist (**aA** MünchKomm-*Schwerdtner* 3. Aufl. Rz 76) 104

Nach § 626 Abs. 1 BGB kommt es darauf an, ob **Tatsachen** vorliegen, aufgrund derer dem Kündigenden die Fortsetzung des Dienstverhältnisses unter Berücksichtigung der Umstände des Einzelfalles und der beiderseitigen Interessen nicht zugemutet werden kann. Daraus folgern die hL und Rspr. zutr., der wichtige Grund werde durch die objektiv vorliegenden Tatsachen bestimmt, die (an sich) geeignet seien, die Fortsetzung des Arbeitsverhältnisses unzumutbar zu machen. Kündigungsgrund iSd § 626 Abs. 1 BGB ist damit jeder Sachverhalt, der objektiv das Arbeitsverhältnis mit dem Gewicht eines wichtigen Grundes belastet (*BAG* 18.1.1980 EzA § 626 BGB nF Nr. 71; *BGH* 5.12.1979 DB 1980, 967; *Adomeit/Spinti* aaO; MünchKomm-*Henssler* Rz 108; *Peterek* SAE 1982, 315; *Schaub/Linck* § 125 Rz 44). Im Interesse der Rechtssicherheit und aus systematischen und pragmatischen Gründen kann **nicht** das **Motiv** oder der **subjektive Kenntnisstand** des Kündigenden, sondern nur der objektiv vorliegende Sachverhalt, der objektive Anlass zum Ansatzpunkt für die Bestimmung des wichtigen Grundes gewählt werden (*Adomeit/Spinti* aaO; SPV-*Preis* Rz 610). Das gilt auch dann, wenn der Wissensstand des Arbeitgebers auf einem **Irrtum** beruht, den der Arbeitnehmer hätte aufklären können (*BAG* 20.2.1986 RzK I 5 h Nr. 2). Das AGG hat an der Unbeachtlichkeit des Motivs für die Kündigung nichts geändert (§ 2 Abs. 4 AGG; s. – auch zu möglichen Schadensersatzansprüchen im Fall diskriminierender Motive – *Diller/Krieger/Arnold* NZA 2006, 887 ff.; *Löwisch* BB 2006, 2189 f.; **aA** *Sagan* NZA 2006, 1257; offenbar 105 auch *Richardi* NZA 2006, 886). Unerheblich ist ferner, ob der Arbeitgeber mögliche **Aufklärungsmaßnahmen unterlassen** hat (*BAG* 18.9.1997 EzA § 626 BGB nF Nr. 169).

II. Kenntnis, Motiv des Kündigenden

106 Wie aus diesem Verständnis des Kündigungsgrundes folgt, sind als wichtige Gründe für eine bestimmte Kündigung nicht nur diejenigen Tatsachen geeignet, die dem Kündigenden im Zeitpunkt der Kündigung bereits bekannt waren. Die für eine außerordentliche Kündigung maßgeblichen Tatsachen müssen nur objektiv vorgelegen haben, auf die **Kenntnis** des Kündigenden bei Ausspruch der Kündigung kommt es nicht an (vgl. die Nachw. zu Rz 105; zur Verdachtskündigung s.u. Rz 233).

107 Da auch das **Motiv** des Kündigenden idR **unerheblich** ist (insoweit zust. MünchKomm-*Schwerdtner* 3. Aufl. Rz 76), verliert ein Kündigungsgrund nicht schon dann sein Gewicht als wichtiger Grund, wenn dem Kündigenden jeder Grund recht gewesen wäre, um das Vertragsverhältnis fristlos zu beenden; es ist nach objektiven und nicht nach subjektiven Maßstäben zu beurteilen, ob für die Kündigung ein wichtiger Grund vorliegt (*BAG* 2.6.1960 AP Nr. 42 zu § 626 BGB; MünchKomm-*Henssler* Rz 108; HAS-*Popp* § 19 B Rz 181; SPV-*Preis* Rz 610). Grds. sind auch erst bei einer gezielten Suche aufgedeckte Kündigungsgründe verwertbar (*LAG Nürnberg* 28.3.2003 LAGE § 626 BGB Nr. 149; *Küttner* FS Bartenbach 2005 S. 599 ff.; *Diller* NZA 2006, 569 ff.; **aA** *OLG Köln* 4.11.2002 NJW-RR 2003, 399). »Vorgeschoben« und nicht verwertbar ist ein Grund zB nicht schon dann, wenn der Kündigungsentschluss weniger durch eine gewichtige Vertragsverletzung als vielmehr durch Abneigung gegen den Gekündigten bestimmt wird. Das trifft vielmehr nur dann zu, wenn es um einen in Wahrheit nicht bestehenden **Scheingrund** geht (*A. Hueck* Anm. zu AP Nr. 42 zu § 626 BGB). Zieht der Kündigende aus einem an sich bestehenden Grund zunächst keine Folgerung, sondern beruft er sich nur auf Umstände, die mit dem Arbeitsverhältnis nichts zu tun haben, so wäre das spätere Zurückgreifen auf den an sich erheblichen Grund nur dann unzulässig, wenn es sich als **widersprüchliches Verhalten** (venire contra factum proprium) darstellen würde (vgl. *Herschel* FS Müller 1981 S. 192). Neben diesen Ausnahmen gewinnt das Motiv nur dann Bedeutung, wenn der Kündigende in verwerflicher Gesinnung (§ 138 BGB) handelt (vgl. dazu KR-*Friedrich* § 13 KSchG Rz 111 ff.).

III. Beurteilungszeitpunkt

108 Die Bestimmung des wichtigen Grundes bedarf noch einer zeitlichen Begrenzung. Bei der Abwägung, ob ein Kündigungsgrund vorliegt, ist bei der außerordentlichen Kündigung ebenso wie bei der ordentlichen Kündigung (vgl. KR-*Griebeling* § 1 KSchG Rz 235 ff.) auf den Zeitpunkt des **Zugangs** der Kündigung abzustellen, so dass grds. auch nur die bis dahin eingetretenen Umstände darauf überprüft werden können, ob sie als Kündigungsgrund geeignet sind (*BAG* 10.3.1982 EzA § 2 KSchG Nr. 4; SPV-*Preis* Rz 611; *Erman/Belling* Rz 31; s.u. Rz 173).

IV. Beurteilungsmaßstab

109 Die objektive Bestimmung des Kündigungsgrundes wirkt sich auch auf den Maßstab für die Prüfung aus, ob ein wichtiger Grund vorliegt. Es müssen Umstände gegeben sein, die nach verständigem Ermessen die Fortsetzung des Arbeitsverhältnisses als nicht zumutbar erscheinen lassen (*BAG* 3.11.1955 EzA § 626 BGB Nr. 1). Der subjektive Standpunkt des Kündigenden ist ebenso wenig entscheidend wie die subjektive Würdigung des Gekündigten. Es ist vielmehr bei der Wertung des Kündigungsgrundes und bei der Interessenabwägung ein **objektiver Maßstab** anzulegen (vgl. *Erman/Belling* Rz 30; HAS-*Popp* § 19 B Rz 181; SPV-*Preis* Rz 610; vgl. zum Prüfungsmaßstab bei § 1 KSchG KR-*Griebeling* § 1 KSchG Rz 209 f.). Auch subjektive Umstände, die sich aus den Verhältnissen der Beteiligten ergeben, sind zwar zu berücksichtigen, aber einer objektiven Betrachtung zu unterziehen.

G. Nachteilige Auswirkung auf das Arbeitsverhältnis

I. Allgemeine Grundsätze, Prognoseprinzip

110 Eine außerordentliche Kündigung kann nur auf solche Gründe gestützt werden, die sich konkret nachteilig auf das Arbeitsverhältnis auswirken (*Preis* Prinzipien S. 224 ff.; HAS-*Popp* § 19 B Rz 158; **aA** *Adam* ZTR 1999, 297). Dieses Erfordernis gilt auch für die Gründe nach § 1 KSchG (*Weller* ArbRGgw. Bd. 20 S. 80 f.), die jedoch graduell geringere ungünstige Auswirkungen verlangen als die wichtigen Gründe. Im Bereich der **verhaltensbedingten Kündigung** darf allerdings bei einer konkreten Beeinträchtigung

des Arbeitsverhältnisses nicht ohne weiteres ein **vertragswidriges Verhalten** des Arbeitnehmers unterstellt werden (vgl. *Preis* DB 1990, 632 f.; *Hillebrecht* ZfA 1991, 119 f.). Der Grundsatz, dass die Verletzung einer vertraglichen Haupt- oder Nebenpflicht durch Arbeitgeber oder Arbeitnehmer regelmäßig zur **konkreten Störung** des arbeitsrechtlichen Austauschverhältnisses führt (*BAG* 17.1.1991 EzA § 1 KSchG Verhaltensbedingte Kündigung Nr. 37), lässt sich nicht umkehren. Da der **Kündigungsgrund** seiner Natur nach »**zukunftsbezogen**« ist (*Adam* NZA 1998, 284; *Ascheid* Rz 28, 128; HaKo-*Griebeling* Rz 67; *Herschel* FS Müller 1981 S. 202; *Hillebrecht* aaO; *Honstetter* S. 6 f.; *Preis* Prinzipien S. 322 ff.; HWK-*Sandmann* Rz 81; grds. auch *Picker* ZFA 2005, 367; *BAG* 10.11.1988 EzA § 611 BGB Abmahnung Nr. 18; 16.8.1991 EzA § 1 KSchG Verhaltensbedingte Kündigung Nr. 41 mit abl. Anm. *Rüthers/Müller*; 11.6.1992 EzA Art. 20 EinigungsV Nr. 16; einschränkend *Popp* aaO Rz 172), kommt es auf seine nachteiligen Auswirkungen für die Zukunft an (gegen dieses sog. Prognoseprinzip: KPK-*Bengelsdorf* Kap. 2 Rz 43, *Picker* aaO, *Rüthers/Müller* aaO und *Rüthers* NJW 1998, 1433; hierzu Erwiderung von *Preis* NJW 1998, 1889). Steht fest, dass die nachteiligen Auswirkungen zwar nicht sofort, aber ab einem bestimmten Zeitpunkt vor einer Möglichkeit zur ordentlichen Beendigung des Arbeitsverhältnisses eintreten werden, kann (bzw. wegen § 626 Abs. 2 BGB muss) die außerordentliche Kündigung sogleich erklärt werden, wirkt jedoch erst zu dem späteren Zeitpunkt (vgl. *BAG* 14.3.1968 EzA § 72 HGB Nr. 3 [Strafantritt]; 13.4.2000 EzA § 626 BGB nF Nr. 180 [Dienstantritt eines neuen Vorgesetzten, auf den sich das störende Verhalten des Arbeitnehmers bezog; zust. *Bittner* Anm. EzA aaO, HaKo-*Griebeling* Rz 68, MünchKomm-*Henssler* Rz 109, *Höland* Anm. AP § 626 BGB Nr. 162 und HWK-*Sandmann* Rz 84]). Zurückliegende Ereignisse, die das Arbeitsverhältnis nicht mehr belasten, sind dagegen unerheblich, auch wenn sie zunächst schwerwiegend waren. Entscheidend ist, ob die Gründe ein Indiz für die künftige Belastung des Arbeitsverhältnisses sind (vgl. auch *Honstetter* S. 13 ff., 64 ff.). Der wichtige Grund bezieht sich auf die Frage der Zumutbarkeit der Weiterbeschäftigung. Da es um den künftigen Bestand des Arbeitsverhältnisses geht, muss dessen Fortsetzung durch **objektive Umstände, betriebliche Erfordernisse** oder die Einstellung oder das Verhalten des Gekündigten konkret beeinträchtigt sein (*BAG* 6.6.1984 EzA § 1 KSchG Verhaltensbedingte Kündigung Nr. 12; 16.8.1991 EzA § 1 KSchG Verhaltensbedingte Kündigung Nr. 41; 9.3.1995 EzA § 626 BGB nF Nr. 154; *Soergel/Kraft* Rz 39; aA *Adam* aaO).

Verhaltensbedingte Leistungsstörungen sind deshalb idR nur dann kündigungsrelevant, wenn auch **111** zukünftige Vertragsverstöße zu besorgen sind oder von einer fortwirkenden Belastung des Arbeitsverhältnisses ausgegangen werden muss. Dies ist vom Kündigenden darzulegen, wenn sich die Besorgnis nicht bereits aus **Schwere** oder Nachhaltigkeit der bisherigen Störungen ergibt (*BAG* 24.10.1996 RzK I 5 i Nr. 120; *Honstetter* S. 69 f.; *Preis* NZA 1997, 1077; s.u. Rz 146). Die **Nichtbeachtung** einer **Abmahnung** rechtfertigt regelmäßig bereits die sichere negative Prognose der **Wiederholungsgefahr** (*Bengelsdorf* SAE 1992, 136; *Erman/Belling* Rz 47; SPV-*Preis* Rz 1176). Dagegen ist von dem Kündigenden nicht zu verlangen, bereits konkret die negativen Auswirkungen für in der Zukunft zu unterstellende Vertragsstörungen zu schildern (*BAG* 17.1.1991 EzA § 1 KSchG Verhaltensbedingte Kündigung Nr. 37). Dieser Grundsatz ist vor allem bedeutsam für die Würdigung außerdienstlichen Verhaltens und der weltanschaulichen, konfessionellen oder politischen Einstellung und Betätigung eines Arbeitnehmers.

Nachteilige Auswirkungen auf das Arbeitsverhältnis sind kündigungsrechtlich allerdings dann uner- **112** heblich, wenn zumutbare **Überbrückungsmöglichkeiten** bestehen (*BAG* 9.3.1995 EzA § 626 BGB nF Nr. 154). Auch wenn die nachteiligen Auswirkungen nur die Folge einer für den Gekündigten unerwarteten Entwicklung sind, ist idR keine negative Prognose gerechtfertigt (einschränkend ArbRBGB-*Corts* Rz 37 [nur bei Interessenabwägung zu berücksichtigen]). Diese Einschränkung ist insbesondere bei einer abwertenden Kritik am Arbeitgeber oder an Vorgesetzten zu beachten, wenn die **Äußerungen im Kollegenkreis** erfolgen und der Arbeitnehmer als sicher davon ausgehen darf, das Gespräch werde vertraulich behandelt werden. Ob diese Erwartung gerechtfertigt ist, hängt davon ab, ob der Gesprächspartner die **Vertraulichkeit** der Unterhaltung ohne vernünftigen Grund missachtet hat (*BAG* 23.5.1985 RzK I 6 e Nr. 4). Dieser beschränkte Vertrauensschutz greift nicht ein, wenn ein Arbeitnehmer sich gegenüber betriebsfremden Personen oder einer größeren Zahl von Belegschaftsmitgliedern, die nicht zu seinen engeren Mitarbeitern gehören, abfällig über Arbeitgeber oder Vorgesetzte äußert (*BAG* 6.2.1997 RzK I 6a Nr. 146).

II. Nebentätigkeit

Die Ausübung einer **Nebentätigkeit** außerhalb der Dienstzeit kann nur dann ein wichtiger Grund **113** sein, wenn der Arbeitnehmer hierdurch seinem Arbeitgeber in dessen Handelszweig unerlaubte **Konkurrenz** macht (s.u. Rz 460), wenn sich die vertraglich geschuldeten **Leistungen** durch die Nebentätig-

§ 626 BGB   Fristlose Kündigung aus wichtigem Grund

keit **verschlechtern** (*BAG* 26.8.1976 EzA § 626 BGB nF Nr. 49) oder wenn eine Nebentätigkeit mit dem **Ansehen** des **öffentlichen Dienstes** und dem Gemeinwohl nicht zu vereinbaren ist (*BAG* 21.1.1982 – 2 AZR 761/79 – nv). Das ist zB anzunehmen, wenn der Arbeitnehmer durch eine anstrengende oder ihn zeitlich überfordernde Nebenbeschäftigung (zB Mitwirkung in einer Tanzkapelle oder Einsatz als Taxifahrer) seine arbeitsvertraglichen Verpflichtungen wegen Übermüdung oder Konzentrationsschwäche ganz oder teilw. nicht oder nicht mehr gehörig erfüllen kann (s.a. Rz 434, 460 f).

III. Straftaten

114 Auch ein sonstiges **außerdienstliches Verhalten**, insbes. die Begehung einer Straftat, die sich nicht gegen den Arbeitgeber oder einen Arbeitskollegen richtet, kann nur dann ein Grund für eine außerordentliche Kündigung sein, wenn dadurch das Arbeitsverhältnis beeinträchtigt wird (*BAG* 6.11.2003 EzA § 626 BGB 2002 Verdacht strafbarer Handlung Nr. 2). Für im öffentlichen Dienst beschäftigte Arbeitnehmer wurde dies häufig aus §§ 6, 8 BAT abgeleitet (*BAG* 20.11.1997 EzA § 1 KSchG Verhaltensbedingte Kündigung Nr. 52; 8.6.2000 EzA § 626 BGB nF Nr. 182; krit. APS-*Dörner* Rz 81e). Im Geltungsbereich des TVöD, der keine vergleichbaren Vorschriften enthält, wird diese Rspr. nicht uneingeschränkt fortgeführt werden können. Gewöhnlich ist streng zwischen der **Privatsphäre** und der Stellung als Arbeitnehmer zu unterscheiden (vgl. SPV-*Preis* Rz 696). Ebenso wie bei Straftaten, die sich gegen eine Partei des Arbeitsverhältnisses richten, kommt es auch bei anderen strafbaren Handlungen nicht auf die strafrechtliche Wertung, sondern darauf an, ob dem Kündigenden deswegen nach dem gesamten Sachverhalt die Fortsetzung des Arbeitsverhältnisses unzumutbar ist (*BAG* 27.1.1977 EzA § 103 BetrVG 1972 Nr. 16). Das setzt voraus, dass die Straftaten das Arbeitsverhältnis belasten, indem sie zB bei objektiver Betrachtung ernsthafte Zweifel an der **Zuverlässigkeit** oder der Eignung des Arbeitnehmers für die von ihm zu verrichtende Tätigkeit begründen (ebenso MünchKomm-*Henssler* Rz 190). Entgegen *LAG Bln*. (22.3.1996 LAGE § 626 BGB Nr. 100) ist es hierfür ohne Bedeutung, ob sich der Arbeitnehmer nach dem BZRG als nicht vorbestraft bezeichnen darf. **Vermögensdelikte** können bei einem Buchhalter, Kassierer, Lagerverwalter oder Geldboten die Fortsetzung des Arbeitsverhältnisses unzumutbar machen, wenn sie auf fehlende Vertrauenswürdigkeit schließen lassen (zu Diebstählen während der Freizeit s.u. Rz 414). Das kann im Ausnahmefall auch bei strafrechtlich irrelevantem, privatem Verhalten möglich sein. **Sittlichkeitsdelikte** belasten die Beschäftigung von Lehrern, Erziehern und Jugendpflegern. Bei dieser Gruppe von Arbeitnehmern können auch sonstige Straftaten wichtige Gründe sein, wenn sie eine kriminelle Veranlagung oder Charaktermängel erkennen lassen, die es unverantwortlich machen, sie weiterhin als Erzieher einzusetzen (*BAG* 23.9.1976 EzA § 1 KSchG Nr. 35). **Politische Straftaten** stehen dann im Zusammenhang mit dem Arbeitsverhältnis, wenn sie von Arbeitnehmern begangen werden, deren Beschäftigung beim Verfassungsschutz oder anderen öffentlichen Verwaltungen eine verfassungstreue Einstellung voraussetzen. Weitere Beispiele bei *Mayer* S. 159 ff.; s.a. Rz 407, 414 und zur ordentlichen Kündigung KR-*Griebeling* § 1 KSchG Rz 450 f.

IV. Meinungsäußerungen, politische Betätigung

115 Im Arbeitsverhältnis besteht für Arbeitnehmer die Pflicht, auf die Interessen des Arbeitgebers **Rücksicht** zu **nehmen** (Wahrung schutzwürdiger Interessen; vgl. *Söllner* FS Herschel 1982 S. 397; *ders.* Arbeitsrecht, S. 256 f.; *Buchner* ZfA 1982, 66 ff.; *Kissel* NZA 1988,150; *Sowka/Krichel* DB 1989, Beil. 11 S. 3; *Preis/Stoffels* RdA 1996, 212; *Zöllner/Loritz* S. 174 f.). Nachteilige Auswirkungen auf das Arbeitsverhältnis können auch öffentliche Aktionen gegen das Produktionsprogramm des eigenen Unternehmens durch dessen Arbeitnehmer haben (*Buchner* ZfA 1979, 352 f.). Ein leitender Angestellter darf nicht den Bau von Reaktoren oder Kriegswaffen in seinem Unternehmen öffentlich kritisieren, der Prokurist einer Brauerei oder einer Tabakfirma nicht in der Öffentlichkeit gegen den Genuss von Alkohol oder Tabakwaren protestieren (*Herschel* Anm. EzA § 1 KSchG Tendenzbetrieb Nr. 10; *Söllner* FS Herschel 1982 S. 390). Erheblich ist idR nur der gezielte Angriff auf Programm oder Existenz des eigenen Unternehmens, weil die Arbeitnehmer sonst zu stark in ihrer **Meinungsfreiheit** und ihrer politischen Betätigung eingeengt würden (*Söllner* FS Herschel 1982 S. 398; *Zielke* S. 36). Auch kann von Arbeitnehmern in **untergeordneter Stellung** kein vergleichbares Maß an Loyalität erwartet werden wie bei Arbeitnehmern in **leitender Stellung;** bei ihnen geht der Schutz ihrer Grundrechte idR vor (vgl. auch *Söllner* aaO).

116 Die Betätigung in einer verbotenen oder verfassungsfeindlichen Partei oder eine radikale und provozierende politische Meinungsäußerung kann ebenfalls nur dann kündigungsrechtlich erheblich sein, wenn sie konkret das Arbeitsverhältnis beeinträchtigt (*BAG* 6.6.1984 EzA § 1 KSchG Verhaltensbeding-

te Kündigung Nr. 12 [*Buchner*]; 28.9.1989 EzA § 1 KSchG Verhaltensbedingte Kündigung Nr. 28 mwN). Als wesentliche Pflicht zur Rücksichtnahme und Interessenwahrung gilt über § 74 Abs. 2 BetrVG hinaus das Verbot provozierender parteipolitischer oder sonstiger radikaler Betätigung im Betrieb für alle Arbeitnehmer insoweit, als hierdurch der **Betriebsfrieden** oder der **Arbeitsablauf** (s.u. Rz 168) konkret gestört oder die Arbeitspflicht des Störers beeinträchtigt wird (*BAG* 9.12.1982 EzA § 626 BGB nF Nr. 86 mwN; *Galperin/Löwisch* § 74 BetrVG Rz 23a; *Mayer* S. 82 f.; *Richardi* BetrVG § 74 Rz 69). Demgegenüber ist die bloße Äußerung einer politischen Meinung im Betrieb grds. von der Meinungsfreiheit gedeckt (*Buchner* ZfA 1982, 72; *Kissel* NZA 1988, 151; *Zielke* S. 108). Bei der Beschäftigung in der Privatwirtschaft (zum öffentlichen Dienst vgl. unten Rz 118) genügt es **nicht**, wenn keine tatsächliche Störung der betrieblichen Ordnung eingetreten ist, sondern der Arbeitgeber nur auf eine mögliche **abstrakte Gefährdung** verweisen kann (*BAG* 9.12.1982 EzA § 626 BGB nF Nr. 86; 6.6.1984 EzA § 1 KSchG Verhaltensbedingte Kündigung Nr. 12; 28.9.1989 EzA § 1 KSchG Verhaltensbedingte Kündigung Nr. 28 mwN; *LG München* 4.10.1984 DB 1985, 1539; *Löwisch/Schönfeld* Anm. EzA § 626 BGB nF Nr. 86; *Roemheld* SAE 1984, 160 f.; *Staudinger/Preis* Rz 187). Es reicht auch nicht eine sog. **konkrete Gefährdung** des Betriebsfriedens oder die Besorgnis bzw. Wahrscheinlichkeit aus, eine bestimmte Aktion oder eine politische Äußerung sei erfahrungsgemäß geeignet, Störungen innerhalb der Belegschaft auszulösen (*BAG* 17.3.1988 EzA § 626 BGB nF Nr. 116; APS-*Dörner* Rz 248; *Kissel* aaO; *Löwisch/Schönfeld* aaO; *Preis/Stoffels* RdA 1996, 213; *Roemheld* aaO; SPV-*Preis* Rz 728; **aA** *Buchner* aaO; *v. Hoyningen-Huene/Hoffmann* BB 1984, 1050; *Lansnicker/Schwirtzek* DB 2001, 866 ff.; *Lepke* DB 1968, 2040; *Meisel* RdA 1976, 843; HWK-*Sandmann* Rz 208; *Söllner* FS Herschel 1982 S. 389, 399 f.). Die Unterscheidung zwischen einer abstrakten und einer konkreten Gefährdung ist zu unklar und praktisch nicht durchführbar (*Roemheld* aaO). Eine kündigungsrechtlich erhebliche Störung des Arbeitsverhältnisses ist deswegen nur anzunehmen, wenn der Arbeitnehmer durch die Art und Weise seiner politischen Tätigkeit oder Meinungsäußerung entweder das für die Fortsetzung des Arbeitsverhältnisses notwendige Vertrauen (s.u. Rz 169), den Betriebsfrieden oder den Arbeitsablauf tatsächlich beeinträchtigt hat (*Dudenbostel/Klas* AuR 1979, 298; **krit.** *Mummenhoff* DB 1981, 2542; zu eng dagegen *Roemheld* aaO, der nicht auf den Betriebsfrieden, sondern nur auf den Betriebsablauf abstellen will, s.a. Rz 168). Es gehört zu den **Nebenpflichten** des Arbeitnehmers, Störungen des Betriebsfriedens oder des Betriebsablaufes zu vermeiden (SPV-*Preis* aaO).

Eine nicht nur abstrakte Gefährdung, sondern eine **tatsächliche Störung** tritt ein, wenn ein Arbeitnehmer während der Arbeitszeit an einer politischen **Demonstration** teilnimmt (*LAG SchlH* 18.1.1995 LAGE § 611 BGB Abmahnung Nr. 39; KR-*Griebeling* § 1 KSchG Rz 458) oder wenn er andere Mitarbeiter durch **ständige Angriffe** auf ihre politische Überzeugung, auf ihre Einstellung zu den Gewerkschaften oder ihre religiöse Einstellung reizt und dadurch erhebliche Unruhe in der Belegschaft hervorruft. Das traf nach den Feststellungen des Berufungsgerichts auch in dem vom *BAG* (28.9.1972 EzA § 1 KSchG Nr. 25) entschiedenen umstrittenen Fall zu, in dem ein Bankangestellter Flugschriften gegen den Kapitalismus und die Herrschaft der Banken verteilt hatte (**krit.** dazu *Dudenbostel/Klas* aaO; *Preis* Prinzipien S. 367 f.). Ein Arbeitnehmer darf auch nicht in **Flugblättern** an alle Arbeitnehmer des Betriebes bewusst wahrheitswidrige Behauptungen über den Arbeitgeber aufstellen und durch seine öffentlichen Aktionen den Betriebsfrieden stören (*BAG* 26.5.1977 EzA § 611 BGB Beschäftigungspflicht Nr. 2). Auch das Tragen einer auffälligen **Plakette** im Betrieb während der Arbeitszeit, durch die eine parteipolitische Meinung sichtbar zum Ausdruck gebracht wird, kann ähnlich wie eine ständige verbale Agitation eine provozierende parteipolitische Betätigung darstellen, die einen wichtigen Grund zur außerordentlichen Kündigung abgeben kann, wenn hierdurch der Betriebsfrieden oder der Betriebsablauf konkret gestört wird (*BAG* 9.12.1982 EzA § 626 BGB nF Nr. 86; MünchKomm-*Henssler* Rz 223). Eine Berufung auf das Recht auf **freien Meinungsäußerung** (Art. 5 GG) versagt in diesen Fällen, weil es seine **Schranken** in den **Grundregeln des Arbeitsverhältnisses** findet (*BAG* 9.12.1982 EzA § 626 BGB nF Nr. 86 mwN; APS-*Dörner* Rz 249; *Kissel* NZA 1988, 146, 149; *Krummel/Küttner* NZA 1996, 75; HWK-*Sandmann* Rz 206; *Schmitt* S. 131 ff.; *Sowka/Krichel* aaO, S. 2; **aA** ArbG Hmb. 11.9.1995 AiB 1995, 774; krit. auch BBDW-*Bader* Rz 33; *Buschmann/Grimberg* AuR 1989, 65 f.; *Preis/Stoffels* RdA 1996, 212; *Schmitz-Scholemann* BB 2000, 928; *Zachert* BB 1998, 1313; *Zielke* S. 33). Diese Grundregeln ergeben sich nämlich aus allgemeinen Gesetzen iSv Art. 5 Abs. 2 GG, nicht zuletzt aus § 242 BGB (s.a. *Wullkopf* S. 122 ff.). Sie sind ihrerseits im Lichte der Bedeutung des Grundrechts des Art. 5 GG auszulegen, dh es findet eine **Wechselwirkung** statt (*BVerfG* 16.10.1998 EzA § 611 BGB Abmahnung Nr. 40; *Kissel* aaO; *Krummel/ Küttner* aaO; *Schmitt* aaO; *Sowka/Krichel* aaO). Im Ergebnis muss eine Güter- und Interessenabwägung im Einzelfall vorgenommen werden, bei der einerseits der Meinungsfreiheit des Arbeitnehmers das ihr gebührende Gewicht beigemessen wird (vgl. SPV-*Preis* Rz 727), andererseits aber berücksichtigt werden muss, dass andere Arbeitnehmer und auch der Arbeitgeber sich unter dem Schutz ihrer

Grundrechte nicht gegen ihren Willen einer nachhaltigen Agitation oder Provokation aussetzen müssen, der sie sich insbesondere im betrieblichen Bereich während der Arbeitszeit nicht ohne weiteres entziehen können (vgl. *BVerfG* 2.3.1977 BVerfGE 44, 197; *BAG* 9.12.1982 EzA § 626 BGB nF Nr. 86; *Buchner* aaO; *Kissel* NZA 1988,152; *Korinth* AuR 1993, 109; *Krummel/Küttner* aaO; *Preis/Stoffels* RdA 1996, 214; HWK-*Sandmann* aaO; *Söllner* aaO; *Sowka/Krichel* aaO; **aA** *Zielke* S. 111 f.). Lediglich **Schmähkritik** oder **Formalbeleidigungen** scheiden von vornherein aus dem Schutzbereich des Art. 5 GG aus (*BVerfG* 16.10.1998 EzA § 611 BGB Abmahnung Nr. 40), wobei ggf. durch eine sorgfältige, den Wertgehalt des Grundrechts berücksichtigende Sinnermittlung zu klären ist, ob solche wirklich vorliegen (*BAG* 24.11.2005 EzA § 626 BGB 2002 Nr. 13). Ist nach diesen Grundsätzen eine Meinungsäußerung (im gewerkschaftseigenen Intranet) nicht als Verletzung der arbeitsvertraglichen Rücksichtnahmepflicht zu werten, vermag sie eine Kündigung auch dann nicht zu begründen, wenn der Betriebsfrieden durch sie tatsächlich gestört wurde (*BAG* 24.6.2004 EzA § 1 KSchG Verhaltensbedingte Kündigung Nr. 65).

118 Geht es um das Verhalten von Arbeitnehmern im **öffentlichen Dienst,** dann ist zunächst zu beachten, dass nicht von allen Angestellten und Arbeitern des öffentlichen Dienstes eine der beamtenrechtlichen Treuepflicht vergleichbare gesteigerte **politische Treuepflicht** zu fordern ist. Das kann auch nicht aus tariflichen Vorschriften wie § 8 Abs. 1 BAT hergeleitet werden. Welches Maß an politischer Treue von den Angestellten zu verlangen ist, hängt in erster Linie von ihrem Amt und ihrem Aufgabenkreis ab (*BAG* 6.6.1984 EzA § 1 KSchG Verhaltensbedingte Kündigung Nr. 12). So darf etwa der Pressesprecher einer Stadt nicht in Flugblättern den Bürgermeister als selbstherrlich und weinerlich bezeichnen und ihn zum Rücktritt auffordern (*LAG Bra.* 26.6.1997 LAGE § 626 BGB Nr. 117). Von Lehrern, Sozialpädagogen oder Sozialarbeitern, die **erzieherische Aufgaben** wahrnehmen, muss ein positives Verhältnis zu den Grundwerten der Verfassung und ein aktives Eintreten für diese Wertordnung erwartet werden (*BAG* 12.3.1986 EzA Art. 33 GG Nr. 13; *EGMR* 22.11.2001 NJW 2002, 3087), auch wenn sie an einer Schule für Lernbehinderte arbeiten (*BAG* 16.12.2004 EzA § 123 BGB 2002 Nr. 5). Ein Lehrer oder Erzieher, der sich mit den verfassungsfeindlichen Zielen einer Partei identifiziert und sie fördert, wird kaum bereit und fähig sein, die Grundwerte der Verfassung glaubwürdig darzustellen. Dieser über seine innere Überzeugung hinausgehende Einsatz kann sich auch bei einer außerdienstlichen Betätigung auf das Arbeitsverhältnis belastend auswirken. Das gilt insbesondere, wenn er den ihm anvertrauten Schülern oder Kindern verfassungswidrige Ziele zu vermitteln versucht (*BAG* 20.7.1977 EzA Art. 33 GG Nr. 7). Bei Arbeitnehmern, deren Tätigkeit nicht der Vermittlung der Grundwerte unserer Verfassung dient, ist die politische Treuepflicht niedriger anzusetzen und auf die Pflicht zu beschränken, politische Zurückhaltung zu üben. Das gilt zB für die Tätigkeit eines Hauptvermittlers bei der Bundesagentur für Arbeit (*BAG* 6.6.1984 EzA § 1 KSchG Verhaltensbedingte Kündigung Nr. 12) oder eines Fernmeldehandwerkers (*BAG* 12.3.1986 RzK I 1 Nr. 10) sowie allg. bei der politischen Betätigung von Reinigungskräften, **Arbeitern** oder **untergeordneten Angestellten** im Bürodienst oder in technischen Berufen des öffentlichen Dienstes.

119 Auch bei Verletzungen der Pflicht zur Verfassungstreue ist grds. eine vorherige **Abmahnung** (s.u. Rz 253 ff.) erforderlich, durch die der Angestellte auf den pflichtwidrigen Charakter der außerdienstlichen politischen Tätigkeit hingewiesen wird, wenn diese nicht bereits ein ausreichendes Indiz für einen dauernden und nicht behebbaren Eignungsmangel im öffentlichen Dienst ist (*BAG* 12.3.1986 EzA Art. 33 GG Nr. 13; nicht unbedenklich *LAG SchlH* 6.8.2002 EzBAT § 54 BAT Nr. 84, das im Fall der Billigung der Terroranschläge vom 11.9.2001 durch einen Umweltsachbearbeiter [in einer für das »Bündnis Rechts« abgegebenen Pressemitteilung] das Erfordernis einer Abmahnung ohne Begründung verneint).

120 Soweit eine außerbetriebliche parteipolitische Betätigung nicht vertragswidrig ist, bleibt sie grds. kündigungsirrelevant. Nur bei einer Beschäftigung im öffentlichen Dienst oder in **Tendenzbetrieben** kann eine verlautbarte politische Grundeinstellung im Einzelfall die **Eignung** für die vertragliche Tätigkeit mindern oder entfallen lassen (SPV-*Preis* Rz 729; s.o. Rz 114).

V. Tendenzbetriebe, Kirchen

121 Häufiger als in der übrigen Privatwirtschaft und im öffentlichen Dienst kann in Tendenzbetrieben (§ 118 BetrVG) – insbes. auch im **kirchlichen Dienst** (Art. 140 GG) – das außerdienstliche Verhalten (einschließlich der in Rz 115 ff. behandelten Verhaltensweisen) von Arbeitnehmern mit den Pflichten aus dem Arbeitsverhältnis unvereinbar sein (*Buchner* ZfA 1979, 335; *Dudenbostel/Klas* AuR 1979, 300 f.; KR-*Griebeling* § 1 KSchG Rz 455 f.; SPV-*Preis* Rz 1211). Unabhängig davon, ob für die in Tendenzbetrieben beschäftigten Arbeitnehmer eine besondere **Tendenzförderungspflicht** besteht (so *Buchner* ZfA

1979, 364 f.) oder ob es insoweit nur um die Wahrung von **Obliegenheiten** geht (so *Herschel* zitiert von *Buchner* ZfA 1979, 355 FN 37), wirkt sich der »Tendenzschutz« auch auf die Rechte und Pflichten im Arbeitsverhältnis aus. Die Auswirkungen werden jeweils von der »Tendenznähe« der von den Arbeitnehmern zu erfüllenden Aufgabe bestimmt (*Zielke* S. 38 f.). Sie reichen von der Pflicht zur aktiven Tendenzförderung iSv *Buchner* (aaO), die im Wesentlichen nur Tendenzträger in leitender oder besonders verantwortlicher Stellung trifft, bis zur Pflicht, in der Öffentlichkeit oder im Betrieb Meinungsäußerungen oder Aktivitäten zu unterlassen, die der Unternehmenszielsetzung widersprechen oder in ihrer provokativen Wirkung auf Arbeitskollegen den Arbeitsablauf oder den Betriebsfrieden stören (**Unterlassungs-, Rücksichtnahme-** oder **Neutralitätspflicht;** vgl. *Söllner* FS Herschel 1982 S. 391 f., 396 f.). So darf etwa der Geschäftsführer einer »Liga gegen den Alkohol« auch privat nicht die Trunksucht verherrlichen (Beispiel von *Zöllner*, vgl. *Zöllner/Loritz* S. 175).

Im Verbandsbereich (zB **Gewerkschaften, Arbeitgeberverbände**) haben Tendenzträger (vgl. dazu BAG 7.11.1975 EzA § 118 BetrVG 1972 Nr. 7 und 5.12.1975 EzA § 118 BetrVG 1972 Nr. 10) auf den Verbandszweck auch im außerdienstlichen Verhalten Rücksicht zu nehmen. Ein Rechtsschutzsekretär einer Gewerkschaft darf sich deswegen nicht außerdienstlich durch Beitritt zum KBW gegen die grds. Zielsetzung seines Arbeitgebers wenden (BAG 6.12.1979 EzA § 1 KSchG Tendenzbetrieb Nr. 5 [*Rüthers*]). Soweit es um die Verletzung vertraglicher Nebenpflichten geht, ist keine personen-, sondern eine verhaltensbedingte Kündigung einschlägig (SPV-*Preis* aaO). **122**

Die frühere Rspr. des BAG zu den verhaltensbedingten Kündigungen im kirchlichen Bereich (vgl. dazu die Kommentierung von *Hillebrecht* in der 3. Auflage) war geprägt durch das Bestreben, die Loyalitätspflichten der Arbeitnehmer jeweils an der übertragenen Aufgabe auszurichten und auch die Nähe zum sog. Verkündigungsauftrag der Kirchen durch die Gerichte zu bestimmen. Diese Würdigung hat das *BVerfG* (Beschl. v. 4.6.1985 EzA § 611 BGB Kirchliche Arbeitnehmer Nr. 24) als Verstoß gegen die **Selbstordnungs-** und **Selbstverwaltungsgarantie der Kirchen** gewertet. (Nicht auf den Schutz der Art. 4, 140 GG, 137 WRV kann sich allerdings die »Scientology Kirche« berufen, denn sie ist keine Religions- oder Weltanschauungsgemeinschaft iS dieser Bestimmungen, vgl. BAG 22.3.1995 EzA Art. 140 GG Nr. 26.) Nach dem Verständnis des BVerfG haben die Arbeitsgerichte die vorgegebenen **kirchlichen Maßstäbe** (s. GrO der kath. Kirche v. 22.9.1993; Richtlinie des Rates der EKD v. 1.7.2005) für die Bewertung vertraglicher Loyalitätspflichten zugrunde zu legen, soweit sie von den Kirchen im Rahmen ihres verfassungsrechtlich garantierten Selbstbestimmungsrechtes gesetzt werden. Sie sind grds. berechtigt, verbindlich festzulegen, was die Glaubwürdigkeit der Kirche und ihrer Verkündigung erfordert, dh was »spezifisch kirchliche Aufgaben« sind, von welchen Arbeitnehmern sie wahrgenommen werden, welches die wesentlichen Grundsätze der »Glaubens- und Sittenlehre« sind und wie schwerwiegend ein Verstoß dagegen ist. Entgegen der früher vom BAG angewandten Abstufungstheorie steht also den Kirchen und nicht den staatlichen Gerichten die Entscheidung über die Inhalte und Abstufungen der besonderen Loyalitätsbindungen kirchlicher Mitarbeiter zu (vgl. auch *VGH Mannheim* 26.5.2003 EzA § 85 SGB IX Nr. 2 [Kirchenaustritt einer schwerbehinderten Krankenschwester]; *Dütz* NZA 2006, 65 ff.; *Richardi* Arbeitsrecht in der Kirche § 7 Rz 14 ff.; *Rüthers* NJW 1986, 356 f.; *Spengler* NZA 1987, 833 f.; *Thüsing* NZA-RR 1999, 563; ders. RdA 2003, 214; *Weber* NJW 1986, 370 f.; **krit**. *Hillebrecht* KR, 4. Aufl. Rz 91 d). Dabei sind sie allerdings an den **Gleichbehandlungsgrundsatz** gebunden (*Geck/Schimmel* AuR 1995, 184; *Dütz* NJW 1990, 2028 f.; *Heitzer* ZTR 1991, 16 ff.), und sie können sich darüber hinaus hinsichtlich des einzuhaltenden Verfahrens selbst binden mit der Folge, dass Verstöße gegen solch bindende **Verfahrensnormen** zur Unwirksamkeit einer Kündigung führen (BAG 16.9.1999 EzA § 611 BGB Kirchliche Arbeitnehmer Nr. 45 [*Dütz*]; **aA** *Thüsing* NZA-RR 1999, 563). Im Übrigen hat das BVerfG den Gerichten aufgegeben sicherzustellen, dass die kirchlichen Einrichtungen nicht in Einzelfällen unannehmbare Anforderungen – etwa entgegen den Grundsätzen der eigenen Kirche und der daraus folgenden Fürsorgepflicht – an die Loyalität ihrer Arbeitnehmer stellen. Auch bei der Überprüfung der außerordentlichen Kündigung kirchlicher Mitarbeiter bedarf es deswegen noch einer **Interessenabwägung** (ähnlich SPV-*Preis* Rz 702; sehr weitgehend *Däubler* RdA 2003, 209; enger: *Dütz* Anm. AP Nr. 21 zu Art. 140 GG; ders. NJW 1990, 2025 ff.; **aA** *Richardi* aaO Rz 28; *Spengler* NZA 1987, 835). Das ergibt sich aus dem Hinweis des BVerfG, der Bestandsschutz sei ein in der staatlichen Rechtsordnung sehr hoch anzusetzender Wert und für den Arbeitnehmer könnten deswegen seine lange Beschäftigungsdauer und sein hohes Lebensalter sprechen, so dass sich in zahlreichen Fallgestaltungen der unbestimmte Rechtsbegriff des wichtigen Grundes im kirchlichen Dienst nicht anders darstellen werde als in weltlichen Diensten. Von einer »Aushöhlung« des Kündigungsschutzrechts seitens der Kirchen durch die Auferlegung von Loyalitätspflichten könne deswegen keine Rede sein. Für verfassungswidrig hat das BVerfG in den aufgehobenen Urteilen des BAG nicht bereits die **123**

§ 626 BGB   Fristlose Kündigung aus wichtigem Grund

Kontrolle durch eine Interessenabwägung erachtet, sondern nur die zu geringe Einschätzung der Schwere und der Tragweite des festgestellten Loyalitätsverstoßes. Allerdings können die generellen kirchlichen Vorgaben so strikt sein, dass ein Überwiegen der Arbeitnehmerinteressen im Einzelfall nur noch schwer vorstellbar ist (zust. MünchKomm-*Henssler* Rz 231; HWK-*Sandmann* Rz 247).

123a Von dieser Interpretation geht auch die neuere Rspr. des BAG aus. Danach begeht ein **Arzt**, der in einem **katholischen Krankenhaus** beschäftigt wird, einen schweren Loyalitätsverstoß, wenn er sich öffentlich **gegen** das von der Kirche vertretene absolute **Verbot** des **Schwangerschaftsabbruches** ausspricht (*BAG* 15.1.1986 KirchE 24, 7). Auch die standesamtliche **Ehe** einer bei einer **katholischen** Schule beschäftigten **Lehrerin** mit einem **geschiedenen katholischen Mann** oder die **Wiederverheiratung eines geschiedenen katholischen Kirchenmusikers** stellen einen schwerwiegenden und fortdauernden Verstoß gegen den Grundsatz der Unauflöslichkeit der Ehe dar, der zu den wesentlichen Grundsätzen der katholischen Glaubens- und Sittenlehre gehört (*BAG* 18.11.1986 EzA § 611 BGB Kirchliche Arbeitnehmer Nr. 26; 16.9.2004 EzA § 242 BGB 2002 Kündigung Nr. 5). Zur Entziehung der **kirchlichen Lehrbefugnis** vgl. *BAG* 25.5.1988 EzA § 611 BGB Kirchliche Arbeitnehmer Nr. 27 [*Dütz*]. Bei einem für **Öffentlichkeitsarbeit** zuständigen Angestellten der Kirche Jesu Christi der Heiligen der letzten Tage (**Mormonen**) rechtfertigt **Ehebruch** grds. eine fristlose Kündigung (*BAG* 24.4.1997 EzA § 611 BGB Kirchliche Arbeitnehmer Nr. 43). Sie kann auch gegenüber der Arbeitnehmerin in einem **evangelischen Kindergarten** gerechtfertigt sein, wenn diese **in der Öffentlichkeit** die von evangelischen Glaubenssätzen erheblich abweichende **Lehre der »Universalen Kirche«** verbreitet (*BAG* 21.2.2001 EzA § 611 BGB Kirchliche Arbeitnehmer Nr. 47; nachfolgend *BVerfG* 7.3.2002 EzA § 611 BGB Kirchliche Arbeitnehmer Nr. 47a [*Thüsing*]). Die **Weigerung** des Arbeitnehmers, einer von allen anderen Mitarbeitern akzeptierten **Verschlechterung der Arbeitsvertragsbedingungen zuzustimmen**, soll dagegen keine zur Kündigung berechtigende Verletzung von Loyalitätsobliegenheiten darstellen können (*BAG* 25.10.2001 EzA § 626 BGB Änderungskündigung Nr. 2). Auch kann die Kündigung eines Arbeitsverhältnisses nicht mit einem Verstoß gegen ein Verbot der **Anrufung weltlicher Gerichte** begründet werden (vgl. zu dem i.Ü. mit Art. 10 Abs. 1 GrO nicht im Einklang stehenden Verbot des katholischen Bischofs von Regensburg [ABl. der Diözese v. 17.11.2003, S. 154] *Wißmann* JZ 2004, 190; *Bröhl* S. 74).

124 Aus der früheren Rspr. des BAG sind folgende Entscheidungen zumindest in Teilen der Begründung weiter von Bedeutung: Durch die **standesamtliche Eheschließung** mit einem nicht laisierten **Priester** begeht die Leiterin des Pfarrkindergartens einer katholischen Kirchengemeinde einen schweren **Verstoß gegen** die **katholische Sittenlehre** (*BAG* 4.3.1980 EzA § 1 KSchG Tendenzbetrieb Nr. 8; vgl. zu einem ähnlichen Fall neuerdings *BVerfG* 31.1.2001 EzA § 611 BGB Kirchliche Arbeitnehmer Nr. 46). Das gilt auch dann, wenn eine an einer **katholischen** Privatschule tätige **Lehrerin** oder ein an einem katholischen Krankenhaus beschäftigter **Assistenzarzt** aus der katholischen **Kirche austritt** oder wenn solche Arbeitnehmer bei der Einstellung ihren Austritt verschweigen (*BAG* 4.3.1980 EzA § 1 KSchG Tendenzbetrieb Nr. 9; 12.12.1984 EzA § 1 KSchG Tendenzbetrieb Nr. 17), ferner wenn eine in einer **Caritas**-Geschäftsstelle beschäftigte **katholische Angestellte** nach ihrer **Scheidung** standesamtlich eine **zweite Ehe** eingeht (*BAG* 14.10.1980 EzA EzA § 1 KSchG Tendenzbetrieb Nr. 10 [*Herschel*]). Eine Verletzung der Loyalitätspflicht ist auch die im außerdienstlichen Bereich ausgeübte **homosexuelle Praxis** eines im Dienst des Diakonischen Werkes einer **evangelischen** Landeskirche stehenden **Konfliktberaters** im Rahmen der **Familienhilfe**, weil das Diakonische Werk kraft seines Selbstbestimmungsrechts festlegen kann, dass der homosexuell veranlagte Mitarbeiter im kirchlichen Dienst nur tragbar ist, sofern er darauf verzichtet, diese Veranlagung zu praktizieren (*BAG* 30.6.1983 EzA § 1 KSchG Tendenzbetrieb Nr. 14). In den genannten Beispielen wird regelmäßig nur eine ordentliche Kündigung in Betracht kommen. Zu prüfen ist auch, ob nicht nach dem Grundsatz der **Verhältnismäßigkeit** eine Abmahnung oder die Versetzung auf einen anderen Arbeitsplatz ausreicht, um die berechtigten Interessen des kirchlichen Dienstherren zu wahren (SPV-*Preis* aaO). Auch nach der Grundsatzentscheidung des BVerfG (Rz 123) kann **nicht** an der früher vom BAG vertretenen Auffassung festgehalten werden, schon die **standesamtliche Heirat** eines bei einer **katholischen** Kirchengemeinde beschäftigten **Anstreichers** sei eine schwere Pflichtverletzung (so *BAG* 31.1.1956 AP Nr. 15 zu § 1 KSchG). Ob Loyalitätsanforderungen übersteigert sind, ist insbes. daran zu messen, wie die vertragliche Arbeitsaufgabe beschaffen ist und ob sie zu besonderer Loyalität verpflichtet. Daran fehlt es bei einem kirchlichen Mitarbeiter, der nur handwerkliche Tätigkeit verrichtet (so zutr. *Rüthers* aaO; *Dütz* Anm. AP Nr. 20 zu Art. 140 GG; *Weber* NJW 1986, 370 f.; aA *Buchner* ZfA 1979, 348). Zur ordentlichen Kündigung kirchlicher Mitarbeiter vgl. KR-*Griebeling* § 1 KSchG Rz 70 ff. **Krit.** zur Entwicklung des kirchlichen Arbeitsrechts *Struck* NZA 1991, 249 f., *Zachert* PersR 1992, 443 und *Geck/Schimmel* AuR 1995, 177 ff. Ob die **Antidiskriminierungsrichtlinie** 2000/78/EG (AblEG L 303/16) zur Aufgabe bzw. Modifizierung der bislang entwickelten Grundsätze zwingt, ist str. (vgl. dazu einerseits *Budde* AuR 2005, 353 ff., andererseits *Belling* NZA 2004, 885 ff. und *Reichold* NZA 2001, 1054 ff.).

Im **Pressebereich** müssen vor allem die **Tendenzträger** (Schriftleiter, Redakteure) zB bei Veröffentlichungen in anderen Zeitschriften eine tendenzkonforme Linie wahren (*Euchner* ZfA 1979, 349). Die übrigen Arbeitnehmer können dagegen, soweit es sich nicht um Publikationen von Verbänden oder kirchlichen Einrichtungen handelt, durch einen öffentlichen Beitrag zur politischen Meinungsbildung (ein Drucker einer »konservativen« Zeitung tritt zB in einem Leserbrief im Spiegel für den Kanzlerkandidaten der SPD ein) die Tendenz ihres Presseunternehmens kaum kündigungsrelevant beeinträchtigen. **125**

VI. Sicherheitsbedenken

Bei Arbeitnehmern, die Aufgaben verrichten, bei denen eine erhöhte **Gefahr** von **Spionage** oder **Sabotage** besteht (zB Beschäftigung bei der Bundeswehr, den alliierten Streitkräften, Ministerien und Betrieben, die wichtige öffentliche Aufgaben erfüllen), besteht zwar ein erhöhtes Sicherheitsbedürfnis. Bei **Sicherheitsbedenken** (zB Mitgliedschaft bei verbotenen oder rechts-/linksextremen Parteien) genügt aber nicht schon eine allgemeine Besorgnis, sondern es ist zu prüfen, ob und wie stark durch **bestimmte Tatsachen** das Arbeitsverhältnis belastet wird (BAG 12.3.1986 – 7 AZR 468/81 – nv; 20.7.1989 EzA § 2 KSchG Nr. 11). Auch wenn ein Unternehmen – wie die Versorgungswerke einer großen Stadt – gegen Terroristenanschläge besonders anfällig ist, reicht die subjektive Besorgnis des Arbeitgebers, es bestünden Sicherheitsbedenken, nicht aus, um eine konkrete Belastung des Arbeitsverhältnisses darzulegen. Die Sicherheitsbedenken müssen sich vielmehr objektiv aus den vorliegenden Umständen ergeben. Dazu reicht es noch nicht, wenn ein Arbeitnehmer enge persönliche Beziehungen zu Personen unterhält, die im Zusammenhang mit dem Terrorismus in der Bundesrepublik radikale Auffassungen vertreten. Fehlt es an einer Verletzung von Loyalitätspflichten durch den Arbeitnehmer, kommt allenfalls eine personenbedingte Kündigung in Betracht (SPV-*Preis* Rz 1211; *Meyer* Die Kündigung des Arbeitsverhältnisses wegen Sicherheitsbedenken, S. 107). **126**

VII. Ruhendes Arbeitsverhältnis

Die Grundsätze über die beschränkte kündigungsrechtliche Relevanz außerdienstlichen Verhaltens sind auch dann anzuwenden, wenn einem Arbeitnehmer ein Fehlverhalten während eines Zeitraumes angelastet wird, in dem das Arbeitsverhältnis geruht hat (zB nach § 1 Abs. 1 ArbPlSchG). Das gilt selbst dann, wenn das beanstandete Verhalten Tätigkeiten betrifft, die von der **suspendierten Arbeitspflicht** des Arbeitnehmers erfasst wurden (BAG 17.2.1982 – 7 AZR 663/79 – nv). Nicht um eine Pflichtverletzung im außerdienstlichen Bereich, sondern um eine Verletzung der Förderungspflicht gegenüber dem vertraglichen Arbeitgeber geht es, wenn ein Arbeitnehmer, der nach seinem Arbeitsvertrag verpflichtet ist, gelegentlich auch in einem anderen Betrieb im Bereich des Konzerns oder des Firmenverbundes Tätigkeiten zu erbringen, während seiner Abordnung von ihm wahrzunehmende Vermögensinteressen einer anderen Gesellschaft verletzt. **127**

H. Systematisierung nach der Art der Kündigungsgründe

I. Sachliche Abgrenzungskriterien

Im Schrifttum werden Kündigungsgründe nach ihrem sachlichen Gehalt unterschiedlich abgegrenzt. Überwiegend wird eine am Vorbild des § 1 KSchG orientierte **Dreiteilung** befürwortet (*Ascheid* Rz 132; *Erman/Belling* Rz 52; MünchKomm-*Henssler* Rz 2; SPV-*Preis* Rz 612; MünchArbR-*Wank* § 120 Rz 38). Dem ist mit der Einschränkung zu folgen, dass sich – freilich selten – ein wichtiger Grund auch in der **Person des Kündigenden** selbst ergeben kann. Soweit darüber hinaus z.T. auch noch sog. **objektive Gründe** als weitere Fallgruppe genannt werden (*Hillebrecht* KR, 4. Aufl. Rz 117 ff.; *Staudinger/Neumann* 12. Aufl. Rz 38), zeigen die angeführten Beispiele (Todesfälle, Beschäftigungsverbote, behördliche Betriebsschließungen, dauernde Arbeitsunfähigkeit des Arbeitnehmers), dass sie sich zwanglos entweder den personen- oder den betriebsbedingten Gründen zuordnen lassen (speziell zur Druckkündigung s.u. Rz 161, 204 f.). **128**

II. Gründe in der Person des Gekündigten

Da ein wichtiger Grund nicht voraussetzt, dass dem Gekündigten ein Verschulden vorzuwerfen ist, können auch in der Person des Gekündigten liegende **unverschuldete** und von ihm nicht zu vertre- **129** tende **Umstände** eine außerordentliche Kündigung rechtfertigen (*BAG* 10.3.1977 EzA § 322 ZPO Nr. 3; *Adomeit/Spinti* AR-Blattei SD 1010.9 Rz 98; *Preis* Prinzipien S. 333 f.). Auch **personenbedingte Gründe** sind nur dann kündigungsrelevant, wenn sie zu einer konkreten Störung des Arbeitsverhältnisses führen (s.o. Rz 95, 110 ff.; **aA** *Rüthers/Henssler* ZfA 1988, 43, die es für ausreichend halten, dass sich eine Eigenschaft in ihrer betriebsstörenden Wirkung iS einer »konkreten Gefährdung« erst noch aktualisieren kann).

1. Kündigung durch Arbeitgeber

130 Besitzt ein ausländischer Arbeitnehmer keine **Arbeitsgenehmigung** oder wird ihm diese später entzogen, dann kann das einen personenbedingten Grund zur Kündigung darstellen (*BAG* 13.1.1977 EzA § 19 AFG Nr. 2; 7.2.1990 EzA § 1 KSchG Personenbedingte Kündigung Nr. 8; KR-*Griebeling* § 1 KSchG Rz 290 f.; SPV-*Preis* Rz 1207). Ob der Arbeitgeber wegen des Fehlens oder des Ablaufes der Arbeitsgenehmigung zur ordentlichen oder außerordentlichen Kündigung berechtigt ist, hängt von den Umständen des Einzelfalles ab, insbes. davon, ob der Arbeitgeber den Arbeitsplatz sofort neu besetzen muss (*BAG* 13.1.1977 EzA § 19 AFG Nr. 2; **aA** KDZ-*Däubler* Rz 141; s.u. Rz 433).

131 Fehlt einem Arbeitnehmer aus **gesundheitlichen** oder **charakterlichen Gründen** die erforderliche Fähigkeit für die vertraglich übernommene Arbeit oder ist diese Eignung erheblich beeinträchtigt, dann kann das dem Arbeitgeber ein Recht zur außerordentlichen Kündigung geben (*BAG* 28.3.1974 EzA § 119 BGB Nr. 5). Die fehlende fachliche Qualifikation ist nur dann ein personenbedingter Kündigungsgrund, wenn die Eignung durch den Arbeitnehmer **nicht** mehr **steuerbar** ist (SPV-*Preis* Rz 1212). Zumeist wird es bei Leistungsmängeln darum gehen, ob nicht eine vorwerfbare Vertragsverletzung (Schlechtleistung) und deswegen ein verhaltensbedingter Grund vorliegt, der der Abmahnung bedarf (*BAG* 11.12.2003 EzA § 1 KSchG Verhaltensbedingte Kündigung Nr. 62; SPV-*Preis* aaO). Zur Verdachtskündigung s.u. Rz 211.

132 Eine fristlose Entlassung kann bei einer abschreckenden (zB sichtbaren Geschlechtskrankheit) oder ansteckenden **Krankheit** (zB Dauerausscheidung von Typhuserregern) gerechtfertigt sein (*Lepke* Rz 269). Bei einer Kündigung wegen krankheitsbedingter Fehlzeiten ist zwar schon bei der ordentlichen Kündigung ein **strenger Maßstab** anzulegen (vgl. KR-*Griebeling* § 1 KSchG Rz 319 ff.), aber es ist nicht ausgeschlossen, krankheitsbedingte Arbeitsunfähigkeit in besonderen Fällen als wichtigen Grund anzuerkennen (*BAG* 27.11.2003 EzA § 626 BGB 2002 Krankheit Nr. 1; *Lepke* Rz 264; HAS-*Popp* § 19 B Rz 162; SPV-*Preis* Rz 754; vgl. auch die früheren Bestimmungen der §§ 72 Abs. 1 Nr. 3 HGB und 133c Abs. 1 Nr. 4 GewO; **aA** *Volz* S. 40 ff.). Eine außerordentliche Kündigung kommt allerdings idR nur dann in Betracht, wenn eine **ordentliche Kündigung** tariflich oder vertraglich **ausgeschlossen** ist, dauernde Leistungsunfähigkeit oder eine lang andauernde Erkrankung vorliegt und auch eine Weiterbeschäftigung auf einem anderen Arbeitsplatz nicht möglich ist (*BAG* 4.2.1993 EzA § 626 BGB nF Nr. 144; 18.10.2000 EzA § 626 BGB Krankheit Nr. 3; *Conze* ZTR 1987, 99, 102; ArbRBGB-*Corts* Rz 93; SPV-*Preis* aaO; zur Auslauffrist s.u. Rz 304 ff.). Dabei steht die Ungewissheit der Wiederherstellung der Arbeitsfähigkeit einer dauernden Leistungsunfähigkeit dann gleich, wenn in den nächsten 24 Monaten mit einer anderen Prognose nicht gerechnet werden kann (*BAG* 29.4.1999 EzA § 1 KSchG Krankheit Nr. 46; 12.4.2002 EzA § 1 KSchG Krankheit Nr. 49). An die Bemühungen des Arbeitgebers, eine leidensgerechte Beschäftigung zu finden, sind erhebliche Anforderungen zu stellen, wobei allerdings auch der Arbeitnehmer gehalten ist, kooperativ mitzuwirken (*BAG* 13.5.2004 EzA § 626 BGB 2002 Krankheit Nr. 2). § 84 Abs. 2 SGB IX verlangt und regelt insoweit ein **betriebliches Eingliederungsmanagement** (s. dazu KR-*Griebeling* § 1 KSchG Rz 324a ff.). Insbesondere vor dem Ausspruch einer Kündigung wegen krankheitsbedingter Minderung der Leistungsfähigkeit muss der Arbeitgeber zunächst einen Ausgleich durch **organisatorische Maßnahmen** (Änderung des Arbeitsablaufs, leidensgerechte Gestaltung des Arbeitsplatzes, Umverteilung der Aufgaben) versuchen (*BAG* 12.7.1995 EzA § 626 BGB nF Nr. 156). Ist dagegen eine ordentliche Kündigung möglich, so ist die Fortsetzung des Arbeitsverhältnisses bis zum Ablauf der Kündigungsfrist regelmäßig zumutbar, zumal der Arbeitgeber idR bereits von seiner Entgeltfortzahlungspflicht (§ 3 EFZG) befreit ist (vgl. *BAG* 16.12.1960 AP Nr. 3 zu § 133 c GewO).

133 Auch das Arbeitsverhältnis eines **Betriebsratsmitgliedes** kann idR nicht wegen krankheitsbedingter Arbeitsunfähigkeit außerordentlich gekündigt werden, weil bei der Zumutbarkeitsprüfung nach § 15 KSchG auf die **fiktive Kündigungsfrist** abzustellen ist (*BAG* 18.2.1993 EzA § 15 KSchG nF Nr. 40; 10.2.1999 EzA § 15 nF KSchG Nr. 47; *Erman/Belling* Rz 43; KDZ-*Däubler* Rz 51; HaKo-*Fiebig* § 15 KSchG Rz 151 ff.; MünchKomm-*Hergenröder* § 15 KSchG Rz 107; HzK-*Laber* 3 Rz 72; *Otto* EWiR 1994, 177 f.; *Pallasch* Anm. EzA § 15 KSchG nF Nr. 55; MünchKomm-*Schwerdtner* 3. Aufl. Rz 109; SPV-*Preis* aaO; krit.

Lepke Rz 277). Wenn demgegenüber *Etzel* (KR § 15 KSchG Rz 22 ff.; ebenso *Bernstein* Anm. zu EzA § 15 KSchG nF Nr. 43; MünchKomm-*Henssler* Rz 113; *Löwisch/Spinner* § 15 Rz 51; teilw. auch *Pomberg* S. 213 ff., 310 ff.) auf die Amtszeit und die Zeit des nachwirkenden Kündigungsschutzes des Betriebsratsmitglieds abstellen will, so ist dem nur für **betriebliche** Kündigungsgründe zuzustimmen, bei denen der Arbeitgeber andernfalls an der Umsetzung gerichtlich nur eingeschränkt überprüfbarer **Organisationsentscheidungen** gehindert wäre (vgl. für betriebsbedingte Massenänderungskündigungen BAG 21.6.1995 EzA § 15 KSchG nF Nr. 43 [*Bernstein; Oetker*]; 7.10.2004 EzA § 15 KSchG nF Nr. 57; 17.3.2005 EzA § 15 KSchG nF Nr. 59; MünchKomm-*Hergenröder* aaO; HzK-*Mues* 2 Rz 963; vgl. ferner eingehend *Stahlhacke* FS Hanau 1999 S. 281 ff., der allerdings die Zulassung einer ordentlichen Änderungskündigung präferiert; aA *Pomberg* S. 286 f.). Bei diesen wird nämlich aus der Regelung für die Stilllegung von Betrieben und Betriebsabteilungen in § 15 Abs. 4 und Abs. 5 KSchG deutlich, dass sich die in Art. 2, 12 und 14 GG verfassungsrechtlich fundierte Freiheit der Unternehmerentscheidungen ggf. auch gegenüber dem erhöhten Bestandsschutz für Betriebsratsmitglieder durchsetzen können soll, was bei einem Abstellen auf die fiktive Kündigungsfrist regelmäßig nicht möglich wäre (vgl. auch *Bernstein* aaO; HWK-*Sandmann* Rz 107; zu den Besonderheiten der uU erforderlichen sozialen Auswahl s. *Bröhl* BB 2006, 1055). Dagegen fehlen bei **verhaltens-** und **personenbedingten Kündigungsgründen** vergleichbare verfassungsrechtliche und gesetzliche Anhaltspunkte. Mit einer gegenüber sonstigen Arbeitnehmern leichteren Möglichkeit der fristlosen Kündigung würden Amtsträger bei gleichem Kündigungsgrund und vergleichbaren Sozialdaten entgegen § 78 BetrVG wegen ihrer Tätigkeit benachteiligt, wenn die Kündigung gegenüber den anderen Arbeitnehmern wegen des abweichenden Prüfungsmaßstabs nur fristgerecht möglich wäre (*BAG* 27.9.2001 EzA § 15 KSchG nF Nr. 54). Der generell bessere Kündigungsschutz kann die Benachteiligung im Einzelfall nicht rechtfertigen (**aA** KR-*Etzel* § 15 KSchG Rz 23). Diese kann auch nicht durch eine entsprechende **Auslauffrist** kompensiert werden, denn § 15 KSchG sieht anders als § 626 BGB die Möglichkeit einer fristlosen Kündigung nicht erst als Rechtsfolge vor, sondern setzt ausdrücklich voraus, dass Tatsachen vorliegen, die den Arbeitgeber zur Kündigung aus wichtigem Grund **ohne Einhaltung einer Kündigungsfrist** berechtigen (vgl. *BAG* 18.2.1993 EzA § 15 KSchG nF Nr. 40. *LAG Köln* 24.8.2001 AiB 2002, 639 m. Anm. *Große-Kock*; im Ergebnis ebenso *Bröhl* S. 43 ff., 174).

Alkoholismus ist auch kündigungsrechtlich dann einer **Krankheit** gleichzusetzen, wenn eine starke **134** Alkoholabhängigkeit mit Suchtcharakter besteht, die vom Arbeitnehmer nicht mehr zu steuern ist (*BAG* 13.12.1990 EzA § 1 KSchG Krankheit Nr. 33; *Lepke* DB 1982, 179 f.; *Otto* SAE 1983, 313; diff. *Erman/Belling* Rz 54). Bei **gelegentlicher** Trunkenheit oder wiederholtem **Alkoholgenuss** im Betrieb, der nicht offenkundig auf eine Alkoholerkrankung zurückzuführen ist, kommt dagegen eine verhaltensbedingte Kündigung in Betracht (*LAG Frankf.* 20.3.1986 LAGE § 1 KSchG Verhaltensbedingte Kündigung. Nr. 9; s.u. Rz 137 ff.). Das gilt ausnahmsweise auch dann, wenn ein Arbeitnehmer nach erfolgreicher **Entziehungskur** und längerer Abstinenz erneut **rückfällig** wird und unter Alkoholeinwirkung Vertragsverletzungen begeht (*BAG* 7.12.1989 RzK I 7 c Nr. 7; aA *LAG Hamm* 15.1.1999 NZA 1999, 1221).

Bei der Kündigung eines Arbeitnehmers wegen Arbeitsverhinderung durch die Verbüßung einer **Frei- 135 heitsstrafe** geht es nicht um einen verhaltens-, sondern um einen personenbedingten Kündigungsgrund: Es hängt von Art und Ausmaß der betrieblichen Auswirkungen ab, ob eine haftbedingte Nichterfüllung der Arbeitspflicht durch den Arbeitnehmer eine außerordentliche oder eine ordentliche Kündigung rechtfertigt (*BAG* 15.11.1984 EzA § 626 BGB nF Nr. 95; SPV-*Preis* Rz 752; aA *Sieg* SAE 1986, 8 f., der eine vom Arbeitnehmer verschuldete Unmöglichkeit der Arbeitsleistung annimmt). Insbesondere kommt es darauf an, ob für den Arbeitgeber zumutbare **Überbrückungsmaßnahmen** bestehen (*BAG* 9.3.1995 EzA § 626 BGB nF Nr. 154).

2. Kündigung durch Arbeitnehmer

Ein wichtiger Grund für eine Kündigung durch den Arbeitnehmer ist zB dann gegeben, wenn einem **136** Arbeitgeber oder dem von ihm eingesetzten Ausbilder die für die Anerkennung einer Ausbildung oder Zulassung zu einer Abschlussprüfung erforderliche **Ausbildungsbefugnis entzogen** wird (vgl. KR-*Weigand* §§ 21, 22 BBiG Rz 76).

III. Gründe im Verhalten des Gekündigten

Anders als die vorstehend behandelte personenbedingte Kündigung setzt eine **verhaltensbedingte 137 Kündigung** stets ein **vertragswidriges Verhalten** des Gekündigten voraus (HAS-*Popp* § 19 B Rz 160; *Gentges* S. 244 f.). Verhaltensweisen eines Vertragspartners, die keine Haupt- oder Nebenpflichten aus dem Arbeitsvertrag verletzen, können keine verhaltensbedingte Kündigung rechtfertigen. Allerdings besteht generell die arbeitsvertragliche **Nebenpflicht**, das Arbeitsverhältnis nicht durch ein steuerbares Verhalten konkret zu beeinträchtigen (s.o. Rz 116 aE). Deshalb kann bei einem außerdienstlichen Verhalten, das die Eignung des Arbeitnehmers für die geschuldete Dienstleistung in Frage stellt, sowohl das Vorliegen personenbedingter als auch das Vorliegen verhaltensbedingter Kündigungsgründe in Betracht kommen (vgl. *BAG* 28.9.1989 EzA § 1 KSchG Verhaltensbedingte Kündigung Nr. 28; 20.11.1997 EzA § 1 KSchG Verhaltensbedingte Kündigung Nr. 52; **aA** SPV-*Preis* Rz 1211; zu Mischtatbeständen allg. s.u. Rz 159 ff.). Die Kritik von *Hillebrecht* (KR, 4. Aufl. Rz 107) an der vorgenannten Entscheidung vom 28.9.1989 wäre nur dann berechtigt, wenn das BAG zunächst positiv festgestellt hätte, dass kein vertragswidriges Verhalten vorlag, und dann den Sachverhalt gleichwohl noch unter dem Aspekt verhaltensbedingter Gründe geprüft hätte.

138 Fristlose Entlassungen wegen **wiederholten** (beharrlichen – s.u. Rz 147) **Verstoßes** gegen Verhaltenspflichten aus dem Vertrag (zB Beschimpfungen, Tätlichkeiten, Betriebsdiebstähle, Arbeitsverweigerung, ständige Unpünktlichkeit des Arbeitnehmers oder verzögerte bzw. verweigerte Lohnzahlung durch den Arbeitgeber) sind in der Praxis die häufigsten Fälle der außerordentlichen verhaltensbedingten Kündigung.

139 Verhaltensbedingte Gründe bilden nur dann einen wichtigen Grund, wenn der Gekündigte nicht nur objektiv, sondern auch **rechtswidrig** und **schuldhaft** seine Pflichten aus dem Vertrag verletzt hat, wobei allerdings auch **Fahrlässigkeit** ausreichen kann (*BAG* 16.3.1961 AP Nr. 2 zu § 1 KSchG Verhaltensbedingte Kündigung; 25.4.1991 EzA § 626 BGB nF Nr. 140; *Adomeit/Spinti* AR-Blattei SD 1010.9 Rz 66; *Honstetter* S. 66; *Löwisch/Spinner* § 1 Rz 96 f.; SPV-*Preis* Rz 1168a). Der Grad des Verschuldens ist für die **Interessenabwägung** erheblich (*BAG* 10.12.1992 EzA § 611 BGB Kirchliche Arbeitnehmer Nr. 38; 14.2.1996 EzA § 626 BGB nF Nr. 160; *v. Stebut* SAE 1993,154). Die Frage, ob bei einem besonders schwerwiegenden Fall einer **schuldlosen Vertragspflichtverletzung** ausnahmsweise eine verhaltensbedingte Kündigung in Betracht kommen kann, ist im Interesse einer **eindeutigen Abgrenzung** zur Kündigung aus Gründen in der Person des Gekündigten zu verneinen (vgl. auch *BAG* 14.2.1996 EzA § 626 BGB nF Nr. 160; *Ascheid* Rz 430; KDZ-*Däubler* Rz 32; APS-*Dörner* Rz 75; HK-*Dorndorf* § 1 Rz 531; HaKo-*Fiebig* § 1 KSchG Rz 195; AnwaltKomm-*Franzen* Rz 43; KR-*Griebeling* § 1 KSchG Rz 395 f.; *Löwisch/Spinner* § 1 Rz 96; *Preis* DB 1990, 688; *Henssler/Moll-Rost* B Rz 10 f.; *Quecke* ZTR 2003, 9; nicht eindeutig *Hillebrecht* KR, 4. Aufl. Rz 108 f; **aA** *BAG* 16.2.1989 RzK I 6 a Nr. 49; 21.1.1999 EzA § 626 BGB nF Nr. 178; *Hess. LAG* 15.10.1999 RzK I 6a Nr. 179; *LAG Köln* 12.3. und 17.4.2002 RzK I 6a Nr 221 und 223; BBDW-*Bader* Rz 23; KPK-*Bengelsdorf* Kap. 2 Rz 46; ArbRBGB-*Corts* Rz 57; HzK-*Eisenbeis* 4 Rz 77; MünchKomm-*Henssler* Rz 104; *Hoß* MDR 1998, 869; *v. Hoyningen-Huene/Linck* § 1 Rz 279; HzA-*Isenhardt* 5/1 Rz 497; ErfK-*Müller-Glöge* Rz 43; HAS-*Popp* § 19 B Rz 160; *Rüthers/Henssler* ZfA 1988, 45; HWK-*Sandmann* Rz 320; MünchArbR-*Wank* § 120 Rz 49). Ein **personenbedingter Kündigungsgrund** kommt bei fehlendem Verschulden insbesondere dann in Betracht, wenn Wiederholungsgefahr besteht (s.a. Rz 141 f.; zur Verdachtskündigung s.u. Rz 211).

140 Auch das Fehlen der **fachlichen Eignung** kann persönlich vorwerfbar sein (so zutr. *Rüthers/Henssler* ZfA 1988, 44). Wenn diese Autoren allerdings weiter annehmen, die verhaltensbedingte Kündigung werde im Verhältnis zur personenbedingten Kündigung zum »Auffangtatbestand« für jene Fälle herabgestuft, in denen wegen fortbestehender Eignung die personenbedingte Kündigung entfalle, dann ist dem so nicht zuzustimmen: Nach *Rüthers/Henssler* (aaO) soll dann unabhängig vom Verschulden des Arbeitnehmers zu prüfen sein, ob trotz Fortbestand der generellen Eignung des Arbeitnehmers dem Arbeitgeber die Fortsetzung des Arbeitsverhältnisses unzumutbar ist. Ein Verzicht auf die Vorwerfbarkeit erscheint bei derartigen Fallgestaltungen jedoch weder systemgerecht noch pragmatisch geboten. Wenn ein Arbeitnehmer an sich nach wie vor für die Arbeitsaufgabe geeignet ist, verletzt er mit quantitativ nicht vertragsgerechten Arbeitsleistungen nicht nur objektiv seine Arbeitspflicht, sondern es wird ihm zugleich der Vorwurf gemacht werden können, sich auch nach seinem subjektiven Vermögen nicht ausreichend bemüht und damit zumindest fahrlässig gehandelt zu haben.

141 Keine rechtswidrige Verletzung des Arbeitsvertrages liegt vor, wenn sich ein Arbeitnehmer weigert, **Arbeiten** auszuführen, deren Erfüllung für ihn **unzumutbar** ist (§ 275 Abs. 3 BGB). Es kann von ihm u. a. nicht verlangt werden, Arbeiten zu verrichten, die sonst von Streikenden erbracht werden (sog. **direkte Streikarbeit**: *BAG* 25.7.1957 AP Nr. 3 zu § 615 BGB Betriebsrisiko; SPV-*Preis* Rz 644). Ein Arbeitnehmer, der bei einer Druckerei beschäftigt ist, verletzt nicht seine Arbeitspflicht, wenn er sich weigert, an der Herstellung einer Zeitschrift mitzuwirken, die den freiheitlichen demokratischen Rechtsstaat angreift oder das Gewalt- und Unrechtregime des Nazismus verherrlicht oder verharmlost (*BAG*

29.1.1960 AP Nr. 12 zu § 123 GewO). Diese Entscheidung beruht auf dem Grundsatz, dass der Arbeitgeber dem Arbeitnehmer bei verfassungskonformer Auslegung des § 315 BGB keine Arbeit zuweisen darf, die diesen in einen vermeidbaren **Gewissenskonflikt** bringt (*BAG* 20.12.1984 EzA § 1 KSchG Verhaltensbedingte Kündigung Nr. 16; *Knorr/Bichlmeier/Kremhelmer* 12 Rz 74; SPV-*Preis* Rz 634; **aA** jetzt *Henssler* RdA 2000, 132). Dabei ist als **Gewissensentscheidung** jede ernstliche sittliche Entscheidung anzuerkennen, die der einzelne in einer bestimmten Lage als für sich bindend und unbedingt verpflichtend innerlich erfährt und gegen die er nicht ohne ernste Gewissensnot handeln könnte. Ein solcher Gewissenskonflikt ist auch dann anzuerkennen, wenn sich Ärzte oder Laborgehilfen aus ernsthafter Gewissensnot weigern, an der Entwicklung eines Medikaments mitzuwirken, das insbesondere im Atomkrieg eingesetzt werden soll (*BAG* 24.5.1989 EzA § 611 BGB Direktionsrecht Nr. 3). Wenn den Arbeitnehmern allerdings keine anderen Aufgaben übertragen werden können, deren Erfüllung sie nicht in Gewissenskonflikt bringt, kann sich daraus ein **personenbedingter Kündigungsgrund** ergeben, weil sie dann aufgrund ihrer an sich anerkennenswerten Einstellung auf Dauer unfähig sind, die vertraglich geschuldete Leistung zu erbringen (vgl. zum Gewissenskonflikt eingehend: *Kohte* NZA 1989, 181 ff.; *Kraushaar* ZTR 2001, 208; *Lenze* RdA 1993, 16 ff.). Wie diese Konsequenz verdeutlicht, stellt die personenbedingte Kündigung bei nicht rechtswidrigem oder nicht vorwerfbarem Verhalten insoweit einen **Auffangtatbestand** dar (*Kraft* Anm. EzA § 1 KSchG Verhaltensbedingte Kündigung Nr. 43; SPV-*Preis* Rz 1190).

Es stellt idR keine die fristlose Kündigung begründende Arbeitsverweigerung dar, wenn ein Arbeitnehmer nach gewonnenem Kündigungsschutzprozess die Arbeit nicht binnen der Wochenfrist des § 12 KSchG wieder aufnimmt, sondern bei seinem inzwischen anderweitig eingegangenen Arbeitsverhältnis die Kündigungsfrist einhält (*LAG Köln* 23.11.1994 LAGE § 12 KSchG Nr. 2). Unzumutbarkeit und damit ein **Leistungsverweigerungsrecht** gem. § 275 Abs. 3 BGB besteht idR auch bei einer **Kollision** zwischen der **Arbeitspflicht** und einer **ausländischen Wehrpflicht** (*BAG* 22.9.1982 EzA § 123 BGB Nr. 20; ebenso im Ergebnis *BAG* 7.9.1983 EzA § 626 BGB nF Nr. 87; 20.5.1988 EzA § 1 Personenbedingte Kündigung Nr. 3; *Mayer* AuR 1985, 109; KR-*Weigand* § 2 ArbPlSchG Rz 4 ff.). Aus dem kürzeren oder längeren Ausfall des Arbeitnehmers kann sich aber ein personenbedingter Kündigungsgrund ergeben, und zwar beim kürzeren Ausfall, wenn der Arbeitgeber dadurch in eine betriebliche Zwangslage gerät, und beim längeren Ausfall, wenn dadurch eine erhebliche Beeinträchtigung **betrieblicher Interessen** eintritt. Die Kollision zwischen der Arbeitspflicht und familienrechtlichen Bindungen **(Betreuung von Kindern)** schließt nicht stets eine beharrliche Arbeitsverweigerung aus, sondern nur dann, wenn die Kinder nicht anderweitig betreut und die betrieblichen Notwendigkeiten und Dispositionen zumindest zeitweise zurückgestellt werden können (*BAG* 31.1.1985 EzA § 8a MuSchG Nr. 5; 21.5.1992 EzA § 1 KSchG Verhaltensbedingte Kündigung Nr. 43 = SAE 1993, 124 m. zust. Anm. v. *Stebut* = AuR 1993, 153 mit abl. Anm. *Trümmer*). Mit einem **Interessenkonflikt,** den er hätte **vermeiden** können, kann der Arbeitnehmer die Verletzung der Arbeitspflicht nicht rechtfertigen oder entschuldigen. Er muss vielmehr bei seinen Planungen und Maßnahmen – auch in Abstimmung mit dem ebenfalls sorgepflichtigen Ehegatten – hinreichend versucht haben, die Kinderbetreuung anderweitig zu regeln (*BAG* 21.5.1992 EzA § 1 KSchG Verhaltensbedingte Kündigung Nr. 43; **krit.** *Kraft* aaO, der einen personenbedingten Grund annimmt; zur Betreuung eines erkrankten Kindes vgl. die spezielle Regelung in § 45 SGB V und *LAG Köln* 10.11.1993 LAGE § 612 a BGB Nr. 5). Nach dem gleichen Maßstab ist die Weigerung von ausländischen Arbeitnehmern zu beurteilen, an den **Feiertagen** ihrer **Religionsgemeinschaft** Arbeitsleistungen zu erbringen (ähnlich: SPV-*Preis* Rz 634; *Grabau* BB 1991, 1257 ff.; strenger: *LAG Düsseld.* 14.2.1963 DB 1963, 522; vgl. zum Leistungsverweigerungsrecht des Arbeitnehmers bei Pflichten- und Rechtsgüterkollisionen weiter *Herschel* Anm. AP Nr. 48 zu § 616 BGB sowie die eingehende Darstellung von *Henssler* AcP Bd. 190 [1990], S. 358 ff.).

Dem Arbeitnehmer steht ein **Zurückbehaltungsrecht** an seiner Arbeitsleistung zu, wenn der Arbeitgeber seine **Lohnzahlungspflicht** in mehr als nur geringfügigem Umfang nicht erfüllt (*BAG* 9.5.1996 EzA § 626 BGB nF Nr. 161; *Heiderhoff* JuS 1998, 1087; *Hirschberg* SAE 1987, 26).

Nicht vorwerfbar ist eine Arbeitsverweigerung auch dann, wenn der Arbeitnehmer aufgrund eines **unverschuldeten Rechtsirrtums** angenommen hat, er brauche die ihm zugewiesene Arbeit nicht oder nicht in der angeordneten Form und Zeit zu verrichten. Entschuldbar ist der Rechtsirrtum nur, wenn die Rechtslage objektiv zweifelhaft ist und der Schuldner sie sorgfältig geprüft oder sich zuverlässig erkundigt hat (*BAG* 31.1.1985 EzA § 8a MuSchG Nr. 5; 12.11.1992 EzA § 276 BGB Nr. 37; *Kliemt/Vollstädt* NZA 2003, 361 f.; SPV-*Preis* Rz 637). Dabei ist zu beachten, dass dem Arbeitnehmer über § 278 BGB idR auch ein Verschulden des von ihm in Anspruch genommenen juristischen Beraters zuzurechnen ist (HaKo-*Griebeling* Rz 61 f.).

145 Auch die schuldhafte Verletzung einer **Nebenpflicht** (zB der Pflicht des Arbeitnehmers, seine Arbeitsunfähigkeit unverzüglich anzuzeigen) ist an sich als verhaltensbedingter Kündigungsgrund geeignet (*BAG* 15.1.1986 EzA § 626 BGB nF Nr. 100; 16.8.1991 EzA § 1 KSchG Verhaltensbedingte Kündigung Nr. 41 [m. abl. Anm. *Rüthers/Müller*]; s.o. Rz 110, 137). Die Verletzung der Nebenpflicht setzt zwar für die Eignung als Kündigungsgrund idR eine vorherige vergebliche Abmahnung (s.u. Rz 259), aber keine konkrete Störung speziell des Arbeitsablaufs, der Arbeitsorganisation oder des Betriebsfriedens voraus (*BAG* 16.8.1991 EzA § 1 KSchG Verhaltensbedingte Kündigung Nr. 41 gegen *BAG* 7.12.1988 EzA § 1 KSchG Verhaltensbedingte Kündigung Nr. 26; s.o. Rz 110). Über die Störung des Arbeitsverhältnisses hinausgehende konkrete Beeinträchtigungen im betrieblichen Bereich sind erst für die Interessenabwägung erheblich.

146 Da die ordentliche verhaltensbedingte Kündigung die übliche und regelmäßig auch ausreichende Reaktion auf die Verletzung einer Nebenpflicht ist, kommt eine außerordentliche Kündigung nur in Betracht, wenn das regelmäßig **geringere Gewicht** dieser Pflichtverletzung durch erschwerende Umstände verstärkt wird (*BAG* 15.1.1986 EzA § 626 BGB nF Nr. 100; SPV-*Preis* Rz 669). Diese Voraussetzung ist zB dann erfüllt, wenn aus der **beharrlichen** Nichtbeachtung einer Nebenpflicht auf die insgesamt fehlende Bereitschaft zur ordnungsgemäßen Vertragserfüllung zu schließen ist (*BAG* 15.1.1986 EzA § 626 BGB nF Nr. 100), wenn der Arbeitgeber durch die unterlassene Anzeige der Einberufung zum ausländischen Wehrdienst in eine durch zumutbare Überbrückungsmaßnahmen nicht behebbare Zwangslage gerät (*BAG* 7.9.1983 EzA § 626 BGB nF Nr. 87), dh wenn sie zu einer **erheblichen Störung** des Betriebsablaufes oder der Betriebsorganisation führt oder wenn der **Grad des Verschuldens** und damit auch die Wiederholungsgefahr oder fortwirkende Belastung des Arbeitsverhältnisses besonders groß ist (*BAG* 16.8.1991 EzA § 1 KSchG Verhaltensbedingte Kündigung Nr. 41). Wenn sich die **Wiederholungsgefahr** oder **fortwirkende Belastung** bereits aus dem Gewicht oder der Nachhaltigkeit der bisherigen Vertragswidrigkeiten ergibt, bedarf es über die Leistungsstörung hinaus nicht noch der Darlegung, auch künftig seien Störungen des Betriebsablaufes oder des Betriebsfriedens zu besorgen (s.o. Rz 111). Neben dem Verschuldensprinzip kommt bei der **verhaltensbedingten Kündigung** dem **Prognoseprinzip** nämlich **nur** eine **Ergänzungsfunktion** zu (HAS-*Popp* § 19 B Rz 172; ähnlich *Honstetter* S. 68 f.; **aA** *Gentges* S. 242, wonach es auf eine Wiederholungsgefahr überhaupt nicht ankommen soll).

1. Kündigung durch Arbeitgeber

147 Ein Arbeitnehmer verletzt seine Leistungspflicht beharrlich, wenn er trotz mehrfacher Abmahnungen seine **Arbeitsleistung** bewusst **zurückhält** und nicht unter angemessener Anspannung seiner Kräfte und Fähigkeiten die ihm übertragenen Arbeiten verrichtet (*BAG* 11.12.2003 EzA § 1 KSchG Verhaltensbedingte Kündigung Nr. 62; MünchKomm-*Henssler* Rz 148; vgl. zum Erfordernis der Abmahnung auch unten Rz 253 ff.). Eine außerordentliche Kündigung ist idR gerechtfertigt, wenn wiederholt Vertragsverletzungen begangen werden, wiederholte Aufforderungen zum vertragsgemäßen Verhalten erfolglos sind oder wenn eine einmalige Vertragsverletzung den nachhaltigen Willen erkennen läßt, den arbeitsvertraglichen Pflichten nicht nachzukommen (*BAG* 31.1.1985 EzA § 8 a MuSchG Nr. 5; 15.1.1986 EzA § 626 BGB nF Nr. 100; 17.6.1992 RzK I 6 a Nr. 90; SPV-*Preis* Rz 638). Eine einmalige Pflichtverletzung wird für diese Prognose aber selten ausreichen (*Knorr/Bichlmeier/Kremhelmer* 6 Rz 57).

148 Ein verhaltensbedingter wichtiger Grund für eine außerordentliche Kündigung durch den Arbeitgeber kann insbesondere auch bei **Straftaten** des Arbeitnehmers gegen den Arbeitgeber, Arbeitskollegen oder Geschäftspartner vorliegen. Es kommt aber nicht auf die strafrechtliche Wertung, sondern darauf an, ob dem Arbeitgeber deswegen nach dem gesamten Sachverhalt die Fortsetzung des Arbeitsverhältnisses noch zuzumuten ist (*BAG* 22.12.1956 AP Nr. 13 zu § 626 BGB).

2. Kündigung durch Arbeitnehmer

149 Wegen einer Verletzung der Leistungspflicht des Arbeitgebers kommt als wichtiger Grund insbesondere der Tatbestand in Betracht, dass der Arbeitgeber mit der **Zahlung** des Lohnes oder Gehaltes in **Verzug** gerät. Der Arbeitnehmer kann zB ferner dann zur fristlosen Kündigung berechtigt sein, wenn der Arbeitgeber ihn **zu Unrecht verdächtigt,** an einem Diebstahl beteiligt gewesen zu sein. Dies gilt je nach den Umständen des Einzelfalles selbst dann, wenn für den Verdacht gewisse Anhaltspunkte

sprachen (*BAG* 24.2.1964 EzA § 607 BGB Nr. 1), zB bei Äußerung des Verdachts in Gegenwart Dritter, wenn sich der Arbeitgeber zuvor nicht um Aufklärung bemüht hatte. Für die Wirksamkeit einer vom Arbeitnehmer erklärten fristlosen Kündigung gelten jedoch dieselben Maßstäbe wie bei der fristlosen Kündigung durch den Arbeitgeber, dh es bedarf einer Interessenabwägung, die sich auf alle vernünftigerweise in Betracht kommenden Umstände zu erstrecken hat (*BAG* 26.7.2001 EzA § 628 BGB Nr. 19; *Soergel/Kraft* Rz 68).

IV. Gründe in der Person des Kündigenden

Gründe, die in der Person des Kündigenden selbst liegen, werden selten zum Anlass für eine Kündigung genommen und sind nur ausnahmsweise als wichtige Gründe anzuerkennen (HAS-*Popp* § 19 B Rz 162). 150

1. Kündigung durch Arbeitgeber

Die Erben eines Notars, der nur als Träger eines öffentlichen Amtes und nicht zugleich als Rechtsanwalt tätig war, haben nach dem Tod des Notars die Möglichkeit, die Arbeitsverhältnisse der Notariatsangestellten aus wichtigem Grunde zu kündigen (*BAG* 2.5.1958 AP Nr. 20 zu § 626 BGB). Unmittelbar durch den **Tod des Arbeitgebers** wird das Arbeitsverhältnis nur dann beendet, wenn die Arbeitsleistung nach ihrem Inhalt notwendig das Leben des Arbeitgebers voraussetzt (Dienste als Pflegerin, die zweckbefristet sind). Zum Tod des Arbeitgebers vgl. i.Ü. KR-*Griebeling* § 1 KSchG Rz 186. 151

2. Kündigung durch Arbeitnehmer

Ein Arbeitnehmer ist nicht schon dann zur fristlosen Kündigung berechtigt, wenn er ein **anderes Dienstverhältnis** mit erheblich **besseren Bedingungen** nur dann eingehen kann, wenn er sein bestehendes Arbeitsverhältnis, für das eine längere Kündigungsfrist gilt, vorzeitig löst (*BAG* 17.10.1969 EzA § 60 HGB Nr. 2; HAS-*Popp* § 19 B aaO; *Staudinger/Preis* Rz 239; s.u. Rz 465). Ein wichtiger Grund des Arbeitnehmers zur außerordentlichen Kündigung seines gegenwärtigen Arbeitsverhältnisses kann allenfalls dann bestehen, wenn sich ihm eine ganz **außergewöhnliche Lebenschance** bietet, so dass der Arbeitgeber nach Treu und Glauben unter gewissen Umständen einer vorzeitigen Lösung zustimmen müsste (offen gelassen *BAG* 1.10.1970 EzA § 626 BGB nF Nr. 6; **aA** MünchKomm-*Henssler* Rz 267). 152

In der Rspr. der Instanzgerichte ist eine außerordentliche Kündigung des Arbeitnehmers aus in seiner Person liegenden Gründen anerkannt worden, wenn er sonst auf einen ihm kurzfristig angebotenen **Studienplatz** verzichten müßte (*ArbG Brem.* 26.1.1961 BB 1961, 291, **aA** HWK-*Sandmann* Rz 354) oder wenn ein Arbeitnehmer so kurzfristig zum **Strafantritt** geladen wurde, dass er die Frist zur ordentlichen Kündigung nicht mehr einhalten konnte (*ArbG Brem.* 16.2.1961 DB 1961, 375). Die **Eheschließung** einer Arbeitnehmerin reicht allein nicht aus, um ihr ein Recht zur außerordentlichen Kündigung zu geben (*LAG Düsseldorf* 5.6.1962 DB 1962, 1216). Auch ein mit der Eheschließung verbundener sofortiger **Umzug** kann grds. keine andere Beurteilung rechtfertigen; dass ein daraus resultierender Interessenkonflikt unvorhersehbar und eine Verschiebung des Umzugs bis zum Ablauf der Kündigungsfrist unzumutbar ist (vgl. *Hillebrecht* KR, 4. Aufl. Rz 116), dürfte praktisch nicht vorkommen (so auch HWK-*Sandmann* Rz 357). 153

Aus einem in seiner Person liegenden Grunde kann ein Arbeitnehmer das Arbeitsverhältnis auch dann fristlos beenden, wenn er durch eine **Krankheit** auf Dauer unfähig wird, die vertraglichen Arbeitsleistungen zu erbringen (MünchKomm-*Henssler* Rz 269), oder wenn ihm seine weitere Tätigkeit durch ein vertrauensärztliches Gutachten untersagt wird (zur Kündigung durch den Arbeitgeber s.o. Rz 132 und KR-*Griebeling* § 1 KSchG Rz 375 ff.). Wenn ein Arbeitnehmer nach ärztlichem Urteil wegen seines Gesundheitszustandes auf Dauer nur noch halbtags leichte Büroarbeiten verrichten kann, dann gibt ihm das aber noch nicht das Recht, das Arbeitsverhältnis ohne weiteres fristlos zu kündigen. Es ist vielmehr von ihm zu verlangen, dass er dem Arbeitgeber Gelegenheit gibt, ihn im Rahmen seiner eingeschränkten Arbeitsfähigkeit weiterzubeschäftigen. Bemüht der Arbeitnehmer sich nicht um eine im Interesse des Arbeitgebers liegende Änderung der Arbeitsbedingungen, dann ist seine außerordentliche Kündigung in aller Regel unwirksam (*BAG* 2.2.1973 EzA § 626 BGB nF Nr. 23). 154

V. Betriebsbedingte Gründe

Dringende **betriebliche Erfordernisse,** die sich aus innerbetrieblichen Umständen (zB Rationalisierungsmaßnahmen, Umstellen oder Einstellung der Produktion) oder aus außerbetrieblichen Gründen 155

(Auftragsmangel oder Umsatzrückgang) ergeben können (*BAG* 7.12.1978 EzA § 1 KSchG Betriebsbedingte Kündigung Nr. 10), rechtfertigen nach § 1 KSchG regelmäßig nur eine ordentliche Kündigung des Arbeitgebers (SPV-*Preis* Rz 767; vgl. zur betriebsbedingten ordentlichen Kündigung: KR-*Griebeling* § 1 KSchG Rz 514 ff.). Als wichtige Gründe zur außerordentlichen Kündigung kommen die wirtschaftliche Lage des Betriebes, Absatzmangel, die Stilllegung von Betrieben oder Betriebsteilen oder sonstige unternehmerische Entscheidungen, die zum Wegfall einer Beschäftigungsmöglichkeit führen, nur **ausnahmsweise** in Betracht (*Adomeit/Spinti* AR-Blattei SD 1010.9 Rz 103 ff.; *Ascheid* Rz 141; MünchKomm-*Henssler* Rz 208 f.; HAS-*Popp* § 19 B Rz 164 f.; *Soergel/Kraft* Rz 62 f.; *BAG* 6.3.1986 EzA § 15 KSchG nF Nr. 34; 5.2.1998 EzA § 626 BGB Unkündbarkeit Nr. 2 [*Walker*]; s.u. Rz 170, 417).

156 Die betriebsbedingte Kündigung ist dadurch gekennzeichnet, dass nicht nur die Auswirkung, sondern auch die Ursache dringender betrieblicher Erfordernisse in der Sphäre des Arbeitgebers als Unternehmer liegt (*Hillebrecht* VAA 1984, 80). Sie setzt eine **Diskrepanz** zwischen dem **Personalbedarf** und dem **Personalbestand** voraus (*Rüthers/Henssler* ZfA 1988, 39 f.). Die dringenden Erfordernisse müssen der Weiterbeschäftigung überhaupt oder zu den bisherigen Bedingungen entgegenstehen und dürfen sich nicht nur auf die Frage der personellen Besetzung eines erhaltenen Arbeitsplatzes beziehen (*Rüthers/ Henssler* aaO).

157 Ausnahmen, die eine außerordentliche Kündigung rechtfertigen, sind in der Rspr. insbesondere in folgenden Fällen anerkannt worden: Durch **Krieg** oder Wirtschaftskrisen treten unvorhersehbare Ereignisse ein, die nicht mehr dem wirtschaftlichen Risiko des Arbeitgebers zugerechnet werden können und eine Fortführung des Betriebes ganz oder teilw. unmöglich machen oder die Existenz des Unternehmens bedrohen, wenn alle Arbeitnehmer weiterbeschäftigt würden (*RAG* 9.7.1932 ARS 15, 507; 2.6.1937 ARS 30, 87; vgl. auch *Hueck/Nipperdey* I, S. 583 f.; **aA** MünchKomm-*Schwerdtner* 3. Aufl. Rz 150). Bedenklich ist es dagegen, auch die Schließung eines Handwerksbetriebes auf Anordnung der Handwerkskammer als wichtigen Grund für die außerordentliche Kündigung durch den Arbeitgeber ausreichen zu lassen (so allerdings LAG *Düsseld.* 23.7.1964 BB 1964, 1259). Auch ein solches Ereignis ist noch dem **Unternehmer-Risiko** des Arbeitgebers zuzurechnen und berechtigt deswegen nur zur betriebsbedingten ordentlichen Kündigung (so zutr. LAG Bln. 16.2.1961 BB 1961, 605).

158 Für **Betriebsstilllegungen** und andere Unternehmerentscheidungen, die den Wegfall einer Beschäftigungsmöglichkeit zur Folge haben, gilt folgendes: Grundlegende Veränderungen in den Verhältnissen eines Betriebes oder einer öffentlichen Verwaltung sind nicht von vornherein deswegen als wichtige Gründe ausgeschlossen, weil selbst die **Eröffnung des Insolvenzverfahrens** noch nicht zur fristlosen Kündigung berechtigt (vgl. *BAG* 12.9.1974 EzA § 1 TVG Auslegung Nr. 3). In diesen Fällen kann dem Arbeitgeber vielmehr die Fortsetzung des Arbeitsverhältnisses unzumutbar sein, wenn die **ordentliche Kündigung ausgeschlossen** ist oder längere Kündigungsfristen oder eine längere Vertragsdauer vereinbart worden sind und eine Versetzung auch in einen anderen Betrieb des Unternehmens oder eine andere Dienststelle der Verwaltung nicht möglich ist (*BAG* 7.6.1984 EzA § 22 KO Nr. 4; 28.3.1985 EzA § 626 BGB nF Nr. 96; 6.3.1986 EzA § 15 KSchG nF Nr. 34; 5.2.1998 EzA § 626 BGB Unkündbarkeit Nr. 2 [*Walker*]; 12.8.1999 EzA § 21 SchwbG 1986 Nr. 10; 27.6.2002 EzA § 626 BGB Unkündbarkeit Nr. 8; *Bauer/Röder* S. 212; *Kappelhoff* ArbRB 2002, 369; *Kiel/Koch* Rz 18, 535; HzK-*Mues* 2 Rz 180, 183, 185; *Moll* FS Wiedemann 2002 S. 338 ff.; *Pfohl* Rz 325; HAS-*Popp* § 19 B Rz 165; *Soergel/Kraft* Rz 64; mit Einschränkungen auch *Däubler* GS Heinze 2005 S. 125 ff. und *Bröhl* S. 157 ff., 163 [nicht bei Outsourcing] sowie SPV-*Preis* Rz 767, 769 [nicht beim Wegfall nur einzelner Arbeitsplätze]; **aA** *Hamer* PersR 2000, 146; *Volz* S. 40 ff.; **aA** auch *Adam* NZA 1999, 846 ff., *Bengelsdorf* RdA 2005, 306 f., *Berkowsky* ZfPR 2003, 179, ArbRBGB-*Corts* Rz 27, *Neuner* Anm. EzA § 626 BGB Unkündbarkeit Nr. 3, *Oetker* ZfA 2001, 336 ff. und *Pape* S. 267 ff., die eine tarifliche Unkündbarkeitsklausel dann nicht eingreifen lassen wollen; letzteres sieht nun für den Fall der Insolvenz ausdrücklich § 113 InsO vor, was verfassungsrechtlich unbedenklich ist [*BAG* 19.1.2000 EzA § 113 InsO Nr. 10; vgl. auch *BVerfG* 8.2.1999 EzA § 113 InsO Nr. 7 und KR-*Weigand* § 113 InsO Rz 24 f. mwN]). Schlechthin Unzumutbares darf die Rechtsordnung nicht fordern. Diesem Grundsatz soll § 626 BGB Rechnung tragen und insoweit ist die Vorschrift zwingend (s.o. Rz 57 ff., 66 ff.). Außerhalb des öffentlichen Dienstes kann sich der Arbeitgeber zudem auf den Schutz der Grundrechte berufen. Bliebe ihm nur die Wahl, die unkündbaren Arbeitnehmer über längere Zeit bis zum Eintritt in den Ruhestand ohne Beschäftigungsmöglichkeit weiter zu entlohnen oder auf die Durchführung seiner für sachdienlich erachteten unternehmerischen Entscheidung (zB Betriebsstilllegung) zu verzichten, wäre dies idR mit Art. 12 GG nicht vereinbar (*BAG* 5.2.1998 EzA § 626 BGB Unkündbarkeit Nr. 2). Für Arbeitgeber des öffentlichen Dienstes bietet jedenfalls das verfassungsrechtliche Demokratieprinzip iVm dem Haushaltsrecht vergleichbaren Schutz (vgl. *Kiel* NZA 2005, Beil. 1

S. 19; Linck/*Scholz* AR-Blattei SD 1010.7 Rz 28), wobei das *BAG* allerdings die Fortsetzung des Arbeitsverhältnisses ohne Beschäftigungsmöglichkeit für einen Zeitraum von 35 Monaten nicht als unzumutbar angesehen hat (6.10.2005 EzA § 626 BGB 2002 Nr. 14; abl. *Marschner* Anm. EzBAT § 55 BAT Nr. 16; Linck/*Scholz* aaO Rz 35). In jedem Fall sind, unter Achtung der Freiheit der vorausgegangenen unternehmerischen Entscheidung (*Bitter*/Kiel FS Schwerdtner 2003 S. 24; *Groeger* NZA 1999, 850 ff.; *Kappelhoff* ArbRB 2002, 370; *Kiel*/Koch Rz 538; *Moll* aaO S. 353 ff.), verschärfte Anforderungen an das Bemühen zu stellen, diese Arbeitnehmer zur Vermeidung einer außerordentlichen Kündigung anderweitig zu beschäftigen (*BAG* 5.2.1998 EzA § 626 BGB Unkündbarkeit Nr. 2 und 27.6.2002 EzA § 626 BGB Unkündbarkeit Nr. 8; 13.6.2002 EzA § 15 KSchG nF Nr. 55 [*Pallasch*]; zur Darlegungslast des Arbeitgebers s.o. Rz 66). Vergleichbaren, nicht unkündbaren Arbeitnehmern im Betrieb ist grds. vorrangig zu kündigen (ebenso ErfK-*Ascheid*/Oetker § 1 KSchG Rz 471 f.; KDZ-*Däubler* Einl. Rz 364 f.; *Geller* S. 8 ff., 20 ff.; HaKo-*Griebeling* Rz 43; *Kappelhoff* aaO; mit Einschränkungen auch *Etzel* ZTR 2003, 212 f. [bei Schwerbehinderung oder Schwangerschaft]; aA *Berkowsky* aaO; AnwaltKomm-*Franzen* Rz 24; *Gusek* S. 89 ff.; Linck/*Scholz* aaO Rz 138 ff.; *Moll* aaO S. 356 ff.; *Rieble* NZA 2003, 1244). Das gilt sogar dann, wenn der unkündbare Arbeitnehmer dem Übergang seines Arbeitsverhältnisses auf den Erwerber eines Betriebsteils widersprochen hat (*BAG* 17.9.1998 EzA § 626 BGB Unkündbarkeit Nr. 3 m. krit. Anm. *Neuner*; aA *Moll* aaO S. 355). Kurzzeitig hatte übereinstimmend mit *Bröhl* (S. 217 ff.) der Gesetzgeber in § 10 Nr. 7 AGG eine Grenzziehung vorgenommen, wonach der Vorrang der Kündigung anderer Beschäftigter nicht dazu führen darf, dass deren Kündigungsschutz im Rahmen der **Sozialauswahl** »grob fehlerhaft gemindert« wird (s. dazu *Löwisch* BB 2006, 2191). dieser Maßstab dürfte trotz der mit der »Bereinigung von Redaktionsversehen« begründeten Aufhebung der Vorschrift durch Art. 8 des Zweiten Gesetzes zur Änderung des Betriebsrentengesetzes v. 2.12.2006 (BGBl. I S. 2742, 2745) auch in Zukunft anzulegen sein. Zur sozialen Auswahl zwischen unkündbaren Arbeitnehmern analog § 1 Abs. 3 KSchG vgl. *BAG* 5.2.1998 EzA § 626 BGB Unkündbarkeit Nr. 2; *Bitter*/Kiel aaO S. 21, 28; *Bröhl* BB 2006, 1054 f.; *Geller* S. 147 ff.; KR-*Griebeling* § 1 KSchG Rz 606. Anders als im Fall des § 15 Abs. 5 KSchG kann das weitergehende Freikündigen eines anderen Arbeitsplatzes nicht verlangt werden, wenn der andere Arbeitnehmer Kündigungsschutz nach dem KSchG genießt (vgl. *BAG* 4.2.1993 EzA § 626 BGB nF Nr. 144 zu einer außerordentlichen Kündigung wegen Krankheit; *Bauer*/Röder S. 213; *Gusek* S. 90; Linck/*Scholz* aaO Rz 129 ff; zweifelnd auch *BAG* 18.5.2006 EzA-SD 2006 Nr. 17 S. 5 f. und *Bröhl* S. 159 f.; aA *BAG* 17.9.1998 EzA § 626 BGB Unkündbarkeit Nr. 3; *LAG Bln.* 14.11.2002 ZTR 2003, 249; *ArbG Hamm* 19.6.2001 NZA-RR 2001, 612; *Bitter*/Kiel aaO S. 25 ff.; KDZ-*Däubler* Rz 162 f.; *Etzel* aaO; *Geller* S. 148; *Kiel*/Koch Rz 539; jPK-*Weth* Rz 25). Bei einem vertraglichen Ausschluss der ordentlichen Kündigung oder bei einem solchen in Rationalisierungsschutzabkommen bzw. Standortsicherungstarifverträgen kann sich zudem aus den Vereinbarungen der Parteien oder aus eindeutigen Umständen ergeben, dass der Arbeitgeber auch das **Risiko übernommen** hat, das Arbeitsverhältnis ohne Beschäftigungsmöglichkeit fortzusetzen (*BAG* 22.7.1992 EzA § 626 BGB nF Nr. 141; 7.3.2002 EzA § 626 BGB nF Nr. 196; vgl. auch *BAG* 25.3.2004 EzA § 626 BGB 2002 Unkündbarkeit Nr. 3; 30.9.2004 EzA § 613a BGB 2002 Nr. 28; *LAG RhPf* 19.9.1997 LAGE § 2 KSchG Nr. 31; *Bitter*/Kiel aaO S. 23; *Bröhl* S. 78 ff., 135 f.; *Kappelhoff* ArbRB 2002, 369; *Kiel*/Koch Rz 537; *Moll* aaO S. 350; *Preis*/Hanacher FS 50 Jahre Arbeitsgerichtsbarkeit Rheinland-Pfalz 1999 256 f., 261; HWK-*Sandmann* Rz 232; weitergehend SPV-*Preis* Rz 801 ff.). Bei einer **Betriebsstockung**, für die der Arbeitgeber das Betriebsrisiko zu tragen hat (zB Brand in einem feuergefährdeten Betrieb), kann der Arbeitgeber nicht außerordentlich kündigen, solange es ihm zumutbar ist, den nicht beschäftigten Arbeitnehmer weiter zu entlohnen (*BAG* 28.9.1972 EzA § 626 BGB nF Nr. 17). Zur Einhaltung einer **Auslauffrist** bei einer außerordentlichen Kündigung aus betriebsbedingten Gründen s.u. Rz 304.

VI. Mischtatbestände

Als »**Mischtatbestand**« von Kündigungsgründen werden in der Rspr. (*BAG* 17.5.1984 EzA § 1 KSchG Betriebsbedingte Kündigung Nr. 32; 21.11.1985 EzA § 1 KSchG Nr. 42) und im Schrifttum (KR-*Griebeling* § 1 KSchG Rz 254 ff.; *v. Hoyningen-Huene* RdA 1990, 199 f.; *Knorr*/Bichlmeier/Kremhelmer 10 Rz 10; *Preis* DB 1988, 1449 f.; *Rüthers*/Henssler ZfA 1988, 72 f.; *Hamann* JA 1987, 474 ff.; *Hillebrecht* DAV 1/1983, 79; HWK-*Sandmann* Rz 89) Fallgestaltungen behandelt, bei denen ein einheitlicher Kündigungssachverhalt nicht eindeutig und zweifelsfrei dem Tatbestand der verhaltens-, der personen- oder der betriebsbedingten Kündigung zuzuordnen ist. Davon zu unterscheiden sind Kündigungen, die auf **mehrere** unterschiedliche **Lebenssachverhalte** gestützt werden (KR-*Griebeling* § 1 KSchG Rz 257 ff.; *Knorr*/Bichlmeier/Kremhelmer 10 Rz 13; *Preis* aaO; *Rüthers*/Henssler ZfA 1988, 31, 32 f.; aA *Meisel* ZfA 1985, 229, der offenbar auch diese Fallgestaltung als Mischtatbestand bezeichnet). Bei kumulativ vorliegenden

§ 626 BGB   Fristlose Kündigung aus wichtigem Grund

Kündigungssachverhalten (Doppeltatbeständen [*Wank* RdA 1993, 88]) ist jeder tatsächliche Vorgang getrennt auf seinen kündigungsrelevanten Gehalt zu überprüfen (*Ascheid* Rz 225; KR-*Griebeling* § 1 KSchG Rz 257 ff.; HzA-*Isenhardt* 5/1 Rz 442; *Preis* aaO; *Rüthers/Henssler* ZfA 1988, 32).

160 Ein **einheitlicher Kündigungssachverhalt** liegt zB dann vor, wenn ein Arbeitnehmer durch ein schuldhaftes Verhalten einen **Brand** im Betrieb **verursacht** hat und dadurch u.a. auch sein Arbeitsplatz vernichtet worden ist (*Rüthers/Henssler* ZfA 1988, 42). Um mehrere, inhaltlich voneinander unabhängige tatsächliche Vorgänge geht es beispielsweise, wenn ein Arbeitnehmer **während** einer länger anhaltenden **Erkrankung** seinem Arbeitgeber unerlaubte **Konkurrenz** macht.

161 Bei einem einheitlichen Kündigungssachverhalt ist das *BAG* (21.11.1985 EzA § 1 KSchG Nr. 42) bislang im Anschluss insbes. an *Becker* (KR, 2. Aufl. § 1 KSchG Rz 178) davon ausgegangen, er sei ausschließlich einem der drei gesetzlich geregelten Kündigungstatbestände zuzuordnen (so auch *v. Hoyningen-Huene/Linck* § 1 Rz 166; *Knorr/Bichlmeier/Kremhelmer* 10 Rz 11; offen gelassen jetzt in *BAG* 6.11.1997 EzA § 1 KSchG Betriebsbedingte Kündigung Nr. 96). Dabei soll sich die Abgrenzung in erster Linie danach richten, aus welchem der im Gesetz genannten Bereiche die sich auf das Arbeitsverhältnis nachteilig auswirkende Störung primär stammt (so *BAG* 21.11.1985 EzA § 1 KSchG Nr. 42) bzw. danach, was als »**wesentliche Ursache**« anzusehen ist (so *v. Hoyningen-Huene* RdA 1990, 199 f.; vgl. auch *Wank* aaO: »Schwerpunkt der Kündigungsgründe«). Diese These ist vom *BAG* allerdings nur im Urteil vom 21.11.1985 (EzA § 1 KSchG Nr. 42) konsequent angewandt worden. Dagegen wurde im Urteil vom 17.5.1984 (EzA § 1 KSchG Betriebsbedingte Kündigung Nr. 32) trotz des »Überwiegens« des betriebsbedingten Grundes eine der personenbedingten Kündigung entsprechende Interessenabwägung verlangt. Andererseits wurde zB zur Druckkündigung stets betont, der Kündigungsgrund sei alternativ als verhaltens-, personen- oder betriebsbedingter zu prüfen (zuletzt *BAG* 31.1.1996 EzA § 626 BGB Druckkündigung Nr. 3 mwN); auch werden zB Kündigungen im öffentlichen Dienst wegen Falschbeantwortung von Fragen nach einer früheren Stasi-Tätigkeit gleichzeitig als vehaltens- und als personenbedingte Kündigungen geprüft (*BAG* 13.6.1996 EzA § 1 KSchG Verhaltensbedingte Kündigung Nr. 48).

162 Sowohl gegen die **Vermischung der Prüfungskriterien** als auch gegen die Prämisse, ein Kündigungssachverhalt sei stets nur unter einem rechtlichen Aspekt zu überprüfen, bestehen durchgreifende Bedenken. Die Vermischung der Prüfkriterien führt zu konturenlosen Billigkeitserwägungen und zur Auflösung der Dreiteilung der Kündigungsgründe (SPV-*Preis* Rz 925 f.). Die Prämisse, ein einheitlicher Kündigungssachverhalt dürfe auch nur unter einem rechtlichen Aspekt geprüft werden (so im Ergebnis auch *v. Hoyningen-Huene* aaO) ist nicht belegbar. Es ist kein rechtlich zwingender oder auch nur erheblicher Grund ersichtlich, einen Kündigungssachverhalt dann, wenn die gesetzlichen Tatbestandsmerkmale einschlägig sind, nicht sowohl unter dem Aspekt der verhaltens- oder personenbedingten als auch unter dem der betriebsbedingten Kündigung zu würdigen (HzA-*Isenhardt* 5/1 Rz 441; RGRK-*Weller* vor § 620 Rz 163; *Preis* DB 1988, 1450; *Rüthers/Henssler* ZfA 1988, 31, 48).

163 Die Abkehr von der »**Sphärentheorie**« des BAG führt nicht zu einer die Systematik und die Praxis verwirrenden Vermehrung der sog. Mischtatbestände. Wie *Rüthers/Henssler* (ZfA 1988, 37 ff.) und *Preis* (aaO) zutr. betonen, ist vor der Annahme eines Mischtatbestandes **vorrangig** eine sorgfältige und exakte Bestimmung und **Abgrenzung** der gesetzlich geregelten Kündigungsgründe erforderlich. Bei einer systemgerechten Beschränkung der betriebsbedingten Kündigung auf Fälle, in denen der Personalbestand größer ist als der Personalbedarf (*Rüthers/Henssler* ZfA 1988, 39 f.; s.a. Rz 156) iVm der Prüfung, ob die Beschäftigungsmöglichkeit konkret entfallen ist, sowie der Eingrenzung der verhaltensbedingten Kündigungen auf vertragswidrige und auch schuldhafte Verhaltensweisen des Arbeitnehmers (s.o. Rz 139 ff.) verbleiben wenige **einheitliche Kündigungssachverhalte,** die unter verschiedene rechtliche Kündigungsgründe zu subsumieren sind (so zutr. *Preis* aaO; *Rüthers/Henssler* ZfA 1988, 48). In diesen seltenen Fällen sind die einschlägigen **Kriterien** zB einer verhaltens- und einer personenbedingten Kündigung **jeweils gesondert zu prüfen,** wobei weder zwangsläufig auf spezielle wesentliche Aspekte verzichtet noch die verschiedenen rechtlichen Aspekte miteinander vermischt werden dürfen (zust. KR-*Griebeling* § 1 KSchG Rz 256). Zur Interessenabwägung s.u. Rz 246 ff., speziell zur Abmahnung u. Rz 259.

164 Bei der Anwendung dieser Grundsätze sind die vom BAG entschiedenen Fälle der **Mischtatbestände** wie folgt zu beurteilen: Das Urteil *BAG* 21.11.1985 (EzA § 1 KSchG Nr. 42) ist im Ergebnis zutreffend. Die Kündigung war nicht durch Gründe im Verhalten des Arbeitnehmers bedingt, weil der Arbeitgeber die **Arbeitsverweigerung** nicht zuvor abgemahnt hatte. Das Fehlen einer Abmahnung schloss zu-

gleich auch ein **dringendes** betriebliches Erfordernis für die vom Arbeitgeber zu spontan angeordnete betriebliche **Umorganisation** aus (so *Rüthers/Henssler* ZfA 1988, 41 f.; **aA**: *Gitter* SAE 1987, 190, der ausschließlich die Voraussetzungen einer betriebsbedingten Kündigung prüfen will; wie BAG: *Knorr/Bichlmeier/Kremhelmer* 10 Rz 12). Bei dem Kündigungssachverhalt, der dem Urteil *BAG* 17.5.1984 (EzA § 1 KSchG Betriebsbedingte Kündigung Nr. 32) zugrunde lag, ging es entgegen der Wertung des BAG nicht um eine betriebsbedingte Kündigung, bei der es ausnahmsweise wegen der Mischung mit personenbedingten Gründen einer Interessenabwägung bedurfte. Da die persönliche Eignung der gekündigten Arbeitnehmerin unvermindert fortbestand, lag kein personenbedingter, sondern ausschließlich ein betriebsbedingter Kündigungsgrund vor, weil der Arbeitgeber den »Arbeitsplatz« für eine Lehrkraft ohne Lehramtsbewilligung in die **Stelle** eines vollausgebildeten **Lehrers** im Beamtenverhältnis **umgewandelt** hatte (*Rüthers/Henssler* aaO; ähnlich *Preis* aaO; vgl. auch *Schulin* SAE 1986, 279 ff.).

Werden in einem Betrieb **neue** technisch schwierig zu bedienende **Maschinen** angeschafft und können sich einige ältere Arbeitnehmer nicht mehr einarbeiten, dann geht es nicht um den Verlust der für die bisherige Tätigkeit fortbestehenden Eignung, sondern um den fehlenden Bedarf an Arbeitskräften für die stillgelegten Maschinen, dh ausschließlich um eine betriebsbedingte Kündigung (*BAG* 29.1.1997 RzK I 5 c Nr. 82; *Kleinebrink* Rz 203; *Knorr/Bichlmeier/Kremhelmer* aaO). Gleiches gilt, wenn eine betriebliche Organisationsänderung dazu führt, dass ein in seiner Gesundheit beeinträchtigter Arbeitnehmer nicht mehr leidensgerecht beschäftigt werden kann (*BAG* 6.11.1997 EzA § 1 KSchG Betriebsbedingte Kündigung Nr. 96; **aA** SPV-*Preis* Rz 928). Dagegen ist eine Kündigung nur nach dem Maßstab der krankheitsbedingten Kündigung zu beurteilen, wenn der Arbeitgeber für einen längere Zeit erkrankten Arbeitnehmer einen **Nachfolger** auf unbestimmte Zeit einstellt. Ein betriebsbedingter Grund fehlt dann, weil der Arbeitgeber nur die personelle Besetzung eines erhaltenen Arbeitsplatzes ändern will (s.o. Rz 156). Auch wenn eine **Krankheit** letztlich **betriebliche Ursachen** hat, geht es ggf. um eine personen-, nicht um eine betriebsbedingte Kündigung (vgl. *BAG* 29.1.1997 EzA § 1 KSchG Krankheit Nr. 42). 165

I. Systematisierung der Kündigungsgründe nach der Auswirkung auf das Arbeitsverhältnis

I. Störungen verschiedener Bereiche des Arbeitsverhältnisses

Zur Vereinheitlichung der Beurteilung des wichtigen Grundes hat das *BAG* im Anschluss an *König* (RdA 1969, 13; ähnlich HAS-*Popp* § 19 B Rz 167; **krit.** SPV-*Preis* Rz 612) eine **Systematisierung** der Kündigungsgründe eingeleitet, bei der nach Störungen a) im **Leistungsbereich**, b) im Bereich der **betrieblichen Verbundenheit** aller Mitarbeiter, c) im persönlichen **Vertrauensbereich** der Vertragspartner und d) im **Unternehmensbereich** unterschieden wird (*BAG* 6.2.1969 EzA § 626 BGB Nr. 11; 3.12.1970 EzA § 626 BGB nF Nr. 7; 28.9.1972 EzA § 1 KSchG Nr. 25). 166

1. Leistungsbereich

Zu den Störungen im Leistungsbereich gehören insbes. die Verletzung der **Arbeitspflicht** durch den Arbeitnehmer (Schlechtleistung, beharrliche Verweigerung der Arbeit oder Arbeitsvertragsbruch) und die Verletzung der Pflicht des Arbeitgebers, die vereinbarte **Vergütung** zu zahlen. Zum Begriff des Arbeitsvertragsbruchs vgl. *Stoffels* Rz 31 ff. Eine Störung im Leistungsbereich liegt bei einem Arbeitnehmer, der im Zeitlohn arbeitet, auch dann vor, wenn er durch unpünktliches Erscheinen am Arbeitsplatz seine Pflicht verletzt, die Arbeit mit Beginn der betrieblichen Arbeitszeit aufzunehmen (*BAG* 13.3.1987 EzA § 611 BGB Abmahnung Nr. 5). Das gilt auch dann, wenn es wegen der Verspätung nicht zu einer Störung des Betriebsablaufes (s.u. Rz 168) kommt (*BAG* 17.3.1988 EzA § 626 BGB nF Nr. 116; 17.1.1991 EzA § 1 KSchG Verhaltensbedingte Kündigung Nr. 37). Auch die Verletzung von **Nebenpflichten** kann das Arbeitsverhältnis in seinem Leistungsbereich konkret beeinträchtigen (zB Verpflichtung des Arbeitnehmers, seine Erkrankung anzuzeigen, oder Pflicht des Arbeitgebers, eine Unterkunft zu beschaffen; *BAG* 19.6.1967 EzA § 124 GewO Nr. 1; 15.1.1986 EzA § 626 BGB nF Nr. 100; 16.8.1991 EzA § 1 KSchG Verhaltensbedingte Kündigung Nr. 41; s.o. Rz 145). 167

2. Bereich der betrieblichen Verbundenheit

Der Bereich der betrieblichen Verbundenheit aller Mitarbeiter wird zunächst durch die Vorschriften von Arbeitsordnungen gestaltet, die das Verhalten der Arbeitnehmer zueinander und zu den Vorgesetzten regeln. Daneben geht es insoweit um die Wahrung des Betriebsfriedens (*BAG* 9.12.1982 EzA 168

§ 626 BGB nF Nr. 86 [*Löwisch/Schönfeld*]). Die Begriffe **Betriebsordnung** und **Betriebsfrieden** umschreiben zwei unterschiedliche Aspekte der Störung des Bereiches der betrieblichen Verbundenheit. Unter der Betriebsordnung sind nicht nur die Regelungen einer Arbeitsordnung, sondern auch der äußere Ablauf der Arbeit im Betrieb zu verstehen. Der Betriebsfrieden wird von der Summe aller derjenigen Faktoren bestimmt, die – unter Einschluss des Betriebsinhabers (vgl. *BAG* 9.12.1982 EzA § 626 BGB nF Nr. 86) – das Zusammenleben und Zusammenwirken der in einem Betrieb tätigen Betriebsangehörigen ermöglichen, erleichtern oder auch nur erträglich machen (krit. *Zielke* S. 34 f., 97 ff.). Es handelt sich insoweit nicht um einen von der Rspr. oder dem Schrifttum zur Reglementierung der Arbeitnehmer im Betrieb entwickelten Begriff, sondern bereits der Gesetzgeber hat in mehreren Vorschriften des BetrVG die Notwendigkeit der Wahrung des Betriebsfriedens betont und bei deren Verletzung Sanktionen vorgesehen (vgl. §§ 45, 74, 99 Abs. 2 Nr. 6, 104 BetrVG). An der Unterscheidung zwischen Arbeitsordnung (einschl. Produktions- bzw. Arbeitsverlauf) und Betriebsfrieden sollte festgehalten werden, weil es sich jeweils um Teilbereiche der betrieblichen Verbundenheit handelt, die auch jeweils isoliert gestört werden können (*Löwisch/Schönfeld* aaO; *BAG* 17.3.1988 AP Nr. 99 zu § 626 BGB). So ist es denkbar, dass bei einer von einem Arbeitnehmer ausgelösten politischen Diskussion alle Arbeitnehmer übereinstimmen, der Betriebsfrieden also nicht tangiert, gleichwohl aber der Arbeitsablauf gestört wird, wenn die Arbeit zeitweise eingestellt wird. Andererseits kann ohne Störung des technischen Arbeitsablaufes das menschliche Zusammenleben im Betrieb durch eine politische Betätigung von Arbeitnehmern erheblich gestört werden, wenn es zB zu heftigen Auseinandersetzungen in den Pausen kommt. Ein Arbeitnehmer muss zB gegenüber Arbeitskollegen und Dritten über die wirtschaftliche Lage des Betriebes genau und vollständig berichten. Er darf gegenüber der Belegschaft keine sachlich unbegründeten Bedenken äußern, die den Betriebsfrieden stören (*BAG* 4.4.1974 EzA § 15 KSchG nF Nr. 1). Der Vorschlag von *Roemheld* (SAE 1984; 163), den wenig »griffigen« Begriff des Betriebsfriedens durch den des »Betriebsablaufes« zu ersetzen, bringt systematisch und praktisch wenig Vorteile, weil dann drei Bereiche (Arbeitsordnung, technischer bzw. organisatorischer Betriebsablauf und »sonstiger Betriebsablauf«) zu unterscheiden wären und der sonstige »normale« Betriebsablauf in diesem Sinne ohnehin nur dann beeinträchtigt ist, wenn auf die konkrete Störung (s.o. Rz 116) abgestellt wird.

3. **Vertrauensbereich**

169 In den Bereich des Vertrauens und der **gegenseitigen** persönlichen **Achtung** der Vertragspartner gehören Verletzungen der **Treuepflicht** durch den Arbeitnehmer oder der **Fürsorgepflicht** durch den Arbeitgeber (zB Unterschlagungen, Betrug, Tätlichkeiten oder grobe Beleidigungen, die sich gegen den Vertragspartner richten). Darüber hinaus wirken sich auf den Vertrauensbereich alle Handlungen aus, die die für die Zusammenarbeit erforderliche **Vertrauensgrundlage** zerstören oder beeinträchtigen, zB weil sie den guten Ruf des Arbeitgebers schwerwiegend gefährden (*BAG* 11.3.1999 EzA § 626 BGB nF Nr. 177). In der Regel wird es um (verschuldete) Vertragsverletzungen gehen, aber das ist nicht unbedingt erforderlich. Die Vertrauensgrundlage kann vielmehr auch schuldlos durch objektiv vorliegende Umstände (zB auch bei einem durch Tatsachen begründeten schwerwiegenden Verdacht eines unredlichen oder vertragswidrigen Verhaltens) erschüttert sein (*Otto* Der Wegfall des Vertrauens S. 233; HAS-*Popp* § 19 B Rz 433; zur Verdachtskündigung s.u. Rz 210 ff.).

4. **Unternehmensbereich**

170 Unter Störungen im Unternehmensbereich sind insbesondere Einwirkungen auf den Betriebsablauf zu verstehen, die durch **außerbetriebliche Umstände** (zB schlechte Witterung, Zerstörung betrieblicher Einrichtungen) eintreten (vgl. *König* RdA 1969, 13). Für die Praxis hat eine außerordentliche Kündigung wegen solcher Störungen im Unternehmensbereich kaum Bedeutung, weil der Arbeitgeber das grundsätzlich von ihm zu tragende **Betriebsrisiko** nicht durch eine außerordentliche Kündigung auf den Arbeitnehmer abwälzen kann (*BAG* 28.9.1972 AP Nr. 28 zu § 615 BGB Betriebsrisiko mit zust. Anm. *Beuthien*; HAS-*Popp* § 19 B Rz 164, 169). Selbst eine so erhebliche Störung des Unternehmensbereiches wie die **Eröffnung des Insolvenzverfahrens** berechtigt den Arbeitgeber oder den Insolvenzverwalter nicht zur fristlosen Kündigung (*BAG* 8.4.2003 EzA § 626 BGB 2002 Unkündbarkeit Nr. 2).

II. **Bedeutung der Systematisierung**

171 Der Ertrag dieser Systematisierung der Kündigungsgründe für eine normative Konkretisierung des wichtigen Grundes ist allerdings eher gering (vgl. SPV-*Preis* Rz 612). Im Zuge dieser Systematisierungsversuche hat das BAG jedoch **gemeinsame Voraussetzungen** für alle wichtigen Gründe und Un-

terschiede für bestimmte Bereiche herausgearbeitet. Insbesondere wurde verdeutlicht, dass alle Kündigungsgründe sich konkret auf das Arbeitsverhältnis auswirken müssen (s.o. Rz 110 ff.); die Systematisierung trug ferner wesentlich zur Klärung der Frage bei, unter welchen Voraussetzungen eine vorherige vergebliche Abmahnung erforderlich ist (s.u. Rz 253 ff.).

J. Systematisierung der Kündigungsgründe nach dem Zeitpunkt ihrer Entstehung und Geltendmachung

I. Gründe vor Zugang der Kündigung

1. Objektiv vorliegende Gründe

Eine außerordentliche Kündigung kann auf alle Gründe gestützt werden, die zur Zeit des Zugangs der Kündigung bereits **objektiv vorhanden** waren. Das gilt unabhängig davon, ob die Gründe dem Kündigenden bereits bei Erklärung der Kündigung bekannt waren oder ob er davon erst später erfahren hat (s.o. Rz 106 und s.u. Rz 178 f.; SPV-*Preis* Rz 186, 602). 172

2. Der Zugang der Kündigung als maßgeblicher Zeitpunkt

Da die außerordentliche Kündigung eine empfangsbedürftige Willenserklärung ist (s.o. Rz 22 f.), kommt es auf die Verhältnisse im Zeitpunkt des **Zugangs** an. Bei einer schriftlichen Kündigung ist somit nicht auf den Zeitpunkt der Absendung, sondern des Zugangs des Kündigungsschreibens abzustellen, so dass auch Kündigungsgründe, die zwischen der Absendung und dem Zugang entstanden sind, zu berücksichtigen sind (*BAG* 30.4.1977 – 2 AZR 221/76 – nv; *LAG Düsseld.* 1.4.1976 BB 1976, 1226; *Auffarth/Müller* § 1 Rz 229; APS-*Dörner* Rz 48; MünchKomm-*Henssler* Rz 352; HAS-*Popp* § 19 B Rz 153; aA *Staudinger/Neumann* 12. Aufl. Rz 30). 173

Die Bedenken von *Neumann* (aaO), ein erst nach der »Verwirklichung der Kündigungsabsicht« entstandener Grund könne nicht einem unbekannten Grund gleichgestellt werden, sondern der Schutz des Kündigungsgegners erfordere eine neue Kündigung, sind unberechtigt. Schutzwürdige Interessen des Gekündigten sind auch dann nicht betroffen, wenn der Kündigende sich auf einen Grund berufen darf, der erst kurz vor dem Wirksamwerden der Kündigungserklärung entstanden ist. Sobald der Gekündigte einen Kündigungsgrund gesetzt hat, kann ihm kein berechtigtes Vertrauen in den ungestörten Fortbestand des Arbeitsverhältnisses zugebilligt werden. Der maßgebende Zeitpunkt für die Beurteilung der Wirksamkeit der außerordentlichen Kündigung kann nicht von dem Zeitpunkt des Wirksamwerdens der Kündigungserklärung (§ 130 BGB) getrennt werden (s.o. Rz 108 und KR-*Griebeling* § 1 KSchG Rz 235). Ein nach der Absendung des Kündigungsschreibens entstandener Grund kann allerdings dann nicht verwertet werden, wenn die Kündigungsgründe nach einer konstitutiven **Formvorschrift** schriftlich mitgeteilt werden müssen (vgl. zB *BAG* 25.11.1976 EzA § 15 BBiG Nr. 3). 174

3. Gründe vor Beginn des Arbeitsverhältnisses

Auch bereits **vor Beginn** des Arbeitsverhältnisses eingetretene Ereignisse oder Umstände können eine außerordentliche Kündigung rechtfertigen (*Staudinger/Preis* Rz 9). Voraussetzung ist allerdings, dass diese Umstände das Arbeitsverhältnis weiterhin erheblich belasten und dass sie dem Kündigenden bei Vertragsabschluß noch **nicht bekannt** waren (s.o. Rz 45, 92; *BAG* 5.4.2001 EzA § 626 BGB nF Nr. 187; HAS-*Popp* § 19 B Rz 151). 175

II. Gründe nach Zugang der Kündigung

Kündigungsgründe, die erst **nach** der **Kündigung** entstanden sind, können dagegen nicht zur Rechtfertigung der bereits ausgesprochenen Kündigung herangezogen werden, sondern nur zum Anlass für eine **weitere Kündigung** genommen werden (*BAG* 11.12.1975 EzA § 15 KSchG nF Nr. 6; *BGH* 28.4.1960 AP Nr. 41 zu § 626 BGB; SPV-*Freis* Rz 603). 176

Mit diesem Grundsatz ist es zu vereinbaren, dass nachträgliche Gründe ausnahmsweise für die zuvor erfolgte Kündigung dann von Bedeutung sein können, wenn sie die **früheren Umstände,** die zu der Kündigung geführt haben, weiter **aufhellen** und ihnen ein größeres Gewicht als Kündigungsgrund verleihen (*BAG* 28.10.1971 EzA § 626 BGB nF Nr. 9; ArbRBGB-*Corts* Rz 34; HAS-*Popp* § 19 B Rz 155; SPV-*Preis* aaO). Zwischen den neuen Vorgängen und den vor der Kündigung entstandenen Gründen müssen dann aber enge Beziehungen bestehen, die nicht außer Acht gelassen werden können, ohne einen 177

§ 626 BGB   Fristlose Kündigung aus wichtigem Grund

einheitlichen Lebensvorgang zu zerreißen. Das ist nicht schon dann anzunehmen, wenn sich ein Arbeitnehmer in Flugblattaktionen oder in einem Zeitungsinterview gegen seine Kündigung wendet (*BAG* 11.12.1975 EzA § 15 KSchG nF Nr. 6; *Otto* Anm. zu EzA Art. 5 GG Nr. 4). Bei richtiger Betrachtung handelt es sich bei den unter diesen Voraussetzungen verwertbaren späteren Umständen nicht um echte neue Kündigungsgründe, sondern um später gewonnene Erkenntnisse, die eine bessere Würdigung der alten Gründe ermöglichen. Das ist zB anzunehmen, wenn das Verhalten des Gekündigten nach Zugang der Kündigung erkennen läßt, dass er endgültig nicht bereit war, seine vertraglichen Pflichten zu erfüllen (*BAG* 28.10.1971 EzA § 626 BGB nF Nr. 9; vgl. ferner *BAG* 13.10.1977 EzA § 74 BetrVG 1972 Nr. 3). Zu weitgehend hält der *BGH* (28.4.1960 aaO) einen inneren Zusammenhang auch dann für gegeben, wenn ein Dienstpflichtiger, der zunächst wegen des unberechtigten Vorwurfs des Wettbewerbsverstoßes entlassen worden ist, nachträglich verbotenen Wettbewerb betreibt.

III. Nachschieben von Gründen

1. Vor der Kündigung entstandene Gründe

a) Bekannte Gründe

178 Von einem »**Nachschieben**« der Kündigungsgründe spricht man, wenn der Kündigende seine ursprüngliche Begründung der Kündigung später durch weitere Kündigungsgründe ergänzt oder ersetzt. Kündigungsgründe, die dem Kündigenden bei Zugang der Kündigung noch **nicht länger als zwei Wochen bekannt** gewesen sind (zu sog. verfristeten Gründen s.u. Rz 187 f.), können ohne materiell-rechtlichen Einschränkungen nachgeschoben werden, wenn sie bereits **vor** der **Kündigung entstanden** waren. Auch das folgt aus dem objektiv zu bestimmenden Begriff des Kündigungsgrundes (s.o. Rz 103 ff., 35 ff.; *BAG* 4.6.1997 EzA § 626 BGB nF Nr. 167 mwN; KPK-*Bengelsdorf* Kap. 2 Rz 39; APS-*Dörner* Rz 49; *Erman/Belling* Rz 31; ErfK-*Müller-Glöge* Rz 78; MünchKomm-*Henssler* Rz 126; HAS-*Popp* § 19 B Rz 190 f.; *Schaub/Linck* § 125 Rz 24; *Soergel/Kraft* Rz 27; SPV-*Preis* Rz 186 f.).

179 Diese Auffassung ist im Schrifttum nicht unbestritten. *Neumann* (ArbRGgw. Bd. 7 S. 23, 40) beschränkt das Nachschieben bekannter Gründe auf diejenigen Tatsachen, die dem Kündigungsgegner schon bekannt sind oder wenigstens unverzüglich angegeben werden. Diese Begrenzung soll sich aus der Pflicht des § 626 Abs. 2 S. 3 BGB ergeben, die Kündigungsgründe auf Verlangen des Gekündigten unverzüglich mitzuteilen. Mit einer im Wesentlichen gleichen Begründung nehmen auch *Birk* (Anm. zu AP Nr. 65 zu § 626 BGB), *Falkenberg* (BB 1970, 538) und *Monjau* (BB 1969, 1045) an, das Nachschieben bekannter Gründe werde durch die Mitteilungspflicht eingeschränkt. Dieser Meinung ist nicht zu folgen, weil damit entgegen den Intentionen des Gesetzgebers die Begründungspflicht im Ergebnis zu einer beschränkten Wirksamkeitsvoraussetzung erhoben würde (s.o. Rz 35 ff.; MünchKomm-*Henssler* Rz 347; MünchArbR-*Wank* § 120 Rz 117). Nicht nur die Begründungspflicht, sondern auch der Zweck der Ausschlussfrist ist für die gegenteilige Auffassung nicht tragfähig. Wenn bereits eine außerordentliche Kündigung ausgesprochen worden ist, hat der Gekündigte kein schutzwürdiges Interesse mehr daran, weitere Gründe innerhalb der Ausschlussfrist zu erfahren (*BAG* 4.6.1997 EzA § 626 BGB nF Nr. 167; *BGH* 11.7.1980 LM Nr. 20 zu § 626 BGB; ArbRBGB-*Corts* Rz 244; *Schwerdtner* ZIP 1981, 811). Ein »verspätetes Nachschieben« wird durch § 626 Abs. 2 BGB nicht ausgeschlossen, weil die Ausschlussfrist nur Gründe erfasst, die dem Kündigenden länger als zwei Wochen vor der Kündigung bekannt gewesen sind (so jetzt auch *Schwerdtner* aaO; MünchKomm-*Henssler* Rz 349). Die Grenzen des zulässigen Nachschiebens bekannter Gründe ergeben sich vielmehr **nur** aus den prozessrechtlichen Vorschriften über die **Zurückweisung verspäteten Vorbringens** (zB § 528 ZPO), aus dem Grundsatz der **Verwirkung** (*Schwerdtner* aaO) und aus **§ 102 BetrVG** (s.u. Rz 183).

b) Unbekannte Gründe

180 Nach der überwiegenden und zutr. Ansicht der in Rz 178 angeführten Rspr. und Literatur sind aus der Ausschlussfrist und der Begründungspflicht auch keine Bedenken gegen das Nachschieben von Gründen herzuleiten, die der Kündigende erst **nach** der **Kündigung erfahren** hat (*BAG* 11.4.1985 EzA § 102 BetrVG 1972 Nr. 62; *BGH* 18.12.1975 DB 1976, 386). § 626 Abs. 2 S. 1 und 2 BGB ist auf später bekannt gewordene wichtige Gründe nicht anzuwenden (*BAG* 18.1.1980 EzA § 626 BGB nF Nr. 71; 4.6.1997 EzA § 626 BGB nF Nr. 167; MünchKomm-*Henssler* Rz 350; *Schaub/Linck* aaO; HWK-*Sandmann* Rz 145; *Schwerdtner* ZIP 1981, 811). Es ist deswegen unerheblich, ob die später bekannt gewordenen Gründe mit »demselben zeitlichen und sachlichen Geschehen« zusammenhängen, aus dem zunächst das Kündigungsrecht abgeleitet wurde (KPK-*Bengelsdorf* Kap. 2 Rz 40; SPV-*Preis* Rz 186). Ein solches Erforder-

Fristlose Kündigung aus wichtigem Grund § 626 BGB

nis würde zudem dem Gebot der Rechtssicherheit widersprechen, weil es unklar ist, wann ein zeitlicher und sachlicher Zusammenhang zwischen den ursprünglichen und den nachgeschobenen Gründen bestehen soll (BAG 18.1.1980 EzA § 626 BGB nF Nr. 71). Diese Bedenken greifen auch gegenüber dem vom BAG (18.1.1980 EzA § 626 BGB nF Nr. 71) gemachten Vorbehalt durch, es könne möglicherweise anders zu beurteilen sein, wenn die Kündigung durch das Auswechseln der Gründe einen »**völlig anderen Charakter**« erhalte (abl. auch BGH 1.12.2003 NZA 2004, 173; ArbRBGB-*Corts* aaO). Eine derartige Differenzierung löst nur eine überflüssige, sachlich nicht zu rechtfertigende Abgrenzungsproblematik aus (zur Betriebsratsanhörung allerdings s.u. Rz 183 ff.; vgl. ferner *Schwerdtner* aaO; SPV-*Preis* Rz 187; MünchArbR-*Wank* § 120 Rz 118). Zur Verdachtskündigung s.u. Rz 216.

Eine materiell-rechtliche Begrenzung des Nachschiebens zunächst unbekannter Kündigungsgründe **181** kann auch nicht aus dem vermeintlichen Grundsatz hergeleitet werden, beim Kündigungsrecht handele es sich um ein »kausales« Gestaltungsrecht und jeder Kündigungsgrund schaffe ein neues selbständiges Gestaltungsrecht. Diese auf *Reuss* (AuR 1960, 1 ff.) und *Lent* (AcP Bd. 152 [1952/53], 401 ff.) zurückgehende Theorie hat das BAG bereits in dem Urteil vom 30.1.1963 (EzA § 626 BGB Nr. 4) mit der zutr. Begründung abgelehnt, im Bereich des Kündigungsrechts bildeten **mehrere** materiell-rechtliche **Kündigungsgründe** grds. einen einheitlichen »Kündigungsgrund« und lösten nur **ein Kündigungsrecht** aus, dessen Ausübung nach dem geltenden Recht nicht sofort begründet zu werden brauche (*Schwerdtner* ZIP 1981, 811).

Die frühere Auffassung *Schwerdtners* (ZIP 1981, 809), unbekannte Gründe könnten wegen der »subjek- **182** tiven Determinierung« der Unzumutbarkeit nur ausnahmsweise nachgeschoben werden, ist von ihm in der 2. Aufl. des MünchKomm (Rz 228) aufgegeben worden.

2. Nachschieben und Anhörung des Betriebsrates

Durch die Rspr. des BAG ist inzwischen geklärt, ob und inwieweit der Arbeitgeber durch die Pflicht, **183** dem Betriebsrat vor Erklärung der Kündigung die Kündigungsgründe mitzuteilen (§ 102 Abs. 1 BetrVG), daran gehindert ist, ihm im Zeitpunkt der Kündigung bereits **bekannte** oder später bekannt gewordene **Kündigungsgründe** nachzuschieben, zu denen der **Betriebsrat** vor der Kündigung nicht angehört worden ist (vgl. zum bisherigen Streitstand KR-*Etzel* § 102 BetrVG Rz 185). Der Bedeutung und dem Zweck des § 102 BetrVG werden nur Lösungen gerecht, die zwischen Gründen unterscheiden, die dem Arbeitgeber bereits vor Einleitung des Anhörungsverfahrens oder vor Erklärung der Kündigung bekannt gewesen sind, und anderen Kündigungsgründen, die dem Arbeitgeber erst nach Erklärung der Kündigung bekannt geworden sind (s.u. Rz 184). Für vor Einleitung des **Anhörungsverfahrens** bzw. vor Erklärung der Kündigung bekannte Gründe gilt Folgendes: Nachgeschobene Kündigungsgründe, die bereits vor Erklärung der Kündigung entstanden und dem Arbeitgeber bekannt gewesen sind, die er aber nicht dem Betriebsrat mitgeteilt hat, sind im Kündigungsschutzprozess nicht zu verwerten, weil der Arbeitgeber bei objektiver Betrachtung hinsichtlich der ihm bekannten, aber nicht mitgeteilten Gründe seine Mitteilungspflicht nach § 102 Abs. 1 BetrVG gegenüber dem Betriebsrat verletzt hat (BAG 18.12.1980 EzA § 102 BetrVG Nr. 44; 1.4.1981 EzA § 102 BetrVG Nr. 45; KR-*Etzel* § 102 BetrVG Rz 185 e ff.; ArbRBGB-*Corts* Rz 245; SPV-*Preis* Rz 422). Das gilt auch dann, wenn der Betriebsrat der Kündigung zugestimmt oder wenn ihm der Arbeitgeber die weiteren Gründe nachträglich mitgeteilt hat. In diesem Falle ist die Kündigung zwar nicht bereits wegen fehlerhafter Anhörung nach § 102 BetrVG unwirksam, weil der Arbeitgeber dem Betriebsrat nicht alle ihm bekannten, sondern nur diejenigen Kündigungstatsachen mitzuteilen braucht, die er zum Anlass für die beabsichtigte Kündigung nehmen will (vgl. KR-*Etzel* § 102 BetrVG Rz 62 f.). Die nicht mitgeteilten Gründe können aber nicht ergänzend im Kündigungsschutzprozess berücksichtigt werden, weil das dem Zweck des § 102 BetrVG widersprechen würde. Dieses »**Verwertungsverbot**« bezieht sich nicht nur auf selbständige weitere Kündigungsgründe, sondern auch auf Tatsachen, die einen Sachverhalt erst zu einem kündigungsrechtlich relevanten Grund machen (zB für die spätere Berufung auf eine erforderliche Abmahnung oder die Schilderung der Auswirkung des Kündigungssachverhaltes auf das Arbeitsverhältnis). Dagegen ist der Arbeitgeber nicht gehindert, im Kündigungsschutzprozess Tatsachen nachzuschieben, die ohne wesentliche Veränderung des Kündigungssachverhaltes lediglich die dem Betriebsrat mitgeteilten Kündigungsgründe näher erläutern oder konkretisieren (BAG 11.4.1985 EzA § 102 BetrVG 1972 Nr. 62; KR-*Etzel* § 102 BetrVG Rz 70 f.). Kündigungsgründe, die der Arbeitgeber im Zeitraum zwischen der Unterrichtung des Betriebsrates und der Erklärung der Kündigung erfahren hat, kann er im Kündigungsschutzprozess nur dann nachschieben, wenn er wegen dieser weiteren Gründe vor der Kündigung die Möglichkeit genutzt hat, das Anhörungsverfahren um diese Gründe

Fischermeier 1693

zu erweitern bzw. ein erneutes Anhörungsverfahren durchzuführen (KR-*Etzel* § 102 BetrVG Rz 186). Da die Abgrenzung zwischen einer zulässigen Konkretisierung des Kündigungsgrundes und der unzulässigen Erweiterung oder Veränderung des Kündigungssachverhaltes durch das Nachschieben neuer Gründe schwierig ist und die Grenzen für eine **zulässige Substantiierung** eng zu ziehen sind (vgl. KR-*Etzel* § 102 BetrVG Rz 70 f.), ist die Durchsetzung einer bestehenden Kündigungsbefugnis des Arbeitgebers nur dann gewährleistet, wenn er dem Betriebsrat gründlich und substantiiert den für ihn maßgebenden Kündigungssachverhalt mitteilt.

184 Aus dem Schutzzweck des § 102 BetrVG ergeben sich durchgreifende Bedenken aber auch dagegen, dem Arbeitgeber bei Erklärung der Kündigung noch **unbekannte Gründe** zur Begründung der Kündigung heranzuziehen, wenn sich der Betriebsrat damit nicht befasst hat (*BAG* 11.4.1985 EzA § 102 BetrVG 1972 Nr. 62; 11.10.1989 EzA § 1 KSchG Betriebsbedingte Kündigung Nr. 64; 28.2.1990 EzA § 1 KSchG Personenbedingte Kündigung Nr. 5; KR-*Etzel* § 102 BetrVG Rz 188). § 102 BetrVG ist deshalb hinsichtlich der später bekannt gewordenen Kündigungsgründe entsprechend anzuwenden. Das Nachschieben von Kündigungsgründen ist insoweit der Erklärung der Kündigung gleichzustellen, und deswegen wird eine weitere Anhörung des Betriebsrates erforderlich, bevor die zunächst unbekannten Kündigungsgründe nachgeschoben werden können (SPV-*Preis* Rz 423). Dieses **nachträgliche Anhörungsverfahren** erfüllt den Sinn und den Zweck des § 102 BetrVG (vgl. zum Streitstand KR-*Etzel* § 102 BetrVG Rz 185) und dient auch der Prozessökonomie, indem hierdurch mehrere Kündigungen und mehrere Rechtsstreitigkeiten vermieden werden. Unterlässt es der Arbeitgeber, die ihm erst später bekannt gewordenen Gründe nachträglich dem Betriebsrat mitzuteilen, dann sind diese unbekannten Gründe im Prozess nicht verwertbar. Die von *Etzel* (KR § 102 BetrVG Rz 189) angenommenen Ausnahmen sind aus den vom *BAG* (11.4.1985 EzA § 102 BetrVG 1972 Nr. 62) dargelegten Gründen nicht anzuerkennen (vgl. auch *Hillebrecht* KR, 2. Aufl. Rz 134). Unverwertbar sind derart nachgeschobene Kündigungsgründe darüber hinaus dann, wenn der Betriebsrat schon zu den ursprünglich geltend gemachten Gründen nicht oder nicht ordnungsgemäß angehört worden war; die aus § 102 Abs. 1 BetrVG folgende Unwirksamkeit der Kündigung kann in diesem Fall nicht durch ein Nachschieben der erst später bekannt gewordenen Gründe geheilt werden (vgl. auch KR-*Etzel* § 102 BetrVG Rz 185b).

3. Nachschieben und Zustimmungserfordernis

185 Bedarf die Kündigung der **Zustimmung des Betriebsrates** nach § 103 BetrVG i. V. m. § 15 KSchG, dann gelten die vorstehenden Grundsätze (Rz 183 f.) für den Kündigungsschutzprozess des nach erteilter oder vom Gericht ersetzter Zustimmung gekündigten Amtsträgers mit den Konsequenzen, die von *Etzel* (KR § 15 KSchG Rz 45 ff.) eingehend dargestellt werden. Im **Zustimmungsersetzungsverfahren** nach § 103 Abs. 2 BetrVG kann der Arbeitgeber weitere Kündigungsgründe nachschieben, sofern er zuvor dem Betriebsrat deswegen erneut Gelegenheit zur Stellungnahme gegeben hat (KR-*Etzel* § 103 BetrVG Rz 118 ff.; *BAG* 27.1.1977 EzA § 103 BetrVG 1972 Nr. 16). Str. ist insoweit allerdings, ob es genügt, wenn der Arbeitgeber die erforderliche Vorbehandlung nachgeschobener Kündigungsgründe fristgerecht (§ 626 Abs. 2 BGB) beim Betriebsrat einleitet (so *BAG* 22.8.1974 EzA § 103 BetrVG 1972 Nr. 6) oder ob er die nachgeschobenen Gründe innerhalb von zwei Wochen nach Kenntniserlangung bereits in das gerichtliche Zustimmungsersetzungsverfahren einführen muss (so zutr. mit eingehender Begr. und mwN zum Meinungsstreit KR-*Etzel* § 103 BetrVG Rz 124 ff.).

186 Wenn die **Zustimmung des Integrationsamtes** zur Kündigung eines **schwerbehinderten Menschen** (§ 91 SGB IX) erteilt ist, dann bestehen keine durchgreifenden Bedenken, dem Arbeitgeber im Kündigungsschutzprozess das Nachschieben von bekannten oder unbekannten Gründen zu gestatten, die er im behördlichen Zustimmungsverfahren noch nicht geltend gemacht hatte, soweit er damit im Zeitpunkt der Zustimmungserteilung nicht bereits gem. § 626 Abs. 2 BGB ausgeschlossen war. Wenn das Integrationsamt bereits aufgrund der ihm mitgeteilten Gründe die Zustimmung zur Kündigung erteilt hat, dann ist es sinnlos, eine weitere Vorbehandlung nachgeschobener Kündigungsgründe durch die Behörde zu verlangen, weil der Zweck des Verfahrens nach dem SGB IX, den betroffenen Arbeitnehmern einen besonderen Schutz zu gewähren, nach der gesetzlichen Eröffnung der Kündigungsmöglichkeit nicht mehr erreicht werden kann (vgl. KR-*Etzel* §§ 85–90 SGB IX Rz 140; im Ergebnis auch HAS-*Popp* § 19 B Rz 202; zu dem vergleichbaren Tatbestand des Nachschiebens weiterer Kündigungsgründe nach rechtskräftiger Ersetzung der Zustimmung gem. § 103 Abs. 2 BetrVG vgl. KR-*Etzel* § 15 KSchG Rz 47; teilw. **aA** HaKo-*Griebeling* Rz 57). Die Zustimmung des Integrationsamtes befreit den Arbeitgeber jedoch nicht von der **Anhörungspflicht** nach **§ 102 BetrVG** und den sich daraus ergebenden Grenzen für das Nachschieben (s.o. Rz 183 f.).

Fristlose Kündigung aus wichtigem Grund   § 626 BGB

Entsprechendes gilt, wenn die zuständige Behörde im Fall der **Elternzeit** die Kündigung gem. § 18   **186a**
BErzGG für zulässig erklärt hat. Wurde dagegen die Kündigung einer **Schwangeren** gem. § 9 MuSchG
für zulässig erklärt, scheitert ein Nachschieben von Kündigungsgründen an dem Erfordernis des § 9
Abs. 3 S. 2 MuSchG, den Grund bereits im Kündigungsschreiben anzugeben (vgl. KR-*Bader* § 9 Mu-
SchG Rz 132d mwN).

4. Nachschieben und Ausschlussfrist (§ 626 Abs. 2)

Gründe, die dem Kündigenden länger als zwei Wochen vor Zugang der Kündigung bekannt gewesen   **187**
und deshalb **nach § 626 Abs. 2 BGB** »**verfristet**« sind (hierzu i.E. s.u. Rz 319 ff.), können nur in beschränktem Umfang nachgeschoben werden. Sie dürfen **nur** dann **unterstützend** zur Rechtfertigung
der Kündigung herangezogen werden, wenn die früheren Vorgänge mit den innerhalb der Ausschlussfrist bekannt gewordenen in einem so engen sachlichen Zusammenhang stehen, dass die neuen
Vorgänge ein weiteres und letztes Glied in der Kette der Ereignisse bilden, die zum Anlass der Kündigung genommen worden sind (*BAG* 10.4.1975 EzA § 626 BGB nF Nr. 37 mit abl. Anm. *Herschel*;
15.3.2001 EzA § 626 BGB nF Nr. 185 mwN; BBDW-*Bader* Rz 84; KPK-*Bengelsdorf Kap. 2* Rz 41; Münch-
Komm-*Henssler* Rz 127, 321; HAS-*Popp* § 19 B Rz 205; MünchArbR-*Wank* § 120 Rz 119; **aA** APS-*Dörner*
Rz 123; SPV-*Preis* Rz 605; *Staudinger/Neumann* 12. Aufl. Rz 89; diff. jetzt HWK-*Sandmann* Rz 88; gegen
jedes Nachschieben verfristeter Gründe dagegen *Däubler* 2 Rz 1144).

Diese Voraussetzung ist zB erfüllt, wenn es sich um **gleichartige Verfehlungen** (Verspätungen, unent-   **188**
schuldigtes Fehlen) handelt, aus denen generell die fehlende Bereitschaft zur vertrauensvollen Zusammenarbeit oder zur Erfüllung der arbeitsvertraglichen Verpflichtungen zu entnehmen ist. Dagegen besteht der erforderliche innere Zusammenhang dann nicht, wenn einem Arbeitnehmer wegen nicht
schwerwiegender Nachlässigkeiten außerordentlich gekündigt wird und der Arbeitgeber diesen nicht
ausreichenden Grund durch den Vorwurf verstärken will, der Arbeitnehmer habe früher auch schon
seine Zuständigkeiten überschritten und Indiskretionen begangen (*BAG* 10.4.1975 EzA § 626 BGB nF
Nr. 37; **aA** *Staudinger/Neumann* aaO).

Die von *Herschel* (aaO) und *Neumann* (aaO) vertretene Auffassung, bei der Interessenabwägung seien   **189**
alle Umstände ohne Rücksicht auf ihren sachlichen Zusammenhang zu berücksichtigen, verkennt folgendes: Die nach § 626 Abs. 2 S. 1 und 2 BGB ausgeschlossenen Gründe sind verwirkt (vgl. unten
Rz 312 f.). Sie können sich deshalb für den Kündigenden nicht vorteilhafter auswirken als frühere »fast
vergessene« oder »verziehene« Kündigungsgründe, die nach der Meinung von *Neumann* (aaO) völlig
ausscheiden sollen, während sie nach der hier vertretenen Auffassung unter denselben Voraussetzungen wie verfristete Gründe unterstützend für weitere Gründe berücksichtigt werden können (vgl. unten Rz 249 f.).

Gründe, die dem Kündigungsberechtigten erst **nach** Zugang der **Kündigung bekannt** werden,   **190**
braucht er nicht innerhalb der Ausschlussfrist des § 626 Abs. 2 nachzuschieben (s.o. Rz 180 und KR-*Etzel* § 103 BetrVG Rz 126). Eine zeitliche Grenze wird insoweit durch die Grundsätze von **Treu und
Glauben** gesetzt. Wenn der Gekündigte die berechtigte Erwartung haben darf, der Kündigende wolle
sich auf die angegebenen und später zur umfassenden Begründung nachgeschobenen Gründe beschränken, kann ein **weiteres Nachschieben verwirkt** sein (*BGH* 5.5.1958 BGHZ 27, 220; OLG Stuttg.
27.7.1979 WM 1979, 1301).

5. Gründe nach Zugang der Kündigung

Wie bereits dargelegt (s.o. Rz 176 f.), sind erst nach Zugang der Kündigung entstandene Gründe grds.   **191**
nicht geeignet, die vorausgegangene Kündigung zu rechtfertigen. Sie können demgemäß auch nur
nachgeschoben werden, wenn die beschriebenen Ausnahmen vorliegen.

IV. Nachschieben von Gründen als neue Kündigung

1. Auslegungsgrundsätze

In dem Vortrag neuer Tatsachen, die eine weitere außerordentliche Kündigung rechtfertigen können,   **192**
kann uU der Ausspruch einer **neuen Kündigung** enthalten sein (sog. Prozesskündigung; vgl. *BAG*
3.5.1956 AP Nr. 9 zu § 626 BGB; *BGH* 28.4.1960 AP Nr. 41 zu § 626 BGB; *Staudinger/Neumann* 12. Aufl.
Rz 29; *Weidemann* NZA 1989, 246 f.). Bei der Kündigung eines Arbeitsverhältnisses, bei dem mit Rücksicht auf den punktuellen Streitgegenstand des Kündigungsschutzprozesses grds. jede weitere Kündi-

§ 626 BGB Fristlose Kündigung aus wichtigem Grund

gung mit einer Kündigungsschutzklage angegriffen werden muss (vgl. hierzu KR-*Friedrich* § 4 KSchG Rz 230), geht es zu weit, das Nachschieben eines späteren Grundes regelmäßig als neue Kündigung auszulegen (HAS-*Popp* § 19 B Rz 154; SPV-*Preis* Rz 186 Fn 80; **aA** *BAG* 3.5.1956 aaO und *BGH* 28.4.1960 aaO). Es muss vielmehr dem Gekündigten eindeutig **erkennbar** sein, dass mit der Berufung auf einen neuen Kündigungsgrund eine weitere Kündigung beabsichtigt ist (vgl. zur wiederholten ordentlichen Kündigung KR-*Griebeling* § 1 KSchG Rz 247).

193 Die abgelehnte Auffassung, wonach das Nachschieben eines neuen Kündigungsgrundes idR eine neue Kündigung bedeuten soll, führt nur dann nicht zu unbefriedigenden Ergebnissen, wenn man es genügen lässt, dass der gekündigte Arbeitnehmer auch den neuen Kündigungsgründen widerspricht, und darin eine **Erweiterung** seines ursprünglich auf die erste Kündigung beschränkten **Antrages** sieht (vgl. *BAG* 9.3.1961 AP Nr. 31 zu § 3 KSchG; KR-*Friedrich* § 4 KSchG Rz 230).

2. Erklärungs- und Empfangsvollmacht

194 Da eine **Prozessvollmacht** nach § 81 ZPO nicht die Vollmacht einschließt, weitere Kündigungen zu erklären, ist dann, wenn eine neue Kündigung in einem Schriftsatz des Prozessbevollmächtigten der Partei enthalten ist, eine entsprechende Erweiterung der Vollmacht erforderlich (*BAG* 10.8.1977 EzA § 81 ZPO Nr. 1; SPV-*Preis* Rz 200; *Staudinger/Neumann* vor §§ 620 ff. Rz 65; zu einer auf die Abgabe und Entgegennahme von Willenserklärungen, zB: Kündigungen, erweiterten »Einheitsvollmacht« vgl. *LAG Düsseld.* 13.1.1999 ZInsO 1999, 544). Eine Vollmacht zur **Prozesskündigung** ist allerdings idR dann anzunehmen, wenn aufgrund desselben Kündigungssachverhaltes die Kündigung nur wiederholt wird (*BAG* 10.8.1977 EzA § 81 ZPO Nr. 1). Zu beachten ist weiter, dass die für eine Klage gem. §§ 13 Abs. 1, 4 KSchG erteilte Prozessvollmacht auch nicht zum **Empfang weiterer Kündigungen** berechtigt (SPV-*Preis* aaO; *Staudinger/Neumann* vor §§ 620 ff. Rz 47). Eine Kündigung im Prozess wird somit im Zweifel erst dann wirksam, wenn sie der Partei selbst zugegangen ist, der gekündigt werden soll. Entgegen der von SPV-*Preis* (Rz 202) vertretenen Auffassung dürfte es hingegen genügen, wenn der Schriftsatz, der eine weitere Kündigung enthält, in den »Machtbereich« der Partei selbst gelangt ist, weil Schriftsätze des Gegners die Partei regelmäßig veranlassen sollten, die mögliche Kenntnis von seinem Inhalt auch sofort zu nutzen.

195 Eine Vollmacht, aufgrund derer eine Kündigung nicht mit der Klage nach § 4 KSchG, sondern mit der Klage auf **Feststellung** des Fortbestandes des Arbeitsverhältnisses nach **§ 256 ZPO** angegriffen wird, bevollmächtigt hingegen den Prozessbevollmächtigten zur Entgegennahme weiterer Kündigungen die während des Rechtsstreites ausgesprochen werden und sich auf den streitbefangenen Zeitraum beziehen; entsprechend ist der gegnerische Prozessbevollmächtigte zur Abgabe auf diesen Zeitraum bezogener weiterer Kündigungen bevollmächtigt (*BAG* 21.1.1988 EzA § 4 KSchG nF Nr. 33 [*Vollkommer*]). Zur **Schriftform** bei Schriftsatzkündigungen vgl. *LAG Nds.* 30.11.2001 LAGE § 623 BGB Nr. 2 und KR-*Spilger* § 623 BGB Rz 142.

3. Beurteilung späterer Kündigungsgründe

196 Für weitere Kündigungen, die deutlich erkennbar in dem Nachschieben später entstandener Gründe liegen oder vorsorglich ausdrücklich ausgesprochen werden, gelten folgende Besonderheiten: In Betracht kommen alle **Umstände,** die **nach** der ersten **Kündigung** bis zur rechtlichen Beendigung des Dienstverhältnisses eintreten. Das bedeutet, dass nach einer ordentlichen Kündigung und bei einer außerordentlichen befristeten Kündigung (s.o. Rz 29 f.) bis zum Ablauf der einzuhaltenden oder gewährten Kündigungsfrist eintretende wichtige Gründe zur fristlosen außerordentlichen Kündigung berechtigen. Auch wenn zunächst eine unwirksame Kündigung ausgesprochen worden ist, kann aus einem danach eintretenden wichtigen Grund eine **weitere Kündigung** nachgeschoben werden (*BAG* 19.12.1958 AP Nr. 1 zu § 133b GewO; *BGH* 28.4.1960 AP Nr. 41 zu § 626 BGB).

197 Die in der Zeit **nach** einer **unwirksamen Kündigung** begangenen **Verfehlungen** des Gekündigten sind aber uU wesentlich **milder zu beurteilen** als bei einem ungekündigten Vertragsverhältnis. Es darf nicht unberücksichtigt bleiben, dass der Kündigende durch eine unwirksame Kündigung – auch wenn darüber noch Streit herrscht – das Vertrauensverhältnis selbst erheblich belastet hat. Die zumindest objektiv begangene Vertragsverletzung entbindet den Gekündigten zwar nicht von der von ihm selbst weiter einzuhaltenden Vertragstreue. Sie kann aber ein aus verständlicher Verärgerung über das Vorgehen des Vertragspartners oder durch die Ungewissheit über den Fortbestand des Arbeitsverhältnisses provoziertes oder veranlasstes Verhalten entschuldigen (*RG* 22.2.1916 RGZ 88, 127; HAS-*Popp* § 19

B Rz 245 f.; *Staudinger/Neumann* 12. Aufl. Rz 35). So hängt das Gewicht eines **Wettbewerbsverstoßes,** den ein Arbeitnehmer im Anschluss an eine unwirksame Kündigung des Arbeitgebers begeht, von dem Grad des Verschuldens des Arbeitnehmers und von Art und Auswirkung der Wettbewerbshandlung ab (*BAG* 25.4.1991 EzA § 626 BGB nF Nr. 140; s. dazu aber unten Rz 462; allg. zur Bewertung eines **beiderseits vertragswidrigen Verhaltens:** *BAG* 12.5.1966 AP Nr. 9 zu § 70 HGB [*Wolf*]; *Staudinger/Neumann* aaO).

K. Besondere Arten der außerordentlichen Kündigung
I. Außerordentliche Änderungskündigung
1. Zulässigkeit

Eine außerordentliche Kündigung ist nicht nur zum Zwecke der sofortigen Beendigung des Arbeits- 198
verhältnisses, sondern beim Vorliegen eines wichtigen Grundes auch dann zulässig, wenn hierdurch eine Änderung der Arbeitsbedingungen durchgesetzt werden soll (*BAG* 6.3.1986 EzA § 15 KSchG nF Nr. 34; 21.6.1995 EzA § 15 KSchG nF Nr. 43; *Busemann/Schäfer* Rz 462; ErfK-*Müller-Glöge* Rz 230; HAS-*Popp* § 19 B Rz 402 f.; KR-*Rost* § 2 KSchG Rz 30 ff.). Zu den Besonderheiten des Beginns der Ausschlussfrist s.u. Rz 329; zur Abgrenzung der **Änderungskündigung** von der außerordentlichen Teilkündigung vgl. *BAG* 7.10.1982 EzA § 315 BGB Nr. 28; zum Verhältnis zwischen der Änderungs- und Beendigungskündigung s.u. Rz 294.

2. Prüfungsmaßstab

Prüfungsmaßstab für eine außerordentliche Änderungskündigung ist grds. nicht, ob dem Kündigen- 199
den die Fortsetzung des Arbeitsverhältnisses insgesamt unzumutbar geworden ist (vgl. allerdings noch u. Rz 202). Es ist vielmehr auch auf das **Angebot** abzustellen, das Arbeitsverhältnis unter bestimmten anderen Bedingungen fortzusetzen. Die Änderungskündigung ist deswegen nicht nur dann wirksam, wenn auch eine Beendigungskündigung gerechtfertigt wäre (hM: *Bengelsdorf* Anm. AP Nr. 73 zu § 2 KSchG 1969; *Brenneis* S. 33 ff.; MünchKomm-*Henssler* Rz 260; *Hromadka* RdA 1992, 252; ders. NZA 1996, 1 ff.; *v. Hoyningen-Huene/Linck* § 2 Rz 62, 64 ff.; *Moll* DB 1984, 1346 f.; *Otto* Änderungskündigung S. 26 f.; *Precklein* S. 25 ff.; SPV-*Preis* Rz 591; HWK-*Sandmann* Rz 378; *Spirolke/Regh* S. 124 f.; *Wallner* Rz 604; *Zirnbauer* NZA 1995, 1076; *BAG* 6.3.1986 EzA § 15 KSchG nF Nr. 34; 21.6.1995 EzA § 15 KSchG nF Nr. 43; **aA** *Berkowsky* NZA 1999, 296 ff.; *Boewer* BB 1996, 2620; *Herschel* FS Müller 1981 S. 206; H/S-*Hümmerich/Holthausen* § 10 Rz 517).

Der Prüfungsmaßstab ist auch nicht davon abhängig, ob der gekündigte Arbeitnehmer das Angebot 200
unter Vorbehalt angenommen oder schlechthin **abgelehnt** hat (SPV-*Preis* Rz 592; *Spirolke/Regh* S. 37; *Wallner* Rz 605; **aA** HAS-*Popp* § 19 B Rz 592). Wie sich der Gekündigte auf das Änderungsangebot einlässt, wirkt sich vielmehr nur auf die **Rechtsfolgen** der außerordentlichen Kündigung aus (*BAG* 16.1.1997 RzK I 7 a Nr. 37). Bei einer vorbehaltlosen Ablehnung des Änderungsangebotes muss sich der Gekündigte mit der Beendigung des Arbeitsverhältnisses abfinden, wenn die Kündigungsschutzklage rechtskräftig abgewiesen wird. Wenn der Arbeitnehmer dagegen die Änderung unter Vorbehalt annimmt und die gegen die Änderung gerichtete Klage erfolglos bleibt, wird das Arbeitsverhältnis mit dem geänderten Inhalt aufrechterhalten. Die Wirksamkeit der Änderung der Arbeitsbedingungen scheitert in diesem Fall nicht schon deshalb am **ultima-ratio-Prinzip,** weil der Arbeitgeber die Änderung bereits durch Ausübung eines **Widerrufsvorbehalts** oder seines **Direktionsrechts** hätte bewirken können, denn unverhältnismäßig wäre nur die nicht mehr in Betracht kommende Rechtsfolge der Beendigung des Arbeitsverhältnisses (vgl. *BAG* 26.1.1995 EzA § 2 KSchG Nr. 22; 16.1.1997 aaO; 24.6.2004 EzBAT §§ 22, 23 BAT M Nr. 122; 24.8.2004 EzA § 2 KSchG Nr. 51; *Fischermeier* NZA 2000, 739 f.; *Friedrich/Kloppenburg* RdA 2001, 306; MünchKomm-*Henssler* Rz 261; HzK-*Mues* 2 Rz 213; *Pfohl* Rz 318; HWK-*Sandmann* Rz 381; *Spirolke/Regh* S. 81; im Ergebnis ebenso *LAG Bln.* 29.11.1999 LAGE § 2 KSchG Nr. 36, nach Umdeutung der Änderungskündigung in die Ausübung des Direktionsrechts; ähnlich *Hromadka* NZA 1996, 10; **aA** KR-*Rost* § 2 KSchG Rz 106a-c; *Ahrens* Anm. EzA § 315 BGB Nr. 45; *Berkowsky* aaO; *Boewer* aaO; *v. Hoyningen-Huene/Linck* § 2 Rz 32a-e; *Kappelhoff* ArbRB 2006, 185; *Knorr/Bichlmeier/Kremhelmer* 16 Rz 21; APS-*Künzl* § 2 KSchG Rz 119; *Otto* Änderungskündigung S. 115 ff.; *Wallner* Rz 123 ff.; diff. *Benecke* NZA 2005, 1092). Die **Annahme** unter Vorbehalt muss der Arbeitnehmer bei einer fristlosen Änderungskündigung ggf. **unverzüglich** erklären (vgl. dazu *BAG* 27.3.1987 EzA § 2 KSchG Nr. 10; KR-*Rost* § 2 KSchG Rz 33; *Popp* aaO Rz 407; SPV-*Preis* Rz 593); falls eine Auslauffrist gewährt wurde, ist dagegen § 2 S. 2 KSchG entsprechend anzuwenden (KR-*Rost* § 2 KSchG Rz 33; LzK-

Gräfl 240 Rz 16; *Knorr/Bichlmeier/Kremhelmer* 16 Rz 8; HzK-*Mues* 2 Rz 225; *Spirolke/Regh* S. 37; HWK-*Sandmann* aaO).

200a Die Unwirksamkeit der Änderung gem. § 626 BGB muss der Arbeitnehmer entsprechend § 4 S. 2 KSchG innerhalb der dreiwöchigen **Klagefrist** geltend machen (*BAG* 19.6.1986 EzA § 2 KSchG Nr. 7; vgl. auch KR-*Rost* § 2 KSchG Rz 32). Seit der Änderung der §§ 4, 13 KSchG durch das Gesetz zu Reformen am Arbeitsmarkt v. 24.12.2003 gilt dies, im Gegensatz zu früher (vgl. *BAG* 28.5.1998 EzA § 2 KSchG Nr. 29; im Ergebnis ebenso *Wallner* Rz 646; **aA** KR-*Rost* § 7 KSchG Rz 14a ff. mwN), auch für die Geltendmachung **sonstiger Unwirksamkeitsgründe** iSv § 13 Abs. 3 KSchG wie zB die fehlende oder unzureichende Anhörung des Betriebsrates nach § 102 BetrVG. Sonstige Unwirksamkeitsgründe erfassen, anders als die nicht unter § 13 Abs. 3 KSchG fallende Unverhältnismäßigkeit (s.o. Rz 200); KR-*Friedrich* § 13 KSchG Rz 299 ff., 301c), nicht nur das Element der Kündigung, sondern auch das mit ihm verbundene Änderungsangebot (*BAG* 28.5.1998 EzA § 2 KSchG Nr. 29; 23.11.2000 EzA § 2 KSchG Nr. 40). Die Unterstellung *Berkowskys* (NZA 2000, 1133 f.) und *Boewers* (RdA 2001, 395), ich hätte in NZA 2000, 740 die gegenteilige Auffassung vertreten, ist unzutreffend. Nur dann, wenn die entsprechende Änderung der Arbeitsbedingungen bereits auf andere Weise, etwa durch eine Änderung des einschlägigen Tarifvertrages, bewirkt wurde und die Änderungskündigung eigentlich überflüssig war, kann die Änderungsschutzklage wegen ihres gem. § 4 S. 2 KSchG eingeschränkten Streitgegenstands trotz solcher sonstiger Kündigungsmängel keinen Erfolg haben (*BAG* 24.6.2004 aaO; *BAG* 24.8.2004 EzA § 2 KSchG Nr. 51; *Fischermeier* aaO; *Friedrich/Kloppenburg* aaO).

201 Der Prüfungsmaßstab ist noch wie folgt zu präzisieren: Ein wichtiger Grund zur außerordentlichen Änderungskündigung setzt zunächst auf Seiten des Kündigenden voraus, dass ihm die Fortsetzung derjenigen bisherigen Bedingungen, deren Änderung er erstrebt, jeweils unzumutbar geworden ist, dh, dass deren **alsbaldige Änderung unabweisbar notwendig** ist (*Hromadka* RdA 1992, 257; HAS-*Popp* § 19 B Rz 404; SPV-*Preis* Rz 590). Da die Änderung der Arbeitsbedingungen schon vor Ablauf der Kündigungsfrist selten unabweisbar notwendig sein wird, kommt die außerordentliche Änderungskündigung meist nur bei **Unkündbarkeit** in Betracht (*Hromadka* aaO; zur Versetzung mittels außerordentlicher Änderungskündigung bei Auflösung eines Orchesters vgl. *BAG* 25.3.1976 EzA § 626 BGB Änderungskündigung Nr. 1). Soweit die Unkündbarkeit auch für betriebsbedingte Änderungskündigungen Geltung beansprucht, ist Voraussetzung, dass das geänderte unternehmerische Konzept die Änderung der Arbeitsbedingungen erzwingt und ohne sie oder mit geringeren Änderungen wesentlich beeinträchtigt würde (*BAG* 2.3.2006 EzA-SD 2006 Nr. 16 S. 11). Die neuen Bedingungen müssen auch dem Gekündigten **zumutbar** sein, dh sie dürfen ihn nicht stärker als zur Vermeidung einer Beendigungskündigung unumgänglich belasten (vgl. *BAG* 21.1.1993 EzA § 2 KSchG Nr. 18; *Precklein* S. 78 ff.; 23.6.2005 EzA § 2 KSchG Nr. 54; vgl. auch noch u. Rz 202). Beide Voraussetzungen müssen kumulativ vorliegen und sind jeweils gesondert zu prüfen (ähnlich *v. Hoyningen-Huene/Linck* § 2 Rz 63 ff.; insoweit zutr. auch *Moll* aaO; vgl. ferner KR-*Rost* § 2 KSchG Rz 31). Will der kündigende Arbeitgeber mit einer Änderungskündigung **mehrere neue Bedingungen** durchsetzen, so müssen die genannten Voraussetzungen für jede einzelne Änderung vorliegen (*BAG* 23.6.2005 EzA § 2 KSchG Nr. 54).

202 Die Interessenabwägung muss das Ergebnis vermeiden, dass der Arbeitgeber zB mit einer betriebsbedingten außerordentlichen Beendigungskündigung durchdringen könnte, mit einer Änderungskündigung als einer an sich milderen Maßnahme hingegen nicht, weil die Weiterbeschäftigung des Arbeitnehmers zu den gewünschten Bedingungen – isoliert betrachtet – unzumutbar erscheint. Zutreffend weist *Preis* (Prinzipien S. 302) darauf hin, ob sich der Arbeitnehmer die geänderten Arbeitsbedingungen zumuten wolle, könne er nur selbst entscheiden (s. auch *BAG* 21.4.2005 EzA § 2 KSchG Nr. 53; *ArbG Gelsenkirchen* 13.11.1998 NZA-RR 1999, 134; HK-*Weller/Hauck* § 2 Rz 27; *Precklein* S. 77 f.; **krit.** *Bauer/Winzer* BB 2006, 266 ff.). Es geht nicht an, von vornherein eine Beendigungskündigung auszusprechen und dabei darauf hinzuweisen, ein anderweitiger Einsatz des Arbeitnehmers sei nur unter für diesen unzumutbaren Bedingungen möglich. Um den Grundsatz der **Verhältnismäßigkeit** zwischen Beendigungs- und Änderungskündigung zu wahren (s.u. Rz 294 f.), ist vielmehr darauf abzustellen, ob sich der Arbeitgeber mit einer Änderungskündigung begnügt hat, um dem Arbeitnehmer überhaupt noch eine Weiterbeschäftigung anbieten zu können. Die Änderungskündigung ist dann berechtigt, wenn sie das Ziel verfolgt und erreicht, eine sonst wirksame **Beendigungskündigung** zu **vermeiden** (vgl. ArbRBGB-*Corts* Rz 72). Diese Voraussetzung ist nicht schon dann erfüllt, wenn der Arbeitgeber allgemein auf dieses von ihm erstrebte Ziel verweist. Es bedarf vielmehr vorrangig der Prüfung, ob ohne die Wahl der Änderungskündigung eine Beendigungskündigung tatsächlich unumgänglich und gerechtfertigt wäre (*BAG* 12.11.1998 EzA § 2 KSchG Nr. 33; 20.1.2000 EzA § 15 KSchG nF Nr. 49; MünchKomm-

Fristlose Kündigung aus wichtigem Grund § 626 BGB

Henssler Rz 260; *SPV-Preis* Rz 591; *HWK-Sandmann* Rz 378). Mit diesem Vorbehalt ist der Auffassung von *Berger-Delhey* (DB 1991, 1571 f.) zu folgen, es müsse dem Arbeitgeber möglich sein, bei einem dringenden betrieblichen Erfordernis zur Beendigungskündigung eine durch »mildere Maßnahmen« gekennzeichnete Änderungskündigung auszusprechen (ebenso *Hromadka* RdA 1992, 255 f.).

Soweit mit der Änderungskündigung die **Kürzung** dem Arbeitnehmer **zugesagter Leistungen** (insbes. **203** Vergütung) bezweckt wird, sind noch folgende Grundsätze zu beachten: Die Änderung lässt sich nicht schon damit rechtfertigen, dass eine Gleichbehandlung mit anderen Arbeitnehmern herbeigeführt werden soll (*BAG* 20.1.2000 EzA § 15 KSchG nF Nr. 49). Auch die gesetzliche Eröffnung der Möglichkeit, von der »Equal-Pay«-Regelung des AÜG durch vertragliche Bezugnahme auf einen beim Verleiher anwendbaren TV abzuweichen, rechtfertigt keine entsprechende Vertragsänderung durch Änderungskündigung (*BAG* 12.1.2006 EzA § 2 KSchG Nr. 56). Weder der Entschluss, die Lohnkosten zu senken, noch die Änderungskündigung selbst sind sog. bindende, von den Gerichten nur auf Rechtsmissbrauch zu prüfende Unternehmerentscheidungen (*Fischermeier* NZA 2000, 742 mwN; vgl. ferner KR-*Griebeling* § 1 KSchG Rz 519 ff., 587). Die Kürzung zugesagter Leistungen hat mit unternehmerischer Freiheit nichts zu tun (*Hromadka* NZA 1996, 10; *Precklein* S. 96 f.). Ein dringendes betriebliches Erfordernis oder ein wichtiger Grund für Entgeltsenkungen liegt nur dann vor, wenn sonst die Arbeitsplätze der von der Änderungskündigung Betroffenen verloren gingen (*Hromadka* aaO) bzw. wenn ohne die Kürzung eine »akute Gefahr« für die Arbeitsplätze oder eine **Existenzgefährdung** für das Unternehmen eintreten würde (*BAG* 20.1.2000 EzA § 15 KSchG nF Nr. 49; MünchKomm-*Henssler* Rz 261; *Hillebrecht* ZIP 1985, 257, 260; *Precklein* S. 105 ff.; **aA** *Breuckmann* S. 146, 158 f.). Dabei ist auf die wirtschaftliche Situation des Gesamtbetriebes, nicht auf die eines unselbständigen Betriebsteils abzustellen (*BAG* 20.8.1998 EzA § 2 KSchG Nr. 31; 12.11.1998 EzA § 2 KSchG Nr. 33). Der Arbeitgeber darf grds. nicht einzelne Arbeitnehmer (zB die in einer unrentablen Abteilung beschäftigten) herausgreifen; auch müssen die Arbeitnehmer bei nur vorübergehenden Verlusten jedenfalls keine Entgeltsenkung auf Dauer hinnehmen (*BAG* 20.8.1998 EzA § 2 KSchG Nr. 31; **aA** *Otto* Änderungskündigung S. 121 ff.). Die vorstehenden Grundsätze gelten freilich nicht, wenn die **Änderung** der Arbeitsbedingungen die Gestaltung der **Arbeit** oder der **Arbeitszeit** betrifft und erst diese Änderung unmittelbare Auswirkungen auf die Vergütung des Arbeitnehmers hat, sei es aufgrund eines im Betrieb angewandten Vergütungssystems (»Tarifautomatik«) oder eines vom Arbeitgeber darzulegenden evident geringeren Marktwerts der neuen Tätigkeit (*BAG* 16.1.1997 RzK I 7 a Nr. 37; 17.3.2005 EzA § 15 KSchG nF Nr. 59; 23.6.2005 EzA § 2 KSchG Nr. 54; *Hromadka* aaO und RdA 1992, 253; *Precklein* S. 96; HWK-*Sandmann* Rz 380).

II. Druckkündigung

1. Begriff

Von einer **Druckkündigung**, die als außerordentliche oder auch als ordentliche Kündigung (vgl. KR- **204** *Griebeling* § 1 KSchG Rz 473; **aA** *Insam* DB 2005, 2300) in Betracht kommt, spricht man, wenn von der Belegschaft, einer Gewerkschaft, dem Betriebsrat oder Geschäftspartnern des Arbeitgebers unter **Androhung von Nachteilen** für den Arbeitgeber (Ankündigung der Kündigung durch Mitarbeiter oder des Abbruchs der Geschäftsbeziehungen durch Kunden) vom Arbeitgeber die Entlassung eines bestimmten Arbeitnehmers verlangt wird (vgl. *Däubler* 2 Rz 1129; MünchKomm-*Henssler* Rz 253; ErfK-*Müller-Glöge* Rz 220; HAS-*Popp* § 19 B Rz 408; *Rahmstorf* S. 1 ff.; HWK-*Sandmann* Rz 337, 339; Schaub/Linck § 125 Rz 82; *Schleusener* NZA 1999, 1079; *BAG* 31.1.1996 EzA § 626 BGB Druckkündigung Nr. 3 mwN; **aA** *Blaese* DB 1988, 178, der für die Anwendung der Grundsätze über den Wegfall der Geschäftsgrundlage eintritt).

Es ist zunächst zu klären, ob in der Person oder im Verhalten des betroffenen Arbeitnehmers liegende **205** Gründe gegeben sind, die das Entlassungsverlangen sachlich rechtfertigen und eine **personen-** oder **verhaltensbedingte** Kündigung ermöglichen (*BAG* 31.1.1996 EzA § 626 BGB Druckkündigung Nr. 3). Fehlt ein derartiger Kündigungssachverhalt, dann ist eine **betriebsbedingte** Druckkündigung nur unter den nachfolgenden Voraussetzungen zulässig (**abl.** *Berkowsky* NZA-RR 2001, 452 f.; HK-*Weller/Dorndorf* § 1 Rz 997; SPV-*Preis* Rz 747; *Zielke* S. 155 f.; gegen die Einordnung als betriebsbedingt *Rahmstorf* S. 28 ff. und *Insam* aaO).

2. Voraussetzungen

Der Arbeitgeber darf nicht ohne weiteres dem Verlangen auf Entlassung eines Arbeitnehmers nachge- **205** ben, sondern muss sich **schützend vor den Arbeitnehmer** stellen und versuchen, die Belegschaft oder diejenige Seite, von der der Druck ausgeübt wird, von ihrer Drohung abzubringen. Das gilt selbst dann, wenn der Arbeitgeber verpflichtet ist, dem Verlangen eines Auftraggebers zu entsprechen, einen unerwünschten Arbeitnehmer abzuberufen (*BAG* 19.6.1986 EzA § 1 KSchG Betriebsbedingte Kündigung Nr. 39). Nachhaltige Bemühungen sind vom Arbeitgeber insbes. dann zu erwarten, wenn die Forderung auf Entlassung ohne sachlichen Grund erfolgt oder etwa gegen die Grundsätze der positiven und negativen Koalitionsfreiheit verstößt.

207 Das gilt auch dann, wenn der **Betriebsrat** nach § 104 BetrVG die Entlassung von Arbeitnehmern verlangt, die nach seiner Auffassung durch gesetzwidriges Verhalten oder durch grobe Verletzung der Grundsätze für die Behandlung der Betriebsangehörigen nach § 75 BetrVG den Betriebsfrieden wiederholt ernsthaft gestört haben sollen (KR-*Etzel* § 104 BetrVG Rz 24 ff.; HAS-*Popp* § 19 B Rz 421 f.; *BAG* 26.1.1962 AP Nr. 8 zu § 626 BGB Druckkündigung). Der Arbeitgeber muss die gegen einen Arbeitnehmer erhobenen Vorwürfe in eigener Verantwortung überprüfen und sich für ihn einsetzen, wenn er zu Unrecht angegriffen wird. Dazu gehört auch die Verpflichtung des Arbeitgebers, den Betriebsrat, der unberechtigt die Entlassung eines Arbeitnehmers erzwingen will, auf das Verfahren nach § 104 S. 2 BetrVG zu verweisen. Die erforderliche Intensität der Vermittlungen durch den Arbeitgeber hängt davon ab, ob das Entlassungsbegehren objektiv gerechtfertigt ist oder nicht (*BAG* 19.6.1986 EzA § 1 KSchG Betriebsbedingte Kündigung Nr. 39; KR-*Griebeling* § 1 KSchG Rz 473 f., 586 f.). Die vorherige Anhörung des betroffenen Arbeitnehmers durch den Arbeitgeber ist keine Wirksamkeitsvoraussetzung für die Druckkündigung (*BAG* 4.10.1990 EzA § 626 BGB Druckkündigung Nr. 2; *Popp* aaO Rz 414; *Rahmstorf* S. 84; *Schaub/Linck* aaO).

208 Der Arbeitgeber kann sich zudem auf keine **Drucksituation** berufen, die er **selbst** in vorwerfbarer Weise **herbeigeführt** hat (*BAG* 26.1.1962 aaO; ErfK-*Ascheid/Oetker* § 1 KSchG Rz 282; KDZ-*Däubler* Rz 173; MünchKomm-*Henssler* Rz 255; *Popp* aaO Rz 412; *Rahmstorf* S. 73; SPV-*Preis* Rz 747). Andererseits muss auch der Arbeitnehmer in einer Drucksituation versuchen, unzumutbare Nachteile von seinem Arbeitgeber abzuwenden, und uU bereit sein, in eine **Versetzung** einzuwilligen, wenn dadurch die Lage entspannt werden kann (vgl. *Ascheid* Rz 168; KDZ-*Däubler* Rz 171; *Popp* aaO Rz 414; *Schaub/Linck* aaO; *BAG* 11.2.1960 EzA § 611 BGB Nr. 2). Nur dann, wenn alle Vermittlungsversuche des Arbeitgebers gescheitert sind und dem Arbeitgeber nur die Wahl bleibt, entweder den Arbeitnehmer zu entlassen oder schwere wirtschaftliche Nachteile hinzunehmen, kann ihm ein wichtiger Grund zur außerordentlichen Kündigung zugebilligt werden. Unter diesen Voraussetzungen kann auch eine nur auf die Änderung der Arbeitsbedingungen gerichtete außerordentliche Änderungskündigung auf einem wichtigen Grund beruhen (*BAG* 4.10.1990 EzA § 626 BGB Druckkündigung Nr. 2).

3. Schadenersatz

209 Wenn der Arbeitgeber wegen eines unabwendbaren Druckes eines Dritten eine Kündigung ausspricht, die sonst sachlich nicht zu rechtfertigen wäre, kann dem gekündigten Arbeitnehmer gegen den Dritten ein **Schadensersatzanspruch** nach §§ 823 f., 826 BGB zustehen (vgl. *Edenfeld* Anm. AP Nr. 9 zu § 823 BGB; KR-*Etzel* § 104 BetrVG Rz 74 mwN; HAS-*Popp* § 19 B Rz 418; *Schleusener* NZA 1999, 1079 ff.; *BAG* 4.6.1998 EzA § 823 BGB Nr. 9). Darüber hinaus soll dem durch eine solche Druckkündigung ausgeschiedenen Arbeitnehmer analog § 904 BGB und entsprechend den Grundsätzen über den **Aufopferungsanspruch** auch ein Schadensersatzanspruch gegen den Arbeitgeber zustehen (*Herschel* FS Lehmann 1956, II S. 662; vgl. auch *Ascheid* Rz 170; KDZ-*Däubler* Rz 174; APS-*Dörner* Rz 344; *Galperin/Löwisch* § 104 Rz 11; **aA** KR-*Etzel* § 104 BetrVG Rz 74 mwN; *Rahmstorf* S. 125, 130 ff.; *Staudinger/Neumann* 12. Aufl. Rz 55, die einen Anspruch gegen den Arbeitgeber nur bei Verletzung der Fürsorgepflicht gewähren wollen). In diesem Fall ist der Arbeitgeber, der sich nur dem rechtswidrigen Verlangen des Dritten gebeugt hat, im Verhältnis zu dem Dritten nicht nach § 426 Abs. 1 BGB anteilig zum Schadensersatz verpflichtet, sondern im Innenverhältnis ist der Dritte als Verursacher allein verpflichtet, den Schaden zu tragen. Der Arbeitnehmer muss deshalb den Schadensersatzanspruch gegen den Dritten, der den unzulässigen Druck ausgeübt hat, zum Ausgleich an den Arbeitgeber abtreten (*Hueck/Nipperdey* I, S. 587 Fn 32). *Henssler* (MünchKomm Rz 257) stimmt im Kern dem Anliegen von *Herschel* zu, empfiehlt als Lösung aber die analoge Anwendung der §§ 9, 10 KSchG. Das erscheint nicht sachgemäß, weil damit der finanzielle Ausgleich für den Verlust des Arbeitsplatzes primär dem Arbeitgeber und nicht dem in erster Linie verantwortlichen Dritten auferlegt wird (abl. auch *Popp* aaO Rz 420 und *Rahmstorf* S. 126 ff.; vgl. zum Verhältnis zwischen Abfindung und Schadensersatz KR-*Spilger* § 10 KSchG Rz 73 f.).

III. Die Verdachtskündigung

1. Begriff und Typisierung

Nach der st.Rspr. des BAG kann nicht nur eine erwiesene strafbare Handlung oder eine erwiesene Vertragsverletzung eines Arbeitnehmers, sondern auch der **Verdacht**, dieser habe eine **strafbare Handlung** oder eine **schuldhafte Pflichtverletzung** begangen, ein wichtiger Grund für eine außerordentliche Kündigung sein (*BAG* 26.3.1992 EzA § 626 BGB Verdacht strafbarer Handlung Nr. 4; 5.5.1994 RzK I 8 c Nr. 32; 14.9.1994 EzA § 626 BGB Verdacht strafbarer Handlung Nr. 5; 13.9.1995 EzA § 626 BGB Verdacht strafbarer Handlung Nr. 6). Eine »echte« Verdachtskündigung liegt nur dann vor, wenn es gerade der Verdacht ist, der das zur Fortsetzung des Arbeitsverhältnisses notwendige Vertrauen des Arbeitgebers in die Redlichkeit des Arbeitnehmers zerstört oder zu einer **unzumutbaren Belastung** des Arbeitsverhältnisses geführt hat. Dies kann auch noch dann der Fall sein, wenn der Arbeitnehmer bereits unwiderruflich bezahlt freigestellt wurde (*BAG* 5.4.2001 EzA § 626 BGB Verdacht strafbarer Handlung Nr. 10; zust. *Bernstein* Anm. AP § 626 BGB Verdacht strafbarer Handlung Nr. 34).

Das BAG hat es bislang vermieden, die Verdachtskündigung einem der in § 1 Abs. 2 KSchG genannten Kündigungstypen zuzuordnen. In der Literatur wird sie teilw. als verhaltensbedingte Kündigung verstanden (*Hillebrecht* KR, 4. Aufl. Rz 108 f.; *Gentges* S. 250; *Henssler* Anm. LAGE § 1 KSchG Verhaltensbedingte Kündigung; *Lücke* BB 1997, 1845; *Schütte* NZA 1991, Beil. 2 S. 21; *C. Weber* SAE 1996, 60; im Prinzip auch *Hoefs* S. 261). Überwiegend wird sie der personenbedingten Kündigung zugeordnet (*Appel/Gerken* AuR 1995, 205 f.; *Belling* FS Kissel 1994 S. 24 f.; *ders.* Anm. AP Nr. 24 zu § 626 BGB Verdacht strafbarer Handlung; *ders.* RdA 1996, 226; *Bengelsdorf* AuA 1995, 196; *Berkowsky* Personenbedingte Kündigung, § 26 Rz 10; *Busch* WiVerw 2005, 163; AnwaltKomm-*Franzen* Rz 72; *Bamberger/Roth/Fuchs* Rz 21; HaKo-*Gallner* § 1 KSchG Rz 566; KR-*Griebeling* § 1 KSchG Rz 393a; *Hahn* S. 64 f.; *v. Hoyningen-Huene/Linck* § 1 Rz 359; *Kraft* Anm. EzA § 626 BGB Verdacht strafbarer Handlung Nr. 6; *Löwisch/Spinner* § 1 Rz 232; *Meyer* Die Kündigung des Arbeitsverhältnisses wegen Sicherheitsbedenken, S. 117; *Hromadka/Maschmann* § 10 Rz 120; *Otto* Der Wegfall des Vertrauens S. 218 f.; MünchKomm-*Schwerdtner* 3. Aufl. Rz 171; SPV-*Preis* Rz 755; *Quecke* ZTR 2003, 9). *Dorndorf* (HK § 1 Rz 844) meint, die Rspr. habe insoweit einen Kündigungsgrund eigener Art entwickelt (ähnl. MünchKomm-*Henssler* Rz 240). Insbesondere *Belling* und *Otto* (jew. aaO) betonen, eigentlicher Kündigungsgrund sei der **Vertrauenswegfall**. Der Vertrauensverlust des Arbeitgebers kennzeichnet jedoch nur den Bereich des Arbeitsverhältnisses, in dem sich die Störung auswirkt (s.o. Rz 169). Auch in diesen Fällen ist deshalb nach der **Art der Störung** zu differenzieren und im Zweifel ist die Kündigung, ebenso wie die Druckkündigung, **alternativ zu prüfen** (s.o. Rz 163, 205; zur Betriebsratsanhörung vgl. allerdings u. Rz 216): Der **verdachtsbedingte Verlust der Vertrauenswürdigkeit** (vgl. *BAG* 5.4.2001 EzA § 626 BGB Verdacht strafbarer Handlung Nr. 10), dh der Wegfall einer persönlichen Eigenschaft, ist ein **personenbedingter Kündigungsgrund**, bei dem die nachfolgend dargestellten besonderen Kündigungsvoraussetzungen festgestellt sein müssen, um der Gefahr vorzubeugen, dass die Kündigung einen Unschuldigen trifft (SPV-*Preis* Rz 756; dazu, dass die in Art. 6 Abs. 2 MRK verankerte **Unschuldsvermutung** der Verdachtskündigung nicht entgegensteht, vgl. *BAG* 14.9.1994 EzA § 626 BGB Verdacht strafbarer Handlung Nr. 5; *LAG* Bln. 29.1.1996 ZTR 1996, 329; *Belling* aaO; *Fischermeier* FS ARGE ArbR im DAV S. 278; *Hahn* S. 33 ff., 49; MünchKomm-*Henssler* aaO; *Hoefs* S. 90 ff.; *v. Hoyningen-Huene/Linck* § 1 Rz 261a; *Moll/Hottgenroth* Anm. EzA § 626 BGB Ausschlussfrist Nr. 4; *Lücke* aaO; ErfK-*Müller-Glöge* Rz 211; *Otto* Der Wegfall des Vertrauens S. 217; *Weber* SAE 1996, 57; **aA** *Naujok* AuR 1998, 398 ff.). Hat der Arbeitnehmer jedoch durch eine nachweisbare schuldhafte Vertragsverletzung einen darüber hinausgreifenden Verdacht verursacht, kommt auch eine verhaltensbedingte Kündigung in Betracht (*Löwisch/Spinner* § 1 Rz 94; *Hahn* S. 79), für die aber keine Besonderheiten gelten; Gegenstand der Prüfung ist dann nämlich die **schuldhafte Pflichtverletzung** und nicht in erster Linie das Defizit in der Vertrauenswürdigkeit des Arbeitnehmers.

2. Voraussetzungen und allgemeine Grundsätze

Der Verdacht muss **objektiv** durch bestimmte, **im Zeitpunkt der Kündigung** vorliegende **(Indiz-)Tatsachen** begründet sein (*BAG* 14.9.1994 EzA § 626 BGB Verdacht strafbarer Handlung Nr. 5; SPV-*Preis* Rz 755). Die subjektive Wertung des Arbeitgebers ist unmaßgeblich. Der **Verdacht** muss sich aus Umständen ergeben, die so beschaffen sind, dass sie einen verständigen und gerecht abwägenden Arbeitgeber zum Ausspruch der Kündigung veranlassen können. Er muss insbes. **dringend** sein (*BAG* 10.2.2005 EzA § 1 KSchG Verdachtskündigung Nr. 3 mwN; diff. *Otto* Der Wegfall des Vertrauens S. 225 f.). Es ist zu prüfen, ob eine große Wahrscheinlichkeit dafür besteht, dass der gekündigte Arbeitnehmer eine Straftat oder die Pflichtverletzung begangen hat; davon kann idR ausgegangen werden,

§ 626 BGB   Fristlose Kündigung aus wichtigem Grund

wenn im Strafverfahren Anklage erhoben und das Hauptverfahren eröffnet worden ist (*LAG SchlH* 21.4.2004 NZA-RR 2004, 666). In jedem Fall haben aber die Gerichte für Arbeitssachen einem Entlastungsvorbringen des Arbeitnehmers durch eine vollständige Aufklärung des Sachverhalts nachzugehen (*BAG* 18.11.1999 EzA § 626 BGB Verdacht strafbarer Handlung Nr. 9).

213 Die Einstellung eines wegen des Verdachtes gegen den Arbeitnehmer eingeleiteten staatsanwaltlichen Ermittlungsverfahrens (*BAG* 20.8.1997 EzA § 626 BGB Verdacht strafbarer Handlung Nr. 7) bzw. das Ergebnis des **Strafverfahrens** ist für den Kündigungsschutzprozess **nicht bindend** (aA offenbar *Naujok* aaO S. 400). Ein Strafurteil, das den Verdacht eines vertragswidrigen Verhaltens »erhärtet«, stellt deswegen auch keinen selbständigen Kündigungsgrund dar, der tatrichterliche Würdigungen im Kündigungsschutzprozess entbehrlich macht (*BAG* 26.3.1992 EzA § 626 BGB Verdacht strafbarer Handlung Nr. 4). Nur bei einem **Freispruch** wegen »erwiesener Unschuld«, der sich nach § 267 Abs. 5 StPO nur aus den Gründen des Strafurteils ergeben kann, hat auch das ArbG, wenn der Sachverhalt unverändert bleibt und nicht neue Umstände hinzutreten, davon auszugehen, der Verdacht sei von Anfang an unbegründet gewesen (zu weitgehend *BAG* 19.9.1991 RzK I 8 c Nr. 24). **Schwerwiegend** muss nicht nur der Verdacht, sondern auch die strafbare Handlung oder die **Pflichtverletzung** sein, deren der Arbeitnehmer verdächtigt wird (*BAG* 5.4.2001 EzA § 626 BGB Verdacht strafbarer Handlung Nr. 10).

214 Der Arbeitgeber muss alle **zumutbaren** Anstrengungen zur **Aufklärung des Sachverhalts** unternommen haben (SPV-*Preis* Rz 761). Er ist insbes. verpflichtet, den verdächtigen **Arbeitnehmer anzuhören,** um ihm Gelegenheit zur Stellungnahme zu geben (zu den Folgen der unterlassenen oder unzureichenden Anhörung s.u. Rz 230 f.). Er muss auch prüfen, ob nicht andere Personen als Täter in Betracht kommen. Kann sich der Arbeitnehmer bei seiner Anhörung zunächst entlasten, führen jedoch die weiteren Ermittlungen wieder zu einer Verdichtung des Verdachts, so ist der Arbeitnehmer zu den neuen Ermittlungsergebnissen auch erneut zu hören (*BAG* 13.9.1995 EzA § 626 BGB Verdacht strafbarer Handlung Nr. 6). Wenn der Arbeitgeber den Verdacht nicht selbst aufklären kann, darf er mit der Kündigung bis zum Abschluss eines Strafverfahrens warten (*BAG* 11.3.1976 EzA § 626 BGB nF Nr. 46; zur Auswirkung auf die Ausschlussfrist s.u. Rz 320). Der Arbeitgeber ist andererseits nicht verpflichtet, die Staatsanwaltschaft zur Durchführung weiterer Ermittlungen einzuschalten (*BAG* 28.9.1989 – 2 AZR 111/89 – NZA 1990, 568 [LS]). Grds. braucht er den verdächtigen Arbeitnehmer auch nicht mit **Belastungszeugen** zu **konfrontieren** (*BAG* 26.2.1987 RzK I 8 c Nr. 13; 18.9.1997 EzA § 626 BGB nF Nr. 169). Der Verdächtige ist gehalten, an der Aufklärung des Verdachtes mitzuwirken. Unterlässt er es, rechtzeitig auf entlastende Umstände hinzuweisen, dann werden dadurch zwar die gegen ihn sprechenden Verdachtsmomente verstärkt (*RAG* 23.6.1934 ARS 21, 45; *Heilmann* Verdachtskündigung S. 57, 60; *BAG* 15.5.1986 RzK I 8 c Nr. 9). Das schließt aber nach der Rspr. des *BAG* (15.5.1986 aaO) die Möglichkeit eines späteren »Reinigungsbeweises« durch den Verdächtigen nicht aus (s.u. Rz 233).

215 Die Bedeutung dieser Grundsätze ist in der neueren Rspr. des BAG weiter konkretisiert worden. Danach liegt eine Verdachtskündigung nur dann vor, wenn der Arbeitgeber seine Kündigung damit begründet, **gerade** der **Verdacht** eines – nicht erwiesenen – strafbaren oder vertragswidrigen Verhaltens habe das für die Fortsetzung des Vertragsverhältnisses erforderliche Vertrauen zerstört (*BAG* 26.3.1992 EzA § 626 BGB Verdacht strafbarer Handlung Nr. 4 und 14.9.1994 EzA § 626 BGB Verdacht strafbarer Handlung Nr. 5). Auf diese Argumentation kann sich der Arbeitgeber auch dann beschränken, wenn er den Tatnachweis führen könnte, aber den Arbeitnehmer schonen oder von entsprechenden Beweismitteln (zB Kunden als Zeugen) keinen Gebrauch machen will (vgl. *BAG* 14.9.1994 EzA § 626 BGB Verdacht strafbarer Handlung Nr. 5; aA *LAG Köln* 26.11.1999 ARSt 2000, 162). Umgekehrt kann der Arbeitgeber auch dann, wenn er objektiv nur einen Verdacht hat, die Verfehlung des Arbeitnehmers für nachweisbar halten und mit dieser Begründung die Kündigung erklären. Dann geht es nicht um eine Verdachtskündigung, mag auch der Vorwurf von Pflichtverletzungen nur auf Schlussfolgerungen des Arbeitgebers beruhen; daran ändert es auch nichts, wenn der Arbeitgeber seine Behauptungen nicht nachweisen kann, jedoch nach dem Ergebnis der Beweisaufnahme ein begründeter Verdacht nicht auszuschließen ist. Der Verdacht einer strafbaren oder vertragswidrigen Handlung ist gegenüber dem Vorwurf, der Arbeitnehmer habe die Tat begangen, ein **eigenständiger Kündigungsgrund,** der im Tatvorwurf nicht zwangsläufig enthalten ist (*BAG* 11.4.1985 EzA § 102 BetrVG 1972 Nr. 62; 26.3.1992 EzA § 626 BGB Verdacht strafbarer Handlung Nr. 4; HAS-*Popp* § 19 B Rz 448). In diesen Fällen darf das Gericht die Kündigung nicht nach den Grundsätzen der Verdachtskündigung behandeln, wenn sich der Arbeitgeber im Prozeß nicht zumindest vorsorglich auch auf diesen Tatbestand beruft (*BAG* 4.10.1990 RzK I 8 c Nr. 21; *Popp* aaO Rz 447; zu der sich insoweit aus § 102 BetrVG ergebenden Einschränkung

s.u. Rz 216). Wenn der Tatvorwurf selbst nicht begründet ist, ist allerdings weiter zu prüfen, ob die Kündigung deswegen gerechtfertigt ist, weil bereits die den Verdacht begründenden (erwiesenen) Tatsachen Pflichtwidrigkeiten oder Umstände darstellen, die geeignet sind, das Vertrauen in die Redlichkeit bzw. Zuverlässigkeit des Arbeitnehmers zu erschüttern (*BAG* 26.3.1992 EzA § 626 BGB Verdacht strafbarer Handlung Nr. 4; s.o. Rz 211).

Ein späteres **Nachschieben des Verdachts** als Kündigungsgrund ist materiellrechtlich möglich, unterliegt aber den kollektivrechtlichen Beschränkungen nach § 102 BetrVG (*BAG* 4.10.1990 aaO; 21.6.1995 RzK I 8 c Nr. 37; 29.1.1997 EzA § 611 BGB Aufhebungsvertrag Nr. 27; KR-*Etzel* § 102 BetrVG Rz 185 ff.; s.o. Rz 183). Teilt der Arbeitgeber dem Betriebsrat nur mit, ein Arbeitnehmer solle wegen einer nachweisbaren strafbaren oder pflichtwidrigen Handlung entlassen werden und stützt er später die Kündigung bei unverändert gebliebenem Sachverhalt auch auf den Verdacht einer Verfehlung, dann ist der nachgeschobene Grund der Verdachtskündigung wegen fehlender Anhörung des Betriebsrates im Kündigungsschutzprozess nicht verwertbar (*BAG* 4.10.1990 aaO; SPV-*Preis* Rz 757; KR-*Etzel* § 102 BetrVG Rz 64b). Dies bedeutet nicht, dass der Arbeitgeber bei der **Anhörung des Betriebsrates** stets den Kündigungssachverhalt auch ausdrücklich rechtlich als **Verdachts- oder Tatkündigung** qualifizieren muss (**aA** *ArbG Lübeck* 28.6.2002 NZA-RR 2002, 585). Das ist nur dann geboten, wenn die Mitteilung der für den Kündigungsentschluss des Arbeitgebers maßgebenden Tatsachen dem Betriebsrat nicht hinreichend deutlich macht, ob eine Kündigung wegen eines Verdachts oder wegen eines Tatvorwurfs oder (vorsorglich) aus beiden Gründen ausgesprochen werden soll (vgl. *LAG Köln* 31.10.1997 LAGE § 102 BetrVG 1972 Nr. 66). Außerdem kann der Arbeitgeber, der bereits wegen einer schuldhaften Pflichtverletzung gekündigt hat, solche Tatsachen nachschieben, die bereits bei Zugang der Kündigung vorgelegen haben, die ihm aber erst **nachträglich bekannt** geworden sind und den Verdacht einer Pflichtverletzung begründen. Ob die ursprünglich angeführten Kündigungsgründe beweisbar sind oder nicht, ist insoweit unerheblich. Allerdings muss der Arbeitgeber in diesem Fall vor dem Nachschieben nochmals den Betriebsrat anhören (*BAG* 13.9.1995 EzA § 626 BGB Verdacht strafbarer Handlung Nr. 6). Die **Anhörung des Arbeitnehmers** ist dagegen entbehrlich, weil die Kündigung bereits ausgesprochen ist, die Stellungnahme des Arbeitnehmers also den Kündigungsentschluss nicht mehr beeinflussen und die Verteidigung gegen den Verdacht in dem bereits geführten Prozess erfolgen kann (ebenso ArbRBGB-*Corts* Rz 173; offen gelassen in *BAG* 13.9.1995 EzA § 626 BGB Verdacht strafbarer Handlung Nr. 6; **aA** MAH-ArbR/*Schulte* § 41 Rz 99).

Wie *Popp* (HAS § 19 B Rz 449) zutr. betont, stehen die beiden Kündigungsgründe des Verdachts und des Vorwurfs einer Pflichtwidrigkeit trotz ihrer Eigenständigkeit nicht völlig beziehungslos nebeneinander. Wenn die Kündigung nur mit dem Verdacht eines pflichtwidrigen Handelns begründet worden ist, nach der Überzeugung des Gerichts aber über den Verdacht des pflichtwidrigen Handelns hinaus die Pflichtwidrigkeit nachgewiesen ist, dann lässt das die Wirksamkeit der Kündigung aus materiellrechtlichen Gründen unberührt. Das Gericht kann sich dann damit begnügen, auf einen zumindest begründeten dringenden Tatverdacht abzustellen. Es ist aber auch nicht gehindert, die **nachgewiesene Pflichtwidrigkeit** als wichtigen Grund anzuerkennen (*BAG* 6.12.2001 EzA § 626 BGB Verdacht strafbarer Handlung Nr. 11; 3.7.2003 EzA § 1 KSchG Verdachtskündigung Nr. 2). Dieser Würdigung steht auch nicht eine insoweit unzureichende Unterrichtung des Betriebsrates entgegen, wenn diesem alle Tatsachen mitgeteilt wurden, die nicht nur einen Verdacht, sondern den Tatvorwurf selbst begründen (zu neuen Tatsachen s. dagegen KR-*Etzel* § 102 BetrVG Rz 64b). Der Normzweck des § 102 BetrVG wird bei dieser Fallgestaltung nicht vereitelt, weil der vom Arbeitgeber dem Betriebsrat ursprünglich mitgeteilte Verdacht dem Betriebsrat erfahrungsgemäß keinen geringeren, sondern einen stärkeren Anlass für eine gründliche Klärung des Kündigungssachverhaltes gegeben hat als eine Anhörung wegen einer als erwiesen behaupteten Handlung (*BAG* 3.4.1986 EzA § 102 BetrVG 1972 Nr. 63; vgl. auch *Hoefs* S. 177; RGRK-*Weller* vor § 620 Rz 105; **aA** *Eisemann* AuR 1990, 91 f.).

Aufgrund der Eigenständigkeit der Kündigungsgründe und der Unterschiedlichkeit der Streitgegenstände gilt für das Verhältnis zwischen zeitlich versetzten Verdachts- und Tatkündigungen folgendes: **Nach** der rechtskräftigen Feststellung der **Unwirksamkeit** einer **Verdachtskündigung** (zB wegen Versäumung der Frist des § 626 Abs. 2 BGB) ist der Arbeitgeber nicht gehindert, nach Abschluss des Strafverfahrens nunmehr eine **Tatkündigung** auszusprechen (*BAG* 12.12.1984 EzA § 626 BGB nF Nr. 97; *Ascheid* Rz 167). Ebenso wenig steht die rechtskräftige Feststellung der **Unwirksamkeit** einer **Tatkündigung** einer **späteren** (fristgerechten) **Verdachtskündigung** entgegen, wenn dieser Grund im Vorprozess nicht vorgebracht oder aus formellen Gründen nicht geprüft wurde (*BAG* 6.9.1990 EzA § 1 KSchG Verdachtskündigung Nr. 1).

3. Divergenz zwischen BGH und BAG

219 Der *BGH* (13.7.1956 AP Nr. 2 zu § 611 BGB Fürsorgepflicht) hat in Übereinstimmung mit dem BAG entschieden, auch der Verdacht einer strafbaren oder vertragswidrigen Handlung des Dienstverpflichteten könne ein wichtiger Grund zur Auflösung des Vertrages sein. Er stellt jedoch darauf ab, ob der Verdacht durch die **im Zeitpunkt** des Ausspruches **der Kündigung bekannten Tatsachen** begründet und schwerwiegend war. Wenn der Dienstherr wegen eines zunächst begründeten Verdachts wirksam gekündigt hat, ist nach der Auffassung des BGH das Vertragsverhältnis der Parteien zunächst wirksam beendet worden. Da aber auch ein gelöstes Dienstverhältnisses nach § 242 BGB noch Nachwirkungen habe, sei der Dienstherr uU verpflichtet, einen aus Verdachtsgründen entlassenen Dienstverpflichteten wieder zu beschäftigen, wenn dieser den gegen ihn sprechenden Verdacht entkräfte oder gar seine Unschuld nachweise. Dieser Anspruch besteht nach der Auffassung des BGH erst von dem Zeitpunkt an, in dem der Verdacht ausgeräumt ist.

220 Demgegenüber lässt es das *BAG* in st.Rspr. (zB 14.9.1994 EzA § 626 BGB Verdacht strafbarer Handlung Nr. 5; 6.11.2003 EzA § 626 BGB 2002 Verdacht strafbarer Handlung Nr. 2) zu, dass der **Verdacht** gegen den Arbeitnehmer **im Laufe des Kündigungsschutzprozesses** bis zum Schluss der letzten mündlichen Verhandlung in der Tatsacheninstanz rückwirkend **ausgeräumt oder verstärkt** werden kann, wobei allerdings die **(Indiz-)Tatsachen im Kündigungszeitpunkt vorgelegen** haben müssen. Das gelte auch für entlastende Umstände, die der Arbeitnehmer bei der Anhörung nicht erwähnt hat (s.o. Rz 214).

4. Meinungsstand im Schrifttum

221 Trotz der engen Grenzen, die das BAG der Verdachtskündigung gezogen hat, hält die Diskussion im Schrifttum über deren Zulässigkeit an. Von der **hL** wird die **Rspr.** des BAG **gebilligt** (*Adomeit/Spinti* AR-Blattei SD 1010.9 Rz 92 ff.; *Appel/Gerken* AuR 1995, 201 ff.; BBDW-*Bader* Rz 51 ff.; *Bengelsdorf* AuA 1995, 196 ff.; *Busch* WiVerw 2005, 154 ff.; *Busemann/Schäfer* Rz 384 ff.; ArbRBGB-*Corts* Rz 168 ff.; HzK-*Eisenbeis* 4 Rz 31 ff., 340 ff.; HaKo-*Gallner* § 1 KSchG Rz 564 ff.; LzK-*Gräfl* 240 Rz 197 ff.; *Hahn* S. 65 f.; *Hensler* Anm. LAGE § 1 KSchG Verhaltensbedingte Kündigung Nr. 27 und MünchKomm Rz 240 ff.; *Hoefs* S. 54 ff.; *Höland* Anm. AP Nr. 25 zu § 626 BGB Verdacht strafbarer Handlung; *Honstetter* S. 78 ff.; *Hoß* MDR 1998, 871 f.; *Hromadka/Maschmann* § 10 Rz 120 ff.; *v. Hoyningen-Huene/Linck* § 1 Rz 260 ff.; *Hueck/ Nipperdey* I, S. 585; H/S-*Hümmerich/Holthausen* § 10 Rz 588 ff.; HzA-*Isenhardt* 5/1 Rz 365 ff.; *Knorr/Bichlmeier/Kremhelmer* 4 Rz 33 ff.; *Kraft* Anm. EzA § 626 BGB Verdacht strafbarer Handlung Nr. 6; *Löwisch/ Spinner* § Rz 229 ff.; *Lücke* BB 1997, 1844 ff.; *Moll/Hottgenroth* Anm. EzA § 626 BGB Ausschlussfrist Nr. 4; ErfK-*Müller-Glöge* Rz 208 ff.; *Nikisch* I, S. 729; *Palandt/Putzo* Rz 49; *Ring* BuW 1994, 872 ff.; HWK-*Sandmann* Rz 323 ff.; *Schaub/Linck* § 125 Rz 129 ff.; KPK-*Schiefer/Heise* Kap. 1 § 1 Rz 750 ff.; Münch-Komm-*Schwerdtner* 3. Aufl. Rz 171 ff.; SPV-*Preis* Rz 755 ff.; *Tschöpe/Kappelhoff* 3 E Rz 31 ff.; MünchArbR-*Wank* § 120 Rz 77; *Weber* SAE 1996, 57 ff.; *Dornbusch/Zimmer/Haves* § 1 Rz 295 ff.; einschränkend HK-*Dorndorf* § 1 Rz 844; *Zöllner/Loritz* S. 284).

222 *Joachim* (AuR 1964, 33 ff.), *Schütte* (NZA 1991, Beil. 2 S. 17 ff.) und *Dörner* (APS Rz 374 ff. mwN) lehnen die Verdachtskündigung deswegen grundsätzlich ab, weil sie bei konsequenter Anwendung dazu führen müsse, dass das Gericht wider besseres Wissen trotz später erwiesener Unschuld des verdächtigten Arbeitnehmers die Kündigungsschutzklage abzuweisen habe, wenn nur im Zeitpunkt der Kündigung ein Verdacht iS eines wichtigen Grundes bestanden habe. Es liege eine **unzulässige Rechtsfortbildung** vor. Die von der Rspr. und der hM versuchte Eingrenzung der für eine Kündigung ausreichenden Verdachtstatbestände reiche zudem nicht aus. Grundsätzlich abl. auch KDZ-*Däubler* Rz 152, *Deinert* AuR 2005, 285; *Naujok* AuR 1998, 398 ff. und – beschränkt auf die außerordentliche Verdachtskündigung – *Egli* S. 86 ff.; krit. ferner *Kittner/Zwanziger/Appel* § 96 Rz 31 und HAS-*Popp* § 19 B Rz 429.

223 Weitere Einschränkungen der Zulässigkeit der Verdachtskündigung schlägt *Heilmann* (Verdachtskündigung S. 57 ff.) vor. Er hält eine Kündigung wegen des reinen Verdachtes nur dann für zulässig, wenn der Verdacht durch den Arbeitnehmer **schuldhaft** verursacht oder verstärkt worden ist. Gerät der Arbeitnehmer schuldlos in Verdacht, ohne dazu durch sein Verhalten Anlass gegeben zu haben, dann soll der Arbeitgeber berechtigt sein, den Arbeitnehmer bis zur Klärung des Vorwurfs zu suspendieren. Eine Kündigung kommt nach *Heilmann* erst dann in Betracht, wenn eine Klärung nicht in geraumer Zeit erfolgt.

224 *Grunsky* (ZfA 1977, 167 ff.; *ders.* Anm. AP Nr. 2 zu § 626 BGB Ausschlussfrist) stimmt den Ergebnissen der bisherigen Rspr. zu, sieht aber ihren Fehler darin, den Verdacht als solchen zum Kündigungsgrund

gemacht zu haben. In Wirklichkeit sei Kündigungsgrund die Handlung, deren der Arbeitnehmer verdächtigt werde, die ihm aber nicht nachgewiesen werden könne. Da es bei der Verdachtskündigung darum gehe, ein Arbeitsverhältnis in bestimmten Fällen trotz unzureichender Sachverhaltsaufklärung aufzulösen, sei eine Korrektur der **Beweislastverteilung** zu Lasten des Arbeitnehmers vorzunehmen. Der Arbeitnehmer trage das Risiko, dass der Sachverhalt nicht aufgeklärt werden könne, wenn die Nachteile, die der Arbeitgeber durch eine Fortsetzung des Arbeitsverhältnisses erleide, ein eindeutiges Übergewicht gegenüber den Interessen des Arbeitnehmers hätten. Das gelte insbes. dann, wenn der vom Arbeitnehmer möglicherweise angerichtete Schaden außergewöhnlich hoch sei, und wenn mit weiteren Schädigungen zu rechnen sei. Von Bedeutung sei auch die Stellung des Arbeitnehmers; je notwendiger ein Vertrauensverhältnis sei, desto eher sei es für den Arbeitgeber unzumutbar, einen Verdacht ertragen zu müssen.

Moritz (NJW 1978, 402 ff.; *ders.* Anm. AP Nr. 9 zu § 103 BetrVG 1972) will die zulässige Verdachtskündigung auf Fälle beschränken, in denen der Arbeitnehmer eine **besondere Vertrauensstellung** hat, die sich aus der Eigenart des Betriebes (Bank, Wach- und Schließgesellschaft, Polizei) oder aus seiner hervorgehobenen Stellung im Betrieb (leitender Angestellter, Geschäftsführer oder Umgang mit vertraulichen Dingen) ergibt (ähnlich *Däubler* 2 Rz 1132, der auf die Leistung der Arbeit in unmittelbarer Kontakt zur Person des Arbeitgebers abstellen will). Bei Arbeitnehmern, die keine besondere Vertrauensposition haben, soll es dem Arbeitgeber zuzumuten sein abzuwarten, bis sich der Verdacht bestätigt, und zwar zB durch eine weitere Verfehlung oder durch die Verurteilung in einem Strafverfahren. 225

Schließlich lehnen mehrere Autoren, die der Rspr. des BAG ansonsten zustimmen, das **Nachschieben neuer Erkenntnisse** nach Ausspruch der Kündigung ab (so *Bengelsdorf* AuA 1995, 197; *Busch* WiVerw 2005, 167 f.; *Hahn* S. 116 ff.; *Honstetter* S. 84 f.; *Hoß* MDR 1998, 872; *v. Hoyningen-Huene/Linck* § 1 Rz 266; *Löwisch/Spinner* § 1 Rz 231; *SPV-Preis* Rz 766; *Walker* SAE 1998, 105; *Weber* SAE 1996, 61; vgl. auch *Belling* [FS Kissel 1994 S. 16 ff., 27 f.] und *Berkowsky* [NZA-RR 2001, 455 f.], die den Kündigungsgrund in dem verdachtsbedingten **Vertrauenswegfall** sehen; dieser sei zwar unter Verwendung eines objektivierenden Maßstabs festzustellen, letztlich aber ein **subjektiver Umstand** [s.o. Rz 211]; diff. *Lücke* [BB 1998, 2262 f.], der den Arbeitnehmer mit solchen Entlastungstatsachen für präkludiert ansieht, die er bei seiner Anhörung hätte vorbringen können). 226

5. Eigener Standpunkt

Mit der überwiegenden Auffassung im Schrifttum ist daran festzuhalten, dass eine **Verdachtskündigung grds. zulässig** ist, aber nur unter den vom BAG entwickelten einschränkenden Grundsätzen in Betracht kommt. Der Anwendungsbereich der Verdachtskündigung ist auf Kündigungen zu beschränken, die damit begründet werden, dem Arbeitnehmer sei zwar eine Straftat oder ein schuldhaftpflichtwidriges Verhalten nicht nachzuweisen, er sei einer solchen Handlung aber dringend verdächtig, und hierdurch sei das erforderliche Vertrauensverhältnis unheilbar zerstört worden. Insoweit muss es freilich genügen, wenn der Arbeitgeber nur die festgestellten (Indiz-)Tatsachen mitteilt und es dem Gericht überlässt (»iura novit curia«), den Sachverhalt unter die Voraussetzungen einer Tat- oder Verdachtskündigung zu subsumieren; damit bringt der Arbeitgeber nämlich zum Ausdruck, er berufe sich zumindest vorsorglich auch auf den Tatbestand einer Verdachtskündigung (s.o. Rz 215). Entsprechendes gilt für die Anhörung des Betriebsrats (s.o. Rz 216). Da auch bei fehlender Beweisbarkeit der Pflichtverletzung die Fortsetzung des Arbeitsverhältnisses unzumutbar geworden sein kann, ist es nicht gerechtfertigt, den objektiv begründeten und schwerwiegenden Verdacht und den dadurch bedingten Wegfall der Vertrauensgrundlage als wichtigen Grund zur Kündigung völlig auszuschließen. Soweit darin überhaupt eine **Rechtsfortbildung** gesehen werden kann (verneinend *BAG* 14.9.1994 EzA § 626 BGB Verdacht strafbarer Handlung Nr. 5; *Hahn* S. 58), ist sie jedenfalls nicht unzulässig (*Hoefs* S. 74 ff.; *Hahn* S. 56 ff.). Der Vorschlag von *Grursky* (ZfA 1977, 167 ff.), die Tat, die der Gekündigte nach allem Anschein begangen habe, zum Kündigungsgrund zu erheben, ist abzulehnen, weil er dazu führt, unter nicht eindeutig bestimmbaren Voraussetzungen die Beweislast dem Verdächtigen aufzubürden. Das begründet die Gefahr einer Rechtsunsicherheit und der Verschlechterung der Rechtsposition des Gekündigten, dem nach der geltenden Rechtslage der Kündigungsgrund nachgewiesen werden muss (ähnlich krit.: HAS-*Popp* § 19 B Rz 428). 227

Die von *Moritz* (NJW 1978, 402 ff.; ähnlich *Däubler* KDZ Rz 152) vorgenommene Beschränkung der Verdachtskündigung auf besondere **Vertrauenspositionen** ist zu eng (ebenso *Popp* aaO Rz 442; *Hahn* S. 64, 93). Zu eng ist ferner die Auffassung, die Vertrauensstörung müsse sich gerade auf die Art der geschuldeten Tätigkeit beziehen (ebenso *BAG* 6.9.1990 EzA § 1 KSchG Verdachtskündigung Nr. 1; ArbRBGB- 228

§ 626 BGB Fristlose Kündigung aus wichtigem Grund

Corts Rz 170; MünchKomm-*Schwerdtner* 3. Aufl. Rz 171). Es ist nicht einzusehen, weshalb der schwerwiegende Verdacht der Unterschlagung bei einer Verkäuferin, die die Kasse bedient (*BAG* 24.3.1958 AP Nr. 5 zu § 626 BGB Verdacht strafbarer Handlung), oder der dringende Verdacht bei einem Arbeiter, an der Stempeluhr manipuliert zu haben (*BAG* 24.4.1975 EzA § 103 BetrVG 1972 Nr. 8), nicht ausreichen soll, dem Arbeitgeber die Fortsetzung des Arbeitsverhältnisses unzumutbar zu machen.

229 Die Verdachtskündigung ist vielmehr bei solchen Tatbeständen zulässig, bei denen wegen des Verdachts das für die Fortsetzung des Arbeitsverhältnisses vorausgesetzte und erforderliche Vertrauen zerstört wird (krit. *Enderlein* RdA 2000, 325 ff., weil das Abstellen auf erschüttertes Arbeitgebervertrauen das Prognoseprinzip verwässere, nach dem allein die Gefahr weiterer Pflichtverletzungen entscheidend sei). Diese Auswirkung des Verdachts ist nicht nur bei Arbeitnehmern möglich, die in einer besonderen Vertrauensposition beschäftigt werden. Sie ist allerdings insbes. bei Angestellten oder gewerblichen Arbeitern kündigungsrechtlich erheblich, die bei der Verwaltung von Geld- oder Sachmitteln des Arbeitgebers oder der Betätigung von Kontrolleinrichtungen nicht ständig überwacht werden können und denen deswegen notwendigerweise ein gewisses Vertrauen entgegengebracht werden muss. Das gilt zB auch für Reisende bei der Abrechnung von Spesen, Buchhalter, Kassierer und Lagerverwalter und für Erzieher und Ausbilder, die in den Verdacht von Straftaten nach den §§ 174 ff. StGB geraten sind (vgl. auch MünchKomm-*Henssler* Rz 243 f. und im Ergebnis *Otto* Der Wegfall des Vertrauens S. 219 ff.).

230 Um möglichst zu vermeiden dass der Arbeitsplatzverlust einen Unschuldigen trifft, sind die vom BAG gestellten Anforderungen konsequent einzuhalten. Dazu gehört insbes. die Verpflichtung des Arbeitgebers, alles ihm Zumutbare zur **Aufklärung des Sachverhalts** getan und dem verdächtigten Arbeitnehmer vor Ausspruch der Kündigung Gelegenheit zur Stellungnahme gegeben zu haben. Schon der Grundsatz der **Verhältnismäßigkeit** (s.u. Rz 251 ff.) erfordert es, bei der Verdachtskündigung die Erfüllung der Aufklärungspflicht des Arbeitgebers und insbes. die **Anhörung des verdächtigten Arbeitnehmers** zur Voraussetzung für die Zulässigkeit einer Verdachtskündigung zu erheben (vgl. *BAG* 13.9.1995 EzA § 626 BGB Verdacht strafbarer Handlung Nr. 6; ArbRBGB-*Corts* Rz 177; *Däubler* 2 Rz 1134; *Fischer* BB 2003, 522; *Hahn* S. 98 ff.; HzA-*Isenhardt* 5/1 Rz 278; MünchKomm-*Henssler* Rz 249; *Sasse/Freihube* ArbRB 2006, 15 ff.; zweifelnd HAS-*Popp* § 19 B Rz 438; aA *Ascheid* Rz 163, der bei unterlassener Anhörung eine fehlende Dringlichkeit des Verdachts annimmt; abl. auch *Bengelsdorf* AuA 1995, 197 f.; *Dörner* AiB 1993, 157; *Lücke* BB 1997, 1847; *Preis* DB 1988, 1449). Eine ohne hinreichende Anhörung des verdächtigten Arbeitnehmers ausgesprochene Verdachtskündigung ist grds. unwirksam (*BAG* 11.4.1985 EzA § 102 BetrVG 1972 Nr. 62; 13.9.1995 EzA § 626 BGB Verdacht strafbarer Handlung Nr. 6; für Entbehrlichkeit der Anhörung im Fall der Untersuchungshaft des Arbeitnehmers wegen des Verdachts von Straftaten gegen den Arbeitgeber *LAG Düsseld.* 13.8.1998 RzK I 6 g Nr. 33; dagegen *Dörner* APS Rz 353a). Die Anhörung des Arbeitnehmers muss **vor der Betriebsratsanhörung** (*LAG Köln* 30.11.1992 LAGE § 626 BGB Verdacht strafbarer Handlung Nr. 3) und unter solchen äußeren Bedingungen erfolgen, dass dem Arbeitnehmer eine Einlassung zumutbar ist (*LAG Köln* 15.4.1997 LAGE § 626 BGB Verdacht strafbarer Handlung Nr. 6). Dabei muss der dem Arbeitnehmer vorgehaltene Verdacht zumindest soweit **konkretisiert** werden, dass dieser sich darauf substantiiert einlassen kann; entgegen *Kraft* (Anm. EzA § 626 BGB Verdacht strafbarer Handlung Nr. 6) und *Höland* (Anm. AP Nr. 25 zu § 626 BGB Verdacht strafbarer Handlung) sind die Anforderungen insoweit aber nicht strenger, sondern idR geringer als die Anforderungen an eine ordnungsgemäße Betriebsratsanhörung gem. § 102 BetrVG (*BAG* 26.9.2002 EzA § 626 BGB 2002 Verdacht strafbarer Handlung Nr. 1; *Hess.* LAG 4.9.2003 LAGE § 626 BGB Verdacht strafbarer Handlung Nr. 16). Kann eine vom Arbeitnehmer selbst verlangte **Gegenüberstellung mit Belastungszeugen** (zur Rspr. s.o. Rz 214) problemlos durchgeführt werden, dürfte auch sie zu den notwendigen Aufklärungsmaßnahmen gehören (ähnlich *Hoefs* S. 205 f.; *Hahn* S. 39, 105 f.).

231 Nach den vorgenannten Urteilen des BAG führt nur eine **schuldhafte Verletzung der Anhörungspflicht** zur Unwirksamkeit der Verdachtskündigung (ebenso *Löwisch* Anm. AR-Blattei, Kündigungsschutz E Nr. 278; vgl. auch *Mennemeyer/Dreymüller* NZA 2005, 384 f.; abl. BBDW-*Bader* Rz 53; *Popp* aaO Rz 439). Den Arbeitgeber trifft kein Verschulden, wenn er von der Anhörung deswegen absieht, weil der Arbeitnehmer von vornherein nicht bereit ist, sich zu den Verdachtsgründen substantiiert zu äußern (*BAG* 26.9.2002 EzA § 626 BGB 2002 Verdacht strafbarer Handlung Nr. 1 mwN). Ist dem Arbeitgeber diese fehlende Bereitschaft bekannt oder ergibt sie sich eindeutig aus den Umständen, dann darf er die Anhörung als **überflüssigen Versuch** zur Aufklärung des Sachverhaltes unterlassen. Bei einer nicht ausreichend durch Tatsachen belegten Vermutung einer **fehlenden Mitwirkungsbereitschaft** des Arbeitnehmers geht der Arbeitgeber hingegen ein Risiko ein, das sich nur dann nicht zu seinen Ungunsten

auswirkt, wenn die Annahme, der Arbeitnehmer sei nicht zur Aufklärung bereit, durch dessen späteres Verhalten bestätigt wird (*BAG* 30.4.1987 EzA § 626 BGB Verdacht strafbarer Handlung Nr. 3; vgl. auch *BAG* 28.10.1971 EzA § 626 BGB nF Nr. 9; *LAG RhPf* 9.10.1997 LAGE § 626 BGB Verdacht strafbarer Handlung Nr. 8; *Knorr/Bichlmeier/Kremhelmer* 6 Rz 81). Bei einem besonders schwerwiegenden Verdacht gegen einen Arbeitnehmer in einer Vertrauensstellung ist dem Arbeitgeber das Recht zuzubilligen, den Arbeitnehmer für die angemessene Zeit der Sachverhaltsaufklärung sofort zu **suspendieren** (*Bengelsdorf* AuA 1995, 199; *Kraft* Anm. EzA § 102 BetrVG Nr. 62; *Ring* BuW 1994, 873; vgl. auch *Ascheid* Rz 161).

Nach dem Grundsatz der Verhältnismäßigkeit ist der Arbeitgeber zudem gehalten, vor Ausspruch einer Verdachtskündigung eine **Versetzung** auf einen anderen Arbeitsplatz zu erwägen und dem Arbeitnehmer anzubieten, wenn sich der Verdacht bei einer anderweitigen Beschäftigung nicht mehr nachteilig auswirkt (SPV-*Preis* Rz 764). Das wird allerdings wegen der Beeinträchtigung der Vertrauensgrundlage eher selten der Fall sein. 232

Entgegen der wohl hM in der Literatur (*Hillebrecht* KR, 4. Aufl. Rz 179 f.; *Grunsky* ZfA 1977, 170 f.; *Kontusch* S. 15 f.; *Moritz* NJW 1978, 403; wN s.o. Rz 226) ist dem *BAG* (14.9.1994 EzA § 626 BGB Verdacht strafbarer Handlung Nr. 5; 6.11.2003 EzA § 626 BGB 2002 Verdacht strafbarer Handlung Nr. 2) auch darin beizupflichten, dass den **Verdacht verstärkende** oder **entkräftende Tatsachen** bis zur letzten mündlichen Verhandlung in der Berufungsinstanz vorgetragen werden können und dann grds. berücksichtigt werden müssen, sofern diese Tatsachen, dem auch unerkannt, bereits vor Zugang der Kündigung vorgelegen haben (*Fischermeier* FS ARGE ArbR im DAV S. 278 f.; ebenso *Fiedler/Küntzer* FA 2005, 264 ff.; *Hoefs* S. 274 ff.; *Tschöpe/Kappelhoff* 3 E Rz 39). **Kündigungsgrund** bei der Verdachtskündigung ist nicht der subjektive Vertrauensverlust des konkreten Arbeitgebers im Kündigungszeitpunkt. Kündigungsgrund ist vielmehr die **verdachtsbedingte Beeinträchtigung der Vertrauenswürdigkeit** des Arbeitnehmers, wobei sich der Verdacht **aus objektiven, im Zeitpunkt der Kündigung vorliegenden (Indiz-)Tatsachen** ergeben muss (s.o. Rz 212; zust. jetzt HzA-*Isenhardt* 5/1 Rz 370). Ob diese Tatsachen schon im Zeitpunkt der Kündigung bekannt waren, ist unerheblich (insoweit zust. *Enderlein* RdA 2000, 330). Die Frage der Unzumutbarkeit der Fortsetzung des Arbeitsverhältnisses ist aus der Sicht eines verständigen und gerecht abwägenden Arbeitgebers zu beurteilen, der nicht nur die Fakten kennt, welche schon im Zeitpunkt der Kündigung bekannt waren, sondern den gesamten Sachverhalt, wie er im Prozess bis zur letzten mündlichen Verhandlung des Tatsachengerichts aufgeklärt wurde. Entgegen *Ascheid* (Beweislastfragen, S. 139) wird die Verdachtskündigung dadurch nicht zur Tatkündigung. Mit Recht hat das *BAG* (14.9.1994 EzA § 626 BGB Verdacht strafbarer Handlung Nr. 5) darauf hingewiesen, dass insoweit für die Verdachtskündigung nichts anderes gilt als für eine ebenfalls personenbedingte Kündigung wegen Krankheit: Auch bei der krankheitsbedingten Kündigung sind neue Erkenntnisse zur Prognose, die im Prozess etwa durch Einholung eines Sachverständigengutachtens gewonnen werden, zu berücksichtigen. Lediglich erst **nach der Kündigung entstandene Tatsachen** haben, entgegen der früheren Rspr. (*BAG* 24.4.1975 EzA § 103 BetrVG 1972 Nr. 8; auch noch *BAG* 19.9.1991 RzK I 8 c Nr. 24), unberücksichtigt zu bleiben (**aA** offenbar *Dornbusch/Zimmer/Haves* § 1 Rz 309). 233

Gelingt einem Arbeitnehmer seine **Rehabilitation** erst **nach** dem **Kündigungsschutzprozess**, so bleibt es allerdings nicht zwangsläufig beim endgültigen Verlust des Arbeitsplatzes. Dann greift vielmehr die **nachwirkende Fürsorgepflicht** des Arbeitgebers ein, die ihn verpflichtet, einen schuldlos in Verdacht geratenen Arbeitnehmer zu einem späteren Zeitpunkt **wieder einzustellen** (*BGH* 13.7.1956 AP Nr. 2 zu § 611 BGB Fürsorgepflicht; *BAG* 14.12.1956 AP Nr. 3 zu § 611 BGB Fürsorgepflicht; *Ascheid* Rz 165; *Erman/Belling* Rz 35; ArbRBGB-*Corts* Rz 184; KR-*Griebeling* § 1 KSchG Rz 741; *Heilmann* Verdachtskündigung S. 78 ff., 95 ff.; *Isenhardt* aaO; HAS-*Popp* § 19 B Rz 457 f.; *Ricken* NZA 1998, 464; **aA** HWK-*Sandmann* Rz 334). Das gilt auch dann, wenn der Arbeitnehmer davon absieht, wegen der zunächst aussichtslosen Lage einen Prozess zu führen. Für die von *Gamillscheg* (Arbeitsrecht I, S. 580), *Hahn* (S. 130 f.), *Isenhardt* (aaO) und *Welslau* (BuW 1998, 954) vertretene Ansicht, wenn die erneute Einstellung unmöglich sei oder vom Arbeitgeber nicht grundlos abgelehnt werde, könne der zu Unrecht verdächtigte, rehabilitierte Arbeitnehmer eine **Abfindung** analog §§ 9, 10 KSchG verlangen, fehlt es dagegen an einer Rechtsgrundlage (abl. auch ArbRBGB-*Corts* Rz 183). 234

L. Die Interessenabwägung

I. Notwendigkeit

Der nach § 626 Abs. 1 BGB erforderlichen Prüfung, ob Tatsachen vorliegen, aufgrund derer dem Kündigenden unter Berücksichtigung aller Umstände des Einzelfalles und unter Abwägung der Interessen 235

§ 626 BGB   Fristlose Kündigung aus wichtigem Grund

beider Vertragsteile die Fortsetzung des Arbeitsverhältnisses bis zum Ablauf der Kündigungsfrist oder bis zu der vereinbarten Beendigung des Arbeitsverhältnisses nicht zugemutet werden kann, bedarf es erst – aber in diesem Falle auch stets –, wenn ein kündigungsrechtlich erheblicher Sachverhalt vorliegt, dh wenn ein bestimmter Kündigungssachverhalt »an sich« geeignet ist, eine außerordentliche Kündigung zu rechtfertigen (*BAG* 20.9.1984 EzA § 626 BGB nF Nr. 91 [*Dütz*]).

II. Umfassende Interessenabwägung

236 Die Rspr. verlangt, ausgehend vom Wortlaut des Gesetzes, eine **umfassende Interessenabwägung,** dh die Berücksichtigung aller vernünftigerweise in Betracht zu ziehenden Umstände des Einzelfalles (so st.Rspr. seit *BAG* 9.12.1954 AP Nr. 1 zu § 123 GewO [*A. Hueck*]). Soweit solche im Tatbestand eines Urteils wiedergegeben sind, kann idR auch ohne erneute Erwähnung in den Entscheidungsgründen davon ausgegangen werden, dass sie bei der Urteilsfindung berücksichtigt wurden (vgl. *BAG* 5.4.2001 EzA § 626 BGB nF Nr. 187). Zu den regelmäßig im Rahmen der Interessenabwägung zu berücksichtigenden Umständen werden insbes. die folgenden Gesichtspunkte gezählt: **Lebensalter,** Dauer der **Betriebszugehörigkeit, Unterhaltspflichten** des Arbeitnehmers und die **wirtschaftliche Lage** des Unternehmens (*BAG* 22.2.1980 EzA § 1 KSchG Krankheit Nr. 5; ähnlich MünchKomm-*Henssler* Rz 81 f.; *Staudinger/Neumann* 12. Aufl. Rz 25).

237 Gegen diesen Prüfungsmaßstab wird eingewandt, er beruhe auf einer rein **topischen Rechtsmethodik,** die auf die Prüfung verzichte, ob und welche Kriterien bei der Interessenabwägung überhaupt rechtlich bedeutsam sind (*Preis* Prinzipien S. 222 ff.). Er sei deswegen **normativ** auf arbeitsvertraglich relevante Umstände **zu konkretisieren** und zu reduzieren (*Hillebrecht* KR, 4. Aufl. Rz 184b; *Ascheid* Rz 137, 203 ff.; SPV-*Preis* Rz 615; RGRK-*Weller* vor § 620 Rz 161). Dabei sei von dem Grundsatz auszugehen, dass **nur vertragsbezogene Interessen** der Parteien des Arbeitsverhältnisses zu berücksichtigen seien (*Ascheid* Rz 208 ff.; KPK-*Bengelsdorf Kap. 2 Rz 33*; APS-*Dörner* Rz 112; ErfK-*Müller-Glöge* Rz 63; *Preis* Prinzipien S. 224 f.). Verletzungen von Interessen, die ausschließlich der **privaten Sphäre** des Arbeitnehmers oder des Arbeitgebers zuzurechnen sind, könnten weder die Unzumutbarkeit noch die Zumutbarkeit der Weiterbeschäftigung begründen.

238 Dem ist entgegenzuhalten, dass eine Beschränkung der zu berücksichtigenden Interessen auf solche mit Relevanz für den Arbeitsvertrag **vom Wortlaut** des § 626 Abs. 1 BGB **nicht gedeckt** ist und zudem oft erhebliche **Abgrenzungsprobleme** aufwirft. Das Interesse des Arbeitnehmers an der Aufrechterhaltung des Arbeitsverhältnisses wenigstens bis zum Fristablauf beruht vielfach gerade auf Faktoren, die mehr oder weniger aus seiner Privatsphäre stammen. Allerdings ist deren größere oder geringere **»Nähe zum Arbeitsvertrag«** für ihre **Gewichtung** im Einzelfall von Bedeutung. Je geringer ihr Bezug zum Arbeitsvertrag und zum Kündigungsgrund ist und je mehr sie der Privatsphäre zuzuordnen sind, um so weniger Gewicht kann ihnen bei der gebotenen Interessenabwägung beigemessen werden (zust. *BAG* 27.4.2006 EzA-SD 2006 Nr. 17 S. 6; HK-*Dorndorf* § 1 Rz 717a und b; HaKo-*Griebeling* Rz 82; MünchKomm-*Henssler* Rz 83; HWK-*Sandmann* Rz 93). Führt die Abwägung der stark arbeitsvertraglich relevanten Interessen zu einem eindeutigen Ergebnis, können die **sonstigen Gesichtspunkte** ggf. vernachlässigt werden (vgl. *BAG* 27.2.1997 EzA § 1 KSchG Verhaltensbedingte Kündigung Nr. 51; 27.4.2006 aaO); sie sind dann iSd Rspr. des BAG nicht mehr »vernünftigerweise in Betracht zu ziehen«. Sie können aber **in Grenzfällen** den Ausschlag geben, dh wenn ohne ihre Berücksichtigung von einem Gleichgewicht der Interessen beider Vertragsteile auszugehen wäre (zust. HaKo-*Griebeling* Rz 84; HWK-*Sandmann* aaO).

239 Da nur außerhalb des Anwendungsbereiches des § 626 BGB in Sonderregelungen abschließende und absolute Kündigungsgründe festgelegt werden (s.o. Rz 76), ist **Maßstab** für die Interessenabwägung nach § 626 BGB, ob unter Berücksichtigung der im konkreten Fall schutzwürdigen personenbezogenen Interessen des Gekündigten eine so starke Beeinträchtigung betrieblicher oder vertraglicher Interessen des Kündigenden vorliegt, dass das Kündigungsinteresse gegenüber dem Bestandsschutzinteresse des Gekündigten überwiegt (*Preis* aaO).

240 Für die **vertragsbezogenen Interessen** des Arbeitgebers sind insbes. das **Gewicht** und die **Auswirkungen** einer **Vertragsverletzung** des Arbeitnehmers sowie eine mögliche **Wiederholungsgefahr** von Bedeutung (HAS-*Popp* § 19 B Rz 247; zum Ruhen des Arbeitsverhältnisses bzw. zur Freistellung des Arbeitnehmers vgl. *BAG* 5.4.2001 EzA § 626 BGB Verdacht strafbarer Handlung Nr. 10). **Betriebliche Interessen** des Arbeitgebers werden u.a. verletzt, wenn der **Betriebsablauf** konkret gestört oder dem Produktionszweck geschadet wird (*Preis* Prinzipien S. 227 ff.).

Ob und mit welcher Folge **personenbezogene Umstände** des Arbeitnehmers vertragsbezogen und schutzwürdig sind, ist nach dem jeweiligen Kündigungssachverhalt und dem Zweck der Kündigung zu beurteilen (*Preis* Prinzipien S. 210, 231 ff.). Weil sie im Arbeitsverhältnis selbst ihren Ursprung hat, ist die Dauer der **Betriebszugehörigkeit** des Arbeitnehmers stets zu beachten, und zwar auch dann, wenn es um ein Vermögensdelikt zum Nachteil des Arbeitgebers geht (*BAG* 13.12.1984 EzA § 626 BGB nF Nr. 94; SPV-*Preis* Rz 615; *Popp* aaO Rz 235; **aA** *Tschöpe* NZA 1985, 588). Die Dauer der Betriebszugehörigkeit wirkt sich allerdings nicht stets bei Straftaten zugunsten des Arbeitnehmers aus, sondern idR nur dann, wenn es um ein relativ geringes Delikt geht und der Arbeitnehmer sich in der früheren Zeit vertragstreu verhalten hatte (*Preis* DB 1990, 638). Eine längere Betriebszugehörigkeit kann hingegen den Arbeitnehmer bei der Interessenabwägung belasten, wenn gerade die vermeintliche Betriebstreue den Arbeitgeber veranlasst hat, ihn weniger als andere Arbeitnehmer zu kontrollieren (*Bengelsdorf* SAE 1992, 140; s.a. Rz 446). Von diesem Vorbehalt abgesehen sind die bisherigen Leistungen und die **Bewährung** des Arbeitnehmers im Betrieb zu seinen Gunsten zu verwerten (*Popp* aaO [störungsfreier Verlauf]; *Preis* Prinzipien S. 225). Da das **Alter** eines Arbeitnehmers gewöhnlich keinen unmittelbaren Bezug zum Arbeitsvertrag hat, ist es idR nicht gerechtfertigt, allein das Lebensalter unabhängig von der Dauer des Arbeitsverhältnisses und den **Chancen auf dem Arbeitsmarkt** (dazu s.u. Rz 243) als personenbedingtes Interesse des Arbeitnehmers anzuerkennen (*Preis* Prinzipien S. 232). Die Fortführung der gegenteiligen Rechtsprechung des *BAG* (22.2.1980 EzA § 1 KSchG Krankheit Nr. 5), die formelhaft und pauschal auch das Lebensalter in die Interessenabwägung einbeziehen will, stünde zudem im Widerspruch zum Gemeinschaftsrecht der EU (vgl. *EuGH* 22.11.2005 EzA § 14 TzBfG Nr. 21). **Unterhaltspflichten** des Arbeitnehmers sind jedenfalls bei einer verhaltensbedingten Kündigung nicht generell, sondern nur dann von Gewicht, wenn es um ein Vermögensdelikt geht, bei dem eine durch die Unterhaltspflicht bedingte wirtschaftliche Notlage das Motiv für das Verhalten des Arbeitnehmers gewesen ist (*BAG* 2.3.1989 EzA § 626 BGB nF Nr. 118; *Preis* Prinzipien S. 233) oder der Kündigungsvorwurf einen spezifischen Zusammenhang mit der familiären Situation aufweist (*BAG* 16.12.2004 EzA § 626 BGB 2002 Nr. 7). Auch im Übrigen sind weder die allgemeine **wirtschaftliche Lage** des Unternehmens noch die von der persönlichen Lebensführung abhängige Vermögenslage des Arbeitnehmers vertragsbezogene schutzwürdige Kriterien für die Interessenabwägung (*Preis* Prinzipien S. 232; HK-*Dorndorf* § 1 Rz 717). 241

Vertrags- und personenbezogen und deswegen ein wichtiges Kriterium für die Abwägung ist bei einer verhaltensbedingten Kündigung der **Grad des Verschuldens** des Arbeitnehmers (*Popp* aaO Rz 248; SPV-*Preis* aaO; *BAG* 25.4.1991 EzA § 626 BGB nF Nr. 140). Dies gilt auch im Fall eines unvermeidbaren Rechtsirrtums (*BAG* 14.2.1996 EzA § 626 BGB nF Nr. 160; 29.11.1983 EzA § 626 BGB Nr. 89). Auch fahrlässige Pflichtverletzungen können schwerwiegend sein, wenn der Arbeitnehmer eine besondere Verantwortung trägt und das Verschulden zu hohem **Schaden** führt (*BAG* 4.7.1991 RzK I 6 a Nr. 73). 242

Unterschiedlich wird beurteilt, welche wirtschaftlichen Folgen der sofortigen Beendigung des Arbeitsverhältnisses im Rahmen der Interessenabwägung zu berücksichtigen sind. *Popp* (HAS § 19 B Rz 253) tritt dafür ein, **typische Folgen,** die regelmäßig mit der Wirksamkeit einer außerordentlichen Kündigung verbunden sind, nicht gesondert zu berücksichtigen, sondern nur atypische nachteilige Folgen für den Gekündigten. Demgegenüber sollen nach *Staudinger/Neumann* (12. Aufl. Rz 25) alle vermögensrechtlichen Folgen der fristlosen Beendigung in die Interessenabwägung einzubeziehen sein. Während diese Lösung zu wenig differenziert, ist es andererseits zu eng, wenn *Popp* (aaO) die typischen Folgen völlig ausgrenzen will. Insoweit ist es geboten, die fehlende oder bestehende Aussicht des Gekündigten zu berücksichtigen, in absehbarer Zeit eine andere Anstellung zu finden (einschränkend MünchKomm-*Henssler* Rz 82, *Hillebrecht* 4. Aufl. Rz 184 g und *Preis* Prinzipien S. 239, wonach die »schlechte Lage auf dem Arbeitsmarkt« allein kein geeignetes Kriterium für die Interessenabwägung sein könne). Die Auswirkung der sofortigen Vertragsbeendigung auf **Ruhegeldanwartschaften oder -ansprüche** hängt davon ab, ob es sich um bereits erworbene unverfallbare Anwartschaften handelt, weil dann eine wirksame außerordentliche Kündigung nicht automatisch zum Verlust der Ruhegeldansprüche führt, sondern nur solche Verstöße des Arbeitnehmers den Entzug von Versorgungsleistungen rechtfertigen, die so schwer wiegen, dass die Berufung auf die Versorgungszusage arglistig erscheint (vgl. *BAG* 18.10.1979 EzA § 242 BGB Ruhegeld Nr. 82; MünchKomm-*Henssler* Rz 334). Ob diese Voraussetzung zutrifft, ist für die Prüfung des wichtigen Grundes nach § 626 BGB idR unerheblich; bei diesen Fallgestaltungen haben bereits erworbene Ruhegeldansprüche für die Interessenabwägung grds. keine Bedeutung (*Popp* aaO Rz 251 f.). Es ist auch nicht darauf abzustellen, ob sich der Gekündigte nach § 628 BGB **schadensersatzpflichtig** gemacht hat (vgl. dazu KR-*Weigand* § 628 BGB Rz 19 ff.), weil es dabei nur um die unmittelbare gesetzliche Rechtsfolge einer wirksamen außerordentlichen 243

Kündigung geht (*Popp* aaO Rz 253). Insbesondere kann die leichtere Realisierbarkeit von Schadenersatzansprüchen nicht als Argument für eine Weiterbeschäftigung des Arbeitnehmers angeführt werden (*BAG* 24.10.1996 RzK I 5 i Nr. 120). Nicht zu berücksichtigen ist schließlich idR auch der **Verlust weiterer Vergütungsansprüche** des Arbeitnehmers, weil es sich insoweit um eine mittelbare gesetzliche Rechtsfolge einer wirksamen Kündigung handelt (*Popp* aaO Rz 253). Demgegenüber soll es um einen im Rahmen der Interessenabwägung zu berücksichtigenden Nachteil des Arbeitnehmers gehen, wenn durch eine wirksame außerordentliche Kündigung der Eintritt einer unverfallbaren Anwartschaft auf den Bezug von Ruhegeld ausgeschlossen wird (*Popp* aaO Rz 252). Isoliert betrachtet sind Gesichtspunkte wie die Verhinderung der Unverfallbarkeit einer Ruhegeldanwartschaft, der Verlust weiterer Vergütungsansprüche oder auch der Verlust von **Abfindungsansprüchen** aus einem Sozialplan oder Aufhebungsvertrag (vgl. zB *BAG* 29.1.1997 EzA § 611 BGB Aufhebungsvertrag Nr. 27; 5.4.2001 EzA § 626 BGB Verdacht strafbarer Handlung Nr. 10; *LAG Düsseld.* 13.8.1998 RzK I 6 g Nr. 33) **ambivalent:** Dem Interesse des Arbeitnehmers am Erhalt des Anspruchs steht das Interesse des Arbeitgebers an der Befreiung von seiner Verpflichtung gegenüber. Welchem mehr Gewicht zukommt, lässt sich nicht ohne Rückgriff auf die Art der Kündigungsgründe entscheiden. Bei schuldhaften Vertragsverletzungen des Arbeitnehmers wird idR das Interesse des Arbeitgebers überwiegen, weil auf weitere Leistungen aus dem Arbeitsverhältnis grds. derjenige nicht mehr uneingeschränkt vertrauen kann, der selbst seine arbeitsvertraglichen Pflichten schuldhaft verletzt; letztlich ist aber auch insoweit auf die **Umstände des Einzelfalles** abzustellen (vgl. *Soergel/Teichmann* § 242 Rz 62 f., 286 ff.).

244 Da es bei jeder außerordentlichen Kündigung einer umfassenden Interessenabwägung bedarf, sind auch bei der Entlassung von Tendenzträgern in **Tendenzbetrieben** die Interessen der Arbeitnehmer an der Fortsetzung des Arbeitsverhältnisses zu berücksichtigen. Absolute Kündigungsgründe (s.o. Rz 81) gibt es auch für Kündigungen von Arbeitnehmern bei **kirchlichen Einrichtungen** nicht (s.o. Rz 123 f.). Zu den Besonderheiten der Interessenabwägung bei der Kündigung eines Amtsträgers iSd § 15 KSchG s.o. Rz 133.

245 Im Rahmen der Interessenabwägung kommt bei vergleichbarer arbeitsvertraglicher Relevanz (s.o. Rz 237 f.) keinem der Umstände ein absoluter Vorrang vor anderen Kriterien zu, sondern bei ihrer Gewichtung ist stets auf die Besonderheiten des Einzelfalles abzustellen (*Ascheid* Rz 214 ff.). Dabei können auch **andere,** hier nicht ausdrücklich behandelte **Umstände** eine entscheidende Bedeutung gewinnen.

III. Abwägung bei mehreren Kündigungsgründen

1. Einzelprüfung und Gesamtabwägung

246 In Kündigungsprozessen wird vielfach eine außerordentliche Kündigung nicht nur auf einen Kündigungsgrund oder einen einheitlichen Kündigungssachverhalt gestützt, sondern auf **mehrere,** verschiedenartige **Kündigungsgründe** (zu den sog. Mischtatbeständen s.o. Rz 159 ff.). Bei einer mehrfachen Begründung der Kündigung bedarf es zunächst einer gründlichen Prüfung der einzelnen Kündigungsgründe und der Würdigung, ob nicht bereits ein Grund die Fortsetzung des Arbeitsverhältnisses unzumutbar gemacht hat (*BAG* 22.7.1982 EzA § 1 KSchG Verhaltensbedingte Kündigung Nr. 10; 10.12.1992 EzA § 611 BGB Kirchliche Arbeitnehmer Nr. 38; HAS-*Popp* § 19 B Rz 241; vgl. zur ordentlichen Kündigung KR-*Griebeling* § 1 KSchG Rz 257). Wenn bei dieser **Einzelprüfung** kein wichtiger Grund anzuerkennen ist, muss geprüft werden, ob die einzelnen Kündigungsgründe in ihrer Gesamtheit das Arbeitsverhältnis so belasten, dass dem Kündigenden die Fortsetzung nicht zuzumuten ist (*BAG* 10.12.1992 EzA § 611 BGB Kirchliche Arbeitnehmer Nr. 38; *Busemann/Schäfer* Rz 343; LzK-*Gräfl* 240 Rz 57).

247 Das gilt unbedenklich dann, wenn es um rechtlich nicht unterschiedlich behandelte Gründe (zB mehrere verhaltens- oder personenbedingte Gründe) geht, weil dann die **Gesamtabwägung** nicht zu einer unzulässigen Auflösung und Vermischung der Kündigungsgründe führt (*Hillebrecht* ZfA 1991, 126; *Rüthers/Henssler* ZfA 1988, 33; *BAG* 10.12.1992 EzA § 611 BGB Kirchliche Arbeitnehmer Nr. 38; *LAG Hamm* 27.9.1992 RzK I 5 i Nr. 78).

248 Vom BAG nicht entschieden (vgl. *BAG* 9.8.1990 RzK I 5 i Nr. 63; 10.12.1992 EzA § 611 BGB Kirchliche Arbeitnehmer Nr. 38) und im Schrifttum str. ist es hingegen, ob dann, wenn der Kündigungssachverhalt für eine verhaltensbedingte Kündigung nicht ausreicht, unerheblich ist, ob auch die Erfordernisse für eine personen- oder betriebsbedingte Kündigung »nur knapp« nicht erfüllt sind (so *Rüthers/Henssler* aaO; HAS-*Preis* § 19 F Rz 29) oder ob jedenfalls bei der außerordentlichen Kündigung in eine Gesamtwürdigung alle Umstände einbezogen werden können, die das Arbeitsverhältnis belasten, und

zwar unabhängig davon, ob sie in einem sachlichen Zusammenhang zueinander stehen und ob es sich nach Art und Auswirkung um unterschiedliche Kündigungsgründe handelt (so HaKo-*Griebeling* Rz 79; HAS-*Popp* § 19 B Rz 241). Nach zutr. Ansicht ist zu differenzieren: Nur die **aus** der **Sphäre des Arbeitnehmers** stammenden personen- und verhaltensbedingten Gründe dürfen »gebündelt« in die Interessenabwägung einbezogen werden, **nicht** aber zusätzlich – auch nicht unterstützend – **betriebsbedingte Gründe** (*Hillebrecht* KR, 4. Aufl. Rz 186a; *v. Hoyningen-Huene/Linck* § 1 Rz 169 ff.; HWK-*Sandmann* Rz 86; *Wank* RdA 1993, 88; teilw. **aA** KR-*Griebeling* § 1 KSchG Rz 259, der darauf abstellen will, ob zwischen den Kündigungsgründen ein Sachzusammenhang besteht).

2. Berücksichtigung verfristeter und verziehener Kündigungsgründe

Für Kündigungsgründe, die dem Kündigenden bei Ausspruch der Kündigung schon **länger als zwei Wochen bekannt** waren (§ 626 Abs. 2 BGB; s.u. Rz 313 ff.), gilt die Besonderheit, dass sie die übrigen Kündigungsgründe **nur** dann **unterstützen** können, wenn die weiter zurückliegenden Vorfälle mit den unverwirkten (unverfristeten) Kündigungsgründen in einem **engen** sachlichen (inneren) **Zusammenhang** stehen (*BGH* 10.9.2001 EzA § 611 BGB Abmahnung Nr. 43; HAS-*Popp* § 19 B Rz 242; s.a. Rz 187 ff.). 249

Diese Einschränkung ist auch bei den **verziehenen Kündigungsgründen** (dazu s.o. Rz 63) sachlich geboten (*Popp* aaO Rz 243). Verziehene oder verfristete Kündigungsgründe scheiden als selbständige Kündigungsgründe aus (*BAG* 21.2.1957 AP Nr. 22 zu § 1 KSchG; *Popp* aaO; vgl. zur ordentlichen Kündigung KR-*Griebeling* § 1 KSchG Rz 248). Sie können nur zur Unterstützung neuer Kündigungsgründe herangezogen werden (*BAG* 12.4.1956 AP Nr. 11 zu § 626 BGB). Eine genaue Betrachtung des Sachverhalts, der der Entscheidung des *BAG* vom 21.2.1957 (aaO) zugrunde lag, lässt erkennen, dass für verziehene Kündigungsgründe nichts anderes gelten kann als für Gründe, die dem Kündigenden bei Ausspruch der Kündigung bereits länger als zwei Wochen bekannt waren. Sowohl die verziehenen als auch die neuen Kündigungsgründe betrafen im Streitfall den gleichen Kündigungssachverhalt. Wenn der innere Zusammenhang zwischen den verziehenen und den neuen Kündigungsgründen fehlt, greifen die gleichen Erwägungen ein, die das *BAG* veranlasst haben, die Anknüpfung an verfristete Vorfälle einzuschränken (s.o. Rz 187 f.). Könnten Belanglosigkeiten aus neuester Zeit durch alle verfristeten oder verziehenen Kündigungsgründe aufgewertet werden, würde der Sinn und Zweck sowohl der Ausschlussfrist als auch der Verzeihung unterlaufen. Die Beschränkung auf Gründe, die geeignet sind, neuere Vorfälle zu unterstützen, dient letztlich dazu, Kündigungen wegen unerheblicher Vorfälle in den letzten zwei Wochen vor der Kündigung zu verhindern. Da es sonst keinen zuverlässigen und brauchbaren Maßstab für die Beurteilung gibt, wie gewichtig ein Kündigungsgrund sein muss, damit er durch andere verfristete oder verwirkte Gründe unterstützt werden kann, bietet es sich an, dieses erwünschte Ergebnis zu erreichen, indem ein innerer sachlicher Zusammenhang zwischen den früheren Kündigungsgründen und dem neuen Kündigungsgrund verlangt wird. 250

IV. Außerordentliche Kündigung als ultima ratio

Eine außerordentliche Kündigung setzt nach § 626 Abs. 1 BGB voraus, dass die Fortsetzung des Arbeitsverhältnisses den Kündigenden unzumutbar belastet. Sie ist nur zulässig, wenn sie die unausweichlich letzte Maßnahme **(ultima ratio)** für den Kündigungsberechtigten ist (st.Rspr. und ganz hM, vgl. *BAG* 9.7.1998 EzA § 626 BGB Krankheit Nr. 1 mwN; *Boewer* FS Gaul 1992 S. 19 ff.; ArbRBGB-*Corts* Rz 39 ff.; APS-*Dörner* Rz 88; *Erman/Belling* Rz 45; MünchKomm-*Henssler* Rz 87; *v. Hoyningen-Huene* RdA 1990, 199 ff.; HzA-*Isenhardt* 5/1 Rz 313; *Knorr/Bichlmeier/Kremhelmer* 6 Rz 20 ff., 10 Rz 18 ff.; HAS-*Popp* § 19 B Rz 209 ff.; RGRK-*Weller* vor § 620 Rz 157; SPV-*Preis* Rz 613 f.; eingehend zum Verhältnismäßigkeitsprinzip: *Preis* Prinzipien S. 254 ff.; *Stückmann/Kohlepp* RdA 2000, 331 ff.; krit. zum ultima-ratio-Prinzip *Bengelsdorf* Anm. AP Nr. 73 zu § 2 KSchG 1969; *Bickel* Anm. zu AP Nr. 12 zu § 1 KSchG 1969 Verhaltensbedingte Kündigung; *Picker* ZFA 2005, 366; *Rüthers* NJW 1998, 1433; gegen *Rüthers* nachdrücklich *Preis* NJW 1998, 1889). Es reicht nicht aus, wenn dem Arbeitgeber die Fortsetzung des Arbeitsverhältnisses mit dem bisherigen Inhalt zwar nicht mehr zuzumuten ist, aber eine Beschäftigung auf einem freien Arbeitsplatz im Unternehmen zu anderen Bedingungen für den Arbeitgeber tragbar wäre. Nach dem Grundsatz der **Verhältnismäßigkeit** kommt somit eine außerordentliche Kündigung nur dann in Betracht, wenn alle anderen, nach den jeweiligen Umständen des konkreten Falles möglichen und angemessenen **milderen Mittel**, die es zulassen, das in der bisherigen Form nicht mehr tragbare Arbeitsverhältnis fortzusetzen, **erschöpft** sind (*BAG* 9.7.1998 EzA § 626 BGB Krankheit Nr. 1). 251

252 Das für die außerordentliche Kündigung spezifisch mildere Mittel ist die **ordentliche Kündigung** (SPV-*Preis* aaO; s.u. Rz 297). Alle sonstigen nach den konkreten Umständen zu erwägenden milderen Mittel (insbes. **Abmahnung, Umsetzung, Versetzung** und **Änderungskündigung**) müssen bereits bei der ordentlichen Kündigung dahin überprüft werden, ob sie objektiv möglich und **geeignet** sind (SPV-*Preis* aaO). Der ultima-ratio-Grundsatz ist also schon für die Wirksamkeit einer nach § 1 KSchG zu beurteilenden ordentlichen Kündigung von wesentlicher Bedeutung (SPV-*Preis* Rz 613, 918) und hat in § 12 Abs. 3 AGG auch einen gesetzlichen Niederschlag gefunden; er beherrscht das **gesamte Kündigungsrecht** (vgl. BAG 3.7.1996 EzA § 84 ArbGG 1979 Nr. 1; KR-*Griebeling* § 1 KSchG Rz 203, 402; zur ordentlichen Kündigung vgl. KR-*Griebeling* § 1 KSchG Rz 214 ff.).

1. Abmahnung
a) Rügerecht

253 Das Recht des Arbeitgebers, ein Fehlverhalten des Arbeitnehmers zu beanstanden oder abzumahnen, folgt unmittelbar aus seiner Stellung als Gläubiger der vom Arbeitnehmer geschuldeten Arbeitsleistung. Der Arbeitgeber übt damit ein allgemeines **vertragliches Rügerecht** aus, das jedem Vertragspartner zusteht und es ihm erlaubt, den anderen Teil auf Vertragsverletzungen und sich daraus ergebende Rechtsfolgen hinzuweisen (BAG 17.1.1991 EzA § 1 KSchG Verhaltensbedingte Kündigung Nr. 37; *v. Hoyningen-Huene* RdA 1990, 195). Eine Regelausschlussfrist für dieses Recht gibt es nicht (BAG 15.1.1986 EzA § 611 BGB Fürsorgepflicht Nr. 39), es kann allenfalls **Verwirkung** eintreten (BAG 14.12.1994 EzA § 4 TVG Ausschlussfristen Nr. 109; *LAG Köln* 28.3.1988 RzK I 1 Nr. 29; 23.9.2003 AuR 2004, 235; *LAG Nürnberg* 14.6.2005 LAGE § 611 BGB 2002 Abmahnung Nr. 3; *Degel* FS 50 Jahre saarl. Arbeitsgerichtsbarkeit 1947-1997 S. 212 f.; *Koffka* S. 124; HzK-*Legerlotz* 1 Rz 78). Auch tarifliche **Ausschlussfristen** finden idR keine Anwendung (BAG 14.12.1994 EzA § 4 TVG Ausschlussfristen Nr. 109). So kann der Arbeitgeber nach einem verlorenen Kündigungsschutzprozess durchaus wegen desselben (für die Kündigung allein nicht ausreichenden) Sachverhalts noch eine Abmahnung aussprechen (BAG 7.9.1988 EzA § 611 BGB Abmahnung Nr. 17). Die vorherige **Anhörung des Arbeitnehmers** vor einer Abmahnung ist aus den gleichen Gründen **entbehrlich** wie vor einer Kündigung (ebenso *ArbG Frankf.(Oder)* 20.2.2003 NZA-RR 2003, 527; *Beckerle* Rz 382; *Braun* RiA 2005, 269; *Degel* aaO S. 230; HaKo-*Fiebig* § 1 KSchG Rz 255; *Hartmann* BuW 2000, 834; *Kleinebrink* Rz 281 f.; HzK-*Legerlotz* 1 Rz 72; *Pflaum* S. 222 ff.; KPK-*Schiefer/Sowka* Kap. 2 Rz 1244a; *Wilhelm* NZA-RR 2002, 456; **aA** für den Fall der Aufnahme in die Personalakte *ArbG Frankf.* 7.4.1999 DB 2000, 146; **aA** auch HK-*Dorndorf* § 1 Rz 645; *Hromadka/Maschmann* § 6 Rz 159; KDZ-*Kittner* Einl. Rz 147; zum öffentlichen Dienst s.u. Rz 267, 283). Auch für die Anwendung des **Gleichbehandlungsgrundsatzes** ist idR ebenso wenig Raum wie sonst im Kündigungsrecht (*LAG Köln* 12.5.1995 NZA-RR 1996, 204; *LAG SchlH* 29.11.2005 NZA-RR 2006, 180; *Hoß* MDR 1999, 334; s.u. Rz 307 ff.).

254 Nach der Rspr. (vgl. BAG 12.1.1988 EzA Art. 9 GG Arbeitskampf Nr. 73; 21.4.1993 EzA § 543 ZPO Nr. 8; 10.11.1993 EzA § 611 BGB Abmahnung Nr. 29; 11.12.2001 EzA § 611 BGB Nebentätigkeit Nr. 6) und der überwiegenden Auffassung im Schrifttum (BBDW-*Bader* Rz 25b; *Braun* RiA 2005, 268; *Burger* DB 1992, 839; *Degel* aaO S. 209; *Hartmann* BuW 2000, 829; *Herget* FS Gaul 1987 S. 256 f.; HzA-*Isenhardt* 5/1 Rz 505; *Kammerer* Rz 320; *Kleinebrink* Rz 249 ff.; HzK-*Legerlotz* 1 Rz 50 f.; H/S-*Regh* § 6 Rz 404; *Schaub* NZA 1997, 1186; *Schmid* NZA 1985, 419 f.; *v. Stebut* Anm. zu BAG AP Nr. 74 zu Art. 9 GG Arbeitskampf; *Stege/Weinspach/Schiefer* § 87 Rz 54; *Weber/Ehrich/Burmester* Teil 1 Rz 250) ist der Arbeitgeber schon dann berechtigt, eine Abmahnung zu erteilen, **wenn objektiv ein vertragswidriges Verhalten** des Arbeitnehmers vorliegt, also unabhängig davon, ob das Fehlverhalten dem Arbeitnehmer vorwerfbar ist oder nicht (**aA** KDZ-*Kittner* Einl. Rz 86). Dieser Auffassung ist im Ergebnis zuzustimmen. Ist dem Arbeitnehmer ein objektiver Pflichtverstoß subjektiv nicht vorzuwerfen, weil er zB aufgrund seiner Qualifikation oder seines Gesundheitszustandes nicht fähig ist, seine vertraglichen Pflichten zu erfüllen, dann ist die Abmahnung jedenfalls geeignet, weiter zur Klärung beizutragen, ob ein verhaltens- oder ein personenbedingter Grund für eine Kündigung gegeben ist (**aA** APS-*Dörner* § 1 KSchG Rz 400). Wenn einem Arbeitnehmer ein objektiver Pflichtverstoß wegen eines Rechtsirrtums nicht vorzuwerfen ist, erfüllt die Abmahnung ihre Funktionen, weil sie dann klarstellt, dass der Arbeitnehmer vertragswidrig handelt und in Zukunft bei gleichartigen Pflichtverstößen mit kündigungsrechtlichen Konsequenzen rechnen muss (so zutr. *v. Hoyningen-Huene* RdA 1990, 201; HK-*Dorndorf* § 1 Rz 640). Auch eine auf einer **Gewissensentscheidung** beruhende Vertragsverletzung ist einer Abmahnung zugänglich (*LAG Frankf.* 20.12.1994 RzK I 1 Nr. 95; HWK-*Sandmann* Rz 122; **aA** MünchKomm-*Schwerdtner* 3. Aufl. Anh. § 622 Rz 132).

Fristlose Kündigung aus wichtigem Grund § 626 BGB

Nach *BAG* 15.7.1992 (EzA § 611 BGB Abmahnung Nr. 26 = BetrR 1993, 47 mit abl. Anm. *Schuster*) rechtfertigt auch die Verletzung der vertraglichen Pflicht eines nicht freigestellten Betriebsratsmitgliedes, sich vor Beginn einer **Betriebsratstätigkeit** beim Arbeitgeber abzumelden, eine Abmahnung. Gleiches gilt für den Fall der Verletzung der Arbeitspflicht wegen Teilnahme an einer nicht erforderlichen Schulung bzw. Gerichtsverhandlung und zwar nicht nur bei einer groben Pflichtverletzung iSv § 23 Abs. 1 BetrVG (*BAG* 10.11.1993 EzA § 611 BGB Abmahnung Nr. 29; 31.8.1994 EzA § 611 BGB Abmahnung Nr. 33 [*Berger-Delhey*]; aA *Kossens* AiB 1996, 578). Selbst wegen der Teilnahme an einer Betriebsratssitzung kann ausnahmsweise eine Abmahnung in Betracht kommen, wenn dringende betriebliche Bedürfnisse die Arbeitsleistung des Betriebsratsmitglieds erforderten und es sich um eine bloße Routinesitzung des Betriebsrats handelte (*BAG* 11.6.1997 ZTR 1997, 524). Etwas anderes soll dann gelten, wenn ein Betriebsratsmitglied bei seiner objektiv fehlerhaften Ansicht, eine notwendige Betriebsratsaufgabe wahrzunehmen, schwierige und ungeklärte Rechtsfragen verkannt hat (*BAG* 31.8.1994 EzA § 611 BGB Abmahnung Nr. 33 mit insoweit krit. Anm. von *Berger-Delhey*). Dagegen ist eine »Abmahnung«, mit der der Arbeitgeber nur die Verletzung betriebsverfassungsrechtlicher Pflichten iSv § 23 BetrVG beanstandet, kündigungsrechtlich ohne Bedeutung: soweit mit ihr eine Kündigung angedroht wird, ist sie unzulässig (*BAG* 31.8.1994 EzA § 611 BGB Abmahnung Nr. 33; 26.1.1994 RzK I 1 Nr. 87; *LAG Düsseld.* 23.2.1993 LAGE § 23 BetrVG 1972 Nr. 31; *LAG Hamm* 10.1.1996 LAGE § 611 BGB Abmahnung Nr. 46 [Teilnahme an einer Betriebsratssitzung]).

255

b) **Abmahnung als Kündigungsvoraussetzung**

Die **Voraussetzung einer vergeblichen Abmahnung des Vertragspartners vor** Ausspruch einer **außerordentlichen Kündigung** besteht sowohl für den **Arbeitgeber** als auch für den **Arbeitnehmer** und folgt seit dem 1.1.2002 (Schuldrechtsmodernisierungsgesetz) aus § 314 Abs. 2 BGB. § 626 BGB enthält insoweit keine spezielle Regelung (aA *Kleinebrink* Rz 226/2), weshalb auf die allgemeinen Bestimmungen über die Beendigung von Schuldverhältnissen in Verträgen zurückzugreifen ist (*Gotthardt* Rz 204; *Lindemann* AuR 2002, 85; *Löwisch* FS Wiedemann 2002 S. 332; *Schumacher-Mohr* DB 2002, 1608). Inhaltlich hat sich durch die Normierung des Abmahnungserfordernisses in § 314 Abs. 2 BGB für das Kündigungsrecht nichts geändert (*Berkowsky* AuA 2002, 14; *Kleinebrink* Rz 226/16; *Löwisch* aaO). Die frühere Literatur und Rechtsprechung bleiben also weiterhin verwertbar.

256

Im Bereich der **ordentlichen Kündigung** ist Rechtsgrundlage des Abmahnungserfordernisses der **Verhältnismäßigkeitsgrundsatz** (s.o. Rz 251 f.). Insoweit sind sich Rspr. und Schrifttum weitgehend einig (*BAG* 12.7.1984 EzA § 102 BetrVG Nr. 57; 21.2.2001 EzA § 242 BGB Kündigung Nr. 2; *Berger-Delhey* PersV 1988, 430 f.; *Bergwitz* BB 1998, 2310 ff.; *Bock* AuR 1987, 271 ff.; *Degel* FS 50 Jahre saarl. Arbeitsgerichtsbarkeit 1947-1997 S. 203 f.; HK-*Dorndorf* § 1 Rz 575 ff.; *Fromm* DB 1989, 1409 ff.; *Hartmann* BuW 2000, 829; MünchKomm-*Hergenröder* § 1 KSchG Rz 210; *v. Hoyningen-Huene* RdA 1990, 195 f.; *Kammerer* Rz 355; *Kleinebrink* Rz 43 ff.; *Lohmeyer* S. 47; *Oetker* SAE 1985, 175 ff.; *Pflaum* S. 112 ff.; *Schaub* NZA 1997, 1186; *Schmid* NZA 1985, 409 ff.; SPV-*Preis* Rz 1172; *Wilhelm* NZA-RR 2002, 450; widersprüchlich *Berkowsky* NZA-RR 2001, 70 f., 74; aA *Bader* ZTR 1999, 204; *Bickel* Anm. zu AP Nr. 12 zu § 1 KSchG 1969 Verhaltensbedingte Kündigung). Dogmatisch unterschiedlich beurteilt wird allerdings, ob die kündigungsrechtliche Funktion der Abmahnung aus dem Grundsatz der Erforderlichkeit als Teilaspekt des Verhältnismäßigkeitsgrundsatzes folgt (so u.a. *Preis* Prinzipien S. 265 ff., 453 f.; *Falkenberg* NZA 1988, 489 ff.) oder ob insoweit auf das Übermaßverbot zurückzugreifen ist (so *v. Hoyningen-Huene* RdA 1990, 197; *Degel* aaO S. 205). Der Grundsatz der Verhältnismäßigkeit ist immer dann anzuwenden, wenn einem Vertragsteil die besondere Berechtigung gegeben wird, in bestehende Rechtspositionen einzugreifen. Diesem besonderen Recht entspricht dann die Pflicht, dem anderen Teil nochmals Gelegenheit zu geben, die Gegenleistung zu erbringen, ihm also eine »Gnadenfrist« zu gewähren. Insoweit hat die **Fristsetzung mit Ablehnungsandrohung** bzw. Abmahnung (vgl. auch §§ 281, 323, 543, 637, 651e BGB) eine Warnfunktion, die Ausdruck eines **allgemeinen Rechtsgedankens** ist (*v. Hoyningen-Huene* RdA 1990, 196 f.; krit. *Walker* NZA 1995, 602). Auf das Erfordernis einer Abmahnung vor einer Kündigung kann deshalb nicht schon im Voraus generell verzichtet werden (*Kleinebrink* Rz 226/5; *Backmeister/Trittin/Mayer* Rz 15). Auch vor Änderungskündigungen (*BAG* 21.11.1985 EzA § 1 KSchG Nr. 42) und Versetzungen wegen Leistungsmängeln (*BAG* 30.10.1985 EzA § 611 BGB Fürsorgepflicht Nr. 40) ist grds. eine Abmahnung erforderlich.

257

Dagegen lässt sich die Pflicht zur Abmahnung vor einer ordentlichen Kündigung nicht schon mit einem »Erst-recht-Schluss« aus § 314 Abs. 2 BGB herleiten (so aber *Berkowsky* AuA 2002, 14; *Wedde* AiB 2002, 272). § 314 BGB lässt ein evtl. bestehendes Recht zur ordentlichen Kündigung unberührt. Im Be-

258

reich der ordentlichen Kündigung eines Arbeitsverhältnisses ist die Anwendung des Verhältnismäßigkeitsgrundsatzes **nur** dann zu rechtfertigen, **wenn** das Arbeitsverhältnis nach §§ 1, 23 KSchG einem besonderen **Bestandsschutz** unterliegt, während dann, wenn die ordentliche Kündigung keines Grundes bedarf, grds. nur der auf den Ablauf der Kündigungsfrist begrenzte zeitliche Kündigungsschutz zu beachten ist, der allein die Anwendung des Verhältnismäßigkeitsgrundsatzes nicht rechtfertigt (*Berkowsky* NZA-RR 2001, 73; *Braun* RiA 2005, 266 f.; *Degel* aaO S. 221; *Falkenberg* NZA 1988, 491; *Heinze* FS Söllner 1990 S. 63 ff.; *Hunold* BB 1986, 2050 ff.; *v. Hoyningen-Huene* RdA 1990, 202; *Kleinebrink* Rz 138 ff.; HzK-*Legerlotz* 1 Rz 25; *Pflaum* S. 116 ff.; *Pfohl* Rz 439; *Pietrzyk* AuA 2000, 124; H/S-*Regh* § 6 Rz 359; *Walker* NZA 1995, 603; *Weuster* AiB 1995, 515; *Wilhelm* NZA-RR 2002, 450; ebenso *BAG* 21.2.2001 EzA § 242 BGB Kündigung Nr. 2 mwN; 28.8.2003 EzA § 242 BGB 2002 Kündigung Nr. 4; **aA**: *Gerhards* BB 1996, 796 f.; *Kammerer* Rz 376). Das gilt insbes. für die ordentliche Kündigung durch den Arbeitnehmer (*Schaub* NJW 1990, 873).

259 Das Erfordernis der vorherigen Abmahnung besteht insbes. im Bereich der **verhaltensbedingten Kündigung** (*v. Hoyningen-Huene* RdA 1990, 199; *Söllner* S. 298, 305; *Hamann* JA 1987, 482; *Gitter* SAE 1987, 91), und zwar nicht nur bei der Verletzung von Hauptleistungspflichten, sondern auch und gerade im Bereich der Verletzung von **Neben- und Schutzpflichten** (*Degel* aaO S. 219; *v. Hase* NJW 2002, 2281 f.; *v. Hoyningen-Huene* RdA 1990, 200; SPV-*Preis* Rz 1175). Es ist aber gleichwohl mit dem Grundsatz der Verhältnismäßigkeit nicht zu vereinbaren, vor einer **personenbedingten Kündigung** stets auf eine Abmahnung zu verzichten. Kann der Arbeitnehmer den Kündigungsgrund durch sein steuerbares Verhalten beseitigen, bedarf es auch hier grds. einer vergeblichen Abmahnung (*BAG* 4.6.1997 EzA § 626 BGB nF Nr. 168; zu kurzfristig behebbaren Eignungsmängeln vgl. *BAG* 15.8.1984 EzA § 1 KSchG Nr. 40; zur Beschaffung einer für die Tätigkeit notwendigen behördlichen Erlaubnis vgl. *BAG* 7.12.2000 EzA § 1 KSchG Personenbedingte Kündigung Nr. 15; wie hier *Braun* RiA 2005, 267; *Rüthers/Henssler* ZfA 1988, 41; *Kammerer* Rz 369; *Kleinebrink* Rz 197; H/S-*Regh* § 6 Rz 367, 405; HWK-*Sandmann* Rz 117; *Wilhelm* aaO; **aA** *Adam* AuR 2001, 44; APS-*Dörner* § 1 KSchG Rz 375; HaKo-*Fiebig* § 1 KSchG Rz 223; *v. Hoyningen-Huene* RdA 1990, 199, 201; HK-*Weller/Dorndorf* § 1 Rz 371 a). *Griebeling* (KR § 1 KSchG Rz 267) ordnet derartige Fallgestaltungen zutreffend als Mischtatbestände ein (s. dazu o. Rz 159 ff.); soweit die Kündigung unter dem Gesichtspunkt fehlerhaften Verhaltens mangels Abmahnung unwirksam wäre, würde die Bejahung der Wirksamkeit aus personenbedingten Gründen gegen den Grundsatz der Verhältnismäßigkeit verstoßen (vgl. auch *Griebeling* aaO Rz 270). Eine **vorsorgliche Abmahnung** kann bei übermäßigem Alkoholgenuss oder bei Minderleistung in Betracht kommen, wenn unklar ist, ob das Verhalten steuerbar ist (vgl. *Kammerer* Rz 401; *Kleinebrink* FA 2004, 163 f.; zu Fällen, in denen die Art des steuerbaren Fehlverhaltens zweifelhaft ist, vgl. *Kleinebrink* aaO S. 162). Bei Krankheit kann eine Abmahnung dann geboten sein, wenn der Arbeitnehmer durch sein Verhalten seine Genesung gefährdet oder verzögert.

260 Nach zutr. Ansicht gehört die Abmahnung zur sachlichen Begründetheit der Kündigung (*BAG* 21.2.2001 EzA § 242 BGB Kündigung Nr. 2 mwN; *Adam* AuR 2001, 41; *Ascheid* Rz 66; *Berkowsky* NZA-RR 2001, 73; DLW-*Dörner* D Rz 755; *Knorr/Bichlmeier/Kremhelmer* 2 Rz 78). Wenn eine Abmahnung erforderlich ist, liegt nämlich ein Tatbestand vor, in dem der kündigungsrelevante Sachverhalt nur vollständig ist, wenn dem auslösenden Tatbestandselement eine Abmahnung vorausgegangen ist, dh die Abmahnung ist dann **für** den **Kündigungsgrund** mit **konstitutiv** (*Herschel* Anm. zu *BAG* AP Nr. 63 zu § 626 BGB; *Kammerer* Rz 298; s.o. Rz 97).

c) **Ausnahme einzelner Störbereiche?**

261 Vertragsverletzungen durch den Arbeitnehmer können sich sowohl im reinen Leistungsbereich als auch im Vertrauens- oder Betriebsbereich nachteilig auswirken (s.o. Rz. 166 ff.). Ausgehend von dieser »Sphärentheorie« nahm das *BAG* seit dem Urteil vom 19.6.1967 (EzA § 124a GewO Nr. 1) in st.Rspr. an, vor einer verhaltensbedingten ordentlichen oder außerordentlichen Kündigung mit nachteiligen Auswirkungen ausschließlich im **Leistungsbereich** sei grundsätzlich eine vorherige **Abmahnung** des Arbeitnehmers durch den Arbeitgeber erforderlich (*BAG* 17.2.1994 EzA § 611 BGB Abmahnung Nr. 30 mwN). Demgegenüber sollte es nach der früheren Rechtsprechung bei Pflichtverletzungen, die zu einer Störung allein in einem anderen, insbes. im **Vertrauensbereich** des Arbeitgebers führen, grds. keiner Abmahnung vor Ausspruch einer verhaltensbedingten Kündigung bedürfen (*BAG* 4.4.1974 EzA § 15 KSchG nF Nr. 1; vgl. zum Begriff des Vertrauensbereichs *LAG Köln* 10.6.1994 RzK I 1 Nr. 91). Ausnahmen hiervon machte die Rspr. aber in solchen Fällen, in denen der Arbeitnehmer annehmen durfte, sein Verhalten sei nicht vertragswidrig bzw. der Arbeitgeber werde es zumindest nicht als ein erhebli-

ches, den Bestand des Arbeitsverhältnisses gefährdendes Fehlverhalten ansehen (*BAG* 5.11.1992 EzA § 626 BGB nF Nr. 143; 14.2.1996 EzA § 626 BGB nF Nr. 160).

Die Beschränkung des Abmahnungserfordernisses auf Störungen im Leistungsbereich erwies sich jedoch als zu eng. Die sachlich gebotenen und auch vom BAG anerkannten Ausnahmen von diesem Grundsatz minderten die systematische und praktische Bedeutung der Abgrenzung zwischen verschiedenen Störbereichen (*Hillebrecht* ZfA 1991, 123, jetzt auch *BAG* 4.6.1997 EzA § 626 BGB nF Nr. 168). Zudem war häufig str. und wurde von den Instanzgerichten in tatrichterlicher Würdigung unterschiedlich beurteilt, ob die Auswirkungen von Vertragsstörungen ausschließlich den Vertrauensbereich betrafen oder ob nicht zugleich bzw. primär das Arbeitsverhältnis auch im Leistungsbereich gestört war (*Hillebrecht* aaO S. 124). Die **Abgrenzung nach** verschiedenen **Störbereichen** traf **nicht** den »**Kern der Sache**« (*Preis* DB 1990, 687 f.; ähnlich *Bergwitz* BB 1998, 2310 ff.; *Felderhoff* Anm. AP Nr. 137 zu § 626 BGB; *Gerhards* BB 1996, 794 ff.; *Rüthers/Henssler* ZfA 1988, 41; *Tschöpe* NZA 1990, Beil. 2 S. 10). Das *BAG* hat deshalb inzwischen klargestellt, dass das **Abmahnungserfordernis** auch bei Störungen im Vertrauensbereich **stets zu prüfen** ist (4.6.1997 EzA § 626 BGB nF Nr. 168). Die Abmahnung hat die Funktion einer »gelben Karte«, die den Arbeitnehmer vor Erteilung der »roten Karte« (Kündigung) anhalten soll, künftig wieder vertragsgerechte Leistungen zu erbringen, und für den Fall der künftigen nicht vertragsgerechten Erfüllung der Pflichten aus dem Arbeitsvertrag Konsequenzen für Inhalt oder Bestand des Arbeitsverhältnisses androht (v. *Hoyningen-Huene* RdA 1990, 199; krit. *Kleinebrink* Rz 476). Diesen Zweck kann die Abmahnung **nur** dann erfüllen, wenn es um ein **steuerbares Fehlverhalten** des Arbeitnehmers geht, das bisherige vertragswidrige Verhalten noch keine klare Negativprognose für die weitere Vertragsbeziehung zulässt und deswegen von der Möglichkeit einer künftigen vertragskonformen Erfüllung auszugehen ist (*BAG* 4.6.1997 EzA § 626 BGB nF Nr. 168 und dazu eingehend *Bergwitz* aaO; im Ergebnis ebenso *Fromm* DB 1989, 1413; v. *Hoyningen-Huene* aaO; *Kleinebrink* FA 2002, 228; *Rüthers/Henssler* ZfA 1988, 41, 45; SPV-*Preis* Rz 1174).

Bei der Prüfung dieser für das Erfordernis der Abmahnung wesentlichen Kriterien ist von der Regel auszugehen, dass jedes willensbestimmte Verhalten eines Arbeitnehmers für die Zukunft abänderbar und deswegen grds. abmahnungsfähig und -bedürftig ist (*Preis* DB 1990, 687 f.; *Rüthers/Henssler* aaO; *Hillebrecht* aaO). Auch bei Störungen im Vertrauens- oder Betriebsbereich ist deshalb vor Ausspruch einer Kündigung wegen vertragswidrigen Verhaltens zunächst grds. eine Abmahnung erforderlich (*Bergwitz* aaO; *Degel* FS 50 Jahre saarl. Arbeitsgerichtsbarkeit 1947-1997 S. 219 f.; DLW-*Dörner* D Rz 1330; *Erman/Belling* Rz 46, 49; *Falkenberg* NZA 1988, 489 ff.; *Hoß* MDR 1998, 870 f.; v. *Hoyningen-Huene* RdA 1990, 200 f.; *Rüthers/Henssler* aaO; SPV-*Preis* aaO; **aA** im Anschluss an die frühere Rspr. des BAG: *Becker-Schaffner* ZTR 1999, 107; *Berger-Delhey* PersV 1988, 430 f.; *Conze* ZTR 1987, 175; *Herget* FS Gaul 1987 S. 256 ff.; *Hunold* BB 1986, 2050 ff.; *Knorr/Bichlmeier/Kremhelmer* 2 Rz 83 u. 6 Rz 26; KR-*Wolf* 3. Aufl., Grunds. Rz 219). Auch bei **Störungen im Vertrauensbereich** ist es nicht stets und von vornherein ausgeschlossen, verlorenes Vertrauen wieder zurückzugewinnen (*BAG* 4.6.1997 EzA § 626 BGB nF Nr. 168; *Falkenberg* NZA 1988, 491; *Preis* Prinzipien S. 458). Es besteht **nur** ein **gradueller,** nicht aber ein grundsätzlicher **Unterschied zu Störungen im Leistungsbereich,** weil jede Schlechtleistung insofern auch zu einer Vertrauensstörung führt, als dadurch die Erwartung des Arbeitgebers enttäuscht wird, der Arbeitnehmer werde seine Arbeit vertragsgemäß erfüllen (ebenso *Schaub* NZA 1997, 1186; einschränkend dagegen *Hunold* NZA-RR 2000, 171). Bei einer primären Erschütterung der notwendigen Vertrauensgrundlage wird allerdings **eher** als bei einer schwerpunktmäßigen Störung des Leistungsbereichs die abschließende **negative Prognose** angebracht sein, die Wiederherstellung des notwendigen Vertrauensverhältnisses sei nicht mehr möglich und die Abmahnung sei deswegen nicht die geeignete und folglich eine entbehrliche Maßnahme (s.u. Rz 268; DLW-*Dörner* D Rz 1331; *Lohmeyer* S. 51 f.; KPK-*Schiefer/Sowka* Kap. 2 Rz 1217; MünchArbR-*Wank* § 120 Rz 54).

Auch bei Störungen des Vertrauensbereichs durch Eigentums- oder Vermögensdelikte von Arbeitnehmern, durch die der Arbeitgeber nahezu nicht geschädigt wird und bei denen ein mutmaßliches Einverständnis des Arbeitgebers nicht von vornherein ausgeschlossen erscheint, kann nicht ohne weiteres auf das Erfordernis einer Abmahnung verzichtet werden (anders noch das sog. »Bienenstich-Urteil« *BAG* 17.5.1984 EzA § 626 BGB nF Nr. 90; dazu abl. u.a. *Preis* DB 1990, 630 ff.; *Erman/Belling* Rz 49; *Honstetter* S. 73; *Oetker* SAE 1985, 177; *Schaub* NZA 1997, 1186; vgl. ferner LAG Köln 30.9.1999 NZA-RR 2001, 83). Bei solchen **Bagatelldelikten** ist jeweils konkret zu prüfen, ob die Negativprognose vertretbar ist, der Arbeitnehmer werde sich auch künftig vertragswidrig verhalten, und ob das Arbeitgeberinteresse, auf die Vertragswidrigkeit angemessen zu reagieren, durch eine Abmahnung befriedigt worden wäre (*Preis* DB 1990, 687 f.; *Reichel* AuR 2004, 251 f.; *Schlachter* NZA 2005, 436; dazu s.u. Rz 268).

d) Grenzen der Erforderlichkeit

265 Nicht abänderbar und deswegen nicht abmahnungsbedürftig ist das Verhalten eines Arbeitnehmers, wenn er aus physischen, persönlichkeitsbezogenen, rechtlichen oder anderen Gründen objektiv nicht in der Lage ist, vertragsgerechte Leistungen zu erbringen (*v. Hoyningen-Huene* RdA 1990, 199; SPV-*Preis* Rz 1178).

266 Eine Abmahnung ist darüber hinaus **entbehrlich**, wenn eine an sich mögliche Verhaltensänderung des Arbeitnehmers aufgrund objektiver Anhaltspunkte künftig nicht erwartet werden kann (SPV-*Preis* aaO). Diese negative Prognose ist insbes. dann gerechtfertigt, wenn der Arbeitnehmer bereits ausdrücklich erklärt bzw. unmissverständlich konkludent zum Ausdruck gebracht hat, sein Fehlverhalten nicht ändern zu wollen (*Becker-Schaffner* ZTR 1999, 108 f.; *Gerhards* BB 1996, 796; *Schmid* NZA 1985, 412; SPV-*Preis* aaO; für außerordentliche Kündigungen vgl. nunmehr § 314 Abs. 2 iVm § 323 Abs. 2 BGB) oder wenn eine Vertragsverletzung hartnäckig oder uneinsichtig begangen wird und mit einer vertrags- und gesetzesgemäßen Abwicklung des Arbeitsvertrages nicht mehr zu rechnen ist (*BAG* 18.5.1994 EzA § 611 BGB Abmahnung Nr. 31 [*Bährle*]; *Becker-Schaffner* aaO; *Braun* RiA 2005, 268). Sie kann ferner gerechtfertigt sein, wenn der Arbeitnehmer die Vertragswidrigkeit seines Verhaltens aus entsprechenden Hinweisen (zB im **Arbeitsvertrag**, in **Rundschreiben** oder **Betriebsaushängen**; vgl. *LAG Hamm* 16.12.1982 BB 1983, 1601; *LAG Köln* 12.11.1993 LAGE § 1 KSchG Verhaltensbedingte Kündigung, Nr. 40; 6.8.1999 LAGE § 626 BGB Nr. 127; *Becker-Schaffner* aaO S. 110; *Berkowsky* NZA-RR 2001, 72; *Braun* aaO; APS-*Dörner* § 1 KSchG Rz 371; *Hartmann* BuW 2000, 830; *Kleinebrink* Rz 435 ff.; *Lohmeyer* S. 54; H/S-*Regh* § 6 Rz 372a; KPK-*Schiefer/Sowka* Kap. 2 Rz 1223; *Schmid* aaO; SPV-*Preis* aaO; *Stege/Weinspach/Schiefer* § 87 Rz 54; **aA** *Adam* AuR 2001, 42; MünchKomm-*Henssler* Rz 150; KDZ-*Kittner* Einl. Rz 125; *Koffka* S. 116; *Pflaum* S. 176 ff.), aus einer »**vorweggenommenen Abmahnung**« vor einer konkret befürchteten Pflichtverletzung (vgl. *BAG* 5.4.2001 EzA § 626 BGB nF Nr. 186; *LAG Hamm* 12.9.1996 LAGE § 626 BGB Nr. 105; *Becker-Schaffner* aaO; HaKo-*Fiebig* § 1 KSchG Rz 240; KDZ-*Kittner* Rz 139; *Pflaum* S. 180 f.; H/S-*Regh* aaO; **aA** *Adam* aaO; *Degel* FS 50 Jahre saarl. Arbeitsgerichtsbarkeit 1947-1997 S. 223; HK-*Dorndorf* § 1 Rz 628), aus einer bloßen Vertragsrüge (s.u. Rz 271) oder aus »Abmahnungen« nicht abmahnungsberechtigter Vorgesetzter (s.u. Rz 277) kannte oder kennen musste.

267 Auch eine **frühere Kündigung** kann die Funktion einer Abmahnung erfüllen, wenn der Kündigungssachverhalt feststeht und die Kündigung aus anderen Gründen – zB auch wegen fehlender Abmahnung – für sozialwidrig erachtet worden ist (*BAG* 31.8.1989 § 1 KSchG Verhaltensbedingte Kündigung Nr. 27). Gleiches gilt für eine nach einer Tarifnorm wegen fehlender Anhörung des Arbeitnehmers **formell unwirksame Abmahnung** (*BAG* 21.5.1992 EzA § 1 KSchG Verhaltensbedingte Kündigung Nr. 42; *Becker-Schaffner* ZTR 1999, 110; *Braun* RiA 2005, 269; *Kammerer* Rz 361; *Kleinebrink* Rz 284 ff.; *Schaub* NJW 1990, 877; *Wilhelm* NZA-RR 2002, 452; **krit.** *Conze* ZTR 1993, 318; KDZ-*Kittner* Einl. Rz 121, 148). Zu aus der Personalakte entfernten bzw. sachlich unbegründeten Abmahnungen s.u. Rz 275.

268 Die Erforderlichkeit einer Abmahnung wird durch das Merkmal der **Geeignetheit** ferner in dem Sinne begrenzt, dass abzuwägen ist, ob die Abmahnung nicht mehr das ausreichende Mittel zur Wahrung der Interessen des Arbeitgebers ist (*Preis* Prinzipien S. 265, 455, 459; ähnlich *v. Hoyningen-Huene* RdA 1990, 197 und *Degel* FS 50 Jahre saarl. Arbeitsgerichtsbarkeit 1947-1997 S. 220, die aus dem Zweck des Übermaßverbotes die Entbehrlichkeit bzw. Unzumutbarkeit der Abmahnung bei schwerwiegenden Vertragsverletzungen auch dann herleiten, wenn zukünftig mit einem vertragsgerechten Verhalten zu rechnen ist). Ausnahmen, in denen wegen der Art und der Auswirkung der Vertragsverletzung das Erfordernis der Abmahnung entfällt, sind zB dann anzuerkennen, wenn es sich um **schwerwiegende Pflichtverletzungen** handelt, deren Rechtswidrigkeit dem Arbeitnehmer ohne weiteres erkennbar ist und bei denen eine Hinnahme des Verhaltens offensichtlich ausgeschlossen ist (*BAG* 31.3.1993 EzA § 626 BGB Ausschlussfrist Nr. 5; 26.8.1993 EzA § 626 BGB nF Nr. 148). Dies gilt selbstverständlich auch und erst recht bei derartigen Pflichtverletzungen im Vertrauensbereich (*BAG* 10.2.1999 EzA § 15 nF KSchG Nr. 47; für einen Auszubildenden 1.7.1999 EzA § 15 BBiG Nr. 13) und folgt für außerordentliche Kündigungen nunmehr aus der Verweisung in § 314 Abs. 2 BGB auf § 323 Abs. 2 BGB. Die Möglichkeit einer positiven Prognose für das Arbeitsverhältnis ist in diesen Fällen deshalb auszuschließen, weil auch durch eine künftige Vertragstreue die eingetretene Erschütterung oder Zerstörung des Vertrauensverhältnisses nicht mehr behoben werden kann (so jedenfalls im Ergebnis auch MünchKomm-*Henssler* Rz 100; HzA-*Isenhardt* 5/1 Rz 506; *Schaub* NZA 1997, 1187; SPV-*Preis* Rz 1178; vgl. ferner *Becker-Schaffner* ZTR 1999, 108; *Braun* RiA 2005, 268; HK-*Dorndorf* § 1 Rz 556, 558 ff., 617 f.; ErfK-*Müller-Glöge* Rz 49). Verfehlt ist es deshalb, selbst bei Diebstählen oder Unterschlagungen in einer Größenordnung von 35,- Euro noch stets eine vergebliche Abmahnung zu fordern (so aber *ArbG Hmb.* 21.9.1998 EzA § 1

KSchG Verhaltensbedingte Kündigung Nr. 54; Zuber NZA 1999, 1144); idR ist dann vielmehr die Pflichtverletzung **evident** und eine Wiederherstellung des für die Fortsetzung des Arbeitsverhältnisses notwendigen Vertrauens kann nicht mehr erwartet werden (vgl. *BAG* 12.8.1999 EzA § 626 BGB Verdacht strafbarer Handlung Nr. 8 [*Walker*] für eine Zueignung von anvertrauten Waren im Wert von ca. 8,– Euro; 11.12.2003 EzA § 626 BGB 2002 Nr. 5; *MünchKomm-Henssler* aaO; *Schlachter* NZA 2005, 434 ff.). Häufig entbehrlich ist eine Abmahnung ferner bei Pflichtverletzungen der Leitungsorgane von Kapitalgesellschaften, zB eines GmbH-Geschäftsführers (*BGH* 14.2.2000 EzA § 611 BGB Abmahnung Nr. 42; 10.9.2001 EzA § 611 BGB Abmahnung Nr. 43; *AnwaltKomm-Franzen* Rz 49; *Reiserer* DB 2006, 1789; HWK-*Sandmann* Rz 137; *Trappehl/Scheuner* DB 2005, 1276; *Wilhelm* NZA-RR 2002, 451; **krit.** bzw. **aA** § 314 BGB *Gravenhorst* Anm. EzA § 611 BGB Abmahnung Nr. 43; *v. Hase* NJW 2002, 2281; *Münch-Komm-Henssler* Rz 101; *Horstmeier* GmbHR 2006, 402 ff.; *Koch* ZIP 2005, 1621; *Schumacher-Mohr* DB 2002, 1607 f.).

e) Rechtsnatur der Abmahnung

Bei der Abmahnung handelt es sich um eine empfangsbedürftige **geschäftsähnliche** Willensäußerung, 269 zu deren Wirksamkeit über den **Zugang** hinaus grds. auch noch die **Kenntnis des Empfängers** von ihrem Inhalt erforderlich ist (vgl. *BAG* 9.8.1984 EzA § 1 KSchG Verhaltensbedingte Kündigung Nr. 11; *Braun* RiA 2005, 269; MünchKomm-*Henssler* Rz 93; KDZ-*Kittner* Einl. Rz 126; H/S-*Regh* § 6 Rz 401; SPV-*Preis* Rz 13; HWK-*Sandmann* Rz 123; *Weuster* AiB 1995, 516; **aA** *Bickel* Anm. zu AP Nr. 12 zu § 1 KSchG 1969 Verhaltensbedingte Kündigung; APS-*Dörner* § 1 KSchG Rz 406; *Koffka* S. 114 f.; *Löwisch/Spinner* § 1 Rz 113; *Pflaum* S. 212 ff.; *Tschöpe/Nägele* 3 D Rz 156: Zugang genügt). Dem Arbeitnehmer kann es allerdings nach Treu und Glauben verwehrt sein kann, sich auf fehlende Kenntnis zu berufen, wenn er Möglichkeiten zur Kenntnisnahme nicht genutzt oder, zB durch eigenmächtige Selbstbeurlaubung, vereitelt hat (vgl. *BAG* 9.8.1984 EzA § 1 KSchG Verhaltensbedingte Kündigung Nr. 11; *LAG Köln* 16.3.2001 RzK I 6a Nr. 199).

f) Funktionen der Abmahnung

Die Abmahnung des Arbeitnehmers durch den Arbeitgeber wegen eines nicht vertragsgerechten Ver- 270 haltens hat nach dem Urteil des *BAG* vom 10.11.1988 (EzA § 611 BGB Abmahnung Nr. 18) je nach ihrem Inhalt und ihrer Zielsetzung unterschiedliche Formen und Funktionen: Sie kann, verbunden mit dem Hinweis auf eine Gefährdung von Inhalt oder Bestand des Arbeitsverhältnisses, der Vorbereitung einer Kündigung dienen (**Warnfunktion**, vgl. bereits o. Rz 257, 262). Der Arbeitgeber kann eine Abmahnung aber auch in Ausübung des vertraglichen **Rügerechts** ohne ausreichende Warnfunktion aussprechen. Mit der Abmahnung kann der Arbeitgeber zugleich **generalpräventive Zwecke** verfolgen (*BAG* 13.11.1991 EzA § 611 BGB Abmahnung Nr. 24), solange er nicht – etwa durch eine »betriebsöffentliche« Abmahnung – die Persönlichkeitsrechte des Arbeitnehmers verletzt (HK-*Dorndorf* § 1 Rz 584 mwN).

Eine Abmahnung **ohne Warnfunktion** ist nach dem Verständnis des *BAG* (10.11.1988 EzA § 611 BGB 271 Abmahnung Nr. 18) nicht ohne Bedeutung. Sie kann vielmehr nach dem Grundsatz der Verhältnismäßigkeit die gebotene Reaktion auf ein vertragswidriges Verhalten sein, weil eine Kündigung nur dann erforderlich ist, wenn andere Mittel nicht mehr ausreichen und weil die Abmahnung – auch ohne Androhung möglicher Konsequenzen – gegenüber einer Kündigung das **mildere Mittel** ist, mit dem dem Arbeitnehmer Gelegenheit gegeben werden soll, die durch den Arbeitsvertrag begründeten Pflichten zu erfüllen, also sich künftig vertragstreu zu verhalten (*BAG* 7.11.1979 EzA § 87 BetrVG 1972 Betriebsbuße Nr. 4; 9.8.1984 EzA § 1 KSchG Verhaltensbedingte Kündigung Nr. 11; *Conze* ZTR 1987, 175; *Eich* NZA 1988, 759 f.; *Erman/Belling* Rz 46 f.; *Fromm* DB 1989, 1409 f.; *v. Hoyningen-Huene* RdA 1990, 198). Wenn der Arbeitgeber dem Arbeitnehmer wegen eines bestimmten vertragswidrigen Verhaltens zunächst eine Vertragsrüge (»strengen Verweis«) erteilt hat, kann bei einer späteren Kündigung, die wegen der Fortsetzung des beanstandeten Verhaltens ausgesprochen wird, nicht ohne weiteres angenommen werden, der Arbeitgeber habe mit seiner späteren Kündigung den Grundsatz der Verhältnismäßigkeit verletzt. Es ist dann vielmehr zu prüfen, ob es einer Abmahnung mit Warnfunktion wegen Art und Gewichtes der erneuten Vertragswidrigkeit nicht bedurfte (*BAG* 8.12.1988 RzK I 5 i Nr. 45).

Allerdings dient es nicht der Systematik und Rechtsklarheit, unter der Sammelbezeichnung »Abmah- 272 nung« sowohl eine Abmahnung ohne Warnfunktion als Ausübung des vertraglichen Rügerechts des Arbeitgebers als auch die »echte Abmahnung« mit Warnfunktion zur Vorbereitung einer Kündigung zusammenzufassen (so *BAG* 10.11.1988 EzA § 611 BGB Abmahnung Nr. 18 [*Peterek*]). Es ist vielmehr sachdienlich, die Ausübung des **vertraglichen Rügerechts** in Form von Ermahnung oder Verwarnung nicht nur in seiner Funktion, sondern auch **begrifflich** von der »echten Abmahnung« **zu trennen** und zur Verdeutlichung als Verwarnung, Ermahnung oder Beanstandung zu kennzeichnen (vgl. HK-*Dorndorf* § 1 Rz 580; *v. Hoyningen-Huene* RdA 1990, 199; *Kammerer* Rz 304; *Lohmeyer* S. 63; *Peterek* aaO; SPV-*Preis* Rz 8 Fn 4; HWK-*Sandmann* Rz 120; **aA** *Bader* ZTR 1999, 203 u. 202 Fn 15).

273 Demgegenüber darf sich eine **Abmahnung als Vorstufe zur Kündigung** (*Ascheid* Rz 70 f.) für den Fall der Fortsetzung des beanstandeten Verhaltens nicht darauf beschränken, den Arbeitnehmer an seine vertraglichen Pflichten zu erinnern und deren künftige Einhaltung zu verlangen. Sie muss vielmehr geeignet sein, die mit ihr bezweckte Ankündigungs- und **Warnfunktion** dem Arbeitnehmer zweifelsfrei zu verdeutlichen. Dazu ist zwar nicht unbedingt die ausdrückliche Androhung einer Kündigung notwendig, der Arbeitgeber muss aber in einer dem Arbeitnehmer hinreichend deutlich erkennbaren Art und Weise konkret bestimmte Leistungs- oder Verhaltensmängel beanstanden und damit den eindeutigen und unmissverständlichen Hinweis verbinden, bei künftigen gleichartigen Vertragsverletzungen seien Inhalt oder Bestand des Arbeitsverhältnisses gefährdet (*BAG* 15.8.1984 EzA § 1 KSchG Nr. 40; 10.11.1988 EzA § 611 BGB Abmahnung Nr. 18 mwN; 17.2.1994 EzA § 611 BGB Abmahnung Nr. 30; *Degel* FS 50 Jahre saarl. Arbeitsgerichtsbarkeit 1947-1997 S. 208; HK-*Dorndorf* § 1 Rz 581; *Erman/Belling* Rz 46 f.; MünchKomm-*Henssler* Rz 94; *v. Hoyningen-Huene* RdA 1990, 198; *Kammerer* Rz 23; HzK-*Legerlotz* 1 Rz 56 ff.; SPV-*Preis* Rz 8; **aA** *Bader* ZTR 1999, 201 f.; *v. Hase* NJW 2002, 2280). Durch das Erfordernis einer vergeblich gebliebenen Abmahnung vor Ausspruch einer verhaltensbedingten Kündigung, insbes. bei Störungen im Leistungsbereich, soll der mögliche Einwand des Arbeitnehmers ausgeräumt werden, er habe die Pflichtwidrigkeit seines Verhaltens nicht erkannt oder jedenfalls nicht damit rechnen müssen, der Arbeitgeber sehe dieses Verhalten als so schwerwiegend an, dass er kündigungsrechtliche Konsequenzen ziehen werde. Dabei muss der Arbeitgeber dem Arbeitnehmer uU einen hinreichenden Zeitraum für die Korrektur der gerügten Leistungs- oder Verhaltensmängel einräumen (*Hess. LAG* 26.4.1999 LAGE § 1 KSchG Verhaltensbedingte Kündigung Nr. 71; HzK-*Legerlotz* 1 Rz 61). Entsprechend muss ggf. **auch der Arbeitnehmer** den Arbeitgeber abmahnen, bevor er zum Mittel der außerordentlichen Kündigung greift (*BAG* 19.6.1967 EzA § 124 GewO Nr. 1; 28.10.1971 EzA § 626 BGB nF Nr. 9).

274 Im Einzelfall, insbes. bei **geringfügigen Pflichtverletzungen** oder **länger zurückliegenden** Abmahnungen kann es zwar zur Erhaltung der Warnfunktion erforderlich sein, den Arbeitnehmer vor Ausspruch einer Kündigung erneut oder ausnahmsweise mehrmals abzumahnen (*BAG* 15.11.2001 EzA § 1 KSchG Verhaltensbedingte Kündigung Nr. 56; *LAG Hamm* 25.9.1997 LAGE § 1 KSchG Verhaltensbedingte Kündigung Nr. 59; HK-*Dorndorf* § 1 Rz 657 f.; *v. Hoyningen-Huene* RdA 1990, 208; vgl. auch Bekker-*Schaffner* ZTR 1999, 111; *Beckerle* Rz 290 ff.; *Degel* aaO S. 222; MünchKomm-*Hergenröder* § 1 KSchG Rz 217; *Hunold* BB 1986, 2050; **aA** *Adam* AuR 2001, 42). Es bedarf aber nicht stets einer **zweiten oder dritten Abmahnung.** Vielmehr kann durch eine nicht dringend gebotene mehrmalige Wiederholung die Erinnerungs- und Warnfunktion der Abmahnung auch entwertet werden (*BAG* 15.11.2001 EzA § 1 KSchG Verhaltensbedingte Kündigung Nr. 56; **aA** HaKo-*Fiebig* § 1 KSchG Rz 235; krit. auch *Krause* BAGReport 2005, 86 mwN), was allerdings nicht schon bei der dritten Abmahnung wegen gleichartiger Pflichtverletzungen angenommen werden kann (*BAG* 16.9.2004 EzA § 1 KSchG Verhaltensbedingte Kündigung Nr. 64). Um dem Vorwurf »leerer Drohungen« zu entgehen, sollte der Arbeitgeber danach aber weitere Abmahnungen **besonders eindringlich** abfassen (*BAG* 15.11.2001 EzA § 1 KSchG Verhaltensbedingte Kündigung Nr. 56; *Beckerle* Rz 292; *Braun* RiA 2005, 268; *v. Hoyningen-Huene* und *Degel* aaO; *Kleinebrink* Rz 487; HzK-*Legerlotz* 1 Rz 42, 91; H/S-*Regh* § 6 Rz 393; *Wilhelm* NZA-RR 2002, 541; **krit.** *Kammerer* BB 2002, 1747 ff.). Einen »Kündigungszwang« gibt es freilich auch nach einer »letzten Abmahnung« nicht (insoweit zutr. *Kammerer* aaO). Der Arbeitgeber, der nach einer »letzten Abmahnung« trotz eines gleichartigen Fehlverhaltens, zB aus betrieblichem Interesse, von einer Kündigung absieht, sollte jedoch gegenüber dem Arbeitnehmer unter Hinweis auf dieses besondere Interesse klarstellen, dass er sich die Kündigung für den Fall erneuter Pflichtverstöße vorbehält, damit er sich bei einer späteren Kündigung nicht dem Vorwurf widersprüchlichen Verhaltens aussetzt.

275 Die **Warnfunktion der Abmahnung kann** auch dann **erhalten bleiben, wenn** der Arbeitgeber verurteilt wurde, sie aus der Personalakte zu entfernen (*Bader* ZTR 1999, 206; *Schunck* NZA 1993, 828; **aA** KDZ-*Kittner* Einl. Rz 157). Es ist auch **nicht** unbedingt entscheidend, ob die Abmahnung **sachlich berechtigt** war (so aber *BAG* 5.8.1992 EzA § 611 BGB Abmahnung Nr. 25; *Bahntje* AuR 1996, 250; *Braun* RiA 2005, 271; HK-*Dorndorf* § 1 Rz 682; HaKo-*Fiebig* § 1 KSchG Rz 213; *Knorr/Bichlmeier/Kremhelmer* 2 Rz 100; HzK-*Legerlotz* 1 Rz 106; SPV-*Preis* Rz 11; *Wilhelm* NZA-RR 2002, 453). Vielmehr kommt es auch in diesen Fällen darauf an, ob der Arbeitnehmer die Pflichtwidrigkeit des nunmehr störenden Verhal-

Fristlose Kündigung aus wichtigem Grund § 626 BGB

tens erkennen und der Abmahnung entnehmen musste, der Arbeitgeber werde es keinesfalls hinnehmen, sondern voraussichtlich zum Anlass nehmen, das Arbeitsverhältnis zu kündigen (wie hier *LAG Köln* 5.2.1999 RzK I 1 Nr. 111; *Gamillscheg* Arbeitsrecht I, S. 577; *Kleinebrink* Rz 285/1).

Auch wenn die Wirksamkeit einer Abmahnung nicht davon abhängt, ist es doch empfehlenswert, eine 276 Abmahnung schriftlich zu erteilen und zu den Personalakten zu nehmen (**Dokumentationsfunktion;** vgl. *Degel* FS 50 Jahre saarl. Arbeitsgerichtsbarkeit 1947-1997 S. 207 f.; HK-*Dorndorf* § 1 Rz 578; *Fromm* DB 1989, 1409 f.; *v. Hoyningen-Huene* RdA 1990, 198; *Kleinebrink* Rz 23, 311; *Schaller* DStR 1997, 205). Allerdings erbringt der Nachweis der Erteilung einer Abmahnung allein noch keinen Beweis dafür, dass der Arbeitnehmer die ihm in der Abmahnung vorgeworfene Vertragsverletzung tatsächlich begangen hat (*BAG* 13.3.1987 EzA § 611 BGB Abmahnung Nr. 5; HK-*Dorndorf* § 1 Rz 579; *v. Hoyningen-Huene* aaO; *Kleinebrink* Rz 24; SPV-*Preis* Rz 13). Es ist deswegen zumindest missverständlich, wenn zB *Eich* (NZA 1988, 760), *Kammerer* (BB 1980, 1587 f.) und *Peterek* (Anm. EzA § 611 BGB Abmahnung Nr. 18) uneingeschränkt von einer Beweisfunktion der Abmahnung sprechen.

g) Abmahnungsberechtigte Personen

Als **abmahnungsberechtigte Personen** kommen nicht nur kündigungsberechtigte Vorgesetzte, son- 277 dern alle Mitarbeiter in Betracht, die befugt sind, verbindliche Anweisungen hinsichtlich des Ortes, der Zeit sowie der Art und Weise der arbeitsvertraglich geschuldeten Arbeitsleistung zu erteilen (*BAG* 18.1.1980 EzA § 1 KSchG Verhaltensbedingte Kündigung Nr. 7 [*Peterek*]; *Ascheid* Rz 84; *Bader* ZTR 1999, 202 f.; *Erman/Belling* Rz 47; *Braun* RiA 2005, 268; APS-*Dörner* § 1 KSchG Rz 408; *Dornbusch/Günther* § 1 Rz 163; *Hartmann* BuW 2000, 832; MünchKomm-*Henssler* Rz 93; *v. Hoyningen-Huene* RdA 1990, 206; HzA-*Isenhardt* 5/1 Rz 504; *Kleinebrink* Rz 350 ff.; HzK-*Legerlotz* 1 Rz 68; *Löwisch/Spinner* § 1 Rz 112; H/S-*Regh* § 6 Rz 398; HWK-*Sandmann* Rz 124; *Schaub* NZA 1997, 1186; KPK-*Schiefer/Sowka* Kap. 2 Rz 1245 ff.; *Stege/Weinspach/Schiefer* § 87 Rz 55; MünchArbR-*Wank* § 120 Rz 52; *Weber/Ehrich/Burmester* Teil 1 Rz 251; *Weuster* AiB 1995, 516; *Wilhelm* NZA-RR 2002, 451; aA *Adam* AuR 2001, 43; HK-*Dorndorf* § 1 Rz 641; HaKo-*Fiebig* § 1 KSchG Rz 247; *Hillebrecht* KR, 4. Aufl. Rz 98g; *Kammerer* Rz 353 f. [Beschränkung auf Personalleiter und -referenten]; KDZ-*Kittner* Einl. Rz 128; *Kittner/Zwanziger/Appel* § 97 Rz 8; *Koffka* S. 111 f.; *Lohmeyer* S. 91). Die Zuweisung einer derartigen Vorgesetztenfunktion umfaßt idR auch eine stillschweigende Vollmacht für Abmahnungen (ebenso *LAG RhPf* 4.8.2004 – 10 Sa 222/04). Davon abweichend kann der Arbeitgeber die Abmahnungsberechtigung auf bestimmte Vorgesetzte beschränken. Mit der Bekanntgabe einer solchen Regelung der Abmahnungsberechtigung im Betrieb kann er der Gefahr vorbeugen, dass es durch vorschnelle Abmahnungen seitens nachrangiger Mitarbeiter zu einem Kündigungsverzicht für den konkreten Fall kommt (s.u. Rz 280; *Degel* aaO S. 212; *Kleinebrink* Rz 357 ff.; HzK-*Legerlotz* 1 Rz 69; H/S-*Regh* § 6 Rz 399).

h) Mitbestimmung des Betriebs- bzw. Personalrates?

Vielfach sehen Landespersonalvertretungsgesetze eine Beteiligung des Personalrats bei Abmahnun- 278 gen vor (zB § 74 LPVG NW; § 78 Abs. 2 Nr. 14 LPVG RP; § 80 Abs. 3 SPersVG; vgl. HaKo-*Fiebig* § 1 KSchG Rz 258 f.; *Kammerer* Rz 281 ff.). Der **Mitbestimmung des Betriebsrates** nach dem BetrVG unterliegt die Abmahnung dagegen selbst dann nicht, wenn sie sich auf eine die betriebliche Ordnung berührende Vertragspflichtverletzung bezieht, denn als Ausübung eines Gläubigerrechtes ist die Abmahnung individualrechtlich zu beurteilen (*BAG* 17.10.1989 EzA § 87 BetrVG 1972 Betriebsbuße Nr. 8; HK-*Dorndorf* § 1 Rz 586; HaKo-*Fiebig* § 1 KSchG Rz 256; *Kleinebrink* Rz 290 ff.; *Koffka* S. 120 f.; *Pflaum* S. 266 ff.; **krit.** *Kittner* AuR 1993, 250). Die Mitbestimmungspflichtigkeit kann auch nicht in einem Spruch der Einigungsstelle festgelegt werden (*BAG* 30.8.1995 EzA § 87 BetrVG 1972 Kontrolleinrichtung Nr. 21). Über die individualrechtliche Möglichkeit der Abmahnung hinaus gehen dagegen **Betriebsbußen,** die Sanktionscharakter haben und nur auf der Grundlage einer mitbestimmungspflichtigen Betriebsbußenordnung verhängt werden können. Es hängt von der unter Berücksichtigung des Wortlautes, des Gesamtzusammenhanges und der Begleitumstände erforderlichen Auslegung einer bestimmten Maßnahme des Arbeitgebers ab, ob es sich noch um eine Abmahnung oder schon um eine mitbestimmungspflichtige Betriebsbuße handelt. Dabei ist entscheidend darauf abzustellen, wie der Arbeitnehmer die »Abmahnung« verstehen musste (*BAG* 30.1.1979 EzA § 87 BetrVG 1972 Betriebsbuße Nr. 3; vgl. weiter zur Abgrenzung zwischen Abmahnung und Betriebsbuße: HK-*Dorndorf* § 1 Rz 587; *Heinze* NZA 1990, 169 ff.; *v. Hoyningen-Huene* RdA 1990, 203 ff.; *Schaller* DStR 1997, 203 f.; *Schaub* AR-Blattei SD 480 Rz 12 ff.).

i) Verhältnismäßigkeit der Abmahnung

279 Ob eine Abmahnung sich als unverhältnismäßige Reaktion auf das Fehlverhalten des Arbeitnehmers darstellt, soll nicht im Vergleich zur Quantität und Qualität der arbeitsvertraglichen Pflichtverletzung, sondern nur in Bezug auf die Art und Weise der Abmahnung zu prüfen sein (*LAG SchlH* 29.11.2005 NZA-RR 2006, 180; *Wolf* KR, 3. Aufl., Grunds. Rz 218a). Demgegenüber wird zunehmend die Anwendung des Grundsatzes der **Verhältnismäßigkeit** und ein »vertretbares Verhältnis« **zwischen Abmahnung und Fehlverhalten** verlangt (*BAG* 13.11.1991 EzA § 611 BGB Abmahnung Nr. 24; 30.5.1996 EzA § 611 BGB Abmahnung Nr. 34; *Adam* AuR 2001, 42; *Burger* DB 1992, 837; HK-*Dorndorf* § 1 Rz 632 ff.; *Fromm* DB 1989, 1415; MünchKomm-*Henssler* Rz 95; *Hromadka/Maschmann* § 6 Rz 162; HzA-*Isenhardt* 5 / 1 Rz 505; *Kammerer* Rz 357, 362; KDZ-*Kittner* Einl. Rz 160 ff.; *Kleinebrink* Rz 252 ff.; *Koffka* S. 96 ff.; *Pietrzyk* AuA 2000, 124; H/S-*Regh* § 6 Rz 407 f.; *Weber/Ehrich/Burmester* Teil 1 Rz 250; *Weuster* AiB 1995, 514; *Wilhelm* NZA-RR 2002, 451). Dieser Auffassung ist im Prinzip zuzustimmen, weil der Grundsatz der Verhältnismäßigkeit nicht nur das Erfordernis einer Abmahnung begründet (s.o. Rz 257), sondern zugleich auch das Abmahnungsrecht des Arbeitgebers begrenzt (aA *Bader* ZTR 1999, 204; *Berkowsky* NZA-RR 2001, 74; *Buchner* RdA 2003, 177; *Weber* SAE 2003, 368). Mit dem Hinweis auf die Bestandsgefährdung des Arbeitsverhältnisses greift der Arbeitgeber bereits in bestehende Rechtspositionen des Arbeitnehmers ein, und eine solche Gefährdung des Arbeitsverhältnisses ist nur gerechtfertigt, wenn ein weiteres Fehlverhalten nach Ausspruch einer Abmahnung als Grund für eine Kündigung geeignet sein könnte, wofür ganz geringfügige Verstöße nicht in jedem Fall ausreichen (*BAG* 31.8.1994 EzA § 611 BGB Abmahnung Nr. 33 [*Berger-Delhey*]). Wenn die Abmahnung eine Kündigung vorbereiten soll, ist sie auf Pflichtverstöße zu beschränken, die nach einer Abmahnung geeignet sein könnten, eine Kündigung zu rechtfertigen (*v. Hoyningen-Huene* RdA 1990, 198; HWK-*Sandmann* Rz 128; *LAG Hamm* 17.4.1985 DB 1985, 2691 f.; *LAG Brem.* 28.6.1989 DB 1990, 742; aA *Heinze* FS Söllner 1990 S. 63, 86; MünchKomm-*Henssler* aaO; krit. auch *Beckerle* Rz 431 f. und ErfK-*Müller-Glöge* Rz 54). Das kann zwar zumeist nicht vorab abschließend beurteilt werden, und allein mit dem Argument, der Arbeitgeber hätte über die gerügte Pflichtverletzung auch hinwegsehen können, kann ihm die Abmahnung nicht verwehrt werden (*BAG* 13.11.1991 EzA § 611 BGB Abmahnung Nr. 24); es ist aber zu prüfen, ob ein verständiger Arbeitgeber die Pflichtverstöße im Wiederholungsfall ernsthaft für kündigungsrechtlich erheblich halten dürfte (vgl. *BAG* 16.1.1992 EzA § 123 BGB Nr. 36; *LAG SchlH* 11.5.2004 EzBAT § 13 BAT Nr. 45; HWK-*Sandmann* aaO; ähnlich HzK-*Legerlotz* 1 Rz 47; *Pflaum* S. 327; aA *LAG Köln* 14.3.1990 LAGE § 611 BGB Abmahnung Nr. 22; KPK-*Schiefer/Sowka* Kap. 2 Rz 1219). Diese Einschränkung gilt allerdings nicht für das vertragliche Rügerecht, das auch bei geringfügigen Pflichtverletzungen von allen Vorgesetzten ausgeübt werden kann, denen das Direktionsrecht zusteht (*v. Hoyningen-Huene* aaO). Ggf. kann nach mehreren Ermahnungen eine »Sammelabmahnung« erfolgen (HK-*Dorndorf* § 1 Rz 660).

j) Verzicht auf Kündigung

280 Abgemahnte Leistungs- oder Verhaltensmängel behalten nur dann kündigungsrechtliche Bedeutung, wenn **später weitere erhebliche Umstände** eintreten oder bekannt werden (*BAG* 27.2.1985 RzK I 1, Nr. 5). Mit der Abmahnung – idR dagegen nicht schon mit einer bloßen Ermahnung ohne Warnfunktion (*BAG* 6.3.2003 EzA § 626 BGB 2002 Nr. 3; aA KR-*Griebeling* § 1 KSchG Rz 249; SPV-*Preis* Rz 8) – verzichtet der Arbeitgeber idR konkludent auf eine Kündigung (*BAG* 10.11.1988 EzA § 611 BGB Abmahnung Nr. 18; *Kammerer* Rz 392; *Kleinebrink* Rz 470 f.). Der **Verzicht auf das Kündigungsrecht** betrifft grds. nur die abgemahnten, nicht dagegen alle zum Zeitpunkt der Abmahnung vorliegenden und bekannten Gründe (aA *ArbG Bln.* 4.12.2002 RzK I 1 Nr. 127). Dies folgt daraus, dass ein Verzicht auf Kündigungsrechte eindeutig sein muss und nur dann angenommen werden kann, wenn der Arbeitgeber unzweifelhaft zu erkennen gibt, dass er eine Pflichtverletzung hiermit als ausreichend sanktioniert und die Sache als »erledigt« ansieht (*BAG* 2.2.2006 AP Nr. 52 zu § 1 KSchG 1969 Verhaltensbedingte Kündigung). Insbesondere wird sich der Verzicht nicht auch auf die weiter fortgesetzte (beharrliche) Verweigerung des eingeforderten pflichtgemäßen Verhaltens erstrecken (*BAG* 2.2.2006 aaO). Zudem kann der Abmahnende der Verzichtsfolge dadurch entgehen, dass er sich das Recht zur Kündigung wegen des gerügten Fehlverhaltens unter bestimmten Voraussetzungen doch noch vorbehält (*LAG SchlH* 19.10.2004 LAGE § 1 KSchG Verhaltensbedingte Kündigung Nr. 86).

k) Erneute Pflichtverstöße als Kündigungsgrund

281 Festzuhalten ist bei der Abmahnung als Vorstufe zur Kündigung im Grundsatz auch an dem Erfordernis, dass nach vorheriger Abmahnung ein **weiterer Pflichtverstoß** des Arbeitnehmers nur dann zur

Kündigung berechtigt, wenn das abgemahnte Fehlverhalten **auf der gleichen Ebene** gelegen hat wie der Kündigungsvorwurf. Nach der st.Rspr. des *BAG* (27.2.1985 RzK I 1 Nr. 5; 24.3.1988 RzK I 5 i Nr. 35; 16.1.1992 EzA § 123 BGB Nr. 36) muss der auf eine Abmahnung folgende Wiederholungsfall gleichartig bzw. vergleichbar sein. Der Begriff der »Gleichartigkeit« ist in der Rspr. bislang allerdings wenig präzise und kasuistisch bestimmt worden (so zutr. *Sibben* NZA 1993, 584). Er wird im Schrifttum u.a. wie folgt umschrieben: »gleichwertiger Sachverhalt« (*Bauer/Röder* S. 103), »vergleichbarer Sachverhalt« (*Beckerle* Rz 270), »Pflichtwidrigkeiten der gerügten Art« (*Becker-Schaffner* DB 1985, 650), »Fehlverhalten ... auf einer Ebene« (*Fromm* DB 1989, 1413; *Knorr/Bichlmeier/Kremhelmer* 2 Rz 93), »Fehlverhalten auf der gleichen Ebene« (*Löwisch/Spinner* § 1 Rz 115). Nach richtiger Auffassung ist das vom Arbeitnehmer gezeigte störende Verhalten nicht verengend allein danach zu qualifizieren, ob er die »gleiche Störungshandlung« wiederholt (so zutr. *Ascheid* Rz 83). Bei der Beurteilung der Gleichartigkeit ist vielmehr »**kein strenger formaler Maßstab** anzulegen« (MünchKomm-*Schwerdtner* 3. Aufl. Anh. § 622 Rz 124; HWK-*Sandmann* Rz 132), »die Konfliktbereiche dürfen nicht zu eng gesehen werden« (*Hunold* BB 1986, 2055). Es genügt eine »Gleichartigkeit im weiteren Sinne« (*Beckerle* Rz 281) bzw. eine »Ähnlichkeit im Sachverhalt« (*Degel* FS 50 Jahre saarl. Arbeitsgerichtsbarkeit 1947-1997 S. 221). Pflichtverletzungen sind dann gleichartig, wenn sie unter einem einheitlichen Kriterium zusammengefasst werden können wie zB der Verletzung der vertraglichen Arbeitspflicht in Form von verzögerter, unpünktlicher oder unzuverlässiger Leistung (*v. Hoyningen-Huene* RdA 1990, 208; vgl. ferner *Becker-Schaffner* ZTR 1999, 109; HzK-*Legerlotz* 1 Rz 88; *BAG* 10.12.1992 EzA § 103 BetrVG 1972 Nr. 33; *Hess. LAG* 7.7.1997 AuR 1998, 203; *LAG Bln.* 5.12.1995 LAGE § 1 KSchG Verhaltensbedingte Kündigung Nr. 52). Letztlich ist entscheidend, ob der Arbeitnehmer aus der Abmahnung bei gehöriger Sorgfalt erkennen konnte, der Arbeitgeber werde das neuerlich störende Verhalten nicht einfach hinnehmen, sondern evtl. mit einer Kündigung reagieren (zust. HaKo-*Fiebig* § 1 KSchG Rz 233). Trotz der zwangsläufigen Unbestimmtheit dieses Maßstabs ist ein völliger Verzicht auf das Erfordernis der Gleichartigkeit (dafür *Heinze* FS Söllner 1990 S. 83 ff.; *Kammerer* Rz 390; KPK-*Schiefer/Sowka* Kap. 2 Rz 1260; *Walker* NZA 1995, 606) weder systematisch geboten noch praktikabel. Die negative Prognose auf eine auch künftig anhaltende Unzuverlässigkeit des Arbeitnehmers setzt zwar nicht zwingend die Existenz einer »einschlägigen« Abmahnung voraus, macht aber die Prüfung einer etwaigen Vergleichbarkeit der Pflichtverstöße nicht völlig bedeutungslos (so zutr. *Sibben* NZA 1993, 587; ähnlich *Ascheid* Rz 63). Die negative Prognose ist evident bei wiederholten gleichartigen Störungshandlungen, während bei einer Verschiedenheit der Störakte ein »innerer Bezug im Rahmen der **negativen Prognose**« erforderlich ist (*Ascheid* aaO). Dieser kann allerdings bei einer Vielzahl von Abmahnungen wegen verschiedenartiger Vertragsverletzungen auch unter dem Gesichtspunkt **genereller Unzuverlässigkeit** zu bejahen sein (HK-*Dorndorf* § 1 Rz 652, 655, 662; HaKo-*Fiebig* § 1 KSchG Rz 232; *Hartmann* BuW 2000, 833; KDZ-*Kittner* Einl. Rz 142; HzK-*Legerlotz* 1 Rz 89; ähnlich *Bader* ZTR 1999, 204).

l) Gerichtliche Überprüfung der Abmahnung

Eine reine Vertragsrüge ohne Androhung kündigungsrechtlicher Konsequenzen unterliegt der gerichtlichen Nachprüfung nur dann, wenn sie die Rechtsstellung des Arbeitnehmers dadurch beeinträchtigt, dass sie in die Personalakte aufgenommen oder betriebsöffentlich zur Kenntnis gebracht wird oder wenn sie durch Form oder Inhalt in Grundrechte des Arbeitnehmers, zB Art. 5 GG, eingreift (*Wolf* KR, 3. Aufl., Grunds. Rz 219 d; SPV-*Preis* Rz 10 Fn. 11; einschränkender: *ArbG Freiburg* 27.1.1987 DB 1987, 748; vgl. auch *Degel* aaO S. 231). Dagegen kann der Arbeitnehmer eine Abmahnung mit Warnfunktion schon deshalb **gerichtlich überprüfen** lassen, weil sie seine Rechtsstellung beeinträchtigt, indem sie als Vorstufe zur Kündigung dient.

Der Arbeitnehmer kann dann auf **Entfernung aus den Personalakten**, uU auch auf **Widerruf** der unberechtigten Abmahnung klagen (*BAG* 9.8.1992 EzA § 611 BGB Abmahnung Nr. 25; 15.4.1999 EzA § 611 BGB Abmahnung Nr. 41; 11.12.2001 EzA § 611 BGB Nebentätigkeit Nr. 6; *Degel* aaO S. 232 ff.; *Kammerer* Rz 240 ff.; *Kleinebrink* Rz 550 ff.; *ders.* FA 1999, 213 ff.; HzK-*Legerlotz* 1 Rz 112), wobei er die Beweislast für die Unwahrheit der erhobenen Vorwürfe trägt (*ArbG Ludwigshafen* 12.12.2005 DB 2006, 675; **aA** offenbar *BAG* 27.11.1985 EzA § 611 BGB Fürsorgepflicht Nr 38; 26.1.1994 – 7 AZR 640/92 – nv). Dagegen kommt gegen eine erst **drohende Abmahnung** keine einstweilige Verfügung in Betracht (*LAG Köln* 19.6.1996 BB 1996, 2255). Auch besteht nach Beendigung des Arbeitsverhältnisses idR kein Entfernungsanspruch mehr (*BAG* 14.9.1994 EzA § 611 BGB Abmahnung Nr. 32; HzK-*Legerlotz* 1 Rz 107; H/S-*Regh* § 6 Rz 427; **krit.** *Bader* ZTR 1999, 206; HK-*Dorndorf* § 1 Rz 688). Nimmt der Arbeitgeber eine nach einer Tarifnorm wegen fehlender Anhörung des Arbeitnehmers **formell unwirksame Abmahnung** zu den Personalakten, dann hat der Angestellte wegen Verletzung einer Nebenpflicht einen schuldrechtlichen Anspruch auf Entfernung (*BAG* 16.11.1989 EzA § 611 BGB Abmahnung Nr. 19; vgl. dazu aber o. Rz 267). Auf den Entfernungsanspruch finden **tarifliche Ausschlussfristen** ebenso wenig Anwendung wie auf das Abmahnungsrecht des Arbeitgebers, es kann jedoch **Verwirkung** eintreten (*BAG* 14.12.1994 EzA § 4 TVG Ausschlussfristen Nr. 109; *Degel* aaO S. 216). Werden in einer Abmahnung **mehrere Pflichtverletzungen gerügt,** dann müssen alle Vorwürfe berechtigt sein. Andernfalls ist die Abmahnung insgesamt aus der Personalakte zu entfernen, kann aber berichtigt neu ausgesprochen werden (*BAG* 13.3.1991 EzA § 611 BGB Abmahnung Nr. 20). Entsprechendes gilt, wenn die Folgen der gerügten Pflichtverletzung übertrieben dargestellt wurden (*LAG Düsseld.* 23.2.1996 LAGE § 611 BGB Abmahnung Nr. 45).

284 Der Arbeitnehmer ist allerdings nicht verpflichtet, die Berechtigung einer Abmahnung gerichtlich klären zu lassen. Er kann sich vielmehr darauf beschränken, die Abmahnung zunächst hinzunehmen und ihre Richtigkeit in einem möglichen späteren Kündigungsschutzprozess zu bestreiten (*BAG* 13.3.1987 EzA § 611 BGB Abmahnung Nr. 5; **aA** *Tschöpe/Nägele* 3 D Rz 163). Eine Regelfrist, nach deren Ablauf die Abmahnung wirkungslos wird, gibt es nicht. Die Abmahnung kann zwar durch **Zeitablauf** ihre Bedeutung verlieren, aber das kann nur im konkreten Einzelfall unter Berücksichtigung der besonderen Umstände beurteilt werden (*BAG* 10.10.2002 EzA § 626 BGB 2002 Unkündbarkeit Nr. 1 mwN; vgl. ferner *BVerfG* 16.10.1998 EzA § 611 BGB Abmahnung Nr. 40). Ob allerdings aus dem Bedeutungsverlust ein Entfernungsanspruch abgeleitet werden kann (vgl. *BAG* 14.12.1994 EzA § 4 TVG Ausschlussfristen Nr. 109), erscheint zweifelhaft (abl. *Bader* ZTR 1999, 205; *Kleinebrink* Rz 571/1; *v. Hoyningen-Huene/Linck* § 1 Rz 300; *Wilhelm* NZA-RR 2002, 451; *Zirnbauer* FA 2001, 171; **aA** HzK-*Legerlotz* 1 Rz 105).

2. Betriebsbußen

285 Bei Verstößen gegen die betriebliche Ordnung sind in Betriebsvereinbarungen (Bußordnungen) als echte Sanktionen verschiedentlich **Betriebsbußen** vorgesehen (s.o. Rz 278). *Hillebrecht* hat seine in der 3. Auflage (Rz 191) vertretene Auffassung, bei einer Pflichtverletzung, die sich zugleich als Verstoß gegen die betriebliche Ordnung darstelle, gebiete es das **ultima-ratio-Prinzip** vor einer Kündigung zunächst die in der Bußordnung vorgesehenen Maßnahmen zu ergreifen (erwogen auch vom *BAG* 17.3.1989 EzA § 626 BGB nF Nr. 116), in der 4. Auflage zu Recht aufgegeben. Eine Erstreckung des Grundsatzes der Verhältnismäßigkeit im Bereich des Kündigungsrechtes auf kollektiv-rechtliche Sanktionsmaßnahmen wäre **systemwidrig.** Während bei der Kündigung nur das Anhörungsverfahren nach § 102 BetrVG einzuhalten ist, unterliegen kollektiv-rechtliche Sanktionen der Mitbestimmung des Betriebsrates nach § 87 Abs. 1 Nr. 1 BetrVG. Es ist aber verfehlt, Maßnahmen als »Vorstufen« zur Kündigung zu verlangen, die an strengere Voraussetzungen gebunden sind als die Kündigung (vgl. *BAG* 17.1.1991 EzA § 1 KSchG Verhaltensbedingte Kündigung Nr. 37; APS-*Dörner* Rz 90; *Hillebrecht* ZfA 1991, 124 f.; HzA-*Isenhardt* 5/1 Rz 509; ErfK-*Müller-Glöge* Rz 57; HAS-*Popp* § 19 B Rz 221; SPV-*Preis* Rz 18; HWK-*Sandmann* Rz 113; **aA** *LAG Brem.* 18.11.2004 RzK I 6a Nr. 263; LzK-*Gräfl* 240 Rz 55).

3. Widerrufsvorbehalt, Direktionsrecht

286 Eine **Änderungskündigung** (s.o. Rz 198 ff.) mit dem Ziel, eine unter **Widerrufsvorbehalt** gewährte freiwillige Sozialleistung rückgängig zu machen, verstößt wegen der damit verbundenen Bestandsgefährdung des Arbeitsverhältnisses gegen den Verhältnismäßigkeitsgrundsatz, wenn dieses Ziel auch durch Ausübung des vorbehaltenen Widerrufs hätte erreicht werden können (*BAG* 28.4.1982 EzA § 2 KSchG Nr. 4). Entsprechend verstößt eine Änderungskündigung gegen das ultima-ratio-Prinzip, wenn schon die Ausübung des **Direktionsrechts** (§ 106 GewO) genügt hätte. Dies gilt aber nicht für die Vertragsänderung als solche, wenn das mit der Änderungskündigung unterbreitete Angebot unter Vorbehalt angenommen wurde (s.o. Rz 200).

4. Feststellungs-, Unterlassungsklage

287 Bei Verletzung von **Nebenpflichten,** deren Inhalt str. ist, kann es sowohl für den Arbeitgeber als auch den Arbeitnehmer (vgl. dazu *BAG* 2.3.1983 – 7 AZR 732/79 – nv) geboten sein, Inhalt und Umfang der Pflichten durch eine **Feststellungs- oder Unterlassungsklage** klären zu lassen, bevor das Arbeitsverhältnis als solches durch eine Kündigung in Frage gestellt wird (*Otto* AuR 1980, 289, 297; HAS-*Popp* § 19 B Rz 224).

5. Umsetzung, Versetzung

Nach dem Grundsatz der Verhältnismäßigkeit kommt eine Beendigungskündigung, gleichgültig ob 288 sie auf betriebs-, personen- oder verhaltensbedingte Gründe gestützt wird, und unabhängig davon, ob sie als ordentliche oder außerordentliche Kündigung ausgesprochen wird, nur dann in Betracht, wenn **keine Möglichkeit** zu einer **anderweitigen Beschäftigung** besteht. Wenn ein Arbeitnehmer auf seinem bisherigen Arbeitsplatz nicht weiterbeschäftigt werden kann, ist stets zu prüfen, ob eine Umsetzung oder Versetzung auf einen anderen freien Arbeitsplatz möglich ist (BAG 21.4.2005 EzA § 2 KSchG Nr. 53; KR-*Griebeling* § 1 KSchG Rz 272, 406 ff., 545 f.; HAS-*Popp* § 19 B Rz 220; SPV-*Preis* Rz 918; diff. nach Störungen im Vertrauens- oder Leistungsbereich: *Wank* RdA 1993, 81). Die Beendigungskündigung ist allerdings nicht schon dann unwirksam, wenn der Arbeitgeber zuvor nicht geprüft hat, ob er den Arbeitnehmer auf einem anderen Arbeitsplatz weiterbeschäftigen kann, und deswegen auch keine Versetzung angeboten hat. Es kommt vielmehr darauf an, ob die Versetzung auf einen anderen freien Arbeitsplatz tatsächlich möglich war (BAG 30.5.1978 EzA § 626 BGB nF Nr. 66 [*Käppler*]).

Die Prüfung, ob eine Beendigungskündigung durch Versetzung auf einen anderen Arbeitsplatz ver- 289 mieden werden kann, ist nicht nur auf den Beschäftigungsbetrieb, sondern grds. auf das **gesamte Unternehmen** des Arbeitgebers zu erstrecken (BAG 8.10.1957 AP Nr. 15 zu § 626 BGB). Dabei ist auch zu prüfen, ob eine Weiterbeschäftigung zwar nicht auf Dauer, aber wenigstens bis zum Ablauf der ordentlichen **Kündigungsfrist** möglich ist (BAG 30.5.1978 EzA § 626 BGB nF Nr. 66).

Eine an sich mögliche **Versetzung** ist allerdings nur dann in Betracht zu ziehen, wenn der Grund, der 290 einer Fortsetzung des Arbeitsverhältnisses mit dem bisherigen Inhalt entgegensteht, es nicht zugleich ausschließt, den Arbeitnehmer auf einem anderen Arbeitsplatz oder zu anderen Bedingungen weiterzubeschäftigen. Dabei geht es um eine tatsächliche Beschäftigung; eine **Freistellung** ist demgegenüber idR keine mildere Maßnahme, die der Arbeitgeber für die Dauer der Kündigungsfrist in Betracht ziehen müsste, um die fristlose Kündigung zu vermeiden (BAG 11.3.1999 EzA § 626 BGB nF Nr. 176 gegen LAG Düssel. 5.6.1998 LAGE § 626 BGB Nr. 120; HWK-*Sandmann* Rz 110; diff. HaKo-*Griebeling* Rz 78). Die anderweitige Beschäftigung muss dem Arbeitgeber nicht nur **möglich**, sondern auch **zumutbar** sein (BAG 6.10.2005 EzA § 1 KSchG Verhaltensbedingte Kündigung Nr. 66). Bei personen- oder verhaltensbedingten Kündigungsgründen (zB erheblicher krankheits- oder altersbedingter Leistungsminderung oder ständigen Auseinandersetzungen mit Vorgesetzten und Mitarbeitern) ist deshalb sorgfältig zu prüfen, ob diese Gründe auch bei einer Beschäftigung auf einem anderen Arbeitsplatz fortwirken. Außerdem sind zur **Überbrückung** bei verhaltensbedingten und personenbedingten Gründen, die auf ein steuerbares Verhalten des Arbeitnehmers zurückzuführen sind, vom Arbeitgeber geringere Anstrengungen zu erwarten als zB bei einem krankheitsbedingten Ausfall (BAG 16.8.1990 RzK I 5 h Nr. 18). So ist etwa im Fall einer Tätlichkeit eine Versetzung oder Umsetzung regelmäßig unzumutbar (BAG 6.10.2005 aaO). Auch soll, wenn ein als Kraftfahrer eingestellter Arbeitnehmer wegen Entziehung des Führerscheins seine Arbeitspflicht vorübergehend nicht mehr erfüllen kann, eine mögliche Versetzung ausnahmsweise deswegen unzumutbar sein, weil die außerordentliche Kündigung zur Aufrechterhaltung der allgemeinen Disziplin geboten ist (BAG 22.8.1963 AP Nr. 51 zu § 626 BGB; krit. *Erman/Belling* Rz 59). Wenn eine andere Tätigkeit nur aufgrund besonderer, dem Arbeitgeber nicht bekannter Verhältnisse des Arbeitnehmers möglich ist, trifft den Arbeitgeber keine Initiativlast (BAG 14.2.1991 RzK I 6 a Nr. 70).

Für die Frage, ob dem Arbeitgeber eine Versetzung »unzumutbar« ist, ist mit *Preis* (DB 1990, 685 f.; 291 SPV-*Preis* Rz 1182) idR darauf abzustellen, ob ein Kündigungsgrund arbeitsplatzbezogen ist. Bei **arbeitsplatzbezogenen Gründen** (Schlechtleistung, Unfähigkeit für bestimmte Aufgaben) geht die mögliche Versetzung auf einen freien Arbeitsplatz der Kündigung vor, wenn die begründete Aussicht besteht, dass der Arbeitnehmer unter den veränderten Verhältnissen die Anforderungen vertragsmäß erfüllen wird (SPV-*Preis* aaO). Das gilt auch für Gründe, die sich zwar nicht nur auf die bisherige Tätigkeit auswirken, bei denen aber – wie zB bei Auseinandersetzungen mit Arbeitskollegen – das Risiko weiterer Vertragsverletzungen durch die Versetzung ausgeschlossen oder wesentlich verringert werden kann (SPV-*Preis* aaO).

Bei verhaltensbedingten Gründen, die **arbeitsplatzunabhängig** sind (zB Vorlage unrichtiger Arbeits- 292 unfähigkeitsbescheinigungen, fortwährende Unpünktlichkeit, Straftaten gegenüber dem Arbeitgeber), ist dagegen eine Versetzung regelmäßig kein geeignetes milderes Mittel im Verhältnis zur Kündigung (SPV-*Preis* aaO).

Der Grundsatz der Verhältnismäßigkeit ist auch dann zu wahren, wenn der Arbeitnehmer auf dem 293 bisherigen oder einem anderen Arbeitsplatz nur zu **schlechteren Arbeitsbedingungen** weiterbeschäf-

§ 626 BGB Fristlose Kündigung aus wichtigem Grund

tigt werden kann. Der Arbeitgeber muss vor Ausspruch einer Beendigungskündigung eine solche Weiterbeschäftigung **anbieten** (s.u. Rz 295; *BAG* 21.4.2005 EzA § 2 KSchG Nr. 53; *Gagel* BB 1983, 844; **krit.** *Bauer/Winzer* BB 2006, 266 ff.). Wenn der Arbeitgeber die Änderung der unhaltbar gewordenen Arbeitsbedingungen nicht einseitig aufgrund seines Direktionsrechtes anordnen kann, dann ist dazu das Einverständnis des Arbeitnehmers und notfalls eine **Änderungskündigung** erforderlich (vgl. zur Abgrenzung zwischen Direktionsrecht und Änderungskündigung KR-*Rost* § 2 KSchG Rz 35 ff.).

6. Änderungskündigung

294 Wenn der Arbeitnehmer nicht vorbehaltlos bereit ist, dem Angebot des Arbeitgebers zu entsprechen, das Arbeitsverhältnis als Übergangslösung bis zum Ablauf der ordentlichen Kündigungsfrist oder unbefristet zu anderen Bedingungen fortzusetzen (zur Annahme des Angebots durch schlüssiges Verhalten vgl. KR-*Rost* § 2 KSchG Rz 63, 63b), gelten für das Verhältnis zwischen Beendigungs- und **Änderungskündigung** (s.a. Rz 198 ff.) folgende Grundsätze: Der Arbeitgeber muss dem Arbeitnehmer die Gelegenheit zu geben, das Änderungsangebot zumindest unter einem dem § 2 KSchG entsprechenden Vorbehalt unverzüglich anzunehmen. Bringt der Arbeitnehmer bei den Verhandlungen mit dem Arbeitnehmer unmissverständlich zum Ausdruck, er werde die geänderten Arbeitsbedingungen im Fall einer Änderungskündigung keinesfalls, auch nicht unter Vorbehalt, annehmen, dann ist der Arbeitgeber durch den Grundsatz der Verhältnismäßigkeit nicht gehindert, **sogleich** eine außerordentliche **Beendigungskündigung** zu erklären (vgl. *BAG* 21.4.2005 EzA § 2 KSchG Nr. 53; KR-*Rost* § 2 KSchG Rz 18b, g). Davon kann idR ausgegangen werden, wenn der Arbeitgeber seinerseits unmissverständlich (*BAG* 7.12.2000 EzA § 1 KSchG Betriebsbedingte Kündigung Nr. 108; 29.11.1990 RzK I 5 a Nr. 4) **klargestellt hat,** dass bei Ablehnung des Änderungsangebotes eine außerordentliche **Beendigungskündigung beabsichtigt** ist, der **Arbeitnehmer** das Angebot aber gleichwohl **vorbehaltlos ablehnt** (*BAG* 30.5.1978 EzA § 626 BGB nF Nr. 66; *Nikisch* I, S. 704). Das gilt allerdings dann nicht, wenn der Arbeitgeber einen an sich anerkennenswerten Anlass zur Vertragsänderung dazu benutzt hat, dem Arbeitnehmer **Bedingungen** vorzuschlagen, die nicht **unabweisbar notwendig** sind (*BAG* 6.3.1986 EzA § 15 KSchG nF Nr. 34). Die Ablehnung des Änderungsangebotes durch den Arbeitnehmer verwehrt es diesem nur, den Arbeitgeber gegenüber einer daraufhin ausgesprochenen Beendigungskündigung auf eine Änderungskündigung mit dem abgelehnten Inhalt zu verweisen (*BAG* 27.9.1984 EzA § 2 KSchG Nr. 5). Die Klärung vor Ausspruch der Kündigung ist zwar wünschenswert, der Grundsatz der Verhältnismäßigkeit verwehrt es dem Arbeitgeber aber nicht, **ohne vorheriges Änderungsangebot** sogleich eine Kündigung mit einem Änderungsangebot zu verbinden (*BAG* 21.4.2005 EzA § 2 KSchG Nr. 53; KR-*Rost* § 2 KSchG Rz 18g).

295 Unterlässt es der Arbeitgeber, dem Arbeitnehmer vor Ausspruch einer Beendigungskündigung ein mögliches Änderungsangebot zu unterbreiten, dann ist die Beendigungskündigung nicht bereits wegen dieser Unterlassung unwirksam. Auf entsprechenden Vortrag des Arbeitnehmers bedarf es vielmehr der tatrichterlichen Würdigung, ob der Arbeitnehmer einem vor der Kündigung unterbreiteten Vorschlag zumindest unter Vorbehalt zugestimmt hätte (*BAG* 27.9.1984 EzA § 2 KSchG Nr. 5; insoweit zust. *Preis* Prinzipien S. 301; abl. *BAG* 21.4.2005 EzA § 2 KSchG Nr. 53). Wenn der Arbeitnehmer selbst unter dem Druck einer bereits ausgesprochenen Beendigungskündigung zunächst im Kündigungsprozess eine Weiterbeschäftigung zu geänderten Bedingungen vorbehaltlos abgelehnt hat, bedarf es keiner hypothetischen Prüfung, wie der Arbeitnehmer auf ein rechtzeitiges Angebot reagiert hätte (*Hillebrecht* ZfA 1991, 114 gegen *BAG* 27.9.1984 EzA § 2 KSchG Nr. 5). Erheblich ist nur eine **widerspruchsfreie Berufung auf** eine **Weiterbeschäftigung** zu geänderten Bedingungen (so auch KR-*Rost* § 2 KSchG Rz 19 mwN).

296 Nimmt der **Arbeitnehmer** das Änderungsangebot **unter Vorbehalt** nach § 2 KSchG **an,** dann entfällt der Grund für eine Beendigungskündigung. Der Arbeitgeber muss sich in diesem Fall mit einer außerordentlichen **Änderungskündigung** begnügen, die er dann, wenn ihm eine Weiterbeschäftigung zu geänderten Bedingungen nur als **Übergangsregelung** bis zum Ablauf der Kündigungsfrist möglich oder zumutbar ist, zugleich mit einer ordentlichen Beendigungskündigung verbinden kann. Darauf ist der Arbeitgeber auch dann zu verweisen, wenn es ihm vor Ablauf der Ausschlussfrist des § 626 Abs. 2 BGB (s.u. Rz 319 ff.) nicht möglich ist, mit dem Arbeitnehmer (etwa wegen Krankheit oder Urlaub) über die mögliche Vertragsänderung zu verhandeln. Nimmt er die Ungewissheit zum Anlass, nur eine Beendigungskündigung zu erklären, dann geht er dabei das Risiko ein, dass sich der Arbeitnehmer später auf eine mögliche und zumutbare Vertragsänderung beruft.

Fristlose Kündigung aus wichtigem Grund § 626 BGB

7. Ordentliche Kündigung

Bereits gesetzlich konkretisiert ist der Grundsatz der Verhältnismäßigkeit insoweit, als nach § 626 **297**
Abs. 1 BGB stets zu prüfen ist, ob nicht eine **ordentliche Kündigung** als **mildere Maßnahme** gegenüber einer außerordentlichen Kündigung ausreicht (*Preis* Prinzipien S. 309; ArbRBGB-*Corts* Rz 47). Für diese Abwägung ist die Dauer der künftigen Vertragsbindung von entscheidender Bedeutung (HAS-*Popp* § 19 B Rz 231).

V. Bedeutung der Unkündbarkeit und der Dauer der Vertragsbindung

1. Verhältnis zwischen Kündigungsgrund und Vertragsdauer

Schon nach dem Wortlaut des Gesetzes wird als Voraussetzung für eine außerordentliche Kündigung **298**
gefordert, dass die Fortsetzung des Dienstverhältnisses bis zum Ablauf der Kündigungsfrist oder bis zu der vereinbarten Beendigung des Dienstverhältnisses unzumutbar ist. Es ist deshalb allgemein für die Interessenabwägung wesentlich, wie lange die Parteien noch an den Arbeitsvertrag gebunden wären, wenn die außerordentliche Kündigung nicht durchgreifen würde (*BAG* 21.6.2001 EzA § 626 BGB Unkündbarkeit Nr. 7; *Bröhl* S. 114 ff.; SPV-*Preis* Rz 606, 616).

Daraus folgt nicht als feste Regel, dass eine außerordentliche Kündigung bei einer **langfristigen Bin-** **299**
dung (längere Dauer der Kündigungsfrist oder der Befristung) stets erleichtert ist, während dann, wenn eine kurzfristige Beendigung durch eine ordentliche Kündigung möglich ist oder infolge der Befristung demnächst eintritt, an eine außerordentliche Kündigung besonders strenge Anforderungen zu stellen sind. Ob sich die Länge der Kündigungsfrist oder die Dauer eines befristeten Vertrages **erleichternd oder erschwerend** für die Anerkennung eines wichtigen Grundes auswirken, kann sachgerecht nur unter Berücksichtigung der Umstände des jeweiligen Einzelfalles entschieden werden (vgl. HaKo-*Griebeling* Rz 69; HzA-*Isenhardt* 5/1 Rz 315; *Soergel/Kraft* Rz 44; *Staudinger/Neumann* 12. Aufl. Rz 26 f.). Die Ansicht, das Gewicht des wichtigen Grundes stehe im umgekehrten Verhältnis zur Dauer der Bindung (vgl. *Herschel* Anm. zu AP Nr. 1 zu § 44 TVAL II), lässt sich nicht konsequent durchhalten, weil sie zu unbilligen Ergebnissen führen würde (*Däubler* 2 Rz 1140; SPV-*Preis* Rz 616).

Durch die Vereinbarung langer Kündigungsfristen oder den Ausschluss der ordentlichen Kündigung **300**
soll einerseits eine **verstärkte Bindung** zwischen dem Arbeitgeber und dem Arbeitnehmer geschaffen werden. Das spricht an sich dafür, an die Gründe für die außerordentliche Kündigung einen **strengeren Maßstab** anzulegen. Diese schematische Betrachtung steht jedoch andererseits im schwer lösbaren **Widerspruch** zu der Erwägung, dass dem Arbeitgeber die **kurzfristige Weiterbeschäftigung** eines Arbeitnehmers idR **eher zuzumuten** ist als die Fortsetzung eines langfristigen Vertrages (*BAG* 18.11.1986 EzA § 611 BGB Kirchliche Arbeitnehmer Nr. 26). Auch dieser Grundsatz gilt nur eingeschränkt: Der Kündigungsberechtigte kann auch dann, wenn das Arbeitsverhältnis ohnehin demnächst endet, ein zu billigendes besonderes Interesse an einer sofortigen Auflösung haben, und zwar zB dann, wenn die außerordentliche Kündigung zum Wegfall von Ansprüchen führt, die bei einer fristgerechten Vertragsbeendigung erhalten bleiben würden (s.o. Rz 243). Die Dauer der an sich beabsichtigten Bindung ist deshalb nur ein – wenn auch wesentlicher – Umstand, der bei der erschöpfenden Interessenabwägung zu berücksichtigen ist (ähnlich *Isenhardt* aaO).

2. Altersgesicherte und unkündbare Arbeitnehmer

Diese Schwierigkeiten treten insbes. auch bei der außerordentlichen Kündigung von altersgesicherten **301**
bzw. sog. **unkündbaren Arbeitnehmern** auf, die aufgrund tariflicher Vorschriften nach längerer Betriebszugehörigkeit und höherem Lebensalter nur noch aus wichtigen Gründen gekündigt werden können (dazu, dass solche Tarifverträge wegen Art. 3 Abs. 1 GG, § 2 Abs. 1 BeschFG bzw. § 4 Abs. 1 TzBfG Teilzeitbeschäftigte von der besonderen Sicherung nicht ausnehmen dürfen *BAG* 13.3.1997 EzA § 2 BeschFG 1985 Nr. 52; *LAG Köln* 3.7.1996 LAGE § 2 BeschFG 1985 Nr. 32). Bei der Prüfung, ob ein wichtiger Grund vorliegt, ist bei einem unkündbaren Arbeitnehmer zwar an sich ein besonders **strenger Maßstab** anzulegen (*BAG* 3.11.1955 EzA § 626 BGB Nr. 1), und zwar auch bei verhaltensbedingten Gründen (*BAG* 20.4.1977 EzA § 626 BGB nF Nr. 55; *v. Koppenfels* S. 84 ff.; **aA** *LAG Düsseld.* 24.8.2001 LAGE § 626 BGB Unkündbarkeit Nr. 4; *Bröhl* S. 96, 126 ff.; HzK-*Eisenbeis* 4 Rz 99; *Geller* S. 138; HaKo-*Griebeling* Rz 71; *Volz* S. 36; ähnlich *Preis* Prinzipien S. 488 f.). Das folgt, wie auch *Bröhl* an anderer Stelle (S. 117) erkennt, aus dem Schutzzweck des Ausschlusses der ordentlichen Kündigung, gilt jedoch **nicht uneingeschränkt**. Der tarifliche Ausschluss der ordentlichen Kündigung und die daraus folgende Dauer der Vertragsbindung stellen vielmehr Umstände dar, die bei einer außerordentlichen Kündi-

Fischermeier 1725

gung im Rahmen der einzelfallbezogenen Interessenabwägung entweder zugunsten oder zuungunsten des Arbeitnehmers zu berücksichtigen sind. Welche Betrachtungsweise im Einzelfall den Vorrang verdient, ist unter Beachtung des Sinns und Zwecks des Ausschlusses der ordentlichen Kündigung sowie insbes. unter Berücksichtigung der **Art des Kündigungsgrundes** zu entscheiden (*BAG* 14.11.1984 EzA § 626 BGB nF Nr. 93; 28.3.1985 EzA § 626 BGB nF Nr. 96 und 22.7.1992 EzA § 626 BGB nF Nr. 141; KPK-*Bengelsdorf Kap. 2 Rz 35*; ArbRBGB-*Corts* Rz 49; HaKo-*Gallner* § 1 KSchG Rz 452; *Pauly* AuR 1997, 96; *Staudinger/Neumann* 12. Aufl. Rz 27; HWK-*Sandmann* Rz 102; **krit.** *Bröhl* S. 96, 100; HAS-*Popp* § 19 B Rz 238).

301a Bei **betriebs- und personenbedingten Kündigungsgründen** handelt es sich idR um **Dauertatbestände**, die dem Arbeitgeber die Fortsetzung des Arbeitsverhältnisses bis zum Eintritt des Arbeitnehmers in den Ruhestand unzumutbar machen können, obgleich sie bei ordentlich kündbaren Arbeitnehmern eine Kündigung gem. § 626 BGB nicht rechtfertigen würden (*BAG* 22.7.1992 EzA § 626 BGB nF Nr. 141 [bei einer Betriebsstilllegung]; 4.2.1993 EzA § 626 BGB nF Nr. 144 [bei dauerhafter Arbeitsunfähigkeit]). Gleiches gilt für personenbedingte Gründe mit Wiederholungsgefahr (*BAG* 9.9.1992 EzA § 626 BGB nF Nr. 142 [bei häufigen, auch künftig zu erwartenden krankheitsbedingten Fehlzeiten]). Selbstverständlich stellen betriebs- oder personenbedingte Gründe im Fall des Ausschlusses der ordentlichen Kündigung nicht schon allein deshalb einen wichtigen Grund für eine außerordentliche Kündigung dar, weil sie bei nicht vor ordentlichen Kündigungen geschützten Arbeitnehmern die Kündigung gem. § 1 KSchG sozial rechtfertigen würden (insoweit zutreffend *LAG Düsseld.* 24.8.2001 LAGE § 626 BGB Unkündbarkeit Nr. 4); nur in Ausnahmefällen, insbes. wenn sonst dem Arbeitgeber die Fortsetzung eines sinnentleerten Arbeitsverhältnisses über viele Jahre und womöglich noch unter Weiterzahlung der Vergütung zugemutet würde, kann eine außerordentliche Kündigung in Betracht kommen (*BAG* 16.9.1999 EzA § 626 BGB Krankheit Nr. 2; 13.6.2002 EzA § 15 KSchG nF Nr. 55 [*Pallasch*]; 8.4.2003 EzA § 626 BGB 2002 Unkündbarkeit Nr. 2; 12.1.2006 EzA § 626 BGB 2002 Unkündbarkeit Nr. 9; 6.10.2005 EzA § 626 BGB 2002 Nr. 14).

301b Bei **verhaltensbedingten Gründen** ist zu unterscheiden: Pflichtverletzungen können so **gravierend** sein, dass sie die Fortsetzung des Arbeitsverhältnisses auf Zeit schlechthin unzumutbar machen. In diesen Fällen kann auch ein tarifvertraglicher Ausschluss der ordentlichen Kündigung zu keiner anderen Interessenabwägung führen (*BAG* 10.10.2002 EzA § 626 BGB 2002 Unkündbarkeit Nr. 1; 27.4.2006 EzA § 626 BGB 2002 Unkündbarkeit Nr. 11; *Etzel* ZTR 2003, 212). Bei Pflichtverletzungen mit **Wiederholungsgefahr**, die im konkreten Fall bei ordentlicher Kündbarkeit nur eine fristgerechte Kündigung sozial rechtfertigen würden, kann bei Ausschluss dieser Kündigungsmöglichkeit gerade wegen der langen Vertragsbindung eine außerordentliche Kündigung gerechtfertigt sein (ebenso HaKo-*Griebeling* Rz 70; HWK-*Sandmann* Rz 102; *Linck/Scholz* AR-Blattei SD 1010.7 Rz 74). Bei einmaligen Pflichtverletzungen, die zwar unter Berücksichtigung aller Umstände und Abwägung der Interessen beider Vertragsteile keine fristlose Kündigung rechtfertigen, aber immerhin so gravierend sind, dass trotz fehlender Wiederholungsgefahr wegen der fortwirkenden Belastung des Arbeitsverhältnisses eine ordentliche Kündigung als sozial gerechtfertigt anzusehen wäre (vgl. KR-*Griebeling* § 1 KSchG Rz 405), kann sich dagegen der Ausschluss der ordentlichen Kündigung unter Berücksichtigung von Sinn und Zweck der Unkündbarkeitsklausel zugunsten des Arbeitnehmers auswirken und einer außerordentlichen Kündigung entgegenstehen, obwohl die lange Vertragsbindung sonst eher die Unzumutbarkeit iSv § 626 BGB begründet (ähnlich KDZ-*Däubler* Rz 48; wohl auch APS-*Dörner* Rz 36 ff.; **aA** *Bröhl* S. 100, 126 ff.; *Etzel* ZTR 2003, 211; HWK-*Sandmann* aaO; krit. ferner *Popp* aaO Rz 238; SPV-*Preis* Rz 796). Solche Fälle dürften allerdings selten sein.

302 Anders als bei der Kündigung von Arbeitnehmern, die durch § 15 KSchG geschützt sind, ist also im Falle des Ausschlusses der ordentlichen Kündigung bei der Interessenabwägung **nicht** auf die **fiktive Frist** für die ordentliche Kündigung, sondern auf die tatsächliche künftige Vertragsbindung abzustellen (*BAG* 14.11.1984 EzA § 626 BGB nF Nr. 93; *Gusek* S. 52 f.; *Kiel* NZA 2005, Beil. 1 S. 20; **aA** MünchArbR-*Wank* § 120 Rz 20; bei verhaltensbedingten Gründen auch *Däubler* GedS Heinze 2005 S. 123 f.). Dadurch wird dem Umstand entsprochen, dass die nach § 626 Abs. 1 BGB für den Zumutbarkeitszeitraum als maßgeblich erklärte Kündigungsfrist wegen der Unkündbarkeitsklausel nicht eingreift. Dieser Prüfungsmaßstab muss entgegen der in den Vorauflagen vertretenen Ansicht (mit Recht krit. *Bröhl* S. 48; zust. dagegen HWK-*Sandmann* Rz 101) selbst dann gelten, wenn der Wortlaut des Kündigungsausschlusses dem von § 15 KSchG nachgebildet ist; andernfalls würde vom Arbeitgeber Unzumutbares verlangt, die außerordentliche Kündigung würde unzumutbar erschwert (s.o. Rz 57 ff.).

Wenn wegen veränderter Arbeitsbedingungen **Änderungskündigungen** nur gegenüber einzelnen Arbeitnehmern erforderlich werden, dann ist einem unkündbaren Arbeitnehmer grds. ein Arbeitsplatz zu den bisherigen Bedingungen vorzubehalten (*BAG* 17.5.1984 AP Nr. 3 zu § 55 BAT).

3. Befristete außerordentliche Kündigung aus minder wichtigem Grund?

Wirkt sich die Dauer der Vertragsbindung bei der Interessenabwägung zum Nachteil für die altersgesicherten bzw. unkündbaren Arbeitnehmer aus, indem sie ihren Arbeitsplatz bei einer fristlosen Kündigung früher verlieren würden als die kündbaren Arbeitnehmer, würde ein **Wertungswiderspruch** eintreten, der den Tarifvertragsparteien nicht als gewollt unterstellt werden kann (*BAG* 28.3.1985 EzA § 626 BGB nF Nr. 96). Fristlos kann solchen Arbeitnehmern nur gekündigt werden, wenn auch bei unterstellter Kündbarkeit die Einhaltung der Kündigungsfrist unzumutbar wäre (*BAG* 12.8.1999 EzA § 626 BGB Verdacht strafbarer Handlung Nr. 8 [*Walker*]; 13.4.2000 EzA § 626 BGB nF Nr. 180). Ansonsten gebietet es die bezweckte besondere Sicherung des Arbeitsplatzes, eine außerordentliche Kündigung nur unter Einhaltung der bei unterstellter ordentlicher Kündbarkeit einschlägigen (nicht der denkbar längsten, vgl. *Bröhl* S. 185 ff. mwN auch zur Gegenmeinung) gesetzlichen oder tariflichen Kündigungsfrist (**Auslauffrist**) zuzulassen (*BAG* 28.3.1985 EzA § 626 BGB nF Nr. 96; 5.2.1998 EzA § 626 BGB Unkündbarkeit Nr. 2 [*Walker*]; 11.3.1999 EzA § 626 BGB nF Nr. 177). *Bitter/Kiel* (FS Schwerdtner 2003 S. 16), *Geller* (S. 141 ff.) und *v. Koppenfels* (S. 207 f., 210 ff.) begründen dies mit einer »teleologischen Reduktion« (vgl. ferner MünchKomm-*Henssler* Rz 111 ff.; *Linck/Scholz* AR-Blattei SD 1010.7 Rz 76 ff.; *Kappelhoff* ArbRB 2002, 370; *Moll* FS Wiedemann 2002 S. 343 ff.; *Staudinger/Neumann* 12. Aufl. Rz 111; SPV-*Preis* Rz 820; HWK-*Sandmann* Rz 103; *Schwerdtner* FS Kissel 1994 S. 1077 f.; jetzt auch *Löwisch/Spinner* vor § 1 Rz 122). Das gilt auch für andere Arbeitsverträge, bei denen zwar die ordentliche Kündigung nicht ausgeschlossen ist, aber eine langfristige Bindung zum Schutz des Arbeitnehmers vereinbart worden ist. Der Versuch, den Arbeitgeber in diesen Fällen in Rechtsanalogie zu § 15 Abs. 4 KSchG auf eine ordentliche Kündigung mit der sonst einschlägigen Frist zu verweisen (erwogen von *BAG* 7.6.1984 EzA § 22 KO Nr. 4), scheitert an der längerfristigen vertraglichen Bindung bzw. am vertraglichen oder tariflichen Ausschluss der ordentlichen Kündigung (*BAG* 28.3.1985 EzA § 626 BGB nF Nr. 96; **aA** ursprünglich *Bröhl* FS Schaub 1998 S. 55 ff., der in den genannten Fällen eine partielle Unwirksamkeit der Ausschlussklauseln annahm; dem zust. *Mauer/Schüßler* BB 2001, 470 und *Rieble* NZA 2003, 1244; ähnlich *Adam* NZA 1999, 846 ff., *Bengelsdorf* RdA 2005, 306 f., *Oetker* ZFA 2001, 336 ff. und *Pape* S. 259 ff.; bei betrieblichen Gründen auch *Löwisch/Spinner* aaO und *Berkowsky* ZfPR 2003, 179; gegen diesen Lösungsansatz *Bitter/Kiel* aaO S. 33 ff., *Geller* S. 131 f., HaKo-*Griebeling* Rz 39, *Gusek* S. 67 f. und eingehend *Moll* aaO S. 341 ff.; s. jetzt auch *Bröhl* S. 109 f., 230 f.).

Auf die Frist für die ordentliche Kündigung ist der Arbeitgeber in den Fällen, in denen eine ordentliche Kündigung ausgeschlossen oder zum Schutz des Arbeitnehmers eine langfristige Bindung vereinbart worden ist, nicht nur dann zu verweisen, wenn die **Gründe im betrieblichen Bereich** liegen. Auch wenn sie aus der **Sphäre des Arbeitnehmers** stammen, also zB verhaltensbedingt sind, würde es der Intention eines gesteigerten Kündigungsschutzes widersprechen, dem Arbeitnehmer eine der fiktiven Kündigungsfrist entsprechende Auslauffrist zu verweigern, wenn einem nach den Sozialdaten vergleichbaren Arbeitnehmer ohne gesteigerten Kündigungsschutz bei gleichem Kündigungssachverhalt nur fristgerecht gekündigt werden könnte (vgl. *BAG* 11.3.1999 EzA § 626 BGB nF Nr. 177; 15.11.2001 EzA § 626 BGB nF Nr. 192; *Bitter/Kiel* aaO S. 18 ff., KDZ-*Däubler* Rz 50; *Etzel* ZTR 2003, 211 f.; HaKo-*Fiebig* § 1 KSchG Rz 314; HaKo-*Gallner* § 1 KSchG Rz 452, 670; *Hueck/Nipperdey* I, S. 594; *Moll* Anm. AP Nr. 175 zu § 626 BGB; *Staudinger/Neumann* 12. Aufl. Rz 111; *Nikisch* I, S. 746; HWK-*Sandmann* Rz 104; *Schwerdtner* FS Kissel 1994 S. 1088 ff.; wohl auch *Pauly* AuR 1997, 97, 99; unklar *Geller* S. 134 f.; **aA** *Pomberg* S. 221 ff., 319 ff.).

Wenn die frühere Rspr. (vgl. *BAG* 4.6.1964 AP Nr. 3 zu § 133b GewO; *LAG Hamm* 22.1.1987 LAGE § 626 BGB Unkündbarkeit Nr. 1; in der Literatur s. *Hillebrecht* KR, 4. Aufl. Rz 207 ff.) dies mit dem Argument ablehnte, das Gesetz sehe zwischen der ordentlichen Kündigung und der außerordentlichen Kündigung aus wichtigem Grund nicht noch eine außerordentliche befristete **Kündigung aus einem minder wichtigen Grund** vor, so beruhte dies zumindest teilw. auf einem Missverständnis. Es geht gar nicht darum, die tatbestandlichen Anforderungen des § 626 Abs. 1 BGB zu relativieren bzw. für Arbeitsverträge mit dauerhafter oder langfristiger Bindung einen eigenen Kündigungstatbestand der außerordentlichen Kündigung aus minder wichtigem Grund zu kreieren (so aber wohl *Zöllner/Loritz* S. 289; ähnlich *Linck/Scholz* AR-Blattei SD 1010.7 Rz 79 ff.; HAS-*Popp* § 19 B Rz 156 f.). In der Tat würde dies die Schwierigkeiten nicht beheben, sondern nur verlagern. Es lässt sich kein praktikabler Maßstab dafür finden, wie der Begriff des minder wichtigen Grundes zu bestimmen ist, und wie er von dem in § 626 BGB behandelten »eigentlichen« wichtigen Grund und von den Gründen abzugrenzen ist, die eine Kündigung nach § 1 KSchG sozial rechtfertigen. Mit der Anerkennung eines »minder wichtigen« Grundes zur außerordentlichen befristeten Kündigung wird die erwünschte Rechtsklarheit und Rechtssicherheit im Kündigungsrecht nicht gestärkt, sondern nur noch weiter beeinträchtigt (so mit Recht *Hillebrecht* aaO Rz 209). Auch in diesen Fällen müssen deshalb die Voraussetzungen des § 626 BGB uneingeschränkt erfüllt sein und nach den oben (Rz 298 ff.) dargestellten Grundsätzen geprüft werden (vgl. auch *Kania/Kramer* RdA 1995, 294 f.). Erst wenn danach feststeht, dass ein wichtiger Grund die Fortsetzung des Arbeitsverhältnisses bis zum Ablauf der langfristigen Bindung bzw. bis zum Altersruhestand des Arbeitnehmers unzumutbar macht, ist im Interesse des Kündigungsempfängers weiter zu prüfen, ob ohne die besonders lange Vertragsbindung bei im übrigen gleicher Sachlage das Abwarten der dann einschlägigen Kündigungsfrist zumutbar wäre. Ggf. ist der festgestellte Wertungswiderspruch auf der **Rechtsfolgenseite** durch Einräumung einer der Kündigungsfrist entsprechenden Auslauffrist zu vermeiden, wobei die Modalitäten der **Betriebsrats-** bzw. **Personalratsbeteiligung** für eine ordentliche Kündigung zu beachten sind, die für den Arbeitnehmer günstiger als im Fall einer außerordentlichen Kündigung gestaltet sind (BAG 5.2.1998 EzA § 626 BGB Unkündbarkeit Nr. 2; 18.1.2001 EzA § 626 BGB Krankheit Nr. 4; 12.1.2006 EzA § 626 BGB 2002 Unkündbarkeit Nr. 9; vgl. auch KR-*Etzel* § 102 BetrVG Rz 198a; *Bröhl* S.194 ff.; *Geller* S. 152 ff.; *Gusek* S. 104 ff.; MünchKomm-*Henssler* Rz 118; *Höland* Anm. AP Nr. 143 zu § 626 BGB; H/S-*Hümmerich/Holthausen* § 10 Rz 600; *Schaub/Linck* § 125 Rz 20a; *Bauer/Röder* S. 213; HWK-*Sandmann* Rz 105; **aA** *Bitter/Kiel* aaO, S. 28 ff.), es sei denn, der Betriebs- bzw. Personalrat hat der Kündigung ausdrücklich und vorbehaltlos zugestimmt (BAG 8.6.2000 EzA § 626 BGB nF Nr. 182). Auch die **Umdeutung** einer fristlosen Kündigung in eine außerordentliche Kündigung mit notwendiger Auslauffrist setzt die Zustimmung oder eine Beteiligung des Betriebs- bzw. Personalrats nach den für eine ordentliche Kündigung geltenden Bestimmungen voraus (BAG 8.6.2000 EzA § 626 BGB nF Nr. 182; 18.10.2000 EzA § 626 BGB Krankheit Nr. 3). Zudem greift bei **schwerbehinderten Menschen** weder die Zustimmungsfiktion des § 91 Abs. 3 SGB IX (**aA** *Linck/Scholz* aaO Rz 105 und wohl auch BAG 12.5.2005 EzA § 91 SGB IX Nr. 2) noch die Ermessensbeschränkung gem. § 91 Abs. 4 SGB IX (ebenso *Bröhl* S.197 ff.; *Däubler* GedS Heinze 2005 S. 129 f.; HaKo-*Griebeling* Rz 43). Zum **Abfindungsanspruch** gem. § 1a KSchG vgl. KR-*Spilger* § 1a KSchG Rz 25, 90.

VI. Gleichbehandlungsgrundsatz

307 Nach der Rspr. des *BAG* (22.2.1979 EzA § 103 BetrVG 1972 Nr. 23) ist der **Gleichbehandlungsgrundsatz** bei der Beurteilung des wichtigen Grundes **nicht unmittelbar anzuwenden** (ebenso HAS-*Popp* § 19 B Rz 249; **aA** KR-*Griebeling* § 1 KSchG Rz 233, SPV-*Preis* Rz 323 und MünchArbR-*Wank* § 120 Rz 55 f., allerdings mit den gleichen Ergebnissen wie unten Rz 308 f.). In der Tat ist der Gleichbehandlungsgrundsatz mit dem Gebot der umfassenden Abwägung der Umstände des jeweiligen Einzelfalles nur beschränkt zu vereinbaren (BAG 14.10.1965 EzA § 133b GewO Nr. 1; MünchKomm-*Henssler* Rz 106; **krit.** *Preis* Prinzipien S. 384). Auch wenn mehrere Kündigungen wegen eines gleichartigen Kündigungsgrundes ausgesprochen werden, hängt es von den bei jeder Kündigung zu berücksichtigenden Besonderheiten, zB der kürzeren oder längeren Betriebszugehörigkeit ab, ob die Kündigung aller Arbeitnehmer berechtigt ist oder nicht (BAG 25.3.1976 EzA § 103 BetrVG 1972 Nr. 12).

308 Bei »gleicher Ausgangslage« (bei zeitlich auseinander liegenden Ereignissen idR ausgeschlossen, vgl. *Preis* Prinzipien S. 388), die der Arbeitgeber nicht zum Anlass genommen hat, wegen desselben Vorfalles allen beteiligten Arbeitnehmern zu kündigen, ist entgegen der Ansicht von *Wolf* (KR 3. Aufl., Grunds. Rz 450) nicht ohne weiteres anzunehmen, nicht das beanstandete Verhalten, sondern ein anderer Grund sei für die Kündigung ausschlaggebend gewesen. Der Arbeitgeber muss allerdings darlegen, weshalb die Interessenabwägung nur in einem oder in einigen von mehreren Fällen ergeben soll, dass die Fortsetzung des Arbeitsverhältnisses mit den gekündigten Arbeitnehmern unzumutbar ist, während andere Arbeitnehmer weiterbeschäftigt werden, obwohl sie die gleichen Kündigungsgründe gesetzt haben (MünchKomm-*Henssler* Rz 107; vgl. auch *Wolf* aaO; *LAG Düsseld.* 25.3.2004 AiB 2004, 639). So darf der Arbeitgeber zB nicht ohne sachliche Differenzierungskriterien (vgl. dazu *Preis* Prinzipien S. 390) bei einem von mehreren Arbeitnehmern begangenen Prämienbetrug nur zwei Mitglieder des Betriebsrates **herausgreifen** und es bei den anderen, ebenso belasteten Arbeitnehmern bei einer Verwarnung belassen (BAG 22.2.1979 EzA § 103 BetrVG 1972 Nr. 23). Eine solche Differenzierung lässt eine Verletzung des Benachteiligungsverbotes des § 78 S. 2 BetrVG vermuten.

Eine mittelbare Auswirkung auf die Interessenabwägung hat der Gleichbehandlungsgrundsatz auch **309** dann, wenn die Behandlung vergleichbarer Kündigungssachverhalte durch den Arbeitgeber eine **Selbstbindung** erkennen lässt (BAG 14.10.1965 EzA § 133b GewO Nr. 1; 22.2.1979 – 2 AZR 116/78 – nv; krit. KR-*Griebeling* § 1 KSchG Rz 234). Wenn der Arbeitgeber in vergleichbaren früheren Fällen von einer außerordentlichen Kündigung abgesehen hat, kann seine Nachsicht bei der Prüfung berücksichtigt werden, ob es ihm nicht auch im vorliegenden Fall, den er anders als sonst zum Anlass einer Kündigung genommen hat, zumutbar war, das Arbeitsverhältnis bis zum Ablauf der ordentlichen Kündigungsfrist fortzusetzen (ähnlich *Ascheid* Rz 16). Zu der anderen Frage, ob der Gleichbehandlungsgrundsatz auch als Kündigungsgrund herangezogen werden kann, vgl. *Ascheid* Rz 494; *Beitzke* SAE 1982, 250.

VII. Gesichtspunkt der Solidarität

Das Problem der »**herausgreifenden Kündigung**« und der Gleichbehandlung bei einer Kündigung im **310** Rahmen eines **Arbeitskampfes** entschärft das BAG, indem es den Gesichtspunkt der **Solidarität** bei der Interessenabwägung zugunsten des gekündigten Arbeitnehmers berücksichtigt (BAG 14.2.1978 EzA Art. 9 GG Arbeitskampf Nr. 24; vgl. auch H*AS-Popp* § 19 B Rz 249 und *Löwisch* Arbeitskampf 170.3.1 Rz 46 f.). Bei einer kollektiven Arbeitsniederlegung (vgl. zu Streik und Aussperrung s.u. Rz 410) ist es für den einzelnen Arbeitnehmer schwer, sich von einer rechtswidrigen Streikmaßnahme zu distanzieren. Er steht in einer psychologischen Drucksituation. Auf eine Solidarisierung mit seinen Arbeitskollegen kann sich der Arbeitnehmer allerdings dann nicht mehr berufen, wenn er im Rahmen einer rechtswidrigen Arbeitsniederlegung besonders aktiv wird oder sich bei einer derartigen Aktion an Maßnahmen beteiligt, die auch im Rahmen eines rechtmäßigen Arbeitskampfes nicht hinzunehmen sind. Das gilt zB für eine Fabrikbesetzung, Blockademaßnahmen, Sabotageakte, Tätlichkeiten und Beleidigungen (vgl. *Kissel* § 46 Rz 94).

M. Die Ausschlussfrist für die Kündigungserklärung

I. Zweck und Bedeutung der Frist

Für die Praxis außerordentlich wichtig ist die durch das ArbRBereinigG in § 626 Abs. 2 S. 1 BGB einge- **311** fügte Bestimmung, wonach die außerordentliche Kündigung nur innerhalb einer Frist von **zwei Wochen** erfolgen kann. Die Frist beginnt nach § 626 Abs. 2 S. 2 BGB mit dem Zeitpunkt, in dem der Kündigungsberechtigte von den für die Kündigung maßgebenden Tatsachen **Kenntnis** erlangt hat. Die **Ausschlussfrist** gilt nach dem eindeutigen Gesetzeswortlaut für jede außerordentliche Kündigung aus wichtigem Grund i. S. des § 626 Abs. 1 BGB, also auch für die Kündigung eines freien Dienstverhältnisses (BGH 19.11.1998 BB 1999, 388) und für eine **Kündigung durch** den Dienstverpflichteten bzw. **Arbeitnehmer** (BAG 26.7.2001 EzA § 628 BGB Nr. 19; MünchKomm-*Henssler* Rz 287; **aA** *Gamillscheg* SAE 2002, 125 f.). Auch wenn die ordentliche Kündigung ausgeschlossen ist und ein Tarifvertrag für die außerordentliche Kündigung eine dem § 626 BGB entsprechende Regelung vorsieht, ist die Ausschlussfrist zu beachten (BAG 25.3.1976 EzA § 626 BGB Änderungskündigung Nr. 1; **aA** *Kiel* NZA 2005, Beil. 1 S. 20 für den Fall, dass der Arbeitgeber eine außerordentliche Kündigung unter Einhaltung der fiktiven Kündigungsfrist beabsichtigt). Zur Frage, ob die Ausschlussfrist auch bei einer Kündigung aus wichtigem Grund im öffentlichen Dienst nach den Übergangsregelungen des EinigungsV anzuwenden ist, s.u. Rz 479.

1. Verfassungsgemäße Konkretisierung der Verwirkung

Die Regelung konkretisiert den Grundsatz, dass die Befugnis zur außerordentlichen Kündigung ihrer **312** Natur nach aus kollektiven und individual-rechtlichen Gründen zeitlich begrenzt ist. Bei einer so einschneidenden Maßnahme wie der außerordentlichen Kündigung erfordert es die Ordnung des Betriebs, eine mögliche Rechtsgestaltung alsbald vorzunehmen. Zum anderen hat auch derjenige, der einen wichtigen Grund zur außerordentlichen Kündigung setzt, ein berechtigtes Interesse daran, umgehend zu erfahren, ob der Kündigungsberechtigte daraus Folgen ziehen will. § 626 Abs. 2 BGB nF geht auf ältere Bestimmungen zurück (§ 123 Abs. 2 und § 124 Abs. 2 GewO aF), die nur eine einwöchige Ausschlussfrist vorsahen. Auch außerhalb des Geltungsbereichs von Vorschriften, die für die Ausübung des Kündigungsrechts eine feste Frist setzten, war anerkannt, dass der Kündigungsberechtigte sein Recht auf außerordentliche Kündigung verlieren konnte, wenn er es nicht binnen angemessener Frist ausübte (vgl. *Hueck/Nipperdey* I, S. 590 ff. mwN). Durch das ArbRBereinigG ist das **Recht** der außerordentlichen Kündigung auch insoweit **vereinheitlicht** und aus Gründen der Rechtsklarheit die Ausschlussfrist für die außerordentliche Kündigung von Dienst- und Arbeitsverhältnissen allgemein auf die Dauer von zwei Wochen verlängert worden. Da diese zeitliche Begrenzung aus sachlich gebotenen Gründen erfolgt ist, bestehen gegen die Beschränkung des Rechts der außerordentlichen Kündigung keine durchgreifenden verfassungsrechtlichen Bedenken (*BAG* 28.10.1971 EzA § 626 BGB nF Nr. 8; MünchKomm-*Henssler* Rz 280; HAS-*Popp* § 19 B Rz 257; SPV-*Preis* Rz 836). Während das BAG insbes. auf die **Schutzfunktion** der Ausschlussfrist für den Gekündigten abgestellt hat, betont *Popp* (aaO Rz 259) zutr., der Zweck bestehe weiter darin, dem Kündigungsberechtigten zugleich eine angemessene **Überlegungsfrist** einzuräumen. Diese weitere Zweckbestimmung rechtfertigt auch das vom BAG anerkannte Interesse des Kündigungsberechtigten an einer umfassenden Sachaufklärung (s.u. Rz 319 ff.; *Popp* aaO Rz 274).

313 Es handelt sich um eine materiell-rechtliche Ausschlussfrist für die Kündigungserklärung (*Ascheid* Rz 149; HzA-*Isenhardt* 5/1 Rz 274), die sachlich den Tatbestand einer **Verwirkung** des wichtigen Grundes **wegen** des **reinen Zeitablaufes** regelt (*BAG* 17.3.2005 EzA § 626 BGB 2002 Nr. 9; zur Darlegungs- und Beweislast für die Einhaltung der Frist s.u. Rz 385 ff. und zur Geltendmachung der Unwirksamkeit einer »verfristeten« Kündigung s.u. Rz 372). Nach Ablauf der Frist greift die **unwiderlegbare** gesetzliche **Vermutung** ein, dass auch ein möglicherweise erheblicher wichtiger Grund nicht mehr geeignet ist, die Fortsetzung des Arbeitsverhältnisses unzumutbar zu machen (*BAG* 17.8.1972 EzA § 626 BGB nF Nr. 22; SPV-*Preis* aaO). Die Kündigungsgründe sind dann »verfristet«, wobei es genauer ist, von einer Verwirkung des Kündigungsrechts zu sprechen (*Herschel* Anm. EzA § 626 BGB nF Nr. 37; **aA** *Popp* aaO Rz 266). Der Einwand der materiell-rechtlichen Verwirkung des Rechts zur außerordentlichen Kündigung wird durch § 626 Abs. 2 BGB konkretisiert (*Busemann/Schäfer* Rz 352; *Preis* Prinzipien S. 371; *BAG* 9.1.1986 EzA § 626 BGB nF Nr. 98). Das Kündigungsrecht des § 626 Abs. 1 BGB kann nach Abs. 2 ohne **Kenntnis des Kündigungsberechtigten** von Kündigungssachverhalt nicht verwirken (*BAG* 9.1.1986 EzA § 626 BGB nF Nr. 98; HzA-*Isenhardt* 5/1 Rz 285; *Plander* EWiR 1986, 465). Die gegenteilige Auffassung von *Popp* (aaO Rz 246) verkennt, dass es sich bei den allgemeinen Grundsätzen der Verwirkung um richterrechtlich ausgestaltete Tatbestände handelt, und dass es nicht um einen teleologischen Zusammenhang zwischen zwei gesetzlichen Regelungen geht. Für die Praxis ist dieser Theorienstreit im übrigen nur von geringer Bedeutung, weil der allgemeine Einwand der Verwirkung jedenfalls nur dann begründet wäre, wenn ein schutzwürdiges Vertrauen des Kündigungsgegners gegeben wäre, das nur bei seiner Annahme vorliegen könnte, der Kündigungsberechtigte habe bereits Kenntnis von den Tatsachen, und wenn er ferner im Vertrauen auf die nicht mehr zu erwartende Kündigung einen ihm möglichen Arbeitsplatzwechsel unterlassen hat (*Popp* NZA 1987, 366).

313a Soweit *Schwerdtner* (MünchKomm 3. Aufl. Rz 214) und *Zöllner/Loritz* (S. 285 ff.; vgl. auch *Gamillscheg* SAE 2002, 126) § 626 Abs. 2 BGB für verfehlt halten und vorschlagen, die Bestimmung ganz zu streichen, ist dem nicht zuzustimmen. Der Preis wäre eine weit größere Rechtsunsicherheit, weil dann unmittelbar auf das viel unbestimmtere Institut der Verwirkung zurückgegriffen werden müsste. Vgl. zur Verwirkung beim Fehlen einer Kündigungserklärungsfrist *BGH* 12.3.1992 BB 1992, 1162; *v. Hoyningen-Huene* EWiR 1992, 797.

314 Gegen die Versäumung der Ausschlussfrist gibt es **keine Wiedereinsetzung** in den vorigen Stand nach den §§ 233 ff. ZPO (*BAG* 28.10.1971 EzA § 626 BGB nF Nr. 8; *Ascheid* aaO; ErfK-*Müller-Glöge* Rz 282; HAS-*Popp* § 19 B Rz 326; SPV-*Preis* aaO).

315 Auch ein »verfristeter« Kündigungsgrund kann allerdings noch zum Anlass für eine **ordentliche Kündigung** genommen werden, weil die Ausschlussfrist nur im Regelungsbereich des § 626 BGB eingreift (*BAG* 15.8.2002 EzA § 1 KSchG Nr. 56; *Popp* aaO Rz 323; MünchKomm-*Henssler* Rz 320; SPV-*Preis* Rz 838). Das gilt nicht nur für eine weitere ordentliche Kündigung, sondern auch dann, wenn eine unwirksame außerordentliche in eine ordentliche Kündigung umzudeuten ist (*Popp* aaO; zur **Unterstützung** unverfristeter durch verfristete Gründe s.o. Rz 249 f.).

316 Unter Berücksichtigung des Zweckes der Ausschlussfrist kann eine **vollmachtslose Kündigung** nach den §§ 177, 180 BGB nur binnen der Frist von zwei Wochen genehmigt werden (s.u. Rz 346).

2. Zwingendes Recht für Vertrags- und Tarifvertragsparteien

317 Die Ausschlussfrist kann durch Parteivereinbarung **weder ausgeschlossen noch abgeändert** werden, weil es sich bei § 626 Abs. 2 BGB um eine **zwingende gesetzliche Vorschrift** handelt (*BAG* 12.2.1973 AP Nr. 6 zu § 626 BGB Ausschlussfrist mit zust. Anm. *Martens* = EzA § 626 BGB nF Nr. 22; Münch-

Fristlose Kündigung aus wichtigem Grund　　　　　　　　　　　　　　　　§ 626 BGB

Komm-*Henssler* Rz 316; ErfK-*Müller-Glöge* Rz 280; HAS-*Popp* § 19 B Rz 263; *Schwerdtner* SAE 1973, 140; SPV-*Preis* Rz 837; **aA** HaKo-*Griebeling* Rz 102 für Änderung zu Lasten des Arbeitgebers).

Auch durch **Tarifvertrag** kann die Ausschlussfrist weder abgeändert noch ausgeschlossen werden (*BAG* 12.4.1978 EzA § 626 BGB nF Nr. 64; SPV-*Preis* aaO; HWK-*Sandmann* Rz 422; **aA** *Gamillscheg* Arbeitsrecht I, S. 584). Der Gesetzgeber hat kein dem § 622 Abs. 4 BGB entsprechendes tarifliches Vorrangprinzip normiert, was aber jedenfalls bei neueren Gesetzen zu verlangen wäre, weil sonst jede zwingende Schutzgesetzgebung unter Berufung auf die Tarifautonomie unterlaufen werden könnte (vgl. *Hölters* Anm. AP Nr. 5 zu § 626 BGB Ausschlussfrist). Auch aus der Schutzfunktion des § 626 Abs. 2 BGB folgt, dass die Ausschlussfrist nicht tarifdispositiv ist (vgl. *Schwerdtner* aaO; für die Zulässigkeit der Konkretisierung der Voraussetzungen des Beginns der Frist und die Bestimmung des Kündigungsberechtigten allerdings MünchKomm-*Henssler* Rz 317). Beim Abweichen von der gesetzlichen Regelung könnte sich sowohl eine Verlängerung als auch eine Verkürzung der Frist im konkreten Fall für den Arbeitnehmer nachteilig auswirken. Die Verlängerung würde dem Arbeitgeber die Handhabung der außerordentlichen Kündigung im Ergebnis erleichtern (für eine begrenzte Ausdehnbarkeit der Frist jedoch *Erman/Belling* Rz 93), und bei einer Verkürzung ist zu besorgen, dass der Arbeitgeber übereilt kündigt und nicht die erforderliche Interessenabwägung anstellt. Zur Anwendung der Ausschlussfrist bei Arbeitsverhältnissen im öffentlichen Dienst vgl. *Berger-Delhey/Lütke* ZTR 1990, 47 ff. 318

II. Beginn und Hemmung der Ausschlussfrist

1. Kenntnis von den für die Kündigung maßgebenden Tatsachen

Die Frist beginnt, sobald der Kündigungsberechtigte eine zuverlässige und möglichst vollständige **Kenntnis vom Kündigungssachverhalt** hat, die ihm die Entscheidung ermöglicht, ob die Fortsetzung des Arbeitsverhältnisses zumutbar ist oder nicht (*BAG* 17.3.2005 EzA § 626 BGB 2002 Nr. 9). Zu den für die Kündigung maßgebenden Tatsachen gehören sowohl die für als auch die gegen die Kündigung sprechenden Umstände. Erheblich ist nur die positive Kenntnis der maßgeblichen Tatsachen, der selbst eine **grobfahrlässige Unkenntnis nicht gleichzustellen** ist (*BAG* 17.3.2005 EzA § 626 BGB 2002 Nr. 9; HAS-*Popp* § 19 B Rz 265; *Soergel/Kraft* Rz 88; SPV-*Preis* Rz 839). Von der völligen Unkenntnis des Kündigungssachverhalts ist jedoch der Fall zu unterscheiden, dass zunächst nur einige Umstände bekannt werden, die zwar auf einen wichtigen Grund zur außerordentlichen Kündigung hindeuten, aber ersichtlich noch weitere Ermittlungen erfordern. Versäumt oder **verzögert** der Kündigungsberechtigte die gebotene **Aufklärung,** dann kann dadurch die Ausschlussfrist ungenutzt verstreichen (s.u. Rz 331). 319

Auch auf die außerordentliche **Verdachtskündigung** (s.o. Rz 210 ff.) ist die Ausschlussfrist anzuwenden (*BAG* 29.7.1993 EzA § 626 BGB Ausschlussfrist Nr. 4 [*Moll/Hottgenroth*]; *LAG Bln.* 30.6.1997 AP Nr. 41 zu § 5 ArbGG 1979; HzA-*Isenhardt* 5/1 Rz 279; ErfK-*Müller-Glöge* Rz 273; MünchKomm-*Henssler* Rz 313; *Staudinger/Preis* Rz 296 f.). Bei ihr ist der Beginn der Frist zwar schwieriger festzulegen als bei einer Tatkündigung, weil beim Verdacht die ihn begründenden Tatsachen sich durch den Ablauf der Ermittlungen ständig verändern. Darin liegt aber nur ein gradueller und kein grundsätzlicher Unterschied zu sonstigen außerordentlichen Kündigungen. Auch bei der Verdachtskündigung gibt es einen bestimmten Zeitpunkt, in dem dem Kündigungsberechtigten durch seine Ermittlungen die den Verdacht begründenden Umstände bekannt sind, die ihm die nötige Interessenabwägung und die Entscheidung darüber ermöglichen, ob ihm die Fortsetzung des Arbeitsverhältnisses zumutbar ist oder nicht. In diesem Zeitpunkt, der je nach den Umständen des Einzelfalles auch schon vor dem Abschluss eines Strafverfahrens liegen kann, beginnt die Ausschlussfrist des § 626 Abs. 2 S. 1 BGB. Dazu reicht idR ein **Geständnis** des Arbeitnehmers im Ermittlungsverfahren, wenn es dem Arbeitgeber bekannt wird (*BGH* 24.11.1975 LM Nr. 18 zu § 626 BGB; *LAG Düsseld.* 17.2.1981 EzA § 626 BGB nF Nr. 76). 320

Der Kündigungsberechtigte darf jedoch nicht nur das Ergebnis eines Ermittlungsverfahrens der Staatsanwaltschaft, sondern auch das eines **Strafverfahrens abwarten,** wenn ihm selbst keine vollständige tatbestandliche Klärung möglich ist, wenn er nicht wegen des Verdachts, sondern wegen einer erwiesenen Straftat kündigen will, oder wenn er auf das im Richterspruch liegende Unwerturteil (das Strafmaß) abstellen will (*BAG* 11.3.1976 EzA § 626 BGB nF Nr. 46; ArbRBGB-*Corts* Rz 222; HaKo-*Griebeling* Rz 106; *Grunsky* ZfA 1977, 172; ErfK-*Müller-Glöge* Rz 274; SPV-*Preis* Rz 846). Auch eine nicht rechtskräftige Verurteilung des Arbeitnehmers kann der Arbeitgeber zum Anlass der Kündigung nehmen, so dass die Frist des § 626 Abs. 2 BGB ab Kenntniserlangung von der Verurteilung zu laufen beginnt (*BAG* 18.11.1999 EzA § 626 BGB Ausschlussfrist Nr. 14). Allerdings kann er **nicht** zunächst von 321

Fischermeier　　1731

§ 626 BGB   Fristlose Kündigung aus wichtigem Grund

eigenen Ermittlungen absehen und dann später spontan ohne veränderten Kenntnisstand zu einem **willkürlich gewählten Zeitpunkt** fristwahrend **selbständige Ermittlungen** aufnehmen (*BAG* 17.3.2005 EzA § 626 BGB 2002 Nr. 9). Wenn eine vom Arbeitgeber ausgesprochene Verdachtskündigung rechtskräftig für unwirksam erklärt worden ist, weil dem Arbeitgeber die Verdachtsmomente für eine strafbare Handlung länger als zwei Wochen bekannt gewesen sind, dann hindert die Rechtskraft dieses Urteils den Arbeitgeber nicht daran, später nach dem Abschluss des gegen den Arbeitnehmer eingeleiteten Strafverfahrens nunmehr erneut eine auf die Tatbegehung selbst gestützte außerordentliche Kündigung auszusprechen (s.o. Rz 218; ArbRBGB-*Corts* aaO). Das gilt selbst dann, wenn das Strafverfahren nicht zu einer Verurteilung des Arbeitnehmers geführt hat, sondern gegen Zahlung eines Geldbetrages nach § 153 a Abs. 2 StPO eingestellt worden ist. Die Ausschlussfrist des § 626 Abs. 2 BGB für die erneute Kündigung beginnt jedenfalls dann nicht vor dem Abschluss des Strafverfahrens gegen den Arbeitnehmer, wenn der Arbeitgeber vorher zwar Verdachtsumstände kannte, diese aber noch keine jeden vernünftigen Zweifel ausschließende sichere Kenntnis der Tatbegehung selbst begründeten (*BAG* 12.12.1984 EzA § 626 BGB nF Nr. 97; MünchKomm-*Henssler* Rz 315; SPV-*Preis* aaO).

322 Die Ausschlussfrist des § 626 Abs. 2 BGB gilt auch dann, wenn die **ordentliche Kündigung** durch Tarifvertrag **ausgeschlossen** ist, sofern sich nicht aus der Vereinbarung ergibt, dass die Parteien den Begriff des wichtigen Grundes abweichend von § 626 Abs. 1 BGB geregelt und Gründe bestimmt haben (s.o. Rz 70 ff.), die trotz der generellen Unkündbarkeit eine ordentliche Kündigung rechtfertigen sollen (*BAG* 25.3.1976 EzA § 626 BGB Änderungskündigung Nr. 1; SPV-*Preis* Rz 285).

2. Fristbeginn bei Dauergründen

323 Bei sog. echten Dauergründen oder **Dauertatbeständen** beginnt die Ausschlussfrist erst mit Beendigung des länger anhaltenden Zustandes (vgl. *Palandt/Putzo* Rz 27). Dieser Auffassung ist zuzustimmen, sie muss aber näher präzisiert und eingeschränkt werden, um unzutreffende Folgerungen zu vermeiden.

324 Systematisch ist zwischen fortdauernden wichtigen Gründen und Tatbeständen zu unterscheiden, die bereits abgeschlossen sind und nur noch fortwirken (*BAG* 25.3.1976 EzA § 626 BGB Änderungskündigung Nr. 1; *Erman/Belling* Rz 96; MünchKomm-*Henssler* Rz 307; SPV-*Preis* Rz 843). Die Besonderheit des Dauergrundes besteht darin, dass **fortlaufend neue Tatsachen,** die für die Kündigung maßgeblich sind, eintreten (zB anhaltendes unentschuldigtes Fehlen durch einen Arbeitnehmer), oder ein noch nicht abgeschlossener, länger **andauernder Zustand** vorliegt (ebenso HAS-*Popp* § 19 B Rz 280).

325 Bei Pflichtverletzungen, die zu einem **Gesamtverhalten** zusammengefasst werden können, beginnt die Ausschlussfrist mit dem **letzten Vorfall,** der ein weiteres und letztes Glied in der Kette der Ereignisse bildet, die zum Anlass für eine Kündigung genommen werden (*BAG* 17.8.1972 EzA § 626 BGB nF Nr. 16; SPV-*Preis* aaO). Das ist zB in den Fällen des sog. **Mobbings** anzunehmen (*Wickler* DB 2002, 484). Ein pflichtwidriges Dauerverhalten liegt ferner in der **Insolvenzverschleppung** eines GmbH-Geschäftsführers (*BGH* 20.6.2005 ZIP 2005, 1365). Auch genügt es, wenn ein Arbeitgeber einen Arbeitnehmer, der drei Wochen lang **unentschuldigt gefehlt** hat (zB wegen eigenmächtigen Urlaubsantritts), innerhalb von zwei Wochen nach seiner letzten Pflichtverletzung fristlos entlässt (*Kapitschke* BB 1989, 1061; ArbRBGB-*Corts* Rz 223; MünchKomm-*Henssler* aaO; SPV-*Preis* Rz 844; *BAG* 25.2.1983 EzA § 626 BGB nF Nr. 83; 22.1.1998 EzA § 626 BGB Ausschlussfrist Nr. 11; aA *Gerauer* BB 1988, 2032; teilw. aA auch *Popp* aaO Rz 281 f., der einen Dauergrund ablehnt, wenn die Eigenmächtigkeit des Urlaubsantritts die maßgebliche Kündigungstatsache ist). Dabei ist das frühere Verhalten, das länger als zwei Wochen zurückliegt, ebenfalls zu berücksichtigen, und zwar anders als ein verfristeter Vorfall nicht nur unterstützend (SPV-*Preis* Rz 843; *LAG Düsseld.* 29.4.1981 EzA § 626 BGB nF Nr. 77).

326 Schwieriger als bei fortgesetzten Vertragsverletzungen ist der Beginn der Ausschlussfrist bei nicht abgeschlossenen **Dauerzuständen** (insbes. personenbedingten Kündigungsgründen) zu bestimmen. Einen Dauergrund stellt etwa auch das **Fehlen** bzw. der Entzug der für die Beschäftigung eines ausländischen Arbeitnehmers erforderlichen **Arbeitsgenehmigung** dar, weil sich der Arbeitgeber mit der Weiterbeschäftigung fortlaufend gesetzwidrig verhalten würde (*BAG* 13.1.1977 EzA § 19 AFG Nr. 2; ArbRBGB-*Corts* aaO; H/S-*Hümmerich/Holthausen* § 10 Rz 577; aA *Herschel* Anm. EzA § 19 AFG Nr. 2). Bei einer längeren **Erkrankung** des Arbeitnehmers soll dagegen die Ausschlussfrist schon dann beginnen, wenn der Arbeitgeber weiß, dass der Arbeitnehmer nicht nur vorübergehend ausfällt, und er sich darauf in der Personalplanung einstellen muss (vgl. *LAG Nürnberg* 13.10.1978 ABlBayArbMin 1979 C 27; *Erman/Belling* Rz 96; *Bezani* Anm. AP Nr. 8 zu § 626 BGB Krankheit; KDZ-*Däubler* Rz 215; DLW-*Dör-*

ner D Rz 639; *Feichtinger* AR-Blattei SD 1000.1 Rz 202 ff.; *Bamberger/Roth/Fuchs* Rz 34; HaKo-*Griebeling* Rz 110; *Hillebrecht* KR, 4. Aufl. Rz 228; *Lepke* Rz 281; *Popp* aaO Rz 283; vgl. zur Arbeitsverhinderung wegen Trunksucht auch *BAG* 12.4.1978 EzA § 626 BGB nF Nr. 64). Wenn allerdings die Aufgaben des erkrankten Arbeitnehmers zunächst noch durch andere Arbeitskräfte erledigt werden könnten und sich erst später durch vermehrten Arbeitsanfall oder Verringerung der Zahl der Beschäftigten die Notwendigkeit herausstelle, den Arbeitsplatz des länger erkrankten Arbeitnehmers sofort wieder neu zu besetzen, beginne die Frist erst ab diesem Zeitpunkt (*Däubler* und *Popp* aaO). Auch dann, wenn sich eine länger dauernde Erkrankung erst zu einem späteren Zeitpunkt als dauerndes Unvermögen herausstellt, die vertragliche Arbeitsleistung zu erbringen (vgl. dazu KR-*Griebeling* § 1 KSchG Rz 375 ff.), oder wenn es um die unzumutbare Belastung durch Entgeltfortzahlungskosten geht (vgl. KR-*Griebeling* § 1 KSchG Rz 341 ff., 361 f.) und dabei die Opfergrenze überschritten wird, soll die Frist ab diesem späteren Zeitpunkt beginnen (vgl. *Hillebrecht* aaO). Entsprechend soll bei einer **Druckkündigung** (s.o. Rz 204 ff.) das Verlangen der Belegschaft, einen bestimmten Arbeitnehmer zu entlassen, dann kein anhaltender Dauergrund sein, wenn der Arbeitgeber nichts getan hat, um den Druck abzuwenden und die Tatsachen, die den Druck durch die Belegschaft ausgelöst haben, bereits »verfristet« sind (*Hillebrecht* aaO; *Popp* aaO Rz 415; *BAG* 18.9.1975 EzA § 626 BGB Druckkündigung Nr. 1; ähnlich ErfK-*Müller-Glöge* Rz 272; **aA** *Rahmstorf* S. 80 ff.). *Griebeling* sieht selbst im **Zahlungsverzug** des Arbeitgebers keinen Dauergrund (HaKo Rz 109).

Demgegenüber ist auch bei den zuletzt genannten Fallgestaltungen von **echten Dauertatbeständen** auszugehen, weil bei ihnen der **Grad der Unzumutbarkeit** des Festhaltens am Arbeitsverhältnis mit zunehmender Dauer der negativen Auswirkungen auf das Arbeitsverhältnis beständig **wächst**, solange sich an der negativen Prognose nichts ändert (ähnlich *Bauer/Röder* S. 216; HaKo-*Gallner* § 1 KSchG Rz 448 f.; *Gusek* S. 78; HWK-*Sandmann* Rz 410, 421; *Zöllner/Loritz* S. 286; jetzt auch BBDW-*Bader* Rz 80). Die Dauer der negativen Auswirkungen gehört deshalb mit zu den für die Kündigung maßgebenden Tatsachen, auf deren Kenntnis § 626 Abs. 2 S. 2 BGB für den Fristbeginn abstellt (ebenso *BAG* 26.7.2001 EzA § 628 BGB Nr. 19 [für den Fall des Zahlungsverzugs des Arbeitgebers]; *Etzel* ZTR 2003, 214). Insbesondere in den Fällen einer Kündigung wegen einer Langzeiterkrankung, deren Ende nicht abzusehen oder bei der von dauerhaftem Leistungsunvermögen auszugehen ist, wird es idR um altersgesicherte oder tariflich unkündbare Arbeitnehmer gehen. Die Unzumutbarkeit wird hier nicht dadurch geringer, dass der Arbeitgeber im Interesse des Arbeitnehmers durch Zuwarten die **Chance** einer an sich **unwahrscheinlichen Prognoseänderung** offen hält (vgl. für die dauerhafte Arbeitsunfähigkeit jetzt auch *BAG* 21.3.1996 EzA § 626 BGB Ausschlussfrist Nr. 10; 25.3.2004 EzA § 626 BGB 2002 Unkündbarkeit Nr. 4; MünchKomm-*Henssler* aaO; H/S-*Hümmerich/Holthausen* aaO; *Löw* MDR 2004, 1342; SPV-*Preis* Rz 845). Ein Dauertatbestand ist auch nach der neueren Rspr. selbst bei nicht durchgehender Arbeitsunfähigkeit anzunehmen sein (*BAG* 27.11.2003 EzA § 626 BGB 2002 Krankheit Nr. 1; einschränkend bei wechselnden Krankheitsursachen *LAG Bln.* 7.4.2006 EzA-SD 2006 Nr. 12 S. 12). Auch bei der Druckkündigung kann es dem Arbeitgeber nicht zum Nachteil gereichen, dass er dem Druck länger standhält, als ihm zuzumuten wäre.

Nur um einen abgeschlossenen Kündigungsgrund mit Fortwirkung handelt es sich dagegen, wenn einem Berufskraftfahrer **vorübergehend** die **Fahrerlaubnis entzogen** wird (*LAG Köln* 22.6.1995 LAGE § 626 BGB Ausschlussfrist Nr. 7; KDZ-*Däubler* Rz 214; *Feichtinger/Huep* Rz 344; **aA** ArbRBGB-*Corts* Rz 223); die Zumutbarkeit der Fortsetzung des Arbeitsverhältnisses kann jedenfalls ab dem Zeitpunkt beurteilt werden, in dem der Arbeitgeber ausreichend sichere Kenntnis über die voraussichtliche Dauer des Entzugs erhält. Ein Dauertatbestand ist ferner zu verneinen, wenn ein Arbeitgeber aus verfristeten Vorgängen den Vorwurf herleitet, die **Vertrauensgrundlage** sei nachhaltig **zerstört** oder es bestünden nach wie vor – wenn auch nicht durch neue Tatsachen zu belegende – Zweifel an der Einsatzbereitschaft des Arbeitnehmers oder eine weisungswidrige Einkaufspolitik wirke sich weiterhin nachteilig auf den Umsatz aus (*BAG* 15.3.1984 – 2 AZR 159/83 – nv). Ob ein Vertrauensverlust oder eine fehlende Bereitschaft zur Zusammenarbeit vorliegt, ist eine **Schlussfolgerung,** die aufgrund bestimmter Tatsachen vorzunehmen ist. Nicht die Ergebnisse einer solchen Würdigung, sondern die Vorgänge, die eine solche Beurteilung rechtfertigen, sind die maßgebenden Tatsachen iSd § 626 Abs. 2 BGB (vgl. *BAG* 26.7.2001 EzA § 628 BGB Nr. 19; 2.3.2006 EzA § 91 SGB IX Nr. 3; ArbRBGB-*Corts* aaO; MünchKomm-*Henssler* aaO; HWK-*Sandmann* Rz 413). Diese einschränkende Bestimmung des schillernden Begriffs des Dauergrundes ist erforderlich, weil sonst zB ein Arbeitgeber einen Arbeitnehmer, der vor längerer Zeit einen Spesenbetrug oder eine Unterschlagung begangen hat, ohne zeitliche Begrenzung mit der Begründung fristlos entlassen könnte, der Arbeitnehmer habe sich zwar seither vertragstreu verhalten, aber keine besonderen Anstrengungen unternommen, um das nach wie vor gestörte Vertrauensverhältnis zu verbessern. Ein Dauergrund liegt bei einem dem Arbeitgeber seit längerer Zeit bekannten Diebstahl oder einer Unterschlagung nicht so lange vor, bis der Arbeitnehmer die entwendeten oder unterschlagenen Sachen von sich aus zurückgegeben hat. Verweigert er allerdings die Herausgabe, dann begeht er eine zusätzliche beharrliche fortgesetzte Pflichtverletzung.

329 Bei betriebsbedingten außerordentlichen Kündigungen, die wegen **Rationalisierungsmaßnahmen** oder wegen **Betriebsstilllegung** erfolgen, soll es ebenfalls nur um die Fortwirkung der veränderten betrieblichen Verhältnisse gehen. Wenn sich der Arbeitgeber entschließt, seinen Betrieb aufzugeben oder bestimmte Betriebsabteilungen zu schließen, beginne die Ausschlussfrist in dem Zeitpunkt, in dem die Unternehmerentscheidung getroffen wird, wenn zugleich feststehe, welche Arbeitnehmer ihren Arbeitsplatz verlieren oder nicht mehr zu den bisherigen Bedingungen beschäftigt werden können. Ansonsten beginne die Frist, wenn feststehe, wie sich die Unternehmerentscheidung konkret auswirkt (*BAG* 25.3.1976 EzA § 626 BGB Änderungskündigung Nr. 1; BBDW-*Bader* Rz 78; KDZ-*Däubler* Rz 216; *Bamberger/Roth/Fuchs* Rz 34; HAS-*Popp* § 19 B Rz 406). Dabei wird noch folgende Einschränkung gemacht: Wenn die Änderung oder Stilllegung des Betriebes erst für die Zukunft geplant sei, beginne die Ausschlussfrist nicht vor Ablauf des Zeitraumes, in dem die betroffenen Arbeitnehmer noch weiterbeschäftigt werden können (*BAG* 28.3.1985 EzA § 626 BGB nF Nr. 96; 5.10.1995 RzK I 6 g Nr. 26). Letzterem ist zuzustimmen. Im Übrigen gilt jedoch auch in diesen Fällen, dass die **Unzumutbarkeit** mit der zunehmenden Dauer der fehlenden Beschäftigungsmöglichkeit zunächst **wächst** und erst später wieder abnimmt, wenn der Eintritt des Arbeitnehmers in den Ruhestand oder das Ende des Arbeitsverhältnisses durch Fristablauf bevorsteht. Die Dauer gehört zu den für die Kündigung maßgebenden Tatsachen iSv § 626 Abs. 2 S. 2 BGB. Es handelt sich also um einen Dauertatbestand, solange sich eine Einsetzbarkeit des Arbeitnehmers nicht konkret abzeichnet (so jetzt auch *BAG* 5.2.1998 EzA § 626 BGB Unkündbarkeit Nr. 2 [*Walker*]; 17.9.1998 EzA § 626 BGB Unkündbarkeit Nr. 3; *Bauer/Röder* aaO; vgl. ferner *Etzel* ZTR 2003, 214; HaKo-*Gallner* § 1 KSchG Rz 669; *Gusek* S. 72 ff.; MünchKomm-*Henssler* Rz 311; H/S-*Hümmerich/Holthausen* § 10 Rz 577; *Kappelhoff* ArbRB 2002, 370; *Linck/Scholz* AR-Blattei SD 1010.7 Rz 93; HzK-*Mues* 2 Rz 181; HWK-*Sandmann* Rz 414; *Schwerdtner* FS Kissel 1994 S. 1088; im Ergebnis auch HaKo-*Griebeling* Rz 114; unklar SPV-*Preis* Rz 827 ff. einerseits, Rz 845 andererseits). Dem Arbeitgeber kann es nicht zum Nachteil gereichen, wenn er dem Arbeitnehmer diese Chance offen hält, obgleich zunächst keine konkrete Beschäftigungsmöglichkeit ersichtlich ist. Andererseits braucht der Arbeitgeber allerdings mit der Kündigung nicht so lange zu warten, bis die letzten Arbeiten beendet sind. Er kann vielmehr schon vorher außerordentlich zu dem Zeitpunkt kündigen, zu dem die Beschäftigungsmöglichkeit voraussichtlich entfällt (*BAG* 8.10.1957 AP Nr. 16 zu § 626 BGB). Um eine verfrühte Kündigung zu vermeiden, ist der Arbeitgeber in diesem Sonderfall gehalten, eine befristete außerordentliche Kündigung auszusprechen (s.o. Rz 29, 304).

3. Hemmung des Beginns der Frist

330 Für den Beginn der Frist ist diejenige **Kenntnis** entscheidend, die dem Kündigenden die Entscheidung darüber ermöglicht, ob ihm die Fortsetzung des Arbeitsverhältnisses zumutbar ist oder nicht. Da diese Entscheidung die Kenntnis **aller** gegen und auch für den Gekündigten sprechenden **Umstände** einschließlich der Beschaffung und Sicherung möglicher Beweismittel (*BAG* 17.3.2005 EzA § 626 BGB 2002 Nr. 9; 2.2.2006 EzA § 626 BGB 2002 Ausschlussfrist Nr. 1) voraussetzt, ist im Falle der Arbeitgeberkündigung idR die **Anhörung des Arbeitnehmers** zur Aufklärung des Kündigungssachverhalts erforderlich (*BAG* 12.2.1973 EzA § 626 BGB nF Nr. 26 mwN; 2.2.2006 EzA § 626 BGB 2002 Ausschlussfrist Nr.1; SPV-*Preis* Rz 840). Bei einer Erkrankung des Arbeitnehmers hängt es davon ab, ob er trotzdem in der Lage ist, die erforderliche Aufklärung zu geben. Der Arbeitgeber darf nicht stets das Ende der Krankheit abwarten (*LAG Köln* 25.1.2001 LAGE § 626 BGB Ausschlussfrist Nr. 13; SPV-*Preis* Rz 842). Entsprechendes gilt, wenn sich der Arbeitnehmer im Urlaub befindet (*Mennemeyer/Dreymüller* NZA 2005, 384 f.; teilw. aA *LAG Nds.* 6.3.2001 LAGE § 626 BGB Ausschlussfrist Nr. 14: ein Urlaub bis zu 2 Wochen kann abgewartet werden). Neben der Anhörung kann es geboten sein, Unterlagen oder Abrechnungen zu überprüfen, Erkundigungen bei Geschäftspartnern oder Kunden über das Verhalten des Arbeitnehmers einzuholen oder Vorgesetzte und Arbeitskollegen über den Vorfall zu vernehmen, selbst wenn der Arbeitnehmer schon ein allgemein gehaltenes Geständnis abgelegt hat (instruktiv *BAG* 5.12.2002 EzA § 123 BGB 2002 Nr. 1 und *LAG Köln* 13.3.2002 LAGE § 626 BGB Verdacht strafbarer Handlung Nr. 15; vgl. auch SPV-*Preis* Rz 840; HAS-*Popp* § 19 B Rz 270). Wenn eine angeforderte schriftliche Stellungnahme des Arbeitnehmers nicht ausreicht, um den Sachverhalt hinreichend aufzuklären, kann es gerechtfertigt sein, den Arbeitnehmer zu den gegen ihn erhobenen Vorwürfen noch einmal mündlich anzuhören (*BAG* 12.2.1973 EzA § 626 BGB nF Nr. 26). Solange der Kündigungsberechtigte

die zur **Aufklärung** des Kündigungssachverhalts nach pflichtgemäßem Ermessen notwendig erscheinenden Maßnahmen **zügig** (s.u. Rz 331) durchführt, ist der **Beginn** der Ausschlussfrist **gehemmt** (*BAG* 17.3.2005 aaO; *Popp* aaO Rz 272). Das gilt auch dann, wenn die Maßnahmen rückblickend zur Feststellung des Sachverhalts nicht beitragen oder überflüssig erscheinen, weil sie **keine neuen Erkenntnisse** bringen (*BAG* 17.3.2005 EzA § 626 BGB 2002 Nr. 9; 14.11.1984 AP Nr. 89 zu § 626 BGB; *Popp* aaO Rz 273; SPV-*Preis* aaO). Die Bitte Dritter, zB der Staatsanwaltschaft, bestimmte Erkenntnisse vorerst nicht zu verwerten, hemmt den Beginn der Frist dagegen idR nicht (*Hess. LAG* 4.4.2003 RzK I 6g Nr. 44).

Die Ermittlungen des Kündigungsberechtigten dürfen den Ausspruch der Kündigung freilich nicht **331** unnötig hinauszögern (*BAG* 5.12.2002 EzA § 123 BGB 2002 Nr. 1). Es sind deshalb folgende Einschränkungen zu machen: Die weitere **Aufklärung muss aus verständigen Gründen veranlasst** worden sein und darf nicht willkürlich erfolgen (*BAG* 6.7.1972 EzA § 626 BGB nF Nr. 15). Für zusätzliche Ermittlungen besteht kein Anlass mehr, wenn der Sachverhalt bereits geklärt und vom Gekündigten sogar zugestanden worden ist (*BAG* 17.3.2005 EzA § 626 BGB 2002 Nr. 9; SPV-*Preis* aaO). Die erforderlichen Ermittlungen müssen zudem mit der gebotenen **Eile** innerhalb einer kurz bemessenen Frist erfolgen, die hinsichtlich der **Anhörung** der Verdächtigen idR nicht über **eine Woche** hinausgehen darf (*BAG* 2.3.2006 EzA § 91 SGB IX Nr. 3; SPV-*Preis* Rz 841). Wird die **Regelfrist** ohne erheblichen Grund überschritten, dann beginnt die Ausschlussfrist mit dem Ende der Regelfrist (zust. APS-*Dörner* Rz 130; H/S-*Hümmerich/Holthausen* § 10 Rz 571; HWK-*Sandmann* Rz 407; **aA** *Popp* aaO Rz 277, der für eine Unterbrechung des Ablaufs der Frist eintritt). Für die Durchführung anderer Ermittlungen lässt sich keine Regelfrist angeben (*BAG* 10.6.1988 EzA § 626 BGB Ausschlussfrist Nr. 2; SPV-*Preis* Rz 840). Wenn der Kündigungsgegner bereits auf den Kündigungssachverhalt angesprochen worden oder ihm die fristlose Kündigung angekündigt worden ist (zB Mitteilung, es werde noch geprüft, welche Konsequenzen aus einem bestimmten Vorfall zu ziehen seien), ist es weiter erheblich, ob er auch **erkennen kann**, dass zunächst noch **weitere Ermittlungen** angestellt werden. Darauf ist abzustellen, weil der Gekündigte sonst nach dem Ablauf von zwei Wochen annehmen kann, der Kündigungsberechtigte wolle den Vorfall auf sich beruhen lassen. Zur Kenntnis vom Kündigungssachverhalt gehören nicht mehr die daraus gezogenen Würdigungen und Folgerungen, für die dem Kündigungsberechtigten **keine zusätzliche** »**Bedenkzeit**« bzw. Zeit zur Einholung von Rechtsrat einzuräumen ist (*LAG Hamm* 1.10.1998 LAGE § 626 BGB Ausschlussfrist Nr. 10; *Popp* aaO Rz 271).

4. Einfluss des Mitwirkungs- bzw. des Mitbestimmungsrechts des Betriebs- oder Personalrats auf die Ausschlussfrist

a) Anhörung des Betriebs- oder Personalrats

Nach § 102 BetrVG hat der Arbeitgeber einen für seinen Betrieb gewählten **Betriebsrat** vor der beab- **332** sichtigten außerordentlichen Kündigung eines Arbeitnehmers **anzuhören** (vgl. KR-*Etzel* § 102 BetrVG Rz 53 ff.). Im öffentlichen Dienst ist der Personalrat zu beteiligen (vgl. § 79 Abs. 3 BPersVG und dazu KR-*Etzel* §§ 72, 79, 108 BPersVG Rz 66). Die erforderliche Anhörung muss **vor Ablauf der Ausschlussfrist** durchgeführt werden, die nicht um die Anhörungsfrist von drei Tagen verlängert wird (*BAG* 18.8.1977 EzA § 103 BetrVG 1972 Nr. 20; *Hanau* BB 1972, 451 [455]; MünchKomm-*Henssler* Rz 322; SPV-*Preis* Rz 847). Der Arbeitgeber muss somit spätestens am 10. Tage nach Kenntnis der für die Kündigung maßgebenden Tatsachen die Anhörung des Betriebsrats einleiten, um nach Ablauf der Anhörungsfrist von drei Tagen dann noch am folgenden letzten Tage der Ausschlussfrist die Kündigung aussprechen zu können (zur Berechnung der Frist s.u. Rz 356 f.). Ein nach Landespersonalvertretungsrecht vorgeschriebenes weiteres Mitbestimmungsverfahren muss noch innerhalb der Frist eingeleitet und nach dessen Abschluss muss unverzüglich gekündigt werden (*BAG* 8.6.2000 EzA § 626 BGB Ausschlussfrist Nr. 15; 2.2.2006 EzA § 626 BGB 2002 Ausschlussfrist Nr.1).

b) Verhältnis zwischen § 626 Abs. 2 BGB und § 15 KSchG

Die außerordentliche Kündigung des Mitglieds eines Betriebs- oder Personalrats oder eines anderen **333** durch § 15 KSchG geschützten **Amtsträgers** ist erst zulässig, nachdem der Betriebs- oder Personalrat seine **Zustimmung** erteilt hat oder die verweigerte Zustimmung durch das Gericht rechtskräftig ersetzt worden ist (vgl. dazu KR-*Etzel* § 103 BetrVG Rz 135 ff.). Nach der st.Rspr. des BAG, die allgemeine Zustimmung gefunden hat, gilt die Ausschlussfrist des § 626 Abs. 2 BGB auch für die außerordentliche Kündigung gegenüber den Arbeitnehmern, die den besonderen Kündigungsschutz des § 15 KSchG genießen (*BAG* 18.8.1977 EzA § 103 BetrVG 1972 Nr. 20; SPV-*Stahlhacke* Rz 1665; vgl. auch KR-*Etzel* § 15 KSchG Rz 30 ff.). Auch im Regelungsbereich von § 15 KSchG und § 103 BetrVG beginnt die Zweiwo-

§ 626 BGB   Fristlose Kündigung aus wichtigem Grund

chenfrist mit der Kenntnis des Arbeitgebers von den für die Kündigung maßgebenden Tatsachen. Die Frist von drei Tagen, die dem Betriebsrat für seine Entscheidung über den Zustimmungsantrag nach § 103 Abs. 1 BetrVG eingeräumt ist, wirkt sich auf den Ablauf der **Frist** des § 626 Abs. 2 BGB nicht aus, sie wird **weder unterbrochen noch gehemmt** (*BAG* 18.8.1977 EzA § 103 BetrVG 1972 Nr. 20; *MünchKomm-Henssler* Rz 324; *Galperin/Löwisch* § 103 Rz 22; *Richardi* BetrVG § 103 Rz 60; *Stahlhacke* aaO; **aA** *Gamillscheg* SAE 2002, 127: fristgerechte Mitteilung der Kündigungsabsicht an den Arbeitnehmer und Einschaltung des Betriebsrats genügen; ähnlich *Herschel* Anm. EzA § 103 BetrVG 1972 Nr. 20).

334 Verweigert der Betriebsrat die Zustimmung oder gibt der Betriebsrat innerhalb von drei Tagen keine Stellungnahme ab (das Schweigen ist als Verweigerung zu werten), dann muss der Arbeitgeber, wenn er sein Kündigungsrecht nicht verlieren will, noch **innerhalb der Ausschlussfrist** des § 626 Abs. 2 BGB das gerichtliche **Verfahren auf Ersetzung der Zustimmung einleiten** (*BAG* 18.8.1977 EzA § 103 BetrVG 1972 Nr. 20 mwN). Wie das Anhörungsverfahren nach § 102 BetrVG (s.o. Rz 332) ist auch das Zustimmungsverfahren nach § 103 BetrVG spätestens am 10. Tage nach der Kenntnis des Kündigungssachverhalts einzuleiten, um sicherzustellen, dass noch am letzten Tage der Ausschlussfrist die möglicherweise erforderlich werdende Ersetzung der Zustimmung beim Gericht beantragt werden kann. An die Stelle der Kündigung, auf die es nach § 626 Abs. 2 BGB ankommt, tritt im Regelungsbereich des § 103 BetrVG der Antrag auf gerichtliche Ersetzung der Zustimmung. Dieser Antrag wahrt die Frist des § 626 Abs. 2 BGB, wenn er vor ihrem Ablauf bei Gericht eingeht, demnächst zugestellt wird (§ 270 Abs. 3 ZPO; *BAG* 18.8.1977 EzA § 103 BetrVG 1972 Nr. 20) und **zulässig** ist (*BAG* 24.10.1996 EzA § 103 BetrVG 1972 Nr. 37; KR-*Etzel* § 15 KSchG Rz 32; **krit.** HWK-*Sandmann* Rz 433).

335 Wenn das **Ersetzungsverfahren** rechtskräftig zugunsten des Arbeitgebers **abgeschlossen** ist, beginnt die Ausschlussfrist des § 626 Abs. 2 BGB nicht erneut zu laufen. Sobald die Entscheidung über die Ersetzung der Zustimmung rechtskräftig geworden ist, muss der Arbeitgeber vielmehr in entsprechender Anwendung des § 91 Abs. 5 SGB IX **unverzüglich** die außerordentliche Kündigung aussprechen (*BAG* 25.1.1979 EzA § 103 BetrVG 1972 Nr. 22; vgl. KR-*Etzel* § 103 BetrVG Rz 135 ff., § 15 KSchG Rz 32). Entsprechendes gilt, wenn während des Ersetzungsverfahrens der Betriebsrat seine Zustimmung nachträglich erteilt oder der besondere Kündigungsschutz des Amtsträgers endet (vgl. *BAG* 8.6.2000 EzA § 626 BGB Ausschlussfrist Nr. 15 und EzA § 102 BetrVG 1972 Nr. 106; KR-*Etzel* § 103 BetrVG Rz 99, 131). Zur Kündigungsschutzklage gegen die nach rechtskräftiger Ersetzung der Zustimmung ausgesprochene außerordentliche Kündigung und zur Präklusionswirkung des Ersetzungsverfahrens vgl. KR-*Etzel* § 103 BetrVG Rz 137 ff.

c)   Mitbestimmung in anderen Fällen

336 Diese Grundsätze gelten entsprechend auch dann, wenn vor Ausspruch einer außerordentlichen Kündigung vom Arbeitgeber ein **betriebsverfassungsrechtliches** Zustimmungsverfahren gem. § 102 Abs. 6 BetrVG oder ein **personalvertretungsrechtliches Zustimmungsverfahren** durchzuführen ist (*BAG* 21.10.1983 AP Nr. 16 zu § 626 BGB Ausschlussfrist; *LAG Bln.* 26.6.2002 – 15 Sa 467/02).

5.   Einfluss von § 9 MuSchG, § 18 BErzGG und §§ 85, 91 SGB IX auf die Ausschlussfrist

a)   Zulässigkeitserklärung nach § 9 Abs. 3 MuSchG

337 Nach § 9 Abs. 1 MuSchG ist unter den dort geregelten Voraussetzungen (vgl. KR-*Bader* § 9 MuSchG Rz 28 ff.) auch die außerordentliche Kündigung einer Arbeitnehmerin während der **Schwangerschaft** und bis vier Monate nach der Entbindung unzulässig. Eine Ausnahme von diesem allgemeinen Kündigungsverbot gilt nach § 9 Abs. 3 MuSchG nur dann, wenn die zuständige Behörde die Kündigung vorher für zulässig erklärt hat. Da es regelmäßig nicht möglich ist, schon **innerhalb der Ausschlussfrist** des § 626 Abs. 2 BGB einen Bescheid über die **Zulässigkeitserklärung** zu erwirken, ist es ausreichend, aber auch erforderlich, dass der Arbeitgeber binnen zwei Wochen nach Kenntnis der Kündigungsgründe bei der Behörde **beantragt**, die beabsichtigte außerordentliche Kündigung für zulässig zu erklären. Wird die beabsichtigte Kündigung für zulässig erklärt, dann muss der Arbeitgeber nach Zustellung des Bescheides die Kündigung **unverzüglich** aussprechen (*BAG* 11.9.1979 EzA § 9 MuSchG 1968 Nr. 8; KR-*Bader* § 9 MuSchG Rz 79, 112; SPV-*Stahlhacke* Rz 1404).

b)   Kündigung während der Elternzeit

338 Die unter Rz 337 dargestellten Grundsätze gelten entsprechend auch für die außerordentliche Kündigung während der **Elternzeit** (vgl. dazu KR-*Bader* § 18 BEEG Rz 31 ff.).

c) Zustimmung nach §§ 85, 91 SGB IX

Nach §§ 85, 91 Abs. 1 SGB IX bedarf die außerordentliche Kündigung des Arbeitsverhältnisses eines **schwerbehinderten Menschen** der vorherigen **Zustimmung des Integrationsamtes** (vgl. KR-*Etzel* § 91 SGB IX Rz 5 ff.). Die Zustimmung kann nach § 91 Abs. 2 SGB IX nur **innerhalb von zwei Wochen** nach Kenntnis der für die Kündigung maßgebenden Tatsachen **beantragt** werden. Ist die Frist bei Antragstellung bereits verstrichen, dann ist der Antrag als unzulässig zu verwerfen (SPV-*Vossen* Rz 1547). Das ArbG hat aber die Einhaltung der Frist des § 626 Abs. 2 BGB eigenständig zu prüfen; wird eine Zustimmung erteilt, obwohl die Frist bei Antragstellung bereits versäumt war, ist das ArbG insoweit nicht gebunden (*BAG* 2.3.2006 EzA § 91 SGB IX Nr. 3). Nach § 91 Abs. 5 SGB IX kann die Kündigung auch nach Ablauf der Frist des § 626 Abs. 2 BGB erfolgen, wenn sie **unverzüglich** (vgl. KR-*Etzel* § 91 SGB IX Rz 29 ff.) **nach Erteilung der Zustimmung** (vgl. KR-*Etzel* § 91 SGB IX Rz 14 ff., 29) erklärt wird. Die Frist des § 626 Abs. 2 BGB wird durch § 91 Abs. 5 SGB IX allerdings nicht verkürzt (*BAG* 15.11.2001 EzA § 21 SchwbG 1986 Nr. 12; 7.11.2002 EzA § 130 BGB 2002 Nr. 1 und 27.11.2003 EzA § 626 BGB 2002 Krankheit Nr. 1 [bei Dauergründen]; KR-*Etzel* § 91 SGB IX Rz 29a). 339

Trifft die Behörde **innerhalb** einer Frist von **zwei Wochen keine Entscheidung,** dann gilt – abgesehen von den Fällen tariflicher oder vertraglicher Unkündbarkeit (s.o. Rz 306) – die **Zustimmung** nach § 91 Abs. 3 SGB IX mit der Folge als erteilt, dass die Kündigung nunmehr **unverzüglich** zu erklären ist (§ 91 Abs. 5 SGB IX). Um den Beginn dieser Ausschlussfrist bestimmen zu können, muss der Arbeitgeber sich alsbald nach dem Eingang des Antrages und nach Ablauf von zwei Wochen erkundigen, ob eine **Entscheidung ergangen** ist; deren Zustellung innerhalb der Zweiwochenfrist ist nicht erforderlich, vielmehr genügt insoweit die Absendung oder mündliche Mitteilung (vgl. KR-*Etzel* § 91 SGB IX Rz 16; *BAG* 9.2.1994 EzA § 21 SchwbG 1986 Nr. 5; für einen Fall tariflicher Unkündbarkeit *BAG* 12.8.1999 EzA § 21 SchwbG 1986 Nr. 10). Mit dem Hinweis auf die notwendigen »sofortigen« Reaktionen des Arbeitgebers hat das *BAG* (3.7.1980 EzA § 18 SchwbG Nr. 3) den Begriff der Unverzüglichkeit allerdings ungenau umschrieben. Sachlich soll der Arbeitgeber damit angehalten werden, ein noch nachzuholendes **Anhörungsverfahren** beim **Betriebsrat** möglichst kurzfristig einzuleiten und danach die Kündigung in der kürzestmöglichen Zeit zu erklären (ähnlich KR-*Etzel* § 91 SGB IX Rz 30c; *BAG* 20.5.1988 EzA § 9 MuSchG nF Nr. 27). 340

Die vorstehenden Grundsätze sind auch dann anzuwenden, wenn ein **schwerbehinderter Mensch** zugleich **Mitglied des Betriebsrates** oder Personalrates ist. Auch in diesem Falle greift (nach Ablauf der Frist des § 626 Abs. 2 BGB) § 91 Abs. 5 SGB IX ein. Hat der Arbeitgeber bereits zugleich mit der Zustimmung beim Integrationsamt die Zustimmung nach § 103 Abs. 1 BetrVG beim Betriebsrat beantragt, so muss er dann, wenn der Betriebsrat die beantragte Zustimmung verweigert, unverzüglich bei Erteilung der Zustimmung durch das Integrationsamt oder nach Eintritt der Zustimmungsfiktion des § 91 Abs. 3 SGB IX das Beschlussverfahren auf Ersetzung der Zustimmung nach § 103 Abs. 2 BetrVG einleiten (KR-*Etzel* § 91 SGB IX Rz 29b). Es ist jedoch nicht erforderlich, dass der Arbeitgeber innerhalb von zwei Wochen nach Kenntnis der Kündigungsgründe zumindest bereits die Zustimmung beim Betriebsrat beantragt hatte. Es reicht vielmehr aus, wenn der Antrag nach § 91 SGB IX fristgemäß gestellt worden ist und der Arbeitgeber dann nach erteilter oder fingierter Zustimmung unverzüglich beim Betriebsrat die Zustimmung nach § 103 Abs. 1 BetrVG beantragt und bei deren Ablehnung wiederum unverzüglich das gerichtliche Ersetzungsverfahren einleitet. 341

Da den schwerbehinderten Menschen der volle Sonderkündigungsschutz der §§ 85 ff. SGB IX im Grundsatz auch dann zusteht, wenn der Arbeitgeber von der bereits festgestellten Schwerbehinderteneigenschaft oder der beantragten Anerkennung nichts wusste (*BAG* 23.2.1978 EzA § 12 SchwbG Nr. 5), läuft der Arbeitgeber Gefahr, zunächst eine wegen fehlender Zustimmung unwirksame Kündigung auszusprechen und dann nicht innerhalb der Ausschlussfrist des § 626 Abs. 2 BGB eine Zustimmung für die erforderliche weitere Kündigung beantragen zu können. Die sich daraus ergebenden Schwierigkeiten sind wie folgt zu lösen: Bei einer an dem schutzwürdigen Interesse des Arbeitgebers ausgerichteten Auslegung ist zu den für die Kündigung maßgebenden Tatsachen auch die **Kenntnis** von einem **anhängigen Feststellungsverfahren** oder einer bereits festgestellten **Schwerbehinderteneigenschaft** zu rechnen (*BAG* 14.5.1982 EzA § 18 SchwbG Nr. 5; KR-*Etzel* § 91 SGB IX Rz 9). Solange dem Arbeitgeber die mögliche Zustimmungsbedürftigkeit nicht bekannt ist, läuft die Antragsfrist des § 91 Abs. 2 SGB IX nicht; allerdings kommt eine außerordentliche Kündigung dann nicht mehr in Betracht, wenn der Arbeitgeber bereits die nach seinem Kenntnisstand allein maßgebliche Ausschlussfrist des § 626 Abs. 2 BGB versäumt hatte. Hat der Arbeitgeber wegen eines ihm bekannten Antrages auf Feststellung der Schwerbehinderteneigenschaft nur vorsorglich die Zustimmung des Integrations- 342 amtes beantragt, dann ist es dem Arbeitnehmer verwehrt, sich auf die Ausschlussfrist des § 626 Abs. 2 BGB zu berufen, wenn er nicht als schwerbehinderter Mensch anerkannt wird und die Kündigung keiner Zustimmung bedarf (*BAG* 27.2.1987 EzA § 626 BGB Ausschlussfrist Nr. 1; KR-*Etzel* § 91 SGB IX Rz 9a; **aA** HaKo-*Griebeling* Rz 128). Entsprechendes gilt, wenn der Arbeitgeber die Zustimmung des Integrationsamtes beantragt hat, weil ihm ein Wegfall der Schwerbehinderteneigenschaft nicht bekannt und vom Arbeitnehmer nicht mitgeteilt worden war (vgl. *Grimm/Baron* DB 2000, 571).

III. Für die Kenntnis maßgebender Personenkreis
1. Kreis der Kündigungsberechtigten

343 Der Fristbeginn nach § 626 Abs. 2 BGB setzt weiter voraus, dass der zur Kündigung Berechtigte den Kündigungssachverhalt kennt. Der Begriff des **Kündigungsberechtigten** i. S. des § 626 Abs. 2 S. 2 BGB kennzeichnet nicht nur die Parteirolle im Arbeitsverhältnis, d. h. bei einer Kündigung durch den Arbeitgeber zB die juristische Person, in der der Arbeitgeber im Rechtsverkehr auftritt. Kündigungsberechtigter ist vielmehr diejenige **natürliche Person,** der selbst im gegebenen Fall das Recht zur außerordentlichen Kündigung zusteht (*BAG* 6.7.1972 EzA § 626 BGB nF Nr. 15; SPV-*Preis* Rz 850).

344 Zur Kündigung berechtigt sind auf Arbeitnehmerseite diejenigen Dienstpflichtigen, die das 18. Lebensjahr vollendet haben (vgl. § 2 BGB) und nicht nach § 104 Ziff. 2 und 3 BGB **geschäftsunfähig** sind. **Minderjährige** Arbeitnehmer können nur dann selbst kündigen, wenn sie der gesetzliche Vertreter ermächtigt hat, in Dienst oder Arbeit zu treten (§ 113 Abs. 1 BGB). Fehlt eine solche Ermächtigung, dann muss die Kündigung vom **gesetzlichen Vertreter** des minderjährigen Arbeitnehmers ausgesprochen werden. Wenn für einen minderjährigen Arbeitnehmer ein gesetzlicher Vertreter kündigungsberechtigt ist, dann ist nach dem in § 166 Abs. 1 BGB enthaltenen allgemeinen Rechtsgedanken für die Kenntnis von rechtserheblichen Umständen nicht der Wissensstand des Minderjährigen, sondern der seines gesetzlichen Vertreters maßgebend (vgl. *BAG* 25.11.1976 EzA § 15 BBiG Nr. 3; SPV-*Preis* aaO; vgl. zur Geschäftsfähigkeit weiter KR-*Friedrich* § 13 KSchG Rz 292 ff.; zur Vertretung [§§ 174, 180 BGB] KR-*Friedrich* § 13 KSchG Rz 284 ff.).

345 Auf der Seite des Arbeitgebers ist der Kreis der Kündigungsberechtigten größer. Zu ihnen gehört bei kaufmännischen oder gewerblichen **Betrieben,** die von natürlichen Personen betrieben werden, zunächst der **Inhaber** als Vertragspartner des Arbeitnehmers. Bei **Personengesellschaften** des Handelsrechts hat grds. jeder **Gesellschafter** (OHG) bzw. jeder Komplementär (KG) **Einzelvertretungsmacht** (§§ 125 Abs. 1, 161 Abs. 2, 164 HGB). Vgl. zu typischen Fallgestaltungen HAS-*Popp* § 19 B Rz 300 ff.

346 Wenn der Arbeitnehmer bei einem rechtsfähigen **Verein,** einer **GmbH,** einer **AG** oder einer eingetragenen **Genossenschaft** beschäftigt ist, müssen dann, wenn die **Satzung** nichts anderes vorsieht, alle Mitglieder des **Vorstandes** bzw. alle **Geschäftsführer** gemeinsam handeln (**Gesamtvertretungsmacht:** vgl. § 26 Abs. 2 BGB, § 35 Abs. 2 GmbHG, § 78 Abs. 2 AktG, § 24 Abs. 1 GenG). Die außerordentliche Kündigung kann in diesem Falle nur aufgrund eines von allen gesetzlichen Vertretern gefassten Beschlusses oder durch einen Vertreter aufgrund einer ihm durch die übrigen Mitglieder des Vertretungsorgans erteilten **Ermächtigung** (vgl. § 78 Abs. 4 AktG) ausgesprochen werden (*BAG* 18.12.1980 EzA § 174 BGB Nr. 4). Eine nur von einem der Gesamtvertreter ausgesprochene Kündigung ist von den übrigen Vertretern nach §§ 180 S. 2, 177 BGB genehmigungsfähig, wenn der Kündigungsempfänger die fehlende Vertretungsmacht bei der Vornahme des Rechtsgeschäfts nicht beanstandet hat. Die **ohne hinreichende Vertretungsmacht** erklärte außerordentliche Kündigung kann vom Vertretenen mit rückwirkender Kraft nach § 184 BGB jedoch nur innerhalb der zweiwöchigen Ausschlussfrist des § 626 Abs. 2 genehmigt werden (*BAG* 26.3.1986 EzA § 626 BGB nF Nr. 99 und 4.2.1987 EzA § 626 BGB nF Nr. 106; ArbRBGB-*Corts* Rz 233; *Lange* FS Sandrock 1995 S. 245 ff.; SPV-*Preis* Rz 851; HWK-*Sandmann* Rz 386; **aA** *Palandt/Heinrichs* § 180 Rz 1: rückwirkende Genehmigung bei Kündigungen generell nicht möglich; vgl. dazu *Staudinger/Gursky* § 184 Rz 38a).

347 Kraft Gesetzes oder Satzung ist in einigen Fällen die Kündigungsbefugnis nicht dem gesetzlichen Vertretungsorgan einer juristischen Person, sondern **anderen Organen** zugewiesen. Das gilt zB für die Kündigung des Geschäftsführers einer GmbH, über die die Gesellschafterversammlung zu beschließen hat (vgl. *BGH* 17.3.1980 NJW 1980, 2411), sowie die entsprechenden Zuständigkeiten der Generalversammlung einer Genossenschaft für die Kündigung eines Vorstandsmitgliedes (vgl. *BAG* 5.5.1977 EzA § 626 BGB nF Nr. 57; *BGH* 18.6.1984 WM 1984, 1120) und des Aufsichtsrates eines Versicherungsvereins auf Gegenseitigkeit oder einer Aktiengesellschaft hinsichtlich der Vorstandsmitglieder (vgl. *BGH* 19.5.1980 NJW 1981, 166; zur Bedeutung der Kenntnis einzelner Mitglieder dieser Organe vgl. un-

ten Rz 350; zur Kenntnis im Fall eines Alleingesellschafters *OLG Düsseld.* 3.4.2003 RIW 2004, 230). Bei der Kündigung eines Geschäftsführers ist die Kenntnis eines Mitgeschäftsführers unerheblich (*BGH* 9.11.1992 NJW 1993, 433).

Str. ist, ob dann, wenn es sich beim Arbeitgeber nicht um eine natürliche Person oder mehrere natürliche Personen, sondern um eine juristische Person handelt, kündigungsberechtigt iSd § 626 Abs. 2 BGB das gesetzlich oder satzungsgemäß für die Kündigung zuständige Organ (so eindeutig *BAG* 5.5.1977 EzA § 626 BGB nF Nr. 57 und so auch die zutr. Deutung der weiteren Rspr. durch *Windbichler* [SAE 1985, 319]) oder die dienstberechtigte Vertragspartei selbst ist, und zwar auch in Gestalt einer juristischen Person (so *Reuter* Anm. AP Nr. 1 zu § 28 BGB; *Densch/Kahlo* DB 1987, 581 f.; wohl auch *BGH* 13.7.1984 WM 1984, 1309 [1311]). Es dient der Rechtsklarheit, wenn auf das **konkret zuständige Vertretungsorgan** abgestellt wird, weil sonst zweifelhaft wird, ob und wann die Kenntnis einer anderen Person erheblich ist, die in anderen Bereichen zur Vertretung der juristischen Person berechtigt ist (so zutr. *Windbichler* aaO). 348

Wenn für den Arbeitgeber nur **mehrere Personen** gemeinsam vertretungsberechtigt sind, ist auf die allgemeinen Grundsätze über die Bedeutung der **Kenntnis eines Gesamtvertreters** bei passiver Stellvertretung (Empfang von Willenserklärungen, vgl. § 28 Abs. 2 BGB, § 78 Abs. 2 S. 2 AktG, § 35 Abs. 2 S. 3 GmbHG, § 25 Abs. 1 S. 3 GenG) zurückzugreifen, die auch für eine auf die Kenntnis abstellende fristgebundene Ausübung von Gestaltungsrechten gelten. Die Ausschlussfrist nach § 626 Abs. 2 BGB beginnt demgemäß schon dann, wenn auch nur einer von mehreren Gesamtvertretern, zB ein Mitglied des Vorstandes eines eingetragenen Vereins, der nur insgesamt zur Kündigung von Arbeitnehmern berechtigt ist, den Kündigungsgrund kennt (*BAG* 27.9.1984 EzA § 626 BGB nF Nr. 92; *MünchKomm-Henssler* Rz 300; *SPV-Preis* aaO; einschränkend *Reuter* aaO; *Windbichler* aaO: Kenntnis muss in »amtlicher Eigenschaft« erworben sein; **aA** *Densch/Kahlo* aaO: Kenntnis aller Mitglieder erforderlich). Seit Anerkennung der Rechtsfähigkeit der GbR dürfte dies auch für die Kenntnis eines Gesellschafters gelten (**aA** HzK-*Eisenbeis* 4 Rz 121). Unbillige Ergebnisse, die sich daraus ergeben, dass einer von mehreren Gesamtvertretern aus persönlicher Rücksichtnahme gegenüber einem Arbeitnehmer oder wegen Beteiligung an der Pflichtverletzung sein Wissen den übrigen Gesamtvertretern gegenüber verschweigt oder erst verspätet mitteilt, sind dann zu korrigieren, wenn die Berufung auf die Ausschlussfrist deswegen rechtsmissbräuchlich ist (s.u. Rz 361). Das ist insbes. anzunehmen, wenn ein Organmitglied mit dem Gekündigten gemeinsam zum Nachteil des Arbeitgebers zusammengewirkt hat (sog. **Kollusion**). 349

Die Entscheidung des *BAG* vom 5.5.1977 (EzA § 626 BGB nF Nr. 57) steht der vorstehenden Auffassung nicht entgegen. Sie betrifft die anders gelagerte Frage, ob die Kenntnis eines Mitglieds des Aufsichtsrats einer Genossenschaft von Verfehlungen eines Mitgliedes des Vorstandes ausreicht, um die Ausschlussfrist auszulösen. Das trifft deswegen nicht zu, weil weder ein einzelnes Mitglied noch der Aufsichtsrat insgesamt den Anstellungsvertrag mit einem Vorstandsmitglied kündigen kann, sondern zur Abberufung des Vorstandsmitglieds der Beschluss der Genossen erforderlich ist (§ 43 GenG). Nicht auf die Kenntnis eines einzelnen Mitglieds eines Kollektivorgans ist grds. dann abzustellen, wenn es an einer dem § 28 Abs. 2 BGB entsprechenden **Regelung der passiven Stellvertretung fehlt** und das **Kollegialorgan** seine Entscheidungen aufgrund einer **Beschlussfassung** zu treffen hat (ebenso HAS-*Popp* § 19 B Rz 303; SPV-*Preis* aaO; für das Kuratorium einer Stiftung privaten Rechts, das laut Satzung das alleinkündigungsberechtigte Organ ist, vgl. *LAG Hamm* 26.2.1985 LAGE § 626 BGB Nr. 19; für den Aufsichtsrat oder die Gesellschafterversammlung, wenn diese statt des Vorstands für die Kündigung zuständig sind, vgl. *BAG* 25.2.1998 EzA § 620 BGB Kündigung Nr. 1; *BGH* 19.5.1980 aaO; 9.11.1992 aaO; 15.6.1998 EzA § 626 BGB Ausschlussfrist Nr. 12; *Erman/Belling* Rz 97; *Gerkan* EWiR 1993, 133; für den Verwaltungsausschuss, der nach § 80 NdsGemeindeO über die Kündigung von Angestellten und Arbeitern zu beschließen hat, vgl. *BAG* 22.2.1984 – 7 AZR 516/82 – nv; **aA** für den Verwaltungsrat einer Sparkasse *BGH* 5.4.1990 EzA § 626 BGB Ausschlussfrist Nr. 3: Das Wissen eines Mitglieds des zuständigen Organs ist dem Arbeitgeber spätestens dann zuzurechnen, wenn das Mitglied die anderen Organmitglieder hätte unterrichten können). Die Frist wird dabei nach der neueren Rspr. des *BGH* (15.6.1998 EzA § 626 BGB Ausschlussfrist Nr. 12) nicht schon dadurch in Lauf gesetzt, dass alle Mitglieder des Kollegialorgans außerhalb der Aufsichtsratssitzung bzw. Gesellschafterversammlung Kenntnis erlangen, vielmehr beginnt die Frist erst mit der Unterbreitung des Sachverhalts gegenüber dem zur kollektiven Willensbildung einberufenen Kollegialorgan; wird allerdings von einberufungsberechtigten Mitgliedern die Einberufung nach Kenntniserlangung unangemessen verzögert, so muss sich die Gesellschaft so behandeln lassen, als wäre die Einberufung mit der gehörigen Beschleunigung erfolgt (vgl. auch *BAG* 11.3.1998 EzA § 37 GmbHG Nr. 2; *Schumacher-Mohr* ZIP 2002, 2245 ff.). 350

351 Neben den gesetzlichen und satzungsgemäßen Vertretern des Arbeitgebers kommen als Kündigungsberechtigte weiter die Personen in Betracht, denen nach § 48 HGB **Prokura** (*BAG* 9.10.1975 EzA § 626 BGB nF Nr. 43) oder nach § 54 HGB **Handlungsvollmacht** erteilt worden ist, ferner diejenigen, regelmäßig leitenden Mitarbeiter des Arbeitgebers, denen er das Recht zur außerordentlichen Kündigung von Arbeitnehmern nach den Vorschriften über die **Stellvertretung** (§§ 164 ff. BGB) übertragen hat. Wenn einem Vorgesetzten nur die Entlassungsbefugnis gegenüber einer bestimmten Gruppe von Arbeitnehmern (zB gegenüber den Arbeitern) zusteht, dann ist er nicht zur Kündigung berechtigt, wenn der Arbeitnehmer, um dessen Kündigung es geht, nicht zu dieser Gruppe gehört (*BAG* 28.10.1971 EzA § 626 BGB nF Nr. 8).

352 Für Kündigungen im **öffentlichen Dienst** sind folgende Entscheidungen des BAG von allgemeiner Bedeutung: Zur Kündigung eines Betriebsarbeiters der (damals noch nicht privatisierten) Bundesbahn ist nach § 2 Abs. 6 LTV-Bundesbahn der Dienststellen-Vorsteher berechtigt, auf dessen Kenntnis auch dann abzustellen ist, wenn in einem Tarifvertrag unzulässig vereinbart worden ist (vgl. oben Rz 318), die Frist beginne erst mit Kenntnis der Bundesbahndirektion. Das gilt auch dann, wenn die Kündigung der Zustimmung durch die Direktion bedarf (*BAG* 12.4.1978 EzA § 626 BGB nF Nr. 64). Gegenüber den Arbeitnehmern bayerischer Kommunen ist Kündigungsberechtigter der Gemeinderat oder an dessen Stelle der dafür gebildete Verwaltungsausschuss. Eine Notzuständigkeit des Bürgermeisters zum Ausspruch der außerordentlichen Kündigung kommt nur bei besonders schwerwiegenden Gründen (zB gefährlichen Tätlichkeiten) in Betracht (*BAG* 20.4.1977 EzA § 626 BGB nF Nr. 55; 18.5.1994 EzA § 626 BGB Ausschlussfrist Nr. 6). Tagt der Ausschuss im Monatsrhythmus, so wird die Ausschlussfrist des § 626 Abs. 2 BGB regelmäßig auch dann gewahrt, wenn die fristlose Kündigung eines Arbeitnehmers der Gemeinde in der nächsten ordentlichen Ausschusssitzung beschlossen wird, nachdem der Erste Bürgermeister von dem Kündigungssachverhalt Kenntnis erlangt hat (*BAG* 18.5.1994 EzA § 626 BGB Ausschlussfrist Nr. 6). Durch § 54 Abs. 3 S. 2 GO NW aF, nach dem Erklärungen zur Regelung der Rechtsverhältnisse von Angestellten und Arbeitern neben der Unterschrift des Gemeindedirektors noch der Unterzeichnung durch einen weiteren vertretungsberechtigten Beamten oder Angestellten bedurften, wurde die Kündigungsbefugnis des Gemeindedirektors auch nach außen hin eingeschränkt (*BAG* 26.3.1986 EzA § 626 BGB nF Nr. 99). Das gilt auch für die in § 104 Abs. 2 S. 1 GO NW enthaltene Regelung, nach der die Bestellung und Abberufung von Prüfern des Rechnungsprüfungsamtes durch den Rat der Gemeinde zu erfolgen hat. Aufgrund dieser Einschränkung ist der Bürgermeister nicht berechtigt, einem angestellten Prüfer die ihm vom Rat übertragene Funktion durch außerordentliche oder ordentliche Änderungs- bzw. Beendigungskündigung zu entziehen (*BAG* 4.2.1987 EzA § 626 BGB nF Nr. 106). Die einem Landrat in Baden-Württemberg zustehende Einzelvertretungsmacht bezieht sich auch auf Kündigungen von Arbeitnehmern, die vom Landkreis beschäftigt werden (*BAG* 14.11.1984 AP Nr. 89 zu § 626 BGB).

2. Vertragliche Regelung der Kündigungsbefugnis

353 Nach dem Grundsatz der **Vertragsfreiheit** ist es zulässig, durch Vereinbarung zwischen dem Arbeitnehmer und dem Arbeitgeber das **Recht zur** außerordentlichen **Kündigung auf** die **Person des Arbeitgebers** zu **beschränken** (SPV-*Preis* Rz 853), und zwar auch unter Einschränkung einer bestehenden Prokura. Darin liegt keine unzulässige Kündigungserschwerung, weil es im wohlverstandenen Interesse beider Vertragsparteien liegen kann, die Entscheidung über eine außerordentliche Kündigung nicht irgendwelchen an sich zur Kündigung berechtigten Vertretern des Arbeitgebers zu überlassen (*BAG* 9.10.1975 EzA § 626 BGB nF Nr. 43; HAS-*Popp* § 19 B Rz 309 ff.). Bei einer Absprache mit dem Arbeitnehmer, wonach er unmittelbar dem Firmeninhaber unterstellt werden soll, muss freilich genau geprüft werden, ob darin eine Kündigungsbeschränkung mit Außenwirkung liegt, die für alle übrigen an sich kündigungsberechtigten Betriebsangehörigen das Recht zur außerordentlichen Kündigung ausschließen soll (vgl. *Herschel* Anm. AR-Blattei, Kündigung VIII Entsch. 53; *Nickel* Anm. AP Nr. 8 zu § 626 BGB Ausschlussfrist). Eine an sich zulässige Beschränkung der Kündigungsbefugnis im **Außenverhältnis** darf allerdings nicht dazu führen, bei längeren Verhinderungen des Arbeitgebers den Beginn der Ausschlussfrist unangemessen lange hinauszuschieben. Es ist dann vielmehr eine **ergänzende Vertragsauslegung** erforderlich, die zumindest bei Arbeitnehmern, die keine engen persönlichen Mitarbeiter des verhinderten Arbeitgebers sind, ergeben wird, dass bei notwendigen Vertretungsfällen auch andere Personen aufgrund der ihnen grundsätzlich erteilten Vollmacht für die Dauer der **Verhinderung** des Arbeitgebers als Kündigungsberechtigte anzusehen sind (*BAG* 9.10.1975 EzA § 626 BGB nF Nr. 43).

Unzulässig ist es, durch eine Vereinbarung nicht die **Kündigungsbefugnis selbst** zu regeln, sondern 354
nur für den Fristbeginn auf die Kenntnis bestimmter Personen bzw. einer intern am Kündigungsvorgang beteiligten Stelle abzustellen (*BAG* 12.4.1978 EzA § 626 BGB nF Nr. 64; MünchKomm-*Henssler* Rz 292). Wenn der Arbeitgeber sich nur im **Innenverhältnis** gegenüber anderen Kündigungsberechtigten das Recht zur außerordentlichen Kündigung gegenüber bestimmten Arbeitnehmern vorbehalten hat, verlieren die an sich Kündigungsberechtigten ihre Befugnis nicht, so dass auf ihre Kenntnis abzustellen ist. Das gilt auch bei einer Einschränkung der Kündigungsbefugnis mit Außenwirkung dann, wenn sie im Übrigen **zur Meldung** und zur Feststellung der für eine außerordentliche Kündigung maßgebenden Tatsachen (s.u. Rz 355) **verpflichtet** bleiben.

3. Kenntnis anderer, nicht kündigungsberechtigter Personen

Die Kenntnis von Vorgesetzten, die **keine Kündigungsbefugnis** besitzen, ist im Grundsatz nur dann 355
erheblich, wenn sie eine **ähnlich selbständige Stellung** wie ein gesetzlicher oder rechtsgeschäftlicher Stellvertreter haben und nicht nur zur Meldung, sondern auch zur Feststellung der für eine außerordentliche Kündigung maßgebenden Tatsachen verpflichtet sind (*BAG* 28.10.1971 EzA § 626 BGB nF Nr. 8; SPV-*Preis* Rz 852; **krit**. HAS-*Popp* § 19 B Rz 313). Die Kritik von *Herschel* (Anm. AR-Blattei, Kündigung VIII Entsch. Nr. 31), das Erfordernis der ähnlich selbständigen Stellung sei zu ungenau und zu eng, hat das BAG veranlasst, diesen Grundsatz folgendermaßen zu verdeutlichen: Der Kündigungsberechtigte muss sich die Kenntnis eines in seiner Funktion dem Arbeitgeber angenäherten Vorgesetzten oder Mitarbeiters nach **Treu und Glauben** dann zurechnen lassen, wenn dessen Stellung im Betrieb nach den jeweiligen Umständen erwarten lässt, er werde dem Kündigungsberechtigten den Kündigungssachverhalt mitteilen. Der Kündigungsberechtigte darf sich nicht auf eine spätere Kenntnis berufen, wenn sie darauf beruht, dass die eingerichtete Organisation des Betriebes den Fristbeginn verzögert (*BAG* 26.11.1987 RzK I 6 g Nr. 13), obwohl eine andere Organisation mit einem zügigeren Ablauf sachgerecht und zumutbar wäre. Ein **überflüssiges** spezifisches **Organisationsrisiko** kann und darf der Arbeitgeber nicht auf den Arbeitnehmer abwälzen (*BAG* 5.5.1977 EzA § 626 BGB nF Nr. 57; SPV-*Preis* aaO). Beide Voraussetzungen (selbständige Stellung und Verzögerung) müssen kumulativ vorliegen (*BAG* 26.11.1987 aaO). Der Arbeitgeber muss sich ein persönliches Fehlverhalten von Personen, die dem Kündigungsberechtigten gleichstehen, entsprechend § 278 BGB zurechnen lassen (*Popp* aaO Rz 313; **aA** *BAG* 7.9.1983 NZA 1984, 228, das ausschließlich darauf abstellt, ob die Organisation für die Verzögerung kausal war). Diese Klarstellung entspricht im Ergebnis auch der im Schrifttum überwiegend vertretenen Auffassung (*Derleder* AK-BGB Rz 13; APS-*Dörner* Rz 132; MünchKomm-*Henssler* Rz 293; *Herschel* aaO; SPV-*Preis* aaO; jPK-*Weth* Rz 37; **krit**. HaKo-*Griebeling* Rz 118; *Popp* aaO; MünchArbR-*Wank* § 120 Rz 136).

IV. Berechnung und Ablauf der Ausschlussfrist

1. Berechnung

Die **Berechnung der Ausschlussfrist** richtet sich nach den §§ 187 ff. BGB. Nach § 187 Abs. 1 BGB wird 356
der Tag, an dem der Kündigungsberechtigte die für die Kündigung maßgebenden Tatsachen erfahren hat, bei der Berechnung der Frist nicht mitgerechnet. Die Frist beginnt damit erst am Tage nach der Kenntniserlangung (vgl. *Busemann/Schäfer* Rz 349; *Schaub/Linck* § 125 Rz 36). Nach § 188 Abs. 2 S. 1 Hs. 1 BGB endet eine Frist, die nach Wochen bestimmt ist, im Falle des § 187 Abs. 1 BGB mit dem Ablauf desjenigen Tages der letzten Woche, der durch seine Benennung dem Tage entspricht, in den das Ereignis fällt. Wenn der Kündigungsberechtigte von den Kündigungsgründen zB an einem Montag erfährt, endet die Ausschlussfrist demgemäß mit dem Ablauf des Montags der übernächsten Woche. Wenn die Ausschlussfrist an einem Sonnabend, einem Sonntag oder einem gesetzlichen Feiertag abläuft, tritt an die Stelle dieses Tages nach § 193 BGB der nächste Werktag (*Busemann/Schäfer* aaO; HAS-*Popp* § 19 B Rz 286; *Schaub/Linck* aaO; SPV-*Preis* Rz 848). Anders als die Zeit vor dem Beginn der Kündigungsfrist (vgl. dazu KR-*Spilger* § 622 BGB Rz 131) hat die Ausschlussfrist nach § 626 Abs. 2 BGB einen Anfangs- und einen Endtermin. Ohne die Anwendung von § 193 BGB würde die Überlegungsfrist verkürzt werden, weil der Kündigungsberechtigte eine mündliche Kündigung dann praktisch schon am letzten Arbeitstag vor Ablauf der Frist aussprechen müsste.

Da sich beim Wechsel des Arbeitgebers aufgrund **Betriebsübergangs** der neue Inhaber auf fortwirken- 357
de Kündigungsgründe stützen kann, die beim früheren Arbeitgeber entstanden sind (*BAG* 5.5.1977 EzA § 626 BGB nF Nr. 57), ist für den Beginn der Ausschlussfrist in diesen Fällen nach folgenden Tatbeständen zu unterscheiden (MünchKomm-*Henssler* Rz 310; *Popp* aaO Rz 234): Wenn ein Sachverhalt

erst wegen besonderer Interessen des neuen Arbeitgebers Kündigungsrelevanz erlangt (vgl. KR-*Pfeiffer* § 613a BGB Rz 131) oder dem Veräußerer unbekannt geblieben ist, läuft die Frist erst ab Kenntnis des neuen Arbeitgebers. Wird der Betrieb vor Ablauf der Frist in Kenntnis des für Veräußerer und Erwerber gleichermaßen relevanten Grundes an den unwissenden Erwerber veräußert, dann muss dieser sich das Wissen des Veräußerers zurechnen lassen; noch selbstverständlicher ist, dass keine Verlängerung der Frist eintritt, wenn der neue Arbeitgeber anlässlich des Betriebsübergangs von dem noch nicht verfristeten Grund erfährt (vgl. auch *Lipinski* NZA 2002, 81 mwN). Eine bereits verstrichene Frist lebt auch wegen des Wechsels des Arbeitgebers nicht wieder auf.

2. Erfordernis des rechtzeitigen Zugangs

358 Zur Wahrung der Ausschlussfrist genügt es nicht, wenn eine schriftliche Kündigung am letzten Tage der Frist zur Post gegeben wird und dadurch den Machtbereich des Kündigungsberechtigten verlassen hat. Auch arbeitsvertraglich kann dies nicht wirksam vereinbart werden (*Bauer/Röder* S. 33 f.; s.o. Rz 317 f.). »Erfolgt« ist eine Kündigung iSd § 626 Abs. 2 BGB erst in dem Zeitpunkt, in dem sie dem Kündigungsempfänger nach den allgemeinen Regeln des bürgerlichen Rechts (§ 130 BGB) zugegangen ist, d. h. sobald sie in den Machtbereich des Gekündigten gelangt ist (BAG 9.3.1978 EzA § 626 BGB nF Nr. 63; HAS-*Popp* § 19 B Rz 287 f.; *Soergel/Kraft* Rz 95; SPV-*Preis* Rz 849). Zum **Zugang** schriftlicher Kündigungen unter Abwesenden, zu den besonderen Problemen der Kündigung per Einschreiben und der Verzögerung des Zuganges vgl. KR-*Friedrich* § 4 KSchG Rz 102 ff.

3. Hemmung des Ablaufs der Frist

359 Die aus der Rechtsnatur der Kündigung und dem Zweck der Ausschlussfrist (schnelle Klärung, ob wegen eines bestimmten Grundes gekündigt wird) folgende Notwendigkeit, auf die mögliche Kenntnisnahme von der Kündigung abzustellen, verbietet es, bei **Beförderungsschwierigkeiten** aus Billigkeitsgründen auf den Zugang beim Empfänger zu verzichten (vgl. *Herschel* Anm. zu EzA § 103 BetrVG 1972 Nr. 20). *Herschel* (aaO) ist darin zuzustimmen, dass sich als befriedigende Lösung bei unvermeidbaren Verzögerungen des Zugangs, die weder dem Einflussbereich des Kündigenden noch dem des Empfängers zuzurechnen sind, eine analoge Anwendung des § 206 BGB anbietet (APS-*Dörner* Rz 144; HzA-*Isenhardt* 5/1 Rz 281; SPV-*Preis* aaO; **aA** *Kraft* Anm. EzA § 626 BGB nF Nr. 63; HAS-*Popp* § 19 B Rz 291 f.). Damit wird dem Kündigenden nicht das normale Beförderungsrisiko abgenommen. Die Hemmung der Verjährung setzt nach § 206 BGB voraus, dass der Berechtigte durch »höhere Gewalt« an der Geltendmachung seines Rechts verhindert ist. Die gleichen strengen Anforderungen sind an die Hemmung des Ablaufs der Ausschlussfrist des § 626 Abs. 2 BGB zu stellen. Dem fristgerechten Zugang der Kündigung muss ein Hindernis entgegengestanden haben, das von dem Kündigenden auch durch die größte, vernünftigerweise zu erwartende Vorsicht nicht abzuwenden war (*Herschel* aaO).

360 »Höhere Gewalt« liegt entsprechend dem Begriff des »unabwendbaren Zufalls« iSd § 233 Abs. 1 aF ZPO nicht schon vor, wenn sich die Beförderung oder die Zustellung eines Kündigungsbriefes durch die Post über die üblichen Brieflaufzeiten hinaus verzögert (*BAG* 7.2.1973 AP Nr. 63 zu § 233 ZPO mwN; die Entscheidung *BAG* 24.11.1977 EzA §§ 232-233 ZPO Nr. 18 ist nicht einschlägig, weil sie zu § 233 nF ZPO ergangen ist, der nicht mehr auf einen unabwendbaren Zufall, sondern auf ein Verschulden abstellt). Ungewöhnliche Verzögerungen der Beförderung, denen der Absender machtlos gegenübersteht, sind insbes. dann denkbar, wenn der Kündigungsempfänger postalisch nur langfristig (Aufenthalt im Ausland mit fehlender oder schleppender Postbeförderung, Streik im Post- oder Luftpostdienst) erreichbar ist (*Herschel* aaO; SPV-*Preis* aaO). Auch wenn die für einen Häftling bestimmte Kündigungserklärung trotz rechtzeitiger Einreichung bei der JVA nicht oder nur verzögert weitergegeben wird, kann § 206 BGB analog anzuwenden sein (vgl. *LAG Düsseld.* 13.8.1998 BB 1998, 2215). Durch derartige Hindernisse bedingte Verzögerungen sind dem Kündigenden nicht anzulasten, sondern **hemmen** den Ablauf der Ausschlussfrist (SPV-*Preis* aaO; **aA** *Popp* aaO Rz 292). Von diesen Fällen sind kürzere Abwesenheiten zu unterscheiden, durch die der Machtbereich des Empfängers für den Zugang von Postsendungen an seinem Wohnort nicht aufgehoben wird. Der Zugang kann dann weiter in der Wohnung bewirkt werden, selbst wenn dem Arbeitgeber die Ortsabwesenheit (zB wegen Urlaubs oder Untersuchungshaft) bekannt ist (vgl. *BAG* 11.8.1988 RzK I 2 c Nr. 14; 2.3.1989 EzA § 130 BGB Nr. 22; SPV-*Preis* Rz 213; iE str., vgl. KR-*Friedrich* § 4 KSchG Rz 108 ff., 112).

V. Rechtsmissbräuchliche Berufung auf die Ausschlussfrist

Das *BAG* (28.10.1971 EzA § 626 BGB nF Nr. 8) hat zur Begründung dafür, dass die Neuregelung des § 626 Abs. 2 BGB sachlich vertretbar ist, darauf hingewiesen, in Fällen der unverschuldeten Verhinderung, die Frist einzuhalten, habe die Rspr. geeignete Mittel, um grobe Unbilligkeiten zu verhindern. Zu diesen Mitteln gehört insbes. der Einwand des **Rechtsmissbrauchs** (SPV-*Preis* Rz 854; zu Fällen der **Zugangsvereitelung** KR-*Friedrich* § 4 KSchG Rz 119 ff.). Es gibt keine allgemein geltenden Grundsätze für die Behandlung gesetzlicher Ausschlussfristen. Es hängt vielmehr von dem Inhalt und der Art des befristeten Rechts ab, welcher Zweck mit der Frist verfolgt wird und welche Interessen geschützt werden sollen. Die Ausschlussfrist des § 626 Abs. 2 BGB hat den Zweck, alsbald Klarheit über die beabsichtigte Reaktion des Kündigungsberechtigten zu schaffen. Diesem Zweck läuft es nicht zuwider, wenn die Ausschlussfrist so lange nicht als abgelaufen behandelt wird, wie die Parteien in zeitlich fest begrenzten **Verhandlungen** nach einer Möglichkeit suchen, das Arbeitsverhältnis auf eine andere Weise als durch eine außerordentliche Kündigung des Berechtigten demnächst zu beenden (*BGH* 5.6.1975 EzA § 626 BGB nF Nr. 36; *Busemann/Schäfer* Rz 348 aE; MünchKomm-*Henssler* Rz 283; *Schaub/Linck* § 125 Rz 39). Die Ausschlussfrist konkretisiert zwar den Tatbestand der Verwirkung des Kündigungsrechts (s.o. Rz 313) und ist nicht nur auf Einrede des Gekündigten zu berücksichtigen. Sie wird aber gleichwohl durch das allgemeine Verbot der unzulässigen Rechtsausübung begrenzt. 361

Der Einwand der **Arglist** greift gegenüber dem ungenutzten Ablauf der Ausschlussfrist nur unter strengen Voraussetzungen durch. Wenn Verhandlungen über eine Beendigung des Vertrages geführt werden, müssen diese **ursächlich** für die Versäumung der Frist gewesen sein. Das trifft nur zu, wenn sie **auf Wunsch** oder **mit Billigung des Gekündigten** über den Ablauf der Frist hinaus fortgesetzt werden sollten, oder wenn dem Gekündigten eine nach diesem Zeitpunkt ablaufende **Bedenkzeit** eingeräumt wurde. Es ist auch ausreichend, wenn der Gekündigte den Kündigungsberechtigten zB durch Verhandlungen über eine mögliche Versetzung davon abgehalten hat, die Ausschlussfrist einzuhalten (vgl. *BAG* 19.1.1973 EzA § 626 BGB nF Nr. 24; SPV-*Preis* aaO). Die Fristversäumung muss somit vom Gekündigten in seinem Interesse veranlasst und durch sein Verhalten verursacht worden sein (HAS-*Popp* § 19 B Rz 293 f.). Rechtsmissbräuchlich ist die Berufung auf die Ausschlussfrist in diesen Fällen allerdings nur dann, wenn der Kündigungsberechtigte nach **Scheitern der Verhandlungen unverzüglich** kündigt (*BGH* 5.6.1975 EzA § 626 BGB nF Nr. 36). Es kann auch rechtsmissbräuchlich sein, den Kündigungsberechtigten auf die Unwirksamkeit einer vertraglichen Verlängerung der Frist zu verweisen (s.o. Rz 317), wenn der Gekündigte darauf bestanden und den Kündigenden in der Annahme bestärkt hat, die Parteien seien daran gebunden. Ein Grenzfall zwischen der Hemmung der Frist (s.o. Rz 321, 330) und einem widersprüchlichen Verhalten, das den Einwand der Arglist begründet, liegt vor, wenn die Parteien vereinbart haben, die Kündigung vom Ergebnis strafrechtlicher Ermittlungen abhängig zu machen und der Gekündigte sich später auf § 626 Abs. 2 BGB beruft (*LAG Düsseld.* 12.8.1980 EzA § 626 BGB nF Nr. 73). 362

Eine unverschuldete Verhinderung des Kündigungsberechtigten, die auf allein in seiner Sphäre liegenden Umständen (Krankheit, Geschäftsreise) beruht, kann den Einwand des Rechtsmissbrauchs idR nicht begründen; etwas anderes könnte allenfalls bei **ganz unerwarteten** und **unabwendbaren Verhinderungen** gelten, bei denen eine Vorsorge zur Fristwahrung nicht möglich war (zust. HWK-*Sandmann* Rz 429). 363

Wie bereits erwähnt (s.o. Rz 349) kann auch ein bewusstes Zusammenwirken zwischen einem Kündigungsberechtigten und dem betroffenen Arbeitnehmer zu dem Zwecke, den Kündigungssachverhalt zu verdecken und zu verschweigen **(Kollusion)**, den Einwand des Rechtsmissbrauches begründen, wenn sich der Gekündigte später nach Bekanntwerden des Kündigungsgrundes auf die Ausschlussfrist beruft. 364

N. Umdeutung einer unwirksamen außerordentlichen Kündigung

I. Vorrang der Auslegung

Eine unwirksame außerordentliche Kündigung kann nach § 140 BGB in ein anderes Rechtsgeschäft umgedeutet werden, das dem mutmaßlichen Willen des Kündigenden entspricht, falls die Kündigung den Erfordernissen dieses anderen Rechtsgeschäfts genügt und dieses keine weitergehenden Rechtsfolgen als eine außerordentliche Kündigung herbeiführt (vgl. SPV-*Preis* Rz 470 ff.). Vor der **Umdeutung** ist zunächst durch **Auslegung** zu ermitteln, ob trotz formeller Bezeichnung nicht statt einer au- 365 ßerordentlichen Kündigung eine rechtsgeschäftliche Willenserklärung mit einem anderen Inhalt (zB eine Anfechtung) vorliegt (s.o. Rz 28 und KR-*Friedrich* § 13 KSchG Rz 76).

II. Umdeutung in eine ordentliche Kündigung

366 Zu den Voraussetzungen der Umdeutung einer unwirksamen außerordentlichen in eine ordentliche Kündigung nach § 140 BGB und den sich aus § 102 BetrVG ergebenden Einschränkungen vgl. KR-*Friedrich* § 13 KSchG Rz 75 ff. Der Grundsatz, dass eine Umdeutung gem. § 140 BGB im Prozess nicht »**von Amts wegen**« vorzunehmen ist (KR-*Friedrich* § 13 KSchG Rz 82 ff.), darf nicht dahin missverstanden werden, der Kündigende müsse sich auf die Umdeutung ausdrücklich berufen. Es genügt vielmehr ein konkreter Sachvortrag, aus dem sich die materiell-rechtlichen Voraussetzungen einer Umdeutung nach § 140 BGB ergeben und aus dem auf einen entsprechenden **mutmaßlichen Willen** des Kündigenden geschlossen werden kann, weil die Subsumtion des vorgetragenen Sachverhalts stets von »Amts« bzw. Rechts wegen zu erfolgen hat (*BAG* 15.11.2001 EzA § 140 BGB Nr. 24; KR-*Friedrich* § 13 KSchG Rz 82 ff.).

III. Umdeutung in Angebot zur Vertragsaufhebung

367-370 Seit 1.5.2000 bedarf der Aufhebungsvertrag bei **Arbeitsverhältnissen** der Schriftform (vgl. dazu KR-*Spilger* § 623 BGB Rz 146 ff. und KR-*Friedrich* § 13 KSchG Rz 109a). Bis dahin spielte die Umdeutung einer unwirksamen Kündigung in ein Vertragsangebot zur sofortigen einverständlichen Beendigung des Arbeitsverhältnisses eine nicht unbedeutende Rolle, weil dieses Angebot formlos angenommen werden konnte (vgl. insoweit die Kommentierung in der 5. Aufl.). Bei **sonstigen Dienstverhältnissen** kann das Angebot zur Vertragsaufhebung weiterhin formfrei angenommen werden; geht also der mutmaßliche Wille des Kündigenden dahin, das Dienstverhältnis unter allen Umständen zu beenden, und kann er aus der Reaktion des Kündigungsempfängers darauf schließen, dieser sei zur sofortigen Vertragsbeendigung auch seinerseits bereit, kommt es bei Unwirksamkeit der fristlosen Kündigung gleichwohl zu einer Beendigung des Dienstverhältnisses durch **Aufhebungsvertrag**.

O. Verfahrensfragen

I. Frist und Form der Klage gegen eine außerordentliche Kündigung

1. Kündigungsschutzklage

371 Die Rechtsunwirksamkeit einer außerordentlichen Kündigung, bei der die Schriftform gewahrt ist, muss der Arbeitnehmer nach § 13 Abs. 1 S. 2 iVm § 4 KSchG **innerhalb** von **drei Wochen nach Zugang** der Kündigung durch eine **Klage** auf Feststellung geltend machen, dass das Arbeitsverhältnis durch die Kündigung nicht aufgelöst worden ist (vgl. KR-*Friedrich* § 4 KSchG Rz 11 ff. und § 13 KSchG Rz 26 ff. sowie zum **Auflösungsantrag** des Arbeitnehmers gem. § 13 Abs. 1 S. 3 KSchG ebendort Rz 64 ff.).

372 Seit der Änderung des KSchG durch das Gesetz zu Reformen am Arbeitsmarkt v. 24.12.2003 gilt dies auch für Arbeitnehmer in **Kleinbetrieben** (§ 23 Abs. 1 KSchG) und **innerhalb der ersten sechs Monate des Arbeitsverhältnisses**. Wie zuvor schon bei Kündigungen des Insolvenzverwalters (§ 113 InsO aF; *Düwell* Kölner Schrift zur InsO S. 1124 f.; **aA** *Giesen* ZIP 1998, 48) spielt die **Art des Unwirksamkeitsgrundes** grds. keine Rolle mehr. Dies gilt nach dem erklärten Willen des Gesetzgebers (vgl. § 5 Abs. 1 S. 2 KSchG sowie BT-Drs. 15/1204 S. 9 f.) auch für das Fehlen einer notwendigen vorherigen **behördlichen Zustimmung** (ebenso *Bauer/Powietzka* NZA-RR 2004, 514; *Dornbusch/Sayatz* § 4 Rz 30 ff.; HaKo-*Fiebig* § 9 MuSchG Rz 51, § 18 BErzGG Rz 34, §§ 85–92 SGB IX Rz 55; *Giesen/Besgen* NJW 2004, 188; *Griebeling* NZA 2005, 502 f.; *Löwisch* BB 2004, 159; *Schiefer/Worzalla* NZA 2004, 356; *Tschöpe* MDR 2004, 199 f.; *Zeising/Kröpelin* DB 2005, 1626 ff.; *Zwanziger* BB 2004, 825). Die verlängerte Klagefrist des § 4 Abs. 4 KSchG betrifft nur die seltenen Fälle einer notwendigen nachträglichen Zustimmung oder einer verspäteten Bekanntgabe der bereits getroffenen behördlichen Entscheidung an den Arbeitnehmer; das von der bis dahin hM abweichende Urteil *BAG* 3.7.2003 EzA § 113 InsO Nr. 14 ist überholt (vgl. *Bauer/Powietzka* aaO; *Dornbusch/Sayatz* aaO; *Griebeling* aaO; *Löwisch* aaO; *Schiefer/Worzalla* aaO; *Tschöpe* aaO; *Zwanziger* aaO; teilw. **aA** KR-*Friedrich* § 13 KSchG Rz 48–50, § 4 KSchG Rz 196 ff. mwN zum Meinungsstreit). Eine gesetzliche Ausnahme ist darüber hinaus in § 4 S. 1 KSchG nur für den Unwirksamkeitsgrund der fehlenden **Schriftform** der Kündigung vorgesehen. Zur Klagefrist bei **Vertretungsmängeln**, bei Mängeln der **Geschäftsfähigkeit**, bei fehlender **Bestimmtheit** der Kündigungserklärung und bei

einer mit einer unzulässigen **Bedingung** versehenen Kündigung vgl. KR-*Friedrich* § 13 KSchG Rz 287a, d, e, 289, 290a, 294, 298a.

2. Feststellungsklage nach § 256 ZPO

Bei außerordentlichen Kündigungen eines freien Dienstverhältnisses ist eine Kündigungsschutzklage nach § 4 KSchG iVm § 13 Abs. 1 S. 2 KSchG weder erforderlich noch möglich (unklar *LAG Bln.* 30.6.1997 AP Nr. 41 zu § 5 ArbGG 1979). Es genügt, wenn der Gekündigte die sich aus dem Fortbestand des Dienstverhältnisses ergebenden **Ansprüche** geltend macht. Gleiches gilt für den **Arbeitgeber,** der eine vom Arbeitnehmer ausgesprochene außerordentliche Kündigung für unwirksam hält. In diesen Fällen ist im Rahmen der Klage auf weitere Erfüllung der Pflichten aus dem Dienst- bzw. Arbeitsverhältnis als **Vorfrage** mit zu entscheiden, ob die außerordentliche Kündigung wirksam ist oder nicht. 373

Die Möglichkeit, zugleich auf Weiterzahlung der Vergütung nach § 615 BGB klagen zu können, schließt in diesen Fällen das **Rechtsschutzbedürfnis** für eine Klage nach § 256 ZPO auf Feststellung, dass das Dienstverhältnis über den durch die außerordentliche Kündigung bestimmten Termin hinaus fortbesteht, nicht aus (vgl. BAG 4.8.1960 AP Nr. 34 zu § 256 ZPO; SPV-*Vossen* Rz 1933; aA HaKo-*Griebeling* Rz 138). Es ist für den Dienstverpflichteten nicht allein wegen seiner weiteren Erfüllungsansprüche von Bedeutung, ob eine außerordentliche Kündigung wirksam ist oder nicht. Er wird zB durch eine außerordentliche Kündigung, wenn sie wegen der gewählten Gründe mit einem Unwerturteil verbunden ist, auch in seinem **Ansehen** getroffen und hat deswegen im Hinblick auf sein berufliches Fortkommen ein Interesse daran, die Berechtigung der außerordentlichen Kündigung rechtskräftig klären zu lassen. Das ist nur im Rahmen einer **Feststellungsklage** nach § 256 ZPO möglich, wenn eine Klage nach §§ 13, 4 KSchG nicht in Betracht kommt. Nicht nur der Arbeitnehmer, sondern auch der Arbeitgeber kann durch eine fristlose Kündigung in seinem Ansehen betroffen sein. Das gilt zB für einen Arbeitgeber, dem der Arbeitnehmer vorwirft, die Vergütung bewusst vertragswidrig berechnet zu haben (*BAG* 20.3.1986 EzA § 256 ZPO Nr. 25). Im Übrigen kommt ein Feststellungsinteresse iSv § 256 ZPO auch aus anderen Gründen in Betracht, insbes. im Hinblick auf Schadenersatzansprüche und die korrekte Ausfüllung der Arbeitspapiere (vgl. *BAG* 24.10.1996 EzA Art. 12 GG Nr. 29). 374

Streitgegenstand einer Klage nach § 256 ZPO ist idR das Fortbestehen des Dienst- bzw. Arbeitsverhältnisses über den durch die Kündigung bestimmten Termin hinaus bis zum Zeitpunkt der **letzten mündlichen Verhandlung** in der Tatsacheninstanz (*BAG* 31.5.1979 EzA § 4 KSchG nF Nr. 16). Durch Auslegung von Antrag und Begründung ist zu ermitteln, ob es um den Fortbestand nur für einen enger begrenzten Zeitraum (zB Dauer der Kündigungsfrist) geht. Anders als beim punktuellen Streitgegenstand der Klage nach § 4 KSchG ist bei der allgemeinen Feststellungsklage auch zu prüfen, ob das Dienst- bzw. Arbeitsverhältnis im streitbefangenen Zeitraum zwar nicht durch die angegriffene Kündigung, wohl aber auf andere Weise (zB weitere Kündigung, Anfechtung, Aufhebungsvertrag oder Fristablauf) beendet worden ist (*BAG* 21.1.1988 EzA § 4 KSchG nF Nr. 33). 375

Die Befugnis, sich mit einer Feststellungsklage nach § 256 ZPO gegen eine außerordentliche Kündigung zu wenden, ist zwar nicht fest befristet, unterliegt aber der **prozessualen Verwirkung** (*BAG* 2.11.1961 AP Nr. 1 zu § 242 BGB Prozessverwirkung mit krit. Anm. *Bötticher;* krit. auch HAS-*Popp* § 19 B Rz 364). Das Institut der Prozessverwirkung findet seine rechtliche Grundlage darin, dass die Grundsätze von Treu und Glauben auch das Verfahrensrecht beherrschen (*BAG* 4.6.1965 AP Nr. 2 zu § 242 BGB Prozesswirkung). Eine Verwirkung der Klagebefugnis tritt dann ein, wenn neben einem längeren Zeitablauf besondere Umstände vorliegen, aufgrund derer der Kündigende darauf vertrauen darf, die Wirksamkeit der außerordentlichen Kündigung werde nicht mehr angezweifelt (vgl. eingehend dazu KR-*Friedrich* § 13 KSchG Rz 305 ff.). 376

II. Fortbestand der Parteifähigkeit des Kündigenden

Richtet sich die Klage eines Arbeitnehmers gegen eine juristische Person (GmbH, AG), die während des Rechtsstreits liquidiert und im Handelsregister gelöscht wird, dann besteht deren **Parteifähigkeit** gleichwohl fort (*BAG* 9.7.1981 EzA § 50 ZPO Nr 1). Das ist auch dann anzunehmen, wenn die Feststellungsklage mit einer Leistungsklage – zB nach § 615 BGB – verbunden wird (vgl. *BAG* 4.6.2003 EzA § 50 ZPO 2002 Nr. 1). 377

III. Darlegungs- und Beweislast

1. Ausspruch einer außerordentlichen Kündigung

378 Wenn ein Arbeitnehmer in Form einer **Kündigungsschutzklage** nach §§ 13, 4 KSchG auf Feststellung klagt, das Arbeitsverhältnis sei durch eine außerordentliche Kündigung des Arbeitgebers nicht aufgelöst worden, kann es str. werden, ob überhaupt eine Kündigung ausgesprochen worden ist. Der beklagte Arbeitgeber macht dann oft geltend, der Arbeitnehmer habe selbst gekündigt, er habe unter Arbeitsvertragsbruch sofort seine Arbeit eingestellt, oder es sei zum Abschluss eines Aufhebungsvertrages gekommen. Bei einem solchen Prozessverlauf ist der klagende Arbeitnehmer beweispflichtig dafür, dass der Arbeitgeber ihm außerordentlich gekündigt hat (vgl. HAS-*Popp* § 19 B Rz 367). Da Streitgegenstand im Kündigungsschutzprozess die Frage ist, ob das Arbeitsverhältnis gerade durch die angegriffene Kündigung zu dem in ihr vorgesehenen Termin aufgelöst worden ist (sog. **punktuelle Streitgegenstandstheorie:** vgl. KR-*Friedrich* § 4 KSchG Rz 225), ist die vom Kläger **behauptete Kündigung** eine klagebegründende Tatsache, die von ihm **nachzuweisen** ist. Bleibt es zweifelhaft, ob diese Voraussetzung erfüllt ist, dann ist die Kündigungsschutzklage ohne weiteres abzuweisen.

379 Bestreitet der Arbeitgeber, er selbst habe gekündigt, behauptet er aber einen anderen Auflösungstatbestand, kann der Arbeitnehmer Beweisschwierigkeiten entgehen, wenn er die allgemeine Feststellungsklage nach § 256 ZPO mit dem Antrag erhebt, dass das Arbeitsverhältnis über den in der außerordentlichen Kündigung genannten Termin hinaus fortbesteht (vgl. auch *Popp* aaO). Ggf. kann der Arbeitnehmer von der Kündigungsschutzklage zu einer **Feststellungsklage** nach § 256 ZPO übergehen. Der **Arbeitgeber** hat dann die **Beweislast** für die von ihm eingewandten **Auflösungsgründe.** Zur Wahrung der Klagefrist hinsichtlich späterer Arbeitgeberkündigungen durch eine allgemeine Feststellungsklage vgl. BAG 7.12.1995 EzA § 4 KSchG nF Nr. 56; 13.3.1997 EzA § 4 KSchG nF Nr. 57; KR-*Rost* § 7 KSchG Rz 7; KR-*Friedrich* § 4 KSchG Rz 238; aA *Boemke* RdA 1995, 219 f., 225 ff.).

2. Vorliegen wichtiger Gründe

380 Derjenige, der eine außerordentliche Kündigung ausgesprochen hat – gleichgültig, ob Arbeitgeber oder Arbeitnehmer – , ist darlegungs- und beweisbelastet für alle Umstände des wichtigen Grundes (*BAG* 6.8.1987 EzA § 626 BGB nF Nr. 109 mwN; *Ascheid* Beweislastfragen, S. 199, 116 ff.; HAS-*Popp* § 19 B Rz 368 ff.; *Reinecke* NZA 1989, 584 ff.; BBDW-*Bader* Rz 27; SPV-*Preis* Rz 619). Der Kündigende muss in vollem Umfang auch die Voraussetzungen für die Unzumutbarkeit der Weiterbeschäftigung darlegen und beweisen (*BAG* 24.11.1983 EzA § 626 BGB nF Nr. 88). Die **Darlegungs- und Beweislast** kann aus diesem Grunde nicht zwischen dem Kündigenden und dem Gekündigten derart aufgeteilt werden, dass der Kündigende nur die objektiven Merkmale für einen Kündigungsgrund und die bei der Interessenabwägung für den Gekündigten ungünstigen Umstände und der Gekündigte seinerseits **Rechtfertigungsgründe** und für ihn **entlastende Umstände** vorzutragen und zu beweisen hat (*BAG* 24.11.1983 EzA § 626 BGB nF Nr. 88; 6.8.1987 EzA § 626 BGB nF Nr. 109; *Ascheid* Beweislastfragen, S. 118 f.; SPV-*Preis* Rz 620 f.). Auch die Verhältnisse im Kleinbetrieb rechtfertigen keine Änderung der Beweislastverteilung zugunsten des Arbeitgebers (*BAG* 19.12.1991 – 2 AZR 367/91 – nv).

381 Da im Vertragsrecht ein bestimmter Sachverhalt, der den objektiven Voraussetzungen für eine Vertragsverletzung entspricht, nicht zugleich ein rechtswidriges bzw. schuldhaftes Verhalten indiziert und auch die Beweislastregel des § 282 BGB bei einer Kündigung nicht gilt, muss die Rechtswidrigkeit eines beanstandeten Verhaltens des Gekündigten besonders begründet werden. Zu den die Kündigung bedingenden Tatsachen, die der Kündigende vortragen und ggf. beweisen muss, gehören auch diejenigen, die Rechtfertigungs- oder Entschuldigungsgründe für das Verhalten des Gekündigten ausschließen (*BAG* 6.8.1987 EzA § 626 BGB nF Nr. 109; *Becker-Schaffner* BB 1992, 562; *Sieg* RdA 1962, 138 [139]; SPV-*Preis* aaO; BBDW-*Bader* aaO; unklar bzw. widersprüchlich MünchKomm-*Henssler* Rz 339; aA für Entschuldigungsgründe jPK-*Weth* Rz 55). Wenn ein Arbeitgeber einem Arbeitnehmer wegen Arbeitsversäumnis kündigt, muss er somit auf eine entsprechende Einlassung des Gekündigten ausräumen, dass das Fehlen wegen Krankheit, Urlaub (*BAG* 23.9.1992 RzK I 5 i Nr. 79; 19.12.1991 aaO [bei »unter vier Augen-Verhandlungen« zwischen Arbeitgeber und Arbeitnehmer]; s.a. Rz 453 f.), Betreuung von Angehörigen, einer unzulässigen Anordnung von Mehr- oder Sonntagsarbeit, einer sonstigen nicht vertragsgerechten Ausübung des Direktionsrechtes oder durch den Verzug mit der Erfüllung seiner Verpflichtungen gegenüber dem Arbeitnehmer gerechtfertigt ist (vgl. *BAG* 19.12.1991 aaO; SPV-*Preis* aaO; *Popp* aaO). Wird eine Kündigung wegen einer groben Beleidigung durch den Gekündigten ausgesprochen, dann ist diese Verfehlung gerechtfertigt oder jedenfalls weniger schwerwiegend,

wenn sie im Zusammenhang oder im unmittelbaren Anschluss an eine Beleidigung durch den Kündigenden erfolgt ist. Wenn sich der Gekündigte darauf beruft, durch Äußerungen des Kündigenden gereizt worden zu sein, obliegt es deshalb dem Kündigenden nachzuweisen, dass dies nicht zutrifft, wenn andernfalls ein Rechtfertigungs- oder Entschuldigungsgrund anzunehmen wäre. Auch die zum Kündigungssachverhalt gehörende **Abmahnung** (s.o. Rz 253 ff.) ist vom Kündigenden zu beweisen (SPV-*Preis* Rz 621).

Durch diese Regelung der Darlegungs- und Beweislast wird der Kündigende nicht überfordert. Ihr **382** Umfang richtet sich danach, wie **substantiiert** sich der Gekündigte auf die Kündigungsgründe einlässt. Der Kündigende braucht nicht von vornherein alle nur denkbaren Rechtfertigungsgründe zu widerlegen (MünchKomm-*Henssler* Rz 342; *Popp* aaO Rz 370 f.; SPV-*Preis* Rz 662). Es genügt nicht, wenn der Gekündigte pauschal und ohne nachprüfbare Angaben Rechtfertigungs- oder Entschuldigungsgründe anführt oder sich auf sonstige ihn entlastenden Umstände beruft (*Ascheid* Beweislastfragen, S. 122 f.). Er ist vielmehr im Kündigungsschutzprozess nach § 138 Abs. 2 ZPO zB gehalten, den Vorwurf, unberechtigt gefehlt zu haben, unter genauer Angabe der Gründe zu **bestreiten,** die ihn gehindert haben, seine Arbeitsleistung zu erbringen. Dazu reicht der Hinweis eines gekündigten Arbeitnehmers auf eine angebliche Erkrankung oder Beurlaubung nicht aus, sondern er muss näher die Art und den Verlauf seiner Erkrankung darlegen und die konkreten Umstände schildern, aus denen sich ergeben soll, dass er erkrankt oder beurlaubt worden war (*BAG* 23.9.1992 EzA § 1 KSchG Verhaltensbedingte Kündigung Nr. 44). Nur bei einer substantiierten Einlassung des Gekündigten ist es dem Kündigenden möglich, die Angaben zu überprüfen und – falls sie sich nach seinen Ermittlungen als unrichtig herausstellen – die erforderlichen Beweise anzutreten. Dadurch wird die den Kündigenden treffende Darlegungs- und Beweislast für den Ausschluss von Gründen, die das Verhalten des Gekündigten rechtfertigen, entschuldigen oder als weniger schwerwiegend erscheinen lassen, sachgerecht abgestuft (*Ascheid* Beweislastfragen, S. 192; vgl. auch HaKo-*Griebeling* Rz 141 ff.). Ist der Gekündigte seiner Pflicht zu einer konkreten Einlassung nachgekommen und hat er zB hinreichend dargelegt, wann und für welche Zeit ihm der Arbeitgeber Urlaub bewilligt haben soll, dann ist es rechtsfehlerhaft, ihm gleichwohl die Beweislast allein deswegen aufzuerlegen, weil der Arbeitgeber schlicht bestreitet, vom Arbeitnehmer überhaupt auf die Gewährung von Urlaub angesprochen worden zu sein (*BAG* 24.11.1983 EzA § 626 BGB nF Nr. 88). Entsprechendes gilt auch für die Entschuldigung des Arbeitnehmers, eine Arbeitsbummelei sei auf depressive Erkrankung zurückzuführen oder vom Arbeitgeber billigend hingenommen worden (*BAG* 18.10.1990 RzK I 10 h Nr. 30), sowie für die Behauptung, einen Arbeitskollegen in Notwehr verletzt zu haben (*BAG* 31.5.1990 RzK I 10 h Nr. 28). Bei behaupteter, ärztlich nicht bescheinigter Krankheit muss der Arbeitnehmer deren Ursache und Auswirkung substantiiert schildern (*BAG* 27.5.1993 – 2 AZR 631/92 – nv). Falls es dem Arbeitgeber gelungen ist, den Beweiswert einer ärztlichen Arbeitsunfähigkeitsbescheinigung zu erschüttern, muss der Arbeitnehmer darüber hinaus seinen Arzt von dessen Schweigepflicht entbinden (*BAG* 26.8.1993 EzA § 626 BGB nF Nr. 148).

Insoweit besteht auch kein Anlass, dann, wenn ein Arbeitgeber einen Arbeitnehmer wegen einer be- **383** haupteten verbotenen Konkurrenztätigkeit entlässt und str. bleibt, ob und in welchem Umfang der Arbeitgeber dem Arbeitnehmer eine Konkurrenztätigkeit gestattet hat, die Darlegungs- und Beweislast für das Vorliegen und den Umfang der Gestattung dem Arbeitnehmer aufzuerlegen (*Ascheid* Beweislastfragen, S. 128 f.; *Popp* aaO Rz 374; *BAG* 6.8.1987 EzA § 626 BGB nF Nr. 109). Die Begründung, nach allgemeinen Grundsätzen der Beweislastverteilung trage grds. derjenige, der eine Rechtfertigung seines Verhaltens durch Zustimmung geltend mache, dafür in vollem Umfang die Beweislast, berücksichtigt nicht die **Besonderheiten der Beweislastverteilung im Kündigungsschutzprozess.** Der Hinweis, Rechtfertigungsgründe seien Ausnahmetatbestände, weil sie einen Sachverhalt, der regelmäßig rechts- oder vertragswidrig sei, ausnahmsweise rechtfertigen, und Ausnahmetatbestände seien von demjenigen zu beweisen, der sich auf sie berufe, trifft zwar für das Deliktsrecht zu. Er gilt aber nicht für die vom Kündigenden nachzuweisenden Voraussetzungen für die Ausübung eines Gestaltungsrechtes (SPV-*Preis* Rz 620).

Abzulehnen ist auch die Auffassung, der Arbeitgeber habe in Fällen, in denen nur eine schuldhafte **384** Vertragsverletzung einen wichtigen Grund bilden kann, das Verschulden des Arbeitnehmers nicht zu beweisen (so: *Sieg* RdA 1962, 138 [139 f.]; zum Rechtsirrtum auch HWK-*Sandmann* Rz 473). Darin liegt der Versuch, bei Umständen, die im Bereich des Arbeitnehmers liegen, in entsprechender Anwendung des § 282 BGB wie bei einer Schadenersatzverpflichtung wegen einer positiven Vertragsverletzung eine Beweislast des Gekündigten für ein fehlendes **Verschulden** oder einen unvermeidbaren **Rechts-**

irrtum anzunehmen. Das widerspricht der Rspr. des BAG, nach der den Kündigenden die volle Beweislast auch dafür trifft, dass die andere Partei schuldhaft ihre Vertragspflichten verletzt hat. Wenn der Gekündigte geltend macht, er habe eine Vertragsverletzung jedenfalls nicht schuldhaft begangen, muss er allerdings wie bei der Berufung auf Rechtfertigungsgründe näher ausführen, warum ihm eine objektiv begangene Pflichtverletzung subjektiv nicht anzulasten sein soll (*Popp* aaO Rz 372 f.; *BAG* 18.10.1990 aaO). Das ist insbes. dann erforderlich, wenn sich der Gekündigte zu seiner Entlastung auf einen angeblich unvermeidbaren Rechtsirrtum beruft. Unverschuldet ist ein Rechtsirrtum nur dann, wenn der Gekündigte trotz sorgfältiger Erkundigung und Prüfung der Rechtslage die Überzeugung haben durfte, sich vertragstreu zu verhalten (s.o. Rz 144). Da der Kündigende zumeist nicht wissen kann, ob der Gekündigte seiner Erkundigungs- und Prüfungspflicht nachgekommen ist, muss der Gekündigte die dafür maßgebenden Tatsachen in den Prozess einführen (vgl. *BAG* 31.1.1985 EzA §8a MuSchG Nr. 5).

384a Daß Beweismittel durch Diebstahl oder Unterschlagung erlangt wurden, begründet noch kein **Beweisverwertungsverbot** im Kündigungsschutzprozess (*BAG* 15.8.2002 EzA §103 BetrVG 1972 Nr. 44). Dagegen unterliegen Beweismittel dann einem Beweisverwertungsverbot, wenn sie unter **Verletzung des Persönlichkeitsrechts** des Gekündigten beschafft wurden und nicht besonders schutzwürdige Interessen des Kündigenden überwiegen (vgl. *BAG* 27.3.2003 EzA §611 BGB 2002 Persönlichkeitsrecht Nr. 1 [heimliche Videoüberwachung]; *BVerfG* 19.12.1991 EzA §611 BGB Persönlichkeitsrecht Nr. 10; *BAG* 29.10.1997 EzA §611 BGB Persönlichkeitsrecht Nr. 12; *BVerfG* 9.10.2002 EzA §611 BGB Persönlichkeitsrecht Nr. 15 [heimlich mitgehörte Telefonate]; 31.7.2001 EzA §611 BGB Persönlichkeitsrecht Nr. 14 [heimliche Tonaufzeichnung]; *LAG* Hamm 4.2.2004 RDV 2005, 170 [PC-Überprüfung; s. dazu *Korinth* ArbRB 2005, 178 ff.]; weitere Beispiele bei *Grosjean* DB 2003, 2650 ff.; speziell zur privaten Internetnutzung *Besgen/Prinz* §2 Rz 54 ff.; HzK-*Eisenbeis* 4 Rz 226 ff.). Die Zeugenvernehmung des Gesprächspartners des Gekündigten bleibt allerdings zulässig (vgl. *BVerfG* 31.7.2001 EzA §611 BGB Persönlichkeitsrecht Nr. 14). Auch begründet die Nichtbeachtung des Mitbestimmungsrechts des Betriebsrats gem. §87 Abs. 1 Nr. 6 BetrVG jedenfalls dann kein Verwertungsverbot, wenn der Betriebsrat der Kündigung in Kenntnis der erlangten Beweismittel zugestimmt hatte (vgl. *BAG* 27.3.2003 EzA §611 BGB 2002 Persönlichkeitsrecht Nr. 1; im Ergebnis zust. *Otto* Anm. AP Nr. 36 zu §87 BetrVG 1972 Überwachung mwN auch zu abw. Ansichten).

3. Wahrung der Ausschlussfrist

385 Seit der Entscheidung des *BAG* vom 17.8.1972 (EzA §626 BGB nF Nr. 16) haben sich Praxis, Rspr. und Schrifttum darauf eingestellt, dass der Vertragsteil, der die außerordentliche Kündigung ausgesprochen hat, im Rahmen des §626 Abs. 2 BGB darlegen und beweisen muss, er habe von den für die Kündigung maßgebenden Tatsachen erst **innerhalb** der letzten **zwei Wochen** vor Ausspruch der Kündigung **Kenntnis** erlangt (*Ascheid* Beweislastfragen, S. 203; *Busemann/Schäfer* Rz 351; MünchKomm-*Henssler* Rz 343 f.; SPV-*Preis* Rz 856; HWK-*Sandmann* Rz 474; MünchArbR-*Wank* §120 Rz 148; jetzt auch BBDW-*Bader* Rz 87; **krit.** *Zöllner/Loritz* S. 287). Diese Verteilung der Beweislast ist folgerichtig, weil die Regelung des §626 Abs. 2 BGB sachlich in den Bereich der Zumutbarkeitserwägungen eingreift und auch sonst der Kündigende die Voraussetzungen für die Unzumutbarkeit darlegen und beweisen muss. Es geht zudem um Umstände, die in den Wahrnehmungs- und Kontrollbereich des Kündigenden fallen (SPV-*Preis* aaO).

386 Insoweit genügt nicht, dass der Kündigende abstrakt vorträgt, die angegebenen Kündigungsgründe seien nicht verfristet. Er muss vielmehr genau den Tag der Kenntniserlangung bezeichnen und vortragen, auf welche Weise das geschehen sein soll. Nur dann ist es dem Gekündigten möglich, die Darstellung zu überprüfen und ggf. qualifiziert zu bestreiten. Zur Kennzeichnung des Zeitpunktes der Kenntniserlangung reicht es nicht aus, wenn der Kündigende zB zur Begründung einer am 4. eines Monats ausgesprochene Kündigung vorträgt, die Verfehlungen seien erst »Ende des Vormonats« bemerkt worden (*BAG* 25.9.1972 – 2 AZR 29/72 – nv; H/S-*Hümmerich/Holthausen* §10 Rz 609). Da die Darlegungslast sich auch auf die Tatsachen erstreckt, aus denen sich eine Hemmung des Beginns der Ausschlussfrist ergeben soll, bedarf es genauer Angaben, weshalb noch **weitere Ermittlungen** notwendig waren und welche Nachforschungen angestellt worden sind (*BAG* 30.5.1974 – 2 AZR 253/73 – nv; *BAG* 31.7.1975 – 2 AZR 233/74 – nv). Es ist nicht einleuchtend, weshalb den Kündigenden insoweit nur die Darlegungslast treffen und beim Kündigungsempfänger die positive »Beweislast verleiben« soll, wenn er eine frühere Kenntniserlangung behauptet (so allerdings *Picker* ZfA 1981, 161). Diese Auffassung beruht auf der unrichtigen Prämisse, eine Prozesspartei habe bei einem substantiierten Bestreiten

des Vortrages des darlegungspflichtigen Gegners die Beweislast für den von ihr geschilderten Sachverhalt (so zutr. *Ascheid* Beweislastfragen, S. 206).

387 Die str. Frage, ob sich der Gekündigte darauf beschränken darf, den behaupteten Beginn der Ausschlussfrist nach § 138 Abs. 4 ZPO **mit Nichtwissen** zu **bestreiten** (so HAS-*Popp* § 19 B Rz 376; **aA** wohl *Oetker* Anm. LAGE Art. 20 EinigungsV Nr. 1), ist wegen unterschiedlicher Fallgestaltungen differenzierend wie folgt zu lösen: Behauptet der Kündigende, aufgrund eines Vorganges, an dem der Gekündigte beteiligt war, an einem bestimmten Tage den Kündigungssachverhalt erfahren zu haben, dann fehlen die Voraussetzungen des § 138 Abs. 4 BGB; d. h. der Gekündigte muss den Sachverhalt substantiiert bestreiten. Auch einen »früheren Termin« hat er mit einem substantiierten Gegenvortrag darzulegen (*Ascheid* aaO). Das substantiierte Bestreiten muss, wenn es erheblich ist, vom Kündigenden widerlegt werden (zust. HWK-*Sandmann* Rz 476; **aA** MünchKomm-*Henssler* Rz 344, der zu Unrecht vom Gekündigten den Beweis verlangt). Beruft sich der Kündigende hingegen auf einen internen Vorgang, der sich der Mitwirkung oder der Wahrnehmung des Gekündigten entzogen hat, dann kann dieser den behaupteten Zeitpunkt der Kenntniserlangung mit Nichtwissen bestreiten (zust. HaKo-*Griebeling* Rz 144; HWK-*Sandmann* Rz 477). Dadurch wird der Kündigende nicht überfordert, weil dann nicht über eine »negative« Tatsache, sondern über die von ihm geschilderte Entwicklung des Kündigungssachverhaltes Beweis zu erheben ist.

388 Der Kündigende braucht allerdings **nicht schon in der Klageerwiderung** ausdrücklich und eingehend **darzulegen,** die **Ausschlussfrist sei gewahrt.** Das muss vielmehr erst und **nur** dann geschehen, **wenn** schon nach dem zeitlichen Abstand zwischen den behaupteten Kündigungsgründen und dem Ausspruch der Kündigung **zweifelhaft** erscheint, ob die Ausschlussfrist gewahrt ist, oder wenn der Gekündigte geltend macht, die Kündigungsgründe seien verfristet (*BAG* 28.3.1985 EzA § 626 BGB nF Nr. 96). Da die Parteien zudem auch die Voraussetzungen des § 626 Abs. 2 BGB **unstreitig stellen** können, darf einer Kündigungsschutzklage nicht ohne Berücksichtigung der Einlassung des Gekündigten mit der Begründung stattgegeben werden, der Kündigende habe nicht vorgetragen, dass die außerordentliche Kündigung fristgerecht erfolgt sei (ebenso APS-*Dörner* Rz 172; MünchKomm-*Henssler* Rz 345; SPV-*Preis* Rz 856; **aA** *Popp* aaO Rz 378).

IV. Auswirkungen des Beschlussverfahrens nach § 103 Abs. 2 BetrVG auf den nachfolgenden Kündigungsschutzprozess

389 Wegen der Rechtsfolgen, die sich daraus ergeben, dass vor der außerordentlichen Kündigung eines der in § 15 KSchG genannten **Amtsträger** die **Zustimmung** zur Kündigung rechtskräftig **ersetzt** worden ist, wird auf die Erläuterung von *Etzel* (KR § 103 BetrVG Rz 137 ff.; zT **aA** *Ascheid* Rz 695 ff.) verwiesen.

V. Nachprüfung des wichtigen Grundes in der Revisionsinstanz

390 Bei der Prüfung, ob eine außerordentliche Kündigung durch einen wichtigen Grund gerechtfertigt ist, geht es um die Anwendung eines unbestimmten Rechtsbegriffes durch den Tatsachenrichter, die einer **eingeschränkten Nachprüfung durch das Revisionsgericht** unterliegt. Im Revisionsverfahren ist nur zu prüfen, ob der Tatsachenrichter den Begriff des wichtigen Grundes als solchen richtig erkannt hat, dh ob ein bestimmter Sachverhalt ohne die besonderen Umstände des Einzelfalles geeignet ist, einen wichtigen Grund zu bilden, und ob bei der weiter erforderlichen Interessenabwägung alle vernünftigerweise in Betracht kommenden Umstände des Einzelfalles daraufhin geprüft worden sind, ob es dem Kündigenden unzumutbar geworden ist, das Arbeitsverhältnis bis zum Ablauf der Frist für die ordentliche Kündigung oder bis zum vereinbarten Vertragsende fortzusetzen (st.Rspr.: *BAG* 9.5.1996 EzA § 626 BGB nF Nr. 161 mwN; vgl. ferner *Ascheid* Rz 61; *Adomeit/Spinti* AR-Blattei SD 1010.9 Rz 56 ff.; MünchKomm-*Henssler* Rz 358; *Soergel/Kraft* Rz 46; HWK-*Sandmann* Rz 481 f.; **aA** *Müller* ZfA 1982, 501; krit. *Adam* ZTR 2001, 349 ff.; *Preis* Prinzipien S. 478 ff.). Die Bewertung der für und gegen die Unzumutbarkeit sprechenden Umstände liegt weitgehend im **Beurteilungsspielraum der Tatsacheninstanz.** Der Tatsachenrichter braucht sich zudem nicht mit jeder Einzelheit, die an sich für die Interessenabwägung erheblich ist, ausdrücklich zu befassen, sofern nur ersichtlich ist, dass auch dieser Umstand nicht übersehen worden ist (*BAG* 30.6.1959 PrAR 280 KSchG § 1 Abs. 2 Nr. 163). Wenn das Berufungsgericht den Begriff des wichtigen Grundes an sich richtig bestimmt hat und die Interessenabwägung sich im Rahmen des Beurteilungsspielraums hält, ist das Revisionsgericht nicht befugt, die angegriffene Würdigung durch eine eigene Beurteilung zu ersetzen.

VI. Materielle Rechtskraft und Präklusionswirkung

1. Klageabweisung

391 Wird eine in der Form des § 4 KSchG gegen eine außerordentliche Kündigung erhobene **Klage rechtskräftig abgewiesen,** dann steht fest, dass das Arbeitsverhältnis zu dem vorgesehenen Termin beendet worden ist (*BAG* 12.6.1986 EzA § 4 KSchG nF Nr. 31; *Ascheid* Rz 783; KR-*Friedrich* § 4 KSchG Rz 250). Die gleiche Rechtskraftwirkung tritt dann ein, wenn der Gekündigte mit einer positiven Feststellungsklage nach § 256 ZPO, mit der er den Fortbestand des Arbeitsverhältnisses geltend gemacht hat, unterliegt (s.o. Rz 373 ff.). Auch diese Entscheidung stellt die Auflösung des Arbeitsverhältnisses zum str. Termin rechtskräftig fest (vgl. KR-*Friedrich* § 4 KSchG Rz 254).

392 Da im Rahmen einer Kündigungsschutzklage nach § 4 KSchG über die Rechtswirksamkeit der außerordentlichen Kündigung schlechthin zu entscheiden ist, muss der Gekündigte in diesem Prozess neben dem Fehlen eines wichtigen Grundes auch **alle** etwaigen sonstigen **Nichtigkeitsgründe** geltend machen (KR-*Friedrich* § 4 KSchG Rz 221; HAS-*Popp* § 19 B Rz 385). Nach rechtskräftiger Abweisung seiner Klage ist es dem Gekündigten deswegen verwehrt, sich darauf zu berufen, die Kündigung sei jedenfalls aus anderen, bislang nicht behandelten Gründen rechtsunwirksam (*Ascheid* aaO; *Popp* aaO; *v. Hoyningen-Huene/Linck* § 4 Rz 81 mwN; HzA-*Isenhardt* 5/1 Rz 294; SPV-*Vossen* Rz 1899; vgl. auch KR-*Friedrich* § 4 KSchG Rz 264).

2. Wirkung des obsiegenden Urteils

393 Wenn der gekündigte Arbeitnehmer ein **rechtskräftiges obsiegendes Urteil** über seine Kündigungsschutzklage nach § 4 KSchG erstreitet, dann folgt aus der materiellen Rechtskraft, dass das Arbeitsverhältnis durch die Kündigung, die Streitgegenstand gewesen ist, nicht zu dem vorgesehenen Termin aufgelöst worden ist (*BAG* 12.6.1986 EzA § 4 KSchG nF Nr. 31; KR-*Friedrich* § 4 KSchG Rz 255). Das **Präklusionsprinzip** hindert den Arbeitgeber daran, geltend zu machen, die Kündigung sei aus **anderen** als im Verfahren vorgebrachten **Gründen** wirksam (*Ascheid* Rz 785; HAS-*Popp* § 19 B Rz 386). Die Rechtskraft des Urteils hindert den Arbeitgeber auch daran, sich in einem späteren Verfahren zwischen denselben Parteien darauf zu berufen, ein **Arbeitsverhältnis** habe zwischen ihnen **zu keiner Zeit** bestanden bzw. sei schon vor dem Termin durch Kündigung oder in anderer Weise aufgelöst worden (st.Rspr., vgl. *BAG* 10.11.2005 EzA § 626 BGB 2002 Nr. 11 mwN; KR-*Friedrich* § 4 KSchG Rz 255; *Habscheid* RdA 1989, 88 ff.; *Knorr/Bichlmeier/Kremhelmer* 14 Rz 96; HWK-*Sandmann* Rz 488; *Schaub* NZA 1990, 85 f.; **aA** *Boemke* RdA 1995, 211 f.; *v. Hoyningen-Huene/Linck* § 4 Rz 89 [anders noch 11. Aufl.]; *Popp* aaO Rz 387 f.; *Schwerdtner* NZA 1987, 263; SPV-*Vossen* Rz 1900). Für eine spätere **Kündigung zum selben Termin** dürfte dies aber nicht gelten (ArbRBGB-*Corts* Rz 273; offen gelassen von *BAG* 25.3.2004 EzA § 626 BGB 2002 Unkündbarkeit Nr. 4). Die Berufung auf einen anderen streitbefangenen Auflösungstatbestand ist dem Arbeitgeber zudem dann nicht verwehrt, wenn das Gericht diesen für beide Parteien klar ersichtlich **ausgeklammert** hatte (*BAG* 25.3.2004 EzA § 626 BGB 2002 Unkündbarkeit Nr. 4). Nicht ausgeschlossen ist der Arbeitgeber ferner mit dem Einwand, das Arbeitsverhältnis sei nach dem vorgesehenen Kündigungstermin beendet worden (vgl. KR-*Friedrich* § 4 KSchG Rz 266).

394 Verbindet der Arbeitgeber eine **außerordentliche** Kündigung vorsorglich **mit der ordentlichen Kündigung** und stellt das Arbeitsgericht fest, dass das Arbeitsverhältnis durch die fristlose Kündigung nicht beendet worden ist, während es die ordentliche Kündigung für wirksam hält, dann ist die Klage im übrigen abzuweisen (*BAG* 10.3.1977 EzA § 322 ZPO Nr. 3). Für den Arbeitgeber ist, wenn eine primäre und eine vorsorglich ausgesprochene Folgekündigung vom Arbeitnehmer gerichtlich angegriffen werden, Vorsicht geboten. Er darf dann, um eine Präklusionswirkung zu vermeiden, eine für ihn ungünstige Entscheidung über die Folgekündigung nicht rechtskräftig werden lassen, sondern muss insoweit **Aussetzung** beantragen oder Rechtsmittel einlegen (zust. HWK-*Sandmann* Rz 488; **krit.** zu dieser Konsequenz der oben unter Rz 393 angeführten Rspr. insbes. *Schwerdtner* NZA 1987, 263).

395 Bei einer Feststellungsklage nach § 256 ZPO (s.o. Rz 373 ff.) reicht die rechtskräftige Feststellung des Fortbestand des Arbeitsverhältnisses bis zu dem durch den Antrag des Klägers bestimmten Zeitpunkt, längstens bis zur letzten mündlichen Verhandlung in den Tatsacheninstanzen; dann kann sich der Beklagte in einem späteren Rechtsstreit auf alle (auch während der Dauer des ersten Rechtsstreits eingetretene) Beendigungstatbestände berufen, die auf eine **Auflösung** des Arbeitsverhältnisses zu einem **späteren Zeitpunkt** gerichtet sind (*BAG* 31.5.1979 EzA § 4 KSchG nF Nr. 16).

3. Berufung auf Umdeutung in fristgemäße Kündigung

Im Ergebnis, allerdings mit unterschiedlichen Begründungen, besteht zwischen der hL und der Rspr. Einigkeit darüber, dass ein Kündigender sich dann, wenn die Unwirksamkeit seiner außerordentlichen Kündigung rechtskräftig festgestellt worden ist, in einem **späteren Prozess** grds. **nicht** mehr darauf berufen kann, die Kündigung sei in eine ordentliche **umzudeuten** (BAG 14.8.1974 EzA § 615 BGB Nr. 26; HzA-*Isenhardt* 5/1 Rz 291; *Löwisch/Spinner* § 13 Rz 34). Diese Rechtsfolge wird teils aus der materiellen Rechtskraft oder der Präklusionswirkung des Feststellungsurteils, teils aus dem Sinn und Zweck des KSchG oder den Grundsätzen des Kündigungsrechts hergeleitet. **Ausnahmen** von diesem Grundsatz werden nur dann anerkannt, wenn entweder der Streitgegenstand des früheren Kündigungsschutzprozesses aufgrund eines **beschränkten Feststellungsantrages** von vornherein auf die Frage begrenzt war, ob die angegriffene Kündigung als außerordentliche wirksam war (BAG 26.2.1975 – 2 AZR 144/74 – nv), oder wenn die Umdeutung in eine ordentliche Kündigung zwischen den Parteien erörtert wurde und str. war, das Gericht aber gleichwohl diese **Frage eindeutig** und ausdrücklich **ausgeklammert** hat (BAG 19.2.1970 EzA § 11 KSchG Nr. 2; vgl. auch *v. Hoyningen-Huene/Linck* § 4 Rz 90 a). **396**

Die Zulässigkeit der Umdeutung einer außerordentlichen Kündigung in eine ordentliche Kündigung hängt bei der gebotenen Differenzierung von den im ersten Kündigungsschutzprozess gestellten Anträgen des gekündigten Arbeitnehmers, seinem Vorbringen (vgl. BAG 15.11.2001 EzA § 140 BGB Nr. 24 zu einem Fall der Säumnis des Arbeitgebers) und dem Vorbringen des Arbeitgebers ab. Dabei sind verschiedene Fallgestaltungen zu unterscheiden. **397**

Bestand im Vorprozess keine Veranlassung zur Umdeutung, dann ist es dem Arbeitgeber verwehrt, später eine Umdeutung geltend zu machen (BAG 19.2.1970 EzA § 11 KSchG Nr. 2; 14.8.1974 EzA § 615 BGB Nr. 26). **398**

Bestand die Möglichkeit einer Umdeutung bereits im Vorprozess, dann gilt Folgendes: Mit dem begrenzten Streitgegenstand der Kündigungsschutzklage (vgl. dazu: KR-*Friedrich* § 4 KSchG Rz 225, 229) ist die Auffassung nicht zu vereinbaren, eine außerordentliche Kündigung sei auch bei der möglichen Umdeutung in eine ordentliche Kündigung nicht in **zwei Kündigungserklärungen** zu zerlegen, von denen jede ihr eigenes prozessuales Schicksal haben könne. Es ist auch nicht unerheblich, ob die Frage einer Umdeutung der außerordentlichen Kündigung in eine ordentliche im Vorprozess vom Gericht behandelt worden ist (so allerdings BAG 18.6.1965 AP Nr. 2 zu § 615 BGB Böswilligkeit). Auch im Kündigungsschutzprozess bestimmt der Kläger den **Umfang des Streitgegenstandes** (BAG 31.5.1979 EzA § 4 KSchG nF Nr. 16; HK-*Dorndorf* § 13 Rz 74 ff.; SPV-*Vossen* Rz 1942). Er kann und muss entweder durch die Fassung seines Feststellungsantrages oder aber durch seinen Tatsachenvortrag klarstellen, ob er die Kündigung sowohl als fristlose wie auch hilfsweise als ordentliche angreift (zur Verlängerung der Klagefrist vgl. KR-*Friedrich* § 6 KSchG Rz 14 ff.). **399**

Über einen erweiterten Streitgegenstand, der sich auch auf die fristgemäße Beendigung des Arbeitsverhältnisses erstreckt, ist zu entscheiden, wenn der klagende Arbeitnehmer nicht nur das Vorliegen eines wichtigen Grundes bestreitet, sondern zugleich darauf hinweist, auch eine ordentliche Kündigung sei nicht sozial gerechtfertigt; das trifft auch dann zu, wenn der Arbeitnehmer die Voraussetzungen für die Umdeutung in eine ordentliche Kündigung bestreitet (aA *Löwisch/Spinner* § 13 Rz 34). In beiden Fällen ist Streitgegenstand des Kündigungsrechtsstreits, ob das Arbeitsverhältnis durch die angegriffene Kündigung fristlos oder fristgemäß beendet worden ist. Das ist durch **Auslegung des Vortrages** des klagenden Arbeitnehmers zu ermitteln, ohne dass ein ausdrücklicher Antrag auf Feststellung der Unwirksamkeit der ordentlichen Kündigung erforderlich ist (BAG 15.11.1984 EzA § 626 BGB nF Nr. 95; KR-*Friedrich* § 4 KSchG Rz 233). Ein so erweiterter Streitgegenstand ist idR auch bei einer Feststellungsklage nach § 256 ZPO (s.o. Rz 379) gegeben (HAS-*Popp* § 19 B Rz 390). Der späteren Umdeutung in eine ordentliche Kündigung in einem weiteren Prozess steht dann die materielle Rechtskraft der Vorentscheidung entgegen, wenn sie der Klage uneingeschränkt stattgegeben hat. **400**

Entscheidet das Gericht bewusst nicht über die Wirksamkeit der ordentlichen Kündigung, dann liegt der Sache nach ein **Teilurteil** vor, wodurch der Rechtsstreit wegen der ordentlichen Kündigung rechtshängig bleibt (vgl. Thomas/Putzo/Reichold § 321 Rz 2 u. Baumbach/Lauterbach/Albers/Hartmann § 321 Rz 5). Entscheidet das Gericht versehentlich nicht zugleich auch über die ebenfalls angegriffene ordentliche Kündigung, dann hat es diesen **Teil des Antrages** des Klägers iSd § 321 Abs. 1 ZPO **übergangen** (HzA-*Isenhardt* 5/1 Rz 293; *Popp* aaO Rz 391). Dieser Fehler kann nur behoben werden, wenn eine der Parteien binnen zwei Wochen nach Zustellung des Urteils, das nur über die fristlose Kündigung entschieden hat, dessen Ergänzung beantragt (§ 321 Abs. 2 ZPO). Wird der **Ergänzungsantrag** nicht **401**

§ 626 BGB   Fristlose Kündigung aus wichtigem Grund

oder nicht rechtzeitig gestellt, dann erlischt die Rechtshängigkeit des übergangenen Antrages auf Feststellung, dass das Arbeitsverhältnis durch die Kündigung auch nicht fristgemäß aufgelöst worden ist (vgl. *Rosenberg/Schwab/Gottwald* § 61 Rz 28). Der Arbeitgeber kann sich dann in einem späteren Prozess darauf berufen, das Arbeitsverhältnis sei jedenfalls fristgemäß beendet worden, und das Gericht hat daraufhin nur noch zu überprüfen, ob die Voraussetzungen für die Umdeutung in eine ordentliche Kündigung vorgelegen haben. Eine etwaige Unwirksamkeit der ordentlichen Kündigung wird nach § 7 KSchG rückwirkend geheilt, weil das **Erlöschen der Rechtshängigkeit** der Klage gegen die ordentliche Kündigung zur Folge hat, dass ihre Unwirksamkeit nicht rechtzeitig geltend gemacht worden ist. Eine nachträgliche Zulassung der übergangenen Klage gegen die ordentliche Kündigung nach § 5 Abs. 1 KSchG wird mit Rücksicht auf die versäumte Möglichkeit, ein Ergänzungsurteil zu beantragen, regelmäßig ausscheiden.

402 **Begrenzt** der **Arbeitnehmer** seinen **Feststellungsantrag** auf die Frage, ob die Kündigung als außerordentliche Kündigung wirksam ist, obwohl er die Möglichkeit einer Umdeutung erkannt hatte, dann ist der Arbeitgeber ebenso wie beim versäumten Ergänzungsurteil nicht gehindert, sich nach rechtskräftiger Feststellung der Unwirksamkeit der außerordentlichen Kündigung später auf die Umdeutung zu berufen (*BAG* 31.5.1979 AP Nr. 50 zu § 256 ZPO; *Popp* aaO Rz 389; SPV-*Vossen* Rz 1942). Dieses Prozessverhalten des Arbeitnehmers lässt zudem darauf schließen, dass er **mit einem fristgemäßen Ausscheiden einverstanden** war und sich nur gegen eine fristlose Entlassung wenden wollte (*Leipold* aaO).

4. Wiederholungskündigung, Trotzkündigung

403 Die Präklusionswirkung greift auch dann ein, wenn nach rechtskräftiger Feststellung der Unwirksamkeit einer Kündigung eine weitere Kündigung aus denselben Gründen ausgesprochen wird (sog. **Trotzkündigung**). Gleiches gilt für vor Rechtskraft des ersten Urteils aus denselben Gründen ausgesprochene Kündigungen (sog. **Wiederholungskündigungen**). Die in dem rechtskräftigen ersten Urteil geprüften und für unzureichend befundenen Kündigungsgründe können nicht nochmals zur Begründung einer weiteren Kündigung herangezogen werden (*BAG* 12.2.2004 EzA § 1 KSchG Betriebsbedingte Kündigung Nr. 129; 18.5.2006 EzA-SD 2006 Nr. 17 S. 5; *Ascheid* FS Stahlhacke 1995, S. 1 ff.; KR-*Friedrich* § 4 KSchG Rz 272; MünchKomm-*Henssler* Rz 357; *v. Hoyningen-Huene/Linck* § 4 Rz 91; HAS-*Popp* § 19 B Rz 392 f.; *BAG* 26.8.1993 EzA § 322 ZPO Nr. 9 mit zust. Anm. *Vogg*). Entscheidend ist dabei, ob die spätere Kündigung auf **denselben Lebensvorgang** gestützt wird wie die frühere. *Ascheid* (FS Stahlhacke aaO) und SPV-*Vossen* (Rz 1903) stellen darauf ab, ob die Kündigungsgründe identisch sind. Diese Voraussetzung fehlt u. a. dann, wenn der Arbeitgeber nach rechtskräftiger Feststellung der Unwirksamkeit einer Verdachtskündigung erneut mit dem Vorwurf der Tatbeteiligung kündigt (vgl. *BAG* 12.12.1984 EzA § 626 BGB nF Nr. 97; 26.8.1993 EzA § 322 ZPO Nr. 9). Keine **Präklusionswirkung** besteht für Kündigungsgründe, die schon zur Rechtfertigung einer früheren Kündigung im Prozess vorgebracht worden sind, wenn die Kündigung bereits aus formellen Gründen unwirksam war (*BAG* 25.3.2004 EzA § 626 BGB 2002 Unkündbarkeit Nr. 4; SPV-*Vossen* aaO), der Kündigende sich auf weitere neue Tatsachen berufen kann, die den bisherigen Kündigungssachverhalt verändern oder ergänzen (vgl. *BAG* 10.11.2005 EzA § 1 KSchG Krankheit Nr. 52; *Ascheid* FS Stahlhacke 1995, S. 10 f.; *Popp* aaO Rz 393; ArbRBGB-*Corts* Rz 274) oder wenn sich das Gericht im Vorprozess mit diesen Gründen eindeutig und ausdrücklich nicht befasst hat (*BAG* 12.4.1956 AP Nr. 11 zu § 626 BGB). Auch gegen Wiederholungs- oder Trotzkündigungen muss allerdings der Arbeitnehmer grds. innerhalb der Frist des § 4 KSchG Klage erheben (vgl. *BAG* 26.8.1993 EzA § 322 ZPO Nr. 9; KR-*Friedrich* § 4 KSchG Rz 271; *v. Hoyningen-Huene/Linck* aaO; *Popp* aaO Rz 392).

P. Fallgruppen des wichtigen Grundes aus der Rechtsprechung

I. Vorbemerkung

404 Eine begrenzte **Typologie des wichtigen Grundes** ergibt sich daraus, dass sich die Rspr. immer wieder mit ähnlich gelagerten Kündigungssachverhalten befassen muss. Diese typischen Sachverhalte werden im Folgenden zur besseren Übersicht nicht nach sachlichen Kriterien geordnet (Auswirkungen auf bestimmte Bereiche des Arbeitsverhältnisses oder sachlicher Gehalt der Kündigungsgründe), sondern in alphabetischer Reihenfolge dargestellt. Die ausgewählten Beispiele dürfen nicht verallgemeinert werden, weil es grds. **keine absoluten** (unbedingten) **Kündigungsgründe** gibt (s.o. Rz 81). Aus diesem Grunde kann das Erfordernis einer konkreten und individuellen Interessenabwägung im Einzelfall ab-

weichende Beurteilungen rechtfertigen. Die von der Rspr. aufgestellten Grundsätze können deswegen nur als Richtlinien und Hinweise dafür dienen, wie ähnlich gelagerte Sachverhalte zu würdigen sind. Zur Ergänzung wird auf die instruktiven Übersichten von MünchKomm-*Henssler* Rz 132 ff., 267 ff. und SPV-*Preis* Rz 625 ff. verwiesen.

II. Außerordentliche Kündigung durch den Arbeitgeber

1. Abkehrwille

Der **Abkehrwille** des Arbeitnehmers, dh seine Absicht, das Arbeitsverhältnis demnächst zu beenden, um sich selbständig zu machen oder eine andere Arbeitsstelle anzutreten, kann zwar zur Verwirkung des allgemeinen Kündigungsschutzes führen (aA HWK-*Sandmann* Rz 152), ist aber idR kein Grund zur außerordentlichen Kündigung durch den Arbeitgeber (*LAG BW* 31.5.1961, DB 1961, 951). Dieses Verhalten stellt noch **keine Vertragswidrigkeit** dar (SPV-*Preis* Rz 679). Der Arbeitnehmer ist nicht verpflichtet, dem Arbeitgeber seinen Abkehrwillen schon vor der Kündigung von sich aus mitzuteilen oder Auskunft über seinen **künftigen Arbeitgeber zu geben** (*LAG BW* 2.6.1954 AP Nr. 2 zu § 626 BGB). Die Absicht des Arbeitnehmers, sich zu verändern, und die zu diesem Zwecke von ihm vorgenommenen Bewerbungen können eine ordentliche Kündigung allenfalls dann rechtfertigen, wenn besondere Umstände hinzutreten, etwa wenn der Arbeitnehmer auf Befragen seine Veränderungsabsicht gegenüber dem Arbeitgeber **geleugnet** hat (*LAG BW* 24.2.1969 BB 1969, 536). Ein leitender Angestellter, der sich bei einem mit seinem Arbeitgeber im Konkurrenzkampf stehenden Unternehmen beworben hat und auf Befragen des Arbeitgebers die Bewerbung bestreitet, kann sogar fristlos entlassen werden (*LAG Hamm* 14.2.1968 BB 1969, 797). Dagegen rechtfertigt die Besorgnis der Interessengefährdung, die eine Kündigung des Arbeitnehmers wegen der Mitnahme von **Betriebs- und Geschäftsgeheimnissen** und ihrer Verwertung zu seinem Fortkommen beim neuen Arbeitgeber bedeuten kann, keine außerordentliche Kündigung. Der Arbeitgeber kann der Interessengefährdung vorbeugen, indem er ein Wettbewerbsverbot für die Zeit nach dem Ausscheiden vereinbart oder den Arbeitnehmer von der Arbeit freistellt (*LAG BW* 24.2.1969 aaO). Vgl. zur ordentlichen Kündigung wegen eines bekundeten Abkehrwillens KR-*Griebeling* § 1 KSchG Rz 415 ff.

2. Abwerbung

Ein Arbeitnehmer ist zwar berechtigt, sich mit seinen Arbeitskollegen über die Möglichkeit zu unterhalten, die Arbeitsstelle zu wechseln oder einen eigenen Betrieb zu gründen. Eine unzulässige **Abwerbung** liegt aber dann vor, wenn der Arbeitnehmer auf Arbeitskollegen oder auch auf selbständige Handelsvertreter, die für seinen bisherigen Arbeitgeber tätig sind, ernstlich und **beharrlich einwirkt,** um sie zu veranlassen, das bisherige Arbeitsverhältnis aufzugeben, um für den Abwerbenden oder einen anderen Arbeitgeber tätig zu werden (*LAG BW* 21.2.2002 LAGE § 60 HGB Nr. 8). Die Verletzung der Treuepflicht ist dann besonders schwerwiegend, wenn der Arbeitnehmer seine Mitarbeiter oder Kollegen zu verleiten sucht, **unter Vertragsbruch** auszuscheiden (widersprüchlich KDZ-*Däubler* Rz 107 f.), für ein **Konkurrenzunternehmen** tätig zu werden (aA KDZ-*Däubler* Rz 108), oder wenn er von dem Konkurrenzunternehmen eine Vergütung für seine Abwerbung erhält oder wenn er seinen Arbeitgeber planmäßig zu schädigen versucht (*LAG RhPf* 7.2.1992 LAGE § 626 BGB Nr. 64; HzA-*Isenhardt* 5/1 Rz 319). Der ernsthafte Versuch, Kollegen abzuwerben, ist aber auch dann an sich ein wichtiger Grund, wenn die Abwerbung nicht mit unlauteren Mitteln oder in verwerflicher Weise erfolgt (*LAG SchlH* 6.7.1989 LAGE § 626 BGB Nr. 42; *Hoß* MDR 1998, 872; HWK-*Sandmann* Rz 153; *Schmiedl* BB 2003, 1120 f.; aA *LAG RhPf* 7.2.1992 LAGE § 626 BGB Nr. 64; KDZ-*Däubler* aaO). Die beiläufige Frage eines leitenden Angestellten an einen ihm unterstellten Mitarbeiter, ob er mit ihm gehe, wenn er sich selbständig mache, ist idR noch keine Abwerbung. Daran fehlt es insbes., wenn die Frage ersichtlich nicht ernst gemeint oder bloß auf eine momentane Verärgerung zurückzuführen ist (*LAG BW* 30.9.1970 BB 1970, 1538). Vgl. ferner SPV-*Preis* Rz 680 f. und zur ordentlichen Kündigung wegen Abwerbung KR-*Griebeling* § 1 KSchG Rz 418 ff.

3. Alkohol, Drogen

Wirkt ein Heimerzieher am **Haschischkonsum** eines Heiminsassen mit, so kann dies eine außerordentliche Kündigung begründen (*BAG* 18.10.2000 EzA § 626 BGB nF Nr. 183). Dagegen stellt der Cannabisverbrauch eines Zeitungsausträgers und Betriebsratsmitglieds im Betriebsratsbüro nicht ohne weiteres einen wichtigen Grund gem. § 626 BGB dar (*LAG BW* 19.10.1993 RzK II 1 b Nr. 12). Auch ohne vorherige Abmahnung darf ein leitender Angestellter nicht während der Dienstzeit Alkohol zu sich nehmen. Eine fristlose Kündigung ist berechtigt, wenn der **Alkoholgenuss** von den übrigen Betriebsangehörigen bemerkt und beanstandet wird (*LAG Düsseld.* 20.12.1955 DB 1956, 332). Die persönliche Eignung entfällt für einen Sachverständigen im Kraftfahrzeugwesen, wenn er betrunken (1,9 Promille) einen Unfall mit Fahrerflucht verursacht und ihm die Fahrerlaubnis entzogen wird (*LAG Köln* 25.8.1988, LAGE § 626 BGB Nr. 34). Ein Bauarbeiter kann fristlos entlassen werden, wenn er sich trotz wiederholter Abmahnung auf der Baustelle betrinkt, weil durch den Alkoholgenuß die Leistung beeinträchtigt und die **Unfallgefahr** erhöht wird (*LAG Düsseldorf* 17.8.1967 BB 1967, 1425). Das gilt auch für einen Arbeitnehmer, der gefährliche Arbeiten (Reinigung von Tankanlagen für Gefahrstoffe) zu verrichten hat, wenn er betrunken zur Arbeit erscheint (*LAG RhPf* 30.8.2004 – 7 Sa 240/04 – nv). Die vorsätzliche Verletzung eines betriebserheblichen **Alkoholverbotes** [im untertägigen Steinkohlebergbau] kann ohne Abmahnung zur außerordentlichen Kündigung berechtigen (*LAG Hamm* 23.8.1990 LAGE § 626 BGB Nr. 52). Ein angestellter **Kraftfahrer** begeht eine gravierende Pflichtverletzung, wenn er einen Omnibus im Zustand der geminderten Fahrtüchtigkeit steuert (*BAG* 12.1.1956 EzA § 123 GewO Nr. 1; *LAG Nürnberg* 17.12.2002 LAGE § 626 BGB Nr. 147). Trunkenheit am Steuer kann auch dann ein Grund zur fristlosen Entlassung eines im Postomnibusverkehr tätigen Kraftfahrers sein, wenn dieser sich in seinem Urlaub im angetrunkenen Zustand ans Steuer seines Privatwagens setzt und ihm bei einer Kontrolle der Führerschein entzogen wird (*BAG* 22.8.1963 AP Nr. 51 zu § 626 BGB). Die Entziehung der Fahrerlaubnis eines als Kraftfahrer beschäftigten Arbeitnehmers wegen Trunkenheit im Verkehr bei einer in der Freizeit durchgeführten **Privatfahrt** ist jedoch kein unbedingter Grund zur außerordentlichen Kündigung. Der Arbeitgeber muss vielmehr prüfen, ob er den Arbeitnehmer nicht bis zum Ablauf der Kündigungsfrist, bis zur Neuerteilung des Führerscheins oder für dauernd auf einen anderen Arbeitsplatz versetzen kann (*BAG* 30.5.1978 EzA § 626 BGB nF Nr. 66; vgl. auch *BAG* 4.6.1997 EzA § 626 BGB nF Nr. 168). Bei **Außendienstmitarbeitern** kommt es darauf an, ob sie die Erbringung der geschuldeten Arbeitsleistung auch ohne Kraftfahrzeug oder mit einem Ersatzfahrer sicherstellen (vgl. *LAG RhPf* 11.8.1989 LAGE § 626 BGB Nr. 43; **aA** *LAG SchlH* 16.6.1986 RzK I 6 a Nr. 21: Der Arbeitgeber braucht die Ehefrau als Fahrerin nicht zu akzeptieren; offen gelassen von *BAG* 14.2.1991 RzK I 6 a Nr. 70). Zur Kündigung wegen **Tätlichkeiten** und Beleidigungen gegenüber Werkschutzmitarbeitern in Zusammenhang mit Alkoholmissbrauch vgl. *BAG* 30.9.1993 EzA § 626 BGB nF Nr. 152. Zum **Nachweis der Alkoholisierung** vgl. *BAG* 26.1.1995 EzA § 1 KSchG Verhaltensbedingte Kündigung Nr. 46 und 16.9.1999 EzA § 626 BGB Krankheit Nr. 2. Zur ordentlichen Kündigung vgl. KR-*Griebeling* § 1 KSchG Rz 421 ff. Vgl. ferner *Günther* BB 1981, 499, *Becker-Schaffner* ZTR 1997, 10 f., *Hemming* BB 1998, 1998 und zur Kündigung gegenüber einem Sportler wegen **Dopings** *Fischer* FA 2002, 135 f.

4. Anzeigen gegen den Arbeitgeber (Whistleblowing)

408 Wenn sich ein Arbeitnehmer gegen eine Beleidigung durch den Arbeitgeber dadurch wehrt, dass er eine **Strafanzeige** erstattet, dann rechtfertigt das keine fristlose Entlassung (*LAG BW* 29.6.1964 DB 1964, 1451). Die heimliche Mitnahme von Geschäftsunterlagen durch einen Arbeitnehmer zum Zwecke der Vorbereitung einer Strafanzeige gegen den Arbeitgeber berechtigt zur fristlosen Entlassung, weil durch dieses Verhalten das Vertrauensverhältnis zerstört wird (*LAG Düsseld.* 21.2.1953 BB 1953, 532; zur Erfüllung der Zeugenpflicht in einem von der Staatsanwaltschaft eingeleiteten Ermittlungsverfahren vgl. dagegen *BVerfG* 2.7.2001 EzA § 626 BGB nF Nr. 188). Die fristlose Entlassung eines gehobenen Angestellten wegen der **Anzeige** vermeintlicher Steuerverfehlungen eines Vorstandsmitglieds an das **Finanzamt** ist dann gerechtfertigt, wenn die wirtschaftlichen und steuerlichen Belange des Beteiligten durch eine zumutbare betriebsinterne Prüfung geklärt werden könnten (*LAG Bln.* 25.11.1960 BB 1961, 449). Eine vom Arbeitnehmer gegen seinen gesetzwidrig handelnden Arbeitgeber erstattete Anzeige soll dann einen wichtigen Grund zur fristlosen Entlassung darstellen können, wenn der Arbeitnehmer der Gefahr, sich selbst wegen Beteiligung an den Gesetzwidrigkeiten strafbar zu machen, entgehen kann, indem er sich weigert, an Gesetzesverstößen mitzuwirken oder unter gesetzwidrigen Gesamtumständen zu arbeiten (*BAG* 5.2.1959 EzA § 70 HGB Nr. 1; mit Recht **krit.:** Münch-Komm-*Henssler* Rz 167; *Preis/Reinfeld* AuR 1989, 361 ff.; *Söllner* FS Herschel 1982 S. 404; SPV-*Preis* Rz 689; RGRK-*Weller* vor § 620 Rz 196). Demgegenüber hält das *LAG Frankf.* (12.2.1987 LAGE § 626 BGB Nr. 28) nur völlig haltlose Vorwürfe in einer zudem nach Art und Inhalt zu beanstandenden Beschwerde für erheblich. Das entspricht der Rspr. des BAG, wenn es sich nicht um Strafanzeigen, sondern um Beschwerden im Rahmen des **Petitionsrechts** (Art. 17 GG; *BAG* 18.6.1970 AP Nr. 82 zu § 1 KSchG) oder um das Vorlegen von Bedenken eines Sicherheitsbeauftragten bei den zuständigen Stellen handelt (*BAG* 14.12.1972 EzA § 1 KSchG Nr. 27). Die Rspr. des BAG bedarf der Vereinheitlichung. Das Urteil

BAG 4.7.1991 (RzK I 6 a Nr. 74) bringt hierfür einen zutreffenden Ansatz; danach ist stets aufgrund der konkreten Umstände des Falles zu prüfen, aus welcher **Motivation** heraus die Anzeige erfolgt ist und ob darin eine verhältnismäßige Reaktion des Arbeitnehmers auf das Verhalten des Arbeitgebers liegt (vgl. auch BAG 3.7.2003 EzA § 1 KSchG Verhaltensbedingte Kündigung Nr. 61, LAG Köln 7.1.2000 RzK I 6 a Nr. 180 und Ascheid Rz 461). Grds. muss der Arbeitnehmer vor der Einschaltung betriebsexterner Stellen den **Versuch** einer **innerbetrieblichen Bereinigung** des Missstands unternehmen (HK-Dorndorf § 1 Rz 798; Sasse/Stelzer ArbRB 2003, 20; Schmitt S. 56 ff.; Söllner aaO; vgl. auch BAG 3.6.2003 EzA § 89 BetrVG 2001 Nr. 1 [zum Vorgehen des Betriebsrats]; einschränkend BAG 3.7.2003 EzA § 1 KSchG Verhaltensbedingte Kündigung Nr. 61; APS-Dörner Rz 191; Otto Anm. AP Nr. 45 zu § 1 KSchG 1969 Verhaltensbedingte Kündigung; Stein BB 2004, 1963 f.). Wenn eine Arbeitnehmerin wegen der Zerrüttung privater Beziehungen zum Arbeitgeber diesen, um ihn »fertig zu machen«, beim Finanzamt wegen angeblicher »Steuerdelikte« anzeigt, kann sie sich jedenfalls nicht auf Wahrnehmung berechtigter Interessen berufen (BAG 4.7.1991 aaO). Zeigen **Kraftfahrer** ihren Arbeitgeber deshalb an, weil sie verkehrsuntüchtige oder überladene Fahrzeuge fahren müssen, dann liegt in der Strafanzeige idR noch keine betriebliche Pflichtverletzung, die eine außerordentliche Kündigung rechtfertigt (LAG Köln 23.2.1996 LAGE § 626 BGB Nr. 94). Die Strafanzeige des Betriebsrats gegen den Arbeitgeber ist dann kein Grund für eine fristlose Kündigung, wenn der **Betriebsrat** vom Vorliegen einer der Tatbestände des § 119 Abs. 2 BetrVG ausgehen durfte (LAG BW 25.10.1957 DB 1958, 256); Henssler (aaO Rz 168) hält selbst bei rechtsmissbräuchlichem Verhalten nur ein Amtsenthebungsverfahren für berechtigt. Vgl. im Übrigen Bürkle DB 2004, 2158, Herbert/Oberrath NZA 2005, 193, Sauer DÖD 2005, 121 und zur ordentlichen Kündigung KR-Griebeling § 1 KSchG Rz 427 f.

5. **Arbeitsbummelei**

Meldet sich der Arbeitnehmer, nachdem er krank gewesen und wieder arbeitsfähig geschrieben worden ist, nicht wieder zur Arbeit, dann liegt darin regelmäßig eine beharrliche Arbeitsverweigerung, die zur fristlosen Entlassung berechtigen kann (BAG 16.3.2000 EzA § 626 BGB nF Nr. 179 [Kraft]). Ein **einziger Fehltag** rechtfertigt grds. noch keine außerordentliche Kündigung. Eine andere Beurteilung kann jedoch dann gerechtfertigt sein, wenn der Arbeitnehmer über **längere Zeit** unentschuldigt fehlt (LAG Hamm 1.9.1995 LAGE § 611 BGB Persönlichkeitsrecht Nr. 7) oder sich **trotz** eines **ausdrücklichen Verbotes** des Arbeitgebers vom Arbeitsplatz entfernt hat (LAG Düsseld. 27.1.1970 DB 1970, 595). Wiederholte **Unpünktlichkeiten** eines Arbeitnehmers werden dann zum wichtigen Grund, wenn sie den Grad und die Auswirkung einer beharrlichen Verweigerung der Arbeitspflicht erreichen (BAG 17.3.1988 EzA § 626 BGB nF Nr. 116; LAG Hamm 26.1.1970 AuR 1970, 287). Das trifft zu, wenn eine Pflichtverletzung trotz Abmahnung **wiederholt** begangen wird und sich daraus der nachhaltige Wille der vertragswidrig handelnden Partei ergibt, den vertraglichen Verpflichtungen nicht oder nicht ordnungsgemäß nachkommen zu wollen. Dass der Arbeitnehmer von seinem Arbeitsort weit entfernt wohnt und die pünktliche Anfahrt besondere Kosten verursacht, entschuldigt ihn nicht (LAG Düsseld. 15.3.1967 EzA § 123 GewO Nr. 6). Bereits der mit der Unpünktlichkeit bzw. dem Fehlen verbundene Verzug in der Erfüllung der Arbeitspflicht führt zu einer ausreichenden konkreten Störung im Leistungsbereich (BAG 17.3.1988 EzA § 626 BGB nF Nr. 116; 7.1.1991 EzA § 1 KSchG Verhaltensbedingte Kündigung Nr. 37; 15.3.2001 EzA § 626 BGB nF Nr. 185). Im Rahmen der Interessenabwägung wirkt es sich weiter für den Arbeitnehmer nachteilig aus, wenn seine Verspätungen darüber hinaus auch zu konkreten Störungen des Betriebsablaufes geführt haben (BAG 27.2.1997 EzA § 1 KSchG Verhaltensbedingte Kündigung Nr. 51). Ebenso ist die sog. B ımmelei, dh das Überziehen von Pausen oder die Unterbrechung der Arbeit durch Zeitungslesen, privates Telefonieren, Computerspiele u. ä. zu beurteilen (LAG Hamm 26.1.1970 aaO; LAG Bln. 18.1.1988 LAGE § 626 BGB Nr. 31, SPV-Preis Rz 660). Vgl. zur ordentlichen Kündigung wegen Arbeitsbummelei KR-Griebeling § 1 KSchG Rz 439.

6. **Arbeitskampf**

Ein von der Gewerkschaft beschlossener **legitimer Streik** um die Arbeitsbedingungen berechtigt die bestreikten Arbeitgeber nicht zur außerordentlichen fristlosen Einzelentlassung eines bestimmten Arbeitnehmers oder mehrerer einzelner Arbeitnehmer wegen Vertragsverletzung. Die Arbeitgeber können den legitimen Streik nur mit einer kollektiven Aussperrung beantworten, die im Allgemeinen nur suspendierende Wirkung hat (BAG [GS] 28.1.1955 AP Nr. 1 zu Art. 9 GG Arbeitskampf; 17.12.1976 EzA Art. 9 GG Arbeitskampf Nr. 19; vgl. allg. zu den Kampfmitteln des Arbeitskampfes und zur Abgrenzung zwischen rechtmäßigen und rechtswidrigen Arbeitskämpfen KR-Weigand § 25 KSchG Rz 16 ff.). Eine von der zuständigen Gewerkschaft weder von vornherein gebilligte noch nachträglich genehmigte und übernommene Arbeitsniederlegung ist ein rechtswidriger **wilder Streik.** Der Arbeitgeber ist berechtigt, Arbeitnehmer, die sich an einem wilden Streik beteiligen, fristlos zu entlassen, wenn sie trotz wiederholter Aufforderung die Arbeit nicht aufnehmen (BAG 21.10.1969 EzA § 626 BGB nF Nr. 1; **aA** *ArbG Gelsenkirchen* 13.3.1998 EzA Art. 9 GG Arbeitskampf Nr. 130; KDZ-*Däubler* Rz 67; *Zachert* AuR 2001, 403 f.). Wenn sich Arbeitnehmer aus Gründen der **Solidarität** den Arbeitskollegen bei einer rechtswidrigen Arbeitskampfmaßnahme anschließen, wird ihr Verhalten zwar nicht gerechtfertigt, aber bei einer einfachen Arbeitsniederlegung kann im Rahmen der Interessenabwägung zu ihren Gunsten zu berücksichtigen sein, dass sie in einer psychologischen Drucksituation (Gesichtspunkt der Solidarität) gestanden haben (*BAG* 17.12.1976 EzA Art. 9 GG Arbeitskampf Nr. 20; 14.2.1978 EzA Art. 9 GG Arbeitskampf Nr. 22 und 24). Sorgfältig zu prüfen ist auch, ob die Arbeitnehmer in einem unverschuldeten **Rechtsirrtum** gehandelt haben, wenn die Gewerkschaft hinter der Belegschaft gestanden und eine breite Öffentlichkeit Sympathie mit der Arbeitsniederlegung bekundet hat (*BAG* 14.2.1978 EzA Art. 9 GG Arbeitskampf Nr. 22 und 24). Beteiligen sich Arbeitnehmer an einem von der Gewerkschaft geführten, auf drei Tage befristeten Streik, mit dem der Abschluss eines Firmentarifvertrages mit ihrem Arbeitgeber erzwungen werden soll, so soll dies auch dann nicht ohne weiteres eine fristlose oder fristgemäße Kündigung rechtfertigen, wenn die Arbeitnehmer mit der Möglichkeit rechnen mussten, dass die Gewerkschaft für ihren Betrieb nicht zuständig ist und der Streik deswegen rechtswidrig war (BAG 29.11.1983 EzA § 626 nF BGB Nr 89; krit. MünchKomm-*Henssler* Rz 234). Gleichzeitige und gleichartige Änderungskündigungen, die von einer Gruppe von Arbeitnehmern ausgesprochen werden, um den Arbeitgeber zu höheren Löhnen zu zwingen, sind kollektiver Arbeitskampf. Ein Arbeitnehmer, der einen solchen Arbeitskampf organisiert, obwohl die Gewerkschaften und der Betriebsrat noch über die erstrebte Lohnerhöhung verhandeln, kann wegen Verletzung seiner Treuepflicht fristlos entlassen werden (BAG 28.4.1966 EzA § 124a GewO Nr. 5; **aA** KDZ-*Däubler* Rz 68). Vgl. im Übrigen oben Rz 310, *Kissel* § 47 Rz 76 ff., 142, *Löwisch* Arbeitskampf 170.3.1 Rz 44 ff., SPV-*Preis* Rz 644 ff. und zur ordentlichen Kündigung bei Arbeitskampf KR-*Griebeling* § 1 KSchG Rz 429 f.

7. Arbeitspapiere

411 Der Arbeitnehmer ist arbeitsvertraglich verpflichtet, dem Arbeitgeber seine **Arbeitspapiere** über den bisherigen beruflichen Werdegang **vorzulegen.** Kommt er dieser Verpflichtung trotz mehrfacher Aufforderung des Arbeitgebers nicht nach, dann verletzt er beharrlich seine Pflichten und kann deswegen fristlos entlassen werden (LAG Düsseld. 23.2.1961 BB 1961, 677). Vgl. zur ordentlichen Kündigung KR-*Griebeling* § 1 KSchG Rz 431.

8. Arbeitsverweigerung

412 Eine **beharrliche Arbeitsverweigerung** rechtfertigt grds. eine fristlose Kündigung (st.Rspr., u.a. *BAG* 21.11.1996 EzA § 1 KSchG Verhaltensbedingte Kündigung Nr. 50). Der Arbeitgeber kann zB einseitig eine vertraglich nur rahmenmäßig umschriebene Pflicht zur Leistung von Bereitschaftsdiensten zeitlich näher bestimmen (*BAG* 25.10.1989 EzA § 1 KSchG Verhaltensbedingte Kündigung Nr. 30). Das Weisungsrecht (Direktionsrecht) des Arbeitgebers folgt seit 1.1.2003 für alle Arbeitnehmer aus § 106 GewO, darf gem. dieser Vorschrift allerdings nur nach billigem Ermessen ausgeübt werden (bereits früher st. Rspr., vgl. *BAG* 24.5.1989 EzA § 611 BGB Direktionsrecht Nr. 3; 6.2.1997 – 2 AZR 38/96 – nv). Der Arbeitnehmer ist berechtigt, Arbeiten abzulehnen, die der Arbeitgeber ihm unter **Überschreitung seines Direktionsrechts** oder des damit verbundenen Ermessensspielraums nach Art, Zeit und Ort zuweist (*BAG* 12.4.1973 EzA § 611 BGB Nr. 12). Das gilt auch für die Anordnung von **Überstunden,** wenn eine tarifliche Regelung fehlt (*LAG Frankf.* 21.3.1986 LAGE § 626 BGB nF Nr. 25); eine kurzfristige Anordnung für denselben Tag kann nur bei unvorhersehbaren, gewichtigen betrieblichen Erfordernissen billigem Ermessen entsprechen (vgl. *ArbG Frankf. a.M.* 26.11.1998 LAGE § 626 BGB Nr. 125). Der Arbeitnehmer darf sich weigern, nach dem AZG unzulässige Mehrarbeit zu verrichten (BAG 28.10.1971 EzA § 626 BGB nF Nr. 9). Ein Arbeitnehmer in einem Druckereibetrieb kann aus Gewissensgründen berechtigt sein, die Mitarbeit an den Krieg verherrlichenden oder verharmlosenden Druckwerken zu verweigern (*BAG* 20.12.1984 EzA § 1 KSchG Verhaltensbedingte Kündigung Nr. 16). Ausländische Arbeitnehmer, deren Arbeitsverhältnis sich **nach deutschem Recht** richtet, haben grds. keinen Anspruch auf Befreiung von der Arbeitsleistung an den **Feiertagen** ihrer Religionsgemeinschaft. Sie können wegen beharrlicher Arbeitsverweigerung entlassen werden, wenn sie es trotz Belehrung ablehnen, an ihren Feiertagen zu arbeiten (*LAG Düsseld.* 14.2.1963 DB 1963, 522; **krit.** MünchKomm-*Henssler* Rz 142; SPV-*Preis* Rz 634; zu Gebetspausen vgl. *LAG Hamm* 26.2.2002 NZA 2002, 1090; vgl. ferner *Adam* NZA 2003, 1376 f.). Eine Muslimin kann aber aus religiösen Beweggründen darauf bestehen, nur mit Kopf-

tuch zu arbeiten, wenn nicht konkrete Interessen des Arbeitgebers dem entgegenstehen und bei der gebotenen Abwägung der widerstreitenden Grundrechtspositionen überwiegen (*BAG* 10.10.2002 EzA § 1 KSchG Verhaltensbedingte Kündigung Nr. 58). Das Direktionsrecht des Arbeitgebers umfasst grds. auch die Anordnung von **Schulungen** für die vertragliche Arbeit; insbes. bei gruppendynamischen Trainingsprogrammen kann allerdings das Persönlichkeitsrecht des Arbeitnehmers Grenzen setzen (*Stoffels* AuR 1999, 457 ff.). Vgl. zur Arbeitsverweigerung aus **Gewissensgründen** und bei anderen **Interessenkonflikten** auch oben Rz 141 f. Keine beharrliche Arbeitsverweigerung liegt dann vor, wenn ein Akkordarbeiter deswegen **Akkordarbeit** ablehnt, weil der **Betriebsrat** an der Einführung des Akkordsystems nicht beteiligt worden ist (*BAG* 14.2.1963 AP Nr. 22 zu § 66 BetrVG). Dagegen kann der Arbeitnehmer aus der fehlenden Zustimmung des Betriebsrats zur **Einstellung**, anders als im Fall der **Versetzung**, grds. kein Zurückbehaltungsrecht herleiten (*BAG* 5.4.2001 EzA § 626 BGB nF Nr. 186). Die Teilnahme von Arbeitnehmern an einer nicht im Einvernehmen mit dem Arbeitgeber durchgeführten **Betriebsversammlung** ist keine unentschuldigte Arbeitsverweigerung, wenn sie darauf vertrauen durften, die Versammlung sei nicht gesetzwidrig (*BAG* 14.10.1960 EzA § 123 GewO Nr. 2). Eine Weigerung, an dem betriebsüblich arbeitsfreien **Samstag** zu arbeiten, kann entschuldigt sein, wenn der Arbeitnehmer schon vor der Anordnung des Arbeitgebers über den arbeitsfreien Tag verfügt hat (*LAG BW* 26.11.1964 BB 1965, 417). Auch ein Werkmeister, der grds. nur die Aufsicht zu führen hat, muss in Notfällen selbst mit Hand anlegen und Reparaturen durchführen (*LAG Düsseld.* 28.1.1964 DB 1964, 628). Die Weigerung eines Kraftfahrers, einen PKW mit abgeschliffenen Reifen und ausgeschlagener Lenkung zu fahren, berechtigt nicht zur fristlosen Entlassung. Wenn der Zustand des Wagens zur Zeit der Weigerung nicht geklärt werden kann, dann geht das zu Lasten des Arbeitgebers (*LAG Hamm* 17.9.1971 AuR 1972, 185). Zur Arbeitseinstellung in **Gefahrsituationen** vgl. § 9 Abs. 3 ArbSchG und § 21 Abs. 6 GefStoffV und allg. zur Arbeitsverweigerung bei Gesundheitsgefährdung *Molkentin* NZA 1997, 849 ff. Die Weigerung, betriebsnotwendige Überstunden zu leisten, rechtfertigt dann keine fristlose Entlassung, wenn der Arbeitnehmer ständig im Akkord arbeitet und über die Bezahlung der zusätzlichen Arbeit keine Einigung erzielt werden kann (*LAG Düsseld.* 13.10.1971 AuR 1972, 59). Macht der Arbeitnehmer wegen **ausstehender Vergütungszahlungen** berechtigterweise ein **Zurückbehaltungsrecht** geltend, so ist eine Kündigung wegen Arbeitsverweigerung idR unwirksam (*BAG* 9.5.1996 EzA § 626 BGB nF Nr. 161). Ist der Arbeitnehmer nach dem Arbeitsvertrag als **Verkaufsleiter** eingestellt worden und hat er bislang nur Großhandelskunden besucht, dann ist seine Weigerung, Einzelhandelskunden zu betreuen, selbst dann kein wichtiger Grund zur Entlassung, wenn der Arbeitgeber noch keine von dem Verkaufsleiter zu betreuenden Reisenden eingestellt hat (*LAG Düsseld.* 18.11.1966 DB 1967, 1000). Wenn der Arbeitnehmer vom Arzt **krankgeschrieben** worden ist, kann er davon ausgehen, zu keinerlei Dienstleistungen für die Dauer der Arbeitsunfähigkeit verpflichtet zu sein (*LAG Frankf.* 24.6.1958 BB 1959, 196). Dagegen kann eine fristlose Kündigung gerechtfertigt sein, wenn ein Arbeitnehmer in dem Bewusstsein, nicht krank zu sein, sich auf eine durch Täuschung erlangte Arbeitsunfähigkeitsbescheinigung beruft und der Arbeit fernbleibt (*LAG Bln.* 30.4.1979 EzA § 626 BGB nF Nr. 67). Vgl. im Übrigen *Becker-Schaffner* ZTR 1997, 9 f. und zur ordentlichen Kündigung wegen Arbeitsverweigerung KR-*Griebeling* § 1 KSchG Rz 433 ff.

9. Arztbesuch

Ein Arbeitnehmer darf während der Arbeitszeit einen Arzt aufsuchen, wenn ihm das außerhalb der Arbeitszeit nicht möglich ist und wenn dem nicht ganz dringende betriebliche Bedürfnisse entgegenstehen. Das gilt insbes. dann, wenn der Arbeitnehmer bereit ist, die ausfallende Arbeitszeit vor- oder nachzuholen. Der **Arztbesuch** gegen den Willen des Arbeitgebers berechtigt dann nicht zur fristlosen Kündigung (*LAG BW* 4.6.1964 BB 1964, 1008). Hinsichtlich der Vergütungspflicht gilt § 616 BGB (vgl. *Schaub/Linck* § 97 Rz 5).

10. Außerdienstliches Verhalten

Das **außerdienstliche Verhalten** eines Arbeitnehmers kommt nur dann als wichtiger Grund in Betracht, wenn hierdurch das Arbeitsverhältnis konkret beeinträchtigt wird (vgl. oben Rz 114 ff. und zur ordentlichen Kündigung KR-*Griebeling* § 1 KSchG Rz 450 ff.). Häufige **Spielbankbesuche** des Leiters einer Bankfiliale genügen für sich genommen nicht, uU aber iVm anderen für die Unzuverlässigkeit des Arbeitnehmers sprechenden Indizien (*LAG Hamm* 14.1.1998 LAGE § 626 BGB Nr. 119). Auch unmäßiger **Alkoholgenuss** und Teilnahme am großstädtischen **Nachtleben** durch einen Angestellten kann für sich genommen eine außerordentliche Kündigung idR nicht rechtfertigen, wohl aber dann, wenn er deshalb Dienstpflichten erheblich vernachlässigt und dadurch das Vertrauen des Arbeitgebers in die Eignung des Angestellten schwer erschüttert wird (*LAG BW* 3.4.1967 BB 1967, 757; ähnlich für einen Dienstordnungsangestellten: *BAG* 23.9.1958 AP Nr. 6 zu § 611 BGB Dienstordnungs-Angestellte). Die Aufnahme **ehewidriger Beziehungen** durch einen Arbeitnehmer mit einer verheirateten Frau desselben Betriebes rechtfertigt keine außerordentliche Kündigung mit der Begründung, hierdurch werde das Ansehen des Arbeitgebers beeinträchtigt. Der Arbeitgeber ist nicht zum Sittenrichter über die in seinem Betrieb tätigen Arbeitnehmer berufen (vgl. auch zur **Homosexualität** eines Arbeitnehmers *BAG* 23.6.1994 EzA § 242 BGB Nr. 39; zu »softpornographischen« Ablichtungen einer Umschülerin in einer einschlägigen Zeitschrift *ArbG Passau* 11.12.1997 AuR 1998, 259). Nur unter ganz besonderen Umständen kann durch den **schlechten Ruf** eines leitenden Angestellten das Ansehen des Unternehmens leiden. Dann wird idR jedoch nur eine ordentliche Kündigung in Betracht kommen (*LAG Düsseld.* 24.2.1969 DB 1969, 667). Einem jugendlichen Arbeitnehmer kann nicht ohne weiteres deshalb gekündigt werden, weil er außerhalb seines Dienstes unter Alkoholeinwirkung einen **Diebstahl** begangen hat (*LAG Bln.* 26.3.1965 BB 1965, 910). Dagegen kann ein Diebstahl, den ein Arbeitnehmer außerhalb des Beschäftigungsbetriebes (Versandhaus) und der Arbeitszeit in einem anderen räumlich entfernten Betrieb des Arbeitgebers (Warenhaus) oder in einem rechtlich selbständigen **Konzernunternehmen** begeht, an sich geeignet sein, einen wichtigen Grund zur fristlosen Kündigung abzugeben. Wenn die Tat nicht in innerem Zusammenhang mit der im Beschäftigungsbetrieb auszuübenden Tätigkeit steht, dann ist das nur für den Grad der Auswirkung auf das Arbeitsverhältnis von Bedeutung. Auch wenn er keine Vertrauensstellung als Kassierer oder Verkäufer bekleidet bzw. wenn der Arbeitnehmer nach seinem Arbeitsvertrag nicht auch im Geschäftsbereich der Konzernschwester eingesetzt werden kann, kann gleichwohl eine störende Auswirkung auf das Arbeitsverhältnis vorliegen, wenn der Arbeitnehmer wegen eines ihm vom Arbeitgeber eingeräumten Personalrabattes nicht einem sonstigen Kunden gleichsteht, sondern dadurch eine unmittelbar auf dem Arbeitsvertrag beruhende Beziehung des Arbeitnehmers zu dem weiteren Betrieb hergestellt wird (*BAG* 20.9.1984 EzA § 1 KSchG Verhaltensbedingte Kündigung Nr. 14; 20.9.1984 EzA § 626 BGB nF Nr. 91 mit krit. Anm. *Dütz*; krit. auch *Erman/Belling* Rz 62; *Preis* Prinzipien S. 469; zust. dagegen *Mayer* S. 170). Bereits ein einmaliger Ladendiebstahl einer Sache im Werte von 30,- bis 35,- DM durch eine bei der Staatsanwaltschaft angestellte **Gerichtshelferin** kann an sich eine außerordentliche Kündigung rechtfertigen. Die Interessen des Arbeitgebers überwiegen dann, wenn die außerordentliche Kündigung unabweisbar ist, um sein Ansehen in der Öffentlichkeit zu wahren (*LAG Frankf.* 4.7.1985 LAGE § 626 BGB Nr. 22). Wenn ein Angestellter in leitender Position gegenüber Dritten ernsthaft erklärt, er werde den Interessen seines Arbeitgebers in einer dessen Existenz gefährdenden Weise zuwiderhandeln, dann ist dadurch das Vertrauensverhältnis restlos zerstört (*LAG München* 13.1.1993 LAGE § 626 BGB Nr. 67).

11. Beleidigungen

415 Bei einer auf eine **Beleidigung** des Arbeitgebers, eines Vorgesetzten, eines Arbeitskollegen oder eines Kunden gestützten fristlosen Kündigung kommt es nicht auf die strafrechtliche Wertung, sondern darauf an, ob dem Arbeitgeber deswegen nach dem gesamten Sachverhalt die Fortsetzung des Arbeitsverhältnisses noch zuzumuten ist; für die Beurteilung ist auch von Bedeutung, ob der Arbeitnehmer zu seiner Äußerung durch ein Verhalten des Beleidigten **provoziert** worden ist (*BAG* 22.12.1956 AP Nr. 13 zu § 626 BGB; *Ascheid* Rz 146). Grobe Beleidigungen berechtigen grds. auch ohne vorherige Abmahnung zur fristlosen Kündigung (*BAG* 10.10.2002 EzA § 626 BGB 2002 Unkündbarkeit Nr. 1 mwN). Wenn ein Arbeitnehmer in einer Unterhaltung mit einem Mitarbeiter über Vorstandsmitglieder seines Arbeitgebers und Vorgesetzte unwahre und ehrenrührige Tatsachen behauptet, aber als sicher davon ausgehen darf, dass seine Äußerungen vertraulich behandelt werden, dann ist der Arbeitgeber regelmäßig nicht zur außerordentlichen Kündigung berechtigt, wenn der Gesprächspartner die **Vertraulichkeit** der Unterhaltung ohne vernünftigen Grund nicht wahrt und ihren Inhalt entgegen dem angesprochenen Vorgesetzten mitteilt; dies gilt aber nicht, wenn die Gelegenheit für Dritte, die Äußerungen wahrzunehmen, dem Arbeitnehmer zurechenbar ist (*BAG* 10.10.2002 aaO mwN; vgl. auch *LAG Köln* 18.4.1997 LAGE § 626 BGB Nr. 111, das allerdings zu Unrecht annimmt, bloße **Formalbeleidigungen** kämen nicht als wichtiger Grund in Betracht; krit. *Hoß* MDR 1998, 878). Es kann ein wichtiger Grund für eine außerordentliche Kündigung sein, wenn ein Arbeitnehmer bei der Werbung für die **Wahl zum Betriebsrat** die Ehre der Mitglieder der Betriebsleitung und des Betriebsrats schwer verletzt, indem er ihnen persönliche Unehrenhaftigkeit und Machenschaften vorwirft und dabei gleichzeitig mit verfassungsfeindlicher Zielsetzung agiert (*BAG* 15.12.1977 EzA § 626 BGB nF Nr. 61). Einen Vorgesetzten einem Hauptverantwortlichen für die Judenvernichtung gleichzusetzen, ist ebenfalls eine schwere Beleidigung, die eine fristlose Kündigung rechtfertigt (*LAG Bln.* 17.11.1980 EzA § 626 BGB nF Nr. 75).

Fristlose Kündigung aus wichtigem Grund § 626 BGB

Gleiches gilt für den Vergleich der betrieblichen Verhältnisse mit den »Zuständen unter Hitler« (*BAG* 24.11.2005 EzA § 626 BGB 2002 Nr. 13) oder die Beschimpfung des Arbeitgebers als Betrüger, Gauner und Halsabschneider bei einer Geburtstagsfeier vor der versammelten Belegschaft (*BAG* 6.2.1997 RzK I 6a Nr. 146). Die Begründung des Vaters eines Lehrlings, sein Sohn frage ständig nach Urlaub, weil er als Kind einmal krank gewesen sei und damals eine Blutübertragung vom Arbeitsdirektor bekommen habe, ist dagegen eine **Geschmacklosigkeit**, aber keine grobe Beleidigung. Unter einer **groben Beleidigung** ist nur eine besonders schwere, den Angesprochenen kränkende Beleidigung, dh eine bewusste und gewollte Ehrenkränkung aus gehässigen Motiven zu verstehen (*BAG* 18.7.1957 EzA § 124a GewO Nr. 1; 17.10.1980 – 7 AZR 687/78 – nv; 22.5.1982 – 7 AZR 155/80 – nv). Deshalb kann auch in der **Verweigerung des Grußes** gegenüber dem Arbeitgeber oder Vorgesetzten idR keine grobe Beleidigung gesehen werden (*LAG Köln* 29.11.2005 EzA-SD 2006 Nr. 9 S. 12). Kommt es im Zusammenhang mit einer **Scheidung** zu »unbedachten Äußerungen« gegenüber dem Arbeitgeber-Ehegatten, so rechtfertigt dies idR noch keine außerordentliche Kündigung (*ArbG Passau* 14.9.1995 RzK I 6 a Nr. 130); in keinem Fall genügt die **Zerrüttung** oder Scheidung der **Ehe** für sich genommen als wichtiger Grund (vgl. *BAG* 9.2.1995 EzA § 1 KSchG Personenbedingte Kündigung Nr. 12; *KR-Griebeling* § 1 KSchG Rz 301; aA MünchKomm-*Henssler* Rz 105). Die Verwendung des bekannten **Götz-Zitates** unter Arbeitnehmern mag im Allgemeinen nicht besonders schwer wiegen. Der Portier eines Großstadthotels kann jedoch fristlos entlassen werden, wenn er dieses Zitat in Anwesenheit eines weiblichen Gastes gegenüber einem Arbeitskollegen gebraucht (*LAG Düsseld.* 24.6.1959 DB 1959, 796; vgl. zu ähnlich ungehörigen oder ehrverletzenden Äußerungen: *LAG SchlH* 5.10.1998 LAGE § 626 BGB Nr. 123; *LAG RhPf* 8.11.2000 RzK I 6e Nr. 24; *LAG Hamm* 22.10.2001 RzK I 6f Nr. 31; *LAG Nds.* 25.10.2004 NZA-RR 2005, 530). Zur ordentlichen Kündigung vgl. *KR-Griebeling* § 1 KSchG Rz 462 ff. Vgl. im Übrigen unten Rz 416, 438 sowie MünchKomm-*Henssler* Rz 181 ff., *Schmitz-Scholemann* BB 2000, 926 ff. und SPV-*Preis* Rz 705 f.

12. Betriebsfrieden, betriebliche Ordnung

Eine außerordentliche Kündigung wegen **Störung des Betriebsfriedens** setzt voraus, dass der Betriebsfrieden nicht nur abstrakt gefährdet, sondern **konkret** gestört worden ist (s.o. Rz 116 f.). Auch die diversen Erscheinungsformen des sog. **Mobbings** kommen in diesem Zusammenhang als wichtiger Grund in Betracht, wobei die Störung nicht neben dem Opfer weitere Teile der Belegschaft zu betreffen braucht (vgl. *Thür. LAG* 15.2.2001 LAGE § 626 BGB Nr. 133; *Kollmer* AR-Blattei SD 1215 Rz 44 mwN; zur ordentlichen Kündigung KR-*Griebeling* § 1 KSchG Rz 489 f. mwN; krit. zur vorschnellen Einordnung als Mobbing zu Recht *Thür. LAG* 10.6.2004 LAGE Art. 2 GG Persönlichkeitsrecht Nr. 8a). Die Verbreitung von Flugblättern mit wahrheitswidrigen Behauptungen über den Arbeitgeber und/oder den Betriebsrat kann ein wichtiger Grund sein (*BAG* 15.12.1977 EzA § 626 BGB nF Nr. 61; 13.10.1977 EzA § 74 BetrVG 1972 Nr. 3). Wenn ein **Arbeitnehmervertreter im Aufsichtsrat** Kenntnisse, die er in dieser Eigenschaft erlangt hat, in von ihm einberufenen Betriebsversammlungen an Vertrauensleute der Gewerkschaft und andere Mitarbeiter weitergibt, dann muss er genau und vollständig berichten und darf keine sachlich unbegründeten Bedenken gegen die Betriebsleitung äußern, die den Betriebsfrieden und das Ansehen des Unternehmens in der Öffentlichkeit schädigen können. Eine Verletzung dieser Pflicht kann die außerordentliche oder die ordentliche Kündigung rechtfertigen (*BAG* 4.4.1974 EzA § 15 KSchG nF Nr. 1). Beleidigt ein Arbeitnehmer in einer **Betriebsversammlung** den amtierenden Betriebsrat und den örtlichen Gewerkschaftsvertreter, dann kann darin eine Störung des Betriebsfriedens liegen, die den Arbeitgeber zur fristlosen Entlassung berechtigt (*LAG Düsseld.* 3.6.1955 DB 1956, 504). Wenn ein Arbeitnehmer in einer Betriebsversammlung die Aufhebung eines Alkoholverbotes fordert und dabei demonstrativ Bier trinkt, soll das noch durch Art. 5 GG gedeckt sein (*LAG Nds.* 13.3.1981 DB 1981, 1985) Das gilt auch für den Vorwurf, eine Betriebsratswahl sei undemokratisch gewesen (*LAG Bln.* 14.1.1985 LAGE § 626 BGB Nr. 21). Wenn sich im Zusammenhang mit einer Flugblattaktion mehrfach Gruppen von Arbeitnehmern vor dem Betriebsratszimmer zusammenrotten, um Auskunft und Rechenschaft zu verlangen, dann liegt darin eine Störung des Betriebsfriedens, die die fristlose Entlassung der Störer rechtfertigen kann (*LAG BW* 20.1.1970 BB 1970, 885). Zur ordentlichen Kündigung vgl. KR-*Griebeling* § 1 KSchG Rz 467 ff.; zur politischen Betätigung s.u. Rz 438. Vgl. ferner Rz 415, 443, 449.

13. Betriebsschließung und -veräußerung

Wie bereits bei der Erörterung der Auswirkungen auf den Unternehmensbereich (s.o. Rz 170) und der betriebsbedingten außerordentlichen Kündigung (s.o. Rz 155 ff.) dargelegt wurde, ist eine außerordentliche Kündigung aus betrieblichen Gründen insbes. wegen **Stilllegung des Betriebes** oder eines

Betriebsteils grds. nur dann aus wichtigem Grund gerechtfertigt, wenn eine ordentliche **Kündigung ausgeschlossen** ist (*BAG* 28.3.1985 EzA § 626 BGB nF Nr. 96; 22.7.1992 EzA § 626 BGB nF Nr. 141). Vgl. im Übrigen *Erman/Belling* Rz 80 und zur ordentlichen Kündigung wegen Betriebsstilllegung und Betriebsveräußerung KR-*Griebeling* § 1 KSchG Rz 579 ff., 573 ff.

14. Datenschutz, Computermissbrauch

418 Verstöße gegen den **Datenschutz** geben zwar nicht stets einen wichtigen Grund zur außerordentlichen Kündigung. In schwerwiegenden Fällen wird aber das für die Fortsetzung des Arbeitsverhältnisses notwendige Vertrauen zerstört, und eine fristlose Kündigung kann auch ohne vorherige Abmahnung berechtigt sein. Das gilt zB regelmäßig dann, wenn der Arbeitnehmer für ihn gesperrte Daten mit Personenbezug oder über Betriebsgeheimnisse abfragt (vgl. *LAG Köln* 29.9.1982 DB 1983, 124; *LAG SchlH* 15.11.1989 DB 1990, 635; *LAG Saarl.* 1.12.1993 NJW-CoR 1994, 305; *LAG BW* 11.1.1994 NJW-CoR 1994, 305; SPV-*Preis* Rz 745), Dritten solches ermöglicht (*LAG Hamm* 4.2.2004 LAGReport 2004, 300) oder ohne Erlaubnis dienstliche Daten auf private Datenträger kopiert (*Sächs. LAG* 14.7.1999 LAGE § 626 BGB Nr. 129). Auch die eigenmächtige Änderung des Hauptpasswortes zur Vereitelung des weiteren Zugriffs des Arbeitgebers und seiner anderen Mitarbeiter auf wichtige Geschäftsdaten kann eine fristlose Kündigung rechtfertigen (*Hess. LAG* 13.5.2002 RDV 2003, 148). Zur Kündigung des Arbeitsverhältnisses eines Datenschutzbeauftragten vgl. *Berger-Delhey* ZTR 1995, 14. Zum **Missbrauch des Internet-Zugangs**: *Hess. LAG* 13.12.2001 RzK I 5i Nr. 172 (privater E-Mail-Verkehr und Virenschutz); *BAG* 7.7.2005 EzA § 626 BGB 2002 Nr. 10, 27.4.2006 EzA § 626 BGB 2002 Unkündbarkeit Nr. 11, *LAG Nds.* 26.4.2002 MMR 2002, 766 und *ArbG Frankf.* 2.1.2002 RzK I 5 i Nr. 173 (pornografische Web-Seiten); vgl. ferner *Besgen/Prinz* § 1 Rz 93 ff., 1121 ff.; *Kramer* NZA 2004, 463 f., *Mengel* NZA 2005, 752 ff. und s.u. Rz 445.

15. Dienst- und Privatfahrten

419 Benutzt ein Arbeitnehmer trotz eines ausdrücklichen Verbotes ein Betriebsfahrzeug für eine **Wochenendheimfahrt,** dann kann eine außerordentliche Kündigung gerechtfertigt sein (*BAG* 9.3.1961 EzA § 123 GewO Nr. 5). Das gilt insbes. dann, wenn der Wagen wegen der **Eigenmächtigkeit** längere Zeit für betriebliche Zwecke nicht zur Verfügung steht. Ein wichtiger Kündigungsgrund fehlt hingegen, wenn der Arbeitnehmer den Wagen wegen einer durch Betriebsunfall erlittenen Verletzung eigenmächtig benutzt (*LAG BW* 19.12.1969 BB 1970, 534). S. zu unerlaubten Privatfahrten auch *LAG Düssseld.* 23.9.1952 DB 1953, 24; *LAG BW* 10.5.1963 WA 1963, 154. Zum Entzug der Fahrerlaubnis s.o. Rz 407.

16. Druckkündigung

420 Zu den Voraussetzungen und den Folgen der **Druckkündigung** s.o. Rz 204 ff. Aus der Rspr. der Instanzgerichte ist noch folgender Fall von allgemeiner Bedeutung: Hängt die wirtschaftliche Existenz eines Unternehmens wesentlich von Rüstungsaufträgen ab und wird vom zuständigen Ministerium verlangt, einen Arbeitnehmer nicht mehr in einer Vertrauensstellung zu dulden, der unter dem Verdacht eines Bestechungsversuches steht, dann ist eine fristlose Kündigung aus dem wichtigen Grund der Gefährdung des Betriebs gerechtfertigt, wenn der Verdacht des Bestechungsversuchs hinreichend begründet ist (*LAG Düsseld.* 29.1.1963 BB 1963, 859). Vgl. zur ordentlichen Kündigung KR-*Griebeling* § 1 KSchG Rz 586 f.

17. Ehrenämter

421 Ein Arbeitnehmer, der Ratsmitglied einer Stadt und Kreistagsabgeordneter ist, ist für die zur Ausübung dieser **Ehrenämter** erforderliche Zeit ohne Vergütung vom Arbeitgeber freizustellen, soweit der Betrieb dadurch nicht geschädigt wird. Der Arbeitgeber kann den Arbeitnehmer nicht fristlos entlassen, wenn dieser sich die ihm nicht gewährte Freizeit selbst nimmt (*LAG Düsseld.* 7.1.1966 AP Nr. 2 zu Art. 48 GG). Vielfach bestehen für die Ausübung öffentlicher Ehrenämter gesetzliche Freistellungspflichten und Kündigungsverbote (vgl. iE *KR-Weigand* ParlKSch Rz 1 ff.; SPV-*Preis* Rz 711). Private Ehrenämter (zB in einem **Verein**) sind dagegen in der Freizeit auszuüben.

18. Fähigkeiten, Eignung

422 Mangelnde Eignung rechtfertigt grds. allenfalls eine ordentliche Kündigung (*LAG Bln.* 21.7.1960 BB 1960, 1167). Nur dann, wenn das Missverhältnis zwischen Stellung und Leistung so auffällig ist, dass die Angaben bei der Bewerbung des Arbeitnehmers als »**Hochstapelei**« erscheinen, kann ein Arbeit-

nehmer wegen **fehlender Eignung** fristlos gekündigt werden. Dazu reicht es nicht aus, wenn ein Arbeitnehmer bei an sich gegebener Vorbildung zunächst mangelhafte Leistungen erbringt. Der Arbeitgeber muss bei Stellenbesetzungen immer mit einer gewissen Überschätzung des Bewerbers rechnen (*LAG Düsseld.* 11.6.1954 DB 1954, 764). Dagegen kann ein Betriebsleiter, der bei einer den Bestand des Betriebes ernstlich bedrohenden Produktionsstörung völlig versagt und dadurch dem Arbeitgeber einen beträchtlichen **Schaden** zufügt, aus wichtigem Grunde fristlos entlassen werden (*LAG BW* 28.2.1964 BB 1964, 681). Bei einem gehobenen Angestellten, der eine besondere Verantwortung übernommen hat (Pilot), kann schon ein **einmaliges** fahrlässiges **Versagen** als wichtiger Grund ausreichen, wenn das Versehen geeignet war, einen besonders schweren Schaden herbeizuführen und der Arbeitgeber alles getan hat, um die Möglichkeiten eines solchen Versehens und seine Folgen einzuschränken. Das gilt zB dann, wenn der Pilot es unterlassen hat zu prüfen, ob ein Flugzeug ordnungsgemäß aufgetankt worden war (*BAG* 14.10.1965 EzA § 133b GewO Nr. 1). Zur ordentlichen Kündigung wegen fehlender Eignung und Leistungsmängeln vgl. KR-*Griebeling* § 1 KSchG Rz 303 ff. und 448 f.

19. Gruppenarbeitsverhältnis

Verpflichtet sich eine sog. **Eigengruppe** (Musikkapelle, Maurerkolonne) gemeinsam zu einer einheit- 423
lich zu erbringenden Leistung, dann berechtigt die minderwertige Gesamtleistung ggf. auch dann zur außerordentlichen Kündigung gegenüber allen Gruppenmitgliedern, wenn sie auf das Versagen eines Mitglieds der Eigengruppe zurückzuführen ist (*BAG* 9.2.1960 AP Nr. 39 zu § 626 BGB; zur Abmahnung *LAG SA* 8.3.2000 NZA-RR 2000, 528; vgl. im Übrigen MünchKomm-*Henssler* Rz 13 f., HzA-*Isenhardt* 5/1 Rz 253 f., SPV-*Preis* Rz 259 ff., HWK-*Sandmann* Rz 142 ff. und allg. zum Begriff des **Gruppenarbeitsverhältnisses,** zur Abgrenzung zwischen Eigen- und Betriebsgruppe und zum mittelbaren Arbeitsverhältnis KR-*Griebeling* § 1 KSchG Rz 49 ff., 62 f.).

20. Hafenarbeiter

Die kündigungsrechtlichen Besonderheiten der Arbeitsverhältnisse mit den sog. unständigen **Hafen-** 424
arbeitern sind dadurch gekennzeichnet, dass sie nach dem GesamthafenBetriebsG in einem ständigen Arbeitsverhältnis zu der Gesamthafenbetriebsgesellschaft und daneben in zeitlich befristeten Arbeitsverhältnissen mit den Hafeneinzelbetrieben stehen, an die sie schichtweise vermittelt werden. Dadurch ist das wechselseitige **Treueverhältnis** zwischen der Gesamthafenbetriebsgesellschaft und den unständigen Hafenarbeitern **lockerer** als bei sonstigen Arbeitsverhältnissen. Das wirkt sich auch bei Pflichtverletzungen des Hafenarbeiters aus, weil zu unterscheiden ist, ob hierdurch die Interessen der Hafeneinzelbetriebe oder die Belange der Gesamthafenbetriebsgesellschaft betroffen werden (*BAG* 23.7.1970 AP Nr. 3 zu § 1 GesamthafenbetriebsG). Wenn sich einzelne Hafenbetriebe weigern, den Hafenarbeiter bei sich zu beschäftigen, ist das für die Gesamthafenbetriebsgesellschaft noch kein wichtiger Grund zur Kündigung, wenn ein weiterer Einsatz bei anderen Hafeneinzelbetrieben möglich ist.

21. Krankheit

Art und Dauer einer **Erkrankung** können **nur ausnahmsweise** einen wichtigen Grund zur außeror- 425
dentlichen Kündigung bilden (s.o. Rz 132 ff.). Zur Kündigung wegen Krankheit, die durch **Trunk- oder Drogensucht** des Arbeitnehmers bedingt ist, vgl. *LAG BW* 7.7.1981 AuR 1982, 98, *BAG* 16.9.1999 EzA § 626 BGB Krankheit Nr. 2 und *Lepke* DB 1981, 173. Nach *BAG* 16.2.1989 (RzK I 6 a Nr. 49) kann ein wichtiger Grund auch dann gegeben sein, wenn ein Arbeitnehmer wegen Krankheit nicht in der Lage ist, sein Verhalten zu steuern, bei schwerwiegenden Vertragsverletzungen aber davon auszugehen ist, dass er auch künftig unberechenbar bleibt (vgl. auch *LAG Köln* 12.3.2002 RzK I 6a Nr. 221 zu einem Diebstahl bei **Spielsucht**; dazu *Freihube* DB 2005, 1274). Überwiegend geht es in dieser Fallgruppe um die Verletzung von **Nebenpflichten,** die dem Arbeitnehmer im Zusammenhang mit der Krankheit anzulasten sind:

Ein Arbeitgeber darf nicht deshalb fristlos kündigen, weil der Arbeitnehmer ihm die Bewilligung einer 426
mehrwöchigen Kur nicht sofort, sondern erst nach drei Tagen mitgeteilt hat (*LAG Düsseld.* 6.5.1955 DB 1955, 900). Der Arbeitnehmer ist gem. § 5 Abs. 1 EFZG verpflichtet, seine Arbeitsunfähigkeit dem Arbeitgeber unverzüglich anzuzeigen, und zwar nicht erst dann, wenn er aufgrund einer ärztlichen Untersuchung deren voraussichtliche Dauer mitteilen kann, sondern sobald er die entsprechenden Symptome und deren Auswirkungen verspürt (*BAG* 17.12.1988 EzA § 1 KSchG Verhaltensbedingte Kündigung Nr. 45). Die Verletzung dieser **Anzeigepflicht** ist nur dann als beharrliche Arbeitspflichtverletzung zu werten, wenn entweder die Krankmeldung wiederholt und trotz einer Abmahnung un-

§ 626 BGB   Fristlose Kündigung aus wichtigem Grund

terlassen worden ist oder wenn sich aus der einmaligen Unterlassung der Wille des Arbeitnehmers ergibt, auch in Zukunft so zu verfahren (*BAG* 15.1.1986 EzA § 626 BGB nF Nr. 100; *LSG RhPf* 28.11.2002 ArbRB 2003, 67; vgl. auch *BAG* 16.8.1991 EzA § 1 KSchG Verhaltensbedingte Kündigung Nr. 41 zur ordentlichen Kündigung; *Becker-Schaffner* ZTR 1997, 10; *Lepke* NZA 1995, 1090). Entsprechendes gilt für die Verletzung der Pflicht zur **Vorlegung** des Originals (*Hess. LAG* 13.7.1999 AuR 2000, 75) der **Arbeitsunfähigkeitsbescheinigung,** die auch noch nach Ablauf des Entgeltfortzahlungszeitraums besteht (vgl. *BAG* 15.1.1986 EzA § 626 BGB nF Nr. 100; *LAG SA* 24.4.1996 LAGE § 626 BGB Nr. 99).

427 Ein Angestellter in **verantwortlicher Stellung** darf sich bei einer plötzlichen Erkrankung dann, wenn wegen des angesetzten Probelaufes einer von ihm entwickelten Maschine seine Anwesenheit im Betrieb notwendig ist, nicht darauf beschränken, dem Arbeitgeber seine Arbeitsunfähigkeit durch Übersendung einer ärztlichen Bescheinigung ohne jede Erläuterung anzuzeigen. Er muss sich vielmehr, soweit es ihm sein Gesundheitszustand erlaubt, darum kümmern und den Arbeitgeber entsprechend unterrichten, wie die anstehenden Aufgaben ohne seine Anwesenheit erledigt werden sollen (*BAG* 30.1.1976 EzA § 626 BGB nF Nr. 45).

428 Pflichtwidrig handelt auch ein berufs- oder erwerbsunfähiger Arbeitnehmer, der schuldhaft die Stellung eines **Rentenantrags verzögert;** der Arbeitnehmer ist ggf. verpflichtet, an der Begutachtung seiner Berufs- bzw. Erwerbsfähigkeit durch den **Amtsarzt** sachgerecht mitzuwirken, indem er durch Entbindung der ihn behandelnden Ärzte von der Schweigepflicht die Zuziehung der Vorbefunde ermöglicht; seine Weigerung kann nach Abmahnung eine außerordentliche Kündigung begründen (*BAG* 7.11.2002 EzA § 130 BGB 2002 Nr. 1 mwN). Entsprechendes gilt für die Weigerung, an einer durch Unfallverhütungs- oder Tarifvorschriften vorgeschriebenen Untersuchung teilzunehmen (*LAG Düsseld.* 31.5.1996 RzK I 6 f Nr. 12; *Hess. LAG* 18.2.1999 LAGE § 1 KSchG Verhaltensbedingte Kündigung Nr. 70). Beim Fehlen entsprechender arbeits- oder tarifvertraglicher Verpflichtungen braucht sich ein Arbeitnehmer aber nicht der vom Arbeitgeber verlangten **betriebsärztlichen Untersuchung** zu unterziehen. Bei Zweifeln an der Arbeitsunfähigkeit kann der Arbeitgeber eine Überprüfung durch den medizinischen Dienst der Krankenkasse verlangen (§ 275 SGB V). Der dringende Verdacht, der Arbeitnehmer habe die **Arbeitsunfähigkeitsbescheinigung** mit unlauteren Mitteln **erschlichen,** kann ein wichtiger Grund sein (*LAG Düsseld.* 3.6.1981 EzA § 626 BGB nF Nr. 78; *LAG Köln* 9.6.1982 EzA § 626 BGB Nr. 82; *LAG Bln.* 1.11.2000 NZA-RR 2001, 470; *Lepke* NZA 1995, 1091; vgl. ferner Rz 429, 453). Dieser Verdacht ist gegeben, wenn ein Arbeitnehmer nach einer Auseinandersetzung mit dem Arbeitgeber innerhalb von zwei Monaten Bescheinigungen von fünf verschiedenen Ärzten vorlegt (*LAG Hamm* 10.9.2003 LAGE § 5 EFZG Nr. 8). Er liegt auch dann nahe, wenn der Arbeitnehmer, nachdem ihm Arbeitsbefreiung verweigert worden ist, den Nachweis seiner **Erkrankung ankündigt** (*LAG Düsseld.* 17.2.1980 DB 1981, 1094). Droht ein weder objektiv noch subjektiv »erkrankter Arbeitnehmer« für den Fall der Ablehnung einer Urlaubsverlängerung oder Arbeitsfreistellung eine »Krankmeldung« an, dann liegt an sich schon darin ein wichtiger Grund zur außerordentlichen Kündigung (*BAG* 5.11.1992 EzA § 626 BGB nF Nr. 143 mit zust. Anm. *Kraft* = AiB 1993, 327 mit abl. Anm. *Lenz*; 17.6.2003 EzA § 626 BGB 2002 Nr. 4; *LAG Köln* 17.4.2002 RzK I 6a Nr 222; *LAG SchlH* 19.10.2004 LAGE § 1 KSchG Verhaltensbedingte Kündigung Nr. 86; zust. auch SPV-*Preis* Rz 686). Aber auch dann, wenn der Arbeitgeber nicht zu einem bestimmten Verhalten genötigt werden soll, kann eine fristlose Kündigung in diesem Fall gerechtfertigt sein (*LAG Köln* 14.9.2000 LAGE § 626 BGB Nr. 130b).

429 Der Arbeitnehmer ist aufgrund seiner Treuepflicht gehalten, während der Krankheit alles zu unterlassen, was die **Genesung hinauszögern** könnte (*BAG* 11.11.1965 EzA § 1 ArbKrankhG Nr. 16; **krit.** *Lepke* Rz 544 f.; HK-*Dorndorf* § 1 Rz 760 ff.). Ein einmaliger nächtlicher Barbesuch oder der Ordnerdienst bei einem Fußballspiel ist idR noch keine so schwerwiegende Verletzung der Treuepflicht, dass eine außerordentliche Kündigung auch ohne Abmahnung gerechtfertigt sein könnte (*LAG Düsseld.* 28.1.1970 DB 1970, 936; *LAG Hamm* 16.9.2005 dbr 2006 Nr. 6 S. 40). Etwas anderes gilt, wenn ein Arbeitnehmer während seiner Arbeitsunfähigkeit Tätigkeiten verrichtet, die den Heilungsprozess offensichtlich verzögern (*BAG* 13.11.1979 EzA § 1 KSchG Verhaltensbedingte Kündigung Nr. 6; 26.8.1993 EzA § 626 BGB nF Nr. 148; *LAG München* 9.9.1982 DB 1983, 1931; *LAG RhPf* 11.1.2002 AuA 2002, 378). Als Kündigungsgrund reicht also nicht schon die bloße Möglichkeit einer ungünstigen Auswirkung auf den Krankheitsverlauf (so aber *LAG Hamm* 28.8.1991 LAGE § 1 KSchG Verhaltensbedingte Kündigung Nr. 34; *Berning* Anm. AP Nr. 112 zu § 626 BGB; MünchKomm-*Henssler* Rz 160; *Löwisch/Spinner* § 1 Rz 166). Notwendig ist vielmehr eine konkrete Verletzung der Interessen des Arbeitgebers, welche der Arbeitgeber im Bestreitensfall zu beweisen hat. Eine solche ist gegeben, wenn ein an Meningoenzephalitis erkrankter ärztlicher Gutachter eines Medizinischen Dienstes der Krankenkassen zum Skilaufen fährt

und sich dabei das Bein bricht; dieses Verhalten rechtfertigt eine fristlose Kündigung auch ohne Abmahnung (*BAG* 2.3.2006 EzA § 626 BGB 2002 Nr. 18). Auch kann sich aus Art oder Intensität einer Nebenbeschäftigung der dringende Verdacht ergeben, dass die Arbeitsunfähigkeit vorgetäuscht war (s.o. Rz 428; *BAG* 26.8.1993 EzA § 626 BGB nF Nr. 148; *LAG Düsseld.* 25.6.1981 BB 1981, 1522; *LAG Bln.* 14.8.1998 LAGE § 15 KSchG Nr. 17; in dem Urteil *BAG* 13.11.1979 EzA § 1 KSchG Verhaltensbedingte Kündigung Nr. 6, wurde dies nicht ausreichend berücksichtigt). UU ist zwischen Genesungsverzögerung und Vortäuschung der Arbeitsunfähigkeit eine »Wahlfeststellung« möglich (*LAG Bln.* 3.8.1998 LAGE § 15 KSchG Nr. 17). Vgl. im Übrigen MünchKomm-*Henssler* Rz 175 ff., 191 f., 199 f.; SPV-*Preis* Rz 712; zur ordentlichen Kündigung wegen Pflichtwidrigkeiten bei Krankheit vgl. KR-*Griebeling* § 1 KSchG Rz 475 ff. und wegen der Erkrankung KR-*Griebeling* § 1 KSchG Rz 319 ff.

22. Leiharbeitsverhältnis

Besitzt der Verleiher die nach Art. 1 § 1 Abs. 1 AÜG erforderliche Erlaubnis, dann steht die Kündigungsbefugnis gegenüber den entliehenen Arbeitnehmern ausschließlich ihm zu und nicht den entleihenden Drittfirmen. Wichtige Gründe zur Entlassung des entliehenen Arbeitnehmers durch die Verleihfirma können aber auch in Verfehlungen liegen, die der entliehene Arbeitnehmer gegenüber dem entleihenden Arbeitgeber begangen hat. Das gilt zB auch für den Vorwurf des entleihenden Arbeitgebers, seine Interessen seien dadurch verletzt worden, dass der **Leiharbeitnehmer** über Unregelmäßigkeiten seiner Stammarbeiter berichtet habe (*BAG* 10.2.1977 EzA § 103 BetrVG 1972 Nr. 18). 430

23. Manko

Die außerordentliche Kündigung gegenüber einem Arbeitnehmer wegen eines Waren- oder Geldmankos, das in der Filiale entstanden ist, in der er beschäftigt war, ist nur dann wirksam, wenn der Arbeitgeber nachweisen kann, dass das **Manko** auf eine **schuldhafte Vertragsverletzung** des Arbeitnehmers zurückgeht (*BAG* 22.11.1973 EzA § 626 BGB nF Nr. 33). Eine Vereinbarung, wonach der Arbeitgeber berechtigt sein soll, einer Verkäuferin, die mit mehreren anderen Arbeitnehmern in einer Verkaufsstelle beschäftigt ist, dann fristlos zu kündigen, wenn Fehlbeträge festgestellt werden, ist allenfalls dann von Bedeutung, wenn wenigstens feststeht, dass die Fehlbestände von der Verkäuferin (mit-) verursacht worden sind. Auch ein verhältnismäßig hoher Mankobetrag kann allein keine fristlose Entlassung rechtfertigen (*LAG Düsseld.* 12.11.1963 DB 1964, 225; vgl. auch *LAG Düsseld.* 22.2.1963 DB 1963, 770). 431

24. Maßregelung

Eine fristlose Kündigung, die vom Arbeitgeber als unmittelbare Antwort auf eine vom Arbeitnehmer erklärte fristgemäße Kündigung erklärt wird, ist hinsichtlich des wichtigen Grundes besonders streng zu prüfen (*LAG Düsseld.* 21.2.1957 DB 1958, 344; *LAG Brem.* 10.12.1958 DB 1959, 59). Ein Arbeitgeber, der vom Arbeitnehmer auf eine **Lohnerhöhung** angesprochen wird, darf der Forderung nicht einfach dadurch ausweichen, dass er den Arbeitnehmer an die Arbeit verweist. Besteht der Arbeitnehmer auf der vorherigen Klärung der Lohnfrage, dann kann er nicht ohne weiteres wegen beharrlicher Arbeitsverweigerung fristlos entlassen werden (*LAG BW* 9.12.1964 BB 1965, 710). Wenn der Arbeitgeber den Arbeitsbereich eines leitenden Angestellten aus betrieblichen Gründen in einer Weise ändern will, die der Angestellte als **Zurücksetzung** empfinden kann, dann ist der Arbeitgeber gehalten, die beabsichtigte Maßnahme vorher mit dem Angestellten zu besprechen. Brüskiert der Arbeitgeber den Angestellten mit der vorgesehenen Änderung und provoziert er dadurch dessen spontane Weigerung, die neuen Tätigkeiten zu verrichten, dann ist eine fristlose Entlassung wegen Arbeitsverweigerung nicht berechtigt (*BAG* 27.4.1967 AP Nr. 54 zu § 626 BGB). Ein Arbeitnehmer, der nach fristloser Kündigung des Arbeitgebers dessen spätere Aufforderung zur Arbeit mit dem Hinweis auf seine fristlose Entlassung ablehnt, kann deshalb nicht mit einer **weiteren fristlosen Kündigung** gemaßregelt werden. Der Arbeitgeber muss in einem solchen Falle klarstellen, ob die erste fristlose Kündigung in eine ordentliche Kündigung umgewandelt werden soll (*LAG BW* 13.10.1969 BB 1969, 1542). Kündigt der Arbeitgeber einem Arbeitnehmer nur deshalb, um den Eintritt des **Vorruhestandes zu verhindern,** dann liegt eine Maßnahme iSd § 612a BGB und eine schon nach dieser Vorschrift nichtige Kündigung vor (*BAG* 2.4.1987 EzA § 612a BGB Nr. 1; zu § 612a BGB vgl. im Übrigen KR-*Friedrich* § 13 KSchG Rz 141a). 432

25. Mitteilungs- und Berichtspflichten

Es gehört zu den Pflichten eines leitenden Angestellten, die ihm erteilten Aufträge auf ihre Zweckmäßigkeit zu überprüfen und erforderlichenfalls seinem Arbeitgeber über **Bedenken** zu berichten und 433 ihn vor der Ausführung zu warnen (*BAG* 26.5.1982 AP Nr. 1 zu § 628 BGB). Der Arbeitgeber ist zur fristlosen Entlassung eines **Außendienstmitarbeiters** berechtigt, wenn dieser es trotz mehrfacher Abmahnungen unterlässt, täglich **Besuchsberichte** zu verfassen und zu übersenden, oder wenn er sich weigert, über für den Geschäftsbetrieb wichtige Tatsachen Aufschluss zu geben (*LAG Brem.* 1.12.1954 DB 1955, 123; *LAG Düsseld.* 19.10.1955 DB 1956, 92; zur Führung von Tagesleistungszetteln durch einen Werkmeister vgl. *LAG Bln.* 27.6.1968 BB 1969, 834). Bevor ein wissenschaftlicher Mitarbeiter in einer völlig aus dem Rahmen fallenden Aktion die Tötung von Versuchstieren veranlasst, damit kritische Reaktionen in der Öffentlichkeit heraufbeschwört und so den Ruf der Universität schwerwiegend gefährdet, hat er die Hochschulleitung zu unterrichten und deren Entscheidung abzuwarten (*BAG* 11.3.1999 EzA § 626 BGB nF Nr. 177). Ein Arbeitnehmer ist idR zur Meldung an die Betriebsleitung verpflichtet, wenn er beobachtet, dass ein Arbeitskollege den Arbeitgeber bestiehlt (*LAG Hamm* 29.7.1994 RzK I 5 i Nr. 95) oder Aufzeichnungen über **Betriebsgeheimnisse** macht (*Hess. LAG* 6.4.1955 SAE 1956, 198). Verschweigt ein ausländischer Arbeitnehmer arglistig, dass er zur Ausreise aufgefordert wurde und seine **Arbeitsgenehmigung** entfallen ist, so stellt dies eine gravierende Pflichtverletzung dar (*LAG Nürnberg* 21.9.1994 RzK I 6 a Nr. 114). Vgl. ferner Rz 435.

26. Nebenbeschäftigung

434 Auch für diese Fallgruppe gilt zunächst, dass alle Tätigkeiten als wichtiger Grund ausscheiden, die das Arbeitsverhältnis nicht in seinem Leistungs- oder seinem Vertrauensbereich beeinträchtigen (s.o. Rz 113, 166 ff. und zur Konkurrenztätigkeit s.u. Rz 460 ff.). Eine Vertragsklausel, die dem Arbeitnehmer jede vom Arbeitgeber nicht genehmigte **Nebentätigkeit** verbietet, wurde bis zur Schuldrechtsreform dahin ausgelegt, dass nur solche Nebentätigkeiten untersagt werden können, an deren Unterlassung der Arbeitgeber ein berechtigtes Interesse hat (*LAG Nürnberg* 25.7.1996 LAGE § 626 BGB Nr. 98); nach neuem Recht dürften derart einschränkungslose Klauseln einer Inhaltskontrolle gem § 307 BGB nicht mehr standhalten (vgl. ErfK-*Preis* § 611 BGB Rz 890). Die Ausübung einer Nebentätigkeit ohne die rechtswirksam vorgeschriebene Einholung einer **Genehmigung** ist eine Vertragsverletzung und kann abgemahnt werden (*BAG* 30.5.1996 EzA § 611 BGB Abmahnung Nr. 34; 11.12.2001 EzA § 611 BGB Nebentätigkeit Nr. 6). IdR kann eine Nebentätigkeit eine außerordentliche Kündigung aber nur dann rechtfertigen, wenn **berechtigte Interessen** des Arbeitgebers (*BAG* 28.2.2002 EzA § 611 BGB Nebentätigkeit Nr. 7 [Nebentätigkeit eines Krankenpflegers als Leichenbestatter]) oder die vertraglich **geschuldete Leistung** (*BAG* 3.12.1970 EzA § 626 BGB nF Nr. 7) durch die Nebentätigkeit erheblich **beeinträchtigt** werden. Dazu reicht die Übernahme der formalen Stellung eines GmbH-Geschäftsführers durch den Arbeitnehmer in einem mit dem Arbeitgeber nicht konkurrierenden Unternehmen nicht aus (*BAG* 26.8.1976 EzA § 626 BGB nF Nr. 49). Besteht ein tarifvertragliches Nebentätigkeitsverbot (s. *BAG* 26.6.2001 EzA § 611 BGB Nebentätigkeit Nr. 4), dann ist eine wegen Verletzung dieses Verbotes ausgesprochene fristlose Kündigung eines Busfahrers dann unwirksam, wenn eine größere Anzahl von Busfahrern und von Arbeitnehmern aus dem Bereich des mittleren Aufsichtspersonals eine Nebenbeschäftigung ausüben und das mittlere Aufsichtspersonal dies duldet. Das gilt auch dann, wenn der Vorstand oder die Personalabteilung von der Nebenbeschäftigung nicht unterrichtet sind (*LAG Düsseld.* 28.7.1970 DB 1970, 2228). Einem **Handlungsreisenden** kann uU außerordentlich gekündigt werden, wenn er eine unerlaubte Nebentätigkeit aufnimmt, weil es dem Arbeitgeber nicht möglich ist, den durch die Nebentätigkeit veranlassten Zeitaufwand zu ermitteln und den Arbeitnehmer ständig zu überwachen (*LAG BW* 8.5.1970 BB 1970, 710). Eine zulässige Nebentätigkeit darf vom Arbeitnehmer auch während einer **Arbeitsunfähigkeit** ausgeübt werden, sofern dadurch der Heilungsprozess nicht verzögert wird (*BAG* 13.11.1979 EzA § 1 KSchG Verhaltensbedingte Kündigung Nr. 6; *LAG Köln* 7.1.1993 LAGE § 626 BGB Nr. 69); zur unzulässigen Nebentätigkeit während der Arbeitsunfähigkeit vgl. dagegen *BAG* 26.8.1993 EzA § 626 BGB nF Nr. 148, *LAG Nürnberg* 7.9.2004 LAGE § 626 BGB 2002 Unkündbarkeit Nr. 1 und s.o. Rz 429. Vgl. ferner SPV-*Preis* Rz 723 und zur ordentlichen Kündigung wegen Nebenbeschäftigung KR-*Griebeling* § 1 KSchG Rz 491 ff.; *Becker-Schaffner* ZTR 1997, 8.

27. Offenbarungspflicht

435 Bestehen Anhaltspunkte für **unzulässige Nebentätigkeiten,** so hat der Arbeitnehmer über diese **Auskunft** zu geben; wenn die Interessen des Arbeitgebers bedroht sind, hat der Arbeitnehmer eine bevorstehende Nebenbeschäftigung von sich aus anzuzeigen (*BAG* 18.1.1996 EzA § 242 BGB Auskunftspflicht Nr. 5). Zumindest Angestellte in leitenden Funktionen sind verpflichtet, den Arbeitgeber über **mögliche Konflikte** zwischen eigenen und Arbeitgeberinteressen zu unterrichten (*LAG Nürnberg* 5.9.1990 LAGE § 626 BGB Nr. 51; für einen GmbH-Geschäftsführer *OLG Bra.* 2.7.2002 OLG-NL 2005,

174). Macht ein Arbeitnehmer, der für eine leitende Vertrauensstellung eingestellt wird, bei seiner Einstellung falsche Angaben über das zuletzt bezogene **Gehalt,** dann kann er wegen Verletzung seiner Offenbarungspflicht und Wegfalls der Vertrauensgrundlage fristlos entlassen werden (*LAG Düsseld.* 12.10.1962 BB 1963, 93). Das gilt nicht, wenn das bisherige Gehalt für die Eignung des Arbeitnehmers für die Stelle, um die er sich bewirbt, und für die Höhe der künftigen Vergütung ohne Bedeutung ist (*BAG* 19.5.1983 EzA § 123 BGB Nr. 23). Nicht jede unwahre Beantwortung einer in einem **Einstellungsfragebogen** gestellten Frage ist eine arglistige Täuschung und eine Pflichtverletzung, die eine außerordentliche Kündigung rechtfertigen kann, sondern nur eine falsche Antwort auf eine zulässigerweise gestellte Frage. Nach **Vorstrafen** darf der Bewerber bei der Einstellung nur gefragt werden, wenn und soweit die Art des zu besetzenden Arbeitsplatzes und die vorgesehene Beschäftigung dies erfordern (*BAG* 5.12.1957 EzA § 123 BGB Nr. 1). Die unrichtige Beantwortung der Frage nach einer Körperbehinderung durch einen Stellenbewerber stellt nur dann eine Verletzung der Offenbarungspflicht dar, wenn die verschwiegene **Körperbehinderung** erfahrungsgemäß die Eignung des Arbeitnehmers für die vorgesehene Tätigkeit beeinträchtigt (*BAG* 7.6.1984 EzA § 123 BGB Nr. 24). Nur unter dieser Voraussetzung ist der Arbeitnehmer verpflichtet, seine **Schwerbehinderteneigenschaft** oder eine Gleichstellung von sich aus zu offenbaren bzw. entsprechende Fragen des Arbeitgebers wahrheitsgemäß zu beantworten (vgl. KR-*Etzel* §§ 85-90 SGB IX Rz 31 f.). Ein **türkischer** Arbeitnehmer ist verpflichtet, auf Verlangen des Arbeitgebers die bevorstehende oder erfolgte Einberufung zum **Grundwehrdienst** in seiner Heimat zu offenbaren und durch geeignete behördliche Bescheinigungen zu belegen (*BAG* 7.9.1983 EzA § 626 BGB nF Nr. 87). Ein Arbeitnehmer, der sich um eine »Dauerstellung« bewirbt, muss dem Arbeitgeber ungefragt eine schon rechtskräftige und demnächst anzutretende mehrmonatige **Freiheitsstrafe** offenbaren (*LAG Frankf.* 7.8.1986 LAGE § 123 BGB Nr. 8). Zur Offenbarungspflicht im öffentlichen Dienst vgl. *Conze* ZTR 1991, 99 ff. Vgl. ferner Rz 433.

28. Öffentlicher Dienst – Kirche

Bei fristlosen Kündigungen, deren Wirksamkeit nach § 54 BAT zu beurteilen ist, sind die zu § 626 BGB entwickelten Rechtsgrundsätze anzuwenden (*BAG* 20.4.1977 EzA § 626 BGB nF Nr. 55). Durch eine nicht genehmigte **Nebentätigkeit,** die ein Arbeitnehmer trotz Abmahnung fortsetzt, kann die Unzumutbarkeit der Weiterbeschäftigung begründet werden (*LAG Frankf.* 31.7.1980 AuR 1981, 219; s.a. Rz 113, 434 f.). Wenn ein als Sachbearbeiter im Baureferat tätiger Angestellter dienstliche Angelegenheiten mit der Anmahnung und Durchsetzung zweifelhafter privatrechtlicher Ansprüche seiner Ehefrau verbindet, kann darin ein wichtiger Grund zur außerordentlichen Kündigung liegen (*BAG* 20.4.1977 EzA § 626 BGB nF Nr. 55). Ein wichtiger Grund liegt idR auch dann vor, wenn ein Angestellter der Bundeswehr eine **Witzesammlung** mit großteils menschenverachtenden rassistischen und sexistischen Witzen über ein dienstliches MEMO-System verbreitet (*LAG Köln* 14.12.1998 LAGE § 626 BGB Nr. 124; 10.8.1999 RzK I 6 a Nr. 178; aA *LAG Köln* 7.7.1999 RzK I 8 c Nr. 49). Ist die Arbeitspflicht eines Angestellten im öffentlichen Dienst nicht auf eine genau bestimmte Tätigkeit konkretisiert, kann ihm jede Tätigkeit übertragen werden, die den Merkmalen seiner **Vergütungsgruppe** und seinen Kräften und Fähigkeiten entspricht, sofern sie ihm auch im übrigen billigerweise zugemutet werden kann. Die Weigerung, die veränderte Tätigkeit zu verrichten, kann eine fristlose Entlassung rechtfertigen (*BAG* 12.4.1973 EzA § 611 BGB Nr. 12). Eine nicht grundlos erhobene **Privatklage** gegen einen Arbeitskollegen wegen innerdienstlicher Vorgänge ist auch bei Arbeitnehmern des öffentlichen Dienstes kein Grund zur fristlosen Kündigung (*LAG Kiel* 5.1.1961 BB 1961, 485). Dagegen kann ein Angestellter beim Finanzamt, der in eigener Sache fortgesetzt **Steuerhinterziehungen** erheblichen Ausmaßes begeht, auch dann fristlos entlassen werden, wenn er im Dienst nur eine untergeordnete Position bekleidet (*LAG Düsseld.* 20.5.1980 EzA § 626 BGB nF Nr. 72); auch eine strafbefreiende Selbstanzeige steht der Kündigung nicht entgegen (*BAG* 21.6.2001 EzA § 626 BGB nF Nr. 189). Vgl. im Übrigen Rz 118.

436

Es kann einen wichtigen Grund zur fristlosen Kündigung eines **Chefarztes** in einem **katholischen Krankenhaus** darstellen, wenn dieser mit seinen Behandlungsmethoden (homologe Insemination) gegen tragende Grundsätze des geltenden Kirchenrechts verstößt. Bestehen zwischen dem kirchlichen Krankenhausträger und dem Chefarzt Meinungsverschiedenheiten darüber, welche konkreten Behandlungsmethoden nach den Äußerungen des Lehramts der Kirche zulässig sind, und hat der Krankenhausträger dem Chefarzt angekündigt, er werde die umstrittene Frage nach Rücksprache mit den kirchenamtlich zuständigen Stellen klären, so kann auch unter Berücksichtigung des Selbstbestimmungsrechts der Kirche im Einzelfall vor Ausspruch einer Kündigung dann eine Abmahnung erforderlich sein, wenn der Chefarzt eine bestimmte Behandlungsmethode bereits vor der endgültigen Klä-

437

§ 626 BGB   Fristlose Kündigung aus wichtigem Grund

rung ihrer kirchlichen Zulässigkeit anwendet (*BAG* 7.10.1993 EzA § 611 BGB Kirchliche Arbeitnehmer Nr. 40). Vgl. im Übrigen Rz 123 f.

29. Politische Betätigung, Werbung für Weltanschauung

438 Wiederholte **parteipolitische Agitation** im Betrieb (insbes. mit verfassungsfeindlicher Zielsetzung) kann die fristlose Entlassung eines Betriebsratsmitglieds rechtfertigen (*BAG* 3.12.1954 AP Nr. 2 zu § 13 KSchG). Zu Formen ausländerfeindlichen Verhaltens und Reaktionsmöglichkeiten vgl. *Korinth* AuR 1993, 105. **Ausländerfeindlicher Hetze** darf der Arbeitgeber energisch entgegentreten (*BAG* 9.3.1995 BB 1996, 434; 14.2.1996 EzA § 626 BGB nF Nr. 160; *LAG RhPf* 10.6.1997 LAGE § 1 KSchG Verhaltensbedingte Kündigung Nr. 62). Dies gilt insbes., wenn der Arbeitgeber im Betrieb eine größere Zahl von ausländischen Mitarbeitern beschäftigt (*LAG* Hamm 11.11.1994 RzK I 6 a Nr. 120; *LAG* Hamm 30.1.1995 RzK I 6 a Nr. 122) oder wenn es sich um einen Ausbildungsbetrieb handelt (*BVerfG* 2.1.1995 EzB Art. 103 Nr. 4; *BAG* 1.7.1999 EzA § 15 BBiG Nr. 13). Erzählt ein Lehrer im Schulunterricht einen antisemitischen Witz von menschenverachtendem Charakter, so rechtfertigt dies eine Kündigung auch ohne Abmahnung (*BAG* 5.11.1992 RzK I 5i Nr. 81). Eine staatsgefährdende kommunistische Betätigung des Arbeitnehmers allein reicht für eine fristlose Kündigung nicht aus. Nur wenn sie das Arbeitsverhältnis konkret beeinträchtigt, ist eine **kommunistische Betätigung** ein Grund zur fristlosen Kündigung (*BAG* 6.2.1969 EzA § 626 BGB Nr. 11; s.a. Rz 116 ff.). Nimmt ein Arbeitnehmer trotz Warnung und Androhung der Entlassung während der Arbeitszeit an einer politischen **Demonstration** teil, so kann das die fristlose Kündigung rechtfertigen (*LAG Frankf.* 2.12.1952 BB 1953, 320). Auch der einzelne Arbeitnehmer hat zwar über § 74 Abs. 2 BetrVG hinaus das Verbot der provokativen parteipolitischen Betätigung im Betrieb zu respektieren (s.o. Rz 117), aber insbes. beim Tragen von **Plaketten** mit politischen Parolen ist sorgfältig zu prüfen, ob dadurch eine solche Störung des Betriebsfriedens eintritt, dass die fristlose Kündigung rechtfertigt. Entsprechendes gilt für eine aggressive **Missionierung** für eine Religion oder Sekte bzw. Werbung für eine Weltanschauung (zur Werbung für die Scientology-Bewegung *ArbG Ludwigshafen* 12.5.1993 RzK II 1 b Nr. 10; *LAG Bln.* 11.6.1997 LAGE § 626 BGB Nr. 112). Vgl. zur ordentlichen Kündigung wegen politischer Betätigung KR-*Griebeling* § 1 KSchG Rz 457 f., 468 ff.

30. Probearbeitsverhältnis

439 Da das **Probearbeitsverhältnis** den Sinn hat, in der Erprobungszeit festzustellen, ob der Arbeitnehmer sich für die Arbeit eignet, sind an eine außerordentliche Kündigung während der Probezeit wegen nicht ausreichender Kenntnisse, Fähigkeiten, Erfahrungen und Leistungen strenge Anforderungen zu stellen. **Mangelhafte Leistungen** rechtfertigen während der Probezeit grds. keine außerordentliche Kündigung (*LAG Frankf.* 3.2.1987 LAGE § 626 BGB Nr. 29). Dagegen sollen nach *LAG Bln.* (18.8.1975 DB 1975, 2328) und *LAG Mannheim* (25.3.1969 DB 1969, 1067) bei Unzuverlässigkeit in der Probezeit geringere Voraussetzungen für eine außerordentliche Kündigung genügen. Unzumutbar wird dem Arbeitgeber die Fortsetzung des Probearbeitsverhältnisses, wenn sich schon in der Probezeit herausstellt, dass der Arbeitnehmer für die vorgesehene Tätigkeit völlig unbrauchbar ist oder wenn er seine Verhaltenspflichten grob verletzt (*LAG Hamm* 12.7.1967 DB 1967, 1330).

31. Rauchverbot

440 Der Arbeitgeber darf für einen Betrieb mit akuter Brandgefahr ein **Rauchverbot** erlassen. Der Verstoß gegen das Rauchverbot in einem solchen Betrieb ist ein Grund zur fristlosen Entlassung (*LAG Nds.* 17.8.1966 ARSt 1967, 5). Gleiches gilt bei der Übertretung eines Rauchverbotes durch Arbeitnehmer, die bei der Verarbeitung oder beim Verkauf von Lebensmitteln und Getränken beschäftigt sind (*LAG Düsseld.* 17.6.1997 LAGE § 1 KSchG Verhaltensbedingte Kündigung Nr. 58; *LAG BW* 26.11.1953 RdA 1955, 80). Die ständige Verletzung eines betrieblichen Rauchverbotes soll selbst dann eine fristlose Entlassung rechtfertigen, wenn das Rauchverbot nicht durch betriebliche Gründe von erheblichem Gewicht getragen wird (*LAG Bay.* 18.1.1961 BB 1961, 1325; zur Anordnung des Verbots durch Betriebsvereinbarung vgl. *BAG* 19.1.1999 EzA § 87 BetrVG 1972 Betriebliche Ordnung Nr. 24).

32. Rücksprache

441 Ein Angestellter ist verpflichtet, auf Verlangen auch bei einer ihm nicht unmittelbar, sondern nur mittelbar vorgesetzten Dienststelle zur **Rücksprache** zu erscheinen. Diese Verpflichtung besteht auch dann, wenn Gegenstand der Besprechung ein Prozess zwischen dem Arbeitgeber und dem Arbeitnehmer sein soll (*BAG* 18.7.1963 AP Nr. 1 zu § 59 MTL). Zur außerordentlichen Kündigung ist der Arbeit-

geber auch dann berechtigt, wenn ein Arbeitnehmer sich hartnäckig weigert, zur Rücksprache zum Hauptgeschäftsführer seines Arbeitgebers zu kommen (*LAG Düsseld.* 22.3.1966 EzA § 133c GewO Nr. 7).

33. Schlechtleistung

Quantitativ ungenügende und qualitativ **schlechte Leistungen** des Arbeitnehmers sind ein typischer Anlass für die ordentliche Kündigung des Arbeitgebers. Sie können nur ausnahmsweise eine außerordentliche Kündigung rechtfertigen, wenn der Arbeitnehmer bewusst **(vorsätzlich)** seine Arbeitskraft zurückhält und nicht unter angemessener Anspannung seiner Kräfte und Fähigkeiten arbeitet, oder wenn infolge der Fehlleistungen ein nicht wiedergutzumachender **Schaden** entsteht und bei Fortsetzung des Arbeitsverhältnisses ähnliche Fehlleistungen des Arbeitnehmers zu befürchten sind (*BAG* 20.3.1969 EzA § 123 GewO Nr. 11; *LAG Düsseld.* 25.11.1954 DB 1955, 196; *LAG BW* 28.2.1969 DB 1969, 931; MünchKomm-*Henssler* Rz 149; SPV-*Preis* Rz 656 ff.). Bereits ein einmaliges fahrlässiges Versagen kann auch ohne vorausgegangene Abmahnung dann genügen, wenn es um die Nachlässigkeit eines gehobenen Angestellten geht, der eine besondere Verantwortung übernommen hat, seine Missachtung geeignet ist, einen besonders schweren Schaden herbeizuführen, und der Arbeitgeber das Seine getan hat, um die Möglichkeiten für ein solches Versehen und dessen Folgen einzuschränken (*BAG* 14.10.1965 EzA § 133b GewO Nr. 1 [unterlassene Überprüfung des Tankinhalts durch Co-Piloten]; *OLG Düsseld.* 15.1.1987 DB 1987, 1099). Das gilt umso mehr, wenn dem Arbeitnehmer ein fortgesetztes grob fahrlässiges Verhalten vorzuwerfen ist (*BAG* 4.7.1991 RzK I 6 a Nr. 73 [Gewährung überhöhter Sozialleistungen]; *LAG RhPf* 10.2.2005 ZTR 2005, 437 [unterlassene BSE-Untersuchungen eines Fleischbeschautierarztes]).

34. Sexuelle Belästigungen

Sexuelle Zudringlichkeiten eines Vorgesetzten gegenüber Arbeitnehmerinnen können eine außerordentliche Kündigung rechtfertigen (*BAG* 9.1.1986 EzA § 626 BGB nF Nr. 98). Vgl. auch §§ 2 Abs. 3, 4 Abs. 1 Nr. 1 des früheren BeschSchG. Durch dieses Gesetz hatte sich allerdings kündigungsrechtlich nichts geändert (*BAG* 8.6.2000 EzA § 15 KSchG nF Nr. 50 mwN). Für §§ 3 Abs. 4, 7 Abs. 3, 12 Abs. 3 AGG gilt nichts anderes. Für die Frage, ob ein wichtiger Grund vorliegt, kommt es insbes. auf Umfang und Intensität der sexuellen Belästigungen an (*BAG* 25.3.2004 EzA § 626 BGB 2002 Nr. 6; *LAG Hamm* 22.10.1996 LAGE § 4 BSchG Nr. 1; *LAG Hamm* 13.2.1997 LAGE § 626 BGB Nr. 110; *Sächs. LAG* 10.3.2000 LAGE § 626 BGB Nr. 130). Trotz eines langjährigen unbeanstandeten Arbeitsverhältnisses rechtfertigt eine schwerwiegende sexuelle Belästigung eine fristlose Kündigung ohne Abmahnung insbes. dann, wenn die Belästigung gegenüber einer Auszubildenden erfolgte (*LAG RhPf* 24.10.2001 – 9 Sa 853/01 – nv; *Hess. LAG* 27.1.2004 RzK I 6e Nr. 35). Auch intime Beziehungen eines bei einer psychiatrischen Anstalt angestellten Kraftfahrers zu einer Patientin können eine außerordentliche Kündigung begründen (*LAG Frankf.* 10.1.1984 AuR 1984, 346). Zur ordentlichen Kündigung vgl. KR-*Griebeling* § 1 KSchG Rz 500.

35. Stechuhren und andere Kontrolleinrichtungen

Einem Arbeitnehmer, der an der **Kontrolluhr** nicht nur seine eigene Anwesenheitskarte, sondern auch die eines anderen Kollegen abstempelt, der zunächst noch seinen Wagen abstellen muss, kann fristlos gekündigt werden, wenn sich durch die Verspätung des Arbeitskollegen der Betriebsablauf verzögert hat (*BAG* 23.1.1963 EzA § 124a GewO Nr. 3). Zur fristlosen Entlassung ist der Arbeitgeber an sich berechtigt, wenn ein Arbeitnehmer die Kontrolluhr verstellt oder nach deren Betätigung den Betrieb wieder heimlich verlässt (*BAG* 27.1.1977 EzA § 103 BetrVG 1972 Nr. 16). Das gilt auch dann, wenn der Arbeitnehmer den Fahrtenschreiber seines Dienstfahrzeugs manipuliert (*LAG RhPf* 27.1.2004 RzK I 6a Nr. 257), die Zeitangaben auf der **Stempelkarte** verändert (*LAG Hamm* 20.2.1986 DB 1986, 1338) oder in anderer Weise Manipulationen vornimmt (*LAG Köln* 22.5.2003 LAGE § 626 BGB Nr. 150), um damit zusätzliche Zeiten bezahlt zu bekommen. Der Arbeitnehmer muss grds. die Kontrolleinrichtungen des Betriebs (Stempeluhr) **selbst betätigen.** Lässt er das durch einen Kollegen vornehmen, kommt eine außerordentliche Kündigung in Betracht (*BAG* 24.11.2005 EzA § 626 BGB 2002 Nr. 12; SPV-*Preis* Rz 713).

36. Strafbare Handlungen, Treuepflicht

Vom Arbeitnehmer gegenüber dem Arbeitgeber begangene **Straftaten,** insbes. **Diebstähle** oder sonstige Vermögensdelikte zum Nachteil des Arbeitgebers, rechtfertigen idR eine außerordentliche Kündigung **ohne Abmahnung** (SPV-*Preis* Rz 737 ff.; **aA** *Däubler* 2 Rz 1136 f.). Das gilt auch bei einem bloßen **Versuch** (vgl. *BAG* 11.12.2003 EzA § 626 BGB 2002 Nr. 5; *LAG Köln* 22.1.1996 AP Nr. 127 zu § 626 BGB). Bei Diebstählen kommt es nicht in erster Linie auf die Höhe des Schadens an. Auch die rechtswidrige und schuldhafte Entwendung einer im Eigentum des Arbeitgebers stehenden Sache von **geringem Wert** durch den Arbeitnehmer ist bereits an sich geeignet, einen wichtigen Grund zur außerordentlichen Kündigung abzugeben (*BAG* 12.8.1999 EzA § 626 BGB Verdacht strafbarer Handlung Nr. 8 mwN; s.o. Rz 100, 268). Ebenso wenig steht entgegen, dass es sich um Schrott oder Abfall handelt (*BAG* 10.2.1999 EzA § 15 KSchG nF Nr. 47; 11.12.2003 EzA § 626 BGB 2002 Nr. 5, *LAG RhPf* 20.9.2005 dbr 2006 Nr. 3 S. 5). Ob ein solches Verhalten ausreicht, eine außerordentliche Kündigung zu rechtfertigen, hängt von der unter Berücksichtigung der konkreten Umstände des Einzelfalls vorzunehmenden Interessenabwägung ab (*BAG* 12.8.1999 EzA § 626 BGB Verdacht strafbarer Handlung Nr. 8; *LAG Köln* 24.8.1995 LAGE § 626 BGB Nr. 86 [Mitnahme von zwei Stücken gebratenen Fischs durch Küchenhilfe]; *LAG Düssseld.* 11.5.2005 LAGE § 626 BGB 2002 Nr. 6 [Mitverzehr von durch Arbeitskollegin entwendeten Wurstbrötchen]). Der Umfang des Schadens hat ein unterschiedliches Gewicht, das insbes. von der Stellung des Arbeitnehmers, der Art der entwendeten Waren und den besonderen Verhältnissen des Betriebes abhängt. ZB soll die Entwendung einer Zigarette aus einer Besucherschatulle des Arbeitgebers durch einen Arbeitnehmer milder zu beurteilen sein (so *LAG Hamm* 17.3.1977 BB 1977, 849). Die Unterschlagung eines Stückes Bienenstich durch eine Verkäuferin soll dagegen eine fristlose Entlassung rechtfertigen, wenn dadurch das notwendige Vertrauen des Arbeitgebers in die Redlichkeit der Arbeitnehmerin erschüttert ist (*BAG* 17.5.1984 EzA § 626 BGB nF Nr. 90; *LAG Düsseld.* 17.10.1984 LAGE § 626 BGB Nr. 17; **krit.** *Erman/Belling* Rz 49; *Oetker* SAE 1985, 177). Die unberechtigte Wegnahme einer Wurst durch einen Schlachter belastet das Arbeitsverhältnis nach *LAG Düsseld.* 16.2.1992 (RzK I 6 a Nr. 87) nicht so stark, dass eine fristlose Entlassung gerechtfertigt wäre. Entsprechendes gilt nach *LAG BW* 20.10.2004 – 12 Sa 107/04 – für das verbotswidrige Trinken einer Tasse hoteleigenen Kaffees durch eine Hotelangestellte. Erschwerend wirkt es, wenn es bei dem Vermögensdelikt um dem Arbeitnehmer anvertraute Gegenstände oder Gelder geht (*BAG* 12.8.1999 EzA § 626 BGB Verdacht strafbarer Handlung Nr. 8). Eine Kassiererin, die der Kasse unberechtigt Gelder entnimmt, ist nicht schon deswegen weiterhin tragbar, weil sie von vornherein beabsichtigte, das **eigenmächtig** beanspruchte »**Darlehen**« zurückzuzahlen (*LAG Düsseld.* 13.1.1976 DB 1976, 680). Ist wegen der Unehrlichkeit eines Arbeitnehmers mit weiteren Diebstählen zu rechnen, dann kann der Arbeitgeber nicht darauf verwiesen werden, strengere, aufwendige Kontrollen einzuführen (*BAG* 2.4.1987 RzK I 6 d Nr. 7). Bei einem Arbeitnehmer in besonderer Vertrauensstellung kann auch schon ein einmaliger und verhältnismäßig geringfügiger Fall von **Spesenbetrug** ein wichtiger Kündigungsgrund sein (*BAG* 2.6.1960 AP Nr. 42 zu § 626 BGB; 22.11.1962 EzA § 626 BGB Nr. 3; krit. MünchKomm-*Henssler* Rz 179; einschränkend, wenn der Arbeitgeber ein derartiges Verhalten in vergleichbaren Fällen hingenommen oder der Arbeitnehmer die Verfehlung zugegeben und den Schaden ersetzt hat, auch SPV-*Preis* Rz 737 f.; *LAG Kiel* 18.10.1963 DB 1964, 473; *LAG Frankf.* 5.7.1988 LAGE § 1 KSchG Verhaltensbedingte Kündigung Nr. 20; s. zu diversen Fallgestaltungen und bei der Interessenabwägung zu berücksichtigenden Gesichtspunkten ferner *Diller* GmbHR 2006, 333). Als wichtiger Grund geeignet ist auch ein Betrug, den ein Schachtmeister begeht, indem er dem Subunternehmer zu große Leistungen bescheinigt (*LAG Düsseld.* 27.7.1966 DB 1966, 1571). Bucht die Mitarbeiterin einer Fluggesellschaft für ihren Ehemann unberechtigt Meilengutschriften, begeht sie eine ganz erhebliche Vertragspflichtverletzung (*BAG* 3.7.2003 EzA § 1 KSchG Verdachtskündigung Nr. 2). Sagt ein Arbeitnehmer (Betriebsratsmitglied) in einem Prozess gegen den Arbeitgeber vorsätzlich falsch aus bzw. gibt er vorsätzlich eine **falsche eidesstattliche Versicherung** ab, setzt er einen wichtigen Grund für eine fristlose Kündigung (*BAG* 24.11.2005 EzA § 103 BetrVG 2001 Nr. 5 mwN). Wer als Vorgesetzter während der Arbeitszeit Kollegen privat für sich arbeiten lässt, setzt einen wichtigen Grund für eine außerordentliche Kündigung (*Hess. LAG* 22.4.2004 – 14 Sa 2028/03 – nv). Das gilt auch für einen Arbeitnehmer, die über die betriebliche Fernsprechanlage umfangreiche **private Telefongespräche** auf Kosten des Arbeitgebers führt, wenn er mittels technischer Manipulation gesperrte Rufnummern angewählt hat (*LAG Köln* 13.3.2002 LAGE § 626 BGB Verdacht strafbarer Handlung Nr. 15 zu Telefonaten mit Sex-Hotlines), wenn er private Gespräche pflichtwidrig nicht zum Zweck der Abrechnung gekennzeichnet (*BAG* 5.12.2002 EzA § 123 BGB 2002 Nr. 1) bzw. heimlich von Anschlüssen von Arbeitskollegen aus geführt hat (*BAG* 4.3.2004 EzA § 103 BetrVG 2001 Nr. 3) oder wenn ihm der Arbeitgeber solche Gespräche ausdrücklich untersagt hat (*LAG Düsseld.* 14.2.1963 BB 1963, 732; *ArbG Würzburg* 16.12.1997 BB 1998, 1318). Entsprechendes gilt für das Anfertigen privater **Kopien** oder das private **Surfen im Internet** (*BAG* 7.7.2005 EzA § 626 BGB 2002 Nr. 10; 27.4.2006 EzA § 626 BGB 2002 Unkündbarkeit Nr. 11; *ArbG Düsseld.* 1.8.2001 RzK I 6a Nr. 210; *Besgen/Prinz* § 1 Rz 118 ff.; *Kramer* NZA 2004, 463 f.; *Kronisch* BuW 2000, 76; *Mengel* NZA 2005, 753 ff. mwN).

Fristlose Kündigung aus wichtigem Grund § 626 BGB

Bei fehlendem Verbot 80 bis 100 Stunden im Jahr für irrelevant zu halten (*LAG Köln* 11.2.2005 LAGReport 2005, 229), erscheint zu großzügig.

Bei der stets erforderlichen **Interessenabwägung** ist es kein durchschlagendes Argument, die dem Arbeitnehmer wegen der Kündigung entstehenden Nachteile seien weitaus größer als der dem Arbeitgeber zugefügte Schaden (*LAG RhPf* 27.3.1996 LAGE § 626 BGB Nr. 113). Allerdings ist die Dauer der Betriebszugehörigkeit des Arbeitnehmers auch dann einzubeziehen, wenn es um eine außerordentliche Kündigung wegen Diebstahls zum Nachteil des Arbeitgebers geht (*BAG* 13.12.1984 EzA § 626 BGB nF Nr. 94). Die dagegen von *Tschöpe* (NZA 1985, 588, 589) erhobenen Bedenken greifen schon deshalb nicht, weil damit nicht die These aufgestellt wird, die Dauer der Betriebszugehörigkeit sei stets zugunsten des Arbeitnehmers zu berücksichtigen. Es ist vielmehr nur verfehlt, bei Diebstählen und anderen zu Lasten des Arbeitgebers begangenen Vermögensdelikten die Dauer der Betriebszugehörigkeit generell nicht zu berücksichtigen. Dem Arbeitgeber wird auch nach der Rspr. des BAG nicht zugemutet, bei einer bestimmten Dauer der Betriebszugehörigkeit gewisse Eigentumsdelikte zu dulden. Bei der gebotenen Berücksichtigung der Betriebszugehörigkeit kann sich deren Dauer gelegentlich auch zum Nachteil des Arbeitnehmers auswirken, wenn der Arbeitgeber gerade dadurch veranlasst worden ist, dem Arbeitnehmer ein besonderes Vertrauen entgegenzubringen und von den sonst üblichen Kontrollen abzusehen, weil dann ein Eigentumsdelikt die Vertrauensgrundlage besonders stark erschüttert haben kann (*BAG* 16.10.1986 RzK I 6 d Nr. 5). Zur Entwendung von Gegenständen bzw. Unterlagen aus **Beweisnot** vgl. *Haller* BB 1997, 202; zur Kündigung wegen während der Freizeit des Arbeitnehmers begangener Delikte s.o. Rz 114, 414 und allg. zur außerordentlichen Kündigung wegen Straftaten *Otto* Personale Freiheit und soziale Bindung, S. 66 ff. 446

Ein Arbeitnehmer verstößt idR gegen § 299 Abs. 1 StGB, im öffentlichen Dienst gegen §§ 331 f. StGB sowie §§ 8, 10 BAT bzw. § 3 TVöD und jedenfalls gegen seine **Treuepflicht,** wenn er von einem Dritten **Schmiergeld** annimmt. Er zerstört damit das Vertrauen in seine Zuverlässigkeit und Redlichkeit. Dieses Verhalten stellt in aller Regel einen wichtigen Grund zur außerordentlichen Kündigung dar (*BAG* 15.11.1995 EzA § 102 BetrVG 1972 Nr. 89; 26.9.2002 EzA § 626 BGB 2002 Verdacht strafbarer Handlung Nr. 1; *17.3.2005 EzA § 626 BGB 2002 Nr. 9; Hess. LAG* 18.6.1997 LAGE § 626 BGB Nr. 114; vgl. auch SPV-*Preis* Rz 734 ff. und MünchKomm-*Henssler* Rz 164, die zutr. branchenübliche Gelegenheitsgeschenke und Trinkgelder ausklammern). Das gilt auch dann, wenn der Arbeitnehmer sich durch das Schmiergeld nicht dazu bewegen lässt, seine vertraglichen Pflichten unkorrekt zu erfüllen (*BAG* 17.8.1972 EzA § 626 BGB nF Nr. 22; 15.11.2001 EzA § 626 BGB nF Nr. 192). Ein Betreuer darf grds. keine Geldgeschenke von Verwandten des Betreuten annehmen, auch wenn der Betreute bereits verstorben ist (*LAG SchlH* 27.10.2004 EzBAT § 54 BAT Unkündbare Angestellte Nr. 20). Ein Berufsfußballspieler verstößt gegen seine vertragliche Treuepflicht, wenn er von einem fremden Verein eine sog. Siegprämie von 25 000,- DM annimmt. Er verletzt ebenfalls seinen Vertrag, wenn er seinen Verein nicht unverzüglich von angeblichen Scheinverhandlungen unterrichtet, die zum Inhalt haben, wie und gegen welche Summen seine eigene Mannschaft ein bestimmtes Spiel verlieren solle (*LAG Düsseld.* 21.4.1972 DB 1972, 1443). Fordert eine bei einem Rechtsanwalt als Dolmetscherin tätige ausländische Mitarbeiterin von den vorwiegend ausländischen Mandanten finanzielle Zuwendungen, dann verletzt sie in grober Weise ihre Treuepflicht (*LAG Bln.* 16.5.1978 EzA § 626 BGB nF Nr. 62). Gleiches gilt, wenn ein Einkäufer einen Lieferanten seines Arbeitgebers veranlasst, ihm Waren privat kostenfrei zu liefern (vgl. *LAG SchlH* 6.5.1996 LAGE § 626 BGB Nr. 95). Dagegen soll es keine Kündigung rechtfertigen, wenn ein Arbeitnehmer von einem anderen Arbeitnehmer für die Vermittlung von dessen Einstellung eine Provision fordert und kassiert, wenn dadurch weder das Vertrauensverhältnis noch der Betriebsfrieden gestört wird (*BAG* 24.9.1987 EzA § 1 KSchG Verhaltensbedingte Kündigung Nr. 18 mit krit. Anm. *Löwisch*; aA mit Recht auch HK-*Dorndorf* § 1 Rz 828; MünchKomm-*Henssler* aaO; SPV-*Preis* Rz 736; das BAG hat es bei dieser Fallgestaltung nämlich unterlassen, vorab zu prüfen, ob der Arbeitnehmer durch sein Verhalten nicht ein Zugangshindernis errichtet und dadurch eine vertragliche Nebenpflicht verletzt hat). 447

Überzieht der persönliche Assistent des Geschäftsführers eigenmächtig einen ihm **eingeräumten Kredit** bei der Muttergesellschaft seines Arbeitgebers in erheblichem Umfang und verschafft er sich aufgrund falscher Angaben trotz Abmahnung weitere Kredite, dann kann ihm fristlos gekündigt werden (*LAG Frankf.* 13.8.1971 BB 1972, 880). Die verbotswidrig **zweckentfremdete** Verwendung eines vom Arbeitgeber gewährten **Baudarlehens** stellt eine Verletzung der Treuepflicht dar. Sie berechtigt zur außerordentlichen Kündigung, wenn der Arbeitnehmer den Arbeitgeber unter einem Vorwand zur Herausgabe des Darlehens bewogen hat (*LAG Düsseld.* 20.9.1967 BB 1967, 1426). Versucht ein Angestellter, einen Betriebsleiter seines Arbeitgebers zu **falschen Angaben** über die Verhältnisse des Arbeitneh- 448 mers **gegenüber** dem **Finanzamt** und der **Agentur für Arbeit** zu veranlassen, dann bildet ein solches Verhalten einen wichtigen Grund zur fristlosen Kündigung (*LAG Bay.* 21.11.1958 WA 1960 Nr. 94; zu entsprechenden Falschangaben einer Personalleiterin vgl. *LAG Brem.* 31.1.1997 LAGE § 626 BGB Nr. 107). Ein Arbeitnehmer kann wegen **geschäftsschädigender Äußerungen** gegenüber einem Auftraggeber seines Arbeitgebers fristlos entlassen werden (*BAG* 6.2.1997 RzK I 6 a Nr. 146; *LAG Brem.* 10.4.1963 DB 1963, 834). Das gilt auch, wenn ein Arbeitnehmer einen unzufriedenen Kunden an ein **Konkurrenzunternehmen** vermittelt (*Sächs. LAG* 25.6.1996 LAGE § 626 BGB Nr. 102), wenn eine ohne Kenntnis des Arbeitgebers als Heilpraktikerin tätige Krankenschwester einem Patienten eine Visitenkarte von ihrer Praxis überreicht und diesen bei der anschließenden Behandlung in ihrer Praxis zum Absetzen der ärztlich verordneten Medikamente und zur Verschiebung eines Operationstermins veranlasst (*LAG Köln* 11.9.1996 LAGE § 626 BGB Nr. 103), wenn ein Arbeitnehmer die Belegschaft oder Teile davon zur Schädigung des Arbeitgebers aufruft (*LAG Hamm* 23.2.1965 DB 1965, 1052) oder wenn er ernsthaft ankündigt, er selbst werde den Arbeitgeber in existenzgefährdender Weise schädigen (*LAG Nürnberg* 13.1.1993 LAGE § 626 BGB Nr. 67).

37. Tätlichkeiten, Bedrohungen

449 Bei einer Auseinandersetzung zwischen Arbeitskollegen im Betrieb ist die Entlassung aus wichtigem Grunde erst dann zulässig, wenn eine ernstliche **Störung** des **Betriebsfriedens**, der **betrieblichen Ordnung** oder des reibungslosen **Betriebsablaufs** eintritt (*LAG Saarl.* 22.1.1964 DB 1964, 1229). Die massive **Bedrohung** des Arbeitgebers oder eines Vorgesetzten kann eine fristlose Kündigung rechtfertigen (*BAG* 12.1.1995 RzK I 6 a Nr. 121; *LAG Frankf.* 31.10.1986 LAGE § 626 BGB Nr. 27; *LAG Düsseld.* 16.7.2003 LAGE § 280 BGB 2002 Nr. 1; *LAG RhPf* 5.7.2005 LAGReport 2005, 350; *LAG Hamm* 10.1.2006 EzA-SD 2006 Nr. 8 S. 9). Bei schweren **Tätlichkeiten** kann auch schon ein einmaliger Vorfall einen wichtigen Grund zur außerordentlichen Kündigung geben, ohne dass der Arbeitgeber noch abmahnen oder begründen müsste, es bestehe Wiederholungsgefahr (*BAG* 31.3.1993 EzA § 626 BGB Ausschlussfrist Nr. 5; 24.10.1996 RzK I 5 i Nr. 120; 6.10.2005 EzA § 1 KSchG Verhaltensbedingte Kündigung Nr. 66; zur Ohrfeige eines Pflegehelfers gegenüber einem Patienten *LAG SchlH* 13.7.2000 PflR 2001, 311). Vgl. auch Rz 407 aE und die Rechtsprechungsübersichten von *Aigner* DB 1991, 596 ff.; *Buchner* ZfA 1982, 49; *Söllner* FS Herschel 1982 S. 398; SPV-*Preis* Rz 707 sowie zur ordentlichen Kündigung KR-*Griebeling* § 1 KSchG Rz 462 ff.

38. Torkontrolle

450 Ein Arbeitnehmer ist zwar verpflichtet, sich einer im Interesse der Ordnung des Betriebes (Vermeidung von Diebstählen) angeordneten **Torkontrolle** zu unterziehen. Er kann aber nicht deswegen fristlos entlassen werden, weil er sich weigert, häufiger als andere Arbeitnehmer untersucht zu werden, weil der Kontrolleur ihn ohne objektiven Grund für verdächtig hält (*LAG BW* 28.10.1953 AP Nr. 1 zu § 611 BGB Torkontrolle).

39. Untersuchungshaft – Freiheitsstrafe

451 Die Verhaftung eines Arbeitnehmers wegen des Verdachts eines Verbrechens kann auch dann ein wichtiger Grund sein, wenn es nicht zur Eröffnung des Hauptverfahrens kommt oder das Verfahren mangels Beweises eingestellt wird (*LAG Bay.* 23.5.1958 DB 1958, 1188). Dabei ist entscheidend auf die Dauer der **Untersuchungshaft** abzustellen. Ein Arbeiter, der schon lange Zeit bei einem Arbeitgeber beschäftigt war, kann idR nicht allein deshalb fristlos entlassen werden, weil er durch Untersuchungshaft 17 Tage zur Fortsetzung der Arbeit unfähig war. Als untere Grenze für eine verhältnismäßig erhebliche Zeit der Arbeitsverhinderung ist bei einer Betriebszugehörigkeit von 25 Jahren etwa ein Monat anzusehen. Entscheidend ist, ob der Arbeitnehmer bereits bei Ausspruch der Kündigung durch die Untersuchungshaft verhältnismäßig erhebliche Zeit an der Arbeit verhindert war (*BAG* 10.6.1965 EzA § 124a GewO Nr. 4) und welche konkreten Auswirkungen auf das Arbeitsverhältnis sich ergeben (*BAG* 20.11.1997 RzK I 6 a Nr. 154). Bei der Kündigung eines Arbeitnehmers wegen Arbeitsverhinderung durch die Verbüßung einer **Freiheitsstrafe** hängt es von Art und Ausmaß der betrieblichen Auswirkungen ab, ob eine haftbedingte Nichterfüllung der Arbeitspflicht eine außerordentliche oder eine ordentliche Kündigung rechtfertigt (*BAG* 15.11.1984 EzA § 626 BGB nF Nr. 95). Da der Arbeitgeber durch den Fortbestand des Arbeitsverhältnisses während der Strafverbüßung wirtschaftlich nicht belastet wird, weil der Arbeitnehmer die dadurch bedingte Unmöglichkeit der Arbeitsleistung zu vertreten hat, kommt es entscheidend darauf an, ob sich die Arbeitsverhinderung konkret nachteilig auf das Ar-

beitsverhältnis auswirkt und ob für den Arbeitgeber zumutbare **Überbrückungsmaßnahmen** bestehen (*BAG* 9.3.1995 EzA § 626 BGB nF Nr. 154). Er kann aufgrund seiner Fürsorgepflicht gehalten sein, bei der Erlangung des **Freigängerstatus** mitzuwirken, um Störungen des Arbeitsverhältnisses zu vermeiden. Dies setzt allerdings voraus, dass der Arbeitnehmer den Arbeitgeber über die Umstände der Straftat, des Strafverfahrens und der Haft nicht täuscht bzw. im Unklaren lässt (*BAG* 9.3.1995 EzA § 626 BGB nF Nr. 154; *Franzen* SAE 1996, 37). Zur Kündigung vor Strafantritt s.o. Rz 110.

40. Urlaub – Antritt, Überschreitung

Die **Manipulation von Urlaubsunterlagen** zur Erschleichung von zusätzlichem Urlaub bzw. ein entsprechender dringender Verdacht berechtigt den Arbeitgeber regelmäßig zur fristlosen Kündigung (*Hess. LAG* 20.8.2004 NZA-RR 2005, 301). Der im Laufe eines Urlaubsjahres durch eigene Kündigung ausscheidende Arbeitnehmer kann grds. seinen noch nicht verbrauchten **Urlaub** auch dann **nicht eigenmächtig** ohne Einverständnis des Arbeitgebers **in den Lauf der Kündigungsfrist** legen, wenn nur noch die Tage der Kündigungsfrist für die Erteilung des Urlaubs durch Freizeitgewährung zur Verfügung stehen (*BAG* 26.4.1960 EzA § 611 BGB Urlaub Nr. 2; vgl. zum str. Selbstbeurlaubungsrecht *Gerauer* NZA 1988, 154). Ein Arbeitnehmer, der gegen den Willen des Arbeitgebers seinen Urlaub antritt, kann dem Arbeitgeber damit einen wichtigen Grund zur außerordentlichen Kündigung geben (*BAG* 20.1.1994 EzA § 626 BGB nF Nr. 153; 16.3.2000 EzA § 626 BGB nF Nr. 179 [*Kraft*]). Einer vorherigen **Abmahnung** bedarf es idR nicht (SPV-*Preis* Rz 652; aA HK-*Dorndorf* § 1 Rz 840). Auch der eigenmächtige Antritt einer nicht beantragten **Elternzeit** kann ein wichtiger Grund sein (vgl. *LAG Düsseld.* 29.8.1989 LAGE § 626 BGB Nr. 124). Ein Recht des Arbeitnehmers, sich selbst zu beurlauben, ist angesichts des umfassenden Systems gerichtlichen Rechtsschutzes grds. abzulehnen (*BAG* 20.1.1994 EzA § 626 BGB nF Nr. 153). Ist gerichtliche Hilfe zur Durchsetzung eines Urlaubsanspruchs nicht rechtzeitig zu erlangen (Arbeit auf Baustelle in Indonesien), so kann auch bei einem eigenmächtigen Urlaubsantritt des Arbeitnehmers eine fristlose Kündigung im Einzelfall dann unwirksam sein, wenn der Arbeitgeber u.a. aus eigenem finanziellen Interesse erhebliche Urlaubsansprüche des Arbeitnehmers hat auflaufen lassen und ein Verfall der Urlaubsansprüche droht (*BAG* 20.1.1994 EzA § 626 BGB nF Nr. 153). Eine Selbstbeurlaubung des Arbeitnehmers während der Kündigungsfrist kann nach den Grundsätzen der **Selbsthilfe** (§§ 229, 230 BGB) und des Zurückbehaltungsrechts zulässig werden, wenn es der Arbeitgeber versäumt, dem Arbeitnehmer noch während der Kündigungsfrist Urlaub zu gewähren (*LAG RhPf* 25.1.1991 LAGE § 7 BUrlG Nr. 27; *LAG Hamm* 21.10.1997 RzK I 6 a Nr. 161; APS-*Dörner* Rz 232). Besteht der Arbeitnehmer auf der Erteilung des Urlaubs während der Kündigungsfrist, dann darf der Arbeitgeber den Urlaub nur dann verweigern, wenn der Arbeitnehmer bis zum Ablauf der Kündigungsfrist unentbehrlich ist (*LAG BW* 9.10.1970 DB 1970, 2279; vgl. auch SPV-*Preis* aaO). Es ist jedenfalls bei einer fristlosen Kündigung wegen eigenmächtigen Urlaubsantritts bei der Interessenabwägung zugunsten des Arbeitnehmers zu berücksichtigen, wenn der Arbeitgeber zu Unrecht einen Urlaubsantrag des Arbeitnehmers abgelehnt und von vornherein den Betriebsablauf nicht so organisiert hat, dass die Urlaubsansprüche des Arbeitnehmers nach den gesetzlichen Vorschriften erfüllt werden konnten (*BAG* 20.1.1994 EzA § 626 BGB nF Nr. 153; vgl. auch *LAG Hamm* 12.9.1996 LAGE § 626 BGB Nr. 105 und 21.10.1997 RzK I 6 a Nr. 161; H/S-*Hümmerich/Holthausen* § 10 Rz 644; *Roßbruch* PflR 2005, 462; aA MünchKomm-*Henssler* Rz 156). Wird einem Arbeitnehmer der bereits **zugesagte Urlaub** kurzfristig wieder entzogen, dann ist eine vom Arbeitgeber erklärte Kündigung idR unwirksam, wenn sie darauf gestützt wird, dass der Arbeitnehmer eine bereits gebuchte Urlaubsreise trotzdem angetreten hat (*LAG Berlin* 20.10.1959 BB 1960, 1132). Ein **Widerruf** des bereits bewilligten Urlaubs kommt nur aus unvorhergesehenen zwingenden Gründen in Betracht (*BAG* 19.12.1991 RzK I 6 a Nr. 82; offen gelassen *BAG* 20.6.2000 EzA § 1 BUrlG Nr. 23).

Der Arbeitnehmer, der an seinem Urlaubsort von einem ausländischen Arzt **krank-** geschrieben wird, braucht nicht an seinen Arbeitsplatz zurückzukehren. Er kann sich auf die Beurteilung seines Gesundheitszustandes durch den Arzt verlassen (*ArbG Marburg* 24.2.1966 BB 1966, 945). Dagegen zerstört der dringende Verdacht, dass der Arbeitnehmer eine Urlaubsüberschreitung von vornherein mit einer vorgetäuschten Arbeitsunfähigkeit geplant hatte, das Vertrauen in die charakterliche Eignung und die Redlichkeit des Arbeitnehmers (*BAG* 6.9.1990 EzA § 1 KSchG Verdachtskündigung Nr. 1). Allein die Häufigkeit und Regelmäßigkeit von ordnungsgemäß attestierten und vom Arbeitgeber durch Gewährung von Lohnfortzahlung anerkannten **Urlaubserkrankungen** eines ausländischen Arbeitnehmers lassen aber ohne eine Auswertung der den Attesten jeweils zugrunde liegenden Befunde sowie der durchgeführten Behandlungsmaßnahmen noch keine zuverlässigen Rückschlüsse auf ein Vortäuschen von Erkrankungen zu. Die bestehenden Verdachtsmomente begründen ohne die gebotene Aufklärung auch noch keinen objektiv dringenden Verdacht (*LAG Düsseld.* 15.1.1986 LAGE § 1 KSchG Verhaltensbedingte Kündigung Nr. 7). Soweit der Arbeitgeber **ausländische Arbeitsunfähigkeitsbescheinigungen** (vgl. zu deren Anforderungen *BAG* 17.6.2003 EzA § 626 BGB 2002 Nr. 4) anzweifelt, hat er zu beweisen, dass diese rechtsmissbräuchlich oder betrügerisch erwirkt wurden. Der Beweis kann auch im Bereich der Europäischen Union durch Darlegung von **Indizien** geführt werden, wenn diese geeignet sind, dem Gericht die volle Überzeugung zu vermitteln (*EuGH* 2.5.1996 EzA § 5 EFZG Nr. 1; *BAG* 19.2.1997 EzA § 3 EFZG Nr. 2; 17.6.2003 EzA § 626 BGB 2002 Nr. 4; **krit.** zur EuGH-Rspr. *Lepke* NZA 1995, 1090). Die um sechs Tage **verspätete Rückkehr** eines Arbeitnehmers aus dem Urlaub rechtfertigt für sich allein jedenfalls dann nicht die fristlose Entlassung, wenn das Arbeitsverhältnis bereits zehn Jahre bestanden hat (*LAG Saarl.* 15.4.1964 WA 1964, Nr. 247). Ansonsten ist darauf abzustellen, ob die Fehlzeit erheblich ist oder auf einer uneinsichtigen Haltung des Arbeitnehmers beruht (*LAG Düsseld.* 29.4.1981 EzA § 626 BGB nF Nr. 77; verfehlt ist diese Entscheidung jedoch insoweit, als sie die Dauer der Betriebszugehörigkeit bei der Interessenabwägung nicht berücksichtigen will).

454 Bei einer Kündigung wegen eigenmächtigen Urlaubsantritts muss der Arbeitgeber beweisen, dass der Arbeitnehmer unbefugt in Urlaub gegangen ist. Durch die Behauptung des Arbeitnehmers, der Arbeitgeber habe den Urlaub genehmigt, tritt keine Umkehrung der **Beweislast** ein (s.o. Rz 381 f.). Kündigt der Arbeitnehmer bei einem ganz oder teilw. abgelehnten Urlaubsgesuch eine Erkrankung an und legt er dann später für die Zeit der Arbeitsversäumnis bzw. Urlaubsüberschreitung eine Arbeitsunfähigkeitsbescheinigung vor, dann ist deren Beweiswert erschüttert. Zudem kann auch schon die Ankündigung als solche einen wichtigen Grund darstellen (s.o. Rz 428).

41. Verdachtskündigung

455 Vgl. zu den Voraussetzungen der **Verdachtskündigung** oben Rz 212 ff. Aus der Rspr. sind insbes. folgende Entscheidungen aufschlussreich: Bei einem Sparkassenangestellten kann ein dringender Tatverdacht, eine Brandstiftung und einen Versicherungsbetrug begangen zu haben, auch dann eine fristlose Kündigung rechtfertigen, wenn der Arbeitgeber mit der Kündigung bis zum Abschluss des Strafverfahrens gewartet hat (*BAG* 12.5.1955 AP Nr. 1 zu § 626 BGB Verdacht strafbarer Handlung). Bei der Kündigung eines Ehepaares, das als Verkaufsstellenverwalter in einem Lebensmittel-Einzelhandelsgeschäft angestellt war und beschuldigt wird, die Waage verstellt und Waren mit einem zu geringen Gewicht verkauft zu haben, dürfen die den Verdacht begründenden Umstände nicht aufgrund der Beweislastregel des § 282 BGB festgestellt werden (*BAG* 17.4.1956 AP Nr. 8 zu § 626 BGB). Wird einer Verkäuferin, die auch die Kasse bediente, vorgeworfen, von einem vereinnahmten Betrag in Höhe von 10,50 DM nur 9,50 DM registriert und den Rest entwendet zu haben, dann kann dieser Sachverhalt durchaus an sich als wichtiger Grund zur Verdachtskündigung geeignet sein. Es ist jedoch zu prüfen, ob nicht die anderen Verkäuferinnen höhere Kassenmankos hatten und ob der Verkäuferin ein Irrtum bei der Abrechnung nicht zu widerlegen ist (*BAG* 24.3.1958 AP Nr. 5 zu § 626 BGB Verdacht strafbarer Handlung). Ehrlichkeitskontrollen im Einzelfall, die ohne Zuhilfenahme einer technischen Einrichtung zB durch heimliche Erhöhung des Kassenbestandes durchgeführt werden, bedürfen keiner Mitbestimmung des Betriebsrats gem. § 87 BetrVG (*BAG* 18.11.1999 EzA § 626 BGB Verdacht strafbarer Handlung Nr. 9; zur Mitbestimmung bei der generellen Anordnung stichprobenartiger Taschenkontrollen vgl. *BAG* 12.8.1999 EzA § 626 BGB Verdacht strafbarer Handlung Nr. 8 [*Walker*]). Im Kündigungsschutzprozess kann sich der Arbeitgeber auf den Verdacht auch dann berufen, wenn er ihn in dem nach der Kündigung erstellten Zeugnis nicht berücksichtigt hat (*LAG Köln* 30.7.1999 RzK I 8 c Nr. 50). Steht ein Einkäufer im Verdacht, Waren am Großmarkt stets bei einem bestimmten Händler zu überteuerten Preisen eingekauft zu haben, so reicht für die ordnungsgemäße **Anhörung** schon eine solche Konkretisierung der Vorwürfe, dass der mit der Materie vertraute **Arbeitnehmer** sich darauf substantiiert einlassen kann (*BAG* 13.9.1995 EzA § 626 BGB Verdacht strafbarer Handlung Nr. 6). Wird ein Angestellter bei der Arbeitsverwaltung wegen Verdachts illegaler Tätigkeiten für die KPD in Untersuchungshaft genommen, dann betrifft der Verdacht nicht nur den außerdienstlichen Bereich des Angestellten und er ist auch nicht unbedingt schon dann ausgeräumt, wenn in einem Strafverfahren ein Freispruch ergangen ist (*BAG* 23.2.1961 EzA § 626 BGB Nr. 2). Steht ein Croupier in dem Verdacht, weniger Waren angeschrieben zu haben, als er tatsächlich in der Kantine bezogen hat, dann ist bei der Prüfung der Verdachtsmomente auch darauf abzustellen, ob der Arbeitnehmer ein Motiv dafür hatte, wegen eines nicht sehr hohen Vermögensvorteils seine Stellung aufs Spiel zu setzen, und welche persönlichen Beziehungen zwischen dem verdächtigten Arbeitnehmer und den ihn beschuldigenden Arbeitskollegen bestanden (*BAG* 4.6.1964 EzA § 626 BGB Nr. 5). Hat sich ein Mechaniker verdächtig gemacht, die zur Kontrolle der gleitenden Arbeitszeit eingeführten Stempeluhren verstellt zu haben, dann sind auch ein später im Strafverfahren erfolgter Freispruch und die in diesem Verfahren aufgetretenen Zweifel an der Glaubwürdigkeit der Belastungszeugen zu berücksichtigen (*BAG* 24.4.1975 EzA § 103 BetrVG 1972 Nr. 8). Ein Angestellter, der im Verdacht steht, einen Versicherungsbetrug begangen zu haben, kann sich zu seiner Entlastung im Kündigungsschutzprozess auch noch auf Umstände berufen, auf die er zuvor bei seiner Anhörung nicht verwiesen hat (*BAG* 15.5.1986 RzK I 8 c Nr. 9). Beteiligt sich die Ehefrau des Arbeitnehmers als Gesellschafterin oder Geschäftsführerin an einem Konkurrenzunternehmen, begründet dies allein noch nicht den dringenden Verdacht, auch der Arbeitnehmer selbst verletze das Wettbewerbsverbot (*LAG Köln* 11.10.2005 BB 2006, 1455). Zum Verdacht der vorgetäuschten Arbeitsunfähigkeit s.c. Rz 428 f., 453.

42. Verschuldung des Arbeitnehmers

Schulden des Arbeitnehmers und dadurch bedingte **Lohnpfändungen** sind grds. kein Grund zur außerordentlichen Kündigung, soweit es sich nicht um einen Arbeitnehmer in einer besonderen Vertrauensstellung (zB Börsenbevollmächtigter einer Bank) handelt (*BAG* 15.10.1992 EzA § 1 KSchG Verhaltensbedingte Kündigung Nr. 45; vgl. im Übrigen *Preis* Prinzipien S. 466 f. und zu den Anforderungen an eine ordentliche Kündigung KR-*Griebeling* § 1 KSchG Rz 459 ff.). 456

43. Verschwiegenheitspflicht

Auch ohne besondere Vereinbarung muss der Arbeitnehmer **Geschäfts- und Betriebsgeheimnisse** wahren und die schuldhafte Verletzung dieser Pflicht kann eine außerordentliche Kündigung rechtfertigen (*BAG* 4.4.1974 EzA § 15 KSchG nF Nr. 1; *Kunz* BuW 1998, 354, 356; SPV-*Preis* Rz 745). Diese allgemeine Nebenpflicht wird verletzt, wenn der Arbeitnehmer Wettbewerbern, die mit seinem Arbeitgeber in Konkurrenz stehen, Informationen aus dem Geschäftsbereich seines Arbeitgebers erteilt (*BAG* 26.9.1989 RzK I 8c Nr. 20; *LAG Bln.* 10.7.2003 LAGE § 626 BGB 2002 Nr. 1a). Ein Arbeitnehmer, der Pressevertretern interne Mitteilungen über den Betrieb gibt, kann idR jedenfalls dann fristlos entlassen werden, wenn im Betrieb eine Presseabteilung besteht (*LAG Hmb.* 15.6.1950 AP 1951 Nr. 65; vgl. auch *Hoß* MDR 1998, 873). Auch bei einem leitenden Angestellten ist die Verletzung der **Verschwiegenheitspflicht** aber nicht immer ein Grund zur fristlosen Entlassung. Hat der Arbeitgeber selbst seinen Gläubigern und Lieferanten durch ein Rundschreiben seine Zahlungsunfähigkeit mitgeteilt, dann kann er einen Betriebsleiter nicht deshalb fristlos entlassen, weil dieser daraufhin einen Lieferanten von weiteren Lieferungen abgehalten hat (*LAG Düsseld.* 6.7.1954 DB 1954, 764). Die Kündigung kann zB auch unberechtigt sein, wenn der Arbeitgeber Aufwendungen macht, die seine finanziellen Kräfte übersteigen, und der leitende Angestellte aus Sorge um den Betrieb gehandelt hat (*BAG* 22.7.1965 EzA § 70 HGB Nr. 2). Ein Arbeitnehmer kann hingegen außerordentlich gekündigt werden, wenn er über die wirtschaftliche und finanzielle Lage seines Arbeitgebers **unrichtige Behauptungen** verbreitet, die geeignet sind, den Arbeitgeber zu schädigen. Das gilt insbes. dann, wenn ein Auftraggeber aufgrund der unzutreffenden Mitteilungen Zahlungen zurückhält oder für die Abwicklung eines Auftrages Sicherheiten verlangt (*LAG BW* 16.11.1967 DB 1968, 359). Eine **einzelvertragliche Verpflichtung** zur Verschwiegenheit über »alle betrieblichen Belange« ist nur wirksam, wenn und soweit sie durch betriebliche Interessen des Arbeitgebers gerechtfertigt ist (*LAG Hamm* 6.10.1988 DB 1989, 873). Vgl. ferner Rz 408. 457

44. Vollmachtsüberschreitung

Überträgt der Arbeitgeber einem leitenden Angestellten uneingeschränkt die Führung des Betriebes und lässt er ihm jahrelang freie Hand, ohne ihn zu kontrollieren und seine Maßnahmen zu beanstanden, dann kann er ihm nicht später mit dem Vorwurf fristlos kündigen, seine **Befugnisse überschritten** zu haben (*BAG* 20.8.1964 AP Nr. 7 zu § 70 HGB). Ein leitender Angestellter darf von der ihm eingeräumten uneingeschränkten Vollmacht für Anschaffungen für den Betrieb ohne ausdrückliche Genehmigung keinen Gebrauch machen, wenn die Maßnahmen seinem persönlichen Nutzen dienen. Hält er sich nicht an diese Bindung, dann kann das, ggf. auch ohne Abmahnung, ein Grund zur fristlosen Kündigung sein (*BAG* 26.11.1964 AP Nr. 53 zu § 626 BGB; *LAG Köln* 28.3.2001 RzK I 6a Nr. 203). 458

45. Weisungen (Direktionsrecht)

Ein Arbeitnehmer ist dann berechtigt, von den **Weisungen des Arbeitgebers** abzuweichen, wenn er annehmen darf, der Arbeitgeber werde bei Kenntnis der Sachlage die Abweichung billigen. Eine außerordentliche Kündigung ist deswegen nicht ohne weiteres berechtigt, wenn der Arbeitnehmer sich 459 nicht an eine Weisung gehalten hat (*LAG BW* 29.1.1958 DB 1958, 199). Stets ist zu prüfen, ob es sich um eine arbeitsvertraglich **berechtigte** Weisung handelte (SPV-*Preis* Rz 631 ff.). Die Weigerung, eine Anordnung des Arbeitgebers zu einer ärztlichen Untersuchung zu befolgen, ist jedenfalls dann kein wichtiger Grund zur fristlosen Kündigung, wenn der Arbeitnehmer vertretbare Gründe für die Weigerung hat (*BAG* 23.2.1967 AP Nr. 1 zu §7 BAT). Wenn ein Arbeitnehmer weiß, dass zwischen den Inhabern seiner Arbeitgeberfirma Streit besteht, dann ist er zur strengsten Zurückhaltung verpflichtet und darf Weisungen nur von dem Mitinhaber entgegennehmen, der aktiv die Geschäftsführung ausübt (*LAG Frankf.* 10.9.1968 BB 1969, 1136). Die sofortige Entlassung kann gerechtfertigt sein, wenn der Arbeitnehmer sich nachhaltig weigert, die notwendigen **Arbeitsschutzbestimmungen** zu beachten oder wenn er bekannte Sicherheitsvorschriften vorsätzlich missachtet (*LAG Hamm* 17.11.1989 LAGE § 626 BGB Nr. 48; *LAG Köln* 17.3.1993 LAGE § 626 BGB Nr. 71; s.a. Rz 412 f.).

46. Wettbewerb

460 Nach § 60 Abs. 1 HGB ist der Betrieb eines Handelsgewerbes durch einen kaufmännischen Angestellten nicht schlechthin, sondern nur im **Handelszweig des Arbeitgebers** an dessen **Einwilligung** gebunden. Eine Vertragsklausel, die jede Tätigkeit für ein anderes Unternehmen verbietet, schränkt die **Berufsfreiheit** unzulässig ein (*LAG Nürnberg* 25.7.1996 LAGE § 626 BGB Nr. 98). Der kaufmännische Angestellte unterliegt dem **Wettbewerbsverbot** für die Dauer des Arbeitsverhältnisses so lange, wie das Arbeitsverhältnis seinem rechtlichen Bande nach besteht (*BAG* 21.6.1991 EzA § 626 BGB nF Nr. 140 [gegen *Hess. LAG* 21.5.1990 LAGE § 626 BGB Nr. 56]). Das gilt nicht nur für einen kaufmännischen Angestellten, sondern aufgrund der Treuepflicht für jeden Arbeitnehmer (SPV-*Preis* Rz 720). Der Arbeitsvertrag schließt für die Dauer seines Bestandes aufgrund der Treuepflicht des Arbeitnehmers ein Wettbewerbsverbot ein, das über den persönlichen und sachlichen Geltungsbereich des §60 HGB hinausgeht. Verletzt ein Arbeitnehmer das für die Dauer des Arbeitsverhältnisses bestehende Wettbewerbsverbot, dann ist eine außerordentliche Kündigung gerechtfertigt, sofern nicht besondere Umstände eine andere Beurteilung zugunsten des Arbeitnehmers rechtfertigen (*BAG* 30.1.1963 EzA § 60 HGB Nr. 1; *BGH* 6.10.1983 DB 1984, 289; *Gaul* BB 1984, 346). **Schwarzarbeit** ist nicht ohne weiteres ein wichtiger Grund zur Kündigung, sondern nur dann, wenn sie im Geschäftszweig des Arbeitgebers oder während der vertraglichen Arbeitszeit erfolgt. Ein Wettbewerbsverstoß, der geeignet ist, einen wichtigen Grund zu bilden, liegt zB vor, wenn der Arbeitnehmer einen bei seinem Arbeitgeber beschäftigten Mitarbeiter abwirbt (*BAG* 30.1.1963 EzA § 60 HGB Nr. 1), wenn er bei den Kunden des Arbeitgebers bereits für eigene Zwecke wirbt (*BAG* 24.4.1970 EzA § 60 HGB Nr. 3), wenn er einem konkurrierenden Unternehmen als Gesellschafter beitritt und diesem Kapital zuführt (*LAG Köln* 29.4.1994 LAGE § 60 HGB Nr. 3) oder wenn er derzeitige oder ehemalige Arbeitskollegen bei einer konkurrierenden Tätigkeit unterstützt (*BAG* 21.11.1996 EzA § 626 BGB nF Nr. 162; *LAG RhPf* 12.1.2006 EzA-SD 2006 Nr. 11 S. 11). Ein in einem Unternehmen der Automobilindustrie beschäftigter Arbeitnehmer verletzt das Wettbewerbsverbot, wenn er sich an einem Handel mit sog. Jahreswagen beteiligt (*BAG* 15.3.1990 RzK I 5 i Nr. 60). Ein beim BGH zugelassener Rechtsanwalt verletzt bei einer Anstellung in einer Sozietät als Arbeitnehmer das Wettbewerbsverbot, wenn er weiter für einen anderen, beim BGH zugelassenen Anwalt tätig wird (*BAG* 16.8.1990 EzA §4 KSchG Nr. 38).

461 Dagegen darf ein Arbeitnehmer, wenn kein **nachvertragliches Wettbewerbsverbot** (§ 74 HGB) vereinbart worden ist, schon vor Beendigung seines Arbeitsverhältnisses für die Zeit nach seinem Ausscheiden einen Vertrag mit einem konkurrierenden Arbeitgeber abschließen oder die Gründung eines eigenen Unternehmens – auch im Handelszweig seines Arbeitgebers – vorbereiten (*BAG* 30.5.1978 EzA § 60 HGB Nr. 11). Für die Abgrenzung der erlaubten **Vorbereitungshandlung** von der verbotenen Konkurrenztätigkeit ist entscheidend, ob durch das Verhalten des Arbeitnehmers bereits unmittelbar in die Geschäfts- oder Wettbewerbsinteressen des Arbeitgebers eingegriffen wird. Zulässig sind Vorbereitungshandlungen, durch die nur die formalen und organisatorischen Voraussetzungen für das geplante eigene Handelsunternehmen geschaffen werden sollen. Sie müssen sich aber in der Vorbereitung erschöpfen und dürfen nicht durch Kontaktaufnahme mit Kunden oder anderen Vertragspartnern des Arbeitgebers dessen Interessen gefährden. Als zulässige Vorbereitungshandlung für eine Konkurrenztätigkeit ist es zu werten, wenn der Arbeitnehmer zwar schon sein eigenes Unternehmen gegründet, aber den Geschäftsbetrieb noch nicht aufgenommen hat und der Geschäftsgegenstand des Unternehmens so allgemein gehalten ist, dass noch nicht erkennbar ist, ob der Angestellte dem Arbeitgeber künftig Konkurrenz machen wird (*BAG* 7.9.1972 EzA § 60 HGB Nr. 7). Der Abschluss eines **Franchise-Vertrages** (zur Abgrenzung zum Arbeitsvertrag vgl. *Weltrich* DB 1988, 806) zwischen einem Angestellten und einem Konkurrenten seines Arbeitgebers stellt sich in seiner verkehrstypischen

Ausgestaltung grds. noch als erlaubte Vorbereitungshandlung dar (*BAG* 30.5.1978 EzA § 60 HGB Nr. 11). Auch die Zahlung einer Franchise-Gebühr durch den Arbeitnehmer ist idR nicht als kapitalmäßige Unterstützung eines Konkurrenzunternehmens zu werten. Schon das »**Vorfühlen**« bei potentiellen **Kunden** ist dagegen eine unzulässige Wettbewerbshandlung, und zwar selbst dann, wenn der Arbeitnehmer sich darauf beschränkt, »Kontakte« herzustellen und noch keine Geschäfte abschließt (*BAG* 28.9.1989 RzK I 6 a Nr. 58). Vgl. im Übrigen MünchKomm-*Henssler* Rz 170 ff.; SPV-*Preis* Rz 720 ff. und zur ordentlichen Kündigung wegen Konkurrenztätigkeit KR-*Griebeling* § 1 KSchG Rz 491 ff.

Ein Arbeitnehmer ist an das für die Dauer des rechtlichen Bestandes des Arbeitsverhältnisses bestehende Wettbewerbsverbot auch dann noch gebunden, wenn ihm gekündigt wird und er diese Kündigung, weil er sie für unwirksam hält, gerichtlich angreift (*BAG* 25.4.1991 EzA § 626 BGB nF Nr. 140; **aA** *LAG Köln* 4.7.1995 LAGE § 60 HGB Nr. 4 [nur bei Angebot einer Karenzentschädigung analog § 75 HGB]; ebenso APS-*Dörner* Rz 297 und *Hoß* DB 1997, 1818; dagegen *Bauer/Röder* S. 211; **aA** auch MünchKomm-*Henssler* Rz 124 [nur bei Angebot einer Prozessbeschäftigung]). Wettbewerbshandlungen, die der Arbeitnehmer im Anschluss an eine **unwirksame Kündigung** des Arbeitgebers begeht, können danach zu einem wichtigen Grund für eine weitere (außerordentliche) Kündigung werden. Für die Interessenabwägung, ob dem Arbeitgeber wegen des unerlaubten Wettbewerbs die Fortsetzung des Arbeitsverhältnisses unzumutbar geworden ist, soll es auf den Grad des Schuldvorwurfes sowie auf Art und Auswirkung der Wettbewerbshandlung ankommen. Ein Interessenkonflikt, der einen Schuldvorwurf ausschließt oder mindert, könne eher vorliegen, wenn der Arbeitnehmer nur als Übergangslösung vorübergehend für einen Konkurrenten tätig werde, als dann, wenn er ein eigenes Konkurrenzunternehmen gründe und eine auf Dauer angelegte Konkurrenztätigkeit beginne (*BAG* 25.4.1991 EzA § 626 BGB nF Nr. 140; *Ascheid* Rz 146). Demgegenüber wird man von dem Arbeitnehmer, der in dieser Situation die Aufnahme einer Wettbewerbstätigkeit beabsichtigt, zwar verlangen müssen, dass er seinen bisherigen Arbeitgeber um dessen Einwilligung ersucht. Schweigt der Arbeitgeber, ist darin jedoch vor dem Hintergrund seiner vorherigen Kündigung die stillschweigende Erklärung zu sehen, der Arbeitnehmer könne in Wettbewerb treten, ohne sich Sanktionen auszusetzen. Widerspricht der Arbeitgeber der Wettbewerbstätigkeit, ist dies als widersprüchliches Verhalten gem. § 242 BGB unbeachtlich, soweit er dem Arbeitnehmer nicht zugleich die Zahlung einer Karenzentschädigung analog §§ 74 ff. HGB anbietet.

III. Außerordentliche Kündigung durch den Arbeitnehmer

1. Allgemeiner Grundsatz

Für die außerordentliche **Kündigung durch** den **Arbeitnehmer** gelten grds. (insbes. für die Notwendigkeit einer Abmahnung – s.o. Rz 253 ff. –, die Einhaltung der Ausschlussfrist – s.o. Rz 311 ff. – und die Interessenabwägung – s.o. Rz 235 ff.) die **gleichen Maßstäbe** und Grundsätze wie für die außerordentliche Kündigung durch den Arbeitgeber (*BAG* 19.6.1967 EzA § 124 GewO Nr. 1; *LAG Bln.* 22.3.1989 BB 1989, 1121; HaKo-*Griebeling* Rz 87; HWK-*Sandmann* Rz 349; **aA** KDZ-*Däubler* Rz 177; MünchKomm-*Henssler* Rz 266). Im Streitfall trägt der Arbeitnehmer die Darlegungs- und Beweislast für die Tatsachen, aus denen er die für ihn bestehende Unzumutbarkeit der Weiterbeschäftigung herleitet (*BAG* 25.7.1963 AP Nr. 1 zu § 448 ZPO; SPV-*Preis* Rz 773). **Nimmt** dagegen der **Arbeitgeber** die **außerordentliche Kündigung hin**, so ist es nach Treu und Glauben unbeachtlich, wenn sich der Arbeitnehmer später, weil ihn die Kündigung reut, auf deren Unwirksamkeit mit der Begründung beruft, es habe an einem wichtigen Grund gefehlt (vgl. *BAG* 4.12.1997 EzA § 242 BGB Rechtsmissbrauch Nr. 3; 3.7.2003 – 2 AZR 327/02 – insoweit nv; KDZ-*Däubler* Rz 197; APS-*Dörner* Rz 396; *Gabrys* AiB 2004, 253; MünchKomm-*Henssler* aaO; HWK-*Sandmann* Rz 351; SPV-*Preis* aaO; für einen GmbH-Geschäftsführer *BGH* 8.11.1999 BB 2000, 8; für den Fall einer zur Erschleichung von Arbeitslosengeld rückdatierten Eigenkündigung *LAG Köln* 15.9.1998 LAGE § 626 BGB Eigenkündigung Nr. 1; **aA** *BAG* 13.4.1972 EzA § 626 BGB nF Nr. 13; *LAG Bln.* 22.3.1989 aaO; *LAG Düssel.* 24.11.1995 LAGE § 140 BGB Nr. 12; HAS-*Popp* § 19 B Rz 466; *Singer* NZA 1998, 1314; für Umdeutung in ordentliche Kündigung *LAG RhPf* 22.4.2004 NZA-RR 2005, 251). Sinn und Zweck von § 626 BGB ist es, den Vertragspartner vor sofortigen Beendigungen zu schützen, indem solche nur unter der Voraussetzung des Vorliegens eines wichtigen Grundes zugelassen werden. Dass eine außerordentliche Kündigung, für die es an einem wichtigen Grund fehlt, nicht stets rechtlich unbeachtlich ist, sondern hingenommen werden kann, folgt bereits aus § 13 Abs. 1 KSchG (so auch HaKo-*Griebeling* Rz 29). Es stellt ein **unzulässiges venire contra factum proprium** dar, wenn sich jemand zu seinem Vorteil auf eine den Schutz des Vertragspartners bezweckende Rechtsvorschrift beruft, die er selbst missachtet hat; insoweit ist bei der Beanspruchung von Rechtspositionen gegenüber anderen Teilnehmern am Rechtsleben eine gewisse Konsistenz zu fordern (*BAG* 27.6.1995 EzA § 111 BetrVG 1972 Nr. 31). Das gilt für Arbeitnehmer und Arbeitgeber gleichermaßen. Vor im Zustand ersichtlicher emotionaler Erregung übereilt erklärten und deshalb kein schutzwürdiges Vertrauen des Arbeitgebers begründenden fristlosen Eigenkündigungen (vgl. dazu *LAG Köln* 2.2.2000 NZA-RR 2000, 419; *BAG* 16.1.2003 EzA § 242 BGB 2002 Kündigung Nr. 3) schützt den Arbeitnehmer nun idR die gem. § 623 BGB vorgeschriebene Schriftform (vgl. *BAG* 16.9.2004 EzA § 623 BGB 2002 Nr. 1).

464 Will der **Arbeitgeber** die Unwirksamkeit der Kündigung geltend machen, so kann er dies im Wege der **Feststellungsklage** gem. **§ 256 ZPO.** Das für die Zulässigkeit erforderliche besondere Feststellungsinteresse ist idR zu bejahen (*BAG* 20.3.1986 EzA § 256 ZPO Nr. 25; *BAG* 24.10.1996 EzA Art. 12 GG Nr. 29; SPV-*Preis* aaO).

2. Arbeitsplatzwechsel

465 Die **außerordentliche Chance** eines besonderen **beruflichen Fortkommens** berechtigt den Arbeitnehmer grds. nicht zur außerordentlichen Kündigung. Eine Ausnahme von diesem Grundsatz ist nicht bereits gegeben, wenn ein angestellter Krankenhausarzt deswegen fristlos kündigt, weil er eine selbständige Praxis übernehmen möchte (*LAG SchlH* 31.7.1962 DB 1962, 1543), wenn ein langfristig gebundener Arbeitnehmer eine Anstellung mit erheblich höherem Gehalt (*BAG* 1.10.1970 EzA § 626 BGB nF Nr. 6) bzw. zu wesentlich günstigeren Bedingungen (unbefristetes Arbeitsverhältnis) (*LAG SchlH* 30.1.1991 LAGE § 626 BGB Nr. 55) erstrebt oder wenn ein angestellter Lehrer die Möglichkeit hat, in ein Beamtenverhältnis zu wechseln (*BAG* 24.10.1996 EzA Art. 12 GG Nr. 29). Ein Arbeitnehmer, der zu einem Konkurrenzunternehmen wechseln will, muss es auch hinnehmen, dass der Arbeitgeber ihm für die Dauer der Kündigungsfrist einen anderen Arbeitsbereich zuweist, wenn der Arbeitsvertrag eine solche Umsetzung zulässt (*LAG Nieders.* 12.10.1998 LAGE § 315 BGB Nr. 5). Vgl. ferner oben Rz 152 f. und SPV-*Preis* Rz 785.

3. Arbeitsschutz

466 Weigert sich der Arbeitgeber, zwingende **Arbeitsschutznormen** zu beachten, so kann dies eine fristlose Kündigung des Arbeitnehmers auch dann rechtfertigen, wenn der Arbeitnehmer zunächst weitergearbeitet hat (*BAG* 28.10.1971 EzA § 626 BGB nF Nr. 9). In der Regel muss der Arbeitnehmer den Arbeitgeber vor einer Kündigung aber abmahnen (vgl. SPV-*Preis* Rz 778).

4. Gehaltsrückstand

467 Der Arbeitnehmer kann nach erfolgloser Abmahnung wegen Nichtgewährung des Gehaltes oder Lohnes schon dann fristlos kündigen, wenn der Arbeitgeber entweder zeitlich oder dem Betrage nach erheblich in **Verzug** kommt (*BAG* 17.1.2002 EzA § 628 BGB Nr. 20; 8.8.2002 EzA § 628 BGB Nr. 21; MünchKomm-*Henssler* Rz 270; SPV-*Preis* Rz 775; im Hinblick auf die Möglichkeit, die rückständigen Beträge einzuklagen, teilw. einschränkend HaKo-*Griebeling* Rz 96). Das Kündigungsrecht entfällt zwar idR, sobald der Arbeitgeber das rückständige Gehalt gezahlt hat, kommt der Arbeitgeber aber längere Zeit hindurch jeden Monat mit der **Gehaltszahlung** in Verzug, dann kann das nach Abmahnung für den Arbeitnehmer ein wichtiger Grund zur fristlosen Kündigung sein (*LAG* 5.11.1959 BB 1960, 289). Bei einer nicht nur geringfügigen Verzögerung der Auszahlung des Lohnes für Überstunden kann der Arbeitnehmer ebenfalls zur fristlosen Kündigung berechtigt sein (*LAG Düsseld.* 18.1.1955 BB 1955, 351). Dem Arbeitnehmer wird die Fortsetzung des Arbeitsverhältnisses unzumutbar, wenn es der Arbeitgeber länger als ein Jahr unterlässt, die einbehaltene **Lohnsteuer** und die **Sozialversicherungsbeiträge** abzuführen (*LAG BW* 30.5.1968 BB 1968, 874; MünchKomm-*Henssler* aaO). Wird einem Arbeitnehmer, der zur Versorgung einer großen Familie auf pünktliche Lohnzahlung angewiesen ist, nach einer dreiwöchigen Fernfahrt nicht wie betriebsüblich sein Lohn ausgezahlt, dann kann eine fristlose Kündigung gerechtfertigt sein, wenn sich der Arbeitgeber weigert, in den Betrieb zu kommen, um den Lohn auszuzahlen (*LAG BW* 5.7.1968 BB 1968, 1160). Zum **Zurückbehaltungsrecht** an der Arbeitsleistung wegen Verletzung der Lohnzahlungspflicht vgl. *BAG* 25.10.1984 EzA § 273 BGB Nr. 3.

5. Gewissenskonflikt

468 Hat der Arbeitnehmer wegen eines anzuerkennenden **Gewissenskonflikts** ein Leistungsverweigerungsrecht (s.o. Rz 141) und ist Abhilfe durch Zuweisung einer anderen zumutbaren Arbeit nicht möglich, so verliert er seinen Vergütungsanspruch (§ 326 Abs. 1 BGB). Dadurch kann sich für ihn ein wich-

tiger Grund zur fristlosen Kündigung ergeben (*ArbG Heidelberg* 28.3.1967 ARSt 1967, 165; ArbRBGB-*Corts* Rz 198; SPV-*Preis* Rz 786).

6. Maßregelung, Missachtung, Verdächtigung

Besteht der Arbeitgeber trotz Widerspruchs darauf, einen Betriebsleiter einem Geschäftsführer zu unterstellen, der den Betriebsleiter beleidigt und mit Schlägen bedroht hat, dann kann der Arbeitnehmer fristlos kündigen (*LAG Brem.* 3.6.1953 BB 1953, 502). Ein leitender Angestellter ist zur fristlosen Kündigung berechtigt, wenn ihm bei der Aushändigung eines Kündigungsschreibens erklärt wird, die Firma suche einen strebsamen integren Mann, der sich voll für die Belange der Firma einsetze und ihren Vorstellungen entspreche (*LAG Brem.* 23.4.1971 BB 1971, 475). Eine unberechtigte **Teilsuspendierung** kann dem Arbeitnehmer einen wichtigen Grund zur außerordentlichen Kündigung geben, wenn ihm wesentliche Aufgaben entzogen werden und die Anordnung des Arbeitgebers für ihn kränkend ist (*BAG* 15.6.1972 EzA § 626 BGB nF Nr. 14). Für grobe **Beleidigungen** seitens des Arbeitgebers gilt nichts anderes wie im umgekehrten Fall für solche seitens des Arbeitnehmers (s.o. Rz 415). Lehnt es der Arbeitgeber ab, einem Angestellten Prokura zu erteilen, dann rechtfertigt das allein noch keine außerordentliche Kündigung durch den Angestellten. Sie kann aber begründet sein, wenn der Arbeitgeber sich weigert, eine widerrufene Prokura für einen technischen Leiter des Betriebes zu erneuern, der jahrelang Prokura besessen hat und bei dem der Anlass für die Entziehung später weggefallen ist (*BAG* 17.9.1970 EzA § 626 BGB nF Nr. 5). **Verdächtigt** der Arbeitgeber den Arbeitnehmer zu Unrecht einer Unredlichkeit, dann kann – abhängig vom Gewicht des Verdachtes – der Arbeitnehmer zur fristlosen Kündigung berechtigt sein (*BAG* 24.2.1964 EzA § 607 BGB Nr. 1; SPV-*Preis* Rz 779).

469

7. Verdienstminderung

Ein Handlungsreisender, der ganz oder überwiegend auf **Provisionsbasis** arbeitet, kann zur außerordentlichen Kündigung berechtigt sein, wenn seine **Einkünfte** trotz unverminderten Einsatzes so **gesunken** sind, dass der Verdienst zur Bestreitung seines Lebensunterhaltes nicht mehr ausreicht. Das gilt insbes. dann, wenn der verminderte Umsatz auf veränderte Werbemethoden des Arbeitgebers zurückgeht. Der Arbeitnehmer muss jedoch zuvor den Arbeitgeber abmahnen oder sich um eine Neuregelung der Provisionsvereinbarung bemühen (*LAG BW* 24.7.1969 BB 1969, 1312).

470

8. Vertragsverletzungen

Ein im Akkord beschäftigter Arbeitnehmer ist nicht schon deshalb berechtigt, die Arbeit endgültig einzustellen, weil der Arbeitgeber ihm nicht rechtzeitig Akkordscheine zur Verfügung stellt (*LAG Bln.* 6.6.1957 DB 1957, 1024). Ein Provisionsreisender ist zur fristlosen Kündigung berechtigt, wenn ihm der Arbeitgeber schon am ersten Tag seiner Tätigkeit einen wesentlichen Teil des vertraglich zugesicherten Reisebezirks entzieht. Dagegen liegt kein wichtiger Grund vor, wenn der Arbeitgeber lediglich vorschlägt, Teile des Vertreterbezirks auszutauschen (*LAG Brem.* 17.4.1964 DB 1964, 847). Die Pflicht, einen Arbeitnehmer **tatsächlich zu beschäftigen**, besteht grds. auch nach Ausspruch einer ordentlichen Kündigung durch den Arbeitgeber bis zum Ablauf der Kündigungsfrist (vgl. KR-*Etzel* § 102 BetrVG Rz 269). Wenn ein Verkaufsgebietsleiter ein gewichtiges und schutzwürdiges Interesse daran hat, bis zum Ablauf der Kündigungsfrist beschäftigt zu werden, weil der weit überwiegende Teil seiner Vergütung aus Provisionen besteht, ist er bei einer unzulässigen Suspendierung durch den Arbeitgeber zur fristlosen Kündigung berechtigt (*BAG* 19.8.1986 EzA § 611 BGB Beschäftigungspflicht Nr. 1). Auch die Nichteinhaltung der **Zusage**, einen Angestellten zum **Geschäftsführer** zu bestellen, kann diesen uU zur fristlosen Kündigung berechtigen (*BAG* 8.8.2002 EzA § 628 BGB Nr. 21). Entsprechendes gilt für den vertragswidrigen **Entzug** der **Prokura** (*BAG* 26.8.1986 EzA § 52 HGB Nr. 1). Das ständige Verlangen eines Arbeitgebers, über die nach der Arbeitszeitordnung zulässigen Grenzen hinaus Mehrarbeit zu leisten, kann einem Arbeitnehmer einen wichtigen Grund zur fristlosen Kündigung auch dann geben, wenn er zwar zunächst bereit war, **verbotene Mehrarbeit** zu verrichten, dann aber vergeblich verlangt, künftig die Schutzvorschriften zu beachten (*BAG* 28.10.1971 EzA § 626 BGB nF Nr. 9). Vgl. ferner Rz 467.

471

9. Werkswohnung

Der nicht vertragsgemäße **Zustand** einer **Werkswohnung** berechtigt nicht ohne weiteres zu einer fristlosen Kündigung durch den Arbeitnehmer. Eine außerordentliche Kündigung kommt vielmehr nur in Betracht, wenn die Wohnverhältnisse dem Arbeitnehmer unzumutbar sind (*LAG Düsseld.* 24.3.1964 BB 1964, 927). Wenn ein Arbeitgeber nach einer Beanstandung beim Einzug und der Zusage der Abhilfe

472

keine vertragsgemäße Unterkunft zuweist, bedarf es vor einer von den Arbeitnehmern ausgesprochenen fristlosen Kündigung grds. der Abmahnung (*BAG* 19.6.1967 EzA § 124 GewO Nr. 1). Eine Teilkündigung allein der Werksmietwohnung ist nach *BAG* vom 23.8.1989 (EzA § 565 BGB Nr. 3) nicht möglich (ebenso MünchKomm-*Henssler* Rz 275; HWK-*Sandmann* Rz 365; **krit.:** SPV-*Preis* Rz 782, wonach eine Teilkündigung gegenüber einer Vollkündigung des Arbeitsverhältnisses das mildere Mittel sei; **aA** auch HaKo-*Griebeling* Rz 99).

10. Sonstige Gründe

473 Ein Arbeitnehmer, der von einem anderen Arbeitnehmer des Betriebes seines Arbeitgebers **tätlich angegriffen** wurde und eine Wiederholung dieser Übergriffe befürchten muss, kann fristlos kündigen, wenn ihn der Arbeitgeber vor dieser **Bedrohung** nicht zu schützen vermag (*LAG Frankf.* 2.9.1953 AuR 1954, 121). Ein nicht organisierter Arbeitnehmer, der bei einer berechtigten suspendierenden **Abwehraussperrung** weder Streikunterstützung noch öffentliche Mittel erhält, ist nicht berechtigt, außerordentlich zu kündigen (*ArbG Heilbronn* 24.9.1963 BB 1964, 351). Wenn ein Arbeitnehmer wegen **Krankheit** nur noch halbtags arbeiten kann, ist er nicht zur fristlosen Kündigung berechtigt, wenn er dem Arbeitgeber nicht zuvor vergeblich angeboten hat, ihn nach Maßgabe seiner eingeschränkten Arbeitskraft weiter zu beschäftigen (*BAG* 2.2.1973 EzA § 626 BGB nF Nr. 23; SPV-*Preis* Rz 789). Dagegen kann der Arbeitnehmer fristlos kündigen, wenn der Arbeitgeber an einer ansteckenden Krankheit leidet (*LAG Düsseld.* 20.10.1960 BB 1961, 49; MünchKomm-*Henssler* Rz 269).

Q. Recht des Arbeitgebers zur außerordentlichen Kündigung im öffentlichen Dienst der neuen Bundesländer

I. Rechtsgrundlage

474 Anlage I Kapitel XIX Sachgebiet A Abschnitt III Nr. 1 zum Einigungsvertrag enthält als Recht der im öffentlichen Dienst stehenden Personen folgende Regelungen:

»Bundesrecht tritt in dem in Art. 3 des Vertrages genannten Gebiet mit folgenden Maßgaben in Kraft:
1. Rechtsverhältnisse der Arbeitnehmer im öffentlichen Dienst

(1) Für die beim Wirksamwerden des Beitritts in der öffentlichen Verwaltung der Deutschen Demokratischen Republik einschließlich des Teils von Berlin, in dem das Grundgesetz bisher nicht galt, beschäftigten Arbeitnehmer gelten die am Tage vor dem Wirksamwerden des Beitritts für sie geltenden Arbeitsbedingungen mit den Maßgaben dieses Vertrages, insbes. der Abs. 2 bis 7, fort. Diesen Maßgaben entgegenstehende oder abweichende Regelungen sind nicht anzuwenden. Die für den öffentlichen Dienst im übrigen Bundesgebiet bestehenden Arbeitsbedingungen gelten erst, wenn und soweit die Tarifvertragsparteien dies vereinbaren.

(2 bis 3) . . .

(4) Die ordentliche Kündigung eines Arbeitsverhältnisses in der öffentlichen Verwaltung ist auch zulässig, wenn

1. der Arbeitnehmer wegen mangelnder fachlicher Qualifikation oder persönlicher Eignung den Anforderungen nicht entspricht oder . . .

(5) Ein wichtiger Grund für eine außerordentliche Kündigung ist insbes. dann gegeben, wenn der Arbeitnehmer

1. gegen die Grundsätze der Menschlichkeit oder Rechtsstaatlichkeit verstoßen hat, insbes. die im Internationalen Pakt über bürgerliche und politische Rechte vom 19. Dezember 1966 gewährleisteten Menschenrechte oder die in der Allgemeinen Erklärung der Menschenrechte vom 10. Dezember 1948 enthaltenen Grundsätze verletzt hat oder

2. für das frühere Ministerium für Staatssicherheit/Amt für nationale Sicherheit tätig war und deshalb ein Festhalten am Arbeitsverhältnis unzumutbar erscheint.

(6) . . .«

(Abs. 4 ist nach seiner ursprünglich bis 2.10.1992 befristeten Geltung und nach seiner bis 31.12.1993 erfolgten Verlängerung außer Kraft getreten; Abs. 5 gilt unbefristet [krit. dazu *Winkler* S. 170]. Die genannten Bestimmungen werden im Folgenden nur als Abs. 4 bzw. Abs. 5 zitiert).

II. Personell-sachlicher Geltungsbereich

Durch **außerordentliche Kündigung** gem. Abs. 5 können nicht nur die durch Vertrag, sondern auch 475
die durch Berufung nach § 61 AGB-DDR begründeten Arbeitsverhältnisse aufgelöst werden (*BAG*
23.9.1993 EzA Art. 20 EinigungsV Nr. 26; *LAG Bln.* 30.10.1992 RzK I 8 m ff Nr. 10; aA *Hillebrecht* KR, 4.
Aufl. Rz 350 mwN).

Der Begriff »**Angehörige des öffentlichen Dienstes** iSv Art. 20 EV «ist **umfassend** zu verstehen (vgl. 476
die 5. Aufl. und *Müller-Glöge* Rz 343 ff.). Er erfasst nicht nur Angehörige der öffentlichen Verwaltung,
sondern auch solche Arbeitnehmer, die in Einrichtungen beschäftigt sind, deren Rechtsträger die öffentliche Verwaltung ist (zB die Beschäftigten eines Landestheaters, *BAG* 18.3.1993 EzA Art. 20 EinigungsV Nr. 21). Auch den am 1.1.1995 in die Arbeitsverhältnisse der früheren Unternehmen der Dt.
Bundespost eingetretenen Aktiengesellschaften steht das Sonderkündigungsrecht des Abs. 5 weiterhin zu (§ 22 PostPersRG; *BAG* 10.12.1998 EzA Art. 20 EinigungsV Nr. 63; krit. *Lansnicker/Schwirtzek*
Anm. AP Nr. 46 zu Art. 20 EinigungsV, die § 22 PostPersRG für verfassungswidrig halten). In der **Privatwirtschaft** kommt eine außerordentliche Kündigung wegen Tätigkeit für das MfS, allerdings nur
gem. § 626 BGB, insbes. dann in Betracht, wenn der Arbeitnehmer Aufgaben wahrnimmt, die der öffentlichen Verwaltung zuzuordnen oder mit solchen Aufgaben eng verbunden sind (zB Flugplanung
bzw. Flugsicherung, vgl. *BAG* 25.10.2001 EzA § 626 BGB nF Nr. 191 mwN; vgl. ferner *Scholz* BB 1992,
2424 ff. und *LAG Bln.* 16.5.1994 RzK I 6 a Nr. 110.

Ein Anlass für eine auf Abs. 5 gestützte außerordentliche Kündigung besteht nur dann, wenn die **Ein-** 477
richtung, in der der Arbeitnehmer bis zum 3.10.1990 beschäftigt war, auf einen neuen Träger der öffentlichen Verwaltung **überführt** worden ist (*Ascheid* NZA 1993, 104; vgl. zur Beendigung des Arbeitsverhältnisses durch **Abwicklung** und zur Abgrenzung dieses Tatbestandes von der Überführung
einer Einrichtung nach dem Einigungsvertrag *Lipke* KR, 5. Aufl. § 620 BGB Rz 186d ff.). Auf nach dem
Beitritt **neu begründete Arbeitsverhältnisse** (im Gegensatz zur bloßen Unterzeichnung eines neuen
schriftlichen Arbeitsvertrages mit der Verweisung auf den BAT-O) findet die Sonderregelung dagegen
keine Anwendung (*BAG* 20.1.1994 EzA Art. 20 EinigungsV Nr. 30). Zum Arbeitgeberwechsel im öffentlichen Dienst vgl. *Korinth* AuA 1995, 148.

III. Verhältnis zu § 626 BGB

Im Schrifttum und in der Rspr. war zunächst str., ob die verfassungsgemäße (*BVerfG* 8.7.1997 EzA 478
Art. 20 EinigungsV Nr. 55) Bestimmung des Abs. 5 den wichtigen Grund des § 626 Abs. 1 BGB durch
die im Einzelnen genannten Gründe nur näher konkretisiert (so *LAG Bln.* 22.7.1991 LAGE Art. 20 EinigungsV Nr. 1 [mit insoweit zust. Anm. *Oetker*]; *LAG Bra.* 25.7.1991 LAGE Art. 20 EinigungsV Nr. 3;
Lansnicker/Schwirtzek MDR 1991, 202 f.; MünchKomm-*Säcker/Oetker* Rz 1009 f.; *Fenski/Linck* NZA 1992,
343 f.; *Honstetter* S. 92 f.; *Hanau/Langanke/Preis/Widlak* S. 34 f.; SPV-*Preis* 5. Aufl. Rz 1380) oder ob die
Sonderregelung der außerordentlichen Kündigung im Bereich des öffentlichen Dienstes der neuen
Bundesländer gegenüber § 626 Abs. 1 und 2 BGB lex specialis ist (so *LAG Bln.* 22.7.1991 LAGE Art. 20
EinigungsV Nr. 3; *Scholz* BB 1991, 2515 ff.; *Weiß* PersV 1991, 1916 f.). Unterschiedlich beurteilt wurde es
zudem, ob bei Annahme einer speziellen Sonderregelung die aufgeführten Tatbestandsmerkmale **absolute Kündigungsgründe** darstellen und insoweit ein Kündigungsautomatismus eintritt (so *ArbG
Bln.* 13.12.1990 NZA 1991, 312; zumindest missverständlich *Preis* PersV 1991, 203) oder auch im Rahmen dieser Sonderregelung stets eine **Einzelfallprüfung** erfolgen muss, bei der aufgrund der konkreten Umstände abzuwägen ist, ob dem öffentlichen Arbeitgeber ein Festhalten am Arbeitsverhältnis zumutbar erscheint oder nicht (so *LAG Bln.* 22.7.1991 LAGE Art. 20 EinigungsV Nr. 3; *Stern/Schmidt-Bleibtreu* S. 715; *Weiß* aaO). Diese Streitfragen sind vom *BAG* (11.6.1992 EzA Art. 20 EinigungsV Nr. 16;
28.1.1993 RzK I 8 m dd Nr. 36; 25.2.1993 EzA Art. 20 EinigungsV Nr. 22 = AiB 1993, 452 [*Mayer*];
18.3.1993 RzK I 8 m ee Nr. 29; ebenso *BVerwG* 28.1.1998 ZfPR 1998, 113; 30.4.1998 ZfPR 1998, 153) wie
folgt gelöst worden:

Die auf Abs. 5 gestützte außerordentliche Kündigung ist die Ausübung eines **Sonderkündigungs-** 479
rechts: § 626 BGB ist weder unmittelbar noch entsprechend anzuwenden. Das gilt auch für die **Ausschlussfrist** des § 626 Abs. 2 BGB (Verfassungsbeschwerde nicht angenommen: *BVerfG* 21.4.1994 EzA
Art. 20 EinigungsV Nr. 32; vgl. aber Rz 499). Der wichtige Grund iSd Sonderregelung ist erfüllt, wenn
die Voraussetzungen des Konditionalsatzes gegeben sind. Einer Ergänzung durch eine teilw. oder vollständige Anwendung des § 626 BGB bedarf es nicht. Durch den Hinweis »insbesondere« wird nur klar
gestellt, dass Abs. 5 eine auf § 626 BGB oder andere Normen gestützte außerordentliche Kündigung

§ 626 BGB   Fristlose Kündigung aus wichtigem Grund

nicht ausschließt. Auch den Angehörigen des öffentlichen Dienstes der DDR kann deswegen zB wegen einer Pflichtverletzung nach § 626 BGB außerordentlich gekündigt werden. Ist das Arbeitsverhältnis erst nach dem 3.10.1990 begründet worden, so kann es gem. § 626 BGB außerordentlich gekündigt werden, wenn der Arbeitnehmer die Voraussetzungen des Abs. 5 erfüllt; der Arbeitgeber muss dann allerdings die Ausschlussfrist nach § 626 Abs. 2 BGB einhalten (*LAG SA* 20.3.1996 LAGE § 626 BGB Nr. 101).

480 Die Eigenständigkeit der Kündigungsregelung in Abs. 5 wird durch den Einigungsvertrag selbst bestätigt, indem in Art. 38 Abs. 3 betont wird, das Recht zur ordentlichen oder außerordentlichen Kündigung dieser Arbeitsverhältnisse in den in Anlage 1 dieses Vertrages aufgeführten Tatbeständen bleibe unberührt. Damit sieht der EV in Abs. 5 Kündigungstatbestände, die das Recht zur außerordentlichen Kündigung geben. Bei Vorliegen der Voraussetzungen des Abs. 5 sind die Kündigungsmöglichkeiten abschließend und ausreichend konkret gekennzeichnet.

481 Abs. 5 ist allerdings nicht als »Muss«-Bestimmung ausgestaltet worden, so dass nicht jedem der die Kündigungstatbestände von Abs. 5 Nr. 1 oder Nr. 2 erfüllt, ohne weiteres zu kündigen ist. Der Rechtsbegriff »unzumutbar« **erfordert** vielmehr eine **Einzelfallprüfung** (*BVerfG* 8.7.1997 EzA Art. 20 EinigungsV Nr. 55). Das **individuelle Maß der Verstrickung** bestimmt über die außerordentliche Auflösbarkeit des Arbeitsverhältnisses. Wegen der früheren Tätigkeit muss ein Festhalten am Arbeitsverhältnis als unzumutbar erscheinen (s.u. Rz 493 ff.).

482 Zweck und Entstehungsgeschichte des Gesetzes (die Sonderregelung soll die Trennung von vorbelastetem Personal erleichtern und insbes. auch ein politisches Signal setzen, vgl. die Erl. der BReg., BT-Drucks. 11/817 S. 180), die bei der Auslegung von zeitlich neuen und sachlich neuartigen Regelungen besonders zu beachten sind (*Ascheid* NZA 1993, 88; *BVerfG* 11.6.1980 BVerfGE 54, 277, 297), sprechen für das Verständnis des BAG. Die von ihm **abgelehnte** Auslegung, wonach es bei der Anwendung der Sonderregelung einer **doppelten Unzumutbarkeitsprüfung** bedarf (*Fenski/Linck* aaO), also dem Arbeitgeber nicht nur die Fortsetzung des Arbeitsverhältnisses als solche, sondern darüber hinaus auch die Einhaltung der Frist für eine ordentliche Kündigung unzumutbar sein muss (*Oetker* Anm. LAGE Art. 20 EinigungsV Nr. 1, S. 20), würde die Anwendung der Sonderregelung komplizieren und damit ihren Zweck und ihre Durchsetzbarkeit abschwächen (vgl. auch *Catenhusen* S. 136 ff.).

IV. Verhältnis zum Mitwirkungsrecht des Personalrats und zum besonderen Kündigungsschutz nach MuSchG und SGB IX

483 §§ 79 Abs. 4, 108 Abs. 2 BPersVG sind keine der Maßgabe in Abs. 5 entgegenstehende Regelungen, so dass es auch bei einer außerordentlichen Kündigung, die auf Abs. 5 gestützt wird, der **Beteiligung des Personalrates** bedarf (*BAG* 11.6.1992 RzK I 8 m ee Nr. 23; 23.9.1993 EzA Art. 20 EinigungsV Nr. 25; *LAG Bln.* 25.11.1991 RzK I 8 m ee Nr. 21; *Säcker/Oetker* Rz 995; *Fenski/Linck* NZA 1992, 342; **aA** *Jeske* ZTR 1990, 454). Zur ordnungsgemäßen Beteiligung soll auch die Darlegung der Gründe gehören, die die Weiterbeschäftigung des Arbeitnehmers als unzumutbar erscheinen lassen (*Thür. LAG* 10.6.1996 LAGE Art. 20 EinigungsV Nr. 36); dem ist nur für den Fall zuzustimmen, dass der zuständige Personalrat diese Gründe wegen besonderer Umstände nicht ohne weiteres erkennen kann. Nicht mitgeteilt werden müssen Familienstand und Unterhaltspflichten des Arbeitnehmers, weil diese Sozialdaten im Zusammenhang mit Abs. 5 irrelevant sind (*BAG* 18.3.1993 – 8 AZR 479/92 – insoweit nv). Auf Kündigungen nach Abs. 5 finden auch die **Kündigungsbeschränkungen** der §§ 15 Abs. 2 KSchG, 47 Abs. 1 BPersVG/PersVG-DDR Anwendung (*BAG* 28.4.1994 EzA Art. 20 EinigungsV Nr. 36; *BVerwG* 28.1.1998 ZfPR 1998, 113; **aA** *Reichold* EWiR 1994, 1191), ebenso die Vorschriften des besonderen Kündigungsschutzes in **§ 9 MuSchG** und **§§ 85 ff. SGB IX** (vgl. *BAG* 16.3.1994 EzA Art. 20 EinigungsV Nr. 34; *Fenski/Linck* aaO; *Säcker/Oetker* aaO).

V. Die Tatbestandsvoraussetzungen gem. Abs. 5 Nr. 1 und Nr. 2

1. Verstoß gegen Grundsätze der Menschlichkeit oder Rechtsstaatlichkeit

484 Nach Abs. 5 Nr. 1 ist ein wichtiger Grund für eine außerordentliche Kündigung insbes. dann gegeben, wenn der Arbeitnehmer gegen die **Grundsätze der Menschlichkeit** oder **Rechtsstaatlichkeit** verstoßen hat, insbes. die im Internationalen Pakt über bürgerliche und politische Rechte vom 19.12.1966 gewährleisteten Menschenrechte oder die in der Allgemeinen Erklärung der Menschenrechte vom 10.12.1948 enthaltenen Grundsätze verletzt hat. Mit diesem in Nr. 1 umschriebenen Kündigungssachverhalt erfasst das Gesetz einen Tatbestand, der vergleichbar als Grund für einen Ausschluss in § 3 S. 1 Nr. 3 a G 131, § 1 Abs. 1 HHG und in § 3 Abs. 1 BVG enthalten ist und der sich mit der zu diesen Vor-

schriften vorliegenden Rspr. des BVerwG näher konkretisieren lässt (*Säcker/Oetker* Rz 1010). Der Tatbestand enthält objektive und subjektive Elemente.

Das Verhalten des Arbeitnehmers muss zunächst **objektiv** gegen die Grundsätze der Menschlichkeit **485** oder Rechtsstaatlichkeit **verstoßen** haben, wobei zur Konkretisierung auf die Allgemeine Erklärung der Menschenrechte und das genannte völkerrechtliche Abkommen sowie auf die einschlägige Rspr. des BVerwG verwiesen werden kann (*Säcker/Oetker* Rz 1011 mN). Die in Bezug genommenen »Grundsätze« ergeben sich insbes. aus den jeder Rechtsordnung vorgegebenen Rechten der Einzelperson (*Säcker/Oetker* Rz 1012 mN), zu denen vor allem das Recht auf Achtung der physischen und psychischen Integrität, die Ein- und Ausreisefreiheit, Glaubens-, Meinungs-, Versammlungs-, Vereinigungs-, Religions- und Koalitionsfreiheit gehören. Ein Verstoß gegen elementare Grundsätze der Menschlichkeit oder Rechtsstaatlichkeit ist auch die Einschüchterung politischer Gegner und Kritiker unter dem Vorwand formaler Gesetzmäßigkeit oder Rechtsstaatlichkeit. Der Verstoß muss vom Täter nicht persönlich und unmittelbar durchgeführt worden sein, sondern es reicht auch, wenn zB durch eine **Denunziation** hoheitliche Maßnahmen in der Form unmenschlicher oder rechtsstaatswidriger Sanktionen ausgelöst werden. Dieser Sonderkündigungstatbestand greift nicht bei jeder Unrechtstat ein, sondern erfordert eine **erhebliche Zuwiderhandlung** gegen die Grundsätze der Menschlichkeit oder Rechtsstaatlichkeit (*Säcker/Oetker* aaO; *LAG Bln.* 26.2.1993 RzK I 8 m ee Nr. 28; vgl. auch *BVerfG* 9.8.1995 NJW 1996, 709 [zum Entzug der Rechtsanwaltszulassung]).

Eine erhebliche Zuwiderhandlung setzt zudem beim Täter **subjektiv** Kenntnis und **Billigung** aller Ta- **486** tumstände sowie das **Bewusstsein** voraus, durch sein Verhalten gegen diese Grundsätze zu verstoßen (vgl. *BAG* 20.1.1994 EzA Art. 20 EinigungsV Nr. 33; *LAG Bln.* 26.2.1993 aaO). Dieses Bewusstsein erfordert allerdings nicht eine verwerfliche Gesinnung, sondern es reicht aus, wenn dem Arbeitnehmer die die Unmenschlichkeit oder Rechtsstaatswidrigkeit begründenden Tatsachen bekannt waren oder bei der ihm **zumutbaren Gewissensanspannung** hätten bewusst sein müssen, sofern nicht besondere Gründe seine Schuld ausschließen (*Säcker/Oetker* Rz 1013). Der Arbeitnehmer kann sich deswegen nicht darauf berufen, sein Verhalten sei nach den damaligen Gesetzen oder den hoheitlichen Anordnungen in der DDR formal erlaubt oder von der Strafverfolgung ausgenommen gewesen (*BAG* 20.1.1994 EzA Art. 20 EinigungsV Nr. 33; *Säcker/Oetker* Rz 1014). Subjektiv vorwerfbar ist das Verhalten auch dann, wenn der Arbeitnehmer zB durch Versetzung, Krankmeldung oder andere Ausflüchte seine Mitwirkung am Verstoß hätte vermeiden können (*Säcker/Oetker* aaO). Erforderlich ist aber, dass unter Berücksichtigung und Abwägung aller Umstände der individuelle **Schuldvorwurf schwerwiegend** ist (vgl. *BVerfG* aaO).

Die tatbestandlichen Voraussetzungen des Verstoßes gegen die Grundsätze der Menschlichkeit oder **487** Rechtsstaatlichkeit sind entsprechend den allg. Grundsätzen für die **Beweislast** (s.o. Rz 380 ff.) auch bei diesem Kündigungsgrund vom Arbeitgeber zu beweisen. Verdachtsmomente, die aus der früheren Tätigkeit des Arbeitnehmers herzuleiten sind, genügen nicht und begründen keinen ausreichenden Anscheinsbeweis (*Säcker/Oetker* Rz 1016). Ein nach der auch in diesem Bereich gebotenen Anhörung des Arbeitnehmers verbleibender Verdacht kann allerdings nach den allg. Grundsätzen zur **Verdachtskündigung** (vgl. Rz 210 ff.) den Ausspruch einer dann ausschließlich auf § 626 BGB zu stützenden außerordentlichen Kündigung rechtfertigen (*Hoefs* S. 336 ff.; *Säcker/Oetker* aaO).

2. Tätigkeit für MfS/AfNS

Der in Abs. 5 Nr. 2 erfasste Sachverhalt knüpft an eine im formalen Sinne zu verstehende **Tätigkeit für** **488** **das Ministerium für Staatssicherheit (MfS)** oder die Nachfolgeeinrichtung, das **Amt für Nationale Sicherheit (AfNS),** an. Eine Tätigkeit für andere Behörden oder Einrichtungen genügt nicht. Der Tatbestand des Abs. 5 Nr. 2 setzt kein Dienst- oder Arbeitsverhältnis mit dem MfS/AfNS voraus, sondern stellt auf den einer extensiveren Auslegung zugänglichen Begriff der »Tätigkeit« ab. Er bezieht sich nicht nur auf **hauptamtliche Tätigkeiten** für die genannten Einrichtungen, sondern erfasst auch **andere Tätigkeiten** (*Säcker/Oetker* Rz 1017; BT-Drucks. 11/7817 S. 180; *BAG* 25.2.1993 AiB 1993, 452 [*Mayer*] = EzA Art. 20 EinigungsV Nr. 22). Der Tatbestand des Abs. 5 Nr. 2 unterscheidet nicht zwischen hauptamtlichen und **inoffiziellen Mitarbeitern (IM)** der Staatssicherheit (*BAG* 25.2.1993 aaO). Auch Gesellschaftliche Mitarbeiter für Sicherheit (GMS) gehörten zu dem von der Norm erfassten Personenkreis (*LAG Bln.* 30.10.1995 LAGE Art. 20 EinigungsV Nr. 32). Auf die Rechtsgrundlage der Tätigkeit für das MfS/AfNS kommt es ebenso wenig an wie auf den jeweiligen Einsatzort. Einschlägig sind nicht nur vertragliche Beziehungen zu diesen Einrichtungen, sondern unabhängig davon, welchen Wert sie für das MfS/AfNS hatten (*BAG* 19.1.1995 RzK I 8 m ee Nr 40), auch **kurzfristige Tätigkeiten,** die der Ar-

§ 626 BGB   Fristlose Kündigung aus wichtigem Grund

beitnehmer aufgrund einer vorübergehenden Übertragung von Aufgaben für das MfS/AfNS erbracht hat, und zwar auch dann, wenn für die Tätigkeit **keine Vergütung** gezahlt worden ist (*Säcker/Oetker* aaO; SPV-*Preis* 5. Aufl. Rz 1380).

489 Kündigungsvoraussetzung ist eine Tätigkeit des Arbeitnehmers für das MfS/AfNS, wobei die Verwendung der Präposition »für« an Stelle der näher liegenden »beim« bedeutet, dass nur eine **bewusste, finale Mitarbeit** die Kündigung rechtfertigen kann (*BAG* 11.6.1992 EzA Art. 20 EinigungsV Nr. 16; 28.1.1993 RzK I 8 m dd Nr. 36; *Säcker/Oetker* Rz 1018); ein **bedingter Vorsatz reicht** allerdings aus (*BAG* 13.6.1996 – 8 AZR 351/93 – nv). Diese restriktive Auslegung ist geboten, weil dann, wenn schon ein einmaliger Gelegenheitskontakt mit dem MfS/AfNS ausreichen würde, normwidrig nicht nur die Täter, sondern auch die Opfer in den Anwendungsbereich dieses Kündigungsrechtes einbezogen würden (*Säcker/Oetker* aaO). Eine Tätigkeit für das MfS/AfNS ist deswegen nur anzunehmen, wenn das Verhalten über eine **passive** und **erzwungene Information** hinausgeht und zu einer nicht notwendig rechtlich verfestigten, aber doch aktiven, von **eigener Initiative** getragenen Mitarbeit geworden ist (krit. *Catenhusen* S. 130). Unter diesen Voraussetzungen genügt auch eine gelegentliche Information (*Säcker/Oetker* aaO). Dagegen reicht es grds. nicht aus, wenn ein bei einer anderen Einrichtung beschäftigter Arbeitnehmer aufgrund seiner **vertraglichen Pflichten** das MfS/AfNS informieren musste, selbst wenn er in den Akten des MfS als »inoffizieller Mitarbeiter« (IM) geführt wurde (*LAG Bln.* 7.11.1995 ZTR 1996, 215). Das setzt allerdings voraus, dass die Einrichtung nicht primär oder im Sinn einer gleichgewichtigen ständigen Aufgabe den Zweck hatte, dem MfS zuzuarbeiten (s.u. Rz 490). Auch darf der Arbeitnehmer bei Erfüllung seiner Informationspflichten keinen **überobligatorischen Diensteifer** gezeigt haben. Das gilt auch für die Berichtspflichten der sog. **Reisekader** (*Catenhusen* S. 129 f.; *Säcker/Oetker* aaO). Die bloße Unterzeichnung einer **Verpflichtungserklärung** durch den Arbeitnehmer stellt noch keine Tätigkeit für das MfS dar (*BAG* 26.8.1993 EzA Art. 20 EinigungsV Nr. 24; für die Unterzeichnung einer Verpflichtungserklärung, als »Inoffizieller Mitarbeiter zur Sicherung der Konspiration« [IMK] dem MfS eine Wohnung zur Verfügung zu stellen, ohne dass die Bereitstellung tatsächlich erfolgte *BAG* 14.12.1995 EzA Art. 20 EinigungsV Nr. 52).

490 Andererseits hat eine zielgerichtete Tätigkeit für das MfS/AfNS nicht nur dann vorgelegen, wenn sie für eine Einrichtung erfolgt ist, die formell und nach außen erkennbar organisatorisch in das MfS/AfNS eingegliedert war. Der Normzweck zielt vielmehr auch auf Tätigkeiten für Einrichtungen ab, deren organisatorische Zugehörigkeit zum MfS/AfNS nur Eingeweihten bekannt war oder die formal als verselbständigte Einrichtungen geführt wurden (*Säcker/Oetker* Rz 1019). So ressortierte zwar die Volkspolizei bei dem Ministerium des Inneren; eine Tätigkeit beim **Arbeitsgebiet I der Kriminalpolizei (sog. K I)** kann jedoch – je nach Aufgabenstellung – die Kündbarkeit wegen einer Tätigkeit für das MfS/AfNS begründen (*BAG* 13.6.1996 – 8 AZR 351/93 – nv; *Catenhusen* S. 127 f.; **aA** *Hillebrecht* KR, 4. Aufl. Rz 363). Dementsprechend werden die dort entstandenen Unterlagen nach § 6 Abs. 1 Nr. 1 Stasi-Unterlagen-Gesetz (StUG) denjenigen des Staatssicherheitsdienstes gleichgestellt und nach § 6 Abs. 5 StUG gelten die Vorschriften über Mitarbeiter des Staatssicherheitsdienstes entsprechend für informelle Mitarbeiter der K I. Die informelle Mitarbeit für K I genügt allerdings dann nicht, wenn der IM von der Weiterleitung seiner Berichte an das MfS/AfNS keine Kenntnis hatte und auch nicht damit rechnete (vgl. *Sächs. LAG* 16.8.1995 LAGE Art. 20 EinigungsV Nr. 31, das aber zu Unrecht bedingten Vorsatz nicht genügen lässt). Bei Einrichtungen mit gemischten, klar abgrenzbaren Aufgaben ist nur die Tätigkeit für den entsprechenden Teilbereich der Einrichtung, der dem MfS/AfNS diente, erfasst.

491 Der Tatbestand der Tätigkeit für das MfS/AfNS beruht auf einer kollektiven Erfassung der für diese Einrichtungen tätig gewordenen Arbeitnehmer und ist deswegen rein formal zu interpretieren, so dass es für die Subsumtion auf die von dem einzelnen Arbeitnehmer **ausgeübte Tätigkeit** insoweit zunächst nicht ankommt (*BAG* 11.6.1992 EzA Art. 20 EinigungsV Nr. 16; 28.1.1993 aaO; *Säcker/Oetker* Rz 1020). Es ist deswegen für das Tatbestandsmerkmal »Tätigkeit« **unerheblich**, ob der Arbeitnehmer sich nach seiner konkreten Arbeitsaufgabe nicht an rechtsstaatswidrigen Betätigungen dieser Einrichtung beteiligt hat oder ob er sich des Unrechtscharakters der Einrichtung bewusst war. In diesem Ansatzpunkt ist der Auffassung des *BAG* (28.1.1993 aaO) zu folgen, ebenso wenig wie besondere Einzelakte oder Auswüchse der Tätigkeit des Beschäftigten als Kündigungsgrund vorausgesetzt würden, bestehe Grund zu der Annahme, etwaige Begünstigungen einzelner Verfolgter der Staatssicherheit fielen »besonders ins Gewicht«. Missverständlich ist diese Begründung allerdings insoweit, als sie die unrichtige Folgerung begünstigt, diese Aspekte seien im Rahmen des Abs. 5 Nr. 2 überhaupt nicht zu berücksichtigen. Das gilt jedoch nur für die Begriffsbestimmung »Tätigkeit für das MfS/AfNS«, nicht

jedoch für die weiter erforderliche Einzelprüfung, ob die Fortsetzung des Arbeitsverhältnisses unzumutbar ist (so zutr. *Säcker/Oetker* aaO; zur Unzumutbarkeit s.u. Rz 493 ff.).

Ebenso wie beim Tatbestand von Abs. 4 trifft den Arbeitgeber auch hinsichtlich der Tätigkeit für das 492 MfS/AfNS die volle Darlegungs- und **Beweislast** (*BAG* 23.9.1993 EzA Art. 20 EinigungsV Nr. 26), wobei allerdings bei den Anforderungen an den Umfang der Darlegungen im Hinblick auf die konspirative Vorgehensweise des MfS die begrenzten Erkenntnismöglichkeiten des Arbeitgebers in Rechnung zu stellen sind (*BAG* 16.10.1997 RzK I 8 m ee Nr. 52; 27.3.2003 EzBAT § 53 BAT Einigungsvertrag Nr. 42). Es ist ein konkreter Nachweis der Tätigkeit erforderlich (*LAG Bln.* 30.10.1992 RzK I 8 m ee Nr. 25; *Säcker/Oetker* Rz 1021); ein dringender Tatverdacht kann nicht das Sonderkündigungsrecht des Abs. 5 begründen, sondern nur die Grundlage für eine nach § 626 BGB zu beurteilende **Verdachtskündigung** (s.o. Rz 210 ff.) bilden (ebenso *Catenhusen* S. 203 ff.; *Hantel* NJ 1995, 172; *Müller-Glöge* Rz 449; wohl auch *Säcker/Oetker* aaO; *Fenski/Linck* NZA 1992, 344; **aA** offenbar *BVerfG* 8.7.1997 EzA Art. 20 EinigungsV Nr. 57, unter C.II.2.c)cc) der Gründe).

VI. Unzumutbarkeit

Abs. 5 leitet die **Unzumutbarkeit** aus der **früheren Tätigkeit** des Arbeitnehmers her. Ihretwegen 493 (»deshalb«) muss ein Festhalten am Arbeitsverhältnis unzumutbar erscheinen. Nach der gesetzlichen Regelung kann die Unzumutbarkeit nicht aus anderen Gründen als den in Nr. 1 und 2 des Abs. 5 bezeichneten Tätigkeiten oder Verhaltensweisen hergeleitet werden. Damit knüpft das Gesetz insoweit für die Zumutbarkeitsprüfung zunächst an in der **Vergangenheit liegende Vorgänge** an (*BAG* 28.1.1993 RzK I 8 m dd Nr. 36). Es ist allerdings missverständlich, wenn das *BAG* (aaO) ausführt, das Gesetz knüpfe für das Kündigungsrecht des Abs. 5 allein an in der Vergangenheit liegende Vorgänge an. Diese Wertung hat das *BAG* selbst nicht konsequent fortgeführt, indem es bereits im Urteil vom 28.1.1993 (aaO) auch darauf abgestellt hat, ob die **jetzige Tätigkeit** des Arbeitnehmers dem »**Erscheinungsbild**« **der Verwaltung** entspreche.

Ausschließlich vergangenheitsbezogen ist die Zumutbarkeitsprüfung allerdings insoweit, als das 494 »**Maß der Verstrickung**« aufgrund der früheren Tätigkeit für das MfS/AfNS unter Berücksichtigung der konkreten Umstände des Einzelfalles zu bestimmen ist (*Müller-Glöge* Rz 437). Der Grad der Belastung wird durch die **Stellung** des Arbeitnehmers sowie die **Dauer** und **Intensität** seiner Tätigkeit bestimmt. Berücksichtigungsfähig sind weiterhin der Zeitpunkt und der **Grund der Aufnahme** und **der Beendigung** dieser Tätigkeit für das MfS/AfNS (*BAG* 11.6.1992 EzA Art. 20 EinigungsV Nr. 16; 13.6.1996 RzK I 8 m ee Nr. 43; 17.9.1998 – 8 AZR 91/97 – nv [Ausmusterung eines IM wegen Dekonspiration]; zur grds. milderen Beurteilung einer Tätigkeit von **Jugendlichen** und **Heranwachsenden** bzw. während des **Wehrdienstes** für das MfS vgl. *Hantel* NJ 1995, 170, *BAG* 19.3.1998 – 8 AZR 560/96 – nv, 16.9.1999 – 2 AZR 902/98 – nv und *BVerwG* 28.1.1998 aaO [z. T. krit. *Catenhusen* S. 146, 150 ff.]). Die »**Stellung**« in der Hierarchie des MfS/AfNS wird insbes. durch die Art der von dem Arbeitnehmer damals ausgeübten Tätigkeit bestimmt (*Säcker/Oetker* Rz 1023). Es ist von gravierender Bedeutung, ob ein Arbeitnehmer in der internen Verwaltung einschließlich der technischen Dienste bzw. in einer Kantine oder im einfachen Schreibdienst gearbeitet hat, oder ob er in einer Abteilung konkret an der zielgerichteten Ausspähung der Privatsphäre oder der konspirativen Unterwanderung und Zersetzung gesellschaftlicher Organisationen, kirchlicher Einrichtungen oder oppositioneller Gruppierungen mitgewirkt hat.

Es ist deshalb zu pauschal, wenn das *BAG* (28.1.1993 aaO) annimmt, besondere **Einzelakte** oder **Aus-** 495 **wüchse** der Tätigkeit des Beschäftigten sowie etwaige **Begünstigungen** einzelner **Verfolgter** der Staatssicherheit fielen (überhaupt) nicht ins Gewicht. Damit schränkt das BAG seinen eigenen zutr. Ausgangspunkt, entscheidend sei das individuelle Maß der Verstrickung, ohne einleuchtenden Grund wieder ein. Es ist nicht einzusehen, warum zwar der Grund der Tätigkeit für die Staatssicherheit berücksichtigt werden darf, nicht aber eine geringere oder größere Verstrickung durch Begünstigungen oder Auswüchse (vgl. auch *Catenhusen* S. 155 f.). Damit ist auch nur schwer in Einklang zu bringen, dass nach der Auffassung des *BAG* (11.6.1992 EzA Art. 20 EinigungsV Nr. 16) **Entlastungstatsachen** dann zu berücksichtigen sind, wenn sie sich in gleicher Weise wie die frühere belastende Tätigkeit **manifestiert** haben. Unter dieser Voraussetzung sollen sie geeignet sein, »das Erscheinungsbild der Vorbelastung zu erschüttern und der Feststellung der Unzumutbarkeit entgegenzuwirken«.

Die Unzumutbarkeit ist insofern anhand **objektiver Kriterien** zu beurteilen, als der Arbeitgeber unter 496 Beachtung der Anforderungen, die in einem Rechtsstaat an den öffentlichen Dienst gestellt werden, bestimmt, ob der einzelne Mitarbeiter weiterhin einer demokratisch legitimierten und rechtsstaatlich verfassten Verwaltung angehören darf. Dabei sind nur solche Tatsachen zu berücksichtigen, die zum Zeitpunkt des Kündigungsausspruchs vorlagen. Insofern kommt dem Merkmal »erscheint« besondere Bedeutung zu, denn damit hebt das Gesetz nicht auf eine intern ermittelbare Lage, sondern auf die **»vordergründige Erscheinung« der Verwaltung mit diesem Mitarbeiter** ab (*BAG* 11.6.1992 EzA Art. 20 EinigungsV Nr. 16 und 28.1.1993 aaO; **krit.** *Berkowsky* AuA 1996, 126; *Schroers* AuA 1994, 381 ff.; gegen *Schroers* eingehend *Korinth* AuA 1995, 148 ff.). Maßgebend ist nicht, ob die Tätigkeit für das MfS schon außerhalb der Verwaltung bekannt geworden ist, sondern ob das Vertrauen der Bürger in die Gesetzmäßigkeit der Verwaltung bei Bekanntwerden in einer Weise beeinträchtigt würde, die das Festhalten am Arbeitsverhältnis unzumutbar macht (*BAG* 11.9.1997 RzK I 8 m ee Nr. 50). Dabei kommt es auch auf die Art der **jetzigen Tätigkeit** an (*BVerfG* 8.7.1997 EzA Art. 20 EinigungsV Nr. 55; *BAG* 13.9.1995 EzA Art. 20 EinigungsV Nr. 46 mwN; *BVerwG* 28.1.1998 ZfPR 1998, 113). Insoweit lassen sich aus den entschiedenen Einzelfällen aber kaum nähere Grundsätze ableiten. So wurden etwa im Urteil vom 11.6.1992 (EzA Art. 20 EinigungsV Nr. 16) ehemalige Offiziere des MfS als zu sehr belastet angesehen, um im Bereich des Fernmeldewesens der Bundespost bzw. Telekom weiterbeschäftigt werden zu können, ohne danach zu unterscheiden, dass einer dort als Betriebshandwerker und Heizer und die übrigen als Fernmeldemonteure tätig waren. Auch für einen ehemaligen Offizier des MfS, der später als Mitarbeiter der Betriebswache bei den Staatlichen Museen zu Berlin beschäftigt wurde, hat das *BAG* die Unzumutbarkeit ohne weiteres angenommen (11.6.1992 RzK I 8 m ee Nr. 23). Für einen MfS-Offizier, der später Bahnpostwagen zu entladen und Postsendungen nach Leitzahlen zu verteilen hatte, wurde die Bedeutung dieser Tätigkeit dagegen erörtert und die Unzumutbarkeit auch insoweit bejaht (*BAG* 18.3.1993 RzK I 8 m ee Nr. 29). Ferner stellte das *BAG* (28.1.1993 aaO) in einem anderen Fall jedenfalls auch entscheidend darauf ab, dass der Arbeitnehmer als Koch und damit in einer völlig untergeordneten handwerklichen Tätigkeit »im Hintergrund« eines Feierabendheims beschäftigt sei, dieser Einsatz aber nachvollziehbar nicht geeignet sei, das Vertrauen in die öffentliche Verwaltung zu beeinträchtigen.

497 Im Anschluss an die bisherige Rspr. des *BAG* hat das *LAG Bra.* (25.11.1992 LAGE Art. 20 EinigungsV Nr. 12) zutr. eine **zweistufige Zumutbarkeitsprüfung** vorgenommen. Vorrangig seien die in der Vergangenheit liegenden Vorgänge zu beurteilen und dann sei in zweiter Linie zu prüfen, ob der Arbeitnehmer den Anforderungen, die in einem Rechtsstaat an den öffentlichen Dienst zu stellen seien, genüge. Dabei dürfe nicht außer Acht gelassen werden, welche Position der Arbeitnehmer bei der Beschäftigungsbehörde bekleide. Wenn er im untergeordneten technischen Dienst eingesetzt sei, könne er schwerlich als Repräsentant des öffentlichen Dienstes angesehen werden. Die erforderliche Einzelfallprüfung fällt auch nach objektiven Kriterien bei diesem Sachverhalt anders aus als bei der außerordentlichen Kündigung eines ehemaligen Passkontrolleurs (in den Diensten des MfS), der vom Bundesgrenzschutz an der deutsch/polnischen Grenze weiterbeschäftigt wurde (*BAG* 22.4.1993 RzK I 8 m ee Nr. 31; *LAG Chemnitz* 4.4.1992 RzK I 8 m ee Nr. 24). Es kommt also nicht zuletzt auf die Relevanz der Aufgaben der Dienststelle und der konkreten Tätigkeit des Arbeitnehmers für die Grundrechte der Bürger an (vgl. *Catenhusen* S. 163 ff., mwN; zu Schulen und anderen Erziehungseinrichtungen s.o. Rz 118).

498 Die in Abs. 5 Nr. 1 und Nr. 2 genannten Verstöße und Tätigkeiten als Voraussetzungen einer Kündigung gem. Abs. 5 **verjähren nicht** analog §§ 78, 79 StGB, § 46 BZRG. Die Frage, ob eine **lang zurückliegende IM-Tätigkeit** noch eine Kündigung nach dem Einigungsvertrag begründet, kann nicht anhand starrer Fristen entschieden werden, sondern hängt allein von den **Umständen des Einzelfalles** ab (*LAG SA* 17.5.1995 LAGE Art. 20 EinigungsV Nr. 30; vgl. auch *BVerfG* 8.7.1997 EzA Art. 20 EinigungsV Nr. 57; *BAG* 13.9.1995 EzA Art. 20 EinigungsV Nr. 46; *Korinth* AuA 1995, 149 f.; aA *Hantel* NJ 1995, 170). Danach kann die Kündigung auf eine fast 30 Jahre zurückliegende, wenn auch intensive Tätigkeit für das MfS nicht gestützt werden, wenn der Arbeitnehmer die Tätigkeit aus eigenem Antrieb beendet und durch seinen weiteren Werdegang dokumentiert hat, dass sein früheres Verhalten aus heutiger Sicht keine Belastung mehr für die künftige Tätigkeit der öffentlichen Verwaltung darstellt (*LAG SA* LAGE Art. 20 EinigungsV Nr. 30). Das »Erscheinungsbild der Verwaltung« wird auch von der Zeitdauer einer beanstandungsfreien Tätigkeit nach der Wiedervereinigung mitgeprägt (aA *Catenhusen* S. 170). Ein solch beanstandungsfreies Verhalten liegt freilich dann nicht vor, wenn der Arbeitnehmer auf Fragen des Arbeitgebers nach einer früheren MfS-Tätigkeit in wesentlicher Beziehung unrichtige Angaben gemacht hat (*BVerwG* 28.1.1998 ZfPR 1998, 113; *BAG* 3.9.1998 – 8 AZR 449/97 – nv; vgl. auch *BAG* 27.3.2003 EzBAT § 53 BAT Einigungsvertrag Nr. 42). Zur Zulässigkeit solcher Fagen und zur Kündigung wegen Falschbeantwortung vgl. *KR-Griebeling* § 1 KSchG Rz 310, 497, zur Anfechtung des Arbeitsvertrages s.o. Rz 46.

Obwohl die **Ausschlussfrist** des § 626 Abs. 2 BGB im Regelungsbereich der Sonderregelung für den 499
öffentlichen Dienst **nicht anzuwenden** ist (s.o. Rz 478 f. und *Müller-Glöge* Rz 439 ff.), kann der Arbeitgeber mit dem Ausspruch der Kündigung **nicht beliebig lange** zuwarten. Dies ist bei Kündigungen der vorliegenden Art auch aus Gründen des Verfassungsrechts geboten (*BVerfG* 21.4.1994 EzA Art. 20 EinigungsV Nr. 32). Der Frage der **Unzumutbarkeit** wohnt auch ein **zeitliches Element** inne. Es bedarf ggf. einer Prüfung, aus welchen Gründen nicht innerhalb der Zweiwochenfrist gekündigt wurde, sowie einer Abwägung des Zeitablaufs mit dem Gewicht der Kündigungsgründe. Dagegen müssen nicht über den **reinen Zeitablauf** hinaus weitere Umstände hinzutreten, die bei dem Gekündigten das berechtigte Vertrauen wecken konnten, der Kündigungsberechtigte wolle und werde trotz Kenntnis von den Kündigungstatsachen sein Kündigungsrecht nicht mehr ausüben (*BAG* 28.4.1994 EzA Art. 20 EinigungsV Nr. 38; SPV-*Preis/Vossen* 7. Aufl. Rz 582b; aA *Hillebrecht* KR, 4. Aufl. Rz 374 mwN). Die außerordentliche Kündigung gegenüber ehemaligen Passkontrolleuren der DDR, die in den Diensten des MfS standen und vom Bundesgrenzschutz übernommen wurden, konnte uU auch noch im Jahre 1992 erklärt werden (*BAG* 22.4.1993 aaO). Dagegen kommt eine Kündigung gem. Abs. 5 nicht mehr in Betracht, wenn der Arbeitnehmer den Arbeitgeber Ende 1990 vollständig über seine Tätigkeit für das MfS unterrichtet hat, hierzu Anfang 1991 mündlich angehört wurde und der Arbeitgeber ihn danach über vier Jahre beschäftigte, bis die dann eingetroffene Auskunft des Bundesbeauftragten für die Unterlagen des Staatssicherheitsdienstes die Angaben des Arbeitnehmers bestätigte (*BAG* 26.6.1997 – 8 AZR 449/96 – nv). Nach vollständiger Kenntnis des Arbeitgebers von den Umständen der früheren Tätigkeit für das MfS infolge des Zugangs des Berichts des/der Bundesbeauftragten (der sog. Gauck-Behörde) kann ein Zuwarten mit der Kündigung von mehr als acht Wochen schon zu lang sein (*Thür. LAG* 10.6.1996 LAGE Art. 20 EinigungsV Nr. 36). Andererseits sind selbst mehrmonatige Verzögerungen unschädlich, soweit sie auf der vorgesehenen Beteiligung sachverständiger Gremien beruhen (zB des Vertrauensrates in Sachsen-Anhalt, vgl. *BAG* 13.2.1999 – 8 AZR 550/97 – nv); auch stellt sich bei neuen Erkenntnissen die Frage der Kündigung neu (*BAG* 11.9.1997 RzK I 8 m ee Nr. 50; *BVerwG* 3.5.1999, RzK I 8 m ee Nr. 57), wobei der Kündigung nicht generell entgegensteht, dass der Arbeitgeber die Ermittlungen nicht oder zu langsam betrieben hat (*BAG* 4.6.1998 – 8 AZR 696/96 – nv); insbes. muss der Arbeitgeber nicht auf eine besonders beschleunigte Antwort der Gauck-Behörde dringen (*BAG* 3.9.1998 RzK I 8 m ee Nr. 55).

VII. Verhältnis zu Abs. 4 und § 1 KSchG

Zum Verhältnis zwischen einer Kündigung wegen fehlender Eignung nach dem am 31.12.1993 außer 500
Kraft getretenen Abs. 4 und der außerordentlichen Kündigung nach Abs. 5 wegen Tätigkeit für das MfS/AfNS vgl. die 5. Auflage. Auch bei einer außerordentlichen Kündigung nach Abs. 5 steht es dem Kündigenden frei, eine **Auslauffrist** zu gewähren, wenn dies in seinem Interesse liegt (*BAG* 25.2.1993 EzA Art. 20 EinigungsV Nr. 22). Erklärt der Arbeitgeber trotz Vorliegens der Voraussetzungen des Abs. 5 nur eine ordentliche Kündigung gem. **§ 1 KSchG**, so ist diese nicht etwa ohne weiteres sozial gerechtfertigt, denn § 1 KSchG ist stärker **zukunftsbezogen** und erfordert eine umfassende Interessenabwägung (*BAG* 13.3.1997 NJ 1997, 606; 27.3.2003 EzBAT § 53 BAT Einigungsvertrag Nr. 42).

VIII. Prozessuales

Die **Klagefrist** der §§ 13, 4 KSchG ist auch bei einer Kündigung nach Abs. 5 **zu beachten** (*BAG* 501
11.6.1992 aaO; KR-*Friedrich* § 13 KSchG Rz 21; SPV-*Preis* Rz 582b; *Müller-Glöge* Rz 452 f.). Im Verfahren über die Wirksamkeit einer auf Abs. 4 und 5 gestützten Kündigung gilt ebenso wie für andere Kündigungsschutzprozesse der zivilprozessuale Verhandlungs- und **Beibringungsgrundsatz** (*BAG* 25.2.1993 EzA Art. 20 EinigungsV Nr. 22). Danach hat das Gericht nur von dem von den Parteien vorgetragenen Tatsachenstoff auszugehen. Aufgrund des Beibringungsgrundsatzes entscheiden die Parteien darüber, welche Tatsachen sie dem Gericht unterbreiten wollen. Der ebenfalls zu beachtende Grundsatz der Mündlichkeit bedeutet, dass erhebliches Parteivorbringen immer auch zum Gegenstand der mündlichen Verhandlung gemacht werden muss. Danach ist es unzulässig, dass ein Tatsachengericht vom beklagten Arbeitgeber vorgelegte Unterlagen verwertet, ohne dem Arbeitnehmer zuvor Gelegenheit zu geben, Einsicht und Stellung zu nehmen. Der Richter kann auch nicht aus Unterlagen, die einer Partei nicht bekannt sind, für sie nur »günstige Umstände« heraussuchen (*BAG* 25.2.1993 EzA Art. 20 EinigungsV Nr. 22). Der Kündigungsgrund des Abs. 5 ist vom kündigenden Arbeitgeber darzulegen und ggf. zu beweisen (s.o. Rz 487, 492). Werden von einer Partei **Unterlagen der »Gauck-Behörde«** vorgelegt, so hat die Partei vorzutragen, welche substantiierten Behauptungen mit welcher Urkunde konkretisiert und bewiesen werden sollen (*BAG* 25.2.1993 EzA Art. 20 EinigungsV

Nr. 22). Beweiserleichterungen wie bspw. den Anscheinsbeweis gibt es bei den in Rede stehenden Sachverhalten nicht (*BAG* 26.8.1993 EzA Art. 20 EinigungsV Nr. 24; 23.9.1993 EzA Art. 20 EinigungsV Nr. 26). Insbesondere spricht nicht die **bloße Unterzeichnung** einer MfS-**Verpflichtungserklärung** dafür, dass der Arbeitnehmer in der Folgezeit auch für das MfS tätig war (*BAG* 26.8.1993 EzA Art. 20 EinigungsV Nr. 24). Andererseits bedarf es nicht in jedem Fall des Vortrags von Einzelhandlungen (*BAG* 23.9.1993 EzA Art. 20 EinigungsV Nr. 26). Offenbar erkennt das *BAG* in der Vorlage personenbezogener Unterlagen des Bundesbeauftragten den Antritt des Urkundenbeweises (*BAG* 25.2.1993 EzA Art. 20 EinigungsV Nr. 22), wohingegen in der Vorlage der Stellungnahme des Bundesbeauftragten, aus der sich eine Tätigkeit für das MfS ergibt, die Behauptung einer Hilfstatsache gesehen wird (*BAG* 23.9.1993 EzA Art. 20 EinigungsV Nr. 26), durch die in dem konkreten Fall eine Tätigkeit des Arbeitnehmers für das MfS »in nicht unerheblichem Umfang« behauptet worden sei. Richtig dürfte sein, dass es sich bei der Stellungnahme um eine öffentliche Urkunde des Bundesbeauftragten handelt. Die Urkunde beweist jedoch nicht die Richtigkeit des Inhalts vorhandener personenbezogener Unterlagen, sondern nur deren Existenz und Inhalt. Die personenbezogenen Unterlagen wiederum begründen, sofern sie von den Ausstellern unterschriebene Erklärungen darstellen, vollen Beweis allenfalls dafür, dass die in ihnen enthaltenen Erklärungen von den Ausstellern abgegeben sind (§ 416 ZPO). Weder geben sie Auskunft über die Richtigkeit der Erklärung noch beweisen sie, dass die als Aussteller genannte Person selbst unterzeichnet hat. Die Beweiskraft öffentlicher Urkunden kommt konspirativ oder/ und zum Zwecke der Konspiration gewonnenen Unterlagen schon aus Gründen des Rechtsstaatsprinzips nicht zu. Die Heimlichkeit der Gewinnung steht hingegen in Fällen eines überwiegenden Interesses der Allgemeinheit – wie hier – nicht einer Verwertung als Privaturkunde (vgl. *BVerfG* 31.1.1973 BVerfGE 34, 238) oder der Vernehmung der Aussteller (zB eines Führungsoffiziers oder des Informellen Mitarbeiters) als **Zeugen** oder Partei entgegen. Entsprechendes gilt für die Vernehmung eines Dritten (zB des Führungsoffiziers) als Zeuge der beurkundeten Erklärung oder als Zeuge von deren Beurkundung selbst. Zum Beweiswert der Unterlagen des Bundesbeauftragten vgl. *Catenhusen* S. 207 ff.; *Lansnicker/Schwirtzek* DtZ 1994, 162; *Kunze* DtZ 1994, 399; *Müller-Glöge* Rz 455 ff.; vgl. auch *Stapelfeld* DtZ 1995, 186, 189).

§ 628 Vergütung, Schadenersatz bei fristloser Kündigung

(1) ¹Wird nach dem Beginne der Dienstleistung das Dienstverhältnis aufgrund des § 626 oder des § 627 gekündigt, so kann der Verpflichtete einen seinen bisherigen Leistungen entsprechenden Teil der Vergütung verlangen. ²Kündigt er, ohne durch vertragswidriges Verhalten des anderen Teils dazu veranlaßt zu sein, oder veranlaßt er durch sein vertragswidriges Verhalten die Kündigung des anderen Teiles, so steht ihm ein Anspruch auf die Vergütung insoweit nicht zu, als seine bisherigen Leistungen infolge der Kündigung für den anderen Teil kein Interesse haben. ³Ist die Vergütung für eine spätere Zeit im voraus entrichtet, so hat der Verpflichtete sie nach Maßgabe des § 347 oder, wenn die Kündigung wegen eines Umstandes erfolgt, den er nicht zu vertreten hat, nach den Vorschriften über die Herausgabe einer ungerechtfertigten Bereicherung zurückzuerstatten.
(2) Wird die Kündigung durch vertragswidriges Verhalten des anderen Teiles veranlaßt, so ist dieser zum Ersatze des durch Aufhebung des Dienstverhältnisses entstehenden Schadens verpflichtet.

Literatur

– *bis 2004 vgl. KR-Vorauflage* –
Birk Die provozierte Auflösung des Arbeitsverhältnisses, FS für Wolfgang Zöllner, Bd. II (1998), S. 687; *Friedrich* Der Vertragsbruch, AcP Bd. 178 (1978), S. 468; *Herbert/Oberrath* Arbeitsrecht nach der Schuldrechtsreform – eine Zwischenbilanz, NJW 2005, 3745; *Hunold* Kontrolle arbeitsrechtlicher Absprachen nach der Schuldrechtsreform, NZA-RR 2006, 113; *Joost* Vertragsstrafen im Arbeitsrecht – Zur Inhaltskontrolle von Formularverträgen im Arbeitsrecht, ZIP 2004, 1981; *Nicolai* Die Gestaltung arbeitsvertraglicher Vertragsstrafenvereinbarungen, FA 2006, 76; *Preis/Stoffels* Vertragsstrafe, AR-Blattei SD 1710; *Reinecke* Vertragskontrolle im Arbeitsrecht nach der Schuldrechtsreform, Sonderbeilage zu NZA Heft 18 2004, 27; *Stoffels* Arbeitsvertragsbruch, AR-Blattei SD 230, 34; *Thüsing/Leder* Gestaltungsspielräume bei der Verwendung vorformulierter Arbeitsbedingungen – Besondere Klauseln, BB 2005, 1563.

Vergütung, Schadenersatz bei fristloser Kündigung § 628 BGB

Inhaltsübersicht

	Rz
A. Allgemeines	1–3
I. Funktion des § 628 BGB	1
II. Abdingbarkeit	2
III. Anwendungsbereich und Sonderregelungen	3–8
1. Vertragsstrafe	4–7
2. Entschädigung gem. § 61 Abs. 2 ArbGG	8
B. Vergütungsanspruch gem. § 628 Abs. 1 BGB	9–18
I. Allgemeine Grundsätze	9
II. Umfang und Bemessung des Vergütungsanspruchs (§ 628 Abs. 1 S. 1 BGB)	10–13
III. Minderung des Vergütungsanspruchs (§ 628 Abs. 1 S. 2 BGB)	14–17
1. Kündigung ohne Veranlassung (§ 628 Abs. 1 S. 2 1. Alt.)	15
2. Veranlassung der Kündigung durch vertragswidriges Verhalten	16
3. Wegfall des Interesses	17
IV. Vorausgezahlte Vergütung (§ 628 Abs. 1 S. 3 BGB)	18
C. Schadensersatz (§ 628 Abs. 2 BGB)	19–57
I. Kündigung iSd § 628 Abs. 2 BGB	20–24
II. Auflösungsverschulden	25–31
1. Vertragswidriges schuldhaftes Verhalten	25–29
2. Mitverschulden	30
3. Vertragswidriges Verhalten beider Parteien	31
III. Schaden	32–52
1. Allgemeine Grundsätze	32, 33
2. Zeitliche Begrenzung	34–36
3. Schaden des Arbeitnehmers	37–42
4. Schaden des Arbeitgebers	43–52
IV. Beweislastregeln	53
V. Rechtsnatur und Verjährung des Anspruchs	54
VI. Sozialversicherung	55, 56
1. Beitragspflicht	55
2. Anrechnung auf das Arbeitslosengeld	56
VII. Schadensersatzanspruch gem. § 628 Abs. 2 BGB in der Insolvenz des Arbeitgebers	57

A. Allgemeines

I. Funktion des § 628 BGB

Nach § 628 BGB (früher auch § 70 HGB, der durch das Erste Arbeitsrechtsbereinigungsgesetz v. **1** 14.8.1969, BGBl. I S. 1106, aufgehoben ist) wird das Arbeitsverhältnis, das gem. §§ 626 und 627 BGB gekündigt worden ist, nur noch als reines **Abwicklungsverhältnis** behandelt, das nicht mehr persönliche Leistungspflichten zum Gegenstand hat, sondern noch bestehende gegenseitige finanzielle Ansprüche ausgleichen soll. Dabei wird auf allgemeine Grundsätze der Dienstleistungsvergütung sowie des Schadensersatzrechts (insbes. §§ 323 ff. BGB) zurückgegriffen. Zur Abgrenzung der Schadensersatzansprüche gem. § 628 Abs. 2 BGB und § 325 Abs. 1 S. 1 BGB vgl. *Heinze* NZA 1994, 244. Der **Vergütungsanspruch** gem. § 628 Abs. 1 BGB entspricht dem allgemeinen Rechtsgedanken, dass der Lohn sich nach den erbrachten Leistungen bemisst. Wenn der Arbeitnehmer selbst kündigt oder durch sein Verhalten die Kündigung durch den Arbeitgeber provoziert, behält er den Lohnanspruch hinsichtlich der Teilleistung nur, soweit diese im Rahmen der projektierten Gesamtleistung für den Arbeitgeber von Interesse ist. Die Regel des § 628 Abs. 2 BGB beruht ebenso auf allgemeinen Rechtsgrundsätzen, wonach der Veranlasser der Kündigung des Arbeitsverhältnisses – soweit ihm schuldhaftes vertragswidriges Verhalten vorgeworfen werden kann – dem anderen zum Ersatz des dadurch entstandenen **Schadens** verpflichtet ist.

II. Abdingbarkeit

Die Vorschrift des § 628 BGB ist **grds. abdingbar** (*BGH* 28.6.1952 LM § 611 BGB Nr. 8; RGRK-*Corts* § 628 **2** BGB Rz 3; HWK/*Sandmann* § 628 BGB Rz 7). **Grenzen der Abdingbarkeit** ergeben sich aus dem Sinn und Zweck der Vorschrift, die einen gerechten Ausgleich der in dem behandelten Konfliktfall widerstreitenden Interessen herbeiführen will (Rechtsgedanke § 242 BGB). Die Abdingbarkeit scheidet aus, wenn damit unmittelbar oder mittelbar zwingendes Arbeitsrecht unterlaufen wird (ErfK-*Müller-Glöge* § 628 BGB Rz 116; *Staudinger/Preis* § 628 Rz 14 differenziert bzgl. der Vergütungsregelung, für die zuungunsten des Arbeitnehmers eine abweichende Vereinbarung erst nach Beendigung des Vertragsverhältnisses geschlossen werden kann; hinsichtlich § 628 Abs. 1 BGB führen für APS-*Rolfs* [§ 628 BGB Rz 4] die arbeitsrechtlichen Schranken sogar zu einer faktischen Unabdingbarkeit der Teilvergütungsregelung). Eine Abweichung von der Dispositivnorm darf nur soweit gehen, dass der Gerechtigkeitsgehalt der gesetzlichen Vorschrift durch die Alternativregelung nicht gravierend vereitelt wird (*BGH* 4.6.1970 NJW 1970, 1596–1599 für Allg. Geschäftsbedingungen im Rahmen des § 628 Abs. 1 S. 1 BGB).

§ 628 BGB   Vergütung, Schadenersatz bei fristloser Kündigung

Anstatt des § 628 Abs. 1 BGB können in diesem Rahmen zB die Rechtsfolgen des § 649 BGB vereinbart werden (so auch *Palandt/Putzo* § 628 Rz 2). Die Pauschalierung von Schadensersatzansprüchen ist zulässig (ErfK-*Müller-Glöge* § 628 BGB Rz 118; HWK/*Sandmann* § 628 BGB Rz 9), sie unterliegt der richterlichen Billigkeitskontrolle wie die Vertragsstrafen, § 309 Nr. 5 BGB. Ebenso ergeben sich für durch AGB gestaltete Arbeitsverhältnisse Beschränkungen gem. § 310 Abs. 4 S. 2 hinsichtlich des Verbots unangemessen hoher Vergütungen (§ 308 Nr. 7a BGB) und der Pauschalierung von Schadensersatzansprüchen (§ 309 Nr. 5 BGB).

III. Anwendungsbereich und Sonderregelungen

3   § 628 BGB ist anwendbar auf **alle Dienst- und Arbeitsverhältnisse** (*BAG* 8.8.2002 EzA § 628 BGB Nr. 21; MünchKomm-*Henssler* § 628 Rz 2; *Erman/Belling* § 628 Rz 1), auch im Falle einer Kündigung vor Dienstantritt (RGRK-*Corts* § 628 BGB Rz 4; *Staudinger/Preis* § 628 BGB Rz 3). Nicht anwendbar ist diese Vorschrift, soweit im Bereich des Arbeitsrechts **Sonderregelungen** bestehen, wie bei Berufsausbildungsverhältnissen (gem. § 23 BBiG, vgl. KR-*Weigand* § 21, 22 BBiG Rz 128 ff.; vgl. *LAG Düsseld.* 26.6.1984 – 8 Sa 617/84 – nv), und beim Handelsvertreter (vgl. § 89a Abs. 2 HGB, der inhaltlich der Regelung in § 628 Abs. 2 BGB entspricht; vgl. *BGH* 3.3.1993 EzA § 89a HGB Nr. 1; *Schlegelberger/Schröder* § 89a Rz 22 ff.; *Brüggemann* Großkomm. § 89a Rz 12; *Baumbach/Hopt* § 89a Rz 4). Bei Seeleuten findet die Regelung des § 628 Abs. 2 BGB im Falle der berechtigten außerordentlichen Kündigung neben § 70 SeemG Anwendung (§ 70 Abs. 2 SeemG; *BAG* 16.1.2003 EzA § 242 BGB 2002 Kündigung Nr. 3; RGRK-*Corts* § 628 BGB Rz 25). Im Unterschied zu Berufsausbildungsverträgen sind Unterrichtsverträge als Dienstleistungsverträge anzusehen, auf die § 628 BGB anwendbar ist: Erfüllt ein Weiterbildungsträger die vertraglich geschuldeten Leistungen unzureichend, können die Teilnehmer außerordentlich kündigen und Schadensersatz verlangen (*OLG Hmb.* 18.5.1998 EzB aF § 626 BGB Nr. 35). Zum Geltungsbereich des § 628 BGB s.u. Rz 9 und 20.

1. Vertragsstrafe

4   Zu unterscheiden vom Schadensersatzanspruch gem. § 628 Abs. 2 BGB ist die Verwirkung einer **Vertragsstrafe** (vgl. auch *Heinze* NZA 1994, 244). In Arbeitsverträgen (möglich auch in Tarifverträgen oder Betriebsvereinbarungen, *LAG Düsseld.* 7.12.1970 DB 1971, 1017) werden oft Vereinbarungen getroffen, wonach der Arbeitnehmer eine Vertragsstrafe zu zahlen hat, wenn er schuldhaft die Arbeit nicht aufnimmt (vgl. *Bengelsdorf* BB 1989, 2390) oder die Tätigkeit vertragswidrig beendet (vgl. *Popp* NZA 1988, 455). Individuell vereinbarte Vertragsstrafenabreden sind nach hM zulässig. Soweit es sich um einseitig vom Arbeitgeber vorformulierte, standardisierte Arbeitsverträge handelt, sind Vertragsstrafenklauseln für Fälle der Vertragsauflösung entsprechend der Rspr. des *BAG* zulässig (27.5.1992 EzA § 339 BGB Nr. 8; 23.5.1984 AP Nr. 9 zu § 339 BGB; *Stein* BB 1985, 1402). Soweit die vorformulierten Vertragsstrafenbedingungen seit Inkrafttreten des Schuldrechtsreformgesetzes der Inhaltskontrolle gem. §§ 305 bis 309 BGB unterliegen, sind gem. § 310 Abs. 4 S. 2 BGB die im Arbeitsrecht geltenden Besonderheiten angemessen zu berücksichtigen. Im Fall des Vertragsbruchs wegen vertragswidriger Beendigung vermag der Arbeitgeber kaum einen Schadensnachweis zu führen und verfügt über kein angemessenes Sanktionsmittel; denn ein Arbeitnehmer kann zur Erbringung der Arbeitsleistung gem. § 888 Abs. 3 ZPO nicht durch Zwangsgeld oder -haft angehalten werden. Allerdings sind Vertragsstrafenabreden **unwirksam** gem. § 307 Abs. 1 S. 1 BGB (eine Herabsetzung des Vertragsstrafenbetrages kommt nicht infrage), wenn sie – zB wegen des Missverhältnisses zwischen Pflichtverletzung und Höhe der Vertragsstrafe – den Arbeitnehmer entgegen Treu und Glauben unangemessen benachteiligen. Unangemessen ist jede Beeinträchtigung eines rechtlich anerkannten Interesses des Arbeitnehmers, die nicht durch begründete und billigenswerte Interessen des Arbeitgebers gerechtfertigt ist oder durch gleichwertige Vorteile ausgeglichen wird. ZB ist eine Regelung unangemessen, wonach eine Vertragsstrafe durch ein »schuldhaft vertragswidriges Verhalten des Arbeitnehmers, das den Arbeitgeber zur fristlosen Kündigung des Arbeitsverhältnisses veranlasst« verwirkt ist, weil die Pflichtverletzung für die Rechtsfolge nicht im Einzelnen erkennbar ist. Die eine Vertragsstrafe auslösende Pflichtverletzung muss so eindeutig beschrieben sein, dass sich der Vertragspartner darauf einstellen kann (*BAG* 18.8.2005 EzA § 307 BGB 2002 Nr. 6; 21.4.2005 EzA § 309 BGB 2002 Nr. 3; 4.3.2004 EzA § 309 BGB 2002 Nr. 1; Bespr. *Joost* ZIP 2004, 1981; Anm. *Thüsing/Leder*; Anm. v. *Steinau-Steinrück/Hurek* NZA 2004, 965; vgl. dazu auch *Hunold* NZA-RR 2006, 113, 120 ff.; *Nicolai* FA 2006, 76; *Herbert/Oberrath* NJW 2005, 3745; *Thüsing/Leder* BB 2005, 1563; krit. *Reinecke* Sonderbeil. NZA Heft 18/2004 S. 27, 31 ff.; *Stoffels* in Preis Arbeitsvertrag, S. 1268; *Gotthardt* ZIP 2002, 277, 283; *Lingemann* NZA 2002, 181, 191; im Ergebnis auch ErfK-*Müller-Glöge* §§ 339–345 BGB Rz 11; *Lederer-Morgenroth* NZA 2002, 952, 957; *Annuß* BB 2002, 458, 463; *Conein-Eikelmann* DB 2003, 2546.

Wenn im Arbeitsvertrag eine **Vertragsstrafe für den Fall des »Vertragsbruchs«** vereinbart ist, so umfasst 5
der Begriff des »Vertragsbruchs« nach allgemeinem Sprachgebrauch (zum Begriff des Arbeitsvertragsbruchs vgl. *Stoffels* Vertragsbruch, S. 7 ff.) sowie seiner Verwendung in Rechtsprechung und Schrifttum das Verhalten des Arbeitnehmers, wenn er die **Arbeit nicht aufnimmt** oder vor Ablauf der vereinbarten Vertragszeit oder ohne Einhaltung der Kündigungsfrist ohne rechtfertigenden Grund aus dem Arbeitsverhältnis ausscheidet (*BAG* 18.9.1991 EzA § 339 BGB Nr. 7). Soll die Vertragsstrafe auch den Fall der vom Arbeitnehmer **schuldhaft veranlassten vorzeitigen Beendigung des Arbeitsverhältnisses** durch Kündigung des Arbeitgebers umfassen, muss dies ausdrücklich vereinbart werden (*BAG* 18.9.1991 EzA § 339 BGB Nr. 7: zur Zulässigkeit dieser Vereinbarungen vgl. *BAG* 23.5.1984 AP Nr. 9 zu § 339 BGB). Eine besondere Bedeutung kann der Vereinbarung einer Vertragsstrafe zukommen, wenn dadurch zB der Schutzbereich einer arbeitsvertraglichen Norm erweitert wird (*ArbG Hagen* 22.7.1980 DB 1980, 2294); denn die Schadensersatzpflicht wird durch den Schutzzweck der Vertragsnorm begrenzt (*BAG* 26.3.1981 EzA § 249 BGB Nr. 14; vgl. iE dazu Rz 44, 48 ff.). Unzulässig ist jede derartige Vereinbarung, wenn sie gegen ein Gesetz verstößt, ein Berufsausbildungsverhältnis betrifft (§ 12 Abs. 2 Nr. 2 BBiG) oder wenn sie das Kündigungsrecht des Arbeitnehmers gem. § 622 BGB einschränkt (*BAG* 11.3.1971 EzA § 622 BGB nF Nr. 2; 9.3.1972 EzA § 622 BGB nF Nr. 6; *Hueck/Nipperdey* § 39, 1; iE *Wolff* KR, 3. Aufl. Grunds. Rz 578 ff.). Da § 12 Abs. 2 Nr. 2 BBiG nur ein Verbot für solche Vertragsstrafen enthält, die sich auf das Berufsausbildungsverhältnis beziehen, steht diese Vorschrift der Vereinbarung einer Vertragsstrafe für den Fall des Nichtantritts des sich einem Ausbildungsverhältnis anschließenden Arbeitsverhältnisses nicht entgegen, wenn der Anstellungsvertrag gem. § 12 Abs 1 BBiG innerhalb der letzten sechs Monate des Ausbildungsverhältnisses geschlossen wird (*BAG* 23.6 1982 EzA § 5 BBiG aF Nr. 5).

Wenn während der Probezeit eine vierzehntägige Kündigungsfrist vorgesehen ist, dann erscheint eine 6
Vertragsstrafe in Höhe eines Monatslohnes für einen in der Nichteinhaltung dieser Kündigungsfrist liegenden Vertragsbruch des Arbeitnehmers unverhältnismäßig hoch iSv § 343 Abs. 1 S. 1 ZPO. Das bei der Herabsetzung der unverhältnismäßig hohen Vertragsstrafe zu berücksichtigende berechtigte Interesse des Arbeitgebers an der ordnungsgemäßen Vertragserfüllung übersteigt bei der Nichteinhaltung der Kündigungsfrist durch den Arbeitnehmer in aller Regel jedenfalls nicht den Betrag, den der Arbeitnehmer durch seine Arbeitsleistung in der Kündigungsfrist verdient hätte (*LAG Bln.* 12.10.1981 ARSt 1982, 143). Zum nachvertraglichen Wettbewerbsverbot bei Vertragsbruch vor Dienstantritt vgl. *BAG* 3.2.1987 EzA § 74 HGB Nr. 50.

Auf die Grundsätze der **positiven Forderungsverletzung** kann nicht zurückgegriffen werden, wenn 7
dem Arbeitnehmer durch eine selbstgewollte Vertragsbeendigung die Erfüllungsansprüche aus dem Arbeitsverhältnis verlustig gegangen sind; denn dafür ist die Spezialvorschrift des § 628 Abs. 2 BGB einschlägig, die eine von der Gegenseite verschuldete Unzumutbarkeit der Fortsetzung des Arbeitsverhältnisses und damit ein Auflösungsverschulden voraussetzt, Rz 25 (*BAG* 11.2.1981 EzA § 4 KSchG nF Nr. 20; *M. Wolf* Anm. AP Nr. 8 zu § 4 KSchG 1969 Bl. 7 R ff.). Zu **weiteren Schadensersatzansprüchen** anlässlich einer Kündigung (zB aus positiver Vertragsverletzung oder gem. den §§ 823, 824, 826 BGB) s. KR-*Wolf* 3. Aufl., Grunds. Rz 489 ff.

2. Entschädigung gem. § 61 Abs. 2 ArbGG

Wenn bei vertragswidrigem Ausfall eines Arbeitnehmers (zB durch überstürztes Verlassen des Ar- 8
beitsplatzes) der Schaden für den Arbeitgeber dem Grunde und der Höhe nach schwierig nachzuweisen ist, kann der Arbeitgeber gem. § 61 Abs. 2 ArbGG auf Leistung der Arbeit klagen und damit den Antrag verbinden, den Arbeitnehmer bei Nichtbefolgung zur Zahlung einer vom ArbG nach freiem Ermessen festzusetzenden Entschädigung – praktisch wie nach § 287 ZPO – zu verurteilen (vgl. auch *LAG Frankf.* 5.12.1960 BB 1961, 678; *ArbG Wilhelmshaven* 29.7.1960 BB 1961, 482; *Staudinger/Preis* § 628 Rz 11). Ebenso kann der Arbeitnehmer seinen klageweise geltend gemachten Beschäftigungsanspruch mit einem Entschädigungsanspruch gem. § 61 Abs. 2 S. 1 ArbGG verknüpfen (RGRK-*Corts* § 628 BGB Rz 24; **aA** *ArbG Wetzlar* NZA 1987, 536). Es handelt sich bei der Regelung gem. § 61 Abs. 2 ArbGG nicht um eine eigenständige Anspruchsgrundlage hinsichtlich eines zu ersetzenden Schadens, sondern um eine erleichterte Durchführung des dem Grunde nach bestehenden Schadensersatzanspruchs (*Germelmann/Matthes/Prütting* § 61 ArbGG Rz 36). Für die Bemessung der Höhe des Entschädigungsanspruchs sind die Umstände des Einzelfalles zu berücksichtigen: Länge der vertragsmäßigen Kündigungsfrist, Aufwendungen für Ersatzkraft, Kosten für Suche nach neuer Arbeitskraft und andere Schäden wegen des vertragsbrüchigen Arbeitnehmers. Es muss im Einzelnen nicht festgestellt werden, wie hoch der Schaden tatsächlich war (*ArbG Frankf.* 28.8.1956 BB 1956, 1105).

B. Vergütungsanspruch gem. § 628 Abs. 1 BGB

I. Allgemeine Grundsätze

9 Wird ein Arbeitsverhältnis rechtswirksam aufgelöst – sei es durch eine einseitige Kündigung, durch eine Parteivereinbarung oder einen anderen auflösenden Grund –, so hat der Arbeitnehmer einen **Vergütungsanspruch entsprechend seinen bisherigen Leistungen**. Wenn der Arbeitnehmer die Beendigung durch sein Verhalten veranlasst hat oder selbst ohne wichtigen Grund das Vertragsverhältnis löst, mindert sich sein Vergütungsanspruch auf den **Wert, den die Teilarbeit für den Arbeitgeber hat**. Sind die Vergütungen vom Arbeitgeber bereits im Voraus geleistet worden, so hat der Arbeitnehmer den zuviel gewährten Lohnanteil nach den Grundsätzen der ungerechtfertigten Bereicherung herauszugeben (§§ 812 ff. BGB). Diese allgemeinen Grundsätze (so auch *Staudinger/Preis* § 628 Rz 13) erfahren ihre ausdrückliche Regelung für die Fälle der außerordentlichen Kündigung nach den §§ 626, 627 BGB im § 628 Abs. 1 BGB (*BGH* 26.1.1994 NJW 1994, 1069, 1070; APS-*Rolfs* § 628 BGB Rz 3). Allerdings tritt nach dieser Vorschrift eine Haftungsverschärfung für den Arbeitnehmer ein, wenn er wegen eines von ihm zu vertretenden Grundes gekündigt wird oder selbst kündigt, ohne durch das Verhalten des Arbeitgebers dazu veranlasst worden zu sein: Für die im Voraus empfangenen Vergütungen haftet er nach den §§ 347, 987 ff. BGB unbedingt; er muss für den entsprechenden Betrag Zinsen zahlen und kann sich nicht auf den Wegfall der Bereicherung berufen.

II. Umfang und Bemessung des Vergütungsanspruchs (§ 628 Abs. 1 S. 1 BGB)

10 Der Vergütungsanspruch bezieht sich nur auf die »**bisherigen Leistungen**«, die der Arbeitnehmer im Voraus für den Arbeitgeber erbracht hat (vgl. § 614 BGB). Es handelt sich demnach nur um einen Vergütungsanteil entsprechend der anteiligen tatsächlichen Arbeitsleistung gegenüber der ursprünglich gedachten Gesamtleistung (HWK/*Sandmann* § 628 BGB Rz 13). Allerdings kann die Zahlung der vollen Vergütung vereinbart werden (*Soergel/Kraft* § 628 Rz 3). Hinsichtlich der **anteiligen Vergütungspflicht** kommt es nicht darauf an, welchen Wert der Leistungserfolg hat oder von welchem Interesse die Arbeitsleistung für den Arbeitgeber ist. Sondervorschriften hierzu finden sich für Seeleute in den §§ 65 und 70 SeemG und für den Dienstvertrag zwischen Rechtsanwalt und Mandant in § 32 BRAGO. Der Anspruch auf die Teilvergütung umfasst auch die **Natural- und Nebenvergütungen**. Auslagen sind, soweit sie berechtigt sind, voll zu ersetzen (*ErfK-Müller-Glöge* § 628 Rz 8, 10). Ist die Höhe der auszugleichenden Forderung streitig und ist die vollständige Aufklärung der maßgeblichen Umstände unverhältnismäßig schwierig, so entscheidet gem. § 287 ZPO das Gericht unter Würdigung aller Umstände nach freier Überzeugung (so zB das *LG Hannover* 17.2.1981 NJW 1981, 1678 hinsichtlich eines Maklerdienstvertrages).

11 Die »**bisherigen Leistungen**« bestehen bei **Zeitlohn** in der bis zur wirksamen Kündigung abgeleisteten Arbeitszeit einschließlich der abzugeltenden Feiertage. Bei der Berechnung des anfallenden Teillohnes ist unter den verschiedenen Methoden diejenige zu wählen, die grds. den Interessen beider Parteien gerecht wird: Einerseits muss das legitime Interesse des Arbeitgebers an einem möglichst einfachen und gleichmäßigen Verfahren berücksichtigt werden, andererseits kann der Arbeitnehmer aber nicht den in seinem Einzelfall günstigsten Maßstab bei der Berechnung verlangen. Möglich ist die Wahl zwischen **typisierender und konkreter Berechnung**. Nach dem Prinzip des Monatsgehalts kann ein gleich bleibender **Durchschnittswert** als Berechnungsgrundlage genommen werden, wobei die im betreffenden Monat tatsächlich anfallenden Kalender-, Werk- und Arbeitstage unberücksichtigt bleiben (*BAG* 28.2.1975 EzA § 191 BGB Nr. 2; ErfK-*Müller-Glöge* § 628 Rz 15). Diese Methode entspricht der Berechnungsregelung gem. § 18 Abs. 1 BBiG nF (vgl. auch *LAG Hamm* 6.9.1974 EzA § 611 BGB Nr. 17). Allerdings ist auch die **konkrete Berechnungsmethode** möglich, wonach das Monatsentgelt durch die Anzahl der Tage des entsprechenden Monats zu dividieren und der ermittelte Betrag mit der bis zur Vertragsbeendigung angefallenen Tage dieses Monats zu multiplizieren ist. Diese konkrete Berechnungsmethode kann den Interessen der Arbeitsvertragsparteien am nächsten kommen (*BAG* 14.8.1985 EzA § 63 HGB Nr. 38; RGRK-*Corts* § 628 BGB Rz 7).

12 Neben der zeitlichen Dauer können die »**bisherigen Leistungen**« auch **qualitative Aspekte** wie die Schwierigkeit oder die besondere Gefährlichkeit der Tätigkeit (Zulagen) umfassen. Es sind alle im Zusammenhang mit den Arbeitsleistungen erbrachten Handlungen zu vergüten, mithin auch vorbereitende und nachbereitende Tätigkeiten, zB Dienstreisen. Erfolgt die Vergütung durch **Akkordlohn,** so ist wenigstens der versprochene Mindestsatz zu entrichten. In der Regel ist jedoch die bis zur wirksamen Kündigung erbrachte tatsächliche (Stück-)Leistung quantitativ zu bestimmen und entsprechend

zu vergüten (*Soergel/Kraft* aaO; *Palandt/Putzo* § 628 Rz 3). Im Falle eines Dienstleistungsvertrages für Personalberatungen, bei dem weder durch eine Vereinbarung noch durch eine Gebührenordnung ein eindeutig festgelegter Bezug zwischen einzelnen Dienstleistungen und einzelnen Vergütungsteilen festgelegt ist, kommt für die Rechtsfolgenseite in Ergänzung des § 628 Abs. 1 S. 1 BGB der Rückgriff auf den Grundgedanken des § 649 BGB in Frage (*OLG Bra.* 7.12.1999 NJW-RR 2001, 137).

Steht im Zeitpunkt der Kündigung noch **fälliger Urlaub** aus, so kann der Arbeitnehmer neben dem 13 Urlaubsentgelt auch die vereinbarte Urlaubsgratifikation verlangen. **Provisionen** stehen dem Arbeitnehmer auch dann zu, wenn der Tätigkeitserfolg erst nach Beendigung des Arbeitsverhältnisses eintritt (§§ 87, 87a HGB, vgl. auch *BGH* 14.11.1966 AP Nr. 4 zu § 628 BGB sowie *RAG* 29.1.1930 ARS 26, 121). **Gewinnbeteiligungen** können erst am Ende des Geschäftsjahres errechnet werden, so dass erst zu diesem Zeitpunkt der anteilige Betrag fällig wird. **Sonderzuwendungen** wie das **13. Monatsgehalt**, die fest in das Vergütungsgefüge eingebaut sind, stehen dem Arbeitnehmer als Entgelt anteilig seiner Beschäftigungszeit am Arbeitsjahr auch dann zu, wenn er sich im Zeitpunkt der Fälligkeit nicht mehr in den Diensten des Arbeitgebers befindet (*BAG* 8.11.1978 EzA § 611 BGB Gratifikation, Prämie Nr. 69; *LAG Hmb.* 2.10.1972 DB 1973, 479; *LAG Frankf.* 9.9.1971 DB 1972, 2116; RGRK-*Corts* § 628 BGB Rz 8; *Staudinger/Preis* § 628 Rz 21; HWK/*Sandmann* § 628 BGB Rz 19; aA *LAG Düsseld. [Köln]* 19.11.1970 DB 1970, 2376; *LAG Bay.* 26.9.1967 ARSt 1969, 63; *Erman/Belling* § 628 Rz 6). **Gratifikationen** als Sondervergütungen anlässlich betrieblicher Ereignisse oder von Festtagen kann der Arbeitnehmer anteilig entsprechend seiner Tätigkeitsperiode im Betrieb verlangen, wenn sie ihm wie den anderen Arbeitnehmern zustehen, ohne dass ihre Begründung gerade an den weiteren Bestand des Arbeitsverhältnisses anknüpft. Wenn dagegen mit der Gratifikation die Betriebstreue für den gesamten Bezugszeitraum honoriert werden soll, entfällt der Anspruch darauf in vollem Umfang mit Ausscheiden des Arbeitnehmers vor dem Stichtag (*BAG* 27.10.1978 AP § 611 BGB Gratifikation Nr. 96). Liegt eine Vereinbarung über ein **Ruhegehalt** vor, so kann der Arbeitnehmer neben den anteiligen Vergütungen auch die fälligen Leistungen aus dem Ruhegehaltsverhältnis verlangen.

III. Minderung des Vergütungsanspruchs (§ 628 Abs. 1 S. 2 BGB)

Der Vergütungsanspruch kann sich gem. den Voraussetzungen Abs. 1 S. 2 vermindern, wenn der Ar- 14 beitnehmer selbst kündigt, ohne durch ein vertragswidriges Verhalten des Arbeitgebers dazu veranlasst worden zu sein, oder wenn der Arbeitnehmer durch sein eigenes vertragswidriges Verhalten die Kündigung durch den Arbeitgeber veranlasst. Trotz des Wortlauts ist dabei nicht zwingend eine wirksame außerordentliche Kündigung vorauszusetzen; denn nach dem Sinn und Zweck der Regelung in § 628 Abs. 1 S. 2 sind auch Fälle, in denen ein Arbeitnehmer wichtige (persönliche) Gründe iSd § 628 BGB zur Beendigung des Arbeitsvertrages hat, erfasst (*Staudinger/Preis* § 628 Rz 22 mit Verweis auf *BAG* 21.10.1983 AP Nr. 2 zu § 628 BGB Teilvergütung, RGRK-*Corts* § 628 Rz 9). Darüber hinaus dürfen nach § 628 Abs. 1 S. 2 die bisherigen Leistungen des Arbeitnehmers für den Arbeitgeber durch die Kündigung kein Interesse mehr haben.

1. Kündigung ohne Veranlassung (§ 628 Abs. 1 S. 2 1. Alt.)

Mit der Kündigung des Arbeitnehmers, ohne durch ein vertragswidriges Verhalten des Arbeitgebers 15 veranlasst zu sein, werden die Fälle angesprochen, in denen zB der Arbeitnehmer ohne Berechtigung die Arbeit aufgibt, weil ihm die bisherige Tätigkeit nicht mehr zusagt oder er eine andere Arbeit aufnehmen will. Lehnt es zB der Arbeitgeber ab, einem Angestellten Prokura zu erteilen oder eine widerrufene Prokura zu erneuern, nachdem der Anlass für die Entziehung weggefallen ist, so rechtfertigt dies allein noch keine außerordentliche Kündigung durch den Angestellten, es sei denn, es ist ihm nach den besonderen Umständen des Einzelfalles unzumutbar, das Arbeitsverhältnis ohne diese vorherige Rechtsstellung fortzusetzen (*BAG* 17.9.1970 AP § 628 BGB Nr. 5). Auch objektive Gründe wie Heirat, Auswanderung, Krankheit, Tod eines Angehörigen, soweit diese zur Beendigung der Tätigkeit führen, sind als Kündigungsanlässe anzusehen, die der Arbeitgeber keinesfalls zu vertreten hat (*Staudinger/Preis* § 628 Rz 23). Der Arbeitgeber hat eine Veranlassung iS dieser Vorschrift nur gegeben, wenn er eine **schuldhafte** (§§ 276, 278 BGB) **Vertragsverletzung zu vertreten** hat. Dabei kommt dem schuldhaften Verhalten des Arbeitgebers das seiner Erfüllungsgehilfen gem. § 278 BGB gleich. Der Begriff des schuldhaft vertragswidrigen Verhaltens hat die gleiche Bedeutung wie in der Alternative Rz 19 (s.a. Rz 25).

2. Veranlassung der Kündigung durch vertragswidriges Verhalten

16 Die außerordentliche Kündigung durch den Arbeitgeber muss der Arbeitnehmer durch ein von ihm zu vertretendes schuldhaftes vertragswidriges Verhalten veranlasst haben (s.a. Rz 26). Objektive Gründe (s.o. Rz 15) können hier nicht berücksichtigt werden. Die schuldhaften Vertragsverletzungen können sich auf Haupt- und Nebenpflichten aus dem Arbeitsverhältnis beziehen, gleichwohl ob sie ausdrücklich vereinbart sind oder dem Vertragsverhältnis innewohnen (*Staudinger/Preis* § 628 Rz 25). Durch eine besondere Abrede kann auch eine unverschuldete Vertragswidrigkeit für eine Vergütungsminderung ausreichen (*Soergel/Kraft* § 628 Rz 4; *RG* Recht 1913, Nr. 340).

3. Wegfall des Interesses

17 Die vom Arbeitnehmer bis zum Ende seiner Tätigkeit erbrachten Leistungen haben für den Arbeitgeber dann kein Interesse, wenn sie für ihn wirtschaftlich nutzlos sind. Sowohl bei Zeitlohn- als auch bei Akkordlohnverhältnissen kommt es dabei auf den Einzelfall an, ob die vorzeitige Beendigung der Tätigkeit noch einen selbständig verwertbaren Arbeitsanteil hervorbrachte. **Interesse bedeutet Vorteil oder Wert der Leistung für den Arbeitgeber** (*BGH* 7.6.1984 LM § 628 BGB Nr. 7; *Staudinger/Preis* § 628 Rz 27; *HWK/Sandmann* § 628 BGB Rz 29). Soweit dem Arbeitgeber besondere Unkosten entstehen, um das Stücklohnwerk fertig zu stellen, kann er diese vom Gesamtakkordlohn in Abzug bringen. In der Regel dürfte aber bei normalen Arbeitsverhältnissen die erbrachte Leistung ihren eigenständigen wirtschaftlichen Wert für den Arbeitgeber haben; denn die Teilleistung kann durch die Tätigkeit eines anderen Arbeitnehmers gewöhnlich fortgesetzt werden. Etwas anderes kann zB bei Forschungs- und Entwicklungs- sowie anderen wissenschaftlichen Tätigkeiten der Fall sein, wo die Teilleistung wertlos wird, weil ein neuer Mitarbeiter bereits erarbeiteten Wissensstand für sich selbst noch einmal nachvollziehen muss und der ausscheidende Mitarbeiter seine immateriellen Arbeitsergebnisse in Form von Spezialwissen bzgl. eines zu entwickelnden Produkts »mitnimmt«. Zu den Leistungen iSd § 628 Abs. 1 S. 2 BGB gehören nicht nur die geschuldeten Dienste im engeren Sinne, sondern auch alle vorbereitenden Tätigkeiten dazu. Soweit der Arbeitgeber sein »Interesse« an der Leistung iSd § 628 Abs. 1 S. 2 BGB für die Ferienzeit eines Lehrers verneint, ist dem entgegenzuhalten, dass auch Lehrer während eines dem üblichen Erholungsurlaub entsprechenden Zeitraums zu keinerlei Leistungen für den Dienstherrn verpflichtet sind und deshalb während dieses Zeitraums auch ein Interesse des Dienstherrn an diesen Leistungen nicht iSd § 628 Abs. 1 S. 2 BGB entfallen kann (*BAG* 21.10.1983 AP Nr. 2 zu § 628 BGB Teilvergütung mit abl. Anm. von *Weitnauer*, vgl. dazu auch *Hanau* ZfA 1984, 578). Das Interesse ist weggefallen zB für die Probe eines Musikers oder Schaustellers, wenn es nicht mehr zur vereinbarten Darbietung der Leistung kommt (*Soergel/Kraft* § 628 Rz 4).

IV. Vorausgezahlte Vergütung (§ 628 Abs. 1 S. 3 BGB)

18 Bei der Vorleistung der Vergütung ist der Arbeitnehmer zur **Rückerstattung** des Betrages verpflichtet, der »für die spätere Zeit« bereits geleistet ist. Soweit es sich um Geld handelt, ist es mit Zinsen (vom Tage des Empfanges an) zurückzuerstatten, Naturalvergütungen sind einschließlich der Nutzungen zurückzugeben. Dies folgt aus den §§ 347, 987 ff. BGB, wenn die Kündigung aus Gründen, die der Arbeitnehmer zu vertreten hat, ausgesprochen wurde (*BAG* 3.10.1985 – 2 AZR 601/84 – nv, hinsichtlich eines per Handgeld-Abrede verpflichteten Fußballspielers, der unabgemeldet in einem wichtigen Spiel das Feld nach einem Streit mit anderen Spielern verlässt). Allerdings gilt dies auch, wenn der Arbeitgeber einen anderen Beendigungsmodus wählt, zB die ordentliche Kündigung oder einen Auflösungsvertrag schließt (*Hueck/Nipperdey* I, S. 713; *Nikisch* I, S. 853). Wird dem Arbeitnehmer gekündigt, ohne dass er die Umstände dafür zu vertreten hat, muss er die erlangte Bereicherung einschließlich der Nutzungen nach den Grundsätzen der §§ 812 ff. BGB zurückgewähren (*Staudinger/Preis* § 628 Rz 32; *MünchKomm-Henssler* § 628 Rz 22; *HWK/Sandmann* § 628 BGB Rz 35). Danach ist der Betrag herauszugeben, um den der Arbeitnehmer im Zeitpunkt der Kündigung noch bereichert war, § 818 Abs. 3 BGB (*Palandt/Putzo* § 628 Rz 5).

C. Schadensersatz (§ 628 Abs. 2 BGB)

19 Zum Schadensersatz nach § 628 Abs. 2 ist derjenige verpflichtet, der durch sein vertragswidriges schuldhaftes Verhalten die Kündigung des Arbeitsverhältnisses veranlasst hat. Je nach der Gestaltung der Sachlage kann den Arbeitgeber oder den Arbeitnehmer die Ersatzpflicht treffen. Gesamtschuldnerische Haftung scheidet aus (s.u. Rz 43). Nach Sinn und Zweck soll diese Vorschrift verhindern, dass

Vergütung, Schadenersatz bei fristloser Kündigung § 628 BGB

der wegen eines Vertragsbruches zur fristlosen Kündigung veranlasste Vertragsteil die Ausübung seines Kündigungsrechts mit Vermögenseinbußen bezahlen muss, die darauf beruhen, dass infolge der Kündigung das Arbeitsverhältnis endet. Der **Kündigende soll so gestellt werden, als wäre das Arbeitsverhältnis ordnungsgemäß fortgeführt oder doch wenigstens durch eine fristgerechte Kündigung beendet worden** (*BAG* 23.8.1988 EzA § 113 BetrVG 1972 Nr. 17 mwN). Somit ist der durch die Beendigung des Arbeitsverhältnisses entstehende Schaden zukunftsbezogen, der bis zur Aufhebung des Vertragsverhältnisses entstandene Schaden ist gem. § 325 Abs. 1 S. 1 BGB zu regulieren (vgl. auch *Heinze* NZA 1994, 244). Die Vorschrift des § 628 Abs. 2 BGB stellt einen **gesetzlich geregelten Spezialfall der positiven Vertragsverletzung** dar (*BAG* 22.4.2004 EzA § 628 BGB 2002 Nr. 4; 26.7.2001 EzA § 628 BGB Nr. 19 Anm. *Krause*; Anm. *Gamillscheg* SAE 2002, 123; RGRK-*Corts* § 628 Rz 20; *M. Wolf* Anm. AP Nr. 8 zu § 4 KSchG 1969; *Erman/Belling* § 628 Rz 16: § 628 als »wichtige Absicherung und Ergänzung des Kündigungsschutzes«), so dass trotz des fehlenden ausdrücklichen Hinweises im Gesetzeswortlaut eine schuldhafte Vertragsverletzung vorliegen muss. Der Schadensersatzanspruch nach § 628 Abs. 2 BGB setzt demnach grds. eine berechtigte und auch wirksame Kündigung (s.u. Rz 21) voraus, die ihren Grund in dem vertragswidrigen schuldhaften Verhalten des anderen Vertragsteils hat (s.u. Rz 25, 26) und einen Schaden beim Kündigenden verursacht hat (s.u. Rz 32 ff.). Soweit der Ersatz anderer Schäden neben dem Beendigungsschaden in Frage kommt (zB rechtliche Beratung, Umzugskosten), die aber auch mit der Beendigung zusammenhängen, können diese nicht nach § 628 Abs. 2 BGB, sondern nach den Grundsätzen der positiven Vertragsverletzung geltend gemacht werden (vgl. *M. Wolf* aaO).

I. Kündigung iSd § 628 Abs. 2 BGB

Zunächst ergibt sich aus dem Wortlaut des Gesetzes, dass nur eine **fristlose Kündigung** im Rahmen des § 628 BGB gemeint ist (so auch *Soergel/Kraft* § 628 Rz 6). Durch die Rechtsprechung des BAG ist der Anwendungsbereich des § 628 Abs. 2 BGB jedoch auch auf diejenigen Fälle ausgedehnt worden, in denen das Arbeitsverhältnis **in anderer Weise als durch fristlose Kündigung beendet** wurde, sofern nur der andere Vertragsteil durch ein vertragswidriges schuldhaftes Verhalten den Anlass für die Beendigung gegeben hat (*BAG* 8.8.2002 EzA § 628 BGB Nr. 21 mwN sowie Nachweise Voraufl. Rz 20). Das BAG stellt beim Schadensersatzanspruch gem. § 628 Abs. 2 BGB nicht auf die **Form** der **Vertragsbeendigung** ab, sondern auf den **Anlass**. Wesentliches Begründungsmerkmal für den Schadensersatzanspruch ist das Vorliegen eines Auflösungsverschulden (s.u. Rz 25 ff.). Dabei muss das Auflösungsverschulden den Merkmalen des **wichtigen Grundes iSd § 626 Abs. 1 BGB** entsprechen (st.Rspr. des *BAG* 12.6.2003 EzA § 628 BGB 2002 Nr. 1; 17.1.2002 EzA § 628 BGB Nr. 20; 22.6.1989 EzA § 628 BGB Nr. 17). Aus dem Zusammenhang der Absätze 1 und 2 des § 628 BGB folgt, dass nicht jede geringfügige schuldhafte Vertragsverletzung, die Anlass für eine Beendigung des Arbeitsverhältnisses gewesen ist, die Folge des Abs. 2 nach sich zieht (*BAG* 20.11.2003 EzA § 628 BGB 2002 Nr. 3). Unter dieser Voraussetzung bleibt der die Beendigung veranlassende Vertragspartner zum Schadensersatz auch dann verpflichtet, wenn das Arbeitsverhältnis im Wege der **Parteivereinbarung** aufgelöst wird (aA *Palandt/Putzo* § 628 Rz 1). Allerdings muss sich in diesem Falle derjenige, der Rechte aus dem Auflösungsverschulden herleiten will, diese bei der Vereinbarung über die Auflösung des Arbeitsverhältnisses ausdrücklich vorbehalten (in dem vom BAG am 10.5.1971 entschiedenen Fall hatte der Arbeitnehmer behauptet, er sei durch wichtige Gründe iSd § 626 Abs. 1 BGB, die ihn sonst zur fristlosen Kündigung berechtigt hätten, zu dem Aufhebungsvertrag veranlasst worden; vgl. auch *Hess. LAG* 10.4.2006 – 17 Sa 1432/05 – EzA SD 17/2006, S. 13; MünchKomm-*Henssler* § 628 Rz 46; *Staudinger/Preis* § 628 Rz 41; *Stoffels* AR Blattei SD, Arbeitsvertragsbruch Rz 128; HWK/*Sandmann* § 628 BGB Rz 42; aA *Canaris* Anm. zu AP Nr. 6 zu § 628 BGB; RGRK-*Corts* § 628 Rz 36, der die Erkennbarkeit des vertragswidrigen Verhaltens als Beendigungsgrund ausreichen lässt). Fehlt dieser Vorbehalt, so kann der andere Teil die Einigung über die Auflösung dahingehend verstehen, dass etwaige Rechte aus dem Auflösungsverschulden nicht mehr geltend gemacht werden sollen (*BAG* 10.5.1971 aaO). Ebenso steht es dem Schadensersatzanspruch nicht entgegen, wenn ordentlich gekündigt wird (*Erman/Belling* § 628 Rz 23; MünchKomm-*Henssler* § 628 Rz 47; HWK/*Sandmann* § 628 BGB Rz 45) oder das Arbeitsverhältnis durch Zeitablauf endet (aA ErfK-*Müller-Glöge* § 628 BGB Rz 60; MünchKomm/*Henssler* § 628 Rz 50), und es von beiden Seiten ohne Widerspruch unter anderen als den vertragsverletzenden Umständen fortgesetzt würde, sofern jeweils die Rechte aus dem Auflösungsverschulden ausdrücklich vorbehalten werden. Schließlich reicht auch die bloße Mitteilung, dass der Vertrag nicht mehr aufrechterhalten bleiben soll, weil es kein Vertrauen mehr in die Fertigkeiten des Vertragspartners gebe (*LG Frankf.* 9.12.1981 NJW 1982, 2610).

Liegt eine **fristlose Kündigung** vor, so setzt der Schadensersatzanspruch gem. § 628 Abs. 2 BGB voraus, dass sie **berechtigt und wirksam erklärt ist**. Fehlt es an einem wichtigen Grund iSd § 626 Abs. 1

§ 628 BGB   Vergütung, Schadenersatz bei fristloser Kündigung

BGB und ist daher die ausgesprochene fristlose Kündigung unwirksam, so entfällt auch der Schadensersatzanspruch (*BAG* 25.5.1962 AP Nr. 1 zu § 628 BGB; 15.6.1972 EzA § 626 BGB nF Nr. 14). Ob ein wichtiger Grund vorliegt, setzt nicht nur die Prüfung eines bestimmten Sachverhaltes voraus, sondern bei der zusätzlich erforderlichen Interessenabwägung müssen alle vernünftigerweise in Betracht kommenden Umstände des Einzelfalles daraufhin abgewogen werden, ob das Abwarten der Kündigungsfrist dem Kündigenden unzumutbar ist (*BGH* 19.10.1987 EzA § 628 BGB Nr. 16). Im Falle einer unwirksamen außerordentlichen Kündigung können Ersatzansprüche nach allgemeinem Schadensersatzrecht (positive Vertragsverletzung, § 280 BGB) in Frage kommen (anders *ArbG Köln* 3.2.2000 EzA SD 2001, Heft 1, S. 9). Für die Wirksamkeit der außerordentlichen Kündigung eines Arbeitnehmers als Voraussetzung für einen Schadensersatzanspruch nach § 628 Abs. 2 BGB muss im Regelfall eine vergebliche **Abmahnung** vorausgegangen sein, dh der Arbeitnehmer muss gegenüber dem Arbeitgeber die Pflichtverletzungen im Einzelnen beanstandet und den Fortbestand des Arbeitsverhältnisses in Frage gestellt haben, wenn dieser die Vertragsverletzungen nicht abstellt. Entbehrlich ist die Abmahnung, wenn die Pflichtverletzung das Vertragsverhältnis derartig schwerwiegend stört, dass nach objektiven Maßstäben das Interesse am Fortbestand des Vertrages entfällt oder auch die Abmahnung eine Rückkehr zum vertragskonformen Verhalten nicht erwarten lässt. Im Falle eines Umschulungsverhältnisses ist eine Abmahnung vor der außerordentlichen Kündigung entbehrlich, wenn der Arbeitgeber nicht zur vertragskonformen Ausbildung in der Lage ist (*BAG* 8.6.1995 RzK I 6 i Nr. 9).

22 Der Schadensersatzanspruch gem. § 628 Abs. 2 BGB setzt die Wahrung der Zweiwochenfrist gem. § 626 Abs. 2 BGB voraus; denn das Recht zur fristlosen Kündigung ist verwirkt, wenn die gesetzliche Ausschlussfrist gem. § 626 Abs. 2 BGB versäumt wird; denn dann ist ein möglicherweise erheblicher wichtiger Grund nicht mehr geeignet, die Fortsetzung des Arbeitsverhältnisses unzumutbar zu machen. Folglich kann das pflichtwidrige Verhalten nicht mehr zum Anlass einer vorzeitigen Beendigung des Arbeitsverhältnisses genommen werden und damit entfällt auch der Schadensersatzanspruch gem. § 628 Abs. 2 BGB wegen dieses Verhaltens (*BAG* 20.11.2003 EzA § 628 BGB 2002 Nr. 3; 22.6.1989 EzA § 628 BGB Nr. 17; *KDZ-Däubler* § 628 BGB Rz 15; *HWK/Sandmann* § 628 BGB Rz 48). Dies ergibt sich aus der Systematik der Regelungen gem. §§ 626 und 628 BGB. Der Schadensersatzanspruch gem. § 628 Abs. 2 BGB dient nicht als Auffangtatbestand, wenn wegen Versäumung der Ausschlussfrist nicht mehr fristlos gekündigt werden kann (so schon *ArbG Freiburg/Br.* 13.10.1987 RzK I 6 i Nr. 8).

23 Üben **beide Vertragsteile** aufgrund **vertragswidrigem schuldhaften Verhaltens** des jeweils anderen berechtigt ihr Kündigungsrecht aus, so entfallen beiderseits Schadensersatzansprüche aus § 628 Abs. 2 BGB (*BAG* 12.5.1966 EzA § 70 HGB Nr. 3; s.a. Rz 31).

24 Wird das Arbeitsverhältnis nach unwirksamer Kündigung durch das ArbG gem. § 9 KSchG aufgelöst, so besteht bis zum Zeitpunkt der gerichtlichen Beendigung die Entgeltzahlungspflicht des Arbeitgebers fort. In die Abfindung gem. §§ 9, 10 KSchG gehen diese Vergütungsansprüche mit ein. Für die Zeit nach Beendigung des Arbeitsverhältnisses können Schadensersatzansprüche auf Zahlung von Vergütungsbeträgen nicht mehr geltend gemacht werden; denn die Abfindung stellt eine »Entschädigung eigener Art« für die Auflösung des Arbeitsverhältnisses dar und soll pauschal die Vermögens- und Nichtvermögensschäden für den Verlust des Arbeitsplatzes ausgleichen (*BAG* 22.4.1971 EzA § 7 KSchG aF Nr. 6; 15.2.1973 EzA § 9 KSchG nF Nr. 1; *RGRK-Corts* § 628 Rz 38). Dies gilt auch bzgl. des durch die Beendigung des Arbeitsverhältnisses eingetretenen Verlustes einer Anwartschaft auf betriebliche Altersversorgung vor Eintritt der Unverfallbarkeit, wenn das Arbeitsverhältnis im Rahmen einer gerichtlichen Auflösung unter Zuerkennung einer Abfindung nach §§ 9, 10 KSchG beendet wurde (*BAG* 12.6.2003 EzA § 628 BGB 2002 Nr. 1). Diesen Verlust kann der Arbeitnehmer in diesem Falle weder nach § 628 Abs. 2 BGB noch aus dem Gesichtspunkt einer positiven Vertragsverletzung gemäß §§ 280, 286 analog BGB ersetzt verlangen. Zum Schadensersatzanspruch des Arbeitnehmers in Höhe einer ihm zustehenden Abfindung gem. §§ 9, 10 KSchG s.u. Rz 40.

II. Auflösungsverschulden

1. Vertragswidriges schuldhaftes Verhalten

25 Die Kündigung oder die andere Beendigungsform des Arbeitsverhältnisses muss durch ein vertragswidriges, schuldhaftes Verhalten (sog. Auflösungsverschulden) des anderen Vertragsteils veranlasst worden sein, wenn der Schadensersatzanspruch gem. § 628 Abs. 2 BGB begründet sein soll. Ein **unmittelbarer Zusammenhang zwischen der Vertragsverletzung und der Beendigung muss gegeben sein**

Vergütung, Schadenersatz bei fristloser Kündigung § 628 BGB

(zur Kausalität von Vertragsverletzung und außerordentlicher Kündigung: *BAG* 20.11.2003 EzA § 628 BGB 2002 Nr. 3; 17.1.2002 EzA § 628 BGB Nr. 20; *Staudinger/Preis* § 628 Rz 43).

Unter **vertragswidrigem Verhalten iSd § 628 Abs. 2 BGB** ist die von einer Vertragspartei zu vertretende, 26 also idR schuldhafte Vertragsverletzung zu verstehen (allg. Meinung *BAG* 5.10.1962 aaO mit Anm. von *Larenz* SAE 1963, 59; 17.9.1970 EzA § 626 BGB Nr. 3 mit Anm. von *Herschel* SAE 1971, 193; *Hueck/Nipperdey* I, S. 713; *Erman/Belling* § 628 Rz 21; *Staudinger/Preis* § 628 BGB Rz 37; MünchKomm-*Henssler* § 628 Rz 40). Das Erfordernis des Auflösungsverschuldens (vgl. *BAG* 10.5.1971 EzA § 628 BGB Nr. 1 mit Anm. von *Bernert* SAE 1972, 165; *LAG Düsseld. [Köln]* 29.8.1972 EzA § 628 BGB Nr. 4) ergibt sich schon aus der Natur des Schadensersatzanspruchs in § 628 Abs. 2 BGB, der einen »gesetzlich geregelten Fall der positiven Vertragsverletzung« darstellt. Schuldhaftes vertragswidriges Verhalten kann in den Umständen liegen, die einen – zu vertretenden – **wichtigen Grund** zur außerordentlichen Kündigung gem. § 626 Abs. 1 BGB darstellen und die die Fortsetzung des Arbeitsverhältnisses unzumutbar machen (st.Rspr. *BAG* 8.8.2001 EzA § 628 BGB Nr. 21 mwN). Ein wichtiger Grund kann vorliegen, wenn dem Arbeitnehmer eine nicht vertragsgemäße Arbeit zugewiesen wird und der Arbeitgeber dabei die Grenzen des Direktionsrechts überschritten hat sowie eine Abmahnung gegenüber dem Arbeitgeber erfolglos bleibt (*BAG* 20.11.2003 EzA § 628 BGB 2002 Nr. 3). Werden dem Dienstverpflichteten die Dienstbezüge in erheblicher Höhe oder für einen längeren Zeitraum vorenthalten, berechtigt dies zur fristlosen Kündigung (st.Rspr. *BAG* 17.1.2002 EzA § 628 BGB Nr. 20; 26.7.2001 EzA § 628 BGB Nr. 19 Anm. *Krause*; Anm. *Gamillscheg* SAE 2002, 123) und mit der Folge, dass das Wettbewerbsverbot entfällt und Schadensersatz in Höhe der geschuldeten Vergütung verlangt werden kann (*BGH* 19.10.1987 EzA § 628 BGB Nr. 16; krit. *Grunsky* Anm. EWiR 1988, 249). Vertragswidriges und schuldhaftes Verhalten des Arbeitgebers liegt in dessen als Beleidigung iSd § 185 StGB zu wertender Äußerung gegenüber einer Mitarbeiterin im Beisein mehrerer Personen, sie habe auf dem Betriebsfest wie eine Dirne getanzt (Lambada) und sie sei eine »Nassauerin«. Nach ihrer wirksamen fristlosen Kündigung steht ihr ein Schadensersatzanspruch wegen Auflösungsverschuldens ihres Arbeitgebers zu (*ArbG Bocholt* 5.4.1990 BB 1990, 1562 mit erhellender Subsumtion auch zum Anspruch auf Schmerzensgeld). Zu den vielfältigen Ausprägungen sexueller Handlungen und Verhaltensweisen, die als vertragswidriges und schuldhaftes Verhalten zur fristlosen Kündigung und Geltendmachung des Auflösungsschadens berechtigen, vgl. die Studie des Ministeriums für Jugend, Familie, Frauen und Gesundheit (*Holzbecher/Braszeit/Müller/Plogstedt* Sexuelle Belästigung am Arbeitsplatz, 1991) mit Hinweisen auf die Rechtsprechung (S. 351 ff., 373 ff.; *ArbG Hameln* 12.12.1979 – 1 Ca 281/79 – nv); *Herzog* Sexuelle Belästigung am Arbeitsplatz im US-amerikanischen und deutschen Recht, Heidelberg 1998 sowie *Linde* Sexuelle Belästigung am Arbeitsplatz, BB 1994, 2412 (insbes. S. 2416). Sog. Mobbing durch den Arbeitgeber oder einen Arbeitnehmer gegenüber einem anderen Arbeitnehmer kann zur außerordentlichen Kündigung mit anschließendem Schadensersatzanspruch gem. § 628 Abs. 2 BGB berechtigen (*Thür. LAG* 15.2.2001 NZA-RR 2001, 577; *Wickler* S. 205 f.). Fehlt es an einem wichtigen Grund, der den einen Vertragsteil zur fristlosen Kündigung berechtigt, so scheidet ein Auflösungsverschulden, ebenso wie das darauf gestützte Schadensersatzbegehren als unbegründet aus (*BAG* 11.2.1981 EzA § 4 KSchG nF Nr. 20; 10.5.1971 EzA § 628 BGB Nr. 1). Denn aus dem Zusammenhang der Abs. 1 und 2 des § 628 BGB ergibt sich die gesetzliche Wertung, dass nicht jede geringfügige schuldhafte Vertragsverletzung, die Anlass für eine Beendigung des Arbeitsverhältnisses gewesen ist, die schwerwiegende Folge des § 628 Abs. 2 BGB nach sich zieht (KDZ-*Däubler* § 628 BGB Rz 13). Kein Auflösungsverschulden und damit kein wichtiger Grund liegt vor, wenn der Arbeitgeber die mit einem Arbeitnehmer besetzte Stelle ausschreibt (*LAG RhPf* 15.11.2005 – 2 Sa 688/05). Ebenso stellt die Insolvenzeröffnung als solche noch keinen Grund iSd § 626 Abs. 1 BGB dar (*Hess. LAG* 10.4.2006 – 17 Sa 1432/05 – EzA SD 17/2006, S. 13). Zur Frage des Bestehens von Ansprüchen aus Auflösungsverschulden wegen Vertragsverletzung (hier: Nichtbereinigung der ungeklärten Lage nach Ablauf der Besuchervisa für mitgereiste Familienangehörige) vgl. auch *BAG* 26.3.1985 – 3 AZR 200/ 82 – nv.

Davon ist scharf zu trennen das Verhalten einer Partei, das zur fristlosen Kündigung gem. § 626 Abs. 1 27 BGB durch den anderen Vertragsteil berechtigt, das aber **keine schuldhafte Vertragsverletzung** darstellt und folglich auch keine Schadensersatzpflicht nach sich zieht. Hat der eine Vertragsteil sein vertragswidriges Verhalten nicht verschuldet, ist es aber kraft Arbeitsvertrags von ihm zu vertreten, so steht diese Vertragswidrigkeit einer verschuldeten gleich. Eine unwirksame außerordentliche Kündigung kann eine Vertragsverletzung sein (*BAG* 15.2.1973 EzA § 9 KSchG nF Nr. 1; *BGH* 14.11.1986 AP Nr. 4 zu § 628 BGB; *ArbG Wilhelmshaven* 13.2.1981 ARSt 1981, 111). Sie verpflichtet zum Schadensersatz dann, wenn der Kündigende die Unwirksamkeit der Kündigung kannte oder bei gehöriger Sorgfalt hätte kennen müssen (§ 276 Abs. 1 S. 1 und 2 BGB) und daraus ein Schaden entsteht (*BAG* 24.10.1974 EzA § 276 BGB Nr. 32).

28 Kündigt ein **GmbH-Geschäftsführer** von sich selbst aus fristlos, kann er Schadensersatz gem. § 628 Abs. 2 BGB nur verlangen, wenn seine Kündigung durch vertragswidriges Verhalten der Gesellschaft veranlasst worden ist. Die seiner Kündigung vorausgegangene organschaftliche Ablösung des Geschäftsführers gem. § 38 GmbHG stellt grds. kein vertragswidriges Verhalten der Firma dar (*BGH* 28.10.2002 NJW 2003, 351). Ein Weiterbeschäftigungsangebot des Betriebs auf einer unterhalb der Geschäftsführerposition angesiedelten, jedoch herausgehobenen und entsprechend dotierten Stelle beinhaltet auch kein vertragswidriges Verhalten der Gesellschaft (*OLG Frankf.* 28.11.1980 BB 1981, 265). Wird der Dienstnehmer vertragswidrig nicht zum Geschäftsführer bestellt, kann darin ein Auflösungsverschulden des Dienstgebers liegen (*BAG* 8.8.2002 EzA § 628 BGB Nr. 21). Dem Schadensersatzanspruch des Dienstnehmers gem. § 628 Abs. 2 steht auch nicht entgegen, dass seine Bestellung zum Geschäftsführer gem. § 38 Abs. 1 GmbHG jederzeit widerruflich ist (*BAG* 8.8.2002 EzA § 628 BGB Nr. 21).

29 Zur Schadensersatzpflicht beim sog. »**rechtmäßigen Alternativverhalten**«, dh, wenn der Schaden ebenso bei rechtmäßigem Verhalten entstanden wäre, s.u. Rz 47–49.

2. Mitverschulden

30 Die Schadensersatzpflicht mindert sich nach den Grundsätzen des § 254 BGB, dessen Voraussetzungen von Amts wegen zu prüfen sind (*BAG* 18.12.1970 EzA § 611 BGB Nr. 8; *Palandt/Putzo* § 254 Rz 8; KDZ-*Däubler* § 628 Rz 17), wenn ein Mitverschulden des Kündigenden vorliegt. Dies kann zunächst dadurch gegeben sein, dass der Kündigende selbst durch vertragswidriges Verhalten die schuldhafte Vertragsverletzung provoziert hat (RGRK-*Corts* § 628 BGB Rz 32; *Staudinger/Preis* § 628 Rz 39). In diesem Fall kann er zwar Schadensersatz fordern, aber er muss sich die Minderung des Anspruchs in der Höhe gefallen lassen, wie sie aufgrund seines eigenen vertragswidrigen Verhaltens anrechenbar ist. Zur erschöpfenden Würdigung des schadensursächlichen Mitverschuldens vgl. *BAG* 29.9.1958 AP Nr. 17 zu § 64 ArbGG 1953. Daneben kann sich der Schadensersatzanspruch nach § 254 BGB mindern, wenn der Ersatzberechtigte es unterlassen hat, den Schaden zu mindern oder gar abzuwenden (s.a. Rz 42).

3. Vertragswidriges Verhalten beider Parteien

31 Die Schadensersatzpflicht entfällt völlig, wenn beiden Parteien in gleicher Weise ein vertragswidriges schuldhaftes Verhalten vorgeworfen werden kann: Wird eine Partei durch schuldhaft vertragswidriges Verhalten des anderen Teils zur Kündigung des Arbeitsverhältnisses veranlasst, so ist dieser dann nicht zum Ersatz des durch den die Aufhebung des Arbeitsvertrages entstandenen Schadens verpflichtet, wenn er selbst wegen eines ebenfalls schuldhaften vertragswidrigen Verhaltens der Gegenpartei hätte kündigen können. Hier **entfallen die wechselseitigen Schadensersatzansprüche**, auch wenn die beiderseitigen Kündigungsgründe nicht miteinander zusammenhängen (*BAG* 12.5.1966 EzA § 70 HGB Nr. 3 mit Anm. von *E. Wolf* AP Nr. 9 zu § 70 HGB; *LAG Brem.* 3.6.1953 DB 1953, 555; *Hanau* Kausalität der Pflichtwidrigkeit, 1971, S. 160; ErfK-*Müller-Glöge* § 628 BGB Rz 78; *Hueck/Nipperdey* I, S. 713 f.; HWK/*Sandmann* § 628 BGB Rz 51; *Soergel/Kraft* § 628 Rz 6; *Staudinger/Preis* § 628 Rz 40; MünchKomm-*Henssler* § 628 Rz 51). Einer zusätzlichen Kündigung auch des anderen Vertragsteils bedarf es nicht. Zur Begründung verweist das BAG auf den Sinn des § 628 Abs. 2 BGB, jeweils nur denjenigen mit Schadensersatzforderungen zu belasten, der einseitig schuldhaft eine unzumutbare Situation schafft. Wenn aber beide Vertragspartner schuldhaft vertragswidrig handeln, sei das Arbeitsverhältnis inhaltsleer und als Grundlage für Schadensersatzansprüche nicht mehr geeignet. Auch § 254 BGB kann hier keine Anwendung mehr finden (*BAG* 12.5.1966 EzA § 70 HGB Nr. 3).

III. Schaden

1. Allgemeine Grundsätze

32 Es ist grds. der tatsächliche Schaden zu ersetzen, der dem Ersatzberechtigten durch die im Auflösungsverschulden des anderen begründete Beendigung des Arbeitsverhältnisses entstanden ist (möglich ist auch die Pauschalierung von Schadensersatzansprüchen, die der richterlichen Billigkeitskontrolle unterliegen; *Bengelsdorf* BB 1989, 2390; *Heinze* NZA 1994, 244, 248). Erfasst wird nur der **Ersatz von Vermögensschäden** (vgl. § 253 Abs. 2 BGB nF; HWK/*Sandmann* § 628 BGB Rz 53). Der Schaden muss in einem unmittelbaren Zusammenhang mit der Auflösung des Vertrages stehen. Allerdings muss derjenige, der eine Vertragspflicht verletzt, nicht für alle schädigenden Folgen aufkommen, die in einem **adäquaten Kausalzusammenhang** zu dem vertragswidrigen Verhalten stehen. Vielmehr wird die **Scha-**

densersatzpflicht durch den Schutzzweck der verletzten Vertragsnorm begrenzt (*BAG* 26.3.1981 EzA § 249 BGB Nr. 14). Der Ersatz des Auflösungsschadens umfasst die Pflicht, den Anspruchsberechtigten so zu stellen, wie er bei Fortbestand des Arbeitsverhältnisses stehen würde (§§ 249, 252 BGB), denn der **Anspruch aus § 628 Abs. 2 BGB geht auf das volle Erfüllungsinteresse** (*BAG* 8.8.2002 EzA § 628 BGB Nr. 21; 26.7.2001 EzA § 628 BGB Nr. 19 Anm. *Krause*; Anm. *Gamillscheg* SAE 2002, 123; *Palandt/Putzo* § 628 Rz 8; MünchKomm-*Henssler* § 628 Rz 54; *Staudinger/Preis* § 628 Rz 45). Bei dem erforderlichen Vermögensvergleich (s.u. Rz 33) sind sowohl die arbeitsvertraglichen Haupt- als auch die Nebenpflichten zu berücksichtigen (*BAG* 9.5.1975 EzA § 628 BGB Nr. 10; *Palandt/Putzo* § 628 Rz 8). Ersatzfähig ist nur der nach Beendigung des Arbeitsverhältnisses entstandene Schaden, demgegenüber ist der vor dem Auflösungsereignis entstandene Schaden gem. § 325 Abs. 1 S. 1 BGB geltend zu machen (vgl. *Heinze* NZA 1994, 244). Zum Ersatz von fiktiven Kosten für eine nicht eingestellte Ersatzarbeitskraft s.u. Rz 51.

Ermittelt wird der ersatzfähige Schaden nach der sog. **Differenzmethode.** Danach bestimmt sich der natürliche Schaden in der Differenz zwischen zwei Güterlagen: Dem tatsächlichen durch das schädigende Ereignis eingetretenen Zustand ist der hypothetische ohne das schädigende Ereignis zu verzeichnende Güterzustand gegenüberzustellen (*BAG* 8.8.2002 EzA § 628 BGB Nr. 21; *BGH* 29.4.1958 BGHZ 27, 183; 30.9.1963 BGHZ 40, 347). Allerdings wird die Differenzmethode durch den sog. **normativen Schadensbegriff** korrigiert: Selbst wenn bei der Differenzrechnung keine Minderung des Vermögens erkennbar ist, kann durch normative Wertungen ein Schaden im Rechtssinne anerkannt werden (st.Rspr. BGH, zB *BGH* 30.11.1979 BGHZ 75, 272; *Palandt/Heinrichs* vor § 249 Rz 2c). Neben übrigen Grundsätzen des Schadensrechts wie der Vorteilsausgleichung (s.u. Rz 42), abstrakten und konkreten Schadensberechnung (s.u. Rz 50) hat die Schadenszurechnung nach dem **Schutzzweck der verletzten Norm** besondere Bedeutung für den Schadensersatzanspruch gem. § 628 Abs. 2 BGB (s.u. Rz 44, 48). Das Problem der hypothetischen Kausalität (s.u. Rz 52) betrifft die Schadenszurechnung und Schadensberechnung. 33

2. Zeitliche Begrenzung

Die Schadensersatzpflicht unterliegt grds. keiner Grenze (*Staudinger/Preis* § 628 Rz 45), **zeitlich** ist der Anspruch grds. auf den dem Arbeitnehmer **bis zum Ablauf der Kündigungsfrist einer fiktiven Kündigung** entstehenden Vergütungsausfall **begrenzt** (*BAG* 22.4.2004 EzA § 628 BGB 2002 Nr. 4; MünchKomm/*Henssler* § 628 BGB Rz 59; HWK/*Sandmann* § 628 BGB Nr. 59; ErfK-*Müller-Glöge* § 628 BGB Rz 65). **Kumulativ** hinzutreten kann eine den Verlust des Bestandsschutzes ausgleichende angemessene Entschädigung entsprechend §§ 13 Abs. 1 S. 3, 10 KSchG (*BAG* 26.7.2001 EzA § 628 BGB Nr. 19 Anm. *Krause*, Anm. *Gamillscheg* SAE 2002, 123; s.u. Rz 40; ErfK-*Müller-Glöge* § 628 BGB Rz 71 ff.). Bei der Regelung gem. § 628 Abs. 2 geht es laut Motiven zunächst nur um den **Ausgleich des sog. Verfrühungsschadens**, da jeder der Vertragsteile – seinerzeit mangels Bestehens eines Kündigungsschutzes – immer mit einer ordentlichen Kündigung rechnen muss. Der Ersatz des sog. Verfrühungsschadens ist zu **ergänzen durch die Ansprüche des Arbeitnehmers aus dem gesetzlichen Kündigungsschutz**, soweit diese im Einzelfall bestehen; denn der Arbeitnehmer verzichtet durch seine Kündigung gem. § 626 BGB – veranlasst durch das vertragswidrige Verhalten des Arbeitgebers – auf den durch die Kündigungsschutzbestimmungen eingeräumten Bestandsschutz. Nach den Entscheidungsgründen des BAG ist die Lage des wegen schuldhafter Vertragsverletzung des Arbeitgebers selbst kündigenden Arbeitnehmers vergleichbar derjenigen des Arbeitnehmers, dem gegenüber der Arbeitgeber eine unberechtigte Kündigung ausgesprochen hat und der sodann seinerseits einen Auflösungsantrag stellt, da ihm die Fortsetzung des Arbeitsverhältnisses unzumutbar ist (s.u. Rz 40; ErfK-*Müller-Glöge* aaO Rz 72 ff.). 34

Diese Grundsätze zur Ersatzpflicht sowohl des sog. Verfrühungsschadens als auch kumulativ möglicher Ansprüche auf Abfindung für den Verlust des Arbeitsplatzes können auch auf Arbeitnehmer mit **besonderem Kündigungsschutz** zB § 15 KSchG, § 9 MuSchG oder in Fällen tarifvertraglicher Unkündbarkeit angewandt werden (ErfK-*Müller-Glöge* § 628 BGB Rz 76). Findet das KSchG keine Anwendung, bildet der Ablauf der ordentlichen Kündigungsfrist für die Arbeitnehmer-Ansprüche die zeitliche Grenze. Der Schadensersatzanspruch endet jedoch mit dem Zeitpunkt, in dem das Vertragsverhältnis wegen seiner Befristung in jedem Fall abgelaufen wäre und eine Verlängerung nicht vorgesehen war und wenn der Arbeitnehmer schadlos gestellt ist und endgültig die Mittel für seinen Lebensunterhalt in einem anderen Betrieb erwirbt (RGRK-*Corts* § 628 BGB Rz 49; MünchKomm/*Henssler* § 628 Rz 56). 35

Die zeitliche Begrenzung des Schadensersatzanspruchs gem. § 628 Abs. 2 BGB ist dem Wortlaut der Norm nicht zu entnehmen. Nach dem Zweck der Norm soll dem Berechtigten aber **kein Anspruch auf den Ersatz eines »Endlosschadens«** zustehen, vielmehr soll der Kündigende nicht in einem unzumut- 36

§ 628 BGB   Vergütung, Schadenersatz bei fristloser Kündigung

baren Vertragsverhältnis festgehalten werden müssen und daher nur den Ersatz des sog. Verfrühungsschadens beanspruchen können, zumal da immer mit einer fristgerechten Kündigung des anderen Vertragspartners zu rechnen ist (*BAG* 22.4.2004 EzA § 628 BGB 2002 Nr. 4 mwN; *BGH* 3.3.1993 EzA § 89a HGB Nr. 1).

3. Schaden des Arbeitnehmers

37 Der Ersatzanspruch des Arbeitnehmers (s.a. Rz 10 ff.) geht auf den Schaden, den er durch die in der Vertragsverletzung des Arbeitgebers begründete Auflösung des Arbeitsverhältnisses erlitten hat (zur zeitlichen Begrenzung s.o. Rz 34 ff.). Grundsätzlich richtet sich der vom Arbeitgeber gem. § 628 Abs. 2 BGB zu ersetzende Schaden nach den §§ 249, 252 BGB, dh es ist das volle Interesse mit allen Haupt- und Nebenpflichten zu erfüllen (*LAG Hamm* 12.6.1984 NZA 1985, 159). Zunächst kann er den **Verlust seines Entgeltanspruchs** einschließlich aller besonderen Zuwendungen (*BAG* 8.8.2002 EzA § 628 BGB Nr. 21; 20.11.1996 EzA § 611 BGB Berufssport Nr. 9), der zu bezahlenden **Feiertage** gem. dem EFZG (*ArbG Marburg* 1.7.1963 BB 1963, 1376), der **Naturalvergütungen** sowie der entsprechenden **Tantiemen** ersetzt verlangen (*Staudinger/Preis* § 628 Rz 52; HWK/*Sandmann* § 628 BGB Rz 74).

38 Dem **Handelsvertreter**, dem ein bestimmter Bezirk oder Kundenkreis zugewiesen ist, stehen gem. § 87 HGB die **Provisionen** auch für die Geschäfte zu, die ohne seine Mitwirkung mit Kunden in seinem Bezirk geschlossen worden sind. Ebenso kann er die Provisionen beanspruchen aus Geschäften, die während seines Arbeitsverhältnisses zustande gebracht und die erst nach Beendigung seiner Tätigkeit ausgeführt werden (§ 87 Abs. 3 HGB; RGRK-*Corts* § 628 Rz 48). Für die möglichen Geschäfte, die der Handelsvertreter ohne die Vertragsauflösung in der Folgezeit noch durch seine Werbetätigkeit hätte abschließen können, muss der Arbeitgeber wegen positiver Vertragsverletzung in Höhe der entgangenen Provisionen Schadensersatz zahlen. Diesen Anspruch auf Erstattung des **entgangenen Gewinns** (§ 252 BGB) hat der *BGH* (14.11.1966 AP Nr. 4 zu § 628 BGB) einem fristlos gekündigten Bezirksvertreter für die Zeit der Frist für eine ordentliche Kündigung zugesprochen.

39 Zum **Schaden des Arbeitnehmers** gehört auch der durch die Abwertung einer Währung entstandene Verzugsschaden (Dollarabwertung: *LAG Hmb.* 2.8.1971 DB 1972, 1587). Der Arbeitnehmer kann auch die ihm zustehenden **Gewinnanteile** am Betriebsertrag – sobald sie zum Geschäftsjahresabschluss ausgerechnet sind – beanspruchen. Ferner stehen dem Arbeitnehmer für entstandene **Ruhegeldansprüche** und **Sonderzuwendungen** wie **Gratifikationen** auch schon vor dem für die Gratifikation maßgebenden Zeitpunkt Schadensersatzleistungen zu (*Hueck/Nipperdey* I, S. 312, FN 63). Ist ein Arbeitsverhältnis durch Gerichtsurteil bei Festsetzung einer Abfindung gem. §§ 9, 10 KSchG aufgelöst worden, so ist als Schadensposition der Verlust der Anwartschaft auf die betriebliche Altersversorgung bei der Festsetzung der Abfindung zu berücksichtigen; er ist daneben nicht gem. § 628 Abs. 2 BGB erstattungsfähig (*BAG* 12.6.2003 EzA § 628 BGB 2002 Nr. 1). Zum Schaden bei Nichtgewährung von Prokura vgl. *BAG* 17.9.1970 EzA § 626 BGB nF Nr. 5.

40 Neben dem Entgeltanspruch zuzüglich aller bes. Zuwendungen (s.o. Rz 37) beinhaltet der Schadensersatzanspruch nach § 628 Abs. 2 BGB – kumulativ – einen angemessenen **Ausgleich für den Verlust des Arbeitsplatzes** nach Maßgabe der **Abfindungsregelung gem. §§ 13 Abs. 1 S. 3, 10 KSchG in entsprechender Anwendung**, soweit das KSchG auf das Arbeitsverhältnis anwendbar ist. Damit soll der wirtschaftliche Verlust, der mit der Aufgabe des Arbeitsplatzes verbunden ist, angemessen ausgeglichen werden. Denn die Lage des wegen schuldhafter Vertragspflichtverletzung des Arbeitgebers selbst kündigenden Arbeitnehmers ist derjenigen des selbst kündigenden Arbeitnehmers vergleichbar, dem gegenüber der Arbeitgeber eine unberechtigte Kündigung ausgesprochen hat und der seinerseits einen Auflösungsantrag stellt, weil ihm die Fortsetzung des Arbeitsverhältnisses unzumutbar ist (*BAG* 20.11.2003 EzA § 628 BGB 2002 Nr. 3; 26.7.2001 EzA § 628 BGB Nr. 19).

41 Schließlich steht dem Arbeitnehmer auch **Ersatz der Aufwendungen** zu, die ihm aufgrund der unerwarteten Suche eines neuen Arbeitsplatzes entstehen, einschließlich der Kosten für eine notwendige Ortsveränderung (zB Umzugskosten; MünchKomm-*Henssler* § 628 Rz 61; HWK/*Sandmann* § 628 BGB Rz 75; aA *Soergel/Kraft* § 628 Rz 7). Im Falle der Arbeitslosigkeit nach Auflösung des Arbeitsverhältnisses kann der Arbeitnehmer vom Arbeitgeber gem. § 628 Abs. 1 BGB Ersatz von Unterstützungsleistungen, die ihm die BA nach dem SGB III nicht gewährt, verlangen (RGRK-*Corts* § 628 BGB Rz 56 und 60; *Staudinger/Preis* § 628 Rz 53).

42 Nach den Grundsätzen des **§ 254 BGB** muss der Arbeitnehmer sich anrechnen lassen, was er durch die Beendigung des Arbeitsverhältnisses erspart (Vorteilsausgleichung) oder durch anderweitige Verwen-

dung seiner Arbeitskraft erwirbt oder zu erwerben schuldhaft unterlässt (BAG 17.9.1970 EzA § 626 BGB nF Nr. 5; *Staudinger/Preis* § 628 Rz 55; HWK / *Sandmann* § 628 BGB Rz 76). Hierbei reicht jede Fahrlässigkeit, die Unterlassung braucht nicht böswillig zu sein (§ 615 BGB gilt hier nicht). Die schuldhafte Nichtwahrnehmung anderer Verdienstmöglichkeiten ist im Prozess vom Arbeitgeber zu beweisen. Einen erzielten Neuverdienst durch anderweitige Verwertung der Arbeitskraft muss sich der Arbeitnehmer auf den gesamten Abgeltungszeitraum anrechnen lassen, er bleibt nicht auf die Zeitperiode beschränkt, während der er verdient (RGZ 158, 402). Hinsichtlich der Höhe des Schadensersatzes ist das beiderseitige Verschulden gegeneinander abzuwägen und zu schätzen. Eine Minderung des Schadensersatzanspruchs tritt auch ein, wenn das vertragswidrige Verhalten des Arbeitgebers, das zur Beendigung des Arbeitsverhältnisses führte, vom Arbeitnehmer provoziert wurde (zB Beleidigung, nachdem der Arbeitnehmer dazu gereizt hat). Steht dem vertragswidrigen Verhalten des Arbeitgebers ein ebensolches des Arbeitnehmers gegenüber, so entfällt der Schadensersatzanspruch völlig; denn hier findet § 254 BGB keine Anwendung (s.o. Rz 30).

4. Schaden des Arbeitgebers

Ebenso wie der Arbeitnehmer kann der Arbeitgeber den **vollen Schaden** ohne Begrenzung im Umfang (zur zeitlichen Begrenzung s.o. Rz 34–36) verlangen, soweit er durch das Auflösungsverschulden des Arbeitnehmers entstanden ist. Dabei hat er gem. **§ 276 BGB** Vorsatz und Fahrlässigkeit zu vertreten. Beruft sich der Arbeitnehmer wegen seines vertragswidrigen Verhaltens auf einen Rechtsirrtum, so entfällt das Verschulden nur, wenn der Irrtum nicht fahrlässig bestand. Dem Arbeitgeber steht kein Schadensersatzanspruch zu, wenn der Schaden nicht auf ein Verschulden des Arbeitnehmers zurückgeht, sondern als Schadensursache zB die Krankheit eines im Übrigen die Arbeit verweigernden Arbeitnehmers gilt (BAG 5.10.1962 AP Nr. 2 zu § 628 BGB verneint hier die hypothetische Kausalität). Der Schadensersatzanspruch des Arbeitgebers mindert sich gem. **§ 254 BGB**, wenn er es schuldhaft unterlässt, den entstehenden Schaden gering zu halten (indem er zB rasch eine Ersatzkraft einstellt) oder gänzlich abzuwenden. Entsteht ein Schaden durch das vertragswidrige Verhalten mehrerer Arbeitnehmer zB als Betriebsgruppe, haftet nicht jeder einzelne als Gesamtschuldner für den gesamten Schaden (keine Gesamtschuld, *Erman/Belling* § 628 BGB Rz 32; *Staudinger/Preis* § 628 Rz 56). Eine **gesamtschuldnerische Haftung** kommt nur bei entsprechender vertraglicher – ausdrücklicher oder auch konkludenter – Vereinbarung (BAG 30.5.1972 EzA § 4 ZVG Ausschlussfristen Nr. 16) und bei bewusstem und gewolltem Zusammenwirken der einzelnen Schädiger in Betracht (RGRK-*Corts* § 628 BGB Rz 46; APS-*Rolfs* § 628 Rz 57). 43

Bei der Beurteilung der Schadensersatzpflicht ist vom **Schutzzweck** der verletzten Vertragsnorm auszugehen (s.o. Rz 32). Grds. kann der Arbeitgeber nur dann Ersatz von Schäden bei Vertragsbruch des Arbeitnehmers verlangen, wenn die **dadurch verursachten Kosten bei vertragstreuem Verhalten des Arbeitnehmers vermeidbar gewesen wären** (BAG 26.3.1981 EzA § 249 BGB Nr. 14). Es muss demnach ein **Rechtswidrigkeitszusammenhang** zwischen dem Verhalten des Handelnden und dem entstandenen Schaden bestehen. 44

Zur **Ermittlung des Schadensumfangs** ist die gegenwärtige tatsächliche Vermögenslage mit derjenigen zu vergleichen, die ohne das vertragswidrige Ereignis eingetreten wäre (sog. Differenzhypothese, *Stoffels* AR-Blattei SD, Arbeitsvertragsbuch Rz 134). Der Schaden kann zunächst in den entstandenen **angemessenen Mehrausgaben** durch die notwendige Fortsetzung der vom ausgeschiedenen Arbeitnehmer unterbrochenen Arbeiten bestehen (LAG Bln. 27.9.1973 BB 1974, 278). Als Aufwendungen kommen die **Mehrvergütungen für Arbeitnehmer** in Betracht, die durch Überstunden die Arbeit des ausgeschiedenen Arbeitnehmers verrichten (LAG Düsseld. [Köln] 19.10.1967 DB 1968, 90; LAG BW 21.12.1960 BB 1961, 529; MünchKomm-*Henssler* § 623 Rz 65; HWK/*Sandmann* § 628 BGB Rz 67; *Wuttke* DB 1967, 2227) oder die auch als Ersatzkräfte mit vergleichsweise höheren Entgeltansprüchen eingestellt werden (LAG Stuttg. 27.9.1957 BB 1958, 40; 21.12.1960 BB 1961, 529; LAG Bln. 27.9.1973 DB 1974, 638; LAG SchlH 13.4.1972 BB 1972, 1229) bzw. als Leiharbeitnehmer eingekauft werden (*Heinze* NZA 1994, 244). Wenn der Arbeitgeber die ausgefallene Arbeitskraft durch eigenen **überobligatorischen Arbeitseinsatz** kompensiert, kann er dafür Ersatz verlangen (s.a. Rz 51). Zum Schadensersatzanspruch bei Abordnung von Arbeitnehmern einer anderen Filiale des gleichen Betriebs auf den vakanten Arbeitsplatz sowie bei Mehrleistung anderer Arbeitnehmer durch höhere Beanspruchung vgl. BAG 24.4.1970 EzA § 60 HGB Nr. 3. Die **Kosten wegen Stillstandes** einer vom Arbeitgeber gemieteten Maschine, die der ausgeschiedene Arbeitnehmer bedient hat, sind zu ersetzen (*Frey* BB 1959, 744). Das gleiche gilt für **Konventionalstrafen,** die der Arbeitgeber wegen Nichteinhaltung von Terminen zahlen muss, weil 45

§ 628 BGB Vergütung, Schadenersatz bei fristloser Kündigung

der Arbeitnehmer vertragsbrüchig geworden ist (*LAG Düsseld. [Köln]* 19.10.1967 aaO; *Schaub* aaO). Verliert der Arbeitgeber durch die vorzeitige Vertragsbeendigung den **Konkurrenzschutz** nach § 60 HGB, so muss der vertragsbrüchige Arbeitnehmer für die dadurch verursachten Vermögenseinbußen des Arbeitgebers aufkommen (*BAG* 9.5.1975 EzA § 628 BGB Nr. 8; 23.2.1977 BB 1977, 847 mit Anm. von *Hadding* SAE 1976, 219; *Erman/Belling* § 628 Rz 32). Verstößt der Dienstverpflichtete gegen ein **Wettbewerbsverbot**, kann dies einen Schadensersatzanspruch gem. § 628 Abs. 2 BGB auslösen, aber der Dienstberechtigte darf deshalb nicht die Vergütung der Dienste verweigern (*BGH* 19.10.1987 EzA § 628 BGB Nr. 16; krit. Anm. *Schwerdtner* EWiR 1988, 249). Zum nachvertraglichen Wettbewerbsverbot bei Vertragsbruch vor Dienstantritt vgl. *BAG* 3.2.1987 EzA § 74 HGB Nr. 50.

46 Nach der Rechtsprechung des BAG können zu den nach § 249 BGB ausgleichspflichtigen Schadensfolgen eines Vertragsbruchs des Arbeitnehmers auch die **Kosten für Zeitungsinserate** gehören, mit denen der Arbeitgeber eine Ersatzkraft sucht (*BAG* 26.3.1981 EzA § 249 BGB Nr. 14; 14.11.1975 EzA § 249 BGB Nr. 6; 18.12.1969 EzA § 249 BGB Nr. 5; 30.6.1961 EzA § 249 BGB Nr. 1; vgl. zur Rspr. und Lit. auch *Stoffels* AR-Blattei SD, Arbeitsvertragsbruch Rz 152 ff.). Allerdings muss sich der zu ersetzende Werbeaufwand in zulässigen und gebotenen Grenzen halten, eine Wiederholung der Insertion kann erst dann ersatzfähig sein, wenn der Misserfolg der ersten Anzeige feststeht (*BAG* 14.11.1975 EzA § 249 BGB Nr. 6). Die Inseratskosten müssen in einem angemessenen Verhältnis zur Bedeutung des Arbeitsplatzes stehen (*BAG* 18.12.1969 EzA § 249 BGB Nr. 5). Grundsätzlich sollen die **Inseratskosten** (vorbehaltlich besonders gelagerter Einzelumstände) bis zur Höhe eines Monatsbezugs des vertragsbrüchigen Arbeitnehmers erstattungsfähig sein (*LAG Frankf.* 23.1.1980 ARSt 1980, 169). Werden mehrere Inserate in Zeitungen geschaltet, so ist stets der Kausalzusammenhang für die Erstattungspflicht zu prüfen; im Übrigen muss der Arbeitgeber die Schadensminderungspflicht gem. § 254 BGB beachten. Die Kosten für die **Inanspruchnahme einer Unternehmensberatung** zur Wiederbesetzung des vakanten Arbeitsplatzes sind dann erstattungsfähig, wenn die Einschaltung einer Beratungsfirma notwendig ist (*Stoffels* AR-Blattei SD, Arbeitsvertragsbruch Rz 156), weil zB anderweitig eine adäquate Besetzung in angemessener Zeit nicht möglich erscheint oder dies aufgrund der beruflichen und qualifikatorischen Merkmale üblich ist bzw. dies ebenso bei dem vertragsbrüchigen Arbeitnehmer praktiziert wurde (*ArbG Düsseld.* 12.1.1993 – 1 Ca 4434/92, zitiert nach *Staudinger/Preis* § 628 Rz 50; dagegen *BAG* 18.12.1969 EzA § 249 BGB Nr. 5; AP Nr. 3 zu § 276 BGB Vertragsbruch m. Anm. *Medicus*). Wenn ein Schulungsvertrag für den Beruf des Arztbesuchers mit Einmonatsfrist gekündigt werden kann und der Schulungspflichtige die Schulung nicht beginnt mit der Begründung, er wolle den vorgesehenen Einsatz als Arztbesucher nicht wahrnehmen, kann der Arbeitgeber aus diesem Vertragsbruch des Schulungspflichtigen nicht ohne weiteres dessen Pflicht herleiten, für eine Annonce, die 2.000 Euro kostet und mit der ein Ersatzmann gesucht wird, Schadensersatz zu leisten. Dies gilt insbes. in dem Fall, in dem der Arbeitgeber behauptet, einen Ersatzmann deshalb suchen zu müssen, weil ihm durch den Vertragsbruch des Arbeitnehmers die Chance entgangen sei, ihn zum Verbleiben im Vertragsverhältnis zu bewegen (*BAG* 22.5.1980 EzA § 249 BGB Nr. 13).

47 Im Zusammenhang mit dem Ersatz von **Inseratskosten** hat das *BAG* in seiner Entscheidung vom 26.3.1981 (EzA § 249 BGB Nr. 14) erstmals eine Schadensersatzpflicht des Arbeitnehmers verneint, wenn sich dieser auf ein **rechtmäßiges Alternativverhalten** beruft. Danach kann sich der Arbeitnehmer im Allgemeinen darauf berufen, dass die gleichen Kosten für Inserate auch bei einer vertragsmäßigen Auflösung des Arbeitsverhältnisses entstanden wären (so auch schon *ArbG Hagen* 22.7.1980 DB 1980, 2294; *ArbG Wilhelmshaven* 13.2.1981 ARSt 1981, 111; KDZ-*Däubler* § 628 BGB Rz 22). Es bedarf keines Nachweises, dass der Arbeitnehmer von der vertraglich eingeräumten Kündigungsmöglichkeit fristgemäß Gebrauch gemacht hätte (*BAG* 23.3.1984 EzA § 249 BGB Nr. 16; HWK/*Sandmann* § 628 BGB Rz 72). Die Rechtsprechung schließt sich damit der überwiegenden Meinung in der Literatur zum Einwand des rechtmäßigen Alternativverhaltens an, der mit dem Fehlen des **Rechtswidrigkeitszusammenhangs** zwischen dem Verhalten des Handelnden und dem entstandenen Schaden begründet wird (MünchKomm-*Grunsky* vor § 249 Rz 43 ff. und 90; MünchKomm-*Henssler* § 626 Rz 66; *Erman/Belling* § 628 Rz 32; *von Caemmerer* Ges. Schriften I, S. 445 ff.; *Grunsky* Anm. AP Nr. 6 zu § 276 BGB Vertragsbruch).

48 Auszugehen ist von der Begrenzung der Schadenspflicht durch den **Schutzzweck der verletzten Vertragsnorm.** Schäden, die auch bei einem normgerechten Verhalten entstanden wären, fallen nicht in den Schutzbereich der verletzten Norm und scheiden als Schadensposition stets aus (*ArbG Hagen* 22.7.1980 aaO). Tritt ein Arbeitnehmer die Arbeit nicht an oder beendet er das Vertragsverhältnis überstürzt, so verletzt er die Vorschriften über die Kündigungsfristen. Der Schutzzweck dieser Normen reicht aber nur bis zum Ablauf der Kündigungsfrist; denn der Normzweck der im Arbeitsvertrag vereinbarten Kündigungsfristen erstreckt sich lediglich darauf, den Arbeitgeber vor einer vorzeitigen Arbeitsaufgabe des Arbeitnehmers zu schützen (*LAG Düsseld.* 29.4.1981 ARSt 1981, 172; nach *LAG Hamm* 17.12.1980 DB 1981, 1243 sind Inseratskosten nicht zu ersetzen, wenn bei dem Zeitpunkt der Veröffentlichung nach aller Lebenserfahrung der Eintritt einer Ersatzkraft erst nach Ablauf der Kündigungsfrist in Betracht kommen konnte). Ersatzpflichtig ist der Arbeitnehmer nur für den Schaden, der durch die überstürzte Vertragsbeendigung entstanden ist. Dafür kommen zunächst in Betracht alle Kosten, die dem Arbeitgeber durch das Fehlen der Arbeitskraft des vertragsbrüchigen Arbeitnehmers entstehen (zB Differenzbetrag zu den Kosten für eine Ersatzkraft bzw. Überstundenzuschläge). Weiterhin stehen die Kosten für die Suche eines Nachfolgers im Rechtswidrigkeitszusammenhang mit dem Vertragsbruch, wenn sie bei vertragsgerechtem Verhalten vermeidbar gewesen wären. Nach der Entscheidung des BAG vom 26.3.1981 ist das zB dann anzunehmen, wenn die Kündigungsfrist für eine innerbetriebliche Ausschreibung, Erfolg versprechende Umfragen in Fachkreisen oder ähnliche Kosten sparende Maßnahmen ausgereicht hätten. Das BAG zitiert für diesen Sachverhalt den Begriff des »**Verfrühungsschadens**« (*Medicus* Anm. AP Nr. 5 zu § 276 BGB Vertragsbruch). Für die Vorstellungskosten eines Nachfolgers eines vertragsbrüchigen Arbeitnehmers ist ein »Verfrühungsschaden« zu verneinen (*BAG* 26.3.1981 EzA § 249 BGB Nr. 14; *Berkowsky* DB 1982, 1772). Dagegen ist der Arbeitnehmer zum Schadensersatz verpflichtet, wenn er die vertraglich vereinbarte Arbeit nicht antreten kann oder will und vor Antritt der Arbeit auch erkennen muss, dass der Arbeitgeber im Vertrauen auf die zugesagte Arbeitsaufnahme erhebliche Aufwendungen macht (*BAG* 14.9.1984 EzA § 611 BGB Arbeitnehmerhaftung Nr. 38: Anschaffung von Fahrzeugen).

Diese Rechtsprechung (*BAG* 26.3.1981 EzA § 249 BGB Nr. 14) tritt dem Prinzip der »zivilrechtlichen Prävention« entgegen, wonach im Interesse der Vertragstreue die Berufung auf das rechtmäßige Alternativverhalten abgelehnt wurde (*BAG* 18.12.1969 EzA § 249 BGB Nr. 5; so im Ergebnis noch einmal *LAG Frankf.* 23.1.1980 aaO; krit. dazu *Kittner* DB 1970, 487 f.; *Beitzke* SAE 1970, 257 und SAE 1976, 195; *Herschel* AuR 1971, 160; *Medicus* aaO). Bedenken gegen den Grundsatz der »zivilrechtlichen Prävention« äußerte schon das *BAG* vom 14.11.1975 (EzA § 249 BGB Nr. 6). Es billigte dem Arbeitgeber die Inseratskosten zu, weil nicht festgestanden habe, ob der vertragsbrüchige Arbeitnehmer wirklich bei vertragstreuem Verhalten alsbald wieder ausgeschieden wäre. Diese »Chance der Willensbeeinflussung« ist als rechtlich nicht geschützt bereits durch das *BAG* (22.5.1980 EzA § 249 BGB Nr. 13) – hinsichtlich des Nichtantritts eines Schulungsvertrages – als unzureichend für einen Schadensersatzanspruch hinsichtlich der Kosten für die Suche eines anderen Bewerbers angesehen worden; denn die Pflicht zur Einhaltung der Kündigungsfrist dient nicht dem Zweck, die beiden Vertragspartner für werbende Gespräche zusammenzuführen (*BAG* 26.3.1981 EzA § 249 BGB Nr. 14). 49

Der Arbeitgeber kann Schadensersatz für **entgangenen Gewinn** verlangen (*BAG* 5.10.1962 aaO; 27.1.1972 EzA § 628 BGB Nr. 5; RGRK-*Corts* § 628 BGB Rz 46; HWK/*Sandmann* § 628 BGB Rz 66), wenn sich durch das Ausscheiden des Arbeitnehmers Verdiensteinbußen ergeben. In dem vom BAG entschiedenen Fall (*BAG* 27.1.1972 EzA § 628 BGB Nr. 5) hatte der Arbeitgeber den offenen Posten des ausgeschiedenen Arbeitnehmers notwendigerweise vorübergehend mit einem Arbeitnehmer aus einer anderen Betriebsabteilung besetzt, in der daraufhin angeblich Mindereinnahmen eintraten. Soweit sich der Gewinnausfall nicht einfach durch Vorlage der Geschäftsbücher ermitteln lässt (*BAG* 27.1.1972 EzA § 628 BGB Nr. 5), gilt das Gesetz wegen der hier oft schwierig zu führenden Nachweise für die Gewinnminderung mit den §§ 252 BGB und 287 ZPO Beweiserleichterungen sowohl für den Eintritt des Schadens (dh für die Annahme der sog. haftungsausfüllenden Kausalität) als auch für die Höhe des Schadens (zur Geltung des § 287 ZPO vgl. MünchKomm-*Henssler* § 628 Rz 67, 74; *Staudinger/Preis* § 628 BGB Rz 66). Danach reichen aus erstens **Anhaltspunkte für die Wahrscheinlichkeit des Verdienstausfalls** und zweitens **Angaben** des Arbeitgebers zur Schätzung der behaupteten Höhe der Verdienstminderung (Berechnung, die die Besonderheiten des Betriebes berücksichtigt: zB wenn in einer Reparaturwerkstatt, die in der fraglichen Zeit mit Aufträgen voll ausgelastet war, durch das Ausscheiden des Arbeitnehmers zahlreiche Aufträge abgelehnt werden müssen). Dies ergibt sich aus der Bedeutung der §§ 252 BGB und 287 ZPO für den Umfang der Darlegungslast; denn nach den genannten Vorschriften mindern die Beweiserleichterungen auch die Darlegungslast derjenigen Partei, die Ersatz des entgangenen Gewinns verlangt, weil Darlegungs- und Beweislast einander entsprechen (*BAG* 27.1.1972 EzA § 628 BGB Nr. 5; *Wieczorek* § 287 Anm. D). Es bedarf nicht der Prüfung, ob schon allein der Ausfall der Arbeitskraft des Arbeitnehmers ohne Rücksicht auf die konkreten wirtschaftlichen Auswirkungen auf den Betrieb des Arbeitgebers ein messbarer Vermögensschaden ist (*BAG* 24.4.1970 EzA § 60 HGB Nr. 3), sondern nach der **abstrakten Schadensberechnung** geht es nicht um die Ermittlung des unmit- 50 telbaren Wertes der Arbeitsleistung des Arbeitnehmers, sondern um deren weitere Vorteile, deren Wert nach objektiven Kriterien zu bestimmen ist (*BAG* 27.1.1972 EzA § 628 BGB Nr. 5).

51 Verrichtet der Arbeitgeber die Arbeit des ausgeschiedenen Arbeitnehmers selbst, weil er keine Ersatzkraft gefunden hat und Geschäftseinbußen verhindern will (*BAG* 24.8.1967 EzA § 249 BGB Nr. 2; vgl. dazu auch *C. Becker* BB 1976, 746), kann der Arbeitgeber den potentiellen Schaden, den er aber nur aufgrund eigener überobligatorischer Anstrengungen nicht erlitten hat, ersetzt verlangen. Der Anspruch ist allerdings auf eine die Differenz zwischen der Entgelthöhe des ersatzpflichtigen Arbeitnehmers und dem Wert der Eigenleistung des Arbeitgebers zu beschränken (*Staudinger/Preis* § 628 BGB Rz 51; *Erman/Belling* § 628 Rz 33). Abzulehnen ist dagegen der Schadensersatzanspruch, wenn der Arbeitgeber im Fall des im Auflösungsverschulden begründeten Ausscheidens des Arbeitnehmers keine neue Ersatzkraft einstellt (so auch *LAG SchlH* 13.4.1972 BB 1972, 1229; *Baumbach/Duden* § 59 Anm. 6 D c; *Beuthien* BB 1973, 92; RGRK-*Corts* § 628 BGB Rz 44; krit. *C. Becker* BB 1976, 746; aA *LAG Frankf*. 5.7.1966 DB 1967, 212, das die Grundsätze, die der BGH für den Ersatz der fiktiven Mietwagenkosten bei einem Verkehrsunfall aufgestellt hat, hier entsprechend anwendet; abl. Anm. zum *LAG Frankf*. von *Henschel* in: AR-Blattei, Vertragsbruch Entsch. 9 sowie von *Trinkner* DB 1967, 162: dagegen sieht *Hadding* aaO die Nichteinstellung einer Ersatzkraft lediglich als Verstoß gegen die Schadensminderungspflicht, § 254 Abs. 2 BGB an). Grds. können auch die Reisekosten für eine Ersatzkraft, die zu der Baustelle geschickt werden muss, als Schadensersatz geltend gemacht werden (*ArbG Wilhelmshaven* 13.2.1981 aaO).

52 Dem Arbeitgeber steht kein Anspruch auf Schadensersatz wegen Nichtleistung der Arbeit auf Erstattung des entgangenen Gewinns gem. § 252 BGB zu, wenn die Arbeitsleistung sowohl wegen Arbeitsverweigerung – was ein Auflösungsverschulden darstellen kann – als auch wegen gleichzeitiger Krankheit unterbleibt; denn solange ein Arbeitnehmer krank ist, besteht keine Arbeitspflicht, mithin macht er sich für diese Zeit nicht schadensersatzpflichtig (*BAG* 5.10.1962 AP Nr. 2 zu § 628 BGB verneint hier die **hypothetische Kausalität**; krit. dazu Anm. *Brecher* ebenda).

IV. Beweislastregeln

53 Für das Begehren gem. **§ 628 Abs. 1 S. 1 BGB** muss der Arbeitnehmer darlegen und beweisen, dass der beanspruchte Teil der Vergütung seinen bisherigen Leistungen entspricht (HWK/*Sandmann* § 628 BGB Rz 91). Die Voraussetzungen des **§ 628 Abs. 1 S. 2 BGB** muss der Arbeitgeber beweisen, nämlich die Kündigung durch den Arbeitnehmer, ohne dass dieser durch vertragswidriges Verhalten des Arbeitgebers dazu veranlasst wurde, oder das vertragswidrige Verhalten des Arbeitnehmers, das den Arbeitgeber zur Kündigung veranlasste, sowie den Wegfall des Interesses an der Arbeitsleistung des Arbeitnehmers (*Palandt/Putzo* § 628 Rz 9). Für den Rückerstattungsanspruch gem. **§ 628 Abs. 1 S. 3 BGB** bzgl. im Voraus entrichteter Vergütungen hat der Arbeitgeber die Beweislast für die Zahlung. Soweit es für den Arbeitnehmer nur um die bereicherungsrechtliche Haftung geht, hat er sein Nichtvertretenmüssen in der Weise zu beweisen, als er die vom Arbeitgeber substantiiert darzulegenden Umstände für die außerordentliche Kündigung zu widerlegen hat (RGRK-*Corts* § 628 Rz 62; ErfK-*Müller-Glöge* § 628 BGB Rz 122; *Staudinger/Preis* § 628 BGB Rz 65). Im Rahmen des Schadensersatzanspruchs gem. **§ 628 Abs. 2 BGB** muss der Antragsteller das vertragswidrige Verhalten des anderen Teils und seinen dadurch verursachten Schaden auch in der geltend gemachten Höhe darlegen und beweisen, insbes. für die Zeit der potentiellen Fortsetzung der Tätigkeit, wenn das Vertragsverhältnis nicht aufgelöst worden wäre. Zur Anwendung des § 287 ZPO sowie den Beweiserleichterungen beim Anspruch auf entgangenen Gewinn gem. § 252 BGB s.o. **Rz 50** (vgl. auch ErfK-*Müller-Glöge* § 628 Rz 123).

V. Rechtsnatur und Verjährung des Anspruchs

54 Der Schadensersatzanspruch gem. § 628 Abs. 2 BGB ist zwar – soweit er auf Entgeltausfall des Arbeitnehmers geht – kein echter Erfüllungsanspruch auf Entgelt, wird aber wie ein Entgeltanspruch der **Verjährungsfrist der §§ 195, 199 BGB** unterstellt (*Staudinger/Preis* § 628 Rz 57 f. mwN zur Rspr.; MünchKomm/*Henssler* § 628 Rz 69). Dieser Grundsatz gilt ebenso bei wiederkehrenden Vergütungsansprüchen, die aus ungerechtfertigter Bereicherung oder aus Geschäftsführung ohne Auftrag geltend gemacht werden. Insoweit unterliegen die Schadensersatzansprüche auch den Pfändungs- und Aufrechnungsbeschränkungen (*ArbG Krefeld* ARS 25, 217; *Staudinger/Preis* aaO; *Erman/Belling* § 628 Rz 69; MünchKomm/*Henssler* aaO).

VI. Sozialversicherung

1. Beitragspflicht

Die Beitragspflicht zur Sozialversicherung wird an ein **bestehendes Arbeitsverhältnis geknüpft**. Daher sind Sozialversicherungsbeiträge auf Ersatzleistungen iSd § 628 Abs. 2 BGB nicht zu entrichten (§ 14 SGB IV, § 342 SGB III; vgl. auch KR-*Wolff* SozR Rz 97). Nach dem Grundsatz der Naturalrestitution ist der frühere Arbeitgeber gem. § 249 S. 1 BGB verpflichtet, dem Arbeitnehmer einen entsprechenden kranken- und rentenversicherungsrechtlichen Schutz zu finanzieren; im Falle der Arbeitslosigkeit ist entgehendes Arbeitslosengeld zu ersetzen (vgl. RGRK-*Corts* § 628 BGB Rz 57).

2. Anrechnung auf das Arbeitslosengeld

Wird der Arbeitnehmer nach der Auflösung des Arbeitsverhältnisses arbeitslos und beantragt Arbeitslosengeld, so kann ein Schadensersatz, den der Arbeitnehmer gem. § 628 Abs. 2 BGB erhält oder zu beanspruchen hat, gem. § 143a SGB III zum Ruhen des Arbeitslosengeldes führen; denn derartiger Schadensersatz ist eine der Abfindung ähnliche Leistung bzw. Entlassungsentschädigung, die »wegen Beendigung des Arbeitsverhältnisses« gezahlt wird bzw. beansprucht werden kann. Die Schadensersatzleistungen kompensieren entgangenen Lohn für den Zeitraum vom Ende des Arbeitsverhältnisses bis zum Ablauf der ordentlichen Kündigungsfrist und haben daher in gleicher Weise Lohnersatzfunktion wie eine Abfindung, mit der Arbeitsentgeltansprüche abgefunden werden. Steht dem Arbeitslosen neben einer Abfindung ein Schadensersatzanspruch gem. § 628 Abs. 2 BGB zu, so sind beide zu einer nach der Regelung gem. § 143 Abs. 1 SGB III zu berücksichtigenden »Gesamtabfindung« zusammenzurechnen (*BSG* 13.3.1990 EzA § 117 AFG Nr. 7). Nicht anders zu behandeln sind Schadensersatzansprüche nach § 113 Abs. 1 S. 3 InsO (vgl. KR-*Wolff* § 143a SGB III Rz 22).

VII. Schadensersatzanspruch gem. § 628 Abs. 2 BGB in der Insolvenz des Arbeitgebers

Der Schadensersatzanspruch des Arbeitnehmers gem. § 628 Abs. 2 BGB ist mit dem Inkrafttreten der InsO nur in den Fällen eine sonstige Masseverbindlichkeit gem. § 55 Abs. 1 InsO, wenn er durch eine Handlung des Insolvenzverwalters verursacht wurde. Im Übrigen kann der Arbeitnehmer Schadensersatzansprüche nur als **Insolvenzgläubiger** gem. § 38 InsO geltend machen (*BAG* 22.10.1998 – 8 AZR 73/98 – nv). Bereits zur KO hatte das *BAG* (13.8.1980 EzA § 59 KO Nr. 10), den Schadensersatzanspruch des Arbeitnehmers gem. § 628 Abs. 2 BGB im Konkurs als einfache Konkursforderung iSv § 61 Abs. 1 Nr. 6 KO, und zwar für Ansprüche aus Zeiten sowohl vor dem Konkurs als auch nach der Konkurseröffnung eingeordnet. Schon diese Rspr. ist weitgehend auf Kritik gestoßen, da sie der Funktion des Schadensersatzanspruchs nicht gerecht wird (*Weigand* KR, 6. Aufl. § 628 BGB Rz 56 ff.). Der Schadensersatzanspruch gem. § 628 Abs. 2 BGB ist **nicht insolvenzgeldfähig** (§ 184 Abs. 1 Nr. 1 SGB III).

Bundespersonalvertretungsgesetz (BPersVG)

vom 15. März 1974 (BGBl. I S. 693).
Zuletzt geändert durch Gesetz zur Umsetzung europäischer Richtlinien
zur Verwirklichung des Grundsatzes der Gleichbehandlung
vom 14. August 2006 (BGBl. I S. 1897)

Erster Teil
Personalvertretungen im Bundesdienst

§ 47 Besonderer Schutz bei außerordentlicher Kündigung, Versetzung und Abordnung.
(1) ¹Die außerordentliche Kündigung von Mitgliedern des Personalrates, die in einem Arbeitsverhältnis stehen, bedarf der Zustimmung des Personalrates. Verweigert der Personalrat seine Zustimmung oder äußert er sich nicht innerhalb von drei Arbeitstagen nach Eingang des Antrages, so kann das Verwaltungsgericht sie auf Antrag des Dienststellenleiters ersetzen, wenn die außerordentliche Kündigung unter Berücksichtigung aller Umstände gerechtfertigt ist. ²In dem Verfahren vor dem Verwaltungsgericht ist der betroffene Arbeitnehmer Beteiligter.
(2) ¹Mitglieder des Personalrates dürfen gegen ihren Willen nur versetzt oder abgeordnet werden, wenn dies auch unter Berücksichtigung der Mitgliedschaft im Personalrat aus wichtigen dienstlichen Gründen unvermeidbar ist. ²Als Versetzung im Sinne des Satzes 1 gilt auch die mit einem Wechsel des Dienstortes verbundene Umsetzung in derselben Dienststelle; das Einzugsgebiet im Sinne des Umzugskostenrechts gehört zum Dienstort. ³Die Versetzung oder Abordnung von Mitgliedern des Personalrates bedarf der Zustimmung des Personalrates.
(3) ¹Für Beamte im Vorbereitungsdienst und Beschäftigte in entsprechender Berufsausbildung gelten die Absätze 1, 2 und die §§ 15, 16 des Kündigungsschutzgesetzes nicht. ²Absätze 1 und 2 gelten ferner nicht bei der Versetzung oder Abordnung dieser Beschäftigten zu einer anderen Dienststelle im Anschluß an das Ausbildungsverhältnis. ³Die Mitgliedschaft der in Satz 1 bezeichneten Beschäftigten im Personalrat ruht unbeschadet des § 29, solange sie entsprechend den Erfordernissen ihrer Ausbildung zu einer anderen Dienststelle versetzt oder abgeordnet sind.

Zweiter Teil
Personalvertretungen in den Ländern

Zweites Kapitel
Unmittelbar für die Länder geltende Vorschriften

§ 108 Außerordentliche Kündigung in besonderen Fällen.
(1) ¹Die außerordentliche Kündigung von Mitgliedern der Personalvertretungen, der Jugendvertretungen oder der Jugend- und Auszubildendenvertretungen, der Wahlvorstände sowie von Wahlbewerbern, die in einem Arbeitsverhältnis stehen, bedarf der Zustimmung der zuständigen Personalvertretung. ²Verweigert die zuständige Personalvertretung ihre Zustimmung oder äußert sie sich nicht innerhalb von drei Arbeitstagen nach Eingang des Antrags, so kann das Verwaltungsgericht sie auf Antrag des Dienststellenleiters ersetzen, wenn die außerordentliche Kündigung unter Berücksichtigung aller Umstände gerechtfertigt ist. ³In dem Verfahren vor dem Verwaltungsgericht ist der betroffene Arbeitnehmer Beteiligter.
(2) ...

Inhaltsübersicht

		Rz
I.	Zweck der Vorschriften	1
II.	Geschützter Personenkreis	2–6
III.	Umfang des Kündigungsschutzes	7–14

§§ 47, 108 Abs. 1 BPersVG Kündigung, Versetzung von Personalratsmitgliedern

I. Zweck der Vorschriften

1 Die Vorschriften der §§ 47 Abs. 1, 108 Abs. 1 BPersVG bezwecken den Schutz von Arbeitnehmern mit personalvertretungsrechtlichen Aufgaben. Sie **ergänzen den Kündigungsschutz des § 15 KSchG**. Ihre Zweckbestimmung entspricht der des § 103 BetrVG, der Arbeitnehmer mit betriebsverfassungsrechtlichen Aufgaben schützt. Wegen der Einzelheiten des Schutzzwecks kann daher auf KR-*Etzel* § 103 BetrVG Rz 7 verwiesen werden. Auch auf **außerordentliche Kündigungen nach dem Einigungsvertrag** (Anlage I Kapitel XIX Sachgebiet A Abschnitt III Nr. 1 Abs. 5) finden §§ 47 Abs. 1, 108 Abs. 1 BPersVG Anwendung (*BAG* 28.4.1994 EzA Art. 20 EinigungsV Nr. 36).

II. Geschützter Personenkreis

2 Die Vorschrift des § 47 Abs. 1 BPersVG schützt nach ihrem Wortlaut die Mitglieder des Personalrats in den Verwaltungen des Bundes und der bundesunmittelbaren Körperschaften, Anstalten und Stiftungen des öffentlichen Rechts sowie in den Gerichten des Bundes (vgl. § 1 BPersVG). Kraft Verweisung in anderen Vorschriften genießen jedoch in demselben Behördenbereich auch die Mitglieder des **Bezirkspersonalrats** und des **Hauptpersonalrats** (§ 54 Abs. 1 BPersVG), des **Gesamtpersonalrats** (§ 56 BPersVG), der **Jugend- und Auszubildendenvertretung** (§ 62 BPersVG) und des **Wahlvorstands** (§ 24 Abs. 1 S. 3 BPersVG) sowie **Wahlbewerber** (§ 24 Abs. 1 S. 3 BPersVG) den Kündigungsschutz des § 47 Abs. 1 BPersVG. Der Kündigungsschutz des Wahlvorstands betrifft nicht nur den Wahlvorstand zur Personalratswahl, sondern kraft Verweisung auch den Wahlvorstand zur Wahl des Bezirkspersonalrats und Hauptpersonalrats (§ 53 Abs. 3 S. 1 BPersVG) und der Jugend- und Auszubildendenvertretung (§ 62 S. 3 BPersVG). Auch die Wahlbewerber zu diesen Wahlen sind entsprechend geschützt und darüber hinaus die Wahlbewerber für den Wahlvorstand zu diesen Wahlen. Die Ausführungen bei KR-*Etzel* § 103 BetrVG Rz 11 ff. gelten hier sinngemäß.

3 Die Mitglieder der **Schwerbehindertenvertretung** (§ 96 Abs. 3 SGB IX), der Konzern-, Gesamt-, Bezirks- und Hauptschwerbehindertenvertretung (§ 97 Abs. 7 SGB IX) sowie die **Wahlvorstände und Wahlbewerber für diese Schwerbehindertenvertretungen** (§ 94 Abs. 6 S. 2, § 97 Abs. 7 SGB IX) kommen durch Verweisung im SGB IX ebenfalls in den Genuss des Kündigungsschutzes nach § 47 Abs. 1 BPersVG. Dasselbe gilt für Mitglieder von **Betriebsvertretungen bei den alliierten Streitkräften** (vgl. KR-*Weigand* NATO-ZusAbk Rz 30).

4 Die Vorschrift des § 108 Abs. 1 BPersVG schützt **in den Verwaltungen und Betrieben der Länder, Gemeinden, Gemeindeverbände** und der sonstigen nicht bundesunmittelbaren Körperschaften, Anstalten und Stiftungen des öffentlichen Rechts sowie in den Gerichten der Länder (vgl. § 95 Abs. 1 BPersVG) die Mitglieder der Personalvertretungen (Personalrat, Bezirkspersonalrat, Gesamtpersonalrat), der Jugend- und Auszubildendenvertretungen, der Wahlvorstände sowie die Wahlbewerber und die Schwerbehindertenvertretungen und deren Wahlvorstände und Wahlbewerber (vgl. § 96 Abs. 3, § 97 Abs. 7, § 94 Abs. 6 S. 2 SGB IX).

5 Nicht geschützt sind Arbeitnehmer in Dienststellen des Bundes, die **in einer Berufsausbildung** stehen, die der Beamten im Vorbereitungsdienst entspricht (§ 47 Abs. 3 S. 1 BPersVG), ferner die Mitglieder von Vertretungen der nichtständig Beschäftigten iSd § 65 BPersVG und der entsprechenden Vorschriften der PersVG der Länder, da diese Vertretungen nicht als Personalvertretungen anzusehen sind (*Löwisch* § 15 Rz 22).

6 Geschützt sind nur Arbeitnehmer mit personalvertretungsrechtlichen Aufgaben. Hierzu zählen auch grds. **Dienstordnungsangestellte**. Hingegen erstreckt sich der Schutz des § 47 BPersVG nicht auf Mitglieder von Personalvertretungen, auf deren Dienstverhältnis als Dienstordnungsangestellte beamtenrechtliche Vorschriften Anwendung finden, nach denen sie entlassen werden. Denn die beamtenrechtlichen Vorschriften gewähren bereits ihrerseits ausreichenden Schutz (*BAG* 5.9.1986, NZA 1987, 636).

III. Umfang des Kündigungsschutzes

7 Der Kündigungsschutz für Arbeitnehmervertreter im öffentlichen Dienst nach dem BPersVG ist **ebenso ausgestaltet wie der Kündigungsschutz für Arbeitnehmervertreter in der privaten Wirtschaft** nach § 103 BetrVG. Für die Zustimmung zur Kündigung des Mitglieds einer Personalvertretung ist im Bereich des BPersVG **die Personalvertretung** (Personalrat, Gesamtpersonalrat, Bezirkspersonalrat, Hauptpersonalrat) **zuständig, der der betroffene Arbeitnehmer als Mitglied angehört**, weil es um die Kontinuität der Arbeit dieser Personalvertretung geht (*BVerwG* 9.7.1980 PersV 1981 370; *LAG Chemnitz*

21.10.1992 AuR 1993, 62; *Lorenzen/Etzel* § 47 Rz 30; zum Zweck des Kündigungsschutzes s. KR-*Etzel* § 15 KSchG Rz 10). Dies gilt jeweils unabhängig davon, von welcher Dienststelle die Kündigung ausgesprochen werden kann (*Dietz/Richardi* § 47 Rz 14 f.). Ist zB für den Ausspruch der außerordentlichen Kündigung eines Personalratsmitglieds nicht der Leiter der Beschäftigungsbehörde, sondern der Leiter der übergeordneten Dienststelle oder der Hauptdienststelle zuständig, so ist nicht die bei dieser Dienststelle gebildete Stufenvertretung oder der dort bestehende Gesamtpersonalrat zu beteiligen, wie es § 82 BPersVG nahelegen könnte. Vielmehr ist im Hinblick auf den Zweck des Kündigungsschutzes – Stetigkeit der Personalratsarbeit – der Personalrat zuständig, dem der betroffene Arbeitnehmer angehört. Gehört das betroffene Personalratsmitglied mehreren Personalvertretungen an, bedarf die außerordentliche Kündigung der Zustimmung aller Personalvertretungen (*BVerwG* 8.12.1986 ZBR 1987, 287; *Lorenzen/Etzel* § 47 Rz 31).

Handelt es sich bei dem betroffenen Arbeitnehmer um kein Personalratsmitglied, sondern zB um das Mitglied eines Wahlvorstandes, um einen Wahlbewerber, einen Jugend- und Auszubildendenvertreter, ist der **Personalrat der Dienststelle, bei der der Arbeitnehmer beschäftigt ist,** für die Zustimmung zur Kündigung zuständig (*Lorenzen/Etzel* § 47 Rz 30). 8

Aus der fast völligen Übereinstimmung der gesetzlichen Regelungen folgt, dass der **Kündigungsschutz für Arbeitnehmervertreter im öffentlichen Dienst** und für Arbeitnehmervertreter in der privaten Wirtschaft auch in allen Einzelheiten grds übereinstimmt (vgl. *Witt* AR-Blattei SD 530.9 unter F; vgl. zum Umfang der Unterrichtungspflichten des Dienststellenleiters *BAG* 26.5.1994 AuA 1995, 205 und KR-*Etzel* §§ 72, 79, 108 BPersVG Rz 66), wenn man davon absieht, dass im öffentlichen Dienst an die Stelle des Betriebsrats der Personalrat tritt. Auf die Ausführungen von KR-*Etzel* zu § 103 BetrVG kann daher – bis auf vier Ausnahmen – in vollem Umfang verwiesen werden. 9

In zwei Fragen weicht die Regelung des BPersVG von der Regelung des § 103 BetrVG ab: 10

a) Nach § 103 BetrVG muss der Betriebsrat zu der vom Arbeitgeber beantragten Zustimmung zur außerordentlichen Kündigung unverzüglich, spätestens aber innerhalb von drei Tagen Stellung nehmen; in § 47 Abs. 1, § 108 Abs. 1 BPersVG wird dem Personalrat hingegen eine **Frist von drei Arbeitstagen** zur Stellungnahme eingeräumt. Fällt der letzte Tag der Anhörungsfrist von drei Arbeitstagen auf einen Sonntag, zB in Dienststellen mit regelmäßiger Sonntagsarbeit, läuft die Frist in entsprechender Anwendung von § 188 Abs. 1, § 193 BGB erst am nächstfolgenden Werktag ab (*LAG Köln* 22.6.1989 PersV 1991, 451). Dem Personalrat steht bei der Frage, ob er der Kündigung zustimmen soll, kein Mitbestimmungsrecht im technischen Sinne, sondern nur ein **Mitbeurteilungsrecht** zu (vgl. KR-*Etzel* § 103 BetrVG Rz 85).

b) Die fehlende Zustimmung des Betriebsrats wird nach § 103 BetrVG vom ArbG, die fehlende Zustimmung des Personalrats hingegen nach § 47 Abs. 1, § 108 Abs. 1 BPersVG vom **Verwaltungsgericht** ersetzt. Auch insoweit ist zur Wahrung der zweiwöchigen Ausschlussfrist des § 626 Abs. 2 BGB erforderlich, dass der Antrag auf Ersetzung der Zustimmung der Personalvertretung zur außerordentlichen Kündigung spätestens zwei Wochen, nachdem der Kündigungsberechtigte von den Kündigungstatsachen Kenntnis erlangt hat, beim Verwaltungsgericht eingeht (*BAG* 27.3.1991 RzK II 1 a Nr. 5; *VGH BW* 28.11.1995 PersV 1997, 267; *OVG Lüneburg* 19.7.1989 PersR 1990, 342). Für dieses personalvertretungsrechtliche Beschlussverfahren gelten aber die Vorschriften des ArbGG über das Beschlussverfahren entsprechend (§ 83 Abs. 2 BPersVG). In dem Verfahren ist der betroffene Arbeitnehmer zu beteiligen (§ 47 Abs. 1 S. 3, § 108 Abs. 1 S. 3 BPersVG). Geht es um die Zustimmungsersetzung wegen einer **Tätigkeit für das frühere Ministerium für Staatssicherheit**/Amt für nationale Sicherheit (Anlage I Kapitel XIX Sachgebiet A Abschnitt III Nr. 1, Abs. 5 Nr. 2 des Einigungsvertrages), sind im Allgemeinen die über den ehemaligen Mitarbeiter des MfS vom Bundesbeauftragten für die Stasiunterlagen vorhandenen Akten vollständig beizuziehen (*BVerwG* 23.1.1998 ZTR 1998, 566). Zur Zustimmungsersetzung wegen Ausübung nicht genehmigter Nebentätigkeiten in größerem Umfang vgl. *VGH BW* 28.11.1995, aaO; zur Ersetzung der Zustimmung zu einer außerordentlichen Änderungskündigung wegen unzulänglicher Arbeitsleistungen vgl. *OVG SchlH* 2.12.1994 PersV 1997, 520. 11

In zwei weiteren Fällen ist zur Klarstellung auf folgendes hinzuweisen: 12

a) Der **Kündigungsschutz für Wahlbewerber** beginnt mit der Aufstellung des Wahlvorschlages (vgl. KR-*Etzel* § 103 BetrVG Rz 23 ff.). Ein Wahlvorschlag zur Wahl einer Personalvertretung nach dem Bundespersonalvertretungsrecht ist aufgestellt, sobald ein schriftlicher Wahlvorschlag vorliegt, der die erforderliche Zahl von Unterschriften aufweist, wenn in dem Zeitpunkt, in dem die letzte erforderliche

Unterschrift geleistet wird, die Frist für die Einreichung von Wahlvorschlägen begonnen hat, aber noch nicht abgelaufen ist, die Bewerber auf dem Wahlvorschlag in erkennbarer Reihenfolge aufgeführt sind, der Wahlvorschlag keine Änderungen enthält und nicht aus sonstigen Gründen wegen Verletzung zwingender Vorschriften (zB Nichtwählbarkeit des Bewerbers) unheilbar nichtig ist (vgl. § 10 Abs. 2, § 32, § 42, § 45 Wahl0 BPersVG). Entsprechendes gilt auch für Wahlbewerber zur Wahl einer Jugend- und Auszubildendenvertretung des Personalvertretungsrechts (§ 46 WahlO BPersVG) und der Mitglieder der Schwerbehindertenvertretungen im öffentlichen Dienst (§ 94 Abs. 6 S. 2, § 97 Abs. 7 SGB IX).

13 b) Wenn keine Personalversammlung zur Wahl des Wahlvorstandes stattfindet oder die Personalversammlung keinen Wahlvorstand wählt, wird der **Wahlvorstand** nicht – wie nach dem BetrVG – durch ein Gericht, sondern auf Antrag gem. § 22 BPersVG **durch den Leiter der Dienststelle bestellt**. Hinsichtlich des Kündigungsschutzes für Wahlbewerber zum Wahlvorstand gelten dann die Ausführungen bei KR-*Etzel* § 103 BetrVG Rz 13, 33, 35 sinngemäß, wobei an die Stelle des dort genannten ArbG jeweils der Dienststellenleiter tritt.

14 Auf das **Zustimmungsverfahren** beim Personalrat finden Vorschriften über das Mitbestimmungsverfahren nach § 69 BPersVG und das Mitwirkungsverfahren nach § 72 BPersVG keine Anwendung (*Dietz* ZBR 1984, 235; vgl auch *BVerwG* 30.4.1998, ZfPR 1998, 153); die verweigerte Zustimmung des Personalrats kann also **nicht durch eine Stufenvertretung** (Bezirkspersonalrat, Hauptpersonalrat) **ersetzt** werden. Das folgt daraus, dass § 47 Abs. 1, § 108 Abs. 1 BPersVG die Anrufung des Verwaltungsgerichts an die verweigerte Zustimmung des Personalrats anknüpfen und die Zustimmungspflichtigkeit der Kündigung nicht in dem Katalog der Mitbestimmungs- und Mitwirkungsfälle der §§ 75 ff. BPersVG aufgeführt ist.

Erster Teil
Personalvertretungen im Bundesdienst

§ 72 Mitwirkung des Personalrats
(1) Soweit der Personalrat an Entscheidungen mitwirkt, ist die beabsichtigte Maßnahme vor der Durchführung mit dem Ziele einer Verständigung rechtzeitig und eingehend mit ihm zu erörtern.
(2) ¹Äußert sich der Personalrat nicht innerhalb von zehn Arbeitstagen oder hält er bei Erörterung seine Einwendungen oder Vorschläge nicht aufrecht, so gilt die beabsichtigte Maßnahme als gebilligt. ²Erhebt der Personalrat Einwendungen, so hat er dem Leiter der Dienststelle die Gründe mitzuteilen. § 69 Abs. 2 Satz 6 gilt entsprechend.
(3) Entspricht die Dienststelle den Einwendungen des Personalrates nicht oder nicht in vollem Umfange, so teilt sie dem Personalrat ihre Entscheidung unter Angabe der Gründe schriftlich mit.
(4) ¹Der Personalrat einer nachgeordneten Dienststelle kann die Angelegenheit binnen drei Arbeitstagen nach Zugang der Mitteilung auf dem Dienstwege den übergeordneten Dienststellen, bei denen Stufenvertretungen bestehen, mit dem Antrag auf Entscheidung vorlegen. ²Diese entscheiden nach Verhandlung mit der bei ihnen bestehenden Stufenvertretung. ³§ 69 Abs. 3 Sätze 2, 3 gilt entsprechend. ⁴Eine Abschrift seines Antrages leitet der Personalrat seiner Dienststelle zu.
(5) Ist ein Antrag gemäß Absatz 4 gestellt, so ist die beabsichtigte Maßnahme bis zur Entscheidung der angerufenen Dienststelle auszusetzen.
(6) § 69 Abs. 5 gilt entsprechend.

§ 79 Mitwirkung bei Kündigungen
(1) ¹Der Personalrat wirkt bei der ordentlichen Kündigung durch den Arbeitgeber mit. ²§ 77 Abs. 1 Satz 2 gilt entsprechend. ³Der Personalrat kann gegen die Kündigung Einwendungen erheben, wenn nach seiner Ansicht
1. bei der Auswahl des zu kündigenden Arbeitnehmers soziale Gesichtspunkte nicht oder nicht ausreichend berücksichtigt worden sind,
2. die Kündigung gegen eine Richtlinie im Sinne des § 76 Abs. 2 Nr. 8 verstößt,
3. der zu kündigende Arbeitnehmer an einem anderen Arbeitsplatz in derselben Dienststelle oder in einer anderen Dienststelle desselben Verwaltungszweiges an demselben Dienstort einschließlich seines Einzugsgebietes weiterbeschäftigt werden kann,

Mitwirkung bei Kündigungen §§ 72, 79, 108 Abs. 2 BPersVG

4. die Weiterbeschäftigung des Arbeitnehmers nach zumutbaren Umschulungs- oder Fortbildungsmaßnahmen möglich ist oder
5. die Weiterbeschäftigung des Arbeitnehmers unter geänderten Vertragsbedingungen möglich ist und der Arbeitnehmer sein Einverständnis hiermit erklärt.

⁴Wird dem Arbeitnehmer gekündigt, obwohl der Personalrat nach Satz 3 Einwendungen gegen die Kündigung erhoben hat, so ist dem Arbeitnehmer mit der Kündigung eine Abschrift der Stellungnahme des Personalrates zuzuleiten, es sei denn, dass die Stufenvertretung in der Verhandlung nach § 72 Abs. 4 Satz 2 die Einwendungen nicht aufrechterhalten hat.

(2) ¹Hat der Arbeitnehmer im Falle des Absatzes 1 Satz 4 nach dem Kündigungsschutzgesetz Klage auf Feststellung erhoben, dass das Arbeitsverhältnis durch die Kündigung nicht aufgelöst ist, so muß der Arbeitgeber auf Verlangen des Arbeitnehmers diesen nach Ablauf der Kündigungsfrist bis zum rechtskräftigen Abschluß des Rechtsstreits bei unveränderten Arbeitsbedingungen weiterbeschäftigen. ²Auf Antrag des Arbeitgebers kann das Arbeitsgericht ihn durch einstweilige Verfügung von der Verpflichtung zur Weiterbeschäftigung nach Satz 1 entbinden, wenn
1. die Klage des Arbeitnehmers keine hinreichende Aussicht auf Erfolg bietet oder mutwillig erscheint oder
2. die Weiterbeschäftigung des Arbeitnehmers zu einer unzumutbaren wirtschaftlichen Belastung des Arbeitgebers führen würde oder
3. der Widerspruch des Personalrates offensichtlich unbegründet war.

(3) ¹Vor fristlosen Entlassungen und außerordentlichen Kündigungen ist der Personalrat anzuhören. ²Der Dienststellenleiter hat die beabsichtigte Maßnahme zu begründen. ³Hat der Personalrat Bedenken, so hat er sie unter Angabe der Gründe dem Dienststellenleiter unverzüglich, spätestens innerhalb von drei Arbeitstagen, schriftlich mitzuteilen.

(4) Eine Kündigung ist unwirksam, wenn der Personalrat nicht beteiligt worden ist.

Zweiter Teil
Personalvertretungen in den Ländern

Zweites Kapitel
Unmittelbar für die Länder geltende Vorschriften

§ 108 Beteiligung bei Kündigung. (1) ...
(2) Eine durch den Arbeitgeber ausgesprochene Kündigung des Arbeitsverhältnisses eines Beschäftigen ist unwirksam, wenn die Personalvertretung nicht beteiligt worden ist.

Inhaltsübersicht

		Rz			Rz
I.	Zweck der Vorschriften	1–4	3.	Frist zur Stellungnahme für Personalrat	23, 24
II.	Der geschützte Personenkreis	5–8	4.	Willensbildung des Personalrats, Anhörung des Arbeitnehmers	25–29
III.	Voraussetzungen des Arbeitnehmerschutzes	9–14	5.	Schweigepflicht des Personalrats	30, 31
	1. Vorhandensein und Funktionsfähigkeit eines Personalrats	9, 10	6.	Stellungnahme des Personalrats	32–43
	2. Kündigung durch Arbeitgeber	11–14		a) Zustimmung, Schweigen	32, 33
IV.	Mitwirkung des Personalrats bei ordentlichen Kündigungen	15–56		b) Erörterung mit dem Dienststellenleiter	34–39
	1. Einleitung des Mitwirkungsverfahrens	15–19		c) Einwendungen	40–42
	a) Mitteilungspflichten des Dienstherrn	15		d) Abgabe der Stellungnahme	43
	b) Vertretungsberechtigte Arbeitgebervertreter	16–19	7.	Die Entscheidung des Dienststellenleiters	44–47
	2. Empfangsberechtigung auf seiten des Personalrats zur Entgegennahme von Arbeitgebererklärungen	20–22	8.	Vorlage und Verfahren bei übergeordneten Dienststellen	48–52
			9.	Rechtsfolgen bei Fehlern im Mitwirkungsverfahren	53–56

§§ 72, 79, 108 Abs. 2 BPersVG Mitwirkung bei Kündigungen

	Rz		Rz
V. Einwendungen des Personalrats bei einer ordentlichen Kündigung und Weiterbeschäftigungsanspruch	57–62	VII. Anhörung bei außerordentlichen Kündigungen	66, 67
VI. Die Kündigung durch den Dienststellenleiter	63–65		

I. Zweck der Vorschriften

1 Das BPersVG vom 15.3.1974 ist seit 1.4.1974 in Kraft. Es regelt unmittelbar (§ 66 Abs. 1, § 72, § 79, § 77 Abs. 1 S. 2) die Mitwirkung der Personalvertretungen bei Kündigungen gegenüber Arbeitnehmern **in den Verwaltungen des Bundes** und der bundesunmittelbaren Körperschaften, Anstalten und Stiftungen des öffentlichen Rechts sowie in den Gerichten des Bundes (vgl. § 1 BPersVG). Für Arbeitnehmer in den Verwaltungen und Betrieben **der Länder, Gemeinden, Gemeindeverbände** und der sonstigen nicht bundesunmittelbaren Körperschaften, Anstalten und Stiftungen des öffentlichen Rechts sowie in den Gerichten der Länder gelten weitgehend ähnliche Regelungen aufgrund der Vorschrift des § 104 Abs. 1 S. 1 BPersVG, wonach die Personalvertretungen in personellen Angelegenheiten der Beschäftigten zu beteiligen sind und dabei eine Regelung angestrebt werden soll, wie sie für Personalvertretungen in Bundesbehörden im BPersVG festgesetzt ist. Ist danach eine Personalvertretung zu beteiligen, ist eine durch den Arbeitgeber ausgesprochene **Kündigung unwirksam, wenn er die vorgeschriebene Beteiligung nicht durchführt** (§ 108 Abs. 2 BPersVG). § 108 Abs. 2 BPersVG verwehrt es dem Landesgesetzgeber aber nicht, bei Kündigungen durch den Arbeitgeber eine Mitwirkung der Personalvertretung überhaupt nicht vorzusehen (*BVerfG* 27.3.1979 DB 1979, 2331; *BAG* 9.5.1980 AP Nr. 2 zu § 108 BPersVG), zB bei der Kündigung von Angestellten mit einer Vergütung, die über der höchsten Vergütungsgruppe des BAT liegt (*LAG Hamm* 17.11.1988 DB 1989, 983) bzw. bei Kündigungen gegenüber Angestellten auf mit Beamtenstellen von der Besoldungsgruppe A 16 an aufwärts vergleichbaren Stellen (*BAG* 16.3.2000 EzA § 108 BPersVG Nr. 1), oder die Mitwirkungsrechte schwächer als nach dem BPersVG auszugestalten, indem zB nur eine Verständigung (Unterrichtung) des Personalrats vor Ausspruch der Kündigung vorgesehen wird (*BAG* 16.12.1981 – 2 AZR 1107/78 – nv). Andererseits ist es dem Landesgesetzgeber verwehrt, für die von ihm vorgesehene Beteiligungsform (zB bloße Unterrichtung des Personalrats) zu bestimmen, dass die mangelnde Beteiligung der Personalvertretung ohne Einfluss auf die Wirksamkeit der Kündigung ist (*BAG* 16.3.2000, EzA § 108 BPersVG Nr. 2). §§ 72, 79, 108 BPersVG finden auf **Kündigungen nach dem Einigungsvertrag** (Anlage I Kapitel XIX Sachgebiet A Abschnitt III Nr. 1 Abs. 5) Anwendung (*BAG* 23.9.1993 EzA Art. 20 EinigungsV Nr. 25).

2 Die Regelungen über die Mitwirkung der Personalvertretungen bei ordentlichen Kündigungen bezwecken, dass **Dienststellenleiter und Personalvertretung vor Ausspruch einer Kündigung diese eingehend beraten** und Argumente austauschen, um eine Einigung herbeizuführen, die notfalls auch durch eine übergeordnete Dienststelle mit der bei ihr bestehenden Stufenvertretung herbeigeführt werden kann. Dieses Mitwirkungsrecht der Personalvertretungen ist somit **stärker ausgestaltet als das Mitwirkungsrecht des Betriebsrats** bei ordentlichen Kündigungen. Hingegen reduziert sich das Mitwirkungsrecht der Personalvertretungen bei außerordentlichen Kündigungen auf ein bloßes Anhörungsrecht und entspricht damit dem Anhörungsrecht des Betriebsrats vor jeder Kündigung.

3 Das **Widerspruchsrecht des Personalrats** nach § 79 Abs. 1 BPersVG (»Einwendungen«) bezweckt, dem Personalrat die Möglichkeit zu geben, durch Erhebung eines Widerspruchs einerseits den Arbeitgeber vielleicht doch noch von der Kündigung abzuhalten, andererseits für den Fall der Kündigung deren Sozialwidrigkeit iSv § 1 Abs. 2 KSchG zu begründen. Außerdem begründet ein ordnungsgemäßer Widerspruch des Personalrats für den Arbeitnehmer gem. § 79 Abs. 2 BPersVG einen **Weiterbeschäftigungsanspruch** bis zum rechtskräftigen Abschluss des Kündigungsrechtsstreits. Widerspruchsrecht des Personalrats und Weiterbeschäftigungsanspruch des Arbeitnehmers sind weitgehend dem Widerspruchsrecht des Betriebsrats und dem Weiterbeschäftigungsanspruch nach § 102 Abs. 5 BetrVG nachgestaltet.

4 Eine **Erweiterung** der Mitwirkungsrechte des Personalrats **durch Tarifvertrag oder Dienstvereinbarung** ist ausgeschlossen (§ 3, § 73 Abs. 1 S. 1, § 97 BPersVG). Da im BPersVG eine dem § 102 Abs. 6 BetrVG entsprechende Vorschrift fehlt, kann demgemäß im Bereich des BPersVG durch Dienstvereinbarung nicht geregelt werden, dass Kündigungen durch den öffentlichen Dienstherrn der Zustimmung des Personalrats bedürfen (*Hueck* Einl. Rz 158). Wenn allerdings Personalvertretungsgesetze der Länder die Zustimmungsbedürftigkeit von Kündigungen vorsehen oder den Abschluss entsprechen-

der Dienstvereinbarungen erlauben, sind diese Regelungen im Geltungsbereich des jeweiligen Gesetzes unbedenklich wirksam (vgl. *Hueck* Einl. Rz 159).

II. Der geschützte Personenkreis

Die Mitwirkungsrechte des Personalrats (in Verschlusssachen »VS-VERTRAULICH«: eines besonderen Ausschusses gem. § 93 BPersVG) bei Kündigungen gelten **grds. für alle Arbeitnehmer** in den Verwaltungen des Bundes und der bundesunmittelbaren Körperschaften, Anstalten und Stiftungen des öffentlichen Rechts sowie in den Gerichten des Bundes (vgl. § 1 BPersVG). Ausnahmen bestehen für den Bundesnachrichtendienst (kein Weiterbeschäftigungsanspruch nach § 79 Abs. 2 BPersVG) und für im Ausland beschäftigte Ortskräfte, weil diese nach § 91 Abs. 1 Nr. 1 BPersVG keine Beschäftigte iSd § 4 BPersVG sind und deshalb nicht durch den Personalrat repräsentiert werden (*BAG* 21.11.1996 AP Nr. 85 zu § 1 KSchG 1969 Betriebsbedingte Kündigung Nr. 85). Ferner entfallen Beteiligungsrechte des Personalrats für die Angestellten, die auf einer Beamtenstelle von der Besoldungsgruppe A 16 aufwärts oder auf mit solchen Beamtenstellen vergleichbaren Stellen beschäftigt sind (§ 79 Abs. 1 S. 2 iVm § 77 Abs. 1 S. 2 BPersVG; *BAG* 7.12.2000 AP Nr. 9 zu § 77 BPersVG). Diese Vorschrift verstößt nicht gegen höherrangiges Recht (*BAG* 16.3.2000 EzA § 108 BPersVG Nr. 1). Bei ordentlichen Kündigungen gegenüber diesen Angestellten hat der Personalrat weder ein Mitspracherecht noch ein Anhörungsrecht, jedoch wird man eine Unterrichtungspflicht des Dienststellenleiters bei der Monatsbesprechung nach § 66 Abs. 1 BPersVG bejahen müssen. Vor außerordentlichen Kündigungen gegenüber Angestellten, die auf einer Beamtenstelle von der Besoldungsgruppe A 16 aufwärts beschäftigt werden, ist der Personalrat wie bei sonstigen außerordentlichen Kündigungen gem. § 79 Abs. 3 BPersVG zu hören, da § 79 Abs. 3 BPersVG den § 77 Abs. 1 S. 2 BPersVG nicht für entsprechend anwendbar erklärt. Das Mitwirkungsrecht des Personalrats nach § 79 Abs. 3 BetrVG besteht auch bei der außerordentlichen Kündigung eines Berufsausbildungsverhältnisses (*Besgen* PersR 1987, 10).

Bei außerordentlichen Kündigungen gegenüber **Arbeitnehmern mit personalvertretungsrechtlichen Aufgaben** gilt die Sondervorschrift des § 47 BPersVG (s. dort).

Auf Arbeitnehmer, die bei den **Stationierungsstreitkräften** beschäftigt sind, sind die Vorschriften des BPersVG gem. Art. 56 Abs. 9 ZA-NATO-Truppenstatut dann anzuwenden, wenn der Entsendestaat sie als örtliche (zivile) Arbeitskräfte iSv Art. IX Abs. 4 NATO-Truppenstatut einstellt. Dazu gehören insbesondere nicht die Mitglieder eines zivilen Gefolges (vgl. *BAG* 7.11.2000 EzA § 83 ArbGG 1979 Nr. 9) und auch nicht die bei den britischen Streitkräften beschäftigten sog. »Service Dependants« (*BAG* 12.2.1985 AP Nr. 1 zu Art. 1 NATO-Truppenstatut). Soweit eine Betriebsvertretung zu beteiligen ist, ist grundsätzlich diejenige zu beteiligen, die bei der Dienststelle gebildet ist, die über die Kündigung zu entscheiden hat. Dienststellen, deren Leiter für die Kündigung zuständig ist, sind die einzelnen Verwaltungsstellen und Betriebe einer Truppe und eines zivilen Gefolges in der Bundesrepublik nach näherer Bestimmung durch die betreffende Gruppe (*BAG* 20.1.2000 RzK I 8 h Nr. 14).

Für **Arbeitnehmer der Länder und Gemeinden** gelten hinsichtlich der Mitwirkungsrechte des Personalrats bei Kündigungen die Landespersonalvertretungsgesetze. Der Landesgesetzgeber hat hierbei eine weitgehende Gestaltungsfreiheit. Nur die Rechtsfolgen bei Verletzung von normierten Beteiligungsrechten sind durch § 108 Abs. 2 BPersVG für die Länder unmittelbar geregelt (vgl. Rz 1).

III. Voraussetzungen des Arbeitnehmerschutzes

1. Vorhandensein und Funktionsfähigkeit eines Personalrats

Die Mitwirkungsrechte des Personalrats können nur in den Dienststellen ausgeübt werden, in denen ein Personalrat gebildet und funktionsfähig ist. Es gelten hier dieselben Erwägungen wie bei der Anhörung des Betriebsrats. Auf die Ausführungen bei KR-*Etzel* § 102 BetrVG Rz 18 ff. kann daher verwiesen werden.

In Dienststellen, in denen ein Personalrat nicht gebildet oder nicht funktionsfähig ist, kann der Arbeitgeber eine Kündigung aussprechen, ohne an die Vorschriften über die Mitwirkung des Personalrats gebunden zu sein.

2. Kündigung durch Arbeitgeber

Die Vorschriften über die Mitwirkungsrechte des Personalrats gem. § 79 BPersVG sind **bei jeder Art von Kündigung** durch den Arbeitgeber, die auf die Beendigung des Arbeitsverhältnisses zielt, anwendbar. Dies gilt auch für Änderungskündigungen. Soll durch eine Änderungskündigung eine **Rückgruppierung** herbeigeführt werden, hat der Arbeitgeber nicht nur die Mitbestimmungsrechte des Personalrats bei einer Kündigung, sondern auch das Mitbestimmungsrecht bei einer Rückgruppierung (§ 75 Abs. 1 Nr. 2 BPersVG) zu beachten; es handelt sich hier um zwei verschiedene Verfahren, die der Arbeitgeber aber miteinander verbinden kann (*BAG* 3.11.1977 AP Nr. 7 zu § 75 BPersVG; *Dietz/Richardi* § 79 Rz 132; vgl. auch *Söllner* AR-Blattei – alte Ausgabe –, Personalvertretung XI D unter III 3).

12 Wird das Arbeitsverhältnis nicht durch Kündigung des Arbeitgebers, sondern **auf andere Art beendet** (zB Ablauf eines wirksam befristeten Arbeitsvertrages, Aufhebungsvertrag), sind die Mitwirkungsrechte des Personalrats bei Kündigungen nicht zu beachten.

13 Wegen der Einzelheiten, wann bei Kündigungen die Mitwirkungsrechte des Personalrats zu beachten sind und unter welchen Voraussetzungen sie entfallen, sind die Ausführungen zur Anhörung des Betriebsrates (*KR-Etzel* § 102 BetrVG Rz 22 ff.) sinngemäß anwendbar. Hierbei ist zu beachten, dass die **Umdeutung einer außerordentlichen Kündigung** in eine ordentliche Kündigung grds. nur dann zulässig ist, wenn im konkreten Fall die Beteiligung des Personalrates den für eine ordentliche Kündigung vorgesehenen Anforderungen tatsächlich entsprochen hat (*BAG* 3.12.1981 – 2 AZR 679/79 – nv; s. auch Rz 64). Bei einem Wechsel der Kündigungsart (ordentliche statt zunächst vorgesehene außerordentliche Kündigung, zu der der Personalrat gehört wurde) ist der Personalrat erneut zu beteiligen (*LAG MV* 9.9.1996 RzK III 2 b Nr. 14), ebenso wenn der Arbeitgeber wegen Bedenken gegen die Wirksamkeit einer von ihm ausgesprochenen Kündigung vorsorglich mit denselben Kündigungsgründen erneut kündigt (*BAG* 5.9.2002 RzK III 2 a Nr. 51 = ZfPR 2003, 108 mit zust. Anm. *Ilbertz*; 31.1.1996 EzA § 102 BetrVG Nr. 90; für das BetrVG: *BAG* 10.11.2005 EzA § 626 BGB 2002 Nr. 11). Zum **Nachschieben von Kündigungsgründen** im Kündigungsschutzprozess mit oder ohne Beteiligung der Personalvertretung gelten die Ausführungen bei *KR-Etzel* § 102 BetrVG Rz 185 ff. sinngemäß (s. aber auch Rz 65 und *BAG* 3.2.1982 AP Nr. 1 zu § 72 BPersVG; **aA** *Scholz* PersV 1980, 316, der ein Nachschieben von Kündigungsgründen generell für unzulässig hält). Werden dem Arbeitgeber nach Einleitung des personalvertretungsrechtlichen Anhörungsverfahrens, aber vor Ausspruch der Kündigung neue Kündigungsgründe bekannt, kann er diese nach Ausspruch der Kündigung im Kündigungsschutzprozess nicht nachschieben. Vielmehr kann er nur entweder den Personalrat vor Ausspruch der Kündigung unter Einhaltung der gesetzlichen Fristen und Formen beteiligen oder ein neues Beteiligungsverfahren zum Ausspruch einer (vorsorglichen) zweiten Kündigung einleiten (*LAG Köln* 4.2.1994 – 13 Sa 610/93 – nv).

14 Es ist darauf hinzuweisen, dass die Befugnis des Dienststellenleiters, vor Abschluss des Mitwirkungsverfahrens **vorläufige Regelungen** zu treffen (§ 72 Abs. 6 iVm § 69 Abs. 5 BPersVG), nicht das Recht umfasst, eine Kündigung auszusprechen. Denn die vorläufige Regelung darf keinen Zustand herstellen, der nicht wieder rückgängig gemacht werden kann (*Dietz/Richardi* § 69 Rz 93; *Fischer/Goeres* § 69 Rz 36 b; vgl. auch *Ilbertz/Widmaier* § 69 Rz 35). Das aber wäre bei einer Kündigung der Fall, da die Kündigung die Ausübung eines Gestaltungsrechts ist, das vom Zeitpunkt des Zugangs rechtsgestaltend wirkt und daher nicht zu widerrufen ist (vgl. *Fischer/Goeres* aaO). Als vorläufige Regelung vor einer Kündigung kommt die **Suspendierung** des Arbeitnehmers in Betracht.

IV. Mitwirkung des Personalrats bei ordentlichen Kündigungen
1. Einleitung des Mitwirkungsverfahrens
a) Mitteilungspflichten des Dienstherrn

15 Das Mitwirkungsverfahren wird dadurch eingeleitet, dass der Dienststellenleiter dem nach § 82 BPersVG zuständigen Personalrat seine **Kündigungsabsicht** mitteilt (*Lorenzen* § 72 Rz 9 mwN). Eine bestimmte Form schreibt das Gesetz nicht vor, die Mitteilung kann also auch mündlich erfolgen (*Dietz/Richardi* § 72 Rz 12; *Scholz* PersV 1979, 221). Zur ordnungsgemäßen Einleitung des Mitwirkungsverfahrens gehört aber, dass der Dienststellenleiter mit der Mitteilung der Kündigungsabsicht den Personalrat über die **Person** des Arbeitnehmers (Personalien, Unterhaltungsverpflichtungen etc.), insbesondere auch über persönliche Umstände, die sich im Rahmen einer Interessenabwägung zu seinen Gunsten auswirken können (*BAG* 21.6.2001 RzK III 2 b Nr. 22), über die **Art der Kündigung** (zB ordentliche oder außerordentliche), ggf. die Kündigungsfrist und den **Zeitpunkt, zu dem gekündigt werden soll**, sowie die **Kündigungsgründe** unterrichten muss. Hierbei setzt die erforderliche Angabe der Kündigungsgründe voraus, dass der Dienstherr dem Personalrat den für die Kündigung maßgebenden Sachverhalt durch Angabe konkreter Tatsachen näher umschreibt, damit sich der Personalrat ein eigenes Urteil bilden kann (*BAG* 4.3.1981 AP Nr. 1 zu § 77 LPVG Baden-Württemberg mit zust. Anm. *Hueck*;

Lorenzen aaO; *Besgen* PersR 1987, 11; vgl. auch *Dietz/Richardi* § 72 Rz 11; *BAG* 5.2.1981 AP Nr. 1 zu § 72 LPVG NW betr. das Mitbestimmungsverfahren nach dem LPVG NW). Zum Umfang der Unterrichtungspflicht im einzelnen gilt das, was zu den Mitteilungspflichten des Arbeitgebers bei der Anhörung des Betriebsrats ausgeführt wurde (*Besgen* aaO; in diesem Sinne auch: *BAG* 12.3.1986 EzA Art. 33 GG Nr. 13). Auf die Ausführungen zu § 102 BetrVG Rz 58 ff. kann verwiesen werden. Diese Unterrichtungspflicht ist im BPersVG zwar nicht ausdrücklich normiert, folgt aber daraus, dass die eingehende Erörterung der beabsichtigten Kündigung mit dem Personalrat vorgesehen ist (*Dietz/Richardi* aaO; vgl. *Fischer/Goeres* § 72 Rz 7). Die eingehende Erörterung dient dem Ziel einer Verständigung mit dem Personalrat, soll diesem aber auch Gelegenheit zur Prüfung geben, ob er einer beabsichtigten Kündigung widersprechen soll. Beides ist nur möglich, wenn der Personalrat die Rechtmäßigkeit der beabsichtigten Kündigung beurteilen kann. Dazu bedarf es der Unterrichtung des Personalrats über alle Umstände, die für die Beurteilung der Rechtmäßigkeit der Kündigung von Bedeutung sind. Das sind die oben angeführten Umstände. Diese Unterrichtung des Personalrats muss schon mit der Einleitung des Mitwirkungsverfahrens erfolgen, damit sich der Personalrat darüber schlüssig werden kann, welche Stellungnahme er beziehen soll (vgl. auch *Dietz/Richardi* aaO). Hingegen ist es nicht erforderlich, dass der Dienststellenleiter den Personalrat zu einer Erörterung der Angelegenheit auffordert oder einen entsprechenden Antrag stellt (vgl. *BAG* 3.2.1982 AP Nr. 1 zu § 72 BPersVG).

b) Vertretungsberechtigte Arbeitgebervertreter

Erforderlich ist, **dass der Dienststellenleiter** oder – im Falle seiner Verhinderung – sein ständiger Vertreter **das Mitwirkungsverfahren** durch die erforderlichen Mitteilungen **einleitet**. Denn nach § 7 BPersVG handelt für die Dienststelle ihr Leiter, der sich bei Verhinderung durch seinen ständigen Vertreter vertreten lassen muss; das bedeutet, dass auch die Einleitung des Mitwirkungsverfahrens nach § 72 BPersVG von dem Dienststellenleiter bzw. seinen ständigen Vertreter vorgenommen werden muss. Dies gilt unabhängig von der Größe der Dienststelle (zB Großstadt, Regierungspräsident) sowie davon, ob das Verfahren mündlich oder schriftlich eingeleitet wird (vgl. *BAG* 10.3.1983, AP Nr. 1 zu § 66 LPVG NW). Lediglich bei obersten Dienstbehörden, bei Bundesbehörden ohne nachgeordnete Dienststellen und bei Behörden der Mittelstufe kann der Dienststellenleiter für den Verhinderungsfall auch den Abteilungsleiter für Personal- und Verwaltungsangelegenheiten zu seinem Vertreter bestimmen (§ 7 S. 3 BPersVG; *Lorenzen/Faber* § 7 Rz 18), wobei damit keine funktionale Vertretung in dem Sinne verbunden ist, dass der jeweilige Vertreter des Personalabteilungsleiters bei dessen Verhinderung automatisch an die Stelle des Personalabteilungsleiters tritt (*BAG* 29.10.1998 EzA § 79 BPersVG Nr 1 = AP Nr 13 zu § 79 BPersVG mit zust. Anm. *Ilbertz*). Ausschließlich bei diesen Behörden kann der Dienststellenleiter ferner für den Verhinderungsfall Beschäftigte der Dienststelle mit seiner Vertretung beauftragen, sofern sich der Personalrat mit dieser Beauftragung einverstanden erklärt (§ 7 S. 4 BPersVG; *Lorenzen/Faber* § 7 Rz 20 f.). Das Einverständnis kann der Personalrat im voraus oder bei der Behandlung der einzelnen Angelegenheiten erklären; es ist jederzeit widerruflich (*Lorenzen/Faber* § 7 Rz 22). Die Pflicht des Dienststellenleiters, das Mitwirkungsverfahren grds. selbst einzuleiten, schließt es nicht aus und macht es auch nicht unzulässig, dass ein anderer Bediensteter (zB Personalsachbearbeiter) vor der Einleitung des Mitwirkungsverfahrens Vorbesprechungen oder Vorverhandlungen mit dem Personalrat führt (vgl. *BAG* 21.7.1977 AP Nr. 1 zu Art. 8 PersVG Bayern).

16

Die Vertretungsregelung des § 7 BPersVG greift bei **jeder Verhinderung** des Dienststellenleiters ein, gleichgültig ob er aus tatsächlichen (zB Krankheit, Urlaub, anderweitige Dienstgeschäfte) oder rechtlichen Gründen (zB Interessenkollision) verhindert ist oder ob es sich um eine dauernde oder vorübergehende Verhinderung handelt (*BAG* 31.3.1983 AP Nr. 1 zu § 8 LPVG Hessen mit zust. Anm. *Bickel* = AuR 1984, 381 mit abl. Anm. *Colneric*). Hierbei steht es im pflichtgemäßen Ermessen des Dienststellenleiters zu beurteilen, ob ein Fall der Verhinderung vorliegt. Er ist nicht verpflichtet, unter Zurückstellung anderer Dienstaufgaben vorzugsweise zunächst mit der Personalvertretung Terminabsprachen zu treffen. Bei zeitlich sich überschneidenden Dienstaufgaben entscheidet er frei, welche Termine er selbst wahrnehmen und bei welchen er sich vertreten lassen will (*BAG* 31.3.1983, aaO).

17

Die **Vertretungsregelung** in § 7 BPersVG ist **zugunsten der Personalvertretung abschließend und zwingend** (vgl. *BAG* 10.3.1983 AP Nr. 1 zu § 66 LPVG NW; *Lorenzen/Faber* § 7 Rz 1). Der Dienststellenleiter kann sich daher gegen den Willen der Personalvertretung nur bei Verhinderung und nur durch die in § 7 BPersVG aufgeführten Personen, aber nicht durch einen sonstigen Beauftragten vertreten lassen (*BAG* 10.3.1983, aaO). Er kann auch nicht im Einzelfall einen anderen Bediensteten mit der Vornahme einzelner Handlungen, zB mit der Einleitung des Mitwirkungsverfahrens oder mit der Erörterung

18

mit dem Personalrat, beauftragen oder wirksam bevollmächtigen (in diesem Sinne: *BAG* 26.10.1995 AP Nr. 8 zu § 79 BPersVG; die scheinbar entgegenstehenden Entscheidungen *BAG* 21.7.1977 AP Nr. 1 zu Art. 8 PersVG Bayern, und *BAG* 10.4.1973 AP Nr. 37 zu § 133 BGB, betreffen anders lautende PersVG, gegen *BAG* 10.4.1973, aaO aber schon *Herschel* Anm. AP Nr. 37 zu § 133 BGB). **Rügt die Personalvertretung** jedoch **nicht**, dass das Beteiligungsverfahren durch einen personalvertretungsrechtlich nicht zuständigen Vertreter des Dienststellenleiters eingeleitet bzw. durchgeführt wurde, und nimmt sie zu der beabsichtigten Kündigung abschließend Stellung, **führt dies nicht zur Unwirksamkeit der Kündigung** (*BAG* 25.2.1998 AP Nr. 2 zu § 72a LPVG NW; 27.2.1997 RzK III 2 a Nr. 38). Im Übrigen ist es zulässig, dass der Dienststellenleiter im Einzelfall einen anderen Bediensteten beauftragt, dem Personalrat bestimmte Erklärungen (»Vertreter in der Erklärung«) als Bote zu übermitteln (*BAG* 27.2.1987, AP Nr. 41 zu § 1 KSchG 1969 Betriebsbedingte Kündigung; *Herschel* aaO).

19   Der Dienststellenleiter braucht seine Verhinderung gegenüber der Personalvertretung grds. nicht näher zu begründen. Die Personalvertretung kann jedoch die **Bekanntgabe des Verhinderungsgrundes** verlangen (*BAG* 31.3.1983 AP Nr. 1 zu § 8 LPVG Hessen). In diesem Fall muß der beklagte Arbeitgeber auch im Kündigungsschutzprozess auf Rüge des Arbeitnehmers darlegen und ggf. beweisen, dass ein Verhinderungsgrund vorlag; anderenfalls ist die Kündigung unwirksam. **Rügt die Personalvertretung** jedoch **nicht** eine fehlende Verhinderung des Dienststellenleiters, kann sich der Arbeitnehmer im Kündigungsschutzprozess auch bei fehlender Verhinderung **nicht auf diesen Mangel berufen** (*BAG* 26.10.1995 AP Nr. 8 zu § 79 BPersVG; s. auch Rz 38).

2. Empfangsberechtigung auf Seiten des Personalrats zur Entgegennahme von Arbeitgebererklärungen

20   Zuständig für das Beteiligungsverfahren ist die Personalvertretung bei der Dienststelle, deren Leiter die Kündigung gegenüber dem Arbeitnehmer aussprechen kann (vgl. i.E. § 82 BPersVG). Die Mitteilungen des Dienststellenleiters über die Kündigungsabsicht, die Kündigungsgründe sowie die sonstigen Umstände der Kündigung sind **grds. an den Personalratsvorsitzenden** des zuständigen Personalrats oder – im Falle seiner Verhinderung – an den in der vom Personalrat festgelegten Reihenfolge nächsten Stellvertreter, der nicht verhindert ist, zu richten (vgl. *Fischer/Goeres* § 32 Rz 48). Anders als im BetrVG (§ 26 Abs. 3 S. 2 BetrVG) fehlt im BPersVG eine ausdrückliche Vorschrift, die regelt, wer zur Entgegennahme von Erklärungen berechtigt ist, die dem Personalrat gegenüber abzugeben sind. Aus § 32 Abs. 3 S. 1 BPersVG, der bestimmt, dass der Vorsitzende den Personalrat im Rahmen der von diesem gefassten Beschlüsse vertritt, lässt sich jedoch ableiten, dass der Vorsitzende der allein berechtigte Empfänger von Erklärungen ist, die für den Personalrat bestimmt sind (*Dietz/Richardi* §§ 32, 33 Rz 90; *Fischer/Goeres* § 32 Rz 46). Soweit der Vorsitzende gemeinsam mit einem anderen Vorstandsmitglied den Personalrat vertritt (§ 32 Abs. 3 S. 2 BPersVG), genügt es, wenn der Arbeitgeber einem von ihnen seine Kündigungsabsicht, die Kündigungsgründe und die sonstigen Umstände mitteilt (vgl. *Palandt/Heinrichs* § 131 Rz 2; **aA** *Dietz/Richardi* §§ 32, 33 Rz 91: nur der Vorsitzende zur Entgegennahme berechtigt).

21   Der Personalrat kann in Einzelfällen eines seiner Mitglieder **ausdrücklich bevollmächtigen**, den Personalrat in einer bestimmten Kündigungsangelegenheit zu vertreten (*Fischer/Goeres* § 32 Rz 50). Dann ist dieses Personalratsmitglied neben dem Vorsitzenden des Personalrats berechtigt, in dieser Kündigungsangelegenheit Erklärungen des Arbeitgebers entgegenzunehmen (vgl. *Fischer/Goeres* § 32 Rz 52).

22   Gibt der Arbeitnehmer eine Erklärung gegenüber einem zur Entgegennahme nicht berechtigten Personalratsmitglied ab, gelten die Ausführungen bei KR-*Etzel* § 102 BetrVG Rz 85 sinngemäß.

3. Frist zur Stellungnahme für Personalrat

23   Der Personalrat hat nach der Unterrichtung durch den Dienststellenleiter **10 Arbeitstage** Gelegenheit, sich zu der Kündigung zu äußern. Äußert er sich innerhalb dieser Frist nicht, gilt die beabsichtigte Kündigung als gebilligt (§ 72 Abs. 2 BPersVG). Für die Fristberechnung gelten § 187 Abs. 1, § 188 Abs. 1 BGB. Die Frist beginnt mit dem Tag nach der Unterrichtung durch den Dienststellenleiter (vgl. *Dietz/Richardi* § 72 Rz 14; *Lorenzen* § 72 Rz 12.) Innerhalb der 10-Tage-Frist kann die Personalvertretung vom Dienstherrn die mündliche Erörterung der Angelegenheit sowie weitere Informationen verlangen, Einwendungen erheben oder Gegenvorschläge machen. Durch eine Erörterung zwischen Dienststellenleiter und Personalvertretung wird die Äußerungsfrist weder unterbrochen noch gehemmt (*BVerwG* 27.4.1995 RzK III 2 a Nr. 29).

Nur bei der Erhebung von **Einwendungen** kann die Personalvertretung die Entscheidung einer übergeordneten Dienststelle erreichen. Die Einwendungen müssen innerhalb der 10-Tage-Frist begründet werden (§ 72 Abs. 2 S. 2 BPersVG). Die Äußerungsfrist für den Personalrat kann durch Vereinbarung zwischen Dienststellenleiter und Personalvertretung weder verkürzt noch verlängert werden (*Altvater* § 72 Rz 10; *Lorenzen* § 72 Rz 13). Denn das PersVG lässt entsprechende Dienstvereinbarungen nicht zu (vgl. § 73 BPersVG). 24

4. Willensbildung des Personalrats, Anhörung des Arbeitnehmers

Über die Stellungnahme zu der von dem Arbeitgeber erklärten Kündigungsabsicht **berät** der Personalrat in seiner Gesamtheit, an der **Beschlussfassung** dürfen jedoch nur die Personalratsmitglieder der Gruppe (Angestellte oder Arbeiter) teilnehmen, der der zu kündigende Arbeitnehmer angehört (§ 38 Abs. 2 S. 1 BPersVG). Gehört der Arbeitnehmer einer Gruppe an, die im Personalrat nicht vertreten ist, beschließt der Personalrat in seiner Gesamtheit die Stellungnahme zur Kündigung (vgl. § 38 Abs. 2 S. 2 BPersVG; *Lorenzen* § 38 Rz 20). 25

Beraten und beschließen kann der Personalrat **nur in einer Personalratssitzung** (vgl. § 37 BPersVG); eine Beschlussfassung im schriftlichen Umlaufverfahren oder im Wege der fernmündlichen Umfrage ist unzulässig. 26

Soweit im Rahmen des Stellungnahmeverfahrens beim Personalrat, wozu auch die Erörterung mit dem Dienststellenleiter nach § 72 Abs. 1 BPersVG gehört, von irgendeiner Seite, sei es Dienststellenleiter, Personalratsmitgliedern oder sonstigen Teilnehmern an einer Personalratssitzung (zB Gewerkschaftsbeauftragten), Beschwerden oder Behauptungen tatsächlicher Art vorgetragen werden, die für den von der beabsichtigten Kündigung betroffenen Arbeitnehmer ungünstig sind (zB unzureichende Leistungen, Fehlverhalten gegenüber Vorgesetzten) oder ihm nachteilig werden können (zB häufige Fehlzeiten infolge Krankheit), **hat der Personalrat dem Arbeitnehmer Gelegenheit zur Äußerung zu geben** (§ 72 Abs. 2 S. 3 iVm § 69 Abs. 2 S. 6 BPersVG). Falls der Arbeitnehmer sich äußert, hat der Personalrat die Äußerung aktenkundig zu machen (§ 69 Abs. 2 S. 6 letzter Hs. BPersVG). Dies kann zB durch Niederlegung in einer Sitzungsniederschrift des Personalrats (§ 41 BPersVG) oder in einer schriftlichen Stellungnahme des Personalrats zu der beabsichtigten Kündigung an den Dienststellenleiter geschehen (aA *Fischer/Goeres* § 69 Rz 13 und *Dietz/Richardi* § 69 Rz 44, nach denen nur die Dienststelle dem Betroffenen Gelegenheit zur Äußerung geben muss). 27

§ 69 Abs. 2 S. 6 BPersVG ist nur im Hinblick auf die Stellungnahme des Personalrats nach § 72 Abs. 2 BPersVG für entsprechend anwendbar erklärt, daher **gilt** er insoweit **nicht für den Dienststellenleiter** (aA *Fischer/Goeres* § 72 Rz 1, 2). Dieser wird zwar aufgrund seiner Fürsorgepflicht im Allgemeinen gehalten sein, einen Arbeitnehmer zu ungünstigen Beurteilungen und Behauptungen zu hören, bevor er aus diesem Grunde kündigt, eine generelle Pflicht zur Anhörung wird man aber nicht bejahen können, zB wenn der Sachverhalt offen zu Tage liegt. Auch besteht keine generelle Pflicht des Dienststellenleiters, die Gegenäußerung des Arbeitnehmers aktenkundig zu machen, zB dann nicht, wenn auch die gegen den Arbeitnehmer erhobenen Vorwürfe nicht aktenkundig sind. 28

Hält die Mehrheit der Arbeitervertreter oder Angestelltenvertreter im Personalrat oder die Mehrheit der Jugend- und Auszubildendenvertreter oder Schwerbehindertenvertretung einen Beschluss des Personalrats für eine erhebliche Beeinträchtigung wichtiger Interessen der durch sie vertretenen Arbeitnehmer, so ist auf ihren Antrag der **Beschluss auf die Dauer von sechs Arbeitstagen vom Zeitpunkt der Beschlussfassung an auszusetzen,** damit in dieser Frist eine Verständigung, ggf. mit Hilfe der im Personalrat oder der Jugend- und Auszubildendenvertretung vertretenen Gewerkschaften, versucht werden kann. Erst nach Ablauf dieser Frist ist über die Angelegenheit neu zu beschließen (§ 39 BPersVG). Die Aussetzung des Beschlusses führt nicht zu einer Verlängerung der Äußerungsfrist des § 72 Abs. 2 BPersVG (vgl. § 39 Abs. 1 S. 3 BPersVG). Dies ist auch nicht erforderlich, da die Äußerungsfrist für den Personalrat 10 Arbeitstage seit der Unterrichtung durch den Dienststellenleiter beträgt. 29

5. Schweigepflicht des Personalrats

Personalratsmitglieder haben über die ihnen im Mitwirkungsverfahren bekannt gewordenen Angelegenheiten und Tatsachen Stillschweigen zu bewahren (vgl. § 10 Abs. 1 S. 1 BPersVG). Die Schweigepflicht besteht nicht für Angelegenheiten oder Tatsachen, die offenkundig sind oder ihrer Bedeutung nach keiner Geheimhaltung bedürfen (§ 10 Abs. 2 BPersVG). Ist eine Angelegenheit **nur einer beschränkten Öffentlichkeit bekannt** (zB innerhalb einer Dienststelle oder innerhalb der Abteilung), be- 30 steht nur gegenüber dieser beschränkten Öffentlichkeit keine Schweigepflicht (*Fischer/Goeres* § 10 Rz 18). Wann eine Angelegenheit ihrer Bedeutung nach keiner Geheimhaltung bedarf, ist eine Frage des Einzelfalles. Im allgemeinen ist aber eine Schweigepflicht insbesondere zu bejahen für persönliche Vorwürfe gegen einen Arbeitnehmer und Umstände privater Natur, zB Krankheiten, Schwangerschaften, Vorstrafen.

31 Eine Schweigepflicht besteht für Personalratsmitglieder und Jugend- und Auszubildendenvertreter nicht **gegenüber den übrigen Mitgliedern der Vertretung** sowie auch nicht gegenüber der vorgesetzten Dienststelle, der bei ihr gebildeten Stufenvertretung und gegenüber dem Gesamtpersonalrat (§ 10 S. 2 BPersVG).

6. Stellungnahme des Personalrats

a) Zustimmung, Schweigen

32 Der Personalrat hat **nach pflichtgemäßen Ermessen** über die Stellungnahme zu der beabsichtigten Kündigung zu entscheiden. Er kann der Kündigung ausdrücklich zustimmen; dann ist das Mitwirkungsverfahren abgeschlossen, und der Arbeitgeber kann die Kündigung aussprechen.

33 Der Personalrat kann auch auf eine Stellungnahme gegenüber dem Dienststellenleiter verzichten; dann gilt sein **Schweigen** nach Ablauf von 10 Arbeitstagen seit der Unterrichtung durch den Dienststellenleiter als Zustimmung (§ 72 Abs. 2 BPersVG; vgl. auch *Dietz/Richardi* § 72 Rz 14; *Scholz* PersV 1979, 222).

b) Erörterung mit dem Dienststellenleiter

34 Der Personalrat kann vom Dienststellenleiter eine **Erörterung** der Angelegenheiten verlangen. Nach dem Wortlaut des § 72 Abs. 1 BPersVG ist die Erörterung sogar zwingend vorgeschrieben. Da der Personalrat sich zu der beabsichtigten Kündigung aber überhaupt nicht zu äußern braucht (vgl. § 72 Abs. 2 S. 1 BPersVG), liegt es in seiner Hand, ob eine Erörterung überhaupt stattfindet. Stimmt der Personalrat der Kündigung ausdrücklich zu, liegt darin ein wirksamer Verzicht auf die Erörterung (*BAG* 27.2.1987 AP Nr. 41 zu § 1 KSchG 1969 Betriebsbedingte Kündigung). Unter diesen Umständen erscheint es sachgerecht, dass eine Erörterung nur auf Wunsch des Personalrats stattfinden muss (*BAG* 3.2.1982 AP Nr. 1 zu § 72 BPersVG). Davon ist auszugehen, wenn der Personalrat fristgerecht Einwendungen gegen eine beabsichtigte Kündigung erhebt (*BAG* 20.1.2000 EzA § 2 KSchG Nr. 39; vgl. auch *Sächs. LAG* 3.5.1994 PersR 1994, 437). Eine ohne notwendige Erörterung erklärte Kündigung ist unwirksam (*BAG* 20.1.2000 EzA § 2 KSchG Nr. 39).

35 Die Erörterung soll mit dem Ziele einer Verständigung und eingehend geführt werden (§ 72 Abs. 1 BPersVG). Bei der eingehenden Erörterung der beabsichtigten Kündigung geht es um das Abwägen des Für und Wider der Kündigung und um das Austauschen von Argumenten. Daher sollte diese Erörterung grds. **nur in einer mündlichen Besprechung stattfinden**. Da der Personalrat es aber in der Hand hat, ob überhaupt eine Erörterung stattfindet, kann die Erörterung auf seinen Wunsch auch im schriftlichen Verfahren stattfinden, wenn der Dienstherr damit einverstanden ist (*BVerwG* 26.7.1984 PersV 1986, 110; *Fischer/Goeres* § 72 Rz 8; *Ilbertz/Widmaier* § 72 Rz 4; *Scholz* PersV 1979, 221; aA *LAG Frankf.* 2.6.1976 NJW 1978, 127; *Dietz/Richardi* § 72 Rz 17).

36 Die Erörterung muss der Personalrat **innerhalb der 10-Tage-Frist** des § 72 Abs. 2 S. 1 BPersVG beim Dienststellenleiter **beantragen**. Den Antrag kann er zwar auch noch am letzten Tag der Frist stellen (*Zöllner/Fuhrmann* PersV 1990, 105), jedoch wird dadurch die Äußerungsfrist von 10 Arbeitstagen nicht verlängert (vgl. *BVerwG* 27.1.1995 RzK III 2 a Nr. 29). Das heißt: Die Erörterung muss im letztgenannten Fall noch am gleichen Tag stattfinden, wenn der Personalrat erst nach der Erörterung eine Stellungnahme abgeben will. Erhebt der Personalrat bereits vor einer Erörterung innerhalb der 10-Tage-Frist Einwendungen oder unterbreitet Gegenvorschläge, kann die Erörterung auch noch nach Ablauf der Frist durchgeführt werden, muss aber vor Ausspruch der Kündigung stattfinden (*Altvater* § 72 Rz 10; *Lorenzen* § 72 Rz 13). Dienststellenleiter und Personalrat setzen den Erörterungstermin bzw. einen Termin zum Abschluss eines schriftlichen Verfahrens gemeinsam fest. Sofern der Personalrat bis dahin keine Einwendungen erhoben oder Gegenvorschläge unterbreitet hat, gilt folgendes: Der Termin kann nur auf einen Tag innerhalb der 10-Tage-Frist festgesetzt werden, weil andernfalls bei der Erörterung die Äußerungsfrist für den Personalrat bereits abgelaufen wäre und damit die beabsichtigte Kündigung als gebilligt gälte (§ 72 Abs. 2 BPersVG). Nach der Erörterung muss der Personalrat innerhalb der

10tägigen Äußerungsfrist seit der Unterrichtung durch den Dienststellenleiter (s. Rz 23) seine Stellungnahme abgeben, wenn sie rechtserhebliche Bedeutung haben soll. Das gilt auch, wenn die Erörterung mit dem Dienststellenleiter erst am letzten Tag der Äußerungsfrist stattgefunden hat. Dies folgt gerade aus § 72 Abs. 2 S. 1 BPersVG, der den Fall regelt, dass der Personalrat »bei Erörterung seine Einwendungen und Vorschläge nicht aufrecht« erhält. Das Gesetz geht damit davon aus, dass es am Tage der Erörterung zu einer Stellungnahme des Personalrats kommt (aA *Zöllner/Fuhrmann* PersV 1990, 106 für den Fall, dass nicht sämtliche Personalratsmitglieder an der Erörterung teilnehmen; in diesem Fall Stellungnahme innerhalb »angemessener« Frist).

Die Erörterung **muss der Dienststellenleiter grds. selbst führen** und kann sich nur im Verhinderungsfall durch eine nach § 7 BPersVG befugte Person vertreten lassen (s. Rz 16 ff.). Er darf aber zu der Erörterung andere Bedienstete (Personalsachbearbeiter) zu seiner Beratung und zur Sachaufklärung hinzuziehen (*Scholz* PersV 1979, 221). 37

Lässt sich der Dienststellenleiter durch einen anderen Bediensteten vertreten, kann der Personalrat die **Bekanntgabe des Verhinderungsgrundes** (s. hierzu Rz 17) verlangen (vgl. *BAG* 31.3.1983 AP Nr. 1 zu § 8 LPVG Hessen mit zust. Anm. *Bickel* = AuR 1984, 381 mit abl. Anm. *Colneric*) und ggf. die fehlende Verhinderung rügen. Lässt sich hingegen der Personalrat widerspruchslos in eine mündliche Erörterung mit dem Vertreter ein, kann auch bei fehlender Verhinderung des Dienststellenleiters der Arbeitnehmer diesen Mangel im Kündigungsschutzprozess nicht rügen (*BAG* 26.10.1995 AP Nr. 8 zu § 79 BPersVG; 13.6.1996 RzK III 2 a Nr. 33). Dies gilt selbst dann, wenn der Vertreter auch im Verhinderungsfall den Dienststellenleiter nach den gesetzlichen Bestimmungen nicht vertreten kann (*BAG* 25.2.1993 AP Nr. 2 zu § 72a LPVG NW; 27.2.1997 RzK III 2 a Nr. 38). 38

Auf Seiten des Personalrats muss an der Erörterung **der gesamte Personalrat** und nicht etwa nur dessen Vorsitzender oder der Vorstand des Personalrats teilnehmen. Denn die Erörterung ist Bestandteil des Mitwirkungsverfahrens und gehört daher nicht zu den laufenden Geschäften des Personalrats (vgl. *LAG Frankf.* 20.8.1981 – 12 Sa 478/81 – nv; *Dietz/Richardi* § 72 Rz 18 iVm §§ 32, 33 Rz 76; *Fischer/Goeres* § 72 Rz 9; *Ilbertz/Widmaier* § 72 Rz 8). 39

c) Einwendungen

Der Personalrat kann gegen die Kündigung **Einwendungen** erheben, die auch darin bestehen können, dass er Gegenvorschläge (zB Versetzung statt Kündigung) macht (aA *Fischer/Goeres* § 72 Rz 11). Sollen die Einwendungen beachtlich sein, muß der Personalrat sie begründen. Er ist nicht auf die Geltendmachung bestimmter Gründe beschränkt (*BAG* 29.9.1983 AP Nr. 1 BPersVG mit zust. Anm. *Löwisch/Bittner*; *Dietz/Richardi* § 72 Rz 28; *Zöllner/Fuhrmann* PersV 1990, 119; aA *Kübel* S. 217, der dem Personalrat nur ein Widerspruchsrecht aus den in § 79 Abs. 1 S. 3 BetrVG genannten Gründen einräumt, die jedoch nur für die Frage der Weiterbeschäftigung während des Kündigungsrechtsstreits gem. § 79 Abs. 2 BetrVG von Bedeutung sind). Wenn die angegebenen Gründe jedoch offensichtlich rechtsmissbräuchlich vorgeschoben werden, sind sie unbeachtlich (ebenso *Zöllner/Fuhrmann* PersV 1990, 109; vgl. auch *Söllner/Reinert* S. 209: wenn die Gründe »eindeutig außerhalb des Rahmens der Mitwirkung liegen«). Einen offensichtlichen Rechtsmissbrauch nimmt das *BVerwG* (30.11.1994 AP Nr. 9 zu § 79 BPersVG) zB an, wenn der Personalrat die Zustimmung zur Kündigung eines Angestellten im Probearbeitsverhältnis ausschließlich mit Einwendungen gegen eine rechtsfehlerfreie Eignungsbeurteilung des Dienstherrn verweigert (aA *Altvater* § 79 Rz 8). 40

Einwendungen gegen die Kündigung müssen **innerhalb von 10 Arbeitstagen seit der Unterrichtung** durch den Diensthern **erhoben werden** (arg. § 72 Abs. 2 S. 1 BPersVG). Hält der Personalrat zunächst erhobene Einwendungen bei der Erörterung mit dem Dienststellenleiter nicht aufrecht, gilt die Kündigung gem. § 72 Abs. 2 S. 1 BPersVG als vom Personalrat gebilligt. Für die **Einwendungen** gegen die Kündigung und ihre Begründung ist **keine Form vorgeschrieben**. Die Einwendungen können also auch mündlich erhoben und begründet werden (aA *Fischer/Goeres* § 72 Rz 14). Nur wenn der Personalrat gem. § 72 Abs. 4 BPersVG die Sache der übergeordneten Dienststelle auf dem Dienstwege zur Entscheidung vorlegt, muss er seine Stellungnahme schriftlich begründen; dasselbe gilt, wenn die Einwendungen des Personalrats einen Weiterbeschäftigungsanspruch des Arbeitnehmers begründen sollen (s. Rz 58 ff.). 41

Jede Art von Einwendung des Personalrats, die ordnungsgemäß begründet wird, ist iSv § 72 BPersVG beachtlich und führt dazu, dass der Dienststellenleiter nach § 72 Abs. 3 BPersVG verfahren muss (Erörterung mit dem Personalrat, s. Rz 46) und zunächst nicht kündigen darf. Eine trotzdem ausgespro- 42

Etzel

chene Kündigung ist unwirksam (BAG 20.1.2000 EzA § 2 KSchG Nr. 39; 29.9.1983, AP Nr. 1 zu § 79 BPersVG). Nur wenn die Einwendungen des Personalrats einen Weiterbeschäftigungsanspruch des Arbeitnehmers nach Ablauf des Kündigungstermins begründen sollen, ist der Personalrat auf bestimmte Widerspruchsgründe beschränkt (vgl. § 79 BPersVG; *Dietz/Richardi* § 72 Rz 28).

d) Abgabe der Stellungnahme

43 Die Stellungnahme des Personalrats gegenüber dem Dienststellenleiter hat der **Vorsitzende des Personalrats** abzugeben, da dieser den Personalrat im Rahmen der vom Personalrat gefassten Beschlüsse vertritt (§ 32 Abs. 3 S. 1 BPersVG). Betrifft die beabsichtigte Kündigung jedoch das Mitglied einer Gruppe (Arbeiter oder Angestellte), der der Vorsitzende nicht angehört, hat der Vorsitzende die Stellungnahme des Personalrats gemeinsam mit einem dieser Gruppe angehörenden Vorstandsmitglied abzugeben (vgl. § 32 Abs. 3 S. 2 BPersVG).

7. Die Entscheidung des Dienststellenleiters

44 Hat der Personalrat der Kündigung zugestimmt oder gilt die Kündigung von ihm gem. § 72 Abs. 2 BPersVG als gebilligt, kann die **Kündigung ausgesprochen** werden.

45 Hat der Personalrat frist- und ordnungsgemäß Einwendungen erhoben, kann der Dienststellenleiter diesen Einwendungen folgen und **von der Kündigung absehen;** die Angelegenheit ist damit erledigt.

46 Will der Dienststellenleiter trotz frist- und ordnungsgemäßer Einwendungen des Personalrats an seiner Kündigungsabsicht festhalten, darf er die Kündigung zunächst nicht aussprechen, sondern hat dem Personalrat alsbald seine **Entscheidung**, das Festhalten an der Kündigungsabsicht, **unter Angabe der Gründe schriftlich mitzuteilen** (§ 72 Abs. 3 BPersVG). Beantragt der Personalrat innerhalb von drei Arbeitstagen nach Zugang dieser Mitteilung nicht auf dem Dienstweg die Entscheidung der übergeordneten Dienststelle, kann der Dienststellenleiter nunmehr die Kündigung aussprechen. Stellt jedoch der Personalrat fristgerecht einen solchen Antrag, muss der Dienststellenleiter die Kündigung bis zur Entscheidung der angerufenen Dienststelle zurückstellen (§ 72 Abs. 5 BPersVG), kann aber in dringenden Fällen eine vorläufige Regelung treffen (§ 72 Abs. 6 iVm § 69 Abs. 5 BPersVG), wozu allerdings nicht die Kündigung gehört, weil sie eine endgültige Maßnahme wäre (s. Rz 14); wohl aber ist eine Suspendierung des Arbeitnehmers von der Arbeit unter Fortzahlung seiner Vergütung möglich. Trifft der Dienststellenleiter eine solche vorläufige Regelung, hat er sie dem Personalrat mitzuteilen und zu begründen.

47 Bei **obersten Dienstbehörden** besteht für den Personalrat keine Vorlagemöglichkeit an eine übergeordnete Dienststelle, weil es eine solche nicht gibt. Hier beendet die Mitteilung des Leiters der obersten Dienstbehörde an den Personalrat über das Festhalten an seiner Kündigungsabsicht das Mitwirkungsverfahren; die Kündigung kann ausgesprochen werden (vgl. *Dietz/Richardi* § 72 Rz 31; *Fischer/Goeres* § 72 Rz 16). Die abschließende Mitteilung durch die oberste Dienstbehörde ist aber keine Wirksamkeitsvoraussetzung für die Kündigung (BAG 5.10.1995 RzK III 2 a Nr. 25 = SAE 1997, 292 mit zust. Anm. *Weth/Kerwer*; *BVerwG* 26.7.1984 BVerwGE 76, 182).

8. Vorlage und Verfahren bei übergeordneten Dienststellen

48 Hatte der Personalrat fristgerecht ordnungsgemäße Einwendungen gegen die Kündigung erhoben, hat aber der Dienststellenleiter an seiner Kündigungsabsicht festgehalten, kann der Personalrat binnen drei Arbeitstagen nach Zugang der schriftlichen Mitteilung des Dienststellenleiters auf dem Dienstweg bei der übergeordneten Dienststelle, bei der eine Stufenvertretung besteht, eine Entscheidung beantragen (§ 72 Abs. 4 BPersVG). Da der Antrag nach dem Wortlaut des Gesetzes »vorzulegen« ist, und zwar auf dem Dienstweg, kann damit nur **Schriftform** gemeint sein; der Antrag muß also schriftlich gestellt werden (*Dietz/Richardi* § 72 Rz 38; *Fischer/Goeres* § 72 Rz 16). Die Antragsfrist ist gewahrt, wenn der Antrag auf Entscheidung der übergeordneten Dienststelle innerhalb der Frist dem Dienststellenleiter, dessen Entscheidung beanstandet wird, vorliegt (*Dietz/Richardi* § 72 Rz 36). In dem Antrag hat der Personalrat seine **Einwendungen gegen die Kündigung schriftlich zu begründen**, sofern er das bisher noch nicht getan hat; andernfalls ist der Antrag unzulässig, weil die übergeordneten Dienststelle nicht weiß, mit welchen Einwendungen sie sich auseinanderzusetzen hat.

49 Die übergeordnete Dienststelle hat mit der bei ihr bestehenden Stufenvertretung (Bezirkspersonalrat oder Hauptpersonalrat) die Angelegenheit in derselben Weise zu erörtern wie der untergeordnete

Dienststellenleiter mit der bei ihm bestehenden Personalvertretung (vgl. *Dietz/Richardi* § 72 Rz 44). Die Ausführungen Rz 34 ff. gelten auch für dieses Verfahren. Jedoch **verdoppeln sich die Fristen des § 72 BPersVG**, da die Stufenvertretung vor ihrer Beschlussfassung dem Personalrat, der in der ersten Stufe entschieden hat, Gelegenheit zur Äußerung geben muss (§ 82 Abs. 2 BPersVG). Das heißt: Die Stufenvertretung hat gem. § 72 Abs. 2 BPersVG eine Äußerungsfrist von 20 Arbeitstagen.

An die Auffassungen der Beteiligten der vorangegangenen Stufe sind die Stufenvertretung und die 50 übergeordnete Dienststelle **nicht gebunden** (*Fischer/Goeres* § 72 Rz 18). Erzielen sie Einverständnis darüber, dass nicht gekündigt werden soll, hat die Kündigung zu unterbleiben. Erzielen sie Einverständnis über die Kündigung oder gilt die Entscheidung der übergeordneten Dienststelle gem. § 72 Abs. 2 BPersVG als von der Stufenvertretung gebilligt, kann die Kündigung ausgesprochen werden.

Hat die Stufenvertretung frist- und ordnungsgemäß Einwendungen gegen die von der übergeordne- 51 ten Dienststelle erklärte Kündigungsabsicht erhoben, hat die Dienststelle, wenn sie an der Kündigungsabsicht festhält, dies **der Stufenvertretung unter Angabe der Gründe schriftlich mitzuteilen** (§ 72 Abs. 3 BPersVG). Wenn es sich bei der übergeordneten Dienststelle um die oberste Dienstbehörde handelt, ist das Mitwirkungsverfahren damit abgeschlossen; die Kündigung kann ausgesprochen werden (*Dietz/Richardi* § 72 Rz 47).

Handelt es sich bei der Stufenvertretung um den Bezirkspersonalrat, kann er gem. § 72 Abs. 4, § 82 52 Abs. 2 BPersVG innerhalb von sechs Arbeitstagen nach Zugang der schriftlichen Mitteilung iSv § 72 Abs. 3 BPersVG auf dem Dienstweg die **Entscheidung der obersten Dienstbehörde** beantragen (aA *Dietz/Richardi* § 72 Rz 48: drei Arbeitstage!). Für den Antrag und das Verfahren bei der obersten Dienstbehörde gelten die Ausführungen zu Rz 48 ff. sinngemäß.

9. Rechtsfolgen bei Fehlern im Mitwirkungsverfahren

Hat weder der Dienststellenleiter noch ein nach § 7 BPersVG befugter Bediensteter das Mitwirkungs- 53 verfahren beim Personalrat eingeleitet oder die Erörterung mit dem Personalrat nach § 72 Abs. 1 BPersVG geführt, ist die **Kündigung unwirksam**, falls der Personalrat diesen Mangel rügt. Lässt sich der Personalrat jedoch auf Verhandlungen mit dem nicht befugten Bediensteten ein, ohne den Mangel zu rügen, führt dies nicht zur Unwirksamkeit der Kündigung (s. Rz 18, 19).

Hat der Dienststellenleiter den Personalrat **unzureichend unterrichtet**, führt dies zur Unwirksamkeit 54 der Kündigung, ohne dass es darauf ankommt, ob der Personalrat der Kündigung zugestimmt hat oder nicht (vgl. *BAG* 5.2.1981 EzA § 102 BetrVG 1972 Nr. 47 = AP Nr. 1 zu § 72 LPVG NW mit abl. Anm. *Meisel*; *Dietz/Richardi* § 79 Rz 137). Auf die Ausführungen bei KR-*Etzel* § 102 BetrVG Rz 107–113 kann verwiesen werden; sie sind hier sinngemäß anwendbar.

Lehnt der Dienststellenleiter den Wunsch des Personalrats nach einer Erörterung der Angelegenheit 55 ab, nimmt er durch arglistige Täuschung oder rechtswidrige Drohung in unzulässiger Weise Einfluss auf die Entscheidung des Personalrats oder spricht er die Kündigung aus, bevor die Äußerungsfrist für den Personalrat im Mitwirkungsverfahren nach § 72 BPersVG abgelaufen ist, ist die Kündigung unwirksam (vgl. *Fischer/Goeres* § 72 Rz 23). Das gilt auch, wenn der Dienststellenleiter nicht den zuständigen Personalrat, sondern zB eine Stufenvertretung (Bezirkspersonalrat oder Hauptpersonalrat) beteiligt (*BAG* 3.2.1982 AP Nr. 1 zu Art. 77 LPVG Bayern); denn die **Beteiligung einer unzuständigen Personalvertretung** gehört zu den in den Verantwortungsbereich des Dienstherrn fallenden Mängeln des Beteiligungsverfahrens (*BAG* 19.5.1983 – 2 AZR 454/91 – nv).

Mängel, die in dem Bereich vorkommen, für den der Personalrat verantwortlich ist, also **Fehler bei sei-** 56 **ner Willensbildung** über die Stellungnahme zu der beabsichtigten Kündigung, berühren die Ordnungsmäßigkeit des Anhörungsverfahrens grds. nicht. Hierzu gehört auch die Frage, ob der Personalrat in Gruppenangelegenheiten das gesetzlich vorgeschriebene Verfahren eingehalten hat (*BAG* 19.5.1982 – 2 AZR 454/81 – nv). Im Übrigen gelten die Ausführungen bei KR-*Etzel* § 102 BetrVG Rz 115 ff. sinngemäß. Jedoch sind Erklärungen des Personalrats in Gruppenangelegenheiten, die entgegen § 32 Abs. 3 S. 2 BPersVG nicht vom Vorsitzenden und dem Gruppenvertreter gemeinsam abgegeben werden (s. Rz 43), unwirksam und damit für den Arbeitgeber unbeachtlich (*BAG* 13.10.1982 AP Nr. 1 zu § 40 LPVG Niedersachsen).

V. Einwendungen des Personalrats bei einer ordentlichen Kündigung und Weiterbeschäftigungsanspruch

57 Einwendungen des Personalrats gegen die Kündigung sind **ohne rechtliche Bedeutung** für eine nach ordnungsgemäßer Durchführung des Mitwirkungsverfahrens ausgesprochene Kündigung, wenn sich die vom Personalrat geltend gemachten Gründe nicht unter einen der Tatbestände des § 79 Abs. 1 S. 3 Nr. 1–5 BPersVG subsumieren lassen. Die Einwendungen des Personalrats entfalten ferner keine Rechtswirkungen, wenn sie die Stufenvertretung nicht aufrechterhalten hat; hingegen bleiben die Einwendungen rechtlich existent mit den in Rz 58 ff. dargelegten Konsequenzen, wenn der Dienststellenleiter an seiner Kündigungsabsicht festhält, der Personalrat aber die Angelegenheit nicht der übergeordneten Dienststelle vorlegt (*Dietz/Richardi* § 79 Rz 59 f.), so dass der Dienststellenleiter die Kündigung aussprechen darf (s. Rz 46).

58 Fallen die vom Personalrat geltend gemachten Gründe unter einen dieser Tatbestände (§ 79 Abs. 1 S. 3 Nr. 1–5 BPersVG), kann dies die **Sozialwidrigkeit der Kündigung** (vgl. § 1 Abs. 2 KSchG) und einen **Weiterbeschäftigungsanspruch** des Arbeitnehmers nach Ablauf des Kündigungstermins begründen. Voraussetzung hierfür ist, dass die Einwendungen ordnungsgemäß erhoben sind. Hierzu gehört, dass sie fristgerecht erhoben und begründet werden, wie sich aus § 72 Abs. 2 BPersVG ergibt, weil andernfalls die Kündigung als vom Personalrat gebilligt gilt (s. Rz 34 ff.). Zur ordnungsgemäßen Begründung gehört, dass die geltend gemachten Einwendungen durch Angabe von konkreten Tatsachen erläutert werden und die von der Personalvertretung zur Begründung ihrer Einwendungen angeführten Tatsachen es als möglich erscheinen lassen, dass einer der in § 79 Abs. 1 S. 3 BPersVG angeführten Widerspruchsgründe vorliegt. Die vorgebrachten Tatsachen müssen dabei zwar nicht schlüssig einen Widerspruchsgrund ergeben, die Einwendungen müssen sich jedoch zumindest auf einen der im Gesetz aufgeführten Gründe beziehen (*BAG* 27.2.1997 RzK III 2 a Nr. 37). § 79 Abs. 1 S. 3–4 und § 79 Abs. 2 BPersVG stimmen im Übrigen in allen wesentlichen Punkten hinsichtlich der Einwendungen gegen die Kündigung, des Weiterbeschäftigungsanspruchs des Arbeitnehmers und der Entbindung des Arbeitgebers von der Weiterbeschäftigungspflicht mit § 102 Abs. 3–5 BetrVG überein. Die Ausführungen bei KR-*Etzel* § 102 BetrVG Rz 142–175, 493–242 gelten deshalb hier sinngemäß.

59 Bei der Anwendung des § 79 Abs. 1 S. 3–4 und § 79 Abs. 2 BPersVG sind lediglich folgende Besonderheiten zu beachten:

60 a) Während die **Einwendungen** des Personalrats iSv § 72 BPersVG mündlich erhoben werden können (s. Rz 41), müssen sie in den Fällen des § 79 BPersVG **schriftlich erhoben und begründet** werden (arg. § 79 Abs. 1 S. 4 BPersVG; *Dietz/Richardi* § 79 Rz 58). Sie sind dann als **Widerspruch** gegen die Kündigung anzusehen (arg. § 79 Abs. 2 S. 2 Nr. 3 BPersVG). Zur Wahrung der Schriftform gehört, dass die Urkunde eigenhändig vom Aussteller unterzeichnet ist (§ 126 BGB). Leserlichkeit der Unterschrift ist nicht erforderlich (vgl. *LAG Düsseld.* 28.5.1976 AuR 1977, 281; *Klebe/Schumann* S. 68). Ein **Fax** reicht zur Wahrung der Schriftform aus (vgl. KR-*Etzel* § 102 BetrVG Rz 142 mwN). Die Schriftform kann durch die elektronische Form ersetzt werden (§ 126 Abs. 3 BGB); in diesem Fall muss der Aussteller der Erklärung dieser seinen Namen hinzufügen und das elektronische Dokument mit einer qualifizierten elektronischen Signatur nach dem Signaturgesetz versehen (§ 126a BGB).

61 b) An die Stelle des **Widerspruchsgrundes**, »dass der zu kündigende Arbeitnehmer an einem anderen Arbeitsplatz im selben Betrieb oder in einem anderen Betrieb des Unternehmens weiterbeschäftigt werden kann« (§ 102 Abs. 1 Nr. 3 BetrVG), tritt in § 79 Abs. 1 S. 3 BPersVG der Grund, dass »der zu kündigende Arbeitnehmer an einem anderen Arbeitsplatz in derselben Dienststelle oder in einer anderen Dienststelle desselben Verwaltungszweiges an demselben Dienstort einschließlich seines Einzugsgebietes weiterbeschäftigt werden kann«. Dieser Widerspruchsgrund ist zB nicht gegeben, wenn bei den Stationierungsstreitkräften der Entsendestaat aufgrund seiner Hoheitsgewalt entscheidet, Arbeitsplätze künftig nicht mehr mit örtlichen Arbeitskräften, sondern mit Zivilpersonen, die bei der Truppe beschäftigt sind und diese begleiten, zu besetzen. In einem solchen Fall kann der Personalrat (Betriebsvertretung) nicht geltend machen, örtliche Arbeitskräfte, die zur Kündigung anstehen, könnten auf solchen »freien« Arbeitsplätzen weiterbeschäftigt werden (*BAG* 27.2.1997 RzK III 2 a Nr. 37).

62 c) Die Verpflichtung des Dienststellenleiters, dem Arbeitnehmer mit der Kündigung eine **Abschrift der Stellungnahme des Personalrats** zuzuleiten, in der dieser Einwendungen nach § 79 Abs. 1 S. 3 BPersVG erhebt, entfällt, wenn die Stufenvertretung in der Verhandlung mit der übergeordneten Dienststelle die Einwendungen nicht aufrechterhalten hat (§ 79 Abs. 1 S. 4 BPersVG). Hat sie andere Einwendungen erhoben, sind diese nach dem Sinn des Gesetzes dem Arbeitnehmer mitzuteilen. Der

Arbeitnehmer soll nämlich durch die Mitteilung der Einwendungen die Möglichkeit erhalten, die Chancen eines Kündigungsprozesses besser beurteilen zu können. Die Verletzung der Mitteilungspflicht ist ohne Einfluss auf die Wirksamkeit der Kündigung (*Dietz/Richardi* § 79 Rz 82).

VI. Die Kündigung durch den Dienststellenleiter

Zur Kündigung durch den Dienststellenleiter gelten die bei KR-*Etzel* § 102 BetrVG Rz 176–192 a dargestellten Grundsätze zur Abgabe der Kündigungserklärung, zur Zuleitung der Abschrift der Stellungnahme des Betriebsrats an den Arbeitnehmer, zur Umdeutung einer außerordentlichen Kündigung und zum Kündigungsschutzprozess entsprechend. 63

Bei einer **Umdeutung** einer außerordentlichen Kündigung in eine ordentliche Kündigung ist zu beachten, dass eine Umdeutung grds. nur dann möglich ist, wenn vor Ausspruch der Kündigung das notwendige Mitwirkungsverfahren zu einer ordentlichen Kündigung abgewickelt ist (*Söllner/Reinert* S. 221; vgl. auch BAG 3.12.1981 –2 AZR 679/79 – nv). Ohne ein solches Mitwirkungsverfahren ist die Umdeutung in eine ordentliche Kündigung dann zulässig, wenn der Personalrat der außerordentlichen Kündigung ausdrücklich und vorbehaltlos zugestimmt hat (LAG *Hamm* 27.6.1986 LAGE § 26 BGB Nr. 26). 64

Bei Kündigungsgründen, die zulässigerweise im Kündigungsschutzprozess **nachgeschoben** werden können, ist vor ihrer Einführung in den Kündigungsschutzprozess grds. das gesamte personalvertretungsrechtliche Mitwirkungsverfahren einzuhalten (vgl. KR-*Etzel* § 102 BetrVG Rz 187–190). Das gilt auch dann, wenn im Zeitpunkt der Kündigung noch kein Personalrat bestand, dieser danach gebildet wurde und vor dem Nachschieben beteiligt werden kann. Dies ist nach dem Sinn und Zweck des Beteiligungsverfahrens, den Personalrat an der Willensbildung des Arbeitgebers zu beteiligen, geboten (vgl. BAG 11.5.1995 EzA SD 1995, Nr. 11, S. 4; einschränkend: LAG *SA* 15.11.1995 PersR 1996, 323, sofern der nachgeschobene Grund nicht auch Grundlage des Kündigungsentschlusses des Arbeitgebers war). In diesem Fall kann der Arbeitgeber aber unbeschränkt neue Kündigungsgründe, die im Zeitpunkt der Kündigung schon objektiv vorlagen, nach Beteiligung des Personalrats nachschieben, weil insoweit keine Verletzung von Beteiligungsrechten des Personalrats vor Ausspruch der Kündigung in Betracht kommt. 65

VII. Anhörung bei außerordentlichen Kündigungen

Vor **fristlosen Entlassungen und außerordentlichen Kündigungen** ist der Personalrat anzuhören (§ 79 Abs. 3 BPersVG). Der Dienststellenleiter hat die beabsichtigte Kündigung gegenüber dem Personalrat zu begründen und das Anhörungsverfahren durchzuführen (vgl. § 79 Abs. 3 S. 2 BPersVG). Es ist wie das Anhörungsverfahren beim Betriebsrat vor außerordentlichen Kündigungen nach § 102 Abs. 1–2 BetrVG ausgestaltet (*Hueck* Einl. Rz 156). Das bedeutet insbesondere, dass der Dienststellenleiter dem Personalrat die Person des zu kündigenden Arbeitnehmers näher bezeichnet, wozu ggf. auch die Angabe eines Sonderkündigungsschutzes gehört (BAG 21.6.2001 RzK III 2 b Nr. 22), die Art der Kündigung angibt und die Gründe für die Kündigung mitteilt. Hierbei muss er den für die Kündigung maßgebenden Sachverhalt näher umschreiben, insbesondere die Tatsachen angeben, aus denen er seinen Kündigungsentschluss herleitet. Eine pauschale, schlagwort- oder stichwortartige Bezeichnung des Kündigungsgrundes genügt idR ebenso wenig wie die Mitteilung eines Werturteils ohne Angabe der für die Bewertung maßgeberden Tatsachen (BAG 26.5.1994 AuA 1995, 205; *Kampen* AuA 1998, 21). Anders als nach § 102 Abs. 2 S. 3 BetrVG hat der Personalrat jedoch Bedenken nicht innerhalb von drei Tagen, sondern innerhalb von **drei Arbeitstagen** mitzuteilen. Das Gesetz schreibt in § 79 Abs. 3 S. 3 BPersVG auch ausdrücklich vor, dass der Personalrat – anders als bei Einwendungen nach § 72 Abs. 2 BPersVG – dem Dienststellenleiter **Bedenken schriftlich mitteilen** muß. Die ordnungsgemäße Anhörung des Personalrats ist Wirksamkeitsvoraussetzung für die Kündigung (*Hueck* aaO; *Söllner/Reinert* S. 221; SPV-*Preis* Rz 468). Die Ausführungen bei KR-*Etzel* § 102 BetrVG Rz 53–100, 102–141 bzgl. der Durchführung des Anhörungsverfahrens, der Bedeutung von Bedenken des Betriebsrats und der Rechtsfolgen bei Fehlern im Anhörungsverfahren sind hier sinngemäß anwendbar. Hinsichtlich der Schweigepflicht der Personalratsmitglieder gilt § 10 BPersVG (s. Rz 30 f.) 66

Geht es bei **ordentlich unkündbaren Arbeitnehmern** um eine außerordentliche Kündigung mit notwendiger Auslauffrist (s. KR-*Fischermeier* § 626 BGB Rz 304 ff.), zB bei einer Betriebsstilllegung oder wegen krankheitsbedingter Fehlzeiten, ist der Personalrat vor Ausspruch der Kündigung nach den für eine ordentliche Kündigung geltenden Bestimmungen zu beteiligen (BAG 12.1.2006 EzA § 626 BGB 67

2002 Unkündbarkeit Nr. 9; 15.11.2001 EzA § 626 BGB nF Nr. 192; 5.2.1998 EzA § 626 BGB Unkündbarkeit Nr 2; *LAG Köln* 16.10.2002 RzK III 2 b Nr. 23; vgl. auch *LAG Hamm* 13.1.2000 ZTR 2000, 334; *LAG RhPf* 6.1.1999 ZTR 2000, 45; **aA** *Hess.LAG* 8.3.2001 RzK III 2 b Nr. 21). Das gilt auch bei der Umdeutung einer außerordentlichen fristlosen Kündigung in eine außerordentliche Kündigung mit notwendiger Auslauffrist (*BAG* 18.10.2000 EzA § 626 BGB Krankheit Nr 3).

EStG §§ 3 Nr. 9, 24 Nr. 1a und b, 34 Abs. 1 und 2, § 52 Abs. 4a

In der Fassung der Bekanntmachung vom 19. Oktober 2002 (BGBl. I S. 4210);
Berichtigung vom 10.2.2003 (BGBl. I S. 179),
zuletzt geändert durch das Gesetz zur Anspruchsberechtigung von Ausländern
wegen Kindergeld, Erziehungsgeld und Unterhaltsvorschuss
vom 13. Dezember 2006 (BGBl. I S. 2915)

§ 3aF Steuerfreie Einnahmen. Steuerfrei sind
...
9. Abfindungen wegen einer vom Arbeitgeber veranlassten oder gerichtlich ausgesprochenen Auflösung des Dienstverhältnisses, höchstens jedoch 7.200 Euro. Hat der Arbeitnehmer das 50. Lebensjahr vollendet und hat das Dienstverhältnis mindestens 15 Jahre bestanden, so beträgt der Höchstbetrag 9.000 Euro, hat der Arbeitnehmer das 55. Lebensjahr vollendet und hat das Dienstverhältnis mindestens 20 Jahre bestanden, so beträgt der Höchstbetrag 11.000 Euro; (§ 3 Nr. 9 aufgehoben durch Gesetz zum Einstieg in ein steuerliches Sofortprogramm vom 22.12. 2005 (BGBl. I S. 3682); zur Anwendung siehe die Übergangsvorschrift des § 52 Abs. 4a EStG)
...

§ 24 Entschädigungen. Zu den Einkünften im Sinne des § 2 Abs. 1 gehören auch
1. Entschädigungen, die gewährt worden sind
   a) als Ersatz für entgangene oder entgehende Einnahmen oder
   b) für die Aufgabe oder Nichtausübung einer Tätigkeit, für die Aufgabe einer Gewinnbeteiligung oder einer Anwartschaft auf eine solche;
   c) als Ausgleichzahlungen an Handelsvertreter nach § 89b des Handelsgesetzbuchs;
...

§ 34 Außerordentliche Einkünfte.
(1) ¹Sind in dem zu versteuernden Einkommen außerordentliche Einkünfte enthalten, so ist die auf alle im Veranlagungszeitraum bezogenen außerordentlichen Einkünfte entfallende Einkommensteuer nach den Sätzen 2 bis 4 zu berechnen. ²Die für die außerordentlichen Einkünfte anzusetzende Einkommensteuer beträgt das Fünffache des Unterschiedsbetrags zwischen der Einkommensteuer für das um diese Einkünfte verminderte zu versteuernde Einkommen (verbleibendes zu versteuerndes Einkommen) und der Einkommensteuer für das verbleibende zu versteuernde Einkommen zuzüglich eines Fünftels dieser Einkünfte. ³Ist das verbleibende zu versteuernde Einkommen negativ und das zu versteuernde Einkommen positiv, so beträgt die Einkommensteuer das Fünffache der auf ein Fünftel des zu versteuernden Einkommens entfallenden Einkommensteuer... .
(2) Als außerordentliche Einkünfte kommen nur in Betracht:
1. ...
2. Entschädigungen im Sinne des § 24 Nr. 1;
...

§ 52 Anwendungsvorschriften. (...)
(4a) § 3 Nr. 9 in der bis zum 31. Dezember 2005 geltenden Fassung ist weiter anzuwenden für vor dem 1. Januar 2006 entstandene Ansprüche der Arbeitnehmer auf Abfindungen oder für Abfindungen wegen einer vor dem 1. Januar 2006 getroffenen Gerichtsentscheidung oder einer am 31. Dezember 2005 anhängigen Klage, soweit die Abfindungen dem Arbeitnehmer vor dem 1. Januar 2008 zufließen.
...

§§ 3, 24, 34, 52 EStG   Steuerrecht

Literatur

– bis 2004 vgl. KR-Vorauflage –
Etzel Versetzung von Arbeitnehmern, NWB Fach 26 S. 4147.

Inhaltsübersicht

		Rz			Rz
I.	Steuerfreiheit nach § 3 Nr. 9 EStG	1–69		e) Betriebsübergang	50–51
	1. Allgemeines	1–3	18.	Gerichtlich ausgesprochene Auflösung	52–54
	a) Aufhebung der Steuerfreiheit ab dem Jahr 2006	1	19.	Abfindungsbegriff	55–56
	b) Zufluss der Abfindungszahlung vor dem 01.01.2008	2–3	20.	Bedeutung des Zeitpunkts der Beendigung des Arbeitsverhältnisses	57–59
	2. Die steuerfreien Beträge	4–5	21.	Beendigung des Arbeitsverhältnisses vor Ablauf der ordentlichen Kündigungsfrist	60–62
	3. Übergangsregelung	6–7			
	4. Vor dem 1. Januar 2006 entstehende Ansprüche des Arbeitnehmers auf Abfindungszahlung	8–23	22.	Abfindungszahlungen	63–64
	5. Zufluss der Abfindungszahlung vor dem 1. Januar 2008	24–25	23.	Die erhöhten Höchstbeträge	65–69
			II.	Entschädigungen im Sinne von § 24 EStG	70–84
	6. Begriff der Abfindung	26–27		1. Allgemeines	70
	7. Empfänger der Abfindung	28		2. Entschädigungszahlung unterliegt der Besteuerung	71
	8. Auflösung des Dienstverhältnisses	29–31		3. § 24 EStG als Vorschaltbestimmung zu § 34 EStG	72
	9. Unzumutbarkeit weiterer Zusammenarbeit	32–33		4. Begriff der Entschädigung	73–74
	10. Kündigung durch den Arbeitgeber	34–35		5. Inhaltliche Verknüpfung der Abfindung nach § 3 Nr. 9 EStG und der Entschädigung nach § 24 Nr. 1 a EStG	75
	11. Arbeitgeber verlegt Betriebsstätte	36			
	12. Insolvenz des Arbeitgebers	37		6. Mitwirkung des Arbeitnehmers bei dem zum Einnahmeausfall führenden Ereignis unschädlich	76–77
	13. Frühpensionierung des Arbeitnehmers	38			
	14. Arbeitgeber liefert wichtigen Grund für die außerordentliche Kündigung durch die Arbeitnehmer	39		7. Neue Rechtsgrundlage	78–82
				8. Entschädigung für die Aufgabe oder Nichtausübung einer Tätigkeit (§ 24 Nr. 1 b EStG)	83–84
	15. Vom Arbeitgeber nicht veranlasste Auflösung	40–41			
			III.	Tarifermäßigung	85–96
	16. Tod des Arbeitnehmers nach Beendigungsvereinbarung/Kündigung	42		1. Allgemeines	85–86
				2. Zusammenballung von Einnahmen	87–90
	17. Weiterbeschäftigung des Arbeitnehmers nach Kündigung oder Beendigung des Arbeitsverhältnisses	43–51		3. Zahlung aus Gründen der sozialen Fürsorge	91–92
				4. Gestaltungsmöglichkeiten zur Erlangung der Tarifbegünstigung	93
	a) Die Änderungskündigung	44–46			
	b) Beendigung des Arbeitsverhältnisses und Abschluss eines neuen Arbeitsvertrages mit demselben Arbeitgeber	47		5. Steuerberechnung	94–95
				6. Lohnsteuerverfahren	96
			IV.	ABC der Abfindungen/Entschädigungen	97–126
	c) Modifizierung des Arbeitsverhältnisses im Rahmen eines Sozialplanes bei Betriebsänderungen (§§ 111, 112 BetrVG)	48		1. Nachzahlung einer Altersrente	97
				2. Änderungskündigung	98
				3. Anwartschaften	99–101
				4. Arbeitsfreistellung	102
				5. Aussperrungsunterstützung	103
				6. Bleibeprämie	104
	d) Umsetzung des Arbeitnehmers im Konzern	49		7. Gehaltsnachzahlung	105

		Rz			Rz
8.	Insassen-Unfallversicherung	106	12.	Kapitalisierung von Rentenansprüchen nach § 8 Abs. 2 BetrAVG	116
8a.	Jubiläumszuwendungen	107–109			
9.	Kapitalisierung von Versorgungs-/Rentenansprüchen auf Wunsch des Arbeitgebers	110–112	13.	Karenzentschädigung	117
			14.	Nutzungsrecht	118
			15.	Optionsrecht	119
10.	Kapitalisierung von Versorgungs-/Rentenansprüchen aufgrund bestehenden Vertragsrechts	113	16.	Pensionsabfindung	120
			17.	Streikunterstützung	121
			18.	Tagegelder	122
			19.	Todesfall-Versicherung	123
11.	Kapitalisierung von Versorgungs-/Rentenansprüchen aufgrund bestehenden Wahlrechts oder Wunsch des Arbeitnehmers	114–115	20.	Vorruhestandsgeld	124
			21.	Wettbewerbsverbot	125
			22.	Wiedereinstellung	126

I. Steuerfreiheit nach § 3 Nr. 9 EStG

1. Allgemeines

a) Aufhebung der Steuerfreiheit ab dem Jahre 2006

Die jahrzehntelange Ära der Steuerfreiheit von Abfindungszahlungen geht zu Ende. **1**

b) Zufluss der Abfindungszahlung vor dem 1.1.2008

Das Gesetz zum Einstieg in ein steuerliches Sofortprogramm vom 22. Dezember 2005 (BGBl. I S. 3682) **2** hat aus dem Katalog der steuerfreien Einnahmen die Abfindungszahlungen (§ 3 Nr. 9 EStG) gestrichen. Das Gesetz tritt am 1. Januar 2006 in Kraft. Es gilt eine **Übergangsregelung** dergestalt, dass § 3 Nr. 9 weiter anzuwenden ist für vor dem 1. Januar 2006 **entstandene Ansprüche** der Arbeitnehmer auf Abfindungen oder für Abfindungen wegen einer vor dem 1. Januar 2006 getroffenen Gerichtsentscheidung oder einer am 31. Dezember 2005 anhängigen Klage, soweit die Abfindungen dem Arbeitnehmer vor dem 1. Januar 2008 zufließen (§ 52 Abs. 4a S. 1 EStG).

Bereits in der Vergangenheit kündigte sich durch Beschlüsse des Gesetzgebers an, dass das politische **3** Endziel die Abschaffung der Steuerfreiheit der Abfindungszahlungen sein würde.

Bis zum Jahre 2005 galten folgende steuerfreien Beträge:

2. Die steuerfreien Beträge

Es waren als Regelfall ohne zusätzliche Voraussetzungen höchstens 7.200 Euro steuerfrei. Hatte der **4** Arbeitnehmer das 50. Lebensjahr vollendet und hatte das Dienstverhältnis mindestens 15 Jahre bestanden, so betrug der Höchstbetrag 9.000 Euro. Er erhöhte sich auf 11.000 Euro, wenn der Arbeitnehmer das 55. Lebensjahr vollendet und das Dienstverhältnis mindestens 20 Jahre bestanden hatte. Diese Höchstbeträge wurden eingeführt durch das Haushaltsbegleitgesetz 2004 vom 29.12.2003 (BGBl. I S. 3076). Sie galten ab dem Jahr 2004.

Bereits ab dem Jahr 1999 sind als erster Einstieg in die gänzliche Aufhebung der Steuerfreiheit die bis dahin in dem Zeitraum 1975 bis 1998 geltenden steuerfreien Höchstbeträge von 24.000, 30.000 bzw. 36.000 DM um ein Drittel auf 16.000 DM (8.181 Euro), 20.000 DM (10.226 Euro) sowie 24.000 DM (12.271 Euro) gekürzt worden. Die ab dem Jahr 2004 durchgesetzte weitere Verringerung der steuerfrei zu belassenen Beträge war nur als konsequente Fortsetzung des einmal eingeschlagenen Weges zu werten.

Das früher einmal geltende **Ziel des Gesetzes**, die mit der Auflösung des Arbeitsverhältnisses für die Arbeitnehmer verbundenen **finanziellen Einbußen** auszugleichen und die für den Verlust des Arbeitsplatzes gewährte Abfindung nicht durch deren steuerliche Belastung teilweise wieder rückgängig zu machen (BFH 23.4.1996 – VIII R 53/94 – BFHE 180, 371, BStBl II 1996, 515), wird somit seither nicht nur durch den stetigen Geldwertverlust mehr und mehr ausgehöhlt, sondern schließlich durch die rigorosen gesetzlichen Kürzungen der Beträge ab den Jahren 1999 und 2004 sowie letztlich durch die Aufhebung des § 3 Nr. 9 EStG gänzlich missachtet.

§§ 3, 24, 34, 52 EStG   Steuerrecht

Der langsame Exitus setzte folglich bereits im Jahre 1999 ein, indem die bis dahin geltenden steuerfreien Höchstbeträge bereits um ein Drittel gekürzt worden sind.

5 Die Höchstbeträge sind bekanntlich **Freibeträge**. Auch höhere Abfindungszahlungen bleiben/blieben bis zu den Höchstbeträgen steuerfrei. Für den übersteigenden Betrag kann auch nach Aufhebung des § 3 Nr. 9 EStG unverändert die Tarifermäßigung nach § 34 iVm § 24 Nr. 1 EStG in Betracht kommen.

3. Übergangsregelung

6 Wie bereits dargestellt, ist mit der Aufhebung des § 3 Nr. 9 EStG eine Übergangsregelung (§ 52 Abs. 4a S. 1 EStG) in das Gesetz aufgenommen worden.

Danach ist § 3 Nr. 9 EStG in der bis zum 31. Dezember 2005 geltenden Fassung **weiter anzuwenden** für:

a) vor dem 1. Januar 2006 entstandene Ansprüche der Arbeitnehmer auf Abfindungen oder
b) für Abfindungen wegen einer vor dem 1. Januar 2006 getroffenen Gerichtsentscheidung oder
c) einer am 31. Dezember 2005 anhängigen Klage,

soweit die Abfindungen dem Arbeitnehmer vor dem 1. Januar 2008 zufließen.

7 Die legislative Entscheidung, die Steuerfreiheit der Abfindungszahlungen zur Mitternacht des Jahreswechsels von 2005 auf 2006 nicht mit bis dahin vollzogener Abfindungszahlung beenden zu lassen, sondern unter Beachtung bereits eingeleiteter Auflösung eines Arbeitsverhältnisses und damit verbundener Abfindungsansprüche eine Übergangsregelung zu schaffen, wirft bei den gewählten gesetzlichen Formulierungen Auslegungsfragen auf.

4. Vor dem 1. Januar 2006 entstandene Ansprüche des Arbeitnehmers auf Abfindungszahlung

8 Abfindungszahlungen stellen als sog. sonstige Bezüge Arbeitslohn des Arbeitnehmers dar (§ 38a Abs. 1 S. 3 EStG). Dementsprechend hat der Arbeitgeber die auf diesen Arbeitslohn entfallende Lohnsteuer für Rechnung des Arbeitnehmers vom Arbeitslohn einzubehalten (§ 38 Abs. 3 S. 1 EStG) und an das Finanzamt abzuführen (§ 41a Abs. 1 S. 1 Nr. 2 EStG). Der Arbeitnehmer ist und bleibt Schuldner der Lohnsteuer (§ 38 Abs. 2 S. 1 EStG). Daraus ergibt sich sowohl für den Arbeitgeber als auch für den Arbeitnehmer die Notwendigkeit der Kenntnis, was unter dem gesetzlichen Tatbestandsmerkmal »**entstandene Ansprüche**« zu verstehen ist.

9 Da eine gesetzliche Definition dieses Tatbestandsmerkmals in den umfangreichen Anwendungsvorschriften des § 52 EStG nicht enthalten ist, und auch in den übrigen Regelungen des Einkommensteuergesetzes eine solche nicht zu finden ist, bietet sich eine Anleihe bei den gesetzlichen Regelungen des guten alten Bürgerlichen Gesetzbuches an.

In § 194 Abs. 1 BGB wird als Anspruch, das Recht von einem anderen ein Tun oder Unterlassen zu verlangen, definiert. Demnach ist ein Anspruch in dem Zeitpunkt entstanden, in dem der Verpflichtete rechtlich auf ein Tun oder Unterlassen in Anspruch genommen werden kann. Als Entstehung des Anspruchs ist dementsprechend der Zeitpunkt anzusehen, in welchem der Anspruch erstmals geltend gemacht und ggf. im Wege der Klage durchgesetzt werden kann (BGH 17.2.1971 – VIII ZR 4/70 – BGHZ 55, 340, 341, für die Entstehung des Anspruchs bei der Feststellung des Beginns der Verjährung, § 198 S. 1 a.F. BGB).

10 Im Hinblick hierauf sind mehrere denkbare Sachverhalte zur Anwendung der Übergangsregelung darzustellen.

In den **einzelnen Beispielen** werden das Vorliegen der Voraussetzungen für eine steuerfreie Abfindungszahlung und ein Höchstbetrag von 7.200 Euro unterstellt.

11 **Beispiel 1:**
Der Arbeitnehmer (AN) schließt mit seinem Arbeitgeber (AG) im Dezember des Jahres 2005 einen Vertrag über die Aufhebung des Arbeitsverhältnisses zum Ende des Jahres. Dieser sieht eine vom AG zu zahlende Abfindung i.H.v. 10.000 Euro vor. Die Abfindung wird vereinbarungsgemäß im Jahr 2006 gezahlt.

Mit Abschluss der Vereinbarung zwischen AN und AG im Jahr 2005 ist der Anspruch auf Abfindungszahlung entstanden. Die Abfindung ist dem AN vor dem 1. Januar 2008 zugeflossen. Dementsprechend ist die Übergangsregelung des § 52 Abs. 4a EStG anzuwenden. Die Abfindung bleibt iHv 7.200 Euro steuerfrei.

Steuerrecht §§ 3, 24, 34, 52 EStG

Beispiel 2: 12
AN und AG schließen im Jahr 2006 eine Vereinbarung dahingehend, dass das Arbeitsverhältnis rückwirkend zum Jahresende 2005 beendet wird und eine Abfindung durch AG zu zahlen ist.

Eine solche zivilrechtliche vertragliche Gestaltung ist durch den Grundsatz der Vertragsfreiheit und dem hierin enthaltenen wesentlichen Element der Gestaltungsfreiheit gedeckt. § 311 Abs. 1 BGB (§ 305 aF) lässt einen grundsätzlichen Verzicht des BGB im Rahmen des Schuldrechts auf einen Form- und Typenzwang erkennen, so dass auch eine Rückwirkung von Verträgen zivilrechtlich unproblematisch ist. Jedoch entstehen, wenn auch Regelungen für die Vergangenheit getroffen werden, die aus diesem Vertrag sich ergebenden Ansprüche denknotwendiger Weise erst mit Abschluss des Vertrages.

Abgesehen von der zivilrechtlichen Betrachtung der Entstehung des Anspruchs ist zu beachten, dass 13 es im Steuerrecht grds. zu keiner Rückwirkung kommt, wenn Vertragsparteien rückwirkend schuldrechtliche Vertragsverhältnisse begründen. Ein einmal entstandener Anspruch aus dem Steuerschuldverhältnis kann durch eine vertragliche Rückbeziehung nicht aufgehoben werden.

Da der Anspruch auf Abfindungszahlung erst im Jahre 2006 zivilrechtlich wirksam entstanden ist, kommt eine Anwendung der Übergangsregelung nicht in Betracht. Die Abfindungszahlung ist in voller Höhe steuerpflichtig.

Beispiel 3: 14
Sachverhalt wie zweiter Sachverhalt, nur mit dem Unterschied, dass der im Jahr 2006 abgefasste schriftliche Vertrag lediglich eine rechtswirksam im Jahr 2005 abgeschlossene mündliche Vereinbarung bestätigt.

Hier besteht keine Rückwirkung. Der zwischen AN und AG geschlossene schriftliche Vertrag hat nur klarstellenden Zweck und soll die wirksam mündlich geschlossene Vereinbarung bestätigen. Es ist jedoch zu beachten, dass ggf. vom Steuerpflichtigen eine Glaubhaftmachung des Abschlusses der mündlichen Vereinbarung bereits im Jahr 2005 von der Finanzverwaltung verlangt wird.

Die Abfindungszahlung bleibt iHv 7.200 Euro auf Grund der bis zum 31.12.2005 geltenden gesetzlichen Regelung steuerfrei.

Beispiel 4: 15
AG und AN vereinbaren Ende des Jahres 2005 die Beendigung des Arbeitsverhältnisses zum 30.6.2006 und die Zahlung einer Abfindung zum Zeitpunkt der Beendigung. Die Abfindung wird vereinbarungsgemäß gezahlt.

Mit der Vereinbarung am Ende des Jahres 2005 ist der Anspruch auf Zahlung der Abfindung entstanden. Der Anspruch wird jedoch erst fällig zum 30.6.2006. Es liegt ein sog. betagter Anspruch vor. Dementsprechend ist bei Zahlung der Abfindung im Jahr 2006 die Übergangsregelung des § 52 Abs. 4a EStG anzuwenden mit der Folge, dass 7.200 Euro steuerfrei zu belassen sind.

Beispiel 5: 16
AG und AN vereinbaren Ende des Jahres 2005 die Beendigung des Arbeitsverhältnisses irgendwann in den Jahren 2006 oder 2007 und damit verbunden eine Zahlung einer Abfindung iHv 10.000 Euro. Das Arbeitsverhältnis wird in dem genannten Zeitraum beendet. AG zahlt die vereinbarte Abfindung mit Beendigung des Arbeitsverhältnisses.

Die Vereinbarung wird zwar im Jahre 2005 getroffen, doch ist die Entstehung des Anspruchs auf Abfindungszahlung mit der Bedingung verknüpft, dass im Jahr 2006 oder 2007 eine Beendigung des Arbeitsverhältnisses eintritt. Die Abfindungszahlung steht mithin unter der aufschiebenden Bedingung der Beendigung des Arbeitsverhältnisses und damit entsteht der Anspruch auf die Zahlung mit dem Eintritt der Bedingung (§ 158 Abs. 1 BGB). Die üblicherweise grds. bestehende Gleichzeitigkeit von Rechtsgeschäft und Rechtsentstehung fallen dementsprechend bei solch einer aufschiebenden Bedingung auseinander. Der Eintritt der Wirkungen der im Jahre 2005 getroffenen Vereinbarung ist abhängig von dem zukünftigen ungewissen Ereignis der Beendigung des Arbeitsverhältnisses.

Da der Anspruch auf Zahlung der Abfindung erst mit Beendigung des Arbeitsverhältnisses entsteht, ist die Übergangsregelung des § 52 Abs. 4a EStG nicht anzuwenden. Die Abfindungszahlung ist insgesamt steuerpflichtig.

Beispiel 6: 17
AG und AN haben Anfang des Jahres 2005 eine Altersteilzeitvereinbarung getroffen, weil AG sich von dem älteren, nicht mehr so leistungsfähigen Mitarbeiter trennen will. Die Vereinbarung sieht ab Anfang des Jahres 2005 eine zweijährige Vollzeitphase und ab dem Jahr 2007 die gleichlange Freistellungsphase vor sowie eine Ab-

findungszahlung iHv 10.000 Euro zum Ende des Beschäftigungsverhältnisses im Jahre 2008. AG und AN vereinbaren im Hinblick auf die Aufhebung des § 3 Nr. 9 EStG, die Auszahlung der Abfindung in das Jahr 2007 vorzuverlegen. AG zahlt im Jahr 2007 an AN die Abfindung.

In den Fällen der Beendigung des Dienstverhältnisses vor Erreichen der Altersgrenze, wegen Verringerung des Bestandes der Mitarbeiter, zB aus Gründen der Rationalisierung oder, weil sich der AG von einem älteren, nicht mehr so leistungsfähigen Mitarbeiter trennen will, liegt die Veranlassung zur Auflösung selbst dann beim AG, wenn die Auflösung einvernehmlich erfolgt (BFH 11.1.1980 – VI R 165/77 – BFHE 129, 479, BStBl II 1980, 205). Durch die Vereinbarung am Anfang des Jahres 2005 ist der Anspruch auf Zahlung der Abfindung entstanden; es ist lediglich die Fälligkeit dieser Zahlung auf den Zeitpunkt der Beendigung des Arbeitsverhältnisses hinausgeschoben worden. Es liegt ein betagter Anspruch vor. Die Parteien können im Rahmen der grds. bestehenden Vertragsfreiheit trotz der im Jahre 2005 getroffenen Vereinbarung die Fälligkeit im Hinblick auf die gesetzliche Änderung vorverlegen. Nach dem Wortlaut des § 52 Abs. 4a EStG ist lediglich der Zeitpunkt des tatsächlichen Zuflusses der Abfindung beim AN entscheidend. Dementsprechend ist ein Betrag iHv 7.200 Euro steuerfrei.

18 **Beispiel 7:**
AG kündigt AN Anfang Dezember 2005. AN erhebt Klage beim Arbeitsgericht noch im Dezember 2005. Im Jahr 2006 schließen AG und AN einen gerichtlichen Vergleich über eine Abfindung iHv 10.000 Euro. AG zahlt vereinbarungsgemäß die Abfindung.

Die Abfindungszahlung bleibt iHv 7.200 Euro steuerfrei, weil Klage beim Arbeitsgereicht am 31.12.2005 bereits anhängig war.

19 **Beispiel 8:**
*AG kündigt AN Anfang Dezember 2005 wegen dringender betrieblicher Erfordernisse (§ 1 Abs. 2 KSchG) zum 31.3.2006. AN erhebt innerhalb von drei Wochen nach Zugang der schriftlichen Kündigung **keine** Klage beim Arbeitsgericht auf Feststellung, dass das Arbeitsverhältnis durch die Kündigung nicht aufgelöst ist (§ 4 S. 1 KSchG). AG zahlt am 31.3.2006 eine Abfindung.*

Der Anspruch auf die Abfindung ist mit Ablauf der dreiwöchigen Kündigungsfrist, mithin noch vor Ablauf des Jahres 2005, entstanden, sofern der AG in der Kündigungserklärung einen Hinweis gegeben hat, dass die Kündigung auf dringende betriebliche Erfordernisse gestützt ist und der AN bei Verstreichenlassen der Klagefrist die Abfindung beanspruchen kann (§ 1a Abs. 1 KSchG). Bei dem Arbeitgeberhinweis handelt es sich um eine geschäftsähnliche Handlung. Bei dem Verstreichenlassen der Klagefrist um einen Realakt. Daraus ergibt sich, dass der Abfindungsanspruch allein mit dem Verstreichenlassen der dreiwöchigen Klagefrist entsteht (KR-*Spilger* § 1a KSchG Rz. 37, 38). Da dementsprechend der Abfindungsanspruch im Jahr 2005 entstanden ist und im Jahr 2006 ausgezahlt wird, kommt die Übergangsvorschrift des § 52 Abs. 4a EStG zur Anwendung. Die Abfindungszahlung bleibt iHv 7.200 Euro steuerfrei.

20 **Beispiel 9:**
Wie Beispiel 8; jedoch geht die schriftliche Kündigung dem AN am Samstag, den 10. Dezember 2005, oder in der Zeit danach zu.

Unter Beachtung der §§ 187 Abs. 1, 188 Abs. 2, 193 BGB endet die 3-Wochen-Frist des § 4 Abs. 1 KSchG nach dem 31.12.2005. Dementsprechend entsteht der Anspruch auf Abfindungszahlung nach den unter Sachverhalt 8 dargestellten Erwägungen erst im Jahre 2006. Die Übergangsregelung des § 52 Abs. 4a EStG findet keine Anwendung. Die im Jahr 2006 gezahlte Abfindung ist in voller Höhe steuerpflichtig.

21 Ein solches Ergebnis ist den Betroffenen nur schwer oder gar nicht vermittelbar, zumal u.a. Ziel der am 1.1.2004 durch das Gesetz zu Reformen am Arbeitsmarkt vom 24.12.2003 (BGBl. I S. 3002) in Kraft getretenen Regelung des § 1a KSchG war, einen Abfindungsanspruch für den Arbeitnehmer zu begründen auch ohne Erhebung einer dafür erforderlichen Kündigungsschutzklage. Dieses Ziel des zum Reformprogramm »Agenda 2010« gehörenden Gesetzes wird nunmehr aus steuerlicher Sicht für Kündigungen, die den Arbeitnehmern schriftlich in der Zeit vom 10. bis zum 31.12.2005 zugehen, konterkariert, da zur Erhaltung der Steuerfreiheit nach § 3 Nr. 9 EStG eine Klage bis zum 31. Dezember 2005 anhängig zu machen ist.

22 In diesen besonderen Fällen kommt eine abweichende Festsetzung der Einkommensteuer aus Billigkeitsgründen gem. § 163 AO 1977 in Betracht. § 163 AO 1977 bezweckt, den persönlichen und sachlichen Besonderheiten des Einzelfalles, die das Gesetz nicht berücksichtigt und die die Steuerfestset-

zung als unbillig erscheinen lassen, durch eine geänderte Steuerfestsetzung Rechnung zu tragen. Die Billigkeitsprüfung verlangt eine Gesamtbetrachtung aller gesetzlichen Vorschriften, die für die Entstehung des Steueranspruchs im konkreten Fall maßgeblich sind. Hierdurch kann festgestellt werden, ob das Ergebnis des allgemeinen Gesetzesvollzugs mit der Einzelfallgerechtigkeit vereinbar ist. Bei den dargestellten Sonderfällen ist davon auszugehen, dass die Finanzverwaltung im Rahmen ihrer Ermessensentscheidung eine Unbilligkeit der Steuererhebung iSd § 163 AO 1977 annimmt.

Beispiel 10: 23
*Wie Beispiel 9; AN erhebt jedoch innerhalb der 3-Wochen-Frist bei dem Arbeitsgericht **im Jahre 2006** Feststellungsklage.*

Durch die Erhebung der arbeitsgerichtlichen Klage im Jahr 2006 ist der Anspruch auf Abfindungszahlung gem. § 1a KSchG **nicht** entstanden und die Klage auch nicht am 31. Dezember 2005 anhängig. Damit liegen die Voraussetzungen für die Anwendung der Übergangsvorschrift des § 52 Abs. 4a EStG nicht vor. Ebenso kommt mE die Anwendung der Billigkeitsvorschrift des § 163 AO 1977 nicht in Betracht, weil das Ziel der Regelung des § 1a KSchG, dem Arbeitnehmer bei Kündigung und entsprechender Erklärung des Arbeitgebers, einen Anspruch auf Abfindungszahlung zu geben und dadurch eine Kündigungsschutzklage zu vermeiden, durch die freie Willensentscheidung des Arbeitnehmers, eine Klage zu erheben, nicht verletzt wird. Die Voraussetzungen der Übergangsvorschrift liegen nicht vor. Eine Abfindungszahlung ist insgesamt steuerpflichtig.

5. Zufluss der Abfindungszahlung vor dem 1. Januar 2008

Die weitere Voraussetzung für die Anwendung der Übergangsvorschrift, der Zufluss der Abfindung 24
beim Arbeitnehmer vor dem 1. Januar 2008, ist als objektiv feststehendes Kriterium zu werten. Es kommt mithin nicht darauf an, ob eine Zahlung durch den AG nach dem 31. Dezember 2007 in der Verschuldenssphäre des Arbeitgebers oder des Arbeitnehmers begründet ist. Ein Zufluss der Abfindung nach diesem Stichtag führt in jedem Fall zur Steuerpflichtigkeit der Abfindungszahlung. Diese gesetzliche Festlegung scheint auch unter dem Gesichtspunkt sinnvoll, dass mitunter gerichtliche Verfahren länger als zwei Jahre dauern. Die Beteiligten in einem arbeitsgerichtlichen Verfahren haben es durchaus in der Hand, durch entsprechenden Vortrag in dem Gerichtsverfahren zu einer alsbaldigen Entscheidung beizutragen und ggf. zügig ein Vollstreckungsverfahren durchzuführen.

Es sei darauf hingewiesen, dass, wenn die Voraussetzungen für die Steuerfreiheit der Abfindung 25
nicht vorliegen oder der in § 3 Nr. 9 EStG genannte Freibetrag überstiegen wird, zu prüfen ist, ob die Anwendung der progressionsglättenden Vorschrift gem. § 34 iVm § 24 Nr. 1 EStG in Betracht kommt. Das Gesetz zum Einstieg in ein steuerliches Sofortprogramm hat jedenfalls die genannten Vorschriften unberührt gelassen.

Für die **Vergangenheit** und in der **Übergangsphase** bis Ende des Jahres 2007 **gilt** nachfolgende Darstellung:

6. Begriff der Abfindung

Unter Abfindung iSd § 3 Nr. 9 EStG sind nach gängiger Definition Zahlungen zu verstehen, die mit der 26-27
vom Arbeitgeber veranlassten Auflösung des Dienstverhältnisses im Zusammenhang stehen, so insbes. Leistungen zum **Ausgleich von Nachteilen wegen Verlustes des Arbeitsplatzes** (BFH 6.3.2002 – XI R 36/01 – BFH/NV 2002, 1144; 16.6.2004 – XI R 55/03 – BFHE 206, 544, BStBl II 2004, 1055; 10.11.2004 – XI R 14/04 – BFH/NV 2005, 1247, HFR 2005, 826; 10.11.2004 – XI R 64/03 – BFHE 207, 336, BStBl II 2005, 181; 14.4.2005 – XI R 11/04 – BFH/NV 2005, 1772; 13.12.2005 – XI R 8/05 – juris; R 9 Abs. 1 LStR 2006).

7. Empfänger der Abfindung

Da § 3 Nr. 9 EStG das Vorliegen eines Arbeitsverhältnisses im steuerrechtlichen Sinn voraussetzt, kön- 28
nen somit Empfänger einer Abfindung alle Personen sein, die als **Arbeitnehmer** iSv § 1 LStDV anzusehen sind. Das bedeutet, auch **leitende Angestellte, Vorstandsmitglieder** oder **Geschäftsführer** von Kapitalgesellschaften können steuerfreie Abfindungen erhalten.

Bei beherrschenden Gesellschaftern einer Kapitalgesellschaft ist zu beachten, dass die Abfindungsleistungen dem Grunde und der Höhe nach vertraglich im Voraus eindeutig und klar vereinbart worden sind, da anderenfalls die Annahme einer verdeckten Gewinnausschüttung (§ 8 Abs. 3 KStG) wegen einer Verletzung des Rückwirkungsverbotes nicht auszuschließen ist und damit die Steuerfreiheit der Zahlungen bzw. die steuerliche Ermäßigung entfällt.

Ein Gesellschafter hat dann beherrschenden Einfluss, wenn er über die einfache Stimmenmehrheit in der Gesellschafterversammlung aufgrund einer Beteiligung von mehr als 50 vH verfügt.

Hingegen kann der Mitgesellschafter einer Personengesellschaft (OHG, KG, GbR, Partenreederei, stille Gesellschaft), der als Mitunternehmer des Betriebs anzusehen ist, nicht in den Genuss einer steuerfreien Abfindung kommen, weil dieser für seine Tätigkeit steuerrechtlich keinen Arbeitslohn erhält, sondern eine Sondervergütung iSd § 15 Abs. 1 Nr. 2 S. 1 2. Hs. EStG. § 15 Abs. 1 Nr. 2 EStG verwendet mit dem Ausdruck Mitunternehmer keinen Begriff, der durch eine begrenzte Zahl von Kriterien abschließend definiert wird, sondern der durch eine unbestimmte Zahl von Merkmalen beschrieben werden kann. Der Begriff des Mitunternehmers enthält u.a. das Erfordernis des gemeinsamen Handelns zu einem gemeinsamen Zweck von einander gleichgeordneten Personen. So ist kennzeichnend für die Mitunternehmer iSd § 15 Abs. 1 Nr. 2 EStG, dass er zusammen mit anderen Personen eine Unternehmerinitiative (Mitunternehmerinitiative) entfalten kann und ein Unternehmerrisiko (Mitunternehmerrisiko) trägt. Mitunternehmerinitiative bedeutet vor allem Teilhabe an unternehmerischen Entscheidungen, wie sie zB Gesellschaftern oder diesen vergleichbaren Personen als Geschäftsführer, Prokurist oder anderen leitenden Angestellten obliegen. Die Steuerbefreiung von Abfindungen, die im Rahmen des Arbeitsverhältnisses einer Personengesellschaft mit ihrem Gesellschafter, der als Unternehmer (Mitunternehmer) anzusehen ist, an diesen geleistet werden, würde dem Zweck des § 15 Abs. 1 Nr. 2 Hs. 2 EStG widersprechen. Über diese Sonderregelung soll der Mitunternehmer im Bereich der Tätigkeitsvergütungen dem Einzelunternehmer angenähert werden (*BFH* 25.2.1991 – GrS 7/89 – BFHE 163, 1, BStBl II 1991, 691 unter C. II 3). Diese Sondervergütungen stellen Einkünfte aus Gewerbebetrieb dar. Dies gilt gleichermaßen für die Vergütungen, die der persönlich haftende Gesellschafter einer Kommanditgesellschaft auf Aktien von der Gesellschaft für seine Tätigkeit im Dienst der Gesellschaft erhält (§ 15 Abs. 1 Nr. 3 EStG). Eine Steuerfreiheit dieser Vergütungen nach § 3 Nr. 9 EStG kommt mithin nicht in Betracht (*BFH* 23.4.1996 BFHE 180, 371, BStBl II 1996, 515). Im Rahmen dieser Kommentierung des § 3 Nr. 9 EStG kann auf die vielfach zwischen der Finanzverwaltung und den Steuerpflichtigen streitige Abgrenzung zwischen nichtselbständiger und selbständiger bzw. unternehmerischer Tätigkeit nicht eingegangen werden. Der Vollständigkeit halber wird darauf hingewiesen, dass auch einem sog. **Arbeitnehmer-Ehegatten** (Ehegatte ist bei seinem Ehepartner als Arbeitnehmer tätig) grds. eine steuerfreie Abfindung gezahlt werden kann. Erforderlich ist, dass auch andere familienfremde Arbeitnehmer in vergleichbarer Position bei Auflösung des Beschäftigungsverhältnisses entsprechende Abfindungen erhalten (*BFH* 18.12.1984 – VIII R 95/84 – BFHE 143, 127, BStBl II 1985, 327).

8. Auflösung des Dienstverhältnisses

29 Der Regelfall der Auflösung des Dienstverhältnisses ist die Kündigung desselben wegen dringender betrieblicher Erfordernisse (§ 1 Abs. 2 S. 1 KSchG). Für die steuerliche Wertung der Abfindungszahlungen durch den Arbeitgeber ist es ohne Belang, ob der Arbeitnehmer von dem durch das Gesetz zu Reformen am Arbeitsmarkt vom 24.12.2003 (BGBl. I S. 3002) geschaffenen gesetzlichen Anspruch auf eine Abfindung (§ 1a KSchG) Gebrauch macht oder die Abfindungszahlung auf Grund andersartiger Vereinbarungen geleistet wird, da entscheidend ist, ob die Auflösung des Dienstverhältnisses vom Arbeitgeber veranlasst ist.

Das gesetzliche Tatbestandsmerkmal »**vom Arbeitgeber veranlasste Auflösung**« besagt nicht, dass die Steuerfreiheit einer Abfindung eine Kündigung durch den Arbeitgeber bedingt. Es reicht vielmehr aus, dass der Arbeitgeber die **entscheidenden Ursachen für die Auflösung gesetzt hat** (*BFH* 6.3.2002 – XI R 51/00 – BFHE 198, 468, BStBl II 2002, 516; *Schmidt/Heinike* EStG § 3 ABC Abfindungen; HHR-*Bergkemper* § 3 Nr. 9 EStG Rz. 16; *Kirchhof/Söhn-v. Beckerath* EStG § 3 Rz B 9/51; *Littmann/Bitz/Pust-Handzik* EStG § 3 Rz 309; R 9 Abs. 2 S. 1 LStR 2006).

30 Neben der vom Arbeitgeber veranlassten Auflösung des Dienstverhältnisses durch Kündigung kann die Auflösung auch erfolgen durch Vereinbarung zwischen dem Arbeitgeber und dem Arbeitnehmer, durch kollektive Regelungen zwischen dem Arbeitgeber und dem Betriebsrat oder durch Gestaltungsurteil des Arbeitsgerichts nach §§ 9, 13 KSchG. Die nach diesen Vorschriften auf Antrag des Arbeitnehmers durch das Gericht ausgesprochene Auflösung des Arbeitsverhältnisses hat die Verurteilung des Arbeitgebers zur Zahlung einer angemessenen Abfindung im Gefolge.

Unter Auflösung des Dienstverhältnisses ist die nach bürgerlichem (Arbeits-) Recht wirksame Auflösung zu verstehen. Vereinbaren Arbeitgeber und Arbeitnehmer in einer Vorruhestandsregelung, dass das Arbeitsverhältnis nicht beendet wird, sondern eine Beurlaubung unter Fortzahlung monatlicher Vorruhestandsbezüge erfolgt und gleichzeitig, dass eine Wiederaufnahme der Tätigkeit vom Beginn der Beurlaubung bis zum Beginn der Rente aus der gesetzlichen Rentenversicherung ausgeschlossen wird, so wird das Arbeitsverhältnis als solches fortgesetzt (*BFH* 10.4.2003 – XI R 50/01 – BFH/NV 2003, 1310). Die ausdrückliche Nichtbeendigung des Arbeitsverhältnisses und die Beurlaubung des Arbeitnehmers bedeuten, dass das Arbeitsverhältnis als solches fortbesteht, wenn auch mit weitgehend veränderten Rechten und Pflichten. Zwar wird der Arbeitnehmer im Verhältnis zum Arbeitgeber so gestellt, als sei das Dienstverhältnis bereits mit Beginn der Beurlaubung aufgelöst. In steuerrechtlicher Hinsicht ist aber das Arbeitsverhältnis als Ganzes zu beurteilen. Und dieses ist ausdrücklich nicht beendet worden. Die Beurlaubung beseitigt lediglich die Arbeitspflicht und den Anspruch des Arbeitnehmers, Beschäftigung verlangen zu können. Zahlungen, die bei Freistellung von der Arbeit als Entgelt für die Freistellung geleistet werden, sind dementsprechend keine Abfindungen wegen der Auflösung des Dienstverhältnisses, sondern Leistungen in Erfüllung des modifizierten Dienstverhältnisses.

9. Unzumutbarkeit weiterer Zusammenarbeit

Nach der früheren Rechtsprechung des *BFH* (17.5.1977 – VI R 150/76 – BFHE 122, 478, BStBl II 1977, 735; 13.10.1978 – VI R 91/77 – BFHE 126, 399, BStBl II 1979, 155; 11.1.1980 – VI R 165/77 –, BFHE 129, 479, BStBl II 1980, 205; 28.11.1991 – XI R 7/90 – BFH/NV 1992, 305) wurde zusätzlich verlangt, dass dem Arbeitnehmer im Hinblick auf das Verhalten des Arbeitgebers eine weitere Zusammenarbeit nicht mehr zuzumuten ist. Dieses zusätzlich aus der gesetzlichen Vorschrift nicht erkennbare Erfordernis der **Unzumutbarkeit weiterer Zusammenarbeit** ist hier stets als die Vorschrift des § 3 Nr. 9 EStG in unnötiger Weise befrachtend und als überflüssig bezeichnet worden (so *auch Schmidt/Heinicke* EStG § 3 Anm. ABC Abfindungen; *Littmann/Bitz/Hellwig-Handzik* EStG § 3 Rz 309; *Kirchhof/Soehn-v. Beckerath* EStG § 3 B 9/54). Hierfür spricht bereits die Überlegung, dass nach der Lebenserfahrung ein Arbeitgeber eine Abfindung an den Arbeitnehmer nur dann zu zahlen bereit ist, wenn er die Auflösung des Dienstverhältnisses veranlasst hat. Bei Zahlung einer Abfindung spricht die Vermutung dafür, dass die Auflösung des Dienstverhältnisses durch den Arbeitgeber veranlasst ist. Eine weitergehende Prüfung, ob dem Arbeitnehmer eine weitere Zusammenarbeit zuzumuten ist, unterbleibt. Dies steht auch im Einklang mit § 1a KSchG, wonach der Arbeitnehmer bei Kündigung durch den Arbeitgeber einen gesetzlichen Anspruch auf Zahlung einer Abfindung hat, ohne zusätzliches Erfordernis der Unzumutbarkeit weiterer Zusammenarbeit. Es verbleibt mithin bei dem nicht durch weitere Erfordernisse befrachteten gesetzlichen Tatbestandsmerkmal **vom Arbeitgeber veranlasste Auflösung**.

Nunmehr hat der XI. Senat des *BFH* mit Urteil vom 10.11.2004 – XI R 51/03 – BFHE 208, 186, BStBl II 2005, 441, **klargestellt**, dass seit der Neufassung des § 3 Nr. 9 EStG durch das EStRG 1974 es für die Steuerfreiheit einer Abfindung wegen Auflösung des Dienstverhältnisses nicht mehr darauf ankommt, ob dem Arbeitnehmer eine weitere Zusammenarbeit mit dem Arbeitgeber noch zuzumuten ist. Der BFH führt im Wesentlichen aus, dass § 3 Nr. 9 EStG nicht voraussetze, dass dem Arbeitnehmer im Hinblick auf das Verhalten des Arbeitgebers eine weitere Zusammenarbeit nicht mehr zuzumuten ist. Dieses zusätzliche Merkmal sei nicht mehr zu prüfen. Die Frage, ob dem Arbeitnehmer eine weitere Zusammenarbeit mit dem Arbeitgeber zuzumuten sei, habe lediglich bei Abfindungen geprüft werden müssen, die vor dem 1. Januar 1975 gezahlt worden seien. Denn nach der bis einschließlich des Veranlagungszeitraums 1974 geltenden Fassung des § 3 Nr. 9 EStG seien Abfindungen wegen Entlassung aus dem Arbeitsverhältnis nur insoweit steuerfrei gewesen, als sie auf §§ 9, 10 des Kündigungsschutzgesetzes vom 25. August 1969 (BGBl. I 1969, 1317) oder § 74 des Betriebsverfassungsgesetz beruhten. Durch die Neufassung des § 3 Nr. 9 EStG sei ab dem Veranlagungszeitraum 1975 die Steuerfreiheit von Abfindungen auf eine neue Rechtsgrundlage gestellt und ein neuer Abfindungsbegriff eingeführt worden, der **unabhängig von der arbeitsrechtlichen Beurteilung** auszulegen sei.

In den Gründen räumt der BFH ein, dass in früheren Entscheidungen in missverständlicher Weise die Formulierung verwendet worden sei, dass »die Auflösung des Arbeitsverhältnisses dann vom Arbeitgeber veranlasst sei, wenn dieser die entscheidenden Ursachen für die Auflösung des Dienstverhältnisses gesetzt hat und dem Arbeitnehmer im Hinblick auf dieses Verhalten eine weitere Zusammenarbeit nicht mehr zuzumuten ist«.

Durch diese Entscheidung des BFH ist nunmehr abschließend von dem Erfordernis der Unzumutbarkeit weiterer Zusammenarbeit Abschied genommen worden.

33 Auch die Finanzverwaltung verlangt die Unzumutbarkeit weiterer Zusammenarbeit nicht; die Lohnsteuerrichtlinien stellen nicht auf das Erfordernis der Unzumutbarkeit ab (R 9 Abs. 2 LStR 2006).

10. Kündigung durch den Arbeitgeber

34 Vom Arbeitgeber veranlasst ist die Auflösung des Dienstverhältnisses nach der Rechtsprechung des BFH, wenn der Arbeitgeber die entscheidenden Ursachen für die Auflösung des Dienstverhältnisses gesetzt hat (*BFH* 28.11.1991 – XI R 7/90 – BFH/NV 1992, 306; 6.3.2002 – XI R 51/00 – BFHE 198, 468, BStBl II 2002, 516). Dies ist dann gegeben, wenn die Ursache für die Auflösung in die Sphäre des Arbeitgebers fällt. Die **Kündigung** durch den Arbeitgeber ist der Regelfall und damit der praktisch weitaus wichtigste Fall der vom Arbeitgeber veranlassten Auflösung des Arbeitsverhältnisses. Dabei ist unerheblich, ob die Kündigung rechtswirksam ist. Es ist allein entscheidend, dass es zur Auflösung des Arbeitsverhältnisses kommt. Bislang wurde die Ansicht vertreten, dass nicht jede vom Arbeitgeber ausgesprochene Kündigung zu einer vom Arbeitgeber veranlassten Auflösung des Arbeitsverhältnisses führe. Bei einer Kündigung wegen vertragswidrigen Verhaltens des Arbeitnehmers solle die Ursache für die Auflösung nicht in der Sphäre des Arbeitgebers begründet liegen.

Das *FG SchlH* (Urteil vom 9.9.2003 – 5 K 175/02 – EFG 2003, 1676) hat bei fristloser Kündigung wegen vertragswidrigen Verhaltens des Arbeitnehmers und anschließendem arbeitsgerichtlichen Vergleich bei der Prüfung der Veranlassung iSd § 3 Nr. 9 EStG entscheidend darauf abgestellt, ob der Arbeitnehmer bei vernünftiger Bewertung seines Verhaltens ernsthaft mit einer Kündigung durch den Arbeitgeber rechnen musste. Das sei jedenfalls dann der Fall, wenn der Arbeitnehmer sich eine schwere Verletzung seiner arbeitsvertraglichen Pflichten zurechnen lassen müsse (Im zu entscheidenden Fall war der Arbeitnehmer für den Arbeitgeber in der Wartung von Gasanlagen tätig. Bei der Suche nach austretendem Gas setzte der Arbeitnehmer sein Feuerzeug ein und daraufhin trat eine kleinere Stichflamme hervor, welche von einem Riss in der Leitung resultierte. Der Arbeitnehmer nahm mangels vorhandener Ersatzteile keine sofortige Reparatur vor und ergriff auch sonst keine weiteren Maßnahmen. Die Stadtwerke veranlassten die sofortige Abstellung der Gasversorgung und drohten dem Arbeitgeber mit dem Entzug der Konzession für die Wartung von Gasanlagen. Der Arbeitgeber kündigte dem Arbeitnehmer fristlos).

In dem Revisionsverfahren gegen dieses Urteil des *FG SchlH* ist der XI. Senat des *BFH* mit Urteil vom 10.11.2004 (– XI R 64/03 – BFHE 207, 336, BStBl II 2005, 181) von der bis dahin geltenden Rechtsprechung, insbes. des VI. Senats (Urteil vom 17.5.1977 – VI R 150/76), wonach die Auflösung des Arbeitsverhältnisses bei einer Kündigung durch den Arbeitgeber durch den Arbeitnehmer dann veranlasst ist, wenn sich dieser vertragswidrig verhalten hat, **nicht mehr gefolgt**. Der XI. Senat führt im Wesentlichen aus: »Die entscheidende Ursache für die Auflösung eines Dienstverhältnisses wird von demjenigen gesetzt, der die Auflösung »betrieben« hat. Für die Anwendung des § 3 Nr. 9 EStG ist nicht die arbeitsrechtliche Beurteilung der Auflösung maßgeblich, sondern allein der Umstand, von wem die Beendigung des Dienstverhältnisses ausgegangen ist, wer also die Beendigung des Dienstverhältnisses gewollt hat. Im Regelfall kann davon ausgegangen werden, dass bei Zahlung einer Abfindung der Arbeitgeber diese Auflösung gewollt und damit auch veranlasst hat; denn anderenfalls wäre er kaum bereit gewesen, eine Abfindung zu zahlen. Diese Auslegung des § 3 Nr. 9 EStG deckt sich mit dem vom Gesetzgeber verfolgten Zweck, die Steuerfreiheit gem. § 3 Nr. 9 EStG von den arbeitsrechtlichen Voraussetzungen abzukoppeln. Nach der Gesetzesbegründung sollte die bisher in § 3 Nr. 9 EStG auf arbeitsrechtlich eng abgegrenzte Entschädigungen beschränkte Steuerbefreiung erweitert und dem Grunde nach auf sämtliche Abfindungen ausgedehnt werden, die »wegen Entlassung eines Arbeitnehmers aus einem Dienstverhältnis« gewährt werden (BT-Drucks 7/1470, S. 242). § 3 Nr. 9 EStG bezweckt, Abfindungen, die im Zusammenhang mit dem Verlust des Arbeitsplatzes gezahlt werden, in bestimmtem Umfang von der Steuer zu befreien. **Diesem Zweck entspricht es, die Steuerbefreiung auch demjenigen zu gewähren, der wegen einer Pflichtverletzung zum unfreiwilligen Verlust des Arbeitsplatzes beigetragen hat.**

Soweit der VI. Senat in dem Urteil vom 17. Mai 1977 (– VI R 150/76 – BFHE 122, 478, BStBl II 1977, 735) ausgesprochen hat, dass die Auflösung bei einer Kündigung durch den Arbeitgeber durch den Arbeitnehmer veranlasst ist, wenn sich dieser vertragswidrig verhalten hat, folgt der erkennende Senat dieser Beurteilung daher nicht.

35 Im Hinblick auf die Rechtsprechung des XI. Senats des BFH kommt es mithin nicht mehr entscheidend darauf an, ob die Ursache zur Beendigung des Arbeitsverhältnisses in der Sphäre des Arbeitnehmers

oder des Arbeitgebers liegt. Da der BFH allein auf den Umstand abstellt, von dem die Beendigung des Dienstverhältnisses ausgegangen ist, wer also die Beendigung des Dienstverhältnisses gewollt hat, führt auch ein extrem vertragswidriges Verhalten des Arbeitnehmers, wie zB Diebstahl, Tätlichkeiten oder Beleidigungen gegen Vorgesetzte oder Mitarbeiter, beharrliche Arbeitsverweigerung oder auch Bruch beruflich anvertrauter Geheimnisse dazu, dass die darauf basierende Kündigung durch den Arbeitgeber als schließlich von diesem iSv § 3 Nr. 9 EStG veranlasst anzusehen ist. Etwas anderes hat zu gelten, wenn dieses vertragswidrige Verhalten des Arbeitnehmers erkennbar mit dem Ziel erfolgt, hierdurch als Reflex eine Kündigung durch der Arbeitgeber zu bewirken. In diesen Fällen hat der Arbeitnehmer die Beendigung des Dienstverhältnisses gewollt und damit nicht unfreiwillig seinen Arbeitsplatz verloren. Es besteht mithin keine Notwendigkeit, eine mit dem Verlust des Arbeitsplatzes verbundene Abfindungszahlung aus sozialverträglichen Gründen steuerfrei zu belassen. Zugegebenermaßen wird die Abfindungszahlung durch den Arbeitgeber in solch gelagerten Fällen die Ausnahme darstellen. Der Arbeitgeber wird eine Abfindung allenfalls aus der Erwägung heraus zahlen, hierdurch einen möglicherweise langwierigen Arbeitsgerichtsprozess zu vermeiden.

11. Arbeitgeber verlegt Betriebsstätte

Das Arbeitsverhältnis wird einvernehmlich aufgelöst, weil der Betrieb in eine entfernte Gegend verlegt wird und der Arbeitnehmer aus persönlichen und sachlichen Gründen nicht bereits ist, dorthin umzuziehen. Wenn auch die Auflösung des Arbeitsverhältnisses in diesem Fall vertraglich vereinbart ist, so liegt dennoch ein unfreiwilliges Ausscheiden des Arbeitnehmers vor, da die einvernehmliche Vereinbarung unter dem Eindruck einer mit Sicherheit zu erwartenden Kündigung des Arbeitsverhältnisses durch den Arbeitgeber steht und dementsprechend der Vereinbarung nur formale Bedeutung zukommt (*BFH 6.5.1977 – VI R 161/76 – BFHE 122, 474, BStBl II 1977, 718*).

12. Insolvenz des Arbeitgebers

Die Insolvenz des Arbeitgebers beendet zwar nicht das Arbeitsverhältnis, gibt aber beiden Vertragsparteien ein Kündigungsrecht. Die Auflösung des Arbeitsverhältnisses ist auch dann vom Arbeitgeber veranlasst, wenn dieses wegen des Insolvenzverfahrens über das Vermögen des Arbeitgebers beendet wird (*BFH 13.10.1978 – VI R 91/77 – BFHE 126, 399, BStBl II 1979, 155*). Die Auflösung des Arbeitsverhältnisses ist iSd § 3 Nr. 9 EStG vom Arbeitgeber veranlasst, weil dieser **mit dem Insolvenzverfahren die entscheidende Ursache für die Auflösung gesetzt** hat. Dies selbst dann, wenn der Insolvenzverwalter unter Einhaltung der Kündigungsfrist eine ordentliche Kündigung ausspricht, und dann gleichwohl zwischen dem Insolvenzverwalter und dem Arbeitnehmer eine vorzeitige Auflösung des Arbeitsverhältnisses vereinbart wird. Die Tatsache, dass der Arbeitnehmer bei einer solchen Vereinbarung mitgewirkt hat, hindert nicht die Annahme, dass der Arbeitgeber die entscheidende Ursache für die Auflösung gesetzt hat. Demnach wird die **Steuerfreiheit** der zwischen dem Insolvenzverwalter und dem Arbeitnehmer vereinbarten Abfindung auch nicht dadurch berührt, dass darin Beträge enthalten sind, die dem Arbeitnehmer als laufender Arbeitslohn zugeflossen wären, wenn das Arbeitsverhältnis bis zum Ablauf der ordentlichen Kündigungsfrist weiter bestanden hätte.

13. Frühpensionierung des Arbeitnehmers

Der Arbeitgeber betreibt die vorzeitige, dh vor Erreichen der Altersgrenze, Beendigung des Dienstverhältnisses, weil er den Bestand der Mitarbeiter zB wegen Rationalisierung verringern oder sich von einem älteren, nicht mehr so leistungsfähigen Mitarbeiter trennen will. In solchen Fällen liegt die Veranlassung zur Auflösung selbst dann beim Arbeitgeber, wenn die Auflösung einvernehmlich erfolgt (*BFH 11.1.1980 – VI R 165/77 – BFHE 129, 479, BStBl II 1980, 205*).

14. Arbeitgeber liefert wichtigen Grund für die außerordentliche Kündigung durch die Arbeitnehmer

Aber auch, wenn der Arbeitnehmer kündigt, kann die Auflösung des Arbeitsverhältnisses durch den Arbeitgeber veranlasst sein. Dies ist insbes. der Fall, wenn der Arbeitgeber den Lohn wiederholt nicht fristgemäß zahlt, den Arbeitnehmer beleidigt oder tätlich angreift, Unfallverhütungsvorschriften nicht beachtet oder dem Arbeitnehmer nahe legt, von sich aus das Arbeitsverhältnis zu kündigen.

15. Vom Arbeitgeber nicht veranlasste Auflösung

40 **Bei Beendigung eines befristeten Arbeitsverhältnisses** durch Fristablauf liegt auch dann keine vom Arbeitgeber veranlasste Auflösung vor, wenn der Arbeitgeber die Befristung bei Begründung des Arbeitsverhältnisses gewünscht hat (*Littmann/Bitz/Pust-Handzik* EStG § 3 Rz 311).

41 Eine vom Arbeitnehmer ausgesprochene Kündigung ist nicht durch den Arbeitgeber veranlasst, wenn der Arbeitgeber dem Begehren des Arbeitnehmers, das Arbeitsverhältnis als Teilzeitarbeitsverhältnis fortzusetzen, nicht entsprochen hat. Hier setzt der Arbeitnehmer die entscheidende Ursache für die Auflösung des Arbeitsverhältnisses. Der Grund für die Auflösung des bestehenden Arbeitsverhältnisses liegt im Bereich des Arbeitnehmers, der aus persönlichen Gründen das Arbeitsverhältnis nicht zu den bestehenden Bedingungen fortsetzen will. Die Weigerung des Arbeitgebers, auf die Änderungswünsche des Arbeitnehmers einzugehen, ist nicht als die entscheidende Ursache für die Auflösung des Arbeitsverhältnisses anzusehen. Die Weigerung des Arbeitgebers stellt lediglich die Reaktion auf das Änderungsverlangen des Arbeitnehmers dar (*BFH* 28.11.1991 – XI R 7/90 – BFH/NV 1992, 305).

Auch eine Kündigung durch den Arbeitnehmer wegen einer vom Arbeitgeber vorgenommenen aber rechtmäßigen Versetzung des Arbeitnehmers stellt mE keine vom Arbeitgeber veranlasste Auflösung des Arbeitsverhältnisses dar. Unter Versetzung des Arbeitnehmers ist die Zuweisung eines anderen Arbeitsplatzes durch den Arbeitgeber zu verstehen, die mit einer Änderung des Beschäftigungsorts oder der Art oder des Umfangs der Tätigkeit verbunden ist. Der Begriff der Versetzung umfasst sowohl den Wechsel des Arbeitsplatzes innerhalb des Betriebs als auch einen Wechsel in einen anderen Betrieb. Hierbei wird ein durch den Arbeitgeber angeordneter Wechsel des Arbeitsplatzes innerhalb des Betriebs auch als Umsetzung bezeichnet (*Etzel* NWB Nr. 48/2003, Fach 26 S. 4147). Ist die vom Arbeitgeber angeordnete Versetzung unter Beachtung arbeitsrechtlicher Grundsätze erfolgt und dementsprechend rechtlich nicht zu beanstanden, und kündigt der Arbeitnehmer gleichwohl wegen der angeordneten Versetzung, dann ist die Auflösung des Arbeitsverhältnisses nicht vom Arbeitgeber veranlasst.

16. Tod des Arbeitnehmers nach Beendigungsvereinbarung/Kündigung

42 Für den Fall, dass der Arbeitnehmer in dem Zeitraum stirbt, der zwischen der mit dem Arbeitgeber getroffenen Vereinbarung über die vom Arbeitgeber verursachte Auflösung des Arbeitsverhältnisses oder der vom Arbeitnehmer ausgesprochenen Kündigung und dem Zeitpunkt, zu dem das Arbeitsverhältnis aufgrund der Auflösungsvereinbarung/Kündigung endet, ist die an die Erben zu zahlende Abfindung steuerfrei; dies, obwohl der Tod eine »überholende« Kausalität für die Beendigung des Arbeitsverhältnisses darstellt (*Offerhaus* DStZ 1981, 445; *v. Bornhaupt* BB 1980, Beil. 7; HHR-*Bergkemper* § 3 Nr. 9 EStG Rz 16).

17. Weiterbeschäftigung des Arbeitnehmers nach Kündigung oder Beendigung des Arbeitsverhältnisses

43 Bei den in der Praxis nicht seltenen Fällen der Weiterbeschäftigung des Arbeitnehmers nach Kündigung oder Beendigung des Arbeitsverhältnisses gilt grds., dass das Steuerrecht die gewählte rechtliche Gestaltung respektiert. Dieser Grundsatz findet allerdings seine Grenze am § 42 AO 1977, wonach Steuergesetze nicht durch Missbrauch von rechtlichen Gestaltungsmöglichkeiten umgangen werden können.

a) Die Änderungskündigung

44 Beschäftigt der Arbeitgeber den Arbeitnehmer nach einer Änderungskündigung zu den vom Arbeitgeber gewünschten Bedingungen weiter, so steht der grundsätzliche Fortbestand des Arbeitsverhältnisses, wenn auch zu anderen Bedingungen, bei dieser **Änderungskündigung** außer Frage (*BFH* 6.3.2002 – XI R 36/01 – BFH/NV 2002, 1144). Das Arbeitsverhältnis ist nicht aufgelöst worden. Dementsprechend unterfällt eine mit der Änderungskündigung im Zusammenhang stehende Abfindung nur dann der Steuerfreiheit gem. § 3 Nr. 9 EStG, wenn die Änderungskündigung zum Ausscheiden des Arbeitnehmers aus dem Arbeitsverhältnis führt (R. 9 Abs. 2 S. 3 LStR 2006). Dieses Ergebnis wird mit dem Zweck des Gesetzes begründet, wonach eine Steuervergünstigung nur für den schwerwiegenden Fall der Auflösung des Dienstverhältnisses mit der Gefahr folgender Nichtbeschäftigung zu gewähren ist (*v. Bornhaupt* DB 1980, Beil. 7).

In dem vom BFH zu entscheidendem Verfahren XI R 36/01 hat die Arbeitgeberin mit dem Arbeitneh- 45
mer in Ergänzung zu seinem Anstellungsvertrag durch Zusatzvereinbarung eine Alters-, Invaliden-, und Hinterbliebenenversorgung gewährt. Die Direktzusage belief sich auf eine monatliche Rente iHv 12.000 DM. Nach wirtschaftlichen Schwierigkeiten besaß die Arbeitgeberin nicht mehr genügend Liquidität, um die Beiträge für die Rückdeckungsversicherung für die Altersversorgung zu zahlen. Daraufhin vereinbarte sie mit dem Arbeitnehmer Reduzierung der Versorgungsleistungen. Das monatliche Ruhegeld wurde auf 8.000 DM herabgesetzt. Zur Vermeidung eines Rechtsstreits zahlte die Arbeitgeberin für den Verlust der Pensionsanwartschaft eine Abfindung iHv 100.000 DM. Der BFH beurteilte die Pensionsvereinbarung als Teil des einheitlichen Dienstverhältnisses. Da das Anstellungsverhältnis fortgesetzt und die Pensionszusage nur der Höhe nach beschränkt wurde, kommt weder eine Steuerfreiheit nach § 3 Nr. 9 EStG noch eine Steuerbegünstigung nach § 34 Abs. 2 Nr. 2 iVm § 24 Nr. 1 EStG in Betracht.

Andererseits wird die Abfindungszahlung als steuerfrei angesehen, wenn in dem Kündigungsschrei- 46
ben keine Änderungsbedingungen für den Abschluss eines neuen Arbeitsvertrages mitgeteilt werden, sondern die neuen Bedingungen für den Abschluss des Vertrages nach der Kündigung bekannt gegeben werden (*BFH* 10.10.1986 – VI R 178/83 – BFHE 148, 257, BStBl II 1987, 186; 21.6.1990 – X R 48/86 – BFHE 161, 372, BStBl II 1990, 1021; *FG Bremen* 2.3.1999 EFG 1999, 641). Da nach dieser Rechtsprechung die unterschiedliche formale Gestaltung der durch den Arbeitgeber ausgesprochenen Änderungskündigung über die Steuerfreiheit entscheidet, und nicht etwa die Steuerfreiheit nach dem zu Grunde liegenden gleichen wirtschaftlichen Vorgang beurteilt wird, bietet sich mE ein Überdenken der unterschiedlichen rechtlichen Wertungen an, um ein totales Unverständnis bei den betroffenen steuerpflichtigen Arbeitnehmern zu vermeiden. Eine vom Arbeitgeber ausgesprochene Änderungskündigung wird in aller Regel Nachteile für den Arbeitnehmer mit sich bringen, so dass die im Zusammenhang mit der Änderungskündigung angebotene Abfindungszahlung durch den Arbeitgeber dem Ausgleich dieser Nachteile dienen soll. Unter Berücksichtigung dieser wirtschaftlichen Betrachtungsweise, die im Steuerrecht eine prägende Bedeutung hat – sind zB Rechtsgeschäfte unwirksam, so ist dies für die Besteuerung unerheblich, soweit die Beteiligten das wirtschaftliche Ergebnis dieses Rechtsgeschäfts gleichwohl eintreten lassen (§ 41 AO 1977) –, ist es mE unerheblich, ob das Kündigungsschreiben des Arbeitgebers die Änderungsmodalitäten für den Abschluss eines neuen Arbeitsvertrages enthält oder die Änderungsbedingungen für den Abschluss eines neuen Arbeitsvertrages im Anschluss an das Kündigungsschreiben dem Arbeitnehmer mitgeteilt werden. Beide Alternativen führen zu demselben wirtschaftlichen Ergebnis und sollten damit sinnvollerweise die Steuerfreiheit der mit der Änderungskündigung im Zusammenhang stehenden Abfindungen im Gefolge haben. Ein eventuell damit zusammenhängender Missbrauch der Gestaltungsmöglichkeiten kann durch § 42 AO 1977 korrigiert werden.

b) **Beendigung des Arbeitsverhältnisses und Abschluss eines neuen Arbeitsvertrages mit demselben Arbeitgeber**

Die von mir vertretene Ansicht zur Steuerfreiheit der Abfindungszahlungen bei Änderungskündi- 47
gung hat bislang keinen Niederschlag in der Rechtsprechung gefunden, es ist daher zur Erlangung der Steuerfreiheit auf eine formal juristisch antiseptische Gestaltung der vertraglichen Beziehungen zu achten. Steuerfreiheit einer Abfindung ist im Gegensatz zur das Arbeitsverhältnis nicht auflösenden Änderungskündigung dann gegeben, wenn das Arbeitsverhältnis wirksam beendet und zu einem **späteren Zeitpunkt** zwischen den beiden Vertragsparteien ein neuer Arbeitsvertrag zu anderen Bedingungen abgeschlossen wird. In einem vom *BFH* entschiedenen Fall (10.10.1986 – VI R 178/83 – BFHE 148, 257, BStBl II 1987, 186) haben die Vertragsparteien drei Wochen nach Beendigung des Arbeitsverhältnisses einen neuen Vertrag abgeschlossen und eine auf den Folgetag nach der Beendigung des Arbeitsverhältnisses rückwirkende Vergütung vereinbart. Die mit der Kündigung durch den Arbeitgeber verbundene Abfindungszahlung wurde als steuerfrei behandelt, weil der Abschluss des neuen Arbeitsvertrages die Rechtswirksamkeit der Beendigung des Arbeitsverhältnisses unberührt gelassen hat, obwohl die Tätigkeit des Arbeitnehmers sich nicht wesentlich geändert hat.

c) **Modifizierung des Arbeitsverhältnisses im Rahmen eines Sozialplanes bei Betriebsänderungen (§§ 111, 112 BetrVG)**

Das Betriebsverfassungsgesetz sieht eine Einigung zwischen Unternehmer und Betriebsrat vor über 48
den Ausgleich oder die Milderung der wirtschaftlichen Nachteile, die den Arbeitnehmern in Folge ei-

ner geplanten Betriebsänderung entstehen (§ 112 Abs. 1 BetrVG). Dieser Sozialplan stellt eine Betriebsvereinbarung mit einem spezifischen Regelungsgehalt dar und kommt als Rechtsgrundlage für die Gewährung von Abfindungsansprüchen in Betracht. Die im Sozialplan enthaltenen Veränderungen des Arbeitsverhältnisses sind ausschlaggebend bei der Beurteilung, ob ein neues Arbeitsverhältnis begründet oder das alte – wirtschaftlich betrachtet – lediglich fortgesetzt wird. Der Sozialplan ist daraufhin zu überprüfen, ob Arbeitgeber und Arbeitnehmer ein neues Arbeitsverhältnis begründen oder lediglich das bisherige Arbeitsverhältnis fortsetzen wollten.

Wird das Arbeitsverhältnis in Bezug auf den Arbeitsbereich, die Entlohnung und unter Wahrung des sozialen Besitzstandes im Wesentlichen unverändert fortgesetzt, so liegt keine Auflösung eines bestehenden Arbeitsverhältnisses vor (*BFH* 12.4.2000 – XI R 1/99 – BFH/NV 2000, 1195; 8.7.2005 – XI B 32/03 – BFH/NV 2005, 1859).

d) Umsetzung des Arbeitnehmers im Konzern

49 Vielfältige betriebliche Gründe können dazu führen, dass eine Umsetzung des Arbeitnehmers innerhalb eines Konzerns erforderlich wird. Der Arbeitnehmer wechselt von einer rechtlich selbständigen Gesellschaft zu einer anderen Gesellschaft desselben Konzerns. Die steuerrechtliche Qualifikation von Abfindungen, die aus Anlass der Umsetzung gezahlt werden, als steuerfrei oder steuerpflichtiger Arbeitslohn, hängt davon ab, ob **nach den Verhältnissen des einzelnen Falls** die Umsetzung als Fortsetzung eines einheitlichen Arbeitsverhältnisses zu beurteilen ist (*BFH* 21.6.1990 – X R 48/86 – BFHE 161, 372, BStBl II 1990, 1021; 16.7.1997 – XI R 85/96 – BFHE 183, 532, BStBl II 1997, 666). Nach der Rspr. des BFH sind Abfindungszahlungen selbst dann nicht steuerfrei, wenn diese im Rahmen einer Umsetzung innerhalb des Konzerns zum Ausgleich niedrigerer oder nicht vorhandener betrieblicher Leistungen (u.a. Treueprämie, Erschwerniszulage, Familienzulage) erbracht werden. Da die einzelnen Konzern-Unternehmen unter der einheitlichen Leitung des herrschenden Unternehmens zusammengefasst sind, folgt daraus, dass trotz der rechtlichen Selbständigkeit der Arbeitgeber das alte und das neue Arbeitsverhältnis in einer Weise verbunden sein können, die gegen eine Auflösung des alten Arbeitsverhältnisses spricht. Entscheidend ist, ob die Vertragsparteien nach den Umständen des einzelnen Falles die Umsetzung im Konzern als Fortsetzung eines einheitlichen Arbeitsverhältnisses ausgestaltet haben. So sprechen zB die Anrechnung der bislang erreichten Dienstzeiten oder das Weitergelten der Pensionsordnung beim alten Arbeitgeber oder das Rückkehrrecht des Arbeitnehmers zum früheren Arbeitgeber als Indizien für eine enge Verflechtung zwischen dem alten und dem neuen Arbeitsverhältnis, so dass das neu geschlossene als Fortsetzung des bisherigen zu werten ist, mit der Folge, dass das frühere Arbeitsverhältnis als nicht aufgelöst iSv § 3 Nr. 9 EStG anzusehen ist.

e) Betriebsübergang

50 Zuwendungen, die anlässlich eines Arbeitgeberwechsels im Rahmen des Übergangs eines Betriebes oder Teilbetriebes (§ 613a BGB) an den Arbeitnehmer geleistet werden, sind keine Abfindung, weil dieser Wechsel in der Person des Arbeitgebers noch nicht zur Auflösung des Arbeitsverhältnisses führt (*BFH* 16.7.1997 – XI R 85/96 – BFHE 183, 532, BStBl II 1997, 666).

51 Eine Fortsetzung des bestehenden Arbeitsverhältnisses kommt insbes. darin zum Ausdruck, dass das bestehende Arbeitsverhältnis zwar mit einem neuen Arbeitgeber, aber im Übrigen in Bezug auf den Arbeitsbereich, die Entlohnung und unter Wahrung des sozialen Besitzstandes im Wesentlichen unverändert bleibt (*BFH* 12.4.2000 – XI R 1/99 – BFH/NV 2000, 1195).

Eine Abfindung anlässlich des Betriebsübergangs ist nur dann steuerfrei, wenn mit der Abfindungszahlung ein Ausscheiden aus dem Arbeitsverhältnis verbunden ist. ME sollte etwas anderes in den Fällen gelten, in denen mit dem Betriebsübergang eine Änderungskündigung einhergeht, die zu wirtschaftlichen Nachteilen für den Arbeitnehmer führt. In diesen Fällen sollten die Ausgleichszahlungen aus den nämlichen Gründen, wie unter dem Stichwort »Änderungskündigung« dargelegt, steuerfrei belassen werden.

18. Gerichtlich ausgesprochene Auflösung

52 Neben der »vom Arbeitgeber veranlassten Auflösung des Dienstverhältnisses« steht als Tatbestandsalternative die »gerichtlich ausgesprochene Auflösung« des Dienstverhältnisses. Bei einer **gerichtlich ausgesprochenen Auflösung**, ob durch **Urteil oder Vergleich**, ist eine damit festgesetzte Abfindung steuerfrei. Eine solche zur Steuerfreiheit führende gerichtliche Auflösung soll nicht vorliegen, wenn

durch gerichtliches Urteil oder gerichtlichen Vergleich eine von einer Vertragspartei ausgesprochene Kündigung lediglich bestätigt wird (R 9 Abs. 2 S. 2 LStR 2006; HHR-*Bergkemper* § 3 Nr. 9 EStG Rz 17; *Littmann/Bitz/Pust-Handzik* § 3 Rz 320).

Bei dieser Bestätigung einer Kündigung durch das Gericht kommt es für die Steuerfreiheit der Abfindung wieder darauf an, ob der Arbeitgeber die Auflösung des Arbeitsverhältnisses veranlasst hat. Da nach dem Wortlaut des § 3 Nr. 9 EStG Abfindungszahlungen bei gerichtlich ausgesprochener Auflösung des Arbeitsverhältnisses stets zur Steuerfreiheit führen, ist in der Formulierung der Lohnsteuerrichtlinien eine Einschränkung zu erblicken. Ein solches Ergebnis ist aber nicht haltbar, weil dann die Verwaltungsanweisung eine begünstigende Gesetzesvorschrift beschränken und damit gegen das Rechtsstaatsprinzip (Art. 20 Abs. 3 GG) verstoßen würde. Schließlich bedeutet die Bestätigung der Kündigung durch das Gericht, dass die Kündigung in materieller Hinsicht keine Änderung durch das gerichtliche Mitwirken erfährt. Sobald aber der gerichtliche Vergleich oder das gerichtliche Urteil zu einer Änderung der in der Kündigung enthaltenen materiellen Regelungen beiträgt, tritt an die Stelle der ursprünglichen Kündigung als Rechtsgrundlage für die Beendigung des Arbeitsverhältnisses die gerichtliche Entscheidung. Dann liegt aber keine bloße Bestätigung mehr vor (*Fuhrmann* FR 2001, 399). Für die einschränkende Verwaltungsanweisung verbleiben nur die Fälle, in denen das Gericht ohne gestaltende Änderung, sei es zB bei der Festlegung einer Abfindung bzw. deren Höhe, sei es hinsichtlich des Beendigungstermins, die Kündigung bestätigt. Alle anderen Fälle erfüllen das Tatbestandsmerkmal der gerichtlich ausgesprochenen Auflösung. Dementsprechend enthält R 9 Abs. 2 S. 2 Hs. 2 LStR 2006 keine Einschränkung der gesetzlichen Regelung, sondern lediglich eine Klarstellung dahingehend, dass das Tatbestandsmerkmal gerichtlich ausgesprochene Auflösung eine gerichtlich gestaltende Entscheidung beinhaltet und in allen übrigen Fällen die Steuerfreiheit der Abfindungszahlungen davon abhängig ist, dass der Arbeitgeber die Auflösung des Dienstverhältnisses veranlasst hat.

Ein Vergleich des § 3 Nr. 9 EStG mit § 10 KSchG (idF der Bek. vom 25.8.1969 BGBl. I S. 1317, zuletzt geändert durch das Gesetz zu Reformen am Arbeitsmarkt vom 24.12.2003) lässt erkennen, dass der Gesetzgeber bei Festlegung der Höchstbeträge der steuerfrei zu belassenden Abfindung von einem durchschnittlichen Monatsverdienst iHv ca. 600 Euro ausgeht. Im Hinblick auf die tatsächlich höheren durchschnittlichen Monatsverdienste ist dieser Betrag als wirklichkeitsfremd anzusehen. Zur Wahrung des Gesetzeszieles, aus **sozialpolitischen Gründen** mit der gewährten Steuerbefreiung den Folgen eines Arbeitsplatzverlustes Rechnung zu tragen, hätte sich als gesetzgeberische Aufgabe statt der Verringerung der Freibeträge, wie ab den Jahren 1999 und 2004 geschehen, **zumindest** eine Verdreifachung der Freibeträge aufgedrängt. Die in der Vorauflage angestellte Erwartung der zukünftigen Beerdigung der Steuerfreiheit von Abfindungszahlungen ist nunmehr vom Gesetzgeber durch das Gesetz zum Einstieg in ein steuerliches Sofortprogramm vom 22. Dezember 2005 (BGBl. I S. 3682) am 1. Januar 2006 vollzogen worden.

19. Abfindungsbegriff

Aus dem Wortlaut des § 3 Nr. 9 EStG »Abfindungen **wegen** ... Auflösung des Dienstverhältnisses« ergibt sich, dass unter Abfindungen Zahlungen zu verstehen sind, die der Arbeitnehmer als Ausgleich für die mit der Auflösung des Dienstverhältnisses verbundene Nachteile, insbes. des Verlustes des Arbeitsplatzes, erhält (BFH 13.10.1978 – VI R 91/77 – BFHE 126, 399, BStBl II 1979, 155; 11.1.1980 – VI R 165/77 – BFHE 129, 479, BStBl II 1980, 205; 10.10.1986 – VI R 178/83 – BFHE 148, 257, BStBl II 1987, 186; 21.6.1990 – X R 48/86 – BFHE 161, 372, BStBl II 1990, 1021; 16.12.1992 – XI R 33/91 – BFHE 170, 369, BStBl II 1993, 447; 27.4.1994 – XI R 41/93 – BFHE 174, 352, BStBl II 1994, 653; 16.7.1997 – XI R 85/96 – BFHE 183, 532, BStBl II 1997, 666; 16.06.2004 – XI R 55/03 – BFHE 206, 544, BStBl II 2004, 1055; 10.11.2004 – XI R 64/03 – BFHE 207,336, BStBl II 2005, 181; 14.04.2005 – XI R 11/04 – BFH/NV 2005, 1772; 13.12.2005 – XI R 8/05 – juris; R 9 Abs. 1 S. 1 LStR 2006).

Eine Abfindung ist danach nur insoweit steuerfrei, soweit der Arbeitgeber wegen der Auflösung des Arbeitsverhältnisses Zahlungen erbringt, **die über das hinausgehen, worauf der Arbeitnehmer einen Rechtsanspruch aus dem Arbeitsverhältnis bis zur Beendigung desselben hat**. Die Abfindung soll den Arbeitnehmer entschädigen wegen entgehenden Arbeitslohnes, Verlustes sozialer Besitzstände und Pensionsanwartschaften.

Es liegt somit keine steuerfreie Abfindung, sondern eine Gehaltszahlung vor, wenn der Arbeitnehmer den Betrag erhält, der seinem Arbeitslohn bis zur Beendigung des Arbeitsverhältnisses entspricht. Die

Bezeichnung dieses Betrages als Abfindung oder die Einbindung dieses Betrages in eine größere Abfindungssumme ist steuerlich unbeachtlich.

Insbesondere sind Zahlungen des Arbeitgebers an einen **von der Arbeit freigestellten Arbeitnehmer**, die aufgrund eines arbeitsgerichtlichen Vergleichs bis zum vereinbarten Ende des Arbeitsverhältnisses geleistet werden, keine Abfindungen. Das Arbeitsverhältnis wird nicht mit Abschluss des Vergleichs beendet. Bei der Auslegung des § 3 Nr. 9 EStG ist auf das formelle, dh auf das zivilrechtliche/arbeitsrechtliche Ende des Dienstverhältnisses abzustellen. Mithin ist maßgeblich der von den Beteiligten (Arbeitgeber und Arbeitnehmer) vereinbarte Zeitpunkt der Beendigung des Arbeitsverhältnisses. Die Freistellung von der Arbeitspflicht führt zu keiner anderen Beurteilung. Zwar entfällt damit eine der Hauptpflichten des Arbeitnehmers aus dem Arbeitsvertrag. Der grds. Bestand des Arbeitsverhältnisses wird durch die Freistellung jedoch nicht berührt. Die Freistellung beseitigt lediglich die Arbeitspflicht des Arbeitnehmers. Eine Vielzahl von Rechten und Pflichten bleibt jedoch bestehen, zB das Recht des Arbeitnehmers auf Lohnfortzahlung. Zahlungen, die bei Freistellung von der Arbeit geleistet werden, sind daher keine Abfindungen wegen der Auflösung des Dienstverhältnisses, sondern Leistungen in Erfüllung des veränderten Dienstverhältnisses (*BFH 27.4.1994 – XI R 41/93 – BFHE 174, 352, BStBl II 1994, 653*).

56 Eine Abfindung liegt nicht vor, wenn maßgeblicher Grund der Leistung die Begründung eines neuen Dienstverhältnisses ist und sie vom neuen Arbeitgeber erbracht wird. In solchen Zahlungen liegt keine Abfindung wegen einer vom Arbeitgeber veranlassten Auflösung des Dienstverhältnisses. Die Abfindung soll Nachteile des Arbeitnehmers aus dem Verhalten des **bisherigen** Arbeitgebers ausgleichen. Erbringt dagegen der **neue** Arbeitgeber eine Leistung, so steht diese nicht im unmittelbaren Zusammenhang mit dem aufgelösten Dienstverhältnis, sondern maßgeblicher Grund dieser Leistung ist die Begründung eines neuen Dienstverhältnisses (*BFH 16.12.1992 – XI R 33/91 – BFHE 170, 369, BStBl II 1993, 447*).

Zahlungen, die nicht **wegen** der Auflösung eines Dienstverhältnisses geleistet werden, sondern nur **gelegentlich** eines solchen Ereignisses, gelten nicht als steuerfreie Abfindung iSd § 3 Nr. 9 EStG (*BFH 25.7.1990 – X R 163/88 – BFH/NV 1991, 293*). In dem vom BFH entschiedenen Fall war strittig, inwieweit die zwischen Arbeitgeber und Arbeitnehmer vereinbarten Zahlungen wegen der Auflösung des Dienstverhältnisses geleistet wurden (und damit nach § 3 Nr. 9 EStG steuerfrei sind) oder inwieweit dies nur gelegentlich eines solchen Ereignisses zur Abgeltung eines vertraglichen Wettbewerbsverbots (und damit steuerpflichtig) geschah.

20. Bedeutung des Zeitpunkts der Beendigung des Arbeitsverhältnisses

57 Der von den Vertragsparteien gewählte Zeitpunkt der arbeitsrechtlichen Beendigung des Arbeitsverhältnisses ist von ausschlaggebender Bedeutung. Wenn sich Arbeitgeber und Arbeitnehmer einvernehmlich dahin verständigen, den Zeitpunkt der Auflösung des Arbeitsverhältnisses **vorzuverlegen**, so können Lohnansprüche, die bis zum Ablauf der maßgebenden Kündigungsfrist entstanden wären, als **steuerfreie Abfindungen** gezahlt werden. Der Abfassung der Vereinbarung kommt daher entscheidende Bedeutung zu. Die Beteiligten haben es damit – bis an die Grenze des Gestaltungsmissbrauchs (§ 42 AO 1977) – in der Hand, durch vertragliche Vereinbarung zu bestimmen, in welchem Umfang sie steuerfreie Abfindungen an die Stelle von steuerpflichtigen Lohnansprüchen treten lassen wollen (*BFH 27.4.1994 – XI R 41/93 – BFHE 174, 352, BStBl II 1994, 653*).

58 **Beispiel:**
Der Arbeitgeber spricht am 10.4.2005 eine fristlose Kündigung aus. Der Arbeitnehmer war ordentlich nur kündbar mit einer Frist von drei Monaten zum 30.6. oder 31.12. Arbeitgeber und Arbeitnehmer schließen im Laufe des Jahres 2005 vor dem Arbeitsgericht einen Vergleich. Danach zahlt der Arbeitgeber eine Abfindung zur Abgeltung aller Ansprüche des Arbeitnehmers in Höhe von 20.000 Euro. Des Weiteren soll das Arbeitsverhältnis aufgrund ordentlicher Kündigung enden am:
1. Alternative: 30.6.2005
2. Alternative: 30.9.2005
3. Alternative: 31.12.2005.

1. Alternative: Auflösung des Arbeitsverhältnisses zum 30.6.2005: Da der Arbeitnehmer für drei Monate (April bis Juni) noch einen Anspruch auf Arbeitslohn hatte, ist der hierauf entfallende Teil der Abfindung steuerpflichtig. Unter der Voraussetzung, dass 18.000 Euro die Höhe des Lohnes bis zum Ende des Jahres 2005 (9 Monate x 2.000 Euro) darstellt, bedeutet das, dass 3 x 2.000 Euro steuerpflichtig sind, mithin 6.000 Euro. 14.000 Euro würden somit eine Abfindung für den Verlust des sozialen Besitzstandes u.a. des Arbeitsplatzes darstellen und wären gem. § 3 Nr. 9 EStG im Rahmen der dort genannten Höchstbeträge steuerfrei.

2. Alternative: Beendigung des Arbeitsverhältnisses zum 30.9.2005: In der Abfindung liegt eine Lohnzahlung in Höhe von 6 x 2.000 Euro = 12.000 Euro. Dieser Betrag wäre steuerpflichtig, und es verbleiben nur noch 8.000 Euro unter Beachtung der steuerfreien Höchstbeträge des § 3 Nr. 9 EStG als steuerfrei.

3. Alternative: Auflösung zum 31.12.2005: Bei Auflösung des Arbeitsverhältnisses zum Ende des Jahres schrumpft der steuerfreie Betrag auf 2.000 Euro (Gesamtabfindung minus Lohn bis zum Jahresende).

Aus rein steuerlicher Sicht ist es für den Arbeitnehmer allgemein günstiger, einen möglichst frühen Auflösungszeitpunkt zu wählen; dies jedoch nur dann, wenn der Zeitpunkt der Auflösung des Dienstverhältnisses abgestimmt wird mit dem 50. oder 55. Lebensjahr des Arbeitnehmers sowie der Dauer des Dienstverhältnisses. 59

21. Beendigung des Arbeitsverhältnisses vor Ablauf der ordentlichen Kündigungsfrist

Das Beispiel unter Rz 58 lässt ein nach der Rspr. des BFH nunmehr als gesichert anzusehendes Ergebnis erkennen. Es ist nicht schädlich, die Höhe der steuerfreien Abfindung nach § 3 Nr. 9 EStG danach zu bemessen, was der Arbeitnehmer als Lohn erhalten hätte, wenn sein Arbeitsverhältnis nicht vorzeitig beendet worden wäre. Wenn die Vertragsparteien gleichwohl einen Beendigungszeitpunkt für das Arbeitsverhältnis wählen, welcher vor dem der ordentlichen Kündigung liegt, so kann darin keine unzulässige Umgehung der Steuerpflicht iSd § 42 AO 1977 gesehen werden. Arbeitgeber und Arbeitnehmer machen lediglich von der gesetzlich vorgesehenen Möglichkeit Gebrauch, für einen Teilbetrag der Abfindung die Steuerfreiheit nach § 3 Nr. 9 EStG in Anspruch zu nehmen (*BFH* 10.10.1986 – VI R 178/83 – BFHE 148, 257, BStBl II 1987, 186). Die Auflösung des Arbeitsverhältnisses vor Ablauf der ordentlichen Kündigungsfrist durch Vereinbarung zwischen dem Arbeitgeber und dem Arbeitnehmer ist insbes. in den Fällen angezeigt, in denen der Arbeitnehmer sich mit Erfolg nach der vom Arbeitgeber ausgesprochenen Kündigung um einen Arbeitsplatz bemüht hat und das neue Arbeitsverhältnis alsbald mit dem neuen Arbeitgeber begründen will; zB Kündigung des Arbeitsverhältnisses wegen Insolvenz des Arbeitgebers (*BFH* 13.10.1978 – VI R 91/77 – BFHE 126, 399, BStBl II 1979, 155). 60

Auch eine kurz vor Vollendung des 65. Lebensjahres des Arbeitnehmers getroffene Vereinbarung zwischen Arbeitgeber und Arbeitnehmer, dass das Arbeitsverhältnis »aufgrund ordentlicher Arbeitgeberkündigung« vorzeitig beendet wird, führt zur Steuerfreiheit gem. § 3 Nr. 9 EStG und zum ermäßigten Steuersatz gem. § 24 Nr. 1a EStG, § 34 Abs. 1, 2 EStG für die im Zusammenhang mit der Vereinbarung gezahlte Abfindung (*FG München* 21.4.1994 – 10 K 1985/92 – EFG 1995, 265). 61

Etwas anderes gilt, wenn eine solche Vereinbarung mit Familienangehörigen (zB Ehefrau) getroffen wird und diese weiterhin als Aushilfskräfte beschäftigt werden. Ergibt sich, dass der Arbeitgeber unter vergleichbaren Verhältnissen familienfremden Arbeitnehmern keine entsprechende Abfindung gewährt hätte, so entfällt sowohl die Steuerfreiheit nach § 3 Nr. 9 EStG als auch die Möglichkeit des Abzugs der Zahlung als Betriebsausgabe nach § 4 Abs. 4 EStG (*FG BW* 16.2.1995 – 14 K 459/91 – EFG 1995, 704). 62

22. Abfindungszahlungen

Abfindungen können in einer Summe, in Teilbeträgen oder in fortlaufenden Beträgen ausgezahlt werden. Es ist hinsichtlich der Steuerfreiheit ohne Belang, welchen Zahlungsmodus die Vertragsparteien Arbeitgeber und Arbeitnehmer vereinbaren (*BFH* 11.1.1980 – VI R 165/77 – BFHE 129, 479, BStBl II 1980, 205; R 9 Abs. 3 S. 3 LStR 2006). 63

Bei Zahlung der Abfindung in Teilbeträgen oder in fortlaufenden Beträgen vertritt die Finanzverwaltung (R 9 Abs. 3 S. 4 LStR 2006) die Ansicht, dass die einzelnen Raten solange steuerfrei bleiben, bis der für den Arbeitnehmer maßgebende Freibetrag ausgeschöpft ist. Eine Verteilung des Freibetrages entsprechend der Laufzeit der Abfindungszahlungen soll nicht zulässig sein; vielmehr sei der Freibetrag bei den zuerst bezogenen Raten zu berücksichtigen. Wenn der Abzug des Freibetrages teilweise unterblieben ist, obwohl die Höhe der Abfindungsrate den Abzug zugelassen hätte, so soll der Freibetrag insoweit nicht mehr bei Raten der Folgejahre berücksichtigt werden können (R 9 Abs. 3 S. 5 LStR 2006, so auch *Offerhaus* DB 1991, 2456; HHR-*Bergkemper* § 3 Nr. 9 EStG Rz 18; *FG RhPf* 26.1.1994 – 1 K 1346/90 – EFG 1994, 600). Die von der Finanzverwaltung getroffene Regelung beruht möglicherweise auf dem Bestreben, eine Vereinfachung der Rechtsanwendung und Berechnung zu bewirken.

Eine **andere Ansicht** vertritt *Beckermann* (DB 1986, 1427). *Beckermann* sieht wegen des Fehlens entgegenstehender gesetzlicher Regelungen die Möglichkeit, dass der Höchstbetrag für die Abfindungen auf die Laufzeit der Abfindungszahlungen verteilt wird.

ME ist der Verwaltungsauffassung und der hM bereits deswegen der Vorzug zu geben, weil § 3 Nr. 9 EStG keinen Antrag des Steuerpflichtigen für die Steuerfreiheit bestimmter Abfindungszahlungen vorsieht. Es ist kraft Gesetzes zu prüfen, ob Zahlungen des Arbeitgebers steuerbar sind; falls dies bejaht wird, ist festzustellen, ob diese Zahlungen steuerpflichtig oder steuerfrei sind. Liegt Steuerfreiheit vor, so kann der Zahlungsempfänger nicht die Steuerpflichtigkeit der empfangenen Zahlungen beantragen (s. *Offerhaus* DB 1991, 2456). Dieser Ansicht hat sich auch das *FG Münster* angeschlossen (Urteil vom 22.7.2003 – 2K 1081/99 E – EFG 2003, 1593). Gegen diese Entscheidung ist Revision beim Bundesfinanzhof eingelegt worden.

Der *BFH* hat in diesem Revisionsverfahren (16.6.2004 – XI R 55/03 – BFHE 206, 544, BStBl II 2004, 1055) die hier erörterte Frage, ob der Klägerin ein Wahlrecht zusteht, auf welche Teilbeträge der Abfindung der Steuerfreibetrag nach § 3 Nr. 9 EStG angewendet werden soll, als nicht entscheidungserheblich offen gelassen, so dass möglicherweise wegen der Aufhebung des § 3 Nr. 9 EStG diese Rechtsfrage vom BFH nicht mehr entschieden werden wird.

64 Die in § 3 Nr. 9 EStG genannten Beträge sind Freibeträge und fallen jeweils an bei Beendigung **eines** Arbeitsverhältnisses. Der Freibetrag steht dem Arbeitnehmer aus demselben Dienstverhältnis insgesamt nur einmal zu (R 9 Abs. 3 S. 2 LStR 2006). Bei Beendigung **mehrerer** Arbeitsverhältnisse kann dementsprechend ein entsprechendes **Vielfaches der Freibeträge** geltend gemacht werden.

23. Die erhöhten Höchstbeträge

65 Die erhöhten Höchstbeträge nach § 3 Nr. 9 S. 2 EStG sind aus sozialen Gründen nach Alter und Dauer des Dienstverhältnisses gestaffelt. Der erhöhte Freibetrag von 9.000 Euro wird nach § 3 Nr. 9 S. 2 1. Alt. gewährt, wenn der Arbeitnehmer das 50. Lebensjahr vollendet und das Dienstverhältnis mindestens 15 Jahre bestanden hat. Hat der Arbeitnehmer das 55. Lebensjahr vollendet und hat das Dienstverhältnis mindestens 20 Jahre bestanden, so beträgt der Höchstbetrag nach § 3 Nr. 9 S. 2 2. Alt. 11.000 Euro. Sowohl für das Alter als auch für die Dauer des Dienstverhältnisses ist entscheidend der Zeitpunkt des Wirksamwerdens der Auflösung des Dienstverhältnisses; mithin der Zeitpunkt, **zu dem** das Dienstverhältnis aufgelöst worden ist (R 9 Abs. 3 S. 1 LStR 2006) und nicht der Zeitpunkt, **an dem** das Dienstverhältnis aufgelöst wird (*Littmann/Bitz/Pust-Handzik* EStG § 3 Rz 323; HHR-*Bergkemper* § 3 Nr. 9 EStG Rz 25).

Bei der Berechnung der Dauer des Dienstverhältnisses ist auf die rechtliche Dauer des Dienstverhältnisses und nicht auf die Dauer der tatsächlichen Beschäftigung abzustellen (*Offerhaus* DStZ 1981, 445; HHR-*Bergkemper* § 3 Nr. 9 EStG Rz 25). Es kommt auf die Beschäftigung bei dem Unternehmen an, mit dem der Arbeitsvertrag geschlossen worden ist.

Ist ein Dienstverhältnis aus vom Arbeitnehmer nicht zu vertretenden Gründen, zB im Baugewerbe bei schlechter Witterung, aufgelöst worden und war der Arbeitnehmer anschließend arbeitslos, so sind bei der Ermittlung des maßgebenden Freibetrags nach § 3 Nr. 9 EStG auch Dienstzeiten zu berücksichtigen, die der Arbeitnehmer vor der Arbeitslosigkeit bei demselben Arbeitgeber verbracht hat, wenn er unmittelbar im Anschluss an die Arbeitslosigkeit erneut ein Dienstverhältnis zu demselben Arbeitgeber eingegangen ist (R 9 Abs. 4 Nr. 1 LStR 2006).

66 Bei Beschäftigungen innerhalb eines Konzerns sind Zeiten, in denen der Arbeitnehmer früher bei anderen rechtlich selbständigen Unternehmen des Konzerns tätig war, im Allgemeinen nicht zu berücksichtigen. Sind jedoch bei früheren Versetzungen innerhalb des Konzerns an den Arbeitnehmer Abfindungen nicht gezahlt worden, weil der Konzern diese Versetzung als Fortsetzung eines einheitlichen Dienstverhältnisses betrachtet hat, so ist für die Ermittlung des Freibetrages von einer Gesamtbeschäftigungsdauer für den Konzern auszugehen, wenn der Arbeitsvertrag hierfür wichtige Anhaltspunkte, wie zB die Berechnung der Pensionsansprüche, des Urlaubsanspruchs oder des Dienstjubiläums des Arbeitnehmers, enthält (R 9 Abs. 4 Nr. 2 LStR 2006).

Werden Arbeitnehmer im Baugewerbe zu Arbeitsgemeinschaften entsandt, berechnet sich die Dauer des nach § 3 Nr. 9 EStG maßgebenden Dienstverhältnisses aus der Summe der Zeiten im Stammbetrieb und auf den Baustellen der Arbeitsgemeinschaften. Das gleiche gilt auch, wenn der Arbeitnehmer ein eigenständiges Dienstverhältnis zur Arbeitsgemeinschaft begründet hat und vom Stammbetrieb freigestellt worden ist, sofern während der Beschäftigung bei der Arbeitsgemeinschaft das Dienstverhältnis zum Stammbetrieb lediglich ruht und der Arbeitnehmer gegenüber dem Stammbetrieb weiterhin Rechte besitzt (R 9 Abs. 4 Nr. 3 LStR 2006). 67

Soweit nach gesetzlichen Vorschriften, zB Soldatenversorgungsgesetz, Kündigungsschutzgesetz, Gesetz über einen Bergmann-Versorgungsschein, Dienstzeiten bei früheren Arbeitgebern zu berücksichtigen sind, gilt dies auch bei der Ermittlung der nach § 3 Nr. 9 EStG maßgebenden Dauer der Beschäftigungszeit (R 9 Abs. 4 Nr. 4 LStR 2006). 68

Voraussetzung für die Berücksichtigung von früher bei dem Arbeitgeber verbrachten Beschäftigungszeiten ist, dass aus Anlass der Auflösung des früheren Dienstverhältnisses keine Abfindung gezahlt worden ist (R 9 Abs. 4 S. 2 LStR 2006).

Vordienstzeiten im Bereich der öffentlichen Verwaltung der ehemaligen DDR sind bei der Ermittlung der Dauer des Dienstverhältnisses mit zu berücksichtigen, wenn in der Zeit nach der »Wende« eine Weiterbeschäftigung im öffentlichen Dienst erfolgt ist und ein Arbeitgeberwechsel innerhalb des öffentlichen Dienstes nach dem Willen der Beteiligten nicht die Beendigung des Beschäftigungsverhältnisses, sondern gerade die Weiterbeschäftigung des Arbeitnehmers zum Inhalt hatte (*FG Bra.* 2.3.2000 – 4 K 2421/98 E – EFG 2000, 541). Das zur Dauer des Dienstverhältnisses in der öffentlichen Verwaltung der ehemaligen DDR Ausgeführte gilt mE ebenso für die Dauer der Betriebszugehörigkeit in ehemaligen Kombinaten. Die Umwandlung eines VEB auf der Grundlage des Gesetzes über die Gründung und Tätigkeit privater Unternehmen und Unternehmensbeteiligungen vom 7. März 1990 (GBl. I S. 141) hat lediglich die Übernahme einer anderen gesellschaftsrechtlichen Rechtsform für das Unternehmen zum Gegenstand und lässt die Zugehörigkeit zu dem bestehenden Betrieb unverändert. Die Arbeitsverträge sind idR durch sog. Überleitungsverträge vom VEB auf das Unternehmen mit der neuen Rechtsform »übergeleitet« worden. 69

II. Entschädigungen im Sinne von § 24 EStG

1. Allgemeines

Eine **Steuerermäßigung** gem. § 34 EStG iVm § 24 Nr. 1 EStG ist **immer dann zu prüfen**, wenn 70
– die Höhe der Abfindung die Freibeträge nach § 3 Nr. 9 EStG übersteigt,
– Entschädigungen zum Ausgleich eines Schadens gezahlt werden,
– Ansprüche auf Abfindungs- und Entschädigungszahlungen nach dem 31.12.2005 entstanden sind,
– eine entsprechende Klage erst nach dem 31.12.2005 anhängig gemacht worden ist,
– eine Entschädigung erst nach dem 31.12.2007 gezahlt wird und im Übrigen die Voraussetzungen für die Steuerfreiheit einer Abfindungszahlung nach § 52 Abs. 4a S. 1 EStG vorliegen.

2. Entschädigungszahlung unterliegt der Besteuerung

Durch § 24 EStG wird die Steuerpflicht der dort aufgezählten Einnahmen zunächst positiv klargestellt. Nach § 2 Abs. 1 S. 2 EStG gehört § 24 EStG zu den Vorschriften, die bestimmen, zu welcher Einkunftsart die Einkünfte im einzelnen Fall gehören. Die in § 24 EStG genannten Einnahmen bilden daher keine neue selbständige Einkunftsart (*Schmidt/Seeger* EStG § 24 Rz 2). Die Ersatzeinnahmen fallen grds. unter dieselbe Einkommensart, zu der die ursprünglichen Einnahmen, wären sie erzielt worden, gehört hätten. Wenn also Entschädigungen gezahlt werden für entgangene Einnahmen aus nichtselbständiger Arbeit, so stellen diese Entschädigungen Einkünfte aus nichtselbständiger Arbeit iSd § 2 Abs. 1 Nr. 4 EStG dar (§ 2 Abs. 2 Nr. 4 LStDV). Etwas anderes gilt bei Ersatz für entgangene oder entgehende Einnahmen (§ 24 Nr. 1 Buchst. a EStG) zB in den Fällen, in denen ein künftiges Wettbewerbsverbot nicht von vornherein in einem Anstellungsvertrag eines Arbeitnehmers festgelegt worden ist. Hier ist grds. entscheidend, zu welchen Einkünften die Tätigkeit geführt hätte, auf deren Ausübung der Steuerpflichtige verzichtet hat. Ist insoweit eine eindeutige Zuordnung zu einer der Einkunftsarten des § 2 Abs. 1 Nrn. 1 bis 6 EStG nicht möglich, weil die Entschädigung für die Nichtausübung mehrerer unterschiedlich zu qualifizierender Tätigkeiten (zB nichtselbständige Tätigkeit oder gewerbliche Tätigkeit) gezahlt wird, ist die Entschädigung der Einkunftsart des § 22 Nr. 3 EStG (sonstige Einkünfte sind 71

Einkünfte aus Leistungen, soweit sie weder zu anderen Einkunftsarten (§ 2 Abs. 1 Nrn. 1 bis 6 EStG) noch zu den übrigen in § 22 EStG geregelten Einkünften gehören) zuzuordnen (*BFH* 12.6.1996 – XI R 43/94 – BFHE 180, 433, BStBl II 1996, 516). Ein für ein Wettbewerbsverbot bezogenes Entgelt stellt eine Entschädigung iSv § 24 Nr. 1 Buchst. b EStG dar (*BFH* 11.3.2003 – IX R 76/99 – BFH/NV 2003, 1162).

3. § 24 EStG als Vorschaltbestimmung zu § 34 EStG

72 Die besondere Bedeutung des § 24 EStG liegt darin, dass es sich um eine **Vorschaltbestimmung zu der Tarifvorschrift des § 34 EStG** handelt. Danach kommen als **außerordentliche Einkünfte** iSd § 34 Abs. 1 EStG u.a. **Entschädigungen** iSd § 24 Nr. 1 EStG in Betracht und unterliegen dementsprechend einem **ermäßigten Steuersatz** gem. § 34 Abs. 1 EStG. Der Gesetzgeber hat es als unbillig empfunden, einmalig erzielte außerordentliche Einkünfte, wie zB Entschädigungen wegen Verlustes einer Einnahmemöglichkeit, einer **erhöhten Steuerbelastung** zu unterwerfen. Diese erhöhte Steuerbelastung entstünde nämlich, wenn die laufend bezogenen Einkünfte zB aus nichtselbständiger Arbeit mit Entschädigungszahlungen zusammentreffen. Dadurch würden die laufenden Lohnzahlungen von der durch die Entschädigungszahlungen ausgelösten **Progressionswirkung** erfasst und entsprechend höher besteuert.

4. Begriff der Entschädigung

73 Der Begriff der Entschädigung in § 24 Nr. 1 EStG umfasst in seiner allgemeinen für alle Fallgruppen (Buchst. a bis c) maßgeblichen Bedeutung Zahlungen, die eine finanzielle Einbuße ausgleichen, die ein Steuerpflichtiger infolge einer Beeinträchtigung seiner Rechtsgüter erlitten oder zu erwarten hat (*BFH* 8.8.1986 – VI R 28/84 – BFHE 147, 370, BStBl II 1987, 106; 13.2.1987 – VI R 230/83 – BFHE 149, 182, BStBl II 1987, 386; 12.6.1996 – XI R 43/94 – BFHE 180, 433, BStBl II 1996, 516; *Lademann-Gérard* EStG § 24 Rz 5; *Littmann/Bitz/Pust-Jacobs-Soyka* § 24 EStG Rz 8a; *Schmidt/Seeger* EStG § 24 Rz 5; *Blümich/Stuhrmann* § 24 EStG Rz 7; HHR-*Horn* § 24 Rz. 15; *Offerhaus* DStZ 1997, 108; ders. DB 2000, 396; R 24.1 EStR 2005).

Allerdings entfalten die einzelnen Fallgruppen des § 24 Nr. 1 EStG unterschiedliche Voraussetzungen, die der tatbestandsbezogenen Interpretation des Entschädigungsbegriffes nach den Buchst. a bis c in § 24 Nr. 1 EStG vorbehalten bleiben (*Jacobs-Soyka* aaO Rz 8a).

74 Entschädigung iSd § 24 Nr. 1 a EStG sind solche Zahlungen, die als Ersatz für Einnahmen geleistet werden, die entweder entgangen sind oder noch entgehen und die an deren Stelle treten. Dementsprechend liegt keine Entschädigung iSd § 24 Nr. 1 a EStG vor, wenn die Gegenleistung für eine Hauptleistung im Rahmen vertraglichen **Leistungsaustausches** erbracht wird (*BFH* 27.7.1978 – IV R 149/77 – BFHE 126,158, BStBl II 1979, 66; 11.01.2005 – IX R 67/02 – BFH/NV 2005, 1044).

5. Inhaltliche Verknüpfung der Abfindung nach § 3 Nr. 9 EStG und der Entschädigung nach § 24 Nr. 1 a EStG

75 Bei der Darstellung der steuerfreien Abfindung nach § 3 Nr. 9 EStG ist bereits darauf hingewiesen worden, dass, sofern die Freibeträge nach § 3 Nr. 9 EStG überschritten werden, die Anwendung des besonderen Steuersatzes nach § 34 EStG iVm § 24 Nr. 1 EStG in Betracht kommt. Aus dem in Rechtsprechung und Literatur herausgebildeten Begriff der Entschädigung iSd § 24 Nr. 1 a EStG, wonach diese Zahlungen beinhalten, die als Ersatz für Einnahmen geleistet werden, die entweder entgangen sind oder noch entgehen und die nunmehr an deren Stelle treten, wird ersichtlich, dass Abfindungs- und Entschädigungsbegriff miteinander korrespondieren (*Offerhaus* DB 2000, 396). Diese inhaltliche Übereinstimmung der beiden Begriffe Abfindung und Entschädigung besteht aber nur hinsichtlich der Entschädigungen, die als Ersatz für entgangene oder entgehende Einnahmen gewährt werden (§ 24 Nr. 1a EStG).

6. Mitwirkung des Arbeitnehmers bei dem zum Einnahmeausfall führenden Ereignis unschädlich

76 Eine Entschädigungszahlung iSv § 24 Nr. 1 a EStG liegt auch dann vor, wenn der Empfänger der Zahlung bei den zum Einnahmeausfall führenden Ereignis insofern mitwirkt, als er Vereinbarungen (zB Vergleich vor dem Arbeitsgericht) über eine Ausgleichsleistung und deren Höhe abschließt. Voraussetzung ist lediglich, dass er unter einem **nicht unerheblichen tatsächlichen, rechtlichen oder wirtschaftlichen Druck** gehandelt hat (*BFH* 20.7.1978 – IV R 43/74 – BFHE 125, 271, BStBl II 1979, 9; 16.4.1980 – VI R 86/77 – BFHE 130, 168, BStBl II 1980, 393; 5.10.1989 – IV R 126/85 – BFHE 158, 404,

BStBl II 1990, 155; 9.7.1992 – XI R 5/91 – BFHE 168, 338, BStBl II 1993, 27; 21.4.1993 – XI R 62/92 – BFH/NV 1993, 721; 6.3.2002 – IX R 51/00 – BFHE 198, 439, BStBl II 2002, 516; 11.1.2005 – IX R 67/02 – BFH/NV 2005, 1044; *Mellinghoff* in Kirchhof, EStG § 24 Rz 12; *Schmidt/Seeger* EStG § 24 Rz 6; *Littmann/Bitz/Pust-Jacobs-Soyka* § 24 EStG Rz 9; HHR-*Horn* § 24 EStG Rz 35).

Diesem Erfordernis liegt die Überlegung zu Grunde, dass die Steuerermäßigung nach § 34 Abs. 1, Abs. 2 Nr. 2 EStG nur in den Fällen gerechtfertigt ist, in denen sich der Steuerpflichtige in einer Zwangssituation befindet und sich dem zusammengeballten Zufluss der Einnahmen nicht entziehen kann. **77**

Diese Voraussetzung ist bei einer Entschädigung wegen Auflösung eines Arbeitsverhältnisses gegeben, wenn der Arbeitgeber die Beendigung des Dienstverhältnisses veranlasst hat (*BFH* 20.10.1978 – VI R 107/77 – BFHE 126, 408, BStBl II 1979, 176). Die Veranlassung der Auflösung des Arbeitsverhältnisses durch den Arbeitgeber ist aber identisch mit dem gesetzlichen Tatbestandsmerkmal in § 3 Nr. 9 EStG.

Der Bundesfinanzhof hat die erwähnte Zwangslage auch dann als gegeben angesehen, wenn ein Alleingesellschafter und Geschäftsführer einer GmbH freiwillig alle seine Anteile an der GmbH veräußert. Er hat für die fristlose Beendigung des Geschäftsführer-Anstellungsvertrages eine Abfindung erhalten (*BFH* 13.8.2003 – XI 18/02 – BFHE 203, 420, BStBl II 2004, 106). Nach dieser Entscheidung hat der Geschäftsführer/Gesellschafter das Schaden stiftende Ereignis durch Veräußerung seiner Gesellschaftsanteile nicht selbst herbeigeführt. Trotz Verkaufs der GmbH-Anteile aus freien Stücken habe der Geschäftsführer seine Tätigkeit zwangsweise aufgegeben, da der Erwerber der Anteile die Geschäftsführung der GmbH in die »eigenen Hände« nehmen wollte. Umstände, aus denen sich hätte ergeben können, dass der Geschäftsführer möglicherweise auch an einer Beendigung seiner Geschäftsführertätigkeit interessiert gewesen sei und deshalb die Beendigung des Dienstverhältnisses selbst veranlasst habe, sind nicht festgestellt worden. Die vorzeitige Beendigung des Dienstverhältnisses des Geschäftsführers mit der GmbH ist durch die GmbH betrieben worden, weil diese die Durchsetzung einer neuen Geschäftspolitik mit einem anderen Geschäftsführer vornehmen wollte, deshalb an einer möglichst zeitnahen Auflösung des Dienstverhältnisses mit dem früheren Geschäftsführer interessiert war.

7. Neue Rechtsgrundlage

Für die Entschädigung nach § 24 Nr. 1 a EStG folgt aus dem Erfordernis des Zusammenhangs zwischen entgangenen oder entgehenden Einnahmen und der Ersatzzahlung, dass durch das Schadensereignis die Rechtsgrundlage für die Einnahmen weggefallen sein muss, mit denen der Steuerpflichtige rechnen konnte (*BFH* 17.3.1978 – VI R 63/75 – BFHE 124, 543, BStBl II 1978, 357; 20.10.1978 – VI R 107/77 – BFHE 126, 408, BStBl II 1979, 176; 6.2.1987 – VI R 229/83 – BFH/NV 1987, 572; 13.2.1987 – VI R 168/83 – BFH/NV 1987, 574; 22.1.1988 – VI R 135/84 – BFHE 152, 461, BStBl II 1988, 525; 16.3.1993 – XI R 52/88 – BFHE 171, 70, BStBl II 1993, 507; 16.6.2004 – XI R 55/03 – BFHE 206, 554, BStBl II 2004, 1005; 11.1.2005 – IX R 67/02 – BFH/NV 2005, 1044; *Mellinghoff* in Kichhof, EStG § 24 Rz 11; *Schmidt/Seeger* EStG § 24 Rz 6; HHR-*Horn* § 24 Rz 26; *Offerhaus* DB 2000, 396; *Littmann/Bitz/Pust-Jacobs-Soyka* EStG § 24 Rz 11). **78**

Die Zahlungen dürfen mithin nicht in Erfüllung eines Anspruchs des Empfängers erfolgen, sondern müssen auf einer neuen Rechts- oder Billigkeitsgrundlage beruhen. Die Notwendigkeit einer neuer Rechts- oder Billigkeitsgrundlage folgt aus dem Wortlaut des § 24 Nr. 1 Buchst. a EStG. Ein »Ersatz« für entgangene oder entgehende Einnahmen liegt vor, wenn die bisherige rechtliche Grundlage für die Einnahme wegfällt und eine andere an ihre Stelle tritt (*BFH* 10.9.2003 – XI R 9/02 – BFHE 204, 65, BStBl II 2004, 349). Zahlungen in Erfüllung eines fortbestehenden Anspruchs sind keine Entschädigungen iSd § 24 Nr. 1 a EStG. Bei Einkünften aus nichtselbständiger Tätigkeit liegt eine Entschädigung nach § 24 Nr. 1 a EStG bei Abgeltung von Ansprüchen dann nicht vor, wenn der Arbeitnehmer nach dem Arbeitsvertrag einen Rechtsanspruch darauf hat. Allerdings gilt dies nicht, wenn diese bereits entstandenen vertraglichen Ansprüche durch nachträgliche Vereinbarung aufgehoben werden und die dem Arbeitnehmer dadurch entstehenden Nachteile aufgrund neuer Rechtsgrundlagen ganz oder teilweise abgegolten werden. Hierbei sind Vertrag, arbeitsrechtliche Urteile, Prozessvergleiche und Betriebsvereinbarungen als die gängigen Rechtsgrundlagen für die Entschädigungen anzusehen. **79**

Beispiel (*BFH* 6.2.1987 – VI R 229/83 – BFH/NV 1987, 572): **80**
Kläger war Vorstandsmitglied einer Aktiengesellschaft. Die AG kündigte am 20.11.1978 den Vorstandsvertrag zum 31.3.1980. Am 31.3.1979 (mithin ein Jahr vor Beendigung des Dienstverhältnisses) beendeten die Vertrags-

partner einvernehmlich das Anstellungsverhältnis. Der Kläger erhielt u.a. als Abfindung auch einen Betrag, auf den er nach Ablauf der Kündigungsfrist einen vertraglichen Anspruch gehabt hätte.

Die Vereinbarung vom 31.3.1979 stellt eine neue Rechtsgrundlage für die Abfindung dar. Die Auflösung des Arbeitsverhältnisses ist auch durch die AG veranlasst worden. Die AG hat am 20.11.1978 den Anstellungsvertrag gekündigt. Die Beendigung des Arbeitsverhältnisses vor Ablauf der Kündigungsfrist ist als Folge des von der AG durch die Kündigung bewirkten tatsächlichen Drucks auf den Kläger zu werten. Die Abfindungszahlung stellt einen Ersatz für entgangene oder entgehende Einnahmen iSd § 24 Nr. 1 a EStG dar. Der nach § 3 Nr. 9 EStG in Betracht kommende Höchstbetrag bleibt vorab steuerfrei.

81 Auch Zahlungen, die **im Arbeitsvertrag oder in einem Tarifvertrag für den Fall der betriebsbedingten Kündigung des Arbeitsverhältnisses** vereinbart worden sind, beruhen für den Fall der Entlassung des Arbeitnehmers auf einer neuen Rechtsgrundlage.

82 **Beispiel** (*BFH 10.9.2003 – XI R 9/02 – BFHE 204, 65, BStBl II 2004, 349*):
Kläger schloss am 15.12.1988 mit der B-GmbH einen Geschäftsführer-Anstellungsvertrag für die Zeit vom 1.4.1989 bis 31.3.1994. Die B-GmbH war Gesellschaft innerhalb eines Konzerns. Bereits am 7.12.1988 billigte die G-AG, ebenso eine Gesellschaft innerhalb des Konzerns, dem Kläger u.a. für den Fall der Aufhebung des Dienstvertrags vor Vollendung des 60. Lebensjahres des Klägers eine Abfindung von 1/24 des Jahresgehalts pro angefangenem Beschäftigungsjahr zu. Der mit der B-GmbH geschlossene Geschäftsführer-Anstellungsvertrag sah vor, dass die B-GmbH dem Kläger ein Jahr vor Vertragsablauf mitzuteilen hatte, ob sie bereit sei, ihn erneut zum Geschäftsführer zu bestellen und den Dienstvertrag mit ihm zu verlängern. Auf Grund später geplanter Personalreduzierungen und Sitzverlegung der B-GmbH haben der Kläger und die B-GmbH am 30. Dezember vereinbart, das Dienstverhältnis des Klägers zum 31.3 1994 zu beenden. Die B-GmbH verpflichtete sich, unter Berücksichtigung und Erfüllung der Vereinbarung vom 7.12.1988 mit der G-AG an den Kläger eine Entschädigung iHv 450.000 DM für den Verlust des Arbeitsplatzes zu zahlen.

Das Finanzamt unterwarf den Abfindungsbetrag dem regulären Einkommensteuertarif mit der Begründung, das Dienstverhältnis des Klägers bei der B-GmbH sei vertragsgemäß zum 31.3.1994 ausgelaufen und die Abfindung ersetze daher keine entgehenden Einnahmen iSd § 24 Nr. 1 Buchst. a EStG.

Der BFH führte im Wesentlichen aus: »... die einem gekündigten Arbeitnehmer geleistete Entschädigung beruht auch dann auf einer neuen Rechtsgrundlage, wenn sie bereits im Dienstvertrag für den Fall der Entlassung vereinbart wurde. Soweit sich aus dem Urteil des erkennenden Senats vom 27. Februar 1991 – XI R 8/87 – (BFHE 164, 243, BStBl II 1991, 703) und den sich darauf berufenden Entscheidungen (vgl. zB *BFH*-Urteil in BFHE 165, 285, BStBl II 1992, 34) etwas anderes ergibt, hält der Senat hieran nicht mehr fest. ... Keine Entschädigung iSd § 24 Nr. 1 Buchst. a EStG, sondern Erfüllung iSd genannten Rechtsprechung liegt demgegenüber vor, wenn bzw. solange das Dienstverhältnis fortbesteht und dementsprechend kein »Ersatz«, sondern die für die Arbeitsleistung geschuldete Gegenleistung erbracht wird (...). Ebenso wenig wie jede Leistung auf Grund einer Vertragsänderung bereits eine Entschädigung ist (...), ist jede in einem Vertrag für den Fall der Entlassung vorgesehene Abfindungsregelung eine die Entschädigung ausschließende Erfüllungsleistung iSd Rechtsprechung. Bis zu welchem Zeitpunkt bestehende Ansprüche erfüllt bzw. ab welchem Zeitpunkt Ersatzleistung erbracht werden, richtet sich nach dem Zeitpunkt der wirksamen Vertragsbeendigung (...). Insbesondere im Hinblick auf den in § 34 Abs. 1 iVm § 24 Nr. 1 EStG verfolgten Zweck, die Progression bei zusammengeballtem Zufluss von Entschädigungen zu glätten, macht es keinen entscheidungserheblichen Unterschied, ob der Ersatzanspruch bereits mit der Beendigung des Dienstverhältnisses auf Grund Gesetzes (§ 10 des Kündigungsschutzgesetzes), Tarifvertrags, Betriebsvereinbarung bzw. individualvertraglicher Vereinbarung entsteht oder erst anlässlich der Beendigung vereinbart wird ...«.

8. Entschädigung für die Aufgabe oder Nichtausübung einer Tätigkeit (§ 24 Nr. 1 b EStG)

83 Entgegen dem von Rechtsprechung und Literatur zu § 24 Nr. 1 a EStG fest verankertem Erfordernis der vom Arbeitgeber veranlassten Auflösung des Dienstverhältnisses braucht die Aufgabe oder Nichtausübung einer Tätigkeit nach § 24 Nr. 1 b EStG nicht auf tatsächlichem, rechtlichem oder wirtschaftlichem Druck des Arbeitgebers beruhen (*BFH 8.8.1986 – VI R 28/84 – BFHE 147, 370, BStBl II 1987, 106*). Im *BFH*-Fall beendete eine Stewardess das Arbeitsverhältnis mit einer Fluggesellschaft. Sie erhielt eine Abfindung nach einer Bestimmung des Manteltarifvertrages für das Bordpersonal. Diese Bestimmung gibt den Flugbegleitern ein Optionsrecht, mit Vollendung des 32. Lebensjahres gegen Zahlung einer Abfindung aus dem Arbeitsverhältnis auszuscheiden. Dieses Optionsrecht war arbeitsvertraglich be-

reits bei Einstellung der Stewardess geregelt. Die Abfindungszahlung dient dem Ausgleich des finanziellen Schadens, der durch den Wegfall der Einnahmen als Flugbegleiterin eintritt. Dieser Schaden wäre ohne die Ausübung des Optionsrechts nicht eingetreten. Entgegen § 24 Nr. 1 a EStG regelt Nr. 1 b der Vorschrift die Fälle, in denen die Tätigkeit mit Willen oder mit Zustimmung des Arbeitnehmers aufgegeben wird.

Im Unterschied zu einer Entschädigung iSd § 24 Nr. 1 a EStG, die Ersatzleistungen wegen oder infolge entgangener Einnahmen betrifft, dient die Entschädigung nach § 24 Nr. 1 b EStG nicht der Abgeltung und Abwicklung von Interessen aus dem bisherigen Rechtsverhältnis; sie erfasst vielmehr jegliche Gegenleistung **für** die Aufgabe oder Nichtausübung einer Tätigkeit und damit Gegenleistungen für den Verzicht auf eine mögliche Einkunftserzielung (*BFH* 12.6.1996 – XI R 43/94 – BFHE 180, 433, BStBl II 1996, 516). Die Vorschrift verlangt nur die Aufgabe oder Nichtausübung einer Tätigkeit, nicht des Berufs (HHR-*Horn* § 24 EStG Rz. 50). Dementsprechend kommen Entschädigungen iSd § 24 Nr. 1 b EStG auch bei fortbestehendem Arbeitsverhältnis in Betracht.

Die Entscheidungen des *BFH* (8.8.1986 – VI R 28/84 – aaO sowie 13.2.1987 – VI R 230/83 – BFHE 149, 182, BStBl II 1987, 386) brachten neben der Klarstellung, dass die Aufgabe der Tätigkeit nicht auf tatsächlichem, rechtlichem oder wirtschaftlichem Druck des Arbeitgebers zu beruhen braucht, eine zusätzliche klarstellende Rechtsentwicklung. Im Rahmen des § 24 Nr. 1 b EStG ist **keine neue Rechts- oder Billigkeitsgrundlage für den Ersatzanspruch erforderlich**. Für die Anwendung des § 24 Nr. 1 b EStG ist mithin im Gegensatz zu § 24 Nr. 1 a EStG unschädlich, wenn die Abfindungsregelung und -zahlung auf dem ursprünglichen Arbeitsvertrag beruht. 84

III. Tarifermäßigung

1. Allgemeines

Die Tarifvorschrift des § 34 Abs. 1 EStG soll steuerliche Härten abmildern, die ein **zusammengeballter Zufluss von Einnahmen** in einem Veranlagungsjahr durch Erhöhung der Steuerprogression regelmäßig verursacht. Die Vorschrift soll eine Progressionsglättung zB in den Fällen bewirken, in denen laufend bezogene Einkünfte zB aus nichtselbständiger Arbeit mit außerordentlichen, nicht regelmäßig erzielbaren Einkünften zB Abfindungen zusammentreffen. Danach sind außerordentliche Einkünfte stets einmalige für die jeweilige Einkunftsart ungewöhnliche Einkünfte, die das zusammengeballte Ergebnis mehrerer Jahre darstellen (*Mellinghoff* in Kirchhof, EStG § 34 Rz 15). Es ist somit eine Billigkeitsvorschrift, die Ausdruck des Prinzips der Besteuerung nach der Leistungsfähigkeit ist (*Blümich/Lindberg* § 34 EStG Rz 21). 85

Das Gesetz trägt durch die Regelung in § 34 Abs. 1 bis 3 EStG dem Gerechtigkeitsgedanken dadurch Rechnung, dass es in Fällen außerordentlicher Einkünfte eine ermäßigte Besteuerung vorsieht (*Littmann/Bitz/Pust-Borggreve* § 34 Rz 1).

Als Tarifvorschrift des Einkommensteuerrechts (IV. Abschnitt des EStG) gilt § 34 EStG grds. für Einkünfte aus allen Einkunftsarten. Allerdings bestimmt § 34 Abs. 2 EStG für welche außerordentlichen Einkünfte eine Tarifermäßigung nach § 34 Abs. 1 und Abs. 3 EStG in Betracht kommt. Die Tarifermäßigung des § 34 Abs. 1 EStG kommt bei den hier interessierenden Entschädigungszahlungen iSd § 24 Nr. 1 EStG nur für unbeschränkt Steuerpflichtige zur Anwendung; dh für natürliche Personen, die im Inland einen Wohnsitz oder ihren gewöhnlichen Aufenthalt haben (§ 1 Abs. 1 S. 1 EStG; so der Regelfall, weitere Regelungen zur unbeschränkten Einkommensteuerpflicht bleiben hier unerwähnt). Auf beschränkt Steuerpflichtige, dh natürliche Personen, die im Inland weder einen Wohnsitz noch ihren gewöhnlichen Aufenthalt haben und inländische Einkünfte iSd § 49 EStG erzielen (§ 1 Abs. 4 EStG), ist die Tarifermäßigung nach § 34 Abs.1 EStG bei Entschädigungszahlungen iSd § 24 Nr. 1 EStG nicht anwendbar (§ 50 Abs. 1 S. 4 EStG). 86

Die Anwendung der Vorschrift ist nicht mehr von einem Antrag abhängig. Ein Antragserfordernis wurde durch das Steuerentlastungsgesetz 1999/2000/2002 mit Wirkung ab dem Jahr 1999 in das Gesetz aufgenommen. Das Steueränderungsgesetz 2001 vom 20.12.2001 (BGBl. I S. 3792, BStBl I 2002, 4) hat das Antragserfordernis des § 34 Abs. 1 EStG ersatzlos gestrichen (Art. 1 Nr. 17).
Bei den außerordentlichen Einkünften iSd § 34 EStG handelt es sich um eine besondere Art von Einkünften im Rahmen einer Einkunftsart. Sie sind dementsprechend von anderen Einkünften der gleichen Einkunftsart zu trennen (*BFH* 29.10.1998 – XI R 63/97 – BFHE 188, 143, BStBl II 1999, 588; *Mellinghoff* in Kirchhof, § 34 Rz. 20). Mit den außerordentlichen Einkünften unmittelbar zusammenhängende

Werbungskosten sind von diesen abzuziehen. Der Arbeitnehmer-Pauschbetrag, der mit Wirkung ab 1.1.2004 von 1.044 Euro auf 920 Euro herabgesetzt worden ist (§ 9a EStG idF des Haushaltsbegleitgesetzes 2004 vom 29.12.2003), ist bei außerordentlichen Einkünften aus nichtselbständiger Tätigkeit nur dann und insoweit abzuziehen, als tariflich voll zu besteuernde Einnahmen dieser Einkunftsart dafür nicht zur Verfügung stehen (*BFH* 29.10.1998 – XI R 63/97, *Mellinghoff* in Kirchhof, § 34 Rz. 56). Ebenso sind die Sonderausgaben und die außergewöhnlichen Belastungen zunächst bei den nicht nach § 34 EStG begünstigten Einkünften zu berücksichtigen (R 34.1 EStR 2005). Des Weiteren sind alle sonstigen vom so ermittelten Einkommen (§ 2 Abs. 4 EStG) abzuziehenden Beträge (zB Kinderfreibetrag) zunächst bei den nicht nach § 34 EStG begünstigten Einkünften zu berücksichtigen.

2. Zusammenballung von Einnahmen

87 Eine Entschädigung gem. § 24 Nr. 1 EStG ist nur dann gem. § 34 Abs. 1 und 2 Nr. 2 EStG tarifbegünstigt, wenn sie zu einer Zusammenballung von Einnahmen innerhalb eines Veranlagungszeitraums führt und dadurch eine erhöhte steuerliche Belastung entsteht. Dementsprechend sind Entschädigungen iSd § 24 Nr. 1 a EStG grds. nur dann außerordentliche Einkünfte, wenn die Entschädigung für entgangene oder entgehende Einnahmen, die sich bei normalem Ablauf auf mehrere Jahre verteilt hätten, vollständig in einem Betrag gezahlt wird, oder wenn die Entschädigung nur Einnahmen eines Jahres ersetzt, sofern sie im Jahr der Zahlung mit weiteren Einkünften zusammenfällt (*BFH* 16.3.1993 – XI R 10/92 – BFHE 170, 445, BStBl II 1993, 497; 16.7.1997 – XI R 13/97 – BFHE 183, 535, BStBl II 1997, 753; 4.3.1998 – XI R 46/97 – BFHE 185, 429, BStBl II 1998, 787). Eine Zusammenballung von Einkünften ist mithin nur dann gegeben, wenn der Steuerpflichtige infolge der Entschädigung in einem Veranlagungszeitraum mehr erhält, als er bei normalem Ablauf der Dinge erhalten hätte. Nur in diesem Fall ist die Ermäßigung der Steuer aufgrund der Billigkeitsregelung des § 34 EStG gerechtfertigt. Erhält der Steuerpflichtige weniger oder ebenso viel, wie er bei Fortsetzung des Arbeitsverhältnisses erhalten hätte, besteht für eine Milderung kein Anlass. Dementsprechend kommt es nicht darauf an, ob die Entschädigung entgehende Einnahmen mehrerer Jahre abdecken soll. Entscheidend ist vielmehr, ob es unter Einschluss der Entschädigungszahlung infolge der Beendigung des Arbeitsverhältnisses in dem Veranlagungszeitraum des Zuflusses der Zahlungen insgesamt zu einer über die normalen Verhältnisse hinausgehenden Zusammenballung von Einkünften kommt, denn nur in diesen Fällen kann eine progressionsbedingte Härte eintreten (*BFH* 4.3.1998 – XI R 46/97 – aaO). Eine Zusammenballung liegt auch dann vor, wenn im Jahr des Zuflusses der Entschädigung weitere Einkünfte erzielt werden, die der Steuerpflichtige nicht bezogen hätte, wenn das Dienstverhältnis ungestört fortgesetzt worden wäre und er dadurch mehr erhält, als er bei normalem Ablauf der Dinge erhalten hätte (siehe auch *BMF* 18.12.1998 BStBl I 1998, 1512 Rz 15).

88 Eine Zusammenballung von Einnahmen ist auch dann als gegeben anzunehmen, wenn **mehrere** Entschädigungszahlungen allerdings in **einem** Veranlagungszeitraum erbracht werden. Da § 34 Abs. 1 EStG als Billigkeitsvorschrift bezweckt, erhöhte Steuerbelastungen infolge Zusammenballung von Einkünften abzumildern und die Einkommensteuer jährlich mit Ablauf des Kalenderjahres entsteht (§§ 2 Abs. 7, 36 Abs. 1 EStG), ist die Außerordentlichkeit der Einkünfte auch dann anzunehmen, wenn mehrere Zahlungen nur in einem Veranlagungszeitraum zufließen (s. *Offerhaus* DStZ 1981, 445 [451]; *ders.* DB 1982, Beil. 10 und DB 1993, 651; *BMF* 18.12.1998 BStBl I 1998, 1512 Rz 10; *BFH* 21.3.1996 – XI R 51/95 – BFHE 180, 152, BStBl II 1996, 416).

89 Eine Zusammenballung von Einnahmen ist hingegen dann nicht mehr anzunehmen, wenn in einem zwischen Arbeitgeber und Arbeitnehmer geschlossenen Vertrag über die Aufhebung eines Arbeitsvertrages gleichzeitig zwei Entschädigungszahlungen vereinbart werden, die in verschiedenen Veranlagungszeiträumen vom Arbeitgeber bezahlt werden. In einem vom BFH entschiedenen Fall hatten Arbeitgeber und Arbeitnehmer über die Aufhebung eines Arbeitsvertrages vereinbart, dass der Arbeitnehmer bis zur Beendigung des Arbeitsverhältnisses einen mehrjährigen unbezahlten Übergangsurlaub nimmt. Der Arbeitnehmer erhielt als »finanzielle Hilfe für die berufliche oder private Umorientierung« eine Einmalzahlung. Gleichzeitig wurde das Arbeitsverhältnis in unmittelbarem Anschluss an den Übergangsurlaub im gegenseitigen Einvernehmen aufgehoben. Es wurde »als Ausgleich für die materiellen und immateriellen Folgen der Aufhebung des Arbeitsverhältnisses« eine Abfindung gezahlt. Die »Umorientierungshilfe« sowie die Abfindung für den Verlust des Arbeitsplatzes stellen Entschädigungszahlungen iSd § 34 Abs. 2 Nr. 2, § 24 Nr. 1 a EStG für den Verlust des Arbeitsplatzes dar; denn mangels weiter laufenden Gehaltsanspruchs ist die Umorientierungshilfe keine Vergütung im Rahmen des noch laufenden, wenn auch abgeänderten Arbeitsvertrages. Die einheitlich zu

beurteilenden Entschädigungen für den Verlust des Arbeitsplatzes (vgl. *BFH* 6.3.2002 – XI R 16/01 – BFHE 198, 484, BFH/NV 2002, 1379) umfasst mithin zwei Abfindungen. Dass die »Umorientierungshilfe« vorab, gewissermaßen als Vorschuss, noch während des laufenden Arbeitsverhältnisses ausgezahlt wurde, steht dem nicht entgegen. Da die Entschädigungszahlungen auf zwei Veranlagungszeiträume verteilt wurden und eine Zusammenballung nicht gegeben ist, fehlt es an der Voraussetzung einer außerordentlichen Einkunft iSd § 34 Abs. 1 EStG (*BFH* 14.5.2003 – XI R 16/02 – BFHE 202, 486, BStBl II 2003, 881).

Die Finanzverwaltung lässt aus Billigkeitsgesichtspunkten in den Fällen eine Korrekturmöglichkeit zu, in denen ein planwidriger Zufluss von Entschädigungszahlungen in mehreren Veranlagungszeiträumen erfolgt ist (*BMF* 18.12.1998 BStBl I 1998, 1512 Rz 20). Sind die Vereinbarungen zwischen dem Arbeitgeber und dem Arbeitnehmer eindeutig auf einen einmaligen Zufluss der Entschädigung gerichtet, und sind gleichwohl Zahlungen in zwei Veranlagungszeiträumen erfolgt, dann lässt die Verwaltung auf Antrag des Steuerpflichtigen zu, dass beide Zahlungen als in dem Jahr erbracht angesehen werden, in dem die vereinbarte Hauptentschädigung zugeflossen ist. In dem genannten BMF-Schreiben sind folgende Fälle eines planwidrigen Zuflusses in mehreren Veranlagungszeiträumen genannt: **90**

– eine Entschädigung wird an einen ausscheidenden Arbeitnehmer versehentlich – zB aufgrund eines Rechenfehlers – im Jahr des Ausscheidens zu niedrig ausgezahlt. Der Fehler wird im Laufe eines späteren Veranlagungszeitraums erkannt und der Differenzbetrag ausgezahlt
– Der Arbeitgeber zahlt an den Arbeitnehmer während eines gerichtlichen Streits über die Höhe der Entschädigung im Jahr des Ausscheidens des Arbeitnehmers nur den von ihm für zutreffend gehaltenen Entschädigungsbetrag und leistet erst in einem späteren Veranlagungszeitraum aufgrund der gerichtlichen Entscheidung oder eines Vergleichs eine weitere Zahlung.

Der Arbeitnehmer kann in diesen Fällen aufgrund der Billigkeitsvorschrift des § 163 AO 1977 den Antrag auf Zusammenfassung der Entschädigungszahlungen und Berücksichtigung in einem Veranlagungsjahr beim Finanzamt stellen.

3. Zahlung aus Gründen der sozialen Fürsorge

Entschädigungen, die aus Anlass der Auflösung eines Arbeitsverhältnisses gewährt werden, sind grds. einheitlich zu beurteilen. Sie müssen zum Zweck der Tarifvergünstigung grds. in einem Veranlagungszeitraum zufließen. Eine Ausnahme von diesem Grundsatz wird in solchen Fällen anerkannt, in denen neben einer Hauptentschädigungsleistung aus Gründen der **sozialen Fürsorge** für eine gewisse Übergangszeit in späteren Veranlagungszeiträumen Entschädigungszusatzleistungen gewährt werden. Das sind bspw. solche Leistungen, die der Arbeitgeber dem Steuerpflichtigen zur Erleichterung des Arbeitsplatz- oder Berufswechsels oder als Anpassung an eine dauerhafte Berufsaufgabe und Arbeitslosigkeit erbringt. Die Unbeachtlichkeit solcher ergänzenden Zusatzleistungen beruht auf einer zweckentsprechenden Auslegung des § 34 EStG unter Berücksichtigung des Grundsatzes der Verhältnismäßigkeit. Dieser Grundsatz enthält neben den Elementen der Eignung und Erforderlichkeit auch das Element der Angemessenheit. Diesem Grundsatz widerspricht es, die anlässlich der Entlassung eines Arbeitnehmers aus **Fürsorgegesichtspunkten** für eine Übergangszeit erbrachten Zusatzleistungen als schädlich für die ermäßigte Besteuerung der Hauptleistung zu beurteilen. Die Unangemessenheit einer solchen Rechtsfolge verdeutlicht sich insbes. in solchen Fällen, in denen die in späteren Veranlagungszeiträumen zugeflossenen Zusatzleistungen niedriger sind, als die tarifliche Steuerbegünstigung für die Hauptleistung (*BFH* 24.1.2002 – XI R 43/99 – BFH/NV 2002, 717). In dem vom BFH entschiedenen Fall hat der Arbeitgeber mit dem Betriebsrat eine Regelungsabrede getroffen, um den Arbeitnehmern die freiwillige Beendigung des Arbeitsverhältnisses zu erleichtern. Bei Ausscheiden sollte ein einmaliger Betrag als Abfindung gezahlt werden. Außerdem sollten diese Mitarbeiter, soweit sie nach dem Ausscheiden arbeitslos würden und sich sofort arbeitslos meldeten, von dem Arbeitgeber bis zu 12 Monaten eine Ausgleichszahlung in Höhe der Differenz zwischen 85 vH der bisherigen Nettobezüge und dem von der Arbeitsverwaltung gezahlten Arbeitslosengeld erhalten. Die vom Arbeitgeber gezahlten monatlichen Ausgleichszahlungen wurden in zwei Veranlagungszeiträumen 12 Monate lang bezahlt. Das Finanzamt hatte zwar die Abfindung der Steuerfreiheit nach § 3 Nr. 9 EStG unterworfen, jedoch sämtliche Ausgleichszahlungen mit dem normalen Einkommensteuertarif belegt, weil es an dem in § 34 Abs. 1 und 2 EStG geforderten Tatbestandsmerkmal der außerordentlichen Einkünfte, die in einem Veranlagungszeitraum zusammengeballt zugeflossen seien, fehle. Der **BFH** ist dieser Ansicht **nicht** gefolgt. **91**

Beispiel 1: *BFH 6.3.2002 – XI 16/01 – BFH/NV 2002, 1379:*
Arbeitgeber gerät in Konkurs; der Konkursverwalter schließt mit dem Betriebsrat eine Vereinbarung über die den Arbeitnehmern zu erbringenden Zahlungen. Es wird ein sozialer Härtefonds errichtet. Mit den Mitteln des Härtefonds sollen mit dem Konkurs, dem Betriebsübergang oder dem Verlust des Arbeitsplatzes verbundene besondere Härten ausgeglichen werden. Der Konkursverwalter zahlte eine einmalige Abfindung an die Arbeitnehmer. Im selben Jahr wurden aus dem Härtefonds vom Betriebsrat Zahlungen erbracht und in dem folgenden Jahr ein weiterer Betrag an die Arbeitnehmer ausgezahlt. Unstreitig ist, dass die im ersten Jahr gezahlte Abfindung bis zu den Höchstbeträgen des § 3 Nr. 9 EStG steuerfrei zu belassen ist. Zwischen den Beteiligten (Finanzamt und Steuerpflichtiger) war strittig, ob die über den Höchstbetrag des § 3 Nr. 9 EStG hinausgehende Zahlung sowie die Zahlungen aus dem Härtefonds in zwei Veranlagungszeiträumen nach § 34 EStG ermäßigt zu besteuernde Einkünfte darstellen.

Der BFH hat die im ersten Jahr zugeflossene Abfindung und Teilzahlung aus dem Härtefonds als nach § 34 Abs.1 EStG ermäßigt zu besteuern beurteilt. Die im zweiten Jahr erhaltene Restzahlung ist als ergänzende Zusatzleistung aus **sozialer Fürsorge** erfolgt und unschädlich für die Beurteilung der im ersten Jahr zugeflossenen Hauptleistung als einer zusammengeballten Entschädigung. Die im zweiten Jahr erfolgte Restzahlung erfolgte außerhalb des zusammengeballten Zuflusses im ersten Jahr und unterliegt damit nicht der Tarifbegünstigung des § 34 Abs. 1 EStG.

92 In einem weiteren Verfahren hat der *BFH* (21.01.2004 – XI R 33/02 – BFHE 205, 125, BStBl II 2004, 715) aus Gründen der sozialen Fürsorge die späteren Nachbesserungen, die in einem Jahr nach Zahlung der Hauptentschädigung zugeflossen sind, auch dann als tarifbegünstigt zu besteuern angesehen, wenn diese im Sozialplan vorgesehene Aufstockung 42,3 vH der Hauptentschädigung beträgt.

Beispiel 2: *BFH – XI 33/02 –:*
Wegen Aufgabe des Produktionsstandortes wurde das Arbeitsverhältnis zum 30.9.1993 beendet. Nach einem Sozialplan vom März 1993 erhielt der Kläger für den Verlust seines Arbeitsplatzes im Jahr 1993 eine Abfindung iHv 54.052 DM. Ferner war vereinbart worden, dass der Abfindungsbetrag neu geregelt werden sollte, wenn sich aus dem nächst gültigen Sozialplan hinsichtlich der Abfindungssumme für den Kläger eine finanzielle Verbesserung ergeben sollte. Im Jahr 1994 wurde ein weiterer Sozialplan aufgestellt, auf Grund dessen der Kläger im Jahr 1994 für den Verlust seines Arbeitsplatzes weitere 22.862 DM erhielt.

Nachdem das Finanzamt von der Nachzahlung im Jahr 1994 Kenntnis erlangt hatte, unterwarf es im Jahr 1993 die gezahlte Abfindung dem vollen Steuersatz.

Der BFH hat die Zahlungen der Entschädigungen in zwei Zahlungsjahren als unschädlich angesehen und im Wesentlichen ausgeführt, dass solche ergänzende Zusatzleistungen der tarifbegünstigten Besteuerung der Hauptentschädigung nicht entgegen stünden. Dies beruhe auf einer zweckentsprechenden Auslegung des § 34 EStG unter Berücksichtigung des Grundsatzes der Verhältnismäßigkeit. Diesem Grundsatz widerspräche es, die anlässlich der Entlassung eines Arbeitnehmers aus Fürsorgegesichtspunkten für eine Übergangszeit erbrachten Zusatzleistungen als für die tarifbegünstigte Besteuerung der Hauptentschädigungsleistung schädlich zu beurteilen. Auch der Höhe nach sei die dem Kläger nachträglich zugeflossene Erhöhung der Abfindung eine ergänzende Zusatzleistung.

Die dem Kläger nachträglich zugeflossene Aufstockung seiner Entschädigung betrug 42,3 vH der Hauptentschädigung und 29,7 vH der Gesamtentschädigung.

Aus dieser Entscheidung des BFH wird ersichtlich, dass es für die Beurteilung des Vorliegens der Tarifbegünstigung keine starre Grenze für die in einem nachfolgenden Veranlagungsjahr zugeflossene Aufstockung einer Entschädigungsleistung gibt. Es verbleibt dem Steuerpflichtigen, auszuloten, ob und wo der BFH in Zukunft einen Grenzwert ansiedeln wird. Im Hinblick auf die Streichung des § 3 Nr. 9 EStG und der damit verbundenen Aufgabe des früher geltenden Zieles des Gesetzes, die mit der Auflösung des Arbeitsverhältnisses für die Arbeitnehmer verbundenen finanziellen Einbußen zu mildern, indem die für den Verlust des Arbeitsplatzes gewährte Abfindung nicht durch deren steuerliche Belastung teilweise wieder rückgängig gemacht wird, besteht zumindest Hoffnung, dass der BFH seine Rechtsprechung zu § 34 EStG zu Gunsten der Steuerpflichtigen überdenken wird.

4. Gestaltungsmöglichkeiten zur Erlangung der Tarifbegünstigung

93 Das Erfordernis der Zusammenballung der Einnahmen gibt den Vertragsparteien Arbeitgeber und Arbeitnehmer die Gestaltungsmöglichkeit dahingehend, ob Entschädigungszahlungen tarifbegünstigt zu versteuern sind oder nicht.

Steuerrecht §§ 3, 24, 34, 52 EStG

Beispiel:
Der Arbeitgeber spricht am 7.7.2006 eine fristlose Kündigung aus. Der Arbeitnehmer ist ordentlich nur kündbar mit einer Frist von sechs Monaten zum 30.6. oder 31.12. Arbeitgeber und Arbeitnehmer schließen im November 2006 vor dem Arbeitsgericht einen Vergleich. Das Arbeitsverhältnis soll am 30.9.2006 enden. Der Arbeitgeber zahlt eine Abfindung iHv insgesamt 30.000 Euro. Dieser Betrag soll 12 Monatsgehältern á 2.500 Euro für die Zeit vom Juli 2006 bis Juni 2007 entsprechen.

1. Fall: Einmalige Zahlung des gesamten Betrages im Jahre 2006:
Da der Arbeitnehmer für drei Monate (Juli bis September 2006) noch einen Anspruch auf Arbeitslohn hat, ist der hierauf entfallende Teil der Abfindung mit dem normalen Steuersatz steuerpflichtig. Auf den übrig bleibenden Teil der Entschädigungszahlung ist § 34 Abs. 1 EStG anzuwenden.

2. Fall: Zahlung eines Betrages von 15.000 Euro (6 Monate x 2.500 Euro) im Jahre 2006 und die übrigen 15.000 Euro in den Monaten Januar bis Juni 2007:
In der Abfindung liegt wiederum eine steuerliche Lohnzahlung iHv 7.500 Euro. Für den restlichen Betrag ist **keine** Progressionsglättung gem. § 34 Abs 1 EStG vorzunehmen. Es liegt keine Zusammenballung von Einnahmen in einem Veranlagungsjahr vor.

3. Fall: Zahlung des Gesamtbetrages in zwei Raten im November und Dezember 2006:
Wie Ergebnis 1. Fall. Zahlung in zwei Raten ist unschädlich. Es liegt eine Zusammenballung von Einnahmen im Veranlagungszeitraum 2006 vor.

4. Fall: Zahlung des gesamten Betrages im Januar 2007:
7.500 Euro sind steuerpflichtige Lohnzahlungen für die Monate Juli bis September 2006. Auf den übrig bleibenden Betrag ist § 34 Abs. 1 EStG anzuwerden. Es ist nicht erforderlich, dass zwischen der Vertragsauflösung und dem Zeitpunkt der Entschädigungszahlung ein enger zeitlicher Zusammenhang besteht.

5. Steuerberechnung

Die außerordentlichen Einkünfte iSd § 34 Abs. 2 EStG werden durch eine rechnerische Verteilung auf fünf Jahre besteuert. Die Einkünfte werden mit dem Steuersatz besteuert, der sich ergeben würde, wenn im Jahr des Zuflusses nur ein Fünftel der außerordentlichen Einkünfte erzielt worden wäre. § 34 Abs. 1 S. 2 EStG sieht folgende Berechnungsschritte vor:

1. Der Steuerbetrag wird auf der Grundlage des zu versteuernden Einkommens ohne die außerordentlichen Einkünfte (gesetzliche Definition: verbleibendes zu versteuerndes Einkommen) ermittelt.
2. Das verbleibende zu versteuernde Einkommen wird um ein Fünftel der außerordentlichen Einkünfte erhöht und auf dieser Grundlage die Einkommensteuer festgestellt.
3. Für die so ermittelten Steuerbeträge wird die Differenz errechnet und verfünffacht.
4. Der unter 3. errechnete Steuerbetrag wird zu dem für das zu versteuernde Einkommen ohne die außerordentlichen Einkünfte ermittelten Steuerbetrag hinzugerechnet. Die so ermittelte Summe ist die im Jahr des Zuflusses der Entschädigungszahlungen festzusetzende Einkommensteuer.

Berechnungsbeispiel auf der Grundlage der Einkommensteuer-Grundtabelle 2006:		Euro
Einkünfte aus nichtselbständiger Arbeit		40.000
sonstige vom Einkommen abzuziehende Beträge		5.000
verbleibendes zu versteuerndes Einkommen		35.000
Steuer lt. Grundtabelle		7.466
verbleibendes zu versteuerndes Einkommen		35.000
zuzüglich Abfindung	60 000	
davon nach § 3 Nr. 9 EStG steuerfrei	7 200	
verbleiben	52 800	
davon 1/5	10 560	10.560
erhöhtes zu versteuerndes Einkommen		45.560
Steuer auf erhöhtes zu versteuerndes Einkommen lt. Grundtabelle		11.324

Steuer lt. Grundtabelle auf verbleibendes zu versteuerndes Einkommen (s.o.)		7.466
Unterschiedsbetrag		3.858
Fünffaches des Unterschiedsbetrages		19.290
Steuerfestsetzung:		
Steuer lt. Grundtabelle auf verbleibendes zu versteuerndes Einkommen		7.466
Steuer auf außerordentliche Einkünfte		19.290
Einkommensteuer		26.756
zum Vergleich die Einkommensteuer ohne die Tarifglättung des § 34 Abs. 1 EStG:		
Verbleibendes zu versteuerndes Einkommen		35.000
zuzüglich außerordentliche Einkünfte (60.000 ./. 7.200)		52.800
zu versteuerndes Einkommen		87.800
Einkommensteuer lt. Grundtabelle		28.962

Die Tarifermäßigung nach § 34 Abs. 1 EStG bringt somit eine Steuerersparnis von 2.206 Euro.

95 Die Vorschrift des § 34 Abs. 1 S. 3 EStG stellt eine Besteuerung der außerordentlichen Einkünfte, wenn auch ermäßigt, auch für den Fall sicher, dass das **verbleibende zu versteuernde Einkommen** negativ, aber das zu versteuernde Einkommen insgesamt positiv ist. Der Arbeitnehmer hat zB neben seinen geringen Lohneinkünften hohe Verluste aus der Vermietung eines Gebäudes (§ 21 EStG) und erhält eine Abfindungszahlung.

Berechnungsbeispiel auf der Grundlage der Einkommensteuer – Grundtabelle 2006:		Euro
Verbleibendes zu versteuerndes Einkommen (Einkünfte aus nichtselbständiger Tätigkeit ./. Verlust aus Vermietung)		./. 20.000
Abfindung	60.000	
davon nach § 3 Nr. 9 EStG steuerfrei	7.200	
verbleiben	52.800	52.800
zu versteuerndes Einkommen ohne Anwendung des § 34 Abs. 1 EStG		32.800
Steuer lt. Grundtabelle ohne Anwendung des § 34 Abs. 1 EStG		6.727
Ermittlung der Steuer nach § 34 Abs. 1 S. 3 EStG:		
1/5 des zu versteuernden Einkommens (1/5 von 32 800)		6.560
Steuer lt. Grundtabelle		0
Steuer verfünffacht		0

6. Lohnsteuerverfahren

96 Der steuerpflichtige Arbeitslohn, der nicht als laufender Arbeitslohn gezahlt wird, ist ein sonstiger Bezug iSv § 39b Abs. 3 EStG. Dazu zählen insbes. Entschädigungen iSv § 24 EStG. Die Steuerermäßigungen nach § 34 Abs. 1 EStG sind vom Arbeitgeber im Lohnsteuerabzug zu berücksichtigen. Bei Vorliegen der Voraussetzungen ermittelt der Arbeitgeber im Lohnsteuerabzugsverfahren gem. § 39b Abs. 3 S. 9 EStG die Lohnsteuer in der Weise, dass der tarifbegünstigte sonstige Bezug mit einem Fünftel angesetzt und die ermittelte Lohnsteuer auf den tarifbegünstigten sonstigen Bezug verfünffacht wird. Hierbei ist zu beachten, dass die so ermittelte Steuer nicht höher sein darf, als die Steuer ohne Berücksichtigung der Tarifglättung. Dementsprechend hat der Arbeitgeber eine Vergleichsberechnung durchzuführen und die jeweils für den Arbeitnehmer günstigere Steuerberechnung bei der Einbehaltung der Lohnsteuer zugrunde zu legen.

Steuerrecht §§ 3, 24, 34, 52 EStG

IV. ABC der Abfindungen/Entschädigungen

1. Nachzahlung einer Altersrente

Die Nachzahlung einer Altersrente aus der Bundesversicherungsanstalt für Angestellte ist keine Entschädigung iSd § 24 Nr. 1 a EStG. Sie stellt nur die verspätet erbrachte Leistung dar, die dem Rentenempfänger aus dem Versicherungsverhältnis zusteht (*BFH* 31.7.1970 – VI R 177/68 – BFHE 100, 42, BStBl II 1970, 784). 97

Zuschüsse nach dem Gesetz über die Alterssicherung der Landwirte sind teilweise steuerfrei (§ 3 Nr. 1 Buchst. b, c, d EStG).

2. Änderungskündigung

Siehe Ausführungen Rz 44–46. 98

3. Anwartschaften

Hatte der Arbeitnehmer zur Zeit der Beendigung des Arbeitsverhältnisses bereits einen **unverfallbaren** Anspruch auf künftige betriebliche Pensionsleistungen erworben, so steht ihm die Steuerfreiheit nach § 3 Nr. 9 EStG für die hierauf gezahlte Abfindung nicht zu (*BFH* 24.4.1991 – XI R 9/87 – BFHE 164, 279, BStBl II 1991, 723). Eine Abfindung iSd § 3 Nr. 9 EStG liegt aber dann vor, wenn der Arbeitgeber dem Arbeitnehmer für die Zeit nach Auflösung des Dienstverhältnisses Beträge zahlt, auf die dieser bei Fortbestand des Dienstverhältnisses einen Anspruch gehabt hätte, der aber durch die Auflösung zivilrechtlich weggefallen ist (*BFH* 11.1.1980 – VI R 165/77 – BFHE 129, 479, BStBl II 1980, 205). 99

Ob ein unverfallbarer Rechtsanspruch bereits bei Beendigung des Arbeitsverhältnisses besteht, bestimmt sich nach dem Arbeitsrecht. Siehe hierzu insbes. auch das Gesetz zur Verbesserung der betrieblichen Altersversorgung vom 19.12.1974 (BGBl. I S. 3610, zuletzt geändert durch das Alterseinkünftegesetz (AltEinkG) vom 5.7.2004 BGBl. I S. 1427, das Gesetz zur Organisationsreform in der gesetzlichen Rentenversicherung vom 9.12.2004 BGBl. I S. 3242 und Art. 2 Gesetz vom 29.8.2005 BGBl. I S. 2546). Eine entgeltliche Herabsetzung einer Pensionszusage ohne weitere Änderungen des Dienstverhältnisses wird nicht zu einer steuerbegünstigten Abfindung (*BFH* 6.3.2002 – XI R 36/01 – BFH/NV 2002, 1144). 100

Beispiel BFH-Fall: 101
Arbeitgeber gewährte dem Arbeitnehmer in Ergänzung zu seinem Anstellungsvertrag durch Zusatzvereinbarung eine Alters-, Invaliden- und Hinterbliebenenversorgung. Nach wirtschaftlichen Schwierigkeiten vereinbarte der Arbeitgeber mit dem Arbeitnehmer eine Reduzierung der Versorgungsleistungen. Das Ruhegeld wurde herabgesetzt. Zur Vermeidung eines Rechtsstreits für den Verlust der noch verfallbaren Pensionsanwartschaft zahlte der Arbeitgeber eine Abfindung.

Diese Abfindung ist nicht nach § 3 Nr. 9 EStG steuerfrei, weil die Pensionszusage lediglich der Höhe nach herabgesetzt wird, ohne dass es zu einer Auflösung des Dienstverhältnisses gekommen ist. Ebenso scheidet aus dem gleichen Grunde eine Entschädigung iSd § 24 Nr. 1 a EStG aus. Auch eine Anwendung des § 24 Nr. 1 b EStG kommt nicht in Betracht, weil weder eine Tätigkeit beendet noch eine Gewinnbeteiligung aufgegeben worden ist.

Ruhegehalt, das ein Arbeitgeber seinem Arbeitnehmer auf Grund Dienstvertrages zahlt, gehört nach § 19 Abs. 1 Nr. 2 EStG ausdrücklich zu den Einkünften aus nichtselbständiger Arbeit und damit zu den Einkünften aus früherer Tätigkeit iSd § 24 Nr. 2 EStG. Zu den Ruhegeldern iSd § 19 Abs. 1 Nr. 2 EStG gehören auch solche, die erst im Zeitpunkt der vertraglich vorgesehenen Beendigung des Arbeitsverhältnisses vereinbart oder auch ggf. erhöht werden. Auch solche nachträglich vereinbarten Ruhegelder sind nicht Entschädigung iSd § 24 Nr. 1 a EStG, da sie nicht für entgangene Lohnansprüche gezahlt werden, denn im Zeitpunkt des vereinbarten Eintritts in den Ruhestand endet die Lohnzahlungsverpflichtung des Arbeitgebers, so dass Ruhegelder nicht für entgangene Lohnzahlungen geleistet werden. Das Ruhegeld findet seine Rechtsgrundlage in der früheren Tätigkeit des Arbeitnehmers für seinen Arbeitgeber (*BFH* 6.3.2002 – XI R 51/00 – BFHE 198, 468, BStBl II 2002, 516).

4. Arbeitsfreistellung

Siehe Ausführungen Rz 55. 102

5. Aussperrungsunterstützung

103 Aussperrungsunterstützungen, die eine Gewerkschaft an ihre Mitglieder zahlt, sind nicht steuerbar; dh sie unterliegen nicht der Einkommensteuer. Dies gilt gleichermaßen für die Streikunterstützungen, die eine Gewerkschaft an ihre streikenden Mitglieder zahlt (*BFH* 24.10.1990 – X R 161/88 – BFHE 162, 329, BStBl II 1991, 337). Die Streikunterstützungen haben ihre Rechtsgrundlage in der Mitgliedschaft des Arbeitnehmers in der Gewerkschaft und sind auch im weitesten Sinne nicht Gegenleistungen für das zur Verfügung stellen der individuellen Arbeitskraft des streikenden Arbeitnehmers. Die Gewerkschaft gewährt die Unterstützung zur Durchsetzung ihrer gewerkschaftlichen Ziele. Der von ihr initiierte Streik als Mittel des kollektiven Arbeitskampfes soll nicht daran scheitern, dass die Mitglieder infolge des Ausfalls ihrer Arbeitsbezüge in soziale Not geraten. Der Arbeitgeber – ansonsten Vertragspartner des nicht streikenden Arbeitnehmers – hat mit der Unterstützungsleistung nichts zu tun; Streik und Streikunterstützung richten sich vielmehr gegen seine Interessen. Dem steht nicht die Abziehbarkeit der Gewerkschaftsbeiträge als Werbungskosten gem. § 9 Abs. 1 Nr. 3 EStG entgegen, weil die Ziele der Gewerkschaften geeignet sind, den Beruf zu erhalten und zu fördern.

6. Bleibeprämie

104 Eine sog. Bleibeprämie (Arbeitnehmer erhält für Tätigkeit über den allgemeinen Entlassungstag hinaus Prämie/Abfindung) ist keine steuerfreie Abfindung nach § 3 Nr. 9 EStG (*FG BW* Außensenate Stuttgart 23.11.1988 – XII K 1170/85 – EFG 1989, 336; *FG RhPf* 28.10.2003 – 2K 2994/01 – EFG 2005, 1915).

7. Gehaltsnachzahlung

105 Eine Gehaltsnachzahlung aufgrund des Ergebnisses eines Arbeitsgerichtsprozesses ist eine Zahlung in Erfüllung eines fortbestehenden Anspruchs und dementsprechend keine Entschädigung iSd § 24 Nr. 1 a (*BFH* 16.3.1993 – XI R 52/88 – BFHE 171, 70, BStBl II 1993, 507).

8. Insassen-Unfallversicherung

106 Eine Todesfall-Versicherungssumme, die aufgrund einer vom Arbeitgeber für Betriebsfahrzeuge abgeschlossenen Autoinsassen-Unfallversicherung den Hinterbliebenen eines auf einer Dienstreise tödlich verunglückten Arbeitnehmers wegen des eingetretenen Personenschadens zufließt, gehört zu den nicht steuerbaren Einnahmen, und ist nicht etwa eine Entschädigung nach § 24 Nr. 1 a EStG. Die Versicherungsleistung dient nicht, jedenfalls nicht in erster Linie, dem Zweck, Einnahmeausfälle des tödlich verunglückten Arbeitnehmers zu ersetzen. Die Versicherungssumme hat nicht die Funktion von Lohnersatz, sie soll vielmehr alle denkbaren Belastungen mildern, die der Tod des Verunglückten zur Folge hat (*BFH* 22.4.1982 – III R 135/79 – BFHE 135, 512, BStBl II 1982, 496).

8a. Jubiläumszuwendungen

107 Jubiläumszuwendungen waren nach § 3 Nr. 52 EStG iVm § 3 LStDV vor dem Jahr 1999 in gestaffelter Höhe steuerfrei, wenn sie anlässlich eines 10-, 25-, 40-, 50- oder 60-jährigen Arbeitnehmerjubiläums oder eines 25-jährigen Geschäftsjubiläums oder eines Mehrfachen davon gewährt wurden. Ab dem Jahr 1999 sind nur übliche Sachleistungen des Arbeitgebers aus Anlass eines runden Arbeitnehmerjubiläums im Wert von 110 Euro einschließlich Umsatzsteuer steuerfrei (R 70 Abs. 2 Nr. 3 LStR 2006).

108 Zahlt nun ein Arbeitgeber einem Arbeitnehmer zum Zeitpunkt der Entlassung eine Abfindung und in einem späteren Veranlagungszeitraum eine Jubiläumszuwendung, die der Arbeitnehmer bei Fortsetzen des Arbeitsverhältnisses erhalten hätte, kann die Jubiläumszuwendung eine für die Tarifbegünstigung der Hauptentschädigung unschädliche Entschädigungszusatzleistung sein (*BFH* 14.5.2003 – XI R 23/02 – BB 2003, 2213).

109 Die Tarifbegünstigung nach § 34 Abs. 1 EStG setzt grds. den zusammengeballten Zufluss der Entschädigung in einem Veranlagungszeitraum voraus; nur dann handelt es sich um außerordentliche Einkünfte iSd § 34 EStG. Einkünfte, die keine Entschädigung sind, wie bspw. Leistungen, die in Erfüllung bestehender Ansprüche erbracht werden, heben die Tarifbegünstigung außerordentlicher Einkünfte auch dann nicht auf, wenn sie im Rahmen der Vereinbarung über die Beendigung des Dienstverhältnisses mitgeregelt werden und dem Arbeitnehmer nicht im Jahr der Abfindungszahlungen zufließen. Hat der Arbeitnehmer im Zeitpunkt der Beendigung des Arbeitsverhältnisses bereits einen arbeits-

rechtlichen Anspruch auf ein, wenn auch zeitanteilig gekürztes, Jubiläumsgeld erworben, so stellt die Zahlung der Jubiläumszuwendung keine Entschädigungsleistung iSd § 24 Nr. 1 a EStG, sondern Erfüllungsleistung dar. Als solche Erfüllungsleistung berührt es die Tarifbegünstigung der Entschädigungszahlungen nicht. Aber auch, wenn kein arbeitsrechtlicher Anspruch auf ein Jubiläumsgeld bereits erworben ist, kommt eine Bewertung solch einer Zahlung im Zeitpunkt des Dienstjubiläums, also nach Beendigung des Arbeitsverhältnisses, als Zahlung aus sozialer Fürsorge des früheren Arbeitgebers zu seinem entlassenen Arbeitnehmer in Betracht. Der Arbeitgeber erbringt die Leistung wegen der bis zum Ausscheiden des Arbeitnehmers durch diesen erwiesene Betriebstreue. Eine solche Zahlung in einem der Zahlung der Hauptentschädigung nachfolgendem Veranlagungszeitraum lässt die Tarifbegünstigung des § 34 EStG für die Hauptentschädigung nicht entfallen.

9. Kapitalisierung von Versorgungs-/Rentenansprüchen auf Wunsch des Arbeitgebers

110 Eine steuerbegünstigte Entschädigung nach § 24 Nr. 1 a EStG iVm § 34 Abs. 1 kann gegeben sein, wenn der Arbeitnehmer beim Auslaufen eines befristeten Arbeitsvertrages sich dem Verlangen des Arbeitgebers, in eine Kapitalisierung seines fortbestehenden Anspruchs auf laufende Versorgungsleistungen einzuwilligen, praktisch nicht entziehen kann (*BFH* 16.4.1980 – VI R 86/77 – BFHE 130, 168, BStBl II 1980, 393).

Die Abfindung, die der Gesellschafter-Geschäftsführer, der seine GmbH-Anteile veräußert, für den Verzicht auf seine Pensionsansprüche gegen die GmbH erhält, kann eine Entschädigung iSd § 24 Nr. 1 a EStG sein. Eine Entschädigung iSd § 24 Nr. 1 a EStG setzt voraus, dass der Ausfall der Einnahmen entweder durch den Arbeitgeber veranlasst wurde oder wenn er vom Arbeitnehmer selbst oder mit dessen Zustimmung herbeigeführt worden ist, dieser unter rechtlichem, wirtschaftlichem oder tatsächlichem Druck stand. Diesem Erfordernis liegt die Überlegung zu Grunde, dass eine Steuerermäßigung nach § 34 Abs. 1 EStG nur dann gerechtfertigt ist, wenn sich der Arbeitnehmer hinsichtlich der Aufgabe seiner Pensionsansprüche in einer Zwangssituation befindet und sich dem zusammengeballten Zufluss der Einnahmen nicht entziehen kann. So kann bei einem zunächst freiwilligen Entschluss des Gesellschafter-Geschäftsführers zum Anteilsverkauf eine Zwangslage zum Verzicht auf Pensionsansprüche dadurch entstehen, dass der Erwerber der Anteile nicht bereit ist, die Versorgungsverpflichtungen zu übernehmen. Der Gesellschafter-Geschäftsführer, der sich zur Veräußerung seiner GmbH-Anteile entschließt, muss nicht damit rechnen, dass dies nur bei gleichzeitigem Verzicht auf seine Pensionsansprüche gegen Abfindung durch die GmbH möglich ist (*BFH* 10.4.2003 – XI R 4/02 – BFHE 202, 290, BStBl II 2003, 748).

Nach ständiger höchstrichterlicher Rechtsprechung setzt eine Entschädigung iSd § 24 Nr. 1 a EStG voraus, dass der Ausfall der Einnahmen entweder von dritter Seite veranlasst ist oder, wenn der Steuerpflichtige bei dem zum Einnahmeausfall führenden Ereignis selbst mitgewirkt hat, der Steuerpflichtige unter rechtlichem, wirtschaftlichem oder tatsächlichem Druck gehandelt hat; der Steuerpflichtige darf das Schaden stiftende Ereignis nicht aus eigenem Antrieb herbeigeführt haben. An einer Zwangslage fehlt es dann, wenn der Steuerpflichtige in seiner Sphäre freiwillig eine Ursachenkette in Gang gesetzt hat, die ihm später keinen Entscheidungsraum mehr belässt. Die Entwicklung der Ursachenkette muss sich allerdings in einem überschaubaren Rahmen halten. Ereignisse, mit denen der Steuerpflichtige nicht rechnen konnte und die für ihn außerhalb seiner Vorstellung lagen, unterbrechen den Ursachenzusammenhang und können eine für die Anwendung des § 24 Nr. 1 a EStG relevante Zwangslage herbeiführen. So kann bei einem zunächst freiwilligen Entschluss zum Anteilsverkauf eine Zwangslage zum Verzicht auf Versorgungsansprüche dadurch entstehen, dass der Erwerber nicht bereit ist, die Versorgungsverpflichtungen zu übernehmen. Der Gesellschafter-Geschäftsführer, der sich bspw. aus Altersgründen zur Veräußerung seiner GmbH-Anteile entschließt, muss nicht damit rechnen, dass dies nur bei gleichzeitigem Verzicht auf seine Pensionsansprüche gegen Abfindung durch die GmbH möglich ist. Zur Auflösung eines bestehenden Arbeitsverhältnisses und Ablösung der Versorgungszusage auf Veranlassung oder Druck des Unternehmens kommt es im Regelfall auch, wenn dieses liquidiert wird (*BFH* 10.4.2003 – XI R 32/02 – BFH/NV 2004, 17).

111 Werden einem Arbeitnehmer in einer Vereinbarung über die vom Arbeitgeber veranlasste Auflösung des Arbeitsverhältnisses eine Abfindung und monatliche Übergangsgelder zugesagt und nimmt er in einer späteren Vereinbarung das Angebot des Arbeitgebers an, ihm insgesamt einen Einmalbetrag zu zahlen, so steht das ihm insoweit eingeräumte Wahlrecht auf Kapitalisierung einer begünstigten Besteuerung des Einmalbetrages nach § 34 Abs. 1 und 2 EStG nicht entgegen (*BFH* 14.5.2003 – XI R 12/00 – BFHE 203, 38, BStBl II 2004, 449).

112 Die Rechtsprechung hat den Erfahrungssatz aufgestellt, dass die Liquidation eines Unternehmens im Regelfall dazu führt, dass bestehende Versorgungszusagen auf Veranlassung oder Druck des Unternehmens abgelöst werden (*BFH* 14.1.2004 – X R 37/02 – BFHE 205, 96, BStBl II 2004, 493).

Die steuerrechtliche Behandlung der Pensionszahlungen als verdeckte Gewinnausschüttungen schließt eine Einordnung der Abfindung als Entschädigung iSd § 24 Nr. 1 a EStG nicht aus.

Jedoch führt nicht nur die Liquidation eines Unternehmens dazu, dass bestehende Versorgungszusagen auf Veranlassung oder Druck des Unternehmens abgelöst werden, sondern eine Abfindung von Versorgungsansprüchen ist als Entschädigung auch dann tarifbegünstigt zu versteuern, wenn sie durch eine ernst zu nehmende wirtschaftliche Gefährdung der Ansprüche veranlasst ist. Jedoch liegt eine ernst zu nehmende wirtschaftliche Gefährdung der Ansprüche nicht bereits dann vor, wenn die Schuldnerin der Versorgungsansprüche im Zeitpunkt des Abschlusses der Vereinbarung über den Verzicht gegen Abfindungszahlungen bilanziell überschuldet gewesen ist (*BFH* 14.12.2004 – XI R 12/04 – BFH/NV 2005, 1251).

10. Kapitalisierung von Versorgungs-/Rentenansprüchen aufgrund bestehenden Vertragsrechts

113 Keine Entschädigung iSd § 24 Nr. 1 a EStG ist gegeben, wenn der Arbeitgeber von seinem im Versorgungsvertrag festgesetzten Recht Gebrauch macht, laufende Ruhegehaltszahlungen durch Kapitalisierung abzulösen (*BFH* 17.3.1978 – VI R 63/75 – BFHE 124, 543, BStBl II 1978, 375). Die Entschädigungszahlung beruht nicht auf einer neuen Rechts- oder Billigkeitsgrundlage.

11. Kapitalisierung von Versorgungs-/Rentenansprüchen aufgrund bestehenden Wahlrechts oder Wunsch des Arbeitnehmers

114 Werden auf Wunsch eines Arbeitnehmers die künftigen Ruhegehaltsbezüge kapitalisiert, so stellt der Kapitalbetrag keine Entschädigung iSv § 24 Nr. 1 a EStG dar. Die Kapitalisierung ist nicht durch den Arbeitgeber veranlasst worden (*BFH* 13.12.1987 – VI R 168/83 – BFH/NV 1987, 574; 9.7.1992 – XI R 5/91 – BFHE 168, 338, BStBl II 1993, 27).

115 Etwas anderes gilt, wenn der Vereinbarung über die Ruhegehaltsbezüge eine vom Arbeitgeber veranlasste Auflösung des Arbeitsverhältnisses zugrunde lag. Werden einem Arbeitnehmer eine Abfindung und monatliche Übergangsgelder zugesagt und nimmt er in einer späteren Vereinbarung das Angebot des Arbeitgebers an, ihm insgesamt einen Einmalbetrag zu zahlen, so steht das ihm insoweit eingeräumte Wahlrecht auf Kapitalisierung einer begünstigten Besteuerung des Einmalbetrages nach § 34 Abs. 1 EStG nicht entgegen. Entschädigungen, die aus Anlass der Auflösung eines Arbeitsverhältnisses gewährt werden, sind grds. einheitlich zu beurteilen (Grundsatz der Einheitlichkeit der Entschädigung); dementsprechend gehören zur Entschädigung für entgehende Einnahmen sämtliche Leistungen, zu denen sich der Arbeitgeber im Aufhebungsvertrag verpflichtet hat, soweit sie nicht Erfüllung des bisherigen Arbeitsvertrages sind. Eine spätere Vereinbarung zwischen Arbeitgeber und Arbeitnehmer auf Kapitalisierung von Versorgungsansprüchen beinhaltet lediglich eine Veränderung der Auszahlungsmodalitäten der für die Auflösung des Arbeitsverhältnisses zu zahlenden Entschädigung. Eine ursprünglich vereinbarte Entschädigung in Form einer Abfindung und von laufenden monatlichen Teilbeträgen wird ersetzt durch die Auszahlung der Gesamtsumme als Einmalbetrag. Der Entschädigungscharakter der einzelnen Leistungen erfährt dadurch keine Änderung (*BFH* 14.5.2003 – XI R 12/00 – BFHE 203, 38, BStBl II 2004, 449, BFH/NV 2003, 1630).

12. Kapitalisierung von Rentenansprüchen nach § 8 Abs. 2 BetrAVG

116 Eine Entschädigungszahlung iSv § 24 Nr. 1 a EStG liegt auch dann vor, wenn der Arbeitnehmer von einem Pensions-Sicherungsverein aufgrund der Pensionszusage des Arbeitgebers nach § 8 Abs. 2 BetrAVG eine Pensionsabfindung erhält (*BFH* 25.8.1993 – XI R 8/93 – BFHE 172, 338, BStBl II 1994, 167). Die nach § 24 Nr. 1 a EStG erforderliche neue Rechtsgrundlage kann nicht nur durch eine Vertragsänderung geschaffen werden, sondern auch durch Erfüllung eines gesetzlich geregelten Tatbestandes herbeigeführt werden. So wird durch Eintritt der Insolvenz des Arbeitgebers die Anwendung des § 8 Abs. 2 BetrAVG die Möglichkeit zur Abfindung begründet. Diese Möglichkeit ist nicht als Erfüllung einer Leistung im Rahmen des bisherigen Schuldverhältnisses zu beurteilen, denn der Träger der Insolvenz-Versicherung hat das Recht, durch einseitige Willenserklärung die Kapitalisierung durchzusetzen, ohne dass der Begünstigte sich dem widersetzen könnte.

13. Karenzentschädigung

Die einem Arbeitnehmer im Arbeitsvertrag für eine Wettbewerbsenthaltung nach Vertragsbeendigung zugesagte Karenzentschädigung ist eine Entschädigung iSv § 24 Nr. 1 b EStG (*BFH* 13.2.1987 – VI R 230/83 – BFHE 149, 182, BStBl II 1987, 386). Wenn auch der Arbeitnehmer sich von vornherein im Arbeitsvertrag verpflichtet hat, für die Zeit nach Beendigung des Arbeitsverhältnisses eine bestimmte Tätigkeit in einem bestimmten Gebiet für eine festgelegte Zeit nicht auszuüben und der Arbeitgeber hierfür eine Abfindung zahlt, so ist diese Zahlung gleichwohl eine Entschädigung iSd § 24 Nr. 1 EStG, weil für das Vorliegen der Voraussetzungen des § 24 Nr. 1 b EStG eine neue Rechts- oder Billigkeitsgrundlage nicht erforderlich ist. 117

Die Beendigung des Arbeitsverhältnisses bringt es mit sich, dass die Zahlung einer Karenzentschädigung mit der einer Abfindung wegen Auflösung des Arbeitsverhältnisses zusammenfallen kann, möglicherweise sogar beide in einem Betrag gezahlt werden. Aus den zwischen Arbeitgeber und Arbeitnehmer getroffenen zivilrechtlichen Vereinbarungen ist dann zu beurteilen, welcher Betrag auf die steuerfreie Entlassungsabfindung entfällt und in welcher Höhe die steuerpflichtige Karenzentschädigung gezahlt worden ist.

Auch das Entgelt, das für die Einhaltung eines **umfassenden** Wettbewerbsverbots gezahlt wird und deswegen den sonstigen Einkünften nach § 22 Nr. 3 EStG zugeordnet wird, ist eine Entschädigung iSd § 24 Nr. 1 b EStG (*BFH* 12.6.1996 – XI R 43/94 – BFHE 180, 433, BStBl II 1996, 516).

14. Nutzungsrecht

Eine Entschädigung iSv § 24 Nr. 1 a EStG kann auch dann vorliegen, wenn Arbeitgeber und Arbeitnehmer anlässlich der Kündigung des Arbeitsverhältnisses durch den Arbeitgeber die Übertragung eines Grundstücks an den Arbeitnehmer zu einem wegen des bestehenden Wohnrechts des Arbeitnehmers in Höhe des Kapitalwerts des Wohnrechts geminderten Kaufpreis vereinbaren. Der hierin liegende geldwerte Vorteil ist als Entschädigung iSv § 24 Nr. 1 a EStG anzusehen (*BFH* 22.1.1988 – VI R 135/84 – BFHE 152, 461, BStBl II 1988, 525). 118

15. Optionsrecht

Eine Entschädigung iSv § 24 Nr. 1 b EStG liegt auch dann vor, wenn ein Arbeitnehmer aufgrund arbeitsvertraglicher Regelungen von seinem Optionsrecht, gegen Zahlung einer Abfindung aus dem Arbeitsverhältnis auszuscheiden, Gebrauch macht (*BFH* 8.8.1986 – VI R 28/84 – BFHE 147, 370, BStBl II 1987, 106). 119

16. Pensionsabfindung

Siehe Anwartschaften Rz 99–101 und Kapitalisierung von Versorgungs-/Rentenansprüchen Rz 110–116. 120

17. Streikunterstützung

Siehe Aussperrungsunterstützung Rz 103. 121

18. Tagegelder

Die aus einer Unfallversicherung an die Erben eines tödlich verunglückten Arbeitnehmers zum Ausgleich der Einnahmeausfälle gezahlten Tagegelder stellen Entschädigungszahlungen iSv § 24 Nr. 1 a EStG dar (*BFH* 13.4.1976 – VI R 216/72 – BFHE 119, 247, BStBl II 1976, 694). 122

19. Todesfall-Versicherung

Siehe Insassen-Unfallversicherung Rz 106. 123

20. Vorruhestandsgeld

Vorruhestandsgelder, die auf Grund eines Manteltarifvertrages vereinbart werden, sind Teil der Entschädigung für den Verlust des Arbeitsplatzes. Für die Annahme einer Entschädigung in diesem Sinne muss die an die Stelle der bisherigen Einnahmen tretende Ersatzleistung auf einer neuen Rechts- oder Billigkeitsgrundlage beruhen. Es reicht nicht aus, wenn die bisherige vertragliche Basis bestehen ge- 124 blieben ist und sich nur Zahlungsmodalitäten geändert haben. Für die Frage ab wann vertragliche Ansprüche nicht mehr auf der alten Rechtsgrundlage entstehen können, ist dabei von dem Zeitpunkt auszugehen, zu dem Arbeitgeber und Arbeitnehmer das Dienstverhältnis wirksam beendet haben. Eine Zahlung beruht auch dann – verglichen mit dem bisherigen Anspruch auf Erfüllung von Gehaltsforderungen – auf einem neuen Rechtsgrund und stellt damit eine Ersatzleistung dar, wenn sie bereits im Arbeitsvertrag oder in einem Tarifvertrag für den Fall der betriebsbedingten Kündigung des Arbeitsverhältnisses vereinbart wird (*BFH* 16.6.2004 – XI R 55/03 – BFHE 206, 544, BStBl II 2004, 1055, BFH/NV 2004, 1705).

21. Wettbewerbsverbot
125 Siehe Karenzentschädigung Rz 117.

22. Wiedereinstellung
126 Schadensersatz, der einem Steuerpflichtigen infolge einer schuldhaft verweigerten Wiedereinstellung zufließt, ist eine Entschädigung iSd § 24 Nr. 1 a EStG, die bei zusammengeballtem Zufluss tarifbegünstigt zu besteuern ist. Dies gilt sowohl bei Vorliegen einer vertraglichen Vereinbarung eines Ersatzanspruches bei Verweigerung der Wiedereinstellung als auch auf der Grundlage der Wiedereinstellungsklausel iVm den gesetzlichen Erfüllungsvorschriften nach BGB. Es ist im Rahmen des § 24 Nr. 1 a EStG irrelevant, ob Ersatzansprüche vertraglich oder gesetzlich begründet sind (*BFH* 6.7.2005 – XI R 46/04 – BFHE 210, 498, BStBl II 2006, 55, BFH/NV 2006, 158).

Hochschulrahmengesetz (HRG)

i.d.F. der Bekanntmachung vom 19. Januar 1999 (BGBl. I S. 18).
Zuletzt geändert durch Art. 2 des Gesetzes zur Einführung des Elterngeldes
vom 5. Dezember 2006 (BGBl. I S. 2748)

Vorangehende Gesetzesänderungen: Sechstes und Siebtes Gesetz zur Änderung des Hochschulrahmengesetzes vom 8. August 2002 (BGBl. I S. 3138)und vom 28. August 2004 (BGBl. I S. 2298) sowie Gesetz zur Änderung dienst- und arbeitsrechtlicher Vorschriften im Hochschulbereich (HdaVÄndG) vom 27. Dezember 2004 (BGBl. I 2004 S. 3835)

– Auszug –

Geltende Fassung bis zum 27.7.2004 (BVerfG 27.7.2004 – 2 BvF 2/02):

§ 21 Doktorandinnen und Doktoranden
(1) Personen, die eine Doktorarbeit anfertigen, werden nach Maßgabe des Landesrechts als Doktorandinnen und Doktoranden der Hochschule eingeschrieben, an der sie promovieren wollen.
(2) ...
(3) ...
(4) ...

§ 47 Einstellungsvoraussetzungen für Juniorprofessorinnen und Juniorprofessoren Einstellungsvoraussetzungen für Juniorprofessorinnen und Juniorprofessoren sind neben den allgemeinen dienstlichen Voraussetzungen
1. ein abgeschlossenes Hochschulstudium,
2. pädagogische Eignung,
3. besondere Befähigung zu wissenschaftlicher Arbeit, die in der Regel durch die herausragende Qualität einer Promotion nachgewiesen wird.

Juniorprofessorinnen und Juniorprofessoren mit ärztlichen, zahnärztlichen und tierärztlichen Aufgaben sollen zusätzlich die Anerkennung als Fachärztin oder Facharzt nachweisen, soweit für das betreffende Fachgebiet nach Landesrecht eine entsprechende Weiterbildung vorgesehen ist. § 44 Abs. 3 Satz 1 gilt entsprechend. Sofern vor oder nach Promotion eine Beschäftigung als wissenschaftliche Mitarbeiterin oder wissenschaftlicher Mitarbeiter oder als wissenschaftliche Hilfskraft erfolgt ist, sollen Promotions- und Beschäftigungsphase zusammen nicht mehr als sechs Jahre, im Bereich der Medizin nicht mehr als neun Jahre betragen haben. Verlängerungen nach § 57b Abs. 4 Nr. 1 und Nr. 3 bis 5 bleiben hierbei außer Betracht. § 57b Abs. 2 Satz 1 gilt entsprechend.

§ 48 Dienstrechtliche Stellung der Juniorprofessorinnen und Juniorprofessoren (1) Für Juniorprofessorinnen und Juniorprofessoren ist ein zweiphasiges Dienstverhältnis vorzusehen, das insgesamt nicht mehr als sechs Jahre betragen soll. Eine Verlängerung für die zweite Phase soll erfolgen, wenn die Juniorprofessorin oder der Juniorprofessor sich als Hochschullehrerin oder Hochschullehrer bewährt hat; andernfalls kann das Dienstverhältnis um bis zu einem Jahr verlängert werden.
(2) Werden Juniorprofessorinnen oder Juniorprofessoren zu Beamten auf Zeit ernannt, so gelten, soweit dieses Gesetz nichts anderes bestimmt, die Vorschriften für die Beamtinnen und Beamte auf Lebenszeit entsprechend.

Geltende Fassung bis zum 27.7.2004:

§ 48 Dienstrechtliche Stellung der Juniorprofessorinnen und Juniorprofessoren
(1) Juniorprofessorinnen und Juniorprofessoren werden für die Dauer von 3 Jahren zu Beamtinnen oder Beamten auf Zeit ernannt. Das Beamtenverhältnis der Juniorprofessorin oder des Juniorprofessors soll mit ihrer oder seiner Zustimmung im Laufe des dritten Jahres um weitere drei Jahre verlängert werden, wenn sie oder er sich als Hochschullehrerin oder Hochschullehrer bewährt hat ; anderenfalls kann das Beamtenverhältnis mit Zustimmung der Juniorprofessorin oder des Juniorprofessors um bis zu einem Jahr verlängert werden. Eine weitere Ver-

längerung ist abgesehen von den Fällen des § 50 Abs. 3 nicht zulässig; dies gilt auch für eine erneute Einstellung als Juniorprofessorin oder Juniorprofessor. Ein Eintritt in den Ruhestand mit Ablauf der Dienstzeit ist ausgeschlossen.
(2) Soweit dieses Gesetz nichts anderes bestimmt, gelten für die Juniorprofessorinnen und Juniorprofessoren die Vorschriften für Beamtinnen und Beamte auf Lebenszeit entsprechend.
(3) Für Juniorprofessorinnen und Juniorprofessoren kann auch ein Angestelltenverhältnis begründet werden. In diesem Fall gilt Abs. 1 entsprechend.
...

§ 53 Wissenschaftliche und künstlerische Mitarbeiterinnen und Mitarbeiter
(1) Wissenschaftliche Mitarbeiterinnen und Mitarbeiter sind die Beamtinnen, Beamten und Angestellten, denen wissenschaftliche Dienstleistungen obliegen. Im Bereich der Medizin gehören zu den wissenschaftlichen Dienstleistungen auch Tätigkeiten in der Krankenversorgung. In begründeten Fällen kann wissenschaftlichen Mitarbeiterinnen und Mitarbeitern auch die selbständige Wahrnehmung von Aufgaben in Forschung und Lehre übertragen werden.
(2) Soweit befristet beschäftigten wissenschaftlichen Mitarbeiterinnen und Mitarbeitern Aufgaben übertragen werden, die auch der Vorbereitung einer Promotion oder der Erbringung zusätzlicher wissenschaftlicher Leistungen förderlich sind, soll ihnen im Rahmen ihrer Dienstaufgaben ausreichend Gelegenheit zu eigener wissenschaftlicher Arbeit gegeben werden.
(3) Einstellungsvoraussetzung für wissenschaftliche Mitarbeiterinnen und Mitarbeiter ist neben den allgemeinen dienstrechtlichen Voraussetzungen grundsätzlich ein abgeschlossenes Hochschulstudium.
(4) Die Absätze 1 und 2 gelten für künstlerische Mitarbeiterinnen und Mitarbeiter entsprechend.

Geltende Fassung bis zum 27.7.2004:

§ 53 Wissenschaftliche und künstlerische Mitarbeiterinnen und Mitarbeiter
(1) Wissenschaftliche Mitarbeiterinnen und Mitarbeiter sind die Beamtinnen, Beamten und Angestellten, denen wissenschaftliche Dienstleistungen obliegen. Im Bereich der Medizin gehören zu den wissenschaftlichen Dienstleistungen auch Tätigkeiten in der Krankenversorgung. Soweit wissenschaftliche Mitarbeiterinnen und Mitarbeiter Hochschullehrerinnen oder Hochschullehrern zugeordnet sind, erbringen sie ihre wissenschaftlichen Dienstleistungen unter deren fachlicher Verantwortung und Betreuung. In begründeten Fällen kann wissenschaftlichen Mitarbeiterinnen und Mitarbeitern auch die selbständige Wahrnehmung von Aufgaben in der Forschung und Lehre übertragen werden.
(2) Wissenschaftlichen Mitarbeiterinnen und Mitarbeiter, die befristet beschäftigt werden, können Aufgaben übertragen werden, die auch der Vorbereitung einer Promotion oder der Erbringung zusätzlicher wissenschaftlicher Leistungen förderlich sind. Ihnen soll im Rahmen ihrer Dienstaufgaben ausreichend Gelegenheit zu eigener wissenschaftlicher Arbeit gegeben werden.
(3) Einstellungsvoraussetzung für wissenschaftliche Mitarbeiterinnen und Mitarbeiter ist neben den allgemeinen dienstrechtlichen Voraussetzungen in der Regel ein abgeschlossenes Hochschulstudium.
(4) Die Absätze 1 und 2 gelten für künstlerische Mitarbeiterinnen und Mitarbeiter entsprechend.
...

§ 57a Befristung von Arbeitsverträgen
(1) Für den Abschluss von Arbeitsverträgen für eine bestimmte Zeit (befristete Arbeitsverträge) mit wissenschaftlichen und künstlerischen Mitarbeiterinnen und Mitarbeitern sowie mit wissenschaftlichen und künstlerischen Hilfskräften gelten die §§ 57b und 57c. Von diesen Vorschriften kann durch Vereinbarung nicht abgewichen werden. Durch Tarifvertrag kann für bestimmte Fachrichtungen und Forschungsbereiche von den in § 57b vorgesehenen Fristen abgewichen und die Anzahl der zulässigen Verlängerungen befristeter Arbeitsverträge festgelegt werden. Im Geltungsbereich eines solchen Tarifvertrages können nicht tarifgebundene Vertragsparteien die Anwendung der tariflichen Regelung vereinbaren. Die arbeitsrechtlichen Vorschriften und Grundsätze über befristete Arbeitsverträge und deren Kündigung sind anzuwenden, soweit sie den Vorschriften der §§ 57b bis 57e nicht widersprechen.
(2) Unberührt bleibt das Recht der Hochschulen, das in Abs. 1 bezeichnete Personal auch in unbefristeten Arbeitsverhältnissen zu beschäftigen.

Befristung von Arbeitsverträgen § 57a HRG

Literatur

Zur Rechtslage bis 1985 und von 1985 bis 22.2.2002 vgl. Nachweise in der 7. Auflage.

Zur Rechtslage ab 31.12.2004
Fritz, B. Neues Tarifrecht für den öffentlichen Dienst, ZTR 2006, 2; *Knopp* Die »Juniorprofessur« auf dem Prüfstand des Bundesverfassungsgerichts, ZBR 2005, 145. *Kortstock* Auswirkungen des BVerfG-Urteils zur Juniorprofessur auf die Befristung von Arbeitsverträgen nach dem Hochschulrahmengesetz, ZTR 2004, 558; *Krausnick* Aus dem Rahmen gefallen: Die Hochschulgesetzgebung des Bundes vor dem Aus?, DÖV 2005, 902; *Löwisch* Befristungen im Hochschulbereich – Rechtslage nach dem Urteil des BVerfG zum Juniorprofessor, NZA 2004, 1065; *ders.* Die gesetzliche Reparatur des Hochschulbefristungsrechts, NZA 2005, 321; *Müller, O.* Befristete Arbeitsverträge nach der Entscheidung des BVerfG vom 27. Juli 2004, ArbuR 2004, 401; *Preis* Verfassungswidrigkeit der HRG-Novelle – Kontraproduktive Folgen der Nichtigkeit der Befristungsregeln, NJW 2004, 2782; *Scheel/Schenk* Befristete Arbeitsverhältnisse an Hochschulen – Lösung durch den Gesetzgeber, ZTR 2004, 614.
Vergleiche ferner die Angaben vor § 620 BGB und vor § 1 TzBfG.

Inhaltsübersicht

	Rz			Rz
A. Ziel und Inhalt des Gesetzes	1–22	II.	Sonstiges Hochschulpersonal	40–46
I. Befristung an Hochschulen und			1. Personal mit ärztlichen Aufgaben	40–42
Forschungseinrichtungen	1–11		2. Lehrkräfte für besondere	
1. HFVG vom 14.6.1985	1–4		Aufgaben (§ 56 HRG)	43, 44
2. HRG vom 16.2.2002	5–11		3. Verwaltungskräfte und technisches Personal	45
a) Neues Befristungskonzept	5–9		4. Zeitbeamte	46
aa) Befristungshöchstdauer anstelle von Sachgrundprüfung	5–8	C.	Befristeter Arbeitsvertrag (§ 57a Abs. 1 S. 1 und 5 HRG)	47
bb) Eindämmung von Nichtanrechnungsmöglichkeiten	9	D.	Zweiseitig zwingendes Gesetzesrecht	48–55
		I.	Verbot vertraglicher Abweichung	
b) Beschränkte Tarifdispositivität	10, 11		(§ 57a Abs. 1 S. 2 HRG)	48, 49
3. HRG vom 27.12.2004	12–18	II.	Öffnung für tarifliche Regelungen	
a) Entscheidung des BVerfG vom 27.7.2004	12–14		(§ 57a Abs. 1 S. 3)	50–54
			1. Fachrichtungen und Forschungsbereiche	50
b) Gesetz zur Änderung dienst- und arbeitsrechtlicher Vorschriften im Hochschulbereich (HdaVÄndG)	15–18		2. Befristungsdauer	51
			3. Anzahl der Verlängerungen	52
			4. Sonderregelung BAT SR 2y/TVöD	53, 54
II. Europa- und verfassungsrechtliche Grundlagen	19–27	III.	Arbeitsvertragliche Inbezugnahme tariflicher Abweichungen	
1. Richtlinie 1999/70/EG	19–21		(§ 57a Abs. 1 S. 4 HRG).	55
2. Spannungsfeld Wissenschaftsfreiheit -Tarifautonomie- Bestandsschutz	22–24	E.	Verhältnis zu anderen arbeitsrechtlichen Regelungen	56–64
		I.	Konkurrenzen zum HRG	56–61
3. Gesetzgebungskompetenz	25–27		1. Verhältnis zum TzBfG	56–58
B. Geltungsbereich	28–46		2. Verhältnis zum BEEG/BErzGG	59
I. Erfasster Personenkreis	28–39		3. Sonstige Regelungen	60, 61
1. Hochschullehrer, wissenschaftliche und künstlerische Mitarbeiter (§ 53 HRG)	28–35	II.	Anwendung arbeitsrechtlicher Vorschriften und Grundsätze über befristete Arbeitsverträge und ihre Kündigung	
a) Hochschulen	28–33			
b) Forschungseinrichtungen (§ 57d HRG)	34, 35		(§ 57a Abs. 1 S. 5 HRG)	62–64
2. Wissenschaftliche Hilfskräfte	36, 37	F.	Abschluss unbefristeter Arbeitsverträge (§ 57a Abs. 2)	65, 66
3. Studentische Hilfskräfte (§ 57e HRG)	38, 39			

A. Ziel und Inhalt des Gesetzes
I. Befristung an Hochschulen und Forschungseinrichtungen
1. HFVG vom 14.6.1985

1 Durch Art. 1 des Gesetzes über befristete Arbeitsverträge mit wissenschaftlichem Personal an Hochschulen und Forschungseinrichtungen v. 14.6.1985 (HFVG, BGBl. I S. 1065) sind die §§ 57a bis f und § 70 Abs. 6 in das Hochschulrahmengesetz (HRG) eingefügt worden. Das Gesetz sollte die Leistungsfähigkeit der Hochschulen und außeruniversitären Forschungseinrichtungen dadurch stärken, dass die Möglichkeiten der befristeten Beschäftigung von Mitarbeitern mit wissenschaftlichen, künstlerischen und ärztlichen Aufgaben abgesichert und erweitert werden konnten (Begr. RegE, BT-Drs. 10/2283, S. 1). Als **Hemmnis** wurde insoweit die **arbeitsgerichtliche Rechtsprechung zur Befristungskontrolle** empfunden, die nach Auffassung des Gesetzgebers den spezifischen Belangen von Wissenschaft und Forschung nicht hinreichend Rechnung getragen habe (vgl. BT-Drs. 10/3119, S. 1). Insbesondere Rechtsprechungserkenntnisse zur Befristung von aus Drittmitteln finanzierten Arbeitsverhältnissen lösten die Kritik maßgeblicher Wissenschaftsorganisationen aus (*Kersten* DÖD 2002, 683 mwN). Als weitere Hürde wurde der tarifliche Befristungsrahmen des SR 2y BAT erkannt. Die 1985 getroffene gesetzliche **Neuregelung** sollte deshalb die **personelle Erneuerungsfähigkeit sichern**, die Heranbildung wissenschaftlichen Nachwuchses fördern und der wachsenden **Bedeutung der mit Mitteln Dritter finanzierter Forschung** gerecht werden (vgl. *Löwisch* WissR 1992, 56).

2 Um der Kritik gerecht zu werden, schuf der Gesetzgeber einen **Katalog wissenschafts- und forschungsspezifischer Sachgründe**, die **zweiseitig zwingend** ausgestaltet waren, bestehende tarifvertragliche Regelungen daher verdrängten und neue abweichende tarifliche Regelungen nicht zuließen. Die damit verbundenen **Eingriffe in die Tarifautonomie** (Art. 9 Abs. 3 GG) hat das *BVerfG* als durch hinreichend gewichtige, grundrechtlich geschützte Belange für gerechtfertigt gehalten (24.4.1996 EzA Art. 9 GG Nr. 61). Als gegenüber der Koalitionsfreiheit vorrangige Belange hat das BVerfG die in Art. 5 Abs. 3 GG geschützte **Freiheit der Wissenschaft und Forschung** bewertet, die dem Gesetzgeber gestatte, mit tariffesten gesetzlichen Befristungsregelungen die **Leistungs- und Funktionsfähigkeit der Hochschul- und Forschungseinrichtungen** zu erhalten und zu verbessern. Die erforderliche Regelung sei den Gewerkschaften auch konkret zumutbar gewesen, da sie sich nicht im Schwerpunkt eines tarifvertraglichen Handlungsfeldes wie etwa der Arbeitsentgelte oder anderer materieller Arbeitsbedingungen bewege (vgl. näher dazu *Lipke* KR, 5. Aufl. § 57a HRG Rz 8 – 10 mwN).

3 Art. 2 HFVG regelte in einem besonderen »**Gesetz über befristete Arbeitsverträge mit wissenschaftlichem Personal an Forschungseinrichtungen**« (FFVG) eine entsprechende Anwendung der §§ 57a S. 2 und 57b – 57f HRG aF bei Abschluss befristeter Arbeitsverträge mit wissenschaftlichem Personal und Personal mit ärztlichen Aufgaben an staatlichen sowie überwiegend staatlich oder auf der Grundlage von Art. 91b GG finanzierten Forschungseinrichtungen.

4 Durch das am 25.8.1998 in Kraft getretene **4. Gesetz zur Änderung des HRG v. 20.8.1998** (BGBl. I S. 2190) wurden u.a. die **Befristungsmöglichkeiten für Lektoren** neu geregelt, da § 57 Abs. 3 in der vorherigen Fassung mit Art. 39 Abs. 2 EGV (vormals Art. 48 Abs. 2) unvereinbar war (*EuGH* 20.10.1993 EzA § 620 BGB Nr. 122; vgl. *Lipke* KR, 5. Aufl. § 57b HRG Rz 44a ff.; APS-*Schmidt* 1. Aufl. § 57b aF Rz 30 ff.; KDZ-*Däubler* 4. Aufl. § 57b aF Rz 23). Von daher konnten nach der Gesetzesänderung Arbeitsverhältnisse dieser Personen nur noch nach den Sachgründen des § 57b Abs. 2 HRG aF oder nach einem nach allgemeinen Grundsätzen zulässigen Sachgrund befristet werden (*BAG* 12.2.1997 EzA § 620 BGB Hochschulen Nr. 11; *Hänlein* NZA 1999, 517; *Dörner* ArbRBGB § 620 Rz 399 ff.). Ferner wurden die Regelungen zur Anwendung von Zeitverträgen in § 57c Abs. 3 aF geändert. Während zuvor die Promotionsvorbereitung nur dann nicht zur Anrechnung auf die Höchstdauer der Befristung führte, wenn sie im Wege der Freistellung für einen Teil der Arbeitszeit oder durch Übertragung von Dienstaufgaben erfolgte, die dem Promotionsvorhaben dienlich sein konnten (vgl. *BAG* 20.9.1995 EzA § 620 BGB Hochschulen Nr. 1; 15.1.1997 EzA § 620 BGB Hochschulen Nr. 12), stellte der Gesetzgeber mit der Neuregelung in § 57c Abs. 3 aF nunmehr klar, dass eine **Anrechnung auch dann nicht** stattfinden sollte, wenn dem Arbeitnehmer nur **außerhalb seiner Arbeitszeit Gelegenheit zur Promotionsvorbereitung** eingeräumt wird (BT-Drs. 13/8796 S. 29). Damit sollte vermieden werden, dass eine Nichtanrechnung allein deshalb nicht erfolgen konnte, weil der Mitarbeiter sein Promotionsvorhaben nicht nur während, sondern auch außerhalb der Arbeitszeit betrieben hat (KDZ-*Däubler* § 57c aF Rz 11; anders noch *LAG Köln* 18.1.1996 ZTR 1996, 276). Mit diesen Änderungen des 4. Änderungsgesetzes zum HRG galt der **sachgrundbezogene Befristungskatalog** des HRG aF in der **Neufassung des Gesetzes v.**

19.1.1999 (BGBl. I S. 18) **bis zum 22.2.2002**. Für die bis zu diesem Zeitpunkt abgeschlossenen befristeten Arbeitsverträge bleibt es bis zu deren Ablauf bei der **Anwendung alten Rechts**. Insoweit kann auf die Erl. zum HRG bei *Lipke* KR, 5. Aufl. verwiesen werden (vgl auch die Übersicht bei *Dörner* Befr. Arbeitsvertrag Rz 758 ff. und die Ausführungen bei *Lipke* KR, 5. Aufl. zu § 57f HRG).

2. HRG vom 16.2.2002

a) Neues Befristungskonzept

aa) Befristungshöchstdauer anstelle von Sachgrundprüfung

Mit dem **5. Gesetz zur Änderung des Hochschulrahmengesetzes v. 16.2.2002** (BGBl. I S. 693) hat der Gesetzgeber mit Wirkung vom 23.2.2002 eine grundlegende Änderung der Befristungsvorschriften für Arbeitsverträge im Hochschulbereich und im Bereich der Forschungseinrichtungen vorgenommen. Das **konzeptionell völlig neu angelegte Befristungsrecht** ist dabei Teil einer umfassenden Reform des Dienst- und Besoldungsrechts im gesamten Hochschulbereich, die zum Ziel hat, die **Leistungs- und Innovationsfähigkeit des Wissenschafts- und Forschungssystems** zu stärken und die **Wettbewerbsfähigkeit** der deutschen Hochschul- und Forschungslandschaft auch **im internationalen Vergleich zu sichern** (BT-Drs. 14/6853 S. 14).

Die Bundesregierung hatte im Bereich der Hochschulen und insbes. des Hochschuldienstrechts folgende **zentrale Probleme** erkannt:

– Die lange Qualifikationsdauer des wissenschaftlichen Nachwuchses;
– die im internationalen Vergleich unzureichende Selbständigkeit der Postdoktorandinnen und Postdoktoranden, die in der Regel bis zur Habilitation oder einer entsprechenden Qualifizierung in Abhängigkeit von der jeweiligen Institutsleitung arbeiten;
– das hohe Erstberufungsalter von Professorinnen und Professoren;
– das Übergewicht der Altersstufen gegenüber den auf Leistung abstellenden Elementen der Professorenbesoldung;
– unzureichende Möglichkeiten, Leistungsgesichtspunkten bei der Gewinnung von Wissenschaftlerinnen und Wissenschaftlern Rechnung tragen zu können;
– fehlende Leistungsanreize in der Professorenbesoldung, insbes. für ein Engagement in der Lehre (BT-Drs. 14/6853, S. 14).

Im **Juli 1999** hat deshalb das Bundesministerium für Bildung und Forschung (BMBF) eine **Expertenkommission »Reform des Hochschuldienstrechts«** berufen. Im Rahmen der Arbeit dieser Expertenkommission wurde von *Dieterich / Preis* ein **Gutachten zu den bisherigen Befristungsregelungen des Hochschulrahmenrechts** erstellt, das einen Vorschlag für eine Neuregelung enthielt, welche sich in die Konzeption der geplanten Gesamtreform des Hochschulrechts einpasste (*Dieterich / Preis* Befristete Arbeitsverhältnisse in Wissenschaft und Forschung, Konzept einer Neuregelung im HRG, 2001). Eckpunkte der Reform des Hochschulrechts waren:

– Einführung einer **Juniorprofessur** mit dem Recht zu selbständiger Forschung und Lehre als neuer Weg zur Professur an Universitäten und gleichgestellten Hochschulen;
– ausschließliche und umfassende Bewertung der für die Berufung auf eine Professur erforderlichen wissenschaftlichen Leistungen im Berufungsverfahren unter **Verzicht auf die Habilitation**;
– Eröffnung des Karrierewegs an der eigenen Hochschule durch **Begrenzung des Hausberufungsverbots**;
– Einführung eines **Doktorandenstatus**;
– **völlige Neugestaltung der Regelungen über die befristete Beschäftigung von wissenschaftlichen und künstlerischen Mitarbeiterinnen und Mitarbeitern sowie wissenschaftlichen und künstlerischen Hilfskräften.**

Zentrales Anliegen der Hochschulreform ist hierbei die **Neuordnung des Qualifikationswegs für Hochschullehrer**, vor allem die Einführung einer bis dahin nicht bekannten »Juniorprofessur« (§§ 47, 48 HRG aF) sowie eine Umstrukturierung der Professorenbesoldung (Gesetz zur Reform der Professorenbesoldung v. 16.2.2002 BGBl. I S. 686). Damit einher geht die **Abschaffung der bisher geläufigen Personalkategorien der Oberassistenten, Oberingenieure und Hochschuldozenten sowie der wissenschaftlichen und künstlerischen Assistenten**, so dass nur die im Beamten- oder Angestelltenverhältnis beschäftigten wissenschaftlichen und künstlerischen Mitarbeiterinnen und Mitarbeiter in Zu-

§ 57a HRG Befristung von Arbeitsverträgen

kunft übrig bleiben (§ 53 HRG). Zu den wissenschaftlichen und künstlerischen Mitarbeiterinnen und Mitarbeitern an Forschungseinrichtungen vgl. die Erl. zu § 57d HRG.

8 Auf der Grundlage des bereits oben zitierten Reformvorschlags von *Dieterich* und *Preis* straffte der Gesetzgeber den Qualifikationsweg der Hochschullehrer und des sog. »Mittelbaus« an Universitäten und Forschungseinrichtungen und **definierte** das bisherige an Sachgründen ausgerichtete **Zeitvertragsmodell völlig neu.**. Bei den nunmehr auf die befristeten Arbeitsverträge mit wissenschaftlichen und künstlerischen Mitarbeitern und Mitarbeiterinnen (§ 53 HRG) sowie mit wissenschaftlichen und künstlerischen Hilfskräften beschränkten Sonderregelungen nach §§ 57a ff. HRG wurde und wird **unterstellt, dass zum einen ihre Beschäftigung der eigenen Aus-, Fort- und Weiterbildung dient und zum anderen der regelmäßige Austausch des Personals zur Sicherung der Innovation in Forschung und Lehre an den Hochschulen notwendig ist** (BT-Drs. 14/6853 S. 30). An die Stelle eines Sachgrundkatalogs, der teleologisch uneinheitliche und nicht scharf von einander zu trennende Befristungstatbestände vorsah (*Dieterich / Preis* S. 113), tritt nunmehr eine **gestaffelte Höchstbefristung von Zeitarbeitsverträgen** (*Dörner* Befr. Arbeitsvertrag, Rz 631, 662; ErfK-*Müller-Glöge* 4. Aufl., § 57a HRG Rz 8. Die nicht mehr an einzelne Sachgründe gebundene Befristung mit Befristungshöchstgrenzen vermeidet mannigfache Auslegungs- und Abgrenzungsstreitigkeiten, die eine Flut von arbeitsgerichtlichen Entscheidungen auslösten; **schafft** damit **Rechtssicherheit und entlastet infolge dessen die Hochschulverwaltungen** von überflüssiger Personalarbeit (*Preis / Hausch* NJW 2002, 928f.). Die neue Befristungsregelung baute dabei auf der **Erkenntnis des BVerfG v. 24.4.1996** (EzA Art. 9 GG Nr. 61 m. zust. Anm. *Müller / Thüsing*) auf, dass es **im Hochschul- und Wissenschaftsbereich** eine **ständige Fluktuation** braucht, um einen laufenden Zustrom junger Wissenschaftler und neuer Ideen zu gewährleisten, weil ansonsten die Forschung erstarren würde. Um zu sichern, dass vorhandene **Stellen** »unmittelbar« **nicht auf Dauer besetzt** und damit dem wissenschaftlichen Nachwuchs entzogen bleiben, soll deshalb **ohne Sachgrundbenennung** eine zeitliche Höchstbefristung genügen, um bestimmte Qualifikationsstufen zu erreichen. Dafür sieht das neue Befristungsrecht **zwei Zeitphasen** vor. Die **erste Zeitphase** umfasste eine Dauer von **bis zu sechs Jahren**, in der wissenschaftliche und künstlerische Mitarbeiterinnen und Mitarbeiter bzw. Hilfskräfte ohne weiteren Sachgrund wissenschaftliche oder künstlerische Leistungen erbringen, dabei aber im **Regelfall** den **Abschluss einer Promotion** anstreben. Nach Abschluss einer Promotion war dann **wiederum eine befristete Beschäftigung bis zur Dauer von sechs Jahren**, im Bereich der **Medizin bis zu einer Dauer von neun Jahren** (sog. **Post-Doc-Phase**) erlaubt, die dazu diente zu entscheiden, ob sich der wissenschaftliche Mitarbeiter als **Juniorprofessor** oder in vergleichbarer Qualifizierung bewährt hat und sich für eine **Lebenszeitprofessur** empfiehlt. Die maximal auf zwölf bzw. fünfzehn Jahre (Medizin) angelegte doppelte Befristung lässt sich in einer **Übersicht** deshalb wie folgt darstellen:

Neugestaltung des Qualifikationsweges der Hochschullehrer an Universitäten

bisheriges Schema		neues Schema		
Professor/in	Professor/in			
Habilitation (Assistent/in oder wiss. Mitarbeiter/in)	Junior-professor/in max. 6 Jahre	wiss. Mitarbeiter/in	wiss. Tätigkeit außerhalb der Uni oder im Ausland	berufliche Tätigkeit
	Post-Doc-Phase max. 2 bis 3 Jahre			
Promotion	Promotion max 4 Jahre	Promotion		
Studienabschluss	Studienabschluss			

bb) Eindämmung von Nichtanrechnungsmöglichkeiten

9 Um die Qualifikationsphase mit befristeten Verträgen nicht über das gebotene Maß hinaus zu verlängern, werden **auf die zulässige Befristungshöchstdauer alle befristeten Arbeitsverhältnisse** mit mehr als einem Viertel der regelmäßigen Arbeitszeit, die mit einer deutschen Hochschule oder einer Forschungseinrichtung iSd § 57d HRG aF abgeschlossen wurden sowie **Privatdienstverträge** (§ 57c

HRG), entsprechende **Beamtenverhältnisse auf Zeit** und schließlich sogar **Promotionszeiten** während der Befristung als auch vor Abschluss der Erstausbildung **angerechnet**. Damit wollte der Gesetzgeber die in der Vergangenheit häufig geübte **Ausnutzung »funktionswidriger Kombinationsmöglichkeiten«**, zB durch Auskoppelung der Promotionszeiten (§ 57c Abs. 3 aF) und Wechsel der Hochschule oder Forschungseinrichtung (§ 57c Abs. 2 S. 2 aF; »derselben Hochschule«) **zukünftig unterbinden**. Ebenso waren nunmehr anders als nach früherem Recht § 57c Abs. 5 S. 1 aF auch die **Beschäftigungszeiten als wissenschaftliche oder künstlerische Hilfskraft** in die Befristungshöchstdauer einzurechnen (BT-Drs. 14/6853 S. 32). Keine Rolle spielte es ferner, ob befristete Arbeitsverhältnisse nach anderen Rechtsvorschriften als dem HRG abgeschlossen wurden. Eine **Verlängerung des befristeten Arbeitsvertrages** über die Höchstbefristungsdauer sollte dann nur noch auf dem Wege der **Nichtanrechnung von Unterbrechungszeiten** in einer begrenzten Zahl von den in § 57b Abs. 4 S. 1 HRG aufgelisteten Fällen stattfinden. Dabei geht es vorrangig um Beurlaubungen zur Betreuung von Kindern und Angehörigen, Elternzeit, Grundwehr- und Zivildienst, Wahrnehmung von Aufgaben in der Personal- oder Schwerbehindertenvertretung sowie für Auslandsaufenthalte zur wissenschaftlichen, künstlerischen oder beruflichen Aus-, Fort- oder Weiterbildung. **Nach Ausschöpfung der »sachgrundlosen« Befristungshöchstdauer im Hochschul- und Forschungsbereich** waren **weitere Befristungen** eines Arbeitsverhältnisses nur noch nach Maßgabe des **Teilzeit- und Befristungsgesetzes** zulässig (§ 57b Abs. 2 S. 3 HRG aF).

b) Beschränkte Tarifdispositivität

Das **neue Recht lockerte** das vom BVerfG gebilligte zweiseitig zwingende Gesetzesrecht in Randbereichen auf. Zwar kann von der vorgesehenen **Tarifvertragssperre** (§ 57a Abs. 1 S. 2 HRG aF) im Grundsatz nicht abgewichen werden. In Satz 3 der Bestimmung wurde und wird jedoch eine **Ausnahme** für die in § 57b HRG vorgesehenen Höchstbefristungszeitrahmen sowie die Anzahl der zulässigen Verlängerungen befristeter Arbeitsverträge **für bestimmte Fachrichtungen und Forschungsbereiche** zugelassen. In diesem eng umgrenzten Bereich können tarifvertragliche Regelungen zu Gunsten und zu Lasten der Arbeitnehmer getroffen werden. Obwohl das BVerfG in seiner Entscheidung vom 24.4.1996 (EzA Art. 9 GG Nr. 61) einen vollständigen Ausschluss abweichender tarifvertraglicher Regelungen – wie im alten Recht vorgesehen – verfassungsrechtlich abgesegnet hat (ErfK-*Müller-Glöge* 4. Aufl., § 57a aF Rz 5; *Hailbronner / Geis-Waldeyer* 57a aF Rz 18). sah sich der Gesetzgeber auf Grund der abweichenden Meinung des Verfassungsrichters *Kühling* zur Entscheidung des BVerfG vom 24.4.1996 und den Ausführungen *Dieterichs* im Gutachten für den BMBF (aaO, S. 101ff.) veranlasst, in einem Randbereich den Tarifvertragsparteien Regelungskompetenzen zu übertragen. **Tarifvertragliche Fristenregelungen zur Befristungshöchstdauer oder zur Zahl der Verlängerungen von befristeten Arbeitsverhältnissen** sollen auf diesem Wege eine zusätzliche Legitimation aus verfassungsrechtlicher Sicht erhalten (BT-Drs. 14/6853 S. 31).

Da sich der BAT mit seiner Sonderregelung **Nr. 1 zu Nr. 1 SR 2y BAT** weder auf Fachrichtungen und Forschungsbereiche noch auf die Festlegung einer kürzeren oder längeren Befristungshöchstdauer oder die Zahl der Verlängerung von befristeten Arbeitsverhältnissen beschränkte, fand er **zur Regelung der Befristung nach dem HRG** weiterhin keine Anwendung im Hochschulbereich und bei den Forschungseinrichtungen (vgl. BT-Drs. 14/6853).

3. HRG vom 27.12.2004

a) Entscheidung des BVerfG vom 27.07.2004

Mit Urteil v. 27.7.2004 (- 2 BvF 2/02 – NJW 2004, 2803) hat das **BVerfG** das **5. Gesetz zur Änderung des Hochschulrahmengesetzes (5. HRGÄndG)** wegen Überschreitung der Rahmengesetzgebungskompetenz des Bundes **insgesamt für nichtig erklärt** (zur Gesetzgebungskompetenz vgl. auch allg. *Lipke* Vorauflage Rz 17-22). Die Rahmengesetzgebung des Bundes sei auf eine inhaltliche Konkretisierung und Gestaltung durch die Länder angelegt. Den Ländern müsse ein eigener Bereich politischer Gestaltung von substantiellem Gewicht bleiben. Ein Ausnahmefall iSv Art. 75 Abs. 2 GG zu einer sog. **Vollregelung** liege nur dann vor, wenn die Rahmenvorschriften ohne die in Einzelheiten gehenden oder unmittelbar geltenden Regelungen verständigerweise nicht hätten erlassen werden können, diese also schlechthin unerlässlich seien. Eine solche Ausnahme hat das BVerfG für die grundlegend neue **Personalstruktur** und die faktisch anstelle der herkömmlichen Habilitation tretende **Juniorprofessur** nicht anerkannt. Dieses Kernstück des 5. HRGÄndG (§§ 44 bis 48 HRG aF) habe mit den dort getroffenen Regelungen zu den **Grundsätzen des Hochschulwesens allein in Art. 75 Abs. 1 S. 1 Nr. 1a GG** sei-

ne Kompetenzgrundlage. Die detaillierten bundesgesetzlichen Vorschriften zur Qualifikation und Berufung der Professoren engten den für die Landesgesetzgeber verbleibenden Regelungsbereich zu stark ein. Es bleibe nur Raum für geringfügige Ergänzungen ohne substantielles Gewicht. Dann fehle es aber an einer Regelung der allgemeinen Grundsätze des Hochschulwesens.

13 Eine im Ausnahmefall zulässige **Vollregelung** seitens des Bundes sei hier weder nach Art. 75 Abs. 2 noch nach Art. 72 Abs. 2 noch nach Art. 125a GG geboten, da für die Regelungen über die Juniorprofessur eine bundeseinheitliche Gesetzgebung nicht erforderlich sei. **Ziel der Regelung** sei dem Schwerpunkt nach nicht die Wahrung der Wirtschaftseinheit im Bundesgebiet sondern die **Konkurrenzfähigkeit des Wissenschaftsstandortes Deutschland** gewesen (*BVerfG* aaO unter Hinweis auf BT-Drs. 14/6853, S.21). Die angestrebte Stärkung der deutschen Hochschulen im internationalen Wettbewerb sei nicht durch das bundeseinheitliche Festschreiben der Juniorprofessur als »Königsweg« zu erreichen. Konkurrenz- und Reaktionsfähigkeit auf schnelle Entwicklungen im Wissenschaftsbereich erforderten vielmehr die Offenheit unterschiedlicher Qualifikationswege. **Bundesweite Bewerbungen** würden durch unterschiedliche landesgesetzliche Regelungen **nicht erschwert**. Es herrsche inzwischen ein international geführter »Wettbewerb um die besten Köpfe«, der die Begrenztheit des vom Bundesgesetzgeber eingeschlagenen Weges verdeutliche. Art 125a GG komme als Übergangsvorschrift nicht zum Zuge, da es hier nicht um eine Modifikation einer früher in der Kompetenz des Bundes (vgl. 42. Gesetz zur Änderung des Grundgesetzes v. 27.10.1994 BGBl. I S. 3146) stehenden Gesetzgebungsmaterie nach Art. 74 Abs. 1 bzw. 75 Abs. 1 GG aF gehe; vielmehr handele es sich um eine grundlegende gesetzliche Neukonzeption zur Personalstruktur im Hochschulwesen, die Art. 125a GG nicht erlaube (*BVerfG* 9.6.2004 – 1 BvR 636/02 – NJW 2004, 2363).

14 Aufgrund der Überschreitung der Rahmenkompetenz des Bundes sah sich das *BVerfG* mit Urteil v. 27.7.2004 (aaO) gehalten, das gesamte 5. HRGÄndG für nichtig zu erklären, da die zentralen Vorschriften zur Personalstruktur zu beanstanden seien und deshalb eine **geltungserhaltende Aufteilung in einzelne Regelungsbereiche nicht möglich** sei (krit. *Preis* NJW 2004, 2782 unter Hinw. auf Art. 74 Abs. 1 Nr. 12 GG; ebenso *Dieterich* NZA 2004, 1241; *Kortstock* ZTR 2004, 55; *Thüsing/Annuß-Lambrich* § 23 TzBfG Rz 82 und **abw. Meinung** *Osterloh, Lübbe-Wolff, Gerhardt* im **Sondervotum** des BVerfG v. 27.7.2004). Dies gelte wegen der Verzahnung mit den Regelungen zur Juniorprofessur ebenso für den Personaltypus des wissenschaftlichen und künstlerischen Assistenten (§§ 42 S. 1, 53, 56, 5. HRGÄndG) wie für die Neuordnung der befristeten Beschäftigungsverhältnisse (§§ 57a ff., 5. HRGÄndG; zust. wohl *Löwisch* NZA 2004, 1065; *ders.* NZA 2005, 321). Das BVerfG betont abschließend, dass es dem **Bund** weiterhin erlaubt sei unter den Voraussetzungen der Art. 72 und 75 GG seine **hochschulpolitischen Reformziele** mit dem Mittel der **Rahmengesetzgebung** zu verfolgen, soweit er sich auf allgemeine Qualifikationsmerkmale für den wissenschaftlichen Nachwuchs und auf die Vorgabe eines **Leitbildes für das deutsche Hochschulwesen** beschränke. Im Ergebnis dürfte sich daher die Gesetzeskompetenz des Bundes im **klassischen Bereich des Hochschulrechts** nunmehr darauf begrenzen, über **Leitbilder Anregungen** an die Länder zu geben (*Krausnick* DÖV 2005, 902, 908). Zu den **Auswirkungen** auf die nach dem 23.2.2002 und nach dem 27.7.2004 vollzogenen **Vertragsabschlüsse zur befristeten Anstellung** im Hochschulbereich vgl. *Kortstock* aaO; *O. Müller* ArbuR 2004, 401 und *Löwisch* aaO. Im Übrigen wird auf die Erl. zu § 57f HRG idF des **HdaVÄndG** verwiesen.

b) Gesetz zur Änderung dienst- und arbeitsrechtlicher Vorschriften im Hochschulbereich (HdaVÄndG)

15 Der Bundesgesetzgeber hat angesichts der Entscheidung des BVerfG v. 27.7.2004 umgehend die beanstandeten Regelungen zur Personalstruktur angepasst und weitere Änderungen des HRG im Blick auf die anstehende **Förderalismusreform** zurückgestellt (BT-Drs. 15/4132, S. 9). Ziel des **HdaVÄndG** v. 27.12.2004 (BGBl. I S. 3835) ist es demnach, die in 10 Bundesländern bereits eingeführte Juniorprofessur abzusichern und das **Zeitvertragsrecht für Verträge ab dem 23. Februar 2002** zum Sachgrunderfordernis abzustützen, da ansonsten das HRG in der bis zum 22. Februar 2002 geltenden Fassung greifen und Lücken zur Rechtsbeständigkeit laufender Befristungen reißen würde (Bsp: nicht erfülltes Zitiergebot nach § 57b HRG in der bis 22.2.2002 geltenden Fassung; s.a. Rz 4 mwN). Seine **Regelungskompetenz** leitet der Bundesgesetzgeber hinsichtlich der Zeitvertragsregelungen aus Art. 74 Abs. 1 Nr. 12 GG Arbeitsrecht) und zur rahmenförmigen Neuordnung der Personalstruktur an den Hochschulen aus Art. 75 Abs. 1 Nr. 1a GG ab.

16 Inhaltlich nimmt sich der Bundesgesetzgeber zur **Personalstruktur**, insbes. aber zu den die **Juniorprofessur** betreffenden Vorgaben erheblich zurück. Dabei werden die dienstrechtlichen Vorschriften in

den §§ 42 bis 52 HRG idF des HdaVÄndG stark ausgedünnt, allerdings hält der Bundesgesetzgeber daran fest, bestimmte unerlässliche Einstellungsvoraussetzungen für Professoren, Juniorprofessoren sowie für wissenschaftliche und künstlerische Mitarbeiter in den §§ 44, 47 und 53 HdaVÄndG vorzugeben, teilweise aber auch als **Sollvorschrift** auszugestalten (Bsp.: §§ 47, 48 HdaVÄndG). Nicht aufgegeben ist beispielsweise die **Befristungsmöglichkeit** für Juniorprofessorinnen und Juniorprofessoren, die nach § 50 Abs. 4 HRG weiterhin in einem **Angestelltenverhältnis** beschäftigt werden können (aA HWK-*Schmalenberg* § 23 TzBfG Rz 26), auch wenn das Zeitbeamtenverhältnis nach § 48 Abs. 2 der Regelfall sein dürfte. Es sind die **Gestaltungsmöglichkeiten durch Landesrecht** sichtbar ausgeweitet worden; der Zugang zur Professur über den Weg der **Habilitation** bleibt geöffnet (BT-Drs. 15/4132 S. 14). Andererseits unterstreicht der Bundesgesetzgeber – insoweit abweichend vom BVerfG – die Notwendigkeit zur Festlegung von Personalkategorien im gesamtstaatlichen Interesse einer »Wahrung der Wirtschaftseinheit«, da es keinen Bereich gebe, der eine so hohe Mobilität wie der Wissenschaftsbereich aufweise (BT-Drs. 15/4132 S. 11 f.). Nach der **Förderalismusreform** dürfte sich die Streitfrage alsbald zugunsten der Bundesländer erledigen. Die Personalstrukturen würden dann durch die Länder festgelegt; das HRG kann mit Ausnahme der dem Bund verbleibenden Bereiche Hochschulzulassung und -abschlüsse durch Landesrecht ersetzt werden (Art. 125a Abs. 1 GG). Das **Abweichungsrecht der Länder** im Hinblick auf die dem Bund bleibenden Bereiche soll mit Inkrafttreten eines neuen Bundesgesetzes spätestens ab dem **1.8.2008** (geplant: Art. 125b GG) entstehen.

Die **Regelungen zum Befristungsrecht** nach dem **5. HRGÄndG** hat der Bundesgesetzgeber – mit Ausnahme von Anpassungen in der Übergangsvorschrift des § 57f – unverändert **erneut in Kraft gesetzt**. Hierzu sah sich der Bund nicht zuletzt aufgrund der Entscheidung des *BVerfG* v. 24.4.1996 (BVerfGE 94, 268, 286 = EzA Art. 9 GG Nr. 61) berechtigt. Demnach sei eine generelle Befristung der Beschäftigungsverhältnisse mit dem dafür in Frage kommenden Personenkreis zur sachgerechten Förderung des wissenschaftlichen Nachwuchses unentbehrlich. Ein funktionierendes Befristungssystem erfordere bundeseinheitliche Regelungen im Grundsatz und im Detail, um Transparenz der Beschäftigungsbedingungen und Mobilität der Nachwuchskräfte über die Landesgrenzen hinweg zu gewährleisten (BT-Drs. 15/4132 S. 12). Auch hierzu wird der Gesichtspunkt »Wahrung der Wirtschaftseinheit« (Art. 72 Abs. 2 GG) erneut ins Spiel gebracht. Entscheidend dürfte hier allerdings **die konkurrierende Gesetzgebungszuständigkeit** des Bundes zur **Regelung des Arbeitsrechts** nach Art. 74 Abs. 1 Nr. 12 GG sein, die sich auf alle Arbeitsverhältnisse im Hochschulbereich erstreckt. Dem können die Länder nur dadurch begegnen, dass sie wissenschaftliche und künstlerische Mitarbeiterinnen und Mitarbeiter in Beamtenverhältnisse auf Zeit aufnehmen, was nach § 53 Abs. 1 HdaVÄndG weiterhin zulässig ist. Die Ausgestaltung dieser Beamtenverhältnisse soll nach den Vorstellungen zur Förderalismusreform ebenfalls in den gesetzgeberischen Zuständigkeitsbereich der Länder wechseln. **17**

Mit der Umgestaltung des Tarifrechts im öffentlichen Dienst der Länder zum 1.10.2005 (TVöD) verbleibt es für die Tarifangestellten im Hochschulbereich bei den allgemeinen gesetzlichen Regelungen des TzBfG und des HRG. So bestimmt es § 30 Abs. 1 S. 1 **TVöD**. Die abweichenden Bestimmungen der Vorschrift in den Abs. 2 bis 4 sollen nach Abs. 1 S. 2, 2. Hs. nicht für Arbeitsverhältnisse zur Anwendung kommen, für die die Vorschriften des HRG unmittelbar oder entsprechend gelten. **18**

II. Europa- und verfassungsrechtliche Grundlagen

1. Richtlinie 1999/70/EG

Die **Richtlinie 1999/70/EG** (Text vgl. KR-*Lipke* Anh. zum TzBfG) sieht in § 5 der in der Richtlinie in Bezug genommenen **Rahmenvereinbarung der Sozialpartner** vor, unter Berücksichtigung der Anforderung bestimmter Branchen und/oder Arbeitnehmerkategorien den Missbrauch aufeinander folgender befristeter Arbeitsverhältnisse durch eine oder mehrere folgender Maßnahmen zu vermeiden: **19**

– Festschreibung sachlicher Gründe, die die Verlängerung solcher Verträge oder Verhältnisse rechtfertigen (§ 5 Nr. 1 lit. a);
– Festlegung einer insgesamt maximal zulässigen Dauer aufeinander folgender Arbeitsverträge oder -verhältnisse (§ 5 Nr. 1 lit. b);
– Begrenzung der zulässigen Zahl der Verlängerung solcher Verträge oder Verhältnisse (§ 5 Nr. 1 lit. c).

Der deutsche Gesetzgeber war frei eine oder auch mehrere der vorgegebenen Maßnahmen zu ergreifen (vgl. KR-*Lipke* § 620 BGB Rz 94 ff.). Da im HRG in § 57b eine **Höchstbefristungsdauer** aufeinander folgender befristeter Arbeitsverträge festgeschrieben ist, sind die Anforderungen der Richtlinien europarechtlich zweifelsfrei erfüllt (BT-Drs. 14/6853 S. 20; *Lakies* ZTR 2002, 251; *Preis* Gutachten befristeter

§ 57a HRG   Befristung von Arbeitsverträgen

Arbeitsverhältnisse in Wissenschaft und Forschung, S. 42 ff.; *Oetker / Preis-Rolfs* EAS B 3200 Rz 23; *Kersten* DÖD 2002, 684).

20 Soweit *Lakies* (aaO) bemängelt, dass die maximal zulässige Dauer befristeter Arbeitsverträge einen erheblichen Zeitraum umfasse und so faktisch für eine bestimmte Arbeitnehmerkategorie der **Fristvertrag als Regelfall** eingeführt werde, kann ihm nicht gefolgt werden. Zum einen spricht dagegen, dass **europarechtlich** für die insgesamt maximal zulässige Dauer aufeinander folgender befristeter Arbeitsverträge **kein Zeitrahmen** vorgegeben ist. Zum anderen orientiert sich der Gesetzgeber erkennbar an **Erfahrungen aus dem Bereich der Hochschulen und Forschungseinrichtungen**, wenn er eine sechsjährige Frist in der ersten Zeitphase vorsieht und diesen Zeitraum in ein bis zwei Jahre zur Heranführung an das wissenschaftliche Arbeiten und auf bis zu vier Jahre zur Erstellung einer Promotion unterteilt (BT-Drs. 14/6853 S. 32). Dies gilt gleichermaßen auch für die zweite Befristungsphase (Post-Doc-Phase), bei der es um eine Bewährung zur dauerhaften Übernahme als Hochschullehrer geht. Mit den Änderungen durch das HdaVÄndG in den §§ 47, 48 HRG sind ab dem 31.12.2004 innerhalb der sechsjährigen Höchstbefristung die Befristungsphasen zur Juniorprofessur von der Zeitdauer her nur noch als Sollvorschriften ausgestaltet, und damit landesrechtlich abweichend regelbar (BT-Drs. 15/4132 S. 15 f.). Es verbleibt aber dabei, dass der **Gesetzgeber** mit dem HRG beabsichtigt, »**Befristungskarrieren**« **zurückzuschneiden** und durch Anrechnungsbestimmungen (§ 47 S. 2 und 3 iVm § 57b Abs. 2 S. 1) Befristungen im Regelfall auf höchstens zwölf bzw. fünfzehn Jahre zu begrenzen. **Europarechtliche Bedenken sind daher nicht angebracht** (ErfK-*Müller-Glöge* Rz 7). Die Besonderheiten einer Tätigkeit im Hochschulbereich oder bei den Forschungseinrichtungen finden sogar ihren Niederschlag in den Vorgaben von § 5 der Rahmenvereinbarung, wenn dort auf die **Berücksichtigung der Anforderungen bestimmter Arbeitnehmerkategorien** für die Auswahl der Maßnahmen abgestellt wird (vgl. im Übrigen KR-*Lipke* § 620 BGB Rz 94 ff.).

21 Mit dem neuen »**personenbezogenen Sonderbefristungstatbestand**« (*Preis / Hausch* NJW 2002, 928) haben sich auch die europarechtlichen **Probleme mit der Befristung von Lektoren und Lektorinnen als Untergruppe der Lehrkräfte für besondere Aufgaben** (§ 56 HRG; vgl. dazu *Hänlein* NZA 1999, 513) **erledigt**. Nach der zuletzt geltenden Fassung des alten HRG ab 25.8.1998 bedurfte die Befristung eines Lektorenvertrages eines sachlichen Befristungsgrundes, der über die tatsächliche Beschäftigung als Lektor hinausreichte. Die sich an der **Freizügigkeitsgarantie** nach Art. 39 Abs. 2 EGV (vormals Art. 48 Abs. 2) orientierenden Bedenken des *EuGH* (20.10.1993 EzA § 620 BGB Nr. 122; teilw. abw. *BVerfG* 24.4.1996 EzA Art. 9 GG Nr. 61) waren damit beseitigt (vgl. dazu auch *BAG* 25.2.1998 EzA § 620 BGB Hochschulen Nr. 14). Als denkbarer Sachgrund blieb daher für Lektoren nur noch der laufende kulturelle Austausch im sog. Rotationsprinzip (*BAG* 25.2.1998 EzA § 620 BGB Hochschulen Nr. 14; *Dörner* ArbRBGB § 620 Rz 404). Nicht gelöst war damit die Frage, wie europarechtlich mit den **Nicht-EG-angehörigen Lektoren** verfahren werden sollte, soweit hier das europarechtliche Diskriminierungsverbot nicht aus anderen Abkommen folgte (zB Assoziierungsabkommen zwischen der EWG und der Türkei ABlEG 1963 Nr. L 217; *BAG* 22.3.2000 EzA § 620 BGB Hochschulen Nr. 27; Europaabkommen zur Gründung einer Assoziation zwischen der EG sowie ihren Mitgliedstaaten einerseits, der Republik Polen andererseits, ABlEG 1993 Nr. L 348; *BAG* 14.8.2002 EzA § 620 BGB Hochschulen Nr. 35 = AP Nr. 27 zu § 57b HRG mit Anm. *Krimpove*). Es blieb insoweit nur die **verfassungsrechtliche Prüfung** nach deutschem Verfassungsrecht (vgl. APS-*Schmidt* 1. Aufl., § 57b aF Rz 31a, 34). Mit dem Höchstbefristungsansatz des HRG erübrigen sich hier alle weiteren Überlegungen, da Lektoren, gleichgültig ob sie aus EG- oder Nicht-EG-Staaten stammen, bei **Beschäftigung in Daueraufgaben** nunmehr unbefristet zu beschäftigen sind. Eine **befristete Beschäftigung** dieses Mitarbeiterkreises kommt **nur noch in Betracht, wenn sie als wissenschaftliche Mitarbeiter oder Mitarbeiterin zu ihrer eigenen Qualifizierung beschäftigt werden sollen**. Das HRG gibt insoweit **keinen Vertragstypenzwang** vor (BT-Drs. 14/6853 S. 31; s.u. Rz 34ff.).

2. Spannungsfeld Wissenschaftsfreiheit- Tarifautonomie- Bestandsschutz

22 Die Neuregelung der Befristung begegnet keinen verfassungsrechtlichen Bedenken. Das Bundesverfassungsgericht hat die Vereinbarkeit der alten Befristungsregelung nach §§ 57a ff. aF mit Art. 9 Abs. 3 GG ausdrücklich bejaht (*BVerfG* 24.4.1996 EzA Art. 9 GG Nr. 61). Hierzu kann auf die Erläuterungen von *Lipke* KR, 5. Aufl. § 57a Rz 23 ff. verwiesen werden. *Dieterich* ist in dem für das BMBF verfassten Gutachten (Befristete Arbeitsverhältnisse in Wissenschaft und Forschung, 2001) mit Blick auf den vorgeschlagenen Gesetzentwurf den **verfassungsrechtlichen Fragen** noch einmal nachgegangen und ist zu folgenden Ergebnissen gelangt:

- Der Gesetzgeber hat den Hochschulen und Forschungseinrichtungen ein spezielles Arbeitsvertragsrecht anzubieten, das ihn für die Auswahl, Förderung und Qualifizierung ausreichenden Spielraum lässt, zugleich aber auch dem wissenschaftlichen Nachwuchs transparente Strukturen bietet. Der **Gesetzgeber** ist verfassungsrechtlich nicht auf ein bestimmtes Konzept zur Sicherung dieses Spielraums festgelegt, sondern erhält aus **Art. 5 Abs. 3 GG einen breiten Gestaltungsspielraum**.
- Die vorgeschlagenen erleichterten Befristungsmöglichkeiten berühren den Schutzbereich der Berufsfreiheit der wissenschaftlichen Mitarbeiter aus Art. 12 Abs. 1 GG. Aus der Schutz-, nicht aus der Abwehrfunktion des **Art. 12 GG** folgt, dass ein **Mindestmaß an arbeitsrechtlichem Bestandsschutz** vorhanden sein muss. Bei der Ausgestaltung dieses Minimums an Bestandsschutzes ist der Gesetzgeber grds. frei.
- Die Einschränkung der Gestaltungsfreiheit der Tarifvertragspartei stellt einen **Eingriff in die Koalitionsfreiheit aus Art. 9 Abs. 3 GG** dar. Schafft der Gesetzgeber im Interesse der Wissenschaftsfreiheit zugunsten der Hochschulen und wissenschaftlichen Einrichtungen Befristungsmöglichkeiten, so können diese im Rahmen der Verhältnismäßigkeit von bestehenden Tarifverträgen abweichen und sogar **gegenüber künftigen Tarifverträgen Vorrang** beanspruchen. **Verfassungsrechtlich ist dagegen nicht geboten, dass abweichende tarifliche Regelungen generell ausgeschlossen werden müssen.**
- Aus dem **Spannungsverhältnis zwischen Art. 12 Abs. 1 und 9 Abs. 3 GG** ergeben sich für den Gestaltungsfreiraum des Gesetzgebers weder Erweiterungen noch Einschränkungen.

Danach ergeben sich für die Gesetz gewordenen Änderungen der §§ 57a ff. HRG keine Zweifel an ihrer Verfassungsmäßigkeit (zutr. *Dieterich* S. 115f.). Die massiv gegen das neue Befristungsmodell ins Feld geführte **Kritik** mag aus wissenschaftsspezifischer Sichtweise (zB Begrenzung von Forschungsvorhaben in Zeitblöcken von je sechs Jahren, »Planwissenschaft«) strukturell berechtigt sein, **verfassungswidrige Ansatzpunkte** (zB Verletzung von Vertrauensschutz in »Projektkarrieren«) lassen sich daran nicht festmachen, zumal über das HRG hinaus mit dem TzBfG weitere Befristungen mit Sachgründen erlaubt sind (§ 57b Abs. 2 S. 3 HRG; *Kersten* DÖD 2002, 686 ff.; *Hailbronner/Geis-Waldeyer* Rz 87 ff. jeweils mwN).

Die Neuregelungen konzentrieren sich auf den Leitgedanken der Nachwuchsförderung und -erneuerung. Sonderbefristungstatbestände, die andere Ziele verfolgen (zB Sonderregelungen für Lektoren und ärztliches Personal), **konnten deshalb gestrichen werden**. Der zeitlich begrenzte Verzicht auf eine einzelfallbezogene Begründung im Rahmen eines gestaffelten Befristungszeitraums von regelmäßig zweimal sechs Jahren gewährt den Hochschulen und Forschungseinrichtungen einen **weit reichenden Gestaltungsfreiraum für ihre Personaldispositionen**, womit der Förderungspflicht aus **Art. 5 Abs. 3 GG** gesetzlich entsprochen wurde. Die Berufsfreiheit der wissenschaftlichen Mitarbeiter aus **Art. 12 Abs. 1 GG** wird nicht dadurch verletzt, weil auf die **Prüfung sachlicher Befristungsgründe** innerhalb des Höchstbefristungszeitraums **verzichtet** wird. Hier wird ein **Ausgleich durch die strikt gehandhabte Höchstbefristungsgrenzen** geschaffen. Mit der Einengung der zeitlichen Grenzen für befristete Arbeitsverträge schwindet das Bedürfnis nach einer weiteren materiellen Prüfung des sachlichen Befristungsgrundes. Der **Gesetzgeber ist** insoweit **nicht auf ein bestimmtes Schutzmodell festgelegt**, wenn es um das aus Art. 12 Abs. 1 GG gewährleistete Mindestmaß an Arbeitsplatzschutz geht. In diesem Zusammenhang fällt verfassungsrechtlich ins Gewicht, dass sich die **Stellung der wissenschaftlichen Mitarbeiter durch die HRG-Reform** verbessert hat, da nunmehr **funktionswidrige Befristungsketten** anders als nach altem Recht **ausgeschlossen** sind. Die Höchstgrenze von regelmäßig zwölf Jahren befristeter Tätigkeit wird den **kollidierenden Schutzbedürfnissen** aus **Art. 5 Abs. 3 und Art. 12 Abs. 1 GG** gerecht (APS-*Schmidt* Rz 7, 26 f.; *Dörner* Befr. Arbeitsvertrag Rz 638). Mit der zeitlichen Stufenfolge des HRG wird systemgerecht auf die typischen Qualifikationsstadien einer wissenschaftlichen Laufbahn abgestellt. Dabei ist einerseits eine hinreichende, idR erforderliche Zeitspanne zur Qualifizierung für eine wissenschaftliche Laufbahn anzusetzen; andererseits ist die soziale Situation zu bedenken, die sich ergibt, wenn eine wissenschaftliche Qualifizierung erst in einem höheren Lebensalter scheitert. Mit der gefundenen **Beschränkung auf zwölf bzw. 15 Jahre** eröffnet sich für diesen Fall noch ein Spielraum für berufliche Alternativen. Der Gesetzgeber befindet sich deshalb mit dieser Typisierung im Rahmen seines weiten Gestaltungsfreiraums.

Die **begrenzte Tariföffnung** für abweichende Regelungen verletzt weder die grundrechtlich gewährleistete **Förderungspflicht des Staates zugunsten der Wissenschaftsfreiheit** noch die Leitentscheidung des Bundesverfassungsgerichts v. 24.4.1996 (EzA Art. 9 GG Nr. 61). Vielmehr macht sich der Gesetzgeber in einem Teilbereich der Regelung die besondere Sachnähe und den **Sachverstand der**

Tarifvertragsparteien nutzbar (so zusammenfassend *Dieterich* S. 117; ebenso *Lakies* ZTR 2002, 251 f.; *ders.* DB 1997, 1078 ff.; *Dörner* Befr. Arbeitsvertrag Rz 640; vgl. auch BT-Drs. 14/6853 S. 20).

3. Gesetzgebungskompetenz

25 Der Bund hat nach **Art. 74 Nr. 12 GG** die **konkurrierende Gesetzgebungskompetenz** für das Arbeitsrecht. Die Regelung der **Zulässigkeitsvoraussetzungen befristeter Arbeitsverhältnisse** steht im Zusammenhang mit dem Kündigungsschutz und ist damit eine **arbeitsrechtliche Materie**. Daher kann sich der Bundesgesetzgeber zu Recht auf Art. 74 Nr. 12 GG stützen (BT-Drs. 14/6853 S. 21; *BVerfG* 24.4.1996 EzA Art. 9 GG Nr. 61; *BAG* 30.3.1994 EzA § 620 BGB Nr. 124; 14.2.1996 EzA § 620 BGB Hochschulen Nr. 4). Die Regelungen in §§ 57a bis 57f des Gesetzes stehen damit in der alleinigen **Regelungskompetenz des Bundesgesetzgebers**.

26 Dagegen bewegt sich der Gesetzgeber mit der **Neuordnung der Personalstruktur der Hochschulen und der Neugestaltung des Weges zur Professur durch Einführung der Juniorprofessur** (§§ 37, 42 – 45, 47, 48, 49 – 53, 56 und 74) im Bereich seiner **Rahmenkompetenzen aus Art. 75 Abs. 1 Nr. 1a GG** (*BVerfG* 27.7.2004 NJW 2004, 2803; näher dazu s.o. Rz 12 ff.). Dazu lassen sich die Regelungen zur Zulässigkeit der Befristung von Arbeitsverhältnissen indessen nicht rechnen (*BAG* 30.3.1994 EzA § 620 BGB Nr. 124; BVerfGE 77, 308, 329).

27 Die hier in der Vorauflage vertretene Rechtsauffassung, dass eine **bundesrechtliche Regelung** der Personalstruktur der Hochschulen einschließlich des Zugangs zur Professur nach Art. 72 Abs. 2 GG zur Herstellung gleichwertiger Lebensverhältnisse und zur Wahrung der Rechtseinheit unverzichtbar sei (*Lipke* KR 7. Aufl. § 57a HRG Rz 19 ff.), wird angesichts der Entscheidung des BVerfG v. 27.7.2004 (aaO) nicht aufrecht erhalten. Die bisherigen Erkenntnisse, dass insoweit widersprechendes Landesrecht nach **Art. 31 GG** gebrochen wird (*BAG* 14.2.1996 EzA § 620 BGB Hochschulen Nr. 4; 28.1.1998 EzA § 620 BGB Hochschulen Nr. 13 zum HRG aF; einschr. *Nagel* Anm. *BAG* AP Nr. 1 zu § 57a HRG; *BAG* 27.11.2002 EzBAT SR 2y BAT Hochschulen/Forschungseinrichtungen Nr. 51) sind nach der **Öffnung durch das HdaVÄndG zu weitergehenden und abweichenden landesrechtlichen Bestimmungen** überholt (s.o. Rz 15 f.). Es liegt nunmehr an den Ländern, inwieweit sie die rahmenrechtlichen Vorgaben zu den Personalstrukturen und zur Juniorprofessur durch Landesrecht verfestigen oder in dem bundesrechtlichen Rahmen eigene Wege gehen. Die **arbeitsrechtliche Befristung im Hochschulbereich** bleibt dadurch unberührt und wird weiterhin durch Bundesrecht verbindlich geregelt (*Thüsing/Annuß-Lambrich* § 23 TzBfG Rz 82 ff.). Eine Übersicht der **Landesgesetze** zum Hochschulbereich ist im Internet unter www.hochschulverband.de unter dem link: infocenter. Hochschulgesetzgebung abrufbar.

B. Geltungsbereich

I. Erfasster Personenkreis

1. Hochschullehrer, wissenschaftliche und künstlerische Mitarbeiter (§ 53 HRG)

a) Hochschulen

28 Nach § 1 des insoweit unveränderten Hochschulrahmengesetzes (HRG) sind Hochschulen iSd Gesetzes die Universitäten, die Pädagogischen Hochschulen, die Kunsthochschulen, die Fachhochschulen und die sonstigen Einrichtungen des Bildungswesens, die nach Landesrecht **staatliche Hochschulen** sind. Einrichtungen des Bildungswesens, die nach Landesrecht nicht staatliche Hochschulen sind, können nach näherer **Bestimmung des Landesrechts** die Eigenschaft einer staatlich anerkannten Hochschule erhalten (§ 70 HRG; *Dörner* Befr. Arbeitsvertrag Rz 650; Hochschulhdb-*Löwisch/Wertheimer* G VI 2a aa; vgl. *LAG SchlH* 21.3.2002 PersonalR 2002, 525 für ein sog »An-Institut«). Für die **privaten Hochschulen** und deren wissenschaftliches Personal bleibt es bei der Anwendung des TzBfG. Denkbare sachliche Befristungsgründe können sich hier aus § 14 Abs. 1 Nr. 5 (Erprobung) oder Nr. 4 (Eigenart der Arbeitsleistung) ergeben (*Thüsing* ZTR 2003, 544, 546).

29 Nach § 50 Abs. 4 HRG kann mit **Hochschullehrern** ein **befristetes Angestelltenverhältnis** begründet werden. Dazu zählen **Professoren** und **Juniorprofessoren**. Vom Wortlaut des § 57a Abs. 1 S. 1 wird dieser Personenkreis indessen nicht erfasst. Daher kann mit diesem Personenkreis ein befristetes Arbeitsverhältnis nur auf der Grundlage des **TzBfG** geschlossen werden (ErfK-*Müller-Glöge* § 57a Rz 20; *Hailbronner/Geis-Waldeyer* § 57a Rz 21; *Dörner* Befr. Arbeitsvertrag Rz 641; Hochschulhdb-*Löwisch/Wert-*

heimer G VI 1a; *LAG BW* 19.3.1999 – 16 Sa 69/98). Das gilt ebenso für den Fall, dass eine **Vertretungsprofessur** übertragen wird und landesrechtliche Bestimmungen hierzu nicht ausschließlich ein **öffentlich-rechtliches Dienstverhältnis** eigener Art vorsehen (zB Mecklenburg-Vorpommern; Niedersachen; Thüringen; vgl. hierzu *BAG* 25.2.2004 EzBAT § 4 BAT Nr. 10).

Mit der Einführung der Juniorprofessur hat der Gesetzgeber im Jahre 2002 diejenigen Personalkategorien umgestaltet, die bislang mit weisungsgebundenen Aufgaben in Forschung, Lehre und Selbstverwaltung betraut sind (wissenschaftlicher und künstlerischer Assistent, Oberassistent, Oberingenieur, wissenschaftlicher Mitarbeiter). Während die Personalkategorien **»wissenschaftlicher und künstlerischer Assistent«** und **»Oberassistent, Oberingenieur« entfallen,** verbleibt es neben der **neu geschaffenen Personengruppe der Juniorprofessoren und -professorinnen** bei den **wissenschaftlichen Mitarbeiterinnen und Mitarbeitern,** die nunmehr gem. § 53 HRG ein **neues Profil** erhalten. Eine Überleitung der vorhandenen wissenschaftlichen und künstlerischen Assistentinnen und Assistenten, Oberassistentinnen und Oberassistenten, Oberingenieurinnen und Oberingenieure sowie Hochschuldozentinnen und Hochschuldozenten in die neue Personalstruktur findet nicht statt. Sie verbleiben vielmehr in den bisherigen Ämtern und scheiden entsprechend den bisherigen gesetzlichen Regelungen aus ihrem Dienstverhältnis aus (§ 74 Abs. 1 HRG). Dies ist idR der Zeitpunkt des Ablaufs der jeweiligen Befristung (BT-Drs. 14/6853 S. 35; *Kersten* DÖD 2002, 688; *Knopp/Gutheil* NJW 2002, 2830). Allerdings können die Angehörigen dieser nicht mehr fortgeführten Personalkategorie als wissenschaftliche oder künstlerische Mitarbeiter befristet weiterbeschäftigt werden. Im Fall einer Bewerbung auf ausgeschriebene Professuren und für die Dauer des Berufungsverfahrens ist eine Befristung nach allgemeinem Arbeitsrecht (§ 14 Abs. 1 Nr. 6 TzBfG) möglich (BT-Drs. 15/4132 S. 17).

Juniorprofessoren können nach der überarbeiteten Fassung von § 48 HRG in einem **zweiphasigen Dienstverhältnis**, das insgesamt nicht länger als sechs Jahre betragen soll, beschäftigt werden. Mit Ablauf der ersten Phase soll eine Evaluation darüber entscheiden, ob sich eine zweite Phase anschließt oder im Fall der Nichtbewährung der Juniorprofessor – spätestens nach einer Auslaufphase von einem Jahr – auszuscheiden hat. Die **Dauer der einzelnen Zeitphasen** regelt das **Landesrecht**, ebenso die Voraussetzungen weiterer Verlängerungstatbestände (BT-Drs. 15/4132 S. 16). Juniorprofessorinnen und Juniorprofessoren können zu **Beamten auf Zeit** (Abs. 2) berufen werden **oder** sind in einem **befristeten Angestelltenverhältnis** zu beschäftigen (§ 50 Abs. 4). Die der **Gruppe der Hochschullehrerinnen und Hochschullehrer angehörenden Juniorprofessoren und Juniorprofessorinnen** (zur korporationsrechtlichen Stellung der Juniorprofessoren vgl. *Plander/Hoins* ZTR 2003, 328), die im Regelfall ihre besondere Befähigung zu wissenschaftlicher Arbeit bereits durch die herausragende Qualität ihrer Promotion nachgewiesen haben, sind keinem bestimmten Lehrstuhl, sondern **nur noch einem Fachbereich zugeordnet und vertreten ihr Fach in Forschung und Lehre selbständig** (*v. Kalm* WissR 2002, 76 f.). Die Befristungshöchstdauer nach § 57b Abs. 1 und 2 HRG soll vor Einstellung in eine Juniorprofessur nicht überschritten sein (vgl. § 47 S. 2 – 4 HRG; s.u. Rz 38 ff.).

Wissenschaftlichen und künstlerischen Mitarbeitern obliegen nach § 53 HRG wissenschaftliche und künstlerische Dienstleistungen, wozu auch das Vermitteln von Fachwissen und praktischen Fertigkeiten an die Studenten zählt. Dabei handelte es sich **bisher** in jedem Fall um eine **weisungsabhängige Tätigkeit**. Diese Abhängigkeit **wird gelockert**. So sieht § 53 Abs. 1 S. 3 HRG vor, dass in begründeten Fällen den wissenschaftlichen Mitarbeiterinnen und Mitarbeitern auch die **selbständige Wahrnehmung von Aufgaben in Forschung und Lehre** übertragen werden kann. Ihnen soll arbeitsvertraglich, neben der Vorbereitung einer Promotion, im Rahmen ihrer Dienstaufgaben ausreichend **Gelegenheit zu eigener wissenschaftlicher Arbeit** gegeben werden (§ 53 Abs. 2 HRG); ob dies tatsächlich der Fall ist, bleibt für die Wirksamkeit der Befristung unerheblich (*BAG* 6.8.2003 EzA § 620 BGB 2002 Hochschulen Nr. 1 zu § 48 HRG in der bis zum 22.2.2002 geltenden Fassung). Auf dieser Grundlage ist es den Ländern zB möglich, auch Beschäftigungsverhältnisse mit Doktorandinnen und Doktoranden vorzusehen, in denen diese weitgehend von Dienstleistungspflichten freigestellt sind (BT-Drs. 14/6853 S. 29 f.). Mit der **Aufwertung der Stellung der wissenschaftlichen und künstlerischen Mitarbeiter** verträgt es sich, dass **nach altem Recht angestellte wissenschaftliche und künstlerische Assistenten**, die zukünftig nach dem Ablauf ihrer Beschäftigungszeit nicht mehr zu Oberassistenten, Oberingenieuren oder Hochschuldozenten berufen werden können, **im Rahmen der Höchstbefristung des HRG** als wissenschaftliche oder künstlerische Mitarbeiter befristet **weiterbeschäftigt** werden (*BAG* 27.6.2001 EzA § 620 BGB Hochschulen Nr. 30; ErfK-*Müller-Glöge* Rz 16; s.o. Rz 30).

Die **wissenschaftliche Mitarbeit** iSv § 53 HRG ist von der Erbringung von für die Organisation einer Hochschule oder einer ihrer Einrichtungen notwendigen **Verwaltungsarbeit** abzugrenzen (*BAG*

28.1.1998 EzA § 620 BGB Hochschulen Nr. 15; *Lakies* ZTR 2002, 252). Während für die Daueraufgabe der Hochschule, Forschung und Lehre zu betreiben, das Sonderbefristungsrecht im Interesse der Nachwuchs- und Qualifikationsförderung zu einem ständigen Personalaustausch führen soll, kann dies für **Hochschulmitarbeiter** nicht gelten, **die für die organisatorischen Grundlagen** (zB in der Verwaltung und Technik) **zuständig sind**, auf denen Wissenschaft und Forschung überhaupt erst betrieben werden kann. Für diesen Bereich muss es deshalb bei der **Anwendung der allgemeinen Regelung zur Befristung von Arbeitsverträgen verbleiben** (BT-Drs. 14/6853). Um das Sonderbefristungsrecht des HRG in Anspruch nehmen zu können, müssen deshalb bei einer **Mischtätigkeit** von wissenschaftlichen Dienstleistungen und organisatorischem Zuarbeiten erstere überwiegen und der Gesamttätigkeit das Gepräge geben (*BAG* 28.1.1998 EzA § 620 BGB Hochschulen Nr. 15). Ein **wissenschaftlicher oder künstlerischer Mitarbeiter** zeichnet sich deshalb dadurch aus, dass **er weit überwiegend, zugeordnet oder in eigener Verantwortung wissenschaftliche und künstlerische Dienstleistungen in Forschung und Lehre erbringt,** die zur Vorbereitung einer Promotion oder zur Erbringung zusätzlicher wissenschaftlicher Leistungen als auch dem Erwerb einer weiteren wissenschaftlichen Qualifikation förderlich sind. Wissenschaftliche Tätigkeit wird geprägt durch selbständige, schöpferische Forschung einschließlich der dazu erforderlichen Vorbereitungsarbeiten. Erforderlich ist eine eigene unmittelbare **Einflussmöglichkeit auf das Forschungsergebnis** (*LAG Bln.* 15.2.2002 NZA-RR 2002, 612). Auf die Bezeichnung nach Landesrecht kommt es dabei nicht entscheidend an (*Hailbronner/Geis-Waldeyer* Rz 7); es kann durch Landesrecht nicht der Anwendungsbereich der §§ 57a ff. HRG erweitert werden (*APS-Schmidt* Rz 13). Zu den wissenschaftlichen Dienstleistungen zählt ebenso, den **Studenten Fachwissen und praktische Fertigkeiten zu vermitteln** und sie in der Anwendung wissenschaftlicher Methoden zu unterweisen (ErfK-*Müller-Glöge* Rz 15; *BAG* 27.6.2001 EzA § 620 BGB Hochschulen Nr. 30 zu wissenschaftlichen und künstlerischen Assistenten iSv § 47 HRG aF).

b) Forschungseinrichtungen (§ 57d HRG)

34 Mit der in Art. 2 des 5. Gesetzes zur Änderung des Hochschulrahmengesetzes und anderer Vorschriften vollzogenen **Aufhebung des Gesetzes über befristete Arbeitsverträge mit wissenschaftlichem Personal an Forschungseinrichtungen vom 14.6.1985** (BGBl. I S. 1065, 1067) und der Einfügung von **§ 57d nF** gilt das HRG seit dem 23.2.2002 mit seinen **Befristungshöchstgrenzen auch für den Abschluss befristeter Arbeitsverträge mit wissenschaftlichem Personal an staatlichen und überwiegend staatlich finanzierten Forschungseinrichtungen.** Mit der einheitlichen Regelung der Befristungsmöglichkeiten an Hochschulen und außeruniversitären Forschungseinrichtungen soll bezweckt werden, dass die Befristungshöchstgrenzen für die Beschäftigung in beiden Bereichen einheitlich zu rechnen sind. **Befristungshöchstgrenzen** können daher **nach einem Wechsel zwischen Hochschule und Forschungseinrichtung** anders als bisher nicht erneut in Anspruch genommen werden (BT-Drs. 14/6853; *Preis/Hausch* NJW 2002, 929 f.). Das HdaVÄndG hat an diesem Rechtszustand nach dem 31.12.2004 nichts geändert (BT-Drs. 15/4132 S. 22).

35 Mit Rücksicht auf die **abweichenden Personalstrukturen in den außeruniversitären Forschungseinrichtungen** findet der **Begriff des wissenschaftlichen Personals** hier eine **Erweiterung** gegenüber § 57a Abs. 1 S. 1 HRG. Nach der Gesetzesbegründung fallen darunter nicht nur wissenschaftliche Mitarbeiterinnen und Mitarbeiter sowie wissenschaftliche Hilfskräfte, sondern **auch Wissenschaftler und Wissenschaftlerinnen in Leitungspositionen**. Damit trägt man dem Umstand Rechnung, dass für Forschungsprojekte hochrangige Wissenschaftler geworben werden müssen, die befristet zu beschäftigen sind (*Löwisch* WissR 1992, 56, 61; APS-*Schmid* § 57d Rz 15; ErfK-*Müller-Glöge* 57d Rz 1; vgl. auch *BAG* 20.10.1999 EzA § 620 BGB Hochschulen Nr. 22). Vgl. hierzu auch die Erläuterungen zu § 57d HRG.

2. Wissenschaftliche Hilfskräfte

36 In den unverändert erneuerten Befristungsregelungen findet die Kategorie der wissenschaftlichen (und künstlerischen) »Hilfskräfte« ebenso Erwähnung wie in der vorhergehenden Fassung des HRG, ohne gesetzlich festzulegen, wer darunter zu fassen ist. Bereits unter der Geltung des früheren Rechts war herrschende Meinung, dass **wissenschaftliche Hilfskräfte ebenso wie die wissenschaftlichen Mitarbeiter wissenschaftliche Dienstleistungen erbringen** (§ 57b Abs. 4 iVm § 57b Abs. 2 Nr. 1 aF). Da sich die Aufgabenstellung häufig nicht von der wissenschaftlicher Mitarbeiter unterschied (*Buchner* RdA 1985, 258, 264; *Sill-Gorny* ZTR 1997, 399) nahm die Rechtsprechung in Anknüpfung an eine Stellungnahme des Bundesrates (BR-Drs. 402/84 S. 4) an, dass ein befristeter Arbeitsvertrag mit einer **wissenschaftlichen Hilfskraft** nur vorliege, wenn diese »**nebenberuflich**«, dh mit einer **vertraglichen**

Arbeitszeit von weniger als der Hälfte der tariflichen regelmäßigen Arbeitszeit (BAT), an der Hochschule tätig werde (*BAG* 20.9.1995 EzA § 620 BGB Nr. 137; ErfK-*Müller-Glöge* 3. Aufl. § 57a aF Rz 16; APS-*Schmidt* 1. Aufl. § 57a aF Rz 13). Nach altem Recht konnten dabei als wissenschaftliche Hilfskräfte auch Studenten vor Abschluss ihres Studiums beschäftigt werden.

Nach neuem Recht wird seit 23.2.2002 dagegen **begrifflich zwischen wissenschaftlichen Hilfskräften (§ 57a Abs. 1 HRG) und studentischen Hilfskräften (§ 57e HRG) unterschieden**. Studenten können daher nicht mehr als wissenschaftliche und künstlerische Hilfskräfte Dienstleistungen in Forschung und Lehre erbringen, da sie noch nicht über einen **ersten berufsqualifizierenden Hochschulabschluss** verfügen (BT-Drs. 14/6853 S. 33). Dagegen ist unter bestimmten Voraussetzungen nach einem Hochschulabschluss die Weiterbeschäftigung als studentische Hilfskraft möglich (BT-Drs. 14/7336 S. 11; s.u. Rz 38 f.). Ansonsten wird an der **bisherigen Einordnung der wissenschaftlichen (und künstlerischen) Hilfskräfte festgehalten**. Sie erbringen Dienstleistungen in Forschung und Lehre und werden typischerweise (auch) zu ihrer eigenen Qualifizierung beschäftigt. Einziges **Unterscheidungskriterium** bleibt, dass sie zu **weniger als der Hälfte der regelmäßigen Arbeitszeit** beschäftigt sind. Unter diesen Voraussetzungen zählen auch die **Tutoren** nach altem Recht zu diesen Personenkreisen (ErfK-*Müller-Glöge* Rz 18; *Dörner* Befr. Arbeitsvertrag Rz 646; *Staudinger/Preis* § 620 BGB Rz 250; APS-*Schmidt* Rz 14). Die Gleichwertigkeit der wissenschaftlichen Hilfskräfte wird im Übrigen daran deutlich, dass sie gemeinsam mit den wissenschaftlichen und künstlerischen Mitarbeiterinnen in 57a Abs. 1 S. 1 HRG für die Anwendung der Befristungsbestimmungen genannt und ihre **Beschäftigungszeiten in die Bemessung der Höchstbefristungsdauer vollwertig einbezogen** werden (§ 57b Abs. 2 S. 1 HRG). Damit wird die frühere **Sonderstellung** der wissenschaftlichen Hilfskräfte **nach 57c Abs. 5 aF aufgegeben**, die eine besondere eigene Befristungshöchstgrenze vorsah und eine Zusammenrechnung mit den Beschäftigungszeiten als wissenschaftlicher Mitarbeiter nicht gestattete (*BAG* 20.9.1995 EzA § 620 BGB Nr. 137; *Lipke* KR, 5. Aufl. § 57c Rz 18). Mit der insoweit vorgenommenen **Gleichstellung wissenschaftlicher Mitarbeiter und wissenschaftlicher Hilfskräfte** gelingt es, »funktionswidrige Befristungsketten«, die nach altem Recht bei regulärer Ausschöpfung aller Möglichkeiten Befristungen von bis zu 23 Jahren ermöglichten, auf eine Höchstbefristung von zwölf bzw. fünfzehn Jahren zurückzufahren (zutr. *Dieterich/Preis* Befristete Arbeitsverhältnisse in Wissenschaft und Forschung, S. 28 ff.). Für die Hochschulen sind wissenschaftliche Hilfskräfte von besonderem Wert. Sie erbringen für die universitäre Lehre unverzichtbare Dienste und können unabhängig von ordentlichen Planstellen aus zusätzlichen Finanzmitteln vergütet werden. Wissenschaftliche Hilfskräfte geben damit insbes. überlasteten Fachbereichen die »Luft zum Atmen« und legen nebenher typischerweise noch eine Promotion ab. Wenn die Beschäftigung als wissenschaftliche Hilfskraft eben auch der eigenen Qualifizierung dient, besteht kein Anlass, sie arbeitsrechtlich anders als wissenschaftliche Mitarbeiter zu behandeln (*Staudinger/Preis* § 620 BGB Rz 250 f.). Als **Besonderheit** bleibt deshalb nur, dass **befristete Arbeitsverträge** mit wissenschaftlichen und künstlerischen Hilfskräften **nur bis zu einer Dauer von insgesamt vier Jahren** abgeschlossen (§ 57b Abs. 1 S. 3 HRG), wissenschaftliche und künstlerische Mitarbeiterinnen und Mitarbeiter dagegen in der ersten Phase zulässig bis zu sechs Jahren arbeitsvertraglich befristet werden dürfen. Die nähere **Aufgabenstellung** der wissenschaftlichen Hilfskräfte kann nach § 36 Abs. 1 S. 2 HRG **landesrechtlich ausgeformt** werden (*Annuß/Thüsing-Lambrich* § 23 TzBfG Rz 94), ohne dass dadurch eine Erweiterung des Personenkreises stattfinden darf (*Dörner* Befr. Arbeitsvertrag Rz 646; **aA** HochschulHdb-*Löwisch/Wertheimer* G VI 3).

3. Studentische Hilfskräfte (§ 57e HRG)

Als **Personalkategorie** sind die studentischen Hilfskräfte iSd § 57e HRG seit 23.2.2002 **neu in das Gesetz aufgenommen** worden. **Voraussetzung** für ihre befristete Beschäftigung ist ihre **Einschreibung als Studierende** an einer deutschen Hochschule. Sie dürfen bis zur Dauer von vier Jahren befristet beschäftigt werden. **Im Unterschied zu den wissenschaftlichen Hilfskräften wird die befristete Beschäftigung als studentische Hilfskraft nicht auf die höchstzulässige Befristungsdauer des § 57b Abs. 1 HRG angerechnet** (§ 57e S. 2 HRG). Es ist deshalb erforderlich für die unterschiedliche Berechnung der Befristungshöchstdauer festzuhalten, in welcher Zeit der Beschäftigte als wissenschaftliche Hilfskraft oder als studentische Hilfskraft tätig geworden ist. Die nach altem Recht zutreffende Auffassung, wissenschaftliche Hilfskräfte könnten bereits vor Abschluss ihres Studiums überlappend als studentische Hilfskräfte beschäftigt werden, lässt sich deshalb nur mit dieser Einschränkung aufrecht erhalten. Nach Abschluss des Studiums bleibt eine Weiterbeschäftigung in Teilzeit eine **nebenberufliche Tätigkeit** iSd HRG, selbst wenn sie nunmehr arbeitsrechtlich die Existenz sichernde Haupttätigkeit darstellt (arg. »hauptberuflich« in § 42 HRG; ErfK-*Müller-Glöge* Rz 18).

39 Die unterschiedliche Behandlung von wissenschaftlichen und künstlerischen Hilfskräften im Verhältnis zu studentischen Hilfskräften zur Anrechnung ihrer befristeten Beschäftigung auf die Höchstbefristungsdauer ist bei den Beratungen des **6. Gesetzes zur Änderung des Hochschulrahmengesetzes (6. HRGÄndG)** erneut in Zweifel gezogen worden. Die Beschlussempfehlung des Ausschusses, die Beschäftigungsverhältnisse der wissenschaftlichen und künstlerischen Hilfskräfte in Bezug auf die (Nicht-)Anrechnung auf die Höchstbefristungsdauer den studentischen Hilfskräften anzugleichen (BT-Drs. 14/8878 S. 7 HRG), wurde schlussendlich nicht umgesetzt. Dagegen ist im Gesetzgebungsverfahren **das Unterscheidungskriterium einer studentischen Hilfskraft, wonach dies nur ein Studierender sein kann, der noch »nicht über einen ersten berufsqualifizierenden Hochschulabschluss« verfügt, aus dem ursprünglichen Gesetzentwurf gestrichen worden**. Damit sollte aufgrund einer Beschlussempfehlung des Ausschusses für Bildung, Forschung und Technikfolgenabschätzung (BT-Drs. 14/7336 S. 11) sichergestellt werden, dass auch **Studierende** mit einem ersten berufsqualifizierenden Hochschulabschluss **in einem Masterstudiengang als studentische Hilfskraft weiterbeschäftigt werden können** (*Lakies* ZTR 2002, 253). Daran hat der Gesetzgeber auch im HdaVÄndG ab dem 31.12.2004 festgehalten, obwohl hier eine Klarstellung wünschenswert gewesen wäre (BT-Drs. 15/4132 S. 22). Die **Klarheit zur Unterscheidung** von **studentischen Hilfskräften einerseits** und **wissenschaftlichen Hilfskräften andererseits** ist damit **wieder verloren gegangen**. Für die Beschäftigung als studentische Hilfskraft reicht demnach aus, dass die zu beschäftigende Person noch als Studierender eingeschrieben ist. Es steht zu befürchten, dass damit **einer missbräuchlichen Verlängerung der Höchstbefristungsdauer Vorschub geleistet wird** (Beispiel: Nach Abschluss des Studiums und zuvor einjähriger Beschäftigung als studentische Hilfskraft wird der Beschäftigte drei Jahre weiter als eingeschriebener Student befristet weiterbeschäftigt, um danach – mangels Anrechnung nach § 57e S. 2 HRG – in die erste und zweite Zeitphase der Höchstbefristungsdauer von insgesamt zwölf Jahren einzutreten).

II. Sonstiges Hochschulpersonal

1. Personal mit ärztlichen Aufgaben

40 Hauptberuflich an der Hochschule tätige **Personen mit ärztlichen, zahnärztlichen oder tierärztlichen Aufgaben**, die allein oder überwiegend in der Krankenversorgung tätig sind, zählen weder zur Gruppe der Hochschullehrerinnen und Hochschullehrer noch zu dem Kreis der akademischen Mitarbeiterinnen und Mitarbeiter (BT-Drs. 15/4132 S. 18). Sie wurden bislang in § 54 HRG aF den wissenschaftlichen Mitarbeitern und Mitarbeiterinnen dienst- und mitgliedschaftsrechtlich gleichgestellt. Die Entscheidung darüber bleibt künftig dem **Landesrecht** überlassen (ErfK-*Müller-Glöge* Rz 17). Soweit Hochschulkliniken auch zukünftig Teil der Hochschulen sind, können die Länder an der bisherigen mitgliedschaftsrechtlichen Gleichstellung mit wissenschaftlichen Mitarbeitern und Mitarbeiterinnen festhalten oder aber auch eine eigene Mitgliedergruppe bilden. Da **zahlreiche Hochschulkliniken aus den Hochschulen ausgelagert und rechtlich verselbständigt** worden sind, sah sich der Gesetzgeber insoweit zu einer **Deregulierung des HRG** veranlasst und nahm deshalb von einer bundesrechtlichen Regelung zur dienst- und mitgliedschaftsrechtlichen Gleichstellung von Personal mit ärztlichen Aufgaben Abstand. **§ 54 HRG aF wurde deshalb ersatzlos gestrichen** (BT-Drs. 14/6853 S. 23 f., 30). Soweit in den verselbständigten Kliniken **Forschung und Lehre** betrieben wird, welche sich aus den für Forschung und Lehre von den Ländern zur Verfügung gestellten Mitteln speist, können diese Kliniken **wissenschaftliche Mitarbeiter beschäftigen**, auf die die §§ 57a ff. anzuwenden sind (*Hanau* Tagungsbericht 63. Ordentlicher Medizinischer Fakultätentag 2002, S. 186; APS-*Schmidt* Rz 10). Hierfür sprechen Aufgabenstellung und/oder Herkunft der Forschungsmittel.

41 Die **klassische ärztliche Tätigkeit** der Krankenversorgung ist grds. **keine wissenschaftliche Tätigkeit**, da sie sich nicht von der eines niedergelassenen Arztes oder Krankenhausarztes unterscheidet (*Dieterich/Preis* Befristete Arbeitsverhältnisse in Wissenschaft und Forschung, Gutachten S. 55). Ein **Sonderbefristungsrecht zur wissenschaftlichen Qualifizierung** ist deshalb für das bis 22.2.2002 in § 54 HRG aF bezeichnete Personal mit ärztlichen Aufgaben **nicht erforderlich**. Zwar bestimmt § 53 Abs. 1 S. 2 HRG, das im Bereich der Medizin zu wissenschaftlichen Dienstleistungen **auch Tätigkeiten der Krankenversorgung** gehören. Diese Dienstleistungen stehen für den wissenschaftlichen Mitarbeiter aber nicht im Vordergrund. Dieses **Personal mit ärztlichen Aufgaben** (Ärzte, Zahnärzte und Tierärzte) strebt regelmäßig eine **Facharztqualifikation** an und wird dazu an der Hochschule als **wissenschaftlicher Mitarbeiter** oder Mitarbeiterin beschäftigt. Dann bedarf es keiner Sonderregelung, da hierfür innerhalb der in § 57b geregelten Grenzen maximal zwölf Jahre abzüglich der Promotionszeit

Befristung von Arbeitsverträgen § 57a HRG

zur Verfügung stehen (*Staudinger/Preis* § 620 BGB Rz 253). Im Unterschied zur **Sollregelung für Juniorprofessoren im Bereich der Medizin** (§ 47 S. 2 HRG) ist keine entsprechende Regelung für wissenschaftliche Mitarbeiter und Mitarbeiterinnen im Bereich der Medizin vorgesehen, da bei ihnen nicht die Einstellungsvoraussetzung einer abgeschlossenen Facharztausbildung besteht und sie die **Facharztausbildung** deshalb **während ihrer Tätigkeit als wissenschaftliche Mitarbeiter oder Mitarbeiterin absolvieren können** (BT-Drs. 15/4132 S.15). Findet die ärztliche Weiterbildung an Hochschulen oder Forschungseinrichtungen statt, greifen deshalb die allgemeinen Regelungen der §§ 57a ff. HRG (ebenso *Dörner* Befr. Arbeitsvertrag Rz 644; Erfk-*Müller-Glöge* Rz 17; aA *Heilbronner/Geis-Waldeyer* Rz 37 ff.).

Für Befristungsmöglichkeiten **außerhalb der Universitäten und Forschungseinrichtungen gilt für den Bereich der Medizin das Gesetz über befristete Arbeitsverträge mit Ärzten in der Weiterbildung (ÄArbVtrG).** Das trifft auch für verselbständigte Universitätskliniken ohne eigenen Forschungsbetrieb zu (*Annuß/Thüsing-Lambrich* § 23 TzBfG Rz 131; APS-*Schmidt* ÄArbVtrG Rz 5). Gem. Art. 3 des für nichtig erklärten 5. HRGÄndG ist § 1 Abs. 6 des Gesetzes über befristete Arbeitsverträge in der Weiterbildung (ÄArbVtrG) dahin geändert worden, dass nunmehr außerhalb des Anwendungsbereichs des Gesetzes nur noch das HRG, nicht aber mehr das aufgehobene Gesetz über befristete Arbeitsverträge mit wissenschaftlichem Personal an Forschungseinrichtungen (FFVG) zur Anwendung kommt. Mit Art. 3 des HdaVÄndG v. 27.12.2004 ist diese Klarstellung erneuert worden (BT-Drs. 15/4132 S. 24; vgl. dazu KR-*Lipke* §§ 1–3 ÄArbVtrG). Sollte sich zukünftig herausstellen, dass die allgemeinen Befristungsgrenzen im HRG für die mit ärztlichen Aufgaben betrauten wissenschaftlichen Mitarbeiter und Mitarbeiterinnen nicht genügen, so besteht die **Möglichkeit einer tarifvertraglichen Modifizierung der Befristungshöchstdauer für diese Fachrichtung** nach § 57a Abs 1 S. 3. Hierauf hat der Gesetzgeber in der Begründung seines Gesetzesentwurfs ausdrücklich hingewiesen (BT-Drs. 15/4132 S. 18). Im Übrigen haben die Länder die Möglichkeit insoweit die Anrechnungsregeln (zB zur Postdoktorandenzeit) abweichend zu gestalten (BT-Drs. 15/4132 S. 15). 42

2. Lehrkräfte für besondere Aufgaben (§ 56 HRG)

Es handelt es sich um **Mitarbeiter, die hauptberuflich den Studenten überwiegend praktische Fertigkeiten und Kenntnisse sprachlicher, technischer oder künstlerischer Art vermitteln** (zB Repetitoren, Richter und Beamte im Abordnungsverhältnis, technische Lehrer). Die Einstellungsvoraussetzungen für Hochschullehrer gelten für sie nicht. Zu diesem Personenkreis zählt insbes. die Gruppe der **Lektoren** (fremdsprachliche Lehrkraft). Bei ihnen handelt es sich um fremdsprachliche Lehrkräfte, die eine fremde Sprache, in der sie ausbilden sollen, als Muttersprache sprechen. Deshalb fallen auch deutsche Staatsangehörige mit fremder Muttersprache, nicht dagegen fremde Staatsangehörige mit nur deutscher Muttersprache unter diesen Begriff (*BAG* 15.8.1990 – 7 AZR 519/89 – nv; APS-*Schmidt* § 57a aF Rz 12). Bis zum 24.8.1998 galt für Lektoren der besondere allein tätigkeitsbezogene Befristungsgrund des § 57b Abs. 3 HRG aF. Nachdem die gesetzlichen Anforderungen an diesen Befristungsgrund als europarechtswidrig erkannt worden waren (*EuGH* 20.10.1993 EzA § 620 BGB Nr. 122; *BAG* 12.2.1997 25.2.1998 EzA § 620 BGB Hochschulen Nr. 114; s.a. **oben Rz 21**), wurde der **tätigkeitsbezogene Befristungsgrund** für alle Lektoren **aufgehoben. Bis zum** Inkrafttreten des 5. HRGÄndG am 23.2.2002 galten für diesen Personenkreis kraft Verweisung in Abs. 3 **die Sachgründe des § 57b Abs. 2 HRG aF** (vgl. dazu APS-*Schmidt* 1. Aufl. § 57b aF Rz 32 ff.; ErfK-*Müller-Glöge* 4. Aufl. § 57b aF Rz 25 ff.; *Reich* § 57b aF Rz 8). 43

Mit dem **neuen ab 23.2.2002 geltenden und ab 31.12.2004 mit dem HdaVÄndG erneut in Kraft gesetzten gesetzlichen Höchstbefristungsmodell** der §§ 57a ff. HRG haben sich die aus der Sonderstellung der fremdsprachlichen Lehrkräfte ergebenen **europarechtlichen – und verfassungsrechtlichen Probleme gelöst**. So kommt es nicht mehr darauf an, ob es sich bei den Lektoren um EG-Staatsangehörige oder Nicht-EG-Staatsangehörige handelt (vgl. dazu *BAG* 22.3.2000 EzA § 620 BGB Hochschulen Nr. 24; 22.3.2000 EzA § 620 BGB Hochschulen Nr. 27; *EuGH* 29.1.2002 NZA 2002, 377). Da innerhalb der Höchstbefristungsdauer ein Sachgrund gesetzlich unterstellt wird, können **Lehrkräfte für besondere Aufgaben** und damit insbes. Lektoren und Lektorinnen zu ihrer eigenen Qualifizierung und zur Erneuerung der wissenschaftlichen Lehre **als wissenschaftliche Mitarbeiter und Mitarbeiterinnen befristet beschäftig**t werden (*Annuß/Thüsing-Lambrich* § 23 Rz 93). Wird hingegen **keine weitere wissenschaftliche Qualifizierung angestrebt**, und versieht der Lektor vornehmlich **Daueraufgaben** in der Sprachvermittlung, so ist der **unbefristete Arbeitsvertrag die Regel**. Ansonsten kann nur über das TzBfG befristet beschäftigt werden (APS-*Schmidt* Rz 10). Geht es den Hochschulen und Forschungsein- 44 richtungen beispielsweise um die Sicherstellung eines aktualitätsbezogenen Unterrichts, dient die konkrete Stelle tatsächlich dem internationalen Austausch (sog. **Rotationsprinzip**; *BAG* 12.2.1997 EzA § 620 BGB Hochschulen Nr. 11; 25.2.1998 EzA § 620 BGB Hochschulen Nr. 14), so kann diese Zwecksetzung nach den allgemeinen Regelungen und Grundsätzen für befristete Arbeitsverträge (§ 14 Abs. 1 Nr. 4 und 6, Abs. 2 TzBfG) verfolgt werden (KDZ-*Däubler* § 57b aF Rz 23; ErfK-*Müller-Glöge* Rz 22; Hochschulhdb-*Löwisch/Wertheimer* G VI 8, *Hailbronner/Geis-Waldeyer* Rz 27; **aA** *BAG* 12.2.1997 EzA § 620 BGB Hochschulen Nr. 11; *Dörner* Befr. Arbeitsvertrag Rz 649, 793). Für die bis zum 24.8.1998 geltende Vorgängerregelung hatte das *BVerfG* die **Sicherstellung eines aktualitätsbezogenen Unterrichts** als Sachgrund insoweit ausdrücklich anerkannt (24.4.1996 EzA Art. 9 GG Nr. 61). Da das HRG **keinen Vertragstypenzwang** mehr vorgibt (vgl. BT-Drs. 15/4132 S.18), ist es allein Sache der Hochschulen und Forschungseinrichtungen, anhand der konkreten Umstände des Einzelfalls zu entscheiden, ob zu dem Lektor eine unbefristete oder befristete arbeitsvertragliche Bindung nach HRG oder TzBfG zu begründen ist (*Staudinger/Preis* § 620 BGB Rz 254; *Dörner* Befr. Arbeitsvertrag Rz 649; *Lakies* ZTR 2002,250; **aA** Hochschulhdb-*Löwisch/Wertheimer* G VI 8). Allerdings können die **Länder** durch ihre Hochschulgesetze diese Befugnis der Hochschulen gesetzlich begrenzen und **nur den Abschluss befristeter Arbeitsverträge** zulassen (BT-Drs. 15/4132 S. 19).

3. Verwaltungskräfte und technisches Personal

45 Wissenschaftliche, künstlerische und technische Dienstleistungen sind weiterhin von Mitarbeitern und Mitarbeiterinnen der Hochschulen zu erbringen, die ausschließlich zu diesem Zweck und nicht auch zu einer wissenschaftlichen Weiterqualifikation beschäftigt werden. Derartige sog. **Funktionsstellen** werden je nach Aufgabe dauerhaft oder befristet mit Lehrkräften für besondere Aufgaben, wissenschaftlichen, künstlerischen oder sonstigen Mitarbeitern und Mitarbeiterinnen besetzt (BT-Drs. 14/6853 S. 18). Sofern es sich um **auf Dauer angelegte technische und verwaltungsmäßige Dienstleistungen** handelt (zB Personalverwaltung, Haushaltsführung, Labortätigkeiten, Beschäftigungen in Bibliotheks- oder Hausmeisterbereich), die nicht der wissenschaftlichen Weiterqualifikation dienen können und nicht der Verwirklichung des unmittelbaren Zwecks einer Hochschule iSv § 2 HRG förderlich sind, ist ein **Rückgriff auf die Befristungsprivilegierung des HRG nicht möglich** (vgl. *BAG* 28.1.1998 EzA § 620 BGB Hochschulen Nr. 15; *Annuß/Thüsing-Lambrich* § 23 TzBfG Rz 91; ErfK-*Müller-Glöge* Rz 20; KDZ-*Däubler* Rz 10, 13). Für diesen Personenkreis haben die Hochschulen und Forschungseinrichtungen nur die Möglichkeit die Arbeitsverhältnisse nach allgemeinen arbeitsrechtlichen Bestimmungen zu befristen, also insbes. nach dem **TzBfG** und dem **BErzGG** (APS-*Schmidt* Rz 17). Wandelt sich eine zunächst eindeutig wissenschaftlich angelegte Tätigkeit (s.o. Rz 32 f.) im Laufe der Zeit in eine überwiegend nichtwissenschaftliche, technisch-organisatorische Aufgabenstellung, so ist – jenseits von Erwägungen zu Treu und Glauben – trotzdem auf die Verhältnisse zum **Zeitpunkt des Vertragsabschlusses** abzustellen, denn nach Satz 1 iVm § 57b Abs. 2 S. 1 ist nur dieses Datum maßgeblich. Weder ergibt sich aus einer gewichtigen Änderung der Aufgaben eine Hemmung der Zeitanrechnung (so aber *Lambrich* aaO) noch verstößt allein der Umstand als solcher gegen Treu und Glauben (so aber KDZ-*Däubler* Rz 32). Nach Ablauf der HRG-Befristung steht indessen bei befristeten Verlängerungen nur noch das TzBfG zur Verfügung.

4. Zeitbeamte

46 Mit der **Einführung der Personalkategorie »Juniorprofessorinnen und Juniorprofessoren«** und dem Wegfall der »wissenschaftlichen und künstlerischen Assistenten«, »Oberassistenten, Oberingenieure« und »Hochschuldozenten« ergeben sich Veränderungen in der Begründung von Beamtenverhältnissen auf Zeit. Die **dienstrechtliche Stellung** dieser Personengruppen war **bundeseinheitlich rahmenrechtlich vorgegeben** (vgl. *Lipke* KR, Vorauflage Rz 38 ff.), ist aber mit der Entscheidung des BVerfG vom 27.Juli 2004 und der daraufhin überarbeiteten Fassung des mit dem HdaVÄndG ab 31.12.2004 erneut in Kraft gesetzten HRG nun ausschließlich Sache der Länder (BT-Drs. 15/4132 S. 15f.; vgl. oben Rz 15ff., 27). Das **Bundesrecht** gibt insoweit in den Bestimmungen zu §§ 42 ff. HRG nur noch **Leitbilder** zur Personalstruktur und zur Personalkategorie »Juniorprofessor« vor, von denen durch Landesrecht in wesentlichen Regelungsbereichen (Habilitationserfordernis; Anrechnung auf Dienstzeiten im Sechs- bzw. Neunjahresraster) abgewichen werden kann. Juniorprofessur im Beamten- oder Angestelltenverhältnis sowie Habilitation stehen nunmehr gleichberechtigt nebeneinander, um die nach § 44 Nr. 4a HRG nF geforderten **zusätzlichen wissenschaftlichen Leistungen** für eine Professur zu erbringen (*Lambrich* aaO Rz 80).

Befristung von Arbeitsverträgen § 57a HRG

C. Befristeter Arbeitsvertrag (§ 57a Abs. 1 S. 1 und 5 HRG)

§ 57a Abs. 1 S. 2 HRG gestattet den Abschluss von Arbeitsverträgen für eine bestimmte Zeit (befristete 47 Arbeitsverträge) mit wissenschaftlichen und künstlerischen Mitarbeitern sowie wissenschaftlichen und künstlerischen Hilfskräften. Die zulässige Befristungsdauer ergibt sich jedoch erst aus § 57b. Die **Begriffsbestimmung zum befristeten Arbeitsvertrag entspricht der in § 3 Abs. 1 TzBfG**. Danach sind davon sowohl kalendermäßig befristete als auch zweckbefristete Arbeitsverträge umfasst (vgl. dazu KR-*Bader* § 3 TzBfG Rz 16 ff.). **Zweckbefristungen und auflösende Bedingungen** (§ 21 TzBfG) bleiben im Anwendungsbereich des Gesetzes indessen – ebenso wie nach altem Recht in § 57c Abs. 1 aF – **nach § 57b Abs. 3 S. 3 HRG ausgeschlossen** (ErfK-*Müller-Glöge* § 57a Rz 24; APS-*Schmidt* § 57a Rz 18). Die Gestaltungsmittel von **Zweckbefristung und auflösender Bedingung** waren im Hochschulbereich bereits nach altem Recht nicht erforderlich, da § 57c HRG aF die Dauer der Befristung vom sachlichen Grund löste. Nachdem jetzt für die **Höchstbefristungsdauer** von zweimal sechs (Medizin sechs und neun) Jahren ein **Sachgrund »unterstellt«** wird, sind **innerhalb dieses Zeitrahmens Zweckbefristung und auflösende Bedingung überflüssig**. Zweckbefristungen und auflösende Bedingungen bedürfen nämlich stets eines sachlichen Grundes, der sich aus § 14 Abs. 1 TzBfG zu ergeben hat. Die nunmehr im HRG eingeräumte Höchstbefristungsdauer macht dagegen die **Benennung eines sachlichen Grundes entbehrlich** (vgl. dazu § 57b HRG Rz 18 ff.). Den Hochschulen und Forschungseinrichtungen steht es indessen **offen**, mit wissenschaftlichen Mitarbeitern eine **klassische Sachgrundbefristung nach §§ 14 Abs. 1, 15 Abs. 2 und 5, 21 TzBfG abzuschließen** (vgl. BAG 2.12.1998 EzA § 620 BGB Nr. 156 zum gerichtlichen Vergleich in Form einer auflösenden Bedingung bzw. Zweckbefristung nach altem Recht).

D. Zweiseitig zwingendes Gesetzesrecht

I. Verbot vertraglicher Abweichung (§ 57a Abs. 1 Satz 2 HRG)

§ 57a Abs. 1 S. 2 HRG hält für die Befristungsregeln im Hochschul- und Forschungsbereich in seiner 48 aktuellen Fassung – nach wie vor – grundsätzlich an dem **zweiseitig zwingenden Gesetzesrecht** fest (BT-Drs. 15/4132 S. 18). Zur Begründung führt der Gesetzgeber die verfassungsrechtlich erforderliche Sicherung der **Funktions- und Innovationsfähigkeit der Hochschulen** sowie die dafür erforderliche **Förderung des wissenschaftlichen Nachwuchses** an. Dabei stützt sich der Gesetzgeber zum einen auf die Überlegungen des Regierungsentwurfs zum Gesetz über befristete Arbeitsverträge mit wissenschaftlichem Personal an Hochschulen und Forschungseinrichtungen aus dem Jahre 1985 (BT-Drs. 10/2283; dazu *Lipke* KR, 5. Aufl. § 57a Rz 1ff.) und zum anderen auf die Entscheidung des BVerfG v. 24.4.1996 (EzA Art. 9 GG Nr. 61). Die dort uneingeschränkt zugelassene **Tarifsperre** will der Gesetzgeber grds. aufrecht erhalten (BT-Drs. 14/6853 S. 30, 31; *Lakies* ZTR 2002, 253; ErfK-*Müller-Glöge* Rz 28 f.; *Hailbronner/Geis-Waldeyer* Rz 43 ff.; APS-*Schmidt* Rz 19). Abs. 1 S. 2 der Bestimmung lässt daher nicht zu, dass von den Befristungsvorschriften des Hochschulrahmengesetzes zugunsten oder zu Lasten der befristet beschäftigten Arbeitnehmer abgewichen werden darf (*Waldeyer* GS Sonnenschein 2003, S. 897, 909; *Annuß/Thüsing-Lambrich* § 23 TzBfG Rz 121). Dieses **Verbot erfasst tarif- und arbeitsvertragliche Abweichungen;** zwar sowohl bestehende als zukünftige arbeits- und tarifvertragliche Vereinbarungen (*Dörner* ArbRBGB § 620 Rz 377). Die umfassende Sperre lässt sich nunmehr deutlicher als zuvor daran ablesen, dass **tarifliche Abweichungen** (s.u. Rz 50) in einem eng begrenzten Bereich zugelassen werden (*Müller-Glöge* aaO; zur Anwendung des BAT/TVöD s.u. Rz 53).

Die Sperre für abweichende Vereinbarungen in Abs. 1 S. 2 wird durch **Abs. 1 S. 5** dahin ergänzt, dass 49 die arbeitsrechtlichen Vorschriften und Grundsätze über befristete Arbeitsverträge und deren Kündigung zum Zuge kommen, soweit sie den Bestimmungen in §§ 57b bis 57e HRG nicht widersprechen. Einerseits wird damit **der Vorrang der §§ 57a ff. HRG als arbeitsrechtliche Spezialregelung** verdeutlicht, die allgemeinen gesetzlichen Bestimmungen zur Befristung zu verdrängen (vgl. BAG 15.3.1995 EzA § 620 BGB Nr. 123 zu § 57a HRG aF bei entgegenstehenden Verwaltungsvorschriften). Andererseits kommen, soweit das HRG keine besonderen Regelungen bereithält, die allgemeinen arbeitsrechtlichen Bestimmungen ergänzend zum Tragen, vorrangig die des TzBfG. Dazu zählen insbes. das **Diskriminierungsverbot** (§ 4 Abs. 2 TzBfG), das **Schriftformerfordernis** (§ 14 Abs. 4 TzBfG), die vorzeitige **Kündigungsbefugnis bei Vereinbarung** (§ 15 Abs. 3 TzBfG), die **Fortsetzungsverpflichtung bei Fristüberschreitung** (§ 15 Abs. 5 TzBfG), die **Folgen unwirksamer Befristung** (§ 16 TzBfG) und die zu wahrende **Klagefrist** (§ 17 TzBfG). Dagegen gelangen **bis zum Ablauf der nach dem HRG höchstzulässigen Befristungsdauer** die Bestimmungen des § 14 Abs. 2a und 3, 15 Abs. 2 und 4 sowie § 21 TzBfG nicht zur Anwendung, da sie inhaltlich §§ 57b bis 57e HRG widersprechen. Eine von Sachgründen getragene **Befristung nach §§ 14 Abs. 1 oder eine sachgrundlose Erstbefristung nach § 14 Abs. 2 TzBfG** kann zwar während der Dauer bzw. bei Beginn der befristeten Beschäftigung im Bereich der Hochschulen und Forschungseinrichtungen abgeschlossen werden, macht aber in Folge der nach § 57b Abs. 2 S. 2 HRG vorgesehenen **Anrechnung** auf die Höchstbefristungsdauer des HRG keinen Sinn (vgl. *Preis / Hausch* NJW 2002 928; BT-Drs. 15/4132 S. 21). Zur erneuten Befristung des Arbeitsverhältnisses nach Ausschöpfung der Höchstbefristungsdauer des HRG vgl. § 57b HRG Rz 69 ff.

II. Öffnung für tarifliche Regelungen (§ 57a Abs. 1 S. 3)

1. Fachrichtungen und Forschungsbereiche

50 Abs. 1 S. 3 sieht vor, dass die in § 57b HRG vorgesehenen Fristen für bestimmte Fachrichtungen und Forschungsbereiche tarifvertraglich abgekürzt oder verlängert werden können. Eine **tarifliche abweichende Regelung für den gesamten Geltungsbereich des HRG** bleibt indessen weiterhin **ausgeschlossen**. Es muss sich um tarifvertragliche Bestimmungen handeln, die alle oder einzelne Hochschulen und/oder Forschungseinrichtungen erfassen. Im Einzelfall sind daher auch **Haustarifverträge** mit einer Hochschule oder einer Forschungseinrichtung möglich, wenn sie eine tariffähige Arbeitgeberstellung (§ 2 Abs. 1 TVG) innehaben (ebenso *Hailbronner/Geis-Waldeyer* Rz 49; aA *Lakies* ZTR 2002, 253). Ansonsten könnte ein Forschungsbereich, der sich auf eine Hochschule oder eine Forschungseinrichtung beschränkt, keine zugelassene tarifvertragliche Änderungsregelung erfahren. Unter **Fachrichtungen** dürften die ausbildungsbezogenen Fachbereiche zu verstehen sein (zB Humanmedizin, Maschinenbau, Informatik, Chemie, Pädagogik usw.); **Forschungsbereiche** bestimmen sich dagegen nach grob projektbezogenen Forschungszielen (zB Kernenergieforschung, Meeresforschung, Biotechnologie, Rechtsvergleichung usw.). Während der erstgenannte Bereich eher den Hochschulen zuzurechnen ist, handelt es sich im anderen Bereich mehr um das Feld der Forschungseinrichtungen. **Forschungsbereiche müssen sich** indessen **inhaltlich** und nicht nach ihren finanziellen Grundlagen **bestimmen lassen.** Tarifvertraglich abweichende Regelungen zur »**Drittmittelforschung**« stehen deshalb nicht im Einklang mit dem Gesetz. Die Fachrichtung oder der Forschungsbereich sind genau (»bestimmte«) zu bezeichnen (*Waldeyer* aaO Rz 47 f.).

2. Befristungsdauer

51 Tarifvertragsparteien können in dem **ersten** ihnen zugewiesenen **Regelungsbereich** in bestimmten Fachrichtungen oder Forschungsbereichen in eigener Verantwortung die in § 57b HRG verankerte **Höchstbefristungsdauer verkürzen oder verlängern**, soweit ihnen das zur sachlichen Regelung erforderlich erscheint (BT-Drs. 15/4132 S. 18). Danach wäre es den Tarifvertragsparteien gestattet, die im **Bereich der Medizin** in der zweiten Phase auf neun Jahre ausgelegte Höchstbefristungsdauer ganz oder in Teilbereichen zu verlängern oder zu verkürzen, um abweichende Zeiträume zur Nachwuchsförderung und Qualifizierung zu schaffen. Ebenso wäre es denkbar in **bestimmten Bereichen der Grundlagenforschung** tarifvertraglich die Höchstbefristungsdauer anzuheben. Die grundsätzliche Regelungsfreiheit der Tarifvertragsparteien findet jedoch dort ihre **Grenze**, wo das **Mindestmaß an Arbeitsplatzschutz** für den durch das HRG geschützten Personenkreis gefährdet ist (zB Ausdehnung der Höchstbefristungsdauer auf 24 Jahre, das Doppelte des gesetzlichen Höchstmaßes) oder wo die Verkürzung der Befristungshöchstgrenzen selbst eine zügige **wissenschaftliche Qualifizierung** der Mitarbeiter im Interesse der Hochschulen und Forschungseinrichtungen nicht mehr berücksichtigt (Höchstbefristungsdauer reduziert auf sechs Jahre, der Hälfte der gesetzlichen Regelfrist). Die Tarifvertragsparteien haben sich deshalb **bei abweichenden Regelungen ausgewogen** sowohl **an der Berufsfreiheit (Art. 12 Abs. 1 GG)** als **an der Wissenschaftsfreiheit (Art. 5 Abs. 3 GG) zu orientieren** (ebenso *Dörner* Befr. Arbeitsvertrag Rz 654; APS-*Schmidt* Rz 22; Hochschulhdb-*Löwisch/Wertheimer* G VI 2a aa). Sie dürfen das gesetzliche Grundmodell nicht in Frage stellen (*Hailbronner/Geis-Waldeyer* Rz 50 ff.; KDZ-*Däubler* Rz 26).

3. Anzahl der Verlängerungen

52 Das Gesetz erkennt als **zweiten** tarifvertraglichen **Regelungsbereich** an, abweichende Vereinbarungen über die zulässige **Zahl von Verlängerungen** von befristeten Arbeitsverhältnissen zu treffen. Es erlaubt im Rahmen der jeweils zulässigen Befristungsdauer **Verlängerungen des befristeten Arbeitsvertrages ohne deren Zahl zu begrenzen**. Damit weicht der Gesetzgeber von dem Modell des § 14 Abs. 2 TzBfG ab, das für eine auf insgesamt zwei Jahre angelegte sachgrundlose Befristung eine höchstens dreimalige Verlängerung gestattet. Theoretisch können demnach in Bereich von Wissenschaft und

Forschung jeweils nur **kurzfristige Zeitverträge** abgeschlossen werden, die durch Verlängerungen immer wieder erneuert werden. **Einschränkunger** setzen insoweit nur die Sollbestimmungen zu den **Juniorprofessorinnen und -professoren** in §§ 48 Abs. 1, 50 Abs. 4 HRG nF, wonach im Angestelltenverhältnis grundsätzlich zweiphasig für die **Dauer von insgesamt sechs Jahren fest anzustellen** ist. Um einer übermäßigen Kettenbefristung innerhalb der zulässigen Höchstbefristungsdauer zu begegnen, können Tarifvertragsparteien in besonderen, dafür »anfälligen« Fachrichtungen und Forschungsbereichen Abhilfe schaffen (*Hailbronner/Geis-Waldeyer* Rz 53), indem sie die Zahl der zulässigen Verlängerungen begrenzen (zB höchstens drei Verlängerungen im Rahmen einer sechsjährigen Befristung im Bereich Rechtswissenschaften). Nach dem konzeptionellen Ansatz des HRG besteht kein Bedürfnis dafür, die zulässige Zahl von Verlängerungen tarifvertraglich zu erhöhen. Teilweise wird erwogen, Stückelungen mit Unterbrechungen (anders als Verlängerungen iSv § 14 Abs. 2 S. 1 TzBfG) tarifvertraglich zuzulassen (so wohl KDZ-*Däubler* Rz 26; aA *Waldeyer* aaO).

4. Sonderregelung BAT SR 2y/TVöD

Mit der Eingrenzung abweichender tariflicher Regelungen auf bestimmte Fachrichtungen und Forschungsbereiche wird deutlich, dass **generell geltende Regelungen eines Tarifvertrages** nicht zum Zuge kommen. Deshalb findet die **Nr. 1 der SR 2y zum BAT im Geltungsbereich der §§ 57a ff. HRG keine Anwendung**. Die SR 2y zum BAT galten allgemein für den **gesamten öffentlichen Dienst**; sie sind weder beschränkt auf den Bereich von Wissenschaft und Forschung noch innerhalb dieses Bereiches auf bestimmte Fachrichtungen oder Forschungsbereiche (BT-Drs. 14/6853 S. 31; *Preis/Hausch* NJW 2002, 930; *Lakies* ZTR 2002, 253; ErfK-*Müller-Glöge* Rz 29, APS-*Schmidt* Rz 22; *Boewer* § 23 TzBfG Rz 25). Mit dem nunmehr geltenden **§ 30 TVöD** wird diese Rechtsauffassung tarifvertraglich festgeschrieben. § 30 Abs. 1 S. 2, 2. Hs. TVöD bestimmt ausdrücklich, dass die abweichenden tarifvertraglichen Befristungsbestimmungen in den Abs. 2 bis (4) 5 nicht auf Arbeitsverhältnisse anzuwenden sind, für die die §§ 57a ff. HRG unmittelbar oder entsprechend gelten (*Annuß/Thüsing-Lambrich* § 23 TzBfG Rz 121; HWK-*Schmalenberg* § 23 TzBfG Rz 50). Die ursprüngliche Nichteinbeziehung des Abs. 5 in § 30 Abs. 1 S. 2 TVöD in der Unterschriftsfassung des TVöD vom 13.9.2005 beruht auf einem Redaktionsversehen und wird rückwirkend bereinigt (*B. Fritz* ZTR 2006, 7).

Nach Ausschöpfung der **Befristungshöchstdauer des HRG** kann es indessen nach § 57b Abs. 2 S. 3 HRG zu weiteren **Befristungen** des Arbeitsverhältnisses nach Maßgabe des Teilzeit- und Befristungsgesetzes kommen. Dann können die nach **§ 22 TzBfG zulässigen tarifvertraglichen Abweichungen des § 30 Abs. 2 bis 4 TVöD (früher SR 2y BAT)** Anwendung finden (*Preis/Hausch* aaO). **§ 22 Abs. 1 TzBfG** eröffnet zu Gunsten der Arbeitnehmer die Möglichkeit Befristungen generell an einen **Sachgrund** zu binden, so dass die Herausnahme des HRG tarifvertraglich erlaubt ist (ebenso *Hailbronner/Geis-Waldeyer* Rz 55; aA *Staudinger/Preis* § 620 BGB Rz 256). Davon ist im TVöD kein Gebrauch gemacht worden, da dort das Modell des TzBfG weitgehend übernommen wurde (*B. Fritz* ZTR 2006, 2, 7 f.). § 40 Nr. 8 TVöD (Sonderregelungen für Beschäftigte an Hochschulen und Forschungseinrichtungen) sieht allerdings vor, dass kalendermäßig befristete Arbeitsverträge mit sachlichem Grund in der **Dauer des einzelnen Vertrages sieben Jahre** nicht übersteigen dürfen (KR-*Lipke* § 14 TzBfG Rz. 311). Näher dazu KR-*Bader* § 22 TzBfG.

III. Arbeitsvertragliche Inbezugnahme tarifvertraglicher Abweichungen (§ 57a Abs. 1 S. 4 HRG).

Um eine Gleichstellung aller Arbeitnehmer zu erreichen, eröffnet Abs. 1 S. 4 die Möglichkeit für **nicht tarifgebundene Arbeitsvertragsparteien** die Anwendung der abweichenden tarifvertraglichen Regelungen nach Satz 3 einzelvertraglich zu vereinbaren. **Voraussetzung** ist allerdings, dass **beide Arbeitsvertragsparteien dem Geltungsbereich des gem. Satz 3 abgeschlossenen Tarifvertrages unterliegen** (BT-Drs. 15/4132 S. 18 f.; *Dörner* Befr. Arbeitsvertrag Rz 656; APS-*Schmidt* Rz 23). Da die arbeitsvertragliche Bezugnahme der tarifvertraglichen Regelungen nicht die Befristungsabrede als solche betrifft (vgl. § 14 Abs. 4 TzBfG), bedarf die **Übernahmevereinbarung** nicht einer bestimmten Form; sie wird allerdings regelmäßig an der **Form** des Arbeitsvertrages teilnehmen und schließt die Nachweispflicht nach § 2 Abs. 1 S. 2 Nr. 10 NachwG nicht aus (*Annuß/Thüsing-Lambrich* § 23 TzBfG Rz 122). Die **Anwendung** der tariflichen Regelungen kann **nur in Gänze** vereinbart werden; da nur dann die **Richtigkeitsgewähr** tarifvertraglicher Regelungen trägt. Mit der nur in begrenzten Regelbereichen zugelassenen Tarifautonomie im HRG würde es sich nicht vertragen, eine arbeitsvertragliche Bezugnahmeklausel nur für einen Teil der tarifvertraglichen Abweichung zuzulassen. Ansonsten steht zu befürchten, dass hierfür nur für

Lipke

die für den Arbeitnehmer im Verhältnis zur gesetzlichen Vorschrift nachteilig abweichenden tarifvertraglichen Regelungen genutzt werden (vgl. zu einer ähnlichen Problematik nach § 6 Abs. 2 BeschFG 1985/1996 aF GK-TzA/*Mikosch* § 6 Rz 24, 28; ebenso KDZ/*Däubler* Rz 28; KR-*Bader* § 22 TzBfG Rz 11).

E. Verhältnis zu anderen arbeitsrechtlichen Regelungen

I. Konkurrenzen zum HRG

1. Verhältnis zum TzBfG

56 Die Spezialregelungen zur Befristung im Bereich der Hochschulen und Forschungseinrichtungen nach §§ 57a ff. HRG genießen **Vorrang vor den allgemeinen Regelungen** zur Befristung von Arbeitsverträgen nach anderen Gesetzen. Dabei wird nicht von vornherein für das unter den Geltungsbereich der §§ 57a ff. HRG fallende Personal eine Befristung nach dem TzBfG ausgeschlossen, wie sich aus den Regelungen der §§ 57a Abs. 1 S. 5, 57b Abs. 2 S. 2 HRG klar ergibt. Es steht mithin den Hochschulen und Forschungseinrichtungen frei, **von Anfang an Befristungen** mit wissenschaftlichen Mitarbeitern oder Hilfskräften **nach Maßgabe des TzBfG** zu schließen (vgl. *BAG* 21.2.2001 EzA § 1 BeschFG 1985/1996 Nr. 24 zum früheren Recht; *LAG BW* 14.10.2005 – 9 Sa 19/05 – zur befristeten Anstellung von Lektoren). Allerdings ist ein Anreiz, derartige Verträge nach dem TzBfG vor Ausschöpfung der Höchstbefristungsdauer des HRG abzuschließen im Blick auf die Anrechnungsbestimmung des § 57b Abs. 2 S. 2 HRG gering. Die nicht vollständige Verdrängung der §§ 14 ff. TzBfG durch §§ 57a ff. HRG kann aus Sicht der Arbeitgeber jedoch dann hilfreich sein, wenn das **Zitiergebot nach § 57b Abs. 3 S. 1 HRG nicht eingehalten** wurde. In diesem Fall kann der Arbeitgeber sich auf **arbeitsrechtliche Befristungsgrundlagen außerhalb des HRG** stützen (§ 57b Abs. 3 S. 2 HRG; *Preis/Hausch* NJW 2002, 930; *Lakies* ZTR 2002, 253; ErfK-*Müller-Glöge* Rz 25; MHH-*Herms* § 23 TzBfG Rz 19 f.; vgl. dazu auch *BAG* 5.6.2002 – 7 AZR 241/01 – DB 2002, 2166 mit Anm. *Sowka*). Teilweise wird vertreten, dass der Rückgriff auf **Zweckbefristungen oder auflösende Bedingungen** nach dem TzBfG im Hochschul- und Forschungsbereich unzulässig bleiben müsse, um ein Unterlaufen der ohnehin schwachen Schutzvorschriften des HRG zu vermeiden (KDZ-*Däubler* Rz 30 für den befürchteten Fall eines Ausbleibens von Drittmitteln). Das Gegenteil lässt sich aus dem Zusammenspiel der Bestimmungen in Abs. 1 S. 5 und § 57b Abs. 3 S. 2 HRG begründen (KR-*Lipke* § 57b HRG Rz 68a).

57 Sind die **Befristungsmöglichkeiten des § 57b Abs. 1 HRG ausgeschöpft**, können **weitere Befristungen** eines Arbeitsverhältnisses **nach Maßgabe des TzBfG** vereinbart werden (§ 57b Abs. 3 S. 3 HRG; vgl. dazu § 57b HRG Rz 69 ff.). Dazu gehören auch **erstmalige sachgrundlose Befristungen** nach § 14 Abs. 2 TzBfG (*Hailbronner/Geis-Waldeyer* § 57b HRG Rz 58, 65). **Sachgrundlose Anschlussbefristungen** scheitern regelmäßig daran, dass sie nur bei erstmaliger Befristung mit einem neuen Arbeitgeber zugelassen sind (§ 14 Abs. 2 S. 2 TzBfG). In Ausnahmefällen ist eine solche sachgrundlose Befristung bis zu zwei Jahren jedoch denkbar, wenn das befristete Arbeitsverhältnis mit einem **neuen Arbeitgeber**, dh mit einer **anderen Forschungseinrichtung oder einer anderen Hochschule in einem anderen Bundesland** erstmals begründet wird (*Preis/Hausch* aaO ; ErfK-*Müller-Glöge* Rz 25; aA MHH-*Herms* TzBfG § 23 Rz 19j). Einer Bundesratsinitiative, über eine Änderung des § 14 TzBfG Beschäftigungsverhältnisse nach §§ 53, 57b Abs. 1 S. 3, 57d und 57e HRG aF nicht als Arbeitsverhältnisse mit demselben Arbeitgeber iSv § 14 Abs. 2 S. 2 und Abs. 3 S. 2 TzBfG zu berücksichtigen (BT-Drs. 14/6853 S. 40), fand im Gesetzgebungsverfahren keine Mehrheit. Die Bundesregierung erkannte in dem Gesetzgebungsvorschlag eine Weiterführung von **Befristungsketten**, die sowohl nach dem TzBfG als auch nach dem HRG verhindert werden sollte (BT-Drs. 14/6853 S. 43). Hieraus und aus der **Anrechnungsbestimmung** des § 57b Abs. 2 S. 1 HRG lässt sich deshalb entnehmen, dass eine **vorangehende Beschäftigung** im Rahmen eines **Privatdienstvertrages**, den ein Mitglied der Hochschule mit einem wissenschaftlichen Mitarbeiter abschließt (§ 57c HRG), den Hochschulen und Forschungseinrichtungen nicht eröffnet im Anschluss daran als »neuer« Arbeitgeber eine **Befristung ohne Sachgrund** (§ 14 Abs. 2 TzBfG) mit diesem Mitarbeiter zu vereinbaren.

58 Im Geltungsbereich des **BAT** (nicht des BAT-O, falls arbeitsvertraglich nicht vereinbart, *BAG* 31.7.2002 EzA § 620 BGB Nr. 196) soll dagegen die einen Sachgrund vorschreibende SR 2y die Anwendung von § 14 Abs. 2 TzBfG sperren, soweit die dem HRG unterfallenden Arbeitsvertragsparteien an den BAT gebunden sind (Protokollnotiz Nr. 6; ErfK-*Müller-Glöge* Rz 27; APS-*Schmidt* SR 2y BAT Rz 34; aA *Staudinger/Preis* § 620 BGB Rz 256). Dem ist nicht zu folgen (vgl. o. Rz 53). Unterdessen gilt **§ 30 TVöD** mit einem Deregulierungsansatz, wonach grundsätzlich sachgrundlose Befristungen im Tarifbereich zulässig sind (*B. Fritz* ZTR 2006, 7f.).

2. Verhältnis zum BEEG/BErzGG

§ 57b Abs. 2 S. 3 HRG nennt nach Ablauf der nach diesem Gesetz zulässigen Befristungsdauer nur das TzBfG als zulässige Grundlage weiterer Befristungen. Vom **Wortlaut der Bestimmung** her kann daraus aber nicht gefolgert werden, dass deshalb Sachgrundbefristungen nach § 21 BErzGG ausgeschlossen sind. **§ 21 BErzGG ist die gesetzliche Sonderregelung eines Vertretungsfalls** iSv § 14 Abs. 1 S. 2 Nr. 3 TzBfG (vgl. KR-*Lipke* § 21 BEEG Rz 11 ff.). Außerdem lässt sich die **fehlende Erwähnung des BErzGG** durch eine systematische Auslegung des Gesetzes iSe Verweisungskette über § 57b Abs. 2 S. 3 HRG und § 23 TzBfG wettmachen. Für das **Verhältnis der Sachgrundbefristung nach § 21 BErzGG zu den Neuregelungen im HRG gilt deshalb nichts anderes als zum TzBfG**. Danach geht die Befristung nach dem HRG grundsätzlich vor, verdrängt indessen nicht die mögliche Sachgrundbefristung nach dem BErzGG. Das ergibt sich bereits daraus, dass die Befristung auch auf »andere Rechtsvorschriften« § 57b Abs. 2 S. 2 HRG) gestützt werden kann. Soweit sich Widersprüche zwischen den unterschiedlichen Befristungsgrundlagen nicht ergeben, kann entweder eine Befristung nach § 21 BErzGG im Rahmen der Höchstbefristungsdauer und unter Anrechnung auf diese stattfinden oder nach Ablauf der Höchstbefristungsdauer des HRG eine Befristung gem. § 21 BErzGG nachgeschaltet werden (ebenso *Hailbronner/Geis-Waldeyer* Rz 77 f.; *Lakies* ZTR 2002, 253). 59

3. Sonstige Regelungen

Für das Verhältnis des HRG zum **Gesetz über befristete Arbeitsverträge mit Ärzten in der Weiterbildung** (ÄArbVtrG) wird auf die Erläuterungen zu §§ 1 – 3 und o. Rz 42 Bezug genommen. Die Bestimmungen des **AÜG** kommen für wissenschaftliche Mitarbeiter und Hilfskräfte nicht in Betracht, da eine **konzessionierte Arbeitnehmerüberlassung im Bereich der Hochschulen und Forschungseinrichtungen undenkbar** ist. Außerhalb des Anwendungsbereiches der §§ 57a ff. HRG ist Zeitarbeit nach dem AÜG nur im nichtwissenschaftlichen Dienstleistungsbereich der Hochschulen möglich. Hierfür verbleibt es bei den allgemeinen Regeln, die sich ab dem 1.1.2004 im Verhältnis von Befristung und Arbeitnehmerüberlassung grundlegend geändert haben (vgl. dazu KR-*Lipke* § 620 BGB Rz 20; KR-*Bader* § 23 TzBfG Rz 4 ff.). Nach **§ 1 Abs. 4, 1. Hs Arbeitsplatzschutzgesetz** (ArbPlSchG) verlängert sich ein befristetes Arbeitsverhältnis nicht durch die Einberufung zum Grundwehrdienst oder zu einer Wehrübung (vgl. KR-*Bader* § 23 TzBfG Rz 8). Diese Regelung wird durch die **besondere Bestimmung des § 57b Abs. 4 Nr. 4 HRG** verdrängt, wonach sich die Dauer des befristeten Arbeitsvertrages für wissenschaftliche und künstlerische Mitarbeiter sowie wissenschaftliche und künstlerische Hilfskräfte mit ihrem Einverständnis um Zeiten des Grundwehr- und Zivildienstes (vgl. dazu § 78 Abs. 1 Nr. 1 ZDG) verlängert. Dagegen wird das nach dem HRG befristete Arbeitsverhältnis durch die Einberufung zu einer Eignungsübung nicht verlängert, weil insoweit keine abweichenden Regelungen in § 57b HRG vorgesehen sind. Zu befristeten Arbeitsverhältnissen und den Auswirkungen des Eignungsübungsgesetzes im Übrigen vgl. KR-*Bader* § 23 TzBfG Rz 15 f. 60

Aufgrund des unterschiedlichen persönlicher Geltungsbereiches scheidet eine gesetzliche Konkurrenz zu einem (kraft Gesetzes) befristeten **Berufsausbildungsverhältnis nach § 21 Abs. 1 BBiG** aus. Die Berufsbildung iSd Berufsbildungsgesetzes umfasst die Berufsausbildung, die berufliche Fortbildung und die berufliche Umschulung, die in Betrieben der Wirtschaft, in vergleichbaren Einrichtungen außerhalb der Wirtschaft, sowie in berufsbildenden Schulen und sonstigen Berufsbildungseinrichtungen außerhalb der schulischen und betrieblichen Berufsbildung durchgeführt wird (§ 1 Abs. 1 und 5 BBiG; ErfK-*Schlachter* § 1 BBiG Rz 1 ff.). Die **wissenschaftliche Qualifizierung**, die durch Befristungen nach §§ 57a ff. HRG angestrebt wird, deckt sich weder mit der in einem geordneten Ausbildungsgang vorgesehenen Grundbildung noch mit der beruflichen Fortbildung oder Umschulung iSd §§ 1 und 2 BBiG. Berührungspunkte kann es allenfalls dann geben, wenn **Studenten** ein **praktisches Jahr (Medizin) oder ein Betriebspraktikum** absolvieren (§ 26 BBiG). Zu den Konkurrenzen im Befristungsrecht im Allgemeinen vgl. KR-*Bader* § 23 TzBfG. Zu den **Besonderheiten des BAT/TVöD** s.o. Rz 53 und KR-*Bader* § 22 TzBfG Rz 18 ff. 61

II. Anwendung arbeitsrechtlicher Vorschriften und Grundsätze über befristete Arbeitsverträge und ihre Kündigung (§ 57a Abs. 1 S. 5 HRG)

Abs. 1 S. 5 hebt hervor, dass die **§§ 57a ff. HRG arbeitsrechtliche Spezialregelungen** sind, die den allgemeinen Befristungsregelungen grundsätzlich vorgehen. Darüber hinaus wird klargestellt, dass mit der **Abschaffung des Sonderkündigungsrechts bei Wegfall von Mitteln Dritter** (§ 57d HRG aF in der bis zum 22.2.2002 geltenden Fassung) nunmehr die allgemeinen Regelungen zur Kündigung von Ar- 62 beitsverträgen Anwendung finden (BT-Drs. 14/6853 S. 31 und BT-Drs. 15/4132 S. 19). Soweit deshalb im befristeten Arbeitsvertrag (§ 15 Abs. 3 TzBfG) eine ordentliche Kündigungsmöglichkeit vorgesehen war, konnte davon aus personen-, verhaltens- oder betriebsbedingten Gründen (§ 1 KSchG) Gebrauch gemacht werden (*Annuß/Thüsing-Lambrich* § 23 TzBfG Rz 94; *Hailbronner/Geis-Waldeyer* Rz.72; *ders.* GS Sonnenschein 2003, S. 911). Über den **§ 15 Abs. 3 TzBfG** fand damit auch **die Regelung über die vorzeitige Kündigungsmöglichkeit gem. Nr. 7 Abs. 3 der SR 2y BAT Anwendung** (*Lakies* ZTR 2002, 253). Scheinbar eröffnet § 30 Abs. 1 S. 1 iVm Abs. 5 TVöD eine eingeschränkte tarifliche Kündigungsmöglichkeit, die den Erfordernissen von § 15 Abs. 3 TzBfG entspricht. Einer gesonderten Kündigungsvereinbarung bedürfte es im Anwendungsbereich des TVöD daher nicht mehr (so HWK-*Schmalenberg* § 23 TzBfG Rz 50). Da der nichteinbezogene Abs. 5 in § 30 TVöD aber auf einem Redaktionsversehen beruht (s.o. Rz 53), bleibt alles beim altem, dh die Abs. 2 bis 5 gelten nicht für Arbeitsverhältnisse, die unmittelbar oder mittelbar dem HRG unterfallen. Demnach ist für die vorzeitige Kündigung eine **arbeitsvertragliche Vereinbarung iSv § 15 Abs. 3 TzBfG** weiterhin **erforderlich**.

63 Der Gesetzgeber sah sich in der Begründung des Gesetzesentwurfes veranlasst, die Aufhebung des **Sonderkündigungsrechts** der Hochschulen bei **Wegfall von Drittmitteln** zu rechtfertigen (BT-Drs. 15/4132 S. 19). Hierzu ist ausgeführt worden, dass § 57d aF HRG **in der Vergangenheit kaum praktische Bedeutung** erlangt habe. Es sei den Hochschulen zuzumuten, die aus Drittmitteln finanzierten befristeten Arbeitsverträge an dem Fördervolumen bzw. dem Bewilligungszeitraum auszurichten. Die Beibehaltung des Sonderkündigungsrechts hätte das **Risiko von den Hochschulen auf die Arbeitnehmer verlagert**, dass das zur Verfügung stehende Drittmittelvolumen nicht richtig berechnet oder dass Drittmittel zum Wegfall gekommen seien. Bei den **weitgehenden Befristungsmöglichkeiten des HRG** und den nach allgemeinem Kündigungsschutzrecht gegebenen Kündigungsmöglichkeiten aufgrund des Wegfalls von Drittmitteln sei diese **Privilegierung nicht mehr erforderlich** (ebenso *Dörner* Befr. Arbeitsvertrag Rz 658). Eine Kündigung wegen Mittelfortfalls kann eine ordentliche (§ 1 KSchG), nicht aber eine außerordentliche Kündigung (§ 626 BGB) begründen (*Annuß/Thüsing-Lambrich* § 23 TzBfG Rz 126).

64 Im Übrigen ergibt sich aus Abs. 1 S. 5, dass das **Schriftformgebot** nach § 14 Abs. 4 und die **Klagefrist** nach § 17 TzBfG ebenfalls bei Befristungen nach §§ 57a ff. HRG einzuhalten sind (*Preis/Hausch* NJW 2002, 928; *Hailbronner/Geis-Waldeyer* Rz 71 ff.; vgl. hierzu auch oben Rz 49).

F. Abschluss unbefristeter Arbeitsverträge (§ 57a Abs. 2)

65 Die Regelung soll die **Personalhoheit der Hochschulen** (und der Forschungseinrichtungen; § 57d HRG) unterstreichen neben befristeten **auch unbefristete Arbeitsverhältnisse zu begründen**. Damit folgt der Gesetzgeber einer Empfehlung aus dem Gutachten von *Dieterich/Preis* (S. 58), insoweit eine Klarstellung herbeizuführen. Nach einer von *Müller-Glöge* (ErfK 3. Aufl. § 57a HRG Rz 5) zum vorangehenden Rechtszustand vertretenen Auffassung sollte sich aus der zweiseitig zwingenden Natur der Bestimmungen des § 57a aF ergeben, dass Arbeitsvertragsparteien einen unbefristeten Arbeitsvertrag nicht abschließen durften, wenn ein Befristungstatbestand des § 57b aF sich angeboten hätte. In diesen Fällen hätte für die Arbeitsvertragsparteien keine Wahlfreiheit bestanden. Dem haben *Waldeyer* (*Hailbronner/Geis* [Stand: Juni 2002] § 57a aF Rz 33) und *Dieterich/Preis* (aaO; ebenso *Preis/Hausch* NJW 2002, 928) zu Recht widersprochen. Die von *Müller-Glöge* (aaO) vertretene Meinung schränke die Personalhoheit der Hochschulen in verfassungsrechtlich problematischer Weise ein und überzieht die Reichweite des zweiseitig zwingenden Befristungsrechts. **Die Abschlussfreiheit der Hochschulen sollte durch einen Katalog von privilegierenden Befristungssachgründen erweitert und nicht eingeschränkt werden** (*Staudinger/Preis* § 620 Rz 258). Von daher war es auch **nach altem Recht** den Hochschulen unbenommen, wissenschaftliche Mitarbeiter und Hilfskräfte unter arbeitsrechtlichen Gesichtspunkten unbefristet zu beschäftigen. Nur im Bereich der wissenschaftlichen und künstlerischen Assistenten gab es einen Befristungszwang (KDZ-*Däubler* 5. Aufl. § 57a aF Rz 4). Die unbefristete Einstellung von wissenschaftlichem Personal in Einzelfällen berührte dabei nicht den arbeitsrechtlichen Gleichbehandlungsgrundsatz, der infolge der vorrangigen vertragsrechtlichen Gestaltungsfreiheit bei der Begünstigung einzelner Arbeitnehmer zurückzutreten hat (BT-Drs. 15/4132 S. 19 unter Hinweis auf *BAG* 19.8.1992 EzA § 620 BGB Nr. 114).). Ein Nebeneinander von unbefristeten und befristeten Arbeitsverträgen bei gleichen Aufgabenstellungen bedarf indessen grundsätzlich einer einsichtigen Konzeption der Hochschule (vgl. *BAG* 12.9.1996 EzA § 620 BGB Nr. 144; APS-*Schmidt* Rz 25). Soweit den Hochschulen die Entscheidung zur befristeten oder unbefristeten Einstellung überlassen bleibt, wird es davon abhängen, ob die einzustellende Person von besonderem Wert für den Wissenschaftsbetrieb ist und daher dauerhaft gewonnen werden soll (ErfK-*Müller-Glöge* Rz 30; *Dörner* Befr. Arbeitsvertrag

Rz 660). Danach wird der **unbefristete Arbeitsvertrag** mit wissenschaftlichem Personal auch in Zukunft die **Ausnahme bleiben**.

Die arbeitsrechtliche **Befugnis der Hochschulen**, unbefristete Arbeitsverträge abzuschließen, **kann nunmehr durch Landesgesetzgebung eingeschränkt werden** (BT-Drs. 15/4132 S. 19; bereits zum früheren Rechtszustand: *Hailbronner/Geis-Waldeyer* Rz 85). So kann der Landesgesetzgeber die Hochschulen verpflichten, für bestimmte Personalgruppen (zB für wissenschaftliche und künstlerische Hilfskräfte) nur den Abschluss befristeter Arbeitsverträge zuzulassen (ErfK-*Müller-Glöge* Rz 30; krit. KDZ-*Däubler* Rz 33 f.). Von dieser Befugnis hat beispielsweise das Land **Niedersachsen** in § 33 Abs. 2 NHG v. 22.1.2004 Gebrauch gemacht. Dort ist vorgesehen, dass wissenschaftliche und künstlerische sowie studentische Hilfskräfte **nur in befristeten außertariflichen Angestelltenverhältnissen** mit weniger als der Hälfte der regelmäßigen Arbeitszeit der Angestellten im öffentlichen Dienst zu beschäftigen sind. Das befristete Arbeitsverhältnis studentischer Hilfskräfte endet spätestens mit der Exmatrikulation. Im Freistaat **Bayern** werden nach Art. 20 – 22 des BayHSchG v. 23.3.2006 wissenschaftliche und künstlerische Mitarbeiter vornehmlich als Beamte geführt und nur im Fall der Befristung als Angestellte. Im Fall einer nebenberuflichen wissenschaftlichen Tätigkeit sind sie ebenso wie die Hilfskräfte nach Art. 33 des Gesetzes als Arbeitnehmer befristet anzustellen.

66

§ 57b Befristungsdauer

(1) Die Befristung von Arbeitsverträgen des in § 57a Abs. 1 Satz 1 genannten Personals, das nicht promoviert ist, ist bis zu einer Dauer von sechs Jahren zulässig. Nach abgeschlossener Promotion ist eine Befristung bis zu einer Dauer von sechs Jahren, im Bereich der Medizin bis zu einer Dauer von neun Jahren zulässig; die zulässige Befristungsdauer verlängert sich in dem Umfang, in dem Zeiten einer befristeten Beschäftigung nach Satz 1 und Promotionszeiten ohne Beschäftigung nach Satz 1 zusammen weniger als sechs Jahre betragen haben. Ein befristeter Arbeitsvertrag nach den Sätzen 1 und 2 mit einer wissenschaftlichen oder künstlerischen Hilfskraft kann bis zu einer Dauer von insgesamt vier Jahren abgeschlossen werden. Innerhalb der jeweils zulässigen Befristungsdauer sind auch Verlängerungen eines befristeten Arbeitsvertrages möglich.

(2) Auf die in Absatz 1 geregelte zulässige Befristungsdauer sind alle befristeten Arbeitsverhältnisse mit mehr als einem Viertel der regelmäßigen Arbeitszeit, die mit einer deutschen Hochschule oder einer Forschungseinrichtung im Sinne des § 57d abgeschlossen wurden, sowie entsprechende Beamtenverhältnisse auf Zeit und Privatdienstverträge nach § 57c anzurechnen. Angerechnet werden auch befristete Arbeitsverhältnisse, die nach anderen Rechtsvorschriften abgeschlossen wurden. Nach Ausschöpfung der nach diesem Gesetz zulässigen Befristungsdauer kann die weitere Befristung eines Arbeitsverhältnisses nur nach Maßgabe des Teilzeit- und Befristungsgesetzes gerechtfertigt sein.

(3) Im Arbeitsvertrag ist anzugeben, ob die Befristung auf den Vorschriften dieses Gesetzes beruht. Fehlt diese Angabe, kann die Befristung nicht auf Vorschriften dieses Gesetzes gestützt werden. Die Dauer der Befristung muss kalendermäßig bestimmt oder bestimmbar sein.

(4) Die jeweilige Dauer eines befristeten Arbeitsvertrages nach Absatz 1 verlängert sich im Einverständnis mit der Mitarbeiterin oder dem Mitarbeiter um

1. Zeiten einer Beurlaubung oder einer Ermäßigung der Arbeitszeit um mindestens ein Fünftel der regelmäßigen Arbeitszeit, die für die Betreuung oder Pflege eines Kindes unter 18 Jahren oder eines pflegebedürftigen sonstigen Angehörigen gewährt worden sind,
2. Zeiten einer Beurlaubung für eine wissenschaftliche oder künstlerische Tätigkeit oder eine außerhalb des Hochschulbereichs oder im Ausland durchgeführte wissenschaftliche, künstlerische oder berufliche Aus-, Fort- oder Weiterbildung,
3. Zeiten einer Inanspruchnahme von Elternzeit nach dem Bundeselterngeld- und Elternzeitgesetzes und Zeiten eines Beschäftigungsverbots nach den §§ 3, 4, 6 und 8 des Mutterschutzgesetzes in dem Umfang, in dem eine Erwerbstätigkeit nicht erfolgt ist,
4. Zeiten des Grundwehr- und Zivildienstes und
5. Zeiten einer Freistellung im Umfang von mindestens einem Fünftel der regelmäßigen Arbeitszeit zur Wahrnehmung von Aufgaben in einer Personal- oder Schwerbehindertenvertretung, von Aufgaben nach § 3 oder zur Ausübung eines mit dem Arbeitsverhältnis zu vereinbarenden Mandats.

§ 57b HRG

Eine Verlängerung nach Satz 1 wird nicht auf die nach Absatz 1 zulässige Befristungsdauer angerechnet. Sie darf in den Fällen des Satzes 1 Nr. 1, 2 und 5 die Dauer von jeweils zwei Jahren nicht überschreiten.

Inhaltsübersicht

	Rz		Rz
A. Zulässige Befristungshöchstdauer (Abs. 1)	1–64	IV. Verlängerung des Arbeitsvertrages unter Erweiterung der zulässigen Befristungsdauer (Abs. 4)	49–64
I. Frühere Rechtslage (bis 22.2.2002)	1–17	1. Grundsätze (Satz 1 1. Hs.; Satz 2 und Satz 3)	49–55
1. Umgehung des Kündigungsschutzgesetzes (KSchG)	1	a) Rechtszustand bis zum 22.2.2002	49–51
2. Sachgrundkatalog des § 57b Abs. 2 bis 4 aF	2–15	b) Rechtslage ab dem 23.2.2002	52–55
a) Weiterbildung (Nr. 1)	2, 3	2. Beurlaubung und Arbeitszeitermäßigung zur Betreuung von Familienangehörigen (Nr. 1)	56, 57
b) Haushalt (Nr. 2)	4	3. Weiterbildung (Nr. 2)	58
c) Erwerb und Einbringung besonderer Kenntnisse und Erfahrung (Nr. 3)	5–7	4. Mutterschaft und Elternzeit (Nr. 3)	59, 60
d) Drittmittelfinanzierung (Nr. 4)	8, 9	5. Grundwehr- und Zivildienst (Nr. 4)	61
e) Erstvertrag (Nr. 5)	10–12	6. Freistellung für ehrenamtliche Aufgaben oder zur Mandatsübernahme (Nr. 5)	62–64
f) Lektoren (Abs. 3)	13, 14	B. Zitiergebot (Abs. 3)	65–68a
g) Wissenschaftliche Hilfskräfte (Abs. 4)	15	1. Hinweis auf das HRG (Sätze 1 und 2)	65–67a
3. Handhabung in der Praxis	16, 17	2. Dauer der Befristung (Satz 3)	68, 68a
II. Das 5. HRG Änderungsgesetz vom 16.2.2002 (HRG 2002))	18–20	C. Weitere Befristungen nach Ausschöpfung der zulässigen Befristungsdauer (Abs. 2 S. 3)	69–92
III. Das Gesetz zur Änderung dienst- und arbeitsrechtlicher Vorschriften im Hochschulbereich vom 27.12.2004 (HdaVÄndG)	20a – 37b	I. § 14 TzBfG	69–90a
1. Erneuerung des Befristungsrechts	20a	1. Befristung mit Sachgrund (Abs. 1)	69–88
2. Zweistufige Qualifizierungsphase	21–30	a) Allgemeines (§ 57b Abs. 3 S. 3 HRG)	69–70b
a) Zeitliche Höchstgrenze	21	b) Projektbefristung (§ 14 Abs. 1 Nr. 1 TzBfG)	71–77
b) Promotionsphase	22–24	c) Vertretungsbefristung (§ 14 Abs. 1 Nr. 3 TzBfG)	78
c) Post-Doc-Phase	25–30	d) Person des Arbeitnehmers (§ 14 Abs. 1 Nr. 6 TzBfG)	79–81
3. Befristungsdauer wissenschaftlicher und künstlerischer Hilfskräfte (Abs. 1 S. 3)	31–33	e) Haushaltsmittel (§ 14 Abs. 1 S. 2 Nr. 7 TzBfG)	82–85
4. Verlängerungsmöglichkeiten (Abs. 1 S. 4)	34–37b	f) Vergleich (§ 14 Abs. 1 S. 2 Nr. 8 TzBfG)	87, 88
III. Anrechnung auf zulässige Befristungsdauer (Abs. S. 1 und 2)	38–48	2. Befristung ohne Sachgrund (§ 14 Abs. 2 TzBfG)	89 – 90a
1. Mindestarbeitszeit	38, 39	II. § 21 BEEG	91
2. Anrechnungsfähige Beschäftigungsverhältnisse	40–48	III. Ärztearbeitsvertragsgesetz	92
a) Arbeitgeberstellung	40–45		
b) Beamtenverhältnisse auf Zeit	46		
c) Befristungen nach anderen Rechtsvorschriften	47, 48		

A. Zulässige Befristungshöchstdauer (Abs. 1)

I. Frühere Rechtslage (bis 22.2.2002)

1. Umgehung des Kündigungsschutzgesetzes (KSchG)

1 In der ab 1985 geltenden Rechtslage des **Gesetzes über befristete Arbeitsverträge mit wissenschaftlichem Personal an Hochschulen und Forschungseinrichtungen vom 14.6.1985** (HFVG BGBl. I S. 1065) wurden die **Grundsätze des Bundesarbeitsgerichts zur Befristungskontrolle übernommen**

und darüber hinaus für wissenschaftliche und künstlerische Mitarbeiter sowie für angestellte Ärzte in einem Katalog von »absoluten« Befristungsgründen erweitert, bei deren Vorliegen die Befristung immer sachlich gerechtfertigt ist (*Dörner* ArbRBGB § 620 Rz 367a ff.; *Hauck-Scholz/Neie* NZA-RR 1999, 169). Grundstein der Gesetzgebung war mithin die Sachgrundrechtsprechung des BAG, die eine **Umgehung des Kündigungsschutzes** im Wege einer Befristung von Arbeitsverhältnissen unterbunden hat (Beschluss des Großen Senats des *BAG* 12.10.1960 EzA § 620 BGB Nr. 2). Der Gesetzgeber gestaltete die gesetzlichen Sachgründe als **zweiseitig zwingendes Recht** aus, von denen die Tarifvertragsparteien selbst nicht zu Gunsten der Arbeitnehmer abweichen durften (vgl. dazu *Lipke* KR, 5. Aufl. § 57a Rz 10b, 23 ff.). Da § 57a S. 2 HRG ausdrücklich bestimmte, dass die arbeitsrechtlichen Vorschriften und Grundsätze über befristete Arbeitsverträge nur insoweit anzuwenden seien, als sie den Vorschriften dieses Gesetzes nicht widersprechen würden, galten die allgemeinen Grundsätze der Befristungskontrolle ab § 620 Abs. 1 BGB bzw. § 14 Abs. 1 TzBfG auch im Hochschulbereich, soweit nicht die Tatbestände des § 57b Abs. 2 bis 4 HRG aF gegeben waren. Dies schloss **bis zum Inkrafttreten des TzBfG** zum 1.1.2001 die Möglichkeit ein, neben den Sachgründen des HRG aF **auch sachgrundlose Befristungen nach § 1 BeschFG 1985/1996** (jetzt § 14 Abs. 2 TzBfG) zu vereinbaren, um erst anschließend eine fünfjährige Befristung nach dem HRG aF einzugehen (*BAG* 21.2.2001 EzA § 1 BeschFG 1985/1996 Nr. 24; *Dörner* ArbRBGB § 620 Rz 376; *Hailbronner/Geis-Waldeyer* [Stand Juni 2002] § 57b aF Rz 6 ff.).

2. Sachgrundkatalog des § 57b Abs. 2 bis 4 aF

a) Weiterbildung (Nr. 1)

Unter Weiterbildung iSd Gesetzes waren zum einen die Weiterbildung »als wissenschaftlicher oder künstlerischer Nachwuchs« und zum anderen die »berufliche Aus-, Fort- oder Weiterbildung«, die zu einer Qualifizierung auf einem beruflichen Tätigkeitsfeld außerhalb der Hochschule dienen sollte, zu verstehen (*BAG* 14.12.1994 EzA § 620 BGB Nr. 129; KDZ-*Däubler* 5. Aufl. § 57b aF Rz 4; APS-*Schmidt* 1. Aufl. § 57b aF Rz 4). Zur speziellen **Weiterbildung (erste Alternative)** zählte danach als Sachgrund nur eine Tätigkeit zur **Qualifikation für die Wissenschaft als Beruf** (Promotion, Habilitation), die nach der vertraglichen Vereinbarung **Ziel der Tätigkeit** sein musste. Arbeitsvertraglich war dem wissenschaftlichen Mitarbeiter Gelegenheit zur eigenen wissenschaftlichen Weiterbildung einzuräumen (*BAG* 5.6.2002 EzA § 620 BGB Hochschulen Nr. 34). Sog. **Freizeitpromotionen schieden damit als Befristungsgrund aus**; wer einmal habilitiert war, konnte nicht mehr als »Nachwuchs« befristet beschäftigt werden (vgl. dazu *BAG* 20.10.1999 EzA § 620 BGB Hochschulen Nr. 22; ErfK-*Müller-Glöge* 3. Aufl. § 57b aF Rz 6; im Übrigen vgl. *Lipke* KR, 5. Aufl. 57b Rz 7 ff.). 2

Mit der **Weiterbildung für eine berufliche Tätigkeit außerhalb der Hochschule (Zweite Alternative)** ließ sich eine Befristung nur begründen, wenn der Arbeitnehmer Gelegenheit erhielt, im Wege der Vertiefung und Ergänzung der im Studium erworbenen **Kenntnisse und Fähigkeiten seine beruflichen Aussichten außerhalb der Hochschule zu verbessern**. Der zusätzliche Erwerb von Kenntnissen und Fähigkeiten musste jedoch inhaltlich über das hinausgehen, was generell mit einer wissenschaftlichen Tätigkeit und ihrem Gewinn an Erfahrung verbunden ist (*BAG* 25.8.1999 EzA § 620 BGB Hochschulen Nr. 26; 19.8.1992 EzA § 620 BGB Nr. 114; *Dörner* aaO Rz 382; *Lipke* KR, 5. Aufl. § 57b Rz 10 f). 3

b) Haushalt (Nr. 2)

Hiernach lag ein sachlicher Grund für eine Befristung im Hochschul- und Forschungsbereich vor, wenn – **kumulativ** – der Mitarbeiter **aus Haushaltsmitteln vergütet** wurde, die haushaltsrechtlich für eine befristete Beschäftigung bestimmt waren, der Mitarbeiter zu Lasten dieser Mittel eingestellt **und auch entsprechend beschäftigt** wurde (*BAG* 24.1.1996 EzA § 620 BGB Hochschulen Nr. 2). Danach war es nicht mehr erforderlich, dass sich der Haushaltsgesetzgeber mit einzelnen konkreten Stellen befasste, sie einrichtete oder bewilligte. Die Zweckbindung von Haushaltsmitteln für befristete Arbeitsverhältnisse im Hochschulbereich genügte in der Form, dass die **Mittel im Haushaltsplan summenmäßig und in Form von befristeten Personalstellen ausgewiesen** wurden (*BAG* 24.1.1996 EzA § 620 BGB Hochschulen Nr. 2). War dies geschehen, so genügte dies den **Anforderungen** des *BVerfG* (24.4.1996 EzA Art. 9 GG 61) **einer konkreten und nachvollziehbaren Zweckbindung der Mittel** (*Hailbronner/Geis-Waldeyer* [Stand Juni 2002] §57b aF Rz 28 ff.). Die **entsprechende Beschäftigung** des Hochschulmitarbeiters war dabei bis zum Ablauf der befristeten Beschäftigung, die nicht den Zuweisungszeitraum der Haushaltsmittel ausschöpfen musste, zu beobachten. Eine spätere nach dem Zeitpunkt des Vertragsabschlusses eintretende **Abweichung** war aus verfassungsrechtlichen Gründen **nachträglich** 4

zu berücksichtigen (*Dörner* aaO Rz 385; *Dieterich/Preis* Befristete Arbeitsverhältnisse in Wissenschaft und Forschung, 2001, S. 27 f.; vgl. im Übrigen *Lipke* KR, 5. Aufl. § 57b HRG Rz 13 ff.).

c) Erwerb und Einbringung besonderer Kenntnisse und Erfahrung (Nr. 3)

5 Die mit dem 4. Gesetz zur Änderung des Hochschulrahmengesetzes vom 20.8.1999 **um die Lehrtätigkeit ergänzte Vorschrift** (BGBl. I S. 2190) sollte dem erleichterten **Austausch von lehrendem und forschendem sowie künstlerisch tätigem Personal zwischen Hochschule und übriger Forschung in Industrie, Wirtschaft und ausgeübter Kunst** dienen (*BAG* 6.11.1996 EzA § 620 BGB Hochschulen Nr. 10; 23.2.2000 EzA § 620 BGB Hochschulen Nr. 25; *Dörner* aaO Rz 386). Im Unterschied zu Nr. 1 sollte der befristet Beschäftigte aufgrund des Wissenstransfers zwischen Hochschule und Wirtschaft nach dem Erwerb besonderer Kenntnisse und dem Sammeln von Erfahrung in der Lage sein, diese in der weiteren Forschung außerhalb des bisherigen Arbeitsbereichs zu verwerten. Regelmäßig handelt es sich dabei um Forschung außerhalb der Hochschule.

6 Der **Erwerb** besonderer Kenntnisse in der Forschung (**erste Alternative**) muss einer Tätigkeit außerhalb seines bisherigen Arbeitsbereichs dienlich sein. Insgesamt musste die Beschäftigung, vom Zeitpunkt des Vertragsschlusses gesehen auf eine **Steigerung vorhandener Kenntnisse und Erfahrungen abzielen** (*BAG* 4.12.1996 EzA § 620 BGB Hochschulen Nr. 10; APS-*Schmidt* 1. Aufl. § 57b aF Rz 17).

Das **Einbringen besonderer Kenntnisse und Erfahrungen (zweite Alternative)** setzte für eine Befristung voraus, dass der Mitarbeiter bereits bei Vertragschluss über besondere Erkenntnisse oder Erfahrungen verfügte, die es lohnte in die universitäre Forschungsarbeit einzubringen (*BAG* 6.11.1996 EzA § 620 BGB Hochschulen Nr. 9; 1.12.1999 RzK I 9d Nr. 69). Die besonderen Kenntnisse und Erfahrungen mussten bei Vertragschluss nicht gesondert nachgewiesen werden (APS-*Schmidt* 1. Aufl. § 57b aF Rz 18). Die Voraussetzungen für eine auf das Einbringen besonderer Kenntnisse und Erfahrungen gestützte Befristung schärfte das BAG zuletzt noch einmal dahin, dass es **nicht genügte, ein während einer Promotion oder in einem sonstigen Forschungsvorhaben erworbenes Wissen in ein anderes Projekt desselben Lehrstuhls einzubringen** (*BAG* 23.2.2000 EzA § 620 BGB Hochschulen Nr. 25; vgl. iE auch *Lipke* KR, 5. Aufl. § 57b HRG Rz 17 ff.).

d) Drittmittelfinanzierung (Nr. 4)

8 Ein Befristungsgrund war gegeben, wenn der Arbeitnehmer überwiegend **aus Mitteln Dritter vergütet** und der Zweckbestimmung entsprechend beschäftigt wurde. Dies galt allerdings nur bei **Forschungsvorhaben, nicht für** die Erfüllung von **Lehraufgaben** wie sich aus der Verknüpfung mit § 25 Abs. 1 HRG ergab. Mit Drittmitteln waren **nicht die der Hochschule zur Verfügung gestellten regulären Haushaltsmittel** gemeint. Drittmittel konnten und können von juristischen oder natürlichen Personen stammen; dazu zählte auch die öffentliche Hand (Deutsche Forschungsgemeinschaft) und selbst der Unterhaltsträger der Hochschule, soweit es nicht um laufende, sondern **besonders zugewiesene Haushaltsmittel** ging. Als **überwiegende Vergütung** des wissenschaftlichen Mitarbeiters aus Drittmitteln genügte es, wenn diese zu mehr als 50 % für seine Finanzierung in Anspruch genommen wurden (*BAG* 22.11.1995 EzA § 620 BGB Hochschulen Nr. 3; 15.1.1997 EzA § 620 BGB Hochschulen Nr. 12).

9 Als weiteres Tatbestandsmerkmal für eine befristete Anstellung sah die Vorschrift **eine der Zweckbestimmung der Mittel entsprechende Beschäftigung** vor (*BAG* 25.8.1999 EzA § 620 BGB Hochschulen Nr. 19). Der Befristungsgrund sollte nicht lediglich vorgeschoben werden; schließlich waren die Interessen des Drittmittelgebers zu wahren (*BAG* 15.1.1997 EzA § 620 BGB Hochschulen Nr. 12; 15.4.1999 EzA § 620 BGB Hochschulen Nr. 17). Aus den Vereinbarungen im Innenverhältnis und der tatsächlichen Entwicklung war deshalb im Einzelfall zu bewerten, ob die Arbeit im **Drittmittelprojekt der Tätigkeit des wissenschaftlichen Mitarbeiters das Gepräge gab**. Dabei schadete es nicht, wenn der drittmittelfinanzierte wissenschaftliche Mitarbeiter eine Teiltätigkeit versah, die aus unterschiedlichen Drittmitteln gespeist und zu einem Teil auch für die Lehre eingesetzt wurden (*BAG* 15.4.1999 EzA § 620 BGB Hochschulen Nr. 17; *Dörner* ArbRBGB § 620 Rz 393, vgl. auch *Lipke* KR, 5. Aufl. § 57b Rz 23 ff.).

e) Erstvertrag (Nr. 5)

10 Mit diesem Sachgrund gab der Gesetzgeber den Hochschulen eine **verlängerte Probezeit** für die Beschäftigung wissenschaftlicher Mitarbeiter, ohne dass der Erprobungszweck nachgewiesen werden musste. Eine Erstbefristung nach Nr. 5 durfte längstens für die Dauer von zwei Jahren abgeschlossen

werden (§ 57c Abs. 2 S. 2 HRG aF). Ebenso wie die Beschäftigung als wissenschaftlicher oder künstlerischer Nachwuchs nach Abs. 2 Nr. 1 sollte eine solche Befristung **nicht später als vier Jahre nach der letzten Hochschulprüfung oder Staatsprüfung des wissenschaftlichen oder künstlerischen Mitarbeiters erfolgen** (§ 57a Abs. 6 HRG aF). Ein zweiter Erstvertrag durch den Wechsel der Hochschule oder der Forschungseinrichtung war weder vom Wortlaut noch vom Sinn und Zweck der Bestimmung her möglich (*Lipke* KR, 5. Aufl. § 57b Rz 31; APS-*Schmidt* 1. Aufl. § 57a aF HRG Rz 28; **aA** *Buchner* RdA 1985, 270; *Dörner* aaO Rz 396).

Die erstmalige Einstellung nach Nr. 5 galt nicht für **Personal mit ärztlichen Aufgaben** (vgl. BT-Drs. 10/2283 S. 4) und für **wissenschaftliche Hilfskräfte** (*Dörner* ArbRBGB Rz 397). Da sich das Tätigkeitsfeld eines wissenschaftlichen Mitarbeiters von der einer wissenschaftlichen Hilfskraft nur vom Zeitdeputat her unterschied, ergaben sich in der Folge der Ungleichbehandlung beider Personenkreise unterschiedliche Befristungshöchstgrenzen (§ 57c Abs. 2, Abs. 5 aF), die Anlass für eine Prüfung verfassungsrechtlicher Gesichtspunkte waren (vgl. BVerfG 24.9.1996 EzA Art. 9 GG Nr. 61 Sondervotum *Kühling*; vgl. dazu *Lipke* KR, 5. Aufl. § 57c HRG Rz 10a). 11

Die Vorschrift berührte nicht die **Regelung aus § 5 BAT**, wonach die ersten sechs Monate der Beschäftigung als **Probezeit** gelten. Da die Probezeit nach dem BAT nur auf einen unbefristeten Arbeitsvertrag zugeschnitten ist, es **hier** aber um **befristete Arbeitsverhältnisse** geht, kam es zu keiner Kollision (*BVerfG* 24.4.1996 EzA Art. 9 GG Nr. 61; *Lipke* KR, 5. Aufl. § 57b Rz 36 ff.). 12

f) Lektoren (Abs. 4)

Zur ursprünglichen Gesetzesfassung bis zum Inkrafttreten des 4. Gesetzes zur Änderung des Hochschulrahmengesetzes v. 20.8.1998 (BGBl. I S. 2190) vgl. oben § 57a Rz 33f. Bis zum Inkrafttreten des neuen Hochschulrechts konnten danach **alle Lehrkräfte iSv § 56 HRG** unabhängig von ihrem Fach und ihrer Nationalität, **nur noch nach den Sachgründen des § 57b Abs. 2 HRG aF befristet beschäftigt werden**. Dies betraf insbes. die Lektoren, dh fremdsprachliche Sprachlehrer, deren Beschäftigung überwiegend für die Ausbildung in Fremdsprachen erfolgt. Die Zugehörigkeit zur **Gruppe der Lektoren** reichte demnach, unabhängig von ihrer Staatszugehörigkeit, nicht mehr als Befristungssachgrund aus (vgl. APS-*Schmidt* 1. Aufl.§ 57b aF Rz 29 ff.; *Hänlein* NZA 1999, 513). Soweit ein Sachgrund aus § 57b Abs. 2 aF. nicht zur Verfügung stand, konnte indessen auf einen **allgemeinen Sachgrund** (jetzt § 14 Abs. 1 TzBfG) oder § 1 BeschFG 1985/1996 (jetzt § 14 Abs. 2 TzBfG) ausgewichen werden (*BAG* 25.2.1998 EzA § 620 BGB Hochschulen Nr. 14; 21.2.2001 EzA § 1 BeschFG Nr. 24; *Hailbronner/Geis-Waldeyer* [Stand Juni 2002] § 57b aF. Rz 66). In diesen Fällen war aber die SR 2y **BAT** zu beachten (KDZ-*Däubler* 5. Aufl. § 57b aF Rz 23). 13

Der bei längerem Aufenthalt in Deutschland drohende Verlust der **Aktualität des Unterrichts** reichte auf Grund der bestehenden **modernen Kommunikationstechnik** nicht als Sachgrund aus (*BAG* 25.2.1998 EzA § 620 BGB Hochschulen Nr. 14; 9.2.2000 – 7 AZR 227/98 –, 235/98 und 237/98, nv). Allein der durch entsprechende Vereinbarung mit anderen Ländern oder Hochschulen festgeschriebene laufende kulturelle Austausch auf bestimmten Stellen (sog. Rotationsprinzip) konnte als Sachgrund für die befristete Anstellung eines Lektors genügen (*BAG* 25.2.1998 EzA § 620 BGB Hochschulen Nr. 14; 3.11.1999 – 7 AZR 157/98 – nv). Vgl. auch KR-*Lipke* § 57a HRG Rz 13 f. 14

g) Wissenschaftliche Hilfskräfte (Abs. 4)

Wissenschaftliche Hilfskräfte, dh Mitarbeiter, die ihre wissenschaftlichen Dienstleistungen mit weniger als der Hälfte der regelmäßigen Arbeitszeit erbringen (*BAG* 20.9.1995 EzA § 620 BGB Hochschulen Nr. 1) konnten lediglich aus den Sachgründen des Abs. 2 Nr. 1, 2 und 4 befristet werden. Die ausdrückliche Verweisung ist auf Wunsch des Bundesrates in das HRG aufgenommen worden und hatte klarstellenden Charakter. **Über die drei zugelassenen Sachgründe des HRG hinaus durften wissenschaftliche Hilfskräfte auch bei Vorliegen allgemeiner Sachgründe befristet beschäftigt werden wie sich aus dem Zusammenhang der §§ 57a S. 2, 57b Abs. 2 HRG aF ergibt** (*BAG* 6.11.1996 EzA § 620 BGB Hochschulen Nr. 9; *Dörner* aaO Rz 378; vgl. auch *Lipke* KR, 5. Aufl. § 57b HRG Rz 45 ff.). 15

3. Handhabung in der Praxis

Der skizzenhafte **Überblick** zeigt die bis zum 22.2.2002 im Hochschul- und Forschungsbereich eröffneten unübersichtlichen und grenzenlosen Befristungsmöglichkeiten auf. **Kombinationen**, die sich vor allem durch den **Wechsel der Hochschule oder der Forschungseinrichtung** ergaben, konnten vir- 16 tuos genutzt werden, um eine **Vielzahl von Befristungsmöglichkeiten aneinander zu reihen**. Diese Situation belastete insbes. das befristet beschäftigte Hochschulpersonal (vgl. *Plander* WissR 1987, 127; *ders.* ZTR 1988, 365). Im Übrigen förderte es den Verbleib von Mitarbeitern im Hochschulbereich, deren wissenschaftliche Qualifikation erkennbar nicht ausreichte, um dauerhaft als Hochschullehrer tätig zu werden. Zum anderen gaben die kasuistischen Sachbefristungsgründe den Hochschulverwaltungen **keine Möglichkeit zur sicheren Handhabung** und lösten eine Flut von arbeitsgerichtlichen Entscheidungen zu Auslegungs- und Abgrenzungsstreitigkeiten aus (zusammenfassend *Preis/Hausch* NJW 2002, 928; *Hauck-Scholz/Neie* NZA-RR 1999, 178; *Kersten* DÖD 2002, 683). Dabei erwies sich vor allem als fatal, dass unabhängig von der Möglichkeit des Hochschulwechsels sich eine **Vielzahl von Nichtanrechnungsmöglichkeiten** ergab, die den Aufenthalt an Hochschulen und Forschungseinrichtungen in Befristungskette verlängerten. So wurde die Tätigkeitsdauer als wissenschaftliche Hilfskraft (§ 57c Abs. 5 HRG aF) nicht mit Zeiten der Beschäftigung als wissenschaftlicher Mitarbeiter zusammengerechnet (*BAG* 20.9.1995 EzA § 620 BGB Nr. 137). Eine **Beschäftigung als wissenschaftlicher Assistent** nach § 48 HRG aF galt als **eigenständiger Befristungstatbestand**, auf den eine vorangehende Tätigkeit auf der Grundlage der §§ 57a ff. HRG aF keine Anrechnung fand (*BAG* 28.1.1998 EzA § 620 BGB Hochschulen Nr. 13). Schließlich ergaben sich weitere **Manipulationsmöglichkeiten** dadurch, dass **Zeiten** auf die Höchstgrenze nach § 57c Abs. 2 S. 1 und 2 aF **nicht angerechnet** wurden, soweit der befristete Arbeitsvertrag innerhalb oder außerhalb der Arbeitszeit Gelegenheit zur **Vorbereitung der Promotion** gab (§ 57c Abs. 3 HRG aF). Damit konnte eine nahezu »unbefristete« befristete Beschäftigung gerechtfertigt werden.

17 Das an *Dieterich/Preis* in Auftrag gegebene Gutachten (Befristete Arbeitsverhältnisse in Wissenschaft und Forschung, Konzept einer Neuregelung im HRG, 2001) kommt deshalb zu folgenden wesentlichen Defiziten des bis zum 22.2.2002 geltenden Befristungsrechts nach §§ 57a ff. HRG (S. 39):

– Die teleologisch uneinheitlichen Befristungstatbestände des § 57b HRG aF haben in Rechtsprechung und Literatur eine nachvollziehbare einheitliche Interpretation nicht zugelassen. Die Tatbestände sind nicht hinreichend konsequent auf das Ziel der Nachwuchsförderung zugeschnitten.
– Die gegenwärtige Rechtslage berücksichtigt unzureichend, dass sich die Befristungstatbestände nicht scharf voneinander trennen lassen; die Befristungshöchstgrenzen zeigen jedoch, dass alle Befristungstatbestände im Kern der Nachwuchs- und Qualifikationsförderung dienen sollten.
– Das gegenwärtige Recht ist insofern inkonsequent, als es für alle Befristungstatbestände Befristungshöchstgrenzen vorsieht, obwohl die Tatbestände teilweise Dauerprobleme der Beschäftigung im Wissenschaftsbereich beinhalten (Projektfinanzierung, Drittmittelfinanzierung, Personalaustausch), andererseits die Befristungshöchstgrenzen nur vor dem Hintergrund der Nachwuchs- und Qualifikationsförderung Sinn machen.
– Die im Ansatz kurzen Befristungshöchstgrenzen, die im § 57c aF geregelt sind, stellen sich in der Praxis durch zahlreiche Nichtanrechnungsmöglichkeiten, durch Kombinationsmöglichkeiten mit »regulären« befristeten Arbeitsverträgen sowie der wiederholten Ausschöpfungsmöglichkeiten der Befristungsdauer bei Hochschulwechsel als letztlich tatbestandsmäßig kaum beschränkbare Befristungsmöglichkeiten dar.
– Es kommt erschwerend hinzu, dass die Beschäftigungsverhältnisse des Mittelbaus im HRG nicht hinreichend miteinander koordiniert sind. So stellen die befristeten Beschäftigungsmöglichkeiten der wissenschaftlichen Assistenten, Oberassistenten und Hochschuldozenten eine weitere Befristungsmöglichkeit dar. Langandauernde Befristungen ohne hinreichende sozialrechtliche Absicherung im Ausscheidensfalle und ohne praktische Vermittelbarkeit auf dem Arbeitsmarkt der Betroffenen können hier die Folge sein.
– Das Bundesarbeitsgericht hat in der Vergangenheit die größten praktischen Schwierigkeiten, die eine kasuistische Tatbestandsfassung der §§ 57a HRG ff. aF mit sich bringt, soweit es geht, durch eine praxisgerechte Interpretation gemildert. Die einschränkenden und zum Teil verfassungskonformen Auslegungen der höchstrichterlichen Rechtsprechung machen das Klarstellungs- und Reformbedürfnis hinreichend deutlich.

Dieser Befund gab Anlass, die bisherigen Regelungen zu überdenken und ein **neues Konzept** zum Befristungsrecht vorzuschlagen. Die ab 23.2.2002 in Kraft getretene Neuregelung fußt dabei – mit Ausnahme der Übergangsregelung in § 57f HRG – im Wesentlichen auf dem von *Dieterich/Preis* vorgeschlagenen Entwurf (*Dieterich/Preis* aaO S. 52 f.), der als **Grundstein eine Höchstbefristungsdauer** für den **Personenkreis des wissenschaftlichen »Mittelbaus«** an Hochschulen und Forschungseinrichtungen vorsieht (sog. **personenbezogener Sachgrund**). Durch **strenge Anrechnungsregelungen** sollen dabei

Zeitspannen von zwölf bis max. fünfzehn Jahren an befristeter Beschäftigung im Wissenschafts- und Forschungsbereich nicht überschritten werden. Nach Ablauf dieser Zeitspannen ist nur noch ein Rückgriff auf Sachgrundbefristungen des TzBfG erlaubt (vgl. KR-*Lipke* § 57a HRG Rz 57).

II. Das 5. HRG Änderungsgesetz v. 16.2.2002 (HRG 2002)

Auf Grund der Vorschläge im Gutachten von *Dieterich/Preis* (aaO) **verzichtete die Neuregelung** mit ih- **18** rem Inkrafttreten ab 23.2.2002 vor dem Hintergrund der klar definierten Befristungshöchstgrenzen **auf die Festlegung einzelner Sachgründe** für eine Befristung. (BT-Drs. 14/6853 S. 20). Dieses gesetzliche Konzept entspricht und entspricht den Anforderungen der Richtlinie 1999/70/EG (Richtlinie des Rates über befristete Arbeitsverträge v. 28.6.1999 ABlEG Nr. 1175 v. 10.7.1999 S. 43 = EAS A 3610). Der nach Art. 5 Abs. 3 GG für die Hochschulen und Forschungseinrichtungen zu gewährleistende unabdingbare Freiraum wird ebenso wie der aus Art. 12 Abs. 1 GG zu sichernde soziale Mindestbestandsschutz des in § 57a Abs. 1 S. 1 HRG bezeichneter Personals eingehalten. Zur mangelnden Gesetzgebungskompetenz des Bundes zur Vorgabe der »Juniorprofessur« wird auf die Erläuterungen zu § 57a HRG verwiesen.

Innerhalb der Befristungshöchstdauer musste ab sofort nicht mehr überprüft werden, ob die befristete **19** Beschäftigung zur Aus-, Fort- und Weiterbildung, zum Wissenstransfer innerhalb und außerhalb der Hochschule oder zur Erprobung erfolgt. Innerhalb des Zeitraums von **zwölf (Medizin: fünfzehn) Jahren** haben Hochschulen und Forschungseinrichtungen danach jede Möglichkeit, zur Verfolgung dieser Zwecke **Drittmittel oder haushaltsmäßig projektgebundene Mittel** einzusetzen. Die Sicherstellung des Zweckes der Drittmittelverwendung und zweckgebundener Haushaltsmittel erfolgt über das **Haushaltsrecht** und nicht über das Recht der befristeten Arbeitsverträge (BT-Drs. 14/6853 S. 20). **Für den Personenkreis** der wissenschaftlichen und künstlerischen Mitarbeiterinnen und Mitarbeiter sowie für die wissenschaftlichen und künstlerischen Hilfskräfte **wird unterstellt,** dass zum einen ihre Beschäftigung **der eigenen Aus-, Fort- und Weiterbildung dient** und zum anderen **der regelmäßige Austausch des Personals zur Sicherung der Innovation in Forschung und Lehre an den Hochschulen notwendig ist.** Dabei wird nicht übersehen, dass es sich bei den in Rede stehenden **wissenschaftlichen Dienstleistungen um Daueraufgaben der Hochschulen und Forschungseinrichtungen** handelt, die an sich eine Befristung nach allgemeinen Regeln nicht rechtfertigen würden. Wenn gleichwohl gesetzliche Befristungsmöglichkeiten eröffnet und für unabdingbar gehalten werden, so geschieht dies im Interesse der **Nachwuchs- und Qualifikationsförderung** (*Dörner* Befr. Arbeitsvertrag Rz 662) in Verknüpfung mit der Sicherung der Funktions- und Innovationsfähigkeit der Hochschulen und Forschungseinrichtungen (BT-Drs. 14/6853 S. 30).

Die **gesetzliche Unterstellung,** dass die von § 57a Abs. 1 HRG erfassten Personengruppen überwie- **20** gend die in den Hochschulen und Forschungseinrichtungen (§ 57d HRG) typischen wissenschaftlichen und künstlerischen Dienstleistungen erbringen, **machte und macht den Nachweis eines sachlichen Grundes zukünftig entbehrlich.** Eine Ausuferung der Verwendung befristeter Arbeitsverträge wird allein durch die **Festlegung von Höchstfristen** entgegengewirkt, die auch durch wiederholte Vertragsabschlüsse nicht überschritten werden können. Die Befristung nach dem HRG ist insoweit als **»personenbezogener Sonderbefristungstatbestand«** zu werten (*Preis/Hausch* NJW 2002, 928; *Lakies* ZTR 2002, 250; MHH-*Herms* TzBfG § 23 Rz 19b; SPV-*Preis* Rz 140.; *Rolfs* § 23 TzBfG Rz 20 f. *Sievers* § 23 TzBfG Rz 43; *Boewer* TzBfG §23 Rz 33; *Knopp/Gutheil* NJW 2002, 2830). Wenn in diesem Zusammenhang in der Begründung des Gesetzesentwurfes von einer »Unterstellung« bezogen auf die typischen eine Befristung rechtfertigenden Beschäftigungen im Hochschul- und Forschungsbetrieb die Rede ist, so handelt es sich letztlich um eine im Gesetz festgelegte **Annahme eines die Befristung rechtfertigenden Sachverhalts (Fiktion).** Die »unterstellten« personenbezogenen Sachgründe schaffen für Personalabteilungen in Hochschulen und Forschungseinrichtungen **Rechtssicherheit** und machen die höchstzulässige Dauer der Beschäftigung nach dem HRG aus Sicht der wissenschaftlichen und künstlerischen Mitarbeiter und Hilfskräfte kalkulierbar.

III. Das Gesetz zur Änderung dienst- und arbeitsvertraglicher Vorschriften im Hochschulbereich vom 27.12.2004 (HdaVÄndG)

1. Erneuerung des Befristungsrechts

Nachdem das BVerfG mit seiner Entscheidung v. 27.7.2004 (- 2 BvF 2/02 – NJW 2004,2803) nicht nur **20a** die Personalstrukturen sondern – aus dem »Sachzusammenhang« – ebenso die Befristungsvorschrif-

§ 57b HRG   Befristungsdauer

ten für nichtig erklärt hatte (vgl. KR-*Lipke* § 57a HRG Rz 17), ist die Bestimmung des § 57b HRG unverändert und mit rückwirkender Kraft (§ 57f HRG) ab dem 31.12.2004 neu in Kraft gesetzt worden (BGBl. I S. 2316).

2. Zweistufige Qualifizierungsphase

a) Zeitliche Höchstgrenze

21 Die **Befristungshöchstgrenze** beläuft sich wie bisher auf insgesamt zwölf Jahre, **im Bereich der Medizin auf fünfzehn Jahre** (§ 57b Abs. 1 S. 1 und 2 HRG). Die Befristungshöchstdauer gliedert sich dabei in **zwei Zeitphasen**, die unterschiedliche Zielsetzungen zur Qualifikation der Mitarbeiter zum Ziel haben. Die **erste** auf maximal sechs Jahre ausgelegte **Qualifizierungsphase** dient dabei regelmäßig der **Anfertigung einer Doktorarbeit** (Promotionsphase). Die **zweite Phase (Post-Doc-Phase)** eröffnet den promovierten wissenschaftlichen Mitarbeiterinnen und Mitarbeitern sowie den wissenschaftlichen Hilfskräften innerhalb von weiteren sechs Jahren (im Bereich der Medizin neun Jahre) die **Erbringung weiterer wissenschaftlicher Leistungen** und Tätigkeiten in der Lehre, um sich **für die Übernahme in eine Lebenszeitprofessur zu qualifizieren** (Abs. 1 S. 2). Die Zeiträume sind so gewählt, dass den wissenschaftlichen Mitarbeitern hinreichend Zeit zur Qualifizierung und den Hochschulen zur Nachwuchsförderung offen steht, gleichzeitig aber ein Zeitdruck gesetzt wird, um Nachwuchswissenschaftler zu zügiger Leistungserbringung und Hochschulen zur schnellen Bewertung einer möglichen Fortsetzung der wissenschaftlichen Karriere des Mitarbeiters zu veranlassen (BT-Drs. 15/4132 S. 19).

b) Promotionsphase

22 In der Phase **vor** Abschluss einer **Promotion** ist die Befristung von Arbeitsverträgen mit wissenschaftlichen und künstlerischen Mitarbeitern bis zu einer Dauer von sechs Jahren ohne weiteren Sachgrund zulässig. Für die Befristung ist **nicht Voraussetzung, dass Gelegenheit zur Vorbereitung einer Promotion gegeben bzw. eine solche tatsächlich angestrebt** wird (BT-Drs. 15/4132 S. 19; *Hailbronner/Geis-Waldeyer* Rz 2; ErfK-*Müller-Glöge* Rz 4). Zwar dürften den befristet beschäftigten wissenschaftlichen Mitarbeitern regelmäßig Aufgaben übertragen werden, die einer Vorbereitung der Promotion oder der Erbringung zusätzlicher wissenschaftlicher Leistungen förderlich sind, jedenfalls sollte ihnen im Rahmen ihrer Dienstaufgaben ausreichend **Gelegenheit zu eigener wissenschaftlicher Arbeit** gegeben werden (§ 53 Abs. 2 HRG). Von der Einhaltung dieser gesetzlichen Vorgaben ist jedoch die zulässige Befristung nach § 57b Abs. 1 S. 1 HRG nicht abhängig (*Preis/Hausch* NJW 2002, 929; *Lakies* ZTR 2002, 254). Dies gilt **gleichermaßen für die wissenschaftlichen Hilfskräfte** mit der Einschränkung, dass sie nur bis zu einer Dauer von **insgesamt vier Jahren** befristet beschäftigt werden dürfen (§ 57b Abs. 1 S. 3 HRG), bei Vertragsabschluss nach Inkrafttreten des HRG 2002 gerechnet ab diesem Zeitpunkt, unabhängig von befristeten Vorbeschäftigungen (*BAG* 20.4.2005 EzBAT SR 2 y BAT Nr. 4 = DB 2005, 1973). Eine Ausschöpfung der sechsjährigen Höchstbefristungsdauer für die »Promotionsphase« ist dann allerdings immer noch dadurch möglich, dass die Hilfskraft **danach zwei weitere Jahre befristet als wissenschaftlicher oder künstlerischer Mitarbeiter** beschäftigt wird. Ist der Mitarbeiter bereits promoviert, kann die erste Qualifizierungsphase nach Abs. 1 S. 1 nicht mehr zu einer Befristung nach dem HRG genutzt werden; und zwar unabhängig von der Fachrichtung, in der die Promotion erfolgte (APS-*Schmidt* Rz 3; ErfK-*Müller-Glöge* Rz 2; *Dörner* Befr. Arbeitsvertrag Rz 664).

22a Die »offene« Höchstfrist für die **erste Zeitphase** von maximal sechs Jahren kann, muss aber nicht der Anfertigung einer Promotion dienen (ErfK-*Müller-Glöge* Rz 4; *Dörner* Befr. Arbeitsvertrag Rz 667; *Annuß/Thüsing-Lambrich* § 23 TzBfG Rz 105). Allein **entscheidend** ist, dass die **Beschäftigung der Erbringung zusätzlicher wissenschaftlicher Leistungen förderlich ist** (SPV-*Preis* Rz 141). Nach der Neuregelung ist es von dieser Zweckrichtung her nicht mehr zulässig, früher unter die Sonderbefristungstatbestände fallendes **Personal mit ärztlichen Aufgaben** (§ 54 HRG aF) sowie **Lehrkräfte für besondere Aufgaben** (§ 56 HRG; sog. Funktionsstellen) befristet anzustellen (BT-Drs. 14/6853 S. 18). Sofern das Interesse besteht, einzelne aus diesen Personengruppen auch **zu ihrer eigenen wissenschaftlichen Qualifizierung zu beschäftigen**, bleibt es den Hochschulen und Forschungseinrichtungen überlassen, sie **als wissenschaftliche Mitarbeiter und Mitarbeiterinnen** befristet anzustellen (BT-Drs. 15/4132 S. 18; *Preis/Hausch* NJW 2002, 928; missverständlich *Lakies* ZTR 2002, 254).

23 Bei der **Bemessung der sechsjährigen Höchstbefristung** und der ersten Zeitphase hat sich der Gesetzgeber an den bisherigen Regelungen im HRG aF sowie Erfahrungen aus der Praxis orientiert. Danach ist bedacht worden, dass wissenschaftliche Mitarbeiterinnen und Mitarbeiter zunächst einmal an die

wissenschaftliche Arbeit herangeführt werden müssen, bevor sie eine hinreichend qualifizierte Promotion zu erstellen in der Lage sind. Hierfür hält der Gesetzgeber in Anlehnung an die bisherige Erprobungsbefristung in § 57b Abs. 2 Nr. 5 aF einen Zeitraum von etwa ein bis zwei Jahren für ausreichend. Daran schließt sich für die Anfertigung der Doktorschrift und den Abschluss des Promotionsverfahrens eine regelmäßige Zeitspanne von drei bis vier Jahren an. Um Spielraum zu belassen, hat der Gesetzgeber die maximalen Ansätze auf einen Zeitraum von sechs Jahren addiert. Den sechsjährigen Zeitraum hält der Gesetzgeber für die **wissenschaftliche Erstqualifikation** für angemessen aber auch ausreichend (BT-Drs. 15/4132 S. 19; *Hailbronner/Geis-Waldeyer* Rz 3). Zur Anrechnung anderweitiger Beschäftigung (zB als wissenschaftliche oder künstlerische Hilfskraft) s.u. Rz 31 ff. Zu den Verlängerungsmöglichkeiten innerhalb der Befristungshöchstgrenzen s.u. Rz 34 ff.

Einstellungsgrenzen, wie sie § 57b Abs. 6 HRG aF **für den erstmaligen Abschluss eines befristeten** 24 **Arbeitsvertrages** mit einem wissenschaftlichen oder künstlerischen Mitarbeiter vorsah, **kennt die Neuregelung nicht mehr.** Dies wäre zwar sinnvoll, um eine **Überalterung** des wissenschaftlichen Nachwuchses **zu verhindern**, weil angestrebt wird, dass die wissenschaftliche Qualifizierungsphase zwischen dem 30. und 40. Lebensjahr zum Abschluss kommt. Eine **zwingende lebensaltersbezogene Einstellungsgrenze** stieße hingegen an **verfassungsrechtliche Grenzen** (vgl. dazu *BAG* 25.8.1998 EzA § 620 BGB Altersgrenze Nr. 9; 20.2.2002 EzA § 620 BGB Altersgrenze Nr. 11). Dabei könnten altersgezogene Einstellungsgrenzen zudem **besondere Erwerbsbiographien**, insbes. von **Frauen**, nicht zureichend erfassen. Auch könnte die erstmalige Begründung eines befristeten Arbeitsverhältnisses mit einem Mitarbeiter behindert werden, der besondere Kenntnisse und Erfahrungen in Forschung oder Lehre außerhalb der Hochschule einbringen kann. Hier ist an **Wissenschaftler und Wissenschaftlerinnen in der Industrie** zu denken, die eine Hochschullaufbahn nach ihrer praktischen Erfahrung einschlagen wollen. Auch wissenschaftlich Hochqualifizierte aus dem Bereich der **Wirtschaft** sollen die Hochschullaufbahn einschlagen können. Bei diesem Personenkreis ist schließlich zu erwarten, dass sich die Befristungshöchstgrenzen zur Erlangung einer weiteren wissenschaftlichen Qualifikation, die eine unbefristete Beschäftigung als Professor ermöglicht, nicht ausschöpfen müssen (BT-Drs. 14/6853 S. 32; BT-Drs. 15/4132 S. 20; *Dieterich/Preis* aaO S. 60 f.; *Hailbronner/Geis-Waldeyer* Rz 6; *Annuß/Thüsing-Lambrich* § 23 TzBfG Rz 106). Als ein **Verstoß** gegen die Vorgaben der EU-Diskriminierungsrichtlinie 2000/78/EG und damit gegen das **AGG** stellt sich eine innerbetriebliche Weisung dar, befristete Beschäftigungen bis zur Vollendung des 40. Lebensjahres des wissenschaftlichen Personals im sog. Mittelbau zu beenden (*LAG Düsseld.* 4.1.2006 LAGE § 620 BGB 2002 Nr. 4). Hier wird indessen kein Weiterbeschäftigungs-, sondern nur ein Schadensersatzanspruch gegeben sein.

c) Post-Doc-Phase

Nach abgeschlossener Promotion ist bis zu einer Dauer von sechs Jahren, im Bereich der Medizin bis 25 zu neun Jahren eine weitere Befristung nach **Abs. 1 S. 2** zulässig. Daran wird deutlich, dass die **zweite Qualifikationsphase**, die – soweit landesrechtlich gesetzlich eröffnet – zur Tätigkeit als **Juniorprofessor** genutzt werden kann oder hierzu überleitet, regelmäßig eine zügig abgeschlossene und zugleich qualitativ **herausragende Promotion als wissenschaftlicher oder künstlerischer Mitarbeiter** – nicht etwa als wissenschaftliche oder künstlerische Hilfskraft (*Hailbronner/Geis-Waldeyer* Rz 5) – **voraussetzt.** Zwar ist es nicht zwingend, möglichst zeitnah nach dem Abschluss der Promotion eine Juniorprofessur zu erlangen; es kann vielmehr zunächst die Post-Doc-Phase durchlaufen werden, um zB **weitere wissenschaftliche Kompetenz** oder im Bereich der Medizin eine Facharztqualifikation zu erwerben; dennoch dürfen Promotions- und Beschäftigungsphase vor der Juniorprofessur die Maximalfrist von sechs Jahren nach Abs. 2 S. 1 nicht übersteigen (BT-Drs. 14/6853 S. 16, 33). Die zweite Qualifizierungsphase erzwingt indessen nicht das Durchlaufen einer Juniorprofessur. Das Erlangen einer Professur auf Lebenszeit ist nach Promotion und weiterer wissenschaftlicher Qualifizierung auch ohne Juniorprofessur möglich (*Hailbronner/Geis-Waldeyer* Rz 7; *Dörner* Befr. Arbeitsvertrag Rz 674). So wird es in Zukunft von der **landesgesetzlichen Ausgestaltung** abhängen, ob die Habilitation und/oder die Juniorprofessur der »Königsweg« zur Übernahme eines Lehrstuhls als Universitätsprofessor ist.

Die für die **zweite Qualifizierungsphase** vorgesehene Maximalbefristungsdauer von sechs Jahren 26 (Medizin neun Jahre) **deckt sich mit dem bisherigen Befristungsvolumen für die nunmehr abgeschafften wissenschaftlichen Assistenten und Assistentinnen** (§ 48 Abs. 1 HRG aF). **Statusrechtlich** sollte die Juniorprofessur die wissenschaftliche Assistentur ablösen (*Hoins* PersonalR 2004, 17) und die ansonsten notwendige **Habilitation** ersetzen. Diese Zielsetzung ist an der fehlenden Rahmenkompetenz des Bundes zu einer solchen Regelung gescheitert. Soweit im Landesrecht eine Juniorprofessur als Qualifizierungsweg angeboten wird, ist nun eine zweistufige Zeitphase von sechs Jahren vorgesehen (§ 48 Abs. 1 HRG). Der Eintritt in die zweite Stufe soll nach einer positiven **Zwischenevaluation** erfolgen, andernfalls scheiden die Juniorprofessoren und Juniorprofessorinnen mit Ende der ersten Zeitphase, spätestens aber nach einem Auslaufjahr aus. Nähere Regelungen hierzu trifft der **Landesgesetzgeber**. Das gilt gleichermaßen für Anrechnungsregelungen in Sonderfällen (Bsp.: Leiter einer Forschungsgruppe; BT-Drs. 15/4132 S. 16). Es ist **nicht erforderlich,** dass sich die Befristung im **zweiten Qualifikationsabschnitt nach Abs. 1 S. 2 nahtlos an den Ablauf der maximal zulässigen Befristung nach Abs. 1 S. 1 anschließt.** So ist es denkbar, dass der Mitarbeiter nach Ablauf der sechsjährigen Höchstbefristung nach Satz 1 seine Promotion noch nicht zu Ende gebracht hat. Führt er sein Promotionsverfahren danach ohne Anstellung an der Hochschule oder Forschungseinrichtung zu Ende, oder begründet er zwischenzeitlich einen befristeten Arbeitsvertrag nach anderen Rechtsvorschriften (zB § 14 Abs. 1 S. 2 Nr. 7; zB haushaltsrechtliche Befristung), setzt die neue Befristung nach Abs. 1 S. 2 zulässigerweise erst danach auf (*Dörner* Befr. Arbeitsvertrag Rz 677; *Lakies* ZTR 2002, 254). Allerdings kann sich dann die zulässige Befristungsdauer für die zweite Qualifikationsphase durch Anrechnung nach Abs. 2 S. 2 verkürzen (vgl. dazu u. Rz 38 ff.).

27 Für die **zweite Qualifikationsphase** über sechs oder neun Jahre (Medizin) kommt eine **neu geschaffene Verlängerungsregel** zum Tragen, die den zügigen Abschluss der Promotion belohnt, unabhängig davon, ob diese innerhalb oder außerhalb eines Beschäftigungsverhältnisses nach Abs. 1 S. 1 iVm Abs. 2 S. 1 erarbeitet wurde. Wer innerhalb oder außerhalb eines solchen Beschäftigungsverhältnisses schneller als in sechs Jahren seine Promotion zum Abschluss gebracht hat, kann die **eingesparte Zeit der Post-Doc-Phase anhängen** (*Dörner* Befr. Arbeitsvertrag Rz 680 ff.; ErfK-*Müller-Glöge* Rz 12; *Hailbronner/Geis-Waldeyer* Rz 14; Hochschulhdb-*Löwisch/Wertheimer* VII Rz 169 f.). Damit wird sichergestellt, dass die insgesamt zulässige Höchstdauer von zwölf (bzw. fünfzehn) Jahren nicht überschritten wird, andererseits aber auch voll ausgeschöpft werden kann (BT-Drs. 14/6853 S. 33; BT-Drs. 15/4132 S. 20). Anders ausgedrückt: **Eine Befristung von** Arbeitsverträgen ist nach abgeschlossener Promotion **bis zu einer Dauer von zwölf bzw. fünfzehn Jahren zulässig, abzüglich der anrechenbaren Befristungsdauer, die schon vor Abschluss der Promotion in Anspruch genommen worden ist und der Zeiten einer Promotion ohne eine bzw. ohne eine anrechenbare Beschäftigung nach § 57 Abs. 1 S. 1 HRG,** mindestens jedoch für sechs bzw. neun Jahre (*Preis/Hausch* NJW 2002, 929). Die zulässige Höchstdauer der zweiten Qualifizierungsphase kann also auf Kosten der ersten Qualifizierungsphase erweitert werden. Konnte beispielsweise die Promotion in der ersten Phase bereits nach drei Jahren abgeschlossen werden, dürfen die eingesparten weiteren drei Jahre die zweite Phase aufstocken und erlauben damit eine Befristung bis zu neun Jahren (*Lakies* ZTR 2002, 254; SPV-*Preis* Rz 142). Damit kann sich eine einmalige sechsjährige Befristung für die erste Qualifizierungsphase als nachteilig erweisen, wenn es zu einem vorzeitigen Abschluss der Promotion kommt und einer Aufhebung dieses Vertrages Hindernisse im Wege stehen (*Dörner* aaO Rz 682), zumal der wissenschaftliche oder künstlerische Mitarbeiter einen **Anspruch auf befristete Übernahme** von der ersten in die zweite Qualifizierungsphase nicht besitzt (APS-*Schmidt* Rz 6; ErfK-*Müller-Glöge* Rz 8). Im Bereich der **Medizin** kann sich die Frist theoretisch auf zwölf Jahre ausdehnen, soweit die Promotion nicht schon – wie üblich – vor Studienabschluss begonnen wurde. Dabei ist im Zweifel auf die **Nettopromotionszeit** abzustellen, dh Zeiten bleiben unberücksichtigt, in denen aufgrund der parallel zu bewältigenden medizinischen Ausbildung die Promotion nicht vorangetrieben werden kann.

28 Nach der inzwischen weggefallenen Regelung in § 21 HRG aF haben sich **Personen, die eine Doktorarbeit anfertigen, nach Maßgabe des Landesrechts** als Doktorandinnen und Doktoranden der Hochschule **einzuschreiben,** an der sie promovieren wollen (BT-Drs. 901/01). Mit der **Einschreibung** als Doktorand oder Doktorandin **beginnt** daher bis zum Abschluss der Erstausbildung die **anrechenbare Promotionszeit** zu laufen. Dies betrifft insbes. Promovierende im **Bereich der Medizin**, die idR bereits während ihres Studiums an ihrer Promotion arbeiten und sie abschließen, aber auch **Lehrer und Juristen**, die während ihrer Referendarzeit promovieren. Danach sind für die **Feststellung der Dauer der Promotion** folgende drei Fallgruppen zu unterscheiden:

- Studierende (insbes. in medizinischen Studiengängen): Hier ist nachzuweisen, wann das Promotionsthema und -vorhaben vereinbart wurde und wann die Prüfung abgelegt worden ist.
- Mitglieder der Hochschule auf Grund eines Beschäftigungsverhältnisses: Die genaue Erfassung der Promotionszeit ist hier entbehrlich, da gleichzeitig ein auf die Befristungshöchstdauer anzurechnendes Beschäftigungsverhältnis besteht.

Befristungsdauer § 57b HRG

– Sonstige Promovierende : Die Promotionszeit beginnt mit der Einschreibung als Doktorand oder Doktorandin (vgl. § 21 Abs. 1 HRG aF).

Der für den Beginn der zweiten Qualifikationsphase **wichtige Zeitpunkt des Abschlusses einer Promotion ergibt sich aus den Promotionsordnungen der Fakultäten.** Generell wird man jedoch sagen können, dass eine Promotion mit dem Tag der mündlichen Prüfung (Rigorosum, Disputation) und der anschließenden Verkündung des Gesamtergebnisses »abgeschlossen« ist (*Preis/Hausch* NJW 2002, 929; *Annuß/Thüsing-Lambrich* § 23 TzBfG Rz 107 f.; *Reich* Rz 3). Die Gegenmeinung stellt dagegen auf den Tag der Verleihung des Doktorgrades ab (ErfK-*Müller-Glöge* Rz 6; *Hailbronner/Geis-Waldeyer* Rz 10). Dabei wird übersehen, dass zwischen dem Tag der mündlichen Prüfung und der Übergabe der Promotionsurkunde geraume Zeit verstreichen kann und dafür Umstände eine Rolle spielen können, auf die der wissenschaftliche oder künstlerische Mitarbeiter keinen Einfluss hat. In der Folge würde ihm der Vorteil einer möglichen Verlängerung der zweiten Qualifikationsphase (s.o. Rz 27) verloren gehen. Eine **Klarstellung durch Landesrecht** ist daher **geboten.** Soweit dort offene Vereinbarungen hierzu zwischen Hochschullehrer und Wissenschaftler ermöglicht werden würden, wäre im Streitfall auf die Zeit der tatsächlichen Befassung mit der Promotion abzustellen (Hochschulhdb-*Löwisch/Wertheimer* VII Rz 170; *Dörner* Befr. Arbeitsvertrag Rz 686). Damit würde indessen ein Vorteil der klaren Zeitgrenzen des neuen HdaVÄndG wieder aufgegeben. *Müller-Glöge* (aaO Rz 14) empfiehlt daher, zur Rechtssicherheit nur auf die Zeiten der landesrechtlich zu regelnden Einschreibung als Doktorand abzustellen. Davon unberührt bleibt die **Möglichkeit,** dass nach dem Studium und **vor Beginn der Promotionsphase** zunächst eine **befristete Beschäftigung als wissenschaftlicher Mitarbeiter oder als wissenschaftliche Hilfskraft** erfolgt.

Für den **Bereich der Medizin** ist die **zweite Qualifikationsphase auf höchstens neun Jahre** ausge- 29 dehnt worden. Dem Kreis der hierunter fallenden Mitarbeiter sind in jedem Fall ärztliche, zahnärztliche und tierärztliche Aufgabenstellungen zuzurechnen (ebenso *Hailbronner/Geis-Waldeyer* Rz 12). Es dürften hierbei aber ebenso andere akademische Mitarbeiter mit wissenschaftlichen Zielsetzungen Berücksichtigung finden, die zB im Bereich der **klinischen Forschung** als Biologen oder Chemiker der Medizin zuarbeiten (aA ErfK-*Müller-Glöge* Rz 7; *Waldeyer* aaO Rz 13; Hochschulhdb-*Löwisch/Wertheimer* VII Rz 181; KDZ-*Däubler* Rz 13; jeweils unter Hinweis auf die gesetzliche Orientierung an der Facharztausbildung). Die hM verkennt, dass hier Vernetzungen mit der Medizin bestehen und die dort Beschäftigten nicht selten über eine Doppelqualifikation als Arzt/Biologe oder Arzt/Chemiker verfügen. Außerdem ist auf Parallelen zu § 57d HRG hinzuweisen. Was in Forschungsinstitutionen entsprechend zulässig wäre, kann in § 57b HRG nicht verboten sein.

Juniorprofessoren mit ärztlichen, zahnärztlichen und tierärztlichen Aufgaben sollten zusätzlich die 30 Anerkennung als Fachärztin oder Facharzt nachweisen, soweit für das betreffende Fachgebiet nach Landesrecht eine entsprechende Weiterbildung vorgesehen ist (§ 47 S. 2 HRG aF). Diese Bestimmung ist im HdaVÄndG entfallen. Eine vergleichbare Regelung für **wissenschaftliche Mitarbeiter und Mitarbeiterinnen im Bereich der Medizin** gab und gibt es nicht, da bei ihnen eine abgeschlossene Facharztausbildung nicht Einstellungsvoraussetzung ist und sie diese Ausbildung deshalb während ihrer Tätigkeit als wissenschaftliche Mitarbeiter absolvieren können (BT-Drs. 14/6853 S. 27, 33; BT-Drs. 15/4132 S. 18). Zu den Anrechnungen nach § 57b Abs. 2 S. 1 und 2 HRG s.u. Rz 38 ff.

3. Befristungsdauer wissenschaftlicher und künstlerischer Hilfskräfte (Abs. 1 S. 3)

Zum Begriff der Hilfskräfte vgl. KR-*Lipke* § 57a HRG Rz 31 ff. Die zulässige **Befristungsdauer von vier** 31 **Jahren** für wissenschaftliche und künstlerische Hilfskräfte ist nicht geändert worden. Aus Wortlaut und Systematik der Vorschrift in Abs. 1 S. 3 folgt, dass eine **Beschäftigung als wissenschaftliche und künstlerische Hilfskraft sowohl in der ersten als auch in der zweiten Qualifikationsphase möglich** ist. Denkbar ist ebenso, dass die Beschäftigung als wissenschaftliche oder künstlerische Hilfskraft teilweise in der ersten und teilweise in der zweiten Qualifikationsphase geleistet wird. In jedem Fall darf diese **wissenschaftliche oder künstlerische Teilzeittätigkeit** eine Dauer von **insgesamt vier Jahren** nicht überschreiten (*Hailbronner/Geis-Waldeyer* Rz 18 f.; ErfK-*Müller-Glöge* Rz 16; *Dörner* Befr. Arbeitsvertrag Rz 689). An den Fristvertrag der Hilfskraft kann sich eine Befristung nach § 57b Abs. 1 S. 1 oder 2 HRG anschließen.

Eine **wesentliche Änderung zur Rechtslage** der wissenschaftlichen und künstlerischen Hilfskräfte im 32 Vergleich zur Rechtslage vor dem HRG 2002 ist dadurch eingetreten, dass die Dauer der befristeten **Beschäftigung als Hilfskraft nunmehr auf die Befristungshöchstgrenzen Anrechnung findet** (§ 57b

Abs. 2 S. 1 HRG; SPV-*Preis* Rz 141). Demgegenüber scheiterte nach altem Recht eine Zusammenrechnung mit Beschäftigungszeiten als wissenschaftliche Mitarbeiter an der besonderen Befristungshöchstgrenze von vier Jahren nach §57c Abs. 5 S. 1 und 2 HRG aF (*BAG* 20.9.1995 EzA §620 BGB Nr. 137; *Dörner* ArbRBGB § 620 Rz 420; *Lipke* KR, 5. Aufl. § 57c HRG aF Rz 18 ff.). Diese einer stringenten Einhaltung der gesetzlichen Höchstbefristungsdauer geschuldete Anrechnung wird nur dann durchbrochen, wenn **studentische Hilfskräfte** (§ 57e S. 2 HRG) zulässig bis zu einer Dauer von vier Jahren befristet beschäftigt werden. Dabei gilt als studentische Hilfskraft nicht nur der Studierende, der noch nicht über einen ersten berufsqualifizierenden Hochschulabschluss verfügt (so noch Gesetzesbegründung BT-Drs. 14/6853 S. 30), sondern auch derjenige, der nach dem Hochschulabschluss weiterhin als Studierender eingeschrieben ist, um beispielsweise noch einen Masterstudiengang zu durchlaufen (vgl. Beschlussempfehlung und Bericht des Ausschusses für Bildung, Forschung und Technikfolgenabschätzung BT-Drs. 14/7336 S. 11 und BT-Drs 15/4132 S.21). Damit wird die vorher ins Auge gefasste **klare Abgrenzung** zwischen studentischen und wissenschaftlichen bzw. künstlerischen Hilfskräften **verwässert** und über die Einschreibung als Studierender eine **Missbrauchsmöglichkeit** eröffnet (**aA** Hochschulhdb-*Löwisch/Wertheimer* VII Rz 206 ff., 211 ff.). Die Festlegung, wer als studentische und wer als wissenschaftliche Hilfskraft beschäftigt werden kann, obliegt nun nach dem HdaVÄndG in erster Linie dem jeweiligen Landesgesetzgeber (BT-Drs. 15/4132 S. 21; s.u. Rz 38a). Nach Studienabschluss und vierjähriger Tätigkeit als studentische Hilfskraft bleibt daher grundsätzlich die Möglichkeit im Wege eines »Zweitstudiums« oder als wissenschaftliche Hilfskraft erneut auf vier Jahre befristet beschäftigt zu werden (*Dörner* Befr. Arbeitsvertrag Rz 728). Zusätzliches Kriterium für die studentische Hilfskraft sollte dagegen bleiben, dass die Tätigkeit nur **nebenberuflich** angelegt sein darf und deshalb voraussetzt, dass die studentische Hilfskraft nur mit weniger als der Hälfte der regelmäßigen Arbeitszeit beschäftigt ist (*BAG* 20.9.1995 EzA § 620 BGB Hochschulen Nr. 14; 20.4.2005 DB 2005, 1973; *Lakies* ZTR 2002, 253).

33 Eine **Anrechnung** der befristeten Tätigkeitsdauer als **wissenschaftliche oder künstlerische Hilfskraft** auf die zulässige Befristungshöchstdauer **findet außerdem nicht statt**, wenn das zur Verfügung stehende **Arbeitszeitdeputat** bei wirklichkeitsnaher Sichtweise zu einer wissenschaftlichen oder künstlerischen Qualifizierung nicht ausreicht. Davon geht der Gesetzgeber aus, wenn ein **befristetes Arbeitsverhältnis auf bis zu ein Viertel der regelmäßigen Arbeitszeit** angelegt ist (§ 57b Abs. 2 S. 1 HRG, BT-Drs. 14/6853 S. 30, 33, BT-Drs 15/4132 S. 21). Damit sollen nach den Vorstellungen des Gesetzgebers insbes. Nebenbeschäftigungen – etwa als Referendar und Korrekturassistent – anrechnungsfrei bleiben. Dagegen ist die Zeit **anzurechnen, wenn diese Beschäftigungsphase zum Zwecke der Anfertigung einer Doktorschrift genutzt wird** (§ 57b Abs. 1 S. 2 HRG). Dies folgt daraus, dass nach Abs. 1 S. 2, 2. Hs. selbst **Promotionszeiten ohne Beschäftigung (Stipendium) auf die Sechsjahresfrist des Satzes 1 anzurechnen** sind. Dann kann aber für Promotionszeiten nichts anderes gelten, in denen die Beschäftigung nach Abs. 2 S. 1 nicht anzurechnen ist (*Preis/Hausch* NJW 2002, 929; BT-Drs. 14/6853 S. 30). Es stellen sich damit Berechnungsprobleme, die nur formal gelöst werden können, wenn für die Zeiterfassung auf die – nach Landesrecht geregelte – Einschreibung als Doktorand abgestellt wird (ErfK-*Müller-Glöge* Rz 14). Fraglich bleibt gleichwohl, ob eine **unregelmäßige Teilzeitarbeit** iSv § 2 Abs. 1 S. 2 TzBfG nicht doch so gestaltet werden kann, dass sie zur wissenschaftlichen oder künstlerischen Qualifizierung taugt. Das geringe Beschäftigungsvolumen würde sich dann bei 25 %iger Arbeitszeitverpflichtung für ein Vierteljahr auf eine Vollzeittätigkeit verdichten lassen, ohne dass der auf ein Jahr befristete Arbeitsvertrag auf die Höchstbefristungsdauer Anrechnung findet.

4. Verlängerungsmöglichkeiten (Abs. 1 S. 4)

34 Im Rahmen der jeweils zulässigen Befristungsdauer für wissenschaftliche und künstlerische Mitarbeiter und Hilfskräfte bleiben **Verlängerungen eines befristeten Arbeitsvertrages** zulässig. Befristete Arbeitsverträge können daher auch mit kürzeren als den höchstzulässigen Fristen abgeschlossen werden. Bis zum Ablauf des befristeten Arbeitsvertrages ist dann eine einmalige oder **mehrfache Verlängerung bis zu den gesetzlich höchstzulässigen Zeitvertragsgrenzen erlaubt** (BT-Drs. 15/4132 S. 21).

35 Die **Verlängerung iSv Abs. 1 S. 4 ist von der Verlängerung iSv Abs. 4 S. 1 und 2 zu unterscheiden**. Während eine Verlängerung iSv Abs. 1 S. 4 eine schriftliche **Verlängerungsvereinbarung** (**§ 14 Abs. 4 TzBfG**) der Arbeitsvertragsparteien vor Ablauf des zu verlängernden Vertrages voraussetzt (vgl. KR-*Lipke* § 14 TzBfG Rz 286 ff.), sieht **Abs. 4 eine Reihe von Nichtanrechnungsmöglichkeiten sog. »Unterbrechungszeiten« vor**, die gleichsam automatisch die Verlängerung des befristeten Arbeitsvertrages bewirken (*Lakies* ZTR 2002, 255). Vgl. dazu näher unten Rz 49 ff.

Befristungsdauer § 57b HRG

Mit der Verweisung in § 57a **Abs. 1 S. 5** HRG auf die arbeitsrechtlichen Vorschriften und Grundsätze über befristete Arbeitsverträge gelten für den Begriff der Verlängerung nach § 57b Abs. 1 Nr. 4 HRG die in der Rechtsprechung zur Verlängerung sachgrundloser Befristungen nach § 14 Abs. 2 TzBfG (zuvor § 1 BeschFG 1985/1996) gewonnenen Erkenntnisse. Danach ist eine **Verlängerung iSv § 57b Abs. 1 S. 4 HRG** grundsätzlich nur gegeben, wenn es sich um eine **nahtlose Weiterbeschäftigung zu den bisherigen Vertragsbedingungen** handelt, die vor Ablauf des zu verlängernden Vertrages zustande gekommen ist (vgl. *BAG* 26.7.2000 EzA § 1 BeschFG 1985 Nr. 19; 25.10.2000 EzA § 1 BeschFG 1985 Nr. 22; *Hailbronner/Geis-Waldeyer* Rz 20; ErfK-*Müller-Glöge* Rz 15; KR-*Lipke* § 14 TzBfG Rz 286 ff. mwN). Eine **Besonderheit** entsteht jedoch dadurch, dass nach § 57b Abs. 2 S. 1 und 2 HRG auf die Höchstbefristungen von zwölf oder fünfzehn Jahren (Medizin) alle befristeten Arbeitsverhältnisse mit mehr als Viertel der regelmäßigen Arbeitszeit, die an irgendeiner deutschen Hochschule oder einer Forschungseinrichtung abgeschlossen wurden, voll umfänglich anzurechnen sind. Damit stehen beispielsweise befristete Arbeitsverträge mit 75 % Arbeitszeitdeputat nach § 14 Abs. 1 TzBfG für die Anrechnung auf der gleichen Stufe wie befristete Arbeitsverträge eines wissenschaftlichen Mitarbeiters nach § 57a Abs. 1 S. 1 HRG in Vollzeit oder auch Arbeitsverträge mit wissenschaftlichen und künstlerischen Hilfskräften von weniger als der Hälfte der regelmäßigen Arbeitszeit. **Der enge Verlängerungsbegriff** im oben beschriebenen Sinne kann deshalb **nur gelten, wenn es um Erweiterungen der arbeitsvertraglich vorgesehenen Befristungsdauer innerhalb der Kategorie der wissenschaftlichen und künstlerischen Mitarbeiter oder der wissenschaftlichen und künstlerischen Hilfskräfte geht**. Dafür spricht auch grammatikalisch die Wendung in Satz 4 »Innerhalb der jeweils zulässigen (sic) Befristungsdauer …«. Im Übrigen ist ein Abweichen von dem »engen« Verlängerungsbegriff nicht geboten (ErfK-*Müller-Glöge* Rz 15; KDZ-*Däubler* Rz 23; *Hailbronner/Geis-Waldeyer* Rz 20 aE). Dafür spricht zum einen die **Klarstellungs- und Beweisfunktion** des auch hier zu beachtenden **Schriftformerfordernisses nach § 14 Abs. 4** TzBfG (BT-Drs. 14/4625 S. 21; *von Koppenfels* AuR 2002, 241 ff.). Zum anderen wäre die **Rechtssicherheit** gefährdet, wenn eine Befristungsverlängerung auch noch nachträglich und ohne Einhaltung der Form zulässig wäre (*von Koppenfels* aaO; *Annuß/Thüsing-Lambrich* § 23 TzBfG Rz 104 ; KR-*Lipke* § 14 TzBfG Rz 286 ff ; **aA** *LAG Düsseld.* 6.12.2001 LAGE § 17 TzBfG Nr. 1).

36

Dem kann nicht entgegengehalten werden, dass die Befristung nach dem HRG flexibler ausgestaltet sei und ein § 14 Abs. 2 TzBfG verwandter Regelungsgegenstand fehle (*Dörner* Befr. Arbeitsvertrag Rz 669; APS-*Schmidt* Rz 16f.). Soweit die Verlängerung iSv Abs. 1 S. 4 **nach Unterbrechungen** hätte zulässig sein sollen, fehlen dafür Hinweise in Wortlaut und Systematik. Es kann nur nach § 14 Abs. 1 TzBfG neu befristet werden. Allein der Umstand, das die **Zahl der Verlängerungen** anders als im TzBfG hier **nicht begrenzt** wird und ein Verbot des sachgrundlosen Neuabschlusses fehlt, lässt nicht den Schluss zu, dass der Begriff der »Verlängerung« einen von § 14 Abs. 2 TzBfG abweichenden Inhalt hat. Die Höchstbefristung gibt für den Dienstherrn oder die Forschungseinrichtung genügend **Gestaltungsspielraum**. Es müssen die **Gewissheit für den wissenschaftlichen Mitarbeiter** und der arbeitsrechtliche Bestandsschutz mitbedacht werden. Schweigt die Sonderregelung im HRG dazu, so sind ergänzend die Bestimmungen des **TzBfG** und die dazu ergangene Rechtsprechung heranzuziehen (BT-Drs.15/4132 S.19; KR-*Bader* § 23 TzBfG Rz 1). Deshalb ist der abweichenden Auffassung nicht zu folgen, die innerhalb des 6-Jahreszeitraums der ersten Qualifizierungsphase nach Unterbrechungen **Neuabschlüsse** mit derselben oder einer anderen Universität bzw. Forschungseinrichtung **nach § 57b Abs. 1 S. 4 HRG** zulassen will. Die erste Qualifizierungsphase ist von der Zeitspanne her auf eine zügige Promotion angelegt (s.o. Rz 23, u. Rz 40). Eine mehrfache Befristung mit Unterbrechungen und unterschiedlichen Arbeitgebern kann deshalb den Zielen des Gesetzes nicht dienlich sein, **funktionswidrige Kettenbefristungen** zu unterbinden (ähnlich KDZ-*Däubler* Rz 25f; vgl. auch KR-*Lipke* § 57a HRG Rz 6-9). Fiele das Verlängerungserfordernis weg, entstünde innerhalb des Kreises der wissenschaftlichen und künstlerischen Mitarbeiter eine Zweiklassengesellschaft. Diejenigen mit Aussicht auf eine wissenschaftliche Karriere stünden denen gegenüber, die ohne Perspektive für 6 Jahre »ausgeschöpft« werden könnten. Stellt sich nach einer Erstbefristung von 3 Jahren aber heraus, dass die wissenschaftliche Begabung nicht ausreicht, darf deshalb nach Unterbrechung nur nach den strengeren Befristungsvoraussetzungen des TzBfG erneut mit sachlichem Grund befristet werden. Schließlich liegt es im Interesse der Wissenschaft die Fluktuation für die Hochbegabten zu nutzen. Für die wissenschaftliche Zuarbeit steht der Kreis der wissenschaftlichen und künstlerischen Hilfskräfte zur Verfügung. Die Verlängerung von dem Neuabschluss zu unterscheiden, ist sinnvoll, weil daran Ansprüche geknüpft sind (beispielsweise Zuwendung im öffentlichen Dienst, vgl. *Sächs. LAG* 2.5.2005 LAGE § 620 BGB 2002 Hochschulen Nr. 1a).

36a

§ 57b HRG Befristungsdauer

36b Lassen sich Unterbrechungen – beispielsweise wegen Mittelknappheit – nicht vermeiden, so kommt es nicht zu der vom Gesetz angestrebten schnellen wissenschaftlichen Qualifizierung. Eine Verlängerung durch Wiederaufnahme der Tätigkeit nach Unterbrechung scheidet aus. Da eine Sanktion entsprechend § 16 TzBfG außer Betracht bleibt, kann hier nur helfen zum einen die **Unterbrechungszeiten** nicht auf die Sechsjahresfrist des Abs. 1 S. 1 anzurechnen und zum anderen ein »**Stückelungsverbot**« zu unterlegen, das regelmäßig nur **Befristungen** von mehr als **einem Jahr** zulässt, damit der verfassungsrechtlich gebotene Mindestbestandsschutz selbst angesichts der Wissenschaftsfreiheit nicht aus den Fugen gerät (zutr. KDZ-*Däubler* Rz 25 ff.; *Annuß/Thüsing-Lambrich* § 23 TzBfG Rz 104). Dabei ist zu bedenken, dass das HRG keine begrenzte **Zahl von Verlängerungen** festlegt, andererseits aber einer ausufernden Gestaltung die **Anrechnungsregelung** in § 57b HRG entgegensetzt.

37 Es handelt sich **nicht mehr um eine Verlängerung** iSd Bestimmung, **wenn eine wissenschaftliche oder künstlerische Hilfskraft** in einem weiteren befristeten Arbeitsvertrag **als wissenschaftlicher oder künstlerischer Mitarbeiter weiterbeschäftigt werden soll**. Ähnliches gilt bei einem **Wechsel der Hochschule** oder in eine **Forschungseinrichtung**. Auch in diesen Fällen ist eine Verlängerung des befristeten Arbeitsvertrages nicht denkbar, da der Arbeitgeber wechselt. Dabei können sich der Umfang der Arbeitszeit und – wegen des Gehaltsgefüges des BAT – in seltenen Fällen auch die Vergütung verändern. Nachdem das BAG zu § 14 Abs. 2 TzBfG erkannt hat, dass **arbeitsvertragliche Änderungen** zum Inhalt des Arbeitsverhältnisses – mit Ausnahme der Vertragslaufzeit – während der laufenden Befristung, nicht jedoch aus Anlass der Verlängerung zulässig sind (zuletzt *BAG* 23.8.2006 – 7 AZR 12/06 – EzA-SD 18/06 S. 3) stellt sich die Frage, ob diese Rechtsprechung sich 1:1 auf den **Geltungsbereich des HRG** übertragen lässt.

37a Kommt es während der laufenden Befristung des Arbeitsverhältnisses zur **befristeten Erhöhung der vorher vereinbarten Teilzeitarbeit**, ist die Rechtswirksamkeit dieser Vertragsänderung davon abhängig, ob man die mit dem HRG eröffnete Flexibilisierung auf die Vertragsinhalte ausdehnt (*LAG Hamm* 24.11.2005 – 11 Sa 882/05) oder nach **AGB-Regeln** (§§ 305 ff. BGB) überprüft. Die richterliche Kontrolldichte dürfte in jedem Fall weniger eng sein als bei herkömmlichen Arbeitsverhältnissen.

37b Die **Darlegungs- und Beweislast** für die Voraussetzungen einer Befristung nach dem HRG und für die Einhaltung der zulässigen Höchstbefristungsdauer trägt der Arbeitgeber (*Annuß/Thüsing-Lambrich* § 23 TzBfG Rz 108). Für die mangels ausdrücklicher Sachgründe eingeschränkte **gerichtliche Überprüfung** der letzten Befristung (Verlängerung), ist die **Dreiwochenfrist des § 17 TzBfG** ab vereinbartem Ende des Arbeitsverhältnisses einzuhalten (vgl. dazu KR-*Bader* § 17 TzBfG Rz 15ff.). Ihm steht im Zweifelsfall – ähnlich wie nach § 14 Abs 2 TzBfG – gegenüber dem Bewerber ein umfassendes Fragerecht zu (s.u. Rz 44).

III. Anrechnung auf zulässige Befristungsdauer (Abs. 2 S. 1 und 2)

1. Mindestarbeitszeit

38 Das neue **Befristungskonzept steht auf zwei Pfeilern**. Den einen Pfeiler bildet die **Höchstbefristungsdauer** von zweimal sechs (Medizin: sechs und neun) Jahren, den anderen die in Abs. 2 S. 1 und 2 bestimmte **Anrechnungsregel** für alle im Bereich von Wissenschaft und Forschung begründeten befristeten Arbeitsverträge und Beamtenverhältnisse. Die »Brücke« zwischen diesen beiden Pfeilern ist das Fundament des neuen Befristungsrechts (*Preis/Hausch* NJW 2002, 927 f.). Das HRG in seiner neuen Fassung will keine sozial unvertretbare Ausdehnung der befristeten Beschäftigung wissenschaftlicher Mitarbeiter (*Sächs. LAG* 16.8.2005 – 7 Sa 382/04). Die konsequente Anrechnung aller **befristeten Arbeitsverhältnisse der wissenschaftlichen Mitarbeiter** soll den trickreichen Kombinationen der Vergangenheit ein Ende bereiten, mit denen endlose Befristungsketten auf unterschiedlicher »Sachgrundlage« möglich waren (APS-*Schmidt* Rz 16; *Dörner* Befr. Arbeitsvertrag Rz 690).

38a Eine **Ausnahme** bildet insoweit nur die Beschäftigung als **studentische Hifskraft** (§ 57e S. 2 HRG). Warum eine Anrechnung **unbefristeter Arbeitsverhältnisse** außen vor bleibt, ist nicht begründbar, aber nach dem klaren Gesetzeswortlaut unumstößlich (zutr. ErfK-*Müller-Glöge* Rz 20; *Dörner* Befr. Arbeitsvertrag Rz 695). Danach wäre der Abschluss eines unbefristeten Arbeitsvertrages mit einem wissenschaftlichen Mitarbeiter und dessen spätere Aufhebung möglich, ohne dass die Dauer des unbefristeten Arbeitsvertrages zur Anrechnung käme (Hochschulhdb-*Löwisch/Wertheimer* VII Rz 175). Nach dem HdaVÄndG bleibt es dem **Landesrecht künftig** überlassen, für **wissenschaftliche Hilfskräfte** und andere Fallgruppen (zB Stipendiaten) im Blick auf die Beschäftigungsphase vor Beginn einer Juniorprofessur eigene Regelungen zur Zeitanrechnung zu treffen (BT-Drs 15/4132 S. 15). Nach dem HRG 2002 sah § 47 S. 4 aF dazu noch vor, in die Berechnung der zulässigen Dauer der Promotions- und Beschäftigungsphase vor Beginn der Juniorprofessur auch Tätigkeiten als wissenschaftliche Hilfskraft mit zu berücksichtigen.

Eine **Anrechnung** befristeter Beschäftigung im Arbeits- oder Beamtenverhältnis findet indessen nur statt, wenn das dabei zu leistende **Beschäftigungsvolumen mehr als einem Viertel der regelmäßigen Arbeitszeit** entspricht. Alle Beschäftigungsverhältnisse, die unterhalb dieses Zeitdeputats liegen, kommen nicht zur Anrechnung (*Hailbronner/Geis-Waldeyer* Rz 24 f.; ErfK-*Müller-Glöge* Rz 19). Der Gesetzgeber geht insoweit davon aus, dass der geringe zeitliche Umfang der Tätigkeit für eine wissenschaftliche oder künstlerische Qualifizierung nicht ausreicht (BT-Drs. 14/6853 S. 30; BT-Drs. 15/4132 S. 21; vgl. dazu o. Rz 33). Ausgenommen von der Anrechnung sind werkvertragliche Tätigkeiten, ebenso die – auslaufende – als Ausbildung zu wertende AiP-Ausbildung (Arzt im Praktikum; vgl. *BAG* 14.11.2005 EzA § 620 BGB Hochschulen Nr. 32) und weiter **nichtwissenschaftliche Tätigkeiten** im Bereich von Hochschule und Forschungseinrichtung, zB in der Verwaltung. Für eine grundsätzliche **Nichtanrechnung von Stipendien ohne gleichzeitigen Arbeitsvertrag** spricht, dass diese vom BAG nach altem Recht ebenfalls verneint wurde (*BAG* 21.2.2001 EzA § 620 BGB Hochschulen Nr. 29) und der Gesetzgeber das Problem nicht neu aufgegriffen hat (vgl. auch u. Rz 40). Dagegen setzt § 57b Abs. 1 S. 2, 2. Hs. HRG für **Promotionszeiten mit Stipendien** nur andere Maßstäbe und bringt diese zur Anrechnung. 39

2. Anrechnungsfähige Beschäftigungsverhältnisse

a) Arbeitgeberstellung

Nach früherem Recht konnte über einen Wechsel der Hochschule die Höchstbefristungsdauer von fünf Jahren (§ 57c Abs. 2 S. 1 und 2 HRG aF) jeweils von neuem ausgeschöpft werden (*BAG* 14.12.1994 EzA § 620 BGB Nr. 129; 15.3.1995 EzA § 620 BGB Nr. 132; *Lipke* KR, 5. Aufl. § 57c HRG Rz 8f ; APS-*Schmidt* 1. Aufl. § 57c aF Rz 4f.). Die **Höchstgrenze** galt also nur für das Arbeitsverhältnis **an der jeweiligen Hochschule**, nicht aber für das Arbeitsverhältnis mit deren Träger, dh regelmäßig mit einem Bundesland oder einer Forschungseinrichtung. Damit eröffnete bereits der Wechsel an eine **andere Hochschule desselben Bundeslandes** neue Befristungsmöglichkeiten (KDZ-*Däubler* 5. Aufl.§ 57c aF Rz 5). Sog. **Privatdienstverträge** (§ 57e HRG aF.) wurden bei dieser Höchstbefristungsdauer berücksichtigt, allerdings mit Ausnahme der Zeiten, in denen ein Mitarbeiter ein **Stipendium** bekam und keinen Arbeitsvertrag mit der Hochschule oder deren Träger hatte (*BAG* 21.2.2001 EzA § 620 BGB Hochschulen Nr. 29). Da nur Arbeitsverträge einzubeziehen waren, kamen auch **Zeiten, in denen der Mitarbeiter als Beamter auf Zeit beschäftigt wurde**, nicht zur Anrechnung (*BAG* 4.12.1996 EzA § 620 BGB Hochschulen Nr. 10; *Dörner* ArbRBGB § 620 Rz 411 f.). Eine weitere Ausnahme erkannte das BAG nach altem Recht ebenfalls für **Ärzte im Praktikum**, da diese im Rahmen eines Ausbildungsvertrages und nicht eines Arbeitsvertrages beschäftigt werden und von daher nach Sinn und Zweck der Regelung weder den §§ 57a ff. HRG aF noch dem § 1 Abs. 1 – 3 ÄArbVtrG unterfallen (*BAG* 14.11.2001 EzA § 620 BGB Hochschulen Nr. 32). Nicht angerechnet wurden schließlich auch **befristete Arbeitsverträge**, die auf **außerhalb des HRG stehende Befristungsgrundlagen** gestützt wurden (zB § 1 BeschFG 1985/1996 vgl. *BAG* 14.12.1994 EzA § 620 BGB Nr. 129; 20.10.1999 AP Nr. 22 zu § 57b HRG). Dazu zählten ferner befristete Arbeitsverträge mit wissenschaftlichem Personal in den **neuen Bundesländern**, soweit sie vor Anwendung des HRG aF (3.10.1993) abgeschlossen wurden (*LAG SA* 12.4.2000 RzK I 9d Nr. 74). Dagegen konnten Befristungen **ausnahmsweise dann Anrechnung** finden, wenn zwar arbeitsvertraglich kein Sachgrund nach § 57b Abs. 2 Nr. 1 bis 4 und Abs. 3 HRG aF genannt wurde, die Befristung jedoch auf einen der dort genannten Sachgründe hätte gegründet werden können (*BAG* 21.2.2001 EzA § 1 BeschFG 1985 Nr. 24). 40

Die **unübersichtlichen und schwer durchschaubaren Anrechnungsbestimmungen** (vgl. dazu *Dieterich/Preis* Befristete Arbeitsverhältnisse in Wissenschaft und Forschung, 2001, S. 28 ff ; *Lipke* KR, 5. Aufl. § 57c HRG Rz 8 ff., 10a ff.) erforderten deshalb mit Einführung eines »personenbezogenen Sachgrunds« **eine klare und konsequente Anrechnungsregelung**, die einen funktionswidrigen Wechsel der Befristungstatbestände durch Kombination unterschiedlicher gesetzlicher Grundlagen ebenso wie eine immer wieder erneute Inanspruchnahme der Befristungshöchstgrenze mit Wechsel der Hochschule oder Forschungseinrichtung ausschloss (vgl. BT-Drs. 14/6853 S. 33). Die nach altem Recht mögliche, fast nicht begrenzbare Verlängerung von »Hochschulkarrieren« (dazu auch *Kersten* DÖD 2002, 687f.; *Hailbronner/Geis-Waldeyer* Rz 21 ff.; *Annuß/Thüsing-Lambrich* § 23 TzBfG Rz 79) stand zudem im Widerspruch mit dem Ziel einer zügigen wissenschaftlicher Qualifizierung in überschaubarer Zeit. 42

43 Die **Stückelung in beliebig viele Einzelbefristungsverträge** wird in der Neuregelung vor allem dadurch unterbunden, dass **alle befristeten Beschäftigungsverhältnisse** mit einer Hochschule oder Forschungseinrichtung (§ 57b HRG) einschließlich der **Privatdienstverträge** (§ 57c HRG) auf die Höchstbefristungsdauer **Anrechnung finden**, soweit sie das Mindestzeitvolumen von einem Viertel der regelmäßigen Arbeitszeit überschreiten. Ein Unterlaufen der Anrechnung wird verhindert, indem nicht mehr auf die Befristungsdauer an ein und derselben Hochschule (§ 57c Abs. 2 S. 2 HRG aF), sondern **auf sämtliche befristete Arbeitsverträge mit einer deutschen Hochschule oder einer Forschungseinrichtung abgestellt** wird (Abs. 2 S. 1, 2. Hs.; BT-Drs. 14/6853 S. 33; BT-Drs 15/4132 S. 21; *Lakies* ZTR 2002, 254; MHH-*Herms* TzBfG § 23 Rz 19e). Es sind nunmehr sämtliche Beschäftigungszeiten als wissenschaftliche und künstlerische Mitarbeiter unabhängig von einem Wechsel der Hochschule oder der Forschungseinrichtung zusammenzuzählen (SPV-*Preis* Rz 140). Die konsequente Anrechnung ist ein **Ausgleich für die ansonsten freie »personenbezogene« Befristungsmöglichkeit** über eine verhältnismäßig weite Zeitspanne.

44 Diese neue Anrechnungsregelung erleichtert den **Personalverwaltungen** innerhalb des HRG neben der »unseligen Zuordnung von Befristungsgründen« (*Preis/Hausch* NJW 2002, 928f.) auch die Prüfung, welche befristete Arbeitsverträge welchen Arbeitgebern im Wissenschaftsbereich zuzuschreiben sind. Den Personalverwaltungen obliegt nur noch die **sorgfältige Prüfung von Vorbeschäftigungszeiten an (deutschen) Hochschulen, Forschungseinrichtungen** (§ 57d HRG) und in Privatdienstverträgen (§ 57c HRG), um die zeitlichen Grenzen der Höchstbefristungsdauer zu ermitteln. Eine solche Prüfung kann bei der **Neueinstellung durch persönliche Befragung oder Beantwortung in Personalfragebögen** vorbereitet werden. Gibt der Bewerber auf entsprechende Fragen bewusst **falsche Antworten**, steht der anstellenden Hochschule oder Forschungseinrichtung ein **Anfechtungsrecht** zu (*Preis/Hausch* NJW 2002, 930; *Annuß/Thüsing-Lambrich* § 23 TzBfG Rz 113). Insoweit muss dem Arbeitgeber ähnlich wie nach § 14 Abs. 2 TzBfG ein **umfassendes Fragerecht** zugestanden werden, mit Hilfe dessen er klären kann, wie lange der Arbeitnehmer sich bereits mit befristeten Arbeitsverhältnissen im Wissenschaftsbetrieb befindet. Wenngleich es hier um die Ermittlung von Beschäftigungszeiten und nicht um die Frage »desselben (Vertrags-)Arbeitgebers« geht, müssen der Hochschule oder Forschungseinrichtung bei wahrheitswidriger Beantwortung die Anfechtung des befristeten Arbeitsvertrages gestattet werden (vgl. hierzu näher KR-*Lipke* § 14 TzBfG Rz 307 f.).

45 Die Formulierung »mit einer deutschen Hochschule« in Satz 1 meint sowohl **Hochschulen mit wie ohne Dienstherrenfähigkeit** (*Dörner* Befr. Arbeitsvertrag Rz 691; *Hailbronner/Geis-Waldeyer* Rz 26, 28). Bei letzteren steht das Personal zwar im Landesdienst, faktisch werden die Arbeitsverträge aber von den Hochschulen abgeschlossen (BT-Drs. 15/4132 S. 21). Dienstherrenfähigkeit kann den Hochschulen iSv § 57b Abs. 2 S. 1, 2. Hs auch zustehen, wenn sie von **Stiftungen des öffentlichen Rechts** getragen werden oder es sich um **anerkannte Hochschulen in nicht staatlicher Verantwortung,** zB um kirchliche Fachhochschulen handelt. Hochschulen können ebenfalls als **Körperschaften des öffentlichen Rechts** auftreten und insoweit Arbeitgeberstellung nach dem HRG innehaben (vgl. BAG 19.1.2005 EzA § 17 TzBfG Nr. 7). Zu den deutschen Hochschulen zählen nicht **ausländische Einrichtungen.** Die dortige Beschäftigung bleibt anrechnungsfrei. Eine entsprechende Anwendung (so ErfK-*Müller-Glöge* Rz 17) kann aus Art. 3 Abs. 1 GG nicht abgeleitet werden, da es an vergleichbaren Sachverhalten fehlt und im Ergebnis den internationalen Austausch von Wissenschaftlern behindern könnte.

b) Beamtenverhältnisse auf Zeit

46 Während sog. **Privatdienstverträge** (§ 57c HRG) bereits nach altem Recht regelmäßig auf die Höchstbefristungsdauer an der jeweiligen Hochschule angerechnet wurden (§ 57e HRG aF), blieben Zeiten, in denen der wissenschaftliche und künstlerische Mitarbeiter als **Beamter auf Zeit** beschäftigt war, außer Betracht (s.o. Rz 40). Die Orientierung an den Qualifikationszielen in den zwei Zeitphasen lässt eine solche Ausklammerung konzeptionell nun nicht mehr zu. Da innerhalb der zweiten Qualifikationsphase **Zeiten als Juniorprofessor sowohl im Angestellten- oder im Beamtenverhältnis** durchlaufen werden können, müssen sie in beiden Fällen in die Höchstbefristungsdauer eingerechnet werden (*Dörner* Befr. Arbeitsvertrag Rz 691f; *Hailbronner/Geis-Waldeyer* Rz 29). Damit wird zum einen eine dem Normzweck widersprechende Weiterbeschäftigung von Juniorprofessoren als wissenschaftliche Mitarbeiter verhindert. Andererseits soll dem Personenkreis der Juniorprofessoren die volle **Höchstbefristungsdauer** von zwölf (Medizin: fünfzehn Jahren) zur Verfügung stehen (APS-*Schmidt* Rz 19; ErfK-*Müller-Glöge* Rz 18), wenn sie seit erstmaliger Beschäftigung im Hochschulbereich bzw. nach Beginn der Promotion weniger als zwölf Jahre benötigt haben (BT-Drs. 14/6853 S. 33 f.).

c) Befristungen nach anderen Rechtsvorschriften

Nunmehr sind auf die **Höchstbefristungsdauer befristete Arbeitsverhältnisse** anzurechnen, die nicht nach dem HRG sondern **nach anderen Rechtsvorschriften** abgeschlossen wurden (Abs. 2 S. 2; zu den unbefristeten Arbeitsverhältnissen s.o. Rz 39). Damit wird im Verhältnis zur alten Rechtslage ein großes Stück **Rechtssicherheit** geschaffen, denn dort konnte es für die Anrechnung auf die Befristungshöchstdauer von jeweils fünf Jahren darauf ankommen, ob ein spezieller Befristungsgrund aus dem HRG aF genannt wurde oder die Hochschule die Befristung auf einen solchen speziellen Befristungsgrund hätte stützen können (s.o. Rz 16 f.). Auf diese »akademische Unterscheidung« kommt es nach neuem Recht nicht mehr an. Da es an einem Sachgrundkatalog fehlt und das HRG keinen Vertragstypenzwang vorgibt, **steht es den Arbeitgebern in Wissenschaft und Forschung frei**, das unter den Geltungsbereich der §§ 57a ff. HRG fallende Personal auch **nach allgemeinen arbeitsrechtlichen Regelungen befristet zu beschäftigen** (zB Vertretungsbefristung nach § 14 Abs. 1 S. 2 Nr. 3 TzBfG oder § 21 Abs. 1 BEEG). Der Vorteil, die zulässigen Befristungszeiträume dabei nicht mehr zu verbrauchen, kann allerdings nach neuem Recht nicht mehr erlangt werden. Im Gegenteil: Die **Befristungen nach anderen Rechtsvorschriften** werden voll auf die Höchstbefristungsdauer des §§ 57b **angerechnet** und erlauben nach Ablauf der Höchstfrist regelmäßig nur noch sachgrundbezogene Befristungen nach allgemeinem Arbeitsrecht (§§ 57a Abs. 1 S. 5, 57b Abs. 2 S. 3 HRG; BT-Drs. 14/6853 S. 31). Zu den anderen Rechtsvorschriften iSv Abs. 2 S. 2 gehören auch die abgelösten Bestimmungen des HRG aF. Die Anrechnung ergibt sich aus der im HdaVÄndG v. 27.12.2004 neu gefassten **Übergangsvorschrift des § 57f HRG**. Dabei können zusammengerechnet die Höchstbefristungen teilweise überschritten werden, da nach § 57f Abs. 2 nF Neuabschlüsse zur Befristung nach dem 22.2.2002 anders zu berechnen sind (*BAG* 20.4.2005 EzBAT SR 2y BAT Nr. 4 = DB 2005, 933; näher dazu Erl. zu § 57f HRG). Nach § 57a Abs. 1 S. 3 HRG sind zu Befristungen auf tarifvertraglicher Grundlage abweichende Anrechnungsregeln vorstellbar (*Hailbronner/Geis-Waldeyer* Rz 34 f.).

Da die Hochschulen und Forschungseinrichtungen innerhalb der Befristungshöchstgrenzen des § 57b Abs. 1 S. 1 und 2 HRG einen **konkreten Sachgrund nicht mehr anführen müssen**, um die Befristung zu rechtfertigen, wird die Praxis in Zukunft **vor Erreichen der Befristungshöchstdauer nicht mehr auf Sachgrundbefristungen nach allgemeinem Arbeitsrecht zurückgreifen**. Im Unterschied zum HRG vor dem 23.2.2002 vermeidet ein **Zwischenschalten von Sachgrundbefristungen** nicht mehr den Verbrauch des Befristungsdeputats (vgl. *BAG* 14.12.1994 EzA § 620 BGB Nr. 129) und bietet deshalb aus Arbeitgebersicht keine Vorteile. Setzen die Hochschulen oder Forschungseinrichtungen bereits vor Ablauf der regelmäßig zwölfjährigen Höchstbefristungsdauer sachgrundbezogene Befristungen ein (zB drittmittelfinanzierte Projektbefristungen iSv § 14 Abs. 1 S. 2 Nr. 1 TzBfG), laufen sie unabhängig von der Anrechnung nach § 57b Abs. 2 S. 2 HRG Gefahr, diese nach Ablauf der privilegierten Befristungshöchstspanne im Falle wiederholter Befristung nur mit Mühe begründen zu können. **Drittmittelfinanzierungen**, die langfristig angelegt sind und mehrfach zur Befristung von Arbeitsverhältnissen genutzt wurden, erweisen sich dann hinsichtlich der vom Arbeitgeber zu stellenden **Prognose** des zukünftigen Wegfalls eines vorübergehenden Arbeitskräftebedarfs als schwierig (vgl. dazu *BAG* 6.11.1996 EzA § 620 BGB Hochschulen Nr. 9; KR-*Lipke* § 14 TzBfG Rz 41, 73 f.). Die Hochschulen und Forschungseinrichtungen werden deshalb die Höchstbefristungsdauer des HRG ausschöpfen, bevor sie danach Sachgründe zu einer Befristung iSv § 57b Abs. 2 S. 3 HRG einsetzen, selbst wenn diese vom Sachverhalt vorher schon gegeben waren (näher dazu unten Rz 69 ff.).

IV. Verlängerung des Arbeitsvertrages unter Erweiterung der zulässigen Befristungsdauer (Abs. 4)

1. Grundsätze (Satz 1 1. Hs.; Satz 2 und Satz 3)

a) Rechtszustand bis zum 22. Februar 2002

Nach § 57c Abs. 6 HRG aF sollte das wissenschaftliche, künstlerische und ärztliche Personal durch **Nichtanrechnung** vom Sachverhalt her konkret bezeichneten **Unterbrechungszeiten** auf die zulässige Höchstbefristungsdauer vor dem Verlust ihres befristeten Beschäftigungsanspruchs geschützt werden (BT-Drs. 10/2283 S. 12). Die Regelung war erforderlich, weil nach zuvor geltendem Recht die Zeiten der Beurlaubung oder einer sonstigen Unterbrechung den Ablauf der Frist nicht hemmten (*BAG* 14.2.1996 EzA § 620 BGB Hochschulen Nr. 4). Im Rahmen der in § 57c Abs. 6 HRG aF geregelten Tatbestände sollte kein Nachwuchswissenschaftler gezwungen werden, seinen wissenschaftlichen Werdegang abzubrechen (*Lipke* KR, 5. Aufl. § 57c Rz 21 ff.; APS-*Schmidt* 1. Aufl.§ 57c aF Rz 22). Erfasst waren

§ 57b HRG Befristungsdauer

hierdurch **Beurlaubungen aus den unterschiedlichsten Anlässen bzw. Ermäßigung der Arbeitszeit aus bestimmten Gründen** (zB Zeiten der Beschäftigungsverbote und der Elternzeit; *BAG* 12.1.2000 RzK I 9d Nr. 70) **sowie im Zusammenhang mit Freistellungen für die Personalratstätigkeit** (*BAG* 23.2.2000 EzA § 620 BGB Hochschulen Nr. 25). Die **Nichtanrechnung** der Unterbrechungszeiten nach § 57c Abs. 6 HRG aF auf die zulässige Höchstbefristungsdauer erfolgte nicht automatisch, sondern setzte jedes Mal eine **rechtsgeschäftliche Vereinbarung** der Arbeitsvertragsparteien voraus (*BAG* 3.3.1999 EzA § 620 BGB Hochschulen Nr. 16). Damit hatte das vom Gesetz für die Verlängerung der Befristung vorausgesetzte **Einverständnis des Mitarbeiters** einherzugehen. Das Vorliegen gesetzlicher Nichtanrechnungstatbestände (Betreuungsurlaub, Beurlaubung für eine wissenschaftliche Tätigkeit oder eine Weiterbildung außerhalb des Hochschulbereichs oder im Ausland, Zeiten der Beschäftigungsverbote nach dem MuSchG oder eine Beurlaubung nach dem BErzGG, Zeiten des Grund-, Wehr- und Zivildienstes sowie Freistellungszeiträume für bestimmte ehrenamtliche Tätigkeiten, zB Personal- oder Schwerbehindertenvertretung) führte deshalb nicht zu einer automatischen Verlängerung der Arbeitsverträge, sondern gewährte dem Arbeitnehmer **nur einen schuldrechtlichen Anspruch auf Verlängerung der Befristung**. Diesen Anspruch hatte der Arbeitgeber zu erfüllen, wobei die Dauer des Anschlussvertrages mit der Unterbrechungszeit deckungsgleich sein musste, soweit das Gesetz nicht selbst eine Höchstverlängerungszeit von nur zwei Jahren vorsah (§ 57c Abs. 6 Nr. 5, 2. Hs. aF; vgl. *BAG* 3.3.1999 EzA § 620 BGB Hochschulen Nr. 25 ; 12.1.2000 – 7 AZR 764/98, nv; *Dörner* ArbRBGB 2. Aufl. § 620 Rz 422).

50 Die ursprüngliche Fassung des § 57c Abs. 6 Nr. 3 HRG aF sah ferner bis zum Inkrafttreten des 4. Änderungsgesetzes zum Hochschulrahmengesetz 1998 (4. HRGÄndG; BGBl. I. S. 2190) vor, dass eine **Nichtanrechnung für Zeiten des Erziehungsurlaubs** nach § 15 BErzGG nur dann erfolgte, wenn die Beschäftigung tatsächlich unterblieb (vgl. *Lipke* KR, 5. Aufl. § 57c HRG Rz 24). Nach dem Inkrafttreten des 4. HRGÄndG griff aber der **Unterbrechungstatbestand** auch, wenn während der Zeit relativen Beschäftigungsverbotes (§ 3 Abs. 2 MuSchG) oder während des Erziehungsurlaubs eine **zulässige Teilzeitbeschäftigung** erfolgte (*BAG* 3.3.1999 EzA § 620 BGB Hochschulen Nr. 16; APS-*Schmidt* 1. Aufl. § 57c aF Rz 26; *Dörner* aaO Rz 423).

51 Die Nichtunterbrechungstatbestände nach altem Recht waren abschließend und zwingend, entgegenstehende bzw. **abweichende landesrechtliche Bestimmungen**, die diesen Katalog beschränkten oder erweiterten, waren nach § 72 Abs. 1 S. 1 HRG aF **unwirksam** (*BAG* 14.2.1996 EzA § 620 BGB Hochschulen Nr. 4; *Dörner* Befr. Arbeitsvertrag Rz 708; *Lipke* KR, 5. Aufl. § 57c HRG Rz 21a).

b) **Rechtslage ab dem 23. Februar 2002**

52 Die mit dem **5. HRGÄndG ab 23.2.2002** geltende **Neuregelung knüpfte an die bisherigen Regelungen an** und schrieb sie im Wesentlichen fort. Die dadurch bewirkte Verlängerung der Befristung steht zwar im Widerspruch zur beabsichtigten zügigen wissenschaftlichen Qualifizierung, ist aber aus sozialen Gründen gerechtfertigt. Unter Beibehaltung der bisherigen Zielsetzung, dass die Beendigung des Arbeitsvertrages um die nicht anzurechnenden Zeit hinausgeschoben wird (BT-Drs. 10/2283 S. 12), stellt die Neufassung **nunmehr** klar, dass **das befristete Arbeitsverhältnis sich um die Nichtanrechnungszeiträume verlängert** (BT-Drs. 14/6853 S. 34). Anstelle der bisher vorgesehenen »Nichtanrechnung von Unterbrechungszeiten« tritt jetzt nach § 57b Abs. 4 S. 2 HRG eine »im Einverständnis« mit dem Mitarbeiter **gleichsam automatisch eintretende Verlängerung** (*LAG Bln.* 1.7.2005 LAGE § 620 BGB 2002 Hochschulen Nr. 3; APS-*Schmidt* Rz 39; ErfK-*Müller-Glöge* Rz 25; aA *Annuß/Thüsing-Lambrich* § 23 TzBfG Rz 120). Damit kommt es zu einer **systematischen Änderung,** die nach dem Willen des Gesetzgebers das bisherige Verfahren vereinfachen soll. Zwar kann, wie bisher, die Verlängerung **nicht gegen den Willen des Mitarbeiters** stattfinden. Dafür steht schon das weiterhin erforderliche »Einverständnis« des Mitarbeiters für die Verlängerung des befristeten Arbeitsvertrages. Es ist aber jetzt **Sache des Arbeitgebers**, dem betroffenen Mitarbeiter bzw. der Mitarbeiterin die Verlängerung des befristeten Arbeitsvertrages um die in § 57b Abs. 4 Nr. 1 bis 5 HRG genannten Zeiten mitzuteilen und ihn aufzufordern, sein Einverständnis zu erklären. Erklärt sich der Arbeitnehmer nicht, unterbleibt die Verlängerung des befristeten Arbeitsvertrags; stimmt er zu, verlängert sich der befristete Arbeitsvertrag um die mitgeteilte Zeitspanne (zutr. *Lakies* ZTR 2002, 255). Im **Beamtenstatus** ist indessen ein **förmlicher Antrag erforderlich**, eine quasi-automatische Verlängerung findet hier nicht statt (§ 50 Abs. 3 S. 1 HRG).

53 Die vom Arbeitgeber automatisch zu veranlassende Verlängerung des befristeten Arbeitsvertrages um die in Abs. 4 genannten »Zeiten« ist **keine Verlängerung iSv § 57b Abs. 1 S. 4 HRG und unter-**

liegt deshalb nicht dem Schriftformerfordernis des § 14 Abs. 4 TzBfG (*LAG Bln.* 1.7.2005 LAGE § 620 BGB 2002 Hochschulen Nr. 3; KDZ-*Däubler* Rz 38). Das beibehaltene Erfordernis eines Einverständnisses des Arbeitnehmers zur Verlängerung kann nicht dahin gedeutet werden, dass es des Abschlusses eines ausdrücklichen Verlängerungsvertrages unter Einhaltung der Schriftform (§ 14 Abs. 4 TzBfG; *Hailbronner/Geis-Waldeyer* Rz 72; *Dörner* Befr. Arbeitsvertrag Rz 701f.; aA *Lambrich* aaO Rz 89) bedarf. Zielsetzung des Gesetzgebers ist es, eine **Verlängerung der Befristung aus sozialen Gründen zu erleichtern**. Sinn und Zweck, Wortlaut und Systematik (Satz 1: »verlängert sich«) zeigen auf, dass es allein darum geht, die automatische Verlängerung nicht gegen den Willen des wissenschaftlichen Mitarbeiters vorzunehmen (zweifelnd *Lakies* ZTR 2002 255). Die bisherige **Rechtsprechung zum Verlängerungsvertrag** (*BAG* 3.3.1999 EzA § 620 BGB Hochschulen Nr. 16; 23.2.2000 EzA § 620 BGB Hochschulen Nr. 25) ist **daher überholt** und kann auf die neue Rechtslage nicht mehr angewandt werden. Zur Sicherheit und um Streit um eine ansonsten mögliche unbefristete Beschäftigung nach § 15 Abs. 5 TzBfG zu vermeiden, ist die **schriftliche Einholung des Einverständnisses** beim Arbeitnehmer dennoch zu empfehlen, soweit er diese nicht von sich aus erklärt (APS-*Schmidt* Rz 38; ErfK-*Müller-Glöge* Rz 26).

Die in § 57c HRG aF enthaltenen Regelungen zu den Nichtanrechnungsmöglichkeiten werden im Wesentlichen fortgeschrieben. So ist weiterhin **in den Nichtanrechnungsfällen nach Nr. 1, 2 und 5 die Verlängerung auf eine Dauer von jeweils längstens zwei Jahre möglich** (Abs. 4 S. 3). Die im Zusammenhang mit dem Aufbau des Hochschulwesens in den neuen Bundesländern vorgesehenen Nichtanrechnungstatbestände nach § 2 Abs. 7 S. 2 HRG aF gibt es nicht mehr, weil diese sich auf Zeiten von Beurlaubungen bis zum 3.10.1994 beschränkten. Da der nach §§ 57a ff. erfasste Personenkreis wissenschaftliche oder künstlerische Tätigkeiten ausübt, sind nunmehr für die Verlängerung nach § 57b Abs. 4 S. 1 Nr. 2 auch **Beurlaubungen für künstlerische Zwecke** miterfasst. Eine entsprechende Bestimmung sieht § 50 Abs. 3 HRG ebenso für den Kreis der Hochschullehrer und damit auch für die Juniorprofessoren vor (BT-Drs. 15/4132 S. 21 f.).

In den Fällen des Abs. 1 S. 1 **Nr. 1, 2 und 5** liegt die **Höchstgrenze** der Verlängerung bei **jeweils zwei Jahren**. Es ist deshalb unerheblich, ob hier eine Beurlaubung für drei Jahre oder eine Reduzierung der Arbeitszeit auf die Hälfte der regelmäßigen Arbeitszeit für einen Zeitraum von vier Jahren vorgesehen ist; in beiden Fällen ist nur eine Verlängerung von zwei Jahren statthaft (BT-Drs. 15/4132 S. 21f; *Lakies* ZTR 2002, 255). **Im Übrigen** richtet sich der Zeitraum der Verlängerung **nach der Dauer der jeweiligen Beurlaubung bzw. Freistellung**. Dabei kann es bei verschiedenen Verlängerungstatbeständen aus Abs. 4 zu einer **Addition von Unterbrechungszeiten** kommen (ErfK-*Müller-Glöge* Rz 27; APS-*Schmidt* Rz 50; *Hailbronner/Geis-Waldeyer* Rz 90f.). Dann können im Ergebnis die Verlängerungshöchstspannen von zwei Jahren (Abs. 4 S. 3) in der Summe überschritten werden (Beispiel: Beurlaubung nach Nr. 1 für die Dauer von drei Jahren, danach Tätigkeit als Schwerbehindertenvertreter unter teilweiser Freistellung für die Dauer von vier Jahren = Verlängerungszeitraum vier Jahre). Bestehen die Verlängerungstatbestände nebeneinander, zählt der länger währende Tatbestand (ErfK-*Müller-Glöge* Rz 27).

2. Beurlaubung und Arbeitszeitermäßigung zur Betreuung von Familienangehörigen (Nr. 1)

Die Verlängerungszeiten nach Nr. 1 sind den **im öffentlichen Dienst bekannten Beurlaubungsvorschriften zu Zwecken der Betreuung und Pflege von Kindern und sonstigen Angehörigen nachgebildet** (vgl. § 44b Abs. 3 BRRG; § 28 TVöD; § 50 Abs. 1 und 2 BAT). Danach kann einem Mitarbeiter für die Dauer von drei bis fünf Jahren Urlaub ohne Fortzahlung der Bezüge und darüber hinaus gewährt werden, wenn er mit einem Kind unter 18 Jahren oder einem pflegebedürftigen sonstigen Angehörigen in häuslicher Gemeinschaft lebt und diese Person betreut oder pflegt. Die Verlängerung der Höchstbefristungsdauer ist für jeden Fall, dh bezogen je Kind bzw. je pflegebedürftigen Familienangehörigen auf zwei Jahre befristet (Abs. 4 S. 3). Die tatsächliche Betreuungsarbeit ist bei Zweifeln in geeigneter Form nachzuweisen (*Dörner* Befr. Arbeitsvertrag Rz 709).

Nach der ab 22.12.1990 geltenden Neufassung des HRG bieten sich nicht nur die Beurlaubung, sondern auch die **Zeiten einer Arbeitszeitermäßigung**, soweit sie mindestens ein Viertel der regelmäßig für vollzeitbeschäftigte Mitarbeiter geltenden Arbeitszeit beträgt, als Verlängerungszeiten an. Auf Grund des **einheitlichen Betreuungszwecks nach Nr. 1** ist die **Verlängerung für beide Fallvarianten auf insgesamt zwei Jahre beschränkt**. Dies folgt aus Wortlaut (Nr. 1 Satz 1 »oder«; Satz 3: »in den Fällen des Satzes 1 Nr. 1 … von jeweils zwei Jahren«) sowie aus Sinn und Zweck des Gesetzes. Dabei sind die sozialen Gründe, die zur Verlängerung des befristeten Arbeitsvertrages führen, mit der **Zielsetzung einer noch überschaubaren Befristungsdauer** in Ausgleich gebracht worden. Mit Ausnahme

3. Weiterbildung (Nr. 2)

58 Mit Ausnahme der weggefallenen Unterbrechungszeiten für vereinigungsbedingte Aufgaben im Rahmen des Hochschulaufbaus in den neuen Bundesländern hat sich für diesen Fall der Verlängerungszeiten nichts geändert. Zur Aufnahme der künstlerischen neben der wissenschaftlichen Tätigkeit vgl. oben Rz 54. Die Verlängerungszeiten aus Anlass einer **Beurlaubung für eine wissenschaftliche Tätigkeit oder eine berufliche Aus-, Fort- oder Weiterbildung im Ausland** wurden mit dem Gesetz zur Reform des öffentlichen Dienstrechts vom 24.2.1997 (BGBl. I S. 322, 340) **auf Weiterbildungsphasen außerhalb des Hochschulbereichs ausgedehnt.** Die Nichtanrechnung dieser Beurlaubungszeiten ist mit dem Zweck der zügigen Qualifikation vereinbar, weil sie insbes. den **Wissenstransfer** fördert (ErfK-*Müller-Glöge* Rz 30; *Dörner* Befr. Arbeitsvertrag Rz 710). Die Verlängerungsmöglichkeit soll junge Wissenschaftler und Wissenschaftlerinnen bewegen, **Erkenntnisse in der Praxis oder im Ausland zu sammeln und diese wieder in ihre Tätigkeit im Hochschulbereich einfließen zu lassen** (BT-Drs. 15/4132 S. 22; *Staudinger/Preis* Rz 266). Auch hier bleibt die Verlängerungszeit auf **höchstens zwei Jahre** (*Annuß/Thüsing-Lambrich* § 23 TzBfG Rz 119) beschränkt (Satz 3). Mit Rücksicht auf die Bemühungen der Kommission, das **interkulturelle Verständnis an den Hochschulen zu fördern** (vgl. zB Vorschlag ERASMUS WELT BT-Drs. 681/02) bleibt allerdings zu fragen, ob eine Verlängerungszeit von zwei Jahren hierfür ausreicht und ob Zeiten eines **Auslandsstipendiums** als Gastwissenschaftler nicht grundsätzlich außer Anrechnung bleiben müssen (vgl. auch o. Rz 39).

58a Dient der Auslandsaufenthalt der Anfertigung einer **Auslandspromotion**, kollidiert die strenge Anrechnungsregel in § 57b Abs. 1 S. 2 HRG mit der (automatischen) Verlängerung der Befristung in § 57b Abs. 4 Nr. 2 HRG. Der **Zielkonflikt** der gegenläufigen Rechtsfolgen lässt sich nur dahin auflösen, dass die **Auslandspromotion bis zur Dauer von zwei Jahren anrechnungsfrei bleibt**, eine zusätzliche Verlängerung indessen zu unterbleiben hat. Damit würden die Belastungen eines anderen Lebensumfeldes und einer zu beherrschenden Fremdsprache angemessen ausgeglichen (Problem: deutschsprachiges Ausland). Diesem Lösungsansatz wird mit der Begründung widersprochen, dass es dadurch zu einer ungerechtfertigten Benachteiligung von Doktoranden führen würde, die ihre Dissertation im Inland fertigen (*Annuß/Thüsing-Lambrich* § 23 TzBfG Rz 119).

4. Mutterschaft und Elternzeit (Nr. 3)

59 Der Verlängerungstatbestand soll insbes. **Benachteiligungen von Frauen vermeiden**, die bei Anrechnung von Zeiten des Mutterschutzes oder der Elternzeit auf ihre Vertragslaufzeit entstehen würden (*Boewer* § 23 TzBfG Rz 36). Nachdem die Nichtanrechnung nicht mehr daran gebunden ist, dass eine Beschäftigung voll umfänglich tatsächlich unterblieben ist (s.o. Rz 50), wird über die aktuelle Gesetzesfassung nun klar, dass eine **Teilzeitbeschäftigung während der Elternzeit die zeitanteilige Verlängerung des mit reduzierter Arbeitszeit fortgeführten Arbeitsverhältnisses nicht ausschließt**. Danach soll die Formulierung »in dem Umfang, in dem eine Erwerbstätigkeit nicht erfolgt ist« ausdrücken, dass eine während der Elternzeit auf 30 Stunden reduzierte Teilzeitarbeit nach § 15 Abs. 4 S. 1 BErzGG (jetzt BEEG) **zeitanteilig** bei den Verlängerungstatbeständen des § 57b Abs. 4 HRG (und § 50 HRG) zu berücksichtigen ist (BT-Drs. 15/4132 S. 21; APS-*Schmidt* Rz 46).

59a Wird die **Teilzeitarbeit** nicht bei der Hochschule oder Forschungseinrichtung, sondern bei einem **anderen Arbeitgeber oder als Selbständiger** verrichtet (§ 15 Abs. 4 S. 2 BErzGG; jetzt BEEG), führt dies für diese Zeitspanne zur Verlängerung des befristeten Arbeitsvertrages, weil eine Beschäftigung als wissenschaftlicher Mitarbeiter eben gerade nicht erfolgt ist (zutr. *Lakies* ZTR 2002, 256; *Dörner* Befr. Arbeitsvertrag Rz 712; ErfK-*Müller-Glöge* Rz 31). *Sill-Gorny* (ZTR 2002, 111 f.) erkennt – wohl nach Maßgabe der Rechtslage vor Inkrafttreten des 5. HRGÄndG – im Vergleich zu einem wissenschaftlichen Mitarbeiter/einer Mitarbeiterin, der/die keine Elternzeit beanspruchen kann, in der **zusätzlichen Nichtanrechnung der Teilzeitbeschäftigung während der Elternzeit**, einen **Verstoß gegen den Gleichheitsgrundsatz**. Der Gesetzeszweck, die wissenschaftliche Mitarbeiterin vor dem Verlust von Beschäftigungsansprüchen in einem ohnehin zeitlich begrenzten Arbeitsverhältnis zu bewahren und ihr die Möglichkeit zu geben, den gesetzlichen Beschäftigungszeitraum vollständig zu nutzen (*BAG* 3.3.1999 EzA § 620 BGB Hochschulen Nr. 16; ebenso BT-Drs. 14/6853 S. 34), werde damit übererfüllt, denn die Nichtanrechnung sei auf die Elternzeitdauer minus den Umfang der während der Elternzeit geleisteten Teilzeitbeschäftigung zu beschränken. Dem ist entgegenzuhalten, dass eine **Ungleichbe-**

handlung bei der Verlängerung der Befristung zugleich dem **Gleichberechtigungsgebot** (Art. 3 Abs. 2 GG) und dem **Schutz von Ehe und Familie dient** (Art. 6 Abs. 1, 2 und 4 GG). Insoweit ist die in § 57b Abs. 4 S. 1 Nr. 3 HRG vorgesehene Verlängerung durchaus mit dem Ansatz einer Höchstbefristungsdauer (Art. 5 Abs. 3 GG) zu vereinbaren. Ein Abzug bei der Nichtanrechnung im Umfang der tatsächlichen Beschäftigung während der Elternzeit ist daher nicht zwingend geboten (**aA** Sill-Gorny aaO). Eine andere Sicht ergibt sich indessen dann, wenn der/die Elternzeitberechtigte in der Teilzeitbeschäftigung seine wissenschaftliche Qualifizierung fortsetzt. Für diesen Fall kommt nur eine zeitanteilige Verlängerung in Betracht (ErfK-*Müller-Glöge* aaO; APS-*Schmidt* Rz 44). Zu den Besonderheiten des ÄArbVtrG vgl. dort Rz 22a.

Da die **Elternzeit je Kind bis zu drei Jahren** betragen und für weibliche Mitarbeiter noch um einen 60 Teil der Schutzfristen aufgestockt werden kann, reicht die **Verlängerung in Einzelfällen anders als nach Nr. 1, 2 und 5 über zwei Jahre hinaus.** Kommt es zu mehreren Geburten mit anschließender Elternzeit, kann sich die zulässige Höchstbefristungsdauer in der jeweiligen Qualifizierungsphase nicht unerheblich verlängern (KDZ-*Däubler* Rz 34; *Lakies* ZTR 2002, 255).

5. Grundwehr- und Zivildienst (Nr. 4)

Den zum Grundwehr- und zum Ersatzdienst Einberufenen soll kein Nachteil aus der Ableistung des 61 Dienstes entstehen. Deshalb ruht während des Grundwehrdienstes nach § 1 ArbPlSchG das Arbeitsverhältnis. Dies gilt ebenso für Zivildienstleistende nach § 78 ZDG. Da das **Arbeitsplatzschutzgesetz befristete Arbeitsverhältnisse** bei Einberufung zum Grundwehrdienst oder zu einer Wehrübung **nicht verlängert** (§ 1 Abs. 4 ArbPlSchG), **bedurfte es einer besonderen Bestimmung nach Nr. 4, um Grundwehr- und Zivildienstleistende nicht zu benachteiligen**. Zum Grundwehrdienst zählt nicht der Wehrdienst auf Grund einer freiwilligen Verpflichtung oder einer Ableistung von Wehrübungen; auch Wehrdienstleistungen im Ausland können eine Verlängerung nach Nr. 4 nicht rechtfertigen (vgl. § 5 Wehrpflichtgesetz). Dasselbe gilt für den an Stelle des Grundwehrdienstes geleisteten **Zivilschutz, Katastrophenschutz oder Entwicklungsdienst**, da diese Dienstleistungen ansonsten in die gesetzliche Aufzählung mit aufgenommen hätten werden müssen. Militärische oder karitative Tätigkeiten nach anderen Rechtsgrundlagen, die durch Beurlaubungen ermöglicht werden, gehören ebenso wenig dazu (APS-*Schmidt* Rz 49). Da Zeiten des Grundwehr- oder Zivildienstes zwei Jahre nicht überschreiten können, ist im Gesetz in Abs. 4 S. 3 (zeitliche Verlängerungsgrenze) die Nennung dieser Fallgruppe unterblieben. Im Ausnahmefall kann es aber dennoch zu einer Addition von Zeiten des Grundwehrdienstes und des Zivildienstes kommen, wenn nach Kriegsdienstverweigerung der Arbeitnehmer im Anschluss Zivildienst leistet (*Reich* Rz 17; *Hailbronner/Geis-Waldeyer* Rz 82).

6. Freistellung für ehrenamtliche Aufgaben oder zur Mandatsübernahme (Nr. 5)

Unverändert beibehalten wird die Verlängerung von bis zu zwei Jahren im Falle einer **Freistellung zur** 62 **Wahrnehmung von Aufgaben in einer Personal- oder Schwerbehindertenvertretung**. Ist der wissenschaftliche oder künstlerische Mitarbeiter oder die wissenschaftliche oder künstlerische Hilfskraft zunächst für die Personal- und anschließend für die Schwerbehindertenvertretung tätig, bleibt es bei der höchstzulässigen Verlängerungsdauer von zwei Jahren. **Studentische Hilfskräfte** werden – wie sich aus der Beschränkung der Verweisung in § 57b Abs. 4 auf Abs. 1 iVm § 57a Abs. 1 HRG ergibt – von sämtlichen Verlängerungstatbeständen ausgeschlossen. Dies trifft zB auf das freigestellte Personalratsmitglied der studentischen Beschäftigten zu (*BAG* 20.4.2005 EzBAT SR 2 y BAT Nr. 4 = DB 2005, 1973).

Voraussetzung der Verlängerung ist jeweils, dass der Mitarbeiter entweder vollständig, zumindest 62a aber **zu einem Viertel der regelmäßigen Arbeitszeit für seine Aufgaben freigestellt** wurde (ErfK-*Müller-Glöge* Rz 33, APS-*Schmidt* Rz 50). Im Falle einer **wissenschaftlichen oder künstlerischen Hilfskraft** muss die Freistellung deshalb um 20 % der Arbeitszeit einer Vollzeitkraft zurückgeführt worden sein. Für die Freistellung gelten die entsprechenden landes- und bundesvertretungsrechtlichen Vorschriften. Ein Verlängerungsrecht für **Ersatzmitglieder des Personalrats** kann sich nur dann ergeben, wenn die **landesrechtliche Bestimmung** dies ausdrücklich vorsieht (*BAG* 29.9.1999 EzA § 620 BGB Hochschulen Nr. 23). Die **Verlängerungszeit** bestimmt sich nach der **Gesamtdauer der Freistellung** (*Reich* aaO Rz 19; **aA** *Hailbronner/Geis-Waldeyer* Rz 88, der auf den Umfang der tatsächlichen Freistellung abstellt). Der **Nichtanrechnungstatbestand der Nr. 5 kann durch landesrechtliche Regelungen zum Hochschulrecht nicht erweitert werden** (zB ehrenamtliche Tätigkeit im Fachbereichsrat: *BAG* 14.2.1996 EzA § 620 BGB Hochschulen Nr. 4). Dem steht auch nach der Entscheidung des *BVerfG* v. 27.7.2004 (NJW 2004, 2803) nicht entgegen, da es hier vornehmlich um eine **arbeitsrechtliche Rege-**

lung geht, die in der konkurrierenden Gesetzgebungszuständigkeit des Bundes steht (vgl. dazu KR-*Lipke* § 57a HRG Rz 12, 17).

63 Der Hinweis auf § 3 des Gesetzes betrifft die **Frauenförderung** und damit die **Freistellung als (ehrenamtliche) Frauen- oder Gleichstellungsbeauftragte**. Aufgaben und Stellung der Gleichstellungsbeauftragten regeln sich nach Landesrecht. Eine **Verlängerung** des befristeten Arbeitsverhältnisses bleibt selbst bei einem zeitlich längeren Mandat nach Abs. 4 S. 3 **auf zwei Jahre beschränkt**. Für **Beamte** sieht § 50 Abs. 3 HRG idF des HdaVÄndG ähnliche Bestimmungen vor, die indessen **landesrechtlich abweichend** gestaltet werden können (BT-Drs 15/4132 S.16).

64 Schließlich nennt Nr. 5 noch als Verlängerungstatbestand die **Ausübung eines mit dem Arbeitsverhältnis zu vereinbarenden Mandats**. Im Regelfall handelt es sich dabei um **Abgeordnetenmandate im Bundes- oder Landtag** (*Annuß/Thüsing-Lambrich* § 23 TzBfG Rz 118). Dabei ist es **Sache des Landesrechts** zu bestimmen, welches Mandat sich mit dem Arbeitsverhältnis eines Angehörigen des wissenschaftlichen Personals in § 57a ff. verträgt (zutr. *Reich* aaO Rz 19). **Nicht** hierher gehören **Mandate im Rahmen der Hochschulselbstverwaltung** (BAG 14.2.1996 EzA § 620 BGB Hochschulen Nr. 4; KDZ-*Däubler* Rz 37). Auch in diesem Bereich ist nur eine Verlängerung um höchstens zwei Jahre zulässig.

B. Zitiergebot (Abs. 3)

1. Hinweis auf das HRG (Satz 1 und 2)

65 Bis zum 22.2.2002 und dem Inkrafttreten des 5. ÄndG zum HRG war die **Angabe des Befristungsgrundes Wirksamkeitsvoraussetzung**. Danach konnte sich der Arbeitgeber nur auf die Befristungsgründe des HRG aF berufen, wenn sie Inhalt des Arbeitsvertrages geworden waren (*BAG* 14.12.1994 EzA § 620 BGB Nr. 129; *Dörner* Befr. Arbeitsvertrag Rz 797f.; vgl. *Lipke* KR, 5. Aufl. § 57b HRG Rz 49 ff.). Eine nähere Konkretisierung des im Einzelfall maßgeblichen Befristungsgrundes war dabei nicht erforderlich; es reichte vielmehr aus, wenn dem Arbeitsvertrag zu entnehmen war, auf welche Gründe die Befristung gestützt wurde und welchem Tatbestand des § 57b Abs. 2 HRG aF diese Gründe zuzuordnen waren (*BAG* 24.4.1996 EzA § 620 BGB Hochschulen Nr. 7; 31.1.1990 EzA § 620 BGB Nr. 108; EzA § 620 BGB Hochschulen Nr. 114; *Dörner* ArbRBGB, 2. Aufl. § 620 Rz 406 f.).

66 Das **Zitiergebot** in § 57b Abs. 3 HRG ist demgegenüber **abgeschwächt**. Da es nach der Neuregelung nur noch zeitliche Befristungsgrenzen gibt und es der Angabe eines Sachgrundes innerhalb dieser Grenzen nicht mehr bedarf, hat sich die **komplizierte Rechtsprechung dazu** (Nachw. bei *Dieterich/Preis* Befristete Arbeitsverhältnisse in Wissenschaft und Forschung, 2001 S. 15 ff.**) erledigt**. Es genügt **nunmehr festzuhalten, dass der Vertrag auf** der Befristungsregelung des **HRG beruht** (BT-Drs. 15/4132 S. 21; *Preis/Hausch* NJW 2002, 929; *ErfK-Müller-Glöge* Rz 21; *Dörner* Befr. Arbeitsvertrag Rz 696; *Annuß/Thüsing-Lambrich* § 23 TzBfG Rz 101). Insofern besteht wie bisher – vorbehaltlich einzel- oder tarifvertraglicher Vorschriften (§ 4 BAT) zu § 57b Abs. 3 S. 1 HRG – **kein Schriftformerfordernis für den Arbeitsvertrag**. Allerdings sieht der nach § 57a Abs. 1 S. 5 HRG anzuwendende **§ 14 Abs. 4 TzBfG** vor, dass die **Befristungsabrede** zu ihrer Wirksamkeit der **Schriftform** bedarf. Die **Angabe des Befristungsgrundes ist damit jedoch nicht gemeint** (KR-*Lipke* § 14 TzBfG Rz 368 ff; APS-*Schmidt* Rz 35). Es genügt, dass in die **schriftformgemäße Abrede** ein Hinweis (»wissenschaftlicher Mitarbeiter am Lehrstuhl Y«) aufgenommen wird, der **verdeutlicht, dass die Befristung sich auf das HRG stützen soll** (Hess. LAG 7.12.2005 – 2 Sa 629/05; *Lakies* ZTR 2002, 256; vgl. auch BAG 5.6.2002 EzA § 620 BGB Hochschulen Nr. 34 zum alten Recht; **aA** *Hailbronner/Geis-Waldeyer* Rz 62, der die ausdrückliche Benennung des HRG für unverzichtbar hält; *Reich* Rz 10, der darüber hinaus die präzise Benennung des einschlägigen Befristungstatbestandes verlangt). Eine mündliche Angabe hierzu genügt dem Gesetz nicht. Die Gesetzesbegründung verlangt eindeutig eine »schriftliche Vereinbarung« (BT-Drs. 15/4132 S. 21). Die Angabe bestimmter **Gesetzesbestimmungen** ist ebenso wenig zu fordern wie die Bezeichnung, ob die Befristung der ersten oder zweiten **Qualifizierungsphase** zuzurechnen ist (*Annuß/Thüsing-Lambrich* § 23 TzBfG Rz 101; *LAG RhPf* 24.2.2005 NZA-RR 2005, 444).

67 **Fehlt** es an einer entsprechenden **schriftlichen Vereinbarung**, folgt hieraus nicht automatisch eine **Entfristung des Arbeitsverhältnisses** nach § 16 TzBfG. Die anstellende Hochschule oder Forschungseinrichtung verliert in diesen Fällen nur den Vorteil, die Befristung auf den Sondertatbestand des § 57b Abs. 1 HRG gründen zu können (*Staudinger/Preis* § 620 Rz 264; *Dörner* Befr. Arbeitsvertrag Rz 697; *ErfK-Müller-Glöge* Rz 23). Das »entschärfte« Zitiergebot verdeutlicht diese Rechtsfolge in Abs. 3 S. 2; es tritt insoweit **nur ein Verwertungsverbot für den neuen »personenbezogenen Sachgrund«** des § 57b

HRG ein. Die Hochschulen und Forschungseinrichtungen haben dann nur noch die **Möglichkeit, sich auf einen Sachgrund nach § 14 Abs. 1 TzBfG (§ 21 BErzGG; jetzt § 21 BEEG) zu berufen** (*Annuß/Thüsing-Lambrich* aaO Rz 101) **oder** im Falle der erstmaligen Befristung die Voraussetzung einer **zulässigen sachgrundlosen Erstbefristung** darzulegen (§ 14 Abs. 2 und 3 TzBfG). Insoweit bleibt die bisherige Rechtsprechung hierzu von Bedeutung (vgl. *BAG* 6.11.1996 EzA § 620 BGB Hochschulen Nr. 9). War der **BAT** anwendbar, waren die dortigen Formvorschriften einzuhalten (*Dörner* Befr. Arbeitsvertrag Rz 697), die seit Geltung des TVöD keine Besonderheiten mehr gegenüber dem TzBfG aufweisen (zB Nennung eines Befristungsgrundtatbestands). Liegen die förmlichen Voraussetzungen für eine Befristung weder nach dem HRG noch nach dem TzBfG noch nach dem BAT vor, kommt nach **§ 16 TzBfG** ein unbefristeter Arbeitsvertrag zu Stande, der von der Hochschule oder der Forschungseinrichtung frühestens zum vereinbarten Ende ordentlich gekündigt werden kann (ErfK-*Müller-Glöge* Rz 23; *Annuß/Thüsing-Lambrich* § 23 TzBfG Rz 101; *Hailbronner/Geis-Waldeyer* Rz 65), sofern nicht nach § 15 Abs. 3 TzBfG eine Kündigung zu einem früheren Zeitpunkt erlaubt ist.

Ein Rückgriff auf andere Befristungsgrundlagen, der nach §§ 57a Abs. 1 S. 5, 57b Abs. 2 S. 2 HRG möglich ist, **bleibt ausgeschlossen, wenn die Arbeitsvertragsparteien** für die vereinbarte Befristung **andere Rechtsgrundlagen als das HRG** ausdrücklich oder durch schlüssiges Verhalten **abbedungen haben**. Dafür reicht die Benennung des Sachgrundes auf Grund des Zitiergebotes in § 57b Abs. 3 S. 1 nicht aus, um von vornherein anzunehmen, eine auf andere Sachgründe gestützte Befristung solle damit ausgeschlossen sein. Vielmehr müssen im Einzelfall noch zusätzliche Umstände hinzutreten, zB eine in der Vergangenheit bei dem Abschluss befristeter Arbeitsverträge geübte differenzierte Vertragsgestaltung (vgl. *BAG* 5.6.2002 EzA § 620 BGB Nr. 193 = DB 2002, 2166 mit Anm. *Sowka*). 67a

2. Dauer der Befristung (Satz 3)

Abs. 3 S. 3 lässt **Befristungen nach dem HRG** nur zu, **wenn diese kalendermäßig bestimmt oder bestimmbar** sind. Damit sind **Zweckbefristungen** oder **auflösende Bedingungen** im Anwendungsbereich der §§ 57a ff. weiterhin **ausgeschlossen** (BT-Drs. 14/6853 S. 34; *Staudinger/Preis* § 620 BGB Rz 265; *Dörner* Befr. Arbeitsvertrag Rz 699, 633; *Hailbronner/Geis-Waldeyer* Rz 66 f.). Die im Verhältnis zu § 3 Abs. 1 TzBfG für den Hochschul- und Wissenschaftsbereich vorgegebene Beschränkung der Befristungsarten macht Sinn, da Zweckbefristungen und auflösende Bedingungen inhaltlich an einen Sachgrund und nicht an eine **Höchstbefristungsdauer** gebunden sind. Kommt es gleichwohl im Rahmen des HRG zu einem unerlaubten Abschluss einer Zweckbefristung oder auflösenden Bedingung, wird ein Arbeitsverhältnis auf Dauer begründet, das nur noch ordentlich kündbar ist (*Waldeyer* aaO Rz 68). 68

Stützt die Hochschule oder die Forschungseinrichtung ein befristetes Arbeitsverhältnis mit Personen, die § 57a HRG unterfallen, von vornherein auf Befristungstatbestände des **TzBfG**, so kann eine **Zweckbefristung** oder auflösende Bedingung vereinbart werden. Dies gilt indessen für Vertretungsbefristungen nach dem BErzGG (jetzt: BEEG) nur eingeschränkt, da § 21 Abs. 3 BErzGG (jetzt § 21 Abs. 3 BEEG) allenfalls Zweckbefristungen zulässt. Wechselt die Hochschule oder die Forschungseinrichtung beim Abschluss weiterer Zeitverträge später zur »personenbedingten« Höchstbefristung aus § 57b Abs. 1 HRG, sind die vorangegangenen **Zweckbefristungen oder auflösend bedingten Arbeitsverträge** nach ihrer **tatsächlichen Zeitdauer** in die Berechnung der **Befristungshöchstgrenze** aufzunehmen (§ 57b Abs. 2 S. 2 HRG). 68a

C. Weitere Befristungen nach Ausschöpfung der zulässigen Befristungsdauer (Abs. 2 Satz 3)

I. § 14 TzBfG

1. Befristung mit Sachgrund (Abs. 1)

a) Allgemeines (§ 57b Abs. 2 S. 3 HRG)

Nach **Ausschöpfung** der **Befristungshöchstdauer** des § 57b HRG können Hochschulen und Forschungseinrichtungen auf die allgemeinen Befristungstatbestände aus sachlichem Grund nach § 14 Abs. 1 TzBfG zurückgreifen. Zur möglichen zwischengeschalteten Sachgrundbefristung nach dem TzBfG vgl. KR-*Lipke* § 57a Rz 56 ff. Das Merkmal »Ausschöpfung« hat keine konstitutive Bedeutung in dem Sinne, dass erst nach vollständigem Verbrauch der nach dem HdaVÄndG zulässigen Höchstbefristungsdauer auf die rechtlichen Gestaltungsmöglichkeiten des TzBfG zurückgegriffen werden kann (*Hailbronner/Geis-Waldeyer* Rz 38). 69

69a Greifen die Spezialregelungen für befristete Arbeitsverträge im Hochschulbereich nicht mehr, so lassen sich **weitere befristete Arbeitsverträge nur nach allgemeinen arbeitsrechtlichen Grundsätzen** rechtfertigen (ErfK-*Müller-Glöge* Rz 34; APS-*Schmidt* Rz 23 ff.; *Staudinger/Preis* § 620 Rz 263). Die **Höchstbefristungsdauer** gilt mithin **nur für die Anwendung der vorrangigen Spezialregelung nach §§ 57a ff.** (BT-Drs. 14/6853 S. 20). Die **mit der neuen Befristungsregelung des Hochschulrahmengesetzes verfolgten Zwecke** sind indessen **im Auge zu behalten,** soweit die **Sachgründe des § 14 Abs. 1 TzBfG** genutzt werden. Keinesfalls darf die zusätzliche Befristungsmöglichkeit nach allgemeinen Regeln dahin missverstanden werden, dass hierüber ein **Einfallstor** für eine **jenseits der Höchstbefristungsgrenzen fortgeführte wissenschaftliche Qualifizierung** geschaffen wird (zutr. *Dörner* Befr. Arbeitsvertrag Rz 742; KDZ-*Däubler* Rz 42; *Annuß/Thüsing-Lambrich* § 23 Rz 127; **aA** wohl Hochschulhdb-*Löwisch/Wertheimer* VII Rz 199 f.). Die Heranziehung des TzBfG muss deshalb im Zusammenhang mit wissenschaftlicher Tätigkeit die **Ausnahme** bleiben.

69b So wird der früher anerkannte Befristungssachgrund »**Promotion**« (*BAG* 19.8.1981 EzA § 620 BGB Nr. 50) jenseits der in § 57b Abs. 1 S. 1 HRG geregelten Befristungshöchstdauer von sechs Jahren nicht mehr tragen. Die neue Befristungsregelung des Hochschulrahmengesetzes ist erkennbar darauf angelegt, dass eine Weiterbildung mit dem Ziel der Promotion spätestens nach sechs Jahren (1. Qualifizierungsphase) ihren Abschluss gefunden haben muss (BT-Drs. 15/4132 S. 21; BT-Drs. 14/6853 S. 32), so dass nach Ausschöpfung der Sechsjahresfrist oder einer anderen tarifvertraglich vorgesehenen Frist eine Befristung für ein Promotionsverfahren im Regelfall ausgeschlossen bleibt (*Preis/Hausch* NJW 2002, 930, 933; **aA** *Löwisch/Wertheimer* aaO). Die gesetzliche Wertung geht davon aus, dass der Zeitraum von sechs Jahren zur Durchführung des Promotionsverfahrens ausreicht. Ein Rückgriff auf § 14 Abs. 1 Nr. 6 TzBfG mag ausnahmsweise im Fall einer kurzfristig zu erwartenden erfolgreichen Fertigstellung der Promotionsschrift zulässig sein (APS-*Schmidt* Rz 5; s.u. Rz 70) Aus einem Umkehrschluss zu § 14 Abs. 1 TzBfG greift aber grundsätzlich der normative Vorrang des unbefristeten Arbeitsvertrages (*Lakies* ZTR 2002, 256 mwN).

70 Nach den Qualifizierungsphasen von insgesamt zwölf (Medizin: fünfzehn) Jahren bestehen deshalb nach Maßgabe des geltenden allgemeinen Arbeitsrechts (BErzGG [jetzt BEEG], TzBfG und SR 2y BAT) für Hochschulen und Forschungseinrichtungen Möglichkeiten zum **Abschluss weiterer befristeter Arbeitsverträge** mit wissenschaftlichem Personal insbes. dann, wenn eine **projektbezogene Befristung infolge Drittmittelfinanzierung** (§ 14 Abs. 1 S. 2 Nr. 1 TzBfG), **eine haushaltsmittelbezogene Befristung** (§ 14 Abs. 1 S. 2 Nr. 7 TzBfG) oder – ausnahmsweise – **eine personenbezogene Befristung** (§ 14 Abs. 1 S. 2 Nr. 6 TzBfG) in Betracht zu ziehen ist (vgl. *Lakies* ZTR 2002, 256; ErfK-*Müller-Glöge* Rz 36 f.; *Annuß/Thüsing-Lambrich* § 23 Rz 99; *Dörner* Befr. Arbeitsvertrag Rz 746 ff.).

70a Dagegen scheiden Befristungsgründe nach § 14 Abs. 1 S. 2 Nr. 2 (Befristete Anschlussbeschäftigung an Ausbildung oder Studium), Nr. 4 TzBfG (Eigenart der Arbeitsleistung) und Nr. 5 (Erprobungsbefristung) aus, da hierzu die §§ 57a ff. eine abschließende Spezialregelung darstellen. Die Beschäftigung eines wissenschaftlichen Mitarbeiters oder einer Hilfskraft über die Höchstbefristungsdauer des HRG hinaus zur Erleichterung einer **Anschlussbeschäftigung** (§ 14 Abs. 1 Nr. 2 TzBfG) steht im **Widerspruch zu den Zielen des Hochschulrahmengesetzes,** die befristete Beschäftigung von wissenschaftlichen Mitarbeitern und Hilfskräften zeitlich zu begrenzen. Im Übrigen ist nicht erkennbar, wie der weitere befristete Verbleib an der Hochschule oder Forschungseinrichtung die Einstellungsaussichten einer Anstellung des Arbeitnehmers fördern soll (vgl. KR-*Lipke* § 14 TzBfG Rz 93f). Nach § 14 Abs. 1 S. 2 Nr. 4 TzBfG **(Eigenart der Arbeitsleistung)** sind befristete Arbeitsverhältnisse im **Wissenschafts- und Forschungsbereich** durchaus vom gesetzgeberischen Ansatz her mit betroffen, erfahren aber durch die Spezialregelung nach §§ 57a ff. HRG eine abschließende Regelung (§ 23 TzBfG; vgl. KR-*Lipke* § 14 TzBfG Rz 126 f.). Entsprechendes gilt auch für die **Erprobungsbefristung** nach § 14 Abs. 1 S. 2 Nr. 5 TzBfG. Im Grunde genommen handelt es sich bei der aus zwei Qualifikationsphasen von sechs bzw. sechs plus neun Jahren bestehenden Höchstbefristungsdauer um eine zusammenhängende Erprobungsphase, in der geklärt werden soll, ob danach ein Arbeitnehmer dauerhaft im Hochschul- oder Forschungsbetrieb verbleiben soll. Damit verbietet sich die Heranziehung dieses Sachgrundes.

70b Ein **Rückgriff auf andere als die ausdrücklich in 14 Abs. 1 TzBfG genannten Befristungsgründe** (»insbesondere«) verbietet sich nach diesseitiger Auffassung aus **europa- und verfassungsrechtlichen Erwägungen** (vgl. dazu KR-*Lipke* § 14 TzBfG Rz 24, 28, 243 ff.; **aA** die hM ErfK-*Müller-Glöge* Rz 34; *Dörner* Befr. Arbeitsvertrag Rz 181; *Thüsing/Lambrich* BB 2002, 829; *Preis/Gotthardt* ZESAR 2002, 13 f.; ebenso auch *BAG* 13.10.2004 EzA § 17 TzBfG Nr. 6; 23.1.2002 EzA § 620 BGB Nr. 185; zweifelnd *Rolfs* EAS B 3200 Rz 37; *ders.* § 14 TzBfG Rz 64 f.).

b) Projektbefristung (§ 14 Abs. 1 Nr. 1 TzBfG)

Ein **vorübergehender** zu Wissenschafts- oder Forschungszwecken anfallender **betrieblicher Bedarf an der Arbeitsleistung** kann auch jenseits der nach dem HRG zugelassenen Höchstbefristungsdauer aus dem Sachgrund des § 14 Abs. 1 S. 1 Nr. 1 TzBfG heraus die befristete Beschäftigung von wissenschaftlichen Mitarbeitern und Hilfskräften sachlich rechtfertigen. Hierzu kann im Rahmen des gesetzlichen Sachgrundes nach § 57b Abs. 2 S. 3 HRG iVm. § 14 Abs. 1 S. 1 Nr. 1 TzBfG auf die bisherige Rechtsprechung zurückgegriffen werden (vgl. hierzu KR-*Lipke* § 14 TzBfG Rz 67 ff. 73f; APS-*Schmidt* Rz 31; *Preis/Hausch* NJW 2002, 932 f.). Nach Ausschöpfung der zulässigen Höchstbefristungsdauer des HRG ist deshalb **eine befristete Beschäftigung im Rahmen eines sachlich und zeitlich abgegrenzten Forschungsprojekts** oder eines entsprechend umgrenzten **Teilprojekts** rechtlich möglich (BAG 7.4.2004 EzA § 620 BGB 2002 Nr. 10; 22.6.2005 EzBAT SR 2y BAT Forschungseinrichtungen/Hochschulen Nr. 57; 25.8.2004 EzA § 14 TzBfG Nr. 13; 16.11.2005 NZA 2006,784). Läuft das Projekt aus, ist eine erneute befristete Beschäftigung in einem anderen abgrenzbaren Forschungsprojekt zulässig. Erforderlich ist jeweils eine **schlüssige Prognose** der Hochschule bzw. der Forschungseinrichtung zum Zeitpunkt des Abschlusses des befristeten Arbeitsvertrages, **dass das Projekt oder Teilprojekt nach Ablauf der vorgesehenen Zeit enden werde** (*Dörner* Befr. Arbeitsvertrag Rz 747; *Hailbronner/Geis-Waldeyer* Rz 42). Dafür müssen ausreichend konkrete Anhaltspunkte zur Prognose vorliegen, die mit einer gewissen Wahrscheinlichkeit erwarten lassen, dass der durch das Projekt verursachte Arbeitskräftemehrbedarf künftig entfällt. Im Streitfall hat der Arbeitgeber den Wegfall des Arbeitskräftebedarfs darzulegen und zu beweisen (st. Rspr.; zuletzt BAG 26.11.2005 aaO mwN). Die Prognose gründet sich dabei auf eine nur beschränkt gerichtlich nachprüfbare Unternehmerentscheidung, welche die vorübergehende Dauer einer Aufgabenstellung bestimmt (*Preis/Hausch* aaO, 932; vgl. auch KR-*Lipke* § 14 TzBfG Rz 71 f. zu den Anforderungen an die arbeitgeberseitige Prognose). Von daher können die Grundlagen der im Streitfall zu überprüfenden Prognose allein daraufhin überprüft werden, ob sie offenbar unsachlich, unvernünftig oder willkürlich sind. Bei der Überprüfung der **Befristungsprognose** ist ferner zu berücksichtigen, dass den Hochschulen und Forschungseinrichtungen auch außerhalb des Anwendungsbereichs des HRG eine **besondere verfassungsrechtliche Stellung** (Art. 5 Abs. 3 GG) zukommt. Sind die Mittel bei Abschluss des befristeten Arbeitsvertrages bereits zeitlich begrenzt bewilligt worden, erübrigt sich eine nähere Prüfung der Prognose (LAG Nds. 9.7.1999 LAGE § 620 BGB Forschungseinrichtung Nr. 1).

Ein sachlicher Grund im Rahmen des § 14 Abs. 1 S. 2 Nr. 1 TzBfG wird nicht anzuerkennen sein, wenn sich die Projektierung in Wahrheit als **Erfüllung einer Daueraufgabe** darstellt (BAG 16.10.1987 EzA § 620 BGB Nr. 92) oder wenn das Forschungsgebiet zum ständigen Forschungsbereich eines Instituts gehört und die Mitarbeiter mithin **ständig mit gleichartigen Forschungsprojekten beschäftigt** wurden und werden (BAG 6.11.1996 EzA § 620 BGB Hochschulen Nr. 9; 24.10.2001 EzA § 620 BGB Hochschulen Nr. 31; ErfK-*Müller-Glöge* Rz 37; *Hailbronner/Geis-Waldeyer* Rz 42; großzügiger offenbar Hochschulhdb-*Löwisch/Wertheimer* G VI 2b bb). Eine projektbezogene befristete Beschäftigung ist ferner dann nicht gegeben, wenn der **Arbeitnehmer nicht überwiegend mit der Durchführung des Projekts,** sondern vorrangig mit übergreifenden **Verwaltungsaufgaben** betraut wird (BAG 11.12.1991 EzA § 620 BGB Nr. 111; 25.8.1999 EzA § 620 BGB Hochschulen Nr. 19). Der wissenschaftliche Mitarbeiter oder die wissenschaftliche Hilfskraft muss deshalb überwiegend projektbezogen beschäftigt werden, dh die **projektbezogene wissenschaftliche Tätigkeit muss der Gesamttätigkeit deutlich das Gepräge geben**, damit der Befristungsgrund nach § 14 Abs. 1 S. 2 Nr. 1 TzBfG nicht nur als vorgeschoben angesehen werden kann. Damit ist die Beschäftigung mit Arbeiten außerhalb des Projekts nur im beschränkten Umfang zulässig (BAG 15.4.1999 EzA § 620 BGB Hochschulen Nr. 17; *Dörner* ArbRBGB § 620 Rz 391 f.).

Eine Übereinstimmung der Laufzeit des Projektes mit der **Dauer der Befristung** hat nur im Idealfall vorzuliegen. Die Befristung kann im Einzelfall auch auf eine kürzere Zeitspanne als das Projekt angelegt sein (BAG 26.8.1988 EzA § 620 BGB Nr. 102 m. zust. Anm. *Oetker*). Die **Dauer der Befristung** muss sich danach **am Sachgrund orientieren** und so mit ihm im Einklang stehen, dass sie nicht gegen das Vorliegen des Sachgrundes spricht. (*Waldeyer* aaO Rz 41; ebenso zur früheren Rechtslage *Zimmerling* ZTR 1998, 20). Dagegen dürfte es mit der Zielsetzung der neuen Befristungsregelung im HRG nicht mehr zu vereinbaren sein, wenn **aus Sicht bei Vertragsabschluss eine längere Vertragsdauer** gewählt wird **als zur Erledigung der Aufgabe erforderlich** war. Insoweit muss bei der Interpretation der sachlichen Gründe des § 14 TzBfG die Zwecksetzung der §§ 57a ff. HRG Berücksichtigung finden (*Preis/Hausch* aaO, 930). Erweist sich die Prognose der Hochschule oder der Forschungseinrichtung als zutreffend und wird das Projekt planmäßig beendet, ist es Sache des Arbeitnehmers Tatsachen vorzubringen, die die Richtigkeit der **Prognose** zum Zeitpunkt des Vertragsabschlusses in Frage stellen. Der Umstand, dass eine qualifizierte **Weiterbeschäftigung** an einem anderen Projekt auf einem freien Arbeitsplatz möglich wäre, macht die Befristung für das konkrete Projekt, für das der wissenschaftliche Mitarbeiter eingestellt wurde, nicht unwirksam (*BAG* 25.8.2004 EzA § 14 TzBfG Nr. 13).

73a Eine Fortführung der zu § 57c Abs. 1 HRG aF entwickelten Rechtsprechung (*BAG* 15.1.1997 EzA § 620 BGB Hochschulen Nr. 12), wonach die Befristungsdauer nicht mehr an der prognostizierten Laufzeit des Projekts zu orientieren war, ist im Anwendungsbereich des § 14 Abs. 1 TzBfG in dieser Form nicht mehr haltbar. Jenseits der Höchstbefristungsdauer des HRG wird deshalb in Zukunft die Orientierung der Befristungsdauer am Sachgrund des § 14 Abs. 1 Nr. 1 TzBfG schärfer zu beobachten sein (*v. Kalm* WissR 2002, 79 f.). Hier hat das HRG das »**Befristungsrisiko**« für die Hochschulen und Forschungseinrichtungen erhöht (*Staudinger/Preis* § 620 BGB Rz 263; vgl. auch KR-*Lipke* § 14 TzBfG Rz 48 ff., 231 ff.).

74 Kommen auf das Arbeitsverhältnis die **SR 2y BAT** zur Anwendung, so darf eine Höchstfrist von fünf Jahren (nunmehr sieben Jahre; § 40 TVöD Nr. 8) für die Befristung des Arbeitsvertrages nicht überschritten werden (*Koch, F.M.* AuA 1994, 318 mwN). Entgegen früher abweichender Rechtsprechung (*BAG* 26.5.1983 EzA § 620 BGB Nr. 67) hat das BAG in neuerer Zeit dazu entschieden, dass die Protokollnotiz Nr. 2 zu SR 2y BAT nur dann verletzt ist, wenn ein einzelner Vertrag für mehr als fünf Jahre abgeschlossen wurde (*BAG* 21.4.1993 EzA § 620 BGB Nr. 68). Damit können **weitere befristete Arbeitsverträge** jenseits der zulässigen Höchstbefristungsdauer nach allgemeinem Arbeitsrecht ohne Sachgrund abgeschlossen werden, **wenn sie jeweils nicht fünf Jahre überschreiten**. Dies gilt jedenfalls dann, wenn der Befristung ein anderer Sachgrund zugrunde gelegt werden kann (*BAG* 22.3.1985 AP Nr. 90 zu § 620 BGB Befristeter Arbeitsvertrag; 26.5.1983 EzA § 620 BGB Hochschulen Nr. 67; 20.10.1999 EzA § 620 BGB Hochschulen Nr. 22).

75 Zu der § 14 Abs. 1 S. 2 Nr. 1 TzBfG unterfallenden Projektbefristung zählt nunmehr als **Unterfall** die bisher als eigener Sachgrund (§ 57b Abs. 2 Nr. 4 aF) anerkannte **Drittmittelfinanzierung**. Dieser für Hochschulen und Forschungseinrichtungen wichtige Bereich hat im Gesetzgebungsverfahren zum 5. HRGÄndG v. 16.2.2002 (BGBl. I S. 693) ebenso kontroverse Diskussionen ausgelöst wie zum 6. HRGÄndG v. 8.8.2002 (BGBl. I S. 3138). So war versucht worden, durch eine Erweiterung des § 14 TzBfG Anschlussbefristungen ohne Sachgrund (BT-Drs. 14/6853 S. 40, 43) oder durch besondere Heraushebung von (Drittmittel)befristungen im Rahmen der Projektförderung (BT-Drs. 14/8878 S. 7) zu privilegieren. Diese Versuche blieben ohne Erfolg. »**Drittmittelbefristungen**« müssen sich jenseits der zulässigen Höchstbefristungsdauer des HRG an den Erfordernissen des **vorübergehenden betrieblichen Bedarfs an der Arbeitsleistung** iSv § 14 Abs. 1 S. 2 Nr. 1 TzBfG messen lassen. Drittmittel zur Finanzierung eines Projekts können die Befristung eines Arbeitsvertrages im Wissenschaftsbetrieb nur rechtfertigen, wenn die mit den Mitteln dafür geschaffene **Stelle** von vornherein nur für eine **bestimmte Vertragsdauer bewilligt** worden ist und im Anschluss fortfallen soll (*BAG* 7.4.2004 EzA § 620 BGB 2002 Nr. 10). Die Ungewissheit einer Anschlussfinanzierung reicht dafür nicht aus.

75a Die Befristung eines Arbeitsvertrages lässt sich demnach nicht auf die Abhängigkeit der Hochschule oder Forschungseinrichtung von Drittmitteln stützen. Bereits nach bisheriger Rechtslage war die **allgemeine Unsicherheit über das Weiterlaufen von Drittmitteln als Sachgrund für eine Befristung nicht geeignet** (*BAG* 21.1.1987 EzA § 620 BGB Nr. 89). Die bloße Unsicherheit über die zukünftige Entwicklung des Personalbedarf, der auf Grund des Drittmittelflusses schwanken kann, gehört zum »unternehmerischen Risiko« der Hochschulen und Forschungseinrichtungen, das sie nicht durch den Abschluss befristeter Arbeitsverträge auf das wissenschaftliche und künstlerische Personal abwälzen dürfen (st. Rspr.: vgl. zuletzt *BAG* 22.3.2000 EzA § 620 BGB Nr. 170; vgl. KR-*Lipke* § 14 TzBfG Rz 67, 73 ff., 231 ff.). Wenn demnach die Unsicherheit der finanziellen Entwicklung allein noch kein sachlicher Grund für die Befristung ist (*BAG* 27.1.1988 EzA § 620 BGB Nr. 97), so setzt ein anzuerkennender **Sachgrund** auf Grund einer Drittmittelfinanzierung voraus, dass die **Mittel für einen konkreten Arbeitsplatz und für eine bestimmte Zeit bewilligt werden und danach mit großer Wahrscheinlichkeit wegfallen** (*BAG* 7.4.2004 EzA § 620 BGB 2002 Nr. 10). Dadurch, dass Drittmittel nur für eine begrenzte Zeit zur Verfügung stehen, ergibt sich im Rahmen des Forschungsprojektes ein vorübergehender betrieblicher Bedarf an der Arbeitsleistung. Es ist daher abweichend von der herkömmlichen Projektbefristung nicht erforderlich, dass auf dem Arbeitsplatz dauerhafte oder befristete Aufgaben zu erledigen sind.

Der **vorübergehende betriebliche Bedarf an der Arbeitsleistung** ist vielmehr **an die zur Verfügung** 75b
gestellten Drittmittel gebunden, so dass es vorrangig darauf ankommt, dass bei Vertragsabschluss ausreichend konkrete Anhaltspunkte dafür vorliegen, dass die Drittmittel spätestens zum Zeitpunkt des vorgesehenen Vertragsendes versiegen (*BAG* 7.4.2004 EzA § 620 BGB 2002 Nr. 10). Insoweit **gibt die finanzielle Ausstattung** und nicht die projektbezogene Aufgabenstellung **den Befristungsgrund** nach § 14 Abs. 1 S. 2 Nr. 1 TzBfG **vor**. Dies steht im Einklang mit der bisherigen Rechtslage, wonach anerkannt ist, dass die begrenzte sachliche Zielsetzung, die der Drittmittelgeber mit der zeitlich begrenzten Finanzierung eines Arbeitsplatzes verfolgt, auch für das Verhältnis zwischen Arbeitnehmer und dem Arbeitgeber als dem Drittmittelempfänger erheblich wird und damit geeignet ist, eine entsprechende Befristung sachlich zu rechtfertigen (vgl. *BAG* 25.1.1980 EzA § 620 BGB Nr. 44; 3.12.1982 EzA § 620 BGB Nr. 63; 26.8.1988 EzA § 620 BGB Nr. 102). Daraus folgt nach neuem Recht, dass bei einer Drittmittelbeschäftigung eine hinreichende **projektbezogene Prognose über den Fortfall der Drittmittel erforderlich** ist (*Preis/Hausch* NJW 2002, 932; *Hailbronner/Geis-Waldeyer* Rz 55).

Auf Grund des nach hM abgeschlossenen Sachgrundkatalogs in § 14 Abs. 1 TzBfG (s.o., Rz 70b) hat die 76 Drittmittelbefristung den **Maßstäben** des **§ 14 Abs. 1 S. 2 Nr. 1 TzBfG** zu genügen. Ein »vorübergehender« Arbeitsbedarf als Befristungsgrund setzt **keine starre zeitliche Höchstgrenze** für die Bedarfe. Bei **wiederholten Befristungen** in demselben Projekt oder bei demselben Drittmittelgeber **steigern sich indessen die Anforderungen an** die von der Hochschule oder der Forschungseinrichtung zu erbringende **Prognose**. Dabei ist der Sachgrund der Befristung nicht allein dadurch in Zweifel zu ziehen, weil die Vertragslaufzeit hinter der voraussichtlichen Dauer des Forschungsvorhabens zurückbleibt (*BAG* 15.2.2006 ZTR 2006, 509). Keinesfalls lassen sich **Dauerprojekte** oder **dauerhaft angelegte Drittmittelförderungen** immer wieder zum Abschluss von befristeten Arbeitsverträgen nutzen (*BAG* 7.4.2004 EzA § 620 BGB 2002 Nr. 10; 16.11.2005 NZA 2006, 784; *Plander/Witt* DB 2002, 1002, 1003, 1005). Dieses wird insbes. dann zutreffen, wenn der wissenschaftliche Mitarbeiter oder die Hilfskraft bereits im Rahmen ihrer Befristungshöchstdauer nach dem HRG innerhalb eines Projekts oder einer Drittmittelförderung befristet beschäftigt wurde und nunmehr eine **befristete Anschlussbeschäftigung** nach Ablauf des gesetzlichen Höchstbefristungszeitraums mit **fortgesetzter Tätigkeit** beabsichtigt ist (*Preis/Hausch* NJW 2002, 932).

Dagegen ist es unproblematisch, wenn ein Mitarbeiter bei **Großforschungseinrichtungen** im Rahmen 76a **langfristig geförderter Sonderforschungsbereiche** zunächst nach § 57b Abs. 1 HRG befristet beschäftigt wird, das langfristig angelegte Projekt noch einen überschaubaren Zeitraum von zwei bis drei Jahren jenseits der persönlichen Höchstbefristungsgrenze des Mitarbeiters fortgesetzt werden soll und er für diese Zeitspanne nach § 14 Abs. 1 S. 2 Nr. 1 TzBfG erneut befristet eingesetzt wird (*Preis/Hausch* NJW 2002, 932). Wird ein **neues** (ggf. drittmittelgefördertes) **Forschungsprojekt** an der Hochschule oder Forschungseinrichtung aufgelegt, eröffnen sich neue Möglichkeiten zur Sachgrundbefristung nach § 14 Abs. 1 S. 2 Nr. 1 TzBfG. Es darf indessen nicht zu einer versteckten Fortführung vorangehender »abgeschlossener« Projekte in einem neuen »Gewand« kommen. Im Streitfall trifft den **Arbeitgeber** die **Darlegungs- und Beweislast** dafür, dass es sich um ein neues, befristet angelegtes Projekt handelt, in welchem der wissenschaftliche Mitarbeiter auf Grund seiner Qualifikation ein abweichendes Tätigkeitsfeld finden soll (vgl. allgemein zur Darlegungs- und Beweislast *BAG* 24.10.2001 EzA § 620 BGB Hochschulen Nr. 31).

Mit **zunehmender Dauer der Beschäftigung** des wissenschaftlichen Mitarbeiters jenseits der Zwölf- 77 bzw. Fünfzehn-Jahresgrenze **steigen die Anforderungen an den sachlichen Grund der Befristung aus § 14 TzBfG**. Eine langjährige drittmittelfinanzierte befristete Beschäftigung macht daher eine gerichtliche Prüfung erforderlich, ob die erneute Drittmittelbefristung nicht nur vorgeschoben ist (vgl. *BAG* 21.1.1987 EzA § 620 BGB Nr. 89 zur alten Rechtslage). Bei einer erneuten Befristung müssen dann konkrete Anhaltspunkte für ein endgültiges Auslaufen der Drittmittel bestehen (*BAG* 7.4.2004 EzA § 620 BGB 2002 Nr. 10; *Hailbronner/Geis-Waldeyer* Rz 55c).

c) Vertretungsbefristung (§ 14 Abs. 1 Nr. 3 TzBfG)

An dem in § 57b Abs. 4 HRG aufgelisteten Katalog von **Verlängerungszeiten** wird deutlich, dass es 78 auch im Bereich der Hochschulen und Forschungseinrichtungen zu Vertretungsfällen kommen kann (ErfK-*Müller-Glöge* Rz 40; *Waldeyer* aaO Rz 44). Die **Vertretung** eines vorübergehend ausfallenden wissenschaftlichen Mitarbeiters oder eines beurlaubten Beamten schafft ebenfalls **einen zeitlich begrenzten Personalbedarf** in der Hochschule oder Forschungseinrichtung (KDZ-*Däubler* Rz 49). Insoweit handelt es sich bei der befristeten Vertretung letztlich um einen Unterfall des Arbeitskräfte(mehr)bedarfs (KR-*Lipke* § 14 TzBfG Rz 70). Darüber hinaus besteht die Möglichkeit, wissenschaftliche Mitarbeiter nach Ausschöpfung der Höchstbefristungsdauer des § 57b Abs. 1 auch zur **Vertretung im »nichtwissenschaftlichen« Bereich der Hochschule und Forschungseinrichtung** (zB in der Verwaltung) einzusetzen. Von einem Vertretungsfall kann **nur** im Fall der sog. **unmittelbaren Vertretung** (Ersetzung des ausgefallenen Arbeitnehmers) gesprochen werden (vgl. hierzu *BAG* 21.2.2001 EzA § 620 BGB Nr. 176; 27.6.2001 EzA § 620 BGB Nr. 178; 23.1.2002 EzA § 620 BGB Nr. 187). Die Zielsetzungen des HRG stehen dagegen im Widerspruch zu einer mittelbaren Vertretung (Einsatz in der Vertretungslücke nach Arbeitsumverteilung durch den Arbeitgeber), die im Wissenschaftsbetrieb ohnehin nicht sinnvoll umsetzbar wäre (*Dörner* Befr. Arbeitsvertrag Rz 752, 315 ff.; vgl. im Übrigen ausführlich dazu KR-*Lipke* § 14 TzBfG Rz 98 ff.).

d) Person des Arbeitnehmers (§ 14 Abs. 1 Nr. 6 TzBfG)

79 Die Begrenzung befristeter Arbeitsverhältnisse im Bereich von Hochschulen und Forschungseinrichtungen dient neben dem **Schutz der Arbeitnehmer** vor »Kettenbefristungen« dem **Schutz des Wissenschafts- und Forschungssystems**. Sie soll nämlich die Leistungs- und Innovationsfähigkeit des hiesigen Wissenschafts- und Forschungssystems stärken (BT-Drs. 15/4132 S. 21; BT-Drs. 14/6853 S. 20). Damit verträgt es sich nicht, nach Ausschöpfung der Höchstbefristungsdauer aus § 57b Abs. 1 HRG aus § 14 Abs. 1 S. 2 Nr. 6 TzBfG eine **Befristung auf Wunsch des wissenschaftlichen Mitarbeiters** zuzulassen (APS-*Schmidt* Rz 33; *Dörner* Befr. Arbeitsvertrag Rz 749). Wenn es das Anliegen des Gesetzgebers ist, die wissenschaftliche Qualifikation auf einen bestimmten **Zeitrahmen** zu begrenzen, würde dieses Ziel verfehlt, wenn man den ausdrücklichen Wunsch des wissenschaftlichen Mitarbeiters als Sachgrund nach Nr. 6 respektiert. Von einem »**selbstbestimmten**« Wunsch des Arbeitnehmers, nur ein befristetes Arbeitsverhältnis eingehen zu wollen, kann nach der neuesten Rechtsprechung ohnehin nur ausgegangen werden, wenn der Arbeitnehmer selbst bei einem Angebot des Arbeitgebers auf Abschluss eines unbefristeten Arbeitsvertrages nur ein befristetes Arbeitsverhältnis hätte vereinbaren wollen (*BAG* 26.8.1998 EzA § 620 BGB Nr. 1; 16.4.2003 EzA § 620 BGB 2002 Nr. 5). Eine derartige Situation wird die Hochschule oder Forschungseinrichtung im Zweifelsfalle weder **darlegen** noch **beweisen** können (vgl. auch *Preis/Hausch* NJW 2002, 933 f.; KR-*Lipke* § 14 TzBfG Rz 186 ff.).

80 In **Ausnahmefällen** denkbar ist dagegen der § 14 Abs. 1 S. 2 Nr. 6 TzBfG zuzurechnende **Sachgrund des sozialen Überbrückungszwecks**. Die hierzu in der Literatur vor allem ins Auge gefassten sog. »**Übergangsfälle**«, die sich mit dem **Inkrafttreten des neuen HRG** bei noch ausstehendem Abschluss der Promotion oder der Habilitation ergeben können (*Preis/Hausch* NJW 2002, 935 ff.; *Lakies* ZTR 2002, 257), haben sich mit der durch das **6. HRGÄndG** (BT-Drs. 14/8878 S. 7f.) **veränderten Fassung des § 57f HRG** weitestgehend erledigt (ErfK-*Müller-Glöge* Rz 38). Danach konnten die betroffenen wissenschaftlichen und künstlerischen Mitarbeiter sowie wissenschaftlichen Hilfskräfte noch mit einer Laufzeit bis zum 28.2.2005 befristet beschäftigt werden, um eine laufende wissenschaftliche Qualifikation abzuschließen, eine Bewerbung auf eine Professur abzugeben oder ein Forschungsprojekt zu Ende zu führen. Die deutlich auf eine Begrenzung angelegte Ausnahmeregelung des § 57b Abs. 4 HRG schließt eine über die dort zulässige Verlängerung vorgesehene Befristung zum Zwecke der »sozialen Überbrückung« regelmäßig aus. Diese Überlegungen treffen ebenso auf die nach der Nichtigkeitserklärung des *BVerfG* v. 27.7.2004 (NJW 2004, 2803) eingetretene Situation und die im Anschluss vorgenommene »Reparaturgesetzgebung« durch das HdaVÄndG v. 27.12.2004 (BGBl I S. 3835) zu. Die großzügigen Übergangsregelungen in § 57f des wieder in Kraft gesetzten arbeitsrechtlichen Teils des HRG 2002 erübrigen einen Rückgriff auf § 14 Abs. 1 Nr. 6 TzBfG (vgl. *Annuß/Thüsing-Lambrich* § 23 TzBfG Rz 128; näher dazu KR-*Lipke* Erl. zu § 57f HRG).

81 Denkbar sind daneben allenfalls **kurzfristige Übergangsbefristungen** zur Stellensuche oder zum Erwerb einer noch fehlenden beruflichen Qualifikation (*Dörner* Befr. Arbeitsvertrag Rz 750; großzügiger Hochschul-*Löwisch/Wertheimer* VII Rz 201). Dabei muss zB auf Grund plausibler Annahmen vieles für die Erwartung sprechen, dass die anstehende Bewerbung Erfolg haben wird. Der Sachgrund hängt jedoch nicht davon ab, dass sich diese Prognose letztlich bestätigt. Angesichts der ausreichend bemessenen Qualifikationszeiträume in der 1. und 2. Phase (§ 57b Abs. 1 S. 1 und 2 HRG), des Wegfalls der Habilitation als Voraussetzung für eine Lehrstuhlberufung und dem Inkrafttreten einer geänderten Übergangsregelung in § 57f HRG dürften sachlich gerechtfertigte Befristungen zur sozialen Überbrückung jenseits der Höchstbefristungsdauer des HRG die große Ausnahme bleiben (*Annuß/Thüsing-Lambrich* § 23 TzBfG Rz 127 f.). Das Überangebot von qualifizierten Wissenschaftlern in bestimmten Bereichen lässt sich mit befristungsrechtlichen Mitteln jedenfalls nicht lösen (APS-*Schmidt* Rz 32). Mit den

e) Haushaltsmittel (§ 14 Abs. 1 S. 2 Nr. 7 TzBfG)

Die dem § 57b Abs. 2 HRG aF nachgebildete Bestimmung in § 14 Abs. 1 S. 2 Nr. 7 TzBfG führt zu einer **Erweiterung des Sonderbefristungsrechts im öffentlichen Dienst**. Soweit Hochschulen und Forschungseinrichtungen in einer **öffentlich-rechtlichen Pflichtenbindung** stehen, kann die Zuwendung von Haushaltsmitteln zur Projektförderung oder zur Bewirtschaftung bestimmter Stellen einen Sachgrund schaffen, der die Befristung der Arbeitsverhältnisse wissenschaftlicher Mitarbeiter auch jenseits der Höchstbefristungsdauer des HRG erlaubt (ErfK-*Müller-Glöge* Rz 38; KDZ-*Däubler* Rz 50; APS-*Schmidt* Rz 29; vgl. hierzu KR-*Lipke* § 14 TzBfG Rz 215 ff., 230 ff.). Es soll nunmehr genügen pauschal bestimmte Haushaltsmittel für befristete Beschäftigungen zur Verfügung zu stellen. Dies kann durch betragsmäßige Aufnahme von Haushaltsmitteln oder Schaffung befristeter Personalstellen in Haushaltsplänen geschehen, wobei das **Haushaltsgesetz die für den Einsatz der Mittel eine bestimmte Zwecksetzung** erkennen lassen muss (*BAG* 18.10.2006 – 7 AZR 419/05 – EzA-SD 22/06 S. 8; 24.1.1996 EzA § 620 BGB Nr. 97; 24.1.2001 EzA § 620 BGB Nr. 178; 24.10.2001 EzA § 620 BGB Nr. 180). Eine ausdrückliche Zuordnung des befristet eingestellten Arbeitnehmers zu einer konkret vorübergehend freien Planstelle wird dabei nicht verlangt, sofern nur sichergestellt ist, dass die Vergütung des Arbeitnehmers aus Mitteln dieser Stelle erfolgt (*BAG* 24.10.2001 EzA § 620 BGB Nr. 180; 3.11.1999 – 7 AZR 579/98 – nv ; 24.9.1997 – 7 AZR 654/96 – nv; *v. Kalm* WissR 2002, 79; *Böhm/Spiertz* BAT SR 2y Rz 49; *Steinherr* ZTR 2003, 218). Die damit ausgeweiteten Gestaltungsmöglichkeiten halten manche Autoren für verfassungsrechtlich bedenklich (*Preis/Staudinger* § 620 Rz 138, 142; *Rolfs* § 14 TzBfG Rz 54, 59; MünchArbR-*Wank* Erg.Bd § 116 Rz 153 ff.; *Hailbronner/Geis-Waldeyer* Rz 51; *Dörner* Befr. Arbeitsvertrag Rz 217 mwN) oder gar für gemeinschaftswidrig (*Plander* ZTR 2001, 502; vgl. dazu ausf. KR-*Lipke* § 14 TzBfG Rz 225 ff.).

Ein sachlicher Grund für die Befristung eines Arbeitsvertrages nach Erschöpfung der zulässigen Höchstbefristungsdauer des HRG kann sich auch dadurch ergeben, dass die **befristete Einstellung nur auf Grund von Haushaltsmitteln möglich wird, die durch die zeitweise Beurlaubung von anderen Beschäftigten vorübergehend frei werden** (*BAG* 25.4.2001 EzA § 620 BGB Nr. 177; *Steinherr* ZTR 2003, 217, 219). Bei Anwendung des **BAT** war insoweit zu beachten, dass der haushaltsrechtliche Sachgrund der **Befristungsgrundform des Zeitangestellten** (Nr. 1a SR 2y BAT) und nicht der des Aushilfsangestellten (Nr. 1c SR 2y BAT) entspricht (*BAG* 15.2.2006 – 7 AZR 241/05; 28.3.2001 EzA § 620 BGB Nr. 175; 15.8.2001 EzA § 620 BGB Nr. 182; 23.1.2002 EzA § 620 BGB Nr. 190). Wurde die falsche Befristungsgrundform vereinbart, konnte die Befristung nicht auf die zeitlich begrenzte Verfügbarkeit von Haushaltsmitteln gestützt werden. Diese Hürde für die öffentlichen Arbeitgeber ist mit dem TVöD beseitigt worden, der die Vereinbarung der Befristungsgrundform nicht mehr zur Rechtswirksamkeit der Befristung voraussetzt (vgl dazu KR-*Lipke* § 14 TzBfG Rz 64 ff.).

Die **Prognose für den öffentlichen Arbeitgeber** ist im Verhältnis zum Sachgrund nach Nr. 1 **erleichtert** worden. Es ist in Zukunft nicht mehr erforderlich nachzuweisen, dass der Haushaltsgesetzgeber sich gerade mit den Verhältnissen der Stelle befasst hat, auf der ein Arbeitnehmer befristet beschäftigt werden soll. Die Prognose hat sich darauf zu richten, ob (unabhängig vom tatsächlichen Arbeitsanfall) die **Beschäftigungsmöglichkeit** für den Arbeitnehmer **aufgrund der Haushaltslage entfallen wird** (*BAG* 23.1.2002 EzA § 620 BGB Nr. 190). Andererseits ist eine bloß pauschale Bestimmung von Mitteln konkreter und nachvollziehbarer Zweckbindung kein ausreichender Sachgrund für eine befristete Beschäftigung nach § 14 Abs. 1 S. 2 Nr. 7 TzBfG. Die Zweckbindung muss im Haushaltsplan selbst oder in den Erläuterungen dazu deutlich gemacht werden (*BAG* 18.10.2006 – 7 AZR 419/05, aaO; KR-*Lipke* § 14 TzBfG Rz 217 f.; 223 ff.; *Preis/Hausch* NJW 2002, 931; *Dörner* ArbRBGB § 620 Rz 190; *Steinherr* ZTR 2003, 219 f.). Dabei kann an die **Erkenntnisse des BVerfG** (BVerfGE 94, 268 = EzA Art 9 GG Nr. 61) angeknüpft werden, wonach der Sachgrund der haushaltsrechtlichen Befristung dann nicht mehr verfassungsrechtlich vertretbar wäre, wenn eine pauschale Bestimmung von Mitteln für befristete Beschäftigung von wissenschaftlichen Mitarbeitern ohne konkrete und nachvollziehbare Zweckbindung als sachlicher Grund genügen würde. Die **konkrete Zweckbindung** von Haushaltsmitteln für befristete Arbeitsverhältnisse ist danach **unverzichtbar** (*LAG Köln* 6.6.2005 ZTR 2005, 655; 11.5.2005 EzBAT SR 2y BAT Nr. 131; KR-*Lipke* § 14 TzBfG Rz 223 f.; *Preis/Hausch* NJW 2002, 931).

Drittmittel sind, selbst wenn sie in einen öffentlich-rechtlichen Haushaltsplan eingestellt werden, **keine Haushaltsmittel** iSv § 14 Abs. 1 S. 2 Nr. 7 TzBfG (*BAG* 15.2.2006 ZTR 2006, 509). Haushaltsmittel sind nur vom Träger der Einrichtung unmittelbar zur Verfügung gestellte reguläre Mittel (*BAG* 15.1.1997 EzA § 620 BGB Hochschule Nr. 17). Drittmittel können anders als Haushaltsmittel auch von Privaten eingeworben werden (*Dörner* Befr. Arbeitsvertrag Rz 233; näher dazu o. Rz 75 ff. und KR-*Lipke* § 14 TzBfG Rz 230 ff.).

86 Mit der mehrfach geänderten Konzeption des Hochschulrechts, zuletzt durch das HdaVÄndG, kann es zu notwendigen Personalumstrukturierungen kommen. Um hier Übergangsprobleme zu entschärfen, steht es dem **Landesgesetzgeber** frei, **Haushaltsmittel für eine befristete Anschlussbeschäftigung einzustellen**. Auch wenn ein Großteil der Übergangsprobleme sich durch die Übergangsvorschrift des § 57f HRG 2004 lösen dürfte, macht es für Teilbereiche Sinn, hier zusätzliche haushaltsrechtliche Befristungslösungen zu eröffnen. So ist es denkbar, für die im Bewerbungsverfahren befindlichen wissenschaftlichen Mitarbeiter und Juniorprofessoren nach Ablauf der zulässigen Höchstbefristungsdauer befristete Übergangsbeschäftigungen mit Hilfe von § 14 Abs. 1 S. 2 Nr. 7 TzBfG zu ermöglichen (*Preis/Hausch* NJW 2002, 934). Weitere denkbare Fälle für gesonderte **Haushaltsbefristungslösungen** bieten sich für sog. **Mehrfachqualifizierungen** an, dh in Fällen einer Zweitpromotion oder Zweithabilitation, die sich innerhalb der Höchstfristen des § 57b Abs. 1 HRG nicht abschließen lässt (zurückhaltend APS-*Schmidt* Rz 30). Dazu zählen beispielsweise **langfristige Auslandsaufenthalte** zu einer wissenschaftlichen Qualifizierung (zB aufgrund von Stipendien), die über die Höchstverlängerungsfrist von zwei Jahren in § 57b Abs. 4 S. 3 nicht aufgefangen werden können. Hier eröffnet das HdaVÄndG etwas mehr Spielraum für die Landesgesetzgebung (Bsp.: Sollvorschrift zur Dauer der Qualifizierungsphasen in § 47 HRG 2004; BT-Drs. 15/4132 S. 14 f.) Dann stellen sich **haushaltsrechtliche Befristungslösungen nach Nr. 7** im Vergleich zu Übergangsbefristungen aus sozialen Erwägungen (Nr. 6) als »**Königsweg**« dar (vgl. auch *Reich* Rz 9).

f) Vergleich (§ 14 Abs. 1 S. 2 Nr. 8 TzBfG)

87 Ein im Anschluss an eine befristete Beschäftigung nach §§ 57a ff. HRG geschlossener weiterer befristeter Arbeitsvertrag kann auf einem **gerichtlichen Vergleich** beruhen, der nach § 14 Abs. 1 S. 2 Nr. 8 TzBfG einen sachlichen Befristungsgrund liefert. Die Mitwirkung des Gerichts an dem eine Befristung des Arbeitsverhältnisses festlegenden Vergleich bietet eine **hinreichende Gewähr für die Wahrung der Schutzinteressen des Arbeitnehmers** und setzt insoweit den tragenden Sachgrund für die Befristung. Weitere Voraussetzung ist, dass mit der vergleichsweisen Vereinbarung eines befristeten Arbeitsvertrages der Rechtsstreit über eine vorangegangene Kündigung, die Wirksamkeit einer Befristung oder einer sonstigen Bestandstreitigkeit sein Ende findet (Voraussetzungsmerkmal: »offener Streit«; *BAG* 2.12.1998 EzA § 620 BGB Nr. 156; 25.2.1998 EzA § 620 BGB Altersgrenze Nr. 8, 9; KR-*Lipke* § 14 TzBfG Rz 234 ff.; *Dörner* ArbRBGB § 620 Rz 192 f.; *Löwisch/Neumann* NJW 2002, 951 f.). Die Mitwirkung des Gerichts bei der vergleichsweise vereinbarten Befristung ist nicht mit der Umsetzung eines entsprechenden gerichtlichen Vergleichsvorschlags gleichzusetzen. Es ist vielmehr erforderlich, dass das **Gericht auf die Gestaltung des Vergleichs Einfluss nehmen kann**, um einen angemessenen Ausgleich der wechselseitigen, grundrechtsgeschützten Interessen der Arbeitsvertragsparteien (Art. 1 Abs. 3 GG) herbeizuführen (vgl. *BAG* 26.4.2006 – 7AZR 366/05; KR-*Lipke* § 14 TzBfG Rz 236 f.; *Löwisch/ Neumann* NJW 2002, 952; *Rolfs* § 14 TzBfG Rz 72; aA SPV-*Preis* Rz 97 f.; offen gelassen für **außergerichtlichen Vergleich als Sachgrund**; *BAG* 23.1.2002 EzA § 620 BGB Nr. 186). Keinesfalls kann es angehen in einem pro forma angestrengten Rechtsstreit einen unangreifbaren Sachgrund für eine weitere Befristung zu »besorgen« (Hochschulhdb-*Löwisch/Wertheimer* VII Rz 204; KDZ-*Däubler* Rz 51).

88 In **problematischen Übergangsfällen** vom alten zum neueren Hochschulbefristungsrecht eröffnet sich hiermit neben einer haushaltsplanmäßigen Vorsorge nach § 14 Abs. 1 S. 2 Nr. 7 TzBfG eine **weitere Gestaltungsmöglichkeit** für Befristungen (*Löwisch/Neumann* NJW 2002, 951 f.). Ist die Höchstbefristungsdauer des § 57b Abs. 1 HRG ausgeschöpft und entsteht deshalb ein gerichtlicher Streit über eine abschließende Befristung zur Beendigung der offenen Qualifizierung (zB Promotion), so kann über einen **gerichtlichen Vergleich** nach § 14 Abs. 1 S. 2 Nr. 8 TzBfG eine weitere rechtswirksame Befristung vereinbart werden. Sachgrund ist dann allein der Vergleich nicht aber – wie früher möglich (s.o. Rz 69) – die Promotion (abw. für den Fall einer wissenschaftlichen Hilfskraft *Waldeyer* aaO Rz 57). Hierbei ist selbst eine **auflösende Bedingung** auf den Zeitpunkt des Promotionsabschlusses denkbar, da deren Zulässigkeit sich aus § 21 TzBfG ergibt (vgl. auch *BAG* 9.2.1984 EzA § 620 BGB Bedingung Nr. 2; KR-*Lipke* § 14 TzBfG Rz 238; *Dörner* ArbRBGB, 2. Aufl. § 620 Rz 193). Einer solchen Lösung entzogen wären die nur von den Hochschulen und Forschungseinrichtungen mit dem wissenschaftlichen Mitarbeiter zum Schein geführten Bestandschutzstreitigkeiten. Dies ist jedoch auszuschließen, wenn der wissen-

schaftliche Mitarbeiter den Streit mit dem Ziel führt, eine unbefristete oder befristete Weiterbeschäftigung zu erreichen, sich dafür auf rechtlich nicht von vorneherein von der Hand zu weisende Argumente stützt und die Hochschule oder Forschungseinrichtung demgegenüber einen solchen Anspruch mit Begründung verneint (*Löwisch/Neumann* NJW 2002, 952).

2. Befristung ohne Sachgrund (§ 14 Abs. 2 TzBfG)

Eine **sachgrundlose Befristung** im Anschluss an die Höchstbefristungsdauer des § 57b Abs. 1 HRG kann nur in **Ausnahmefällen** stattfinden. Nur unter der Voraussetzung, dass ein Arbeitsverhältnis zu einem **neuen Arbeitgeber** dh von einer Hochschule zu **einer Forschungseinrichtung, von einem Forschungseinrichtungsträger zu einem anderen oder von einer Hochschule eines Bundeslandes an die eines anderen Bundeslandes** erstmals begründet wird, ist eine weitere sachgrundlose Befristung von höchstens zwei Jahren erlaubt (ErfK-*Müller-Glöge* Rz 41; *Dörner* Befr. Arbeitsvertrag Rz 744 f.; APS-*Schmidt* Rz 26). Ausnahmsweise kann bei nach Landesrecht **eigener Arbeitgeberstellung der Hochschulen** dann sogar der **Wechsel** zu einer anderen Hochschule **innerhalb des Bundeslandes** eine sachgrundlose Befristung nach § 14 Abs. 2 TzBfG eröffnen. Abweichend von der früheren Rechtslage (vgl. dazu *Lipke* KR, 5. Aufl. § 57c HRG Rz 5a ff.) bietet ansonsten das neue Recht aufgrund seiner strengeren **Anrechnungsregeln** in § 57b Abs. 2 S. 1 und 2 HRG nicht mehr die Möglichkeit, über den Wechsel der Hochschule sachgrundbezogene und sachgrundlose Befristungsmöglichkeiten erneut zu erschließen. Mit der in § 14 Abs. 2 S. 2 TzBfG zur zulässigen sachgrundlosen Befristung gegenüber § 1 BeschFG 1985/1996 geänderten Regelung lässt sich danach eine sachgrundlose Befristung nur noch rechtswirksam vereinbaren, wenn zuvor mit **demselben Arbeitgeber** ein befristetes oder unbefristetes Arbeitsverhältnis nicht bestanden hat.

89

Dabei sind alle Befristungen, gleichgültig auf welcher Rechtsgrundlage (§§ 57a ff. HRG, § 1 BeschFG 1985/1996, § 21 BEEG), zu berücksichtigen (*Preis/Hausch* NJW 2002, 930). Auf einen **engen sachlichen Zusammenhang** zwischen den vorangehenden Arbeitsvertragsverhältnissen und dem nunmehr zu begründenden (sachgrundlosen) befristeten Arbeitsverhältnis **kommt es nicht mehr an** (APS-*Backhaus* § 14 TzBfG Rz 79; *Lakies* ZTR 2002, 257; näher dazu KR-*Lipke* § 14 TzBfG Rz 296 ff. mwN). Ein Änderungsvorschlag des Bundesrates, Beschäftigungsverhältnisse nach §§ 57b Abs. 1 S. 3, 57d und 57e HRG als Arbeitsverhältnis mit demselben Arbeitgeber iSv § 14 Abs. 2 S. 2 und Abs. 3 S. 2 TzBfG nicht zu berücksichtigen, ist im Gesetzgebungsverfahren gescheitert. Der Gesetzgeber hat zu Recht befürchtet, dass dadurch für wissenschaftliche und künstlerische Mitarbeiter Befristungsketten ermöglicht würden, die nach dem TzBfG ebenso wie nach der Neufassung der §§ 57a ff. HRG ausgeschlossen werden sollten (BT-Drs. 15/4132 S. 21; BT-Drs. 14/6853 S. 40 bis 43). Mit den neuen Befristungsregelungen im HRG und im TzBfG ist damit die **Rechtsprechung** zu § 1 Abs. 1 BeschFG 1985/1996 im wesentlichen **überholt**, wonach **§ 1 Abs. 1 BeschFG 1985/1996 neben den Befristungsregelungen des HRG anzuwenden war** (BAG 21.2.2001 EzA § 1 BeschFG 1985 Nr. 24; *Lakies* ZTR 2002, 257).

89a

Im **dargestellten engen Anwendungsbereich des § 14 Abs. 2 TzBfG** stehen einer Befristung ohne Sachgrund im Anschluss an die ausgeschöpfte Befristung nach dem HRG – zB bei einem Arbeitgeberwechsel zu einer anderen Hochschule – die **SR 2y BAT** nicht mehr entgegen. In der Zeit vom 1.2.1996 bis zum 31.12.2000 befreite die **Protokollnotiz Nr. 6** die tarifgebundenen Arbeitsvertragsparteien von dem Zwang einer Sachgrundbefristung (KR-*Bader* § 22 TzBfG Rz 24). Der **77. Änderungstarifvertrag zum BAT v. 29.10.2001 gestattet nun ebenfalls** in der Protokollnotiz Nr. 6 der SR 2y, **dass** abweichend vom Erfordernis des Sachgrundes (Protokollnotiz Nr. 1) **Arbeitsverträge nach Maßgabe des § 14 Abs. 2 und 3 TzBfG begründet werden können**. Damit kann nach Ablauf der Fristen des HRG das allgemeine Befristungsrecht des TzBfG Anwendung finden, im Anwendungsbereich des SR 2y BAT modifiziert durch die Protokollnotizen Nr. 1 und 6 (*Preis/Hausch* NJW 2002, 930; *Annuß/Thüsing-Lambrich* § 23 TzBfG Rz 121; *Lakies* ZTR 2002, 256 f.). Demgegenüber will eine abweichende Meinung (*Dörner* Befr. Arbeitsvertrag Rz 745; ErfK-*Müller-Glöge* Rz 41; APS-*Schmidt* Rz 24; Hochschulhdb-*Löwisch/Wertheimer* VII Rz 194) die Protokollerklärung Nr. 6 dahin verstehen, dass die dort vorgesehene Herausnahme ansonsten möglicher sachgrundloser Befristungen nicht nur den Qualifizierungsbereich nach § 57b Abs. 1 S. 1 und 2 HRG, sondern auch die nach § 57b Abs. 2 S. 3 HRG statthaften Befristungen aus dem TzBfG betrifft. Die sachgrundlose Befristung ist indesser. kein Befristungstatbestand des HRG (§ 57b Abs. 2 S. 4 HRG: »nach diesem Gesetz zulässigen Befristungsdauer ... nur nach Maßgabe des Teilzeit- und Befristungsgesetzes«), die Anrechnungsregel in Satz 2 verfolgt andere Zwecke. **Widersprüche** zu dem **vorrangigen HRG** dürfen durch die sachgrundlosen Befristungen jedenfalls nicht eintreten (Mü-Ko-*Wank* § 116 Rz 326 f.).

90

90a Der hier vertretene Rechtsstandpunkt findet tariflich in der Fassung des seit Oktober 2005 in Kraft getretenen **TVöD** eine Bestätigung. § 30 Abs. 1 S. 2, 2. Hs TVöD nimmt die Sonderregelungen der Abs. 2 bis 5 der Bestimmung für den Anwendungsbereich der Arbeitsverhältnisse aus, für die das HRG unmittelbar oder entsprechend gilt. Es bleibt ansonsten bei der Grundregel des § 30 Abs. 1 S. 1 TVöD, der die uneingeschränkte Anwendung der gesetzlichen Befristungsvorschriften des TzBfG u.a. vorsieht. Damit sind in Ausnahmefällen nach Ausschöpfung der Höchstfristen des HRG nicht nur in den **neuen Bundesländern** sachgrundlose Befristungen im Hochschulbereich denkbar.

II. § 21 BEEG

91 Wenngleich § 57b Abs. 2 S. 3 HRG dem Wortlaut nach eine weitere Befristung des Arbeitsverhältnisses nach Ausnutzung der Höchstbefristungsdauer nur nach Maßgabe des TzBfG zulässt, ergeben sich **gleichwohl Befristungsmöglichkeiten nach § 21 BErzGG** (jetzt § 21 BEEG; Hochschulhdb-*Löwisch/Wertheimer* VII Rz 205). Vom Sinn und Zweck der Regelung handelt es sich im § 21 BErzGG (jetzt § 21 BEEG) um Vertretungsbefristungen, die § 14 Abs. 1 S. 2 Nr. 3 TzBfG gleichzusetzen sind (vgl. dazu o. Rz 78). Systematisch lässt sich die Anwendung von § 21 BErzGG (jetzt § 21 BEEG) damit begründen, dass die **Verweisung auf das Teilzeit- und Befristungsgesetz § 23 TzBfG mit einschließt**. Danach bleiben besondere Regelungen über die Befristung von Arbeitsverträgen nach Ablauf der Höchstbefristungsdauer des HRG unberührt. Insoweit kann auf KR-*Lipke* § 21 BEEG Rz 6 ff. verwiesen werden. Es können daher Befristungen aus beiden Gesetzen vereinbart, diese auch nacheinander geschaltet werden, indessen sind die Höchstbefristungsdauer des § 57b Abs. 1 HRG und die Anrechnungsbestimmung in § 57b Abs. 2 S. 1 und 2 HRG zu beachten.

III. Ärztearbeitsvertragsgesetz

92 Die **Befristungsmöglichkeiten** nach dem ÄArbVtrG stehen nur **außerhalb der Hochschulen und Forschungseinrichtungen** zur Verfügung. Dieser eingeschränkte Anwendungsbereich ergibt sich aus § 1 Abs. 6 des Gesetzes über befristete Arbeitsverträge mit Ärzten in der Weiterbildung idF des HdaVÄndG v. 27.12.2004 (BGBl. I S. 3835). Die Neuregelung des Befristungsrechts im HRG 2004 hat auf eine gesonderte Regelung des Personals mit ärztlichen Aufgaben in § 54 HRG aF verzichtet. Wissenschaftliches Personal, das zusätzlich die **Facharztqualifikation** anstrebt, kann dies innerhalb der für die zweite Qualifizierungsphase modifizierten Befristungshöchstdauer von neun Jahren erreichen (§ 57b Abs. 1 S. 2, 1. Hs. HRG). Weitergehende Regelungen für diesen Personenkreis sieht das HRG nicht vor (BT-Drs. 15/4132 S. 17f.; BT-Drs. 14/6853 S. 30 f.). Vgl. im Übrigen KR-*Lipke* §§ 1 bis 3 ÄArbVtrG Rz 7 ff.

§ 57c Privatdienstvertrag

Für einen befristeten Arbeitsvertrag, den ein Mitglied einer Hochschule, das Aufgaben seiner Hochschule selbständig wahrnimmt, zur Unterstützung bei der Erfüllung dieser Aufgaben mit aus Mitteln Dritter vergütetem Personal i.S.v. § 57a Abs. 1 Satz 1 abschließt, gelten die Vorschriften der §§ 57a, 57b und 57e entsprechend.

Inhaltsübersicht

	Rz		Rz
I. Gesetzeszweck	1, 2	3. Drittmittelvergütung	5
II. Voraussetzung eines Privatdienstvertrages	3–7	4. Verfügungsberechtigung über Drittmittel	6
1. Mitglied einer Hochschule	3	5. Arbeitnehmer des Privatdienstvertrages	7
2. Unterstützung der dienstlichen Aufgaben	4	III. Folgen der Verweisung	8

I. Gesetzeszweck

1 Der Wortlaut der Bestimmung entspricht der bis zum 22.2.2002 in § 57e HRG aF enthaltenen Regelung. Die bereits nach altem Recht geltende **Gleichstellung der Befristungshöchstgrenzen für Privatdienstverträge und der befristeten Arbeitsverträge mit der Hochschule** wird beibehalten, da sie sich als sinnvoll erwiesen hat. Auf Grund der in Bezug genommenen Anrechnungsbestimmungen in § 57b Abs. 2 S. 1 HRG 2004 und dem dortigen Wortlaut (»sowie entsprechende ... Privatdienstverträge ... «)

ist gesichert, dass durch einen Wechsel der Arbeitgeber (Hochschule, Forschungseinrichtung und Privatdienstverträge mit Professoren) eine **mehrfache Ausschöpfung der Befristungshöchstgrenzen des § 57b Abs. 1 HRG nicht möglich** ist (BT-Drs. 15/4132 S. 22; BT-Drs. 14/6853 S. 34; *Preis/Hausch* NJW 2002, 929 f.; APS-*Schmidt* Rz 2; zum alten Recht: *Dörner* Befr. Arbeitsvertrag Rz 821 ff.; APS-*Schmidt* 1. Aufl. § 57e aF Rz 5). Mit der Zulassung befristeter Arbeitsverträge in der Form von Privatdienstverträgen werden daher **keine »funktionswidrigen Kombinationsmöglichkeiten«** eröffnet, die der Begrenzung befristeter Arbeitsverträge im Rahmen der Befristungshöchstdauer des § 57b Abs. 2 HRG zuwiderlaufen.

Nach § 25 Abs. 1 Satz 1 HRG sind die in der Forschung tätigen **Hochschulmitglieder berechtigt**, im Rahmen ihrer dienstlichen Aufgaben auch solche **Forschungsverfahren durchzuführen**, die nicht aus dem der Hochschule zur Verfügung stehenden Haushaltsmitteln, sondern **aus Mitteln Dritter finanziert** werden (vgl. BAG 25.8.1999 EzA § 620 BGB Hochschulen Nr. 19). Regelmäßig soll das Drittmittelpersonal als Arbeitnehmer der Hochschule oder Forschungseinrichtung eingestellt werden. Nach § 25 Abs. 5 HRG ist es aber dem Projektleiter des Drittmittelforschungsvorhabens in begründeten Fällen **gestattet, die Mitarbeiter im Wege von Privatdienstverträgen selbst einzustellen** (ErfK-*Müller-Glöge* Rz 2), sofern dies mit den Bedingungen des Geldgebers vereinbar ist (*Dörner* Befr. Arbeitsvertrag Rz 716; *Hailbronner/Geis-Waldeyer* Rz 1). Diese mit dem öffentlichen Dienstrecht eigentlich unvereinbare Form der Erfüllung dienstlicher Aufgaben ist nur mit der Sonderstellung der Hochschulforschung zu erklären. Privatdienstverträge können auch an **Forschungseinrichtungen** geschlossen werden, da die Verweisung in § 57d HRG belegt, dass eine entsprechende Anwendung des § 57c HRG 2004 in Betracht kommt (vgl. BAG 15.2.2006 ZTR 2006, 509). 2

II. Voraussetzung eines Privatdienstvertrages

1. Mitglied einer Hochschule

Zum Abschluss eines Privatdienstvertrages sind als **Arbeitgeber** nur **Mitglieder einer Hochschule** berechtigt (§ 25 Abs. 5 S. 3 HRG; *LAG Bln.* 21.4.1997 ZTR 1997, 523; 2.11.1998 ZTR 1999, 328), **die ihre Aufgaben an der Hochschule selbständig wahrnehmen.** Hierzu zählen die **Professoren auf Lebenszeit und auf Zeit, die Juniorprofessoren** und Hochschuldozenten (ErfK-*Müller-Glöge* Rz 4; APS-*Schmidt* Rz 3; *Annuß/Thüsing-Lambrich* § 23 TzBfG Rz 90), im Ausnahmefall (§ 53 Abs. 1 S. 3 HRG 2004) die wissenschaftlichen Mitarbeiter. Weiterhin rechnen dazu **Honorarprofessoren**, nicht aber Lehrbeauftragte, da letztere nur die ihnen übertragenen Lehraufgaben selbständig wahrnehmen, indessen nicht Aufgaben ihrer Hochschule. Nach Maßgabe des Landesrechts können auch **emeritierte Professoren** als Mitglied der Hochschule angesehen werden (*Hailbronner/Geis-Waldeyer* Rz 3 ff. mwN). Dieser selbständig forschende Personenkreis hat danach die Befugnis einen Privatdienstvertrag iSv § 57c HRG abzuschließen. 3

2. Unterstützung der dienstlichen Aufgaben

Der Privatdienstvertrag muss zur Unterstützung bei der **Erfüllung von Hochschulaufgaben** abgeschlossen werden, wenn auf ihn § 57c HRG Anwendung finden soll. Davon ist ebenfalls bei der **Durchführung von Forschungsvorhaben** mit Drittmittelfinanzierung auszugehen (§§ 2 Abs. 1, 25 Abs. 1). **Nicht** hierher gehören **Nebentätigkeiten** der Hochschulmitglieder, denn während der Drittmittelforscher für seine Tätigkeit über einen Aufwendungsersatz hinaus keine Vergütung erhält, ist eine Nebentätigkeit (zB Erstellung eines Privatgutachtens) regelmäßig mit einer Vergütung verbunden. Ein befristeter Arbeitsvertrag zur Unterstützung einer solchen Nebentätigkeit kann daher nicht auf § 57c HRG gestützt werden (ErfK-Müller-Glöge Rz 5; *Hailbronner/Geis-Waldeyer* Rz 8; noch zum alten Recht BAG 27.9.2000 RzK I 9f Nr. 75; APS-*Schmidt* Rz 4). Privatdienstverträge dürfen deshalb auf **unterstützende Tätigkeiten zu Forschungszwecken** angelegt werden. Ob Privatdienstverträge zur Erfüllung sonstiger Dienstaufgaben von Hochschullehrern (zB Lehrtätigkeit) statthaft sind (dagegen noch BT-Drs. 10/2283 S. 18; ErfK-*Müller-Glöge* Rz 7; *Hailbronner/Geis-Waldeyer* Rz 2), ist zweifelhaft, wohl aber angesichts des gesetzlichen Wortlauts (»Aufgaben seiner Hochschule«) zu bejahen(ebenso iE *Reich* Rz 4; Hochschulhdb-*Löwisch/Wertheimer* VII Rz 218; *Annuß/Thüsing-Lambrich* § 23 TzBfG Rz 90). Zum Aufgabenfeld der Hochschule gehören nun einmal gleichberechtigt Forschung und Lehre. Die abweichende Auffassung der Vorauflage wird hiermit aufgegeben. 4

3. Drittmittelvergütung

5 § 57c HRG 2004 gilt für befristete Arbeitsverträge mit wissenschaftlichen Mitarbeitern und Hilfskräften, die aus Mitteln Dritter vergütet werden. Auch nachdem § 57b Abs. 2 Nr. 4 HRG aF fortgefallen ist, der zur Begründung befristeter Arbeitsverträge voraussetzte, dass diese **überwiegend aus Mitteln Dritter** vergütet wurden, bleibt ein Unterschied zu den Befristungen nach § 57b Abs. 1 HRG und den Anschlussbefristungen nach § 14 Abs. 1 S. 2 Nr. 1 TzBfG erhalten. Zwar ist es im Rahmen der Höchstbefristungsdauer des § 57b Abs. 1 S. 1 und 2 HRG unerheblich, ob der Befristung eine Drittmittelfinanzierung zu Grunde liegt oder nicht. Sofern Drittmittel genutzt werden, um den befristeten Arbeitsvertrag mit dem wissenschaftlichen Mitarbeiter oder der Hilfskraft zu finanzieren, wäre es dann ohne Bedeutung, ob die Drittmittelfinanzierung überwiegt. Doch ist der unverändert gebliebene Wortlaut der Bestimmung Beleg dafür, dass für **Privatdienstverträge** im Rahmen eines drittmittelfinanzierten Forschungsvorhabens diese weiterhin **voll aus Drittmitteln vergütet** werden müssen und nicht etwa eigene Mittel des Hochschulmitglieds eingesetzt werden können (BAG 27.9.2000 RzK I 9f. Nr. 75 zur Regelung in § 57e HRG aF; ErfK-*Müller-Glöge* Rz 7; APS-*Schmidt* Rz 5; *Dörner* ArbRBGB, 2. Aufl. § 620 Rz 428; *Hailbronner/Geis-Waldeyer* Rz 9). Die abweichende Regelung macht Sinn, da **Arbeitgeber** des befristet beschäftigten wissenschaftlichen Mitarbeiters **allein das zur selbständigen Forschung berechtigte Hochschulmitglied** ist. Eine Vermischung von Haushalts- und Drittmitteln sowie eigenem Geld würde infolgedessen unklare Verhältnisse in die arbeitsrechtlichen Beziehungen bringen.

4. Verfügungsberechtigung über Drittmittel

6 In der Regel sollen Drittmittel von der Hochschule verwaltet werden (§ 25 Abs. 4 HRG). Wird ein Projekt nach diesem **sog. Drittmittelverfahren** – die Mittel werden von der Hochschule verwaltet oder in den Landeshaushalt eingestellt – bewirtschaftet, kommt ein Privatdienstvertrag nicht in Frage, da der Beschäftigte dann als Arbeitnehmer der Hochschule anzusehen ist (*Koch, F.M.* AuA 1994, 319). Die Drittmittelforschung kann aber auch nach dem sog. **Verwahrkontenverfahren** und dem **Sonderkontenverfahren** durchgeführt werden. Bei dem Verwahrkontenverfahren **übernimmt die Hochschule die Verwaltung** der Mittel für den allein verfügungsberechtigten Projektleiter. Bei dem Sonderkontenverfahren werden die dem Projektleiter bewilligten Mittel auf ein von diesem errichtetes Konto überwiesen, mit dessen Verwaltung die Hochschule nicht befasst ist (BT-Drs. 10/2883 S. 23; *Hailbronner/Geis-Waldeyer* Rz 9). Der **Projektleiter** wird dann allein **Arbeitgeber**, wenn dies mit den Bedingungen des Geldgebers vereinbart ist und er die Arbeitsverträge im eigenen Namen mit seinen wissenschaftlichen Mitarbeitern unterschreibt (vgl. BAG 27.9.2000 RzK I 9f Nr. 75; 29.6.1988 EzA § 611 BGB Arbeitgeberbegriff Nr. 2; LAG Bln. 15.7.1985 LAGE § 611 BGB Arbeitgeberbegriff Nr. 1; 21.4.1997 ZTR 1997, 523; LAG SA 12.4.2000 ZTR 2001, 331). Es war und ist deshalb nach der gesetzlichen Konzeption unerheblich, ob der Projektleiter allein über die Drittmittel verfügt oder die Hochschule die Mittel verwahrt und auszahlt. In beiden Fällen liegt ein Privatdienstvertrag mit dem Hochschulmitglied vor. **Ein Arbeitsverhältnis zur Hochschule selbst wird dadurch nicht begründet** (BAG 27.9.2000 RzR I 9f. Nr. 75; 29.6.1988 EzA 611 BGB Arbeitgeberbegriff Nr. 2; ErfK-*Müller-Glöge* Rz 2 f.; APS-*Schmidt* Rz 6; *Dörner* ArbRBGB § 620 Rz 428; **aA** KDZ-*Däubler* Rz 11, der die Begründung eines mittelbaren Arbeitsverhältnisses zur Hochschule annimmt).

5. Arbeitnehmer des Privatdienstvertrages

7 Der Projektleiter kann Privatdienstverträge mit den in § 57a HRG genannten **wissenschaftlichen und künstlerischen Mitarbeitern sowie mit den entsprechenden Hilfskräften** abschließen. Dies wird durch die wechselseitige Bezugnahme in § 57a Abs. 1 S. 1 und § 57c letzter Satzteil HRG unmissverständlich ausgedrückt. Wissenschaftliches Personal aus dem **Bereich der Medizin** kann ebenfalls im Rahmen eines Privatdienstvertrages beschäftigt werden, soweit es sich um Unterstützungsleistungen zu einem **drittmittelfinanzierten Forschungsprojekt** handelt. Dies ergibt sich daraus, dass der bis zum 22.2.2002 geltende Sonderbefristungstatbestand in § 54 HRG aF für Personal mit ärztlichen Aufgaben nicht mehr besteht und allein auf die wissenschaftliche Qualifizierung im Rahmen der zwei Qualifikationsphasen nach § 57b Abs. 1 S. 1 und 2 HRG abzustellen ist (BT-Drs. 14/6853 S. 30 f.; vgl. KR-*Lipke* § 57b HRG Rz 28 ff.). Gleiches muss für **Lehrkräfte mit besonderen Aufgaben** gelten, sofern sie wissenschaftliche oder künstlerische und nicht nur technische Dienstleistungen innerhalb eines drittmittelgeförderten Forschungsprojekts erbringen (BT-Drs. 14/6853 S. 18). Schließlich sind nunmehr auch **studentische Hilfskräfte** iSv § 57e HRG potentielle Vertragspartner eines Privatdienstver-

trages (KDZ-*Däubler* Rz 4; ErfK-*Müller-Glöge* Rz 6; *Hailbronner/Geis-Waldeyer* Rz 10). Zur Begriffsbestimmung der studentischen Hilfskräfte vgl. KR-Lipke § 57a HRG Rz 38 ff.

III. Folgen der Verweisung

Die gesetzliche Verweisung in § 57c HRG hat die Anwendung der in Bezug genommenen Vorschriften zur Folge. Damit ist die **Höchstbefristungsdauer** in § 57b Abs. 1 S. 1 und 3 HRG und nach § 57e S. 1 und 2 HRG zu beachten. Die bedeutsamste Rechtsfolge liegt darin, dass **die Privatdienstverträge mit Ausnahme der Beschäftigungszeiten von studentischen Hilfskräften (§ 57 S. 2 HRG) auf die Höchstbefristungsdauer anzurechnen** sind, sofern sie mit mehr als ein Viertel der regelmäßigen Arbeitszeit abgeschlossen wurden. Im Übrigen ist zur Befristung des Arbeitsvertrages die über § 57a Abs. 1 S. 5 HRG anzuwendenden **Formvorschrift** des § 14 Abs. 4 TzBfG zu beachten, die bei unwirksamer Befristungsabrede zu den Rechtsfolgen des § 16 TzBfG führt. Da ein Projektleiter eines aus Drittmitteln finanzierten Forschungsvorhabens – auch wenn er als Arbeitgeber nur einen Kleinbetrieb iSv § 23 KSchG führt – einen Sachgrund für die Befristung von Arbeitsverhältnissen benötigt, hilft die entsprechende Anwendung der §§ 57a, 57b und 57e HRG, eine **personenbezogene Befristung** im Rahmen der Höchstbefristungsgrenzen zu vereinbaren (ErfK-*Müller-Glöge* Rz 8; *Waldeyer* aaO Rz 12 ff.). Das früher in § 57d aF bestehende **Sonderkündigungsrecht** bei Wegfall von Drittmittel ist aufgehoben worden (vgl. dazu *Lipke* KR, 5. Aufl. § 57d aF Rz 7). 8

§ 57d Wissenschaftliches Personal an Forschungseinrichtungen

Für den Abschluss befristeter Arbeitsverträge mit wissenschaftlichem Personal an staatlichen Forschungseinrichtungen sowie an überwiegend staatlich, an institutionell überwiegend staatlich oder auf der Grundlage von Art. 91b des Grundgesetzes finanzierten Forschungseinrichtungen gelten die Vorschriften der §§ 57a bis c und 57e entsprechend.

Inhaltsübersicht

		Rz			Rz
I.	Frühere Rechtslage bis zum 22.2.2002	1–3		2. Drittmittelfinanzierung	3
	1. Art. 2 des Gesetzes über befristete Arbeitsverträge mit wissenschaftlichem Personal an Hochschulen und Forschungseinrichtungen (FFVG)	1, 2	II.	5. HRGÄndG und HdaVÄndG	4–10
				1. Aufhebung der sondergesetzlichen Regelung	4
				2. Betrieblicher und personeller Geltungsbereich	5–7
	a) Anwendung des Hochschulrechts aF	1		3. Befristungshöchstgrenzen	8–10
	b) Besonderheiten	2			

I. Frühere Rechtslage bis zum 22.2.2002

1. Art. 2 des Gesetzes über befristete Arbeitsverträge mit wissenschaftlichem Personal an Hochschulen und Forschungseinrichtungen (FFVG)

a) Anwendung des Hochschulrechts

Nach § 1 des FFVG v. 14.6.1985 (BGBl. I S. 1065) fanden die Befristungsregelungen der §§ 57a bis 57f HRG aF für staatliche Forschungseinrichtungen oder überwiegend staatliche oder auf der Grundlage von Art. 91b GG finanzierte Forschungseinrichtungen entsprechende Anwendung. Im betrieblichen Geltungsbereich der Vorschrift lagen **Einrichtungen**, die keine Lehraufgaben erfüllten, sondern **sich im Gegensatz zu den Hochschulen ausschließlich Forschungsaufgaben stellen**. Zu den über Art. 91b GG finanzierten Forschungseinrichtungen gehörten jene, die auf der Grundlage der **Rahmenvereinbarung Forschungsförderung** zwischen Bund und Ländern v. 28.11.1975 (BAnz. Nr. 240 v. 30.12.1975 S. 4) Zuwendungen erhielten. Private **Forschungsinstitute und Einrichtungen der Industrieforschung fielen** demnach aus dem betrieblichen Geltungsbereich des Gesetzes **heraus** (vgl. BAG 20.10.1999 EzA § 620 BGB Hochschulen Nr. 22; *LAG Nds.* 9.7.1999 LAGE § 620 BGB Forschungseinrichtung Nr. 1; APS-*Schmidt* 1. Aufl. Gesetz über befristete Arbeitsverträge mit wissenschaftlichem Personal an Forschungseinrichtungen §§ 1 bis 3 Rz 1). 1

b) Besonderheiten

2 Mit den detaillierten Bestimmungen des persönlichen Geltungsbereiches der besonderen Befristungsregelungen beschränkte sich § 1 des FFVG nur allgemein auf wissenschaftliches Personal und auf Personal mit ärztlichen Aufgaben. Hierzu zählten über den in § 57a S. 1 HRG aF genannten Personenkreis hinaus auch Professoren, Dozenten und **Wissenschaftler in Leitungsfunktionen**. Für die Ausweitung des persönlichen Geltungsbereichs sprachen neben systematischen Erwägungen auch Sinn und Zweck der Befristungsregelung (*Löwisch* WissR 1992, 61; APS-*Schmidt* 1. Aufl. aaO Rz 2; *Dörner* Befr. Arbeitsvertrag Rz 721 mwN). Die entsprechende Anwendung des Sachgrundkatalogs aus § 57b Abs. 2 HRG aF hatte indessen zur Folge, dass mit Blick auf die Leitungsfunktionen dieser Wissenschaftler die **Sachgründe nach Nr. 1 (berufliche Weiterbildung) und 5 (sog. Erstvertrag) nicht anzuwenden** waren (*Löwisch* WissR 1992, 57, 64; APS-*Schmidt* 1. Aufl. § 57b HRG aF. Rz 5, 28).

2. Drittmittelfinanzierung

3 In § 2 des FFVG wurden »Drittmittel« iSv § 1 näher umschrieben. Dabei wurde klargestellt, dass zu den Drittmitteln nicht nur die den Einrichtungen oder einzelnen Wissenschaftlern **von dritter Seite**, sondern **auch die vom Träger der Einrichtung über die laufenden Haushaltsmittel hinaus zur Verfügung gestellten Mittel zählten** (APS-*Schmidt* 1. Aufl., Gesetz über befristete Arbeitsverträge mit wissenschaftlichem Personal an Forschungseinrichtungen Rz 5).

II. 5. HRGÄndG und HdaVÄndG

1. Aufhebung der sondergesetzlichen Regelung

4 Durch Art. 2 des 5. HRGÄndG ist das Gesetz über befristete Arbeitsverträge mit wissenschaftlichem Personal an Forschungseinrichtungen vom 14.6.1985 (BGBl. I S. 1065) zum 22.2.2002 aufgehoben worden. An seine Stelle trat **nunmehr die Regelung in § 57d HRG 2002**. Der Gesetzgeber hat eine sondergesetzliche Regelung für die außeruniversitären Forschungseinrichtungen nicht mehr für erforderlich gehalten (BT-Drs. 15/4132 S. 22; BT-Drs. 14/6853 S. 34; *Lakies* ZTR 2002, 252). Die neue Vorschrift soll sichern, dass auch außeruniversitäre Forschungseinrichtungen im gleichen Umfang Qualifizierungsstellen einrichten können wie die Hochschulen (*Dörner* Befr. Arbeitsverträge Rz 722; ErfK-*Müller-Glöge* Rz 2). Den Forschungseinrichtungen wird dadurch derselbe Spielraum eröffnet wie den Hochschulen (KDZ-*Däubler* Rz 4; *Annuß/Thüsing-Lambrich* § 23 TzBfG Rz 89).

2. Betrieblicher und personeller Geltungsbereich

5 Die Regelung erfasst wie bisher **staatliche Forschungseinrichtungen des Bundes und der Länder**, die – anders als die Hochschulen – **sich ausschließlich der Forschung widmen und keine Lehraufgaben übernehmen** (s.o. Rz 1). Sie gilt ferner für überwiegend staatliche oder auf der Grundlage des Art. 91b GG von Bund und Länder gemeinsam geförderten Einrichtungen. Die zum 1.9.2006 in Kraft getretene **Förderalismusreform** hat die Bund-Länderkompetenzen zwar neu geordnet (BGBl. I S. 2034). An die Stelle der Gemeinschaftsaufgaben tritt nunmehr für Vorhaben der Wissenschaft und Forschung an den Hochschulen nach Art 91b Abs. 1 S. 2 GG das Instrument von **Vereinbarungen** zwischen dem Bund und den Ländern, die der Zustimmung aller Bundesländer bedürfen (*J. Ipsen* NJW 2006, 2801, 2806). Die Kostentragung für überregionale Einrichtungen und Vorhaben ist dann ebenfalls in der Vereinbarung zu regeln (Art 91b Abs. 3 GG). Auswirkungen auf den befristeten Arbeitseinsatz von Wissenschaftlern an Forschungseinrichtungen gehen deshalb nicht von der Förderalismusreform aus.

5a In der Regel handelt es sich jedoch um sog. Ressortforschungseinrichtungen, die in der Trägerschaft des Bundes oder eines Landes stehen und als Anstalt des öffentlichen Rechts, als Stiftung, als GmbH oder als eingetragener Verein auftreten (näher *Hailbronner/Geis-Waldeyer* Rz 4 ff.). Bei den **nach Art. 91b GG geförderten Forschungseinrichtungen** kommt es auf die Höhe des Anteils staatlicher Finanzierung nicht an, um die neuen Höchstbefristungsregelungen anwenden zu dürfen. Zu den Forschungseinrichtungen iSd neuen Regelung zählen insbes. die **Institute der Max-Planck-Gesellschaft**, der **Fraunhofer-Gesellschaft**, die in der **Hermann von Helmholtz-Gemeinschaft Deutscher Forschungszentren** zusammengeschlossenen Einrichtungen sowie die Institute der sog. »**Blauen Liste**«. Der neuen Regelung unterfallen ferner die **institutionell überwiegend staatlich finanzierten Forschungseinrichtungen**. Hierzu zählen Institutionen, die hinsichtlich ihrer **Gesamtfinanzierung** zwar überwiegend private Drittmittel einwerben, deren **Grundfinanzierung** jedoch überwiegend vom Staat stammt (BT-Drs. 15/4132 S. 22). Dagegen sind – wie bisher – andere **Forschungseinrichtungen** in **privater Trägerschaft**, insbes. solche **der Industrie**, von der Sondervorschrift des § 57d HRG nicht erfasst (APS-*Schmidt* Rz 3; *Dörner* Befr. Arbeitsvertrag Rz 720). Das gilt gleichermaßen, wenn eine privatrechtliche Gesellschaft vorwiegend über eingeworbene Drittmittel finanziert wird und die Gelder staatlicher Herkunft sind. Es handelt sich dann nicht um eine staatliche Finanzierung iSv § 57d HRG (*BAG* 5.6.2002 – 7AZR 241/01 – zu § 1 FFVG aF).

Der Gesetzgeber hält an dem im Verhältnis zu § 57a HRG **erweiterten personellen Geltungsbereich** fest (s.o. Rz 2). **Anders als nach §§ 57a ff. HRG**, der Professoren und leitende Wissenschaftler nicht erfasst, **macht es in außeruniversitären Forschungseinrichtungen Sinn** im Rahmen der Spitzenforschung auch Professoren befristet als Leiter anzustellen. Während an der **Hochschule nach Ablauf der Qualifizierungsphase** der mit der **Professur** verbundene **Beamtenstatus der Regelfall ist**, besteht hier für **zeitlich begrenzte Forschungsprojekte ein besonderes Bedürfnis hochqualifizierte Arbeitnehmer befristet beschäftigen zu können** (*Staudinger/Preis* § 620 Rz 270; *Kersten* DÖV 2002, 682; *Haibronner/Geis-Waldeyer* Rz 12; **aA** *Reich* Rz 9). In der Gesetzesbegründung ist deshalb verdeutlicht worden, dass in der neuen Regelung zum bisherigen Rechtszustand für den personellen Geltungsbereich keine Änderung eintreten soll. Mit Rücksicht auf die **abweichende Personalstruktur außeruniversitärer Forschungseinrichtungen** bleibt es deshalb dabei, dass dem Gesetz nicht nur wissenschaftliche Mitarbeiter und wissenschaftliche Hilfskräfte sondern auch Wissenschaftler und Wissenschaftlerinnen in Leitungspositionen unterfallen (BT-Drs. 15/4132 S. 22; *Preis/Hausch* NJW 2002, 929; *Lakies* ZTR 2002, 252; *Löwisch* WissR 1992, 56, 61). Überwiegen **Verwaltungstätigkeiten**, so sind im Falle von Befristungen auch in Forschungseinrichtungen die Vorschriften des TzBfG anzuwenden (KDZ-*Däubler* Rz 3).

In außeruniversitären Forschungseinrichtungen können nicht nur wissenschaftliche Mitarbeiter, sondern ebenso **wissenschaftliche Hilfskräfte** bis zu insgesamt vier Jahren befristet beschäftigt werden. Die ansonsten für eine wirksame Befristung im Hochschulbereich einzuhaltenden Bedingungen (Höchstbefristungsdauer; Schriftform der Befristungsabrede; Zitiergebot; Verbot der Zweckbefristung und der auflösenden Bedingung) sind zu beachten und führen anderenfalls zur Begründung eines unbefristeten Arbeitsverhältnisses (§ 16 TzBfG; vgl. näher dazu *Hailbronner/Geis-Waldeyer* Rz 18 ff.). Dagegen ist ein Betätigungsfeld für **studentische Hilfskräfte** an Forschungseinrichtungen nur schwer vorstellbar, wenngleich diese von der gesetzlichen Verweisung miterfasst sind (KDZ-*Däubler* Rz 3). Der Abschluss von **Privatdienstverträgen** nach § 57c HRG ist zulässig (vgl. KR-*Lipke* § 57c HRG Rz 2).

3. Befristungshöchstgrenzen

Die **einheitliche Regelung der Befristungsmöglichkeiten für Hochschulen und außeruniversitäre Forschungseinrichtungen** macht vorher sinnvolle Überlegungen, inwieweit bestimmte Sachgründe auch in Forschungseinrichtungen auf Wissenschaftler in Leitungspositionen anzuwenden sind (s.o. Rz 2) zukünftig überflüssig. Auch hier dürfen Mitarbeiterinnen und Mitarbeiter ohne abgeschlossene Promotion nicht mehr als sechs und mit abgeschlossener Promotion nicht mehr als zwölf Jahre in befristeten Arbeitsverhältnissen beschäftigt werden (ErfK-*Müller-Glöge* Rz 2; *Dörner* Befr. Arbeitsvertrag Rz 723 f.). Eine **weitergehende Beschäftigung** ist dann nur noch nach allgemeinen arbeitsrechtlichen Bestimmungen, insbes. nach dem Sachgrundkatalog des § 14 Abs. 1 **TzBfG** zulässig (vgl. dazu KR-*Lipke* § 57b HRG Rz 69 ff., 89 f.). Die Anrechnungsbestimmung in § 57b Abs. 2 S. 1 HRG verdeutlicht, dass die **Befristungshöchstgrenzen mit einem Wechsel zwischen Hochschule und Forschungseinrichtung nicht erneut genutzt werden können**, wie dies nach altem Recht möglich war (APS-*Schmidt* Rz 5; *Preis/Hausch* NJW 2002, 929; *Lakies* ZTR 2002, 254f.).

Die zeitliche Beschränkung von drittmittelfinanzierten Befristungen soll **ebenso an Forschungseinrichtungen** der **Innovation durch Personalwechsel** dienen. Damit werden Wege, über die zulässige Höchstbefristungsdauer des § 57b Abs. 1 S. 1 und 2 HRG hinaus wissenschaftliches Personal befristet zu beschäftigen, nicht verschlossen, sondern nur erschwert. Es bleibt **möglich jenseits der Höchstbefristungsdauer von zwölf Jahren sog. Projektbefristungen iSv § 14 Abs. 1 S. 2 Nr. 1 TzBfG zu vereinbaren**, soweit es dem Arbeitgeber möglich ist, anhand einer mit Tatsachen unterfütterten **Prognose** zu verdeutlichen, dass bei Begründung dieses neu befristeten Arbeitsvertrages mit einem Auslaufen des Projekts oder dessen finanzieller Unterstützung zu einem bestimmten Zeitpunkt zu rechnen ist (*BAG* 15.2.2006 ZTR 2006, 509). Insoweit gibt es keine Unterschiede mehr zwischen Hochschulen und Forschungseinrichtungen. Befristungen, die in diesem Bereich schon über 20 Jahre fortgesetzt vereinbart wurden, verletzten allerdings schon nach altem Recht den Grundsatz der Verhältnismäßigkeit (*LAG München* 12.6.2001 – 6 Sa 1018/00; vgl. dazu KR-*Lipke* § 57c HRG Rz 71 ff.).

10 Im Bereich der Forschungseinrichtungen sind infolge der Verweisung in den Grenzen des § 57a Abs. 1 S. 3 HRG **tarifvertragliche Abweichungen** zu der gesetzlich vorgegebenen Höchstbefristungsdauer denkbar (vgl. dazu KR-*Lipke* § 57a HRG Rz 10, 45 f.). Soweit der eingestellte Forschungsmitarbeiter für die Dauer eines Drittmittelbezugs befristet eingesetzt werden soll, ist bei Anwendung der SR 2y BAT die **Befristungsgrundform** des Zeitangestellten (Nr. 1a) zu vereinbaren gewesen (*BAG* 15.2.2006 aaO). Mit der Novellierung des öffentlichen Tarifrechts durch **TVöD** und andere Tarifwerke kommt dieser Voraussetzung keine Bedeutung mehr zu (KR-*Lipke* § 14 TzBfG Rz 58, 64).

§ 57e Studentische Hilfskräfte
Die Befristung von Arbeitsverhältnissen mit Hilfskräften, die als Studierende an einer deutschen Hochschule eingeschrieben sind (studentische Hilfskräfte) ist bis zur Dauer von 4 Jahren zulässig. Die Beschäftigung als studentische Hilfskraft wird nicht auf die zulässige Befristungsdauer des § 57b Abs. 1 angerechnet.

Inhaltsübersicht

		Rz			Rz
I.	Gesetzeszweck	1–1c	2.	Befristungsdauer	4–6
II.	Abweichende Regelungen	2–6			
	1. Unterscheidung zwischen wissenschaftlichen und studentischen Hilfskräften	2, 3			

I. Gesetzeszweck

1 Die durch das HdaVÄndG erneuerte Regelung in § 57e HRG 2004 knüpft an die Bestimmung des bis zum 22.2.2002 geltenden § 57c Abs. 5 S. 1 und 3 HRG aF an. Anders als zuvor sind die **studentischen Hilfskräfte** aus dem Kreis der wissenschaftlichen Hilfskräfte regelungstechnisch herausgelöst worden. Wie die wissenschaftlichen Hilfskräfte dürfen die studentischen Hilfskräfte nur weniger als die Hälfte der regelmäßigen **Arbeitszeit** leisten, da ihre Hauptbeschäftigung dem Studium zu gelten hat (*BAG* 20.4.2005 NJW 2005, 2876 = EzBAT SR 2 y BAT Nr. 4).

1a Zunächst war vorgesehen, den Anwendungsbereich dieser Bestimmung nur auf eingeschriebene Studierende an der Hochschule zu beschränken, die noch nicht über einen ersten berufsqualifizierenden Hochschulabschluss verfügen (BT-Drs. 14/6853 S. 35). Davon ist dann im weiteren Gesetzgebungsverfahren Abstand genommen worden. Um zu ermöglichen, dass Studierende auch in einem **Masterstudiengang als studentische Hilfskraft** weiterbeschäftigt werden können, genügt es danach für die Zugehörigkeit zum Personenkreis der »studentischen Hilfskräfte« iSv § 57e, dass dieser weiter **als Studierender eingeschrieben** ist. Er kann demnach über einen berufsqualifizierenden Hochschulabschluss verfügen, ohne den Status als »studentische Hilfskraft« zu verlieren (vgl. Beschlussempfehlung und Bericht des Ausschusses für Bildung, Forschung und Technikfolgenabschätzung BT-Drs. 14/7336 S. 11; *Lakies* ZTR 2002, 253). Diese Überlegung ist auch in das HdaVÄndG aufgenommen worden (BT-Drs. 15/4132 S. 22). Nach neuem Recht kommt es innerhalb der **speziellen Höchstbefristung von vier Jahren** nicht mehr auf die Anführung von Sachgründen an (*Dörner* Befr. Arbeitsvertrag Rz 726).

1b Dabei ist indessen zu beachten, dass die Beschäftigung als studentische Hilfskraft bis zur **höchstzulässigen Dauer von vier Jahren** nach Satz 2 der Bestimmung auf die **allgemeine Höchstbefristungsgrenze** des § 57b Abs. 1 HRG nicht angerechnet wird. In diese Frist von vier Jahren sind befristete **Vorbeschäftigungszeiten** nach dem HRG in der vormaligen Fassung **bis zum 22.2.2002** nicht zu berücksichtigen, da die dortige Klassifizierung dieses Personenkreises mit der **rechtlichen Einordnung** der studentische Hilfskräfte nach dem HRG 2002 und dem HRG 2004 nicht gleichzusetzen ist. Das BAG weist insoweit zutreffend darauf hin, dass es zuvor für studentische Hilfskräfte, die der Gruppe der wissenschaftlichen Hilfskräfte zugeordnet waren, keine »sachgrundlose Befristung« nach dem HRG aF gab (*BAG* 20.4.2005 NJW 2005, 2876 = EzBAT SR 2 y BAT Nr. 4). Die Vierjahresfrist des § 57e HRG 2004 beginnt mithin frühestens am 23.2.2002 (ErfK-*Müller-Glöge* Rz 1).

1c Mit der Nichtanrechnung von Hilfstätigkeiten als studentische Hilfskraft wird im Ansatz der alte Rechtszustand fortgeschrieben, der Zeiten als wissenschaftliche Hilfskraft bei der Befristungshöchstdauer des § 57c Abs. 2 HRG aF nicht berücksichtigte (*BAG* 20.9.1995 EzA § 620 BGB Nr. 137). Erkenntnisse aus der früheren Rechtsprechung dürften deshalb fortgelten. So dürfte weiterhin eine auf die prognostische Dauer des Studiums angelegte Befristung als studentische Hilfskraft zulässig sein (*LAG Köln* 28.1.1999 LAGE § 620 BGB Nr. 61; s.a. Rz 4a).

II. Abweichende Regelungen

1. Unterscheidung zwischen wissenschaftlichen und studentischen Hilfskräften

Der Bundesgesetzgeber macht die Zugehörigkeit zum Personenkreis der studentischen Hilfskräfte allein von der nach **Landesrecht** zu regelnden **Einschreibung an einer deutschen Hochschule** abhängig. Wer als Doktorand nach dem bis zum 27.7.2004 geltenden § 21 HRG aF eingeschrieben ist, gehört nicht zu den Studierenden (ErfK-*Müller-Glöge* Rz 2; KDZ-*Däubler* Rz 3; Hochschulhdb-*Löwisch/Wertheimer* VII Rz 212). Ob dies so bleibt, regelt sich nunmehr ab dem 27.7.2004 nach dem jeweiligen Landesrecht (vgl. BT-Drs. 15/4132 S. 15). So bestimmt zB § 33 Abs. 2 NHG in seiner aktuellen Fassung (Nds. GVBl. v. 4.7.2002 S. 297; zuletzt geändert durch ÄndG zum Nds. HochschulG v. 23.2.2006 Nds. GVBl. S. 72), dass die Einstellung als wissenschaftliche oder künstlerische Hilfskraft den Abschluss eines Hochschulstudiums voraussetzt, die Einstellung als studentische Hilfskraft die Immatrikulation in einem Studiengang, der zu einem berufsqualifizierenden Abschluss führt. Es steht zu befürchten, dass die im Laufe des Gesetzgebungsverfahrens **verwässerte Abgrenzung von studentischen und wissenschaftlichen Hilfskräften** zu Problemen führt, wenn es um die Festlegung der **höchstzulässigen Befristungsdauer** geht (vgl. KR-*Lipke* § 57b HRG Rz 31 ff.). Offen ist ferner, ob nicht in der Beschränkung der »Einschreibung bei einer deutschen Hochschule« nicht eine **mittelbare Diskriminierung** nach EG-Recht aller im europäischen Ausland Studierenden liegt (KDZ-*Däubler* Rz 5; **aA** *Hailbronner/Geis-Waldeyer* Rz 2).

Als studentische Hilfskraft kann nur gelten, wer nebenberuflich Dienstleistungen, dh zu **weniger als der Hälfte der regelmäßigen Arbeitszeit der im öffentlichen Dienst** Beschäftigten erbringt (*BAG* 20.4.2005 NJW 2005, 2876 = EzBAT SR 2 y BAT Nr. 4; *Lakies* ZTR 2002, 252). Obwohl es sinnvoll gewesen wäre, das höchstzulässige Arbeitszeitdeputat für eine Beschäftigung als wissenschaftliche oder studentische Hilfskraft gesetzlich festzulegen, erwähnt der Gesetzgeber dies nur in Gesetzesbegründungen (BR-Drs. 402/84; BT-Drs. 14/6853 S. 30) und kann sich hierzu auf eine bestätigende Rechtsprechung stützen (*BAG* 20.4.2005 aaO; 20.9.1995 EzA § 620 BGB Nr. 137). Als studentische Hilfskraft gilt auch, wer nach erfolgreich abgeschlossenem Studium ein **Zweitstudium** aufnimmt und dann zu wissenschaftlichen Hilfeleistungen befristet angestellt wird (*Hailbronner/Geis-Waldeyer* Rz 3; ErfK-*Müller-Glöge* Rz 2). Eine **Überschreitung des höchstzulässigen Arbeitszeitdeputats** (weniger als die Hälfte der regelmäßigen Arbeitszeit) **schließt** die **Nichtanrechnung** des befristeten Arbeitsverhältnisses nach § 57e S. 2 HRG auf die auf vier Jahren begrenzte Höchstbefristungsdauer **aus**. Anders als bei den übrigen wissenschaftlichen und künstlerischen Hilfskräften unterliegen die befristeten Arbeitsverträge mit studentischen Hilfskräften nicht dem **Zitiergebot** nach § 57b Abs. 3 HRG (*BAG* 20.4.2005 aaO; ErfK-*Müller-Glöge* Rz 3; *Hailbronner/Geis-Waldeyer* Rz 14; **aA** *Lipke* KR, 7. Aufl.; ebenso aus Gründen der Rechtssicherheit APS-*Schmidt* Rz 6). Wegen einer Abgrenzung zu dem TzBfG wäre es weiterhin von Vorteil die Rechtsgrundlage bei Vertragabschluss zu benennen, da sich nur so feststellen lässt, ob die Hochschule von der Privilegierung des HRG, insbes. der Nichtanrechnung nach § 57e S. 2 HRG Gebrauch machen will.

2. Befristungsdauer

Die **Vierjahresgrenze** nach § 57e S. 1 **weitet die zulässige Höchstbefristungsdauer** nach § 57b Abs. 1 S. 1 und 2 HRG **aus**. Befristungen als studentisches Hilfskraft vor dem Inkrafttreten des HRG 2002, dh vor dem 23.2.2002, werden bei einem später getätigten (weiteren) Abschluss zur befristeten Beschäftigung als studentische Hilfskraft nicht angerechnet (*BAG* 20.4.2005 aaO). Studentische Hilfskräfte können daher nach dem HRG eine zulässige **Höchstbefristungsdauer von 16 Jahren erreichen**, soweit sie nach ihrer Beschäftigung als Hilfskraft die beiden Qualifizierungsphasen nach § 57b Abs. 1 HRG 2004 an der Hochschule mit Erfolg voll ausschöpfen. Verwehrt bleiben den studentischen Hilfskräften die **Verlängerungsmöglichkeiten nach § 57b Abs 4 HRG** (zB Wahrnehmung von Aufgaben der Personalvertretung), denn diese Bestimmung bezieht in ihren Geltungsbereich nur den Personenkreis des § 57b Abs. 1 HRG 2004 und nicht die studentischen Hilfskräfte nach § 57e HRG 2004 ein (*BAG* 20.4.2005 aaO). Die Ausdehnung der höchstzulässigen befristeten Beschäftigung führt jedoch nicht zu weiteren Befristungsketten, die nach altem Recht durch den Wechsel an eine andere Hochschule denkbar waren. Nach der Systematik sowie dem Sinn und Zweck des Gesetzes kann sich der befristete Arbeitsvertrag mit einer studentischen Hilfskraft nach § 57b Abs. 4 HRG nicht verlängern, da es hier nicht um deren wissenschaftliche oder künstlerische Qualifizierung geht. Die Qualifizierung der studentischen Hilfskräfte erfolgt vorrangig durch ihr Studium (insoweit zutr. *Hailbronner/Geis-Waldeyer* Rz 13).

4a Befristungen **jenseits der Vierjahresfrist** können mit **sachlichem Grund** nach § 14 Abs. 1 TzBfG abgeschlossen werden (Hochschulhdb-*Löwisch/Wertheimer* VII Rz 214 ff.). §§ 57a, 57b HRG sprechen die studentischen Hilfskräfte zwar nicht ausdrücklich an. Es kann jedoch weder aus der gesetzlichen Systematik noch aus der Gesetzgebungsgeschichte abgeleitet werden, dass die Arbeitsverhältnisse der studentischen Hilfskräfte nicht erneut nach allgemeinen Befristungsregeln befristet werden dürfen (so aber *Hailbronner/Geis-Waldeyer* Rz 18). Bei dieser Personengruppe handelt es sich letztlich um »wissenschaftliche Hilfskräfte« ohne Studienabschluss (vgl. KR-*Lipke* § 57a HRG Rz 31), die sich in den Rechtsfolgen von den wissenschaftlichen und künstlerischen Hilfskräften nur durch eine privilegierende Nichtanrechnungsregelung unterscheiden. Diese weitere Befristung zB zur vorübergehenden Aushilfe, § 14 Abs. 1 Nr. 1, ist dann allerdings auf eine spätere Qualifizierungsphase nach § 57b Abs. 1 HRG anzurechnen, und zwar gem. § 57b Abs. 2 S. 2 HRG.

5 Sofern studentische Hilfskräfte (zB im Bereich der Medizin) bereits an ihrer Promotion arbeiten, stellt sich die Frage, ob die **Promotionszeiten, die vor dem Abschluss der Erstausbildung liegen**, bei der Berechnung der Höchstbefristungsdauer **zu berücksichtigen** sind (so bei wissenschaftlichen Mitarbeiterinnen und Mitarbeitern sowie wissenschaftlichen Hilfskräften; BT-Drs. 14/6853 S. 33; vgl. KR-*Lipke* § 57b HRG Rz 38 ff.) **oder** insoweit die **Sonderregelung in § 57e S. 2 HRG** Vorrang genießt. Zwar ist das Haupttätigkeitsfeld studentischer Hilfskräfte in der unentbehrlichen **Zuarbeit im Forschungsbetrieb** zu sehen (insbes. Sammlung von Material, Anfertigung von Fotokopien, Korrekturarbeiten, Unterstützung der wissenschaftlichen Mitarbeiter und Professoren bei ihren Hauptaufgaben); dennoch kann die studiennahe Beschäftigung nicht nur eine wesentliche Förderung des Studiums, sondern daneben eine Nachwuchs- und Qualifikationsförderung bedeuten (zutr. *Preis* in: *Dieterich/Preis* Gutachten, S. 64 f.). Das wird daran deutlich, dass auch studentische Hilfskräfte in einem **Privatdienstvertragsverhältnis** beschäftigt werden dürfen (§ 57c HRG 2004; KDZ-*Däubler* Rz 2).

6 Die Herausnahme der studentischen Hilfskräfte aus der Anrechnungsregelung des § 57b Abs. 1 HRG ist deshalb dahin zu verstehen, dass **Promotionszeiten als studentische Hilfskraft nur auf die Vierjahresfrist des § 57e S. 1**, nicht aber auf die Sechsjahresfrist des § 57b Abs. 1 S. 1 und 2 HRG **anzurechnen sind.** Eine von Sinn und Zweck geleitete systematische Auslegung führt dazu, dass entgegen den allgemeinen Erwägungen in der Gesetzesbegründung (BT-Drs. 14/6853 S. 33) **Promotionszeiten als studentische Hilfskraft** auf die höchstzulässige Zwölf- bzw. Fünfzehn-Jahresgrenze **keine Anrechnung finden**. Die Regelung in § 57b Abs. 2 HRG, die alle befristeten Arbeitsverhältnisse mit mehr als einem Viertel der regelmäßigen Arbeitszeit zur Anrechnung bringen will, spricht nicht gegen diese Auslegung, da sie auf dessen Abs. 1 verweist, der seinerseits nach § 57e S. 2 HRG für eine Bestimmung der Befristungsdauer studentischer Hilfskräfte nicht herangezogen werden kann. Diese Erwägungen können zu nunmehr zulässigen eigenständigen Landesvorschriften führen (BT-Drs 15/4132 S. 20 f.).

§ 57f Erstmalige Anwendung

(1) Die §§ 57a bis 57e in der ab 31. Dezember 2004 geltenden Fassung sind auf Arbeitsverträge anzuwenden, die seit dem 23. Februar 2002 abgeschlossen wurden. Für vor dem 23. Februar 2002 an staatlichen und staatlich anerkannten Hochschulen sowie an Forschungseinrichtungen im Sinne des § 57d abgeschlossene Arbeitsverträge gelten die §§ 57a bis 57e in der vor dem 23. Februar 2002 geltenden Fassung fort. Satz 2 gilt entsprechend für Arbeitsverträge, die zwischen dem 27. Juli 2004 und dem 31. Dezember 2004 abgeschlossen wurden.
(2) Der Abschluss befristeter Arbeitsverträge nach § 57b Abs. 1 Satz 1 und 2 mit Personen, die bereits vor dem 23. Februar 2002 in einem befristeten Arbeitsverhältnis zu einer Hochschule, einem Hochschulmitglied im Sinne von § 57c oder einer Forschungseinrichtung im Sinne von § 57d standen, ist auch nach Ablauf der in § 57b Abs. 1 Satz 1 und 2 geregelten jeweils zulässigen Befristungsdauer mit einer Laufzeit bis zum 29. Februar 2008 zulässig. Satz 1 gilt entsprechend für Personen, die vor dem 23. Februar 2002 in einem Dienstverhältnis als wissenschaftlicher oder künstlerischer Assistent standen. § 57b Abs. 4 gilt entsprechend.

Erstmalige Anwendung § 57f HRG

Inhaltsübersicht

		Rz			Rz
I.	Gesetzeszweck	1-4	1.	Wiederaufnahme der arbeitsrechtlichen Regelungen des 5. HRGÄndG	5-7
	1. Folgenregelung nach der Entscheidung des BVerfG vom 27.7.2004	1-3	2.	Geltung des 4. HRGÄndG	8, 9
	2. Betroffene Personengruppen	4	3.	Laufzeitverlängerung	10-12
II.	Rechtsfolgen	5-12	III.	Gesetzgebungskompetenz, Rückwirkung und Vertrauensschutz	13-16

I. Gesetzeszweck

1. Folgenregelung nach der Entscheidung des BVerfG vom 27.7.2004

Mit der einschränkungslosen **Nichtigkeitserklärung** des **Fünften Änderungsgesetzes** des Hochschulrahmengesetzes und anderer Vorschriften (5. HRGÄndG) v. 16. Februar 2002 (BGBl. I S. 693) durch die Erkenntnis des **BVerfG** v. 27.7.2004 (NJW 2004, 2803) entstand die Notwendigkeit die Rechtsgrundlagen für die inzwischen abgeschlossenen befristeten Arbeitsverträge zu erneuern. Außerdem war Bedarf an Übergangsregelungen für die unter der Geltung des **4. HRGÄndG** v. 20. August 1998 (BGBl. I S. 2190) und zuvor geschlossenen Befristungen im Hochschul- und Forschungsbereich. Schließlich hatte das BVerfG als **Torso** die Regelungen des **6. HRGÄndG** v. 8. August 2002 (BGBl. I S. 3138) in § 57f Abs. 2 und 3 HRG aF stehen lassen, die sich mit ergänzenden Übergangsregelungen zum 5. HRGÄndG befassen. Als weiteres Problem war zu lösen, wie die nach der Entscheidung des BVerfG in der Zeit v. 27. Juli 2004 bis zum Inkrafttreten des HdaVÄndG v. 27.12.2004 (BGBl. I S.3835) am 30. Dezember 2004 vereinbarten Befristungen zu behandeln sind. Zur Kritik der verfassungsgerichtlichen Nichtigkeitserklärung vgl. *Dieterich/Preis* NZA 2004,1241; *Löwisch* NZA 2004, 1065 und *Kortstock* ZTR 2004,558. Vgl im Übrigen KR-*Lipke* § 57a HRG Rz 12 ff.

Die verfassungsgerichtliche Nichtigkeitserklärung setzte ohne Zutun des Gesetzgebers das HRG in seiner Fassung vor dem **23.2.2002** sowie das FFVG (Forschungseinrichtungen; vgl *Lipke* KR, 6. Aufl. Nachtrag HRG § 57a Rz 1, 26) wieder in Geltung. Damit standen zuvor und danach geschlossene befristete Arbeitsverträge im Anwendungsbereich des 5. HRGÄndG vor der Prüfung, ob sie die **schärferen Voraussetzungen nach der früheren Rechtslage** erfüllten. Dazu zählten die Notwendigkeit eines Sachgrundes und die Einhaltung des Zitiergebotes (vgl dazu *Lipke* KR, 5. Aufl. § 57b HRG Rz 3 ff., 59 ff.). Ein Rückgriff auf § 14 TzBfG war vor dem Hintergrund des einzuhaltenden Zitiergebots ebenfalls fraglich (*LAG Düsseld.* 6.6.2005 LAGE § 620 BGB 2002 Hochschulen Nr. 2); ein Rückgriff auf § 313 BGB – Wegfall oder Änderung der Geschäftsgrundlage (*Löwisch* aaO 1069f.; *Preis* NJW 2004, 2782, 2785 f.; *Müller* AuR 2004, 401 f.) – scheitert daran, dass die rechtliche Grundlage, der Arbeitsvertrag, und die gesetzliche Grundlage, das durch das BVerfG wieder in Geltung gesetzte dem 5. HRGÄndG vorangehende Gesetzesrecht zur Verfügung stand, und ein beiderseitiger Rechtsirrtum bei Vertragsabschluss dem nicht gleichzusetzen ist (zutr. *Kortstock* aaO 561; *Annuß/Thüsing-Lambrich* § 23 TzBfG Rz 83).

Um der deshalb zu befürchtenden **massenhaften Entfristung** von Zeitverträgen im Hochschul- und Forschungsbereich entgegenzuwirken und Rechtssicherheit zu schaffen, sah sich der Gesetzgeber veranlasst im Grundsatz den **arbeitsrechtlichen Rechtszustand wiederherzustellen**, den das 5. HRGÄndG geschaffen hatte (BT-Drs. 15/4132 S. 22 f.). Dabei wurden auch die vom BVerfG übersehenen Regelungen des 6. HRGÄndG mit eingebunden (*Lambrich* aaO Rz 84; *LAG RhPf* 24.2.2005 NZA-RR 2005, 444). Die dortige klarstellende Übergangsregelung für wissenschaftliche und künstlerische Mitarbeiterinnen und Mitarbeiter (einschließlich der wissenschaftlichen und künstlerischen Assistentinnen und Assistenten) sowie für Hilfskräfte ermöglichte – ungeachtet des ansonsten einzuhaltenden Höchstzeitrahmens – die befristete Weiterbeschäftigung bis zum 28. Februar 2005. Um die mit der Wiederinkraftsetzung des 5. HRGÄndG verbundenen Schwierigkeiten zu mildern, öffnet der Gesetzgeber dieses **Zeitfenster** für die genannten Personengruppen ein weiteres Mal bis zum **29. Februar 2008**. Der Gesetzgeber begründet diese Maßnahme damit, dass er – unter Hinweis auf Empfehlungen des Wissenschaftsrates – einen Bedarf für weitergehende befristete Einsatzmöglichkeiten im Hochschul- und Forschungsbereich erkennt, die er bis zu einer gesetzlichen Regelung dauerhafter Beschäftigungsmöglichkeiten nach der Qualifizierungsphase hiermit vorläufig befriedigen will (BT-Drs. 15/4132 S. 23).

2. Betroffene Personengruppen

Juniorprofessoren im Arbeitsverhältnis unterfallen ebenfalls der Übergangsregelung, da – vorbehaltlich ländergesetzlicher Regelungen im Beamtenrecht – das HdaVÄndG weiterhin auf sie Anwendung findet (§§ 48, 50 Abs. 4 HRG; ErfK-*Müller-Glöge* Rz 11). Erfasst sind weiter die wissenschaftlichen und künstlerischen **Mitarbeiter**, die wissenschaftlichen und künstlerischen **Hilfskräfte** und die studentischen Hilfskräfte, unabhängig davon ob sie an einer staatlichen Hochschule, einer staatlich anerkannten Hochschule oder einer Forschungseinrichtung beschäftigt sind oder waren. Erfasst werden schließlich ebenso die mit einem Hochschulmitglied geschlossenen sog. **Privatdienstverträge**. Der Gesetzgeber hat ferner auch die Gruppe der früher üblichen wissenschaftlichen und künstlerischen **Assistenten** im Auge, die durch die Kategorie der wissenschaftlichen Mitarbeiter und der Juniorprofessoren abgelöst werden sollten (BT-Drs. 15/4132 S. 23; *Lipke* KR, 7. Aufl. § 57a Rz 23b). Nicht betroffen sind die im **Beamtenverhältnis** stehenden Mitarbeiter in Wissenschaft und Forschung sowie der Kreis der Verwaltungsangestellten und technischen Mitarbeiter. Letzterer unterliegt im Falle der Befristung allein dem TzBfG (KR-*Lipke* § 57a Rz 45 f.).

II. Rechtsfolgen

1. Wiederaufnahme der arbeitsrechtlichen Regelungen des 5. HRGÄndG

5 Der Gesetzgeber hat aufgrund seiner konkurrierenden Gesetzgebungskompetenz aus Art. 74 Nr. 12 GG die arbeitsrechtlichen Bestimmungen erneuert. Er war nicht auf den Erlass von Rahmenvorschriften beschränkt, da das Zeitvertragsrecht nicht die allgemeinen Grundsätze des Hochschulwesens erfasst (BAG 21.6.2006 EzA § 620 BGB 2002 Hochschulen Nr. 2). Im Interesse der Rechtssicherheit hat er das »**Arbeitsrechtsmodell**« des 5. HRGÄndG »wiederaufleben« lassen (BT-Drs. 15/4132 S. 23). Da es auch im Hochschulbefristungsrecht nach allgemeinen Regeln bei der Prüfung der Rechtsbeständigkeit der Befristung nur auf den letzten Befristungsabschluss ankommt, ist daher zu diesem Zeitpunkt abzustellen, um die einschlägige Übergangsregelung anzuwenden (BAG 21.6.2006 aaO). Demzufolge finden auf die im Zeitraum v. **23.2.2002 bis zur Verkündung der Entscheidung des BVerfG v. 27.7.2004** (§ 31 BVerfGG) geschlossenen befristeten Arbeitsverträge die erneuerten Befristungsregelungen der §§ 57a ff. HRG idF des HdaVÄndG wieder Anwendung (ErfK-*Müller-Glöge* Rz 10). Dies umfasst nicht nur das für nichtig erklärte und »wiederaufgelebte« 5. HRGÄndG, sondern ebenso das vom BVerfG nicht angetastete 6. HRGÄndG v. 8. August 2002 (BAG 21.6.2006 aaO; LAG RhPf 24.2.2005 NZA-RR 2005, 444). Zum Inhalt des 6. HRGÄndG *Lipke* KR, Nachtrag 6. Aufl. § 57f HRG Rz 2 ff.

6 Das BAG hat daher in seiner Entscheidung v. 21.6.2006 (EzA § 620 BGB 2002 Hochschulen Nr. 2) einen zuletzt im Februar 2003 für die Zeitspanne v. 1. April 2003 bis 31. März 2004 geschlossenen befristeten Arbeitsvertrag eines an der Hochschule seit 1987 in mehreren Zeitverträgen und zwischendurch im Zeitbeamtenverhältnis stehenden habilitierten Mathematikers als rechtsbeständig angesehen. Dabei hat es im Anschluss an die Gesetzesmaterialien zum **6. HRGÄndG** (BT-Drs. 14/8878, S. 6) herausgearbeitet, dass es sich mit dem bezweckten erleichterten Übergang vom alten zum neuen Zeitvertragsrecht an den Hochschulen und Forschungseinrichtungen nicht verträgt, wenn die am 8. August 2002 eingefügten Vorschriften des **§ 57f Abs. 2 und 3 HRG aF** nur auf Arbeitsverhältnisse angewendet werden dürften, die bei Fortgeltung des vor dem 23.2.2002 bestehenden HRG noch nach diesem Zeitpunkt hätten weiterbefristet werden können. Dem ist zuzustimmen, da ansonsten das durch das 6. HRGÄndG angestrebte Ziel, mehr **Rechtssicherheit** und **Transparenz** für Betroffene und die Personalverwaltungen zu schaffen, im Nachhinein verfehlt würde.

2. Geltung des 4. HRGÄndG

8 Für **Befristungen**, die zwischen dem **27.7.2004 und dem 31.12.2004** sowie **vor dem 23.2.2002 geschlossen** wurden, ordnen die Sätze 2 und 3 des Abs. 1 die Anwendung des vor dem 23.2.2002 geltenden HRG an. Da die einzelnen Befristungsspannen idR 3 Jahre nicht überschreiten, ist deshalb – von vereinzelten Ausnahmen abgesehen – das HRG idF des **4. HRGÄndG** v. 20.8.1998 (BGBl. I S. 2190) und parallel dazu das **FFVG** für die Forschungseinrichtungen auf diese Befristungen anzuwenden. Zum Inhalt dieser Bestimmungen, die noch sachgrundbezogene Befristungen und die strikte Einhaltung des Zitiergebots erforderten, wird auf die Kommentierung *Lipke* KR, 5. Aufl. §§ 57a ff. verwiesen.

9 Die Handhabung dieser Befristungen erweist sich als schwierig, da in den Verwaltungen nach vorher gegenteiliger Übung insbes. **bei Abschlüssen nach dem 27.7.2004** das strenge **Zitiergebot** des § 57b Abs. 5 in Fassung des 4. HRGÄndG wohl nicht immer eingehalten worden ist (*Annuß/Thüsing-Lambrich* § 23 TzBfG Rz 86). Ein Rückgriff auf das **TzBfG** ist in diesen Fällen zwar möglich (§ 57b Abs. 2 S. 3 HRG), dürfte indessen nicht immer gelingen (vgl hierzu LAG Düsseld. 10.2.2006 – 9(8)Sa 98/05). Ein

Erstmalige Anwendung § 57f HRG

Ausweg bietet § 57f Abs. 2 nF insoweit nur für die **Altfälle** an, deren letzte Befristung aus der Zeit vor dem 23.2.2002 stammt. Hier kann die Befristung bis zum **29. Februar 2008** verlängert werden. Mit der neuen befristeten Verlängerung ist dann das HRG idF des HdaVÄndG uneingeschränkt anwendbar.

3. Laufzeitverlängerung

Die im 6. HRGÄndG v. 8. August 2002 (BGBl. I S.3138) vorgesehenen Laufzeitverlängerungsmöglichkeiten für wissenschaftliche und künstlerische Mitarbeiter sowie für wissenschaftliche Hilfskräfte bis zum 28. Februar 2005 hat der Gesetzgeber noch einmal erweitert. Um den **erneuten Übergang auf das neue Befristungsrecht zu erleichtern** ist der **Befristungsrahmen** des § 57b HRG für den genannten Personenkreis einmalig **bis zum 29. Februar 2008** ausgedehnt worden. Davon zieht aber nur die Arbeitnehmergruppe den Nutzen, die bereits vor dem 23.2.2002 in einem befristeten Arbeitsverhältnis zur Hochschule oder Forschungseinrichtung standen (ErfK-*Müller-Glöge* Rz 12). Zum Hintergrund der Regelung s.o. Rz 3. 10

Die Laufzeitverlängerung umfasst zusätzlich zu dem soeben genannten Personenkreis die Gruppe der angestellten **wissenschaftlichen und künstlerischen Assistentinnen und Assistenten** (Abs. 2 S. 2), die regelmäßig inzwischen von der Gruppe der wissenschaftlichen und künstlerischen Mitarbeiterinnen und Mitarbeiter abgelöst worden ist. Über den 29. Februar 2008 hinaus kann es zu nochmals verlängerten Befristungen bei der entsprechenden Anwendung des **§ 57b Abs. 4 HRG** kommen. Über Verlängerungstatbestände wie Beurlaubungen, Auslandsaufenthalte, Elternzeiten usw. kann deshalb die Bestimmung des Abs. 2 bis nach 2010 von Bedeutung sein. 11

Anders als nach dem 6. HRGÄndG v. 8. August 2002 (BGBl. I S. 3138), das in der erweiterten Übergangsregelung des § 57f Abs. 3 eine Sonderregelung zu den **studentischen Hilfskräften** traf und deren befristete Weiterbeschäftigung bis zum 28. Februar 2003 eröffnete (*Lipke* KR, 7. Aufl. Rz 5), hat der Gesetzgeber von einer erneuten Aufstockung der Befristungsfortsetzung abgesehen (ErfK-*Müller-Glöge* Rz 12). Das ist konsequent, da die bis zum 28. Februar 2003 bereits auf maximal 5 Jahre verlängerte Zeitspanne nicht noch einmal erweitert werden musste. Dem Ziel eines beschleunigten Studiums ist nicht damit gedient, dass befristete Teilzeitbeschäftigungen neben dem Studium oder nach Erwerb des Masterabschlusses grenzenlos angeboten werden. Im Übrigen zieht sich der Bundesgesetzgeber bewusst aus diesem Feld zurück und überlässt Regelungen hierzu dem Landesgesetzgeber (vgl BT-Drs. 15/4132 S. 15). Das BAG hat zur Berechnung der Vierjahresfrist des § 57e ohnehin befristete Vorbeschäftigungszeiten nach dem HRG vor dem 23.2.2002 unberücksichtigt gelassen (*BAG* 20.4.2005 NJW 2005, 2876 = EzBAT SR 2y BAT Nr. 4; vgl auch KR-*Lipke* § 57e HRG Rz 1b). 12

III. Gesetzgebungskompetenz, Rückwirkung und Vertrauensschutz

Die Instanzgerichte sind nach der Nichtigkeitsentscheidung des *BVerfG* v. 27.7.2004 (aaO) sehr schnell mit Entfristungsklagen aus dem Hochschulbereich befasst worden, die sich entweder auf die **fehlende Befristungsgrundlage** stützten oder die verschärften **Befristungsvoraussetzungen des Rechts vor dem 23.2.2002** als nicht erfüllt ansahen. Außerdem wurde die **Verfassungsmäßigkeit der rückwirkenden Inkraftsetzung** der gesetzlichen Bestimmungen des 5. HRGÄndG bezweifelt (*LAG RhPf* 24.2.2005 NZA-RR 2005; 444; *ArbG Bln*. 11.5.2005 LAGE § 620 BGB 2002 Hochschulen Nr. 1; *LAG Düsseld*. 6.6.2005 LAGE § 620 BGB 2002 Hochschulen Nr. 2; 14.6.2005 – 6 Sa 362/05 –; *LAG Hamm* 24.11.2005 EzA-SD 2006, Nr. 1, 8; *Hess. LAG* 7.12.2005 – 2 Sa 629/05; *LAG Düsseld*. 4.1.2006 LAGE § 620 BGB 2002 Nr. 4; *Sächs. LAG* 30.1.2006 – 3 Sa 664/05; *LAG Hamm* 30.3.2006 – 11 Sa 1729/05). Die Instanzgerichte haben durchgehend die echte Rückwirkung für verfassungsgemäß erachtet und einen entgegenstehenden **Vertrauensschutz** der betroffenen Mitarbeiter verneint. 13

Das BAG hat diese Einschätzung mit seiner Entscheidung v. 21.6.2006 (EzA § 620 BGB 2002 Hochschulen Nr. 2) bestätigt und damit auch die neue Übergangsregelung in § 57f abgesegnet. Es hat die Gesetzgebungskompetenz des Bundes für den arbeitsrechtlichen Teil des HRG unter Hinweis auf **Art 74 Nr. 12 GG** bekräftigt und darauf hingewiesen, dass es auf diesem arbeitsrechtlichen Feld um eine Ausgestaltung des nach **Art. 12 Abs. 1 GG** gewährleisteten Bestandsschutzes von Arbeitsverhältnissen im Hochschul- und Forschungsbereich geht. Die im 6. HRGÄndG und im HdaVÄndG enthaltenen Änderungen des Befristungsrechts sind darüber hinaus nach **Art. 72 Abs. 2 GG** zur **Herstellung gleichwertiger Lebensverhältnisse und zur Wahrung der Wirtschaftseinheit** erforderlich. Die Einschätzungsprärogative hierzu sieht das BAG beim Bundesgesetzgeber und unterlegt dies mit entsprechenden Ausführungen des BVerfG in seiner HRG-Entscheidung v. 27.7.2004 (aaO). Die Annahme des Bundes- 14 gesetzgebers, die notwendige Fluktuation zwischen den Bildungseinrichtungen im HRG-Geltungsbereich erfordere eine **bundeseinheitliche Regelung**, sei mithin nicht zu beanstanden.

15 § 57f Abs. 1 HRG idF des HdaVÄndG enthält eine echte Rückwirkung und berührt deshalb das sich aus Art. 12 GG iVm Art. 20 Abs. 3 GG (Rechtsstaatsprinzip) ergebende Rückwirkungsverbot. In einem solchen Fall ist der **Grundsatz des Vertrauensschutzes** der Rechtsunterworfenen zu beachten, die darauf setzen können, dass sie nicht nachträglich einer bisher nicht geltenden Belastung unterworfen werden. Doch findet der Grundsatz des Vertrauensschutzes im **Rückwirkungsverbot** nicht nur seinen Grund sondern ebenso seine **Grenze** (*BAG* 21.6.2006 aaO; *BVerfG* 25.5.1993 BVerfGE 88, 384, 404). Das Rückwirkungsverbot gilt nämlich dort nicht, wo sich ausnahmsweise kein Vertrauen auf den Bestand des geltenden Rechts bilden konnte. Davon ist das BAG mit der Erwägung ausgegangen, dass der Kläger des entschiedenen Verfahrens nicht auf die Fortgeltung des durch die Entscheidung des BVerfG v. 27.7.2004 eingetretenen früheren, für ihn günstigeren Rechtszustands vertrauen konnte, vielmehr damit rechnen musste, dass der Gesetzgeber etwas unternahm, um die dauerhafte Unwirksamkeit der bis zu diesem Zeitpunkt abgeschlossenen Befristungsabreden zu vermeiden.

16 Durch die zeitnahe Neuregelung hat sich schließlich die Rechtslage für den Kläger des Verfahrens nicht verschlechtert, da der »alte« Rechtszustand wiederhergestellt wurde. Mit der in Abs. 1 **eindeutig rückwirkenden Erstreckung** der Regelung auf die **zwischen dem 23.2.2002 und 27.7.2004 geschlossenen befristeten Arbeitsverträge** wird für diese gleichzeitig die **Fiktionswirkung aus § 16 S. 1 TzBfG** außer Kraft gesetzt (*BAG* 21.6.2006 aaO). Dieser Rechtsauffassung des BAG ist beizutreten, nicht nur weil sie inhaltlich überzeugt, sondern weil sie alternativlos ist. Jede andere Lösung würde die deutsche Hochschul- und Forschungslandschaft auf Jahre lähmen, da die Bildungseinrichtungen auf unabsehbare Zeit die gewünschte personelle Fluktuation im Wissenschafts- und Forschungsbereich angesichts Tausender unbefristeter Arbeitsverträge im sog. akademischen Mittelbau nicht mehr gewährleisten könnten.

Insolvenzordnung (InsO)

vom 5. Oktober 1994 (BGBl. I S. 2866).
Zuletzt geändert durch Gesetz vom 22. Dezember 2006
(BGBl. I S. 3416)

§ 113 Kündigung eines Dienstverhältnisses
[1]Ein Dienstverhältnis, bei dem der Schuldner der Dienstberechtigte ist, kann vom Insolvenzverwalter und vom anderen Teil ohne Rücksicht auf eine vereinbarte Vertragsdauer oder einen vereinbarten Ausschluß des Rechts zur ordentlichen Kündigung gekündigt werden. [2]Die Kündigungsfrist beträgt drei Monate zum Monatsende, wenn nicht eine kürzere Frist maßgeblich ist. [3]Kündigt der Verwalter, so kann der andere Teil wegen der vorzeitigen Beendigung des Dienstverhältnisses als Insolvenzgläubiger Schadenersatz verlangen.

Literatur

– bis 2004 vgl. KR-Vorauflage –
Baldringer/Jordans Altersteilzeit in der Insolvenz, Betriebsübergang und Sicherung von Wertguthaben, AuR 2005, 429; *Berenz* Schutz bei Insolvenz, AuA-Personal 2005, 488; *Boemke* Schwerbehinderung und Namensliste in der Insolvenz, NZI 2005, 209; *Danko/Cramer* Arbeitsrechtliche Aspekte einer Betriebsveräußerung in der Insolvenz, BB-Special 4/2004, 9; *Diller/Yalcin* Das arbeitsgerichtliche Verfahren bei plötzlicher Insolvenz des Arbeitgebers, FA 2006, 98; *Gerhardt* Die Kündigung von Arbeitsverhältnissen durch den vorläufigen Insolvenzverwalter, FS Heinze 2005, S. 221; *Heinrich* Zweimal Insolvenzgeld oder Insolvenzplan auf Risiko der Arbeitnehmer?, NZI 2006, 83; *Knospe* Die Verpflichtung zum Insolvenzschutz für Vertragsparteien einer Wertguthabenvereinbarung im Rahmen flexibler Arbeitzeitgestaltung, NZA 2006, 187; *Kovács/Koch* Insolvenzsicherung nach dem Altersteilzeitgesetz ab dem 1.7.2004, NZI 2004, 415; *Lembke* Umstrukturierung in der Insolvenz unter Einschaltung einer Beschäftigungs- und Qualifizierungsgesellschaft, BB 2004, 773; *Perreng* Insolvenzsicherung von Arbeitszeitkonten, FA 2005, 333; *Peters-Lange/Gagel* Arbeitsförderungsrechtliche Konsequenzen aus § 1a KSchG, NZA 2005, 740; *Podewin* Die Insolvenzsicherung von Wertguthaben in Arbeitzeitkonten – Parallelen und Unterschiede von § 7d SGB IV und § 8a AltTZG, RdA 2005, 295; *Rieger/Philipp* Zur Zeugniserteilungspflicht des Insolvenzverwalters, NZI 2004, 190; *Stiller* Der Zeugnisanspruch in der Insolvenz des Arbeitgebers, NZA 2005, 330; *ders.* Der Abfindungsanspruch nach § 1a KSchG in der Insolvenz des Arbeitgebers, NZI 2005, 77; *Wellensiek* Probleme bei der Betriebsveräußerung aus der Insolvenz, NZI 2005, 603.

Inhaltsübersicht

	Rz
A. Vorbemerkungen	1–11
I. Reformwerk InsO	1–2
II. Arbeitsverhältnis in der Insolvenz	3–7
1. Einleitung des Insolvenzverfahrens	3
2. Insolvenzeröffnungsverfahren	4–5
3. Eröffnung des Insolvenzverfahrens	6–7
4. Internationales Insolvenzrecht	7a
III. Kündigung und andere Beendigungsgründe	8–11
B. Erläuterungen	12–120
I. Sachlicher Anwendungsbereich des § 113 InsO	12–21
1. Dienstverhältnis (§ 113 S. 1)	12–13
2. Andere Dienstverhältnisse iSd § 113 S. 1	14–17
3. Nicht angetretene Dienstverhältnisse	18
4. Dienstverhältnisse des Insolvenzverwalters	19–21
II. Kündigung des Dienstverhältnisses gem. § 113 S. 1 und 2 InsO	22–79
1. Aufbau der Kündigungsregelung	22
2. Unabdingbarkeit der Kündigungsregelung gem. § 113 InsO	23
3. Verfassungsmäßigkeit der Kündigungsregelungen gem. § 113 InsO	24–25
4. Ausübung und Form der Kündigung (§ 113 S. 1)	26–31
5. Kündigungsfristen (§ 113 S. 2)	32–45
a) Höchstfrist	32
b) Maßgebliche kürzere Kündigungsfrist	33–34
c) Gesetzliche Kündigungsfristen	35–36
d) Tarifvertragliche Kündigungsfristen	37–38
e) Kündigungsfristen gem. Arbeitsvertrag	39
f) Unkündbarkeitsklausel	40–43
g) Befristete Arbeitsverträge	44–45
h) Kündigungsfrist bei Nachkündigung	46

	Rz		Rz
6. Beschränkungen des ordentlichen Kündigungsrechts	47–64	2. Berechnung des Schadenersatzanspruchs	92–95
a) Kündigungsschutz der Betriebsratsmitglieder	48–54	3. Berufsausbildungsverhältnisse	96
b) Berufsausbildungsverhältnisse	55–57	4. Rechtsnatur des Schadenersatzanspruchs	97
c) Schwerbehindertenschutz	58–60	5. Anrechnung auf das Arbeitslosengeld	98
d) Mutter- und Elternzeitschutz	61–62	6. Schadenersatz	
e) Wehrdienstleistende	63	gem. § 628 Abs. 2 BGB	99
f) Parlamentarier	64	V. Weitere Ansprüche und Folgen	
7. Allgemeiner Kündigungsschutz in der Insolvenz	65–76	der Kündigung gem. § 113 InsO	100–120
a) Geltung des KSchG	65–69	1. Insolvenzrechtliche Einordnung von Ansprüchen	100
b) Kündigungsgründe	70–71a	2. Entgeltansprüche	101–103
c) Soziale Auswahl	72	3. Abfindungsanspruch gemäß § 1a KSchG	103a
d) Kündigung aus wichtigem Grund durch den Insolvenzverwalter	73–75	4. Abfindungen aus Vereinbarung und gem. § 9 KSchG	104–106a
e) Massenentlassungen	76	5. Sozialplanabfindungen gem. §§ 123, 124 InsO	107–109
8. Betriebsübergang gem. § 613a BGB	77	6. Ansprüche aus der betrieblichen Altersversorgung	110–111
9. Beteiligungsrechte des Betriebsrats in der Individualkündigung	78–79	7. Wettbewerbsabreden	112–114
		8. Jahressonderzahlung	115
10. Kündigung durch den Arbeitnehmer	80–81	9. Urlaubsanspruch	116–117
III. Kündigungsschutzklage	82–87	10. Zeugnis	118
IV. Schadenersatz	88–99	11. Geltendmachung von Ansprüchen	119–120
1. Voraussetzungen	88–91		

A. Vorbemerkungen

I. Reformwerk InsO

1 Gemäß § 1 S. 1 InsO dient das Insolvenzverfahren dazu, die Gläubiger eines Schuldners gemeinschaftlich zu befriedigen, indem das Vermögen des Schuldners verwertet und der Erlös verteilt oder in einem Insolvenzplan eine abweichende Regelung insbesondere zum Erhalt des Unternehmens getroffen wird. Mit dieser Zielrichtung der mit Wirkung vom 1. Januar 1999 in Kraft getretenen InsO soll dem vormals eingetretenen Konkurs der KO vom 10.2.1877 (vgl. *Weigand* KR, 3. Aufl. § 22 KO Rz 3a) abgeholfen werden. Das Insolvenzverfahren nach der InsO soll eine **marktkonforme Insolvenzbewältigung** ermöglichen (Begr. zum Gesetzentwurf, BT-Drucks. 12/2443, S. 77). Im Rahmen marktwirtschaftlich sinnvoller Sanierungen soll das gerichtliche Insolvenzverfahren nicht dazu dienen, das Arbeitsplatzinteresse der Arbeitnehmer gegenüber Rentabilitätsgesichtspunkten durchzusetzen (Begr. ebenda, S. 76). In der InsO werden daher die Gläubigerrechte der Arbeitnehmer, das Recht auf Kündigungsschutz und die betriebsverfassungsrechtlichen Mitwirkungs- und Mitbestimmungsrechte der Arbeitnehmer auf die Belange des Insolvenzverfahrens abgestimmt (Begr. ebenda, S. 96). Die weitgehende Beschränkung des allgemeinen Kündigungsschutzes nach Maßgabe der §§ 113, 120 ff. InsO könnte Veranlassung geben, zur rascheren Durchsetzung von Entlassungsvorhaben bei Betriebsänderungen den Weg über die Insolvenz zu nehmen (so *Löwisch* Vorbem. zu § 1 KSchG Rz 98). Zu Umstrukturierungsmöglichkeiten in der Insolvenz unter Einschaltung einer sog. Beschäftigungs- und Qualifizierungsgesellschaft vgl. *Lembke* BB 2004, 773.

2 Über das Reformwerk InsO war ca. 30 Jahre diskutiert worden. Auf dem 54. Deutschen Juristentag 1982 ist darüber verhandelt worden. Der Bundesminister der Justiz hatte 1985 und 1986 Berichte der von ihm berufenen Kommission für Insolvenzrecht vorgelegt und 1988 und 1989 Diskussionsentwürfe für eine Insolvenzordnung veröffentlicht. Nach einem Referentenentwurf vom November 1989 folgte 1991 der Regierungsentwurf einer Insolvenzordnung (BT-Drucks. 12/2443 v. 15.4.1992). Am 21.4.1992 hat der Deutsche Bundestag den Regierungsentwurf in einer aufgrund der Beschlussempfehlung und des Berichts des Rechtsausschusses – BT-Drucks. 12/7302 – modifizierten Fassung angenommen (s. BR-Drucks. 336/94). Gemäß Art. 110 des am 17.6.1994 vom Deutschen Bundestag verabschiedeten Ein-

führungsgesetzes zur Insolvenzordnung (EGInsO) vom 5.10.1994 (BGBl. I 1994 S. 2911) ist die **InsO** vom 5.10.1994 (BGBl. I 1994 S. 2866) am **1.1.1999 in Kraft getreten**. In einem Insolvenzverfahren, das nach dem 31.12.1998 beantragt wird, gilt die InsO auch für Rechtsverhältnisse und Rechte, die vor dem 1.1.1999 begründet worden sind (§ 104 EGInsO). Die im Verlauf des Novellierungsverfahrens unterbreiteten Vorschläge und Entwürfe haben eine breite Diskussion hervorgerufen (vgl. Nachw. bei *Schmid* S. 2 ff., 26 ff. sowie die rechtstatsächlichen Darlegungen S. 7 ff., 13 ff.). Der »Gravenbrucher Kreis« forderte die Abschaffung des § 613a BGB im Insolvenzverfahren als entscheidende Maßnahme zur Sanierung und Erhaltung von Betrieben und Arbeitsplätzen sowie die Beseitigung der zeitlichen Beschränkung des Gesetzes über den Sozialplan im Konkurs- und Vergleichsverfahren vom 20.2.1985 (BGBl. I S. 369). Zur Vermeidung von Kompetenzkonflikten bei grenzüberschreitenden Insolvenzverfahren ist das **Gesetz zur Neuregelung des Internationalen Insolvenzrechts** am **20. März 2003** in Kraft gesetzt worden (Gesetz vom 14. März 2003 BGBl. I S. 345; Reg. Entw. mit Begr. BT-Drucks. 15/16 v. 25.10.2002). Das Gesetz geht zurück auf die VO (EG) Nr. 1346/2000 des Rates über Insolvenzverfahren vom 29. Mai 2000 (ABlEG 160/2000 S. 1) (iE *Uhlenbruck* InsO Internationales Insolvenzrecht, B. S. 3150). Mit **Gesetz v. 24.12.2003** (BGBl. I S. 3002) ist **§ 113 Abs. 2 InsO**, in dem die insolvenzspezifische Klagefrist geregelt wurde, **aufgehoben** worden (Gesetzentwurf und Begr. BT-Drucks. 15/1204 v. 24.6.2003).

II. Arbeitsverhältnis in der Insolvenz

1. Einleitung des Insolvenzverfahrens

Die Eröffnung des **Insolvenzverfahrens** setzt einen **Antrag** eines Gläubigers oder des Schuldners (§ 13 InsO) sowie einen Grund (§ 16 InsO) voraus. Allgemeiner **Eröffnungsgrund** ist die Zahlungsunfähigkeit (§ 17 InsO), im Falle des Antrages des Schuldners reicht auch die drohende Zahlungsunfähigkeit (§ 18 InsO) bzw. im Falle einer juristischen Person die Überschuldung (§ 19 InsO) aus. Das Insolvenzgericht (vgl. § 2 InsO) kann im **Insolvenzeröffnungsverfahren** gem. § 21 Abs. 2 InsO als Sicherungsmaßnahmen u.a. einen vorläufigen Insolvenzverwalter bestellen oder dem Schuldner ein allgemeines Verfügungsverbot auferlegen oder anordnen, dass dessen Verfügungen nur mit Zustimmung des vorläufigen Insolvenzverwalters wirksam sind. Bestellt das Gericht einen **vorläufigen Insolvenzverwalter** (vgl. auch *Smid* NZA 2000, 113, 115; *Berscheid* ZInsO 1998, 9) und erlegt es dem Schuldner ein allgemeines Verfügungsverbot auf, so geht die Verwaltungs- und Verfügungsbefugnis über dessen Vermögen auf den vorläufigen Insolvenzverwalter über (sog. »starker« vorläufiger Insolvenzverwalter, vgl. *Smid* aaO). Wird kein Verfügungsverbot auferlegt, so bestimmt das Gericht die Pflichten des vorläufigen Insolvenzverwalters im Rahmen der Befugnisse gem. § 22 Abs. 1 S. 2 InsO. Falls keine Abweisung mangels Masse erfolgt, **eröffnet** das Gericht **durch Beschluss** das Insolvenzverfahren und **bestellt einen Insolvenzverwalter** (§ 27 Abs. 1 InsO).

2. Insolvenzeröffnungsverfahren

Während des **Insolvenzeröffnungsverfahrens** bleiben die **Rechte und Pflichten aus dem Arbeitsverhältnis zunächst unverändert**. Der vorläufige Insolvenzverwalter soll das Unternehmen regelmäßig bis zur Entscheidung der Gläubigerversammlung fortführen (§ 22 Abs. 1 S. 2 Nr. 1 und 2 InsO) und dabei lediglich die Werte sichern (vgl. auch *Gerhardt* FS Heinze S. 221). Das Arbeitsrecht gilt uneingeschränkt fort. **§ 113 InsO findet im Insolvenzeröffnungsverfahren noch keine Anwendung** (hM *BAG* 20.6.2002 EzA § 613a BGB Nr. 211; *Berscheid* Arbeitsverhältnisse Rz 508; KDZ-*Däubler* Rz 4; HK-*Irschlinger* Rz 4; FK-InsO/InsO/*Schmerbach* § 22 Rz 23; *Kübler/Prütting-Pape* § 22 InsO Rz 16; *Braun/Uhlenbruck* Unternehmensinsolvenz S. 241; *Schaub* DB 1999, 217, 220; ErfK-*Müller-Glöge* Rz 15; *Lakies* BB 1998, 2638; **aA** FK-InsO/InsO/*Eisenbeis* § 113 Rz 11; *Kübler/Prütting-Moll* Rz 24 ff.; *Caspers* Personalabbau Rz 519 ff.). Ebenso wenig wie die **kündigungsrechtlichen** so sind dem **vorläufigen (schwachen)** Insolvenzverwalter auch die **betriebsverfassungsrechtlichen Befugnisse** (§§ 113, 120 bis 122, 125 bis 128 InsO) durch die Regelung seiner Rechtsstellung nach § 22 InsO **nicht eingeräumt** worden, es sei denn, das Insolvenzgericht hat diese Befugnisse ausdrücklich eingeräumt (vgl. Kritik *Berscheid* ZIP 1997, 1569, 1580; ders. NZI 1999, 6, 9; Gravenbrucher Kreis ZIP 1997, 1091; Stellungnahme des Bundes der Richterinnen und Richter der Arbeitsgerichtsbarkeit vom 6.11.2000 an den Rechtsausschuss des Deutschen Bundestages). Der **Schuldner behält** gegenüber den Arbeitnehmern die **Arbeitgeberfunktion**, wenn das Gericht seine Verfügungsbefugnis lediglich unter einen Zustimmungsvorbehalt gestellt und die Arbeitgeberfunktion nicht ausdrücklich ausgeschlossen hat. Die vom Schuldner und vom vorläufigen Insolvenzverwalter gemeinsam unterzeichnete Betriebsratsanhörung gem. § 102 Abs. 1 BetrVG ist ordnungsgemäß; denn die Anhörung stellt – im Gegensatz zum Ausspruch der Kündigung – keine Verfügung iSd § 21 Abs. 2 Nr. 2 InsO dar, weil dadurch noch nicht unmittelbar auf das Arbeitsverhältnis eingewirkt wird (*BAG* 22.9.2005 EzA § 113 InsO Nr. 18). **Kündigt ein vorläufiger Insolvenzverwalter mit Verwaltungs- und Verfügungsbefugnis (starker Insolvenzverwalter)** die Arbeitsverhältnisse der beim Gemeinschuldner beschäftigten Arbeitnehmer wegen geplanter Betriebsstilllegung, ist die Kündigung im Außenverhältnis gegenüber dem Arbeitnehmer wirksam (*BAG* 27.10.2005 EzA § 22 InsO Nr. 1; *Uhlenbruck/Berscheid* § 22 InsO Rz 64; *Gerhardt* FS Heinze S. 221; **aA** *Hess. LAG* 1.11.2004 LAGE § 22 InsO Nr. 2; *LAG Düsseld.* 8.5.2003 LAGE § 22 InsO Nr. 1). Erfolgt die Kündigung gegen den Willen des Schuldners und überschreitet der vorläufige Insolvenzverwalter damit seine Befugnisse, hat er im Innenverhältnis als Sanktion Schadenersatzansprüche gem. § 60 InsO zu gewärtigen. Für eine vom vorläufigen (starken) Insolvenzverwalter ausgesprochene Kündigung eines Arbeitsverhältnisses gilt **nicht die verkürzte Kündigungsfrist des § 113 S. 2 InsO**. Auch liegen nicht die Voraussetzungen für eine analoge Anwendung des § 113 S. 2 vor (*BAG* 20.1.2005 EzA § 113 InsO Nr. 15; krit. *Bund Richter/innen Arbeitsgerichtsbarkeit* NZA 2004, IX).

5 Das Gericht kann gegenüber dem Schuldner aber auch gem. § 21 Abs. 2 Ziff. 2 InsO einzelne Verfügungsbefugnisse als Arbeitgeber unter den **Zustimmungsvorbehalt des vorläufigen Insolvenzverwalters** stellen. So könnte zB das Gericht die Befugnis zur Einstellung von Personal unter den Zustimmungsvorbehalt stellen, das Recht zur Kündigung von Arbeitsverhältnissen dagegen dem Schuldner allein belassen. Spricht das Insolvenzgericht ein **allgemeines Verfügungsverbot** gegenüber dem Schuldner aus, so geht die **Arbeitgeberfunktion auf den vorläufigen Insolvenzverwalter** über, der allein befugt ist, Kündigungen zu erklären, gegen den entsprechend auch Kündigungsschutzklagen zu richten sind. Stellt das Insolvenzgericht gem. § 21 Abs. 2 Ziff. 2 2. Alt. InsO Verfügungen des Schuldners über Gegenstände seines Vermögens unter den Zustimmungsvorbehalt des vorläufigen Insolvenzverwalters, so sind davon auch die Kündigungen von Arbeitsverhältnissen erfasst (*BAG* 10.10.2002 EzA § 21 InsO Nr. 1). Liegt die Einwilligung des vorläufigen Insolvenzverwalters vor, kann der gekündigte Arbeitnehmer die Kündigung nach §§ 182 Abs. 3, 111 S. 2 und 3 BGB zurückweisen, wenn ihm die Einwilligung nicht in schriftlicher Form vorgelegt wird (*LAG Düsseld.* 24.8.2001 LAGE § 21 InsO Nr. 1 Anm. *Uhlenbruck* abl.). An die Entscheidung des Insolvenzgerichts über die Verfügungsbefugnis des Schuldners sind die Gerichte für Arbeitssachen gebunden. Bei Unklarheiten im Anordnungsbeschluss können sie den Insolvenzrichter vernehmen (*Berscheid* Arbeitsverhältnisse Rz 506). Im Zweifel kann der gekündigte Arbeitnehmer nach der Regelung gem. § 174 S. 1 BGB die Vertretungsbefugnis des vorläufigen Insolvenzverwalters bestreiten und die Unwirksamkeit der Kündigung geltend machen (vgl. auch *BAG* 29.6.2000 EzA § 126 InsO Nr. 2 unter IV 2a; *Berscheid* ZInsO 1998, 9,12; KDZ-*Däubler* Rz 55). Zur Abgrenzung der Befugnisse des vorläufigen Insolvenzverwalters vgl. auch *BGH* 18.7.2002 – IX ZR 195/01). Zum Anspruch auf Erteilung eines **Zeugnisses** gegen den vorläufigen Insolvenzverwalter (s.u. Rz 118).

3. Eröffnung des Insolvenzverfahrens

6 Nach **Eröffnung des Insolvenzverfahrens** bestehen Dienstverhältnisse, also auch **Arbeitsverhältnisse**, unverändert mit Wirkung für die Insolvenzmasse fort (§ 108 Abs. 1 InsO). Sowohl die Arbeits- und Entgeltzahlungspflicht als auch die Nebenpflichten bleiben bestehen. Allerdings verliert der Arbeitgeber bzw. Schuldner die Befugnis zur Ausübung des Verwaltungs- und Verfügungsrechts über das zur Insolvenzmasse gehörige Vermögen. Diese Befugnis fällt nunmehr dem Insolvenzverwalter zu (§ 80 Abs. 1 InsO). Entsprechend ist der Arbeitgeber bzw. Schuldner nicht berechtigt, die Rechte und Pflichten aus den bestehenden Arbeitsverhältnissen auszuüben. Die Wahrnehmung der die **Arbeitsverhältnisse betreffenden Rechtshandlungen** obliegen nunmehr dem **Insolvenzverwalter** (*BAG* 17.9.1974 EzA § 113 BetrVG 1972 Nr. 1), ohne allerdings Rechtsnachfolger zu sein (*Berscheid* Arbeitsverhältnisse Rz 516). Er handelt als Partei kraft Amtes aufgrund einer eigenen Rechtsstellung im Interesse der Gläubiger (*BAG* 18.4.2002 EzA § 613a BGB Nr. 207; 17.1.2002 EzA § 4 KSchG nF Nr. 62; st.Rspr *BGH* 2.9.1999 NZI 1999, 450). Die Wirksamkeit einer Kündigung, die er wegen einer von ihm beschlossenen Stilllegung ausspricht, ist nicht von einer Zustimmung der Gläubigerversammlung oder des Gläubigerausschusses zur Kündigung oder Stilllegung abhängig (*LAG Köln* 5.7.2002 EzA-SD 2002, S. 14). Der Insolvenzverwalter ist verpflichtet, die Arbeitnehmer tatsächlich weiter zu beschäftigen. Zur Freistellung von Arbeitnehmern s.u. Rz 26. Wenn es keine Beschäftigungsmöglichkeiten mehr gibt, behalten die Arbeitnehmer den Anspruch auf Entgeltzahlung gem. § 615 BGB (Annahmeverzug). Das Arbeitsrecht gilt, soweit nicht die besonderen Regelungen gem. §§ 113 ff. InsO zu beachten sind, fort. Wird während eines laufenden Kündigungsrechtsstreits das Insolvenzverfahren eröffnet, so wird dadurch der

Rechtsstreit gem. § 240 ZPO unterbrochen, da der Kündigungsrechtsstreit die Insolvenzmasse betrifft (*LAG SchlH* 24.1.2005 AuR 2005, 162; *ArbG Weiden* 23.3.2004 LAGE § 86 InsO Nr. 1).

Der Pflichtenkreis des Insolvenzverwalters erstreckt sich auch auf die Einschaltung des Betriebsrats gem. § 111 BetrVG bei einer insolvenzbedingten Stilllegung oder Einschränkung des Betriebs (*BAG* 13.12.1978 EzA § 112 BetrVG 1972 Nr. 15) oder allgemein bei Kündigungen (§ 102 BetrVG) sowie die Einhaltung der Mitbestimmungsrechte des Betriebsrats (*Berscheid* aaO). Er bleibt, auch wenn es nur noch um die Abwicklung von Restaufträgen geht, an Tarifverträge (vgl. *BAG* 28.1.1987 EzA § 3 TVG Nr. 5; *LAG BW* 9.11.1998 LAGE § 113 Nr. 6) und Betriebsvereinbarungen gebunden (*BAG* 28.1.1987 EzA § 3 TVG Nr. 5). Der Insolvenzverwalter soll nur dann den Betriebsrat nicht beteiligen müssen, wenn er vom Gesetz vorgeschriebene Maßnahmen ausführt (FK-InsO/InsO/*App* § 80 Rz 12). Zur Begriffsbestimmung der Arbeitgebereigenschaft (des Konkursverwalters) zB im Rahmen des § 211 SGB III vgl. *BSG* 23.11.1981 ZIP 1982, 597 (Winterbauumlagepflicht auch wenn Abwicklungsarbeiten des Baugewerbes geleistet werden) und *Berscheid* FS Hanau, S. 701. 7

4. Internationales Insolvenzrecht

Mit Gesetz vom 14.3.2003 (BGBl. I S. 345) sind – in Umsetzung der EG-VO 1346/2000 des Rates vom 29.5.2000, ABlEG L 160/14 v. 30.6.2000 – die §§ 335 ff. in die InsO eingefügt worden. Der EG-VO liegt das **Prinzip der Universalität** zugrunde, dh das in einem Mitgliedstaat eröffnete Insolvenzverfahren entfaltet universale Wirkung, indem es das gesamte Vermögen des Schuldners ungeachtet seiner Belegenheit erfasst (Begr. G-Entwurf). Im Falle der Insolvenz richten sich das Verfahren und seine Wirkungen grds. nach dem Recht des Staates, in dem das Verfahren eröffnet worden ist (§ 335 InsO). Eine Auflistung vergleichbarer Insolvenzereignisse in einigen Mitgliedstaaten der EU findet sich in den Anlagen A und B zur Europäischen InsO, EG-VO 1346/2000 des Rates vom 29.5.2000, aaO). Eine von der Regelung gem. § 335 InsO abweichende Sonderanknüpfung ist nach § 337 InsO für Arbeitsverhältnisse vorgesehen, die im Wesentlichen die Regelung in Art. 10 der EG-VO 1346/2000 (aaO) aufgreift: Die **Wirkungen des Insolvenzverfahrens auf ein Arbeitsverhältnis** unterliegen dem Recht, das nach dem EGBGB (vgl. KR-*Weigand* IPR) für das Arbeitsverhältnis maßgebend ist (zur Begr. und Kritik vgl. BR-Drucks. 715/02 v. 6.9.2002, S. 21). 7a

III. Kündigung und andere Beendigungsgründe

Das Arbeitsverhältnis kann nach Eröffnung des Insolvenzverfahrens vom Arbeitgeber oder vom Arbeitnehmer beendet werden. Allerdings sind hierbei die einschlägigen Vorschriften zB des Schuldrechts im BGB, des allgemeinen und besonderen Kündigungsschutzes, des BetrVG, sowie die Schutzvorschriften für bes. Arbeitnehmergruppen zu beachten (Begr. Gesetzentwurf InsO, BT-Drucks. 12/2443, S. 96 ff.). Lediglich insolvenzspezifische Regelungen gehen als lex specialis vor und begrenzen insoweit die allgemeinen Arbeitnehmerschutzrechte. Das Insolvenzrecht stimmt die Gläubigerrechte der Arbeitnehmer, das Recht auf Kündigungsschutz und auf Bestandsschutz gem. § 613a BGB sowie die betriebsverfassungsrechtlichen Mitwirkungs- und Mitbestimmungsrechte der Arbeitnehmer konsequenter als vormals die KO auf die Belange des Insolvenzverfahrens ab (BT-Drucks. aaO). 8

Die wichtigsten **insolvenzspezifischen Regelungen** für die Kündigung von Arbeitsverhältnissen sind der **§ 113 InsO** (Individualkündigung, s.u. Rz 12 ff.) und die **§§ 125 ff. InsO** (kollektive Kündigungsverfahren). Diese Vorschriften schränken allgemeine Regelungen über Kündigungsfristen und Kündigungsschutz im Interesse der sog. marktkonformen Insolvenzbewältigung ein. In den Fällen, in denen das Unternehmen des Schuldners nicht mehr fortgeführt werden soll, wird der Insolvenzverwalter in die Lage versetzt, die Arbeitnehmer kurzfristiger zu entlassen. Allerdings rechtfertigt die **Insolvenz des Arbeitgebers nicht** von vornherein eine **betriebsbedingte Kündigung** (s.u. Rz 70 f.). Wenn der Insolvenzverwalter die Arbeitnehmer unter **geänderten Arbeitsbedingungen** weiterbeschäftigen will, kann er dies nach Maßgabe des § 2 KSchG tun (s.u. Rz 26). Will der Insolvenzverwalter aus insolvenzspezifischen Gründen einen Teil der Belegschaft von der Arbeit freistellen, so ist er an die Grenzen des billigen Ermessens gem. § 315 Abs. 1 BGB gebunden und hat dabei soziale Gesichtspunkte wie Alter, Dauer der Betriebszugehörigkeit, Unterhaltspflichten und besondere finanzielle Interessen zu beachten (*LAG Hamm* 27.9.2000 LAGE § 55 InsO Nr. 3). Im Falle der **Freistellung gekündigter Arbeitnehmer** während der Kündigungsfrist (bei reduziertem Beschäftigungsbedarf und zur Schonung der Masse vgl. *LAG Hamm* 12.2.2001 NZA-RR 2002, 157; gegen ein insolvenzspezifisches Freistellungsrecht: *Seifert* DZWIR 2002, 407) bedarf der Insolvenzverwalter nicht der Zustimmung des Betriebsrats gem. § 99 BetrVG; es besteht auch keine Anhörungspflicht nach § 102 BetrVG (*BAG* 22.1.1998 EzA § 174 BGB 9

Nr. 13); bei kollektiven Tatbeständen vgl. § 87 Abs. 1 Nr. 3 BetrVG (*LAG Hamm* aaO, mwN). Einer gegen die Freistellung gerichteten Weiterbeschäftigungsklage bleibt aus Gründen der Masseschonung der Erfolg versagt (*LAG Hamm* 12.2.2001 aaO).

10 Bei allen Kündigungen sind **kollektivarbeitsrechtliche Vorschriften** (zB Beteiligung des Betriebsrats, Rz 78 f.) und **staatliche Zustimmungserfordernisse** (zB bei schwerbehinderten Arbeitnehmern und werdenden Müttern, s.u. Rz 58 ff.) bzw. **Anzeigeverfahren** (zB Massenentlassung, s.u. Rz 76) sowie Schutzvorschriften **besonderer Arbeitnehmergruppen** (zB Betriebsräte, Wehrpflichtige, Auszubildende, s.u. Rz 55 ff., 63, 64) zu beachten. Unberührt bleibt das Recht des Insolvenzverwalters zur **Anfechtung** des Arbeitsvertrags gem. §§ 119 f., 123 BGB (zur insolvenzrechtlichen Anfechtung s.u. Rz 46).

11 **Unzulässig** wegen Umgehung des Kündigungsverbots des § 613a Abs. 4 S. 1 BGB (nichtig gem. § 134 BGB) ist nach der Rechtsprechung (*BAG* 28.4.1987 EzA § 613a BGB Nr. 67) und der überwiegenden Meinung in der Literatur (vgl. *Hess/Knörig* Arbeitsrecht, D Rz 129; *Schmid* S. 142 mwN; demgegenüber diff. *Pietzko* ZIP 1990, 1105, 1111 ff.) das sog. **Lemgoer Modell,** bei dem Arbeitgeber, Verwalter, Betriebsrat und Arbeitnehmer gemeinschaftlich planvoll vorgehen: Der Arbeitgeber erklärt vor Insolvenzeröffnung sein Unvermögen zur Entgeltzahlung und schafft damit einen Kündigungsgrund, der Betriebsratsvorsitzende kündigt aufgrund erteilter Einzelvollmachten von den Arbeitnehmern deren Arbeitsverhältnisse fristlos, die ohne die Gefahr einer Sperrfrist (§ 144 SGB III) Arbeitslosenunterstützung sowie für die Urlaubsabgeltung Insolvenzgeld beanspruchen können. Die Rechtsfolgen gem. § 613a Abs. 4 S. 1 BGB werden durch Abschluss neuer Arbeitsverträge des Betriebsübernehmers mit den Arbeitnehmern vermieden. Schließlich erlöschen die verfallbaren Versorgungsanwartschaften auf Betriebsrenten, für die unverfallbaren hätte der Betriebsveräußerer einzustehen, das Risiko dafür aber liegt beim Pensions-Sicherungsverein (PSV). Damit verstößt das **Lemgoer Modell** auch gegen das Betriebsrentengesetz (*BAG* 28.4.1987 EzA § 613a BGB Nr. 67; *Schmid* aaO).

B. Erläuterungen
I. Sachlicher Anwendungsbereich des § 113 InsO
1. Dienstverhältnis (§ 113 S. 1)

12 Der Begriff des Dienstverhältnisses gem. § 113 InsO bezieht sich auf **Dienst- bzw. Arbeitsverhältnisse iSd §§ 611, 620 ff. BGB,** soweit es sich um wirtschaftlich und persönlich abhängige Beschäftigungsverhältnisse handelt, sowie auf sonstige auf Dauer angelegte Vertragsverhältnisse zur Leistung von Diensten. Dazu zählen auch befristete Arbeitsverträge und Arbeitsverhältnisse mit auflösender Bedingung selbst dann, wenn eine vorzeitige Beendigung ausdrücklich ausgeschlossen worden ist (s.u. Rz 44 f.). Der Begriff des Dienstverhältnisses iSd § 113 InsO umfasst nicht die Verrichtung einzelner oder mehrerer Dienstleistungen, die einen gewollten sachlichen Zusammenhang nicht aufweisen (Motive II, 83 noch zu § 22 KO).

13 Dienst- (oder Werksvertrags-)verhältnisse, die einen Auftrag oder eine Geschäftsbesorgung nach den §§ 662, 675 BGB zum Gegenstand haben, unterfallen nicht der Regelung gem. § 113 InsO, sondern im Einzelnen den §§ 115, 116 InsO (zB unentgeltlicher Treuhandvertrag § 115 InsO, FK-InsO/InsO/*Wegener* § 115 Rz 4; Bankvertrag unterfällt § 116 InsO, *BGH* 9.10.1974 NJW 1974, 2286; Handelsvertretervertrag unterfällt § 116 InsO, FK-InsO/InsO/*Wegener* § 116 Rz 15). Die **Abgrenzung zwischen Dienstverhältnis und Geschäftsbesorgung** ist nicht immer klar und konkretisiert sich im Einzelnen nach den Verkehrsanschauungen. Dienstverhältnisse können auch Merkmale der unter § 116 InsO fallenden Geschäftsbesorgungsverträge aufweisen. Entscheidend für die Bestimmung des Vertragstypus ist, ob es sich um die unselbständige Auswirkung einer Pflicht aus dem Dienstverhältnis handelt oder eine Geschäftsbesorgung im Vordergrund steht, die durch die Vornahme von rechtsgeschäftlichen oder tatsächlichen Handlungen wirtschaftlicher Art für einen anderen und in dessen Interesse geprägt ist.

2. Andere Dienstverhältnisse iSd § 113 S. 1

14 Auf **Organe juristischer Personen** ist § 113 InsO anwendbar, soweit das Anstellungsverhältnis von Vorstandsmitgliedern von Aktiengesellschaften (vgl. § 87 Abs. 3 S. 1 AktG), von Genossenschaften und Vereinen sowie des Geschäftsführers einer GmbH betroffen ist (*BGH* 29.1.1981 WM 1981, 377; 25.6.1979 WM 1983, 120; FK-InsO/InsO/*Eisenbeis* § 113 Rz 14; *Uhlenbruck* BB 2003, 1185, 1187 mwN). Voraussetzung ist allerdings, dass die vorbenannten Personen iSd Arbeitnehmerbegriffs auch **fremdbestimmte Arbeit in persönlicher Abhängigkeit** leisten; denn sonst ist für eine Kündigung gem. § 113 InsO kein

Platz (*Heilmann* noch zu § 22 KO, NJW 1975, 1761). Der Grundsatz, wonach die Beendigung des Dienstverhältnisses nicht durch die Ausübung des Wahlrechts gem. § 103 InsO, sondern nur durch Kündigung gem. § 113 InsO erfolgen kann, ist durch die Entscheidungen des OLG Hamm noch zur KO ausdrücklich bestätigt worden (*OLG Hamm* 27.1.1992 EWiR 1992, 487; 2.6.1986 EWiR 1987, 271; jeweils mit krit. Anm. *Groß*). Gegenüber einem GmbH-Geschäftsführer kann außerordentlich nach Maßgabe des § 626 Abs. 1 BGB wegen Insolvenzverschleppung gekündigt werden (*BGH* 20.6.2005 NZA 2005, 1415). Die Zweiwochenfrist gem. § 626 Abs. 2 BGB beginnt erst mit Kenntnis aller Mitglieder der Gesellschafterversammlung zu laufen. Der wichtige Grund kann auch später im Rechtsstreit nachgeschoben werden, wenn er zum Zeitpunkt der Kündigungserklärung bereits objektiv vorgelegen hat und dem kündigenden Gesellschaftsorgan nicht länger als zwei Wochen zuvor bekannt geworden ist (*Keil* Anm. zu BGH aaO DZWIR 2006, 157; Anm. *Gehrlein* BB 2005, 1700).

15 Das **Organverhältnis** dieses Personenkreises bleibt trotz Kündigung durch den Insolvenzverwalter bestehen, dh die Organe bleiben im Amt (ihnen stehen die Aufgaben zu, die dem Gemeinschuldner im Insolvenzverfahren obliegen); denn allein den Gesellschaftsorganen obliegt nach Maßgabe der Satzung die Abberufung der Organmitglieder durch Sozialakt, § 84 Abs. 3 AktG, § 46 Nr. 5 GmbHG, § 104 GenG (*Uhlenbruck* BB 2003, 1185, 1187; *BGH* 17.4.1958 NJW 1958, 945; 18.12.1980 NJW 1981, 1097; *Weber* KTS 1970, 81 ff.). Das Dienstverhältnis von Aufsichtsratsmitgliedern kann vom Insolvenzverwalter nicht gekündigt werden. Dagegen fällt die Anstellung des Kommanditisten in der Kommanditgesellschaft unter die Regelung des § 113 InsO (*LAG Bln.* JW 1929, 1708). Ebenso kann der Insolvenzverwalter das Anstellungsverhältnis eines zu 50 % an einer GmbH beteiligten Gesellschafter-Geschäftsführers gem. § 113 InsO (nicht §§ 115, 116 InsO) beenden (*OLG Hamm* 29.3.2000 ZInsO 2001, 43).

16 Die Regelung gem. § 113 InsO findet auf Allein-Gesellschafter-Geschäftsführer oder bei der Einmann-Gesellschaft Anwendung (*Uhlenbruck* BB 2003, 1185; *BGH* 25.6.1979 NJW 1980, 66; *OLG Hamm* 2.6.1986 ZIP 1987, 121; 27.1.1992 ZIP 1992, 418).

17 Wiewohl **Berufsausbildungsverhältnisse** keine Dienstverträge sind, können auch sie im Falle der Insolvenzeröffnung beim ausbildenden Arbeitgeber gelöst werden. Der Zweck des Ausbildungsverhältnisses kann im Insolvenzfalle – jedenfalls bei Betriebsstilllegung – idR nicht mehr erreicht werden, so dass beiden Teilen ein Kündigungsrecht zusteht (zur Kündigungsfrist s.u. Rz 55 ff.).

3. Nicht angetretene Dienstverhältnisse

18 Für die Anwendbarkeit der Regelung des § 113 InsO ist es unerheblich, ob das **Dienstverhältnis zum Zeitpunkt der Insolvenzeröffnung angetreten** ist oder nicht; denn nach dem eindeutigen Wortlaut des Gesetzes sind beide Varianten erfasst (*Thür. LAG* 14.6.1999 – 8 Sa 560/98; *KDZ-Däubler* § 113 InsO Rz 9). Die vormals in der KO geltende Unterscheidung mit den unterschiedlichen Rechtsfolgen einerseits für angetretene Dienstverhältnisse gem. § 22 KO und andererseits gem. § 17 KO (Wahlrecht des Konkursverwalters zwischen Vertragserfüllung und -ablehnung) für noch nicht angetretene Dienstverhältnisse ist durch die Neuregelung gem. § 113 InsO abgelöst worden. Für **noch nicht angetretene Dienstverhältnisse gilt** die dem § 17 KO nachgebildete Regelung des § 103 InsO nicht, sondern **§ 113 InsO** (FK-InsO/*Eisenbeis* § 113 Rz 23; ErfK-*Müller-Glöge* Rz 14; *Caspers* Personalabbau Rz 92; *Berscheid* Arbeitsverhältnisse Rz 522 mwN; *Herbert/Oberrath* NZA 2004, 121, 124; aA *Küttner/Kania* Personalbuch 1997, Insolvenz Rz 6; *Lohkemper*, KTS 1996, 1, 4). Dies gilt auch bei vertraglichem Ausschluss der Kündigung vor Dienstantritt (KR-*Spilger* § 622 BGB Rz 127). Demgegenüber unterfallen § 103 InsO nur gegenseitige Verträge iSd §§ 320 ff. BGB, die zum Zeitpunkt der Insolvenzeröffnung nicht vollständig erfüllt sind (zB Vertrag über die Erbringung von Bauleistungen, vgl. FK-InsO/*Wegener* § 103 Rz 5).

4. Dienstverhältnisse des Insolvenzverwalters

19 Bei vom **Insolvenzverwalter eingegangenen Dienst- bzw. Arbeitsverhältnissen** ist zu differenzieren: Erfolgt die Einstellung des Arbeitnehmers zur Wahrnehmung von **betrieblichen Aufgaben im Unternehmen** des Schuldners (Entgeltansprüche als sonstige Masseverbindlichkeiten gem. § 55 Abs. 1 Ziff. 1 InsO), an dessen Stelle der Insolvenzverwalter nunmehr die Funktion des Arbeitgebers ausübt, so ist die Beendigung dieses Arbeitsvertrages nur nach Maßgabe des § 113 InsO möglich. Befristet oder kündigt der Insolvenzverwalter diesen Vertrag nicht, so besteht er über das Ende des Insolvenzverfahrens hinaus fort.

20 Demgegenüber unterliegen dem allgemeinen Kündigungsschutz ohne die Einschränkungen gem. § 113 InsO Arbeitsverhältnisse, die der Insolvenzverwalter zur Bewältigung **seiner eigenen Verwal-**

tungsaufgaben eingeht, sei es mit Mitarbeitern des Schuldnerunternehmens, sei es mit betriebsfremden Arbeitnehmern (*Berscheid* Arbeitsverhältnisse Rz 526; *ders.* ZInsO 1998, 115, 117; HWK-*Annuß* § 113 InsO Rz 5). Für welchen der beiden Aufgabenkreise der Arbeitnehmer eingestellt ist, entscheidet der objektive Erklärungswert gem. §§ 133, 157 BGB. Dabei kommt den Vorschriften des Nachweisgesetzes, das auch während des Insolvenzverfahrens uneingeschränkt Anwendung findet, klärende Bedeutung zu (*Berscheid* aaO).

21 Die **Befristung eines Arbeitsvertrages** durch den Insolvenzverwalter bedarf gem. § 14 des Gesetzes über Teilzeitarbeit und befristete Arbeitsverhältnisse vom 21.12.2000 eines **sachlichen Grundes**. Auch im Insolvenzfall müssen für den Abschluss befristeter Arbeitsverträge mit ehemaligen Mitarbeitern des Schuldners einzelne genau bezeichnete Sachgründe vorliegen. Die **Insolvenzabwicklung** als solche stellt **keinen derartigen Sachgrund** dar. Ebenso wenig reicht der pauschale Hinweis des Insolvenzverwalters aus, er müsse bei der Abwicklung flexibel reagieren können und außerdem masseschonend handeln (*LAG Düsseld.* 8.3.1994 LAGE § 620 BGB Nr. 30).

II. Kündigung des Dienstverhältnisses gem. § 113 S. 1 und 2 InsO

1. Aufbau der Kündigungsregelung

22 § 113 **S. 1** regelt grds. die Möglichkeit einerseits des Insolvenzverwalters, jedes **Dienst- bzw. Arbeitsverhältnis kündigen zu können** (s.u. Rz 26), andererseits des Arbeitnehmers, das Arbeitsverhältnis durch einseitige Erklärung beenden zu können. Im **Satz 2** wird generell eine Regelung über die für eine Kündigung des Insolvenzverwalters oder des Arbeitnehmers **maßgebliche Kündigungsfrist** getroffen (s.u. Rz 32 ff.). Satz 1 enthält nicht inzidenter eine Regelung über die Kündigungsfrist dergestalt, dass bei einer Kündigung durch den Insolvenzverwalter die gesetzliche Kündigungsfrist einzuhalten sei (*BAG* 6.7.1999 EzA § 113 InsO Nr. 11). Im Falle der Kündigung durch den Insolvenzverwalter steht dem Arbeitnehmer Schadensersatz zu (s.u. Rz 88 ff.). Diese Regelung gem. **Satz 3** ist dem bis zum 30.9.1996 geltenden § 22 Abs. 2 KO nachgebildet. Nach § 4 KSchG ist für alle Bestandsschutzklagen gegen die **Kündigung durch den Insolvenzverwalter** oder den vorläufigen Insolvenzverwalter eine **Klagefrist von drei Wochen** einzuhalten (s.u. Rz 82 ff.). Diese Frist gilt auch für geltend gemachte Unwirksamkeitsgründe außerhalb des Regelungsbereichs des KSchG. Dem Kündigungsrecht des Insolvenzverwalters gem. § 113 steht die Besitzstandsregelung gem. § 323 Abs. 1 UmwG nicht entgegen; denn beide Normen regeln jeweils eigene Bereiche, die sich nicht überschneiden (*BAG* 22.9.2005 EzA § 113 InsO Nr. 18).

2. Unabdingbarkeit der Kündigungsregelung gem. § 113 InsO

23 Vereinbarungen, durch die im Voraus die Anwendung des § 113 InsO ausgeschlossen oder beschränkt wird, sind gem. § 119 InsO unwirksam. Die **zwingende Regelung** der Kündigungsvorschriften des § 113 InsO führt zur Unzulässigkeit aller Vereinbarungen, die Gestaltungs- und Wahlrechte des Insolvenzverfahrens beeinträchtigen. Der Begriff der Vereinbarungen umfasst individual- und kollektivvertragliche Abreden.

3. Verfassungsmäßigkeit der Kündigungsregelung gem. § 113 InsO

24 Die in erstinstanzlichen Entscheidungen (*ArbG Limburg* 2.7.1997 EzA § 113 InsO Nr. 2; *ArbG Stuttg.* 4.8.1997 EzA § 113 InsO Nr. 3; *ArbG München* 23.9.1998 ZIP 1998, 2014) und in einem Teil der Literatur (ausführl. KDZ-*Däubler* Rz 29 ff.) geltend gemachten Bedenken gegen die Verfassungsmäßigkeit der Regelung über die Kündigungsfrist gem. § 113 S. 2 InsO, weil darin ein unzulässiger Eingriff in die Tarifautonomie liege (Art. 9 Abs. 3 GG), sind in der Entscheidung des *BVerfG* (21.5.1999 EzA § 113 InsO Nr. 8) nicht bestätigt worden. Insbesondere mit Hinweis auf die ratio legis der InsO (zB Erhöhung der Verteilungsgerechtigkeit) und die Einschränkung der Kompetenz der Tarifvertragsparteien (Normsetzungsrecht, aber nicht Normsetzungsmonopol), Regelungen für den Insolvenzfall zu treffen, folgt das *BVerfG* (21.5.1999 EzA § 113 InsO Nr. 8) den Bedenken nicht; denn die tarifvertraglichen Regelungen sind prinzipiell nicht darauf ausgerichtet, die Interessen der Arbeitnehmer gerade im Falle der Insolvenz zu sichern. Vielmehr sind die sozialen Belange der Beschäftigten abzuwägen mit den Interessen der Insolvenzgläubiger, deren Forderungen als Eigentum iSd Art. 14 GG ebenso Verfassungsrang haben.

25 Unter Berücksichtigung dieser Abwägung ist die Regelung gem. § 113 S. 2 InsO, soweit in bestehende Tarifverträge mit längeren Kündigungsfristen eingegriffen wird, auch **verhältnismäßig**. **§ 113 verstößt nicht gegen Art. 9 Abs. 3 GG** (*BAG* 16.6.1999 EzA § 113 InsO Nr. 9 m. Anm. *Caspers* und *Thüsing*;

16.5.2002 EzA § 613a BGB Nr. 210; *LAG Hamm* 13.8.1997 LAGE § 113 InsO Nr. 1; 20.5.1999 ZInsO 1999, 362; *LAG Düsseld.* 9.1.1998 LAGE § 113 InsO Nr. 2; *LAG Frankf./M.* 27.4.1998 BB 1999, 535; *LAG Hmb.* 19.5.1998 LAGE § 113 InsO Nr. 4; *LAG München* 26.8.1998 ZInsO 1999, 120; *LAG BW* 10.9.1998 ZIP 1998, 2013; ausführl. mwN *Berscheid* Arbeitsverhältnis Rz 567 ff.). Nach der Rspr. des BAG sei der Gesetzgeber jedenfalls dann zu einem Eingriff in tarifautonomes Recht befugt, wenn er auf eine verfassungsrechtliche Fundierung eines legislatorisch umgesetzten Gemeinwohlbelangs verweisen könne (*BAG* 16.5.2002 EzA § 613a BGB Nr. 210; **a.A.** *Zwanziger* Arbeitsrecht der Insolvenz, § 113 Rz 15 ff. mwN).

4. Ausübung und Form der Kündigung (§ 113 S. 1)

Nach Eröffnung des Insolvenzverfahrens kann das Dienstverhältnis **sowohl vom Insolvenzverwalter** 26 **als auch vom Dienstverpflichteten** gekündigt werden. Die Wirksamkeit einer Kündigung des Insolvenzverwalters wegen einer von ihm beschlossenen Stillegung ist nicht von der Zustimmung der Gläubigerversammlung oder des -ausschusses zur Kündigung oder Stilllegung abhängig (*LAG Köln* 5.7.2002 EzA-SD 2002, S. 14). Im Insolvenzfall kann das Dienst- bzw. Arbeitsverhältnis auch dann gekündigt werden, wenn seine Kündigung tarif- oder individualvertraglich ausgeschlossen ist (§ 113 Abs. 1 S. 1 InsO; s.u. Rz 40 ff.). Soll das Dienst- bzw. Arbeitsverhältnis nur zu geänderten Bedingungen fortgesetzt werden, gelten die gesetzlichen Regelungen über die **Änderungskündigung** (vgl. KR-*Rost* § 2 KSchG); denn die Regelung gem. § 113 InsO ist nicht auf die Beendigungskündigung beschränkt (*Fischer* NZA 2002, 536; *Berscheid* Arbeitsverhältnisse Rz 521 mwN). Möglich ist auch eine nur ausnahmsweise zB qua TV zulässige Teilkündigung (bzw. Geltendmachung eines Widerrufsvorbehaltes, vgl. KR-*Rost* § 2 KSchG Rz 51 ff., 47 ff). Nach einer Entscheidung des *LAG Bremen* kann sie unter bestimmten Voraussetzungen in der Insolvenz sogar der Beendigungskündigung (ultima ratio) vorgehen (*LAG Brem.* 2.12.1997 LAGE § 1 KSchG Betriebsbedingte Kündigung Nr. 47; *Bertzbach* FS Hanau S. 173). Der Insolvenzverwalter hat auch bei einer insolvenzbedingten Kündigung gem. § 113 InsO stets den **Grundsatz der Verhältnismäßigkeit** zu beachten und die Möglichkeit der Änderungs- statt der Beendigungskündigung zu prüfen (ErfK-*Müller-Glöge* Rz 12). Die Wirksamkeit der Kündigung ist nicht abhängig vom Fortbestehen des Insolvenzverfahrens (*Wichmann* zur KC S. 32 mwN, FN 34), sie wird im Falle der rückwirkenden Aufhebung des Insolvenzeröffnungsbeschlusses (§ 34 Abs. 3 InsO) nicht automatisch hinfällig (RAGE 22, 37; 19, 327; *Nikisch I*, S. 741). Soll das Dienstverhältnis nach der Kündigung doch fortgesetzt werden, bedarf es einer erneuten Parteivereinbarung. Im Übrigen kann der Arbeitnehmer die soziale Rechtfertigung der Kündigung gerichtlich überprüfen lassen bzw. einen Anspruch auf Wiedereinstellung bzw. Fortsetzung geltend machen (s.u. Rz 71, 71a). Die insolvenzspezifische Regelung der Kündigungsbefugnis und -fristen gilt nicht nur für Kündigungsgründe, deren Ursache in der Insolvenz des Betriebs liegt, sondern ebenso für personen- und verhaltensbedingte Kündigungen. Der Insolvenzverwalter kann den Arbeitnehmer mit der Kündigungserklärung bis zur Beendigung des Arbeitsverhältnisses unter Anrechnung seines Resturlaubs von der Erbringung der Arbeitsleistung zur Erfüllung des Urlaubsanspruchs freistellen. Die Erfüllungswirkung wird nicht ausgeschlossen, wenn der Insolvenzverwalter zugleich erklärt, er werde dem Arbeitnehmer während der Freistellung keine Vergütung zahlen (*BAG* 21.6.2005 EzA § 209 InsO Nr. 5). Im Falle einer unwiderruflichen **Freistellung** durch den Insolvenzverwalter mit erkennbarem Einverständnis des Arbeitnehmers (§ 151 BGB) bei Entgeltfortzahlung unter Anrechnung von – zeitlich im Freistellungszeitraum nicht festgelegten Urlaub – kann der Arbeitnehmer anderweitigen Verdienst erzielen. Die Anrechenbarkeit dieses Verdienstes auf das Entgelt setzt einen entsprechenden Vorbehalt des Insolvenzverwalters voraus, wobei auch Beginn und Ende des Urlaubs im Freistellungszeitraum festgelegt sein müsste (*BAG* 19.3.2002 EzA § 615 BGB Nr. 108). Stellt der Insolvenzverwalter den Arbeitnehmer nach Anzeige der Masseunzulänglichkeit wegen fehlenden Beschäftigungsbedarfs von der Verpflichtung zur Arbeitsleistung frei, muss er billiges Ermessen iSd § 315 BGB beachten. Dazu zählt, unverzüglich Maßnahmen zur schnellstmöglichen Beendigung des Arbeitsverhältnisses zu ergreifen (*LAG Nürnberg* 30.8.2005 LAGE § 209 InsO Nr. 3).

Die **Sozialversicherungspflicht** besteht auch für solche Arbeitnehmer fort, denen bei Eröffnung eines 27 Insolvenzverfahrens durch den Insolvenzverwalter im Rahmen der Kündigungsfrist gekündigt wird und die von der Arbeit freigestellt werden. Dabei ist es rechtlich bedeutungslos, ob durch den Insolvenzverwalter Arbeitsentgelt gezahlt wird oder nicht. Dies gilt auch dann, wenn das Arbeitsamt zwischenzeitlich mit der Zahlung von Arbeitslosengeld begonnen hat (*BSG* 26.11.1985 – 12 RK 51/83 – und – 12 RK 16/85 –).

Das Recht zur Kündigung gem. § 113 InsO entbindet den Insolvenzverwalter jedoch nicht davon, ver- 28 einbarte **Formvorschriften** für die Kündigung einzuhalten; denn nach dem Zweck des § 113 InsO soll die jederzeitige Kündigungsmöglichkeit eröffnet werden, nicht jedoch von vertraglich vereinbarten Formerfordernissen freigestellt werden (*Berscheid* Arbeitsverhältnisse Rz 542). Bereits gesetzlich vorgeschrieben ist die Schriftform der Kündigung des Arbeitsverhältnisses gem. § 623 BGB (*BAG* 4.11.2004 EzA § 130 BGB 2002 Nr. 4). In einzelnen Fällen erfordert das Gesetz zudem zur Wirksamkeit der Kündigung die schriftliche Mitteilung der Kündigungsgründe (zB Berufausbildungsverhältnis vgl. KR-*Weigand* §§ 21, 22 BBiG Rz 94 f.; Schwangere und Wöchnerinnen vgl. KR-*Bader* § 9 MuSchG Rz 132b). Diese Formvorschriften sind weder durch Tarifvertrag noch durch Betriebsvereinbarung noch durch arbeitsvertragliche Abrede abdingbar. Allerdings behalten kollektiv- oder einzelvertraglich vereinbarte über das gesetzliche Schriftformerfordernis hinausgehende Formvorschriften (zB schriftliche Mitteilung der Kündigungsgründe) ihre Gültigkeit.

29 Der Insolvenzverwalter kann sich bei Ausspruch der Kündigung von einem gesetzlich oder **rechtsgeschäftlich bevollmächtigten Vertreter** vertreten lassen (*BAG* 22.1.1998 EzA § 174 BGB Nr. 13; 21.7.1988 EzA § 1 KSchG Soziale Auswahl Nr. 26); denn das Recht zur Kündigung von Arbeitsverhältnissen stellt kein insolvenzspezifisches Geschäft dar, das der Insolvenzverwalter nur kraft ihm durch die InsO eingeräumten Gestaltungsrechts wirksam vornehmen kann, wie zB die Ausübung des Wahlrechts gem. § 103 InsO. Wird der bisher beim Schuldner beschäftigte Personalleiter vom Insolvenzverwalter wieder in die gleiche Funktion berufen, so können die Arbeitnehmer davon ausgehen, dass der Personalleiter zur Erklärung von Kündigungen, die regelmäßig zu seinen Aufgaben gehören, bevollmächtigt ist (vgl. § 174 S. 2 BGB). Die Vorlage einer Vollmachtsurkunde ist dann nicht mehr erforderlich (*BAG* 22.1.1998 EzA § 174 BGB Nr. 13). Zur Kündigungsbefugnis des Sequesters *Thür. LAG* 18.8.1997 LAGE § 2 GesO Nr. 1. Nicht legitimiert zur Kündigung des Arbeitsverhältnisses ist der Sozius in der Rechtsanwaltspraxis eines (vorläufigen) Insolvenzverwalters unter Bezugnahme auf dessen Bestellung im Kündigungsschreiben, wenn nicht eine Legitimationsurkunde beigefügt ist (§ 174 BGB); denn es kann nicht allgemein davon ausgegangen werden, dass sich Rechtanwälte, die unter einem gemeinsamen Briefkopf einer Sozietät auftreten, bei Ausspruch einseitiger Willenserklärungen gegenseitig vertreten (*BAG* 18.4.2002 EzA § 613a BGB Nr. 207).

30 Das **Kündigungsrecht** braucht nicht bei der ersten Gelegenheit nach der Insolvenzeröffnung ausgeübt zu werden. Vielmehr kann es **jederzeit geltend gemacht werden** (*Thür. LAG* 14.6.1999 – 8 Sa 560/98; *Rummel* AR-Blattei SD 970.1 Rz 22; *Berscheid* Arbeitsverhältnisse Rz 529), es sei denn, der Insolvenzverwalter hat mit dem Arbeitnehmer etwas anderes vereinbart, was auch stillschweigend geschehen kann. Wird vom Kündigungsrecht in der ersten Zeit nach der Insolvenzeröffnung kein Gebrauch gemacht, so liegt hierin kein stillschweigender Verzicht auf eine Kündigung (*Hueck/Nipperdey* I, S. 615; ErfK-*Müller-Glöge* Rz 15). Bei erfolgter Kündigung endet das Dienstverhältnis mit Ablauf der Kündigungsfrist. Zu differenzieren ist bei Organen juristischer Personen, bei denen durch die Kündigung zwar das Anstellungsverhältnis betroffen wird, jedoch die Beendigung der Organstellung des erforderlichen Sozialakts (s.o. Rz 15) bedarf.

31 Keine Kündigungsbefugnis steht dem Insolvenzverwalter nach einem erfolgten Betriebsübergang mehr zu, da nunmehr der Betriebserwerber den Arbeitgeberstatus eingenommen hat (*BAG* 27.1.2000 ZInsO 2000, 411; *LAG Hamm* 22.3.2001 DZWIR 2002, 109).

5. Kündigungsfristen (Satz 2)

a) Höchstfrist

32 Bei einer Kündigung gem. § 113 S. 1 beträgt die Kündigungsfrist **längstens drei Monate zum Monatsende**. Diese Höchstfrist (*BAG* 3.12.1998 EzA § 113 InsO Nr. 6 m. Anm. *Moll*) kommt nur zur Geltung, wenn nicht eine **kürzere gesetzliche, tarifvertragliche oder vertragliche Kündigungsfrist maßgeblich** ist (s.u. Rz 33). Ab dem Zeitpunkt der Eröffnung des Insolvenzverfahrens ist § 113 lex specialis gegenüber anderen Regelungen von Kündigungsfristen (*LAG SchlH* 28.4.2004 NZA-RR 2004, 546). Die Vorschrift ist verfassungsgemäß (s.o. Rz 19). Mit dieser dreimonatigen Höchstfrist verknüpft der Gesetzgeber die Absicht, einen Ausgleich zwischen den sozialen Belangen der Arbeitnehmer und sonstigen Dienstverpflichteten des insolventen Unternehmens einerseits und dem Interesse der Insolvenzgläubiger an der Erhaltung der Masse als Grundlage ihrer Befriedigung andererseits (Beschlussempfehlung des Rechtsausschusses des Deutschen Bundestages BT-Drucks. 12/7302, S. 169) zu ermöglichen. Diese Höchstfrist wird idR nur bei Arbeitnehmern anzuwenden sein, die bereits längere Zeit im insolventen Unternehmen tätig sind (Rechtsausschuss aaO).

b) Maßgebliche kürzere Kündigungsfrist

Die insolvenzspezifische Höchstfrist findet dann keine Anwendung, wenn eine Kündigungsfrist maßgeblich ist, die sich aus einem Gesetz, Tarifvertrag oder Einzelarbeitsvertrag ergeben kann und kürzer als die Höchstfrist ist. **Maßgeblich** bedeutet nach allgemeinem deutschen Sprachverständnis dasjenige Faktum, das Geltung beansprucht (*BAG* 3.12.1998 EzA § 113 InsO Nr. 6). Maßgeblich ist danach die entweder durch gesetzliche Regelung oder privatautonome Vereinbarung getroffene Festlegung der Kündigungsfrist. Soweit sich aus einer einzelvertraglichen Abrede oder aus der Geltung eines Tarifvertrags oder eines Gesetzes eine maßgebliche Kündigungsfrist ergibt, gilt diese unter der Voraussetzung, dass sie kürzer als die dreimonatige Höchstfrist gem. § 113 S. 2 InsO ist; denn es bleibt den Vertragsparteien überlassen zu entscheiden, welche Frist für das Vertragsverhältnis maßgeblich ist, solange die Vereinbarung nicht gegen zwingendes Recht verstößt.

Danach gibt es auch **keine Hierarchie der drei Rechtsquellen Gesetz, Tarifvertrag und Einzelarbeitsvertrag** bei der Prüfung, welche Kündigungsfrist maßgeblich ist. Folgerichtig hat das *BAG* (3.12.1998 EzA § 113 InsO Nr. 6 m. Anm. *Moll*) die beiden Entscheidungen des *LAG Köln* vom 26.3.1998 (LAGE § 113 InsO Nr. 3) und *LAG Hamm* vom 27.3.1998 (LAGE § 113 InsO Nr. 5) kassiert, nach denen arbeitsvertraglich vereinbarte Kündigungsfristen, die über die gesetzlichen Fristen hinausgehen, im Insolvenzfall keine Wirkung entfalten, auch wenn sie die dreimonatige Höchstfrist gem. § 113 S. 2 InsO nicht überschreiten. Beide Instanzgerichte haben in Anlehnung an die bis zum 30.9.1996 geltende Regelung gem. § 22 KO (vgl. *Weigand* KR, 5. Aufl. § 22 KO Rz 19) die gesetzliche Kündigungsfrist als maßgeblich angesehen, weil sie kürzer als die vertraglich vereinbarte war.

c) Gesetzliche Kündigungsfristen

Wenn die gesetzliche Regelung der Kündigungsfristen maßgeblich ist, darf die **Grundkündigungsfrist** von vier Wochen gem. § 622 Abs. 1 BGB nicht unterschritten werden. Für Arbeitnehmer mit einer Beschäftigungszeit von bis zu acht Jahren in dem insolventen Betrieb oder Unternehmen ergibt sich die Kündigungsfrist aus der Staffelung gem. § 622 Abs. 2 Ziff. 1 bis 3 BGB. Bei einer Beschäftigungszeit von mehr als acht Jahren findet zwingend die dreimonatige Höchstfrist gem. § 113 S. 2 InsO Anwendung. Von den Grundkündigungsfristen gem. § 622 Abs. 1 und 2 BGB kann nur in den gesetzlich vorgeschriebenen Ausnahmefällen einer vereinbarten Probezeit (Abs. 3), eines Tarifvertrags (Abs. 4), einer vorübergehenden Aushilfe oder eines Kleinbetriebs (Abs. 5) abgewichen werden (vgl. KR-*Spilger* § 622 BGB Rz 141 ff., Rz 206 ff.).

Die zwingende Mindestkündigungsfrist für **Schwerbehinderte** beträgt vier Wochen (§ 86 SGB IX). Zugunsten des Schwerbehinderten sind längere Fristen zB gem. § 622 BGB oder aus Tarif- oder Einzelvertrag zu berücksichtigen (vgl. iE KR-*Etzel* §§ 85–90 SGB IX Rz 131 ff; KR-*Spilger* § 622 BGB Rz 79). Für **Heimarbeiter**, die überwiegend von einem Auftraggeber oder Zwischenmeister beschäftigt werden, entsprechen die Regelungen der Kündigungsfristen gem. § 29 Abs. 3 HAG denen gem. § 622 BGB. Im Übrigen gelten verkürzte Fristen gem. § 29 Abs. 1 und 2 HAG. Bei **Heuerverhältnissen** bestimmen sich die Kündigungsfristen nach § 63 SeemG (vgl. KR-*Weigand* SeemG Rz 85 ff.). Für **Kapitäne auf Seeschiffen** gelten die Fristen gem. § 78 Abs. 2 SeemG (KR-*Weigand* SeemG Rz 150 ff.).

d) Tarifvertragliche Kündigungsfristen

Tarifvertragliche Kündigungsfristen, soweit sie die dreimonatige Höchstfrist gem. § 113 S. 2 InsO überschreiten, sind vom Insolvenzverwalter nicht zu beachten. Dies ergibt sich aus dem Wortlaut wie auch dem Sinn und Zweck der Vorschrift. **§ 113 S. 2** gilt für jede fristgerechte Kündigung durch den Insolvenzverwalter und **verdrängt längere tarifvertragliche Kündigungsfristen** (*BAG* 16.6.1999 EzA § 113 InsO Nr. 9 m. Anm. *Caspers* und *Thüsing*; 19.1.2000 EzA § 113 InsO Nr. 10; *LAG Düsseld.* 9.1.1998 LAGE § 113 InsO Nr. 2; *LAG Hamm* 13.8.1997 LAGE § 113 InsO Nr 1; *Berscheid* Arbeitsverhältnisse Rz 593; *ders.* in *Uhlenbruck* § 113 InsO Rz 101 ff.; ErfK-*Müller-Glöge* Rz 19; *Lakies* RdA 1997, 145; *Schaub* DB 1999, 217, 220; *Caspers* Personalabbau Rz 103 ff.; mit Bedenken: KDZ-*Däubler* Rz 19; *Zwanziger* Arbeitsrecht § 113 InsO Rz 12 ff.).

Diese Auslegung wird auch durch den Gesetzeszweck belegt, wonach im Interesse der Insolvenzmasse eine allzu lange Bindung an nicht mehr sinnvolle Arbeitsverhältnisse verhindert werden soll. Die Reorganisation soll nicht durch branchenspezifische Tarifregelungen erschwert werden (*BAG* 16.6.1999 EzA § 113 InsO Nr. 9). Dafür schaffe die Dreimonatsfrist einen Ausgleich zwischen den sozialen Belangen der Arbeitnehmer und den Befriedigungsinteressen der Insolvenzgläubiger (BT-Drucks. 12/7302 S. 169). Die Geltung der Höchstfrist gem. § 113 Abs. 1 S. 2 auch gegenüber längeren tarifvertraglichen Kündigungsfristen ist verfassungsgemäß (s.o. Rz 24 f.; **aA** KDZ-*Däubler* Rz 29 ff; *Zwanziger* aaO; *Bichlmeier* AiB 1997, 161).

e) Kündigungsfristen gem. Arbeitsvertrag

39 Die in einem Individualarbeitsvertrag vereinbarte Kündigungsfrist ist »**maßgeblich**« iSd § 113 S. 2 InsO (s.o. Rz 33 f.). Sie ist vom Insolvenzverwalter einzuhalten, wenn sie die gesetzliche oder die aus einem einschlägigen Tarifvertrag sich ergebende Kündigungsfrist überschreitet, aber unterhalb der insolvenzspezifischen Schwelle von drei Monaten zum Monatsende bleibt (*BAG* 3.12.1998 EzA § 113 Nr. 6 m. Anm. *Moll*). Nach § 622 Abs. 5 S. 2 BGB ist die Vereinbarung länger als in den Abs. 1 bis 3 genannten Kündigungsfristen ausdrücklich zugelassen. Die **Maßgeblichkeit individualrechtlich vereinbarter Kündigungsfristen insbes. gegenüber kürzeren gesetzlichen Fristen** ergibt sich aus dem Wortlaut des und den Motiven zum § 113 S. 2 InsO. Der Gesetzgeber ist mit dieser Regelung bewusst von dem bis zum 30.9.1996 geltenden Vorrang der gesetzlichen Frist vor der individualvertraglichen Vereinbarung abgerückt (Ergebnis wie hier: *Kübler/Prütting-Moll* Rz 95; *Nerlich/Römermann-Hamacher* Rz 95; *Caspers* Personalabbau Rz 122; *Grunsky/Moll* Arbeitsrecht und Insolvenz Rz 338; ErfK-*Müller-Glöge* Rz 19; **aA** die vom *BAG* aaO kassierte Entscheidung *LAG Köln* 26.3.1998 LAGE § 113 InsO Nr. 3; *LAG Hamm* 27.3.1998 LAGE § 113 InsO Nr. 5; *Berscheid* Arbeitsverhältnisse Rz 589).

f) Unkündbarkeitsklauseln

40 Bei einem vereinbarten Ausschluss des Rechts zur ordentlichen Kündigung bleibt im Insolvenzfall das Kündigungsrecht sowohl des Insolvenzverwalters als auch des Arbeitnehmers unberührt (§ 113 S. 1). Unter »**Vereinbarungen**« iSd Vorschrift sind **Individualarbeitsverträge** wie auch **Tarifverträge** (*BAG* 19.1.2000 EzA § 113 InsO Nr. 10) zu verstehen. Dieses Kündigungsrecht ergibt sich nicht nur aus dem Wortlaut, sondern auch aus dem Gesetzeszweck, nach dem allgemein die Insolvenzmasse von Belastungen befreit und dem Insolvenzverwalter die Fortsetzung der Betriebstätigkeit mit einer nach Leistungsfähigkeit und Alter ausgewogenen Personalstruktur (arg. § 125 Abs. 1 S. 1 Ziff. 2 InsO) ermöglicht werden soll; denn idR sind ältere, langjährig beschäftigte Arbeitnehmer betroffen (vgl. *Berscheid* Arbeitsverhältnisse Rz 563).

41 Folglich **verdrängt** die Regelung gem. § 113 InsO tarifvertragliche und einzelarbeitsvertragliche **Unkündbarkeitsklauseln** (*BAG* 19.1.2000 EzA § 113 InsO Nr. 10; *LAG Hamm* 26.11.1998 ZInsO 1999, 302; FK-InsO/*Eisenbeis* § 113 Rz 31; KDZ-*Däubler* Rz 21; *Nerlich/Römermann-Hamacher* Rz 50; ErfK-*Müller-Glöge* Rz 10; *Löwisch* NZA 1996, 1009, 1017; **aA** wegen Verstoßes gegen Art. 9 Abs. 3 GG HK-*Dorndorf* § 1 KSchG Rz 145; wegen des Wortlauts *Lohkemper* KTS 1996, 1, 8). Nach Sinn und Zweck der Regelung sind vom Merkmal des Kündigungsausschlusses nicht zu unterscheiden tarifvertragliche Klauseln, die eine Kündigung zwar nicht völlig untersagen, aber an umfangreiche procedurale Voraussetzungen knüpfen (Kündigungserschwerung). Auch in diesem Fall kann der Insolvenzverwalter mit der dreimonatigen Höchstfrist kündigen (*LAG Hamm* 26.11.1998 aaO). Dies gilt auch für im Rahmen einer **Betriebsvereinbarung** gewährter **Beschäftigungsgarantien** für eine bestimmte Dauer, denen die Regelung gem. § 113 InsO vorgeht (*BAG* 22.9.2005 EzA § 113 InsO Nr. 18) bzw. einer vor Eröffnung des Insolvenzverfahrens vereinbarten **Standortsicherung mit Ausschluß betriebsbedingter Kündigung** (*BAG* 17.11.2005 EzA § 125 InsO Nr. 3). Auch **§ 323 Abs. 1 UmwG**, in dem im Fall einer Unternehmensspaltung sich die kündigungsrechtliche Stellung der betroffenen Arbeitnehmer auf Grund der Spaltung für die Dauer von zwei Jahren ab dem Zeitpunkt ihres Wirksamwerdens nicht verschlechtert, steht der Kündigung gem. § 113 InsO wegen insolvenzbedingter Stilllegung des Betriebes des abgespaltenen Unternehmens nicht entgegen (*BAG* 22.9.2005 EzA § 113 InsO Nr. 18).

42 Ebenso wenig ist der Insolvenzverwalter gehindert, unter Beachtung der Höchstfrist gem. § 113 S. 2 InsO ein Arbeitsverhältnis betriebsbedingt zu kündigen, wenn dafür nach dem anzuwendenden (Firmen-)Tarifvertrag die **Zustimmung des Betriebsrats** erforderlich ist (*BAG* 19.1.2000 Rz K IV 5 Nr. 25; **aA** Vorinstanz *LAG BW* 9.11.1998 LAGE § 113 InsO Nr. 6). Bei diesem Zustimmungserfordernis handelt es sich nicht um einen tarifvertraglichen Ausschluss ordentlicher betriebsbedingter Kündigungen, sondern um eine verfahrensmäßige Absicherung des individuellen Kündigungsschutzes auf der kollektiven Ebene. Diese **tarifvertragliche Kündigungsbeschränkung** wird wie die Unkündbarkeitsklausel von der insolvenzspezifischen Kündigungsregelung verdrängt. Nach *BAG* (19.1.2000 Rz K IV 5 Nr. 25) ist die tarifvertragliche Zustimmungsklausel dahin einschränkend auszulegen, dass die Zustimmung des Betriebsrats dann nicht erforderlich ist, wenn im Falle der Insolvenz allen Arbeitnehmern wegen Betriebsstilllegung gekündigt wird.

Der tarifliche wie auch individualvertragliche **Ausschluss der ordentlichen Kündigung** wird bei der 43
Kündigung durch den Insolvenzverwalter durch die in § 113 S. 2 InsO vorgegebene Höchstfrist von
drei Monaten zum Monatsende verdrängt. Dies gilt auch im Falle von tariflich vorgesehenen **sehr langen Kündigungsfristen** für ältere Arbeitnehmer mit langjähriger Betriebszugehörigkeit (*BAG*
19.1.2000 aaO; 16.6.1999 EzA § 113 InsO Nr. 9 m. Anm. *Caspers* und *Thüsing*; s.a. Rz 37 f.). Ebenso ist ein
Dienstverhältnis auf Lebenszeit gem. § 624 BGB vom Insolvenzverwalter mit der dreimonatigen
Höchstfrist gem. § 113 S. 2 InsO kündbar (*Berscheid* Arbeitsverhältnisse Rz 557). Auch der in einer Vereinbarung von Altersteilzeit vertraglich festgelegte Ausschluss der ordentlichen Kündigung ist nicht
insolvenzfest (*BAG* 16.6.2005 EzA § 1 KSchG Betriebsbedingte Kündigung Nr. 137).

g) **Befristete Arbeitsverträge**

Bei einem befristeten Arbeitsverhältnis gem. § 620 Abs. 1 BGB, für das eine **ordentliche Kündigung** im 44
Vertrag **nicht vorgesehen** ist, entspricht bis zur Kündigung durch den Insolvenzverwalter die Kündigungsfrist der **Befristungsdauer** des Vertrags selbst. Schon zu § 22 KO (galt bis 30.9.1996) hat die Rspr.
den Ausschluss der ordentlichen Kündigung in einem befristeten Arbeitsvertrag als eine Vereinbarung
einer der Dauer der Befristung entsprechenden Kündigungsfrist gewürdigt (*BAG* 15.11.1990 Rz K I 5f
Nr. 12). Diese »**maßgebliche**« **Kündigungsfrist wird nur durch die insolvenzspezifische Höchstfrist
von drei Monaten zum Monatsende verdrängt** (*BAG* 16.6.2005 EzA § 1 KSchG Betriebsbedingte Kündigung Nr. 137; 6.7.2000 EzA § 113 InsO Nr. 11; ebenso Vorinstanz *LAG BW* 5.11.1999 Rz K IV 5 Nr. 19;
Thür. LAG 14.6.1999 – 8 Sa 560/98; **aA** *LAG Hamm* 25.10.2000 DZWIR 2001, 192, das auch in diesem Fall
die gesetzlichen Kündigungsfristen gem. § 622 BGB aus Gründen einer sanierungsfreundlichen und -
fördernden Auslegung der Regelung gem. § 113 S. 2 InsO anwendet; ebenso *Berscheid* Kölner Schrift Insolvenzordnung, S. 1395 ff. Rz 7). Danach greift die Höchstfrist ein, wenn zum Zeitpunkt des Zugangs
der Kündigung durch den Insolvenzverwalter das Befristungsende die Dauer von drei Monaten zum
Monatsende überschreitet.

Beim befristeten Arbeitsverhältnis ohne ordentliche Kündigungsmöglichkeit sind kürzere gesetzliche 45
Kündigungsfristen nicht maßgeblich und sind für den Insolvenzverwalter unbeachtlich (*BAG* 6.7.2000
EzA § 113 InsO Nr. 11; *FK-InsO/Eisenbeis* § 113 Rz 27; *KDZ-Däubler* Rz 24; *Zwanziger* Arbeitsrecht InsO
§ 113 Rz 11; *Grunsky/Moll* Arbeitsrecht und Insolvenz Rz 341). Dies gilt ebenso für auflösend bedingte
(zweckbefristete) Arbeitsverhältnisse (*Berscheid* Arbeitsverhältnisse Rz 554).

h) **Kündigungsfrist bei Nachkündigung**

Wenn der Schuldner als Arbeitgeber vor der Einleitung des Insolvenzverfahrens bzw. er oder der vor- 46
läufige Insolvenzverwalter (s.o. Rz 3 f.) im Insolvenzeröffnungsverfahren ein Arbeitsverhältnis mit
einzelvertraglich, tarifvertraglich oder gesetzlich längeren Kündigungsfristen gekündigt hat, so kann
nach der Eröffnung des Insolvenzverfahrens der Insolvenzverwalter dasselbe Arbeitsverhältnis – sofern die Kündigungsfrist noch läuft – nach Maßgabe des § 113 InsO kündigen (*BAG* 8.4.2003 EzA § 55
InsO Nr. 4; *Berscheid* Arbeitsverhältnisse Rz 598; *FK-InsO/Schmerbach* § 22 Rz 23; *Grunsky/Moll* Arbeitsrecht und Insolvenz Rz 340; *KDZ-Däubler* Rz 57; *HWK/Annuß* § 113 InsO Rz 4; *Leithaus* NZI 1999, 254).
Zu einer derartigen **Nachkündigung** wird sich der Insolvenzverwalter veranlasst sehen, wenn er gem.
der dreimonatigen Höchstfrist (§ 113 S. 2 InsO) die Laufzeit der Kündigungsfrist aus der vorherigen
Kündigungserklärung auf die Dreimonatsfrist verkürzen kann. Die Möglichkeit der Nachkündigung
ist nicht zu beanstanden (*BAG* 13.5.2004 EzA § 102 BetrVG 2001 Nr. 7; 22.5.2003 EzA § 113 InsO Nr. 12;
19.1.2000 EzA § 113 InsO Nr. 10; 16.6.1999 EzA § 113 InsO Nr. 9; *Berscheid* in Uhlenbruck § 113 InsO
Rz 106; *MünchKommInsO-Löwisch/Caspers* § 113 Rz 23; *MünchArbR-Berkowsky* § 133 InsO Rz 17 f.; *Leithaus* aaO; **aA** *ArbG Köln* 8.12.1998 NZI 1999, 282). Ggf. ist die vorangegangene Kündigung auch gem.
§§ 130, 131 InsO anfechtbar (*Leithaus* aaO; *Berkowsky* aaO). Die Nachkündigung wird nicht dadurch obsolet, dass die vorherige Kündigung wegen der Rechtswirkung gem. § 7 iVm § 4 S. 1 KSchG bereits
rechtswirksam geworden war (*Berscheid* aaO). Die Nachkündigung erfordert die Einhaltung der geltenden Form- (s.o. Rz 28) und Verfahrensvorschriften (s.u. Rz 76, 78 f.).

6. **Beschränkungen des ordentlichen Kündigungsrechts**

Arbeitnehmern, die wegen ihrer betrieblichen Stellung, öffentlicher Obliegenheiten oder persönlicher 47
Besonderheiten einen gesetzlichen Sonderkündigungsschutz genießen oder kollektivvertraglichen
Kündigungsbeschränkungen unterliegen (s.u. Rz 78), bleibt dieser Schutz auch während des Insolvenzverfahrens erhalten. Der Insolvenzverwalter hat Kündigungsverbote und -beschränkungen zu be-

achten und vorgeschriebene behördliche Genehmigungsverfahren einzuhalten. Etwas anderes kann nur gelten, wenn der Betrieb insolvenzbedingt stillgelegt wird.

a) Kündigungsschutz der Betriebsratsmitglieder

48 Aufgrund der betriebsverfassungsrechtlichen Stellung der Betriebsratsmitglieder, insbesondere auch im Hinblick auf das Anhörungsrecht gem. § 102 BetrVG folgt, dass sie den **Kündigungsschutz nach § 15 KSchG** (vgl. KR-*Etzel* § 15 KSchG) genießen (*BAG* 17.11.2005 EzA § 1 KSchG Soziale Auswahl Nr. 64; *Berscheid* in Uhlenbruck § 113 InsO Rz 44; FK-InsO/*Eisenbeis* § 113 Rz 33; *Berscheid* Arbeitsverhältnisse Rz 547 f.; KDZ-*Däubler* Rz 41; *Brill/Matthes/Oehmann* S. 53). Mithin kann der Insolvenzverwalter die Mitglieder des Betriebsrats, einer Jugendvertretung, einer Bordvertretung oder eines Seebetriebsrats gem. § 113 InsO grds. nicht kündigen. Dieser Personenkreis ist auch nicht in die Sozialauswahl mit einzubeziehen (*BAG* 17.11.2005 EzA § 1 KSchG Soziale Auswahl Nr. 63).

49 **Ausnahmen** von diesem Grundsatz lassen nur wichtige Gründe zu, die den Insolvenzverwalter zu einer fristlosen Entlassung berechtigen oder wenn der Betrieb **endgültig stillgelegt** wird (zum Begriff der Betriebsstilllegung s. KR-*Etzel* § 15 KSchG Rz 78 ff.). Auch im letzteren Fall ist grds. gegenüber den nach § 15 KSchG geschützten Personen die Kündigung nur zum Zeitpunkt der Stilllegung zulässig, es sei denn, dass die Kündigung zu einem früheren Zeitpunkt durch zwingende betriebliche Erfordernisse bedingt ist (§ 15 Abs. 4 KSchG). Kündigt der Insolvenzverwalter das Arbeitsverhältnis eines Betriebsratsmitglieds zum voraussichtlichen Termin der Betriebsstilllegung, so endet das Arbeitsverhältnis – falls sich die Stilllegung verzögert – zum Termin der Betriebsstilllegung. Kommt es nicht zur Stilllegung, weil der Betrieb veräußert wird, ist die Kündigung gegenstandslos, und das Arbeitsverhältnis geht auf den Erwerber über (*BAG* 23.4.1980 EzA § 15 KSchG nF Nr. 24).

50 Wenn lediglich diejenigen **Abteilungen des Betriebs**, in denen das Betriebsratsmitglied beschäftigt ist, stillgelegt werden, so ist es in eine andere Betriebsabteilung zu übernehmen oder, wenn dies aus betrieblichen Gründen nicht möglich ist, so sind die Regelungen in § 15 Abs. 3 KSchG sinngemäß anzuwenden, § 15 Abs. 4 KSchG (*Brill/Matthes/Oehmann* aaO). Diese Spezialregelungen zur Kündigung von Betriebsratsmitgliedern gehen der Regelung gem. § 1 Abs. 2 KSchG vor (*LAG BaWü* 20.5.2005 EzA SD 2005, Heft 14, S. 16). Notfalls ist die Übernahme des Betriebsratsmitglieds in eine andere Betriebsabteilung durch Freikündigen eines geeigneten Arbeitsplatzes sicherzustellen (*BAG* 18.10.2000 EzA § 15 KSchG n.F. Nr. 51).

51 Die Insolvenzeröffnung als solche bedeutet noch keine Betriebsstilllegung, denn der Betrieb kann vom Insolvenzverwalter vorläufig oder langfristig weitergeführt werden. Ebenso stellt die **Insolvenzeröffnung keinen wichtigen Grund zur außerordentlichen Kündigung** der Betriebsratsmitglieder dar (*BAG* 29.3.1977 AP Nr. 11 zu § 102 BetrVG 1972 mit Anm. *Hueck; Brill/Matthes/Oehmann* aaO mit Verweis auf *RAG* 12.2.1930 ARS 8, 328; *RAG* 9.7.1932, ARS 15, 507; 26.10.1935 ARS 16, 8).

52 Im Falle der Kündigung eines Betriebsratsmitglieds durch den Insolvenzverwalter ist die **Zustimmung des Betriebsrats** oder deren gerichtliche Ersetzung notwendig (§ 103 BetrVG). Im Fall der endgültigen Betriebsstilllegung ist für die Kündigung eines Betriebsratsmitglieds die Zustimmung des Betriebsrats nicht erforderlich, da § 103 BetrVG nicht für die bei der Betriebsstilllegung regelmäßig allein mögliche ordentliche Kündigung gilt. Es hat aber wie für alle anderen Arbeitnehmer die Anhörung nach § 102 BetrVG stattzufinden.

53 Eine einseitige vom Arbeitgeber veranlasste **Verkürzung der gesetzlichen Anhörungsfristen** des § 102 Abs. 2 BetrVG ist auch in Eilfällen grds. nicht möglich. Etwas anderes kann bei betriebsbedingten Kündigungen allenfalls dann gelten, wenn sich die wirtschaftliche Lage des Betriebs plötzlich und unvorhergesehen derart verschlechtert, dass der sofortige Ausspruch von Kündigungen unabweisbar notwendig ist (*BAG* 13.11.1975 EzA § 102 BetrVG 1972 Nr. 20; 29.3.1977 EzA § 102 BetrVG 1972 Nr. 27).

54 Stellt der Insolvenzverwalter Betriebsratsmitglieder über das notwendige Maß an Arbeitszeit hinaus von der Arbeit frei, liegt darin kein Verstoß gegen betriebsverfassungsrechtliche Pflichten, der nach § 23 Abs. 3 BetrVG durch die Aufgabe bestimmter Handlungen sanktioniert werden könnte. Auch die im Zusammenhang mit der **Freistellung** geäußerte Bitte des Insolvenzverwalters, sich beim Arbeitsamt zu melden und Arbeitslosenunterstützung zu beantragen, bewirkt keine Störung oder Behinderung der Betriebsratstätigkeit. Im Verfahren nach § 23 Abs. 3 BetrVG kann dem Insolvenzverwalter nicht die Pflicht zur Fortzahlung des Arbeitsentgelts an freigestellte Betriebsratsmitglieder aufgegeben

werden, da die Zahlungspflicht nicht auf betriebsverfassungsrechtlichen Bestimmungen beruht (*LAG Stuttg.* 4.5.1983 ZIP 1983, 1238).

b) Berufsausbildungsverhältnisse

Berufsausbildungsverhältnisse können nicht gem. § 113 InsO, sondern nur nach Maßgabe des § 22 **55** BBiG gekündigt werden (vgl. KR-*Weigand* §§ 21, 22 BBiG Rz 39 ff., 69). Nach Ablauf der Probezeit kann der Insolvenzverwalter nur noch aus wichtigem Grund kündigen (ErfK-*Müller-Glöge* § 113 InsO Rz 6; KDZ-*Däubler* § 113 InsO Rz 10). Die Eröffnung des Insolvenzverfahrens stellt **keinen wichtigen Grund** iSd § 22 Abs. 2 Ziff. 1 BBiG zur Kündigung ohne Einhalten einer Kündigungsfrist dar (KDZ-*Däubler* Rz 10; *Berscheid* Arbeitsverhältnisse Rz 550; aA *ArbG Bochum* 16.8.1985 ZIP 1985, 1515 m. abl. Anm. *Hegmanns* EWiR 1986, 89; im Übrigen mwN KR-*Weigand* §§ 21, 22 BBiG Rz 69); denn die Berufsausbildung soll auch im insolventen Betrieb solange stattfinden, wie der Insolvenzverwalter den Betrieb fortführt und die Ausbildung dort möglich ist (*Caspers* Personalabbau Rz 329; *Berscheid* in Uhlenbruck, InsO § 113 Rz 48 ff.). Insofern ist der Insolvenzverwalter lediglich wegen Eröffnung des Insolvenzverfahrens nicht berechtigt, das Berufsausbildungsverhältnis gem. § 113 InsO zu kündigen.

Wenn allerdings der **Betrieb stillgelegt** wird, damit die Ausbildungsvoraussetzungen ersatzlos weg- **56** fallen und der Zweck der Ausbildung nicht mehr erreicht werden kann, steht sowohl dem Auszubildenden als auch dem Insolvenzverwalter grds. das Recht zur Kündigung des Vertrags zu (s.o. Rz 17; *BAG* 27.5.1993 EzA § 22 KO Nr. 5; FK-InsO/*Eisenbeis* § 113 InsO Rz 17; *Berscheid* Arbeitsverhältnisse Rz 551). Allerdings steht dem Insolvenzverwalter nicht ein Kündigungsrecht gem. § 113 InsO zu, sondern er kann nur eine **außerordentliche Kündigung** erklären. Diese Erklärung hat binnen zwei Wochen zu erfolgen, nachdem dem Insolvenzverwalter der Wegfall der Ausbildungsvoraussetzungen offenbar geworden ist (§ 22 Abs. 4 BBiG).

Bereits zur vormals geltenden KO hat die Rspr. entschieden, dass die schriftlich unter Angabe der **57** Gründe zu erklärende Kündigung (§ 22 Abs. 3 BBiG) mit einer **Auslauffrist** zu erfolgen hat, die derjenigen gesetzlichen oder tariflichen Kündigungsfrist entspricht, die nach der Ausbildung in dem erstrebten Beruf gegolten hätte (*BAG* 27.5.1993 EzA § 22 KO Nr. 5). Diese Fristenlösung hat dem Regelungsinhalt des § 22 KO, der bis zum 30.9.1996 gegolten hat, entsprochen. Danach stellte die auf das Arbeitsverhältnis anwendbare gesetzliche bzw. tarifvertragliche Kündigungsfrist die Höchstfrist dar. Nach Inkrafttreten des § 113 InsO hat der Insolvenzverwalter bei einer außerordentlichen Kündigung des Berufsausbildungsverhältnisses als Auslauffrist die dreimonatige Höchstfrist zum Monatsende (§ 113 S. 2) zu beachten (FK-InsO/*Eisenbeis* § 113 Rz 21; KDZ-*Däubler* § 113 InsO Rz 10). Dies entspricht der im Ausschluss der ordentlichen Kündigung zum Ausdruck gekommenen bes. Schutzwürdigkeit des Berufsausbildungsverhältnisses (vgl. KR-*Weigand* §§ 21, 22 BBiG Rz 39).

c) Schwerbehindertenschutz

Der Insolvenzverwalter hat den **Sonderkündigungsschutz für Schwerbehinderte** gem. §§ 85–90 **58** SGB IX zu beachten (KR-*Etzel* §§ 85–90 SGB IX Rz 5, 132; FK-InsO/*Eisenbeis* § 113 Rz 56; *Berscheid* Arbeitsverhältnisse Rz 547 f.). Insbesondere das Erfordernis der vorherigen Zustimmung des Integrationsamtes zur Kündigung (§ 85 SGB IX) ist **insolvenzfest** (vgl. *BAG* 4.6.2003 EzA § 209 InsO Nr. 1; *LAG Nds.* 4.4.2003 LAGE § 85 SGB IX Nr. 1). Auch bei einer nur vorsorglich ausgesprochenen Kündigung bedarf es der vorherigen Zustimmung des Integrationsamtes (*LAG Hamm* 12.2.2001 NZA-RR 2002, 158). Der Kündigungsschutz gem. § 85 SGB IX hängt nicht davon ab, ob der Insolvenzverwalter von der Schwerbehinderteneigenschaft des Arbeitnehmers Kenntnis hat. Kündigt der Insolvenzverwalter ohne Kenntnis der Schwerbehinderung, ist der Arbeitnehmer grundsätzlich verpflichtet, innerhalb von zwei Wochen nach Zugang der Kündigung seine Schwerbehinderteneigenschaft mitzuteilen (KR-*Etzel* §§ 85–90 SGB IX Rz 53c). Versäumt der behinderte Arbeitnehmer diese Frist, kann er sich nicht mehr auf den Sonderkündigungsschutz berufen. Zur **Kündigungsfrist** s.o. Rz 36. Verzögert sich eine vom Insolvenzverwalter beabsichtigte Kündigung wegen des behördlichen Zustimmungserfordernisses gem. § 85 SGB IX und überträgt er dann den Betrieb gem. § 613a BGB auf einen Erwerber, so entfällt hiermit die Arbeitgeberstellung und Kündigungsberechtigung (*LAG Hamm* 19.5.2005 LAGE § 613a BGB Nr. 8).

Wird der **insolvente Betrieb stillgelegt,** so hat das **Integrationsamt** die Zustimmung zur Kündigung **59** zu erteilen, wenn zwischen dem Tag der Kündigung und dem Tag, bis zu dem Entgelt gezahlt wird, mindestens drei Monate liegen (§ 89 Abs. 1 S. 1 SGB IX). Die Kündigung bleibt auch dann wirksam, wenn die Insolvenzmasse für den Betrag in Höhe von drei Monatsentgelten nicht ausreicht (*LAG Düs-*

seld. 6.9.1989 ZIP 1990, 529; FK-InsO/*Eisenbeis* § 113 Rz 59). Ebenso soll die Zustimmung bei einer dauerhaften **wesentlichen Einschränkung des Betriebs** erfolgen, wenn die Gesamtzahl der nach der Betriebseinschränkung verbleibenden Schwerbehinderten zur Erfüllung der Verpflichtung gem. § 71 SGB IX ausreicht (§ 89 Abs. 1 S. 2 SGB IX).

60 Diese Einschränkungen der Ermessensentscheidung des Integrationsamtes entfallen, wenn der behinderte Arbeitnehmer mit seinem Einverständnis innerhalb des Betriebs auf einen freien Arbeitsplatz **umgesetzt** werden kann und dies dem Insolvenzverwalter zumutbar ist (§ 89 Abs. 1 S. 3 SGB IX). Wenn der schwerbehinderte Arbeitnehmer rechtsverbindlich einen **anderen Arbeitsplatz** im bisherigen oder einem neuen Betrieb zugesichert bekommen hat, soll das Integrationsamt gem. § 89 Abs. 2 die Zustimmung zur Kündigung erteilen (vgl. dazu iE KR-*Etzel* §§ 85–90 SGB IX Rz 85 ff.). Ebenso soll gem. § 89 Abs. 3 SGB IX die Zustimmung nach Eröffnung des Insolvenzverfahrens erteilt werden, wenn der Schwerbehinderte in der **Namensliste** des Interessenausgleichs gem. § 125 InsO (s. Rz 18 zu § 125 InsO) verzeichnet und wenn der Anteil der Schwerbehinderten in der Liste proportional zum Anteil der Schwerbehinderten im Betrieb ist, die Schwerbehindertenvertretung gem. § 95 SGB IX am Interessenausgleich mitgewirkt hat, und die Gesamtzahl der im Betrieb verbleibenden Schwerbehinderten zur Erfüllung der Verpflichtung gem. § 71 SGB IX ausreicht (es müssen alle vier Voraussetzungen vorliegen). Vgl. dazu im Einzelnen die gem. Art. 97 EGInsO vom 5.10.1994 (BGBl. I S. 2911) eingefügte Regelung gem. § 89 Abs. 3 SGB IX (KR-*Etzel* §§ 85–90 SGB IX Rz 96a–96c).

d) Mutter- und Elternzeitschutz

61 Die **Kündigungsverbote** für Schwangere und Wöchnerinnen gem. § 9 MuSchG und für Väter und Mütter in der Elternzeit gem. § 18 BErzGG sind **insolvenzfest** (*Boewer* RdA 2001, 380, 391). Grds. gilt das Kündigungsverbot während der Schwangerschaft und bis zum Ablauf von vier Monaten nach der Entbindung sowie ab acht Wochen vor dem Beginn der Elternzeit und während derselben. In besonderen Fällen kann ausnahmsweise eine Kündigung von der für den Arbeitsschutz zuständigen obersten Landesbehörde für zulässig erklärt werden. Diese Voraussetzung liegt in der Regel vor, wenn der Betrieb stillgelegt wird, nicht jedoch, wenn es eine Beschäftigungsmöglichkeit auf einem anderen Arbeitsplatz gibt (*BVerwG* 18.8.1977 AP Nr. 5 zu § 9 MuSchG 1968; vgl. iE KR-*Bader* § 9 MuSchG Rz 122).

62 Eine ohne die behördliche Zulässigkeitserklärung ausgesprochene Kündigung ist selbst dann unheilbar nichtig, wenn die Voraussetzungen eines besonderen Falles iSd § 9 Abs. 3 S. 1 MuSchG bzw. § 18 Abs. 1 S. 2 BErzGG gegeben sind (KR-*Bader* § 9 MuSchG Rz 78; KR-*Bader* § 18 BErzGG Rz 10 mwN). Kündigt der Insolvenzverwalter einem in Erziehungsurlaub befindlichen Arbeitnehmer, so kann dieser das Fehlen der nach § 18 Abs. 1 S. 2 BErzGG erforderlichen Zulässigkeitserklärung bis zur Grenze der Verwirkung jederzeit geltend machen, wenn ihm die entsprechende Entscheidung der zuständigen Behörde nicht bekannt gegeben worden ist (*BAG* 3.7.2003 EzA § 113 InsO Nr. 14). Liegt dem Insolvenzverwalter die behördliche Zulässigkeitserklärung vor, kann er das Arbeitsverhältnis mit einer Kündigungsfrist nach Maßgabe des § 113 InsO (s.o. Rz 32 ff.) kündigen.

e) Wehrdienstleistende

63 Wehrdienstleistenden Arbeitnehmern darf gem. § 2 Abs. 1 ArbPlSchG ordentlich nicht gekündigt werden (vgl. KR-*Weigand* § 2 ArbPlSchG). Das Recht zur Kündigung aus wichtigem Grund bleibt unberührt (§ 2 Abs. 3 S. 1 ArbPlSchG). Wird der Betrieb insolvenzbedingt stillgelegt, kann das Arbeitsverhältnis aus wichtigem Grunde mit einer Auslauffrist gekündigt werden. Diese Auslauffrist entspricht der einzelarbeits- oder tarifvertraglich vereinbarten oder nach dem Gesetz geltenden Kündigungsfrist und findet gem. § 113 Abs. 1 InsO ihre Grenze in der dreimonatigen Höchstfrist zum Monatsende (FK-InsO/*Eisenbeis* § 113 Rz 73).

f) Parlamentarier

64 Arbeitnehmer, die als Abgeordnete Mitglieder des Deutschen Bundestags oder eines Parlaments in den deutschen Ländern bzw. in Volksvertretungen auf kommunaler oder Landkreisebene sind, genießen einen besonderen Kündigungsschutz (vgl. KR-*Weigand* ParlKSch). Eine Kündigung anlässlich der Mandatsübernahme ist unzulässig. Im Übrigen ist eine Kündigung nur aus wichtigem Grunde zulässig (§ 2 Abs. 3 AbgG). Im Falle einer insolvenzbedingten Stilllegung des Betriebs ist der Insolvenzverwalter berechtigt, eine außerordentliche Kündigung unter Beachtung einer Auslauffrist gem. § 113 InsO zu erklären (vgl. KR-*Weigand* ParlKSch Rz 46).

7. Allgemeiner Kündigungsschutz in der Insolvenz
a) Geltung des KSchG

Soweit die Voraussetzungen gem. §§ 1 Abs. 1, 23 Abs. 1 KSchG (vgl. KR-*Griebeling* § 1 KSchG Rz 38 ff., 90 ff., 132 ff., 149 ff., 151 ff.; KR-*Weigand* § 23 KSchG Rz 33 ff.) vorliegen, **hat der Insolvenzverwalter bei einer Kündigung die Vorschriften des KSchG zu beachten** (schon zur KO: BAG 16.9.1982 EzA § 1 KSchG Betriebsbedingte Kündigung Nr. 18; *Berscheid* in Uhlenbruck, InsO vor § 113 Rz 1). Die insolvenzspezifische Regelung zur »Kündigung eines Dienstverhältnisses« gem. § 113 InsO enthält keine Sonderregelung gegenüber dem allgemeinen Kündigungsschutz, sondern eröffnet lediglich die Kündigungsmöglichkeit unter Wahrung der maßgeblichen Kündigungsfrist bzw. der Höchstkündigungsfrist (BAG 29.9.2005 EzA § 1 KSchG Betriebsbedingte Kündigung Nr. 140 mwN). 65

Sinn und Zweck der Vorschriften der InsO stehen der Anwendbarkeit des KSchG nicht entgegen (BAG 16.9.1982 EzA § 1 KSchG Betriebsbedingte Kündigung Nr. 18). Die Befriedigungsinteressen der Insolvenzgläubiger sind unter Berücksichtigung der Kündigungsregelung gem. § 113 InsO angemessen und in verfassungsrechtlich unbedenklicher Weise gewahrt (vgl. Rz 1, 24 f.) und sprechen nicht dagegen, den Bestandsschutz des KSchG zu beachten (BAG 16.9.1982 EzA § 1 KSchG Betriebsbedingte Kündigung Nr. 18). Durch die Regelung gem. § 113 InsO wird der Insolvenzverwalter nicht von den Vorschriften des allgemeinen und des besonderen (s.a. Rz 46 ff.) Kündigungsschutzes freigestellt (so im Ergebnis auch ErfK-*Müller-Glöge* Rz 21; FK-InsO/*Eisenbeis* vor §§ 113 ff. Rz 8; *Berscheid* Arbeitsverhältnisse Rz 182). 66

Die Anwendung des § 1 KSchG setzt insbes. hinsichtlich der gem. § 1 Abs. 3 KSchG für die soziale Rechtfertigung der Kündigung erforderlichen sozialen Auswahl nicht voraus, dass der Betrieb vom Insolvenzverwalter teilweise weitergeführt wird. Eine **Betriebsstilllegung** kann als unternehmerische Maßnahme in verschiedener Weise durchgeführt werden. Wenn **keine Abwicklungsarbeiten** für einzelne Arbeitnehmer übrig bleiben, ist die Kündigung aus dringenden betrieblichen Gründen regelmäßig gerechtfertigt und für die zugleich vorzunehmende Interessenabwägung bleibt wenig Spielraum für gekündigte Arbeitnehmer. 67

Unter **Betriebsstilllegung** ist die Auflösung der zwischen Arbeitgeber und Arbeitnehmer bestehenden Betriebs- und Produktionsgemeinschaft zu verstehen, die ihre Veranlassung und zugleich ihren unmittelbaren Ausdruck darin findet, dass der Unternehmer die bisherige wirtschaftliche Betätigung in der ernstlichen und endgültigen Absicht einstellt, die Weiterverfolgung des bisherigen Betriebszwecks dauernd oder für einen ihrer Dauer nach unbestimmten, wirtschaftlich nicht unerheblichen Zeitraum aufzugeben (st. Rspr. BAG 29.9.2005 EzA § 1 KSchG Betriebsbedingte Kündigung Nr. 140; 7.3.2002 EzA § 1 KSchG Betriebsbedingte Kündigung Nr. 116; 16.5.2002 EzA § 613a BGB Nr. 210; 21.6.2001 EzA § 15 KSchG nF Nr. 53). Dagegen wird nicht von einem endgültigen Entschluss ausgegangen, wenn der Arbeitgeber im Zeitpunkt der Kündigung noch in Verhandlungen über eine Veräußerung des Betriebs steht und gleichwohl wegen Betriebsstilllegung kündigt (BAG 29.9.2005 EzA § 1 KSchG Betriebsbedingte Kündigung Nr. 140 mwN). Ist andererseits im Zeitpunkt des Zugangs der Kündigung die Betriebsstilllegung endgültig geplant und bereits eingeleitet, behält sich der Arbeitgeber aber eine Betriebsveräußerung vor, falls sich eine Chance biete, und gelingt dann später doch noch eine Betriebsveräußerung, bleibt es bei der sozialen Rechtfertigung der Kündigung (BAG 29.9.2005 EzA § 1 KSchG Betriebsbedingte Kündigung Nr. 140 mwN). 68

Bei einer **Betriebsstilllegung in Etappen** und der Beschäftigung von Arbeitnehmern des Betriebs des Schuldners mit Abwicklungsarbeiten kann bei Wegfall des Arbeitsplatzes die Kündigung des Arbeitnehmers zwar betriebsbedingt sein. Doch ist auch dann die Kündigung sozial nicht gerechtfertigt, wenn bei der Auswahl des zu Kündigenden soziale Gesichtspunkte nicht ausreichend berücksichtigt worden sind. Dies gilt auch dann, wenn nur noch einige wenige Arbeitnehmer mit Abwicklungsarbeiten beschäftigt werden (BAG 16.9.1982 EzA § 1 KSchG Betriebsbedingte Kündigung Nr. 18). 69

b) Kündigungsgründe

Die Eröffnung des Insolvenzverfahrens stellt per se kein betriebliches Erfordernis zur sozialen Rechtfertigung einer Kündigung iSd § 1 Abs. 2 S. 1 KSchG dar (BAG 5.12.2002 EzA § 1 KSchG Betriebsbedingte Kündigung Nr. 125, NJW 2003, 2258; 27.11.1986 Rz K I 5f Nr. 6), denn dieses Ereignis lässt den Bestand der Arbeitsverhältnisse unberührt. Der Insolvenzverwalter kann den Betrieb des Schuldners bis zur Übernahme durch einen Erwerber ganz oder teilweise fortführen oder in einem Akt 70 oder etappenweise stilllegen. Erst in der Folge dieser unternehmerischen Entscheidung erwachsen Maßnahmen, die den Bestand der Arbeitsverhältnisse betreffen und nach den Erfordernissen des § 1 KSchG umgesetzt werden können. Nach dem *LAG Brem.* (2.12.1997 LAGE § 1 KSchG Betriebsbedingte Kündigung Nr. 47) rechtfertigt auch in der Insolvenz die Absicht des Insolvenzverwalters, die Personalkosten zu senken und eine Masseinsuffizienz zu vermeiden, regelmäßig keine Beendigungskündigungen (vgl. auch *Bertzbach* FS Hanau S. 173).

71 Bei einer **Stilllegung** des gesamten Betriebes (s.o. Rz 68) oder einzelner Betriebsteile handelt es sich idR um Maßnahmen, die gem. §§ 111 ff. BetrVG der Mitwirkung des Betriebsrats (vgl. BAG 4.6.2003 EzA § 209 InsO Nr. 1) sowie der Anzeigepflicht gem. §§ 17 ff. KSchG unterliegen und für die das kollektive Kündigungsverfahren gem. §§ 125 ff. InsO vorgesehen ist. In diesem Zusammenhang zu erklärende Kündigungen des Insolvenzverwalters sind idR durch **dringende betriebliche Erfordernisse** bedingt, soweit die betreffenden Arbeitsplätze wegfallen und der Insolvenzverwalter die Voraussetzungen der **sozialen Auswahl** beachtet hat (vgl. iE KR-*Griebeling* § 1 KSchG Rz 603 ff.). Für die soziale Rechtfertigung reicht es aus, wenn die betrieblichen Umstände bereits greifbare Formen angenommen haben und eine vernünftige, betriebswirtschaftliche Betrachtung der Prognose rechtfertigt, dass bis zum Auslaufen der Kündigungsfrist der Arbeitnehmer entbehrt werden kann. Als »greifbare Formen« kommen sowohl die Gründe für die Stilllegungsabsicht als auch ihre Durchführungsformen infrage (*BAG* 8.4.2003 EzA § 55 InsO Nr. 4; 19.6.1991 Rz K I 5f Nr. 14). Der vor Eröffnung des Insolvenzverfahrens in einer **Standortsicherungsvereinbarung geregelte Ausschluss betriebsbedingter Kündigung** steht einer vom Insolvenzverwalter wegen beabsichtigter Betriebsteilstilllegung erklärten Kündigung nicht entgegen (*BAG* 17.11.2005 EzA § 125 InsO Nr. 3). Wenn entgegen der zum Zeitpunkt des Kündigungsausspruchs beabsichtigten Betriebsstilllegung die Gläubigerversammlung die **Betriebsfortführung** beschließt und der Insolvenzverwalter den Beschluss akzeptiert, ist die Kündigung nicht durch dringende betriebliche Erfordernisse bedingt; denn es fehlt an der ernsthaften und endgültigen Stilllegungsabsicht (*LAG Düsseld.* 18.6.2002 ZIP 2003, 415). Die Stilllegung des Betriebs stellt kein dringendes betriebliches Erfordernis dar, das gem. § 1 Abs. 2 KSchG die Kündigung –auch durch den Insolvenzverwalter- eines Arbeitnehmers, mit dem **Block-Altersteilzeit** vereinbart ist und der sich bereits in der **Freistellungsphase** befindet, sozial rechtfertigen kann (*BAG* 5.12.2002 EzA § 1 KSchG Betriebsbedingte Kündigung Nr. 125, NJW 2003, 2258; *LAG Nds.* 24.5.2002 LAGE § 113 InsO Nr. 10; 11.9.2001 LAGE § 1 KSchG Betriebsbedingte Kündigung Nr. 59a; *Nimscholz* ZIP 2002, 1936; ErfK-*Rolfs* § 8 ATG Rz 2; **a.A.** *Hanau* ZIP 2002, 2028). Befindet sich der Arbeitnehmer in der **Arbeitsphase** einer Block-Altersteilzeit, so sind die Voraussetzungen für eine Kündigung wegen Betriebsstilllegung gem. § 1 Abs. 2 KSchG grds. unabhängig von der Dauer der über die Betriebsschließung hinausgehenden (blockbefristeten) Arbeitszeit gegeben (*BAG* 16.6.2005 EzA § 1 KSchG Betriebsbedingte Kündigung Nr. 137). Bei einem **Gemeinschaftsbetrieb** führt die Stilllegung des einen Betriebs nicht dazu, dass dessen Arbeitnehmer dem anderen Betrieb aufgezwungen werden können, selbst dann nicht, wenn die gekündigten Arbeitnehmer überwiegend Tätigkeiten verrichten, die in dem verbleibenden Betrieb des ehemaligen Gemeinschaftsbetriebs auch weiterhin anfallen; denn zu diesem besteht rechtsgeschäftlich kein Arbeitsverhältnis (*BAG* 17.1.2002 EzA § 4 KSchG n.F. Nr. 62; *LAG Brem.* 17.10.2002 DB 2003, 104). Die Sozialauswahl ist bei der Auflösung eines Gemeinschaftsbetriebs auf den gesamten Betrieb zu erstrecken, es sei denn, einer der Betriebe ist –spätestens bis zum Ablauf der Kündigungsfrist- stillgelegt und die »gemeinsame Klammer« für den vormals einheitlichen Leitungsapparat damit aufgelöst worden (vgl. *BAG* 24.2.2005 EzA § 1 KSchG Soziale Auswahl Nr. 59).

71a Wenn der betriebsbedingte Kündigungsgrund, der beim Zugang der Kündigungserklärung vorlag, bis zum Ablauf der Kündigungsfrist wieder entfallen ist und die Möglichkeit der Weiterbeschäftigung zB aufgrund eines sich nunmehr ergebenden Betriebsübergangs eröffnet ist, wird dem Arbeitnehmer grds. ein Wiedereinstellungsanspruch zugebilligt (*BAG* 27.2.1997 EzA § 1 KSchG Wiedereinstellungsanspruch Nr. 1; 6.8.1977 EzA aaO Nr. 2; 28.6.2000 EzA § 1 KSchG Wiedereinstellungsanspruch Nr. 5; KR-*Griebeling* § 1 KSchG Rz 729 ff.). Liegt bereits vor der Erklärung einer betriebsbedingten Kündigung wegen Stilllegung ein Übernahmeangebot eines Interessenten vor, das wenige Tage später zum Erfolg führt, so ist die Kündigung insbesondere dann nicht gerechtfertigt, wenn im Sozialplan dessen Neuverhandlung für den Fall des Betriebsübergangs vereinbart war (*BAG* 29.9.2005 EzA § 1 KSchG Betriebsbedingte Kündigung Nr. 140). Wiewohl aus § 128 InsO unmittelbar die Anwendbarkeit der Regelung gem. § 613a BGB auch in der Insolvenz folgt, ist ein derartiger **Wiedereinstellungsanspruch** bzw. **Fortsetzungsanspruch**, der sich in der Regel nicht gegen den kündigenden Insolvenzverwalter, sondern gegen den Erwerber richtet, im Fall des im Rahmen eines Insolvenzverfahrens – nach Zugang der Kündigung – vollzogenen Betriebsübergangs nicht anzuerkennen (*BAG* 10.12.1998 EzA § 613a

BGB Nr. 175; *LAG Hmb.* 14.6.2002 – 6 Sa 18/02 – LS ZInsO 2003, 100; offen gelassen nunmehr *BAG* 16.5.2002 EzA § 613a BGB Nr. 210; abl. auch *Hanau* ZIP 1998, 1817, 1819 ff.; Wiedereinstellung bejahen: *Zwanziger* Arbeitsrecht vor § 113 InsO Rz 60 ff.; *Raab* RdA 2000, 147, 159; zeitlich befristet: *LAG Hamm* 27.3.2003 LAGE § 1 KSchG Wiedereinstellungsanspruch Nr. 5; 4.6.2002 AR-Blattei ES 915 Nr. 23; *Schubert* ZIP 2002, 554 mwN; *Oetker* DZWIR 2000, 461; offen *Franzen* DZWIR 2000, 247, 250). Findet der Betriebsübergang erst nach Ablauf der Kündigungsfrist statt, besteht kein Anspruch auf Wiedereinstellung bzw. Fortsetzung des Arbeitsverhältnisses (s.u. Rz 77). Die Rspr. des BAG zum Wiedereinstellungsanspruch lässt sich auf den Insolvenzsachverhalt nicht übertragen, weil der Gesetzgeber angesichts der insolvenzspezifischen Interessenlage (s.o. Rz 1) mit den Regelungen insbes. gem. §§ 113 ff. InsO die Abweichungen vom System des allgemeinen Kündigungsschutzes verdeutlicht und damit der Sondersituation der Insolvenz vor allem im Interesse der Rechtssicherheit Rechnung trägt (vgl. auch *Hanau* aaO). Im Übrigen ergibt sich ein allgemeiner oder betriebsübergangsbedingter Fortsetzungsanspruch des Arbeitnehmers in der Insolvenz weder aus europarechtlichen Vorgaben noch aus nationalen Normen (*BAG* 10.12.1998 EzA § 613a BGB Nr. 175). Etwas anderes gilt, wenn fortbestehende nachvertragliche (Fürsorge-)Pflichten aus dem Arbeitsverhältnis ausnahmsweise einen Wiedereinstellungsanspruch begründen können. Das ist nach der Rspr. des BAG der Fall, wenn der Arbeitnehmer auf Veranlassung des Arbeitgebers – unter Beibehaltung seines bisherigen Arbeitszusammenhanges – zu einem Tochterunternehmen wechselt, das zeitnah insolvent wird und der Insolvenzverwalter daraufhin das Arbeitsverhältnis wirksam betriebsbedingt kündigt (*BAG* 21.2.2002 EzA § 1 KSchG Wiedereinstellungsanspruch Nr. 7).

c) Soziale Auswahl

Die Grundsätze der sozialen Auswahl gem. § 1 Abs. 3 KSchG (vgl. KR-*Griebeling* § 1 KSchG Rz 603 ff.) **72** sind im Fall der Betriebsstilllegung (s.o. Rz 68) vom Insolvenzverwalter zu beachten, wenn nur noch einige Arbeitnehmer mit Abwicklungsarbeiten beschäftigt werden; denn auch bei der etappenweise erfolgenden Betriebsstilllegung ist jede einzelne Kündigung gem. den Voraussetzungen des § 1 Abs. 3 KSchG zu prüfen (*BAG* 16.9.1982 EzA § 1 KSchG Betriebsbedingte Kündigung Nr. 18). Die Grundsätze zur sozialen Auswahl können modifiziert werden, wenn die Weiterbeschäftigung eines bestimmten Arbeitnehmers im Interesse eines geordneten Betriebsablaufs erforderlich ist, weil er leistungsstärker als der vergleichbare sozial schwächere Arbeitnehmer ist. Zwar bedarf es nicht einer Zwangslage im Betrieb, doch reichen reine Nützlichkeitserwägungen für die Vernachlässigung der Sozialauswahl nicht aus (*BAG* 24.3.1983 EzA § 1 KSchG Betriebsbedingte Kündigung Nr. 21). Eine soziale Auswahl gem. § 1 Abs. 3 KSchG kann entbehrlich sein, wenn allen Arbeitnehmern gekündigt wird (*LAG Hamm* 9.4.1980 ZIP 1980, 470).

d) Kündigung aus wichtigem Grund durch den Insolvenzverwalter

Das Recht zur Kündigung aus wichtigem Grund nach Maßgabe des § 626 BGB bleibt von der Eröff- **73** nung des Insolvenzverfahrens grds. unberührt (zur Kündigung aus wichtigem Grund vgl. KR-*Fischermeier* § 626 BGB). Allerdings stellt die **Insolvenzeröffnung als solche keinen wichtigen Grund für eine fristlose Kündigung** dar (*BAG* 25.10.1968 EzA § 626 BGB Nr. 10; *LAG Düsseld.* 27.6.1974 DB 1974, 2113; MünchKomm-*Schwerdtner* § 626 Rz 98), auch nicht für eine fristlose Änderungskündigung (*Fischer* NzA 2002, 536). Wegen der schlechten wirtschaftlichen Situation, die zur Betriebsstilllegung führt und den Interessen der Insolvenzgläubiger gestattet das Gesetz gem. § 113 InsO ausdrücklich eine Kündigungsmöglichkeit, die auf die Interessenlage des Arbeitnehmers Rücksicht nimmt. Nach der Rspr. des *BAG* ist eine außerordentliche Kündigung aus betrieblichen Gründen wegen Stilllegung des Betriebes (s.o. Rz 68) oder eines Betriebsteils grds. nur dann gerechtfertigt, wenn eine ordentliche Kündigung ausgeschlossen ist (*BAG* 22.7.1992 EzA § 626 BGB nF Nr. 141; KR-*Fischermeier* § 626 BGB Rz 417 mwN).

Eine fristlose Kündigung wegen der Insolvenzeröffnung bleibt auch dann unzulässig, wenn der Insol- **74** venzverwalter mit hoher Wahrscheinlichkeit den Arbeitnehmer bis zum Ablauf der Kündigungsfrist aus der Insolvenzmasse nicht mehr bezahlen kann (anders das *LAG Duisburg* 9.1.1936 ARS 26, 114); denn in der InsO sind die Fragen der Lohnforderung von denen der Auflösung des Arbeitsverhältnisses getrennt, und die Kündigung ist nur nach Maßgabe des § 113 InsO zulässig (*BAG* 25.10.1968 EzA § 626 BGB Nr. 10). Auch die Anzeige der **Masseunzulänglichkeit** gem. § 208 Abs. 1 S. 1 InsO begründet kein Recht auf fristlose Kündigung durch den Insolvenzverwalter gem. § 626 BGB (*Berscheid* Arbeitsverhältnisse Rz 768). Ein wichtiger Grund für eine fristlose Kündigung kann in einem untreuen Verhalten des Arbeitnehmers vor oder nach der Insolvenzeröffnung liegen (*BAG* 25.10.1968 EzA § 626 BGB Nr. 10) und die Fortsetzung des Arbeitsverhältnisses unzumutbar machen, zB wenn der Angestellte zusammen mit dem Schuldner Vermögensgegenstände vor der Insolvenzeröffnung beiseite schafft und die Zusammenarbeit mit dem Insolvenzverwalter nach der Insolvenzeröffnung verweigert (*RAG* 26.10.1935 ARS 25, 192).

75 Der Insolvenzverwalter hat bei einer außerordentlichen Kündigung gem. § 626 BGB die **Zweiwochenfrist des § 626 Abs. 2 BGB** zu beachten. Liegen die die Kündigung tragenden Umstände im Zeitraum vor Insolvenzeröffnung, so genügt der Insolvenzverwalter seiner Darlegungspflicht nach § 626 Abs. 2 BGB nicht allein schon dadurch, dass er den Zeitpunkt nennt, zu dem er selbst Kenntnis von den Kündigungsgründen erlangt hat; denn dem Insolvenzverwalter erwächst grundsätzlich keine neue Frist iSd § 626 Abs. 2 BGB. In diesem Fall hat der Insolvenzverwalter darüber hinaus darzulegen, dass die Kündigungsgründe nicht schon vor Insolvenzeröffnung »verfristet« iSd § 626 Abs. 2 BGB waren (*LAG Stuttg.* 18.12.1980 – 11 Sa 86/80). Das Recht zur fristlosen Kündigung ist verwirkt, wenn der Kündigungsberechtigte sich so verhält, dass dies als Verzicht auf die außerordentliche Kündigung anzusehen ist. Hat der Arbeitgeber dergestalt sein Kündigungsrecht verwirkt, so kann der Insolvenzverwalter aus wichtigem Grund nur kündigen, wenn ein Arbeitnehmer nach Insolvenzeröffnung sein unredliches Verhalten fortsetzt (*RAG* KUT 1933, 165).

e) Massenentlassungen

76 Bei Vorliegen der Voraussetzungen des § 17 KSchG ist der Insolvenzverwalter zur Erstattung der **Massenentlassungsanzeige** verpflichtet (*BSG* 5.12.1978 BB 1979, 1666; 21.3.1978 NJW 1980, 2430; *Berscheid* in Uhlenbruck, InsO vor § 113 Rz 107 ff.; *Schulte-Kaubrügger* Kölner Schrift InsO, S. 1585, Rz 2; FK-InsO/ *Eisenbeis* vor §§ 113 ff. Rz 41 ff.; vgl. KR-*Weigand* § 17 KSchG Rz 38). Bei der Bestimmung der Sperrfrist gem. § 18 KSchG kann das Arbeitsamt über die Laufzeit der insolvenzspezifischen Kündigungsfristen gem. § 113 Abs. 1 InsO nicht hinausgehen, da die §§ 17 ff. in erster Linie arbeitsmarktpolitischen Zielen dienen (FK-InsO/*Eisenbeis* vor §§ 113 ff. Rz 50).

8. Betriebsübergang gem. § 613a BGB

77 Die Regelung gem. § 613a BGB findet im Insolvenzverfahren Anwendung. Auch bei einer Betriebsveräußerung durch den Insolvenzverwalter greift der Bestandsschutz gem. § 613a Abs. 1 und Abs. 4 BGB ein. Dies ergibt sich schon aus **§ 128 Abs. 2 InsO**, wonach die Vermutung des § 125 Abs. 1 S. 1 InsO sich auch darauf erstreckt, dass die Kündigung der Arbeitsverhältnisse nicht wegen des Betriebsübergangs erfolgte (*BAG* 20.3.2003 EzA § 613a BGB 2002 Nr. 9). Kündigt der veräußernde Insolvenzverwalter einem Arbeitnehmer mit der Begründung, der Erwerber habe sich geweigert, den Betrieb bei Fortbestand des Arbeitsverhältnisses dieses Arbeitnehmers zu übernehmen, so ist die Kündigung wegen Verstoßes gegen § 613a Abs. 4 BGB unwirksam; denn durch diese Vorschrift soll gerade klargestellt werden, dass der Betriebsübergang keine dringenden betrieblichen Erfordernisse iSv § 1 Abs. 2 KSchG darstellt. Gem. § 613a BGB bleibt auch die bisherige Betriebszugehörigkeit beim Schuldner erhalten und auf die Fristen gem. § 622 BGB anrechenbar, wenn der Insolvenzverwalter mit sämtlichen Arbeitnehmern Aufhebungsverträge vereinbart und die Arbeitnehmer unmittelbar an den vereinbarten Ausscheidungszeitpunkt vom Betriebsübernehmer wieder eingestellt werden (*LAG Nbg.* 19.4.2005 LAGE § 622 BGB 2002 Nr. 1). Die Kündigung aufgrund eines Erwerberkonzepts verstößt dann nicht gegen § 613a Abs. 4 BGB, wenn ein verbindliches Konzept oder ein Sanierungsplan des Erwerbers vorliegt, dessen Durchführung im Zeitpunkt des Zugangs der Kündigungserklärung bereits greifbare Formen angenommen hat. Für die Wirksamkeit einer betriebsbedingten Kündigung des Veräußerers nach dem Erwerberkonzept kommt es in der Insolvenz nicht darauf an, ob das Konzept auch bei dem Veräußerer hätte durchgeführt werden können (*BAG* 20.3.2003 EzA § 613a BGB 2002 Nr. 9). Die Geltung des **§ 613a BGB auch im Falle der Insolvenzveräußerung** zum Zwecke des Arbeitsplatzschutzes ist st.Rspr. (*BAG* 20.6.2002 EzA § 613a BGB Nr. 211) hatten bereits *BAG* 17.1.1980 EzA § 613a BGB Nr. 24 und 23.4.1980 EzA § 15 KSchG nF Nr. 24 sowie 26.5.1983 EzA § 613a BGB Nr. 34 für die KO und der EuGH mit Verweis auf Art. 4 Abs. 1 RL 77/187/EWG (*EuGH* 12.3.1998 Rs. C-319/94, NZA 1998, 529; vgl. auch *Wellensiek* NZI 2005, 603) bejaht. Zu Einzelheiten vgl. KR-*Pfeiffer* § 613a BGB Rz 93 ff., 101 ff. Findet allerdings der **Betriebsübergang erst nach Ablauf der Frist einer insolvenzbedingten Kündigung** statt, so besteht kein Anspruch auf Wiedereinstellung bzw. Fortsetzung des Arbeitsverhältnisses (*BAG* 28.10.2004 EzA § 613a BGB 2002 Nr. 30 mwN; 13.5.2004 EzA § 613a BGB 2002 Nr. 25; KR-*Pfeiffer* § 613a BGB Rz 195 f.). Nach der **Betriebsübergangsrichtlinie 2001/23/EG** vom 12.3.2001 (ABlEG Nr. L

82 vom 22.3.2001, S. 16 ff.) werden gem. Art. 5 Abs. 1 Bestandsschutz und Kündigungsbeschränkungen von Arbeitsverhältnissen in der Insolvenz begrenzt, soweit das Insolvenzverfahren mit dem Ziel der Liquidation des Schuldnervermögens durchgeführt wird. Aber auch für das Sanierungsverfahren dispensiert Art. 5 Abs. 2 von der Anwendung der Betriebsübergangsrichtlinie (vgl. *Moll* KTS 2002, 635 ff.). Teilweise wird im Anschluss an die Richtlinie 2001/23/EG von der Nichtanwendbarkeit der Regelung gem. § 613a BGB im Insolvenzverfahren ausgegangen (*Hanau/Berscheid* Kölner Schrift InsO, S. 1543 Rz 6 ff..

9. Beteiligungsrechte des Betriebsrats bei der Individualkündigung

Grundsätzlich bleibt die Stellung des Betriebsrats von der Eröffnung des Insolvenzverfahrens unberührt (vgl. *Brill* AuR 1967, 336 ff.). Die betriebsverfassungsrechtlichen Aufgaben, Rechte und Pflichten des Arbeitgebers gehen nach der Eröffnung des Insolvenzverfahrens auf den Insolvenzverwalter über (*Fitting* § 1 BetrVG Rz 206). Auch wenn der Betriebsrat erst nach Eröffnung des Insolvenzverfahrens gewählt wird, treffen den Insolvenzverwalter die Pflichten aus dem BetrVG (*BAG* 18.11.2003 EzA § 113 BetrVG 2001 Nr. 2). Der Insolvenzverwalter hat bei allen entsprechenden Rechtshandlungen die **einschlägigen Mitwirkungsrechte zu beachten** (*BAG* 20.11.1970 EzA § 72 BetrVG Nr. 3; 17.9.1974 EzA § 113 BetrVG 1972 Nr. 1; *Heß* ZIP 1985, 334), insbes. bei Kündigungen gem. § 113 InsO den Betriebsrat anzuhören (*BAG* 4.6.2003 EzA § 209 InsO Nr. 1; 16.9.1993 EzA § 102 BetrVG 1972 Nr. 84; *Kutzki* ZTR 1999, 491), andernfalls kann der gekündigte Arbeitnehmer im Kündigungsschutzprozess geltend machen, dass die Kündigung unwirksam ist. Zur ordnungsgemäßen Anhörung gem. § 102 Abs. 1 BetrVG gehört auch die Mitteilung über die Art der Kündigung und ggf. die Kündigungsfrist (vgl. iE KR-*Etzel* § 102 BetrVG). Das *LAG Bln.* (6.2.1984 – 9 Sa 121/83) hält diese Angaben für entbehrlich, falls darüber aus der Sicht des Betriebsrats vernünftigerweise keine Zweifel aufkommen konnten. Die Mitteilung von Familienstand und Unterhaltspflichten ist entbehrlich, wenn eine Sozialauswahl wegen Stilllegung des Betriebs nicht vorzunehmen ist (*BAG* 13.5.2004 EzA § 102 BetrVG 2001 Nr. 7). Soll der Betrieb auf Grund des durch den vorläufigen Insolvenzverwalter erstatteten Gutachtens stillgelegt werden, reicht es für die ordnungsgemäße Anhörung des Betriebsrats iSv § 102 BetrVG aus, wenn die Anhörung zu der nach der Insolvenzeröffnung vorgesehenen Kündigung schon durch den Geschäftsführer der Schuldnerin und den vorläufigen Insolvenzverwalter erfolgt, sofern dieser auch zum endgültigen Insolvenzverwalter bestellt wird (*BAG* 22.9.2005 EzA § 113 InsO Nr. 18). Das kollektivvertraglich vereinbarte Erfordernis der Zustimmung des Betriebsrates zur Kündigung ist – wie andere sonderkündigungsschutzrechtliche Bestimmungen (s.o. Rz 47 ff.) – vom Insolvenzverwalter zu beachten. Davon wird allerdings nicht die Länge der Kündigungsfrist berührt, sondern allein der Zeitpunkt des Ausspruchs der Kündigung bestimmt. Die Zustimmung des Betriebsrates zu betriebsbedingten Kündigungen ist dann nicht erforderlich, wenn im Falle der Insolvenz wegen Betriebsstilllegung allen Arbeitnehmern betriebsbedingt gekündigt werden muss (*BAG* 19.1.2000 KTS 2001, 186). Allerdings hat der Insolvenzverwalter in Unternehmen mit idR mehr als 20 wahlberechtigten Arbeitnehmern bei einer Betriebsstilllegung die §§ 111 ff. BetrVG zu beachten. Die Besonderheiten der Insolvenz werden durch die §§ 121, 122 InsO berücksichtigt. Unterlässt der Insolvenzverwalter den Versuch eines Interessenausgleichs, können die Arbeitnehmer einen Nachteilsausgleich gem. § 113 Abs. 3, Abs. 1 BetrVG beanspruchen, dessen Umfang sich uneingeschränkt nach § 10 KSchG bemisst (*BAG* 22.7.2003 EzA § 111 BetrVG 2001 Nr. 1). **Keine Mitbestimmungsrechte** (weder nach § 99 BetrVG noch nach § 102 BetrVG) stehen dem Betriebsrat zu, wenn der Insolvenzverwalter einen Arbeitnehmer während der Kündigungsfrist **von der Arbeitsleistung freistellt** (*BAG* 22.1.1998 EzA § 174 BGB Nr. 13; *Seifert* DZWIR 2002, 407).

78

Wenn der **Betrieb stillgelegt** wird (s.o. Rz 68), behält der Betriebsrat – unabhängig vom Fortbestehen der Arbeitsverhältnisse seiner Mitglieder – seine Funktion für die Wahrnehmung seiner betriebsverfassungsrechtlichen Aufgaben (namentlich zur Herbeiführung eines Sozialplans, *BAG* 30.10.1979 EzA § 76 BetrVG 1972 Nr. 26). Dieses »**Restmandat**« gem. § 21b BetrVG zur Abwicklung entstandener Beteiligungsrechte kann vom Betriebsrat nicht auf die Person seines Vorsitzenden übertragen werden (*BAG* 14.11.1978 EzA § 40 BetrVG 1972 Nr. 39). Soweit das »Restmandat« Kosten verursacht, sind diese nach § 40 BetrVG vom Insolvenzverwalter als Masseschulden gem. § 55 Abs. 1 Ziff. 1 InsO aus der Masse vorab zu befriedigen (*BAG* 27.3.1979 EzA § 76 BetrVG 1972 Nr. 22 für Kosten einer Einigungsstelle; *LAG Hamm* 5.1.1979 DB 1979, 1804). Das Restmandat wird nicht dadurch obsolet, dass die Anzahl der noch tätigen Arbeitnehmer des in der Insolvenz befindlichen Betriebs unter fünf sinkt. Zur Beteiligung des Betriebsrats, wenn allen Arbeitnehmern wegen Betriebsstilllegung gekündigt wird, s.o. Rz 42.

79

10. Kündigung durch den Arbeitnehmer

80 Dem Arbeitnehmer steht das Recht, das Arbeitsverhältnis gem. § 113 S. 1 InsO zu kündigen (s.o. Rz 26 ff., insbes. Rz 28), ebenso zu wie dem Insolvenzverwalter. Er ist an die gleiche Kündigungsfristenregelung gem. § 113 S. 2 InsO (s.o. Rz 32 ff.) gebunden. Allerdings steht dem Arbeitnehmer grds. nicht der Schadensersatzanspruch gem. § 113 S. 3 InsO zu, wenn er selbst kündigt. Andere Schadensersatzansprüche, etwa gem. § 628 Abs. 2 BGB (vgl. KR-*Weigand* § 628 BGB Rz 13 ff.) oder aus positiver Vertragsverletzung, wenn der Dienstberechtigte die Insolvenz verschuldet hat, bleiben von dieser Regel unberührt.

81 Hingegen scheidet eine **außerordentliche fristlose Kündigung** aus wichtigem Grund **wegen der Insolvenzeröffnung** grds. aus; denn der Arbeitnehmer ist hinsichtlich seiner Lohn- und Gehaltsforderungen für die Zeit der Kündigungsfrist, die gem. § 55 Abs. 1 Ziff. 2 InsO Masseschulden sind, geschützt. Vermag aber die Insolvenzmasse noch nicht einmal die Masseschulden abzudecken, steht dem Arbeitnehmer das Recht zur fristlosen Kündigung ausnahmsweise zu (*ArbG Bayreuth* 30.1.2002 DZWIR 2002, 282; *Erman/Hanau* § 622 BGB Rz 11; *Grunsky* ZAP 1990, Fach 17, S. 109; *Hueck/Nipperdey* I, S. 614, FN 5; **aA** *LAG Hamm* 6.12.1967 BB 1968, 128). Dann hat der Arbeitnehmer allerdings einen Schadensersatzanspruch wegen Verlusts des Arbeitsplatzes gem. § 628 Abs. 2 BGB (vgl. KR-*Weigand* § 628 BGB Rz 57). Angesichts der insolvenzrechtlichen Einordnung des Schadensersatzanspruchs gem. § 628 Abs. 2 BGB kann es unter taktischen Erwägungen seitens des Arbeitnehmers ratsam sein, von der Möglichkeit einer fristlosen Kündigung keinen Gebrauch zu machen (*Grunsky* ZAP 1990, Fach 17, S. 115). **Andere wichtige Gründe gem. § 626 BGB** können eine außerordentliche Kündigung rechtfertigen, insbes. auch die der Insolvenz vorausgehenden oder die ihn begleitenden Umstände, wenn sie dem Arbeitnehmer die Fortsetzung des Arbeitsverhältnisses unzumutbar machen, insbesondere bei erheblichem Lohnrückstand (*BAG* 25.7.1963 AP Nr. 1 zu § 448 ZPO; *LAG Frankf.* 27.10.1964 DB 1965, 186).

III. Kündigungsschutzklage

82 Die **Kündigungsschutzklage** gegen eine Kündigung des **Insolvenzverwalters** ist gegen diesen **als Partei kraft Amtes** zu richten. Eine Klage gegen den Schuldner macht den Insolvenzverwalter nicht zur Partei und wahrt deshalb nicht die dreiwöchige Klagefrist (*LAG Köln* 17.8.2005 – 3 Sa 486/05 – EzA-SD 2006, Heft 6, S. 16). Allerdings kann das Rubrum einer irrtümlich gegen den Schuldner gerichteten Klage berücksichtigt werden, wenn sich aus der Klageschrift ergibt, dass die Klage gegen den Insolvenzverwalter gerichtet werden sollte (*BAG* 27.3.2003 EzA § 113 InsO Nr. 13; 18.4.2002 EzA § 613a BGB Nr. 207; 17.1.2002 EzA § 4 KSchG nF Nr. 62; 15.3.2001 EzA § 4 KSchG nF Nr. 61; **a.A.** *LAG Hamm* 23.11.2000 – 4 Sa 1179/00; *ArbG Bln.* 6.8.2003 LAGE § 113 InsO Nr. 12; n.rkr.). Zur Gewährung von Prozesskostenhilfe an den Insolvenzverwalter vgl. *BAG* 8.5.2003 EzA § 116 ZPO 2002 Nr. 1; *LAG Hamm* 12.2.2001 NZA-RR 2002, 157; 2.2.2002 KTS 2002, 301.

83 Klagen gegen Kündigungen des Insolvenzverwalters oder des vorläufigen Insolvenzverwalters sind **innerhalb von drei Wochen** nach Zugang der Kündigung beim Arbeitsgericht geltend zu machen. Das folgt aus § 4 KSchG, dessen Regelung seit dem 1.1.2004 für alle Bestandsschutzklagen gilt, unabhängig davon, ob das KSchG Anwendung findet oder nicht (vgl. iE KR-*Friedrich* § 4 KSchG). Die allgemein zu beachtende Klagefrist von drei Wochen galt allerdings auch bisher schon für Bestandsschutzklagen im Rahmen des Insolvenzverfahrens (§ 113 Abs. 2 InsO in der bis zum 31.12.2003 geltenden Fassung; vgl. *Weigand* KR-Vorauflage § 113 InsO Rz 82 ff.).

84 Die dreiwöchige Klagefrist ist auch dann zu beachten, wenn die nicht ordnungsgemäße Anhörung des Betriebsrates gem. §§ 102, 103 BetrVG, die Unwirksamkeit der Kündigung wegen Betriebsübergangs gem. § 613a Abs. 4 BGB (so schon zur ehemaligen Regelung in § 113 Abs. 2 InsO: *BAG* 16.5.2002 – 8 AZR 320/01 – nv), der Verstoß gegen ein gesetzliches Verbot gem. § 134 BGB wie § 9 MuSchG, § 18 BerzGG oder § 85 SGB IX geltend gemacht wird. Ebenso ist die dreiwöchige Klagefrist bei einer Klage wegen Kündigung eines Berufsausbildungsverhältnisses zu beachten.

85 Die Dreiwochenfrist zur Anrufung des Arbeitsgerichts läuft, soweit die Kündigung wie zB in den Fällen der Kündigung von Schwerbehinderten oder Frauen im Mutterschutz der Zustimmung einer Behörde bedarf, **erst von der Bekanntgabe der Entscheidung der Behörde** an den Arbeitnehmer ab (§ 4 S. 4 KSchG; *BAG* 27.3.2003 EzA § 113 InsO Nr. 13). Kündigt der Insolvenzverwalter einem in Erziehungsurlaub befindlichen Arbeitnehmer, so kann dieser das Fehlen der nach § 18 Abs. 1 S. 2 BErzGG erforderlichen Zulässigkeitserklärung bis zur Grenze der Verwirkung jederzeit geltend machen, wenn ihm die entsprechende Entscheidung der zuständigen Behörde nicht bekannt gegeben worden ist

(*BAG* 3.7.2003 EzA § 113 InsO Nr. 14). Soweit die Voraussetzungen des § 5 KSchG vorliegen, kann die Klage auch verspätet zugelassen werden. Trotz fehlender Verweisung konnte auch nach der bis zum 31.12.2003 geltenden Regelung gem. § 113 Abs. 2 S. 2 InsO von der Anwendbarkeit des § 6 KSchG ausgegangen werden (*BAG* 16.6.1999 ZInsO 2000, 351; *Berscheid* in Uhlenbruck, InsO § 113 Rz 130 ff.; **aA** *LAG Düsseldorf* 29.6.2000 ZInsO 2000, 570).

Gemäß § 6 KSchG kann sich der Arbeitnehmer bei fristgemäßer Klageerhebung bis zum Schluss der 86 mündlichen Verhandlung erster Instanz auch auf andere als innerhalb der Klagefrist geltend gemachte Begründung zur Unwirksamkeit der Klage berufen (*BAG* 16.6.2005 EzA § 17 KSchG Nr. 15: krit. zur Anwendung des § 6 KSchG *Berkowski* NZI 2006, 26; vgl. auch KR-*Friedrich* § 6 KSchG).

Bei nicht rechtzeitiger Klageerhebung gem. § 4 S. 1, §§ 5, 6 KSchG gilt die Kündigung als von Anfang 87 an wirksam, § 7 KSchG (vgl. KR-*Rost* § 7 KSchG).

IV. Schadensersatz

1. Voraussetzungen

Nach § 113 S. 3 InsO ist der gem. S. 1 und 2 gekündigte Arbeitnehmer berechtigt, Ersatz des ihm durch 88 die Aufhebung des Dienstverhältnisses entstehenden Schadens zu verlangen. Der Anwendungsbereich des § 113 S. 3 InsO bleibt auf die Fälle beschränkt, in denen der Insolvenzverwalter mit der insolvenzspezifischen Höchstfrist (s.o. Rz 32) die Kündigung erklärt und eine längere gesetzliche, einzelarbeits- oder tarifvertragliche Kündigungsfrist nicht anzuwenden ist. Der Schadensersatzanspruch entsteht **nämlich nur für die Zeitspanne von der tatsächlichen Beendigung des Dienstverhältnisses bis zum Ablauf der Frist, mit der der Insolvenzverwalter ohne den Insolvenzfall vertragsgemäß hätte kündigen können** (sog. Verfrühungsschaden, s u. Rz 93 ff.). Im Falle einer einvernehmlichen Auflösung durch Aufhebungsvertrag scheidet der Schadensersatzanspruch gem. § 113 S. 3 InsO aus (*Hess. LAG* 10.4.2006 – 17 Sa 1432/05 – EzA-SD 17/2006, S. 13).

Der dem Arbeitnehmer im Falle der Kündigung durch den Insolvenzverwalter gem. § 113 S. 3 InsO zu- 89 stehende Schadensersatzanspruch geht nicht auf die vereinbarten Vergütungen als solche, sondern auf den durch die Aufhebung des Dienstverhältnisses gem. § 113 S. 1 und 2 InsO verursachten Schaden, der in **Verdienstausfällen** (einschl. Provisionen, *LAG Brem.* 13.5.1953 BB 1953, 472) oder auch **entgangenen Naturalbezügen** (Wohnung, Verpflegung) bestehen kann. Ferner kann der Schaden im Verlust einer **Pensionsberechtigung** liegen, wenn der Arbeitnehmer bereits eine Anwartschaft besitzt und wegen der Kündigung gem. § 113 InsO durch den Insolvenzverwalter das Pensionsalter im Betrieb des Arbeitgebers nicht mehr erreicht oder vorzeitig arbeitsunfähig wird (*LAG Düsseld.* 11.5.1979 ARSt 1979, 134; ein Abfindungsanspruch aus einer Pensionszusage stellt nach *BAG* 26.5.1964 AP Nr. 1 zu § 59 KO, eine Insolvenzforderung dar; s.a. Rz 110 f.). Nicht gerechtfertigt ist der Schadensersatzanspruch, wenn zum fraglichen Zeitpunkt auch ohne § 113 InsO hätte gekündigt werden dürfen oder wenn ein wichtiger Grund zur fristlosen Kündigung berechtigt (RAGE 16, 17 für den Fall, dass der wichtige Grund schon vor der Insolvenzeröffnung eingetreten ist).

Der Schadensersatzanspruch kann auch durch **vertragliche Abrede im voraus** hinsichtlich der Vor- 90 aussetzungen und seiner Berechnung zwischen den Arbeitsvertragsparteien geregelt werden. Allerdings darf diese Vereinbarung den Arbeitnehmer nicht besser stellen als andere Insolvenzgläubiger (FK-InsO/*Eisenbeis* § 113 Rz 83). Unwirksam ist eine vertragliche Vereinbarung, dass ein Geschäftsführer im Fall der Insolvenz das ausnahmsweise Recht auf die bei regulärer Beendigung des Arbeitsverhältnisses noch ausstehenden Beträge durch die Verwertung einer Grundschuld behalten soll; denn damit würde dem Geschäftsführer eine unzulässige Besserstellung gegenüber anderen durch den Insolvenzverwalter gekündigten Arbeitnehmern eingeräumt (*LAG Wiesbaden* 20.3.1980 ZIP 1980, 1074; s.o. Rz 3).

Kündigt der Arbeitnehmer, so steht grds. weder ihm noch dem Dienstberechtigten ein Schadenser- 91 satzanspruch zu. Das ergibt sich aus dem Wortlaut des § 113 S. 3 InsO. Ein Schaden ist dem Arbeitnehmer nur zu ersetzen, wenn dessen vorzeitige Kündigung in einer vom Arbeitgeber verschuldeten Insolvenz oder in den vom Arbeitgeber zu vertretenden Begleitumständen der Insolvenz begründet liegt. Die Zubilligung eines Schadensersatzanspruchs bei einer Arbeitnehmerkündigung erscheint geboten: Wenn der Gesetzgeber schon einen Anspruch unabhängig vom Verschulden des Arbeitgebers gem. § 113 S. 3 InsO gewährt, so muss dem Arbeitnehmer erst recht der Schaden ersetzt werden, den er durch ein schuldhaftes Verhalten des Arbeitgebers erleidet (**aA** FK-InsO/*Eisenbeis* § 113 Rz 86, der hier für den Fall besonders schweren Verschuldens des Schuldners dem Arbeitnehmer das Kündigungsrecht aus wichtigem Grund und den Schadensersatzanspruch gem. § 628 Abs. 2 BGB zubilligt; Bedenken auch vom *Hess. LAG* 10.4.2006 – 17 Sa 1432/05 – EzA-SD 17/2006, S. 13, da § 113 S. 3 eine verschuldensunabhängige Haftung regele und § 628 Abs. 2 BGB für Fälle des Auflösungsverschuldens lex specialis sei). Kündigt der Arbeitnehmer fristlos, so ergibt sich der gesamte Schadensersatzanspruch aus § 628 Abs. 2 BGB (vgl. KR-*Weigand* § 628 BGB Rz 13 ff. sowie *Hornung* Rpfleger 1976, 386 ff.); denn von der Regelung gem. § 113 S. 3 InsO bleiben andere Anspruchsgrundlagen unberührt (*ArbG Bayreuth* 30.1.2002 DZWIR 2002, 282; ErfK-*Müller-Glöge* § 113 InsO Rz 33) Die Höhe des Schadensersatzanspruchs gem. § 628 Abs. 2 BGB beläuft sich auf den Ersatz des Entgelts für den Zeitraum von der außerordentlichen Kündigung bis zum Ablauf der Kündigungsfrist der nächstmöglichen ordentlichen Arbeitgeberkündigung (KR-*Weigand* § 628 BGB Rz 34 ff) Der Zeitraum ist in diesem Fall nicht auf die dreimonatige Kündigungsfrist gem. § 113 S. 3 InsO begrenzt (*ArbG Bayreuth* 30.1.2002 aaO). Bei einer Kündigung unter Einhaltung der Frist greifen die Grundsätze der positiven Vertragsverletzung ein (*Schnorr von Carolsfeld* § 7 A II 2c).

2. Berechnung des Schadensersatzanspruchs

92 Bei der Bestimmung des Schadensumfangs ist zu berücksichtigen, welche Einkünfte der Arbeitnehmer nach der Beendigung seines Dienstverhältnisses beim Schuldner erzielt. Bleibt der Arbeitnehmer arbeitslos, so gehen seine Ansprüche auf die **vollen Dienstbezüge**. Erhält der Arbeitnehmer bei einer neuen Tätigkeit einen geringeren Lohn, so bemisst sich der Schaden aus dem Differenzbetrag zu den bisherigen Bezügen. Der Ersatzanspruch vermindert sich gem. § 254 BGB, wenn der Arbeitnehmer es schuldhaft unterlässt, eine sich ihm bietende und zumutbare Tätigkeit anzunehmen. Soweit der Arbeitnehmer infolge der Beendigung des Dienstverhältnisses Aufwendungen erspart, sind auch diese zu berücksichtigen. Bei langfristigen Arbeitsverträgen zwischen dem Arbeitnehmer und dem Schuldner kann der Schaden zu ersetzen sein, der aus einer Arbeitslosigkeit oder schlechter bezahlten Tätigkeit entsteht, die einer gut bezahlten nach der Kündigung anlässlich der Insolvenz folgte. Dann ist der Differenzbetrag für die vereinbarte Dauer des ursprünglichen Arbeitsverhältnisses mit dem Schuldner zu zahlen. Wenn der Arbeitnehmer Altersruhegeld beantragt, das rückwirkend auf den Stichtag der Insolvenzeröffnung bewilligt wird, muss er sich dieses auf seinen Schadensersatzanspruch gem. § 113 S. 3 InsO anrechnen lassen (*OLG Düsseld.* 13.7.1989 KTS 1989, 928).

93 Bei der Schadensberechnung setzt allgemein der Zeitpunkt eine Grenze, zu dem ein befristetes **Dienstverhältnis geendet** hätte oder ein unbefristetes Arbeitsverhältnis erloschen wäre; weil der Insolvenzverwalter anstelle der Kündigung gem. § 113 InsO eine Kündigung mit der längeren gesetzlichen oder vertraglichen Frist ausgesprochen hätte (*LAG Brem.* BB 1953, 472; nach *Grunsky* ZAP 1990, Fach 17, S. 108 ist nur dieser »**Verfrühungsschaden**« ersatzfähig.). Ein Vorstandsmitglied einer AG kann nur den Ersatz des Schadens für zwei Jahre seit dem Ablauf des Dienstverhältnisses verlangen (§ 87 Abs. 3 AktG). Haben die Arbeitsvertragspartner im Voraus eine **Vereinbarung** über den Schadensersatz bei einer Kündigung gem. § 113 S. 3 InsO getroffen, so ist diese grds. wirksam.

94 Im Fall tarif- oder einzelarbeitsvertraglich vereinbarter **Unkündbarkeitsklauseln**, die durch die Kündigungsregelung gem. § 113 InsO verdrängt werden (s.o. Rz 40 ff.), besteht Anspruch auf Ersatz des Verfrühungsschadens in Höhe der Vergütungsansprüche während der **längsten gesetzlichen, tarifoder einzelarbeitsvertraglichen anwendbaren Kündigungsfrist**, sofern der Betrieb stillgelegt wird oder der Arbeitnehmer nicht anderweitig beschäftigt werden kann (FK-InsO/*Eisenbeis* § 113 Rz 79; aA KDZ-*Däubler* Rz 28; ErfK-*Müller-Glöge* Rz 32; die in diesem Fall den Arbeitsplatzverlust als Schaden nach den Grds. gem. §§ 9, 10 KSchG analog ausgleichen wollen).

95 Nach der Rechtsprechung des BAG stellt die Eröffnung des Insolvenzverfahrens selbst zwar keinen wichtigen Grund zur außerordentlichen Kündigung dar (*BAG* 12.9.1974 EzA § 1 TVG Auslegung Nr. 3). Jedoch kann dem Arbeitgeber die Fortsetzung des Arbeitsverhältnisses bei einer Betriebsstilllegung dann unzumutbar sein, wenn die ordentliche Kündigung tarif- oder einzelarbeitsvertraglich ausgeschlossen ist und eine anderweitige Beschäftigungsmöglichkeit nicht besteht (*BAG* 7.6.1984 EzA § 22 KO Nr. 4; 28.3.1985 EzA § 626 BGB nF Nr. 96; KR-*Fischermeier* § 626 Rz 158 mwN). Die dann zulässige außerordentliche Kündigung ist mit einer Auslauffrist, die der gesetzlichen oder tariflichen bzw. arbeitsvertraglichen Kündigungsfrist entspricht, zu erklären. Der **Verfrühungsschaden** bemisst sich nach den Ansprüchen des Arbeitnehmers für den Zeitraum, der dem Ende der dreimonatigen Höchstfrist zum Monatsende gem. § 113 Abs. 1 S. 2 InsO, für die Arbeitsentgelt zu zahlen ist, folgt bis zum Ablauf der längsten gesetzlichen oder tarif- bzw. arbeitsvertraglich anzuwendenden Kündigungsfrist.

3. Berufsausbildungsverhältnisse

Auch bei der Kündigung eines Berufsausbildungsverhältnisses durch den Insolvenzverwalter (s.o. Rz 55 ff.) ist dem Auszubildenden der daraus entstehende Schaden zu ersetzen (RAGE 16, 149). Bei der Berechnung des Schadens (vgl. *ArbG Bayreuth* 10.8.1950 BB 1951, 226) sind neben unmittelbaren finanziellen Folgen (Verlust der Ausbildungsvergütung, längere Stellenlosigkeit) auch längerfristige materielle Einbußen, wie – infolge der Unterbrechung der Ausbildung – die Verspätung des Eintritts in das Berufsleben mit vollem Verdienst bzw. entsprechende spätere Eingruppierungen in höhere Lohngruppen zu berücksichtigen. Bei einer Stellenlosigkeit des Auszubildenden kann von ihm nach dem Grundsatz des § 254 BGB nicht verlangt werden, Hilfsarbeiten, die ihm im Rahmen seiner Ausbildung unzumutbar sind, auszuführen. 96

4. Rechtsnatur des Schadensersatzanspruchs

Nach dem Wortlaut des § 113 S. 3 InsO ist der Schadensersatzanspruch eine **einfache Insolvenzforderung**. Der Arbeitnehmer rangiert damit mit seinem Schadensersatzanspruch als Insolvenzgläubiger gem. § 38 InsO (s.a. Rz 100) hinter den Massegläubigern gem. § 53 InsO, deren Masseverbindlichkeiten gem. § 54 InsO und § 55 InsO vorweg zu befriedigen sind. Ebenso sind Schadensersatzansprüche von Organmitgliedern juristischer Personen wegen Kündigung des Anstellungsvertrages Insolvenzforderungen gem. § 38 InsO. 97

5. Anrechnung auf das Arbeitslosengeld

Hat ein Arbeitnehmer Schadensersatz nach § 113 S. 3 InsO erhalten oder zu beanspruchen, führt dies zum Ruhen des Arbeitslosengeldes nach § 143a SGB III in dem dort vorgesehenen typisierten Umfang (vgl. KR-*Wolff* § 143a SGB III Rz 22; **aA** *Gagel* SGB III § 143a Rz 33). 98

6. Schadensersatz gem. § 628 Abs. 2 BGB

Zum Schadensersatzanspruch wegen einer durch vertragswidriges Verhalten des anderen Teils veranlassten Kündigung vgl. KR-*Weigand* § 628 BGB Rz 57. 99

V. Weitere Ansprüche und Folgen der Kündigung gem. § 113 InsO

1. Insolvenzrechtliche Einordnung von Ansprüchen

Rückständige Arbeitnehmeransprüche aus der Zeit **vor der Eröffnung des Insolvenzverfahrens** gelten als **einfache Insolvenzforderungen** iSd § 38 InsO. Allerdings besteht für den Zeitraum der letzten drei Monate vor Eröffnung des Insolvenzverfahrens Anspruch auf **Insolvenzgeld** (vgl. Rz 21 ff. zu Insg, Anhang I). Arbeitnehmeransprüche aus **nach der Eröffnung des Insolvenzverfahrens** fortbestehenden Arbeitsverhältnissen rangieren als **sonstige Masseverbindlichkeiten** gem. § 55 Abs. 1 Ziff. 2 InsO nach den Kosten des Insolvenzverfahrens und zwar vom Tag der Insolvenzeröffnung selbst an. Forderungen, die der Arbeitnehmer als Massegläubiger nach der Insolvenzeröffnung erwirbt, hat er gegen den Insolvenzverwalter unter Beachtung tariflicher Ausschlussfristen geltend zu machen (*BAG* 18.12.1984 EzA § 4 TVG Ausschlussfristen Nr. 63). Für den Fall der **Masseunzulänglichkeit**, die vom Insolvenzverwalter dem Insolvenzgericht mitzuteilen ist und das diese Anzeige den Massegläubigern bes. zuzustellen hat (§ 208 Abs. 1 und 2 InsO), sieht § 209 InsO eine Berichtigung der Rangfolge der Masseverbindlichkeiten vor. Danach ist je nach Entstehen der Ansprüche vor oder nach Anzeige der Masseunzulänglichkeit zwischen **Alt- und Neumasseverbindlichkeiten** zu unterscheiden. Neumasseverbindlichkeiten sind vorrangig zu erfüllen. 100

2. Entgeltansprüche

Vergütungsansprüche der Arbeitnehmer **vor Insolvenzeröffnung** sind Insolvenzforderungen (§§ 38, 108 Abs. 2 InsO), soweit sie nicht schon durch den Insolvenzgeldanspruch reguliert werden. Diese Ansprüche unterfallen, soweit es sich um Insolvenzforderungen gem. § 38 InsO handelt, nicht mehr tariflichen Ausschlussfristen, sondern nur noch den Regelungen gem. §§ 174 ff. InsO (*LAG Hamm* 6.9.2001 KTS 2002, 301). **Nach Insolvenzeröffnung** werden Vergütungsansprüche – wie auch bei ab diesem Zeitpunkt neu abgeschlossenen Arbeitsverträgen – als sonstige Masseverbindlichkeiten gem. § 55 Abs. 1 Ziff. 2 InsO bewertet und gem. § 53 aus der Insolvenzmasse vorweg berichtigt. Entgeltforderungen von Arbeitnehmern, die von einem vorläufigen Insolvenzverwalter beschäftigt worden sind, gel- 101 ten als Masseverbindlichkeiten gem. § 55 Abs. 2 S. 2 InsO (*BAG* 3.4.2001 – 9 AZR 143/00 – FA 2001, 186, BB 2001, 2530, KTS 2002, 184). Das setzt allerdings den Erlass eines allgemeinen Verfügungsverbotes gegen den Schuldner bzw. die Festlegung der Befugnisse des vorläufigen Insolvenzverwalters durch das Insolvenzgericht voraus; denn § 55 Abs. 2 S. 2 InsO ist grds. weder unmittelbar noch entsprechend auf Rechtshandlungen eines vorläufigen Insolvenzverwalters anzuwenden, auf den die Verfügungsbefugnis über das Vermögen des Schuldners nicht übergegangen ist (*BGH* 18.7.2002 – IX ZR 195/01). Bei Masseunzulänglichkeit rangieren Entgeltansprüche gem. § 209 Abs. 1 Ziff. 2 iVm Abs. 2 InsO als Neumasseverbindlichkeit nach den Kosten des Insolvenzverfahrens und den übrigen Verbindlichkeiten gem. Abs. 1 Ziff. 3, wenn der Insolvenzverwalter die Arbeitsleistung nach der Anzeige der Masseunzulänglichkeit in Anspruch genommen hat (vgl. iE auch *Lakies* NZA 2001, 521). Hat der Insolvenzverwalter die Masseunzulänglichkeit angezeigt sowie für den Fall einer mitbestimmungspflichtigen Betriebsänderung den Versuch eines Interessenausgleichs unternommen und kündigt er danach nicht zum frühestmöglichen Zeitpunkt, sind die nach diesem Zeitpunkt entstehenden Vergütungsansprüche Neumasseverbindlichkeiten gem. § 209 Abs. 2 Nr. 2 InsO. Vergütungsansprüche bis zum frühestmöglichen Kündigungstermin gehören zu den sonstigen Masseverbindlichkeiten i.S. v. § 209 Abs. 1 Nr. 3 InsO (*BAG* 21.7.2005 EzA § 125 InsO Nr. 2). Gemäß § 55 Abs. 1 Nr. 2 InsO zu befriedigen sind Ansprüche von Arbeitnehmern, die der Insolvenzverwalter insolvenzbedingt freigestellt hat, vgl. Rz 9 (*BAG* 8.12.1998 EzA § 60 KO Nr. 7; *LAG Köln* 30.7.2001 LAGE § 55 InsO Nr. 4; *LAG Hamm* 27.9.2000 LAGE § 55 InsO Nr. 3; *Lakies* BB 1998, 2638). Der Rang einer Forderung auf Arbeitsvergütung als Masseverbindlichkeit wird durch die nach der Anzeige der (drohenden) Masseunzulänglichkeit zu treffende Entscheidung des Insolvenzverwalters bestimmt, ob er das Arbeitsverhältnis unverzüglich kündigt oder ob er es (zunächst) fortsetzt. Als Masseverbindlichkeit iSd § 209 Abs. 2 InsO gilt die Arbeitsvergütung für die Zeit nach dem ersten Termin, zu dem der Insolvenzverwalter nach Anzeige der Masseunzulänglichkeit kündigen konnte. Dies gilt auch dann, wenn der Arbeitnehmer von der Arbeitsleistung freigestellt wird. Der maßgebliche Kündigungstermin bestimmt sich nach dem Zeitpunkt, zu dem eine Kündigung unter Beachtung gesetzlicher Verpflichtungen, zB aus § 102 BetrVG, § 85 SGB IX oder §§ 111, 112 BetrVG rechtlich zulässig ist. Es richtet sich nach dem Zeitpunkt der unternehmerischen Entscheidung des Insolvenzverwalters, den Betrieb stillzulegen (*BAG* 31.3.2004 EzA § 209 InsO Nr. 2). Entgeltansprüche, die auf die **Bundesagentur für Arbeit (BA)** wegen der Gewährung von Insolvenzgeld übergegangen sind, kann die **BA** gem. § 55 Abs. 2 und 3 InsO lediglich **als Insolvenzgläubiger/in** iSd § 38 InsO geltend machen (*BAG* 3.4.2001 EzA § 55 InsO Nr. 1). Leistet der Schuldner nach einem Antrag auf Eröffnung des Insolvenzverfahrens Vergütung, die der Arbeitnehmer im Insolvenzverfahren nur als Insolvenzforderung geltend machen könnte, so kann der Insolvenzverwalter diese Rechtshandlung grds. auch dann anfechten und die Rückzahlung zur Insolvenzmasse verlangen, wenn er selbst als vorläufiger Insolvenzverwalter der Zahlung zugestimmt hatte (*BAG* 27.10.2004 EzA § 129 InsO Nr. 1). Bei Vereinbarung verkürzter Arbeitszeit und entsprechend verringertem Entgelt zur Rettung des Betriebs stellt der Anspruch auf Vollzeitentgelt bei Insolvenz, wenn der Insolvenzverwalter trotz Befugnis dazu die volle Arbeitszeitleistung nicht abruft, für die Zeit nach Eröffnung des Insolvenzverfahrens eine Masseverbindlichkeit dar. Eine derartige Vereinbarung ist nicht sittenwidrig und unterliegt nicht der Insolvenzanfechtung, wenn der Sanierungsbedarf bis zur Eröffnung des Insolvenzverfahrens fortbesteht (*BAG* 19.1.2006 EzA § 55 InsO Nr. 11).

101a Wird Altersteilzeit im Blockmodell geleistet, sind die in der Arbeitsphase für die Zeit vor der Insolvenzeröffnung erarbeiteten Ansprüche Insolvenzforderungen. Die für die Zeit danach erarbeiteten Ansprüche sind dagegen Masseforderungen. Zahlungen, die der Arbeitgeber während der Freistellungsphase »spiegelbildlich« zu dem Teil der Arbeitsphase zu leisten hat, für den Masseforderungen entstanden sind, sind ebenfalls Masseforderungen. Die Masseforderungen umfassen sowohl das fortzuzahlende hälftige Arbeitsentgelt als auch den Aufstockungsbetrag (*BAG* 19.10.2004 EzA § 613a BGB Nr. 29; 23.2.2005 EzA § 55 InsO Nr. 7 und EzA § 55 InsO Nr. 8). Sie sind Neumasseverbindlichkeiten, soweit sie für die Zeit nach dem ersten Termin geschuldet werden, zu dem der Verwalter nach der Anzeige der Masseunzulänglichkeit kündigen konnte (*BAG* 23.2.2005 EzA § 55 InsO Nr. 7 und EzA § 55 InsO Nr. 8). Im Übrigen wird auf die Pflicht des Arbeitgebers zur **Insolvenzsicherung von Wertguthaben aus Altersteilzeit** gem. § 8a AltersteilzeitG (Gesetz v. 23.12.2003 BGBl. I S. 2848) verwiesen (vgl. auch *Perreng* FA 2005, 333; *Knospe* NZA 2006, 187; *Baldringer/Jordans* AuR 2005, 429; *Kovács/Koch* NZI 2004, 415; *Podewin* RdA 2005, 295; *Zwanziger* RdA 2005, 239; krit. *Smid/Lindenberg* DZWIR 2006, 133). Die vom Arbeitgeber auf einem besonderen Bankkonto, dessen Inhaber er ist, für die Abgeltung von **Arbeitszeitguthaben** bereitgestellten Gelder unterliegen in der Insolvenz nicht der Aussonderung gem. § 47 InsO (*BAG* 24.9.2003 EzA § 47 InsO Nr. 1). Zur Schadensersatzpflicht wegen Nichtabsicherung von Altersteilzeitansprüchen bei Insolvenz vgl. *LAG Düsseld.* 10.12.2004 NZA-RR 2005, 313.

Entgeltansprüche, die in der Insolvenz einer OHG oder KG Masseverbindlichkeiten sind, müssen auch in der Insolvenz des persönlich haftenden Gesellschafters als Masseverbindlichkeit befriedigt werden; denn der Gesellschaftsgläubiger darf davon ausgehen, er habe in dem persönlich haftenden Gesellschafter einen weiteren Schuldner, der mit seinem gesamten Vermögen einstehen muss (*BAG* 26.8.1981 NJW 1982, 2399). Im Falle einer Kündigung eines Vorstandmitgliedes einer AG oder Geschäftsführers einer GmbH durch den Insolvenzverwalter gem. § 113 InsO, sind die Vergütungsansprüche des organschaftlichen Vertreters vom Insolvenzverwalter als Masseforderung bis zum Ablauf der Kündigungsfrist gem. § 113 S. 2 InsO ohne Anmeldung zur Insolvenztabelle **in voller Höhe zu befriedigen,** es sei denn, es liegt ein Anfechtungsgrund nach § 130 InsO vor (*Uhlenbruck* BB 2003, 1185, 1187; vgl. auch *BGH* 23.1.2003 – IX ZR 39/02). Vergütungsansprüche aus der Zeit vor Eröffnung des Insolvenzverfahrens sind einfache Insolvenzforderungen gem. § 38 InsO, es sei denn der »starke« vorläufige Insolvenzverwalter hat die Dienste in dieser Zeit in Anspruch genommen. **102**

Bei Vergütungsansprüchen, die wegen **Annahmeverzugs** gem. § 615 BGB aufgelaufen sind, weil eine Kündigung durch arbeitsgerichtliche Entscheidung nach Eröffnung des Insolvenzverfahrens für unwirksam erklärt wurde, ist zu unterscheiden: Entgeltansprüche für den Zeitraum bis zur Insolvenzeröffnung kann der Arbeitnehmer als Insolvenzgläubiger, ab diesem Zeitpunkt als sonstige Masseverbindlichkeit geltend machen (*LAG Köln* 30.7.2001 LAGE § 55 InsO Nr. 4). Soweit **Verdienstausfall als Schadensersatzanspruch** gegenüber dem Insolvenzverwalter aus unerlaubter Handlung geltend gemacht wird, ist nach § 3 ArbGG der Rechtsweg zum Arbeitsgericht eröffnet; denn der Insolvenzverwalter ist in diesem Fall dem Organ einer juristischen Person gleichzustellen (*LAG Bln.* 6.12.2002 NZA 2003, 630). **103**

3. Abfindungsanspruch gemäß § 1a KSchG

Den noch **vom Arbeitgeber und späteren Gemeinschuldner veranlassten** Abfindungsanspruch gem. § 1a KSchG kann der Arbeitnehmer als Insolvenzforderung gemäß §§ 38, 108 Abs. 2 InsO geltend machen; denn der Anspruch wurde bereits vor der Eröffnung des Insolvenzverfahrens begründet. Ob eine vor Verfahrenseröffnung gezahlte Abfindung nach einer Insolvenzanfechtung durch den Insolvenzverwalter (§ 130 Abs. 1 InsO) zurückzugewähren (§ 143 Abs. 1 S. 1 InsO) ist (*Stiller* NZI 2005,77), hängt vom Einzelfall ab. Das Abfindungsangebot im Rahmen einer betriebsbedingten Kündigung durch den **sog. schwachen Insolvenzverwalter** ist als Insolvenzforderung einzustufen, durch den **sog. starken Insolvenzverwalter** (mit Verwaltungs- und Verfügungsbefugnis) als Masseverbindlichkeit gem. § 55 Abs. 2 S. 1 InsO. Wenn die Kündigung durch den Arbeitgeber und späteren Gemeinschuldner vor Eröffnung des Insolvenzverfahrens erklärt wurde, die Kündigungs- bzw. Klagefrist gem. § 1a Abs. 1 Satz 1 KSchG aber nach der Verfahrenseröffnung endet, entsteht eine Masseverbindlichkeit gem. § 55 Abs. 1 Nr. 2 InsO (so auch KDZ-*Kittner* § 1a KSchG Rz 15; aA *Stiller* NZI 2005, 77). Hat schließlich der Insolvenzverwalter nach Eröffnung des Insolvenzverfahrens den Abfindungsanspruch gem. § 1a KSchG ausgelöst, handelt es sich um eine Masseverbindlichkeit gem. § 55 Abs. 1 Nr. 1 InsO. Im Falle der **Nachkündigung** (s.o. Rz 46) bleibt es bei der Insolvenzforderung. Vgl. Einzelheiten KR-*Spilger* § 1a KSchG Rz 102 ff. **103a**

4. Abfindungen aus Vereinbarung und gem. § 9 KSchG

Abfindungen anlässlich der Auflösung des Arbeitsverhältnisses, die **einzelvertraglich** nach Eröffnung des Insolvenzverfahrens zwischen dem Insolvenzverwalter und dem Arbeitnehmer vereinbart werden, gelten als sonstige Masseverbindlichkeiten gem. § 55 Abs. 1 Ziff. 2 InsO; Ansprüche aus entsprechenden Vereinbarungen vor dem genannten Zeitpunkt kann der Arbeitnehmer nur als Insolvenzgläubiger geltend machen (vgl. auch *BAG* 25.2.1981 EzA § 61 KO Nr. 6). Dies gilt auch für Abfindungen aus einem außergerichtlichen Vergleich (*BAG* 6.12.1984 EzA § 9 KSchG nF Nr. 17). Unterschiedliche Abfindungsbeträge als Steuerungsmittel im Insolvenzverfahren stellen keine unzulässige Maßregelung dar (*LAG Nbg.* 19.10.2005 – 9 Sa 137/05). **104**

Ergibt sich der **Abfindungsanspruch aus einem Prozessvergleich** zwischen dem Insolvenzverwalter und dem Arbeitnehmer ohne gerichtliche Entscheidung über die Rechtswirksamkeit der Kündigung, so gilt er als sonstige Masseverbindlichkeit (*BAG* 12.6.2002 EzA § 55 InsO Nr. 2). Der gleiche Rang gebührt ihm dann, wenn der Vergleich bereits vor Eröffnung des Insolvenzverfahrens vereinbart worden war, die vereinbarte Widerrufsfrist jedoch erst nach der Eröffnung des Insolvenzverfahrens abläuft **105**

§§ 113, 120 ff. InsO   Insolvenzordnung

und daher der Vergleich vom Insolvenzverwalter hätte widerrufen werden können (FK-InsO/*Mues* Anh. zu § 113 Rz 269). Vor Insolvenzeröffnung bestandskräftig vereinbarte Abfindungsvergleiche rangieren als einfache Insolvenzforderungen (FK-InsO/*Mues* aaO Rz 270 f.).

106 Bei dem durch die Kündigung nach der Insolvenzeröffnung durch den Insolvenzverwalter zur Entstehung gebrachten **Abfindungsanspruch gem. § 9 KSchG** handelt es sich um eine sonstige Masseverbindlichkeit gem. § 55 Abs. 1 Ziff. 2 InsO (*LAG Hamm* 23.10.1973 DB 1974, 50, 51; *Berscheid* Arbeitsverhältnisse Rz 757). Die Abfindung gem. § 9 KSchG stellt eine Sanktion für eine durch sozialwidriges Verhalten bedingte unwirksame Kündigung durch den Insolvenzverwalter als Arbeitgeber dar, mithin ist sie Folge einer Rechtshandlung desselben im Rahmen seines gesetzlichen Wirkungskreises und damit als Masseverbindlichkeit zu qualifizieren. Soweit die **Auflösungsabfindung** bereits **vor der Insolvenzeröffnung** festgesetzt wurde, handelt es sich nach ganz hM um eine **einfache Insolvenzforderung** (*BAG* 6.12.1984 EzA § 9 KSchG nF Nr. 17; *LAG Mannheim* 4.4.1978 NJW 1978, 1655 f.; *LAG Frankf.* 4.5.1981 ZIP 1982, 103, anknüpfend an *BAG* 13.8.1980 EzA § 59 KO Nr. 10).

106a Abfindungsforderungen, die auf einem vor Insolvenzeröffnung abgeschlossenen Tarifvertrag beruhen und durch eine Kündigung des Insolvenzverwalters ausgelöst werden, sind keine Masseforderungen iSv § 55 Abs. 1 InsO (*LAG Köln* 28.4.2005 LAGE § 55 InsO Nr. 9). Der Abfindungsanspruch aus einem vor Insolvenzeröffnung abgeschlossenen Tarifvertrag wegen Rationalisierungsmaßnahmen ist auch dann als Insolvenzforderung gem. § st38 InsO einzustufen, wenn die Kündigung erst nach Eröffnung des Insolvenzverfahrens durch den Insolvenzverwalter erklärt wird (*BAG* 27.4.2006 – 6 AZR 364/05).

5. Sozialplanabfindungen gem. §§ 123, 124 InsO

107 Verbindlichkeiten aus einem Sozialplan gem. § 123 Abs. 1 sind **Masseverbindlichkeiten** (Abs. 2 S. 1). Dazu zählen im Wesentlichen Abfindungen, die im Rahmen des Sozialplans nicht als Entschädigung für den Verlust des Arbeitsplatzes, sondern den Ausgleich wirtschaftlicher Nachteile und derer Überbrückung dienen (*BAG* 9.11.1994 EzA § 112 BetrVG 1972 Nr. 78; FK-InsO/*Mues* Anh. zu § 113 Rz 255). **Keine Masseverbindlichkeit** ist der Anspruch auf Abfindung aus einem **vor der Eröffnung** des Insolvenzverfahrens abgeschlossenen Sozialplans (*BAG* 31.7.2002 EzA § 55 InsO Nr. 3), selbst dann nicht, wenn der Anspruch erst nach Insolvenzeröffnung mit der Beendigung des Arbeitsverhältnisses entsteht (*BAG* 27.10.1998 NZA 1999, 719). Zu dieser Grundregel aus § 123 InsO gibt es nur die Ausnahme, dass Verbindlichkeiten wie auch Sozialpläne, die ein vorläufiger (sog. starker) Insolvenzverwalter mit Verfügungsbefugnis gem. § 21 Abs. 2 Nr. 2, § 22 InsO vor Eröffnung des Insolvenzverfahrens begründet, als Masseverbindlichkeiten gem. § 55 Bas. 2 InsO gelten (*BAG* 31.7.2002 EzA § 55 InsO Nr. 3). Der Anspruch auf **Nachteilsausgleich** gem. § 113 Abs. 3 BetrVG ist im nach Zugang der Kündigung eröffneten Insolvenzverfahren als **einfache Insolvenzforderung** nach § 38 InsO auch dann zu berichtigen, wenn die Kündigung mit Zustimmung des vorläufigen Insolvenzverwalters erfolgt (*BAG* 8.4.2003 EzA § 55 InsO Nr. 4; 4.12.2002 EzA § 113 BetrVG 1972 Nr. 30); denn in diesem Fall lag der Beginn der Betriebsänderung vor der Insolvenzeröffnung. Entsteht der Anspruch auf Nachteilsausgleich nach Eröffnung des Insolvenzverfahrens, weil die Betriebsänderung selbst auch nach der Eröffnung des Insolvenzverfahrens beschlossen und durchgeführt wird, so rangiert er als Masseverbindlichkeit iSd § 209 Abs. 1 Nr. 3 InsO (*BAG* 22.7.2003 EzA § 111 BetrVG 2001 Nr. 1). Hat der Insolvenzverwalter die Kündigung nach der Anzeige der Masseunzulänglichkeit ausgesprochen, sind die Nachteilsausgleichsansprüche Neumasseverbindlichkeiten iSv § 209 Abs. 1 Nr. 2 InsO (*LAG Hamm* 26.8.2004 EzA-SD 2004, Heft 24, S. 14 f.).

108 **§ 123 Umfang des Sozialplans**
(1) In einem Sozialplan, der nach der Eröffnung des Insolvenzverfahrens aufgestellt wird, kann für den Ausgleich oder die Milderung der wirtschaftlichen Nachteile, die den Arbeitnehmern infolge der geplanten Betriebsänderung entstehen, ein Gesamtbetrag von bis zu zweieinhalb Monatsverdiensten (§ 10 Abs. 3 des Kündigungsschutzgesetzes) der von einer Entlassung betroffenen Arbeitnehmer vorgesehen werden.
(2) [1]Die Verbindlichkeiten aus einem solchen Sozialplan sind Masseverbindlichkeiten. [2]Jedoch darf, wenn nicht ein Insolvenzplan zustande kommt, für die Berichtigung von Sozialplanforderungen nicht mehr als ein Drittel der Masse verwendet werden, die ohne einen Sozialplan für die Verteilung an die Insolvenzgläubiger zur Verfügung stünde. [3]Übersteigt der Gesamtbetrag aller Sozialplanforderungen diese Grenze, so sind die einzelnen Forderungen anteilig zu kürzen.
(3) 1Sooft hinreichende Barmittel in der Masse vorhanden sind, soll der Insolvenzverwalter mit Zustimmung des Insolvenzgerichts Abschlagszahlungen auf die Sozialplanforderungen leisten. [2]Eine Zwangsvollstreckung in die Masse wegen einer Sozialplanforderung ist unzulässig.

§ 124 Sozialplan vor Verfahrenseröffnung

(1) Ein Sozialplan, der vor der Eröffnung des Insolvenzverfahrens, jedoch nicht früher als drei Monate vor dem Eröffnungsantrag aufgestellt worden ist, kann sowohl vom Insolvenzverwalter als auch vom Betriebsrat widerrufen werden.
(2) Wird der Sozialplan widerrufen, so können die Arbeitnehmer, denen Forderungen aus dem Sozialplan zustanden, bei der Aufstellung eines Sozialplans im Insolvenzverfahren berücksichtigt werden.
(3) ¹Leistungen, die ein Arbeitnehmer vor der Eröffnung des Verfahrens auf seine Forderung aus dem widerrufenen Sozialplan erhalten hat, können nicht wegen des Widerrufs zurückgefordert werden. ²Bei der Aufstellung eines neuen Sozialplans sind derartige Leistungen an einen von einer Entlassung betroffenen Arbeitnehmer bei der Berechnung des Gesamtbetrags der Sozialplanforderungen nach § 123 Abs. 1 bis zur Höhe von zweieinhalb Monatsverdiensten abzusetzen.

6. Ansprüche aus der betrieblichen Altersversorgung

Im Fall der Eröffnung des Insolvenzverfahrens, der Abweisung des Antrags auf Eröffnung mangels Masse, eines außergerichtlichen Stundungs-, Quoten- oder Liquidationsvergleichs oder der vollständigen Beendigung der Betriebstätigkeit tritt der **Pensions-Sicherungs-Verein (PSV)** für Versorgungsansprüche des Versorgungsempfängers aus einer unmittelbaren Versorgungszusage des insolventen Arbeitgebers ein (vgl. auch *Berenz* AuA 2005, 488). Steht allerdings aufgrund eines rechtskräftigen Urteils fest, dass der Arbeitnehmer von seinem Arbeitgeber keine Leistungen aus der betrieblichen Altersversorgung fordern kann, wirkt sich dies auch auf die Einstandspflicht des PSV nach § 7 BetrAVG aus; denn der PSV ist nicht Rechtsnachfolger des insolventen Arbeitgebers, sondern **Schuldner einer Ausfallhaftung** (*BAG* 23.3.1999 EzA § 7 BetrAVG Nr. 58). Der **Umfang des Insolvenzschutzes** hängt davon ab, ob der Versorgungsberechtigte bei Eröffnung des Insolvenzverfahrens bzw. dem Eintritt eines anderen Sicherungsfalls schon **Versorgungsempfänger** oder noch **Versorgungsanwärter** ist; denn Letztgenannte genießen einen geringeren Insolvenzschutz (st.Rspr. *BAG* 4.4.2000 EzA § 7 BetrAVG Nr. 65). In Rentenanwartschaften, die ein Arbeitnehmer für Zeiten nach der Eröffnung eines insolvenzrechtlichen Verfahrens erwirbt, tritt im Falle eines späteren Betriebsübergangs der Betriebserwerber ein. Die Masse haftet für derartige Ansprüche nur insoweit, als die besonderen Voraussetzungen einer Mithaftung des Betriebsveräußerers vorliegen (*BAG* 19.5.2005 EzA § 613a BGB 2002 Nr. 33).

Der Anspruch besteht in der Höhe der Leistung, die der Arbeitgeber aufgrund der Versorgungszusage zu erbringen hätte, wenn das Insolvenzereignis nicht eingetreten wäre. Entsprechendes gilt für Leistungen aus einer Direktversicherung (§ 7 Abs. 1 BetrAVG). Zur Laufzeit und Höhe des Anspruchs vgl. § 7 Abs. 1a bis 6 BetrAVG. Nach § 7 Abs. 2 BetrAVG genießen nur die gesetzlich unverfallbaren Versorgungsanwartschaften Insolvenzschutz. Die vertraglich zugesagte Unverfallbarkeit reicht nicht aus (*BAG* 22.2.2000 EzA § 1 BetrAVG Nr. 72). Der Insolvenzschutz gem. § 7 Abs. 2 BetrAVG wird nicht ausgelöst, wenn nach Eigenkündigung eine Vereinbarung über die Wiedereinstellung des Arbeitnehmers und über die Anrechnung der früheren Beschäftigungs- und Zusagezeiten getroffen wird, weil die gesetzlichen Unverfallbarkeitsfristen unterbrochen sind (*BAG* 21.1.2003 EzA § 1b BetrAVG Nr. 1). Soweit die gesetzliche Einstandspflicht des PSV gem. § 7 Abs. 2 begrenzt wird, kann der Betriebsrentner den nicht insolvenzgesicherten Teil der Altersversorgung (zB Dynamisierungsansprüche, *BAG* 4.4.2000 EzA § 7 BetrAVG Nr. 65) vom früheren Arbeitgeber verlangen (*BAG* 9.11.1999 EzA § 7 BetrAVG Nr. 62). Beansprucht ein Arbeitnehmer das vorgezogene betriebliche Altersruhegeld nach § 6 BetrAVG und nimmt er dabei gem. § 7 BetrAVG den Träger der Insolvenzsicherung in Anspruch, weil sein Arbeitgeber schon vor Eintritt des Versorgungsfalls zahlungsunfähig geworden war, so muss der Arbeitnehmer einen um einen versicherungsmathematischen Abschlag gekürzten monatlichen Rentenbetrag hinnehmen (*BAG* 20.4.1982 EzA § 6 BetrAVG Nr. 5). Überträgt der Arbeitgeber innerhalb des letzten Monats vor dem Antrag auf Eröffnung des Insolvenzverfahrens über sein Vermögen seine Rechte als Versicherungsnehmer aus einer Direktversicherung auf den versicherten Arbeitnehmer, so kann der Insolvenzverwalter im Wege der Insolvenzanfechtung die Zurückgewährung zur Insolvenzmasse verlangen, wenn dem Arbeitnehmer noch keine unverfallbare Anwartschaft im Sinne des Gesetzes zur Verbesserung der betrieblichen Altersversorgung zustand. Dieser Anspruch des Insolvenzverwalters unterfällt keiner tarifvertraglichen Ausschlussfrist (*BAG* 19.11.2003 EzA § 131 InsO Nr. 1). Zu Einzelheiten der §§ 7 ff. BetrAVG vgl. FK-InsO/*Griebeling* Anh. II.

7. Wettbewerbsabreden

112 Wettbewerbsabreden gelten bei Eröffnung des Insolvenzverfahrens grds. fort. Hinsichtlich des nachvertraglichen Wettbewerbsverbots eines zum Zeitpunkt zur Insolvenzeröffnung bereits ausgeschiedenen Arbeitnehmers kann der Insolvenzverwalter gem. § 103 InsO zwischen weiterer Erfüllung oder Beendigung der Abrede wählen. Im Fall der Beendigung steht dem Arbeitnehmer wegen Wegfalls der Karenzentschädigung ein Schadensersatzanspruch als einfache Insolvenzforderung zu (s.o. Rz 88 ff.).

113 Soweit die Karenzentschädigung seit der Insolvenzeröffnung bis zum Zeitpunkt der Ausübung des Wahlrechts gem. § 103 InsO noch nicht beglichen ist, kann der Arbeitnehmer diese als sonstige Masseverbindlichkeit geltend machen (FK-InsO/*Eisenbeis* § 113 Rz 97 mwN). Ebenso insolvenzrechtlich einzuordnen ist die Karenzentschädigung, wenn der Insolvenzverwalter die weitere Erfüllung der Abrede verlangt. Allerdings steht dann dem Arbeitnehmer ein außerordentliches Kündigungsrecht zu, wenn die Insolvenzmasse zur Begleichung der Karenzentschädigung voraussichtlich nicht ausreicht (FK-InsO/*Eisenbeis* § 113 Rz 98 mwN).

114 Scheidet der Arbeitnehmer nach der Eröffnung des Insolvenzverfahrens aus, kann der Insolvenzverwalter sein Wahlrecht gem. § 103 InsO singulär bzgl. einer bereits bestehenden Wettbewerbsabrede jederzeit ausüben. Verlangt er die Erfüllung, rangiert die Karenzentschädigung als sonstige Masseverbindlichkeit (§ 55 Abs. 1 Ziff. 2). Da die Karenzentschädigung kein Arbeitsentgelt iSd § 183 Abs. 1 SGB III ist, besteht dafür kein Anspruch auf Insolvenzgeld (s.u. Anhang I).

8. Jahressonderzahlung

115 Eine **Jahresleistung,** mit der eine zusätzliche Vergütung für die im Bezugszeitraum geleistete Arbeit bezweckt wird, ist in der Insolvenz als Arbeitsentgelt für denjenigen Zeitraum zu behandeln, in dem die mit der Jahresleistung vergüteten Dienste geleistet wurden. Je nach der Lage dieses Zeitraums, vor oder nach der Eröffnung des Insolvenzverfahrens, kann der Anspruch auf die Jahresleistung daher ganz oder teilweise einfache Insolvenzforderung oder sonstige Masseverbindlichkeit sein (s.o. Rz 100). Auf den Zeitpunkt, zu dem die Jahresleistung zu zahlen ist, kommt es nicht an (*BAG* 21.5.1980 EzA § 59 KO Nr. 9). Nach der Insolvenzeröffnung fällige Weihnachtsgratifikationen sowie bei auf das Kalenderjahr verteilten Gratifikationen sind die anteiligen, nach Insolvenzeröffnung entstandenen Ansprüche sonstige Masseverbindlichkeiten gem. § 55 Abs. 1 Ziff. 2 InsO, denn mit einer Weihnachtsgratifikation wird regelmäßig erbrachte Betriebstreue belohnt (*BAG* 23.5.1967 EzA § 611 BGB Gratifikation, Prämie Nr. 14; *LAG Köln* 7.12.2005 LAGE § 611 BGB Gratifikation Nr. 7).

9. Urlaubsanspruch

116 Der Urlaubsanspruch wird grundsätzlich nicht durch das Insolvenzverfahren berührt, wenn der Insolvenzverwalter das Arbeitsverhältnis mit dem Arbeitnehmer innerhalb des laufenden Urlaubsjahres fortsetzt. Auch während der Kündigungsfrist kann der Urlaub gewährt werden. Allerdings setzt der Anspruch auf Urlaub auch während des Insolvenzverfahrens den Ablauf der Wartezeit voraus (*Wichmann* S. 45 mwN). **Urlaubs- und Urlaubsabgeltungsansprüche sind Masseforderungen**, auch soweit sie aus Kalenderjahren vor der Insolvenzeröffnung stammen (15.2.2005 EzA § 55 InsO Nr. 9 mwN). Das gilt auch für tarifliche Urlaubsgeldansprüche, soweit sie vom Bestand des Urlaubsanspruchs abhängig sind. Urlaubsansprüche sind nicht von einer Arbeitsleistung abhängig und werden damit nicht monatlich verdient. Es verbietet sich eine rechnerische Zuordnung bestimmter Urlaubstage vor und nach Eröffnung der Insolvenz (*BAG* 18.11.2003 EzA § 613a BGB 2002 Nr. 19).

117 Der Urlaubsanspruch kann auch dadurch erfüllt werden, dass der Arbeitnehmer bis zur Beendigung des Arbeitsverhältnisses unter **Anrechnung auf den Urlaubsanspruch** von der Arbeit **freigestellt** wird; auch wenn dies zugleich auch zur Arbeitsvermittlung durch das Arbeitsamt geschieht (*BAG* 18.12.1986 NZA 1987, 633). Der Anspruch eines Arbeitnehmers auf Urlaubsentgelt und Urlaubsgeld, der vom Insolvenzverwalter unwiderruflich »unter Anrechnung auf offenen Urlaub« von jeder Arbeitsleistung freigestellt ist, begründet keine Neumasseverbindlichkeiten iSv § 209 Abs. 2 InsO (*BAG* 15.6.2004 EzA § 209 InsO Nr. 3). Wird das Arbeitsverhältnis nach Eröffnung des Insolvenzverfahrens beendet, ist der **Urlaubsabgeltungsanspruch** gem. § 7 Abs. 4 BUrlG Masseverbindlichkeit iSd § 55 Abs. 1 Nr. 2 2. Alt. InsO; denn dieser Anspruch entsteht erst mit Beendigung des Arbeitsverhältnisses und kann nicht einem früheren Zeitraum zugeordnet werden (*BAG* 21.6.2005 – 9 AZR 200/04; 25.3.2003 EzA § 55 InsO Nr. 5). Dies gilt auch für tarifliche Urlaubsgeldansprüche. Voraussetzung ist,

dass sie vom Bestand des Urlaubsanspruchs abhängig sind. In diesen Fällen wird Urlaubsgeld iSv von § 108 InsO nicht »für« andere Zeiträume als Urlaubszeiträume gezahlt (BAG 15.2.2005 EzA § 55 InsO Nr. 9). Die Anmeldung von Masseforderungen zur Insolvenztabelle wahrt eine tarifliche Anschlussfrist. Im Fall des Betriebsübergangs gem. § 613a BGB in der Insolvenz hat der Erwerber für die Erfüllung bestehender Urlaubsansprüche (auch übertragene und abzugeltende Ansprüche) einzutreten. Die vertragliche Festlegung von Ausschlussfristen zur Geltendmachung des gesetzlichen Mindesturlaubs ist mit § 13 Abs. 1 BUrlG nicht vereinbar (BAG 18.11.2003 EzA § 613a BGB 2002 Nr. 19). Vom Grundsatz der Haftungsbeschränkung des Betriebserwerbers in der Insolvenz werden Urlaubsansprüche nicht erfasst, soweit sie nicht einem Zeitpunkt vor Eröffnung des Insolvenzverfahrens zugeordnet werden können (BAG 18.11.2003 EzA § 613a BGB 2002 Nr. 21).

10. Zeugnis

Der Anspruch auf Ausstellung eines Zeugnisses richtet sich für die Zeit vor der Eröffnung des Insolvenzverfahrens gegen den **Schuldner als Arbeitgeber**. Wenn der Arbeitnehmer noch vor Eröffnung des Insolvenzverfahrens ausgeschieden war und auf Erteilung eines Zeugnisses Klage erhoben hatte, muss er den Rechtsstreit nach Insolvenzeröffnung gegen den Schuldner fortsetzen (BAG 28.11.1966 AP Nr. 2 zu § 275 ZPO). Die Verpflichtung zur Zeugniserteilung trifft dann nicht den **vorläufigen Insolvenzverwalter**, auf den die Verwaltungs- und Verfügungsbefugnis weder gem. § 22 Abs. 1 InsO noch aufgrund einer Einzelermächtigung gem. § 22 Abs. 2 InsO in Bezug auf die Arbeitsverhältnisse übergegangen ist (vgl. iE BAG 23.6.2004 EzA § 109 GewO Nr. 2; Hess. LAG 1.8.2004 EzA-SD 2004, Heft 24, S. 15; Stiller NZA 2005, 330; Diller/Yalcin FA 2006, 98). Ein arbeitsgerichtliches Verfahren wegen Zeugniserteilung wird als nichtvermögensrechtliche Streitigkeit und als Klage auf unvertretbare Handlung nicht nach § 240 ZPO unterbrochen (Diller/Yalcin aaO). Setzt der **Insolvenzverwalter** das Arbeitsverhältnis fort, so trifft ihn die Pflicht zur Zeugniserteilung (LAG Nürnberg 5.12.2002 NZA-RR 2003, 463), und zwar für die gesamte Dauer des Arbeitsverhältnisses vor und nach der Eröffnung des Insolvenzverfahrens. Für die Zeit vor der Insolvenzeröffnung hat er nach Maßgabe dessen, was ihm möglich ist, das Zeugnis zu erstellen, sei es durch Befragung der entsprechenden Vorgesetzten, Auswertung der Personalakte oder Einholung von Auskünften vom Schuldner gem. § 97 InsO (BAG 30.1.1991 EzA § 630 BGB Nr. 13; LAG Köln 30.7.2001 LAGE § 55 InsO Nr. 4). Zur Erfüllung der Pflicht zur Zeugniserteilung kann sich der Insolvenzverwalter anderer Personen als Erfüllungsgehilfen bedienen (vgl. iE Rieger/Philipp NZI 2004, 190). Ein titulierter Anspruch auf Erteilung eines Arbeitszeugnisses aus einem beendeten Arbeitsverhältnis ist auch im Fall einer nachfolgenden Insolvenzeröffnung weiterhin gegen den bisherigen Arbeitgeber vollstreckbar (LAG Düsseld. 7.11.2003 LAGE § 89 InsO Nr. 1).

11. Geltendmachung von Ansprüchen

Ein vor der Eröffnung des Insolvenzverfahrens eingeleitetes arbeitsgerichtliches Verfahren wird idR bei Insolvenz des Arbeitgebers gem. § 240 ZPO unterbrochen (LAG SchlH 24.1.2005 AuR 2005, 162; Diller/Yalcin FA 2006, 98; Berscheid ZInsO 1999, 205, 207; s.a. Rz 6 aE; **aA** Stiller NZA 2005, 330), § 240 ZPO ist gem. § 46 Abs. 2 ArbGG im arbeitsgerichtlichen Verfahren anwendbar (BAG 19.11.1996 EzA § 615 BGB Kurzarbeit Nr. 3) Wird ein vorläufiger Insolvenzverwalter bestellt, wird ein laufendes arbeitsgerichtliches Verfahren nur unterbrochen, wenn dem Arbeitgeber ein allgemeines Verfügungsverbot auferlegt wird (§ 21 Abs. 2 Nr. 2 InsO) und die entsprechenden Befugnisse gem. § 22 Abs. 1 Nr. 1 InsO auf den sog. starken Insolvenzverwalter übergehen (ausf. Diller/Yalcin FA 2006, 98 mwN). Die Unterbrechung des arbeitsgerichtlichen Verfahrens führt zu dessen Stillstand und es kann während des laufenden Insolvenzverfahrens nach den Vorschriften der InsO wieder aufgenommen werden (vgl. iE Diller/Yalcin aaO).

Vor Eröffnung des Insolvenzverfahrens sind Arbeitnehmeransprüche beim Schuldner bzw. vorläufigen Insolvenzverwalter geltend zu machen, **nach der Eröffnung** ist der **Insolvenzverwalter der Anspruchsgegner**. Eine Kündigungsschutzklage gegen eine Kündigung gem. § 113 Abs. 1 InsO ist gegen den Insolvenzverwalter zu richten (s.o. Rz 83 ff.). Zur Prozessvertretung des Insolvenzverwalters im Berufungsverfahren vor dem LAG durch einen Vertreter eines Arbeitgeberverbandes vgl. BAG 20.11.1997 EzA § 11 ArbGG 1979 Nr. 14. Der Insolvenzverwalter kann Prozesskostenhilfe beantragen (BAG 8.5.2003 EzA § 116 ZPO 2002 Nr. 1). Wenn der Arbeitnehmer Forderungen als **Insolvenzgläubiger** gem. § 38 InsO, also grds. Ansprüche aus der Zeit vor Eröffnung des Insolvenzverfahrens, geltend machen will, hat er diese schriftlich unter Angabe des Grundes und der Bezifferung beim **Insolvenz-**

verwalter anzumelden (§ 174 InsO). Gemäß § 87 InsO können Insolvenzgläubiger ihre Forderungen im Übrigen nur nach den Vorschriften über das Insolvenzverfahren verfolgen. Forderungen, mit denen der Arbeitnehmer **Massegläubiger** gem. § 53 InsO geworden ist, sind von ihm nicht anzumelden; denn ihre Erfüllung erfolgt unabhängig vom Insolvenzverfahren, ihre Vollstreckung ist gem. § 90 InsO teilweise unzulässig (vgl. Einzelheiten bei *Berscheid* Arbeitsverhältnisse Rz 775 ff. und Rz 796 ff.). Zur Geltendmachung von Arbeitnehmeransprüchen gegen **persönlich haftende** Gesellschafter einer Personengesellschaft steht dem Insolvenzverwalter der Rechtsweg zu den Arbeitsgerichten offen (*ArbG Münster* 2.9.2004 – 3 Ca 563/04; *ArbG Düsseld.* 23.6.2004 -10 Ca 1430/04), ebenso bei persönlicher Haftung des Insolvenzverwalters (*LAG Nürnberg* 29.3.2004 – 5 Ta 153/03).

§ 120 Kündigung von Betriebsvereinbarungen

(1) ¹Sind in Betriebsvereinbarungen Leistungen vorgesehen, welche die Insolvenzmasse belasten, so sollen Insolvenzverwalter und Betriebsrat über eine einvernehmliche Herabsetzung der Leistungen beraten. ²Diese Betriebsvereinbarungen können auch dann mit einer Frist von drei Monaten gekündigt werden, wenn eine längere Frist vereinbart ist.
(2) Unberührt bleibt das Recht, eine Betriebsvereinbarung aus wichtigem Grund ohne Einhaltung einer Kündigungsfrist zu kündigen.

– nicht kommentiert –

§ 121 Betriebsänderungen und Vermittlungsverfahren

Im Insolvenzverfahren über das Vermögen des Unternehmers gilt § 112 Abs. 2 Satz 1 des Betriebsverfassungsgesetzes mit der Maßgabe, dass dem Verfahren vor der Einigungsstelle nur dann ein Vermittlungsversuch vorangeht, wenn der Insolvenzverwalter und der Betriebsrat gemeinsam um eine solche Vermittlung ersuchen.

– nicht kommentiert –

§ 122 Gerichtliche Zustimmung zur Durchführung einer Betriebsänderung

(1) ¹Ist eine Betriebsänderung geplant und kommt zwischen Insolvenzverwalter und Betriebsrat der Interessenausgleich nach § 112 des Betriebsverfassungsgesetzes nicht innerhalb von drei Wochen nach Verhandlungsbeginn oder schriftlicher Aufforderung zur Aufnahme von Verhandlungen zustande, obwohl der Verwalter den Betriebsrat rechtzeitig und umfassend unterrichtet hat, so kann der Verwalter die Zustimmung des Arbeitsgerichts dazu beantragen, dass die Betriebsänderung durchgeführt wird, ohne dass das Verfahren nach § 112 Abs. 2 des Betriebsverfassungsgesetzes vorangegangen ist. ²§ 113 Abs. 3 des Betriebsverfassungsgesetzes ist insoweit nicht anzuwenden. ³Unberührt bleibt das Recht des Verwalters, einen Interessenausgleich nach § 125 zustande zu bringen oder einen Feststellungsantrag nach § 126 zu stellen.
(2) ¹Das Gericht erteilt die Zustimmung, wenn die wirtschaftliche Lage des Unternehmens auch unter Berücksichtigung der sozialen Belange der Arbeitnehmer erfordert, dass die Betriebsänderung ohne vorheriges Verfahren nach § 112 Abs. 2 des Betriebsverfassungsgesetzes durchgeführt wird. ²Die Vorschriften des Arbeitsgerichtsgesetzes über das Beschlußverfahren gelten entsprechend; Beteiligte sind der Insolvenzverwalter und der Betriebsrat. ³Der Antrag ist nach Maßgabe des § 61a Abs. 3 bis 6 des Arbeitsgerichtsgesetzes vorrangig zu erledigen.
(3) ¹Gegen den Beschluß des Gerichts findet die Beschwerde an das Landesarbeitsgericht nicht statt. ²Die Rechtsbeschwerde an das Bundesarbeitsgericht findet statt, wenn sie in dem Beschluß des Arbeitsgerichts zugelassen wird; § 72 Abs. 2 und 3 des Arbeitsgerichtsgesetzes gilt entsprechend. ³Die Rechtsbeschwerde ist innerhalb eines Monats nach Zustellung der in vollständiger Form abgefaßten Entscheidung des Arbeitsgerichts beim Bundesarbeitsgericht einzulegen und zu begründen.

– nicht kommentiert –

§ 125 Interessenausgleich und Kündigungsschutz

(1) Ist eine Betriebsänderung (§ 111 des Betriebsverfassungsgesetzes) geplant und kommt zwischen Insolvenzverwalter und Betriebsrat ein Interessenausgleich zustande, in dem die Arbeitnehmer, denen gekündigt werden soll, namentlich bezeichnet sind, so ist § 1 des Kündigungsschutzgesetzes mit folgenden Maßgaben anzuwenden:
1. es wird vermutet, dass die Kündigung der Arbeitsverhältnisse der bezeichneten Arbeitnehmer durch dringende betriebliche Erfordernisse, die einer Weiterbeschäftigung in diesem Betrieb oder einer Weiterbeschäftigung zu unveränderten Arbeitsbedingungen entgegenstehen, bedingt ist;
2. die soziale Auswahl der Arbeitnehmer kann nur im Hinblick auf die Dauer der Betriebszugehörigkeit, das Lebensalter und die Unterhaltspflichten und auch insoweit nur auf grobe Fehlerhaftigkeit nachgeprüft werden; sie ist nicht als grob fehlerhaft anzusehen, wenn eine ausgewogene Personalstruktur erhalten oder geschaffen wird. Satz 1 gilt nicht, soweit sich die Sachlage nach Zustandekommen des Interessenausgleichs wesentlich geändert hat.

(2) Der Interessenausgleich nach Absatz 1 ersetzt die Stellungnahme des Betriebsrats nach § 17 Abs. 3 Satz 2 des Kündigungsschutzgesetzes.

Literatur
Vgl. die Angaben vor § 113 InsO.

Inhaltsübersicht

	Rz		Rz
A. Inhalt und Zweck der Regelung	1–5	1. Merkmale der sozialen Auswahl	21
B. Voraussetzungen des § 125 InsO	6–14	2. Grobe Fehlerhaftigkeit	22–23
I. Geplante Betriebsänderung	6–8	3. Ausgewogene Personalstruktur	24–36
II. Interessenausgleich mit Namensliste	9–14	IV. Änderung der Sachlage	
C. Rechtsfolgen gem. § 125 InsO	15–39	(§ 125 Abs. 1 S. 2)	37–38
I. Vermutungsregel		V. Stellungnahme des Betriebsrats	
(§ 125 Abs. 1 S. 1 Ziff. 1)	15–18	(§ 125 Abs. 2)	39
II. Beweislastumkehr	19–20	D. Anhörung des Betriebsrats (§ 102 BetrVG)	40
III. Nachprüfbarkeit der Sozialauswahl			
(§ 125 Abs. 1 S. 1 Ziff. 2)	21–36		

A. Inhalt und Zweck der Regelung

In den §§ 125 bis 128 InsO wird ein **kollektives Kündigungsverfahren** geregelt, das für den Insolvenzfall die zwingende Wirkung des KSchG modifiziert. Nach dem der InsO zugrunde liegenden Postulat der Marktkonformität sollen marktwirtschaftlich sinnvolle Sanierungen der insolventen Unternehmungen ermöglicht werden (BT-Drucks. 12/2443, S. 77). Sanierungen erfordern oftmals Betriebsänderungen iSd §§ 111 ff. BetrVG, die Personalreduzierungen von Teilen oder des gesamten Betriebs zur Folge haben können. Notwendige Betriebsänderungen sollen nach den Motiven des Gesetzgebers in der Weise zügig durchgeführt werden können, dass der Insolvenzverwalter nicht einer Fülle von langwierigen Kündigungsschutzprozessen ausgesetzt ist (BT-Drucks. 12/2443, S. 149). Insbesondere sollen beabsichtigte Sanierungsmaßnahmen nicht daran scheitern, dass potentielle Erwerber des Not leidenden Betriebs nicht übersehen können, welche Arbeitsverhältnisse im Hinblick auf die Regelung gem. § 613a BGB zu übernehmen sind. Durch das mit kollektivrechtlichen Elementen gestaltete Kündigungsverfahren der §§ 125 bis 128 InsO sollen soziale Schutzinteressen der Arbeitnehmer und erforderliche Sanierungsmaßnahmen in Einklang gebracht werden (krit. *Kocher* BB 1998, 213). 1

Die insolvenzspezifische Regelung gem. § 125 InsO bedeutet eine **Einschränkung des individuellen Kündigungsschutzes** gem. § 1 KSchG zugunsten einer kollektivrechtlicher Regelungsbefugnis der Betriebsparteien Insolvenzverwalter und Betriebsrat. **§ 125 InsO ist lex specialis zu § 1 KSchG.** Vorausgesetzt wird ein Interessenausgleich im Rahmen einer geplanten Betriebsänderung iSd § 111 BetrVG. Insbesondere wegen der präjudiziellen Wirkungen hinsichtlich des Individualkündigungsschutzes (vgl. krit. *Kocher* BB 1998, 213) kann durchaus von einer neuen Art von Interessenausgleich im Insolvenzfall gesprochen werden. Dies bedeutet jedoch nicht, dass nicht an den Begriff des Interessenausgleichs nach § 112 BetrVG angeknüpft werden könnte (*Lakies* RdA 1997, 145, 150; aA *Schrader* NZA 1997, 70; *Warrikoff* BB 1994, 2338, die von einem Interessenausgleich sui generis ausgehen). Der 2

Insolvenzverwalter und der Betriebsrat können neben dem Interessenausgleich gem. § 125 InsO auch einen solchen gem. § 112 BetrVG vereinbaren oder die Regelungstatbestände beider in einem Werk zusammenfassen (*Ettwig* S. 85 f.). Für die Anwendbarkeit der erleichterten Kündigungsmöglichkeit gem. § 125 Abs. 1 InsO reicht es nicht aus, wenn lediglich zwischen dem Gemeinschuldner und dem Betriebsrat mit Zustimmung des vorläufigen Insolvenzverwalters ein Interessenausgleich mit Namensliste vereinbart wird (*LAG Hamm* 22.5.2002 NZA-RR 2003, 378).

3 Dem Insolvenzverwalter werden im Falle eines Interessenausgleichs gem. § 125 InsO mit der Liste der zu kündigenden Arbeitnehmer bei späterer gerichtlicher Überprüfung der Kündigungen wesentlich **erleichterte Darlegungs- und Beweislasten** in Bezug auf die Merkmale der Betriebsbedingtheit sowie der Auswahl der betroffenen Arbeitnehmer eingeräumt. Kommt ein Interessenausgleich gem. § 125 InsO nicht oder nicht innerhalb von drei Wochen zustande, trifft den Insolvenzverwalter im Beschlussverfahren gem. § 126 InsO allerdings die **uneingeschränkte Darlegungs- und Beweislast** darüber, dass die beabsichtigten Kündigungen durch dringende betriebliche Erfordernisse bedingt und sozial gerechtfertigt sind.

4 Der Insolvenzverwalter ist nicht gehalten, den Weg über die kollektiven Kündigungsverfahren gem. §§ 125 ff. InsO zu beschreiten (KDZ-*Däubler* Rz 2). Er kann auch gem. § 111 BetrVG einen Interessenausgleich und Sozialplan vereinbaren, ohne die insolvenzspezifischen Erleichterungen in Anspruch zu nehmen. Kommt ein Interessenausgleich gem. § 111 BetrVG bzw. ein solcher mit Namensliste iSd § 125 Abs. 1 InsO nicht zustande, verbleibt es für die Überprüfbarkeit ausgesprochener Kündigungen des Insolvenzverwalters bei den Voraussetzungen des allgemeinen Kündigungsschutzes, insbes. auch den Darlegungs- und Beweislastregeln gem. § 1 Abs. 2 S. 4 KSchG (*LAG Hamm* 1.4.2004 EzA-SD 2004, Heft 12, S. 16).

5 § 125 gilt sowohl für **Beendigungs-** als auch für **Änderungskündigungen** (vgl. bes. *Fischer* NZA 2002, 536; *ders.* KTS 2002, 53; *Ettwig* S. 72; *Warrikoff* BB 1994, 2338, 2341; *Schrader* NZA 1997, 70, 74; *Lakies* RdA 1997, 145, 149; ErfK-*Kiel* Rz 1; KDZ-*Däubler* Rz 12).

B. Voraussetzungen des § 125 InsO

I. Geplante Betriebsänderung

6 Zum Begriff der Betriebsänderung wird in § 125 InsO ausdrücklich auf § 111 BetrVG verwiesen. Danach setzt die Anwendbarkeit des § 125 InsO **als Betriebsgröße** voraus, dass **in der Regel** (vgl. KR-*Weigand* § 23 KSchG Rz 37 ff.) **mehr als 20 wahlberechtigte Arbeitnehmer** in dem Betrieb beschäftigt sind. Bei der Anzahl der Arbeitnehmer sind die leitenden Angestellten gem. § 5 BetrVG sowie freie Mitarbeiter nicht zu berücksichtigen (*Fitting* § 111 BetrVG Rz 22). Befristet wie auch in Teilzeit beschäftigte Arbeitnehmer werden ohne Ansehung des Umfangs ihrer vereinbarten Arbeitszeit bei den regelmäßig Beschäftigten mitgezählt. In **Kleinbetrieben** kann der Insolvenzverwalter die Regelung gem. § 125 InsO trotz einer ähnlichen Interessenlage (vgl. FK-InsO/*Eisenbeis* § 125 Rz 2) nicht – auch nicht im Rahmen eines »freiwilligen« Interessenausgleichs – anwenden (ErfK-*Kiel* Rz 2).

7 Die **Betriebsänderung** (zum Begriff vgl. *Fitting* § 111 BetrVG Rz 38 ff.) kann die gesamte Belegschaft oder auch nur einen Teil betreffen. Im letztgenannten Fall kommt § 125 InsO zu praktischer Bedeutung hinsichtlich der eingeschränkten Überprüfbarkeit der sozialen Auswahl der zu kündigenden Arbeitnehmer, weil bei einer vollständigen Betriebsstilllegung die soziale Auswahl obsolet wird. Keine Betriebsänderung iSd § 111 BetrVG stellt der Betriebsübergang gem. § 613a BGB dar, weil sich die Rechte und Pflichten der Arbeitnehmer nicht ändern (*BAG* 16.5.2002 EzA § 613a BGB Nr. 210 mwN). § 125 InsO kann nicht auf Vorgänge erstreckt werden, die sich nicht als Betriebsänderung darstellen und damit außerhalb des Anwendungsbereichs des § 111 BetrVG liegen (MünchKommInsO-*Löwisch/Caspers* § 125 Rz 4).

8 Die Betriebsänderung muss zum Zeitpunkt des Abschlusses des Interessenausgleichs **geplant** sein und darf sich nicht bereits im Stadium der Umsetzung befinden; denn nach der ratio legis sollen die Verhandlungen über einen Interessenausgleich eine Einflussnahme des Betriebsrats auf die Sanierungsmaßnahmen des Betriebs iRd § 125 InsO ermöglichen (KDZ-*Däubler* Rz 6). Allerdings setzt § 125 InsO nicht voraus, dass die Betriebsänderung auch durchgeführt wird. Das Merkmal der »Planung« verdeutlicht, dass es bei einer vernünftigen, betriebswirtschaftlichen Betrachtung einen sachlichen und zeitlichen Zusammenhang zwischen der Betriebsänderung und dem insolvenzspezifischen Interessenausgleich geben muss. Unzulässig wäre ein lediglich prophylaktisches Verfahren gem. § 125 InsO (ErfK-

Kiel § 125 InsO Rz 2). Für den zu erbringenden Nachweis einer geplanten Stilllegung des Betriebs muss nicht zwingend die Kündigung aller Arbeitnehmer und der Entschluss zur sog. Ausproduktion ausreichen, wenn gescheiterte Verhandlungen über eine Betriebsveräußerung kurze Zeit später doch zu einem Betriebsübergang gem. § 613a BGB führen (*LAG Düsseld.* 23.1.2003 ZIP 2003, 817). Zu Indizien für eine Stilllegungsabsicht im Einzelnen vgl. *LAG Hamm* 25.11.2004 LAGE § 125 InsO Nr. 5.

II. Interessenausgleich mit Namensliste

Der Interessenausgleich iSd § 125 InsO kommt zwischen dem **Insolvenzverwalter und dem Betriebs-** 9
rat zustande. Die Rechtsfolgen des § 125 InsO treten nur ein, wenn zwischen beiden Seiten Einvernehmen besteht. Der Interessenausgleich ist nicht erzwingbar. Dem vorläufigen Insolvenzverwalter steht dieses Instrument nicht zur Verfügung (ErfK-*Kiel* Rz 1; KDZ-*Däubler* Rz 2). Es ist nicht erforderlich, dass der Interessenausgleich alle die Betriebsänderung betreffenden Sachverhalte regelt. Für den Interessenausgleich nach § 125 InsO reicht der **Konsens über die Liste der zu Kündigenden** aus (KDZ-*Däubler* Rz 9), allerdings muss die **Festlegung der zu kündigenden Arbeitnehmer** in dem Interessenausgleich **abschließend** sein (*BAG* 6.12.2001 EzA § 1 KSchG Interessenausgleich Nr. 8). Über das Ob der geplanten Betriebsänderung braucht keine Einigkeit zu bestehen, der Betriebsrat könnte ihr sogar widersprechen (FK-InsO/*Eisenbeis* § 125 Rz 3). Allerdings setzt das ordnungsgemäße Zustandekommen des Interessenausgleichs voraus, dass der Insolvenzverwalter den Betriebsrat rechtzeitig und umfassend unterrichtet und die geplante Betriebsänderung mit ihm berät (§ 111 Abs. 1 S. 1 BetrVG).

Der Interessenausgleich muss **vor der Kündigungserklärung** des Insolvenzverwalters abgeschlossen 10
sein (*Zwanziger* AuR 1997, 428; *Preis* DB 1998, 1615; *Matthes* RdA 1999, 178; *Berscheid* MDR 1998, 817; **aA** *Ettwig* S. 87 f.). Insoweit genügt es, wenn ein Interessenausgleich vor Ausspruch der Kündigung durch eine weitere Betriebsvereinbarung um eine Namensliste ergänzt wird (*ArbG Wuppertal* 10.12.1997 DB 1998, 926; *Schiefer* DB 1998, 927). Hingegen reicht es nicht aus, wenn der Interessenausgleich zwar vor Abgabe der Kündigungserklärung abgeschlossen und unterzeichnet wird, die Namensliste jedoch erst nach Ausspruch der Kündigung (*ArbG Offenbach* 18.6.1997 AiB 1997, 728). Vor Abschluss der Interessenausgleichsverhandlungen ist der Insolvenzverwalter auch gehindert, die **leitenden Angestellten** zu kündigen, da er andernfalls seine Verpflichtungen aus den §§ 111 ff. BetrVG verletzen würde; denn mit der Kündigung der leitenden Angestellten hätte der Insolvenzverwalter mit der Betriebsänderung bereits begonnen, da er die Organisationsstruktur durch Entfernung der Leitungsebene bereits teilweise zerstört (*BAG* 4.6.2003 EzA § 209 InsO Nr. 1).

Der **Interessenausgleich** muss wirksam sein (*Löwisch* RdA 1997, 80). Dazu gehört, dass er **schriftlich** 11
niedergelegt und vom Arbeitgeber und Betriebsrat unterzeichnet wird (§ 112 Abs. 1 S. 1 BetrVG; *Ettwig* S. 84), nach Einschaltung einer Einigungsstelle auch von deren Vorsitzenden (§ 112 Abs. 3 S. 3 BetrVG). Da die Anwendung des § 125 InsO voraussetzt, dass die Namensliste der zu entlassenden Arbeitnehmer in den Interessenausgleich aufzunehmen ist, erstreckt sich das **Schriftformerfordernis auch auf die Namensliste**. Wird die Namensliste getrennt vom Interessenausgleich erstellt, reicht es aus, wenn sie von den Betriebspartnern unterzeichnet ist und in ihr auf den Interessenausgleich oder im Interessenausgleich auf sie Bezug genommen ist und diese Anlage ihrerseits unterzeichnet ist und die einzelnen Seiten paraphiert sind (*BAG* 21.2.2002 § 1 KSchG Interessenausgleich Nr. 10). Unschädlich ist es ferner, wenn in dem Interessenausgleich auf eine nicht unterzeichnete Liste der zu entlassenden Arbeitnehmer verwiesen wird, die dem Interessenausgleich beigefügt und mit ihm körperlich fest verbunden ist, zB durch Heftklammern – Heftmaschine – (*BAG* 6.12.2001 EzA § 1 KSchG Interessenausgleich Nr. 8; *ArbG Hannover* 22.8.1997 DB 1998, 207; KPK-*Meisel* § 1 Rz 561; vgl. auch BGHZ 40, 255; *Hohenstatt* NZA 1998, 864, 851).

Ebenso reicht es aus, wenn Interessenausgleich und Namensliste eine unterzeichnete **Urkundenein-** 12
heit bilden, was zB zu bejahen ist, wenn sich dies aus fortlaufender Paginierung, einheitlicher grafischer Gestaltung und inhaltlichem Zusammenhang des Textes zweifelsfrei ergibt (*BGH* 24.9.1997 BB 1998, 288; *Berscheid* ZAP ERW 1998, 20) und die – nicht unterzeichnete – Namensliste – sei es auch als »Anhang« oder als »Anlage« – dem Interessenausgleich in der numerischen Reihenfolge der Seiten vor der letzten unterzeichneten Seite beigefügt ist. Die bloße Bezugnahme im Interessenausgleich auf eine nicht unterzeichnete Liste ohne feste körperliche Verbindung mit ihr und ohne dass man von einer Urkundeneinheit sprechen kann, genügt hingegen nicht dem Schriftformerfordernis (*ArbG Ludwigshafen* 11.3.1997 DB 1997, 1339; *Kohte* BB 1998, 949; **aA** offenbar *ArbG Kiel* 5.9.1997 DB 1998, 926; *Schiefer* DB 1998, 927), zB wenn Interessenausgleich und nicht unterzeichnete Namensliste nur mit einer Büroklammer verbunden sind.

13 Namentliche Bezeichnungen iSv § 125 Abs. 1 InsO heißt, dass jeder der zu entlassenden Arbeitnehmer **mit seinem Namen, ggf. auch Vornamen oder Spitznamen**, so bezeichnet wird, dass er identifiziert werden kann (KPK-*Meisel* § 1 Rz 561). Die Bezeichnung der Abteilung, in denen die zu entlassenden Arbeitnehmer beschäftigt sind, genügt nicht (KPK-*Meisel* aaO; *Löwisch* RdA 1997, 81; *Zwanziger* AuR 1997, 427; KDZ-*Däubler* § 125 InsO Rz 10). Ebenso wenig genügt es, wenn in dem Interessenausgleich nur die Zahl der zu entlassenden Arbeitnehmer angegeben wird und ein Punkteschema, nach dem sie auszuwählen sind. Hingegen kann eine sog. »Negativ-Liste«, in der die Arbeitnehmer benannt sind, denen nicht gekündigt werden soll, dann ausreichend sein, wenn damit für Arbeitgeber und Betriebsrat zweifelsfrei feststeht, dass allen anderen (namentlich feststehenden) Arbeitnehmern (des Betriebs, der Abteilung) gekündigt werden soll (vgl. *ArbG Essen* 6.5.1997 DB 1998, 925; *Schiefer* DB 1998, 927).

14 Die namentliche Bezeichnung von Arbeitnehmern in einem **Sozialplan** steht einer Benennung in einem Interessenausgleich dann gleich, wenn zwischen Arbeitgeber und Betriebsrat Einigkeit darüber besteht, dass die benannten Arbeitnehmer zu entlassen sind (*Ascheid* RdA 1997, 342; *Fischermeier* NZA 1997, 1097). In Wahrheit handelt es sich insoweit um keine Regelung eines Sozialplans, der nur die wirtschaftlichen Nachteile der entlassenen Arbeitnehmer ausgleichen oder mildern soll (§ 112 Abs. 1 S. 2 BetrVG), sondern um einen Interessenausgleich (falsa demonstratio). Das bedeutet andererseits, dass die namentliche Bezeichnung in einem durch Spruch der Einigungsstelle zustande gekommenen Sozialplan nicht ausreicht (*Ascheid* RdA 1997, 342 f.; *Fischermeier* aaO), unabhängig davon, dass die Einigungsstelle damit ihre Kompetenz überschritten hat.

C. Rechtsfolgen gem. § 125 InsO
I. Vermutungsregel (§ 125 Abs. 1 S. 1 Ziff. 1 InsO)

15 Grundsätzlich setzt eine betriebsbedingte Kündigung gem. § 1 Abs. 2 KSchG das Vorliegen dringender betrieblicher Erfordernisse, die vom Arbeitgeber darzulegen und zu beweisen sind, voraus. Die Regelung gem. § 125 Abs. 1 S. 1 Ziff. 1 InsO modifiziert diesen Grundsatz für die im Interessenausgleich namentlich verzeichneten Arbeitnehmer dahingehend, dass für diesen Personenkreis vom Vorliegen dringender betrieblicher Erfordernisse, die einer Weiterbeschäftigung bzw. einer Weiterbeschäftigung zu unveränderten Arbeitsbedingungen entgegenstehen, auszugehen ist. Hierbei handelt es sich um eine **gesetzliche Vermutung**, die gem. § 292 ZPO widerlegbar ist (*BAG* 29.9.2005 EzA § 1 KSchG Betriebsbedingte Kündigung Nr. 140). Diese Vermutungsregel gem. § 125 Abs. 1 S. 1 Ziff. 1 InsO erstreckt sich im Falle eines Betriebsübergangs auch darauf, dass die Kündigung der Arbeitsverhältnisse nicht wegen des Betriebsübergangs erfolgt (§ 128 Abs. 2 InsO; vgl. *Sächs. LAG* 14.12.2005 LAGE § 125 InsO Nr. 9).

16 Durch die ausdrückliche Bezugnahme auf die dringenden betrieblichen Erfordernisse iSd § 1 Abs. 2 KSchG erstreckt sich die **Vermutung auch darauf, dass der Arbeitnehmer an keinem anderen Arbeitsplatz in demselben Betrieb weiterbeschäftigt werden kann** (*BAG* 7.5.1998 EzA § 1 KSchG Interessenausgleich Nr. 5), nicht hingegen darauf, dass keine Weiterbeschäftigungsmöglichkeit in einem anderen Betrieb des Unternehmens oder nach zumutbaren Umschulungs- und Fortbildungsmaßnahmen oder unter geänderten Arbeitsbedingungen besteht (*Fischermeier* NZA 1997, 1097; *Kohte* BB 1998, 950; in diesem Sinne auch: *Hold* AuA 1996, 367; **aA** *Bader* NZA 1996, 1133; *Gaul* AuA 1998, 169; *Schiefer* DB 1998, 927; *Hohenstatt* NZA 1998, 864, 851).

17 Die Vermutung erstreckt sich nur auf den gem. § 125 InsO vereinbarten Interessenausgleich, nicht auf sonstige Vereinbarungen zwischen Insolvenzverwalter und Betriebsrat über betriebliche Veränderungen, in denen die zu entlassenden Arbeitnehmer benannt sind (*Gaul* AuA 1998, 168). Sie gilt ferner nur für die im Interessenausgleich geregelte Betriebsänderung, nicht aber für andere betriebliche Kündigungsgründe (*ArbG Ludwigshafen* 11.3.1997 DB 1997, 1339). Allerdings kann die Kündigung, wenn dies in dem Interessenausgleich so vorgesehen ist, von einem bestimmten von den Betriebspartnern angenommenen Geschehensablauf und damit vom Eintritt einer Bedingung abhängig gemacht werden. So kann dem Arbeitnehmer gem. § 125 Abs. 1 InsO gekündigt werden, wenn die Kündigung im Interessenausgleich von dem Widerspruch des Arbeitnehmers gegen den Übergang seines Arbeitsverhältnisses gem. § 613a BGB abhängig gemacht wird (*BAG* 24.2.2000 EzA § 1 KSchG Interessenausgleich Nr. 7).

18 Der Arbeitgeber ist nicht verpflichtet, allen namentlich bezeichneten Arbeitnehmern zu kündigen. Allerdings darf ihm nicht nach eigenem Belieben eine Auswahl überlassen bleiben; denn die Namensliste ist auf eine bestimmte Betriebsänderung bezogen. Die Vermutungswirkung des § 125 Abs. 1 S. 1 Ziff. 1

InsO kann nur an die von Arbeitgeber und Betriebsrat gemeinsam zugrunde gelegte Betriebsänderung anknüpfen (*BAG* 24.2.2000 EzA § 1 KSchG Interessenausgleich Nr. 7). Ist ein **schwerbehinderter Arbeitnehmer** in einem Interessenausgleich als einer der zu entlassenden bezeichnet, so soll das Integrationsamt die Zustimmung gem. § 89 Abs. 3 SGB IX erteilen, wenn die Schwerbehindertenvertretung beim Zustandekommen des Interessenausgleichs gem. § 95 Abs. 2 SGB IX beteiligt worden ist, der Anteil der zu entlassenden schwerbehinderten Arbeitnehmer proportional zum Anteil dieser Gruppe im Betrieb beziffert ist und die Gesamtzahl der verbleibenden schwerbehinderten Arbeitnehmer zur Erfüllung der Verpflichtung gem. § 71 SGB IX ausreicht.

II. Beweislastumkehr

Die gesetzliche Vermutung des § 125 Abs. 1 S. 1 Ziff. 1 InsO (»dringende betriebliche Erfordernisse«) ist eine Bestimmung, die sich zugunsten des Insolvenzverwalters auswirkt. Deshalb hat er die »anspruchsbegründenden« Tatsachen (Vermutungsbasis) zu beweisen. Die gesetzliche Vermutung setzt voraus, dass in einem Interessenausgleich im Zusammenhang mit einer Betriebsänderung nach § 111 BetrVG die zu entlassenden Arbeitnehmer namentlich bezeichnet sind. Demgemäß hat der Insolvenzverwalter im Streitfall darzulegen und ggf. zu beweisen, dass eine Betriebsänderung iSv § 111 BetrVG vorliegt und ein rechtswirksamer Interessenausgleich mit Namensliste (s.o. Rz 9 ff.) zustande gekommen ist (*BAG* 16.5.2002 EzA § 613a BGB Nr. 210; *Kohte* BB 1998, 949 f.; vgl. auch *Bader* NZA 1996, 1133; *Fischermeier* NZA 1997, 1097). Diese Darlegungs- und Beweislast ist dem Insolvenzverwalter auch deshalb aufzubürden, weil ein Interessenausgleich iSd Gesetzes nur dann gegeben ist, wenn eine Betriebsänderung nach § 111 BetrVG vorliegt (GK-BetrVG/*Oetker* §§ 112, 112a BetrVG Rz 16). **19**

Sind Betriebsänderungen iSv § 111 BetrVG und wirksamer Interessenausgleich mit Namensliste bewiesen oder festgestellt, greift die gesetzliche Vermutung ein, »dass die Kündigung durch dringende betriebliche Erfordernisse ... bedingt ist«. Die **Vermutung der dringenden betrieblichen Erfordernisse** führt im Kündigungsstreit zur **Beweislastumkehr**. Die Darlegungs- und Beweislast (keine dringenden betrieblichen Erfordernisse) trägt damit der Arbeitnehmer (*BAG* 21.2.2002 EzA § 1 KSchG Interessenausgleich Nr. 10; 2.12.1999 EzA § 1 KSchG Soziale Auswahl Nr. 2; 7.5.1998 EzA § 1 KSchG Interessenausgleich Nr. 5; *LAG Düsseld.* 16.2.1998 BB 1998, 1268 und 9.10.1997 DB 1998, 926; *Bader* NZA 1996, 1125; *Löwisch* RdA 1997, 81; *Schiefer* DB 1997, 2177; *Küttner* FS Arbeitsrecht und Arbeitsgerichtsbarkeit, S. 431, 443 f.; **aA** *LAG Düsseld.* 4.3.1998 BB 1998, 1268 und *Zwanziger* AuR 1997, 427, der zwischen der beim Insolvenzverwalter als Arbeitgeber verbleibenden Darlegungslast und der beim Arbeitnehmer liegenden Beweislast differenziert). Zur **Darlegungs- und Beweislast der sozialen Auswahl** s.u. Rz 23. **20**

III. Nachprüfbarkeit der Sozialauswahl (§ 125 Abs. 1 S. 1 Ziff. 2 InsO)

1. Merkmale der sozialen Auswahl

Im Unterschied zur Regelung in § 1 Abs. 3 KSchG, nach der allgemein soziale Gesichtspunkte bei der Auswahl der zu kündigenden Arbeitnehmer ausreichend zu berücksichtigen sind, beschränken sich die Merkmale in der insolvenzspezifischen Regelung allein auf die **Dauer der Betriebszugehörigkeit**, das **Lebensalter** und die **Unterhaltspflichten** (vgl. iE KR-*Griebeling* § 1 KSchG Rz 603 ff.). Durch diesen abschließenden Katalog der zu berücksichtigenden Merkmale ist für die Insolvenzpraxis Praktikabilität und Rechtssicherheit geschaffen worden. **Grds. nicht in eine Sozialauswahl einzubeziehen** sind Arbeitnehmer, deren Arbeitsverhältnis nicht durch ordentliche Kündigung beendet werden kann. So genießen Betriebsratsmitglieder in der Insolvenz einen besonderen Kündigungsschutz; denn § 125 InsO ist nur im Verhältnis zu § 1 KSchG lex specialis (s.o. Rz 2), nicht aber gegenüber § 15 KSchG. § 15 Abs. 4 und Abs. 5 KSchG sind als Ausnahmevorschriften nicht analogiefähig (*BAG* 17.11.2005 EzA § 1 KSchG Soziale Auswahl Nr. 64). Über den Wortlaut des § 125 Abs. 1 S. 1 Nr. 2 InsO hinaus kann die soziale Auswahl nicht im Hinblick auf die Schwerbehinderung überprüft werden (*Boemke* NZI 2005, 209). **21**

2. Grobe Fehlerhaftigkeit

Diese Merkmale (s.o. Rz 21) sind nur auf eine **grobe Fehlerhaftigkeit** hin nachzuprüfen. Es reicht nicht aus, dass die genannten Merkmale sowie ihre Gewichtung vom Insolvenzverwalter und dem Betriebsrat im Interessenausgleich fehlerhaft angewendet und beurteilt werden, sondern die Fehlerhaftigkeit muss offensichtlich und eindeutig sein, der Beurteilungsspielraum muss weit überschritten sein **22**

(KDZ-*Däubler* § 125 InsO Rz 17). **Grob fehlerhaft ist die Gewichtung** der genannten Sozialdaten, **wenn sie jede Ausgewogenheit vermissen lässt,** dh wenn einzelne der drei Sozialdaten überhaupt nicht, eindeutig unzureichend oder mit eindeutig überhöhter Bedeutung berücksichtigt wurden (*BAG* 17.11.2005 EzA § 125 InsO Nr. 4; 28.8.2003 EzA § 125 InsO Nr. 1 mwN; *Fischermeier* NZA 1997, 1089, 1097; *v. Hoyningen-Huene/Linck* DB 1997, 41, 44; *Löwisch* NZA 1996, 1009, 1012; *Preis* NJW 1996, 3369, 3371; KR-*Griebeling* § 1 KSchG Rz 697). Die durch den Maßstab der groben Fehlerhaftigkeit eingeschränkte Prüfungsmöglichkeit bezieht sich nicht nur auf die Bildung der auswahlrelevanten Gruppe (*BAG* 21.7.2005 EzA § 125 InsO Nr. 2; 28.8.2003 EzA § 125 InsO Nr. 1; 21.2.2002 EzA § 1 KSchG Interessenausgleich Nr. 10) und die Sozialindikatoren sowie deren Gewichtung (*BAG* 17.11.2005 EzA § 125 InsO; 28.8.2003 EzA § 125 InsO Nr. 1; 21.1.1999 EzA § 1 KSchG Soziale Auswahl Nr. 39), sondern **auf die Sozialauswahl insgesamt. Auch die Nichteinbeziehung anderer Arbeitnehmer wegen fehlender Vergleichbarkeit oder wegen berechtigter betrieblicher Interessen, zB zum Erhalt oder zur Schaffung einer ausgewogenen Personalstruktur, kann nur auf grobe Fehlerhaftigkeit überprüft werden** (vgl. *BAG* 17.11.2005 EzA § 125 InsO Nr. 4; 28.8.2003 EzA § 125 InsO Nr. 1; 23.11.2000 EzA § 1 KSchG Soziale Auswahl Nr. 46; 21.1.1999 EzA § 1 KSchG Soziale Auswahl Nr. 39; 7.5.1998 EzA § 1 KSchG Interessenausgleich Nr. 5; APS-*Dörner* InsO Rz 13; *Löwisch* RdA 1997, 81; *Ettwig* S. 99; *Schrader* NZA 1997, 74; *Neef* NZA 1997, 69; *Lakies* BB 1999, 208; *Giesen* ZfA 1997, 174; *Lohkemper* KTS 1996, 20 f.; *Hohenstatt* NZA 1998, 846, 852; *Küttner* FS Arbeitsrecht und Arbeitsgerichtsbarkeit, S. 431, 445 f.; **aA** *Kohte* BB 1998, 951; *Zwanziger* AuR 1997, 434; *U. Preis* NZA 1997, 1086).

22a Von einer groben Fehlerhaftigkeit bei der Gruppenbildung kann zB nicht ausgegangen werden, wenn danach unterschieden wird, dass eine Umsetzung, Neuschulung und -einarbeitung vermieden wird. Damit sind Mitarbeiter, die bisher eine Maschine noch nicht bedient haben, nicht mit Mitarbeitern vergleichbar, die an dieser Maschine bereits gearbeitet haben (*LAG Köln* 2.5.2005 LAGE § 125 InsO Nr. 7). Die Herausnahme der sog. **Leistungsträger** aus der sozialen Auswahl ist nur auf grobe Fehlerhaftigkeit zu überprüfen (*LAG Köln* 10.5.2005 LAGE § 1 KSchG Soziale Auswahl Nr. 49, Anm. *Berkowski* NZI 2006, 149). Der Arbeitgeber soll nach der gesetzlichen Konzeption einen Wertungsspielraum ausschöpfen können (*BAG* 28.8.2003 EzA § 125 InsO Nr. 1), die gesetzlichen Auswahlkriterien sind vom Arbeitgeber lediglich ausreichend zu berücksichtigen, nur deutlich schutzwürdigere Arbeitnehmer können die Fehlerhaftigkeit der sozialen Auswahl mit Erfolg rügen (*BAG* 2.6.2005 EzA § 1 KSchG Soziale Auswahl Nr. 63). Dies entspricht den Intentionen der InsO, im Rahmen marktwirtschaftlicher Sanierungen Kündigungsverfahren für den Insolvenzverwalter und die betroffenen Arbeitnehmer besser berechenbar zu machen (s.a. Rz 1, 24 zu § 113 InsO). In dieser Beschränkung der Nachprüfbarkeit der Sozialauswahl liegt eine sehr weitgehende Verkürzung des Individualkündigungsschutzes. Dies soll die Tätigkeit des Arbeitsgerichts erleichtern und die Kündigungsschutzverfahren verkürzen (BT-Drucks. 12/7302, S. 172).

22b Grds. ist auch in der Insolvenz eine **auf den gesamten Betrieb bezogene Sozialauswahl** vorzunehmen (*BAG* 28.10.2004 EzA § 1 KSchG Soziale Auswahl Nr. 56). Demgegenüber hat das BAG in einer späteren Entscheidung die Kündigung nicht wegen einer iSd § 125 Abs. 1 S. 1 Nr. 2 InsO grob fehlerhaften Sozialauswahl als ungerechtfertigt angesehen, wenn die Betriebsparteien in einem Interessenausgleich mit Namensliste die Sozialauswahl aus insolvenzspezifischen Gründen auf einen der Geschäftsbereiche bzw. eine der Abteilungen beschränken, weil dort die Arbeitnehmer anderer Geschäftsbereiche nicht ohne Einarbeitungszeit beschäftigt werden können (*BAG* 17.11.2005 EzA § 125 InsO Nr. 3; krit. dazu *Bichelmeier* DZWIR 2006 vor S. 287; *Lindemann* ZInsO 2006, 697). Die Beschränkung der sozialen Auswahl der Arbeitnehmer mit einer fehlenden einschlägigen kaufmännischen Ausbildung auf ihre bisherige Einsatzabteilung kann auch der Erhaltung und Schaffung einer ausgewogenen Personalstruktur iSv § 125 Abs. 1 S. 1 Nr. 2 2. Hs. InsO dienen (*BAG* 28.8.2003 EzA § 125 InsO Nr. 1). Bilden mehrere Unternehmen einen **gemeinschaftlichen Betrieb**, so ist die Sozialauswahl bis zu einer etwaigen Auflösung des Gesamtbetriebes auf den gesamten Betrieb zu erstrecken, es sei denn, dass im Zeitpunkt der Kündigung einer der Betriebe stillgelegt ist oder bis zum Ablauf der Kündigungsfrist stillgelegt wird. Dann ist der Gemeinschaftsbetrieb aufgelöst, weil dem vormals einheitlichen Leitungsapparat die Arbeitgeberfunktionen entzogen sind und damit die »gemeinsame Klammer«, die eine unternehmensübergreifende Sozialauswahl veranlasst hat, entfallen ist (*BAG* 24.2.2005 EzA § 1 KSchG Soziale Auswahl Nr. 59). Auch von einer in einem abgespaltenen Unternehmen (§ 1 Abs. 1 Nr. 2 UmwG) getroffenen Unternehmerentscheidung zur Betriebsänderung (§ 125 InsO) werden die Arbeitnehmer in dem übrigen Unternehmen nicht erfasst, wenn im Zeitpunkt der Kündigung kein Gemeinschaftsbetrieb mehr besteht. Es bedarf dann keiner unternehmensübergreifenden Sozialauswahl (*BAG* 22.9.2005 EzA § 113 InsO Nr. 18).

Will der in einer Namensliste gem. § 125 Abs. 1 S. 1 InsO verzeichnete und gekündigte Arbeitnehmer 23
die grobe Fehlerhaftigkeit der Sozialauswahl geltend machen, so kann er im Kündigungsschutzprozess
gem. § 1 Abs. 3 S. 1 Hs. 2 KSchG verlangen, dass der Insolvenzverwalter die Gründe angibt, die zu der
getroffenen sozialen Auswahl geführt haben (*LAG Hamm* 28.5.1998 LAGE § 125 InsO Nr. 1; *Berscheid*
BuW 1997, 678; *Richardi* NZA 1999, 617, 619; *Schiefer* NZA 1997, 918 Fn. 18 bzgl. § 1 Abs. 5 KSchG). Dazu
gehören auch die Gründe für die berechtigten betrieblichen Interessen (s.o. Rz 22), die den Insolvenzverwalter zur Ausklammerung von solchen im Übrigen vergleichbaren Arbeitnehmern aus der sozialen
Auswahl gem. § 1 Abs. 3 S. 2 KSchG veranlassten, deren Weiterbeschäftigung insbes. wegen ihrer Kenntnisse, Fähigkeiten und Leistungen oder zur Sicherung einer ausgewogenen Personalstruktur des Betriebs im berechtigten betrieblichen Interesse liegt (vgl. auch *LAG Köln* 10.5.2005 LAGE § 1 KSchG Soziale Auswahl Nr. 49, Anm. *Berkowski* NZI 2006, 149, wonach der Arbeitgeber die Gründe nur in »groben
Zügen« darzulegen habe). Wird dieses Verlangen nicht erfüllt, kann von der Sozialwidrigkeit der Kündigung ausgegangen werden. Auf den Prüfungsmaßstab der groben Fehlerhaftigkeit der sozialen Auswahl kommt es dann nicht an (*BAG* 10.2.1999 NZA 1999, 702). Genügt allerdings der Insolvenzverwalter
seiner Darlegungslast, obliegt es dem Arbeitnehmer aufzuzeigen, dass eine grob fehlerhafte Auswahl
vorlag (*BAG* 24.2.2000 EzA § 1 KSchG Interessenausgleich Nr. 7). Dabei genügt der Arbeitnehmer seiner
Darlegungslast nicht, wenn er seine Vergleichbarkeit mit anderen Arbeitnehmern lediglich behauptet,
ohne die maßgeblichen Qualifikationsanforderungen und seine entsprechenden Fähigkeiten im Einzelnen zu benennen (*LAG Köln* 25.2.2005 LAGE § 125 InsO Nr. 6).

3. **Ausgewogene Personalstruktur**

Die Sozialauswahl ist aber auch dann, wenn ihre grobe Fehlerhaftigkeit festgestellt wird, rechtlich 24
nicht zu beanstanden, wenn durch den Interessenausgleich eine **ausgewogene Personalstruktur erhalten oder geschaffen wird** (vgl. auch KR-*Griebeling* § 1 KSchG Rz 640 ff.). Im Insolvenzverfahren gehen folglich Maßnahmen zur Erhaltung oder Schaffung einer ausgewogenen Personalstruktur den
Grundsätzen der Sozialauswahl vor. Insofern sind Kündigungen, die zur Erhaltung oder Schaffung einer ausgewogenen Personalstruktur beitragen, zulässig; denn der Wortlaut in § 125 Abs. 1 S. 1 Ziff. 2
aE InsO (»... sie ist anzusehen ...«) stellt klar, dass es sich um eine gesetzliche Fiktion handelt (*Warrikoff*
BB 1994, 2338, 2342).

Ob die getroffenen personellen Maßnahmen der Erhaltung oder Schaffung einer ausgewogenen Per- 25
sonalstruktur dienen, ist im individuellen Kündigungsschutzverfahren überprüfbar. Allerdings ist die
Justiziabilität dieser Frage wegen der unternehmerischen Aspekte im Sanierungsplan nur bedingt gegeben. Wenn im Rahmen des Sanierungskonzepts die getroffenen Personalentscheidungen schlüssig
und im Interessenausgleich entsprechend berücksichtigt sind, wird sich die arbeitsgerichtliche Überprüfbarkeit auch im Hinblick auf die Frage, ob die Maßnahmen wirklich der ausgewogenen Personalstruktur dienen, per se auch in diesem Fall auf eine grobe Fehlerhaftigkeit reduzieren (*Warrikoff* BB
1994, 2338, 2342; *Schrader* NZA 1997, 70, 74; *Schiefer* NZA 1997, 915, 917; APS-*Dörner* InsO Rz 14; *Lohkemper* KTS 1996, 1, 20; **aA** *Zwanziger* AuR 1997, 427, 431).

Unter **Erhaltung** einer ausgewogenen Personalstruktur ist die Aufrechterhaltung der bisherigen Per- 26
sonalstruktur des Betriebs zu verstehen. Mit der – auch erstmaligen – **Schaffung** einer ausgewogenen
Personalstruktur können im Insolvenzverfahren alle diejenigen Personalmaßnahmen ergriffen werden, mit der die Versäumnisse einer bisher verfehlten Personalpolitik korrigiert werden (*Lakies* RdA
1997, 145, 150). Nach dem Sinn des Gesetzes soll die Verhinderung einer Verschlechterung der Personalstruktur als berechtigtes betriebliches Interesse insbes. für die Bedürfnisse der Unternehmenssanie-
rung anerkannt werden. Wenn danach eine ausgewogene Personalstruktur erhalten bzw. geschaffen
werden kann, ist es erst recht zulässig, eine weitere Verschlechterung einer schon unbefriedigenden
Personalstruktur zu verhindern.

Der Begriff »Personalstruktur« geht über den Begriff »Altersstruktur« hinaus (zweifelnd: *Lakies* NJ 27
1997, 124; *Preis* NZA 1997, 1084). Unter »Personalstruktur« ist die **Zusammensetzung der Belegschaft
nach jeweils bestimmten Eigenschaften im Hinblick auf eine funktions- und wettbewerbsfähige
Belegschaft in einem umfassenden Sinne** zu verstehen, zB nach Ausbildung und Qualifikation, nach
der Leistung, nach bestimmten Verhaltensweisen (Pflichtverletzungen), nach Fehlzeiten, nach dem Alter und Geschlecht (*BAG* 28.8.2003 EzA § 125 InsO Nr. 1).

Personalstrukturen betreffen stets eine **Mehrzahl von Personen** mit bestimmten Eigenschaften. Daher 28
werden solche Strukturen durch die Entlassung weniger Arbeitnehmer im Allgemeinen nicht wesent-

§ 125 InsO   Insolvenzordnung

lich berührt und demgemäß auch nicht wesentlich verschlechtert. Gleichwohl lässt sich dem Gesetz nicht entnehmen, dass das Merkmal der ausgewogenen Personalstruktur nur bei Massenentlassungen anwendbar ist (*Linck* AR-Blattei SD 1020.1.2 Rz 89; **aA** *U. Preis* NJW 1996, 3371 und NZA 1998, 1085). Allerdings sind an die Darlegungslast des Insolvenzverwalters erhöhte Anforderungen zu stellen, wenn er bei nur wenigen betriebsbedingten Kündigungen einzelne Arbeitnehmer unter Berufung auf eine bestimmte Personalstruktur nicht in die Sozialauswahl einbeziehen will (vgl. auch *Fischermeier* NZA 1997, 1083).

29 Der Insolvenzverwalter kann zur Erhaltung bzw. Schaffung einer bestimmten Personalstruktur innerhalb des in Betracht kommenden Personenkreises **abstrakte Gruppen mit unterschiedlichen Strukturmerkmalen** bilden und aus jeder Gruppe die gleiche Prozentzahl für Kündigungen vorsehen. Innerhalb der Gruppen ist dann die Sozialauswahl vorzunehmen. Dem Insolvenzverwalter steht bei der Gruppenbildung ein **Beurteilungsspielraum** zu, der nur daraufhin überprüfbar ist, ob die Gruppenbildung nach unsachlichen Gesichtspunkten erfolgte und nicht zielgerichtet zur Kündigung einzelner unliebsamer Arbeitnehmer vorgenommen wurde (*Fischermeier* NZA 1997, 1093; *v. Hoyningen-Huene/Linck* DB 1997, 43).

30 Die Erhaltung bzw. Schaffung einer ausgewogenen **Altersstruktur** (*BAG* 23.11.2000 EzA § 1 KSchG Soziale Auswahl Nr. 46) bedeutet, dass das Verhältnis der älteren zu den jüngeren Mitarbeitern in etwa gleich bleibt bzw. den Erfordernissen einer leistungsfähigen Belegschaft angepasst wird (*Sächs. LAG* 5.1.2005 EzA § 1 KSchG Soziale Auswahl Nr. 48; **aA** offenbar: *Stückmann* AuA 1997, 8, nach dem zunächst alle jüngeren Arbeitnehmer, die eine Überalterung des Personalbestandes verhindern würden, aus der Sozialauswahl auszunehmen sind). Der Insolvenzverwalter kann daher zB Altersgruppen innerhalb des zur Sozialauswahl anstehenden Personenkreises bilden, etwa Gruppen der bis 30jährigen, 31–40jährigen, 41–50jährigen, 51–60jährigen und älteren als 60jährigen Arbeitnehmern (*BAG* 28.8.2003 EzA § 125 InsO Nr. 1 bestätigt *LAG Nds.* 12.4.2002 LAGE § 125 InsO Nr. 2), und aus diesen Gruppen anteilmäßig gleich viele Arbeitnehmer (zB 10 %) entlassen; die Sozialauswahl ist dann innerhalb der einzelnen Gruppen vorzunehmen (*LAG Hamm* 5.6.2003 LAGE § 125 InsO Nr. 4; *Berkowsky* Betriebsbedingte Kündigung, S. 190; *Seidel* ZTR 1996, 452; HWK-*Annuß* § 125 InsO Rz 12; vgl. ferner *Berscheid* AnwBl 1995, 14). Soweit beim Lebensalter Zeiten nach Vollendung des 55. Labensjahres wegen »rentennaher« sozialversicherungsrechtlicher Absicherung aus wirtschaftlicher Sicht bei der Sozialauswahl als weniger schutzwürdig gelten sollen (so *LAG Nds.* 28.5.2004 § 1 KSchG Soziale Auswahl Nr. 44a), erscheint dies insbes. im Lichte der Entscheidung des *EuGH* vom 22.11.2005 (- C 144/04 – *Mangold vs. Helm* EzA § 14 TzBfG Nr. 21) als zweifelhaft.

31 Zur Personalstruktur gehört auch die unterschiedliche **Leistungsstärke** der Belegschaft (*LAG Nds.* 12.4.2002 LAGE § 125 InsO Nr. 2; in diesem Sinne auch: Gesetzentwurf der Fraktionen CDU/CSU und FDP, BR-Drucks. 13/4612, S. 14; *Löwisch* § 1 Rz 357). Die Erhaltung bzw. Schaffung der Leistungsstärke der Belegschaft bedeutet, dass das Verhältnis der leistungsstärkeren zu den leistungsschwächeren Arbeitnehmern in ein ausgewogenes Verhältnis gebracht wird, so dass der Betrieb sanierungsfähig wird, insbes. durch Steigerung der betrieblichen Leistungsfähigkeit (*BAG* 28.8.2003 EzA § 125 InsO Nr. 1). Der Insolvenzverwalter kann daher zB für die Mitarbeiter, die für eine Sozialauswahl in Betracht kommen, eine Leistungsbeurteilung anfertigen lassen, dann drei Gruppen bilden (Arbeitnehmer mit überdurchschnittlichen, durchschnittlichen und unterdurchschnittlichen Leistungen) und entweder aus diesen Gruppen anteilmäßig gleich viele Arbeitnehmer entlassen (Erhaltung) oder anteilig in unterschiedlicher Zahl Arbeitnehmer entlassen (Schaffung einer ausgewogenen Personalstruktur).

32 Zur Personalstruktur gehört ferner die unterschiedliche **Vertragstreue** der Belegschaft, die durch Pflichtverletzungen beeinträchtigt wird. Die Erhaltung bzw. Schaffung der Struktur der Vertragstreue der Belegschaft bedeutet, dass das Verhältnis der vertragstreuen zu den weniger vertragstreuen Arbeitnehmern in etwa gleich bleibt oder bei signifikanten Unterschieden in eine ausgewogene Proportion gebracht wird. Der Insolvenzverwalter kann daher zB unter den zur Sozialauswahl anstehenden Arbeitnehmern Gruppen nach der Zahl der ihnen erteilten Abmahnungen bilden, etwa drei Gruppen mit Arbeitnehmern ohne Abmahnungen, Arbeitnehmern mit einer Abmahnung und Arbeitnehmer mit mehr als einer Abmahnung in den letzten zwei Jahren. Aus diesen Gruppen kann er anteilmäßig gleich bzw. unterschiedlich viele Arbeitnehmer entlassen.

33 Zur Personalstruktur gehören auch die unterschiedlich hohen krankheitsbedingten Fehlzeiten der Arbeitnehmer (*Löwisch* § 1 KSchG Rz 359; **aA** HK-KSchG/*Dorndorf* § 1 KSchG Rz 1117). Die Erhaltung bzw. Schaffung der ausgewogenen Struktur der **Fehlzeiten der Belegschaft** bedeutet, dass das Ver-

hältnis der Arbeitnehmer mit hohen zu den Arbeitnehmern mit geringeren Fehlzeiten in etwa gleich bleibt bzw. in ein betriebswirtschaftlich angemessenes Verhältnis gebracht wird. Der Insolvenzverwalter kann daher zB unter den in Betracht kommenden Arbeitnehmern vier Gruppen mit unterschiedlich hohen Fehlzeiten in den letzten beiden Jahren bilden, etwa Arbeitnehmer ohne Fehlzeiten, mit durchschnittlichen Fehlzeiten unter sechs Wochen jährlich, mit durchschnittlichen Fehlzeiten zwischen sechs und zwölf Wochen jährlich und mit durchschnittlichen Fehlzeiten von mehr als zwölf Wochen jährlich. Hierbei muss es sich allerdings um solche Fehlzeiten handeln, die auch künftig zu erwarten sind. Aus den so gebildeten Gruppen kann der Insolvenzverwalter anteilmäßig gleich viele Arbeitnehmer entlassen oder vermehrt Kündigungen in denjenigen Gruppen erklären, die zahlenmäßig größer sind.

Zur Personalstruktur gehört ebenso die Zusammensetzung der Belegschaft nach dem **Geschlecht** 34 (*U. Preis* NZA 1997, 1084, bezeichnet diese Differenzierung als »abstruse Idee«, *Fischermeier* NZA 1997, 1093 hält sie für »abwegig«). Die Erhaltung der Belegschaftsstruktur nach dem Geschlecht bedeutet, dass das Verhältnis der Zahl der männlichen Arbeitnehmer zur Zahl der weiblichen Arbeitnehmer in etwa gleich bleibt. Daran kann ein Insolvenzverwalter ein besonderes Interesse haben, zB in einem Modegeschäft (vgl. auch *LAG Köln* 19.7.1996 AR-Blattei ES 800 Nr. 128) oder im Rahmen von Gleichstellungsregularien. In diesen Fällen kann der Arbeitgeber aus den Gruppen der männlichen und weiblichen Mitarbeiter anteilmäßig gleich viele Arbeitnehmer entlassen. Darin liegt keine nach § 611a BGB unzulässige Benachteiligung wegen des Geschlechts (**aA** offenbar *Fischermeier* aaO). Je nach den betrieblichen Gegebenheiten sind **weitere**, zahlenmäßig nicht beschränkte **Personalstrukturen denkbar**, an deren Erhaltung der Arbeitgeber ein Interesse hat. Unzulässig ist jedoch die Geltendmachung von Personalstrukturen, wenn dies gegen ein **Diskriminierungsverbot** verstößt, zB im Hinblick auf Gewerkschaftsmitgliedschaft – Art. 9 Abs. 3 S. 2 GG –, Schwerbehinderung oder Staatsangehörigkeit – Art. 3 Abs. 3 GG – (*Fischermeier* aaO).

Dem Arbeitgeber ist es bei Entlassungen auch unbenommen, **mehrere Personalstrukturen** geltend zu 35 machen, deren Erhaltung bzw. Schaffung im betrieblichen Interesse liegt. So kann er sich etwa gleichzeitig auf eine ausgewogene Altersstruktur und die Erhaltung der Leistungsstärke der Belegschaft berufen und zB bei einer Entlassungsquote von 10 % aus dem vergleichbaren Personenkreis 5 % nach Altersgruppen und 5 % nach Leistungsgruppen zur Entlassung auswählen.

Es ist Sache des Insolvenzverwalters, die Art der Personalstruktur zu benennen, die er aufrechterhalten will (zB Altersstruktur, Leistungsstärke), und die Kriterien für die Bildung von Gruppen zur Erhaltung und Schaffung der entsprechenden Personalstruktur aufzustellen (zB Altersgruppen: unter 36 30jährige, 30–40jährige, 41–50jährige, über 50jährige Arbeitnehmer). Diese Entscheidungen des Insolvenzverwalters sind daraufhin überprüfbar, ob die Erhaltung und Schaffung der benannten Personalstruktur dem Betrieb einen nicht unerheblichen Vorteil bringt und die Gruppenbildung nach unsachlichen Gesichtspunkten erfolgte (s.o. Rz 29; zur Darlegungslast des Insolvenzverwalters vgl. *LAG SchlH* 9.11.2004 – 2 Sa 349/04 – NZA-RR 2005, 545 = NZI 2005, 643). Dem Arbeitgeber ist insoweit ein **Beurteilungsspielraum** einzuräumen. Ist kein erheblicher Vorteil ersichtlich oder sind die Gruppen nach unsachlichen Gesichtspunkten gebildet worden, sind die Entscheidungen des Insolvenzverwalters unbeachtlich und die betroffenen Arbeitnehmer insoweit in die Sozialauswahl einzubeziehen.

IV. Änderung des Sachlage (§ 125 Abs. 1 S. 2 InsO)

Die Vermutung der Betriebsbedingtheit der Kündigung und der Prüfungsmaßstab für die Sozialauswahl nach Abs. 5 S. 2 kommen nicht zum Zuge, **soweit sich die Sachlage** nach Zustandekommen des 37 Interessenausgleichs **wesentlich geändert** hat (§ 125 Abs. 1 S. 2 InsO). Eine wesentliche Änderung der Sachlage entspricht dem **Wegfall der Geschäftsgrundlage** (*LAG Hamm* 25.11.2004 LAGE § 125 InsO Nr. 5; *LAG Köln* 1.8.1997 LAGE § 1 KSchG Interessenausgleich Nr. 1; *Ettwig* S. 100 ff. mwN) und ist dann anzunehmen, wenn die Betriebsänderung, auf die sich der Interessenausgleich bezieht, nicht mehr durchgeführt werden soll oder die Anzahl der im Interessenausgleich vorgesehenen Kündigungen erheblich verringert werden soll (*Bader* NZA 1996, 1133; *Fischermeier* NZA 1997, 1097; HK-KSchG/*Dorndorf* § 1 Rz 1162; APS-*Dörner* InsO Rz 17). Eine geringfügige Erhöhung oder Verringerung der Anzahl der Kündigungen genügt nicht (*Bader* aaO; **aA** *Zwanziger* DB 1997, 2179, wohl aber das unvorhergesehene Ausscheiden anderer Arbeitnehmer (anders *Oetker/Friese* DZWIR 2001, 177, 182). In Frage kommen können aber auch wesentliche Änderungen der sozialen Daten in dem Zeitraum zwischen Aufnahme der zu kündigenden Arbeitnehmer in die Namensliste des Interessenausgleichs und der Erklärung der Kündigung (vgl. *Löwisch* RdA 1997, 80, 82; *Giesen* ZIP 1998, 49; *Zwanziger* DB 1997, 2179).

38 Maßgeblicher Zeitpunkt für die Beurteilung, ob sich die Sachlage wesentlich geändert hat, ist der Zeitpunkt des Zugangs der Kündigung. Bei späteren Änderungen kommt nur ein Wiedereinstellungsanspruch in Betracht (*BAG* 21.2.2001 EzA § 1 KSchG Interessenausgleich Nr. 8; *LAG Hamm* 25.11.2004 *LAGE* § 125 InsO Nr. 5; *LAG Köln* 13.10.2004 *LAGE* § 1 KSchG Wiedereinstellungsanspruch Nr. 6; *Danko/Cramer* BB-Spezial 4/2004, S. 9; *Fischermeier* NZA 1997, 1098; *Gaul* AuA 1998, 171; FK-InsO/*Eisenbeis* § 125 Rz 25; vgl. KR-*Griebeling* § 1 KSchG Rz 729 ff.). Der Arbeitnehmer, der sich auf eine wesentliche Änderung der Sachlage beruft, trägt für diesen Ausnahmefall die Darlegungs- und Beweislast (KR-*Griebeling* § 1 KSchG Rz 747; *Bader* NZA 1996, 1133; *Fischermeier* NZA 1997, 1097 f.; *Schiefer* DB 1998, 928).

V. Stellungnahme des Betriebsrats (§ 125 Abs. 2 InsO)

39 Der Interessenausgleich nach § 125 Abs. 1 S. 1 InsO ersetzt die Stellungnahme des Betriebsrats, die der Insolvenzverwalter nach § 17 Abs. 3 S. 2 KSchG einer **Massenentlassungsanzeige** beim Arbeitsamt beifügen muss (§ 125 Abs. 2 InsO). Das heißt: Wenn eine Betriebsänderung zu einer Massenentlassung iSv § 17 Abs. 1 KSchG führt, die der Insolvenzverwalter dem Arbeitsamt anzeigen muss, genügt es, wenn er der Massenentlassungsanzeige ein Exemplar des Interessenausgleichs beifügt (*Bader* NZA 1996, 1133 f.; *Löwisch* RdA 1997, 82).

D. Anhörung des Betriebsrats (§ 102 BetrVG)

40 Die Benennung der Arbeitnehmer im Interessenausgleich ersetzt **nicht die Anhörung des Betriebsrats** zu den Kündigungen dieser Arbeitnehmer nach § 102 BetrVG; grds. gelten auch keine erleichterten Anforderungen an die Anhörung (*BAG* 28.8.2003 EzA § 102 BetrVG 2001 Nr. 4; 20.5.1999 EzA § 102 BetrVG Nr. 101; *LAG Hamm* 4.6.2002 NZA-RR 2003, 293; *LAG Düssel.* 21.4.1998 LAGE § 102 BetrVG 1972 Nr. 69; APS-*Dörner* InsO Rz 19; FK-InsO/*Eisenbeis* § 125 Rz 20; *Fischermeier* NZA 1997, 1100; *Kohte* BB 1998, 946, 950; *Hamm* AiB 1998, 208; aA *Ettwig* S. 105; *Warrikoff* BB 1994, 2342; *Schrader* NZA 1997, 75). Ebenso wenig wie die Zustimmung des Betriebsrats zu einer Kündigung entbindet die Benennung im Interessenausgleich den Insolvenzverwalter von der Anhörungspflicht nach § 102 BetrVG (vgl. KR-*Etzel* § 102 BetrVG Rz 112). Zwar ist dem Betriebsrat eine Widerspruchsrecht gegen Kündigungen, denen er im Interessenausgleich zugestimmt hat, idR nicht zuzubilligen; denn das Anhörungsrecht des Betriebsrats ist hinsichtlich der inhaltlichen Anforderungen insoweit zu determinieren, als sie den am materiellen Recht ausgerichteten Erfordernissen zur Kündigungsbegründung entsprechen (*LAG Hamm* 28.5.1998 LAGE § 125 Nr. 1). Jedoch steht dem Betriebsrat das Anhörungsrecht gem. § 102 BetrVG zu, weil er schließlich auf diese Weise den genauen Zeitpunkt der Beendigung des einzelnen Arbeitsverhältnisses erfährt und möglicherweise wesentliche Änderungen, die sich zwischen dem Zeitpunkt des Abschlusses des Interessenausgleichs und dem der Kündigung des Arbeitnehmers ergeben haben können, geltend machen kann (*BAG* 20.5.1999 EzA § 102 BetrVG Nr. 101; KDZ-*Däubler* § 125 InsO Rz 24). Dem Insolvenzverwalter bleibt es aber unbenommen, im Zusammenhang mit dem Interessenausgleich das Anhörungsverfahren nach § 102 BetrVG durchzuführen, soweit er bzgl. der einzelnen Kündigungen die Erfordernisse gem. § 102 BetrVG beachtet (*BAG* 21.7.2005 EzA § 125 InsO Nr. 2; HWK/*Annuß* § 125 InsO Rz 14; *Schiefer* DB 1998, 928). Vollzieht der Insolvenzverwalter die im Interessenausgleich mit Namensliste vereinbarte Personalreduzierung etappenweise in mehreren Kündigungswellen, so ist der Betriebsrat vor jeder einzelnen Kündigungswelle anzuhören (*LAG Hamm* 7.2.2001 DZWIR 2001, 426). Wenn jedoch im Interessenausgleich mit Namensliste ausdrücklich festgeschrieben wird, dass der Insolvenzverwalter gleichzeitig das Anhörungsverfahren bzgl. der in der Namensliste angegebenen Personen einleitet und der Betriebsrat hinsichtlich aller Kündigungen eine abschließende Stellungnahme abgibt, kann auf das gesonderte Anhörungsverfahren gem. § 102 Abs. 1 S. 1 BetrVG zumindest insoweit verzichtet werden, als der Arbeitgeber die aus den Verhandlungen dem Betriebsrat bekannten Tatsachen nicht erneut darzulegen hat (*BAG* 28.8.2003 EzA § 102 BetrVG 2001 Nr. 4).

§ 126 Beschlußverfahren zum Kündigungsschutz

(1) ¹Hat der Betrieb keinen Betriebsrat oder kommt aus anderen Gründen innerhalb von drei Wochen nach Verhandlungsbeginn oder schriftlicher Aufforderung zur Aufnahme von Verhandlungen ein Interessenausgleich nach § 125 Abs. 1 nicht zustande, obwohl der Verwalter den Betriebsrat rechtzeitig und umfassend unterrichtet hat, so kann der Insolvenzverwalter beim Arbeitsgericht beantragen, festzustellen, dass die

Kündigung der Arbeitsverhältnisse bestimmter, im Antrag bezeichneter Arbeitnehmer durch dringende betriebliche Erfordernisse bedingt und sozial gerechtfertigt ist. ²Die soziale Auswahl der Arbeitnehmer kann nur im Hinblick auf die Dauer der Betriebszugehörigkeit, das Lebensalter und die Unterhaltspflichten nachgeprüft werden.
(2) ¹Die Vorschriften des Arbeitsgerichtsgesetzes über das Beschlußverfahren gelten entsprechend; Beteiligte sind der Insolvenzverwalter, der Betriebsrat und die bezeichneten Arbeitnehmer, soweit sie nicht mit der Beendigung der Arbeitsverhältnisse oder mit den geänderten Arbeitsbedingungen einverstanden sind. ²§ 122 Abs. 2 Satz 3, Abs. 3 gilt entsprechend.
(3) ¹Für die Kosten, die den Beteiligten im Verfahren des ersten Rechtszugs entstehen, gilt § 12a Abs. 1 Satz 1 und 2 des Arbeitsgerichtsgesetzes entsprechend. ²Im Verfahren vor dem Bundesarbeitsgericht gelten die Vorschriften der Zivilprozeßordnung über die Erstattung der Kosten des Rechtsstreits entsprechend.

Literatur

Vgl. die Angaben vor § 113 InsO.

Inhaltsübersicht

		Rz			Rz
A.	Inhalt und Zweck der Regelung	1–2	I.	Beteiligte	10–11
B.	Antragsvoraussetzungen	3–9	II.	Antragsgegenstand und -inhalt	12–15
	I. Betrieb ohne Betriebsrat	3–4	III.	Gerichtliche Überprüfung	16–19
	II. Kein Interessenausgleich	5–7	IV.	Individuelle Kündigungsschutzklage	20
	III. Betriebsbedingte Kündigungen	8–9	D.	Rechtsmittel	21
C.	Beschlussverfahren	10–20	E.	Kosten	22

A. Inhalt und Zweck der Regelung

Während § 125 InsO Regelungen für den Fall einer umfassenden Klärung der Rechtmäßigkeit von Kündigungen durch einen Interessenausgleich zwischen Insolvenzverwalter und Betriebsrat trifft, geht § 126 InsO davon aus, dass entweder kein Betriebsrat vorhanden ist oder die Verhandlungen zum Abschluss eines Interessenausgleichs nicht zum Erfolg geführt haben. Gemäß § 126 InsO kann der Insolvenzverwalter nunmehr das kollektive Kündigungsverfahren im Rahmen eines arbeitsgerichtlichen Beschlussverfahrens betreiben, um eine **Vielzahl von Einzelverfahren zu vermeiden**. Folglich ist dieses »Beschlussverfahren zum Kündigungsschutz« gem. § 126 InsO insoweit unzulässig, als zum Gegenstand der Betriebsänderung bereits ein Interessenausgleich gem. § 125 vereinbart worden ist (*BAG* 20.1.2000 EzA § 126 InsO Nr. 1; *Nerlich/Römermann-Hamacher* Rz 5; HK-*Irschlinger* Rz 6; *Zwanziger* Arbeitsrecht Rz 6). Gleichzeitig zum Verfahren gem. § 126 InsO kann der Insolvenzverwalter auch gem. § 122 die gerichtliche Zustimmung zur Durchführung der Betriebsänderung beantragen (KDZ-*Däubler* Rz 1). Das Beschlussverfahren gem. § 126 InsO kann vom Insolvenzverwalter **sowohl für beabsichtigte als auch für bereits erklärte Kündigungen** beantragt werden (*BAG* 29.6.2000 EzA § 126 InsO Nr. 2). 1

Im Rahmen des Beschlussverfahrens gem. § 126 InsO verfügt der Insolvenzverwalter nicht über die gleichen Erleichterungen in der Darlegungs- und Beweislast wie gem. § 125 InsO (ErfK-*Kiel* Rz 4). Die Vereinbarung eines Interessenausgleichs kann für ihn daher der rationellere Weg sein, allerdings erleichtert das Beschlussverfahren gem. § 126 InsO eine sanierungskonforme Freisetzung von Arbeitnehmern per »Sammelverfahren« (KDZ-*Däubler* Rz 2) gegenüber Einzelkündigungen gem. § 113 InsO; denn die Merkmale für die soziale Auswahl sind im Unterschied zur sonst geltenden Regelung gem. § 1 Abs. 1 KSchG im »Beschlussverfahren zum Kündigungsschutz« wie gem. § 125 lediglich auf die Dauer der Betriebszugehörigkeit, das Lebensalter und die Unterhaltspflichten – allerdings ohne die Prüfungseinschränkung auf grobe Fehlerhaftigkeit – reduziert. 2

B. Antragsvoraussetzungen

I. Betrieb ohne Betriebsrat

Wenn in einem Betrieb ein Betriebsrat (der allerdings auch noch nach Eröffnung des Insolvenzverfahrens gewählt werden kann und dann gem. BetrVG und §§ 120 ff. InsO zu beteiligen ist) nicht vorhan- 3 den ist, kann es nicht zu einem Interessenausgleich gem. § 125 InsO kommen. Folglich steht dem Insolvenzverwalter als kollektives Kündigungsverfahren nur der Weg über das Beschlussverfahren gem. § 126 InsO zur Verfügung. Dieses Verfahren steht ihm aber auch offen, wenn es sich **nicht um einen Betrieb iSd § 111 BetrVG** handelt (ErfK-*Kiel* Rz 1; HK-*Irschlinger* Rz 9; KDZ-*Däubler* Rz 7; *Grunsky/Moll* Arbeitsrecht und Insolvenz Rz 372; FK-InsO/*Eisenbeis* § 126 Rz 4; *Boewer* RdA 2001, 380, 391; *Löwisch* RdA 1997, 85; *Kania* DStR 1996, 835; *Schrader* NZA 1997, 77; **aA** *Kübler/Prütting-Moll* Rz 11; *Ettwig* S. 122 ff.; offen gelassen vom *BAG* 29.6.2000 EzA § 126 InsO Nr. 2). Dies folgt aus dem Wortlaut des § 126 und der Voraussetzung, dass das Beschlussverfahren auch in einem betriebsratslosen Betrieb zulässig ist; denn im Unterschied zur Regelung gem. § 125 InsO wird nicht ausdrücklich eine Betriebsänderung iSd § 111 BetrVG vorausgesetzt. Damit werden vom Beschlussverfahren gem. § 126 InsO betriebsbedingte Kündigungen in Betrieben mit weniger als 20 Arbeitnehmern ebenso erfasst wie auch eine Anzahl von kollektiven Kündigungen, die unterhalb der Schwellenwerte gem. § 17 KSchG bleiben (ErfK-*Kiel* aaO; *Löwisch* aaO; **aA** KDZ-*Däubler* Rz 7; *Müller* NZA 1998, 1399).

4 Für die Zulässigkeit des Antrags auf Einleitung des Beschlussverfahrens ist es nicht erforderlich, dass der Insolvenzverwalter in einem betriebsratslosen Betrieb versucht, sich mit der Belegschaft über ein freiwilliges Ausscheiden zu einigen (*BAG* 29.6.2000 EzA § 126 InsO Nr. 2; **aA** KDZ-*Däubler* Rz 6, da die Kündigung immer nur ultima ratio sein könne). Vielmehr kann der Insolvenzverwalter, wenn ein Betriebsrat nicht vorhanden ist, das Beschlussverfahren sofort betreiben (*BAG* 29.6.2000 EzA § 126 InsO Nr. 2; ErfK-*Kiel* Rz 2; *Grunsky/Moll* Arbeitsrecht und Insolvenz Rz 374; *Warrikoff* BB 1994, 2338; *Schrader* NZA 1997, 76).

II. Kein Interessenausgleich

5 Ist kein Interessenausgleich gem. § 125 InsO zustande gekommen, steht es dem Insolvenzverwalter frei, das Beschlussverfahren nach § 126 InsO einzuleiten. Wenn bereits ein Interessenausgleich vorliegt, tritt die Sperrwirkung nach § 126 Abs. 1 S. 1 InsO auch in dem Fall ein, indem es sich zB um eine Betriebseinschränkung bzw. -stilllegung iSd § 111 S. 2 Nr. 1 BetrVG mit einem **in mehreren Stufen** über einen längeren Zeitraum durchgeführten Personalabbau aufgrund einer einheitlichen Planungsentscheidung handelt. Dem Insolvenzverwalter wird also über das Beschlussverfahren gem. § 126 InsO nicht die Möglichkeit eingeräumt, einen Interessenausgleich gem. § 125 InsO zu ergänzen (vgl. auch KDZ-*Däubler* Rz 3; HK-*Irschlinger* Rz 6; ErfK-*Kiel* Rz 2; *Kocher* BB 1998, 216; *Zwanziger* BB 1997, 627; **aA** *Ettwig* S. 126 f.; *Warrikoff* BB 1994, 2343; FK-InsO/*Eisenbeis* § 125 Rz 23). Beruht demgegenüber der Interessenausgleich auf einer Entscheidung zur Rationalisierung des Betriebs, um mit vermindertem Personalbestand die Produktion fortzusetzen und kommt es in der Folge einer **neuen Planungsentscheidung** zB zur Betriebsstilllegung, so kann diese zweite Entscheidung hinsichtlich der personellen Folgen vom Insolvenzverwalter mit dem Beschlussverfahren gem. § 126 InsO umgesetzt werden, falls der Versuch für einen Interessenausgleich bzgl. dieser Betriebsstilllegung erfolglos bleibt (*BAG* 20.1.2000 EzA § 126 InsO Nr. 1).

6 Der Insolvenzverwalter muss den Betriebsrat schriftlich zur Aufnahme von Verhandlungen zu einem Interessenausgleich aufgefordert und ihn **rechtzeitig und umfassend über die Betriebsänderung unterrichtet** haben. Rechtzeitig erfolgt die Unterrichtung in dem Stadium, in dem die Betriebsänderung noch nicht – auch nicht teilweise – verwirklicht ist. Der Insolvenzverwalter muss den Betriebsrat vor seiner Entscheidung unterrichten. Umfassend ist die Unterrichtung, wenn sie den Inhalt, Umfang und die Auswirkungen der geplanten Betriebsänderung auf die Arbeitnehmer einschließlich erforderlicher Unterlagen umfasst. Die Erfüllung des Erfordernisses der rechtzeitigen und umfassenden Unterrichtung ist vom Insolvenzverwalter im Beschlussverfahren darzulegen und zu beweisen.

7 Seit Beginn der Verhandlungen müssen drei Wochen verstrichen sein. Allerdings kann das endgültige Scheitern der Verhandlungen einvernehmlich auch von beiden Seiten vor Ablauf dieser Frist mit der Folge erklärt werden, dass bereits ab diesem Zeitpunkt das Beschlussverfahren beantragt werden kann (KDZ-*Däubler* Rz 5).

III. Betriebsbedingte Kündigungen

8 Das kollektive Kündigungsverfahren gem. § 126 betrifft nur Kündigungen, die durch dringende betriebliche Erfordernisse bedingt sind. Dazu zählen nicht nur **Beendigungs**-, sondern auch **Änderungskündigungen** (KDZ-*Däubler* Rz 9). Es muss sich um Kündigungen von Arbeitsverhältnissen handeln, auf die das **KSchG anzuwenden** ist (KDZ-*Däubler* aaO Rz 8; ErfK-*Kiel* Rz 1; *Heinze* NZA 1999, 61).

Die Kündigungen können auch bereits **vor der Einleitung des Beschlussverfahrens** ausgesprochen 9
werden; denn es erscheint unter dem Gesichtspunkt der zeitlichen Verzögerung nicht praxisgerecht,
wenn erst nach der Rechtskraft des Beschlussverfahrens die Kündigungen erklärt werden (*BAG*
29.6.2000 EzA § 126 InsO Nr. 2; *Grunsky/Moll* Arbeitsrecht und Insolvenz Rz 402; *Caspers* Personalabbau
Rz 277; ErfK-*Kiel* Rz 1; KDZ-*Däubler* § 126 InsO Rz 32). Diese Möglichkeit zeigt der Wortlaut in § 127
Abs. 2 InsO (*BAG* 29.6.2000 EzA § 126 InsO Nr. 2 mit zahlreichen wN). Allerdings hat der Insolvenzverwalter dabei entsprechend das Anhörungsrecht des Betriebsrats gem. § 102 BetrVG zu beachten.

C. Beschlussverfahren

I. Beteiligte

Die durch das materielle Recht gem. § 126 InsO unmittelbar Betroffenen sind am Verfahren zu beteili- 10
gen: der **Insolvenzverwalter,** der **Betriebsrat** und die im Antrag bezeichneten **Arbeitnehmer,** soweit
sie sich nicht mit der Beendigung oder Änderung des Arbeitsvertrags einverstanden erklärt haben
(§ 126 Abs. 2 S. 1 InsO). Gemäß § 128 Abs. 1 S. 2 InsO ist auch der **mögliche Erwerber** des insolventen
Betriebs Beteiligter.

Zunächst bestimmt der Insolvenzverwalter als Antragsteller durch die Auflistung in seinem Antrag 11
an das Arbeitsgericht, welche Arbeitnehmer Beteiligte sind. Im Verfahren hängt die **Beteiligtenstellung** dann vom **individuellen Verhalten jedes betroffenen Arbeitnehmers** ab (*Grunsky* FS Lüke,
S. 199). Erklärt er noch im Beschlussverfahren sein Einverständnis zur Kündigung, verliert er seinen
Beteiligtenstatus (*BAG* 20.1.2000 EzA § 126 InsO Nr. 1; 29.6.2000 EzA § 126 InsO Nr. 2 mit Verweis auf
den Streit, ob der Statusverlust durch bloßes Einverständnis – so *Nerlich/Römermann-Hamacher* Rz 23 –
oder darin zu sehendes prozessuales Anerkenntnis – so *Kübler/Prütting-Moll* Rz 48 – oder Prozessvergleich – so *Grunsky* aaO – erfolgt).

II. Antragsgegenstand und -inhalt

Der Antrag des Insolvenzverwalters auf Einleitung des Beschlussverfahrens hat die **Liste derjenigen** 12
Arbeitnehmer zu enthalten, deren Kündigung durch dringende betriebliche Gründe bedingt und
durch die getroffene Sozialauswahl gerechtfertigt sein soll. Die Arbeitnehmer sind im Einzelnen so genau zu benennen, dass sie identifiziert werden können (iE KR-*Weigand* § 125 InsO Rz 13). Dabei kann
es sich um Arbeitnehmer handeln, deren Kündigung beabsichtigt oder denen die Kündigung bereits
erklärt worden ist.

Aus Gründen der Praktikabilität kann es sich für den Insolvenzverwalter anbieten, die Namen in einer 13
Reihenfolge zu strukturieren, da sich während des Beschlussverfahrens bereits Änderungen durch
Auflösungsverträge oder Eigenkündigungen der Arbeitnehmer ergeben können und damit eine Neu-
bewertung der Sozialauswahl notwendig werden könnte. Mit **Hilfsanträgen** kann der Insolvenz-
verwalter weitere Arbeitnehmer in den Kreis der zu Kündigenden für den Fall aufnehmen, dass der
Hauptantrag teilweise abgewiesen wird (FK-InsO/*Eisenbeis* § 126 Rz 8; *Grunsky* FS Lüke, S. 198 f.).

Im Antrag hat der Insolvenzverwalter die **dringenden betrieblichen Erfordernisse** nach den Voraus- 14
setzungen gem. § 1 Abs. 2 KSchG im Einzelnen **darzulegen und zu beweisen** (§ 1 Abs. 2 S. 4 KSchG).
Die **soziale Auswahl** ist nach den drei Merkmalen der Dauer der Betriebszugehörigkeit, des Lebensalters und der Unterhaltspflichten (vgl. dazu iE KR-*Griebeling* § 1 KSchG Rz 603 ff.) zu treffen. Allerdings hat der Insolvenzverwalter ggf. die Herausnahme bestimmter Arbeitnehmer aus der Sozialauswahl gem. § 1 Abs. 3 S. 2 KSchG zu begründen (aA *Lakies* RdA 1997, 151). Anders als im Rahmen der
Regelung gem. § 125 kann der Insolvenzverwalter hier die Beschränkung der Nachprüfbarkeit nach
dem Merkmal grober Fehlerhaftigkeit nicht in Anspruch nehmen. Ebenso wenig kann die Sozialauswahl durch die Schaffung oder Erhaltung einer ausgewogenen Personalstruktur gerechtfertigt werden
(ErfK-*Kiel* Rz 5; *Warrikoff* BB 1994, 2343).

Soweit der Antrag Namen von Arbeitnehmern enthält, die gem. **SGB IX (Schwerbehindertenschutz),** 15
MuSchG, BErzGG nur nach behördlicher Zustimmung gekündigt werden dürfen, berührt das Be-
schlussverfahren gem. § 126 nicht deren Sonderkündigungsschutz (FK-InsO/*Eisenbeis* § 126 Rz 19 f.).
Die behördlichen Verfahren sind vom Insolvenzverwalter gesondert durchzuführen.

III. Gerichtliche Überprüfung

16 Der Antrag ist entsprechend § 61a Abs. 3 bis 6 ArbGG vorrangig zu erledigen (§§ 126 Abs. 2 S. 2, 122 Abs. 2 S. 3, Abs. 3 InsO).

17 Es gelten die Verfahrensregelungen über das **Beschlussverfahren gem. §§ 80 ff. ArbGG** (§ 126 Abs. 2 InsO). Unter anderem hat danach das Arbeitsgericht zwar von Amts wegen den Sachverhalt im Rahmen der gestellten Anträge zu erforschen, allerdings haben die am Verfahren Beteiligten an der Aufklärung des Sachverhalts mitzuwirken (§ 83 Abs. 1 ArbGG). Im Rahmen der Kombination von Untersuchungs- und Beibringungsmaxime obliegt es dem antragstellenden Insolvenzverwalter, alle erforderlichen Tatsachen, die sein Begehren auf Kündigung der Arbeitnehmer begründen (*Lakies* RdA 1997, 145, 152), im Einzelnen **darzulegen** und **nachzuweisen.** Soweit kein entsprechender ausreichender Sachvortrag von Beteiligten vorliegt, ist es dem Arbeitsgericht nach dem eingeschränkten Amtsermittlungsprinzip verwehrt, von sich aus Überlegungen anzustellen, ob ein nicht vorgetragener Sachverhalt geeignet wäre, eine ausreichende Begründung für das mit dem Antrag verfolgte Begehren zu liefern (*BAG* 29.6.2000 EzA § 126 InsO Nr. 2).

18 Das Arbeitsgericht hat **umfassend nachzuprüfen,** ob zunächst eine **unternehmerische Entscheidung** des Insolvenzverwalters zur Betriebsänderung tatsächlich vorliegt, wirksam getroffen wurde und durch ihre Umsetzung das Beschäftigungsbedürfnis für die benannten Arbeitnehmer entfallen ist. Weiterhin hat das Arbeitsgericht das **Vorliegen dringender betrieblicher Erfordernisse** (vgl. dazu KR-*Griebeling* § 1 KSchG Rz 515 ff., 560 ff.) sowie die Voraussetzungen der **ordnungsgemäßen sozialen Auswahl** (nach Maßgabe der drei Merkmale, vgl. KR-*Weigand* § 125 InsO Rz 21; KR-*Griebeling* § 1 KSchG Rz 671–678) **umfassend zu überprüfen.** § 126 Abs. 1 S. 2 InsO entspricht den Regelungen gem. § 125 Abs. 1 S. 1 Ziff. 2 InsO und gem. § 1 Abs. 3 KSchG. Dies hat besondere Bedeutung in den Fällen, in denen die Kündigungen gegenüber den Betroffenen noch nicht erklärt sind, weil hier auch noch keine Anhörung des Betriebsrats gem. § 102 BetrVG stattgefunden hat.

19 Wenn die im Antrag bezeichneten Arbeitnehmer bereits die Kündigungserklärungen vor dem Zeitpunkt des Beschlussverfahrens vom Insolvenzverwalter erhalten haben, bezieht sich die umfassende Prüfungspflicht des Arbeitsgerichts **nicht auch auf sonstige, außerhalb der Merkmale des § 126 Abs. 1 InsO liegende Voraussetzungen** für eine rechtmäßige Kündigung. Insbesondere die Verletzung von Vorschriften des Sonderkündigungsschutzes (s.o. Rz 15) oder die nicht ordnungsgemäße Anhörung des Betriebsrats gem. § 102 BetrVG kann der Arbeitnehmer nur im Individualkündigungsschutzverfahren überprüfen lassen (FK-InsO/*Eisenbeis* § 126 Rz 10; *Ettwig* S. 131; *Giesen* ZIP 1998, 53; *Lakies* BB 1999, 209; *Fischermeier* NZA 1997, 1100, KDZ-*Däubler* Rz 23; **aA** *Zwanziger* ZIP 1998, 53).

IV. Individuelle Kündigungsschutzklage

20 Das Beschlussverfahren gem. § 126 InsO gilt für beabsichtigte wie auch bereits erfolgte Kündigungen (*Löwisch* RdA 1997, 80, 85). Hat ein bereits gekündigter Arbeitnehmer Kündigungsschutzklage erhoben bevor im Beschlussverfahren eine Entscheidung ergangen ist, weil er die Kündigungen nicht für sozial gerechtfertigt ansieht, ist die Kündigungsschutzklage solange auszusetzen (§ 127 Abs. 2 InsO) bis die Entscheidung des Beschlussverfahrens rechtskräftig ist. Im Übrigen steht es dem Arbeitnehmer frei, sonstige Unwirksamkeitsgründe (s.o. Rz 15, 19) im individuellen Kündigungsschutzverfahren gesondert überprüfen zu lassen (KDZ-*Däubler* Rz 27, 23).

D. Rechtsmittel

21 Die Beschwerde zum Landesarbeitsgericht ist nicht vorgesehen. Das Arbeitsgericht kann die Rechtsbeschwerde zulassen. An diese Entscheidung ist das BAG gem. § 72 Abs. 3 ArbGG (analog) gebunden (*BAG* 29.6.2000 EzA § 126 InsO Nr. 2 mwN). Jeder der beteiligten Arbeitnehmer kann selbständig Rechtsbeschwerde einlegen, sonst erlangt der Beschluss des ArbG insoweit Rechtskraft (*BAG* 29.6.2000 EzA § 126 InsO Nr. 2). Wird die Rechtsbeschwerde nicht zugelassen, steht dem Arbeitnehmer die Nichtzulassungsbeschwerde nicht zu (*BAG* 14.8.2001 AP Nr. 44 zu § 72a ArbGG 1979 Divergenz; ErfK-*Kiel* Rz 11; *Warrikoff* BB 1994, 2341).

E. Kosten

22 Im Beschlussverfahren werden gem. § 12 Abs. 5 ArbGG keine Gerichtskosten erhoben. Gemäß § 12a Abs. 1 ArbGG tragen die Parteien ihre Kosten für die Zuziehung eines Prozessbevollmächtigten oder

Beistands selbst. Es besteht kein Anspruch der obsiegenden Partei auf Entschädigung wegen Zeitversäumnis. Im Rechtsbeschwerdeverfahren hat die unterliegende Partei auch die außergerichtlichen Kosten der obsiegenden Partei zu tragen. Die Kosten des Betriebsrats trägt der Insolvenzverwalter als Arbeitgeber (§ 40 BetrVG).

§ 127 Klage des Arbeitnehmers
(1) ¹Kündigt der Insolvenzverwalter einem Arbeitnehmer, der in dem Antrag nach § 126 Abs. 1 bezeichnet ist, und erhebt der Arbeitnehmer Klage auf Feststellung, dass das Arbeitsverhältnis durch die Kündigung nicht aufgelöst oder die Änderung der Arbeitsbedingungen sozial ungerechtfertigt ist, so ist die rechtskräftige Entscheidung im Verfahren nach § 126 für die Parteien bindend. ²Dies gilt nicht, soweit sich die Sachlage nach dem Schluß der letzten mündlichen Verhandlung wesentlich geändert hat.
(2) Hat der Arbeitnehmer schon vor der Rechtskraft der Entscheidung im Verfahren nach § 126 Klage erhoben, so ist die Verhandlung über die Klage auf Antrag des Verwalters bis zu diesem Zeitpunkt auszusetzen.

Literatur
Vgl. die Angaben vor § 113 InsO.

Inhaltsübersicht

	Rz		Rz
A. Bindungswirkung	1–2	C. Aussetzung des Individual-	
B. Änderung der Sachlage	3	klageverfahrens	4–5

A. Bindungswirkung

§ 127 InsO stellt zunächst die Rechtsfolgen des Beschlusses gem. § 126 InsO für die Parteien eines möglicherweise folgenden Individualkündigungsschutzverfahrens klar. Die **Entscheidung nach § 126 ist bindend** sowohl im Fall der Stattgabe des Antrages des Insolvenzverwalters als auch in dem Fall, in dem das Arbeitsgericht feststellt, dass die Kündigungen der im Antrag bezeichneten Arbeitnehmer nicht durch dringende betriebliche Erfordernisse bedingt bzw. nicht sozial gerechtfertigt sind (*Ettwig* S. 134; *Giesen* ZIP 1998, 53; *Löwisch* RdA 1997, 85; FK-*InsO*/*Eisenbeis* § 127 Rz 4; KDZ-*Däubler* Rz 1; **aA** *Grunsky* FS Lüke S. 195; *Kübler/Prütting-Moll* § 126 InsO Rz 36; *Warrikoff* BB 1994, 2343). Nach der letztgenannten Alternative würde der Arbeitnehmer im Individualkündigungsschutzverfahren obsiegen. Allerdings erfasst die Bindungswirkung nicht andere Unwirksamkeitsgründe wie zB die nicht ordnungsgemäße Anhörung des Betriebsrats (vgl. KR-*Weigand* § 126 InsO Rz 15, 19). Die Bindungswirkung setzt die ordnungsgemäße Beteiligung der betroffenen Arbeitnehmer am Beschlussverfahren voraus (ErfK-*Kiel* Rz 2; FK-InsO/*Eisenbeis* § 127 Rz 3). 1

Die Bindungswirkung betrifft Kündigungen von Arbeitnehmern, die in dem Antrag gem. § 126 Abs. 1 InsO aufgelistet sind, unabhängig davon, ob die Kündigungserklärung vor oder nach Einleitung des Beschlussverfahrens erfolgte (ErfK-*Kiel* Rz 3; APS-*Dörner* InsO Rz 30; *Warrikoff* BB 1994, 2338, 2343; **aA** *Lakies* RdA 1997, 154). 2

B. Änderung der Sachlage

Die Bindungswirkung gem. § 127 Abs. 1 S. 1 InsO tritt nicht ein, wenn sich die **Sachlage** nach dem Schluss der letzten mündlichen Verhandlung **wesentlich geändert** hat. Insofern entspricht diese Regelung derjenigen gem. § 125 Abs. 1 S. 2 InsO (vgl. KR-*Weigand* § 125 InsO Rz 37 f.). 3

C. Aussetzung des Individualklageverfahrens

Gemäß § 127 Abs. 2 InsO wird die zeitliche Koordinierung von Beschlussverfahren des Insolvenzverwalters und Kündigungsschutzverfahren des Arbeitnehmers dahingehend geregelt, dass das Individualverfahren auf Antrag des Verwalters bis zum Zeitpunkt der Rechtskraft des Beschlussverfahrens auszusetzen ist. Es steht dem Verwalter folglich frei, zunächst betriebsbedingte Kündigungen zu er- 4 klären und dann abzuwarten, welche Arbeitnehmer die Kündigungen nicht hinnehmen. Er kann dann seinen Feststellungsantrag auf diejenigen Fälle beschränken, in denen die Arbeitnehmer Kündigungsschutzklage erheben und den Antrag gem. § 127 Abs. 2 InsO stellen (vgl. BT-Drucks. 12/2443, S. 150; krit. *Lakies* RdA 1997, 145, 155). Unterlässt der Verwalter die Antragstellung gem. § 127 Abs. 2 InsO und wird die Entscheidung im Individualkündigungsschutzverfahren vor derjenigen im Beschlussverfahren rechtskräftig, so geht die Individualentscheidung vor.

5 Für das Kündigungsschutzverfahren hat der Arbeitnehmer die **dreiwöchige Klagefrist** einzuhalten (§ 4 KSchG).

§ 128 Betriebsveräußerung (1) ¹Die Anwendung der §§ 125 bis 127 wird nicht dadurch ausgeschlossen, dass die Betriebsänderung, die dem Interessenausgleich oder dem Feststellungsantrag zugrundeliegt, erst nach einer Betriebsveräußerung durchgeführt werden soll. ²An dem Verfahren nach § 126 ist der Erwerber des Betriebs beteiligt.
(2) Im Falle eines Betriebsübergangs erstreckt sich die Vermutung nach § 125 Abs. 1 Satz 1 Nr. 1 oder die gerichtliche Feststellung nach § 126 Abs. 1 Satz 1 auch darauf, dass die Kündigung der Arbeitsverhältnisse nicht wegen des Betriebsübergangs erfolgt.

Literatur

Vgl. die Angaben vor § 113 InsO.

1 Die Regelung gem. § 128 InsO soll den wirtschaftlich zweckmäßigen Ablauf von Personalreduzierungen im Hinblick auf einen beabsichtigten bzw. erfolgenden Betriebsübergang fördern (vgl. auch *Hess* FS Arbeitsrecht und Arbeitsgerichtsbarkeit S. 485, 494; *Laux* Betriebsveräußerungen S. 43 ff.). Wenn der Insolvenzverwalter einen Interessenausgleich gem. § 125 InsO vereinbart oder das Beschlussverfahren gem. § 126 InsO betrieben hat, bleiben die entsprechenden Rechtsfolgen auch in dem Fall verbindlich, dass die zugrunde liegende Betriebsänderung erst durchgeführt wird, wenn der Betrieb auf einen Erwerber übergegangen ist. Im Hinblick auf einen bevorstehenden Betriebsübergang iSd § 613a BGB soll der Verwalter einerseits nicht gehindert sein, die Verfahren gem. §§ 125, 126 InsO zum Erfolg zu bringen, andererseits aber nicht darauf verwiesen sein, die Betriebsänderungen noch vor dem Betriebsübergang selbst durchzuführen. Notwendige Kündigungen können so schon vor dem Übergang des Betriebs erklärt und auf ihre Rechtmäßigkeit hin überprüft werden. Sie können aber auch nach dem Übergang vollzogen werden. In diesem Fall sind Kündigungsschutzklagen allerdings gegen den Erwerber zu richten (*Löwisch* RdA 1997, 80, 85). Dem Erwerber wird im Beschlussverfahren nach § 126 InsO vor dem Arbeitsgericht gem. § 128 Abs. 1 S. 2 InsO die Stellung eines Beteiligten eingeräumt (vgl. auch *BAG* 29.6.2000 EzA § 126 InsO Nr. 2).

2 Grds. gilt die Regelung gem. § 613a BGB auch im Fall der Insolvenz (vgl. auch § 113 InsO Rz 77). Hat der Insolvenzverwalter einen Interessenausgleich mit dem Betriebsrat gem. § 125 InsO vereinbart oder das Beschlussverfahren gem. § 126 InsO durchgeführt, so erstreckt sich die Vermutung des Vorliegens der Voraussetzungen für die Rechtmäßigkeit der betrieblichen Kündigung (vgl. KR-*Weigand* § 125 InsO Rz 15 ff.) bzw. die gerichtliche Feststellung nach § 126 InsO (vgl. Komm. dort) gesetzlich auch darauf, dass die Kündigung der Arbeitsverhältnisse nicht wegen des Betriebsübergangs erfolgt (§ 128 Abs. 2 InsO).

3 Wendet sich der Arbeitnehmer gegen eine Kündigung, die nach einem Betriebsübergang erklärt wurde, aber vorher in einem Interessenausgleich (§ 125 InsO) vereinbart bzw. auf einem gerichtlichen Beschluss (§ 126 InsO) basiert und der gesetzlichen Vermutungsregel gem. § 128 Abs. 2 InsO unterliegt, so trägt der **Arbeitnehmer** für die Behauptung des Gegenteils die **Darlegungs- und Beweislast** (*LAG Düsseld.* 23.1.2003 DB 2003, 2292; *LAG Hamm* 4.6.2002 BB 2003, 159 = NZA-RR 2003, 293). Für die Erhebung der Klage gegen die Kündigung anlässlich des Betriebsübergangs durch den Insolvenzverwalter hat der Arbeitnehmer die Dreiwochenfrist einzuhalten (§ 4 KSchG; vgl. KR-*Weigand* § 113 InsO Rz 82 ff.).

Anhang I
Anspruch auf Insolvenzgeld (Insg) nach dem SGB III

Sozialgesetzbuch Arbeitsförderung – SGB III
vom 24. März 1997 (BGBl. I S. 594).
Zuletzt geändert durch Gesetz
vom 2. Dezember 2006 (BGBl. I S. 2742)
– Auszug –

§ 3 Leistungen der Arbeitsförderung (1) Arbeitnehmer erhalten folgende Leistungen:
(...)
10. Insolvenzgeld bei Zahlungsunfähigkeit des Arbeitgebers.

§ 116 Leistungsarten Entgeltersatzleistungen sind
(...)
Insolvenzgeld für Arbeitnehmer, die wegen Zahlungsunfähigkeit des Arbeitgebers kein Arbeitsentgelt erhalten,
(...)

Sechster Unterabschnitt. Insolvenzgeld

§ 183 Anspruch (1) ¹Arbeitnehmer haben Anspruch auf Insolvenzgeld, wenn sie im Inland beschäftigt waren und bei
1. Eröffnung des Insolvenzverfahrens über das Vermögen ihres Arbeitgebers,
2. Abweisung des Antrags auf Eröffnung des Insolvenzverfahrens mangels Masse oder
3. vollständiger Beendigung der Betriebstätigkeit im Inland, wenn ein Antrag auf Eröffnung des Insolvenzverfahrens nicht gestellt worden ist und ein Insolvenzverfahren offensichtlich mangels Masse nicht in Betracht kommt,

(Insolvenzereignis) für die vorausgehenden drei Monate des Arbeitsverhältnisses noch Ansprüche auf Arbeitsentgelt haben. ²Ein ausländisches Insolvenzereignis begründet einen Anspruch auf Insolvenzgeld für im Inland beschäftigte Arbeitnehmer. ³Zu den Ansprüchen auf Arbeitsentgelt gehören alle Ansprüche auf Bezüge aus dem Arbeitsverhältnis. ⁴Als Arbeitsentgelt für Zeiten, in denen auch während der Freistellung eine Beschäftigung gegen Arbeitsentgelt besteht (§ 7 Abs. 1a Viertes Buch), gilt der auf Grund der schriftlichen Vereinbarung zur Bestreitung des Lebensunterhalts im jeweiligen Zeitraum bestimmte Betrag. ⁵Hat der Arbeitnehmer einen Teil seines Arbeitsentgelts gemäß § 1 Abs. 2 Nr. 3 des Betriebsrentengesetzes umgewandelt und wird dieser Entgeltteil in den Durchführungswegen Pensionsfonds, Pensionskasse oder Direktversicherung verwendet, gilt, soweit der Arbeitgeber keine Beiträge an den Versorgungsträger abgeführt hat, für die Berechnung des Insolvenzgeldes die Entgeltumwandlung als nicht vereinbart.
(2) Hat ein Arbeitnehmer in Unkenntnis eines Insolvenzereignisses weitergearbeitet oder die Arbeit aufgenommen, besteht der Anspruch für die dem Tag der Kenntnisnahme vorausgehenden drei Monate des Arbeitsverhältnisses.
(3) Anspruch auf Insolvenzgeld hat auch der Erbe des Arbeitnehmers.
(4) Der Arbeitgeber ist verpflichtet, einen Beschluß des Insolvenzgerichts über die Abweisung des Antrags auf Insolvenzeröffnung mangels Masse dem Betriebsrat oder, wenn ein Betriebsrat nicht besteht, den Arbeitnehmern unverzüglich bekanntzugeben.

§ 184 Anspruchsausschluß (1) Der Arbeitnehmer hat keinen Anspruch auf Insolvenzgeld für Ansprüche auf Arbeitsentgelt, die

1. er wegen der Beendigung des Arbeitsverhältnisses oder für die Zeit nach der Beendigung des Arbeitsverhältnisses hat,
2. er durch eine nach der Insolvenzordnung angefochtene Rechtshandlung oder eine Rechtshandlung erworben hat, die im Falle der Eröffnung des Insolvenzverfahrens anfechtbar wäre oder
3. der Insolvenzverwalter wegen eines Rechts zur Leistungsverweigerung nicht erfüllt.

(2) Soweit Insolvenzgeld aufgrund eines für das Insolvenzgeld ausgeschlossenen Anspruchs auf Arbeitsentgelt erbracht worden ist, ist es zu erstatten.

§ 185 Höhe
(1) Insolvenzgeld wird in Höhe des Nettoarbeitsentgelts geleistet, das sich ergibt, wenn das auf die monatliche Beitragsbemessungsgrenze (§ 343 Abs. 4) begrenzte Bruttoarbeitsentgelt um die gesetzlichen Abzüge vermindert wird.

(2) Ist der Arbeitnehmer
1. im Inland einkommensteuerpflichtig, ohne dass Steuern durch Abzug vom Arbeitsentgelt erhoben werden oder
2. im Inland nicht einkommensteuerpflichtig und unterliegt das Insolvenzgeld nach den für ihn maßgebenden Vorschriften nicht der Steuer,

ist das Arbeitsentgelt um die Steuern zu vermindern, die bei Einkommensteuerpflicht im Inland durch Abzug vom Arbeitsentgelt erhoben würden.

§ 186 Vorschuß
¹Die Agentur für Arbeit kann einen Vorschuß auf das Insolvenzgeld erbringen, wenn
1. die Eröffnung des Insolvenzverfahrens über das Vermögen des Arbeitgebers beantragt ist,
2. das Arbeitsverhältnis beendet ist und
3. die Voraussetzungen für den Anspruch auf Insolvenzgeld mit hinreichender Wahrscheinlichkeit erfüllt werden.

²Die Agentur für Arbeit bestimmt die Höhe des Vorschusses nach pflichtgemäßem Ermessen. ³Der Vorschuß ist auf das Insolvenzgeld anzurechnen. ⁴Er ist zu erstatten, soweit ein Anspruch auf Insolvenzgeld nicht oder nur in geringerer Höhe zuerkannt wird.

§ 187 Anspruchsübergang
¹Ansprüche auf Arbeitsentgelt, die einen Anspruch auf Insolvenzgeld begründen, gehen mit dem Antrag auf Insolvenzgeld auf die Bundesagentur über. ²§ 183 Abs. 1 Satz 5 gilt entsprechend. ³Die gegen den Arbeitnehmer begründete Anfechtung nach der Insolvenzordnung findet gegen die Bundesagentur statt.

§ 188 Verfügungen über das Arbeitsentgelt
(1) Soweit der Arbeitnehmer vor seinem Antrag auf Insolvenzgeld Ansprüche auf Arbeitsentgelt einem Dritten übertragen hat, steht der Anspruch auf Insolvenzgeld diesem zu.

(2) Von einer vor dem Antrag auf Insolvenzgeld vorgenommenen Pfändung oder Verpfändung des Anspruchs auf Arbeitsentgelt wird auch der Anspruch auf Insolvenzgeld erfaßt.

(3) Die an den Ansprüchen auf Arbeitsentgelt bestehenden Pfandrechte erlöschen, wenn die Ansprüche auf die Bundesagentur übergegangen sind und sie Insolvenzgeld an den Berechtigten erbracht hat.

(4) ¹Der neue Gläubiger oder Pfandgläubiger hat keinen Anspruch auf Insolvenzgeld für Ansprüche auf Arbeitsentgelt, die ihm vor dem Insolvenzereignis ohne Zustimmung der Agentur für Arbeit zur Vorfinanzierung der Arbeitsentgelte übertragen oder verpfändet wurden. ²Die Agentur für Arbeit darf der Übertragung oder Verpfändung nur zustimmen, wenn Tatsachen die Annahme rechtfertigen, dass durch die Vorfinanzierung der Arbeitsentgelte ein erheblicher Teil der Arbeitsplätze erhalten bleibt.

§ 189 Verfügungen über das Insolvenzgeld ¹Nachdem das Insolvenzgeld beantragt worden ist, kann der Anspruch auf Insolvenzgeld wie Arbeitseinkommen gepfändet, verpfändet oder übertragen werden. ²Eine Pfändung des Anspruchs vor diesem Zeitpunkt wird erst mit dem Antrag wirksam.

§ 189a Datenaustausch und Datenübermittlung (1) ¹Ist der insolvente Arbeitgeber auch in einem anderen Mitgliedstaat der Europäischen Union tätig, teilt die Bundesagentur dem zuständigen ausländischen Träger von Leistungen bei Zahlungsunfähigkeit des Arbeitgebers das Insolvenzereignis und die im Zusammenhang mit der Erbringung von Insolvenzgeld getroffenen Entscheidungen mit, soweit dies für dessen Aufgabenwahrnehmung erforderlich ist. ²Übermittelt ein ausländischer Träger der Bundesagentur entsprechende Daten, darf sie diese Daten zum Zwecke der Erbringung von Insolvenzgeld nutzen.
(2) Die Bundesagentur ist berechtigt, Daten über geleistetes Insolvenzgeld für jeden Empfänger durch Datenfernübertragung an die in § 32b Abs. 4 des Einkommensteuergesetzes bezeichnete Übermittlungsstelle der Finanzverwaltung zu übermitteln.

§ 208 Zahlung von Pflichtbeiträgen bei Insolvenzereignis (1) ¹Den Gesamtsozialversicherungsbeitrag nach § 28d des Vierten Buches, der auf Arbeitsentgelte für die letzten dem Insolvenzereignis vorausgehenden drei Monate des Arbeitsverhältnisses entfällt und bei Eintritt des Insolvenzereignisses noch nicht gezahlt worden ist, zahlt die Agentur für Arbeit auf Antrag der zuständigen Einzugsstelle; davon ausgenommen sind Säumniszuschläge, die infolge von Pflichtverletzungen des Arbeitgebers zu zahlen sind sowie die Zinsen für dem Arbeitgeber gestundete Beiträge. ²Die Einzugsstelle hat der Agentur für Arbeit die Beiträge nachzuweisen und dafür zu sorgen, dass die Beschäftigungszeit und das beitragspflichtige Bruttoarbeitsentgelt einschließlich des Arbeitsentgelts, für das Beiträge nach Satz 1 gezahlt werden, dem zuständigen Rentenversicherungsträger mitgeteilt werden. ³§§ 184, 314, 323 Abs. 1 Satz 1 und § 327 Abs. 3 gelten entsprechend.
(2) ¹Die Ansprüche auf die in Absatz 1 Satz 1 genannten Beiträge bleiben gegenüber dem Arbeitgeber bestehen. ²Soweit Zahlungen geleistet werden, hat die Einzugsstelle der Agentur für Arbeit die nach Absatz 1 Satz 1 gezahlten Beiträge zu erstatten.

§ 314 Insolvenzgeldbescheinigung (1) ¹Der Insolvenzverwalter hat auf Verlangen der Agentur für Arbeit für jeden Arbeitnehmer, für den ein Anspruch auf Insolvenzgeld in Betracht kommt, die Höhe des Arbeitsentgelts für die letzten der Eröffnung des Insolvenzverfahrens vorausgehenden drei Monate des Arbeitsverhältnisses sowie die Höhe der gesetzlichen Abzüge und der zur Erfüllung der Ansprüche auf Arbeitsentgelt erbrachten Leistungen zu bescheinigen. ²Das gleiche gilt hinsichtlich der Höhe von Entgeltteilen, die gemäß § 1 Abs. 2 Nr. 3 des Betriebsrentengesetzes umgewandelt und vom Arbeitgeber nicht an den Versorgungsträger abgeführt worden sind. ³Dabei ist anzugeben, welcher Durchführungsweg und welcher Versorgungsträger für die betriebliche Altersversorgung gewählt worden ist. ⁴Er hat auch zu bescheinigen, inwieweit die Ansprüche auf Arbeitsentgelt gepfändet, verpfändet oder abgetreten sind. ⁵Dabei hat er den von der Bundesagentur vorgesehenen Vordruck zu benutzen. Wird die Insolvenzgeldbescheinigung durch den Insolvenzverwalter nach § 36a des Ersten Buches übermittelt, sind zusätzlich die Anschrift und die Daten des Überweisungsweges mitzuteilen.
(2) In den Fällen, in denen ein Insolvenzverfahren nicht eröffnet wird oder nach § 207 der Insolvenzordnung eingestellt worden ist, sind die Pflichten des Insolvenzverwalters vom Arbeitgeber zu erfüllen.

§ 316 Auskunftspflicht bei Leistung von Insolvenzgeld (1) Der Arbeitgeber, der Insolvenzverwalter, die Arbeitnehmer sowie sonstige Personen, die Einblick in die Arbeitsentgeltunterlagen hatten, sind verpflichtet, der Agentur für Arbeit auf Verlangen alle Auskünfte zu er-

teilen, die für die Durchführung der §§ 183 bis 189, 208, 320 Abs. 2, § 327 Abs. 3 erforderlich sind.
(2) Der Arbeitgeber und die Arbeitnehmer sowie sonstige Personen, die Einblick in die Arbeitsentgeltunterlagen hatten, sind verpflichtet, dem Insolvenzverwalter auf Verlangen alle Auskünfte zu erteilen, die er für die Insolvenzgeldbescheinigung nach § 314 benötigt.

§ 320 Berechnungs-, Auszahlungs-, Aufzeichnungs- und Anzeigepflichten (...)

(2) ¹Der Insolvenzverwalter hat auf Verlangen der Agentur für Arbeit das Insolvenzgeld zu errechnen und auszuzahlen, wenn ihm dafür geeignete Arbeitnehmer des Betriebes zur Verfügung stehen und die Agentur für Arbeit die Mittel für die Auszahlung des Insolvenzgeldes bereitstellt. ²Für die Abrechnung hat er den von der Bundesagentur vorgesehenen Vordruck zu benutzen. ³Kosten werden nicht erstattet.
(...)

§ 321 Schadensersatz Wer vorsätzlich oder fahrlässig
(...)
4. als Insolvenzverwalter die Verpflichtung zur Errechnung und Auszahlung des Insolvenzgeldes nach § 320 Abs. 2 Satz 1 nicht erfüllt,
ist der Bundesagentur zum Ersatz des daraus entstandenen Schadens verpflichtet.

§ 324 Antrag vor Leistung (1) ¹Leistungen der Arbeitsförderung werden nur erbracht, wenn sie vor Eintritt des leistungsbegründenden Ereignisses beantragt worden sind. ²Zur Vermeidung unbilliger Härten kann die Agentur für Arbeit eine verspätete Antragstellung zulassen.
(2) ¹Berufsausbildungsbeihilfe, Ausbildungsgeld und Arbeitslosengeld können auch nachträglich beantragt werden. ²Kurzarbeitergeld und ergänzende Leistungen nach § 175 a sind nachträglich zu beantragen.
(3) ¹Insolvenzgeld ist abweichend von Absatz 1 Satz 1 innerhalb einer Ausschlußfrist von zwei Monaten nach dem Insolvenzereignis zu beantragen. ²Hat der Arbeitnehmer die Frist aus Gründen versäumt, die er nicht zu vertreten hat, so wird Insolvenzgeld geleistet, wenn der Antrag innerhalb von zwei Monaten nach Wegfall des Hinderungsgrundes gestellt wird. ³Der Arbeitnehmer hat die Versäumung der Frist zu vertreten, wenn er sich nicht mit der erforderlichen Sorgfalt um die Durchsetzung seiner Ansprüche bemüht hat.

§ 327 Grundsatz (...)
(3) ¹Für Kurzarbeitergeld, Wintergeld, Winterausfallgeld, die Erstattung von Arbeitgeberbeiträgen zur Sozialversicherung und Insolvenzgeld ist die Agentur für Arbeit zuständig, in deren Bezirk die für den Arbeitgeber zuständige Lohnabrechnungsstelle liegt. ²Für Insolvenzgeld ist, wenn der Arbeitgeber im Inland keine Lohnabrechnungsstelle hat, die Agentur für Arbeit zuständig, in deren Bezirk das Insolvenzgericht seinen Sitz hat. Für Leistungen zur Förderung der Teilnahme an Transfermaßnahmen ist die Agentur für Arbeit zuständig, in deren Bezirk der Betrieb des Arbeitgebers liegt.
(...)

§§ 358–362 Vorschriften über die Umlage für das Insolvenzgeld
– nicht abgedruckt –

§ 404 Bußgeldvorschriften (...)
(2) Ordnungswidrig handelt, wer vorsätzlich oder fahrlässig
2. entgegen § 183 Abs. 4 einen dort genannten Beschluß nicht oder nicht rechtzeitig bekannt gibt,
(...)
22. entgegen § 314 eine Bescheinigung nicht, nicht richtig, nicht vollständig oder nicht rechtzeitig ausstellt,
(...)

Literatur
Vgl. die Angaben vor § 113 InsO.

Inhaltsübersicht

		Rz			Rz
A.	Das Insolvenzgeld (Insg)	1–4	F.	Vorschuss auf das Insolvenzgeld (§ 186 SGB III)	55–56
B.	Anspruch (§ 183 SGB III)	5–35	G.	Anspruchsübergang auf die BA (§ 187 SGB III)	57–61
I.	Anspruchsbegründende Insolvenzereignisse	5–16	H.	Rechte Dritter am Insolvenzgeld (§§ 188, 189 SGB III)	62–69
II.	Insolvenzgeld-rechtlicher Arbeitnehmer- und Arbeitgeberbegriff	17–20	I.	Verfügungen über das Arbeitsentgelt (§ 188 SGB III)	63–68
III.	Insolvenzgeldzeitraum	21–26	II.	Verfügungen über das Insolvenzgeld (§ 189 SGB III)	69
IV.	Berücksichtigungsfähiges Arbeitsentgelt	27–35	I.	Auskunftserteilung und Mitwirkung im Insolvenzgeld-Verfahren (§§ 314, 316, 320 Abs. 2 SGB III)	70–78
C.	Anspruchsausschluss (§ 184 SGB III)	36–41			
D.	Höhe des Anspruchs (§ 185 SGB III)	42–45			
E.	Antragserfordernis, Antragsfrist und Zuständigkeiten (§§ 323 Abs. 1 S. 1, 324 Abs. 3, 327 Abs. 3 SGB III)	46–54	J.	Zahlung von Pflichtbeiträgen bei Insolvenzereignis (§ 208 SGB III)	79–86

A. Das Insolvenzgeld (Insg)

Der Anspruch der Arbeitnehmer auf **Ausgleich rückständiger Lohnforderungen und anderer** 1 **Dienstbezüge** ist im Falle der Insolvenz des Arbeitgebers gefährdet, wenn diese mangels Masse nicht mehr erfüllt werden können. Diese Lücke im System der sozialen Sicherung der Arbeitnehmer zum Ausgleich der ausstehenden Lohnverbindlichkeiten durch die nach den Vorschriften der §§ 183 bis 189 SGB III zu gewährende **Versicherungsleistung des Insg** abgedeckt. Das Insg sichert als Entgeltersatzleistung iSd § 116 Nr. 5 InsO im Falle der Zahlungsunfähigkeit des Arbeitgebers dem Arbeitnehmer den Nettolohn für die vorausgehenden drei Monate des Arbeitsverhältnisses vor dem Insolvenzereignis. Die Insolvenzsicherung von Versorgungsempfängern, deren Ansprüche aus einer unmittelbaren Versorgungszusage des Arbeitgebers wegen dessen Zahlungsunfähigkeit nicht erfüllt werden, ergibt sich aus den Regelungen gem. §§ 7 ff. BetrAVG.

Die Vorschriften der §§ 183 bis 189 SGB III sind durch das Gesetz zur Reform der Arbeitsförderung 2 (Arbeitsförderungs-Reformgesetz – AFRG) vom 24.3.1997 (BGBl. I S. 594) in das SGB eingefügt worden und gem. Art. 83 Abs. 5 AFRG am 1.1.1999 – gleichzeitig mit der Insolvenzordnung – in Kraft getreten. Sie haben die bis dahin geltenden Konkursausfallgeld-Vorschriften der §§ 141a–n AFG ersetzt. § 183 Abs. 1 S. 2 SGB III wurde durch das 1. SGB III-Änderungsgesetz vom 16.12.1997 (BGBl. I S. 2970) mit Wirkung vom 1.1.1999 eingefügt. Gemäß § 430 Abs. 5 SGB III gelten die Vorschriften des AFG über das Kaug für Insolvenzereignisse, die vor dem 1.1.1999 eingetreten sind, weiter. Die §§ 183 ff. SGB III haben die bis dahin in den Kaug-Vorschriften des AFG normierte Rechtslage weitgehend übernommen (BT-Drucks. 13/4941 v. 18.6.1996, S. 242), so dass die zu §§ 141a ff. AFG ergangene Rspr. weitestgehend die nach wie vor maßgeblichen Auslegungskriterien auch für die §§ 183 ff. SGB III enthält. Zur Rechtslage bis zum Inkrafttreten der §§ 183 ff. SGB III vgl. *Weigand* KR, 5. Aufl. § 22 KO Rz 49 ff.2

Mit dem am **1.1.2002** in Kraft getretenem **Gesetz zur Reform der arbeitsmarktpolitischen Instru-** 3 **mente** vom 10.12.2001 (BGBl. I S. 3443) ist klargestellt worden, dass Insg nur bei **inländischen Beschäftigungen** gezahlt wird (s.u. Rz 19), allerdings sind für den Insg-Anspruch auch dem § 183 Abs. 1 SGB III **vergleichbare ausländische Insolvenzereignisse** maßgebend (s.u. Rz 10). Im Hinblick auf die

Flexibilisierung der Arbeitzeit ist das **Prinzip der Unterhaltssicherung in § 183 Abs. 1 S. 4 SGB III** festgeschrieben worden (s.u. Rz 31). Mit dem am **1.1.2004** in Kraft getretenen **Dritten** (Gesetz vom 23.12.2003 BGBl. I S. 2848) und dem ebenfalls am **1.1.2004** in Kraft getretenen **Vierten** (Gesetz vom 24.12.2003 BGBl. I S. 2954) **Gesetz für moderne Dienstleistungen am Arbeitsmarkt** sind neben den Umbenennungen des Arbeitsamtes in Agentur für Arbeit, des Landesarbeitsamtes in Regionaldirektion und der Bundesanstalt in Bundesagentur für Arbeit im Wesentlichen folgende insolvenzgeldrechtliche Vorschriften eingefügt worden: Die **Höhe des Insolvenzgeldes** ergibt sich gem. **§ 185 Abs. 1 SGB III** aus dem Nettoarbeitsentgelt des auf die monatliche Beitragsbemessungsgrenze begrenzten Bruttoarbeitsentgelt (s.u. Rz 42). In **§ 189a SGB III** werden die Modalitäten für **Datenaustausch und -übermittlung** geregelt, wenn der insolvente Arbeitgeber auch in einem anderen Mitgliedstaat der EU tätig ist. Schließlich erfolgt gem. **§ 208 SGB III** eine Klarstellung zum Umfang der Zahlungspflichten der Agentur für Arbeit. Mit der **Richtlinie 2002/74/EG** des Europäischen Parlaments und des Rates vom 23.9.2002 (ABlEG v. 8.10.2002 Nr. L 270/10), darin insb. die Novellierungen in Art. 3 Abs. 2 und Art. 4 Abs. 2, ist die vormals bestehende Inkompatibilität zur deutschen Regelung des maßgebenden Zeitpunktes für den Ausfallzeitraum gem. § 183 Abs. 1 SGB III beseitigt worden. Diese Änderung hat auch zur Folge, dass die auf die o.g. Inkompatibilität gerichtete Entscheidung des *EuGH* vom 15.5.2003 (Rs C-160/01, *Karin Mau vs. BA*, EzA § 183 SGB III Nr. 1; vgl. auch *Peters-Lange* ZIP 2003, 1877) obsolet ist.

4 Trägerin der Insolvenzausfallversicherung ist die **Bundesagentur (BA)**, die zunächst die Versicherungsleistungen verauslagt und die verauslagten Beträge nach Maßgabe des in § 361 SGB III normierten Verfahrens durch quartalsweise Abschlagzahlungen und eine nach dem 31. Mai des Folgejahrs erfolgende Abschlussrechnung einschließlich der pauschalierten Verwaltungs- und sonstigen Kosten (vgl. §§ 1, 2 der Insolvenzgeld-Kosten-Verordnung, BGBl. I 1999 S. 867, zuletzt geändert durch VO v. 28.5.2004 BGBl. I S. 1045) nachträglich von den Berufsgenossenschaften (vgl. § 358 SGB III) erstattet erhält. Die **BA hat mit einem Sammelerlass Durchführungsanweisungen** zu den §§ 183 bis 189, 208 SGB III und zum Verfahren unter Berücksichtigung der Rspr. des BSG und des BAG herausgegeben. Die Berufsgenossenschaften der Arbeitgeber bringen die Geldmittel nach einem im Gesetz (§§ 358 ff. SGB III) vorgeschriebenen Umlageverfahren auf und ziehen sie zusammen mit den Beiträgen zur gesetzlichen Unfallversicherung von den einzelnen Arbeitgebern ein. Obwohl die Beitragserhebung der Berufsgenossenschaften als Träger der gesetzlichen Unfallversicherung auf der Bemessung des Unfallrisikos in den einzelnen Mitgliedsunternehmen und nicht etwa auf deren Insolvenzrisiko basiert, verstößt dies weder gegen verfassungsrechtliche noch gegen europarechtliche Vorgaben (*BSG* 21.10.1999 NZA 2000, 200). Von Unternehmen, die nach Eröffnung des Insolvenzverfahrens durch den Insolvenzverwalter weitergeführt werden, ist keine Insolvenzgeldumlage mehr zu zahlen (*BSG* 31.5.1978 DB 1978, 1844). Für Arbeitnehmer, deren Arbeitsverhältnis nach Eröffnung des Insolvenzverfahrens fristgemäß gekündigt ist, endet die Beitragspflicht zur BA nicht schon mit der Freistellung von der Arbeit (*BSG* 26.11.1985 DB 1986, 867).

B. Anspruch (§ 183 SGB III)

I. Anspruchsbegründende Insolvenzereignisse

5 Während §§ 3 Abs. 1 Nr. 10, 116 Nr. 5 SGB III lediglich auf den Zweck des Insg als Entgeltersatzleistung bei insolvenzbedingter Zahlungsunfähigkeit des Arbeitgebers hinweisen, regelt § 183 SGB III die materiellen versicherungsrechtlichen Anspruchsvoraussetzungen (*BSG* 27.6.1980 ZIP 1980, 781), wobei allerdings der Zweck des Insg nach §§ 3 Abs. 1 Nr. 10, 116 Nr. 5 SGB III bei der Entscheidung von Zweifelsfragen von Bedeutung sein kann. Für den Anspruch der Arbeitnehmer auf Ausgleich ihres ausgefallenen Arbeitsentgelts bei **Zahlungsunfähigkeit** ihres Arbeitgebers knüpft das Gesetz in § 183 SGB III an drei Tatbestände an, die den Versicherungsfall offenbaren: **Eröffnung des Insolvenzverfahrens** (§ 183 Abs. 1 S. 1 Nr. 1 SGB III), **Abweisung des Antrags auf Eröffnung des Insolvenzverfahrens mangels Masse** (§ 183 Abs. 1 S. 1 Nr. 2 SGB III) sowie die **vollständige Beendigung der Betriebstätigkeit im Inland, wenn ein Antrag auf Eröffnung des Insolvenzverfahrens nicht gestellt worden ist und ein Insolvenzverfahren offensichtlich mangels Masse nicht in Betracht kommt** (§ 183 Abs. 1 S. 1 Nr. 3 SGB III). Für im Inland beschäftigte Arbeitnehmer begründet auch ein ausländisches Insolvenzereignis einen Anspruch auf Insg (§ 183 Abs. 1 S. 2 SGB III; s.a Rz 10).

6 Jeder dieser Tatbestände stellt bei Eintreten eigenständig das Insolvenzereignis dar, löst jeweils **eigenständig** den Anspruch auf Insg aus und ist maßgeblich sowohl für die Berechnung der Drei-Monats-

Insolvenzgeld (§§ 183 ff. SGB III) Anhang I nach § 128 InsO

Frist gem. § 183 Abs. 1 S. 1 aE SGB III als auch für die Antragsfrist gem. § 324 Abs. 3 S. 1 SGB III (s.u. Rz 50 f.). Treten zwei der in § 183 Abs. 1 S. 1 Nrn. 1 bis 3 SGB III normierten Tatbestände nacheinander ein, so ist nach Wortlaut, Sinn und Zweck dieser Vorschrift der **zuerst eingetretene Tatbestand** dafür entscheidend, ob der Versicherungsfall eingetreten und damit die Leistungspflicht der Agentur für Arbeit ausgelöst worden ist (st.Rspr. *BSG* 21.11.2002 ZIP 2003, 445; 17.12.1975 BB 1976, 794 f.). Nur bei eindeutigem Wegfall des ursprünglichen Insolvenzgrunds (zB weil sich die Vermögenslage bis zur vollständigen Zahlungsfähigkeit verbessert hat) können mehrere selbständige Insolvenzereignisse vorliegen, die jeweils separat den Anspruch auf Insg auslösen können (*BSG* 1.12.1978 BB 1979, 1610). Allein die gerichtliche Bestätigung des Insolvenzplans und die Aufhebung des Insolvenzverfahrens schaffen für die betroffenen Arbeitnehmer keiner Vertrauenstatbestand und rechtfertigen bei einem erneuten Insolvenzereignis nicht eine erneute Inanspruchnahme der Insg-Versicherung (*BSG* 21.11.2002 aaO; krit. *Heinrich* NZI 2006, 83 zum Aspekt einer erneuten Insolvenz in Anschluss an einen angenommenen Insolvenzplan).

Ein Anspruch auf Insg besteht nicht, wenn die Entgeltansprüche der Arbeitnehmer **an den Übernehmer des Betriebs abgetreten** sind (s.a. Rz 64, 67 f.): denn ein Betrieb kann auch mit den Folgen aus § 613a BGB auf einen anderen übergehen, wenn die Eröffnung des Insolvenzverfahrens mangels Masse abgelehnt worden ist. § 613a BGB begründet jedoch Schutzrechte für die Arbeitnehmer in Form der Haftung des Übernehmers für rückständigen Arbeitslohn nur, wenn der Betrieb nicht zuvor bereits stillgelegt war. **Betriebsstilllegung und Betriebsübergang schließen einander aus.** Unter Betriebsstilllegung ist die Auflösung der zwischen dem Arbeitgeber und den Arbeitnehmern bestehenden Betriebs- und Produktionsgemeinschaft zu verstehen. Diese liegt vor, wenn der Unternehmer die bisherige wirtschaftliche Betätigung in der ernstlichen Absicht einstellt, die Weiterverfolgung des bisherigen Betriebszwecks dauernd oder für eine ihrer Dauer nach unbestimmte, wirtschaftlich jedoch nicht unerhebliche Zeitspanne aufzugeben (*BSG* 6.11.1985 ZIP 1986, 100; vgl. auch KR-*Weigand* § 113 InsO Rz 68; in Abgrenzung dazu s.u. Rz 9). Die **Insolvenz des Insolvenzverwalters** ist kein Insolvenzereignis iSd § 183 Abs. 1 S. 1 SGB III, der Insg-Ansprüche hinsichtlich des aus einem zwischen dem Insolvenzverwalter und dem Arbeitnehmer begründeten Arbeitsverhältnis auslösen kann (*BSG* 18.7.1989 NZA 1990, 118).

7

Die **Insolvenzereignisse** gem. § 183 Abs. 1 S. 1 Nr. 1 SGB III »Eröffnung des Insolvenzverfahrens« und gem. § 183 Abs. 1 S. 1 Nr. 2 SGB III »Abweisung des Antrags auf Eröffnung des Insolvenzverfahrens mangels Masse« dürften **relativ unproblematisch** feststellbare den Versicherungsfall auslösende Ereignisse darstellen. Das Vorliegen des zweigliedrigen und kumulativ den Versicherungsfall auslösenden Tatbestands des § 183 Abs. 1 S. 1 Nr. 3 SGB III ist in der Praxis in vielen Fällen nicht in gleichem Maße evident. Der **Insolvenzgeldtatbestand des § 183 Abs. 1 S. 1 Nr. 3 SGB III verlangt neben** der **Beendigung der betrieblichen Tätigkeit** des Arbeitgebers und dem Umstand, dass ein Antrag auf Eröffnung des Insolvenzverfahrens nicht gestellt worden ist, die **offensichtliche Masseunzulänglichkeit. Die Anordnung der vorläufigen Insolvenz-verwaltung gem. § 21 Abs. 2 Nr. 11, § 22 InsO stellt kein Insolvenzereignis dar.**

8

Beendigung der betrieblichen Tätigkeit bedeutet hierbei nicht die Stilllegung des Betriebs. Die betrieblichen Funktionen müssen auch nicht zeitweise unterbrochen werden (*BSG* 30.4.1981 ZIP 1981, 748). Allerdings ist die Betriebstätigkeit nicht schon dann vollständig eingestellt, wenn der Arbeitgeber einen oder mehrere andere Betriebe weiterführt (*BSG* 29.2.1984 SozR 4100 § 141b AFG Nr. 30). Eine **Betriebstätigkeit ist iSv § 183 Abs. 1 S. 1 Nr. 3 SGB III erst vollständig beendet**, wenn keine dem Betriebszweck dienenden Arbeiten mehr geleistet werden (*BSG* 29.2.1984 ZIP 1984, 1123). Bei Betrieben, die sowohl produzieren als auch die hergestellten Waren verkaufen, genügt die Einstellung der Produktion nicht. Der Auflösung, der meinen Abwicklung oder der Erhaltung von Betriebsmitteln dienende Arbeiten bleiben unberücksichtigt (*BSG* 5.6.1981 ZIP 1981, 1112). Der Begriff der Einstellung der Betriebstätigkeit iSv § 183 Abs. 1 S. 1 Nr. 3 SGB III unterscheidet sich schon von seinem Zweck her von der Betriebsstilllegung im arbeitsrechtlichen Sinne gem. § 111 S. 2 Nr. 1 BetrVG und § 15 Abs. 4 KSchG (*BSG* 29.2.1984 aaO). Im Fall der behördlichen Schließung eines Betriebs, zB wegen des Entzugs der Gewerbeerlaubnis, gilt als maßgeblicher Zeitpunkt iSv § 183 Abs. 1 S. 1 Nr. 3 SGB III die festgesetzte Wirksamkeit der Maßnahme. Darüber hinaus unzulässig geleistete Arbeit ist unbeachtlich (*LSG Nds.* 27.6.1978 RsprDienst 6400 §§ 141a–141d, 17; dagegen *LSG Bln.* 30.1.1987 – L 4 Ar 78/85). Eine das Insolvenzereignis auslösende Betriebseinstellung bei völliger Massselosigkeit kann auch dann erfüllt sein, wenn der Antrag auf Eröffnung des Insolvenzverfahrens wegen unbekannten Aufenthalts der Geschäftsführung als unzulässig abgelehnt wurde (*BSG* 22.9.1993 ZIP 1993, 1716). Hat es die BA versäumt, im Falle

9

Weigand 1979

einer vollständigen Beendigung der Betriebstätigkeit anstelle der Arbeitnehmer einen – offensichtlich begründeten – Antrag auf Eröffnung des Insolvenzverfahrens zu stellen, dann erwerben die Arbeitnehmer einen sozialrechtlichen Schadensersatzanspruch (Herstellungsanspruch) gegen die BA in Höhe des Insg (*BSG* 17.7.1979 ZIP 1980, 126).

10 Auch bei vollständiger Beendigung der Betriebstätigkeit eines **ausländischen Unternehmens im Ausland** kann für die im Inland beim gleichen Unternehmen beschäftigten Arbeitnehmer ein Anspruch auf Insg entstehen (§ 183 Abs. 1 S. 2 SGB III mit Wirkung vom 1.1.1999 durch Gesetz vom 16.12.1997 BGBl. I S. 2970). Dies gilt sowohl für das EU-Ausland als auch für das übrige Ausland (*Braun/Wierzioch* ZIP 2003, 2001). Für Insg-Ansprüche, die nach dem 1.1.1999 entstanden sind, ist die bis dahin geltende Rspr. (vgl. *BSG* 8.2.2001 – B 11 AL 30/00 R; zur Übergangsproblematik vgl. *SG Frankf./M.* 1.8.2003 NZA-RR 2004, 435) überholt. Zu den im Inland beschäftigten Personen gehören auch Arbeitnehmer, die vorübergehend in das Ausland unter Weitergeltung des deutschen Sozialversicherungsrechts entsandt werden (Ausstrahlung gem. § 4 SGB IV). Zur internationalrechtlichen Haftungsrealisierung bzgl. der gem. § 187 S. 1 SGB III auf die Bundesagentur für Arbeit übergegangenen Arbeitsentgeltansprüche vgl. *Braun/Wierzioch* ZIP 2003, 2001, 2006.

11 **Keine Betriebseinstellung** gem. § 183 Abs. 1 S. 1 Nr. 3 SGB III liegt vor, wenn sie einer Insolvenzeröffnung bzw. der Abweisung mangels Masse vorausgeht, sofern zuvor oder gleichzeitig Insolvenzantrag gestellt worden ist und dieser zum Zeitpunkt der Betriebseinstellung noch schwebt. Ohne Bedeutung bleiben vorher zurückgezogene Anträge (*BSG* 17.7.1979 SozR 4100 § 141b AFG Nr. 12). Ein für die Insg-Versicherung maßgebliches Insolvenzereignis ist in diesem Fall nur durch einen Insolvenzantrag neu herbeizuführen (vgl. *Gagel/Peters-Lange* SGB III, § 183, Rz 51). Wird der Antrag auf Insolvenzeröffnung eines offensichtlich überschuldeten Betriebs zurückgezogen, so gilt als Insolvenzereignis iSd § 183 Abs. 1 S. 1 Nr. 3 SGB III der Tag der vollständigen Betriebseinstellung (»ex tunc-Wirkung«, *BSG* 30.10.1991 NZA 1992, 1151).

12 Die Feststellung der **offensichtlichen Masseunzulänglichkeit** iSd § 183 Abs. 1 S. 1 Nr. 3 SGB III richtet sich nicht nach insolvenzspezifischen Besonderheiten. Der Begriff »offensichtlich« bedeutet im Zusammenhang mit dem Insg-Recht, dass der sich aus den äußeren Tatsachen ergebende Eindruck eines unvoreingenommenen Betrachters ausreicht. Damit soll auch den Arbeitnehmern mit beschränktem Einblick in die Unternehmensvorgänge die Beanspruchung von Insg erleichtert werden; denn nach Sinn und Zweck soll das Insg den laufenden Lebensunterhalt der Arbeitnehmer sicherstellen und unmittelbar geleistet werden (*BSG* 23.11.1981 ZIP 1982, 469; so auch *BAG* 1.9.1980 EzA § 7 BetrAVG Nr. 7; Anm. *Hilger* ZIP 1981, 460). Soweit dem Arbeitnehmer bzw. der Einzugsstelle für Ansprüche nach § 208 SGB III die Feststellungslast auferlegt wird, ob sich ein im Inland hoch verschuldeter Arbeitgeber aus Gründen der Zahlungsunfähigkeit oder nur der Zahlungsunwilligkeit ins Ausland abgesetzt hat (*BSG* 22.9.1993 SozR 3-4100 § 1416 Nr. 7) erscheint diese Anforderung unzumutbar heraufgesetzt (*Gagel/Peters-Lange* SGB III, § 183 Rz . 49).

13 **Offensichtliche Masseunzulänglichkeit** kann auch dann vorliegen, wenn trotz der Zweifel an der Masseunzulänglichkeit kein Antrag auf Eröffnung des Insolvenzverfahrens gestellt worden ist (*BSG* 23.11.1981 aaO). Ein Insolvenzverfahren kommt »offensichtlich« mangels Masse regelmäßig nicht in Betracht, wenn die Lohnzahlungen unter Hinweis auf die Zahlungsunfähigkeit eingestellt werden, der Arbeitgeber seine betriebliche Tätigkeit vollständig beendet hat und ein Antrag auf Eröffnung des Insolvenzverfahrens nicht gestellt worden ist (*BSG* 23.11.1981 ZIP 1982, 220). Im Fall der Insolvenz der Kommanditgesellschaft ist für die Gewährung von Insg ausschließlich der Tag der Gesellschaftsinsolvenz maßgeblich; ein späterer Insolvenzstichtag bezüglich des persönlich haftenden Gesellschafters ist unbeachtlich; denn betrieblich tätig bei Personengesellschaften ist die Gesellschaft (*LSG BW* 2.11.1979 ZIP 1980, 573).

14 Hat ein Arbeitnehmer **in Unkenntnis** des Insolvenzereignisses (zB weil es im Ausland stattfand, s.a. Rz 10 und 26) **weitergearbeitet oder** die **Arbeit aufgenommen**, besteht der Anspruch auf Insg ausnahmsweise auch für die Zeit nach Eintritt der Zahlungsunfähigkeit des Arbeitgebers, jedoch nur für die dem Tag der Kenntnisnahme vorausgehenden drei Monate des Arbeitsverhältnisses (§ 183 Abs. 2 SGB III). Diese Regelung stellt eine Härteregelung dar (vgl. BT-Drucks. 8/2914, S. 44 ff.). **Kein Insg-Anspruch** besteht für Entgelt aus einem **nach dem Insolvenzereignis begründeten Arbeitsverhältnis**, und zwar auch dann, wenn dem Arbeitnehmer das Insolvenzereignis nicht bekannt geworden war (*BAG* 19.3.1986 SozR 4100 § 141b AFG Nr. 37; **aA** Vorinstanz *LSG Stuttg.* 19.7.1985 – L Ar 2593/84 – nv). Die Vorschrift des **§ 183 Abs. 2 SGB III schützt nur Arbeitnehmer in bereits** vor dem Insolven-

zereignis begründeten und somit zum Schuldner zum Zeitpunkt des Insolvenzereignisses bereits **bestehenden Arbeitsverhältnissen**.

Anspruch auf Insg hat auch der **Erbe des Arbeitnehmers** (§ 183 Abs. 3 SGB III). Auf den Erben können 15 jedoch nur Ansprüche auf Insg für Ansprüche des früheren Arbeitnehmers übergehen, die nicht mit dem Tod des Arbeitnehmers erlöschen, wie zB Urlaubsanspruch und der Urlaubsentgeltanspruch (*BAG* 23.6.1992 EzA § 7 BUrlG Nr. 84, DB 1992, 1424; 22.10.1991 BB 1992, 1793).

Im Gegensatz zum **Beschluss** über die Eröffnung des Insolvenzverfahrens, der gem. § 30 Abs. 1 S. 1 16 InsO öffentlich bekannt zu machen und gem. § 30 Abs. 2 InsO den Gläubigern und Schuldnern zuzustellen ist, wird die Abweisung mangels Masse nicht veröffentlicht. Damit die Arbeitnehmer kurzfristig vom Abweisungsbeschluss Kenntnis erhalten, ist der Arbeitgeber verpflichtet, den Abweisungsbeschluss dem Betriebsrat oder, wenn ein Betriebsrat nicht besteht, den Arbeitnehmern unverzüglich zur Kenntnis zu geben (§ 183 Abs. 4 SGB III).

II. Insolvenzgeldrechtlicher Arbeitnehmer- und Arbeitgeberbegriff

Anspruchsberechtigt sind Arbeitnehmer. Vorausgesetzt wird grds. ein inländisches Beschäftigungs- 17 verhältnis (s.a. Rz 19). Nach der Rspr. des EuGH ist bei der Auslegung des Begriffes des Arbeitsverhältnisses insbes. der soziale Zweck der Richtlinie 80/987/EWG, allen Arbeitnehmern einen Mindestschutz zu gewähren, zu berücksichtigen (*EuGH* 15.5.2003 – Rs. C- 160/01- *Karin Mau vs. BA*; EzA § 183 SGB III Nr. 1). In den Vorschriften über das Insolvenzgeld wird der gleiche Arbeitnehmerbegriff wie in den anderen Vorschriften des SGB zugrunde gelegt (zB § 25 SGB III, § 7 Abs. 1 SGB IV). Zur Abgrenzung der Arbeitnehmer von den Selbständigen gelten die Gesichtspunkte, die von der Rechtsprechung zur Versicherungspflicht der Arbeiter und Angestellten in der Kranken- und Rentenversicherung und zur Arbeitsförderung entwickelt worden sind: Arbeitnehmer ist, wer eine Erwerbstätigkeit in persönlicher Abhängigkeit zu einem Arbeitgeber ausübt (Eingliederung in dessen Betrieb, Weisungsabhängigkeit hinsichtlich Zeit, Dauer, Ort und Art der Arbeitsausführung). Neben **Arbeitern** und **Angestellten** (vgl. dazu KR-*Rost* ArbNähnl.Pers. Rz 5 ff. und KR-*Spilger* § 622 BGB Rz 10 ff.) sowie **leitenden Angestellten** zählen dazu auch arbeitnehmerähnliche Personen iSd § 12a TVG (vgl. KR-*Rost* ArbNähnl.Pers. Rz 6 ff.), die im Rahmen **betrieblicher Berufsbildung Beschäftigten**, § 14 SGB III (Auszubildende, Volontäre, Praktikanten, vgl. KR-*Weigand* §§ 21, 22 BBiG Rz 9 ff.) **Heimarbeiter** gem. § 13 SGB III iVm § 12 Abs. 2 SGB IV, **Arbeitnehmer im Rahmen der gewerbsmäßigen Überlassung** in der Insolvenz des Verleihers sowie in der Insolvenz des Entleihers, wenn wegen der Unwirksamkeit des Arbeitsverhältnisses mit dem Verleiher gem. § 9 Nr. 1 AÜG nach der gesetzlichen Fiktion des § 10 Abs. 1 S. 1 AÜG ein Arbeitsverhältnis mit dem Entleiher besteht (Anspruch des gutgläubigen Leiharbeitnehmers auf Insg: *BSG* 20.3.1984 SozR 4100 § 141b AFG Nr. 32; weitere Einzelheiten s. *Becker* ZIP 1981, 699, 704), **GmbH-Fremdgeschäftsführer**, wenn sie fremdbestimmte, weisungsabhängige Arbeit leisten und keinen maßgeblichen Anteil am Stammkapital besitzen (gem. ihrer Sozialversicherungspflicht nach der st.Rspr. des *BSG* BSGE 13, 196; 16, 73; 17, 15; 23, 83; 38, 53; vgl. auch *Bauer* DB 1979, 2178; *Kalter* KTS 1974, 143; *Heilmann* NJW 1980, 2286, 2287 generell für Organe juristischer Personen, soweit sie die vorgenannten Voraussetzungen erfüllen), Gesellschafter-Arbeitnehmer (*EuGH* 11.9.2003 – Rs. C 201/01 – *Maria Walcher*, NZA 2003, 1083), Vorstandsmitglieder einer Genossenschaft (*SG Altenburg* 29.8.2000 KTS 2002, 302) sowie Gesellschafter einer GmbH, die gem. § 1 LöschG als **Liquidatoren** bestellt sind (*LSG München* 26.4.1979 – L 9 AI 238 und 239/77 – nv). Beim **selbständigen Handelsvertreter** können auch nur Teile seiner Tätigkeit den Arbeitnehmerbegriff erfüllen und damit relevant für den Insg-Anspruch sein. Zu den Arbeitnehmern iSd Insg-Regelung gehören auch **geringfügig Beschäftigte** und **in Beschäftigung stehende Studenten und Schüler.** Zu den in **Altersteilzeit** beschäftigten Arbeitnehmern s.u. Rz 31.

Keine Arbeitnehmer iSv § 183 SGB III und damit nicht Insg-berechtigt sind zB **Organmitglieder** juris- 18 tischer Personen, zB alleinvertretungsberechtigte GmbH-Geschäftsführer in der Funktion des Prinzipals der Arbeitnehmer (*LG Brem.* 4.4.1979 BB 1980, 739, bestätigt durch *OLG Brem.* 2.10.1979 BB 1980, 731) mit maßgeblicher Beteiligung am Kapital, der **Gesellschafter-Geschäftsführer** mit weniger als 50 % am Stammkapital, wenn er die Gesellschaft faktisch beherrscht (*BSG* 7.9.1988 NZA 1989, 288), **Vorstandsmitglieder** einer Aktiengesellschaft, **Künstler** nach dem KünstlersozialversicherungsG im Bereich kurzfristiger Auftritte, **Hausgewerbetreibende** iSv § 12 Abs. 1 SGB IV (unterschiedliche Behandlung von Heimarbeitern und Hausgewerbetreibenden ist nach *BSG* 27.11.1980 ZIP 1981, 134 verfassungsgemäß) sowie **Zwischenmeister** (§ 12 Abs. 4 SGB IV) und **Diakonissen** (*LSG Darmstadt* 26.9.1979 RsprDienst 6400 § 186 AFG, 5–7). Zu einzelnen Arbeitnehmergruppen vgl. umfangreiche Aufzählung GK-SGB III-*Hess* vor §§ 183 bis 189 Rz 41 ff.

19 Der Insolvenzgeld beanspruchende Arbeitnehmer muss im **Inland beschäftigt** gewesen sein (§ 183 Abs. 1 SGB III). Dazu zählen Beschäftigungen, auf die deutsches Arbeitsrecht und deutsches Sozialversicherungsrecht (vgl. auch §§ 3, 7 SGB IV) anzuwenden sind. Ein Wohnsitz im Geltungsbereich des SGB III wird nicht vorausgesetzt. Ebenso werden davon Arbeitsverhältnisse von ins Ausland entsandten Arbeitnehmern erfasst, wenn die Entsendung infolge der Eigenart der Beschäftigung oder vertraglich im voraus zeitlich begrenzt ist (sog. Ausstrahlung, § 4 SGB IV). Bei Arbeitsverhältnissen mit Auslandsberührung ist die Frage nach dem anzuwendenden Arbeitsrecht nach den Regeln des EGBGB (vgl. KR-*Weigand* dazu) zu beantworten. Dagegen hat ein Arbeitnehmer, der seinen ständigen Wohnsitz in einem Gebiet **außerhalb** des Geltungsbereichs des Sozialversicherungsrechts der Bundesrepublik Deutschland hat und dort von einem Arbeitgeber mit Sitz in der Bundesrepublik Deutschland in dessen **ausländischer Niederlassung** eingestellt und beschäftigt worden ist, bei Zahlungsunfähigkeit des Arbeitgebers keinen Anspruch auf Insg in Deutschland (*LSG München* 7.5.1981 IPrax 1982, 191 mit Anm. *Kronke* IPrax 1982, 177).

20 **Arbeitgeber** ist derjenige, dem der Arbeitnehmer Dienst leistet und zu dem er daher im Verhältnis persönlicher Abhängigkeit steht. Dienstberechtigter Arbeitgeber in diesem Sinne kann nicht nur eine natürliche oder juristische Person, sondern auch eine Personengesamtheit sein wie in der Rspr. für die Gesellschaft des Bürgerlichen Rechts (*BSG* 29.3.1962 Breith. 1962, S. 866; *LSG Mainz* 12.10.1984 NZA 1985, 200), die OHG, KG, Partnerschaftsgesellschaft anerkannt ist, aber auch nicht rechtfähige Vereine, Vermögensmassen (Nachlass, Gesamtgut einer Gütergemeinschaft), Vorgesellschaften und die Genossenschaft können insolvenzfähig nach §§ 11, 12 InsO sein.

III. Insolvenzgeldzeitraum

21 Insg kann nur der Arbeitnehmer beanspruchen, der für die **letzten dem Insolvenzereignis vorausgehenden drei Monate** des Arbeitsverhältnisses noch Ansprüche auf Arbeitsentgelt hat (*BSG* 3.12.1996 ZIP 1997, 1040). Der **Insolvenzgeldzeitraum** hängt ab vom Zeitpunkt der **rechtlichen Beendigung** des Arbeitsverhältnisses: Wenn das Arbeitsverhältnis bei der Insolvenzeröffnung noch besteht, ist die Dreimonatsfrist vom Insolvenzereignis ab zurück zu berechnen. Besteht das Arbeitsverhältnis am Insolvenztag nicht mehr, bilden die vorausgehenden drei Monate des rechtlichen Bestands des Arbeitsverhältnisses den Insg-Zeitraum, unabhängig davon, wie weit das Ende zurückliegt bzw. inwieweit es im Zusammenhang mit den Zahlungsschwierigkeiten des Arbeitgebers steht (*Wissing/Eicher/Bartz/Schmidt-De Caluwe* SGB III, § 183 Rz. 61). **Abschlagszahlungen** auf Arbeitsentgeltansprüche für Zeiten vor dem Insg-Zeitraum, die jedoch im Insg-Zeitraum geleistet werden, können die Insg-Ansprüche schmälern, wenn die als Leistungsbestimmung gem. § 366 Abs. 1 BGB zu wertenden Angaben auf der Entgeltabrechnung nicht hinreichend deutlich werden lassen, dass es sich dabei um die Tilgung von Altschulden handelt (*Berscheid* ZInsO 1998, 259, 263).

21a Nach der Rspr. des EuGH umfasst der Begriff des Arbeitsverhältnisses iSd Insolvenzgeldzeitraumes nur Zeiträume, die ihrem Wesen nach zu nicht erfüllten Ansprüchen auf Arbeitsentgelt führen können (*EuGH* 15.5.2003 – Rs. C –160/01– *Karin Mau vs. BA*, EzA § 183 SGB III, Nr. 1). Damit sind **Ruhenszeiträume** wie während des Beschäftigungsverbotes gem. § 3 Abs. 2, § 6 Abs. 1 MuSchG (außer Arbeitgeberzuschuss zum Mutterschaftsgeld), während der Elternzeit gem. §§ 15, 16 BErzGG und während des Grundwehrdienstes gem. § 1 ArbPlSchG bzw. des Zivildienstes gem. § 78 Abs. 1 Nr. 1 ZDG **bei der Festlegung des Insolvenzgeldzeitraumes ausgeklammert.**

22 Für alle Insolvenzereignisse iSd § 183 Abs. 1 S. 1 Nrn. 1 bis 3 SGB III gilt als **Beginn der rückwirkend zu berechnenden Dreimonatsfrist** der Tag vor dem Insolvenzereignis (s.o. Rz 5 ff.). Obwohl das Insolvenzereignis gem. § 27 Abs. 2 Nr. 3 bzw. 27 Abs. 3 InsO nach wie vor exakt tageszeitlich bestimmt ist, findet eine nach Stunden bemessene Betrachtung bzgl. des Insg-Zeitraums nicht mehr statt (*BSG* 3.10.1989 SozR 4100 § 141b Nr. 50; 22.3.1995 ZIP 1995, 935). **Die Berechnung der Dreimonatsfrist** bestimmt sich nach §§ 187, 188 BGB. Der Tag des Insolvenzereignisses wird vom Insg-Zeitraum nicht erfasst (*BSG* 22.3.1995 ZIP 1995, 935). Der nach der Rspr. des EuGH für den Eintritt der Zahlungsunfähigkeit des Arbeitgebers maßgebliche Zeitpunkt der Stellung des **Antrags auf Eröffnung des Verfahrens** zur gemeinschaftlichen Gläubigerbefriedigung (*EuGH* 10.7.1997 »Maso«, ZIP 1997, 1658), der in den §§ 183 ff. SGB III keine Berücksichtigung findet (*Franzen* DZWIR 2000, 441, 443; ist durch die Neufassung der Richtlinie 80/987/EWG vom 23.9.2002 (s.u. Anhang II) obsolet geworden; denn danach sind »die Ansprüche, deren Befriedigung die Garantieeinrichtung übernimmt, die nicht erfüllten Ansprüche auf Arbeitsentgelt für einen Zeitraum, der vor und/oder ggf. nach einem von den Mitgliedstaaten festgelegten Zeitpunkt liegt«.

Übernimmt eine Handelsgesellschaft von einem insolventen Unternehmen einen Betrieb, so schließt 23
die **Insolvenz des früheren Betriebsinhabers bei späterer Insolvenz des Betriebsübernehmers** erneute Ansprüche der Arbeitnehmer auf Insg auch dann nicht aus, wenn einzelne Gesellschafter des Betriebsübernehmers mit Gesellschaftern des früheren Inhabers identisch sind. Die Frage nach dem Arbeitgeber (s.o. Rz 20) ist bei rechtlich verschiedenen selbständigen Handelsgesellschaften nicht vom wirtschaftlichen, sondern nur vom rechtlichen Standpunkt aus zu beantworten. Eine wirtschaftliche Betrachtungsweise mit der Folge der Annahme einer Identität beider Arbeitgeber findet in § 183 SGB III keine gesetzliche Grundlage. Arbeitgeber iSd § 183 SGB III ist derjenige, der das Arbeitsentgelt aus dem im maßgeblichen Insg-Zeitraum bestehenden Arbeitsverhältnis aus eigener Verpflichtung schuldet (*BSG* 28.6.1983 SozR 4100 § 141b AFG Nr. 27). Der Insg-Anspruch besteht nicht nur für das letzte Arbeitsverhältnis, sondern auch für ein vorhergehendes bei demselben Arbeitgeber, soweit dies in die Dreimonatsfrist gem. § 183 Abs. 1 bzw. Abs. 2 SGB III hineinfällt. Allerdings darf der Arbeitnehmer zwischen den Arbeitsverhältnissen nicht bei einem anderen Arbeitgeber gearbeitet haben (*BSG* 23.10.1984 SozR 4100 § 141b AFG Nr. 33). Für den Insg-Anspruch eines Arbeitnehmers, der zwischen zwei Insolvenzereignissen neu eingestellt wurde und dem die Vermögensverhältnisse des Arbeitgebers nicht bekannt waren oder sein mussten, ist die zweite Insolvenz maßgebend (*LSG Mainz* 27.9.1985 Breith. 1986, 261).

Wenn das **Arbeitsverhältnis** schon **vor** dem **Insolvenzereignis beendet** wurde, so läuft die Frist ab 24
dem letzten Tage des – rechtlichen (*BSG* 18.12.1980 ZIP 1981, 635) – Bestehens des Arbeitsverhältnisses.

Die Agentur für Arbeit kann einem Arbeitnehmer, dem vor Beginn des Zeitraums, für den er Insg be- 25
ansprucht, außerordentlich gekündigt worden ist, nicht entgegenhalten, sein Arbeitsverhältnis sei mangels rechtzeitiger Kündigungsschutzklage beendet worden, wenn der Arbeitnehmer im Zeitpunkt der Kündigung noch keine sechs Monate im Betrieb des Arbeitgebers beschäftigt war. Lässt sich im sozialgerichtlichen Verfahren nicht mehr aufklären, ob die außerordentliche Kündigung des Insg beanspruchenden Arbeitnehmers gerechtfertigt war oder nicht, dann hat die Agentur für Arbeit die Folgen der Nichterweislichkeit dieser Tatsache unabhängig davon zu tragen, in wessen Herrschafts- oder Verantwortungsbereich die betreffende Tatsache und die Möglichkeit ihrer Aufklärung fällt (*BSG* 30.7.1981 ZIP 1982, 78).

Hat der **Arbeitnehmer in Unkenntnis** des Insolvenzereignisses weitergearbeitet oder die Arbeit auf- 26
genommen (§ 183 Abs. 2 SGB III) ist der Tag der **Kenntniserlangung** des Arbeitnehmers maßgeblich. Weitergearbeitet worden sein iSv § 183 Abs. 2 SGB III kann auch in der Zeit des bezahlten Urlaubs; denn Insg ist für die Zeit zu zahlen, für die Arbeitslohn geschuldet wird, nicht aber für die Zeit, in der ohne Gegenleistung gearbeitet wurde (*BSG* 16.11.1984 SozR 4100 § 141b AFG Nr. 34; 30.10.1980 ZIP 1981, 37). Ein unter Fortzahlung des Arbeitsentgelts von der Arbeit freigestellter Arbeitnehmer behält auch für die Zeit nach Eintritt des Insolvenzereignisses Anspruch auf Insg, wenn er von der Abweisung des Antrags auf Eröffnung des Insolvenzverfahrens erst später Kenntnis erhält (*BSG* 3.10.1989 ZIP 1990, 63). Für seine Unkenntnis der Insolvenz trägt der Arbeitnehmer die objektive Beweislast. § 183 Abs. 2 SGB III ist analog anwendbar, wenn der Arbeitnehmer in Unkenntnis des Insolvenzereignisses weitergearbeitet hat und nichts unternehmen konnte, um Insg zu beantragen (*BSG* 27.8.1998 NZI 1999, 166, im Anschluss an *BSG* 30.4.1996 ZIP 1996, 1623).

IV. Berücksichtigungsfähiges Arbeitsentgelt

Arbeitnehmer haben Anspruch auf Insolvenzgeld, wenn sie bei Eintritt des Insolvenzereignisses für 27
die vorausgehenden drei Monate des Arbeitsverhältnisses noch Ansprüche auf Arbeitsentgelt haben. Zu den Ansprüchen auf Arbeitsentgelt gehören alle **Ansprüche auf Bezüge aus dem Arbeitsverhältnis** (§ 183 Abs. 1 S. 3 SGB III). Arbeitsentgelt iSd Vorschrift ist jeder Gegenwert, der für die Arbeitsleistung bzw. Bereithaltung von Arbeitskraft zu gewähren ist (*BSG* 30.11.1977 SozR 4100 § 141b AFG Nr. 5). Der Entgeltanspruch muss auch **durchsetzbar** sein (*BSG* 8.4.1992 NZA 1992, 1150). Insg steht nicht zu, soweit ein Arbeitsgericht rechtskräftig den Arbeitsentgeltanspruch verneint hat (*BSG* 9.5.1995 NZA-RR 1996, 151). Einbezogen sind auch die Ansprüche aus dem **Berufsausbildungsverhältnis**, die dem Arbeitsentgelt vergleichbar sind (vgl. Begr. zu § 141 Abs. 2 AFG, BT-Drucks. VII/1750, S. 12).

Rückwirkende Lohn- und Gehaltserhöhungen, die während des Insg-Zeitraums tariflich vereinbart 28
und fällig geworden sind, begründen keinen Anspruch auf Insg, soweit sie für vor diesem Zeitraum liegende Entgeltperioden bestimmt sind (*BSG* 24.11.1983 SozR 4100 § 141b AFG Nr. 29). Arbeitsentgelt

kann in einer festen Vergütung, in Provisionen oder Umsatzbeteiligung, in Geld oder Naturalien bestehen wenn bei vereinbarter Variovergütung ein Teil des Entgelts von einer Zielvereinbarung abhängt, diese jedoch aus vom Arbeitnehmer nicht zu vertretenden Gründen für den entscheidenden Zeitraum nicht abgeschlossen wurde, so bleibt der Arbeitgeber gleichwohl leistungspflichtig und der entsprechende Entgeltanteil insolvenzgeldgesichert (*BSG* 23.3.2006 – B 11a AL 29/05). Es zählen hierzu auch **Auslagen** in Form von Spesen oder Fahrtkosten (auch bei pauschaler Vergütung, *BAG* 15.10.1965 AP Nr. 5 zu § 196 BGB), soweit ihre Erstattung wirtschaftlich den Entgeltzahlungen gleichsteht, sowie **Zulagen** für Gefahren oder Schmutz, **Fahrgeldentschädigungen** für Fahrten zur Arbeitsstelle und sonstige Reisekosten (zur gleichzeitigen gerichtlichen Geltendmachung rückständigen Arbeitsentgelts gegenüber dem Insolvenzverwalter vgl. *BAG* 4.6.1977 AP Nr. 4 zu § 59 KO mit Anm. *Zeuner*). Die Ansprüche des Arbeitnehmers auf Arbeitsentgelt bzw. Auslagen ändern ihren Charakter infolge der Inanspruchnahme durch ein Kreditkartenunternehmen nicht (*BSG* 18.9.1991 NZA 1992, 329). Insg-fähig sind auch **Schadensersatzansprüche** (zB für den Schadensersatzanspruch des Arbeitnehmers gegen seinen Arbeitgeber wegen entgangenen Kurzarbeiter- oder Wintergelds, für den Insg-Anspruch besteht). Allerdings sind Schadensersatzansprüche wie solche auf Vergütung zeitlich lediglich bis zur Beendigung des Arbeitsverhältnisses begrenzt (§ 184 Abs. 1 Nr. 1 2. Alt.; s.u. Rz 36).

29 Als Arbeitsentgelt gelten auch **Entgeltfortzahlungen im Krankheitsfall** für Zeiten bis zur Beendigung des Arbeitsverhältnisses, **Weihnachtsgratifikationen** (*BAG* 23.5.1967 EzA § 611 BGB Gratifikation, Prämie Nr. 5), **13. Monatsgehalt** (*BSG* 1.12.1978 SozR 4100 § 141b AFG Nr. 8; *SG Köln* 24.9.1985 ZIP 1985, 1408; anteilig drei Zwölftel für Insg-Zeitraum, *BSG* 17.7.1979 SozSich 1979, 276), **auch freiwillige Beiträge zur Sozialversicherung**, wenn der Arbeitgeber sich zur Zahlung verpflichtet hat (*Gagel/Peters-Lange* SGB III, § 183, Rz 90). Eine **Jahressonderzahlung** ist bei der Berechnung des Insg dann in voller Höhe zu berücksichtigen, wenn der für die Jahressonderzahlung bestimmte Auszahlungstag in die letzten der Eröffnung des Insolvenzverfahrens vorausgehenden drei Monate des Arbeitsverhältnisses fällt und sich diese Zahlung nicht einzelnen Monaten zuordnen lässt (*BSG* 7.9.1988 DB 1988, 2656 LS). Dies entspricht der sog. **Stichtagsregelung** für Ansprüche auf Arbeitsentgelt, die zeitlich keiner bestimmbaren Arbeitsleistung zuzuordnen sind (zB auch Heirats- und Geburtsbeihilfen, Jubiläumszuwendungen). Bei einer nicht einzelnen Monaten zuzuordnenden Jahressonderzahlung wird der festgelegte, im jeweiligen Kalenderjahr liegende Auszahlungszeitpunkt grds. nicht durch eine Verschiebung der Fälligkeit iS einer dem Arbeitgeber gewährten Stundung verändert (*BSG* 21.7.2005 – B11a/11 AL 53/04 R). **Tarifliche Sonderzahlungen** werden anteilmäßig für den Zeitraum berücksichtigt, für den Insg zu zahlen ist (*BSG* 7.9.1988 ZIP 1988, 1585), auch wenn die Insolvenz schon vor Fälligkeit des Gesamtanspruchs eingetreten ist (*BSG* 1.12.1978 SozR 4100 § 141b Nr. 8); **Gratifikationen** sowie **Ansprüche aus dem Sozialplan oder einer Abfindung** gem. §§ 9, 10 KSchG, allerdings nur, soweit sie Ansprüche auf Arbeitsentgelt abdecken, nicht aber, wenn sie der Entschädigung für den Verlust des Arbeitsplatzes dienen (*BAG* 25.2.1981 AP Nr. 6 zu § 61 KO; in diesem Sinne auch *EuGH* 16.12.2004 – Rs C 520/03 *Olaso Valero vs. Fogasa*; so auch Schlussanträge Generalanwalt v. 27.4.2006 – Rs C-81/05 – EuroAS 2006, 88). Kein Anspruch auf eine Jahressonderzahlung besteht, wenn deren Fälligkeit durch eine Betriebsvereinbarung zum Zwecke der Insolvenzgeldleistung in den Insolvenzgeldzeitraum verlegt wird (*BSG* 18.3.2004 ZIP 2004, 1376). Nimmt ein Arbeitnehmer nach Insg-Antragstellung seine Arbeitsgerichtsklage gegen eine außerordentliche Kündigung zurück, so bewirkt das nicht deren Rechtmäßigkeit; diese und ihre Folgen für den Insg-Anspruch sind von den Sozialgerichten zu prüfen (*LSG Mainz* 18.10.1985 NZA 1986, 448). Wenn nach einer rechtswidrigen Kündigung das arbeitsgerichtliche Verfahren durch einen Vergleich beendet wird, wonach sich der Arbeitgeber zur Zahlung ausstehender Entgelte nach dem Grundsatz des Annahmeverzugs verpflichtet, handelt es sich hierbei um berücksichtigungsfähiges Arbeitsentgelt (*EuGH* 12.12.2002 – Rs C 442/00 – *Rodriguez Caballero vs. Fogasa* bzgl. des spanischen salario de tramitación, NZA 2003, 211). Die **Abfindung nach § 1a KSchG** ist insolvenzgeldfähig, wenn die Kündigungserklärung einschließlich des Hinweises auf die Abfindungslösung in den durch Insolvenzgeld geschützten Zeitraum gem. § 183 Abs. 1 S. 1 SGB III fällt (*Peters-Lange/Gagel* NZA 2005, 740).

30 Bei **Provisionen** für Einfirmenvertreter iSd § 92a HGB und der sonstigen im Außendienst tätigen Handelsvertreter iSd § 84 Abs. 2 HGB sind die Ausführung und die Abnahme des Auftrags maßgeblich (*BSG* 18.12.1980 ZIP 1981, 637; *Berscheid* Arbeitsverhältnisse Rz 840). Bei Arbeitnehmern, die – erfolgsunabhängig – arbeitsvertraglich ausschließlich die Vermittlung des provisionspflichtigen Geschäfts schulden, besteht ein Insg-Anspruch auch dann, wenn das provisionspflichtige Geschäft nur deshalb nicht zur Ausführung gelangt, weil der Insolvenzverwalter die Erfüllung des Vertrags wegen der Eröffnung des Insolvenzverfahrens gem. § 103 Abs. 1 InsO ablehnt (*BSG* 24.3.1983 SozR 4100 § 141b AFG

Nr. 26; 9.5.1995 KTS 1996, 195). Entscheidend ist, dass der Anspruch auf Provision des abhängig Beschäftigten im Insg-Zeitraum entsteht, wenn auch zunächst nur unter der aufschiebenden Bedingung der späteren Ausführung des Geschäfts. Die Bedingung kann auch noch nach Eröffnung des Insolvenzverfahrens eintreten. Nur dann, wenn gerade **wegen der Insolvenz** die Ausführung des Geschäfts unterbleibt, ist die in der Insg-Zeit durch Abschluss des Geschäfts entstandene Anwartschaft auf die Provision – insb. auch aus § 615 BGB (*BAG* 11.8.1998 ArbvR 1998, 374) – Insg-fähig. Die Entstehung des Insg-Anspruchs setzt voraus, dass der Arbeitnehmer gem. der arbeitsvertraglichen Regelung alle notwendigen Handlungen zur Erlangung einer gesicherten Provisionsanwartschaft im maßgeblichen Insg-Zeitraum abgeschlossen hat. Ferner zählen zum Arbeitsentgelt **Gewinnanteile** (*BAG* 21.5.1980 EzA § 59 KO Nr. 8, es genügt das Bestehen des Anspruchs; zur Höhe vgl. § 69 KO), **Tantiemen** (*BSG* 24.3.1983 ZIP 1983, 965), Deputate und Naturalbezüge (*ArbG Düsseld*. 24.3.1970 KTS 1970, 319).

Mit Wirkung vom 1.1.2002 (G. v. 10.12.2001 BGBl. I S. 3443) gilt gem. § 183 Abs. 1 S. 4 SGB III als Arbeitsentgelt für Zeiten, in denen auch während der Freistellung eine Beschäftigung gegen Arbeitsentgelt besteht (§ 7 Abs. 1a SGB IV), der auf Grund der schriftlichen Vereinbarung zur Bestreitung des Lebensunterhalts im jeweiligen Zeitraum bestimmte Betrag. Damit wird klargestellt, dass im Rahmen einer **flexiblen Arbeitszeitregelung** mit verstetigtem Arbeitsentgelt (§ 23b Abs. 1 S. 1 SGB IV) für Zeiten der Freistellung, ebenso wie bei Zeiten, in denen das Wertguthaben angespart wird, von dem Zeitraum auszugehen ist, für den das Arbeitsentgelt zum Lebensunterhalt bestimmt ist (BT-Drucks. 14/7347 S. 74). Damit geht das Prinzip der Unterhaltssicherung für diese Fälle dem Erarbeitungsgrundsatz vor. Als berücksichtigungsfähiges Arbeitsentgelt ist das sowohl für die Anspar- als auch für die Freistellungsphase gleichermaßen geschuldete Arbeitsentgelt maßgebend, unabhängig davon, ob der Arbeitnehmer im Rahmen der flexiblen Arbeitszeitregelung im Insg-Zeitraum die vereinbarten Sollarbeitsstunden über – oder unterschreitet (vgl. iE *Braun/Wierioch* in Beck/Depré, S. 993 ff.; vgl. auch *BSG* 25.6.2002 – B 11 AL 90/01 R; *Hanau* ZIP 2002, 2028, 2030 f.; *Nimscholz* ZIP 2002, 1936). Zur Insolvenzsicherung von Wertguthaben bei Vereinbarung von Altersteilzeit vgl. § 8a ATG, zum Insolvenzschutz der über den Insg-Anspruch gem. § 181 Abs. 1 SGB III hinausgehenden im Rahmen von flexiblen Arbeitszeitregelungen erarbeiteten Entgeltguthaben vgl. § 7d SGB IV (dazu Bericht über die Vereinbarungen zur Absicherung von Wertguthaben und zu Vorschlägen zur Weiterentwicklung des Insolvenzschutzes, BT-Drucks. 14/7944 vom 18.12.2001). **31**

Aktienoptionen sind nicht Insg-fähig, denn unabhängig von der Problematik der Berechnung des Werts von noch nicht realisierten Optionen dürfte auch die Einordnung des Werts von Aktienoptionen als »nicht gezahltes Arbeitsentgelt« rechtsdogmatisch Schwierigkeiten bereiten. Verzichten daher Arbeitnehmer auf nicht näher bezifferbare Entgeltbestandteile zugunsten von Aktienoptionen, so ist allein das tatsächlich gezahlte Nettoarbeitsentgelt Insg-fähig. **32**

In **Altersteilzeit** Beschäftigte haben Anspruch auf Insg. Im Rahmen eines Blockmodells mit verstetigtem Monatsentgelt kann Insolvenzgeld nur für im Insolvenzgeldzeitraum angefallene rückständige Arbeitsentgelt- und Beitragsansprüche (die der Arbeitgeber entsprechend für die Teilzeitarbeit schuldet) beansprucht werden. Der Anspruch umfasst auch den Aufstockungsbetrag des Arbeitgebers zum Teilzeitarbeitsentgelt in der arbeitsrechtlich geschuldeten Höhe als auch die gem. § 208 SGB III (s.u. Rz 79 ff.) zu entrichtenden Beiträge zur gesetzlichen Rentenversicherung für den Unterschiedsbetrag nach § 3 Abs. 1 Nr. 1 lit. b ATG (*Berscheid* Arbeitsverhältnisse Rz 852) **33**

Insg für **Urlaubsentgelt** steht dem Arbeitnehmer nur für die Urlaubstage zu, die zeitlich in den letzten drei Monaten vor dem Insolvenzereignis liegen (FK-InsO/*Mues* Anh. zu § 113 Rz 23). Wird das Insolvenzverfahren während des Urlaubs eröffnet, besteht Insg-Anspruch nur für die Urlaubstage vor dem Insolvenzereignis. Urlaubsentgeltansprüche über den Insolvenzzeitpunkt hinaus sind sonstige Masseverbindlichkeiten iSd § 55 Abs. 1 Nr. 2 InsO. Diese Rechtslage gilt auch für Teile der **Urlaubsvergütung**, die dem Arbeitnehmer über das nach §§ 1, 11 BUrlG zu zahlenden Urlaubsentgelt hinaus zustehen (*BAG* 4.6.1977 EzA § 59 KO Nr. 4; *LSG Mainz* 15.11.1976 – L 1 Ar 22/76 – nv). Auf den Zeitpunkt der Fälligkeit des Anspruchs auf Urlaubsentgelt kommt es nicht an (*BSG* 1.12.1976 BB 1977, 999). Zum **Urlaubsabgeltungsanspruch** s.u. Rz 36. **34**

Der umfassende Schutzzweck der Insg-Vorschriften rechtfertigt auch die Einbeziehung der **Nebenverdienste** von Aushilfskräften, Schülern, Studenten und selbständigen Landwirten (*Heilmann* BB 1979, 276 mwN). **Insg ist vor dem Insolvenztag unpfändbar** (*LG Würzburg* 14.7.1978 Rpfleger 1978, 388). Kein Arbeitsentgelt iSv § 183 Abs. 1 S. 2 SGB III sind **Karenzentschädigungen** (*LAG Hamm* 28.1.1974 DB 1974, 877). **Umstritten** ist die Qualifizierung von Nebenforderungen (Kosten der Rechtsverfol- **35** gung, für Zinsen bejahen GK-SGB III-*Hess* § 183 Rz 161 ff., *Eisenbeis/Mues* Arbeitsrecht in der Insolvenz, Rz 209; verneinend *BSG* 28.2.1985 SozR 4100 § 141b AFG Nr. 35; 15.12.1992 ZIP 1993, 689) als Arbeitsentgelt. Ein Anspruch wird weitgehend bejaht von der Praxis der BA; im Übrigen lässt sich eine andere Qualifizierung auch nicht dem Willen des Gesetzgebers entnehmen (vgl. dazu ausführlich *Gagel/Peters-Lange* SGB III, § 183 Rz 92 f.).

C. Anspruchsausschluss (§ 184 SGB III)

36 Die Vorschrift des § 184 SGB III soll die Insg-Versicherung vor missbräuchlicher Inanspruchnahme schützen. Der Arbeitnehmer hat **keinen Anspruch** auf Insolvenzgeld für Ansprüche auf Arbeitsentgelt, die er **wegen der Beendigung** des Arbeitsverhältnisses oder für die Zeit **nach der Beendigung** des Arbeitsverhältnisses hat (§ 184 Abs. 1 Nr. 1 SGB III). Nach dem Merkmal »wegen der Beendigung des Arbeitsverhältnisses« wird ein Anspruch dann gem. § 184 Abs. 1 Nr. 1 SGB III ausgeschlossen, wenn zwischen der Beendigung des Arbeitsverhältnisses und dem Anspruch ein ursächlicher Zusammenhang besteht. **Nicht Insg-fähig** sind somit insb. nach § 7 Abs. 4 BUrlG entstehende **Urlaubsabgeltungsansprüche** (*BSG* 20.2.2002 DZWIR 2002, 381 m. krit. Anm. *Bichlmeier*) sowie Ansprüche auf **Entgeltfortzahlung im Krankheitsfall**, soweit sie wegen krankheitsbedingter arbeitgeberseitiger Kündigung bzw. arbeitgeberseitig veranlasster Kündigung seitens des Arbeitnehmers gem. § 8 Abs. 1 EFZG **über das Ende des Arbeitsverhältnisses hinaus** bestehen. Diese Regelung beruht auf der Erwägung, dass Insg nur für Ansprüche auf Arbeitsentgelt bis zur Beendigung des Arbeitsverhältnisses gezahlt werden soll (Begr. zu § 184 SGB III, BR-Drucks. 550/96, S. 188).

37 Der Arbeitnehmer hat ebenfalls **keinen Anspruch** auf Insolvenzgeld für Ansprüche auf Arbeitsentgelt, die er durch eine nach der Insolvenzordnung **angefochtene Rechtshandlung** oder eine Rechtshandlung erworben hat, die im Falle der Eröffnung des Insolvenzverfahrens **anfechtbar** wäre (§ 184 Abs. 1 Nr. 2 SGB III). Die Voraussetzungen für eine Anfechtung ergeben sich aus den §§ 129 ff. InsO. Anfechtbar sind nach der umfassendsten Anfechtungsregelung gem. § 133 InsO Rechtshandlungen oder diesen gem. § 129 Abs. 2 InsO gleichstehende Unterlassungen, die in den letzten zehn Jahren vor dem Antrag auf Eröffnung des Insolvenzverfahrens oder nach diesem Antrag seitens des Schuldners in der dem anderen Teil bekannten Absicht vorgenommen worden sind, seine Gläubiger zu benachteiligen. Weitere Anfechtungsmöglichkeiten bestehen insb. bei in den letzten drei Monaten vor dem Antrag auf Eröffnung des Insolvenzverfahrens bzw. nach dem Eröffnungsantrag vorgenommenen die Insolvenzgläubiger unmittelbar benachteiligenden Rechtsgeschäften oder Unterlassungen des zur Zeit des Rechtsgeschäfts zahlungsunfähigen Schuldners, wenn der andere Teil die Zahlungsunfähigkeit bzw. den Eröffnungsantrag kannte (§ 132 Abs. 1 Nr. 1 bzw. Nr. 2 InsO), bei in den letzten zwei Jahren vor dem Eröffnungsantrag geschlossenen entgeltlichen Verträgen des Schuldners mit ihm nahe stehenden Personen, durch die die Insolvenzgläubiger unmittelbar benachteiligt werden (§ 133 Abs. 2 S. 1 InsO), es sei denn, dem anderen Teil war die Absicht des Schuldners, die Gläubiger zu benachteiligen, nicht bekannt (§ 133 Abs. 2 S. 2 InsO).

38 Die erforderliche **Benachteiligungsabsicht** gegenüber den Insolvenzgläubigern wird idR dadurch offenbar, dass der Arbeitgeber in erkennbarer Weise durch Rechtshandlungen dem Arbeitnehmer Arbeitsentgeltansprüche einräumt, für die der Arbeitnehmer keine Gegenleistung erbringt oder die aus anderen Gründen sachlich oder rechtlich nicht gerechtfertigt sind. Dafür bedarf es der genauen Prüfung des Zusammenhangs von Begünstigung des Arbeitnehmers einerseits und Benachteiligung der Insolvenzgläubiger andererseits; denn zusätzliche Leistungen des Arbeitgebers zum Ausgleich sozialer Nachteile wegen der Insolvenz oder in Anerkennung der treuen Dienste bzw. zur Motivierung im Rahmen von Sanierungsbemühungen können sachlich gerechtfertigt sein und müssen nicht im Zusammenhang mit der Benachteiligung der Insolvenzgläubiger stehen. Keinen Missbrauch sieht der EuGH in der Geltendmachung von wegen Zahlungsunfähigkeit des Arbeitgebers verlustig gegangenen Entgeltansprüchen eines Gesellschafter-Arbeitnehmers, auch wenn diese nach der österreichischen Rspr. als sog. Eigenkapital ersetzende Gesellschafterdarlehen zu qualifizieren sind (*EuGH* 11.9.2003 – Rs. C-201/01 – *Maria Walcher*).

39 **Ohne dass ein Insolvenzverfahren eröffnet wurde** ist gem. § 184 Abs. 1 Nr. 2 2. Alt. SGB III ein Anspruch auf Insg ausgeschlossen, wenn die Rechtshandlung nach den o.g. Voraussetzungen (s.o. Rz 37) **anfechtbar wäre**. Es kommt insoweit nur auf das Vorliegen der rechtlichen Voraussetzungen an. Da es in diesem Fall keinen Insolvenzverwalter gibt, obliegt der Agentur für Arbeit die Prüfung dieser Voraussetzungen. Soweit Insg aufgrund eines für das Insg ausgeschlossenen Anspruchs auf Arbeitsent-

gelt erbracht worden ist, ist es zu erstatten (§ 184 Abs. 2 SGB III). Wegen der Kenntnis der Benachteiligungsabsicht gegenüber den Insolvenzgläubigern kann der Arbeitnehmer Vertrauensschutz nicht erwarten. Er kannte den Mangel des rechtlichen Grundes und kann sich folglich nicht auf eine Entreicherung berufen (§§ 819 Abs. 1, 818 Abs. 4 BGB).

Der Arbeitnehmer hat **keinen Anspruch auf Insg** für Ansprüche auf Arbeitsentgelt, die der **Insolvenzverwalter** wegen eines **Rechts zur Leistungsverweigerung** nicht erfüllt (§ 184 Abs. 1 Nr. 3 SGB III). Gemäß § 146 Abs. 2 InsO kann der Insolvenzverwalter die **Erfüllung** einer Leistungspflicht **verweigern**, die auf einer anfechtbaren Handlung beruht, auch wenn der Anfechtungsanspruch wegen Fristablaufs verjährt ist. Die Ausübung des Leistungsverweigerungsrechts gem. § 146 Abs. 2 InsO bedarf keiner bestimmten Form. Es reicht aus, dass der Insolvenzverwalter die Erfüllung von Ansprüchen auf Arbeitsentgelt schlüssig verweigert, weil sie durch ein anfechtbares Rechtsgeschäft erworben sind. 40

Nach Eröffnung des Insolvenzverfahrens ist für den Anspruchsausschluss maßgeblich, dass der Insolvenzverwalter gem. § 129 Abs. 1 InsO sein **Anfechtungsrecht tatsächlich ausgeübt hat**. Das bloße Vorliegen eines Anfechtungsgrundes reicht nicht aus. Der Anfechtungsanspruch verjährt in zwei Jahren seit der Eröffnung des Insolvenzverfahrens (§ 146 Abs. 1 InsO), wobei sich die Jahresfrist nach §§ 187, 188 BGB errechnet. 41

D. Höhe des Anspruchs (§ 185 SGB III)

Insg wird in Höhe des **Nettoarbeitsentgelts** geleistet, das sich ergibt, wenn das Arbeitsentgelt um die gesetzlichen Abzüge vermindert wird (§ 185 Abs. 1 SGB III). Allerdings überschreitet der Insg-Anspruch nicht das auf die **monatliche Beitragsbemessungsgrenze begrenzte Bruttoarbeitsentgelt**. Die Beitragsbemessungsgrenze gem. § 341 Abs. 4 SGB III wird durch das »Gesetz über maßgebende Rechengrößen der Sozialversicherung für 2007« (§ 3, BGBl. I 2006 S. 2746) festgelegt: im Jahr 2007 mtl. 5250 Euro im Westen und 4550 Euro im Osten Deutschlands (§ 3, Beitragsbemessungsgrenzen in der Rentenversicherung). Diese Deckelung des Insg-Betrages steht im Einklang mit Art. 4 Abs. 3 der RL 80/987/EWG idF der RL 2002/74/EG (s.u. Anhang II). Auszugehen ist vom Begriff des **Arbeitsentgelts** gem. § 183 Abs. 1 S. 2 SGB III (s.o. Rz 27 ff.). Zusätzlich kann der Arbeitnehmer Insg verlangen für Entgeltteile, die vom Dritten direkt vom Arbeitgeber zugeführt werden, ohne dass der Dritte einen Anspruch darauf hat (§ 329 BGB), zB **vermögenswirksame Leistungen** gem. § 13 des 5. VermBG (vgl. *BAG* 10.2.1982 ZIP 1982, 1105), allerdings ohne dass diese vermögenswirksam anzulegen wären. Eine **Leistungsbemessungsgrenze** ist nicht vorgesehen. 42

Bei den **gesetzlichen Abzügen** handelt es sich idR um die Lohn- bzw. Einkommen- sowie die Kirchensteuer, soweit sie im Lohnabzugsverfahren eingezogen wird, sowie die Pflichtbeiträge zur Kranken-, Renten-, Pflege- und Arbeitslosenversicherung. Bei der Berechnung des Insg hat die Agentur für Arbeit die steuerlichen Abzüge, um die das Arbeitsentgelt zu mindern gewesen wäre, nur unter Verwendung der Lohnsteuertabellen zu ermitteln; die Vorschriften über den Lohnsteuerjahresausgleich (§§ 42b und 39b Abs. 2 S. 7 EStG), sind nicht anwendbar (*BSG* 19.2.1986 SozR 4100 § 141d AFG Nr. 2). Wie andere Lohnersatzleistungen nach dem SGB III ist auch das Insg steuer- und sozialversicherungsfrei (§ 3 Nr. 2 EStG). Wenn bereits vor der Beantragung von Insg der Anspruch des Arbeitnehmers auf Arbeitsentgelt erloschen ist, zB durch Verjährung, Verwirkung (tarifliche Ausschlussfristen) oder Aufrechnung des Arbeitgebers, können derartige Ansprüche für das Insg nicht berücksichtigt werden (*Gagel/Peters-Lange* SGB III, § 183, Rz 101). Ebenso können Entgeltbestandteile, die aufgrund gesetzlichen Forderungsübergangs auf Dritte übergeleitet sind, hinsichtlich Insg nicht berücksichtigt werden. 43

Obwohl der Arbeitgeber dem Arbeitnehmer trotz der gesetzlichen Steuerabzüge sowie der Arbeitnehmeranteile zur Sozialversicherung den vollen Bruttoverdienst schuldet, der im Arbeitsvertrag vereinbart ist (*ArbG Wetzlar* 4.5.1976 BB 1977 347 f.), kann der Arbeitnehmer **zusätzlich** zum Insg von der Agentur für Arbeit den **Differenzbetrag zum Bruttoverdienst**, zB den sonst auf Lohn- und Kirchensteuer entfallenden Betrag, von seinem Arbeitgeber **nicht verlangen** (*BAG* 17.4.1985 EzA § 611 BGB Nettolohn, Lohnsteuer Nr. 6; 11.2.1998 ZIP 1998, 868); **aA** *Gagel/Peters-Lange* SGB III, § 185 Rz 11 ff.). 44

Nach der in § 185 Abs. 2 Nr. 2 SGB III hauptsächlich für sog. **Grenzgänger** getroffenen Regelung werden bei der Berechnung des Insg die im Inland normalerweise zu entrichtenden **Steuern** berücksichtigt, wenn dieser Personenkreis von der inländischen Steuerpflicht befreit und das Insg im Ausland steuerfrei ist. Ebenfalls ist das Insg um die auf das Arbeitsentgelt (iSd § 183 Abs. 1 S. 2 SGB III) entfallenden Steuern zu mindern bei dem in § 185 Abs. 2 Nr. 1 SGB III genannten Personenkreis, wozu ins- 45 bes. **Gesellschafter einer OHG** zählen, die als **Arbeitnehmer der Gesellschaft** beschäftigt waren und deren Arbeitsentgelt nach § 15 Abs. 1 und 3 EStG als Einkünfte aus Gewerbebetrieb versteuert werden (BT-Drucks. 8/2914, S. 45). Ist das von einem Arbeitnehmer im Ausland erzielte Arbeitseinkommen sowohl im Inland als auch im Ausland steuerfrei (zB durch bes. Einzelakt der Steuerbehörde), so ist das Insg nicht um einen fiktiven Steueranteil zu kürzen (*BSG* 27.6.1985 SozR 4100 § 141d AFG Nr. 1).

E. Antragserfordernis, Antragsfrist und Zuständigkeiten (§§ 323 Abs. 1 S. 1, 324 Abs. 3, 327 Abs. 3 SGB III)

46 Insg wird auf **Antrag** gewährt (§ 323 Abs. 1 SGB III). Für Insg ist die Agentur für Arbeit zuständig, in deren **Bezirk die für den Arbeitgeber zuständige Lohnabrechnungsstelle** – also idR das Lohn- oder Personalbüro – des Arbeitgebers liegt oder – wenn der Arbeitgeber keine Lohnabrechnungsstelle im Inland hat – in deren Bezirk das Insolvenzgericht seinen Sitz hat (§ 327 Abs. 3 SGB III). Wird **innerhalb der EU** über ein Unternehmen das Insolvenzverfahren eröffnet und ist ein Insg-anspruchsberechtigter Arbeitnehmer in der Zweigniederlassung dieses Unternehmens in einem anderen EU-Staat tätig, so hat er seinen Antrag auf Insg an die Garantieeinrichtung im Staat der Ausübung seiner Tätigkeit zu richten (vgl. Art. 8a Abs. 1 der RL 80/987/EWG idF der RL 2002/74/EG, s.u. Anhang II). Dies entspricht der Rspr. des EuGH bereits vor Erlass der Richtlinie: *EuGH* 16.12.1999 »G. Everson«, Euro-AS 3/2000, S. 52.

47 Der Antrag kann sowohl bei der **zuständigen Agentur für Arbeit** (§ 327 Abs. 3 SGB III) als auch bei den in **§ 16 Abs. 1 SGB I genannten Stellen** gestellt werden. Auf die örtliche Zuständigkeit kommt es nicht an. Wenn der Antrag bei einer anderen als den in § 16 Abs. 1 SGB I genannten Stellen eingereicht wird, erlangt er seine Wirksamkeit erst, wenn er einer dieser Stellen **zugegangen** ist. **Besondere Formerfordernisse schreibt das Gesetz nicht vor** (s. aber § 60 Abs. 2 SGB I). Der Antrag kann somit schriftlich (auch Telegramm, Fax oder e-mail), mündlich oder fernmündlich gestellt werden.

48 Soweit eine entsprechende Vollmacht besteht, kann auch ein Dritter, zB der Betriebsrat oder der Ehegatte, den Insg-Anspruch geltend machen. Ist die **Vollmacht** zweifelhaft, soll die Arbeitsagentur den Berechtigten darauf hinweisen, und gem. § 16 Abs. 1 SGB I zur korrekten Beantragung hinführen. Beantragt ein Arbeitnehmer, der seinen Entgeltanspruch abgetreten hat, oder ohne Vollmacht des Abtretungsempfängers für diesen Insg, so ist der Antrag jedenfalls dann nicht rechtzeitig gestellt, wenn der Abtretungsempfänger ihn erst nach Ablauf der Antragsfrist des § 324 Abs. 3 S. 1 SGB III genehmigt. Die Berufung auf die Versäumung der **Antragsfrist** ist ausgeschlossen, wenn die BA durch Verletzung von Hinweispflichten zu der Fristversäumung beigetragen hat (*BSG* 23.10.1984 SozR 4100 § 141e AFG Nr. 7).

49 Es können auch **Sammelanträge** für mehrere Arbeitnehmer gestellt werden. Stellt ein Arbeitnehmer bzgl. seines bereits an ein Kreditinstitut abgetretenen Entgeltanspruchs innerhalb der Zweimonatsfrist (§ 324 Abs. 3 S. 1 SGB III) einen Antrag auf Zahlung von Insg, ist dieser Antrag dem Kreditinstitut als neuem Gläubiger zuzurechnen (*SG Detmold* 28.2.1979 ZIP 1980, 52; bestätigt durch *LSG NRW* – L 9 Ar 43/79). Zur Wahrung der Ausschlussfrist des § 324 Abs. 3 S. 1 SGB III genügt ein (ohne Beitragsnachweis) nur »dem Grunde nach« gestellter Antrag (*BSG* 14.8.1984 SozR 4100 § 141c AFG Nr. 6).

50 Der Antrag ist grds. innerhalb einer **Ausschlussfrist von zwei Monaten** nach dem Insolvenzereignis zu stellen (§ 324 Abs. 3 S. 1 SGB III). Die kurz bemessene Frist dient der schnellen Abwicklung der Insg-Ansprüche durch die Arbeitsagenturen sowohl gegenüber dem Antragsteller als auch im Hinblick auf ihre Geltendmachung im Insolvenzverfahren nach dem Forderungsübergang gem. § 187 SGB III (s.u. Rz 57 ff.; vgl. Begr. zu § 141e AFG in BT-Drucks. 7/1750, der bereits eine Ausschlussfrist von zwei Monaten vorsah). Das Erfordernis zur Einhaltung der Ausschlussfrist verstößt nicht gegen die RL 80/987/EWG idF vom 23.9.2002 (s.u. Anhang II), da der Umfang dieser Frist nach dem vom EuGH vorausgesetzten Grundsatz der Gleichwertigkeit nicht weniger günstig ist als bei gleichartigen Anträgen (*EuGH* 18.9.2003 – Rs – C-125/01 – *Pflücke*, ZIP 2003, 2173).

51 Hat der **Arbeitnehmer** die Zweimonatsfrist aus Gründen versäumt, die er **nicht zu vertreten** hat, so wird Insg auch dann gewährt, wenn der Antrag innerhalb von zwei Monaten nach Wegfall des Hindernisses gestellt wird (§ 324 Abs. 3 S. 2 SGB III). Die zweimonatige Ausschlussfrist für die Beantragung von Insg hat materiellrechtlichen Charakter; wenn der Anspruchsberechtigte aus selbst zu vertretenden Gründen die Antragsfrist versäumt hat, gibt es keine Wiedereinsetzung in den vorigen Stand (*LSG Brem.* 17.12.1976 DB 1977, 1420). Zu vertreten hat es der Arbeitnehmer vor allem, wenn er

sich nicht mit der **erforderlichen Sorgfalt** um die Durchsetzung seiner Ansprüche bemüht hat (§ 324 Abs. 3 S. 3 SGB III), er zB bei Beachtung der gebotenen Sorgfalt Kenntnis von dem Insolvenzereignis hätte haben können (*BSG* 26.8.1983 SozR 4100 § 141e AFG Nr. 5). Damit muss er sich auch jede Form von Fahrlässigkeit zurechnen lassen (§ 276 BGB).

Der Sorgfaltspflicht des Arbeitnehmers stehen gegenüber besondere **Informationspflichten des Ar-** 52 **beitgebers** gem. § 183 Abs. 4 SGB III (auch gegenüber ausgeschiedenen Arbeitnehmern) sowie der Agentur für Arbeit im Rahmen ihrer Aufklärungspflicht gem. § 13 SGB I. Schließlich soll auch der Insolvenzverwalter für die Antragstellung von Insg sorgen. Die Regelung des § 324 Abs. 3 SGB III dient dem Schutz insbes. jener Arbeitnehmer, die sich zwar mit der notwendigen Sorgfalt um die Durchsetzung ihrer Ansprüche bemüht haben, aber vom Insolvenzereignis keine Kenntnis erlangt haben, weil sie zB vorher aus dem Betrieb ausgeschieden sind, ihren Wohnsitz gewechselt haben oder ihre wiederholten Mahnungen unbeantwortet blieben.

Der nach §§ 323 Abs. 1 S. 1, 324 Abs. 3 SGB III erforderliche rechtzeitige Antrag auf Insg wird durch **Be-** 53 **mühungen** um die Durchsetzung des Anspruchs auf Arbeitsentgelt nicht ersetzt. Zieht der Arbeitnehmer während der laufenden Antragsfrist die weitere Verfolgung seines Entgeltanspruchs gegen den Arbeitgeber dem Antrag auf Insg vor, obwohl er den Lauf der Antragsfrist kennt oder kennen muss, so hat er die Fristversäumnis ggf. zu vertreten (*LSG Nds.* 30.3.1989 NZA 1989, 576) und trägt das Risiko, den Anspruch auf Insg wegen Fristversäumnis zu verlieren.

Für den **Beginn des Laufs der** Zweimonatsfrist knüpft das Gesetz an das **Insolvenzereignis** (s.o. Rz 5) 54 an. Zeitpunkt des Eintritts des Insolvenzereignisses der Eröffnung des Insolvenzverfahrens (§ 183 Abs. 1 S. 1 Nr. 1 SGB III) ist entweder die gem. § 27 Abs. 2 Nr. 3 InsO im Eröffnungsbeschluss enthaltene Stunde der Eröffnung oder, sofern die Stunde der Eröffnung nicht angegeben ist, die Mittagsstunde des Tages, an dem der Beschluss erlassen worden ist (§ 27 Abs. 3 InsO). »Erlassen« ist der Beschluss zu dem Zeitpunkt, in dem der Richter den Beschluss unterzeichnet (*BSG* 20.10.1977 AP Nr. 1 zu § 141e AFG Bl. 1 R. mwN). Auch im Falle der beiden übrigen das Insolvenzereignis darstellenden Tatbestände, der Abweisung des Antrags auf Eröffnung des Insolvenzverfahrens mangels Masse (§ 183 Abs. 1 S. 1 Nr. 2 SGB III) und der vollständigen Beendigung der Betriebstätigkeit im Inland (§ 183 Abs. 1 S. 1 Nr. 3 SGB III) beginnt die **Ausschlussfrist des § 324 Abs. 3 S. 1 SGB III mit deren Eintritt** zu laufen (*BSG* 26.8.1983 aaO). Diese Ausschlussfrist gilt auch für die Einzugsstelle (*BSG* 14.8.1984 aaO). Die erweiterte Frist des § 324 Abs. 3 S. 2 SGB III wird für alle drei Insolvenztatbestände unter denselben Voraussetzungen eröffnet, nämlich wenn die Ausschlussfrist gem. § 324 Abs. 3 S. 1 SGB III aus vom Arbeitnehmer nicht zu vertretenden Gründen versäumt worden ist (*BSG* 10.4.1985 SozR 4100 § 141e AFG Nr. 8). Zur Berechnung der Ausschlussfrist wird auf §§ 187, 188 BGB verwiesen, wobei zu beachten ist, dass der Tag des Insolvenzereignisses nicht mitzuzählen ist.

F. Vorschuss auf das Insg (§ 186 SGB III)

Die Agentur für Arbeit kann einen **Vorschuss** auf das Insolvenzgeld erbringen, wenn die Eröffnung 55 des Insolvenzverfahrens über das Vermögen des Arbeitgebers beantragt ist, das Arbeitsverhältnis beendet ist und die Voraussetzungen für den Anspruch auf Insg mit hinreichender Wahrscheinlichkeit erfüllt werden (§ 186 S. 1 SGB III). Damit kann der Arbeitnehmer bereits vor der Entscheidung des Insolvenzgerichts eine Unterstützung erhalten. Die Agentur für Arbeit bestimmt die Höhe des Vorschusses nach pflichtgemäßem Ermessen (§ 186 S. 2 SGB III). Der Vorschuss ist auf das Insg anzurechnen (§ 186 S. 3 SGB III). Er ist zu erstatten, soweit ein Anspruch auf Insg nicht oder nur in geringerer Höhe zuerkannt wird (§ 186 S. 4 SGB III).

Der **Antrag** auf Vorschuss gem. § 186 SGB III ist **nicht fristgebunden**. Besondere Formerfordernisse 56 oder einzureichende Unterlagen sind nicht ausdrücklich normiert. Da ein Vorschuss gem. § 186 S. 1 Nr. 3 SGB III jedoch nur gezahlt werden kann, wenn die Voraussetzungen für den Anspruch auf Insg »mit hinreichender Wahrscheinlichkeit erfüllt« werden, kommt eine positive Entscheidung über den Vorschussantrag nur in Betracht, wenn der Anspruch auf Insg durch Vorlage entsprechender Unterlagen, die Aufschluss über Ansprüche auf ausstehendes Arbeitsentgelt liefern, substantiiert wird und der Anspruch auf Insg nicht wegen Versäumung der Antragsfrist des § 324 Abs. 3 S. 1 SGB III ausgeschlossen ist. Die Pflicht zur Beibringung entsprechender Unterlagen ergibt sich für den Arbeitnehmer aus der allgemeinen Mitwirkungspflicht gem. § 60 SGB I.

G. Anspruchsübergang auf die BA (§ 187 SGB III)

57 Ansprüche auf – durchsetzbares (*BSG* 8.4.1992 NZA 1992, 1150) – Arbeitsentgelt, die einen Anspruch auf Insg begründen, **gehen mit dem Antrag auf Insg auf die BA über** (§ 187 S. 1 SGB III). Der Forderungsübergang gewährleistet, dass durch die Gewährung von Insg weder die Arbeitnehmer noch – durch Verzicht auf die Geltendmachung der Ansprüche auf Arbeitsentgelt – die Insolvenzmasse bereichert werden. Der Forderungsübergang setzt darüber hinaus die BA in die Lage, notwendig werdende Schritte zur Klärung der tatsächlichen Lage und zur zweckgerichteten Verfolgung der offenen Entgeltforderungen zu ergreifen. Der zunächst vorläufige Rechtsübergang verfestigt sich, wenn bindend oder rechtskräftig dem Arbeitnehmer Insg zuerkannt ist (*BAG* 10.2.1982 ZIP 1982, 1105; 11.9.1980 EzA § 7 BetrAVG Nr. 7; *BSG* 17.7.1979 ZIP 1980, 126). **Die BA tritt voll in die Rechte des Arbeitnehmers ein** (*BAG* 4.6.1977 EzA § 59 KO Nr. 4). Die vom vorläufigen Insolvenzverwalter begründeten Arbeitsentgeltansprüche, die gem. § 55 Abs. 2 nach Eröffnung des Insolvenzverfahrens als Masseverbindlichkeiten gelten, kann die BA nach dem Übergang gem. § 187 SGB III nur noch als Insolvenzgläubigerin geltend machen (§ 55 Abs. 3 S. 1 InsO; vgl. dazu auch *BAG* 3.4.2001 EzA § 55 InsO Nr. 1). Zur noch unter dem Geltungsbereich der KO fallenden Frage der Zuordnung übergegangener Durchgriffshaftungsansprüche gegen ein beherrschendes Unternehmen vgl. *BAG* 31.7.2002 NJW 2003, 1340).

58 Der Anspruch geht gem. § 187 S. 1 SGB III schon dann auf die BA über, wenn auch nur eine entfernte Möglichkeit besteht, dass die Leistung von Insg in Betracht kommt (*BAG* 10.2.1982 aaO im Anschluss an *BSG* 17.7.1979 ZIP 1980, 126; *BAG* 4.6.1977 EzA § 59 KO Nr. 4 für den Fall, dass letztlich kein Anspruch auf Insg besteht). Bis zur bindenden oder rechtskräftigen Entscheidung über den Anspruch auf Insg hat die BA als Inhaberin der Forderungen alle zur Durchsetzung und Realisierung der arbeitsrechtlichen Forderungen gebotenen Handlungen vorzunehmen. Sie hat erforderlichenfalls auch einen Insolvenzantrag zu stellen (*BSG* 17.7.1979 aaO).

59 Hat es die BA versäumt, im Falle der vollständigen Beendigung der Betriebstätigkeit anstelle der Arbeitnehmer einen – offensichtlich begründeten – Antrag auf Eröffnung des Insolvenzverfahrens zu stellen, dann erwerben die Arbeitnehmer einen **sozialrechtlichen Schadensersatzanspruch** (Herstellungsanspruch) gegen die BA in Höhe des Insg.

60 Der Arbeitsentgeltanspruch geht in der Höhe auf die Agentur für Arbeit über, wie die Arbeitsagentur Leistungen nach den §§ 183 ff. SGB III zu erbringen hat, also in Höhe des **Nettoverdiensts** gem. § 185 SGB III (s.o. Rz 43 ff.) und der **Arbeitnehmeranteile zur Sozialversicherung**. Vom Übergang erfasst werden sämtliche Insg-fähigen Entgeltbestandteile. Nicht übergangsfähig sind somit insbes. Ansprüche auf Arbeitsentgelt, die gem. § 184 Abs. 1 SGB III von der Berücksichtigung für Insg ausgeschlossen sind (s.o. Rz 28, 32, 35).

61 Grds. hat die BA bei der Geltendmachung übergegangener Arbeitsentgeltansprüche gegenüber dem Arbeitgeber auch **tarifliche Ausschlussfristen** zu beachten (*ArbG Wetzlar* 4.5.1976 NJW 1977, 125). Dagegen kann der Arbeitgeber sich nicht auf tarifliche Ausschlussfristen berufen, wenn der Insolvenzverwalter rückständige Entgeltansprüche mit der Verdienstbescheinigung gem. § 314 Abs. 1 S. 1 SGB III anerkannt hat (*BAG* 8.8.1979 EzA § 4 TVG Ausschlussfristen Nr. 40). Für die Geltendmachung der übergegangenen Arbeitsentgeltansprüche hat die BA **tarifliche Formvorschriften** zu beachten. Sieht ein Tarifvertrag innerhalb einer Ausschlussfrist die Schriftform für die Geltendmachung von Entgeltansprüchen vor, so reicht die Zusendung lediglich eines Vordrucks auch dann nicht aus, wenn darauf die Geltendmachung »zur Wahrung etwaiger Ausschlussfristen« explizit vermerkt ist (*ArbG Emden* 4.10.1979 NJW 1980, 360). Die gegen den Arbeitnehmer begründete Anfechtung nach der InsO findet gegen die BA statt (§ 187 S. 2 SGB III).

H. Rechte Dritter am Insolvenzgeld (§§ 188, 189 SGB III)

62 Der **Anspruch auf Insg** sowie der **Arbeitsentgeltanspruch** sind bis zum Zeitpunkt der Beantragung des Insg **akzessorisch;** denn wie einerseits der Insg-Anspruch vor der Beantragung nicht selbständig verpfändet oder übertragen werden kann (§ 189 S. 1 SGB III), so steht andererseits einem Dritten für den vor Antragstellung übertragenen Arbeitsentgeltanspruch der Anspruch auf Insg zu (§ 188 Abs. 1 SGB III).

Insolvenzgeld (§§ 183 ff. SGB III) Anhang I nach § 128 InsO

I. Verfügungen über das Arbeitsentgelt (§ 188 SGB III)

Soweit der Arbeitnehmer vor seinem Antrag auf Insg **Ansprüche auf Arbeitsentgelt einem Dritten** 63 **übertragen** hat, steht der Anspruch auf Insg diesem zu (§ 188 Abs. 1 SGB III). Für Arbeitsentgeltansprüche, die infolge der Stellung des Insg-Antrags gem. § 187 S. 1 SGB III auf die BA übergegangen sind, ist der Erwerb auf Insg begründender Rechte Dritter nicht möglich. Von einer **vor dem Antrag auf Insg** vorgenommenen **Pfändung** oder **Verpfändung** des Anspruchs auf Arbeitsentgelt wird auch der Anspruch auf Insg erfasst (§ 188 Abs. 2 SGB III). Die an den Ansprüchen auf Arbeitsentgelt bestehenden **Pfandrechte** erlöschen, wenn die Ansprüche auf die BA übergegangen sind und sie Insg an den Berechtigten erbracht hat (§ 188 Abs. 3 SGB III).

Soweit bei der Übertragung von Arbeitsentgeltansprüchen (dazu zählen im Allgemeinen der gesetzli- 64 che Forderungsübergang zB auf die Agentur für Arbeit gem. § 115 SGB X oder die Überleitung zB gem. § 90 BSHG, § 203 SGB III, die Verpfändung gem. §§ 1273 ff. BGB, die Pfändung gem. §§ 828 ff. ZPO) der Übergang des Insg-Anspruchs ausgeschlossen wird, kann dies gem. § 139 BGB zur Nichtigkeit der Übertragungsabrede führen. **Nach der Übertragung des Arbeitsentgeltanspruchs ist nur noch der neue Inhaber zur Stellung des Insg-Antrags befugt.** Der Anspruchserwerber muss aber im Zeitpunkt der Stellung des Antrags auf Insg noch Inhaber der abgetretenen Ansprüche auf Arbeitsentgelt sein. Anspruchsinhaber ist aber nicht mehr derjenige Arbeitgeber, der Zahlungen an die Arbeitnehmer auf das zu erwartende Insg geleistet hat und sich die entsprechenden Arbeitsentgeltansprüche gegen den vormaligen Arbeitgeber von den Arbeitnehmern hat abtreten lassen und gleichzeitig das Unternehmen übernommen hat mit den haftungsrechtlichen Folgen gem. § 613a BGB; denn gem. § 613a BGB sind die Ansprüche auf Arbeitsentgelt, auf die der betriebserwerbende Arbeitgeber seinen Antrag auf Insg gem. § 188 Abs. 1 SGB III stützt, bereits vor der Antragstellung durch die Vereinigung von Forderung und Schuld – Konfusion – erloschen (*BSG* 6.11.1985 ZIP 1986, 1000; s.o. Rz 7).

Stellt ein Arbeitnehmer bzgl. seines bereits an ein Kreditinstitut abgetretenen Entgeltanspruchs inner- 65 halb der Zweimonatsfrist (§ 324 Abs. 3 S. 1 SGB III) einen Antrag auf Insg, so ist dieser Antrag dem Kreditinstitut als neuem Gläubiger zuzurechnen (*SG Detmold* 28.2.1979 ZIP 1980, 52). Wird die Arbeitsentgeltforderung lediglich **zur Einziehung abgetreten**, so bleibt der Anspruch selbst bei dem Abtretenden (*Gagel/Peters-Lange* SGB III, § 188 Rz 23; *BGH* 10.12.1951 BGHZ 4, 153, 164), der auch zur Beantragung des Insg berechtigt bleibt. Ebenso wird die Rechtsinhaberschaft nicht berührt durch die **vertragliche Verpfändung** gem. §§ 1273 ff. BGB oder durch das qua Zwangsvollstreckung begründete **Pfandrecht** am Vergütungs- wie am Insg-Anspruch.

Grundsätzlich kann die BA bei **Unkenntnis von einer Abtretung** mit befreiender Wirkung an den Ar- 66 beitnehmer Insg zahlen; denn gem. § 407 BGB muss der neue Gläubiger eine Leistung, die der Schuldner nach der Abtretung an den bisherigen Gläubiger bewirkt, gegen sich gelten lassen, es sei denn, dass der Schuldner die Abtretung bei der Leistung kennt. Etwas anderes gilt aber dann, wenn die Abtretung (bzw. die Verpfändung gem. §§ 1273 ff. BGB oder die Pfändung gem. §§ 828 ff. ZPO) vor dem Eintritt eines der Insolvenzereignisse iSd § 183 Abs. 1 S. 1 Nrn. 1 bis 3 SGB III stattfindet: Zu diesem Zeitpunkt besteht keine Veranlassung des neuen Anspruchsinhabers, die BA über den Forderungsübergang zu unterrichten. Wenn dann später das Insolvenzereignis eintritt und der Anspruchserwerber die BA nicht informiert, weil er nicht rechtzeitig vom Insolvenzereignis erfährt, ist § 407 BGB nicht entsprechend anwendbar; denn sonst würde eine ungerechtfertigte Benachteiligung des Erwerbers eintreten, die auch dem Zweck des § 188 Abs. 2 SGB III widerspricht (*SG Kassel* 2.6.1981 ZIP 1981, 1013; *Gagel/Peters-Lange* SGB III, § 188, Rz 30). In Höhe des Betrags, in dem hiernach Insg doppelt zu zahlen ist, hat die BA gegen den Insolvenzverwalter oder den ehemaligen Arbeitgeber oder dessen Mitarbeiter einen **Schadensersatzanspruch** gem. § 321 SGB III.

Der neue **Gläubiger oder Pfandgläubiger hat keinen Anspruch auf Insg** für Ansprüche auf Arbeits- 67 entgelt, die ihm vor dem Insolvenzereignis **ohne Zustimmung der Agentur für Arbeit** zur Vorfinanzierung der Arbeitsentgelte übertragen oder verpfändet wurden (§ 188 Abs. 4 S. 1 SGB III). Die Agentur für Arbeit darf der Übertragung oder Verpfändung nur zustimmen, wenn Tatsachen die Annahme rechtfertigen, dass durch die Vorfinanzierung der Arbeitsentgelte ein **erheblicher Teil der Arbeitsplätze erhalten** bleibt (§ 188 Abs. 4 S. 2 SGB III).

§ 188 Abs. 4 SGB III beinhaltet eine der wenigen materiellen Rechtsänderungen, die bei der Überfüh- 68 rung der zuvor im AFG verankerten Kaug-Vorschriften in das SGB III (s.o. Rz 2) vorgenommen worden sind. Die Regelung des § 141k Abs. 2a AFG, wonach für vor Eröffnung des Konkursverfahrens zur Vorfinanzierung übertragene oder verpfändete Ansprüche auf Arbeitsentgelt einen Anspruch auf

Weigand 1991

Kaug nur dann begründeten, wenn im Zeitpunkt der Übertragung oder Verpfändung der neue Gläubiger oder Pfandgläubiger nicht zugleich Gläubiger des Arbeitgebers oder an dessen Unternehmen beteiligt war, hat sich in der Verwaltungspraxis als unzureichend erwiesen. Um einerseits **arbeitsplatzerhaltende Sanierungen** beteiligter Gläubigerbanken und Unternehmen durch eine Vorfinanzierung der Arbeitsentgelte zu ermöglichen, andererseits aber eine **missbräuchliche Inanspruchnahme von Insolvenzausfallversicherung zu verhindern**, wurde der Anspruch auf Insg für zur Vorfinanzierung der Arbeitsentgelte an die Zustimmung der BA geknüpft, die von der positiven Prognoseentscheidung über den erheblichen Erhalt von Arbeitsplätzen abhängig ist (vgl. Gesetzesbegr., BR-Drucks. 550/96, S. 188 zu § 187 Abs. 4).

II. Verfügungen über das Insg (§ 189 SGB III)

69 Nachdem das Insg beantragt worden ist, kann der Anspruch auf Insg wie Arbeitseinkommen gepfändet, verpfändet oder übertragen werden (§ 189 S. 1 SGB III). Eine Pfändung des Anspruchs vor diesem Zeitpunkt wird erst mit dem Antrag wirksam (§ 189 S. 2 SGB III). Hinsichtlich der Pfändung gilt somit eine Ausnahme von dem allgemeinen Verfügungsverbot vor Beantragung des Insg: **Die Pfändung ist aufschiebend bedingt wirksam** im Interesse der Vereinfachung des Verfahrens für den Gläubiger (*Gagel/Peters-Lange* SGB III, § 189, Rz 5; **aA** *LG Würzburg* 14.7.1978 RPfleger 1978, 388 und *Hornung* RPfleger 1975, 235, 240). Der Pfändungs- und Überweisungsbeschluss ist der BA zuzustellen, die intern Vorsorge zu treffen hat, dass bei der Beantragung von Insg (bei welcher Arbeitsagentur auch immer) Pfändungen berücksichtigt werden. Die Gleichsetzung von Insg und Arbeitseinkommen gem. § 189 S. 1 SGB III lässt die Pfändbarkeit (im Unterschied zu den Regelungen gem. §§ 53, 54 SGB I) im Rahmen der §§ 850 ff. ZPO, die Übertragbarkeit nach Maßgabe des § 400 BGB, die Aufrechenbarkeit nach § 394 BGB sowie die Verpfändbarkeit von Insg gem. § 1274 Abs. 2 BGB zu.

I. Auskunftserteilung und Mitwirkung im Insolvenzgeld-Verfahren (§§ 314, 316, 320 Abs. 2 SGB III)

70 Der Arbeitgeber, der Insolvenzverwalter, die Arbeitnehmer sowie sonstige Personen, die Einblick in die Arbeitsentgeltunterlagen hatten, sind verpflichtet, der Agentur für Arbeit auf Verlangen alle **Auskünfte** zu erteilen, die für die Durchführung der §§ 183 bis 189, 208, 320 Abs. 2, 327 Abs. 3 SGB III erforderlich sind (§ 316 Abs. 1 SGB III). Die Auskunftspflicht besteht über die Beendigung des Arbeitsverhältnisses hinaus. Sie trifft auch den **Arbeitgeber**, auf den der insolvente Betrieb übergegangen ist und der damit gem. § 613a BGB in die Rechte und Pflichten der bestehenden Arbeitsverhältnisse eingetreten ist. Auskunftspflichtig bleibt der **Insolvenzverwalter** auch nach Beendigung seiner Amtstätigkeit. **Arbeitnehmer** sind zur Auskunftserteilung verpflichtet, wenn Insg-Anträge anderer Arbeitnehmer betroffen sind; denn hinsichtlich des eigenen Antrags auf Insg ergeben sich Mitwirkungspflichten des Arbeitnehmers bereits aus §§ 60 ff. SGB I. Auskunftspflichten können auch Behörden im Rahmen der Amtshilfe (zu beachten ist das Sozialgeheimnis gem. § 35 SGB I sowie der Sozialdatenschutz gem. §§ 67 ff. SGB X) sowie **Datenverarbeitungsunternehmen** treffen, soweit sich nicht Einschränkungen aus dem Vierten Abschnitt des BDSG ergeben.

71 Fraglich ist, inwieweit der **Betriebsrat** des insolventen Betriebs zur Auskunftserteilung verpflichtet ist. Dem in diesem Sinne eindeutigen Wortlaut des § 316 Abs. 1 SGB III steht die betriebsverfassungsrechtliche Verpflichtung zur Vertraulichkeit hinsichtlich der dem Betriebsrat im Rahmen seines Amts vom Arbeitgeber mitgeteilten Informationen gegenüber. Zu bedenken ist auch, dass die Unterlagen des Betriebsrats über die Arbeitnehmer nicht immer auf dem aktuellen Stand zu sein brauchen und von daher die Gefahr besteht, dass dem Arbeitsamt unrichtige Angaben gemacht werden. Demgegenüber muss das selbstverständliche Interesse des Betriebsrats berücksichtigt werden, durch die Auskunftserteilung den Arbeitnehmern zur Durchsetzung ihres mitunter lebensnotwendigen Anspruchs auf Insg zu verhelfen.

72 Die Auskunftserteilung als öffentlich-rechtliche Pflicht erstreckt sich nicht nur auf unmittelbare Kenntnisse des Befragten, sondern verlangt von diesem auch **zumutbare Anstrengungen zur Ermittlung** der erforderlichen Tatsachen und die Bereitstellung von Unterlagen (*Henning/Henkel/Schlegel/Theuerkauf/Estelmann* SGB III, § 316 Rz 34). Ein Anspruch auf **Kostenerstattung** besteht, soweit nicht außergewöhnliche Aufwendungen entstanden sind, nicht. Die Verletzung von Auskunftspflichten stellt gem. § 404 Abs. 2 Nr. 23 SGB III eine **Ordnungswidrigkeit** dar, die mit einer Geldbuße bis zu 1.500,– € geahndet werden kann. Verursachen vorsätzlich oder fahrlässig, unvollständig oder unrichtig erteilte Auskünfte einen Schaden, so kann die BA diesen ersetzt verlangen (§ 321 SGB III).

Bei der **Pflicht des Insolvenzverwalters** zur Bescheinigung der Höhe des Arbeitsentgelts für die letzten der Eröffnung des Insolvenzverfahrens vorausgehenden drei Monate des Arbeitsverhältnisses sowie der Höhe der gesetzlichen Abzüge und der zur Erfüllung der Ansprüche auf Arbeitsentgelt erbrachten Leistungen (§ 314 Abs. 1 S. 1 SGB III) sowie ggf. erfolgter Pfändungen, Verpfändungen oder Abtretungen (§ 314 Abs. 1 S. 2 SGB III) für jeden, für den ein Anspruch auf Insg in Betracht kommt, handelt es sich um eine öffentlich-rechtliche Verpflichtung, die gem. § 314 Abs. 2 SGB III auch den Arbeitgeber treffen kann. Die ausgestellte Verdienstbescheinigung beinhaltet auch ein deklaratorisches Schuldanerkenntnis nach § 781 BGB (*LAG Frankf* 7.5.1980 ARSt 1981, 35). Die Pflicht zur Bescheinigung besteht über die Beendigung des Amts als Insolvenzverwalter hinaus, wenn ihm das Begehren während der Amtszeit bekannt wurde. 73

Nur wenn der Antrag auf Eröffnung des Insolvenzverfahrens mangels Masse abgewiesen wird (§ 183 Abs. 1 S. 1 Nr. 2 SGB III, vgl. Rz 5 ff.) oder die Betriebstätigkeit vollständig eingestellt ist (§ 183 Abs. 1 S. 1 Nr. 3 SGB III, s.o. Rz 9 ff.) oder wenn das Verfahren nach § 207 InsO eingestellt wird, ist die **Bescheinigungspflicht** vom **Arbeitgeber** zu erfüllen (§ 314 Abs. 2 SGB III). Stehen weder der Insolvenzverwalter noch der Arbeitgeber zur Verfügung, obliegt es dem betroffenen Arbeitnehmer gem. §§ 60 ff. SGB I, bei der Tatsachenfeststellung mitzuwirken. Der Umfang der Pflicht erstreckt sich auf die Bescheinigung von Fakten hinsichtlich der Vergütung des Arbeitnehmers und zusätzlich auf Auskünfte, die auf seinen rechtlichen Wertungen beruhen, zB hinsichtlich eines Forderungsübergangs gem. § 188 Abs. 1 SGB III. 74

Der Insolvenzverwalter kann sich zur Erfüllung seiner Pflichten eines Erfüllungsgehilfen bedienen, für dessen Verschulden er allerdings haftet (s.u. Rz 76). Benötigt der Insolvenzverwalter zur Erstellung der Bescheinigung **Auskünfte Dritter**, so sind der Arbeitgeber, die Arbeitnehmer sowie sonstige Personen, die Einblick in die Arbeitsentgeltunterlagen hatten, verpflichtet, dem Insolvenzverwalter auf Verlangen alle Auskünfte zu erteilen, die er für die Insolvenzbescheinigung nach § 314 SGB III benötigt (§ 316 Abs. 2 SGB III). Dieser Auskunftsanspruch steht allerdings dem Arbeitgeber, sofern diesen gem. § 314 Abs. 2 SGB III die Pflicht zur Erstellung der Insolvenzgeldbescheinigung trifft, nicht zu. 75

Verletzt der Insolvenzverwalter bzw. der an seiner Stelle gem. § 314 Abs. 2 SGB III verpflichtete Arbeitgeber die Pflicht zur Ausstellung der Insolvenzgeldbescheinigung schuldhaft, so kann diese **Ordnungswidrigkeit** mit einer Geldbuße bis zu 1.500,– € geahndet werden (§ 404 Abs. 3 iVm Abs. 2 Nr. 22 SGB III). Gemäß § 321 Nr. 1 SGB III ist der Insolvenzverwalter bzw. der an seiner Stelle verpflichtete Arbeitgeber, der eine Insolvenzgeldbescheinigung nach § 314 Abs. 1 SGB III vorsätzlich oder fahrlässig nicht, nicht richtig oder nicht vollständig ausfüllt, der BA zum **Ersatz des daraus entstehenden Schadens** verpflichtet. Er muss sich das Verschulden seines **Erfüllungsgehilfen** aus der im öffentlichen Recht entsprechend anwendbaren Vorschrift des § 278 BGB zurechnen lassen (*LSG Stuttg.* 17.12.1980 – L 3 AR 954/80 –, Die Beiträge 1981, 180; *BSG* 25.3.1982 ZIP 1982, 1336). 76

Die vom Insolvenzverwalter nach § 314 Abs. 1 SGB III bzw. vom Arbeitgeber nach § 314 Abs. 2 SGB III ausgestellte **Insolvenzgeldbescheinigung** stellt öffentlich-rechtlich die Basis für den Anspruch auf Insg dar, beinhaltet daneben aber auch ein – privatrechtliches – **deklaratorisches Schuldanerkenntnis** nach § 781 BGB (*LAG Frankf.* 7.5.1980 aaO mit Verweis auf *BAG* 8.8.1979 EzA § 4 TVG Ausschlussfristen Nr. 40). Danach kann der Arbeitgeber sich nicht mehr auf **tarifliche Ausschlussfristen** hinsichtlich rückständiger Arbeitsentgeltansprüche gegenüber der Agentur für Arbeit berufen, wenn diese gegen den Arbeitgeber auf sie übergegangene Vergütungsansprüche von Arbeitnehmern geltend macht, denen sie nach Ablehnung eines Insolvenzantrags mangels Masse Insg gezahlt hat. Auf tarifliche Ausschlussfristen ist § 217 BGB nicht entsprechend anzuwenden (*BAG* 8.8.1979 EzA § 4 TVG Ausschlussfristen Nr. 40; AP Nr. 67 zu § 4 TVG Ausschlussfristen m. Anm. *Uhlenbruck*, GK-SGB III-*Hess* § 314 Rz 7). 77

Der **Insolvenzverwalter** hat auf Verlangen der Agentur für Arbeit das **Insg zu errechnen und auszuzahlen**, wenn ihm dafür geeignete Arbeitnehmer des Betriebs zur Verfügung stehen und die Agentur für Arbeit die Mittel für die Auszahlung des Insg zur Verfügung stellt (§ 320 Abs. 2 S. 1 SGB III). Nicht von dieser Verpflichtung erfasst werden somit der Vorschuss gem. § 186 SGB III bzw. die Pflichtbeiträge zur Sozialversicherung gem. § 208 SGB III. Das Mitwirkungsverlangen der Agentur für Arbeit steht im Ermessen derselben und kann als Verwaltungsakt sozialgerichtlich nachgeprüft werden. Der Insolvenzverwalter braucht für die Berechnung und Auszahlung sein eigenes Büro nicht zur Verfügung zu stellen. Arbeitnehmer kann er dazu nur in dem Rahmen heranziehen, als sie über die notwendige Sachkompetenz verfügen und ihre Vergütung für den erforderlichen Zeitraum gewährleistet ist. **Kosten** werden dem Insolvenzverwalter nicht erstattet (§ 320 Abs. 2 S. 3 SGB III), da dies nicht im Interesse 78 der betroffenen Arbeitnehmer läge (vgl. Begr. zu § 141i AFG, BT-Drucks. 7/1750, S. 13). **Verstöße** gegen die Pflichten aus § 320 Abs. 2 SGB III sind im Katalog der maßgeblichen Ordnungswidrigkeitentatbestände (§ 404 SGB III) nicht enthalten. Allerdings trifft den Insolvenzverwalter eine **Schadenersatzpflicht**, wenn er vorsätzlich oder fahrlässig die Verpflichtungen nach § 320 Abs. 2 S. 1 SGB III nicht erfüllt (§ 321 Nr. 4 SGB III).

J. Zahlung von Pflichtbeiträgen bei Insolvenzereignis (§ 208 SGB III)

79 Die Agentur für Arbeit zahlt der zuständigen Einzugsstelle auf Antrag den **Gesamtsozialversicherungsbeitrag gem. § 28d SGB IV**, der auf Arbeitsentgelte für die letzten dem Insolvenzereignis vorausgehenden drei Monate des Arbeitsverhältnisses entfällt und bei Eintritt des Insolvenzereignisses noch nicht gezahlt worden ist (§ 208 Abs. 1 S. 1 SGB III). **Pflichtbeiträge** sind nach § 208 Abs. 1 S. 1 SGB III nur zu zahlen, wenn Insolvenzereignisse iSd § 183 Abs. 1 S. 1 Nrn. 1, 2 oder 3 SGB III vorliegen, dh der Arbeitgeber zahlungsunfähig ist (*BSG* 23.11.1981 SozR 4100 § 141a AFG Nr. 6; *LSG Stuttg.* 2.10.1979 – L 5 Ar 2173/77 – nv; *LSG Essen* 27.2.1980 – L 12 Ar 254/77 – nv). Ratio legis der Regelungen in § 208 SGB III ist die Sicherung der Finanzen der Sozialversicherungsträger; denn soweit Beiträge nicht entrichtet wurden, weil der Arbeitgeber zahlungsunfähig geworden ist, soll dies nicht die Versichertengemeinschaft ausgleichen müssen. Nach § 208 Abs. 1 S. 1 SGB III wird die **Agentur für Arbeit unmittelbarer Schuldner** der Sozialversicherungsbeiträge, allerdings ohne dass der Arbeitgeber von seiner Beitragspflicht entbunden wird (§ 208 Abs. 2 S. 1 SGB III). Soweit die Agentur für Arbeit die Beiträge an die Sozialversicherungsträger geleistet hat, kann sie **Erstattung von den Einzugsstellen** verlangen (§ 208 Abs. 2 S. 2 SGB III). Der Einzugsstelle obliegt das pflichtgemäße Ermessen, gegen den im Zahlungsverzug befindlichen Beitrags-Umlage-Schuldner nach Zweckmäßigkeitserwägungen Insolvenzantrag zu stellen (§ 13 Abs. 1 S. 2 InsO; § 14 Abs. 1 InsO). Wenn die Entscheidung des Insolvenzgerichts Leistungsansprüche gem. § 208 SGB III eröffnet, berechtigt diese vom Gesetzgeber gewollte Folge nicht zur Abweisung des Insolvenzantrags als rechtsmissbräuchlich (*LG Itzehoe* 11.7.1980 SozVers 1981, 191).

81 Die Agentur für Arbeit hat nur **Pflichtbeiträge** zu entrichten, nicht dagegen Beiträge zur freiwilligen Höherversicherung in der Rente oder zur freiwilligen Krankenversicherung oder zur Unfallversicherung. Zum Pflichtbeitrag gehören sowohl der **Arbeitgeber-** als auch der **Arbeitnehmerbeitrag** bzw. -anteil. Nicht mehr zu zahlen sind die in Folge von Pflichtverletzungen des Arbeitgebers aufgelaufenen Säumniszuschläge sowie die Zinsen für dem Arbeitgeber gestundete Beiträge und Kosten der Zwangsvollstreckung (§ 208 Abs. 1 S. 1 aE SGB III). In Fällen unerlaubter Arbeitnehmerüberlassung sind bei Insolvenz des illegalen Verleihers rückständige Beiträge aus der Insolvenzversicherung jedenfalls insoweit zu entrichten, als der illegale Verleiher die Leiharbeitnehmer entlohnt hat (*BSG* 22.5.1984 SozR 4100 § 141n AFG Nr. 8).

82 Der **Zeitraum**, für den die Agentur für Arbeit rückständige Sozialversicherungsbeiträge zu entrichten hat, entspricht dem Insg-Zeitraum des § 183 Abs. 1 S. 1 SGB III. Erfasst sind daher auch Zeiten eines dem jeweils letzten Arbeitsverhältnis vorausgehenden Arbeitsverhältnisses bei demselben Arbeitgeber, soweit es in den Drei-Monats-Zeitraum hineinreicht (*BSG* 9.12.1986 SozR 4100 § 141n AFG Nr. 11; s.a. Rz 23). Für die Einzugsstellen ist die Drei-Monats-Frist grds. vom Zeitpunkt des Insolvenzereignisses (§ 183 Abs. 1 S. 1 Nrn. 1 bis 3 SGB III) an zu rechnen. Dies gilt grds. auch im Falle des – davon unabhängigen – später liegenden »persönlichen Insolvenztags« gem. § 183 Abs. 2 SGB III. Ausnahmsweise kommt für die Bestimmung des Insg-Zeitraums jedoch der berechtigt auf § 183 Abs. 2 SGB III gestützte Antrag des Arbeitnehmers in Betracht in Fällen, in denen für die letzten drei Monate vor Abweisung des Eröffnungsantrags nur geringe oder keine Beiträge rückständig sind, wohl aber bis zu dem Zeitpunkt der Kenntniserlangung des Arbeitnehmers (*Gagel/Peters-Lange* SGB III, § 208 Rz 12). Hat die Agentur für Arbeit für denselben Zeitraum Beiträge zur gesetzlichen Kranken- und Rentenversicherung nach dem Recht sowohl der Arbeitslosenversicherung als auch der Insg-Versicherung entrichtet, gehen die Vorschriften des Insg-Rechts als lex specialis vor. Mit der Entrichtung von Beiträgen zur gesetzlichen Kranken- und Rentenversicherung nach § 208 SGB III erwirbt die Agentur für Arbeit weder einen Ausgleichsanspruch gegen den Arbeitgeber, noch geht eine Befreiungsforderung gegen ihn auf sie über (*LSG Celle* 27.9.1984 – L 10 Ar 90/84).

83 Die **Entrichtung der Beiträge** nach § 208 SGB III erfolgt **auf Antrag** der Einzugsstelle. Die Einzugsstelle hat der Agentur für Arbeit die Beiträge nachzuweisen und dafür zu sorgen, dass die Beschäftigungszeit und das beitragspflichtige Bruttoarbeitsentgelt einschließlich des Arbeitsentgelts, für das Beiträge gezahlt werden, dem zuständigen Rentenversicherungsträger mitgeteilt werden (§ 208 Abs. 1 S. 2

SGB III). Bei der Agentur für Arbeit liegt dann die Entscheidungsbefugnis im Rahmen des § 208 SGB III über Umfang und Zahlung der Sozialversicherungsbeiträge aus der Insg-Versicherung. Die Agentur für Arbeit entscheidet gegenüber der Einzugsstelle durch Verwaltungsakt. Dabei ist die Agentur für Arbeit an die Entscheidung der Einzugsstelle grds. nicht gebunden (*BSG* 12.12.1984 SozR 4100 § 141n AFG Nr. 10). Zum Verfahren über die Beitragsentrichtungspflicht der Agentur für Arbeit und über die Rücknahme solcher Entscheidungen sind die zuständigen Träger der Rentenversicherung notwendig beizuladen (*BSG* 12.12.1984 aaO).

Zum **Beitragsnachweis** gehört die Entscheidung der Einzugsstelle über die Versicherungspflicht, Beitragspflicht und Beitragshöhe für bestimmte Personen in der Kranken-, Pflege-, Renten- und Arbeitslosenversicherung für eine bestimmte Zeit (vgl. *BSG* 1.12.1977 BSGE 45, 206). Nur wenn und soweit entstandene Beitragsansprüche auf diese Weise von der Einzugsstelle nachgewiesen und infolge des Insolvenzereignisses für die letzten drei Monate der Arbeitsverhältnisse ausgefallen sind, können und müssen die Beiträge von der Agentur für Arbeit nach § 208 SGB III entrichtet werden (*BSG* 23.11.1981 BSGE 53, 1).   84

Kein Anspruch gegen die Agentur für Arbeit auf Entrichtung der Pflichtbeiträge besteht nach der ratio legis der Insg-rechtlichen Regelungen im Rahmen des § 208 Abs. 1 S. 1 SGB III, wenn die Versicherungs- und Beitragspflicht und -höhe nur global, aber nicht personenbezogen feststellbar sind, weil der Arbeitgeber Aufzeichnungen über die einzelnen Arbeitsverhältnisse und entsprechenden Entgeltzahlungen nicht geführt hat (*BSG* 22.11.1988 SozR 4100 § 141n Nr. 14).   85

Gemäß § 208 Abs. 1 S. 3 SGB III gelten im Zusammenhang mit der **Zahlung von Pflichtbeiträgen** bei Insolvenzereignissen die **§§ 184, 314, 323 Abs. 1 S. 1 und § 327 Abs. 3 SGB III entsprechend**. Die entsprechende Anwendung des § 184 SGB III bewirkt, dass für die gem. dieser Vorschrift nicht Insg-fähigen Arbeitsentgeltansprüche (s.o. Rz 36 ff.) auch kein Anspruch auf Entrichtung der Pflichtbeiträge besteht. Aufgrund der entsprechenden Anwendung der §§ 323 Abs. 1 S. 1 und 327 Abs. 3 SGB III haben auch die Einzugsstellen die Vorschriften über das Antragserfordernis und die Zuständigkeit zu beachten. Die entsprechende Anwendung des § 314 SGB III führt dazu, dass Insolvenzverwalter bzw. Arbeitgeber zur Berechnung und Bescheinigung der Beiträge herangezogen werden können (s.o. Rz 73).   86

Anhang II
Richtlinie des Rates 80/987/EWG
RICHTLINIE DES RATES 80/987/EWG zur Angleichung der Rechtsvorschriften der Mitgliedstaaten über den Schutz der Arbeitnehmer bei Zahlungsunfähigkeit des Arbeitgebers

Vom 20. Oktober 1980
(ABl. Nr. L 283/23)
Zuletzt geändert durch Richtlinie 2002/74/EG des Europäischen Parlaments und des Rates vom 8. Oktober 2002 (ABl. Nr. L 270/10)

DER RAT DER EUROPÄISCHEN GEMEINSCHAFTEN –

gestützt auf den Vertrag zur Gründung der Europäischen Wirtschaftsgemeinschaft, insbesondere auf Artikel 100,

auf Vorschlag der Kommission,

nach Stellungnahme des Europäischen Parlaments,

nach Stellungsnahme des Wirtschafts- und Sozialausschusses,

in Erwägung nachstehender Gründe:

Es sind Bestimmungen notwendig, die die Arbeitnehmer bei Zahlungsunfähigkeit des Arbeitgebers schützen und insbesondere die Zahlung ihrer nichterfüllten Ansprüche unter Berücksichtigung der Notwendigkeit einer ausgewogenen wirtschaftlichen und sozialen Entwicklung in der Gemeinschaft gewährleisten.

Zwischen den Mitgliedstaaten bestehen in Bezug auf den Umfang des Arbeitnehmerschutzes auf diesem Gebiet weiterhin Unterschiede; es empfiehlt sich, auf die Verringerung dieser Unterschiede, die sich auf das Funktionieren des Gemeinsamen Marktes unmittelbar auswirken können, hinzuarbeiten.

Daher muss auf die Angleichung der Rechtsvorschriften in diesem Bereich auf dem Wege des Fortschritts im Sinne des Artikels 117 des Vertrages hingewirkt werden.

Der Arbeitsmarkt in Grönland unterscheidet sich wegen der geographischen Lage und der derzeitigen Berufsstrukturen dieses Gebiets grundlegend vom Arbeitsmarkt der anderen Gebiete der Gemeinschaft.

Soweit die Republik Griechenland ab 1. Januar 1981 entsprechend der Akte über die Bedingungen des Beitritts der Republik Griechenland und die Anpassungen der Verträge Mitglied der Europäischen Wirtschaftsgemeinschaft wird, müssen in dem Anhang der Richtlinie unter der Bezeichnung »Griechenland« diejenigen Gruppen von Arbeitnehmern benannt werden, deren Ansprüche gem. Artikel 1 Absatz 2 ausgeschlossen werden können –

HAT FOLGENDE RICHTLINIE ERLASSEN:

Abschnitt I. Geltungsbereich und Begriffsbestimmungen

Art. 1 [Geltungsbereich] (1) Diese Richtlinie gilt für Ansprüche von Arbeitnehmern aus Arbeitsverträgen oder Arbeitsverhältnissen gegen Arbeitgeber, die zahlungsunfähig im Sinne des Artikels 2 Absatz 1 sind.

(2) Die Mitgliedstaaten können die Ansprüche bestimmter Gruppen von Arbeitnehmern wegen des Bestehens anderer Garantieformen ausnahmsweise vom Anwendungsbereich dieser Richtlinie ausschließen, wenn diese den Betroffenen nachweislich einen Schutz gewährleisten, der dem sich aus dieser Richtlinie ergebenden Schutz gleichwertig ist.

(3) Die Mitgliedstaaten können auch weiterhin vom Anwendungsbereich dieser Richtlinie ausschließen:

a) Hausangestellte, die von einer natürlichen Person beschäftigt werden,
b) Fischer, die in Form eines Erlösanteils entlohnt werden,

sofern eine solche Vorschrift nach in ihrem innerstaatlichen Recht bereits angewandt wird.

Art. 2 [Begriffsbestimmungen] (1) Im Sinne dieser Richtlinie gilt ein Arbeitgeber als zahlungsunfähig, wenn die Eröffnung eines nach den Rechts- und Verwaltungsvorschriften eines Mitgliedstaats vorgeschriebenen Gesamtverfahrens beantragt worden ist, das die Insolvenz des Arbeitgebers voraussetzt und den teilweisen oder vollständigen Vermögensbeschlag gegen diesen Arbeitgeber sowie die Bestellung eines Verwalters oder einer Person, die eine ähnliche Funktion ausübt, zur Folge hat, und wenn die aufgrund der genannten Rechts- und Verwaltungsvorschriften zuständige Behörde

a) die Eröffnung des Verfahrens beschlossen hat oder
b) festgestellt hat, dass das Unternehmen oder der Betrieb des Arbeitgebers endgültig stillgelegt worden ist und die Vermögensmasse nicht ausreicht, um die Eröffnung des Verfahrens zu rechtfertigen.

(2) Diese Richtlinie lässt das einzelstaatliche Recht bezüglich der Begriffsbestimmung der Worte »Arbeitnehmer«, »Arbeitgeber«, »Arbeitsentgelt«, »erworbenes Recht« und »Anwartschaftsrecht« unberührt.

Die Mitgliedstaaten dürfen jedoch vom Anwendungsbereich dieser Richtlinie nicht ausschließen:

a) Teilzeitarbeitnehmer im Sinne der Richtlinie 97/81/EG,
b) Arbeitnehmer mit befristetem Arbeitsvertrag im Sinne der Richtlinie 1999/70/EG,
c) Arbeitnehmer mit Leiharbeitsverhältnis im Sinne von Artikel 1 Nummer 2 der Richtlinie 91/383/EWG.

(3) Die Mitgliedstaaten dürfen den Anspruch der Arbeitnehmer auf Schutz nach dieser Richtlinie nicht von einer Mindestdauer des Arbeitsvertrags oder Arbeitsverhältnisses abhängig machen.

(4) Diese Richtlinie hindert die Mitgliedstaaten nicht daran, den Schutz der Arbeitnehmer auf andere Situationen der Zahlungsunfähigkeit – beispielsweise tatsächlich auf Dauer eingestellte Zahlungen – die nach anderen im einzelstaatlichen Recht vorgesehenen Verfahren als den in Absatz 1 genannten Verfahren festgestellt worden ist, auszuweiten.

Durch derartige Verfahren entstehen den Garantieeinrichtungen der übrigen Mitgliedstaaten in Fällen nach Abschnitt III a jedoch keine Verpflichtungen.

Abschnitt II. Vorschriften über die Garantieeinrichtungen

Art. 3 [Sicherung der Ansprüche der Arbeitnehmer] Die Mitgliedstaaten treffen die erforderlichen Maßnahmen, damit vorbehaltlich des Artikels 4 Garantieeinrichtungen die Befriedigung der nicht erfüllten Ansprüche der Arbeitnehmer aus Arbeitsverträgen und Arbeitsverhältnissen, sicherstellen, einschließlich, sofern dies nach ihrem innerstaatlichen Recht vorgesehen ist, eine Abfindung bei Beendigung des Arbeitsverhältnisses.

Die Ansprüche, deren Befriedigung die Garantieeinrichtung übernimmt, sind die nicht erfüllten Ansprüche auf Arbeitsentgelt für einen Zeitraum, der vor und/ oder gegebenenfalls nach einem von den Mitgliedstaaten festgelegten Zeitpunkt liegt.

Art. 4 [Begrenzungsmöglichkeit für Zahlungspflichten] (1) Die Mitgliedstaaten können die in Artikel 3 vorgesehene Zahlungspflicht der Garantieeinrichtungen begrenzen.

(2) Machen die Mitgliedstaaten von der in Absatzes 1 genannten Möglichkeit Gebrauch, so legen sie die Dauer des Zeitraums fest, für den die Garantieeinrichtungen die nicht erfüllten Ansprüche zu befriedigen hat. Diese Dauer darf jedoch einen Zeitraum, der die letzten drei Monate des Arbeitsverhältnisses und die damit verbundenen Ansprüche auf Arbeitsentgelt umfasst und der vor und/ oder nach dem Zeitpunkt gem. Artikel 3 liegt, nicht unterschreiten. Die Mitgliedstaaten können festlegen, dass dieser Mindestzeitraum von drei Monaten innerhalb eines Bezugszeitraums von mindestens sechs Monaten liegen muss.

Die Mitgliedstaaten, die einen Bezugszeitraum von mindestens 18 Monaten vorsehen, können den Zeitraum, für den die Garantieeinrichtung die nicht erfüllten Ansprüche zu befriedigen hat, auf acht Wochen beschränken. In diesem Fall werden für die Berechnung des Mindestzeitraums die für die Arbeitnehmer vorteilhaftesten Zeiträume zugrunde gelegt.

(3) Die Mitgliedstaaten können ferner Höchstgrenzen für die von der Garantieeinrichtung zu leistenden Zahlungen festsetzen. Diese Höchstgrenzen dürfen eine mit der sozialen Zielsetzung dieser Richtlinie zu vereinbarende soziale Schwelle nicht unterschreiten.

Machen die Mitgliedstaaten von dieser Befugnis Gebrauch, so teilen sie der Kommission mit, nach welcher Methode sie die Höchstgrenze festsetzen.

Art. 5 [Grundsätze der Garantieeinrichtungen]
Die Mitgliedstaaten legen die Einzelheiten des Aufbaus, der Mittelaufbringung und der Arbeitsweise der Garantieeinrichtungen fest, wobei sie insbesondere folgende Grundsätze beachten:

a) Das Vermögen der Einrichtungen muss vom Betriebsvermögen der Arbeitgeber unabhängig und so angelegt sein, dass es einem Verfahren bei Zahlungsunfähigkeit nicht zugänglich ist.

b) Die Arbeitgeber müssen zur Mittelaufbringung beitragen, es sei denn, dass diese in vollem Umfang durch die öffentliche Hand gewährleistet ist.

c) Die Zahlungspflicht der Einrichtungen besteht unabhängig von der Erfüllung der Verpflichtungen, zur Mittelaufbringung beizutragen.

Abschnitt III. Vorschriften über die soziale Sicherheit

Art. 6 [Verhältnis zu gesetzlichen Systemen der sozialen Sicherheit und Zusatzversorgungseinrichtungen]
Die Mitgliedstaaten können vorsehen, dass die Artikel 3, 4 und 5 nicht für die Beiträge der Arbeitnehmer zu den einzelstaatlichen gesetzlichen Systemen der sozialen Sicherheit oder den betrieblichen oder überbetrieblichen Zusatzversorgungseinrichtungen außerhalb der einzelstaatlichen gesetzlichen Systeme der sozialen Sicherheit gelten.

Art. 7 [Arbeitgeberanteil an Versicherungsbeiträgen]
Die Mitgliedstaaten treffen die notwendigen Maßnahmen, um sicherzustellen, dass die Nichtzahlung an ihre Versicherungsträger von Pflichtbeiträgen zu den einzelstaatlichen gesetzlichen Systemen der sozialen Sicherheit, die vom Arbeitgeber vor Eintritt seiner Zahlungsunfähigkeit geschuldet waren, keine Nachteile für die Leistungsansprüche der Arbeitnehmer gegenüber diesen Versicherungsträgern mit sich bringt, soweit die Arbeitnehmerbeitragsanteile von den gezahlten Löhnen einbehalten worden sind.

Art. 8 [Schutz der Zusatzversorgung]
Die Mitgliedstaaten vergewissern sich, dass die notwendigen Maßnahmen zum Schutz der Interessen der Arbeitnehmer sowie der Personen, die zum Zeitpunkt des Eintritts der Zahlungsunfähigkeit des Arbeitgebers aus dessen Unternehmen oder Betrieb bereits ausgeschieden sind, hinsichtlich ihrer erworbenen Rechte oder Anwartschaftsrechte auf

Leistungen bei Alter, einschließlich Leistungen für Hinterbliebene, aus betrieblichen oder überbetrieblichen Zusatzversorgungseinrichtungen außerhalb der einzelstaatlichen gesetzlichen Systeme der sozialen Sicherheit getroffen werden.

Abschnitt III a. Vorschriften für grenzübergreifende Fälle

Art. 8 a [Zuständigkeit] (1) Ist ein Unternehmen, das im Hoheitsgebiet mindestens zweier Mitgliedstaaten tätig ist, zahlungsunfähig im Sinne von Artikel 2 Absatz 1, so ist für die Befriedigung der nicht erfüllten Arbeitnehmeransprüche die Einrichtung desjenigen Mitgliedstaats zuständig, in dessen Hoheitsgebiet die betreffenden Arbeitnehmer ihre Arbeit gewöhnlich verrichten oder verrichtet haben.

(2) Der Umfang der Rechte der Arbeitnehmer richtet sich nach dem für die zuständige Garantieeinrichtung geltenden Recht.

(3) Die Mitgliedstaaten treffen die erforderlichen Maßnahmen, um sicherzustellen, dass Entscheidungen, die in den in Absatz 1 genannten Fällen im Rahmen eines Insolvenzverfahrens gem. Artikel 2 Absatz 1 ergehen, dessen Eröffnung in einem anderen Mitgliedstaat beantragt wurde, bei der Feststellung der Zahlungsunfähigkeit des Arbeitgebers im Sinne dieser Richtlinie berücksichtigt werden.

Art. 8b [Information] (1) Zur Durchführung von Artikel 8a sehen die Mitgliedstaaten den Austausch einschlägiger Informationen zwischen den zuständigen öffentlichen Verwaltungen und/ oder den in Artikel 3 genannten Garantieeinrichtungen vor, mit dem insbesondere ermöglicht wird, dass die zuständige Garantieeinrichtung von den nicht erfüllten Arbeitnehmeransprüchen unterrichtet wird.

(2) Die Mitgliedstaaten teilen der Kommission und den anderen Mitgliedstaaten die genauen Angaben zu den jeweiligen zuständigen öffentlichen Verwaltungen und/ oder Garantieeinrichtungen mit. Die Kommission macht diese Informationen der Öffentlichkeit zugänglich.

Abschnitt IV. Allgemeine und Schlussbestimmungen

Art. 9. (1) Diese Richtlinie schränkt nicht die Möglichkeit der Mitgliedstaaten ein, für die Arbeitnehmer günstigere Rechts- und Verwaltungsvorschriften anzuwenden oder zu erlassen.

(2) Die Durchführung dieser Richtlinie darf unter keinen Umständen als Begründung für einen Rückschritt gegenüber der bestehenden Situation in jedem einzelnen Mitgliedstaat und gegenüber dem allgemeinen Niveau des Arbeitnehmerschutzes in dem von ihr abgedeckten Bereich herangezogen werden.

Art. 10 [Vermeidung von Missbrauch] Diese Richtlinie steht nicht der Möglichkeit der Mitgliedstaaten entgegen,

a) die zur Vermeidung von Missbräuchen notwendigen Maßnahmen zu treffen;

b) die in Artikel 3 vorgesehene Zahlungspflicht oder die in Artikel 7 vorgesehene Garantiepflicht abzulehnen oder einzuschränken, wenn sich herausstellt, dass die Erfüllung der Verpflichtung wegen des Bestehens besonderer Bindungen zwischen dem Arbeitnehmer und dem Arbeitgeber und gemeinsamer Interessen, die sich in einer Kollusion zwischen dem Arbeitnehmer und dem Arbeitgeber ausdrücken, nicht gerechtfertigt ist;

c) die in Artikel 3 vorgesehene Zahlungspflicht oder die in Artikel 7 vorgesehene Garantiepflicht in den Fällen abzulehnen oder einzuschränken, in denen ein Arbeitnehmer allein oder zusammen mit engen Verwandten Inhaber eines wesentlichen Teils des Unternehmens oder Betriebs des Arbeitgebers war und beträchtlichen Einfluss auf dessen Tätigkeiten hatte.

Art. 10a [Mitteilung von Änderungen] Die Mitgliedstaaten teilen der Kommission und den anderen Mitgliedstaaten die Arten von nationalen Insolvenzverfahren, die in den Geltungsbereich dieser Richtlinie fallen, sowie sämtliche diese Verfahren betreffenden Änderungen mit. Die Kommission veröffentlicht diese Mitteilungen im Amtsblatt der Europäischen Gemeinschaften.

Art. 11. (1) Die Mitgliedstaaten erlassen die erforderlichen Rechts- und Verwaltungsvorschriften, um dieser Richtlinie innerhalb von sechsunddreißig Monaten nach ihrer Bekanntgabe nachzukommen. Sie setzen die Kommission unverzüglich davon in Kenntnis.

(2) Die Mitgliedstaaten teilen der Kommission den Wortlaut der Rechts- und Verwaltungsvorschriften mit, die sie auf dem unter diese Richtlinie fallenden Gebiet erlassen.

Art. 12. Innerhalb von achtzehn Monaten nach Ablauf der in Artikel 11 Absatz 1 vorgesehenen Frist von sechsunddreißig Monaten übermitteln die Mitgliedstaaten der Kommission alle zweckdienlichen Angaben, damit die Kommission für den Rat einen Bericht über die Anwendung dieser Richtlinie erstellen kann.

Art. 13. Diese Richtlinie ist an die Mitgliedstaaten gerichtet.

Internationales Arbeitsrecht – IPR –
Einführungsgesetz zum Bürgerlichen Gesetzbuch (EGBGB)

vom 18. August 1896 (RGBl. S. 604) (BGBl. III 400–1), in der Fassung der Bekanntmachung vom 21. September 1994 (BGBl. I S. 2494, ber. 1997 I S. 1061).
Zuletzt geändert durch Art. 5 Abs. 2 Gesetz vom 19. Dezember 2006 (BGBl. I S. 3230)

Fünfter Abschnitt. Schuldrecht

Erster Unterabschnitt. Vertragliche Schuldverhältnisse

Art. 27 Freie Rechtswahl. (1) ¹Der Vertrag unterliegt dem von den Parteien gewählten Recht. ²Die Rechtswahl muss ausdrücklich sein oder sich mit hinreichender Sicherheit aus den Bestimmungen des Vertrages oder aus den Umständen des Falles ergeben. ³Die Parteien können die Rechtswahl für den ganzen Vertrag oder nur für einen Teil treffen.
(2) ¹Die Parteien können jederzeit vereinbaren, dass der Vertrag einem anderen Recht unterliegen soll als dem, das zuvor zu Grund einer früheren Rechtswahl oder auf Grund anderer Vorschriften dieses Unterabschnitts für ihn maßgebend war. ²Die Formgültigkeit des Vertrages nach Artikel 11 und Rechte Dritter werden durch eine Änderung der Bestimmung des anzuwendenden Rechts nach Vertragsabschluß nicht berührt.
(3) Ist der sonstige Sachverhalt im Zeitpunkt der Rechtswahl nur mit einem Staat verbunden, so kann die Wahl des Rechts eines anderen Staates – auch wenn sie durch die Vereinbarung der Zuständigkeit eines Gerichts eines anderen Staates ergänzt ist – die Bestimmungen nicht berühren, von denen nach dem Recht jenes Staates durch Vertrag nicht abgewichen werden kann (zwingende Bestimmungen).
(4) Auf das Zustandekommen und die Wirksamkeit der Einigung der Parteien über das anzuwendende Recht sind die Artikel 11, 12, 29 Abs. 3 und Artikel 31 anzuwenden.

Art. 28 Mangels Rechtswahl anzuwendendes Recht. (1) ¹Soweit das auf den Vertrag anzuwendende Recht nicht nach Artikel 27 vereinbart worden ist, unterliegt der Vertrag dem Recht des Staates, mit dem er die engsten Verbindungen aufweist. ²Läßt sich jedoch ein Teil des Vertrages von dem Rest des Vertrages trennen und weist dieser Teil eine engere Verbindung mit einem anderen Staat auf, so kann auf ihn ausnahmsweise das Recht dieses anderen Staates angewandt werden.
(2) ¹Es wird vermutet, dass der Vertrag die engsten Verbindungen mit dem Staat aufweist, in dem die Partei, welche die charakteristische Leistung zu erbringen hat, im Zeitpunkt des Vertragsabschlusses ihren gewöhnlichen Aufenthalt oder, wenn es sich um eine Gesellschaft, einen Verein oder eine juristische Person handelt, ihre Hauptverwaltung hat. ²Ist der Vertrag jedoch in Ausübung einer beruflichen oder gewerblichen Tätigkeit dieser Partei geschlossen worden, so wird vermutet, dass er die engsten Verbindungen zu dem Staat aufweist, in dem sich deren Hauptniederlassung befindet oder in dem, wenn die Leistung nach dem Vertrag von einer anderen als der Hauptniederlassung zu erbringen ist, sich die andere Niederlassung befindet. ³Dieser Absatz ist nicht anzuwenden, wenn sich die charakteristische Leistung nicht bestimmen läßt.
(...)

Art. 30 Arbeitsverträge und Arbeitsverhältnisse von Einzelpersonen.
(1) Bei Arbeitsverträgen und Arbeitsverhältnissen darf die Rechtswahl der Parteien nicht dazu führen, dass dem Arbeitnehmer der Schutz entzogen wird, der ihm durch die zwingenden Bestim-

mungen des Rechts gewährt wird, das nach Absatz 2 mangels einer Rechtswahl anzuwenden wäre.
(2) Mangels einer Rechtswahl unterliegen Arbeitsverträge und Arbeitsverhältnisse dem Recht des Staates,
1. in dem der Arbeitnehmer in Erfüllung des Vertrages gewöhnlich seine Arbeit verrichtet, selbst wenn er vorübergehend in einen anderen Staat entsandt ist, oder
2. in dem sich die Niederlassung befindet, die den Arbeitnehmer eingestellt hat, sofern dieser seine Arbeit gewöhnlich nicht in ein und demselben Staat verrichtet,

es sei denn, dass sich aus der Gesamtheit der Umstände ergibt, dass der Arbeitsvertrag oder das Arbeitsverhältnis engere Verbindungen zu einem anderen Staat aufweist; in diesem Fall ist das Recht dieses anderen Staates anzuwenden.

Art. 31 Einigung und materielle Wirksamkeit.
(1) Das Zustandekommen und die Wirksamkeit des Vertrages oder einer seiner Bestimmungen beurteilen sich nach dem Recht, das anzuwenden wäre, wenn der Vertrag oder die Bestimmung wirksam wäre.
(2) Ergibt sich jedoch aus den Umständen, dass es nicht gerechtfertigt wäre, die Wirkung des Verhaltens einer Partei nach dem in Absatz 1 bezeichneten Recht zu bestimmen, so kann sich diese Partei für die Behauptung, sie habe dem Vertrag nicht zugestimmt, auf das Recht des Staates ihres gewöhnlichen Aufenthaltsorts berufen.

Art. 32 Geltungsbereich des auf den Vertrag anzuwendenden Rechts.
(1) Das nach den Artikeln 27 bis 30 und nach Artikel 33 Abs. 1 und 2 auf einen Vertrag anzuwendende Recht ist insbesondere maßgebend für
1. seine Auslegung,
2. die Erfüllung der durch ihn begründeten Verpflichtungen,
3. die Folgen der vollständigen oder teilweisen Nichterfüllung dieser Verpflichtungen einschließlich der Schadensbemessung, soweit sie nach Rechtsvorschriften erfolgt, innerhalb der durch das deutsche Verfahrensrecht gezogenen Grenzen,
4. die verschiedenen Arten des Erlöschens der Verpflichtungen sowie die Verjährung und die Rechtsverluste, die sich aus dem Ablauf einer Frist ergeben,
5. die Folgen der Nichtigkeit des Vertrages.

(2) In bezug auf die Art und Weise der Erfüllung und die vom Gläubiger im Fall mangelhafter Erfüllung zu treffenden Maßnahmen ist das Recht des Staates, in dem die Erfüllung erfolgt, zu berücksichtigen.
(3) ¹Das für den Vertrag maßgebende Recht ist insoweit anzuwenden, als es für vertragliche Schuldverhältnisse gesetzliche Vermutungen aufstellt oder die Beweislast verteilt. ²Zum Beweis eines Rechtsgeschäfts sind alle Beweismittel des deutschen Verfahrensrechts und, sofern dieses nicht entgegensteht, eines der nach Artikel 11 und 29 Abs. 3 maßgeblichen Rechte, nach denen das Rechtsgeschäft formgültig ist, zulässig.

Art. 34 Zwingende Vorschriften.
Dieser Unterabschnitt berührt nicht die Anwendung der Bestimmungen des deutschen Rechts, die ohne Rücksicht auf das auf den Vertrag anzuwendende Recht den Sachverhalt zwingend regeln.

Art. 35 Rück- und Weiterverweisung; Rechtsspaltung.
(1) Unter dem nach diesem Unterabschnitt anzuwendenden Recht eines Staates sind die in diesem Staat geltenden Sachvorschriften zu verstehen.
(2) Umfaßt ein Staat mehrere Gebietseinheiten, von denen jede für vertragliche Schuldverhältnisse ihre eigenen Rechtsvorschriften hat, so gilt für die Bestimmung des nach diesem Unterabschnitt anzuwendenden Rechts jede Gebietseinheit als Staat.

Art. 36 Einheitliche Auslegung.
Bei der Auslegung und Anwendung der für vertragliche Schuldverhältnisse geltenden Vorschriften dieses Kapitels ist zu berücksichtigen, dass die ihnen zugrunde liegenden Regelungen des Übereinkommens vom 19. Juli 1980 über das auf vertragliche Schuldverhältnisse anzuwendende Recht (BGBl. 1986 II S. 809) in den Vertragstaaten einheitlich ausgelegt und angewandt werden sollen.

Literatur

– bis 2004 vgl. KR-Vorauflage –
Boemke EU-Osterweiterung und grenzüberschreitende Arbeitnehmerüberlassung, BB 2005, 166; *Feyerbacher* Das Arbeitsrecht der Europäischen Zentralbank – Zwischen Beamtenstatus und europäischem Arbeitsrecht, ZESAR 2006, 11; *Franzen* Internationales Arbeitsrecht. AR-Blattei SD 920 (1993); *Junker* Gewöhnlicher Arbeitsort und vorübergehende Entsendung im Internationalen Privatrecht, FS Andreas Heldrich 2005, 719; *ders.* Internationale Zuständigkeit und anwendbares Recht in Arbeitssachen, NZA 2005, 199; *ders.* Internationales Arbeitsrecht in der geplanten Rom I-Verordnung, RIW 2006, 401; *Kutzki* Internationales Kündigungsrecht, FA 2005, 69; *Mastmann/Stark* Vertragsgestaltung bei Personalentsendung ins Ausland, BB 2005, 1849; *Reiter* Anwendbare Rechtsnormen bei der Kündigung ins Ausland entsandter Arbeitnehmer, NZA 2004, 1246; *Riesenhuber* Die konkludente Rechtswahl im Arbeitsvertrag, DB 2005, 1571; *Simitis* Internationales Arbeitsrecht – Standort und Perspektiven, FS Kegel, 1977, 153; *Thomas/Weidmann* Wirksamkeit nachvertraglicher Wettbewerbsverbote in Fällen mit Auslandsbezug, DB 2004, 2694; *Thüsing/Müller* Geklärtes und Ungeklärtes im Internationalen Tarifrecht, BB 2004, 1333; *Triebel* Auslegung englischer Vertragstexte unter deutschem Vertragsstatut – Fallstricke des Art. 32 Abs. 1 Nr. 1 EGBGB; *Valticos* International Labour Law, in Blanpain, (Ed.), International Encyclopaedia for Labour Law and Industrial Relations, Vol. 1; *Werthebach* Arbeitnehmereinsatz im Ausland – Sozialversicherung und anwendbares Recht bei befristeter Entsendung NZA 2006, 247; *Wisskirchen/Goebel* Arbeitsrechtliche Aspekte der Verlagerung von Arbeitsplätzen ins Ausland (Off-Shoring), DB 2004, 1937.

Inhaltsübersicht

	Rz		Rz
A. Vorbemerkungen	1–10	III. Arbeitsstatut bei fehlender Rechtswahl (Art. 30 Abs. 2 EGBGB)	45–73
I. Gesetzliche Neuregelung vom 25.7.1986		1. Recht des gewöhnlichen Arbeitsortes (Art. 30 Abs. 2 Ziff. 1 EGBGB)	47–51
II. Rechtsquellen der Neuregelung	2–5	2. Recht am Ort der einstellenden Niederlassung (Art. 30 Abs. 2 Ziff. 2 EGBGB)	52, 53
III. Grundsätze der Neuregelung	6–9		
IV. Intertemporales Recht	10		
B. Erläuterungen	11–143		
I. Geltungsbereich	11		
II. Rechtswahlfreiheit und ihre Einschränkungen	12–44	3. Ausnahmeklausel der Sachnähe zu anderem Staat (Art. 30 Abs. 2 Hs. 2 EGBGB)	54–57
1. Überblick	12	4. Einzelne Arbeitnehmer- und Berufsgruppen	58–73
2. Rechtswahl	13–21	a) Fliegendes Personal	58–61
a) Umfang der Rechtswahlfreiheit	13–16	b) Besatzung von Hochseeschiffen	62–65
b) Vereinbarung des anzuwendenden Rechts	17	c) Mitarbeiter multinationaler Unternehmen	66–68
c) Stillschweigende Rechtswahl	18–20	d) Mitarbeiter öffentlich-rechtlicher und ähnlicher Einrichtungen	69, 70
d) Teilrechtswahl	21	e) Sonstige	71–73
3. Einschränkungen der Rechtswahl durch »zwingende Bestimmungen«	22–44	IV. Einzelheiten zur Beendigung von Arbeitsverhältnissen mit Auslandsberührung	74–125
a) »Zwingende Bestimmungen« gem. Art. 27 Abs. 3 EGBGB	22–25	1. Anzuwendende Rechtsordnung gem. Art. 32 Abs. 1 Ziff. 4 EGBGB	74
b) »Zwingende Bestimmungen« gem. Art. 30 Abs. 1 EGBGB	26–31	2. Rechts- und Geschäftsfähigkeit im IPR	75, 76
c) »Zwingende Vorschriften« gem. § Art. 34 EGBGB	32–36	3. Form der Beendigung	77
d) Ordre public gem. Art. 6 EGBGB	37–44		

	Rz		Rz
4. Einzelne Beendigungstatbestände	78–84	6. Anhörung des Betriebsrates	110–115
a) Befristung	78–80	7. Rechtsfolgen der Beendigung	116–125
b) Auflösungsvertrag	81	a) Schadensersatzansprüche	116
c) Kündigung	82–84	b) Urlaubsabgeltung	117
5. Kündigungsschutz	85–109	c) Entgeltfortzahlungen	118
a) Allgemeiner Kündigungsschutz	85–92	d) Insolvenzgeld	119
		e) Wettbewerbsklausel	120
b) Besonderer Kündigungsschutz	93–105	f) Betriebliche Altersversorgung	121
aa) Schwerbehinderte	93–95	g) Zeugnis	122
bb) Schwangere, Wöchnerinnen, Erziehungsurlauber	96, 97	h) Ausgleichsquittung	123
		i) Rückzahlungsklausel	124, 125
		V. Auslegungsregeln	126, 127
cc) Auszubildende	98	VI. Aufklärung ausländischen Rechts (§ 293 ZPO)	128, 129
dd) Wehrpflichtige, Zivildienstleistende	99, 100	VII. Internationale Zuständigkeit der Gerichte	130–142
ee) Parlamentarier	101, 102	VIII. Gerichtsbarkeit immuner Einrichtungen	143
ff) Betriebsräte	103–105		
c) Betriebsübergang	106–109		

A. Vorbemerkungen

I. Gesetzliche Neuregelung vom 25.7.1986

1 Mit dem Gesetz zur Neuregelung des Internationalen Privatrechts vom 25.7.1986 (BGBl. I S. 1142) hat der deutsche Gesetzgeber das vormals in der Hauptsache durch die Rechtsprechung ausgefüllte Rechtsgebiet des **Internationalen Arbeitsrechts** kodifiziert. Gleichzeitig hat der Bundestag dem EG-Übereinkommen über das auf vertragliche Schuldverhältnisse anzuwendende Recht vom 19.6.1980 zugestimmt (BGBl. 1986 II S. 810); vgl. auch Rz 5.

II. Rechtsquellen der Neuregelung

2 Der Kodifikation des deutschen Internationalen Privatrechts (IPR) bzw. Internationalen Arbeitsrechts (IAR) gehen zwei Entwürfe der Kommission der EG voraus: einer in Form eines **Übereinkommens**, das alle Arbeitsverhältnisse mit Arbeitsort **außerhalb** des Gebietes der EU erfasst; der zweite soll als **Verordnung** das Arbeitsverweisungsrecht für Arbeitnehmer, die Angehörige eines EU-Mitgliedstaates sind und ihre Arbeit **in einem anderen EU-Staat** leisten, regeln. Insbesondere die Verordnung für Arbeitsverhältnisse innerhalb der EU ist Gegenstand lebhafter Kritik: vgl. insbes. *Beitzke* Gedächtnisschrift Dietz (1973), 127 ff., *Gamillscheg* RabelsZ (1973), 284 ff.; *Simitis* FS Kegel, 153 ff.

3 Nach dem »Vorentwurf eines Übereinkommens über das auf vertragliche und außervertragliche Schuldverhältnisse anwendbare Recht« (Dok. XI/514/76-D, XI/528/76-D; teilweise abgedruckt in: RdA 1978, 55 mit krit. Anm. von *Engelmann*) untersteht der Arbeitsvertrag der **von den Parteien ausdrücklich vorzunehmenden Rechtswahl.** Das Schweigen einer Partei auf einen Vorschlag betreffend des anzuwendenden Rechts kann auch als Zustimmung ausgelegt werden (Art. 2). Liegt keine ausdrückliche Rechtswahl vor, untersteht der Arbeitsvertrag dem Recht des Staates, mit dem er die engste Verbindung aufweist (Art. 4 Abs. 1), das ist der Staat des Arbeitsortes bzw. der Niederlassung, bei der der Arbeitnehmer eingestellt wurde (Art. 6 Abs. 2a und b).

4 Im »Geänderten Vorschlag einer Verordnung des Rates über das auf Arbeitsverhältnisse innerhalb der Gemeinschaft anzuwendende Konfliktrecht« vom 28.4.1976 wird die Parteiautonomie weitgehend zurückgedrängt. **Anknüpfungsmerkmal ist in erster Linie die Rechtsordnung im Staat des gewöhnlichen Arbeitsortes (Art. 3),** bei Seearbeitsverhältnissen das Recht der Flagge, beim sonstigen land-, luft- und seefahrenden Personal der Ort, an dem der betroffene Betrieb registriert ist. Bei vorübergehender Arbeitsleistung in anderen Staaten bleibt die Rechtsordnung am Ort des Entsendebetriebs maßgebend (Art. 4). Wird die Arbeitsleistung ständig in mehreren Mitgliedstaaten der EU erbracht, kann gem. Art. 6 – in Schriftform – gewählt werden zwischen den Rechtsordnungen eines der Beschäftigungsorte, der Wohnsitze des Arbeitgebers oder Arbeitnehmers oder dem registrierten Unternehmenssitz (enumerativ). Diese Beschränkungen entfallen bei der Rechtswahl bei leitenden Angestellten und besonde-

ren Spezialisten. Durch die Regelungen in den Art. 4 bis 6 darf gem. Art. 8 ein sozialer Mindestschutz nach der zwingenden lex loci laboris nicht ausgeschlossen werden (Arbeitszeit, Lohn, Arbeitssicherheit, Arbeitsverbote für Kinder und Schwangere u.ä., Schutz der Belegschaftsvertreter, Vorschriften über die behördliche Genehmigung zur Beendigung des Arbeitsverhältnisses, gewerbsmäßige Arbeitnehmerüberlassung und hinsichtlich Wettbewerbsverboten).

Mit dem **Übereinkommen über das auf vertragliche Schuldverhältnisse anzuwendende Recht (EVÜ),** das am 19.6.1980 in Rom zur Unterzeichnung aufgelegt wurde (ABlEG L 266 vom 9.10.1980) und das der jeweils nationalen Ratifizierung bedarf (ratifiziert in Belgien 1987, Deutschland 1987, Dänemark 1986, Frankreich 1983, Irland 1991, Italien 1985, Luxemburg 1986, Niederlande 1991, Vereinigtes Königreich 1991, Österreich 1998, Finnland 1998, Schweden 1998) in der Bundesrepublik Deutschland in Kraft getreten am 1.4.1991 – BGBl. 1991 II S. 871) sind auch Kollisionsregelungen für Arbeitsverhältnisse getroffen worden (zum Übereinkommen insgesamt s. den Bericht von *Giuliano* und *Lagarde* ABlEG C 282 vom 31.10.1980). Gemäß dem Beitrittsübereinkommen von Funchal vom 1.9.1995 ist das EVÜ auch im Verhältnis Deutschlands zu Spanien und Portugal in Kraft getreten (BGBl. 1995 II S. 306). Das EVÜ – auf dem Art. 30 EGBGB basiert – gilt in den meisten Staaten des europäischen Wirtschaftsraums (*Junker* RdA 1998, 42). Die Regelungen in Art. 6 (»Arbeitsverträge und Arbeitsverhältnisse von Einzelpersonen« basieren (wie bzgl. der Verbraucherverträge gem. Art. 5) auf Schutzgedanken zugunsten der sozial und wirtschaftlich schwächeren Partei. Danach wird die Rechtswahlfreiheit der Parteien gem. Art. 3 des Übereinkommens insoweit eingeschränkt, als dem Arbeitnehmer nicht der Schutz entzogen werden darf. »der ihm durch die zwingenden Bestimmungen des Rechts gewährt wird, das nach Abs. 2 mangels einer Rechtswahl anzuwenden wäre«. Zwar bleibt damit das gewählte Recht grds. anwendbar, doch verdrängen die für den Arbeitnehmer günstigeren Vorschriften (zB längere Kündigungsfristen) insoweit die gewählte Rechtsordnung (vgl. *Giuliano* und *Lagarde* aaO, S. 25). Nach Art. 6 Abs. 2 des Übereinkommens sind auf Arbeitsverhältnisse mangels Rechtswahl anzuwenden:

a) das Recht des Staates, in dem der Arbeitnehmer in Erfüllung des Vertrages gewöhnlich seine Arbeit verrichtet, selbst wenn er vorübergehend in einen anderen Staat entsandt ist, oder
b) das Recht des Staates, in dem sich die Niederlassung befindet, die den Arbeitnehmer eingestellt hat, sofern dieser seine Arbeit gewöhnlich nicht in ein und demselben Staat verrichtet, es sei denn, dass sich aus der Gesamtheit der Umstände ergibt, dass der Arbeitsvertrag oder das Arbeitsverhältnis engere Verbindungen zu einem anderen Staat aufweist; in diesem Fall ist das Recht dieses anderen Staates anzuwenden.

Zu den Reformplänen bezügl. der EVÜ vgl. *Junker* RIW 2006, 401.

III. Grundsätze der Neuregelung

Nach dem seit dem 25.7.1986 geltenden nationalen IAR in der Bundesrepublik Deutschland können die Parteien des Arbeitsvertrages mit Auslandsberührung das maßgebliche Recht selbst bestimmen (Art. 27 EGBGB). Dieser **Grundsatz der Parteiautonomie** galt bereits vor Inkrafttreten des Art. 27 EGBGB im deutschen IAR (*BAG* 20.7.1967 EzA § 1 KSchG Nr. 8; ebenso 10.5.1962 AP Nr. 6 zu IPR Arbeitsrecht; 27.8.1964 AP Nr. 9 zu IPR Arbeitsrecht; 10.4.1975 AP Nr. 12 zu IPR Arbeitsrecht; 9.11.1977 EzA § 102 BetrVG 1972 Nr. 31; 4.5.1977 EzA § 4 TVG Bauindustrie Nr. 25; sowie *Gamillscheg* IAR, S. 113 ff.; *ders.* AWD 1979, 225 ff.; *Birk* RdA 1984, 129). Allerdings musste für das Arbeitsverhältnis eine sachliche Beziehung zum Bereich des gewählten Rechts bestehen (*BAG* 5.9.1972 AP Nr. 159 zu § 242 BGB Ruhegehalt).

Die Rechtswahlfreiheit stieß zunehmend auf Kritik, da es zweifelhaft ist, ob bei einem Arbeitsvertrag von einer wirklich frei ausgehandelten und als einer den gerecht zu bewertenden Interessen der Parteien entsprechenden Vereinbarung ausgegangen werden kann (*Fikentscher* RdA 1969, 204 ff.). Das Arbeitsrecht als Arbeitnehmerschutzrecht sieht *Simitis* (FS Kegel, S. 153 ff.) zutreffend als Dokument staatlicher Intervention in dem einst staatsfreien Raum zur Steuerung des Arbeitsmarktes an mit der richtigen Folgerung, dass sich das IAR dem traditionellen Maßstäben des IPR entziehe und die Anknüpfung an den Parteiwillen in Frage stelle. *Simitis* gibt daher der **lex loci laboris** den Vorzug (mit Differenzierungen), die nicht nur die Rechtswahl erleichtere, sondern für die Beteiligten auch der Rechtsklarheit, dem Gleichbehandlungsgrundsatz diene und durch den Verweis auf das gesamte am Arbeitsort geltende Arbeitsrecht Auseinandersetzungen über einzelne Vorschriften erspare. Dem entspricht auch der Ansatz der **RL 96/71/EG des Europäischen Parlaments und des Rates über die Entsendung von Arbeitnehmern im Rahmen der Erbringung von Dienstleistungen vom 16.12.1996 (AblEG 1997 Nr. L 18/1).

8 Den vorgenannten Argumenten trägt die neue Regelung gem. Art. 30 EGBGB Rechnung: Diese Norm entspricht einer Entwicklung der nationalen, materiellen Arbeitsrechtsordnungen, in denen die Vorherrschaft des Parteiwillens zunehmend durch die Statuierung zwingender staatlicher Arbeitnehmerschutzrechte abgebaut wird. Die wirtschaftliche und persönliche Abhängigkeit des einzelnen Arbeitnehmers lässt einen Interessenausgleich allein auf der Basis des Parteiwillens nicht zu; Art. 30 EGBGB schränkt deshalb die Parteiautonomie ein. Die Vorschrift geht zwar von Rechtsvereinbarungen aus. Die Rechtswahl der Parteien darf aber auch nicht dazu führen, dass dem Arbeitnehmer der Schutz entzogen wird, den ihm die zwingenden Bestimmungen des Rechts gewähren, das ohne die Rechtswahl nach Art. 30 Abs. 2 EGBGB angewendet werden müsste (BT-Drucks. 10/503). Bei der Auslegung der für Arbeitsverhältnisse geltenden Vorschriften des EGBGB ist Art. 36 EGBGB zu beachten (s.u. Rz 126 f.).

9 Die Neuregelung des IPR vom 25.7.1986 befindet sich im Zweiten Kapitel des EGBGB. Vertragliche Schuldverhältnisse sind im Fünften Abschnitt geregelt, das IAR hat seine spezielle Normierung im Art. 30 gefunden. Die Regelung in Art. 30 EGBGB entspricht im Wesentlichen der in Art. 6 des EG-Übereinkommens (s.o. Rz 4). Der Grundsatz der freien Rechtswahl im IAR gem. Art. 27 EGBGB entspricht Art. 3 des EG-Übereinkommens.

IV. Intertemporales Recht

10 Art. 220 Abs. 1 EGBGB lautet: »Auf vor dem 1. September 1986 abgeschlossene Vorgänge bleibt das bisherige Internationale Privatrecht anwendbar.« Von dieser Bestimmung werden nur unwandelbare Vorgänge, nicht aber vertragliche Dauerschuldverhältnisse erfasst, wenigstens soweit die Anwendung des neuen Kollisionsrechts auf die nach seinem Inkrafttreten eingetretenen Teilwirkungen des Dauerschuldverhältnisses beschränkt bleibt (BAG 29.10.1992 EzA Art. 30 EGBGB Nr. 2). Dauerschuldverhältnisse zeichnen sich in ihrer besonderen zeitlichen Dimension durch ständig neue Leistungspflichten aus, werden somit vom Merkmal der »abgeschlossenen Vorgänge« nicht erfasst (Münch-ArbR-Birk § 19 Rz 110; Däubler RIW 1987, 256). Die Zuordnung von Arbeitsverhältnissen, die bereits vor dem 1.9.1986 begründet worden sind, zur von diesem Datum an geltenden Neuregelung des IPR entspricht dem Ziel der Rechtsvereinheitlichung des internationalen Schuldrechts (vgl. auch Art. 36 EGBGB; s.u. Rz 126 f.) durch das Übereinkommen über das auf vertragliche Schuldverhältnisse anzuwendende Recht (EVÜ) vom 19.6.1980 (BGBl. 1986 II S. 809). Im Übrigen müssen Arbeitsvertragsparteien mit erst für die Zukunft wirkenden Änderungen der einschlägigen Kollisionsnormen ebenso rechnen wie mit entsprechenden Änderungen des geltenden materiellen Arbeitsrechts, sei es aufgrund einer Rechtswahl oder objektiver Anknüpfung (BAG 29.10.1992 EzA Art. 30 EGBGB Nr. 2; Junker SAE 1994, 37; widersprüchlich insoweit BAG 21.1.1999 EzA § 1 KSchG Nr. 51; vgl. Junker RIW 2001, 94; aA Erman-Hohloch Art. 30 EGBGB Rz 6).

B. Erläuterungen

I. Geltungsbereich

11 Art. 30 EGBGB ist sedes materiae der Dienstverhältnisse zwischen Arbeitgeber und Arbeitnehmer, die eine abhängige, weisungsgebundene Tätigkeit betreffen. Dienstleistungsverträge in wirtschaftlicher und persönlicher Selbständigkeit unterfallen Art. 30 nicht. In den Anwendungsbereich des Art. 30 EGBGB fallen auch nichtige in Vollzug gesetzte sowie faktische Arbeitsverhältnisse (BT-Drucks. 10/503).

II. Rechtswahlfreiheit und ihre Einschränkungen

1. Überblick

12 Das Prinzip der Zulässigkeit der freien Wahl des Arbeitsstatus gilt fort. Dieser vormals gewohnheitsrechtliche Grundsatz ist mit dem Gesetz zur Änderung des EGBGB vom 25.7.1986 gesetzlich in Art. 27 EGBGB normiert worden. Allerdings unterliegt die Rechtswahlfreiheit – insbes. auch im Bereich des Rechts der Beendigung von Arbeitsverhältnissen – weitgehenden gesetzlichen Beschränkungen. Art. 27 Abs. 3 EGBGB begrenzt die Rechtswahlfreiheit durch diejenigen zwingenden Bestimmungen, von denen nach dem Recht des Staates mit der ausschließlichen sachverhaltsmäßigen Verbindung nicht abgewichen werden darf (s.u. Rz 22 ff.). Gem. Art. 30 Abs. 1 EGBGB werden gewählte Statuten

durch diejenigen zwingenden Bestimmungen verdrängt, die als unabdingbare Schutzvorschriften für den sozial schwächeren Arbeitnehmer fungieren (s.u. Rz 26 ff.). Die Rechtswahlfreiheit findet nach Art. 34 EGBGB schließlich dort ihre Grenzen, wo deutsches Recht als zwingende Vorschriften (Eingriffsnormen) Tragpfeiler der Sozialordnung darstellen (s.u. Rz 32 ff.) bzw. gem. Art. 6 EGBGB dort, wo wesentlichen sozialen Grundsätzen, zB auch den Grundrechten, nicht Rechnung getragen wird (s.u. Rz 37 ff.).

2. Rechtswahl

a) Umfang der Rechtswahlfreiheit

Die Rechtswahlfreiheit gem. Art. 27 und 30 EGBGB ermöglicht den Arbeitsvertragsparteien, das maßgebliche Recht selbst zu bestimmen. Im Rahmen der gesetzlichen Beschränkungen (s.u. Rz 22 ff.) eröffnet die **Parteiautonomie** eine Rechtswahl ohne sachlichen Bezug zum Arbeitsvertrag. Gewählt werden kann »neutrales Recht«, zB von deutschen Vertragsparteien portugiesisches Recht bei einem spanischen Arbeitsort. Wählen die Parteien individualvertraglich in wirksamer Weise ausländisches Arbeitsrecht, gestalten inländische Tarifverträge auch im Falle beiderseitiger Tarifbindung das Arbeitsverhältnis nicht normativ gem. §§ 3, 4 TVG (*BAG* 9.7.2003 EzA Art. 30 EGBGB Nr. 6; 20.8.2003 – 5 AZR 362/02). 13

Bei einem reinen **Inlandsfall**, dh deutsche Arbeitsvertragsparteien, Erfüllungsort im Inland, kein Auslandsbezug, ist die Wahl einer anderen Rechtsordnung, zB der italienischen, im Rahmen der Einschränkungen gem. Art. 27 Abs. 3 EGBGB (zwingendes deutsches Recht, s.u. Rz 22 ff.) möglich. Diese Rechtswahl nach Art. 27 Abs. 3 EGBGB ist eine kollisionsrechtliche Verweisung (so auch MünchArbR-*Birk* § 19 Rz 5; dagegen für materiellrechtliche Verweisung MünchKomm-*Martiny* Art. 30 EGBGB Rz 11). Soweit es sich um einen reinen deutschen **Inlandsfall im Seearbeitsrecht** handelt, dh Heuerverhältnisse zwischen deutschem Reeder und deutschen Besatzungsmitgliedern auf Seeschiffen mit der Bundesflagge, wird gem. § 1 SeemG deutsches Recht angewendet (vgl. auch KR-*Weigand* SeemG Rz 2 f.). 14

Die Rechtswahlfreiheit gem. Art. 27, 30 EGBGB betrifft das Einzelarbeitsverhältnis zwischen Arbeitgeber und Arbeitnehmer. **Kollektivvereinbarungen** – zB **Tarifverträge, Betriebsvereinbarungen** – werden vom Wortlaut der Art. 27, 30 EGBGB nicht erfasst (*Giuliano* und *Lagarde* ABlEG C 282 vom 31.10.1980, S. 57; *Birk* RdA 1989, 201; *Otto* SAE 1993, 185, 192 f.; MünchKomm-*Martiny* Art. 30 EGBGB Rz 83). Die Freiheit der Wahl des anwendbaren Arbeitsrechts durch Tarifvertrag – außerhalb der Regelungen der Art. 27, 30 EGBGB – ist umstritten (abl. *Birk* RdA 1984, 129, 136; *Thüsing* NZA 2003, 1303). Unproblematisch erscheint die Möglichkeit, das anwendbare Recht für den schuldrechtlichen Teil des Tarifvertrages zu vereinbaren (so *Ebenroth/Fischer/Sorek* ZVglRW 188 (1989), 145; *Friedrich* RdA 1980, 112). Auch darüber hinaus ist die Rechtswahl durch Tarifvertrag nicht durch gesetzliche Regelungen ausgeschlossen (ohne Einschränkung befürwortend *Däubler* NZA 1990, 673). Im Sinne einerseits der Ordnungsfunktion von Tarifverträgen aber auch andererseits wegen des Schutzgedankens, der dem Merkmal der »zwingenden Bestimmungen« in Art. 30 Abs. 1 EGBGB zugrunde liegt, können **Rechtswahlklauseln im Tarifvertrag** angesichts zunehmender grenzüberschreitender Wirtschaftstätigkeit der Unternehmen, wachsender internationaler Mobilität der Arbeitnehmer und der fortschreitenden wirtschaftlichen, sozialen und rechtlichen Verflechtungen insbes. innerhalb der Wirtschaftsgemeinschaften wie zB der Europäischen Union an Bedeutung gewinnen. Die Rechtswahl im Tarifvertrag ist zu beschränken auf diejenigen Regelungsbereiche, die gem. § 1 Abs. 1 TVG tarifvertraglich regelbar sind; das gewählte Recht darf nicht dem zwingenden inländischen Tarifvertrags- und sonstigem Arbeitsrecht entgegenstehen und unterliegt im Übrigen der Prüfung nach dem arbeitsrechtlichen Günstigkeitsprinzip. Soweit deutsche Tarifvertragsparteien für ausschließlich im Ausland zu erfüllende Arbeitsverträge Tarifverträge abschließen, treten diese Tarifverträge hinter zwingendes ausländisches Recht zurück (*BAG* 11.9.1991 EzA § 1 TVG Durchführungspflicht Nr. 1). 15

Für **Seearbeitsverhältnisse auf Schiffen unter deutscher Flagge**, die in das Internationale Seeschifffahrtsregister (ISR) gem. § 12 Abs. 1 FlRG (sog. Zweitregister) eingetragen sind, gelten besondere Regelungen gem. § 21 Abs. 4 FlRG: Arbeitsverhältnisse von Besatzungsmitgliedern eines im ISR eingetragenen Kauffahrteischiffes, die im Inland keinen Wohnsitz oder ständigen Aufenthalt haben, unterliegen bei der Anwendung des Art. 30 EGBGB vorbehaltlich der Rechtsvorschriften der EG nicht schon auf Grund der Tatsache, dass das Schiff die Bundesflagge führt, dem deutschen Recht (*BAG* 3.5.1995 EzA Art. 30 EGBGB Nr. 3). Werden für die vorgenannten Arbeitsverhältnisse von ausländi- 16 schen Gewerkschaften Tarifverträge abgeschlossen, so haben diese nur dann die im deutschen TVG genannten Wirkungen, wenn für sie die Anwendung des im Geltungsbereich des Grundgesetzes geltenden Tarifrechts sowie die Zuständigkeit der deutschen Gerichte vereinbart worden ist. Zur Verfassungsmäßigkeit des § 21 Abs. 4 S. 1 und 2 FlaggenrechtsG; s.a. Rz 65, sowie *Wimmer* NZA 1995, 250; iE s. KR-*Weigand* SeemG Rz 10. Mit der Regelung gem. § 21 Abs. 4 FIRG kann die Geltung an sich zwingender Vorschriften (s.u. Rz 22 ff.) ausgeschlossen werden. Zum auf Heuerverhältnisse auf Schiffen des ISR anwendbaren Recht vgl. auch KR-*Weigand* SeemG Rz 9 ff.

b) Vereinbarung des anzuwendenden Rechts

17 Die parteiautonome Vereinbarung über die auf das Arbeitsverhältnis anzuwendende Rechtsordnung kann kraft **individualvertraglicher Übereinkunft** nach den Regeln des allgemeinen Schuldrechts erfolgen. Auch nachträglich – zB im Prozess (*BAG* 27.8.1964 EzA § 3 BUrlG Nr. 1) – ist die Rechtswahl möglich (Art. 27 Abs. 2 S. 1 EGBGB). Eine besondere **Form für die Rechtswahl** schreibt das IPR nicht vor, es gelten für die Rechtswahl und den Arbeitsvertrag selbst grds. die allgemeinen Grundsätze der jeweils vereinbarten Rechtsordnung, Art. 27 Abs. 4, Art. 11, Art. 31 EGBGB (MünchKomm-*Martiny* Art. 30 EGBGB Rz 15). Zur Rechtswahl kann es schließlich auch konkludent durch **schlüssiges Handeln** kommen. Daran ändert auch das Nachweisgesetz vom 20.7.1995 (BGBl. I S. 946) nichts, wiewohl bei einem längeren als einmonatigen Auslandsaufenthalt die dem Arbeitnehmer auszuhändigende Niederschrift der wesentlichen Vertragsbedingungen (§ 2 Abs. 1 Ziff. 1–10 NachwG) gem. § 2 Abs. 2 NachwG zusätzliche Angaben über die Dauer der Auslandstätigkeit, die Währung des Entgelts sowie zusätzlicher Leistungen und die vereinbarten Bedingungen für die Rückkehr des Arbeitnehmers enthalten muss (vgl. auch *Birk* NZA 1996, 281, 287). Auch durch Formularvertrag kann die Rechtswahl getroffen werden (*Thüsing* NZA 2003, 1303).

c) Stillschweigende Rechtswahl

18 Eine **stillschweigende Wahl** der anzuwendenden Rechtsordnung kann nur unter Abwägung aller vorliegenden **Indizien** angenommen werden, wobei sich aus den prägenden Elementen eindeutig ergeben muss, welches Recht dem Arbeitsvertrag von Anfang an von den Parteien zugrunde gelegt werden sollte (*BAG* 20.7.1967 AP Nr. 10 zu IPR Arbeitsrecht mit Anm. von *Gamillscheg*). Gem. Art. 27 Abs. 1 S. 2 EGBGB muss sich dabei die stillschweigende Wahl mit hinreichender Sicherheit aus den Bestimmungen des Vertrages oder aus den Umständen des Falles ergeben (*Schlachter* NZA 2000, 57, 59). Die stillschweigende Rechtswahl setzt einen nachvollziehbaren Rechtswahlwillen voraus. Eine Anknüpfung an den hypothetischen Parteiwillen reicht demnach nicht aus (MünchArbR-*Birk* § 19 Rz 12; *Riesenhuber* DB 2005, 1571).Wenn eine Rechtswahl nicht hinreichend sicher erkennbar ist, muss im Zweifel eine objektive Anknüpfung erfolgen (*Riesenhuber* aaO mwN).

19 Die **Geltung deutschen Tarifrechts** oder einzelvertraglicher Vereinbarung eines umfassenden Katalogs deutscher materieller Arbeitsrechtsvorschriften lassen erkennen, dass insgesamt deutsches Recht gewollt ist (*BAG* 12.12.2001 EzA Art. 30 EGBGB Nr. 5; 26.7.1995 EzA § 133 BGB Nr. 19; *LAG Köln* 6.11.1998 LAGE Art. 30 EGBGB Nr. 4 krit. Anm. *Mankowski*; *LAG BW* 15.10.2002 LAGE Art. 30 EGBGB Nr. 6 Anm. *Mankowski*; *BGH* 14.1.1999 NJW-RR 1999, 813; MünchArbR-*Birk* § 20 Rz 11; *Junker* RIW 2001, 94, 96). Ein Fall schlüssiger Rechtswahl kann in der ausdrücklichen Bezeichnung »gesetzlich« im Arbeitsvertrag gesehen werden, wenn damit die gesetzlich vorgesehene Kündigungsfrist einer bestimmten Rechtsordnung beziffert und vereinbart wird (*Gamillscheg* ZfA 1983, 329; *Hickl* NZA-Beil. 1/1987, S. 10). Obwohl idR eine **Gerichtsstandsvereinbarung** nicht direkt auf das anzuwendende Recht schließen lässt, kann die Vereinbarung über die Zuständigkeit eines bestimmten Gerichts für alle Streitigkeiten aus dem Arbeitsverhältnis als erkennbare Rechtswahl angesehen werden (*LAG Nds.* 20.11.1998 AR-Blattei ES Internationales Arbeitsrecht Nr. 6; Anm. *Mankowski*; *LAG Düsseld.* 6.12.1985 RIW 1987, 61; für den Fall der Vereinbarung eines Tarifschiedsgerichts *BAG* 30.5.1963 AP Nr. 7 zu IPR Arbeitsrecht). Auch das übereinstimmende Einlassen im Prozess auf eine Rechtsordnung reicht für die stillschweigende Rechtswahl aus (MünchArbR-*Birk* § 19 Rz 17; MünchKomm-*Martiny* Art. 30 EGBGB Rz 11).

20 Ebenso kann als Indiz die Verwendung von für eine Rechtsordnung **typischen Formularverträgen** (vgl. auch *Mook* DB 1987, 2252), das Zitat von Rechtsnormen eines Staates im Vertrag und die Rechtswahl bei einem früheren ähnlichen Vertragsverhältnis dienen (*Hönsch* NZA 1988, 113). Der **Sprache**, in der ein Arbeitsvertrag abgefasst ist, kommt dagegen nur geringe indizielle Bedeutung zu (abl. *BGH* 22.11.1955 BGHZ 19, 110 ff.); denn in vielen internationalen Unternehmen, in denen Arbeitsverhältnisse mit Auslandsberührung vorkommen, hat sich aus rationellen Gründen eine Sprache (oft englisch)

durchgesetzt (*BAG* 18.12.1967 AP Nr. 11 zu IPR Arbeitsrecht [zu Sprachproblemen und – in der Folge-Auslegungsregeln vgl. *Triebel* NJW 2004, 2189]). Da die gleiche Sprache auch grenzüberschreitend in verschiedenen Rechtsordnungen bzw. im Rahmen einer Rechtsordnung verschiedene Sprachen anerkannt sind, erweist sich die Sprache als Anknüpfungsmerkmal als sehr fragwürdig (ebenso *Simitis* Anm. zu *BAG* 10.4.1975 AP Nr. 12 zu IPR Arbeitsrecht). Ebenso kommt der **Währung**, in der die Vergütung gezahlt wird, geringes Gewicht zu angesichts der internationalen Verflechtungen und dem Trend, sich an bestimmten »festen« Währungen zu orientieren im Bereich der Arbeitsverhältnisse mit Auslandsberührungen. Auch sozialversicherungsrechtliche Bezüge stellen keine starken Indizien dar (*Oppertshäuser* NZA-RR 2000, 393), soweit sie überhaupt als Gestaltungselement in Frage kommen (*Mankowski* Anm. zu *LAG BW* 15.10.2002 LAGE Art. 30 EGBGB Nr. 6, S. 23 f.).

d) Teilrechtswahl

Art. 27 Abs. 3 EGBGB lässt ausdrücklich eine Teilrechtswahl zu. Für die Form gelten die Regelungen gem. Art. 27 Abs. 4 EGBGB (s.a. Rz 17). Möglich ist somit die Anwendbarkeit mehrerer **verschiedener Rechtsordnungen auf ein und denselben Arbeitsvertrag**. So kann zB für einen in die USA entsandten Mitarbeiter grds. die Geltung US-amerikanischen Rechts mit der Ausnahme vereinbart werden, dass gleichzeitig deutsches Kündigungsschutzrecht anzuwenden ist (vgl. zB *BAG* 23.4.1998 EzA § 23 KSchG Nr. 19; 20.11.1997 EzA Art. 30 EGBGB Nr. 4 krit. Anm. *Krebber* IPRax 1999, 164). Maßgeblich für den sozialen Schutzstandard des Arbeitsverhältnisses ist der Günstigkeitsvergleich gem. Art. 30 Abs. 1 EGBGB (s.u. Rz 28 ff.). Von besonderer praktischer Bedeutung ist die Sanktionierung der Teilrechtswahl in Art. 27 Abs. 3 EGBGB zB im Falle einer Rechtswahlvereinbarung und der späteren ausdrücklichen oder stillschweigenden Modifizierung, weil das gewählte materielle Recht in Teilen geändert wurde. 21

3. Einschränkungen der Rechtswahl durch »zwingende Bestimmungen«

a) »Zwingende Bestimmungen« gem. Art. 27 Abs. 3 EGBGB

Wenn das Arbeitverhältnis in einem Staat vollzogen wird (reiner Inlandsfall), so kann trotzdem die Geltung des Rechts eines anderen Staates vereinbart werden (kollisionsrechtliche Verweisung, *Lorenz* RIW 1987, 569; MünchArbR-*Birk* § 19 Rz 5; *Palandt/Heldrich* Art. 27 EGBGB Rz 1; s.a. Rz 13). Allerdings darf gem. Art. 27 Abs. 3 EGBGB trotz der Rechtswahl von den zwingenden Bestimmungen des Staates, wo der Arbeitsvertrag erfüllt wird und dessen Recht nicht vereinbart wurde, nicht abgewichen werden. 22

Die Bedeutung des **Begriffs der »zwingenden Bestimmungen«** ist insbes. in der Abgrenzung zu gleich lautenden Formulierungen im Fünften Abschnitt des EGBGB erkennbar (vgl. *Lorenz* aaO; *Junker* IPrax 1989, 69; *Birk* RdA 1989, 201; *Weber* IPrax 1988, 82). Zunächst ergibt sich aus dem Wortlaut des Art. 27 Abs. 3 EGBGB, dass alle diejenigen Bestimmungen gemeint sind, die in der maßgeblichen Rechtsordnung für eine einzelvertragliche Abrede nicht dispositiv sind (zB § 613a BGB in der deutschen Rechtsordnung, *BAG* 29.10.1992 EzA Art. 30 EGBGB Nr. 2, s.a. Rz 106 ff.). Die »zwingenden Bestimmungen« iSd Art. 27 Abs. 3 EGBGB sind nicht einem Günstigkeitsvergleich wie im Falle der Regelung gem. Art. 30 Abs. 1 EGBGB zugänglich, sondern gelten absolut (*Junker* aaO). Ihre »Vertragsfestigkeit« (*Junker* aaO) schränkt insoweit die Privatautonomie ein. 23

Zwingende Bestimmungen umfassen **staatliches Recht (auch Richterrecht)** sowie nichtstaatliches Recht nur dann, wenn es für alle Normunterworfenen gilt. **Tarifverträge**, die lediglich über ein Mitgliedschaftsverhältnis normative Wirkung entfalten, zählen nicht dazu. Allenfalls allgemeinverbindlich erklärte Tarifverträge können zu den »zwingenden Bestimmungen« gerechnet werden (so auch *Birk* aaO; *Däubler* [AuR 1990, 1, 10] ordnet allgemeinverbindliche Tarifverträge dem zwingenden Recht gem. Art. 34 EGBGB zu, vgl. dagegen Rspr. des BAG, Rz 35; *Hagemeier/Kempen/Zachert/Zilius* [TVG § 5 Rz 31] sowie *Walz* [Multinationales Unternehmen und internationaler Tarifvertrag, S. 154] ordnen sie dem ordre public zu). Die Charakterisierung von Normen als »zwingende Bestimmungen« ergibt sich aus den Auslegungsregeln des Staates, zu dem das Vertragsverhältnis seine ausschließlichen Beziehungen hat (*Ermann/Hohloch* Art. 27 EGBGB Rz 25). 24

Die Geltung der »zwingenden Bestimmungen« bei reinen Inlandsfällen bzw. bei Sachverhalten mit ausschließlichem Bezug zu einer anderen Rechtsordnung sichert den jeweiligen rechtlichen Standard vor den Dispositionen im Rahmen der Parteiautonomie. Durch die absolute Geltung der »zwingenden Bestimmungen« iSd Art. 27 Abs. 3 EGBGB verdrängt zB das den Arbeitnehmer sozial geringer sichernde Kündigungsschutzrecht des Staates, mit dem der Sachverhalt allein verbunden ist, das durch Rechtswahl für den Arbeitnehmer günstigere Schutzrecht. Dieses Ergebnis widerspricht den Grundprinzipi- 25 en des Arbeitsrechts. Daher haben die »zwingenden Bestimmungen« iSd Art. 27 Abs. 3 EGBGB idR bei Arbeitsverhältnissen nur geringe Bedeutung; zumal diese ihre Regelung in Art. 30 EGBGB finden.

b) «Zwingende Bestimmungen» gem. Art. 30 Abs. 1 EGBGB

26 Bei Arbeitsverhältnissen mit Auslandsberührung (grenzüberschreitend) darf im Falle der Rechtswahlvereinbarung gem. Art. 27 Abs. 1 EGBGB dem Arbeitnehmer nach Art. 30 Abs. 1 EGBGB nicht der Schutz entzogen werden, der ihm durch zwingende Bestimmungen des Rechts gewährt wird, dem sein Arbeitsverhältnis ohne eine kollisionsrechtliche Vereinbarung unterstehen würde. Dies wäre das Recht des Staates, wo das Arbeitsverhältnis vollzogen wird (lex loci laboris) oder – bei Erfüllung des Arbeitsvertrages in verschiedenen Staaten – des Betriebssitzes des Arbeitgebers, wo der Arbeitnehmer eingestellt wurde (lex loci contractus). Bestehen allerdings aufgrund der Gesamtheit der Umstände engere Verbindungen zu einem anderen Staat, so ist das Recht desselben anzuwenden.

27 Begrifflich setzen die »**zwingenden Bestimmungen**« gem. **Art. 30 Abs. 1 EGBGB** zunächst wie gem. Art. 27 Abs. 3 EGBGB voraus, dass sie **einzelvertraglich nicht abdingbar sind**. Der zwingende Charakter einer Vorschrift ist nach deutschem Recht im Hinblick auf ihre **Schutzfunktion** und **Zweckbestimmung** zu beurteilen (*Weber* IPrax 1988, 82; zur Differenzierung der Begriffsinhalte der »zwingenden Bestimmungen« in den Art. 27 Abs. 3, 30 Abs. 1 und 34 EGBGB vgl. *Junker* IPrax 1989, 69). Ratio legis ist der arbeitsrechtliche Schutzgedanke zugunsten des sozial schwächeren Arbeitnehmers (zB Kündigungsschutzvorschriften, *BAG* 20.11.1997 EzA Art. 30 EGBGB Nr. 4; § 613a BGB, *BAG* 29.10.1992 EzA Art. 30 EGBGB Nr. 2; gesetzliche Schriftform der Kündigung gem. § 623 BGB, *LAG Düsseld.* 27.5.2003 LAGE § 623 BGB 2002 Nr. 1). Unabdingbare arbeitsrechtliche Schutzvorschriften können privatrechtlicher oder öffentlichrechtlicher Natur sein (*Ermann/Hohloch* Art. 30 EGBGB Rz 10). Dieser arbeitsrechtliche Schutzgedanke erfordert auch die Beachtung von Tarifverträgen, sofern die Arbeitsvertragsparteien tarifgebunden oder die Tarifnormen allgemeinverbindlich erklärt sind (vgl. Gesetzesbegründung BT-Drucks. 10/504, 81 und 10/503, 28).

28 Da die Regelung gem. Art. 30 Abs. 1 EGBGB die von den Parteien frei gewählten Klauseln nur insoweit zulässt, als sie nicht gegen zwingendes Recht einer gem. Abs. 2 anzuwendenden Rechtsordnung verstoßen, können in einem Arbeitsvertrag neben Rechtswahlklauseln der einen Rechtsordnung auch zwingende Normen eines anderen Staates zur Geltung kommen. Beziehen sich **zwingende Vorschriften beider Rechtsordnungen** auf denselben Regelungsgegenstand, können sie allerdings nicht ohne weiteres kumulativ nebeneinander angewandt werden. Dies ist vor allem dann nicht möglich, wenn beide Rechtsordnungen eine bestimmte Frage zwar unterschiedlich, aber noch weitgehend mit denselben oder wenigstens mit ähnlichen rechtlichen Mitteln regeln (BT-Drucks. 10/503). Wenn zB in der gewählten wie auch in der Rechtsordnung gem. Abs. 2 Beschränkungen des Kündigungsrechts des Arbeitgebers bestehen, ist das Recht mit den längeren Kündigungsfristen bzw. dem weitergehenden Arbeitsplatzschutz anzuwenden. **Die für den Arbeitnehmer günstigere Schutznorm** (*BAG* 29.10.1992 EzA Art. 30 EGBGB Nr. 2; 24.8.1989 EzA Art. 30 EGBGB Nr. 1) wird ermittelt durch den direkten Vergleich der Ergebnisse, die sich aus beiden Rechtsordnungen im einzelnen Anwendungsfall für das Arbeitsverhältnis ergeben (**Sachgruppenvergleich**, *Schlachter* NZA 2000, 57, 61; *Thüsing* BB 2003, 898; enger nur auf den str. Rechtsanspruch bezogen *LAG BW* 15.10.2002 LAGE Art. 30 EGBGB Nr. 6; Anm. *Mankowski*; krit. Anm. *Thüsing* aaO S. 899). Mit welcher Rechtsordnung das gewählte Statut zu vergleichen ist, ergibt sich über die Alternativen gem. Art. 30 Abs. 2 EGBGB aus dem zugrunde liegenden Sachverhalt, nämlich entweder der lex loci laboris, der lex loci contractus oder der Rechtsordnung, zu der das Vertragsverhältnis nach der Gesamtheit der Umstände engere Verbindung aufweist.

29 Während der Laufzeit eines Arbeitsvertrages kann durch **nationale gesetzliche Änderungen** ein Wechsel in der Geltung einer Schutzklausel eintreten, was wegen mangelnder Vorhersehbarkeit zu Rechtsunklarheiten zwischen den Arbeitsvertragsparteien führen kann.

30 Bei der Durchführung des **Günstigkeitsvergleichs** ist eine Gesamtbetrachtung der beiden in Frage kommenden Rechtsordnungen wenig praktikabel und daher abzulehnen (so auch *Eser* RIW 1992, 1; *Krebber* S. 330 ff. mwN). Ebenso stößt das punktuelle Günstigkeitsprinzip auf Bedenken, weil es im Einzelfall zu unsachgerechten Ergebnissen führen kann; denn ungünstigere Regelungen in einer Rechtsordnung erfahren möglicherweise Kompensationen in anderen – nicht zum Vergleich anstehenden – Bereichen (vgl. zB Bestandsschutz eines Arbeitsverhältnisses einerseits, relativ höheres Vergütungsniveau andererseits, s.u. Rz 41). Beim Vergleich (s.o. Rz 28) ist daher ein sinnvoll **abgrenzbarer Regelungskomplex der jeweiligen Rechtsordnung** heranzuziehen – zB der Kündigungsschutz insgesamt

Internationales Arbeitsrecht   IPR (Art. 27 ff. EGBGB)

unter Berücksichtigung der materiellen Kündigungsbeschränkungen (zB KSchG), der einzuhaltenden Fristen und Formvorschriften (*Krebber* S. 335 ff.) – und nach objektiver Betrachtungsweise zu beurteilen (*Eser* aaO; *Kraushaar* BB 1989, 2121; *Junker* Internationales Arbeitsrecht im Konzern, S. 269 ff.; *Thüsing* BB 2003, 898 anders MünchKomm-*Martiny* Art. 30 EGBGB Rz 25). Dies erfordert auch der Grundsatz der Rechtsklarheit und -sicherheit (*Hönsch* NZA 1988, 113, 116).

Den Inhalt des ausländischen Rechts hat das **deutsche Gericht von Amts wegen** zu ermitteln, wobei **31** es jedoch nicht an die in der ZPO behandelten Beweismittel gebunden ist (*LAG Hamm* 19.1.1989 DB 1989, 1243; s.u. Rz 128 f.). Übersichten zum Arbeitsrecht im Ausland finden sich bei *Heussler/Braun* Arbeitsrecht in Europa; *Kutzki* FA 2005, 69; *Weigand* KR, 2. Aufl. (EG-Grunds.).

c)   «Zwingende Vorschriften« gem. Art. 34 EGBGB

Zwingende Vorschriften iSd Art. 34 EGBGB sind deutsche Eingriffsnormen, die den Sachverhalt oder **32** einen Teil desselben ungeachtet der Auslandsberührung und der Rechtswahl **international zwingend** – und nicht nur innerstaatlich oder national zwingend – regeln (zur Frage einer einheitlichen Auslegung vgl. *Weber* IPrax 1988, 82). **Eingriffsnormen widerstehen der parteiautonomen Rechtswahl**, sie ersetzen die Rechtswahl und gelangen selbst zu unmittelbarer Anwendung (frz.: »lois d'application immédiate«). Im Unterschied zu den »zwingenden Bestimmungen« gem. Art. 27 Abs. 3 EGBGB (unabdingbare, »vertragsfeste« Bestimmungen, s.o. Rz 22 ff.) und gem. Art. 30 Abs. 1 EGBGB (Normen zum sozialen Arbeitnehmerschutz nach Günstigkeitsvergleich, s.o. Rz 28 ff.) zielt die ratio legis der Eingriffsnormen gem. Art. 34 EGBGB auf die Wahrung der tragenden inländischen sozial- und wirtschaftspolitischen Wertvorstellungen (Normen, »die als Säulen der staatlichen und sozialen Ordnung nicht hinweggedacht werden können, ohne dass diese Ordnung gefährdet wäre«, *Gamillscheg* ZfA 1983, 345). Dieses ordnungspolitische Motiv muss nicht immer dem individuellen Arbeitnehmerschutzgedanken entsprechen. Zwingende Vorschriften iSd Art. 34 EGBGB gelten, wenn ihr bezweckter sozialer Individualschutz hinter den staatspolitischen Belangen und Interessen der Allgemeinheit zurücktritt und ihre Durchsetzung im öffentlichen Interesse geboten ist (vgl. auch *Franzen* AR-Blattei, Internationales Arbeitsrecht Rz 118). Nach der Rspr. des BAG ist es demgegenüber nur erforderlich, »dass die Vorschrift nicht nur auf den Schutz von Individualinteressen der Arbeitnehmer gerichtet ist, sondern mit ihr zumindest auch **öffentliche Gemeinwohlinteressen** verfolgt werden« (*BAG* 6.11.2002 EzA § 1a AEntG Nr. 1; 12.12.2001 EzA Art. 30 EGBGB Nr. 5). Diese definitorische Formel geht über den klareren Maßstab, wie er in Teilen der Lit. vertreten wird, hinaus und ist geeignet, die Regelung gem. Art. 34 EGBGB für einen größeren Normenumfang zu öffnen (vgl. Bsp. Rz 36 aE; vgl. auch *Junker* SAE 2002, 258, 262). Diese extensive Auslegung stößt auf Bedenken, weil sie Abgrenzung zwischen den Regelungen gem. Art. 30 Abs. 1 und Art. 34 EGBGB relativiert.

Nicht alle nach deutschem Recht zwingenden Rechtsnormen sind auch nach Art. 34 EGBGB unabding- **33** bar (*BAG* 24.8.1989 EzA Art. 30 EGBGB Nr. 1 mwN auf Literatur). Die gem. Art. 34 EGBGB anzuwendenden zwingenden Vorschriften stehen allerdings nach, soweit die in Art. 30 Abs. 1 EGBGB genannten zwingenden Normen als leges speciales vorgehen (amtl. Begr. zur IPR-Novelle, BT-Drucks. 10/504, S. 83 sowie die überwiegende Literatur, vgl. *Franzen* AR-Blattei, Internationales Arbeitsrecht Rz 110 ff.; aA *Krebber* S. 298 und *Junker* IPrax 1993, 1).

Zu den international zwingenden Vorschriften iSd Art. 34 EGBGB zählen nicht die Regelungen im **34** **Ersten Abschnitt (§§ 1–14) des KSchG**; denn sie bezwecken in erster Linie einen Interessenausgleich zwischen den Bestandsschutzinteressen des Arbeitnehmers und der Vertragsfreiheit des Arbeitgebers (*BAG* 24.8.1989 EzA Art. 30 EGBGB Nr. 1, S. 13; *Heilmann* AR-Blattei SD 340 Auslandsarbeit Rz 255; aA *Däubler* RIW 1987, 249; MünchArbR-*Birk* § 19 Rz 91; *Birk* RdA 1989, 201; *Krebber* S. 305 ff.). Demgegenüber verfolgen die Vorschriften über **Massenentlassungen in den §§ 17 ff. KSchG** zumindestens auch einen arbeitsmarktpolitischen Zweck (vgl. KR-*Weigand* § 17 KSchG Rz 7), sie dienen nicht allein Individual-, sondern auch den Interessen der Allgemeinheit und zählen damit zu den **Eingriffsnormen iSd Art. 34 EGBGB**. Eine ähnliche Regelung stellt in den Niederlanden Art. 6 BBA dar, der es verbietet, ein Arbeitsverhältnis ohne die vorherige Erlaubnis des regionalen Arbeitsamtes zu beenden, *Weigand* KR, 2. Aufl. EG-Grunds. Rz 216; *Sauveplanne* IPrax 1989, 119. Zwar handelt es sich hierbei um eine niederländische Eingriffsnorm, die jedoch vom deutschen ArbG nicht zu berücksichtigen ist, weil sie in den Niederlanden nur angewendet wird, wenn eine Belastung des dortigen Arbeitsmarktes zu befürchten ist (*Lorenz* RIW 1987, 569, 582). Ebenso handelt es sich bei den deutschen materiell-rechtlichen **Insolvenzvorschriften um zwingende Vorschriften gem. Art. 34 EGBGB** (*BAG* 24.3.1992 AP Nr. 28 zu IPR Arbeitsrecht mit Anm. *Junker*). Die materiell-rechtlichen Insolvenzvorschriften sind dem öffentlichen Recht zuzuordnen und eng mit den verfahrensrechtlichen Regelungen verknüpft, für die wiederum das Recht am Ort des gerichtlichen Verfahrens maßgeblich ist (BAG 24.3.1992 aaO).

35 Das *BAG* (24.8.1989 EzA Art. 30 EGBGB Nr. 1) sieht Gemeinwohlinteressen auch bei solchen Kündigungsschutzvorschriften im Vordergrund, bei denen staatliche Stellen (Arbeitsbehörden), Betriebsverfassungsorgane und Gerichte wie zB gem. § 15 KSchG und § 103 BetrVG eingeschaltet werden, insbes. wenn der Schutz der Betroffenen durch öffentlich-rechtliche Erlaubnisvorbehalte gesichert ist: Mutterschutz, Kündigungsschutz während der Elternzeit gem. § 18 BErzGG (*LAG Frankf.* 16.11.1999 – 4 Sa 463/99), Kündigungsschutz für Schwerbehinderte und für betriebsverfassungsrechtliche Organe. Dem BAG kann in Teilen weder vom Ergebnis her noch in der Begründung zugestimmt werden; denn zunächst können Erlaubnisvorbehalte öffentlicher Stellen nur Indizfunktion haben. Die Vorschriften zum **Mutterschutz** und zum **Schutz der Betriebsverfassungsorgane** gehen sicherlich auf eine stark ausgeprägte sozialpolitische Ethik zurück, aber sie dienen in erster Linie dem Ausgleich individueller Interessen der Mutter auf der einen Seite und des Arbeitgebers mit vordergründig betrieblichen Belangen andererseits (so im Ergebnis auch *Franzen* aaO; *Rüthers/Heilmann* Anm. zu BAG 24.8.1989 EzA Art. 30 EGBGB Nr. 1; MünchArbR-*Birk* § 19 Rz 89; *Reiter* NZA 2004, 1246 zu § 9 MuSchG; wohl auch *Schlachter* NZA 2000, 57, 62). Insbesondere das Zustimmungserfordernis gem. **§ 85 SGB IX** kann gem. Art. 34 EGBGB gegen das Arbeitsstatut durchgesetzt werden, sofern der Betrieb des Arbeitgebers in Deutschland seinen Sitz hat (so auch *Junker* Internationales Arbeitsrecht im Konzern, S. 291; *Franzen* AR-Blattei, Internationales Arbeitsrecht Rz 121; **aA** nunmehr *Heilmann* AR-Blattei SD 340 Auslandsarbeit Rz 272 ff. unter Aufgabe seiner bisherigen Auffassung in: Arbeitsvertragsstatut, S. 132). Den **Zuschuss zum Mutterschaftsgeld** (zur Frage der Verfassungsmäßigkeit *BVerfG* 18.11.2003 NJW 2004, 146) gem. § 14 Abs. 1 MuSchG sieht das BAG als eine »Verwirklichung des Verfassungsgebots aus Art. 6 Abs. 4 GG« und damit als ein bes. wichtiges Gemeinschaftsgut an, das international zwingend iSd Art. 34 EGBGB sei (*BAG* 12.12.2001 EzA Art. 30 EGBGB Nr. 5; zust. *Franzen* IPRax 2003, 239, 243 m.w.N.) Dem ist nicht zuzustimmen; denn beim Zuschuss handelt es sich lediglich um das kalendertäglich gekürzte Arbeitsentgelt, mithin einen Anspruch, der dem Interessenausgleich zwischen der Arbeitnehmerin und dem Arbeitgeber zuzuschreiben ist (so Vorinstanz *LAG Hessen* 16.11.1999 LAGE Art. 30 EGBGB Nr. 5; im Ergebnis auch ErfK-*Schlachter* § 1 MuSchG Rz 5; *Junker* RiW 2001, 94, 103). Auch in der Entgeltfortzahlung gem. § 3 Abs. 1 EFZG sind nach dem BAG nicht nur Individualinteressen betroffen (*BAG* 12.12.2001 EzA Art. 30 EGBGB Nr. 5; so auch MünchKomm-*Martiny* Art. 30 EGBGB Rz 54, 73; *Mankowski* Anm. AR-Blattei ES 920 Nr. 7; *Gragert/Drenckhahn* NZA 2003, 305; **a.A.** Vorinstanz *LAG Hessen* 16.11.1999 LAGE Art. 30 EGBGB Nr. 5; *Franzen* AR-Blattei SD 920 Rz 141; *ders.* IPRax 2003, 239, 242; *Junker* RIW 2001, 94, 103 mwN; *Heilmann* AR-Blattei SD 340 Rz 236 ff, 265 ff). Trotz des staatlichen Normsetzungsaktes stellen **allgemeinverbindlich erklärte Tarifverträge** keine Eingriffsnormen iSd Art. 34 EGBGB dar; denn der Begriff des öffentlichen Interesses iSv § 5 Abs. 1 Nr. 2 TVG ist von dem Begriff des Gemeinwohls als Merkmal einer Eingriffsnorm gem. Art. 34 EGBGB zu unterscheiden. Deutsche Tarifvertragsparteien haben eine Regelungskompetenz grds. nur für solche Arbeitsverhältnisse, die deutschem Arbeitsrecht unterliegen (*BAG* 9.7.2003 EzA Art. 30 EGBGB Nr. 6; krit. *Thüsing/Müller* BB 2004, 1333).

36 Die Anwendbarkeit von Eingriffsnormen iSd Art. 34 EGBGB setzt einen **ausreichenden Inlandsbezug** des Sachverhaltes voraus. Dafür reichen allein nicht aus die Staatsangehörigkeit oder der Wohnsitz im Inland. Der Bezug ist nach der Rspr. des BAG bereits dann ausreichend, wenn zusätzlich deutsches Sozialversicherungsrecht (vgl. auch VO EWG Nr. 1408/71 für Staatsangehörige der Mitgliedsstaaten der EU) auf das Arbeitsverhältnis anzuwenden ist (*BAG* 12.12.2001 EzA Art. 30 EGBGB Nr. 5). Für die Anwendbarkeit des Mutterschutzes auf grenzüberschreitende Sachverhalte setzt *Birk* (MünchArbR § 20 Rz 175) voraus, dass die Arbeitnehmerin ihren gewöhnlichen Arbeitsort im Inland hat (ebenso MünchKomm-*Martiny* Art. 30 EBGBG Rz 73).

d) Ordre public gem. Art. 6 EGBGB

37 Art. 6 EGBGB lautet:
»**Eine Rechtsnorm eines anderen Staates ist nicht anzuwenden, wenn ihre Anwendung zu einem Ergebnis führt, das mit den wesentlichen Grundsätzen des deutschen Rechts offensichtlich unvereinbar ist. Sie ist insbesondere nicht anzuwenden, wenn die Anwendung mit den Grundrechten unvereinbar ist.**«

38 Der ordre public wehrt die Anwendung einer Rechtsnorm eines anderen Staates ab, die sonst nach deutschem IPR gelten würde. Bei der Prüfung anhand des restriktiv auszulegenden ordre public

kommt es nicht auf die abstrakte ausländische Rechtsnorm als solche an, sondern auf das Ergebnis ihrer Anwendung (amtl. Begr. zur IPR-Neuregelung, BT-Drucks. 10/504, S. 43).

Der ordre public greift nur ein, wenn – bei hinreichend starkem Inlandsbezug – die Anwendung des ausländischen Rechts zu schlechthin untragbaren Ergebnissen führt (*BAG* 10.4.1975 AP Nr. 12 zu IPR Arbeitsrecht mwN). Beim Begriff der guten Sitten, der in etwa dem im § 138 BGB entspricht, sind auch die im Ausland herrschenden Vorstellungen zu berücksichtigen. Ein Verstoß gegen den Zweck eines deutschen Gesetzes liegt vor, wenn das Ergebnis der Anwendung des ausländischen Rechts zu den Grundgedanken der deutschen Regelung und der ihr innewohnenden Gerechtigkeitsvorstellungen in so starkem Widerspruch steht, dass es unter Abwägung aller Umstände des Einzelfalles für nicht tragbar zu halten ist (*BAG* 24.8.1989 EzA Art. 30 EGBGB Nr. 1; 4.5.1977 EzA § 4 TVG Bauindustrie Nr. 25 mN der BGH-Rspr.; 10.4.1975 aaO; 20.7.1967 EzA § 1 KSchG Nr. 8). 39

Im Einzelfall kann ein Verstoß gegen den **Grundsatz der Gleichbehandlung** dem ordre public widersprechen (*BAG* 20.7.1967 EzA § 1 KSchG Nr. 8); vgl. auch *Bittner* NZA 1993, 161). Dies gilt nicht, wenn sachliche Gründe für eine differenzierende Behandlung vorliegen oder die Schlechterstellung in einem Teilbereich des Arbeitsverhältnisses zB durch materielle Leistungen kompensiert werden (s.u. Rz 41). Sonderkonditionen für ausländische Arbeitnehmer inländischer Unternehmen können die Wettbewerbsgleichheit einer Branche sowohl arbeitsmarkt- als auch geschäftspolitisch unzulässig verzerren und bei Vorliegen unerträglicher Folgen die Anwendung der ordre-public-Klausel rechtfertigen. Wenn allerdings die Beschäftigung ausländischer Arbeitnehmer der deutschen behördlichen Aufsicht und Steuerung unterliegt, greift Art. 6 EGBGB nicht ein (im Fall der Nichtanwendung der Sozialtarife des Baugewerbes, wo schon deshalb nicht gegen den ordre public verstoßen wird, wenn bereits die Grundnormen der sozialen Sicherheit im Bereich des öffentlichen Rechts aufgrund zwischenstaatlicher Vereinbarungen ausgeschlossen sind (*BAG* 4.5.1977 EzA § 4 TVG Bauindustrie Nr. 25). 40

Keinen Verstoß gegen den ordre public sieht das BAG in der Geltung des **amerikanischen** (Staat New York) **Kündigungsrechts**, das keinen Bestandsschutz iSd deutschen KSchG kennt, sondern lediglich eine geringe Abfindungszahlung bei Beendigung des Arbeitsverhältnisses vorsieht (*BAG* 10.4.1975 aaO). Als Begründung für die Geltung amerikanischen Kündigungsrechts führt das BAG an, die relativ höheren Löhne amerikanischer Arbeitnehmer würden das Fehlen des Kündigungsschutzes kompensieren. An dieser verallgemeinernden These ist Kritik angebracht (so zutr. *Krebber* S. 339). Dieser Erwägung kann allerdings näher getreten werden, wenn im Einzelfall ein direkter Zusammenhang zwischen hohem Entgelt- und relativ niedrigem Kündigungsschutzniveau besteht (vgl. *BAG* 20.7.1967 AP Nr. 10 zu IPR Arbeitsrecht; *Krebber* aaO). 41

Ebenso liegt kein Verstoß gegen den ordre public vor, wenn zu Beginn einer Beschäftigungszeit der Kündigungsschutz ausgeschlossen wird, wie zB in den ersten beiden Beschäftigungsjahren nach dem **britischen Kündigungsschutzrecht** (*BAG* 24.8.1989 EzA Art. 30 EGBGB Nr. 1, S. 10 f.). Das BAG verweist zur Begründung auf die beschränkte Anwendbarkeit des deutschen KSchG sowie die Wertung des deutschen BeschFG 1985, das auch in Deutschland praktisch in vielen Fällen zu einem Ausschluss des Kündigungsschutzes auf 18 bzw. 24 Monate führe. Ebenso wird ein Kündigungsschutzrecht, das im Unterschied zum deutschen Bestandsschutzkonzept ein Abfindungssystem vorsieht, als nicht im Widerspruch zu den wesentlichen Grundsätzen der deutschen Arbeitsrechtsordnung angesehen (*LAG Bln.* 4.12.2003 – 10 Sa 1368/03). 42

In einer Entscheidung vom 26.9.1978 (AP Nr. 8 zu § 38 ZPO) hat das *BAG* – ohne nähere Begründung – einen **im voraus erklärten allgemeinen Verzicht auf den Kündigungsschutz** als Verstoß gegen den ordre public angesehen. So im Ergebnis auch *MünchArbR-Birk* § 19 Rz 99. Dies erscheint in dieser allgemeinen Form zweifelhaft. Es bedarf einer Einzelfallprüfung, wie im Rahmen einer anderen Rechtsordnung die arbeitsvertragliche Vereinbarung zB einer relativ hohen Vergütung oder längerfristiger Urlaubsansprüche den Verzicht auf einen Kündigungsschutz zu kompensieren vermag. In diesem Sinn hat das BAG schon in einer Entscheidung vom 20.7.1967 ausgeführt, ratio legis des ordre public sei nicht darin zu sehen, die deutsche Ansicht über das Verhältnis von der Freiheit im wirtschaftlichen Handeln zur Sicherung des Arbeitsplatzes Dritten, die die Geltung einer anderen Rechtsordnung für das Arbeitsverhältnis vereinbaren und damit das deutsche Kündigungsschutzrecht ausschließen, aufzuzwingen. Dies um so weniger, als vielfach in den sehr hohen von ausländischen Firmen gezahlten Gehältern das Risiko der nach ausländischem Recht möglichen fristlosen Kündigung einkalkuliert sei (*BAG* 20.7.1967 AP Nr. 10 zu IPR Arbeitsrecht). 43

44 Die praktische Bedeutung des ordre public ist allerdings angesichts der Regelung gem. Art. 30 Abs. 1 (s.o. Rz 26 ff.) und Art. 34 EGBGB (s.o. Rz 32 ff.) relativ eingeschränkt (vgl. auch *Erman/Hohloch* Art. 30 EGBGB Rz 5; *Franzen* AR-Blattei, Internationales Arbeitsrecht Rz 130).

III. Arbeitsstatut bei fehlender Rechtswahl (Art. 30 Abs. 2 EGBGB)

45 Die **objektive Anknüpfung** des Arbeitsverhältnisses mit Auslandsberührungen gem. Art. 30 Abs. 2 EGBGB ist funktional die zentrale Kollisionsnorm im deutschen Internationalen Arbeitsrecht (IPR): Im Falle einer – ausdrücklichen oder konkludenten – Rechtswahl durch die Arbeitsvertragsparteien (s.o. Rz 17 ff.) darf dem Arbeitnehmer nicht der Schutz entzogen werden, der ihm bei objektiver Anknüpfung mangels Rechtswahl gem. Art. 30 Abs. 2 EGBGB zustehen würde; im Falle eines Arbeitsverhältnisses mit Auslandsberührung, bei dem die Vertragsparteien von der Möglichkeit der Rechtswahl keinen Gebrauch gemacht haben oder die Rechtswahl rechtsgeschäftlich nicht wirksam zustande gekommen ist, gilt die objektive Anknüpfung gem. Art. 30 Abs. 2 EGBGB ebenso. Die Regelungen gem. Art. 30 Abs. 2 EGBGB knüpfen an die beiden häufigsten Sachverhaltskonstellationen an: das **Recht am gewöhnlichen Arbeitsort** – lex loci laboris – (Abs. 2 Ziff. 1) oder das **Recht am Ort der einstellenden Niederlassung** – lex loci contractus – (Abs. 2 Ziff. 2). Neben diesen Regelanknüpfungen ist der **Ausnahmetatbestand** zu prüfen, wenn sich aus der Gesamtheit der Umstände ergibt, dass der Arbeitsvertrag oder das Arbeitsverhältnis **engere Verbindung zu einem anderen Staat** aufweist; dann ist das dort geltende Recht anzuwenden.

46 Das bedeutet im Rahmen der Prüfung, welches Recht ohne Rechtswahl nach Art. 30 Abs. 2 EGBGB gilt, dass die Regelanknüpfungen des Arbeitsortes und der einstellenden Niederlassung nur alternativ vorliegen können: Die Tätigkeit wird entweder genau in einem Staat oder nicht genau in einem Staat verrichtet (*BAG* 11.12.2003 EzA Art. 30 EGBGB Nr. 7). Diese Regelalternativen sind dann nicht anzuwenden, wenn, das Arbeitsverhältnis engere Verbindungen zu einem anderen Staat als zu demjenigen aufweist, dessen Recht nach den genannten Regelanknüpfungen anzuwenden wäre (*BAG* 3.5.1995 EzA Art. 30 EGBGB Nr. 3; 29.10.1992 EzA Art. 30 EGBGB Nr. 2; 24.8.1989 EzA Art. 30 EGBGB Nr. 1 mit in diesem Punkt krit. Anm. *Rüthers/Heilmann*).

1. Recht des gewöhnlichen Arbeitsortes (Art. 30 Abs. 2 Ziff. 1 EGBGB)

47 Bei der ersten Alternative der Regelanknüpfungen wird von der besonders prägenden Wirkung des Arbeitsortes für die Gestaltung des Arbeitsverhältnisses ausgegangen (*Erman/Hohloch* Art. 30 EGBGB Rz 15; vgl. auch *Mankowski* IPRax 1999, 332). Der gewöhnliche Arbeitsort ist als das **Zentrum der arbeitsrechtlichen Beziehungen des Arbeitnehmers** zu definieren, als der Ort, wo die vertraglichen Pflichten in der Hauptsache erfüllt werden, dh regelmäßig der wirtschaftlich-technische, organisatorische Mittelpunkt bzw. Schwerpunkt des Arbeitsverhältnisses liegt (*BAG* 15.2.2005 – 9 AZR 116/04 – BB 2006, 1391; 20.11.1997 EzA Art. 30 EGBGB Nr. 6). Arbeitsort kann Sitz des Betriebes oder auch eine Zweigstelle des Betriebes des Arbeitgebers sein.

48 Der **Begriff des Arbeitsortes** ist nicht beschränkt auf kommunale Grenzen, sondern umfasst bei Einsatz an wechselnden Orten innerhalb eines Staates das gesamte Einsatz- bzw. Staatsgebiet. Dies hat das BAG für Musiker der Kapelle eines ausländischen Zirkus in der Bundesrepublik Deutschland entschieden, die ihre vertraglichen Pflichten hauptsächlich auf deutschem Gebiet erfüllten und daher der bundesdeutschen Rechtsordnung unterstanden (*BAG* 27.8.1964 EzA § 3 BUrlG Nr. 1). In einem anderen Fall war englisches Recht anzuwenden wegen des gewöhnlichen Arbeitsortes in Großbritannien eines britischen Flugzeugverkäufers mit zugewiesenem Vertragsgebiet und geschäftlichem Domizil in Großbritannien für ein US-Unternehmen und einem Büro in der Bundesrepublik Deutschland (*BAG* 26.2.1985 AP Nr. 23 zu IPR Arbeitsrecht).

49 Die Regelanknüpfung an die lex loci laboris gewährleistet für die Beteiligten Rechtsklarheit, Gleichbehandlung im Betrieb und Kohärenz von Arbeitsrechts- und Sozialversicherungsrechtssystem (s.a. Rz 7).

50 Für vorübergehend an einen anderen Arbeitsort mit anderer Rechtsordnung **entsandte Arbeitnehmer** ändert sich an dieser Regelanknüpfung der lex loci laboris nichts. Entsendung setzt in Anlehnung an die sozialrechtliche Beschreibung gem. § 4 Abs. 1 SGB IV voraus, dass die Entsendung infolge der Eigenart der Beschäftigung oder vertraglich im voraus zeitlich begrenzt ist. Dies kann zB Fach- und Führungskräfte internationaler Unternehmungen oder Monteure betreffen, die idR dem entsendenden Betrieb verbunden bleiben. Das Merkmal der »vorübergehenden Entsendung« ist zeitlich nicht exakt mit

Minimal- oder Maximalperioden zu definieren (BAG 25.4.1978 EzA § 8 BetrVG 1972 Nr. 6 m. Anm. *Simitis* in AP Nr. 16 zu IPR Arbeitsrecht; MünchKomm-*Martiny* Art. 30 EGBGB Rz 36). Es können darunter kurze Zeiträume, aber auch mehrjährige Aufenthalte außerhalb des regelmäßigen Arbeitsortes (auch bei fester Eingliederung in die dortige betriebliche Organisation, BAG 25.4.1978 EzA § 8 BetrVG 1972 Nr. 6) verstanden werden. Die Dauer der Entsendung muss auch nicht von vornherein festgelegt sein (aA *Franzen* AR-Blattei, Internationales Arbeitsrecht Rz 77; für Zeitlimit 2–3 Jahre *Kraushaar* BB 1989, 2121; Zeitlimit 1 Jahr *LAG Bln.* 23.5.1977 BB 1977, 1302; Zeitlimit 3 Jahre: *Gamillscheg* ZfA 1983, 333 und *Lorenz* RdA 1989, 220, 223; Zeitlimit 2 Jahre *Heilmann* Arbeitsvertragsstatut, S. 144), wenn deren Anlass nicht exakt terminierbar ist und solange das Arbeitsverhältnis mit dem entsendenden Betrieb verbunden bleibt. Der Begriff der Entsendung setzt voraus, dass die Rückkehr nach Deutschland von vorn herein geplant ist (*Reiter* NZA 2004, 1246). **Entscheidend ist die Würdigung der Umstände des Einzelfalles** (so etwa auch *Erman/Hohloch* Art. 30 EGBGB Rz 16). Nicht einschlägig ist somit auch die Regelung gem. Art. 14 Abs. 1 EWG-VO 1408/71 (ABlEG 1971, L 149/2; so auch MünchArbR-*Birk* § 19 Rz 39). Wird aus der Entsendung ein dauerhafter Einsatz im Ausland, so kann das objektiv gem. Art. 30 Abs. 2 Ziff. 1 EGBGB bestimmte Vertragsstatut wandelbar sein (HWK/*Strick* Art. 27, 30, 34 EGBGB Rz 22; *Thüsing* NZA 2003, 1303 mwN).

Zur Anknüpfungsproblematik bei einzelnen Arbeitnehmer- und Berufsgruppen s.u. Rz 58 ff. Zur Sozialversicherungspflicht in Deutschland bei einer konzerninternen Entsendung des Mitarbeiters eines ausländischen Konzerns nach Deutschland mit Beschäftigungsschwerpunkt in Deutschland vgl. BSG – 12 KR 79/94. Im **Insolvenzverfahren** ist auf die Arbeitsverhältnisse idR das Recht des Staates anzuwenden, in dem gewöhnlich die Arbeit verrichtet wird. Dabei kann der Schutz, der dem Arbeitnehmer durch die zwingenden Vorschriften der lex loci laboris gewährt wird, nicht durch eine Rechtswahl entzogen werden (s.a. Rz 35). 51

2. Recht am Ort der einstellenden Niederlassung (Art. 30 Abs. 2 Ziff. 2 EGBGB)

Verrichtet der Arbeitnehmer seine Arbeit gewöhnlich nicht in ein und demselben Staat, so führt die Regelanknüpfung mangels Rechtswahl zur Rechtsordnung am Ort der Niederlassung des Arbeitgebers, wo der Arbeitnehmer eingestellt wurde. Als **Niederlassung** ist der Betrieb oder Betriebsteil des Arbeitgebers anzusehen, der auf gewisse Dauer angelegt ist, aber nicht eine eigene Rechtspersönlichkeit zu besitzen braucht (MünchKomm-*Martiny* Art. 30 EGBGB Rz 41; MünchArbR-*Birk* § 19 Rz 47). Das Merkmal der **Einstellung** erfordert den Abschluss des Arbeitsvertrages sowie die personalrechtliche Betreuung, nicht aber die Eingliederung iSd § 99 BetrVG (so auch MünchArbR-*Birk* § 20 Rz 49; ErfK-*Schlachter* Art. 27, 30, 34 EGBGB Rz 11; *Benecke* IPRax 2001, 449; *Gragert/Drenckhahn* NZA 2003, 305; aA *Gamillscheg* ZfA 1983, 307,334; *Däubler* RIW 1987, 249; MünchKomm-*Martiny* EGBGB Art. 30 Rz 18; *Soergel/v. Hoffmann* Art. 30 EGBGB Rz. 44; unentschieden: BAG 12.12.2001 EzA Art. 30 EGBGB Nr. 5), denn die ratio legis des Art. 30 Abs. 2 Ziff. 2 EGBGB bezieht sich gerade auf die Konstellation, dass nicht die Eingliederung in die Arbeitsorganisation der einstellenden Niederlassung, sondern lediglich deren personalrechtliche Betreuung Ausgangspunkt der Regelanknüpfung ist. Im Übrigen ergibt sich dieses Ergebnis auch gem. dem Gebot nach Art. 36 EGBGB, die dem 2. Kapitel des IPR zugrunde liegenden Regelungen des Übereinkommens vom 19.6.1980 (s.a. Rz 5, 126 f.) einheitlich auszulegen (vgl. auch *Franzen* AR-Blattei, Internationales Arbeitsrecht Rz 79). 52

Anwendungsfälle der Regelanknüpfung gem. Art. 30 Abs. 2 Ziff. 2 EGBGB sind zB die Arbeitsverhältnisse des gastronomischen und Hotelpersonals in **internationalen Zügen, fliegendes Personal** von Luftfahrtunternehmen (s.u. Rz 58 ff.), Artisten auf Tourneen durch verschiedene Staaten, **Journalisten in internationalem Einsatz**, Mitarbeiter auf einer Bohrinsel auf hoher See ohne staatliche Zuordnung (vgl. *Giuliano/Lagarde* BT-Drucks. 10/503, S. 58). Zur Anknüpfungsproblematik bei einzelnen Arbeitnehmer- und Berufsgruppen s.u. Rz 58 ff. 53

3. Ausnahmeklausel der Sachnähe zu anderem Staat (Art. 30 Abs. 2 Hs. 2 EGBGB)

Die Regelanknüpfung an die lex loci laboris (s.o. Rz 47 ff.) oder die lex loci contractus (s.o. Rz 52 f.) sind keine starren Regeln (BAG 24.8.1989 EzA Art. 30 EGBGB Nr. 1; 3.5.1995 EzA Art. 30 EGBGB Nr. 3 m. Anm. *Franzen*; sehr krit. Anm. *Geffken* AiB 1996, 29 und *Magnus* SAE 1997, 35; *Palandt-Heldrich* Art. 30 EGBGB Rz 8). Dem allgemeinen Prinzip der vertraglichen Schuldverhältnisse des IPR (vgl. Art. 28 Abs. 1 EGBGB) und der bisherigen gewohnheitsrechtlichen Praxis einer Anknüpfung an gemeinsames Heimatrecht (*Erman/Hohloch* Art. 30 EGBGB Rz 21) folgend stehen die Regelanknüpfungen dann zurück, wenn die Gesamtheit der Umstände des Arbeitsverhältnisses eine engere Verbindung zu einer 54 anderen Rechtsordnung aufweist (s.a. Rz 45 f.). Das von der Regelanknüpfung berufene Recht wird nur verdrängt, wenn die Gesamtheit wichtiger und nicht nur nebensächlicher Anknüpfungsmerkmale zu einem anderen Ergebnis führt (*BAG* 11.12.2003 EzA Art. 30 EGBGB Nr. 7). Im IPR Großbritanniens wird dieser Sachverhalt dem Anknüpfungsmerkmal des »proper law« zugeordnet (*BAG* 26.2.1985 AP Nr. 23 zu IPR Arbeitsrecht).

55 Die **Gesamtschau der wichtigen Einzelumstände** des Arbeitsverhältnisses muss sich eindeutig stärker (»enger«) auf die Rechtsordnung eines anderen Staates beziehen, als dies aus den Regelanknüpfungen ableitbar ist. Nach der Rspr. des *BAG* (11.12.2003 EzA Art. 30 EGBGB Nr. 7) gelten als primäre Anknüpfungsmerkmale solche der räumlichen Dimension des Arbeitsverhältnisses: Erfüllungsort (auch *BAG* 26.2.1985 aaO; 10.4.1975 AP Nr. 12 zu IPR Arbeitsrecht), Betriebssitz des Arbeitgebers (auch *BAG* 10.4.1975 aaO) und Wohnsitz des Arbeitnehmers (auch *BAG* 3.5.1995 EzA Art. 30 EGBGB Nr. 3; 10.4.1975 aaO). Dabei hat der gewöhnliche Arbeitsort gem. Art. 30 Abs. 2 Hs. 1 Nr. 1 EGBGB ein stärkeres Gewicht als die einstellende Niederlassung gem. Nr. 2 (*BAG* 11.12.2003 EzA Art. 30 EGBGB Nr. 7). Ergänzende Anknüpfungsmerkmale (so *BAG* 11.12.2003 EzA Art. 30 EGBGB Nr. 7) mit Indizfunktion können sich aus dem Arbeitsvertrag ergeben: Vertragssprache und Währung der Vergütung (auch *BAG* 10.4.1975 aaO) sowie weitere vertragswesentliche Gesichtspunkte wie zB die Vereinbarung typischer Vertragsbestandteile einer bestimmten Rechtsordnung, eines Gerichtsstandes oder eines bestimmten Sozialversicherungssystems, die in ihrer Gesamtheit hinreichendes Gewicht haben, um die Regelanknüpfung zu verdrängen. Angesichts globalisierter Wirtschafts- und Arbeitsbeziehungen verliert das Merkmal der Staatsangehörigkeit (so noch *BAG* 26.2.1985 aaO; 10.4.1975 aaO) zunehmend an Bedeutung, insbes. im Falle einer nicht gemeinsamen Staatsangehörigkeit. Erforderlich sind **mehrere Umstände** (*BAG* 24.8.1989 aaO; 3.5.1995 EzA Art. 30 EGBGB Nr. 3; 20.11.1997 EzA Art. 30 EGBGB Nr. 4).

56 Wenn beide Parteien des Arbeitsvertrages Ausländer sind und Teile der arbeitsvertraglichen Regelungen einen Auslandsbezug dokumentieren (zB zwei US-Bürger, Gehalt in US-Dollar), so ist dennoch bei fehlender Bestimmung des Arbeitsvertragsstatuts an den Arbeitsort in Deutschland anzuknüpfen, zumal auch dann, wenn hier der Wohnort liegt. Insofern ist in diesem Fall das Merkmal der »**Gesamtheit der Umstände**« zur Anknüpfung an die Rechtsordnung des anderen Staates nicht erfüllt (*ArbG Kaiserslautern* 22.5.1986 IPrax 1988, 250).

57 Das BAG hat seit der Neuregelung des IPR im Jahr 1986 (s.o. Rz 1 ff.) seine grundlegenden Entscheidungen bzgl. Arbeitsverhältnissen mit Auslandsberührung mit der Regelung gem. der Ausnahmeanknüpfung nach Art. 30 Abs. 2 Hs. 2 EGBGB begründet und diesem Merkmal eine wichtige Rolle zugewiesen (s.o. Rz 46); sehr krit. zu diesem »Durchgriff« auf die »es sei denn«-Anknüpfung *Rüthers/Heilmann* Anm. zu *BAG* EzA Art. 30 EGBGB Nr. 1). Zu diesen entschiedenen Fällen s.u. iE Rz 58 ff., 63 ff.).

4. Einzelne Arbeitnehmer- und Berufsgruppen

a) Fliegendes Personal

58 Wenn fliegendes Personal vom Luftfahrtunternehmen nur auf nationalen Strecken eingesetzt wird, unterliegen die Arbeitsverhältnisse regelmäßig der nationalen Rechtsordnung (st.Rspr. *BAG* 29.10.1992 EzA Art. 30 EGBGB Nr. 2 mwN; s.a. Rz 48). An dieser Regelanknüpfung gem. Art. 30 Abs. 2 Ziff. 1 EGBGB ändert sich nichts, wenn vorübergehend auch grenzüberschreitende Einsätze erfolgen (s.o. Rz 50). Wird das Arbeitsverhältnis dauerhaft in Form internationaler Flüge erfüllt, so kommt nicht die Regelanknüpfung gem. Art. 30 Abs. 2 Nr. 1 EGBGB in Betracht, weil ein gewöhnlicher Arbeitsort nicht bestimmt werden kann; denn beim ausschließlich internationalen Einsatz begründen weder die Zuordnung zu einer bestimmten Niederlassung (base) noch die Eingliederung in die betreffende Organisationsstruktur einen gewöhnlichen Arbeitsort. Anzuknüpfen ist an den Ort der tatsächlichen Ausführung der geschuldeten Arbeitsleistung (*BAG* 12.12.2001 EzA Art. 30 EGBGB Nr. 5).

59 Da fliegendes Personal im **internationalen Einsatz** die Arbeit gewöhnlich nicht in einem Staat verrichtet, kommt im Regelfall die Anknüpfung an das **Recht der einstellenden Niederlassung gem. Art. 30 Abs. 2 Ziff. 2 EGBGB** in Frage (*BAG* 12.12.2001 EzA Art. 30 EGBGB Nr. 5; s.o. Rz 52). Diese Lösung trägt der internationalen Beschäftigungsstruktur in der Branche, in der sich die Fluggesellschaften zunehmend international verflechten, ebenso wie der Flexibilität des Personaleinsatzes Rechnung. Gleichzeitig führt diese **Regelanknüpfung** zu einer für die Parteien praktikablen Stetigkeit des Arbeitsstatuts und damit auch Berechenbarkeit der gegenseitigen Rechte und Pflichten. Ob an der Re-

gelanknüpfung festzuhalten ist, wenn der Arbeitnehmer im weiteren Verlauf des Arbeitsverhältnisses von einer anderen Niederlassung aus eingesetzt und personalrechtlich betreut wird, ist umstritten. Das sei jedenfalls dann zu bejahen, wenn es sich um die Hauptniederlassung des Arbeitgebers handelt. Einer Manipulationsgefahr hinsichtlich des Ortes der Niederlassung könnte die Regelung der Ausnahmeklausel gem. Art. 30 Abs. 2 letzter Hs. entgegenwirken (so *Hess. LAG* 16.11.1999 LAGE Art. 30 EGBGB Nr. 5; dagegen *Soergel* Art. 30 Rz 44; *Gamillscheg* ZfA 1983, 307, 334). An die **Nationalität des Flugzeuges** (Staat der Registrierung) anzuknüpfen (so *Franzen* AR-Blattei, Internationales Arbeitsrecht Rz 102; *Mankowski* AR-Blattei ES 920 Rz 7; *Junker* Internationales Arbeitsrecht im Konzern, S. 188), trägt diesen Gegebenheiten nicht Rechnung; denn zB bei einer europäischen Fluggesellschaft, die Strecken in Südamerika bedient und dort in ihrer Niederlassung Personal einstellt, wird bzgl. der Arbeitsverhältnisse sachgerechterweise an die Rechtsordnung des Landes, wo das Personal gewöhnlich eingesetzt wird bzw. – im Fall des internationalen Einsatzes – sich die einstellende Niederlassung befindet, anzuknüpfen sein (im Ergebnis ebenso *BAG* 12.12.2001 EzA Art. 30 EGBGB Nr. 5; *Palandt/Heldrich* Art. 30 EGBGB Rz 7; *Benecke* IPRax 2001, 449, 450). An die Nationalität des Flugzeuges anzuknüpfen könnte auch in jenen Fällen zu ungerechtfertigten und sogar ungewollten Ergebnissen führen, in denen ein Flugzeug von einem beliebigen ausländischen Luftfahrtunternehmen geleast wird (vgl. auch *Schmid/Roßmann* Rz 107). Zum für Streitigkeiten zuständigen Gericht s.u. Rz 133.

60 In dem vom *BAG* entschiedenen Fall (29.10.1992 EzA Art. 30 EGBGB Nr. 2) hätte nach der Regelanknüpfung gem. Art. 30 Abs. 2 Ziff. 1 EGBGB der Arbeitsvertrag wegen des Erfüllungsortes dem deutschen Recht unterlegen. Allerdings war der Ausnahmeklausel wegen folgender sich auf US-amerikanisches Recht beziehender Umstände der Vorzug zu geben: Staatsangehörigkeit des Arbeitnehmers, Sitz des Arbeitgebers, Registrierung der eingesetzten Flugzeuge, Vertragssprache, Ort des Vertragsschlusses, Gewährung einer Auslandszulage, Einräumung der Rechtsschutzmöglichkeiten des amerikanischen Rechts, Anforderungen fliegenden Personals in New York bei Engpässen in Berlin, Altersversorgung nach amerikanischem Recht und Zuständigkeit der Betriebskrankenkasse in New York.

61 Die Rechtsprechung ist hinsichtlich dieses entschiedenen Falles nicht zu beanstanden. Allerdings eignet sich die Verallgemeinerung des vom BAG zugrunde gelegten »**Durchgriffs**« **auf die Ausnahmeklausel** nicht für die üblichen Gegebenheiten des fliegenden Personals. Die BAG-Entscheidung befasst sich mit dem nur historisch erklärbaren, aber im Übrigen doch eher untypischen Fall des früheren Berlin-Luftverkehrs, der aufgrund alliierten Rechts für Gesamtdeutschland nur von Airlines der alliierten Schutzmächte mit jeweils eigenem nationalem Personal durchgeführt wurde, das naturgemäß engere Beziehungen zu den USA, Frankreich oder Großbritannien aufwies.

b) Besatzung von Hochseeschiffen

62 Bei einem reinen Inlandsfall gilt deutsches Recht (s.o. Rz 13 und KR-*Weigand* SeemG Rz 2 f.). Heuerverhältnisse mit Auslandsberührung folgen nicht mehr wie nach der Rechtslage vor Inkrafttreten der gesetzlichen Neuregelung des IPR vom 25.7.1985 unmittelbar dem Recht der Flagge (so noch *BAG* 25.9.1979 AP Nr. 1 zu § 114 BetrVG; *Gamillscheg* Internationales Arbeitsrecht, S. 136, Nr. 115), sondern den Regelungen über die **Rechtswahl** bzw. die Regelanknüpfungen gem. Art. 30 Abs. 2 EGBGB. Im Falle der Rechtswahl darf dem Seemann nicht der Schutz entzogen werden, der ihm durch zwingende Bestimmungen des Rechts gewährt wird, dem sein Heuerverhältnis ohne eine kollisionsrechtliche Vereinbarung unterstehen würde (Art. 30 Abs. 1 EGBGB; s.o. Rz 26 ff.). Fehlt es an einer Rechtswahl, greifen die Merkmale der Regelanknüpfung gem. Art. 30 Abs. 2 EGBGB ein. In Frage kommt die **Regelanknüpfung an die Rechtsordnung des Staates der einstellenden Niederlassung**, dh derjenigen am Sitz der Reederei oder derjenigen einer Dependance in einem anderen Staat, da der Seemann seine Arbeit gewöhnlich nicht in ein und demselben Staat verrichtet (Art. 30 Abs. 2 Ziff. 2 EGBGB). Diese Regelanknüpfung, die mit Verweis auf die Motive der Neuregelung des EGBGB sowie auf die Regelung gem. § 21 Abs. 4 FlaggenrechtsG begründet wird (*Erman-Hohloch* Art. 30 EGBGB Rz 19; ebenso *Kühl* TranspR 1989, 94; *Ebenroth/Fischer/Sorek* ZVgIRWiss 88 (1989), 140; *Palandt/Heldrich* Art. 30 EGBGB Rz 7; *Eser* RIW 1992, 2; *v. Bar* IPrax Bd. 2, S. 388), wird den Bedürfnissen der Heuerverhältnisse nicht gerecht und ist daher abzulehnen. Sie trifft weder die Tatbestandsmerkmale, weil Seeleute ihre Arbeit nicht in verschiedenen Staaten verrichten, noch ist sie praktikabel.

63 **Bei Heuerverhältnissen ohne eine ausdrückliche Rechtswahl ist nach den Merkmalen in Art. 30 Abs. 2 Ziff. 1 EGBGB regelmäßig an das Recht der Flagge anzuknüpfen.** Der gewöhnliche Arbeitsort des Seemanns ist das Schiff, dessen Flagge wiederum die anzuwendende Rechtsordnung indiziert. Wiewohl Kauffahrteischiffe keinen integralen Bestandteil eines Staates darstellen, besteht doch ein be-

sonderes Schutzverhältnis des Schiffes zu dem Staat, dessen Flagge es führt (vgl. *Franzen* AR-Blattei, Internationales Arbeitsrecht Rz 91; MünchKomm-*Martiny* Art. 30 EGBGB Rz 48b). Dies manifestiert sich insbesondere auch gem. Art. 6 des Genfer Übereinkommens über die Hohe See vom 29.4.1958 (BGBl. 1972 II S. 1091), wonach deutsche Kauffahrteischiffe auf hoher See der Rechtsordnung und der Hoheitsgewalt der Bundesrepublik Deutschland unterliegen (vgl. RGRK-*Bemm* 12. Aufl., § 630 BGB Anh. II Rz 6). Die Regelanknüpfung an das Recht der Flagge entspricht der hM (vgl. *BVerfG* 10.1.1995 NZA 1995, 272; MünchArbR-*Birk* § 19 Rz 205; MünchArbR-*Freitag* § 190 Rz 9; *Däubler* RIW 1987, 251; *Geffken* NZA 1989, 88, 91; *Mankowski* RabelsZ 53 (1989), 495; *Lorenz* RdA 1989, 220; *Magnus* IPrax 1990, 141; *ders.* IPrax 1991, 382 mwN; **aA** *Palandt-Heldrich* Art. 30 EGBGB Rz 7; *Erman/Hohloch* Art. 30 EGBGB Rz 19). Für diese Lösung spricht auch ihre Praktikabilität; denn so sind gleichartige Arbeitsbedingungen auf ein und demselben Schiff anwendbar. Anders als zB das Flugpersonal (s.o. Rz 58 ff.) verrichten Seeleute ihre Arbeit längerfristig am gleichen Ort, nämlich dem Schiff und weisen damit eine stetigere Verbindung zu der mit der Flagge verbundenen Rechtsordnung auf. Schließlich ist nicht erkennbar, dass mit der Neuregelung des IPR die langwährende, im internationalen Schiffsverkehr gewachsene Regelung der Regelanknüpfung an das Recht der Flagge geändert werden sollte.

64 **Von zunehmender praktischer Bedeutung in der Rechtsprechung des BAG ist die Regelung gem. der Ausnahmeklausel nach Art. 30 Abs. 2 Hs. 2 EGBGB,** wenn das Heuerverhältnis **engere Verbindungen zu einem anderen Staat** als demjenigen aufweist, dessen Recht nach den genannten Regelanknüpfungen anzuwenden wäre (s.o. Rz 46, 57 ff.). Dementsprechend lag einer *BAG*-Entscheidung (24.8.1989 EzA Art. 30 EGBGB Nr. 1; Anm. *Junker* SAE 1990, 923; Anm. *Magnus* IPrax 1991, 382) folgender Sachverhalt zugrunde: das Arbeitsverhältnis einer englischen Staatsangehörigen mit Wohnsitz in England, die aufgrund eines in englischer Sprache in England abgeschlossenen Vertrages auf einem die Bundesflagge führenden, in Hamburg registrierten und zwischen den Niederlanden und England eingesetzten Fährschiff von einer englischen Gesellschaft beschäftigt und in englischer Währung nach einem englischen Tarifvertrag bezahlt wird, weist engere Beziehungen zu England iSd Ausnahmeklausel des Art. 30 Abs. 2 Hs. 2 EGBGB auf. Ebenso liegen engere Verbindungen zur deutschen Rechtsordnung iSd Art. 30 Abs. 2 Ziff. 2 Hs. 2 EGBGB vor bei in Deutschland auf deutsch abgeschlossenen Seearbeitsverträgen eines deutschen Staatsangehörigen mit einer »Billig-Flaggen«-Reederei eines anderen Landes, deren Anteilseigner auch Deutsche sind, die Vergütung in DM vereinbart und auf das Konto bei einer deutschen Bank überwiesen wird (*LAG BW* 17.7.1980 AP Nr. 19 zu IPR Arbeitsrecht).

65 Für **Heuerverhältnisse auf Schiffen unter deutscher Flagge, die gem. § 12 Abs. 1 FlaggenrechtsG in das Internationale Schiffsregister (Zweitregister)** eingetragen sind, ist die maßgebliche Kollisionsnorm des deutschen Rechts (Art. 30 EGBGB) durch § 21 Abs. 4 S. 1 FlaggenrechtsG modifiziert worden. Allein aus der Tatsache, dass das Schiff die deutsche Flagge führt, lässt sich nicht herleiten, dass deutsches Recht anzuwenden ist. Es gelten insoweit die arbeitsrechtlichen Bestimmungen desjenigen Staates, auf den die Gesamtheit aller maßgeblichen Umstände iSd Art. 30 Abs. 2 Hs. 2 EGBGB hindeutet. Zu den Umständen (s.o. Rz 55 sowie KR-*Weigand* SeemG Rz 5) zählen auch die Staatsangehörigkeit der Vertragsparteien, Vertragssprache, Ort des Vertragsschlusses und der Zahlung der Heuer sowie die Modalitäten für die Heuer (*BAG* 3.5.1995 EzA Art. 30 EGBGB Nr. 3), s.a. Rz 16 und KR-*Weigand* SeemG Rz 9 f. Die Frage, inwieweit die Regelungen des FlaggenrechtsG mit dem Art. 9 Abs. 3 GG, Art. 12 Abs. 1 GG, Art. 3 GG und Art. 27 GG im Einklang stehen, ist vom BVerfG im Wesentlichen positiv beantwortet worden. Lediglich § 21 Abs. 4 S. 3 FlaggenrechtsG ist vom BVerfG als Verstoß gegen Art. 9 Abs. 3 GG für verfassungswidrig und nichtig erklärt worden (*BVerfG* 10.1.1995 NZA 1995, 272; zu dieser Entscheidung vgl. *Wimmer* NZA 1995, 250; iE s. KR-*Weigand* SeemG Rz 10). Zum Arbeitsvertragsstatut beim Betriebsübergang gem. § 613a BGB (auch bei Verkauf oder Vercharterung in das Ausland und beim Flaggenwechsel) vgl. KR-*Weigand* SeemG Rz 79.

c) Mitarbeiter multinationaler Unternehmen

66 Erfolgt der grenzüberschreitende Einsatz eines Arbeitnehmers **innerhalb multinationaler Unternehmen** durch Versetzungen in verschiedene Länder zu jeweils rechtlich selbständigen Betrieben, so ist gem. der **Regelanknüpfung gem. Art. 30 Abs. 2 Ziff. 2 EGBGB** das Recht im Land der Zentrale anzuwenden, wenn der Arbeitnehmer persönlich und rechtlich an die Zentrale gebunden ist (zB durch Vertragsschluss, Weisungs- und Versetzungsrecht qua Zentrale). Befindet sich die Zentrale in Deutschland, so kommt das deutsche KSchG zur Anwendung (so auch für leitende Mitarbeiter und Geschäftsführer, die in Tochtergesellschaften im Ausland entsandt sind, *Falder* NZA 2000, 868; zu Führungskräften vgl. auch *Pohl* NZA 1998, 735). Auch die Beteiligungsrechte des Betriebsrates gem. § 102

BetrVG bleiben im Wege der Ausstrahlung (s.u. Rz 111) bestehen. Zur Kündigung verschiedener Vertragsmodelle iR einer Entsendung vgl. *Mastmann/Stark* BB 2005, 1849, 1852.

Wenn der Arbeitnehmer jeweils ein neues Vertragsverhältnis mit den **verschiedenen rechtlich selb-** 67
ständigen Betrieben desselben multinationalen Unternehmens begründet, ist von der **Regelanknüpfung gem. Art. 30 Abs. 2 Ziff. 1 EGBGB** (lex loci laboris) auszugehen (zust. *Eser* RIW 1992, 1). Eine konzernweite Anwendung zB des deutschen Kündigungsschutzes scheidet bei dieser Konstellation schon deshalb aus, weil die Regelungen des KSchG betriebs- bzw. unternehmensbezogen, nicht aber konzernweit angelegt sind (vgl. KR-*Weigand* § 23 KSchG Rz 26; so auch *Windbichler* Arbeitsrecht im Konzern, S. 259 ff.; diff. *Eser* BB 1994, 1991; *ders.* Arbeitsrecht im Multinationalen Unternehmen, 1994). Die Ausnahmen von diesem Grundsatz (vgl. konzernbezogene Weiterbeschäftigungspflicht eines Betriebsratsmitglieds im Rahmen einer Betriebsstilllegung, *BAG* 14.10.1982 EzA § 15 KSchG nF Nr. 29; absolute kapitalmäßige Beherrschung des Unternehmens durch das andere Konzernunternehmen, KR-*Griebeling* § 1 KSchG Rz 147 f.) erfordern entsprechende spezielle Selbstverpflichtungstatbestände des Konzernunternehmens (vgl. zB *BAG* 21.1.1999 EzA § 1 KSchG Nr. 51; dazu *Franzen* IPRax 2000, 506; *Lingemann/von Steinau-Steinstück* DB 1999, 2161; s.a. Rz 86). Beim **internationalen Joint Venture** scheidet die konzernweite Geltung des KSchG ebenfalls aus (*Eser* Arbeitsrecht im Multinationalen Unternehmen, S. 118).

Im Falle der Vereinbarung einer Rechtswahlklausel gelten die allgemeinen Grundsätze zum Art. 30 68
Abs. 1 EGBGB (s.o. Rz 13 ff. insbes. 22 ff.). Zu weiteren Fragen des Arbeits-, Sozialversicherungs- und Arbeitserlaubnisrechts vgl. *Löwisch/Flüchter* FS Rheinland-Pfalz, S. 103 ff., insbes. bezüglich Grenzgängern *Weth* RdA 1998, 233; zur Sozialversicherung und zum anwendbaren Recht bei befristeter Entsendung *Werthebach* NZA 2006, 247.

d) Mitarbeiter öffentlich-rechtlicher und ähnlicher Einrichtungen

Mitarbeiter im öffentlich-rechtlichen Dienstbereich unterstehen idR auch im Ausland wegen ihrer ho- 69
heitlichen oder quasi-öffentlichen Aufgaben entweder dem öffentlichen Dienstrecht oder dem allgemeinen **Arbeitsrecht des Entsendestaates**, soweit es sich um **aus dem Heimatland entsandte Mitarbeiter** handelt. Der Deutschen Gerichtsbarkeit ist grds. nicht unterworfen ein ausländischer Staat (Generalkonsulat) hinsichtlich arbeitsrechtlicher Bestandsstreitigkeiten mit Konsularangestellten, die nach dem Inhalt ihres Arbeitsverhältnisses originär konsularische (hoheitliche) Aufgaben wahrzunehmen haben (*BAG* 16.5.2002 – 2 AZR 688/00); denn der ausländische Staat genießt hier Immunität (*BAG* 3.7.1996 EzA § 20 GVG Nr. 1; vice versa im Fall nichthoheitlicher Tätigkeit eines in Deutschland beschäftigten französischen Sprachlehrers vgl. *LAG Bln.* 20.7.1998 LAGE Art. 30 EGBGB Nr. 2). Die Abgrenzung zwischen hoheitlicher und nichthoheitlicher Staatstätigkeit richtet sich nicht nach deren Motiv oder Zweck (*BAG* 23.11.2000 EzA GVG § 20 Nr. 3). Maßgebend ist die Natur der umstrittenen Staatlichen Handlung oder des streitigen Rechtsverhältnisses (*BAG* 16.5.2002 – 2 AZR 688/00). Dies ist grds. nach dem Recht des entscheidenden Gerichts zu beurteilen (*BAG* 15.2.2005 – 9 AZR 116/04 – BB 2005, 1391 mwN). Für Arbeitnehmer, die aus der Bundesrepublik Deutschland in das Ausland zur Tätigkeit für offizielle deutsche Dienststellen entsandt werden, gelten idR die Zusatzvereinbarungen des BAT für das Ausland sowie entsprechende Grundsätze des Auswärtigen Amtes. Bei sog. **Ortskräften** kann ebenfalls an deutsches Recht angeknüpft werden, wenn es sich um deutsche Staatsbürger handelt und sich die vereinbarten Arbeitsbedingungen im Wesentlichen an Vorschriften des deutschen Arbeitsrechts anlehnen (*BAG* 10.5.1962 AP Nr. 6 zu IPR Arbeitsrecht). Ausländische Ortskräfte in einer deutschen diplomatischen Vertretung unterliegen der lex loci laboris insbes. dann, wenn die Umstände einen überwiegenden Bezug zur ausländischen Rechtsordnung herstellen (*LAG Bln.* 4.12.2003 –10 Sa 1368/03, für eine türkische Ortskraft in Istanbul). Allerdings sind nach der neueren Rspr. des BAG hinsichtlich aller Aspekte des Arbeitsverhältnisses, die durch das Recht (einschließlich Tarifverträge) des beschäftigenden Mitgliedstaates der EU geregelt sind, **Staatsangehörige anderer Mitgliedstaaten** den deutschen Ortskräften einer Botschaft gleich zu behandeln (Fall einer Belgierin, die ständig in Algerien lebt und dort einen Arbeitsvertrag mit der deutschen Botschaft schließt und dort dauerhaft erfüllt). Dies ergibt sich aus Art. 48 Abs. 2 EGV, Art. 7 Abs. 1 und 4 VO (EWG) Nr. 1612/68 vom 15.10.1968 (*BAG* 8.8.1996 EzA Art. 48 EGV Nr. 5; *EuGH* 30.4.1996 NZA 1996, 971; krit. dazu *Junker* RdA 1998, 42). Die lex loci laboris gilt für deutsche Ortskräfte mit nicht hoheitlichen Aufgaben an der US-Botschaft in Deutschland, zumal da Gebäude einer diplomatischen Vertretung als solche nicht exterritorial sind, sondern zum Staatsgebiet des Gastgeberlandes gehören (*BAG* 15.2.2005 – 9 AZR 116/04 – BB 2006, 1391; 20.11.1997 EzA Art. 30 EGBGB Nr. 4; Anm. *Krebber* IPRax 1999, 164; 10.5.1962 AP Nr. 6 zu Inter-

nationales Arbeitsrecht, Arbeitsrecht; *Müller* RdA 1973, 137, 146; s.u. Rz 70 zur Nichtgeltung deutscher Tarifverträge bei der Wahl ausländischen Rechts zwischen deutschen Arbeitsvertragspartnern). Wird eine französische Staatsangehörige, die als Beamtin des französischen Erziehungsministeriums in den Zuständigkeitsbereich des französischen Außenministeriums abgeordnet ist (détachement) und auf der Grundlage eines in Berlin abgeschlossenen contrat local (rechtlich ein contrat de droit public) ohne Rechtswahlklausel im Centre Culturel in Berlin beschäftigt ist, zu ihrem Dienstherrn in das Erziehungsministerium rückbeordert, so unterliegt dieser Rechtsakt wie die zugrunde liegenden Rechtsverhältnisse wegen der engen Verbindung dem französischen Recht (*LAG Bln.* 20.7.1998 LAGE Art. 30 EGBGB Nr. 2; im Ergebnis zust. *Junker* RiW 2001, 94, 100).

70 Diese Grundsätze gelten auch für Mitarbeiter in deutschen Institutionen im Ausland, die unabhängig von ihrer möglicherweise privatrechtlichen Organisationsform öffentliche Aufgaben erfüllen, aus öffentlichen Finanzmitteln unterhalten werden und hinsichtlich der Arbeitsverhältnisse auf den BAT Bezug nehmen. Das trifft idR so auch auf Ortskräfte der Goethe-Institute im Ausland zu (fällt aufgrund der Schließung einer Zweigstelle ein Arbeitsplatz weg, rechtfertigt dies regelmäßig keine außerordentliche Kündigung iSd § 626 Abs. 1 BGB, *BAG* 24.6.2004 EzA § 626 BGB 2002 Unkündbarkeit Nr. 5). Dagegen ist bei **ausländischen Ortskräften** die lex loci laboris anzuwenden (s.a. Rz 113). Es bleibt allerdings der deutschen Einrichtung (Goethe-Institut) und der deutschen Arbeitnehmerin (Sprachlehrerin) unbenommen, dem Arbeitsvertrag ausländisches (englisches) Arbeitsrecht, wo Kollektivvereinbarungen nur einzelvertraglich in das Arbeitsverhältnis einbezogen werden, zugrunde zu legen und damit trotz beiderseitiger Tarifbindung die sonst gem. §§ 3, 4 TVG geltende normative Wirkung des Tarifvertrages (BAT) auf das Arbeitsverhältnis zu vermeiden (*BAG* 20.8.2003 – 5 AZR 362/02). Auf die Arbeitsverhältnisse eines **rechtlich selbständigen Tochterunternehmens im Ausland** sind die Regelungen des **Haustarifvertrages** des deutschen Arbeitgebers nicht unmittelbar anzuwenden. Allerdings kann eine Einwirkungspflicht auf die rechtlich selbständige Tochter auf Anwendung des Haustarifvertrages bestehen, wenn das Tochterunternehmen nur aus Gründen des internationalen Rechts verselbständigt wurde, aber tatsächlich von der Haustarifvertragspartei ideell, wirtschaftlich und verwaltungsmäßig abhängt. Dies hat das *BAG* (11.9.1991 EzA § 1 TVG Durchführungspflicht Nr. 1) im Fall des **Goethe-Instituts** entschieden, das die Arbeitsverhältnisse der in Mexiko beschäftigten Sprachlehrer nur deswegen auf den neu gegründeten rechtlich selbständigen Instituto Goethe Asociación Civil übertragen hat, um die Arbeitsbedingungen abzusenken (mit krit. Anm. zu diesem Ergebnis: *Otto* SAE 1993, 185). Zu den besonderen Beschäftigungsbedingungen und Dienstvorschriften (Satzung und Geschäftsordnung) der **Mitarbeiter der Europäischen Zentralbank** sowie den Rechtsschutzverfahren verwaltungsintern und gerichtlich vor dem EuGH vgl. *Feyerbacher* ZESAR 2006, 11.

e) Sonstige

71 Bei der **Arbeitnehmerüberlassung** ist zwischen der echten und der unechten Leiharbeit zu unterscheiden. Wird ein Arbeitnehmer gelegentlich einem anderen Betrieb überlassen (sog. **echte Leiharbeit**), gilt zwischen dem Verleiher und dem Arbeitnehmer das Arbeitsvertragsstatut, zwischen Verleiher und Entleiher gelten die allgemeinen Regelungen gem. Art. 28 Abs. 1 und 2 EGBGB. Handelt es sich um eine sog. **unechte Leiharbeit**, dh gewerbsmäßige Arbeitnehmerüberlassung, ist das Recht am Ort der Arbeitsleistung bestimmend, verrichtet der Leiharbeitnehmer seine Arbeit an verschiedenen Orten, gilt das Recht der Niederlassung des Verleihers (*Franzen* AR-Blattei, Internationales Arbeitsrecht Rz 154; MünchArbR-*Birk* § 19 Rz 132; *Boemke* BB 2005, 266 insbes. im Hinblick auf die EU-Osterweiterung). Zu den Besonderheiten einer gegenseitigen Arbeitnehmerüberlassung zwischen einer (deutschen) grenzüberschreitenden Personengesellschaft und ihrem ausländischen Gesellschafter (jeweils als Arbeitgeber) in Form einer Bau-Arbeitsgemeinschaft vgl. *Schmidt-Hermesdorf* RIW 1988, 938. Zur Mitbestimmung des Betriebsrates *BAG* 10.9.1985 AP Nr. 2 zu § 117 BetrVG 1972.

72 Bei international tätigen **Handelsvertretern** ist zunächst zu klären, ob es sich um selbständige Handelsvertreter handelt oder solche mit Arbeitnehmerstatus (zur unterschiedlichen rechtlichen Würdigung des voyageur/représentant/placier nach französischem Recht als Arbeitnehmer und des Handelsvertreters nach deutschem Recht als Selbständigem vgl. *BAG* 24.3.1992 AP Nr. 28 zu IPR Arbeitsrecht). Gem. § 84 Abs. 1 S. 2 HGB ist selbständig, wer im Wesentlichen frei seine Tätigkeit gestalten und seine Arbeitszeit bestimmen kann. Die Anknüpfung an eine Rechtsordnung ergibt sich beim **selbständigen Handelsvertreter** entweder aus der getroffenen Rechtswahl gem. Art. 27 Abs. 1 EGBGB (modifiziert durch die »zwingenden Bestimmungen« gem. Abs. 3) oder bei fehlender Rechtswahl aus Art. 28 Abs. 1 und 2 EGBGB. Nach der Vermutungsregel im Abs. 2 S. 2 bestimmt sich das an-

zuwendende Recht nach dem Ort der Niederlassung des Handelsvertreters (st.Rspr. vgl. *BGH* 28.11.1980 AP Nr. 20 zu IPR Arbeitsrecht; MünchKomm-*Martiny* Rz 28 EGBGB Rz 157; *Junker* Anm. zu AP Nr. 28 zu IPR Arbeitsrecht). So findet auf das einem Handelsvertreterverhältnis ähnliche Verhältnis eines literarischen Scout, der auf dem amerikanischen Buchmarkt für einen deutschen Verlag tätig ist, amerikanisches Recht Anwendung (*LAG Frankf./M.* 18.9.1980 AP Nr. 18 zu IPR Arbeitsrecht). Für den **Handelsvertreter, der als Arbeitnehmer tätig ist** (zum Begriff vgl. KR-*Rost* ArbNähnl. Pers. Rz 171 ff.), gelten die Regelungen gem. Art. 30 EGBGB (s.o. Rz 12 ff., 22 ff.). Im Falle eines deutschen Handlungsreisenden eines belgischen Unternehmens mit Einsatzgebiet in mehreren Staaten ergibt die Abwägung zwischen dem Einstellungsort in Belgien einerseits und der Staatsangehörigkeit des Handlungsreisenden, dessen Wohnsitz in Deutschland, der deutschen Vertragssprache, der Vereinbarung typisch deutscher Vertragsbestandteile, der Vergütung in deutscher Währung, der Unterwerfung des Vertrages unter das deutsche Sozialversicherungssystem (vgl. auch VO EWG Nr. 1408/71 für Staatsangehörige der Mitgliedsstaaten der EU) und die beabsichtigte Unterwerfung der Parteien unter den Gerichtsstand am Wohnsitz des Handlungsreisenden in Deutschland andererseits die Anknüpfung an deutsches Recht gem. Art. 30 Abs. 2 2. Hs. (*LAG BW* 15.10.2002 LAGE Art. 30 EGBGB Nr. 6 Anm. *Mankowski*; vgl. auch *Thüsing* BB 2003, 898). Zur Rechtswahl bei Handelsvertretern (auch außerhalb des EU-Raumes) vgl. *Meeser* Ausgleichsanspruch und trickreiche Rechtswahl, Blick durch die Wirtschaft vom 12.7.1993 (Nr. 131).

Auf **arbeitnehmerähnliche Personen** finden die Regelungen gem. Art. 30 EGBGB keine unmittelbare Anwendung (MünchArbR-*Birk* § 19 Rz 209). Dieser – wirtschaftlich abhängige und Arbeitnehmern vergleichbar sozial schutzbedürftige – Personenkreis (vgl. Legaldefinition gem. § 12a TVG) umfasst im Wesentlichen die Heimarbeiter, die kleinen Handelsvertreter und die sog. freien Mitarbeiter (KR-*Rost* ArbNähnl. Pers. Rz 3, 28 ff., 77 ff., 171 ff.). Je nach Ausgestaltung des Auftrags- bzw. Dienstverhältnisses gelten die nationalen arbeitsrechtlichen Sondervorschriften oder aber die Regelungen entsprechend dem Status von Arbeitnehmern bzw. Selbständigen. Die Bestimmungen des HAG gelten nur für in **Heimarbeit Beschäftigte** auf dem Gebiet der Bundesrepublik Deutschland und sind auch von ausländischen Auftraggebern zu beachten. Eine Rechtswahl oder objektive Anknüpfung an eine andere Rechtsordnung kommt für im Inland Beschäftigte wegen des öffentlich-rechtlich ausgestalteten Schutzes der Heimarbeiter im HAG nicht in Frage (für eine analoge Anwendung des Art. 30 EGBGB wegen der gleich gelagerten Schutzbedürftigkeit ist MünchArbR-*Birk* § 19 Rz 60). Auf die sog. **kleinen Handelsvertreter** (vgl. § 5 Abs. 3 ArbGG, § 92b HGB) sind die für arbeitnehmerähnliche Personen geltenden Vorschriften anzuwenden (KR-*Rost* ArbNähnl. Pers. Rz 10 ff., 194 ff.). Im Falle der Auslandsberührung darf dem kleinen Handelsvertreter **bei entsprechender Anwendung des Art. 30 EGBGB** nicht durch eine Rechtswahlvereinbarung der Mindestschutz entzogen werden, der ihm gem. dem objektiv bestimmten Vertragsstatut zustehen würde (so auch MünchArbR-*Birk* § 19 Rz 209). Dieser Grundsatz gilt auch für sog. freie **Mitarbeiter,** soweit sie als arbeitnehmerähnliche Personen tätig sind (vgl. KR-*Rost* ArbNähnl. Pers. Rz 15 ff.).

IV. Einzelheiten zur Beendigung von Arbeitsverhältnissen mit Auslandsberührung

1. Anzuwendende Rechtsordnung gem. Art. 32 Abs. 1 Ziff. 4 EGBGB

Das Arbeitsverhältnis kann nach den Regelungen gem. dem **Arbeitsvertragsstatut** beendet werden, Art. 32 Abs. 1 Ziff. 4 EGBGB (MünchArbR-*Birk* § 19 Rz 182). Es gelten für die verschiedenen Beendigungsarten (einvernehmlich oder durch einseitige Willenserklärung) die gleichen Grundsätze wie bei der Begründung und beim Inhalt des Arbeitsverhältnisses (*Birk* RdA 1984, 134). Allerdings ist Art. 30 Abs. 1 EGBGB zu beachten: Die **kündigungsschutzrechtlichen Vorschriften** zB des Ersten Abschnitts des KSchG oder gem. § 622 BGB sind **inländische zwingende Vorschriften** (s.o. Rz 26 ff.), deren Schutz dem Arbeitnehmer nicht durch Rechtswahl entzogen werden darf (unter Beachtung des Günstigkeitsvergleiches, s.o. Rz 28 ff.), soweit sie nach der Regelanknüpfung bzw. der Ausnahmeklausel anzuwenden wären (MünchKomm-*Martiny* Art. 30 EGBGB Rz 60; *Hohloch* RIW 1987, 358). In diesem Regelungsrahmen kann die Beendigung des Arbeitsverhältnisses auch durch Teilrechtswahl gestaltet werden (*Birk* RdA 1989, 201, 204). Besonderheiten zu diesen Grundsätzen können sich für besondere Arbeitnehmergruppen ergeben (s.u. Rz 93 ff.).

2. Rechts- und Geschäftsfähigkeit im IPR

Gem. Art. 7 Abs. 1 EGBGB unterliegen die Rechtsfähigkeit und die Geschäftsfähigkeit von Arbeitgeber und Arbeitnehmer dem **Recht des Staates, dem die Person angehört**. Dies gilt auch, soweit die Geschäftsfähigkeit durch Eheschließung erweitert wird. Bei Staatenlosen ist die Rechtsordnung des Staates des gewöhnlichen Aufenthaltes anzuwenden (Art. 5 Abs. 2 EGBGB), bei mehrfachen Staatsangehörigkeiten ist das Recht des Staates maßgeblich, mit dem die Person durch ihren gewöhnlichen Aufenthalt oder durch den Verlauf ihres Lebens am engsten verbunden ist (Art. 5 Abs. 1 S. 1 EGBGB). Ist die Person auch Deutscher, so geht diese Rechtsstellung vor (Art. 5 Abs. 1 S. 2 EGBGB). Gem. Art. 12 EGBGB wird der gute Glaube an die nach dem Ortsrecht bestehende Geschäftsfähigkeit besonders geschützt.

76 Will als Arbeitgeber eine juristische Person oder nichtrechtsfähige Personenverbindung das Arbeitsverhältnis durch Vertrag oder Kündigung beenden, kommt es auf das Arbeitsvertragsstatut an (MünchArbR-*Birk* § 19 Rz 63). Handelt es sich bei dem Arbeitnehmer um einen **minderjährigen Deutschen**, richtet sich seine Arbeitsvertrags- bzw. Kündigungsfähigkeit nach § 113 BGB (vgl. KR-*Weigand* §§ 21, 22 BBiG Rz 105–110). Will ein deutscher Arbeitgeber im Inland einem nach dessen Heimatrecht – im Unterschied zum deutschen Recht – **minderjährigen ausländischen Arbeitnehmer** kündigen bzw. einen Auflösungsvertrag schließen, so kann sich der Arbeitnehmer auf seine mangelnde Geschäftsfähigkeit nur berufen, wenn der Arbeitgeber diese kannte oder kennen musste (vgl. Art. 12 EGBGB).

3. Form der Beendigung

77 Gem. Art. 11 EGBGB ist die einvernehmliche Vertragsauflösung bzw. die Kündigungserklärung formgültig, wenn die Formerfordernisse des auf das Arbeitsverhältnis anwendbaren Rechts oder die am Ort der Vornahme des Rechtsgeschäfts geltenden Formvorschriften erfüllt sind. Die letztgenannte Alternative des locus regit actum kann zu Willkürakten führen und zur Umgehung von Formvorschriften in einer Rechtsordnung führen, die dem Arbeitnehmerschutz dienen, durch willkürliche Vornahme des Rechtsgeschäfts an einem anderen Ort mit weniger schutzwürdigen Formvorschriften. Denn die Regelung gem. Art. 11 EGBGB ermöglicht zB eine Kündigung von einer Rechtsordnung aus, die dafür keine Formvorschrift vorsieht, obwohl nach dem Arbeitsvertragsstatut eine bestimmte Form einzuhalten wäre (zB bei Geltung französischen Arbeitsvertragsstatuts wären Form- und Verfahrensvorschriften einzuhalten, vgl. *Weigand* KR, 2. Aufl. EG-Grds. Rz 69–74 [außer 73]. **Das in Deutschland geltende Schriftformerfordernis gem. § 623 BGB für Erklärungen zur Beendigung von Arbeitsverhältnissen ist eine zwingende Bestimmung iSd Art. 30 Abs. 1 EGBGB** (vgl. auch KR-*Spilger* § 623 Rz 31). Wird die Beendigung des Arbeitsvertrages gem. Art. 11 Abs. 1 2. Alt. EGBGB von einem anderen Ort aus vorgenommen, um die Formvorschriften des Rechts des Arbeitsvertragsstatuts zu umgehen, ist **Rechtsmissbrauch** anzunehmen; denn auch die Vorschriften des Internationalen Arbeitsrechts – IPR – samt Kollisionsnormen zur Formgültigkeit von Rechtsgeschäften dienen in erster Linie dem Schutz der Arbeitnehmer (vgl. ratio legis Art. 30 EGBGB als sedes materiae). Die rechtsmissbräuchliche Umgehung führt insbes. im Fall des einseitigen Rechtsgeschäfts der Kündigung zu deren Unwirksamkeit (so auch *Lorenz* RdA 1989, 220, 226; *Gamillscheg* aaO; *Junker* Internationales Arbeitsrecht im Konzern, S. 62, kommt durch teleologische Reduktion zu diesem Ergebnis; *Birk* begrenzt – arg. Art. 29 Abs. 3 EGBGB – das Formstatut auf das Arbeitsvertragsstatut wegen wertungsmäßiger Lücke im Gesetz, MünchArbR-*Birk* § 19 Rz 66; aA *Franzen* AR-Blattei, Internationales Arbeitsrecht Rz 136; MünchKomm-*Martiny* Art. 30 EGBGB Rz 15; *Erman-Hohloch* Art. 30 EGBGB Rz 9).

4. Einzelne Beendigungstatbestände

a) Befristung

78 Abreden zur Befristung des Arbeitsverhältnisses unterliegen grds. dem Arbeitsvertragsstatut (MünchKomm-*Martiny* Art. 30 EGBGB Rz 50: in den Grenzen des deutschen ordre public). Soweit die Rechtsprechung des BAG Kriterien zur Zulässigkeit der Befristung aufgestellt hat, dienen diese in erster Linie dem Interessenausgleich der Arbeitsvertragsparteien, der Arbeitgeber verfügt über ein adäquates Instrumentarium zum Personaleinsatz bei Erledigung befristeter Arbeiten, und der Arbeitnehmer soll vor Willkür bei der Derogation des zwingenden Bestandsschutzes geschützt werden (vgl. KR-*Lipke* § 620 BGB Rz 122 ff.). Bei diesen Regeln zur Befristung handelt es sich also um **zwingendes inländisches Recht iSd Art. 30 Abs. 1 EGBGB**.

79 Demgegenüber verfolgt die Regelung gem. § 14 Abs. 2 TzBfG wie schon bei deren Vorgängerregelung gem. § 1 BeschFG arbeitsmarktpolitische Zwecke, sie soll den Arbeitgebern Anreize zur Einstellung von mehr Arbeitnehmern schaffen (BR-Drucks. 393/84, S. 15). Diese ordnungspolitischen Motive

überlagern die Aspekte des individuellen Arbeitnehmerschutzes. Daher können die Befristungsmöglichkeiten und -grenzen nicht zur Disposition im Rahmen einer Rechtswahl stehen. Dies ergibt sich bereits gem. Art. 30 Abs. 2 Ziff. 1 für Arbeitsverhältnisse mit Arbeitsort in Deutschland bzw. im Fall mit engeren Verbindungen zum Inland nach Abs. 2 Ziff. 2 Hs. 2. Liegt der Arbeitsort im Ausland, entfällt der Bezug zum deutschen Arbeitsmarkt und damit die zwingende Anwendung des § 14 Abs. 2 TzBfG. Dieses Ergebnis entspricht den Anforderungen des Art. 34 EGBGB (MünchArbR-*Birk* § 19 Rz 127).

Führt die Regelanknüpfung oder die Ausnahmeklausel gem. Art. 30 Abs. 2 EGBGB trotz Rechtswahl zur Anwendung zwingender ausländischer Bestimmungen über die Befristung (zB in Frankreich, vgl. *Weigand* KR, 2. Aufl. EG-Grds. Rz 51), so sind diese vom deutschen ArbG zu berücksichtigen. Ob der deutsche ordre public eingreift, wenn das objektive Vertragsstatut keine Begrenzung von Befristungsmöglichkeiten vorsieht (so MünchArbR-*Birk* § 19 Rz 128; *ders.* RdA 1984, 129, 132), erscheint fraglich.

b) Auflösungsvertrag

Die Beendigung des Arbeitsverhältnisses durch eine vertragliche Abrede unterliegt dem **Arbeitsvertragsstatut.** Insofern gelten die Regeln wie beim Abschluss des Arbeitsvertrages (*Gamillscheg* ZfA 1983, 362; MünchArbR-*Birk* § 19 Rz 183 f.; *Franzen* AR-Blattei, Internationales Arbeitsrecht Rz 171; *Hönsch* NZA 1988, 113, 119). MünchArbR-*Birk* (aaO) erwägt eine eigene Anknüpfung der Regeln für eine besondere Kontrolle für Auflösungsverträge hinsichtlich des Einflusses des Arbeitgebers mit Verweis auf das Beispiel BAG 7.5.1987 EzA § 9 KSchG nF Nr. 21.

c) Kündigung

Das Recht der Kündigung von Arbeitsverhältnissen bestimmt sich nach dem **Vertragsstatut** (Art. 32 Abs. 1 Ziff. 4 EGBGB). Die Zuordnung des Kündigungsrechts in den Bereich der Parteiautonomie entspricht der ständigen Rechtsprechung des BAG (vgl. u.a. BAG 20.7.1967 AP Nr. 10 zu IPR Arbeitsrecht; 19.6.1986 EzA § 1 KSchG Betriebsbedingte Kündigung Nr. 39; 24.8.1989 EzA Art. 30 EGBGB Nr. 1). Eine **Rechtswahlvereinbarung** kann sich auf den Arbeitsvertrag insgesamt oder nur auf Teile wie zB die Kündigung beziehen (s.a. Rz 21). Möglich ist auch eine gesonderte Rechtswahl für besondere Kündigungsarten (zB Änderungskündigung, vgl. *Reiserer* NZA 1994, 673, 675) oder Arbeitnehmergruppen (zB leitende Angestellte iSd § 14 KSchG). Die Rechtswahltatbestände müssen jedoch als Teilfrage abspaltbar sein (*Erman/Hohloch* Art. 27 EGBGB Rz 21), so dass ein tatsächlicher und rechtlicher Zusammenhang im Rahmen der Kündigung nicht zerrissen wird (zB Herausnahme der Sozialauswahl bei der betriebsbedingten Kündigung, vgl. *Reiserer* aaO). Haben die Arbeitsvertragsparteien keine Rechtswahl getroffen, so ergibt sich das anzuwendende Recht aus der lex loci laboris, der lex loci contractus bzw. gem. dem Staat, zu dem engere Verbindungen bestehen (Art. 30 Abs. 2 EGBGB, s.o. Rz 45 ff.).

Welche **Kündigungsfristen** einzuhalten sind, regelt sich nach dem **Arbeitsvertragsstatut** (MünchArbR-*Birk* § 19 Rz 189; *Gamillscheg* ZfA 1983, 362; *Erman/Hohloch* Art. 30 EGBGB Rz 27). Im Rahmen der Prüfung gem. Art. 30 Abs. 1 EGBGB sind grds nach dem **Günstigkeitsvergleich** die für den Arbeitnehmer längeren Fristen zu berücksichtigen (s.o. Rz 26, 28 und Bericht von *Giuliano* und *Lagarde* ABlEG C 282 v. 31.10.1980, S. 57). Bei der für die Bemessung der Kündigungsfrist zugrunde gelegten Dauer der Betriebszugehörigkeit zählt die gesamte im Betrieb oder Unternehmen zurückgelegte Beschäftigungszeit im In- und Ausland. Unerheblich ist, ob sich während dieser Periode das Arbeitsvertragsstatut geändert hat, zB durch Vereinbarung oder Ortswechsel. Zu eng erscheint die Begrenzung auf Tätigkeiten im Ausland, die den Bereich der »Ausstrahlung« nicht überschreiten (*Schmidt-Hermesdorf* RIW 1988, 938, 941). Die Beschäftigungszeiten in verschiedenen Unternehmen eines Konzerns können nicht kumuliert werden (s.o. Rz 66 ff.; KR-*Griebeling* § 1 KSchG Rz 118). Sieht die gewählte Rechtsordnung für die Beendigung von Arbeitsverhältnissen keine oder nur eine geringfügige Kündigungsfrist vor, greift der deutsche ordre public nur dann ein, wenn eine entsprechende Kompensation zB in Form relativ höherer Vergütungen oder Abfindungen nicht vorgesehen ist (vgl. BAG 20.7.1967 aaO; s.o. Rz 39).

Ob eine Kündigung die Mitteilung der **Kündigungsgründe** erfordert, ergibt sich aus dem Arbeitsvertragsstatut (allerdings könnte sich gem. § 102 Abs. 1 BetrVG zwingend ergeben, dass die Kündigungsgründe dem Betriebsrat mitzuteilen sind, s.u. Rz 110 ff.). Ebenso richtet sich die Notwendigkeit der Einhaltung eines bestimmten **Kündigungsverfahrens** wie zB in Frankreich (vgl. *Weigand* KR, 2. Aufl. EG-Grds. Rz 69–74 [außer 73]) nach dem Vertragsstatut. Beides dient dem Arbeitnehmerschutz und ist beim Günstigkeitsvergleich gem. Art. 30 Abs. 1 EGBGB zu beachten (s.o. Rz 27, 29).

5. Kündigungsschutz

a) Allgemeiner Kündigungsschutz

85 Die anzuwendenden Regelungen zum allgemeinen Kündigungsschutz ergeben sich aus dem **Arbeitsvertragsstatut**. In Deutschland sind die §§ 1–14 KSchG **zwingende inländische Bestimmungen iSd Art. 30 Abs. 1 EGBGB**, nicht aber Eingriffsnormen (st.Rspr. *BAG* 20.11.1997 EzA Art. 30 EGBBG Nr. 4; 24.8.1989 EzA Art. 30 EGBGB Nr. 1; 20.7.1967 AP Nr. 10 zu IPR Arbeitsrecht; MünchKomm-*Martiny* Art. 30 EGBGB Rz 60; *Franzen* AR-Blattei, Internationales Arbeitsrecht Rz 119; *Mankowski* IPRax 1994, 88, 97; *Junker* IPRax 1989, 75; *Magnus* IPrax 1991, 382, 385; *Heilmann* AR-Blattei SD 340 Auslandsarbeit Rz 250; *Eser* BB 1994, 1991; *Hueck/v. Hoyningen-Huene* KSchG Einl. Rz 82; *Erman/Hohloch* Art. 30 EGBGB Rz 27; s.o. Rz 34; **aA** MünchArbR-*Birk* § 19 Rz 89, 91; *ders.* RdA 1989, 202, 207; *Krebber* S. 305 ff.; *Däubler* RIW 1987, 249, 255; *Hönsch* NZA 1988, 113, 117). Nur in **Ausnahmefällen** internationaler Arbeitsverhältnisse, in denen das Arbeitsvertragsstatut keine Regelungen zum Kündigungsschutz (zB Kündigungsfristen, -verfahren, -beschränkungen, -verbote) vorsieht, greift der deutsche ordre public ein (*BAG* 20.7.1967 aaO; MünchArbR-*Birk* § 19 Rz 186; MünchKomm-*Martiny* Art. 30 EGBGB Rz 59; *Krebber* S. 338, 341; *Heilmann* aaO). Das gilt auch für den im Voraus erklärten Verzicht auf Kündigungsschutz (*BAG* 29.6.1978 AP Nr. 8 zu § 38 ZPO Internationale Zuständigkeit; offen aber *BAG* 24.8.1989 EzA Art. 30 EGBGB Nr. 1; im Übrigen s.a. Rz 33 ff.). Stehen zwingende inländische Bestimmungen des Kündigungsschutzes solchen einer ausländischen Rechtsordnung hinsichtlich der Geltung für ein Vertragsverhältnis gegenüber (s.o. Rz 28), so ist die für den Arbeitnehmer **günstigere Schutznorm im direkten Vergleich** der Ergebnisse aus beiden für den Anwendungsfall maßgeblichen Rechtsordnungen zu ermitteln (zum Kündigungsschutzrecht anderer EU-Staaten vgl. *Weigand* KR, 2. Aufl. Internationales Arbeitsrecht; *Eser* Arbeitsrecht im Multinationalen Unternehmen).

86 Findet auf das Arbeitsverhältnis gem. Art. 30 EGBGB **deutsches Kündigungsschutzrecht** Anwendung, so gilt der **Erste Abschnitt des KSchG**. Dies ist idR nach Maßgabe der §§ 1 Abs. 1, 23 Abs. 1 S. 2 KSchG bei allen Arbeitsverhältnissen der Fall, die im Inland erfüllt werden; und zwar unabhängig von der Staatsangehörigkeit der Arbeitsvertragsparteien (zur Nichtigkeit bzw. Kündbarkeit eines Arbeitsvertrages mit einem ausländischen Arbeitnehmer ohne die gem. § 284 SGB III erforderliche Arbeitserlaubnis vgl. KR-*Griebeling* § 1 KSchG Rz 43 f.). Ebenso sind die Vorschriften des Ersten Abschnitts des KSchG auf vorübergehend in das Ausland **entsandte Arbeitnehmer** anzuwenden, wenn sie dem deutschen Arbeitsrecht unterstehen. Begründen und vollziehen deutsche Unternehmen oder deutsche Arbeitnehmer im Ausland Arbeitsverhältnisse, so bedarf es zur Anwendbarkeit deutschen Kündigungsschutzrechts einer entsprechenden Rechtswahlvereinbarung, es sei denn, die Ausnahmeklausel gem. Art. 30 Abs. 2 Ziff. 2 Hs. 2 EGBGB greift Platz. Dies gilt auch im Fall eines ausländischen Staatsangehörigen, der sich in einem dem deutschen Recht unterliegenden Vertrag verpflichtet, seine Arbeitsleistung im Rahmen von (weiteren) Dienstverträgen mit ausländischen, konzernzugehörigen Unternehmen zu erbringen (*BAG* 21.1.1999 EzA § 1 KSchG Nr. 51; vgl. dazu *Franzen* IPRax 2000, 506). Wird in Deutschland unter Vereinbarung der Geltung ausländischen Rechts gearbeitet, so gilt entsprechend das deutsche KSchG für das Arbeitsverhältnis grds. nicht; dies korrigiert nur in krassen Ausnahmefällen der deutsche ordre public (*BAG* 20.7.1967 aaO).

87 Der **Zweite Abschnitt des KSchG** betrifft Mitglieder eines Betriebsrates, einer Jugend- und Auszubildendenvertretung, einer Bordvertretung oder eines Seebetriebsrates in Betrieben auf dem Gebiet der Bundesrepublik Deutschland, Ausnahmen gelten nur bei sog. Ausstrahlungen (s.u. Rz 111 f.).

88 Die Anzeigepflicht bei sog. **Massenentlassungen** gem. dem **Dritten Abschnitt des KSchG** obliegt **zwingend (Art. 34 EGBGB**, s.o. Rz 31) nach Maßgabe der Voraussetzungen in § 17 KSchG allen Arbeitgebern mit Betrieben im Inland (MünchArbR-*Birk* § 19 Rz 198); das Arbeitsstatut der Mitarbeiter spielt hinsichtlich der Anwendbarkeit der §§ 17 ff. KSchG keine Rolle. Soweit Arbeitnehmer vorübergehend in das Ausland entsandt sind, werden sie trotzdem gem. § 17 Abs. 1 KSchG mitgezählt (so auch MünchArbR-*Birk* aaO).

89 Kommt nach dem Arbeitsvertragsstatut die Anwendung der §§ 1–14 KSchG in Frage, so sind bei der **Berechnung der Beschäftigungszeiten** gem. § 1 Abs. 1 KSchG und § 10 Abs. 2 KSchG neben den Zeiten im deutschen Betrieb oder Unternehmen auch im Ausland verbrachte Perioden zu berücksichtigen, sofern der Arbeitnehmer dorthin vorübergehend entsandt war (zust. *Heilmann* AR-Blattei SD 340 Auslandsarbeit Rz 256). Reicht die Auslandstätigkeit über diese sog. Ausstrahlung hinaus, scheidet ihre Berücksichtigung aus (*Schmidt-Hermesdorf* RIW 1988, 938, 941). Bei der Berechnung der Beschäftigungszeit können Zeiträume unter einem anderen Arbeitsvertragsstatut zu beachten sein,

wenn das Arbeitsverhältnis auch zu dieser Zeit in demselben Betrieb oder Unternehmen bestanden hat.

Soweit das KSchG für den Geltungsbereich des Ersten Abschnitts gem. § 23 Abs. 1 S. 2 und 3 KSchG Betriebe mit idR **mehr als zehn Arbeitnehmern** voraussetzt, sind bei der Berechnung auch die vorübergehend in das Ausland entsandten und auch die Arbeitnehmer mit ausländischem Arbeitsvertragsstatut zu berücksichtigen, soweit sie in demselben inländischen Betrieb beschäftigt sind (KR-*Weigand* § 23 KSchG Rz 19).

Bei der **sozialen Auswahl** im Rahmen einer beabsichtigten betriebsbedingten Kündigung in einem inländischen Betrieb sind Arbeitnehmer, die in einem ausländischen Betrieb tätig sind, nicht zu berücksichtigen; denn im Bereich der sozialen Auswahl ist von der grds. Betriebsbezogenheit des individuellen Kündigungsschutzes auszugehen (st.Rspr., vgl. Nachw. bei KR-*Griebeling* § 1 KSchG Rz 608 sowie KR-*Weigand* § 23 KSchG Rz 19).

Gilt gem. Art. 30 EGBGB deutsches Kündigungsschutzrecht bei einem ins Ausland entsandten Arbeitnehmer eines Inlandsbetriebes und geht ihm dort eine Kündigung zu, so hat er **gem. § 4 KSchG binnen drei Wochen Klage** bei dem zuständigen deutschen ArbG zu erheben (zur internationalen Zuständigkeit der Gerichte s.u. Rz 130 ff.). Der Arbeitnehmer muss alle ihm persönlich zumutbaren Mittel in Anspruch nehmen, um diese Frist – auch vom Ausland aus – zu wahren (Einzelheiten und Nachw. bei KR-*Friedrich* § 5 KSchG Rz 35b, 61; *Hickl* NZA Beil. 1/1987, S. 10, 16). Ebenso ist die Dreiwochenfrist zu beachten, wenn sich der Arbeitnehmer vor einem ausländischen Gericht auf den deutschen Kündigungsschutz gem. dem KSchG beruft (*Gamillscheg* Anm. zu AP Nr. 15 zu § 12 SchwbG Bl. 8; *Junker* Internationales Arbeitsrecht im Konzern, S. 242 FN 381).

b) **Besonderer Kündigungsschutz**

aa) **Schwerbehinderte**

Die deutschen Vorschriften zum Kündigungsschutz für **Schwerbehinderte** gem. §§ 85 ff. SGB IX (vgl. KR-*Etzel* §§ 85 ff. SGB IX) sind zwingend als **Eingriffsnormen iSd Art. 34 EGBGB** anzuwenden (s.o. Rz 32 ff.; *BAG* 24.8.1989 EzA Art. 30 EGBGB Nr. 1 [unter A II 6c der Gründe]; aA *Franzen* AR-Blattei, Internationales Arbeitsrecht Rz 169a). Wegen des teilweise öffentlich-rechtlich ausgestalteten Verfahrens zum Schutz Schwerbehinderter erstreckt sich nach dem Territorialitätsprinzip der Schutz auf das Gebiet des Geltungsbereichs des Grundgesetzes (so im Ergebnis auch MünchArbR-*Birk* § 19 Rz 89, 170; MünchKomm-*Martiny* Art. 30 EGBGB Rz 73; *Gamillscheg* ZfA 1983, 353). Die zwingende Geltung im Inland substituiert die auf eine andere Rechtsordnung bezogene Rechtswahl. Wird ein Schwerbehinderter im Rahmen einer Entsendung vorübergehend im Ausland beschäftigt, bleibt es bei der zwingenden Anwendung der §§ 85 ff. SGB IX.

Bei einem **reinen Auslandsarbeitsverhältnis** eines Schwerbehinderten, das nach Vertrag und Abwicklung auf den Einsatz des Arbeitnehmers bei ausländischen Baustellen beschränkt ist und keinerlei Ausstrahlung auf den inländischen Betrieb des Arbeitgebers hat, bedarf die Kündigung des Arbeitgebers wegen des Territorialitätsprinzips auch dann keiner Zustimmung des Integrationsamts, wenn die Arbeitsvertragsparteien die Anwendung deutschen Rechts vereinbart haben und die Kündigung im Bundesgebiet ausgesprochen wird. In diesem Fall bedarf es ebenfalls nicht der Anhörung des inländischen Betriebsrates gem. § 102 BetrVG. Zu beachten bleiben wegen der Rechtswahl die Vorschriften über die Kündigungsfrist gem. § 86 SGB IX (*BAG* 30.4.1987 EzA § 12 SchwbG Nr. 15).

Soweit beim Kündigungsschutz für Schwerbehinderte zwischen zwingenden Normen iSd Art. 30 EGBGB (bzgl. zB der Kündigungsfrist) und solchen iSd Art. 34 EGBGB (Zustimmungsverfahren vor dem Integrationsamt) differenziert wird (vgl. *Junker* Internationales Arbeitsrecht im Konzern, S. 290 f.; *Franzen* AR-Blattei, Internationales Arbeitsrecht Rz 120 f.), geht diese Aufspaltung der Schutznormen an deren Zweck vorbei. Der arbeitsmarktpolitisch begründete und notwendige Schutzgedanke lässt sich nur in der Ergänzung von öffentlich-rechtlich und privatrechtlich zwingenden Normen iSd Art. 34 EGBGB umsetzen, um seinem Verfassungsrang gem. Art. 3 Abs. 3 S. 2 GG (BGBl. 1994 I S. 3146) gerecht zu werden. Die Möglichkeit zB einer Verkürzung der Kündigungsfrist im Rahmen der Regelung gem. Art. 30 EGBGB (so *Junker* aaO) würde dem arbeitsmarkt- und sozialpolitischen Ziel des Schwerbehindertenschutzes zuwiderlaufen, das sich nur auf das Inland beziehen kann (*Franzen* AR-Blattei, Internationales Arbeitsrecht Rz 182; *Gamillscheg* Anm. zu AP Nr. 15 zu § 12 SchwbG).

bb) Schwangere, Wöchnerinnen, Erziehungsurlauber

96 Die deutschen Kündigungsschutzvorschriften zugunsten von Schwangeren und Wöchnerinnen (vgl. auch KR-*Bader* § 9 MuSchG) und Erziehungsurlaubern (vgl. auch KR-*Etzel* § 18 BErzGG) sind anzuwenden, wenn der Arbeitsort im Inland liegt. Als zwingende inländische Vorschriften iSd Art. 30 EGBGB gelten sie unabhängig von der Anwendbarkeit ausländischen Rechts im Übrigen oder der Staatsangehörigkeit (*Gamillscheg* Internationales Arbeitsrecht, 113 ff.). Vice versa folgen dem ausländischen Arbeitsort die dortigen einschlägigen Kündigungsvorschriften auch dann, wenn im Übrigen deutsches Arbeitsvertragsstatut gilt.

97 Diese Kündigungsschutzvorschriften dienen in erster Linie dem persönlichen Schutz der Schwangeren, Wöchnerinnen oder der Mutter bzw. dem Vater im Erziehungsurlaub (*Reiter* NZA 2004, 1246; *Gragert/Drenckhahn* NZA 2003, 305; wohl auch HWK/*Strick* Art. 27, 30, 34 EGBGB Rz 31). Sie dienen nicht staatspolitischen Belangen bzw. den Interessen der Allgemeinheit iSd Eingriffsnorm gem. Art. 34 EGBGB (anders wohl BAG 24.8.1989 EzA Art. 30 EGBGB Nr. 1 [unter A II 6c der Gründe]; Hess. LAG 16.11.1999 – 4 Sa 463/99). Folglich sind sie dem Günstigkeitsvergleich zugänglich (s.o. Rz 28 ff.), dh das der betroffenen Person weitergehende Schutzrecht geht vor (*Hickl* NZA Beil. 1/1987, S. 10, 16; MünchKomm-*Martiny* Art. 30 EGBGB Rz 72; *Gamillscheg* Internationales Arbeitsrecht, S. 267; *Franzen* AR-Blattei, Internationales Arbeitsrecht Rz 120, 169a, 184).

cc) Auszubildende

98 Berufsausbildungsverhältnisse im Inland sind im Rahmen des BBiG nach dem deutschen dualen Berufsausbildungssystem an öffentlich-rechtliche Normen zur Ordnung der Berufsbildung (Dritter bis Siebenter Teil BBiG) gebunden. Im Inland gelten diese Normen zwingend iSd Art. 34 EGBGB. Auch soweit der Berufsausbildungsvertrag gem. § 3 ff. BBiG den Regelungen des Arbeitsvertrages gleichgestellt wird (vgl. KR-*Weigand* §§ 21, 22 BBiG Rz 3), steht eine Wahl einer ausländischen Rechtsordnung den deutschen Eingriffsnormen gem. Art. 34 EGBGB nach (so auch MünchArbR-*Birk* § 19 Rz 206).

dd) Wehrpflichtige, Zivildienstleistende

99 Bei einer Einberufung aufgrund des Wehrpflichtgesetzes zur Bundeswehr der Bundesrepublik Deutschland bzw. bei der Ableistung des Zivildienstes gem. dem Zivildienstgesetz gelten die Vorschriften über das Ruhen und den Kündigungsschutz (§§ 1 und 2 ArbPlSchG, § 78 ZDG) von Arbeitsverhältnissen im Inland **zwingend als Eingriffsnormen gem. Art. 34 EGBGB** (so wohl auch *Birk* RdA 1984, 129, 134; *Franzen* AR-Blattei, Internationales Arbeitsrecht Rz 173). Der gleiche Schutz gebührt einem deutschen Arbeitnehmer in den Staaten der Europäischen Union (vgl. iE KR-*Weigand* § 2 ArbPlSchG Rz 4). Auf Rechtsordnungen außerhalb der EU vermögen diese Schutzvorschriften ohne gesonderte Vereinbarung keine Wirkung für deutsche Wehrpflichtige zu entfalten.

100 Bei Wehrpflichtigen anderer Staaten ist zu differenzieren: Handelt es sich um **EU-Angehörige**, ist eine Ungleichbehandlung mit deutschen Arbeitnehmern in Deutschland unzulässig, der Arbeitsplatzschutz ist zwingend zu gewähren (vgl. KR-*Weigand* § 2 ArbPlSchG Rz 4); dagegen steht dieser Schutz Ausländern aus **Nicht-EU-Staaten** grds. nicht zu. In engen Grenzen gesteht die deutsche Rechtsprechung den ausländischen Wehrpflichtigen ein Leistungsverweigerungsrecht für einen eng begrenzten Zeitraum zu (vgl. KR-*Weigand* § 2 ArbPlSchG Rz 5 f.).

ee) Parlamentarier

101 Die Vorschriften zum Schutz vor Behinderungen und Kündigungen von Abgeordneten wegen oder anlässlich der Mandatsausübung für ein Parlament, sei es auf europäischer, auf Bundes-, Landes-, Kommunal- oder Kreisebene, sind Ausfluss des Demokratieprinzips (vgl. KR-*Weigand* ParlKSch Rz 2) und daher **zwingende Eingriffsnormen iSd Art. 34 EGBGB**. Ihre Geltung unterliegt dem Territorialitätsprinzip, die Schutzvorschriften wirken über das deutsche Staatsgebiet nur bei sog. Ausstrahlungen im Rahmen einer vorübergehenden Entsendung des Arbeitnehmers hinaus. Von der Geltung können auch ausländische Arbeitnehmer mit ausländischem Arbeitsvertragsstatut in einem im Inland gelegenen Betrieb betroffen sein, sofern sie ein Mandat in einem der vorgenannten Parlamente ausüben (vgl. zB das passive und aktive Kommunalwahlrecht für ausländische Mitbürger nach Art. 72 Abs. 1 S. 2 der Verfassung von Baden-Württemberg idF des Gesetzes v. 15.2.1995 GBl. S. 269).

Internationales Arbeitsrecht   IPR (Art. 27 ff. EGBGB)

Der Behinderungs- und Kündigungsschutz, soweit er sich aus nationalen Vorschriften anderer EU-Staaten ergibt, ist vom deutschen Arbeitgeber aufgrund des allgemeinen Diskriminierungsverbotes (Art. 5 iVm Art. 7, 48 EWG-Vertrag) zu beachten. Vice versa können deutsche Arbeitnehmer mit Auslandsarbeitsverhältnissen in dem EU-Staat diesen Schutz von ihrem EU-ausländischen Arbeitgeber beanspruchen. **102**

ff) Betriebsräte

Das besondere Kündigungsschutzrecht für Mitglieder eines Betriebsrats, einer Jugend- und Auszubildendenvertretung, einer Bordvertretung oder eines Seebetriebsrates sowie einer Personalvertretung folgt dem **Kollisionsrecht der Betriebsverfassung**. Der besondere Kündigungsschutz des vorgenannten Personenkreises bezweckt neben dem Individualschutz vor evtl. Repressalien des Arbeitgebers vor allem die Stetigkeit der Arbeit der jeweiligen Arbeitnehmervertretung und dient damit dem kollektiven Interesse der Arbeitnehmerschaft im Betrieb (KR-*Etzel* § 15 KSchG Rz 9, 10, 139). Der Individualschutz wird von einem kollektiven Interessenziel der Sozialordnung überlagert, so dass eine Anknüpfung an das Arbeitsvertragsstatut ausscheidet (*Birk* RdA 1984, 129, 135). Insofern handelt es sich bei der Regelung des § 15 KSchG um eine **zwingende Bestimmung iSd Art. 34 EGBGB** (BAG 24.8.1989 EzA Art. 30 EGBGB Nr. 1 [unter A II 6c der Gründe]). Ein Mitglied der sog. Arbeitnehmervertretungen genießt den Kündigungsschutz gem. § 15 KSchG auch dann, wenn ein ausländisches Arbeitsvertragsstatut gilt. **103**

Der Geltungsbereich dieser Bestimmung unterliegt dem **Territorialitätsprinzip** (st.Rspr., s.u. Rz 110 f.). Die Vorschrift ist nur im Gebiet des Geltungsbereiches des Grundgesetzes anwendbar. Ausnahmen sind möglich im Rahmen von Ausstrahlungen des Beschäftigungsverhältnisses aufgrund von vorübergehenden Entsendungen ins Ausland; auch während dieses Zeitraums behält das Mitglied der og Arbeitnehmervertretung – unabhängig vom Arbeitsvertragsstatut und der Staatsangehörigkeit – den zwingenden Kündigungsschutz. Seine Kündigung bedarf unabhängig vom aktuellen Arbeitsort der (vorherigen) Zustimmung des Betriebsrates gem. § 103 BetrVG. **104**

Einen diesem besonderen Kündigungsschutz vergleichbaren Schutz sieht die RL 94/45/EG des Rates vom 22.9.1994 über die Einsetzung eines **Europäischen Betriebsrates** oder die Schaffung eines Verfahrens zur Unterrichtung und Anhörung der Arbeitnehmer in gemeinschaftsweit operierenden Unternehmen und Unternehmensgruppen (ABlEG Nr. L 254 v. 30.9.1994, S. 64) vor, dessen Art. 10 Abs. 1 – »**Die Mitglieder des besonderen Verhandlungsgremiums, die Mitglieder des Europäischen Betriebsrates und die Arbeitnehmervertreter, die bei den Unterrichtungs- und Anhörungsverfahren nach Art. 6 Abs. 3 mitwirken, genießen bei der Wahrnehmung ihrer Aufgaben den gleichen Schutz und gleichartige Sicherheiten wie die Arbeitnehmervertreter nach den innerstaatlichen Rechtsvorschriften und/oder Gepflogenheiten des Landes, in dem sie beschäftigt sind**« – im Lichte des Satzes 2 des 21. Erwägungsgrundes – »**Sie dürfen nicht aufgrund der gesetzlichen Ausübung ihrer Tätigkeit diskriminiert werden und müssen angemessen gegen Entlassungen und andere Sanktionen geschützt werden**« – kündigungsschutzrechtlich weit auszulegen ist (vgl. auch *Gaul* NJW 1995, 228). **105**

c) Betriebsübergang

Die maßgeblichen kündigungsschutzrechtlichen Regelungen beim Betriebsübergang (§ 613a BGB) folgen dem **Arbeitsvertragsstatut gem. Art. 30 EGBGB** (BAG 29.10.1992 EzA Art. 30 EGBGB Nr. 2; Anm. *Junker* SAE 1994, 37; wohl auch schon BAG 20.4.1989 EzA § 1 KSchG Betriebsbedingte Kündigung Nr. 61 mit insoweit zust. Anm. *Kreitner* in AP Nr. 81 zu § 613a BGB; LAG Köln 6.4.1992 LAGE § 613a BGB Nr. 26; *Zweigert* RabelsZ 1958, 643, 657; *Gamillscheg* Internationales Arbeitsrecht, S. 237; *Kronke* IPrax 1981, 157; *Däubler* RIW 1987, 249; *ders.* DB 1988, 1850; MünchKomm-*Martiny* Art. 30 EGBGB Rz 50; *Wollenschläger/Frölich* AuR 1990, 314; *Leuchten* FA 2002, 133; *Drobning/Puttfarken* Arbeitskampf, S. 80). Die deutsche Regelung gem. § 613a BGB, die auf die EG-RL 77/187/EWG vom 14.2.1977 (ABlEG Nr. L 61 v. 5.3.1977, S. 26; novelliert durch EG-RL Nr. 98/50/EG vom 29.6.1998; ABlEG Nr. L 20/98 vom 17.7.1998) zurückgeht, ähnelt den entsprechenden Vorschriften in den übrigen EU-Staaten (vgl. *Koch* RIW 1984, 592 zum englischen Recht; *Junker* Internationales Arbeitsrecht im Konzern, S. 230 ff.). Die international privatrechtliche Maßgeblichkeit des Arbeitsvertragsstatuts (abwegig ist nach einhelliger Meinung die Anknüpfung an das Recht des Übernahmevertrages) folgt aus dem Zweck der Vorschrift, nach der eine Kündigung wegen Betriebsübergangs nicht zulässig ist. Die Bestimmung soll in erster Linie die Arbeitsverhältnisse in ihrem Bestand schützen und ergänzt damit den allgemeinen und be- **106**

Weigand   2027

sonderen Kündigungsschutz. Insoweit dient diese Vorschrift dem Ausgleich zwischen den Bestandsschutzinteressen der Arbeitnehmer und der Vertragsfreiheit des Arbeitgebers, seinen Betrieb ohne Bindung an die bestehenden Arbeitsverhältnisse zu veräußern oder einem Dritten zur Nutzung zu überlassen (*BAG* 29.10.1992 EzA Art. 30 EGBGB Nr. 2). Dieser vornehmlich individuelle Schutzzweck entspricht am ehesten dem Regelungsinhalt des Art. 30 EGBGB (s.o. Rz 27 ff.).

107 Diesem Schutzzweck entspricht auch die Erwägung, dass der Arbeitnehmer darauf vertrauen können muss, im Falle eines Betriebsübergangs nach derjenigen Rechtsordnung behandelt zu werden, unter der er das Arbeitsverhältnis auch begründet hat (*Wollenschläger/Frölich* aaO; *Kronke* aaO). Soweit es sich um einen Inlandsbetrieb handelt, der grenzüberschreitend auf einen neuen Inhaber übergeht, wird – abgesehen von der entsprechenden Rechtswahl – nach den **Regelanknüpfungen bzw. der Ausnahmeklausel gem. Art. 30 Abs. 2 EGBGB** im Normalfall von der Anwendbarkeit des § 613a BGB auszugehen sein. Eine starre Anknüpfung an die Rechtsordnung des Betriebssitzes (vgl. MünchArbR-*Birk* § 19 Rz 178) erscheint dann nicht notwendig.

108 Hinter den individuellen Schutzzweck treten kollektivrechtliche Regelungselemente wie etwa die Gewährleistung der Kontinuität des amtierenden Betriebsrates, die Geltung von Tarifverträgen und Betriebsvereinbarungen oder die Haftung des alten und neuen Arbeitgebers zurück. Insbesondere wollte der Gesetzgeber den Betriebsübergang nicht der Mitbestimmung des Betriebsrates unterwerfen (vgl. Begr. RegE zu § 123 BetrVG 1972, BT-Drucks. VI/1766, S. 59). Wird somit der Zweck des Schutzes des einzelnen Arbeitnehmers nicht durch Interessen der Allgemeinheit überlagert (s.o. Rz 32 ff.), scheidet eine international zwingende Geltung des § 613a BGB iSd Art. 34 EGBGB aus (aA KR-*Pfeiffer* § 613a BGB Rz 119, wonach sich die Anwendbarkeit des Art. 34 EGBGB aus der EG-richtlinienkonformen Auslegung ergibt). Ebenso wenig kann der Regelung des § 613a BGB eine derart grundlegende Bedeutung beigemessen werden, dass ihr Ausschluss gegen den deutschen ordre public verstieße (*BAG* 29.10.1992 EzA Art. 30 EGBGB Nr. 2).

109 Beim **grenzüberschreitenden Betriebsübergang** (vgl. dazu *Franzen* Betriebsinhaberwechsel; *Feudner* NZA 1999, 1184 zum aktuellen Erörterungsstand in der Lit.) kommt die Regelung gem. § 613a Abs. 1 BGB in der Praxis kaum zum Tragen: Verlagert nämlich der Erwerber den Betrieb an einen Ort, an dem die Arbeitnehmer nach dem Inhalt der bestehenden Arbeitsverträge nicht zur Arbeitsleistung verpflichtet sind, so tritt er in die Rechte und Pflichten aus den zum Zeitpunkt des Übergangs bestehenden Arbeitsverhältnissen nur derjenigen Arbeitnehmer ein, die bereit sind, die Arbeit am neuen Leistungsort zu erbringen. Haben die Arbeitnehmer diese Bereitschaft durch Willenserklärung vor der Betriebsveräußerung verneint, kann der Betriebsveräußerer aus betriebsbedingten Gründen kündigen, wenn er selbst keine Weiterbeschäftigung anbieten kann (*BAG* 20.4.1989 EzA § 1 KSchG Betriebsbedingte Kündigung Nr. 61, im Fall des Übergangs und der Verlagerung des gesamten Maschinenparks von Berlin nach Lyon). Soweit der Arbeitnehmer zur Arbeitsleistung am neuen – ausländischen – Betriebssitz bereit ist, gilt die Regelung nach § 613a BGB uneingeschränkt gem. Art. 30 EGBGB (vgl. auch *Wisskirchen/Goebel* DB 2004, 1937), es sei denn, nach dem Günstigkeitsvergleich (s.o. Rz 28 ff.) gehen Vorschriften der Rechtsordnung des neuen Standortes vor. Zur Regelung in der Seeschifffahrt s.o. Rz 65 und KR-*Weigand* SeemG Rz 79.

6. Anhörung des Betriebsrates

110 Gem. § 102 Abs. 1 BetrVG ist der Betriebsrat vor jeder Kündigung zu hören (in besonderen Fällen bedarf die Kündigung gem. § 103 BetrVG seiner Zustimmung), ohne seine Anhörung ist eine ausgesprochene Kündigung unwirksam. Dies gilt für alle **Arbeitsverhältnisse in Betrieben im Geltungsbereich des Grundgesetzes.** Nach st.Rspr. (vgl. *BAG* 7.12.1989 EzA § 102 BetrVG 1972 Nr. 74; 30.4.1987 EzA § 12 SchwbG Nr. 15) und der hM in der Literatur (vgl. KR-*Etzel* § 102 BetrVG Rz 16) gilt für den räumlichen Anwendungsbereich des BetrVG das **Territorialitätsprinzip;** denn die deutsche Betriebsverfassung ist mit der deutschen Wirtschaftsverfassung eng verknüpft, das BetrVG greift tief in den organisatorischen Aufbau der Betriebe und die Befugnisse des Arbeitgebers ein (*BAG* 24.4.1978 EzA § 8 BetrVG 1972 Nr. 6; *Simitis* Anm. zu AP Nr. 16 IPR Arbeitsrecht; krit. zum Territorialitätsprinzip als Begr. für den inländischen Anwendungsbereich: *Junker* RIW 2001, 94, 105; *Franzen* Internationales Arbeitsrecht, AR-Blattei SD, Nr. 920, Rz 190; *Fischer* RdA 2002, 160). Wird ein Betrieb oder Betriebsteil im Rahmen einer Verlagerung ins Ausland (Off-Shoring) stillgelegt, sind die Beteiligungsrechte des Betriebsrates gem. § 102 BetrVG bei Kündigungen bzw. gem. § 111 ff. BetrVG bei Betriebsänderungen zu beachten (*Feudner* DB 2004, 982).

111 Wenn ein Arbeitnehmer eines inländischen Betriebes vorübergehend in das Ausland entsandt wird, gelten die Vorschriften über die Anhörung des Betriebsrates im Falle einer Kündigung trotzdem ungeschmälert fort (vgl. auch grds. *Däubler* AiB 2000, 392). Es muss sich bei der Auslandstätigkeit um einen Fall der **Ausstrahlung des Inlandsbetriebes** dergestalt handeln (*BAG* 7.12.1989 EzA § 102 BetrVG 1972 Nr. 74; 30.4.1987 EzA § 12 SchwbG Nr. 15), dass eine betriebsverfassungsrechtlich relevante Bindung des Arbeitnehmers an den Betrieb im Inland bleibt. Ob der Inlandsbezug geblieben ist, hängt von den Umständen des Einzelfalles ab und insbes. von der Dauer des Auslandseinsatzes, der Eingliederung in einen Auslandsbetrieb, dem Bestehen und den Voraussetzungen eines Rückrufrechts zu einem Inlandseinsatz sowie dem sonstigen Inhalt der Weisungsbefugnisse des Arbeitgebers (so im Falle der Kündigung einer im Ausland eingesetzten Reiseleiterin *BAG* 7.12.1989 EzA § 102 BetrVG 1972 Nr. 74). IdR liegt auch ein hinreichender Inlandsbezug im Fall der Entsendung eines Mitarbeiters in eine leitende Funktion eines Auslandsunternehmens, insbes. als Geschäftsführer einer ausländischen Tochtergesellschaft, vor (*Falder* NZA 2000, 868; zum grenzüberschreitenden Einsatz von Führungskräften vgl. auch *Pohl* NZA 1998, 735). Ist ein Arbeitnehmer langjährig bei einer Tochterfirma seines Arbeitgebers im Ausland tätig, so muss er darlegen, dass er noch als Betriebsangehöriger iSd § 102 Abs. 1 BetrVG anzusehen ist (*LAG RhPf* 10.12.1996 RzK I 2b Nr. 24). Zu beurteilen ist die Ausstrahlung des Betriebs, nicht des Betriebsverfassungsrechts (*BAG* 21.10.1980 EzA § 102 BetrVG 1972 Nr. 43). Beispiele für Ausstrahlungen sind die in dem inländischen Betrieb integrierten, aber vorübergehend im Ausland tätigen Filialleiter oder Montagearbeiter, die dann ihre Tätigkeit im Inlandsbetrieb fortsetzen.

112 Ist ein Mitglied des Betriebsrates im Rahmen einer **Entsendung** vorübergehend im Ausland tätig (Ausstrahlung), bleibt ihm der Schutz gem. § 103 Abs. 1 BetrVG bis zum Ende des Amtes erhalten, selbst wenn ein Ersatzmitglied tätig wird (*Gaul* BB 1990, 697, 701; *Gamillscheg* Internationales Arbeitsrecht, S. 373). Den zwingenden Charakter der Kündigungsschutznormen iSd Art. 34 EGBGB zugunsten von Mitgliedern der Betriebsverfassungsorgane bejaht das BAG ausdrücklich (*BAG* 24.8.1989 EzA Art. 30 EGBGB Nr. 1 [unter A II 6c der Gründe]).

113 Bei einem **reinen Auslandsarbeitsverhältnis,** das nach Vertrag und Abwicklung auf den Einsatz des Arbeitnehmers an ausländischen Arbeitsorten beschränkt ist (befristet oder unbefristet) und keinerlei Bindung an die inländische Betriebsorganisation aufweist, liegt eine Ausstrahlung nicht vor. In diesem Fall scheidet das Mitwirkungsrecht des Betriebsrates nach. § 102 Abs. 1 BetrVG bei der Kündigung des Arbeitnehmers aus. Dies hat das BAG im Falle eines ausschließlich für eine Baustelle in Saudi-Arabien befristet eingestellten Elektrofachmeisters (*BAG* 30.4.1987 EzA § 12 SchwbG Nr. 15) und eines befristeten »Auslands-Arbeitsverhältnisses« eines Projektleiters in einem deutsch-kolumbianischen Sportförderungsprogramm in Bogotá (*BAG* 21.10.1980 EzA § 12 SchwbG Nr. 15) entschieden. Der Nichtanwendbarkeit des § 102 Abs. 1 BetrVG steht auch nicht entgegen, wenn das reine Auslandsarbeitsverhältnis in Deutschland begründet wurde (*Gaul* BB 1990, 697), für dieses deutsche Arbeitsvertragsstatut vereinbart wird, die Grundvergütung in Deutschland zahlbar ist, als Gerichtsstand ein deutsches ArbG vereinbart wird und die Kündigung in Deutschland ausgesprochen wird (*BAG* 30.4.1987 EzA § 12 SchwbG Nr. 15). Dies gilt auch für die im Ausland eingestellten sog. Ortskräfte in Auslandsvertretungen im Hinblick auf die §§ 79, 91 BPersVG (*BAG* 21.11.1996 NZA 1997, 493; s.o. Rz 69 ff.; Münch-Komm-*Martiny* Art. 30 EGBGB Rz 77). Demgegenüber stellt das *BVerwG* (10.11.2005 – 6PB 14/05) das Territorialitätsprinzip des Betriebsverfassungsrechts für »das Personalvertretungsrecht mit seiner Dienststellenverfassung« infrage. Die Eingliederung von Ortskräften in das Auslandsbüro einer der Aufsicht eines Bundeslandes unterstehenden Anstalt des öffentlichen Rechts (hier: Ortskraft in das ARD-Studio Brüssel des WDR) unterliegt der Anwendung des Personalvertretungsrechts (hier: NW-PersVG), weil die Anstalt eine einzige Dienststelle unter Einschluss der auswärtigen Büros bilde. Fremde Staatsangehörigkeit, Wohnsitz im Ausland und Vereinbarung ausländischen Rechts für das Arbeitsverhältnis hindern auch in dieser Fallkonstellation nicht die Anwendung deutschen Personalvertretungsrechts (*BVerwG* 10.11.2005 – 6PB 14/05).

114 Die Vorschriften des BetrVG, so auch die Verpflichtung des Arbeitgebers zur Anhörung des Betriebsrates vor einer Kündigung gem. § 102 Abs. 1 BetrVG, stellen **Eingriffsnormen iSd Art. 34 EGBGB** dar (so auch *Däubler* AuR 1990, 1, 9; MünchKomm-*Martiny* Art. 30 EGBGB Rz 80; *Fischer* AuR 1999, 169; *Mayer* BB 1999, 842; **aA** *Heilmann* AR-Blattei SD 340 Auslandsarbeit Rz 260). Sie sind im Inland international zwingend und gelten auch bei entgegenstehenden Normen eines ausländischen Arbeitsvertragsstatuts. Unterliegt ein Arbeitnehmer, der in einem Betrieb in der Bundesrepublik Deutschland tätig ist, einem ausländischen Arbeitsvertragsstatut und ist das KSchG gem. Art. 30 EGBGB auf ihn nicht anwendbar, so ist vor der ihm gegenüber beabsichtigten Kündigung der Betriebsrat gem. § 102 Abs. 1

BetrVG anzuhören. Unterbleibt die Anhörung, so ist die auf einem ausländischen Arbeitsvertragsstatut beruhende Kündigung gem. § 102 Abs. 1 S. 3 BetrVG unwirksam. Die ausländische Rechtswahl kann zwingendes inländisches Recht insoweit nicht ausschließen, als Rechte Dritter berührt sind. Im betrieblichen Bereich begegnet der einzelne Arbeitnehmer nicht mehr allein als Subjekt seiner eigenen abgrenzbaren Rechtssphäre, sondern er ist zugleich Beteiligter eines anderen, alle Betriebsangehörigen einbeziehenden Rechtskreises. Es liegt daher nicht mehr in der Rechtsmacht der Arbeitsvertragsparteien, die betriebsverfassungsrechtliche Stellung der Belegschaft und ihrer Organe durch Vereinbarung eines ausländischen Arbeitsstatuts zu schmälern (*BAG* 9.11.1977 EzA § 102 BetrVG 1972 Nr. 31).

115 Zur unternehmens- oder konzernbezogenen Betriebsratsanhörung bei betriebsbedingter Kündigung eines Konzernarbeitsverhältnisses über §§ 50 Abs. 1, 58 Abs. 2 BetrVG vgl. *Eser* Arbeitsrecht im Multinationalen Unternehmen, 1994 (krit. dazu *Windbichler* Arbeitsrecht im Konzern, 1989, wonach auch bei Konzernarbeitsverhältnissen nur der Betriebsrat des Betriebes zuständig ist, in dem der gekündigte Arbeitnehmer tätig ist).

7. Rechtsfolgen der Beendigung

a) Schadensersatzansprüche

116 Die gegenseitigen Ansprüche, wie sie gem. § 628 BGB geregelt sind, richten sich nach dem Arbeitsvertragsstatut. **§ 628 BGB ist abdingbar** (KR-*Weigand* § 628 BGB Rz 2) und Rechtswahlvereinbarungen ohne Einschränkung zugänglich. Wurde keine Rechtswahl getroffen, richtet sich die anzuwendende Rechtsordnung nach der Regelanknüpfung bzw. der Ausnahmeklausel gem. Art. 30 Abs. 2 Ziff. 2 Hs. 2 EGBGB.

b) Urlaubsabgeltung

117 Der allgemeine Urlaubsanspruch und damit auch der Anspruch auf Urlaubsabgeltung richtet sich nach dem Arbeitsvertragsstatut (*BAG* 27.8.1964 AP Nr. 9 zu IPR Arbeitsrecht; MünchArbR-*Birk* § 19 Rz 145; MünchKomm-*Martiny* Art. 30 EGBGB Rz 55; *Gamillscheg* Internationales Arbeitsrecht, S. 293). Anders zu beurteilen sind zusätzliche Urlaubsansprüche besonderer Arbeitnehmergruppen, zB gem. § 125 SGB IX für Schwerbehinderte (s.o. Rz 93 ff.; wohl aA *Franzen* AR-Blattei, Internationales Arbeitsrecht Rz 145). Bildungsurlaubsansprüche mit interlokalem Anwendungsbereich reichen über den national zwingenden Normenbereich nicht hinaus. Die Bezahlung von Feiertagen richtet sich nach der lex loci laboris. Einen wohlerworbenen Besitzstand nach dem Vertragsstatut gibt es darüber hinaus nicht (MünchArbR-*Birk* § 19 Rz 147).

c) Entgeltfortzahlungen

118 Der Anspruch auf Entgeltfortzahlung im Krankheitsfall folgt dem internationalen Sozialversicherungsrecht und kann im Falle der Inlandsbeschäftigung auch bei ausländischem Arbeitsvertragsstatut geltend gemacht werden (MünchKomm-*Martiny* Art. 30 EGBGB Rz 54; aA *Franzen* AR-Blattei, Internationales Arbeitsrecht Rz 140 f.). Zu den Kollisionsnormen vgl. §§ 4, 5 SGB IV sowie im EU-Bereich Art. 13 ff. VOEG 1408/71 ABlEG 1971 Nr. L 149/2 (MünchArbR-*Birk* § 19 Rz 142). Ausländische Arbeitsunfähigkeitsbescheinigungen sind grds. anzuerkennen (*BAG* 19.2.1997 EzA § 5 EFZG Nr. 3; 1.10.1997 EzA § 3 EFZG Nr. 4).

d) Insolvenzgeld

119 Der Anspruch auf Insolvenzgeld gegen den deutschen Insolvenzträger setzt eine Beschäftigung im Inland voraus, deutsches Arbeits- und Sozialrecht muss anwendbar sein oder es muss eine sog. Ausstrahlung iSd § 4 SGB IV vorliegen. Unter diesen Voraussetzungen begründet auch ein ausländisches Insolvenzereignis einen Anspruch auf Insolvenzgeld für im Inland beschäftigte Arbeitnehmer (§ 183 Abs. 1 SGB IV). Im Übrigen unterliegen die Wirkungen des Insolvenzverfahrens auf das Arbeitsverhältnis dem Recht, das nach dem EGBGB für das Arbeitsverhältnis maßgebend ist (§ 337 InsO).

e) Wettbewerbsklausel

120 Das Recht des nachvertraglichen Wettbewerbsverbots richtet sich nach dem Arbeitsvertragsstatut (MünchKomm-*Martiny* Art. 30 EGBGB Rz 62; MünchArbR-*Birk* § 19 Rz 202 f.; *Thomas/Weidmann* DB 2004, 2694). Der deutsche ordre public greift ein, wenn keine zeitliche Befristung vorgesehen ist (*Ga-*

millscheg Internationales Arbeitsrecht, S. 243 ff.). Eine gesonderte Rechtswahl nur für die Wettbewerbsklausel erscheint fragwürdig (*Birk* RabelsZ 1982, 403).

f) Betriebliche Altersversorgung

Ansprüche aus der betrieblichen Altersversorgung (zur betrieblichen Altersversorgung mit Auslandsberührung allgemein vgl. *Birk* FS G. Müller 1981, S. 29; *ders*. Die Insolvenzsicherung der betrieblichen Altersversorgung im grenzüberschreitenden Konzern, IPrax 1984, 137; *Fenge* Die betriebliche Altersversorgung im IPR, DB 1976, 51; *Rey* Betriebliche Altersversorgung bei Entsendung eines Mitarbeiters zu einer Auslandstochtergesellschaft, DB 1982, 806; *Schwerdtner* Der räumliche Geltungsbereich des Gesetzes zur Verbesserung der betrieblichen Altersversorgung [BetrAVG] bei Arbeitsverhältnissen mit Auslandsberührung, ZfA 18 [1987], 163) unterliegen bei individualrechtlicher Versorgungszusage dem Arbeitsvertragsstatut (BAG 18.12.1967 AP Nr. 11 zu IPR Arbeitsrecht; *Franzen* AR-Blattei, Internationales Arbeitsrecht Rz 159). Der räumliche Anwendungsbereich des BetrAVG beschränkt insbes. die Geltung einzelner Vorschriften wie §§ 1, 5, 16 BetrAVG auf die lex loci laboris (MünchKomm-*Martiny* Art. 30 EGBGB Rz 63). Wenn das Versorgungsverhältnis deutschem Recht unterliegt und der Versorgungsschuldner in Deutschland seinen Betriebssitz hat, gilt das deutsche BetrAVG, selbst wenn der Arbeitnehmer im Ausland tätig war (Ausstrahlung).

121

g) Zeugnis

Der Anspruch auf Erteilung eines schriftlichen Zeugnisses (vgl. § 630 BGB) unterliegt ebenso wie die Freistellung zur Stellensuche (vgl. § 629 BGB) dem Arbeitsvertragsstatut (*Gamillscheg* Internationales Arbeitsrecht, S. 354 f.).

122

h) Ausgleichsquittung

Das auf die **Ausgleichsquittung** anwendbare Recht (vgl. zu Einzelproblemen mit Saudi-Arabien *Bendref* RIW 1986, 186) richtet sich nach dem Arbeitsvertragsstatut. Zu beachten sind hierbei allerdings Beschränkungen der Vertragsfreiheit für den Arbeitgeber in anderen Rechtsordnungen wie zB in Frankreich, die dem Territorialitätsprinzip unterliegen (MünchArbR-*Birk* § 19 Rz 199). Nach diesen Grundsätzen ist auch hinsichtlich des Anspruchs auf Herausgabe der Arbeitspapiere und von Werkzeugen und anderen Arbeitsinstrumenten zu verfahren.

123

i) Rückzahlungsklausel

Anlässlich des grenzüberschreitenden Arbeitseinsatzes werden oft Vereinbarungen über die Rückzahlung von An- und Abreisekosten getroffen, die der Arbeitnehmer vom Arbeitgeber erhält (vgl. *Hickl* NZA Beil. 1/1987, S. 10, 16). Diese Vereinbarungen unterliegen dem Arbeitsvertragsstatut. Der Arbeitnehmer hat keinen Anspruch darauf, die Reisekosten zum Arbeitsort erstattet zu bekommen. Wenn eine Rückzahlungsklausel vereinbart ist und für den Arbeitgeber trotz der Arbeitnehmerrechte aus Art. 12 GG daran ein berechtigtes Interesse besteht (wie etwa bei Qualifizierungs- oder Umzugskosten), ist eine zweijährige Bindungszeit bei einer 50%igen Tilgung nach einem Jahr gerechtfertigt (BAG 25.7.1984 – 5 AZR 219/82 – zit. nach *Hickl* aaO). Maßgeblich für die Rückzahlungsverpflichtung ist der Kündigungszeitpunkt, nicht das Datum der Beendigung des Arbeitsverhältnisses (BAG 15.1.1985 – 3 AZR 200/82 – zit. nach *Hickl* aaO).

124

Veranlasst der Arbeitnehmer die fristlose Beendigung des Arbeitsverhältnisses, kann der Arbeitgeber die verauslagten Reisekosten zurückverlangen (LAG Frankf./M. 11.5.1981 – 11 Sa 1064/80 – zit. nach *Hickl* aaO). Setzt dagegen der Arbeitgeber den Grund zur Beendigung des Arbeitsverhältnisses, kann die Rückzahlungsverpflichtung entfallen.

125

V. Auslegungsregeln

Gem. Art. 36 EGBGB ist bei der Auslegung und Anwendung der für Arbeitsverhältnisse geltenden Vorschriften des EGBGB zu berücksichtigen, dass die ihnen zugrunde liegenden Regelungen des Übereinkommens vom 19.6.1980 über das auf vertragliche Schuldverhältnisse anzuwendende Recht in den Vertragsstaaten (EVÜ) **einheitlich ausgelegt und angewandt** werden sollen. Dem internationalen Charakter der deutschen Kollisionsnormen ist Rechnung zu tragen, indem sie bei ihrer gerichtlichen Auslegung nicht mit rein innerstaatlichen Rechtsvorschriften gleichgesetzt werden können (*Giuliano/Lagarde* S. 70 – s.o. Rz 5). Zu berücksichtigen ist bei der Auslegung auch der ursprüngliche

126

Wortlaut des EVÜ in den anderen Vertragssprachen sowie der Bericht über dessen Entstehung und Zielsetzung (Begr. BT-Drucks. 10/504, S. 20, 84), die Rechtsprechung der anderen Vertragsstaaten (*Giuliano/Lagarde* aaO). Das Gebot der einheitlichen Auslegung und Anwendung gem. Art. 36 EGBGB erfasst auch die Auslegung nationaler Kollisionsnormen, die im Wortlaut vom EVÜ abweichen (s.o. Rz 10).

127 Die Probleme bei einer einheitlichen international-rechtlichen Auslegung zeigen Erörterungen über den Begriff der »zwingenden Vorschriften« in den Art. 27, 30, 34 EGBGB (s.o. Rz 23 ff.) anhand der semantischen Unterschiede in europäischen Sprachen (vgl. *Weber* IPrax 1988, 82; *Junker* IPrax 1989, 69; *Triebel* NJW 2004, 2189) oder der unterschiedlichen Ausprägung der betroffenen einzelnen nationalen Normen als öffentlich-rechtliche oder privat-rechtliche Arbeitsrechtsvorschriften. Zur »einheitlichen« Auslegung der Ausnahmeklausel der »engeren Verbindung« in Art. 30 Abs. 2 Ziff. 2 Hs. 2 EGBGB vgl. *Magnus* IPrax 1991, 382; der Regelung in Art. 220 Abs. 1 EGBGB vgl. *Junker* SAE 1994, 37.

VI. Aufklärung ausländischen Rechts (§ 293 ZPO)

128 § 293 ZPO lautet:
»**Das in einem anderen Staate geltende Recht, die Gewohnheitsrechte und Statuten bedürfen des Beweises nur insofern, als sie dem Gericht unbekannt sind. Bei Ermittlung dieser Rechtsnormen ist das Gericht auf die von den Parteien beigebrachten Nachweise nicht beschränkt; es ist befugt, auch andere Erkenntnisquellen zu benutzen und zum Zwecke einer solchen Benutzung das Erforderliche anzuordnen.**« Grds. muss der Richter das geltende Recht kennen (iura novit curia). Soweit er das Recht nicht kennen muss, weil es zB nicht zur inländischen Rechtsordnung gehört, hat er es **von Amts wegen zu ermitteln** (*Baumbach/Lauterbach-Hartmann* § 293 ZPO Rz 4 f.). Dabei darf das Gericht die **Mithilfe der Parteien beanspruchen** und sich bei der Ermittlung der Formen des Beweises bedienen. Das Gericht hat ausländisches Recht als Ganzes zu ermitteln, wie es sich aufgrund der Rechtspraxis, -lehre und Rechtsprechung entwickelt hat (*BGH* 13.5.1997 MDR 1997, 879; *Baumbach/Lauterbach-Hartmann* § 293 ZPO Rz 7 f.) und dabei ausländische Rechtssätze entsprechend der jeweiligen Rechtsordnung auszulegen. Es kann sich deutscher (zB Max-Planck-Institut für ausländisches und internationales Privatrecht in Hamburg) oder ausländischer Sachverständiger bedienen. Auf das Europäische Auskunftsübereinkommen, abgedruckt bei: *Baumbach/Lauterbach-Hartmann* § 293 ZPO Rz 14, sowie zweiseitige Auskunftsverträge wird verwiesen.

129 Ist das an sich berufene ausländische Recht nicht oder nur mit unverhältnismäßigem Aufwand und erheblicher Verfahrensverzögerung feststellbar, dann können, jedenfalls bei starken Inlandsbeziehungen und mangelndem Widerspruch der Beteiligten, die Sachnormen des deutschen Rechts angewendet werden (*BAG* 26.10.1977 AP Nr. 15 zu IPR Arbeitsrecht; 23.12.1981 AP Nr. 21 zu IPR Arbeitsrecht). Für den arbeitsrechtlichen Bereich fragwürdig erscheint die Rechtsprechung des *BGH* (krit. auch *Gamillscheg* Anm. AP Nr. 15 zu § 12 SchwbG, Bl. 6), soweit in den Fällen, in denen die Anwendung des inländischen Rechts äußerst unbefriedigend wäre, die Anwendung des dem an sich berufenen Rechts nächstverwandten oder wahrscheinlich geltenden Rechts als gerechtfertigt angesehen wird (BGHZ 69, 387; *BGH* 23.12.1981 aaO).

VII. Internationale Zuständigkeit der Gerichte

130 Für Streitigkeiten aus einem Arbeitsverhältnis mit internationaler Berührung enthält die ZPO keine bes. Regelungen zur internationalen Zuständigkeit der Gerichte, die sich nach den **allgemeinen Vorschriften der ZPO über die örtliche Zuständigkeit** bestimmt, soweit nicht EU-Recht oder internationale Verträge Anwendung finden (*BAG* 9.10.2002 EzA § 29 ZPO 2002 Nr. 1). Ist ein deutsches Gericht gem. § 12 ff. ZPO örtlich zuständig, so ist es im Regelfall auch international im Verhältnis zu den ausländischen Gerichten zuständig (st.Rspr. *BAG* 15.2.2005 – 9 AZR 116/04 – BB 2006, 1391; 17.7.1997 EzA § 23 ZPO Nr. 1; 24.8.1989 EzA Art. 30 EGBGB Nr. 1 Anm. *Rüthers*; bei seearbeitsrechtlichen Streitigkeiten vgl. KR-*Weigand* SeemG Rz 181 f.). Von den Gerichtsstandsregelungen der ZPO ist für arbeitsrechtliche Streitigkeiten insbes. § 21 ZPO (besonderer Gerichtsstand der Niederlassung), § 29 ZPO (besonderer Gerichtsstand des Erfüllungsortes) sowie § 38 ZPO (zugelassene Gerichtsstandsvereinbarung) von Bedeutung, die aufgrund der Verweisungen in § 46 Abs. 2 ArbGG bzw. § 46a ArbGG (für das Mahnverfahren) Anwendung finden. Der internationale Gerichtsstand des Vermögens gem. § 23 S. 1 1. Alt. ZPO ist nur dann gegeben, wenn der Rechtsstreit einen hinreichenden Bezug zum Inland aufweist (*BAG* 17.7.1997 EzA § 23 ZPO Nr. 1). Zur Zuständigkeit der deutschen Arbeitsgerichte gegen die Zuständigkeit des Tribunal Arbitral du Sport in der Schweiz vgl. *Pfister* SpuRT 2006, 137.

Nach § 29 Abs. 1 ZPO ist für Streitigkeiten aus dem Vertragsverhältnis das Gericht des Erfüllungsortes 131
zuständig, der sich gem. Art. 27 Abs. 1, Art. 30 Abs. 1 EGBGB bestimmt. **Erfüllungsort** ist in der Regel
der Ort, an dem der Arbeitnehmer die Arbeitsleistung zu erbringen hat, wo der tatsächliche Mittelpunkt seiner Berufstätigkeit liegt (*BAG* 15.2.2005 – 9 AZR 116/04 – BB 2006, 1391; 9.10.2002 EzA § 29
ZPO 2002 Nr. 1 mwN; *EuGH* 10.4.2003 Rs C-437/00, *Giuglia Pugliese*, NJW 2003, 2224). Der Gerichtsstand des Erfüllungsortes gilt für alle Streitigkeiten aus dem Arbeitsverhältnis, auch für Kündigungsschutzklagen und auch für erst nach Beendigung des Arbeitsverhältnisses fällig werdende Forderungen (*BAG* 9.10.2002 EzA § 29 ZPO 2002 Nr. 1 mwN).

Für internationale Rechtsstreitigkeiten mit einer **Anknüpfung an das Hoheitsgebiet eines Mitglied-** 132
staates der EU ergibt sich die Zuständigkeit des Gerichts aus der **VO (EG) Nr. 44/2001** (s.u. Rz 133 –
136). Diese VO tritt gem. ihrem Art. 68 Abs. 1 im Verhältnis zwischen den Mitgliedsstaaten an die Stelle
des Brüsseler Übereinkommens über die gerichtliche Zuständigkeit und Vollstreckung gerichtlicher
Entscheidungen in Zivil- und Handelssachen (EuGVÜ, vgl. *Weigand* KR, 6. Aufl. IPR Rz 136 ff.). Für
Dänemark gilt das EuGVÜ weiter, da es sich nicht an der Anwendung der VO (EG) Nr. 44/2001 beteiligt (Erwägungsgründe 21 u. 22). Die Zuständigkeit der Gerichte für **Rechtsstreitigkeiten mit Bezug**
(im Wesentlichen) **zu den EFTA-Staaten** ergibt sich aus dem Lugano-Übereinkommen über die gerichtliche Zuständigkeit und die Vollstreckung gerichtlicher Entscheidungen in Zivil- und Handelssachen vom 16.9.1968 (BGBl. II 1994, 2658), das weitgehend mit dem EuGVÜ übereinstimmt.

Verordnung (EG) Nr. 44/2001 des Rates über die gerichtliche Zuständigkeit und die Anerkennung und Vollstreckung von Entscheidungen in Zivil- und Handelssachen

Vom 22. Dezember 2000 (ABl. 2001 Nr. L 12/1, ber. ABl. 2001 Nr. L 307/28).
Geändert durch Verordnung (EG) Nr. 1496/2002 der Kommission
vom 21. August 2002 (ABl. Nr. L 225/13);
zuletzt geändert durch Verordnung (EG) Nr. 2245/2004 der Kommission
vom 27. Dezember 2004 (ABl 2004 Nr. L 381/10)

– Auszug –

Abschnitt 5
Zuständigkeit für individuelle Arbeitsverträge

Artikel 18 133
(1) Bilden ein individueller Arbeitsvertrag oder Ansprüche aus einem individuellen Arbeitsvertrag
den Gegenstand des Verfahrens, so bestimmt sich die Zuständigkeit unbeschadet des Artikels 4
und des Artikels 5 Nummer 5 nach diesem Abschnitt.
(2) Hat der Arbeitgeber, mit dem der Arbeitnehmer einen individuellen Arbeitsvertrag geschlossen
hat, im Hoheitsgebiet eines Mitgliedstaats keinen Wohnsitz, besitzt er aber in einem Mitgliedstaat
eine Zweigniederlassung, Agentur oder sonstige Niederlassung, so wird er für Streitigkeiten aus
ihrem Betrieb so behandelt, wie wenn er seinen Wohnsitz im Hoheitsgebiet dieses Mitgliedstaats
hätte.

Artikel 19 134
Ein Arbeitgeber, der seinen Wohnsitz im Hoheitsgebiet eines Mitgliedstaats hat, kann verklagt
werden:
1. vor den Gerichten des Mitgliedstaats, in dem er seinen Wohnsitz hat, oder
2. in einem anderen Mitgliedstaat
   a) vor dem Gericht des Ortes, an dem der Arbeitnehmer gewöhnlich seine Arbeit verrichtet oder
      zuletzt gewöhnlich verrichtet hat, oder
   b) wenn der Arbeitnehmer seine Arbeit gewöhnlich nicht in ein und demselben Staat verrichtet
      oder verrichtet hat, vor dem Gericht des Ortes, an dem sich die Niederlassung, die den Arbeitnehmer eingestellt hat, befindet bzw. befand.

Artikel 20 135
(1) Die Klage des Arbeitgebers kann nur vor den Gerichten des Mitgliedstaats erhoben werden, in
dessen Hoheitsgebiet der Arbeitnehmer seinen Wohnsitz hat.

(2) Die Vorschriften dieses Abschnitts lassen das Recht unberührt, eine Widerklage vor dem Gericht zu erheben, bei dem die Klage selbst gemäß den Bestimmungen dieses Abschnitts anhängig ist.

136 **Artikel 21**
Von den Vorschriften dieses Abschnitts kann im Wege der Vereinbarung nur abgewichen werden,
1. wenn die Vereinbarung nach der Entstehung der Streitigkeit getroffen wird oder
2. wenn sie dem Arbeitnehmer die Befugnis einräumt, andere als die in diesem Abschnitt angeführten Gerichte anzurufen.

137 Die **VO (EG) Nr. 44/2001** betrifft Ansprüche aus einem »individuellen Arbeitsvertrag«, womit Formulararbeitsverträge allerdings nicht ausgeschlossen worden sollen (*Junker* NZA 2005, 199) Die VO findet grds. Anwendung, wenn der **Beklagte** seinen **Wohnsitz in einem der Mitgliedstaaten der EU hat** oder, wenn der Wohnsitz außerhalb der EU liegt, er eine **Zweigniederlassung, Agentur** oder **sonstige Niederlassung** in einem Mitgliedstaat hat (Art. 18 Abs. 2). Eine Niederlassung ist eine von dem Inhaber an einem anderen Ort als dem seines Sitzes für eine gewisse Dauer errichtete, auf seinen Namen und für seine Rechnung betriebene und im Regelfall zum selbständigen Geschäftsabschluss und Handeln berechtigte Geschäftsstelle, die bei Klageerhebung besteht. Die alternativ zitierten Begriffe der Agentur, Zweig- oder sonstigen Niederlassung stehen für ein einheitliches Phänomen (*Däubler* NZA 2003, 1297 mwN). Das angerufene Gericht hat bei der Frage, ob ein **Wohnsitz in seinem Mitgliedstaat** vorliegt, nationales Recht anzuwenden (Art. 59 Abs. 1), und ob ein **Wohnsitz in einem anderen Mitgliedstaat** gegeben ist, nach dem nationalen Recht des anderen Mitgliedstaates zu prüfen (Art. 59 Abs. 2). Für **Gesellschaften und juristische Personen** bestimmt sich der Wohnsitz nach dem satzungsmäßigen Sitz, der Hauptverwaltung oder -niederlassung (Art. 60 Abs. 1).

138 Findet die VO (EG) Nr. 44/2001 Anwendung, so kommen für den Arbeitnehmer drei alternative Gerichtsstände gem. Art. 19 in Frage: am Ort des **Wohnsitzes des Arbeitgebers** (Art. 19 Nr. 1), am Ort der **Zweigniederlassung** bei Streitigkeiten aus deren Betrieb (Art. 19 Nr. 1, Art. 18 Abs. 2) oder am Ort der **gewöhnlichen Verrichtung der Arbeit** (Art. 19 Nr. 2a). Weitere Gerichtsstände stehen ihm nicht zur Verfügung. (*Däubler* NZA 2003, 1297 mwN).

139 **Ort der gewöhnlichen Verrichtung** ist bei einem Arbeitsverhältnis, zu dessen Erfüllung der Arbeitnehmer seine Tätigkeit in mehr als einem Mitgliedstaat verrichtet, der Ort, den der Arbeitnehmer zum tatsächlichen Mittelpunkt seiner Berufstätigkeit gemacht hat (st.Rspr. *BAG* 9.10.2002 EzA § 29 ZPO 2002 Nr. 1; *EuGH* 10.4.2003 – Rs C 437/00 – *Giuglía Pugliese*, NJW 2003, 2224). Für die Bestimmung dieses Ortes des tatsächlichen Mittelpunktes ist der Umstand zu berücksichtigen, dass der Arbeitnehmer den größten Teil seiner Arbeitszeit in einem Vertragsstaat zubringt, in dem er ein Büro hat, von dem aus er seine Tätigkeit für seinen Arbeitgeber organisiert und wohin er nach jeder im Zusammenhang mit seiner Arbeit stehenden Auslandsreise zurückkehrt (*EuGH* 9.1.1997 NZA 1997, 225), dh den wesentlichen Teil seiner Verpflichtungen gegenüber seinem Arbeitgeber tatsächlich erfüllt (*EuGH* 9.1.1997 – Rs C 383/95 -, *Rutten*, AP Brüsseler Abkommen Art. 5 Nr. 2; dazu krit. *Mankowski* IPRax 1999, 332). Dies gilt nicht nur, wenn der Arbeitnehmer in verschiedenen Staaten tätig ist, sondern auch, wenn er nur in einem Mitgliedstaat an verschiedenen Arbeitsorten arbeitet (*BAG* 29.5.2002 FA 2002, 353). Verrichtet der Arbeitnehmer seine Arbeit **gewöhnlich nicht an einem Ort,** so bestimmt sich der Gerichtsstand nach dem Ort der einstellenden Niederlassung (Art. 19 Nr. 2b VO EG Nr. 44/2001). Dies kann z.B. Klagen des fliegenden Personals (s.o. Rz 59) betreffen, soweit der Bezug zu einem Mitgliedstaat gem. Art. 19 Nr. 2b vorliegt; die Arbeitsorte dürfen nicht ausschließlich außerhalb des EU-Gebietes liegen (*Däubler* NZA 2003, 1297).

140 Gemäß Art. 20 VO (EG) 44/2001 stehen für eine **Klage des Arbeitgebers gegen den Arbeitnehmer** nur die Gerichte in dessen Wohnsitzstaat gem. den allg. nationalen Vorschriften über den Gerichtsstand zur Verfügung. Für den Anwendungsbereich des EuGVÜ und des Lugano-Übereinkommens (s.o. Rz 132) sind dem Arbeitgeber für Klagen gegen Arbeitnehmer die Gerichtsstände am Ort der gewöhnlichen Verrichtung der Arbeit gem. Art. 5 Nr. 1 EuGVÜ und LugÜ und am Ort der Zweigniederlassung gem. Art. 5 Nr. 5 EuGVÜ und LugÜ, nur gem. Art. 5 Nr. 1 LugÜ auch am Ort der einstellenden Niederlassung eröffnet.

141 **Gerichtsstandsvereinbarungen** sind nur unter den engen Voraussetzungen gem. Art. 21 VO (EG) Nr. 44/2001 zulässig. Das Merkmal »nach der Entstehung der Streitigkeit« setzt nicht voraus, dass bereits eine Klage erhoben ist. Gemäß Art. 23 Abs. 1 lit. a VO (EG) Nr. 44/2001 bedarf die Gerichtsstandsvereinbarung der Schriftform; sie entfaltet keine Wirkung, wenn sie der Vorschrift gem. Art. 21 zuwi-

derläuft (Art. 23 Abs. 5 VO (EG) Nr. 44/2001). Das EuGVÜ sieht in Art. 17 Abs. 5 eine gem. Art. 21 VO (EG) Nr. 44/2001 vergleichbare Regelung vor, in Art. 17 Abs. 5 LugÜ ist lediglich eine gem. Art. 21 Nr. 1 VO (EG) Nr. 44/2001 vergleichbare Regelung vorgesehen.

Die internationale Zuständigkeit ist **von Amts wegen** zu beachten, da es um die Ausübung staatlicher Hoheitsrechte und die Belange der Gerichtsbarkeit geht. Die Prüfung der internationalen Zuständigkeit von Amts wegen beinhaltet jedoch keine Verpflichtung zur Amtsermittlung nach dem Untersuchungsgrundsatz, sondern besagt, dass das Gericht in der Tatsachenfeststellung an Wahrunterstellungen wegen Nichtbestreitens (§ 138 Abs. 3 ZPO), Geständnis (§ 288 ZPO) oder Säumnis (§ 331 ZPO) nicht gebunden ist und diese nicht als zugestanden ansehen darf (vgl. *Kropholler* [FN 110] Kap. III Rz 218). Die Amtsprüfungspflicht hinsichtlich der internationalen Zuständigkeit wird durch § 39 ZPO (rügelose Einlassung) erheblich eingeschränkt. 142

VIII. Gerichtsbarkeit immuner Einrichtungen

Ein ausländischer Staat ist hinsichtlich arbeitsrechtlicher Bestandsstreitigkeiten mit Konsularangestellten, die nach dem Inhalt ihres Arbeitsverhältnisses originär konsularische (hoheitliche) Aufgaben wahrzunehmen haben, grds. nicht der deutschen Gerichtsbarkeit unterworfen. Der ausländische Staat genießt in derartigen Fällen Immunität (*BAG* 3.7.1996 EzA § 20 GVG Nr. 1). Handelt es sich dagegen um Streitigkeiten ausländischer Staaten mit an ihren diplomatischen Vertretungen in Deutschland nach privatem Recht (Arbeitsrecht) beschäftigten Ortskräften, die keine hoheitlichen Aufgaben zu erfüllen haben, so ist die deutsche Gerichtsbarkeit zuständig (*BAG* 20.11.1997 EzA Art. 30 EGBGB Nr. 4). Die Abgrenzung zwischen hoheitlicher und nichthoheitlicher Staatstätigkeit richtet sich nicht nach deren Motiv oder Zweck (*BAG* 23.11.2000 EzA § 20 GVG Nr. 3). Maßgebend ist die Natur der umstrittenen staatlichen Handlung oder des streitigen Rechtsverhältnisses (*BAG* 16.5.2002 AP GVG § 20 Nr. 3). Mangels völkerrechtlicher Abgrenzungsmerkmale ist dies grds. nach dem Recht des entscheidenden Gerichts zu beurteilen (*BVerfG* 12.4.1983 BVerfGE 64, 1; *BAG* 20.11.1997 EzA Art. 30 EGBGB Nr. 4). Die Tätigkeiten eines Haustechnikers zur Einrichtung und Wartung von Alarmanlagen, Zugangskontroll- und Zeiterfassungseinrichtungen einer Botschaft (hier: USA) stellen rein tatsächliche Vorgänge dar, die in keinem funktionellen Zusammenhang mit den konsularischen oder diplomatischen Aufgaben der Auslandsvertretung stehen (*BAG* 15.2.2005 EzA 2002 § 612a BGB 2002 Nr. 2). 143

Der mutterschutzrechtliche Kündigungsschutz
Vorbemerkung vor §§ 9, 10 MuSchG

Literatur

– bis 2004 vgl. KR-Vorauflage –
Buchner Sicherung des Mutterschaftsgeldes durch das Aufwendungsausgleichsgesetz, NZA 2006, 121; *Eichenhofer* Zuschuss zum Mutterschaftsgeld durch den Arbeitgeber – wie geht es weiter nach dem »Verfassungswidrigkeitsverdikt«?, BB 2004, 382; *Glatzel* Mutterschutz, AR-Blattei SD 1220.1.
Siehe im Übrigen auch die Literaturangaben zu § 9 MuSchG.

Inhaltsübersicht

	Rz		Rz
I. Funktion des besonderen Kündigungsschutzes innerhalb des Mutterschutzrechts	1–4	1. Der besondere Kündigungsschutz gem. § 9 MuSchG	6
1. Aufgabe des Mutterschutzrechts	1–2a	2. Sonderkündigungsrecht der werdenden Mutter und Wöchnerin gem. § 10 Abs. 1 MuSchG	7
2. Bedeutung des mutterschutzrechtlichen Kündigungsschutzes	3, 4	3. Erhaltung von Rechten bei Wiedereinstellung (§ 10 Abs. 2 MuSchG)	8
II. Übersicht über den Inhalt des Dritten Abschnitts des MuSchG (§§ 9, 10 MuSchG)	5–8		

I. Funktion des besonderen Kündigungsschutzes innerhalb des Mutterschutzrechts

1. Aufgabe des Mutterschutzrechts

Als Teil des **Frauenarbeitsschutzrechts** trägt das Mutterschutzrecht dem besonderen Schutzbedürfnis **1** der erwerbstätigen Mutter in der Phase vor und nach der Entbindung durch die Aufstellung zwingender Vorschriften Rechnung. Rechtspolitisch bezweckt es damit zugleich eine möglichst weitgehende **Vereinbarkeit von Familie und Beruf.** Das geltende Mutterschutzrecht verfolgt dabei im Wesentlichen folgende konkrete Zielvorstellungen: Verhinderung einer körperlichen Überlastung der Schwangeren und Wöchnerin durch die Aufstellung von Beschäftigungsverboten; Erhaltung des Arbeitsplatzes durch die Schaffung eines besonderen Kündigungsschutzes sowie Sicherung der wirtschaftlichen Existenz durch die Zuerkennung entsprechender Leistungsansprüche.

Das in Gestalt des MuSchG geregelte Mutterschutzrecht beruht auf dem bindenden Auftrag des **Art. 6 2 Abs. 4 GG,** wonach »jede Mutter den Anspruch auf den Schutz und die Fürsorge der Gemeinschaft hat«. Das *BVerfG* hat in seinem Beschluss vom 25.1.1972 (AP Nr. 1 zu § 9 MuSchG 1968) ausdrücklich klargestellt, dass es sich bei der Bestimmung des Art. 6 Abs. 4 GG nicht um einen bloßen Programmsatz handelt. Vielmehr ist das Bestehen eines wirksamen Bestandsschutzes zugunsten der Schwangeren von Verfassungs wegen geboten (BVerfG 24.4.1991 BVerfGE 84, 133 [156]; 5.11.1980 BVerfGE 55, 154 [158]). Dabei kann allerdings schon wegen der im Bereich der Wirtschafts- und Sozialpolitik bestehenden gesetzgeberischen Gestaltungsprärogative nicht davon ausgegangen werden, dass die heute bestehenden Regelungen des MuSchG in allen Einzelheiten verfassungsrechtlich geboten sind (offen lassend BVerfG 24.4.1991 aaO); umgekehrt hat allerdings das BVerfG die gegenwärtigen Regelungen als zur Gewährleistung des verfassungsrechtlich gebotenen Mutterschutzes ausreichen lassen (BVerfG 24.4.1991 aaO). Auch unter dem Gesichtspunkt **der Eingriffswirkung in die grundrechtlichen Positionen des Arbeitgebers** aus Art. 12, 14 GG ist das in § 9 Abs. 1 S. 1 MuSchG enthaltene mutterschutzrechtliche Kündigungsverbot verfassungsgemäß (BAG 11.9.1979 EzA § 9 MuSchG nF Nr. 16; vgl. ferner BVerfG 22.10.1980 BVerfGE 55, 154 [153]; 13.11.1979 BVerfGE 52, 357 [361]; *Zmarzlik* Anm. zu BAG AP Nr. 6 zu § 9 MuSchG 1968; **aA** *Pestalozza* SAE 1980, 173). Als gesetzliche Konkretisierung des Art. 6 Abs. 4 GG ist die kündigungsrechtliche Besserstellung der erwerbstätigen Frau durch sachliche Gründe (erhöhte soziale Schutzbedürftigkeit in der Schwangerschaft sowie nach der Geburt) gerechtfertigt und verstößt daher auch nicht gegen den Gleichheitssatz des Art. 3 Abs. 1 GG. Aufgrund dieser Rechtfertigung durch Art. 6 Abs. 4 GG wird die Grenze des verfassungsrechtlich Zulässigen erst bei einem Verstoß gegen das Übermaßverbot erreicht (vgl. BVerfG 22.10.1980 aaO; 13.11.1979 BVerfGE 52, 357 [365 f.]). Neben Art. 6 Abs. 4 GG kommt dem **Sozialstaatsprinzip** keine weiterreichende Bedeutung zu (BVerfG 25.1.1972 AP Nr. 1 zu § 9 MuSchG 1968; BAG 11.9.1979 EzA § 9 MuSchG nF Nr. 16; *Buchner/Becker* Einf. MuSchG Rz 78). Zu den verfassungsrechtlichen Aspekten des Mutterschutzrechts ferner zB *Schleicher* RdA 1984, 280; *ders.* RiA 1984, 173; *ders.* BB 1985, 340; zu verfassungsrechtlichen Aspekten des § 9 MuSchG insbes. *Eich* DB 1981, 1233 sowie *Wenzel* BB 1981, 674 (vgl. auch *Buchner/Becker* Einf. MuSchG Rz 63 ff. mwN).

2a Neben den verfassungsrechtlichen Vorgaben muss das Mutterschutzrecht ferner die Vorgaben des **Europarechts** beachten. Die Frage eines Verstoßes gegen die EG-GleichbehandlungsRL 76/207/EWG (abgedr. als Anh. 1 zum AGG) stellt sich allerdings nicht, da diese RL nach ihrem Art. 1 Abs. 3 die Befugnis der EG-Mitgliedstaaten zur Schaffung von Regelungen des Schwangeren- und Mutterschutzes nicht beschränkt. Vor allem werden die EG-rechtlichen Vorgaben an das Mutterschutzrecht konkretisiert durch die **RL 92/85/EWG v. 19.10.1992 über die Durchführung von Maßnahmen der Sicherheit und des Gesundheitsschutzes von schwangeren Arbeitnehmerinnen, Wöchnerinnen und stillenden Arbeitnehmerinnen am Arbeitsplatz** (Zehnte Einzelrichtlinie iSd Art. 10 Abs. 1 der RL 89/391/EWG ABlEG 1992, Nr. L 348, S.1). Für deren Umsetzung in das nationale Recht sah Art. 14 eine Frist von zwei Jahren nach ihrem Inkrafttreten – also bis zum 28.11.1994 – vor (*Zmarzlik* DB 1994, 96; zur Umsetzungsbedürftigkeit s. KR-*Bader* § 9 MuSchG Rz 4d). Gestützt ist diese Richtlinie auf die Vorschrift des Art. 118a EGV, der freilich allein Fragen des Arbeitnehmer-Gesundheitsschutzes regelt und auch lediglich insofern Kompetenzen eröffnet. Schwerpunkt der Regelungen der RL 92/85/EWG ist dementsprechend auch der Gesundheitsschutz zugunsten von schwangeren oder stillenden Arbeitnehmerinnen sowie von Wöchnerinnen. Allerdings gehen die Erwägungsgründe der Richtlinie davon aus, die Gefahr der Entlassung könne sich auf die psychische oder physische Verfassung des schutzbedürftigen Personenkreises nachteilig auswirken. Die RL sieht daher in Art. 10 (abgedr. bei KR-*Bader* § 9 MuSchG Rz 4c) eine **EG-rechtliche Verpflichtung der Mitgliedstaaten zur Gewährleistung eines mutterschutzrechtlichen Kündigungsschutzes** vor (*Zmarzlik* aaO). Insofern ist auch das Mutterschutzrecht heute Teil des **europäischen Arbeitsrechts** (*EuGH* 14.7.1994 EzA Art. 119 EGV Nr. 17, Tz 21; *Buchner/Becker* Einf. MuSchG Rz 58 ff.)

2. Bedeutung des mutterschutzrechtlichen Kündigungsschutzes

3 Die genannten Ziele verfolgt das MuSchG durch **ein temporäres Kündigungsverbot mit Erlaubnisvorbehalt** (§ 9 MuSchG). Die dieser gesetzgeberischen Konzeption zugrunde liegenden Vorstellungen lassen sich schlagwortartig wie folgt umschreiben: Schaffung einer weitreichenden Bestandsgarantie für das Arbeitsverhältnis der Schwangeren und Mutter im Interesse der Aufrechterhaltung der wirtschaftlichen Existenzgrundlage sowie der Vermeidung von psychischen Belastungen. Dem mutterschutzrechtlichen Kündigungsschutz kommt innerhalb des Mutterschutzrechts eine zentrale Bedeutung zu. Ein wirksamer Bestandsschutz für das Arbeitsverhältnis ist Voraussetzung dafür, dass die übrigen Normenbereiche des Mutterschutzrechts ihre Schutzfunktion entfalten können. Dies gilt sowohl für die generellen und individuellen Beschäftigungsverbote als auch für die Mutterschaftsleistungen.

4 Durch das »Gesetz zur Einführung eines Mutterschaftsurlaubs« vom 25.6.1979 (BGBl. I S. 797) war die Bestimmung des § 9a in das MuSchG eingefügt worden. Danach bestand für den Arbeitgeber ein absolutes Kündigungsverbot während des Mutterschaftsurlaubs sowie bis zum Ablauf von zwei Monaten nach dessen Beendigung. Durch § 38 Nr. 1 BErzGG wurde § 9a MuSchG zum 31.12.1985 aufgehoben. Während der Elternzeit greift der besondere Kündigungsschutz des § 18 BEEG – das BErzGG ist durch das BEEG abgelöst worden (dazu KR-*Bader* § 18 BEEG Rz 2e u. 2f) – ein (vgl. hierzu KR-*Bader* § 18 BEEG Rz 3 ff.).

II. Übersicht über den Inhalt des Dritten Abschnitts des MuSchG (§§ 9, 10 MuSchG)

5 Der Dritte Abschnitt des MuSchG enthält als wichtigste Regelung ein **temporäres Kündigungsverbot mit Erlaubnisvorbehalt** (§ 9 Abs. 1 MuSchG). Dem nahezu absolut ausgestalteten Schutz gegen Arbeitgeberkündigungen steht ein **Sonderkündigungsrecht** der Arbeitnehmerin gegenüber (§ 10 Abs. 1 MuSchG). Das diesen Bestimmungen zugrunde liegende Modell eines **fast völligen Ausschlusses des Kündigungsrechts auf Arbeitgeberseite bei weitgehender Kündigungsfreiheit der Arbeitnehmerin** versucht der besonderen Interessenlage der erwerbstätigen Mutter gerecht zu werden. Dieses Modell wird abgerundet durch eine kraft Gesetzes **angeordnete Aufrechterhaltung von Rechten im Falle einer Wiedereinstellung der Arbeitnehmerin** innerhalb eines Jahres nach der Entbindung (§ 10 Abs. 2 MuSchG).

Vorbemerkungen   Vor §§ 9, 10 MuSchG

1. Der besondere Kündigungsschutz gem. § 9 MuSchG

Die Einführung eines gegenüber den allgemeinen Vorschriften gesteigerten Kündigungsschutzes beruht auf der Erwägung, dass nur durch einen möglichst weitgehenden Bestandsschutz des Arbeitsverhältnisses die Mutter vor wirtschaftlichen Schwierigkeiten und psychischen Belastungen bewahrt werden kann. Um diese Zielvorstellung zu realisieren, hat sich der Gesetzgeber zur folgenden rechtstechnischen Ausgestaltung des besonderen Kündigungsschutzes entschlossen: gesetzliches Verbot von Arbeitgeberkündigungen während der Schwangerschaft und der ersten vier Monate nach der Entbindung mit der Möglichkeit der behördlichen Zulässigkeitserklärung in besonderen Fällen. 6

2. Sonderkündigungsrecht der werdenden Mutter und Wöchnerin gem. § 10 Abs. 1 MuSchG

Die mit Wirkung vom 1.1.1966 in das MuSchG eingefügte Vorschrift des § 10 Abs. 1 MuSchG enthielt in der Zeit vom 1.7.1979 bis 31.12.1985 noch einen Satz 2. Dieser hatte für die Arbeitnehmerin ein fristgebundenes Sonderkündigungsrecht zum Ende des Mutterschaftsurlaubs vorgesehen. Durch § 38 Nr. 1 BErzGG wurde § 10 Abs. 1 S. 2 MuSchG mit Wirkung vom 1.1.1986 aufgehoben. Zum Ende der Elternzeit steht den Arbeitnehmern nunmehr ein fristgebundenes Sonderkündigungsrecht nach § 19 BEEG zu (vgl. KR-*Bader* § 19 BEEG Rz 4 ff.). Durch die seit dem 1.1.1986 geltende Fassung des § 10 Abs. 1 MuSchG soll der Arbeitnehmerin aber die Möglichkeit bleiben, sich uU kurzfristig für eine Beendigung des Arbeitsverhältnisses zu entscheiden, um sich der Pflege des Kindes widmen zu können. 7

3. Erhaltung von Rechten bei Wiedereinstellung (§ 10 Abs. 2 MuSchG)

Mittels einer gesetzlichen Fiktion sollen von der erwerbstätigen Mutter Nachteile abgewendet werden, die aus einer mutterschaftsbedingten Unterbrechung des Arbeitsverhältnisses resultieren. Zu diesem Zweck ordnet § 10 Abs. 2 MuSchG an, dass ein durch Inanspruchnahme des Sonderkündigungsrechts aufgelöstes Arbeitsverhältnis im Falle einer Wiedereinstellung innerhalb eines Jahres nach der Entbindung als nicht unterbrochen gilt, soweit Rechte aus dem Arbeitsverhältnis von der Dauer der Betriebs- oder Berufszugehörigkeit oder von der Dauer der Beschäftigungs- oder Dienstzeit abhängen. Die fingierte Nichtunterbrechung des Arbeitsverhältnisses ist somit gegenständlich beschränkt; sie tritt nicht ein, wenn die Arbeitnehmerin in der Zeit von der Auflösung des Arbeitsverhältnisses bis zur Wiedereinstellung bei einem anderen Arbeitgeber beschäftigt war. 8

Gesetz zum Schutz der erwerbstätigen Mutter (Mutterschutzgesetz – MuSchG)

vom 24. Januar 1952 idF der Bek. vom 20. Juni 2002
(BGBl. I S.2318), zuletzt geändert durch Gesetz vom 14. November 2003 (BGBl. I S. 2190, 2256)
und durch Art. 2 Abs. 10 des Gesetzes zur Einführung des Elterngeldes
vom 5. Dezember 2006 (BGBl. I S. 2748)

§ 9 Kündigungsverbot (1) ¹Die Kündigung gegenüber einer Frau während der Schwangerschaft und bis zum Ablauf von vier Monaten nach der Entbindung ist unzulässig, wenn dem Arbeitgeber zur Zeit der Kündigung die Schwangerschaft oder Entbindung bekannt war oder innerhalb zweier Wochen nach Zugang der Kündigung mitgeteilt wird; das Überschreiten dieser Frist ist unschädlich, wenn es auf einem von der Frau nicht zu vertretenden Grund beruht und die Mitteilung unverzüglich nachgeholt wird. ²Die Vorschrift des Satzes 1 gilt für Frauen, die den in Heimarbeit Beschäftigten gleichgestellt sind, nur, wenn sich die Gleichstellung auch auf den Neunten Abschnitt – Kündigung – des Heimarbeitsgesetzes vom 14. März 1951 (BGBl. I S. 191) erstreckt.
(2) Kündigt eine schwangere Frau, gilt § 5 Abs. 1 S. 3 entsprechend.
(3) ¹Die für den Arbeitsschutz zuständige oberste Landesbehörde oder die von ihr bestimmte Stelle kann in besonderen Fällen, die nicht mit dem Zustand einer Frau während der Schwangerschaft oder ihrer Lage bis zum Ablauf von vier Monaten nach der Entbindung in Zusammenhang stehen, ausnahmsweise die Kündigung für zulässig erklären. ²Die Kündigung bedarf der schriftlichen Form, und sie muss den zulässigen Kündigungsgrund angeben.
(4) In Heimarbeit Beschäftigte und ihnen Gleichgestellte dürfen während der Schwangerschaft und bis zum Ablauf von vier Monaten nach der Entbindung nicht gegen ihren Willen bei der Ausgabe von Heimarbeit ausgeschlossen werden; die Vorschriften der §§ 3, 4, 6 und 8 Abs. 5 bleiben unberührt.

Literatur

– bis 2004 vgl. KR-Vorauflage –
Bender/Schmidt KSchG 2004: Neuer Schwellenwert und einheitliche Klagefrist, NZA 2004, 358; *Berrisch* § 4 KSchG nF und die behördliche Zustimmung zur Kündigung, FA 2004, 6; *Glatzel* Mutterschutz, AR-Blattei SD 1220.1; *Schmidt* § 4 S. 4 KSchG und Gesetz zu Reformen am Arbeitsmarkt, NZA 2004, 79.
Siehe auch die Literaturangaben vor §§ 9, 10 MuSchG, zu § 18 BEEG sowie zum AGG.

Inhaltsübersicht

		Rz			Rz
I.	Entstehungsgeschichte und europarechtliche Bezüge	1–4e	1.	Vorliegen einer Schwangerschaft/ Vier Monate nach der Entbindung	28–32
II.	Grundkonzeption des mutterschutz- rechtlichen Kündigungsschutzes	5–12		a) Schwangerschaft	28a–30
				b) Entbindung	31, 32
	1. Grundgedanken und Zweck	5–9	2.	Kenntnis des Arbeitgebers von Schwangerschaft und Entbindung	33–45
	2. Sonderregelungen für bestimmte Gruppen von Arbeitnehmerinnen	10–12		a) Kenntnis	33, 34
III.	Persönlicher Geltungsbereich des mutterschutzrechtlichen Kündigungs- schutzes	13–27		b) Arbeitgeber	35–39b
				c) Art und Weise der Kenntnis- erlangung	40–43
	1. Geschützter Personenkreis	13–17		d) Maßgeblicher Zeitpunkt	44
	2. Ausgenommene und beschränkt geschützte Personengruppen	18–27		e) Darlegungs- und Beweislast	45
	a) Familien-Haushaltskräfte	18–25	3.	Nachträgliche Mitteilung der Schwangerschaft oder der Ent- bindung nach erfolgter Arbeit- geberkündigung	46–58
	b) Heimarbeitskräfte	26			
	c) Beamtinnen	27			
IV.	Voraussetzungen des mutterschutz- rechtlichen Kündigungsschutzes	23–62a		a) Allgemeines	46
				b) Rechtsnatur der Mitteilung	47

	Rz
c) Inhalt der Mitteilung	48–50
d) Form der Mitteilung	51
e) Mitteilung durch Dritte	52
f) Adressatenkreis	53
g) Mitteilungsfrist	54–55a
h) Verschulden	56–57b
i) Darlegungs- und Beweislast	58
4. Nachweis der Schwangerschaft bzw. der Entbindung/Mitteilungspflicht der Arbeitnehmerin bei vorzeitigem Ende der Schwangerschaft	59–62a
V. Dauer des Kündigungsverbotes	63–67
1. Grundsätzliches über Beginn und Dauer	63–65a
a) Beginn des Kündigungsverbotes	64–64b
b) Ende des Kündigungsverbotes	65, 65a
2. Frühere Sonderregelung für vollbeschäftigte Haushaltskräfte	66, 67
VI. Rechtsnatur, gegenständliche Reichweite und Rechtsfolgen des Kündigungsverbotes	68–94
1. Rechtsnatur des Kündigungsverbotes	68
2. Gegenständliche Reichweite des Kündigungsverbotes	69–80
a) Ordentliche Kündigung des Arbeitgebers	72–74
b) Außerordentliche Kündigung des Arbeitgebers	75–80
3. Rechtsfolgen bei Verletzung des Kündigungsverbotes	81–94
a) Kein Straf- bzw. Ordnungswidrigkeitstatbestand	81
b) Nichtigkeit der verbotswidrig erklärten Arbeitgeberkündigung	82–84
c) Annahmeverzug des Arbeitgebers	85–90
d) Schadensersatzpflicht des Arbeitgebers	91, 92
e) Sonstige Leistungen	93, 94
VII. Behördliche Zulassung der Arbeitgeberkündigung	95–132
1. Rechtsnatur und Bedeutung der Zulässigkeitserklärung	95–101
a) Rechtsnatur der behördlichen Entscheidung	96
b) Bedeutung der behördlichen Zulässigkeitserklärung	97–101
2. Verfahren der behördlichen Zulassung	102–112
a) Verfahrensgrundsätze	103–108
b) Zuständigkeit	109
c) Form und Inhalt des Antrags	110, 111
d) Fristen	112
3. Entscheidung der Arbeitsbehörde	113–128
a) Form	113
b) Beurteilungsmaßstäbe (Verwaltungsrichtlinien)	114–115

	Rz
c) Behördliche Entscheidungsmöglichkeiten	116–118
d) Voraussetzungen der Zulässigkeitserklärung	119–124
e) Bekanntgabe der Entscheidung	125
f) Wirkung der Zulässigkeitserklärung	126–127
g) Rücknahme und Widerruf	128
4. Rechtsbehelfe gegen die Entscheidung der Arbeitsbehörde	129, 130
a) Vorverfahren	129
b) Klage	130
5. Leistungen bei erfolgter Zulässigkeitserklärung und Kündigung	131, 132
a) Mutterschaftsgeld und Zuschuss zum Mutterschaftsgeld	131
b) Arbeitslosengeld bzw. Arbeitslosengeld II	132
VIII. Kündigung: Form- und Begründungserfordernis, Zeitpunkt	132a-132e
1. Zweck und EG-rechtliche Vorgaben	132a
2. Schriftformerfordernis	132b
3. Begründungserfordernis	132c, 132d
4. Zeitpunkt	132e
IX. Beendigung des Arbeitsverhältnisses aus anderen Gründen als durch Kündigung des Arbeitgebers	133–165
1. Nichtiger Arbeitsvertrag	134–135a
2. Anfechtung des Arbeitsvertrages	136–139
3. Beendigung des Arbeitsverhältnisses durch Zeitablauf	140–145
4. Beendigung des Arbeitsverhältnisses durch Eintritt einer auflösenden Bedingung	146
5. Beendigung des Arbeitsverhältnisses durch gesetzliche Regelung	146a
6. Beendigung des Arbeitsverhältnisses durch gerichtliche Entscheidung	146b
7. Verzicht auf den Kündigungsschutz	147
8. Aufhebungsvertrag	148
9. Kündigung durch die Arbeitnehmerin	149–162
a) Kündigungstatbestände	149
b) Kündigungserklärung	150
c) Keine Belehrungspflicht des Arbeitgebers	150a
d) Rücknahme der Kündigung	151
e) Anfechtung der Kündigungserklärung	152–154
f) Leistungen (Mutterschaftsgeld, Arbeitslosengeld, Arbeitslosengeld II)	155–159
g) Benachrichtigung der Aufsichtsbehörde	160–162
10. Arbeitskampfmaßnahmen	163–165
X. Verhältnis zum Kündigungsrecht sowie zum sonstigen Kündigungsschutzrecht	166–174

Kündigungsverbot § 9 MuSchG

	Rz			Rz
1. Verhältnis zum Kündigungsrecht	166, 167		4. Verhältnis zum kollektiven Kündigungsschutzrecht	174
2. Verhältnis zum allgemeinen Kündigungsschutzrecht	168–172e	XI.	Kündigungs- und Beschäftigungsschutz für Beschäftigte in Heimarbeit und Gleichgestellte	175–180
a) Allgemeines	168		1. Kündigungsschutz	175–177
b) Rechtszustand bis zum 31.12.2003	169-172		2. Beschäftigungsschutz	178–180
c) Rechtszustand ab dem 1.1.2004	172a-172e			
3. Verhältnis zum sonstigen besonderen Kündigungsschutz	173			

I. Entstehungsgeschichte und europarechtliche Bezüge

Der nunmehr in § 9 MuSchG geregelte mutterschutzrechtliche Kündigungsschutz geht auf die in § 4 des **Gesetzes über die Beschäftigung vor und nach der Niederkunft** vom 16.7.1927 (RGBl. I S. 184) enthaltene Regelung zurück. Nach dieser Bestimmung war die Kündigung für den Arbeitgeber während der Schutzfrist von sechs Wochen vor bis sechs Wochen nach der Entbindung verboten, wenn dem Arbeitgeber zur Zeit der Kündigung die Schwangerschaft oder die Entbindung bekannt war oder wenn ihm die Arbeitnehmerin dies unverzüglich nach Zugang der Kündigung mitteilte. Nicht mit der Schwangerschaft oder der Entbindung im Zusammenhang stehende wichtige Gründe berechtigten den Arbeitgeber zum Ausspruch einer außerordentlichen Kündigung. **1**

Eine zeitliche Ausdehnung des Kündigungsverbotes auf die gesamte Dauer der Schwangerschaft bis zum Ablauf von vier Monaten nach der Entbindung brachte § 6 des **Gesetzes zum Schutz der erwerbstätigen Mutter (MuSchG) v. 17.5.1942** (RGBl. I S. 321). Außerdem wurde der mutterschutzrechtliche Kündigungsschutz zu einem absoluten Kündigungsverbot mit behördlichem Erlaubnisvorbehalt ausgebaut. Bei Einverständnis der Arbeitnehmerin bedurfte es keiner behördlichen Erlaubnis. **2**

Eine weitere Verbesserung des mutterschutzrechtlichen Kündigungsschutzes erfolgte durch § 9 des **Gesetzes zum Schutze der erwerbstätigen Mutter (MuSchG) v. 24.1.1952** (BGBl. I S. 69). Das absolute Kündigungsverbot wurde danach auch auf die Hausgehilfinnen und Tagesmädchen ausgedehnt, allerdings beschränkt bis zum Ablauf des fünften Monats der Schwangerschaft. Neu eingefügt wurde die Regelung, wonach sich die Arbeitnehmerinnen den besonderen Kündigungsschutz auch dann erhalten konnten, wenn sie dem Arbeitgeber die Schwangerschaft oder Entbindung innerhalb einer Woche nach Zugang der Kündigung mitteilten. **3**

Das **Gesetz zur Änderung des MuSchG und der RVO v. 24.8.1965** (BGBl. I S. 912) brachte nur unwesentliche Änderungen im Bereich des mutterschutzrechtlichen Kündigungsschutzes. Mit Wirkung vom 1.1.1966 wurde die Frist für die Mitteilung der Schwangerschaft von einer Woche auf zwei Wochen verlängert. Zum gleichen Inkrafttretenszeitpunkt wurde die Bestimmung des § 9 Abs. 2 MuSchG eingefügt, wonach der Arbeitgeber die Aufsichtsbehörde unverzüglich von der Kündigung seitens der schwangeren Arbeitnehmerin zu unterrichten hat. Eine lediglich redaktionelle Änderung bedeutete die Ersetzung des Wortes »Niederkunft« durch das Wort »Entbindung« in § 9 Abs. 1 und Abs. 4 MuSchG. Das auf die Zeit der ersten fünf Monate der Schwangerschaft beschränkte absolute Kündigungsverbot für Haushaltskräfte wurde mit Wirkung v. 1.1.1986 auf solche Frauen erstreckt, die im Familienhaushalt mit erzieherischen oder pflegerischen Arbeiten beschäftigt werden. **4**

Für eine Übergangszeit ein innerdeutsch auch im Bereich des Mutterschutzes noch nicht vollständig einheitliches Arbeitsrecht hatte der durch das Zustimmungsgesetz vom 16.9.1990 (BGBl. II S. 885) ratifizierte Vertrag zwischen der Bundesrepublik Deutschland und der Deutschen Demokratischen Republik zur Herstellung der Einheit Deutschlands – **Einigungsvertrag** – bewirkt. Zentrales Anliegen der im Einigungsvertrag verstreuten arbeitsrechtlichen Regelungen war es, eine sozialverträgliche Überleitung des Bundesrechts auf das Beitrittsgebiet zu bewirken. Die maßgeblichen Vorschriften verfolgten daher weitgehend das Prinzip, dass ab 1.1.1991 auch im Beitrittsgebiet Bundesrecht galt, dass aber für Geburten vor diesem Zeitpunkt DDR-Recht zum Teil weiter anwendbar war (Überblick etwa bei *Pfeiffer/Birkenfeld-Pfeiffer* DtZ 1990, 325; s. iE *Etzel* KR 4. Aufl., Rz 84 ff.). **4a**

Durch das **Erste Gesetz zur Änderung des MuSchG v. 3.7.1992** (BGBl. I S. 1191) wurde die Regelung über die Folgen der Versäumung der Zweiwochenfrist des Abs. 1 S. 1 durch Einfügung einer Entschul- **4b**

§ 9 MuSchG   Kündigungsverbot

digungsmöglichkeit entsprechend den verfassungsrechtlichen Anforderungen aus Art. 6 Abs. 4 GG neu gefasst. In seinem Beschluss vom 13.11.1979 hatte das BVerfG entschieden, es sei mit dieser grundgesetzlichen Vorschrift unvereinbar, den besonderen Kündigungsschutz des § 9 Abs. 1 MuSchG Arbeitnehmerinnen zu entziehen, die im Zeitpunkt der Kündigung schwanger seien, ihren Arbeitgeber hierüber unverschuldet nicht innerhalb der Zweiwochenfrist des § 9 Abs. 1 S. 1 MuSchG unterrichteten, dies aber unverzüglich nachholten (BVerfGE 52, 357). Nach der Neufassung der Vorschrift wird dieser verfassungsrechtlichen Vorgabe nunmehr genügt. Zugleich mit dieser Änderung wurde die Ermächtigung zum Erlass von Verwaltungsvorschriften auf das neu geschaffene Ministerium für Frauen und Jugend übertragen.

4c **Europarechtlich** ist seit dem 28.11.1994 auch Art. 10 der RL 92/85/EWG zu beachten (vgl. zunächst KR-*Bader* vor § 9 MuSchG Rz 2a). Diese Bestimmung lautet:

Um den Arbeitnehmerinnen im Sinne des Artikels 2 die Ausübung der in diesem Artikel anerkannten Rechte in Bezug auf ihre Sicherheit und ihren Gesundheitsschutz zu gewährleisten, wird folgendes vorgesehen:

1. **Die Mitgliedstaaten treffen die erforderlichen Maßnahmen, um die Kündigung der Arbeitnehmerinnen im Sinne des Artikels 2 während der Zeit vom Beginn der Schwangerschaft bis zum Ende des Mutterschaftsurlaubs nach Artikel 8 Absatz 1 zu verbieten; davon ausgenommen sind die nicht mit ihrem Zustand in Zusammenhang stehenden Ausnahmefälle, die entsprechend den einzelstaatlichen Rechtsvorschriften oder Gepflogenheiten zulässig sind, wobei gegebenenfalls die zuständige Behörde ihre Zustimmung erteilen muss.**

2. **Wird einer Arbeitnehmerin im Sinne des Artikels 2 während der in Nr. 1 genannten Zeit gekündigt, so muss der Arbeitgeber schriftlich berechtigte Kündigungsgründe anführen.**

3. **Die Mitgliedstaaten treffen die erforderlichen Maßnahmen, um Arbeitnehmerinnen im Sinne des Artikels 2 vor den Folgen einer nach Nr. 1 widerrechtlichen Kündigung zu schützen.**

4d Den damit begründeten europarechtlichen Anforderungen wurde § 9 MuSchG schon vor der Richtlinien-Umsetzung prinzipiell gerecht (vgl. iE im Zusammenhang der jeweiligen Regelungsprobleme). Dies beruht insbes. darauf, dass Art. 10 Nr. 1 RL 92/85/EWG hinsichtlich der zulässigen Kündigungsgründe im Wesentlichen auf das nationale Recht verweist und außerdem in Art. 10 Nr. 3 RL lediglich vorgesehen ist, dass bei einer entgegen deren Art. 10 Nr. 1 ausgesprochenen widerrechtlichen Kündigung der nationale Kündigungsschutz – also in Deutschland eine Unwirksamkeit der Kündigung – eingreift. Unklarheiten können ggf. durch Vorlagen an den EuGH gem. Art. 234 EGV (früher Art. 177 EGV) beseitigt werden. Notwendig war allerdings eine Anpassung an die in Art. 10 Nr. 2 RL 92/85/EWG vorgesehene Pflicht **einer schriftlichen Anführung berechtigter Kündigungsgründe** (aA *Zmarzlik* DB 1994, 96). Zwar wird in dieser Bestimmung nicht ausdrücklich ausgesprochen, wem gegenüber die berechtigten Gründe schriftlich anzuführen sind. Aus dem systematischen Zusammenhang mit der im ersten Hs. der Vorschrift angesprochenen Kündigungserklärung wird man jedoch folgern müssen, dass diese schriftlich anzuführende Begründung gegenüber der Arbeitnehmerin und nicht etwa nur gegenüber der um Zustimmung ersuchten Verwaltungsbehörde abzugeben ist (aA wohl *Zmarzlik* DB 1994, 96, 97). Diese Auffassung hat sich auch der deutsche Transformationsgesetzgeber durch Einfügung eines **Schriftform- und Begründungserfordernisses** in § 9 Abs. 3 S. 2 MuSchG zu Eigen gemacht (BT-Drs. 13/2763, S. 10), der die Richtlinie durch das **Gesetz zur Änderung des Mutterschutzgesetzes v. 20.12.1996** (BGBl. 1996 I S. 2110) **verspätet** (s.u. Rz 181) **umgesetzt** hat. Außerdem wurde im Rahmen dieser Novelle § 9 Abs. 3 S. 1 MuSchG aufgrund der Anordnung in Art. 10 Nr. 1 der RL dahin ergänzt, dass die nach jener Vorschrift ausnahmsweise zulässige behördliche Erklärung der Zulässigkeit der Kündigung nicht auf den Zustand bzw. die Lage der Frau während der Schwangerschaft oder nach der Entbindung gestützt werden darf. Dies entsprach zwar der ohnehin in Deutschland geltenden Rechtslage; der Gesetzgeber wollte aber aus Gründen europarechtlicher Rechtssicherheit auf eine Klarstellung im deutschen Recht nicht verzichten (BT-Drs. 13/2763, S. 10). Nicht europarechtlich veranlasst war demgegenüber die im Zuge dieses Gesetzes erfolgte Beseitigung der bislang geltenden Einschränkung des Kündigungsschutzes für Familienhaushaltskräfte und der Ermächtigung des BMA zum Erlass von Verwaltungsvorschriften für die Zulässigkeitserklärung (s.u. Rz 114). Soweit § 9 MuSchG im Einzelfall über die Richtlinie hinausgeht, bestehen dagegen keine Bedenken, weil Art. 1 Abs. 3 der Richtlinie einer Beschränkung eines nationalen Schutzniveaus unter Berufung auf die Richtlinie entgegensteht. Nach Art. 7 des Gesetzes v. 20.12.1996 ist die in Rede stehende Neufassung des § 9 MuSchG am 1.1.1997 in Kraft getreten. Die seit diesem Zeitpunkt gültige Fassung des Gesetzes wurde am 20.1.1997 neu bekannt gemacht (BGBl. I S. 22). Zu den Rechtsfolgen der verspäteten Richtlinienumsetzung *Etzel* KR 6. Aufl., § 9 MuSchG Rz 181 und *Etzel* KR 5. Aufl., § 9 MuSchG Rz 182 f.

Mit Wirkung vom **1.1.2004** hat das Gesetz zu Reformen am Arbeitsmarkt v. 24.12.2003 (BGBl. I S. 3002) eine Änderung gebracht, die § 9 MuSchG mittelbar betrifft. Es ist an **§ 5 Abs. 1 KSchG** folgender **Satz 2** angefügt worden: »Gleiches gilt, wenn eine Frau von ihrer Schwangerschaft aus einem von ihr zu vertretenden Grund erst nach Ablauf der Frist des § 4 S. 2 Kenntnis erlangt hat.« Zur Tragweite dieser neuen Bestimmung wird verwiesen auf KR-*Friedrich* § 5 KSchG Rz 125a und unten auf Rz 172d. **4e**

II. Grundkonzeption des mutterschutzrechtlichen Kündigungsschutzes

1. Grundgedanken und Zweck

Das primäre Anliegen des mutterschutzrechtlichen Kündigungsschutzes besteht darin, der werdenden Mutter und der Wöchnerin trotz ihrer etwa mutterschaftsbedingten Leistungsminderung oder Arbeitsunfähigkeit **den Arbeitsplatz als wirtschaftliche Existenzgrundlage** zu erhalten (*BAG* [GS] 26.4.1956 EzA § 615 BGB Nr. 1). Der durch generelle und individuelle Beschäftigungsverbote gekennzeichnete Gefahrenschutz (§§ 2 ff. MuSchG) sowie der Entgeltschutz (§§ 11 ff. MuSchG) können ihre Schutzfunktion nur dann wirksam entfalten, wenn die Erhaltung des Arbeitsplatzes bei Schwangerschaft und Entbindung hinreichend gesichert ist. Das Bestehen eines weitreichenden Arbeitsplatzschutzes stellt damit die Grundvoraussetzung für einen wirkungsvollen Mutterschutz dar. **5**

Dem mutterschutzrechtlichen Kündigungsschutz kommt insofern eine Doppelfunktion zu, als er neben den aufgezeigten wirtschaftlichen Schutzbelangen der Arbeitnehmerin diese zugleich vor den **psychischen Belastungen** eines Kündigungsschutzprozesses schützen will (*BAG* 31.3.1993 EzA § 9 MuSchG nF Nr. 32). Das absolute Kündigungsverbot des § 9 Abs. 1 MuSchG erfüllt somit gleichzeitig Funktionen des psychischen Gefahrenschutzes. Diese Schutzkomponente muss nach der Konzeption des Gesetzes jedoch zurücktreten, wenn der Arbeitgeber von der Ausnahmemöglichkeit des § 9 Abs. 3 MuSchG Gebrauch macht und versucht, im Verwaltungsverfahren oder ggf. in einem Rechtsstreit vor den Verwaltungsgerichten eine Zulässigkeitserklärung für eine beabsichtigte Kündigung zu erhalten. **6**

Der in Gestalt eines **zeitlich befristeten absoluten Kündigungsverbotes mit Erlaubnisvorbehalt** (die Neufassung des § 4 S. 1 KSchG und die Einfügung des § 5 Abs. 1 S. 2 KSchG haben daran grds. nichts geändert: aA *ArbG Hannover* 17.11.2005 – 6 Ca 371/05 – DB 2006, 2522; ErfK-*Schlachter* § 9 MuSchG Rz 1) geregelte mutterschutzrechtliche Kündigungsschutz geht über den allg. Kündigungsschutz hinaus. Im Interesse einer möglichst umfassenden Arbeitsplatzsicherung bietet der mutterschutzrechtliche Kündigungsschutz der werdenden Mutter und Wöchnerin auch Schutz vor **außerordentlichen Kündigungen** sowie vor **ordentlichen Kündigungen,** die nach den gesetzlichen Beurteilungskriterien als sozial gerechtfertigt zu betrachten wären. Das gilt insbes. für betriebsbedingte Kündigungen. **7**

Von diesem absoluten Kündigungsverbot will das Gesetz nur in ganz bestimmten Ausnahmesituationen abrücken. **Den Ausnahmecharakter der behördlichen Zulässigkeitserklärung** der Kündigung bringt der Gesetzgeber dadurch zum Ausdruck, dass er der Arbeitsbehörde nur in »besonderen Fällen« und dann auch nur »ausnahmsweise« die Möglichkeit einer Durchbrechung des generellen Kündigungsverbotes einräumt. Als flankierende Schutzmaßnahme sieht § 9 Abs. 3 S. 2 MuSchG in Transformation einer entsprechenden EG-rechtlichen Verpflichtung (Art. 10 Nr. 1 RL 92/85/EWG) das Erfordernis einer schriftlichen Form sowie ein Begründungserfordernis für die Kündigung vor (s.o. Rz 4d). Nach welchen Kriterien die Arbeitsbehörde das Vorliegen eines »besonderen Falles« beurteilen soll, legt das Gesetz nur insofern fest, als in Übereinstimmung mit Art. 10 Nr. 1 RL 92/85/EWG der Zustand der Frau während der Schwangerschaft und ihre Lage nach der Entbindung als Zulassungsgrund ausgeschlossen werden. Eine positive Festlegung erfolgt demgegenüber nicht. Für den Erlass allg. Verwaltungsvorschriften, wie sie der BMA mit Zustimmung des Bundesrates aufgrund der seinerzeit in § 18 Abs. 1 S. 3 BErzGG (jetzt: § 18 Abs. 1 S. 4 BEEG) enthaltenen Ermächtigung am 2.1.1986 erlassen hat (BAnz Nr. 1 v. 3.1.1986, S. 4, abgedr. bei KR-*Bader* § 18 BEEG vor Rz 1), wurde die ursprünglich vorhandene Ermächtigung aus § 9 Abs. 3 MuSchG gestrichen (s.o. Rz 4d). **8**

Zur rechtstechnischen Ausgestaltung des mutterschutzrechtlichen Kündigungsrechts ist hervorzuheben, dass nicht allein das Bestehen einer Schwangerschaft oder eine erfolgte Entbindung zur Unwirksamkeit einer Arbeitgeberkündigung führt. Vielmehr kommt es in mehrfacher Hinsicht auf subjektive Tatbestandsmerkmale an. Grds. muss eine positive Kenntnis des Arbeitgebers zur Zeit der Kündigung bestehen, um ein Eingreifen des gesetzlichen Kündigungsverbotes zu bewirken. Dem steht allerdings **9**

2. Sonderregelungen für bestimmte Gruppen von Arbeitnehmerinnen

10 Die im **Familienhaushalt** beschäftigten Frauen genossen bis zu der am 1.1.1997 in Kraft getretenen Neufassung des Gesetzes insofern einen eingeschränkten Kündigungsschutz, als das absolute Kündigungsverbot nur bis zum Ablauf des fünften Monats der Schwangerschaft galt. Diese – zwischenzeitlich beseitigte (s.o. Rz 4d) – Beschränkung des Kündigungsschutzes beruhte auf der Erwägung, dass der Familienhaushalt gegenüber Betrieben und Verwaltungen eine eigene Struktur sowie eine geringere wirtschaftliche Belastungsmöglichkeit aufweist, die es rechtfertigen sollte, diese Beschäftigungsgruppen gegenüber den übrigen Arbeitnehmerinnen unterschiedlich zu behandeln. Ihre Streichung geht auf eine Initiative des Bundesrates zurück, die im Rahmen eines politischen Kompromisses in das Gesetz Eingang finden konnte. Sie dient der **Gleichbehandlung** (BT-Drs. 13/6110 S. 11 f.; vgl. weiter *Gröninger/Thomas* Rz 7).

11 Für die **in Heimarbeit beschäftigten Frauen** (Heimarbeiterinnen oder Hausgewerbetreibende iSd § 1 Abs. 1 iVm § 2 Abs. 1 u. 2 HAG), soweit sie am Stück mitarbeiten, gilt gem. § 1 Nr. 2 MuSchG das Kündigungsverbot des § 9 Abs. 1 MuSchG uneingeschränkt wie für Arbeitnehmerinnen (allg. Ansicht, statt aller: *Buchner/Becker* Rz 3). Die wegen ihrer Schutzbedürftigkeit den Heimarbeiterinnen und Hausgewerbetreibenden **gleichgestellten Personen** (§ 1 Abs. 2 HAG) fallen zwar, soweit sie am Stück mitarbeiten, unter das MuSchG (§ 1 Nr. 2 MuSchG). Vom **mutterschutzrechtlichen Kündigungsschutz** werden sie jedoch nur erfasst, wenn sich die nach § 1 Abs. 3 HAG erfolgende Gleichstellung auch auf den im Neunten Abschnitt des HAG geregelten heimarbeitsrechtlichen Kündigungsschutz erstreckt (§ 9 Abs. 1 S.2 MuSchG; dazu *Gröninger/Rost* § 29 Rz 8; *Maus/Schmidt* § 1 Rz 124). Um eine Umgehung des mutterschutzrechtlichen Kündigungsverbotes zu verhindern, enthält § 9 Abs. 4 MuSchG eine auf Besonderheiten der Heimarbeit zugeschnittene Sonderregelung. Der durch diese Bestimmung angeordnete Beschäftigungsschutz soll verhindern, dass an Heimarbeiterinnen und ihnen Gleichgestellte während der Schwangerschaft und bis zum Ablauf von vier Monaten Heimarbeit nicht in dem üblichen Umfange ausgegeben wird (zum Kündigungs-, Beschäftigungs- und Entgeltschutz der in Heimarbeit beschäftigten Frauen vgl. Rz 14, 26, 175–180).

12 Eine außerhalb des MuSchG bestehende kündigungsrechtliche Sonderregelung galt für die bei den **Alliierten Streitkräften** beschäftigten Frauen. Das Kündigungsverbot des § 9 Abs. 1 MuSchG galt und gilt zwar grds. auch für diese Beschäftigungsgruppe (*Gröninger/Thomas* Rz 6). Hinsichtlich der Rechtsfolgen enthielt § 56 Abs. 2 des Zusatzabkommens zu dem Abkommen zwischen den Parteien des Nordatlantik-Vertrages vom 3.8.1959 (BGBl. 1961 II S. 1218) aber insofern eine Sonderregelung, als trotz nichtiger Kündigung das ArbG im Feststellungsurteil eine Abfindung für den Fall festzusetzen hatte, dass die Dienststelle der Stationierungsstreitkräfte die Weiterbeschäftigung ablehnte. Machte die Dienststelle von ihrem Wahlrecht innerhalb von 14 Tagen nach Zustellung des Urteils Gebrauch, so stand der Arbeitnehmerin lediglich ein Anspruch auf eine angemessene Kündigungsabfindung zu. Evtl. Ansprüche aus Annahmeverzug (§ 615 BGB) wurden hierdurch nicht berührt (vgl. für die Einzelheiten *Spilger* KR 6. Aufl., § 9 KSchG Rz 64 in Abs. 2). Mit Wirkung v. 29.3.1998 hat sich diese Rechtslage jedoch geändert (dazu Rz.84; vgl. weiter KR-*Spilger* § 9 KSchG Rz 64 und wegen der Einzelheiten des Kündigungsschutzes bei den Stationierungsstreitkräften KR-*Weigand* NATO-ZusAbk Rz 14 ff.).

III. Persönlicher Geltungsbereich des mutterschutzrechtlichen Kündigungsschutzes

1. Geschützter Personenkreis

13 Der persönliche Geltungsbereich des in § 9 MuSchG geregelten mutterschutzrechtlichen Kündigungsschutzes deckt sich im Wesentlichen mit dem in § 1 MuSchG festgelegten Personenkreis. Das absolute Kündigungsverbot gilt daher zunächst grds. für alle Frauen, die in einem **Arbeitsverhältnis** stehen (§ 1 Nr. 1 MuSchG; zur Abgrenzung bzgl. der Organmitglieder einer juristischen Person *LAG Düsseld.* 15.7.1998 LAGE § 9 MuSchG Nr. 24; keine Anwendung auf GmbH-Geschäftsführer: *BAG* 26.5.1999 – 5 AZR 664/98 – DB 1999, 1906; *Reiserer* DB 2006, 1787, 1788; vgl. weiter dazu HaKo-*Fiebig* Rz 2). Nach dem Schutzzweck des Gesetzes werden auch Fälle erfasst, in denen der Arbeitsvertrag bereits geschlossen wurde, jedoch das Arbeitsverhältnis erst zu einem späteren Zeitpunkt beginnen soll (*Gröninger/Thomas* Rz 4; *Willikonsky* § 9 MuSchG Rz 2; *LAG Düsseld.* 30.9.1992 LAGE § 9 MuSchG Nr. 18). Sog.

Ein-Euro-Jobs (§ 16 Abs. 3 SGB II) werden hingegen nicht erfasst, weil es sich nach ausdrücklicher gesetzlicher Regelung insoweit nicht um Arbeitsverhältnisse handelt (§ 16 Abs. 3 S. 2, 2. Hs. SGB II; vgl. auch KR-*Bader* § 23 TzBfG Rz 16a). Auf **Teilzeitarbeitnehmerinnen** findet der mutterschutzrechtliche Kündigungsschutz ebenfalls uneingeschränkt Anwendung, und zwar unabhängig von der Lage und Dauer der Arbeitszeit. Dies gilt auch für neue Erscheinungsformen der Teilzeitarbeit (zB Job-Sharing oder Bedarfsarbeit; vgl. zum Job-sharing auch ErfK-*Schlachter* § 9 MuSchG Rz 4 und hier Rz 15). § 9 MuSchG hat dementsprechend Vorrang vor der Möglichkeit zur Änderungskündigung gem. § 13 Abs. 2 S. 2 TzBfG. Hingegen gilt § 9 MuSchG nicht für ein bloß **faktisches Arbeitsverhältnis**, da dieses jederzeit ohne Kündigung beendet werden kann (s.u. Rz 134; KDZ-*Zwanziger* Rz 6). Insoweit ergeben sich besondere Probleme dann, wenn ein **Verstoß gegen Schutzvorschriften des Mutterschutzrechts** vorliegt. Dabei wird man grds. eine Nichtigkeit nur mit großer Zurückhaltung annehmen dürfen, will man den Schutz des § 9 MuSchG nicht ohne Not in Frage stellen (vgl. dazu etwa BAG 20.12.1972 AP Nr. 7 zu § 11 MuSchG 1968; 8.9.1988 EzA § 8 MuSchG Nr. 1; *Buchner/Becker* Rz 39 ff.; KDZ-*Zwanziger* Rz 6). Im Falle von mutterschutzrechtlichen Beschäftigungsverboten wird man im Lichte der Rspr. des EuGH kaum zu einer Nichtigkeit kommen können (*Buchner/Becker* Rz 42; KDZ-*Zwanziger* Rz 6; vgl. weiter Rz 135a).

Abgesehen von den in Rz 26 behandelten Ausnahmen gilt der mutterschutzrechtliche Kündigungsschutz des § 9 MuSchG auch für die in **Heimarbeit** beschäftigten Frauen (§ 1 Nr. 2 iVm § 9 Abs. 1 MuSchG). Vgl. hierzu bereits Rz 11. **14**

Bei bestimmten Vertragskonstellationen – insbes. bei bestimmten Formen des **Gruppenarbeitsverhältnisses** – kann der mutterschutzrechtliche Kündigungsschutz seinem Schutzzweck nach auch bei **dritten Personen** zu einer vorübergehenden Unkündbarkeit führen. Dies gilt aber nur dann, wenn zwischen den Parteien eines Gruppenarbeitsverhältnisses vereinbart ist, dass der Arbeitgeber nur allen Gruppenmitgliedern gegenüber einheitlich kündigen kann (Entsprechendes kann bei **job-sharing-Arbeitsverhältnissen** gelten: ErfK-*Schlachter* Rz 4: HWK-*Hergenröder* § 9 MuSchG Rz 3; *Willikonsky* § 9 MuSchG Rz 6). Eine derartige Vertragsklausel findet sich häufig in Verträgen mit **Hausmeister-Ehepaaren**. Dies hat zur Folge, dass die gegenüber dem Hausmeister-Ehepaar ausgesprochene Kündigung auch dem Ehemann gegenüber unwirksam ist, wenn die Ehefrau unter den mutterschutzrechtlichen Kündigungsschutz fällt (*Buchner/Becker* Rz 5; *Gröninger/Thomas* Rz 5; LAG Düsseld. 15.12.1964 BB 1965, 495 = DB 1965, 399; ArbG Marburg 9.8.1966 DB 1967, 1507; ArbG Siegburg 26.3.1968 DB 1968, 855; aA *Meisel/Sowka* Rz 60). Etwas anderes soll nach überwiegender Auffassung dann gelten, wenn das Arbeitsverhältnis der Frau **auflösend bedingt** vom Bestand des Arbeitsverhältnisses des Ehemannes abgeschlossen und letzterem wirksam gekündigt wurde (BAG 17.5.1962 AP Nr. 2 zu § 620 BGB; s.u. Rz 146). **15**

Das Kündigungsverbot des § 9 MuSchG gilt auch für **Berufsausbildungsverhältnisse,** und zwar bereits mit Beginn der Probezeit bis zum Ablauf der vereinbarten Vertragsdauer (s.u. Rz 110; LAG Bln. 1.7.1985 LAGE § 9 MuSchG Nr. 6). Sofern die Vertragsparteien nichts anderes vereinbart haben, endet das Ausbildungsverhältnis mit Ablauf der Ausbildungszeit (§ 21 Abs. 1 S. 1 BBiG). Für diesen Beendigungstatbestand bedarf es daher keiner Kündigung, so dass hierfür auch nicht der mutterschutzrechtliche Kündigungsschutz zur Anwendung gelangt. Für Kündigungen während der Ausbildungszeit ist dagegen das mutterschutzrechtliche Kündigungsverbot zu beachten. Dies gilt ebenso für Kündigungen während der Vertragsdauer von befristeten **Umschulungs- und Anlernverhältnissen.** **16**

Zur Benachteiligung von **Arbeitsplatzbewerberinnen** bei der Begründung eines Arbeitsverhältnisses wegen des Bestehens einer Schwangerschaft KR-*Pfeiffer* AGG Rz 50 ff. Zur **internationalen (kollisionsrechtlichen) Reichweite** KR-*Weigand* Art. 27 ff. EGBGB Rz 96 f. (s. auch KDZ-*Zwanziger* Rz 6a). **17**

2. Ausgenommene und beschränkt geschützte Personengruppen

a) Familien-Haushaltskräfte

Für bestimmte im Familienhaushalt beschäftigte Frauen sah § 9 Abs. 1 S. 2 MuSchG **in der bis zum 31.12.1996 geltenden Fassung** eine Begrenzung des mutterschutzrechtlichen Kündigungsschutzes auf die Zeit der ersten fünf Monate der Schwangerschaft vor (s.o. Rz 10). Diese Einschränkung wurde bei der am 1.1.1997 in Kraft getretenen (s.o. Rz 4d) Neufassung des § 9 MuSchG gestrichen, so dass der Kündigungsschutz des § 9 MuSchG nunmehr auch für Familien-Haushaltskräfte uneingeschränkt gilt, und zwar unabhängig von der im Haushalt ausgeübten Tätigkeit (*Gröninger/Thomas* Rz 7). **18–25**

b) Heimarbeitskräfte

26 Der mutterschutzrechtliche **Kündigungsschutz** des §9 Abs. 1 MuSchG **gilt** grds. auch für die in Heimarbeit beschäftigten Frauen (s.o. Rz 11). Ausgenommen hiervon sind solche Frauen, die Heimarbeiterinnen und Hausgewerbetreibenden gleichgestellt sind, deren Gleichstellung sich aber nicht ausdrücklich auf den heimarbeitsrechtlichen Kündigungsschutz des Neunten Abschnitts des HAG erstreckt (auch dazu schon Rz 11). Maßgeblich für den Umfang der Gleichstellung ist der Inhalt des Gleichstellungsbescheides. Nach § 1 Abs. 3 S. 1 HAG bezieht sich die Gleichstellung, wenn in ihr nichts anderes bestimmt ist, lediglich auf die allg. Schutzvorschriften und die Vorschriften über die Entgeltregelung, den Entgeltschutz und die Auskunftspflicht über Entgelte (Dritter, Sechster, Siebenter und Achter Abschnitt des HAG). Eine Ausdehnung auf den im Neunten Abschnitt des HAG geregelten heimarbeitsrechtlichen Kündigungsschutz gehört somit nicht zum Normalinhalt eines Gleichstellungsbescheides. Eine entsprechende Erweiterung sieht § 1 Abs. 3 S. 2 HAG vor, so dass die zuständige Arbeitsbehörde die Gleichstellung auch auf den heimarbeitsrechtlichen Kündigungsschutz erstrecken kann. Wegen Einzelheiten zum mutterschutzrechtlichen Kündigungs- und Beschäftigungsschutz von Heimarbeiterinnen und hausgewerbetreibenden Frauen s.u. Rz 175 ff.

c) Beamtinnen

27 Unter den durch § 9 Abs. 1 MuSchG geschützten Personenkreis fallen nicht die Beamtinnen. Aufgrund der in §80 BundesbeamtenG enthaltenen Ermächtigung ist die »Verordnung über den Mutterschutz für Beamtinnen« (**Mutterschutzverordnung** – MuSchVO) idF v. 25.4.1997 (BGBl. I S. 986) erlassen worden (inzwischen mit diversen Änderungen), die für Bundesbeamtinnen und entsprechend für die Beamtinnen einiger Bundesländer gilt (ansonsten gelten spezielle entsprechende Verordnungen für Soldatinnen und für die Beamtinnen der Bundesländer; vgl. insgesamt die Anhänge 10 ff. von *Gröninger/ Thomas*). Nach § 10 Abs. 1 MuSchVO darf während der Schwangerschaft und innerhalb von vier Monaten nach der Entbindung die Entlassung einer Beamtin auf Probe oder auf Widerruf gegen ihren Willen nicht ausgesprochen werden, wenn dem Dienstvorgesetzten die Schwangerschaft oder die Entbindung bekannt war. Durch eine innerhalb von zwei Wochen nach Zustellung der Entlassungsverfügung erfolgende nachträgliche Mitteilung kann sich die Beamtin den mutterschutzrechtlichen Entlassungsschutz erhalten; das Überschreiten dieser Frist ist unbeachtlich, wenn es auf einem von der Beamtin nicht zu vertretenden Grund beruht und die Mitteilung unverzüglich nachgeholt wird. § 10 Abs. 2 MuSchVO sieht vor, dass trotz der Regelung in Abs. 1 die oberste Dienstbehörde die Entlassung aussprechen kann, wenn ein Sachverhalt vorliegt, bei dem eine Beamtin auf Lebenszeit im Wege eines Disziplinarverfahrens aus dem Dienst zu entfernen wäre.

IV. Voraussetzungen des mutterschutzrechtlichen Kündigungsschutzes

1. Vorliegen einer Schwangerschaft/Vier Monate nach der Entbindung

28 § 9 Abs. 1 S. 1 MuSchG greift ein während des Bestehens einer Schwangerschaft (s.u. Rz 28a–30) und während des Zeitraums von vier Monaten nach der Entbindung (s.u. Rz 31 f.).

a) Schwangerschaft

28a Das Kündigungsverbot des § 9 Abs. 1 S. 1 setzt, soweit es um die Schwangerschaft geht, das **objektive Bestehen** einer Schwangerschaft im **Zeitpunkt des Zugangs der Kündigungserklärung** voraus (vgl. *BVerfG* 14.7.1981 DB 1981, 1939; die Mitteilung einer begonnenen Behandlung, die der künstlichen Befruchtung dient, reicht nicht aus: *ArbG Elmshorn* 29.11.1996 EzA § 242 BGB Nr. 40; *LAG SchlH* 17.11.1997 LAGE § 242 BGB Nr. 3 [für Annahme eines Verstoßes gegen §§ 138 Abs. 1, 242, 612a BGB bei Kündigung nach derartiger Mitteilung *Willikonksy* § 9 MuSchG Rz 26]; s.a. Rz 29). Der besondere Kündigungsschutz greift daher nicht ein, wenn die erwerbstätige Frau (zB aufgrund einer unrichtigen ärztlichen Bescheinigung) irrtümlich von dem Bestehen einer Schwangerschaft ausgeht (*Buchner/Becker* Rz 13; *Gröninger/Thomas* Rz 10; *Köst* Rz 3; *Zmarzlik/Zipperer/Viethen/Vieß* Rz 13; *BAG* 13.6.1996 EzA § 9 MuSchG nF Nr. 34 m. Anm. *Winterfeld*; *LAG Düsseld*. 20.3.1953 AP 53 Nr. 186 mit Anm. *Endemann*). Tritt die Schwangerschaft erst während der Kündigungsfrist ein, so gilt das Kündigungsverbot nicht (ebenso ErfK-*Schlachter* Rz 5). Zur Ermittlung des **Schwangerschaftsbeginns** – dafür ist die Arbeitnehmerin **darlegungs- und beweispflichtig** (*Buchner/Becker* Rz 8 mwN) – vgl. Rz 64.

29 Schwangerschaft iSd § 9 MuSchG liegt vor in der **Zeit von der Nidation** (Einnistung der befruchteten Eizelle in die Gebärmutter; ebenso *Buchner/Becker* § 1 MuSchG Rz 124 unter Hinweis auf die aktuellen

medizinischen Erkenntnisse; vgl. *LAG Nds.* 12.5.1997 NZA-RR 1997, 461; **aA** *Etzel* KR 6. Aufl., § 9 MuSchG Rz 29; KDZ-*Zwanziger* Rz 14: Befruchtung [Konzeption]) – dann auch aufgrund **künstlicher Befruchtung** (*Zmarzlik/Zipperer/Viethen/Vieß* § 9 MuSchG Rz 12) – bis zur Entbindung (s.u. Rz 31), einer **Fehlgeburt** (s.u. Rz 31) oder einem **Schwangerschaftsabbruch** gem. § 218 StGB (s.u. Rz 32). Auch eine **Bauchhöhlenschwangerschaft** oder eine sonstige **extrauterine Gravidität** reicht aus (*Buchner/Becker* § 1 Rz 124; KDZ-*Zwanziger* Rz 14; *Zmarzlik/Zipperer/Viethen/Vieß* § 3 MuSchG Rz 2; offen gelassen für die Bauchhöhlenschwangerschaft von *BAG* 3.3.1966 ArbuR 1966, 153).

Es ist natürlich unerheblich ist, ob die Schwangere verheiratet ist (*BVerfG* 26.8.1970 AP Nr. 32 zu § 9 MuSchG). Das Kündigungsverbot gilt, was heute allenfalls zur Klarstellung noch der Erwähnung bedarf, auch für ledige, geschiedene oder verwitwete Frauen. 30

b) Entbindung

Der besondere Kündigungsschutz besteht nur dann über den Zeitraum der Schwangerschaft für weitere vier Monate fort (Berechnung nach §§ 187 Abs. 1, 188 Abs. 2 BGB), wenn die Schwangerschaft zur Entbindung geführt hat (*LAG Köln* 21.1.2000 NZA-RR 2001, 303; *LAG Hmb.* 26.11.2003 NZA-RR 2005, 72) – dazu muss sich das Kind bereits zu einem Stadium entwickelt haben, in dem es zu einem selbständigen Leben grundsätzlich fähig ist (*BAG* 15.12.2005 EzA § 9 MuSchG nF Nr. 41 = FA 2006, 60). Das Merkmal **Entbindung** erfasst damit **jede Lebendgeburt,** auch **Frühgeburten** (vgl. zum Begriff der Frühgeburt auch *LSG Nds.* 3.3.1987 NZA 1987, 544). Eine Entbindung liegt gleichfalls im Falle einer **Totgeburt vor,** so dass trotz der Totgeburt der Kündigungsschutz erhalten bleibt (ErfK-*Schlachter* Rz 5; *Gröninger/Thomas* § 9 Rz 11; KDZ-*Zwanziger* Rz 15; *Meisel/Sowka* § 6 MuSchG Rz 2). Diese liegt vor, wenn das Gewicht der Leibesfrucht mindestens 500 Gramm beträgt, aber bei dem Kind nach der Scheidung vom Mutterleib weder das Herz geschlagen noch die Nabelschnur pulsiert oder die natürliche Lungenatmung eingesetzt hat (§ 29 Abs. 2 der PSt-AusführungsVO – dazu näher unten zur Fehlgeburt). Von der Totgeburt zu unterscheiden ist die Fehlgeburt. Führt die Schwangerschaft nämlich zu einer **Fehlgeburt,** so liegt keine Entbindung iSd § 9 MuSchG vor und der besondere Kündigungsschutz nach der Entbindung kann nicht eingreifen (*BAG* 16.2.1973 EzA § 9 MuSchG nF Nr. 14; *Buchner/Becker* § 1 MuSchG Rz 138 ff., in Rz 140 mit ausführlicher Auseinandersetzung mit den Gegenstimmen; *Gröninger/Thomas* Rz 11; *Meisel/Sowka* § 6 MuSchG Rz 2a; **aA** KDZ-*Zwanziger* Rz 15; *Schwerdtner* JZ 1974, 480 sowie *E. Wolf* AP Nr. 2 zu § 9 MuSchG 1968). Das *BAG* (16.2.1973 aaO) rechtfertigt de lege lata zutreffend diese Differenzierung unter Hinweis auf den Zweck des besonderen Kündigungsschutzes, mögliche Konflikte der erwerbstätigen Mutter zwischen ihren mutterschaftlichen Aufgaben und ihren Bindungen aus der Erwerbstätigkeit durch die Schaffung eines verstärkten Arbeitsplatzschutzes auszugleichen. De lege ferenda sollte man freilich über eine Erweiterung des § 9 MuSchG auf diese Fälle nachdenken. Maßgebend für das **Vorliegen der Fehlgeburt** ist in Anlehnung an die Praxis bei § 21 PStG (zuletzt geändert durch Art. 14 des Gesetzes v. 21.8.2002 BGBl. I S. 3322) die in § 29 Abs. 3 PStG-AusführungsVO (zuletzt geändert durch Art. 12 Nr. 2 des Gesetzes v. 30.7.2004 BGBl. I S. 1950) enthaltene Begriffsbestimmung (zum Zurückgreifen auf die PStG-AusführungsVO auch *BAG* 15.12.2005 EzA § 9 MuSchG nF Nr. 41 = FA 2006, 60). Danach liegt eine Fehlgeburt vor, wenn das Gewicht der Leibesfrucht bei der Geburt weniger als 500 Gramm beträgt und nach der Scheidung vom Mutterleib weder das Herz geschlagen noch die Nabelschnur pulsiert oder die natürliche Lungenatmung eingesetzt hatte. Ist hingegen eine dieser Voraussetzungen erfüllt, so liegt keine Fehlgeburt vor (zur Totgeburt schon oben), und der besondere Kündigungsschutz kann eingreifen. Dementsprechend geht das BAG bei einem Geburtsgewicht von 600 Gramm grds. davon aus, dass das Kind zu einem selbständigen Leben fähig ist (*BAG* 15.12.2005 EzA § 9 MuSchG nF Nr. 41 = FA 2006, 60). 31

Stirbt das **Kind** nach der Entbindung, so bleibt der besondere mutterschutzrechtliche Kündigungsschutz bestehen (*Gröninger/Thomas* aaO). Dasselbe gilt bei einer **Freigabe zur Adoption** (ErfK-*Schlachter* Rz 5; KDZ-*Zwanziger* Rz 15) Tritt innerhalb der viermonatigen Schutzfrist nach der Entbindung eine **erneute Schwangerschaft** ein, so dauert der besondere Kündigungsschutz fort. Es kann in keiner dieser Fallgestaltungen als rechtsmissbräuchlich angesehen werden, wenn sich die Frau auf den besonderen Kündigungsschutz beruft (*Gröninger/Thomas* § 9 MuSchG Rz 9; *Meisel/Sowka* § 9 Rz. 102; *Zmarzlik/Zipperer/Viethen/Vieß* § 9 Rz 12 f.). Endet dagegen die Schwangerschaft durch einen **Schwangerschaftsabbruch iSd § 218 StGB,** so endet der besondere Kündigungsschutz damit grds., die Frist von vier Monaten kommt dann nicht zum Tragen (*Buchner/Becker* Rz 18; *Meisel/Sowka* Rz 101; MünchArbR-*Heenen* § 226 Rz 87; **aA** *Heilmann* Rz 28 und § 6 Rz 7). Das Bundesarbeitsgericht weist aber zu Recht darauf hin, dass nicht ein jeder Abbruch einer Schwangerschaft einen Fall des § 218 StGB (Abtreibung) darstellt (*BAG* 15.12.2005 EzA § 9 MuSchG nF Nr. 41 = FA 2006, 60: Fall eines medizinisch indizierten 32 vorzeitigen Abbruchs; möglicherweise etwas distanziert dazu *Gröninger/Thomas* § 9 MuSchG Rz 9). Jedenfalls dann, wenn die Schwangerschaft früher als zum mutmaßlichen Entbindungstermin beendet worden ist, ohne die Lebensfähigkeit der Leibesfrucht zielgerichtet beeinträchtigen zu wollen, und die Voraussetzungen des § 29 Abs. 2 PStG-AusführungsVO (dazu oben in Rz 31 bzgl. der Totgeburt), kann eine Entbindung iSd § 9 Abs. 1 S. 1 MuSchG anzunehmen sein (*BAG* 15.12.2005 EzA § 9 MuSchG nF Nr. 41 = FA 2006, 60).

2. Kenntnis des Arbeitgebers von Schwangerschaft oder Entbindung

a) Kenntnis

33 Neben den objektiven Tatbestandsmerkmalen (Bestehen einer Schwangerschaft bzw. des maßgebenden Zeitraums nach der Entbindung) enthält das gesetzliche Kündigungsverbot des § 9 Abs. 1 S. 1 MuSchG auch subjektive Kriterien. Nur wenn der Arbeitgeber zur Zeit der Kündigung **positive Kenntnis** von der Schwangerschaft oder der Entbindung hat, greift der mutterschutzrechtliche Kündigungsschutz ein. Der positiven Kenntnis zur Zeit der Kündigung hat das Gesetz den Fall gleichgestellt, dass dem Arbeitgeber innerhalb der Frist von zwei Wochen nach Zugang der Kündigung die Schwangerschaft oder Entbindung mitgeteilt wird, erweitert durch die Möglichkeit auch noch späterer Nachholung bei unverschuldeter Fristversäumnis (2. Hs.).

34 Da das Gesetz die »Kenntnis« des Arbeitgebers fordert, ist es nach allg. Ansicht nicht gerechtfertigt, selbst in Fällen einer **grob fahrlässigen Unkenntnis** das Eingreifen des gesetzlichen Kündigungsverbots anzunehmen (vgl. *Buchner/Becker* Rz 98; *Gröninger/Thomas* Rz 13; *KDZ-Zwanziger* Rz 19; *Köst* Rz 12; *Larenz* Anm. AP Nr. 9 zu § 9 MuSchG; *Meisel/Sowka* Rz 83; *LAG Freiburg* 24.9.1953 AP Nr. 154 zu § 9 MuSchG mit Anm. *Bulla*; *LAG Kiel* 19.3.1954 BB 1954, 472; *LAG Düsseld.* 21.7.1964 BB 1964, 1215 = DB 1964, 1416; *LAG BW* 30.11.1967 DB 1968, 624). Nicht ausreichend ist daher eine bloße **Vermutung** des Arbeitgebers (*Buchner/Becker* Rz 98 mwN älterer Rspr.), ebenso nicht bloße Gerüchte (*LAG BW* 30.11.1967 DB 1968, 624). Dem Arbeitgeber obliegt in den Fällen einer nur vermuteten Schwangerschaft oder Entbindung auch keine **Erkundungspflicht** (ebenso etwa *Buchner/Becker* Rz 99 mwN; *Gröninger/Thomas* Rz 15, freilich unter Bejahung einer Pflicht, wenn eine Frage Zweifel unschwer beseitigen kann; *KDZ-Zwanziger* Rz 19; aA ErfK-*Schlachter* Rz 7 für Fälle von Hinweisen aus der Sphäre der Arbeitnehmerin; *Zmarzlik/Zipperer/Viethen/Vieß* Rz 16; s.a. Rz 40 ff.). Die Annahme einer Erkundigungspflicht würde zunächst voraussetzen, dass entgegen allg. Auffassung fahrlässige oder grob fahrlässige Unkenntnis des Arbeitgebers von der Schwangerschaft zum Eingreifen des § 9 MuSchG führte und widerspräche damit dem Erfordernis positiver Kenntnis des Arbeitgebers. Mangels Bestehens einer gesetzlichen Aufklärungspflicht des Arbeitgebers könnte eine entsprechende Nebenpflicht zudem allenfalls aus der allg. Fürsorgepflicht gefolgert werden. Da das Gesetz seinerseits jedoch an eine schuldhaft verspätete Mitteilung den Verlust des besonderen Kündigungsschutzes knüpft, darf diese Rechtsfolge durch die Annahme einer vertraglichen Aufklärungspflicht des Arbeitgebers nicht wieder beseitigt werden (*Meisel/Sowka* Rz 83; *Köst* Rz 13; *LAG BW* 30.11.1967 aaO; *ArbG Köln* 8.4.1968 DB 1968, 1140 = BB 1968, 624).

b) Arbeitgeber

35 Arbeitgeber iSd § 9 Abs. 1 ist dasjenige Rechtssubjekt, in dessen Diensten die Arbeitnehmerin steht. Dabei kann es sich um eine juristische oder natürliche Person oder auch eine gesamthänderische verbundene Personenmehrheit handeln. Da in einem größeren Unternehmen meist eine Vielzahl von Personen beschäftigt ist, denen die Wahrnehmung spezifischer Arbeitgeberfunktionen obliegt, taucht in der Praxis häufig die Frage auf, ob die Kenntnis dieser Personen dem Arbeitgeber zuzurechnen ist. Dogmatisch handelt es sich hierbei um ein Problem der **Wissenszurechnung**, wie es auch bei der Frage der Wahrung der Ausschlussfrist des § 626 Abs. 2 BGB bedeutsam ist (vgl. etwa *BAG* 28.10.1971 EzA § 626 BGB nF Nr. 8). Besteht der Arbeitgeber aus **mehreren Personen** (etwa bei einer Gesellschaft bürgerlichen Rechts), reicht es aus, wenn einer von diesen Kenntnis hat (*KDZ-Zwanziger* Rz 21; *ArbG Marburg* 13.2.1964 DB 1964, 846).

36 Nach allg. Ansicht ist dem Arbeitgeber die Kenntnis jener Personen zuzurechnen, die als **Vertreter oder Beauftragter** des Arbeitgebers verantwortlich sind (*Buchner/Becker* Rz 105; *Gröninger/Thomas* Rz 16; *Zmarzlik/Zipperer/Viethen/Vieß* Rz 18; *BAG* 18.2.1965 AP Nr. 26 zu § 9 MuSchG mit zust. Anm. *Bulla*). Eine Mitteilung muss daher an solche Personen erfolgen, die der Arbeitgeber nach allg. rechtsgeschäftlichen Grundsätzen zur Entgegennahme von Schwangerschaftsmitteilungen ermächtigt hat (*BAG* 20.5.1988 AP Nr. 16 zu § 9 MuSchG 1968: Arbeitgeberanwalt im Prozess über eine schon ausge-

sprochene Kündigung). Eine solche Ermächtigung kann sich auch aus einer entsprechenden betrieblichen Übung ergeben (*LAG Köln* 10.10.1990 LAGE § 9 MuSchG Nr. 12). Bei den sonstigen Vorgesetzten ist idR erforderlich, dass diese mit der Wahrnehmung von Aufgaben im personellen Bereich betraut sind und aufgrund ihrer Dienststellung zum Ausspruch einer Kündigung berechtigt sind (*BAG* 18.2.1965 AP Nr. 26 zu § 9 MuSchG; 30.5.1972 EzA § 174 BGB Nr. 1; 21.12.1961 AP Nr. 1 zu § 37 GmbHG). Auf die Kenntnis von solchen Vorgesetzten im personellen Bereich, die keine Entlassungsbefugnis haben, kann es daher nur ausnahmsweise ankommen. Dies ist namentlich dann der Fall, wenn zwar im Innenverhältnis des Vorgesetzten zum Arbeitgeber eine Entlassungsbefugnis nicht besteht, aber im Außenverhältnis – zB im Hinblick auf eine erteilte Prokura – eine solche Beschränkung nicht wirkt (vgl. zum entsprechenden Fall der Wissenszurechnung gem. § 626 Abs. 2 BGB KR-*Fischermeier* § 626 BGB Rz 344 ff.; KDZ-*Zwanziger* Rz 22 will darauf abstellen, ob die Stellung des Empfängers im Betrieb erwarten lässt, er werde den Kündigungsberechtigten informieren, was so jedoch zu weit geht). Untergeordnete Mitarbeiter der Personalabteilung (zB Schreibkräfte) gehören daher nicht zu dem Kreis der Arbeitgeberrepräsentanten. Eine Wissenszurechnung findet auch dann nicht statt, wenn sich die Vorgesetztenstellung auf den rein arbeitstechnischen Bereich beschränkt (zB Vorarbeiter – vgl. *BAG* 18.2.1965 aaO; *Wenzel* BB 1981, 675). S. aber Rz 39a.

Ob auch der Ehegatte oder sonstige **Familienangehörige** des Arbeitgebers als dessen Repräsentanten 37 angesehen werden können, richtet sich nach den Umständen des Einzelfalles. Bei mitarbeitenden Familienangehörigen dürfte dies idR dann zu bejahen sein, wenn sie spezifische Arbeitgeberfunktionen wahrzunehmen haben (vgl. *LAG Düsseld.* 22.11.1968 EzA § 9 MuSchG nF Nr. 3; *Meisel/Sowka* Rz 86).

Dagegen ist der **Betriebsarzt** nicht als »funktionaler Arbeitgeber« anzusehen; seine Kenntnis kann da- 38 her dem Arbeitgeber nicht zugerechnet werden (für alle: *Buchner/Becker* Rz 105; MünchArbR-*Heenen* § 226 Rz 94). Der Arbeitnehmerin steht es jedoch frei, den Werksarzt von der ärztlichen Schweigepflicht zu entbinden und ihn zu beauftragen, eine bestehende Schwangerschaft oder eine erfolgte Entbindung dem zuständigen Arbeitgeberrepräsentanten weiterzumelden. S. auch Rz 39a und 42.

Die Kenntnis **von betriebsverfassungsrechtlichen Funktionsträgern** (zB von Betriebsrats- oder Per- 39 sonalratsmitgliedern) kann dem Arbeitgeber nur dann zugerechnet werden, wenn diese aufgrund ihrer arbeitsvertraglichen Funktionen zugleich Vorgesetzte im personellen Bereich sind (*BAG* 18.2.1965 aaO; ErfK-*Schlachter* Rz 7).

Ist das Wissen eines Mitteilungsempfängers nach den vorstehenden Grundsätzen dem Arbeitgeber 39a nicht zurechenbar, so können diese Personen allenfalls als **Boten** der Arbeitnehmerin angesehen werden – mit der Maßgabe, dass eine Wissenszurechnung an den Arbeitgeber erst nach erfolgter Weiterleitung anzunehmen ist (vgl. *Wenzel* aaO; *Meisel/Sowka* Rz 87). Unterlässt ein Bote die Mitteilung ganz oder erfolgt die Mitteilung erst mit Verspätung, so ist es eine Frage der Zurechnung des Verschuldens des Boten, ob die Arbeitnehmerin sich noch auf § 9 MuSchG berufen kann (dazu iE Rz 57a).

Bei einem **Betriebsinhaberwechsel** (§ 613a BGB) muss sich der Erwerber die dem bisherigen Betriebs- 39b inhaber bereits vermittelte positive Kenntnis von der Schwangerschaft oder Entbindung zurechnen lassen. Der Eintritt des neuen Arbeitgebers in die Arbeitgeberstellung gem. § 613a BGB bezieht sich auch auf den kündigungsschutzrechtlichen Status der einzelnen Arbeitnehmer und bewirkt einen Eintritt in sich entwickelnde vertragliche Rechtslagen (KR-*Pfeiffer* § 613a BGB Rz 101). Da die Kenntniserlangung von der Schwangerschaft oder der Entbindung zu den konstitutiven Merkmalen des mutterschutzrechtlichen Kündigungsschutzes gehört, würde die Nichtberücksichtigung einer beim vorherigen Betriebsinhaber vorhandenen Kenntnis den kündigungsschutzrechtlichen Status der unter § 9 MuSchG fallenden Arbeitnehmerinnen unzulässig verschlechtern. Es bedarf zum Erhalt der Rechte aus § 9 MuSchG daher keiner Mitteilung gegenüber dem neuen Betriebsinhaber (ebenso etwa *Zmarzlik/Zipperer/Viethen/Vieß* Rz 19; **aA** zB *Buchner/Becker* Rz 106). **Nach einem Betriebsinhaberwechsel** iSd § 613a BGB muss die Arbeitnehmerin, sofern der bisherige Inhaber nicht bereits Kenntnis von der Schwangerschaft oder Entbindung hatte, die Mitteilung gegenüber dem neuen Betriebsinhaber machen (*LAG München* 28.7.1976 ARSt 1977 Nr. 152; KDZ-*Zwanziger* Rz 21). Widerspricht die Arbeitnehmerin dagegen einem Übergang des Arbeitsverhältnisses, so hat die Mitteilung gegenüber dem bisherigen Betriebsinhaber zu erfolgen (ebenso KDZ-*Zwanziger* Rz 21). Unterbleibt die an sich gebotene Unterrichtung der Arbeitnehmerin über den Betriebsübergang (§ 613a Abs. 5 BGB) und ist diese daher über den Zeitpunkt des Übergangs unsicher, muss ihr ein Wahlrecht zur Erklärung gegenüber dem alten Arbeitgeber oder dem Erwerber zustehen (vgl. auch KR-*Pfeiffer* § 613a BGB Rz 109 ff. zum Widerspruchsrecht des § 613a Abs. 6 BGB).

c) Art und Weise der Kenntniserlangung

40 Das Gesetz schreibt eine besondere **Form der Kenntniserlangung** nicht vor. Für das Eingreifen des gesetzlichen Kündigungsverbotes ist es daher rechtlich **unerheblich,** auf welche Art und Weise der Arbeitgeber von der Schwangerschaft oder der erfolgten Entbindung Kenntnis erhält. Insbes. ist es nicht erforderlich, dass die Kenntnis auf einer **Mitteilung der Arbeitnehmerin** beruht. Nach **§ 5 Abs. 1 S. 1 MuSchG** sind werdende Mütter zwar verpflichtet, dem Arbeitgeber ihre Schwangerschaft und den mutmaßlichen Tag der Entbindung mitzuteilen, sobald ihnen ihr Zustand bekannt ist. Eine Verletzung dieser allg. Mitteilungspflicht hat aber keinen Einfluss auf das gesetzliche Kündigungsverbot, sofern der Arbeitgeber aufgrund anderer Erkenntnisquellen sichere Kenntnis von einer bestehenden Schwangerschaft oder einer erfolgten Entbindung hat.

41 Als eine derartige Erkenntnisquelle kommen insbes. **eigene Wahrnehmungen** des Arbeitgebers bzw. seiner Repräsentanten (vgl. hierzu Rz 36) in Betracht. Wegen des Erfordernisses der positiven Kenntnis reichen aber nur solche Wahrnehmungen aus, die ein **sicheres Wissen** über eine bestehende Schwangerschaft oder eine erfolgte Entbindung vermitteln. Beschwerden in der Anfangsphase der Schwangerschaft (zB Erbrechen) sind idR nicht geeignet, da derartige Beschwerden auch andere medizinische Ursachen haben können (zB Magenleiden), je nach den Umständen jedoch vielleicht das äußere Erscheinungsbild der Schwangeren (*Buchner/Becker* Rz 101 mwN), was aber allenfalls mit größter Vorsicht anzunehmen ist (krit. dazu auch *Willikonsky* § 9 MuSchG Rz 27).

42 Die Kenntnis des Arbeitgebers (bzw. seiner Repräsentanten, vgl. hierzu Rz 36), kann auch auf **Mitteilung dritter Personen** beruhen, sofern diese dem Arbeitgeber ein sicheres Wissen über eine bestehende Schwangerschaft oder erfolgte Entbindung vermitteln. Zum Kreis dieser Personen können insbes. die Familienangehörigen der Arbeitnehmerin oder deren Arbeitskollegen, daneben betriebsverfassungsrechtliche Funktionsträger oder der Betriebsarzt (wenn er befugt ist, darüber zu sprechen) gehören. Dabei können die dritten Personen von der Arbeitnehmerin beauftragt sein, sie müssen dies aber nicht. Besteht die Mitteilung lediglich in der Weiterleitung von Gerüchten, so reicht dies zur Annahme einer positiven Kenntnis jedoch nicht aus (*BAG* 3.3.1966 AuR 1966, 153; *LAG Freiburg* 24.9.1953 AP 54 Nr. 154; *LAG BW* 30.11.1967 DB 1968, 624).

43 Auch eine ärztliche **Arbeitsunfähigkeitsbescheinigung** kann dem Arbeitgeber die notwendige positive Kenntnis vermitteln, sofern sich aus ihrem Inhalt das Bestehen einer Schwangerschaft oder eine erfolgte Entbindung eindeutig ergibt (zum Beweiswert einer ärztlichen Schwangerschaftsbescheinigung vgl. *ArbG Kassel* 22.2.1980 BB 1980, 417). Wird die schwangerschaftsbedingte Krankheit jedoch unter Verwendung eines nicht allg. verständlichen medizinischen Fachausdrucks (zB »Hyperemesis gravid.« = Schwangerschaftserbrechen) bezeichnet, so ist die ärztliche Arbeitsunfähigkeitsbescheinigung als solche idR nicht dazu geeignet, dem Arbeitgeber die erforderliche positive Kenntnis zu vermitteln (*Buchner/Becker* Rz 102; *Gröninger/Thomas* Rz 14; *Meisel/Sowka* Rz 84; **aA** KDZ-*Zwanziger* Rz 20). Nach der Ansicht des *BAG* (13.4.1956 AP Nr. 9 zu § 9 MuSchG [mit krit. Anm. *Larenz*]) trifft den Arbeitgeber in diesem Falle eine Erkundigungspflicht mit der Maßgabe, dass er bei fehlender Aufklärung so zu behandeln ist, als habe er von der positiven Kenntnis erlangt (vgl. hierzu zu Recht krit. *Hofmann* BB 1957, 222; *Hueck/Nipperdey* I, S. 730 Anm. 64; *Nikisch* I, S. 816). Hinreichende Kenntnis kann trotz Verwendung eines nicht verständlichen Fachausdrucks allerdings dann begründet werden, wenn die Bescheinigung individuelle Beschäftigungsverbote attestiert, aus welchen der Arbeitgeber zuverlässig auf die Schwangerschaft schließen kann (*Meisel/Sowka* aaO).

d) Maßgeblicher Zeitpunkt

44 Das Gesetz stellt darauf ab, ob dem Arbeitgeber »**zur Zeit der Kündigung** die Schwangerschaft bekannt war«. Das Tatbestandsmerkmal »zur Zeit der Kündigung« ist nicht eindeutig. Es ist insbes. nicht klar ersichtlich, ob der Gesetzgeber mit dieser Formulierung den Zeitpunkt der Abgabe der Kündigungserklärung (so *LAG Düsseld.* 11.5.1979 EzA § 9 MuSchG nF Nr. 19 mit abl. Anm. *Buchner*) oder den Zeitpunkt des Zugangs der Kündigungserklärung kennzeichnen wollte. Eine systematische Auslegung des § 9 Abs. 1 S. 1 MuSchG führt allerdings zu dem Ergebnis, dass der **Zugang der Kündigungserklärung** der maßgebliche Zeitpunkt für die Kenntniserlangung durch den Arbeitgeber ist (KDZ-*Zwanziger* Rz 19). Die nach dem Gesetz mögliche nachträgliche Mitteilung der Schwangerschaft knüpft nämlich an den Zugang der Kündigung an. Erfährt der Arbeitgeber zB nach Abgabe der Kündigungserklärung, aber vor deren Zugang an die Arbeitnehmerin von deren Schwangerschaft, so ist die Kündigung auch ohne Tätigwerden der Schwangeren nach der ersten Alt. des § 9

Abs. 1 S. 1 MuSchG unwirksam (aA *Buchner/Becker* Rz 100; *Gröninger/Thomas* Rz 12; *Meisel/Sowka* Rz 82).

e) Darlegungs- und Beweislast

Die Darlegungs- und Beweislast dafür, dass der Arbeitgeber bzw. dessen Repräsentant (vgl. hierzu Rz 36) von der Schwangerschaft oder der Entbindung Kenntnis erlangt hat, **trägt die Arbeitnehmerin** (*LAG SchlH* 11.12.2001 – 3 Sa 357/01 – zit. nach *Willikonsky* § 9 MuSchG Rz 27; vgl. *BAG* 13.1.1982 EzA § 9 MuSchG nF Nr. 20 zur Frage der Darlegungs- und Beweislast für eine unverschuldete Versäumnis der Zweiwochenfrist des § 9 Abs. 1 S. 1 MuSchG). Dabei ist der Nachweis der positiven Kenntnis erforderlich, und zwar im maßgebenden Zeitpunkt des Zugangs des Kündigungsschreibens (s.o. Rz 44). Nicht ausreichend ist der Nachweis einer vom Arbeitgeber lediglich vermuteten Schwangerschaft oder Entbindung. Da es sich bei der positiven Kenntnis um ein in der Sphäre des Arbeitgebers liegendes subjektives Moment handelt, dürfen aber keine allzu strengen Anforderungen an die Beweisführung der Arbeitnehmerin gestellt werden. Eine Erleichterung in der Beweisführung kann sich uU auch durch die Anwendung der Grundsätze über den Beweis des ersten Anscheins ergeben (ebenso *Buchner/Becker* Rz 107; *Gröninger/Thomas* Rz 17). Gegebenenfalls wird mit der Parteivernehmung zu arbeiten sein. Bei einer für die Arbeitnehmerin nicht erkennbaren Schwerhörigkeit des Arbeitgebers ist diesem die Kenntnisnahme von einer bestehenden Schwangerschaft oder erfolgten Entbindung nach Treu und Glauben zuzurechnen (vgl. *LAG BW* 9.4.1980 DB 1980, 1127). 45

3. Nachträgliche Mitteilung der Schwangerschaft oder der Entbindung nach erfolgter Arbeitgeberkündigung

a) Allgemeines

Das Kündigungsverbot des § 9 Abs. 1 S. 1 MuSchG greift auch dann ein, wenn dem Arbeitgeber bzw. seinen Repräsentanten (s. hierzu Rz 36) die Schwangerschaft oder die erfolgte Entbindung **innerhalb zweier Wochen** nach Zugang der Kündigung mitgeteilt wird. Zur Erhaltung des besonderen Kündigungsschutzes bedarf es lediglich der fristgemäßen Mitteilung, nicht des Nachweises der Schwangerschaft oder Entbindung (*BAG* 6.6.1974 EzA § 9 MuSchG nF Nr. 15). Durch die Möglichkeit einer nachträglichen Mitteilung werden auch solche Frauen in den besonderen Kündigungsschutz einbezogen, die es versäumt haben, ihrer Verpflichtung aus § 5 Abs. 1 S. 1 MuSchG nachzukommen. Danach sollen werdende Mütter dem Arbeitgeber ihre Schwangerschaft und den mutmaßlichen Tag der Entbindung mitteilen, sobald ihnen ihr Zustand bekannt ist. Das gesetzliche Kündigungsverbot des § 9 Abs. 1 S. 1 knüpft somit an zwei Fallkonstellationen an: positive Kenntnis des Arbeitgebers im Zeitpunkt der Kündigung oder Mitteilung an ihn innerhalb zweier Wochen nach Zugang der Kündigung. Zur Rechtslage in den Fällen **unverschuldeter Unkenntnis** einer Schwangerschaft s.u. Rz 56. Zum **Betriebsinhaberwechsel** iSd § 613a BGB s. Rz 39b. 46

b) Rechtsnatur der Mitteilung

Bei der in § 9 Abs. 1 S. 1 MuSchG geregelten Mitteilung handelt es sich um eine **Obliegenheit,** deren Einhaltung nicht erzwingbar ist, deren schuldhafte Verletzung aber den Verlust des besonderen Kündigungsschutzes nach sich zieht (*BAG* 15.11.1990 EzA § 9 MuSchG nF Nr. 28; ansonsten für alle *MünchArbR-Heenen* § 226 Rz 90). Ihrer Rechtsnatur nach stellt sie eine **geschäftsähnliche Handlung** dar, weil die Rechtsfolgen (Eintritt des Kündigungsverbots und damit verbunden die zeitweilige Sperre des Kündigungsrechts) kraft Gesetzes eintreten. Die für empfangsbedürftige Willenserklärungen geltenden Grundsätze sind aber entsprechend anzuwenden (*BAG* 15.11.1990 EzA § 9 MuSchG nF Nr. 28; 13.4.1956 AP Nr. 9 zu § 9 MuSchG; *Buchner/Becker* Rz 110). Hierbei handelt es sich insbes. um die Vorschriften über die Geschäftsfähigkeit (§§ 104 ff. BGB), die Willensmängel (§§ 116–124 BGB), das Wirksamwerden von Willenserklärungen (§§ 130–132 BGB – es gelten die üblichen Grundsätze bzgl. des Zugangs; s.a. Rz 49), die Vertretung (§§ 164 ff. BGB) und die Zustimmung (§§ 182–184 BGB). Zum Ganzen *BGH* 6.12.1988 BGHZ 106, 163. 47

c) Inhalt der Mitteilung

Nach dem Wortlaut des § 9 MuSchG muss die Mitteilung, die keiner speziellen **Form** bedarf (s.u. Rz 51), »die Schwangerschaft oder Entbindung« zum Gegenstand haben. Hierfür genügt es, wenn hinreichend deutlich zum Ausdruck kommt, dass eine **Schwangerschaft besteht oder** eine **Entbindung** 48 erfolgt ist. Zwar kommt es darauf an, ob die **Schwangerschaft bei Kündigungszugang** bereits bestand, und die Mitteilung muss entsprechend auszulegen sein; wegen des engen zeitlichen Zusammenhangs wird dies jedoch regelmäßig anzunehmen sein (*Buchner/Becker* Rz 113; ErfK-*Schlachter* Rz 8; vgl. auch *BAG* 15.11.1990 EzA § 9 MuSchG nF Nr. 28; s.a. Rz. 48b). Aus der Mitteilung muss nicht hervorgehen, dass sich die Arbeitnehmerin **auf den besonderen Kündigungsschutz beruft** (vgl. auch *BAG* 15.11.1990 EzA § 9 MuSchG nF Nr. 28; *Zmarzlik/Zipperer/Viethen/Vieß* § 9 Rz 26; **aA** *Gröninger/Thomas* Rz 20: es muss klar sein, dass die Arbeitnehmerin den Kündigungsschutz für sich in Anspruch nimmt; *LAG Köln* 28.3.1990 NZA 1990, 746; *LAG Hamm* 11.2.1958 DB 1958, 988; *ArbG Mannheim* 23.3.1955 ARSt Bd. XV Nr. 687). Der besondere Kündigungsschutz des § 9 MuSchG greift nämlich kraft Gesetzes ein. Daher bedarf es keiner auf diese Rechtsfolge hin geäußerten Willenskundgabe der Arbeitnehmerin (wie hier auch: *ArbG Münster* 7.7.1959 BB 1959, 1103). Über das Vorliegen der Schwangerschaft oder Entbindung hinaus enthält die zweite Alt. des § 9 Abs. 1 S. 1 keine Konkretisierung des Mitteilungsinhalts. Hinzunehmen sind im Interesse der Effektivität des Mutterschutzes solche Beeinträchtigungen der Rechtssicherheit des Arbeitgebers, die sich nach der besonderen Ungewissheitslage, wie sie für beginnende Schwangerschaften typisch ist, nicht vermeiden lassen. Daher braucht die Mitteilung nicht so beschaffen zu sein, dass sie dem Arbeitgeber bereits eine sichere Kenntnis von der Schwangerschaft vermittelt (vgl. *BAG* 5.5.1961 EzA § 9 MuSchG aF Nr. 1; 19.12.1968 EzA § 9 MuSchG nF Nr. 6; 6.6.1974 EzA § 9 MuSchG nF Nr. 15). Es reicht mithin aus, wenn die Arbeitnehmerin dem Arbeitgeber innerhalb der Zweiwochenfrist des § 9 Abs. 1 S. 1, 1. Hs., 2. Alt. MuSchG ohne sofortigen Nachweis eine dem Arbeitgeber noch nicht bekannte Schwangerschaft anzeigt oder ihm mitteilt, sie sei zum Zeitpunkt der Kündigung vermutlich schwanger gewesen – anders nach § 9 Abs. 1 S. 1, 1. Hs. 1. Alt. MuSchG (dazu s.o. Rz 33). Zur Erhaltung des besonderen Kündigungsschutzes genügt auch eine **nur vorsorgliche Mitteilung** der Arbeitnehmerin, eine **Schwangerschaft sei wahrscheinlich oder werde vermutet** (*BAG* 6.6.1974 EzA § 9 MuSchG nF Nr. 15; *Buchner/Becker* Rz 113; KDZ-*Zwanziger* Rz 24; nunmehr auch *Gröninger/Thomas* Rz 29). Dies gilt jedoch dann nicht, wenn die Arbeitnehmerin nach der Mitteilung der Schwangerschaftsvermutung später auf Befragen dem Arbeitgeber nach einem Arztbesuch erklärt, sie sei doch nicht schwanger – auch dann nicht, wenn sich nachträglich das Bestehen einer Schwangerschaft herausstellt (*LAG Hamm* 20.12.1974 – 3 Sa 881/84 – ARSt 1976, 112).

48a An der Erleichterung der Mitteilung durch Ausreichenlassen der Mitteilung einer bloßen Schwangerschaftsvermutung hat sich weder durch die Rspr. des BVerfG noch durch die ausdrückliche Aufnahme des Verschuldenserfordernisses in § 9 Abs. 1 S. 1 MuSchG etwas geändert (*Buchner/Becker* Rz 146; *Gröninger/Thomas* Rz 30; **aA** *Meisel/Sowka* Rz 96; *Wenzel* BB 1981, 676). Das *BVerfG* hat zwar in seiner Entscheidung vom 13.11.1979 (EzA § 9 MuSchG nF Nr. 17) darauf hingewiesen, dass sich die vom *BAG* (6.6.1974 EzA § 9 MuSchG nF Nr. 15) entwickelte Möglichkeit zur Erhaltung des besonderen Kündigungsschutzes durch Mitteilung der bloßen Schwangerschaftsvermutung nicht aus dem Gesetz selbst ergebe, was zur Folge habe, dass die unterlassene fristgemäße Mitteilung einer Schwangerschaftsvermutung oder -wahrscheinlichkeit der Arbeitnehmerin nicht als schuldhaft angelastet werden könne. Entgegen der Ansicht von *Wenzel* (BB 1981, 676) ist aber damit die Rspr. des *BAG* (6.6.1974 EzA § 9 MuSchG nF Nr. 15) über das Ausreichen der bloßen Mitteilung einer Schwangerschaftsvermutung keineswegs gegenstandslos geworden. In den Fällen, in denen eine Arbeitnehmerin ihre vermutete Schwangerschaft zwar fristgemäß mitteilt, es aber versäumt, ihre positive Kenntnis von einer bestehenden Schwangerschaft unverzüglich nach Kenntniserlangung ihrem Arbeitgeber mitzuteilen, bleibt die bisherige Rspr. des *BAG* (6.6.1974 EzA § 9 MuSchG nF Nr. 15) von Bedeutung. Stellt sich später heraus, dass die vorsorgliche Mitteilung einer Schwangerschaftsvermutung zu Recht erfolgt ist, so ist eine gleichwohl erklärte Kündigung nach § 9 Abs. 1 MuSchG unwirksam. Erweist sich die Schwangerschaftsvermutung als unzutreffend, so verstößt eine Kündigung nicht gegen § 9 Abs. 1 MuSchG (*Gröninger/Thomas* Rz 31). Die Arbeitnehmerin kann die Kündigung aber aus anderen Gründen (zB § 85 SGB IX, § 1 Abs. 2 KSchG, § 102 BetrVG) angreifen.

48b Ansonsten sind **Unklarheiten allerdings möglichst zu vermeiden.** Daher muss die nachträgliche Mitteilung so beschaffen sein, dass der Arbeitgeber ihr entnehmen kann, dass die tatsächliche oder vermutete Schwangerschaft **zum Zeitpunkt der Kündigung bereits vorlag.** Denn lediglich eine solche Mitteilung kann den mutterschutzrechtlichen Kündigungsschutz auslösen (*BAG* 15.11.1990 EzA § 9 MuSchG nF Nr. 28). Eine solchermaßen zeitlich konkretisierte Mitteilung setzt allerdings nicht notwendig eine ausdrückliche Zeitangabe voraus. Teilt nämlich die Arbeitnehmerin ausdrücklich nur mit, dass sie schwanger ist, kann die **Auslegung dieser Mitteilung** ergeben, dass ihr der stillschweigende Inhalt beizumessen ist, dass die Arbeitnehmerin schon zum Zeitpunkt der Kündigung schwanger war (§§ 133, 157 BGB). Das *BAG* (15.11.1990 EzA § 9 MuSchG nF Nr. 28 [zu II 4d bb der Gründe]) hat insofern insbes. den engen zeitlichen Zusammenhang zwischen Kündigung und Mitteilung als Auslegungsindiz in diesem Sinne ausreichen lassen; fehle er, könne der betrieblich-»offizielle« Charakter der Mitteilung eine dahingehende Auslegung begründen. Demgegenüber seien Mitteilungen anlässlich gesellschaftlich-privater Kontakte oder persönlich-inoffizieller Gespräche regelmäßig nicht in dem Sinne zu verstehen, dass sich die Mitteilung auf den Zeitpunkt der Kündigung beziehe. Für eine darüber hinausgehende Frageobliegenheit des Arbeitgebers, etwaige Unklarheiten der Mitteilung aufzuklären (dafür *Kittner* Anm. BAG EzA § 9 MuSchG nF Nr. 28), besteht keine Grundlage, weil es bei Mitteilungen in persönlich-inoffiziellen Gesprächen für den Arbeitgeber regelmäßig hierzu keinen Anlass gibt (s.a. Rz 34).

Als Mitteilung iSd § 9 Abs. 1 kann auch die **Vorlage einer Bescheinigung eines Arztes oder einer Hebamme** über eine bestehende Schwangerschaft oder eine erfolgte Entbindung angesehen werden, sofern sich hieraus mit der notwendigen Eindeutigkeit und Verständlichkeit (s.o. Rz 43) ergibt, dass eine Schwangerschaft besteht oder eine Entbindung erfolgt ist. Bei einem entsprechenden objektiven Erklärungswert der Bescheinigung (vgl. hierzu BAG 13.4.1956 AP Nr. 9 zu § 9 MuSchG) muss der Arbeitgeber sie auch dann gegen sich gelten lassen, wenn er von ihrem Inhalt keine oder nur eine unvollständige Kenntnis genommen hat, sofern sie fristgemäß in seinen Machtbereich gelangt ist (so zutr. *Larenz* Anm. BAG AP Nr. 9 zu § 9 MuSchG; krit. *Wenzel* BB 1981, 675). 49

Auch vertrauliche Mitteilungen führen zur Erhaltung des besonderen Kündigungsschutzes, da hierin nur der Wunsch der Arbeitnehmerin zu sehen ist, eine bestehende Schwangerschaft oder eine erfolgte Entbindung Dritten nicht bekannt zu machen (vgl. *Buchner/Becker* Rz 114; LAG Mannheim 9.4.1952 AP 53 Nr. 33 mit Anm. *Bulla*; LAG Düsseld. 16.6.1953 DB 1953, 868). 50

d) Form der Mitteilung

Eine besondere Form ist für die Mitteilung **nicht vorgeschrieben** (*Buchner/Becker* Rz 114 mwN). Es genügt daher jede mündliche, fernmündliche, telegrafische oder schriftliche Anzeige an den Arbeitgeber über eine (vermutlich) bestehende Schwangerschaft oder eine erfolgte Entbindung. Die Mitteilung kann auch in prozessualen Akten enthalten sein (zB in einer innerhalb der zweiwöchigen Ausschlussfrist zugestellten Klageschrift, vgl. LAG Mannheim 9.4.1952 AP 53 Nr. 33; ArbG Hmb. 11.5.1960 ARSt Bd. XXIV Nr. 306). Nach der Ansicht des *BAG* (27.10.1983 EzA § 9 MuSchG nF Nr. 24) liegt eine schuldhafte Verzögerung der Mitteilung nicht bereits darin, dass die Arbeitnehmerin alsbald nach Kenntnis von der Schwangerschaft einen Prozessbevollmächtigten mit der Klageerhebung gegen die bis dahin nicht angegriffene Kündigung beauftragt und die Schwangerschaft nur in der Klageschrift mitteilt. Zur Frage der Zurechenbarkeit des Verschuldens des Prozessbevollmächtigten bei einer Verzögerung der Mitteilung Rz 57b. 51

e) Mitteilung durch Dritte

Es ist **nicht erforderlich,** dass die **Arbeitnehmerin persönlich** die Mitteilung vornimmt. Die Mitteilung kann vielmehr auch durch Dritte (zB durch gesetzliche oder rechtsgeschäftliche Vertreter, durch Familienangehörige oder Arbeitskollegen) erfolgen. Entgegen der Ansicht von *Köst* (s.o. Rz 12) kann die Mitteilung auch seitens solcher Personen wirksam vorgenommen werden, die nicht ausdrücklich von der Arbeitnehmerin hierzu **beauftragt** worden sind (ebenso *Buchner/Becker* Rz 115). Nach der Ausgestaltung des Gesetzes handelt es sich nämlich bei der Mitteilung iSd § 9 Abs. 1 S. 1 MuSchG nicht um eine Verpflichtung der Arbeitnehmerin gegenüber dem Arbeitgeber (ebenso BAG 6.10.1983 EzA § 9 MuSchG nF Nr. 23; 27.10.1983 EzA § 9 MuSchG nF Nr. 24). Es liegt vielmehr eine Verpflichtung gegen sich selbst vor (BAG aaO; 26.9.2002 EzA § 9 MuSchG Nr. 38), also eine bloße Obliegenheit (s.o. Rz 47, auch Rz 57). Wohl überwiegend wird angenommen, aus der Mitteilung müsse der **Zusammenhang mit dem Kündigungsschutz gem. § 9 MuSchG** und der ausgesprochenen Kündigung deutlich werden (so etwa *Gröninger/Thomas* Rz 20; *Zmarzlik/Zipperer/Viethen/Vieß* Rz 22, LAG Hamm 11.2.1958 DB 1968, 988). In der Konsequenz der Ausführungen oben (Rz 48) ist dem nicht zu folgen. Es reicht aus, wenn die Mitteilung als solche hinreichend klar ist (*Buchner/Becker* Rz 115; ArbG Münster 7.7.1959 DB 1959, 1103). 52

f) Adressatenkreis

Die nachträgliche Mitteilung hat gegenüber dem Arbeitgeber zu erfolgen. Sie ist zweckmäßigerweise unter Verwendung der Firmenadresse vorzunehmen, kann aber wirksam auch dem Arbeitgeber unter 53 dessen Privatanschrift zugehen (*ArbG Hmb.* 11.5.1956 ARSt Bd. XVI Nr. 407). Bei mehreren Firmeninhabern genügt es, wenn die Mitteilung nur an einen der Inhaber erfolgt (*ArbG Marburg* 13.2.1964 DB 1964, 846). Da es sich bei der Mitteilung um eine geschäftsähnliche Handlung handelt (s. hierzu Rz 47), finden die Bestimmungen über die Vertretung (§§ 164 ff. BGB) entsprechend Anwendung. Zum Empfängerkreis der Mitteilung gehören insbes. diejenigen Vertreter und Beauftragte des Arbeitgebers, denen im personellen Bereich Weisungsbefugnisse zustehen (s. iE Rz 36). Der fristgemäße Zugang der Mitteilung an einen dieser Arbeitgeberrepräsentanten wirkt fristwahrend, dh der besondere Kündigungsschutz greift auch dann ein, wenn die Weiterleitung der Mitteilung an den Arbeitgeber entweder überhaupt nicht oder erst nach Ablauf der Zweiwochenfrist erfolgt (vgl. hierzu *LAG Mannheim* 9.4.1952 AP 53 Nr. 33; *LAG Düsseld.* 16.6.1953 DB 1953, 868; *LAG Freiburg* 24.9.1953 ARSt Bd. XI Nr. 461; *LAG Düsseld.* 22.11.1968 DB 1968, 2287). Eine Mitteilung gegenüber solchen Personen, die nicht zu dem Kreis der empfangsberechtigten Arbeitgeberrepräsentanten gehören (s. dazu Rz 36–39), begründet hingegen nur dann den besonderen Kündigungsschutz, wenn eine Weiterleitung der Mitteilung innerhalb der Zweiwochenfrist an den Arbeitgeber bzw. einen zuständigen Arbeitgeberrepräsentanten erfolgt. Zur Rechtslage in den Fällen einer unverschuldeten Unkenntnis von einer bestehenden Schwangerschaft s.u. Rz 56.

g) Mitteilungsfrist

54 Die zweiwöchige Dauer der Mitteilungsfrist verfolgt den **Zweck,** auch denjenigen Arbeitnehmerinnen eine Verbesserung ihres kündigungsrechtlichen Status zu verschaffen, denen ihre Schwangerschaft beim Zugang der Kündigung unbekannt ist.

55 Bei der Zweiwochenfrist des § 9 Abs. 1 S. 1 MuSchG handelt es sich um eine **materiell-rechtliche Ausschlussfrist** (vgl. *BAG* 19.12.1968 EzA § 9 MuSchG nF Nr. 6; 6.6.1974 EzA § 9 MuSchG nF Nr. 15; KDZ-*Zwanziger* Rz 25). Die Versäumung der Zweiwochenfrist führt aber nur dann zum Verlust des mutterschutzrechtlichen Kündigungsschutzes, und zwar ohne die Möglichkeit der Wiedereinsetzung in den vorigen Stand (*LAG Brem.* 5.1.1968 DB 1968, 492), wenn die Arbeitnehmerin schuldhaft die Mitteilungsfrist versäumt. Nach der Ansicht des BVerfG ist es verfassungsrechtlich nicht zu beanstanden, dass die schwangere Arbeitnehmerin den Kündigungsschutz jedenfalls dann verliert, wenn sie trotz Kenntnis der Schwangerschaft die Mitteilungsfrist schuldhaft versäumt (*BVerfG* 25.1.1972 AP Nr. 1 zu § 9 MuSchG 1968). Offen gelassen hatte das *BVerfG* (aaO) zunächst die Frage, ob auch in den Fällen einer unverschuldeten Unkenntnis der Schwangerschaft oder des gesetzlichen Kündigungsverbotes keine verfassungsrechtlichen Bedenken gegen das Eingreifen der Zweiwochenfrist bestehen. Nach der ursprünglichen Ansicht des *BAG* (19.12.1968 aaO) sollte die materiell-rechtliche Ausschlussfrist des § 9 Abs. 1 MuSchG unabhängig vom Verschulden eingreifen, und zwar auch bei unverschuldeter Nichtkenntnis von dem Bestehen des gesetzlichen Kündigungsverbotes. Das *BAG* (19.12.1968 aaO) hatte lediglich offen gelassen, ob für den Fall der höheren Gewalt eine Ausnahme von der starren Fristenregelung zu machen ist (zum Verschulden s.u. Rz 56).

55a Für den **Beginn** der zweiwöchigen Mitteilungsfrist stellt das Gesetz auf den **Zugang der Kündigung** ab. Es gelten insoweit die allg. Grundsätze über den Zugang von Kündigungserklärungen (vgl. KR-*Friedrich* § 4 KSchG Rz 100 ff.). Vor Zugang der Kündigung besteht daher keine Obliegenheit zur Anzeige, eine solche folgt insbes. auch nicht aus § 5 Abs. 1 MuSchG (*BAG* 13.6.1996 EzA § 9 MuSchG nF Nr. 34 mit krit. Anm. *Winterfeld*). Die **Bestimmung des Endes** der Zweiwochenfrist richtet sich nach den **§§ 187, 188, 193 BGB**. Geht die Kündigung – wie regelmäßig – im Laufe eines Tages zu, so kommen §§ 187 Abs. 1, 188 Abs. 2 Fall 1 BGB zur Anwendung. Bei einer bspw. im Laufe eines Dienstags zugegangenen Kündigung muss die Mitteilung bis zum Ablauf des übernächsten Dienstags dem Arbeitgeber bzw. einem für die Empfangnahme zuständigen Arbeitgeberrepräsentanten (vgl. hierzu Rz 53 u. 36) zugegangen sein. Die bloße **Absendung** innerhalb der Zweiwochenfrist genügt daher nicht (*Buchner/Becker* Rz 126; *Gröninger/Thomas* Rz 21; *Meisel/Sowka* Rz 98a). Demgegenüber ist die rechtzeitige Absendung trotz verzögerten Zugangs ausreichend, wenn unverschuldete Verzögerungen eintreten – dies ergibt sich dann aber über § 9 Abs. 1 S.1, 2. Hs. MuSchG (s.u. Rz 57 ff.). Da die nachträgliche Mitteilung eine geschäftsähnliche Handlung darstellt (s.o. Rz 47), gelten die Bestimmungen über das Wirksamwerden von Willenserklärungen (§§ 130-132 BGB) entsprechend. Die Grundsätze über die Zugangsvereitelung finden ebenfalls entsprechend Anwendung (vgl. hierzu *BAG* 15.11.1962 EzA § 130 BGB Nr. 2; 4.3.1965 AP Nr. 5 zu § 130 BGB). In den Fällen einer unverschuldeten Unkenntnis einer bestehenden Schwangerschaft kann sich die Arbeitnehmerin auch noch nach Ablauf der zweiwöchigen Ausschlussfrist des § 9 Abs. 1 MuSchG auf den besonderen Kündigungsschutz berufen, sofern sie die

Mitteilung unverzüglich, dh ohne schuldhaftes Zögern, nachholt (§ 9 Abs. 1 S. 1, 2. Hs. MuSchG; dazu näher Rz 56 ff.).

h) Verschulden

Die Versäumung der Zweiwochenfrist für die nachträgliche Mitteilung führt nur dann zum Verlust des mutterschutzrechtlichen Kündigungsschutzes, wenn sie auf Verschulden beruht oder wenn die Arbeitnehmerin die Mitteilung nicht unverzüglich, also ohne schuldhaftes Zögern, nachholt. Diese durch Gesetz vom 3.7.1992 (BGBl. I S. 1191) eingefügte Einschränkung der Folgen der Fristversäumung erklärt sich aus den in der **verfassungsgerichtlichen Rechtsprechung** entwickelten Anforderungen an den Mutterschutz, deren Prinzipien für das Verständnis der Ratio des Gesetzes und den Umfang der verfassungsrechtlichen Absicherung seines Inhalts auch heute noch relevant sind: Aufgrund von Vorlagebeschlüssen der *ArbG Oldenburg, Düsseld.* und *Hannover* hatte das *BVerfG* mit Beschluss v. 13.11.1979 (EzA § 9 MuSchG nF Nr. 17) entschieden, es sei mit **Art. 6 Abs. 4 GG** unvereinbar, den besonderen Kündigungsschutz des § 9 Abs. 1 MuSchG Arbeitnehmerinnen zu entziehen, die im Zeitpunkt der Kündigung schwanger seien, ihren Arbeitgeber hierüber unverschuldet nicht innerhalb der **Zweiwochenfrist des § 9 Abs. 1 MuSchG** unterrichteten, dies aber **unverzüglich nachholten**. In den zugrunde liegenden Ausgangsstreitigkeiten war es stets um Fälle einer unverschuldeten Unkenntnis einer bestehenden Schwangerschaft gegangen, und zwar bis zum Ablauf der Mitteilungsfrist. Das *BVerfG* (13.11.1979 EzA § 9 MuSchG nF Nr. 17; bestätigend *BVerfG* 22.10.1980 AP Nr. 8 zu § 9 MuSchG 1968; 14.7.1981 DB 1981, 1939) begründete die Verfassungswidrigkeit der vom Gesetzgeber als echte Ausschlussfrist – ursprünglich – ohne Wiedereinsetzungsmöglichkeit geschaffenen Regelungen damit, dass selbst im allg. Kündigungsschutzrecht der Arbeitgeber wegen der in § 5 KSchG vorgesehenen Möglichkeit der nachträglichen Klagezulassung Beeinträchtigungen der Rechtssicherheit und Rechtsklarheit hinnehmen müsse. Wegen des verfassungsrechtlich gewährten verstärkten Schutzes der werdenden Mutter (Art. 6 Abs. 4 GG) sei es geboten, auch im Bereich des besonderen Kündigungsschutzes eine entsprechende Einschränkung der Arbeitgeberinteressen vorzunehmen. Es komme hinzu, dass es sich bei den in Frage stehenden Fällen nur um eine ganz geringe Anzahl handele, da im Normalfall dem Arbeitgeber die Schwangerschaft nach § 5 MuSchG bekannt werde.

Nicht zu entscheiden brauchte das BVerfG die ihm zunächst vorgelegte Frage, ob es mit dem Grundgesetz vereinbar ist, dass eine schwangere Arbeitnehmerin den Kündigungsschutz des § 9 MuSchG verliert, wenn sie innerhalb der Mitteilungsfrist Kenntnis von ihrer Schwangerschaft erhält und dem Arbeitgeber hiervon unverschuldet keine Mitteilung machen kann, die **Anzeige** an den Arbeitgeber aber **nach Fristablauf unverzüglich** nachholt (vgl. hierzu *ArbG Köln* Vorlagebeschl. 8.10.1981 DB 1982, 441 sowie *Wenzel* BB 1981, 675). Der Vorlagebeschluss ist zwar durch das BVerfG wegen einer vergleichsweisen Regelung im Ausgangsrechtsstreit für gegenstandslos erklärt worden (1 BvL 29/81). Indessen ergibt sich die zutreffende Antwort bereits aus dem mit Verfassungsrang versehenen und nunmehr vom Gesetz zugrunde gelegten Verschuldensprinzip selbst: **Zweck der Frist** ist die Verschaffung eines ausreichenden zeitlichen Handlungsspielraums, innerhalb dessen eine nachträgliche Mitteilung idR möglich sein soll (zust. *BAG* 13.6.1996 EzA § 9 MuSchG nF Nr. 34 mit krit. Anm. *Winterfeld; Buchner/ Becker* Rz 136). Wie auch bei prozessualen Fristen steht es demnach der Arbeitnehmerin zu, diese bis zuletzt auszuschöpfen. Wird die schwangere Arbeitnehmerin vor Fristablauf durch von ihr zu vertretende Umstände (zB Unglücksfälle, schwere Erkrankungen, Auslandsaufenthalte) schuldlos daran gehindert, ihre Kenntnis von ihrer Schwangerschaft dem Arbeitgeber vor Fristablauf bekannt zu geben, so darf richtigerweise von vornherein das nach dem Wortlaut der Vorschrift ausschlaggebende Verschulden nicht angenommen werden. Eine teleologische Reduktion der Vorschrift ist demgegenüber ausgeschlossen und lässt sich auch nicht damit begründen, dass das Verschuldenserfordernis lediglich die Anforderungen der Entscheidung des *BVerfG* v. 13.11.1979 habe umsetzen wollen (**aA** *Winterfeld* aaO), da das BVerfG zu dem hier in Rede stehenden Fall gerade keine Stellung genommen hat. Jede andere Handhabung würde zudem die Frist ihrer Funktion, für die Arbeitnehmerin **verlässliche Grundlage** zu sein, entkleiden. Die Nachholmöglichkeit besteht demnach selbst dann, wenn die Arbeitnehmerin bereits bei Zugang der Kündigung einige Zeit Kenntnis von der Schwangerschaft hat und erst nach Zugang der Kündigung an einer nachträglichen Mitteilung schuldlos gehindert wird (*BAG* 13.6.1996 EzA § 9 MuSchG nF Nr. 34). Der mutterschutzrechtliche Kündigungsschutz bleibt also erhalten, wenn die Arbeitnehmerin die Anzeige an den Arbeitgeber nach Fristablauf unverzüglich nachholt (*BAG* 13.6.1996 EzA § 9 MuSchG nF Nr. 34; *Zmarzlik/Zipperer/Viethen/Vieß* Rz 33; *Wenzel* BB 1981, 676). Zur **verfahrensrechtlichen Flankierung** dessen s.u. Rz 172d.

56b Da die **Mitteilungsobliegenheit der Arbeitnehmerin erst ab Zugang der Kündigung** besteht (s.o. Rz 55a), kann es der Arbeitnehmerin grds. nicht als Verschulden angelastet werden, wenn sie dem Arbeitgeber bis zur Kündigung trotz Bestehens einer Mitteilungsmöglichkeit keine Mitteilung von der Schwangerschaft gemacht hat. Anders liegt es allerdings dann, wenn die Schwangere weiß, dass ihr die Kündigung droht und sie sich gleichwohl bewusst – etwa durch Antritt einer Urlaubsreise – in eine Situation begibt, in der ein Mitteilungshindernis besteht (vgl. *BAG* 13.6.1996 EzA §9 MuSchG nF Nr. 34 mit aus anderen Gründen krit. Anm. *Winterfeld*).

57 Der bei §9 Abs. 1 S. 1 MuSchG anzuwendende **Verschuldensmaßstab** ergibt sich daraus, dass die Mitteilung an den Arbeitgeber ein von der Arbeitnehmerin im eigenen Interesse zu erfüllendes Gebot darstellt und ihr Zweck es alleine ist, der Arbeitnehmerin den besonderen mutterschutzrechtlichen Kündigungsschutz zu erhalten. Dementsprechend setzt §9 MuSchG ein »**Verschulden der Arbeitnehmerin gegen sich selbst**« voraus (s.o. Rz 52), das dann vorliegt, wenn ein grober Verstoß gegen den von einem verständigen Menschen im eigenen Interesse einzuhaltenden Sorgfaltsmaßstab festzustellen ist (grds. *BAG* 6.10.1983 EzA §9 MuSchG nF Nr. 23; ferner *BAG* 27.10.1983 EzA §9 MuSchG nF Nr. 24; 13.6.1996 EzA §9 MuSchG nF Nr. 34; 16.5.2002 EzA §9 MuSchG nF Nr. 37; APS-*Rolfs* Rz 37; KDZ-*Zwanziger* Rz 27; **aA** *Gröninger/Thomas* Rz 24). Mit den verfassungsrechtlichen Anforderungen unvereinbar ist demgegenüber die Auffassung, die ein Verschulden im eigentlichen Sinne nicht für erforderlich hält und allein Zumutbarkeitserwägungen anstellt oder die das Verschuldenserfordernis durch übermäßige Erkundigungs- und Klärungspflichten der schwangeren Arbeitnehmerin aushöhlt (zB *Eich* DB 1981, 1233 [1236]). Demgegenüber enthält die abweichende Auffassung von *Wenzel* (BB 1981, 678), der auf die bei der Wiedereinsetzung in den vorigen Stand nach §233 ZPO anerkannten Prinzipien abstellt, insofern einen berechtigten Kern, als man – wie bei §233 ZPO – der Arbeitnehmerin zugestehen muss, dass sie die ihr vom Gesetz eingeräumte Frist voll ausschöpfen darf, ohne dass ihr dies zum Verschulden gereichen könnte (s.o. Rz 56a).

57a Schuldhaft ist die Versäumung der Frist – es kommt dabei nicht auf die Umstände an, durch die die Schwangere an der Fristeinhaltung gehindert ist, sondern darauf, ob die Fristversäumung als solche schuldhaft oder unverschuldet ist (*BAG* 16.5.2002 EzA §9 MuSchG nF Nr. 37 mwN [m. teilw. krit. Anm. *Löwisch/Picker*]; KDZ-*Zwanziger* Rz 27) – daher in erster Linie dann, wenn die Arbeitnehmerin von ihrer Schwangerschaft weiß, also **positive Kenntnis** hat und dem Arbeitgeber gleichwohl keine Mitteilung macht. Nichts anderes gilt dann, wenn die Arbeitnehmerin zwar keine positive Kenntnis hat, aber **zwingende Anhaltspunkte** vorliegen, die das Bestehen einer Schwangerschaft unabweisbar erscheinen lassen. In einem solchen Fall einer zwingenden und unabweisbaren Schwangerschaftsvermutung muss sich die Arbeitnehmerin im eigenen Interesse über das Bestehen einer Schwangerschaft durch geeignete Maßnahmen (Schwangerschaftstest, ärztliche Untersuchung) Gewissheit verschaffen (*BAG* 6.10.1983 EzA §9 MuSchG nF Nr. 23; 28.3.1990 EzA §9 MuSchG nF Nr. 28; *LAG Düsseld.* 10.2.2005 NZA-RR 2005, 382). Demgegenüber begründet die bloße Schwangerschaftsvermutung noch keine entsprechende Handlungsobliegenheit (*BAG* 6.10.1983 EzA §9 MuSchG nF Nr. 23). Dementsprechend kann es einer Arbeitnehmerin nach Ausbleiben einer Regelblutung nicht als Verschulden angelastet werden, wenn sie nicht sofort eine Untersuchung vornehmen lässt. Vielmehr muss ihr im Hinblick auf gelegentlich auftretende Zyklusstörungen oder -verschiebungen – insbes., aber nicht nur, bei klimatischen Veränderungen, beim Absetzen von Schwangerschaftsverhütungsmitteln (vgl. *LAG Nürnberg* 30.4.1974 ARSt 1975 Nr. 1094) oder im Klimakterium – eine angemessene Zeit des Abwartens zugestanden werden (*BAG* 6.10.1983 EzA §9 MuSchG nF Nr. 23: 50 Tage nach Beginn der letzten Regelblutung ausreichend; vgl. auch *BAG* 20.5.1988 EzA §9 MuSchG nF Nr. 27; *Buchner/Becker* Rz 136; *Preis* SAE 1989, 124, 126; **aA** *Eich* DB 1981, 1236). Ist die Arbeitnehmerin im Zweifel, so kann sie mit der Mitteilung zuwarten, bis sie Gewissheit über die Schwangerschaft erlangt hat (*LAG Nürnberg* 17.3.1992 LAGE §9 MuSchG Nr. 17). Zur Einhaltung der im eigenen Interesse erforderlichen Sorgfalt gehört auch die **rechtzeitige Absendung der Mitteilung**. Indessen trägt die Arbeitnehmerin nicht schlechthin das Risiko rechtzeitigen Zugangs oder gar des Verlustes (dazu *BAG* 16.5.2002 EzA §9 MuSchG nF Nr. 37: sie muss aber reagieren, sobald sie vom Nichtzugang erfährt; vgl. auch *Sieg* AuA 2002, 472) der Mitteilung; vielmehr können ihr nur solche Verzögerungen zugerechnet werden, an denen sie ein Verschulden trifft. Inwieweit die Arbeitnehmerin für Verzögerungen Dritter einstehen muss, die sie bei der Mitteilung eingeschaltet hat, hängt von der umstrittenen, aber wohl überwiegend zutreffend abgelehnten Anwendung des §278 BGB auf Obliegenheiten ab (dagegen etwa *BAG* 27.10.1983 EzA §9 MuSchG nF Nr. 24; teilw. **aA** *Palandt/Heinrichs* §278 BGB Rz 21 f.). *Etzel* vertrat dazu hier (KR 6. Aufl., §9 MuSchG Rz 57a) folgende Ansicht: »Die Mitteilungsobliegenheit ist gerade im Interesse der Rechtsklarheit des Arbeitgebers eingerichtet, so dass die Ratio der Nichtanwendung des § 278 BGB hier nicht einschlägig ist. Demzufolge sprechen überwiegende Gründe für eine differenzierte Lösung in Anlehnung an die Grundsätze der sog. versicherungsrechtlichen Repräsentantenhaftung (aA *BAG* 27.10.1983 EzA § 9 MuSchG nF Nr. 24; zu dieser Repräsentantenhaftung *Palandt/Heinrichs* § 278 Rz 24 mwN). § 278 BGB ist daher dann anzuwenden, wenn dem eingeschalteten Dritten eine eigene Einwirkungsmöglichkeit auf die Obliegenheitserfüllung eingeräumt ist. Soweit daher etwa die Post, das ArbG (bei Zustellung von die Mitteilung enthaltenden Schriftsätzen; dazu *LAG Köln* 16.6.1997 LAGE § 9 MuSchG Nr. 22) oder sonstige staatliche Stellen eingeschaltet sind, obliegt diesen die pflichtgemäße Behandlung der Übermittlung, auf deren sachgerechte Durchführung die Arbeitnehmerin vertrauen darf. Zugangsverzögerungen durch die Post oder durch sachwidrige Behandlung durch das ArbG können der Arbeitnehmerin daher nicht als Verschulden angelastet werden (*BAG* 27.10.1983 EzA § 9 MuSchG nF Nr. 24; nunmehr ebenso *BAG* 16.5.2002 EzA § 9 MuSchG nF Nr. 37 unter zutr. Hinw. auf *BVerfG* 29.12.1994 NJW 1995, 1210). Nichts anderes gilt für mit ausreichender Sorgfalt ausgewählte Boten (zB *LAG München* 23.8.1990 LAGE § 9 MuSchG Nr. 13 – Mitteilung an den Filialleiter eines Filialbetriebs). Demgegenüber treten im Rahmen der Prozessführung die Erklärungen eines Bevollmächtigten an die Stelle der Arbeitnehmerin; dessen Verschulden muss sich die Arbeitnehmerin dementsprechend zurechnen lassen (ebenso *Gröninger/Thomas* Rz 27; *Eich* DB 1981, 1233 [1236]; aA *BAG* 27.10.1983 EzA § 9 MuSchG nF Nr. 24; *Wenzel* aaO).« *Etzel* stützte dabei seine Auffassung entgegen der Sichtweise des BAG auch auf § 254 Abs. 2 S. 2 BGB mit seiner Rechtsgrundverweisung auf § 278 BGB. An der Ansicht von *Etzel* kann zwar im Ergebnis ansonsten festgehalten werden (insbes. für Zugangsverzögerungen durch die Post; dazu *BAG* 16.5.2002 EzA § 9 MuSchG nF Nr. 37 unter zutr. Hinw. auf *BVerfG* 29.12.1994 NJW 1995, 1210; es gelten insoweit die obigen Belegstellen), nicht aber bzgl. der Zurechnung der verzögerten Übermittlung durch einen **Prozessbevollmächtigten**. Mit dem BAG erfolgt keine Zurechnung eines möglichen Verschuldens des Prozessbevollmächtigten (*BAG* 27.10.1983 EzA § 9 MuSchG nF Nr. 24; *Buchner/Becker* Rz 138; *Wenzel* BB 1981, 674, 678; *Willikonsky* § 9 MuSchG Rz 30; vgl. auch *Griebeling* NZA 2002, 838, 844). Nicht zu folgen ist auch der Ansicht, es liege ein Eigenverschulden der Arbeitnehmerin vor, wenn sie nicht selbst für eine schnellere Information des Arbeitgebers sorge, sondern es dabei belasse, dass ihr Anwalt die Information im Rahmen der Klageerhebung vornehme (so *Buchner/Becker* Rz 138; offenbar ähnlich *Gröninger/Thomas* Rz 27).

Eine **unverzüglich nachgeholte Mitteilung** liegt nur dann vor, wenn die Arbeitnehmerin ohne schuldhaftes Zögern (§ 121 Abs. 1 S. 1 BGB) das ihr Zumutbare unternommen hat, damit die Mitteilung von einer bestehenden Schwangerschaft dem Arbeitgeber sofort zugeht. Nach richtiger Ansicht des *BAG* (20.5.1988 EzA § 9 MuSchG nF Nr. 27) kann **weder** auf eine **Mindestfrist** (in der die Verzögerung der Mitteilung regelmäßig als unverschuldet anzusehen ist) **noch** auf eine **Höchstfrist** (nach deren Ablauf stets von einem schuldhaften Zögern auszugehen ist) abgestellt werden. Entscheidend sind vielmehr stets die **besonderen Umstände des Einzelfalls** (*BAG* 20.5.1988 EzA § 9 MuSchG nF Nr. 27). Eine Überlegungs- oder Wartefrist (zB zur Einholung von Rechtsrat) von zwei Wochen (so *LAG Bln.* 30.3.1984 NZA 1984, 260 = DB 1984, 2046; *Wenzel* BB 1981, 677) kann der Arbeitnehmerin aus Gründen der Rechtsklarheit und Rechtssicherheit jedenfalls nicht zugestanden werden (vgl. *LAG Bln.* 17.8.1981 DB 1982, 440; *Eich* aaO). Nach Ansicht des *ArbG Kassel* (22.2.1980 BB 1980, 417 = DB 1980, 790) soll eine unverzügliche Mitteilung noch dann anzunehmen sein, wenn die Arbeitnehmerin anlässlich eines am neunten Tage nach Kenntniserlangung stattfindenden Gütetermins dem Arbeitgeber Mitteilung von der Schwangerschaft macht. Eine derartige Fristbemessung ist mit dem Erfordernis einer »unverzüglichen« Mitteilung jedoch auch unter Berücksichtigung einer von Art. 6 Abs. 4 GG geforderten **Überlegungsfrist** (ErfK-*Schlachter* Rz 9 unter Berufung auf *BAG* 26.9.2002 EzA § 9 MuSchG Nr. 38) kaum mehr in Einklang zu bringen (in diesem Sinne: *Buchner/Becker* Rz 136; *Eich* aaO). Ein Zeitraum von mehr als eine Woche wird regelmäßig zu lang sein (*BAG* 27.10.1983 EzA § 9 MuSchG nF Nr. 24; *LAG Bln.* 17.8.1981 DB 1982, 677; *Buchner/Becker* Rz 136 mwN; ErfK-*Schlachter* Rz 9 mwN; vgl. auch *BAG* 26.9.2002 EzA § 9 MuSchG Nr. 38). Eine am zweiten Tage nach der Kenntniserlangung eingereichte Kündigungsschutzklage ist daher nicht ausreichend, wenn diese infolge einer unrichtigen Anschrift dem Arbeitgeber erst zwei Wochen später zugestellt wird (*LAG Hamm* 25.3.1982 DB 1982, 1678) und die unrichtige Adressenangabe auf die Arbeitnehmerin zurückzuführen ist (*BAG* 27.10.1983 EzA § 9 MuSchG nF Nr. 24). Umgekehrt wird die Arbeitnehmerin ihrer Mitteilungsobliegenheit meist genügen, wenn sie so handelt, dass mit einem Zugang binnen einer Woche zu rechnen ist (vgl. *Buchner/Becker* Rz 136; ebenso *Willikonsky* § 9 MuSchG Rz 31 unter Berufung auf *BAG* 26.9.2002 EzA § 9 MuSchG Nr. 38). Jedenfalls hat es das *BAG* (13.6.1996 EzA § 9 MuSchG nF Nr. 34 mit krit. Anm. *Winterfeld*) genügen lassen, wenn eine Arbeitnehmerin am Tag nach dem Weg-

57b

fall des Mitteilungshindernisses – Urlaubabwesenheit und daher Unkenntnis von der eingegangenen Kündigung – eine briefliche Mitteilung an den Arbeitgeber zur Post gibt, die diesem wiederum zwei weitere Tage später zugeht.

i) Darlegungs- und Beweislast

58 Die Darlegungs- und Beweislast für eine fristgemäß erfolgte Mitteilung trägt die gekündigte **Arbeitnehmerin** (SPV-*Stahlhacke* Rz 1392). Hierzu gehört insbes. die Darlegung des Zugangszeitpunktes der **Kündigung** sowie die Darstellung, gegenüber wem und auf welche Art und Weise die Mitteilung erfolgt ist. Auch die Angabe des genauen Zugangszeitpunktes der **Mitteilung** gehört grds. zur Darlegungslast der Arbeitnehmerin. Da die Arbeitnehmerin aber insbes. bei postalisch übersandten Mitteilungen keine Kenntnis von dem genauen Zugangszeitpunkt hat, genügt in diesen Fällen die Angabe des genauen Absendezeitpunktes. Durch eine Heranziehung der Grundsätze über den Beweis des ersten Anscheins kann der Arbeitnehmerin in derartigen Fällen ggf. die Beweisführung erleichtert werden (vgl. *Buchner/Becker* Rz 153). Es kann auch die Vorlegung der schriftlichen Mitteilung mit dem Eingangsstempel oder eine Zeugen- oder Parteivernehmung in Betracht kommen. In den Fällen einer unverschuldeten Unkenntnis einer bestehenden Schwangerschaft hat die Arbeitnehmerin die Umstände darzulegen und dann im Bestreitensfalle zu beweisen, aus denen sich ergibt, dass sie **ohne Verschulden keine Kenntnis von der Schwangerschaft** hatte. Die Darlegungs- und Beweislast erstreckt sich weiterhin auf den Zeitpunkt der Kenntniserlangung sowie auf die Unverzüglichkeit der nachträglichen Mitteilung (vgl. *BAG* 13.1.1982 EzA § 9 MuSchG nF Nr. 20; *LAG Bln.* 5.7.1993 EzA § 9 MuSchG Nr. 19; *Buchner/Becker* Rz 154; *Eich* DB 1981, 1237; *Gröninger/Thomas* Rz 28; **aA** ArbG Kassel 22.2.1980 BB 1980, 417 = DB 1980, 790).

4. Nachweis der Schwangerschaft bzw. der Entbindung/Mitteilungspflicht der Arbeitnehmerin bei vorzeitigem Ende der Schwangerschaft

59 Zur Erhaltung des besonderen Kündigungsschutzes bedarf es lediglich der fristgemäßen Mitteilung, dass eine Schwangerschaft bestehe oder vermutet werde bzw. eine Entbindung erfolgt sei (zur Rechtslage bei unverschuldeter Unkenntnis der Schwangerschaft s.o. Rz 56). Ein **Nachweis** der Schwangerschaft oder Entbindung gegenüber dem Arbeitgeber wird **durch § 9 Abs. 1 S. 1, 1. Hs. Fall 2 MuSchG nicht gefordert** (*Buchner/Becker* Rz 139 f.). Lediglich in § 5 Abs. 1 S. 2 MuSchG ist vorgesehen, dass werdende Mütter auf Verlangen des Arbeitgebers das Zeugnis eines Arztes oder einer Hebamme vorlegen sollen. Die zuletzt genannte Bestimmung begründet aber keine echte Rechtspflicht der Arbeitnehmerin. Es handelt sich vielmehr nur um eine Sollbestimmung, die der Arbeitnehmerin eine nachdrückliche Empfehlung in ihrem eigenen Interesse auferlegt (*BAG* 6.6.1974 EzA § 9 MuSchG nF Nr. 15; *Buchner/Becker* § 5 MuSchG Rz 76; *Meisel* DB 1968, 2128). Die werdende Mutter kann daher aufgrund des § 5 Abs. 1 S. 2 MuSchG nicht gezwungen werden, ein Zeugnis über ihre Schwangerschaft vorzulegen; sie handelt auch nicht ordnungswidrig, wenn sie dem Verlangen des Arbeitgebers nicht nachkommt. Eine **Verpflichtung** der Schwangeren, innerhalb angemessener Frist dem Arbeitgeber eine bestehende Schwangerschaft oder eine erfolgte Entbindung nachzuweisen, kann sich nur **ausnahmsweise aus der Treuepflicht** im Sinne einer vertraglichen Nebenpflicht ergeben (*BAG* 6.6.1974 EzA § 9 MuSchG nF Nr. 15; *Buchner/Becker* Rz 141 mwN). Zu einem Nachweis ist die Arbeitnehmerin insbes. dann verpflichtet, wenn ernsthafte Zweifel an der Schwangerschaft oder Entbindung bestehen. Für die Bemessung der »angemessenen Frist« gibt es keinen festen zeitlichen Maßstab; es sind vielmehr stets die Umstände des Einzelfalles (zB das jeweilige Entwicklungsstadium der Schwangerschaft, ärztliche Untersuchungsterminierung usw.) zu berücksichtigen. Es gilt insoweit die nach den Umständen des Einzelfalls **angemessene Frist** (*Buchner/Becker* Rz 141 mwN). Das BAG hat eine Frist von zehn Tagen noch für angemessen erachtet (*BAG* 5.5.1961 EzA § 9 MuSchG aF Nr. 1). Die **Kosten**, die der Arbeitnehmerin durch den Nachweis der Schwangerschaft entstehen, hat der Arbeitgeber zu tragen. Dies folgt aus einer entsprechenden Anwendung des § 5 Abs. 3 MuSchG.

60 Eine **Verletzung** der als arbeitsvertragliche Nebenpflicht zu wertenden **Nachweispflicht** führt als solche **nicht** zum **Verlust des besonderen Kündigungsschutzes.** Dies gilt selbst dann, wenn die schwangere Arbeitnehmerin nach fristgerechter Mitteilung dem Arbeitgeber auf Verlangen das Bestehen der Schwangerschaft binnen angemessener Frist nicht nachweist (*BAG* 6.6.1974 EzA § 9 MuSchG nF Nr. 15). Die ältere gegenteilige Ansicht (*Bulla* ArbRdGgw. Bd. 1, S. 42 ff.; *Meisel* DB 1968, 2131; *Menkens* AuR 1968, 234; *LAG Düssel.* 20.3.1953 BB 1953, 737; *LAG Nds.* 21.5.1971 BB 1972, 41) basiert auf dem unzutreffenden Ausgangspunkt, dass die in § 9 Abs. 1 MuSchG vorgesehene Mitteilung zugleich auch

deren Nachweis umfasse (*Buchner/Becker* Rz 142; *Gröninger/Thomas* Rz 29; *Meisel/Sowka* Rz 98 – jetzt allg. Meinung).

Die **Verletzung der Nachweispflicht** wirkt sich damit jedenfalls nicht unmittelbar auf das Kündigungsverbot des § 9 Abs. 1 MuSchG aus. Ein Fortfall des besonderen Kündigungsschutzes konnte sich nach dem **früheren Rechtszustand** (bis zum 31.12.2003) aber aus den Grundsätzen der materiellrechtlichen oder prozessrechtlichen **Verwirkung** ergeben (*BAG* 6.6.1974 EzA § 9 MuSchG nF Nr. 15; *Buchner/Becker* Rz 143: nur in krassen Fällen; *Meisel/Sowka* Rz 98). Eine materiellrechtliche Verwirkung konnte dann anzunehmen sein, wenn die Schwangere dem Nachweisbegehren des Arbeitgebers längere Zeit hindurch nicht nachgekommen ist und dadurch den Eindruck erweckt hat, sie wolle sich auf den besonderen Kündigungsschutz nicht mehr berufen, der Arbeitgeber sich auf den dadurch geschaffenen Vertrauenstatbestand eingestellt hat (zB durch Einstellung einer Ersatzkraft) und ihm deshalb eine Fortsetzung des Arbeitsverhältnisses nicht mehr zugemutet werden kann. Das Vorliegen einer prozessualen Verwirkung setzte danach voraus, dass die Arbeitnehmerin nach erfolgter Verletzung der Nachweispflicht längere Zeit (zB einige Monate) mit der Erhebung einer Feststellungsklage zögert (allgemeiner zur Prozessverwirkung vgl. *BAG* 2.11.1961 AP Nr. 1 zu § 242 BGB Prozessverwirkung). Bei einer Verletzung der Nachweispflicht konnte uU auch eine begrenzte prozessuale Verwirkung mit der Maßgabe in Betracht kommen, dass die Arbeitnehmerin in dem Kündigungsstreit mit der Behauptung ausgeschlossen ist, bereits bei Ausspruch der Kündigung schwanger gewesen zu sein (vgl. *BAG* 6.6.1974 EzA § 9 MuSchG nF Nr. 15; *Osthold* BB 1972, 42). Dieser Erwägungen bedarf es nach dem **aktuellen Rechtszustand** (ab dem 1.1.2004) nicht mehr. Die Unwirksamkeit der Kündigung muss nämlich nunmehr innerhalb der Frist des § 4 S. 1 KSchG gerichtlich geltend gemacht werden (näher Rz 172a ff.). 61

Bei einer **schuldhaften Verletzung der Nachweispflicht** fanden früher die Grundsätze über die positive Forderungsverletzung Anwendung, jetzt gilt § 280 Abs. 1 BGB. Die Arbeitnehmerin hat daher dem Arbeitgeber allen **Schaden** zu ersetzen, der adäquat kausal auf die schuldhafte Verletzung dieser arbeitsvertraglichen Nebenpflicht zurückzuführen ist (zB Einstellungskosten für eine Ersatzkraft). Da das Vorliegen einer Schwangerschaft auch für die Frage des Eingreifens der in den §§ 3–8 MuSchG geregelten Beschäftigungsverbote von Bedeutung ist, kann eine Verletzung der Nachweispflicht auch zu einem Fortfall des **Annahmeverzuges** gem. § 615 BGB führen (*BAG* 6.6.1974 EzA § 9 MuSchG nF Nr. 15; vgl. bzgl. dieser Rechtsfolge in einer anderen Konstellation Rz 62a; vgl. weiter Rz 88 bis 90). 62

Die **schuldhafte Verletzung von Unterrichtungspflichten** kann auch in einer anderen Konstellation zu Schadensersatzansprüchen des Arbeitgebers führen. Die Arbeitnehmerin, die ihren Arbeitgeber vom Bestehen einer Schwangerschaft informiert hat, ist nämlich verpflichtet, dem Arbeitgeber **unverzüglich zu unterrichten**, wenn die **Schwangerschaft vorzeitig endet** (*BAG* 18.1.2000 EzA § 615 BGB Nr. 98; 13.1.2001 EzA § 9 MuSchG nF Nr. 36). Ein Verstoß dagegen führt bei Verschulden zu Schadensersatzansprüchen, wenngleich diese nicht das aufgrund des **Annahmeverzuges** geschuldete Entgelt umfassen (*BAG* 13.11.2001 EzA § 9 MuSchG nF Nr. 36; ebenso *Hergenröder* AR-Blattei ES 1220 Nr. 125; aA *Bittner* RdA 2001, 336, 337). Auch soll nach dem *BAG* (13.11.2001 EzA § 9 MuSchG nF Nr. 36) regelmäßig nicht davon auszugehen sein, dass die Arbeitnehmerin **rechtsmissbräuchlich** handelt (§ 242 BGB), wenn sie ihre Annahmeverzugsansprüche verfolgt (aA *Bittner* RdA 2001, 336; anders auch *BAG* 6.6.1974 EzA § 9 MuSchG nF Nr. 15 hinsichtlich des Nachweises der Schwangerschaft; dazu Rz 62 aE). 62a

V. Dauer des Kündigungsverbotes

1. Grundsätzliches über Beginn und Dauer

Der in § 9 Abs. 1 MuSchG geregelte besondere Kündigungsschutz enthält ein nur temporäres Kündigungsverbot. Der **Beginn** des besonderen Kündigungsschutzes ist für alle Arbeitnehmerinnen einheitlich auf den Zeitpunkt des Eintritts der Schwangerschaft festgelegt (s.u. Rz 64 ff.). Der besondere Kündigungsschutz **endet** regelmäßig mit Ablauf des vierten Monats nach der Entbindung (s.u. Rz 65 f.); in besonderen Konstellationen endet der Kündigungsschutz freilich schon früher (s.o. Rz 31 f.). 63

a) Beginn des Kündigungsverbotes

Für den Beginn des besonderen Kündigungsschutzes ist der **Eintritt der Schwangerschaft** (zum Begriff s.o. Rz 29; zur Darlegungs- und Beweislast s.o. Rz 28a) maßgeblich. Während der Tag der Entbindung eindeutig feststellbar ist, kann der Zeitpunkt des Beginns der Schwangerschaft häufig nur annähernd ermittelt werden. Welche Konsequenzen sich daraus ergeben, ist streitig. Unbestrittener Ausgangspunkt ist allerdings, dass das Gesetz selbst an den Zeitpunkt des **objektiven Bestehens** ei- 64

§ 9 MuSchG   Kündigungsverbot

ner Schwangerschaft anknüpft (*BAG* 27.10.1983 EzA § 9 MuSchG nF Nr. 25 [zu II 2 c aa der Gründe]). Da der Tag der Empfängnis aber idR nicht eindeutig feststehe und auch nicht vom Arzt oder einer Hebamme eindeutig festgestellt werden könne, geht die wohl immer noch hM aus Gründen der Rechtssicherheit für die Schwangere für die Bestimmung des Zeitpunkts des Schwangerschaftsbeginns von einer Wahrscheinlichkeitsberechnung aus. Sie stellt daher regelmäßig auf den mutmaßlichen Schwangerschaftsbeginn ab, der für das Eingreifen des Kündigungsverbots maßgeblich sein soll. Diesen errechnet die hM unter Zugrundelegung des voraussichtlichen Tages der Entbindung und einer mutmaßlichen Schwangerschaftsdauer von 280 Tagen, wobei analog § 5 Abs. 2 MuSchG das Zeugnis eines Arztes oder einer Hebamme über den voraussichtlichen Entbindungstermin maßgeblich ist (insoweit zust. *Buchner/Becker* Rz 7). Dementsprechend soll sich der Beginn des mutterschutzrechtlichen Kündigungsschutzes ergeben, indem vom **voraussichtlichen – durch einen Arzt oder eine Hebamme errechneten – Geburtstermin aus 280 Tage zurückgerechnet** wird (*BAG* 7.5.1998 EzA § 9 MuSchG nF Nr. 35; 12.12.1985 EzA § 9 MuSchG nF Nr. 26; *ArbG Köln* 13.8.2003 NZA-RR 2004, 633; *Gröninger/Thomas* Rz 10; vgl. ferner *Heilmann* Rz 24). Selbst wenn der tatsächliche Beginn der Schwangerschaft feststellbar ist, will die herrschende Auffassung an der Wahrscheinlichkeitsmethode festhalten (*Zmarzlik/Zipperer/Viethen/Vieß* Rz 53 mwN; *ArbG Stuttg.* 19.6.1986 BB 1986, 1988).

64a Dieser herrschenden Auffassung ist nur eingeschränkt zu folgen. Sie vermengt materiellrechtliche und prozessuale Gesichtspunkte und entfernt sich in nicht zu rechtfertigender Weise vom Inhalt des § 9 MuSchG. Geht man von dieser Vorschrift aus, so muss **vorrangig das Prinzip der Maßgeblichkeit der tatsächlichen Schwangerschaft** gelten. Dieses Prinzip bedarf – hier ist der hM zu folgen – allerdings insofern der Ergänzung, als sich der Zweck des § 9 – nämlich zuverlässiger und rechtssicherer Kündigungsschutz für die Schwangere – nur erreichen lässt, wenn man vom **Kenntnisstand der Beteiligten während der Schwangerschaft** ausgeht. Ein erst aufgrund der tatsächlichen Niederkunft und ihres Datums mögliches zuverlässiges Urteil über den Schwangerschaftsbeginn ist daher nach dem Zweck des § 9 MuSchG unerheblich. Steht der tatsächliche Schwangerschaftsbeginn aber schon während der Schwangerschaft fest, gibt es für Wahrscheinlichkeitsbetrachtungen weder einen Bedarf noch eine Grundlage (vgl. entspr. *LAG Nds.* 12.5.1997 LAGE § 9 MuSchG Nr. 23). Für sonstige Fälle liegt allerdings der Rechtsprechung des BAG eine berechtigte Überlegung zugrunde: Die Arbeitnehmerin kann ihrer Darlegungs- und Beweislast für das Vorliegen einer Schwangerschaft zum Zeitpunkt der Kündigung dadurch genügen, dass sie das Zeugnis eines Arztes oder einer Hebamme über den voraussichtlichen Entbindungstermin vorlegt, an den eine Rückberechnung analog § 5 Abs. 2 MuSchG anzuknüpfen hat. Denn eine entsprechende Anwendung des § 5 Abs. 2 MuSchG ist nicht nur für während der Schwangerschaft laufende sonstige Schutzfristen (zB für die Berechnung der fünfmonatigen Kündigungssperre für vollbeschäftigte Haushaltskräfte gem. § 9 Abs. 1 S. 2 MuSchG aF vgl. *BAG* 27.1.1966 AP Nr. 27 zu § 9 MuSchG), sondern auch für die Berechnung des Schwangerschaftsbeginns für den absoluten Kündigungsschutz nach § 9 Abs. 1 S. 1 MuSchG angemessen (vgl. *BAG* 27.10.1983 EzA § 9 MuSchG nF Nr. 25). Da nach dem Zweck des § 9 MuSchG eine Beurteilung vom Zeitraum während der Schwangerschaft aus geboten ist, bleibt ein **ärztliches Zeugnis** grds. auch dann maßgebend, wenn sich der Arzt oder die Hebamme **geirrt** haben; es verkürzen oder verlängern sich dann nur die Schutzfristen nach §§ 3, 6 MuSchG entsprechend (aA *Eich* DB 1981, 1234, der vom Termin der tatsächlichen Entbindung durch Rückrechnung die Wirksamkeit der Kündigung beurteilen will). Es ist daher auch im Rahmen des § 9 Abs. 1 S. 1 MuSchG bei der Feststellung des Schwangerschaftsbeginns prinzipiell von dem Zeugnis eines Arztes oder einer Hebamme auszugehen und von dem darin angegebenen Tag der Niederkunft zurückzurechnen. Jedoch muss dem Arbeitgeber wegen der heute bestehenden diagnostischen Erkenntnisquellen die Möglichkeit eingeräumt werden, den **Gegenbeweis** zu führen, dass die Kündigung der Arbeitnehmerin noch vor dem letzten Tag ihrer letzten Regelblutung zugegangen ist, so dass sie zum maßgeblichen Zugangszeitpunkt noch nicht schwanger sein konnte (*BAG* 7.5.1998 EzA § 9 MuSchG nF Nr. 35 *LAG Nds.* 12.5.1997 LAGE § 9 MuSchG Nr. 23; 12.5.1997 LAGE § 9 MuSchG Nr. 23). Bei der Rückrechnung ist der voraussichtliche Entbindungstag nicht mitzuzählen (*BAG* 12.12.1985, EzA § 9 MuSchG nF Nr. 26; vgl. §§ 187 Abs. 1, 188 Abs. 2 BGB).

64b Entgegen der Auffassung des *BAG* (27.10.1983 EzA § 9 MuSchG nF Nr. 25) ist aber (maximal) von einer **Schwangerschaftsdauer von 266 Tagen** und nicht von einer Dauer von 280 Tagen auszugehen (ebenso *Meisel/Sowka* Rz 100b; *Töns* BB 1987, 1801; ferner *Eich* DB 1981, 1233, der zwar 267 Tage zugrunde legt, aber offen lässt, ob der Tag der Entbindung mitzurechnen ist, vgl. *ders.* SAE 1985, 104 [105]). Die durch das BAG angenommene Schwangerschaftsdauer entspricht der regelmäßigen und statistischen Durchschnittsdauer der Schwangerschaft von zehn Lunarmonaten mit je 28 Tagen vom Zeitpunkt zwischen dem ersten Tag der letzten Regelblutung und dem Tag der Entbindung (»post menstruatio-

Kündigungsverbot § 9 MuSchG

nem«), beruht also auf einem nicht mehr zeitgemäßen medizinischen Standard (*Buchner/Becker* Rz.10). Tatsächlich beginnt die Schwangerschaft aber später, frühestens erst mit der Befruchtung (Konzeption) – zum richtigen Ansatz (Nidation) s.o. Rz 29 – und dauert zwischen Konzeption und Entbindung regelmäßig zwischen 273 und 263 Tagen, im Durchschnitt also 9 1/2 Lunarmonate zu je 28 Tagen, mithin 266 Tage (»post conceptionem«). Da allein die Schwangerschaft »post conceptionem« echte Schwangerschaft sein kann (auch dies geht schon zu weit: s.o. Rz 29), kann auch maximal sie als Schwangerschaft iSd § 9 MuSchG anerkannt werden. Dieser theoretischen Erkenntnis verschließt sich auch die herrschende Gegenauffassung nicht, zieht daraus aber meist nach wie vor nicht die gebotenen Konsequenzen. Das *BAG* (27.10.1983 EzA § 9 MuSchG nF Nr. 25; mit bestätigender Tendenz *BAG* 7.5.1998 EzA § 9 MuSchG nF Nr. 35) begründet seine abweichende Auffassung mit dem Verweis auf das Ziel umfassenden Mutterschutzes: Da die Schwangerschaft auch zu einem Zeitpunkt beginnen könne, der von dem voraussichtlichen Entbindungstermin mehr als 266 Tage entfernt liege und sich der genaue Zeitpunkt kaum feststellen lasse, müsse zur Erreichung umfassenden Mutterschutzes von 280 Tagen ausgegangen werden. Dies berücksichtigt nicht hinreichend, dass die Möglichkeit der statistisch begründeten Darlegung des Schwangerschaftsbeginns durch die Arbeitnehmerin allein auf der Zulassung eines auf ein Wahrscheinlichkeitsurteil gestützten Anscheinsbeweises beruhen kann. Letzteres ist nur gerechtfertigt, soweit ein Wahrscheinlichkeitsurteil möglich ist, was nur für einen Zeitraum von 266 Tagen vor der Entbindung in Betracht kommt. Demgegenüber erstreckt die – letztlich fiktive – Vorverlegung des Schwangerschaftsbeginns auf den ersten Tag der letzten Regelblutung den Kündigungsschutz auf einen Zeitpunkt, zu dem eine Schwangerschaft nicht nur wenig wahrscheinlich, sondern extrem unwahrscheinlich und praktisch fast ausgeschlossen ist. Eine solche Vorverlegung des Kündigungsschutzes auf einen Zeitpunkt vor Beginn der Schwangerschaft hat zugleich den Effekt, dass einer zunächst wirksamen Kündigung durch den praktisch stets zeitlich später liegenden tatsächlichen Schwangerschaftsbeginn nachträglich die Wirksamkeit genommen wird. Insofern steht die hM auch mit dem vertragsrechtlichen Grundprinzip im Widerspruch, dass die Wirksamkeit eines Rechtsgeschäfts zum Zeitpunkt der Vornahme objektiv feststehen muss. Außerdem muss das Ungewissheitsrisiko für den (möglicherweise schon vor dem 266. Tag vor der Entbindung, aber genauso wahrscheinlich auch danach) liegenden Tag der Konzeption, wenn man schon darauf abstellen will (s.o.), nach dem Gesetz die Arbeitnehmerin tragen; denn sie trägt die Beweislast für das Vorliegen und damit auch für den Beginn der Schwangerschaft. Die Arbeitnehmerin kann sich also für den Zeitraum von 266 Tagen vor der Entbindung auf einen statistischen Anscheinsbeweis stützen. Für einen früheren Schwangerschaftsbeginn muss sie im Einzelfall den Beweis führen, wobei ihr vielfältige Möglichkeiten offen stehen, so dass für die als Fiktionslösung einzuordnende Handhabung durch das BAG auch keine praktische Notwendigkeit besteht. Hierzu kann sie sich etwa auf eine Ultraschalluntersuchung durch einen Sachverständigen oder eines Arztes ihres Vertrauens als sachverständigen Zeugen stützen (zur Möglichkeit, auf diesem Weg den Tag der Konzeption bis auf drei Tage einzugrenzen: *ArbG Stuttg.* 19.6.1986 BB 1986, 1988). Ebenso kann sie durch Vorlage von Aufzeichnungen oder sachverständiges Gutachten oder Zeugnis beweisen, dass nach ihrem individuellen Zyklus der Eisprung (Ovulation) regelmäßig schon vor dem 13. Tag des Zyklus erfolgt, so dass ein Beweis des ersten Anscheins für einen früheren Schwangerschaftsbeginn spricht. Schließlich kann auch das persönliche Zeugnis des Erzeugers in Betracht kommen.

b) Ende des Kündigungsverbotes

Maßgeblicher Zeitpunkt für das Ende des Kündigungsverbotes ist der Ablauf des vierten Monats **nach der Entbindung**. Die Berechnung der Dauer des **Viermonatszeitraums** richtet sich nach den Vorschriften der §§ 187 Abs. 1, 188 Abs. 2 und Abs. 3, 191 BGB. Danach endet die Viermonatsfrist mit dem Ablauf des Tages im nachfolgenden vierten Monat, der durch seine Zahl dem Tag der Entbindung entspricht. Fand zB die Entbindung am 14. März statt, so endet die Viermonatsfrist am 14. Juli des laufenden Jahres. Fehlt im vierten Monat der dem Datum der Entbindung entsprechende Tag, so endet die Frist bereits mit dem Ablauf des letzten Tages dieses Monats (§ 188 Abs. 3 BGB). Fand die Entbindung zB am 31. Mai statt, so endet die Schutzfrist bereits am 30. September des laufenden Jahres. Die Bestimmung des § 193 BGB findet dagegen keine Anwendung, weil es sich hier weder um die Abgabe einer Willenserklärung noch um die Bewirkung einer Leistung handelt (*Buchner/Becker* Rz 15). Daher endet die Viermonatsfrist auch an einem Sonntag, an einem staatlich anerkannten Feiertag oder an einem Sonnabend. **65**

Der mutterschutzrechtliche Kündigungsschutz des § 9 Abs. 1 S. 1 MuSchG greift nur dann ein, wenn die Arbeitgeberkündigung der Arbeitnehmerin vor Ablauf, dh spätestens am letzten Tag des Viermo- **65a** natszeitraums nach der Entbindung zugeht. Maßgeblich für die Geltung des absoluten Kündigungsverbotes ist der Zugang der Kündigung innerhalb der Viermonatsfrist. Die Abgabe der Kündigungserklärung (zB durch die Aufgabe des Kündigungsschreibens zur Post) kann daher bereits unmittelbar vor Ablauf des Viermonatszeitraums erfolgen. Der Arbeitgeber kann auch den Personalrat oder den Betriebsrat noch innerhalb des Viermonatszeitraums beteiligen (aA *ArbG Gelsenkirchen* 9.6.1983 ArbuR 1984, 155 zur Auslegung des § 9a MuSchG). Freilich muss der Arbeitgeber dazu vom Zeitpunkt der Entbindung wissen, und die Arbeitnehmerin ist daher gehalten, diesen **Zeitpunkt** dem Arbeitgeber (formlos) **mitzuteilen**, worauf der Arbeitgeber die Vorlage einer **Urkunde** über diesen Zeitpunkt verlangen kann (*Willikonsky* § 9 MuSchG Rz 33; die Vorlage einer Kopie wird man jedoch ausreichen lassen können). Gibt es keine Mitteilung vom Zeitpunkt der Entbindung, darf der Arbeitgeber von dem in der Schwangerschaftsbescheinigung angegebenen mutmaßlichen Entbindungstermin ausgehen (*LAG Köln* 21.1.2000 NZA-RR 2001, 303).

2. Frühere Sonderregelung für vollbeschäftigte Haushaltskräfte

66–67 Für Frauen, die von demselben Arbeitgeber im Familienhaushalt mit hauswirtschaftlichen, erzieherischen oder pflegerischen Arbeiten in einer ihre Arbeitskraft voll in Anspruch nehmenden Weise beschäftigt werden, endete das Kündigungsverbot nach der bis zum 31.12.1996 geltenden Gesetzeslage bereits nach Ablauf des fünften Schwangerschaftsmonats (§ 9 Abs. 1 S. 2 aF MuSchG). Hinsichtlich der gegenständlichen Reichweite dieses zeitlich beschränkten Kündigungsverbotes bestanden gegenüber dem allg. Kündigungsverbot des § 9 Abs. 1 S. 1 MuSchG keine Unterschiede (vgl. hierzu Rz 69–80).

VI. Rechtsnatur, gegenständliche Reichweite und Rechtsfolgen des Kündigungsverbotes

1. Rechtsnatur des Kündigungsverbotes

68 Im Interesse eines wirksamen Arbeitsplatzschutzes enthält § 9 Abs. 1 S. 1 MuSchG für die Zeit der Schwangerschaft und für die ersten vier Monate nach der Entbindung ein **absolutes Kündigungsverbot**. Die Ausgestaltung des mutterschutzrechtlichen Kündigungsschutzes in Form eines gesetzlichen Verbotes iSd § 134 BGB hat zur Folge, dass eine innerhalb der Schutzfristen erklärte Arbeitgeberkündigung **nichtig** ist und nicht nur schwebend unwirksam bis zu einer behördlichen Entscheidung über den Zulassungsantrag. Demgemäß kann der Arbeitgeber die Kündigungserklärung gegenüber der Arbeitnehmerin auch nicht »zurücknehmen« (aA *LAG RhPf* 3.11.1992 LAGE § 615 BGB Nr. 34). Eine solche ins Leere gehende »**Rücknahme« der Kündigung** hat rechtlich die Bedeutung, dass der Arbeitgeber anbietet, darauf zu verzichten, aus einer etwaigen Wirksamkeit der Kündigung irgendwelche Rechtsfolgen herzuleiten. Der Arbeitnehmerin steht es frei, ein solches Angebot anzunehmen. Dem Zweck nach handelt es sich bei dem absoluten Kündigungsverbot um ein **repressives gesetzliches Verbot mit Erlaubnisvorbehalt**. Eine Befreiung von dem gesetzlichen Kündigungsverbot setzt eine **vorherige Zulässigkeitserklärung** durch die gem. § 9 Abs. 3 S. 1 MuSchG zuständige Arbeitsbehörde voraus. Die innerhalb der Schutzfristen des § 9 Abs. 1 MuSchG erklärte Arbeitgeberkündigung ist daher selbst dann gem. § 134 BGB nichtig, wenn zwar die Voraussetzungen für eine behördliche Zulässigkeitserklärung objektiv vorliegen, die behördliche Entscheidung aber noch aussteht (*BAG* 29.7.1968 EzA § 9 MuSchG nF Nr. 1). Das in § 9 Abs. 1 S. 1 MuSchG enthaltene absolute Kündigungsverbot ist verfassungsgemäß (vgl. *BAG* 11.9.1979 EzA § 9 MuSchG nF Nr. 8; zu den verfassungsrechtlichen Aspekten des Mutterschutzes vgl. *Schleicher* RdA 1984, 280; *ders.* BB 1985, 340 sowie KR-*Bader* vor §§ 9, 10 MuSchG Rz 2). Zur Geltendmachung der Unwirksamkeit der Kündigung s.u. Rz 168 ff. Auf den Schutz des § 9 MuSchG kann die Arbeitnehmerin **nicht im Voraus verzichten** (ErfK-*Schlachter* § 9 MuSchG Rz 2). Allerdings kann sie jederzeit selbst kündigen oder auf die Geltendmachung der Unwirksamkeit der Kündigung durch fristgerechte Klage (Folge: § 7 KSchG) verzichten, so dass ein **nachheriger Verzicht** wirksam sein kann (*LAG Bln.* 31.10.1988 LAGE § 9 MuSchG Nr. 9; ErfK-*Schlachter* § 9 MuSchG Rz 2), der freilich einer ausdrücklichen Erklärung bedarf, also nicht durch bloßes Stillschweigen erfolgen kann (HWK-*Hergenröder* § 9 MuSchG Rz 2). Hier wie sonst kann natürlich der Berufung auf § 9 MuSchG **§ 242 BGB** entgegenstehen (*LAG Bln.* 31.10.1988 LAGE § 9 MuSchG Nr. 9; vgl. parallel zu § 18 BEEG KR-*Bader* § 18 BEEG Rz 30a zur Frage der **Verwirkung**).

2. Gegenständliche Reichweite des Kündigungsverbotes

69 Gegenstand des gesetzlichen Kündigungsverbotes ist die vom Arbeitgeber innerhalb der Schutzfristen des § 9 Abs. 1 MuSchG abgegebene Kündigungserklärung, unabhängig davon, wann die Kündigungswirkung eintreten soll (*Buchner/Becker* Rz 155). Ausgeschlossen ist sowohl die **ordentliche** (s.u.

Rz 72 f.) **als auch die außerordentliche** (s.u. Rz 75 ff.) **Arbeitgeberkündigung,** und zwar selbst dann, wenn eine ordentliche Kündigung nach den Vorschriften des KSchG sozial gerechtfertigt bzw. eine außerordentliche Kündigung gem. § 626 BGB wirksam wäre (*Willikonksy* § 9 Rz 4). Ausgeschlossen ist auch die **Änderungskündigung** (*BAG* 7.4.1970 AP Nr. 3 zu § 615 BGB Kurzarbeit; s.u. Rz 73), die Kündigung im Rahmen einer **Massenentlassung** (MünchArbR-*Heenen* § 219 Rz 104; unten Rz 74) sowie die Kündigung aufgrund **Betriebsstilllegung** oder im Rahmen einer **Insolvenz** (ErfK-*Schlachter* Rz 6; s.u. Rz 74). Gleichgültig ist es, ob die Kündigung im Rahmen einer **Probezeit** (dazu *Buchner/Becker* Rz 25) oder eines **befristeten Arbeitsverhältnisses** oder auflösend bedingten Arbeitsverhältnisses ausgesprochen wird. Nicht erfasst wird demgegenüber die kollektivrechtliche Anordnung von Kurzarbeit oder ein im Rahmen allg. Grundsätze zulässiger Widerruf einzelner Arbeitsbedingungen (*Buchner/Becker* Rz 30); zu **anderweitigen Beendigungstatbeständen** außerhalb der Kündigung vgl. Rz 133 ff. Die Ausgestaltung des mutterschutzrechtlichen Kündigungsschutzes iS eines temporären, arbeitgeberseitigen Kündigungserklärungsverbotes hat zur Folge, dass die Kündigung nicht unter das Verbot fällt, wenn die **Kündigungserklärung außerhalb** des Zeitraumes der **Schutzfristen** erfolgt (*Buchner/Becker* Rz 157 mwN; *Gumpert* BB 1956, 115; entscheidend ist der **Zugangszeitpunkt** [*Buchner/Becker* Rz 161; teilw. aA *LAG Düssel.* 11.5.1979 EzA § 9 MuSchG Nr. 19]). Dies gilt insbes. für solche Arbeitgeberkündigungen, die bereits vor Beginn der Schwangerschaft erklärt werden, deren Kündigungswirkung aber erst innerhalb der Schutzfristen eintreten soll. Auch bei einer vorzeitig, dh unter Einräumung einer längeren Frist erklärten ordentlichen Kündigung greift das gesetzliche Kündigungsverbot nicht ein, wenn die Kündigungserklärung bereits vor Beginn der Schwangerschaft zugegangen ist. Hierin liegt auch keine Umgehung des mutterschutzrechtlichen Kündigungsschutzes, da der Arbeitgeber eine zukünftige Schwangerschaft idR nicht in seine kündigungsrechtlichen Erwägungen einbezieht (*Buchner/Becker* Rz 157; *Gröninger/Thomas* Rz 34; *BAG* 22.8.1964 EzA § 620 BGB Nr. 1).

Demgegenüber verstößt eine Arbeitgeberkündigung dann gegen das mutterschutzrechtliche Kündi- 70 gungsverbot, wenn diese während der Schutzfristen erklärt wird, ihre **Wirkung aber erst nach Ablauf der Schutzfristen** eintreten soll (allg. Ansicht: *Buchner/Becker* Rz 156; ErfK-*Schlachter* Rz 11; *Gröninger/Thomas* Rz 35; *Köst* Rz 3; *Zmarzlik/Zipperer/Viethen/Vieß* Rz 47). Bei der Bestimmung des Zeitpunktes der Kündigungserklärung kommt es auf deren **Zugang** an (*BAG* 18.2.1977 EzA § 130 BGB Nr. 8; *Buchner/Becker* Rz 160; *Gröninger/Thomas* Rz 34).

Eine ordentliche Kündigung, die wegen Verletzung des mutterschutzrechtlichen Kündigungsverbotes 71 nichtig ist, kann grds. **nicht in** eine **Anfechtung** wegen Irrtums (§ 119 BGB) oder arglistiger Täuschung (§ 123 BGB) **umgedeutet** werden (*BAG* 14.10.1975 EzA § 140 BGB Nr. 3). Die Anfechtung zielt nämlich ebenso wie die fristlose Kündigung auf eine sofortige Beendigung des Arbeitsverhältnisses ab. Nach § 140 BGB kann ein nichtiges Rechtsgeschäft aber nur in ein anderes Rechtsgeschäft mit gleichen oder weniger weitgehenden Folgen umgedeutet werden; das Ersatzgeschäft darf daher niemals weitergehende Wirkungen als das ursprünglich beabsichtigte Rechtsgeschäft haben.

a) Ordentliche Kündigung des Arbeitgebers

Unter das gesetzliche Kündigungsverbot des § 9 Abs. 1 MuSchG fällt zunächst die seitens des Arbeit- 72 gebers innerhalb der Schutzfristen erklärte ordentliche Kündigung. Für das Eingreifen des Kündigungsverbotes ist es dabei ohne Bedeutung, ob die ordentliche Kündigung bereits aus anderen Gründen (zB wegen Verstoßes gegen die Bestimmungen der §§ 102, 103 BetrVG; §§ 1, 15 KSchG; § 85 SGB IX) unwirksam ist. Umgekehrt greift das mutterschutzrechtliche Kündigungsverbot auch dann ein, wenn die ordentliche Kündigung aus verhaltens-, personen- oder betriebsbedingten Gründen gem. § 1 Abs. 2 KSchG sozial gerechtfertigt wäre.

Die vom Arbeitgeber innerhalb der Schutzfristen erklärte (ordentliche oder außerordentliche [dazu 73 Rz 80]) **Änderungskündigung** fällt ebenfalls unter das gesetzliche Kündigungsverbot des § 9 Abs. 1 MuSchG (*Buchner/Becker* Rz 27; vgl. zum Begriff der Änderungskündigung KR-*Rost* § 2 KSchG Rz 8 ff.). Daran ändert auch nichts der Umstand, dass der Arbeitgeber mit der Änderungskündigung in aller Regel vorrangig eine Abänderung der Arbeitsbedingungen zu seinen Gunsten zu erreichen wünscht (dies ist bei einer etwa zulässigen Teilkündigung nicht der Fall, weshalb sie nicht unter § 9 MuSchG fällt: *Buchner/Becker* Rz 29). Da aber auch die Änderungskündigung im Falle einer Ablehnung des Änderungsangebots durch den Arbeitnehmer die Beendigung des Arbeitsverhältnisses bezweckt, ist es gerechtfertigt, auch diese Kündigungsart dem mutterschutzrechtlichen Kündigungsschutz zu unterwerfen (für die allg. Auffassung etwa *Buchner/Becker* Rz 27; *Gröninger/Thomas* Rz 37;

Heilmann Rz 34; *Meisel/Sowka* Rz 77; *BAG* 15.2.1957 AP Nr. 33 zu §1 KSchG; 7.4.1970 EzA §615 BGB Nr. 13). Das mutterschutzrechtliche Kündigungsverbot gelangt auch zur Anwendung, wenn mittels einer Änderungskündigung Kurzarbeit eingeführt werden soll. Wird dagegen die Kurzarbeit auf kollektivvertraglicher Grundlage (zB aufgrund einer Betriebsvereinbarung) eingeführt, so kann die Bestimmung des §9 Abs. 1 MuSchG weder unmittelbar noch entsprechend angewendet werden (*BAG* 7.4.1970 EzA §615 BGB Nr. 13; *KDZ-Zwanziger* Rz 28). Im zuletzt genannten Fall kann die Arbeitnehmerin den durch die Kurzarbeit bedingten Lohnausfall auch nicht gem. §11 MuSchG ersetzt erhalten. Die Gewährung des in dieser Vorschrift geregelten sog. Mutterschutzlohnes kommt nur dann in Betracht, wenn wegen eines der in §11 Abs. 1 S. 1 MuSchG genannten Beschäftigungsverbote oder wegen eines Wechsels der Beschäftigung oder Entlohnungsart ein Entgeltausfall eintritt. Das ist jedoch bei betrieblich bedingter Kurzarbeit nicht der Fall.

74 Das mutterschutzrechtliche Kündigungsverbot gilt auch im **Insolvenzverfahren** (*Köst* Rz 10, 11). Auch in diesen Fällen bedarf es einer vorherigen Zulässigkeitserklärung durch die gem. §9 Abs. 3 MuSchG zuständige Arbeitsbehörde; die Verfahren der §§125, 126 InsO ändern daran nichts (*Buchner/Becker* §9 MuSchG Rz 33; *Willikonsky* §9 MuSchG Rz 5). Dies gilt ebenso für eine beabsichtigte ordentliche Kündigung im Rahmen von **Massenentlassungen** gem. den §§17 ff. KSchG sowie bei **Betriebseinschränkungen** bzw. **Betriebsstilllegungen** (*Buchner/Becker* Rz 26). Unter das mutterschutzrechtliche Kündigungsverbot fällt auch die sog. **Kampfkündigung** (KR-*Weigand* §25 KSchG Rz 22: herausgreifende Kündigung; HWK-*Hergenröder* §9 MuSchG Rz 5; vgl. weiter Rz 165), da es sich hierbei nicht um eine kollektivrechtliche, sondern um eine individualrechtliche Reaktion des Arbeitgebers auf rechtswidrige kollektive Arbeitsniederlegung handelt (*Buchner/Becker* Rz 26). Zu **Arbeitskampfmaßnahmen** s.u. Rz 163–164.

b) Außerordentliche Kündigung des Arbeitgebers

75 Von dem mutterschutzrechtlichen Kündigungsverbot wird auch die vom Arbeitgeber innerhalb der Schutzfristen erklärte außerordentliche Kündigung (KR-*Fischermeier* §626 BGB Rz 18) erfasst. Dies gilt sowohl für die **fristlos** erklärte außerordentliche Kündigung als auch für die außerordentliche Kündigung mit einer **sozialen Auslauffrist** (allg. Ansicht: vgl. etwa *Buchner/Becker* Rz 20; *Gröninger/Thomas* Rz 37; *BAG* [GS] 26.4.1956 EzA §615 BGB Nr. 1; 8.12.1955 AP Nr. 4 zu §9 MuSchG; s. aber noch Rz 88). Es ist auch rechtlich ohne Belang, ob die außerordentliche Kündigung im Rahmen eines befristeten oder unbefristeten Arbeitsverhältnisses (oder eines auflösend bedingten Arbeitsverhältnisses) erklärt werden soll.

76 Von der außerordentlichen Kündigung zu unterscheiden ist die **Anfechtung** des Arbeitsvertrages (vgl. hierzu iE Rz 136–139). Die Anfechtung wegen Irrtums (§119 BGB) oder arglistiger Täuschung (§123 BGB) fällt nicht unter das mutterschutzrechtliche Kündigungsverbot (*Buchner/Becker* Rz 44 mwN; *Gröninger/Thomas* Rz 50; *BAG* 5.12.1957 AP Nr. 2 zu §123 BGB; 22.9.1961 AP Nr. 15 zu §123 BGB; 6.10.1962 EzA §119 BGB Nr. 1). Im Unterschied zur außerordentlichen Kündigung setzt die Anfechtung einen Grund voraus, der vor oder bei Abschluss des Arbeitsvertrages vorlag. Die **Umdeutung** einer unwirksamen außerordentlichen Kündigung in eine Anfechtung soll möglich sein, sofern dies dem mutmaßlichen Willen des Arbeitgebers entspricht, dieser Wille dem Arbeitnehmer erkennbar geworden ist (zur Problematik dieses Kriteriums KR-*Bader* §10 MuSchG Rz 21), und die beabsichtigte sofortige Auflösung des Arbeitsverhältnisses auf einen Grund gestützt wird, der vor oder bei Abschluss des Arbeitsvertrages vorlag (*ArbG Wiesbaden* 8.11.1975 BB 1975, 136; vgl. auch *Buchner/Becker* Rz 46).

77 Die außerordentliche Kündigung ist auch dann wegen Verstoßes gegen das mutterschutzrechtliche Kündigungsverbot unwirksam, wenn objektiv ein wichtiger Grund iSd §626 Abs. 1 BGB vorliegt. Die Berufung der Arbeitnehmerin auf den besonderen Kündigungsschutz kann in diesen Fällen nicht als **unzulässige Rechtsausübung** angesehen werden (*Buchner/Becker* Rz 163; *BAG* [GS] 26.4.1956 AP Nr. 5 zu §9 MuSchG). Dies gilt selbst dann, wenn die Arbeitnehmerin zuvor erklärt hatte, eine Kündigung widerspruchslos akzeptieren zu wollen (*Buchner/Becker* Rz 163; aA *LAG Bln.* 31.10.1988 DB 1989, 387). Bei besonders schwerwiegenden Pflichtverletzungen der Arbeitnehmerin (zB Straftaten gegenüber dem Arbeitgeber) kann dieser wichtige Grund jedoch uU zu einem Ausschluss des **Annahmeverzuges** des Arbeitgebers führen (*BAG* [GS] 26.4.1956 aaO; *BAG* 29.10.1987 DB 1988, 867; *Gröninger/Thomas* Rz 40; s.a. Rz 88).

78 Liegt objektiv ein wichtiger Grund iSd §626 Abs. 1 BGB vor, so kann der Arbeitgeber nur dann der Arbeitnehmerin wirksam kündigen, wenn die gem. §9 Abs. 3 MuSchG zuständige Arbeitsbehörde die

beabsichtigte außerordentliche Kündigung für zulässig erklärt. Diese behördliche **Zulässigkeitserklärung** muss stets **vor Ausspruch der außerordentlichen Kündigung** vom Arbeitgeber eingeholt werden. Ohne vorherige Zulässigkeitserklärung ist die außerordentliche Kündigung selbst dann **unheilbar nichtig**, wenn die Voraussetzungen eines »besonderen Falles« iSd § 9 Abs. 3 S. 1 MuSchG vorliegen (BAG 29.7.1968 EzA § 9 MuSchG nF Nr. 1; Buchner/Becker Rz 162; zweifelnd Meisel/Sowka Rz 79). Unzulässig ist auch eine unter der Bedingung einer späteren Zulässigkeitserklärung ausgesprochene außerordentliche Kündigung.

Die in **§ 626 Abs. 2 BGB geregelte Ausschlussfrist von zwei Wochen** ist auch im Rahmen des nach § 9 79
Abs. 3 MuSchG geregelten behördlichen Zulassungsverfahrens zu beachten. Wegen der weitgehenden Gleichheit der Interessenlage empfiehlt es sich, hierbei an die vom BAG aufgestellten Grundsätze zur Geltung der zweiwöchigen Ausschlussfrist im Rahmen des Zustimmungsverfahrens gem. § 103 BetrVG anzuknüpfen (vgl. BAG 11.9.1979 EzA § 9 MuSchG nF Nr. 16; 22.8.1974 EzA § 103 BetrVG 1972 Nr. 6; 20.3.1975 EzA § 103 BetrVG 1972 Nr. 7; 24.4.1975 EzA § 103 BetrVG 1972 Nr. 8; 27.5.1975 EzA § 103 BetrVG 1972 Nr. 9). Danach beginnt der Lauf der Zweiwochenfrist mit der Kenntnis des Arbeitgebers von den für die Kündigung maßgebenden Tatsachen (iE KR-Fischermeier § 626 BGB Rz 311 ff.). Zur Wahrung der Ausschlussfrist ist es erforderlich, dass der Arbeitgeber vor deren Ablauf die Zulässigkeitserklärung bei der nach § 9 Abs. 3 MuSchG zuständigen Arbeitsbehörde **beantragt** (ebenso LAG Hamm 3.10.1986 BB 1986, 2419; LAG Köln 21.1.2000 AiB 2001, 233; ArbG Passau 19.10.1987 BB 1987, 2375). Dagegen kann er die gegen eine ablehnende Entscheidung der Arbeitsbehörde laufenden Rechtsbehelfsfristen sowohl im Widerspruchs- als auch im Klageverfahren jeweils voll ausschöpfen. **Nach erfolgter Zulässigkeitserklärung** hat der Arbeitgeber die beabsichtigte außerordentliche Kündigung **unverzüglich** zu erklären (KR-Fischermeier § 626 BGB Rz 337), wobei insoweit der Zeitpunkt des **Zugangs bei der Arbeitnehmerin** entscheidend ist (ebenso unverzügliche Kündigung, wenn das Zustimmungserfordernis entfällt: LAG Köln 21.1.2000 AiB 2001, 233; ErfK-Schlachter Rz 19). Dies folgt aus einer entsprechenden Anwendung des § 91 Abs. 5 SGB IX (Buchner/Becker Rz 258; LAG Hamm 3.10.1986 aaO). Der Arbeitgeber kann den Betriebs- oder Personalrat sowohl vor als auch nach dem Ende des behördlichen Zulässigkeitsverfahrens wegen der beabsichtigten außerordentlichen Kündigung beteiligen (LAG Hamm 3.10.1986 aaO; zur ähnlichen Rechtslage beim Kündigungsschutz für schwerbehinderte Menschen BAG 3.7.1980 EzA § 18 SchwbG Nr. 3; 21.10.1983 AP Nr. 16 zu § 626 BGB Ausschlussfrist). Bei einer nachträglichen Beteiligung muss der Arbeitgeber den Betriebs- oder Personalrat unverzüglich nach Erhalt der behördlichen Zulässigkeitserklärung anhören (LAG Hamm 3.10.1986 aaO; vgl. auch KR-Etzel § 91 SGB IX Rz 30c).

Unter das mutterschutzrechtliche Kündigungsverbot fällt auch die vom Arbeitgeber innerhalb der 80
Schutzfristen erklärte **außerordentliche Änderungskündigung** (KR-Rost § 2 KSchG Rz 30 ff.). Dies folgt aus der mit einer derartigen Kündigung bezweckten Zielsetzung, das Arbeitsverhältnis für den Fall der Nichtannahme des Änderungsangebots mit sofortiger Wirkung zu beenden (s.o. Rz 73).

3. Rechtsfolgen bei Verletzung des Kündigungsverbotes

a) Kein Straf- bzw. Ordnungswidrigkeitstatbestand

Die Verletzung des in § 9 Abs. 1 MuSchG geregelten Kündigungsverbotes durch den Arbeitgeber stellt 81
weder eine Straftat noch eine Ordnungswidrigkeit dar.

b) Nichtigkeit der verbotswidrig erklärten Arbeitgeberkündigung

Der Verstoß gegen das mutterschutzrechtliche Kündigungsverbot führt gem. § 134 BGB zur Nichtig- 82
keit der ausgesprochenen Arbeitgeberkündigung (iE s.o. Rz 68–71). Eine nachträgliche Genehmigung durch die zuständige Arbeitsbehörde sieht das Gesetz nicht vor. Die eingetretene Nichtigkeitsfolge wird auch nicht dadurch rückwirkend beseitigt, dass die Schwangerschaft mit einer Fehlgeburt endet (s.o. Rz 31). Die erwerbstätige Frau scheidet nämlich erst mit Eintritt der Fehlgeburt aus dem Geltungsbereich des MuSchG aus (BAG 16.2.1973 EzA § 9 MuSchG nF Nr. 14; LAG Hamm 1.12.1983 BB 1984, 1877; 3.10.1986 BB 1986, 2419).

Die ohne behördliche Zustimmung ausgesprochene Kündigung ist **offensichtlich unwirksam**. Die 82a
unwirksam gekündigte Arbeitnehmerin hat daher einen Anspruch auf **Weiterbeschäftigung** gegen den Arbeitgeber in ihrem Arbeitsverhältnis (BAG 27.2.1985 EzA § 611 BGB Beschäftigungspflicht Nr. 9 mit Anm. Gamillscheg). Dieser Anspruch besteht – wegen der Offensichtlichkeit der Unwirksamkeit – bereits vor dem Erlass eines arbeitsgerichtlichen Urteils erster Instanz und kann daher regelmäßig

auch mit einer **einstweiligen Verfügung** gerichtlich durchgesetzt werden (ausführlich und mN etwa *Walker* Der einstweilige Rechtsschutz im Zivilprozess, 1993, Rz 680). Der Verfügungsanspruch ergibt sich in einem solchen Fall aus dem arbeitsrechtlichen Beschäftigungsanspruch, der jedenfalls durch eine offensichtlich unwirksame Kündigung nicht beschränkt wird. Der erforderliche Verfügungsgrund ergibt sich regelmäßig grds. aus dem Angewiesensein der Arbeitnehmerin auf ihren Arbeitsverdienst und dem ansonsten eintretenden endgültigen Rechtsverlust. Zum Weiterbeschäftigungsanspruch während des Kündigungsschutzprozesses KR-*Etzel* § 102 BetrVG Rz 269 ff.

83 Die nichtige Kündigung kann auch nicht in eine solche zum zunächst zulässigen Zeitpunkt nach Ablauf der Schutzfristen des § 9 Abs. 1 MuSchG umgedeutet werden (*Buchner/Becker* Rz 164; *Heilmann* Rz 86; *Köst* Rz 26). Die **Unzulässigkeit der Umdeutung** ergibt sich daraus, dass auch eine derartige Kündigung während der Schutzfristen nicht rechtswirksam vom Arbeitgeber erklärt werden kann. In diesen Fällen bedarf es daher einer erneuten Kündigungserklärung nach Ablauf der Schutzfristen, die dann auch erneut § 623 BGB unterliegt (*Buchner/Becker* Rz 164; zur Frage der Bestätigung KR-*Spilger* § 623 BGB Rz 195 ff.).

84 Für die bei den **Stationierungsstreitkräften** beschäftigten Arbeitnehmerinnen bestand bis 28. März 1998 insofern eine Sonderregelung, als nach Art. 56 Abs. 2a des Zusatzabkommens zum NATO-Truppenstatut v. 3.8.1959 (BGBl. 1961 II S. 1218) idF des Änderungsabkommens v. 21.10.1971 (BGBl. 1973 II S. 1022) bei einer unwirksamen Kündigung (zB nach § 9 MuSchG) eine Auflösung des Arbeitsverhältnisses gegen Gewährung einer Abfindung in Betracht kam, wenn der Arbeitgeber erklärte, dass der Weiterbeschäftigung besonders schutzwürdige militärische Interessen entgegenstünden. Diese Sonderregelung ist durch das Änderungsabkommen v. 18. März 1993 (BGBl. 1994 II S. 2598), das am 29. März 1998 (BGBl. II S. 1691) in Kraft getreten ist, modifiziert worden. Nunmehr kann der Arbeitgeber nur noch im Rahmen des § 9 Abs. 1 S. 2 KSchG, dh bei einer sozialwidrigen Kündigung, einen Auflösungsantrag auf besonders schutzwürdige militärische Interessen stützen. Das heißt: Bei einer allein nach § 9 MuSchG unwirksamen Kündigung kann der Arbeitgeber jedenfalls auf der Basis der Rechtsprechung des BAG keinen Auflösungsantrag mehr stellen (ebenso *Buchner/Becker* Rz 166; vgl. weiter KR-*Spilger* § 9 KSchG Rz 27 ff.). Vgl. zum kündigungsrechtlichen Status der bei den Stationierungsstreitkräften beschäftigten Arbeitnehmer iE KR-*Weigand* NATO-ZusAbk Rz 1 ff.

c) **Annahmeverzug des Arbeitgebers**

85 Infolge der Nichtigkeit der verbotswidrig erklärten Kündigung gerät der Arbeitgeber gem. § 615 BGB in Annahmeverzug, wenn er die Arbeitsleistung der arbeitsbereiten Arbeitnehmerin nicht entgegennimmt (näher KR-*Spilger* § 11 KSchG Rz 11 ff.; s.a. Rz 77). Eine fehlende Arbeitsbereitschaft folgt nach zutreffender Ansicht des *LAG RhPf* (14.3.1995 LAGE § 615 BGB Nr. 43) nicht schon allein daraus, dass die Arbeitnehmerin – bevor sie von ihrer Schwangerschaft Kenntnis hat – zunächst Verständnis für die Kündigung zeigt und die Klagefrist des § 4 KSchG verstreichen lässt. Die Verpflichtung des Arbeitgebers zur Weiterzahlung der Vergütung richtet sich aber nur dann allein nach § 615 BGB, wenn keine der generellen oder individuellen Beschäftigungsverbote eingreifen. Bei **Beschäftigungsverboten** richtet sich die Entgeltzahlung nach § 11 MuSchG. Für die Beschäftigungsverbote während der Schutzfristen des § 3 Abs. 2 und § 6 Abs. 1 MuSchG besteht insofern eine Sonderregelung, als hier die Bestimmungen über das **Mutterschaftsgeld** (§ 13 MuSchG iVm § 200 RVO) sowie die Vorschrift des § 14 MuSchG über den **Mutterschaftsgeld-Zuschuss** anzuwenden sind (indes zur **Verfassungswidrigkeit** des § 14 Abs. 1 S.1 MuSchG s.u. Rz 131 mwN).

86–87 Zu den **Voraussetzungen des Annahmeverzugs** im Falle einer unwirksamen Kündigung iE KR-*Spilger* § 11 KSchG Rz 11 ff.

88 In **Ausnahmefällen** kann die Vergütungspflicht des Arbeitgebers entfallen. Allein das objektive Bestehen eines wichtigen Grundes iSd § 626 BGB oder eines verhaltensbedingten Grundes iSd § 1 Abs. 2 KSchG führt zwar grds. noch nicht zum Fortfall der Vergütungspflicht (*BAG* [GS] 26.4.1956 EzA § 615 BGB Nr. 1; 23.5.1969 § 9 MuSchG nF Nr. 7; 29.10.1987 EzA § 615 BGB Nr. 54). Der Arbeitgeber kommt aber dann **nicht in Annahmeverzug**, wenn die Arbeitnehmerin sich so verhält, dass der Arbeitgeber nach **Treu und Glauben** und unter Berücksichtigung der Gepflogenheiten des Arbeitslebens sowie des Sinnes und Zweckes des Mutterschutzes die Annahme der Leistung zu Recht ablehnt (*BAG* 26.4.1956 EzA § 615 BGB Nr. 1 und 29.10.1987 EzA § 615 BGB Nr. 54; *Gröninger/Thomas* Rz 40; MünchArbR-*Heenen* § 226 Rz 100; *Zmarzlik/Zipperer/Viethen/Vieß* § 9 Rz 50). Geboten ist eine **Gesamtabwägung** (*Buchner/Becker* Rz 170). Eine **Unzumutbarkeit für den Arbeitgeber**, das Leistungsangebot der Arbeitneh-

merin anzunehmen, ist insbes. dann gegeben, wenn die Arbeitnehmerin die durch § 823 Abs. 1 BGB geschützten Rechtsgüter des Arbeitgebers schuldhaft verletzt (aA *Buchner/Becker* Rz 170, nur auf Rechtswidrigkeit abstellend). Von einer zum Fortfall der Vergütungspflicht führenden außerordentlichen, schweren Pflichtverletzung kann nur dann die Rede sein, wenn die Arbeitnehmerin in grober Weise gegen die ihr obliegenden Pflichten aus dem Arbeitsverhältnis verstoßen hat und eine Gefährdung von Rechtsgütern des Arbeitgebers, seiner Familienangehörigen oder von Arbeitskollegen zu besorgen ist, deren Schutz Vorrang vor den Bestandsinteressen der Arbeitnehmerin hat (*BAG* 29.10.1987 EzA § 615 BGB Nr. 54). Das gilt so etwa für Beleidigungen des Arbeitgebers durch die Arbeitnehmerin oder den Fall, dass sich andere Arbeitnehmer weigern, mit der Frau zusammenzuarbeiten (*Buchner/Becker* Rz 171 mwN).

Der Annahmeverzug des Arbeitgebers kann auch dann entfallen, wenn die Schwangere nicht innerhalb angemessener Frist ihrer Nachweispflicht nachkommt (*BAG* 6.6.1974 EzA § 9 MuSchG nF Nr. 15; vgl. hierzu Rz 59–62). Der Arbeitgeber kommt auch dann nicht in Annahmeverzug, wenn die Arbeitnehmerin nicht dazu in der Lage ist, ihrer Arbeitspflicht nachzukommen (zB infolge einer **krankheitsbedingten Arbeitsunfähigkeit**). Der Arbeitnehmerin steht aber dann ein Entgeltfortzahlungsanspruch zu (§ 3 EFZG). 89–90

d) Schadensersatzpflicht des Arbeitgebers

Das Kündigungsverbot des § 9 Abs. 1 MuSchG begründet für den Arbeitgeber eine entsprechende **Unterlassungspflicht.** Verstößt der Arbeitgeber trotz positiver Kenntnis von der Schwangerschaft oder der Entbindung bzw. trotz einer rechtzeitigen nachträglichen Mitteilung schuldhaft (*Buchner/Becker* Rz 179: mangels Nachforschungspflicht des Arbeitgebers Fälle fahrlässiger Unkenntnis des Arbeitgebers von der Schwangerschaft damit nicht erfasst insoweit aA *Heilmann* Rz 92; *Zmarzlik/Zipperer/Viethen/Vieß* Rz 51]) gegen diese arbeitsvertragliche Nebenpflicht, so begründet dies eine **Schadensersatzpflicht** des Arbeitgebers. Neben dem vertraglichen Schadensersatzanspruch (früher aus dem Gesichtspunkt der positiven Forderungsverletzung, jetzt gem. § 280 Abs. 1 BGB) kommt auch noch ein deliktischer Anspruch in Betracht. Da die Bestimmung des § 9 Abs. 1 MuSchG nicht den Schutz der Allgemeinheit, sondern gerade den Schutz eines bestimmten sozial besonders schutzbedürftigen Personenkreises bezweckt, handelt es sich um ein **Schutzgesetz** iSd § 823 Abs. 2 BGB (*Buchner/Becker* Rz 178; *Gröninger/Thomas* Rz 41; *Zmarzlik/Zipperer/Viethen/Vieß* Rz 51). 91

Zu den erstattungsfähigen Schäden gehören alle **Vermögensnachteile,** die **adäquat kausal** auf der Verletzung des Kündigungsverbotes beruhen. Hierzu gehören insbes. Aufwendungen, die ihre Ursache in den kündigungsbedingten psychischen Belastungen der Arbeitnehmerin haben (zB Krankenhauskosten bei einer Früh- oder Fehlgeburt). Führt der bewusste Verstoß gegen das Kündigungsverbot bei der Arbeitnehmerin zu einer körperlichen oder gesundheitlichen Beeinträchtigung, so kann auch ein **Schmerzensgeldanspruch** bestehen. 92

e) Sonstige Leistungen

Kommt der Arbeitgeber im Falle eines Annahmeverzuges der ihm gem. § 615 BGB obliegenden Verpflichtung zur Weiterzahlung der Vergütung nicht nach, dann kann der Arbeitnehmerin uU ein Anspruch auf **Arbeitslosengeld** (bei Erfüllung der Anwartschaftszeit gem. § 123 SGB III) bzw. **Arbeitslosenhilfe** gem. § 190 SGB III (geltend bis zum 31.12.2004; danach **Arbeitslosengeld II** [vgl. dazu KR-*Wolff* SozR Rz 50]) zustehen. Die Arbeitnehmerin ist zwar nicht arbeitslos iSd § 118 SGB III, da ihr Arbeitsverhältnis wegen der gem. § 9 Abs. 1 MuSchG unwirksamen Kündigung mit ihrem bisherigen Arbeitgeber fortbesteht. Auch ruht nach § 143 Abs. 1 SGB III grds. der Anspruch auf Arbeitslosengeld in der Zeit, für die der Arbeitslose Arbeitsentgelt erhält oder zu beanspruchen hat. Bei einer tatsächlichen Nichtleistung der gem. § 615 BGB geschuldeten Arbeitsvergütung kann die faktisch arbeitslose Arbeitnehmerin jedoch gem. § 143 Abs. 3 S. 1 SGB III Arbeitslosengeld beanspruchen (vgl. dazu insgesamt näher KR-*Wolff* § 37b, § 143 SGB III Rz 29 ff.). In Höhe des Arbeitslosengeldes geht dann der Vergütungsanspruch auf die BA über (§ 115 SGB X); zahlt der Arbeitgeber gleichwohl mit befreiender Wirkung an die Arbeitnehmerin, muss diese insoweit das Arbeitslosengeld zurückerstatten (§ 143 Abs. 3 S. 2 SGB III). 93

Während der Schutzfristen nach § 3 Abs. 2 und § 6 Abs 1 MuSchG erhält die unzulässig gekündigte Arbeitnehmerin bei Vorliegen der in § 13 MuSchG geregelten Voraussetzungen **Mutterschaftsgeld** (vgl. *Buchner/Becker* Rz 144). Daneben können die unter den Geltungsbereich des § 14 Abs. 1 MuSchG fallen- 94 den Arbeitnehmerinnen von dem Arbeitgeber einen **Zuschuss zum Mutterschaftsgeld** beanspruchen (indes zur **Verfassungswidrigkeit** des § 14 Abs. 1 S. 1 MuSchG Rz 131 mwN). Eine jährliche tarifvertragliche **Sonderzahlung** darf wegen der Fehlzeiten während der Schutzfristen nach § 3 Abs. 2 und § 6 Abs. 1 MuSchG nicht anteilig gekürzt werden (*BAG* 8.10.1986 DB 1987, 795; 13.10.1982 EzA § 611 BGB Gratifikation, Prämie Nr. 72).

VII. Behördliche Zulassung der Arbeitgeberkündigung

1. Rechtsnatur und Bedeutung der Zulässigkeitserklärung

95 Der in § 9 Abs. 1 MuSchG angeordnete temporäre Ausschluss des Kündigungsrechts wird für den Arbeitgeber insofern gemildert, als die nach § 9 Abs. 3 MuSchG zuständige Arbeitsbehörde in besonderen Fällen ausnahmsweise die Kündigung für zulässig erklären kann; ein ausnahmsloses Kündigungsverbot wäre, da damit vom Arbeitgeber Unzumutbares verlangt würde, auch verfassungswidrig (Art. 2 Abs. 1, 14 GG; KR-*Bader* vor §§ 9, 10 MuSchG Rz 2; *Buchner/Becker* Rz. 189 mwN). Da der Zweck der Vorschrift auf die Verhinderung von Kündigungen gegenüber Schwangeren gerichtet ist, handelt es sich um ein **repressives Verbot mit Erlaubnisvorbehalt** (*BAG GS* 26.4.1956 AP Nr. 5 zu § 9 MuSchG; ansonsten allg. Auffassung). Gegen diese gesetzliche Ausgestaltung des mutterschutzrechtlichen Kündigungsschutzes bestehen zwar **keine** grundlegenden **verfassungsrechtlichen Bedenken,** insbes. nicht im Hinblick auf **Art. 6 Abs. 4 GG** und Art. 3 GG (*BVerfG* 25.1.1972 AP Nr. 1 zu § 9 MuSchG 1968; 24.4.1991 EzA Art. 13 Einigungsvertrag Nr. 1; *BAG* 11.9.1979 EzA § 9 MuSchG nF Nr. 8; 29.7.1968 EzA § 9 MuSchG nF Nr. 1; *BVerwG* 19.10.1958 AP Nr. 14 zu § 9 MuSchG [mit zust. Anm. *Wertenbruch*]; KR-*Bader* vor §§ 9, 10 MuSchG Rz 2). Auch mit dem Modell des **Art. 10 EG-Mutterschutzrichtlinie** stimmt die deutsche Regelung überein (ebenso *Junker/Salus* EWiR 1994, 1177 f.), was darauf beruht, dass Art. 10 Nr. 1 der RL 92/85/EWG wegen der Zulässigkeit von Kündigungsgründen auf das nationale Recht verweist (s.o. Rz 4d). Aus **rechtspolitischer Sicht** ist aber zu erwägen, die durch die gesetzgeberische Grundkonzeption bewirkte **Doppelspurigkeit** des Rechtswegs im Interesse einer Verfahrensbeschleunigung zu beseitigen. Dies könnte etwa durch eine entsprechende Rechtswegzuweisung an die Arbeitsgerichtsbarkeit geschehen, und zwar dergestalt, dass die Gerichte für Arbeitssachen die Entscheidung der Arbeitsbehörde auf einen entsprechenden Antrag hin als Vorfrage überprüfen können. Zu der Frage, ob § 9 Abs. 3 MuSchG mit dem **Übereinkommen Nr. 3 der IAO** in Einklang steht, vgl. *Beitzke* RdA 1983, 141 ff.; *Buchner/Becker* Rz 194; ErfK-*Schlachter* Rz 17; *Gröninger/Thomas* Rz 91; *Zmarzlik/Zipperer/Viethen/Vieß* Rz 58. Entscheidend ist insoweit zunächst, dass der Regelung des IAO-Übereinkommens keine unmittelbare Wirkung auf das Arbeitsverhältnis zukommt (*Buchner/Becker* Rz 196 mwN; *Gröninger/Thomas* § 9 Rz 91). Außerdem ist durch die Neufassung des Mutterschutzübereinkommens im Jahre 2000 zwar der Kündigungsschutz zeitlich ausgedehnt worden, es sind jedoch zugleich Ausnahmen wie in § 9 Abs. 3 MuSchG geregelt ermöglicht worden (*Buchner/Becker* Rz 195).

a) Rechtsnatur der behördlichen Entscheidung

96 Bei der behördlichen Entscheidung über den vom Arbeitgeber vor Ausspruch der Kündigung zu stellenden Antrag auf Zulässigkeitserklärung handelt es sich um die behördliche Regelung eines Einzelfalles auf dem Gebiet des öffentlichen Rechtes mit unmittelbarer Rechtswirkung nach außen und damit um einen (privatrechtsgestaltenden; s.u. Rz 97) **Verwaltungsakt** (allg. Ansicht; statt aller *Buchner/Becker* Rz 202). Unmittelbare Rechtswirkung entfaltet die Entscheidung sowohl gegenüber dem Arbeitgeber als auch gegenüber der betroffenen Arbeitnehmerin. Infolge der unterschiedlichen Interessenkonstellation von Arbeitgeber und Arbeitnehmerin stellt sich die behördliche Entscheidung, sei es nun eine Stattgabe oder eine Zurückweisung des Antrages, für einen Verfahrensbeteiligten als **begünstigender,** für den anderen Verfahrensbeteiligten als **belastender** Verwaltungsakt dar.

b) Bedeutung der behördlichen Zulässigkeitserklärung

97 Die behördliche Zulässigkeitserklärung führt zu einer **Aufhebung des** in § 9 Abs. 1 MuSchG angeordneten **temporären Kündigungsverbots.** Es handelt sich folglich um einen Verwaltungsakt mit **rechtsgestaltender Wirkung.** Erst nach erfolgter Zulässigkeitserklärung kann der Arbeitgeber innerhalb der Schutzfristen des § 9 Abs. 1 MuSchG eine Kündigung aussprechen. Eine zuvor bereits erklärte Arbeitgeberkündigung ist **unheilbar nichtig** (*BAG* 31.3.1993 EzA § 9 MuSchG nF Nr. 32); sie ist **nicht** etwa bis zur Entscheidung über den Antrag, die Kündigung ausnahmsweise für zulässig zu erklären, **schwebend unwirksam** (allg. Ansicht: *BAG* 29.7.1968 EzA § 9 MuSchG nF Nr. 1; *Buchner/Becker* Rz 198

mwN; *Gröninger/Thomas* Rz 93). Es bedarf vielmehr nach erfolgter Zulässigkeitserklärung einer erneuten Kündigungserklärung (s.o. Rz 83; zur Frage der Bestätigung KR-*Spilger* § 623 BGB Rz 195 ff.).

Das Erfordernis der vorherigen Zulässigkeitserklärung gilt für **jede Art** der innerhalb der Schutzfristen des § 9 Abs. 1 MuSchG beabsichtigten **Arbeitgeberkündigung** (BAG [GS] 26.4.1956 EzA § 615 BGB Nr. 1; s.o. Rz 69 ff.). Besonders schwerwiegende Pflichtverletzungen der Arbeitnehmerin können aber zum **Fortfall des Vergütungsanspruchs** nach § 615 BGB führen (s.o. Rz 88). **98**

Die behördliche Zulässigkeitserklärung durch die gem. § 9 Abs. 3 MuSchG zuständige Arbeitsbehörde gehört nicht zum kündigungsrechtlichen Erklärungstatbestand. Eine vor der behördlichen Entscheidung innerhalb der Schutzfristen des § 9 Abs. 1 ausgesprochene Arbeitgeberkündigung kann daher auch **nicht** – iS einer bloßen Rechtsbedingung – **von** der späteren **Zulässigkeitserklärung abhängig** gemacht werden. Eine Arbeitgeberkündigung unter der Bedingung der nachträglichen Zulässigkeitserklärung stellt folglich eine **unzulässige bedingte Kündigung** dar (*Buchner/Becker* Rz 199 mwN; *Herschel* AuR 1959, 258; *Mörtel* DVBl. 1958, 289). **99**

Die Bestimmung des § 9 Abs. 3 MuSchG enthält eine gesetzliche Ermächtigungsgrundlage lediglich für eine vorherige behördliche Zulässigkeitserklärung. Die Entscheidungskompetenz der zuständigen Arbeitsbehörde ist damit auch öffentlich-rechtlich dahingehend begrenzt, dass eine nachträgliche Genehmigung einer verbotswidrig ausgesprochenen Kündigung nicht in Betracht kommt (allg. Meinung: etwa *Buchner/Becker* Rz 199). Erlässt die Arbeitsbehörde gleichwohl einen **rückwirkenden Genehmigungsbescheid**, so ist dieser Verwaltungsakt wegen Verstoßes gegen das zwingende gesetzliche Verbot des § 9 Abs. 1 MuSchG **nichtig** (zum Institut des nichtigen Verwaltungsaktes vgl. *Kopp/Ramsauer* § 44 VwVfG Rz 3). Im arbeitsgerichtlichen Verfahren über eine verbotswidrig ausgesprochene Kündigung kann die Nichtigkeit eines derartigen Verwaltungsaktes als Vorfrage festgestellt werden. Steht die Entscheidung der Arbeitsbehörde noch aus, so kann das ArbG gleichwohl bereits die Nichtigkeit der entgegen § 9 Abs. 1 MuSchG ausgesprochenen Kündigung feststellen. Da eine behördliche Genehmigung ausgeschlossen ist, darf das ArbG den Kündigungsrechtsstreit **nicht** gem. § 148 ZPO bis zur Entscheidung der Arbeitsbehörde **aussetzen** (*Buchner/Becker* Rz 200; *Fischer* RdA 1959, 275; *Gröninger/Thomas* Rz 93; *LAG Düsseld.* 26.2.1954 DB 1954, 456; *LAG Brem.* 26.1.1955 BB 1955, 258). Auch die Anhängigkeit eines entsprechender Verwaltungsgerichtsverfahrens führt zu keinem anderen Ergebnis (BAG 29.7.1968 AP Nr. 28 zu § 9 MuSchG; *Buchner/Becker* Rz 200). **100**

Nicht unter das Erfordernis der vorherigen Zulässigkeitserklärung fallen alle nicht als Arbeitgeberkündigung zu qualifizierenden **sonstigen Beendigungstatbestände** des Arbeitsverhältnisses (zB Anfechtung, Aufhebungsvertrag, Zeitablauf, Eintritt einer auflösenden Bedingung). Da diese Beendigungstatbestände von dem mutterschutzrechtlichen Kündigungsverbot nicht erfasst werden (BAG 23.10.1991 EzA § 9 MuSchG nF Nr. 29; zu den einzelnen sonstigen Beendigungstatbeständen s.u. Rz 133–165), bedarf es auch keiner behördlichen Zulassung. Zum behördlichen **Negativtest** s.u. Rz 118. EG-rechtlich wird man diese Rechtslage auch im Lichte des Art. 10 der EG-MutterschutzRL 92/85/EWG für akzeptabel halten müssen. Jedes andere Verständnis der Richtlinie verbietet sich zunächst dadurch, dass die Richtlinie erkennbar in Kenntnis der nationalen Rechte und der danach möglichen außerkündigungsrechtlichen Beendigungstatbestände erlassen wurde. Im Übrigen wäre jedes andere Verständnis auch durch die der Richtlinie zugrunde liegende Ermächtigungsnorm des Art. 118a EGV (jetzt: Art. 138 EGV) nicht mehr gedeckt. **101**

2. Verfahren der behördlichen Zulassung

Maßgeblich für das bei der Zulässigkeitserklärung nach § 9 Abs. 3 MuSchG zu beachtende Verwaltungsverfahren ist das jeweilige **Verwaltungsverfahrensgesetz des zuständigen Bundeslandes** (*Buchner/Becker* Rz 229). Die Ausführung des MuSchG obliegt nach Art. 83 GG den Ländern als eigene Angelegenheit. Dabei sind sie nach Art. 84 GG befugt, die Einrichtung der Behörden und das Verwaltungsverfahren zu regeln, soweit nicht Bundesgesetze mit Zustimmung des Bundesrates etwas anderes bestimmen. Zwar liegt eine derartige – mit Zustimmung des Bundesrates erlassene – anderweitige bundesgesetzliche Regelung mit dem Verwaltungsverfahrensgesetz des Bundes (VwVfG) vor. Die Vorschriften dieses Gesetzes gelten für Landesbehörden, soweit diese Bundesrechte als eigene Angelegenheit nach Art. 84 GG ausführen, jedoch nur in solchen Bundesländern, in denen keine landesrechtlichen Verwaltungsverfahrensgesetze bestehen (§ 1 Abs. 3 VwVfG). Letzteres ist aber in allen Bundesländern der Fall. Allerdings stimmen die Verwaltungsverfahrensgesetze der meisten Länder nach Inhalt und Wortlaut mit dem Verwaltungsverfahrensgesetz des Bundes überein oder verweisen auf **102** den Inhalt des Verwaltungsverfahrensgesetzes des Bundes (dessen Regelungen liegen daher der weiteren Darstellung zugrunde). Nicht anwendbar sind demgegenüber die verwaltungsverfahrensrechtlichen Vorschriften der §§ 1 ff. SGB X (unklar *Gröninger/Thomas* Rz 105), da die Entscheidung nach § 9 Abs. 3 MuSchG keine Entscheidung nach dem SGB darstellt (vgl. §§ 19 ff. SGB I), wie dies § 1 Abs. 1 SGB X voraussetzen würde.

a) Verfahrensgrundsätze

103 Maßgeblich sind die in den §§ 9–30 VwVfG niedergelegten Verfahrensgrundsätze für das **nichtförmliche Verwaltungsverfahren.** Die in den §§ 63 bis 71 VwVfG enthaltenen Vorschriften über das förmliche Verwaltungsverfahren kommen dagegen nicht zur Anwendung, weil das MuSchG keine entsprechende Anordnung enthält.

104 **Beteiligte** an dem Verwaltungsverfahren sind der Arbeitgeber als Antragsteller und die Arbeitnehmerin als Antragsgegnerin. Weitere Verfahrensbeteiligte kann die nach § 9 Abs. 3 MuSchG zuständige Arbeitsbehörde von Amts wegen oder auf Antrag hinzuziehen. In der Regel dürfte die Beteiligung des **Betriebs- bzw. Personalrats** zweckmäßig sein (ebenso *Buchner/Becker* Rz 235, die allerdings zutr. keine entsprechende Pflicht annehmen).

105 Wegen der besonderen Eilbedürftigkeit der Entscheidung ist das Verwaltungsverfahren möglichst **beschleunigt** durchzuführen (*Gröninger/Thomas* Rz 105; *Herschel* AuR 1959, 259). Bei einer schuldhaften Verzögerung kann der Arbeitgeber gem. Art. 34 GG iVm § 839 BGB einen Amtshaftungsanspruch haben.

106 Wegen der Nichtförmlichkeit des Verwaltungsverfahrens bedarf es keiner obligatorischen mündlichen Verhandlung (vgl. § 10 VwVfG). Eine **mündliche Anhörung** der Beteiligten dürfte aber zur Aufklärung des Sachverhalts beitragen und sollte daher grds. durchgeführt werden. Da eine behördliche Zulässigkeitserklärung sich für die Arbeitnehmerin als belastender Verwaltungsakt darstellt, ist diese vor Erlass einer derartigen Entscheidung jedenfalls mündlich oder schriftlich **anzuhören** (vgl. § 28 Abs. 1 VwVfG; zur Nachholung der Anhörung im Widerspruchsverfahren oder im verwaltungsgerichtlichen Verfahren § 45 Abs. 1 Nr. 3 u. Abs. 2 VwVfG; *BVerwG* 18.8.1977 AP Nr. 5 zu § 9 MuSchG 1968). Nur bei Vorliegen der in § 28 Abs. 2 und Abs. 3 VwVfG geregelten Ausnahmetatbestände (vgl. hierzu iE *Kopp/Ramsauer* § 28 VwVfG Rz 44 ff.) kann von einer Anhörung abgesehen werden.

107 Die nach § 9 Abs. 3 MuSchG zuständige Arbeitsbehörde hat den **Sachverhalt von Amts wegen zu ermitteln**; es gilt der **Untersuchungsgrundsatz.** Die Behörde ist daher an das Vorbringen sowie an die Beweisanträge der Beteiligten nicht gebunden (vgl. § 24 Abs. 1 VwVfG). Die behördliche Ermittlungspflicht hat sich auf alle für den Einzelfall bedeutsamen Umstände zu erstrecken. Hierzu gehören insbes. die Überprüfung der Kündigungsgründe, die Ermittlung der genauen Sozialdaten der Arbeitnehmerin (zB Lebensalter, Familienstand, Dauer der Betriebszugehörigkeit, Vermögensverhältnisse) sowie Feststellungen über die möglichen Auswirkungen einer Kündigung auf die psychische Konstitution der Arbeitnehmerin.

108 Die Erhebung von **Beweisen** liegt im pflichtgemäßen Ermessen der nach § 9 Abs. 3 MuSchG zuständigen Arbeitsbehörde (vgl. § 26 VwVfG). Zur Ermittlung des Kündigungssachverhaltes kann sie insbes. Auskünfte jeder Art einholen, Beteiligte anhören, Zeugen und Sachverständige vernehmen oder die schriftliche Äußerung von Beteiligten, Sachverständigen und Zeugen einholen, Urkunden und Akten beiziehen sowie eine Augenscheinseinnahme durchführen (§ 26 Abs. 1 VwVfG). Den Beteiligten obliegt bei der Ermittlung des Sachverhalts eine Mitwirkungspflicht (§ 26 Abs. 2 S. 1 VwVfG). Sie sollen insbes. ihnen bekannte Tatsachen und Beweismittel angeben (§ 26 Abs. 2 S. 2 VwVfG).

b) Zuständigkeit

109 Zuständig für den Erlass einer Zulässigkeitserklärung ist gem. § 9 Abs. 3 S. 1 MuSchG die für den Arbeitsschutz zuständige oberste Landesbehörde oder die von ihr bestimmte Stelle (vgl. auch *Bucher/Becker* Rz 227 und HaKo-*Fiebig* Rz 28). Von der gesetzlichen Ermächtigung zur Übertragung der Befugnis ist in den einzelnen Bundesländern in unterschiedlicher Weise Gebrauch gemacht. Zuständig sind danach: Baden-Württemberg, Bremen, Niedersachsen, Sachsen, Sachsen-Anhalt (insoweit auch Bergamt) und Schleswig-Holstein: Gewerbeaufsichtsamt; Bayern: Gewerbeaufsichtsämter Nürnberg und München-Land; Berlin: Landesamt für Arbeitsschutz, Gesundheitsschutz und technische Sicherheit; Brandenburg: Amt für Arbeitsschutz und Sicherheitstechnik; Hamburg: Behörde für Umwelt und Gesund-

heit; Hessen: Regierungspräsidium; Mecklenburg-Vorpommern: Ämter für Arbeitsschutz und technische Sicherheit; Nordrhein-Westfalen: Staatl. Amt für Arbeitsschutz; Rheinland-Pfalz: Regionalstellen Gewerbeaufsicht in den Struktur- und Genehmigungsdirektionen Nord und Süd; Saarland: Landesamt für Verbraucher-, Gesundheits- und Arbeitsschutz; Thüringen: Landesamt für Arbeitsschutz und Arbeitsmedizin als Abteilung des Landesamtes für Soziales und Familie bzw. Ämter für Arbeitsschutz.

c) Form und Inhalt des Antrags

Das behördliche Zulassungsverfahren gem. § 9 Abs. 3 MuSchG wird nicht von Amts wegen, sondern nur **auf Antrag** des Arbeitgebers eingeleitet. Der Antrag bedarf **keiner bestimmten Form** (*Buchner/Becker* Rz 231; *Zmarzlik/Zipperer/Viethen/Vieß* Rz 73), er kann damit auch mündlich oder elektronisch gestellt werden (*Kopp/Ramsauer* § 22 Rz 32). Schon aus Gründen der Beweissicherung empfiehlt es sich jedoch, den Antrag schriftlich zu stellen (*Buchner/Becker* Rz 231). Das Erfordernis der EG-MutterschutzRL, schriftlich berechtigte Kündigungsgründe anzuführen, bezieht sich nicht auf den Antrag bei der Behörde, sondern auf die Kündigungserklärung (s.o. Rz 4d). 110

Der Antrag muss inhaltlich bestimmt sein. Es muss insbes. für die Behörde **erkennbar** sein, dass der Arbeitgeber eine **Zulässigkeitserklärung gem. § 9 Abs. 3 MuSchG** begehrt. Dabei bedarf es nicht der genauen Wiederholung der gesetzlichen Formulierung (*Buchner/Becker* Rz 231). Da dem Arbeitgeber als Beteiligtem bei der Ermittlung des Sachverhalts eine Mitwirkungspflicht obliegt (s.o. Rz 108), hat er den Antrag unter Anführung aller wesentlichen Tatsachen zu begründen sowie Beweismittel anzugeben – in der Summe sollte sich daraus ergeben, warum der Arbeitgeber einen besonderen Fall als gegeben ansieht, in dem die Kündigung ausnahmsweise für zulässig zu erklären ist (*Buchner/Becker* Rz 233). Zu den für die behördliche Entscheidung wesentlichen Tatsachen gehören insbes. die folgenden Umstände: Art der beabsichtigten Kündigung (zB außerordentliche oder ordentliche Kündigung), Kündigungszeitpunkt, Sozialdaten der Arbeitnehmerin (zB Lebensalter, Familienstand, Dauer des Arbeitsverhältnisses, Vermögensverhältnisse), Tag der voraussichtlichen oder erfolgten Entbindung sowie die Angabe der Kündigungsgründe; im Übrigen trifft allerdings die Behörde die Pflicht zur Amtsermittlung (s.o. Rz 107), so dass im Falle eines unzureichend begründeten Antrags die Behörde nachfragen muss. 111

d) Fristen

Eine bestimmte Frist für die Stellung des Antrages ist im MuSchG **nicht vorgesehen.** Bei einer außerordentlichen Kündigung ist jedoch die **zweiwöchige Ausschlussfrist des § 626 Abs. 2 BGB** zu beachten. Der Arbeitgeber hat daher innerhalb von zwei Wochen nach Kenntniserlangung von den maßgeblichen Kündigungstatsachen den Antrag bei der gem. § 9 Abs. 3 MuSchG zuständigen Arbeitsbehörde zu stellen. Es gelten insoweit die vom BAG aufgestellten Grundsätze für das in § 103 BetrVG vorgesehene Zustimmungsverfahren (vgl. hierzu schon ausführlich Rz 79). 112

3. Entscheidung der Arbeitsbehörde

a) Form

Eine besondere Form ist für die Entscheidung der Arbeitsbehörde im MuSchG nicht ausdrücklich vorgeschrieben (vgl. § 37 Abs. 2 VwVfG). Das Erfordernis der **Schriftform** wird man aber aus der Art des Verwaltungsaktes ableiten können (vgl. insoweit *Kopp/Ramsauer* § 37 Rz 21a; *Buchner/Becker* Rz 237: Schriftform zweckmäßig). Aus Gründen der Rechtssicherheit und Rechtsklarheit muss die Entscheidung den Erfordernissen der hinreichenden inhaltlichen **Bestimmtheit** genügen (vgl. § 37 Abs. 1 VwVfG). Die Entscheidung ist zu **begründen.** In der Begründung sind die wesentlichen tatsächlichen und rechtlichen Gründe mitzuteilen, die die Arbeitsbehörde zu ihrer Entscheidung bewogen haben (§ 39 Abs. 1 S. 1 u. 2 VwVfG). Da der Arbeitsbehörde nach § 9 Abs. 3 MuSchG ein Ermessensspielraum zusteht, soll die Entscheidung auch die Gesichtspunkte erkennen lassen, von denen die Behörde bei der **Ausübung ihres Ermessens** ausgegangen ist (§ 39 Abs. 1 S. 3 VwVfG; *KDZ-Zwanziger* Rz 40; zu Unrecht einschränkend *OVG Hmb.* 10.9.1982 NJW 1983, 1748). Um die Rechtsbehelfsfristen in Lauf zu setzen, ist weiterhin eine **Rechtsbehelfsbelehrung** erforderlich (vgl. § 58 Abs. 1 u. 2 VwGO). Die Entscheidung ist den Beteiligten, für die sie bestimmt und die von ihr betroffen sind (hier: dem Arbeitgeber und der Arbeitnehmerin) **bekannt zu geben** (§ 41 Abs. 1 S. 1 VwVfG und näher dazu *Kopp/Ramsauer* § 41 Rz 29 ff.; vgl. auch § 41 Abs. 2 u. 5 VwVfG; teilw. Zustellung für zweckmäßig haltend *Buchner/Becker* Rz 239; vgl. weiter Rz 125). 113

b) Beurteilungsmaßstäbe (Verwaltungsrichtlinien)

114 Hinsichtlich der von der Arbeitsbehörde zugrunde zu legenden Beurteilungsmaßstäbe enthält das MuSchG in § 9 Abs. 3 S. 1 eine unvollkommene Regelung. Durch die Verwendung des **unbestimmten Rechtsbegriffs »besonderer Fall«** auf der Voraussetzungsseite der Norm (näher Rz 119) sowie durch die Einräumung eines **beschränkten Ermessensspielraumes** (»kann ... ausnahmsweise«) auf der Rechtsfolgenseite wird dem Bedürfnis nach Rechtsklarheit und Rechtssicherheit nur wenig Rechnung getragen. Um gleichwohl eine einheitliche Verwaltungspraxis sicherzustellen, enthielt § 9 Abs. 3 S. 2 MuSchG eine Ermächtigung an den Bundesminister für Arbeit, mit Zustimmung des Bundesrates allgemeine Verwaltungsvorschriften zur Durchführung des Verwaltungsverfahrens zu erlassen, von der aber kein Gebrauch gemacht worden war. Im Hinblick auf diesen Nichtgebrauch durch den Bundesminister für Arbeit und das Vorliegen von Länderrichtlinien wurde diese Ermächtigung durch das Gesetz v. 20.12.1996 (s.o. Rz 4d) als obsolet gestrichen (vgl. BT-Drs. 13/6110, S. 12).

114a Aufgrund der seinerzeit in § 18 Abs. 1 S. 3 BErzGG (jetzt: § 18 Abs.1 S. 4 BEEG) enthaltenen Ermächtigung hat allerdings der (damals nach dieser Vorschrift noch zuständige) Bundesminister für Arbeit mit Zustimmung des Bundesrates am 2.1.1986 »**Allgemeine Verwaltungsvorschriften zum Kündigungsschutz bei Erziehungsurlaub**« erlassen (BAnz Nr. 1 v. 3.1.1986, S. 4, abgedr. bei KR-*Bader* § 18 BEEG vor Rz 1). Eine **entsprechende Anwendung** der »Allgemeinen Verwaltungsvorschriften zum Kündigungsschutz bei Erziehungsurlaub« (aaO) auf das behördliche Zulassungsverfahren nach § 9 Abs. 3 MuSchG kommt indessen **nicht** in Betracht (ebenso *Gröninger/Thomas* Rz 99; KDZ-*Zwanziger* Rz 35; **aA** wohl *Meisel/Sowka* Rz 113). Abgesehen davon, dass der persönliche Geltungsbereich des § 18 BEEG über denjenigen des § 9 MuSchG hinausgeht (vgl. KR-*Bader* § 18 BEEG Rz 13 ff.), ist auch die Interessenlage jeweils unterschiedlich. Dies zeigt sich insbes. darin, dass die dem Kündigungsverbot des § 9 Abs. 1 MuSchG zugrunde liegenden mutterschaftlichen Erwägungen (zB Schutz der Schwangeren und Mutter vor den mit einer Kündigung verbundenen psychischen Belastungen) auf das Kündigungsverbot des § 18 BEEG nicht in vollem Umfange zutreffen (vgl. auch BAG 31.3.1993 EzA § 9 MuSchG nF Nr. 32).

115 In einigen Bundesländern gibt es **jedoch Verwaltungsrichtlinien des Landesarbeitsministeriums** (Hessen: Richtlinien v. 4.3.1985, StAnz 1985, 630, ferner abgedr. bei *Gröninger/Thomas* Anh. 8; Nordrhein-Westfalen: Runderlass v. 11.2.1981, MBl. NW 1981, 409; außer Kraft ist die Richtlinie für Baden-Württemberg v. 17.3.1953, RdA 1953, 324). Es handelt sich hierbei um **innerdienstliche Anweisungen** ohne Rechtssatzcharakter an die mit der Durchführung des behördlichen Zulassungsverfahrens betrauten Stellen, die allenfalls im Rahmen einer Selbstbindung der Verwaltung für Dritte bedeutsam werden. Inhaltlich regeln diese Verwaltungsrichtlinien insbes. die Frage, welche Fallgruppen als »besonderer Fall« iSd § 9 Abs. 3 S. 1 MuSchG anzusehen sind (s.u. Rz 120 ff.).

c) Behördliche Entscheidungsmöglichkeiten

116 Die behördlichen Entscheidungsmöglichkeiten sind durch die gesetzliche Ermächtigungsgrundlage des § 9 Abs. 3 MuSchG dahin begrenzt, dass die Behörde dem Antrag des Arbeitgebers entweder **stattgeben oder** ihn **zurückweisen** kann. Ein weiterer Entscheidungsspielraum durch Beifügung von **Nebenbestimmungen** und **Auflagen** (zB Auflösung des Arbeitsverhältnisses gegen Zahlung einer Abfindung, Zulässigkeitserklärung einer nicht beantragten ordentlichen Kündigung unter Zurückweisung einer beantragten außerordentlichen Kündigung; Festlegung einer sozialen Auslauffrist; Bestimmung der Kündigungsfrist) steht der Arbeitsbehörde nicht zu (vgl. *Gröninger/Thomas* Rz 103 f.: restriktiv, aber Auflagen und Nebenbestimmungen in engem Rahmen für zulässig haltend; gänzlich **aA**, dh für die Zulassung einer solchen »Zwischenlösung« *Buchner/Becker* Rz 236; KDZ-*Zwanziger* Rz 39; *Meisel/Sowka* Rz 115; *Herschel* BArbBl. 1952, S. 104; vgl. parallel zur hier vertretenen Ansicht auch KR-*Bader* § 18 BEEG Rz 34).

117 Eine Ermächtigung zur Hinzufügung von **Nebenbestimmungen** (Befristungen, Bedingungen, Auflagen und Widerrufsvorbehalte) lässt sich der gesetzlichen Ermächtigungsgrundlage des § 9 Abs. 3 MuSchG nämlich nicht entnehmen (insoweit ebenso *Gröninger/Thomas* aaO; **aA** *Buchner/Becker* aaO; *Herschel* aaO; KDZ-*Zwanziger* Rz 39). Und § 36 Abs. 2 Nr. 4 VwVfG deckt die oben (Rz 116) angeführten Beispielsfälle nicht ab. Lediglich im Falle der Weiterbeschäftigung der Schwangeren kann die Behörde Anordnungen aufgrund der Ermächtigungsgrundlage des § 2 Abs. 5 MuSchG treffen. Dies kann auch in Gestalt einer entsprechenden Auflage gegenüber dem Begünstigten erfolgen, also gegenüber dem Arbeitgeber, dessen Antrag stattgegeben wurde.

Kündigungsverbot § 9 MuSchG

Die Erlaubnisbehörde ist ferner nicht dazu ermächtigt, dem Arbeitgeber durch ein sog. **Negativattest** 118
mit konstitutiver Wirkung zu bescheinigen, dass die Kündigung zulässig ist, ohne dass es einer vorherigen behördlichen Zulassung bedarf. Denn über das Eingreifen des besonderen Kündigungsschutzes nach § 9 MuSchG entscheiden verbindlich allein die Arbeitsgerichte, die an die Rechtsauffassung der Behörde nicht gebunden sind (*Buchner/Becker* Rz 209; *Gröninger/Thomas* Rz 105; *Heilmann* Rz 173; *BAG* 28.1.1965 AP Nr. 25 zu § 9 MuSchG). Auch die irrige Annahme der Arbeitsbehörde, dass im Einzelfall eine Zulässigkeitserklärung nicht erforderlich sei, ersetzt diese nicht (*BAG* 28.1.1965 aaO). In Zweifelsfällen kommt allerdings eine prophylaktische Zulässigkeitserklärung in Betracht. Im Übrigen wird man den behördlichen Hinweis (auch in Form eines Bescheids), dass eine Zulässigkeitserklärung nicht erforderlich sei, weil gar keine Kündigung beabsichtigt sei, für möglich halten müssen (*Buchner/Becker* Rz 209).

d) Voraussetzungen der Zulässigkeitserklärung

Die Zulässigkeitserklärung durch die gem. § 9 Abs. 3 MuSchG zuständige Arbeitsbehörde ist **Wirk-** 119
samkeitsvoraussetzung für die vom Arbeitgeber innerhalb der Schutzfristen des § 9 Abs. 1 MuSchG beabsichtigte Kündigung. Die Zulässigkeitserklärung darf nur unter der Voraussetzung erteilt werden, dass ein »**besonderer Fall**« vorliegt. Ist diese voll justiziable Voraussetzung im Einzelfall zu bejahen, so ordnet auf der **Rechtsfolgenseite** der Vorschrift die Formulierung »kann« eine **Ermessensentscheidung** der Behörde an; es steht dann also gleichwohl im Ermessen der Arbeitsbehörde, ob dem Antrag des Arbeitgebers stattgegeben wird.

Mit dem Merkmal »besonderer Fall« knüpft § 9 Abs. 3 MuSchG auf der Voraussetzungsseite der Vor- 120
schrift an einen **unbestimmten Rechtsbegriff** an (*Buchner/Becker* Rz 215; *Zmarzlik/Zipperer/Viethen/Vieß* Rz 59; *BVerwG* 21.10.1970 AP Nr. 33 zu § 9 MuSchG). Die Frage, ob ein »besonderer Fall« iSd § 9 Abs. 3 MuSchG vorliegt, unterliegt allerdings nach allg. verwaltungsrechtlichen Grundsätzen in vollem Umfange der **verwaltungsgerichtlichen Nachprüfung** (*BVerwG* 29.10.1958 AP Nr. 14 zu § 9 MuSchG; 18.8.1977 AP Nr. 5 zu § 9 MuSchG 1968; *VG Minden* 20.12.1985 NZA 1987, 131). Zum Inhalt dieses unbestimmten Rechtsbegriffs ordnet § 9 Abs. 3 S. 1 Teils. 2 MuSchG seit seiner Einfügung durch das Gesetz v. 20.12.1996 (s.o. Rz 4d) in Übereinstimmung mit Art. 10 der EG-MutterschutzRL 92/85/EWG an, dass ein besonderer Fall nur angenommen werden darf aus Gründen, die **mit dem Zustand der Schwangerschaft und/oder der Situation der Schwangeren** nach der Entbindung **nicht im Zusammenhang** stehen (das muss zweifelsfrei der Fall sein: ErfK-*Schlachter* Rz 16; *Kossens* RdA 1997, 209, 212; *EuGH* 4.10.2001 NZA 2001, 1241; vgl. auch *Buchner/Becker* Rz 216 ff.). Diese Regelung entspricht der bereits zuvor bestehenden Praxis und hat insofern nur klarstellende Funktion (BT-Drs. 13/2763, S. 10). Die infolge dieser **europarechtlichen Vorgaben** prinzipiell mögliche und in den Fällen des Art. 234 Abs. 3 (früher: 177 Abs. 3) EGV gebotene **Vorabentscheidung** durch den EuGH infolge einer verwaltungsgerichtlichen Vorlage besteht – wegen der Verweisung der RL auf die Kündigungsgründe des nationalen Rechts – nur soweit zweifelhaft ist, ob ein Grund für die Annahme eines besonderen Falles mit dem Zustand der Schwangeren oder Wöchnerin zusammenhängt. Bei der Konkretisierung des Merkmals »besonderer Fall« iSd § 9 Abs. 3 MuSchG ist ferner zu beachten, dass dieses **nicht identisch mit einem »wichtigen Grund« iSd § 626 Abs. 1 BGB ist** (*Buchner/Becker* Rz 211 mwN). Ein besonderer Fall liegt nur dann vor, wenn außergewöhnliche Umstände es rechtfertigen, die vom MuSchG als regelmäßig vorrangig angesehenen Interessen der werdenden Mutter oder Wöchnerin hinter die des Arbeitgebers zurücktreten zu lassen (*BVerwG* 29.10.1958 aaO; *BVerwG* 18.8.1977 aaO). Es ist daher stets eine **Interessenabwägung** erforderlich, und zwar nicht unter spezifisch arbeitsvertraglichen Gesichtspunkten, sondern unter Zugrundelegung von **mutterschutzrechtlichen Erwägungen** (*Buchner/Becker* Rz 210; *Gröninger/Thomas* Rz 97). Maßgebliches Beurteilungskriterium ist dementsprechend – anders als bei § 626 BGB – nicht die Zumutbarkeit der Weiterbeschäftigung für den Arbeitgeber (etwas missverständlich daher ErfK-*Schlachter* Rz 16 mwN). Vielmehr hat die Arbeitsbehörde sich insbes. an dem mit dem Kündigungsverbot verfolgten gesetzgeberischen Zweck zu orientieren, der Arbeitnehmerin während der Schutzfristen des § 9 Abs. 1 MuSchG möglichst die materielle Existenzgrundlage zu erhalten und die mit einer Kündigung in dieser Zeitspanne verbundenen besonderen psychischen Belastungen zu vermeiden. Entscheidend ist daher, ob ein Ausnahme-Sachverhalt vorliegt, aufgrund dessen der Schwangeren die materiellen und immateriellen Belastungen der Kündigung in der Schutzfrist zugemutet werden können.

Als »besonderer Fall« können nicht nur solche Kündigungssachverhalte angesehen werden, die den 121
Arbeitgeber gem. § 626 BGB zum Ausspruch einer außerordentlichen Kündigung berechtigen. Die Ar-

beitsbehörde kann vielmehr auch eine vom Arbeitgeber beabsichtigte ordentliche Kündigung für zulässig erklären (vgl. *Buchner/Becker* Rz 212). Auch eine beabsichtigte außerordentliche oder ordentliche Änderungskündigung kann Gegenstand einer Zulässigkeitserklärung sein.

122 Hinsichtlich der Art der Kündigungsgründe lassen sich bestimmte **Fallgruppen unterscheiden: Personenbedingte Gründe** (zB schwangerschaftsbedingte Krankheiten) sind grds. nicht dazu geeignet, das Vorliegen eines »besonderen Falles« zu begründen (*EuGH* 30.6.1998 AP Nr. 16 zu EWG-RL 76/207; *Buchner/Becker* Rz 218; *Lepke* DB 1970, 489; s.a. Rz 120). Dies gilt selbst dann, wenn aufgrund mutterschutzrechtlicher Beschäftigungsverbote (zB des Nachtarbeitsverbotes) noch nicht einmal die geminderte Arbeitskraft dem Arbeitgeber zur Verfügung steht (*BVerwG* 21.10.1970 AP Nr. 33 zu § 9 MuSchG). Ein »besonderer Fall« ist vielmehr erst dann anzunehmen, wenn aufgrund der personenbedingten Gründe die wirtschaftliche Belastung des Arbeitgebers in die Nähe einer Existenzgefährdung rückt; der tatsächliche Eintritt der Existenzgefährdung ist allerdings nicht erforderlich (*BVerwG* 21.10.1970 aaO; vgl. auch *HessVGH* 24.1.1989 DB 1989, 2080 und *Buchner/Becker* Rz 219; krit. *Heilmann* Rz 177 u. KDZ-*Zwanziger* Rz 33, insoweit ggf. die Vorlage gem. Art. 234 Abs. 3 EGV [früher: Art. 177 Abs. 3 EGV] an den EuGH fordernd). Nicht als personenbedingte Gründe sind subjektive Bewertungen – insbes. moralische Vorstellungen – des Arbeitgebers über die Schwangerschaft anzusehen. Daher stellte schon unter Geltung noch anderer öffentlicher Moralvorstellungen die außereheliche Schwangerschaft keinen die Zulässigkeitserklärung rechtfertigenden »besonderen Fall« dar (*BVerwG* 26.8.1970 AP Nr. 32 zu § 9 MuSchG). Selbst das Vorliegen einer sittenwidrigen »Leihmutterschaft« ist daher – für sich betrachtet – nicht als besonderer Fall anzusehen. **Verhaltensbedingte Gründe** sind nur dann als »besonderer Fall« anzuerkennen, wenn die Arbeitnehmerin besonders schwerwiegende Pflichtverletzungen begangen hat und dies möglicherweise auch noch wiederholt (zB schwerwiegende vorsätzliche Dienstpflichtverletzungen; strafbare Handlungen zum Nachteil des Arbeitgebers oder zum Nachteil von Arbeitskollegen [*VG Frankfurt/M.* 16.11.2001 NZA-RR 2002, 638: Verdacht reicht noch nicht]; tätliche Drohungen; zutr. verneint demgegenüber zB bei wahrheitsgemäßer Mitteilung an die Ehefrau des Geschäftsführers, ihr Ehemann gehe fremd, durch *VGH BW* 28.10.1992 BB 1994, 940 [s. auch *VGH BaWü* 7.12.1993 BB 1994, 940: Indiskretionen betr. das Privatleben des Arbeitgebers reichen nicht aus]; vgl. weiter *BAG* 17.6.2003 EzA § 9 MuSchG nF Nr. 39). Die Beurteilung des Pflichtverstoßes hat die Arbeitsbehörde nach mutterschutzrechtlichen Maßstäben vorzunehmen. Dabei ist insbes. die psychische Konstitution der Arbeitnehmerin zu ihren Gunsten zu berücksichtigen (*Buchner/Becker* Rz 222; *Gröninger/Thomas* Rz 101; *Zmarzlik/Zipperer/Viethen/Vieß* Rz 62). **Betriebliche Gründe** können nur dann als »besonderer Fall« anerkannt werden, wenn keinerlei Möglichkeiten der Weiterbeschäftigung für die Arbeitnehmerin bestehen (*BVerwG* 18.8.1977 AP Nr. 5 zu § 9 MuSchG 1968). Dies ist zB der Fall bei einer **Stilllegung** des ganzen Betriebes oder eines Betriebsteiles, sofern in dem restlichen Betrieb kein geeigneter Arbeitsplatz für die Arbeitnehmerin vorhanden ist (zur insolvenzbedingten Stilllegung auch *VG Hannover* 12.12.2000 NZA-RR 2002, 136). Auch eine **Verlegung** des ganzen Betriebes oder eines Betriebsteiles kann uU als »besonderer Fall« angesehen werden, und zwar insbes. dann, wenn die Arbeitnehmerin eine Weiterbeschäftigung an der neuen Betriebsstätte ablehnt. Die Durchführung von **Massenentlassungen** rechtfertigt für sich allein dagegen noch nicht die Annahme eines »besonderen Falles«. Es ist vielmehr erforderlich, dass die Fortführung gerade des konkreten Arbeitsverhältnisses der Schwangeren zu einer drückenden wirtschaftlichen Belastung führen würde, die den Betrieb des Arbeitgebers in die Nähe einer wirtschaftlichen Existenzgefährdung brächte (*BVerwG* 21.10.1970 aaO; *OVG Hmb.* 10.9.1982 NJW 1983, 1748; *Zmarzlik/Zipperer/Viethen/Vieß* Rz 60 f.). Der gegenteiligen Ansicht, dass eine Existenzgefährdung tatsächlich vorliegen müsse (*Gröninger/Thomas* Rz 102; *Heilmann* Rz 179), kann jedoch nicht gefolgt werden, weil die Inkaufnahme von Existenzgefährdungen nicht abverlangt werden kann (ebenso auch *Buchner/Becker* Rz 219).

123 Selbst bei Bejahung eines »besonderen Falles« ist die Arbeitsbehörde nicht verpflichtet, dem Antrag des Arbeitgebers stattzugeben. Die Erteilung der Zulässigkeitserklärung steht vielmehr in ihrem **pflichtgemäßen Ermessen** (*BVerwG* 18.8.1977 aaO; *BAG* 31.3.1993 EzA § 9 MuSchG nF Nr. 32; ErfK-*Schlachter* Rz 16). Dies folgt aus der gesetzlichen Formulierung »kann ... für zulässig erklären«. Bei der Ausübung des Ermessens hat sich die Arbeitsbehörde an dem Zweck der Ermächtigung zu orientieren. Dabei darf sie die gesetzlichen Grenzen, die für die Ausübung des Ermessens gelten, nicht überschreiten (vgl. zu den allg. Grenzen des Ermessens *Kopp/Ramsauer* § 40 VwVfG Rz 11 ff., speziell Rz 21 für Fälle wie hier, wo es um eine Ermessenausübung geht, die sich am unbestimmten Begriff zu orientieren hat).

124 Eine gesetzliche Einschränkung des behördlichen Ermessens ergibt sich aus der Verwendung des Wortes »**ausnahmsweise**« in § 9 Abs. 3 S. 1 MuSchG. Hierin liegt eine spezielle gesetzliche Anweisung, von

dem ansonsten bei »Kann-Vorschriften« üblichen weiten Ermessensspielraum grds. zugunsten der Arbeitnehmerin Gebrauch zu machen. Eine Ermessensausübung zugunsten des Arbeitgebers hat Ausnahmecharakter. Unter Berücksichtigung der gesetzlich vorgeschriebenen Ermessensrichtung kann daher nur bei erheblich vorrangigen Interessen des Arbeitgebers dem Antrag auf Zulässigkeitserklärung stattgegeben werden (*Buchner/Becker* Rz 224; *Meisel/Sowka* Rz 112).

e) Bekanntgabe der Entscheidung

Die **Form** der Bekanntgabe des nach § 9 Abs. 3 S. 1 MuSchG zu erlassenden behördlichen Bescheids **125** richtet sich nach den Bestimmungen der landesrechtlichen Verwaltungsverfahrensgesetze (§ 41 VwVfG; vgl. hierzu iE *Kopp/Ramsauer* § 41 Rz 29 ff.; s.o. Rz 113). An der Ansicht, dass der behördliche Bescheid der jeweils beschwerten Arbeitsvertragspartei zwingend mit Rechtsbehelfsbelehrung zuzustellen sei (*Etzel* KR 6. Aufl., § 9 MuSchG Rz 125), wird nicht festgehalten.

f) Wirkung der Zulässigkeitserklärung

Die Wirkung der behördlichen Zulässigkeitserklärung besteht in der Aufhebung der für den Arbeit- **126** geber geltenden temporären Kündigungssperre. Der Bescheid befreit nur von dem mutterschutzrechtlichen Kündigungsverbot nach § 9 MuSchG und besagt im Übrigen nichts darüber, ob die beabsichtigte Kündigung mit den sonstigen Vorschriften des individuellen oder kollektiven Kündigungsschutzrechts im Einklang steht. Dies zu prüfen, ist allein Aufgabe der Gerichte für Arbeitssachen. Dagegen sind die Gerichte für Arbeitssachen nicht dazu befugt, eine fehlende Zulässigkeitserklärung zu ersetzen oder zu prüfen, ob die Zulässigkeitserklärung zu Recht erteilt oder abgelehnt worden ist (vgl. *Buchner/Becker* Rz 168, 211). Dies folgt aus der grds. Bindung der ordentlichen Gerichte und der Gerichte für Arbeitssachen an rechtsgestaltende Verwaltungsakte. Im Rahmen der ihnen zustehenden Vorfragenkompetenz dürfen sie nur prüfen, ob der Verwaltungsakt besteht (dh erlassen und nicht aufgehoben ist) oder nicht besteht (dh nicht erlassen, nichtig oder aufgehoben ist). Dagegen dürfen sie nicht prüfen, ob der Verwaltungsakt rechtmäßig, mit oder ohne Erfolg anfechtbar ist (*BGH* 13.6.1957 BGHZ 24, 386; *BAG* 20.1.2005 EzA § 18 BErzGG Nr. 7 = NZA 2006, 687).

Ob ein **noch nicht bestandskräftiger Zulassungsbescheid** von dem mutterschutzrechtlichen Kündi- **127** gungsverbot befreit (dazu *Bulla* Anm. zu *BAG* AP Nr. 25 zu § 9 MuSchG; *Gröninger/Thomas* Rz 106), ist diskussionswürdig. Man wird zunächst zu differenzieren haben: Hat die Arbeitnehmerin gegen die vorliegende behördliche Zulässigkeitserklärung der Kündigung im maßgebenden Zeitpunkt des Kündigungszugangs (noch) **keinen Widerspruch bzw. keine Anfechtungsklage** erhoben, so braucht der Arbeitgeber die Bestandskraft der behördlichen Entscheidung nicht abzuwarten, sondern kann kündigen (im Ergebnis ebenso *Buchner/Becker* Rz 202 u. 207). Die Kündigung ist dann – bis zur Bestandskraft bzw. rechtskräftigen Entscheidung schwebend und alsdann endgültig – wirksam. Darüber hinaus nimmt das *BAG* (17.6.2003 EzA § 9 MuSchG nF Nr. 39 und 25.3.2004 EzA § 9 MuSchG nF Nr. 40; vgl. weiter *BAG* 3.7.2003 AP § 18 BErzGG Nr. 7; *LAG Hmb.* 4.3.2005 LAG Report 2005, 351) unter eingehender Würdigung des § 80 Abs. 1 S. 1 VwGO (vgl. dazu auch *BVerwG* 18.8.1977 BVerwGE 54, 276) an, dass ein Widerspruch und eine Anfechtungsklage gegen die Zulässigkeitserklärung der zuständigen Behörde zwar aufschiebende Wirkung nach § 80 Abs. 1 VwGO haben (dagegen *Meisel/Sowka* Rz 111; die analoge Anwendung von § 88 Abs. 4 SGB XI, wie sie etwa das *LAG RhPf* 14.2.1996 LAGE § 9 MuSchG Nr. 21 oder das *LAG Hamm* 27.11.2002 NZA-RR 2003, 529 annehmen, wird vom BAG ausdrücklich abgelehnt; in Einklang mit dem BAG *ThürLAG* 31.1.2002 LAGE § 9 MuSchG Nr. 25), dass die **Zulässigkeitserklärung** aber **schwebend wirksam** bleibt und die in dieser Situation ausgesprochene **Kündigung** damit nicht unwirksam, sondern **schwebend wirksam** ist (entspr. *Buchner/Becker* Rz 206 f.; *Gröninger/Thomas* aaO und zu § 18 BErzGG – inhaltsgleich jetzt § 18 BEEG – *LAG Nds.* 18.3.2003 LAGE § 18 BErzGG Nr. 2). Die Praxis wird sich auf diese Sichtweise einzustellen haben (**aA** mit durchaus beachtlichen Gründen *Etzel* KR 6. Aufl., § 9 MuSchG Rz 127 mwN; *ErfK-Schlachter* 5. Aufl., Rz 19, jetzt in 7. Aufl. dem BAG folgend; MünchArbR-*Heenen* § 219 Rz 112, krit. zum BAG auch *Schäfer* NZA 2004, 833). Die gegenteilige Auffassung spricht sich mangels Analogiefähigkeit des § 88 Abs. 4 SGB IX (**aA** *LAG RhPf* 14.2.1996 LAGE § 9 MuSchG Nr. 21) dafür aus, **Widerspruch oder Anfechtungsklage** (s.o. Rz 97 f. zur Rechtsnatur der Zulässigkeitserklärung) **aufschiebende Wirkung** in dem Sinne beizumessen, dass die behördliche Erlaubnis im Falle des Widerspruchs oder der Anfechtungsklage keine vorläufige Wirkung entfalten kann. Ist die Kündigung erkennbar eilbedürftig, kann danach – und im Regelfall: muss – also die Behörde zur Beseitigung des Suspensiveffekts gem. § 80 Abs. 2 Nr. 4 VwGO die **sofortige Vollziehbarkeit** der Zulässigkeitserklärung anordnen (dagegen nach wie vor aufgrund des oben dargestellten anderen Ansatzes etwa *BAG* 25.3.2004 EzA § 9 MuSchG nF Nr. 40). Folgt man dem, ist ein dahingehender Antrag des Arbeitgebers an die Behörde nach §§ 80a Abs. 2 Nr. 1, 80 Abs. 2 Nr. 4 VwGO möglich, ein entgegengerichteter Antrag der Arbeitnehmerin nach §§ 80a Abs. 2 Nr. 2, 80 Abs. 4 VwGO. Gegen die Anordnung oder Nichtanordnung des Sofortvollzugs steht Arbeitgeber und Arbeitnehmerin dann **vorläufiger Rechtsschutz** nach § 80 Abs. 5 VwGO (bzw. § 80a Abs. 3 VwGO; vgl. dazu *Kopp/Schenke* § 80a Rz 17) zu. Die Gerichte für Arbeitssachen sind bei alledem nicht verpflichtet, einen von der Arbeitnehmerin eingeleiteten Kündigungsrechtsstreit gem. **§ 148 ZPO** bis zum Abschluss des Verwaltungsstreitverfahrens **auszusetzen** (vgl. *Gröninger/Thomas* Rz 108; **aA** *Buchner/Becker* Rz 205; *BAG* 25.11.1980 EzA § 580 ZPO Nr. 1 [für den Schutz schwerbehinderter Menschen]; *LAG Nds.* 18.3.2003 LAGE § 18 BErzGG Nr. 2 [zu § 18 BErzGG, jetzt § 18 BEEG]). Gleichwohl kann im Einzelfall eine Aussetzung zweckmäßig sein. Wird in dem Verwaltungsstreitverfahren die Zulässigkeitserklärung rechtskräftig versagt, so stellt dies für das bereits abgeschlossene arbeitsgerichtliche Verfahren einen Restitutionsgrund iSd § 580 Abs. 1 Nr. 6 ZPO dar (parallel *BAG* 25.11.1980 EzA § 580 ZPO Nr. 1; *Buchner/Becker* Rz 205).

g)   Rücknahme und Widerruf

128 Die Zulässigkeit der Rücknahme einer rechtswidrig erteilten Zulässigkeitserklärung bzw. der Widerruf einer rechtmäßigen behördlichen Zulassung richtet sich nach den einschlägigen Bestimmungen der landesrechtlichen Verwaltungsverfahrensgesetze (vgl. §§ 48, 49 VwVfG).

4.   Rechtsbehelfe gegen die Entscheidung der Arbeitsbehörde

a)   Vorverfahren

129 Eines verwaltungsbehördlichen **Widerspruchsverfahrens** (Vorverfahren) bedarf es gem. § 68 Abs. 1 S. 2 Nr. 1, 2. Alt. VwGO nur dann, wenn die oberste Arbeitsbehörde eines Landes von der ihr gem. § 9 Abs. 3 S. 1 MuSchG zustehenden Delegationsbefugnis Gebrauch gemacht hat (vgl. hierzu Rz 109). Sofern eine von der obersten Arbeitsbehörde eines Landes beauftragte Stelle (zB Gewerbeaufsichtsamt) den Bescheid erlassen hat, kann dagegen innerhalb eines Monats nach Bekanntgabe Widerspruch eingelegt werden. Die Durchführung des Vorverfahrens richtet sich nach den Bestimmungen der §§ 68 ff. VwGO (zur Unzulässigkeit des Widerspruchs der Arbeitnehmerin wegen widersprüchlichen Verhaltens *OVG Münster* 8.8.1997 NZA-RR 1998, 159). Zur Frage der **aufschiebenden Wirkung** eines Widerspruchs s.o. Rz 127.

b)   Klage

130 Gegen den Bescheid einer obersten Arbeitsbehörde eines Landes sowie gegen den Widerspruchsbescheid kann innerhalb eines Monats Klage beim **Verwaltungsgericht** (§ 40 Abs. 1 S. 1 VwGO; dazu *BVerwG* 10.2.1960 AP Nr. 21 zu § 9 MuSchG; *Buchner/Becker* Rz 241 u. 242 mwN) erhoben werden (§ 74 VwGO; zur Frage des Rechtsschutzbedürfnisses *Buchner/Becker* Rz 245 ff. mwN). Diese Klagefrist gilt sowohl für eine Anfechtungsklage der Arbeitnehmerin gegen einen Zulassungsbescheid als auch für eine Verpflichtungsklage des Arbeitgebers auf Erlass eines derartigen Bescheids. Zur Frage der **aufschiebenden Wirkung** einer Klage s.o. Rz 127.

5.   Leistungen bei erfolgter Zulässigkeitserklärung und Kündigung

a)   Mutterschaftsgeld und Zuschuss zum Mutterschaftsgeld

131 Nach § 13 Abs. 1 MuSchG iVm § 200 RVO bzw. § 29 KVLG erhalten (werdende) Mütter unter den dort näher geregelten Voraussetzungen **Mutterschaftsgeld (dazu s.a. Rz 156)**. Das erfasst auch solche Arbeitnehmerinnen, deren Arbeitsverhältnis während der Schwangerschaft oder der Schutzfrist nach § 6 Abs. 1 MuSchG – maßgebend ist der Zugangszeitpunkt (*Buchner/Becker* § 13 MuSchG Rz 73) – **nach Maßgabe des § 9 Abs. 3 MuSchG aufgelöst** worden ist, also infolge einer entsprechenden Arbeitgeberkündigung nach erfolgter Zulässigkeitserklärung unter Beachtung von § 9 Abs. 3 S. 2 MuSchG (§ 200 Abs. 2 S. 1 RVO; *Buchner/Becker* § 13 MuSchG Rz 60 u. 74; obsolet damit die von *BSG* 10.9.1975 BB 1976, 420 erörterten Abgrenzungsfragen; vgl. auch *Buchner/Becker* Rz 251). Entsprechendes gilt gem. § 13 Abs. 2 S. 3 MuSchG auch für solche Frauen, die nicht in der gesetzlichen Krankenversicherung versichert sind (*Buchner/Becker* § 13 MuSchG Rz. 106). Außerdem ist nach § 14 Abs. 2 MuSchG ein **Zuschuss zum Mutterschaftsgeld** zu zahlen (*Buchner/Becker* Rz 251). In diesem Zusammenhang ist darauf hinzuweisen, dass das BVerfG den Arbeitgeberzuschuss zum Mutterschaftsgeld gem. § 14

Kündigungsverbot § 9 MuSchG

Abs. 1 S. 1 MuSchG wegen Verstoßes gegen Art. 12 Abs. 1 GG für **nicht verfassungsgemäß** befunden und dem Gesetzgeber aufgegeben hat, bis zum Jahresende 2005 eine verfassungskonforme Neuregelung zu treffen (*BVerfG* 18.11.2003 NZA 2004, 33; dazu *Eichenhofer* BB 2004, 382; *Leisner* DB 2004, 598). § 14 Abs. 2 MuSchG als solcher ist davon nicht tangiert, und bzgl. der **gesetzlichen Neuregelung** durch das **Aufwendungsausgleichsgesetz** wird verwiesen auf *Buchner* NZA 2006, 121.

b) Arbeitslosengeld und Arbeitslosengeld II

Bei Vorliegen der sonstigen Anspruchsvoraussetzungen (zB Erfüllung der Anwartschaftszeit) erhält die gem. § 9 Abs. 3 MuSchG zulässig gekündigte Arbeitnehmerin bis zum Beginn der Schutzfrist des § 3 Abs. 2 MuSchG Arbeitslosengeld bzw. Arbeitslosengeld II (vgl. zum Arbeitslosengeld II KR-*Wolff* SozR Rz 47 u. 50; vgl. im Übrigen *Buchner/Becker* Rz 252). Mit Beginn der Schutzfrist des § 3 Abs. 2 MuSchG steht sie wegen des gesetzlichen Beschäftigungsverbots nicht mehr der Arbeitsvermittlung zur Verfügung und erhält daher weder Arbeitslosengeld noch Arbeitslosengeld II. Insoweit greift der in Rz 131 dargestellte Regelungszusammenhang ein. 132

VIII. Kündigung: Form- und Begründungserfordernis/Zeitpunkt
1. Zweck und EG-rechtliche Vorgaben

§ 9 Abs. 3 S. 2 MuSchG sieht für die ausnahmsweise für zulässig erklärte Arbeitgeberkündigung ein **Schriftformerfordernis** sowie ein **Begründungserfordernis** vor. Damit soll zum einen zugunsten der Arbeitnehmerin Rechtsklarheit über das Vorliegen einer Kündigung geschaffen werden. Außerdem soll die Arbeitnehmerin erfahren, aus welchem Grund ihr gekündigt wurde. Diese Regelung dient ihrem Zweck nach der **Umsetzung des Art. 10 Nr. 2 der RL 92/85/EWG** (s.o. Rz 4d). Zu beachten ist dabei zunächst, dass die Richtlinie iE drei Anforderungen aufstellt. Erstens verlangt die Richtlinie eine Begründung der Kündigung. Zweitens muss diese Begründung der Form nach schriftlich erfolgen. Drittens muss die Begründung **berechtigte Gründe** anführen. Nach dieser Systematik bezieht sich das EG-rechtliche Schriftformerfordernis nur auf die Kündigungsgründe, nicht aber auf den Kündigungsausspruch selbst. Damit geht das deutsche Recht über die Richtlinie hinaus, wenn es verlangt, dass auch die Kündigung selbst schriftlich erklärt wird (*Soweka* NZA 1997, 296 [297]), was angesichts der korrespondierenden Regelung in § 623 BGB (s.u. Rz 132b) jedoch an sich ohne Bedeutung ist. Allerdings gelten damit etwaige EG-rechtliche Vorgaben lediglich für das Erfordernis der schriftlichen Begründung, nicht aber für die Schriftform des Kündigungsausspruchs als solche. Dementsprechend besteht eine **Vorlagepflicht an den EuGH** nach Art. 234 Abs. 3 (früher: 177 Abs. 3) EGV für das Erfordernis einer schriftlichen Begründung, nicht aber für die Schriftform des Kündigungsausspruchs selbst. Da das deutsche Recht jedoch wie angesprochen ein einheitliches Formerfordernis vorsieht, ist für dieses insgesamt eine Vorlage zulässig und – soweit das Erfordernis der schriftlichen Begründung betroffen ist – auch im Rahmen der allg. Voraussetzungen des Art. 234 EGV geboten. EG-rechtlich ist die weitere Fassung des Schriftformerfordernisses im deutschen Recht nach Art. 1 Abs. 3 der RL unproblematisch. Zu beachten ist schließlich, dass die RL den Mitgliedstaaten für den Fall der unter Missachtung des Art. 10 Nr. 2 der RL erklärten Kündigung keine ausdrücklichen Vorgaben macht, so dass als Rechtsfolge anstelle einer Unwirksamkeit der Kündigung auch die Anforderung eines hinreichend effektiven Schadensersatzanspruchs EG-rechtskonform wäre. 132a

2. Schriftformerfordernis

Bei der von § 9 Abs. 3 S. 2 MuSchG verlangten Form handelt es sich um ein **gesetzliches Schriftformerfordernis** iSd § 126 BGB, das insoweit mit § 623 BGB übereinstimmt. Die Kündigung muss daher vom Arbeitgeber oder einer vertretungsberechtigten Person eigenhändig durch Namensunterschrift unterzeichnet werden (§ 126 Abs. 1 BGB; vgl. iE KR-*Spilger* § 623 BGB Rz 100 f.). Fehlt es an der Einhaltung der Schriftform, so ist die Kündigung nach § 125 S.1 BGB nichtig (ein Fax genügt nicht: *LAG RhPf* 21.1.2004 ArbRB 2005, 106). Diese Rechtsfolge wird den EG-rechtlichen Vorgaben gerecht (s.o. Rz 132a). Zwar lässt § 125 Abs. 3 BGB statt der Schriftform auch die **elektronische Form** zu, wenn nicht das Gesetz dies anders regelt. § 9 Abs. 3 MuSchG enthält dazu zwar keine Einschränkung, doch schließt § 623 2. Hs. BGB die elektronische Form für Kündigungen generell und damit auch hier aus. Das Formerfordernis gilt nach § 9 Abs. 3 S. 2 MuSchG sowohl für den eigentlichen **Kündigungsausspruch** als auch für die für die Kündigung bestehende **Begründungspflicht**. Demgemäß ist die Kündigung nicht nur dann formunwirksam, wenn der Kündigungsausspruch nicht der Schriftform genügt, sondern auch dann, wenn dies bei der Begründung (s.u. Rz 132c f.) der Fall ist. 132b

3. Begründungserfordernis

132c § 9 Abs. 3 S. 2 MuSchG verlangt vom Arbeitgeber, dass die Kündigung den zulässigen Kündigungsgrund angeben muss und sieht damit ein Begründungserfordernis im Falle der ausnahmsweisen Zulässigkeit der Kündigung vor. Mit dem Merkmal »die Kündigung« ist nicht der eigentliche Kündigungsausspruch, sondern das von der Vorschrift verlangte **Kündigungsschreiben** gemeint, das über den Kündigungsausspruch hinaus noch die Kündigungsgründe enthalten muss. Dieses Merkmal dient der **Information der Arbeitnehmerin**. Sie soll bereits mit dem Kündigungsschreiben erfahren, **aufgrund welchen Sachverhalts** und aufgrund welcher hierdurch veranlassten **Erwägungen des Arbeitgebers** ihr gekündigt wird. Die Arbeitnehmerin soll so in die Lage versetzt werden, die Aussichten eines etwaigen Kündigungsschutzprozesses zu erkennen Diesem Formerfordernis wird schon dann nicht mehr genügt, wenn der Kündigungsausspruch und die Begründung nicht in einer einheitlichen Erklärung zusammengefasst sind, sondern auf zwei verschiedene Erklärungen des Arbeitgebers verteilt werden. Im Übrigen gelten die Grundsätze zur Urkundeneinheit (entspr. KR-*Spilger* § 623 BGB Rz 99; wohl großzügiger *Etzel* KR 6. Aufl., § 9 MuSchG Rz. 132c: ausreichend, wenn der Kündigungsausspruch und die Kündigungsbegründung auf zwei verschiedene Schriftstücke verteilt sind, die der Arbeitnehmerin gleichzeitig zugehen und die nach deren Empfängerhorizont als einheitliche Erklärung aufzufassen sind; ein Nachschieben einer schriftlichen Kündigungsbegründung ist damit stets ausgeschlossen). Damit die Arbeitnehmerin die Rechtmäßigkeit der Kündigung beurteilen kann, müssen die Kündigungsgründe in dem Kündigungsschreiben natürlich hinreichend substantiiert sein, und bloße schlagwortartige Kurzhinweise reichen nicht aus (parallel seinerzeit zu § 15 BBiG *BAG* 25.11.1976 EzA § 15 BBiG Nr. 3; *LAG Köln* 26.1.1982 EzA § 15 BBiG Nr. 5; parallel zu § 54 BMT-G II *BAG* 25.8.1977 EzA § 125 BGB Nr. 3; etwas undeutlich *Buchner/Becker* Rz 254: Angabe von Tatsachen gefordert, aber keine volle Substantiierung – richtig daran ist, dass die Angaben nicht den Substantiierungsanforderungen im späteren Rechtsstreit genügen müssen; vgl. parallel auch KR-*Weigand* §§ 21, 22 BBiG Rz 95 mwN).

132d Erforderlich ist ferner, dass es sich um »**zulässige**« (nach der Richtlinie: »**berechtigte**«) **Kündigungsgründe** handelt. Diese Vorgabe ist ebenfalls Ausdruck des Informationszwecks der Vorschrift. Sie ist dahingehend zu verstehen, dass **der von der Behörde gebilligte Kündigungsgrund** anzugeben ist (ebenso *Buchner/Becker* Rz 254). Dagegen ist die Kündigungserklärung nicht bereits deswegen formunwirksam, weil sich die angegebenen Gründe dann im Rechtsstreit als nicht hinreichend herausstellen. Sinn und Zweck der Vorschrift ergeben im Übrigen, dass **nicht angeführte Kündigungsgründe** im Rechtsstreit **nicht nachgeschoben** werden können (ungeachtet der Regelung des § 6 KSchG nF; ebenso *Buchner/Becker* Rz 255; parallel KR-*Weigand* §§ 21, 22 BBiG Rz 94 mwN, dort auch zur Abgrenzung zu bloßen Erläuterungen oder Ergänzungen der schriftlich mitgeteilten Gründe).

4. Zeitpunkt

132e Grundsätzlich besteht nach Vorliegen der behördlichen Zulässigkeitserklärung gem. § 9 Abs. 3 MuSchG keine Frist für die Erklärung der Kündigung. Handelt es sich jedoch um eine **außerordentliche Kündigung**, ist diese entsprechend dem Rechtsgedanken des § 91 Abs. 5 SGB IX unverzüglich nach Erhalt der behördlichen Erklärung auszusprechen (ErfK-*Schlachter* § 9 MuSchG Rz 19; vgl. weiter KR-*Etzel* § 91 SGB IX Rz 29b, 30). Entfällt das Zustimmungserfordernis, ist die Kündigung unverzüglich nach Kenntniserlangung davon auszusprechen (*LAG Köln* 21.1.2000 NZA-RR 2001, 303). Vgl. im Übrigen Rz. 79 u. 112.

IX. Beendigung des Arbeitsverhältnisses aus anderen Gründen als durch Kündigung des Arbeitgebers

133 Das in § 9 Abs. 1 MuSchG enthaltene Kündigungsverbot gilt nur für Arbeitgeberkündigungen (iE s.o. Rz 69–80). Gegen **sonstige Beendigungstatbestände** gewährt das MuSchG dagegen **keinen Bestandsschutz**. Das gesetzliche Kündigungsverbot dient auch nicht dem Zweck, der werdenden Mutter oder der Wöchnerin einen Arbeitsplatz zu verschaffen, sondern dient lediglich der Erhaltung eines bereits bestehenden Arbeitsplatzes (*BAG* 27.11.1956 EzA § 4 MuSchG aF Nr. 1). An dieser Beurteilung ist auch unter Berücksichtigung des Art. 10 RL 85/92/EWG (s.o. Rz 4c u. d) festzuhalten. Dieser bezieht sich nicht nur seinem deutschen Wortlaut nach allein auf die einseitige Beendigung des wirksamen Arbeitsverhältnisses durch Erklärung des Arbeitgebers, weshalb zB in Frankreich nur ein der Kündigung funktionell entsprechendes »licenciement« erfasst wird.

Kündigungsverbot § 9 MuSchG

1. Nichtiger Arbeitsvertrag

Ist der Arbeitsvertrag der Arbeitnehmerin nichtig (dazu auch KR-*Fischermeier* § 626 BGB Rz 46b), zB wegen eines Verstoßes gegen ein gesetzliches Verbot (§ 134 BGB) oder gegen die guten Sitten (§ 138 BGB), so wird von einem »**faktischen**« **Arbeitsverhältnis** gesprochen, sobald es vollzogen worden ist. Zur Beendigung einer derartigen faktischen Rechtsbeziehung bedarf es nicht des Ausspruchs einer Kündigung. Beiden Arbeitsvertragsparteien steht vielmehr ein einseitiges **Lossagungsrecht** zu, das auch fristlos geltend gemacht werden kann (allg. Meinung: *Buchner/Becker* Rz 39; *Gröninger/Thomas* Rz 44 f.; *Meisel/Sowka* Rz 22; *BAG* 27.11.1956 EzA § 4 MuSchG aF Nr. 1; s.a. Rz 13 u. KR-*Fischermeier* § 626 BGB Rz 46c). 134

Soweit ein ohne die erforderliche **Arbeitserlaubnis** geschlossener Arbeitsvertrag nach § 134 BGB iVm § 284 SGB III nichtig ist (regelmäßig nicht der Fall: näher dazu KR-*Griebeling* § 1 KSchG Rz 43 mwN; vgl. auch *Buchner/Becker* Rz 41), gilt nichts anderes. Demgegenüber ist § 9 MuSchG anwendbar, wenn eine zunächst vorliegende Arbeitserlaubnis fortfällt oder nicht verlängert wird und deswegen gekündigt werden soll. Jedoch gerät der Arbeitgeber wegen des Bestehens eines Beschäftigungsverbots idR nicht in Annahmeverzug (s. KR-*Spilger* § 11 KSchG Rz 17). Eine Nichtigkeit des Arbeitsvertrages wird nicht anzunehmen sein bei der Abrede, dass die **Vergütung »schwarz« ausgezahlt** wird (*BAG* 26.2.2003 – 5 AZR 690/01 – DB 2003, 1581; *Willikonsky* § 9 MuSchG Rz 15). Problematisch ist die Annahme, dass Arbeitsverträge mit Frauen bzgl. der Herstellung pornografischer Filme oder der Mitwirkung an Peep-Shows nichtig (sittenwidrig) sein sollen (abl. dazu *Willikonsky* § 9 MuSchG Rz 15). 135

Ob und unter welchen Voraussetzungen ein Verstoß gegen die in **§ 8 Abs. 1 und Abs. 3 Nr. 1 MuSchG** festgelegten Nachtarbeitsverbote zur Nichtigkeit des Arbeitsvertrags führt, ist umstritten (s.a. Rz 13). Nach der früheren Rspr. des BAG sollte eine solche Nichtigkeit jedenfalls prinzipiell eintreten (*BAG* 6.10.1962 EzA § 119 BGB Nr. 1; offen lassend aber *BAG* 8.9.1988 EzA § 8 MuSchG Nr. 1), es sei denn, es kann noch mit der Erteilung einer Ausnahmegenehmigung nach § 8 Abs. 6 MuSchG gerechnet werden (*BAG* 8.9.1988 EzA § 8 MuSchG Nr. 1). Eine Ausnahme sollte ferner dann gelten, wenn das Arbeitsverhältnis zumindest teilweise, dh in einem zeitlich eingeschränkten Umfang, durchgeführt werden kann. Weitergehend stellt sich jedoch die im Ergebnis maßgebende Rechtsprechung des EuGH dar. Zunächst hatte der **EuGH** noch zwischen befristeten und unbefristeten Arbeitsverhältnissen differenziert (*Buchner/Becker* § 5 MuSchG Rz 42): Eine Anknüpfung gesetzlicher Nichtigkeitstatbestände an den Sachverhalt der Schwangerschaft ist als unmittelbare Diskriminierung bei **unbefristeten Arbeitsverhältnissen** stets mit der RL 76/207/EWG unvereinbar (*EuGH* 5.5.1994 EzA § 8 MuSchG Nr. 3), so dass in solchen Fällen damit eine Anwendung des § 134 BGB wegen des Gebots der richtlinienkonformen Auslegung ausscheiden muss (*Buchner/Becker* Rz 42; ErfK-*Schlachter* Rz 21; KDZ-*Zwanziger* Rz 6; vgl. auch KR-*Pfeiffer* AGG Rz 53). Dies wurde in der Folgezeit weitergeführt (*EuGH* 3.2.2000 NJW 2000, 2029). Die neuere Rechtsprechung des EuGH differenziert inzwischen jedoch unter Berufung auf die RL 76/207/EWG (Art. 5 Abs. 1) und 92/85/EWG (Art. 10) nicht mehr zwischen befristeten und unbefristeten Arbeitsverhältnissen (*EuGH* 4.10.2001 NZA 2001, 1241 u. 1243). Damit wird man auch bei **befristeten Arbeitsverträgen** kaum mehr eine Nichtigkeit annehmen können (tendenziell ebenso *Buchner/Becker* § 5 MuSchG Rz 45 [mit Kritikansätzen in Rz 47 f.] und § 9 MuSchG Rz 42 [mit Einschränkung: Nichtigkeit, wenn das Arbeitsverhältnis trotz Kenntnis des Beschäftigungsverbots durchgeführt werden soll]; ErfK-*Schlachter* Rz 21 unter Beschränkung auf unbefristete Verträge; HaKo-*Fiebig* Rz 40; KDZ-*Zwanziger* Rz 6; krit. etwa *Nicolai* SAE 2001, 77; *Stahlhacke* Anm. zu *EuGH* 4.10.2001 EAS Entscheidungen Richtlinie 76/207/EWG Art. 5 Nr. 16; *Thüsing* BB 2002, 1146 f.). 135a

2. Anfechtung des Arbeitsvertrages

Eine **Anfechtung des Arbeitsvertrages** (zB wegen Irrtums über eine verkehrswesentliche Eigenschaft einer Person gem. § 119 Abs. 2 BGB oder wegen arglistiger Täuschung gem. § 123 BGB) **fällt nicht unter das mutterschutzrechtliche Kündigungsverbot** (s.o. Rz 76, dort auch zu Umdeutungsfragen [dazu auch u. Rz 138]; *Buchner/Becker* Rz 44; *Gröninger/Thomas* Rz 50; *Köst* Rz 19; *Meisel/Sowka* Rz 26 f.; *BAG* 5.12.1957 EzA § 123 BGB Nr. 1; 22.9.1961 EzA § 123 BGB Nr. 4; 6.10.1962 EzA § 119 BGB Nr. 1; aA *Gamillscheg* FS Werner Weber, 1974, S. 793 ff.). Der mutterschutzrechtliche Kündigungsschutz bezweckt lediglich einen verstärkten Bestandsschutz von rechtsfehlerfrei zustande gekommenen Arbeitsverhältnissen. Die durch die Anfechtungsvorschriften (§§ 119, 123 BGB) geschützte freie Willensentschließung beim Abschluss des Arbeitsvertrages wird durch das Kündigungsverbot des § 9 Abs. 1 MuSchG nicht eingeschränkt (vgl. *Ficker* ZfA 1981, 28). 136

137 Die Schwangerschaft kann wegen ihrer vorübergehenden Natur grds. nicht als eine **verkehrswesentliche Eigenschaft** iSd § 119 Abs. 2 BGB anerkannt werden (*BAG* 8.6.1955 AP Nr. 2 zu § 9 MuSchG; 22.9.1961 EzA § 123 BGB Nr. 4; **aA** *Gamillscheg* FS Molitor, S. 79: § 119 Abs. 2 BGB hier wegen des Schutzzwecks des § 9 MuSchG gar nicht anwendbar; vgl. auch *BAG* 8.9.1988 EzA § 8 MuSchG Nr. 1). Diese Sichtweise steht auch mit der jüngeren Rspr. des EuGH zur RL 76/207/EWG in Einklang (*EuGH* 5.5.1994 EzA § 8 MuSchG Nr. 3 = EuroAS 6/1994, S. 6 mit zust. Anm. *Colneric*; ebenso die Webb-Entscheidung *EuGH* 14.7.1994 EzA Art. 119 EWG-Vertrag Nr. 17; KR-*Pfeiffer* AGG Rz 54). Die **irrtümliche Unkenntnis** des Arbeitgebers von einer Schwangerschaft der einzustellenden Arbeitnehmerin sollte diesen nach früherer BAG-Rspr. gem. § 119 BGB zur Anfechtung berechtigen, wenn die Arbeitnehmerin bei einem befristeten Arbeitsverhältnis infolge der mutterschutzrechtlichen Beschäftigungsverbote für einen erheblichen Teil ihrer Arbeitskraft nicht einsatzfähig ist (vgl. *BAG* 6.10.1962 EzA § 119 BGB Nr. 1). Daran kann angesichts der neueren EuGH-Rspr. (s.o. Rz 135a) nicht mehr festgehalten werden.

138 Zur Anfechtung wegen arglistiger Täuschung bei **wahrheitswidriger Angabe** der Arbeitnehmerin, **nicht schwanger** zu sein sowie zur Zulässigkeit der Frage nach der Schwangerschaft: KR-*Pfeiffer* AGG Rz 53 (vgl. dazu auch ausführlich *Buchner/Becker* § 5 MuSchG Rz. 35 ff.).

139 Die **Umdeutung** einer gem. § 9 Abs. 1 MuSchG unzulässigen fristlosen Kündigung in eine Anfechtung ist unter bestimmten Voraussetzungen möglich (s.o. Rz 76). Dagegen kann eine gem. § 9 Abs. 1 MuSchG unwirksame fristgemäße Kündigung grds. nicht in eine Anfechtung wegen Irrtums (§ 119 BGB) oder arglistiger Täuschung (§ 123 BGB) umgedeutet werden (vgl. hierzu Rz 71).

3. Beendigung des Arbeitsverhältnisses durch Zeitablauf

140 Bei einer wirksamen Befristung des Arbeitsvertrages (vgl. hierzu iE: KR-*Lipke* § 14 TzBfG) endet das Arbeitsverhältnis der Arbeitnehmerin zu dem arbeitsvertraglich vereinbarten Zeitpunkt oder bei Eintritt eines bestimmten Ereignisses, ohne dass es des Ausspruchs einer Kündigung bedarf. Die Dauer des Arbeitsverhältnisses kann sich aber auch aus der Art oder dem Zweck der geschuldeten Arbeitsleistung ergeben (§ 620 Abs. 2 BGB: sog. Zweckbefristung; dazu KR-*Bader* § 3 TzBfG Rz 19 ff.). Ein befristetes Arbeitsverhältnis kann mit einer Frau (**aA** *LAG Düsseld.* 29.6.1992 LAGE § 611a BGB Nr. 8: generell vorgeschaltete Befristung wegen Umgehung des Verbots der Frage nach Schwangerschaft unzulässig; wie hier ErfK-*Schlachter* Rz 23) geschlossen werden, auch mit einer Schwangeren (*BAG* 6.11.1996 EzA § 620 BGB Nr. 146). Möglich ist auch eine Befristung zur Probe mit einer (nicht schwangeren) Frau (*LAG SchlH* 5.11.2002 – 2 Sa 226/02 –, zit. nach *Willikonsky* § 9 Rz 20). Auf die Beendigung durch Fristablauf im Falle wirksam befristeter Arbeitsverhältnisse findet das mutterschutzrechtliche Kündigungsverbot keine Anwendung (europarechtlich unbedenklich *EuGH* 4.10.2001 EzA § 611a BGB Nr. 17). Dies gilt grds. selbst dann, wenn während des Arbeitsverhältnisses eine Schwangerschaft eintritt (*BAG* [GS] EzA § 620 BGB Nr. 2; *BAG* 28.11.1963 EzA § 620 BGB Nr. 5; *Buchner/Becker* Rz 68 f.; *Gröninger/Thomas* Rz 60; *Meisel/Sowka* Rz 50c; *Zmarzlik/Zipperer/Viethen/Vieß* Rz 96). Dies gilt auch, soweit die Beendigung des Arbeitsverhältnisses der Arbeitnehmerin durch eine (für Bühnenkünstler übliche) **Nichtverlängerungsmitteilung** angezeigt werden muss. Anwendbar bleibt § 9 MuSchG, soweit der Arbeitgeber in einem solchen Fall vorzeitig außerordentlich kündigen will.

141 Nur in besonderen Fällen und nur **nach Vorschriften und Prinzipien außerhalb des Mutterschutzrechts** kann die Berufung auf die **Befristungsabrede unwirksam** oder ihre Geltendmachung durch den Arbeitgeber unzulässig sein oder ein Anspruch auf Begründung eines unbefristeten Arbeitsverhältnisses bzw. ein **Fortsetzungsanspruch** (ausf. dazu KR-*Bader* § 17 TzBfG Rz 58 ff.) bestehen. Rechtswidrig ist die Nichtfortsetzung des befristeten Arbeitsverhältnisses auch stets dann, wenn sie wegen der Schwangerschaft erfolgt oder sonst ein Fall der **geschlechtsbezogenen Diskriminierung** gegeben ist; es liegt dann ein Verstoß gegen § 7 Abs. 1 AGG vor. Dieser Verstoß begründet allerdings wegen § 15 Abs. 6 AGG keinen Einstellungsanspruch, sondern einen **Schadensersatzanspruch** (KR-*Pfeiffer* AGG Rz 129, 132 ff.; KDZ-*Zwanziger* § 611a BGB Rz 22 leitet indes für den öff. Dienst aus Art. 33 Abs. 2 GG einen Einstellungsanspruch ab; zu § 611a BGB wurde etwa die Vergütung für die Dauer der Unkündbarkeit nach dem MuSchG als Schadensersatz zugesprochen: *ArbG Bochum* 12.7.1991 EzA § 611a BGB Nr. 8), der mit einem etwaigen Einstellungsanspruch aus anderen Vorschriften im Verhältnis elektiver Konkurrenz steht (KR-*Pfeiffer* AGG Rz 129 f.; vgl. auch KR-*Bader* § 17 TzBfG Rz 94). Zur besonderen Problematik des befristeten Probearbeitsverhältnisses s.u. Rz 143.

142 **Fehlt** es an einer **wirksamen Befristung** des Arbeitsvertrages (zB mangels Vorliegens eines sachlichen Grundes bei Abschluss des Vertrages), so befindet sich die Arbeitnehmerin in einem **unbefristeten**

Arbeitsverhältnis (§ 16 TzBfG). Allerdings muss die Unwirksamkeit der Befristung **rechtzeitig klageweise geltend gemacht** werden (§ 17 TzBfG). Ob in der Berufung des Arbeitgebers auf eine unwirksame Befristung (etwa in Form einer Nichtverlängerungsmitteilung) im Einzelfall eine Kündigungserklärung zu sehen ist, richtet sich nach allg. Auslegungsmaßstäben (vgl. hierzu BAG 19.1.1956 AP Nr. 1 zu § 620 BGB Kündigungserklärung; weiter KR-*Lipke* § 14 TzBfG Rz 139; KR-*Bader* § 3 TzBfG Rz 38 ff.). IdR wird in diesen Fällen allerdings das Vorliegen einer Kündigungserklärung zu verneinen sein (vgl. BAG 23.10.1991 EzA § 9 MuSchG nF Nr. 29; 15.3.1978 EzA § 620 BGB Nr. 34). Ergibt die Auslegung ausnahmsweise das Vorliegen einer Kündigungserklärung, so gilt das mutterschutzrechtliche Kündigungsverbot.

Das Kündigungsverbot des § 9 Abs. 1 MuSchG gilt auch im Rahmen des **Probearbeitsverhältnisses**. 143
Die arbeitsvertragliche Vereinbarung einer Probezeit bedeutet für sich allein im Übrigen noch nicht die Eingehung eines befristeten Arbeitsverhältnisses (vgl. ArbG Frankf. 19.2.1981 NJW 1981, 2832). Der Erprobungszweck stellt indessen einen sachlichen Grund für den Abschluss eines befristeten Arbeitsvertrages dar (vgl. schon BAG 15.3.1978 EzA § 620 BGB Nr. 34 und jetzt § 14 Abs. 1 S 2 Nr. 5 TzBfG). Es bedarf aber einer hinreichend klaren Absprache, dass das Arbeitsverhältnis unabhängig von der Erprobung der Arbeitnehmerin zum Ablauf der Probezeit zunächst einmal enden soll (KR-*Bader* § 3 TzBfG Rz 9; KR-*Lipke* § 14 TzBfG Rz 163). Auf eine Kündigung, die während einer vorgeschalteten Probezeit eines unbefristet eingegangenen Arbeitsverhältnisses erklärt wird (zur Kündigungsfrist insoweit § 622 Abs. 3 BGB), findet das mutterschutzrechtliche Kündigungsverbot des § 9 Abs. 1 MuSchG uneingeschränkt Anwendung.

Ist das Probearbeitsverhältnis demgegenüber wirksam **befristet**, so endet es durch Zeitablauf, ohne 143a
dass es einer Kündigung bedarf. Für eine Anwendung des § 9 MuSchG besteht dann kein Raum (vgl. weiter KR-*Bader* § 17 TzBfG Rz 60, 62 u. 64 ff.). Daneben kann auch ein Verstoß gegen § 7 Abs. 1 AGG vorliegen, der allerdings lediglich einen Schadensersatzanspruch begründet (s.o. Rz 141).

Auch auf das **Aushilfsarbeitsverhältnis** (KR-*Bader* § 3 TzBfG Rz 10 f.) findet das mutterschutzrechtli- 144
che Kündigungsverbot uneingeschränkt Anwendung, sofern es zu seiner Beendigung einer Kündigung bedarf. Dies gilt ebenso für das Saisonarbeitsverhältnis sowie für Ausbildungs- und **Anlernverhältnisse**. Bei Vorliegen von wirksamen Befristungen greift in all diesen Fällen das mutterschutzrechtliche Kündigungsverbot nicht ein.

Das Kündigungsverbot des § 9 Abs. 1 MuSchG gilt grds. auch im Rahmen des **Leiharbeitsverhältnis-** 145
ses, soweit es einer Kündigung bedarf (also abermals keine Geltung bei wirksamer Befristung).

4. Beendigung des Arbeitsverhältnisses durch Eintritt einer auflösenden Bedingung

Ist der **Arbeitsvertrag** unter einer **auflösenden Bedingung** abgeschlossen, so endet dieser bei Eintritt 146
der Bedingung, ohne dass es einer Kündigung bedarf (zur Zulässigkeit einer auflösenden Bedingung vgl. KR-*Bader* § 21 TzBfG). Bei einer rechtswirksam vereinbarten auflösenden Bedingung gilt § 9 Abs. 1 MuSchG nicht (allg. Ansicht: etwa Buchner/Becker Rz 816 sowie LAG Düssseld. 10.2.1969 DB 1969, 931). Dies kann bei **ehebezogenen Gruppenarbeitsverhältnissen** (Hausmeister- oder Melkerehepaar) dazu führen, dass das Arbeitsverhältnis der schwangeren Frau oder Wöchnerin endet, wenn es wirksam auflösend bedingt vom Bestand des Arbeitsverhältnisses des Ehemannes abgeschlossen und letzterem wirksam gekündigt wurde (BAG 17.5.1962 EzA § 9 MuSchG Nr. 2; *Gröninger/Thomas* § 9 MuSchG Rz 5; s.a. Rz 15). Dagegen ist es unzulässig, den Bestand des Arbeitsverhältnisses vom **Eintritt einer Schwangerschaft** abhängig zu machen. Dies folgt seit jeher aus dem grundgesetzlich gebotenen Schutz von Ehe und Familie (BAG 28.11.1958 AP Nr. 3 zu Art. 6 Abs. 1 GG Ehe und Familie) und ist heute auch nach der RL 76/207/EWG europarechtlich geboten (Text bei KR-*Pfeiffer* AGG Anh. I; vgl. auch Buchner/Becker Rz 78 mwN). Die Unzulässigkeit besteht selbst dann, wenn die in § 4 MuSchG geregelten Beschäftigungsverbote eingreifen. Zur Unzulässigkeit der Vereinbarung einer sog. Zölibatsklausel KR-*Pfeiffer* AGG Rz 60.

5. Beendigung des Arbeitsverhältnisses durch gesetzliche Regelung

Eine gesetzliche Anordnung der Beendigung von Arbeitsverhältnissen kann im deutschen Arbeits- 146a
recht schon wegen des verfassungsrechtlich durch § 12 GG geschützten Prinzips der arbeitsrechtlichen Kontrahierungsfreiheit und der mit gesetzlichen Beendigungstatbeständen verbundenen Eingriffswirkung in die Berufsfreiheit allenfalls ausnahmsweise vorkommen. Zulässig können solche Regelungen lediglich dann sein, wenn sie die verfassungsrechtlichen Anforderungen an den Mutterschutz beach-

ten und für die Beendigung des Arbeitsverhältnisses eines in der verfassungsrechtlichen Schutzzone des Mutterschutzes befindlichen Arbeitsverhältnisses ausreichende Schutzvorkehrungen vorsehen. Eine in dieser Hinsicht zweifelhafte Beendigungsregelung fand sich wegen der **Sondersituation bei der deutschen Vereinigung** in Anl. I, Kap. XIX, Sachgebiet A, Abschn. III Nr. 1, Abs. 2 EV. Dort wurde ein vorläufiges Ruhen der Arbeitsverhältnisse solcher Arbeitnehmer des öffentlichen Dienstes der früheren DDR angeordnet, deren Einrichtungen nicht auf den Bund überführt wurden – »**Warteschleife**«. Diese prinzipiell verfassungsmäßige Regelung erklärte das BVerfG für insoweit mit dem Art. 6 Abs. 4 GG für unvereinbar und nichtig, als dadurch die besonderen Vorschriften des mutterschutzrechtlichen Kündigungsschutzes durchbrochen wurden (*BVerfG* 24.4.1991 BVerfGE 84, 133; ebenso 10.3.1992 BVerfGE 85, 360 – DDR-Akademie der Wissenschaften; vgl. auch KR-*Bader* vor §§ 9, 10 MuSchG Rz 2). Das BAG hat diese verfassungsrechtliche Vorgabe nach Maßgabe der Anl. II, Kap. X, Sachgebiet A, Abschn. III EV in der Weise konkretisiert, dass es die zeitliche Dauer des Kündigungsschutzes nach § 244 AGB-DDR bestimmt hat (bis 20 bzw. 22 Wochen nach Entbindung), sofern das Kind vor dem 1.1.1991 geboren war (*BAG* 10.12.1992 EzA § 58 AGB 1990 DDR Nr. 2).

6. Beendigung des Arbeitsverhältnisses durch gerichtliche Entscheidung

146b Hinsichtlich des **Auflösungsantrags der Arbeitnehmerin** wird verwiesen auf Rz 172e. Bezüglich des **Auflösungsantrags des Arbeitgebers** gelten zunächst die **allg. Grundsätze** (KR-*Spilger* § 9 KSchG Rz 27 ff. mwN; vgl. weiter *BAG* 21.9.2000 NZA 2001, 102). Unter welchen Voraussetzungen der Arbeitgeber mit einem Auflösungsantrag gem. § 9 Abs. 1 S. 2 KSchG trotz einer **nach Zugang der Kündigung eingetretenen Schwangerschaft** der Arbeitnehmerin durchdringen kann, ist **nicht abschließend geklärt**. Richtigerweise ist eine **analoge Anwendung des § 9 MuSchG** zu verneinen; jedoch sind die **Prinzipien des mutterschutzrechtlichen Kündigungsschutzes** bei der gerichtlichen Auflösungsentscheidung zu beachten. Dies ergibt sich zunächst aus dem Wortlaut des § 9 MuSchG, der seinem sachlichen Anwendungsbereich nach nur die Kündigung, nicht aber sonstige Beendigungstatbestände erfasst. Zwar könnte das Verfassungsgebot des Mutterschutzes in Art. 6 Abs. 4 GG, das bei der gesetzlichen Auflösung zu einer entsprechenden Anwendung mutterschutzrechtlicher Regelungen führt (s.o. Rz 146a), auch bei der gerichtlichen Auflösung für eine entsprechende Anwendung des § 9 MuSchG sprechen, wenn die Arbeitnehmerin zum Zeitpunkt der Antragstellung durch den Arbeitgeber schwanger ist (so tendenziell *Sächs. LAG* 12.4.1996 LAGE § 1 KSchG Betriebsbedingte Kündigung Nr. 37 [zu II der Gründe]; ebenso *OVG Lüneburg* 12.7.1989 NZA 1990, 66 zum Parallelproblem bei § 21 SchwbG). Von Verfassungs wegen geboten ist es allerdings nicht, dass im Falle der gerichtlichen Auflösungsantrags gerade eine dem § 9 MuSchG entsprechende Schutzregelung besteht, so dass eine Analogie verfassungsrechtlich jedenfalls nicht zwingend ist. Gegen eine Analogie spricht auf der Ebene des einfachen Gesetzesrechts insbes., dass der präventive Schutzmechanismus des behördlichen Zustimmungsverfahrens nicht passt, wenn der Rechtsstreit bereits das Stadium der arbeitsgerichtlichen Entscheidung über einen Auflösungsantrag erreicht hat. Dem berechtigten Anliegen der Gegenauffassung ist allerdings dadurch Rechnung zu tragen, dass das Gericht bei der Entscheidung über den Auflösungsantrag die Tatsache der Schwangerschaft und das Verfassungsprinzip des Mutterschutzes beachten muss. Dem Auflösungsantrag ist wird daher im Ergebnis nur stattgegeben werden können, wenn ein besonderer Fall iSd § 9 Abs. 3 MuSchG vorliegt (ebenso KDZ-*Zwanziger* Rz 11).

7. Verzicht auf den Kündigungsschutz

147 Wegen der zwingenden Ausgestaltung des mutterschutzrechtlichen Kündigungsverbotes ist ein **vorheriger Verzicht** auf den besonderen Kündigungsschutz unwirksam (allg. Meinung: etwa *Buchner/Becker* Rz 181; *Gröninger/Thomas* Rz 72; *Meisel/Sowka* Rz 72; *LAG Düsseld.* 13.4.1961 BB 1962, 223; *LAG Bln.* 31.10.1988 LAGE § 9 MuSchG Nr. 9). Dies gilt auch für kollektivvertragliche Verzichtsklauseln. Allenfalls kann es im Einzelfall **rechtsmissbräuchlich** sein, wenn die Arbeitnehmerin sich auf den mutterschutzrechtlichen Kündigungsschutz beruft, was etwa dann in Betracht kommt, wenn die Arbeitnehmerin den Arbeitgeber selbst zur Kündigung auffordert (*LAG Bln.* 31.10.1988 LAGE § 9 MuSchG Nr. 9) oder für ihr Einverständnis mit der Kündigung eine Abfindung annimmt (*OVG NRW* DB 1998, 83). Hingegen ist ein nachträglicher Verzicht auf Kündigungsschutz gegenüber einer vom Arbeitgeber bereits ausgesprochenen und gem. § 9 Abs. 1 MuSchG unwirksamen Kündigung zulässig (ebenfalls allg. Meinung: etwa *Buchner/Becker* Rz 182; *Gröninger/Thomas* Rz 73; *LAG Bln.* 7.1.1964 BB 1964, 966). Ein Verzicht kann auch in Form einer **Ausgleichsquittung** (vgl. hierzu KR-*Friedrich* § 4 KSchG Rz 302 ff.) erklärt werden. Hierzu ist aber erforderlich, dass der Verzicht auf den mutterschutzrechtlichen Kündigungsschutz eindeutig im Wortlaut der Ausgleichsquittung zum Ausdruck kommt. Ein wirksamer

Verzicht auf den mutterschutzrechtlichen Kündigungsschutz setzt weiterhin voraus, dass die Arbeitnehmerin zum Zeitpunkt der Unterzeichnung der Ausgleichsquittung Kenntnis von einer bestehenden Schwangerschaft hat. Dagegen liegt in dem bloßen **Schweigen** auf eine gem. § 9 Abs. 1 MuSchG unwirksame Kündigung grds. kein Verzicht der Arbeitnehmerin auf den besonderen Kündigungsschutz (*Buchner/Becker* Rz 184). Zur Frage der **Anfechtung der Verzichtserklärung** wegen Irrtums, arglistiger Täuschung oder widerrechtlicher Drohung gelten die für die Anfechtung einer Eigenkündigung bestehenden Grundsätze entsprechend (s.u. Rz 152–154).

8. Aufhebungsvertrag

Das Kündigungsverbot des § 9 Abs. 1 MuSchG greift auch dann nicht ein, wenn sich die Arbeitsvertragsparteien einvernehmlich auf eine Beendigung des Arbeitsverhältnisses einigen (allg. Meinung: etwa *Buchner/Becker* Rz 93; *Gröninger/Thomas* Rz 75; *Heilmann* Rz 139; BAG 8.12.1955 AP Nr. 4 zu § 9 MuSchG; BSG 16.2.2005 NZA-RR 2005, 542). Der Aufhebungsvertrag bedarf jedoch der **Schriftform** (§ 623 BGB; für die Einzelheiten vgl. die dortige Kommentierung). Selbst wenn daher eine unwirksame Kündigung des Arbeitgebers in ein Angebot zum Abschluss eines Aufhebungsvertrages umgedeutet werden kann, kann die Arbeitnehmerin dieses Angebot weder durch eine einseitige schriftliche Erklärung noch gar durch schlüssiges Verhalten wirksam annehmen (*Buchner/Becker* Rz 94; ErfK-*Schlachter* Rz 24; weiter dazu KR-*Spilger* § 623 BGB Rz 146 ff.). **148**

9. Kündigung durch die Arbeitnehmerin

a) Kündigungstatbestände

Durch das mutterschutzrechtliche Kündigungsverbot ist die Arbeitnehmerin nicht daran gehindert, das Arbeitsverhältnis innerhalb der Schutzfristen des § 9 Abs. 1 MuSchG selbst zu kündigen (allg. Ansicht: vgl. nur *Buchner/Becker* Rz 83 mwN; BAG 8.12.1955 AP Nr. 4 zu § 9 MuSchG). Hat sie in Unkenntnis der Schwangerschaft gekündigt, kann sie die Eigenkündigung nicht wegen Irrtums anfechten (BAG 6.2.1992 EzA § 119 BGB Nr. 16; s.a. Rz 152 f.). Während der Schwangerschaft und während der Schutzfrist nach der Entbindung (§ 6 Abs. 1 MuSchG) steht ihr gem. **§ 10 Abs. 1 MuSchG** ein Sonderkündigungsrecht zu (vgl. hierzu iE KR-*Bader* § 10 MuSchG Rz 4–25). Nach Ablauf der Schutzfrist des § 6 Abs. 1 MuSchG richtet sich die Zulässigkeit und Wirksamkeit einer Eigenkündigung der Arbeitnehmerin nach den allg. kündigungsrechtlichen Grundsätzen (einschl. § 623 BGB; dazu Rz 150). Die Arbeitnehmerin hat daher bei einer ordentlichen Kündigung die für sie maßgeblichen Kündigungsfristen einzuhalten; eine außerordentliche Kündigung ist nur bei Vorliegen der in § 626 BGB vorgesehenen Voraussetzungen zulässig. Macht die Arbeitnehmerin von ihrem Recht auf Elternzeit Gebrauch, so kann sie das Arbeitsverhältnis nach **§ 19 BEEG** unter Einhaltung einer Kündigungsfrist von drei Monaten zum Ende der Elternzeit kündigen (vgl. KR-*Bader* § 19 BEEG Rz 5 ff.). **149**

b) Kündigungserklärung

Die Kündigung der Arbeitnehmerin bedarf der **Schriftform** (§ 623 BGB). Dies schließt es aber nicht aus, dass aus schriftlichen Äußerungen der Arbeitnehmerin, in denen nicht ausdrücklich von einer Kündigung die Rede ist, auf eine Kündigungserklärung geschlossen werden kann. Insoweit beurteilt sich das Vorliegen einer Kündigungserklärung **nach allg. Auslegungsgrundsätzen.** Besondere Schwierigkeiten können der Praxis die von der Arbeitnehmerin unmittelbar vor Beginn der Schutzfrist des § 3 Abs. 2 MuSchG abgegebene Erklärungen bereiten (zB schriftliche Mitteilungen an den Arbeitgeber, wonach sie voraussichtlich sich nur noch der Pflege des Kindes widmen wolle oder dass sie für den Fall weiterarbeiten werde, dass sie eine Pflegestelle für das Kind finden sollte). Derartige Mitteilungen können – zumal wegen der Möglichkeit der Inanspruchnahme von Elternzeit – grds. nur dann als Kündigungserklärung ausgelegt werden, wenn hierin für den Arbeitgeber wirklich die eindeutige Äußerung eines unbedingten Lösungswillens der Arbeitnehmerin erkennbar ist. Da im Zweifel nicht anzunehmen ist, dass die Arbeitnehmerin ihre mutterschutzrechtliche Position freiwillig aufgibt, ist ein **strenger Auslegungsmaßstab** zugrunde zu legen (vgl. BAG 19.8.1982 EzA § 9 MuSchG nF Nr. 21; LAG Frankf. 13.4.1970 DB 1970, 2084; vgl. auch *Buchner/Becker* Rz 85 mwN). **150**

c) Keine Belehrungspflicht des Arbeitgebers

Eine etwa aus der allg. Fürsorgepflicht des Arbeitgebers herzuleitende Belehrungspflicht über die mutterschutzrechtlichen Folgen der Eigenkündigung besteht grds. nicht (*Buchner/Becker* Rz 86; *Bulla* **150a**

DB 1963, 1151; *Gröninger/Thomas* Rz 83; *LAG Hamm* 15.9.1961 BB 1961, 1325; **aA** *Gamillscheg* FS Molitor, S. 80; *Heilmann* Rz 135; *KDZ-Zwanziger* Rz 69; **offen lassend** *BAG* 6.2.1992 EzA § 119 BGB Nr. 16). Häufig scheitert eine solche Pflicht schon daran, dass der Arbeitgeber von der Schwangerschaft nichts weiß und nicht gehalten sein kann, von sich aus Nachforschungen anzustellen (*BAG* 6.2.1992 EzA § 119 BGB Nr. 16). Im Übrigen hat zwar die Rspr. bei Arbeitgebern des öffentlichen Dienstes aus der Fürsorgepflicht eine Pflicht zur Beratung über Sozialeinrichtungen, namentlich im Bereich der Altersvorsorge angenommen; aus der Fürsorgepflicht folgt jedoch keine Pflicht zur ungefragten Beratung durch den Arbeitgeber über die rechtlichen Folgen der Beendigung des Arbeitsverhältnisses, wenn die Arbeitnehmerin von sich aus die Beendigung betreibt (vgl. *BAG* 18.9.1984 EzA § 611 BGB Fürsorgepflicht Nr. 37; vgl. weiter KR-*Lipke* § 620 BGB Rz 22). Im Übrigen dient § 9 Abs. 2 MuSchG der sachgerechten Beratung der Arbeitnehmerin (s.u. Rz 160).

d) Rücknahme der Kündigung

151 Bei Unkenntnis der Schwangerschaft oder der mit einer Eigenkündigung verbundenen mutterschutzrechtlichen Folgen kann die Arbeitnehmerin die Rechtswirkungen einer bereits erklärten Kündigung **nicht durch Rücknahme wieder beseitigen** (*BAG* 6.2.1992 EzA § 119 BGB Nr. 16). Eine unwirksame Rücknahme kann aber uU in ein Angebot zur Fortsetzung des Arbeitsverhältnisses **umgedeutet** werden, zu dessen Annahme der Arbeitgeber aber nicht verpflichtet ist. Eine Umdeutung in eine Anfechtung ist uU ebenfalls möglich (*BAG* 6.2.1992 EzA § 119 BGB Nr. 16).

e) Anfechtung der Kündigungserklärung

152 Eine Anfechtung der Kündigungserklärung wegen **Irrtums über** die mit einer Kündigung verbundenen **mutterschutzrechtlichen Folgen** scheidet aus. Es handelt sich um einen nicht zur Anfechtung berechtigenden Irrtum über die mittelbaren Rechtsfolgen eines Rechtsgeschäfts (*BAG* 6.2.1992 EzA § 119 BGB Nr. 16; vgl. ferner *BAG* 16.2.1983 EzA § 123 BGB Nr. 21; **aA** *Gamillscheg* RdA 1968, 118). Die Arbeitnehmerin ist auch dann nicht zur Irrtumsanfechtung berechtigt, wenn sie in der irrigen Annahme gekündigt hat, lediglich das Arbeitsverhältnis werde beendet, ohne dass hierdurch ihre Ansprüche aus dem Mutterschutzgesetz berührt würden. Auch hier handelt es sich um einen unbeachtlichen Rechtsfolgenirrtum. Der Verlust der mutterschutzrechtlichen Position ist eine vom Willen der Arbeitnehmerin nicht umfasste – kraft Gesetzes – eintretende Rechtsfolge. Die in diesem Zusammenhang vertretene Konstruktion eines anfechtbaren fiktiven Verzichtsvertrages steht in derartigen Fällen im Widerspruch zu dem erklärten Parteiwillen und ist daher abzulehnen (ebenso *Buchner/Becker* Rz 89).

153 Auch eine Anfechtung wegen **Irrtums über das Bestehen einer Schwangerschaft** kommt nicht in Betracht. Ein derartiger Irrtum berechtigt die Arbeitnehmerin nicht gem. § 119 BGB zur Anfechtung der Kündigungserklärung (*BAG* 6.2.1992 EzA § 119 BGB Nr. 16). Da nach allg. Grundsätzen in einem solchen Fall weder ein Inhalts- noch ein Erklärungsirrtum gegeben ist, könnte allein eine Anfechtung nach § 119 Abs. 2 BGB möglich sein. Aber auch ein Irrtum über eine **verkehrswesentliche Eigenschaft** einer Person iSd § 119 Abs. 2 BGB liegt **nicht** vor (*Buchner/Becker* Rz 90). Zweifelhaft ist bereits, ob die nur vorübergehende Schwangerschaft die für das Vorliegen einer Eigenschaft erforderliche Dauerhaftigkeit aufweist. Jedenfalls können nur solche Eigenschaften berücksichtigt werden, deren präsumtives Vorliegen der angefochtenen Erklärung erkennbar zugrunde gelegt werden, wofür die allg. Überlegung nicht ausreicht, dass Schwangere idR nicht freiwillig ausscheiden. Bei einem erkennbaren gemeinsamen Irrtum über die Geschäftsgrundlage der Kündigung (zB Nichtvorhandensein einer Betreuungsperson für das erwartete Kind) sind die Grundsätze über den Wegfall der **Geschäftsgrundlage** anzuwenden (offen lassend *BAG* 19.8.1982 EzA § 9 MuSchG nF Nr. 21; vgl. zum Irrtum über die Geschäftsgrundlage *BGH* 12.4.1960 LM § 119 BGB Nr. 8). Demgegenüber wird das Nichtbestehen einer Schwangerschaft außerhalb dieses Sonderfalles nicht als Geschäftsgrundlage der Eigenkündigung der Arbeitnehmerin anzusehen sein (*BAG* 6.2.1992 EzA § 119 BGB Nr. 16 [zu III 2c der Gründe]).

154 Eine Anfechtung wegen **arglistiger Täuschung oder widerrechtlicher Drohung** ist dagegen gem. § 123 BGB zulässig, sofern der Arbeitgeber in einer derartigen Art und Weise auf die rechtsgeschäftliche Entscheidungsfreiheit der Arbeitnehmerin eingewirkt hat (allg. Ansicht: vgl. etwa *Buchner/Becker* Rz 92; *Gröninger/Thomas* Rz 86; *Zmarzlik/Zipperer/Viethen/Vieß* Rz 130; *BAG* 8.12.1955 AP Nr. 4 zu § 9 MuSchG). Mangels vergleichbarer Interessenlage ist es aber nicht gerechtfertigt, in derartigen Fällen entgegen der Regelung des § 124 BGB die dreiwöchige Klagefrist des § 4 KSchG entsprechend anzuwenden. Wird einer schwangeren Arbeitnehmerin der Abschluss eines Aufhebungsvertrages angeboten und eine von ihr erbetene Bedenkzeit abgelehnt, so kann ein gleichwohl abgeschlossener Aufhebungs-

Kündigungsverbot § 9 MuSchG

vertrag nicht allein wegen des Zeitdrucks nach § 123 Abs. 1 BGB angefochten werden (vgl. *BAG* 16.2.1983 EzA § 123 BGB Nr. 21).

f) Leistungen (Mutterschaftsgeld, Arbeitslosengeld, Arbeitslosengeld II)

Auch im Falle einer Eigenkündigung der Arbeitnehmerin können dieser uU Ansprüche auf öffentlich- **155** rechtliche Leistungen (Mutterschaftsgeld, Arbeitslosengeld bzw. Arbeitslosengeld II für die Zeit ab 1.1.2005 [KR-*Wolff* SozR Rz 47 u. 50]) zustehen. Dies gilt im Grundsatz ebenso bei einer Beendigung des Arbeitsverhältnisses aufgrund eines wirksamen Aufhebungsvertrages (s.o. Rz 148) sowie bei einem wirksamen Verzicht auf den mutterschutzrechtlichen Kündigungsschutz (s.o. Rz 147).

Ein Anspruch auf **Mutterschaftsgeld** steht gem. § 13 Abs. 1 MuSchG (s.a. Rz 131) für die darin genann- **156** ten Zeiträume solchen in der **gesetzlichen Krankenversicherung** versicherten Frauen zu, die bei Beginn der Schutzfrist des § 3 Abs. 2 MuSchG in einem **Arbeitsverhältnis** stehen (dazu *Willikonsky* § 13 MuSchG Rz 9) oder in **Heimarbeit** beschäftigt sind (dazu *Willikonsky* § 13 MuSchG Rz 10). Das Mutterschaftsgeld richtet sich nach den diesbezüglichen Vorschriften der Reichsversicherungsordnung (**§ 200 RVO**) oder des Gesetzes über die Krankenversicherung der Landwirte (**§ 29 KVLG**), die weitestgehend, aber nicht völlig deckungsgleich sind (zu den Unterschieden *Willikonsky* § 13 MuSchG Rz 6). Im Falle einer Eigenkündigung einer versicherten Arbeitnehmerin steht dieser somit dann ein Anspruch auf Mutterschaftsgeld zu, wenn die Kündigung erst nach Beginn der Schutzfrist des § 3 Abs. 2 MuSchG ihre Wirkung entfaltet (*Zmarzlik/Zipperer/Viethen/Vieß* § 13 MuSchG Rz 29). Dies gilt entsprechend für einen nach Beginn der Schutzfrist des § 3 Abs. 2 MuSchG wirksam werdenden Aufhebungsvertrag oder den Eintritt einer auflösenden Bedingung. Maßgeblich ist jeweils der rechtliche Bestand des Arbeitsverhältnisses. Scheidet die Arbeitnehmerin nach Beginn der Schutzfrist des § 3 Abs. 2 MuSchG aus einer versicherungspflichtigen Beschäftigung aus (zB infolge einer Eigenkündigung oder aufgrund eines Aufhebungsvertrages), so steht ihr gleichwohl für die gesamte Dauer der Schutzfristen vor und nach der Entbindung ein Anspruch auf Mutterschaftsgeld zu. Dies folgt aus der Regelung des § 192 Abs. 1 Nr. 2 SGB V, wonach die Mitgliedschaft versicherungspflichtiger Frauen für die Dauer des Bezuges von Krankengeld, Mutterschaftsgeld oder Erziehungsgeld erhalten bleibt. Für Frauen, die **nicht in der gesetzlichen Krankenversicherung** versichert sind, gilt die Regelung des § 13 Abs. 2 MuSchG. Für die Dauer einer **rechtmäßigen Aussperrung** besteht gegen den Arbeitgeber kein Anspruch auf Zuschuss zum Mutterschaftsgeld nach § 14 Abs. 1 MuSchG (*BAG* 22.10.1986 EzA Art. 9 GG Arbeitskampf Nr. 65; vgl. weiter ErfK-*Schlachter* Rz 13 mwN; zum Zuschuss zum Mutterschaftsgeld und dessen Verfassungsgemäßheit s.o. Rz 131). Für die Dauer der **Elternzeit** steht den Elternzeitberechtigten kein Anspruch auf Vergütung gegenüber dem Arbeitgeber zu (vgl. noch zum BErzGG iE *Gröninger/Thomas* § 15 BErzGG nF Rz 38 ff.). Bei Vorliegen der gesetzlichen Voraussetzungen können sie Erziehungsgeld nach dem BEEG beanspruchen.

Endet das Arbeitsverhältnis der schwangeren Frau bereits vor Beginn der Schutzfrist des § 3 Abs. 2 **157** MuSchG, so steht ihr gleichwohl ein Anspruch auf Mutterschaftsgeld zu, wenn ihr Arbeitsverhältnis zulässig aufgelöst worden ist (§ 200 Abs. 1 S. 1 RVO). Hierunter fällt insbes. die Beendigung des Arbeitsverhältnisses aufgrund einer gem. § 9 Abs. 3 MuSchG für zulässig erklärten Arbeitgeberkündigung, dagegen nicht die mangels Kenntnis von der Schwangerschaft oder infolge verspäteter Mitteilung wirksame Arbeitgeberkündigung (vgl. *BSG* 10.9.1975 BB 1976, 420). Aufgrund einer teleologischen Auslegung des § 200 Abs. 1 S. 1 RVO ist auch dann von einer zulässigen Lösung des Arbeitsverhältnisses durch den Arbeitgeber auszugehen, wenn das Arbeitsverhältnis aus einem vom Arbeitgeber zu vertretenden wichtigen Grund infolge eines Aufhebungsvertrages oder infolge einer außerordentlichen Kündigung der Arbeitnehmerin endet (*Zmarzlik/Zipperer/Viethen/Vieß* § 13 MuSchG Rz 35; zweifelnd *Gröninger/Thomas* § 13 MuSchG Rz 41).

Die Anspruchsberechtigung einer aufgrund einer Eigenkündigung ausgeschiedenen Arbeitnehmerin **158** auf **Arbeitslosengeld** oder **Arbeitslosenhilfe** (insoweit nach dem Rechtszustand bis zum 31.12.2004, danach **Arbeitslosengeld II**; dazu KR-*Wolff* SozR Rz 47 u. 50) richtet sich nach den einschlägigen Bestimmungen des SGB III bzw. des SGB II. Nach §§ 117, 118 SGB III ist für den Anspruch auf Arbeitslosengeld insbes. erforderlich, dass die Arbeitnehmerin eine versicherungspflichtige, mindestens 15 Stunden wöchentlich umfassende Beschäftigung sucht (§ 118 Abs. 1 Nr. 2 SGB III) und die Anwartschaftszeit (§§ 123, 124 SGB III) erfüllt hat. Für den Anspruch auf Arbeitslosenhilfe gelten bis zum 31.12.2004 die §§ 190 ff. SGB III. Danach gelten an deren Stelle die Regelungen des SGB II über das Arbeitslosengeld II, womit die bisherige enge Verknüpfung von Arbeitslosengeld und Arbeitslosenhilfe über § 198 Abs. 1 SGB III aufgelöst wird.

159 Bei einer freiwilligen Lösung des Arbeitsverhältnisses durch die Arbeitnehmerin kann uU eine **Sperrfrist** für den Bezug von Arbeitslosengeld bzw. Arbeitslosenhilfe eintreten (§ 144 SGB III; dazu iE KR-*Wolff* SGB III § 144). Die Sperrfrist tritt nicht ein, wenn die Arbeitnehmerin für die freiwillige Lösung des Arbeitsverhältnisses einen wichtigen Grund hatte. Das Eintreten der Sperrfrist ist weiterhin dann zu verneinen, wenn die Schwangere in Unkenntnis ihrer Schwangerschaft oder des mutterschutzrechtlichen Kündigungsverbots dem Arbeitgeber keine oder keine rechtzeitige Mitteilung macht. Dagegen kommt die Verhängung einer Sperrfrist dann in Betracht, wenn die Arbeitnehmerin in Kenntnis ihrer Schwangerschaft und des mutterschutzrechtlichen Kündigungsverbotes ihren Arbeitgeber weder bei der Kündigung noch innerhalb von zwei Wochen nach Zugang der Kündigung über die Schwangerschaft unterrichtet (*BSG* 5.9.1957 AP Nr. 20 zu § 9 MuSchG).

g) Benachrichtigung der Aufsichtsbehörde

160 Kündigt eine schwangere Frau das Arbeitsverhältnis, so ist der Arbeitgeber zu einer unverzüglichen (also ohne schuldhaftes Zögern erfolgenden) **Benachrichtigung der** gem. § 20 MuSchG **zuständigen Aufsichtsbehörde** verpflichtet. Dies folgt aus der in **§ 9 Abs. 2 MuSchG** enthaltenen Verweisung auf die Bestimmung des § 5 Abs. 1 S. 3 MuSchG (vgl. hierzu *BAG* 19.8.1982 EzA § 9 MuSchG nF Nr. 21). Diese Regelung soll der Aufsichtsbehörde ermöglichen, die schwangere Arbeitnehmerin über ihre Rechte gem. § 10 Abs. 2 MuSchG zu belehren (auch über ein evtl. Recht, die Eigenkündigung anzufechten [s.o. Rz 152 – 154]: so jedenfalls *Willikonsky* § 9 MuSchG Rz 37). Erfasst werden **alle Kündigungen** einschließlich der nach § 10 Abs. 1 MuSchG (s.u. Rz 161), die **während der Schwangerschaft ausgesprochen** werden (also während des Bestehens der Schwangerschaft zugehen). Dem Schutzzweck nach erfasst die Bestimmung befristete oder auflösend bedingte Arbeitsverträge (*Buchner/Becker* § 9 MuSchG Rz 283 f.; *Willikonsky* § 9 MuSchG Rz 37; s.a. Rz 161).

161 Die Benachrichtigungspflicht des Arbeitgebers setzt dessen **Kenntnis von dem Bestehen einer Schwangerschaft** voraus. Im Übrigen gilt die Benachrichtigungspflicht bei jeder Art der Kündigung durch eine schwangere Frau, unabhängig vom Zeitpunkt während bestehender Schwangerschaft. Auch die Ausübung des gem. § 10 Abs. 1 MuSchG bestehenden Sonderkündigungsrechts während der Schwangerschaft fällt mithin unter die Benachrichtigungspflicht (*Buchner/Becker* Rz 282; *Gröninger/Thomas* Rz 87). Auch in diesem Falle kann nämlich die Aufsichtsbehörde die Arbeitnehmerin über die ihr gem. § 10 Abs. 2 MuSchG zustehenden Rechte belehren (*Meisel/Sowka* Rz 69a). Dagegen besteht, wie sich schon aus dem Wortlaut des § 9 Abs. 2 MuSchG ergibt, für den Arbeitgeber keine Benachrichtigungspflicht, wenn die Arbeitnehmerin erst nach erfolgter Entbindung das Arbeitsverhältnis kündigt (*Buchner/Becker* Rz 284; *Gröninger/Thomas* Rz 87; *Zmarzlik/Zipperer/Viethen/Vieß* Rz 124; **aA** *Heilmann* Rz 148) oder die Parteien einen **Aufhebungsvertrag** schließen (ErfK-*Schlachter* Rz 15; *Gröninger/Thomas* Rz 87; *Meisel/Sowka* Rz 69a; *Zmarzlik/Zipperer/Viethen/Vieß* Rz 124; **aA** *Buchner/Becker* Rz 283; *Heilmann* Rz 147; *Willikonsky* § 9 MuSchG Rz 37).

162 Ein **Verstoß gegen die Benachrichtigungspflicht** stellt weder eine Straftat noch eine Ordnungswidrigkeit dar, da § 21 MuSchG dies nicht erfasst (*Buchner/Becker* Rz 288). Sie entzieht der Eigenkündigung durch die schwangere Arbeitnehmerin auch nicht nachträglich ihre Wirksamkeit (*BAG* 6.2.1992 EzA § 119 BGB Nr. 16; 19.8.1982 EzA § 9 MuSchG nF Nr. 21; *Mummenhoff* SAE 1984, 58; **aA** *Heilmann* Rz 151). Da die Bestimmung des § 9 Abs. 2 MuSchG als **Schutzgesetz** iSd § 823 Abs. 2 BGB anzusehen ist, kann sich der Arbeitgeber bei einer schuldhaften Verletzung der Benachrichtigungspflicht **schadensersatzpflichtig** machen (*BAG* 6.2.1992 EzA § 119 BGB Nr. 16; ErfK-*Schlachter* Rz 15). Der Umfang des Anspruchs ist aus dem beschränkten Schutzzweck der Benachrichtigungspflicht heraus zu bestimmen, der lediglich darauf gerichtet ist, eine Belehrung über die Rechte der Arbeitnehmerin nach der Kündigung zu gewährleisten (*BAG* 6.2.1992 EzA § 119 BGB Nr. 16). Dementsprechend sind nur solche Schäden zu ersetzen, die der Arbeitnehmerin aus Unkenntnis ihrer Rechte gem. § 10 Abs. 2 MuSchG entstehen. Die Verletzung der Benachrichtigungspflicht führt also insbes. nicht zu einer Pflicht des Arbeitgebers, als Naturalrestitution die Arbeitnehmerin über den durch ihre Kündigung bestimmten Termin hinaus zu beschäftigen (*BAG* 6.2.1992 EzA § 119 BGB Nr. 16; *Buchner/Becker* Rz 289; wohl **aA** *Heilmann* Rz 135 u. 152).

10. Arbeitskampfmaßnahmen

163–164 Nach dem Beschluss des Großen Senats des *BAG* v. 21.4.1971 (EzA Art. 9 GG Nr. 6) kann eine ansonsten lösende **Aussperrung** gegenüber den unter den Schutz des § 9 Abs. 1 MuSchG fallenden Frauen **nur mit suspendierender Wirkung** erfolgen (vgl. weiter *BAG* 22.10.1986 EzA Art. 9 GG Arbeitskampf

Kündigungsverbot § 9 MuSchG

Nr. 65). Das BAG gelangt zu dieser Wertung unter Heranziehung des Grundsatzes der Verhältnismäßigkeit, der es gebiete, dem gem. § 9 Abs. 1 MuSchG gewährten Bestandsschutz gegenüber Arbeitskampfmaßnahmen den Vorrang einzuräumen. Durch die Entscheidungen des *BAG* v. 10.6.1980 (EzA Art. 9 GG Arbeitskampf Nr. 36, 37 und 38) wurden strengere Zulässigkeitsvoraussetzungen für (suspendierende) Abwehraussperrungen aufgestellt (vgl. KR-*Weigand* § 25 KSchG Rz 9–9d). Der kündigungsschutzrechtliche Status der unter § 9 Abs. 1 MuSchG fallenden Arbeitnehmerinnen wird durch diese Rspr. nicht berührt (*Willikonsky* § 9 MuSchG Rz 12: die suspendierende Aussperrung wird von § 9 Abs. 1 MuSchG nicht erfasst, da sie das Arbeitsverhältnis nicht in ihrem Bestand berührt, so dass weiterhin die Grundsätze der Entscheidung des Großen Senats des *BAG* v. 21.4.1971 (EzA Art. 9 GG Nr. 6) heranzuziehen sind (*Buchner/Becker* Rz 35). Zur **Kampfkündigung** vgl. Rz 74 u. Rz 165.

Auf eine vom Arbeitgeber im Rahmen eines Arbeitskampfes ausgesprochene **Kündigung** findet das mutterschutzrechtliche Kündigungsverbot des § 9 Abs. 1 MuSchG unmittelbar Anwendung (ebenso *Buchner/Becker* Rz 37; *Heilmann* Rz 154). Dies gilt sowohl für solche Kündigungen, die der Arbeitgeber wegen rechtswidriger Arbeitsniederlegungen erklärt (sog. **Kampfkündigungen**; ErfK-*Schlachter* Rz 13) als auch für die während eines Arbeitskampfes ausgesprochenen arbeitgeberseitigen Kündigungen aus anderen Gründen (zB wegen Vorliegens eines wichtigen Grundes iSd § 626 Abs. 1 BGB oder wegen betriebsbedingter Gründe iSd § 1 Abs. 2 S. 1 KSchG). 165

X. Verhältnis zum Kündigungsrecht sowie zum sonstigen Kündigungsschutzrecht

1. Verhältnis zum Kündigungsrecht

Das mutterschutzrechtliche Kündigungsverbot des § 9 Abs. 1 MuSchG bezieht sich auf eine Arbeitgeberkündigung, die nicht bereits aus allg. kündigungsrechtlichen Gründen (zB wegen fehlender Vertretungsmacht) unwirksam ist (hinsichtlich der Frage, ob eine nach § 9 Abs. 1 MuSchG unzulässige Kündigung bereits aus sonstigen Gründen iSd § 13 Abs. 3 KSchG unwirksam sein kann, vgl. iE KR-*Friedrich* § 13 KSchG Rz 176 ff.). Die Arbeitnehmerin ist aber prozessual keineswegs daran gehindert, sich vorrangig auf die sich aus § 9 Abs. 1 MuSchG ergebende Nichtigkeit der Kündigung zu berufen (vgl. auch § 6 KSchG in der ab 1.1.2004 geltenden Fassung und dazu *Bader* NZA 2004, 65, 68 f.; iE KR-*Friedrich* § 6 KSchG). 166

Eine Kündigung, die mangels Kenntnis des Arbeitgebers von der Schwangerschaft oder wegen verspäteter Mitteilung nicht unter das mutterschutzrechtliche Kündigungsverbot fällt, kann gleichwohl nach den allg. Grundsätzen des Kündigungsrechts unwirksam sein (vgl. KR-*Friedrich* § 13 KSchG Rz 176 ff.). Dies gilt ebenso für eine nach § 9 Abs. 3 MuSchG für zulässig erklärte Kündigung, da die behördliche Zulässigkeitserklärung lediglich die Befreiung von dem gesetzlichen Kündigungsverbot bedeutet (*Buchner/Becker* Rz 197; *Gröninger/Thomas* Rz 109; *Meisel/Sowka* Rz 117). Trotz behördlicher Zulässigkeitserklärung kann sich daher die Unwirksamkeit einer außerordentlichen Kündigung zB aus § 623 BGB oder aus § 626 Abs. 1 oder Abs. 2 BGB ergeben. Wegen der unterschiedlichen Prüfungsmaßstäbe (vgl. hierzu Rz 114, 115) ist das ArbG auch nicht daran gehindert, eine von der Arbeitsbehörde wegen Vorliegens eines »besonderen Falles« für zulässig erklärte außerordentliche Kündigung wegen Verneinung eines »wichtigen Grundes« iSd § 626 Abs. 1 BGB für unwirksam zu erklären (*Gröninger/Thomas* Rz 109). Beruht die Kündigung auf der Schwangerschaft, so kann sich trotz behördlicher Zulassung die Unwirksamkeit der Kündigung auch aus § 7 Abs. 1 AGG ergeben. 167

2. Verhältnis zum allgemeinen Kündigungsschutzrecht

a) Allgemeines

Bei Vorliegen der gesetzlichen Voraussetzungen des KSchG (sechsmonatiger Bestand des Arbeitsverhältnisses sowie Beschäftigung in einem Betrieb oder einer Verwaltung, der oder die den Voraussetzungen von § 23 Abs. 1 S. 2 bis 4 KSchG genügt; vgl. dazu KR-*Weigand* § 23 KSchG) kann sich die gem. § 9 Abs. 1 KSchG unzulässig gekündigte Arbeitnehmerin **neben dem mutterschutzrechtlichen Kündigungsschutz auch auf den allg. Kündigungsschutz** nach dem KSchG berufen. Auch in prozessualer Hinsicht bestehen hiergegen keine Bedenken (vgl. dazu § 6 KSchG in der ab 1.1.2004 geltenden Fassung und diesbzgl. *Bader* NZA 2004, 65, 68 f.; iE KR-*Friedrich* § 6 KSchG). Eine Geltendmachung der Sozialwidrigkeit der Kündigung kommt aber insbes. auch dann in Betracht, wenn die Kündigung mangels Kenntnis des Arbeitgebers von der Schwangerschaft oder wegen verspäteter Mitteilung mutterschutzrechtlich nicht zu beanstanden ist. Dies gilt schließlich ebenso für den Fall einer von der Arbeitsbehörde gem. § 9 Abs. 3 S. 1 MuSchG für zulässig erklärten Kündigung. Der allg. Kündigungs- 168

§ 9 MuSchG Kündigungsverbot

schutz nach dem KSchG gilt nur für Arbeitnehmerinnen, nicht dagegen für die in **Heimarbeit** beschäftigten Frauen. Auf diesen Personenkreis findet § 29 HAG Anwendung (vgl. weiter KR-*Rost* ArbNähnlPers Rz 147 u. 98 ff.).

b) Rechtszustand bis zum 31.12.2003

169 Nach § 13 Abs. 3 KSchG a.F. (geltend bis zum 31.12.2003) fanden die Vorschriften des ersten Abschnitts des KSchG auf Kündigungen, die bereits aus anderen als den in § 1 Abs. 2 und 3 KSchG genannten Gründen unwirksam waren, keine Anwendung (vgl. dazu *Friedrich* KR 6. Aufl., § 13 KSchG Rz 176 f.). Für die Feststellung, dass eine Kündigung wegen Verstoßes gegen § 9 MuSchG unwirksam ist, bedurfte es bis zum 31.12.2003, soweit nicht § 113 Abs. 2 InsO eingriff, nicht der Beachtung der §§ 4 ff. KSchG (*Friedrich* KR 6. Aufl., § 13 KSchG Rz. 176 f.; *Buchner/Becker* Rz 268). Die Arbeitnehmerin konnte eine auf § 9 MuSchG gestützte Kündigungsschutzklage also, soweit nicht § 113 Abs. 2 InsO eingriff, insbes. noch nach Ablauf der Dreiwochenfrist des § 4 KSchG erheben, wenn nicht die Klage ausnahmsweise verwirkt oder auf sie verzichtet worden war (*Meisel/Sowka* Rz 127). Einer sowohl auf § 9 MuSchG als auch auf § 1 KSchG gestützten Kündigungsschutzklage musste das Gericht auch im Falle einer Nichteinhaltung der Frist des § 4 KSchG stattgeben, sofern sich die Klage wegen § 9 MuSchG als begründet erwies. Die Klagefrist des § 4 KSchG brauchten auch solche Arbeitnehmerinnen nicht einzuhalten, die im Hinblick auf § 1 Abs. 1 KSchG noch nicht unter das KSchG fielen, sofern sie die Unwirksamkeit einer außerordentlichen Kündigung geltend machen wollten (*BAG* 17.8.1972 EzA § 626 BGB Nr. 22).

170 Die **Sozialwidrigkeit** der Kündigung als solche konnte die Arbeitnehmerin demgegenüber nur nach Maßgabe der §§ 4 ff. KSchG geltend machen. Dies galt sowohl, wenn die Arbeitnehmerin die Sozialwidrigkeit ohne Berufung auf die Verletzung des § 9 MuSchG geltend machte, als auch im Falle einer Klage, die sich auf beide Unwirksamkeitsgründe stützte. Die dreiwöchige Klagefrist des § 4 S. 1 KSchG begann dabei mit Zugang der Kündigung. Die Bestimmung des § 4 S. 4 KSchG, wonach bei einer zustimmungsbedürftigen Kündigung die Frist zur Anrufung des ArbG erst mit der Bekanntgabe der Entscheidung der Behörde an den Arbeitnehmer beginnt, sollte nach verbreiteter Auffassung in der Literatur hier indessen nicht zur Anwendung kommen (etwa *Etzel* KR 6. Aufl., § 9 MuSchG Rz. 170; *Friedrich* KR 6. Aufl., § 4 KSchG Rz 203; *BBDW-Wenzel* – Stand 52. Ergl. Juli 2004 – § 4 KSchG Rz 135 [analoge Anwendung in Ausnahmekonstellationen erwägend]; *Buchner/Becker* Rz 269; *Gröninger/Thomas* Rz 111). Die Zulässigkeitserklärung nach § 9 Abs. 3 S. 1 MuSchG sei keine Zustimmung iSd § 4 S. 4 KSchG. Zudem sollte sich § 4 S. 4 KSchG nach allg. Auffassung nur auf Fälle beziehen, in denen die Kündigung einer nachträglichen Genehmigung der Behörde zugänglich sei (*Friedrich* KR 6. Aufl., § 4 KSchG Rz 197 mwN; zur neueren Entwicklung unabhängig von der Änderung des KSchG s. u. Rz 172b). Nur ausnahmsweise konnte danach § 4 S. 4 KSchG Bedeutung gewinnen, wenn nämlich eine vorherige Zustimmung (insbes. nach §§ 85 ff. SGB IX) dem Arbeitnehmer erst nach Zugang der Kündigung zuging (*BAG* 17.2.1982 EzA § 15 SchwbG Nr. 1; *BBDW-Wenzel* – Stand: 52.Ergl. Juli 2004 – § 4 KSchG Rz 134; *Friedrich* KR 6. Aufl., § 4 KSchG Rz 198 u. 209; zu § 18 BErzGG [jetzt gleichlautend § 18 BEEG] **aA** jedoch *BAG* 27.3.2003 NZA 2003, 1391 und dazu Rz 172b). Hatte die Arbeitnehmerin innerhalb der Dreiwochenfrist die Klage allein auf die Nichtigkeit gem. § 9 Abs. 1 MuSchG gestützt, so konnte sie gem. § 6 KSchG aF (geltend bis zum 31.12.2003) die Sozialwidrigkeit der Kündigung noch bis zum Schluss der mündlichen Verhandlung erster Instanz geltend machen (*Friedrich* KR 6. Aufl., § 6 KSchG Rz 8 ff. mwN). Im Ergebnis dasselbe nahm die Rspr. auch bei einer fristgerecht erhobenen Leistungsklage an (*BAG* 30.11.1961 AP Nr. 3 zu § 5 KSchG; vgl. iE zur entsprechenden Anwendung des § 6 KSchG aF [geltend bis zum 31.12.2003] *Friedrich* KR 6. Aufl., § 6 KSchG Rz 23 ff.). Es wurde schließlich recht pauschal vertreten, dass auch noch nach Ablauf der Frist des § 4 KSchG es für die Arbeitnehmerin zulässig sei, einen Auflösungsantrag nach § 9 KSchG zu stellen (*Etzel* KR 6. Aufl., § 9 MuSchG Rz 170; **aA** *Gröninger/Thomas* Rz 111 ff. u. *Buchner/Becker* Rz 269: nur unter Anwendung des § 6 KSchG aF; vgl. zum Fragenkreis insgesamt *Spilger* KR 6. Aufl., § 9 KSchG Rz 27 ff. mwN).

171 Eine **gerichtliche Auflösung** des Arbeitsverhältnisses **auf Antrag der Arbeitnehmerin** nach Maßgabe der §§ 9, 10 KSchG war nach dem bis zum 31.12.2003 geltenden Rechtszustand nur dann zulässig, wenn sich die Arbeitnehmerin entweder allein oder neben weiteren Unwirksamkeitsgründen auf die Sozialwidrigkeit der Kündigung berufen konnte (*Spilger* KR 6. Aufl., § 9 KSchG Rz 27 ff. mwN; *Buchner/Becker* Rz 269; *Gröninger/Thomas* Rz 112 f.; vgl. weiter *Etzel* KR 6. Aufl., § 9 MuSchG Rz 171).

171a Zum Stellenwert eines **Auflösungsantrags der Arbeitnehmerin** im Hinblick auf § 9 MuSchG gelten die Ausführungen zum neuen Rechtszustand unter Rz 172d entsprechend. Insoweit haben sich durch die ab dem 1.1.2004 geltenden neuen kündigungsrechtlichen Bestimmungen keine Veränderungen ergeben. Zum **Auflösungsantrag des Arbeitgebers** nach § 9 Abs. 1 S. 2 KSchG s.o. Rz 146b.

Nach dem auf die jeweilige Kündigung bezogenen punktuellen Streitgegenstandsbegriff des Kündigungsschutzprozesses (*Friedrich* KR 6. Aufl., § 4 KSchG Rz 225) hatte unter der Geltung der §§ 4, 7 KSchG aF (in der bis zum 31.12.2003 geltenden Fassung) die **rechtskräftige Abweisung der Klage** zur Folge, dass die Arbeitnehmerin mit einer späteren Geltendmachung der sich aus § 9 Abs. 1 MuSchG ergebenden Nichtigkeit der Kündigung präkludiert war (*Buchner/Becker* Rz 270; *Gröninger/Thomas* Rz 114). Um dies zu verhindern, oblag es der Arbeitnehmerin, sich im Rechtsstreit (auch) auf den mutterschutzrechtlichen Kündigungsschutz zu berufen. Hierzu reichte allerdings nach allg. Grundsätzen der Vortrag der entsprechenden Tatsachen aus (*Etzel* KR 6. Aufl., § 9 MuSchG Rz 172).

172

c) Rechtszustand ab dem 1.1.2004

Ab dem 1.1.2004 gelten die §§ 4, 7, 13 Abs. 3 KSchG in neuer Fassung. Die **fristgebundene Klage gem. § 4 S. 1 KSchG** bezieht sich danach nunmehr, wie § 7 KSchG nF deutlich macht, auf **alle Unwirksamkeitsgründe** (mit Ausnahme der Schriftform [dazu auch *Löwisch* BB 2004, 154, 159]; restriktiv, aber bedenklich, bzgl. Vollmachtsfragen *Ulrici* DB 2004, 250). **§ 113 Abs. 2 InsO** ist dementsprechend **aufgehoben** worden. Mithin ist auch die Unwirksamkeit der Kündigung gem. **§ 9 MuSchG** nunmehr fristgerecht klageweise geltend zu machen, und bei rechtskräftiger Klageabweisung folgt mittelbar schon aus § 7 KSchG nF, dass die Kündigung als von Anfang an rechtswirksam gilt (nur bzgl. der Schriftform muss man damit noch auf die unter Rz 172 angesprochenen Grundsätze zurückgreifen; vgl. für die Details die Kommentierungen zu § 4 und 7 KSchG; vgl. weiter etwa *Bader* NZA 2004, 65, 67 ff.; *Löwisch* BB 2004, 154, 158 ff.; *Richardi* DB 2004, 486; *Willemsen/Annuß* NJW 2004, 177, 183 f.). Die **Mitteilungspflicht** der Arbeitnehmerin bzgl. einer ihr, aber nicht dem Arbeitgeber bekannten Schwangerschaft binnen zwei Wochen ab Kündigungszugang (**§ 9 Abs. 1 S.1, 1 Hs. MuSchG**) bleibt davon unberührt. Sie ändert aber umgekehrt auch nichts an dem Erfordernis der fristgerechten Klageerhebung.

172a

Probleme bereitet einerseits die als solche unverändert gebliebene Vorschrift des § 4 S. 4 KSchG. Diese Vorschrift war lange Zeit nahezu unbeachtet geblieben. Etwa bezogen auf § 9 MuSchG hatte man sie weitgehend für gegenstandslos erachtet (dazu schon ausführlich oben Rz 170 mwN). Doch hat das BAG in einer Entscheidung zu § 18 BErzGG – gleichlautend jetzt § 18 BEEG – (*BAG* 27.3.2003 NZA 2003, 1391; vgl. diesbzgl. auch KR-*Bader* § 18 BEEG Rz 39a mwN) den Standpunkt vertreten, § 4 S. 4 KSchG erfasse ebenfalls die Fälle vorheriger behördlicher Zustimmungen (*BAG* 3.7.2003 NZA 2003, 1335; zust. *Schmidt* NZA 2004, 79, 80; krit. *Löwisch* BB 2005, 154, 159; iE dazu KR-*Friedrich* § 4 KSchG Rz 196 ff., insbes. in Rz 202a mit ausführlicher Darstellung des Meinungsstandes und in Rz 202b mit seinem Lösungsvorschlag, der von der hier vertretenen Meinung abweicht). Folgt man dieser Entscheidung uneingeschränkt, ist die Folge, dass in Fällen fehlender Behördenentscheidung mangels Arbeitgeberantrags die Klagefrist des § 4 S. 1 KSchG nicht zu laufen beginnt; das Klagerecht ist dann allein durch die Grundsätze der Verwirkung begrenzt (so *Schmidt* aaO zu § 18 BErzGG, jetzt § 18 BEEG). *Löwisch* entnimmt indes zutreffend dem neuen ab 1.1.2004 geltenden Satz 2 des § 5 Abs. 1 KSchG (vgl. dazu KR-*Friedrich* § 5 KSchG), dass das Gesetz den Beginn der Klagefrist des § 4 S. 1 KSchG auch dann voraussetzt, wenn die schwangere Frau von ihrer Schwangerschaft unverschuldet erst später – nach Ablauf der Klagefrist – Kenntnis erhält, womit die zitierte BAG-Rspr. nicht mehr aufrechterhalten werden kann (*Löwisch* BB 2004, 154, 159; **aA** *Richardi* DB 2004, 486, 489). Damit bleibt es bzgl. des § 4 S. 4 KSchG dabei, dass die Frist des § 4 S. 1 KSchG nur dann nicht mit Zugang der Kündigung zu laufen beginnt, wenn die – positive oder negative (*Berrisch* FA 2004, 6) – behördliche Entscheidung dem Arbeitnehmer oder im Falle des § 9 MuSchG der Arbeitnehmerin erst später bekannt gegeben wird (ebenso *BAG* 17.2.1982 EzA § 15 SchwbG Nr. 1, damals dem seinerzeitigen Rechtszustand entsprechend allerdings nur bezogen auf die positive Behördenentscheidung; *BAG* 27.3.2003 NZA 2003, 1391; HWK-*Pods/Quecke* § 4 KSchG Rz 42; *Löwisch* aaO; **aA** *Schmidt* aaO: § 4 S. 4 KSchG für § 9 Abs. 3 S. 1 MuSchG unanwendbar, wenn der Arbeitgeber bei Absendung der Kündigung von der Schwangerschaft nichts wusste, wobei die von *Schmidt* vorgeschlagene Lösung auch deswegen nicht überzeugt, weil danach § 4 S. 4 KSchG für die Fälle des § 18 BEEG und des § 9 Abs. 3 S. 1 MuSchG nicht einheitlich gehandhabt werden soll; ähnlich *Berrisch* FA 2004, 6; **aA** auch LAG Düsseld. 10.2.2005 NZA-RR 2005, 382 und ArbG Hannover – 6 Ca 371/05 – DB 2006, 2522: abstellend auf Kenntnis der Arbeitnehmerin und danach differenzierend). Die hier vertretene Ansicht hat insgesamt den Vorzug, mit klaren und weitestgehend einheitlichen Strukturen und möglichst wenigen Verästelungen zu arbeiten, wie dies auch am ehesten der Einführung der einheitlichen Klagefrist entspricht.

172b

§ 9 MuSchG Kündigungsverbot

172c Andererseits bereitet § 6 KSchG nF Probleme. Es spricht viel dafür, dass nach dem neuen Wortlaut der Norm die alte Sichtweise – auch zur analogen Anwendung der Vorschrift – (vgl. Rz 170) nicht mehr haltbar ist (*Bader* NZA 2004, 65, 68 f.; **aA** bzgl. § 17 TzBfG *Dörner* Befr. Arbeitsvertrag Rz 987; für die Einzelheiten vgl. KR-*Friedrich* § 6 KSchG) – die ganz überwiegende Meinung handhabt jedoch § 6 KSchG nF im Ergebnis weitestgehend ebenso wie § 6 KSchG aF.

172d Schließlich ist auf dem Stellenwert des ab dem 1.1.2004 geltenden neuen Satzes 2 des § 5 Abs. 1 KSchG einzugehen (s.o. Rz 4e). Diese Bestimmung lautet: »Gleiches gilt, wenn eine Frau von ihrer Schwangerschaft aus einem von ihr nicht zu vertretenden Grund erst nach Ablauf der Frist des § 4 S. 1 Kenntnis erlangt hat.« Sie korrespondiert also erkennbar mit § 9 Abs. 1 S. 1 2. Hs. MuSchG und zielt auf die Fälle ab, in denen eine Frau, die bei Kündigungszugang bereits schwanger ist, dies aber unverschuldet noch nicht weiß, eine Kündigung erhält. Die Frau kann über § 9 Abs. 1 S. 1 2. Hs. MuSchG die Kündigung zu Fall bringen, wenn sie die Mitteilung dann unverzüglich nachholt (näher dazu s.o. Rz. 56 ff.). Dies allein hilft ihr nach dem ab dem 1.1.2004 geltenden Rechtszustand jedoch nicht, da die Kündigung als rechtswirksam gilt, wenn gegen sie nicht binnen drei Wochen ab Kündigungszugang Klage erhoben worden ist (vgl. insoweit auch Rz 172b). Hier greift nun § 5 Abs. 1 S. 2 KSchG nF ein. Über die danach mögliche nachträgliche Zulassung der Kündigungsschutzklage (näher dazu KR-*Friedrich* § 5 KSchG) – für den Verschuldensmaßstab werden die Ausführungen oben in Rz 57 f. entsprechend gelten – wird verfahrensmäßig der Weg eröffnet, die zurückliegende Kündigung doch noch mit Erfolg angreifen zu können (vgl. auch KR-*Friedrich* § 4 KSchG Rz 202b aE: Rechtsprechungshinweise).

172e In der Stellung eines **Auflösungsantrags** durch die Arbeitnehmerin wird grds. nach wie vor **kein Verzicht** auf den mutterschutzrechtlichen Kündigungsschutz liegen (aA *Gröninger/Thomas* Rz 113). Stützt die Arbeitnehmerin die Kündigungsschutzklage allein auf einen Verstoß gegen § 9 Abs. 1 MuSchG, was nach § 6 KSchG durchaus möglich ist, so kommt eine Auflösung des Arbeitsverhältnisses nach § 9 KSchG ohnehin nicht in Betracht, wie § 13 Abs. 3 KSchG auch nach seiner Neufassung zeigt: die Gleichstellung aller sonstigen Unwirksamkeitsgründe mit der Sozialwidrigkeit gilt nur für die Klagefrist, nicht aber ansonsten im Bereich des KSchG. Dies gilt ebenso für den Fall, dass neben der sich aus § 9 Abs. 1 MuSchG ergebenden Nichtigkeit lediglich andere Unwirksamkeitsgründe iSd § 13 Abs. 3 KSchG (zB Verstoß gegen § 102 Abs. 1 BetrVG) geltend gemacht werden. Selbst wenn in einer solchen Fallgestaltung die Klägerin trotz gerichtlichen Hinweises bei dem Auflösungsantrag bleibt, verbietet sich eine Auslegung dahingehend, dass auf den einzigen oder einen wesentlichen Unwirksamkeitsgrund verzichtet werden soll. Im Übrigen kann zwar ein Auflösungsurteil nach § 9 KSchG nur im Falle einer unwirksamen Kündigung ergehen. Doch setzt der Erfolg des Auflösungsantrags der Arbeitnehmerin voraus, dass die Kündigung jedenfalls auch sozialwidrig ist (KR-*Spilger* § 9 KSchG Rz 26 f.; hieran hat sich durch die Neufassung der §§ 4 S. 1, 7 KSchG nichts geändert, wie § 13 Abs. 3 KSchG belegt). Stützt sich also die Arbeitnehmerin bei ihrer Klage sowohl auf § 1 Abs. 2 u. 3 KSchG als auch auf § 9 MuSchG und stellt zusätzlich einen Auflösungsantrag, so kann es trotz § 9 MuSchG zu einer Auflösung durch das Arbeitsgericht kommen, wenn das Gericht nämlich die Kündigung auch für sozialwidrig erachtet (*Buchner/Becker* § 9 MuSchG Rz 23; *Hertzfeld* NZA 2004, 298; *Willikonsky* § 9 Rz 23). Dies ist dann die Folge der Regelung in § 9 Abs. 1 KSchG und in § 13 Abs. 3 KSchG sowie der Antragstellung im Verfahren, hat aber nichts mit einem Verzicht auf den Kündigungsschutz nach § 9 MuSchG zu tun. Zum Auflösungsantrag des Arbeitgebers nach § 9 KSchG s.o. Rz 146b.

3. Verhältnis zum sonstigen besonderen Kündigungsschutz

173 Soweit für bestimmte Personengruppen ein besonderer Kündigungsschutz besteht (zB für Elternzeitberechtigte, schwerbehinderte Menschen, betriebsverfassungsrechtliche Funktionsträger, politische Mandatsträger), gilt dieser **neben** dem mutterschutzrechtlichen Kündigungsverbot (*Buchner/Becker* Rz 271 ff.; *Galperin* BB 1966, 1458; *Gröninger/Thomas* Rz 117). Eine nach diesen Kündigungsvorschriften erforderliche Zustimmung (zB gem. § 18 BEEG, § 85 SGB IX, § 103 BetrVG) ersetzt nicht die nach § 9 Abs. 3 MuSchG erforderliche Zulässigkeitserklärung durch die zuständige Behörde. Bei einer schwangeren Betriebsrätin mit Schwerbehinderteneigenschaft bedarf es daher neben der Zulässigkeitserklärung durch die zuständige Behörde nach § 9 Abs. 3 S. 1 MuSchG sowohl der vorherigen Zustimmung des Betriebsrates (oder deren Ersetzung) als auch der vorherigen Zustimmung des Integrationsamtes. Zum Verhältnis des § 9 MuSchG zu § 18 BEEG vgl. KR-*Bader* § 18 BEEG Rz 41 f.

4. Verhältnis zum kollektiven Kündigungsschutzrecht

Der kollektive Kündigungsschutz besteht unabhängig von dem mutterschutzrechtlichen Kündigungsverbot. Es handelt sich hierbei insbes. um die nach § 102 Abs. 1 S. 1 BetrVG für jede Kündigung zwingend vorgeschriebene Anhörung des Betriebsrates. Die Anhörungspflicht besteht unabhängig davon, ob die nach § 9 Abs. 3 MuSchG zuständige Arbeitsbehörde den Betriebsrat im Rahmen des behördlichen Zulassungsverfahrens beteiligt hat. Das Anhörungsverfahren gem. § 102 BetrVG kann noch vor dem Ende der viermonatigen Schutzfrist des § 9 Abs. 1 MuSchG durchgeführt werden, da das Gesetz lediglich ein Kündigungsverbot, dagegen kein Anhörungsverbot enthält (**aA** *ArbG Gelsenkirchen* 9.6.1983 AuR 1984, 155). Bei einer Anfechtung des Arbeitsvertrages entfällt eine Anhörungspflicht des Betriebsrates (*Richardi* § 102 Rz 26; *Fitting* § 102 Rz 10; GK-BetrVG / *Kraft* § 102 Rz 25; **aA** *Wolf/Gangel* ArbuR 1982, 276). Die kollektivrechtlichen Kündigungsschutzbestimmungen der Personalvertretungsgesetze (zB § 70 BPersVG) bestehen ebenfalls selbständig neben dem besonderen Kündigungsschutz gem. § 9 Abs. 1 MuSchG. Soweit durch eine Betriebsvereinbarung iSd § 102 Abs. 6 BetrVG das Mitwirkungsrecht des Betriebsrats bei Kündigungen erweitert ist, gelten diese Regelungen auch für die Kündigungen von werdenden Müttern und Wöchnerinnen.

XI. Kündigungs- und Beschäftigungsschutz für Beschäftigte in Heimarbeit und Gleichgestellte

1. Kündigungsschutz

Für die in Heimarbeit beschäftigten Frauen gilt das mutterschutzrechtliche Kündigungsverbot uneingeschränkt, sofern sie als Heimarbeiterin oder Hausgewerbetreibende iSd § 2 Abs. 1 und Abs. 2 HAG anzusehen sind (s.o. Rz 11 u. 26). Die gem. § 1 Abs. 2 HAG den Heimarbeiterinnen und Hausgewerbetreibenden gleichgestellten Frauen fallen nur dann unter den besonderen Kündigungsschutz des § 9 Abs. 1 S. 1 MuSchG, wenn sich die Gleichstellung auch auf den im Neunten Abschnitt des HAG geregelten heimarbeitsrechtlichen Kündigungsschutz erstreckt. Dies folgt aus der Regelung in § 9 Abs. 1 S. 2 Hs. 2 MuSchG. Gegenüber diesem Personenkreis ist somit die Kündigung des Beschäftigungsverhältnisses unzulässig, wenn dem Auftraggeber oder Zwischenmeister zur Zeit der Kündigung die Schwangerschaft oder die Entbindung bekannt war oder innerhalb zweier Wochen nach Zugang der Kündigung mitgeteilt wird (§ 9 Abs. 1 S. 1, 1. Hs. MuSchG); wobei natürlich auch § 9 Abs. 1 S. 1, 2. Hs. MuSchG gilt. Zum mutterschutzrechtlichen Kündigungsschutz bei Telearbeit vgl. *Kappus* S. 159 f.

Der besondere Kündigungsschutz des § 9 Abs. 1 MuSchG beginnt für die in Heimarbeit beschäftigten Frauen sowie für die – auch kündigungsrechtlich – Gleichgestellten mit Eintritt der Schwangerschaft. Die in § 29 HAG geregelten Beschäftigungszeiträume sind seit dem Heimarbeitsänderungsgesetz vom 29.10.1974 (BGBl. I S. 2879) lediglich noch für die Bemessung der Kündigungsfristen von Bedeutung.

Die für die behördliche Zulässigkeitserklärung von Arbeitgeberkündigungen geltenden Grundsätze (s.o. Rz 95–130) sind maßgeblich auch für die unter das Kündigungsverbot des § 9 Abs. 1 MuSchG fallenden Kündigungen von Auftraggebern und Zwischenmeistern. Wird das Beschäftigungsverhältnis vom Auftraggeber oder Zwischenmeister nach erfolgter Zulässigkeitserklärung gekündigt, so steht der in Heimarbeit beschäftigten Frau Mutterschaftsgeld nach Maßgabe der §§ 13 MuSchG, 200 RVO zu.

2. Beschäftigungsschutz

Um eine Umgehung des mutterschutzrechtlichen Kündigungsverbotes zu verhindern (vgl. dazu *BAG* 22.9.1961 AP Nr. 22 zu § 9 MuSchG), bestimmt § 9 Abs. 4 MuSchG, dass in Heimarbeit Beschäftigte und ihnen Gleichgestellte während der Schwangerschaft und bis zum Ablauf von vier Monaten nach der Entbindung nicht gegen ihren Willen bei der Ausgabe von Heimarbeit ausgeschlossen werden dürfen. Der Zweck dieser Regelung besteht darin, den in Heimarbeit beschäftigten und gleichgestellten Frauen während der Schutzfristen des § 9 Abs. 1 MuSchG eine Beschäftigungsgarantie einzuräumen. Unzulässig ist sowohl der völlige als auch der teilweise Ausschluss bei der Vergabe von Aufträgen (*Buchner/Becker* Rz 276). Der Beschäftigungsschutz greift selbst dann ein, wenn die in Heimarbeit beschäftigte oder gleichgestellte Frau aus schwangerschaftsbedingten Gründen an der persönlichen Abholung oder der Rückgabe der Arbeit verhindert ist.

Einen **Bezugszeitraum** hinsichtlich des Umfangs der Arbeitszuteilung legt § 9 Abs. 4 MuSchG nicht fest. In entsprechender Anwendung des § 11 Abs. 1 MuSchG ist von einem Zeitraum von **13 Wochen** auszugehen (*Buchner/Becker* Rz 276 mwN; ErfK-*Schlachter* Rz 25; *Gröninger/Thomas* Rz 128). Bei einer

§ 10 MuSchG   Erhaltung von Rechten

geringeren Arbeitsausgabe oder bei einem völligen Ausschluss bei der Vergabe von Aufträgen gerät der Auftraggeber bzw. Zwischenmeister gem. § 615 BGB in **Annahmeverzug**. Die Bestimmung des § 29 Abs. 7 HAG ist dagegen nicht anwendbar, da es sich bei dieser Vorschrift um ein auf die Dauer der jeweiligen Kündigungsfrist beschränktes Benachteiligungsverbot handelt.

180 Die in den §§ 3, 4, 6 und 8 Abs. 5 MuSchG geregelten Beschäftigungsverbote sind auch von den Auftraggebern und Zwischenmeistern zu beachten. Die in § 9 Abs. 4 MuSchG enthaltene Erwähnung dieser Bestimmungen hat nur klarstellende Funktion. Die infolge von Beschäftigungsverboten entstehenden **Verdienstausfälle** sind gem. § 11 MuSchG auszugleichen (*Buchner/Becker* Rz 277; *Gröninger/Thomas* § 11 MuSchG Rz 1).

§ 10 Erhaltung von Rechten
(1) Eine Frau kann während der Schwangerschaft und während der Schutzfrist nach der Entbindung (§ 6 Abs. 1) das Arbeitsverhältnis ohne Einhaltung einer Frist zum Ende der Schutzfrist nach der Entbindung kündigen.
(2) ¹Wird das Arbeitsverhältnis nach Absatz 1 aufgelöst und wird die Frau innerhalb eines Jahres nach der Entbindung in ihrem bisherigen Betrieb wieder eingestellt, so gilt, soweit Rechte aus dem Arbeitsverhältnis von der Dauer der Betriebs- oder Berufszugehörigkeit oder von der Dauer der Beschäftigungs- oder Dienstzeit abhängen, das Arbeitsverhältnis als nicht unterbrochen. ²Dies gilt nicht, wenn die Frau in der Zeit von der Auflösung des Arbeitsverhältnisses bis zur Wiedereinstellung bei einem anderen Arbeitgeber beschäftigt war.

Literatur
Vgl. die Literaturangaben zu § 9 MuSchG.

Inhaltsübersicht

		Rz			Rz
I.	Entstehungsgeschichte	1–2a	5.	Rechtsfolgen der Sonderkündigung	25–31
II.	Sinn und Zweck der Regelung	3, 4		a) Lösung des Arbeitsverhältnisses	25–27
III.	Sonderkündigungsrecht			b) Anzeigepflicht des Arbeitgebers	28
	(§ 10 Abs. 1 MuSchG)	5–31		c) Vereinbarkeit mit Gleich-	
	1. Rechtsnatur und Inhalt	5–7		behandlungsgrundsatz	29–31
	2. Voraussetzungen	8–13	IV.	Erhaltung von Rechten	
	a) Persönlicher Geltungsbereich	8, 9		(§ 10 Abs. 2 MuSchG)	32–53
	b) Zeitliche Begrenzung	10–13		1. Bedeutung der Regelung	32–33a
	3. Ausübung des Sonderkündigungs-			2. Voraussetzungen	34–48
	rechts	14–19		a) Sonderkündigung	34–36
	a) Form	14		b) Wiedereinstellung	37–43
	b) Zeitpunkt	15–17		c) Beschäftigung bei anderem	
	c) Unzulässige Rechtsausübung	18, 19		Arbeitgeber	44–48
	4. Abgrenzung zu anderen			3. Rechtsfolgen der Wiedereinstellung	49–51
	Beendigungstatbeständen	20–24		a) Gegenständliche Reichweite	49, 50
	a) Ordentliche Kündigung	20		b) Umfang der zeitlichen	
	b) Außerordentliche Kündigung	21, 22		Anrechnung	51
	c) Aufhebungsvertrag	23		4. Verhältnis zu anderweitigen	
	d) Sonstige Beendigungstatbestände	24		Anrechnungsregelungen	52, 53

I. Entstehungsgeschichte

1 Die Bestimmung des § 10 MuSchG wurde durch Art. 1 Nr. 11 des Gesetzes zur Änderung des MuSchG und der RVO v. 24.8.1965 (BGBl. I S. 912) mit Wirkung v. 1.1.1966 in das Gesetz eingefügt. Während der parlamentarischen Beratungen wurde bereits zum damaligen Zeitpunkt in Erwägung gezogen, der Arbeitnehmerin einen Mutterschaftsurlaub zu gewähren. Der BT-Ausschuss für Arbeit vertrat allerdings die Auffassung, dass die Einführung eines unbezahlten Sonderurlaubs in Mittel- und Kleinbetrieben zu betriebsorganisatorischen Schwierigkeiten führe und daher nicht zu realisieren sei. Maßgebend für die Ablehnung eines unbezahlten Sonderurlaubs war seinerzeit außerdem die Erwägung, dass es dem Arbeitgeber unzumutbar sei, den Arbeitsplatz im Anschluss an eine Schutzfrist von 14 bis

18 Wochen für einen weiteren Zeitraum für die beurlaubte Arbeitnehmerin freizuhalten (vgl. schriftl. Bericht des Ausschusses für Arbeit zu BT-Drs. IV/3652).

Durch das »Gesetz zur Einführung eines Mutterschaftsurlaubs« v. 25.6.1979 (BGBl. I S. 797) wurde § 10 **2** Abs. 1 MuSchG um den folgenden S. 2 erweitert: »Die Mutter kann das Arbeitsverhältnis unter Einhaltung einer Kündigungsfrist von einem Monat zum Ende ihres Mutterschaftsurlaubs kündigen, soweit für sie nicht eine kürzere gesetzliche oder vereinbarte Kündigungsfrist gilt«.

Durch § 38 Abs. 1 Nr. 1 BErzGG wurde § 10 Abs. 1 S. 2 MuSchG mit Wirkung v. 1.1.1986 aufgehoben. **2a** An die Stelle des § 10 Abs. 1 S. 2 MuSchG ist die Vorschrift des § 19 BErzGG (mit Wirkung v. 1.1.1986; jetzt: gleichlautend § 19 BEEG) getreten (vgl. hierzu KR-*Bader* § 19 BEEG Rz 1 ff.). Im Hinblick auf die durch den Erziehungsurlaub eintretende Suspendierung des Arbeitsverhältnisses für maximal drei Jahre enthält das am Ende des Erziehungsurlaubs bestehende Sonderkündigungsrecht des § 19 BEEG keine Besitzstandssicherung, wie sie § 10 Abs. 2 MuSchG vorsieht.

II. Sinn und Zweck der Regelung

Die Regelung des § 10 MuSchG stellt eine mutterschutzrechtliche Ergänzung zu dem Kündigungsver- **3** bot des § 9 MuSchG dar. Die Zubilligung **eines fristlosen Sonderkündigungsrechts während der Schwangerschaft und der Schutzfrist nach der Entbindung** trägt dem Bedürfnis der Arbeitnehmerin Rechnung, sich im Interesse der Pflege ihres Kindes – ohne Bindung an Kündigungsfristen (eine fristgerechte Kündigung ist der Arbeitnehmerin stets möglich: *Gröninger / Thomas* Rz 2 mwN; s.u. Rz 20) – aus dem Arbeitsverhältnis einseitig lösen zu können (§ 10 Abs. 1 MuSchG). Für die **Elternzeit** hat es der Gesetzgeber für ausreichend erachtet, dem Elternzeitberechtigten ein fristgebundenes Sonderkündigungsrecht zuzubilligen (§ 19 BEEG; *Buchner / Becker* Rz 4 sehen insoweit eine Widersprüchlichkeit in der Wertung des Gesetzgebers). Die zuletzt genannte Bestimmung trägt einerseits dem Bedürfnis der Arbeitnehmerin nach größtmöglicher Dispositionsfreiheit Rechnung, andererseits berücksichtigt sie das Interesse des Arbeitgebers an einer vorausschauenden Personalplanung (vgl. KR-*Bader* § 19 BEEG Rz 2 ff.). Rechtstatsächlich kommt dem Sonderkündigungsrecht des § 10 Abs. 1 MuSchG heute nur noch **Komplementärfunktion** zu. Möchte die Arbeitnehmerin sich zunächst der Pflege und Erziehung des Kindes widmen, entspricht es regelmäßig eher ihren Interessen, zunächst keine endgültige Entscheidung über eine weitere Berufstätigkeit bei ihrem Arbeitgeber zu treffen, sondern stattdessen lediglich Elternzeit in Anspruch zu nehmen (ebenso *Buchner / Becker* Rz 5). Damit bleibt ihr der Arbeitsvertrag zunächst (als ruhender) erhalten, und sie kann die Entscheidung über die weitere Berufstätigkeit zu einem späteren Zeitpunkt treffen. Das Sonderkündigungsrecht des § 10 Abs. 1 MuSchG ist allerdings gleichwohl nicht völlig obsolet. Es ermöglicht der Arbeitnehmerin, kurzfristig zu einem anderen Arbeitgeber zu wechseln, dessen Arbeitsbedingungen für ihre Situation günstiger sind. Außerdem beginnt das Ruhen des Arbeitsverhältnisses während der Elternzeit gem. § 16 Abs. 1 S. 1 BEEG erst nach Verstreichen einer bestimmten Geltendmachungsfrist, so dass die Arbeitnehmerin bei Auftreten kurzfristiger Betreuungsschwierigkeiten auf das Sonderkündigungsrecht angewiesen sein kann.

Die in § 10 Abs. 2 MuSchG angeordnete **Nichtunterbrechung des Arbeitsverhältnisses** dient der Si- **4** cherung des arbeitsrechtlichen Status der Arbeitnehmerin. Rechtstechnisch wird dies dadurch bewirkt, dass das Gesetz das Arbeitsverhältnis insoweit als nicht unterbrochen behandelt, als Rechte aus dem Arbeitsverhältnis von der Dauer der Betriebs- oder Berufszugehörigkeit oder von der Dauer der Beschäftigungs- oder Dienstzeit abhängen. Eine Ausnahme von der ohne Rücksicht auf den Parteiwillen eingreifenden gesetzlichen Fiktion hat der Gesetzgeber für den Fall einer zwischenzeitlichen Beschäftigung der Arbeitnehmerin bei einem anderen Arbeitgeber vorgesehen (§ 10 Abs. 2 S. 2 MuSchG). Dieser Ausnahmetatbestand trägt dem mutterschutzrechtlichen Charakter der Gesamtregelung Rechnung. Da die Beschäftigung bei einem anderen Arbeitgeber ein Indiz dafür ist, dass die fehlende Bereitschaft zur Weiterarbeit beim alten Arbeitgeber nicht oder nicht allein auf mutterschaftlichen Erwägungen beruht, ist es folgerichtig, dass der Gesetzgeber diese Personengruppe aus dem Kreis der begünstigten Arbeitnehmerinnen herausgenommen hat.

III. Sonderkündigungsrecht (§ 10 Abs. 1 MuSchG)

1. Rechtsnatur und Inhalt

Das der Schwangeren und Wöchnerin nach § 10 Abs. 1 MuSchG zustehende Recht, das Arbeitsverhält- **5** nis während der Schwangerschaft und während der Schutzfrist nach der Entbindung (§ 6 Abs. 1 Mu-

§ 10 MuSchG   Erhaltung von Rechten

SchG) ohne Einhaltung einer Frist zum Ende der Schutzfrist nach der Entbindung zu kündigen, ist rechtlich als ein **nicht fristgebundenes Sonderkündigungsrecht** zu qualifizieren. Von der außerordentlichen Kündigung unterscheidet sich dieses Sonderkündigungsrecht dadurch, dass es **keines wichtigen Grundes** iSd § 626 Abs. 1 BGB bedarf. Die Gemeinsamkeit zwischen beiden Kündigungsarten besteht darin, das Arbeitsverhältnis ohne Einhaltung der jeweils geltenden Kündigungsfrist durch eine einseitige Gestaltungserklärung beenden zu können. Charakteristisch für das mutterschutzrechtliche Sonderkündigungsrecht nach § 10 Abs. 1 MuSchG ist weiterhin die **zeitlich begrenzte Ausübungsmöglichkeit** (vgl. hierzu Rz 10 ff.) sowie der vom Gesetzgeber auf das Ende der Schutzfrist nach der Entbindung fixierte **Kündigungszeitpunkt** (vgl. hierzu Rz 11). Auf die **Gründe** für die Ausübung des Sonderkündigungsrechts kommt es nicht an (s.a. Rz 16 u. 18), wenn auch in aller Regel der mutterschaftliche Zweck, der der gesetzlichen Regelung zugrunde liegt (s.o. Rz 3), damit verfolgt werden wird (*Buchner/Becker* Rz 6).

6   Die Rechtswirkung einer **Sonderkündigung** iSd § 10 Abs. 1 MuSchG unterscheidet sich nicht von anderen Arten der Beendigungskündigung. Eine rechtzeitig erklärte Sonderkündigung führt zur **Beendigung des Arbeitsverhältnisses** zum Ende der Schutzfrist, und zwar unabhängig davon, ob eine spätere Wiederaufnahme der Berufstätigkeit geplant ist oder nicht (*Buchner/Becker* Rz 7; zu § 10 Abs. 2 Rz 32 ff.). Im Unterschied zur Elternzeit (vgl. *Gröninger/Thomas* § 15 BErzGG nF Rz 66 ff.) tritt nicht nur eine Suspendierung der beiderseitigen Hauptpflichten ein. Es bedarf für eine Wiederaufnahme der Arbeit einer Neubegründung des Arbeitsverhältnisses (vgl. *Heilmann* Rz 18).

7   Aus dem mutterschutzrechtlichen Charakter der Bestimmung folgt die **Unabdingbarkeit** des in § 10 Abs. 1 MuSchG geregelten Sonderkündigungsrechts (*Buchner/Becker* Rz 19 f.; *Zmarzlik/Zipperer/Viethen/Vieß* Rz 3). Ein vertraglicher Ausschluss oder die Vereinbarung einer inhaltlichen Beschränkung des mutterschutzrechtlichen Sonderkündigungsrechts (zB Vereinbarung einer Kündigungsfrist) ist unwirksam. Eine derartige vertragliche Vereinbarung stünde im Widerspruch zu dem Schutzzweck dieser Bestimmung, die es der Arbeitnehmerin gerade ermöglichen will, aufgrund ihrer neuen Situation als Mutter das Arbeitsverhältnis kurzfristig zu beenden (vgl. aber Rz 15).

2.   Voraussetzungen

a)   Persönlicher Geltungsbereich

8   Das mutterschutzrechtliche Sonderkündigungsrecht nach § 10 Abs. 1 MuSchG steht allen Frauen zu, die unter den persönlichen **Geltungsbereich des MuSchG** fallen (allg. Ansicht, etwa *Gröninger/Thomas* Rz 3; vgl. zum persönlichen Geltungsbereich des § 1 MuSchG KR-*Bader* § 9 MuSchG Rz 13 ff.). Es gilt daher auch für die in Heimarbeit beschäftigten Frauen und ihnen Gleichgestellte, soweit sie am Stück mitarbeiten. Dies folgt aus der Regelung in § 1 Nr. 2 MuSchG.

9   Die persönlichen Geltungsbereiche des § 10 Abs. 1 MuSchG und des § 19 BEEG (Sonderkündigungsrecht des Elternzeitberechtigten) decken sich nicht. Der persönliche Geltungsbereich des § 19 BEEG geht über denjenigen des § 10 Abs. 1 MuSchG hinaus, indem er zB auch männliche Arbeitnehmer (leibliche Väter und Adoptivväter) einbezieht, soweit sie im Arbeits-, Berufsbildungs- oder Heimarbeitsverhältnis stehen (vgl. zum persönlichen Geltungsbereich des § 19 BEEG KR-*Bader* § 19 BEEG Rz 5 ff.).

b)   Zeitliche Begrenzung

10 Das Sonderkündigungsrecht nach § 10 Abs. 1 MuSchG steht Frauen nur innerhalb eines begrenzten Zeitraumes zu. Es entsteht mit **Beginn** der Schwangerschaft (vgl. zu diesem Begriff KR-*Bader* § 9 MuSchG Rz 29 f.). Auf Verlangen des Arbeitgebers hat die Schwangere das Vorliegen einer Schwangerschaft durch das Zeugnis eines Arztes oder einer Hebamme **nachzuweisen** (§ 5 Abs. 1 MuSchG). Mit einer nur vorsorglichen Mitteilung der Arbeitnehmerin, eine Schwangerschaft sei wahrscheinlich oder werde vermutet, braucht sich der Arbeitgeber wegen des langen Zeitraums der Ausübungsmöglichkeiten des Kündigungsrechts nicht zu begnügen (vgl. auch *Buchner/Becker* Rz 8; *Gröninger/Thomas* Rz 3). Eine Eilbedürftigkeit wie im Falle des § 9 Abs. 1 MuSchG besteht hier nicht, und im Übrigen kann die Arbeitnehmerin in Zweifelsfällen die Kündigung jederzeit wiederholen (*Buchner/Becker* Rz 8).

11 Das Sonderkündigungsrecht nach § 10 Abs. 1 MuSchG **endet mit dem Ablauf der Schutzfrist nach der Entbindung iSd § 6 Abs. 1 MuSchG** (zum Begriff der Entbindung vgl. KR-*Bader* § 9 MuSchG Rz 31 f.). Diese Schutzfrist beträgt nach § 6 Abs. 1 S. 1. 1. Hs. MuSchG **acht Wochen**; bei **Früh- und Mehrlingsgeburten** verlängert sich diese Frist auf zwölf Wochen (§ 6 Abs. 1 S. 1, 2. Hs. MuSchG). Bei Frühgeburten

und sonstigen vorzeitigen Entbindungen verlängern sich nach § 6 Abs. 1 S. 2 MuSchG die in S. 1 genannten Fristen um die »entgangene« Schutzfrist vor der Entbindung gem. **§ 3 Abs. 2 MuSchG**. Für **Totgeburten** (dazu § 6 Abs. 1 S. 3 u. 4 MuSchG) bleibt es angesichts der Verweisung in § 10 Abs. 1 MuSchG auf § 6 Abs. 1 MuSchG bei den geregelten Schutzfristen (*Buchner/Becker* Rz 9, allerdings mit Kritik an der Regelung und eine abw. Interpretation für § 10 MuSchG für möglich haltend). Ein – jederzeit widerrufliches (§ 61 Abs. 1 S. 4 MuSchG) – Beschäftigungsverlangen nach § 6 Abs. 1 S. 3 MuSchG ändert daran nichts (*Gröninger/Thomas* Rz 4). Maßgeblich für die **Einhaltung dieser Frist** ist der nach § 130 BGB zu beurteilende **Zugang der Kündigung bei dem Arbeitgeber**. Es genügt, wenn dem Arbeitgeber die Kündigung am letzten Tag des Ablaufs der Schutzfrist nach der Entbindung zugeht (s.u. Rz 15).

§ 10 Abs. 1 MuSchG gilt hingegen nicht für die Zeit von Beschäftigungsverboten gem. **§ 6 Abs. 2 Mu-** 12
SchG (*Buchner/Becker* Rz 9). Die Vorschrift gilt ebenso nicht für Fälle von **Fehlgeburten** (*Buchner/Becker* Rz 10; *Gröninger/Thomas* Rz 3; zum Begriff KR-*Bader* § 9 MuSchG Rz 32), da § 10 Abs. 1 MuSchG in jedem Fall eine Entbindung iSd § 6 Abs. 1 MuSchG voraussetzt und eine solche bei einer Fehlgeburt nicht gegeben ist (*Buchner/Becker* § 6 MuSchG Rz 13 u. § 1 MuSchG Rz 137 ff.). Ist eine Kündigung gem. § 10 Abs. 1 MuSchG schon während der Schwangerschaft ausgesprochen worden und kommt es dann zu einer Fehlgeburt, wird eine Umdeutung der unwirksamen Kündigung nach § 10 Abs. 1 MuSchG in eine fristgerechte Kündigung ausscheiden, da eine Veränderung der Interessenlage vorliegt oder jedenfalls vorliegen kann (*Buchner/Becker* Rz 10). Wollte der Arbeitgeber die Arbeitnehmerin an der von ihr ausgesprochenen Sonderkündigung festhalten, würde dies überdies gegen Treu und Glauben (Gesichtspunkt des Fortfalls der Geschäftsgrundlage) verstoßen. Die Arbeitnehmerin wird, wenn sie das Arbeitsverhältnis beenden will, eine fristgemäße Kündigung auszusprechen oder einen Auflösungsvertrag zu schließen haben.

Im Unterschied zu dem fristlosen Sonderkündigungsrecht nach § 10 Abs. 1 MuSchG steht der Arbeit- 13
nehmerin nach **§ 19 BEEG** ein **fristgebundenes Sonderkündigungsrecht** zu. Voraussetzung für dieses Sonderkündigungsrecht ist die rechtswirksame Inanspruchnahme von Elternzeit nach Maßgabe der §§ 15, 16 BEEG (vgl. zu den Voraussetzungen dieses Sonderkündigungsrechts KR-*Bader* § 19 BEEG Rz 5 ff.).

3. Ausübung des Sonderkündigungsrechts

a) Form

Ebenso wie jede andere Kündigung des Arbeitsverhältnisses bedarf gem. § 623 BGB auch die Kündi- 14
gung nach § 10 Abs. 1 MuSchG der **Schriftform**. Zur Schriftform bei Kündigungen s. iE KR-*Spilger* § 623 BGB. Ist aus anderen Gründen eine weitergehende (konstitutive) Form einzuhalten, gilt dies auch für die Kündigung gem. § 10 Abs. 1 MuSchG (*Buchner/Becker* Rz 15).

b) Zeitpunkt

Als Beendigungszeitpunkt für das Arbeitsverhältnis legt § 10 Abs. 1 MuSchG das **Ende der Schutzfrist** 15
nach der Entbindung fest (s.o. Rz 11). Eine Kündigung zu diesem Zeitpunkt kann ohne Rücksicht auf die jeweils geltenden Kündigungsfristen erfolgen. Sie kann rechtlich wirksam auch noch am letzten Tag der Schutzfrist ausgesprochen werden. Hierzu reicht aber nicht die Absendung des Kündigungsschreibens aus. Die Kündigung muss dem Arbeitgeber spätestens am letzten Tag der Schutzfrist iSd § 130 BGB **zugegangen** sein (*Buchner/Becker* Rz 11 mwN). Wegen des zwingenden Charakters des § 10 Abs. 1 MuSchG sind vorherige Vereinbarungen über einen abweichenden Kündigungstermin nicht möglich, weil sie stets die Möglichkeit einer Einschränkung des Sonderkündigungsrechts enthalten (s.o. Rz 7). Liegt eine zum gesetzlich vorgesehenen Termin ausgesprochene, wirksame Kündigung vor, bestehen aber keine Bedenken, dass die Parteien **nachträgliche Abreden** über einzelne Wirkungen der Kündigung, etwa den Zeitpunkt der Auflösung des Arbeitsverhältnisses, treffen (wohl auch *Meisel/Sowka* Rz 4; vgl. zu den Parallelproblemen bei § 9 MuSchG KR-*Bader* § 9 MuSchG Rz 147). Jedenfalls können die Arbeitsvertragsparteien im Rahmen eines Aufhebungsvertrags über den Zeitpunkt der Beendigung disponieren (s.u. Rz 23).

Die Arbeitnehmerin ist auch nicht aufgrund der **Treuepflicht** gehalten, möglichst frühzeitig das ihr 16
nach § 10 Abs. 1 MuSchG zustehende Sonderkündigungsrecht auszuüben (aA *Zmarzlik/Zipperer/Viethen/Vieß* Rz 6; ErfK-*Schlachter* Rz 2: für **Ankündigungspflicht** in Ausnahmefällen). Die Zuerkennung eines unabhängig von Kündigungsfristen bestehenden Sonderkündigungsrechts beruht auf spezifisch mutterschutzrechtlichen Erwägungen des Gesetzgebers (aA *Zöllner* RdA 1967, 274, wonach die Be-

stimmung des § 10 Abs. 1 MuSchG den Mutterschutz ad absurdum führe). Der Gegenansicht ist vorzuhalten, dass für eine Arbeitnehmerin wegen nicht eindeutig voraussehbarer Umstände (zB Geburtsablauf, Gesundheitszustand des Kindes) das Finden von geeignetem Pflegepersonal kurzfristig unmöglich werden kann, zumal bei Inanspruchnahme von Elternzeit eine bestimmte Frist (§ 16 Abs. 1 S. 1 BEEG) einzuhalten ist. Die volle Ausschöpfung der Schutzfrist kann daher angesichts der insoweit eindeutigen gesetzlichen Regelung auch in Ausnahmefällen keine zum **Schadensersatz** verpflichtende Treuepflichtverletzung darstellen (*Heilmann* Rz 13; im Ergebnis praktisch ebenso *Gröninger/Thomas* Rz 4; **aA** *Buchner/Becker* Rz 12 und *Meisel/Sowka* Rz 4 für den Sonderfall, dass die Arbeitnehmerin schon vor der Entbindung ein anderes Arbeitsverhältnis eingegangen ist – dies abl. ErfK-*Schlachter* Rz 2). Der Arbeitnehmerin steht es frei, das Arbeitsverhältnis ohne Wahrung der für sie ansonsten geltenden Kündigungsfrist zum Ende der Schutzfrist nach der Entbindung zu kündigen. Beabsichtigt die Arbeitnehmerin dagegen, das Arbeitsverhältnis zu einem früheren Zeitpunkt durch Kündigung zu beenden, ist sie verpflichtet, die für sie geltende Kündigungsfrist einzuhalten (vgl. *Buchner/Becker* Rz 14; *Gröninger/Thomas* Rz 4; *Heilmann* Rz 15). Dies gilt ebenso für entsprechende Kündigungstermine (zB zum Ende eines Monats oder zum Ende eines Quartals).

17 In Zweifelsfällen ist durch **Auslegung** (§§ 133, 157 BGB) zu ermitteln, ob die Arbeitnehmerin von ihrem nicht fristgebundenen Sonderkündigungsrecht nach § 10 Abs. 1 MuSchG Gebrauch machen oder eine außerordentliche bzw. ordentliche Beendigungskündigung erklären wollte (zur Abgrenzung zwischen Absichtserklärung und Kündigung gem. § 10 Abs. 1 MuSchG *LAG BW* 31.1.1969 DB 1969,931; vgl. auch *BAG* 19.8.1982 AP Nr. 10 zu § 9 MuSchG 1968). Beruht zB der von der Arbeitnehmerin genannte Kündigungszeitpunkt erkennbar auf einer unzutreffenden Berechnung der im Einzelfall maßgeblichen Schutzfrist nach der Entbindung (§ 6 Abs. 1 MuSchG), so handelt es sich um eine Sonderkündigung iSd § 10 Abs. 1 MuSchG (vgl. *Heilmann* Rz 7; ähnlich *Buchner/Becker* Rz 13).

c) Unzulässige Rechtsausübung

18 Es stellt keine unzulässige Rechtsausübung dar, wenn die Arbeitnehmerin von dem ihr nach § 10 Abs. 1 MuSchG zustehenden Sonderkündigungsrecht nicht aus mutterschaftlichen Erwägungen Gebrauch macht. Nach der Fassung des Gesetzes bedarf es nämlich zur Wirksamkeit der Sonderkündigung nicht des Vorliegens von mutterschaftlichen Gründen (*Buchner/Becker* Rz 6; *Gröninger/Thomas* Rz 5). Die zum Ablauf der Schutzfrist nach der Entbindung ausgesprochene Kündigung (§ 10 Abs. 1 MuSchG) ist daher auch dann wirksam, wenn die Arbeitnehmerin beabsichtigt, ein **Arbeitsverhältnis bei einem anderen Arbeitgeber** einzugehen (ErfK-*Schlachter* Rz 2).

19 Auch wenn sich die Arbeitnehmerin entschließt, **während der Schutzfrist** vor der Entbindung (§ 3 Abs. 2 MuSchG) **weiterzuarbeiten,** stellt es kein gegen Treu und Glauben verstoßendes widersprüchliches Verhalten dar, wenn sie sich auf ihr Sonderkündigungsrecht nach § 10 Abs. 1 MuSchG beruft (ebenso *Gröninger/Thomas* Rz 5). In einem derartigen Verhalten liegt auch kein konkludenter Verzicht auf die Ausübung des Sonderkündigungsrechts.

4. Abgrenzung zu anderen Beendigungstatbeständen

a) Ordentliche Kündigung

20 Der Arbeitnehmerin steht es frei, ihr Arbeitsverhältnis während der Zeit des Bestehens des Sonderkündigungsrechts unter Einhaltung der für sie geltenden Kündigungsfristen ordentlich zu kündigen. Dabei ist sie an den in § 10 Abs. 1 MuSchG genannten Endzeitpunkt für die Kündigung nicht gebunden. Ob eine Sonderkündigung iSd § 10 Abs. 1 MuSchG oder eine ordentliche Kündigung der Arbeitnehmerin vorliegt, ist durch **Auslegung** zu ermitteln (s.a. Rz 17). Eine ordentliche Kündigung des Arbeitgebers ist dagegen während der Schwangerschaft und bis zum Ablauf von vier Monaten nach der Kündigung gem. § 9 Abs. 1 MuSchG ohne vorherige Zustimmung der Aufsichtsbehörde unzulässig (vgl. KR-*Bader* § 9 MuSchG Rz 72 ff.). Während der Elternzeit ist eine ordentliche Kündigung des Arbeitgebers nach § 18 BEEG ausgeschlossen (vgl. KR-*Bader* § 18 BEEG Rz 10 ff.).

b) Außerordentliche Kündigung

21 Während der **Arbeitnehmerin** hinsichtlich der Ausübung des Sonderkündigungsrechts und des Ausspruchs der ordentlichen Kündigung bis zum Ablauf der Schutzfrist nach der Entbindung ein Wahlrecht zusteht, kann die Arbeitnehmerin das Arbeitsverhältnis zu einem anderen als dem in § 10 Abs. 1 MuSchG festgelegten Endzeitpunkt nur dann außerordentlich kündigen, wenn die Voraussetzungen

des § 626 BGB vorliegen. Eine **Umdeutung** einer mangels Vorliegens eines wichtigen Grundes oder wegen Versäumung der zweiwöchigen Ausschlussfrist des § 626 Abs. 2 BGB unwirksamen außerordentlichen Kündigung in eine Sonderkündigung gem. § 10 Abs. 1 MuSchG ist grds. möglich. Hierzu ist allerdings gem. § 140 BGB Voraussetzung, dass alle Wirksamkeitsvoraussetzungen einer Kündigung nach § 10 Abs. 1 MuSchG vorliegen. Die Kündigung muss damit zu dem in § 10 Abs. 1 MuSchG genannten Endzeitpunkt erklärt sein. Außerdem muss dies dem mutmaßlichen Willen der Arbeitnehmerin entsprechen. Soweit teilweise gefordert wird, dass zudem dieser Wille der Arbeitnehmerin dem Arbeitgeber bei Zugang der (unwirksamen) außerordentlichen Kündigung erkennbar geworden sein muss (*Etzel* KR 6. Aufl., § 10 MuSchG Rz 21), entspricht dies nicht dem Regelungsgehalt des § 140 BGB (BBDW-*Bader* § 13 KSchG Rz 29 mwN).

Eine außerordentliche Kündigung **durch den Arbeitgeber** ist dagegen wegen des mutterschutzrechtlichen Kündigungsverbotes des § 9 Abs. 1 MuSchG während der Schwangerschaft und bis zum Ablauf von vier Monaten nach der Entbindung unzulässig (vgl. iE KR-*Bader* § 9 MuSchG Rz 75 ff.). Unzulässig ist weiterhin eine außerordentliche Kündigung des Arbeitgebers, die während der Elternzeit erklärt wird (vgl. KR-*Bader* § 19 BEEG Rz 11). 22

c) Aufhebungsvertrag

Den Arbeitsvertragsparteien steht es frei, das Arbeitsverhältnis sowohl zu dem in § 10 Abs. 1 MuSchG genannten Endzeitpunkt als auch zu jedem anderen Termin im Wege eines Aufhebungsvertrages zu beenden. Das mutterschutzrechtliche Kündigungsverbot des § 9 MuSchG steht dem nicht entgegen (vgl. KR-*Bader* § 9 MuSchG Rz 148). Die Einigung auf einen von § 10 Abs. 1 MuSchG abweichenden Beendigungstermin verstößt auch nicht gegen die zwingende Ausgestaltung des Sonderkündigungsrechts. Der Aufhebungsvertrag ist nämlich auf eine endgültige Beendigung des Arbeitsverhältnisses und nicht auf einen vertraglichen Abschluss oder eine inhaltliche Beschränkung des nach § 10 Abs. 1 MuSchG bestehenden Sonderkündigungsrechts gerichtet. Der Aufhebungsvertrag bedarf der **Schriftform** (§ 623 BGB). 23

d) Sonstige Beendigungstatbestände

Das Arbeitsverhältnis der Arbeitnehmerin kann während des Bestehens des Sonderkündigungsrechts auch aus anderen Gründen enden. Als derartige Beendigungstatbestände kommen insbes. in Betracht: Anfechtung des Arbeitsvertrages (vgl. KR-*Bader* § 9 MuSchG Rz 136 ff.); Beendigung des Arbeitsverhältnisses durch Zeitablauf (vgl. KR-*Bader* § 9 MuSchG Rz 140 ff.); auflösende Bedingung (vgl. KR-*Bader* § 9 MuSchG Rz 146) sowie Tod der Arbeitnehmerin. 24

5. Rechtsfolgen der Sonderkündigung

a) Lösung des Arbeitsverhältnisses

Ebenso wie jede andere rechtswirksame Kündigung führt auch die Ausübung der Sonderkündigungsrechte nicht nur zu einer Suspendierung, sondern zu einer **endgültigen Lösung** des Arbeitsverhältnisses (allg. Ansicht: vgl. etwa *Buchner/Becker* Rz 16; *Gröninger/Thomas* Rz 6; *Heilmann* Rz 18). Der Arbeitgeber ist daher dazu berechtigt, den Arbeitsplatz anderweitig zu besetzen (*Buchner/Becker* Rz 37). Der Arbeitnehmerin steht auch **kein** gesetzlicher **Wiedereinstellungsanspruch** zu (ebenfalls allg. Ansicht: vgl. statt aller *Buchner/Becker* Rz 18 u. 36 mwN; ein solcher kann natürlich einzelvertraglich vereinbart werden). Zur Begründung eines neuen Arbeitsverhältnisses bedarf es vielmehr des Abschlusses eines erneuten Arbeitsvertrages. Eine Verpflichtung hierzu besteht für den Arbeitgeber selbst dann nicht, wenn die Arbeitnehmerin innerhalb eines Jahres nach der Entbindung ihre Wiedereinstellung begehrt. 25

Die Rechtsfolgen einer dem Arbeitgeber zugegangenen Sonderkündigung kann die Arbeitnehmerin **nicht** durch eine **Rücknahme** oder einen **Widerruf** wieder beseitigen (allg. Ansicht; statt aller: *Buchner/Becker* Rz 18 mwN; ErfK-*Schlachter* Rz 3). 26

Eine Anfechtung der Sonderkündigung wegen **Irrtums** über die mutterschaftsrechtlichen Rechtsfolgen ist kein beachtlicher Irrtum iSd § 119 BGB. Dies gilt insbes. dann, wenn die Arbeitnehmerin irrtümlich von dem Bestehen eines Wiedereinstellungsanspruchs ausgegangen ist (ebenso *Gröninger/Thomas* Rz 6; vgl. zu dieser Problematik auch *Gamillscheg* RdA 1968, 118 sowie BAG 19.8.1982 EzA § 9 MuSchG nF Nr. 21). 27

b) Anzeigepflicht des Arbeitgebers

28 Der Ausspruch einer Sonderkündigung verpflichtet den Arbeitgeber nur dann zur **Benachrichtigung der zuständigen Aufsichtsbehörde** (vgl. KR-*Bader* § 9 MuSchG Rz 160 ff.), wenn die Sonderkündigung bereits während der Schwangerschaft erfolgt (aA *Heilmann* Rz 148). Dies folgt aus den Bestimmungen der §§ 9 Abs. 2, 5 Abs. 1 S. 3 MuSchG. Die Verletzung der Verpflichtung des Arbeitgebers, der Aufsichtsbehörde die Kündigung durch eine schwangere Arbeitnehmerin mitzuteilen, führt nicht zur Unwirksamkeit der Eigenkündigung der schwangeren Frau (*BAG* 19.8.1982 EzA § 9 MuSchG nF Nr. 21). Der Arbeitgeber ist in diesem Falle auch nicht wegen Verletzung eines Schutzgesetzes (§ 823 Abs. 2 BGB iVm § 9 Abs. 2 MuSchG) verpflichtet, die Arbeitnehmerin über den durch ihre Kündigung bestimmten Termin hinaus zu beschäftigen, weil es an der Kausalität der unterlassenen Mitteilung für den Arbeitsplatzverlust fehlt.

c) Vereinbarkeit mit Gleichbehandlungsgrundsatz

29 Es stellt keinen Verstoß gegen den Gleichbehandlungsgrundsatz dar, wenn der Arbeitgeber bei der Gewährung von **Gratifikationen** zwischen Arbeitnehmerinnen in gekündigter und ungekündigter Stellung differenziert (*BAG* 4.10.1965 AP Nr. 4 zu § 611 BGB Gratifikation). Es ist daher auch grds. zulässig, dass der Arbeitgeber solche Arbeitnehmerinnen von der Gewährung von Gratifikationen ausnimmt, die von ihrem Sonderkündigungsrecht Gebrauch gemacht haben.

30 Sofern in **Rückzahlungsklauseln** an die Eigenkündigung von Arbeitnehmern angeknüpft wird, so gelten diese grds. auch für Sonderkündigungen iSd § 10 Abs. 1 MuSchG (*BAG* 17.7.1969 EzA § 611 BGB Gratifikation, Prämie Nr. 25; *LAG Hamm* 9.7.1976 BB 1976, 1272; *Buchner/Becker* Rz 17; vgl. auch *BAG* 13.10.1982 AP Nr. 1 zu § 8a MuSchG 1968). Eine freiwillig gewährte Gratifikation ist aber von der Arbeitnehmerin dann nicht zurückzuzahlen, wenn für die Sonderkündigung zugleich ein wichtiger Grund iSd § 626 BGB vorlag. Sofern in Rückzahlungsklauseln auf ein Vertretenmüssen der Eigenkündigung der Arbeitnehmerin abgestellt wird, kommt eine Rückzahlung der Gratifikation nicht in Betracht, wenn die Arbeitnehmerin aus mutterschaftlichen Erwägungen von ihrem Sonderkündigungsrecht nach § 10 Abs. 1 MuSchG Gebrauch gemacht hat (vgl. *LAG Nürnberg* 28.7.1975 ARSt 1976, 17).

31 Wird die Arbeitnehmerin innerhalb eines Jahres nach der Entbindung wieder in ihrem bisherigen Betrieb eingestellt, ohne dass zwischenzeitlich ein Arbeitsverhältnis mit einem anderen Arbeitgeber bestand, so kann die von der Gratifikation (zB Jubiläumsgeld) ausgenommene Arbeitnehmerin diese nachträglich verlangen (arg. § 10 Abs. 2 MuSchG). Dies gilt insbes. für eine zwischenzeitlich erfolgte Inanspruchnahme der Arbeitnehmerin aufgrund einer Rückzahlungsklausel (ebenso *Buchner/Becker* Rz 17; *Seiter* ZfA 1970, 389).

IV. Erhaltung von Rechten (§ 10 Abs. 2 MuSchG)

1. Bedeutung der Regelung

32 Wird die Arbeitnehmerin innerhalb eines Jahres nach der Entbindung in ihrem bisherigen Betrieb wieder eingestellt, so gilt das Arbeitsverhältnis als nicht unterbrochen, soweit Rechte von der Dauer der Betriebs- oder Berufszugehörigkeit oder von der Dauer der Beschäftigungs- oder Dienstzeit abhängen. Es handelt sich hierbei um eine gegenständlich, dh auf **bestimmte Arbeitsbedingungen** begrenzte **gesetzliche Fiktion**. Wegen des zwingenden Charakters der Bestimmung sind vertragliche Vereinbarungen, die von der gesetzlichen Regelung zum Nachteil der Arbeitnehmerin abweichen, unwirksam. Dagegen bestehen keine rechtlichen Bedenken, wenn mit der Arbeitnehmerin einzelvertragliche Abmachungen getroffen werden, die über den gesetzlichen Regelungsgehalt hinausgehen und ihr damit eine günstigere Rechtsposition einräumen (s. hierzu Rz 53).

33 Die funktionelle Bedeutung der Regelung besteht in der Statuierung eines gesetzlichen **Benachteiligungsverbotes** im Falle der Wiedereinstellung. Da zahlreiche Arbeitsbedingungen in ihrem Inhalt von der Dauer der Betriebs- oder Berufszugehörigkeit oder von der Dauer der Beschäftigungs- oder Dienstzeit abhängen, hat es der Gesetzgeber für erforderlich gehalten, der aus Gründen der Mutterschaft ausgeschiedenen Arbeitnehmerin insoweit ihren arbeitsrechtlichen Status zu erhalten. Der mutterschutzrechtliche Charakter der Bestimmung zeigt sich darin, dass der Arbeitnehmerin der soziale Besitzstand dann nicht erhalten bleibt, wenn sie die Zeit der Unterbrechung zu mutterschaftsfremden Zwecken, dh zur Begründung eines Arbeitsverhältnisses bei einem anderen Arbeitgeber verwandt hat (§ 10 Abs. 2 S. 2 MuSchG).

2. Voraussetzungen

a) Sonderkündigung

Neben dem Benachteiligungsverbot des § 10 Abs. 2 MuSchG kann zugunsten der Arbeitnehmerin das Benachteiligungsverbot des **§ 7 Abs. 1 AGG** eingreifen, das – soweit die Voraussetzungen des Tatbestandes einer mittelbaren Diskriminierung zu bejahen sind – über die begrenzte Regelung des § 10 Abs. 2 MuSchG hinausreicht. 33a

Die gesetzliche Fiktion des § 10 Abs. 2 MuSchG greift nach dem Wortlaut dieser Bestimmung nur dann ein, wenn das Arbeitsverhältnis aufgrund einer Sonderkündigung der Arbeitnehmerin zum Ende der Schutzfrist nach der Entbindung (§ 10 Abs. 1 MuSchG) aufgelöst worden ist. Danach sind sämtliche Fälle erfasst, in denen die Arbeitnehmerin mit oder ohne Einhaltung der für sie maßgeblichen Kündigungsfrist (*Buchner/Becker* Rz 22) das Arbeitsverhältnis zu dem in **§ 10 Abs. 1 MuSchG** bezeichneten Endzeitpunkt wirksam gekündigt hat. 34

Dem mutterschutzrechtlichen Sinngehalt der Bestimmung wird aber nur dann voll Rechnung getragen, wenn man die Vorschrift auf **vergleichbare Beendigungstatbestände** entsprechend anwendet. Dies gilt insbes. für einen **Aufhebungsvertrag**, der eine Beendigung des Arbeitsverhältnisses zu dem in § 10 Abs. 1 MuSchG vorgesehenen Endzeitpunkt anordnet (*Buchner/Becker* Rz 23; ErfK-*Schlachter* Rz 4; *Gröninger/Thomas* Rz 7; *Heilmann* Rz 25; *Zmarzlik/Zipperer/Viethen/Vieß* Rz 11; *Meisel/Sowka* Rz 9, allerdings mit der Einschränkung, dass die Mutterschaft Anlass der Vertragsaufhebung gewesen sein müsse). Ein Aufhebungsvertrag, der auch in Form eines gerichtlichen oder außergerichtlichen Vergleichs geschlossen werden kann, ist oft das geeignetere Instrument für eine sachgerechte Abwicklung eines Arbeitsverhältnisses als das in § 10 Abs. 1 MuSchG geregelte Sonderkündigungsrecht. Wegen der Vergleichbarkeit der Interessenlage ist es geboten, der zu dem in § 10 Abs. 1 MuSchG genannten Zeitpunkt wirksam werdenden Aufhebungsvertrag dem Fall der Sonderkündigung gleichzustellen. 35

Hingegen ist § 10 Abs. 2 MuSchG im Hinblick auf § 7 Abs. 4 BUrlG nicht entsprechend anwendbar auf den Fall, dass die Arbeitnehmerin anstelle einer an sich möglichen Urlaubsabgeltung einen ihr zustehenden Resturlaub in natura nimmt, wodurch der Beendigungstermin um die Zeit des Urlaubs hinausgeschoben wird (aA *Etzel* KR 6. Aufl., § 10 MuSchG Rz 36: Eine zu diesem späteren Zeitpunkt ausgesprochene Sonderkündigung sei ebenfalls dazu geeignet, der Arbeitnehmerin ihre Rechte aus dem früheren Arbeitsverhältnis zu erhalten; wie hier *Buchner/Becker* Rz 24). 36

b) Wiedereinstellung

Die gegenständlich begrenzte Fiktion eines nicht unterbrochenen Arbeitsverhältnisses hat weiterhin zur Voraussetzung, dass die Arbeitnehmerin innerhalb eines Jahres nach der Entbindung wieder eingestellt wird. Unter **dem Begriff der Wiedereinstellung** ist der Abschluss eines neuen Arbeitsvertrages mit dem bisherigen Arbeitgeber zu verstehen. Das Erfordernis eines neuen Arbeitsvertrages schließt nicht aus, dass sich die Parteien auf die bisherigen Arbeitsbedingungen (zB Höhe der Arbeitsvergütung, Dauer und Lage der Arbeitszeit) einigen, was andererseits jedoch nicht notwendig ist. 37

Da die gesetzliche Fiktion des § 10 Abs. 2 MuSchG unabhängig von dem Parteiwillen eintritt, bedarf es im neuen Arbeitsvertrag keiner Anrechnungsregelungen. 38

Die Wiedereinstellung muss **innerhalb eines Jahres** nach der Entbindung erfolgen (zum Begriff der Entbindung vgl. KR-*Bader* § 9 MuSchG Rz 31 f.). Maßgeblich für den Beginn der Jahresfrist ist gem. § 187 Abs. 1 BGB der Tag, dem dem Tag der Entbindung nachfolgt. Die Jahresfrist endet gem. § 188 Abs. 2 BGB mit dem Ablauf desjenigen Tages, der unter Hinzurechnung von zwölf Monaten dem Tag der Entbindung entspricht. Hat die Entbindung beispielsweise am 24. Juli stattgefunden, so muss die Einstellung spätestens am 24. Juli des darauf folgenden Jahres erfolgt sein. Die Wiedereinstellung ist nur dann innerhalb der Jahresfrist erfolgt, wenn der im Arbeitsvertrag festgelegte Zeitpunkt für die Arbeitsaufnahme innerhalb der Jahresfrist liegt. Es reicht daher nicht aus, wenn lediglich der Vertragsabschluß innerhalb der Jahresfrist vorgenommen wird. Dagegen ist es für das Eingreifen der gesetzlichen Fiktion unschädlich, wenn die Arbeitnehmerin zu dem innerhalb der Jahresfrist vorgesehenen Termin für die Arbeitsaufnahme an der Arbeitsleistung verhindert ist (zB infolge Krankheit). Auf den Zeitpunkt der faktischen Eingliederung der Arbeitnehmerin in die Betriebsorganisation kommt es nicht an. 39

Weitere Voraussetzung für das Eingreifen der gesetzlichen Fiktion ist die Wiedereinstellung der Arbeitnehmerin in ihrem **bisherigen Betrieb** (unschädlich ist die Wiedereinstellung in einer anderen Be- 40 triebsabteilung oder auf einem anderen Arbeitsplatz). Unter dem Begriff des Betriebes ist die organisatorische Einheit zu verstehen, innerhalb derer ein Unternehmer allein oder in Gemeinschaft mit seinen Mitarbeitern mit Hilfe von sachlichen und immateriellen Mitteln bestimmte arbeitstechnische Zwecke fortgesetzt verfolgt (vgl. schon etwa *Hueck/Nipperdey* I, § 16 II, S. 93 mwN). Die betriebsbezogene Ausgestaltung der gesetzlichen Fiktion bewirkt zunächst auf jeden Fall, dass der Arbeitnehmerin im Falle einer fristgemäßen Wiedereinstellung die Rechte aus dem früheren Arbeitsverhältnis auch erhalten bleiben, wenn zwischenzeitlich ein **Betriebsübergang** iSd § 613a BGB stattgefunden hat (im Ergebnis ebenso: *Buchner/Becker* Rz 31; ErfK-*Schlachter* Rz 4; *Gröninger/Thomas* Rz 8; zu dem Ergebnis kommt man erst recht, wenn man wie nachstehend auf die Wiedereinstellung beim alten Arbeitgeber abstellt [*Buchner/Becker* Rz 31]). Bei einer aus mutterschutzrechtlichen Erwägungen zu befürwortenden weiten Auslegung des in § 10 Abs. 2 MuSchG verwandten Betriebsbegriffs hat man weiter hierunter auch einen **Nebenbetrieb** des bisherigen Arbeitgebers bzw. dessen Rechtsnachfolgers zu verstehen (*Buchner/Becker* Rz 27; *Gröninger/Thomas* Rz 8). Im Bereich des **öffentlichen Dienstes** ist unter dem in § 10 Abs. 2 MuSchG verwandten Begriff des Betriebes die Verwaltung iSd § 23 Abs. 1 KSchG (vgl. dazu die KR-*Weigand* § 23 KSchG Rz 29) zu verstehen (**aA** *Etzel* KR 6. Aufl., § 10 MuSchG Rz 40: Dienststelle; vgl. auch *Buchner/Becker* Rz 28 mit Hinweisen auf die Materialien, die es nahe legen könnten, dass dem Gesetzgeber insoweit der Begriff der Dienststelle vorschwebte; der Streit über diese Frage relativiert sich natürlich, wenn man wie nachstehend dargelegt im Ergebnis gar nicht auf Betrieb abstellen muss). Die Wiedereinstellung in einem anderen Betrieb des bisherigen Arbeitgebers bzw. dessen Rechtsnachfolgers genügt nach dem Gesetzeswortlaut nicht für das Eingreifen der gesetzlichen Fiktion (so *Gröninger/Thomas* Rz 8; *Etzel* KR 6. Aufl., § 10 MuSchG Rz 40; *Meisel/Sowka* Rz 14; *Zmarzlik/Zipperer/Viethen/Vieß* Rz 12 – folgt man dieser Ansicht, kann allerdings § 7 Abs. 1 AGG [früher § 611a BGB] eingreifen; **aA** *Buchner/Becker* Rz 27 f.; KDZ-*Zwanziger* Rz 9). Doch greift es zu kurz, wenn man nur den Wortlaut betrachtet. Da § 10 Abs. 2 S. 1 MuSchG auch auf Beschäftigungszeiten (nicht nur auf Betriebszugehörigkeitszeiten) abstellt und in § 10 Abs. 2 S. 2 MuSchG nur Beschäftigungen bei einem anderen Arbeitgeber für schädlich erklärt werden, ist es gerechtfertigt, auf die **Wiedereinstellung beim alten Arbeitgeber** bzw. dessen Rechtsnachfolger (dazu schon o.) abzustellen (*Buchner/Becker* Rz 27; ErfK-*Schlachter* Rz 4). **Privathaushalte** können zwar nicht als Betrieb iSd § 10 Abs. 2 MuSchG angesehen werden (*Gröninger/Thomas* Rz 8). Mangels einer Sonderregelung für Haushaltskräfte ist es indes jedenfalls geboten, die Bestimmung des **§ 10 Abs. 2 MuSchG entsprechend** anzuwenden, nachdem alle früheren Beschränkungen für den Bereich des Haushalts im MuSchG entfallen sind (im Ergebnis ebenso: *Buchner/Becker* Rz 30; ErfK-*Schlachter* Rz 4; *Zmarzlik/Zipperer/Viethen/Vieß* Rz.12; **aA** KDZ-*Zwanziger* Rz 9).

41 Für den bisherigen Arbeitgeber bzw. dessen Rechtsnachfolger **besteht keine gesetzliche Verpflichtung zur Wiedereinstellung** (allg. Ansicht; statt aller: *Buchner/Becker* Rz 36 mwN). Auch unter dem Gesichtspunkt der nachwirkenden Fürsorgepflicht steht der Arbeitnehmerin kein Wiedereinstellungsanspruch zu (*Gröninger/Thomas* Rz 9). Gegen eine derartige vertragliche Verpflichtung spricht die eindeutige gesetzliche Regelung.

42 Der Arbeitgeber ist auch nicht dazu verpflichtet, den von der Arbeitnehmerin innegehabten Arbeitsplatz für den Fall einer etwaigen Wiedereinstellung freizuhalten. Da die Ausübung des Sonderkündigungsrechts zu einer endgültigen Lösung des bisherigen Arbeitsverhältnisses führt, ist er berechtigt, den Arbeitsplatz anderweitig zu besetzen (allg. Ansicht: vgl. *Buchner/Becker* Rz 37).

43 **Vertragliche Sonderregelungen** sind wegen des zwingenden Charakters des § 10 Abs. 2 MuSchG nur insoweit zulässig, als hierdurch der Arbeitnehmerin eine günstigere Rechtsposition eingeräumt wird (Günstigkeitsprinzip; halbseitige Dispositivität). So kann bspw. mit der Arbeitnehmerin rechtswirksam vereinbart werden, dass ihr innerhalb einer bestimmten Frist ein Wiedereinstellungsanspruch zusteht. Möglich ist weiterhin die Vereinbarung des Ruhens des Arbeitsverhältnisses über die Zeit der Elternzeit hinaus. Der Arbeitgeber kann sich darüber hinaus verpflichten, den von der Arbeitnehmerin innegehabten Arbeitsplatz für eine bestimmte Zeit freizuhalten. Zulässig sind auch Vereinbarungen, die der Arbeitnehmerin eine über den Anwendungsbereich des § 10 Abs. 2 MuSchG hinausgehende Sicherung bisheriger Rechte garantieren.

c) Beschäftigung bei anderem Arbeitgeber

44 Die gesetzliche Fiktion nach § 10 Abs. 2 S. 1 MuSchG greift dann nicht ein, wenn die Arbeitnehmerin zwischenzeitlich bei einem anderen Arbeitgeber beschäftigt war (ErfK-*Schlachter* Rz 4). Dieser in § 10 Abs. 2 S. 2 MuSchG geregelte **Ausnahmetatbestand** trägt dem mutterschutzrechtlichen Charakter der

Gesamtbestimmung Rechnung. Im Übrigen soll durch diese Regelung die Betriebstreue der Arbeitnehmerin belohnt werden.

Das Erfordernis einer fehlenden anderweitigen Beschäftigung bei einem anderen Arbeitgeber ist lediglich Tatbestandsmerkmal für das Eingreifen der gesetzlichen Fiktion. Dagegen besteht für die Arbeitnehmerin weder eine Verpflichtung noch eine Obliegenheit (so aber *Buchner/Becker* Rz 32 sowie *Heilmann* Rz 30), auf die Eingehung eines Arbeitsverhältnisses mit einem anderen Arbeitgeber zu verzichten. 45

Für den Verlust der Rechte aus dem früheren Arbeitsverhältnis ist es unerheblich, in welchem **Umfang** die Arbeitnehmerin bis zur Wiedereinstellung bei einem anderen Arbeitgeber tätig war. Auch die zwischenzeitliche Begründung eines Teilzeitarbeitsverhältnisses (zB Halbtagsarbeit) reicht für einen Verlust der bisherigen Rechte aus. Unbeachtlich ist auch die Dauer der Zwischenbeschäftigung; es genügt daher auch eine vorübergehende Aushilfstätigkeit (*Buchner/Becker* Rz 33; *Gröninger/Thomas* Rz 10 mwN). 46

Eine Beschäftigung **außerhalb eines Arbeitsverhältnisses**, sei es im Rahmen eines freien Mitarbeiterverhältnisses oder einer sonstigen selbständigen Tätigkeit, lässt die Rechte aus dem bisherigen Arbeitsverhältnis unberührt. Dies gilt ebenso für eine Beschäftigung im Rahmen von Heimarbeit. Unschädlich für das Eingreifen der gesetzlichen Fiktion ist schließlich auch eine zwischenzeitliche Beschäftigung der Arbeitnehmerin in einem anderen Betrieb ihres bisherigen Arbeitgebers. 47

Selbst bei Vorliegen einer zum Verlust der Rechte aus dem früheren Arbeitsverhältnis führenden Zwischenbeschäftigung bei einem anderen Arbeitgeber bestehen aber keine Bedenken gegen eine **einzelvertragliche Vereinbarung,** nach der gleichwohl die Rechtsfolgen aus § 10 Abs. 2 MuSchG eintreten sollen (ebenso *Buchner/Becker* Rz 35). 48

3. Rechtsfolgen der Wiedereinstellung

a) Gegenständliche Reichweite

Bei einer innerhalb eines Jahres nach der Entbindung erfolgenden Wiedereinstellung in den bisherigen Betrieb – ohne Vorliegen einer Zwischenbeschäftigung bei einem anderen Arbeitgeber – gilt das frühere Arbeitsverhältnis als nicht unterbrochen, soweit Rechte aus dem Arbeitsverhältnis von der Dauer der Betriebs- oder Berufszugehörigkeit oder von der Dauer der Beschäftigungs- oder Dienstzeit abhängen. Die gegenständliche Reichweite der gesetzlichen Fiktion erstreckt sich somit auf alle Rechte, die von der Dauer der in § 10 Abs. 2 MuSchG aufgezählten Zeitspannen abhängig sind. Hierzu zählen insbes. die folgenden Arbeitsbedingungen: betriebliche Altersversorgung; die Höhe der Arbeitsvergütung sowie von Zulagen (zB Treueprämie); Gratifikationen (zB Weihnachtsgeld, Urlaubsgeld, Jubiläumsgeld); der kündigungsrechtliche Status der Arbeitnehmerin (zB Dauer der Kündigungsfristen oder Frage der Zurücklegung der sechsmonatigen Wartefrist nach § 1 Abs. 1 KSchG); Höhe des Urlaubsanspruchs; der betriebsverfassungsrechtliche Status der Arbeitnehmerin (zB die Frage der Wählbarkeit iSd § 8 BetrVG). 49

Welches der in § 10 Abs. 2 MuSchG aufgezählten zeitlichen Merkmale im Einzelfall maßgeblich ist, richtet sich nach der jeweiligen Rechtsquelle (Gesetz, kollektivrechtliche Regelung, betriebliche Gesamtzusage, betriebliche Übung oder einzelvertragliche Regelung). Die Dauer der Betriebszugehörigkeit ist zB für die Frage der Unverfallbarkeit einer betrieblichen Ruhegeldanwartschaft gem. § 1 BetrAVG von Bedeutung. An die Dauer der Berufszugehörigkeit knüpfen zahlreiche tarifliche Regelungen (zB bei der Höhe von Zuschlägen) an. Die Dauer der Beschäftigungszeit bzw. der Dienstzeit spielt für Arbeitsverhältnisse im Bereich des öffentlichen Dienstes eine bedeutsame Rolle (vgl. zB bisher §§ 6, 7 BMT für Arbeiter gemeindlicher Verwaltungen und Betriebe oder §§ 19, 20 BAT und nunmehr die Parallelregelungen im TVöD). 50

b) Umfang der zeitlichen Anrechnung

Umstritten ist die Frage, ob bei der Berechnung der Beschäftigungszeit auch die **beschäftigungslose Zwischenzeit** (»Unterbrechungszeit«) zu berücksichtigen ist. Der Wortlaut des Abs. 2 erscheint insofern nicht eindeutig, als die Formulierung »nicht unterbrochen« nur die Aussage enthält, dass bei der Berechnung von Beschäftigungszeiten nicht erneut bei »Null« zu beginnen ist. Allerdings ergibt sich aus der Systematik des Gesetzes, dass eine Mitberücksichtigung der beschäftigungslosen Zeit durch das Gesetz nicht gemeint sein kann. Dementsprechend ist anzunehmen, dass beschäftigungslose Zei- 51 ten nicht mitzurechnen sind; der Lauf der Beschäftigungsdauer ist während dieser Zeit regelmäßig gehemmt (*Buchner/Becker* Rz 46 ff.; *Gröninger/Thomas* Rz 13; *Meisel/Sowka* Rz 17; MünchArbR-*Heener* § 226 Rz 121; zweifelnd ErfK-*Schlachter* Rz 5; **aA** *Heilmann* Rz 36; KDZ-*Zwanziger* Rz 11; *Zmarzlik/Zipperer/Viethen/Vieß* Rz 14; *Gamillscheg* RdA 1968, 117). Dieses Ergebnis folgt zunächst aus der Rechtsnatur des § 10 MuSchG als Fiktionslösung. Denn angesichts der bekannten Unterscheidung zwischen der Unterbrechung und der Hemmung von Fristen im alten Verjährungsrecht (§§ 205, 217 BGB aF) muss davon ausgegangen werden, dass das Gesetz den Umfang der Fiktion mit dem Merkmal »nicht unterbrochen« vollständig umschrieben hat und eine weitergehende Fiktion – »nicht gehemmt« – nicht gemeint ist. Dafür spricht zugleich, dass die Fiktionslösungen nicht ohne ausdrückliche gesetzliche Anordnung ausdehnend gehandhabt werden sollten. Auch der Zweck des § 10 Abs. 2 streitet für dieses Ergebnis; denn die Vorschrift zielt darauf, der Mutter ihre bereits erworbenen Rechte zu erhalten, nicht aber darauf, ihr zusätzliche Rechte zu verschaffen. Insbes. die kündigungsrechtliche Sechsmonatsfrist des § 1 Abs. 1 KSchG beweist im Übrigen, dass allein die hier vertretene Auffassung interessengerecht ist. Sie beruht auf der Überlegung, dass es im Hinblick auf die praktische Konkordanz von Kündigungsfreiheit des Arbeitgebers und Bestandsschutz zugunsten des Arbeitnehmers angemessen ist, dem Arbeitnehmer die soziale Vergünstigung des Kündigungsschutzes erst nach einer gewissen Zeit der Zugehörigkeit zum Betrieb zukommen zu lassen. Überdies ermöglicht die Wartefrist dem Arbeitgeber – selbst wenn § 1 KSchG nur auf den rechtlichen Bestand und nicht auf die tatsächliche Beschäftigung abstellt (*BAG* 23.9.1976 EzA § 1 KSchG Nr. 35) – zwar nicht in jedem Fall, aber doch im Ergebnis meist eine Erprobung und Einarbeitung des Arbeitnehmers, bevor dieser Kündigungsschutz beanspruchen kann. Der in alledem liegende Interessenausgleich würde durchbrochen, wenn auch die Zeit zwischen Kündigung und Wiedereinstellung nach § 10 Abs. 2 MuSchG stets einschränkungslos mitzählte (iE s.u. Rz 52 f.).

4. Verhältnis zu anderweitigen Anrechnungsregelungen

52 Soweit nach **anderen Normquellen** die Erfüllung einer bestimmten Beschäftigungszeit Voraussetzung für das Entstehen bestimmter Rechtspositionen ist, kann sich bereits hieraus für die wieder eingestellte Arbeitnehmerin eine Erhaltung der Rechte aus dem früheren Arbeitsverhältnis ergeben (ErfK-*Schlachter* Rz 5). Das Prinzip der **Nichtberücksichtigung der Unterbrechungszeit** gilt dementsprechend zwar regelmäßig, aber **nicht ausnahmslos**. Ergibt sich aus dem Zweck einer zu erfüllenden Wartezeit oder den für sie maßgeblichen Vorschriften, dass Zeiten einer kurzfristigen Unterbrechung mit zu berücksichtigen sind, steht § 10 Abs. 2 MuSchG dem nicht entgegen. § 10 Abs. 2 ordnet eine Berücksichtigung solcher Zeiten zwar selbst nicht an, schließt diese Berücksichtigung nach anderen Vorschriften aber auch nicht aus (*Gröninger/Thomas* Rz 13). Eine solche Berücksichtigung ist etwa im Bereich des **öffentlichen Dienstes** aufgrund einer entsprechenden Anordnung des Bundesinnenministers zum BAT bzw. MTB anerkannt, sofern die Wiedereinstellung innerhalb eines Jahres erfolgt (*Zmarzlik/Zipperer/Viethen/Vieß* Rz 16); dies wirkt sich insbes. auf das Erfordernis einer 15jährigen Dienstzeit (§ 19 BAT) bzw. 15jährigen Beschäftigungszeit (§ 34 Abs. 3 TVöD) als Voraussetzung der Unkündbarkeit (§ 53 Abs. 3 BAT; jetzt: § 43 Abs. 2 TVöD) aus. Im Hinblick auf die **Wartefrist des § 1 KSchG** sind nur kurzfristige Unterbrechungen des rechtlichen Bestands des Arbeitsverhältnisses unerheblich (*BAG* 23.9.1976 EzA § 1 KSchG Nr. 35). Ob die Unterbrechung nur kurzfristig ist, bestimmt sich einerseits nach dem sachlichen Zusammenhang der Arbeitsverhältnisse, andererseits nach der Dauer der Unterbrechung (*BAG* 20.8.1998 EzA § 1 KSchG Nr. 49). Solche kurzfristigen Unterbrechungen führen allerdings auch nach § 1 KSchG nur dazu, dass das frühere Arbeitsverhältnis auf die Wartefrist angerechnet wird (vgl. auch *BAG* 6.12.1976 EzA § 1 KSchG Nr. 36); Unterbrechungszeiten sind nicht anzurechnen, soweit nichts Gegenteiliges vereinbart ist, da der Kündigungsschutz durch ein nicht einmal dem rechtlichen Bande nach bestehendes Arbeitsverhältnis nicht erlangt werden kann (*Buchner/Becker* Rz 51, *Gröninger/Thomas* aaO; ebenso jetzt *BAG* 17.6.2003 EzA § 622 BGB 2002 Nr. 1; vgl. auch KR-*Griebeling* § 1 KSchG Rz 110a). Entsprechend ist auch bei der Berechnung der Kündigungsfristen im Rahmen des § 622 BGB zu verfahren.

53 **Vertragliche Anrechnungsvereinbarungen** sind insoweit zulässig, als sie der Arbeitnehmerin eine über den Anwendungsbereich des § 10 Abs. 2 MuSchG hinausgehende günstigere Rechtsposition einräumen (s. hierzu Rz 43). Dies gilt auch für kollektivrechtliche Regelungen in Betriebsvereinbarungen und Tarifverträgen.

Zusatzabkommen zu den Abkommen zwischen den Parteien des Nordatlantikvertrages über die Rechtsstellung ihrer Truppen hinsichtlich der in der Bundesrepublik Deutschland stationierten ausländischen Truppen (NATO-ZusAbk)

vom 3. August 1959 (BGBl. 1961 II S. 1218) in der Fassung des
Änderungsabkommens vom 18. März 1993 (BGBl. 1994 II S. 2598),
in Kraft getreten am 29. März 1998 (BGBl. 1998 II S. 1691).

Art. 56 Kündigungsrecht für die bei den Stationierungsstreitkräften beschäftigten deutschen Arbeitnehmer[1]. (1) a) Die für die zivilen Bediensteten bei der Bundeswehr maßgebenden arbeitsrechtlichen – einschließlich arbeitsschutzrechtlichen – Vorschriften, mit Ausnahme der Dienstordnungen, der Dienstvereinbarungen und der tariflichen Bestimmungen, gelten auch für die Beschäftigungsverhältnisse der zivilen Arbeitskräfte bei einer Truppe und einem zivilen Gefolge, soweit nicht in diesem Artikel und in dem auf diesen Artikel Bezug nehmenden Abschnitt des Unterzeichnungsprotokolls etwas anderes bestimmt ist.
b) nicht abgedruckt
c) gestrichen
d) Versetzungen aus dienstlichen Gründen innerhalb der Bundesrepublik bedürfen des schriftlichen Einverständnisses der zivilen Arbeitskräfte; diese Einverständniserklärung kann jederzeit abgegeben werden.
e)–f) nicht abgedruckt
(2) a) [1]§ 9 Absatz (1) Satz 2 des Kündigungsschutzgesetzes gilt mit der Maßgabe, daß der Antrag des Arbeitgebers auch darauf gestützt werden kann, daß der Fortsetzung des Arbeitsverhältnisses besonders schutzwürdige militärische Interessen entgegenstehen. [2]Die oberste Dienstbehörde kann die besonders schutzwürdigen militärischen Interessen glaubhaft machen; in diesem Falle ist die Verhandlung vor dem erkennenden Gericht nicht öffentlich. [3]Sofern die Offenlegung der Gründe die Gefahr eines schweren Schadens für die Sicherheit des Entsendestaates oder seiner Truppe verursachen könnte, kann die oberste Dienstbehörde der Truppe im Einvernehmen mit dem Chef des Bundeskanzleramts die Glaubhaftmachung durch eine förmliche Erklärung bewirken.
b) Oberste Dienstbehörde im Sinne dieses Absatzes ist die in der Bundesrepublik Deutschland gelegene höchste, für die Beschäftigungsdienststelle des gekündigten Arbeitnehmers verwaltungsmäßig zuständige Dienststelle.
c) Dieser Absatz gilt nicht für die Mitglieder der Betriebsvertretungen.
(3) [1]Auf die bei einer Truppe und einem zivilen Gefolge beschäftigten Arbeitskräfte finden die Vorschriften des deutschen Rechts über die Sozialversicherung einschließlich der Unfallversicherung, über die Arbeitslosenversicherung und über das Kindergeld Anwendung. [2]Träger der Unfallversicherung ist die Bundesrepublik.
(4) Die bei einer Truppe und einem zivilen Gefolge beschäftigten deutschen zivilen Arbeitskräfte* werden nur zu Diensten nichtsoldatischer Art, einschließlich ziviler Wachdienste, verwendet.
(5) Den deutschen Behörden obliegt es, im Einvernehmen mit den Behörden einer Truppe oder eines zivilen Gefolges
a) die als Grundlage für die einzelnen Arbeitsverträge dienenden Arbeitsbedingungen, einschließlich der Löhne, der Gehälter und der Einreihung der einzelnen Tätigkeitsarten in Lohn- und Gehaltsgruppen, festzusetzen und Tarifverträge abzuschließen und
b) das Entlohnungsverfahren zu regeln.
(6) Die Behörden einer Truppe und eines zivilen Gefolges haben gegenüber den Arbeitskräften, einschließlich der Mitglieder der zivilen Dienstgruppen, die Befugnis zur Einstellung, Zuwei-

---

1 Geltung nicht nur für deutsche Arbeitnehmer, sondern allgemein für ortsansässige Zivilbeschäftigte

sung des Arbeitsplatzes, Ausbildung, Versetzung, Kündigung und Entgegennahme von Kündigungen.
(7) nicht abgedruckt
(8) ¹Streitigkeiten aus dem Arbeitsverhältnis und aus dem Sozialversicherungsverhältnis unterliegen der deutschen Gerichtsbarkeit. ²Klagen gegen den Arbeitgeber sind gegen die Bundesrepublik zu richten. ³Klagen für den Arbeitgeber werden von der Bundesrepublik erhoben.
(9) Die für die zivilen Bediensteten bei der Bundeswehr maßgebenden Vorschriften des deutschen Rechts über die Personalvertretung gelten für die Betriebsvertretung der zivilen Arbeitskräfte bei einer Truppe und einem zivilen Gefolge, soweit in dem auf diesen Artikel Bezug nehmenden Abschnitt des Unterzeichnungsprotokolls nicht etwas anderes bestimmt ist.
(10) nicht abgedruckt

Entscheidung des Bundesverfassungsgerichts vom 8. Oktober 1996 – 1 BvL 15/91 – (BGBl. 1997 I S. 154):

»Artikel 1 des Gesetzes zu dem Abkommen vom 21. Oktober 1971 zur Änderung des Zusatzabkommens vom 3. August 1959 zu dem Abkommen zwischen den Parteien des Nordatlantikvertrags über die Rechtsstellung ihrer Truppen hinsichtlich der in der Bundesrepublik Deutschland stationierten ausländischen Truppen vom 3. August 1973 (BGBl. II S. 1021) verstößt nicht gegen das Grundgesetz, soweit darin dem Artikel 2 Absatz 7 des bezeichneten Abkommens zugestimmt worden ist, durch den Absatz 6 des Unterzeichnungsprotokolls zu Artikel 56 Absatz 9 des Zusatzabkommens zum NATO-Truppenstatut vom 3. August 1959 mit der Folge neu gefaßt wurde, daß den Betriebsvertretungen der Zivilbediensteten bei den NATO-Streitkräften bei der Einstellung von zivilen Arbeitnehmern weiterhin nur ein Mitwirkungsrecht zusteht.«

Literatur

– bis 2004 vgl. KR-Vorauflage –
Beitzke Arbeitsverhältnisse bei den Stationierungsstreitkräften, AR-Blattei D, Stationierungsstreitkräfte I, Beschäftigung deutscher Arbeitnehmer.

Inhaltsübersicht

	Rz			Rz
A. Vorbemerkungen	1–13		5. Besonderer tariflicher Kündigungsschutz	28–30
I. Historischer Rückblick	1			
II. Die rechtlichen Grundlagen	2–8	II.	Der Kündigungsschutzanspruch des Arbeitnehmers	31–40
III. Das Arbeitsverhältnis	9, 10			
IV. Kritik an der jetzigen Rechtslage	11–13		1. Kündigungsschutz nach Art. 56 Abs. 2a NATO-ZusAbk	31–35
B. Erläuterungen	14–50		2. Kündigungsschutz bei Massenentlassungen	36
I. Die Beendigung des Arbeitsverhältnisses durch Kündigung	14–30		3. Betriebsübergang	37
1. Geltung von Tarifverträgen	14		4. Mutterschutz	38
2. Kündigung während der Probezeit	15		5. Schwerbehinderte	39
3. Ordentliche Kündigung	16–24		6. Mitglieder der Betriebsvertretung	40
a) Form	17–19	III.	Beteiligung der Betriebsvertretung	41–44
b) Fristen	20	IV.	Beendigung des Beschäftigungsverhältnisses ohne Kündigung	45–47
c) Gründe	21		1. Altersgrenze	45, 46
d) Ansprüche des Arbeitnehmers nach der Kündigung	22–24		2. Erwerbsminderung	47
4. Außerordentliche Kündigung	25–27	V.	Gerichtsbarkeit	48, 49
a) Form und Frist	25	VI.	Folgen aus dem Beschäftigungsende	50-51
b) Wichtige Gründe	26, 27			

A. Vorbemerkungen

I. Historischer Rückblick

1 Die Rechtsstellung und die Arbeitsbedingungen der ortsansässigen Zivilbeschäftigten bei den in der Bundesrepublik Deutschland stationierten ausländischen Streitkräften (USA, Kanada, Großbritanni-

en, Frankreich, Belgien und Niederlande) hat seit dem Ende des Zweiten Weltkrieges eine wechselvolle Entwicklung durchlaufen. Diese reichte von der Rekrutierung von Arbeitskräften nach den Grundsätzen des Requisitionsrechtes (ohne Bestehen rechtsverbindlicher Normen zur Regelung von arbeitsrechtlichen Fragen) über die Einführung deutschen Tarifvertragsrechts, die grds. Anwendbarkeit des deutschen Arbeitsrechts und die Anerkennung der Gerichtsbarkeit der deutschen ArbG bis hin zum ersten allgemeinen Tarifvertrag am 28.1.1955, der die Arbeitsverhältnisse bei allen Stationierungskräften erstmals einheitlich gestaltete und einerseits sie den im deutschen Arbeitsleben üblichen Gepflogenheiten anpasste und andererseits die durch die Erfordernisse des militärischen Dienstes bedingten Besonderheiten berücksichtigte (Bulletin des Presse- und Informationsamtes der Bundesregierung 1971, S. 1642 ff.).

II. Die rechtlichen Grundlagen

Die Regelung der Dienstverhältnisse deutscher Arbeitnehmer bei den Stationierungsstreitkräften beruht auf dem von der Bundesrepublik Deutschland angenommenen **NATO-Truppenstatut** und **Art. 56 Zusatzabkommen** (ZA) (BGBl. II S. 1218, 1275) sowie dem auf seinen Abs. 9 Bezug nehmenden Abschnitt des **Unterzeichnungsprotokolls** (BGBl. II S. 1313, 1334). Diese Regelungen gelten mit geringen Abänderungen auch für die Arbeitsverhältnisse der deutschen Beschäftigten bei den französischen Stationierungsstreitkräften. Das NATO-Truppenstatut, das Zusatzabkommen sowie das Unterzeichnungsprotokoll **gelten in Berlin sowie in den fünf neuen Bundesländern nicht** (§ 3 Nrn. 5 u. 6 des Gesetzes zur Überleitung von Bundesrecht nach Berlin (West) – 6. Überleitungsgesetz v. 25.9.1990 BGBl. I S. 2106; Anl. 1 Kap. 1 Abschn. 1 Nrn. 5 u. 6 EinigungsV v. 31.8.1990 BGBl. II S. 889; VO zu dem Notenwechsel v. 25.9.1990 zu dem Abkommen zwischen den Parteien des Nordatlantikvertrages über die Rechtsstellung ihrer Truppen v. 19.6.1951 und zu dem Zusatzabkommen zu diesem Abkommen v. 3.8.1959 nebst zugehörigen Übereinkünften sowie zu dem Notenwechsel v. 25.9.1990 zu dem befristeten Verbleib von Streitkräften der Französischen Republik, des Vereinigten Königreichs von Großbritannien und Nordirland und der Vereinigten Staaten von Amerika in Berlin v. 28.9.1990 BGBl. II S. 1250; mit ausführlicher Begr. *Lansnicker/Schwirtzek* MDR 1991, 922 f.).

Für eine **analoge Anwendung** von NATO-Truppenstatut, Zusatzabkommen und Unterzeichnungsprotokoll in Berlin – wie zT unter Berufung auf die Regelung der Nr. 3 des »Notenwechsels zu dem befristeten Verbleib –« gefordert wird, besteht **kein Raum.** Dies gilt um so mehr, als Nr. 3 des Notenwechsels lediglich den **Truppen, dem zivilen Gefolge, ihren Mitgliedern und Angehörigen in Berlin (nicht den zivilen Arbeitnehmern)** die »gleiche Rechtsstellung« einräumt, die ihnen in den alten Bundesländern gewährt wird (zur Unterscheidung von zivilen Arbeitnehmern und zivilem Gefolge s.u. Rz 5).

Für die bei den Stationierungsstreitkräften in Berlin (West) beschäftigten deutschen Arbeitnehmer, für die bis zum 2.10.1990 in Gestalt der Anordnung der Alliierten Kommandantur Berlin vom 30.12.1980 – **BK/O (80) 13** – (GVBl. 1981 S. 230) eine inhaltlich den Bestimmungen des Art. 56 ZA weitgehend angenäherte besatzungsrechtliche Regelung galt, findet in Ermangelung anderweitiger Bestimmungen das BPersVG uneingeschränkt Anwendung (*Lansnicker/Schwirtzek* MDR 1991, 925).

Bei den **zivilen Arbeitskräften** bei einer Truppe oder einem zivilen Gefolge gem. Art. 56 Abs. 1a ZA handelt es sich um **örtliche zivile Arbeitnehmer** am Standort der militärischen Einheit bzw. des zivilen Gefolges. **Ziviles Gefolge** meint nach Art. I Abs. 1b NATO-Truppenstatut das die Truppe einer Vertragspartei begleitende Zivilpersonal, das bei deren Streitkräften beschäftigt ist und die Staatsangehörigkeit eines Entsendestaates der Streitkräfte hat, ohne seinen gewöhnlichen Aufenthalt im Bundesgebiet zu haben. Nur die **zivilen Arbeitnehmer,** nicht dagegen die Mitglieder des zivilen Gefolges werden von den Bestimmungen des Zusatzabkommens erfasst. Eine zivile Arbeitskraft kann nicht zugleich ein Mitglied des zivilen Gefolges sein (*BAG* 28.5.2002 NZA 2003, 1101). Eine US-amerikanische Lektorin der »University of Maryland«, die für deren europäischen Aufgabenbereich – wissenschaftliche Betreuung der amerikanischen Truppen – in der Bundesrepublik tätig ist und ihren gewöhnlichen Wohnsitz in den USA hat, gilt als Mitglied des zivilen Gefolges der US-amerikanischen Streitkräfte. Von daher ist weder das Zusatzabkommen anwendbar noch unterliegen Rechtsstreitigkeiten zwischen ihr und der »University of Maryland« der deutschen Gerichtsbarkeit (*BAG* 18.4.1979 AP Nr. 1 zu Art. 71 ZA-NATO-Truppenstatut mit Anm. *Beitzke*).

Nach Art. 56 Abs. 1a NATO-ZusAbk gelten für die Beschäftigungsverhältnisse der zivilen Arbeitskräfte bei einer Truppe und einem zivilen Gefolge **alle für die zivilen Arbeitnehmer der Bundeswehr**

Art. 56 NATO-ZusAbk Kündigung bei den Stationierungsstreitkräften

maßgeblichen arbeitsrechtlichen Vorschriften, soweit nicht ausdrücklich in diesem Artikel und in dem auf diesen Artikel Bezug nehmenden Abschnitt des Unterzeichnungsprotokolls etwas anderes bestimmt ist (*BAG* 22.9.2005 EzA § 1 KSchG Betriebsbedingte Kündigung Nr. 141).

Die näheren Ausgestaltungen dieser Arbeitsbedingungen finden sich in den für alle Arbeitsverhältnisse verbindlichen **Tarifverträgen** zwischen den zuständigen Tarifvertragsparteien, gewerkschaftsseitig ursprünglich abgeschlossen mit den inzwischen in der Vereinten Dienstleistungsgewerkschaft (Ver.di) aufgegangenen Gewerkschaften DAG und ÖTV als federführende für noch andere DGB-Gewerkschaften einerseits und der Bundesrepublik Deutschland andererseits (s.u. Rz 14). Nach einer Reihe von regionalen, einem bundeseinheitlichen und verschiedenen, auf bestimmte Personengruppen bezogenen Tarifverträgen gilt seit dem 1.1.1967 der »Tarifvertrag für die Arbeitnehmer bei den Stationierungsstreitkräften im Gebiet der BR Deutschland« vom 16.12.1966 in der zuletzt geänderten Fassung. Weitere Bestimmungen über Kündigungs- und Einkommensschutz sind im Tarifvertrag vom 2. Juli 1997 über Rationalisierungs-, Kündigungs- und Einkommensschutz (SchutzTV) vereinbart (s.u. Rz 28 ff.).

7 Beschäftigungsverhältnisse zwischen der Verwaltung der Truppen der ehemaligen Sowjetunion und Arbeitnehmern (ausgenommen Mitgliedern der sowjetischen Truppen und deren Familienangehörigen) unterliegen gem. Art. 21 Abs. 1 des **Vertrages zwischen der Bundesrepublik Deutschland und der Union der Sozialistischen Sowjetrepubliken über die Bedingungen des befristeten Aufenthalts und die Modalitäten des planmäßigen Abzugs der sowjetischen Truppen aus dem Gebiet der Bundesrepublik Deutschland,** in Kraft gesetzt zum 3.10.1990 durch Verordnung vom 28.9.1990 (BGBl. II S. 1254), dem »**deutschen Arbeits-, Arbeitsschutz- und Sozialversicherungsrecht**«.

8 Die durch die sehr offene Formulierung des Art. 21 Abs. 1 nahe liegende extensive Auslegung dieser Vorschrift hat bereits erste Einschränkungen durch die Rechtsprechung des BAG erfahren, das eine Besserstellung der Zivilbeschäftigten bei den sowjetischen Streitkräften gegenüber den Zivilbeschäftigten bei den Truppen der Unterzeichnerstaaten des NATO-Truppenstatuts sowie bei der Bundeswehr für von den Vertragsstaaten nicht gewollt ansieht (*BAG* 28.4.1993 EzA § 130 BetrVG 1972 Nr. 3). Jedenfalls findet das BetrVG in den Betrieben der sowjetischen Stationierungskräfte keine Anwendung (*BAG* 8.2.1995 AP Nr. 28 zu § 113 BetrVG 1972). Allerdings verlieren diese Regelungen seit dem Abschluss des Truppenabzugs am 31.8.1994 ihre praktische Bedeutung.

III. Das Arbeitsverhältnis

9 Bei den vertraglichen Beziehungen zwischen einem ortsansässigen Zivilbeschäftigten und der jeweiligen Stationierungsstreitmacht handelt es sich um ein **privatrechtliches Arbeitsverhältnis**. Wiewohl die Entgeltzahlung durch den Bund erfolgt (Art. 56 Abs. 5 ZA) und der Bund passiv legitimiert ist (Art. 56 Abs. 8 ZA), sind die Stationierungsstreitkräfte Arbeitgeber mit allen Rechten und Pflichten gegenüber den Beschäftigten (*BAG* 20.12.1957 AP Nr. 11 zu Art. 44 Truppenvertrag). **Arbeitgeber** ist nicht die Beschäftigungsdienststelle oder die Truppe als solche, sondern der jeweilige Entsendestaat (*BAG* 22.9.2005 EzA § 1 KSchG Betriebsbedingte Kündigung Nr. 141; 14.1.1993 AP Nr. 15 zu Art. 56 ZA-NATO-Truppenstatut). Allerdings delegiert der Entsendestaat die Arbeitgeberfunktion idR auf den jeweiligen Dienststellenleiter (*BAG* 22.9.2005 EzA § 1 KSchG Betriebsbedingte Kündigung Nr. 141 mwN). Die Tätigkeit gilt nicht als Beschäftigung im deutschen öffentlichen Dienst (Art. 56 Abs. 1f ZA). Das Arbeitsverhältnis unterliegt grds. den Normen des **deutschen Arbeitsrechts** und erfährt seine konkrete Ausgestaltung im Rahmen der angeführten Tarifverträge.

10 Voraussetzung für einen gültigen Arbeitsvertrag ist die **Schriftform.** Das gilt auch für Nebenabreden. Dem Arbeitnehmer ist eine Ausfertigung auszuhändigen (§ 4 TV AL II). Für die grds. auf unbestimmte Zeit abgeschlossenen Arbeitsverhältnisse beträgt die Probezeit gem. § 5 TV AL II drei Monate (Verlängerung möglich). Daneben gehen weitere Regelungen des TV AL II wie Arbeitszeit, Entlohnung, Arbeitsunfähigkeit, Urlaub- und Sozialleistungen in den Individualvertrag ein. Schließlich gelten noch eine Reihe von teilweise von den Vorschriften des deutschen Arbeitsrechts abweichenden tarifvertraglichen Regelungen über die Beendigung von Arbeitsverhältnissen, die grds. auch dem KSchG unterfallen.

IV. Kritik an der jetzigen Rechtslage

11 Auch nach Inkrafttreten der Änderungsvereinbarung vom 18.3.1993 (BGBl. 1994 II S. 2594) ist die Rechtsstellung der Zivilangestellten bei den Stationierungsstreitkräften (vgl. *Burkhardt/Granow* NJW

1995, 424) der Rechtsstellung der Zivilbeschäftigten bei der Bundeswehr nicht vollständig angeglichen. Der Personalvertretung stehen **zT lediglich Mitwirkungsrechte anstelle von Mitbestimmungsrechten** zu. Allerdings ist die dem allgemeinen Gleichheitssatz (Art. 3 Abs. 1 GG) widersprechende personalvertretungsrechtliche Benachteiligung der Zivilangestellten bei den ausländischen Stationierungsstreitkräften im Hinblick auf Einschränkungen der außenpolitischen Gestaltungsmöglichkeiten der Bundesrepublik Deutschland hinzunehmen (*BVerfG* 8.10.1996 NZA 1997, 263; ausführlich dazu *Pfeifer* Die Mitbestimmung der Betriebsvertretungen der Zivilbeschäftigten im Spannungsfeld zwischen NATO und nationalem Recht (Diss. Ffm 1995), sowie *Kissel* NZA 1996, 57). Die Entscheidungsformel des BVerfG, die gem. § 31 Abs. 2 des Gesetzes über das Bundesverfassungsgericht Gesetzeskraft entfaltet, ist oben im Anschluss an Art. 56 NATO-ZusAbk abgedruckt. Zwar hat für die Rechtsstellung entlassener Arbeitnehmer der 16. Tarifvertrag zum BAT eine Verbesserung insofern gebracht, als Vordienstzeiten bei ausländischen Stationierungsstreitkräften im deutschen öffentlichen Dienst angerechnet werden, wenn der Arbeitnehmer nach unverzüglicher Bewerbung innerhalb von sechs Monaten im öffentlichen Dienst eingestellt wird oder aber ganze Einrichtungen oder Teile der ausländischen Stationierungsstreitkräfte vom Bund übernommen werden. Aber gerade bei Massenentlassungen finden kaum alle Arbeitnehmer Weiterbeschäftigung im deutschen öffentlichen Dienst, was für ältere Arbeitnehmer mit langjähriger Dienstzeit zu erheblichen Schwierigkeiten führen kann (zur ausführlichen [teilweise überholten] Kritik vgl. *Volk* S. 149 ff.; *Rehbinder* S. 51 ff.).

Die Bemühungen der Bundesregierung zur Verbesserung der Rechtsstellung der deutschen Arbeitnehmer bei den Stationierungsstreitkräften haben einen ersten Erfolg im Abkommen zur Änderung des Zusatzabkommens vom 3.8.1959 gefunden, das Änderungen auf dem Gebiet des Kündigungsschutzrechts und der Personalvertretung gebracht hat. Weitere Verbesserungen konnten im Zuge der seit 1991 laufenden Revisionsverhandlungen erzielt werden, die ihren Abschluss mit Unterzeichnung des Änderungsabkommens vom 18.3.1993 gefunden haben. **12**

Das Ziel der deutschen Seite, den Zivilbeschäftigten bei den Stationierungsstreitkräften dieselbe arbeitsrechtliche Stellung zu verschaffen, die für die Zivilbeschäftigten der Bundeswehr maßgeblich ist (vgl. Entschließung des Bundesrates vom 14.12.1990 BR-Drucks. 683/90) wurde jedoch nicht erreicht (vgl. dazu *BVerfG* 8.10.1996 NZA 1997, 263, insbes. unter II, 2). Immerhin ist nunmehr die verfassungswidrige Regelung des Art. 56 Abs. 1c ZA **aF**, wonach grds. das Recht einer zivilen Arbeitskraft auf tatsächliche Beschäftigung gesetzlich ausgeschlossen war, ersatzlos weggefallen (s.u. Rz 36 f.; zur ausführlichen Kritik an der Verfassungsmäßigkeit des Art. 56 Abs. 1c ZA aF vgl. *Weigand* KR, 3. Aufl. Art. 56 NATO-ZusAbk Rz 25 mwN). **13**

B. Erläuterungen
I. Die Beendigung des Arbeitsverhältnisses durch Kündigung
1. Geltung von Tarifverträgen

Gem. Art. 56 ZA zum NATO-Truppenstatut obliegt es den deutschen Behörden, im **Einvernehmen** (zur Auseinandersetzung um die Rechtsnatur des »Einvernehmens« vgl. *Volk* S. 214 ff.) mit den Behörden der Stationierungsstreitkräfte oder eines zivilen Gefolges die als Grundlage für die einzelnen Arbeitsverträge dienenden Arbeitsbedingungen festzusetzen und Tarifverträge abzuschließen. Zwar gelten diese Tarifverträge normativ gem. § 3 TVG nur für die Mitglieder der beteiligten Gewerkschaften (*BAG* 27.11.1958 AP Nr. 26 zu Art. 44 Truppenvertrag), doch zeigen die Entwicklungsgeschichte dieser Verträge und ihre Rechtsgrundlagen (vgl. *Volk* S. 65 ff., 70 ff., 143 ff., 305 ff.), dass die Arbeitsbedingungen hiermit allgemeingültig festgelegt werden sollen (*Beitzke* AR-Blattei D, Stationierungsstreitkräfte I, Beschäftigung deutscher Arbeitnehmer; *ders.* Anm. zu *BAG* 20.12.1957 AP Nr. 11 zu Art. 44 Truppenvertrag). Im Übrigen hat der Finanzminister die Hauptquartiere der Stationierungsstreitkräfte veranlasst, dass von jedem Arbeitnehmer, der am 1.1.1967 in einem Beschäftigungsverhältnis des TV AL II/ TV AL II (Frz.) stand, oder der nach dem 1.1.1967 eingestellt wurde oder wird, eine Erklärung eingeholt wird, durch die der Arbeitnehmer die Anwendung des TV AL II/TV AL II (Frz.) in der jeweils geltenden Fassung auf sein Beschäftigungsverhältnis anerkennt (MinBlFin 1967, 118). Insoweit gelten die Tarifverträge auch ohne Allgemeinverbindlicherklärung **für alle Arbeitsverhältnisse** der Arbeitnehmer bei den Stationierungsstreitkräften. Aus dem Tarifvertrag vom 16.12.1966 – TV AL II (MinBlFin 1967, 121) bzw. TV AL II (Frz.) (MinBlFin 1967, 121) – ergeben sich die folgenden Grundsätze zur Kündigung von Arbeitsverhältnissen (zum besonderen Kündigungsschutz s.u. Rz 28–30). **14**

2. Kündigung während der Probezeit

15 Während der Probezeit (idR 3 Monate, § 5 TV AL II) kann das Beschäftigungsverhältnis von beiden Seiten jederzeit mit einer Kündigungsfrist von mindestens **zwei Wochen zum Ende eines Kalendermonats** gekündigt werden (§ 43 Abs. 1 TV AL II idF der Änderungsvereinbarung v. 4.5.1993). Diese Regelung gilt einheitlich für Arbeiter **und** Angestellte. Gemäß § 47 Abs. 1 TV AL II und § 623 BGB unterliegt die Kündigungserklärung dem Erfordernis der Schriftform.

3. Ordentliche Kündigung

16 Zur Kündigung berechtigt sind gem. Art. 56 Abs. 6 ZA die **Behörden der Streitkräfte,** nicht aber die deutschen Dienststellen. Nach Art. 56 Abs. 9 ZA, Unterzeichnungsprotokoll zu Art. 56 Abs. 7 ZA, § 79 BPersVG muss **vor jeder Kündigung – als Wirksamkeitsvoraussetzung – die Personalvertretung gehört werden** (s.a. Rz 42–44). Soweit eine Betriebsvereinbarung für den nach Art. 44 Abs. 9 S. 2 Truppenvertrag gebildeten Betriebsrat als Mitwirkungsrecht ein Recht auf Beratung bei der Kündigung vorsieht, hat das rechtswidrige, vorsätzliche, schuldhafte Unterlassen der Anhörung des Betriebsrats durch die militärische Einheit vor Ausspruch der Kündigung zur Folge, dass der Arbeitgeber sich nicht mehr darauf berufen kann, die Kündigung sei sozial gerechtfertigt (*BAG* 18.10.1962 AP Nr. 31 zu Art. 44 Truppenvertrag).

a) Form

17–19 Eine ordentliche Kündigungserklärung muss **schriftlich** (§ 623 BGB) **und – außer bei einer Kündigung während der Probezeit sowie bei einer ordentlichen Kündigung durch den Arbeitnehmer – unter Angabe der Gründe** ausgesprochen werden (§ 47 TV AL II). Das Schriftformerfordernis dient der Rechtsklarheit und zur Beweissicherung und ist erst durch die eigenhändige Namensunterschrift des Kündigungsberechtigten erfüllt (vgl. § 126 Abs. 1 BGB). Ebenso stehen Rechtsklarheit und Beweissicherung hinter dem Begründungszwang. Es müssen die für die Kündigung maßgebenden Tatsachen angegeben werden. Nicht ausreichend ist die Bezugnahme auf mündlich mitgeteilte Gründe oder lediglich auf »Vorfälle in der Vergangenheit« oder eine andere nur schlagwortartige Beschreibung der kündigungsbegründenden Tatsachen.

b) Fristen

20 Ab 1.1.1995 gilt für die Kündigung beider Vertragspartner eine Kündigungsfrist von **vier Wochen zum Monatsende.** Diese Grundkündigungsfrist erhöht sich für Kündigungen durch die Beschäftigungsdienststelle nach einer Beschäftigungszeit von sechs Monaten auf zwei Monate zum Monatsende, von vier Jahren auf drei Monate zum Monatsende, von sechs Jahren auf vier Monate zum Monatsende, von neun Jahren auf fünf Monate zum Monatsende, von 12 Jahren auf sechs Monate zum Monatsende und von 20 Jahren auf sieben Monate zu Monatsende (§ 44 TV AL II idF des Änderungstarifvertrages v. 9.6.1994). Vom 1.1.1995 an ist bei der Berechnung der Dauer der Beschäftigungszeit (gem. § 8 TV AL II) nicht mehr nur die nach Vollendung des 25. Lebensjahres bei den alliierten Behörden und Streitkräften erreichte Zeit zu berücksichtigen.

c) Gründe

21 Neben verhaltens- und personenbedingten Gründen kann eine Kündigung auch durch »betriebliche Gründe« gerechtfertigt sein: Stellenkürzungen im Rahmen eines (vom Hauptquartier der Britischen Rheinarmee für die einzelnen Einheiten) erlassenen Stellenplans, der den zivilen Arbeitskräftebedarf verbindlich regelt, reichen für eine betriebsbedingte Kündigung aus (*LAG Hamm* 27.3.1985 – 14 Sa 721/ 84 – nv); Wegfall des Aufgabenbereichs wegen Schließung der Beschäftigungsdienststelle (bei Fortbestehen der Verwaltungsabteilung: *BAG* 22.9.2005 EzA § 1 KSchG Betriebsbedingte Kündigung Nr. 141).

d) Ansprüche des Arbeitnehmers nach der Kündigung

22 Der Arbeitnehmer soll **grds. bis zum Ablauf der Kündigungsfrist beschäftigt werden.** Zu diesem Zweck kann er auch einer anderen Beschäftigungsdienststelle an demselben Ort für eine zumutbare Beschäftigung befristet zugewiesen werden. Ein Anspruch auf Zahlung des Arbeitsverdienstes während der Kündigungsfrist besteht jedoch auch dann, wenn der Arbeitnehmer aus einem nicht von ihm selbst zu vertretenden Grund vor Ablauf der Kündigungsfrist von der Arbeit freigestellt wird. Für die Zeit der Freistellung wird der Arbeitsverdienst gezahlt, den der Arbeitnehmer ohne die Freistellung

für seine regelmäßigen Arbeitsstunden erhalten hätte (§ 44 Abs. 2 a–b TV AL II, unter Berücksichtigung der Änderungsvereinbarung Nr. 18 zum Hauptteil I TV AL II v. 1.1.1989).

Ist das Beschäftigungsverhältnis gekündigt, so muss dem Arbeitnehmer der noch zustehende **Urlaub** 23 ohne besonderen Antrag während der Kündigungsfrist in bezahlter Freizeit erteilt werden – es sei denn, dass dringende betriebliche Gründe oder dringende persönliche Gründe entgegenstehen (§ 33 Ziff. 7b TV AL II).

Wenn die Kündigung von der Beschäftigungsdienststelle ausgesprochen worden ist, erhält der Arbeit- 24 nehmer auf Antrag **Arbeitsbefreiung in angemessenem Umfang** bis zu insgesamt zwei Arbeitstagen, damit er sich eine andere Arbeit suchen kann. Dies gilt nicht bei Kündigungen während der Probezeit. Ist die Kündigung von der Beschäftigungsdienststelle aus einem nicht vom Arbeitnehmer zu vertretenden Grund ausgesprochen worden, so wird für die Dauer der Arbeitsbefreiung der Arbeitsverdienst gezahlt, den der Arbeitnehmer ohne die Arbeitsbefreiung für seine regelmäßigen Arbeitsstunden erhalten hätte. Der Arbeitnehmer erhält die Arbeitsbefreiung in dem vorstehend vereinbarten Ausmaß auch dann, wenn er das Beschäftigungsverhältnis zwar selbst gekündigt, aber sein Ausscheiden nach den Bestimmungen des § 8 Ziff. 4 TV AL II nicht zu vertreten hat (§ 44 Abs. 3 a-c TV AL II unter Berücksichtigung der Änderungsvereinbarung Nr. 9 zum Hauptteil I TV AL II v. 12.2.1976). Tarifvertragliche Regelungen außerhalb des TV AL II gewähren darüber hinaus bei Entlassungen wegen Truppenreduzierung weitere Leistungen (u.a. Abfindungsansprüche, Freistellung zur Teilnahme an Maßnahmen der beruflichen Bildung).

4. Außerordentliche Kündigung

a) Form und Frist

Das Beschäftigungsverhältnis kann aus wichtigem Grund ohne Einhaltung einer Frist gekündigt wer- 25 den (§ 45 TV AL II). Die Kündigungserklärung unterliegt dem Erfordernis der Schriftform gem. § 623 BGB. Gemäß § 47 Ab. 2 TV AL II sind – außer bei Kündigungen während der Probezeit sowie bei ordentlichen Kündigungen durch den Arbeitnehmer – die Gründe für die Kündigung mitzuteilen. Eine fristlose Kündigung ist **nicht mehr zulässig,** wenn die zugrunde liegenden Tatsachen festgestellt und der Beschäftigungsdienststelle **länger als zwei Wochen bekannt** sind (§ 45 Abs. 3 TV AL II).

b) Wichtige Gründe

Durch die Änderungsvereinbarung Nr. 6 vom 30.10.1973 zum Hauptteil I TV AL II (MinBlFin 1974, 26 284) sind die Voraussetzungen für eine fristlose Kündigung aus wichtigem Grund an die Regelung des § 626 BGB im Wesentlichen angeglichen worden. Nach § 45 Abs. 2 TV AL II ist ein wichtiger Grund für eine außerordentliche Kündigung nur dann gegeben, wenn Tatsachen vorliegen, aufgrund derer dem Kündigenden – unter Berücksichtigung aller Umstände des Einzelfalles und unter Abwägung der Interessen beider Vertragsteile – die Fortsetzung des Beschäftigungsverhältnisses bis zum Ablauf der Kündigungsfrist (§ 44 Ziff. 1) oder bis zu der vereinbarten Beendigung des Beschäftigungsverhältnisses **nicht zugemutet werden kann.**

In der alten Fassung des § 45 Abs. 2 TV AL II waren als Regelbeispiele (vgl. auch *BAG* 12.9.1974 EzA 27 § 1 TVG Auslegung Nr. 3) für wichtige Gründe angegeben:

- Vorlegung falscher oder gefälschter Urkunden bei der Einstellung,
- unbefugtes Verlassen der Arbeitsstelle während einer den Umständen nach erheblichen Zeit,
- beharrliche Weigerung, den Verpflichtungen aus dem Arbeitsvertrag nachzukommen,
- Tätlichkeiten oder erhebliche Ehrverletzungen,
- Diebstahl, Unterschlagung oder Betrug,
- Teilnahme an Bestrebungen gegen die demokratische Grundordnung iSd Grundgesetzes oder an Bestrebungen, die darauf abzielen, den Bestand oder die Sicherheit der Bundesrepublik Deutschland oder der Stationierungsstreitkräfte der Entsendestaaten zu beeinträchtigen. Vgl. zu den wichtigen Gründen im Übrigen KR-*Fischermeier* § 626 BGB Rz 103 ff. und KR-*Weigand* §§ 21, 22 BBiG Rz 50 ff.

5. Besonderer tarifrechtlicher Kündigungsschutz

Die Bestimmungen gem. TV vom 2.7.1997 über Rationalisierungs-, Kündigungs- und Einkom- 28 **mensschutz (§ 8 SchutzTV)** sehen einen besonderen Kündigungsschutz für langjährig beschäftigte

Arbeitnehmer vor. Gem. § 8 Abs. 1 SchutzTV kann das Beschäftigungsverhältnis eines Arbeitnehmers, der das 40. Lebensjahr vollendet hat, nach einer iSv § 8 TV AL II Ziff. 1, 2 und 4 ununterbrochenen Beschäftigungszeit von 15 Jahren nicht mehr durch ordentliche Kündigung beendet werden. Dieser Kündigungsschutz erstreckt sich nicht auf Kündigungen aus einem der folgenden Gründe:

a) Alle Gründe, die eine außerordentliche Kündigung rechtfertigen (§ 45 TV AL II),
b) Auflösung der Beschäftigungsdienststelle, (der Begriff der Dienststelle als Verwaltungsstelle und Betrieb einer Truppe und eines zivilen Gefolges in der Bundesrepublik wird durch die betreffende Truppe näher bestimmt; s.a. Rz 42),
c) Verlegung der Beschäftigungsdienststelle außerhalb des Geltungsbereiches des TV AL II (Bundesrepublik Deutschland),
d) Fortfall des Aufgabenbereichs des Arbeitnehmers aus den unter b) und c) genannten Gründen,
e) Verlegung des Aufgabenbereichs des Arbeitnehmers mit seiner Beschäftigungsdienststelle oder zu einer anderen Beschäftigungsdienststelle im Geltungsbereich des TV AL II (Bundesrepublik Deutschland),
f) Änderung des Arbeitsvertrages.

Zur **außerordentlichen Kündigung nach a)** s.u. Rz 25–27. Für die **Auflösungsgründe nach b) bis f) ist die ordentliche Kündigung** vorgesehen, bei der die Fristen gem. § 44 TV AL II (s.o. Rz 11) oder gem. der in Betracht kommenden gesetzlichen Vorschriften zu beachten sind.

29 Verliert ein Arbeitnehmer, der in einem Beschäftigungsverhältnis auf unbestimmte Dauer steht und eine anrechenbare Beschäftigungszeit (§ 8 Ziff. 1, 2 und 4 SchutzTV) bei den Stationierungsstreitkräften desselben Entsendestaates von mindestens zwei Jahren erreicht hat, infolge einer **organisatorischen Maßnahme** seinen bisherigen Arbeitsplatz oder ändert sich die Wertigkeit seines Arbeitsplatzes, so wird ihm ein verfügbar werdender Arbeitsplatz angeboten, wenn er für diesen Arbeitsplatz geeignet ist. Ist der Arbeitnehmer aus den in Rz 28d oder 28e genannten Gründen auf einem anderen Arbeitsplatz untergebracht (Unterbringungsanspruch gem. § 4 SchutzTV) worden, oder hat er eine Änderungskündigung angenommen und unterschreitet die tarifvertragliche Grundvergütung für die neue Tätigkeit bei gleicher Arbeitszeit die Bemessungsgrenze, so hat er Anspruch auf eine persönliche Zulage (§ 8 Abs. 4a SchutzTV).

30 Das Arbeitsplatzangebot gem. Rz 29 erstreckt sich zunächst auf alle Arbeitsplätze in derselben Lohn-/Gehaltsgruppe oder in einer Lohn-/Gehaltsgruppe mit gleichwertigen Tätigkeitsmerkmalen in einem anderen Lohn-/Gehaltstarif (gleichwertiger Arbeitsplatz). Steht ein solcher Arbeitsplatz nicht zur Verfügung, dann wird ein zumutbarer Arbeitsplatz in einer niedrigeren Lohn-/Gehaltsgruppe angeboten. Arbeitnehmern, deren regelmäßige Arbeitszeit entsprechend § 9 Ziff. 1 oder 2 festgesetzt war, wird ein Arbeitsplatz mit einer Arbeitszeit angeboten, die mindestens der regelmäßigen Arbeitszeit gem. § 9 Ziff. 1 entspricht. Das Angebot erstreckt sich auf alle Arbeitsplätze bei derselben oder bei einer anderen Beschäftigungsdienststelle desselben Entsendestaates am selben Ort oder im Einzugsbereich.

II. Der Kündigungsschutzanspruch des Arbeitnehmers

1. Kündigungsschutz nach Art. 56 Abs. 2a NATO-ZusAbk

31 Das KSchG ist grds. auf die Arbeitsverhältnisse der Arbeitnehmer bei den Stationierungsstreitkräften anwendbar (*BAG* 18.5.2006 – 2 AZR 245/05; 22.9.2005 EzA § 1 KSchG Betriebsbedingte Kündigung Nr. 141; weit. Nachw. KR-Vorauf.). Allerdings sind die Dienststellen der Stationierungsstreitkräfte als **Tendenzbetriebe** anzusehen; Verstöße gegen die besondere Treuepflicht können die Kündigung rechtfertigen (*ArbG Heidelberg* 27.4.1957 ARSt Bd. XIX, Nr. 45, S. 16). Die Beweislast für die Wirksamkeit der Kündigung trägt im Kündigungsschutzprozess die beklagte Bundesrepublik Deutschland (*Beitzke* AR-Blattei, D II 2). Nachdem mit Inkrafttreten des Änderungsabkommens vom 18.3.1993 Art. 56 Abs. 1c ZA ersatzlos weggefallen ist, können die zivilen Arbeitskräfte bei den alliierten Streitkräften nunmehr ihren **Weiterbeschäftigungsanspruch** bei laufendem Kündigungsrechtsstreit im einstweiligen Verfügungsverfahren durchsetzen; zur Rechtslage bis zum Inkrafttreten der Änderungsvereinbarung s. *Weigand* KR, 3. Aufl. Art. 56 NATO-ZusAbk Rz 22). Den möglichen Anspruch auf tatsächliche Weiterbeschäftigung wird allerdings die beklagte Bundesrepublik Deutschland rechtlich und tatsächlich selbst nicht erfüllen können, da sie völkerrechtlich gegenüber einem anderen Staat bzw. dessen Streitkraft keine hoheitlichen Befugnisse ausüben kann. Sie kann bestenfalls in ihrer Funktion als Prozessstandschafterin gegenüber dem betreffenden Staat auf eine Weiterbeschäftigung hinwirken (*LAG BW* 22.12.1999 AuR 2000, 277).

Durch Neufassung des Art. 56 Abs. 2a ZA ist die bisherige Regelung über Abweichungen von den Vor- 32
schriften des KSchG neu gestaltet worden (zu der bis zum Inkrafttreten des Änderungsabkommens
geltenden Rechtslage s. zusammenfassend *Weigand* KR, 4. Aufl. Rz 36 f und ausführlich *ders.* 3. Aufl.
Rz 22ff. zu Art. 56 NATO-ZusAbk. Die Neuregelung soll wie bisher den Interessen der Entsendestaaten Rechnung tragen, die im Fall der gerichtlichen Nachprüfung der arbeitgeberseitigen Kündigung
ihre besonders schutzwürdigen militärischen Interessen gewahrt wissen wollen. Andererseits ist eine
Verbesserung der Rechtsposition der gekündigten Arbeitnehmer im gerichtlichen Kündigungsschutzverfahren unübersehbar (vgl. BR-Drucks. 670/93, S. 69).

Der seit Inkrafttreten des Änd.-Abk. vom 18.3.1993 geltenden Regelung liegt folgendes »Stufensys- 33
tem« zugrunde: Auszugehen ist von der – auch bei den Entsendestaaten als Normalfall anzusehenden
– Gestaltung, dass der Arbeitgeber nach einer von ihm ausgesprochenen Kündigung die Gründe darlegt, die die Kündigung als sozial gerechtfertigt iSd § 1 Abs. 2 KSchG erscheinen lassen. Stellt das angerufene Gericht fest, dass die vorgebrachten Gründe die Kündigung nicht tragen, – das Gleiche gilt,
wenn der Arbeitgeber von vornherein darauf verzichtet, rechtserhebliche Kündigungsgründe vorzutragen – besteht das Arbeitsverhältnis fort (die nach altem Recht durch schlichte Ablehnung der Weiterbeschäftigung herbeiführbare Auflösung des Arbeitsverhältnisses – s.u. Rz 36 – ist somit nicht mehr
möglich. Das Gericht kann jedoch das Arbeitsverhältnis gem. § 9 Abs. 1 S. 2 KSchG unter den dort genannten Voraussetzungen durch gestaltendes Urteil auflösen. Dies gilt nicht im Fall des Verstoßes gegen § 9 MuSchG, da eine Auflösung nur noch im Rahmen des § 9 Abs. 1 S. 2 KSchG infrage kommt.

Durch Art. 56 Abs. 2a S. 1 ZA nF wird § 9 Abs. 1 S. 2 KSchG dahingehend erweitert, dass der Entsende- 34
staat einen Antrag auf Auflösung des Arbeitsverhältnisses auch darauf stützen kann, dass der Fortsetzung des Arbeitsverhältnisses besonders schutzwürdige militärische Interessen entgegenstehen. Die
in Art. 56 Abs. 2a ZA enthaltene Beweiserleichterung (entweder Glaubhaftmachung der entgegenstehenden militärischen Interessen im Rahmen der – insoweit nicht öffentlich geführten – Verhandlung
bzw. – bei Vorliegen **besonderer Geheimhaltungsinteressen** – Erklärung der obersten Dienstbehörde
im Einvernehmen mit dem Chef des Bundeskanzleramtes) trägt den gegenüber der Regelung nach altem Recht bestehenden erheblichen verfassungsrechtlichen Bedenken (vgl. KR-*Weigand* 3. Aufl.,
Art. 56 NATO-ZusAbk Rz 25) zwar nicht umfassend, jedoch zumindest ansatzweise Rechnung (krit.
auch *Matissek* FS 50 Jahre Arbeitsgerichtsbarkeit Rheinland-Pfalz, S. 287, 301).

Ein **dringendes betriebliches Erfordernis zur Kündigung** kann gegeben sein, wenn auf Grund der 35
Entscheidung der Stationierungskräfte die bisher in einer Dienststelle erbrachten Aufgaben in die USA
zurückverlegt werden und das in der Dienststelle verbleibende Personal deswegen auf eine bestimmte
Anzahl reduziert wird. Die entsprechende Änderung des für die Dienststelle geltenden Stellenplans
ist die unternehmerische Entscheidung, die zum Wegfall der überzähligen Arbeitsplätze führt. Der
Entsendestaat kann bei den Stationierungskräften auch das Verhältnis zwischen den Zivilpersonen iSv
Art. I Abs. 1b NATO-Truppenstatut und den örtlichen Arbeitskräften iSv Art. IX Abs. 4 NATO-Truppenstatut auf Grund seiner Hoheitsgewalt autonom bestimmen. Deshalb führt eine Veränderung dieses Verhältnisses durch den Entsendestaat zu Lasten der örtlichen Arbeitskräfte nicht zur Negierung
eines dringenden Erfordernisses (*BAG* 18.5.2006 – 2 AZR 245/05).

2. Kündigungsschutz bei Massenentlassungen

Nach Art. 56 Abs. 1a ZA gelten für die Beschäftigungsverhältnisse der zivilen Arbeitskräfte bei einer 36
Truppe und einem zivilen Gefolge **alle** die für die zivilen Arbeitnehmer der Bundeswehr maßgeblichen arbeitsrechtlichen Vorschriften, soweit nicht ausdrücklich nach dieser Vorschrift in Verordnungen und Tarifverträgen und an anderen Stellen des Abkommens etwas anderes bestimmt ist. In den
Geltungsbereich mit einbezogen sind auch die dem Schutz der Arbeitnehmer mittelbar dienenden
Vorschriften des Dritten Abschnitts des KSchG (*BAG* 22.9.2005 EzA § 1 KSchG Betriebsbedingte Kündigung Nr. 141; 21.5.1970 AP Nr. 11 zu § 15 KSchG). Bei Massenentlassungen gelten die §§ 17 ff. KSchG
nur, soweit die Dienststelle bei den Stationierungsstreitkräften wirtschaftliche Zwecke verfolgt (vgl.
§ 23 Abs. 2 KSchG). Wirtschaftliche Zwecke werden zB von Einrichtungen bei der Truppe verfolgt, die
– auch – der Versorgung von Angehörigen der Stationierungsstreitkräfte dienen (Wäscherei). Keinen
wirtschaftlichen Zwecken dient zB eine allein den Streitkräften kostendeckend zuarbeitende Druckerei (*BAG* 22.9.2005 EzA § 1 KSchG Betriebsbedingte Kündigung Nr. 141).

3. Betriebsübergang

37 Insbesondere in den Fällen, in denen bisher den Alliierten vorbehaltene Aufgaben auch nach Rückzug der alliierten Streitkräfte weiterzuführen sind (zB der früher der französischen Militärregierung vorbehaltene Betrieb der Flughafenfeuerwehr auf dem Flughafen Berlin-Tegel; die Wartung der dortigen elektrischen Anlagen sowie der Erhalt der Sicherheit und Ordnung auf den Start- und Landebahnen und anderen Betriebsflächen), kommt bei Übernahme des in diesen Bereichen tätigen Personals eine Anwendung des § 613a BGB in Betracht (vgl. allgemein die Kommentierung KR-*Pfeiffer* § 613a BGB). Klagt ein Arbeitnehmer in subjektiver Klagehäufung gegen den bisherigen Arbeitgeber und Betriebsinhaber auf Feststellung, dass das Arbeitsverhältnis durch eine von diesem ausgesprochene Kündigung nicht aufgelöst worden ist, und gegen den behaupteten Betriebsübernehmer zugleich auf Feststellung, dass mit ihm das beim bisherigen Arbeitgeber begründete Arbeitsverhältnis mit unverändertem Inhalt fortbesteht, dann entsteht zwischen den beklagten Arbeitgebern keine notwendige Streitgenossenschaft nach § 62 ZPO (*BAG* 4.3.1994 – 2 AZR 507/92 – nv). In der ganz überwiegenden Zahl der Fälle, in denen eine Überführung der ehemaligen Zivilangestellten in einen anderen Tätigkeitsbereich – meist in den allgemeinen Verwaltungsdienst – stattfindet, wird der Tatbestand des Betriebsübergangs iSd § 613a BGB jedoch schon deshalb nicht erfüllt sein, da der »übernehmende« Betrieb einen grundlegenden anderen arbeitstechnischen Zweck verfolgt.

4. Mutterschutz

38 Das MuSchG ist auf die Arbeitsverhältnisse von Arbeitnehmerinnen bei den alliierten Stationierungsstreitkräften anzuwenden (Art. 56 Abs. 1a ZA). Allerdings erfährt das **Kündigungsverbot** gem. § 9 MuSchG für werdende und niedergekommene Mütter insofern eine **Einschränkung,** als im Falle einer vom ArbG als unwirksam erkannten Kündigung die Weiterbeschäftigung von der Stationierungsstreitmacht abgelehnt werden kann. In diesem Fall ist vom ArbG eine Abfindungssumme zugunsten der Arbeitnehmerin festzusetzen (so auch *Buchner/Becker* § 9 MuSchG Rz 138).

5. Schwerbehinderte

39 Für schwerbehinderte Arbeitnehmer bei den Stationierungsstreitkräften gilt die vierwöchige Kündigungsfrist nach § 86 SGB IX ebenso wie der Kündigungsschutz gem. § 85 SGB IX. Danach kann eine Kündigung gegenüber einem Schwerbehinderten wirksam nur ausgesprochen werden, wenn die **Zustimmung des Integrationsamtes** vorliegt (*BAG* 20.5.1958 AP Nr. 17 zu Art. 44 Truppenvertrag).

6. Mitglieder der Betriebsvertretung

40 Mitglieder der Betriebsvertretung unterliegen dem **Kündigungsschutz** nach Art. 56 Abs. 9 ZA iVm dem Unterzeichnungsprotokoll, §§ 15, 16 KSchG und dem BPersVG 1974 (vgl. auch *BAG* 22.9.2005 EzA § 1 KSchG Betriebsbedingte Kündigung Nr. 141; 7.7.1999 NZA 1999, 1234 mwN bzgl. der US-amerikanischen Streitkräfte und *BAG* 20.1.2000 RzK I 8 h Nr. 14 mwN bzgl. der belgischen Streitkräfte). Auf Jugendvertreter iSd für die Arbeitnehmer bei den Stationierungsstreitkräften geltenden – und unter Berücksichtigung des Unterzeichnungsprotokolls zu Art. 56 Abs. 9 ZA modifizierten – BPersVG vom 5.8.1955 wird das KSchG auch dann angewendet, wenn der Jugendvertreter das 18. Lebensjahr noch nicht vollendet hat oder wenn sein Arbeitsverhältnis in derselben Beschäftigungsdienststelle ohne Unterbrechung noch keine sechs Monate bestanden hat (§ 44 Abs. 4 TV AL II; vgl. Änderungsvereinbarung v. 22.12.1971 MinBlFin 1972, 116 und 1974, 279). Die Geltung des § 15 KSchG für Mitglieder einer Betriebsvertretung für deutsche Arbeitnehmer bei den alliierten Streitkräften ist von der Rechtsprechung ausdrücklich bestätigt worden (*BAG* 29.1.1981 EzA § 15 KSchG nF Nr. 26). In dem vom BAG entschiedenen Fall wurde die Änderungskündigung u.a. eines Busfahrers bei einer britischen Einheit für unwirksam erklärt, weil ordentliche Kündigungen eines Arbeitsverhältnisses eines nach § 15 KSchG geschützten Arbeitnehmers zur Änderung der Arbeitsbedingungen weder als Einzelmaßnahme noch als sog. Gruppen- oder Massenänderungskündigungen gegenüber einer Mehrzahl von Arbeitnehmern zulässig sind (*BAG* 29.1.1981 EzA § 15 KSchG nF Nr. 26).

III. Beteiligung der Betriebsvertretung

41 Das Recht der Betriebsvertretung bei den Stationierungsstreitkräften beruht auf dem BPersVG von 1974. Nachdem diese Regelungen bereits seit geraumer Zeit ständige Praxis für die Arbeitnehmer bei den Stationierungsstreitkräften gewesen waren, das BAG aber dennoch in seinen Entscheidungen

vom 21.8.1979 (AP Nr. 4 zu Art. 56 ZA-NATO-Truppenstatut) und vom 23.7.1981 (AP Nr. 5 zu Art. 56 ZA-NATO-Truppenstatut) sowie vom 3.12.1981 (– 2 AZR 679/79 – nv) von der Geltung des PersVG von 1955 ausging, vereinbarte schließlich die Bundesregierung mit den Botschaftern der sechs Staaten, die Stationierungsstreitkräfte in der Bundesrepublik Deutschland unterhalten (s.o. Rz 1), dass das Unterzeichnungsprotokoll zu Art. 56 Abs. 9 NATO-ZusAbk (BGBl. 1961 II S. 1313) mit **Rückwirkung auf den 1.4.1974** dahin geändert wird, dass es jetzt auf das BPersVG vom 15.3.1974 Bezug nimmt (*Beitzke* RdA 1981, 380). Nachdem die in Abs. 1 des Unterzeichnungsprotokolls zu Art. 56 Abs. 9 NATO-ZusAbk bisher enthaltene statische Verweisung auf das BPersVG 1974 durch Änderungsabkommen vom 18.5.1994 (BGBl. II S. 3710) geändert worden ist, **findet das BPersVG nunmehr auch auf die Betriebsvertretungen bei den Stationierungsstreitkräften in der durch Gesetz vom 16.1.1991 (BGBl. I S. 47) geänderten Fassung einschließlich der bis dahin in Kraft getretenen Änderung Anwendung** (vgl. auch *BAG* 7.11.2000 EzA-SD 2001, Nr. 13; 7.7.1999 EzA § 24 BPersVG Nr. 1). Das im BPersVG vorgesehene *Mitbestimmungsrecht* kann allerdings, *soweit im Einzelfall besonders schutzwürdige militärische Interessen entgegenstehen*, nach dem Unterzeichnungsprotokoll zu Art. 56 Abs. 9 NATO-ZusAbk (BGBl. 1994 II S. 2622) »*in seinem Umfang beschränkt werden. Die oberste Dienstbehörde hat die Gründe für die Beschränkung des Mitbestimmungsrechts schriftlich darzulegen und den Umfang der Beschränkung zu bezeichnen. Sofern die Offenlegung der Gründe die Gefahr eines schweren Schadens für die Sicherheit des Entsendestaates oder seiner Truppe verursachen könnte, kann die oberste Dienstbehörde den Nachweis durch eine förmliche Erklärung bewirken, die durch den Präsidenten des Bundesarbeitsgerichts zu bestätigen ist*«. In Fällen, in denen die Mitbestimmungsrechte aus vorgenannten Gründen eingeschränkt sind, gilt das Mitwirkungsverfahren.

Die Mitwirkung der Betriebsvertretung bei einer vom Arbeitgeber beabsichtigten Kündigung richtet sich nach Art. 56 Abs. 9 NATO-ZusAbk iVm §§ 79 Abs. 1, 72 BPersVG und umfasst nach der Einleitung durch den Arbeitgeber dessen umfassende Unterrichtungs- und Konsultationspflicht (vgl. Einzelheiten *BAG* 14.1.1993 AP Nr. 15 zu Art. 56 ZA-NATO-Truppenstatut). Dienststellen iSd BPersVG sind nach dem Unterzeichnungsprotokoll zu Art. 56 Abs. 9 NATO-ZusAbk (BGBl. 1961 II S. 1313 und BGBl. 1994 II S. 2622) »*die einzelnen Verwaltungsstellen und Betriebe einer Truppe und eines zivilen Gefolges in der Bundesrepublik Deutschland nach näherer Bestimmung durch die betreffende Truppe. Mittelbehörden sind die der obersten Dienstbehörde einer Truppe verwaltungsmäßig unmittelbar unterstellten Behörden, denen verwaltungsmäßig weitere Dienststellen nachgeordnet sind. Oberste Dienstbehörden sind die Hauptquartiere einer Truppe, wie sie von den entsprechenden Entsendestaaten näher bestimmt werden und die die endgültige Entscheidung über Angelegenheiten haben, an denen die Betriebsvertretungen beteiligt sind. Werden Entscheidungen oberhalb der Ebene der obersten Dienstbehörde getroffen, so sorgt die Truppe dafür, dass die Betriebsvertretung ohne Verzögerung unterrichtet wird.*« Wenn der zu kündigende Arbeitnehmer Mitglied der örtlichen Betriebsvertretung und der Hauptbetriebsvertretung ist, sind nach der maßgeblichen Zuständigkeitsregelung des § 82 Abs. 1 BPersVG nicht mehrere Vertretungen nebeneinander zuständig. Ob die örtliche Betriebsvertretung oder die Hauptbetriebsvertretung zu beteiligen ist, hängt ausschließlich davon ab, welche Dienststelle zur Entscheidung über die Kündigung befugt ist (*BAG* 30.3.1994 RzK II 1 g Nr. 10). Wenn das Hauptquartier nach Auflösung einer Dienststelle gegenüber den ehemals dort beschäftigten Arbeitnehmern, die noch keiner anderen Dienststelle zugeordnet sind, eine Änderungskündigung ausspricht, ist in entsprechender Anwendung der allgemeinen Zuständigkeitsregelung des § 82 Abs. 1 BPersVG vor Ausspruch der Änderungskündigung die bei dem Hauptquartier gebildete Stufenvertretung zu beteiligen (*BAG* 14.12.1994 NZA 1996, 222).

Die Mitbestimmungsrechte der bei den Stationierungsstreitkräften bestehenden Personalvertretung bleiben auch dann erhalten, wenn die Entscheidung oder Weisung (zB Anordnung der Schließung militärischer Einrichtungen) direkt im Heimatland der Stationierungsstreitkraft getroffen wird (*BAG* 9.2.1993 AP Nr. 16 zu Art. 56 ZA-NATO-Truppenstatut). Zur Frage der Vertretung des Kommandanten einer NATO-Truppeneinheit gegenüber der Betriebsvertretung hat das *BAG* mit Beschluss vom 11.7.1990 – 7 ABR 23/89 – festgestellt, dass sich der Kommandant als Dienststellenleiter im personalvertretungsrechtlichen Beteiligungsverfahren von Anfang an gem. Abs. 3 Unterzeichnungsprotokoll zu Art. 56 Abs. 9 NATO-ZusAbk vertreten lassen kann (in dem der Entscheidung zugrunde liegenden Fall durch den Civil Labour Supervisor bei den britischen Stationierungstruppen).

Im Falle der gem. § 15 Abs. 4 und 5 KSchG zulässigen ordentlichen Kündigung eines Mitgliedes einer Betriebsvertretung wegen Betriebsstilllegung bedarf es nicht der Zustimmung der Betriebsvertretung; denn Art. 56 Abs. 9 NATO-ZusAbk iVm § 70 Abs. 1 SoldatenG, § 54 Abs. 1 und § 47 Abs. 1 BPersVG ist nicht entsprechend anwendbar (*BAG* 22.9.2005 EzA § 1 KSchG Betriebsbedingte Kündigung Nr. 141;

30.3.1994 RzK II 1 g Nr. 10 mwN). Die Betriebsvertretung wirkt lediglich mit (§ 79 BPersVG). Der Schutz des einzelnen Amtsträgers und der Arbeitnehmervertretung als solcher endet mit dem Wegfall des Betriebs bzw. der Betriebsabteilung, sofern keine anderweitige Beschäftigungsmöglichkeit mehr besteht. In diesem Falle steht der Betriebsvertretung nur das Mitwirkungsrecht gemäß § 79 BPersVG zu (BAG 22.9.2005 EzA § 1 KSchG Betriebsbedingte Kündigung Nr. 141). Die außerordentliche Kündigung von Mitgliedern der Betriebsvertretung bedarf nach Art. 56 Abs. 9 NATO-ZusAbk iVm § 70 Abs. 1 SoldatenG und § 47 Abs. 1 BPersVG der Zustimmung der Betriebsvertretung.

IV. Beendigung des Beschäftigungsverhältnisses ohne Kündigung

1. Altersgrenze

45 § 46 Ziff. 1 TV AL II idF der Änderungsvereinbarung Nr. 9 zum TV AL II m.W.v. 1. April 2003 sieht vor, dass das Beschäftigungsverhältnis mit dem Ablauf des Kalendermonats, in dem der Arbeitnehmer das 65. Lebensjahr vollendet hat, endet, ohne dass es einer Kündigung bedarf.

46 Nachdem die vorstehende tarifvertragliche Regelung für einige Zeit mit der zum 1.1.1992 in Kraft getretenen Regelung des § 41 Abs. 4 S. 3 SGB VI (Wirksamkeit einer Vereinbarung über die Beendigung des Arbeitsverhältnisses zum Zeitpunkt des Anspruchs auf Altersrente nur bei Abschluss oder Bestätigung der Vereinbarung innerhalb der letzten drei Jahre vor Eintritt des Ereignisses) kollidierte (vgl. BAG 20.10.1993 EzA § 41 SGB VI Nr. 1; *Steinmeyer* RdA 1992, 6; **aA** *Moll* DB 1992, 475; ArbG Düsseld. 9.6.1992 BB 1992, 2002, die davon ausgehen, dass kollektivrechtliche Normen durch § 41 Abs. 4 S. 3 SGB VI nicht tangiert werden), bestehen nach Änderung des § 41 SGB VI durch Gesetz vom 26.7.1994 (BGBl. I S. 1797) keine rechtlichen Bedenken mehr gegen diese Tarifvertragsnorm.

2. Erwerbsminderung

47 Wird durch Bescheid eines Rentenversicherungsträgers festgestellt, dass der Arbeitnehmer erwerbsgemindert ist, so endet das Beschäftigungsverhältnis, ohne dass es einer Kündigung bedarf, mit Ablauf des Kalendermonats, in dem der **Bescheid zugestellt** wird (§ 46 Abs. 2a TV AL II).

V. Gerichtsbarkeit

48 Für gem. Art. 56 Abs. 8 ZA gegen die Bundesrepublik Deutschland als Prozessstandschafterin des Entsendestaates erhobene Klagen ist die deutsche Gerichtsbarkeit stets gegeben. In diesen Fällen hängt die Prozessführungsbefugnis der Bundesrepublik davon ab, ob die jeweilige Streitigkeit nach Sinn und Zweck des NATO-Truppenstatuts und seines Zusatzabkommens der Entscheidung durch deutsche Gerichte unterworfen werden sollte. Dies ist nicht der Fall bei Streitigkeiten aus Beschäftigungsverhältnissen, die durch einseitigen Hoheitsakt nach dem Dienstrecht des Entsendestaates begründet worden sind (BAG 30.11.1984 AP Nr. 6 zu Art. 56 ZA-NATO-Truppenstatut). Beteiligt sich die Bundesrepublik Deutschland gem. Abs. 9 des Unterzeichnungsprotokolls zu Art. 56 Abs. 9 ZA auf Antrag einer Truppe an einem von der Betriebsvertretung eingeleiteten Verfahren über den Umfang des Mitbestimmungsrechts bei Einstellung von Arbeitnehmern, ist für dieses Verfahren die deutsche Gerichtsbarkeit gegeben (BAG 7.11.2000 EzA § 83 ArbGG 1979 Nr. 9). Eine gegen den ausländischen militärischen Arbeitgeber selbst statt gegen die Prozessstandschafterin gerichtete Kündigungsschutzklage wahrt die Klagefrist gem. § 4 KSchG nicht (ArbG Bln. 10.3.1988 DB 1988, 1608).

49 Der Inanspruchnahme der Bundesrepublik Deutschland als Prozessstandschafterin für die Stationierungsstreitkräfte stehen nicht die erkennbaren Schwierigkeiten entgegen, die sich aus der Frage ergeben, auf welche Weise ein Urteil gegen den Rechtsträger (Entsendestaat der Stationierungsstreitkräfte) vollstreckt werden könne (BAG 15.5.1991 EzA § 1004 BGB Nr. 3 zur Frage der Durchsetzbarkeit von Unterlassungsansprüchen).

VI. Folgen aus dem Beschäftigungsende

50 **Zeugnisse** für die bei den Stationierungsstreitkräften tätigen zivilen Arbeitnehmer haben die von den Streitkräften dazu bestimmten Dienststellen zu erteilen (§ 48 TV AL II). Damit tragen die Tarifvertragsparteien des IV AL II dem allgemeinen zeugnisrechtlichen Grundsatz Rechnung, dass Zeugnisse vom Arbeitgeber selbst zu erteilen sind. Gleichwohl sind entsprechende zeugnisrechtliche Ansprüche gerichtlich gegenüber der Bundesrepublik Deutschland als Prozessstandschafterin geltend zu machen (s.o. Rz 48). Die »dienstliche Führung« eines Arbeitnehmers ist auch dann betroffen, wenn dieser un-

befugt ein Dienstfahrzeug seines Arbeitgebers in fahruntüchtigem Zustand zu seiner Privatfahrt benutzt und deswegen strafgerichtlich verurteilt wird (BAG 29.1.1986 NJW 1986, 2209).

Die wegen Personaleinschränkung infolge von Verringerung alliierter Dienststellen sowie Auflösung von Beschäftigungsdienststellen oder deren Verlegung entlassenen Arbeitnehmer haben Anspruch auf Wiedereingliederung in den Arbeitsprozess, auf Überbrückungsbeihilfen und Beitragszuschüsse gem. dem Tarifvertrag vom 31.8.1971 (in Berlin West: vom 10.4.1974) zur sozialen Sicherung der Arbeitnehmer bei den alliierten Behörden und Streitkräften (TV Soziale Sicherung). **51**

Kündigungsschutz für Parlamentarier (ParlKSch)

Literatur

– *bis 2004 vgl. KR-Vorauflage* –
Uppenbrink Das Europäische Mandat – Status der Abgeordneten des Europäischen Parlaments, (Diss.) 2004.

Inhaltsübersicht

		Rz
A.	Vorbemerkungen	1–9
	I. Schutz vor Behinderungen und Benachteiligungen	2–3a
	II. Rechtsquellen des Kündigungsschutzes	4–9
B.	Kündigungsschutz für Wahlbewerber und Mitglieder des Deutschen Bundestages	10–52
	I. Vorschriften	10–14
	II. Entstehungsgeschichte und Funktion des Art. 48 Abs. 2 GG sowie des Abgeordnetengesetzes	15–24
	1. Entstehungsgeschichte	15–20
	a) Vorkonstitutionelles Recht	15
	b) Beratungen zum Grundgesetz	16, 17
	c) Abgeordnetengesetz	18–20
	2. Funktion des arbeitsrechtlichen Schutzes	21–24
	III. Erläuterungen zu Art. 48 Abs. 2 GG und § 2 AbgG	25–52
	1. Geltungsbereich	25–37
	a) Persönlicher Geltungsbereich	25–33
	b) Zeitlicher Geltungsbereich	34, 35
	c) Sachlicher Geltungsbereich	36, 37
	2. Das Behinderungsverbot	38, 39
	3. Das Benachteiligungsverbot	40–42
	4. Der Kündigungsschutz im einzelnen	43–49
	5. Rechtsfolgen bei Verstoß gegen Art. 48 Abs. 2 GG und § 2 AbgG	50–52
C.	Landesrechtlicher und sonstiger Kündigungsschutz für Parlamentarier	53–113b
	I. Gesetzgebungskompetenz der Länder	53
	II. Landesrechtliche Vorschriften	54–58a
	1. Mitglieder der Landesparlamente	54–56
	2. Mitglieder der Landkreis- und Gemeindeparlamente bzw. Bezirksversammlungen	57, 57a
	3. Angehörige des Öffentlichen Dienstes, Geistliche und Ordensleute	58
	4. Örtliche Geltung	58a
	III. Baden-Württemberg	59–63
	1. Verfassung	59
	2. Abgeordnetengesetz	60
	3. Gemeindeordnung	61
	4. Landkreisordnung	62
	5. Angehörige des öffentlichen Dienstes	63
	IV. Freistaat Bayern	64, 65

		Rz
	1. Verfassung	64
	2. Abgeordnetengesetz	65
V.	Berlin	66–69
	1. Verfassung	66
	2. Landesabgeordnetengesetz	67
	3. Bezirksverwaltungsgesetz	68
	4. Erläuterung	69
VI.	Brandenburg	70–71b
	1. Verfassung	70
	2. Abgeordnetengesetz	71
	3. Gemeindeordnung	71a
	4. Landkreisordnung	71b
VII.	Freie Hansestadt Bremen	72, 73
	1. Verfassung	72
	2. Abgeordnetengesetz	73
VIII.	Freie und Hansestadt Hamburg	74–77
	1. Verfassung	74
	2. Bürgerschaftswahlgesetz	75
	3. Bezirksabgeordnetenwahlgesetz	76
	4. Erläuterung	77
IX.	Hessen	78–84
	1. Verfassung	78
	2. Abgeordnetengesetz	79
	3. Erläuterungen	80, 81
	4. Gemeindeordnung	82, 83
	5. Landkreisordnung	84
X.	Mecklenburg-Vorpommern	85–86b
	1. Verfassung	85
	2. Abgeordnetengesetz	86
	3. Gemeindeordnung	86a
	4. Landkreisordnung	86b
XI.	Niedersachsen	87–93
	1. Verfassung	87
	2. Abgeordnetengesetz	88–91
	3. Gemeindeordnung	92
	4. Landkreisordnung	93
XII.	Nordrhein-Westfalen	94–97
	1. Verfassung	94
	2. Abgeordnetengesetz	95
	3. Gemeindeordnung	96
	4. Landkreisordnung	97
XIII.	Rheinland-Pfalz	98–101
	1. Verfassung	98
	2. Abgeordnetengesetz	99
	3. Gemeindeordnung	100
	4. Landkreisordnung	101
XIV.	Saarland	102, 103
	1. Verfassung	102
	2. Abgeordnetengesetz	103
XV.	Freistaat Sachsen	104–105b
	1. Verfassung	104
	2. Abgeordnetengesetz	105

		Rz			Rz
	3. Gemeindeordnung	105a	XVIII.	Thüringen	112–113b
	4. Landkreisordnung	105b		1. Verfassung	112
XVI.	Sachsen-Anhalt	106–107b		2. Abgeordnetengesetz	113
	1. Verfassung	106		3. Gemeindeordnung	113a
	2. Abgeordnetengesetz	107		4. Landkreisordnung	113b
	3. Gemeindeordnung	107a	D.	Kündigungsschutz für Wahlbewerber und Mitglieder des Europaparlaments	114–116
	4. Landkreisordnung	107b			
XVII.	Schleswig-Holstein	108–111			
	1. Verfassung	108		1. Europaabgeordnetengesetz	114
	2. Abgeordnetengesetz	109		2. Erläuterungen	115, 116
	3. Gemeindeordnung	110			
	4. Landkreisordnung	111			

A. Vorbemerkungen

1 Die Rechtsstellung von Parlamentariern im Hinblick auf ihre privatrechtlichen Arbeitsverhältnisse während und nach ihrer Mandatsausübung sowie während der Wahlbewerbung wird in Gesetzen für die Bundes-, Länder-, Kreis- und Gemeindeebene geregelt. Neben Verfassungsnormen im Grundgesetz und den einzelnen Landesverfassungen regeln **Abgeordnetengesetze** sowohl für Mitglieder des Bundestages als auch für die Landtage den rechtlichen Schutz für die Beschäftigungsverhältnisse der Abgeordneten. In der Folge des »Diätenurteils« des *BVerfG* vom 5.11.1975 (NJW 1975, 2331; s.a. Rz 18) wurde zunächst das Abgeordnetengesetz für Mitglieder des Bundestages verabschiedet; später ergingen in Anlehnung an diese bundesgesetzliche Regelung der Musterentwurf der Landtagspräsidentenkonferenz sowie in den Jahren 1978/1979 die Abgeordnetengesetze der einzelnen deutschen Bundesländer und in der Folge der deutschen Wiedervereinigung entsprechende gesetzliche Regelungen in den neuen Bundesländern. Dieser weitgehenden Vereinheitlichung stehen auf der Kreis- und Gemeindeebene in den Bundesländern zT noch sehr weitgehende Unterschiede hinsichtlich des Regelungsumfangs gegenüber. **Soweit Bundes- und Landesvorschriften vorsehen, dass die Kündigung eines Abgeordneten unzulässig ist, verstößt eine ordentliche Kündigung des Arbeitgebers gegen ein gesetzliches Verbot und ist nichtig (§ 134 BGB).** Nach der verfassungsrechtlichen Grundnorm des relativen Sonderkündigungsschutzes gem. Art. 48 Abs. 2 S. 2 GG sind Kündigungen aus Gründen, die im Zusammenhang mit der Abgeordnetentätigkeit stehen, unzulässig; die Kündigung aus anderen Gründen bleibt nach Maßgabe der allgemeinen Vorschriften möglich (*BAG* 30.6.1994 EzA Art. 48 GG Nr. 1; *von Mangoldt/Klein/Achterberg/Schulte* Art. 48 GG Rz 31 f.).

I. Schutz vor Behinderungen und Benachteiligungen

2 Der Schutz der Parlamentarier vor Behinderungen und Benachteiligungen bei ihrer Mandatsausübung insbes. durch private und öffentliche Arbeitgeber ist Ausfluss der parlamentarisch und demokratisch ausgerichteten Staatsgestaltung und wird als Teil der »**staatsbürgerlichen Betätigungsfreiheit**« (*Oertmann* S. 437) und Konkretisierung der »**Abgeordnetenfreiheit**« (*BVerfG* 21.9.1976 DÖV 1977, 51) verstanden. Für die parlamentarisch-repräsentative Demokratie sind das allgemeine aktive und passive Wahlrecht und die Freiheit und Unabhängigkeit des gewählten Abgeordneten wesentlich. Aus dem im Grundgesetz konkretisierten Demokratieprinzip folgt, dass Einschränkungen der Allgemeinheit der Wahl und Behinderungen im Zugang zum Mandat und in der Ausübung des Mandats grds. verfassungswidrig sind (*BVerfG* 21.9.1976 aaO). Das Verbot der Behinderung als »Demokratieprinzip« ist »hineingesprochen in die Gesellschaft der Bundesrepublik Deutschland und in die durch das Grundgesetz konstituierte Staatlichkeit. Soweit dieser Verfassungssatz reicht, bedarf es einer in der Verfassung zugelassenen Ausnahme, wenn er soll eingeschränkt werden können« (*BVerfG* 21.9.1976 aaO). Zu Inkompatibilitätsregelungen s.u. Rz 53.

3 Das **allgemeine Behinderungsverbot** nach Art. 48 Abs. 2 GG, § 2 AbgG und den Gesetzen in den Bundesländern als **soziales Grundrecht** und als eines der **besonderen Statusrechte** des Abgeordneten (*Stern* S. 835) bezieht sich auf jedweden Zwang gegenüber dem Parlamentarier in wirtschaftlicher, beruflicher oder persönlicher Hinsicht (allg. Ansicht: *v. Münch* Art. 48 Rz 9; *Maunz/Dürig/Herzog* Art. 48 Rz 8; *Hamann/Lenz* Art. 48 B 2; BonnKomm-*von Arnim* Art. 48; *v. Mangoldt/Klein* Art. 48 III 4; krit. dazu *E. Wolf* SAE 1966, 3 f.; s.a. Rz 37, 38). Die beispielhafte Aufzählung von Kündigung und Entlassung in Art. 48 Abs. 2 GG und in den Landesvorschriften einiger Bundesländer wird nach der Systematik des § 2 AbgG – der sich nur auf Bundestagsabgeordnete bezieht – gesondert neben dem Verbot von Be-

nachteiligungen am Arbeitsplatz hervorgehoben. Soweit landesrechtliche Vorschriften sich in ihrer Formulierung auf ein allgemeines Behinderungsverbot beschränken, sind diese Regelungen im Lichte der beispielhaften Konkretisierung von Benachteiligungen am Arbeitsplatz in Art. 48 Abs. 2 GG sowie in § 2 AbgG weit auszulegen.

Zur Geltung des Kündigungsschutzes für deutsche Parlamentarier bzgl. ihres Arbeitsplatzes bei einem Arbeitgeber im Ausland und für ausländische Parlamentarier bzgl. ihres Arbeitsplatzes bei einem Arbeitgeber in Deutschland vgl. KR-*Weigand* IPR Rz 131 f. Zu Schutzregelungen zugunsten der Abgeordneten der Volkskammer der ehemaligen DDR vgl. *Welti* S. 98 ff. 3a

II. Rechtsquellen des Kündigungsschutzes

Die Kündigung oder Entlassung eines Abgeordneten, soweit sie aus dem Grund der Mandatsausübung oder der Wahlbewerbung ausgesprochen wurde, ist unzulässig. Kündigungen aus anderen Gründen bleiben nach Maßgabe der allgemeinen Vorschriften vom relativen Sonderkündigungsschutz für Parlamentarier unberührt (*BAG* 30.6.1994 EzA Art. 48 GG Nr. 1). 4

Für die **Abgeordneten des Deutschen Bundestages** ergibt sich dieser verfassungsrechtliche Grundsatz aus **Art. 48 Abs. 2 GG** sowie aus **§ 2 Abs. 2 AbgG**. Für die Mitglieder der Bundesversammlung gilt der Schutz gem. Art. 48 Abs. 2 GG durch den Verweis im **Gesetz über die Wahl des Bundespräsidenten durch die Bundesversammlung** vom 25.4.1959. 5

In den Verfassungen und Gesetzen der deutschen Bundesländer wird der Kündigungs- und Entlassungsschutz für Abgeordnete in den Landes-, Kreis- und Gemeindeparlamenten nur teilweise ausdrücklich gewährleistet: Dem Wortlaut des Art. 48 Abs. 2 GG nachgebildete **landesverfassungsrechtliche Vorschriften** finden sich in Baden-Württemberg (Art. 29 Abs. 2 LV), Brandenburg (Art. 22 Abs. 4 LV), Mecklenburg-Vorpommern (Art. 23 Abs. 2 LV), Niedersachsen (Art. 13 Abs. 2 LV), Nordrhein-Westfalen (Art. 46 LV), Rheinland-Pfalz (Art. 96 Abs. 1 LV), Sachsen (Art. 42 Abs. 2 LV), Sachsen-Anhalt (Art. 56 Abs. 2 LV), Schleswig-Holstein (Art. 4 LV) und Thüringen (Art. 51 Abs. 2 LV). Allgemeine Behinderungsverbote – insb. im Rahmen von Arbeits- bzw. Arbeits- und Dienstverhältnissen – bei der Wahrnehmung staatsbürgerlicher Rechte und Pflichten in öffentlichen Ehrenämtern enthalten Art. 19 der Verfassung von Berlin und Art. 13 der Verfassung der Freien Hansestadt Hamburg. Die letztgenannte Vorschrift wird ergänzt durch das Gesetz über die Wahl zur hamburgischen Bürgerschaft, das die Entlassung eines Beamten oder Richters oder die Kündigung eines Angestellten im öffentlichen Dienst wegen seiner Tätigkeit als Abgeordneter für unzulässig erklärt. Die Unzulässigkeit von Kündigung und Entlassung eines Abgeordneten des Landtages findet sich für die übrigen Bundesländer in den jeweiligen Abgeordnetengesetzen, die in Anlehnung an die bundesgesetzliche Regelung weitgehend vereinheitlicht sind. Eine Besonderheit ist mit Art. 21 in der Verfassung des Landes Brandenburg gewährleistet: Wer sich an der politischen Mitgestaltung durch Betätigung in Bürgerinitiativen, Verbänden, Religionsgemeinschaften oder Parteien beteiligt, darf deswegen nicht entlassen werden. 6

Für die Volksvertreter auf **kommunaler und auf Kreisebene** (s.a. Rz 57) liegen landesrechtliche Schutzvorschriften im Hinblick auf Kündigungen und Entlassungen während der Mandatsausübung vor in Baden-Württemberg, Berlin (Bezirke), Brandenburg, Hamburg (Bezirke), Hessen, Mecklenburg-Vorpommern, Niedersachsen, Nordrhein-Westfalen, Rheinland-Pfalz, Sachsen und Sachsen-Anhalt. Die Thüringer Kommunalordnung enthält für ehrenamtliche Tätigkeiten in der Gemeinde bzw. im Landkreis ein allgemeines Behinderungsverbot. 7

Die Rechtsstellung von Mitgliedern der Volksvertretungen ist auch im Lichte vorkonstitutionellen Verfassungsrechts zu bestimmen. Das Recht auf die freie Ausübung des Abgeordnetenmandats war in **Art. 160 WRV** wie folgt geregelt: 8

Art. 160
[1]Wer in einem Dienst- oder Arbeitsverhältnis als Angestellter oder Arbeiter steht, hat das Recht auf die zur Wahrnehmung staatsbürgerlicher Rechte und, soweit dadurch der Betrieb nicht erheblich geschädigt wird, zur Ausübung ihm übertragener öffentlicher Ehrenämter nötige freie Zeit. [2]Wieweit ihm der Anspruch auf Vergütung erhalten bleibt, bestimmt das Gesetz.

Dieser Rechtsgrundsatz gilt gem. Art. 123 Abs. 1 GG für die Bundesrepublik Deutschland fort (ebenso: *Sadtler* S. 93–96; *LAG Düsseld.* 7.1.1966 AP Nr. 2 zu Art. 48 GG; **aA** *Plüm* S. 202–206); denn er widerspricht nicht dem Verfassungssatz des Art. 48 Abs. 2 GG. Aus der Beschränkung des Behinderungsver- 9 botes auf Mitglieder des Deutschen Bundestages in Art. 48 Abs. 2 GG folgt nicht, dass Abgeordnete anderer Parlamente etwa auf Länder-, Kreis- und Kommunalebene, die wesentlicher Bestandteil der repräsentativen Demokratie in der Bundesrepublik Deutschland sind, keinen Schutz vor Behinderungen genießen (soweit dort kein ausdrückliches Behinderungsverbot gesetzlich normiert ist). Vielmehr greift dort, wo kein Gesetz zum Schutz der Abgeordneten vor Behinderungen besteht, der Rechtsgrundsatz aus Art. 160 WRV ein, der auch unabhängig von seiner heutigen Geltung (sei es als einfaches Gesetz oder als fortgeltender Verfassungsgrundsatz) als allgemeiner Rechtsgrundsatz des Verfassungsrechts eines demokratischen Gemeinwesens besteht (*LAG Düsseld.* 7.1.1966 aaO).

B. Kündigungsschutz für Wahlbewerber und Mitglieder des Deutschen Bundestages

I. Vorschriften

10   **Grundgesetz für die Bundesrepublik Deutschland**
vom 23. Mai 1949 (BGBl. I S. 1).
Zuletzt geändert durch Gesetz vom 28. August 2006 (BGBl. I 2034).

Art. 48 (Ansprüche der Abgeordneten)
(1) Wer sich um einen Sitz im Bundestage bewirbt, hat Anspruch auf den zur Vorbereitung seiner Wahl erforderlichen Urlaub.
(2) [1]Niemand darf gehindert werden, das Amt eines Abgeordneten zu übernehmen und auszuüben. [2]Eine Kündigung oder Entlassung aus diesem Grunde ist unzulässig.
(3) [1]Die Abgeordneten haben Anspruch auf eine angemessene, ihre Unabhängigkeit sichernde Entschädigung. [2]Sie haben das Recht der freien Benutzung aller staatlichen Verkehrsmittel. [3]Das Nähere regelt ein Bundesgesetz.

11   **Gesetz über die Rechtsverhältnisse der Mitglieder des Deutschen Bundestages**
(Abgeordnetengesetz – AbgG)
Vom 18. Februar 1977 (BGBl. I S. 297)
idF der Bekanntmachung vom 21. Februar 1996 (BGBl. I S. 326).
Zuletzt geändert durch Gesetz vom 22. August 2005 (BGBl. I S. 2482).

§ 2 Schutz der freien Mandatsausübung
(1) Niemand darf gehindert werden, sich um ein Mandat im Bundestag zu bewerben, es anzunehmen oder auszuüben.
(2) Benachteiligungen am Arbeitsplatz im Zusammenhang mit der Bewerbung um ein Mandat sowie der Annahme und Ausübung eines Mandats sind unzulässig.
(3) [1]Eine Kündigung oder Entlassung wegen der Annahme oder Ausübung des Mandats ist unzulässig. [2]Eine Kündigung ist im übrigen nur aus wichtigem Grunde zulässig. [3]Der Kündigungsschutz beginnt mit der Aufstellung des Bewerbers durch das dafür zuständige Organ der Partei oder mit der Einreichung des Wahlvorschlags. [4]Er gilt ein Jahr nach Beendigung des Mandats fort.

§ 3 Wahlvorbereitungsurlaub
[1]Einem Bewerber um einen Sitz im Bundestag ist zur Vorbereitung seiner Wahl innerhalb der letzten zwei Monate vor dem Wahltag auf Antrag Urlaub von bis zu zwei Monaten zu gewähren. [2]Ein Anspruch auf Fortzahlung seiner Bezüge besteht für die Dauer der Beurlaubung nicht.

§ 4 Berufs- und Betriebszeiten
(1) Die Zeit der Mitgliedschaft im Bundestag ist nach Beendigung des Mandats auf die Berufs- und Betriebszugehörigkeit anzurechnen.
(2) Im Rahmen einer bestehenden betrieblichen oder überbetrieblichen Altersversorgung wird die Anrechnung nach Absatz 1 nur im Hinblick auf die Erfüllung der Unverfallbarkeitsfristen des § 1 des Gesetzes zur Verbesserung der betrieblichen Altersversorgung vorgenommen.

12   Für Angehörige des öffentlichen Dienstes, die in den Bundestag gewählt werden, ist die berufliche Rechtsstellung gesondert geregelt worden. Das Gesetz geht a priori nur vom Ruhen der Rechte und Pflichten aus dem öffentlich-rechtlichen Dienstverhältnis aus. Das vormals geltende Gesetz über die Rechtsstellung der in den Deutschen Bundestag gewählten Angehörigen des öffentlichen Dienstes vom 4.8.1953 (Nr. 2030–3 des BGBl. III) wurde abgelöst durch den mit gleicher Formulierung betitelten

Dritten Abschnitt des Abgeordnetengesetzes vom 18.2.1977 (s.o. Rz 11). Die Beschränkung der entsprechenden Anwendung der §§ 5, 6 und 7 Abs. 1–4 AbgG auf **Angestellte** (§ 8 Abs. 3 AbgG) erscheint unsachgemäß und bedenklich gegenüber Arbeitern im öffentlichen Dienst angesichts des Gleichbehandlungsgrundsatzes. In Hessen zB sind die Arbeiter ausdrücklich in den Geltungsbereich der Vorschriften über das Ruhen der Rechte und Pflichten aus einem öffentlich-rechtlichen Dienstverhältnis (§ 30 HessAbgG), Wiederverwendung nach Beendigung des Mandats (§ 32 HessAbgG), Dienstzeiten im öffentlichen Dienst (§ 33 HessAbgG), Entlassung (§ 34 HessAbgG), das Beförderungsverbot (§ 35 HessAbgG) u.ä. miteinbezogen (§ 37 Abs. 1 HessAbgG). Inhaltlich weitgehend übereinstimmende Vorschriften wie in dem nachstehenden Abgeordnetengesetz betreffend Angehörige des öffentlichen Dienstes befinden sich in den Abgeordnetengesetzen der einzelnen Bundesländer. Zu Inkompatibilitätsregelungen s.a. Rz 53.

Dritter Abschnitt
Rechtsstellung der in den Bundestag gewählten Angehörigen des öffentlichen Dienstes

13

§ 5 Ruhen der Rechte und Pflichten aus einem öffentlich-rechtlichen Dienstverhältnis
(1) ¹Die Rechte und Pflichten aus dem Dienstverhältnis eines in den Bundestag gewählten Beamten mit Dienstbezügen ruhen vom Tage der Annahme der Wahl für die Dauer der Mitgliedschaft mit Ausnahme der Pflicht zur Amtsverschwiegenheit und des Verbots der Annahme von Belohnungen und Geschenken. ²Das gleiche gilt, wenn ein Mitglied des Bundestages in ein solches Dienstverhältnis berufen wird, von dem Tage an, mit dem seine Ernennung wirksam wird. ³Der Beamte hat das Recht, seine Amts- oder Dienstbezeichnung mit dem Zusatz »außer Dienst« (»a. D.«) zu führen. ⁴Bei unfallverletzten Beamten bleiben die Ansprüche auf das Heilverfahren und einen Unfallausgleich unberührt. ⁵S. 1 gilt längstens bis zum Eintritt oder bis zur Versetzung in den Ruhestand.
(2) Für den in den einstweiligen Ruhestand versetzten Beamten gilt Absatz 1 längstens bis zum Eintritt oder bis zur Versetzung in den dauernden Ruhestand sinngemäß.
(3) ¹Einem in den Bundestag gewählten Beamten auf Widerruf im Vorbereitungsdienst ist auf seinen Antrag Urlaub ohne Anwärterbezüge zu gewähren. ²Wird der Beamte nach Bestehen der Laufbahnprüfung zum Beamten auf Probe ernannt, so ruhen seine Rechte und Pflichten aus diesem Dienstverhältnis nach Absatz 1 von dem Tage an, mit dem die Ernennung wirksam wird.

§ 6 Wiederverwendung nach Beendigung des Mandats
(1) ¹Nach der Beendigung der Mitgliedschaft im Bundestag ruhen die in dem Dienstverhältnis eines Beamten begründeten Rechte und Pflichten für längstens weitere sechs Monate. ²Der Beamte ist auf seinen Antrag, der binnen drei Monaten seit der Beendigung der Mitgliedschaft zu stellen ist, spätestens drei Monate nach Antragstellung wieder in das frühere Dienstverhältnis zurückzuführen. ³Das ihm zu übertragende Amt muß derselben oder einer gleichwertigen Laufbahn angehören wie das zuletzt bekleidete Amt und mit mindestens demselben Endgrundgehalt ausgestattet sein. ⁴Vom Tage der Antragstellung an erhält er die Dienstbezüge des zuletzt bekleideten Amtes.
(2) ¹Stellt der Beamte nicht binnen drei Monaten seit der Beendigung der Mitgliedschaft im Bundestag einen Antrag nach Absatz 1, so ruhen die in dem Dienstverhältnis begründeten Rechte und Pflichten (§ 5 Abs. 1) weiter bis zum Eintritt oder bis zur Versetzung in den Ruhestand. ²Die oberste Dienstbehörde kann den Beamten jedoch, wenn er weder dem Bundestag mindestens zwei Wahlperioden angehört noch bei Beendigung der Mitgliedschaft im Bundestag das fünfundfünfzigste Lebensjahr vollendet hat, unter Übertragung eines Amtes im Sinne des Absatzes 1 S. 3 wieder in das frühere Dienstverhältnis zurückführen; lehnt der Beamte die Rückführung ab oder folgt er ihr nicht, so ist er entlassen. ³S. 2 ist nicht anzuwenden, wenn der Beamte während der Dauer seiner Mitgliedschaft im Bundestag Mitglied der Bundesregierung gewesen ist.

§ 7 Dienstzeiten im öffentlichen Dienst
(1) Das Besoldungsdienstalter eines Beamten wird unbeschadet der Regelung des § 23 Abs. 5 nach Beendigung der Mitgliedschaft im Bundestag entsprechend den allgemeinen für Bundesbeamte geltenden Vorschriften hinausgeschoben.
(2) Wird der Beamte nicht nach § 6 in das frühere Dienstverhältnis zurückgeführt, so wird das Besoldungsdienstalter um die Zeit nach Beendigung der Mitgliedschaft im Bundestag bis zum Eintritt des Versorgungsfalles hinausgeschoben.

(3) ¹Die Zeit der Mitgliedschaft im Bundestag gilt unbeschadet der Regelung des § 23 Abs. 5 nicht als Dienstzeit im Sinne des Versorgungsrechts. ²Das gleiche gilt für die Zeit nach der Beendigung der Mitgliedschaft im Bundestag, wenn der Beamte nicht nach § 6 in das frühere Dienstverhältnis zurückgeführt wird.
(4) Nach Beendigung der Mitgliedschaft im Bundestag ist die Zeit der Mitgliedschaft auf laufbahnrechtliche Dienstzeiten, mit Ausnahme der Probezeit, anzurechnen.
(5) Nach Beendigung der Mitgliedschaft im Bundestag ist die Zeit der Mitgliedschaft auf Dienst- und Beschäftigungszeiten bei Arbeitnehmern des öffentlichen Dienstes anzurechnen; im Rahmen einer bestehenden zusätzlichen Alters- und Hinterbliebenenversorgung gilt dies nur im Hinblick auf Vorschriften, die die Anwartschaft oder den Anspruch dem Grunde nach regeln.

§ 8 Beamte auf Zeit, Richter, Soldaten und Angestellte des öffentlichen Dienstes
(1) Die §§ 5 bis 7 gelten für Richter, Berufssoldaten und Soldaten auf Zeit entsprechend.
(2) Die Rechte und Pflichten aus dem Dienstverhältnis eines Soldaten auf Zeit ruhen längstens für die Dauer der Verpflichtungszeit und eines Beamten auf Zeit längstens für die Zeit, für die er in das Beamtenverhältnis berufen worden ist.
(3) ¹Absatz 2 und die Vorschriften der §§ 5, 6 und 7 Abs. 1 bis 4 gelten sinngemäß für Angestellte des öffentlichen Dienstes. ²Öffentlicher Dienst im Sinne dieser Vorschrift ist die Tätigkeit im Dienste des Bundes, eines Landes, einer Gemeinde oder anderer Körperschaften, Anstalten oder Stiftungen des öffentlichen Rechts oder ihrer Verbände mit Ausnahme der öffentlich-rechtlichen Religionsgesellschaften und ihrer Verbände.

§ 9 Hochschulbeamte
(1) Für die Rechtsstellung der in den Deutschen Bundestag gewählten Hochschullehrer im Sinne des § 42 des Hochschulrahmengesetzes findet § 6 mit der Maßgabe Anwendung, daß sie in ihrem bisherigen Amt an der gleichen Hochschule wiederverwendet werden müssen.
(2) ¹Hochschullehrer können eine Tätigkeit in Forschung und Lehre sowie die Betreuung von Doktoranden und Habilitanden während der Mitgliedschaft im Bundestag wahrnehmen. ²Die Vergütung für diese Tätigkeit ist entsprechend den tatsächlich erbrachten Leistungen zu bemessen. ³Die Vergütung darf 25 vom Hundert der Bezüge, die aus dem Dienstverhältnis als Hochschullehrer zu zahlen wären, nicht übersteigen. ⁴Im übrigen sind die für Bundesbeamte geltenden Vorschriften entsprechend anzuwenden.

§ 10 Wahlbeamte auf Zeit
Die Länder können durch Gesetz für Wahlbeamte auf Zeit von § 6 abweichende Regelungen treffen.

14 Gesetz über die Wahl des Bundespräsidenten durch die Bundesversammlung
vom 25. April 1959 (BGBl. I S. 230).
Geändert durch Art. 2 des Gesetzes vom 24. Juni 1975 (BGBl. I S. 1593) und Art. 11 Nr. 1 ZuwanderungsG vom 30. Juli 2004 (BGBl. I S. 1950)

§ 7
¹Art. 46, 47, 48 Abs. 2 des Grundgesetzes finden auf die Mitglieder der Bundesversammlung entsprechende Anwendung. ²Die Mitglieder sind an Aufträge und Weisungen nicht gebunden.

II. Entstehungsgeschichte und Funktion des Art. 48 Abs. 2 GG sowie des Abgeordnetengesetzes

1. Entstehungsgeschichte

a) Vorkonstitutionelles Recht

15 Während die Reichsverfassung vor 1871 noch über die arbeitsrechtliche Stellung der Abgeordneten schwieg, begründete die Weimarer Reichsverfassung von 1919 erstmals einen arbeitsrechtlichen Schutz für die in den Reichstag gewählten Abgeordneten. Allerdings blieb die arbeitsrechtliche Sonderstellung der Arbeitnehmer, wie sie sich in Art. 160 WRV (s.o. Rz 8), dem unmittelbare Drittwirkung zukam, zeigt, weit hinter der dienstrechtlichen Absicherung der Angehörigen des öffentlichen Dienstes nach Art. 39 WRV zurück. Bedurften danach Beamte und Angehörige der Wehrmacht zur Ausübung ihres Amtes keines Urlaubs und erhielten ihre Bezüge ungekürzt weitergezahlt, so wurde

den in einem privatrechtlichen Arbeitsverhältnis stehenden Beschäftigten lediglich die erforderliche Freizeit zugestanden. Entgegen *Kühn* (PreußVerwBl. 1922, 224 f.), wonach die Tätigkeit als Abgeordneter keinen Kündigungsgrund schaffe, entschied das RAG in der grundlegenden Entscheidung vom 3.12.1930 noch: »Seinem klaren Wortlaut nach soll Art. 160 **allen in einem Dienstverhältnis stehenden Arbeitern und Angestellten,** dh solange sie in ihm stehen, die zur Ausübung staatsbürgerlicher Rechte und etwaiger ihnen übertragener öffentlicher Ehrenämter erforderliche Freizeit, nicht aber den Fortbestand des Dienstverhältnisses selbst und den Ausschluss der vertraglich ausbedungenen Kündigung für die Dauer des Ehrenamtes gewährleisten«.

b) Beratungen zum Grundgesetz

Die Entwicklung des Abgeordnetenmandats vom Ehrenamt zu einer immer stärker expandierenden Beschäftigung sowie das Bemühen um Chancengleichheit der Parlamentarier hinsichtlich der beruflichen Risiken bei ihrer Mandatsausübung waren die Ausgangspunkte für die Diskussion um die Ausdehnung der für die Angehörigen des öffentlichen Dienstes aus der Weimarer Reichsverfassung bekannten Schutzregelungen auf die in einem privatrechtlichen Arbeitsverhältnis stehenden Arbeitnehmer. Im Mittelpunkt der Auseinandersetzungen im Herrenchiemseer Verfassungskonvent und in den Ausschüssen des Parlamentarischen Rates um den unmittelbaren Schutz der arbeitsrechtlichen Stellung durch den vorgesehenen Art. 48 Abs. 2 GG – die direkte Auswirkung auf das Arbeitsrecht ist gewollt (vgl. Nachweise auf Protokolle bei *Plüm* S. 13, FN 40) – stand die Frage, welche Belastungen durch die Schutznorm (zB Kündigungsverbot) dem Arbeitgeber zugemutet werden können.

Zunächst war in Art. 62 Abs. 1 HchE die Unkündbarkeit der Arbeitsstelle eines Abgeordneten nur für Angestellte des öffentlichen Dienstes gesichert (HchE, kommentierender Teil zu Art. 62, S. 87). Der dem jetzt geltenden Text des Art. 48 Abs. 2 GG zugrunde liegende Inhalt, der auch auf Art. 69 Badische Verfassung zurückgeht, entsprang einem Vorschlag der Fraktion der CDU/CSU, wonach der Kündigungs- und Entlassungsschutz den Angestellten des öffentlichen Dienstes ebenso zustehen soll wie den Arbeitnehmern privatrechtlicher Arbeitsverhältnisse (vgl. zur Entstehungsgeschichte: *v. Doemming/Füsslein/Malz* Entstehungsgeschichte der Artikel des Grundgesetzes, Jahrbuch des öffentlichen Rechts der Gegenwart, hrsg. von *Leibholz/v. Mangoldt* NF Bd. 1 S. 375 ff.). Art. 69 Badische Verfassung vom 22. Mai 1947 lautet:

Art. 69
»Niemand, insbesondere kein Beamter, Angestellter oder Arbeiter, darf an der Übernahme oder Ausübung des Mandats im Landtag gehindert oder deshalb entlassen, noch darf ihm hierwegen gekündigt werden.«

c) Abgeordnetengesetz

Mit dem erklärten Ziel, die Rechtsstellung der **Mitglieder des Deutschen Bundestages** umfassend neu zu regeln und alle die Abgeordneten betreffenden Bestimmungen in einem Gesetz zusammenzufassen, hat der Deutsche Bundestag am 10.12.1975 auf Antrag der Fraktionen der SPD, CDU/CSU und der FDP den 2. Sonderausschuss eingesetzt mit dem Auftrag, einen Gesetzentwurf zur Rechtsstellung der Mitglieder des Deutschen Bundestages und zur Ausführung des Art. 48 GG zu erarbeiten (vgl. Materialien zum Gesetzentwurf BT-Drucks. VII/5525 v. 30.6.1976 sowie die Ausschuss-Drucks. Nr. 46 des 2. Sonderausschusses v. 23.6.1976 in BT-Drucks. VII/5531). In den Entwurf gingen ein die Grundsätze des sog. Diätenurteils des *BVerfG* vom 5.11.1975 (NJW 1975, 2331) zur Entschädigung der Mitglieder des Deutschen Bundestages sowie die Folgerungen aus dem »egalitären Gleichheitssatz« (*BVerfG* 5.11.1975 aaO mwN), insbesondere auch die einheitliche Regelung des Wahlvorbereitungsurlaubs sowie die Erweiterung des Kündigungsschutzes als Ausprägungen der Chancengleichheit und des Schutzes der freien Mandatsausübung.

Soweit es um die Regelung des Schutzes der freien Mandatsausübung ging, ist der 2. Sonderausschuss den Anregungen des Ausschusses für Arbeit und Sozialordnung auf Ausdehnung des Kündigungsschutzes gem. § 2 Abs. 3 AbgG auf nicht gewählte Bewerber sowie die Anwendung der Grundsätze gem. Abs. 1 auf Angehörige freier Berufe und andere Selbständige nicht gefolgt (vgl. Bericht und Antrag des 2. Sonderausschusses v. 30.11.1976 BT-Drucks. VII/5903, S. 9). Die schließlich vom Bundestag verabschiedete Fassung des Abgeordnetengesetzes vom 18.2.1977 ist hinsichtlich des § 2 wortidentisch mit den Beschlüssen des 2. Sonderausschusses. Das Abgeordnetengesetz trat unbeschadet der Regelungen in den Abs. 2 und 3 des § 46 am 1.4.1977 in Kraft.

20 § 2 Abs. 1 AbgG wiederholt, die Absätze 2 und 3 konkretisieren Art. 48 Abs. 2 GG.

2. Funktion des arbeitsrechtlichen Schutzes

21 Als Staatsform der Bundesrepublik Deutschland sieht Art. 20 Abs. 2 GG die **repräsentative Demokratie** vor, dh das deutsche Volk übt seine politische Gewalt in Wahlen zum Bundestag aus, wo die **Abgeordneten im freien Mandat** als handelndes Subjekt zur Wahrnehmung der Staatsgewalt aufgerufen sind. Die Mittelbarkeit der Demokratie und die weitgehende Unabhängigkeit des Abgeordneten aufgrund des freien Mandats verdeutlichen die zentrale Stellung des Abgeordneten in unserem demokratischen Staatsgefüge.

22 Setzten sich im 19. und zu Beginn des 20. Jahrhunderts die ersten deutschen Parlamente hauptsächlich aus Honoratioren, die sich aus ihrem Privatvermögen oder von der Arbeit anderer ernährten, zusammen, so befinden sich demgegenüber in den Volksvertretungen der Weimarer Republik und in der Bundesrepublik Deutschland mehr Abgeordnete, die sonst als Arbeitnehmer tätig sind. Dieser Gruppe von Abgeordneten gilt der Schutzgedanke des Art. 48 Abs. 2 GG nebst des § 2 AbgG; denn die Bewerbung um ein Bundestagsmandat und seine Ausübung bergen für den abhängig Beschäftigten wesentlich größere Risiken bzgl. seiner beruflichen Stellung als für wirtschaftlich und beruflich abgesicherte Parlamentarier.

23 Aus Art. 48 Abs. 2 GG sowie § 2 AbgG wird das Bemühen erkennbar, die Chancengleichheit bei der Bewerbung um ein Mandat und bei seiner Ausübung zu sichern. Dem Grundgesetz liegt nach der Rechtsprechung des BVerfG zu den Abgeordneten-Diäten (s.o. Rz 1) grds. ein privilegienfeindliches Demokratieverständnis zugrunde, was sich im »**egalitären Gleichheitssatz**« ausprägt: Alle Mitglieder des Parlaments sind einander formal gleichgestellt. Daraus folgt, dass jeder ohne Rücksicht auf soziale Unterschiede die gleiche Chance haben muss, Mitglied des Parlaments zu werden.

24 Art. 48 Abs. 2 GG als **besonderes Statusrecht** sowie § 2 AbgG als dessen konkrete gesetzliche Ausprägung sollen sicherstellen, dass zum einen die berufliche Stellung den Staatsbürger nicht von der politischen Beteiligung und der Wahrnehmung parlamentarischer Aufgaben abhält (Ausgestaltung des passiven Wahlrechts) und zum anderen sich das Abhängigkeitsverhältnis des Arbeitnehmers vom Arbeitgeber nicht nachteilig auf die Wahrnehmung staatsbürgerlicher Rechte auswirkt.

III. Erläuterungen zu Art. 48 Abs. 2 GG und § 2 AbgG

1. Geltungsbereich

a) Persönlicher Geltungsbereich

25 Art. 48 GG und das Abgeordnetengesetz gelten allein für **Bundestagsabgeordnete.** Mitglieder anderer Parlamente, etwa auf Länder-, Kreis- und Kommunalebene, können sich auf diese Vorschriften nicht berufen. Diese Beschränkung auf Bundestagsmandate stellt einen Unterschied zu Art. 39 WRV dar, der sich als vergleichbare Regelung – allerdings nur für Beamte und Angehörige der Wehrmacht – sowohl auf Reichstags- wie auch auf Landtagsmandate bezog. Allerdings sind **landesgesetzliche Regelungen direkt an Art. 48 GG zu messen** (BVerfGE 40, 296, 319; BAG 30.6.1994 EzA Art. 48 GG Nr. 1); denn die Bestimmungen des Art. 48 GG gehören zu den Grundsätzen der Demokratie, denen die verfassungsmäßige Ordnung in den Ländern entsprechen muss (BAG 30.6.1994 EzA Art. 48 GG Nr. 1; Bonn-Komm/v. Arnim Art. 48 GG Rz 11 f.).

26 **Wahlbewerber** auf ein Bundestagsmandat haben zunächst Anspruch auf Wahlvorbereitungsurlaub (Art. 48 Abs. 1 GG und § 3 AbgG). Sie genießen aber auch den Schutz vor Behinderungen (§ 2 Abs. 1 AbgG) und Benachteiligungen am Arbeitsplatz (§ 2 Abs. 2 AbgG). Diese Ausdehnung des umfassenden Schutzes der Mandatsträger auf die Wahlbewerber entspricht der Zielsetzung des Art. 48 GG – der hier auch im Zusammenhang mit den Grundsätzen in Art. 38 GG zu sehen ist – und wurde erst durch § 2 AbgG eindeutig festgelegt.

27 **Wahlbewerber** ist derjenige, der seine ernste Absicht zur Teilnahme an der Bundestagswahl glaubhaft machen und (auf Verlangen dem Arbeitgeber) nachweisen kann. »Bewerbung« ist formal zu bestimmen und liegt jedenfalls dann vor, wenn der Kandidat als Parteibewerber nach Maßgabe des § 21 BWG aufgestellt ist und der Wahlvorschlag von der Partei (oder wenn sich der Kandidat zB als Wählergruppe bewirbt nach Maßgabe des § 20 BWG von Wahlberechtigten) dem Kreis- bzw. Landeswahlleiter gem. § 19 BWG eingereicht ist (allg. Meinung: Bonner Kommentar/Schneider Art. 48 II 1b; Ha-

mann/Lenz Art. 48 B 1). Die ernste Absicht zur Kandidatur kann aber auch schon früher nachgewiesen werden, nämlich wenn konkrete Aussichten bestehen, von einer Partei aufgestellt zu werden (zB Aufnahme in die Bewerberliste der Partei) und der Zeitpunkt des Wahltermins zumindest annähernd feststeht (*v. Mangoldt/Klein* Art. 48 III 2; *Plüm* S. 171).

Wahlbewerber können Direktkandidaten oder Listenbewerber sein. Der Listenplatz ist für die Qualifizierung als Wahlbewerber unerheblich, er unterfällt dem Schutz auch dann, wenn er weit hinten rangiert, und die Liste mangels genügender Wähler nicht berücksichtigt worden ist; denn der Erfolg gehört nicht zum Wesensmerkmal einer Partei und eines von ihr aufgestellten Wahlbewerbers (*LAG Frankf.* 2.9.1975 NJW 1976, 1655). 28

Der Wirksamkeit der Wahlbewerbung steht nicht entgegen, dass die Übereinstimmung der Ziele einer Partei mit den Grundsätzen der freiheitlichen demokratischen Grundordnung in Zweifel gezogen wird. Solange die Verfassungswidrigkeit der Partei gem. Art. 21 GG nicht vom BVerfG festgestellt worden ist, kann jeder **Wahlbewerber** den verfassungsrechtlichen Schutz vor Behinderungen und Benachteiligungen am Arbeitsplatz beanspruchen. Sehr bedenklich ist insofern die Rechtsprechung des BVerfG sowie des BVerwG (zuletzt *BVerwG* 26.5.1981 DPersV 1983, 14, 18), wonach die Kandidatur für eine nicht verbotene kommunistische Partei bei den Kommunalwahlen bei der Begründung herangezogen wird, um eine Weiterbeschäftigung gem. § 9 BPersVG zu versagen. Diese Rechtsprechung steht im Widerspruch zu § 2 Abs. 2 AbgG. Ebenso wenig kann die Rechtsprechung des *BVerwG* (10.5.1984 BVerwGE 76, 157) überzeugen, nach der ein Beamter durch die Übernahme von Kandidaturen für eine nicht verbotene kommunistische Partei gegen seine politischen Treuepflichten verstößt, unabhängig davon, ob er nach seiner inneren Einstellung das Programm und die Ziele der Partei in ihrer Gesamtheit oder nur insoweit billigt, als er sie für verfassungskonform hält. 29

Nicht zu den Wahlbewerbern zählt der sog. **Ersatzkandidat,** der den Status des Wahlbewerbers erst erhält, wenn er wegen des Todes oder des Verlustes der Wählbarkeit des Parlamentsbewerbers an dessen Stelle tritt (*LAG Frankf.* 2.9.1975 aaO). 30

Die Schutzregelungen des Art. 48 Abs. 2 GG und § 2 AbgG stehen **jedem** zu, der sich um ein Mandat bewirbt oder es ausübt. Angesprochen sind in erster Linie **Arbeitnehmer** (Arbeiter und Angestellte), deren Arbeitsverhältnis gerade durch die Weisungsgebundenheit gegenüber dem Arbeitgeber gekennzeichnet ist und deshalb im Rahmen des Abgeordnetenmandats des Schutzes gem. Art. 48 Abs. 2 GG und § 2 AbgG bedarf. **Arbeitnehmerähnliche Personen** wie Heimarbeiter und Hausgewerbetreibende iSd § 2 HAG, arbeitnehmerähnliche Handelsvertreter (vgl. § 84 Abs. 2 HGB) sowie »freie Mitarbeiter«, die in einem in § 12a TVG beschriebenen Verhältnis wirtschaftlicher und sozialer Abhängigkeit stehen, sind ebenso schutzwürdig und in den Geltungsbereich des Art. 48 Abs. 2 GG und § 2 AbgG miteinzubeziehen (so auch *Plüm* S. 26–28). 31

Unerheblich für die Anwendbarkeit des Art. 48 Abs. 2 GG und § 2 AbgG ist, ob es sich um Arbeitnehmer **im öffentlichen Dienst oder in der privaten Wirtschaft** handelt. Allerdings wird den Angestellten des öffentlichen Dienstes insofern gesetzlich ein Sonderstatus eingeräumt, als auf sie ein Teil der sonst nur für die in den Bundestag gewählten Beamten geltenden Vorschriften der §§ 5, 6 und 7 Abs. 1–4 AbgG (s.o. Rz 12 f.) angewendet werden: Vom Tage der Annahme der Wahl in den Bundestag ruhen die Rechte und Pflichten aus dem Dienstverhältnis (§ 5 Abs. 1 AbgG) und nach der Beendigung der Mitgliedschaft im Bundestag noch weiter für längstens sechs Monate, innerhalb derer der Angestellte auf Antrag wieder in das frühere Dienstverhältnis zurückzuführen ist (§ 6 Abs. 1 AbgG). Daneben kann der Angestellte des öffentlichen Dienstes sich auch auf den Schutz der freien Mandatsausübung des Art. 48 Abs. 2 GG und § 2 AbgG berufen. Dieser absolute Schutz der Abgeordneten und Wahlbewerber, die Angestellte des öffentlichen Dienstes sind, gegen Entlassungen und Kündigungen ist verfassungsrechtlich nicht unbedenklich im Hinblick auf die Besserstellung gegenüber den Arbeitnehmern der Privatwirtschaft (vgl. *Zinn/Stein* HessLV, Art. 75 Anm. 4c). Ein **Zivildienstleistender** hat im Falle einer erfolglosen Kandidatur um einen Sitz im Bundestag, in einem Landesparlament oder im Europäischen Parlament, für die er aus dem Zivildienst entlassen worden war, einer erneuten Einberufung für die noch nicht abgeleistete Restdienstzeit Folge zu leisten, sofern zum Abschluss des Wahlvorgangs die allgemeinen Voraussetzungen für die Einberufung noch erfüllt sind und keine Zivildienstausnahme vorliegt (*VG München* 20.12.1983 NJW 1985, 215). 32

Das Behinderungsverbot des Art. 48 Abs. 2 GG und § 2 Abs. 1 AbgG wirkt nicht nur zugunsten jedes Bewerbers bzw. Mandatsträgers, sondern auch gegenüber jedermann (vgl. *BGH* 6.5.1965 NJW 1965, 1958 f.). Damit sind nicht nur die Arbeitgeber abhängig Beschäftigter betroffen, sondern auch die Ver- 33 tragspartner von Gesellschaftsverträgen; denn der Behinderungsschutz geht grds. **jeder vertraglichen Bindung** vor (*BGH* 6.5.1965 aaO; so auch *Spreng/Birn/Feuchte* Bad.-Württ. LV Art. 29, 3, S. 140; *Feuchte* AöR 1986, 358; vgl. auch *Dobberahn* NZA 1994 397; *Welti* S. 104 ff.; **s.a. Rz 48**, 89; krit. zu BGH *Kühne* ZPart 1986, 347; **aA** APS-*Preis* Art. 48 GG Rz 7, 11).

b) Zeitlicher Geltungsbereich

34 Der Schutz vor Behinderungen und Benachteiligungen am Arbeitsplatz, insbes. Kündigung und Entlassung, beginnt mit dem Datum der Bewerbung und endet für gewählte Parlamentsabgeordnete mit Ablauf eines Jahres nach Beendigung der Mitgliedschaft im Bundestag (§ 2 AbgG). Mit der Ausdehnung der zeitlichen Geltung auf ein Jahr nach Beendigung des Mandats wird der Kündigungsschutz durch § 2 Abs. 3 S. 4 AbgG erweitert gegenüber Art. 48 Abs. 2 GG. Die Regelung des § 2 Abs. 3 S. 4 AbgG entspricht im Grundsatz dem Kündigungsschutz für Mitglieder eines Betriebsrates oder einer Personalvertretung nach § 15 Abs. 1 KSchG. Für das Datum des Beginns des Schutzes ist nicht notwendig, dass der Arbeitnehmer den Arbeitgeber während des Bestehens des Arbeitsverhältnisses von seiner Bewerbung selbst informiert. Eine **Mitteilungspflicht** über eine beabsichtigte oder bestehende Kandidatur oder die Wahrnehmung eines Abgeordnetenamtes besteht auch bei Abschluss eines Arbeitsverhältnisses nicht. Auf ein ausdrückliches Befragen nach der Arbeitsaufnahme oder bei der Einstellung braucht der Arbeitnehmer nur Auskunft zu geben, wenn das Arbeitsverhältnis mit einer besonderen Vertrauensstellung verbunden ist.

35 **Nicht gewählte Parlamentsbewerber** können sich vom Datum ihrer Wahlniederlage an nicht mehr auf den Schutz gem. Art. 48 Abs. 2 GG und § 2 AbgG berufen. Eine zeitlich begrenzte Weitergeltung des Kündigungsschutzes gem. § 2 Abs. 3 AbgG (wie etwa in § 15 KSchG) ist nach dem Wortlaut des Gesetzes nicht vorgesehen. In den Beratungen im 2. Sonderausschuss zum Entwurf des Abgeordnetengesetzes ist der Empfehlung des Ausschusses für Arbeit und Soziales, den Kündigungsschutz des Abs. 3 für sechs Monate nach dem Wahltag auch auf nicht gewählte Bewerber auszudehnen, nicht gefolgt worden, da eine solche Erweiterung des Kündigungsschutzes als nicht geboten und als Überschreitung des Regelungsbereiches des Abgeordnetengesetzes angesehen wurde (vgl. Bericht und Antrag des 2. Sonderausschusses v. 30.11.1976 in BT-Drucks. VII/5903, S. 9). Folglich kann sich der nicht gewählte Parlamentsbewerber vom Datum der Wahlniederlage an nur noch auf den allgemeinen Kündigungsschutz berufen. Da aber die Wahlvorbereitungen mit dem Wahltag abgeschlossen sind und die Versäumnisse der Arbeitspflichten des Arbeitnehmers im Zusammenhang mit seiner Wahlbewerbung nicht mehr andauern, gibt es jedenfalls keine Kündigungsgründe für den Arbeitgeber, die sich auf die Wahlbewerbung beziehen.

c) Sachlicher Geltungsbereich

36 Das Behinderungsverbot des Art. 48 Abs. 2 GG und § 2 Abs. 1 AbgG als subjektives Recht wirkt zunächst zugunsten jedes Bewerbers bzw. Mandatsträgers und gegenüber jedermann. Damit ist auch grds. **jede vertragliche Bindung,** die irgendwelchen Zwang oder Druck bei der Bewerbung oder Ausübung eines Mandats auf den Abgeordneten ausübt, angesprochen. Art. 48 Abs. 2 GG geht jeder vertraglichen Bindung vor. Es handelt sich bei dieser Vorschrift um ein gesetzliches Verbot iSd § 134 BGB, das nach der Rechtsprechung des *BGH* (6.5.1965 NJW 1965, 1958 f.) uneingeschränkt in allen Bereichen des Rechtslebens gilt, insbes. auch in der Streitsache beim BGH, bei **gesellschaftsrechtlichen Vertragsverhältnissen** zwischen den Gesellschaftern, wenn der Abgeordnete nach dem Gesellschaftsvertrag verpflichtet ist, seine Arbeitskraft ausschließlich der Geschäftsführung zu widmen. Zur Zulässigkeit der Kündigung einer Rechtsanwalts-Sozietät, wenn der Sozius sich um ein Mandat als (Landtags-) Abgeordneter bewirbt oder dieses ausübt, s.u. Rz 89.

37 Diese grds. Feststellung bedarf der Differenzierung. Der absolute Behinderungsschutz findet dort seine Grenzen, wo **berechtigte Belange der Vertragspartner** etwa aus den Grundrechten unter Abwägung mit dem Grundsatz aus Art. 48 Abs. 2 S. 1 GG den Rechten aus dem Abgeordnetenstatus überzuordnen sind. Dazu können die Pflichten aus dem Arztvertrag mit dem Patienten bei akuter Gefahr für Leib und Leben zählen. Ebenso steht die Ehe und Familie unter dem besonderen Schutz des Grundgesetzes, so dass die Erfüllung ehelicher Pflichten nicht sinnvollerweise durch das Behinderungsverbot begrenzt werden kann.

2. Das Behinderungsverbot

Gegenüber der Formulierung im Art. 48 GG ist der Behinderungsschutz im § 2 38 Abs. 1 AbgG auch auf **38** Wahlbewerber ausgedehnt worden. »Gehindert werden« meint jede Art von Androhen und Inaussichtstellen sowie die Ausübung von Zwang, Druck oder anderen unfreiwilligen Einflussnahmen, die den geschützten Personenkreis in der Wahrnehmung seiner staatsbürgerlichen Rechte beeinträchtigen. Das Behinderungsverbot ist **weit auszulegen.** Im Rahmen von Arbeitsverhältnissen besteht – im Gegensatz zur Regelung in Art. 160 S. 1 WRV (s.o. Rz 8) – keine Pflicht des Arbeitnehmers zur Rücksichtnahme auf betriebliche Belange (so auch *Plüm* S. 29).

Im Einzelnen können unter das Behinderungsverbot fallen: Vertragliche Abreden, die den Abgeord- **39** neten oder Wahlbewerber bei der Wahrnehmung seiner staatsbürgerlichen Rechte beeinträchtigen, tatsächliche Behinderungen durch den Arbeitgeber, zB die Verweigerung der Freistellung. Soweit es sich um Behinderungen mit politischem Hintergrund handelt, zB durch innerparteiliche Maßnahmen im Zusammenhang mit der Meinungsbildung und der Aufstellung zur Kandidatur, fallen diese nicht unter das Verbot des Art. 48 Abs. 2 GG und § 2 Abs. 1 AbgG.

3. Das Benachteiligungsverbot

Das Benachteiligungsverbot klingt zwar in Art. 48 Abs. 2 GG (»Kündigung oder Entlassung«) an, fin- **40** det aber ausdrückliche Erwähnung erst in § 2 Abs. 2 AbgG. Benachteiligungen am Arbeitsplatz anlässlich der Bewerbung oder Ausübung des Mandats sind allgemein unzulässig, insbes. in Form der Kündigung oder Entlassung (Abs. 3). Der arbeitsrechtliche und beamtenrechtliche Schutz in § 2 Abs. 2 AbgG bezieht sich auf das **Androhen und Inaussichtstellen von Benachteiligungen** (*Maunz/Dürig-Klein* Art. 48 Rz 101; *Jarass/Pieroth* Art. 48 Rz 4).

Neben den schwerwiegendsten Benachteiligungen der Kündigung oder Entlassung (s.u. Rz 43–52) **41** sind auch Versetzungen, Umsetzungen, niedrigere Eingruppierung, die Verweigerung von betrieblichen Sozialleistungen und der Anrechnung der Zeit der Mitgliedschaft im Bundestag auf Berufs- und Betriebszugehörigkeit (vgl. § 4 AbgG), die Nichtberücksichtigung bei arbeitsplatzbedingten Fortbildungsschulungen sowie andere arbeitsrechtliche oder tatsächliche Beeinträchtigungen wie zB die ungünstige Einteilung der Arbeitszeit (vgl. Materialien, BT-Drucks. VII/5531, Erläut. zu § 4 Abs. 2, S. 15) oder die im Hinblick auf eine Mandatsübernahme vereinbarte Befristung des Arbeitsverhältnisses (*Welti* AuR 1998, 345) vom Benachteiligungsverbot erfasst.

Das Benachteiligungsverbot soll den Arbeitnehmer, der parlamentarischen Aufgaben nachgeht, **vor** **42** **den spezifisch mandatsbedingten Nachteilen absichern.** Nicht dagegen intendiert der Schutzgedanke die allgemeine rechtliche Besserstellung gegenüber den anderen Arbeitnehmern, die nicht Abgeordnete sind. Art. 48 Abs. 2 GG und § 2 Abs. 2 AbgG sichern nur die normale Stellung im Betrieb. Maßnahmen, die allen Arbeitnehmern im Betrieb gelten und ihre Position verändern, müssen auch vom Mandatsträger hingenommen werden (s.a. Rz 46). Keinen Verstoß gegen das Behinderungsverbot des Art. 48 Abs. 2 GG oder gegen das Willkürverbot des Art. 3 GG sieht das *SG Berlin* (23.4.1986 Breith. 1986, 711–715) darin, dass ein Anspruch auf **Arbeitslosengeld** aus der Wahrnehmung eines Bundestagsmandats nicht abgeleitet wird; denn das Bundestagsmandat ist weder eine beitragspflichtige Beschäftigung noch einer solchen gem. § 131 SGB III gleichgestellt.

4. Der Kündigungsschutz im Einzelnen

Nach Art. 48 Abs. 2 GG und § 2 Abs. 3 AbgG ist eine Kündigung oder Entlassung wegen der Annahme **43** oder Ausübung des Mandats unzulässig. Die Begriffe der »**Kündigung**« und »**Entlassung**« (zu den Begriffen im Allgemeinen s. KR-*Griebeling* § 1 KSchG Rz 151 ff.; KR-*Weigand* § 17 KSchG Rz 32) meinen jede unfreiwillige Beendigung eines Beschäftigungsverhältnisses. Es werden alle privat- und öffentlich-rechtlichen Beschäftigungsverhältnisse erfasst (s.o. Rz 31, 32). Angehörige des öffentlichen Dienstes haben darüber hinaus noch einen Anspruch auf das Ruhen ihrer Hauptpflichten aus dem Dienstverhältnis während der Mitgliedschaft im Bundestag (s. § 5 AbgG) und auf Wiederverwendung nach der Beendigung des Mandats (§ 6 AbgG).

Der Kündigungs- bzw. Entlassungsschutz bezieht sich nur auf Gründe, die mit der Bewerbung, An- **44** nahme oder Ausübung des Bundestagsmandats in Zusammenhang stehen. Dazu zählen auch **Kündigungsgründe,** die dem Wortlaut nach keinen Bezug zur Abgeordnetentätigkeit aufweisen, aber darin letztlich ihre Ursache haben. So ist der Arbeitgeber zur Kündigung nicht berechtigt, wenn der Arbeitnehmer im Rahmen seines Mandats längere Zeit dem Arbeitsplatz fernbleibt und dadurch innerbetriebliche Umdispositionen veranlasst werden (zB Neueinstellung eines anderen Arbeitnehmers oder gar die Wegrationalisierung des Arbeitsplatzes). Kündigungen aus anderen Gründen bleiben nach Maßgabe der allgemeinen Vorschriften möglich (*BAG* 30.6.1994 EzA Art. 48 GG Nr. 1).

45 Sowohl die **ordentliche** als auch die **außerordentliche** Kündigung sind ausgeschlossen, wenn die Gründe mit dem Bundestagsmandat zusammenhängen.

46 Eine Kündigung aus anderen Gründen als der Bewerbung, Annahme oder Ausübung des Bundestagsmandats ist nur aus **wichtigem Grunde** zulässig (§ 2 Abs. 3 S. 2 AbgG). Nach allgemeinem Sprachgebrauch des Arbeitsrechts ist hierunter die außerordentliche Kündigung zu verstehen; denn der wichtige Grund findet sich ausschließlich in Vorschriften über die außerordentliche Kündigung wie zB § 626 Abs. 1 BGB, wobei das in dieser Vorschrift enthaltene Merkmal »ohne Einhaltung einer Kündigungsfrist« kein konstitutives Merkmal der außerordentlichen Kündigung darstellt (*LAG SchlH* 26.1.1989 – 6 Sa 460/88 – nv; so im Ergebnis auch MünchArbR-*Berkowski* § 160 Rz 16; **aA** APS-*Preis* Art. 48 GG Rz 12, 15). Damit wird durch das Abgeordnetengesetz der Kündigungsschutz des Art. 48 Abs. 2 GG erweitert. Bevor das Abgeordnetengesetz in Kraft trat, unterlag der Mandatsträger bei der nicht mandatsbedingten Kündigung den gleichen rechtlichen Voraussetzungen wie andere Arbeitnehmer. Der weitergehende Kündigungsschutz des Art. 48 Abs. 2 GG iVm § 2 Abs. 3 S. 2 AbgG privilegiert den Parlamentsbewerber bzw. Abgeordneten gegenüber den übrigen Arbeitnehmern. Damit ist eine **Änderungskündigung** ausgeschlossen, mit Hilfe derer der Arbeitnehmer niedriger eingestuft werden soll (vgl. Materialien, BT-Drucks. VII/5531, Erl. zu § 4 Abs. 3, S. 14), wie auch andere Kündigungsgründe, zB betriebsbedingte, die mehrere Arbeitnehmer treffen können, den Arbeitgeber nicht zur Kündigung berechtigen. Die wegen der Mandatsübernahme notwendig gewordenen betrieblichen Um- und Neudispositionen berechtigen den Arbeitgeber auch dann nicht zur Kündigung, wenn sie kostenträchtig sind, weil sie zumindest mittelbar mandatsbedingt sind (*Maunz/Dürig-Klein* Art. 48 GG Rz 102; *v. Mangold/Klein/Achterberg/Schulte* Art. 48 GG Rz 32). Eine **betriebsbedingte Kündigung** ist allerdings zulässig, wenn der Betrieb stillgelegt wird; denn dieses betriebliche Erfordernis stellt einen wichtigen Grund dar. Die vollständige Aufgabe eines **Produktionszweiges** kann für einen Arbeitgeber gegenüber einem Arbeitnehmer, der unauswechselbar in diesem Produktionszweig beschäftigt ist, ein wichtiger Grund zur Kündigung des Arbeitsverhältnisses sein, wenn das Arbeitsverhältnis des Arbeitnehmers als Mandatsträger nur aus wichtigem Grund kündbar ist. **Im Fall betrieblicher Erfordernisse ist die Kündigung aus wichtigem Grund nicht fristlos, sondern nur fristgemäß zulässig. Kündigungsfrist ist die Frist, die für das Arbeitsverhältnis ohne Mandatssicherung gelten würde** (*LSG Darmstadt* 30.4.1981 – L 1 AR 1242/79). Die Stillegung lediglich eines Betriebsteils berechtigt aber dann nicht zur Kündigung des Abgeordneten, wenn die Möglichkeit der Beschäftigung in anderen Teilen des Betriebs besteht. Zur – berechtigten – betriebsbedingten Kündigung eines Mitgliedes der Berliner Bezirksverordnetenversammlung s.u. Rz 69; *ArbG Bln.* 15.10.1991 NZA 1992, 843.

47 Wenn der Parlamentsbewerber den erforderlichen **Wahlvorbereitungsurlaub** gem. Art. 48 Abs. 1 GG und § 3 AbgG oder wenn der Abgeordnete die zur Ausübung seines Mandats erforderliche unbezahlte Freizeit in Anspruch nimmt, ist in diesem Fernbleiben kein wichtiger Grund zur fristlosen Kündigung zu sehen (*LAG Düsseld.* 7.1.1966 AP Nr. 2 zu Art. 48 GG). Dagegen kann in Einzelfällen die Fortsetzung eines Arbeitsverhältnisses für den Arbeitgeber unzumutbar sein, zB in einem **Tendenzbetrieb,** wenn der Mandatsträger bzw. Wahlbewerber der politischen Richtung konterkariert (vgl. auch *Zinn/Stein* HessLV, Art. 76 Rz 4c; **aA** KDZ-*Däubler* Vorb. §§ 2–4 AbgG Rz 11).

48 Wie bei Arbeitnehmern so ist auch bei Personengesellschaften, Organmitgliedern von Kapitalgesellschaften und anderen Dienstnehmern die **Kündigung aus wichtigem Grund** zulässig, denn nach dem Wortlaut des § 2 Abs. 3 S. 2 AbgG ergibt sich keine Beschränkung des Kündigungsschutzes nur auf Arbeitnehmer. Hierfür spricht auch der Wille des Gesetzgebers, der dem Gesetzentwurf der drei Fraktionen, wonach die Kündigung aus wichtigem Grunde nur »durch den Arbeitgeber« möglich sein sollte, nicht folgte (BT-Drucks. VII/5903, S. 9, 23).

49 Dem Wahlbewerber bzw. Abgeordneten bleibt es unbenommen, das Arbeitsverhältnis (bzw. andere Vertragsverhältnisse) zu kündigen, und zwar je nach den Erfordernissen der Abgeordnetenpflichten ohne Einhaltung der vorgeschriebenen Frist. Die Interessen des Arbeitgebers sind hier weniger schutzbedürftig, da der Schutzgedanke in Art. 48 Abs. 2 GG und § 2 AbgG in erster Linie dem Abgeordneten und dessen ungehinderter Wahrnehmung seiner staatsbürgerlichen Pflichten dient.

5. Rechtsfolgen bei Verstoß gegen Art. 48 Abs. 2 GG und § 2 AbgG

Art. 48 Abs. 2 GG kommt unmittelbare »Drittwirkung« zu. Vertragliche Abreden, die den Rechten des Wahlbewerbers oder Bundestagsabgeordneten gem. Art. 48 Abs. 2 GG und § 2 AbgG zuwiderlaufen, sind gem. § 134 BGB **nichtig:** denn bei diesen Statusrechten des geschützten Personenkreises handelt es sich um gesetzliche Verbote gegenüber dem Arbeitgeber oder anderen Vertragspartnern des Mandatsträgers. Ebenso sind jegliche behindernden oder benachteiligenden tatsächlichen Maßnahmen, die gegen die Schutzvorschriften verstoßen, unzulässig.

Bei Zuwiderhandlungen gegen diese Rechte des Wahlbewerbers bzw. Abgeordneten durch den Arbeitgeber oder anderer Vertragspartner (zB Gesellschafter) stehen **Unterlassungs- und Schadensersatzansprüche** zur Verfügung, da Art. 48 Abs. 2 GG und § 2 AbgG Schutzgesetze iSd § 823 Abs. 2 BGB sind (ähnlich APS-*Preis* Art. 48 GG Rz 17). Für das Vorliegen eines wichtigen Grundes zur Kündigung selbst trägt dann nach allg. Grundsätzen der Arbeitgeber (*LAG SchlH* 26.1.1989 – 6 Sa 460/88 – nv). Zuständig sind die **Arbeits- bzw. Zivilgerichte, bei Beamten die Verwaltungsgerichte.**

Die **Darlegungs- und Beweislast** für das Vorliegen einer Behinderung oder Benachteiligung bzw. eines Verstoßes gegen das Entlassungs- und Kündigungsverbot obliegt dem Arbeitnehmer. Dabei reicht es nicht aus, dass der Arbeitnehmer lediglich einen Verdacht äußert, die Kündigung habe in der Bewerbung, Annahme oder Ausübung des Mandats ihre Ursache. Vielmehr muss dieser Zusammenhang eindeutig dargelegt werden. Für das Vorliegen eines wichtigen Grundes, der zur Kündigung Anlass gegeben hat, trägt nach allg. Grundsätzen der Arbeitgeber (*LAG SchlH* 26.1.1989 – 6 SA 460/88 – nv) die Beweislast.

C. Landesrechtlicher und sonstiger Kündigungsschutz für Parlamentarier

I. Gesetzgebungskompetenz der Länder

In dem föderativ gestalteten Bundesstaat des GG stehen die Verfassungsbereiche des Bundes und der Länder grds. selbständig nebeneinander. Im Rahmen der Bestimmungen, die das GG den Verfassungen der Länder vorgibt, können die Länder ihr Verfassungs- und Staatsorganisationsrecht selbst ordnen (*BVerfG* E 96, 345, 363f.). Das gilt insbes. für das Landeswahlrecht sowie für das Landesparlaments- und das Statusrecht der Landtagsabgeordneten (*BVerfG* 5.6.1998 – 2 BvL 2/97 – mwN). Die nachfolgenden Schutzregelungen im Range von Landesverfassungsrecht und einfachen Landesgesetzen gehören materiell zum **Statusrecht der Abgeordneten** (s.a. Rz 23 f.). Gleichzeitig werden zT auch arbeitsrechtliche Regelungen getroffen. Soweit das Statusrecht von Parlamentariern des Landes, der Kreise und der Kommunen festgeschrieben wird, fällt dies in die ausschließliche Gesetzgebungskompetenz der Länder. Dagegen unterfällt das Arbeitsrecht gem. Art. 74 Nr. 12 GG der konkurrierenden Gesetzgebungskompetenz des Bundes und ist durch Bundesgesetze weitgehend geregelt. Allerdings kann der Landesgesetzgeber in das Arbeitsrecht hineinwirken, wenn er die Statusrechte der Parlamentarier im Lande regelt (*LAG Frankf.* 2.9.1975 NJW 1976, 1655; 8.11.1978 AuR 1980, 58); denn das Arbeitsrecht wird von dem allgemeinen Verfassungsgrundsatz der Abgeordnetenfreiheit und des Mandatsschutzes überlagert (s.o. Rz 2 f., 21 ff.). Die landesrechtlichen Regelungen müssen aber im Einklang stehen mit den einschlägigen verfassungsrechtlichen Normen in Bund und Ländern und müssen im Lichte der bundesrechtlichen Normen zum Arbeitsrecht gesehen werden (s.o. Rz 25; *Zinn/Stein* HessLV, Art. 76 Anm. 4d). Die Anordnung einer **Inkompatibilität** der beruflichen Stellung mit dem Abgeordnetenmandat ist – als sachgerechte Ausgestaltung des passiven Wahlrechts – nur dann von der Ermächtigung des Art. 137 Abs. 1 GG gedeckt, wenn sie nur gewählte Bewerber betrifft, deren berufliche Stellung die Möglichkeit oder Wahrscheinlichkeit von Interessen- und Entscheidungskonflikten nahe legt. Insofern ist § 26 Abs. 1 Nr. 6 des Berliner Gesetzes über Wahlen zum Abgeordnetenhaus und zu den Bezirksversammlungen (LWahlG v. 25.9.1987 GVBl. S. 2370, idF v. 3.9.1990 GVBl. S. 1881) mit dem GG vereinbar, soweit danach Mitglieder des zur Geschäftsführung berufenen Organs eines privatrechtlichen Unternehmens, an dem das Land Berlin mit mehr als 50 % beteiligt ist, mit dem Erwerb der Mitgliedschaft im Abgeordnetenhaus aus ihrer beruflichen Funktion ausscheiden (*BVerfG* 5.6.1998 aaO).

II. Landesrechtliche Vorschriften

1. Mitglieder der Landesparlamente

Nach dem »Diätenurteil« des *BVerfG* vom 5.11.1975 (NJW 1975, 2331) war die gesamte Rechtsstellung der Landtagsabgeordneten neu zu regeln. In Anlehnung an einen Musterentwurf der Landtagspräsidentenkonferenz wurden in den einzelnen Bundesländern **Abgeordnetengesetze** verabschiedet, die weitgehend übereinstimmen, teilweise sich lediglich durch geringe redaktionelle Nuancen unterscheiden und insb. in der Hansestadt Bremen (Kündigungsschutz auch für nicht gewählte Bewerber), in Berlin und Sachsen (jeweils Anspruch auf Teilzeitarbeit neben dem Mandat) Sonderregelungen von Bedeutung zu Einzelfragen aufweisen. Der **Schutz der freien Mandatsausübung** ist jeweils im § 2 AbgG geregelt. Neben dem Behinderungs- (Abs. 1) und Benachteiligungsverbot (Abs. 2) sieht Abs. 3 den **besonderen Kündigungsschutz für Landtagsabgeordnete** vor. Danach ist in allen Bundesländern **eine Kündigung oder Entlassung wegen der Annahme oder Ausübung des Mandats unzulässig.** Davon unberührt bleiben Regelungen zur Inkompatibilität (s.o. Rz 53). Die landesgesetzlichen Regelungen sind direkt an Art. 48 GG zu messen (BVerfGE 40, 296, 319). Art. 48 GG, der unmittelbar nur für Bundestagsabgeordnete gilt, kommt, vermittelt über Art. 28 GG, für Landtagsabgeordnete und Mitglieder kommunaler Parlamente Bedeutung zu, weil die Bestimmungen des Art. 48 GG zu den Grundsätzen der Demokratie gehören, denen die verfassungsmäßige Ordnung in den Ländern entsprechen muss (*BAG* 30.6.1994 EzA Art. 48 GG Nr. 1).

55 Weiter gefasst sind die Formulierungen in den Abgeordnetengesetzen von Brandenburg, Nordrhein-Westfalen und Sachsen-Anhalt, wonach eine Kündigung oder Entlassung »im Zusammenhang mit der Annahme oder Ausübung des Mandats« unzulässig ist. Die Kündigungsschutzvorschriften in der Freien und Hansestadt Hamburg beziehen sich (einschränkend) auf die Entlassungen bzw. Kündigungen wegen der »Tätigkeit als Abgeordneter«. Außer in Hamburg, Hessen und Thüringen, wo eine nicht mandatsbezogene ordentliche Kündigung mangels einer entsprechenden beschränkenden Regelung zulässig ist, kann in den übrigen Bundesländern das Arbeits- bzw. Dienstverhältnis eines Abgeordneten nur bei Vorliegen eines – nicht mandatsbezogenen – wichtigen Grundes (s.o. Rz 45, 46) gekündigt werden. Betroffen vom Kündigungsschutz sind nach allen Abgeordnetengesetzen der Bundesländer **Bewerber** sowie **Mandatsträger.** § 2 Abs. 1 Thüringer Abgeordnetengesetz gewährt den Schutz der Bewerbung und Freien Mandatsausübung ausdrücklich nur jeder »**wählbaren** Person«. Durch diese Eingrenzung des geschützten Personenkreises ergibt sich im Ergebnis jedoch kein qualitativ gegenüber den Regelungen in den anderen Bundesländern geringerer Schutz. Auch in den übrigen Bundesländern kann zB die Inanspruchnahme des Wahlvorbereitungsurlaubs durch nicht wählbare Personen ohne Verstoß gegen die Parlamentarierschutznormen verweigert werden. Der Kündigung eines zB aufgrund des Verlustes zur Bekleidung öffentlicher Ämter als strafrechtliche Nebenfolge nicht wählbaren Wahlbewerbers stehen auch in den übrigen Bundesländern die Parlamentarierschutznormen nicht entgegen. Mit der Novellierung des HessAbgG in 1989 ist der bis dahin geltende Kündigungsschutz auch für Ersatzbewerber weggefallen (s.u. Rz 81). In den meisten Bundesländern **beginnt der Kündigungsschutz mit der Aufstellung des Bewerbers** durch das dafür zuständige Organ der Partei oder mit der Einreichung des Wahlvorschlags (in Schleswig-Holstein frühestens drei Jahre nach Beginn der laufenden Wahlperiode des Landtags) und **endet für Abgeordnete nach einem Jahr nach Beendigung des Mandats.** Für **nicht gewählte Bewerber** besteht ein **nachwirkender Kündigungsschutz nur in Bremen** (ein Jahr nach dem Wahltag) sowie in **Hessen** und **Thüringen** (jeweils drei Monate nach dem Wahltag). Die Abgeordnetengesetze der Länder sehen zum Teil explizit vor, dass sie auch auf Bewerber und Mitglieder in einer gesetzgebenden Körperschaft eines **anderen Bundeslandes** anzuwenden sind. Soweit eine ausdrückliche länderübergreifende Regelung in einem Landesgesetz nicht getroffen worden ist, gebieten Sinn und Zweck des arbeitsrechtlichen Schutzes von Mitgliedern in Volksvertretungen auf Länder, Kreis- und Kommunalebene (s.a. Rz 21 ff.), wie er in der Bundes- und den Länderverfassungen sowie den Kreis- und Kommunalvorschriften gewährleistet wird (allgemeiner Verfassungsgrundsatz), die analoge Anwendung der Schutznormen auch in den Fällen, in denen der **Ort des Arbeitsverhältnisses und der Ort der Volksvertretung in unterschiedlichen Bundesländern** liegen. Wegen der weitgehenden Übereinstimmung zwischen dem Abgeordnetengesetz für Bundestagsabgeordnete und den Abgeordnetengesetzen der deutschen Bundesländer wird auf die Kommentierung oben Rz 25–52 verwiesen. Allein in Brandenburg ist über den Kündigungsschutz für gewählte Volksvertreter und Wahlbewerber hinausgehend auch »eine Entlassung oder Disziplinierung wegen einer **Betätigung in Bürgerinitiativen**, Verbänden, Religionsgemeinschaften oder Parteien … unzulässig« (Art. 21 Abs. 2 Verfassung Brandenburg).

56 Die Abgeordnetengesetze der Bundesländer sehen inhaltlich entsprechend der Regelung in § 3 BT AbgG (s.o. Rz 11) vor, dass einem Bewerber um einen Sitz im Landtag in den letzten zwei Monaten vor dem Wahltag auf Antrag bis zu zwei Monaten **Wahlvorbereitungsurlaub** zu gewähren ist. Für diese Zeit besteht kein Anspruch auf Fortzahlung der Vergütung. Ebenso in Anlehnung an § 4 BT AbgG wird nach den Abgeordnetengesetzen der Länder die **Zeit der Mitgliedschaft im Landtag** nach Been-

digung des Mandats auf die **Berufs- und Betriebszugehörigkeit** angerechnet. Wie gem. § 4 Abs. 2 BT AbgG wird nach den entsprechenden Vorschriften in den Abgeordnetengesetzen der Bundesländer im Rahmen einer bestehenden betrieblichen oder überbetrieblichen **Altersversorgung** die Anrechnung der Betriebszugehörigkeitszeiten während des Mandats nur im Hinblick auf die Erfüllung der Unverfallbarkeitsfristen des BetrAVG vom 29.8.2005 (BGBl. I S. 2546) vorgenommen.

2. Mitglieder der Landkreis- und Gemeindeparlamente bzw. Bezirksversammlungen

Für **Bewerber und Mitglieder in Landkreis- und Gemeindeparlamenten** sowie übrigen kommunalen Vertretungskörperschaften **gelten die Grundsätze der Abgeordnetengesetze hinsichtlich der Behinderungs- und Benachteiligungsverbote sowie des besonderen Kündigungsschutzes** für den Bundestag und die Landtage **entsprechend, soweit nicht spezielle Vorschriften eine ausdrückliche Regelung treffen** (zB für die Berliner Bezirksverordneten s.u. Rz 69). Dies folgt aus den Grundsätzen der staatsbürgerlichen Betätigungsfreiheit bzw. Abgeordnetenfreiheit, die als wesentliche Statusrechte Ausfluss der parlamentarisch und demokratisch ausgerichteten Gestaltung politischer Willensbildungsprozesse in der Bundesrepublik Deutschland sind. Nach der Rechtsprechung des BVerfG liegt dem Grundgesetz grds. ein privilegienfeindliches Demokratieverständnis zugrunde, was sich im »egalitären Gleichheitssatz« ausprägt: Da alle Mitglieder des Parlaments einander formal gleichgestellt sind, muss jeder ohne Rücksicht auf soziale Unterschiede die gleiche Chance haben, Mitglied des Parlaments zu werden und zu sein (*BVerfG* 5.11.1975 aaO). Dieser Grundsatz gilt uneingeschränkt auch für Bewerber und Mitglieder in Landkreis- und Gemeindeparlamenten; denn Art. 28 Abs. 1 S. 2 GG sieht vor: »In den Ländern, Kreisen und Gemeinden muss das Volk eine Vertretung haben, die aus allgemeinen, unmittelbaren, freien, gleichen und geheimen Wahlen hervorgegangen ist.« Schließlich handelt es sich bei den Behinderungs- und Benachteiligungsverboten sowie dem besonderen Kündigungsschutz vom Zweck her nicht um einen individuellen, sozialen Schutz des einzelnen Arbeitnehmers, sondern die Teilnahme und -habe in der politischen Willensbildung in der repräsentativen Demokratie auch im Landkreis und in der Kommune sind angesprochen. In Ausführung der Forderung gem. Art. 28 Abs. 1 S. 2 GG sowie dem Willen der Gesetzgeber in Bund und Ländern erscheint das Tätigwerden der Legislative in einigen Bundesländern für Parlamentarier in Landkreis- und Gemeindeparlamenten geboten (ähnlich MünchArbR-*Berkowski* § 160 Rz 22).

§ 22 Abs. 9 S. 2 des **Gesetzes über die Selbstverwaltung der Gemeinden und Landkreise in der DDR** Kommunalverfassung – vom 17.5.1990 (GBl. DDR I S. 255), das gem. Art. 9 Abs. 2 EV iVm Anl. II Kap. II Sachgebiet B Abschn. I EV nach dem Beitritt der ehemaligen DDR zur Bundesrepublik Deutschland fortgegolten hat, **verbietet die Kündigung, deren Gründe mit der Ausübung des Ehrenamtes im Kommunalparlament zusammenhängen:** »*Stehen sie in einem Dienst- oder Arbeitsverhältnis, ist es unzulässig, sie aufgrund ihres Ehrenamtes zu entlassen oder zu kündigen*« (§ 22 Abs. 9 S. 2 Kommunalverfassung DDR). Diese Regelung gilt gem. § 86 Abs. 3 S. 3 Kommunalverfassung DDR für **Mitglieder des Kreistages** entsprechend. Allerdings bleiben Kündigungen nach Maßgabe der allgemeinen Vorschriften zum Kündigungsrecht und -schutz möglich; denn § 22 Abs. 9 S. 2 Kommunalverfassung DDR enthält kein absolutes Kündigungsverbot. Insofern ist eine Kündigung aus betrieblichen Gründen möglich (*BAG* 30.6.1994 EzA Art. 48 GG Nr. 1).

3. Angehörige des öffentlichen Dienstes, Geistliche und Ordensleute

Für **Angehörige des öffentlichen Dienstes** (Beamte, Beamte auf Zeit, Wahlbeamte auf Zeit und Beamte, die jederzeit in den einstweiligen Ruhestand versetzt werden können sowie Angestellte, Arbeiter, Richter, Professoren, Soldaten) gelten besondere und in den einzelnen Bundesländern geringfügig abweichende Vorschriften über »Ruhen der Rechte und Pflichten aus dem öffentlich-rechtlichen Dienstverhältnis«, »Wiederverwendung nach Beendigung des Mandats«, »Dienstzeiten im öffentlichen Dienst« u.a. Es wird hier auf die gesetzliche Regelung für die Mitglieder des Bundestages gem. §§ 5 bis 10 BT AbgG (Rz 13) verwiesen; denn in Anlehnung an diese Vorschriften erfolgte die Verabschiedung des Musterentwurfs der Landtagspräsidentenkonferenz eines Abgeordnetengesetzes, dem die Landesgesetzgeber weitgehend gefolgt sind (s.a. Rz 12).

4. Örtliche Geltung

Auf Beschäftigungsverhältnisse von Mitgliedern einer Volksvertretung mit Arbeitsplatz in einem anderen Bundesland **finden die am Arbeitsort geltenden Regelungen** zum Parlamentarierkündigungsschutz **Anwendung**. Dies folgt bereits aus der zwangsläufig räumlich auf das Gebiet des jeweiligen

Bundeslandes begrenzten Regelungskompetenz landesrechtlicher Normen. Sofern am Ort der Ausübung eines Mandats und am Arbeitsort unterschiedlich ausgestaltete Parlamentarierschutznormen gelten, liegt keine nach dem Günstigkeitsprinzip zu lösende Regelungskonkurrenz vor, da eine »Ausstrahlung« der am »Mandatsort« geltenden Regelungen zum Parlamentarierschutz auf den Arbeitsort nicht möglich ist. Folgerichtig stellen die Abgeordnetengesetze derjenigen Länder, die einen landesgrenzenübergreifenden Parlamentarierschutz ausdrücklich gewährleisten (Baden-Württemberg, Bayern, Bremen, Hessen, Nordrhein-Westfalen, Rheinland-Pfalz, Saarland und Sachsen) auch die Bewerbung um ein bzw. die Annahme und Ausübung eines Mandats in einer Volksvertretung eines anderen Bundeslandes unter den – am Arbeitsort geltenden – Schutz der jeweiligen eigenen Landesnorm.

III. Baden-Württemberg

1. Verfassung

59

Verfassung des Landes Baden-Württemberg
vom 11. November 1953 (GBl. S. 173).
Zuletzt geändert durch Gesetz vom 23. Mai 2000 (GBl. S. 449).

Art. 29
(1) Wer sich um einen Sitz im Landtag bewirbt, hat Anspruch auf den zur Vorbereitung seiner Wahl erforderlichen Urlaub.
(2) Niemand darf gehindert werden, das Amt eines Abgeordneten zu übernehmen und auszuüben. Eine Kündigung oder Entlassung aus einem Dienst- oder Arbeitsverhältnis aus diesem Grunde ist unzulässig.

2. Abgeordnetengesetz

60

Gesetz über die Rechtsverhältnisse der Mitglieder des Landtags (Abgeordnetengesetz)
vom 12. September 1978.
Zuletzt geändert durch Gesetz vom 11. Oktober 2005 (GBl. S. 667).

§ 2 Schutz der freien Mandatsausübung
(1) Niemand darf gehindert werden, sich um ein Mandat im Landtag oder in der gesetzgebenden Körperschaft eines anderen Landes zu bewerben, es zu übernehmen oder auszuüben.
(2) [1]Benachteiligungen am Arbeitsplatz im Zusammenhang mit der Bewerbung um ein Mandat sowie der Annahme und Ausübung eines Mandats sind unzulässig. [2]Es ist insbesondere unzulässig, den Abgeordneten gegen seinen Willen zu beurlauben.
(3) [1]Eine Kündigung oder Entlassung wegen der Annahme oder Ausübung des Mandats ist unzulässig. [2]Eine Kündigung ist im übrigen nur aus wichtigem Grunde zulässig. [3]Der Kündigungsschutz beginnt mit der Aufstellung des Bewerbers durch das dafür zuständige Organ der Partei oder mit der Einreichung des Wahlvorschlags. [4]Er gilt ein Jahr nach Beendigung des Mandats fort.

3. Gemeindeordnung

61

Gemeindeordnung für Baden-Württemberg
Neubekanntmachung vom 3. Oktober 1983 (GVBl. S. 578, ber. S. 720) idF vom 24. Juli 2000.
Zuletzt geändert durch Gesetz vom 1. Dezember 2005 (GVBl. S. 705).

§ 32 Rechtsstellung der Gemeinderäte
(1) ...
(2) [1]Niemand darf gehindert werden, das Amt eines Gemeinderats zu übernehmen und auszuüben. [2]Eine Kündigung oder Entlassung aus einem Dienst- oder Arbeitsverhältnis, eine Versetzung an einen anderen Beschäftigungsort und jede sonstige berufliche Benachteiligung aus diesem Grunde sind unzulässig. [3]Steht der Gemeinderat in einem Dienst- oder Arbeitsverhältnis, ist ihm die für seine Tätigkeit erforderliche freie Zeit zu gewähren.

4. Landkreisordnung

Landkreisordnung für Baden-Württemberg (Landkreisordnung – KrO)
idF vom 19. Juni 1987 (GBl. S. 289).
Zuletzt geändert durch Gesetz vom 28. Juli 2005 (GVBl. S. 578).

§ 26 Rechtsstellung der Kreisräte

(1) ...

(2) ¹Niemand darf gehindert werden, das Amt eines Kreisrats zu übernehmen und auszuüben. ²Eine Kündigung oder Entlassung aus einem Dienst- oder Arbeitsverhältnis, eine Versetzung an einen anderen Beschäftigungsort und jede sonstige berufliche Benachteiligung aus diesem Grunde sind unzulässig. ³Steht der Kreisrat in einem Dienst- oder Arbeitsverhältnis, ist ihm die für seine Tätigkeit erforderliche freie Zeit zu gewähren.

5. Angehörige des öffentlichen Dienstes

Nach § 3 Abs. 1 AbgG (s.o. Rz 60) ist einem **Bewerber** um einen Sitz im Landtag oder in der gesetzgebenden Körperschaft eines **anderen Landes** zur Vorbereitung seiner Wahl innerhalb der letzten zwei Monate vor dem Wahltag auf Antrag Urlaub bis zu zwei Monaten – ohne Anspruch auf Entgeltfortzahlung – zu gewähren. Die **Rechtsstellung der Angehörigen des öffentlichen Dienstes** im Landtag ist in den §§ 26 ff. AbgG geregelt: Beamte, Angestellte des öffentlichen Dienstes und Bedienstete in der gesetzgebenden Körperschaft eines anderen Landes scheiden mit der Annahme der Wahl aus dem Amt aus (Ruhen der Rechte und Pflichten).

IV. Freistaat Bayern

1. Verfassung

Verfassung des Freistaates Bayern
vom 2. Dezember 1946 (BayBS I S. 3).
In der Fassung der Bekanntmachung vom 15. Dezember 1998 (GVBl. S. 991, BayRS 100-1-S).
Zuletzt geändert durch Gesetz vom 10. November 2003 (GVBl. S. 817)

Art. 30 Urlaub von Abgeordneten
Abgeordnete bedürfen zur Ausübung ihres Amtes als Mitglied des Landtags keines Urlaubs von ihrem Arbeitgeber.

2. Abgeordnetengesetz

Gesetz über die Rechtsverhältnisse der Mitglieder des Bayerischen Landtags (Bayerisches Abgeordnetengesetz)
idF der Bekanntmachung vom 6. März 1996 (GVBl. S. 82).
Zuletzt geändert durch das Gesetz
vom 24. Juni 2004 (GVBl. S. 266).

Art. 2 Schutz der freien Mandatsausübung
(1) Niemand darf gehindert werden, sich um ein Mandat im Bayerischen Landtag oder in der gesetzgebenden Körperschaft eines anderen Landes zu bewerben, es zu übernehmen oder auszuüben.
(2) Benachteiligungen am Arbeitsplatz im Zusammenhang mit der Bewerbung um ein Mandat sowie der Annahme und Ausübung eines Mandats sind unzulässig.
(3) ¹Eine Kündigung oder Entlassung wegen Annahme oder Ausübung eines Mandats ist unzulässig. ²Eine Kündigung ist im übrigen nur aus wichtigem Grund zulässig. ³Der Kündigungsschutz beginnt mit der Aufstellung des Bewerbers durch das dafür zuständige Organ der Partei oder mit der Einreichung des Wahlvorschlags. ⁴Er gilt ein Jahr nach Beendigung des Mandats fort.

V. Berlin

1. Verfassung

66 **Verfassung von Berlin**
Vom 23. November 1995 (GVBl. S. 779)
Zuletzt geändert durch Gesetz vom 6. Juli 2006 (GVBl. S. 790).

Art. 19 Schutz staatsbürgerlicher Rechte
(1) Niemand darf im Rahmen der geltenden Gesetze an der Wahrnehmung staatsbürgerlicher Rechte oder öffentlicher Ehrenämter gehindert werden, insbesondere nicht durch sein Arbeitsverhältnis.

2. Landesabgeordnetengesetz

67 **Gesetz über die Rechtsverhältnisse der Mitglieder des Abgeordnetenhauses von Berlin
(Landesabgeordnetengesetz – LAbgG –)**
vom 21. Juli 1978 (GVBl. S. 1497).
Zuletzt geändert durch Gesetz vom 3. November 2005 (GVBl. S. 690).

§ 2 Schutz der freien Mandatsausübung
(1) Niemand darf gehindert werden, sich um ein Mandat im Abgeordnetenhaus zu bewerben, es zu übernehmen oder auszuüben.
(2) Benachteiligungen am Arbeitsplatz im Zusammenhang mit der Bewerbung um ein Mandat sowie der Annahme und Ausübung eines Mandats sind unzulässig.
(3) ¹Eine Kündigung oder Entlassung wegen der Annahme oder Ausübung des Mandats ist unzulässig. ²Eine Kündigung ist im übrigen nur aus wichtigem Grunde zulässig. ³Der Kündigungsschutz beginnt mit der Einreichung des Wahlvorschlags. ⁴Er gilt ein Jahr nach Beendigung des Mandats fort.
(4) ¹Für die Dauer der Mandatszeit ist auf Antrag Teilzeitarbeit oder Sonderurlaub ohne Fortzahlung der Bezüge zu gewähren. ²Nach Beendigung der Mandatszeit muß ein gleichwertiger Arbeitsplatz zur Verfügung gestellt werden. ³Der Antrag auf Gewährung von Teilzeitarbeit oder Sonderurlaub unter Fortfall der Bezüge kann von dem Arbeitgeber nur abgelehnt werden, wenn zwingende betriebliche Belange der Gewährung entgegenstehen. ⁴Dies ist insbesondere anzunehmen, wenn ausgeschlossen erscheint, für die Ausfallzeit des Abgeordneten eine Teilzeitkraft oder eine Ersatzkraft einzustellen, und dem Arbeitgeber der Verzicht auf eine solche Aushilfskraft nicht zugemutet werden kann.

3. Bezirksverwaltungsgesetz

68 **Bezirksverwaltungsgesetz von Berlin**
idF vom 14. Dezember 2005 (GVBl. 2006, S. 2)

§ 10 Verbot der Entlassung
Die Entlassung eines Beamten oder die Kündigung eines Angestellten oder Arbeiters wegen der Tätigkeit als Bezirksverordneter ist auch nach Beendigung der Mitgliedschaft in einer Bezirksverordnetenversammlung unzulässig.

4. Erläuterung

69 Gem. § 5 LAbgG gelten die Regelungen in § 2 sowie die Vorschriften über den Wahlvorbereitungsurlaub und die Berufs- und Betriebszeiten auch zugunsten von Mitgliedern anderer gesetzgebender Körperschaften im Geltungsbereich des Grundgesetzes, dh des Bundestages sowie der Landesparlamente (*Zivier* Verfassung und Verwaltung in Berlin, 1990, Rz 49.3). Nicht dagegen gelten die Regelungen gem. § 2 LAbgG für die Mitglieder der Berliner Bezirksverordnetenversammlungen; denn gem. Art. 56 Verfassung von Berlin ist die Bezirksverordnetenversammlung ein Organ der bezirklichen Selbstverwaltung, in ihrer organisationsrechtlichen Stellung aber eine Verwaltungsbehörde (*Pfennig/Neumann* Verfassung von Berlin, 2. Aufl. 1987, Art. 53 Rz 2, Art. 56 Rz 1). Eine analoge Anwendung der Regelungen gem. § 2 LAbgG scheidet schon deshalb aus, weil § 10 Bezirksverwaltungsgesetz (s.o. Rz 68) zum Kündigungsschutz (nur wegen der Tätigkeit als Bezirksverordneter) eine eindeutige Regelung getroffen hat (*ArbG Bln.* 15.10.1991 NZA 1992, 843). Mitglieder der Berliner Bezirksverordnetenversammlungen genießen bei betriebsbedingten Kündigungen keinen besonderen Kündigungsschutz wegen ihres parlamentarischen Status (*ArbG Bln.* 15.10.1991 aaO)

VI. Brandenburg
1. Verfassung

Verfassung des Landes Brandenburg 70
vom 20. August 1992 (GVBl. I S. 298).
Zuletzt geändert durch Gesetz vom 16. Juni 2004 (GVBl. I S. 254).

Art. 22 Wahlen und Volksabstimmungen
...
(4) ¹Wer sich um einen Sitz in einer Volksvertretung bewirbt, hat Anspruch auf eine zur Vorbereitung seiner Wahl erforderliche Freistellung. ²Niemand darf gehindert werden, das Abgeordnetenmandat anzustreben, zu übernehmen oder auszuüben. ³Eine Kündigung oder Entlassung ist nur zulässig, wenn Tatsachen vorliegen, die den Arbeitgeber zur fristlosen Kündigung berechtigen.

Art. 21 Recht auf politische Mitgestaltung
(1) Das Recht auf politische Mitgestaltung ist gewährleistet.
(2) ¹Jeder hat nach Maßgabe der Eignung, Befähigung und fachlichen Leistung das gleiche Recht auf Zugang zu öffentlichen Ämtern, soweit nicht für die Wahrnehmung hoheitlicher Befugnisse etwas anderes gesetzlich bestimmt ist. ²Eine Entlassung oder Disziplinierung wegen einer Betätigung in Bürgerinitiativen, Verbänden, Religionsgemeinschaften oder Parteien ist unzulässig.

2. Abgeordnetengesetz

Gesetz über die Rechtsverhältnisse der Mitglieder des Landtages Brandenburg 71
(Abgeordnetengesetz – AbgG)
idF der Bekanntmachung vom 18. Januar 2002 (GVBl. I/02 S. 2).
Zuletzt geändert durch Gesetz vom 24. Mai 2005 (GVBl. I S. 196).

§ 2 Schutz der freien Mandatsausübung
(1) Niemand darf gehindert werden, sich um ein Mandat im Landtag zu bewerben, es zu übernehmen oder auszuüben.
(2) Benachteiligungen am Arbeitsplatz im Zusammenhang mit der Bewerbung um ein Mandat sowie der Annahme und Ausübung eines Mandates sind unzulässig.
(3) ¹Eine Kündigung oder Entlassung im Zusammenhang mit der Annahme und Ausübung des Mandates ist unzulässig. Der Kündigungsschutz beginnt mit der Einreichung des Wahlvorschlages. ²Er gilt ein Jahr nach der Beendigung des Mandates fort. ³Eine Kündigung ist im übrigen nur aus wichtigem Grund zulässig.

3. Gemeindeordnung

Gemeindeordnung für das Land Brandenburg 71a
(Gemeindeordnung – GO)
vom 15. Oktober 1993 (GVBl. I S. 398).
idF der Bekanntmachung vom 10. Oktober 2001.
Zuletzt geändert durch Gesetz vom 22. Juni 2005 (GVBl. I S. 210).

§ 37 Rechte der Gemeindevertreter
(1) ...
(2) ¹Die Gemeindevertreter sowie die sachkundigen Einwohner nach § 50 Abs. 7 dürfen an der Übernahme und Ausübung ihrer Tätigkeit nicht gehindert oder in ihrem Dienst- oder Arbeitsverhältnis benachteiligt werden. ²Stehen sie in einem Dienst- oder Arbeitsverhältnis, ist es unzulässig, sie aufgrund ihrer Tätigkeit als Gemeindevertreter oder sachkundiger Einwohner zu entlassen oder zu kündigen. ³Den Gemeindevertretern und sachkundigen Einwohnern, die in einem Dienst- oder Arbeitsverhältnis stehen, ist die für ihre Tätigkeit erforderliche freie Zeit zu gewähren.

4. Landkreisordnung

71b Landkreisordnung für das Land Brandenburg (Landkreisordnung LKrO)
vom 15. Oktober 1993 (GVBl. I S. 433).
Zuletzt geändert durch Gesetz vom 22. Juni 2005 (GVBl. I S. 210).

§ 31 Rechte der Kreistagsabgeordneten

(1) ...

(2) ¹Die Kreistagsabgeordneten sowie die sachkundigen Einwohner nach § 44 Abs. 7 dürfen an der Übernahme und der Ausübung ihrer Tätigkeit nicht gehindert oder in ihrem Dienst- oder ihrem Arbeitsverhältnis, benachteiligt werden. ²Stehen sie in einem Dienst- oder Arbeitsverhältnis, ist es unzulässig, sie aufgrund ihrer Tätigkeit als Kreistagsabgeordneter oder sachkundiger Einwohner zu entlassen oder zu kündigen. ³Den Kreistagsabgeordneten und sachkundigen Einwohnern, die in einem Dienst- oder Arbeitsverhältnis stehen, ist die für ihre Tätigkeit erforderliche freie Zeit zu gewähren.

VII. Freie Hansestadt Bremen

1. Verfassung

72 Landesverfassung der Freien Hansestadt Bremen
vom 21. Oktober 1947 (Brem. GBl. S. 251).
Zuletzt geändert durch Gesetz vom 8. April 2003 (Brem. GBl. S. 167).

Art. 97 Urlaub für Abgeordnete

Die Mitglieder der Bürgerschaft bedürfen zur Ausübung ihrer Abgeordnetentätigkeit keines Urlaubs.

2. Abgeordnetengesetz

73 Gesetz über die Rechtsverhältnisse der Mitglieder der Bremischen Bürgerschaft
(Bremisches Abgeordnetengesetz)
vom 16. Oktober 1978 (GBl. S. 209).
Zuletzt geändert durch Gesetz vom 14. Dezember 2004 (Brem. GBl. S. 597).

§ 2 Schutz der freien Mandatsausübung

(1) Niemand darf gehindert werden, sich um ein Mandat in der Bürgerschaft oder in der gesetzgebenden Körperschaft eines anderen Landes zu bewerben, es zu übernehmen oder auszuüben.

(2) Benachteiligungen am Arbeitsplatz wegen der Bewerbung um ein Mandat sowie der Annahme und Ausübung eines Mandats sind unzulässig.

(3) ¹Eine Kündigung oder Entlassung wegen der Bewerbung, der Annahme oder Ausübung des Mandats ist unzulässig. ²Eine Kündigung ist im übrigen nur aus wichtigem Grunde zulässig. ³Der Kündigungsschutz beginnt mit der Aufstellung des Bewerbers durch das dafür zuständige Organ der Partei oder der Wählervereinigung. ⁴Er gilt ein Jahr nach dem Wahltag oder nach Beendigung des Mandats fort.

VIII. Freie und Hansestadt Hamburg

1. Verfassung

74 Verfassung der Freien Hansestadt Hamburg
vom 6. Juni 1952 (GVBl. S. 117).
Zuletzt geändert durch Gesetz vom 16. Mai 2001 (GVBl. I S. 106).

Artikel 13

(1) ...

(2) ¹Die Vereinbarkeit des Amtes einer oder eines Abgeordneten mit einer Berufstätigkeit ist gewährleistet. ²Das Gesetz kann für Angehörige des hamburgischen öffentlichen Dienstes und für leitende Angestellte in Unternehmen, an denen die Freie und Hansestadt Hamburg unmittelbar oder mittelbar beteiligt ist, Beschränkungen der Wählbarkeit vorsehen.

(3) ¹Niemand darf gehindert werden, das Amt einer oder eines Abgeordneten zu übernehmen und auszuüben; insbesondere ist Arbeitnehmerinnen oder Arbeitnehmern die dafür nötige freie Zeit zu gewähren. ²Eine Kündigung oder Entlassung aus einem Arbeits- oder Dienstverhältnis aus diesem Grunde ist unzulässig. ³Das Gesetz bestimmt das Nähere.

2. Abgeordnetengesetz

Hamburgisches Abgeordnetenhausgesetz
vom 21. Juni 1996 (HmbGVBl. S. 141).
Zuletzt geändert durch Gesetz vom 28. Dezember 2004 (HmbGVBl. 2004, S. 510).

§ 8
Mandat und Beruf

(1) Niemand darf gehindert werden, sich um ein Mandat in der Bürgerschaft oder der gesetzgebenden Körperschaft eines anderen Landes zu bewerben, es zu übernehmen und auszuüben.

(2) Benachteiligungen insbesondere am Arbeitsplatz im Zusammenhang mit der Bewerbung um ein Mandat sowie dessen Übernahme und Ausübung sind unzulässig.

(3) ¹Eine Kündigung oder Entlassung wegen der Übernahme oder Ausübung des Mandats ist unzulässig. ²Eine Kündigung ist im übrigen nur aus wichtigem Grund zulässig. ³Der Kündigungsschutz beginnt mit der Aufstellung der Bewerberin oder des Bewerbers durch das dafür zuständige Organ der Partei oder mit der Einreichung des Wahlvorschlags. ⁴Er gilt ein Jahr nach Beendigung der Mitgliedschaft in der gesetzgebenden Körperschaft fort.

(4) ¹Soweit zur ordnungsgemäßen Durchführung der Aufgaben eines Mitglieds eine Arbeitsbefreiung erforderlich ist, ist es in entsprechendem Umfang von seiner Verpflichtung zur Arbeitsleistung befreit. ²Einer Zustimmung der Arbeitgeberin oder des Arbeitgebers zur Arbeitsbefreiung bedarf es nicht.

(..)

3. Bezirksabgeordnetenwahlgesetz

Gesetz über die Wahl zu den Bezirksversammlungen
idF vom 22. Juli 1986 (GVBl. I S. 230).
Zuletzt geändert durch Gesetz vom 5. Juli 2004 (HmbGVBl. 2004, S. 313).

§ 17

Die Entlassung eines Beamten oder Richters oder die Kündigung eines Angestellten wegen seiner Tätigkeit als Bezirksabgeordneter ist unzulässig.

4. Erläuterung

Steht eine zur hamburgischen Bürgerschaft gewählte Person im Beamten- oder Angestelltenverhältnis zur Freien und Hansestadt Hamburg oder zu einer landesunmittelbaren Körperschaft, Anstalt oder Stiftung des öffentlichen Rechts mit Dienstbezügen oder ist sie Richterin oder Richter iSv § 4 DRiG, hat sie oder er ihrem oder seinem Dienstherren unverzüglich die Annahme der Wahl anzuzeigen. Der Dienstherr stellt dann fest, ob das Dienstverhältnis gem. § 5 AbgG des Bundes (s.o. Rz 13) iVm §§ 18 Abs. 1, 20 Abs. 4 Hamburgisches AbgG vom 21.6.1996 (HmbGVBl. S 141) ruht (§ 34 Abs. 3 Gesetz über die Wahl zur hamburgischen Bürgerschaft vom 22.7.1986 HmbGVBl. S. 223, zuletzt geändert am 5.7.2004 HmbGVBl. S. 313).

IX. Hessen

1. Verfassung

Verfassung des Landes Hessen
vom 1. Dezember 1946 (GVBl. S. 229).
Zuletzt geändert durch Gesetz vom 18. Oktober 2002 (GVBl. I S. 628)

Art. 76

(1) Jedermann ist die Möglichkeit zu sichern, in den Landtag gewählt zu werden und sein Mandat ungehindert und ohne Nachteil auszuüben.

(2) Das Nähere regelt das Gesetz.

2. Abgeordnetengesetz

79 Gesetz über die Rechtsverhältnisse der Abgeordneten des Hessischen Landtags
(Hessisches Abgeordnetengesetz – HessAbgG)
vom 18. Oktober 1989 (GVBl. I S. 261).
Zuletzt geändert durch Gesetz vom 15. Dezember 2005 (GVBl. I S. 839).

§ 2 Freie Mandatsausübung

(1) Jede wählbare Person darf sich ungehindert um ein Mandat im Landtag oder in der gesetzgebenden Körperschaft eines anderen Landes bewerben, es annehmen und ausüben.

(2) ¹Dabei darf sie am Arbeitsplatz nicht benachteiligt werden. ²Insbesondere ist eine ordentliche Kündigung oder eine Entlassung wegen der Bewerbung um ein Mandat oder wegen der Annahme oder Ausübung des Mandats unzulässig.

(3) ¹Der Kündigungsschutz beginnt mit der Aufstellung der Bewerber und Bewerberinnen durch das dafür zuständige Organ der Partei oder mit der Einreichung des Wahlvorschlags. ²Er gilt ein Jahr nach Beendigung des Mandats fort, für nicht gewählte Bewerber und Bewerberinnen drei Monate nach dem Tag der Wahl.

3. Erläuterungen

80 Das HessAbgG ist nach der Initiative der Landtagspräsidentenkonferenz (s.a. Rz 54) erlassen worden und löste im Jahre 1978 das Gesetz zur Sicherung der Mandatsausübung (MASG) vom 9.7.1973 (GVBl. I S. 248) ab. Die Regelungen des MASG enthielten zT einen weitergehenden Schutz – allerdings nur für Abgeordnete – als die heute geltenden Vorschriften des HessAbgG. Insbesondere der persönliche Geltungsbereich des MASG war im Einzelnen hinsichtlich der verschiedenen Volksvertretungen aufgezählt. § 1 Abs. 2 S. 2 MASG sah das Behinderungs- und Benachteiligungsverbot sowie den besonderen Kündigungsschutz vor für Mitglieder von Ortsbeiräten, Gemeindevertreter, Stadtverordnete, Kreistagsabgeordnete, ehrenamtliche Mitglieder der Gemeindevorstände, der Magistrate und der Kreisausschüsse.

81 Mit der Novellierung des HessAbgG vom 19.10.1989 – insbes. wegen gravierender Zweifel an der Verfassungsgemäßheit vor allem der Abgeordnetenentschädigung initiiert – ist der besondere Kündigungsschutz für Ersatzbewerber weggefallen. Die ehemals geltende Regelung sah vor, dass der Ersatzbewerber dem besonderen Kündigungsschutz ab dem Zeitpunkt der Aufstellung durch das zuständige Organ der Partei oder mit der Einreichung des Wahlvorschlags für die Dauer bis zum Ablauf von drei Monaten nach dem Tag der Wahl unterfällt.

4. Gemeindeordnung

82 Hessische Gemeindeordnung
idF vom 1. April 1993 (GVBl. 1992 I S. 534).
Zuletzt geändert durch Gesetz vom 17. Oktober 2005 (GVBl. I S. 674)

§ 35a Sicherung der Mandatsausübung

(1) ¹Niemand darf gehindert werden, sich um ein Mandat als Gemeindevertreter zu bewerben, es anzunehmen oder auszuüben. ²Benachteiligungen am Arbeitsplatz im Zusammenhang mit der Bewerbung um ein Mandat, der Annahme und Ausübung eines Mandats sind unzulässig. ³Entgegenstehende Vereinbarungen sind nichtig. ⁴Die Bestimmungen der Abs. 2 bis 4 gelten nur für außerhalb des öffentlichen Dienstes beschäftigte Gemeindevertreter.

(2) ¹Die Arbeitsverhältnisse von Gemeindevertretern können vom Arbeitgeber nur aus wichtigem Grund gekündigt werden; das gilt nicht für Kündigungen während der Probezeit. ²Der Kündigungsschutz beginnt mit der Aufstellung des Bewerbers durch das dafür zuständige Gremium. ³Er gilt ein Jahr nach Beendigung des Mandats fort. ⁴Gehörte der Gemeindevertreter weniger als ein Jahr der Gemeindevertretung an, besteht Kündigungsschutz für sechs Monate nach Beendigung des Mandats.

(3) ¹Der Gemeindevertreter ist auf dem bisherigen Arbeitsplatz zu belassen. ²Die Umsetzung auf einen anderen gleichwertigen Arbeitsplatz oder an einen anderen Beschäftigungsort ist nur zulässig, wenn der Gemeindevertreter zustimmt oder dem Arbeitgeber eine Belassung auf dem bisherigen Arbeitsplatz oder an dem bisherigen Beschäftigungsort bei Abwägung aller Umstände nicht zugemutet werden kann. ³Die niedrigere Eingruppierung des Gemeindevertreters auf dem bisherigen oder zukünftigen Arbeitsplatz nach S. 2 ist ausgeschlossen. ⁴Abs. 2 S. 2 gilt entsprechend.

(4) ¹Dem Gemeindevertreter ist die für die Mandatsausübung erforderliche Freistellung von der Arbeit zu gewähren. ²Dem Gemeindevertreter ist unabhängig von der Freistellung jährlich bis zu zwei Wochen Urlaub für die Teilnahme an Fortbildungsveranstaltungen im Zusammenhang mit dem Mandat zu gewähren. ³Die Entschädigung des Verdienstausfalls richtet sich nach § 27.

Die Regelung gem. § 35a HGO gilt gem. § 82 Abs. 2 HGO entsprechend für **Ortsbeiräte**, die für Ortsbezirke gem. § 81 HGO eingerichtet werden können. 83

5. Landkreisordnung

Hessische Landkreisordnung 84
(HKO, das Gesetz tritt am 31.12.2011 außer Kraft)

Neubekanntmachung der HKO idF vom 1. April 1993 (GVBl. 1992 I S. 568)
in der ab 1. April 2005 geltenden Fassung.
Zuletzt geändert durch Gesetz vom 17. Oktober 2005 (GVBl. I S. 674).

§ 28a Sicherung der Mandatsausübung

(1) ¹Niemand darf gehindert werden, sich um ein Mandat als Kreistagsabgeordneter zu bewerben, es anzunehmen oder auszuüben. ²Benachteiligungen am Arbeitsplatz im Zusammenhang mit der Bewerbung um ein Mandat, der Annahme und Ausübung eines Mandats sind unzulässig. ³Entgegenstehende Vereinbarungen sind nichtig. ⁴Die Bestimmungen der Abs. 2 bis 4 gelten nur für außerhalb des öffentlichen Dienstes beschäftigte Kreistagsabgeordnete.
(2) ¹Die Arbeitsverhältnisse von Kreistagsabgeordneten können vom Arbeitgeber nur aus wichtigem Grund gekündigt werden; das gilt nicht für Kündigungen während der Probezeit. ²Der Kündigungsschutz beginnt mit der Aufstellung des Bewerbers durch das dafür zuständige Gremium. ³Er gilt ein Jahr nach Beendigung des Mandats fort. ⁴Gehörte der Kreistagsabgeordnete weniger als ein Jahr dem Kreistag an, besteht Kündigungsschutz für sechs Monate nach Beendigung des Mandats.
(3) ¹Der Kreistagsabgeordnete ist auf dem bisherigen Arbeitsplatz zu belassen. ²Die Umsetzung auf einen anderen gleichwertigen Arbeitsplatz oder an einen anderen Beschäftigungsort ist nur zulässig, wenn der Kreistagsabgeordnete zustimmt oder dem Arbeitgeber eine Belassung auf dem bisherigen Arbeitsplatz oder an dem bisherigen Beschäftigungsort bei Abwägung aller Umstände nicht zugemutet werden kann. ³Die niedrigere Eingruppierung des Kreistagsabgeordneten auf dem bisherigen oder zukünftigen Arbeitsplatz nach S. 2 ist ausgeschlossen. ⁴Abs. 2 S. 2 gilt entsprechend.
(4) ¹Dem Kreistagsabgeordneten ist die für die Mandatsausübung erforderliche Freistellung von der Arbeit zu gewähren. ²Dem Kreistagsabgeordneten ist unabhängig von der Freistellung jährlich bis zu zwei Wochen Urlaub für die Teilnahme an Fortbildungsveranstaltungen im Zusammenhang mit dem Mandat zu gewähren. ³Die Entschädigung des Verdienstausfalls richtet sich nach § 18 Abs. 1 S. 1.

X. Mecklenburg-Vorpommern

1. Verfassung

Verfassung des Landes Mecklenburg-Vorpommern 85
vom 23. Mai 1993 (GVOBl. M-V Nr. 10/1993 v. 23. Mai 1993).
Geändert durch 1. ÄndG vom 4. April 2000 (GVOBl. S. 158).

Art. 23 (Kandidatur)

(1) Wer sich um einen Sitz im Landtag bewirbt, hat Anspruch auf den zur Vorbereitung seiner Wahl erforderlichen Urlaub.
(2) Niemand darf gehindert werden, das Amt eines Abgeordneten zu übernehmen und auszuüben. Eine Kündigung oder Entlassung aus diesem Grunde ist unzulässig.

2. Abgeordnetengesetz

86 Gesetz über die Rechtsverhältnisse der Mitglieder des Landtages von Mecklenburg-Vorpommern (Abgeordnetengesetz)
vom 20. Dezember 1990 (GVOBl. 1991 S. 3/ber. 1994 S. 859).
Zuletzt geändert durch Gesetz vom 19. Dezember 2005 (GVOBl. M-V S. 640).

§ 2 Schutz der freien Mandatsausübung

(1) Niemand darf gehindert werden, sich um ein Mandat im Landtag zu bewerben, es zu übernehmen oder auszuüben.
(2) Benachteiligungen am Arbeitsplatz im Zusammenhang mit der Bewerbung um ein Mandat sowie der Annahme und Ausübung eines Mandats sind unzulässig.
(3) ¹Eine Kündigung oder Entlassung wegen der Annahme oder Ausübung des Mandats ist unzulässig. ²Eine Kündigung ist im übrigen nur aus wichtigem Grund zulässig. ³Der Kündigungsschutz beginnt mit der Aufstellung des Bewerbers durch das dafür zuständige Organ der Partei oder mit der Einreichung des Wahlvorschlags, jedoch frühestens drei Jahre nach Beginn der laufenden Wahlperiode des Landtags, im Fall der Auflösung des Landtags vor Ende dieser Frist, frühestens mit seiner Auflösung. ⁴Er gilt ein Jahr nach Beendigung des Mandats fort.

3. Gemeindeordnung

86a Kommunalverfassung für das Land Mecklenburg-Vorpommern (KV M-V)
vom 18. Februar 1994 (GVOBl. S. 249/GS M.-V. Gl. Nr. 2020–2).
Neubekanntmachung idF vom 13. Januar 1998 (GVOBl. M-V S. 29, ber. 890) id ab 4. März 2004 geltenden Fassung, zuletzt geändert durch Gesetz vom 19. Dezember 2005 (GOVBl. M-V S. 640)

1. Teil. Gemeindeordnung

§ 27 Entschädigungen, Kündigungsschutz

(1)–(4) ...
(5) ¹Niemand darf gehindert werden, sich um ein Mandat als Gemeindevertreter zu bewerben, es anzunehmen oder auszuüben. ²Benachteiligung am Arbeitsplatz im Zusammenhang mit der Bewerbung um ein Mandat, der Annahme und Ausübung eines Mandats sind unzulässig. ³Entgegenstehende Vereinbarungen sind nichtig.

§ 19 Rechte und Pflichten der Bürger

(1)–(3) ...
(4) Für die Ausübung von Ehrenämtern und ehrenamtlichen Tätigkeiten für die Gemeinde gelten die Bestimmungen über die Verschwiegenheit (§ 23 Abs. 6), Mitwirkungsverbote (§ 24), Vertretungsverbot (§ 26), Entschädigungen, Kündigungsschutz (§ 27) und die Verpflichtung (§ 28 Abs. 1 S. 6) entsprechend.

4. Landkreisordnung

86b Kommunalverfassung für das Land Mecklenburg-Vorpommern (KV M-V)
vom 18. Februar 1994 (GVOBl. S. 249/GS M.-V. Gl. Nr. 2020–2).
Neubekanntmachung idF vom 13. Januar 1998 (GVOBl. M-V S. 29, ber. 890) id ab 4. März 2004 geltenden Fassung, zuletzt geändert durch Gesetz vom 19. Dezember 2005 (GOVBl. M-V S. 640)

2. Teil. Landkreisordnung

§ 102 Rechte und Pflichten der Bürger, Bürgerentscheid

(1) ¹Die Bürger sind verpflichtet, Ehrenämter und ehrenamtliche Tätigkeiten für den Landkreis zu übernehmen und gewissenhaft und unparteiisch auszuüben. ²§ 19 Abs. 3 und 4 gilt entsprechend.

XI. Niedersachsen

1. Verfassung

Niedersächsische Verfassung 87
vom 19. Mai 1993 (GVBl. S. 107).
Zuletzt geändert durch Gesetz vom 21. November 1997 (GVBl. S. 480).

Art. 13
(1) Wer sich um einen Sitz im Landtag bewirbt, hat Anspruch auf den zur Vorbereitung seiner Wahl erforderlichen Urlaub.
(2) ¹Niemand darf gehindert werden, ein Landtagsmandat zu übernehmen und auszuüben. ²Die Kündigung eines Beschäftigungsverhältnisses aus diesem Grunde ist unzulässig.
(3) ¹Die Mitglieder des Landtages haben Anspruch auf eine angemessene, ihre Unabhängigkeit sichernde Entschädigung. ²Das Nähere bestimmt ein Gesetz.

2. Abgeordnetengesetz

Gesetz über die Rechtsverhältnisse der Abgeordneten des Niedersächsischen Landtages 88
(Niedersächsisches Abgeordnetengesetz)
in der Fassung vom 20. Juni 2000
(Nds. GVBl. S. 129).
Zuletzt geändert durch Gesetz vom 16. Dezember 2004 (Nds. GVBl. S. 626).

§ 2 Schutz der freien Mandatsausübung
(1) Niemand darf gehindert werden, sich um ein Mandat zu bewerben, es anzunehmen oder auszuüben.
(2) Benachteiligungen am Arbeitsplatz im Zusammenhang mit der Bewerbung um das Mandat sowie der Annahme und Ausübung des Mandats sind unzulässig.
(3) ¹Eine Kündigung oder Entlassung wegen der Annahme oder Ausübung des Mandats ist unzulässig. ²Eine Kündigung ist im übrigen nur aus wichtigem Grund zulässig. ³Der Kündigungsschutz beginnt mit der Aufstellung des Bewerbers durch das dafür zuständige Organ der Partei oder mit der Einreichung des Wahlvorschlages. ⁴Er gilt ein Jahr nach dem Ausscheiden aus dem Landtag fort.

Der Kündigungsschutz des Art. 13 Abs. 2 S. 2 (vormals Art. 17 Abs. 2 S. 2) der Verfassung des Landes 89 Niedersachsen erstreckt sich **nicht auf Rechtsanwälte als freiberuflich Tätige** (*BGH* 2.5.1985 AP Nr. 5 zu Art. 48 GG). Dies ergibt sich bereits aus dem Wortlaut der Vorschrift. Der BGH hatte einen Fall anhand der vorherigen Fassung des Art. 17 Abs. 2 S. 2 (vgl. *Weigand* KR, 3. Aufl. ParlKSchG Rz 87), die sich auch auf »Dienstverhältnisse« bezog, zu entscheiden. Nach dem BGH ist durch die zitierte Verfassungsnorm – in ihrer vormaligen Fassung – die Kündigung einer Anwaltssozietät allenfalls dann untersagt, wenn sie auf die Erschwerung oder Verhinderung der Abgeordnetentätigkeit abzielt, nicht aber, wenn sie nur die Mehrbelastung der Mitgesellschafter des Abgeordneten als Folge seiner Inanspruchnahme durch das Mandat abwenden will. Dieser Rechtsprechung des BGH begegnen erhebliche Bedenken; denn das verfassungsrechtliche Behinderungsverbot gilt für jede vertragliche Bindung mit der Qualität eines gesetzlichen Verbotes (vgl. die frühere Rspr. des *BGH* 6.5.1965 NJW 1965, 1958 f.; s.o. Rz 36 f.) und landesrechtliche Regelungen müssen sich nach der Rspr. des BVerfG direkt an den Grundsätzen des Art. 48 GG messen lassen (s.o. Rz 25, 33).

§ 3 Niedersächsisches AbgG sieht eine Regelung über einen Wahlvorbereitungsurlaub vor in Anleh- 90 nung an § 3 BT AbgG (s.o. Rz 11). Allerdings gilt die Anrechnung der Mandatszeit auf die Berufs- und Betriebszugehörigkeit weder für die Berechnung der Höhe der Leistungen, die nach der Berufs- oder Betriebszugehörigkeit bemessen werden, noch für Probezeiten, noch für Zeiten einer praktischen Tätigkeit, die Voraussetzung für die Ausübung eines Berufs sind. Die Mandatszeit kann jedoch angerechnet werden, soweit sie der praktischen Tätigkeit vergleichbar ist (§ 4 Niedersächsisches AbgG).

Unvereinbar ist der Status des Beamten mit Dienstbezügen mit dem Abgeordnetenmandat. Soll das 91 Mandat nicht erlöschen, müssen die Rechte und Pflichten aus dem Beamtenverhältnis ruhen oder es muss eine ähnliche Regelung getroffen werden oder das Beamtenverhältnis muss beendet werden. Diese Vorschrift (§ 5 Niedersächsisches AbgG) gilt entsprechend für Richter, Berufssoldaten und Soldaten auf Zeit, für Angestellte bei juristischen Personen des öffentlichen Rechts mit Ausnahme der Religionsgesellschaften sowie für Angestellte von Kapitalgesellschaften, Vereinen, Verbänden oder Stiftungen, wenn zu mehr als 50 vH juristische Personen nach Nummer 2 Kapitaleigner oder Mitglieder sind, das Stiftungsvermögen bereitgestellt haben oder die Aufwendungen tragen.

3. Gemeindeordnung

Niedersächsische Gemeindeordnung
idF vom 22. August 1996 (Nds. GVBl. S. 382).
Zuletzt geändert durch Gesetz vom 15. November 2005 (Nds. GVBl. S. 352).

§ 39

(1) ...
(2) ¹Niemand darf gehindert werden, das Amt eines Ratsmitgliedes zu übernehmen und auszuüben. ²Es ist unzulässig, eine Ratsfrau oder einen Ratsherrn, die oder der in einem Dienst- oder Arbeitsverhältnis steht, aus diesem Grunde zu entlassen oder ihr oder ihm zu kündigen. ³Der Ratsfrau oder dem Ratsherrn ist die für ihre oder seine Tätigkeit notwendige freie Zeit zu gewähren. ⁴Ihr oder ihm ist darüber hinaus in jeder Wahlperiode bis zu fünf Arbeitstage Urlaub für die Teilnahme an Fortbildungsveranstaltungen im Zusammenhang mit dem Amt des Ratsmitgliedes zu gewähren. ⁵Für die Zeit des Urlaubs nach S. 4 haben Ratsfrauen oder Ratsherren keinen Anspruch auf Lohn oder Gehalt; entsteht ihnen hieraus ein Verdienstausfall, so hat die Gemeinde diesen bis zu einem Höchstbetrag zu erstatten, der durch Satzung festzulegen ist. ⁶Die Gemeinde erstattet den Ratsfrauen und Ratsherren die durch die Teilnahme an Fortbildungsveranstaltungen während des Urlaubs nach S. 4 entstandenen notwendigen Aufwendungen für eine Kinderbetreuung. ⁷Sind Ratsfrauen oder Ratsherren zugleich auch Kreistagsabgeordnete, so entsteht der Anspruch auf Urlaub nach S. 4 in jeder Wahlperiode nur einmal.

4. Landkreisordnung

Niedersächsische Landkreisordnung
idF vom 22. August 1996 (Nds. GVBl. S. 365).
Zuletzt geändert durch Gesetz vom 15. November 2005 (Nds. GVBl. S. 352).

§ 35

(1) ...
(2) ¹Niemand darf gehindert werden, das Amt einer Kreistagsabgeordneten oder eines Kreistagsabgeordneten zu übernehmen und auszuüben. ²Es ist unzulässig, eine Kreistagsabgeordnete oder einen Kreistagsabgeordneten, die oder der in einem Dienst- oder Arbeitsverhältnis steht, aus diesem Grunde zu entlassen oder ihr oder ihm zu kündigen. ³Der Kreistagsabgeordneten oder dem Kreistagsabgeordneten ist die für ihre oder seine Tätigkeit notwendige freie Zeit zu gewähren. ⁴Ihr oder ihm ist darüber hinaus in jeder Wahlperiode bis zu fünf Arbeitstage Urlaub für die Teilnahme an Fortbildungsveranstaltungen im Zusammenhang mit dem Amt des Kreistagsmitgliedes zu gewähren. ⁵Für die Zeit des Urlaubs nach S. 4 haben Kreistagsabgeordnete keinen Anspruch auf Lohn oder Gehalt; entsteht ihnen hieraus ein Verdienstausfall, so hat der Landkreis diesen bis zu einem Höchstbetrag zu erstatten, der durch Satzung festzulegen ist. ⁶Der Landkreis erstattet Kreistagsabgeordneten die durch die Teilnahme an Fortbildungsveranstaltungen während des Urlaubs nach S. 4 entstandenen notwendigen Aufwendungen für eine Kinderbetreuung. ⁷Sind Kreistagsabgeordnete zugleich auch Ratsfrauen oder Ratsherren, so entsteht der Anspruch auf Urlaub nach S. 4 in jeder Wahlperiode nur einmal.

XII. Nordrhein-Westfalen

1. Verfassung

Verfassung des Landes Nordrhein-Westfalen
vom 18. Juni 1950 (GV NW S. 127/GS NW S. 3/SGV NW 100).
Zuletzt geändert durch Gesetz vom 22. Juni 2004 (GV NRW S. 360).

Art. 46 Schutz der Mandatsausübung

(1) ¹Abgeordnete dürfen an der Übernahme und Ausübung ihres Mandats nicht gehindert oder hierdurch in ihrem Amt oder Arbeitsverhältnis benachteiligt werden. ²Insbesondere ist unzulässig, sie aus diesem Grunde zu entlassen oder ihnen zu kündigen.

(2) ¹Beamte, Angestellte und Arbeiter bedürfen zu der mit den Obliegenheiten ihres Mandats als Mitglieder des Landtags verbundenen Tätigkeit keines Urlaubs. ²Bewerben sie sich um einen Sitz im Landtag, so ist ihnen der zur Vorbereitung ihrer Wahl erforderliche Urlaub zu gewähren.
(3) Die Wählbarkeit von Beamten, Angestellten des öffentlichen Dienstes und Richtern im Lande Nordrhein-Westfalen kann gesetzlich beschränkt werden.

2. Abgeordnetengesetz

Abgeordnetengesetz des Landes Nordrhein-Westfalen
– AbgG NRW –
Vom 5. April 2005
Zuletzt geändert durch Gesetz vom 15. Dezember 2005 (GV NRW S. 951).

§ 2 Schutz der freien Mandatsausübung

(1) ¹Niemand darf gehindert werden, sich um ein Mandat im Landtag oder in der gesetzgebenden Körperschaft eines anderen Landes zu bewerben, es zu übernehmen oder auszuüben. ²Zu den Pflichten der Abgeordneten gehört die Teilnahme an Plenar- und Ausschusssitzungen, an den Sitzungen der Fraktionen und Arbeitskreise sowie des Ältestenrates und des Präsidiums (Pflichtsitzungen).
(2) Benachteiligungen am Arbeitsplatz im Zusammenhang mit der Bewerbung um ein Mandat sowie der Annahme und Ausübung eines Mandats sind unzulässig.
(3) ¹Eine Kündigung oder Entlassung im Zusammenhang mit der Annahme oder Ausübung des Mandats ist unzulässig. ²Eine Kündigung ist im übrigen nur aus wichtigem Grunde zulässig. ³Der Kündigungsschutz beginnt mit der Aufstellung des Bewerbers durch das dafür zuständige Organ der Partei oder mit der Einreichung des Wahlvorschlags. ⁴Er gilt ein Jahr nach Beendigung des Mandats fort.

3. Gemeindeordnung

Gemeindeordnung für das Land Nordrhein-Westfalen
idF der Bekanntmachung vom 14. Juli 1994 (GV NW S. 666/SGV NW 2023).
Zuletzt geändert durch Gesetz vom 3. Mai 2005 (GV NRW S. 498).

§ 44 Freistellung

(1) ¹Niemand darf gehindert werden, sich um ein Mandat als Mitglied des Rates, einer Bezirksvertretung oder eines Ausschusses zu bewerben, es anzunehmen oder auszuüben. ²Benachteiligungen am Arbeitsplatz im Zusammenhang mit der Bewerbung, der Annahme oder der Ausübung eines Mandats sind unzulässig. ³Entgegenstehende Vereinbarungen sind nichtig. ⁴Kündigungen oder Entlassungen aus Anlaß der Bewerbung, Annahme oder Ausübung eines Mandats sind unzulässig.
(2) ¹Die Mitglieder des Rates, der Bezirksvertretungen und der Ausschüsse sind von der Arbeit freizustellen, soweit es die Ausübung ihres Mandats erfordert. ²Als erforderlich ist eine Freistellung in der Regel anzusehen, wenn die Tätigkeit mit dem Mandat in unmittelbarem Zusammenhang steht oder auf Veranlassung des Rates, der Bezirksvertretung oder des Ausschusses erfolgt und nicht während der arbeitsfreien Zeit ausgeübt werden kann.

4. Landkreisordnung

Kreisordnung für das Land Nordrhein-Westfalen
idF der Bekanntmachung vom 14. Juli 1994 (GV NW S. 646/SGV NW 2021).
Zuletzt geändert durch Gesetz vom 5. April 2005 (GV NRW S. 306).

§ 29 Freistellung

(1) ¹Niemand darf gehindert werden, sich um ein Mandat als Mitglied des Kreistags oder eines Ausschusses zu bewerben, es anzunehmen oder auszuüben. ²Benachteiligungen am Arbeitsplatz in Zusammenhang mit der Bewerbung, der Annahme oder der Ausübung eines Mandats sind unzulässig. ³Entgegenstehende Vereinbarungen sind nichtig. ⁴Kündigungen oder Entlassungen aus Anlaß der Bewerbung, Annahme oder Ausübung eines Mandats sind unzulässig.
(2) ¹Die Mitglieder des Kreistags und der Ausschüsse sind von der Arbeit freizustellen, soweit es die Ausübung ihres Mandats erfordert. ²Als erforderlich ist eine Freistellung in der Regel anzuse-

hen, wenn die Tätigkeit mit dem Mandat in unmittelbarem Zusammenhang steht oder auf Veranlassung des Kreistags oder des Ausschusses erfolgt und nicht während der arbeitsfreien Zeit ausgeübt werden kann.

XIII. Rheinland-Pfalz

1. Verfassung

98   Verfassung für Rheinland-Pfalz
vom 18. Mai 1947 (VOBl. S. 209).
Zuletzt geändert durch Gesetz vom 16. Dezember 2005 (GVBl. S. 495; 2006 S. 20).

Artikel 96
(1) ¹Wer sich um einen Sitz im Landtag bewirbt, hat Anspruch auf den zur Vorbereitung seiner Wahl erforderlichen Urlaub. ²Niemand darf gehindert werden, das Amt eines Abgeordneten zu übernehmen und auszuüben. ³Eine Kündigung oder Entlassung aus diesem Grunde ist unzulässig.
(2) Auf Geistliche und Ordensleute finden diese Bestimmungen keine Anwendung.

2. Abgeordnetengesetz

99   Landesgesetz über die Rechtsverhältnisse der Mitglieder des Landtags Rheinland-Pfalz
(Abgeordnetengesetz Rheinland-Pfalz – AbgG RhPf –)
vom 21. Juli 1978 (GVBl. S. 587).
Zuletzt geändert durch Gesetz vom 22. Dezember 2004 (GVBl. S. 582).

§ 2 Schutz der freien Mandatsausübung
(1) Niemand darf gehindert werden, sich um ein Mandat im Landtag oder in der gesetzgebenden Körperschaft eines anderen Landes zu bewerben, es anzunehmen oder auszuüben.
(2) Benachteiligungen am Arbeitsplatz im Zusammenhang mit der Bewerbung um ein Mandat sowie der Annahme und Ausübung eines Mandats sind unzulässig.
(3) ¹Eine Kündigung oder Entlassung wegen der Annahme oder Ausübung des Mandats ist unzulässig. ²Eine Kündigung ist im übrigen nur aus wichtigem Grunde zulässig. ³Der Kündigungsschutz beginnt mit der Aufstellung des Bewerbers durch die nach den Vorschriften des Landeswahlgesetzes zuständigen Organe. ⁴Er gilt ein Jahr nach Beendigung des Mandats fort.

3. Gemeindeordnung

100   Gemeindeordnung für Rheinland-Pfalz
vom 14. Dezember 1973 (GVBl. S. 419).
Zuletzt geändert durch Gesetz vom 5. April 2005 (GVBl. S. 98).

§ 18a Arbeitsrechtliche und dienstrechtliche Sicherung
(1) ¹Die Bewerbung um ein Ehrenamt oder eine ehrenamtliche Tätigkeit sowie die Annahme und die Ausübung dürfen nicht behindert werden. ²Entgegenstehende Vereinbarungen sind nichtig.
(2) Wer ein Ehrenamt oder eine ehrenamtliche Tätigkeit ausübt, darf, wenn er in einem Dienst- oder Arbeitsverhältnis steht, nicht aus diesem Grunde entlassen, gekündigt oder in eine andere Gemeinde versetzt werden.
(3) Ratsmitglieder sowie ehrenamtliche Bürgermeister, Beigeordnete und Ortsvorsteher können nur mit ihrer Zustimmung auf einen anderen Arbeitsplatz umgesetzt werden, es sei denn, daß ihre Belassung auf dem bisherigen Arbeitsplatz aus zwingenden betrieblichen Gründen dem Arbeitgeber nicht zugemutet werden kann.
(4) ¹Die Kündigung der Arbeitsverhältnisse der Ratsmitglieder, der ehrenamtlichen Bürgermeister, Beigeordneten und Ortsvorsteher ist unzulässig, es sei denn, daß Tatsachen vorliegen, die den Arbeitgeber zur Kündigung nach § 626 des Bürgerlichen Gesetzbuches berechtigen; dies gilt nicht für Kündigungen während der Probezeit. ²Für die Bewerber zum Gemeinderat besteht in der Reihenfolge des Wahlvorschlags bis zu der in § 29 Abs. 2 bestimmten Zahl und für Bewerber für das Amt des ehrenamtlichen Bürgermeisters der Kündigungsschutz mit dem Eingang des Wahlvorschlags beim Wahlleiter. ³§ 15 Abs. 4 und 5 des Kündigungsschutzgesetzes gilt entsprechend.
(5) Die für die Wahrnehmung eines Ehrenamts oder einer ehrenamtlichen Tätigkeit notwendige freie Zeit ist auf Antrag demjenigen, der in einem Dienst- oder Arbeitsverhältnis steht, zu gewähren.

(6) ¹Dem Inhaber eines Ehrenamts steht Sonderurlaub zur Teilnahme an Fortbildungsveranstaltungen im Zusammenhang mit seinem Ehrenamt zu. ²Der Sonderurlaub beträgt bis zu fünf Arbeitstage im Kalenderjahr; entsprechende Freistellungen, die in einem Kalenderjahr auf Grund anderer Vorschriften gewährt werden, sind anzurechnen. ³Für Beamte werden nähere Bestimmungen über die Anrechnung von anderen Freistellungen auf den Anspruch nach S. 1 in der Urlaubsverordnung getroffen. ⁴§ 18 Abs. 4 gilt entsprechend.

4. Landkreisordnung

Landkreisordnung für Rheinland-Pfalz
idF der Bekanntmachung vom 31. Januar 1994 (GVBl. S. 188).
Zuletzt geändert durch Gesetz vom 5. April 2005 (GVBl. S. 98).

§ 12a Arbeitsrechtliche und dienstrechtliche Sicherung
(1) ¹Die Bewerbung um ein Ehrenamt oder eine ehrenamtliche Tätigkeit sowie die Annahme und die Ausübung dürfen nicht behindert werden. ²Entgegenstehende Vereinbarungen sind nichtig.
(2) Wer ein Ehrenamt oder eine ehrenamtliche Tätigkeit ausübt, darf, wenn er in einem Dienst- oder Arbeitsverhältnis steht, nicht aus diesem Grunde entlassen, gekündigt oder in einen anderen Landkreis versetzt werden.
(3) Kreistagsmitglieder sowie ehrenamtliche Kreisbeigeordnete können nur mit ihrer Zustimmung auf einen anderen Arbeitsplatz umgesetzt werden, es sei denn, daß ihre Belassung auf dem bisherigen Arbeitsplatz aus zwingenden betrieblichen Gründen dem Arbeitgeber nicht zugemutet werden kann.
(4) ¹Die Kündigung der Arbeitsverhältnisse der Kreistagsmitglieder sowie der ehrenamtlichen Kreisbeigeordneten ist unzulässig, es sei denn, daß Tatsachen vorliegen, die den Arbeitgeber zur Kündigung nach § 626 des Bürgerlichen Gesetzbuches berechtigen; dies gilt nicht für Kündigungen während der Probezeit. ²Für die Bewerber zum Kreistag besteht in der Reihenfolge des Wahlvorschlags bis zu der in § 22 Abs. 2 bestimmten Zahl der Kündigungsschutz mit dem Eingang des Wahlvorschlags beim Wahlleiter. ³§ 15 Abs. 4 und 5 des Kündigungsschutzgesetzes gilt entsprechend.
(5) Die für die Wahrnehmung eines Ehrenamts oder einer ehrenamtlichen Tätigkeit notwendige freie Zeit ist auf Antrag demjenigen, der in einem Dienst- oder Arbeitsverhältnis steht, zu gewähren.
(6) ¹Dem Inhaber eines Ehrenamts steht Sonderurlaub zur Teilnahme an Fortbildungsveranstaltungen im Zusammenhang mit seinem Ehrenamt zu. ²Der Sonderurlaub beträgt bis zu fünf Arbeitstage im Kalenderjahr; entsprechende Freistellungen, die in einem Kalenderjahr auf Grund anderer Vorschriften gewährt werden, sind anzurechnen. ³Für Beamte werden nähere Bestimmungen über die Anrechnung von anderen Freistellungen auf den Anspruch nach S. 1 in der Urlaubsverordnung getroffen. ⁴§ 12 Abs. 4 gilt entsprechend.

XIV. Saarland
1. Verfassung

Verfassung des Saarlandes
vom 15. Dezember 1947 (ABl. S. 1077).
Zuletzt geändert durch Gesetz vom 5. September 2001 (Amtsblatt S. 1630).

Art. 84 [Wahlurlaub, Mandatsausübung]
¹Abgeordnete bedürfen zur Ausübung ihres Mandats keines Urlaubs. ²Bewirbt sich jemand um einen Sitz im Landtag, so ist ihm der zur Vorbereitung der Wahl erforderliche Urlaub zu gewähren.

2. Abgeordnetengesetz

103 Gesetz Nr. 1103 über die Rechtsverhältnisse der Mitglieder des Landtages des Saarlandes
(Abgeordnetengesetz – AbgG SL)
vom 4. Juli 1979 (Amtsbl. S. 656).
Zuletzt geändert durch Gesetz Nr. 1575 vom 5. Oktober 2005 (ABl. S. 1786).

§ 2 Schutz der freien Mandatsausübung
(1) Niemand darf gehindert werden, sich um ein Mandat im Landtag oder in der gesetzgebenden Körperschaft eines anderen Landes zu bewerben, es zu übernehmen oder auszuüben.
(2) Benachteiligungen am Arbeitsplatz im Zusammenhang mit der Bewerbung um ein Mandat sowie der Annahme und Ausübung eines Mandats sind unzulässig.
(3) [1]Eine Kündigung oder Entlassung wegen der Annahme oder Ausübung des Mandats ist unzulässig. [2]Eine Kündigung ist im übrigen nur aus wichtigem Grund zulässig. [3]Der Kündigungsschutz beginnt mit der Aufstellung des Bewerbers durch das dafür zuständige Organ der Partei oder mit der Einreichung des Wahlvorschlags. [4]Er gilt ein Jahr nach Beendigung des Mandats fort.

XV. Sachsen

1. Verfassung

104 Verfassung des Freistaates Sachsen
vom 27. Mai 1992 (GVBl. S. 243).

Art. 42 Rechte der Abgeordneten
(1) Wer sich um einen Sitz im Landtag bewirbt, hat Anspruch auf den zur Vorbereitung seiner Wahl erforderlichen Urlaub.
(2) [1]Niemand darf gehindert werden, das Amt eines Abgeordneten zu übernehmen und auszuüben. [2]Eine Kündigung oder Entlassung aus einem Dienst- oder Arbeitsverhältnis aus diesem Grund ist unzulässig.
(3) [1]Die Abgeordneten haben Anspruch auf eine angemessene, ihre Unabhängigkeit sichernde Entschädigung. [2]Sie haben innerhalb des Landes das Recht der kostenfreien Benutzung aller staatlichen Verkehrsmittel.
(4) Das Nähere bestimmt ein Gesetz.

2. Abgeordnetengesetz

105 Gesetz über die Rechtsverhältnisse der Mitglieder des sächsischen Landtages
(Abgeordnetengesetz)
idF der Bekanntmachung vom 4. Juli 2000 (GVBl. S. 326).

§ 2 Schutz der freien Mandatsausübung
(1) Niemand darf gehindert werden, sich um ein Mandat im Landtag oder in der gesetzgebenden Körperschaft eines anderen Landes zu bewerben, es anzunehmen oder auszuüben.
(2) [1]Benachteiligungen am Arbeitsplatz im Zusammenhang mit der Bewerbung um ein Mandat sowie der Annahme und Ausübung eines Mandats sind unzulässig. [2]Es ist unzulässig, ein Mitglied des Landtages gegen seinen Willen wegen seiner Abgeordneteneigenschaft zu beurlauben.
(3) [1]Eine Kündigung oder Entlassung wegen der Annahme oder Ausübung des Mandats ist unzulässig. [2]Eine Kündigung ist im übrigen nur aus wichtigem Grund zulässig. [3]Der Kündigungsschutz beginnt mit der Aufstellung des Bewerbers durch das dafür zuständige Organ der Partei oder mit der Einreichung des Wahlvorschlages. [4]Er gilt nach Beendigung des Mandats ein Jahr lang.
(4) [1]Das Arbeitsverhältnis eines Mitglieds des Landtags ruht. [2]Auf Antrag des Mitglieds wird es bei Einverständnis des Arbeitgebers im Umfang der dem Mitglied unter Berücksichtigung des Mandats noch zur Verfügung stehenden Arbeitszeit weitergeführt. [3]Der Arbeitgeber kann sein Einverständnis nur aus wichtigem Grunde versagen. [4]Im Fall der Weiterführung hat das Mandat Vorrang. [5]Auf Antrag des Mitglieds, welcher auf das Ende jedes Kalendermonats zwei Monate im voraus gestellt werden kann, ruht das Arbeitsverhältnis neuerlich. [6]§ 30 bleibt unberührt.

3. Gemeindeordnung

Gemeindeordnung für den Freistaat Sachsen (SächsGemO) 105a
In der Fassung der Bekanntmachung vom 18. März 2003 (GVBl. S. 55)
geändert durch Gesetz vom 11. Mai 2005 (GVBl. S. 155).

§ 35 Rechtsstellung der Gemeinderäte

(1) ...
(2) ¹Niemand darf gehindert werden, sich um das Mandat eines Gemeinderats zu bewerben, es zu übernehmen und auszuüben. ²Eine Kündigung oder Entlassung aus einem Dienst- oder Arbeitsverhältnis, eine Versetzung an einen anderen Beschäftigungsort sowie sonstige berufliche Benachteiligungen aus diesem Grunde sind unzulässig. ³Steht der Gemeinderat in einem Dienst- oder Arbeitsverhältnis, ist ihm die für die Mandatsausübung erforderliche freie Zeit zu gewähren.

4. Landkreisordnung

Landkreisordnung für den Freistaat Sachsen (SächsLKrO) 105b
vom 19. Juli 1993 (GVBl. S. 577).
Zuletzt geändert durch Gesetz vom 11. Mai 2005 (GVBl. S. 155).

§ 31 Rechtsstellung der Kreisräte

(1) ...
(2) ¹Niemand darf gehindert werden, sich um das Mandat eines Kreisrates zu bewerben, es zu übernehmen und auszuüben. ²Eine Kündigung oder Entlassung aus einem Dienst- oder Arbeitsverhältnis, eine Versetzung an einen anderen Beschäftigungsort sowie sonstige berufliche Benachteiligungen aus diesem Grunde sind unzulässig. ³Steht der Kreisrat in einem Dienst- oder Arbeitsverhältnis, ist ihm die für die Mandatsausübung erforderliche freie Zeit zu gewähren.

XVI. Sachsen-Anhalt

1. Verfassung

Verfassung des Landes Sachsen-Anhalt 106
vom 16. Juli 1992 (GVBl. S. 600).
Zuletzt geändert durch Gesetz vom 27. Januar 2005 (GVBl. LSA S. 44).

Art. 56 Erwerb und Sicherung des Mandats

(1) Wer sich um ein Landtagsmandat bewirbt, hat Anspruch auf den zur Vorbereitung seiner Wahl erforderlichen Urlaub.
(2) ¹Niemand darf gehindert werden, ein Landtagsmandat zu übernehmen und auszuüben. ²Niemand darf deswegen aus seinem Dienst- oder Arbeitsverhältnis entlassen werden.
(3) Die Eigenschaft als Mitglied des Landtages beginnt mit Annahme der Wahl.
(4) Die Mitglieder des Landtages haben das Recht, im Landtag das Wort zu ergreifen und Fragen zu stellen sowie bei Wahlen oder Beschlüssen ihre Stimme abzugeben.
(5) ¹Die Mitglieder des Landtages haben Anspruch auf eine angemessene, ihre Unabhängigkeit sichernde Entschädigung und die Bereitstellung der zur wirksamen Amtsausübung erforderlichen Mittel. ²Darüber holt der Präsident des Landtages den Rat einer unabhängigen Kommission ein.
(6) Das Nähere regelt ein Gesetz.

2. Abgeordnetengesetz

Gesetz über die Rechtsverhältnisse der Mitglieder des Landtages von 107
Sachsen-Anhalt (Abgeordnetengesetz Sachsen-Anhalt – AbgG SAn)
idF der Bekanntmachung vom 14. Juni 2002 (GVBl. LSA S. 270).
Zuletzt geändert durch Gesetz vom 13. Juli 2004 (GVBl. LSA S. 390).

§ 2 Schutz der freien Mandatsausübung

(1) Niemand darf gehindert werden, sich um ein Mandat im Landtag zu bewerben, es anzunehmen oder auszuüben.

(2) ¹Benachteiligungen am Arbeitsplatz im Zusammenhang mit der Bewerbung um ein Mandat sowie der Annahme und Ausübung eines Mandats sind unzulässig. ²Es ist besonders unzulässig, den Abgeordneten gegen seinen Willen zu beurlauben.
(3) ¹Eine Kündigung oder Entlassung im Zusammenhang mit der Annahme oder Ausübung des Mandats ist unzulässig. ²Eine Kündigung ist im übrigen nur aus wichtigem Grund zulässig. ³Der Kündigungsschutz beginnt mit der Aufstellung des Bewerbers durch das dafür zuständige Organ der Partei oder mit der Einreichung des Wahlvorschlags, jedoch frühestens drei Jahre nach Beginn der laufenden Wahlperiode des Landtages, im Fall der Auflösung des Landtages vor Ende dieser Frist, frühestens mit seiner Auflösung. ⁴Er gilt ein Jahr nach Beendigung des Mandats fort.

3. Gemeindeordnung

107a

Gemeindeordnung für das Land Sachsen-Anhalt (GO LSA)
vom 5. Oktober 1993 (GVBl. S. 568).
Zuletzt geändert durch Gesetz vom 20. Dezember 2005 (GVBl. LSA S. 808).

§ 42 Rechtsstellung der Gemeinderäte

(1) ...
(2) ¹Kein Bürger darf gehindert werden, sich um das Amt eines Gemeinderates zu bewerben, es zu übernehmen und auszuüben. ²Eine Kündigung oder Entlassung aus einem Dienst- oder Arbeitsverhältnis, eine Versetzung an einen anderen Beschäftigungsort und jede sonstige berufliche Benachteiligung aus diesem Grunde sind unzulässig. ³Dies gilt auch für den Zeitraum von sechs Monaten nach Beendigung des Mandats. ⁴Dem Gemeinderat ist die erforderliche freie Zeit für seine Tätigkeit zu gewähren.

4. Landkreisordnung

107b

Landkreisordnung für das Land Sachsen-Anhalt (LKO LSA)
vom 5. Oktober 1993 (GVBl. S. 598).
Zuletzt geändert durch Gesetz vom 20. Dezember 2005 (GVBl. LSA S. 808).

§ 31 Rechtsstellung der Mitglieder des Kreistages

(1) ...
(2) ¹Kein Bürger darf gehindert werden, sich um das Amt eines Mitgliedes des Kreistages zu bewerben, es zu übernehmen und auszuüben. ²Eine Kündigung oder Entlassung aus einem Dienst- oder Arbeitsverhältnis, eine Versetzung an einen anderen Beschäftigungsort und jede sonstige berufliche Benachteiligung aus diesem Grunde sind unzulässig. ³Dies gilt auch für den Zeitraum von sechs Monaten nach Beendigung des Mandats. ⁴Dem Mitglied des Kreistages ist die erforderliche freie Zeit für seine Tätigkeit zu gewähren.

XVII. Schleswig-Holstein

1. Verfassung

108

Verfassung für Schleswig-Holstein
vom 13. Dezember 1949 (GVOBl. 1950 S. 3);
idF vom 13. Juni 1990 (GVOBl. Schl.-H. S. 391, GS II, SL Nr. 100-1).
Zuletzt geändert durch Gesetz vom 14. Februar 2004 (GVOBl. S. 54).

Art. 4 Kandidatur

¹Wer sich um einen Sitz in einer Volksvertretung bewirbt, hat Anspruch auf den zur Vorbereitung seiner Wahl erforderlichen Urlaub. ²Niemand darf gehindert werden, das Abgeordnetenamt zu übernehmen und auszuüben. ³Eine Kündigung oder Entlassung aus diesem Grund ist unzulässig.

2. Abgeordnetengesetz

Gesetz über die Rechtsverhältnisse der Mitglieder des Schleswig-Holsteinischen Landtages
(Schleswig-Holsteinisches Abgeordnetengesetz – SH AbgG –)
In der Fassung vom 13. Februar 1991 (GVOBl. Schl-H., S. 100).
Zuletzt geändert durch Gesetz vom 16. Dezember 2002 (GVOBl. S. 269).

§ 2 Schutz der freien Mandatsausübung
(1) Niemand darf gehindert werden, sich um ein Mandat im Landtag zu bewerben, es zu übernehmen oder auszuüben.
(2) Benachteiligungen am Arbeitsplatz im Zusammenhang mit der Bewerbung um ein Mandat sowie der Annahme und Ausübung eines Mandats sind unzulässig.
(3) ¹Eine Kündigung oder Entlassung wegen der Annahme oder Ausübung des Mandats ist unzulässig. ²Eine Kündigung ist im übrigen nur aus wichtigem Grund zulässig. ³Der Kündigungsschutz beginnt mit der Aufstellung der Bewerberin oder des Bewerbers durch das dafür zuständige Organ der Partei oder mit der Einreichung des Wahlvorschlags, jedoch frühestens drei Jahre nach Beginn der laufenden Wahlperiode des Landtags, im Fall der Auflösung des Landtags vor Ende dieser Frist, frühestens mit seiner Auflösung. ⁴Er gilt ein Jahr nach Beendigung des Mandats fort.

§ 5 Mitglieder anderer Volksvertretungen
Die §§ 2 bis 4 gelten auch zugunsten von Mitgliedern anderer Volksvertretungen im Geltungsbereich des Grundgesetzes.

3. Gemeindeordnung

Gemeindeordnung für Schleswig-Holstein
(Gemeindeordnung – GO –)
idF vom 28. Februar 2003
Zuletzt geändert durch Gesetz vom 1. Februar 2005 (GVOBl. S. 66).

§ 24a Kündigungsschutz, Freizeitgewährung
¹Niemand darf gehindert werden, sich um eine Tätigkeit als Ehrenbeamtin oder -beamter sowie als ehrenamtlich tätige Bürgerin oder ehrenamtlich tätiger Bürger zu bewerben und die Tätigkeit auszuüben. ²Damit zusammenhängende Benachteilungen am Arbeitsplatz sind unzulässig. ³Entgegenstehende Vereinbarungen sind nichtig. ⁴Wer als Ehrenbeamtin oder -beamter oder ehrenamtlich als Bürgerin oder Bürger tätig ist, darf aus dem Dienst- oder Arbeitsverhältnis nicht aus diesem Grund entlassen, gekündigt oder in eine andere Gemeinde versetzt werden. 5Ihr oder ihm ist die für die Tätigkeit notwendige freie Zeit zu gewähren.

4. Landkreisordnung

Kreisordnung für Schleswig-Holstein
(Kreisordnung – KrO –)
idF vom 28. Februar 2003
Zuletzt geändert durch Gesetz vom 1. Februar 2005 (GVOBl. S. 66)

§ 27 Rechte und Pflichten
(1) …
(2) …
(3) ¹§ 21 Abs. 2 bis 5 (Verschwiegenheitspflicht), § 22 (Ausschließungsgründe), § 23 Satz 1 und 2 (Treuepflicht), § 24 (Entschädigungen, Ersatz für Sachschäden, Zuwendungen), § 24a (Kündigungsschutz, Freizeitgewährung) und § 25 (Vertretung der Gemeinde in Vereinigungen) der Gemeindeordnung gelten für Kreistagsabgeordnete entsprechend. (…)
(4) …
(5) …

XVIII. Thüringen

1. Verfassung

Verfassung des Freistaats Thüringen
vom 25. Oktober 1993 (GVBl. S. 625).
Zuletzt geändert durch Gesetz vom 12. Dezember 1997 (GVBl. S. 525).

Art. 51
(1) Wer sich um einen Sitz im Landtag bewirbt, hat Anspruch auf den zur Vorbereitung seiner Wahl erforderlichen Urlaub.
(2) Niemand darf gehindert werden, ein Mandat zu übernehmen oder auszuüben; eine Kündigung oder Entlassung aus diesem Grund ist unzulässig.

2. Abgeordnetengesetz

**Gesetz über die Rechtsverhältnisse der Abgeordneten des Thüringer Landtages
(Thüringer Abgeordnetengesetz – ThürAbgG –)**
vom 9. März 1995 (GVBl. S. 121).
Zuletzt geändert durch 5. Änderungsgesetz vom 16.4.1999 (GVBl. S. 245).

§ 2 Freie Mandatsausübung
(1) Jede wählbare Person darf sich ungehindert um ein Mandat im Landtag oder in der gesetzgebenden Körperschaft eines anderen Landes bewerben, es annehmen und ausüben.
(2) ¹Dabei darf sie am Arbeitsplatz nicht benachteiligt werden. ²Insbesondere ist eine ordentliche Kündigung oder eine Entlassung wegen der Bewerbung um ein Mandat oder wegen der Annahme oder Ausübung eines Mandats unzulässig.
(3) ¹Der Kündigungsschutz beginnt mit der Aufstellung der Bewerber durch das dafür zuständige Gremium der jeweiligen Partei oder politischen Vereinigung oder mit der Einreichung des Wahlvorschlags. ²Er gilt ein Jahr nach Beendigung des Mandats fort, für nicht gewählte Bewerber drei Monate nach dem Tag der Wahl.

3. Gemeindeordnung

**Thüringer Gemeinde- und Landkreisordnung
(Thüringer Kommunalordnung – ThürKO –)**
vom 16. August 1993 (GVBl. S. 501)
idF der Neubekanntmachung vom 14. April 1998 (GVBl. S. 73).
Zuletzt geändert durch Gesetz vom 23. Dezember 2005 (GVBl. S. 446).

Erster Teil. Gemeindeordnung

§ 12 Ehrenamtliche Tätigkeit
(1) ¹Die Bürger nehmen nach den gesetzlichen Vorschriften an der Verwaltung der Gemeinde teil. ²Sie sind zur Übernahme von Ehrenämtern in der Gemeinde verpflichtet; dies gilt nicht für die Ämter des ehrenamtlichen Bürgermeisters und Beigeordneten, des Gemeinderatsmitglieds sowie des Ortsbürgermeisters und der weiteren Mitglieder des Ortschaftsrats. ³Die Bewerbung um ein Ehrenamt sowie dessen Annahme und Ausübung dürfen nicht behindert werden.

4. Landkreisordnung

Thüringer Gemeinde- und Landkreisordnung
(Thüringer Kommunalordnung – ThürKO –)
vom 16. August 1993 (GVBl. S. 501).
idF der Neubekanntmachung vom 14. April 1998 (GVBl. S. 73).
Zuletzt geändert durch Gesetz vom 23. Dezember 2005 (GVBl. S. 446).

Zweiter Teil. Landkreisordnung

§ 94 Ehrenamtliche Tätigkeit
(1) ¹Die Bürger nehmen nach den gesetzlichen Vorschriften an der Verwaltung des Landkreises teil. ²Sie sind zur Übernahme von Ehrenämtern im Landkreis verpflichtet; dies gilt nicht für die Ämter des ehrenamtlichen Beigeordneten und des Kreistagsmitglieds. ³Die Bewerbung um ein Ehrenamt sowie dessen Annahme und Ausübung dürfen nicht behindert werden.

D. Kündigungsschutz für Wahlbewerber und Mitglieder des Europaparlaments

1. Europaabgeordnetengesetz

Gesetz über die Rechtsverhältnisse der Mitglieder des Europäischen Parlaments aus der Bundesrepublik Deutschland
(Europaabgeordnetengesetz – EuAbgG –)
vom 6. April 1979 (BGBl. I S. 413).
Zuletzt geändert durch Gesetz vom 21. Dezember 2004 (BGBl. I S. 3590).

§ 3 Schutz der Mandatsbewerber und der Mandatsausübung
(1) Niemand darf gehindert werden, sich um ein Mandat im Europäischen Parlament zu bewerben, es anzunehmen oder auszuüben.
(2) Benachteiligungen am Arbeitsplatz im Zusammenhang mit der Bewerbung um ein Mandat sowie der Annahme und Ausübung eines Mandats sind unzulässig.
(3) ¹Eine Kündigung oder Entlassung wegen der Annahme oder Ausübung des Mandats ist unzulässig. ²Im übrigen ist eine Kündigung nur aus wichtigem Grunde zulässig. ³Der Kündigungsschutz beginnt mit der Aufstellung des Bewerbers durch das dafür zuständige Organ des Wahlvorschlagsberechtigten. ⁴Er gilt ein Jahr nach Beendigung des Mandats fort.

2. Erläuterungen

§ 3 EuAbgG wurde nach dem Vorbild des § 2 AbgG (s.o. Rz 11) formuliert. Damit kommt den **deutschen Europaabgeordneten der gleiche Kündigungsschutz zu wie den Mitgliedern des deutschen Bundestages**. Ebenso sind die Bewerber um einen Sitz im Europaparlament den Bewerbern um ein Bundestagsmandat hinsichtlich des Wahlvorbereitungsurlaubs (§ 3 BT AbgG, s.o. Rz 11) und der Anrechnung der Mandatsdauer auf Berufs- und Betriebszeiten (§ 4 BT AbgG, s.o. Rz 11) gleichgestellt.

Gem. § 8 EuAbgG steht der zweimonatige Wahlvorbereitungsurlaub unter Wegfall der Besoldung oder des Arbeitsentgelts auch Beamten, Richtern, Berufssoldaten, Soldaten auf Zeit oder Arbeitnehmern zu, die dem öffentlichen Dienst des Bundes, der Länder, der Gemeinden und anderer Körperschaften, Anstalten und Stiftungen des öffentlichen Rechts und ihrer Verbände mit Ausnahme der öffentlich-rechtlichen Religionsgesellschaften und ihrer Verbände angehören. Im Übrigen gelten die §§ 5–9 BT AbgG sowie die aufgrund des § 10 BT AbgG (s.o. Rz 11) erlassenen Gesetze für Abgeordnete des Europaparlaments entsprechend. Zum Behinderungsverbot und Kündigungsschutz in anderen Staaten der EU vgl. *Uppenbrink* S. 88 ff.

Seemannsgesetz (SeemG)

vom 26. Juli 1957 (BGBl. I S. 713).
Zuletzt geändert durch die Neunte Zuständigkeitsanpassungsverordnung
vom 31. Oktober 2006 (BGBl. I S. 2407)

Literatur

– bis 2004 vgl. KR-Vorauflage –

Inhaltsübersicht

	Rz
A. Vorbemerkungen	1–58
I. Das deutsche Seearbeitsrecht	1
II. Einschränkungen des Geltungsbereichs des Deutschen Seearbeitsrechts	2–10c
1. Regelungen des Internationalen Privatrechts (IPR)	3–8
2. Heuerverhältnis auf Schiffen des Internationalen Seeschifffahrtsregisters (ISR)	9–10c
III. Das Kündigungsrecht der »Billig-Flaggen-Länder«	11–15
1. Panama	12
2. Liberia	13
3. Singapur	14
4. Zypern	15
IV. Das Seemannsgesetz	16–38
1. Allgemeines	16
2. Novellierungen	17, 18
3. Geltungsbereich	19–27
a) Kauffahrteischiffe	19–21
b) Besatzungsmitglieder	22–26
c) Kapitän	27
4. Das Heuerverhältnis	28, 29
5. Beendigungsgründe	30–38
a) Übersicht	30
b) Befristetes Heuerverhältnis	31–33
c) Aufhebungsvertrag	34–36
d) Kündigung	37, 38
V. Kündigungsschutz	39–53
1. Allgemeiner Kündigungsschutz	39–41
2. Kündigungsschutz besonderer Gruppen der Besatzungsmitglieder	42–50
a) Mitglieder und Wahlbewerber der Seebetriebsverfassungsorgane	42–44
b) Schwerbehinderte	45
c) Schwangere	46
d) Auszubildende	47–49
e) Wehrpflichtige	50
3. Kündigungsschutzverfahren	51–53
VI. Anhörung des Seebetriebsrats und der Bordvertretung	54–58
B. Erläuterungen	59–159
I. § 62 SeemG (Ordentliche Kündigung)	59–84

	Rz
1. Ordentliche Kündigung	60, 61
2. Formerfordernisse	62
3. Kündigungsbefugnis	63–67
4. Kündigungsgründe	68–84
a) Personenbedingte Gründe	68–70
b) Verhaltensbedingte Gründe	71–74
c) Betriebsbedingte Gründe	75–84
II. § 63 SeemG (Kündigungsfristen)	85–106
1. Grundkündigungsfristen und gesetzliche Probezeit für Besatzungsmitglieder (§ 63 Abs. 1 SeemG)	86, 87
2. Verlängerte Kündigungsfristen entsprechend der Dauer des Heuerverhältnisses (§ 63 Abs. 2 SeemG)	88
3. Sinngemäße Anwendung des § 622 Abs. 3 bis 6 BGB (§ 63 Abs. 2a SeemG)	89–95
a) Einzelvertraglich vereinbarte Probezeit	90
b) Geltung abweichender tarifvertraglicher Regelungen (§ 63 Abs. 2a SeemG iVm § 622 Abs. 4 BGB)	91–93
c) Sonstige Verweisungen	94, 95
4. Bezüge während der Kündigungsfrist	96
5. Fortsetzung des Heuerverhältnisses bei Kündigung auf einer Reise	97–106
III. § 64 SeemG (Außerordentliche Kündigung gegenüber dem Besatzungsmitglied)	107–125
1. Außerordentliche Kündigung	108–113
2. Zu den Kündigungsgründen im Einzelnen	114–123
3. Schadensersatz	124, 125
IV. § 65 SeemG (Außerordentliche Kündigung gegenüber dem Besatzungsmitglied aus anderen Gründen)	126–131
V. § 66 SeemG (Außerordentliche Kündigung bei Verlust des Schiffs)	132–135
VI. § 67 SeemG (Außerordentliche Kündigung durch das Besatzungsmitglied)	136–146

	Rz			Rz
VII. § 68 SeemG (Außerordentliche Kündigung durch das Besatzungsmitglied aus weiteren Gründen)	147–148		2. § 73 SeemG (Bestimmungsort der Heimschaffung)	171-172
VIII. § 68a SeemG (Schriftform der außerordentlichen Kündigung)	149–149a		3. § 74 SeemG (Durchführung und Kosten der Heimschaffung)	173, 174
IX. § 78 SeemG (Anwendung der Vorschriften des Dritten Abschnitts auf den Kapitän)	150–159		III. Umschaufrist und -geld	175
			IV. Urlaubsanspruch	176, 177
C. Folgen der Kündigung	160–177	D. Verfahrensrecht		178–182
I. § 71 SeemG (Zurücklassung)	160–164		I. Vorbemerkung	178
II. Heimschaffung	165		II. Seemannsämter	179, 180
1. § 72 SeemG (Anspruch auf Heimschaffung)	166–170		III. Arbeitsgerichte	181, 182

A. Vorbemerkungen

I. Das deutsche Seearbeitsrecht

1 Neben den dem sonstigen Arbeitsrecht entsprechenden Bereichen wie dem Arbeitsvertragsrecht, Betriebsverfassungsrecht, Recht der Arbeitsgerichtsbarkeit und dem Recht der Arbeitsvermittlung kommen dem **Heuerverhältnis** und dem **Arbeitsschutzrecht** im seerechtlichen Arbeitsrecht besonderer Bedeutung zu. Beide letzteren Bereiche sind im SeemG geregelt. Darüber hinaus bestehen noch internationale Vereinbarungen (IAO-Übereinkommen, die überwiegend von der Bundesrepublik Deutschland ratifiziert worden sind, vgl. die Aufstellung bei *Bemm/Lindemann* SeemG, vor § 23 Rz 24 f.) sowie mit besonderer Bedeutung **Tarifverträge** (Manteltarifvertrag für die deutsche Seeschifffahrt, MTV-See, vom 11. März 2002, gültig ab 1. Juli 2002; Heuertarifvertrag für die deutsche Seeschifffahrt, HTV, vom 1. Januar 2005, gültig ab 1. August 2005). Zur Bedeutung des Tarifrechts für die Seeschifffahrt ausführlich *Schwedes/Franz* SeemG, vor § 23 Rz 13 ff. sowie *Bemm/Lindemann* SeemG, vor § 23 Rz 4 ff. Als Heuerverhältnis iSd MTV-See gelten auch die Vertragsverhältnisse der zur Berufsausbildung an Bord befindlichen (§ 3 Abs. 3 Ziff. 2 MTV-See). Die Tarifverträge sind nicht für allgemeinverbindlich erklärt worden. Im Übrigen gelten auch die allgemeinen arbeitsrechtlichen Gesetze, insbes. die Vorschriften der §§ 611 ff. BGB und des KSchG für das Heuerverhältnis. Schließlich bestehen für einzelne Gebiete noch Verordnungen aus der Weimarer Zeit und vom Bundesminister für Verkehr.

II. Einschränkungen des Geltungsbereichs des Deutschen Seearbeitsrechts

2 Das Deutsche Seearbeitsrecht, dh insbes. das SeemG sowie die auf das Heuerverhältnis anzuwendenden allgemeinen arbeitsrechtlichen Vorschriften wie auch das KSchG, gilt grds. für alle Heuerverhältnisse von Besatzungsmitgliedern (s.u. Rz 22–26) und Kapitänen (s.u. Rz 27) auf Schiffen, die gem. § 1 FlRG die Bundesflagge führen (§ 1 SeemG), Ausnahmen vom **Grundsatz der Anknüpfungen an die Flagge** (*BAG* 26.9.1978 NJW 1979, 1791) sind möglich bei Heuerverhältnissen mit Auslandsberührung (s.u. Rz 3–8) und auf Schiffen, die in das Internationale Schifffahrtsregister eingetragen sind (s.u. Rz 9–10).

1. Regelungen des Internationalen Privatrechts (IPR)

3 § 1 SeemG ist als eigenständige Kollisionsnorm des IPR obsolet geworden, weil **Art. 30 Abs. 2 EGBGB** idF des Gesetzes zur Neuregelung des IPR vom 25.7.1986 (BGBl. I S. 1142) als die jüngere Norm die Kollision zwischen deutschem und ausländischem Recht umfassend regelt (*BAG* 24.8.1989 EzA Art. 30 EGBGB Nr. 1 mit Anm. *Rüthers/Heilmann*; *Mankowski* RabelsZ 1989, 487, 511; *BAG* 3.5.1995 EzA Art. 30 EGBGB Nr. 3 mit Anm. *Franzen*; sehr krit.: Anm. *Geffken* AiB 1996, 29; Anm. *Magnus* SAE 1997, 35). Art. 30 Abs. 2 EGBGB (idF 1986) ist aus dem Übereinkommen über das auf vertragliche Schuldverhältnisse anzuwendende Recht (EVÜ) vom 19.6.1980 durch Gesetz vom 25.7.1986 (BGBl. 1986 II S. 809) übernommen worden. Diese Regelungen sind in den Vertragsstaaten einheitlich auszulegen und anzuwenden (Art. 36 EGBGB). Eine Weitergeltung des § 1 SeemG als besondere Kollisionsnorm mit der Folge der Einschränkung des Art. 30 Abs. 2 EGBGB würde diesem Gebot der einheitlichen Anwendung widersprechen (*BAG* 24.8.1989 EzA Art. 30 EGBGB Nr. 1). § 1 SeemG entfaltet zwingende Wirkung nur noch für Heuerverhältnisse ohne Auslandsberührung, dh die Vorschriften des SeemG gelten nur noch als materielles innerstaatliches Recht weiter (vgl. KR-*Weigand* IPR Rz 13).

Gem. Art. 27, 30 EGBGB unterliegt das **Heuerverhältnis** von Besatzungsmitgliedern und Kapitänen **mit Auslandsberührung** grds. dem von den Parteien gewählten Recht (Rechtswahlfreiheit). Allerdings darf mit dem gewählten Recht dem ausländischen Besatzungsmitglied oder Kapitän nicht der arbeitsrechtliche Schutz entzogen werden, der ihm durch die zwingenden Bestimmungen des Rechts gewährt wird, das gem. Art. 30 Abs. 2 EGBGB mangels Rechtswahl auf ihn anzuwenden wäre, dh das Recht des Arbeitsortes oder des Ortes der Niederlassung, wo er eingestellt wurde. Im Unterschied zur objektiven Anknüpfung gem. Art. 30 Abs. 2 EGBGB unterliegt die Rechtswahl der Parteien nach Art. 30 Abs. 1 EGBGB einem Günstigkeitsvergleich: Ist das objektiv bestimmte Recht verglichen mit dem gewählten Recht für den Arbeitnehmer günstiger, geht das objektive Arbeitsvertragsstatut vor (*Rüthers/Heilmann* Anm. zu *BAG* 24.8.1989 EzA Art. 30 EGBGB Nr. 1). 4

Haben die Heuervertragsparteien keine Rechtswahl getroffen, so unterliegt das Heuerverhältnis dem sich aus den **Regelanknüpfungen des Art. 30 Abs. 2 Nr. 1 und 2 EGBGB** (1986) ergebenden Recht, es sei denn, dass es nach der **Ausnahmeklausel des Hs. 2** dieser Vorschrift aufgrund der Gesamtheit der Umstände engere Verbindungen zu einem anderen Staat aufweist; in diesem Fall ist das Recht dieses anderen Staates anzuwenden. Als Umstände, die nach dieser Ausnahmeklausel die Anwendung des Rechts eines anderen Staates zur Folge haben können, kommen insbes. die Staatsangehörigkeit der Parteien, der Sitz des Arbeitgebers, die Vertragssprache, die Währung, in der die Vergütung bezahlt wird, der Ort des Vertragsschlusses und der Heuerzahlung und der Wohnsitz des Arbeitnehmers in Betracht. Hiernach können sich beim Anheuern von Seeleuten im Ausland durchweg engere Verbindungen zu einer ausländischen Rechtsordnung ergeben. So hat zB das BAG entschieden, dass das Heuerverhältnis einer englischen Staatsangehörigen mit Wohnsitz in England, die aufgrund eines in englischer Sprache in England abgeschlossenen Vertrags auf einem die Bundesflagge führenden, in Hamburg registrierten und zwischen den Niederlanden und England eingesetzten Fährschiff von einer englischen Gesellschaft beschäftigt und in englischer Währung nach einem englischen Tarifvertrag bezahlt wird, engere Beziehungen zu England iSd Ausnahmeklausel des Art. 30 Abs. 2 Hs. 2 EGBGB aufweist (*BAG* 24.8.1989 EzA Art. 30 EGBGB Nr. 1). In einem weiteren Fall, in dem ein Heuervertrag zwischen einem bundesdeutschen Reeder über einen Heueragenten in Bombay mit einem indischen Staatsangehörigen in englischer Sprache vereinbart wurde, die Heuer in US-Dollar zu zahlen war und schließlich die Anwerbung und der Wohnort des Seemanns in Indien waren, entschied das BAG die Anwendung indischen Arbeitsrechts (*BAG* 3.5.1995 EzA Art. 30 EGBGB Nr. 3). Bei dieser Abwägung der Merkmale für die Ausnahmeklausel des Art. 30 Abs. 2 Hs. 2 vernachlässigt das BAG die Flagge (Deutschland) und den Heimathafen (Lübeck) des in das ISR eingetragenen Schiffes sowie die Fahrtrouten lediglich in Europa mit Endhafen schließlich in Brunsbüttel, wo es ausgeflaggt wurde (*Magnus* SAE 1997, 35). 5

Gemäß dem **Merkmal der Gesamtheit der Umstände** geht die Rechtsprechung von der Anwendbarkeit philippinischen Arbeitsrechts aus, wenn außer dem Sitz des Reeders in Deutschland alle anderen Merkmale (Staatsangehörigkeit und Wohnsitz des Besatzungsmitglieds, Anwerbungs-, Vertragsschluss- und Heuerzuweisungsort, Vertragssprache englisch) eine engere Verbindung zu den Philippinen aufweisen (*ArbG* Hmb. 5.12.1995 – S 5 Ca 153/93 – nv). Entsprechend findet deutsches Arbeitsrecht Anwendung, wenn außer der philippinischen Nationalität des Besatzungsmitgliedes und dessen Wohnsitz auf den Philippinen die anderen Merkmale – außer der international üblichen Vertragssprache englisch und der Heuerwährung in US-Dollar – einen engeren Bezug zu Deutschland herstellen (*ArbG Hamb.* 24.6.1997 – S 5 Ca 354/96, – S 5 Ca 355/96 – nv). Auch wenn eine Reederei als Unternehmen deutschen Rechts ein Schiff auf der Basis der »Bare-Boat-Charter« einem ausländischen Unternehmen überlässt und der Kapitän die deutsche Staatsangehörigkeit besitzt, der Wohnsitz und Anstellungsort in Deutschland liegen sowie die Vertragssprache und die Heuerwährung deutsch sind, weist die Gesamtheit der Umstände eindeutig auf die Anwendbarkeit deutschen Arbeitsrechts hin (*LAG Hmb.* 19.10.1995 – 2 Sa 91/94; zur Rspr. ausführlich *Bemm/Lindemann* SeemG § 1 Rz 22). 5a

Das **Kündigungsrecht der Heuerverhältnisse** nach dem SeemG und dem KSchG gehört nicht zum **ordre public der Bundesrepublik Deutschland iSd Art. 6 EGBGB.** Diese Regelungen sind auch keine Eingriffsgesetze iSd Art. 34 EGBGB, keine international zwingenden Bestimmungen (*BAG* 24.8.1989 EzA Art. 30 EGBGB Nr. 1; 3.5.1995 EzA Art. 30 EGBGB Nr. 3). Das bedeutet, dass der Wahl einer ausländischen Rechtsordnung bei einem Heuerverhältnis mit Auslandsberührung jedenfalls deutsche kündigungsrechtliche Vorschriften nicht zwingend entgegenstehen. 6

Im Falle des **Betriebsübergangs** zwischen deutschen Betriebsinhabern ist § 613a BGB als zwingende Norm gem. Art. 30 Abs. 1 und Abs. 2 Ziff. 2 EGBGB anwendbar, und zwar unabhängig von einer für 7 die einzelnen Heuerverhältnisse getroffenen Rechtswahl (*Bemm/Lindemann* SeemG, § 1 Rz 23 mit Verweis auf *ArbG Hmb*. 13.2.1990 – S 5 Bv 15/89 – nv; *ArbG Hmb*. 14.3.1991 – S 14 Bv 17/89 und – S 14 Bv 18/89 – nv).

8 Zu den Regelungen der Wahl des anzuwendenden Arbeitsrechts vgl. im Übrigen KR-*Weigand* IPR, insbes. zum Heuerverhältnis dort Rz 62 ff. Bei Rechtsstreitigkeiten aus Vertragsverhältnissen mit Auslandsberührung können die deutschen Arbeitsgerichte angerufen werden. Im Einzelnen richtet sich die örtliche Zuständigkeit nach den Regelungen der ZPO (vgl. KR-*Weigand* IPR Rz 130 sowie unten Rz 178 ff.).

2. Heuerverhältnisse auf Schiffen des Internationalen Seeschifffahrtsregisters (ISR)

9 Gem. § 12 Abs. 1 FlRG in der Bekanntmachung der Neufassung vom 26.10.1994 (BGBl. I S. 3140), zuletzt geändert durch Gesetz vom 25.6.2004 (BGBl. I S. 1389), sind die zu Führung der Bundesflagge berechtigten Kauffahrteischiffe (s.u. Rz 19–21), die iSd EStG im internationalen Verkehr betrieben werden, auf Antrag des Eigentümers in das ISR einzutragen (sog. **Zweitregister**). Heuerverhältnisse von Besatzungsmitgliedern auf diesen Schiffen, die in Deutschland keinen Wohnsitz oder ständigen Aufenthalt haben, unterliegen bei der Anwendung des Art. 30 EGBGB vorbehaltlich der Rechtsvorschriften der EU **nicht** schon aufgrund der Tatsache, dass das Schiff die Bundesflagge führt, dem deutschen Recht (*BAG* 3.5.1995 EzA Art. 30 EGBGB Nr. 3). Soweit für diese Heuerverhältnisse von ausländischen Gewerkschaften Tarifverträge abgeschlossen werden, entfalten diese nur dann die Wirkungen gem. dem deutschen TVG, wenn dessen Geltung sowie die Zuständigkeit deutscher Gerichte vereinbart worden ist (§ 21 Abs. 4 FlRG). Vgl. auch KR-*Weigand* IPR Rz 16.

10 Als Folge der Einführung des ISR im Jahr 1990 kann auf deutschen Schiffen, ohne dass sie auf ein »**Billig-Flaggen-Land**« umgeflaggt werden, mit ausländischen Besatzungsmitgliedern das Arbeitsrecht deren Heimatlandes, oftmals der »Billig-Flaggen-Länder« (s.u. Rz 11–15) vereinbart werden (*BAG* 3.5.1995 EzA Art. 30 EGBGB Nr. 3; sehr krit. *Geffken* AiB 1996, 29; *ders*. NZA 1989, 88). Fehlt eine Rechtswahlvereinbarung, so ist das anzuwendende Recht ohne Rücksicht auf das Führen der deutschen Bundesflagge zu ermitteln (*BAG* 3.5.1995 EzA Art. 30 EGBGB Nr. 3; krit. *Magnus* SAE 1997, 35, 37, der mit Hinweis auf den Wortlaut des § 21 Abs. 4 S. 1 FlRG und die Entscheidung des *BVerfG* v. 10.1.1995 [EzA Art. 9 GG Nr. 55] in der Flagge ein beachtliches Anknüpfungsmerkmal sieht). Es gelten dann die arbeitsrechtlichen Bestimmungen desjenigen Staates, auf den die Gesamtheit aller maßgeblichen Umstände iSd Art. 30 Abs. 2 Hs. 2 EGBGB hindeutet. Nach der Rspr. des *LAG Hmb*. findet der HeuerTV für die deutsche Seeschifffahrt für ausländische Besatzungsmitglieder auf einem Schiff des ISR nur dann Anwendung, wenn sowohl die Seeleute als auch der Reeder tarifgebunden sind (*LAG Hmb*. 24.8.1992 – 8 TA BV 1/92 – nv). Wenn die Parteien des Heuerverhältnisses auf einem Schiff des ISR keine Wahl einer ausländischen Rechtsordnung gem. Art. 30 Abs. 2 EGBGB getroffen haben, erlaubt die Regelung gem. § 21 Abs. 4 FlRG dem Reeder nicht, mit den nicht im Inland ansässigen Besatzungsmitgliedern vom zwingenden deutschen Arbeitsrecht (zB Kündigungsschutzrecht) **abweichende Regelungen im Heuervertrag** zu vereinbaren (*ArbG Hmb*. 23.10.1990 – S 5 BV 14/90; zu dieser Rspr. iE *Bemm/Lindemann* § 1 SeemG Rz 31).

10a Mit Ausnahme der vom BVerfG unter dem Aspekt der nicht zu rechtfertigenden Beschränkung der durch Art. 9 Abs. 3 GG geschützten koalitionsrechtlichen Betätigungsfreiheit der Gewerkschaften für verfassungswidrig und nichtig erklärten Erstreckungsklausel des § 21 Abs. 4 S. 3 FlRG sind die Vorschriften über das ISR verfassungsrechtlich nicht zu beanstanden (*BVerfG* 10.1.1995 EzA Art. 9 GG Nr. 55; aA *Geffken* aaO; *Däubler* Das zweite Schiffsregister, 1988; krit. *Wimmer* NZA 1995, 250). Die durch die Regelungen des § 21 Abs. 4 S. 1 und 2 FlRG (s.o. Rz 9) gebildete Einschränkung der Koalitionsfreiheit findet ihre Rechtfertigung in den Besonderheiten der deutschen Handelsschifffahrt und ist angesichts des mit diesen Regelungen bezweckten Schutzes wichtiger Gemeinschaftsgüter (u.a. Sicherheit des Schiffsverkehrs; Schutz von Leben und Gesundheit der Menschen an Bord; Umweltschutz; Erhalt einer deutschen Handelsflotte) zumutbar. **Verfassungskonform ist das ISR** auch im Hinblick auf die durch § 12 Abs. 1 GG geschützte Berufsfreiheit, da die Zielsetzung des FlRG – das vergleichbare Regelungen in fast allen Ländern mit Seeschifffahrtsflotten wie insbes. auch in Frankreich, Großbritannien und den Skandinavischen Ländern findet – gerade darauf gerichtet ist, deutschen Seeleuten zumindest einen gewissen Anteil an den ohne Ausflaggungsmöglichkeiten generell gefährdeten Arbeitsplätzen auf deutschen Handelsschiffen zu erhalten (vgl. *BVerfG* 10.1.1995 EzA Art. 9 GG Nr. 55); denn es wirkt lediglich der früheren Praxis der Ausflaggung entgegen, nach der das Recht der »Billig-Flaggen-Länder« ohnehin vereinbar war.

Nach der Entscheidung des *BAG* (3.5.1995 EzA Art. 30 EGBGB Nr. 3) verstößt es auch nicht gegen den allgemeinen Gleichheitssatz, dass nach **§ 21 Abs. 4 FlRG ausländische Seeleute auf deutschen Handelsschiffen zu Heimatheuern** beschäftigt werden können (im entschiedenen Fall wurden 1,04 US $ pro Stunde, 1 US $ pro Überstunde auch an Feiertagen gezahlt; diese BAG-Entscheidung steht im Widerspruch zu BGHSt 22.4.1997 AuR 1997, 453 [zum Lohnwucher als Tatbestand § 302a Abs. 1 S. 1 Nr. 3 StGB 1975] mit Anm. *Reinecke*; dazu auch *Nägele* BB 1997, 2162). Durch eine Rahmenvereinbarung zwischen dem Verband Deutscher Reeder (VDR) einerseits und der ÖTV und der Internationalen Transportarbeiter-Förderation (ITF) in London andererseits sind allgemeine Arbeitsbedingungen und ein Heuertarif für ausländische Seeleute auf Schiffen des ISR festgelegt worden (»GIS-Fleet Agreement«, vgl. Einzelheiten bei *Däubler* Der Kampf um einen weltweiten Tarifvertrag, 1997). Einzelheiten werden durch Firmentarifverträge zwischen VDR und der ITF, deren Tariffähigkeit anerkannt ist (*LAG Nds.* 25.8.1998 – 11 Sa 1455/97 – nv, zitiert nach *Bemm/Lindemann* SeemG, § 1 Rz 32), geregelt. Zum Verhältnis dieser Rahmenvereinbarung (GIS-Fleet Agreement) zum MTV-See, der nicht aufgrund der Verweisung in diesem ISR-Sondervertrag Anwendung findet, vgl. *BAG* 14.4.2004 – 4 AZR 322/03. **10b**

Die **Heuerverhältnisse auf ausgeflaggten Schiffen** unterliegen grds. nicht mehr der deutschen Arbeitsrechtsordnung, es sei denn, die Anwendung deutschen Rechts ist ausdrücklich vereinbart. Zur Rspr. bezüglich Heuerverhältnissen auf Schiffen deutscher Reedereien unter ausländischen Flaggen im Einzelnen (insbes. auch bei Vertretung durch in- oder ausländische Agenten bzw. Crewing-Firmen) vgl. *Bemm/Lindemann* SeemG, vor § 23 Rz 67 ff. Trotzdem kann sich die Zuständigkeit deutscher Gerichte für ausländische Seeleute auf ausgeflaggten Schiffen deutscher Eigner aus § 23 ZPO ergeben, wenn sich das Schiff zum Zeitpunkt der Klageerhebung in einem deutschen Hafen befindet (KDZ-*Däubler* Vorb. SeemG Rz 15 mit Verweis auf *BGH* 2.7.1991 NJW 1991, 3092; *BAG* 17.7.1997 EzA § 23 ZPO Nr. 1). **10c**

III. Das Kündigungsrecht der »Billig-Flaggen-Länder«

Soweit deutsches Seearbeitsrecht keine Anwendung findet (s.o. Rz 2–10), weil ausländisches Recht ausdrücklich und wirksam vereinbart ist oder das Recht des Staates der ausländischen Niederlassung gilt, wo der Seemann eingestellt wurde, oder weil es sich um ein Heuerverhältnis auf einem ausgeflaggten Schiff handelt (und die Anwendung deutschen Rechts nicht ausdrücklich vereinbart ist), entscheidet das angerufene Gericht nach der **auf das Heuerverhältnis anzuwendenden ausländischen Rechtsordnung** (vgl. *Schwedes/Franz* SeemG, vor § 23 Rz 70 ff.). Eine dem deutschen Kündigungsschutzrecht am nächsten kommende Regelung kennt lediglich das Arbeitsgesetzbuch von Panama. In den übrigen Billig-Flaggen-Ländern, Liberia, Singapur und Zypern ist kein besonderer Kündigungsschutz bei ungerechtfertigten Kündigungen vorgesehen (vgl. die sehr ausführliche Darstellung von *Leffler* Das Heuerverhältnis auf ausgeflaggten deutschen Schiffen, S. 52 ff., 162 ff.; *Geffken* Arbeitsrecht der Philippinen, AiB 1995, 709; weitere Nachw. vgl. KDZ-*Däubler* Vorb. SeemG Rz 17). **11**

1. Panama

Das Seearbeitsrecht von Panama enthält keine besonderen Vorschriften zur Beendigung von Heuerverhältnissen. Anzuwenden sind daher die allgemeinen Vorschriften des **Código de Trabajo** (Arbeitsgesetzbuch) vom 30.12.1971 sowie die Regelungen der von Panama ratifizierten **ILO-Übereinkommen**. Neben allgemeinen Beendigungsgründen wie dem Tod des Besatzungsmitglieds, Verlust oder völlige Seeuntüchtigkeit des Schiffes (Art. 10c ILC-Übereinkommen Nr. 22 über den Heuervertrag der Schiffsleute v. 24.6.1926), Flaggenwechsel des panamesischen Schiffes (sobald der Reeder die Besatzung auf seine Kosten in den jeweiligen Anmusterungshafen zurückbefördert hat, im Übrigen kann das Besatzungsmitglied eine Entschädigung in Höhe von drei Monatsheuern beanspruchen), Auflösungsvertrag und dem Fristablauf bei vereinbartem befristeten Heuerverhältnis bzw. der Beendigung der Fahrt bei Anmusterung für nur eine Reise sieht der Código de Trabajo (Art. 210 ff.) Beschränkungen für die Kündigung von Heuerverhältnissen vor, wie sie den deutschen gesetzlichen und tariflichen Vorschriften nahe kommen. Wie jeder panamesische Arbeitnehmer kann ein Seemann ordentlich nur mit einer **Kündigungsfrist** von 30 Tagen zum Ende des nächsten Monats unter Wahrung der Schriftform gekündigt werden. Einfache Besatzungsmitglieder haben eine Kündigungsfrist von 15 Tagen einzuhalten, Facharbeiter und Techniker können nur mit einer Frist von zwei Monaten kündigen (Art. 222). Die Nichteinhaltung dieser Fristen seitens der Besatzungsmitglieder verpflichtet diese zur Zahlung einer Wochenheuer an den Reeder. Grundsätzlich kann die Kündigung von beiden Seiten nur im **Anmusterungshafen** erklärt werden (Art. 257). In Art. 213 Código de Trabajo werden drei Arten **12** von **zulässigen Kündigungsgründen** aufgeführt: Fehlverhalten, Gründe ohne Verschulden sowie betriebliche Gründe. Liegt einer der berechtigten Kündigungsgründe vor, so kann das Heuerverhältnis auch ohne Einhaltung einer Frist gekündigt werden. Allerdings hat das gekündigte Besatzungsmitglied Anspruch auf ein **Entlassungsgeld**, dessen Höhe von der Anzahl der Beschäftigungsjahre abhängig ist (Art. 212, 225). Dem Besatzungsmitglied steht bei einer Reihe von gesetzlich geregelten Fällen wegen **vertragswidrigen Verhaltens des Reeders** (Art. 223 Código de Trabajo) ein fristloses Kündigungsrecht sowie ein Schadensersatzanspruch zu, wie er für den Fall einer ungerechtfertigten Kündigung vorgesehen ist. Im Falle der Kündigung hat der Reeder idR auf seine Kosten dafür Sorge zu tragen, dass das Besatzungsmitglied vor Beendigung des Heuerverhältnisses in den Anmusterungshafen zurückbefördert wird (Art. 255). Diesen **gesetzlichen Anspruch auf Rückbeförderung** kann auch jeder kranke oder verletzte Seemann geltend machen. Seinen **Kündigungsschutzanspruch** kann das Besatzungsmitglied binnen drei Monaten geltend machen, und zwar bei ungerechtfertigter Kündigung entweder seine **Wiedereinstellung** oder wahlweise eine **Entschädigung** (dann Klagefrist ein Jahr) verlangen. Nach einer gerichtlichen Entscheidung auf Wiedereinstellung ist das Besatzungsmitglied auf dem gleichen Arbeitsplatz weiterzubeschäftigen. Allerdings kann das Gericht auch auf eine Entschädigung erkennen, wenn der Arbeitgeber dies beantragt hat. Für Ansprüche aus Heuerverhältnissen besteht eine grds. **Verjährungsfrist** von einem Jahr (bei Arbeitsunfällen zwei Jahre). Von diesen Grundsätzen sieht der Código de Trabajo für **Kapitäne** keine besonderen Abweichungen vor.

2. Liberia

13 Das liberianische Seearbeitsrecht ist im **Merchant Seamen's Act 1964** geregelt. Danach enden Heuerverhältnisse idR mit Ablauf der Frist, für die sie eingegangen sind (single voyage, round voyage oder zeitliche Befristung), eine vorherige Kündigung ist grds. nicht vorgesehen (section 323). Davon unberührt bleiben allgemeine Beendigungsgründe wie Flaggenwechsel, Eigentumsübergang, Aufgabe oder Untergang eines Schiffes, bei denen das Besatzungsmitglied grds. Anspruch auf eine Entschädigung in Höhe einer halben Monatsheuer hat (section 324). Für unbefristete Heuerverhältnisse gilt nach einem Beschäftigungsjahr eine **Kündigungsfrist** von fünf Tagen, eine Kündigung zu einem früheren Zeitpunkt sieht das Gesetz nicht vor (section 323[4]). Rechtfertigende Gründe für eine ordentliche Kündigung sind gesetzlich nicht vorgeschrieben. Allerdings kann der Kapitän gemäß section 330 eine **fristlose Kündigung** aussprechen, wenn ein berechtigender Grund vorliegt oder das Besatzungsmitglied zu den vorgesehenen Zeiten sich nicht an Bord aufhält, über zugesicherte Qualifikationen nicht verfügt, bei Diebstahl, Unterschlagung oder Beschädigung des Schiffes, der Ladung oder von Vorräten, Ungehorsam, Meuterei oder Desertation, Trunk- oder Streitsucht, Besitz gefährlicher Waffen oder von Drogen, bei Verschweigen von krankheits- oder verletzungsbedingenden Tatsachen bei Anmusterung, Unterstützung blinder Passagiere oder der Verletzung von geltenden Gesetzen. Ein **Kündigungsschutz** ist gesetzlich nicht vorgesehen. Lediglich wenn ein Besatzungsmitglied vor Arbeitsantritt oder bevor die erste Monatsheuer fällig wird, gegen seinen Willen entlassen wird, kann es neben der bereits verdienten Heuer eine weitere Monatsheuer als **Entschädigung** beanspruchen. Bei einer Kündigung aus Gründen, die er nicht zu vertreten hat, kann der Seemann die **Rückbeförderung** in den Anmusterungshafen auf Kosten des Reeders verlangen (im beidseitigen Einvernehmen auch in einen anderen Hafen). Der Anspruch ist binnen Wochenfrist geltend zu machen. Die Rückbeförderung kann ein Kapitän gleichermaßen beanspruchen. Allerdings kann der **Kapitän** jederzeit mit oder ohne rechtfertigenden Grund vom Reeder gekündigt werden (section 295 Merchant Seamen's Act 1964). Ansprüche aus dem Heuerverhältnis verjähren idR binnen Jahresfrist ab deren Entstehung.

3. Singapur

14 Der **Merchant Shipping Act 1912** (wesentliche Novellierungen 1963 und 1970) geht grds. nur von einer Reiseheuer, dh der Anmusterung für eine einzige Fahrt aus. Daher sieht das Gesetz für unbefristete Heuerverhältnisse keine Kündigungsfristen vor. Da der »Employment Act« 1968 auf Seearbeitsverhältnisse nicht anwendbar ist, können sich Kündigungsfristen nur aus einzelvertraglichen Vereinbarungen ergeben, oder gem. § 9 des ILO-Übereinkommens Nr. 22 über den Heuervertrag der Schiffsleute vom 25.6.1926 ist eine **Mindestkündigungsfrist** von 24 Stunden einzuhalten. Entlassungen sind gesetzlich vorgesehen bei Desertation, unerlaubter Abwesenheit von Bord und ähnlichen Disziplinarverstößen (section 56). Im Übrigen ist die Heuervertragsbeendigung gesetzlich geregelt für die Fälle des Schiffbruchs und -untergangs sowie der Zurücklassung wegen Krankheit des Seemanns in einem fremden Hafen. Die Entlassung eines Besatzungsmitglieds in Singapur bedarf der **Zustimmung des dortigen Superintendenten,** dessen Funktion wird in anderen Häfen von den Botschaftern Singapurs,

den »Mercantile Marine Offices« in den Commonwealth-Häfen bzw. den britischen Botschaften wahrgenommen. Sonstige **Kündigungsschutzvorschriften bestehen nicht.** Bei Kündigungen, die das Besatzungsmitglied nicht zu vertreten hat, kann es eine **Entschädigung** verlangen, wenn die Beendigung vor Fahrtantritt oder vor Fälligkeit der ersten Monatsheuer erfolgt. Ein gesetzlicher **Rückbeförderungsanspruch** besteht nach dem Seearbeitsrecht Singapurs nicht. Für Ansprüche aus dem Heuerverhältnis gilt eine **Verjährungsfrist** von sechs Monaten, die im Zweifel ab dem Ankunftstag in Singapur zu laufen beginnt.

4. Zypern

Das Arbeitsrecht der Seeleute wird geregelt im »**Merchant Shipping (Masters and Seamen) Law 1963**« sowie teilweise im »**Termination of Employment Law 1967**«, das für alle Arbeitnehmer gilt. Neben den Beendigungsgründen wie Untergang, Schiffbruch, Verlust der zypriotischen Flagge oder öffentlicher Versteigerung endet das Heuerverhältnis mit Ablauf der dafür vereinbarten Frist. Unbefristete Heuerverhältnisse können nach dem »Termination of Employment Law 1967« mit einer **Kündigungsfrist** von einer Woche nach einem halben Jahr, zwei Wochen nach einem Jahr und vier Wochen bei einer Betriebszugehörigkeitsdauer von mehr als zwei Jahren beendet werden (section 9, 10). Dem Besatzungsmitglied steht die Kündigung eines befristeten Heuervertrages frühestens nach Ablauf eines Jahres zu, es sei denn, das Schiff hat über drei Monate in einem zypriotischen Hafen gelegen. Ebenso kann der Seemann bei groben Verstößen des Kapitäns gegen seine Pflichten ohne Einhaltung einer Frist kündigen. Ein befristetes Heuerverhältnis kann gem. dem »Merchant Shipping (Masters and Seamen) Law 1963« vorzeitig oder ein unbefristetes Heuerverhältnis kann **fristlos vom Kapitän gekündigt** werden, wenn das Besatzungsmitglied ohne Rechtfertigungsgrund zum Vertragsbeginn nicht rechtzeitig an Bord erscheint oder sonst unerlaubt abwesend ist, gegen die Disziplin an Bord verstößt und die Sicherheit des Schiffes gefährdet oder wenn das Schiff seeuntüchtig geworden ist (section 13). Die Entlassung bedarf – außer bei den vorstehend genannten rechtfertigenden Gründen – der **Zustimmung des zypriotischen Hafenbeamten** (section 18). Im Ausland ist der **zypriotische Konsul** hinzuzuziehen, wenn es sich bei den zu entlassenden Seeleuten um zypriotische, britische, griechische oder türkische Staatsangehörige handelt. Bei Entlassung vor Fahrtantritt oder bevor die erste Heuer fällig wird, kann der Seemann als **Entschädigung** in Zypern eine, im Ausland zwei Monatsheuern beanspruchen. Einen gesetzlichen Anspruch auf Rückbeförderung haben nur Seeleute aus Griechenland, der Türkei oder Commonwealth-Ländern. Der Anspruch besteht (auf Kosten des Reeders), wenn die Kündigung des Heuerverhältnisses gegen den Willen des Seemanns erfolgt, auch wenn die Gründe die Kündigung rechtfertigen. Bei Beendigung durch Zeitablauf besteht kein gesetzlicher Rückbeförderungsanspruch; der Kapitän hat den Seemann lediglich dessen Befähigungszeugnis (certificate of competence) und eine Entlassungsbescheinigung (certificate of discharge) auszuhändigen.

IV. Das Seemannsgesetz

1. Allgemeines

Das SeemG von 1957 (BGBl. I S. 713), das am 1.4.1958 in Kraft getreten ist, hat die Seemannsordnung aus dem Jahre 1902 abgelöst. Von dem teilweise mehr oder weniger umfangreichen Veränderungen ist hier besonders die Neuregelung der Kündigungsfristen hervorzuheben. Der Zweck des SeemG liegt hier in der **Regelung der Arbeitsverhältnisse auf See** und des entsprechenden Arbeitsschutzes. Neben dem Arbeitsrecht des Seemanns hat es die öffentlich-rechtlichen Besonderheiten der Arbeit an Bord zum Gegenstand und berücksichtigt, dass der Seemann auf dem Schiff nicht nur seine Arbeitsleistung erbringt, sondern auch – solange das Schiff auf See ist – seine Freizeit (*Schwedes/Franz* SeemG, Vorb. zu § 23 Rz 4). Im SeemG werden in sieben Abschnitten Allgemeine Vorschriften, Seefahrtsbücher und Musterung, des Heuerverhältnis der Besatzungsmitglieder, der Arbeitsschutz, die Ordnung an Bord und Straftaten und Ordnungswidrigkeiten sowie schließlich Schluss- und Übergangsvorschriften behandelt.

2. Novellierungen

Mit dem Dritten Gesetz zur Änderung des SeemG vom 1.3.1983 (BGBl. I S. 215) sind u.a. die Vorschriften der §§ 63, 65, 71, 72 und 78 SeemG novelliert worden. Das Gesetz verfolgte das Ziel, eine flexiblere Besetzung von Seeschiffen hinsichtlich der Anzahl der Seeleute zu ermöglichen und damit zur Stärkung der Wettbewerbsfähigkeit der deutschen Seeschifffahrt beizutragen. Weiterhin sollten die Kündigungsregelungen des SeemG weiterentwickelt und diese dem 1930 ratifizierten Übereinkommen

Nr. 22 der ILO über den Heuervertrag der Schiffsleute angepasst werden (Materialien zum 3. ÄnderungsG BT-Drucks. 9/1829 und 9/2228). Durch den Einigungsvertrag vom 31.8.1990 (BGBl. II S. 885) wurde das SeemG hinsichtlich seiner Anwendbarkeit in der ehemaligen DDR einigen Maßgaben unterworfen (keine Anwendung der §§ 35 Abs. 2, 65 SeemG; Geltung – zT besonders bedingt – des § 55 AGB bzw. der §§ 115a bis 115e AGB anstelle der §§ 63 Abs. 1 und 2, 78 Abs. 3 SeemG aF bzw. der §§ 48 Abs. 1 S. 2 und 3, 78 Abs. 2 S. 1 und 2 SeemG aF). Weitere Änderungen erfolgten im Rahmen der umfassenden Novellierung des Kündigungsfristenrechts durch das Gesetz zur Vereinheitlichung der Kündigungsfristen von Arbeitern und Angestellten (Kündigungsfristengesetz – KündFG) vom 7.10.1993 (BGBl. I S. 1668), mit der der Bundesgesetzgeber die ihm vom *BVerfG* (30.5.1990 DB 1990, 1565) auferlegte Verpflichtung, die Kündigungsfristen von Arbeitern und Angestellten einheitlich zu regeln, erfüllt hat.

17a Mit dem Gesetz zur Anpassung arbeitsrechtlicher Bestimmungen an das EG-Recht vom 20.7.1995 (BGBl. I S. 946) ist die für Besatzungsmitglieder geltende Regelung des § 24 SeemG über die Aushändigung eines Heuerscheins (vgl. Rz 29) ergänzt und inhaltlich an die Regelungen über den Nachweis der für ein Arbeitsverhältnis geltenden wesentlichen Bedingungen (Nachweisgesetz) angepasst worden. Diese Regelungen gelten nunmehr auch uneingeschränkt für Kapitäne gem. §§ 78 Abs. 1, 24 SeemG (Art. 4 Ziff. 2 des EG-Anpassungsgesetzes). Bei befristeten Heuerverhältnissen ist im Heuerschein die vorhersehbare Dauer anzugeben (Art. 4 Ziff. 1a) ee) des EG-Anpassungsgesetzes). Die elektronische Form des Heuerscheins ist ausgeschlossen (vgl. Entwurf eines Gesetzes zur Änderung des SeemG und anderer Gesetze, BR-Drucks. 831/01 vom 19.10.2001). § 148 SeemG regelt als Übergangsvorschrift zum Nachweisgesetz für Heuerverhältnisse, die bereits am 28.7.1995 bestanden, dass dem Besatzungsmitglied auf sein Verlangen innerhalb von zwei Monaten ein Heuerschein iSd § 24 SeemG auszuhändigen ist. Mit dem ÄnderungsG vom 8.6.2005 (BGBl. I S. 1530) wurden im Wesentlichen die ILO-Übereinkommen Nrn. 146 und 166 über den bezahlten Jahresurlaub der Seeleute bzw. die Heimschaffung von Seeleuten ratifiziert (s.u. Rz 165 ff.).

18 Aus den seit 1983 erfolgten Novellierungen ergaben sich für das Recht der Kündigung im Wesentlichen die folgenden Neuerungen: Auch bei den Mannschaftsmitgliedern beträgt die Frist für eine ordentliche Kündigung (ebenso wie bis zum Inkrafttreten des 3. ÄnderungsG schon bei den Schiffsoffizieren) während der ersten drei Monate des Heuerverhältnisses – bei längerer Dauer der ersten Reise während der ersten sechs Monate – eine Woche (zuvor 48 Stunden). Danach beträgt sie nunmehr **bundeseinheitlich** für die Besatzungsmitglieder **(Schiffsleute, Schiffsoffiziere und sonstige Angestellte) vier Wochen zum 15. oder zum Ende eines Kalendermonats** und erhöht sich auf **zwei Monate zum Ende eines Kalendermonats,** wenn das Heuerverhältnis zwei Jahre bestanden hat. Gestaffelt nach Dauer des Heuerverhältnisses verlängert sich die Kündigungsfrist auf bis zu sieben Monate (nach 20 Jahren). Durch Verweisung (§ 63 Abs. 2a SeemG) finden die Vorschriften des § 622 Abs. 3 bis 6 BGB auf Heuerverhältnisse sinngemäß Anwendung. Läuft die Kündigungsfrist aus, während sich das **Schiff im Ausland** befindet, so setzt sich das Heuerverhältnis grds. bis zur Ankunft des Schiffes in der Bundesrepublik Deutschland oder in einem angrenzenden Staat fort, höchstens jedoch auf drei Monate. Darüber hinaus endet das Heuerverhältnis nach auslaufender Kündigungsfrist auch dann, wenn entweder der Reeder für eine freie Rückbeförderung des Besatzungsmitglieds sorgt oder das Besatzungsmitglied einen Ersatzmann stellt. Das Besatzungsmitglied hat bei einer Kündigung durch den Reeder sowie bei einer eigenen Kündigung, falls das Heuerverhältnis sich um mindestens einen Monat über den Ablauf der Kündigungsfrist hinaus fortsetzt, Anspruch auf freie Rückbeförderung. Die Vorschriften über das Verbot der Auszahlung der Heuer in Gast- und Schankwirtschaften (§ 35 Abs. 2 SeemG) und über die außerordentliche Kündigung gegenüber dem Besatzungsmitglied aus anderen Gründen (§ 65 SeemG) finden in der ehemaligen DDR weiterhin keine Anwendung.

3. Geltungsbereich

a) Kauffahrteischiffe

19 Die Vorschriften des SeemG gelten nicht für alle Seeschiffe, sondern nur für **Kauffahrteischiffe (Handelsschiffe),** die nach dem Flaggenrechtsgesetz idF der Bekanntmachung vom 4.7.1990 (BGBl. I S. 1342) die **Bundesflagge** mit formeller Berechtigung führen (§ 1 SeemG). Zum Begriff des Kauffahrteischiffes vgl. § 484 HGB. Danach sind hierunter die zum Erwerb durch Seefahrt dienenden oder hierfür jedenfalls bestimmten Schiffe zu verstehen. Für die Anwendung des SeemG ist die Größe des Schiffes ohne Bedeutung, dagegen gilt der Manteltarifvertrag für die deutsche Seeschifffahrt nur für Schiffe ab einer Größe von 300 BRZ (iE s.o. Rz 1). Für einen Neubau liegt diese Zweckbestimmung mit der Ab-

nahme vor, also auch schon bei Überführungsreisen. Anwendbar ist das Gesetz auch bei Ballastreisen, Werftliegezeiten und beim Aufliegen eines sonst regelmäßig zum Erwerb durch die Seefahrt verwendeten Schiffs (*Schaps/Abraham* § 1 SeemG Rz 1).

Schiffe, die **hoheitlichen** Zwecken dienen, fallen nicht unter die Vorschriften des SeemG. Dazu zählen 20 alle im öffentlichen Dienst des Bundes, der Länder oder anderer Träger öffentl. Gewalt stehenden Schiffe (auch wenn sie im Eigentum Privater stehen), zB der Marine, des Zolls, des Fischereischutzes und Feuerschiffe. Nicht zum Erwerb dienen Schiffe (und unterfallen damit auch nicht den Vorschriften des SeemG), die in **privater Hand** stehen und speziellen Zwecken dienen, etwa private Lustfahrzeuge, private wissenschaftliche Forschungsschiffe, Schiffe gemeinnütziger Einrichtungen wie der Deutschen Gesellschaft zur Rettung Schiffbrüchiger. Private Schulschiffe unterliegen dem SeemG, wenn sie auch zur Frachtförderung dienen.

Für die Geltung der Vorschriften des SeemG ist der **Dauercharakter des Schiffs als See- und Kauf-** 21 **fahrteischiff** in seiner gegenwärtigen, regelmäßigen Verwendung (vgl. BGH 26.9.1957 BGHZ 25, 244) entscheidend, unabhängig davon, ob es in deutschen oder fremden Gewässern, auf hoher See oder in Binnengewässern (wenn der Zugang von der See erfolgt) fährt. **Binnenschiffe** sind vom Geltungsbereich des SeemG ausgeschlossen, auch wenn sie gelegentlich die Grenzen von der Binnen- zur Seeschifffahrt überschreiten.

b) Besatzungsmitglieder

Die Besatzungsmitglieder iSd SeemG sind die Schiffsoffiziere, die sonstigen Angestellten und die 22 Schiffsleute (§ 3 SeemG). Nicht dazu gehören der Kapitän (s.u. Rz 27), der Lotse, sonstige im Rahmen des Schiffsbetriebs an Bord tätige Personen iSd § 7 SeemG, sowie die zur Leistung von Diensten im Hafen an Bord kommenden Personen (zB Stauer, Hafen- und Werftarbeiter).

Schiffsoffiziere sind die Angestellten des nautischen oder des technischen Schiffsdienstes, die eines 23 staatlichen Befähigungszeugnisses bedürfen, die Schiffsärzte, die Seefunker, die Inhaber eines Seefunkzeugnisses 1. oder 2. Klasse sind, und die Zahlmeister (§ 4 SeemG).

Sonstige Angestellte sind Besatzungsmitglieder, die, ohne Schiffsoffiziere zu sein, nach der seemän- 24 nischen Verkehrsanschauung als Angestellte angesehen werden, insbes. wenn sie eine überwiegend leitende, beaufsichtigende oder büromäßige Tätigkeit oder eine verantwortliche Tätigkeit ausüben, die besondere Kenntnisse erfordert (§ 5 SeemG). Diese Personengruppe – auch als Unteroffiziere bezeichnet – kann als Verbindungsglied zwischen den Schiffsoffizieren und den Schiffsleuten angesehen werden. Ihr Angestelltenstatus definiert sich nicht notwendig aus den herkömmlichen Tätigkeitsmerkmalen eines Angestellten (vgl. zB § 3 AVG), sondern nach der seemännischen Verkehrsauffassung. Dazu zählen zB Funker mit Seefunksonderzeugnis, Maschinen-, Zahlmeister-, Oberkoch- und Obersteward-Assistenten sowie Arztgehilfen und ähnliche Berufsbilder.

Schiffsmann ist jedes andere in einem Heuerverhältnis (s.u. Rz 28, 29) stehende Besatzungsmitglied, 25 das nicht Angestellter iSd §§ 4 und 5 SeemG ist (§ 6 SeemG). Dazu zählen gegenüber den Personen gem. den §§ 4 und 5 SeemG geringer einzustufende, weniger verantwortungsvolle Tätigkeiten im Decksdienst (zB Bootsmann, Matrose, Decksjunge), Maschinendienst (zB Motorenführer und -wärter, Schmierer, Heizer), Verpflegungsdienst (zB Koch, Bäcker) und in der Bedienungsabteilung (Steward, Wäscher, Drucker).

Für **sonstige** im Rahmen des Schiffsbetriebs **an Bord tätige Personen,** die in keinem Heuerverhältnis 26 mit dem Reeder stehen, sondern aufgrund spezieller vertraglicher Vereinbarungen mit dem Reeder eigene Geschäfte an Bord betreiben (Fotografen, Blumenhändler; § 7 Abs. 2 SeemG) oder in solchen Geschäften angestellt sind (§ 7 Abs. 1 SeemG) finden die Vorschriften des SeemG nur teilweise Anwendung. Der Personenkreis gem. § 7 Abs. 2 SeemG unterfällt dem SeemG nicht (*BAG* 17.2.1998 DB 1998, 2374 betreffend Arbeitnehmer, die an Bord von Fährschiffen als Beschäftigte des Pächters der Serviceeinrichtungen tätig sind). Die Angestellten gem. § 7 Abs. 1 SeemG unterliegen den Abschnitten 1, 2, 5 und 7 des SeemG ohne Einschränkung, dem Abschnitt über das Heuerverhältnis nur hinsichtlich der in § 79 SeemG aufgeführten Vorschriften, mithin also nicht der Kündigungsregeln.

c) Kapitän

Der Kapitän iSd § 2 SeemG ist der Führer eines Kauffahrteischiffes (s.o. Rz 19–21). Das SeemG regelt 27 die Rechte und Pflichten des Kapitäns nur so weit, wie er Vertreter des Arbeitgebers an Bord ist oder wie sie sein arbeitsrechtliches Verhältnis mit dem Reeder betreffen. Die Vorschriften des SeemG über das Heuerverhältnis finden zum großen Teil sinngemäße Anwendung auf den Kapitän (§ 78 Abs. 1 SeemG). § 78 Abs. 2 und 3 SeemG regeln das Kündigungsrecht beim Kapitän (s.u. Rz 150–159). Im Übrigen regelt sich das Kündigungsrecht nach den §§ 27 ff. MTV-See.

4. Das Heuerverhältnis

28 Das Heuerverhältnis ist das Arbeitsverhältnis von Besatzungsmitgliedern von Seeschiffen iSd SeemG mit dem Reeder. Es findet seine Regelung im Dritten Abschnitt des SeemG (§§ 23–79), darüber hinaus kommen noch die §§ 611 ff. BGB sowie das KSchG zur Anwendung. Auch die materiellen Bestimmungen des Manteltarifvertrages für die deutsche Seeschifffahrt (vgl. Rz 1) wirken auf das Heuerverhältnis ein. Die Vorschriften des Dritten Abschnitts des SeemG sind **zwingend**. Von ihnen kann zugunsten des Besatzungsmitglieds abgewichen werden, soweit dies vom SeemG nicht ausdrücklich ausgeschlossen ist (§ 10 SeemG).

29 Das Heuerverhältnis ist vornehmlich **privatrechtlicher** Natur, neben den Hauptpflichten (die Vergütung des Schiffsmannes wird als Heuer bezeichnet, vgl. §§ 30 ff. SeemG) wohnen ihm auch die sonst im Arbeitsverhältnis üblichen Fürsorge- und Treuepflichten inne (weitere Einzelheiten vgl. *Schaps/Abraham* vor § 23 SeemG). Ein für unbestimmte oder bestimmte Zeit (nur für eine Reise) begründetes Heuerverhältnis (vgl. § 23 SeemG) kann mündlich oder schriftlich geschlossen werden. Wenn keine Schriftform vorliegt, muss der wesentliche Inhalt des Heuerverhältnisses schriftlich im Heuerschein niedergelegt werden. Im Heuerschein sind mindestens die im Katalog des § 24 Abs. 1 SeemG idF des EG-Anpassungsgesetzes vom 20.7.1995 (s.o. Rz 17a) aufgeführten Angaben aufzunehmen. Die Aushändigung kann auch nachträglich erfolgen, die Begründung des Heuerverhältnisses ist trotzdem wirksam. Zu den Beweiswirkungen des Heuerscheins vgl. *Schwarze* NZA 1996, 685. Das Heuerverhältnis ist einer **behördlichen Überwachung** durch die Seemannsämter unterworfen, dh den in der Bundesrepublik Deutschland von der Landesregierung eingerichteten Verwaltungsbehörden und im Ausland die vom Außenministerium bestimmten diplomatischen und konsularischen Vertretungen der Bundesrepublik Deutschland (§ 9 SeemG).

5. Beendigungsgründe
a) Übersicht

30 Das Heuerverhältnis wird nach allgemeinen arbeitsrechtlichen Grundsätzen beendet durch

- Zeitablauf: Rz 31–33,
- Tod des Besatzungsmitglieds,
- ordentliche Kündigung: Rz 59–106, 152–155,
- außerordentliche Kündigung: Rz 107–149, 156–159,
- beiderseitiges Einvernehmen (Aufhebungsvertrag): Rz 34–36.

Darüber hinaus gelten – als seearbeitsrechtliche Besonderheiten – bei **vermutetem Verlust von Schiff und Besatzung** die Heuerverhältnisse als beendet, wenn seit der letzten amtlich festgestellten Nachricht über das Schiff ein Monat verstrichen ist (§ 77 Abs. 1 SeemG).

b) Befristetes Heuerverhältnis

31 Ein Heuerverhältnis für eine von vornherein bestimmte Zeit endet mit Ablauf der vereinbarten Frist. Setzen die Parteien das Heuerverhältnis über den Zeitpunkt des Fristablaufs stillschweigend fort, gilt es nach § 625 BGB, § 16 TzBfG auf unbestimmte Zeit eingegangen. Während der Laufzeit eines befristeten Heuervertrags kann idR nur eine **außerordentliche Kündigung** bei Vorliegen eines wichtigen Grundes oder ein Aufhebungsvertrag zur Beendigung führen (*ArbG Oldenburg* 1.2.1983 SeeAE § 23 SeemG Nr. 4). Ein Heuerverhältnis ist grds. so zu befristen, dass dem Besatzungsmitglied Urlaub in Form von bezahlter Freizeit gewährt werden kann. Notfalls muss es verlängert werden (§ 60 SeemG). Erkrankt das Besatzungsmitglied während des angehängten Urlaubs, werden die Krankheitstage nicht auf den Urlaub angerechnet (§ 58 S. 1 SeemG). Das Heuerverhältnis verlängert sich jedoch nicht noch einmal um die Dauer der Krankheit; es endet vielmehr zu dem zuvor vereinbarten Termin. Der restliche Urlaub ist in einem solchen Fall ausnahmsweise abzugelten (*BAG* 10.11.1976 AP Nr. 3 zu § 60 SeemG).

32 Die **Befristungsvereinbarung** ist gem. § 24 Abs. 1 Ziff. 6 SeemG mit der vorsehbaren Dauer im Heuerschein festzuhalten. Von dieser Vorschrift kann nur abgewichen werden, wenn diese erforderli-

chen Angaben in einem schriftlichen Heuervertrag, der dem Besatzungsmitglied ausgehändigt worden ist, aufgenommen sind (§ 24 Abs. 4 SeemG idF des EG-Anpassungsgesetzes vom 20.7.1995, s.o. Rz 17a). Der Zeitraum für die Dauer des Heuerverhältnisses muss bestimmbar, für beide Seiten erkennbar sein (*ArbG Hmb.* 2.6.1988 – S 14 Ca 163/88). Dieser Voraussetzung genügen daher Formulierungen wie »Zeitraum für die Vertretung des erkrankten Besatzungsmitgliedes X« oder »Zeitraum der Reise nach Y« oder »Zeitraum für eine Rundreise, beendet voraussichtlich an einem bestimmten Tag in Z« (*ArbG Hmb.* 26.6.1972 SeeAE § 23 SeemG Nr. 1). Unzulässig sind sog. Ketten-Heuerverhältnisse (*Bemm/Lindemann* SeemG, § 23 Rz 7).

Im Übrigen gelten die Regelungen über befristete Arbeitsverträge gem. §§ 14 ff. TzBfG (vgl. dazu KR-*Lipke*). 33

c) Aufhebungsvertrag

Die vorzeitige Aufhebung des Heuerverhältnisses im beiderseitigen Einvernehmen hat **schriftlich** zu erfolgen (§ 623 BGB). 34

Im Fall des Aufhebungsvertrages verlängert sich das Heuerverhältnis um den noch nicht gewährten Urlaub über das vereinbarte Beendigungsdatum hinaus (*ArbG Hmb.* 19.1.1978 SeeAE § 73 MTV-See 1978 Nr. 1). 35

Ein Aufhebungsvertrag ist wegen »Überrumpelung« nicht allein deshalb unwirksam, weil der Arbeitgeber dem Arbeitnehmer weder eine Bedenkzeit noch ein Rücktritts- bzw. Widerrufsrecht eingeräumt und ihm auch das Thema des beabsichtigten Gesprächs vorher nicht mitgeteilt hat (*BAG* 30.9.1993 EzA § 611 BGB Aufhebungsvertrag Nr. 13). 36

d) Kündigung

Die Vorschriften des Vierten Unterabschnitts im Dritten Abschnitt des SeemG regeln entsprechend der Struktur des SeemG allgemein die Beendigungsgründe, insbes. die Kündigung, nur, soweit es sich um Besonderheiten im seemännischen Arbeitsrecht handelt. Für die ordentliche Kündigung gelten die §§ 62 und 63 SeemG, für die außerordentliche die §§ 64 ff. SeemG. Für die Kündigung gelten neben den §§ 62 ff. SeemG noch die Vorschriften des KSchG nach Maßgabe des § 24 KSchG. Im Übrigen sind die kündigungsrechtlichen Regelungen des MTV-See (§ 27 ff.) zu beachten, soweit Tarifbindung beiderseitig vorliegt. 37

Eine Kündigung wird erst wirksam, wenn sie dem zu kündigenden Vertragspartner zugeht. Vgl. dazu iE KR-*Friedrich* § 4 KSchG Rz 100 ff. 38

V. Kündigungsschutz
1. Allgemeiner Kündigungsschutz

Gem. § 24 Abs. 1 KSchG finden die Vorschriften über den Allgemeinen Kündigungsschutz sowie den Kündigungsschutz der Betriebsratsmitglieder Anwendung auch bei einer ordentlichen oder außerordentlichen Kündigung gegenüber Besatzungsmitgliedern von Seeschiffen. Die verlängerte **Klagefrist** des § 24 Abs. 3 KSchG (vgl. KR-*Weigand* § 24 KSchG Rz 26 ff.) findet nur auf solche Besatzungsmitglieder Anwendung, die die Funktion eines Mitgliedes der Schiffsbesatzung iSd SeemG ausüben, also die in die **Musterrolle eingetragenen Besatzungsmitglieder** (§§ 3, 13 SeemG) oder im Zusammenhang hiermit vom Sitz der Reederei ortsabwesend sind. Sie findet keine Anwendung, wenn die Ortsabwesenheit privater Natur ist (*ArbG Hmb.* 29.1.1980 SeeAE § 24 KSchG Nr. 1). Nach § 23 Abs. 1 KSchG setzt die Anwendbarkeit des Gesetzes voraus, dass (ausschließlich der zu ihrer Berufsbildung Beschäftigten) mehr als fünf bzw. zehn seit dem 1.1.2004 Arbeitnehmer (Kapitäne und Besatzungsmitglieder) in dem Betrieb beschäftigt werden (Einzelheiten insbes. auch bzgl. Teilzeitbeschäftigten vgl. KR-*Weigand* § 23 KSchG Rz 33 ff.). Als eigenständiger Betrieb gelten einerseits gem. § 24 Abs. 1 KSchG die Gesamtheit der Seeschiffe des Schifffahrtsbetriebes, andererseits der Landbetrieb der Reederei (*BAG* 28.12.1956 DB 1957, 113). Zum Begriff des Betriebes bzw. Betriebsteils iSd § 613a BGB s.u. Rz 79. 39

Die **Beschäftigungszeit** eines Besatzungsmitglieds berechnet sich nach dessen gesamter ununterbrochener Fahrtzeit auf Schiffen verschiedener Partenreedereien, deren Geschäfte jeweils vom gleichen Korrespondenzreeder geführt werden (§ 7 MTV-See). Beim Übergang eines Schiffes auf einen neuen Eigentümer sind die Beschäftigungszeiten beim bisherigen Reeder anzurechnen (*ArbG Hmb.* 7.9.1978 40

SeeAE § 1 KSchG Nr. 3). Soweit ein Heuerverhältnis mit demselben Reeder unterbrochen war, wird die Beschäftigungszeit des vorausgegangenen Heuerverhältnisses nur berücksichtigt, wenn zwischen beiden Verhältnissen ein enger sachlicher und zeitlicher Zusammenhang besteht (zu verneinen bei vier Monaten, *ArbG Hmb.* 13.10.1986 und 10.11.1988, zu bejahen bei 15 Tagen und Erklärung einer Wiedereinstellungsoption, *Bemm/Lindemann* SeemG, § 62 Rz 20a).

41 Allerdings sind einige, **vom KSchG abweichende, Sonderregeln** zu beachten (iE vgl. KR-*Weigand* § 24 KSchG Rz 22 ff.). Zur sozialen Rechtfertigung einer Kündigung iSv § 1 KSchG s.u. Rz 68–84. Die Betriebsvertretung ist vor jeder Kündigung anzuhören (§ 102 BetrVG), bei der Kündigung durch den Kapitän gegenüber Besatzungsmitgliedern, die nicht Schiffsoffiziere oder sonstige Angestellte sind, die Bordvertretung (§ 115 BetrVG), bei der Kündigung durch den Reeder der Seebetriebsrat (§ 116 BetrVG). Allerdings findet das BetrVG auf Seeschifffahrtsunternehmen, die keinen Sitz im Inland haben, auch dann keine Anwendung, wenn sie ein Schiff bereedern, das nach dem Flaggenrechtsgesetz die deutsche Bundesflagge führt (*BAG* 26.9.1978 EzA § 114 BetrVG 1972 Nr. 2).

2. Kündigungsschutz besonderer Gruppen der Besatzungsmitglieder

a) Mitglieder und Wahlbewerber der Seebetriebsverfassungsorgane

42 Die ordentliche Kündigung gegenüber Mitgliedern des Seebetriebsrates, der Bordvertretung, Wahlbewerbern und Wahlvorständen ist gem. § 15 Abs. 1 S. 1 KSchG unzulässig (vgl. KR-*Etzel* § 15 KSchG). Soweit wichtige Gründe für eine außerordentliche Kündigung (s.u. Rz 107, 114–123, 128, 132, 133, 136, 141–143) vorliegen und der Seebetriebsrat oder die Bordvertretung dieser zugestimmt haben, kann den o.g. Mitgliedern der Seebetriebsverfassungsorgane ohne Einhaltung einer Frist gekündigt werden (§ 15 Abs. 2 S. 1 KSchG).

43 Nach Ablauf der Amtszeit genießt das Mitglied des Seebetriebsrates für ein Jahr, das Mitglied der Bordvertretung für sechs Monate den Kündigungsschutz wie in § 15 Abs. 1 S. 2 KSchG. Für Wahlbewerber und Wahlvorstände gilt dieser Kündigungsschutz für sechs Monate nach Bekanntgabe des Wahlergebnisses (§ 15 Abs. 3 KSchG).

44 Im Falle einer **Betriebsstilllegung** kann den Mitgliedern und Wahlbewerbern der Seebetriebsverfassungsorgane unter Einhaltung der Kündigungsfrist frühestens zum Zeitpunkt der endgültigen Einstellung der betrieblichen Aktivitäten (§ 15 Abs. 4 KSchG) gekündigt werden. Wird lediglich das **Schiff ausgeflaggt**, auf dem das Mitglied des Seebetriebsrates bzw. der Bordvertretung tätig ist, so ist es auf ein anderes Schiff zu übernehmen. Nur wenn dies aus betrieblichen Gründen nicht möglich ist, kann es frühestens zum Zeitpunkt der Ausflaggung gekündigt werden (§ 15 Abs. 5 KSchG).

b) Schwerbehinderte

45 Ohne vorherige Zustimmung des Integrationsamtes ist die ordentliche oder außerordentliche Kündigung eines Besatzungsmitgliedes oder des Kapitäns mit Schwerbehinderteneigenschaft nichtig (§ 85 SGB IX). Die Kündigungsfrist beträgt mindestens vier Wochen (§ 86 SGB IX). Im Übrigen wird auf die Kommentierung KR-*Etzel* §§ 85–90 SGB IX verwiesen.

c) Schwangere

46 Es gelten ausnahmslos die **zwingenden Vorschriften des MuSchG**, hinsichtlich des Kündigungsschutzes § 9 MuSchG. Insofern wird auf KR-*Bader* § 9 MuSchG verwiesen. Der Kündigungsschutz währt auch für die Dauer der Elternzeit nach Maßgabe des § 18 BErzGG (vgl. dazu KR-*Bader* § 18 BErzGG). Die Mitteilung über die Schwangerschaft braucht nicht gegenüber dem Reeder selbst zu erfolgen, es reicht auch die Mitteilung gegenüber dem Personalchef (*ArbG Hmb.* 13.7.1971 – S 1 Ca 162/71).

d) Auszubildende

47 Die Kündigungsregelungen des BBiG (vgl. KR-*Weigand* §§ 21, 22 BBiG Rz 39–110) gelten **nicht** für die Berufsbildung auf Kauffahrteischiffen, die nach dem Flaggenrechtsgesetz (s.o. Rz 19) die Bundesflagge führen, soweit es sich nicht um Schiffe der kleinen Hochseefischerei oder der Küstenfischerei handelt (§ 2 Abs. 2 Ziff. 2 BBiG).

48 Das Ausbildungsverhältnis zum **Schiffsmechaniker** kann während der Probezeit (mind. 3 Monate, max. 5 Monate) fristlos gekündigt werden, ohne dass es hierzu eines wichtigen Grundes bedarf. Nach

Ablauf der Probezeit kann von beiden Seiten entweder nur noch fristlos bei Vorliegen eines wichtigen Grundes (s.u. Rz 107, 114–123, 128, 132–133, 136, 141–143 sowie KR-*Weigand* §§ 21, 22 BBiG Rz 44–83) oder seitens des Auszubildenden unter Einhaltung einer Frist von vier Wochen gekündigt werden, wenn die Berufsausbildung aufgegeben oder eine andere Berufsausbildung begonnen werden soll (§§ 8 f. Musterausbildungsvertrag). Diese Regelung für Auszubildende zum Schiffsmechaniker entspricht § 15 BBiG, insofern wird auf die Kommentierung KR-*Weigand* §§ 21, 22 BBiG Rz 17 verwiesen.

Nur aus **wichtigem Grund** ohne Einhaltung einer Kündigungsfrist können gekündigt werden die Bordausbildungsverhältnisse der Nautischen und Technischen Offiziersbewerber sowie der Nautischen und Technischen Offiziersassistenten gem. den Ausführungsbestimmungen zu den Ausbildungsverordnungen in der Seeschifffahrt, insbes. der Schiffsoffizier-AusbildungsVO vom 11.2.1985 (BGBl. I S. 323). Weitere Nachweise bei *Bemm/Lindemann* SeemG, § 63 Rz 14. 49

e) Wehrpflichtige

Von der Zustellung des Einberufungsbescheides bis zur Beendigung des Grundwehrdienstes sowie während einer Wehrübung darf der Reeder das Heuerverhältnis nicht kündigen. Auch vor und nach diesen Zeiträumen darf der Reeder das Heuerverhältnis nicht aus Anlass des Wehrdienstes kündigen. Der Wehrdienst stellt auch keinen wichtigen Grund zur außerordentlichen Kündigung während des Wehrdienstes oder der Wehrübung dar. Im Rahmen einer betriebsbedingten Kündigung darf bei der sozialen Auswahl der Wehrdienst nicht zu Lasten des Wehrpflichtigen berücksichtigt werden. Im Zweifel ist der Reeder dafür beweispflichtig. Diese Regelungen gem. § 2 ArbPlSchG werden ohne Unterschied auf Arbeitsverhältnisse an Land wie auf Heuerverhältnisse an Bord angewandt. Insofern wird auf die Kommentierung KR-*Weigand* § 2 ArbPlSchG verwiesen. 50

3. Kündigungsschutzverfahren

Die **Kündigungsschutzklage** ist bei Besatzungsmitgliedern von Schiffen – wenn das Heuerverhältnis mindestens sechs Monate bestanden hat – innerhalb von drei Wochen nach Rückkehr zum Ort des Betriebssitzes, spätestens jedoch sechs Wochen nach Zugang der Kündigung zu erheben (vgl. KR-*Weigand* § 24 KSchG Rz 26 ff.). Bei einer Kündigung auf See beginnt die sechswöchige Kündigungsfrist erst ab dem Tage der tatsächlichen Ankunft des Besatzungsmitglieds in einem deutschen Hafen zu laufen, und zwar auch dann, wenn er aus privaten Gründen (zB wegen Urlaubs) später nach Deutschland zurückkehrt als ihm möglich gewesen wäre (*BAG* 9.1.1986 AP Nr. 1 zu § 24 KSchG; vgl. auch KR-*Weigand* § 24 KSchG Rz 28). Zur Zulässigkeit verspäteter Klagen vgl. KR-*Weigand* § 24 KSchG Rz 29. 51

Nach § 24 Abs. 5 KSchG erstreckt sich der Kündigungsschutz auch auf den **Kapitän und die leitenden Angestellten**, allerdings können an die soziale Rechtfertigung der Kündigung dieses Personenkreises keine hohen Anforderungen gestellt werden (*TSchG* 4.1.1968 Hansa 1968, 1751; *Schelp/Fettback* Vierter Unterabschnitt, Vorb., S. 65). 52

Zur Bestimmung des **örtlich zuständigen ArbG** vgl. Rz 181. Im Übrigen gelten für das Kündigungsschutzverfahren bei der Kündigung von Heuerverhältnissen die gleichen Regelungen wie bei der Kündigung von Arbeitsverhältnissen. 53

VI. Anhörung des Seebetriebsrats und der Bordvertretung

Grundsätzlich findet das **BetrVG** auf Schifffahrtsunternehmen und ihre Betriebe Anwendung (§ 114 Abs. 1 BetrVG). Besondere Regelungen sind im Fünften Teil, Erster Abschnitt (§§ 114–116 BetrVG) des BetrVG vorgesehen. Schifffahrtsunternehmen werden organisatorisch in den Landbetrieb mit Geltung der allgemeinen Vorschriften des BetrVG und in den Seebetrieb mit Geltung der §§ 114–116 BetrVG gegliedert. Die Vertretungen im Seebetrieb sind die Bordvertretung (§ 115 BetrVG) und der Seebetriebsrat (§ 116 BetrVG). Der Bordvertretung obliegen alle Mitwirkungs- und Mitbestimmungsgegenstände der §§ 80–105 BetrVG, mithin auch das **Anhörungsrecht vor jeder Kündigung gem. § 102 Abs. 1 BetrVG**, soweit der Bordbetrieb bzw. die Besatzungsmitglieder des Schiffes betroffen sind. Eine entsprechende Stellung hat der Seebetriebsrat, soweit alle oder mehrere Schiffe des Seebetriebs betroffen sind. 54

Das BetrVG findet auf Schifffahrtsunternehmen, die **keinen Sitz im Inland** haben, auch dann keine Anwendung, wenn sie ein Schiff bereedern, das nach dem FlRG die deutsche Bundesflagge führt (*BAG* 26.9.1978 EzA § 114 BetrVG 1972 Nr. 2). 55

56 Vor Erklärung einer Kündigung (ordentlicher und außerordentlicher Kündigung) durch den **Reeder** ist der **Seebetriebsrat**, durch den **Kapitän** ist die **Bordvertretung** gem. § 102 Abs. 1 BetrVG anzuhören. Zur ordnungsgemäßen Anhörung ist erforderlich, dass die Person des zu kündigenden Besatzungsmitglieds, die Art der Kündigung sowie die Kündigungsgründe im einzelnen dem Seebetriebsrat bzw. der Bordvertretung mitgeteilt werden. Im Falle der betriebsbedingten Kündigung sind ohne vorheriges Verlangen von vornherein auch die Gründe für soziale Auswahl mitzuteilen (*BAG* 29.3.1984 BB 1984, 1426).

57 Eine ordnungsgemäße Anhörung iSd § 102 Abs. 1 BetrVG erfordert eine substantiierte Darlegung des Kündigungssachverhaltes, die es dem Betriebsrat ermöglicht, ohne eigene Erhebungen die Stichhaltigkeit des Sachverhaltes zu prüfen; allgemeine Umschreibungen, Schlagworte und Werturteile reichen nicht aus (vgl. KR-*Etzel* § 102 BetrVG Rz 62a ff.; *ArbG Hmb.* 27.1.1998 – S 1 Ca 157/97; *Bemm-Lindemann* § 62 SeemG Rz 42 f.). Nicht erforderlich für eine ordnungsgemäße Anhörung ist die Angabe einer Rechtsnorm, aufgrund derer die Kündigung für gerechtfertigt gehalten wird (*LAG Hmb.* 30.11.1990 – Sa 54/90). Für die Kündigung des Heuerverhältnisses eines **Kapitäns** ist nicht die Anhörung erforderlich, sondern es reicht die rechtzeitige Mitteilung (§§ 114 Abs. 6 S. 2, 105 BetrVG).

58 Wenn das Besatzungsmitglied die Kündigung für sozial nicht gerechtfertigt erachtet, kann es binnen einer Woche nach Empfang der Kündigung beim Seebetriebsrat und auch bei der Bordvertretung (so auch *Schwedes/Franz* SeemG, vor § 62 Rz 20) **Einspruch** einlegen (§ 3 KSchG, vgl. im Übrigen KR-*Rost* § 3 KSchG). Wenn der Seebetriebsrat oder die Bordvertretung gegen die Kündigung Bedenken hat, so sind diese binnen einer Woche bei einer ordentlichen bzw. binnen drei Tagen bei einer außerordentlichen Kündigung dem Reeder bzw. Kapitän unter Angabe der Gründe mitzuteilen (§ 102 Abs. 2 BetrVG). Wegen des daraus möglicherweise erwachsenen Weiterbeschäftigungsanspruchs wird auf KR-*Etzel* § 102 BetrVG Rz 193 ff. verwiesen. Hat sich der Seebetriebsrat oder die Bordvertretung nicht binnen einer Woche zu der beabsichtigten Kündigung geäußert, gilt die Zustimmung dafür als erteilt.

B. Erläuterungen

I. § 62 SeemG

59 **§ 62 Ordentliche Kündigung**
(1) ¹Ist das Heuerverhältnis auf unbestimmte Zeit begründet, so kann es von beiden Teilen nach Maßgabe des § 63 schriftlich gekündigt werden. ²Die elektronische Form der Kündigung ist ausgeschlossen.
(2) Die ordentliche Kündigung gegenüber Schiffsoffizieren und sonstigen Angestellten kann nur vom Reeder ausgesprochen werden.

1. Ordentliche Kündigung

60 Grundsätzlich ist eine Kündigung als ordentliche Kündigung anzusehen, wenn eine Kündigungsfrist nicht genannt ist und sie zu dem gesetzlichen oder vertraglichen Kündigungstermin Wirkung zeigt, es sei denn, dass sie für den Kündigungsgegner unmissverständlich als Kündigung aus wichtigem Grund ohne Frist erklärt worden ist oder nach den Umständen von dem Kündigungsgegner so verstanden werden musste. Zum Begriff der Kündigung und den Voraussetzungen einer wirksamen Kündigungserklärung im Einzelnen vgl. *Wolf* KR, 3. Aufl. Grunds. Rz 96 ff., 261 ff. Das Wort »Kündigung« selbst muss nicht in einer Erklärung vorkommen, allerdings muss der Wille zur Auflösung des Heuerverhältnisses eindeutig für den Empfänger erkennbar sein. Zum Zwecke der Änderung der Arbeitsbedingungen kann auch eine Änderungskündigung ausgesprochen werden (*ArbG Hmb.* 31.3.1995 – S 5 Ca 332/94 – nv). Der Erklärungswille für eine Kündigung kann nicht automatisch schon in dem Verlassen des Schiffes durch ein Besatzungsmitglied erkannt werden (*ArbG Hmb.* 22.7.1988 – S 1 CA 55/88; *Bemm/Lindemann* SeemG, § 62 Rz 4a).

61 Als **bedingte** ist die Kündigung für den Fall zulässig, dass der Empfänger die angebotene Alternative des Abschlusses eines Aufhebungsvertrages ablehnt (*TSchG* 2.3.1967 Nr. 141/66, Hansa 1967, 1273). Teilt ein Mitglied der Besatzung der Reederei mit, dass wegen seiner Erkrankung eine Ablösung von dort vorzunehmen sei, so ist hierin keine Kündigung zu sehen (*TSchG* 12.7.1961 Nr. 175/60, Hansa 1961, 2167). Nicht möglich ist die Kündigung von nur einzelnen Teilen des Arbeitsverhältnisses, zB die Kündigung lediglich der Verwaltertätigkeit des Funkers (*ArbG Hmb.* 27.5.1982 – S 1 Ca 190/81; *Bemm/Lindemann* SeemG, § 62 Rz 5).

2. Formerfordernisse

Für die Wirksamkeit der Kündigungserklärung ist gem. § 62 Abs. 1 SeemG deren **Schriftform** erforderlich (vgl. § 27 Abs. 1 S. 1 MTV-See). Die **elektronische Form** der Kündigung ist ausgeschlossen, weil diese dem zwingenden Schriftformerfordernis nicht entspricht (§ 27 Abs. 1 S. 2 MTV-See). Die Nichtbeachtung dieser Formvorschrift führt nach § 125 S. 1 BGB zur Nichtigkeit der Kündigung (LAG Hmb. 16.1.1984 – 7 Sa 188/83). Gem. § 126 BGB muss die Urkunde vom Aussteller eigenhändig durch **Namensunterschrift** unterzeichnet werden. Ein Radiogramm genügt nicht der Schriftform (BAG 28.9.1983 AP Nr. 1 zu § 62 SeemG). Für die Kündigung auf hoher See oder in einem anderen als dem Reedereihafen reicht es für die Wirksamkeit der Kündigung aus, dass der Kapitän das Kündigungsschreiben eigenhändig unterschrieben hat. Die dafür erforderliche **Bevollmächtigung** durch den Reeder kann per Radiogramm erfolgen (§ 167 Abs. 2 BGB); denn für § 62 Abs. 1 SeemG sind keine schärferen Anforderungen zu stellen als bei den bei Rechtsmitteleinlegung zu beachtenden Förmlichkeiten. Der Kapitän kann vom Reeder auch in einer Urkunde bevollmächtigt werden, ihn bei der schriftlichen Erklärung der Kündigung zu vertreten, die er durch Radiogramm angeordnet hat (BAG 28.9.1983 aaO). Grundsätzlich dient § 62 Abs. 1 SeemG in erster Linie Beweiszwecken, von daher sind an die zur Vornahme der Kündigung erforderliche Bevollmächtigung keine besonderen Formerfordernisse zu stellen (LAG Hmb. 1.4.1976 SeeAE § 62 SeemG Nr. 2). Die ordentliche Kündigung gegenüber Schiffsoffizieren und sonstigen Angestellten nach § 5 SeemG muss vom Reeder angeordnet werden und ist dem Betroffenen vom Reeder oder durch einen Beauftragten schriftlich mitzuteilen (§ 27 Abs. 3 MTV-See). Die **Verletzung** einer **dieser Formvorschriften** führt zur Nichtigkeit der Kündigung (§ 125 BGB). Vgl. hierzu die Grundsätze zur Bevollmächtigung des Kapitäns zur Vornahme der Kündigung gegenüber einem Schiffsoffizier in Rz 66. In der Folge der Umsetzung der am 19.1.2000 in Kraft getretenen Richtlinie 1999/93/EG vom 13.12.1999 über gemeinschaftliche Rahmenbedingungen für elektronische Signaturen (ABlEG L 13/12) bis zum 21.7.2001 ist allerdings mit der schuldrechtlichen Gleichstellung der elektronischen Signatur mit der eigenhändigen Unterschrift zu rechnen. Dazu gibt es bereits einen (Referenten-) Gesetzentwurf des BMI vom 9.5.1999 (Gesetz zur Anpassung der Formvorschriften des Privatrechts an den modernen Geschäftsverkehr). Eine gesetzliche Pflicht zur **Begründung** der Kündigung im Rahmen des § 62 SeemG besteht nicht. Allerdings wird auch bei einer fristgemäßen Kündigung vom Arbeitgeber erwartet, dass – schon mit Rücksicht auf die Bestimmungen des KSchG – dem Arbeitnehmer der Grund für dessen Entlassung eröffnet wird (TSchG 10.3.1966 AP Nr. 1 zu § 63 SeemG).

3. Kündigungsbefugnis

Befugt zur Abgabe der Kündigungserklärung gegenüber Schiffsleuten iSd § 6 SeemG sind neben dem **Reeder der Kapitän und dessen Stellvertreter** (1. Offizier) im Heimathafen (§ 526 HGB) sowie außerhalb des Heimathafens (§ 527 HGB) kraft ihrer gesetzlichen Vertretungsmacht, die auf ihren Anstellungsverträgen beruht; ebenso der Korrespondentreeder, der im eigenen Namen einstellt (ArbG Hmb. 7.4.1982 – S 15 Ca 250/81).

Im Übrigen kann der Reeder seine **Kündigungsbefugnis auf Dritte übertragen**, zB den Personalleiter/Inspektor bzw. deren Mitarbeiter. Ein von diesem Personenkreis unterzeichnetes Kündigungsschreiben ist insoweit ohne Formmangel (ArbG Hmb. 23.1.1990 – S 5 Ca 181/89). Der Vorlage der Vollmachtsurkunde bedarf es gem. § 174 S. 2 BGB nicht (BAG 20.5.1981 SeeAE § 62 SeemG Nr. 3). Die Regelung gem. § 174 BGB gilt auch auf Schiffen unter der Bundesdienstflagge, dh im öffentlichen Dienst (ArbG Hmb. 14.3.1991 – S 14 Ca 264/88). Da es für rechtsunkundige Besatzungsmitglieder oftmals nicht schwer zu durchschauen ist, welche Reederei gerade die Arbeitgeberfunktion ausübt, ist bei der Feststellung, »wer in wessen Namen welches Heuerverhältnis kündigt« eine streng am Wortlaut zu orientierende Auslegung vorzunehmen (Bemm/Lindemann SeemG, § 62 Rz 17).

Eine Kündigung durch Besatzungsmitglieder ohne besondere Bevollmächtigung (s. Rz 30) ist unwirksam, wobei auch eine nachträgliche Genehmigung durch die Kündigungsberechtigten nicht möglich ist (TSchG 16.11.1967 Nr. 224/66, Hansa 1968, 2144). Bei der Kündigung ohne Vorlage der Vollmacht hat die Zurückweisung durch den Schiffsmann gem. § 174 BGB unverzüglich zu erfolgen.

Die Befugnis zur Erklärung der ordentlichen Kündigung findet ihre Einschränkung in § 62 Abs. 2 SeemG, wonach sie gegenüber Schiffsoffizieren (s.o. Rz 23) und sonstigen Angestellten (s.o. Rz 24) nur vom Reeder ausgesprochen werden darf. Dabei ist auch die Schriftform unbedingt zu wahren (LAG Hmb. 3.7.1975 SeeAE § 62 SeemG Nr. 1). Gemäß § 27 MTV-See muss die Kündigung gegenüber Schiffsoffizieren und sonstigen Angestellten vom Reeder angeordnet werden und sie ist den Betroffenen vom

Reeder oder durch einen Beauftragten schriftlich mitzuteilen. Bei längerer Abwesenheit des Schiffes vom Heimathafen kann sich der Reeder einerseits des **Kapitäns als Boten** bedienen, andererseits kann der Reeder den **Kapitän durch eine Urkunde bevollmächtigen**, ihn bei der schriftlichen Erklärung der Kündigung zu vertreten, wenn er für den Einzelfall per Radiogramm eine solche anordnet. Darüber hinaus kann der Reeder den Kapitän durch ein Radiogramm auch formlos bevollmächtigen, eine Kündigung zu erklären (§ 167 Abs. 2 BGB) s.a. Rz 62. Ebenso reicht die Einzelbevollmächtigung des Kapitäns durch den Reeder qua Telex (*LAG Hmb*. 1.4.1976 SeeAE § 62 SeemG Nr. 2). Allerdings ist die generelle Übertragung der Kündigungsbefugnis durch den Reeder auf den Kapitän oder Personalleiter mit der Regelung gem. § 62 Abs. 2 SeemG nicht vereinbar (*BAG* 28.9.1983 AP § 62 SeemG Nr. 1 mit Anm. *Bemm*; *Schwedes/Franz* SeemG, § 62 Rz 7).

67 Von der Regelung gem. § 62 Abs. 2 SeemG kann gem. § 140 SeemG durch Tarifvertrag abgewichen werden und für Besatzungsmitglieder auf Fischereifahrzeugen die Kündigungsbefugnis einem Bevollmächtigten übertragen werden; entsprechend ist der Personalleiter gem. § 57 Abs. 1 MTV-Fisch zur Kündigungserklärung berechtigt (*BAG* 20.5.1981 aaO). Im Rahmen der Vertretungsmacht gem. § 493 HGB ist ein Korrespondentenreeder befugt, auf eigenem Briefbogen namens der Partenreederei einem Schiffsoffizier zu kündigen (*ArbG Hmb*. 20.6.1991 – S 5 Ca 171/90; *Bemm/Lindemann* SeemG, § 62 Rz 18).

4. Kündigungsgründe

a) Personenbedingte Gründe

68 Eine Kündigung kann sozial gerechtfertigt sein iSv § 1 Abs. 2 KSchG, wenn **personenbedingte Gründe** vorliegen. Hierzu zählen persönliche Eigenschaften und Fähigkeiten, aufgrund derer das Besatzungsmitglied oder der Kapitän für die vertragsmäßige Leistung nicht geeignet ist: **Mängel hinsichtlich der Patentvoraussetzungen, der Seediensttauglichkeit und der Arbeitsfähigkeit.** Sozial gerechtfertigt ist die Kündigung eines Schiffsoffiziers, der nur aufgrund einer befristeten Ausnahmegenehmigung tätig sein kann, wenn die Reederei einen anderen Schiffsoffizier mit vollem Patent einstellen kann (*TSchG* 4.6.1960 Nr. 195/59, Hansa 1960, 2035).

69 Wenn die Einschränkung der Tropendiensttauglichkeit die Einsetzbarkeit im Operationsgebiet der Reederei verhindert, kann dem Besatzungsmitglied gekündigt werden (*Schwedes/Franz* SeemG, vor § 62 Rz 27; *Bemm/Lindemann* SeemG, § 62 Rz 24). Bei dauernder Seedienstuntauglichkeit (hier sind die von der Rspr. entwickelten Grundsätze zur krankheitsbedingten dauernden Leistungsunfähigkeit – vgl. KR-*Griebeling* § 1 KSchG Rz 375 ff. – entsprechend anzuwenden, *ArbG Hmb*. 27.5.1997 – S 1 Ca 381/96 – nv) ist der Reeder nicht verpflichtet, das Besatzungsmitglied im Landbetrieb einzusetzen, wenn sich die geschuldete Arbeitsleistung auf den Seebetrieb bezieht und kann zulässigerweise die personenbedingte Kündigung erklären (*ArbG Hmb*. 9.11.1982 – S 1 Ca 543/81; *LAG Hmb*. 30.10.1981 SeeAE § 615 BGB Nr. 1).

70 Ebenso kann eine **Krankheit**, die – verglichen mit der Gesamtdauer des Heuerverhältnisses – unverhältnismäßig lange dauert, eine Kündigung sozial rechtfertigen: Eine achtmonatige Krankheit bei einem Heuerverhältnis von 18 Monaten Dauer rechtfertigt eine Kündigung vor allem auch dann, wenn mit der Wiederherstellung der Gesundheit in absehbarer Zeit nicht gerechnet werden kann (auch wegen fehlender Gesundheitskarte: *ArbG Hmb*. 24.2.1977 SeeAE § 1 KSchG Nr. 2). Im Übrigen gelten auch für Heuerverhältnisse die allgemeinen arbeitsrechtlichen Grundsätze für eine Kündigung wegen Krankheit (negative Prognose, betriebliche Belastung, Unzumutbarkeit, vgl. iE KR-*Griebeling* § 1 KSchG Rz 319 ff.). Allerdings kann aufgrund der Sonderregelung des § 81 SeemG nicht vom Vorliegen der Voraussetzung für die Kündigung wegen einer krankheitsbedingten Leistungsminderung ausgegangen werden, wenn die Seetauglichkeit noch vorliegt (*ArbG Hmb*. 20.6.1991 – S 5 Ca 171/90).

b) Verhaltensbedingte Gründe

71 Verhaltensbedingte Gründe rechtfertigen eine Kündigung, wenn **Pflichtwidrigkeiten im Leistungsbereich, Verstöße gegen Ordnungsregeln, persönliches Fehlverhalten oder die Verletzung von Nebenpflichten** (zB Treue- und Verschwiegenheitspflicht) vorliegen. Insbesondere bei Pflichtverletzungen im Leistungsbereich muss der Kündigung eine Abmahnung vorausgehen; denn eine einmalige Verletzung heuervertraglicher Pflichten ist grds. nicht ausreichend (vgl. grds. KR-*Griebeling* § 1 KSchG Rz 425 f.). Die **Abmahnung** muss inhaltlich hinreichend bestimmt sein (*ArbG Hmb*. 23.1.1997 – S 1 Ca 380/96). Sie ist entbehrlich, wenn sie nicht dazu führen kann, ein zerstörtes Vertrauensverhältnis wieder zu heilen (*ArbG Hmb*. 29.3.1985 – S 1 Ca 407/83).

Abmahnung und Kündigung müssen in einem zeitlichen Zusammenhang zueinander stehen. Wenn 72
innerhalb von drei Jahren keine vergleichbare Pflichtverletzung abgemahnt wurde, ist eine Abmahnung durch diesen Zeitablauf verwirkt und damit kündigungsrechtlich nicht mehr verwertbar (*ArbG Hmb.* 13.11.1986 – S 15 Ca 292/86). Unabhängig von der Voraussetzung der Abmahnung muss die Kündigung in einem zeitlichen Zusammenhang mit der kündigungsbegründenden Tatsache stehen; erfolgt sie erst nach einigen Wochen, so ist darin nicht schon eine Verzeihung oder Verwirkung zu sehen (*TSchG* 11.10.1967 Nr. 26/67, Hansa 1970, 1063).

Beispiele: Wenn einem Ersten Offizier Fehler bei der Verrichtung seiner Tätigkeit unterlaufen und er 73
bei der Besatzung nicht für Ordnung und Disziplin sorgen kann, sondern sogar nachgibt, wenn ihm Schläge angedroht werden, so stellt dies verhaltensbedingte Kündigungsgründe dar (*TSchG* 4.1.1968 Nr. 131/67, Hansa 1968, 1751). Wegen mangelnder Pünktlichkeit, Alkoholgenusses und Anlass zu wiederholten Beanstandungen ist die Kündigung eines Kochs gerechtfertigt (*TSchG* 2.10.1958 Nr. 85/57, Hansa 1959, 563). Ferner stellt es einen ausreichenden Kündigungsgrund dar, wenn ein Bootsmann mit anderen trotz Verbots an Land geht, Weisungen des Kapitäns nicht folgt und einen Offizier mit einem Stück Stauholz bedroht (*TSchG* 19.10.1967 Nr. 26/67, Hansa 1970, 1063), sowie tätliche Angriffe auf andere Besatzungsmitglieder ausübt (*LAG Hmb.* 5.9.1984 – 5 Sa 49/84 – wegen Wiederholungsgefahr). Die ordentliche Kündigung ist gerechtfertigt bei wiederholter Falsch- oder Nichtunterrichtung des Reeders durch den Kapitän über wesentliche Umstände des Schiffsbetriebes (*ArbG Hmb.* 29.3.1985 aaO).

Nicht gerechtfertigt gem. §§ 612a, 134 BGB ist die Kündigung des Reeders als Reaktion auf die zuläs- 74
sige Ausübung von tarifvertraglichen Rechten durch das Besatzungsmitglied (mit Hinweis auf die Beschleunigung des Verlustes von Arbeitsplätzen unter deutscher Flagge, *ArbG Hmb.* 4.10.1988 – S 5 Ca 195/88) oder die Ablehnung eines nach § 4 Abs. 3 TVG, § 134 BGB rechtswidrigen Angebots auf untertarifliche Änderung der Heuer- und Arbeitsbedingungen bei bestehender Tarifbindung (*ArbG Hmb.* 23.2.1988 – S 1 Ca 330/87, zit. nach *Bemm/Lindemann* SeemG, § 62 Rz 29a). Demgegenüber ist das eigenmächtige Fernbleiben vom Arbeitsplatz (»Selbstbeurlaubung«) zum Zwecke der längerfristigen Kinderbetreuung eine Arbeitspflichtverletzung, die den Reeder insbes. nach mehrfachen erfolglosen Aufforderungen zur Arbeitsleistung zu einer ordentlichen verhaltensbedingten oder auch fristlosen Kündigung berechtigt (*BAG* 21.5.1992 EzA § 1 KSchG Verhaltensbedingte Kündigung Nr. 43). Ebenso ist die Kündigung gerechtfertigt, wenn ein Steward gegenüber Passagieren den sog. »Hitlergruß« zeigt (§ 86a StGB, Gefährdung des internationalen Ansehens der Reederei, *ArbG Hmb.* 5.1.1995 – S 14 Ca 213/94 – nv).

c) **Betriebsbedingte Gründe**

Dringende betriebliche Erfordernisse für die Rechtfertigung einer Kündigung können sich aus inner- 75
betrieblichen oder außerbetrieblichen Gründen ergeben. Sie führen in aller Regel im **Wegfall von Bordarbeitsplätzen**, sei es infolge mangelnden Ladungsaufkommens, sei es aufgrund von Rationalisierungsmaßnahmen. Eine Kündigung ist aus innerbetrieblichen Gründen gerechtfertigt, wenn sich der Arbeitgeber im Unternehmensbereich zu einer organisatorischen Maßnahme entschließt, bei deren innerbetrieblicher Umsetzung das Bedürfnis für die Weiterbeschäftigung eines oder mehrerer Arbeitnehmer entfällt (*BAG* 26.9.1996 EzA § 1 KSchG Betriebsbedingte Kündigung Nr. 86). Eine für eine Kündigung geeignete **Rationalisierungsmaßnahme** liegt zB in der Umstellung des Schiffes mit Decks- und Maschinenbetrieb auf einen Gesamtschiffsbetrieb iSd § 3 SchBV mit nur noch Schiffsmechanikern (*ArbG Hmb.* 23.1.1990 – S 5 Ca 181/89). Allerdings ist auch in diesem Fall für alle zu kündigenden Besatzungsmitglieder zunächst die Möglichkeit der anderweitigen Beschäftigung zu prüfen (*ArbG Hmb.* 20.1.1990 – S 5 Ca 224/90).

Ob eine entsprechende unternehmerische Entscheidung tatsächlich vorliegt und durch ihre Umset- 76
zung das Beschäftigungsbedürfnis für einzelne Arbeitnehmer entfallen ist, unterliegt der Nachprüfbarkeit der Arbeitsgerichte. Nicht dagegen ist die unternehmerische Entscheidung auf sachliche Rechtfertigung oder ihre Zweckmäßigkeit zu überprüfen, sondern nur darauf, ob sie offenbar unvernünftig oder willkürlich ist (*BAG* 26.9.1996 EzA § 1 KSchG Betriebsbedingte Kündigung Nr. 86). So rechtfertigt die unternehmerische Entscheidung, künftig nur mit dem nach den Besetzungsvorschriften notwendigen **Mindestpersonal** zu fahren, die Kündigung des überhängenden Personals (*ArbG Hmb.* 15.6.1989 – S 5 Ca 308/88; *Bemm/Lindemann* SeemG, § 62 Rz 33a). Im Falle einer betriebsbedingten Änderungskündigung wegen Personalüberhanges sind die für den Personalbedarf maßgeblichen Bewertungskriterien substantiiert darzulegen (*ArbG Hmb.* 7.8.1990 – S 5 Ca 119/90; *Bemm/Lindemann*

SeemG, § 62 Rz 5a). Im Übrigen kann dem Reeder bei der Berechnung des Personalbedarfs für die verbliebenen Schiffe nicht vorgeschrieben werden, eine Personalreserve bestimmten Umfanges vorzuhalten, um unter Berücksichtigung von Urlaubs- und Krankheitszeiten einen reibungslosen Einsatz seiner Schiffe zu gewährleisten. Hierbei handelt es sich um eine Frage der Gestaltung des Betriebes, über die der Reeder zu befinden hat.

76a Keine die Kündigung bedingende Unternehmerentscheidung liegt in dem Entschluss des Arbeitgebers, die formale Arbeitgeberstellung aufzugeben, wenn er gegenüber den Beschäftigten (hier: Kapitän) im Wesentlichen weiterhin selbst die für die Durchführung der Arbeit erforderlichen Weisungen erteilt. Denn es entfällt nicht die Beschäftigungsmöglichkeit im Betrieb, vielmehr werden nur die eigenen Beschäftigten durch ausgeliehene Arbeitnehmer – via sog. **Crewing-Firma** – ersetzt. Eine Kündigung aus diesem Grund ist als »**Austauschkündigung**« gem. § 1 Abs. 1 und 2 KSchG sozial ungerechtfertigt und deshalb unwirksam. Die Absicht des Arbeitgebers, die Lohnkosten zu senken und sich durch eine Beschäftigung von Arbeitnehmern nach ausländischem Recht von den Bindungen des deutschen Arbeits- und Sozialrechts zu lösen, rechtfertigt keine Beendigungskündigung (*BAG* 26.9.1996 EzA § 1 KSchG Betriebsbedingte Kündigung Nr. 86). Als eine die Kündigung der Arbeitnehmer bedingende unternehmerische Entscheidung ist dagegen grds. hinzunehmen die Vergabe von bisher im Betrieb durchgeführter Arbeiten an einen Unternehmer zur selbständigen Durchführung bzw. die Übertragung der bisher von den Arbeitnehmern verrichteten Aufgaben nur noch zu Bedingungen einer **selbständigen Tätigkeit an freie Mitarbeiter**, weil – bei tatsächlicher und konsequenter Umsetzung der Entscheidung – die entsprechenden Arbeitsplätze als solche wegfallen (*BAG* 9.5.1996 EzA § 1 KSchG Betriebsbedingte Kündigung Nr. 85 m. Anm. *Franzen*).

77 Betriebliche Gründe können für die Kündigung nur berücksichtigt werden, wenn nach der Prognose zum Zeitpunkt der Erklärung eine Weiterbeschäftigung nach Ablauf der Kündigungsfrist nicht zu erwarten ist. So hat der Arbeitgeber bei einer mit Auftragsmangel begründeten Kündigung anhand der Auftragslage **substantiiert** darzulegen, dass die Beschäftigungsmöglichkeit zum Ablauf der Kündigungsfrist wegfällt (*ArbG Hmb.* 19.3.1987 – S 15 Ca 27/87).

78 Die **Betriebsaufgabe durch Schiffsverkauf** – insbes. bei Verkauf aller Schiffe des Reeders – ist ein betriebsbedingter Kündigungsgrund (st.Rspr. *LAG Hmb.* 22.10.1979 SeeAE § 613a BGB Nr. 4; *ArbG Hmb.* 18.5.1989 – 4 Ca 324/88). Im Falle der Bare-Boat-Vercharterung ist eine betriebsbedingte Kündigung möglich, wenn das Besatzungsmitglied nicht bereit ist, unter fremder Flagge zu fahren und ein anderweitiger Einsatz auf einem Schiff unter deutscher Flagge nicht möglich ist (*ArbG Hmb.* 16.10.1989 – S 14 Ca 64/89).

79 Geht ein Schiff durch Rechtsgeschäft auf einen neuen Inhaber über, liegt darin kein Grund zur betriebsbedingten Kündigung, sondern die Heuerverhältnisse werden gem. **§ 613a BGB** in ihrem Bestand nicht berührt (vgl. dazu ausf. *Bemm/Lindemann* § 62 SeemG Rz 37 ff.); denn die Regelung gem. § 613a BGB gilt auch für Schifffahrtsunternehmen und deren Betriebe. Schiffe können Betriebe bzw. Betriebsteile sein (*BAG* 18.3.1997 EzA § 613a BGB Nr. 150). Dies gilt auch im Falle der Vercharterung (*Bemm/Lindemann* § 62 SeemG Rz 37f mwN). Die Stilllegung des Betriebes einerseits und dessen rechtsgeschäftlicher Übergang gem. § 613a BGB andererseits schließen einander aus (*Bemm/Lindemann* SeemG, § 62 Rz 33 mit Verweis auf die st.Rspr. des *ArbG Hmb.*; zB Kündigung aller Besatzungsmitglieder, um das Schiff einem Käufer unbemannt zu übergeben, als Betriebsübergang gem. § 613a BGB, *ArbG Hmb.* 5.7.1996 – S 5 Ca 335/95 – nv). Ein rechtsgeschäftlicher Übergang mit den Folgen gem. § 613a BGB liegt auch in der Übertragung eines Schiffes vom Eigentümer auf einen Bereederer (*ArbG Hmb.* 13.2.1990 – S 5 Bv 15/89). Wird die Bereederung eines Forschungsschiffs im Rahmen einer Ausschreibung auf Grund Vergaberechts auf einen anderen Betreiber übertragen, so kann hierin ein rechtsgeschäftlicher Betriebsübergang liegen, der zum Übergang der Heuerverhältnisse nach § 613a Abs. 1 S. 1 BGB auf den neuen Auftragnehmer führt. Ein Forschungsschiff mit seiner für Forschungszwecke erforderlichen wissenschaftlichen Einrichtung und Organisation ist als eine wirtschaftliche Einheit anzusehen, die bei einer Neubereederung und Fortführung als Forschungsschiff ihre Identität wahrt (*BAG* 2.3.2006 – 8 AZR 147/05). Die Regelung gem. § 613a BGB ist ferner anzuwenden, wenn ein Schiff unter deutscher Flagge nach Verkauf, Vercharterung oder Bare-Boat-Vercharterung unter einer ausländischen Flagge fährt; denn nach den Grundsätzen des IPR richtet sich die anzuwendende Rechtsordnung nach dem bisher maßgeblichen Arbeitsvertragsstatut (*Bemm/Lindemann* SeemG, § 62 Rz 40 m. Verweis auf *LAG Hmb.* 18.7.1995 – 2 Sa 3/95; *ArbG Hmb.* 5.7.1996 – S 5 Ca 335/95; *Franzen* Der Betriebsinhaberwechsel nach § 613a BGB im internationalen Arbeitsrecht, S. 43 f.; *Kronke* IPrax 1981, 157). Eine Kündigung wegen dieser genannten Formen des Betriebsübergangs ist folglich unwirksam (§ 613a

Abs. 4 BGB). Mit diesem Flaggenwechsel kann allerdings – unbeschadet der Regelungen gem. § 613a BGB – auch ein Wechsel der anwendbaren Rechtsordnung eintreten. Wird aus einem Betrieb mit mehreren Schiffen nur ein Schiff (bzw. ein Teil des Schiffes) rechtsgeschäftlich übertragen, so werden vom Betriebsübergang gem. § 613a BGB nur die Heuerverhältnisse derjenigen Besatzungsmitglieder erfasst, die zum Zeitpunkt des Übergangs auf dem übertragenen Schiff fahren (*ArbG Hmb.* 16.10.1989 aaO).

Wenn der Kapitän bzw. das Besatzungsmitglied dem **Übergang des Beschäftigungsverhältnisses** 80 **widerspricht**, greift § 613a BGB nicht ein (*ArbG Hmb.* 15.4.1982 SeeAE § 613a BGB Nr. 6 auch zum stillschweigenden Einverständnis; *LAG Hmb.* 18.7.1995 – 2 Sa 3/95 – nv zur Unterrichtungspflicht des Arbeitgebers und dreiwöchigen Erklärungsfrist des Arbeitnehmers). Widerspricht das Besatzungsmitglied vor dem Übergang des Schiffes und besteht ein Heuerverhältnis zum bisherigen Reeder fort, so kann eine betriebsbedingte Kündigung gerechtfertigt sein, wenn es beim bisherigen Reeder keine Arbeitsmöglichkeit mehr gibt (*LAG Hmb.* 21.6.1989 – 8 Sa 24/89).

Ein betriebsbedingter Kündigungsgrund kann auch dann vorliegen, wenn nicht das Schiff verkauft 81 worden ist, auf welchem das gekündigte Besatzungsmitglied beschäftigt war, sondern ein anderes Schiff der Reederei; denn einerseits ist der Reeder frei hinsichtlich des Einsatzes der bei ihm angestellten Kapitäne und Besatzungsmitglieder, weil diese grds. zum Dienst auf allen Schiffen des Reeders verpflichtet sind. Andererseits muss der Reeder alle vergleichbaren Besatzungsmitglieder der Gesamtheit seiner Schiffe (§ 24 Abs. 1 S. 2 SchG) in Betracht ziehen, um die **Auswahl** eines zu kündigenden Besatzungsmitgliedes **nach sozialen Gesichtspunkten** vornehmen zu können (*ArbG Hmb.* 23.12.1983 – S 1 Ca 9/83). Ein Abweichen vom Grundsatz der Sozialauswahl (vgl. iE KR-*Griebeling* § 1 KSchG Rz 627 ff.) ist allein durch eine höhere Qualifikation sozial weniger schutzbedürftiger Besatzungsmitglieder noch nicht gerechtfertigt. Vielmehr müssen gem. § 1 Abs. 3 KSchG berechtigte betriebliche Bedürfnisse deren Weiterbeschäftigung bedingen (*ArbG Hmb.* 30.3.1979 – S 15 Ca 439/78; *Bemm/Lindemann* SeemG, § 62 Rz 35a; im Übrigen grds. dazu *BAG* 24.3.1983 EzA § 1 KSchG Betriebsbedingte Kündigung Nr. 21).

Bei der **sozialen Auswahl** ist grds. von der Betriebsbezogenheit des individuellen Kündigungsschutzes 82 auszugehen. Arbeitnehmer anderer Betriebe der Reederei sind dabei nicht einzubeziehen (vgl. iE dazu KR-*Griebeling* § 1 KSchG Rz 608 ff.). So sind Arbeitnehmer der zum Landbetrieb der Reederei gehörenden Binnenschiffe nicht bei der sozialen Auswahl zu berücksichtigen, wenn es um Kündigungen in einem Seebetrieb des Reeders geht (*ArbG Hmb.* 18.5.1995 – S 14 Ca 8/94 – nv; vgl. *Bemm/Lindemann* § 62 SeemG Rz 35a mwN). Die Gründe für die getroffene soziale Auswahl sind dem Seebetriebsrat bzw. der Bordvertretung mitzuteilen (*BAG* 29.3.1984 EzA § 102 BetrVG 1972 Nr. 55). Zur Anhörungspflicht s.o. Rz 54–58.

Ein Schiffsverkauf (s.o. Rz 78) kann auch eine **Betriebsänderung** iSv §§ 111 ff. BetrVG darstellen, für 83 die gem. § 112 Abs. 1 S. 1 iVm § 116 Abs. 6 BetrVG ein Interessenausgleich zwischen Reeder und Seebetriebsrat (nicht Bordvertretung) stattfinden soll und ein Sozialplan abzuschließen ist (§ 112 Abs. 1 S. 2 iVm § 116 Abs. 6 BetrVG; *Schwedes/Franz* SeemG, vor § 62 Rz 32).

Bei der (Teil-)Betriebsstilllegung und damit verbundenen – betriebsbedingten – Kündigungen von Be- 84 satzungsmitgliedern sind die Regelungen über **anzeigepflichtige Massenentlassungen** gem. § 17 ff. KSchG nicht anwendbar (keine Geltung für Seeschiffe und ihre Besatzungen: *ArbG Hmb.* 20.7.1979 – S 15 Ca 410/78 – SeeAE Nr. 1 zu § 17 KSchG; *Bemm/Lindemann* SeemG, § 62 Rz 33).

II. § 63 SeemG

§ 63 Kündigungsfristen 85
(1) ¹Das Heuerverhältnis eines Besatzungsmitglieds kann während der ersten drei Monate mit einer Frist von einer Woche gekündigt werden. ²Dauert die erste Reise länger als drei Monate, so kann die Kündigung während der ersten sechs Monate noch in den auf die Beendigung der Reise folgenden drei Tagen mit Wochenfrist ausgesprochen werden. ³Nach Ablauf der in Sätzen 1 und 2 bezeichneten Zeiten beträgt die Kündigungsfrist vier Wochen zum Fünfzehnten oder zum Ende eines Kalendermonats. ⁴Sie erhöht sich auf zwei Monate zum Ende eines Kalendermonats, wenn das Heuerverhältnis in dem Betrieb oder Unternehmen zwei Jahre bestanden hat.
(2) Für die Kündigung durch den Reeder beträgt die Kündigungsfrist, wenn das Heuerverhältnis in dem Betrieb oder Unternehmen
1. acht Jahre bestanden hat, drei Monate zum Ende eines Kalendermonats,

2. zehn Jahre bestanden hat, vier Monate zum Ende eines Kalendermonats,
3. zwölf Jahre bestanden hat, fünf Monate zum Ende eines Kalendermonats,
4. fünfzehn Jahre bestanden hat, sechs Monate zum Ende eines Kalendermonats,
5. zwanzig Jahre bestanden hat, sieben Monate zum Ende eines Kalendermonats.

Bei der Berechnung der Beschäftigungsdauer werden Zeiten, die vor der Vollendung des fünfundzwanzigsten Lebensjahres des Besatzungsmitglieds liegen, nicht berücksichtigt.

(2a) § 622 Abs. 3 bis 6 des Bürgerlichen Gesetzbuchs findet sinngemäß Anwendung.

(3) ¹Soweit nicht etwas anderes vereinbart wird, setzt sich das Heuerverhältnis über den Ablauf der Kündigungsfrist bis zur Ankunft des Schiffes in einem Hafen fort, den das Schiff im Geltungsbereich des Grundgesetzes oder zum Laden oder Löschen in einem an die Bundesrepublik Deutschland angrenzenden Staat anläuft, höchstens jedoch auf die Dauer von drei Monaten; als Hafen im Geltungsbereich des Grundgesetzes gelten auch die Schleusen des Nord-Ostsee-Kanals. ²Vor Ablauf der dreimonatigen Frist des Satzes 1 endet das Heuerverhältnis mit dem Tage, an dem das Besatzungsmitglied in dem Staat eintrifft, in dem der Bestimmungsort nach § 73 Abs. 2 liegt, wenn
1. der Reeder für eine unverzügliche Heimschaffung nach Maßgabe der §§ 72 bis 74 sorgt oder
2. das Besatzungsmitglied für seine Heimschaffung auf eigene Kosten sorgt und ein Ersatzmann, über dessen Eignung im Zweifel das Seemannsamt entscheidet, ohne besondere Kosten für den Reeder und ohne Aufenthalt für das Schiff an seine Stelle treten kann.

³Kehrt im Falle des Satzes 2 Nr. 2 das Besatzungsmitglied nicht unverzüglich in den Geltungsbereich des Grundgesetzes zurück, endet das Heuerverhältnis auch in einem Hafen außerhalb des Geltungsbereichs des Grundgesetzes an dem Tage, der dem Tag des Dienstantritts des Ersatzmannes vorausgeht.

1. Grundkündigungsfristen und gesetzliche Probezeit für Besatzungsmitglieder (§ 63 Abs. 1 SeemG)

86 § 63 SeemG hat bereits durch das Änderungsgesetz vom 1.3.1983 (s.a. Rz 17) eine Novellierung erfahren, mit der die Kündigungsfristen für Schiffsleute denen für Schiffsoffiziere weitgehend angeglichen wurden. Die verbleibenden Unterschiede wurden im Zuge der Vereinheitlichung der Kündigungsfristen von Arbeitern und Angestellten durch das KündFG vom 7.10.1993 (s.o. Rz 17) beseitigt, so dass § 63 Abs. 1 SeemG die Grundkündigungsfristen von Besatzungsmitgliedern – **Schiffsleuten, Schiffsoffizieren und sonstigen Angestellten** – unter weitgehender Anlehnung an § 622 BGB (vgl. KR-*Spilger* § 622 BGB) nunmehr **bundeseinheitlich** regelt. Die bereits nach bisherigem Recht geltende seefahrtsspezifische gesetzliche Probezeit von drei Monaten – bei längerer Dauer der ersten Reise von sechs Monaten –, während der beiderseits mit einer Frist von einer Woche ordentlich gekündigt werden kann (§ 63 Abs. 1 S. 1 und 2 SeemG), wurde wegen der »besonderen Bedingungen der Seeschifffahrt« beibehalten (vgl. Materialien zum KündFG, BR-Drucks. 310/93). Die Regelungen des § 63 Abs. 1 S. 1 und 2 SeemG schließen die einzelvertragliche Vereinbarung einer insgesamt höchstens sechsmonatigen Probezeit mit einer mindestens zweiwöchigen Kündigungsfrist nach Maßgabe des § 622 Abs. 3 BGB, der gem. § 63 Abs. 2a SeemG auf Heuerverhältnisse sinngemäß Anwendung findet, nicht aus (s.u. Rz 90).

87 Die **Grundkündigungsfrist erhöht sich auf zwei Monate** zum Ende eines Kalendermonats, **wenn das Heuerverhältnis zwei Jahre bestanden hat** (§ 63 Abs. 1 S. 4 SeemG). Diese Regelung will den Besonderheiten der Seeschifffahrt, insbes. der Tatsache Rechnung tragen, dass Seeleute aufgrund der mit dem Seemannsberuf verbundenen Erschwernisse vielfach nur in jüngeren Lebensjahren und für begrenzte Zeit zur See fahren und deshalb längere Beschäftigungszeiten und damit längere Kündigungsfristen (s.u. Rz 88) in geringerem Maße erreichen können als Arbeitnehmer an Land (vgl. Materialien zum KündFG, BR-Drucks. 310/93). Die Besserstellung, die Besatzungsmitglieder durch die Verlängerung der Grundkündigungsfrist auf zwei Monate zum Ende eines Kalendermonats bereits nach zweijährigem Bestehen des Heuerverhältnisses gegenüber den Arbeitnehmern an Land erfahren (§ 622 Abs. 2 Nr. 2 BGB sieht eine Kündigungsfrist von zwei Monaten zum Monatsende erst nach fünfjähriger Beschäftigungszeit vor), soll nach dem Willen des Gesetzgebers auch »ein Ausgleich dafür sein, dass während der ersten Zeit des Heuerverhältnisses besonders kurze Kündigungsfristen gelten« (s.o. Rz 86). Insofern entspricht diese – altersunabhängige – vorgezogene »Stufenregelung« der ratio legis des § 63 Abs. 1 S. 4 SeemG aF, der – wenn auch mit anderen Fristen – eine ähnliche »Kompensationsregelung« enthielt. Im MTV-See werden Kündigungsfristen in § 27 Abs. 4 ff. geregelt.

2. Verlängerte Kündigungsfristen entsprechend der Dauer des Heuerverhältnisses (§ 63 Abs. 2 SeemG)

§ 63 Abs. 2 SeemG sieht in ähnlicher Weise eine Verlängerung der Kündigungsfristen in Abhängigkeit 88
von der Dauer des Heuerverhältnisses wie § 622 Abs. 2 BGB (vgl. KR-*Spilger* § 622 BGB Rz 53 ff.) vor.
Der Gesetzgeber hat jedoch bei der Einführung der im SeemG bisher nicht enthaltenen Stufenregelung
von einer schlichten Übertragung der Vorschriften des § 622 Abs. 2 BGB abgesehen, um »den Besonderheiten der Seeschifffahrt besser Rechnung zu tragen« (vgl. Materialien zum KündFG, BR-Drucks. 310/93). Die Schlechterstellung der in der Seeschifffahrt Beschäftigten durch den relativ späten Einstieg in die Stufenregelung des § 63 Abs. 2 Nr. 1 SeemG erst bei achtjährigem Bestehen des Heuerverhältnisses findet seine Rechtfertigung und Kompensation in der Besserstellung der Besatzungsmitglieder durch die »vorgezogene Stufe« in Gestalt der – altersunabhängigen – Regelung des § 63 Abs. 1 S. 4 SeemG (s.o. Rz 87). Zur Lebensaltersregelung des § 63 Abs. 2 S. 2 SeemG s. Kommentierung zu § 622 Abs. 2 S. 2 BGB KR-*Spilger* § 622 BGB Rz 56.

3. Sinngemäße Anwendung des § 622 Abs. 3 bis 6 BGB (§ 63 Abs. 2a SeemG)

Gem. § 63 Abs. 2a SeemG findet § 622 Abs. 3 bis 6 BGB sinngemäß Anwendung. Durch die Anwendung 89
dieser Vorschriften ergeben sich im Seearbeitsrecht gegenüber der bisherigen Gesetzeslage einige – zT wesentliche – Veränderungen:

a) Einzelvertraglich vereinbarte Probezeit

Das Heuerverhältnis eines Besatzungsmitgliedes kann während einer vereinbarten Probezeit, längs- 90
tens für die Dauer von sechs Monaten, mit einer Frist von zwei Wochen gekündigt werden (§ 63 Abs. 2a
SeemG iVm § 622 Abs. 3 BGB). Die Neuregelung in § 622 Abs. 3 BGB trägt dem Bedürfnis der Arbeitsvertragsparteien Rechnung, in einem überschaubaren Zeitraum gegenseitiger Erprobung die Tragfähigkeit der vertraglichen Beziehung zu prüfen und – bei negativer Prognose – die Bindung mit verkürzter Frist lösen zu können. Obwohl § 622 Abs. 3 BGB den Begriff der »Probezeit« nicht näher erläutert, folgt aus dem systematischen Zusammenhang dieser Vorschrift mit § 620 Abs. 2 BGB, dass eine derartige **individuelle Probezeitvereinbarung nur bei unbefristeten Arbeitsverhältnissen mit vorgeschalteter Probezeit, nicht jedoch bei echten – befristeten – Probearbeitsverhältnissen** zulässig ist, für die § 620 Abs. 1 BGB eine vorzeitige Beendigung nicht vorsieht (vgl. *Preis/Kramer* DB 1993, 2125). Gleiches muss für Heuerverhältnisse gelten. Angesichts der »seefahrtsspezifischen gesetzlichen Probezeitregelung« des § 63 Abs. 1 S. 1 und 2 SeemG (s.o. Rz 86) dürfte jedoch bei Heuerverhältnissen für individuelle Probezeitabreden in der Praxis kaum Bedarf bestehen.

b) Geltung abweichender tarifvertraglicher Regelungen (§ 63 Abs. 2a SeemG iVm § 622 Abs. 4 BGB)

Von den Grundkündigungsfristen und verlängerten Kündigungsfristen des § 63 Abs. 1 und 2 SeemG 91
und der für Heuerverhältnisse gem. § 63 Abs. 2a SeemG sinngemäß geltenden verkürzten Kündigungsfrist während einer vereinbarten Probezeit (§ 622 Abs. 3 BGB) können abweichende Regelungen durch Tarifvertrag vereinbart werden (§ 63 Abs. 2a SeemG iVm § 622 Abs. 4 S. 1 BGB). Die tarifpositive Gestaltung nunmehr aller gesetzlichen **Kündigungsregelungen** (nicht mehr nur, wie im § 622 Abs. 3 BGB aF vorgesehen, der **Kündigungsfristen**) soll nach dem Willen des Gesetzgebers umfassende Möglichkeiten bieten, die Besonderheiten einzelner Wirtschaftsbereiche oder Beschäftigtengruppen berücksichtigen zu können (vgl. Materialien zum KündFG, BT-Drucks. 12/4902, S. 7 u. 9). Im Gegensatz zur bisherigen Rechtslage sind die Tarifparteien jedoch nunmehr an das Benachteiligungsverbot zu Lasten des Besatzungsmitglieds (§ 63 Abs. 2a SeemG iVm § 622 Abs. 6 BGB) gebunden, das nicht mehr – wie in § 622 Abs. 5 BGB aF – auf einzelvertragliche Abreden beschränkt ist.

Im Geltungsbereich eines Tarifvertrages, der von den gesetzlichen Kündigungsvorschriften abweicht, 92
gelten die abweichenden tarifvertraglichen Bestimmungen zwischen nichttarifgebundenen Besatzungsmitgliedern und Reedern, wenn ihre Anwendung zwischen ihnen vereinbart ist (§ 63 Abs. 2a SeemG iVm § 622 Abs. 4 S. 2 BGB). Zu dieser Regelung, die dem § 622 Abs. 3 S. 2 BGB **aF** entspricht, vgl. KR-*Spilger* § 622 BGB Rz 179 ff.

Die Vorschriften zu den Kündigungsfristen gem. § 27 Abs. 5-8 MTV-See entsprechen inhaltlich der ge- 93
setzlichen Regelung gem. § 63 SeemG.

Weigand 2175

c) Sonstige Verweisungen

94 Zu den gem. § 63 Abs. 2a SeemG auf Heuerverhältnisse ebenfalls sinngemäß anzuwendenden Vorschriften des § 622 Abs. 5 BGB (einzelvertraglich vereinbarte kürzere Grundkündigungsfrist bei Aushilfsarbeitsverhältnissen und in Kleinbetrieben) und des § 622 Abs. 6 BGB (Benachteiligungsverbot zu Lasten des Beschäftigten) s. KR-*Spilger* § 622 BGB Rz 156 ff., 169 f., 199 ff.

95 Zu den Kündigungsfristen bei **Bordausbildungsverhältnissen** s.o. Rz 47–49.

4. Bezüge während der Kündigungsfrist

96 § 27 Abs. 9 MTV-See bestimmt hinsichtlich der Bezüge während der Kündigungsfrist: Werden die Beschäftigten während der Kündigungsfrist nicht beschäftigt, ist ihnen die Gesamtvergütung (Grundvergütung, pauschalierte Zuschläge für Sonntags-, Feiertags- und Nachtarbeit und Überstunden) und das Verpflegungsgeld weiterzuzahlen.

5. Fortsetzung des Heuerverhältnisses bei Kündigung auf einer Reise

97 § 63 Abs. 3 SeemG gilt für Kündigungen, die auf einer Reise ausgesprochen werden. Die Vorschrift ist im **Zusammenhang mit dem Zurücklassungsverbot** in § 71 SeemG zu sehen. Dieses Verbot, das bereits in ehemaligen Seemannsordnungen enthalten war, geht auf den alten seerechtlichen Grundsatz zurück, dass kein Besatzungsmitglied in einer unzivilisierten Gegend zurückgelassen werden darf (*Monnerjahn* S. 102, verweist auf Titel III Art. 8 des Hanseatischen Seerechts von 1614. Danach konnte »der Schiffer einen widerspenstigen oder untreuen Schiffsmann zu gelegener Zeit an Land setzen, jedoch dass Leute [wohl Christen!] darauf wohnen«, vgl. *Tecklenborg* Handbuch für Schiffs-Capitaine, Bremen 1853, S. 7 und *Wagner* S. 443 Anm. 27, der auf die Bestimmungen des Hamburger Schiffsrecht von 1270 hinweist).

98 § 63 Abs. 3 SeemG ist durch die Änderungsgesetze vom 1.3.1983 und vom 8.6.2005 novelliert worden (s.a. Rz 17 f.). Absatz 3 enthält Änderungen, die in Übereinstimmung mit den Gewerkschaften und Reederverbänden zur Anpassung an Art. 9 des Übereinkommens Nr. 22 der ILO für erforderlich gehalten wurden. Gegenüber der vorherigen gesetzlichen Regelung ergeben sich im Wesentlichen folgende Änderungen: Das Heuerverhältnis endet nach Ablauf der Kündigungsfrist auch dann, wenn das Schiff einen Hafen in einem an die **Bundesrepublik Deutschland grenzenden Staat** anläuft (Dänemark, Belgien, Niederlande, Frankreich und Polen). Die endgültige Auslauffrist ist von sechs Monaten auf drei Monate verkürzt (vgl. auch § 27 Abs. 7 S. 1 MTV-See).

99 Grundsätzlich setzt sich das Heuerverhältnis bis zur **Ankunft des Schiffes in einem Hafen der Bundesrepublik Deutschland** über den Ablauf der Kündigungsfrist hinaus fort, jedoch höchstens auf die Dauer von drei Monaten. Diese Vorschrift gilt ihrem klaren Wortlaut nach für jede Kündigung, sowohl seitens des Besatzungsmitglieds als auch seitens des Reeders (BAG 15.3.1973 AP Nr. 3 zu § 63 SeemG; *Becker* in: Gläser/Becker Neues See- und Binnenschifffahrtsrecht, Bd. 2, S. 900; TSchG 13.7.1967 AP Nr. 2 zu § 63 SeemG; vgl. auch die historischen und sozialen Überlegungen bei *Fettback* Anm. zu BAG 15.3.1973 aaO). Wenn das Heuerverhältnis »zum Zeitpunkt der Ankunft« in einem bestimmten Hafen gekündigt wird, ist damit nicht eine fristlose, sondern eine ordentliche Kündigung gemeint (*ArbG Hmb.* 13.2.1990 – S 5 Ca 183/89).

100 Die **Verlängerung des Heuerverhältnisses** bei Kündigungen während einer Reise dient den Interessen sowohl des Reeders als auch der Besatzungsmitglieder. Der Reeder soll davor geschützt sein, dass ein Besatzungsmitglied aufgrund einer von ihm ausgesprochenen fristgemäßen Kündigung im Ausland von Bord gehen und das Schiff wegen der dadurch eintretenden Unterbesetzung unter Umständen nicht auslaufen könnte. Das Besatzungsmitglied andererseits soll darauf vertrauen dürfen, dass sein Heuerverhältnis nicht aufgrund einer Kündigung durch den Reeder zu einem Zeitpunkt beendet wird, in dem sich das Schiff, für das es eingestellt worden ist, nicht in einem deutschen Hafen befindet.

101 Entgegen *TSchG* vom 13.7.1967 (aaO) kann nicht von der Umgehung einer gesetzlichen Bestimmung ausgegangen werden, wenn der Reeder auf seine Kosten kraft des ihm zustehenden Weisungsrechts das **Besatzungsmitglied in den Heimathafen zurückbeordert**, um dort die Kündigung mit der gesetzlichen Frist auszusprechen.

102 In diesem Fall ist es dem Besatzungsmitglied – ebenso wie bei einer Rückreise mit dem Schiff selbst – möglich, umgehend wieder auf einem deutschen Schiff anzuheuern (BAG 20.1.1977 AP Nr. 4 zu § 63

SeemG). Entgegen *TSchG* 13.7.1967 (aaO) kann bei § 63 Abs. 3 SeemG auch »in der Sache« nicht von einer Verlängerung der Kündigungsfrist die Rede sein; denn der Schutzzweck (s.o. Rz 48) zielt nicht auf die Verlängerung von Arbeitsverhältnis oder Kündigungsfristen hin (vgl. *BAG* 20.1.1977 aaO). Der kostenlosen Verbringung des Besatzungsmitglieds durch den Reeder zum oder nach dem Kündigungsausspruch nach Deutschland steht nicht gleich, wenn das Besatzungsmitglied anlässlich eines kurzfristigen, vom Ausland aus angetretenen Heimaturlaubs in Deutschland die Kündigung gegenüber dem Arbeitgeber ausspricht. In diesem Fall würde sich das Heuerverhältnis gem. § 63 Abs. 3 SeemG gleichwohl für die dort genannten Zeiten über den Ablauf der Kündigungsfrist fortsetzen. Darin liegt keine Ungleichbehandlung von Besatzungsmitglied und Reeder. Vielmehr kommt darin nur die unterschiedliche Auswirkung des Schutzzwecks der genannten Norm zum Ausdruck. Der Seemann müsste sich einen Verstoß gegen die Schutzfunktion vorwerfen lassen, die § 63 Abs. 3 SeemG zugunsten des Reeders und auch der Schiffsmannschaft ausübt.

Bei einer Kündigung des Besatzungsmitgliedes während einer Reise soll die erwähnte Regelung verhindern, dass das Schiff unterbesetzt ist mit der Folge, dass es deswegen überhaupt nicht auslaufen kann oder dass die an Bord verbliebenen Besatzungsmitglieder die Arbeit des Ausgeschiedenen übernehmen und unter sich aufteilen müssen, was zu Gesundheitsgefährdungen führen kann. Dem für Reeder und Schiffsmannschaft wirkenden Schutzzweck der Norm des § 63 Abs. 3 SeemG wäre daher nicht genügt, wenn das Besatzungsmitglied formell in Deutschland kündigte, denn dann wäre gerade nicht gewährleistet, dass das Schiff die erforderliche Besatzungsstärke behält und die Reise fortsetzen kann. Etwas anderes kann nach der Novellierung des § 63 Abs. 3 SeemG nur gelten, wenn ein Ersatzmann zur Verfügung steht. **103**

Auf § 63 Abs. 3 SeemG kann sich das Besatzungsmitglied grds. auch berufen, wenn **der Reeder das Schiff im Ausland verkauft** und keinen Einfluss auf den weiteren Einsatz und die weitere Reiseroute mehr hat. Zwar kann dann nicht mehr von der im Gesetz vorgesehenen Fortsetzung des Heuerverhältnisses bis zur Ankunft im Heimathafen ausgegangen werden, weil jede Beziehung zwischen dem Reeder und dem Schiff gelöst worden ist. Doch kann in diesem Fall entgegen dem Spruch des *TSchG* vom 10.3.1966 (AP Nr. 1 zu § 63 SeemG) die Regelung des Abs. 3 nicht für grds. unanwendbar erklärt werden; denn das Unternehmerrisiko kann nicht aufgrund der allein vom Reeder getroffenen Unternehmerentscheidung der Besatzung aufgebürdet werden. Dem notwendigen Schutzbedürfnis des Besatzungsmitgliedes kann und muss vielmehr beim Verkauf des Schiffs dadurch entsprochen werden, dass man unter diesen Umständen die während einer Reise ausgesprochene Kündigung erst dann wirksam werden lässt, wenn der Reeder dafür gesorgt hat, dass das Besatzungsmitglied auf seine Kosten – sei es auf einem anderen Schiff seiner Flotte oder mit einem anderen zumutbaren Verkehrsmittel – in einen Hafen im Geltungsbereich des Grundgesetzes befördert worden ist. **104**

Der Ankunft des Schiffes oder des anderen Verkehrsmittels steht dann bei sinn- und zweckgerechter Auslegung das Eintreffen des Besatzungsmitgliedes in einem Hafen des Geltungsbereichs des Grundgesetzes gleich (zB bei Verkauf des Schiffes auf der Reise, *BAG* 15.3.1973 aaO). **105**

Erfolgt eine Kündigung auf einer Reise und setzt sich das Heuerverhältnis bis zum Ende der drei Monate fort, so wird dem Besatzungsmitglied gem. § 27 Abs. 7 S. 2 MTV-See nach Ablauf dieser Frist ein **Anspruch auf Heimschaffung** nach den §§ 72 bis 74 SeemG zugebilligt. Art. 9 S. 1 des Gesetzes betreffend das Internationale Übereinkommen über den Heuervertrag der Schiffsleute vom 24.7.1930 (RGBl. 1930 II S. 987 und 1230 iVm BGBl. 1952 II S. 607), dem auch Deutschland beigetreten ist, bestimmt im Übrigen: Der auf unbestimmte Zeit geschlossene Heuervertrag endet durch Kündigung seitens einer der Parteien im Hafen, den das Schiff zum Laden oder Löschen anläuft, vorausgesetzt, dass die vereinbarte Kündigungsfrist, die mindestens 24 Stunden betragen muss, eingehalten wird. **106**

III. § 64 SeemG

§ 64 Außerordentliche Kündigung gegenüber dem Besatzungsmitglied **107**
(1) Das Heuerverhältnis eines Besatzungsmitglieds kann diesem gegenüber ohne Einhaltung einer Frist gekündigt werden, wenn es
1. für den übernommenen Schiffsdienst aus Gründen, die schon vor der Begründung des Heuerverhältnisses bestanden, untauglich ist, es sei denn, dass dem Reeder diese Gründe zu diesem Zeitpunkt bekannt waren oder den Umständen nach bekannt sein mußten,
2. eine ansteckende Krankheit verschweigt, durch die es andere gefährdet, oder nicht angibt, dass es Dauerausscheider von Erregern des Typhus oder Paratyphus ist,

3. seine Pflichten aus dem Heuerverhältnis beharrlich oder in besonders grober Weise verletzt,
4. eine Straftat begeht, die sein weiteres Verbleiben an Bord unzumutbar macht,
5. durch eine von ihm begangene Straftat arbeitsunfähig wird.
(2) Der Kapitän ist verpflichtet, die außerordentliche Kündigung und deren Grund unverzüglich in das Schiffstagebuch einzutragen und eine von ihm unterzeichnete Abschrift der Eintragung dem Besatzungsmitglied auszuhändigen.
(3) Wird die fristlose Kündigung auf See ausgesprochen oder bleibt das Besatzungsmitglied nach einer fristlosen Kündigung an Bord, so hat es den bei der Heimschaffung hilfsbedürftiger Seeleute üblichen Verpflegungssatz zu entrichten.

1. Außerordentliche Kündigung

108 Die außerordentliche Kündigung ohne Einhaltung einer Frist bedarf zu ihrer Wirksamkeit **der Schriftform** (§ 68a SeemG, § 28 MTV-See; s.u. Rz 149, 149a). Die elektronische Form ist ausgeschlossen (§ 28 S. 3 MTV-See). Die telefonisch erklärte Kündigung ist nichtig (*ArbG Hmb.* 6.10.1994 – S 14 Ca 437/93). Gem. § 126 BGB ist die schriftliche Kündigung auch eigenhändig zu unterschreiben, eine telegraphische Übermittlung der Unterschrift genügt nicht (*ArbG Hmb.* 18.3.1982 SeeAE § 27 Kapitäns-MTV 1978 Nr. 2; 23.2.1993 – S 5 Ca 132/92).

109 Einer **Begründung** bedarf es zur Wirksamkeit nicht, und zwar trotz der Verpflichtung des Kapitäns gem. Abs. 2, die außerordentliche Kündigung und deren Grund unverzüglich in das Schiffstagebuch einzutragen und eine von ihm unterzeichnete Abschrift der Eintragung dem Besatzungsmitglied auszuhändigen. Die Eintragung ist nach der ratio legis nicht Wirksamkeitsvoraussetzung für die Kündigung, sondern hat lediglich beweissichernde Funktion (*BAG* 26.9.1978 EzA § 114 BetrVG 1972 Nr. 2; *Schwedes/Franz* SeemG, § 64 Rz 12).

110 Grundsätzlich soll die fristlose Kündigung alsbald ausgesprochen werden, nachdem der Kündigungsberechtigte von dem wichtigen Grund Kenntnis erlangt hat. Zwar besteht für die Erklärung der Kündigung keine gesetzliche Frist, doch kann langes Zögern als Verzicht angesehen werden mit der Folge der Verwirkung des Kündigungsrechts. In **analoger Anwendung des § 626 Abs. 2 BGB** kann die außerordentliche Kündigung nur innerhalb einer Frist von zwei Wochen nach Kenntniserlangung des Kündigungsgrundes ausgesprochen werden (st.Rspr. *ArbG* und *LAG Hmb.*; *LAG Hmb.* 26.6.1985 – 4 Sa 36/85; *Bemm/Lindemann* § 64 SeemG mwN; **aA** APS-*Dörner* § 64 SeemG Rz 2; ErfK-*Müller-Glöge* § 626 BGB Rz 253 f.).

111 Spricht der Kapitän auf einer Reise eine ordentliche Kündigung aus, obgleich ein wichtiger Grund für eine fristlose Kündigung vorliegt, so kann der Reeder ungeachtet der Erklärung des Kapitäns noch innerhalb angemessener Frist – längstens zwei Wochen – eine rechtswirksame außerordentliche Kündigung aussprechen. Zu beachten ist auch das Erfordernis der Einwilligung des Seemannsamtes (s.u. Rz 179–180).

112–113 Bevor die außerordentliche Kündigung erklärt wird, ist der Seebetriebsrat (Kündigung durch den Reeder) bzw. die Bordvertretung (Kündigung durch den Kapitän) gem. § 102 Abs. 1 S. 2, Abs. 2 S. 3 BetrVG anzuhören (s.a. Rz 54–58).

2. Zu den Kündigungsgründen im Einzelnen

114 Die im § 64 SeemG aufgezählten Kündigungsgründe berechtigen zur fristlosen Kündigung, ohne dass es – im Unterschied zu den Anforderungen im § 65 SeemG oder im § 626 Abs. 1 BGB – im Einzelnen nachzuprüfen ist, ob die Fortsetzung des Heuerverhältnisses bis zum Ende der ordentlichen Kündigungsfrist zumutbar ist (*BAG* 30.11.1978 AP Nr. 1 zu § 64 SeemG mit zust. Anm. *Fettback*). Lediglich hinsichtlich der Ziff. 4 bedarf es der **Zumutbarkeitsprüfung**. Ausgehend vom Sinn des jeweiligen Kündigungsgrundes gem. den Ziff. 1–3 und 5 ist er aus sich heraus auszulegen, und sein Vorliegen berechtigt stets zur fristlosen Kündigung. Dabei bleiben grds. außer Acht die Berücksichtigung »aller Umstände des Einzelfalles« und die »Abwägung der Interessen beider Vertragsteile«, wie dies bei einer Kündigung gem. § 626 Abs. 1 BGB erforderlich ist (*BAG* 30.11.1978 aaO).

115 Ziff. 1: Untauglich ist ein Besatzungsmitglied grds. dann, wenn es krank ist oder ihm die erforderlichen Erfahrungen, Kenntnisse oder Befähigungszeugnisse für den vertraglich übernommenen Schiffsdienst fehlen. Wird dagegen ein Besatzungsmitglied für eine bestimmte Tätigkeit eingestellt, obgleich bekannt ist, dass dieses die für diese Stellung üblichen Vorbedingungen hinsichtlich der Ausbildung und Berufserfahrung nicht erfüllt, kann keine fristlose Kündigung ausgesprochen werden, wenn es sich erweist, dass das Besatzungsmitglied trotz guten Willens nicht den an es gestellten Anforderungen entspricht. In diesem Fall kann sich der Arbeitgeber nur durch ordentliche Kündigung oder eine freie Vereinbarung mit dem Besatzungsmitglied von dem Heuerverhältnis lösen (*TSchG* 15.7.1959 Hansa 1959, 1692). Treten die Gründe für die Untauglichkeit erst nach Begründung des Heuerverhältnisses auf, kommt nur die ordentliche Kündigung gem. § 62 SeemG oder die außerordentliche Kündigung gem. § 65 SeemG in Betracht (*ArbG Hmb*. 14.4.1981 SeeAE Nr. 5 zu § 64 SeemG). Beantwortet ein Besatzungsmitglied bei der Einstellung die Frage nach dem Alkoholkonsum wahrheitswidrig, so rechtfertigt der übermäßige Alkoholkonsum an Bord die fristlose Kündigung gem. § 64 Abs. 1 Nr. 1 SeemG (*ArbG Hmb*. 18.3.1982 – S 1 Ca 215/80). In diesem Fall hat es dem Reeder die Ablösekosten gem. § 628 Abs. 2 iVm § 827 S. 2 BGB zu ersetzen (*LAG Hmb*. 8.9.1982 – 5 Sa 49/82).

Ziff. 2: Verschweigen und Nichtangabe einer Krankheit setzen voraus, dass dem betroffenen Besatzungsmitglied die Erkrankung bekannt war. Sonst kommt nur die ordentliche Kündigung gem. § 62 SeemG und ausnahmsweise die außerordentliche Kündigung gem. § 65 SeemG in Frage. **116**

Ziff. 3: Die Regelung in Ziff. 3 unterscheidet zwei Fälle: die **beharrliche** und die **besonders grobe** Pflichtverletzung. **In der ersten Alternative werden wiederholte Pflichtverstöße**, die eine bewusste und nachhaltige Leistungsverweigerung offenbaren (*ArbG Hmb*. 19.9.1995 – S 5 Ca 108/94 – nv; *BAG* 31.1.1985 EzA § 8a MuSchG Nr. 5; im Übrigen kann auf die allg. Grds. KR-*Griebeling* § 1 KSchG Rz 432 ff. verwiesen werden), **und eine Abmahnung vorausgesetzt** (*LAG Hmb*. 15.9.1983 – 7 Sa 133/83). Abmahnungsbefugt ist aufgrund seiner Stellung der Kapitän (*ArbG Hmb*. 1.9.1988 – S 14 Ca 246/88). Die bei Störungen im Leistungsbereich grds. erforderliche Abmahnung kann jedoch entbehrlich sein, wenn die Fehlbehandlungen auf den Vertrauensbereich durchschlagen, weil zB durch das Verhalten des Arbeitnehmers der Arbeitgeber jegliches Vertrauen in dessen Leistungswillen oder in dessen Leistungsvermögen verloren hat (*BAG* 30.11.1978 AP Nr. 1 zu § 64 SeemG; 31.1.1985 EzA § 8a MuSchG Nr. 5). **117**

Bei der zweiten Alternative (Pflichtverletzung in besonders grober Weise) reicht schon nach dem Wortlaut und dem Sinn dieser Vorschrift eine einmalige Vertragswidrigkeit aus. Eine Abmahnung ist nicht notwendig; denn nach Sinn und Zweck der Abmahnung müsste dem Arbeitnehmer eine Bewährungschance eingeräumt werden, was dieses unmittelbare Kündigungsrecht des Arbeitgebers wegen besonders grober Pflichtwidrigkeit im Ergebnis ausschließen würde. Die besonders grobe Verletzung von Pflichten aus dem Heuerverhältnis liegt zB vor, wenn dem (leitenden) 1. Ingenieur besonders schwere Wartungsmängel an der Maschine des Schiffes angelastet werden können (*BAG* 30.11.1978 aaO) oder wenn ein Funkoffizier ein Telegramm nicht sofort an den Kapitän weiterleitet und darüber hinaus die Daten der Telegrammausfertigung fälscht (*ArbG Hmb*. 15.10.1974 SeeAE § 64 SeemG Nr. 2). **118**

Verstößt ein Decksmann wiederholt gegen seine **Bordanwesenheitspflicht**, liegt hierin eine beharrliche Pflichtverletzung, die auch deshalb eine fristlose Kündigung rechtfertigt, weil andere Schiffsleute dessen Arbeiten miterledigen haben (*ArbG Emden* 4.4.1986 – 1 Ca 939/85). Dies gilt auch im Fall des Verlassens eines Hochseefährschiffes, wenn der Wachingenieur die Unterbesetzung des Schiffes oder die Erledigung des Dienstes durch einen anderen Kollegen aus der vorangegangenen Dienstschicht bewusst in Kauf nimmt (*ArbG Hmb*. 11.6.1987 – S 15 Ca 671/86). **119**

Verweigert ein Schiffsoffizier den angeordneten Dienst, weil er vom vermeintlichen Recht auf Mutterschaftsurlaub (§ 8a MuSchG) ausgeht, sich aber nicht wenigstens per einstweiliger Verfügung um die umgehende Klärung der Rechtslage bemüht, so muss er das Risiko der von seiner Rechtsansicht abweichenden gerichtlichen Entscheidung tragen (*BAG* 31.1.1985 EzA § 8a MuSchG Nr. 5). Die »**Selbstbeurlaubung**« berechtigt den Reeder auch zur fristlosen Kündigung (*ArbG Hmb*. 5.2.1991 – S 5 Ca 317/90). Ein tätlicher Angriff auf den Vorgesetzten ist auch als einmaliger Vorfall eine schwerwiegende Pflichtverletzung, die folglich ohne Abmahnung zur fristlosen Kündigung berechtigt (*ArbG Hmb*. 27.2.1989 – S 14 Ca 289/88). Allein die Beteiligung an einem Raufhandel stellt dann keine Pflichtverletzung dar, wenn ein Fall der Notwehr iSd § 227 StGB vorliegt (*ArbG Hmb*. 8.1.1991 – S 5 Ca 264/90). **120**

Weitere Beispiele für Kündigungsgründe iSd Ziff. 3: Mehrmalige Verletzung der Pflicht, rechtzeitig zur Auslaufzeit an Bord zurück zu sein (»Achteraussegeln«), grundloses Verlassen des Schiffes (*ArbG Stade* 14.6.1983 Hansa 1983, 1798; als fristlose Kündigung durch das Besatzungsmitglied; diese Rechtsfolge wird verneint beim Verlassen des Schiffes, um sich körperlicher Angriffe anderer Besatzungsmitglieder zu erwehren: *ArbG Hmb*. 22.7.1988 – S 1 Ca 55/88); schuldhafte und wiederholte Nichtbeachtung der Funkbetriebsvorschriften der DBP durch einen Funkoffizier (*TSchG* 22.1.1960 Hansa 1960, 1937); Nichtbefolgung des vereinbarten Dienstantritts auf einem im Ausland liegenden Schiff durch ein Be- **121** satzungsmitglied; pflichtwidriges, weil ohne Verständigung der Schiffsleitung, Verlassen des Schiffes im ausländischen Hafen durch einen Schiffsoffizier, um bei berechtigter Furcht vor TBC im Heimatland einen Arzt aufzusuchen (*TSchG* 27.7.1961 Hansa 1961, 2760); Verlassen des Schiffs ohne Erlaubnis und Weigerung zurückzukehren (*ArbG Hmb.* 22.1.1981 – S 1 Ca 131/80); mehrfacher grober Verstoß des 1. Stewards gegen seine Pflicht, fremde Vermögensinteressen zu wahren (*LAG Hmb.* 10.10.1996 – 1 Sa 27/96 – nv); Verstoß gegen § 111 Abs. 1 SeemG wegen Anbordbringens von Personen durch leitende Angestellte (*TSchG* 30.4.1959 Hansa 1959, 1847); allerdings kommt es auf eine Einzelfallprüfung an (*ArbG Hmb.* 4.7.1986 – S 1 Ca 170/85); Fälschung der Unterschrift bei einem Maschinenbericht (*TSchG* Nr. 345/26, Hansa 1928, 1802); Trunkenheit (*ArbG Hmb.* 7.10.1980 – S 1 Ca 300/78); Weigerung eines Besatzungsmitgliedes, an der Aufklärung unbezahlter Telefonate beim Reeder, wofür er selbst in Frage kommt, mitzuwirken (*ArbG Hmb.* 25.2.1997 – S 5 Ca 262/96 – nv); Wachpflichtverletzung (*ArbG Hmb.* 9.3.1983 – S 15 Ca 396/81); gröbliche Verleumdung (*TSchG* Hansa 1938, 313); Dienstverweigerung bei unzweifelhafter Bestimmtheit (*TSchG* 19.8.1960 Hansa 1960, 2615; 11.8.1961 Hansa 1961, 719); unberechtigtes Fotografieren des Schiffstagebuches durch ein Besatzungsmitglied (*TSchG* 27.4.1967 Nr. 128/65, Hansa 1967, 1844); Einschließen mit Frauen an Bord, Bedrohen der Begleiter mit einer Axt und Freilassen der Frauen erst nach Eingreifen der Polizei; keine Pflichtverletzung, wenn die Schiffsleitung die Anwesenheit von Frauen an Bord – ohne Erlaubnis – in großzügiger Weise toleriert hat (*ArbG Hmb.* 4.7.1986 aaO, zit. nach *Bemm/Lindemann* SeemG, § 64 Rz 33); Beteiligung an einem schweren Zollvergehen. Kein wichtiger Grund iSd Nr. 3: Verspätete Benachrichtigung des Arbeitgebers über eine Erkrankung ist nur Verletzung einer Nebenpflicht; einmalige Trunkenheit (*ArbG Hmb.* 31.10.1986 – S 1 Ca 396/85); verbotener Landgang (*TSchG* 27.10.1964 Hansa 1965, 560); Verlassen des Schiffs ohne Nachweis der Arbeitsunfähigkeit (*TSchG* 10.11.1964 Hansa 1965, 559). Hinsichtlich weiterer Beispielsfälle siehe die ausführliche Zusammenstellung bei *Bemm/Lindemann* SeemG, § 64 Rz 14 ff.

122 **Ziff. 4:** Ausreichend ist bereits das Begehen der **strafbaren Handlung.** Eine strafrechtliche Verurteilung muss für das Vorliegen eines wichtigen Grundes nicht erfolgt sein (Einzelfälle s. *Bemm/Lindemann* SeemG, § 64 Rz 39 ff.). Die Handlung (zB körperlicher Angriff auf andere Schiffsleute) kann auch außerhalb des Schiffsbetriebs begangen sein (*ArbG Hmb.* 17.8.1989 – S 14 Ca 119/89). Ausreichend kann auch der dringende Verdacht einer strafbaren Handlung (zB Brandstiftung, Verstoß gegen Betäubungsmittelgesetz, Unterschlagung) sein, wenn das weitere Verbleiben des Besatzungsmitgliedes an Bord unzumutbar ist und es vor Ausspruch der Verdachtskündigung gehört worden ist (*ArbG Hmb.* 31.7.1997 – S 1 Ca 22/97 – nv im Fall einer Kassiererin im Kiosk eines Fährschiffes, die Einnahmen mehrfach nicht in die Kasse registriert).

123 **Ziff. 5:** Das Besatzungsmitglied ist erst **arbeitsunfähig,** wenn es auf dem Schiff auch in einem anderen als dem vereinbarten Arbeitsbereich keine Verwendung mehr findet.

3. Schadensersatz

124 Hat das Besatzungsmitglied seine fristlose Kündigung schuldhaft verursacht, hat es dem Reeder den hieraus entstehenden Schaden zu ersetzen (§ 628 Abs. 2 BGB). Als Schaden des Reeders kommen in Betracht die Kosten für die Entsendung eines Ersatzmannes (*ArbG Hmb.* 27.2.1989 – S 14 Ca 289/88) und, wenn die Kündigung im Ausland erfolgte, die Heimschaffungskosten gem. GoA §§ 677, 684 BGB (*LAG Hmb.* 23.4.1982 – 6 Sa 73/81) Telex-, Musterungs- und Konsularkosten (*ArbG Hmb.* 22.9.1981 – S 1 Ca 217/80).

125 Einen Anspruch gem. **§ 628 Abs. 2 BGB** wegen der Rückreisekosten kann der Reeder dagegen nicht geltend machen, wenn er ein Besatzungsmitglied von einem auswärtigen Hafen nach Deutschland zurückschickt und diesem zum Zeitpunkt der Ankunft eine fristlose Kündigung ausspricht aus dem Grunde, der ihn zur Rückbeförderung veranlasst hat.

IV. § 65 SeemG

126 **§ 65 Außerordentliche Kündigung gegenüber dem Besatzungsmitglied aus anderen Gründen**
Ist die Fortsetzung des Heuerverhältnisses mit dem Besatzungsmitglied aus anderen wichtigen, nicht in § 64 genannten Gründen unzumutbar, so kann ihm ohne Einhaltung einer Kündigungsfrist während der Zeit, in der nach § 63 Abs. 1 die Kündigung mit Wochenfrist zulässig ist, gekündigt werden, wenn sich der Reeder zur Zahlung einer Abfindung in Höhe von mindestens einer Monatsgrundheuer verpflichtet.

§ 65 SeemG ist durch das Dritte Änderungsgesetz 1983 zum SeemG novelliert worden (s.a. Rz 17 f.). 127
Nach der vorherigen Rechtslage war zwischen Schiffsleuten sowie Schiffsoffizieren und sonstigen Angestellten unterschieden worden. Während bei Schiffsleuten die außerordentliche Kündigung aus anderen Gründen zulässig war, wenn sich der Reeder zur Zahlung einer Abfindung in Höhe von mindestens einer Monatsgrundheuer verpflichtete, galt bei Schiffsoffizieren und sonstigen Angestellten dies nur während der Zeit, in der die Kündigung mit Wochenfrist zulässig war. Die Neuregelung 1983 übernahm die bisher für Schiffsoffiziere geltende Regelung auch für die anderen Besatzungsmitglieder. Dies war einerseits eine Konsequenz daraus, dass die Kündigungsfrist mit Wochenfrist für Schiffsoffiziere und Schiffsleute gleichermaßen gilt. Andererseits ist auch kein Grund ersichtlich, Schiffsleute und Schiffsoffiziere bzw. sonstige Angestellte bei einer außerordentlichen Kündigung aus anderen als den in § 64 SeemG genannten Gründen unterschiedlich zu behandeln (BT-Drucks. 9/1829). Mit der gesetzlichen Neuregelung der Kündigungsfristen vom 7.10.1993 (vgl. Rz 17f, 85–94) sind im § 65 SeemG bei der Zitierung des § 63 »und 2« obsolet geworden und weggefallen.

Diese Vorschrift ergänzt die in § 64 SeemG erwähnten wichtigen Gründe für eine fristlose Kündigung 128
darin, dass noch weitere Gründe, die ein **Abwarten der Kündigungsfrist für eine ordentliche Kündigung unzumutbar** machen, zur fristlosen Lösung des Heuerverhältnisses berechtigen. Zu weiteren wichtigen Gründen vgl. KR-*Fischermeier* § 626 BGB Rz 103 ff. und KR-*Weigand* §§ 21, 22 BBiG Rz 50 ff. Im Übrigen ist die Bedeutung der Regelung in § 65 SeemG gering, da gem. § 64 SeemG im Wesentlichen die Voraussetzungen für eine außerordentliche Kündigung geregelt sind. Als **mögliche Kündigungsgründe** kommen zB die Änderung der Einsatzart des Schiffes (vom Fischerei- zum Frachtschiff) oder die nach Begründung des Heuerverhältnisses auftretende Seeuntauglichkeit (*ArbG Hmb.* 14.4.1981 SeeAE § 65 SeemG Nr. 1; *Bemm/Lindemann* SeemG, § 65 Rz 4) in Betracht. Auch im Falle der Kündigung gem. § 65 SeemG bedarf sie zu ihrer Wirksamkeit der Schriftform.

Macht der Reeder von der Kündigungsmöglichkeit gem. § 65 SeemG Gebrauch, so obliegt ihm die 129
Zahlung einer Abfindung in Höhe von mindestens einer Monatsgrundheuer (auch »**Abstoppgeld**« genannt). Diese Abfindungsregelung soll den ungerechtfertigten Gebrauch des § 65 SeemG verhindern (*Schwedes/Franz* SeemG, § 65 Rz 3). Grundheuer als Teil der Heuer ist das dem Besatzungsmitglied zustehende feste Entgelt. Pauschalvergütungen, deren Höhe sich nach dem Ausmaß der Arbeit, dem Erfolg oder ähnlichen nicht gleich bleibenden Bemessungsgrundlagen richtet, sowie sonstige Zulagen sind nicht als festes Entgelt iSd Grundheuer anzusehen (§ 30 Abs. 2 SeemG).

Die Höhe der Abfindungszahlung kann sich neben der Dauer der Betriebszugehörigkeit noch an der 130
wirtschaftlichen Lage des Arbeitnehmers und des Arbeitgebers sowie allen sonstigen Umständen, die eine Erhöhung oder Ermäßigung der Abfindung als billig erscheinen lassen, orientieren. Vgl. im Übrigen die Grundsätze gem. §§ 9, 10 KSchG bei KR-*Spilger* zu §§ 9, 10 KSchG.

Für Schiffsoffiziere (§ 64 SeemG) und sonstige Angestellte (§ 5 SeemG) gilt die Vorschrift in § 65 Abs. 1 131
SeemG nur während der noch andauernden drei- bzw. sechsmonatigen Probezeit (§ 65 Abs. 2 SeemG). Für den Kapitän vgl. § 78 Abs. 4 SeemG (s.u. Rz 130 ff.).

V. § 66 SeemG

§ 66 Außerordentliche Kündigung bei Verlust des Schiffs 132
(1) Geht dem Reeder das Schiff, auf dem das Besatzungsmitglied zur Dienstleistung verpflichtet ist, durch ein unvorhergesehenes Ereignis verloren oder kann die Reise wegen Krieges, sonstiger kriegerischer Ereignisse, Embargo oder Blockade nicht angetreten oder fortgesetzt werden, so kann der Reeder innerhalb angemessener Zeit das Heuerverhältnis ohne Einhaltung einer Kündigungsfrist kündigen.
(2) ¹Das Besatzungsmitglied hat in den Fällen des Absatzes 1 von dem Zugang der Kündigung ab bis zum Ablauf von zwei Monaten Anspruch auf Zahlung einer Tagesgrundheuer für jeden Tage der tatsächlichen Arbeitslosigkeit. ²Ist die Heimschaffung in einen Hafen im Geltungsbereich des Grundgesetzes erst zu einem späteren Zeitpunkt beendet, so ist die Grundheuer bis zu diesem weiterzuzahlen. ³Ist die Rückbeförderung aus Gründen, die nicht vom Reeder zu vertreten sind, erst später möglich, so ist die Grundheuer bis zum Ablauf von drei Monaten weiterzuzahlen.
(3) Erscheinen die nach Absatz 2 zu zahlenden Heuerbeträge unter Berücksichtigung der sonst dem Besatzungsmitglied zustehenden Kündigungsfristen unangemessen niedrig, so kann eine höhere Abfindung verlangt werden.

(4) ¹Ist es dem Reeder trotz ernsthafter Bemühungen nicht möglich, den Aufenthaltsort des Betroffenen zu ermitteln, und kann er ihm deswegen die Kündigung nicht zugehen lassen, so ist der Reeder berechtigt, durch Niederlegung einer Erklärung bei dem Arbeitsgericht des Registerhafens zu kündigen. ²Von der Niederlegung einer derartigen Erklärung hat das Gericht die Familienangehörigen des Betroffenen unverzüglich zu benachrichtigen. ³Erhält der Reeder nachträglich Kenntnis von dem Aufenthaltsort des Betroffenen, so hat er ihm unverzüglich von der Kündigung Kenntnis zu geben.
(5) Im Rahmen dieser Vorschrift ist die Anwendung des § 65 ausgeschlossen.

133 Eine außerordentliche Kündigung iSd § 66 SeemG, die selbständig neben der gem. §§ 64, 65 SeemG besteht (§ 66 Abs. 5 SeemG), kann der Reeder zunächst erklären, wenn das **Schiff durch ein unvorhergesehenes Ereignis verlorengeht.** Voraussetzung ist immer, dass der Reeder aus tatsächlichen oder rechtlichen Gründen nicht mehr über das Schiff verfügen kann. Weiterhin kann der Reeder fristlos kündigen, wenn die Reise wegen Krieges, Embargo oder Blockade oder sonstiger kriegerischer Ereignisse nicht angetreten oder fortgesetzt werden kann. In anderen Fällen von Betriebsrisiko besteht keine Kündigungsmöglichkeit gem. § 66 SeemG. Bei einem der vorgenannten Ereignisse endet das Heuerverhältnis jedenfalls nicht automatisch, sondern erst nach außerordentlicher Kündigung, die erst innerhalb angemessener Frist zu ergehen braucht. Angemessen ist die Frist, die ausreicht, damit der Reeder sich umfassend über die Sachlage informieren kann. Die außerordentliche Kündigung gem. § 66 SeemG bedarf zu ihrer Wirksamkeit der Schriftform; die elektronische Form ist ausgeschlossen (s.u. Rz 149, 149a). Eine Zumutbarkeitsprüfung ist im Unterschied zu den Voraussetzungen gem. § 65 SeemG und § 626 Abs. 1 BGB im Fall des § 66 SeemG entbehrlich; denn die Kündigungsgründe sind in letztgenannter Vorschrift abschließend aufgezählt (*Bemm/Lindemann* § 66 SeemG Rz 1 m. Verweis auf ArbG *Hmb.* 20.8.1996 – S 1 Ca 113/96 – nv).

134 Zum Anspruch auf Zahlung von einer Tagesheuer für jeden Tag der tatsächlichen Arbeitslosigkeit vgl. das »Übereinkommen über die Gewährung einer Entschädigung für Arbeitslosigkeit infolge von Schiffbruch« auf Beschluss der ILO, das auch für Deutschland gilt (RGBl. 1929 II S. 759 u. 1930 II S. 689 iVm BGBl. 1952 II S. 607), insbes. Art. 2. Der Anspruch geht unter, wenn das Besatzungsmitglied vor Ablauf der in Abs. 2 genannten Zeit eine seiner bisherigen Tätigkeit oder seiner bisherigen Heuer entsprechende neue Stelle antritt. Unterbleibt böswillig der Antritt der neuen Stelle, so entfällt der Anspruch ebenfalls (§ 615 S. 2 aE BGB). Daneben hat das Besatzungsmitglied noch Anspruch auf Rückbeförderung (s.u. Rz 165 ff.) nach § 72 SeemG.

135 Gem. § 78 SeemG finden die Regelungen gem. § 66 SeemG sinngemäß auch auf den Kapitän Anwendung. Davon auszunehmen ist § 65 SeemG (§ 66 Abs. 5 SeemG).

VI. § 67 SeemG

136 **§ 67 Außerordentliche Kündigung durch das Besatzungsmitglied**
¹Das Besatzungsmitglied kann das Heuerverhältnis ohne Einhaltung einer Frist kündigen,
1. wenn sich der Reeder oder der Kapitän ihm gegenüber einer schweren Pflichtverletzung schuldig macht,
2. wenn der Kapitän es in erheblicher Weise in der Ehre verletzt, es mißhandelt oder seine Mißhandlung durch andere Personen duldet,
3. wenn das Schiff die Flagge wechselt,
4. wenn der Vorschrift des § 55 Abs. 3 zuwider Urlaub nicht gewährt wird,
5. wenn das Schiff einen verseuchten Hafen anlaufen soll oder einen Hafen bei Ausbruch einer Seuche nicht unverzüglich verläßt und sich daraus schwere gesundheitliche Gefahren für das Besatzungsmitglied ergeben können,
6. wenn das Schiff ein Gebiet befahren soll, in dem es besonderen Gefahren durch bewaffnete Auseinandersetzungen ausgesetzt ist, oder wenn das Schiff ein solches Gebiet nicht unverzüglich verläßt,
7. wenn das Schiff nicht seetüchtig ist, die Aufenthaltsräume für die Besatzung gesundheitsschädlich sind, die für die Schiffsbesatzung mitgenommenen Speisen und Getränke ungenügend oder verdorben sind oder das Schiff unzureichend bemannt ist; zur fristlosen Kündigung ist das Besatzungsmitglied in diesen Fällen jedoch nur berechtigt, wenn die Mängel in angemessener Frist auf Beschwerde hin nicht abgestellt werden.

²Das Kündigungsrecht nach Nummern 5 und 6 entfällt, wenn dem Besatzungsmitglied die Gründe, die zur Kündigung berechtigen, vor Antritt der Reise bekannt waren oder den Umständen nach bekannt sein mußten.

Zur außerordentlichen Kündigung vgl. schon Rz 108–123 zu § 64 SeemG. Auch bei § 67 SeemG handelt 137
es sich wie bei § 64 SeemG um eine **erschöpfende Aufzählung der Kündigungsgründe**, die ohne
Rücksicht auf eine im Einzelfall gegebene Unzumutbarkeit der Fortsetzung des Arbeitsverhältnisses
zur Kündigung ohne Einhaltung einer Kündigungsfrist berechtigen. Beim Vorliegen einer der in § 67
Nr. 1 und Nr. 2 SeemG genannten Tatbestände ist eine außerordentlichen Kündigung stets berechtigt.
Die einzelnen Tatbestände der Norm sind aus sich heraus auszulegen, wobei vor allem der Sinn der
jeweiligen Vorschrift maßgebend ist (*BAG* 16.1.2003 EzA § 242 BGB 2002 Kündigung Nr. 3). Ein in § 67
SeemG nicht erwähnter – weiterer – außerordentlicher Kündigungsgrund besteht jedoch nach dem
Gesetz zu der Vereinbarung vom 23.11.1957 über Flüchtlingsseeleute vom 3.7.1961 (BGBl. II S. 828) für
Flüchtlingsseeleute, wenn deren Schiff für ein Fahrgebiet bestimmt ist, in dem sie Gefahr laufen, wegen ihrer Rasse, Religion, Staatsangehörigkeit, Zugehörigkeit zu einer bestimmten sozialen Gruppe
oder wegen ihrer politischen Überzeugung verfolgt zu werden (*Schwedes* DDB, S. 66).

Im Fall der schweren Pflichtverletzung steht dem Besatzungsmitglied wegen der Besonderheiten in 138
der Seeschifffahrt grds. nicht das Zurückbehaltungsrecht an der Arbeitskraft zu, sondern in erster Linie das Recht zur Kündigung gem. § 67 SeemG, damit auf dem Schiff klare Verhältnisse herrschen
(*ArbG Hmb.* 19.1.1982 – S 1 Ca 128/81).

Die außerordentliche Kündigung gem. § 67 SeemG bedarf zu ihrer Wirksamkeit der **Schriftform**; die 139
elektronische Form ist ausgeschlossen (s.u. Rz 149, 149a).

Eine eindeutig als ordentlich bezeichnete Kündigung kann nicht umgedeutet werden in eine fristlose 140
Kündigung gem. § 67 S. 1 Ziff 1 (*LAG Brem.* 6.7.1953 SeeAE § 67 SeemG Nr. 3). Die Kündigungsgründe
im Einzelnen:

Ziff. 1: Die **Pflichtverletzung** kann auch auf bloßer Fahrlässigkeit des Reeders oder der Kapitäns beruhen. Nur eine geringfügige Pflichtverletzung reicht nicht aus, wie etwa bei geringfügiger Heuerdifferenz, sondern sie muss so gravierend sein, dass dem Besatzungsmitglied die Fortsetzung des Heuerverhältnisses auch nur bis zum Ablauf der ordentlichen Kündigungsfrist nicht mehr zugemutet
werden kann. Vor der Kündigung muss das Besatzungsmitglied den Reeder zur Zahlung aufgefordert
haben (*ArbG Hmb.* 5.7.1983 – S 1 Ca 278/82) bzw. sonst das Verhalten beanstandet und die Kündigung
angedroht (gleichsam abgemahnt) haben (*ArbG Hmb.* 23.6.1987 – S 1 Ca 32/86). Dies Erfordernis ist im
Übrigen in § 67 S. 1 Ziff. 7 SeemG ausdrücklich erwähnt. 141

Ziff. 2: Zur fristlosen Kündigung wegen **Ehrverletzung oder Misshandlung** vgl. KR-*Fischermeier* § 626 142
BGB Rz 415. Es muss wenigstens eine schwere Beleidigung vorliegen. Dafür müssen von dem Besatzungsmitglied substantiierte Angaben gemacht werden, die pauschale Behauptung eines »beleidigenden Wortwechsels« reicht nicht aus (*ArbG Hmb.* 2.5.1981 – S 15 Ca 181/80). Der Vorhalt eines Verdachts
einer im Heuerverhältnis begangenen Straftat oder erheblichen Pflichtverletzung stellt nicht in jedem
Fall eine erhebliche Ehrverletzung dar. Eine **Ehrverletzung** kann aber vorliegen, wenn der Reeder das
Besatzungsmitglied entweder mit einem völlig grundlosen, nicht auf konkrete Anhaltspunkte gestützten Verdacht leichtfertig konfrontiert oder das Besatzungsmitglied bei einem auf Tatsachen gestützten
Verdacht einer nur geringen Pflichtverletzung mit unverhältnismäßigen Mitteln und Äußerungen unter Druck setzt (*BAG* 16.1.2003 EzA § 242 BGB 2002 Kündigung Nr. 3). Das TSchG sah in der Bemerkung des Kapitäns gegenüber einem Besatzungsmitglied, es sei homosexuell, eine erhebliche Ehrverletzung (*TSchG* 22.8.1967 Nr. 227/67, Hansa 1970, 1241). Dieser Rechtsprechung des TSchG ist
allerdings nicht zuzustimmen.

Ziff. 3: Diese Vorschrift soll ganz allgemein gewährleisten, dass ein Besatzungsmitglied vor den Unsi- 143
cherheiten und möglichen Nachteilen bewahrt wird, die sich aus einem **Flaggenwechsel** (vgl. dazu
Leffler Das Recht der Flagge im internationalen Seearbeitsrecht, RdA 1978, 97) ergeben. Die Besatzungsmitglieder werden zumeist nicht zuverlässig beurteilen können, ob die Verpflichtung zum Verrichten weiterer Schiffsdienste nach dem Flaggenwechsel unter fremder Rechtsordnung für sie besteht, weil es verschiedenartige gesetzliche Gründe für einen Flaggenwechsel gibt (vgl. §§ 1–7 des
FlRG v. 8.2.1951 BGBl. I S. 79 ff. in der Bekanntmachung der Neufassung v. 4.7.1990 BGBl. I S. 1342), die
jeweils unterschiedliche Auswirkungen auf die Dienstpflicht und die damit verbundene Pflicht haben,
weiterhin an Bord des Schiffes zu bleiben (vgl. § 23 SeemG). Grundsätzlich gelten, wenn ein Schiff mit
oder ohne Wechsel der Nationalflagge verkauft wird, für die Seeschifffahrt die gleichen Regeln wie für
einen Wechsel des Arbeitgebers an Land (vgl. *Fettback* RdA 1977, 82). Der Rückbeförderungsanspruch
ergibt sich aus § 72 SeemG.

144 Eine Kündigung gem. § 67 Nr. 3 SeemG ist **rechtsmissbräuchlich,** wenn das kündigende Besatzungsmitglied schon vor Ausspruch seiner Kündigung weiß, dass es nach dem Flaggenwechsel auf Kosten des Reeders zurückbefördert und auf einem anderen Schiff des Reeders weiterbeschäftigt werden soll (*BAG* 8.11.1973 AP Nr. 1 zu § 67 SeemG). Dann sind nämlich die Ungewissheiten über die Folgen des Flaggenwechsels ausgeräumt. Die fristlose Kündigung kann dann nur noch den Zweck verfolgen, treuewidrig die Voraussetzungen für die Zahlung einer Monatsheuer nach § 70 SeemG zu schaffen. Keine Ungewissheit ist gegeben, wenn der Reeder dem Besatzungsmitglied vor dem Flaggenwechsel bereits ordentlich gekündigt und es bis Eintritt dieses Geschehens vom Dienst freigestellt hat. Hier besteht für das Besatzungsmitglied keine Gefahr, auf dem Schiff, für das es angeheuert war, nach dem Flaggenwechsel unter der Geltung eines fremden Rechts Dienst tun zu müssen (*ArbG Hmb.* 19.8.1975 SeeAE § 67 SeemG Nr. 2).

145 Die Regelung gem. **Ziff. 7,** die eine fristlose Kündigung nur zulässt, wenn die Mängel nach vorheriger Beschwerde des Besatzungsmitgliedes nicht abgestellt wurden, ist lex specialis zum Recht auf fristlose Kündigung gem. Ziff. 1 (so auch *Bemm/Lindemann* SeemG, § 67 Rz 19). Hinsichtlich der Kündigungstatbestände gem. Ziff. 7 muss dem Reeder die Möglichkeit eingeräumt werden, ihr Vorliegen zu beseitigen. Insofern ist auch nicht rechtsmissbräuchlich, wenn sich der Reeder auf die Voraussetzung gem. Ziff. 7 2. Hs. beruft (*ArbG Hmb.* 18.12.1980 – S 1 Ca 354/80; *Bemm/Lindemann* SeemG, § 67 Rz 24). Zum Merkmal der **unzureichenden Bemannung** (zur Bemannung zählen Kapitäne, Schiffsoffiziere, Decks-, Maschinen- und sonstiges Hilfspersonal) vgl. Schiffsbesetzungsverordnung vom 26.8.1998 (BGBl. I S. 2577).

146 In den Fällen des § 67 SeemG hat das Besatzungsmitglied vom Zeitpunkt der Kündigung an Anspruch auf Zahlung der Heuer für einen Monat. Es handelt sich hier um eine Art **pauschalierten Schadensersatz,** der auch ohne Schadenseintritt zu zahlen ist. Diese sog. Abstoppheuer kann auch ein Auszubildender beanspruchen, wenn er wegen schwerer Pflichtverletzung des Reeders (Ziff. 1) fristlos gekündigt hat (*ArbG Hmb.* 4.12.1990 – S 5 Ca 274/90). Schadensersatzansprüche aufgrund anderer Vorschriften bleiben unberührt (§ 70 SeemG, § 628 Abs. 2 BGB). Wenn der Reeder selbst einen Grund zur fristlosen Kündigung hat, entfällt der Anspruch des Besatzungsmitglieds gem. § 70 SeemG. Kündigt das Besatzungsmitglied grundlos, so kann ein Schadensersatzanspruch aus positiver Vertragsverletzung wegen der dem Reeder entstehenden Ablösekosten infrage kommen (*BAG* 16.1.2003 EzA § 242 BGB 2002 Kündigung Nr. 3).

VII. § 68 SeemG

147 **§ 68 Außerordentliche Kündigung durch das Besatzungsmitglied aus weiteren Gründen**

¹Aus anderen wichtigen Gründen kann das Besatzungsmitglied das Heuerverhältnis ohne Einhaltung einer Frist nur kündigen, wenn ein Ersatzmann, über dessen Eignung im Zweifel das Seemannsamt entscheidet, ohne besondere Kosten für den Reeder und ohne Aufenthalt für das Schiff an seine Stelle treten kann. ²Ein wichtiger Grund liegt insbesondere vor, wenn das Besatzungsmitglied beabsichtigt, sich alsbald für eine Fachprüfung in seinem Beruf vorzubereiten, oder wenn es nachweist, dass es eine höhere Stellung im Schiffsdienst erhalten kann.

148 Diese Bestimmung entspricht dem Kündigungsrecht des Reeders gem. § 65 SeemG. Das Kündigungsrecht für das Besatzungsmitglied, insbes. wenn es eine höhere Stellung anstrebt, ist ähnlich in Art. 13 des Gesetzes betreffend das Internationale Übereinkommen für den Heuervertrag für Schiffsleute vom 24.7.1930 (RGBl. 1930 II S. 987) gewährleistet. Erste Voraussetzung ist das Vorliegen eines wichtigen Grundes iSd § 68 SeemG, insbes. die Vorbereitung einer einschlägigen Fachprüfung oder die Aussicht einer höheren Stellung (nicht einer höheren Heuer). Als weitere Voraussetzung muss ein in jeder Hinsicht für den Arbeitsplatz des Ausscheidenden geeigneter Ersatzmann zur Verfügung stehen. Die Mühen und Kosten hierfür gehen zu Lasten des Besatzungsmitglieds. In der Praxis hat diese Regelung wegen der besonderen Erschwernis für das Besatzungsmitglied kaum Bedeutung erlangt (*Schwedes/Franz* SeemG, § 68 Rz 2). Bei Streit über die Eignung des Ersatzmannes entscheidet das zuerst angerufene Seemannsamt (§ 1 Ziff. 2 SeemannsamtVO) über die Zweifel an der Eignung. Die Kündigung bedarf zu ihrer Wirksamkeit der Schriftform; die elektronische Form ist ausgeschlossen (§ 68a SeemG, s.u. Rz 149). Diese Vorschrift findet auf das Anstellungsverhältnis des Kapitäns keine Anwendung (§ 78 Abs. 1 SeemG).

VIII. § 68a SeemG

§ 68a Schriftform der außerordentlichen Kündigung 149
Die außerordentliche Kündigung des Heuerverhältnisses nach §§ 64 bis 68 bedarf zu ihrer Wirksamkeit der Schriftform; die elektronische Form ist ausgeschlossen.

Die Vorschrift des § 68a SeemG wurde eingefügt mit Wirkung vom 1. Juli 2002. Vgl. auch § 28 MTV-See. 149a

IX. § 78 SeemG

§ 78 Anwendung der Vorschriften des Dritten Abschnitts 150
auf den Kapitän
(1) Die Vorschriften der §§ 23 bis 26, 30 bis 37, 39. 40 Abs. 3, §§ 41 bis 60, §§ 66, 75 bis 77 finden sinngemäß auch auf den Kapitän Anwendung.
(2) ¹Das auf unbestimmte Zeit eingegangene Heuerverhältnis des Kapitäns kann mit einer Frist von vier Wochen zum Fünfzehnten oder zum Ende eines Kalendermonats schriftlich gekündigt werden. ²Die elektronische Form der Kündigung ist ausgeschlossen. ³Die Kündigungsfrist erhöht sich auf zwei Monate zum Ende eines Kalendermonats, wenn das Heuerverhältnis in dem Betrieb oder Unternehmen zwei Jahre bestanden hat. ⁴Im Übrigen finden die Vorschriften des § 63 Abs. 2 bis 3 sinngemäß Anwendung.
(3) ¹Das Heuerverhältnis des Kapitäns kann von beiden Seiten bei Vorliegen eines wichtigen Grundes ohne Einhaltung einer Frist schriftlich gekündigt werden. 2Die elektronische Form der Kündigung ist ausgeschlossen. ³Die außerordentliche Kündigung aus einem nicht vom Reeder zu vertretenden wichtigen Grund ist nur zulässig, wenn der Reeder ohne besondere Kosten und ohne Aufenthalt für das Schiff einen geeigneten Ersatzmann erhalten kann. ⁴Im Streitfall kann das Seemannsamt, das zuerst angerufen werden kann, eine vorläufige Entscheidung über die Berechtigung der Kündigung treffen.
(4) Die Vorschriften der §§ 72 bis 74 über die Heimschaffung gelten sinngemäß mit der Maßgabe, dass im Falle der außerordentlichen Kündigung Absatz 3 in Bezug zu nehmen ist.
(5) Im Falle des § 555 des Handelsgesetzbuchs hat der Kapitän Anspruch auf Heuer, auf Ersatz der Aufwendungen für Verpflegung und Unterkunft sowie auf Heimschaffung nach Maßgabe der §§ 72 bis 74.

§ 78 SeemG ist durch die Gesetze zur Anpassung arbeitsrechtlicher Bestimmungen an das EG-Recht 151
vom 20.7.1995 (BGBl. I S. 946) sowie zur Änderung des SeemG v. 8.6.2005 (BGBl. I S. 1530) geändert worden. Mit dem Gesetz vom 8.6.2005 wurde der Abs. 4 geändert. Mit der Einfügung des § 25 in den Katalog der auf den Kapitän sinngemäß anzuwendenden Vorschriften ist diesem ein Dokument über seine wesentlichen Beschäftigungsbedingungen auszuhändigen (§ 25 SeemG idF des Art. 4 des o.g. Anpassungsgesetzes, aaO; s.a. Rz 17a). Der Katalog der gem. Abs. 1 sinngemäß anzuwendenden Vorschriften des Dritten Abschnitts des SeemG ist abschließend (*ArbG Stade* 25.11.1994 – 1 Ca 384/93). Mit Gesetz vom 23.3.2002 (BGBl. I S. 1163) und mit Wirkung vom 1.7.2002 sind in Abs. 2 S. 2 und in Abs. 3 S. 1 das Schriftformerfordernis sowie in Abs. 3 der S. 2 eingefügt worden.

§ 78 Abs. 5 SeemG ist durch das Dritte Änderungsgesetz zum SeemG novelliert worden (s.a. Rz 17 f.). 152
Durch die Änderungen werden lediglich die vorhergehenden Bestimmungen für das Dienstverhältnis des Kapitäns übernommen (BT-Drucks. 9/1829, S. 9).

§ 78 Abs. 3 ist durch das Gesetz zur Vereinheitlichung der Kündigungsfristen von Arbeitern und An- 153
gestellten vom 7.10.1993 (BGBl. I S. 1668) geändert worden. Damit sollen für den Kapitän und für Besatzungsmitglieder im Wesentlichen einheitliche gesetzliche Kündigungsfristen gelten, die den Kündigungsfristen für die anderen Arbeitnehmer weitgehend entsprechen (Begr. zum Gesetzentwurf der Bundesregierung, BR-Drucks. 310/93). Im Vergleich zu dem vor dem 15.10.1993 geltenden Recht ergibt sich für den Kapitän aufgrund der neuen Regelung im Allgemeinen eine Fristverkürzung, bei langjähriger Beschäftigung aber auch eine Fristverlängerung auf sieben Monate. Mit dem Inkrafttreten des KündFG am 15.10.1993 ist das Gesetz über die Fristen für die Kündigung von Angestellten vom 9.6.1926 außer Kraft gesetzt worden.

Gem. Art. 7 KündFG vom 7.10.1993 sind die Maßgaben nach Anl. I Kap. VIII Sachgebiet A Abschn. III 154
Nr. 7 Buchstabe e Doppelbuchstabe bb des EV vom 31.8.1990 (BGBl. II S. 885, 1020) nicht mehr anzuwenden. Die fortgeltende Vorschrift nach Doppelbuchstabe aa der vorgenannten Regelung modifiziert § 78 SeemG für Heuerverhältnisse von Kapitänen auf dem Gebiet der ehemaligen DDR insoweit, als

dort statt § 78 Abs. 2 S. 1 und 2 SeemG für den erkrankten oder verletzten Kapitän die §§ 115a bis 115e AGB-DDR idF vom 22.6.1990 (GBl. DDR I S. 371) gelten.

155 Die – ordentliche wie auch außerordentliche – **Kündigung** des Heuerverhältnisses des Kapitäns bedarf der **Schriftform** (§ 78 Abs. 3 SeemG). Für tarifgebundene Heuerverhältnisse sieht dies § 27 Abs. 1 MTV-See vor. Die elektronische Form der Kündigung ist ausgeschlossen. Eine per Telex erklärte Kündigung erfüllt nicht das Erfordernis der Schriftform (*ArbG Hmb.* 18.3.1982 SeeAE § 78 SeemG Nr. 4; vgl. auch Rz 62). **Zur Kündigung befugt ist der Reeder** bzw. der Geschäftsführer oder der Vorstand der Reederei (*ArbG Hmb.* 26.5.1981 SeeAE Kapitäns-MTV 1978 Nr. 1; *Bemm-Lindemann* SeemG, § 78 Rz 11). Dies entspricht der Regelung gem. § 27 Abs. 2 MTV-See für tarifgebundene Heuerverhältnisse. Hat gem. § 27 Abs. 2 MTV-See die Kündigung gegenüber dem Kapitän durch den Reeder zu erfolgen, so ist dessen persönliche Unterschrift als die des gesetzlichen Vertreters bei juristischen Personen erforderlich. Die Kündigungserklärung durch einen beauftragten Rechtsanwalt entspricht nicht der vorgeschriebenen Form (*BAG* 26.4.1990 – 2 AZR 170/89 – nv). Dem Personalchef des Reeders kann gem. §§ 140, 141 SeemG in einem Tarifvertrag die Befugnis zur Kündigungserklärung eingeräumt werden (*BAG* 20.5.1981 SeeAE § 140 SeemG Nr. 1). Die Kündigung des Kapitäns durch den Reeder bedarf **nicht** der vorherigen Anhörung des Seebetriebsrates, da der Kapitän als leitender Angestellter iSd § 5 Abs. 3 BetrVG gilt (§ 114 Abs. 6 S. 2 BetrVG). Die **Kündigungsschutzvorschriften** des Ersten Abschnitts des KSchG sind auf die Kündigung des Heuerverhältnisses des Kapitäns **anwendbar** (§ 24 Abs. 5 KSchG). Zur unzulässigen »Austauschkündigung« eines Kapitäns mit der Absicht der »Flucht« aus dem deutschen Arbeits- und Sozialrecht s.o. Rz 76a.

156 Die **außerordentliche Kündigung** des Heuerverhältnisses des Kapitäns durch den Reeder ohne Einhaltung einer Kündigungsfrist gem. § 78 Abs. 3 SeemG setzt in Anlehnung der Regelung gem. § 626 Abs. 1 BGB das Vorliegen von Tatsachen voraus, aufgrund derer dem Reeder unter Berücksichtigung aller Umstände des Einzelfalles und unter Abwägung der Interessen beider Vertragsteile die Fortsetzung des Heuerverhältnisses bis zum Ablauf der Kündigungsfrist oder bis zu einer vereinbarten Beendigung des Heuerverhältnisses nicht zugemutet werden kann (*ArbG Hmb.* 16.5.1995 – S 5 Ca 389/94; *Bemm-Lindemann* § 78 SeemG Rz 14). In entsprechender Anwendung der Regelung gem. **§ 626 Abs. 2 BGB** hat die Kündigungserklärung binnen zwei Wochen seit Kenntniserlangung von den für die Kündigung maßgeblichen Tatsachen zu erfolgen. Auf Verlangen sind die Kündigungsgründe schriftlich mitzuteilen (§ 626 Abs. 2 S. 2 BGB).

157 Hinsichtlich der Anforderung an Tatsachen, die eine fristlose Kündigung rechtfertigen, wird auf KR-*Fischermeier* § 626 BGB verwiesen. Soweit die Tatsachen im Verhaltens- und Leistungsbereich des Kapitäns liegen, kann eine vorherige Abmahnung erforderlich sein. Diese ist jedenfalls dann nicht notwendig, wenn die Vertragsgrundlage zwischen Reeder und Kapitän nachhaltig gestört ist (*ArbG Hmb.* 22.10.1987 – S 15 Ca 106/87; *Bemm/Lindemann* SeemG, § 78 Rz 15f.). Gründe für eine fristlose Kündigung sind schwerwiegende Verletzungen der Pflichten aus dem Heuerverhältnis, wenn der Kapitän durch offenbarte Leistungsbeeinträchtigungen das für das Führen des Schiffes erforderliche Verantwortungsbewusstsein vermissen lässt (*ArbG Hmb.* 16.5.1995 – S 5 Ca 389/94 – nv), Entzug des Patents oder Unfähigkeit zur Führung des Schiffes, wenn der Kapitän während seiner Brückenwache in der Brückennock einschläft, dadurch das Schiff auf falschen Kurs gerät und damit Schiff und Besatzung gefährdet werden (*ArbG Hmb.* 26.5.1981 SeeAE § 78 SeemG Nr. 2); wenn der Kapitän wegen angeblicher Heuerrückstände seine Dienstleistung verweigert (*ArbG Hmb.* 22.6.1982 SeeAE § 78 SeemG Nr. 6; weitere Beispiele *Bemm/Lindemann* SeemG, § 78 Rz 20a). Bei einer Kündigung wegen Störung im Leistungsbereich ist eine vorherige Abmahnung erforderlich.

158 Dagegen stellen **keine Gründe** zur fristlosen Kündigung dar: Alkoholismus, der wie eine Krankheit zu werten ist (*ArbG Hmb.* 7.11.1986 – S 1 Ca 142/86); Verletzung der Pflicht zur Führung des Logbuches während der Werftliegezeit (*ArbG Hmb.* 22.10.1987 aaO); Mitnahme von Familienangehörigen bzw. einer Frau, wenn ähnliches bereits geduldet worden war (*ArbG Hmb.* 29.11.1979 – S 1 Ca 138/79; 28.4.1987 – S 1 Ca 512/86); Veranlassung eines behördlichen Auslaufverbotes wegen Unterbesetzung des Schiffes nach entsprechender – erfolgloser – Anzeige an den Reeder (*ArbG Hmb.* 24.2.1987 – S 1 Ca 372/85). Vgl. dazu insges. *Bemm/Lindemann* § 78 SeemG Rz 14 ff.

159 Ein wichtiger Grund zur fristlosen Kündigung seitens des Kapitäns liegt in der Verweigerung des Urlaubs gem. § 55 Abs. 3 SeemG, der gem. § 78 Abs. 1 SeemG Anwendung findet. Die Regelung in Abs. 5 entspricht der bei den Besatzungsmitgliedern. Zum Kündigungsgrund der Ehrverletzung s.o. Rz. 142.

C. Folgen der Kündigung

I. § 71 SeemG

§ 71 Zurücklassung

(1) ¹Unbeschadet der Vorschrift des § 45 darf der Kapitän ohne Einwilligung des Seemannsamts ein Besatzungsmitglied nicht an einem Ort außerhalb des Geltungsbereichs des Grundgesetzes zurücklassen. ²Eine Zurücklassung liegt nicht vor, wenn das auf unbestimmte Zeit begründete Heuerverhältnis infolge einer Kündigung durch das Besatzungsmitglied beendet ist.
(2) Ist im Falle der Zurücklassung eine Hilfsbedürftigkeit des Besatzungsmitglieds zu befürchten, so kann das Seemannsamt die Einwilligung von der Leistung eines Betrags abhängig machen, der den Unterhalt des Besatzungsmitglieds in den auf die Zurücklassung folgenden drei Monaten gewährleistet.
(3) ¹Ist das Besatzungsmitglied mit der Zurücklassung einverstanden und befindet sich am Ort der Zurücklassung kein Seemannsamt, läßt sich auch die Einwilligung eines anderen Seemannsamts ohne Verzögerung der Reise nicht einholen, so kann der Kapitän das Besatzungsmitglied auch ohne Einwilligung des Seemannsamts zurücklassen. ²In diesem Falle haftet der Reeder für die Kosten einer im Laufe der auf die Zurücklassung folgenden drei Monate eintretenden Hilfsbedürftigkeit des Besatzungsmitglieds.
(4) ¹Bei einem Jugendlichen ist neben seiner Einwilligung auch diejenige seines gesetzlichen Vertreters erforderlich. ²Ist dieser nicht erreichbar, bedarf es der Einwilligung eines Seemannsamts.

§ 71 SeemG ist durch das Dritte Änderungsgesetz zum SeemG novelliert worden (s.a. Rz 17 f.). Durch die Einführung des Satzes 2 in den Abs. 1 soll die bereits vorher geltende Rechtslage (s.a. Rz 162) klargestellt werden; denn zumindest nach dem Wortsinn ist derjenigen Auslegung zuzustimmen, wonach ein »Zurücklassen« ein aktives Handeln des Kapitäns voraussetzt (BT-Drucks. 9/1829, S. 9).

Bereits nach der vorher geltenden Rechtslage fielen die Tatbestände, in denen das Besatzungsmitglied selbst auf sein Vonbordgehen Wert legt (Einverständnis des Besatzungsmitglieds mit der Zurücklassung gem. Abs. 3 S. 1 ist iSd § 1 HeimschaffungsG zu verstehen), insbes. bei einer berechtigten außerordentlichen Kündigung seinerseits oder im Fall eines Aufhebungsvertrages (s.o. Rz 34 ff.), nicht in den Anwendungsbereich des § 71 SeemG. Die durch Art. 9 des Übereinkommens Nr. 22 der ILO zumindest im Grundsatz geforderte jederzeitige Beendigung des Heuerverhältnisses nach Auslaufen der Kündigungsfrist setzt voraus, dass das Besatzungsmitglied, sofern es das Recht des Hafenstaates zulässt, nach einer von ihm ausgesprochenen Kündigung von Bord gehen kann und nicht durch den Kapitän – in welcher Form auch immer – daran gehindert werden darf; dies entspricht auch eher den Prinzipien eines freiheitlichen Rechtsstaates als ein »zwangsweises« Festhalten des Besatzungsmitglieds auf dem Schiff nach der auf eigenen Wunsch zurückzuführenden Beendigung des Heuerverhältnisses (BT-Drucks. 9/1829).

Da in den Fällen ordentlicher Kündigungen gem. § 63 Abs. 3 SeemG grds. das Heuerverhältnis über den Ablauf der Kündigungsfrist hinaus bis zur Ankunft des Schiffes in einem Hafen der Bundesrepublik Deutschland fortgesetzt wird (s. Rz 97 ff.) und bei außerordentlicher Kündigung gem. § 65 SeemG die Ansprüche auf Heimschaffung und Fortzahlung der Heuer bestehen (vgl. §§ 72-74 SeemG; Rz 165 ff.), kommt § 71 SeemG im Wesentlichen im Rahmen der in § 64 SeemG geregelten außerordentlichen Kündigung seitens des Reeders oder Kapitäns zur Anwendung.

Gem. § 120 SeemG wird ein Kapitän, der entgegen § 71 Abs. 1 S. 1 SeemG ein Besatzungsmitglied an einem Ort außerhalb des Geltungsbereichs des Grundgesetzes zurücklässt mit Freiheitsstrafe bis zu einem Jahr oder mit Geldstrafe bestraft.

II. Heimschaffung

Die Regelungen gem. §§ 72 bis 74 SeemG wurden neu gefasst durch das ÄnderungsG vom 8.6.2005 zur Ratifikation des internationalen Seearbeitsübereinkommens Nr. 166 der IAO. Im Wesentlichen erfolgten eine Ausweitung des Anspruchs auf Heimschaffung in § 72 SeemG, die Schaffung einer Wahlmöglichkeit des Besatzungsmitglieds hinsichtlich des Bestimmungsortes seiner Heimschaffung (§ 73 SeemG) und Festlegung zur Durchführung sowie zur Kostentragung der Heimschaffung (§ 74 SeemG).

1. § 72 SeemG

166 §72 Anspruch auf Heimschaffung

(1) ¹Das Besatzungsmitglied hat Anspruch auf Heimschaffung an den nach § 73 maßgebenden Bestimmungsort,
1. in den Fällen der §§ 49 und 64 bis 67,
2. wenn ein auf unbestimmte Zeit begründetes Heuerverhältnis auf Grund einer ordentlichen Kündigung durch den Reeder endet,
3. wenn ein auf unbestimmte Zeit begründetes Heuerverhältnis nach einer ordentlichen Kündigung durch das Besatzungsmitglied gemäß § 63 Abs. 3 S. 1 um mindestens einen Monat über den Ablauf der Kündigungsfrist hinaus fortgesetzt wird oder
4. wenn ein auf bestimmte Zeit begründetes Heuerverhältnis außerhalb des Geltungsbereichs des Grundgesetzes endet,
5. wenn der Reeder seine gesetzlichen oder arbeitsvertraglichen Verpflichtungen wegen Insolvenz, Veräußerung des Schiffes, Änderung der Schiffseintragung oder aus einem ähnlichen Grund nicht mehr erfüllen kann,
6. wenn das Heuerverhältnis auf Grund eines Schiedsspruches, eines Tarifvertrages oder aus einem ähnlichen Grund beendet wird.

(2) Der Anspruch auf Heimschaffung umfaßt angemessene Unterbringung und Verpflegung sowie Beförderung der Sachen.

167 Schon gem. Art. 2 des IAO-Übereinkommens Nr. 166 (vgl. Neufassung des Gesetzes zum Übereinkommen Nr. 166 v. 14.7.2006 BGBl. I S. 666) darf von einem Schiff im Ausland keines seiner Besatzungsmitglieder zurückgelassen werden. Folglich besteht gem. § 72 SeemG ein **Anspruch auf Heimschaffung unabhängig von der Art der Beendigung des Heuerverhältnisses.** Bei Beendigung des Heuerverhältnisses durch Irrtumsanfechtung ist im Wege ergänzender Auslegung § 72 SeemG ebenfalls anwendbar (TSchG 6.12.1967 Hansa 1968, 1269).

168 Der Anspruch auf Heimschaffung besteht auch im Falle einer vom Besatzungsmitglied veranlassten außerordentlichen Kündigung gem. § 64 SeemG (s.o. Rz 107 ff.). Dies gilt auch, wenn das Besatzungsmitglied das Schiff eigenmächtig ohne Kündigung verlässt (**aA** noch gem. früherer Rechtslage ArbG Hmb. 23.5.1989 – S 5 Ca 35/89). Allerdings kann der Reeder in diesem Fall vom Besatzungsmitglied die Erstattung der Kosten für die Heimschaffung verlangen (§ 74 Abs. 5 S. 1 SeemG; s.a. Rz 174). Keinen Ersatz der Kosten kann der Reeder von einem vertragsbrüchigen Besatzungsmitglied nach den Grundsätzen des rechtmäßigen Alternativverhaltens dann verlangen, wenn dieselben Kosten bei vertragstreuem Verhalten, dh Einhaltung der Kündigungsfrist, ebenso entstanden wären (ArbG Hmb. 15.1.1987 – S 15 Ca 350/86). Zu den Voraussetzungen des Schadenersatzanspruchs gem. § 628 Abs. 2 BGB vgl. KR-Weigand § 628 BGB Rz 19-57.

169 Gem. ÄnderungsG v. 8.6.2005 wurden die Anspruchsgründe auf Heimschaffung um die in § 72 Abs. 1 Ziff. 5 und 6 SeemG genannten Tatbestände erweitert. Nach dem Wortlaut in Ziff. 5 wird das **Unvermögen des Reeders zur Erfüllung seiner gesetzlichen oder arbeitsvertraglichen Verpflichtungen** wegen Insolvenz, Schiffsveräußerung, Änderung der Schiffseintragung oder aus ähnlichem Grunde vorausgesetzt.

170 Nach dem ÄnderungsG v. 8.6.2005 kann das Besatzungsmitglied Heimschaffung nicht nur – wie bisher – an den Ort im Geltungsbereich des GG, wo das Heuerverhältnis begründet worden ist, verlangen, sondern kann einen der vier Bestimmungsorte gem. § 73 Abs. 2 SeemG frei wählen. Der Heimschaffungsanspruch ist nicht von der Nationalität des Besatzungsmitglieds anhängig. Kommt der Reeder seiner Verpflichtung zur Heimschaffung nicht nach, so tritt die Bundesrepublik Deutschland in Vorleistung durch die deutschen Konsulate als Seemannsämter (s.u. Rz 179) und veranlasst die Heimschaffung und verauslagt die Kosten (§ 74 Abs. 6 S. 2 SeemG).

2. § 73 SeemG

171 § 73 Bestimmungsort der Heimschaffung

(1) Das Besatzungsmitglied kann den Ort, an den es heimgeschafft werden will, aus den Bestimmungsorten auswählen.

(2) Bestimmungsorte der Heimschaffung sind
1. der Ort, an dem das Heuerverhältnis begründet worden ist,
2. der durch Tarifvertrag festgelegte Ort,

3. der Wohnort des Besatzungsmitglieds oder
4. jeder andere bei der Begründung des Heuerverhältnisses vereinbarte Ort.

Bestimmungsorte können tarif- oder einzelvertraglich vereinbart werden oder der Wohnort oder der 172
Ort sein, an dem das Heuerverhältnis begründet worden ist. Das Besatzungsmitglied kann aus diesen
Orten den Ort auswählen, das es als Ziel der Heimschaffung bestimmt. Dieser Ort muss nicht in
Deutschland liegen, es ist also auch die Heimschaffung an einen im Ausland gelegenen Ort möglich.
Ausländische Seeleute erhalten damit Anspruch auf Heimschaffung in ihr Heimatland.

3. § 74 SeemG

§ 74 Durchführung und Kosten der Heimschaffung 173
(1) ¹Der Reeder trifft die Vorkehrungen für die Durchführung der Heimschaffung. ²Er stellt sicher,
dass das Besatzungsmitglied den Paß und sonstige für die Heimschaffung erforderliche Ausweispapiere erhält. ³Die Beförderung des Besatzungsmitglieds erfolgt grundsätzlich auf dem Luftweg.
⁴Für die Zeit vom Verlassen des Schiffes bis zum Eintreffen am Bestimmungsort hat das Besatzungsmitglied Anspruch auf Weiterzahlung der Heuer. ⁵Eine Abfindung nach § 65 darf darauf nicht
angerechnet werden.
(2) ¹Der Reeder trägt die Kosten der Heimschaffung. ²Diese umfassen die Aufwendungen für
1. die Beförderung an den Bestimmungsort,
2. die Unterbringung, Verpflegung und Heuer in der Zeit vom Verlassen des Schiffes bis zum Eintreffen am Bestimmungsort,
3. die Beförderung von bis zu 30 Kilogramm persönlichem Gepäck an den Bestimmungsort,
4. ärztliche Behandlung, soweit das Besatzungsmitglied dieser bedarf, um zum Bestimmungsort reisen zu können.
³Die Aufrechnung der Kosten der Heimschaffung mit der Heuer oder anderen Ansprüchen des Besatzungsmitglieds ist unwirksam. ⁴Eine Vorauszahlung zur Deckung der Kosten der Heimschaffung darf der Reeder nicht verlangen; eine entsprechende Vereinbarung ist unwirksam.
(3) Die Wartezeit bis zur Heimschaffung und die Dauer der Heimschaffung dürfen nicht auf den
Urlaub angerechnet werden.
(4) Die Heimschaffung gilt als vollzogen, wenn das Besatzungsmitglied am Bestimmungsort eingetroffen ist oder seinen Anspruch auf Heimschaffung nicht innerhalb von drei Monaten geltend gemacht hat.
(5) ¹Ist das Heuerverhältnis durch eine Kündigung gem. § 64 beendet worden, kann der Reeder vom
Besatzungsmitglied die Erstattung der Kosten der Heimschaffung verlangen. ²Abs. 1 Satz 4 und
Abs. 2 Satz 3 gelten nicht.
(6) ¹Ist der Reeder außerstande, die Vorkehrungen für die Heimschaffung zu treffen, hat das Besatzungsmitglied Anspruch auf Zahlung des für seine Heimschaffung erforderlichen Geldbetrages.
²Erfüllt der Reeder seine Verpflichtungen nicht, veranlaßt das Seemannsamt die Heimschaffung
und verauslagt die Kosten. ³Sie sind vom Reeder zu erstatten.
(7) Bei Streitigkeiten über die Heimschaffung trifft das Seemannsamt eine vorläufige Regelung.

Weggefallen ist die bis Juni 2005 geltende Regelung, nach der das Besatzungsmitglied mit Einwilli- 174
gung des Seemannsamtes bei einer seiner bisherigen Stellung und Vergütung entsprechenden Beschäftigung auf einem Schiff mit Bundesflagge in den Geltungsbereich des GG zurückbefördert werden
konnte (vgl. Vorauflage Rz 173 f.). Nach dem ÄnderungsG v. 8.6.2005 hat der Reeder die Einzelheiten
der Heimschaffung zu organisieren und zu bezahlen. Im Falle des Kostenerstattungsanspruchs des
Reeders gem. § 74 Abs. 5 S. 1 SeemG (s.o. Rz 168) kann er auch mit Ansprüchen des Besatzungsmitglieds aufrechnen. Für den Zeitraum der Heimschaffung besteht dann kein Anspruch auf Weiterzahlung der Heuer, wenn das Heuerverhältnis durch eine Kündigung gem. § 64 SeemG beendet worden
ist (§ 74 Abs. 5 S. 2 SeemG).

III. Umschaufrist und -geld

Gem. § 629 BGB hat der Arbeitnehmer, wenn sein dauerndes Arbeitsverhältnis vom Reeder gekündigt 175
ist, Anspruch auf **angemessene Zeit zum Aufsuchen einer anderen Arbeitsstelle**. Wenn das Besatzungsmitglied oder der Kapitän selbst gekündigt hat, besteht kein Anspruch auf Umschaufrist bzw. -geld (*ArbG Hmb.* 5.7.1983 – S 1 Ca 278/82). Soweit der **MTV-See** Anwendung findet, gilt Folgendes:
Kündigt der Reeder den Beschäftigten unter Einhaltung einer Kündigungsfrist mit einer Frist von vier
Wochen zum 15. oder zum Ende eines Kalendermonats oder mit einer längeren Frist, so hat der Reeder

den Beschäftigten außerhalb des Urlaubs Gelegenheit zu geben, sich innerhalb der Kündigungsfrist während einer Frist von drei Wochen in Deutschland nach einer anderen Stellung umzusehen (Umschaufrist). Von Bord aus kann die Gelegenheit zur Umschau in jedem deutschen Hafen gewährt werden, den das Schiff zu einem Aufenthalt von mindestens 24 Stunden anläuft. Umschautag ist dabei jeder Werktag, an dem die Beschäftigten Gelegenheit haben, an Land zu gehen. Ist die vorgenannte Umschaufrist bis zur Beendigung der Heuerverhältnisse nicht abgelaufen, so hat der Reeder den Beschäftigten die bei der Beendigung der Heuerverhältnisse an der Umschaufrist fehlenden Umschautage zu vergüten (Umschaugeld). Das Umschaugeld besteht aus der Gesamtvergütung nach § 11 Abs. 1 MTV-See und dem Verpflegungsgeld nach § 16 Abs. 3 Nr. 9 MTV-See. Den Beschäftigten wird das Arbeitslosengeld, das sie bezogen haben oder bei rechtzeitiger Meldung vom Arbeitsamt hätten beziehen können, auf das Umschaugeld angerechnet.

IV. Urlaubsanspruch

176 Aus § 60 SeemG folgt, dass die Parteien des Heuervertrages gesetzlich verpflichtet sind, das gekündigte oder befristete Heuerverhältnis um die Dauer des noch nicht gewährten Urlaubs zu verlängern. Dieser lediglich bzgl. des gesetzlichen Mindesturlaubsanspruchs geltenden Verpflichtung können die Parteien nur durch eine entsprechende Erklärung über die Verlängerung des Heuerverhältnisses nachkommen (*BAG* 21.10.1982 BlStSozArbR 1983, 228). § 60 SeemG verdrängt für den gesetzlichen Mindesturlaub die Abgeltungsregelung gem. § 7 Abs. 4 BUrlG. Für den über den gesetzlichen Mindesturlaub hinausgehenden tariflichen Urlaub ist gem. § 25 Abs. 1 MTV-See die Abgeltung grds. unzulässig. § 25 Abs. 3 MTV-See sieht vor, dass sich das Heuerverhältnis grds. um die noch nicht gewährten Urlaubstage verlängert. Wenn allerdings die Erbringung der Arbeitsleistung während des gesamten Verlängerungszeitraumes zB wegen Seeuntauglichkeit unmöglich ist, scheidet eine Verlängerung des Heuerverhältnisses um den noch nicht gewährten Urlaub aus (*BAG* 24.6.2003 EzA § 7 BUrlG Abgeltung Nr. 10; *BSG* 22.11.1994 EzA AFG § 141b Nr. 2). Im Übrigen darf der Urlaub nur abgegolten werden, soweit er wegen Beendigung des Heuerverhältnisses nicht mehr gewährt werden kann und eine Verlängerung des Heuerverhältnisses infolge Eingehens eines neuen Heuer- oder sonstigen Arbeitsverhältnisses (§ 25 Abs. 2 MTV-See: auch Studium oder Schulbesuch) nicht möglich ist (§ 60 SeemG).

177 Gem. § 54 Abs. 1 S. 3 SeemG beträgt der Urlaub jährlich mindestens 30 Kalendertage; für Jugendliche, die noch nicht 17 Jahre alt sind, beträgt er 34 Kalendertage, für Jugendliche, die noch nicht 18 Jahre alt sind, beträgt er 32 Kalendertage. Gesetzliche Feiertage sind auf den Urlaub nicht anzurechnen (§ 54 Abs. 3 SeemG).

D. Verfahrensrecht

I. Vorbemerkung

178 Für Rechtsstreitigkeiten aus dem Heuerverhältnis sind die **ArbG** zuständig (s.u. Rz 181–182). In bestimmten Fällen einer Kündigung kann zunächst das **Seemannsamt** angerufen werden (s.u. Rz 179–180). Das Tarifschiedsgericht für die deutsche Seeschifffahrt wurde mit Wirkung vom 31.12.1970 und das Tarifschiedsgericht für die deutsche Hochseefischerei wurde mit Wirkung vom 31.12.1976 aufgelöst.

II. Seemannsämter

179 Wird das Heuerverhältnis in den Fällen der §§ 64, 65, 67 Nr. 1, 2 und 4–7 oder des § 68 SeemG außerhalb des Geltungsbereichs des Grundgesetzes gekündigt, so kann das Seemannsamt, das zuerst angerufen werden kann, eine vorläufige Entscheidung über die Berechtigung der Kündigung treffen (§ 69 SeemG). Seemannsämter sind nach § 9 SeemG (1.) im Geltungsbereich des Grundgesetzes die von den Landesregierungen als Seemannsämter eingerichteten Verwaltungsbehörden sowie (2.) außerhalb des Geltungsbereich des Grundgesetzes die vom Bundesminister des Auswärtigen bestimmten diplomatischen und konsularischen Vertretungen der Bundesrepublik (s. Bek. des Auswärtigen Amtes v. 9.1.1976 BGBl. I S. 226).

180 Eine **vorläufige Entscheidung** des Seemannsamtes im Rahmen des § 69 SeemG (auch in § 74 Abs. 7 SeemG und anderen Vorschriften des SeemG) ist notwendig, um der der Natur der Sache nach bestehenden Eilbedürftigkeit gerecht zu werden. Im Fall des § 69 SeemG kann nicht bis zur Rückkehr in den Geltungsbereich des Grundgesetzes abgewartet werden. Solche vorläufigen Regelungen der See-

mannsämter binden die Gerichte nicht, sondern stellen lediglich eine einstweilige Regelung dar, über deren Berechtigung abschließend von den hier zuständigen Stellen, den Gerichten für Arbeitssachen entschieden werden muss. Für eine Anfechtung derartiger vorläufiger Entscheidung im verwaltungsgerichtlichen Verfahren dürfte das Rechtsschutzinteresse fehlen, da jede privatrechtliche Bindungswirkung der Entscheidung des Seemannsamtes fehlt.

III. Arbeitsgerichte

Bei Rechtsstreitigkeiten zwischen Seeleuten oder Kapitänen einerseits und dem Reeder andererseits können die ArbG angerufen werden. Das Verfahren richtet sich nach den Regelungen im ArbGG. Aufgrund von tariflichen Absprachen zwischen dem Verband Deutscher Reeder e.V. und der Vereinten Dienstleistungsgewerkschaft e.V. ist als ausschließliche örtliche Zuständigkeit das ArbG Hamburg festgelegt worden (§ 35 MTV-See). Die Vorschrift über die ausschließlich örtliche Zuständigkeit des ArbG Hamburg gilt nur, wenn beide Parteien des Rechtsstreits tarifgebunden sind. Nicht tarifgebundene Parteien können diese Zuständigkeitsregelung nur in der Weise übernehmen, dass die Anwendung des gesamten Tarifvertrages zwischen ihnen vereinbart wird (§ 68 Abs. 2 S. 2 ArbGG). Im Übrigen ist das Arbeitsgericht örtlich zuständig, in dessen Bezirk der aus einem Arbeitsverhältnis (§ 2 Abs. 1 Nr. 3a ArbGG) gerichtlich in Anspruch genommene Beklagte seinen allgemeinen Gerichtsstand hat (§ 17 Abs. 1 ZPO). Ist ein deutsches Gericht örtlich zuständig, so ist damit idR auch die internationale Zuständigkeit der deutschen Gerichte gegeben (st.Rspr. *BAG* 3.5.1995 EzA Art. 30 EGBGB Nr. 3).

Beim ArbG Hamburg sind **Fachkammern für seearbeitsrechtliche Streitigkeiten** eingerichtet. Die Beisitzer kommen aus dem Kreis der Reeder bzw. Seeleute (Verbände), um einen notwendigen Praxisbezug des Spruchkörpers zu gewährleisten. Diese Spezialisierung an den genannten ArbG wahrt insofern die Tradition der fachspezifischen Schiedssprechung der aufgelösten TSchG.

Allgemeine Grundsätze des Sozialrechts

Konsequenzen der Kündigung und des Kündigungschutzprozesses im Arbeitsförderungs- und Sozialversicherungsrecht

Literatur

– bis 2004 vgl. KR-Vorauflage –

Inhaltsübersicht

	Rz
A. Einführung	1–8
I. Sozialversicherungsverhältnis, Merkmale und Bedeutung	1, 2
II. Beschäftigungsverhältnis: Begriff und Abgrenzung zum Arbeitsverhältnis im arbeitsrechtlichen Sinne	3–8
1. Klassisches Dogma vom Beschäftigungsverhältnis und seine Entwicklung	4, 5
2. Bedeutung der Entgeltlichkeit des Beschäftigungsverhältnisses	6
3. Beitragsrechtlicher und leistungsrechtlicher Begriff des Beschäftigungsverhältnisses	7–8
B. Sozialversicherungsrechtliche Rechtsstellung wirksam gekündigter Arbeitnehmer	9–77
I. Rechtsstellung im Beitragsrecht nach Auflösung des Arbeitsverhältnisses	9–27d
1. Beendigung der Beitragspflicht	9–23a
a) Grundsätze	9–12a
b) Arbeitsentgelt, Abfindungen	13–16a
c) Einmalig gezahltes Arbeitsentgelt	17–18f
d) Entgeltfortzahlung im Krankheitsfalle	19–20
e) Urlaubsabgeltung	21–23a
2. Beitragsrechtliche Rechtsstellung des arbeitslosen Arbeitnehmers	24–27d
a) Krankenversicherung der Bezieher von Arbeitslosengeld	24–26
b) Pflegeversicherung der Bezieher von Arbeitslosengeld	26a
c) Kranken- und Pflegeversicherung der Bezieher von Arbeitslosengeld II	26b
d) Rentenversicherung der Bezieher von Arbeitslosengeld	27–27c
e) Rentenversicherung der Bezieher von Arbeitslosengeld II	27d
II. Rechtsstellung wirksam gekündigter Arbeitnehmer im sozialversicherungsrechtlichen Leistungsrecht	28–77
1. Grundsätze	28, 29
2. Leistungsrechtliche Rechtsstellung in der Krankenversicherung	30–37
a) Ende der Mitgliedschaft	31
b) Nachgehende Ansprüche aus § 19 Abs. 2 SGB V	32, 33
c) Fortbestand der Mitgliedschaft	34–37
3. Leistungsrechtliche Rechtsstellung in der Rentenversicherung	38–43a
a) Allgemeines	38–40b
b) Altersrentenarten	41
c) Anhebung der Altersgrenzen	41a, b
d) Altersrente wegen Arbeitslosigkeit oder nach Altersteilzeitarbeit	41c
e) Beitragszahlung zur Vermeidung von Rentenabschlägen	41d
f) Altersrentenanspruch und Kündigungsrecht	42a–d
g) Vollrente oder Teilrente	42e
h) Hinzuverdienstgrenze	43
4. Rechtsstellung im Leistungsrecht der Unfallversicherung	44–46
5. Rechtsstellung im Leistungsrecht der Arbeitsförderung	46a–77
a) Anspruch auf Arbeitslosengeld	46b–48
aa) Voraussetzungen des Anspruchs	47a
bb) Arbeitslosigkeit, Voraussetzungen	47b
cc) Kurzzeitigkeitsgrenze – Geringfügigkeitsgrenze	47c
dd) Anwartschaftszeit	47d
ee) Höhe des Arbeitslosengeldes	47e
ff) Anspruchsdauer, Verkürzung ab 2006	47f
gg) Auswirkungen auf die Frühverrentungspraxis	47g
hh) Minderung der Anspruchsdauer	47h
ii) Minderung des Arbeitslosengeldes bzw. Sperrzeit wegen verspäteter Arbeitsuchendmeldung	48
b) Anspruch auf Teilarbeitslosengeld	49
c) Anspruch auf Arbeitslosenhilfe/Arbeitslosengeld II	50, 50a
d) Ruhen des Arbeitslosengeldes, Ruhenstatbestände	51–55
e) Sperrzeit und Kündigung	56–58
aa) Bedeutung der Sperrzeit	56

	Rz
bb) Versicherungsschutz während der Sperrzeit	57, 58
f) Erstattungspflichten der Arbeitgeber	59–62
aa) Bei Freisetzung älterer Arbeitnehmer, § 147a SGB III	59
bb) Bei witterungsbedingter Kündigung, § 147b SGB III	60
cc) Bei Konkurrenzklausel, § 148 SGB III	61
dd) Bei Ablösung, § 128b AFG aF.	62
g) Kurzarbeitergeld, kein Anspruch bei gekündigtem Arbeitsverhältnis	63–75
C. Sozialversicherungsrechtliche Rechtsstellung unwirksam gekündigter Arbeitnehmer	78–168
I. Bedeutung des tatsächlichen Endes der Beschäftigung	78–90
1. Versicherungsrechtliche Grundproblematik	78, 79
2. Bedeutung des Annahmeverzugs des Arbeitgebers in der Sozialversicherung	80–82
3. Besonderheiten der Arbeitslosenversicherung, Gleichwohlgewährung nach § 143 Abs. 3, § 143a Abs. 4 SGB III	83–90
a) Bedeutung des tatsächlichen Endes der Beschäftigung im Leistungsrecht der Arbeitslosenversicherung	83
b) Bedeutung des § 143 SGB III für den Kündigungsschutzprozess	84
c) Leistungsrechtliche Rückabwicklung, beitragsrechtliche Ausgleichsregelung	85–90
II. Konsequenzen für die Rechtsstellung unwirksam gekündigter Arbeitnehmer nach erfolgreich durchgeführtem Kündigungsschutzprozess	91–168
1. Grundsätze	91–93
2. Beitragsrechtliche Rechtsstellung des Arbeitnehmers, wenn während des Kündigungsschutzprozesses keine Leistungen wegen Arbeitslosigkeit gewährt wurden	94–115
a) Beitragspflicht und Nachzahlungsanspruch	94
b) Beitragspflicht bei anderweitiger Beschäftigung während des Kündigungsschutzverfahrens	95, 96
c) Beitragspflicht bei Schadenersatzansprüchen	97
d) Beitragspflicht und Urlaubsabgeltung	98

	Rz
e) Entstehen der Beitragspflicht	99, 100
f) Fälligkeit der Beiträge	101, 102
g) Beitragszahlung, Beitragstragung, Allgemeines	103–107
h) Beitragsabzug durch den Arbeitgeber	108–111
i) Beitragszuschuss nach § 257 SGB V	112–115
3. Beitragsrechtliche Rechtsstellung des Arbeitnehmers, wenn während des Kündigungsschutzprozesses Leistungen wegen Arbeitslosigkeit gewährt wurden	116–119
a) Beitragsausgleich nach § 335 Abs. 3 SGB III (früher §§ 160, 166a AFG)	116
b) Beitragsausgleich bei Ersatzkassen-Pflichtversicherten	117
c) Beitragsausgleich bei freiwillig und privat Versicherten	118
d) Bedeutung des § 11 Nr. 3 KSchG für den Beitragsausgleich	119
4. Leistungsrechtliche Rechtsstellung unwirksam gekündigter Arbeitnehmer nach Abschluss des Kündigungsschutzprozesses	120–168
a) Gesetzlicher Forderungsübergang bei Sozialleistungsbezug, Grundsätze	120–128
b) In der Krankenversicherung	129–134
c) In der Unfallversicherung	135
d) In der Rentenversicherung	136, 137
e) In der Arbeitslosenversicherung	138–168
aa) Besonderheiten des Forderungsübergangs bei Gleichwohlgewährung nach § 143 Abs. 3, § 143a Abs. 4 SGB III	138–144
bb) Zweck und Funktion der §§ 143, 143a SGB III	145, 146
cc) Art und Umfang der von §§ 143, 143a SGB III erfassten Ansprüche des Arbeitnehmers	147–151
(1) Arbeitsentgelt	148, 149
(2) Urlaubsabgeltung	150
(3) Abfindungen, Entlassungsentschädigungen	151
dd) Abgrenzung von Arbeitsentgelt und Abfindung nach § 143 und § 143a SGB III, Bedeutung für die arbeitsgerichtliche Vergleichspraxis	152–168

Allgemeine Grundsätze des Sozialrechts

Rz		Rz
(1) Bedeutung des im Vergleich festgelegten Endes des Arbeitsverhältnisses; Dispositionsfreiheit der Vergleichsparteien 154–156		(3) Hinausschieben des Endes des Arbeitsverhältnisses ohne volle Lohnzahlung 159–165
(2) Grenzen der Dispositionsfreiheit gegenüber den Sozialversicherungsträgern 157, 158		(4) Einbeziehung von übergegangenen Ansprüchen in den Vergleich – Vergleichsauslegung 166
		(5) Beratungs- und Hinweispflichten des Arbeitgebers 167, 168

Alphabetische Übersicht

	Rz		Rz
Abfindung	13 ff., 15 ff., 16, 51, 120a, 145 ff., 151, 152 ff.	Beitragsabzug durch Arbeitgeber	108
siehe auch Entlassungsentschädigung		Beitragsausgleich	116 ff.
Altersgrenzen im Rentenrecht	41 ff.	Beitragseinzug durch Krankenkassen	104 ff.
Altersgrenzen in Einzel- und Tarifverträgen	42d	Beitragspflicht	2 ff., 9 ff., 13 ff., 15, 17 ff., 21 ff., 94, 95, 97, 98, 99
Altersrente wegen Arbeitslosigkeit	41c, 121, 137	Beitragszahlung	103 ff.
Altersrenten	41 ff.	Beitragszuschuss	112 ff.
– Regelaltersrente	41	Beratungspflichten des Arbeitgebers	167
– Vorgezogene Altersrenten	41	Berufsunfähigkeitsrente	38
– Anhebung der Altersgrenzen	41a	Beschäftigung	
– Vorzeitige Inanspruchnahme der Renten	41a, b	– abhängige	3 ff.
– Rentenabschläge	41b, d	– geringfügige	47c
– Hinzuverdienstgrenze	43	– kurzzeitige	47b, c
– Vollrente oder Teilrente	42e	– tatsächliches Ende	7 ff., 47b, 78 ff., 88
Altersrentenarten	41 ff.	*siehe auch Beschäftigungsverhältnis*	
Altersteilzeitarbeit	41e, 42c	Beschäftigungslosigkeit	47b
Annahmeverzug des Arbeitgebers	80 ff., 92	*siehe auch Arbeitslosigkeit*	
Anrechnungszeit	27a, d	Beschäftigungssuche	47b
Anspruchsdauer des Arbeitslosengeldes	47f	Beschäftigungsverhältnis	
Anwartschaftszeit	47d	– Abgrenzung vom Arbeitsverhältnis	3 ff.
Arbeitsentgelt	6, 10, **13 ff.**, 16, 17 ff., 19 ff., 21 ff., 120 ff., 138 ff., 145 ff., 147 ff., 148, 149, 152 ff.	– Entgeltlichkeit	6
		– Beitragsrechtlicher Begriff	7 ff.
Arbeitskampf	37	– Leistungsrechtlicher Begriff	7 ff.
Arbeitslosengeld	47 ff.	– Bedeutung der tatsächlichen Verhältnisse	4, 7 ff., 8, 47b, 83 ff., 88
– Anspruchsentstehung	47a	– tatsächliches Ende	7 ff., 47b, 78 ff., 83 ff., 88
– Anspruchsvoraussetzungen	47a ff.	*siehe auch Arbeitsverhältnis*	
– Anspruchshöhe	47e	Bezieher von Arbeitslosengeld, Versicherung	24, 26a, 27
– Anspruchsdauer	47f, h		
– Minderung der Anspruchsdauer	47h, 56	Bezieher von Arbeitslosengeld II, Versicherung	26b, 27d
– Teilarbeitslosengeld	49	Eigenbemühungen	47b
– Ruhen des Anspruchs	51 ff.	Einmalige Einnahmen	13c
siehe auch Ruhenstatbestände		Einmalig gezahltes Arbeitsentgelt	17 ff.
Arbeitslosengeld II	47, 50	Einzugsstellen	104 ff.
Arbeitslosenversicherung	2, 9 ff., 11, 13 ff., 24 ff., **47 ff.**, 51 ff., 56 ff., 59 ff., 63 ff., 83 ff., 138 ff., 145 ff.	Entgeltfortzahlung im Krankheitsfalle	19 ff.
		Entgeltlichkeit der Beschäftigung	6
Arbeitslosigkeit	47a, b	Entlassungsentschädigung	51, 120a, 138 ff., 147, 151, 152 ff.
Arbeitslosenhilfe	47, 50		
Arbeitslosmeldung	27b, 47a	Erstattungspflichten des Arbeitgebers	59 ff.
Arbeitsunfähigkeit	30, 30a, b	– bei Entlassung älterer Arbeitnehmer	59
Arbeitsunfall	44	– bei witterungsbedingter Kündigung	60
Arbeitsverhältnis	3 ff., 7 ff., 9 ff., 80 ff., 154 ff., 159 ff.	– bei Konkurrenzklausel	61
Beiträge zur Sozialversicherung:		– bei Ablösung	62
– Abzug durch Arbeitgeber	108 ff.	Erwerbsminderungsrenten	38
– Beitragstragung	103 ff.	Erwerbsunfähigkeitsrente	38
– Beitragszahlung	103 ff.	Forderungsübergang bei Gleichwohlgewährung	138 ff.
– Einzugsstellen	104 ff.		
– Gesamtsozialversicherungsbeitrag	103, 104		
– Beitragsausgleich	116 ff.		

	Rz		Rz
Fortzahlung des Arbeitslosengeldes im Krankheitsfalle	30b	– bei sonstigen Lohnersatzleistungen	52
Geringfügigkeitsgrenze	47c	– bei Sperrzeit	56f
Gesamtsozialversicherungsbeitrag	103, 104	– Begriff des Ruhens	53
Gleichwohlgewährung	83 ff., 138 ff.	– Ruhenszeitraum	54
Hinzuverdienstgrenze	43	– Zusammentreffen mehrerer Ruhenstatbestände	55
Jahresarbeitsentgeltgrenze	112	Saisonkurzarbeitergeld	65
Krankengeld	30 ff., 129 ff.	Sozialauswahl und Altersrentenanspruch	42b
Krankenkassen als Beitragseinzugsstellen	104 ff.	Sozialversicherung, Gliederung in Versicherungszweige	2
Krankenversicherung	2, 10 ff., 24 ff., **30 ff.**, 34 ff., 37, 57, 87 ff., 94 ff., 112 ff., 116 ff., 129 ff.	Sozialversicherungsverhältnis	1
Krankheit	30	Sperrzeit	48, 56 f.
Kurzarbeitergeld	63 ff.	Schwangerschaft	37
Kurzarbeitergeld, Sonderformen		Teilarbeitslosengeld	49
– Saisonkurzarbeitergeld	65	Übergangsgeld, -beihilfe	14
– Strukturbedingtes Kurzarbeitergeld	70	Unfallversicherung	2, 11, 28, **44 ff.**, 135
– Transferkurzarbeitergeld	70 f.	Urlaubsabgeltung	21 ff., 51, 98, 132, 147 ff.
Kurzzeitigkeitsgrenze	47c	Vergleich im Kündigungsschutzprozess	152 ff.
Leistungen bei Arbeitslosigkeit	47 ff.	Verfügbarkeit	47b
Meldepflichten des Arbeitgebers	12a	Verfügungsbefugnis	127
Mitgliedschaft in der Krankenversicherung	10, 31 ff., 32, 34 ff.	Verletztengeld	45
Pflegeversicherung	2, 26a, b	Verletztenrente	46
Regelaltersrente	41	– Erhöhung bei Arbeitslosigkeit	46, 121, 135
Rente wegen Erwerbsminderung	38	Versicherung der Bezieher von Arbeitslosengeld	24 ff.
Rentenabschläge	41b, d	Versicherung der Bezieher von Arbeitslosengeld II	26b, 27d
Rentenarten	38 ff.	Versicherungsfall in der Krankenversicherung	30
– Renten wegen Alters siehe auch Altersrenten	41 ff.	Versicherungsschutz	28
– Renten wegen verminderter Erwerbsfähigkeit	38	Versicherungszweige in der Sozialversicherung	2, 28
Rente wegen Berufs-/Erwerbsunfähigkeit	38	Vollrente oder Teilrente	42e
Rentenversicherung	2, 9, 11, 13 ff., 17 ff., 27 ff., 27d, 28, **38 ff.**, **41 ff.**, 52, 57, 58, 79, 94 ff., 136 ff.	Vorgezogene Altersrenten	41 ff.
Ruhen des Arbeitslosengeldes	51 ff., 84, 145 ff.	Vorzeitige Inanspruchnahme von Altersrenten	41a, b
– bei Arbeitsentgelt	51, 148	Wegeunfall	44
– bei Urlaubsabgeltung	51, 150	Winterausfallgeld siehe auch Saisonkurzarbeitergeld	65
– bei Abfindung/Entlassungsentschädigung	51, 151 f		

A. Einführung

I. Sozialversicherungsverhältnis, Merkmale und Bedeutung

1 Das **Sozialversicherungsverhältnis** mit seinen versicherungsrechtlichen, beitragsrechtlichen und leistungsrechtlichen Folgen ist ein **öffentlich-rechtliches Rechtsverhältnis.** Es besteht aus der im Sozialversicherungsrecht geregelten Gesamtheit der Beziehungen zwischen einem Versicherungsträger, einem Versicherten sowie ggf. dritten Personen, insbes. den Arbeitgebern abhängig Beschäftigter. Es ist darauf angelegt, vornehmlich abhängig Beschäftigte durch Vorsorge für den Fall der Beeinträchtigung ihrer Erwerbsfähigkeit (und des Todes) sowie des Eintritts von Arbeitslosigkeit und ihren Folgen zu schützen.

2 Infolge der **Gliederung der Sozialversicherung** in mehrere **Versicherungszweige** ist ein gegen Entgelt beschäftigter Arbeitnehmer regelmäßig an sechs Sozialversicherungsverhältnissen – kraft Versicherungszwangs – beteiligt, dh **versicherungspflichtig** und idR auch **beitragspflichtig**:

– in der gesetzlichen **Krankenversicherung** nach § 5 Abs. 1 Nr. 1 SGB V,
– in der sozialen **Pflegeversicherung** nach § 20 Abs. 1 S. 2 Nr. 1 SGB XI,
– in der gesetzlichen **Rentenversicherung** nach § 1 S. 1 Nr. 1 SGB VI,
– in der gesetzlichen **Unfallversicherung** nach § 2 Abs. 1 Nr. 1 SGB VII,
– in der **Arbeitslosenversicherung** nach § 25 Abs. 1 SGB III,

– in der **Insolvenzgeldversicherung** (früher Konkursausfallgeldversicherung) nach Maßgabe der §§ 183 ff. u. §§ 358 ff. SGB III; vgl. hierzu KR-*Weigand* InsO, Anh. I, Anspruch auf Insolvenzgeld nach dem SGB III.

Die Beiträge zur Kranken-, Pflege-, Renten- und Arbeitslosenversicherung, die jeweils einen bestimmten Prozentsatz des Bruttoeinkommens bis zur Beitragsbemessungsgrenze betragen und grds. zur Hälfte von Arbeitgeber und Arbeitnehmer getragen werden, werden vom Arbeitgeber vom Entgelt einbehalten und als sog. **Gesamtsozialversicherungsbeitrag** an die zuständige Einzugsstelle abgeführt (iE s.u. Rz 103 ff.). In der gesetzlichen **Unfallversicherung** werden die Beiträge allein vom Unternehmer getragen (§ 150 SGB VII).

II. Beschäftigungsverhältnis: Begriff und Abgrenzung zum Arbeitsverhältnis im arbeitsrechtlichen Sinne

Der Kreis der dem öffentlich-rechtlichen Versicherungszwang unterliegenden versicherungspflichtigen Arbeitnehmer wird durch Anknüpfung an den Tatbestand der »**abhängigen Beschäftigung**« bestimmt. Dieser als »**sozialversicherungsrechtliches Beschäftigungsverhältnis**« bezeichnete Tatbestand, der durch die Weisungsabhängigkeit bzgl. Ort, Zeit, Art und Ausführung der Arbeit und die Eingliederung in den Betrieb bzw. die dienende Teilhabe am Arbeitsprozess gekennzeichnet ist, ist wesentliches Bindeglied zwischen Arbeits- und Sozialrecht. § 7 Abs. 1 Sozialgesetzbuch – Gemeinsame Vorschriften für die Sozialversicherung – (SGB IV) definiert den Tatbestand abhängiger Beschäftigung als »nichtselbständige Arbeit, insbes. in einem Arbeitsverhältnis«. Diese Definition hat keine abschließende Klärung der Streitfrage gebracht, ob und inwieweit **Identität** zwischen **sozialversicherungsrechtlichem Beschäftigungsverhältnis** und **Arbeitsverhältnis** im arbeitsrechtlichen Sinne besteht und ob damit letztlich ein besonderer Begriff des sozialversicherungsrechtlichen Beschäftigungsverhältnisses entbehrlich ist oder ob im Hinblick auf die im Sozialversicherungsrecht gebotene Ausrichtung an den tatsächlichen Verhältnissen das Beschäftigungsverhältnis nur einen sozialrechtlich relevanten Ausschnitt aus dem Arbeitsverhältnis darstellt, der gegenüber dem Arbeitsrecht deutliche begriffliche Abgrenzung verlangt (zur Auslegung des § 7 SGB IV neuerdings *Felix* NZS 2002, 225 mwN).

1. Klassisches Dogma vom Beschäftigungsverhältnis und seine Entwicklung

Die klassische Theorie von der **Maßgeblichkeit des Faktischen**, die auch in der Rechtsprechung des BSG übernommen wurde, sieht im Beschäftigungsverhältnis den soziologischen Grundsachverhalt der persönlichen Abhängigkeit eines Arbeitnehmers von einem Arbeitgeber, der sich in tatsächlicher Verfügungsmacht des Arbeitgebers und Arbeitsbereitschaft des Arbeitnehmers äußert. Trotz des Zugeständnisses, dass die inhaltlichen Kriterien für die Bestimmung des Arbeitsverhältnisses und Beschäftigungsverhältnisses weitgehend identisch sind, hält die Rechtsprechung des BSG weiterhin an der Eigenständigkeit des sozialversicherungsrechtlichen Beschäftigungsverhältnisses fest (vgl. die Nachw. bei *von Wulffen* BKK 1979, 106/108). Die Betonung der Maßgeblichkeit des Tatsächlichen für das Beschäftigungsverhältnis wird vornehmlich mit dem **Schutzbedürfnis des Versicherten** begründet: Der Versicherungsschutz könne nicht von der zufälligen Einhaltung zivilrechtlicher Vertragsvoraussetzungen abhängen. Ferner sei die Loslösung vom Arbeitsvertrag und das Abstellen auf die faktische Gestaltung deshalb erforderlich, um vertragliche Manipulationen mit Wirkung für das Sozialversicherungsrecht auszuschließen (vgl. die Nachw. bei *Seiter* VSSR 4, 179, 199 f.).

Ein wesentlicher Grund für die Beibehaltung eines eigenständigen Begriffs des Beschäftigungsverhältnisses im Sozialrecht ist jedoch entfallen, nachdem das Arbeitsvertragsrecht, von dem ursprünglich das Arbeitsverhältnis noch ganz bestimmt war, unter Einwirkung der Eingliederungstheorie der tatsächlichen Gestaltung und Entwicklung des Arbeitsverhältnisses eine ganz erhebliche Bedeutung beimisst. Andererseits hat sich die Tatsächlichkeitstheorie und insbes. die Rechtsprechung des BSG gezwungen gesehen, zur Vermeidung sozialpolitisch unerwünschter Folgen einer Beendigung oder Unterbrechung des Beschäftigungsverhältnisses – zB bei Urlaub, Krankheit – den dogmatischen Ausgangspunkt von der Maßgeblichkeit des Faktischen im Laufe einer langjährigen Entwicklung mehr und mehr aufzulockern und das sozialversicherungsrechtliche Beschäftigungsverhältnis zunehmend an den arbeitsvertraglichen Beziehungen zu orientieren. Dadurch ist im Laufe der Zeit das Beschäftigungsverhältnis dem Arbeitsverhältnis iSd **modifizierten Vertragstheorie** weitgehend angenähert worden mit der Folge, dass regelmäßig auch für die Sozialversicherung der Bestand des Arbeitsverhältnisses die entscheidende Voraussetzung ist, an die die **Versicherungspflicht** anknüpft. Dies bedeutet nicht nur, dass ein versicherungspflichtiges Beschäftigungsverhältnis grds. anzunehmen ist, wenn nach arbeitsrechtlichen Grundsätzen ein Arbeitsverhältnis besteht, sondern auch, dass ein **versicherungspflichtiges Beschäftigungsverhältnis** auch in Zeiten **fortdauert,** in denen **tatsächlich nicht gearbeitet** wird, sofern nur das Arbeitsverhältnis fortbesteht und Arbeitgeber und Arbeitnehmer den Willen haben, das Beschäftigungsverhältnis fortzusetzen (*BSG* 18.4.1991 – 7 RAr 106/90 – BSGE 68, 236, 240 = SozR 3-4100 § 104 Nr 6 mwN). So wird zB das Beschäftigungsverhältnis durch Urlaub, Krankheit, Lehrgänge oder Freistellung von der Arbeit nicht beendet oder unterbrochen, wenn in dieser Zeit der Arbeitgeber zur Entgeltzahlung verpflichtet bleibt; dieses Entgelt unterliegt der **Versicherungs- und Beitragspflicht** (*BSG* 12.11.1975 BSGE 41, 24, 26; 31.8.1976 SozR 2200 § 1227 Nr. 4, jeweils mwN). Da es unerheblich ist, ob derartige Phasen ohne Arbeitsleistung am Anfang oder am Ende des Arbeitsverhältnisses liegen, ist grds. auch während des **Annahmeverzugs des Arbeitgebers** nach unwirksamer Kündigung von der Fortdauer eines versicherungspflichtigen Beschäftigungsverhältnisses auszugehen (s.u. Rz 80 f.). Vgl. aber zur Differenzierung zwischen Arbeits- und Beschäftigungsverhältnis im Leistungsrecht der Arbeitslosenversicherung Rz 7, 78 ff.

2. Bedeutung der Entgeltlichkeit des Beschäftigungsverhältnisses

6 Wie für das Arbeitsverhältnis ist auch für das Beschäftigungsverhältnis streitig, ob die **Entgeltlichkeit** Merkmal dieses Verhältnisses ist (bejahend *Wertenbruch/Meier* SGb 1973, 297, 302 f.). Im Sozialversicherungsrecht ist die Entgeltlichkeit richtigerweise als ein **selbstständiges Element** neben dem Beschäftigungsverhältnis anzusehen, das zusammen mit diesem erst die **Versicherungspflicht,** also das Sozialversicherungsverhältnis begründet. Bei einer Abhängigkeit des Sozialversicherungsverhältnisses vom Bestand des Arbeitsverhältnisses bedarf es der Entgeltlichkeit als eines weiteren zusätzlichen Merkmals für die Versicherungspflicht schon deshalb, weil es arbeitsrechtlich ohne weiteres möglich ist, suspendierte Arbeitsverhältnisse ohne Entgeltzahlung beliebig lange aufrecht zu erhalten. Dies kann vom Sozialversicherungsrecht aus nicht hingenommen werden, weil sonst der Versicherungsschutz – etwa durch Vereinbarung eines unbezahlten Urlaubs – auf unabsehbare Zeit erreicht werden könnte. Beim Erfordernis der Entgeltlichkeit gibt es jedoch **Ausnahmen** und **Modifizierungen:** Teilweise entsteht trotz des Bezugs von Arbeitsentgelt keine Versicherungspflicht (zB beim Überschreiten bestimmter Verdienstgrenzen, § 6 Abs. 1 Nr. 1 SGB V), teilweise tritt auch ohne Arbeitsentgelt Versicherungspflicht ein (zB bei Berufsausbildung ohne Arbeitsentgelt, § 1 S. 1 Nr. 1 SGB VI). Beitragsfrei gestellte Versicherungsverhältnisse mit Leistungsanwartschaft können jedoch, wenn überhaupt, nur in zeitlich begrenzten Umfang hingenommen werden. So sieht § 7 Abs. 3 SGB IV seit 1.1.1999 – einheitlich für die Kranken-, Renten- und Arbeitslosenversicherung – vor, dass eine Beschäftigung gegen Arbeitsentgelt als fortbestehend gilt, solange das Beschäftigungsverhältnis ohne Anspruch auf Arbeitsentgelt fortdauert, jedoch nicht länger als 1 Monat. Derart kurze Unterbrechungen der Arbeitsleistung galten auch nach bisherigem Recht als unschädlich für den Fortbestand des versicherungspflichtigen Beschäftigungsverhältnisses, zB nach § 192 Abs. 1 Nr. 1 SGB V aF für einen unbezahlten Urlaub (s.u. Rz 36).

3. Beitragsrechtlicher und leistungsrechtlicher Begriff des Beschäftigungsverhältnisses

7 Trotz des heute praktisch übereinstimmenden **gemeinsamen Grundtatbestandes** von **Arbeitsverhältnis** und **Beschäftigungsverhältnis** ist aber zu beachten, dass sich die beiden Begriffe in Sonderbereichen des Sozialversicherungsrechts im Hinblick auf die dort maßgeblichen **speziellen Schutzziele** erheblich unterscheiden; hierbei kann der Begriff des Beschäftigungsverhältnisses sogar innerhalb der einzelnen Versicherungszweige unterschiedliche Bedeutung haben. Dies gilt insbes. für das Recht der **Arbeitslosenversicherung,** das wegen seiner Funktion, dem Beschäftigungslosen Sofortleistungen für den ausgefallenen Lohn zur Verfügung zu stellen, im **Leistungsbereich** eine Ausrichtung am **Faktischen – der tatsächlichen Beschäftigungslosigkeit** – bedarf, während auch dort hinsichtlich der **Beitragspflicht** der mit dem Begriff des Arbeitsverhältnisses übereinstimmende Begriff Beschäftigungsverhältnis maßgebend bleibt.

7a Nach st.Rspr. des BSG ist der Begriff »Beschäftigungsverhältnis« in der Sozialversicherung **funktionsdifferent** auszulegen, dh der gleiche Begriff ist im Leistungsrecht der Arbeitslosenversicherung unabhängig davon auszulegen, wie er im Beitragsrecht bzw. im Bereich der Versicherungspflicht zu verstehen ist (vgl. *BSG* 28.9.1993 – 11 RAr 69/92 – BSGE 73, 126, 128 f. mwN = SozR 3-4100 § 101 Nr. 5; *Gagel* SGB III, § 118 Rz 14 f.; neuerdings *Schlegel* NZA 2005, 972 ff., insbesondere zur Freistellung von der Arbeit).

Der **leistungsrechtliche** Begriff des **Beschäftigungsverhältnisses** im Arbeitsförderungsrecht ist aus Gründen der Schutzbedürftigkeit der betroffenen Arbeitnehmer entwickelt worden, weil diese der Sofortleistungen bedürfen, sobald sie **tatsächlich beschäftigungslos** sind und kein Arbeitsentgelt mehr erhalten, mag auch das Arbeitsverhältnis noch bestehen.

Signifikantestes Beispiel ist der **Kündigungsschutzprozess**, während dessen Verlauf der Zeitpunkt der Beendigung des Arbeitsverhältnisses noch nicht feststeht. Hier tritt die Arbeitsverwaltung mit Arbeitslosengeld sogar dann ein, wenn sich der Arbeitgeber bei fortbestehendem Arbeitsverhältnis in Annahmeverzug befindet und der Anspruch auf Arbeitslosengeld an sich wegen des Anspruchs auf Arbeitsentgelt ruht (Gleichwohlgewährung, s.u. Rz 83 ff.).

Auch im Sperrzeitenrecht stellt das Gesetz mit dem Begriff »Lösung des Beschäftigungsverhältnisses« bewusst auf den leistungsrechtlichen Begriff, nämlich auf die faktische Beschäftigungslosigkeit ab, nicht hingegen auf die Beendigung des Arbeitsverhältnisses, sodass eine rechtsgeschäftliche Betrachtung hier nicht (allein) maßgeblich ist (vgl. KR-*Wolff* § 144 SGB III Rz 17d).

Hiervon zu unterscheiden ist der **beitragsrechtliche** Begriff des Beschäftigungsverhältnisses, der weitgehend an den Merkmalen eines Arbeitsverhältnisses auszurichten ist, selbst wenn die Arbeitskraft des Versicherten tatsächlich nicht in Anspruch genommen wird (vgl. *BSG* 28.9.1993 aaO; *Gagel* SGb 1981, 253 ff.).

Versicherungspflicht und Beitragspflicht eines Beschäftigungsverhältnisses ist grds. dann anzunehmen, wenn ein Arbeitnehmer – ob mit oder ohne wirksamen Arbeitsvertrag – in den Arbeitgeberbetrieb eingegliedert ist und tatsächliche Arbeit leistet, sofern er ein Arbeitsentgelt erhält, das der Höhe nach Versicherungs- bzw. Beitragspflicht auslöst (dh über der Geringfügigkeitsgrenze von zurzeit 400 € im Monat liegt; s.u. Rz 47c).

Versicherungs- und Beitragspflicht besteht aber auch dann, wenn der Arbeitgeber das Arbeitsentgelt nicht oder nicht rechtzeitig zahlt, sofern nur ein **Anspruch auf Arbeitsentgelt** besteht.

Das gilt schließlich auch dann, wenn der Arbeitnehmer keine Arbeit leistet, etwa weil er vom Arbeitgeber gegen Fortzahlung des Arbeitsentgelts von der Arbeit freigestellt ist oder sonst eine Pflicht des Arbeitgebers zur Fortzahlung des Arbeitsentgelts besteht, insbes. bei Annahmeverzug des Arbeitgebers, wenn der Arbeitgeber nach einer unwirksamen Kündigung diesem seine Arbeitskraft zur Verfügung stellt (st.Rspr. des BSG, vgl. *BSG* 25.9.1981 – 12 RK 58/80 – BSGE 52, 152, 155 f. = SozR 2100 § 25 Nr. 3).

Abgesehen von diesen Sonderbereichen dient die Beibehaltung eines eigenständigen Begriffs Beschäftigungsverhältnis heute vornehmlich nur noch dazu, die **besondere Bedeutung** der **tatsächlichen Verhältnisse** für das Sozialversicherungsrecht zu betonen, um zu verhindern, dass **privatrechtliche Gestaltungen** dazu benutzt werden, das Sozialversicherungsrecht bzw. **sozialversicherungsrechtliche Schutzziele zu umgehen.** Privatrechtliche Manipulationen mit Wirkung für das Sozialversicherungsrecht, sei es, dass die Beteiligten der Beitragspflicht entgehen wollen, sei es, dass Versicherungsleistungen erschlichen werden sollen, sollen hierdurch ausgeschlossen werden. Dies hat insbes. Bedeutung für die Auslegung von **Vergleichen,** die im Kündigungsschutzprozess mit Auswirkungen für das Sozialversicherungsrecht geschlossen werden (s.u. Rz 152 f.). 8

B. Sozialversicherungsrechtliche Rechtsstellung wirksam gekündigter Arbeitnehmer

I. Rechtsstellung im Beitragsrecht nach Auflösung des Arbeitsverhältnisses

1. Beendigung der Beitragspflicht

a) Grundsätze

Die Beiträge zur Sozialversicherung sind grds. nur so lange zu erbringen, wie das Arbeitsverhältnis 9 besteht. Mit der wirksamen Auflösung des Arbeitsverhältnisses endet grds. auch die Beitragspflicht (zu den Ausnahmen vgl. Rz 12, 14 f., 19).

In der **Krankenversicherung** ergibt sich diese Rechtsfolge aus § 190 Abs. 2 SGB V. Danach endet die 10 **Mitgliedschaft** versicherungspflichtig Beschäftigter mit dem Ablauf des Tages, an dem das Beschäftigungsverhältnis gegen Arbeitsentgelt endet. Mit der Mitgliedschaft endet auch die **Beitragspflicht,** § 223 Abs. 1 SGB V. Zu Beginn und Ende der Mitgliedschaft vgl. §§ 186 bis 192 SGB V (s. dazu *BSG*

15.12.1994 – 12 RK 7/93). Die Mitgliedschaft hat für die gesetzliche Krankenversicherung zentrale Bedeutung, nicht nur für die Versicherungs- und Beitragspflicht, sondern auch für die Leistungsansprüche (s.o. Rz 30 f.). Das **Beschäftigungsverhältnis** – damit die Beitragspflicht – endet nicht bereits durch tatsächliche Einstellung der Arbeit, zB infolge Annahmeverzugs des Arbeitgebers oder durch Freistellung von der Arbeit im Konkurs (*BSG* 26.11.1985 BSGE 59, 183 = SozR 4100 § 168 Nr. 19), weil Arbeits- und Beschäftigungsverhältnis samt den von ihrem Bestehen abhängigen Rechtsfolgen grds. nicht auseinander fallen dürfen. Solange dem Arbeitnehmer **Arbeitsentgelt** zusteht, gebietet es die sozialversicherungsrechtliche **Solidarität,** dass er sich mit entsprechenden Beiträgen an der Finanzierung der Leistungen seiner Versichertengemeinschaft beteiligt. Zu Zweifelsfällen beim Ende der Mitgliedschaft vgl. *Gagel* SGb 1985, 268 ff.; *Gagel/Vogt* Rz 398 f. Trotz Fortdauer des Beschäftigungsverhältnisses endet die Versicherungs- und Beitragspflicht, wenn kein Arbeitsentgelt mehr oder nur noch geringfügiges Entgelt gezahlt wird. Mit dem Ende der **Entgeltlichkeit** muss auch das Ende der **Mitgliedschaft** angenommen werden, es sei denn, dass etwa die Mitgliedschaft nach Sonderregelungen fortbesteht (zB bei fortbestehendem Beschäftigungsverhältnis ohne Entgeltzahlung für längstens einen Monat, § 7 Abs. 3 SGB IV; im Falle eines rechtmäßigen Arbeitskampfes bis zu dessen Beendigung, § 192 Abs. 1 Nr. 1 SGB V). Die **Mitgliedschaft Versicherungspflichtiger** bleibt über das Ende des Beschäftigungsverhältnisses hinaus erhalten, solange **Anspruch auf Krankengeld** oder **Mutterschaftsgeld** besteht oder eine dieser Leistungen oder Erziehungsgeld bezogen oder Erziehungsurlaub (jetzt Elternzeit) in Anspruch genommen wird (§ 192 Abs. 1 Nr. 2 SGB V; s.u. Rz 33). Während der **Schwangerschaft** bleibt die Mitgliedschaft einer versicherungspflichtigen Frau auch dann erhalten, wenn das Beschäftigungsverhältnis vom Arbeitgeber zulässig aufgelöst oder das Mitglied unter Wegfall des Arbeitsentgelts beurlaubt worden ist (§ 192 Abs. 2 SGB V). Die Mitgliedschaft für die Dauer des Krankengeld- und Mutterschaftsgeld-Anspruchs oder des Bezugs von Erziehungsgeld ist **beitragsfrei** (§ 224 SGB V).

11 Bei den **übrigen Versicherungszweigen** (Rentenversicherung, Unfallversicherung, Arbeitslosenversicherung) endet die Beitragspflicht entsprechend dem für ihre Entstehung maßgebenden Grundgedanken, dass nur die abhängige Beschäftigung durch die Versicherung geschützt werden soll, grds. mit der Aufgabe des Beschäftigungs- bzw. Arbeitsverhältnisses. Mit Abschluss eines neuen Arbeitsverhältnisses entsteht aber wiederum neue Beitragspflicht, die nunmehr vom neuen Arbeitgeber erfüllt werden muss.

12 Eine Beitragspflicht kann über das Ende des Arbeitsverhältnisses hinaus fortbestehen, soweit gesetzliche Regelungen eine **Fortzahlung von Lohn** oder **Gehalt** oder ähnlichen Leistungen für die Zeit **nach Beendigung** des Arbeitsverhältnisses vorsehen (s.u. Rz 19 ff.).

12a **Meldepflichten des Arbeitgebers:**

Die entsprechenden **Meldepflichten** des Arbeitgebers bei Auflösung des Arbeitsverhältnisses, Ende der Beschäftigung, Ende der Entgeltzahlung usw. ergeben sich aus **§ 28a SGB IV.** Die Meldepflicht besteht gegenüber der **Einzugsstelle** (§ 28h SGB IV). Hinsichtlich der Meldepflichten ist in § 198 SGB V u. § 190 SGB VI klarstellend auf § 28a SGB IV verwiesen. Der Inhalt der Meldungen ist dem Beschäftigten vom Arbeitgeber schriftlich mitzuteilen (§ 28a Abs. 5 SGB V). Für das **Meldeverfahren** gelten ab 1.1.1999 die Vorschriften der Datenerfassungs- und Übermittlungsverordnung – DEÜV – v. 10.2.1998 BGBl. I S. 343, zuletzt geändert durch Gesetz vom 9.12.2004 (BGBl. I S. 3242). Beim Bezug von Arbeitslosengeld erstatten die Agenturen für Arbeit (AA) die Meldung hinsichtlich der nach § 5 Abs. 1 Nr. 2 SGB V versicherten Arbeitslosen entsprechend §§ 28a bis 28c SGB IV. Für die nach § 5 Abs. 1 Nr. 2a SGB V versicherten Bezieher von Arbeitslosengeld II gilt Entsprechendes.

b) **Arbeitsentgelt, Abfindungen**

13 Der Beitragspflicht unterliegt grds. alles **Arbeitsentgelt,** das für die Zeit bis zum beendeten Arbeitsverhältnis gezahlt bzw. geschuldet wird (Fälligkeit und Zahlung erst nach beendetem Arbeitsverhältnis sind grds. für die Beitragspflicht unerheblich). Hingegen begründen Leistungen des Arbeitgebers, die für Zeiten nach beendetem Arbeitsverhältnis bestimmt sind bzw. nicht mehr auf ein weiter bestehendes Beschäftigungsverhältnis bezogen werden können, grds. keine Beitragspflicht, mögen sie auch als Arbeitsentgelt bezeichnet sein oder wie solches fortlaufend gewährt werden (s.u. Rz 14, 15).

13a Zu dem in § 14 Abs. 1 SGB IV erstmals einheitlich für die Sozialversicherung (und Arbeitslosenversicherung) geregelten Begriff **Arbeitsentgelt** gehören alle **laufenden und einmaligen Einnahmen aus einem Beschäftigungsverhältnis,** die entweder unmittelbar aus oder im Zusammenhang mit diesem erzielt werden; gleichgültig ist, ob auf die Einnahmen ein Rechtsanspruch besteht und unter welcher Bezeichnung oder in welcher Form sie geleistet werden.

Diese **weite Begriffsbestimmung** erfasst grds. (vgl. aber Rz 13c) jegliche **Einnahmen**, die dem Versicherten in ursächlichem Zusammenhang mit einer Beschäftigung zufließen. Hierzu gehören die Gegenleistungen des Arbeitgebers (oder eines Dritten) für die Arbeitsleistung und solche Vergütungen, die zugleich einen Anreiz für weitere erfolgreiche Arbeit schaffen sollen, wie Gratifikationen, Gewinnbeteiligungen und sonstige Vorteile (*BSG* 26.10.1988 SozR 2100 § 14 SGB IV Nr. 19), ferner Leistungen des Arbeitgebers ohne entsprechende Arbeitsleistung wie Entgeltfortzahlung im Krankheitsfalle und Urlaubsgeld. Um Arbeitsentgelt handelt es sich aber auch dann, wenn es in Form einer **Abfindung** bei Fortsetzung des Beschäftigungsverhältnisses im Falle einer Änderungskündigung oder nach einer einvernehmlichen Änderung des Arbeitsvertrags als **Gegenleistung für die Verschlechterung** von **Arbeitsbedingungen** gezahlt wird, zB bei Abfindungen wegen Rückführung auf die tarifliche Einstufung oder bei Umsetzung in einen anderen Betriebsteil, auf einen schlechter bezahlten oder geringer qualifizierten Arbeitsplatz, für eine Verringerung der Arbeitszeit oder den Fortfall bzw. die Herabsetzung von Einmalzahlungen wie Weihnachtsgeld, Urlaubsgeld, Gewinnbeteiligungen (vgl. *BSG* 28.1.1999 SGb 2000, S. 130 mit Anm. von *Rokita*). Auch derartige einmalige Abfindungen sind Arbeitsentgelt iSv § 14 SGB IV und sind daher als **einmalig gezahltes Arbeitsentgelt** (vgl. Rz 17 f.) beitrags- und auch steuerpflichtig (*BSG* 28.1.1999 aaO). Zu »echten« Abfindungen s.u. Rz 15; zu Abfindungen mit »verdecktem« Arbeitsentgelt s.u. Rz 16.

13b

Die gegenüber dem früheren § 160 RVO aF stärker generalisierende Fassung des § 14 SGB IV, die die enge Bindung zwischen Steuer- und Sozialversicherungsrecht aufgegeben hat, steht gleichwohl – über die nach § 17 SGB IV zu erlassende **Arbeitsentgelt-Verordnung** (ArEVO) – unter dem Gebot der weitgehenden **Berücksichtigung des Steuerrechts**.

13c

Danach werden **einmalige Einnahmen** (und sonstige laufende Nebenleistungen zum Lohn oder Gehalt) nicht dem Arbeitsentgelt zugerechnet, soweit sie **lohnsteuerfrei** sind (§ 1 ArEVO). Sie sind dann auch beitragsrechtlich kein Arbeitsentgelt und werden auch nicht als einmalig gezahltes Arbeitsentgelt iSv § 23a SGB IV behandelt (s.u. Rz 17 f.). Voraussetzung ist allerdings stets, dass es sich überhaupt um Arbeitsentgelt iSv § 14 Abs. 1 SGB IV handelt, also um Leistungen, die aus oder doch im Zusammenhang mit einem weiter bestehenden Beschäftigungsverhältnis erzielt werden.

Insoweit ist aber eine **zeitliche Zäsur** zu beachten: Arbeitsentgelt, das »für« Zeiten nach beendetem Arbeitsverhältnis gezahlt wird, ist – trotz seines ursächlichen Zusammenhangs mit dem Beschäftigungsverhältnis – nicht mehr Arbeitsentgelt, das der Beitragspflicht unterliegt, sondern eine Leistung anderer Art (Abfindung u.ä.), die zeitlich nicht mehr einem **fortbestehenden, aktiven Beschäftigungsverhältnis** zugeordnet werden kann. Das ergibt sich zwar nicht unmittelbar aus § 14 SGB IV, sondern aus den Vorschriften über die Beitragspflicht bzw. Versicherungspflicht, die sich auf aktiv »gegen Arbeitsentgelt Beschäftigte« beziehen (zB § 5 Abs. 1 Nr. 1 SGB V, § 1 Abs. 1 Nr. 1 SGB VI).

Deshalb sind zB **Übergangsgelder und Übergangsbeihilfen,** die der Überleitung in den Ruhestand dienen, kein Arbeitsentgelt iSd § 14 Abs. 1 SGB IV und damit beitragsfrei (nicht nur, weil sie nach § 3 Nr. 10 EStG steuerfrei sind).

14

Auch **Abfindungen,** die wegen der Beendigung des Arbeits- oder Beschäftigungsverhältnisses gezahlt oder geschuldet werden, gehören nicht zum beitragspflichtigen Arbeitsentgelt; sie sind **Entschädigung für den Verlust des Arbeitsplatzes** und daraus künftig entstehender **Nachteile** sowie Abgeltung für den Verlust **sozialer Besitzstände** (Entschädigungsfunktion, Vorsorge- und Übergangsfunktion). Unabhängig von ihrer steuerrechtlichen Behandlung (s.u.) unterliegen derartige Leistungen (etwa auch Abfindungen auf Grund eines Sozialplanes nach §§ 112 f. BetrVG, Schadenersatzleistungen nach §§ 823 ff. BGB) schon deshalb nicht der Beitragspflicht zur Sozialversicherung, weil sie sich zeitlich nicht dem versicherungspflichtigen Beschäftigungsverhältnis zuordnen lassen, dh nicht auf die Zeit der Beschäftigung entfallen. Das gilt auch für solche **Abfindungen,** die wegen einer **vorzeitigen** (vor Ablauf der ordentlichen Kündigungsfrist erfolgten) **Beendigung** des Arbeitsverhältnisses gewährt werden; sie sind idR auch insoweit beitragsfrei, als mit ihnen entgangene Verdienstmöglichkeiten für die Zeit nach beendetem Arbeitsverhältnis bis zum Ende der Kündigungsfrist abgegolten werden. Wie das *BAG* (9.11.1988 AP Nr. 6 zu § 10 KSchG 1969 m. zust. Anm. *Brackmann*; ebenso *Trümmer* BetrR 1989, 88; **aA** *Sieg* SAE 1989, 178) rechnet auch das BSG Abfindungen, die **wegen Beendigung** einer versicherungspflichtigen Beschäftigung als Entschädigung für die Zeit danach bestimmt sind, nicht zum beitragspflichtigen Arbeitsentgelt (*BSG* 21.2.1990 BSGE 66, 219 = SozR 3-2400 § 14 Nr. 2 = NJW 1990, 2274; ebenso

15

für Abfindungen nach §§ 9, 10 KSchG *BSG* 12.6.1989 SozR 2200 § 587 Nr. 7). Aus dem **Steuerrecht,** wonach auch Abfindungen der genannten Art den Einkünften aus nichtselbstständiger Arbeit zugerechnet werden (§ 19 Abs. 1 Nr. 2, § 3 Nr. 9 EStG), ergibt sich nichts anderes; denn diese Vorschriften sind auf den eigenständig geregelten Begriff des Arbeitsentgelts in der Sozialversicherung (§ 14 SGB IV) nicht übertragbar und auch nicht durch die Arbeitsentgelt-Verordnung auf die Sozialversicherung übertragen worden (*BSG* 21.2.1990 aaO). Hinsichtlich des durch die vorzeitige Auflösung des Arbeitsverhältnisses **entgangenen Arbeitsentgelts** kann die Beitragspflicht nicht auf ein fortbestehendes Beschäftigungsverhältnis gestützt oder ein solches als fingiert angesehen werden, weil das Sozialversicherungsrecht hierfür keinen Anhalt bietet. Zur steuerrechtlichen Behandlung von Abfindungen vgl. KR-*Vogt* §§ 3, 24, 34 EStG Rz 1 ff. Zu den gesetzlichen Abfindungsansprüchen nach § 1a KSchG s.u. Rz 16a.

15a Für die **Beitragsfreiheit** der Abfindungen ist es unerheblich, auf Grund welcher **Rechtsgrundlage** sie gezahlt werden, ob sie etwa auf einer gerichtlich ausgesprochenen Auflösung des Arbeitsverhältnisses (§§ 9, 10 KSchG), auf einem arbeitsgerichtlichen Vergleich, auf dem Arbeitsvertrag selbst oder einer sonstigen Vereinbarung beruhen, ob sie im Rahmen eines Sozialplans (§ 112 BetrVG) oder eines Nachteilsausgleichs (§ 113 BetrVG) gewährt werden.

16 Soweit jedoch in den Abfindungsbetrag Ansprüche auf »**eigentliches**« **Arbeitsentgelt** (zB Ansprüche aus § 615 S. 1 BGB, § 3 EFZG) einbezogen sind oder die Abfindung ganz oder teilweise an die Stelle **rückständigen Arbeitsentgelts** tritt, unterliegt die Abfindung der Beitragspflicht. In diesen Fällen handelt es sich bei der Abfindung in Höhe des rückständigen Arbeitsentgelts lediglich um eine andere Form der Erfüllung dieser Ansprüche, die der Beitragspflicht unterliegen (sog. **verdecktes Arbeitsentgelt**). Eine Vereinbarung mit dem Ziel, die Arbeitsentgelteigenschaft dieser (als Abfindung bezeichneten) Vergütung für die restliche **Beschäftigungsdauer zu umgehen,** verstößt gegen § 32 SGB I und ist nichtig, weil sie zum Nachteil des Sozialleistungsberechtigten von Vorschriften des SGB abweicht (*BSG* 25.10.1990 DAngVers 1991, 180 mwN). Wenn die vereinbarte Zuwendung beitragsrechtlich als – beitragsfreie – Abfindung behandelt würde, wäre der Schutz des Arbeitnehmers für die Restdauer seines Arbeitsverhältnisses beeinträchtigt (zB in der Rentenversicherung keine Versicherung nach der Höhe des Arbeitsentgelts, sondern nur des Arbeitslosengeldes; vgl. Rz 27). Eine solche **Umgehung** liegt idR vor, wenn für den Arbeitnehmer kein Anlass bestand, auf die in den restlichen Beschäftigungsmonaten anfallende Vergütung zu verzichten und stattdessen eine Abfindung zu fordern. Die **Freistellung von der Arbeit** schließt eine Zahlung von Arbeitsentgelt für die Zeit bis zum (vereinbarten) Ende des Arbeitsverhältnisses nicht aus. Beitragspflicht besteht nicht nur bis zum (faktischen) Ende der Arbeitsleistung, sondern bis zum rechtlichen Ende des sozialversicherungsrechtlichen Beschäftigungs- bzw. Arbeitsverhältnisses (vgl. Rz 7, 8; KR-*Wolff* § 143 SGB III Rz 10 f.).

16a Beitragsfrei sind auch diejenigen Abfindungsansprüche, die nach Maßgabe des § 1a KSchG idF des Gesetzes zu Reformen am Arbeitsmarkt v. 24.12.2003 (BGBl. I S. 3002) kraft Gesetzes entstehen, wenn der Arbeitnehmer eine betriebsbedingte Kündigung seines Arbeitgebers unter den dort genannten Voraussetzungen hinnimmt und die Klagefrist verstreichen lässt. Auch diese Abfindungen lassen sich zeitlich nicht dem – beendeten – Arbeitsverhältnis zuordnen (s.o. Rz 15).

c) **Einmalig gezahltes Arbeitsentgelt**

17 Seit 1.1.1984 gelten beitragsrechtliche **Sonderregelungen** für **einmalig gezahltes Arbeitsentgelt,** deren Bedeutung hauptsächlich in der zeitlichen Zuordnung dieser Leistung und der **stärkeren Einbindung** in die **Beitragspflicht** liegt. Maßgebliche Norm ist seit 1.1.1997 § 23a SGB IV, der die bisherigen Regelungen in den verschiedenen Sozialversicherungszweigen, nämlich § 227 SGB V, § 164 SGB VI und auch den in der Arbeitslosenversicherung eingeführten § 343 SGB III ersetzt hat (vgl. die Erstreckung des SGB IV auf die Arbeitsförderung in § 1 Abs. 1 S. 2 SGB IV durch Gesetz v. 24.3.1997 BGBl. I S. 554). Zur Verfassungswidrigkeit der Regelungen, soweit beitragspflichtige Einmalzahlungen bei der Leistungsbemessung kurzfristiger Lohnersatzleistungen nicht berücksichtigt werden, und die bisherige Rechtsentwicklung s.u. Rz 18e.

18 Unter **einmalig gezahltem Arbeitsentgelt** sind nach der Legaldefinition in § 23a SGB IV Zuwendungen zu verstehen, die dem Arbeitsentgelt zuzurechnen sind und nicht für die Arbeit in einem **einzelnen Entgeltabrechnungszeitraum** gezahlt werden. Es muss sich also zunächst um Zahlungen handeln, die dem Arbeitsentgelt iSv § 14 Abs. 1 SGB IV zuzurechnen sind (s.o. Rz 13 f.). Diese Zahlungen dürfen nicht nach der auf Grund des § 17 SGB IV ergangenen **Arbeitsentgeltverordnung** vom Arbeitsentgelt ausgenommen sein (zB lohnsteuerfreie Lohnzuschläge). Ferner muss es sich um einen Teil des

Arbeitsentgelts handeln, der für die Arbeit in einem Zeitraum gezahlt wird, der sich über einen Abrechnungszeitraum (zB Monat) hinaus erstreckt. Maßgeblich ist, ob das gezahlte Entgelt Vergütung für die in einem **einzelnen (bestimmten) Abrechnungszeitraum geleistete Arbeit** ist, oder ob eine solche Beziehung zu einem bestimmten einzelnen Abrechnungszeitraum nicht besteht, wie insbes. bei den jährlich gezahlten **Sonderzuwendungen** (vgl. zur Abgrenzung des einmalig gezahlten vom laufenden Arbeitsentgelt *BSG* 27.10.1989 BSGE 66, 34 = SozR 2200 § 385 Nr. 22). Dazu gehören zB Weihnachts- und Urlaubsgelder, Tantiemen, Gratifikationen, aber auch zusätzliche Gehälter und einmalige Leistungen ohne Bezug zu einem bestimmten Lohnabrechnungszeitraum, etwa aus Anlass von Jubiläen. Zur Urlaubsabgeltung s.u. Rz 21 ff.

Die frühere Einbeziehung dieser Sonderzahlungen in die Beitragserhebung nur im **Auszahlungsmonat** (nach dem sog. Zuflussprinzip) hatte zur Folge, dass sie häufig aus der Beitragspflicht herausfielen, weil im Auszahlungsmonat das laufende und einmalig gezahlte Arbeitsentgelt zusammen häufig die monatliche **Beitragsbemessungsgrenze** überstiegen. Das konnte zu erheblichen Nachteilen für die Versichertengemeinschaft, aber auch – besonders in der Rentenversicherung – für den einzelnen Versicherten führen. Die Rechtsprechung hatte deshalb versucht, die sog. **wiederkehrenden Sonderleistungen** – in Abweichung vom sog. Zuflussprinzip – wie laufendes Arbeitsentgelt den einzelnen Monaten des Beschäftigungsverhältnisses anteilig (zu einem Zwölftel) zuzurechnen, in dem sie erdient waren (vgl. zu dieser Entwicklung *BSG* 11.12.1987 BSGE 62, 281, 291 = SozR 2200 § 385 Nr. 18). § 385 Abs. 1a RVO aF und später § 227 SGB V sind dem jedenfalls in der Tendenz – wenn auch mit unterschiedlicher Einzelausgestaltung – gefolgt. 18a

Nunmehr gilt im Grundsatz folgende Regelung: **Einmalzahlungen** werden – anders als nach dem vom BSG vorgezeichneten Weg – nicht gezwölftelt, sondern im Zeitpunkt ihrer Auszahlung unter Bildung einer auf die zurückliegenden Monate bezogenen **anteiligen Jahresarbeitsverdienstgrenze** der Beitragspflicht unterworfen. Damit wurde die Korrektur der Beitragsberechnung für abgelaufene Zeiträume vermieden, gleichwohl aber eine Nacherhebung der Beiträge für Sonderzahlungen ermöglicht. 18b

§ 23a SGB IV sieht im Einzelnen vor, dass die **Einmalzahlung** grds. dem Lohnabrechnungszeitraum zuzuordnen ist, in dem sie **ausgezahlt** wird (Abs. 1 S. 3). Erfolgt die Zahlung erst nach dem Ende des Beschäftigungsverhältnisses oder bei ruhendem Beschäftigungsverhältnis, so ist sie dem **letzten Lohnabrechnungszeitraum** des laufenden Kalenderjahres zuzuordnen, auch wenn dieser nicht mit Arbeitsentgelt belegt ist (Abs. 2). Nach § 23a Abs. 3 u. 4 SGB IV, der die **rechnerische Verteilung** der Einmalzahlung zur Feststellung des beitragspflichtigen Arbeitsentgelts regelt, ist maßgeblich, ob das bisher gezahlte beitragspflichtige Arbeitsentgelt die **anteilige Jahresarbeitsentgeltgrenze** noch nicht erreicht hat (Abs. 3 S. 1). Die anteilige Jahresarbeitsentgeltgrenze ist der Teil des Jahresarbeitsentgelts, der der Dauer des Beschäftigungsverhältnisses im laufenden Kalenderjahr bis zum Ablauf des Entgeltabrechnungszeitraums entspricht, dem einmaliges Arbeitsentgelt zuzuordnen ist (Abs. 3 S. 2). Ausgenommen sind Zeiten, die nicht mit Beiträgen aus laufendem Arbeitsentgelt belegt sind (Abs. 3 S. 2 2. Hs.). In den ersten drei Kalendermonaten eines Jahres einmalig gezahltes Arbeitsentgelt ist uU nach § 23a Abs. 4 SGB IV dem letzten Lohnabrechnungszeitraum des vergangenen Kalenderjahres zuzurechnen (vgl. dazu KassKomm-*Seewald* § 23a SGB IV Rz 7 bis 10). 18c

Arbeitsentgelte, die **laufend** erarbeitet, aber (zB auf Grund besonderer Abrechnungsverfahren) nur in mehrmonatigen Abständen in einer Summe ausgezahlt werden (sog. **aufgestautes** Arbeitsentgelt, zB Lohnzuschläge, Mehrarbeitsvergütungen, Akkordprämien, Montagebeteiligungen) sind **laufendes Arbeitsentgelt** und deshalb – unabhängig von § 23a SGB IV – dem Monat zuzuordnen, in dem sie jeweils verdient wurden. Trotz des nicht ganz eindeutigen Wortlauts des § 23a Abs. 1 S. 1 SGB IV soll nachgezahltes laufendes Arbeitsentgelt, soweit es erst später fällig wird, nicht dem einmalig gezahlten Arbeitsentgelt zugeordnet werden (zum früheren Recht *BSG* 27.10.1989 BSGE 66, 34, 42 f.). Gleiches gilt für **Lohnnachzahlungen,** die in Erfüllung eines von vornherein gegebenen Rechtsanspruchs geleistet (verspätet gezahlt) werden. Auch **Nachzahlungen** aus rückwirkend abgeschlossenen **tariflichen Lohnerhöhungen,** die vor 1984 wie einmalige Zuwendungen behandelt wurden, sind nunmehr – als laufendes Arbeitsentgelt – auf die Abrechnungszeiträume zu verteilen, für die sie bestimmt sind. 18d

Seit 1.1.2003 gelten als einmalig gezahltes Arbeitsentgelt **nicht** Zuwendungen iSv § 23a Abs. 1 S. 1 SGB IV, wenn sie u.a. üblicherweise zur **Abgeltung bestimmter Aufwendungen** des Beschäftigten im Zusammenhang mit der Beschäftigung, ferner als **Sachbezüge** oder **vermögenswirksame Leistungen** vom Arbeitgeber erbracht werden. (§ 23a Abs. 1 S. 2 SGB IV idF des Gesetzes v. 23.12.2002 BGBl. I S. 4621). 18e

18f Berücksichtigung von Einmalzahlungen bei der Leistungsbemessung:

Bereits mit Beschluss v. 11.1.1995 (BVerfGE 92, 93 = SozR 3-2200 § 385 RVO Nr. 6) hatte das BVerfG einen Verstoß gegen Art. 3 Abs. 1 GG darin gesehen, dass einmalig gezahltes Arbeitsentgelt zu Sozialversicherungsbeiträgen herangezogen wird, ohne dass es bei der **Berechnung von kurzfristigen Lohnersatzleistungen** (zB Krankengeld und Arbeitslosengeld, s.u. Rz 49) berücksichtigt wird. Dem Gesetzgeber ist aufgegeben worden, bis 1.1.1997 eine Neuregelung zu schaffen. Diese ist zunächst mit dem Gesetz zur sozialrechtlichen Behandlung von einmalig gezahltem Arbeitsentgelt v. 12.12.1996 (BGBl. I S. 1859) zum 1.1.1997 in Kraft getreten. Dieses Gesetz beließ es mit dem neu eingefügten § 23a SGB IV, der für alle Versicherungszweige gilt, bei der Beitragspflicht der Einmalzahlungen, sah aber bei der Bemessung der kurzfristigen Lohnersatzleistungen – abgesehen von der insoweit nicht ausreichenden Neuregelung des § 47a SGB V für die Krankenversicherung – wiederum keine Berücksichtigung der Einmalzahlungen bei der Leistungsbemessung vor. Mit Beschluss v. 24.5.2000 (4/98 u. 15/99 NJW 2000, 2264) hat das *BVerfG* entschieden, dass das Gesetz v. 12.12.1996 den verfassungsrechtlichen Anforderungen seiner Entscheidung v. 11.1.1995 nicht genügt und dass das einmalig gezahlte Arbeitsentgelt bei der Berechnung u.a. von Arbeitslosengeld und Krankengeld berücksichtigt werden muss, wenn es zu Sozialversicherungsbeiträgen herangezogen wird. Soweit für Zeiten nach dem 1.1.1997 noch nicht bestandskräftig entschieden worden sei, sei der Gesetzgeber zur Abhilfe verpflichtet, ggf. auch durch eine pauschale Anhebung des Bemessungsentgelts um 10 vH (zu Übergangsfällen vgl. auch *BSG* 4.11.1999 – B 7 AL 76/98 R). Nunmehr hat der Gesetzgeber mit dem am 1.1.2001 in Kraft getretenen **Einmalzahlungs-Neuregelungsgesetz** v. 21.12.2000 (BGBl. I S. 1971) die Rechtslage neu geregelt. An der **Beitragspflicht der Einmalzahlungen** ist festgehalten und bestimmt worden, dass diese Zahlungen in die Bemessung des Arbeitslosen- und Krankengeldes (sowie weiterer Lohnersatzleistungen wie Verletztengeld, Übergangsgeld, Unterhaltsgeld) einbezogen werden. Dementsprechend sind die Regelungen, nach denen einmalig gezahlte Arbeitsentgelte bei der Leistungsbemessung unberücksichtigt blieben, gestrichen bzw. geändert worden (vgl. u.a. § 134 Abs. 1 S. 3 Nr. 1, § 141 Abs. 1 S. 2 SGB III, § 47 SGB V). Nur bei der Alhi blieb einmalig gezahltes Arbeitsentgelt unberücksichtigt (§ 200 Abs. 1 SGB III; vgl. dazu *BSG* 5.6.2003 – B 11 AL 67/02 R; krit. dazu *Gagel* NZS 2000, 591). Die vor dem 1.1.2001 entstandenen Ansprüche auf Alg werden ab 1.1.1997 durch pauschale Anhebung des Bemessungsentgelts um 10 % erhöht (§ 434c Abs. 1 S. 1 SGB III). Die Erhöhung gilt allerdings für Ansprüche, über die am 21.6.2000 bereits unanfechtbar entschieden war, erst v. 22.6.2000 an (§ 434c Abs. 1 S. 2 SGB III). Zu dieser Rechtslage *BSG* 25.3.2003 – B 7 AL 106/01 R.

d) Entgeltfortzahlung im Krankheitsfalle

19 Nach § 8 Abs. 1 EFZG, der ab 1.6.1994 gilt und an die Stelle des § 6 Abs. 1 LFG sowie der entsprechenden Regelungen für andere Arbeitnehmer getreten ist (§ 616 Abs. 2 S. 4 u. 5 BGB, § 63 Abs. 1 S. 3 u. 4 HGB und § 133c S. 1 u. 2 GewO), reicht der Anspruch auf Fortzahlung des Arbeitsentgelts im Krankheitsfalle (§ 3 Abs. 1 EFZG) **über den Zeitpunkt einer wirksamen Kündigung** hinaus, wenn der Arbeitgeber das Arbeitsverhältnis während der Krankheit aus **Anlass der Arbeitsunfähigkeit** kündigt oder der Arbeitnehmer das Arbeitsverhältnis aus einem vom Arbeitgeber zu vertretenden Grund kündigt, der den Arbeitnehmer zur Kündigung aus wichtigem Grund ohne Einhaltung einer Kündigungsfrist berechtigt. Der Anspruch bleibt über die Beendigung des Arbeitsverhältnisses hinaus für die Dauer **bis zu sechs Wochen bestehen.** Hinsichtlich dieses Anspruchs wird – soweit ersichtlich – allgemein die Auffassung vertreten, dass er wie ein echter Lohnanspruch zu behandeln ist und dass deshalb auch – jedenfalls im Bereich des sozialversicherungsrechtlichen Beitragsrechts – das **Fortbestehen eines Beschäftigungsverhältnisses** zu unterstellen ist (vgl. *Gagel* SGb 1981, 253, 257 mwN unter Fn. 20). Dies deckt sich auch mit der arbeitsrechtlichen Auffassung (vgl. zB *Kehrmann/Pelikan* LFG, § 6 Anm. 15). Dies hat zur Folge, dass die Beitragspflicht ungeachtet des Endes des Arbeitsverhältnisses bis zum Ende des Anspruchs auf Lohnfortzahlung wegen Arbeitsunfähigkeit reicht.

19a Grds. hat allerdings die Beendigung des Arbeitsverhältnisses den **Wegfall des Entgeltfortzahlungsanspruchs** nach § 3 Abs. 1 EFZG zur Folge, weil es mit der Beendigung des Arbeitsverhältnisses an der Kausalität zwischen Arbeitsunfähigkeit und Verdienstausfall fehlt. Dieser Grundsatz wird durch § 8 Abs. 2 EFZG bestätigt, wonach der Anspruch auf Entgeltfortzahlung trotz fortdauernder Arbeitsunfähigkeit und noch nicht abgelaufener Sechs-Wochen-Frist allein auf Grund der Beendigung des Arbeitsverhältnisses endet, sofern es hierfür überhaupt keiner Kündigung bedarf oder zwar eine Kündigung notwendig ist, diese jedoch aus anderen als den im § 8 Abs. 1 EFZG bezeichneten Gründen erfolgt (s.o. Rz 19).

Ein **Verzicht auf den Entgeltfortzahlungsanspruch** nach § 8 Abs. 1 EFZG ist grds. ausgeschlossen (§ 12 **20** EFZG). Verzichtet der Arbeitnehmer aus Anlass der Kündigung (zB durch Ausgleichsquittung) auf weitere Rechtsansprüche aus dem Arbeitsverhältnis, so bringt dies die Ansprüche auf Lohnfortzahlung – und dementsprechend die Beitragspflicht – nicht zum Erlöschen, jedenfalls soweit die Ansprüche noch nicht entstanden und nicht fällig sind (*BAG* 28.11.1979 EzA § 6 LohnFG Nr. 12 mwN). Nur soweit Ansprüche bereits entstanden und fällig waren, hat das BAG einen – nach Beendigung des Arbeitsverhältnisses ausgesprochenen – Verzicht zugelassen, weil insoweit ein besonderes Schutzbedürfnis des Arbeitnehmers nicht mehr bestehe (*EAG* 11.6.1976 EzA § 9 LohnFG Nr. 4; vgl. auch *BAG* 20.8.1980 AP Nr. 3 zu § 9 LFG mit krit. Anm. II *Burg*). Ein lediglich zur Umgehung der Beitragspflicht ausgesprochener Verzicht ist jedoch auch hier unbeachtlich; desgleichen auch ein schuldhaft zum Schaden des Krankenversicherungsträgers ausgesprochener Verzicht (*BSG* 16.12.1980 BSGE 51, 82, 83 f.; vgl. zum Verzicht auf Lohnfortzahlung durch Ausgleichsquittung und seine Auswirkungen auf den Krankengeldanspruch nach § 189 RVO *Schmalz* BKK 1981, 173 mwH).

e) Urlaubsabgeltung

Nach dem bis 1.1.1982 geltenden Recht wurden **Urlaubsabgeltungen** (§ 7 Abs. 4 BUrlG), die wegen der **21** Beendigung des Arbeitsverhältnisses gezahlt wurden, als beitragspflichtiges Arbeitsentgelt angesehen; sie wurden als **einmalige Zuwendung** behandelt und dem letzten Bemessungszeitraum vor dem Ende des Arbeitsverhältnisses zugeordnet mit der Folge, dass sie wegen der Beitragsbemessungsgrenze häufig nur zum Teil oder überhaupt nicht der Beitragspflicht unterlagen (vgl. zur Rechtslage vor dem 1.1.1982 *BSG* 20.3.1984 BSGE 56, 208, 209).

In der Zeit von 1982 bis Ende 1985 galten für die Urlaubsabgeltung versicherungs- und beitragsrecht- **22** liche **Sonderregelungen,** die im Zusammenhang mit der **Einführung des § 117 Abs. 1a AFG** (jetzt § 143 Abs. 2 SGB III) stehen. Mit dieser Regelung wollte der Gesetzgeber erreichen, dass der Arbeitnehmer bei Beendigung des Arbeitsverhältnisses neben der Urlaubsabgeltung nicht **zusätzlich** Arbeitslosengeld bzw. -hilfe als Lohnersatzleistung erhält. Deshalb wurde § 117 Abs. 1 AFG um Abs. 1a erweitert, wonach der Anspruch auf Arbeitslosengeld auch für die **Zeit des abgegoltenen Urlaubs,** der der Zeit **nach dem Ende des Arbeitsverhältnisses zugeordnet** wurde, ruht (zur leistungsrechtlichen Behandlung der Urlaubsabgeltung s.u. Rz 150 u. KR-*Wolff* § 143 SGB III Rz 25 f.). Um versicherungsrechtliche Nachteile auszugleichen, die sich aus dem Ruhen des Arbeitslosengeldes ergaben, wurde die Urlaubsabgeltung der Beitragspflicht in der Kranken-, Renten- und Arbeitslosenversicherung unterworfen (vgl. dazu *BSG* 11.12.1986 – 12 RK 19/85).

Ab 1.1.1986 sind sämtliche die Urlaubsabgeltung betreffenden Neuregelungen (außer § 117 Abs. 1a **23** AFG; jetzt § 143 Abs. 2 SGB III) ersatzlos gestrichen worden. Nunmehr sind Urlaubsabgeltungen als **einmalig gezahltes Arbeitsentgelt** iSv § 23a SGB IV anzusehen und wie dieses beitragsrechtlich zuzuordnen (s.o. Rz 17 f.). Es handelt sich – unabhängig vom Auszahlungszeitpunkt – um eine steuerpflichtige Einmalzahlung aus dem Arbeitsverhältnis und damit um Arbeitsentgelt, das – **als Surrogat für entgangenen Urlaub** – nicht einem **bestimmten** Lohnabrechnungszeitraum zugeordnet werden kann (vgl. *BSG* 1.4.1993 SozR 3-2200 § 182 Nr. 16).

Da die Urlaubsabgeltung beitragsrechtlich nicht mehr einer Zeit **nach** beendetem Arbeitsverhältnis **23a** zugeordnet wird, leistungsrechtlich aber zu einer Ruhenszeit nach dem Ende des Arbeitsverhältnisses führt (§ 143 Abs. 2 SGB III, bis 31.12.1997 § 117 Abs. 1a AFG), trat nunmehr während der Ruhenszeit eine **Lücke im Versicherungsschutz** auf: In der Kranken- und Pflegeversicherung der Arbeitslosen bestand keine Versicherungspflicht, weil diese den Bezug von Arbeitslosengeld oder -hilfe vorausgesetzt hat. Dies hat in der Praxis zur Häufung der Fälle geführt, in denen Arbeitslose während der Ruhenszeit wegen einer gezahlten Urlaubsabgeltung bei Krankheit ohne ausreichenden Versicherungsschutz blieben (vgl. dazu *Winkler* info also 1992, 171 f.). Diese Lücke hat der Gesetzgeber inzwischen durch Änderung des § 5 Abs. 1 Nr. 2 SGB V und § 20 Abs. 1 Nr. 2 SGB XI geschlossen (s.u. Rz 26). In der Rentenversicherung führt das Ruhen der Leistungen dazu, dass in dieser Zeit keine Beitragszeiten erworben werden (s.u. Rz 27 f.).

2. Beitragsrechtliche Rechtsstellung des arbeitslosen Arbeitnehmers

a) Krankenversicherung der Bezieher von Arbeitslosengeld

Findet der Arbeitnehmer nach Beendigung des Arbeitsverhältnisses keinen neuen Arbeitsplatz und **24** erhält er wegen Arbeitslosigkeit **Arbeitslosengeld** (s.u. Rz 47), so ist er für die **Dauer des Bezugs** dieser Leistungen für **den Fall der Krankheit** nach § 5 Abs. 1 Nr. 2 SGB V **versichert** (zur Pflegeversicherung s.u. Rz 26a; zur Versicherung der Bezieher von Arbeitslosengeld II s.u. Rz 26b u. 27d). Die Krankenversicherung der Arbeitslosen wird nach den Vorschriften der **gesetzlichen Krankenversicherung** durchgeführt, also nach dem SGB V. Durch das AFRG sind die bisher im AFG enthaltenen Regelungen der §§ 155 ff. AFG in das SGB V übernommen worden. Es gelten nunmehr die allgemeinen Vorschriften des Beitrags- und Leistungsrechts des SGB V, soweit dort nicht Abweichungen geregelt sind. Die Beiträge trägt allein die BA (§ 251 Abs. 4 u. 4a SGB V). Als beitragspflichtige Einnahmen gelten 80 vH des der Bemessung der Leistung zu Grunde liegenden Arbeitsentgelts (§ 232a SGB V). Beginn und Ende der Mitgliedschaft der Leistungsbezieher ergeben sich aus § 186 Abs. 2a, § 190 Abs. 12 SGB V. Höhe und Berechnung des Krankengeldes ergeben sich aus § 47b SGB V. Krankengeld wird in Höhe des zuletzt bezogenen Arbeitslosengeldes gewährt.

25 Maßgeblich für den Krankenversicherungsschutz der Arbeitslosen ist der (tatsächliche) **Bezug** von Arbeitslosengeld oder -hilfe. Bei Leistungsbezug kann also der Arbeitslose in jedem Fall auf bestehenden **Versicherungsschutz** in der Krankenversicherung vertrauen, auch wenn er die Leistung zu Unrecht erhalten hat (*BSG* 30.1.1990 BSGE 66, 176 = SozR 3-4100 § 155 AFG Nr. 1; 26.9.1990 SozR 3-4100 § 155 AFG Nr. 2). Denn nach § 5 Abs. 1 Nr. 2, letzter Teilsatz SGB V wird das Versicherungsverhältnis nicht berührt, wenn die Entscheidung, die zum Bezug der Leistung aus der Arbeitslosenversicherung geführt hat, rückwirkend aufgehoben oder die Leistung zurückgefordert oder zurückgezahlt worden ist. In diesen Fällen findet eine Rückabwicklung des Krankenversicherungsverhältnisses (Rückerstattung der Leistungen aus der Krankenversicherung) selbst dann nicht statt, wenn nach § 335 Abs. 1 SGB III Beiträge zur Krankenversicherung vom Leistungsempfänger zurückgefordert werden. Dieser seit 1.1.1993 gesetzlich geregelte öffentlich-rechtliche Erstattungsanspruch (früher § 157 Abs. 3a AFG aF) soll die Rückforderung der Beiträge im Falle der (berechtigten) Rückforderung der Arbeitsförderungsleistungen ermöglichen; auch insoweit bleibt aber das Krankenversicherungsverhältnis (hinsichtlich der bezogenen Krankenversicherungsleistungen) unberührt (vgl. *Düe* in *Niesel* SGB III, § 335 Rz 5).

26 Wenn und solange ein Anspruch auf Arbeitslosengeld nicht besteht oder ruht, entfällt grds. auch die **Beitragspflicht in der Krankenversicherung der Arbeitslosen,** weil keine Leistungen **bezogen** werden. Dass Zeiten, in denen das Arbeitslosengeld oder die Arbeitslosenhilfe ruht, grds. nicht als »**Bezugszeiten**« angesehen werden können, ergibt sich aus der Ausnahmeregelung des § 5 Abs. 1 Nr. 2, 2. Hs. SGB V, wonach es auf den Bezug nur insoweit nicht ankommt, als der Anspruch ab Beginn des zweiten Monats bis zur zwölften Woche einer Sperrzeit (§ 144 SGB III) oder ab Beginn des zweiten Monats wegen einer Urlaubsabgeltung (§ 143 Abs. 2 III) ruht (§ 5 Abs. 1 Nr. 2 SGB V idF des Gesetzes v. 10.12.2001 BGBl. I S. 3443). Vgl. zum Versicherungsschutz während einer Sperrzeit Rz 57. Da für andere Ruhenszeiten, zB wegen einer Entlassungsentschädigung nach § 143a SGB III, eine entsprechende Fiktion fehlt, entfällt dort ein Krankenversicherungsschutz des Arbeitslosen, soweit nicht nachgehender Versicherungsschutz durch § 19 Abs. 2 SGB V gewährleistet ist (s.u. Rz 32). Der Arbeitslose muss sich ggf. freiwillig weiter versichern.

b) Pflegeversicherung der Bezieher von Arbeitslosengeld

26a Arbeitslose Leistungsbezieher, die Mitglieder der gesetzlichen Krankenversicherung sind, sind nach § 20 Abs. 1 Nr. 2 SGB XI zugleich in der **sozialen Pflegeversicherung** versichert. Auch diese Regelung sieht – wie § 5 Abs. 1 Nr. 2 SGB V – vor, dass es für den Versicherungsschutz unerheblich ist, ob die Entscheidung der AfA, die zum Leistungsbezug geführt hat, rückwirkend aufgehoben wird und dass die Leistungen im Falle einer Sperrzeit (§ 144 SGB III) vom Beginn des zweiten Monats bis zur zwölften Woche oder ab Beginn des zweiten Monats einer Ruhenszeit wegen Urlaubsabgeltung (§ 143 Abs. 2 SGB III) als bezogen gelten (zur Krankenversicherung der Arbeitslosen s.o. Rz 26).

c) Kranken- und Pflegeversicherung der Bezieher von Arbeitslosengeld II

26b Wird (anstatt der bisherigen Arbeitslosenhilfe) **Arbeitslosengeld II** bezogen (s.u. Rz 50), so ist der Bezieher dieser Leistung ebenfalls in der **Kranken- und Pflegeversicherung** gesetzlich versichert, soweit er nicht familienversichert ist, es sei denn, dass die Leistung nur darlehensweise gewährt wird oder nur besondere Leistungen nach § 23 Abs. 3 S. 1 SGB II bezogen werden; dies gilt auch, wenn die Entscheidung, die zum Leistungsbezug geführt hat, rückwirkend aufgehoben oder die Leistung zurückgefordert oder zurückgezahlt wird (§ 5 Abs. 1 Nr. 2a SGB V, § 20 Abs. 1 Nr. 2a SGB XI, beide idF des Vierten Gesetzes für moderne Dienstleistungen am Arbeitsmarkt v. 24.12.2003 BGBl. I S. 2954). Besteht kein Anspruch auf Arbeitslosengeld II, zB mangels Bedürftigkeit, besteht auch kein Kranken- und

Pflegeversicherungsschutz. Wird die Bewilligung des Arbeitslosengeldes II aufgehoben und diese Leistung zurückgefordert, hat dies zur Folge, dass der (unrechtmäßige) Bezieher die Beiträge zur Kranken- und Pflegeversicherung an die Arbeitsverwaltung zurückzuerstatten hat (§ 40 Abs. 1 Nr. 3 SGB II iVm § 335 Abs. 5 SGB III). Das Versicherungsverhältnis wird davon jedoch nicht berührt, dh die bezogenen Krankenversicherungs-Leistungen sind nicht zurückzuerstatten.

d) Rentenversicherung der Bezieher von Arbeitslosengeld

Das SGB VI hat ab 1.1.1992 für Bezieher von Lohnersatzleistungen, insbes. Bezieher von Arbeitslosengeld oder -hilfe (wieder) **Versicherungspflicht in der Rentenversicherung** eingeführt (§ 3 S. 1 Nr. 3 u. § 4 Abs. 3 S. 1 Nr. 1 SGB VI) mit der Folge, dass seitdem von den Leistungsbeziehern wieder echte Beitragszeiten zurückgelegt werden. Die Beiträge, die für Arbeitslosengeldbezieher allein von der Bundesagentur für Arbeit (BA) getragen und entrichtet werden (§ 170 Abs. 1 Nr. 2b, § 173 S. 1 SGB VI) werden ab 1.1.1995 aus 80 vH des der Leistung zugrunde liegenden Arbeitsentgelts entrichtet (§ 166 Abs. 1 Nr. 2 SGB VI) und bei der Rentenberechnung ohne weitere versicherungsrechtliche Voraussetzungen – als rentenbegründende und rentensteigernde – Beitragszeiten berücksichtigt. **27**

Soweit mangels Bezugs von Arbeitslosengeld **Versicherungspflicht** in der **Rentenversicherung nicht** bestanden hat, kommt für Zeiten der Arbeitslosigkeit lediglich eine **Anrechnungszeit** unter den Voraussetzungen des § 58 Abs. 1 Nr. 3 SGB VI in Betracht. Danach muss der Versicherte wegen **Arbeitslosigkeit** bei einem deutschen Arbeitsamt – seit 1.1.2004 **Agentur für Arbeit** – als Arbeitsuchender gemeldet gewesen sein und eine **öffentlich-rechtliche Leistung bezogen** oder nur wegen des **zu berücksichtigenden Einkommens oder Vermögens nicht bezogen haben**. Von dieser Regelung erfasst sind zB Zeiten der – gemeldeten – Arbeitslosigkeit, in denen der Anspruch auf Arbeitslosengeld wegen Zahlung oder Anspruch auf Arbeitsentgelt, Urlaubsabgeltung oder Entlassungsentschädigung ruht (§§ 143, 143a SGB III) oder Arbeitslosenhilfe oder Sozialhilfe wegen sonst zu berücksichtigenden Einkommens oder Vermögens nicht gewährt wird. Um eine Anrechnungszeit handelt es sich auch dann, wenn ein Leistungsanspruch des gemeldeten Arbeitslosen mangels Erfüllung sonstiger Anspruchsvoraussetzungen nicht besteht (zB die Antragstellung oder die Verfügbarkeit fehlt oder die Anwartschaftszeit nicht erfüllt ist) oder wegen einer Sperrzeit ruht **und** in dieser Zeit **Sozialhilfe** bezogen oder nur wegen anzurechnenden Einkommens nicht bezogen wird. Insoweit haben die Entscheidungen der Arbeitsverwaltung oder des Sozialamts für den Rentenversicherungsträger **Tatbestandswirkung;** dieser hat nicht selbst darüber zu befinden, ob im fraglichen Zeitraum von einem anderen Träger eine Leistung gewährt worden oder nur wegen Berücksichtigung von Einkommen nicht gewährt worden wäre (*BSG* 18.7.1996 SozR 3-2600 § 58 SGB VI Nr. 6 mwN). Die Arbeitslosmeldung allein reicht also für die Anerkennung einer Anrechnungszeit grds. nicht aus (so offenbar aber Kasseler Komm-*Niesel* § 58 SGB VI Rz 34 f.; s.a. Rz 27b). **27a**

In Fällen, in denen der Arbeitslose nur wegen des zu **berücksichtigenden Einkommens** oder **Vermögens** keine Leistungen bezieht, ist gleichwohl eine **regelmäßige Meldung** bei einem deutschen Arbeitsamt bzw. einer deutschen Agentur für Arbeit erforderlich, damit der Tatbestand einer Anrechnungszeit überhaupt erfüllt werden kann (*BSG* 27.2.1991 SozR 3-2200 § 1259 Nr. 4). Eines zusätzlichen Leistungsantrags bedarf es grds. nicht (mehr), weil nach § 323 SGB III Leistungen wegen Arbeitslosigkeit ohnehin mit der persönlichen **Arbeitslosmeldung als beantragt gelten,** wenn der Arbeitslose keine andere Erklärung abgibt. Unabhängig davon ist ein fehlender Antrag auf Arbeitslosengeld II oder Sozialhilfe unschädlich, wenn wegen fehlender Bedürftigkeit offensichtlich kein Anspruch auf derartige Leistungen bestand; dem Versicherten ist nicht zuzumuten, eine offensichtlich nicht zustehende bzw. ruhende Leistung zu beantragen. **27b**

Anders ist es hingegen, wenn sich der Arbeitslose in einem Vertrag über die Auflösung seines Arbeitsverhältnisses gegen **Abfindung verpflichtet hat,** sich zwar arbeitslos zu melden, aber **keinen Antrag auf Arbeitslosengeld** zu stellen: Eine solche Vereinbarung ist gem. § 32 SGB I **nichtig,** weil sie zum Nachteil des Arbeitslosen von Vorschriften des SGB abweicht. Erhält die AfA von einer derartigen Verpflichtung Kenntnis (zB bei der Arbeitslosmeldung), so hat es den Arbeitslosen auf die **Nichtigkeit** sowie darauf hinzuweisen, dass der Bezug von Arbeitslosengeld **Voraussetzung für die Anerkennung einer entsprechenden Beitragszeit** (s.o. Rz 27) und auch für den Krankenversicherungsschutz des Arbeitslosen ist. Hätte der Versicherte bei entsprechender Belehrung Arbeitslosengeld beantragt, so hat ihn der Rentenversicherungsträger im Wege des sozialrechtlichen **Herstellungsanspruchs** so zu stellen, als ob er Arbeitslosengeld beantragt und bezogen hätte (*BSG* 24.3.1988 BSGE 63, 112 = SozR 1200 § 14 Nr. 28). Damit hat das BSG und später auch das *BAG* (22.6.1989 EzA § 128 AFG Nr. 2) **sog. 128er- 27c**

Vereinbarungen für nichtig erklärt, in denen Arbeitnehmern eine Abfindung gezahlt wurde, in die rechnerisch das zu erwartende **Arbeitslosengeld** bis zur Vollendung des 60. Lebensjahres **eingerechnet war,** und sich der Arbeitnehmer im Gegenzug verpflichtet hatte, **kein Arbeitslosengeld,** jedoch zum frühestmöglichen Zeitpunkt **vorgezogenes Altersruhegeld** zu beantragen.

e) Rentenversicherung der Bezieher von Arbeitslosengeld II

27d In der gesetzlichen Rentenversicherung versichert sind grds. auch die Bezieher von Arbeitslosengeld II (s.u. Rz 50), es sei denn, dass sie diese Leistung nur darlehensweise erhalten oder nur Hilfe iSv § 23 Abs. 3 S. 1 SGB II beziehen (§ 3 S. 1 Nr. 3a SGB VI idF des Vierten Gesetzes für moderne Dienstleistungen am Arbeitsmarkt v. 24.12.2003 BGBl. I S. 2954).

Soweit mangels Bezugs von Arbeitslosengeld II (zB wegen fehlender Bedürftigkeit) eine Versicherungspflicht in der Rentenversicherung nicht bestanden hat, kommt eine Anrechnungszeit (nur) unter den Voraussetzungen des § 58 Abs. 1 Nr. 3 SGB VI in Betracht (s.o. Rz 27a). Insoweit ist zweifelhaft, ob es ausreicht, dass der Betroffene »Arbeitsuchender« iSd SGB II ist bzw. Leistungen der Grundsicherung für Arbeitsuchende nach § 1 Abs. 2, § 4, § 37 SGB II beansprucht hat oder ob er daneben noch »wegen Arbeitslosigkeit bei einem deutschen Arbeitsamt als Arbeitsuchender gemeldet« gewesen sein muss. § 58 Abs. 1 SGB VI enthält insoweit keine spezielle Regelung bzw. ist durch das Gesetz v. 24.12.2003 (BGBl. I S. 2954) nicht geändert worden.

Für die Erstattung von Beiträgen zur Rentenversicherung gilt § 335 Abs. 2 SGB III entsprechend (§ 40 Abs. 1 Nr. 3 SGB II).

II. Rechtsstellung wirksam gekündigter Arbeitnehmer im sozialversicherungsrechtlichen Leistungsrecht

1. Grundsätze

28 Die Frage, ob mit der Beendigung des Arbeitsverhältnisses und mit der grds. Beendigung der Beitragspflicht auch der **Versicherungsschutz** (die Anwartschaft auf Leistungen bei Eintritt des Versicherungsfalles) endet, ist für die einzelnen Versicherungszweige unterschiedlich geregelt. Während in der gesetzlichen **Rentenversicherung** der Versicherungsschutz aus den während des Arbeitsverhältnisses entrichteten Beiträgen grds. **unbegrenzt** erhalten bleibt (zu den gesetzlichen Einschränkungen bei Renten wegen Erwerbsminderung s.u. Rz 38), ist in der gesetzlichen **Krankenversicherung** und **Unfallversicherung** mit dem Ende des Arbeitsverhältnisses das Versicherungsverhältnis sowohl in beitragsrechtlicher als auch in leistungsrechtlicher Hinsicht regelmäßig beendet. Danach eingetretene Versicherungsfälle begründen hier – abgesehen von den Fällen nachgehenden Versicherungsschutzes (s.u. Rz 32) – regelmäßig keinen Leistungsanspruch; nur wenn wieder ein neues Arbeitsverhältnis begründet wird, entsteht ein neues Versicherungsverhältnis, aus dem der Arbeitnehmer bei Vorliegen der gesetzlichen Voraussetzungen wieder Anspruch auf die Versicherungsleistungen erwirbt. Allerdings kann auch für Bezieher von Arbeitslosengeld und Arbeitslosengeld II ein Versicherungsschutz in der Kranken-, Renten- und Pflegeversicherung bestehen (s.o. Rz 24 f., 27 f.).

29 In der **Arbeitslosenversicherung** ist der Versicherungsschutz gegen Arbeitslosigkeit grds. auf die Zeit nach wirksam beendetem Arbeitsverhältnis bezogen (zum Versicherungsschutz des gekündigten Arbeitnehmers während der Dauer des Kündigungsschutzverfahrens s.u. Rz 78 f.). Der Versicherungsschutz des Arbeitslosen aus den während des Arbeitsverhältnisses entrichteten Beiträgen bleibt für eine gewisse, durch die Anwartschaftszeitregelung des § 123 SGB III und die Erlöschensregelung des § 147 SGB III näher bestimmte Zeit nach Beendigung des Arbeitsverhältnisses aufrechterhalten (s.u. Rz 47 ff., 47d).

Im Einzelnen gilt für die nachstehenden Versicherungszweige Folgendes:

2. Leistungsrechtliche Rechtsstellung in der Krankenversicherung

30 Die Leistungsansprüche der in der gesetzlichen Krankenversicherung Versicherten (vgl. § 5 SGB V) ergeben sich aus §§ 27 ff. SGB V. **Versicherungsfall** in der Krankenversicherung, der die Leistungsansprüche auslöst, ist der Eintritt einer **Krankheit** (regelwidriger Körper- oder Geisteszustand), der die Notwendigkeit ärztlicher Heilbehandlung oder Arbeitsunfähigkeit oder beides zur Folge hat (*BSG* 20.10.1972 BSGE 35, 10, 12 = SozR Nr. 52 zu § 182 RVO). Dabei ist vom Versicherungsfall abzugrenzen der sog. **Leistungsfall,** der erst dann gegeben ist, wenn außer der Krankheit noch die weiteren für den

Anspruch geforderten Voraussetzungen gegeben sind, zB die **Behandlungsbedürftigkeit für die Krankenbehandlung** (§ 27 SGB V), die **Arbeitsunfähigkeit für das Krankengeld** (§ 44 SGB V).

Arbeitsunfähigkeit liegt bei Versicherten, die in einem Arbeitsverhältnis stehen und einen Arbeitsplatz innehaben, vor, wenn sie die an ihrem Arbeitsplatz gestellten beruflichen Anforderungen aus gesundheitlichen Gründen nicht mehr erfüllen können. Das ist der Fall, wenn sie überhaupt nicht oder nur auf die Gefahr hin ihren Zustand zu verschlimmern, fähig sind, ihrer bisher ausgeübten Erwerbstätigkeit nachzugehen (st.Rspr. des BSG, zB BSGE 26, 288, 290). Die Arbeitsunfähigkeit ist also grds. an der zuletzt ausgeübten **arbeitsvertraglich geschuldeten Leistung** zu messen und wird nicht durch die Möglichkeit ausgeschlossen, den Erwerb durch den Übergang auf eine andere gesundheitlich und beruflich zumutbare Erwerbstätigkeit zu gewinnen. Solange das Arbeitsverhältnis fortbesteht, kommt eine **Verweisung auf gleichartige Tätigkeiten außerhalb des Arbeitsverhältnisses** nicht in Betracht, selbst wenn der Arbeitnehmer schon lange arbeitsunfähig ist. Ausnahmsweise endet die Arbeitsunfähigkeit dann, wenn der Arbeitgeber in Ausübung seines Direktionsrechts dem Arbeitnehmer in zulässiger Weise einen anderen Arbeitsplatz im Betrieb anbietet, dem er gesundheitlich gewachsen ist und den er im Rahmen seines Arbeitsverhältnisses wahrzunehmen hat (*BSG 7.8.1991 SozR 3-2200 § 182 RVO Nr. 9*). 30a

Nach Beendigung des Arbeitsverhältnisses ändert sich der rechtliche Maßstab für die Beurteilung der Arbeitsunfähigkeit zunächst (nur) insofern, als dafür nicht mehr die konkreten Verhältnisse am früheren Arbeitsplatz maßgebend sind, sondern nunmehr abstrakt auf die **Art** der zuletzt ausgeübten Beschäftigung abzustellen ist. Arbeitsunfähigkeit entfällt, wenn der Versicherte **gleichartige Tätigkeiten** bei anderen Arbeitgebern verrichten kann (*BSG 9.12.1986 BSGE 61, 66 = SozR 2200 § 182 RVO Nr. 104*).

Die Arbeitsunfähigkeit eines Versicherten entfällt auch nicht allein dadurch, dass er sich nach Beendigung seines bisherigen Arbeitsverhältnisses arbeitslos meldet und der Arbeitsvermittlung zur Verfügung stellt. Die Arbeitsunfähigkeit richtet sich aber jedenfalls dann nicht mehr nach den besonderen Anforderungen der zuletzt ausgeübten Beschäftigung, wenn der Versicherte seit dem Verlust seines Arbeitsplatzes mehr als sechs Monate **als Arbeitsloser krankenversichert** war. Ab dem siebten Monat der Mitgliedschaft in der Krankenversicherung der Arbeitslosen ist die Arbeitsunfähigkeit ausschließlich nach der gesundheitlichen Leistungsfähigkeit zu bestimmen und richtet sich dann nicht mehr nach den besonderen Anforderungen der zuletzt ausgeübten Beschäftigung. Eine Beschäftigung ist ihm nur dann nicht mehr zumutbar, wenn das daraus erzielbare Nettoeinkommen unter Berücksichtigung der mit der Beschäftigung zusammenhängenden Aufwendungen niedriger ist als das Arbeitslosengeld (§ 121 Abs. 3 Nr. 3 SGB III). Dem Arbeitslosen ist es insoweit zumutbar, sich für sämtliche Tätigkeiten des allgemeinen Arbeitsmarktes verfügbar zu halten, ohne sich insoweit auf einen besonderen Berufsschutz berufen zu können (zu allem vgl. *BSG 7.12.2004 – B 1 KR 5/03 R – NZS 2005, 650 f.*).

Bezieher von Arbeitslosengeld haben – entsprechend der Entgeltfortzahlung im Krankheitsfalle – zunächst einen Anspruch auf **Fortzahlung des Arbeitslosengeldes** für die Dauer von sechs Wochen, wenn sie **während des Leistungsbezugs** arbeitsunfähig werden und sie daran kein Verschulden trifft (§ 126 Abs. 1 SGB III). Während dieser Zeit ruht der Anspruch auf Krankengeld (§ 49 Abs. 1 Nr. 3a SGB V). Anschließend haben sie unter den Voraussetzungen des § 46 SGB V Anspruch auf Krankengeld, dessen Höhe sich nach § 47b Abs. 1 SGB V bestimmt (Betrag der zuletzt bezogenen Leistung). 30b

a) Ende der Mitgliedschaft

Versicherungsrechtliche Voraussetzung für die **Leistungsansprüche** aus der Krankenversicherung (insbes. Krankenbehandlung, § 27 f. SGB V, und Krankengeld, § 44 f. SGB V) ist grds. das Bestehen oder das Fortbestehen der **Mitgliedschaft**. Die Mitgliedschaft beginnt mit dem Tag des Eintritts in das Beschäftigungsverhältnis (§ 186 Abs. 1 SGB V) und endet regelmäßig mit dem Ablauf des Tages, an dem das Beschäftigungsverhältnis endet, also zB wirksam gekündigt ist (§ 190 Abs. 2 SGB V). Für die **Bezieher von Arbeitslosengeld nach dem SGB III und von Arbeitslosengeld II nach dem SGB II** beginnt die Mitgliedschaft mit dem Tag, von dem an die Leistung bezogen wird (§ 186 Abs. 2a SGB V) und endet mit Ablauf des letzten Tages des Leistungsbezugs (§ 190 Abs. 12 SGB V). Mit **dem Ende der Mitgliedschaft** (vgl. die einzelnen Beendigungsgründe in §§ 190, 191 SGB V; s.o. Rz 10) enden grds. die **Ansprüche auf Leistungen,** soweit im SGB V nichts Abweichendes bestimmt ist (§ 19 Abs. 1 SGB V). Diese Regel weicht erheblich von dem früheren Recht der RVO ab. Dieses ging davon aus, dass bei Eintritt der Erkrankung während des Beschäftigungsverhältnisses Krankenpflege und Krankengeld **ohne zeitliche** 31

Begrenzung, also prinzipiell unabhängig von der Fortdauer der Mitgliedschaft, gewährt werden (Grundsatz der Einheit des Versicherungsfalles, s. dazu die Ausführungen in der 6. Aufl.); es musste aber zahlreiche Ausnahmen von diesem Grundsatz vorsehen. Das SGB V hat dieses **Regel-Ausnahmeverhältnis** umgekehrt und enthält nunmehr in § 19 Abs. 1 SGB V den Grundsatz, dass mit dem Ende der Mitgliedschaft der Leistungsanspruch erlischt, soweit keine Ausnahme vorgesehen ist (s.u. Rz 33 f.).

Erlöschen bedeutet, dass bereits bestehende Ansprüche **enden.** Damit sind Fälle gemeint, in denen die Versicherten bereits Leistungen beziehen oder wenigstens der Versicherungsfall (zB die Krankheit) eingetreten ist. Neue Ansprüche, die erst auf Grund eines nach dem Ende der Mitgliedschaft eintretenden Versicherungsfalles ausgelöst werden, können demnach erst recht nicht mehr entstehen. Hinsichtlich der Versicherungspflichtigen sieht das Gesetz aber in § 19 Abs. 2 SGB V **eine Übergangszeit – sog. nachgehende Ansprüche –** vor (s.u. Rz 32).

b) Nachgehende Ansprüche aus § 19 Abs. 2 SGB V

32 Ist die Pflichtmitgliedschaft beendet – zB mit dem Ende des Arbeitsverhältnisses oder bei anschließendem Bezug von Arbeitslosengeld mit dessen Ende –, besteht noch für eine **Übergangszeit von einem Monat** Anspruch auf die Leistungen der Krankenversicherung. Das bedeutet, dass nicht nur die schon vor dem Ende entstandenen Ansprüche bis zum Ablauf der Monatsfrist fortbestehen, sondern auch die während der Monatsfrist eintretenden Leistungsfälle noch Ansprüche bis zu deren Ende begründen. Ist zB die behandlungsbedürftige Krankheit erst in der Monatsfrist des § 19 Abs. 2 SGB V eingetreten, bleibt ein Anspruch auf Krankenbehandlung noch für diese Frist erhalten. Der nachgehende Anspruch wird jedoch durch eine **neue Mitgliedschaft** auf Grund neuer Erwerbstätigkeit **verdrängt;** er ist grds. subsidiär. Kann der Betroffene nicht alsbald wieder eine Erwerbstätigkeit aufnehmen und ist er auch nicht als Arbeitsloser versichert (s.o. Rz 24 f.), bleibt ihm die Möglichkeit, sich freiwillig weiter zu versichern (§ 9 SGB V).

33 Beim **Krankengeld** ergeben sich Besonderheiten aus § 192 Abs. 1 Nr. 2 SGB V: Ein bei Beendigung des Beschäftigungsverhältnisses schon **bestehender Krankengeldanspruch** führt bei Versicherungspflichtigen nach § 192 Abs. 1 Nr. 2 SGB V zum **Fortbestand der Mitgliedschaft,** die erst mit dem Wegfall des Krankengeldanspruchs entfällt (s.u. Rz 34). Deshalb schließt sich hier die Übergangszeit des § 19 Abs. 2 SGB V erst an den Wegfall des Krankengeldbezuges an. Hingegen beseitigt § 19 Abs. 2 SGB V die sog. **Nachwirkungen der beendeten Mitgliedschaft** nach früherem Recht (vgl. insoweit Rz 31 der 6. Aufl.). Ist die Krankheit vor dem Ende des Beschäftigungsverhältnisses bzw. der Mitgliedschaft, die Arbeitsunfähigkeit aber erst innerhalb eines Monats danach eingetreten oder ist die Krankheit erst innerhalb der Monatsfrist eingetreten, bestehen Leistungsansprüche längstens für einen Monat nach dem Ende der Mitgliedschaft, **nicht mehr darüber hinaus.** Zu den Folgen dieser Verkürzung des Versicherungsschutzes bei Arbeitslosigkeit s.o. Rz 26; *Winkler* info also 1992, 171 f.

c) Fortbestand der Mitgliedschaft

34 Solange der bereits während des Arbeitsverhältnisses entstandene Anspruch auf Krankengeld fortbesteht oder diese Leistung bezogen wird, bleibt die Mitgliedschaft Versicherungspflichtiger in der Krankenversicherung – ohne Beitragspflicht – erhalten (§ 192 Abs. 1 Nr. 2 SGB V; s.o. Rz 10). Ein bereits vor Beendigung des Arbeitsverhältnisses entstandener Anspruch auf Krankengeld besteht daher **grds. unbeschränkt weiter** und entfällt erst bei **Wiedereintritt der Arbeitsfähigkeit** oder bei **zeitlicher Erschöpfung des Anspruchs** (für den Fall der Arbeitsunfähigkeit wegen derselben Krankheit nach längstens 78 Wochen Leistungsbezug innerhalb von je drei Jahren, § 48 Abs. 1 SGB V). Diese Regelung ist Ausdruck des Grundsatzes, dass ein einmal begründeter Anspruch auf wiederkehrende Leistungen durch eine nachträglich eintretende rechtliche Änderung (Ausscheiden aus dem Arbeitsverhältnis) nicht berührt wird. Die Mitgliedschaft bleibt nach § 192 Abs. 1 Nr. 2 SGB V auch erhalten, solange Anspruch auf **Mutterschaftsgeld** besteht oder **Mutterschaftsgeld** oder **Erziehungsgeld** bezogen oder **Erziehungsurlaub** (seit 2.1.2001 Elternzeit) in Anspruch genommen wird.

35 Endet die Mitgliedschaft aus § 192 Abs. 1 Nr. 2 SGB V, besteht noch für einen weiteren Monat Anspruch auf Krankenpflege nach § 19 Abs. 2 SGB V (s.o. Rz 32), dh die nachgehende Frist aus dieser Bestimmung schließt sich an das Ende der – durch Krankengeld- oder Mutterschaftsgeldbezug – verlängerten Mitgliedschaft an.

36 Die Mitgliedschaft Versicherungspflichtiger bleibt ferner erhalten, solange das Beschäftigungsverhältnis **ohne Entgeltzahlung** (dh ohne Lohnanspruch) fortbesteht, längstens jedoch für einen Monat. Die-

se bisher in § 192 Abs. 1 Nr. 1 SGB V geregelte Rechtsfolge ergibt sich seit 1.1.1999 aus § 7 Abs. 3 SGB IV, wonach eine Beschäftigung gegen Arbeitsentgelt – für längstens einen Monat – als fortbestehend gilt, wenn und solange das Beschäftigungs- bzw. Arbeitsverhältnis ohne Anspruch auf Arbeitsentgelt fortdauert (s.o. Rz 6 aE). Das gilt auch dann, wenn ein Arbeitnehmer mit seinem Arbeitgeber einen **unbezahlten Urlaub** auf unbestimmte Zeit vereinbart hat; ihm steht dann bei Arbeitsunfähigkeit für einen Monat Krankengeld zu (*BSG* 27.11.1990 SGb 1991, 358 mit Anm. *Kiemann*). Damit wurde die gegenteilige Ansicht in BSGE 43, 86 = SozR 2200 § 182 Nr. 18 aufgegeben. Der Krankengeldanspruch besteht also auch für einen Zeitraum, in dem ohne die Urlaubsabrede ein **Lohnfortzahlungsanspruch** bestanden hätte. Dass insoweit das Risiko der Arbeitsunfähigkeit zeitweise auf die Krankenkasse verlagert wird, macht die Abrede nicht unwirksam, weil nicht von einem Fall willkürlicher Lastenverteilung gesprochen werden kann. Allerdings werden die Krankenkassen prüfen müssen, ob nicht doch ein vorrangiger **Anspruch auf Lohnfortzahlung** besteht, zB bei Absprachen, die Vereinbarung unbezahlten Urlaubs aufzuheben, falls der Urlaubszweck wegen Krankheit nicht zu verwirklichen ist.

Während der **Schwangerschaft** bleibt die **Mitgliedschaft** einer versicherungspflichtigen Frau auch erhalten, wenn das Beschäftigungsverhältnis vom Arbeitgeber **zulässig aufgelöst** oder wenn das Mitglied unter Wegfall des Arbeitsentgelts **beurlaubt** worden ist, es sei denn, es besteht eine Mitgliedschaft nach anderen Vorschriften (§ 192 Abs. 2 SGB V). Neu ist auch die unbegrenzte Fortdauer der Mitgliedschaft **während rechtmäßiger Arbeitskampfmaßnahmen**, mit der gegenüber dem bisherigen Recht der RVO eine erhebliche Verbesserung eintritt (§ 192 Abs. 1 Nr. 1 SGB V). Bei rechtswidrigem Streik verlängert sich die Mitgliedschaft jedoch nur um einen Monat. 37

3. Leistungsrechtliche Rechtsstellung in der Rentenversicherung

a) Allgemeines

In der **Rentenversicherung der Arbeiter und Angestellten** endet mit dem Ausscheiden aus dem Arbeitsverhältnis nur die Beitragspflicht, nicht aber das Versicherungsverhältnis; es besteht grds. als – beitragsloses – **Anwartschaftsverhältnis** fort mit der Folge, dass bei späterem Eintritt eines Versicherungsfalles ein Leistungsanspruch entsteht, wenn die Wartezeit und ggf. weitere Anspruchsvoraussetzungen erfüllt sind. Dieser Grundsatz ist jedoch seit 1.1.1984 für die Renten wegen Erwerbsminderung durchbrochen worden: Während es nach früherem Recht unerheblich war, ob in der Zwischenzeit Beiträge (zB aus einem neuen Arbeitsverhältnis oder auf Grund freiwilliger Weiterversicherung) entrichtet worden waren, wurde seit 1.1.1984 ein Anspruch auf Berufs- bzw. Erwerbsunfähigkeitsrente davon abhängig gemacht, dass der Versicherte in den letzten fünf Jahren vor Eintritt des Versicherungsfalles **drei Jahre Pflichtbeiträge** für eine versicherte **Beschäftigung oder Tätigkeit hat** (vgl. hierzu und zu den Einschränkungen dieser Leistungsvoraussetzung die §§ 43, 44 SGB VI in der bis 31.12.2000 geltenden Fassung). Entsprechende Voraussetzungen hinsichtlich der Vorversicherungszeit enthält auch § 43 Abs. 1 Nr. 2 SGB VI idF des ab 1.1.2001 geltenden Gesetzes zur Reform der Renten wegen verminderter Erwerbfähigkeit v. 20.12.2000 (BGBl. I S. 1827), das die Aufteilung der **Invaliditätsrenten** in eine **Berufs- und Erwerbsunfähigkeitsrente** abgeschafft und stattdessen – unter Beseitigung des Berufsschutzes – in § 43 SGB VI eine **zweistufige Rente wegen Erwerbsminderung** eingeführt hat. Danach erhält die **volle Erwerbsminderungsrente** grds. nur, wer auf nicht absehbare Zeit außer Stande ist, unter den üblichen Bedingungen des allgemeinen Arbeitsmarktes mindestens drei Stunden täglich erwerbstätig zu sein. Die **Rente wegen teilweiser Erwerbsminderung** erhält derjenige, der nicht mehr mindestens sechs Stunden täglich entsprechend erwerbstätig sein kann. Dabei ist die jeweilige Arbeitsmarktlage zu berücksichtigen (sog. konkrete Betrachtungsweise); dies gilt hingegen nicht für diejenigen, die mindestens sechs Stunden täglich erwerbstätig sein können (zum Übergangsrecht für vor dem 2.1.1961 geborene Versicherte bei Berufsunfähigkeit und zu Modifikationen der Vorversicherungszeit vgl. §§ 240, 241 SGB VI). 38

Eine ähnliche Einschränkung hinsichtlich der Vorversicherungszeit enthält § 237 SGB VI (früher § 38 SGB VI), wonach für die **Altersrente wegen Arbeitslosigkeit oder nach Altersteilzeitarbeit** in den letzten zehn Jahren vor Beginn der Rente mindestens acht Jahre Pflichtbeitragszeiten zurückgelegt worden sein müssen (s.u. Rz 41e).

Bezieht der Versicherte im Anschluss an die Beendigung des Arbeitsverhältnisses **Arbeitslosengeld** (s.u. Rz 47 ff.), so erwirbt er aus der Beitragsentrichtung durch die BA (§ 170 Abs. 1 Nr. 2b SGB VI) seit 1.1.1992 wieder Beitragszeiten (vgl. dazu Rz 27). Entsprechendes gilt für die Bezieher von Arbeitslosengeld II (s.o. Rz 27d). 39

40 Die **Entstehung** bzw. der **Beginn** von Ansprüchen aus der **gesetzlichen Rentenversicherung** setzt nicht grds. die **Beendigung des Arbeitsverhältnisses** voraus. ZB können Ansprüche auf Rente wegen Erwerbsminderung (vgl. §§ 43, 44 SGB VI aF, seit 1.1.2001 § 43 SGB VI; s.o. Rz 38) grds. auch während bestehender Arbeitsverhältnisse entstehen, wobei die tatsächliche Arbeitsleistung häufig gegen das Vorliegen einer Erwerbsminderung sprechen wird. Bei Weiterarbeit auf Kosten der Restgesundheit war jedenfalls nach früherem Recht der Bezug einer Rente wegen verminderter Erwerbsfähigkeit nicht ausgeschlossen. Seit 1996 wird eine solche Rente jedoch nur noch geleistet, wenn die – neu eingeführten – **Hinzuverdienstgrenzen** des § 96a SGB VI nicht überschritten werden. Diese Vorschrift lehnt sich an § 34 Abs. 2 SGB VI an, der die Hinzuverdienstgrenzen bei Altersrenten festlegt (s.u. Rz 43). Die Hinzuverdienstgrenze bei Renten wegen voller oder teilweiser Erwerbsminderung als Vollrente oder als Teilrente ergeben sich aus § 96a Abs. 2 SGB VI. Sie beträgt zB bei einer Vollrente wegen voller Erwerbsminderung seit 2002 325 €, seit 1.4.2003 ein Siebtel der monatlichen Bezugsgröße (§ 96 Abs. 2 Nr. 2 SGB VI: 2006: 350 € West und 295 € Ost). Die übrigen Grenzen sind dynamisch nach den individuellen Verhältnissen bestimmt (vgl. iE § 96a SGB VI).

40a Anderes gilt nach § 94 SGB VI, wenn eine vor Beginn der Erwerbsminderungsrente aufgenommene Beschäftigung danach **nicht mehr ausgeübt wird**, obwohl Arbeitsentgelt erzielt wird und das Arbeitsverhältnis weiter besteht. In diesem Fall ist auf die Rente das für denselben Zeitraum erzielte Arbeitsentgelt **anzurechnen** (§ 94 Abs. 1 S. 1 SGB VI; s.a. Rz 136). Diese Regelung wird insbes. dann wirksam, wenn dem unwirksam gekündigten Arbeitnehmer aus dem fortbestehenden Arbeitsverhältnis Lohnzahlungen ohne Arbeitsleistungen zustehen. Das anzurechnende Arbeitsentgelt ist um einmalig gezahltes Arbeitsentgelt und um die gesetzlichen Abzüge zu mindern (S. 2). Unter den gleichen Voraussetzungen wird auch das um die gesetzlichen Abzüge verminderte **Vorruhestandsgeld** angerechnet (Abs. 2).

40b **Ansprüche auf Renten wegen Alters** bestehen vor Vollendung des 65. Lebensjahres (sog. vorgezogene Altersrenten, s.u. Rz 41) bei weiterer Erwerbstätigkeit nur, wenn die Hinzuverdienstgrenzen des § 34 Abs. 2 u. 3 SGB VI nicht überschritten werden (s.u. Rz 43).

b) **Altersrentenarten**

41 Bei den **Renten wegen Alters** unterscheidet das SGB VI neben der **Regelaltersrente**, die mit Vollendung des 65. Lebensjahres gewährt wird und nur die Erfüllung der allgemeinen Wartezeit von fünf Jahren voraussetzt (§ 35 SGB VI), **vier weitere Altersrentenarten**, die **vor Vollendung des 65. Lebensjahres** mit Erreichung eines bestimmten Lebensalters (60 bzw. 63 Jahre) und bei Vorliegen sonstiger Voraussetzungen ungekürzt (ohne Rentenabschläge) in Anspruch genommen werden konnten (sog. **vorgezogene Altersrenten**).

1. Die **Altersrente wegen Arbeitslosigkeit oder nach Altersteilzeitarbeit** mit Vollendung des 60. Lebensjahres (§ 38 SGB VI aF;. iE s.u. Rz 41c),
2. Die **Altersrente für Frauen** mit Vollendung des 60. Lebensjahres (§ 39 SGB VI aF),
3. Die **Altersrente für Schwerbehinderte, Berufs- oder Erwerbsunfähige** mit Vollendung des 60. Lebensjahres (§ 37 SGB VI aF),
4. Die **Altersrente für langjährig Versicherte** mit Vollendung des 63. Lebensjahres (§ 36 SGB VI aF).

Die vorgezogene Altersrente wird – bei Vorliegen sonstiger Voraussetzungen, insbes. der Erfüllung der jeweils vorgesehenen besonderen Wartezeit – vor Vollendung des 65. Lebensjahres nur geleistet, wenn das **Arbeitsentgelt oder Arbeitseinkommen** aus einer Beschäftigung oder selbstständigen Tätigkeit im Monat eine bestimmte **Hinzuverdienstgrenze** nicht überschreitet (§ 34 Abs. 2 u. 3 SGB VI; s.o. Rz 43).

c) **Anhebung der Altersgrenzen, vorzeitige Inanspruchnahme der Altersrenten**

41a Im Zuge der Vereinheitlichung der Altersgrenzen sind die vorgezogenen Altersgrenzen inzwischen sämtlich – in Stufen und mit unterschiedlichem Beginn (vgl. Rz 41 ff. der 7. Aufl.) auf das 65. (die Nr. 3 auf das 63.) Lebensjahr angehoben aber die Möglichkeit der **vorzeitigen Inanspruchnahme mit Rentenabschlag** vorgesehen worden (s.u. Rz 41b).

a) **Die Altersgrenze 60 für Arbeitslose** ist ab 1997 in monatlichen Schritten auf die Regelaltersgrenze 65 angehoben worden, beginnend mit dem Geburtsjahrgang 1937 (§ 41 Abs. 1 SGB VI aF; seit 1.1.2000 § 237 Abs. 3 SGB VI). Sie ist für alle ab Januar 1942 Geborenen auf das 65. Lebensjahr angestiegen. Die vorzeitige Inanspruchnahme bleibt jedoch bei Inkaufnahme von Rentenabschlägen möglich (s.u. Rz 41b).

Diese Rentenart wird jedoch ab dem Jahre 2012 (für die Geburtsjahrgänge ab 1952) abgeschafft und auch die vorzeitige Inanspruchnahme für die Geburtsjahrgänge vor 1952 modifiziert (s.u. Rz 41c).

b) **Die Altersgrenze 60 für Frauen** ist ab dem Jahr 2000 in monatlichen Schritten auf das 65. Lebensjahr angehoben worden, beginnend mit dem Geburtsjahrgang 1940 (§ 41 Abs. 2 SGB VI aF; seit 1.1.2000 § 237a Abs. 2 SGB VI). Für alle ab 1945 Geborenen ist sie auf das 65. Lebensjahr angestiegen. Die vorzeitige Inanspruchnahme mit 60 bleibt gegen Rentenabschlag möglich. Auch diese Rentenart wird ab dem Jahre 2012 abgeschafft.

c) **Die Altersgrenze 60 für Schwerbehinderte, Berufs- oder Erwerbsunfähige** ist für Versicherte, die vor dem 1.1.1951 geboren sind, ab dem Jahre 2001 in monatlichen Schritten auf das 63. Lebensjahr angehoben worden, beginnend mit dem Geburtsjahrgang 1941. Sie ist für die ab 1944 Geborenen auf das 63. Lebensjahr angestiegen. Die ab 1.1.1951 Geborenen erhalten diese Rentenart nur noch bei anerkannter **Schwerbehinderung**; die Alternativen Berufs- und Erwerbsunfähigkeit sind entfallen (nunmehr Altersrente für schwerbehinderte Menschen). Bei beiden Varianten bleibt die vorzeitige Inanspruchnahme ab 60 gegen Rentenabschlag möglich (§ 37, § 236a SGB VI in der ab 1.1.2001 geltenden Fassung).

d) **Die Altersgrenze 63 für langjährig Versicherte** ist ab dem Jahre 2000 in monatlichen Schritten auf das 65. Lebensjahr angehoben worden, beginnend mit dem Geburtsjahrgang 1937 und beträgt für die ab 1939 Geborenen 65 Jahre. Die vorzeitige Inanspruchnahme ab 63 bleibt für die bis Ende 1947 Geborenen möglich. Für die ab 1.1.1948 Geborenen ist die vorzeitige Altersgrenze 63 in monatlichen Schritten herabgesetzt worden und beträgt für die ab Dezember 1949 Geborenen 62 Jahre. Diese Rentenart kann daher bereits mit 62 vorzeitig gegen Rentenabschläge in Anspruch genommen werden, wenn – wie bisher – die Wartezeit von 35 Jahren erfüllt ist (§ 36, § 236 SGB VI in der ab 1.1.2000 geltenden Fassung).

Die vom Gesetz ermöglichte **vorzeitige Inanspruchnahme der unter a) bis d) genannten Altersrenten** bedeutet, dass derjenige, der doch vor der für ihn jetzt maßgeblichen (angehobenen) Altersgrenze – **vorzeitig** – in Rente gehen will, dies wie bisher tun kann, also der Rente ab dem **vor Anhebung maßgeblichen Rentenalter** (s.o. Rz 41) oder ggf. ab dem zwischenzeitlich angehobenen Rentenalter verlangen kann, dafür aber **Rentenabschläge** in Kauf nehmen muss. Die Höhe dieser Abschläge richtet sich danach, um wie viele Monate die Altersrente tatsächlich vorzeitig in Anspruch genommen wird (§§ 66, 77 SGB VI). ZB ist beim Vorziehen der **Altersrente wegen Arbeitslosigkeit** ein Rentenabschlag von 0,3 vH pro Monat und von 3,6 vH für jedes vorgezogene Jahr hinzunehmen; bei Vorziehen um fünf Jahre beträgt der Rentenabschlag 18 vH des Monatsbetrages für die **gesamte Rentenlaufzeit**. 41b

Die vorgenannten Regelungen über die Anhebung der Altersgrenzen waren oder sind jeweils mit **Vertrauensschutzregelungen** versehen, die unter bestimmten Voraussetzungen die nach jeweils früherem Recht vorgesehenen Altersgrenzen **garantieren**. Von der Darstellung dieser Regelungen und weiteren Änderungen im Rentenversicherungsrecht wird abgesehen und insoweit auf das einschlägige Schrifttum verwiesen.

d) Altersrente wegen Arbeitslosigkeit oder nach Altersteilzeitarbeit

Nachdem sich die Zahl der **Altersrenten wegen Arbeitslosigkeit** in den Jahren 1992 bis 1995 mehr als verfünffacht hatte, wurde durch das Gesetz v. 23.7.1996 (BGBl. I S. 1078) die Frühverrentungspraxis mit 60 Jahren neu geregelt und die bisherige Regelung in § 38 SGB VI durch **eine Altersrente wegen Arbeitslosigkeit oder nach Altersteilzeitarbeit abgelöst**. Diese Regelung (seit 1.1.2000 § 237 SGB VI) sieht nunmehr zwei Alternativen für die Altersrente vor: Der Arbeitnehmer muss die Wartezeit von 15 Jahren erfüllt und das 60. Lebensjahr vollendet haben und entweder bei Beginn der Rente arbeitslos sein und nach Vollendung eines Lebensalters von 58 ½ Jahren insgesamt 52 Wochen arbeitslos gewesen sein oder er muss mindestens 24 Kalendermonate Altersteilzeitarbeit ausgeübt haben. **Altersteilzeitarbeit** liegt vor, wenn die Arbeitszeit auf Grund von Altersteilzeitarbeit iSv § 2 u. § 3 Abs. 1 Nr. 1 ATG für mindestens 24 Monate vermindert war (§ 237 Abs. 1 Nr. 3b SGB VI). Damit werden andere Formen einer Teilzeitbeschäftigung als Voraussetzung für diese Altersrente ausgeschlossen. Das Gesetz verlangt allerdings nicht, dass der Arbeitgeber Leistungen der BA erhalten hat. Die 24 Monate Altersteilzeitarbeit brauchen auch nicht unmittelbar vor Rentenbeginn zu liegen, sondern können irgendwann nach Vollendung des 55. Lebensjahres geleistet worden sein. Außerdem setzt die Altersrente voraus, 41c dass der Versicherte in den letzten zehn Jahren vor Beginn der Rente acht Jahre Pflichtbeiträge für eine versicherte Beschäftigung oder Tätigkeit hat, wobei sich der Zehnjahreszeitraum um bestimmte Zeiten, zB Anrechnungszeiten und bestimmte Zeiten der Arbeitslosigkeit verlängert, wenn die Arbeitslosigkeit vor dem 1.1.2006 begonnen hat. Die **vorzeitige Inanspruchnahme** ab 60 ist ab 1.1.2006 **eingeschränkt worden**: Die Altersgrenze 60 ist für die Geburtsjahrgänge 1946 bis 1948 jeweils in Monatsschritten angehoben worden und lässt für die ab 1949 bis 1951 Geborenen eine vorzeitige Inanspruchnahme nur noch ab dem 63. Lebensjahr zu. Die genannte Rentenart steht im Übrigen nur noch Versicherten zu, die vor dem 1.1.1952 geboren sind; sie läuft damit ab dem Jahre 2012 aus (vgl. Rz 41a unter a). Danach besteht nur noch die Möglichkeit, **eine Altersrente für langjährig Versicherte** ab Vollendung des 62. Lebensjahres bei Erfüllung einer Wartezeit von 35 Jahren und unter Inkaufnahme von Rentenabschlägen in Anspruch zu nehmen (vgl. Rz 41a unter d).

e) **Beitragszahlung zur Vermeidung von Rentenabschlägen**

41d Die **Rentenminderungen**, die auf Grund vorzeitiger Inanspruchnahme einer Altersrente eintreten, können durch **Beitragszahlungen** ausgeglichen werden (§ 187a Abs. 1 SGB VI). Diese Beitragszahlung ist bis zum 65. Lebensjahr möglich und setzt die Erklärung des Versicherten voraus, eine Altersrente vorzeitig in Anspruch nehmen zu wollen. § 187a Abs. 3 S. 3 SGB VI schließt die Rückzahlung der Beiträge ausdrücklich aus, und zwar auch für den Fall, dass dann doch eine Altersrente **nicht vorzeitig** in Anspruch genommen wird. Teilzahlungen sind zulässig (§ 187a Abs. 3 S. 2 SGB VI).

41e Freisetzung älterer Arbeitnehmer und Beitragszahlungen des Betriebes:
Bei § 187a SGB VI geht der Gesetzgeber davon aus, dass durch **betriebliche oder tarifliche Regelungen** eine finanzielle **Belastung** der zwecks Übergangs in den vorzeitigen Altersrentenbezug freigesetzten Arbeitnehmer zB durch Übernahme der Beiträge durch den Arbeitgeber **vermieden oder verringert wird** (vgl. BR-Drs. 208/96, S. 27). Insbes. können und sollen für derartige Beitragszahlungen **Sozialplanmittel** eingesetzt werden. Derartige Beitragszahlungen, die der Arbeitgeber zum Ausgleich einer Rentenminderung bei vorzeitiger Inanspruchnahme einer Altersrente übernimmt, führen nach § 143a Abs. 1 S. 6 SGB III nicht zum Ruhen des Anspruchs auf Arbeitslosengeld oder -hilfe (vgl. KR-*Wolff* § 143a SGB III Rz 25a ff.). Über die Höhe der erforderlichen Ausgleichszahlungen können Versicherte, die das 54. Lebensjahr vollendet haben, von ihrem Rentenversicherungsträger eine **Auskunft** verlangen (§ 109 Abs. 1 S. 3 SGB VI; zur Berechnung vgl. § 187a Abs. 2 u. 3 SGB VI).

Nach § 187b SGB VI, der durch das RRG 1999 eingefügt wurde, können Versicherte, die bei Beendigung des Arbeitsverhältnisses eine **Abfindung** für eine **unverfallbare Anwartschaft auf betriebliche Altersversorgung** erhalten haben, innerhalb eines Jahres nach Zahlung der Abfindung Beiträge zur Rentenversicherung bis zur Höhe der geleisteten Abfindung zahlen, und zwar bis zur bindenden Bewilligung einer Vollrente.

42 Altersrenten ab Vollendung des 65. Lebensjahres:
Die Renten wegen Alters werden nach **Vollendung des 65. Lebensjahres** sämtlich unabhängig davon gewährt, ob ein Arbeitsverhältnis besteht und in welcher Höhe Arbeitsentgelt erzielt wird. Dies gilt nicht nur für die Regelaltersrente, sondern auch für die sonstigen Renten wegen Alters (s.o. Rz 41), bei denen die Hinzuverdienstgrenze nur für Zeiten **vor Vollendung des 65. Lebensjahres zu beachten ist** (vgl. Rz 41, 43). Nach Vollendung des 65. Lebensjahres können also Rentner grds. unbeschränkt weiterarbeiten, ohne eine Minderung ihrer Altersrente befürchten zu müssen. Allerdings bleiben die Rentenkürzungen auf Grund der vorzeitigen Inanspruchnahme dieser Renten (s.o. Rz 41b) auch über das 65. Lebensjahr hinaus wirksam. Zu der Frage, welche Auswirkungen Ansprüche auf Altersrente auf das Kündigungsrecht und auf die Zulässigkeit der Vereinbarung von Altersgrenzen haben, s.u. Rz 42a, 42b.

f) **Altersrentenanspruch und Kündigungsrecht, § 41 S. 1 SGB VI**

42a Kein Kündigungsgrund:
Der Anspruch des Versicherten auf eine Rente wegen Alters ist nicht als ein Grund anzusehen, der die **Kündigung** des Arbeitsverhältnisses durch den Arbeitgeber nach dem KSchG bedingen kann (§ 41 Abs. 4 S. 1 SGB VI aF; seit 1.1.2000 § 41 S. 1 SGB VI). Weder die Erreichung der gesetzlichen Altersgrenzen noch die Anspruchsberechtigung auf eine der Renten wegen Alters ist also für sich allein betrachtet ein Kündigungsgrund (zum Alter allg. KR-*Griebeling* § 1 KSchG Rz 289, zur Berücksichtigung des Alters bei der sozialen Auswahl Rz 645).

Sozialauswahl: 42b
Nach § 41 Abs. 4 S. 2 SGB VI in der bis Ende 1997 geltenden Fassung durfte bei einer **Kündigung** aus **dringenden betrieblichen Erfordernissen** bei der **sozialen Auswahl** nicht berücksichtigt werden, dass der Arbeitnehmer auf eine **Altersrente vor Vollendung des 65. Lebensjahres Anspruch hat.** Diese Regelung ist zwar durch Gesetz v. 6.4.1998 (BGBl. I S. 688) aufgehoben worden; sie wurde als entbehrlich angesehen, weil § 1 Abs. 3 S. 1 KSchG in der ab 1.10.1996 geltenden Neufassung ausdrücklich vorschrieb, welche sozialen Gesichtspunkte bei der Auswahl berücksichtigt werden durften. In den Motiven war klargestellt, dass ein Anspruch des Arbeitnehmers auf eine Altersrente oder die Möglichkeit der Inanspruchnahme von Altersteilzeit nicht zu den berücksichtigungsfähigen sozialen Gesichtspunkten gehören (BT-Drucks. 13/9818 zu § 41 Abs. 4 SGB VI). Nachdem § 1 Abs. 3 KSchG durch Gesetz v. 19.12.1998 (BGBl. I S. 3843) wieder in den Rechtszustand vor dem 1.10.1996 zurückgeführt worden ist, hätte an sich § 41 Abs. 4 S. 2 SGB VI wieder eingeführt werden müssen, was bisher nicht geschehen ist. Auch die ab 1.1.2000 geltende Fassung, in der der bisherige Abs. 4 zu § 41 SGB VI wurde, enthält keine entsprechende Regelung. Gleichwohl kann nach dieser Rechtsentwicklung ein Anspruch auf **Altersrente vor dem 65. Lebensjahr** auch nach derzeitiger Rechtslage nicht zu Lasten des Arbeitnehmers berücksichtigt werden. Dem steht auch entgegen, dass die sog. vorgezogenen Altersrenten (s.o. Rz 41) wegen der zwischenzeitlichen **Anhebung der Altersgrenzen** heute regelmäßig nur noch bei **Inkaufnahme von Rentenabschlägen vorzeitig** in Anspruch genommen werden können (vgl. Rz 41 f.). Hingegen können **Altersrenten**, die **nach Vollendung des 65. Lebensjahres** gezahlt werden, zu Ungunsten des Arbeitnehmers berücksichtigt werden.

Altersteilzeitarbeit und Kündigungsrecht: 42c
Auch die Möglichkeit eines Arbeitnehmers zur Inanspruchnahme von Altersteilzeitarbeit gilt nach § 8 Abs. 1 des Altersteilzeitgesetzes v. 23.7.1996 (BGBl. I S. 1078) nicht als eine die Kündigung des Arbeitsverhältnisses durch den Arbeitgeber begründende Tatsache iSv § 1 Abs. 2 S. 1 KSchG. Sie kann auch nicht bei der sozialen Auswahl nach § 1 Abs. 3 S. 1 KSchG zum Nachteil des Arbeitnehmers berücksichtigt werden.

Einzel- und tarifvertragliche Altersgrenzenregelungen, § 41 S. 2 SGB VI: 42d
Der Grundsatz, dass ein Arbeitsverhältnis unbefristet fortbesteht, gilt nicht für eine Befristung, die an eine **Altersgrenze** anschließt. Derzeit markiert die für die **Regelaltersrente** maßgebliche **Altersgrenze von 65 Jahren** im Arbeitsrecht den Zeitpunkt, zu dem eine Vereinbarung über die Beendigung des Arbeitsvertrages im **Regelfall** wirksam ist: Seit 1994 gilt eine **Vereinbarung, die die Beendigung des Arbeitsverhältnisses ohne Kündigung** zu einem Zeitpunkt vorsieht, in dem der Arbeitnehmer **vor Vollendung des 65. Lebensjahres** eine Rente wegen Alters beantragten kann, als auf die Vollendung des 65. Lebensjahres abgeschlossen, es sei denn, dass die Vereinbarung **innerhalb der letzten drei Jahre** vor diesem Zeitpunkt abgeschlossen oder vom Arbeitnehmer bestätigt worden ist (§ 41 Abs. 4 S. 3 SGB VI aF, seit 1.1.2000 § 41 S. 2 SGB VI; vgl. zur Rechtsentwicklung Rz 42d in der 6. Aufl. u. KR-*Bader* § 23 TzBfG Rz 24 ff.). Damit enden Arbeitsverhältnisse seit 1.8.1994 – ohne Kündigung – regelmäßig wieder mit **Vollendung des 65. Lebensjahres.** Eine derartige Altersgrenzenregelung ist mit Art. 12 GG vereinbar (vgl. allg. zur vertraglichen Festlegung von Altersgrenzen u. zur Bedeutung des § 41 S. 2 SGB VI KR-*Bader* § 21 TzBfG Rz 31 ff.). Sie ist auch mit dem Gleichbehandlungsgesetz vom 14.8.2006 (BGBl. I S. 1814) vereinbar; nach dessen § 10 Nr. 5 bleibt § 41 SGB VI unberührt.

g) Vollrente oder Teilrente, § 42 SGB VI

Seit dem 1.1.1992 kann grds. jeder entscheiden, ob er seine Rente wegen Alters **in voller Höhe (Vollrente)** oder als **Teilrente** in Anspruch nehmen will (§ 42 Abs. 1 SGB VI). Damit wird dem Versicherten erstmals ein **Hineingleiten in den Ruhestand** – bei eingeschränkter Arbeitsleistung – ermöglicht, das allerdings vom Vorhandensein von **Teilzeitarbeitsplätzen** beim Arbeitgeber abhängig ist. Die Teilrente beträgt entweder 1/3, 1/2 oder 2/3 der Vollrente (§ 42 Abs. 2 SGB VI). Versicherte, die wegen der beabsichtigten Inanspruchnahme einer Teilrente ihre **Arbeitsleistung einschränken wollen,** können von ihrem Arbeitgeber verlangen, dass er mit ihnen die Möglichkeiten einer solchen Einschränkung erörtert. Der Arbeitgeber hat zu ihren Vorschlägen Stellung zu nehmen (§ 42 Abs. 3 SGB VI). Hierdurch soll ein Anstoß für die Schaffung von mehr Teilzeitarbeitsplätzen gegeben werden. 42e

h) Hinzuverdienstgrenze

Die **Hinzuverdienstgrenze** für eine **vorgezogene Altersrente** (s.o. Rz 41) **als Vollrente** beträgt nach 43
§ 34 Abs. 3 Nr. 1 SGB VI seit 1.4.1999 630 DM, seit 2002 325 € und seit 1.4.2003 ein Siebtel der monatli-

chen Bezugsgröße (2006: 350 € West, 295 € Ost). Die Hinzuverdienstgrenze für eine Teilrente wird nach mehreren Faktoren bestimmt und trägt den individuellen Gegebenheiten Rechnung (§ 34 Abs. 3 Nr. 2 SGB VI). Das Überschreiten der Hinzuverdienstgrenze ist grds. rentenschädlich. In **jedem Jahr seit Rentenbeginn** darf jedoch in **zwei Monaten** das **Doppelte** der maßgeblichen **Hinzuverdienstgrenze hinzuverdient werden,** ohne dass dies die Rente beeinträchtigt (§ 34 Abs. 2 S. 2 SGB VI). Wird die Hinzuverdienstgrenze überschritten, bewirkt dies – anders als nach bisherigem Recht – nicht, dass der Rentenanspruch völlig entfällt. Vielmehr ist dann zu prüfen, ob ein Anspruch auf die jeweils niedrigere Teilrente besteht (§ 34 Abs. 2, 3 SGB VI). Erst dann, wenn das Arbeitsentgelt alle für den Bezug der Altersrente als Teilrente maßgeblichen Hinzuverdienstgrenzen überschreitet, wird keine Rente mehr geleistet (§§ 100 Abs. 1, 115 Abs. 1 SGB VI). Die **vorzeitige Vollrente** wegen Alters kann also, wie sich aus der vorgesehenen Hinzuverdienstgrenze ergibt, grds. erst dann beginnen, wenn der bisherige Arbeitsvertrag wirksam beendet ist und der Versicherte durch Aufgabe seiner bisherigen Beschäftigung vorzeitig aus dem – regulären – Erwerbsleben ausgeschieden ist; es dürfen nur noch Nebeneinkünfte erzielt werden, die die Hinzuverdienstgrenze des § 34 Abs. 3 Nr. 1 SGB VI nicht überschreiten.

4. Rechtsstellung im Leistungsrecht der Unfallversicherung

44 Gesetzlicher Unfallversicherungsschutz besteht nach § 8 Abs. 1 SGB VII (idF des Art. 1 des Unfallversicherungs-Einordnungsgesetzes v. 7.8.1996 BGBl. I S. 1254) nur für **Arbeitsunfälle** (einschl. der Wegeunfälle, § 8 Abs. 2 SGB VII und Berufskrankheiten, § 9 SGB VII). Arbeitsunfälle sind Unfälle von Versicherten, die mit einer nach §§ 2, 3 oder 6 SGB VII Versicherungsschutz begründenden Tätigkeit in **ursächlichem, inneren Zusammenhang** stehen. Deshalb kommt in der Unfallversicherung der Frage, ob der Versicherungsschutz mit der Auflösung des Arbeitsverhältnisses endet oder darüber hinausgeht oder bereits mit dem Ende der tatsächlichen Beschäftigung entfällt, geringere Bedeutung zu. Grds. endet auch in der Unfallversicherung das Versicherungsverhältnis bzw. der Versicherungsschutz mit dem Ende des Arbeitsverhältnisses (vgl. *Brackmann* Handbuch II, S. 472/1). Die hiervon abweichende Auffassung, wonach bereits mit der **tatsächlichen Beendigung** der versicherten Tätigkeit das Unfallrisiko entfalle und deshalb auch kein Grund für einen Fortbestand des Versicherungsschutzes – einschließlich der Beitragspflicht des Arbeitgebers – bestehe (vgl. *BSG* 30.7.1981 SozR 2200 § 723 RVO Nr. 5), verkennt, dass zB nach § 8 Abs. 2 SGB VII (früher § 550 RVO) auch die **Zurücklegung von Wegen,** die mit der versicherten Tätigkeit in ursächlichem Zusammenhang stehen, dem Versicherungsschutz unterliegt, also auch Wege nach der tatsächlichen Entlassung oder nach der wirksamen Kündigung, sofern sie der Abwicklung der aus dem Arbeitsverhältnis folgenden Rechtsbeziehungen zwischen Arbeitnehmer und Unternehmer dienen (zB Abholen des Restlohns, des Kündigungsschreibens, der Arbeitspapiere u.ä.; vgl. *BSG* 21.10.1958 BSGE 18, 176, 178; 30.8.1963 BSGE 20, 23, 24). Geschützt sind ferner **Wege zum Vorgesetzten,** zum Betriebsrat usw., die Erörterungen über die Auflösung des Arbeitsverhältnisses oder Einsprüchen gegen die Kündigung dienen (BSGE 8, 176). Hingegen lassen sich Wege zum Arbeitsgericht, die der Durchführung des Kündigungsschutzprozesses oder einer Güteverhandlung dienen, der versicherten Tätigkeit nicht mehr zurechnen (so *BSG* 25.10.1989 SozR 2200 § 548 Nr. 96). Wege, die ein Arbeitsloser, der nach dem SGB II oder III der Meldepflicht unterliegt, in Befolgung einer besonderen Aufforderung einer Dienststelle der BA oder anderer zuständiger Träger zurücklegt, sind nach § 2 Abs. 1 Nr. 14 SGB VII versichert (vgl. zum alten Recht *BSG* 8.12.1994 SozR 3-2200 § 539 Nr. 32; 11.9.2001 SozR 3-2700 § 2 Nr. 3).

45 Ist während des bestehenden Arbeitsverhältnisses ein **Arbeitsunfall** eingetreten und ein **Leistungsanspruch** entstanden, so werden die Leistungen (Verletztengeld, § 45 SGB VII, Verletztenrente, § 56 SGB VII) unbeschadet des **Endes des Arbeitsverhältnisses** für die rechtliche Anspruchsdauer fortgezahlt.

46 Erhöhung der Verletztenrente bei Arbeitslosigkeit:

Solange der Verletzte infolge des Arbeitsunfalls **ohne Arbeitsentgelt oder Arbeitseinkommen** ist, und die Verletztenrente zusammen mit dem Arbeitslosengeld oder dem Arbeitslosengeld II nicht den sich aus § 46 Abs. 1 SGB IX ergebenden Betrag des Übergangsgeldes erreicht, wird die Rente längstens für zwei Jahre um den Unterschiedsbetrag erhöht (§ 58 SGB VII). Dies gilt nicht, solange der Versicherte Anspruch auf weiteres Erwerbsersatzeinkommen (§ 18a Abs. 3 SGB IV) hat, das zusammen mit der Rente das Übergangsgeld erreicht. Wegen des Zusammentreffens von Aufstockungsbetrag und nachgezahltem Arbeitsentgelt s.u. Rz 135.

5. Rechtsstellung im Leistungsrecht der Arbeitsförderung (SGB III)

Leistungen bei Arbeitslosigkeit, Rechtsänderungen 2004/2005: 46a

Die bisherigen Vorschriften über das Arbeitslosengeld (§§ 117 bis 151 SGB III) sind durch das **Dritte Gesetz für moderne Dienstleistungen am Arbeitsmarkt** v. 23.12.2003 (BGBl. I S. 2848) nicht unwesentlich geändert bzw. vielfach vereinfacht worden. Das Gesetz tritt nach Art. 124 Abs. 1 am 1.1.2004 in Kraft, soweit nicht die Abs. 2 – 4 etwas anderes vorsehen. Die Mehrzahl der hier behandelten Vorschriften tritt nach Abs. 3 am 1.1.2005 in Kraft, u.a. die Regelungen der

§§ 117-119 über den Anspruch auf Arbeitslosengeld und seine Voraussetzungen,
§ 128 über die Minderung der Anspruchsdauer,
§§ 130-134 über Bemessungszeitraum und Bemessungsrahmen, Bemessungsentgelt, Leistungsentgelt, Berechnung und Leistung,
§ 141 über Anrechnung von Nebeneinkommen.
§ 142 über Ruhen bei anderen Sozialleistungen,
§ 143a über Ruhen bei Entlassungsentschädigung,
§ 144 über Ruhen bei Sperrzeit und
§ 145 über Ruhen bei Säumniszeit (*weggefallen*).

Hingegen sind bereits am **1.1.2004 in Kraft getreten** die geänderten Regelungen u.a. der

§§ 123, 124 über Anwartschaftszeit und Rahmenfrist,
§ 126 über Leistungsfortzahlung bei Arbeitsunfähigkeit,
§ 127 über die Anspruchsdauer (Wegfall von Abs. 2 a und 3); zur Änderung der Anspruchsdauer durch das Gesetz zu Reformen am Arbeitsmarkt s.u. Rz 47f,
§ 147 über das Erlöschen des Anspruchs,
§ 147a über die Erstattungspflicht des Arbeitgebers bei Freisetzung älterer Arbeitnehmer (Anfügung des Abs. 8); zur Änderung durch das Gesetz zu Reformen am Arbeitsmarkt vgl. KR-*Wolff* § 147a SGB III Rz 4 bis 4b,
§§ 147b, 148 über Aufhebung dieser Vorschriften.

Die Kommentierung orientiert sich im Wesentlichen am neuen Recht (nF), bezieht aber das alte Recht (aF) mit ein, soweit es über den 1.1.2004 hinaus fortgilt (vgl. dazu auch die Übergangsregelung in § 434j SGB III nF).

a) Anspruch auf Arbeitslosengeld

Wer durch Beendigung seines Arbeits- oder Beschäftigungsverhältnisses **arbeitslos** wird (zum Begriff s.u. Rz 47a, b u. 83), erhält unter den weiteren Voraussetzungen der §§ 117 ff. SGB III aF bzw. §§ 118 ff. SGB III nF **Arbeitslosengeld**. Die sich bisher an den erschöpften Arbeitslosengeld-Anspruch anschließende **Arbeitslosenhilfe** wird nach dem **Vierten Gesetz für moderne Dienstleistungen am Arbeitsmarkt** v. 24.12.2003 (BGBl. I S. 2954) ab **1.1.2005** durch das **Arbeitslosengeld II** ersetzt (s.u. Rz 50, zum Übergangsrecht Rz 50a). 46b

Arbeitslosengeld bietet Lohnersatz für den Fall der Arbeitslosigkeit oder bei beruflicher Weiterbildung (§ 117 SGB III nF), und zwar ohne Rücksicht auf die Bedürftigkeit, die – wie bisher bei der Arbeitslosenhilfe – nur bei dem Arbeitslosengeld II eine Rolle spielt (s.u. Rz 50). **Lohnersatz** wird beim Arbeitslosengeld aber nicht in voller Höhe gewährt, sondern nur **in Höhe von 67 %** (erhöhter Leistungssatz bei Arbeitslosen mit mindestens einem Kind iSd § 32 Abs. 1, 3 bis 5 EStG) **bzw. 60 %** (allgemeiner Leistungssatz für die übrigen Arbeitslosen) des pauschalierten Nettoentgelts (Leistungsentgelt, § 133 SGB III nF), das sich aus dem im Bemessungszeitraum erzielten Bruttoentgelt (Bemessungsentgelt iSv § 131 SGB III nF) ergibt (§ 129 SGB III).

aa) Voraussetzungen des Arbeitslosengeldanspruchs

Anspruch auf Arbeitslosengeld bei Arbeitslosigkeit haben nach § 118 SGB III in der ab 1.1.2005 geltenden Fassung (bisher § 117 SGB III) Arbeitnehmer, die 47a

1. arbeitslos sind (§ 119 SGB III nF, § 118 SGB III aF)
2. sich bei der Agentur für Arbeit (bisher: Arbeitsamt) arbeitslos gemeldet (§ 122 SGB III) und
3. die Anwartschaftszeit erfüllt haben (§§ 123, 124 SGB III nF).

Sind diese drei Voraussetzungen erfüllt, entsteht der **Gesamtanspruch auf Arbeitslosengeld (Stammrecht, Grundanspruch)** mit allen seinen Folgen, wobei die daraus abzuleitenden **Einzelansprüche** auf Zahlung jedoch erst beginnen, wenn ein Leistungsantrag gestellt ist. Eines Antrags als zusätzliche Anspruchsvoraussetzung bedarf es nicht (mehr), weil die Leistungen bei Arbeitslosigkeit mit der **persönlichen Arbeitslosmeldung** als beantragt gelten, wenn der Arbeitslose keine andere Erklärung abgibt (§ 323 Abs. 1 S. 2 SGB III). Der Arbeitslose kann ab 1.1.2005 sogar bis zur Entscheidung über den Anspruch bestimmen, dass dieser nicht oder erst zu einem späteren Zeitpunkt entstehen soll (§ 118 Abs. 2 SGB III nF).

bb) Arbeitslosigkeit, Voraussetzungen

47b Arbeitslos ist nach § 119 Abs. 1 SGB III nF ein Arbeitnehmer, der

1. vorübergehend nicht in einem Beschäftigungsverhältnis steht (Beschäftigungslosigkeit),
2. sich bemüht, seine Beschäftigungslosigkeit zu beenden (Eigenbemühungen) und
3. den Vermittlungsbemühungen der Agentur für Arbeit zur Verfügung steht (Verfügbarkeit).

Die Neuregelung hat mit Wirkung ab 1.1.2005 die bisherige Regelung über Arbeitslosigkeit und ihre Teileelemente »Beschäftigungslosigkeit und Beschäftigungssuche« (§ 118 Abs. 1 SGB III aF), letztere mit ihren Teileelementen der »Eigenbemühungen« und der »Verfügbarkeit« (§ 119 SGB III aF) **in einer Regelung zusammengefasst** und bisherige begriffliche Überschneidungen und Ungereimtheiten beseitigt (vgl. dazu Rz 47a der 6. Aufl.). Der Begriff »Beschäftigungssuche« als Oberbegriff für Eigenbemühungen und Verfügbarkeit ist entfallen. Die Anspruchsvoraussetzungen der Eigenbemühungen und der Verfügbarkeit sind also nicht mehr Teileelemente der Beschäftigungssuche, sondern selbstständige Teileelemente des Begriffs »Arbeitslosigkeit« neben der Beschäftigungslosigkeit.

Zu 1): **Beschäftigungslosigkeit** liegt grds. dann vor, wenn der Arbeitnehmer vorübergehend nicht in einem **Beschäftigungsverhältnis** steht, wobei die Ausübung einer weniger als 15 Stunden wöchentlich umfassenden Beschäftigung die Beschäftigungslosigkeit nicht ausschließt (zur **Kurzzeitigkeitsgrenze** s.u. Rz 47c). Beschäftigungslosigkeit liegt bereits dann vor, wenn die bisherige Beschäftigung **tatsächlich beendet ist**, eine neue Beschäftigung noch nicht aufgenommen worden ist und der bisherige Arbeitgeber die Verfügungsmacht über den Arbeitnehmer nicht mehr beansprucht. Das ist stets der Fall, wenn der Arbeitgeber kündigt und weitere Arbeit nicht annimmt, auch wenn das **Arbeitsverhältnis** fortbesteht. Auch bei Freistellung des Arbeitnehmers ist das Beschäftigungsverhältnis beendet (s.u. Rz 83 ff.).

Zu 2): Die Anspruchsvoraussetzung der **Eigenbemühungen** (§ 119 Abs. 4 SGB III nF) ist sowohl inhaltlich als auch hinsichtlich der Rechtsfolgen mit Wirkung ab 1.1.2005 neu gefasst worden: Inhaltlich ist nunmehr genauer bestimmt, welche Anstrengungen der Arbeitslose zu unternehmen hat. Grds. hat er alle Möglichkeiten zur beruflichen Wiedereingliederung zu nutzen, insbes. auch die Wahrnehmung der Verpflichtungen aus einer Eingliederungsvereinbarung, die Mitwirkung bei der Vermittlung durch Dritte und die Inanspruchnahme der Selbstinformationseinrichtungen der Agentur für Arbeit. Falls eine Eingliederungsvereinbarung nicht abgeschlossen worden ist, bestimmt der Arbeitsvermittler im Einzelnen Art und Umfang der Eigenbemühungen, deren Wahrnehmung der Arbeitslose nachzuweisen hat. Die Frage, ob bzw. in welchen Fällen bei unzureichenden Eigenbemühungen künftig nicht die Arbeitslosigkeit und damit der Leistungsanspruch entfällt, sondern eine Sperrzeit eintritt (§ 144 Abs. 1 S. 2 Nr. 3 SGB III in der ab 1.1.2005 geltenden Fassung) ist im Gesetz nicht eindeutig gelöst (vgl. dazu KR-*Wolff* § 144 SGB III Rz 89).

Zu 3): **Verfügbarkeit** (§ 119 Abs. 5 SGB III in der ab 1.1.2005 geltenden Fassung):

Unter den Begriff der Arbeitslosigkeit subsumiert das Gesetz – anders als noch das AFG – auch die **objektive und subjektive Verfügbarkeit**. Der Arbeitnehmer muss arbeitsfähig, seiner Arbeitsfähigkeit entsprechend arbeitsbereit und erreichbar sein, dh er muss eine versicherungspflichtige, mindestens 15 Stunden wöchentlich umfassende zumutbare Beschäftigung unter den üblichen Bedingungen des für ihn in Betracht kommenden Arbeitsmarktes ausüben können und dürfen, Vorschlägen der Agentur für Arbeit zur beruflichen Eingliederung »zeit- und ortsnah« Folge leisten können (vgl. hierzu die Erreichbarkeits-Anordnung v. 23.10.1997, zuletzt geändert durch die Anordnung v. 16.11.2001, ANBA 2001, 1476) und bereit sein, jede Beschäftigung im vorgenannten Sinne anzunehmen und auszuüben. Die Beschränkung auf die Bereitschaft, nur Teilzeitbeschäftigungen auszuüben, schließt die Verfügbarkeit nicht aus, wenn die Teilzeitbeschäftigungen bestimmte Anforderungen erfüllen (§ 120 Abs. 4 SGB III in der ab 1.1.2004 geltenden Fassung). Wie nach bisherigen Recht stehen Einschränkungen hinsichtlich der Dauer, der Lage und Verteilung der Arbeitszeit auf Grund der Betreuung und Erziehung von aufsichtsbedürftigen Kindern oder der Pflege eines pflegebedürftigen Angehörigen der Verfügbarkeit nicht entgegen.

cc) Kurzzeitigkeitsgrenze – Geringfügigkeitsgrenze

47c Maßgebend für die Arbeitslosigkeit bzw. für die Leistungsansprüche bei Arbeitslosigkeit ist eine 15-Stunden-Grenze. Die Ausübung einer weniger als 15 Stunden wöchentlich umfassenden Beschäftigung schließt Beschäftigungslosigkeit und damit Ansprüche auf Arbeitslosengeld nicht aus; dabei werden mehrere Beschäftigungen zusammen gerechnet (§ 119 Abs. 3 S 1 und 2; Abs. 5 Nr. 1 SGB III nF). Diese im **Leistungsrecht des SGB III** durch eine Zeitgrenze definierte **kurzzeitige Beschäftigung** ist nicht mit der **geringfügig entlohnten Beschäftigung** iSd Beitragsrechts identisch, die nach § 8 SGB IV nunmehr allein durch eine Entgeltgrenze definiert wird. Sie betrug bis Ende 2001 bis zu 630 DM bzw. ab 1.1.2002 325 € im Monat, ab 1.4.2003 bis zu 400 € im Monat, wobei die bisherige **zusätzliche Zeitgrenze** von weniger als 15 Stunden wöchentlich ab 1.4.2003 entfallen ist (§ 8 SGB IV idF des Zweiten Gesetzes über moderne Dienstleistungen am Arbeitsmarkt v. 23.12.2002 BGBl. I S. 4621). Eine geringfügig entlohnte und damit beitragsfreie Beschäftigung liegt daher – anders als nach dem bis 31.3.2003 geltenden Recht – auch dann vor, wenn die wöchentliche Arbeitszeit 15 Stunden und mehr beträgt, jedoch das Arbeitsentgelt regelmäßig im Monat 400 € nicht übersteigt. Nach wie vor versicherungsfrei sind daneben sog. **kurzfristige Beschäftigungen**, die innerhalb eines Kalenderjahres auf **längstens zwei Monate** oder 50 Arbeitstage nach ihrer Eigenart begrenzt zu sein pflegen oder im Voraus vertraglich begrenzt sind, es sei denn, dass die Beschäftigung berufsmäßig ausgeübt wird und ihr Entgelt 400 € im Monat übersteigt (§ 8 Abs. 1 Nr. 2 SGB IV in der ab 1.4.2003 geltenden Fassung).

Auch in der **Arbeitslosenversicherung** sind Personen in geringfügig entlohnter Beschäftigung (bis 400 € im Monat) versicherungsfrei, allerdings werden abweichend von § 8 SGB IV geringfügige und nicht geringfügige Beschäftigungen **nicht** zusammengerechnet (§ 27 Abs. 2 SGB III). Es ist danach für die Arbeitslosigkeit/Beschäftigungslosigkeit, nicht aber für die Beitragspflicht unschädlich, wenn der Arbeitslose weniger als 15 Stunden wöchentlich arbeitet, aber mehr als 400 € monatlich verdient. Ausnahmsweise sind derartige Beschäftigungen trotz der Verdiensthöhe versicherungsfrei, wenn sie während eines bestehenden Anspruchs auf Arbeitslosengeld ausgeübt werden. Sie sollen während eines Leistungsbezugs nicht gleichzeitig zur Begründung einer neuen Anwartschaftszeit dienen (§ 27 Abs. 5 SGB III aF bzw. § 27 Abs. 5 SGB III in der ab 1.1.2005 geltenden Fassung). Dies gilt indes nicht für Beschäftigungen, die während einer Zeit, in der ein Anspruch auf Teilarbeitslosengeld besteht, ausgeübt werden (§ 127 Abs. 5 S. 2 SGB III aF wie nF; zum Teilarbeitslosengeld s.u. Rz 49).

dd) Anwartschaftszeit

47d Anspruch auf Arbeitslosengeld hat nur, wer die Anwartschaftszeit erfüllt hat, dh in einem aktuellen Zeitraum vor Beginn der jeweiligen Arbeitslosigkeit (Rahmenfrist) der Arbeitslosenversicherung für eine bestimmte Dauer als Beitragszahler angehört hat. Die Anwartschaftszeit hat nach § 123 S. 1 SGB III in der ab 1.1.2004 geltenden nF erfüllt, wer in der **Rahmenfrist** (§ 124 SGB III nF) mindestens **zwölf Monate** in einem **Versicherungspflichtverhältnis** gestanden hat, dh als Beschäftigter oder aus sonstigen Gründen versicherungspflichtig war (§§ 24 bis 28 SGB III). Damit wird sichergestellt, dass Leistungen bei Arbeitslosigkeit nur demjenigen gewährt werden, der bereits eine durch Beitragszahlung dokumentierte **engere und aktuelle Beziehung zur Arbeitslosenversicherung** hat; die Rahmenfrist legt den engeren zeitlichen Rahmen fest, in dem die Beziehung zur Arbeitslosenversicherung bestanden haben muss.

Die – fließende – **Rahmenfrist** umfasst für die bis 31.1.2006 entstehenden Arbeitslosengeld-Ansprüche noch drei Jahre (§ 124 Abs. 1 SGB III aF), für danach entstehende Ansprüche nur noch zwei Jahre (§ 124 Abs. 1 SGB III nF, § 434j Abs. 3 SGB III nF); sie beginnt mit dem Tag vor Erfüllung aller sonstigen Voraussetzungen für das Arbeitslosengeld. Da der Anspruch häufig mit dem Tag der Arbeitslosmeldung entsteht, beginnt die Rahmenfrist am vorhergehenden Tag und läuft **drei bzw. zwei Jahre rückwärts**; sie darf aber nicht in eine frühere Rahmenfrist hineinreichen, in der eine Anwartschaftszeit erfüllt war. Ist der **Anspruch entstanden** und wird der Arbeitslose nach einer kürzeren Beschäftigung wieder arbeitslos, so erhält er – mangels Erfüllung einer neuen Anwartschaftszeit – Arbeitslosengeld aus dem bereits entstandenen Anspruch (Stammrecht; s.o. Rz 47a), bis dessen Dauer erschöpft ist. Erst wenn aus zwischenzeitlichen Beschäftigungen wieder eine neue Anwartschaftszeit erfüllt ist, **entsteht** ein neuer Anspruch.

ee) Höhe des Arbeitslosengeldes

47e Bei der **Bemessung der Höhe des Arbeitslosengeldes** wird als Entgelt (Bemessungsentgelt) grds. das gesamte beitragspflichtige Arbeitsentgelt berücksichtigt, das der Arbeitslose in einem bestimmten **Bemessungszeitraum** vor dem Ausscheiden aus der Beschäftigung erzielt hat (§§ 130 bis 135 SGB III aF, §§ 130, 131 SGB III in der ab 1.1.2005 geltenden nF, die gem. § 434j Abs. 5 SGB III nF jedoch grds. erst auf Ansprüche anzuwenden sind, die nach dem 31.12.2004 entstehen). Der Bemessungszeitraum umfasst die beim Ausscheiden des Arbeitslosen aus dem jeweiligen Beschäftigungsverhältnis **abgerechneten Entgeltzahlungszeiträume** der versicherungspflichtigen Beschäftigungsverhältnisse im **Bemessungsrahmen**; dieser umfasst ein Jahr und endet mit dem letzten Tag des letzten Versicherungspflichtverhältnisses vor der Entstehung des Anspruchs (§ 130 Abs. 1 SGB III in der ab 1.1.2005 geltenden nF; ähnlich bisher § 130 Abs. 1 SGB III aF). Der für die Bemessung maßgebliche Zeitraum kann erweitert werden, wenn er nicht genügend Tage mit Anspruch auf Arbeitsentgelt enthält (weniger als 150 Tage nach neuem Recht bzw. weniger als 39 Wochen nach altem Recht). Für Fälle unbilliger Härte sind Sonderregelungen vorgesehen. **Bemessungsentgelt** ist das durchschnittlich auf den Tag (nach altem Recht auf die Woche) entfallende beitragspflichtige Arbeitsentgelt, das der Arbeitslose im Bemessungszeitraum erzielt hat (§ 131 Abs. 1 S. 1 SGB III nF; § 132 Abs. 1 SGB III aF). Arbeitsentgelte, auf die der Arbeitslose beim Ausscheiden aus dem Beschäftigungsverhältnis Anspruch hatte, **gelten als erzielt**, wenn sie (später) zugeflossen sind oder nur wegen Zahlungsunfähigkeit des Arbeitgebers nicht zugeflossen sind (§ 131 Abs. 1 S. 2 SGB III nF; § 134 Abs. 1 S. 2 SGB III aF). Der Zufluss kann also auch nach Beendigung des Beschäftigungsverhältnisses erfolgen. Damit ist der Rechtsprechung des BSG Rechnung getragen, wonach bei der Leistungsbemessung auch die **Lohnteile** zu berücksichtigen sind, die dem Arbeitnehmer nach seinem Ausscheiden in **nachträglicher Vertragserfüllung** gezahlt werden, also insbes. in Fällen, in denen die Arbeitsgerichte erfolgreich um Klärung des Entgeltanspruchs bemüht worden sind (*BSG* 28.6.1995 BSGE 76, 162 = SozR 3-4100 § 112 AFG Nr. 22). Insoweit kann es zu einer späteren Neubemessung des Arbeitslosengeldes kommen. Nach wie vor bleiben jedoch diejenigen Lohnteile unberücksichtigt, die auf Grund rückwirkender Vertragsänderungen (zB rückwirkend gewährter tariflicher Lohnerhöhungen) nachgezahlt werden, jedenfalls wenn derartige Vereinbarungen nach Eintritt des Leistungsfalls getroffen bzw. wirksam werden (*BSG* 28.6.1995 BSGE 76, 156 = SozR 3-4100 § 112 Nr. 21). Außer Betracht bleiben ferner **Arbeitsentgelte**, die der Arbeitslose **wegen** der Beendigung des Arbeitsverhältnisses erhält oder die im Hinblick auf die Arbeitslosigkeit vereinbart worden sind (§ 131 Abs. 2 Nr. 1 SGB III nF), also »uneigentliche« Arbeitsentgelte (wie Abfindungen, Urlaubsabgeltungen, sachlich nicht begründbare Lohnerhöhungen für die letzten Beschäftigungszeiträume u.ä.), die letztlich für Zeiten nach beendetem Arbeitsverhältnis bestimmt sind.

Nicht mehr von der Bemessung des Arbeitslosengeldes ausgenommen sind seit dem am 1.1.2001 in Kraft getretenen Einmalzahlungs-Neuregelungsgesetz **einmalig gezahlte Arbeitsentgelte**. Die bisherige Regelung des § 134 Abs. 1 S. 3 Nr. 1 SGB III, die dies vorsah, war verfassungswidrig und ist durch das genannte Gesetz gestrichen worden (dazu und zum Übergangsrecht s.o. Rz 18f).

Bei der Leistungsbemessung werden nur noch versicherungspflichtige **Beschäftigungsverhältnisse** berücksichtigt; alle übrigen Versicherungspflichtverhältnisse, denen ein besonderes Entgelt zugeordnet ist, bleiben ab 1.1.2005 außer Betracht.

Die Berechnung des Arbeitslosengeldes knüpft an ein **pauschales Nettoentgelt** an (Leistungsentgelt nach § 133 SGB III in der ab 1.1.2005 geltenden Fassung; § 136 SGB III aF). Dabei vermindert sich das Bemessungsentgelt ab 1.1.2005 um eine **Sozialversicherungspauschale** in Höhe von 21 % (bisher die bei Arbeitnehmern gewöhnlich anfallenden gesetzlichen Entgeltabzüge), ferner um die **Lohnsteuer** und den **Solidaritätszuschlag**. Die **Kirchensteuer** wird ab 2005 nicht mehr in Abzug gebracht.

Das Arbeitslosengeld wird für **Kalendertage** berechnet und geleistet; bei Zahlung für einen vollen Kalendermonat wird dieser mit 30 Tagen angesetzt (§ 134 SGB III nF), sodass das Arbeitslosengeld ab 2005 in monatlich gleich bleibender Höhe gezahlt werden kann. Eine **Dynamisierung** dieser Leistung findet seit 1.1.2003 nicht mehr statt; § 138 SGB III ist aufgehoben worden.

ff) Anspruchsdauer, Verkürzung ab 2006

47f **Die Dauer des Anspruchs auf Alg** ist durch das Gesetz zu Reformen am Arbeitsmarkt v. 24.12.2003 (BGBl. I S. 3002), in Kraft getreten am 1.1.2004, geändert bzw. **erheblich verkürzt** worden, und zwar nach § 127 SGB III nF von bisher höchstens 32 auf höchstens 18 Monate. Damit sollen die Rahmenbedingungen für die bisherigen **Frühverrentungen** erschwert und insbes. die vorruhestandsbedingten Belastungen der Beitragszahler in der sozialen Sicherung vermindert werden (s.u. Rz 47g).

Es besteht jedoch **Bestandsschutz** für alle Personen, deren Anspruch auf Arbeitslosengeld bis zum Inkrafttreten der Neuregelung am 1.1.2004 bereits entstanden ist oder bis zum 31.1.2006 entsteht (§ 434l Abs. 1 SGB III idF des vorgenannten Gesetzes v. 24.12.2003). Für sie gelten die bisherigen günstigeren Regelungen des § 127 SGB III aF weiter, die bereits ab dem 45. Lebensjahr eine Dauer bis zu 18 Monaten, ab dem 47. Lebensjahr bis zu 22 Monaten, ab dem 52. Lebensjahr bis zu 26 Monaten und ab dem 57. Lebensjahr bis zu 32 Monaten vorsahen, je nach der Dauer der vorhergehenden Versicherungspflichtverhältnisse (§ 127 Abs. 2 SGB III aF). Die Neufassung dieser Regelung wird sich daher erst nach Januar 2006 für die Arbeitslosenversicherung entlastend auswirken, weil erst die nach diesem Stichtag entstehenden Ansprüche verkürzt werden (vgl. zu den Folgeänderungen in § 147a SGB III KR-*Wolff* § 147a SGB III Rz 4 ff.).

Die Anspruchsdauer richtet sich auch nach neuem Recht nach dem Lebensalter des Arbeitslosen bei Eintritt der Arbeitslosigkeit und der Dauer seiner Versicherungspflichtverhältnisse innerhalb der nunmehr auf vier Jahre (bisher sieben Jahre) erweiterten Rahmenfrist (vgl. die Tabelle zu § 127 Abs. 2 SGB III nF). Danach beträgt die **Höchstdauer** des Arbeitslosengeld-Anspruchs grds. **zwölf Monate**. Wegen der besonders angespannten Arbeitsmarktsituation für ältere Arbeitnehmer sollen die Betroffenen jedoch weiterhin eine über die Grundanspruchsdauer hinausgehende Leistungsdauer, längstens jedoch bis zu **achtzehn Monaten**, beanspruchen können. Arbeitslose ab vollendetem 55. Lebensjahr erhalten für 15 Monate Arbeitslosengeld bei mindestens 30 Monaten vorhergehender Versicherungspflicht, für längstens 18 Monate bei 36 Monaten vorhergehender Versicherungspflicht. Die bisherige Höchstdauer von 32 Monaten ist damit erheblich abgesenkt worden. Arbeitnehmer, die noch nicht 55 Jahre alt sind, erhalten ungeachtet der Dauer ihrer zurückgelegten Versicherungspflichtverhältnisse höchstens für zwölf Monate Arbeitslosengeld und müssen nach dessen Erschöpfung Arbeitslosengeld II in Anspruch nehmen (s.u. Rz 50; zum Übergangsrecht Rz 50a).

gg) Auswirkungen auf die Frühverrentungspraxis

Die bisherige **Dauer** des Arbeitslosengeld-Anspruchs, der erhebliche Steuerungswirkung für den Zugang in Arbeitslosigkeit beigemessen wird, soll zu der in weiten Bereichen der Wirtschaft praktizierten Form der Frühverrentung wesentlich beigetragen haben. Den dadurch entstehenden Ausgaben der Arbeitslosenversicherung, aber auch der gesetzlichen Rentenversicherung soll durch die Verkürzung der Anspruchsdauer gegengesteuert werden und die **Frühverrentungspraxis bewusst erschwert** werden. Dabei sind die Rahmenbedingungen für die Frühverrentung schon insoweit eingeschränkt worden, als die Altersrente wegen Arbeitslosigkeit (s.o. Rz 41a, c) infolge Anhebung der Altersgrenze auf das 65. Lebensjahr **vorzeitig** nur noch bei Inkaufnahme von Rentenabschlägen bezogen werden kann, und zwar auch nicht mehr uneingeschränkt ab dem 60. Lebensjahr, sondern für die Geburtsjahrgänge ab 1946 zu einem späteren Zeitpunkt (s.o. Rz 41 a, c). Nach früherem Recht konnte ein 57-jähriger für 32 Monate Arbeitslosengeld beziehen und anschließend Altersrente wegen Arbeitslosigkeit **abschlagsfrei** in Anspruch nehmen. Nach dem ab Februar 2006 wirksam werdenden § 127 SGB III nF kann der Arbeitslose Arbeitslosengeld nur noch für längstens 18 Monate in Anspruch nehmen und muss, sofern er im Anschluss daran vorzeitig – ab 60 oder später – die Altersrente wegen Arbeitslosigkeit beziehen will, Rentenabschläge bis zu 18 % für die gesamte Rentenlaufzeit in Kauf nehmen (s.o. Rz 41 ff.). Der gesetzlich ermöglichte Ausgleich der Rentenminderung durch Beitragszahlungen des Betriebs (s.o. Rz 41d, e) erfordert bei einer vorzeitigen Inanspruchnahme der Altersrente sehr erhebliche Mittel (vgl. auch KR-*Wolff* § 143a SGB III Rz 25b), sodass die Neigung der Arbeitsvertragsparteien zu entsprechenden Frühverrentungen wesentlich eingeschränkt sein dürfte.

hh) Minderung der Anspruchsdauer bei Sperrzeit

Nach § 128 SGB III nF, der ab 1.1.2005 gilt und insoweit mit der bisherigen Regelung in § 128 SGB III aF im Wesentlichen übereinstimmt, mindert sich die Anspruchsdauer (vgl. Rz 47 f.) zunächst um die Anzahl von Tagen, für die der Anspruch auf Arbeitslosengeld bei Arbeitslosigkeit erfüllt worden ist (Abs. 1 Nr. 1). Er mindert sich ferner um die Anzahl von Tagen einer **Sperrzeit bei Arbeitsaufgabe**; beträgt in diesen Fällen die Sperrzeit zwölf Wochen, mindert sich der Anspruch jedoch um ein **Viertel der Anspruchsdauer**, die dem Arbeitslosen bei erstmaliger Erfüllung der Anspruchsvoraussetzungen nach dem Sperrzeitereignis zusteht (§ 128 Abs. 1 Nr. 4 SGB III), ferner u.a. um die Anzahl von Tagen einer Sperrzeit bei Arbeitsablehnung, unzureichenden Eigenbemühungen, Ablehnung oder Abbruch einer Eingliederungsmaßnahme oder Meldeversäumnis (§ 128 Abs. 1 Nr. 3 SGB III nF). Zum Wegfall der Anspruchsminderung nach § 128 Abs. 2 S. 2 SGB III vgl. KR-*Wolff* § 144 SGB III Rz 64).

ii) **Minderung des Arbeitslosengeldes bzw. Sperrzeit wegen verspäteter Arbeitsuchendmeldung**

48 Mit dem Ersten Gesetz für moderne Dienstleistungen am Arbeitsmarkt v. 23.12.2002 (BGBl. I S. 4607) wurde mit **§ 140 SGB III** ein neuer Tatbestand eingeführt, wonach sich das Arbeitslosengeld um bestimmte Beträge mindert, wenn sich der Arbeitslose entgegen dem ebenfalls neu eingeführten § 37b SGB III nicht **unverzüglich arbeitsuchend meldet**, dh nicht unverzüglich nach Kenntnis des Zeitpunkts, zu dem sein Beschäftigungsverhältnis endet (vgl. dazu *Wolff* KR, 7. Aufl. § 140 SGB III Rz 1 ff.). § 140 SGB III ist zum 30.12.2005 **aufgehoben** und § 37b SGB III neu gefasst worden. Die Minderung des Arbeitslosengeldes entfällt und wird künftig durch einen eigenständigen **Sperrzeittatbestand** in § 144 Abs. 1 S. 2 Nr. 7 SGB III ersetzt (Sperrzeit bei verspäteter Arbeitsuchendmeldung). Vgl. dazu den Text des § 37b SGB III nF und aF, abgedruckt vor § 143 SGB III und KR-*Wolff* § 144 SGB III Rz 69 ff.

b) **Teilarbeitslosengeld**

49 Nach § 150 SGB III gibt es seit 1998 – begrenzt auf die Dauer von sechs Monaten – **Teilarbeitslosengeld** für diejenigen, die eine von zwei oder mehreren nebeneinander ausgeübten versicherungspflichtigen Beschäftigungen verloren haben und eine solche wieder suchen. Nach bisherigem Recht fehlte es an der Arbeitslosigkeit, solange noch eine andere **versicherungspflichtige Beschäftigung** bestand. Diese Teilarbeitslosigkeit wird nunmehr ausgeglichen. Die vorgenannte Regelung hat deshalb an Bedeutung gewonnen, weil nunmehr auch in der Arbeitslosenversicherung für die Versicherungsfreiheit nach § 27 Abs. 2 SGB III die allgemeine Geringfügigkeitsgrenze des § 8 SGB IV gilt (s.o. Rz 47c), also Versicherungspflicht bereits bei einem regelmäßigen Monatsverdienst von 400 € und mehr beginnt, ohne dass es daneben noch – wie bis Ende Februar 2003 – auf eine Wochenarbeitszeit von 15 Stunden ankommt (§ 27 Abs. 2 SGB III iVm § 8 SGB IV idF des Gesetzes v. 23.12.2002 BGBl. I S. 4607).

c) **Arbeitslosenhilfe/Arbeitslosengeld II**

50 Die bisherige **Arbeitslosenhilfe** (§§ 190 – 206 SGB III, aufgehoben ab 1.1.2005) übernahm bis Ende 2004 in abgeschwächter Form die soziale Schutzfunktion des Arbeitslosengeldes, wenn der Arbeitnehmer arbeitslos und arbeitslos gemeldet war, einen Anspruch auf Arbeitslosengeld mangels Erfüllung der Anwartschaftszeit nicht hatte und in der einjährigen Vorfrist (§ 192 SGB III) Arbeitslosengeld bezogen hatte und bedürftig war. Anders als das Arbeitslosengeld wurde die Arbeitslosenhilfe im Auftrag des Bundes gewährt; sie ist keine Leistung der Arbeitslosenversicherung, sondern eine **Fürsorgeleistung**, die vom Bund aus allgemeinen Steuermitteln finanziert wurde. Hinsichtlich ihrer **Höhe** knüpfte sie – ähnlich wie das Arbeitslosengeld – an den letzten Arbeitsverdienst an und betrug **57 %** bzw. **53 %** des Leistungsentgelts (§ 195 SGB III). Sie setzte – ähnlich wie die Sozialhilfe – **Bedürftigkeit** voraus, dh sie verminderte sich um das zu berücksichtigende Einkommen und Vermögen.

Arbeitslosengeld II: Durch das Vierte Gesetz für moderne Dienstleistungen am Arbeitsmarkt v. 24.12.2003 (BGBl. I S. 2954), das hinsichtlich der hier maßgeblichen leistungsrechtlichen Vorschriften am 1.1.2005 in Kraft getreten ist (Art. 61 dieses Gesetzes), werden Arbeitslosenhilfe und Sozialhilfe für **erwerbsfähige Hilfebedürftige** zu einer Leistung »**Grundsicherung für Arbeitsuchende**« zusammengeführt und im **Sozialgesetzbuch (SGB) Zweites Buch** (II) geregelt. Durch das SGB II wird die Arbeitslosenhilfe als Folgeleistung nach erschöpftem Arbeitslosengeldbezug beseitigt und das **Arbeitslosengeld II** als neue Leistungsart nach Maßstäben der Sozialhilfe eingeführt. Während Arbeitslosengeld und Arbeitslosenhilfe im Grundsatz als einheitlicher Anspruch auf Entgeltersatzleistungen bei Arbeitslosigkeit galten und auf die Arbeitslosenhilfe die Vorschriften über das Arbeitslosengeld in weitem Umfang entsprechend anzuwenden waren (§ 198 Abs. 1 SGB III), ist dieser enge Zusammenhang im SGB II gelöst. In diesem Gesetz finden sich nur vereinzelte Verweisungen auf das SGB III, etwa in § 40 (Anwendung von Verfahrensvorschriften des SGB X und des SGB III in § 330 Abs. 1, 2, 3 S. 1 u. 4 sowie § 331 SGB III, ferner auch der Vorschriften über die Erstattung von Beiträgen zur Kranken-, Renten- und Pflegeversicherung in § 335 Abs. 1, 2 u. 5 SGB III). Die Vorschriften über das Ruhen der Leistungen (§§ 143, 143a, 144 SGB III) und die Erstattungspflichten der Arbeitgeber (§ 147a, 148, 149 SGB III) sind im SGB II nicht in Bezug genommen bzw. für entsprechend anwendbar erklärt. Das gilt auch für die Vorschriften über Arbeitslosigkeit (§ 119 SGB III nF). Dieser Begriff spielt beim Arbeitslosengeld II keine Rolle; vielmehr ist der Begriff der **Erwerbsfähigkeit** ebenso wie der Begriff der **Hilfebedürftigkeit** als Leistungsvoraussetzung für das Arbeitslosengeld II im SGB II eigenständig geregelt (§§ 8, 9 SGB II).

Die neuen Leistungen des SGB II werden von der BA im Auftrag des Bundes erbracht und aus seinen Steuermitteln finanziert. Kreisfreie Städte und Kreise können auf ihren Antrag an Stelle der Agenturen für Arbeit als Träger zugelassen werden; das Nähere hierzu ist durch Gesetz vom 30.7.2004 (BGBl. I S. 2014) geregelt worden; vgl. §§ 6 bis 6c SGB III idF des vorgenannten Gesetzes.

Anspruchsvoraussetzungen für das Arbeitslosengeld II:
Anspruchsvoraussetzungen sind – anders als nach seiner Benennung zu vermuten – nicht mehr ein irgendwie gearteter Vorbezug von Arbeitslosengeld oder eine Vorversicherungszeit in der Arbeitslosenversicherung, sondern unabhängig davon nur **Erwerbsfähigkeit und Hilfebedürftigkeit**, ein bestimmtes Alter (zwischen 15 und 65 Jahren) und ein gewöhnlicher Aufenthalt in der Bundesrepublik Deutschland (§ 7 SGB II). Allerdings erhält keine Leistungen nach dem SGB II, wer die erforderliche Hilfe von Trägern anderer Sozialleistungen, insbes. Arbeitslosengeld, erhält (§ 9 SGB II). Leistungen nach dem SGB II erhalten auch Personen, die mit erwerbsfähigen Hilfebedürftigen in einer **Bedarfsgemeinschaft** leben (§ 7 Abs. 2 und 3 SGB II). Sind diese Personen nicht erwerbsfähig, erhalten sie **Sozialgeld** (§ 28 SGB II).

Die **Höhe der Leistung** ist – anders als bei der bisherigen Arbeitslosenhilfe – nicht mehr am zuletzt erzielten Arbeitsentgelt orientiert, sondern unter Berücksichtigung des Bedarfsdeckungsgrundsatzes weitgehend **pauschaliert**. Es waren zunächst bundesweit **zwei unterschiedliche Pauschalen** für Regelleistungen (alte und neue Bundesländer) vorgesehen, die jedoch inzwischen vereinheitlicht worden sind (§ 20 Abs. 2 des Gesetzes zur Änderung des zweiten Buchs Sozialgesetzbuch und anderer Gesetze vom 24.3.2006 BGBl. I S. 558). Danach beträgt die monatliche Regelleistung für Personen, die alleinstehend oder alleinerziehend sind oder deren Partner minderjährig ist, einheitlich 345 € (für West und Ost). Die Regelleistung für sonstige erwerbsfähige Angehörige der Bedarfsgemeinschaft beträgt 80 vH der Regelleistung nach dem vorgenannten Satz. Haben zwei Angehörige der Bedarfsgemeinschaft das 18. Lebensjahr vollendet, beträgt die Regelleistung jeweils 90 vH Daneben gibt es monatliche Pauschalen (Mehrbedarf) für werdende Mütter, Alleinerziehende und behinderte Hilfebedürftige (§ 21 SGB II) sowie Leistungen für Unterkunft und Heizung (§ 22 SGB II).

Die **Niveauunterschiede** zwischen der bisherigen Arbeitslosenhilfe und Sozialhilfe (unterschiedliche Einkommens- und Vermögensgrenzen bei der Bedürftigkeitsprüfung, unterschiedliche Freibeträge bei Erzielung von Erwerbseinkommen, unterschiedliche Zumutbarkeitsregelungen bei Aufnahme einer Erwerbstätigkeit, unterschiedliche soziale Sicherung) werden beseitigt.

Die Regelleistungen zur Sicherung des Lebensunterhalts werden jeweils zum 1.7. eines Jahres an die Veränderungen des aktuellen Rentenwerts in der gesetzlichen Rentenversicherung angepasst (§ 20 Abs. 4 SGB II).

Zur Absenkung und zum Wegfall des Arbeitslosengeldes II (§ 31 SGB II) vgl. KR-*Wolff* § 144 SGB III Rz 1f.

Übergangsrecht: 50a
Die Arbeitslosenhilfe, die nach § 190 Abs. 3 S. 1 SGB III aF längstens für ein Jahr bewilligt werden soll, darf nach der ab 1.1.2004 geltenden Neufassung dieser Regelung durch das Gesetz v. 24.12.2003 **längstens bis zum 31.12.2004** bewilligt werden. Für die Zeit ab 1.1.2005 ist stattdessen Arbeitslosengeld II zu beantragen, das grds. nicht für Zeiten vor Antragstellung erbracht wird (§ 37 SGB II). Allerdings sind von den Leistungsträgern nach dem SGB II bereits ab 1.10.2004 bei den in Frage kommenden Personen die für die Leistungsberechtigung nach dem SGB II ab 1.1.2005 erforderlichen Angaben zu erheben gewesen, sodass es im Regelfall zu einem nahtlosen Übergang von der Arbeitslosenhilfe zum Arbeitslosengeld II gekommen ist. Soweit der Leistungsbeginn des Arbeitslosengeldes II innerhalb von zwei Jahren nach dem Ende des Arbeitslosengeldbezuges liegt, wird ein **befristeter Zuschlag** nach § 24 SGB II gezahlt. Dieser ist durch Gesetz vom 20.7.2006 (BGBl. I S. 1706) begrenzt worden.

d) Ruhen der Leistungen nach dem SGB III, Ruhenstatbestände

In den §§ 142 bis 146 SGB III sind bestimmte Tatbestände geregelt, bei deren Vorliegen kraft Gesetzes 51 ein Ruhen des Arbeitslosengeld-Anspruchs eintritt. Für die Arbeitslosenhilfe galt Entsprechendes (§ 198 S. 2 Nr. 6 SGB III aF). Um **Doppelleistungen** auszuschließen, ist das Ruhen des Anspruchs für Zeiten vorgesehen, in denen der Arbeitslose Arbeitsentgelt (einschließlich der Lohn- und Gehaltsfortzahlung im Krankheitsfalle) erhält oder zu beanspruchen hat (§ 143 Abs. 1 SGB III). Zum Arbeitsentgelt, das den gleichzeitigen Leistungsbezug ausschließen soll, rechnet der Gesetzgeber auch Urlaubsabgeltungen nach § 7 Abs. 4 BUrlG (§ 143 Abs. 2 SGB III, früher § 117 Abs. 1a AFG; vgl. dazu iE KR-*Wolff* § 143 SGB III Rz 25). Der am 1.4.1999 in Kraft getretene § 143a SGB III, der die zuvor geltende **Anrechnungsregelung** des § 140 SGB III ersetzt hat (vgl. dazu die Kommentierung in der 5. Aufl.) sieht – wie früher § 117 Abs. 2 bis 3a AFG – wieder vor, dass bestimmte Teile einer **Entlassungsentschädigung** nur bei **vorzeitiger Beendigung eines Arbeits- oder Beschäftigungsverhältnisses** zum Ruhen des Arbeitslosengeldanspruchs führen (vgl. KR-*Wolff* § 143a SGB III Rz 26 ff.).

52 Für das Zusammentreffen von Arbeitslosengeld mit anderen **Lohnersatzleistungen** sind weitere Ruhenstatbestände in § 142 SGB III vorgesehen, zB für den Fall der Zuerkennung von **Krankengeld, Versorgungskrankengeld, Verletztengeld, Mutterschaftsgeld, Übergangsgeld** (unter bestimmten Voraussetzungen, vgl. § 142 Abs. 1 S. 1 Nr. 2 SGB III). Ferner ruht das Arbeitslosengeld, wenn dem Arbeitslosen eine **Rente wegen voller Erwerbsminderung** aus der gesetzlichen Rentenversicherung zuerkannt ist, und zwar vom Beginn der laufenden Rentenzahlung an (§ 142 Abs. 1 S. 1 Nr. 3, Abs. 2 Nr. 2 SGB III).

Auch in Fällen, in denen vor Vollendung des 65. Lebensjahres eine **Altersrente** aus der gesetzlichen Rentenversicherung oder eine ähnliche Leistung öffentlich-rechtlicher Art zuerkannt ist (s.o. Rz 40b, 41), ruht das Arbeitslosengeld, und zwar grds. in vollem Umfang. Ausnahmsweise ruht das Arbeitslosengeld nur bis zur Höhe der zuerkannten Leistung, wenn die Rente auch während einer Beschäftigung **und ohne Rücksicht auf die Höhe des Arbeitsentgelts** gewährt wird (§ 142 Abs. 1 S. 1 Nr. 4, Abs. 2 Nr. 3b SGB III). Diese Regelung soll gewährleisten, dass Arbeitnehmer, die noch nicht aus dem Erwerbsleben ausgeschieden sind, insgesamt mindestens eine Leistung in Höhe des Arbeitslosengeldes erhalten. Dieses Ziel wird aber bei den vorgezogenen Altersrenten (s.o. Rz 41) nicht erreicht, weil diese Renten nicht von einem daneben erzielten Arbeitsentgelt unabhängig sind; vielmehr dürfen die Hinzuverdienstgrenzen des § 34 SGB III nicht überschritten werden (s.o. Rz 43). Das vollständige Ruhen des Arbeitslosengeldes – auch bei niedrigerer Rentenleistung – ist verfassungsrechtlich problematisch und auch im Rahmen von § 142 Abs. 1 S. 1 Nr. 4 SGB III weiter von Bedeutung, weil die Begrenzung des Ruhens auf die Höhe der zuerkannten Rente nur einen sehr begrenzten Anwendungsbereich hat (vgl. dazu *Düe* in *Niesel* SGB III, 3. Aufl., § 142 Rz 11 ff.). Das Arbeitslosengeld ruht schließlich auch während der Zeit, für die der Arbeitslose wegen seines Ausscheidens aus dem Erwerbsleben **Vorruhestandsgeld** oder eine vergleichbare Leistung des Arbeitgebers mindestens in Höhe von 65 % des Bemessungsentgelts bezieht (§ 142 Abs. 4 SGB III; zum Ruhen des Anspruchs bei einer Sperrzeit vgl. KR-*Wolff* § 144 SGB III Rz 2 ff.).

53 **Ruhen** bedeutet, dass der Anspruch als solcher (das Stammrecht auf die Leistung) zwar grds. entsteht und erhalten bleibt, jedoch der **Einzelanspruch** nicht geltend gemacht werden kann, soweit er auf die vorgesehene Ruhenszeit entfällt. Der Anspruch braucht nicht erfüllt zu werden bzw. kann nicht durchgesetzt werden (»Leistungssperre«, vgl. BSG 9.8.1990 SozR 3-4100 § 105a AFG Nr. 2). Nach Ablauf des Ruhenszeitraums lebt der gehemmte Anspruch wieder auf. Eine Ausnahme bestimmt § 147 Abs. 1 Nr. 2 SGB III, wonach der Leistungsanspruch bei Eintritt mehrerer Sperrzeiten von bestimmter Dauer **vollständig erlischt** (vgl. KR-*Wolff* § 144 SGB III Rz 65). Die Wirkung des Ruhens tritt kraft Gesetzes ein, ohne dass es eines Bescheides bedarf.

54 Die **Ruhenszeit** wird grds. nicht auf die **Anspruchsdauer** des Arbeitslosengeldes angerechnet, weil der Anspruch während dieser Zeit nicht erfüllt wird (Umkehrschluss aus § 128 Abs. 1 Nr. 1 SGB III). Es wird lediglich der Beginn der Leistung hinausgeschoben, ohne dass sich deren Dauer verkürzt. Beeinträchtigt wird das Stammrecht auf Arbeitslosengeld jedoch in den Fällen eines **Sperrzeiteintritts** nach § 144 SGB III, weil die Sperrzeit nicht nur zum **Ruhen** des Anspruchs, sondern nach § 128 Abs. 1 auch zu einer **Minderung der Anspruchsdauer** führt (vgl. zur Bedeutung und zu den Folgen einer Sperrzeit Rz 56 ff. und KR-*Wolff* § 144 SGB III Rz 2 u. 61 ff.).

55 **Zusammentreffen mehrerer Ruhenstatbestände:**
Wegen der vorgenannten unterschiedlichen Rechtsfolgen müssen beim möglichen **Zusammentreffen von zwei oder mehreren Ruhenstatbeständen** grds. die Voraussetzungen sämtlicher Tatbestände geprüft werden: Scheidet zB der Arbeitnehmer auf Grund eines mit dem Arbeitgeber geschlossenen Aufhebungsvertrages gegen Abfindung aus dem Arbeitsverhältnis aus, so muss wegen der unterschiedlichen Rechtsfolgen zunächst geprüft werden, ob eine **Sperrzeit** eingetreten ist. Ist dies der Fall, ruht der Arbeitslosengeld-Anspruch, soweit er in die Sperrzeit fällt, in vollem Umfang; gleichzeitig mindert

sich die Anspruchsdauer nach Maßgabe des § 128 Abs. 1 Nr. 4 SGB III. Ist gleichzeitig ein Ruhenstatbestand nach § 143a SGB III eingetreten, wirkt sich dieser praktisch erst nach dem Ende der Sperrzeit aus. Ist eine Sperrzeit zB wegen Vorliegens eines wichtigen Grundes nicht eingetreten, tritt ein Ruhen des Anspruchs ab dem Ende des Arbeitsverhältnisses ein, ohne dass es zu einer Minderung der Anspruchsdauer kommt.

e) Sperrzeit und Kündigung

aa) Bedeutung der Sperrzeit

Sperrzeiten sind Zeiten, in denen der Anspruch auf Arbeitslosengeld oder Arbeitslosenhilfe **ruht**; sie bewirken eine **zeitliche Leistungssperre** in dem Sinne, dass ein Anspruch, der auf Tage einer (zeitlich festliegenden) Sperrzeit entfällt, nicht zu erfüllen ist (zum Begriff des Ruhens s.o. Rz 53). Sperrzeiten haben für arbeitslose Arbeitnehmer, insbes. solche, die ihr Arbeitsverhältnis ohne wichtigen Grund selbst gekündigt oder einverständlich gelöst haben (**Sperrzeit wegen Arbeitsaufgabe**, § 144 Abs. 1 S. 2 Nr. 1 SGB III) nachhaltige Bedeutung: Sie können nicht nur zu einer zeitlichen Leistungssperre bis zu zwölf Wochen führen, sondern bewirken auch eine Minderung der Anspruchsdauer und können sogar zu einem Erlöschen des Anspruchs führen (vgl. zu allem KR-*Wolff* § 144 SGB III Rz 2 u. 61 ff.). 56

bb) Versicherungsschutz während der Sperrzeit

Die Sperrzeiten führen darüber hinaus auch zu **Nachteilen im Versicherungsschutz in der Kranken-, Pflege- und Rentenversicherung**: Versicherungsschutz in der Kranken- und Pflegeversicherung ist nur für Personen in der Zeit vorgesehen, für die sie Arbeitslosengeld **beziehen** oder **nur deshalb nicht beziehen**, weil ihr Anspruch ab Beginn des zweiten Monats bis zur zwölften Woche einer Sperrzeit ruht (§ 5 Abs. 1 Nr. 2 SGB V; § 20 Abs. 1 Nr. 2 SGB XI). Der Gesetzgeber hat insoweit, um den Versicherungsschutz während der seit 1985 auf zwölf Wochen verlängerten Sperrzeit zu gewährleisten, gesetzlich fingiert, dass ab dem zweiten Monat Leistungen als **bezogen gelten**. In den ersten vier Wochen bzw. dem ersten Monat der Sperrzeit besteht uU nachgehender **Versicherungsschutz** aus dem bisherigen Beschäftigungsverhältnis, sofern die versicherungsrechtlichen Voraussetzungen des § 19 Abs. 2 SGB V erfüllt sind (s.o. Rz 32). Das Gleiche gilt, falls der Arbeitslose vor Sperrzeitbeginn bereits Arbeitslosengeld oder Arbeitslosenhilfe bezogen hat. Erkrankt der Arbeitslose während der Sperrzeit, so hat er lediglich Anspruch auf Krankenpflege und Krankenhauspflege, während sein Anspruch auf **Krankengeld** während der gesamten Dauer der Sperrzeit ruht (§ 49 Abs. 1 Nr. 3a SGB V idF des Gesetzes vom 21.3.2005 BGBl. I S. 818). 57

Auch in der **Rentenversicherung** wirkt sich eine Sperrzeit nachteilig aus: Nach dem seit 1.1.1992 geltenden SGB VI entfällt mit dem Wegfall der Leistungspflicht der Arbeitsverwaltung infolge einer Sperrzeit auch die **Beitragspflicht zur Rentenversicherung,** sodass während der Sperrzeit rentenrechtliche Zeiten iSv §§ 54, 58 SGB VI grds. nicht erworben werden (s.o. Rz 27; zum Erwerb einer Anrechnungszeit s.o. Rz 27a). 58

f) Erstattungspflichten des Arbeitgebers gegenüber der BA

aa) Erstattungspflicht des Arbeitgebers nach § 147a SGB III (früher § 128 AFG) bei Freisetzung älterer Arbeitnehmer

Die erst am 1.1.1993 in Kraft getretene Neufassung des § 128 AFG, die den Arbeitgeber zur **Erstattung von Arbeitslosengeld** oder **Arbeitslosenhilfe** bei Freisetzung 58-jähriger und älterer Arbeitsloser verpflichtete, war zunächst mit Wirkung ab 1.4.1997 durch das AFRG v. 24.3.1997 (BGBl. I S. 594) – zusammen mit § 117 Abs. 2 bis 3a und § 117a AFG – aufgehoben worden und durch die Anrechnungsregelung des § 115a AFG (ab 1.4.1997) bzw. des § 140 SGB III (ab 1.1.1998) ersetzt worden. Die Anrechnungsregelung ist ihrerseits durch Gesetz v. 24.3.1999 (BGBl. I S. 396) wieder aufgehoben und § 128 AFG – nunmehr als § 147a SGB III – ab 1.4.1999 wieder in Kraft gesetzt worden. Vgl. zur Rechtsentwicklung und zum Übergangsrecht *Wolff* KR, 6. Aufl. § 147a SGB III Rz 2–4. 59

Durch das Gesetz zu Reformen am Arbeitsmarkt v. 24.12.2003 (BGBl. I S. 3002) ist § 147a SGB III im Zusammenhang mit der Änderung des § 127 SGB III, der die Dauer der ab Februar 2006 entstehenden Ansprüche auf Arbeitslosengeld erheblich verkürzt (s.o. Rz 47f), verändert worden: § 147a SGB III ist **nicht mehr anzuwenden** auf Ansprüche, die nach dem 31.1.2006 entstehen. Da ab diesem Zeitpunkt die Bezugsdauer des Arbeitslosengeldes nach § 127 Abs. 2 SGB III höchstens 18 Monate (statt bisher

32 Monate) beträgt, entfällt ein Anreiz zu Frühverrentungen zu Lasten der Arbeitslosenversicherung (§ 134l Abs. 4 SGB III; BT-Drucks. 15/1587 S. 32). Für Ansprüche auf Arbeitslosengeld, die nach dem 31.12.2003 und bis zum 31.1.2006 entstanden sind, ist die Regelung **verschärft worden** (vgl. KR-*Wolff* § 147a Rz 4-4b).

bb) Erstattungspflicht des Arbeitgebers nach § 147b SGB III bei witterungsbedingter Kündigung (weggefallen ab 1.1.2004)

60 Die erst am 1.11.1999 in Kraft getretene Regelung des § 147b SGB III, wonach die Arbeitgeber des Baugewerbes zur Erstattung des während der **Schlechtwetterzeit** gezahlten Arbeitslosengeldes einschließlich der Beiträge zur Sozialversicherung verpflichtet worden sind, wenn der Arbeitslose tarifvertragswidrig witterungsbedingt gekündigt worden ist, ist durch das Dritte Gesetz für moderne Dienstleistungen am Arbeitsmarkt v. 23.12.2003 BGBl. I S. 2848 mit Wirkung ab **1.1.2004 aufgehoben worden**. Die Erstattungspflicht nach § 147b SGB III entfällt für Zeiten des Leistungsbezugs ab 1.1.2004 (Art. 1 Nr. 81, § 434j Abs. 7 des vorgenannten Gesetzes; vgl. dazu § 147b Rz 59 der 6. Aufl.).

Grund für die Aufhebung ist die geringe Zahl der Erstattungsfälle, der erhebliche Arbeitsaufwand bei Arbeitgebern und Arbeitsverwaltung, eine erstrebte Entlastung insbes. der Arbeitsverwaltung von Beratungen zu § 147b SGB III, umfangreichen Sachverhaltsermittlungen, potenziellen Erstattungsfällen und dem Forderungseinzug.

cc) Erstattungspflicht des Arbeitgebers bei Konkurrenzklausel, § 148 SGB III (weggefallen ab 1.1.2004)

61 Auch die Regelung des § 148 SGB III, wonach der bisherige Arbeitgeber der Arbeitsverwaltung vierteljährlich 30 % des Arbeitslosengeldes einschließlich der darauf anteilig entfallenden Sozialversicherungsbeiträge zu erstatten hatte, wenn der Arbeitslose durch eine Vereinbarung mit seinem Arbeitgeber in seiner beruflichen Tätigkeit als Arbeitnehmer beschränkt wurde (sog. **Konkurrenzklausel**) ist mit Wirkung **ab 1.1.2004 aufgehoben worden**. Die Erstattungspflicht nach § 148 SGB III entfällt für Zeiten des Leistungsbezugs ab 1.1.2004 (Art. 1 Nr. 82, § 434j Abs. 7 des og Gesetzes; vgl. zu § 148 Rz 60 – 67 der 6. Aufl.).

Grund für die Aufhebung ist die geringe Zahl der Erstattungsfälle (bundesweit weniger als 100 Fälle im Jahr 2002), ferner der erhebliche Verwaltungsaufwand auch hinsichtlich der Beratung und Information der Arbeitgeber über Verzichtsmöglichkeiten, ferner auch der Wegfall einer präventiven Wirkung des § 148 SGB III, weil der Arbeitgeber im Hinblick auf die bestehende Rechtslage vom Abschluss einer Wettbewerbsabrede absehen kann.

dd) Erstattungspflicht des Arbeitgebers bei Ablösung, § 128b AFG aF (weggefallen ab 1.1.1998)

62 Die frühere Regelung des § 128b AFG, die eine Erstattungspflicht des Arbeitgebers für den Fall vorsah, dass dieser bei Arbeitsaufnahme des Arbeitslosen eine Ablösung verlangt, ist im SGB III nicht mehr enthalten. Eine Erstattungspflicht besteht daher seit 1.1.1998 nicht mehr.

g) Kurzarbeitergeld, kein Anspruch bei gekündigtem Arbeitsverhältnis

63 Anspruch auf **Kurzarbeitergeld** haben Arbeitnehmer u.a. nur dann, wenn sie ihre versicherungspflichtige Beschäftigung nach Beginn des Arbeitsausfalls fortsetzen und ihr Arbeitsverhältnis nicht gekündigt oder durch Aufhebungsvertrag aufgelöst ist (§ 172 Abs. 1 SGB III). Denn durch Gewährung von Kurzarbeitergeld an die Arbeitnehmer sollen die **Arbeitsplätze gesichert** und dem Betrieb die eingearbeiteten Arbeitskräfte erhalten werden (vgl. früher § 63 Abs. 1 S. 1 AFG). Die Neuregelung beruht auf den gleichen Erwägungen (BT-Drucks. 13/4941, S. 184). Die Regelung schließt Kurzarbeitergeld nicht nur in Fällen der Lösung des Arbeitsverhältnisses durch den Arbeitgeber, sondern auch dann aus, wenn der Arbeitnehmer gekündigt hat (*BSG* 21.11.2002 – B 11 AL 17/02 R). Eine wirksame Kündigung setzt Schriftform (§ 632 BGB) und Zugang an den Empfänger (§ 130 Abs. 1 BGB) voraus. Mit der Übergabe des Schreibens entfällt die Anspruchsberechtigung des Arbeitnehmers ab dem nächsten Tag.

64 Die bisherige **Ermessensregelung,** wonach Kurzarbeitergeld auch bei **gekündigtem Arbeitsverhältnis** gezahlt werden konnte, solange der betroffene Arbeitnehmer keine andere Arbeit aufnehmen konnte (§ 65 Abs. 1 S. 3 AFG), ist in die Neuregelung des SGB III nicht übernommen worden. Die mit

dem Kurzarbeitergeld verbundene **Befreiung des Betriebs** von **Entgeltzahlungspflichten** wurde nicht für vertretbar gehalten, weil bei Kündigung und – dem gleichgestellten – Aufhebungsvertrag sich die mit dem Kurzarbeitergeld verfolgte arbeitsmarktpolitische Zielsetzung der Erhaltung der Beschäftigungsverhältnisse nicht verwirklichen lasse (BT-Drucks. 13/4941, S. 184/85). Bei gekündigtem Arbeitsverhältnis soll das Entgeltrisiko nicht mehr auf die Arbeitsverwaltung verlagert werden, sondern bei den Parteien des Arbeitsverhältnisses verbleiben. Der Arbeitnehmer, der während der Kündigungsfrist einen Lohnausfall erleidet, muss dann ggf. in den Arbeitslosengeld-Bezug überwechseln, wobei er regelmäßig einen Grund für die fristlose Lösung des Arbeitsverhältnisses haben wird und daher keine Sperrzeit befürchten muss.

Wie beim »normalen« Kurzarbeitergeld ist auch beim neuen **Saison-Kurzarbeitergeld** (§ 175 SGB III) 65 eine Einschränkung der Leistung bei Arbeitnehmern vorgesehen, deren Arbeitsverhältnis gekündigt ist oder deren **Arbeitsvertrag** aufgelöst ist (§ 175 Abs. 1 Nr. 3 SGB III) Das Saison-Kurzarbeitergeld ist durch das Gesetz zur Förderung ganzjähriger Beschäftigung vom 24.4.2006 (BGBl. I S. 926) für die Schlechtwetterzeit vom 1.12. bis 31.3. eingeführt worden und ist an die Stelle des bisherigen Winterausfallgeldes (§§ 209–216 SGB III aF) getreten. Es erfasst Arbeitnehmer in Betrieben, die dem Baugewerbe oder einem Wirtschaftszweig angehören, der von saisonbedingtem Arbeitsausfall betroffen ist (vgl. die Voraussetzungen iE in § 175 SGB III und die ergänzenden Leistungen, Zuschuss-Wintergeld und Mehraufwands-Wintergeld in § 175a SGB III).

Wird in einem Kündigungsschutzprozess durch Urteil oder Vergleich die **Unwirksamkeit der Kündi-** 66 **gung** festgestellt, so gilt das Beschäftigungsverhältnis als ungekündigt fortgesetzt, wenn der Arbeitnehmer seine Arbeitsleistung auch während des Prozesses angeboten hatte (*BSG* 8.6.1989 SozR 4100 § 65 Nr. 7; s.a. Rz 92). Das gilt auch, wenn im Zusammenhang mit der Kündigung eine Freistellung erfolgt war und wenn sich der freigestellte Arbeitnehmer vor dem Ende des Arbeitsverhältnisses arbeitslos gemeldet und die Zahlung von Arbeitslosengeld im Wege der sog. Gleichwohlgewährung beantragt hatte (s.u. Rz 83). Auch dann gilt das versicherungs- und beitragspflichtige Beschäftigungsverhältnis als fortbestehend. Es kann also für die Dauer des Kündigungsschutzprozesses ein Anspruch auf **Kurzarbeitergeld** bestehen, wenn die weiteren Anspruchsvoraussetzungen erfüllt sind.

Daran fehlt es, wenn der Arbeitgeber während der Kündigungsfrist nach Tarifvertrag usw. **in vollem** 67 **Umfang** lohnzahlungspflichtig bleibt. Dann steht dem Arbeitnehmer nach § 169 Nr. 1, § 179 SGB III kein Kurzarbeitergeld zu, weil dieses einen **Entgeltausfall** voraussetzt. Jedoch wird Arbeitsentgelt, das unter Anrechnung des Kurzarbeitergelds gezahlt wird, also vom Arbeitgeber zusätzlich zum Kurzarbeitergeld geleistet wird (sog. Aufstockungsbeträge), bei der Berechnung des Entgeltausfalls bzw. bei der Gewährung des Kurzarbeitergeldes nicht berücksichtigt (§ 179 Abs. 2 S. 2 SGB III).

Ein Anspruch auf Kurzarbeitergeld besteht auch dann nicht, wenn es an der **Kausalität zwischen Lohnausfall** und einem **kurzarbeitergeldrelevanten Arbeitsausfall** iSd § 170 Abs. 1 SGB III fehlt, also der Arbeitsausfall bis zur Entscheidung über den Fortbestand des Arbeitsverhältnisses allein auf die Kündigung und nicht auf wirtschaftliche Ursachen im Betrieb des Arbeitgebers zurückzuführen ist. Insoweit kommt es auf die tatsächlichen Verhältnisse an (*BSG* aaO). ZB kann sich aus Absprachen über die Freistellung während des Kündigungsschutzprozesses ergeben, dass nicht der Arbeitsausfall, sondern der Prozess die Lohneinbuße wesentlich herbeigeführt hat.

Kurzarbeitergeld setzt einen »**vorübergehenden**« **Arbeitsausfall** voraus (§ 170 Abs. 1 Nr. 2 SGB III; an- 68 ders beim sog. strukturbedingten Kurzarbeitergeld nach § 175 SGB III aF; vgl. Rz 77 der 6. Aufl.). Dieser liegt dann vor, wenn mit einer gewissen Wahrscheinlichkeit vorausgesehen werden kann, dass in **absehbarer Zeit** wieder mit dem Übergang zu **Vollarbeit** zu rechnen ist. Zur Frage, wann diese Zeit nicht mehr »absehbar« ist, vgl. *BSG* 17.5.1983 SozR 4100 § 63 AFG Nr. 2. Auch nach neuem Recht kann die Bezugsfrist des Kurzarbeitergeldes einen Anhalt bieten. Sie beträgt nach § 177 Abs. 1 S. 3 SGB III im Regelfall sechs Monate; zur Verlängerung s. § 182 Nr. 3 SGB III.

Wird ein **Betrieb** mit dem Ende der Kurzarbeit endgültig oder für **nicht absehbare Zeit stillgelegt**, 69 kann Kurzarbeitergeld grds. nicht weitergewährt werden, weil es dann an der allgemeinen Anspruchsvoraussetzung für diese Leistung (Sicherung von Beschäftigungsverhältnissen) fehlt. Etwas anderes kommt in Betracht, wenn mit dem Ende der Kurzarbeit der Betrieb vorläufig unter Entlassung aller Arbeitnehmer geschlossen wird, sofern sichergestellt ist, dass die Betriebstätigkeit **in absehbarer Zeit** mit der bisherigen Arbeitnehmerschaft wieder aufgenommen wird (zum früheren Recht *BSG* 25.4.1990 SozR 3-4100 § 63 Nr. 1 in Abgrenzung zu BSGE 60, 222 = SozR 4100 § 65 Nr. 3; 25.4.1991 SozR 3-4100 § 63 Nr. 2).

70 Das bisherige »**strukturbedingte Kurzarbeitergeld**« als Sonderform des Kurzarbeitergeldes (**Kurzarbeitergeld in einer betriebsorganisatorisch eigenständigen Einrichtung**, § 175 SGB III, vgl. Rz 77 der 6. Aufl.) ist durch das Dritte Gesetz für moderne Dienstleistungen am Arbeitsmarkt v. 23.12.2003 (BGBl. I S. 2848) mit Wirkung ab 1.1.2004 beseitigt und § 175 SGB III gestrichen worden.

Diese Leistung ist durch das **Transferkurzarbeitergeld** ersetzt worden, das in § 216b SGB III geregelt ist (s.u. Rz 71 ff.).

71 Nach § 216b Abs. 1 SGB III haben Arbeitnehmer zur Vermeidung von Entlassungen und zur Verbesserung ihrer Vermittlungsaussichten künftig Anspruch auf **Kurzarbeitergeld zur Förderung der Eingliederung bei betrieblichen Restrukturierungen (Transferkurzarbeitergeld)**, wenn

1. und so lange sie von einem dauerhaften unvermeidbaren Arbeitsausfall mit Entgeltausfall betroffen sind,
2. die betrieblichen Voraussetzungen erfüllt sind,
3. die persönlichen Voraussetzungen erfüllt sind und
4. der dauerhafte Arbeitsausfall der Agentur für Arbeit angezeigt worden ist.

Zu den persönlichen Voraussetzungen gehört – wie beim Kurzarbeitergeld nach § 172 Abs. 1 Nr. 2 SGB III, s.o. Rz 63 –, dass das **Arbeitsverhältnis nicht gekündigt oder durch Aufhebungsvertrag aufgelöst ist**; denn § 172 Abs. 1a bis 3 SGB III gelten für das Transferkurzarbeitergeld entsprechend (§ 216b Abs. 4 S. 2 SGB III). Ein dauerhafter Arbeitsausfall liegt nach § 216b Abs. 2 vor, wenn infolge einer Betriebsänderung iSv § 111 BetrVG – und zwar unabhängig von der Betriebsgröße – die Beschäftigungsmöglichkeiten für die Arbeitnehmer nicht nur vorübergehend entfallen.

72 Da das bisherige Instrument trotz seiner prinzipiellen Bewährung auch in erheblichem Maße zu **Frühverrentungen** auf Kosten der Beitragszahler genutzt worden ist, werden bei der neuen Leistung die **aktivierenden Elemente** des alten Instruments weiter gestärkt (u.a. Verpflichtung des Arbeitgebers zur Unterbreitung von Vermittlungsvorschlägen, § 216b Abs. 6 SGB III) und gleichzeitig die bislang bestehenden Fehlanreize zu Frühverrentungen beseitigt (s.o. Rz 74).

73 Auf das bisherige Merkmal der **Strukturkrise**, die die Betriebsänderung nach sich ziehen musste, wird künftig verzichtet und allein auf die **betriebliche Ebene** abgestellt; das neue Instrument wird zur Begleitung aller betrieblichen Restrukturierungsprozesse geöffnet (BT-Drucks. 557/03, S. 266/267 zu § 216b).

Auf die **Erheblichkeit des Arbeitsausfalls** iSd § 170 SGB III wird – anders als im bisherigen § 175 SGB III – verzichtet, um die Prüfung der Anspruchsvoraussetzungen zu erleichtern. Es reicht aus, dass unter Berücksichtigung der Umstände des Falles davon auszugehen ist, dass der Betrieb in absehbarer Zeit bestehende Arbeitskapazitäten nicht mehr im bisherigen Umfang benötigt.

74 **Die Höchstdauer des Transferkurzarbeitergeldes** wird – ohne Verlängerungsmöglichkeit – auf zwölf Monate begrenzt, auch um zu verhindern, dass diese Leistung zur Umgehung der Verkürzung der Anspruchsdauer des Arbeitslosengeldes (grds. nur noch zwölf Monate, s.o. Rz 47f) genutzt wird.

75 Das Transferkurzarbeitergeld ist als Sonderform des (konjunkturellen) Kurzarbeitergeldes konzipiert –77 und unterscheidet sich von diesem hauptsächlich in den Förderungsvoraussetzungen (§ 216b Abs. 1 SGB III) und der Förderungsdauer (§ 216b Abs. 8 SGB III). Deshalb sind die sonstigen Vorschriften zum Kurzarbeitergeld – außer §§ 169 bis 176 und § 182 Nr. 3 SGB III – anzuwenden, soweit nichts Abweichendes geregelt ist (§ 216b Abs. 10 SGB III).

C. Sozialversicherungsrechtliche Rechtsstellung unwirksam gekündigter Arbeitnehmer

I. Bedeutung des tatsächlichen Endes der Beschäftigung

1. Versicherungsrechtliche Grundproblematik

78 Eine vom Arbeitgeber ausgesprochene ordentliche oder außerordentliche Kündigung führt in der Praxis idR zu einer **tatsächlichen Arbeitseinstellung** des Arbeitnehmers, und zwar auch dann, wenn der Arbeitnehmer gegen die Kündigung klagt. Bei einer außerordentlichen Kündigung endet die Weiterbeschäftigung zumeist mit deren Zugang; in Fällen einer ordentlichen Kündigung wird der Arbeitnehmer idR bis zum Ablauf der Kündigungsfrist weiterbeschäftigt.

79 Wäre entsprechend der klassischen Lehre vom sozialversicherungsrechtlichen Beschäftigungsverhältnis mit der **tatsächlichen** Arbeitseinstellung das **Versicherungsverhältnis** beendet, weil die Bereit-

schaft des Arbeitgebers zur Annahme der vom Arbeitnehmer zur Verfügung gestellten Arbeitskraft fehlt, entstünde für den Arbeitnehmer bis zur **arbeitsgerichtlichen Feststellung**, dass das Arbeitsverhältnis durch die Kündigung nicht aufgelöst worden ist, sondern (evtl. bis zu einem bestimmten späteren Zeitpunkt) fortbestanden hat, ein mehr oder minder großes **sozialversicherungsrechtliches Vakuum:** In der gesetzlichen Krankenversicherung wäre er nur für die ersten vier Wochen nach seinem Ausscheiden geschützt (§ 19 Abs. 2 SGB V, s.o. Rz 32); in der Rentenversicherung gingen ihm Beitragszeiten verloren. Der Arbeitnehmer müsste sich, um dieses Defizit auszugleichen, entweder auf eigene Kosten freiwillig weiterversichern oder er müsste Arbeitslosengeld in Anspruch nehmen, um auf diese Weise nicht nur Lohnersatzleistungen zu erlangen, sondern auch den diesen Leistungsbezug begleitenden Versicherungsschutz in der Kranken-, Pflege- und Rentenversicherung der Arbeitslosen zu erhalten (s.o. Rz 24 bis 27d). Häufig liegen aber die Voraussetzungen für einen Anspruch auf Arbeitslosengeld (§§ 117 ff. SGB III, s.o. Rz 47 ff.) nicht vor oder die Anspruchsdauer ist begrenzt (zu § 127 SGB III; s.o. Rz 47f). Für einen Anspruch auf Arbeitslosenhilfe bzw. – ab 1.1.2005 – auf Arbeitslosengeld II (s.o. Rz 50) wird es häufig – zB wegen des Arbeitseinkommens von Ehegatten – an der Bedürftigkeit fehlen. Darüber hinaus ist der Arbeitslose in der **Krankenversicherung** und **Rentenversicherung der Arbeitslosen** regelmäßig schlechter gestellt, als wenn er dem fortbestehenden Arbeitsverhältnis entsprechend weiterhin in seiner früheren Beschäftigungsversicherung verblieben wäre (vgl. hierzu *von Wulffen* BKK 1979, 106, 111 f.; *Gagel* SGb 1981, 253, 254). **Das Krankengeld** in der **Krankenversicherung der Arbeitslosen** wird nach § 47b Abs. 1 SGB V nur in Höhe des zuletzt bezogenen Arbeitslosengeldes gewährt, beträgt also nur 67 vH bzw. 60 vH des pauschalierten Nettoarbeitsentgelts (s.o. Rz 47, 47e), während aus der Beschäftigungsversicherung 70 vH des regelmäßigen Arbeitsentgelts (§ 47 Abs. 1 SGB V) gezahlt werden. In der **Rentenversicherung** können sich Nachteile daraus ergeben, dass der Rentenberechnung nicht Entgeltpunkte für Beitragszeiten wegen Beschäftigung, sondern nur wegen Arbeitslosigkeit zu Grunde gelegt werden (s.o. Rz 27 f., 39). Auch wenn der nicht weiterbeschäftigte Arbeitnehmer später im Kündigungsrechtsstreit obsiegt, könnte diese für ihn nachteilige, allein vom Verhalten des Arbeitgebers abhängige sozialversicherungsrechtliche Rechtslage nicht ausgeglichen werden, wenn es für die zurückliegende Zeit für die sozialversicherungsrechtliche Beurteilung bei der Beendigung der bisherigen Beschäftigungsversicherung verbliebe. Es könnten dann weder von der oft umfangreichen **Nachzahlung von Arbeitsentgelt Beiträge** erhoben werden, noch könnten sich aus der nachträglichen Feststellung, dass das Arbeitsverhältnis fortbestanden hat, in der Sozialversicherung **leistungsrechtliche Konsequenzen** für den Arbeitnehmer ergeben. Eine derartige Lösung ist weder mit den sozialversicherungsrechtlichen **Schutzzielen** vereinbar (s.u. Rz 81), noch entspricht sie dem Willen des Gesetzgebers, wie er insbes. in der beitragsrechtlichen Ausgleichsregelung des § 335 Abs. 3 SGB III (früher der §§ 160 Abs. 1, 166a AFG) zum Ausdruck kommt (s.u. Rz 85 f., 116).

2. Bedeutung des Annahmeverzugs des Arbeitgebers in der Sozialversicherung

Der **Annahmeverzug** des Arbeitgebers (vgl. dazu KR-*Spilger* § 11 KSchG Rz 11 ff.) hindert grds. nicht 80 den **Fortbestand des sozialversicherungsrechtlichen Beschäftigungsverhältnisses.** Zumindest für das **Beitragsrecht** ist in Lehre und Rechtsprechung seit langem unbestritten, dass das versicherungspflichtige Beschäftigungsverhältnis auch ohne tatsächliche Arbeitsleistung fortbesteht, solange ein **Arbeitsverhältnis** besteht, auf Grund dessen dem dienstbereiten Arbeitnehmer ein **Entgelt** geschuldet wird (vgl. u.a. *BSG* 25.9.1981 – 12 RK 58/80 – BSGE 52, 152, 156 mwN; ausführlich *Schlegel* NZA 2005, 972; s.a. Rz 5aE und Rz 7 f.).

Das ergibt sich bereits aus der **Schutzfunktion** der Versicherungspflicht, die den Arbeitnehmer mög- 81 lichst für die Dauer seines Arbeitslebens gegen die Risiken der Minderung seiner Erwerbsfähigkeit und der Arbeitslosigkeit schützen soll. Dieses Schutzbedürfnis wird nicht geringer, wenn der Arbeitgeber während eines bestehenden Arbeitsverhältnisses die Arbeitskraft des Arbeitnehmers nicht in Anspruch nimmt. Wollte man das Beschäftigungsverhältnis mit dem Annahmeverzug des Arbeitgebers als beendet ansehen, würde der Versicherungsschutz des – arbeitsfähigen und arbeitswilligen – Arbeitnehmers von der Willkür des Arbeitgebers abhängen; uU könnte dieser sich sogar durch vertragswidriges Verhalten von der Beitragspflicht befreien und so den Arbeitnehmer in seinem Versicherungsschutz schädigen. Dies verstößt auch gegen das **arbeitsrechtliche Schutzprinzip.**

Die Rspr. des BSG zum **Annahmeverzug** des Arbeitgebers geht einheitlich davon aus, dass ein zur Ver- 82 sicherungs- und Beitragspflicht führendes Beschäftigungsverhältnis auch ohne Arbeitsleistung dann besteht, wenn der Arbeitgeber bei unwirksamer Kündigung infolge Annahmeverzugs zur Fortzahlung des Arbeitsentgelts verpflichtet bleibt (st.Rspr. zB *BSG* 25.9.1981 BSGE 52, 152, 155 f. = SozR 2100 § 25 Nr. 3; 16.2.2005 – B 1 KR 19/03 R). Wenn gelegentlich aus dem Fehlen der tatsächlichen Arbeitsleistung auf den **Verlust des Versicherungsschutzes** geschlossen wird, beruht dies idR auf unzutreffenden Schlussfolgerungen aus Urteilen, die zum Begriff der Beschäftigung im arbeitsförderungsrechtlichen Leistungsrecht ergangen sind (vgl. zu dem auf Grund des Urteils des *BSG* vom 25.4.2002 BSGE 89, 243 = SozR 3-4300 § 144 Nr. 8 entstandenen Missverständnis, bei vereinbarter Freistellung des Arbeitnehmers entfalle der Versicherungsschutz: *Schlegel* NZA 2005, 972).

3. Besonderheiten der Arbeitslosenversicherung, Gleichwohlgewährung nach § 143 Abs. 3, § 143 a Abs. 4 SGB III

a) Bedeutung des tatsächlichen Endes der Beschäftigung im Leistungsrecht der Arbeitsförderung

83 Der Anspruch auf Arbeitslosengeld setzt voraus, dass der Arbeitnehmer u.a. **arbeitslos** ist, dh vorübergehend nicht in einem »**Beschäftigungsverhältnis**« steht (Beschäftigungslosigkeit, § 119 Abs. 1 Nr. 1 SGB III nF, der ab 1.1.2005 gilt; zum zusätzlichen Merkmal der Beschäftigungssuche s.o. Rz 47b). Dieser **leistungsrechtliche** Begriff des Beschäftigungsverhältnisses muss im Hinblick auf den jeweiligen Normzweck von dem entsprechenden **beitragsrechtlichen** Begriff abgegrenzt werden, der im Wesentlichen dem des Arbeitsverhältnisses entspricht (s.o. Rz 7 f.): Ein Arbeitnehmer steht schon dann nicht mehr in einem Beschäftigungsverhältnis im leistungsrechtlichen Sinne (§ 119 Abs. 1 Nr. 1 SGB III nF), wenn die Beschäftigung (§ 7 SGB IV) **faktisch ein Ende gefunden** hat (zB durch Entlassung, Niederlegung der Arbeit oder Freistellung); darauf, ob das **Arbeitsverhältnis** selbst fortbesteht, kommt es nicht an (vgl. dazu und zur »funktionsdifferenten« Auslegung des Begriffs Beschäftigungsverhältnis *BSG* 9.9.1993 BSGE 73, 90, 94 mwN = SozR 3-4100 § 101 Nr. 4; 28.9.1993 BSGE 73, 126, 128 = SozR 3-4100 § 101 Nr. 5; 29.4.1998 – B 7 AL 32/97 R; s.a. Rz 7, 88, 89). Es bedarf also für die Annahme von Arbeitslosigkeit nicht notwendig der Beendigung des Arbeitsverhältnisses und insbes. keiner **formalen Erklärung** des Arbeitgebers über das Ende des Beschäftigungsverhältnisses bzw. seinen Verzicht auf die Verfügungsbefugnis. Zu einer entsprechenden »Freigabeerklärung« ist der Arbeitgeber im Übrigen nicht verpflichtet (*BSG* 9.9.1993 aaO; vgl. auch *BAG* 10.7.1991 EzA § 315 BGB Nr. 69). Erklärungen der Arbeitsvertragsparteien über den Fortbestand des Beschäftigungsverhältnisses haben nur **indizielle Bedeutung** und sind nicht maßgeblich, wenn sie den sonstigen tatsächlichen Gegebenheiten widersprechen. Da mit der faktischen Entlassung häufig **kein Lohn mehr gezahlt wird,** müssen dem Arbeitslosen, sofern er dies beantragt, Lohnersatzleistungen zur Verfügung gestellt werden, unabhängig davon, ob das Arbeitsverhältnis rechtlich fortbesteht bzw. ob der Fortbestand später festgestellt wird. Wäre auch hier der Zeitpunkt der rechtlichen **Beendigung des Arbeitsverhältnisses** für den Beginn der Leistungen aus der Arbeitslosenversicherung maßgebend, bliebe der Arbeitslose über eine häufig längere Zeit mittellos und müsste Leistungen der Sozialhilfe bzw. Arbeitslosengeld II in Anspruch nehmen. Das aber sollen die **Sofortleistungen** der Arbeitslosenversicherung gerade verhindern. Etwas anders ergibt sich auch nicht daraus, dass § 119 Abs. 1 SGB III nF für das **Tatbestandsmerkmal** »**Arbeitslosigkeit**« nicht nur – faktische – Beschäftigungslosigkeit, sondern auch verlangt, dass der Arbeitnehmer eine versicherungspflichtige, mindestens 15 Stunden wöchentlich umfassende Beschäftigung **sucht** bzw. sich um eine solche bemüht (zu Eigenbemühungen und Verfügbarkeit s.a. Rz 47b). Auch während des Annahmeverzuges seines bisherigen Arbeitgebers ist der Arbeitnehmer – iSd Schadensminderung – verpflichtet, sich um eine andere Arbeit zu bemühen. Das ergibt sich auch aus der in § 11 KSchG vorgesehenen Anrechnung von fiktiven Einkünften (s.a. Rz 95, 96; KR-*Spilger* § 11 KSchG Rz 5).

b) Bedeutung des § 143 SGB III für den Kündigungsschutzprozess

84 Dass der Gesetzgeber im Hinblick auf die speziellen Schutzziele der Arbeitslosenversicherung an die **faktische Beendigung des Beschäftigungsverhältnisses** anknüpft, ergibt sich bereits aus § 143 Abs. 1 SGB III (früher § 117 Abs. 1 AFG). Wenn in dieser Vorschrift bestimmt ist, dass der Anspruch auf Arbeitslosengeld für die Zeit **ruht,** in der der Arbeitslose Arbeitsentgelt **erhalten oder zu beanspruchen hat,** so geht der Gesetzgeber selbst davon aus, dass ein Anspruch auf **Arbeitslosengeld neben** einem Anspruch auf **Arbeitsentgelt** bestehen kann (sonst könnte er nicht ruhen), also Arbeitsverhältnis und Beschäftigungsverhältnis hier nicht deckungsgleich sind. Deshalb sieht § 143 Abs. 3 S. 1 SGB III (früher § 117 Abs. 4 S. 1 AFG) in Ausnahme von Abs. 1 ausdrücklich vor, dass das Arbeitslosengeld auch in Zeiten, in denen der Anspruch hierauf eigentlich ruht, **gleichwohl** gewährt wird, wenn und soweit der

Arbeitslose das ihm zustehende Arbeitsentgelt **tatsächlich nicht erhält**. Diese Vorschrift betrifft typischerweise die Fälle, in denen eine Kündigung ausgesprochen wird, die tatsächliche Beschäftigung endet, im **Kündigungsschutzprozess** dann aber das Fortbestehen oder ein späterer Beendigungszeitpunkt des Arbeitsverhältnisses festgestellt wird. Da es dem **Soforthilfezweck** der Arbeitslosenversicherung widerspricht, dem Arbeitnehmer für die Dauer des Kündigungsschutzverfahrens die Arbeitsförderungsleistungen zu versagen, wird er vorübergehend so behandelt, als ob er keinen Entgeltanspruch hätte. Die BA tritt gewissermaßen für den Arbeitgeber mit Lohnersatzleistungen in **Vorleistung** und erhält zum Ausgleich dafür kraft gesetzlichen **Forderungsübergangs** einen Anspruch gegen den Arbeitgeber auf das (evtl. nachzuzahlende) Arbeitsentgelt bis zur Höhe ihrer Leistungen (§ 115 Abs. 1 SGB X; s.u. Rz 120 f., 138 f.). Die BA zahlt aber kein Arbeitsentgelt, sondern Arbeitslosengeld und muss deshalb auch für die Zeit des tatsächlichen Leistungsbezuges Beiträge zur Kranken-, Pflege- und Rentenversicherung der Arbeitslosen zahlen (s.o. Rz 24 bis 27).

c) Leistungsrechtliche Rückabwicklung, beitragsrechtliche Ausgleichsregelung

Wird später im Kündigungsschutzprozess der **Fortbestand des Arbeitsverhältnisses** festgestellt, kann die BA das mit ihren »**gleichwohl**« gewährten Leistungen erworbene Forderungsrecht gegen den Arbeitgeber aus dem nachzuzahlenden Arbeitsentgelt realisieren (s.u. Rz 138 f.). 85

Erhält die BA das **nachgezahlte Arbeitsentgelt** für das gewissermaßen in Vorleistung für den Arbeitgeber gewährte Arbeitslosengeld, so bedeutet das allerdings nicht, dass nunmehr die Bewilligung des Arbeitslosengeldes **rückwirkend aufzuheben** wäre, also eine vollständige Rückabwicklung zu erfolgen hätte. Das ist im Gesetz nicht vorgesehen. Auch das nach § 143 Abs. 3 SGB III gewährte Arbeitslosengeld ist – wie normales Arbeitslosengeld nach §§ 117 ff. SGB III – **endgültig und rechtmäßig** gewährt (*BSG* 15.6.1988 SozR 4100 § 117 Nr. 22; 3.12.1998 SozR 3-4100 § 117 AFG Nr. 17). Das kann für den Arbeitnehmer, der während des Kündigungsschutzprozesses **vorzeitig Arbeitslosengeld** in Anspruch genommen hat, auch nachteilige Wirkungen haben: Auch die Leistung nach § 143 Abs. 3 S. 1 SGB III führt grds. zur **Minderung der Anspruchsdauer** nach § 128 Abs. 1 Nr. 1 SGB III; diese Wirkung entfällt allerdings **aus Billigkeitsgründen**, wenn und soweit die BA für ihre Aufwendungen Ersatz erlangt hat, entweder aus dem übergegangenen Arbeitsentgelt oder vom Arbeitnehmer direkt (*BSG* 24.7.1986 – 7 RAr 4/85 – BSGE 60, 168, 173 = SozR 4100 § 117 AFG Nr. 16; vgl. auch KR-*Wolff* § 143 SGB III Rz 32). Die Minderung der Anspruchsdauer entfällt jedoch dann nicht, wenn die BA den übergegangenen Arbeitsentgelt-Anspruch trotz Erfolgsaussicht **nicht beitreibt** (*BSG* 11.6.1987 SozR 4100 § 117 Nr. 18; 29.11.1988 SozR 4100 § 117 Nr. 23); der Arbeitslose kann diese Rechtsfolge jedoch dadurch vermeiden, dass er gegen den Arbeitgeber auf Zahlung des übergegangenen Entgeltanspruchs an die BA klagt. 86

Hat der Arbeitslose Arbeitslosengeld nach § 143 Abs. 3 SGB III in Anspruch genommen, bleibt das für diese Zeit nachgezahlte Arbeitsentgelt bei einem **neuen Leistungsfall** (Wiederbewilligung des Arbeitslosengeldes aus dem gleichen Stammrecht; s.o. Rz 47a) grds. unberücksichtigt, selbst wenn die BA aus dem nachzuzahlenden Arbeitsentgelt befriedigt worden ist (*BSG* 3.12.1998 – B 7 AL 34/98 R – SozR 3-4100 § 117 AFG Nr. 17). Maßgebend bleibt sowohl das **bisherige Bemessungsentgelt** als auch die **bisherige Anspruchsdauer** (s.o. Rz 47e, 47f). Der im Schrifttum vertretenen Ansicht, das Gesetz enthalte eine ausfüllungsbedürftige Lücke, weil es für den Fall der Gleichwohlgewährung keine Neubestimmung der Leistungsvoraussetzungen und keine Korrektur der Rahmenfrist vorsehe, ist das BSG nicht gefolgt (u.a. *BSG* 3.12.1998 aaO, mwN). Die Annahme, dass das »vorgezogene« Arbeitslosengeld den Charakter des **Vorläufigen** trägt, hat sich zwar hinsichtlich der versicherungsrechtlichen und beitragsrechtlichen Folgen bereits durchgesetzt (*BSG* 25.9.1981 BSGE 52, 152; s.a. Rz 87); eine entsprechende Übertragung auf das **Leistungsrecht** mit der Folge, dass das Arbeitslosengeld von dem (rechtlichen) Ende des Arbeitsverhältnisses an (zU rückwirkend) nach den für die Zeit davor liegenden Lohnabrechnungen **neu zu bestimmen ist**, würde aber dem Wortlaut des § 130 Abs. 1 SGB III (aF wie nF) widersprechen. Danach kommt es für die Bemessung des Arbeitslosengeldes stets auf **abgerechnete Lohnabrechnungszeiträume** an, die **vor der Entstehung des Anspruchs** und damit vor dem (faktischen) Ausscheiden aus dem Beschäftigungsverhältnis liegen.

Nur dann, wenn **nach dem Ausscheiden** eine neue Anwartschaft auf Arbeitslosengeld erfüllt worden ist (§§ 123, 124 SGB III aF wie nF, die ab 1.1.2004 gilt) und aus dem nachgezahlten Arbeitsentgelt ein neuer Anspruch entstanden ist, ist das Arbeitslosengeld – unter Zugrundelegung des dem Ende des Arbeitsverhältnisses vorhergehenden Bemessungszeitraums – neu zu bemessen (vgl. *BSG* 3.12.1998 SozR 3-4100 § 117 Nr. 17).

87 Hinsichtlich der mit dem Leistungsbezug verbundenen **Beitragsentrichtung zur Kranken-, Pflege- und Rentenversicherung** der Arbeitslosen tritt ebenfalls eine **Rückabwicklung** ein: Der **Arbeitgeber hat die von der BA im Falle der Gleichwohlgewährung gezahlten Krankenversicherungs- und Rentenversicherungsbeiträge an die Bundesagentur zu erstatten;** insoweit wird er von seiner Verpflichtung befreit, Beiträge zur Kranken- und Rentenversicherung aus dem Beschäftigungsverhältnis zu entrichten (§ 335 Abs. 3 u. 5 SGB III, früher §§ 160 Abs. 1, 166a AFG, s.u. Rz 116 f.). Mit dieser rückwirkenden, auf die Dauer des Kündigungsschutzprozesses abgestellten Ausgleichsregelung hat der Gesetzgeber gleichzeitig zum Ausdruck gebracht, dass trotz des bestehenden Versicherungsverhältnisses in der Kranken-, Pflege- und Rentenversicherung der Arbeitslosen **rückblickend** auch ein Versicherungsverhältnis aus der bisherigen **Beschäftigungsversicherung** – latent – fortbestanden hat, das dann bei Feststellung des Fortbestands des Arbeitsverhältnisses **wieder voll wirksam wird.** Ohne die Annahme, dass insoweit **zwei Versicherungsverhältnisse** nebeneinander bestehen, könnte der Arbeitgeber nicht verpflichtet sein, einerseits der BA Versicherungsbeiträge zur Kranken- und Rentenversicherung der Arbeitslosen zu erstatten und andererseits insoweit von der Verpflichtung zur Beitragsleistung an die Beschäftigungsversicherung befreit zu sein (vgl. zum früheren Recht iE *von Wulffen* BKK 1979, 106, 111 f.).

88 Eine Übereinstimmung der vorgenannten beitragsrechtlichen Ausgleichsregelungen mit den leistungsrechtlichen Regelungen der **§ 119 nF und § 143 Abs. 3 SGB III** lässt sich nur dann erzielen, wenn im **Arbeitslosenversicherungsrecht** ein leistungsrechtlicher und ein **beitragsrechtlicher Begriff des Beschäftigungsverhältnisses** unterschieden werden (s.o. Rz 7 ff., 83): Leistungsrechtlich ist das **Beschäftigungsverhältnis** bereits dann beendet bzw. der Arbeitnehmer aus dem Beschäftigungsverhältnis ausgeschieden, wenn eine Beschäftigung **faktisch** nicht mehr ausgeübt wird. In diesem Fall entsteht bei Vorliegen der übrigen Voraussetzungen ein Anspruch auf Arbeitslosengeld und dementsprechend auch die Zugehörigkeit zu der – am faktischen Leistungsbezug orientierten – Kranken-, Pflege- und Rentenversicherung der Arbeitslosen.

89 Für die Beitragspflicht gilt jedoch auch hier der **versicherungsrechtliche** Begriff des Beschäftigungsverhältnisses: Soll nämlich der Arbeitgeber rückwirkend für die Zeit des Arbeitslosengeldbezuges Beiträge aus dem Beschäftigungsverhältnis entrichten, so muss ein beitragspflichtiges Beschäftigungsverhältnis über die Zeit der faktischen Beendigung hinaus (also neben dem Versicherungsverhältnis aus der Kranken-, Pflege- und Rentenversicherung der Arbeitslosen) als fortbestehend angesehen werden. Es ist zwar von der Gleichwohlgewährung des Arbeitslosengeldes und dessen versicherungsrechtlichen Auswirkungen überlagert worden, jedoch nicht erloschen (*BSG 26.11.1985 aaO*).

90 Allerdings hat eine fortbestehende Beitragspflicht zwischen dem Ende der tatsächlichen Beschäftigung und dem rechtlichen Ende des Arbeitsverhältnisses auf **Anwartschaft und Höhe des Arbeitslosengeldes** grds. keine Auswirkung. Hierfür sind grds. nur Beitragszeiten maßgebend, die dem Beginn der Arbeitslosigkeit iSv § 119 Abs. 1 Nr. 1 SGB III nF, also **der faktischen Beschäftigungslosigkeit vor Entstehung des Anspruchs vorausgehen** (vgl. zum früheren Recht: *BSG 11.6.1987 aaO* und Rz 86).

II. Konsequenzen für die Rechtsstellung unwirksam gekündigter Arbeitnehmer nach erfolgreich durchgeführtem Kündigungsschutzprozess

1. Grundsätze

91 Wird über die Wirksamkeit der Kündigung ein Kündigungsschutzprozess geführt, so endet das **sozialversicherungsrechtliche Beschäftigungsverhältnis** mit seinen versicherungs-, beitrags- und leistungsrechtlichen Konsequenzen nicht ohne weiteres mit dem tatsächlichen Ende der Beschäftigung. Nur wenn die Kündigungsschutzklage **keinen Erfolg** hat (oder zurückgenommen oder erst gar nicht erhoben wird), hat das Arbeitsverhältnis und damit das Beschäftigungsverhältnis zu dem Zeitpunkt geendet, zu dem gekündigt wurde bzw. zu dem – bei vergleichsweiser Beendigung – die Kündigung als wirksam anerkannt wurde.

92 Hat hingegen die Kündigungsschutzklage Erfolg, dh wird festgestellt, dass das Arbeitsverhältnis durch die Kündigung nicht aufgelöst worden ist, sondern über den Zeitpunkt der tatsächlichen Beendigung der Beschäftigung hinaus fortbestanden hat, so hat – jedenfalls solange sich der Arbeitgeber hinsichtlich der Arbeitsleistung in **Annahmeverzug**, hinsichtlich der Entgeltzahlung in Leistungsverzug befunden hat (vgl. hierzu KR-*Spilger* § 11 KSchG Rz 11 ff.) – ein **sozialversicherungsrechtliches – beitragspflichtiges – Beschäftigungsverhältnis** fortbestanden. Dies gilt auch dann, wenn der Kündi-

gungsschutzprozess durch Vergleich geendet hat und hierbei das Ende des Arbeitsverhältnisses auf eine Zeit festgelegt wird, die nach dem Ende der tatsächlichen Beschäftigung liegt.

In diesen Fällen bleibt das Versicherungsverhältnis – und damit die Beitragspflicht und der Versicherungsschutz – grds. so aufrechterhalten, wie es **ohne Streitigkeit über den Bestand des Arbeitsverhältnisses bestanden hätte.** Dies folgt aus dem in der Rechtsprechung des BSG entwickelten und in § 335 Abs. 3 SGB III verdeutlichten **Grundsatz,** dass nach Abschluss eines Kündigungsschutzverfahrens **versicherungs-, beitrags- und leistungsrechtlich** möglichst weitgehend der **Zustand** (wieder) **herzustellen** ist, der bestanden hätte, wenn von **Anfang an Klarheit über die Fortdauer des Beschäftigungsverhältnisses geherrscht hätte** (zum früheren Recht *BSG* 25.9.1981 BSGE 52, 152, 165, 167). 93

2. Beitragsrechtliche Rechtsstellung des Arbeitnehmers, wenn während des Kündigungsschutzprozesses keine Leistungen wegen Arbeitslosigkeit gewährt wurden

a) Beitragspflicht und Nachzahlungsanspruch

Ergeben sich aus dem Fortbestand des Arbeitsverhältnisses über das tatsächliche Ende der Beschäftigung hinaus Nachzahlungsansprüche des Arbeitnehmers, zB aus § 615 S. 1 BGB oder § 3 EFZG, so unterliegen diese der **Beitragspflicht** zur Renten-, Kranken-, Pflege- und Arbeitslosenversicherung. Es handelt sich hierbei um Erfüllungsansprüche, nicht um Schadensersatzansprüche (vgl. zu Voraussetzungen, Höhe und Rechtsnatur des Nachzahlungsanspruchs KR-*Spilger* § 11 KSchG Rz 8 bis 30, insbes. 29). Auch wenn derartige, bis zum Auflösungszeitpunkt zustehende Ansprüche **in Abfindungen** einbezogen sind, handelt es sich um Ansprüche auf Arbeitsentgelt, die der Beitragspflicht ebenso wie sonstige Lohnansprüche unterfallen (zur Rechtsnatur von Abfindungen in gerichtlichen oder außergerichtlichen Vergleichen s.u. Rz 152 f.; ferner KR-*Spilger* § 10 KSchG Rz 11, 12). Abfindungen, die dem Arbeitnehmer durch Urteil gem. §§ **9, 10, 13 KSchG** zuerkannt werden, unterliegen nicht der Beitragspflicht (s.o. Rz 15). 94

b) Beitragspflicht bei anderweitiger Beschäftigung während des Kündigungsschutzverfahrens

Die Beitragspflicht entfällt nicht ohne weiteres, wenn während des **Annahmeverzugs** des bisherigen Arbeitgebers eine **andere versicherungspflichtige Beschäftigung** ausgeübt wird. Eine Verfügungsbereitschaft des Arbeitnehmers kann nämlich auch während des neuen Beschäftigungsverhältnisses – wenn auch abgeschwächt – vorhanden sein, wenn und solange der Arbeitnehmer bereit und in der Lage ist, jederzeit die Arbeit in dem bisherigen Beschäftigungsverhältnis fortzusetzen. Aus der in § 11 KSchG vorgesehenen Anrechnung von fiktiven Einkünften ist sogar zu entnehmen, dass der Gesetzgeber den Arbeitnehmer für verpflichtet erachtet, sich während des Annahmeverzuges seines bisherigen Arbeitgebers um eine andere Arbeit zu bemühen (vgl. KR-*Spilger* § 11 KSchG Rz 5). Die Arbeitslosmeldung und die Bereitschaft, Vermittlungsangebote zu prüfen und ggf. anzunehmen (zu den Eigenbemühungen als Element der Arbeitslosigkeit s.o. Rz 47b), schließt deshalb eine Bereitschaft, die Arbeit bei dem bisherigen Arbeitgeber fortzusetzen, nicht aus. 95

Findet der Arbeitnehmer während des Annahmeverzugs des bisherigen Arbeitgebers eine **neue Beschäftigung,** ist er versicherungsrechtlich so zu behandeln wie ein Arbeitnehmer, der zwei **versicherungspflichtige Beschäftigungen** (Mehrfachbeschäftigung) ausübt (vgl. *Gagel* SGb 1981, 253, 254). Dies gilt allerdings nur unter der Voraussetzung, dass während der neuen Beschäftigung die Arbeitsbereitschaft des Arbeitnehmers und damit der Annahmeverzug des bisherigen Arbeitgebers fortbesteht, woran es bei Eingehen einer neuen **Dauerbeschäftigung** häufig fehlen wird. 96

c) Beitragspflicht bei Schadensersatzansprüchen

Die Frage, ob **Schadensersatzansprüche** des Arbeitnehmers nach § 628 Abs. 2 BGB, die an die Stelle von Arbeitsentgeltansprüchen treten, eine Beitragspflicht begründen, ist nach derzeit geltendem Recht zu verneinen. Es erscheint zwar unter schadensersatzrechtlichen Gesichtspunkten konsequent, auch den sozialversicherungsrechtlichen Schutz für Zeiten zu sichern, in denen der Arbeitnehmer infolge eines rechtswidrigen Verhaltens des Arbeitgebers zur vorzeitigen Lösung des Arbeitsverhältnisses, dh vor Ablauf der ordentlichen Kündigungsfrist, gezwungen war. Aus sozialversicherungsrechtlicher Sicht ist jedoch davon auszugehen, dass das Arbeitsverhältnis und damit auch das Beschäftigungsverhältnis vor dem Zeitpunkt endet, zu dem die Schadensersatzansprüche an die Stelle von Lohnansprüchen treten. Ein Fortbestand des Beschäftigungsverhältnisses müsste in diesen Fällen **unter Schaden-** 97 ersatzgesichtspunkten fingiert werden. Die Rechtsprechung des BSG ist diesen Schritt bisher nicht gegangen.

d) Beitragspflicht und Urlaubsabgeltung

98 Auch die **Urlaubsabgeltung** unterliegt der Beitragspflicht (s.o. Rz 21 ff.). Es handelt sich um ein **Surrogat** für einen während des Arbeitsverhältnisses entstandenen **Urlaubsanspruch** und damit um einen Anspruch auf **Arbeitsentgelt** iSv § 14 Abs. 1 SGB IV, der mit der Beendigung des Arbeitsverhältnisses entsteht und – weil er keinem bestimmten Lohnabrechnungszeitraum zugeordnet werden kann – als **einmalig gezahltes Arbeitsentgelt** iSv § 23a SGB IV (s.o. Rz 23) anzusehen ist (vgl. *BSG* 1.4.1993 SozR 3-2200 § 182 Nr. 16). Die nach Beendigung des Arbeitsverhältnisses gezahlte Urlaubsabgeltung ist daher dem letzten Lohnabrechnungszeitraum des laufenden Kalenderjahres zuzuordnen, § 23a Abs. 2 SGB IV, und rechnerisch nach Abs. 3 u. 4 dieser Regelung zu behandeln (s.o. Rz 17 bis 18c).

e) Entstehen der Beitragspflicht

99 Nach § 22 Abs. 1 SGB IV, der gem. § 1 Abs. 1 S. 2 SGB IV auch für die Beiträge zur Arbeitslosenversicherung gilt, **entstehen die Beitragsansprüche** der Versicherungsträger, sobald ihre im Gesetz oder auf Grund eines Gesetzes bestimmten Voraussetzungen erfüllt sind. Das ist der Fall, sobald eine versicherungs- und beitragspflichtige **Beschäftigung gegen Entgelt** aufgenommen wird, wobei sich die **Höhe** des Beitragsanspruchs nach dem jeweils geschuldeten **Entgelt** richtet. Insoweit haben es die Arbeitsvertrags- und Tarifparteien in der Hand, durch Vereinbarung der Entgelthöhe den Eintritt der öffentlich-rechtlichen Versicherungs- und Beitragspflicht mit entsprechenden Beitragsforderungen der Einzugsstelle auszulösen.

100 Das **Entstehen des Beitragsanspruchs** hängt hingegen nicht davon ab, ob das geschuldete Arbeitsentgelt **gezahlt** wird bzw. dem Arbeitnehmer **zugeflossen ist** (*BSG* 21.5.1996 BSGE 78, 224 mwN). Entscheidend dafür ist, dass die Versicherungspflicht in der Kranken-, Renten-, Pflege- und Arbeitslosenversicherung schon an dem Tage der **Aufnahme der Beschäftigung** gegen Entgelt und nicht erst mit der tatsächlichen Zahlung des Entgelts beginnt, ferner die Beiträge nach § 23 Abs. 1 SGB IV unabhängig von der Zahlung oder Fälligkeit des Arbeitsentgelts fällig werden (*BSG* 30.8.1994 BSGE 75, 61, 65, 66 = SozR 3-2200 § 385 RVO Nr. 5). Der Arbeitgeber vermag also durch die **verspätete Zahlung des Lohnes** die **Beitragsfälligkeit** nicht hinauszuschieben. Ist die dem öffentlichen Recht unterliegende Beitragsforderung entstanden, können die Arbeitsvertragsparteien diese Forderung durch späteres Verhalten für die Vergangenheit nicht mehr beeinflussen. Sie können seine **Änderung** lediglich **für die Zukunft** durch neue Entgeltvereinbarung bewirken. Zum Beispiel bringt eine rückwirkende Verringerung des Entgelts die Beitragsforderung nicht zum Erlöschen. Unerheblich ist deshalb auch, ob ein früher entstandener Entgeltanspruch auf Grund eines späteren Verhaltens des Arbeitnehmers oder Arbeitgebers untergegangen oder verfallen ist (zB Versäumung tariflicher Ausschlussfristen, Verwirkung, Erlass). Die frühere, hiervon abweichende Ansicht des *BSG* (18.11.1989 SozR 2100 § 14 Nr. 7) beruhte noch auf dem sog. Zuflussprinzip, nach dem heute bei nicht gezahltem, aber geschuldetem Arbeitsentgelt nicht mehr verfahren wird.

Soweit allerdings über das Bestehen des Arbeitsverhältnisses und/oder den Entgeltanspruch ein **arbeitsgerichtliches Verfahren** schwebt, ist dessen Ausgang weiterhin abzuwarten und das Ergebnis der versicherungs- bzw. beitragsrechtlichen Beurteilung zu Grunde zu legen (vgl. *BSG* 30.8.1994 aaO, unter Hinweis auf *BSG* 25.9.1981 BSGE 52, 152). Das bedeutet, dass die während des Kündigungsschutzprozesses entstandenen **Nachzahlungsansprüche** der Beitragspflicht unterliegen, unabhängig davon, ob sie später entfallen sind. Zur Fälligkeit der Beiträge s.u. Rz 101.

f) Fälligkeit der Beiträge

101 Die **Beiträge** aus den während des Laufs eines Kündigungsschutzprozesses gem. § 615 S. 1 BGB entstehenden Zahlungsansprüchen des Arbeitnehmers werden – insoweit abweichend von der arbeitsrechtlichen Fälligkeit dieser Ansprüche – regelmäßig erst nach (rechtskräftigem) **Abschluss des Kündigungsschutzprozesses fällig;** Gleiches gilt für den **Beitragszuschuss nach § 257 SGB V** (vgl. zur früheren Zuschussregelung in § 405 Abs. 1 RVO *BSG* 25.9.1981 – 12 RK 58/80 – BSGE 52, 152, 157 f., zu § 257 SGB V s.u. Rz 112 f.). Die seit 1.1.1979 geltende Fälligkeitsregel des § 23 Abs. 1 S. 1 SGB IV, wonach sich die Fälligkeit von Beiträgen an dem Zeitpunkt orientiert, in dem das Arbeitsentgelt erzielt wird, kann insoweit keine Anwendung finden, weil diese Bestimmung nur den **Regelfall** der **Fälligkeit lau-**

fender Beiträge erfasst, nicht aber der besonderen Situation des Kündigungsschutzprozesses Rechnung trägt. Dessen Besonderheit besteht – aus sozialversicherungsrechtlicher Sicht – vor allem darin, dass die von der Wirksamkeit der Kündigung letztlich abhängige Frage des **Bestehens oder Nichtbestehens der Versicherungspflicht** wegen der ausschließlichen Zuständigkeit der ArbG und wegen der Befugnis der Arbeitsvertragsparteien, sich über den Streitgegenstand ohne Rücksicht auf die wahre Rechtslage zu vergleichen, nicht von den Einzugsstellen der Krankenkasse entschieden (oder im sozialgerichtlichen Verfahren geklärt) werden kann (vgl. dazu iE *BSG* 25.9.1981 aaO).

102 Beitragsansprüche aus **nachzuzahlendem Arbeitsentgelt verjähren** daher idR **nicht,** weil sie erst mit der (rechtskräftigen) **Beendigung des Kündigungsschutzprozesses fällig** werden. Ausnahmsweise tritt aber die Fälligkeit wie in Fällen tatsächlicher Arbeitsleistung ein, wenn ein **Weiterbeschäftigungsanspruch,** zB nach § 102 Abs. 5 BetrVG, anerkannt oder durch Urteil bzw. einstweilige Verfügung zuerkannt worden ist, auch wenn er nicht erfüllt wird (offen gelassen in *BSG* 25.9.1981 aaO). Nach § 25 SGB IV verjähren Beitragsansprüche in vier Jahre nach Ablauf des Kalenderjahres der Fälligkeit.

g) Beitragszahlung, Beitragstragung, Allgemeines

103 Bei Personen, die gegen Arbeitsentgelt versicherungspflichtig beschäftigt sind, werden die nach dem Arbeitsentgelt zu bemessenden Beiträge von den Versicherten und den Arbeitgebern jeweils zur Hälfte getragen (§ 346 SGB III, § 168 SGB VI, § 249 SGB V). In der Krankenversicherung trägt der Versicherte seit 1.7.2005 einen zusätzlichen Beitragssatz von 0,9 vH allein; die übrigen Beitragssätze vermindern sich in demselben Umfang (§ 249 Abs. 1, § 241a SGB V in der seit 1.7.2005 geltenden Fassung). Grds. sind zwar die Beiträge von demjenigen zu zahlen, der sie **wirtschaftlich zu tragen hat.** Das gilt aber nur, soweit gesetzlich nichts anderes bestimmt ist (§ 252 SGB V, § 173 SGB VI, § 348 Abs. 1 SGB III). Für **versicherungspflichtig Beschäftigte** und für **Beiträge aus dem Arbeitsentgelt** ist jedoch in allen vier Versicherungszweigen abweichend bestimmt, dass der **Arbeitgeber** die Beiträge zu zahlen hat: Sowohl § 253 SGB V als auch § 174 SGB VI und § 348 Abs. 2 SGB III verweisen auf §§ 28d bis 28n und § 28r SGB IV, in denen die Entrichtung des »**Gesamtsozialversicherungsbeitrags**« (dh der Beiträge zur Kranken-, Pflege-, Renten- und Arbeitslosenversicherung) zusammen geregelt ist. **Zahlungspflichtig** ist danach, auch soweit der Arbeitnehmer die Beiträge (zur Hälfte) zu tragen hat, allein der **Arbeitgeber** (§ 28e Abs. 1 SGB IV). Bei dieser Zahlungspflicht des Arbeitgebers handelt es sich um seine **Hauptpflicht** im Rahmen seiner Indienstnahme als Privater (*BSG* 29.4.1976 BSGE 41, 297 = SozR 2200 § 1399 Nr. 4; vgl. zu diesem besonderen öffentlich-rechtlichen Pflichtverhältnis *BSG* 7.6.1979 BSGE 48, 195 = SozR 2200 § 394 Nr. 1).

104 Der Gesamtsozialversicherungsbeitrag ist an die **Krankenkassen (Einzugsstellen)** zu zahlen (§ 28h SGB IV). Zuständige Einzugsstelle ist jeweils die Krankenkasse, von der die Krankenversicherung durchgeführt wird (§ 28i Abs. 1 S. 1 SGB IV).

105 Das sind ab 1.1.1996 grds. nicht mehr **gesetzlich zugewiesene** Krankenkassen, sondern die Krankenkasse, die der Versicherungspflichtige oder Versicherungsberechtigte nach Maßgabe der §§ 173 bis 177 SGB V (idF des Art. 1 Nr. 116 des Gesundheitsstrukturgesetzes – GSG – v. 21.12.1992 BGBl. I S. 2266) wählt. Danach besteht, soweit gesetzlich nichts Abweichendes bestimmt ist, grds. ein **Wahlrecht** u.a. zur AOK des Beschäftigungs- oder Wohnortes, jeder Ersatzkasse, deren Zuständigkeit sich nach der Satzung auf den Beschäftigungs- oder Wohnort erstreckt, der Betriebs- oder Innungskrankenkassen, wenn für den Beschäftigtenbetrieb eine solche besteht oder wenn die Satzung der Betriebs- oder Innungskrankenkasse dies vorsieht (§ 173 Abs. 2 Nrn. 1 bis 4 SGB V; vgl. die Kommentierungen zu § 28i SGB IV u. zu § 173 SGB V).

106 Hinsichtlich des **Beitragseinzugsrechts** der Kassen wird im SGB V nicht mehr – wie früher – zwischen **Ersatzkassen** und anderen Kassen unterschieden; vielmehr ist jede Krankenkasse, also auch die Ersatzkasse, zuständig, die die Krankenversicherung durchführt, unabhängig davon, ob es sich um Pflicht- oder freiwillige Versicherung handelt (§ 28i SGB IV). Für ihre **freiwilligen Mitglieder** ist die Ersatzkasse Einzugsstelle für die Beiträge zur Renten- und Arbeitslosenversicherung.

107 Für die in der **gesetzlichen Krankenversicherung nicht versicherten Arbeitnehmer** ist ab 1.1.1996 zuständige Einzugsstelle für die Beiträge zur Renten- und Arbeitslosenversicherung nicht mehr – wie bisher – diejenige Krankenkasse, die im Falle einer Krankenversicherung kraft Gesetzes zuständig wäre, sondern die Kasse, die der Arbeitgeber in entsprechender Anwendung des § 175 Abs. 3 S. 2 SGB V gewählt hat (§ 28i Abs. 1 S. 2 SGB IV idF des Gesetzes v. 24.3.1997).

h) Beitragsabzug durch den Arbeitgeber

108 Nach § 28g S. 1 SGB IV hat der Arbeitgeber zum Ausgleich dafür, dass er der Einzugsstelle den vollen Gesamtsozialversicherungsbeitrag einschließlich des Arbeitnehmeranteils zu zahlen hat, im **Innenverhältnis** einen Anspruch gegen den Arbeitnehmer auf den von diesem zu tragenden Anteil. Dieser Anspruch steht unter zwei Vorbehalten:

- Er kann grds. nur durch **Abzug vom Arbeitsentgelt** geltend gemacht werden (§ 28g S. 2 SGB IV; früher § 394 RVO).
- Ein **unterbliebener Abzug** vom Lohn kann grds. nur noch bei den **drei nächsten Lohn- oder Gehaltszahlungen** nachgeholt werden (§ 28g S. 3 SGB IV; anders früher § 395 Abs. 2 RVO, § 1397 Abs. 3 RVO, § 119 Abs. 3 AVG: nur bei der nächsten Lohnzahlung). Das soll den Bedürfnissen der Praxis Rechnung tragen. Zu den Ausnahmen s.u. Rz 111.

109 Satz 3 des § 28g SGB IV kann wegen Satz 2 grds. nicht mehr angewandt werden, wenn das **Beschäftigungsverhältnis beendet** ist oder **kein Lohn oder Gehalt** mehr **auszuzahlen ist.** In diesen Fällen hat der Arbeitgeber den Arbeitnehmeranteil der Beiträge nicht nur nach § 28e Abs. 1 SGB V zu zahlen, sondern auch **wirtschaftlich zu tragen.** Dem Arbeitgeber steht dann nur ausnahmsweise ein – zivilrechtlicher – Anspruch gegen den Arbeitnehmer zu (§§ 670, 826 BGB; vgl. dazu BAG 3.4.1958 u. 4.6.1974 AP Nr. 1, 3 zu §§ 394, 395 RVO aF mit Anm. von *Dersch* und *Brackmann*).

110 Ergibt sich im arbeitsgerichtlichen Verfahren ein **Nachzahlungsanspruch** des Arbeitnehmers, so ist der Arbeitgeber regelmäßig berechtigt, die hierauf entfallenden Beitragsanteile des Arbeitnehmers vom **Nachzahlungsbetrag abzuziehen,** denn unter »Lohn- und Gehaltszahlungen« iSv § 28g S. 3 SGB IV ist einschränkungslos jede Zahlung zu verstehen, also auch Abschlagszahlungen, Nachzahlungen u.ä. (so auch KassKomm-*Seewald* § 28g SGB IV Rz 4). Der Arbeitgeber hat die einbehaltenen Beiträge an die zuständige Einzugsstelle abzuführen (s.o. Rz 104 f.).

111 Später als bei den nächsten drei Lohnzahlungen dürfen Beiträge nur dann abgezogen werden, wenn der frühere Abzug ohne **Verschulden des Arbeitgebers** unterblieben ist, zB bei unrichtiger Auskunft der Einzugsstelle (§ 28g S. 3 SGB IV), oder wenn der Arbeitgeber vorsätzlich oder grob fahrlässig seine Auskunfts- und Vorlagepflicht aus § 28o Abs. 1 SGB IV verletzt hat (§ 28g S. 4 SGB IV). Der Arbeitgeber kann hiernach seinen Anspruch in jeder ihm geeigneten Weise geltend machen.

i) Beitragszuschuss nach § 257 SGB V

112 Soweit im Kündigungsschutzprozess der Fortbestand des Arbeitsverhältnisses festgestellt wird, können freiwillig versicherte Beschäftigte, die nur wegen Überschreitens der **Jahresarbeitsentgeltgrenze** in der gesetzlichen Krankenversicherung versicherungsfrei sind (§ 6 Abs. 1 Nr. 1 SGB V), neben dem Arbeitsentgelt einen Anspruch auf **Beitragszuschuss** des Arbeitgebers zu den Kosten ihrer freiwilligen oder privaten Versicherung nach näherer Maßgabe des § 257 SGB V (der dem früheren § 405 RVO im Wesentlichen entspricht) geltend machen. Nach Einführung der **Jahresarbeitsentgeltgrenze auch für Arbeiter** (§ 6 Abs. 1 Nr. 1 SGB V) sind – anders als nach früherem Recht – nicht mehr nur Angestellte, sondern auch **Arbeiter versicherungsfrei,** deren regelmäßiges Jahresarbeitsentgelt über der genannten Grenze liegt. Die Jahresarbeitsentgeltgrenze beträgt für das Jahr 2006 47.250 € bzw. 42.750 € einheitlich für West und Ost (vgl. § 6 Abs. 6 u. Abs. 7 SGB V in der ab 1.1.2003 geltenden Fassung; Abs. 7 gilt für diejenigen, die bereits am 31.12.2002 wegen Überschreitens der damaligen Jahresarbeitsentgeltgrenze versicherungsfrei waren und bei einem privaten Versicherungsunternehmen versichert waren).

Der Beitragszuschuss ist nach § 257 Abs. 1 u. 2 SGB V der **Höhe nach,** und zwar in unterschiedlicher Weise, **begrenzt,** je nach dem, ob der Beschäftigte freiwilliges Mitglied der gesetzlichen Krankenversicherung oder der privaten Krankenversicherung ist.

113 Der **freiwillig** in der **gesetzlichen Krankenversicherung versicherte Beschäftigte** erhält als Zuschuss die Hälfte des Beitrags, der für einen versicherungspflichtigen Beschäftigten bei seiner Krankenkasse vom Arbeitgeber zu zahlen wäre, höchstens jedoch die Hälfte des Betrages, den sie bei Anwendung des allgemeinen Beitragssatzes tatsächlich zu tragen haben (§ 257 Abs. 1 S. 1 SGB V in der ab 1.7.2005 geltenden Fassung).

114 Die bei einem **privaten Krankenversicherungsunternehmen versicherten Beschäftigten** erhalten ab 1.1.1998 grds. nur noch die Hälfte des **durchschnittlichen** allgemeinen Beitragssatzes der Krankenkas-

sen v. 1.1. des Vorjahres (§ 245 SGB V), höchstens jedoch die Hälfte des Betrages, den sie für ihre Krankenversicherung zu zahlen haben (vgl. § 257 Abs. 2 S. 2 SGB V). Außerdem wird ab 1.7.1994 für eine private Krankenversicherung ein Zuschuss nur noch gezahlt, wenn das Versicherungsunternehmen bestimmte, in § 257 Abs. 2a Nrn. 1 bis 5 SGB V genannte Voraussetzungen erfüllt: Insbesondere muss eine Verpflichtung bestehen, für ältere Versicherte mit längerem Versicherungsschutz einen brancheneinheitlichen Standardtarif mit garantiertem Höchstbeitrag anzubieten, dessen Vertragsleistungen den Leistungen des SGB V im Kernbereich entsprechen. Erfüllt das Unternehmen nicht die Voraussetzungen für die Gewährung des Arbeitgeberzuschusses, kann ab 1.7.1994 der Versicherungsvertrag mit sofortiger Wirkung gekündigt werden. (§ 257 Abs. 2c SGB V).

Hat der **freiwillig versicherte Arbeitnehmer** während des Kündigungsschutzprozesses zunächst die 115 Beiträge zur Krankenversicherung allein getragen, war er aber wegen seiner Arbeitslosigkeit von der Krankenkasse in eine niedrigere Beitragsklasse eingestuft, so ist, nachdem Klarheit über den Fortbestand des Arbeitsverhältnisses geschaffen ist, die Krankenkasse berechtigt, den vollen – dem Gehalt entsprechenden – Beitragssatz nachzufordern; der Arbeitnehmer ist deshalb grds. berechtigt, außer dem Beitragszuschuss in Höhe der Hälfte der bereits entrichteten Beiträge auch noch die Hälfte der Differenz zu verlangen, die zur rückwirkenden »Aufstockung« der seinem Gehalt entsprechenden Beiträge erforderlich ist (*BSG* 25.9.1981 BSGE 52. 152, 161, 165 f.). Ansprüche auf Beitragszuschuss des Arbeitgebers, denen der gleiche **Schutzgedanke wirksamer sozialer Sicherung** zu Grunde liegt wie den Beitragsansprüchen aus einer Pflichtversicherung, können durch Vergleich ebenso wenig ausgeschlossen werden wie Beitragsansprüche aus einer Pflichtversicherung (*BSG* 25.9.1981 aaO).

3. **Beitragsrechtliche Rechtsstellung des Arbeitnehmers, wenn während des Kündigungsschutzprozesses Leistungen wegen Arbeitslosigkeit gewährt wurden**

a) **Beitragsausgleich nach § 335 Abs. 3 SGB III (früher §§ 160, 166a AFG)**

Hat die Agentur für Arbeit für die Dauer des Kündigungsschutzprozesses nach § 143 Abs. 3 SGB III 116 (früher § 117 Abs. 4 S. 1 AFG) »gleichwohl« Arbeitslosengeld gewährt und dementsprechend für die Zeit des Bezugs dieser Leistungen Versicherungsbeiträge zur Kranken- und Pflegeversicherung der Arbeitslosen (s.o. Rz 24 f.) und zur Rentenversicherung der Arbeitslosen (s.o. Rz 27 f.) geleistet, so gilt Folgendes: Führt der Arbeitsgerichtsprozess zu der Feststellung, dass das Arbeitsverhältnis/Beschäftigungsverhältnis für eine Zeit des Arbeitslosengeldbezuges fortbestanden hat und hat während dieser Zeit ein Anspruch auf Arbeitsentgelt bestanden, so **lebt** die (bisher ruhende) **Versicherungspflicht aus dem Beschäftigungsverhältnis** wieder auf. Hier tritt also die Versicherung aus dem fortbestehenden Beschäftigungsverhältnis (als die allein maßgebliche) rückwirkend an die Stelle der – vorläufigen – Versicherung aus dem Bezug der Arbeitsförderungsleistung. Es findet aber keine völlige Verdrängung der bisherigen Versicherung des Arbeitslosen, sondern lediglich ein **Beitragsausgleich** und eine **ergänzende Beitragsabführung** statt: der Arbeitgeber hat nach § 335 Abs. 3 SGB III der **BA** die von ihr geleisteten Beiträge zur Kranken- und Rentenversicherung zu ersetzen, soweit er für dieselbe Zeit Beiträge auf Grund des Beschäftigungsverhältnisses zu entrichten hat. Für die Beiträge der BA zur sozialen Pflegeversicherung gilt diese Regelung entsprechend (§ 335 Abs. 5 SGB III). Kommt der Arbeitgeber dieser Verpflichtung nach, wird er insoweit von seiner **Beitragspflicht** aus dem Beschäftigungsverhältnis befreit (§ 335 Abs. 3 S. 2 SGB III). Waren auf Grund des Beschäftigungsverhältnisses **höhere Beiträge** zu entrichten, so hat der Arbeitgeber den darüber hinausgehenden Beitragsteil (und die Beiträge zur Arbeitslosenversicherung nach den §§ 341 ff. SGB III) an die für die Versicherung des Beschäftigungsverhältnisses zuständige Einzugsstelle zu entrichten. Sind unterschiedliche Kassen zuständig, so erfolgt der Ausgleich unter diesen nach § 335 Abs. 4 SGB III. Für den Abzug der Beitragsanteile vom Lohn des Versicherten gelten auch in solchen Fällen die sozialversicherungsrechtlichen Regeln über den Beitragsabzug (§ 28g SGB IV; s.o. Rz 108 f.; zu den früheren §§ 394, 395 RVO vgl. *BSG* 25.9.1981 BSGE 52, 152). Der Erstattungsanspruch der BA nach § 335 Abs. 3 SGB III entfällt nicht schon deshalb, weil der Anspruch auf Arbeitsentgelt wegen Ablaufs einer tariflichen Ausschlussfrist nach Abschluss des Kündigungsschutzprozesses nachträglich erloschen ist (so zu § 160 Abs. 1 AFG aF *BSG* 22.6.1994 SozR 3-4100 § 160 AFG Nr. 1).

b) **Beitragsausgleich bei Ersatzkassen-Pflichtversicherten**

Bei **Ersatzkassen-Pflichtversicherten** erfolgt der Beitragsausgleich seit 1.1.1989 in gleicher Weise wie 117 bei Versicherten, die Mitglieder von Pflichtkassen sind. Denn die Ersatzkassen sind – anders als nach früherem Recht – selbst Einzugsstellen für ihre pflichtversicherten Mitglieder, sodass der Arbeitgeber die Beiträge iSv § 355 Abs. 3 SGB III an diese Kassen (und nicht mehr wie früher an den Arbeitnehmer) zu zahlen hat.

c) Beitragsausgleich bei freiwillig und privat Versicherten

118 Bei den Arbeitnehmern, die **freiwillig** oder **privat krankenversichert** sind, eröffnet § 335 Abs. 3 S. 3 SGB III den Zugriff auf den Anspruch des Arbeitnehmers auf den **Beitragszuschuss** nach § 257 SGB V (früher § 405 RVO; s.o. Rz 112 f.). Soweit dieser Zuschuss reicht, hat der Arbeitgeber also der BA ihre Beitragsaufwendungen zu erstatten. Aus § 335 Abs. 3 S. 3 SGB III, der eine entsprechende Anwendung der für die Pflichtbeiträge geltenden Vorschriften für den Zuschuss vorschreibt, ergibt sich insoweit, dass eine **freiwillige Versicherung** aus dem Beschäftigungsverhältnis durch die Pflichtversicherung des Arbeitslosen nach § 5 Abs. 1 Nr. 2 SGB V nicht (endgültig) verdrängt wird oder erlischt, sondern nach der im Kündigungsschutzprozess erfolgten Klärung der Dauer des Arbeitsverhältnisses grds. **wieder aufleben kann** (BSG 25.9.1981 BSGE 52, 152). Die davon abweichende frühere Auffassung (BSG 21.6.1978 SozR 4100 § 155 Nr. 5 und dem folgend BAG 9.4.1981 EzA § 11 KSchG Nr. 3) ist durch das Urteil des BSG 25.9.1981 (aaO) praktisch aufgegeben worden. Danach hat der Versicherte jedenfalls ein **Wahlrecht,** ob er die freiwillige Versicherung rückwirkend wieder aufleben lassen oder es bei der Versicherung als Arbeitsloser bewenden lassen will. Lebt die freiwillige Versicherung rückwirkend wieder auf, erwirbt die Krankenkasse mit dem Ende des Kündigungsschutzprozesses einen Beitragsanspruch aus der freiwilligen Versicherung für die Zeit bis zur rechtlichen Beendigung des Arbeitsverhältnisses. Die Verpflichtung zum Ersatz der von der BA aufgewendeten Beiträge beschränkt sich auf den **Arbeitgeber.** Dieser hat Beiträge auf Grund des wieder aufgelebten Beschäftigungsverhältnisses nur in **Höhe des Beitragszuschusses** nach § 257 SGB V zu ersetzen. Für eine weitere Heranziehung des **Arbeitnehmers** mit dem Beitragsanteil, den er ohne den zwischenzeitlichen Eintritt der Pflichtversicherung nach § 5 Abs. 1 Nr. 2 SGB V hätte aufbringen müssen, fehlt es an einer Rechtsgrundlage. Auch § 11 Nr. 3 KSchG bietet hier keine Handhabe (s. dazu ausführlich die Anm. von Gagel zu AP Nr. 1 zu § 11 KSchG 1969; s.a. Rz 119).

d) Bedeutung des § 11 Nr. 3 KSchG für den Beitragsausgleich

119 Die Frage, unter welchen Voraussetzungen und in welchem Umfang der Arbeitgeber von nachzuzahlendem Arbeitsentgelt Beiträge, Beitragsteile oder Beitragszuschüsse abziehen oder sonst einbehalten darf und zum Ausgleich der geleisteten Beiträge an die BA bzw. hinsichtlich der überschießenden Beitragsteile an die zuständige Einzugsstelle der Beschäftigungsversicherung abzuführen hat, ist in § 335 Abs. 3 u. 4 SGB III (früher §§ 160, 166a AFG) und §§ 28d ff. SGB IV abschließend geregelt. § 11 Nr. 3 KSchG kommt insoweit weder als Rechtsgrundlage für ein Abzugsrecht des Arbeitgebers noch für eine Erstattungspflicht gegenüber der BA in Betracht (zum früheren Recht BSG 25.9.1981 BSGE 52, 152, 167). Der Ansicht des BAG (Urt. v. 9.4.1981 EzA § 11 KSchG Nr. 3), dass § 11 Nr. 3 KSchG ein uneingeschränktes Abzugsrecht gewähre, ist entgegenzuhalten, dass sein Wirkungsbereich auf »**Leistungen**« beschränkt ist, nicht aber »**Beiträge**« erfasst. Beiträge sind im Sozialversicherungsrecht keine Leistungen. Ungeachtet dessen, dass sie gelegentlich als Nebenleistungen – hier zu gezahltem Arbeitslosengeld – bezeichnet werden, richten sich die Rechtsverhältnisse im Zusammenhang mit Beiträgen nicht nach dem Leistungsrecht des Versicherungszweiges, aus dessen Mitteln sie gewährt werden, sondern stets nach dem Beitragsrecht des Versicherungszweiges, zu dem sie entrichtet werden. § 11 Nr. 3 KSchG kann jedenfalls in Fällen, in denen ein Beitragsausgleich (Gleiches gilt für den Leistungsausgleich, s.u. Rz 122) im **öffentlichen Recht spezialgesetzlich geregelt** ist, aus systematischen Gründen keine Anwendung finden (vgl. dazu iE die Anm. von Gagel zu AP Nr. 1 zu § 11 KSchG 1969). Aus § 335 Abs. 3 SGB III ergibt sich im Übrigen, dass das Gesetz im Verhältnis zur BA nur eine Erstattungspflicht des Arbeitgebers, nicht aber des Arbeitnehmers begründen wollte (so zu §§ 160 Abs. 1, 166a AFG BSG 14.2.1978 BSGE 46, 20, 33 = SozR 4100 § 117 Nr. 2).

4. Leistungsrechtliche Rechtsstellung unwirksam gekündigter Arbeitnehmer nach Abschluss des Kündigungsschutzprozesses

a) Gesetzlicher Forderungsübergang bei Sozialleistungsbezug, Grundsätze

120 Soweit der Arbeitgeber den Anspruch des Arbeitnehmers auf **Arbeitsentgelt** nicht erfüllt hat – zB die während des Laufs des Kündigungsschutzprozesses entstandenen Zahlungsansprüche aus §§ 615 S. 1 BGB, § 3 EFZG –, und **deshalb** ein öffentlich-rechtlicher Leistungsträger **Sozialleistungen** erbracht hat, geht der Anspruch des Arbeitnehmers gegen den Arbeitgeber kraft Gesetzes auf den Leistungs-

träger **bis zur Höhe der erbrachten Sozialleistungen über;** der Übergang wird nicht dadurch ausgeschlossen, dass der Anspruch nicht übertragen, verpfändet oder gepfändet werden kann, **§ 115 Abs. 1 u. 2 SGB X**. Mit dieser Regelung hat der Gesetzgeber **einheitlich** für alle in § 12 SGB I erfassten öffentlich-rechtlichen Leistungsträger einen Erstattungsanspruch gegen den Arbeitgeber kraft gesetzlichen Forderungsübergangs vorgesehen und damit die nach früheren Recht spezialgesetzlich geregelten **gesetzlichen Forderungsübergänge** ersetzt.

Mit dem Begriff »**Arbeitsentgelt**« erfasst § 115 SGB X jegliches Arbeitsentgelt iSv § 14 Abs. 1 SGB IV (s.o. Rz 13a), allerdings mit der Einschränkung, dass **ein Anspruch** auf die Leistung bestehen muss. Dazu gehören auch Ansprüche auf **einmalige Leistungen** wie zB Urlaubsgeld, Urlaubsabgeltungen, Jahressonderzahlungen. Als zumindest **entgeltähnliche Leistungen** sieht der Gesetzgeber auch Abfindungen, Entschädigungen oder ähnliche Leistungen (**Entlassungsentschädigungen** iSv § 143a SGB III) an, die wegen – vorzeitiger – Beendigung des Arbeitsverhältnisses gezahlt bzw. geschuldet werden. Das ergibt sich aus § 143a Abs. 4 S. 1 SGB III, wonach Ansprüche auf Entlassungsentschädigungen in einem Klammerzusatz als »Arbeitsentgelt iSd § 115 SGB X« bezeichnet werden und damit auf die BA übergehen, sobald und soweit sie Arbeitslosengeld geleistet hat (vgl. KR-*Wolff* § 143 SGB III Rz 29 f.). 120a

Da § 115 SGB X voraussetzt, dass die erbrachte Sozialleistung an die Stelle des geschuldeten Arbeitsentgelts getreten ist, muss grds. zeitliche Kongruenz zwischen dem **arbeitsrechtlichen Vergütungszeitraum** und dem **sozialrechtlichen Leistungszeitraum** bestehen. Dieser Grundsatz ist jedoch für bestimmte Arbeitgeberleistungen modifiziert worden. Zum Beispiel kommt es bei Urlaubsabgeltungen und Entlassungsentschädigungen darauf an, für welche Zeiträume diese Leistungen sozialversicherungsrechtlich als zur Deckung des Lebensunterhalts bestimmt gelten. Das ist für die Urlaubsabgeltung die Zeit im Anschluss an das Ende des Arbeitsverhältnisses, die der Dauer des abzugeltenden Urlaubs entspricht (§ 143 Abs. 2 SGB III), für die Entlassungsentschädigung die Zeit am Anschluss an das Ende des Arbeitsverhältnisses, in der nach Maßgabe des § 143a Abs. 2 SGB III der Anspruch auf Arbeitslosengeld ruht (zum Ruhenszeitraum vgl. KR-*Wolff* § 143a SGB III Rz 43 f.).

§ 115 SGB X erfasst nach seinem Sinn und Zweck auch sonstige Sozialleistungen, deren Gewährung voraussetzt, dass der Arbeitnehmer aus der bisherigen Beschäftigung kein **Arbeitsentgelt** erhält und hierdurch arbeitslos bzw. beschäftigungslos wird. Dies sind außer den eigentlichen Leistungen der Arbeitslosenversicherung, insbes. Arbeitslosengeld (s.o. Rz 47 ff.) die **Altersrente wegen Arbeitslosigkeit** (vgl. dazu Rz 41c u. 137) und die wegen **Arbeitslosigkeit erhöhte Verletztenrente** aus der Unfallversicherung nach § 58 SGB VII (s.o. Rz 46). 121

Konkurrenz zwischen § 115 SGB X und § 11 Nr. 3 KSchG: 122
Der Anrechnungs- und Erstattungsregelung des **§ 11 Nr. 3 S. 1 u. 2 KSchG** (vgl. KR-*Spilger* § 11 KSchG Rz 43 ff.) kommt neben der speziellen, dem öffentlichen Recht angehörigen Regelung des **§ 115 SGB X** praktisch keine selbstständige Bedeutung mehr zu. Diese Regelung hatte schon nach bisherigem Recht, wie sich insbes. aus den Motiven zu dieser Bestimmung ergibt (vgl. BT-Drucks. I/2090, S. 14 zu § 9), im Wesentlichen nur Bedeutung für die in Rz 121 genannten Leistungen, für die bisher eine spezielle Erstattungsregelung für den Fall fehlte, dass sich im Kündigungsschutzprozess der Fortbestand des Arbeitsverhältnisses und eine Lohnnachzahlungspflicht des Arbeitgebers für Zeiten des Bezugs dieser Leistungen ergab. Abgesehen davon regelt § 11 Nr. 3 KSchG eine Pflicht zur Erstattung bzw. Anrechnung der wegen Arbeitslosigkeit gezahlten Leistungen nicht umfassend, sondern nur für den Fall der **Entscheidung** des Gerichts **durch Urteil.** Dass sonstige Fälle nicht erfasst sind, kann als ein Hinweis dafür angesehen werden, dass § 11 Nr. 3 KSchG eine Erstattungspflicht **nicht originär begründet, sondern voraussetzt,** dass nach öffentlichem Recht überhaupt eine Erstattungspflicht des Arbeitnehmers in Betracht kommt. Diese konnte sich vor Inkrafttreten des § 115 SGB X bei der vorgezogenen Altersrente wegen Arbeitslosigkeit bzw. der erhöhten Unfallrente (nur) daraus ergeben, dass die Versicherungsträger in Fällen schwebender Kündigungsschutzverfahren die Leistungen **unter Vorbehalt** gewährt hatten.

§ 11 Nr. 3 KSchG betrifft mithin nur die Fälle, in denen nach speziellen öffentlich-rechtlichen Regelungen eine Erstattungspflicht des **Arbeitnehmers** besteht und bedeutet insoweit nur, die **Durchsetzung** des Erstattungsanspruchs zu erleichtern, indem dem Arbeitgeber aufgegeben wird, den vom Arbeitnehmer zu erstattenden Betrag von der Lohnnachzahlung einzubehalten und direkt an den Versicherungsträger abzuführen. Für alle anderen Fälle, in denen im öffentlichen Recht ein Ausgleich durch Rückgriff auf das Arbeitsentgelt nicht vorgesehen ist oder der Ausgleich anders – zB durch Übergang von Arbeitsentgeltansprüchen – geregelt ist, ist § 11 KSchG nicht anwendbar. Das gilt auch für § 115 123

SGB X (zu der speziellen Erstattungspflicht des Arbeitnehmers nach § 143 Abs. 3 S. 2, § 143a Abs. 4 S. 2 SGB III s.u. Rz 140 f.; zu § 11 KSchG vgl. KR-*Spilger* § 11 KSchG Rz 43 f.).

124 Der Nachzahlungsanspruch des Arbeitnehmers gegen den Arbeitgeber geht nach § 115 Abs. 1 SGB X erst mit der **Zahlung** der jeweiligen Sozialleistung in Höhe des gezahlten Betrages auf den Leistungsträger über (vgl. zu § 182 Abs. 10 RVO aF *BAG* 20.8.1980 EzA § 6 LohnFG Nr. 14). Der gesetzliche Forderungsübergang ändert nichts an der Rechtsnatur des übergegangenen Anspruchs. Für diesen gelten gem. § 412 BGB die §§ 399 bis 404, 406 bis 410 BGB entsprechend. Der Arbeitgeber ist daher berechtigt, dem öffentlich-rechtlichen Leistungsträger alle Einwendungen und Einreden entgegenzuhalten, die ihm gegenüber dem Arbeitnehmer zustanden (§§ 412, 404 BGB). Auch eine Aufrechnung ist dem Arbeitgeber im Rahmen der §§ 412, 406 BGB möglich. Zahlt der Arbeitgeber **in Unkenntnis** der gewährten öffentlich-rechtlichen Leistungen dem Arbeitnehmer die gesamte Vergütung nach, so wird er gem. §§ 412, 407 BGB von der ihm obliegenden Erstattungspflicht befreit. In diesem Fall kann der Leistungsträger den Arbeitnehmer unmittelbar auf Erstattung seiner Aufwendungen nur in Anspruch nehmen, soweit die öffentlich-rechtlichen Erstattungsregelungen dies vorsehen (vgl. §§ 44 ff. SGB X; zu der speziellen Regelung in § 143 Abs. 3 S. 2 u. § 143a Abs. 4 S. 2 SGB III s.u. Rz 140 f.).

125 Um Schwierigkeiten auszuschließen, die entstehen können, wenn der Arbeitgeber trotz des Übergangs des Anspruchs an seinen Arbeitnehmer zahlt, bedarf es einer entsprechenden **Anzeige** des **Forderungsübergangs** an den **Arbeitgeber**. Die Kenntnis des Arbeitgebers iSv § 407 Abs. 1 BGB wird hierbei auch durch die – vor der Leistung erfolgende – Mitteilung des Leistungsträgers begründet, dass er bestimmte Leistungen erbringen werde. Es kommt nicht darauf an, ob der Arbeitgeber auch wusste, dass damit ein Forderungsübergang erfolgt; es genügt die Kenntnis der den Forderungsübergang begründenden Tatsachen (vgl. hierzu auch *BAG* 20.8.1980 aaO). Zahlt der Arbeitgeber trotz einer entsprechenden Mitteilung dem Arbeitnehmer die gesamte Vergütung aus, so kann sich der Leistungsträger dennoch an den Arbeitgeber halten (§§ 412, 407 BGB), der seinerseits uU einen Bereicherungsanspruch gegenüber dem Arbeitnehmer hat (vgl. KR-*Spilger* § 11 KSchG Rz 49).

126 Erfolgt eine Zahlung an den Sozialversicherungsträger in der irrigen Annahme, dass Arbeitsentgeltansprüche übergegangen sind, ist dies aber nicht der Fall, so wird der Arbeitgeber gegenüber dem Arbeitnehmer **nicht** von seiner Leistungspflicht **frei,** auch wenn der Sozialversicherungsträger dem Arbeitgeber (und Arbeitnehmer) den Forderungsübergang angezeigt hatte (aA *LAG Düsseld.* 19.12.1977 DB 1978, 1087). Ob § 409 BGB in diesen Fällen entsprechende Anwendung findet, ist zweifelhaft (bejahend *Denck* DB 1979, 892, der insoweit ein Anerkenntnis des Forderungsübergangs durch den bisherigen Gläubiger für erforderlich hält). Der Arbeitgeber hat aber einen Rückzahlungsanspruch gegen den Sozialleistungsträger.

127 **Verfügungsbefugnis:**
Grds. kann der Arbeitnehmer nach Übergang seines Arbeitsentgelt-Anspruchs auf den Sozialleistungsträger nicht mehr wirksam über diesen verfügen. Zwar können die Parteien eines Arbeitsvertrages ein Arbeitsverhältnis auch **rückwirkend** aufheben und damit auf Ansprüche für die Zeit **nach der Aufhebung** verzichten. Mit einer solchen Aufhebungsvereinbarung kann der Arbeitnehmer grds. jedoch nur auf solche Ansprüche aus dem Arbeitsverhältnis verzichten, die ihm zu diesem Zeitpunkt **noch zustehen,** also auf den Teil der Arbeitsentgeltansprüche, der nicht bereits **vorher in Höhe der vom Sozialversicherungsträger erbrachten Leistungen** auf diesen übergegangen war (*BAG* 23.9.1981 DBlR Nr. 2712 AFG § 117). Etwas anderes gilt allerdings dann, wenn durch **Vergleich** ein **Streit über die Beendigung des Arbeitsverhältnisses nach** einer **Kündigung beigelegt** wird: in diesen Fällen eines gerichtlichen (oder außergerichtlichen) Vergleichs nach vorausgegangener Kündigung muss der Sozialleistungsträger die **Bestimmung des Endes des Arbeitsverhältnisses** gegen sich gelten lassen, selbst wenn er für die Zeit nach der vereinbarten Beendigung schon Sozialleistungen erbracht hatte und bereits ein Anspruchsübergang erfolgt war. Dies folgt aus den **Besonderheiten des Kündigungs- und Kündigungsschutzrechts** (vgl. *BAG* 20.8.1980 EzA § 6 LohnFG Nr. 15 = AP Nr. 14 zu § 6 LFG mit zust. Anm. *Brackmann*; s.a. Rz 154). Ein Verzicht auf (inzwischen auf die Sozialleistungsträger übergegangene) Arbeitsentgeltansprüche ist darin nicht zu sehen, wenngleich durch die Festlegung des Endes des Arbeitsverhältnisses mittelbar der zeitliche Umfang der Lohnansprüche bestimmt wird. In dieser Beurteilung stimmen die obersten Bundesgerichte überein (vgl. u.a. *BAG* 29.8.1968 EzA § 7 KSchG Nr. 5; *BSG* 14.2.1978 BSGE 46, 20, 24; *BFH* 13.10.1978 – VI R 91/77 – USK 78193). Unerheblich ist insoweit, ob der Rechtsstreit um die Wirksamkeit einer ordentlichen oder außerordentlichen Kündigung geführt wird oder um die Beendigung eines Arbeitsverhältnisses auf Grund einer Befristung; unerheblich ist auch, ob der Prozess nach dem KSchG geführt wird oder nicht.

Allgemeine Grundsätze des Sozialrechts

128 Jedoch kann der Arbeitnehmer auf Arbeitsentgeltansprüche bzw. Nachzahlungsansprüche, **die bis zum vereinbarten Auflösungszeitpunkt** entstanden sind, in keinem Fall wirksam verzichten bzw. die Ansprüche durch Vereinbarung mit dem Arbeitgeber nach Höhe und Dauer festlegen bzw. mindern, soweit er bereits vorher Sozialleistungen erhalten hat. Der Arbeitgeber kann sich auf eine solche Vereinbarung nicht berufen, wenn ihm die Zahlung der Sozialleistungen bekannt war (§§ 412, 407 BGB; vgl. auch *BAG* 6.12.1978 EzA § 115 GewO Nr. 5).

In den einzelnen Versicherungszweigen ergeben sich für die Leistungsansprüche unwirksam gekündigter Arbeitnehmer folgende **Besonderheiten:**

b) In der Krankenversicherung

129 Wird der unwirksam gekündigte Arbeitnehmer in der Zeit nach der tatsächlichen Beendigung der Beschäftigung infolge Krankheit arbeitsunfähig, so liegen von diesem Zeitpunkt an die Voraussetzungen des Annahmeverzuges des Arbeitgebers grds. nicht mehr vor (vgl. KR-*Spilger* § 11 KSchG Rz 16 u. 18). In diesem Fall ergeben sich **Nachzahlungsansprüche** des Arbeitnehmers aus den gesetzlichen Vorschriften über die Entgeltfortzahlung im Krankheitsfalle (§ 3 EFZG) bzw. Ansprüche auf **Krankengeld** aus der fortbestehenden Mitgliedschaft in der Krankenversicherung (s.o. Rz 31 f., 34).

130 Der Anspruch auf Krankengeld **ruht,** soweit und solange der Arbeitnehmer beitragspflichtiges Arbeitsentgelt oder Arbeitseinkommen erhält; dies gilt nicht für einmalig gezahltes Arbeitsentgelt (§ 49 Abs. 1 Nr. 1 SGB V). Damit wird eine doppelte wirtschaftliche Absicherung, insbes. für die Zeiten der Lohn- und Gehaltsfortzahlung, vermieden. **Tatsächlicher Bezug:** Das Krankengeld ruht aber grds. nur dann, wenn Arbeitsentgelt **tatsächlich bezogen** wird; der bloße Anspruch genügt nicht. Erfüllt der Arbeitgeber seine Lohnfortzahlungspflicht nicht, hat die Krankenkasse Krankengeld zu zahlen, wobei mit der jeweiligen Zahlung der Lohnfortzahlungsanspruch in Höhe des Krankengeldes auf die Krankenkasse übergeht (§ 115 SGB X, s.o. Rz 120 f.).

131 Ausnahmsweise kommt es zum Ruhen des Krankengeldes auch **ohne tatsächlichen Bezug** des Arbeitsentgelts, wenn der Versicherte durch **schuldhafte,** dh vorsätzliche oder fahrlässige **Verletzung einer Nebenpflicht** aus dem Sozialversicherungsverhältnis den Bezug des Arbeitsentgelts verhindert hat, zB durch den **Verzicht** in einer Ausgleichsquittung oder die **Versäumung einer Ausschlussfrist** (vgl. hierzu *BSG* 16.12.1980 BSGE 51, 82 = SozR 2200 § 189 Nr. 2; *U. Schmalz* BKK 1981, 173 mwN). Eine derartige Pflichtverletzung liegt nach Ansicht des *BSG* 16.12.1980 (aaO) aber nicht vor, wenn der Versicherte rechtzeitig Krankengeld beantragt hatte und deshalb davon ausgehen durfte, dass die Krankenkasse ein Erlöschen des Lohnfortzahlungsanspruchs verhindern werde.

132 Eine bei Beendigung des Arbeitsverhältnisses gezahlte **Urlaubsabgeltung** führt schon deshalb nicht zum Ruhen des Krankengeldes, weil es sich um **einmalig gezahltes Arbeitsentgelt** iSv § 49 Abs. 1 Nr. 1 2. Hs. SGB V handelt und die Urlaubsabgeltung – anders als in der Zeit von 1982 bis 1985 – in der Krankenversicherung nicht mehr einem bestimmten Zeitraum (Abgeltungszeitraum im Anschluss an das Ende des Arbeitsverhältnisses) zugeordnet wird (s.o. Rz 21 f.; zum früheren Recht *BSG* 20.3.1984 BSGE 56, 208 = SozR 2200 § 189 Nr. 4 u. 5; anders im Bereich des Konkursausfallgeldes vgl. *BSG* 3.12.1996 SozR 3-4100 § 141b).

133 Eine Sonderregelung enthält § 49 Abs. 1 Nr. 1 3. Hs. SGB V **für Zuschüsse des Arbeitgebers zum Krankengeld,** die der Aufstockung des Krankengeldes dienen und ihrer Art nach eine Nebenleistung zum Krankengeld darstellen. Sie gelten nicht als **Arbeitsentgelt,** soweit sie zusammen mit dem Krankengeld das Nettoarbeitsentgelt nicht übersteigen. Bei dem darüber hinausgehenden Betrag handelt es sich hingegen um Arbeitsentgelt, das zum Ruhen des Krankengeldanspruchs führt.

134 Hat der Arbeitnehmer nach der tatsächlichen Beendigung der Beschäftigung zunächst im Wege der Gleichwohlgewährung Arbeitslosengeld (§ 143 Abs. 3 SGB III; s.u. Rz 138 f.) und danach als Arbeitsloser Krankengeld bezogen (§ 47b SGB V; s.o. Rz 24) und wird im Kündigungsschutzprozess der Fortbestand des Arbeitsverhältnisses festgestellt, so entsteht rückwirkend ein Anspruch auf Zahlung des – idR höheren – Krankengeldes aus der nunmehr allein maßgeblichen **Beschäftigungsversicherung.** Auf den Zahlbetrag muss er sich aber das aus der Arbeitslosen-Krankenversicherung gewährte **Krankengeld anrechnen lassen** (vgl. zum alten Recht *von Wulffen* BKK 1979, 106, 112/113; *BSG* 25.9.1981 BSGE 52, 152, 166). Dass in derartigen Fällen das gewährte Arbeitslosengeld ggf. vom Arbeitnehmer nach § 143 Abs. 3 S. 2 SGB III an die BA zurückzuerstatten ist, hat nicht zur Folge, dass die Krankenkassen das Arbeitslosenkrankengeld ebenfalls zurückfordern könnten. Dem steht sowohl der eindeutige Wortlaut des § 5 Abs. 1 Nr. 2, 2. Teils. SGB V als auch die Bedeutung des § 335 Abs. 3 SGB III entgegen (s.o. Rz 116). Danach kann nicht davon ausgegangen werden, dass die Versicherung kraft Arbeitslosengeldbezuges durch die rückwirkend wieder aufgelebte Beschäftigungsversicherung verdrängt wird bzw. unwirksam wird; es findet vielmehr lediglich eine dem regelmäßig höheren Arbeitsentgelt entsprechende Aufstockung des Krankengeldes statt.

c) In der Unfallversicherung

135 In der Unfallversicherung erhält der Verletzte **Verletztengeld,** solange er infolge des Arbeitsunfalls u.a. arbeitsunfähig ist und unmittelbar vor Beginn der Arbeitsunfähigkeit Anspruch auf Arbeitsentgelt, Arbeitseinkommen oder bestimmtes Erwerbsersatzeinkommen (zB Krankengeld, Arbeitslosengeld nicht nur darlehensweise gewährtes Arbeitslosengeld II), hatte (§ 45 Abs. 1 SGB VII). Auf das Verletztengeld wird gleichzeitig erzieltes **Arbeitsentgelt** oder **Arbeitseinkommen** mit bestimmten Abschlägen, ferner Erwerbsersatzeinkommen wie etwa Arbeitslosengeld oder nicht nur darlehensweise gewährtes Arbeitslosengeld II angerechnet (§ 52 SGB VII). Eine Anrechnung erfolgt auch, wenn Ansprüche auf Leistungen nach dem SGB III wegen einer Sperrzeit ruhen oder das Arbeitslosengeld II nach § 31 SGB II abgesenkt worden ist (§ 52 Nr. 2 SGB VII in der seit 1.1.2005 geltenden Fassung). Wird Verletztengeld gezahlt, weil der Arbeitgeber seine Lohnfortzahlungspflicht nicht erfüllt, so gelten die gleichen Rechtsfolgen wie für das Krankengeld (s.o. Rz 130; zu § 115 SGB X s.o. Rz 120 f.). Ist der Versicherte über die 26. Woche hinaus infolge des Versicherungsfalles (Arbeitsunfalls, Wegeunfalls) um wenigstens 20 vH erwerbsgemindert, erhält er eine **Verletztenrente** (§ 56 SGB VII). Wird infolge Arbeitslosigkeit **erhöhte Verletztenrente** nach § 58 SGB VII (s.o. Rz 46) gezahlt, so tritt hinsichtlich des nachzuzahlenden Arbeitsentgelts in Höhe des Aufstockungsbetrages ein Forderungsübergang nach § 115 SGB X ein (hierzu s.o. Rz 120 f.).

d) In der Rentenversicherung

136 Erhält der Arbeitnehmer während der Dauer des Kündigungsschutzprozesses **Rente wegen verminderter Erwerbsfähigkeit** (s.o. Rz 38), die mit nachzuzahlendem Arbeitsentgelt aus dem zu Unrecht gekündigten Arbeitsverhältnis zusammentrifft, so ist das für denselben Zeitraum erzielte Arbeitsentgelt auf die Rente **anzurechnen**, wenn die Beschäftigung vor Rentenbeginn aufgenommen und solange sie **danach nicht ausgeübt worden ist** (§ 94 Abs. 1 S. 1 SGB VI; s.o. Rz 40a). Diese Regelung, die typischerweise die Nachzahlungsfälle infolge unwirksamer Kündigung betrifft, will einen Doppelbezug von Rente wegen verminderter Erwerbsfähigkeit und Arbeitsentgelt ausschließen, wenn dem erzielten Arbeitsentgelt keine **tatsächliche Beschäftigung** zu Grunde liegt. Das Arbeitsentgelt ist um einmalig gezahltes Arbeitsentgelt und um die gesetzlichen Abzüge zu mindern. Mit dem Begriff Arbeitsentgelt ist das Fortbestehen des Arbeitsverhältnisses vorausgesetzt. Zahlungen für Zeiten nach beendetem Arbeitsverhältnis sind kein Arbeitsentgelt in diesem Sinne, sondern Abfindung oder eine Leistung ähnlicher Art, die nicht zur Anrechnung führt. Der Arbeitnehmer hat die während des schwebenden Kündigungsschutzprozesses (ungekürzt) gezahlte Rente nach dessen Abschluss ggf. zurückzuzahlen, zB wenn die Rente unter einem entsprechenden »Vorbehalt« gewährt worden ist (zur Zulässigkeit eines Vorbehalts, zur Gewährung vorläufiger Leistungen bzw. Vorwegzahlungen vgl. *BSG* 28.6.1990 SozR 3-1300 § 32 SGB X Nr. 2) oder nach § 48 Abs. 1 S. 2 Nr. 3 SGB X.

137 Erhält der Arbeitnehmer während der Dauer des Kündigungsschutzprozesses **Altersrente wegen Arbeitslosigkeit** oder wegen Altersteilzeitarbeit (s.o. Rz 41, 41a u. c), die mit nachzuzahlendem Arbeitsentgelt aus dem Arbeitsverhältnis zusammentrifft, so tritt hinsichtlich des nachzuzahlenden Arbeitsentgelts ein Forderungsübergang nach § 115 SGB X ein (hierzu s.o. Rz 120 f.).

Wird vor Vollendung des 65. Lebensjahres eine sonstige **vorgezogene Altersrente** (s.o. Rz 41) gezahlt, die später mit einem für die Dauer des Kündigungsschutzprozesses nachzuzahlenden Arbeitsentgelt zusammentrifft, kann es zu einer rückwirkenden (teilweisen) Aufhebung der Rentenbewilligung und Rückforderung der Leistung nach § 48 Abs. 1 S. 2 SGB X kommen, wenn das nachgezahlte Entgelt die **Hinzuverdienstgrenze** übersteigt (§ 34 Abs. 3 SGB VI; s.o. Rz 43). Es handelt sich um »erzieltes Arbeitsentgelt«, das von § 34 Abs. 2 SGB VI erfasst wird, obwohl die Beschäftigung tatsächlich nicht ausgeübt worden ist. Allerdings kann die rückwirkende Aufhebung »wegen Erzielens von Arbeitsentgelt« (§ 48 Abs. 1 S. 2 Nr. 3 SGB X) nur in Höhe des die Verdienstgrenze übersteigenden Teils des Arbeitsentgelts erfolgen (*BSG* 23.3.1995 SozR 3-1300 § 48 SGB X Nr. 37). Mindestens muss aber dem Rentner die jeweils niedrigere Teilrente erhalten bleiben, wenn die dafür maßgebliche Hinzuverdienstgrenze für diese Teilrente nicht überschritten wird (vgl. iE KassKomm-*Niesel* § 34 SGB VI Rz 42 ff.).

Allgemeine Grundsätze des Sozialrechts

e) In der Arbeitslosenversicherung

aa) Besonderheiten des Forderungsübergangs bei Gleichwohlgewährung nach § 143 Abs. 3, § 143a Abs. 4 SGB III

Wird dem (unwirksam) gekündigten Arbeitnehmer **nach der Entlassung** Arbeitslosengeld gezahlt, **138** weil er vom Arbeitgeber geschuldete Leistungen (Arbeitsentgelt, Urlaubsabgeltung, Entlassungsentschädigung) tatsächlich nicht erhält (Gleichwohlgewährung nach § 143 Abs. 3, § 143a Abs. 4 SGB III), so gehen die ihm zustehenden Ansprüche auf die BA über. Das ergibt sich für Ansprüche auf **Arbeitsentgelt** und **Urlaubsabgeltung** unmittelbar aus § 115 SGB X (s.o. Rz 120 f.), für Ansprüche auf Abfindungen, Entschädigungen u.ä. Leistungen (**Entlassungsentschädigungen**) aus § 143a Abs. 4 S. 1 SGB III, wonach durch Klammerzusatz klargestellt ist, dass die Entlassungsentschädigungen, soweit sie nach Abs. 1 dieser Regelungen zum Ruhen des Arbeitslosengeldes führen, als Arbeitsentgelt iSd § 115 SGB X gelten. Bei Gewährung von Arbeitslosengeld gehen diese Ansprüche gem. § 115 SGB X auf die BA über und werden von ihr – ggf. im Zivilrechtsweg – geltend gemacht.

§ 115 SGB X ist in seiner Wirkung auf Zeiten beschränkt, für die Leistungen nach dem SGB III **erbracht** **139** wurden und beschränkt der Höhe nach den Übergang auf den Betrag des **gezahlten Arbeitslosengeldes**. Deshalb findet ein Forderungsübergang nicht statt, soweit für Zeiten, für die Arbeitsentgelt nachgezahlt wird, kein Arbeitslosengeld gezahlt wurde, etwa weil mangels Arbeitslosmeldung bzw. Antragstellung kein Anspruch bestand oder weil der Anspruch wegen einer Sperrzeit ruhte. Auch der das Arbeitslosengeld übersteigende **Spitzbetrag des Arbeitsentgelts** (oder einer Abfindung) geht nicht auf die BA über.

Die BA kann den zum Ausgleich für die Gewährung des Arbeitslosengeldes auf sie übergegangenen **140** Arbeitsentgelt-Anspruch grds. nur gegenüber dem **Arbeitgeber** geltend machen. Lediglich für den Fall, dass der Arbeitgeber das Arbeitsentgelt mit **befreiender Wirkung** an den Arbeitnehmer gezahlt hat, ist der BA ein öffentlich-rechtlicher **Erstattungsanspruch** gegen den Arbeitnehmer eingeräumt (§ 143 Abs. 3 S. 2, § 143a Abs. 4 S. 2 SGB III; früher § 117 Abs. 4 S. 2 AFG). Mit befreiender Wirkung gegenüber der BA zahlt der Arbeitgeber, wenn er zum Zeitpunkt der Zahlung an den Arbeitnehmer von der Gewährung des Arbeitslosengeldes nichts wusste (§§ 412, 407 BGB) oder wenn die BA die Zahlung an den Arbeitnehmer genehmigt hat (§ 362 Abs. 2, § 185 Abs. 2 BGB; s.u. Rz 142).

Da der Arbeitgeber in Fällen, in denen der Arbeitnehmer Kündigungsschutzklage erhebt, von der BA **141** in aller Regel über den Leistungsbezug aus der **Arbeitslosenversicherung** unterrichtet wird, kann der Arbeitgeber **danach** grds. nicht mehr gem. §§ 412, 407 BGB mit befreiender Wirkung zahlen. Zahlt er dennoch (in Kenntnis des Forderungsübergangs) Arbeitsentgelt oder Abfindungsbeträge an den Arbeitnehmer aus, kann die BA grds. nur noch den Arbeitgeber in Anspruch nehmen, während eine nach früherem Recht mögliche unmittelbare Rückforderung des Arbeitslosengeldes vom Arbeitnehmer seit 1.1.1981 beseitigt worden ist (zur Genehmigung s.u. Rz 142).

Die nach dieser Rechtsentwicklung eher zu verneinende Frage, ob die BA einer zunächst ohne befrei- **142** ende Wirkung erfolgten Zahlung des Arbeitgebers an den Arbeitslosen durch **Genehmigung** gem. § 362 Abs. 2, § 185 Abs. 2 BGB befreiende Wirkung verleihen kann, um statt den Arbeitgeber den **Arbeitnehmer als Erstattungsschuldner** belangen zu können, ist inzwischen vom BSG in st.Rspr. bejaht worden (vgl. *BSG* 22.10.1998 – B 7 AL 106/97 R – BSGE 83, 82 = SozR 3-4100 § 117 Nr. 16; 24.6.1999 – B 11 AL 7/99 R – SozR 3-4100 § 117 Nr. 18; Beschl. v. 4.12.2000 – B 11 AL 213/00 B – nv). Durch die Genehmigung werde eine dem öffentlichen Recht entsprechende Vermögenslage hergestellt, denn eine besondere Schutzwürdigkeit des Arbeitnehmers sei nicht erkennbar, weil er Arbeitsentgelt und Arbeitslosengeld – regelmäßig in Kenntnis, dass ihm eine solche Doppelleistung nicht zustehe – erhalten habe und sich sein Arbeitslosengeldanspruch nach Durchsetzung des Erstattungsanspruchs der BA aus Abs. 3 S. 2 wieder um den Erstattungszeitraum verlängere (vgl. dazu KR-*Wolff* § 143 SGB III Rz 32).

Nach der Rspr. des BSG besteht auch kein Grund zu der Annahme, die BA müsse, bevor sie die Zah- **142a** lung genehmige, zunächst versucht haben, ihren Anspruch gegenüber dem Arbeitgeber durchzusetzen (*BSG* 22.10.1998 aaO; zweifelnd *Winkler* in *Gagel* SGB III, § 143 Rz 75). Ausgeschlossen wird eine Genehmigung nur in Ausnahmefällen, etwa wenn der Genehmigung der Einwand unzulässiger Rechtsausübung entgegen stehe (vgl. iE KR-*Wolff* § 143 SGB III Rz 34 ff.).

§§ 143 Abs. 3 S. 2 u. § 143a Abs. 4 S. 2 SGB III stellen gegenüber §§ 44 ff., 50 SGB X **Spezialregelungen** **143** dar, sodass es der dort genannten Voraussetzungen für die Rückforderung nicht bedarf; insbes. ist die Inanspruchnahme des Arbeitnehmers nach diesen Bestimmungen – anders als in den Fällen des § 50

SGB X – nicht von der Aufhebung des Bewilligungsbescheides abhängig bzw. schließt eine solche sogar aus (*BSG* 24.7.1986 BSGE 60, 168 = SozR 4100 § 117 Nr. 16 u. Nrn. 18, 19, 20, 22). Das hat seinen Grund darin, dass in diesen Fällen nicht eigentlich Arbeitslosengeld erstattet, sondern in Wirklichkeit das **Arbeitsentgelt** in Höhe des Arbeitslosengeldes an die Agentur für Arbeit gezahlt wird, das dieser auf Grund des gesetzlichen Übergangs des Arbeitsentgeltsanspruchs infolge der Arbeitslosengeld-Zahlung zugestanden hat. Hat der Arbeitgeber hingegen nicht mit befreiender Wirkung an den Arbeitnehmer gezahlt, kommt folglich eine Inanspruchnahme des Arbeitnehmers durch die BA nur dann in Betracht, wenn sie ihren Leistungsbescheid nach den Vorschriften der §§ 44 ff. SGB X iVm § 330 SGB III wirksam aufgehoben hat. Die nachträgliche Zahlung des Arbeitsentgelts (oder der sonstigen in § 143 Abs. 2 und § 143a Abs. 1 SGB III genannten Leistungen) an den Arbeitnehmer rechtfertigt allerdings die rückwirkende Aufhebung der Arbeitslosengeld-Bewilligung nicht; denn das Arbeitslosengeld wird nicht »vorbehaltlich« der Arbeitsentgeltzahlung, sondern **endgültig** gewährt; die Gewährung bleibt **rechtmäßig**, auch wenn dem Empfänger später das Arbeitsentgelt (oder eine sonstige an sich zum Ruhen oder zur Anrechnung führende Leistung) vom Arbeitgeber nachgezahlt wird. Die Zahlung des Arbeitgebers wirkt nicht auf die Zeit der Gleichwohlgewährung zurück (s.o. Rz 86 f.). Die Bewilligung des Arbeitslosengeldes kann allerdings aus Gründen, die nichts mit der Gleichwohlgewährung zu tun haben, aufgehoben werden (zB wegen Nichterfüllung der Anwartschaftszeit oder weil sonstige Anspruchsvoraussetzungen für das Arbeitslosengeld fehlen) mit der Folge, dass dann der gesetzliche Übergang des Arbeitsentgelt-Anspruchs auf die BA nach § 115 SGB X und damit auch der Erstattungsanspruch nach § 143 Abs. 3 S. 2, 143a Abs. 4 S. 2 SGB III entfällt.

144 Ist der Arbeitgeber regelmäßig der **alleinige Erstattungsschuldner der BA**, so muss er damit rechnen, Lohnansprüche, die bis zum vereinbarten Ende des Arbeitsverhältnisses entstanden und nicht untergegangen sind, nochmals bzw. unabhängig davon erfüllen zu müssen, ob diese Ansprüche mit einer vereinbarten Abfindungszahlung abgegolten sein sollen oder auf solche Ansprüche verzichtet worden ist (s.u. Rz 156, 159 f.).

bb) Zweck und Funktion der §§ 143, 143a SGB III

145 Sinn und Zweck der Ruhensregelungen erschließen sich aus § 143 Abs. 1 SGB III (früher § 117 Abs. 1 AFG): Diese Bestimmung soll den **Doppelbezug von Arbeitsentgelt und Arbeitslosengeld** verhindern; denn Lohnersatzleistungen nach dem SGB III werden nicht benötigt, solange trotz Arbeitslosigkeit kein Verdienstausfall eintritt. Diese Zweckbestimmung gilt auch für die dem Arbeitsentgelt zuzurechnende **Urlaubsabgeltung** (§ 143 Abs. 2 SGB III, früher § 117 Abs. 1a AFG) und auch für **Entlassungsentschädigungen**, soweit sie – bei typisierender Betrachtung – im Hinblick auf die vorzeitige Beendigung des Arbeitsverhältnisses die Annahme rechtfertigen, dass in ihnen **Arbeitsentgelt** enthalten ist (§ 143a SGB III).

Das Ziel, Doppelleistungen zu verhindern, könnte nämlich, wenn es nur § 143 SGB III gäbe, umgangen werden; denn da als Arbeitsentgelt begrifflich nur Leistungen bis zur wirksamen Beendigung des Arbeitsverhältnisses angesehen werden können (vgl. *BAG* 29.8.1968 EzA § 7 KSchG Nr. 5; s.a. Rz 13 ff., 13c), könnten die Vertragsparteien die Beendigung des Arbeitsverhältnisses auf den frühest möglichen Termin vorziehen und dafür eine erhöhte, als Abfindung oder Entschädigung (Entlassungsentschädigung) ausgewiesene Arbeitgeberleistung vereinbaren, um so der Anrechnung auf das Arbeitslosengeld bzw. dessen Ruhen zu entgehen. Derartige Gestaltungen will § 143a SGB III (wie früher § 117 Abs. 2 AFG) verhindern (*BVerfG* 12.5.1976 EzA § 117 AFG Nr. 1; *BSG* 14.2.1978 BSGE 46, 20, 29 mwN). Dabei geht der Gesetzgeber bei Gewährung von Abfindungen im Falle **vorzeitiger Auflösung** des Arbeitsverhältnisses davon aus, dass sie in bestimmtem – typisierten – Umfang neben der Entschädigung für den Verlust sozialer Besitzstände Ansprüche auf **Arbeitsentgelt** enthalten, nämlich Ansprüche zum **Ausgleich entgangenen Arbeitsentgelts**, das der Arbeitnehmer bezogen hätte, wenn das – vorzeitig beendete – Arbeitsverhältnis unter Einhaltung der für den Arbeitgeber geltenden ordentlichen Kündigungsfrist beendet worden wäre. § 143a SGB III gilt auch bei vorzeitiger Beendigung eines befristeten Arbeitsverhältnisses (*BSG* 12.12.1984 SozR 4100 § 117 Nr. 13) oder bei Auflösung durch Urteil nach § 13 Abs. 1 S. 3 KSchG zu dem Zeitpunkt des Zugangs der außerordentlichen Kündigung (*BSG* 8.12.1987 SozR 4100 § 117 Nr. 21). Zu § 143a Abs. 3 SGB III, der dem früheren § 117 Abs. 3a AFG entspricht, s.u. Rz 146 und KR-*Wolff* § 143a SGB III Rz 66.

146 Damit wird der **Anspruch** auf **Arbeitslosengeld** durch §§ 143, 143a SGB III grds. in allen Fällen berührt, in denen das Arbeitsverhältnis **vorzeitig** beendet wird, also zu einem Zeitpunkt, zu dem **arbeitsrechtlich eine Beendigung durch den Arbeitgeber nicht oder noch nicht möglich** (wirksam) ist. Das sind die Fälle, in denen das Arbeitsverhältnis nach einer unwirksamen (fristgerechten oder fristlosen) Kündigung über den Zeitpunkt der tatsächlichen Beendigung der Beschäftigung hinaus rechtlich fortbesteht (§ 143 SGB III) und/oder vor Ablauf der ordentlichen oder fingierten Kündigungsfrist beendet wird (§ 143a SGB III). Gleichgestellt ist nach § 143a Abs. 3 SGB III der Fall, dass das **Beschäftigungsverhältnis** – unter formaler Aufrechterhaltung des Arbeitsverhältnisses – beendet wird (vgl. KR-*Wolff* § 143a SGB III Rz 66). Ein Ruhen der Arbeitsförderungs-Leistungen scheidet hingegen aus, wenn das Arbeitsverhältnis auf Grund wirksamer ordentlicher Kündigung mit Ablauf der Kündigungsfrist (gegen Zahlung einer Abfindung) tatsächlich und rechtlich endet, wenn eine befristetes Arbeitsverhältnis ausläuft oder wenn das Arbeitsverhältnis auf Grund wirksamer fristloser Kündigung endet (§ 143a Abs. 2 S. 3 Nr. 3 SGB III). In diesen Fällen kann die Abfindung keine **Entgeltteile** enthalten, weil das Arbeitsverhältnis mit der Einstellung der Arbeit arbeitsrechtlich wirksam beendet worden ist; hier ist die gesetzliche Vermutung begründet, dass derartige Abfindungen ausschließlich der **Abgeltung sozialer Besitzstände** dienen.

cc) Art und Umfang der von §§ 143, 143a SGB III erfassten Ansprüche des Arbeitnehmers

Hinsichtlich der Ansprüche aus dem Arbeitsverhältnis, die dem Arbeitnehmer bei Beendigung des Kündigungsschutzprozesses noch zustehen, sind nach §§ 143 u. 143a SGB III zwei **Grundkategorien** zu unterscheiden: Die erste – und vorrangig zu berücksichtigende – Kategorie umfasst Ansprüche auf **Arbeitsentgelt** für die Zeit nach der faktischen Entlassung (Beginn der Arbeitslosigkeit) bis zu dem durch Urteil oder Vereinbarung festgelegten Ende des Arbeitsverhältnisses. Zur Kategorie Arbeitsentgelt gehören auch Ansprüche auf Urlaubsabgeltungen, die so behandelt werden, als seien sie für die Zeit im Anschluss an das Ende des Arbeitsverhältnisses, die der Dauer des abgegoltenen Urlaubs entspricht, geschuldet. Diese Ansprüche führen nach § 143 Abs. 1 u. 2 SGB III (früher § 117 Abs. 1 u. Abs. 1a AFG) zum **Ruhen** der Arbeitsförderungsleistungen bzw. gehen, sobald Arbeitslosengeld für entsprechende Zeiträume an den Arbeitslosen ausgezahlt wird, zum Ausgleich auf die BA über, § 115 SGB X (s.a. Rz 120 f., 148 bis 150). Die zweite Kategorie umfasst **jegliche sonstigen Leistungen des Arbeitgebers** wie etwa Abfindungen, Entschädigungen und ähnliche Leistungen (zB Ausgleichszahlungen, vorgezogene Altersrenten auf Grund einer Versorgungsvereinbarung), sofern nur ein **ursächlicher Zusammenhang** zwischen der **Beendigung** des Arbeitsverhältnisses und der **Gewährung** der Leistungen besteht (zum früheren Recht *BSG* 22.2.1984 SozR 4100 § 118 Nr. 13; 15.11.1984 NZA 1985, 438). Diese Leistungen führen – unabhängig von ihrer Bezeichnung, dem Zweck der Leistung und davon, ob sie in Raten oder in einer Summe gezahlt werden – nach Maßgabe des § 143a Abs. 1 u. 2 SGB III zum Ruhen des Arbeitslosengeldes und können von der BA zum Ausgleich bereits gezahlten Arbeitslosengeldes in Anspruch genommen werden (s.u. Rz 151 f.; KR-*Wolff* § 143a SGB III Rz 20). Als gleichsam dritte Gruppe sind **diejenigen Ansprüche des Arbeitnehmers auszugrenzen,** die weder von § 143 noch von § 143a SGB III berührt werden, dh nicht zu einem Ruhen führen bzw. nicht zum Ausgleich bereits gezahlter Leistungen wegen Arbeitslosigkeit herangezogen werden dürfen (s.u. Rz 148, 149).

(1) Arbeitsentgelt

Das Ruhen des Anspruchs auf Arbeitslosengeld nach § 143 Abs. 1 SGB III und der Übergang des Anspruchs auf Arbeitsentgelt auf die BA nach § 115 SGB X betrifft nur solches **Arbeitsentgelt,** das für die Zeit zwischen dem **tatsächlichen Ende der Beschäftigung und dem Ende des Arbeitsverhältnisses** beansprucht werden kann (oder tatsächlich gezahlt wird; vgl. KR-*Wolff* § 143 SGB III Rz 13). Damit scheiden von vornherein die rückständigen Lohn- und Gehaltsansprüche für Zeiten **vor der tatsächlichen Beendigung der Beschäftigung** aus. Das gilt auch für sonstige Entgeltteile (zB Gewinnanteile, Jahresabschlussvergütungen, Gratifikationen). soweit sie in Zeiträumen erarbeitet worden sind, die vor der Entlassung bzw. Arbeitslosigkeit liegen, ferner für sonstige einmalige Zuwendungen (zB Jubiläumsgeschenke, Ehrengaben aus besonderem Anlass, auch Weihnachtsgelder, 13. Monatsgehälter), die ihrem Rechtscharakter nach keinen speziellen Bezug zu dem Zeitraum haben, um den es nach § 143 Abs. 1 SGB III geht. Auch sonstige Lohnteile, die erst mit oder nach Beendigung des Arbeitsverhältnisses fällig werden (zB Rückstellungen, Rücklagen jeder Art) gehören nicht zum Arbeitsentgelt nach § 143 Abs. 1 SGB III, wenn sie dem Arbeitnehmer auch bei ordnungsgemäßer Entgeltzahlung im maßgeblichen Ruhenszeitraum nicht als Einkommen verfügbar gewesen wären. Arbeitsentgelt soll nach dem Zweck des § 143 Abs. 1 SGB III nur insoweit erfasst werden, als es **für den maßgeblichen Ruhenszeitraum** geschuldet wird (vgl. *Winkler* in *Gagel* SGB III § 143 Rz 14 f.).

149 Deshalb bleiben auch diejenigen Leistungen des Arbeitgebers unberücksichtigt, die vor Beendigung des Arbeitsverhältnisses **verdient** worden sind und nur **anlässlich** der Beendigung ausgezahlt werden, unabhängig davon, wie sie bezeichnet werden. Dazu gehören zB Abfindungen für erworbene Anwartschaften, die einzelvertraglich, tarifvertraglich oder gesetzlich vorgesehen sind (zB Abfindung von Betriebsrenten oder festgelegte Gewinnanteile, Auszahlungen aus Anlagen im Rahmen der Vermögensbildung) und die bereits während der aktiven Beschäftigung verdient worden sind (vgl. dazu *Gagel* SGB III § 143a Rz 34 ff.). Derartige Abfindungen, auf die ein Rechtsanspruch besteht und die nicht »wegen«, sondern »bei« Beendigung des Arbeitsverhältnisses gewährt bzw. fällig werden, werden weder von § 143 SGB III noch von § 143a SGB III erfasst (KR-*Wolff* § 143a SGB III Rz 25).

(2) Urlaubsabgeltung

150 Für Urlaubsabgeltungen sieht das Gesetz seit 1.1.1982 einen **eigenen Ruhenstatbestand** vor, der zunächst in § 117 Abs. 1a AFG geregelt war und jetzt in § 143 Abs. 2 SGB III enthalten ist (zu den Motiven für diese Regelung s.o. Rz 22). Der Anspruch auf Arbeitslosengeld ruht danach wegen einer – zu beanspruchenden oder (auch ohne Rechtsgrund) tatsächlich gezahlten – Urlaubsabgeltung für den Zeitraum **im Anschluss an das Ende des Arbeitsverhältnisses,** der der **Dauer des abgegoltenen Urlaubs** entspricht. Der Anspruch auf Urlaubsabgeltung geht auf die BA nach § 115 SGB X über, sobald Arbeitslosengeld für diesen Zeitraum gezahlt wird, jedoch nur in Höhe der erbrachten Leistung (BAG 7.11.1985 EzA § 7 BUrlG Nr. 42). Damit wird praktisch im Leistungsrecht der Arbeitslosenversicherung eine Verlängerung des Arbeitsverhältnisses um die abzugeltenden Urlaubstage fingiert (entsprechende beitragsrechtliche und mitgliedschaftsrechtliche Fiktionen sind ab 1.1.1986 wieder gestrichen worden, s.o. Rz 23). Ruht das Arbeitslosengeld auch wegen einer nach § 143a Abs. 1 SGB III gezahlten oder zu beanspruchenden Abfindung, verlängert sich dieser Ruhenszeitraum um die Tage des abgegoltenen Urlaubs (§ 143a Abs. 1 S. 5 SGB III; vgl. KR-*Wolff* § 143a Rz 47).

(3) Abfindungen, Entlassungsentschädigungen

151 Von dem Begriff der »Entlassungsentschädigung«, die nach § 143a SGB III zum Ruhen des Arbeitslosengeldes führt, werden alle Leistungen des Arbeitgebers erfasst, die für die Zeit nach dem Ende des Arbeitsverhältnisses **wegen dessen Beendigung** gezahlt werden. Deshalb sind aus dem Anwendungsbereich des § 143a SGB III zunächst diejenigen Leistungen auszugrenzen, mit denen Ansprüche auf Arbeitsentgelt oder Urlaubsabgeltung iSd § 143 Abs. 1 u. 2 SGB III abgefunden werden (zur Abgrenzung von Arbeitsentgelt und Abfindung s.u. Rz 152 f.), die also für die Zeit bis zum festgelegten Ende des Arbeitsverhältnisses bzw. den daran anschließenden Urlaubs-Abgeltungszeitraum (s.o. Rz 150) bestimmt sind. Auszugrenzen sind ferner die (weder von § 143 noch von § 143a SGB III erfassten) Leistungen, die vor der Beendigung des Arbeitsverhältnisses erdient wurden und nur **anlässlich** der Beendigung gezahlt werden (s.o. Rz 149 u. KR-*Wolff* § 143 SGB III Rz 25). Besteht hingegen zwischen Leistungsgewährung und Beendigung ein **ursächlicher Zusammenhang** (s.o. Rz 147), wäre also die Leistung ohne die Beendigung nicht gezahlt worden, so liegt eine der Entlassungsentschädigung zuzuordnende Leistung iSv § 143a SGB III vor, die zum Ruhen der Leistungen wegen Arbeitslosigkeit führt. Ungeachtet der Bezeichnung oder der Art ihrer Vereinbarung muss es sich um Ansprüche handeln, die erst mit der Beendigung entstehen oder wegen der Beendigung zugebilligt werden und die ihrer Art nach einen Zusammenhang mit dem Verlust des Arbeitsplatzes haben (vgl. *Gagel* SGB III § 143a Rz 39). Ein Kausalzusammenhang zwischen der »vorzeitigen« Beendigung und der Entlassungsentschädigung ist hingegen nicht erforderlich; es genügt hierfür ein bloßes Zusammentreffen zwischen vorzeitiger Beendigung und der Entlassungsentschädigung. Im Übrigen greift die nach § 143a SGB III gesetzlich begründete Vermutung für eine mindestens anteilige Abgeltung von Arbeitsentgeltansprüchen nach der Funktion dieser Bestimmung (s.o. Rz 145) immer dann ein, wenn das Arbeitsverhältnis »vorzeitig« beendet wird. Vgl. hierzu und zu den weiteren Einzelheiten dieser Regelung KR-*Wolff* § 143a SGB III Rz 16 f.

dd) Abgrenzung von Arbeitsentgelt und Abfindung nach § 143 und § 143a SGB III, Bedeutung für die arbeitsgerichtliche Vergleichspraxis

152 Die Frage, ob die bei Ende des Kündigungsschutzprozesses vom Arbeitgeber geschuldeten oder tatsächlich gewährten Leistungen (soweit sie überhaupt in den Anwendungsbereich einer der beiden Regelungen fallen) der Kategorie »**Arbeitsentgelt**« iSv § 143 Abs. 1 SGB III oder »**Abfindung**« iSv § 143a Abs. 1 SGB III zuzuordnen sind, ist wegen der unterschiedlichen sozialversicherungsrechtlichen

Rechtsfolgen für die arbeitsgerichtliche Vergleichspraxis von besonderer Bedeutung: Während Arbeitsentgelt regelmäßig zum (völligen) **Ruhen** bzw. zum **Ausgleich** bereits gezahlten Arbeitslosengeldes für deckungsgleiche Zeiträume führt und der **Beitragspflicht** unterliegt, sind **Abfindungen** bzw. **Entlassungsentschädigungen** regelmäßig beitragsfrei und wirken sich auf zu beanspruchendes bzw. bereits gezahltes Arbeitslosengeld nur unter den besonderen Voraussetzungen des § 143a SGB III in dem dort vorgesehenen Umfang aus (s. dazu KR-*Wolff* § 143a SGB III Rz 43 ff.). Maßgebend für die Zuordnung einer Arbeitgeberleistung ist, **welchen Zeitpunkt** die Vergleichsparteien für die Beendigung des Arbeitsverhältnisses gewählt haben; denn das **Ende des Arbeitsverhältnisses** ist der für die Abgrenzung des Wirkungsbereichs von § 143 u. § 143a SGB III entscheidende Zeitpunkt.

Ob die in gerichtlichen oder außergerichtlichen Vergleichen festgelegten Zahlungen des Arbeitgebers an den Arbeitnehmer ihrer Rechtsnatur nach Arbeitsentgelt oder Abfindungen enthalten, kann demnach nicht allgemein bestimmt werden, sondern richtet sich nach den Umständen des Einzelfalles. Welche Bezeichnung die Parteien gewählt haben, ist unerheblich. Maßgeblich ist vielmehr der **gewählte Zeitpunkt der Beendigung** des **Arbeitsverhältnisses.** In Sonderfällen kann auch ein davon abweichender Zeitpunkt der Beendigung des **Beschäftigungsverhältnisses** maßgeblich sein, wenn das Arbeitsverhältnis nur noch formal aufrecht erhalten bleibt (vgl. KR-*Wolff* § 143a SGB III Rz 66). 153

(1) Bedeutung des im Vergleich festgelegten Endes des Arbeitsverhältnisses; Dispositionsfreiheit der Vergleichsparteien

Der im arbeitsgerichtlichen Vergleich festgelegte **Endzeitpunkt des Arbeitsverhältnisses** ist grds. auch für die **sozialversicherungsrechtlichen** (und steuerrechtlichen) **Rechtsfolgen** maßgeblich. Denn die Arbeitsvertragsparteien sind bei Streit um Bestand und Dauer des Arbeitsverhältnisses durch sozialversicherungsrechtliche Vorschriften nicht gehindert, das **Ende des Arbeitsverhältnisses** frei zu bestimmen (allg. Meinung; s. u.a. *BAG* 20.8.1980 EzA § 6 LohnFG Nr. 15; *BSG* 14.2.1978 BSGE 46, 20, 24; 25.9.1981 BSGE 52, 152, 163/164 mwN; *BFH* 13.10.1978 USK 78193). 154

Die Vergleichsparteien können sich daher bei Streit über die Beendigung des Arbeitsverhältnisses mit **Wirksamkeit gegenüber den Sozialversicherungsträgern** über den Zeitpunkt der Beendigung des Arbeitsverhältnisses – auch für einen zurückliegenden Zeitpunkt – einigen, und zwar auch dann, wenn ein Sozialversicherungsträger dem Arbeitnehmer bereits Lohnersatzleistungen (zB Krankengeld, Arbeitslosengeld) gezahlt hatte und ein etwaiger Arbeitsentgelt-Anspruch des Arbeitnehmers für die Zeit nach der einvernehmlichen Beendigung des Arbeitsverhältnisses kraft Gesetzes auf den Sozialversicherungsträger übergegangen war (*BAG* 20.8.1980 aaO). **Darin liegt kein unzulässiger Lohnverzicht,** weil Lohn, der für die Zeit nach dem vereinbarten Ende des Arbeitsverhältnisses zu zahlen gewesen wäre, nicht mehr geschuldet ist; er wird daher auch im Rahmen von § 143 Abs. 1 SGB III (und im Beitragsrecht) nicht mehr zu Grunde gelegt. Allerdings ist in diesen Fällen eine etwa vereinbarte Abfindung nach Maßgabe des § 143a SGB III zu berücksichtigen, sofern der vereinbarte Auflösungszeitpunkt vor dem Ablauf der für den Arbeitgeber maßgeblichen Kündigungsfrist liegt (s.o. Rz 151 aE). 155

Hingegen können die Vergleichsparteien nicht wirksam auf die **Lohnansprüche** für die Zeit **bis zum vereinbarten Ende des Arbeitsverhältnisses verzichten,** soweit diese Ansprüche bereits vorher auf die BA (oder eine Krankenkasse oder einen sonstigen Sozialleistungsträger) übergegangen sind (s.u. Rz 159 f.; zu § 143 SGB III s.o. Rz 17). 156

(2) Grenzen der Dispositionsfreiheit gegenüber den Sozialversicherungsträgern

Die Abhängigkeit der Sozialversicherungsträger von derartigen privatautonomen Gestaltungen der Arbeitsvertragsparteien ist nur dort gerechtfertigt, wo mit der vergleichsweisen Festlegung des Endes des Arbeitsverhältnisses ein in tatsächlicher und rechtlicher Hinsicht **streitiger Zustand bereinigt** worden ist, die Einigung also gerade die noch offene Frage betrifft, ob und wann das Arbeitsverhältnis geendet hat. Diese Rechtfertigung scheidet dann aus, wenn das Ende des **Arbeitsverhältnisses nicht oder nicht mehr streitig ist** oder jedenfalls das Ende auf einen Zeitpunkt gelegt wird, über den hinaus **unstreitig ein Arbeitsverhältnis bestanden hat.** Der Grundsatz, dass die Arbeitsvertragsparteien auch mit Wirkung gegenüber den Sozialversicherungsträgern frei über das Ende des Arbeitsverhältnisses verfügen können, gilt daher bei rückwirkender Beendigung diesen gegenüber nicht, soweit in solchen Fällen von Anfang an **gesicherte Arbeitsentgeltansprüche** bestanden haben und – auf Grund von erbrachten Lohnersatzleistungen – auf die Sozialversicherungsträger übergegangen sind. Derartig 157 übergegangene Ansprüche können deshalb nicht mehr auf dem Wege über eine spätere Rückdatierung des Endes des Arbeitsverhältnisses zu Lasten dieser Träger vernichtet werden.

158 Sozialrechtlich unwirksam sind demnach zB eine Vorverlegung des Endes des Arbeitsverhältnisses auf einen Zeitpunkt vor Beendigung der tatsächlichen Beschäftigung, ferner bei Streit um die Wirksamkeit einer ordentlichen Kündigung eine Vorverlegung auf einen Zeitpunkt vor Ablauf der ordentlichen Kündigungsfrist, schließlich bei Lohnstreitigkeiten, in deren Rahmen das Ende des Arbeitsverhältnisses nicht streitig ist, eine Vorverlegung vor das unstreitige Ende (*BAG* 23.9.1981 ZIP 1981, 1364). Dies gilt auch, wenn die Vergleichsparteien in einem vorhergegangenen Kündigungsschutzprozess einvernehmlich die Rücknahme der Kündigung und damit den Fortbestand des Arbeitsverhältnisses vereinbart hatten (vgl. *BAG* 17.4.1986 EzA § 615 BGB Nr. 47).

(3) Hinausschieben des Endes des Arbeitsverhältnisses ohne volle Lohnzahlung

159 Problematisch sind die Fälle, in denen im Kündigungsschutzprozess vereinbart wird, dass das Arbeitsverhältnis mit Ablauf der ordentlichen Kündigungsfrist als beendet gilt, der Arbeitnehmer eine Abfindung erhält und weitere Ansprüche nicht zugebilligt werden, insbes. **Lohnansprüche** zwischen dem Ende der tatsächlichen Beschäftigung und dem vergleichsweise festgesetzten Ende des Arbeitsverhältnisses **ausgeschlossen** werden. Mit derartigen Vereinbarungen können die Vertragsparteien häufig nicht die erstrebten Vorteile (Ausschluss der Ruhenswirkung der §§ 143, 143a SGB III und eines Forderungsübergangs nach § 115 SGB X, Beitragsfreiheit und Lohnsteuerfreiheit der Abfindung) erreichen.

160 Mit der **Festlegung des Endes des Arbeitsverhältnisses** begeben sich nämlich die Vertragsparteien idR auch der Möglichkeit, über Umfang und Charakter der dem Arbeitnehmer bis zu diesem Zeitpunkt zustehenden Ansprüche – im Vergleich oder später – anders zu verfügen. Insbesondere können sie nicht mehr wirksam auf die Lohnansprüche bis zum vereinbarten Ende des Arbeitsverhältnisses verzichten bzw. Lohnansprüche in Abfindungen umwandeln. Das ist unwirksam, soweit diese Ansprüche bereits vorher auf Sozialleistungsträger (zB die BA oder eine Krankenkasse oder sonstige Träger) übergegangen sind (s.o. Rz 128 f.; ausführlich *Gagel/Vogt* Rz 204 ff., 258 ff.).

161 Die insoweit zwischen *BAG* (10.5.1978 AP Nr. 25 zu § 794 ZPO mit Anm. *Herschel*) und *BSG* (u.a. 23.6.1981 EzA § 117 AFG Nr. 2 = SozR 4100 § 117 Nr. 7) bestehende Kontroverse über die **Begrenzung der Dispositionsfreiheit** der Arbeitsvertragsparteien bei Anspruchsübergang nach § 115 SGB X dürfte beigelegt sein; nunmehr hat auch das BAG anerkannt, dass Arbeitsentgeltansprüche, die in der Zeit bis zu dem im Vergleich festgelegten Ende des Arbeitsverhältnisses bestanden haben und wegen der Zahlung von Arbeitslosengeld auf die BA übergegangen sind, nicht durch einen Vergleich zwischen den Parteien des Arbeitsgerichtsprozesses beseitigt oder umgewandelt werden können (s. zB *BAG* 28.4.1983 EzA § 117 AFG Nr. 3; ferner *BAG* 17.4.1986 EzA § 615 BGB Nr. 47).

162 Es steht den Arbeitsvertragsparteien also nicht ohne weiteres frei, im Interesse des Arbeitnehmers das Ende des Arbeitsverhältnisses auf das Ende der ordentlichen Kündigungsfrist aufzuschieben und dabei gleichzeitig auch den Interessen des Arbeitgebers dadurch Rechnung zu tragen, dass ein Lohnanspruch für die letzte Zeit des Arbeitsverhältnisses ausgeschlossen wird. Die damit verbundene Erwartung, es seien für diese Zeit keine Lohnsteuer und keine Sozialversicherungsbeiträge zu zahlen und es könne nicht zu einem Forderungsübergang auf die BA kommen, weil Lohnansprüche vor dem Ende des Arbeitsverhältnisses nicht bestanden hätten, kann nicht erfüllt werden. Ein arbeitsgerichtlicher Vergleich kann – soweit nicht gar ein **Scheingeschäft** iSv § 117 BGB vorliegt – nicht die Wirkung haben, dass bereits übergegangene Arbeitsentgeltansprüche für die Zeit bis zum festgesetzten Ende des Arbeitsverhältnisses ausgeschlossen werden, wenn sie ohne den vergleichsweisen Ausschluss bestanden hätten. Der **Ausschluss von Lohnansprüchen** ist in diesen Fällen nur insoweit wirksam, als es sich um diejenigen Lohnteile handelt, die beim Arbeitnehmer verblieben sind (Differenz zwischen Arbeitslosengeld und Arbeitsentgelt) oder um Arbeitsentgelt für Zeiträume, für die noch kein Arbeitslosengeld gezahlt worden ist. Die auf die BA (oder sonstige Leistungsträger) übergegangenen Ansprüche bleiben daneben bestehen und können von dieser – ungeachtet einer abweichenden Vergleichsregelung – gegenüber dem Arbeitgeber geltend gemacht werden. Der Arbeitgeber, der – wie regelmäßig – von der BA von dem Übergang Kenntnis erhalten hat, kann grds. nicht mehr mit befreiender Wirkung an den Arbeitnehmer oder Dritte zahlen oder sonst wie verfügen.

163 Die Vereinbarung, dass für eine Zeit des **fortbestehenden Arbeitsverhältnisses kein Entgelt zu zahlen** ist, kann im Übrigen (gegenüber der BA und sonstigen Sozialleistungsträgern) nur Bestand haben,

wenn dies der **arbeitsrechtlichen Rechtslage** entspricht, also etwa wegen an sich wirksamer außerordentlicher Kündigung kein Arbeitsentgelt-Anspruch bestanden hat (vgl. *BAG* 28.4.1983 aaO) oder solche Ansprüche aus anderen Gründen, zB fehlendem Arbeitsangebot, Fernbleiben von der Arbeit, nicht entstanden sind oder entstandene Arbeitsentgeltansprüche wegen Versäumung von Fristen oder aus anderen Gründen bereits vor dem Anspruchsübergang untergegangen oder durch einen bereits vorher geschlossenen wirksamen Erlassvertrag weggefallen sind (vgl. neuerdings *BSG* 10.8.2000 – B 11AL 83/99 R – unter Hinweis auf *BAG* ZIP 1981, 1364).

Es ist also bei solchen Fallgestaltungen, in denen das **vereinbarte Ende der Lohnzahlungspflicht** mit **164** dem **vereinbarten Ende des Arbeitsverhältnisses** auseinander fällt, stets zu prüfen, ob Entgeltansprüche bis zum Ende des Arbeitsverhältnisses bestanden haben, wo sie ggf. verblieben sind, ob sie untergegangen, erfüllt worden oder ob sie etwa in einer vereinbarten Abfindung enthalten sind. So ist etwa nach den Gesamtumständen zu prüfen, ob die Voraussetzungen des § 615 BGB für die Fortzahlung des Arbeitsentgelts vorlagen, insbes. der Arbeitgeber in Annahmeverzug war. Das ist zB dann nicht der Fall, wenn sich der Arbeitnehmer nach dem Ende einer Arbeitsunfähigkeit nicht wieder zur Arbeit bereit erklärt hat (vgl. KR-*Spilger* § 11 KSchG Rz 11 f., 18).

Auch in Fällen, in denen Ansprüche auf Arbeitsentgelt **noch nicht** auf die BA **übergegangen sind,** zB **165** wenn wegen der Dauer des Rechtsstreits oder wegen der Bearbeitungsdauer bei der BA noch kein Arbeitslosengeld gezahlt worden ist, kann sich eine Begrenzung der Dispositionsbefugnis aus allgemeinen Gründen ergeben: Unwirksam sind eindeutig **missbräuchliche Vertragsgestaltungen,** die darauf angelegt sind, dem Sozialversicherungsträger mögliche Ansprüche auf Leistungen oder Beiträge zu entziehen. Das ist etwa der Fall, wenn Arbeitsentgelt rechtsmissbräuchlich (zB aus Steuergründen) in die Abfindung verschoben wird, wenn Abfindungen dadurch »erkauft« werden, dass auf andere Ansprüche – zum Nachteil der Sozialversicherungsträger – verzichtet wird oder Ansprüche aufgegeben werden, nur weil sie sonst den Sozialversicherungsträgern zufließen, ferner, wenn ein unzulässiger Verzicht oder Erlassvertrag nach § 397 BGB vorliegt (s.o. Rz 16; KR-*Wolff* § 143 SGB III Rz 17 f.; vgl. auch *Winkler* in *Gagel* SGB III § 143 Rz 46 f.).

(4) Einbeziehung von übergegangenen Ansprüchen in den Vergleich – Vergleichsauslegung

Regelmäßig sind Inhalt eines arbeitsgerichtlichen Vergleichs nur die **gegenseitigen Ansprüche** der Ar- **166** beitsvertragsparteien, während **Verpflichtungen gegenüber Dritten** im Allgemeinen nicht einbezogen werden. Das kann aber anders sein, wenn bereits vor Vergleichsabschluss Ansprüche des Arbeitnehmers gegen den Arbeitgeber wegen Zahlung von Arbeitslosengeld auf die BA übergegangen sind und diese den Arbeitgeber auf Zahlung in Anspruch nehmen kann. Eine insoweit zwischen BAG und BSG bestehende Kontroverse betraf die Frage, ob die Vertragschließenden in solchen Fällen idR auch die **bereits auf die BA übergegangenen Ansprüche in den Vergleich mit einbeziehen oder nicht.** Das BAG hatte früher aus der im Vergleich vereinbarten **allgemeinen Ausgleichsklausel** geschlossen, dass derartige Ansprüche idR im Vergleich nicht erfasst seien, dh der Arbeitgeber die auf die BA übergegangenen Ansprüche **zusätzlich** zu erfüllen habe (*BAG* 10.5.1978 AP Nr. 25 zu § 794 ZPO mit abl. Anm. von *Herschel* unter Hinweis darauf, dass Rechtsverzichte nicht zu vermuten seien). Demgegenüber hat das BSG arbeitsgerichtliche Vergleiche mit der allgemeinen Ausgleichsklausel dahingehend ausgelegt, dass im **Zweifel – bei Fehlen näherer Regelungen im** Vergleich – auch die auf die BA **übergegangenen Ansprüche erfasst seien;** denn eine Verpflichtung des Arbeitgebers zur zusätzlichen Übernahme der der Arbeitsverwaltung zu erstattenden Arbeitslosenbezüge könne ohne Anhaltspunkte im Vergleich nicht angenommen werden (vgl. *BSG* 23.6.1981 EzA § 117 AFG Nr. 2 = SozR 4100 § 117 Nr. 7). Ähnlich hat später das BAG entschieden, dass der im Vergleich ausgewiesene Betrag grds. den Gesamtbetrag der Abfindung bezeichnet und es einer besonderen Regelung bedarf, wenn die auf die BA übergegangen Ansprüche zusätzlich vom Arbeitgeber zu erfüllen sind (*BAG* 25.3.1992 AP Nr. 12 zu § 117 AFG = DB 1992, 1891 mit zust. Anm. *Ackmann* EWiR 1992, 833; 9.10.1996 AP Nr. 29 zu § 9 KSchG 1969). Dieser Auslegung ist mit gewissem Recht entgegengehalten worden, dass sie zu sehr an den **Interessen des Arbeitgebers** orientiert sei und nicht genügend berücksichtige, dass auch der Arbeitnehmer regelmäßig ein Interesse daran hat, durch Vergleich klarzustellen, was er selbst noch zu erhalten hat (*Gagel* BB 1983, 453, 454; *ders.* AFG, § 117 Rz 79 f.; jetzt *Winkler* in *Gagel* SGB III § 143 Rz 51). Nach dieser Auffassung begründet ein Vergleich grds. die Verpflichtung des Arbeitgebers, die dort festgesetzte Abfindungszahlung zu bewirken, es sei denn, dass eine **zusätzliche Klausel** klarstellt, dass die ausgewiesenen Beträge nur abzüglich der auf die BA übergegangenen Ansprüche an den Arbeitnehmer auszuzahlen sind. Künftig müssen jedenfalls Arbeitnehmer auf hinreichend **deutliche Festlegung** im Vergleich achten, wenn der Arbeitgeber evtl. Ansprüche der Agentur für Arbeit wegen gezahlten Arbeitslosengeldes **zusätzlich zu der Abfindungssumme** übernehmen soll.

(5) Beratungs-, Hinweis- und Mitwirkungspflichten des Arbeitgebers

167 Hinsichtlich der nachteiligen sozialversicherungsrechtlichen Folgen bei Auflösung von Arbeitsverhältnissen können sich **Hinweispflichten des Arbeitgebers** ergeben. Ob und in welchem Umfang solche Pflichten bestehen, ergibt sich aus einer Abwägung der Interessen der Beteiligten, wobei die Umstände des Einzelfalles zu berücksichtigen sind (*BAG* 10.3.1988 EzA § 611 BGB Aufhebungsvertrag Nr. 6 = DB 1988, 2006). Jedenfalls in Fällen, in denen die Initiative zur Lösung vom **Arbeitgeber** ausgegangen ist, sind Hinweispflichten in der Rechtsprechung des BAG bereits anerkannt, die je nach den Umständen des Falles auch zu **Schadensersatzansprüchen** im Rahmen der Verletzung der Fürsorgepflicht führen (zu den Grundsätzen dieser Rspr. vgl. KR-*Lipke* § 620 BGB Rz 22). In Fällen, in denen der Arbeitnehmer die Aufhebung des Arbeitsverhältnisses von sich aus wünscht, reicht je nach den Umständen des Falles ein Hinweis über mögliche Minderungen des Arbeitslosengeldes aus, um Schadensersatzpflichten zu entgehen (*BAG* 10.3.1988 aaO). Der Arbeitgeber genügt uU seinen Hinweispflichten, wenn er den Arbeitnehmer an die Arbeitsverwaltung verweist.

168 Besondere Hinweis- und Mitwirkungspflichten des Arbeitgebers ergeben sich aus der zum 1.1.2003 in **§ 2 Abs. 2 SGB III eingefügten Nr. 3** (durch das Erste Gesetz für moderne Dienstleistungen am Arbeitsmarkt v. 23.12.2002 BGBl. I S. 4607). Danach soll der Arbeitnehmer vor der Beendigung des Arbeitsverhältnisses frühzeitig über die Notwendigkeit eigener Aktivitäten bei der Suche nach einer anderen Beschäftigung sowie über die Verpflichtung unverzüglicher Meldung bei der Agentur für Arbeit (§ 37b SGB III) informiert werden, ferner zu diesem Zweck freigestellt werden und ihm die Teilnahme an erforderlichen Qualifizierungsmaßnahmen ermöglicht werden. Diese Regelung bezieht sich u.a. auf die frühzeitige Meldepflicht des Arbeitnehmers nach § 37b SGB III (vgl. die neue Fassung dieser Regelung, die einschließlich der alten Fassung im Anschluss an Rz 168 abgedruckt ist und im Zusammenhang mit der neu eingeführten **Sperrzeit bei verspäteter Arbeitsuchendmeldung** in § 144 Abs. 1 S. 2 Nr. 7 SGB III kommentiert ist (vgl. KR-*Wolff* § 144 SGB III Rz 69 ff.).

Sozialgesetzbuch (SGB)
Drittes Buch (III)
– Arbeitsförderung – (SGB III)

vom 24. März 1997 (BGBl. I S. 594), zuletzt geändert durch das Gesetz zur Umsetzung europäischer Richtlinien zur Verwirklichung des Grundsatzes der Gleichbehandlung vom 14. August 2006 (BGBl. I S. 1897) und durch Gesetz zur Einführung des Elterngeldes vom 5. Dezember 2006 (BGBl. I S. 2748)

§ 37b Frühzeitige Arbeitssuche (nF).

[1]Personen, deren Arbeits- oder Ausbildungsverhältnis endet, sind verpflichtet, sich spätestens drei Monate vor dessen Beendigung persönlich bei der Agentur für Arbeit arbeitsuchend zu melden. [2]Liegen zwischen der Kenntnis des Beendigungszeitpunktes und der Beendigung des Arbeits- oder Ausbildungsverhältnisses weniger als drei Monate, hat die Meldung innerhalb von drei Tagen nach Kenntnis des Beendigungszeitpunktes zu erfolgen. [3]Die Pflicht zur Meldung besteht unabhängig davon, ob der Fortbestand des Arbeits- oder Ausbildungsverhältnisses gerichtlich geltend gemacht wird oder vom Arbeitgeber in Aussicht gestellt wird. [4]Die Pflicht zur Meldung gilt nicht bei einem betrieblichen Ausbildungsverhältnis.

§ 37b Frühzeitige Arbeitssuche (aF).

[1]Personen, deren Pflichtversicherungsverhältnis endet, sind verpflichtet, sich unverzüglich nach Kenntnis des Beendigungszeitpunkts persönlich bei der Agentur für Arbeit arbeitsuchend zu melden. [2]Im Falle eines befristeten Arbeitsverhältnisses hat die Meldung jedoch frühestens drei Monate vor dessen Beendigung zu erfolgen. [3]Die Pflicht zur Meldung besteht unabhängig davon, ob der Fortbestand des Arbeits- oder Ausbildungsverhältnisses gerichtlich geltend gemacht wird. [4]Die Pflicht zur Meldung gilt nicht bei einem betrieblichen Ausbildungsverhältnis.

Die frühere Fassung des § 140 lautete:

§ 140 Minderung des Arbeitslosengeldes wegen verspäteter Meldung (aF).

Hat sich der Arbeitslose entgegen § 37b nicht unverzüglich arbeitsuchend gemeldet, so mindert sich das Arbeitslosengeld, das dem Arbeitslosen auf Grund des Anspruchs zusteht, der nach der Pflichtverletzung entstanden ist. Die Minderung beträgt
1. bei einem Bemessungsentgelt bis zu 60 Euro 7 Euro,
2. bei einem Bemessungsentgelt bis zu 100 Euro 35 Euro und
3. bei einem Bemessungsentgelt über 100 Euro 50 Euro

für jeden Tat der verspäteten Meldung. Die Minderung ist auf den Betrag begrenzt, der sich bei einer Verspätung von 30 Tagen errechnet. Die Minderung erfolgt, indem der Minderungsbetrag, der sich nach den Sätzen 2 und 3 ergibt, auf das halbe Arbeitslosengeld angerechnet wird.

Änderung des § 37b SGB III aF, Aufhebung des § 140 SGB III aF:

Durch das Fünfte Gesetz zur Änderung des Dritten Buches Sozialgesetzbuch und anderer Gesetze vom 22.12.2005 (BGBl. I S. 3676) ist § 37b S. 1 bis 3 neu gefasst und § 140 SGB III, der eine Minderung des Arbeitslosengeldes wegen verspäteter Meldung vorsah, zum 31.12.2005 aufgehoben worden. Die Minderung des Arbeitslosengeldes entfällt und wird künftig durch einen eigenständigen **Sperrzeittatbestand** in § 144 Abs. 1 S. 2 Nr. 7 SGB III ersetzt (Sperrzeit bei verspäteter Arbeitsuchendmeldung). Die Sperrzeit beträgt eine Woche.

§ 140 SGB III in der bis zum 30.12.2005 geltenden Fassung ist jedoch weiter anzuwenden, wenn sich die Pflicht zur frühzeitigen Arbeitsuchendmeldung nach der bis 30.12.2005 geltenden Rechtslage richtet (§ 434m SGB III; vgl. dazu KR-*Wolff* § 144 SGB III Rz 1f, 69 ff.).

§ 143 SGB III

Die Kommentierung zu § 140 SGB III aF / § 37b SGB III aF entfällt; die Neuregelungen sind bei KR-*Wolff* § 144 SGB III ab Rz 69 kommentiert.

§ 143 Ruhen des Anspruchs bei Arbeitsentgelt und Urlaubsabgeltung.

(1) Der Anspruch auf Arbeitslosengeld ruht während der Zeit, für die der Arbeitslose Arbeitsentgelt erhält oder zu beanspruchen hat.

(2) ¹Hat der Arbeitslose wegen Beendigung des Arbeitsverhältnisses eine Urlaubsabgeltung erhalten oder zu beanspruchen, so ruht der Anspruch auf Arbeitslosengeld für die Zeit des abgegoltenen Urlaubs. ²Der Ruhenszeitraum beginnt mit dem Ende des die Urlaubsabgeltung begründenden Arbeitsverhältnisses.

(3) ¹Soweit der Arbeitslose die in den Absätzen 1 und 2 genannten Leistungen (Arbeitsentgelt im Sinne des § 115 des Zehnten Buches) tatsächlich nicht erhält, wird das Arbeitslosengeld auch für die Zeit geleistet, in der der Anspruch auf Arbeitslosengeld ruht. ²Hat der Arbeitgeber die in den Absätzen 1 und 2 genannten Leistungen trotz des Rechtsübergangs mit befreiender Wirkung an den Arbeitslosen oder an einen Dritten gezahlt, hat der Bezieher des Arbeitslosengeldes dieses insoweit zu erstatten.

Literatur

Vgl. die Angaben zu § 143a SGB III.

Inhaltsübersicht

	Rz		Rz
A. Allgemeines	1, 2	1. Allgemeines	13
I. Geltende Fassung, Inkrafttreten	1	2. Arbeitsentgelt, Abgrenzung	14–16
II. Entstehungsgeschichte	2	3. Verzicht auf Arbeitsentgelt	17, 18
B. Grundsätze	3–9	4. Verhältnis von § 143 zu § 141 SGB III (Anrechnung von Nebeneinkommen)	19–23
I. Anwendungsbereich	3		
II. Struktur der Ruhensregelungen	4–8		
1. Ruhenstatbestände, Ruhenszeiträume	4	5. Abgrenzung zwischen § 143 und § 141 SGB III	24
2. »Zu beanspruchen oder erhalten hat«	5, 6	II. Ruhen wegen einer Urlaubsabgeltung nach § 143 Abs. 2 SGB III	25–28
3. Ruhensfolgen	7, 8	E. Gleichwohlgewährung	29–36
III. Zweck und Funktion der Ruhensregelungen	9	I. Leistungsfälle und Anspruchsübergang (§ 115 SGB X)	29, 30
C. Überblick über die Ruhenstatbestände, Abgrenzung	10–12	II. Bedeutung und Zweck der Gleichwohlgewährung	31, 32
D. Ruhenstatbestände des § 143 SGB III im Einzelnen	13–28	III. Erstattungsanspruch gegen den Arbeitslosen	33–36
I. Ruhen wegen Arbeitsentgelt nach § 143 Abs. 1 SGB III	13–24		

A. Allgemeines

I. Geltende Fassung, Inkrafttreten

1 § 143 SGB III ist mit Wirkung v. 1.1.1998 durch Art. 1 des Arbeitsförderungs-Reformgesetzes (AFRG) v. 24.3.1997 (BGBl. I S. 594) eingeführt worden und gilt seitdem unverändert fort. Er entspricht dem bis 31.3.1997 geltenden § 117 AFG, soweit dieser in Abs. 1 das Ruhen bei Arbeitsentgelt, in Abs. 1a das Ruhen bei Urlaubsabgeltung und in Abs. 4 die sog. Gleichwohlgewährung in diesen Ruhensfällen vorsah.

II. Entstehungsgeschichte

2 Das AFRG hat mit Wirkung ab 1.4.1997 den bis dahin geltenden § 117 AFG in zwei Regelungen aufgespalten: Der bisherige § 117 Abs. 1 und Abs. 1a wurden zusammen mit Abs. 4 zu dem neuen § 117 AFG, ab 1.1.1998 zu dem – inhaltsgleichen – § 143 SGB III. § 117 Abs. 2 bis 3a AFG wurden aufgehoben und durch die Anrechnungsregeln in § 115a AFG, ab 1.1.1998 durch den inhaltsgleichen § 140 SGB III er-

setzt. Diese Anrechnungsregelung wurde inzwischen durch das EEÄndG v. 24.3.1999 (BGBl. I S. 394) mit Wirkung ab 1.4.1999 wieder aufgehoben und an seine Stelle mit § 143a SGB III wieder eine Regelung Gesetz, die – mit gewissen Abweichungen – dem früheren § 117 Abs. 2 bis 3a, Abs. 4 AFG entspricht (zur Entstehungsgeschichte dieser Regelung vgl. KR-*Wolff* § 143a SGB III Rz 2 f.; zum Übergangsrecht KR-*Wolff* § 143a SGB III Rz 7).

B. Grundsätze

I. Anwendungsbereich

§§ 143, 143a SGB III gelten nicht nur für das Arbeitslosengeld und das Teil-Arbeitslosengeld (§ 150 Abs. 2 SGB III; vgl. KR-*Wolff* SozR Rz 49), sondern galten auch für die Arbeitslosenhilfe (§ 198 S. 1 Nr. 6 SGB III aF, vgl. KR-*Wolff* SozR Rz 50). Für das ab 1.1.2005 an die Stelle der Arbeitslosenhilfe tretende Arbeitslosengeld II (vgl. KR-*Wolff* SozR Rz 50) ist eine entsprechende Anwendung der §§ 143, 143a SGB III nicht vorgesehen. **3**

II. Struktur der Ruhensregelungen

1. Ruhenstatbestände, Ruhenszeiträume

§§ 143, 143a SGB III normieren für Arbeitsentgelt, Urlaubsabgeltung und Entlassungsentschädigung drei verschiedene Ruhenstatbestände (s.u. Rz 10 f.) und ordnen diesen bestimmte Ruhenszeiträume zu, deren Beginn jeweils festlegt und die **kalendermäßig** bis zur jeweils vorgesehenen Dauer ablaufen, und zwar ohne Rücksicht darauf, ob in der Ruhenszeit ein Anspruch auf Arbeitslosengeld besteht oder nicht (s.u. Rz 7). **4**

2. »Zu beanspruchen oder erhalten hat«

Für den Eintritt des Ruhenstatbestandes genügt es einerseits, dass ein Anspruch auf Arbeitsentgelt, Urlaubsabgeltung oder Entlassungsentschädigung besteht; es ist nicht erforderlich, dass der Anspruch auch erfüllt wird oder erfüllt worden ist. Wird er nicht oder nicht rechtzeitig erfüllt, wird der Schutz des Arbeitslosen durch die sog. **Gleichwohlgewährung** nach § 143 Abs. 3, § 143a Abs. 4 SGB III gesichert (s. dazu KR-*Wolff* SozR Rz 83 f. und 138 f.; s.a. Rz 29 f.). Der Arbeitslose wird dann so behandelt, als ob kein Anspruch auf die Arbeitgeberleistung bestünde. Als Grund für die Nichtzahlung kommen (neben Zahlungsschwierigkeiten, Verzögerungen in der Abrechnung u.ä.) vor allem Rechtsstreitigkeiten über die **Wirksamkeit der Kündigung** in Betracht. Mit der Zahlung des Arbeitslosengeldes, durch die die Arbeitsverwaltung gleichsam für den Arbeitgeber in Vorlage tritt, gehen die Ansprüche des Arbeitslosen gegen den Arbeitgeber gem. § 115 SGB X in Höhe des Arbeitslosengeldes auf die Arbeitsverwaltung über (§ 143 Abs. 3, § 143a Abs. 4 SGB III; s.u. Rz 29 f. und KR-*Wolff* SozR Rz 120 ff.). Da Arbeitslosengeld mit dessen Zufluss gewährt ist, kommt es für den Rechtsübergang auf den **konkreten Zahlungszeitpunkt** an. Das Arbeitslosengeld wird regelmäßig monatlich nachträglich ausgezahlt (§ 337 Abs. 2 SGB III). **5**

Für den Eintritt des Ruhenstatbestandes genügt es andererseits, dass eine der vorgenannten Arbeitgeberleistungen **tatsächlich gezahlt** wird, auch wenn kein Rechtsanspruch auf sie besteht. Das Tatbestandsmerkmal »erhalten hat« neben »zu beanspruchen hat« wäre überflüssig, wenn damit nicht eigenständige Sachverhalte hätten erfasst werden sollen, bei denen kein Anspruch besteht. Dem entspricht es, dass nach § 14 Abs. 1 SGB IV zum Arbeitsentgelt auch Einnahmen gehören, die ohne Rechtsgrund erbracht worden sind bzw. die der Arbeitnehmer »als Arbeitsentgelt« erhalten hat (vgl. *BSG* 21.6.2001 – B 7 AL 62/00R). Leistet zB der Arbeitgeber eine Urlaubsabgeltung, obwohl er eine solche an sich nicht (oder nicht mehr) schuldet und nimmt der Arbeitslose sie als solche entgegen, so hat er eine Urlaubsabgeltung erhalten, die zum Ruhen des Arbeitslosengeldes führen kann (vgl. dazu *BSG* 23.1.1997 SozR 3-4100 § 117 AFG Nr. 14). **6**

3. Ruhensfolgen

Gemeinsame **Rechtsfolge** des Eintritts der Ruhenstatbestände ist das Ruhen des Leistungsanspruchs, soweit er auf Tage des **Ruhenszeitraums** entfällt. Die Ruhenstatbestände treten unabhängig davon ein, ob ein Anspruch auf Arbeitslosengeld rechtlich entstanden ist oder nicht. Der Gesetzgeber ordnet vielmehr bei Eintritt eines Ruhenstatbestandes – gleichsam abstrakt – an, dass ein (möglicher) Leistungsanspruch während des Ruhenszeitraums in vollem Umfang ruht bzw. nicht geltend gemacht werden **7** kann. Ruhen bedeutet, dass der Anspruch auf Arbeitslosengeld, obwohl er entstanden ist, vom Arbeitslosen nicht **durchgesetzt werden** kann (zum Leistungsverweigerungsrecht der Arbeitsverwaltung vgl. *BSG* 29.10.1984 SozR 4100 § 117 AFG Nr. 17; zur Bedeutung des Ruhens KR-*Wolff* SozR Rz 53 f.). Mit Eintritt des Ruhenstatbestandes ist die Arbeitsverwaltung berechtigt, Arbeitslosengeld für die Dauer des Ruhenszeitraums zu versagen. Soweit bereits Bewilligungsbescheide erteilt worden sind, können sie nach Maßgabe der §§ 44, 48 SGB X aufgehoben werden.

Weitere Wirkung des Ruhens ist der **Wegfall des Versicherungsschutzes** in der Kranken-, Pflege- und Rentenversicherung der Arbeitslosen, denn ihre Versicherungspflicht knüpft grds. an den **Bezug** von Arbeitslosengeld an (§ 5 Abs. 1 Nr. 2 SGB V, § 20 Abs. 1 Nr. 2 SGB IX, § 3 S. 1 Nr. 3 SGB VI). Abweichend hiervon ist lediglich für die Sperrzeit und für die Ruhenszeit wegen Urlaubsabgeltung bestimmt, dass Versicherungspflicht in der Kranken- und Pflegeversicherung – trotz des Ruhens des Arbeitslosengeldes – ab dem zweiten Monat besteht (vgl. KR-*Wolff* SozR Rz 24 ff., 26).

8 Da der Arbeitslose bis zur Entscheidung über den Anspruch selbst bestimmen kann, wann dieser entsteht bzw. die Leistung beginnt (§ 118 Abs. 2 SGB III in der ab 1.1.2005 geltenden Fassung, § 323 Abs. 1 S. 2 SGB III; vgl. KR-*Wolff* SozR Rz 47a), ergeben sich auch hinsichtlich des Ruhens für den Arbeitslosen gewisse Steuerungsmöglichkeiten. Der **Aufschub** der Antragstellung kann bewirken, dass der Leistungsanspruch erst nach Ablauf der Ruhenszeit entsteht. Der Arbeitslose kann dadurch praktisch der Wirkung des Ruhens entgehen, ohne hinsichtlich der Dauer seines Anspruchs Nachteile befürchten zu müssen. Denn der Ruhenszeitraum führt – anders als bei der Sperrzeit – **nicht zu einer Verkürzung der Anspruchsdauer**. Der Arbeitslose kann allerdings durch den Aufschub nicht verhindern, dass der Ruhenstatbestand und seine sonstigen Folgen, zB der Wegfall des Versicherungsschutzes in der Kranken-, Renten- und Pflegeversicherung, eintreten (vgl. zum alten Recht *BSG* 29.10.1986 SozR 4100 § 117 AFG Nr. 17; 5.9.1999 SozR 4100 § 117 AFG).

III. Zweck und Funktion der Ruhensregelungen

9 § 143 SGB III beruht – wie früher § 117 AFG – auf der Erwägung, dass der Arbeitslose (noch) nicht der Leistungen der Arbeitslosenversicherung bedarf, solange er **keinen Lohnausfall hat** und damit das versicherte Risiko noch nicht eingetreten ist. Daher wird durch das Ruhen der Beginn der Arbeitslosengeld-Zahlung für die Zeit aufgeschoben, für die der Arbeitslose Arbeitsentgelt erhält oder zu beanspruchen hat (§ 143 Abs. 1 SGB III). Diese Bestimmung soll **den Doppelbezug von Arbeitsentgelt und Arbeitslosengeld** (für gleiche Zeiträume) verhindern. Dieser Zweck gilt nicht nur für Arbeitsentgelt und Urlaubsabgeltung (§ 143 Abs. 1 und 2 SGB III), sondern auch für **Entlassungsentschädigungen** (§ 143a SGB III); denn soweit das Arbeitsverhältnis »vorzeitig«, dh ohne Einhaltung der für den Arbeitgeber geltenden (ordentlichen oder fingierten) Kündigungsfrist beendet wird, sieht der Gesetzgeber die Annahme für gerechtfertigt an, dass die **Entlassungsentschädigung** – bei typisierender Betrachtung – **Arbeitsentgelt enthält** bzw. der **Lohnanspruch** um die Entschädigung **verkürzt** worden ist (vgl. zur Funktion der Ruhensregelungen iE KR-*Wolff* SozR Rz 145).

C. Überblick über die Ruhenstatbestände, Abgrenzung

10 §§ 143, 143a SGB III regeln drei verschiedene Ruhenstatbestände, die wegen der unterschiedlichen Ruhenszeiträume sorgfältig zu unterscheiden sind:

– **Arbeitsentgelt** führt zum Ruhen des Arbeitslosengeldes für einen Zeitraum vom faktischen Ende der Beschäftigung (Beschäftigungslosigkeit) bis zum rechtlichen Ende des Arbeitsverhältnisses, wenn und soweit es für diese Zeit gezahlt oder geschuldet wird (§ 143 Abs. 1 S. 1 SGB III);
– Eine – gezahlte oder geschuldete – **Urlaubsabgeltung** führt zum Ruhen des Arbeitslosengeldes für einen Zeitraum, der sich an das (rechtliche) Ende des Arbeitsverhältnisses anschließt und der Dauer des abgegoltenen Urlaubs entspricht (§ 143 Abs. 2 SGB III; vgl. aber § 143 a Abs. 1 S. 5 SGB III);
– Eine wegen Beendigung des Arbeitsverhältnisses gezahlte oder geschuldete **Entlassungsentschädigung** führt im Fall der Beendigung des Arbeitsverhältnisses ohne Einhaltung der für den Arbeitgeber geltenden (oder fingierten) Kündigungsfrist zu einem Ruhen des Arbeitslosengeldes für einen Zeitraum, der an das Ende des Arbeitsverhältnisses anschließt und dessen Dauer in unterschiedlicher Weise begrenzt ist (§ 143a Abs. 2 und 3 SGB III; vgl. insoweit KR-*Wolff* § 143a SGB III Rz 14, 50 f.).

11 Auch in Fällen, in denen der Arbeitslose wegen Beendigung des Beschäftigungsverhältnisses – bei Aufrechterhaltung des Arbeitsverhältnisses – eine Entlassungsentschädigung erhält oder zu bean-

spruchen hat, gelten nach § 143a Abs. 3 SGB III dessen Abs. 1 und 2 entsprechend (vgl. KR-*Wolff* § 143a SGB III Rz 66).

Danach wird die Abgrenzung zwischen den genannten Leistungen – abgesehen vom Sonderfall des **12** § 143a Abs. 3 – durch das **Ende des Arbeitsverhältnisses** bestimmt. Diesem Zeitpunkt kommt für die Anwendung der §§ 143, 143a SGB III und insbes. für die **arbeitsgerichtliche Vergleichspraxis** maßgebliche Bedeutung zu (s. dazu *BSG* 23.6.1981 BSGE 52, 47; KR-*Wolff* SozR Rz 152 f.).

Das vereinbarte bzw. in einem arbeitsgerichtlichen Vergleich festgelegte Ende des Arbeitsverhältnisses, insbes. seine Verschiebung auf einen Zeitpunkt, der nicht dem Zeitpunkt entspricht, zu dem gekündigt wurde, ist maßgeblich für die Qualifizierung der in eine **Gesamtabfindung** einbezogenen Arbeitgeber-Leistungen (zur Abgrenzung von Arbeitsentgelt, Urlaubsabgeltung und Abfindung vgl. KR-*Wolff* SozR Rz 148 f., 152 f.). Dabei wird die Grenze zwischen den genannten drei Gruppen von Arbeitgeberleistungen häufig verwischt, entweder aus Unkenntnis oder auch zur Umgehung der Beitrags- und Steuerpflicht oder zur Vermeidung der Ruhenswirkung der §§ 143, 143a SGB III (vgl. zu den hier in Betracht kommenden Fallgestaltungen KR-*Wolff* SozR Rz 152 ff.).

D. Ruhenstatbestände des § 143 SGB III im Einzelnen
I. Ruhen wegen Arbeitsentgelt nach § 143 Abs. 1 SGB III
1. Allgemeines

Das Ruhen des Arbeitslosengeldanspruchs nach § 143 Abs. 1 ist begrenzt auf die Zeit zwischen dem **13** **tatsächlichen Ende der Beschäftigung** und der **rechtlichen Beendigung des Arbeitsverhältnisses** (Ruhenszeitraum, s.o. Rz 4). Die Vorschrift bezieht sich daher nur auf Arbeitsentgelt, das der Arbeitslose auf Grund seines fortbestehenden Arbeitsverhältnisses erhält oder zu beanspruchen hat, obwohl er nicht mehr beschäftigt wird (vgl. KR-*Wolff* SozR Rz 147, 148). Der Anspruch ruht zwar an sich auch dann, wenn der Arbeitslose das geschuldete Arbeitsentgelt nicht erhält. Er kann dann aber »gleichwohl« Arbeitslosengeld nach § 143 Abs. 3 SGB III in Anspruch nehmen (vgl. dazu KR-*Wolff* SozR Rz 84 f., 138 f.; s.u. Rz 29 f.). Ist das Ende des Arbeitsverhältnisses und damit auch streitig, ob über das Ende der tatsächlichen Beschäftigung hinausgehende Entgeltansprüche bestehen, so hat die Arbeitsverwaltung zunächst nach Abs. 3 zu verfahren und Arbeitslosengeld im Wege der sog. Gleichwohlgewährung zu zahlen, sofern der Arbeitslose dies beantragt.

2. Arbeitsentgelt, Abgrenzung

§ 143 Abs. 1 erfasst mithin **nicht** die Lohn- und Gehaltsansprüche für Zeiten **vor der tatsächlichen Be-** **14** **endigung der Beschäftigung** (vgl. KR-*Wolff* SozR Rz 148).

Soweit hingegen Lohn- oder Gehaltsansprüche über das Ende des Arbeitsverhältnisses hinaus bestehen (etwa auf Grund einer Vereinbarung oder auch gesetzlichen Regelungen, zB § 628 Abs. 2 BGB), handelt es sich nicht mehr um Arbeitsentgelt, sondern um eine Form der **Abfindung,** die nicht in den Grenzen des Abs. 1, sondern in den Grenzen des § 143a Abs. 1 und 2 SGB III, die regelmäßig einen kürzeren Ruhenszeitraum begründen, zum Ruhen des Arbeitslosengeldes führt (vgl. *BSG* 14.2.1978 BSGE 46, 20, 24 f.). Um Arbeitsentgelt handelt es sich nur insoweit, als es für Zeiten vor dem beendeten Arbeitsverhältnis geschuldet wird (vgl. auch KR-*Wolff* SozR Rz 13 f.).

Wie § 143 Abs. 1 zeigt, können Arbeitnehmer, deren Arbeitsverhältnis noch nicht beendet ist (zB wegen **15** Unwirksamkeit der Kündigung), beschäftigungslos und damit auch arbeitslos sein und Leistungen wegen Arbeitslosigkeit in Anspruch nehmen (vgl. zu den Leistungsvoraussetzungen KR-*Wolff* SozR Rz 47 ff.). Arbeitslosigkeit neben einem fortbestehenden Arbeitsverhältnis kann zB vorliegen, wenn sich eine ordentliche oder außerordentliche Kündigung später als unwirksam erweist, also der Arbeitnehmer vorzeitig entlassen worden ist oder wenn der Arbeitgeber nach ordentlicher Kündigung bis zum Ablauf der Kündigungsfrist auf die Dienste des Arbeitnehmers verzichtet (Freistellung).

Das **nachzuzahlende Arbeitsentgelt** ist in diesen Fällen keine Vergütung für geleistete Arbeit, sondern zB Vergütung iSv § 615 BGB, die der Arbeitnehmer infolge **Annahmeverzuges** des Arbeitgebers verlangen kann. Dabei kann in der **Erhebung der Kündigungsschutzklage** regelmäßig ein wirksames Arbeitsangebot iSv § 295 BGB gesehen werden, sofern der Arbeitnehmer arbeitsfähig und arbeitswillig ist (zu den Voraussetzungen des Annahmeverzuges und zur neueren Rechtsprechung des BAG s. KR-*Spilger* § 11 KSchG Rz 12 ff.).

16 Wird in einem **arbeitsgerichtlichen Vergleich** das Ende des Arbeitsverhältnisses festgelegt, so ist grds. davon auszugehen, dass bis zu diesem Zeitpunkt ein **Lohnanspruch fortbestanden hat**, es sei denn, dass ein solcher von vornherein (mangels Annahmeverzuges des Arbeitgebers oder weil es noch nicht zur Eingliederung in den Betrieb des Arbeitgebers gekommen ist) nicht entstanden ist oder durch spätere Ereignisse vernichtet worden ist (zB Vergleich, Versäumung von Ausschlussfristen, Anfechtung). Es dürfte dem Zweck des § 143 Abs. 1 SGB III, Doppelleistungen zu vermeiden, entsprechen, auch bei **anspruchsvernichtenden Ereignissen** diese Vorschrift nicht anzuwenden, jedenfalls solange noch kein Arbeitslosengeld gezahlt worden ist (zum »Verzicht« auf Arbeitsentgelt s.u. Rz 17 f.).

3. Verzicht auf Arbeitsentgelt

17 Besondere Probleme wirft der »**Verzicht auf Arbeitsentgelt-Ansprüche**« auf (zB durch Erlassvertrag nach § 197 BGB, in Ausgleichsquittungen oder Abfindungsvergleichen).

Ein solcher Verzicht wirkt grds. auch für § 143 Abs. 1 SGB III, wenn er vor der Entstehung des Anspruchs auf Arbeitsentgelt oder auf Arbeitslosengeld **wirksam** geworden ist. Hingegen ist er – regelmäßig – **unwirksam**, wenn er nach Zahlung des Arbeitslosengeldes für die entsprechende Zeit vereinbart wird (*BAG* 23.9.1981 ZIP 1981, 1364).

Da mit der **Zahlung des Arbeitslosengeldes** die Arbeitsentgelt-Ansprüche des Arbeitnehmers gem. § 115 SGB X auf die BA übergehen, ist dem Arbeitnehmer von diesem Zeitpunkt an die **Verfügungsbefugnis** über das ihm während des Leistungsbezugs zustehende Arbeitsentgelt entzogen, auch wenn (zB vor Abschluss des Kündigungsschutzprozesses) noch nicht feststeht, ob solche Ansprüche bestehen. Der Arbeitnehmer kann dann durch Vergleich mit seinem Arbeitgeber nicht mehr wirksam auf das Arbeitsentgelt verzichten oder dessen Höhe festlegen oder seine Dauer beschränken. Der Arbeitgeber kann sich **nicht** gem. §§ 407, 412 BGB auf die **befreiende Wirkung seiner Abfindungszahlungen** berufen, weil ihm bei Abschluss des Vergleichs der Anspruchsübergang idR bekannt war (vgl. KR-*Wolff* SozR Rz 141).

Zwar hindert der **Anspruchsübergang** nach § 115 SGB X die Arbeitsvertragsparteien nicht, über das **Ende des Arbeitsverhältnisses** zu bestimmen (s. KR-*Wolff* SozR Rz 154 f.). Sie können jedoch nicht mehr über **Lohnansprüche bis zum vereinbarten Ende** des Arbeitsverhältnisses verfügen, soweit sie bereits auf die BA übergegangen sind. Ein Hinausschieben des Endes des Arbeitsverhältnisses unter **Ausschluss von Lohnansprüchen** ist daher nur insoweit wirksam, als die Lohnansprüche beim Arbeitnehmer verblieben sind, dh soweit sie das Arbeitslosengeld übersteigen (vgl. hierzu KR-*Wolff* SozR 157 f., 162).

18 Unabhängig von den Rechtsfolgen des § 115 SGB X, also auch in Fällen, in denen noch kein Arbeitslosengeld gezahlt worden und deshalb noch kein Arbeitsentgelt-Anspruch auf die BA übergegangen ist, sind auch im Rahmen des § 143 SGB III die **allgemeinen Grenzen** zu beachten, die sich für die **Wirksamkeit von Erlassverträgen, Abfindungsvergleichen, Verzicht** usw. aus den Grundgedanken der **§§ 46 Abs. 2 und 32 SGB I** ergeben, dh es ist jeweils zu prüfen, ob es sich um eine rechtsmissbräuchliche und damit unwirksame Verschiebung von Arbeitsentgelt in eine Abfindung handelt. Nach § 46 Abs. 2 SGB I ist der Verzicht (auf Sozialleistungsansprüche) unwirksam, soweit durch ihn andere Personen oder Leistungsträger belastet oder Rechtsvorschriften umgangen werden. Nach § 32 SGB I sind privatrechtliche Vereinbarungen, die zum Nachteil des Sozialleistungsberechtigten von Vorschriften des SGB abweichen, nichtig. Danach kann eine **vertragliche Vereinbarung** zwischen Arbeitgeber und Arbeitnehmer **unwirksam** sein, wenn sie den Verlust sozialrechtlicher Rechtsvorteile des Arbeitnehmers einschließt (*BSG* 24.3.1988 SozR 1200 § 14 Nr. 28), wenn der Arbeitnehmer vorsätzlich (*BSG* 16.12.1980 BKK 81, 268, 269) oder jedenfalls grob fahrlässig zum Nachteil des Versicherungsträgers gehandelt hat (vgl. auch *BSG* 16.12.1980 SozR 2200 § 189 Nr. 2) oder die Vereinbarung wegen Gesetzesumgehung iSv § 134 BGB (zB Beitragshinterziehung, Betrug) nichtig ist (vgl. dazu auch KR-*Wolff* SozR Rz 165). Zur **sozialversicherungsrechtlichen Bedeutung** des **im Vergleich festgelegten Endes des Arbeitsverhältnisses**, der Grenzen der **Dispositionsfreiheit** der Arbeitsvertragsparteien gegenüber den Sozialleistungsträgern und zu problematischen Gestaltungen in der **arbeitsgerichtlichen Vergleichspraxis**, insbes. dem Hinausschieben des Endes des Arbeitsverhältnisses ohne volle Lohnzahlung vgl. KR-*Wolff* SozR Rz 154 ff., 159 ff.).

4. Verhältnis von § 143 zu § 141 SGB III (Anrechnung von Nebeneinkommen)

19 Neben § 143 SGB III gibt es mehrere Bestimmungen, die den Einfluss von Arbeitsentgelt auf Ansprüche nach dem SGB III regeln. § 141 SGB III (seit 1.1.2005 idF des Dritten Gesetzes für moderne Dienst-

leistungen am Arbeitsmarkt v. 23.12.2003 BGBl. I S. 2848; zu der bisherigen Fassung s. Rz 19 f. der 6. Aufl.) regelt die (teilweise) **Anrechnung** von Arbeitsentgelt auf das Arbeitslosengeld, wenn es »**während**« der Zeit, für die Arbeitslosengeld zusteht, **erzielt** wird. Diese Bestimmung, die auch für die Arbeitslosenhilfe entsprechend galt, nicht aber für das Arbeitslosengeld II gilt, erfasst **Nebeneinkommen** aus einer während des Leistungsbezugs ausgeübten, weniger als 15 Stunden wöchentlich umfassenden abhängigen Beschäftigung oder selbstständigen Tätigkeit (Abs. 3) für die Zeit, in der Anspruch auf Arbeitslosengeld besteht. Die Ausübung einer weniger als 15 Stunden wöchentlich umfassenden Beschäftigung schließt Beschäftigungslosigkeit und damit Ansprüche auf Arbeitslosengeld nicht aus (§ 119 Abs. 3 SGB III). Ob die Geldgrenze der Geringfügigkeit (§ 27 Abs. 2 SGB III iVm § 8 SGB IV) überschritten wird, ist insoweit unerheblich (vgl. zur Kurzzeitigkeits- und Geringfügigkeitsgrenze KR-*Wolff* SozR Rz 47c). Wird die Kurzzeitigkeitsgrenze überschritten, entfällt die Beschäftigungslosigkeit und damit eine der Voraussetzungen für den Leistungsbezug. Arbeitslosengeld ist dann zu Unrecht gewährt worden und muss ggf. zurückerstattet werden.

Nach § 141 Abs. 1 SGB III mindert sich das Arbeitslosengeld für den Kalendermonat, in dem die Beschäftigung ausgeübt wird, um das **Arbeitsentgelt** aus dieser Beschäftigung, von dem zuvor Steuern, Sozialversicherungsbeiträge und Werbungskosten sowie ein **Freibetrag** in Höhe von 165 Euro abzuziehen ist. 20

Danach bleibt das Nettoeinkommen aus der Nebenbeschäftigung anrechnungsfrei, soweit es 165 Euro nicht übersteigt. Oberhalb des Freibetrages wird das Nebeneinkommen hingegen voll angerechnet. Anders als im AFG wird die Anrechnung nicht mehr auf die Kalenderwoche, sondern auf den **Kalendermonat** bezogen, weil Arbeitslosengeld nach § 337 Abs. 2 SGB III nunmehr monatlich ausgezahlt wird. 21

Es kommt nicht darauf an, wann das Arbeitsentgelt aus der Nebenbeschäftigung **zufließt**, sondern allein darauf, dass die Beschäftigung in dem Kalendermonat mit Arbeitslosengeld-Bezug **ausgeübt** worden ist. Allerdings kommt eine Anrechnung erst (und nur dann) in Betracht, wenn das Nebeneinkommen **tatsächlich zugeflossen** ist. 22

War der Arbeitslose in den letzten 18 Monaten vor der Arbeitslosigkeit neben der Beschäftigung, die die Ansprüche auf Arbeitslosigkeit begründet hat, mindestens zwölf Monate lang **geringfügig beschäftigt** (§ 27 Abs. 2 SGB III iVm § 8 SGB IV), also unterhalb der Entgeltgrenze von 400 Euro monatlich (vgl. KR-*Wolff* SozR Rz 47c), dann bleibt das Arbeitsentgelt aus der Nebenbeschäftigung bis zu dem Betrag **anrechnungsfrei**, der in den letzten zwölf Monaten vor der Arbeitslosigkeit aus der geringfügigen Beschäftigung durchschnittlich auf den Monat entfällt, mindestens jedoch der Freibetrag nach Abs. 1 (§ 141 Abs. 2 in der ab 1.1.2005 geltenden Fassung). Eine Anrechnung solcher Nebeneinkommen, die der Arbeitslose bereits vor der Arbeitslosigkeit längerfristig erzielt hat, würde den Arbeitslosen, der gegenüber seinem bisherigen (weggefallenen) Einkommen ohnehin geringeres Arbeitslosengeld bezieht, zusätzlich belasten. Diese Privilegierung von Nebenbeschäftigungen, die bereits während des **Bemessungszeitraumes** für das Arbeitslosengeld ausgeübt worden sind, betrifft nur solche, die die Grenzen der Geringfügigkeit gem. § 8 SGB IV nicht übersteigen (vgl. KR-*Wolff* SozR Rz 47c). 23

5. Abgrenzung zwischen § 143 und § 141 SGB III

Da § 143 Abs. 1 SGB III nicht nur tatsächlich gezahltes Arbeitsentgelt, sondern auch solches erfasst, das der Arbeitnehmer zu beanspruchen hat, und da diese Regelung zum vollständigen Ruhen des Arbeitslosengeldanspruchs führt, ergibt sich für die Abgrenzung zwischen § 141 und § 143 SGB III Folgendes: 24

Wird das Arbeitsentgelt (ohne Arbeitsleistung) aus dem bisherigen und faktisch beendeten Beschäftigungsverhältnis laufend weitergezahlt, findet nur § 143 Abs. 1 und nicht § 141 SGB III Anwendung, weil dies der typische Fall ist, in dem das vollständige Ruhen des Arbeitslosengeldanspruchs gerechtfertigt ist. In den Fällen, in denen der bestehende Anspruch auf das laufende Arbeitsentgelt **nicht erfüllt** wird, kommt § 141 SGB III ohnehin nicht in Betracht, sondern nur eine sog. **Gleichwohlgewährung** nach § 143 Abs. 3 SGB III. Hingegen findet allein § 141, nicht aber § 143 Abs. 1 SGB III Anwendung, wenn der Arbeitnehmer während der Arbeitslosigkeit bzw. des Leistungsbezugs eine andere, weniger als 15 Stunden wöchentlich umfassende Beschäftigung **tatsächlich ausübt** und daraus Arbeitsentgelt bezieht. Wird in diesen Fällen das Arbeitsentgelt aus der Nebenbeschäftigung **nicht gezahlt**, findet § 141 SGB III gleichwohl – wenn auch nicht unmittelbar, weil er die tatsächliche Zahlung voraussetzt – über § 115 SGB X Anwendung. Denn der Arbeitsentgeltanspruch geht in der Höhe, in der er nach § 141 SGB III anzurechnen gewesen wäre und zu einer Minderung des Arbeitslosengeldes geführt hätte, auf die BA über.

II. Ruhen wegen einer Urlaubsabgeltung nach § 143 Abs. 2 SGB III

25 Der Anspruch auf Arbeitslosengeld ruht wegen einer – gezahlten oder zu beanspruchenden – **Urlaubsabgeltung** »für die Zeit des abgegoltenen Urlaubs«, also für den Zeitraum **nach dem Ende** des Arbeitsverhältnisses, der der Dauer des abzugeltenden Urlaubs entspricht (vgl. zur Entstehungsgeschichte der Regelung KR-*Wolff* SozR Rz 21 f.). Mit dem Begriff »Urlaubsabgeltung« ist auf den arbeitsrechtlichen Begriff Bezug genommen, wie er § 7 Abs. 4 BUrlG zu Grunde liegt. Dabei handelt es sich um ein Surrogat (Erfüllungsersatz) für einen Anspruch auf Urlaub, der wegen Beendigung des Arbeitsverhältnisses nicht mehr gewährt werden kann. Ein an die Stelle des Abgeltungsanspruchs getretener Schadensersatzanspruch wird von § 143 Abs. 2 SGB III nicht erfasst (*BSG* 21.6.2001 SGb 2002, 397; mit zust. Anm. *Strick* SGb 2002, 399; s.a. Rz 27). Der Ruhenszeitraum beginnt mit dem Tag nach dem Ende des die Urlaubsabgeltung begründenden Arbeitsverhältnisses und endet mit dem letzten (fiktiven) Urlaubstag. Dabei kann der Ruhenszeitraum nicht so berechnet werden, dass das Ruhen für so viele Kalendertage eintritt, wie sie der Zahl der abzugeltenden Urlaubstage entsprechen, also für jeden Kalendertag ein Urlaubstag verbraucht wird (so aber *Hauck/Noftz-Valgolio* SGB III, § 143 Rz 38 ff.). Das Gesetz stellt vielmehr auf die Zeit (Dauer) des abzugeltenden Urlaubs ab; das Arbeitsverhältnis wird also praktisch um die abzugeltende Urlaubszeit **verlängert**. Deshalb kommt es bei der Feststellung des Ruhenszeitraums auf die arbeitsvertragliche Urlaubsregelung an. Wird der Urlaub – bei Fünf-Tage-Woche – nach **Arbeitstagen** bemessen, zählen Samstage und Sonntage bei der Bestimmung des Ruhenszeitraums nicht als Urlaubstage. Wird der Urlaub hingegen nach Werktagen bemessen, so sind – auch bei Fünf-Tage-Woche – die Samstage als Urlaubstage zu berücksichtigen (*Gagel/Winkler* SGB III, § 143 Rz 54). Der Ruhenszeitraum verkürzt sich ferner um sog. **Wochenfeiertage**, die in den Ruhenszeitraum fallen; sie gelten als Urlaubstage, weil sie außerhalb des Arbeitsverhältnisses nicht als Feiertage vergütet werden (*Winkler* aaO; vgl. auch *BSG* 2.11.2000 – B 11 AL 25/00 R).

In § 143 Abs. 2 SGB III wird nur das Ruhen von Arbeitslosengeld angeordnet. Ein entsprechendes Ruhen des **Krankengeldanspruchs** wegen der Urlaubsabgeltung ist im Gesetz nicht vorgesehen (vgl. zu § 49 SGB V KR-*Wolff* SozR Rz 130 f., 132).

26 § 143 Abs. 2 SGB III lässt sich – wie der frühere § 117 Abs. 1a AFG – unter dem Aspekt der **Vermeidung von Doppelleistungen** nur durch die Annahme rechtfertigen, dass dem Arbeitnehmer mit der Urlaubsabgeltung ermöglicht wird, im Anschluss an das Ende des Arbeitsverhältnisses den (abgegoltenen) Urlaub zu nehmen. Obwohl der Arbeitnehmer auf diesen Zeitraum an sich nicht festgelegt werden kann, hat der Gesetzgeber ihn **pauschalierend** auf die Zeit nach dem Ende des Arbeitsverhältnisses gelegt, damit die Urlaubsabgeltung auch bei kürzerer Arbeitslosigkeit zum Ruhen der Leistungen wegen Arbeitslosigkeit führt. Dann müsste der Arbeitnehmer nach dem Sinn der Urlaubsabgeltung auch die Möglichkeit haben, während der Arbeitslosigkeit ohne Rechtsnachteile den Urlaub später nachzuholen.

27 Von § 143 Abs. 2 SGB III wird auch die **Zahlung** einer **nicht (mehr) geschuldeten Urlaubsabgeltung** erfasst (*BSG* 29.7.1993 DBlR Nr. 4054 zu § 117 AFG). Denn auch diese Regelung verwendet die Formulierung »erhalten oder zu beanspruchen hat«, die neben einem Anspruch auf Urlaubsabgeltung auch die – ggf. ohne Rechtsgrund – **tatsächlich gezahlte** Urlaubsabgeltung erfasst (s.o. Rz 6). Ob für den Fall, dass eine Urlaubsabgeltung wegen Beendigung des Beschäftigungsverhältnisses (bei fortbestehenden Arbeitsverhältnis) gezahlt wird, § 143 Abs. 1 oder Abs. 2 SGB III eingreift, hat das BSG offen gelassen; jedenfalls gebiete der Normzweck dieser Regelungen, Doppelleistungen zu vermeiden, auch in diesen Fällen die Annahme eines Ruhenstatbestandes, der mit dem Ende des Beschäftigungsverhältnisses beginnt und die Dauer des abgegoltenen Urlaubs umfasst (*BSG* 23.1.1997 SozR 3-4100 § 117 Nr. 14).

28 Allerdings verschiebt sich der Ruhenszeitraum wegen der Urlaubsabgeltung, wenn ein Ruhenszeitraum wegen einer Entlassungsentschädigung hinzutritt (§ 143a Abs. 1 S. 5 SGB III; vgl. KR-*Wolff* § 143a SGB III Rz 47). Das Ruhen wegen der Urlaubsabgeltung hat jedoch keinen Einfluss auf die fingierten Kündigungsfristen des § 143a Abs. 1 S. 3 und 4 SGB III (vgl. dazu KR-*Wolff* § 143a SGB III Rz 35 f.).

E. Gleichwohlgewährung

I. Leistungsfälle und Anspruchsübergang (§ 115 SGB X)

Wie früher § 117 Abs. 4 S. 1 AFG bestimmt nunmehr § 143 Abs. 3 S. 1 und § 143a Abs. 4 S. 1 SGB III, dass die BA das Arbeitslosengeld **trotz des Ruhens** zahlen muss, wenn und solange der Arbeitnehmer das ihm geschuldete Arbeitsentgelt, die Urlaubsabgeltung oder die Entlassungsentschädigung **nicht oder noch nicht** erhält (zur Bedeutung und Zweck dieser »Gleichwohlgewährung« s. auch KR-*Wolff* SozR Rz 84 f. und unten Rz 31 f.; zu Fehlbewilligungen s.u. Rz 35). § 115 SGB X iVm den genannten Regelungen bestimmt, dass die Ansprüche des Arbeitnehmers gegen den Arbeitgeber in Höhe des erbrachten Arbeitslosengeldes auf die BA übergehen, soweit der Arbeitgeber die Ansprüche des Arbeitnehmers auf Arbeitsentgelt, Urlaubsabgeltung oder Abfindung nicht erfüllt und **deshalb** die BA Arbeitslosengeld **geleistet hat.** Dabei sind die Gründe für die Nichterfüllung der Arbeitnehmeransprüche unbeachtlich. Es muss auch nicht im Vorhinein geklärt werden, ob ein Anspruch des Arbeitnehmers besteht oder nicht besteht; entweder muss die BA zahlen, weil mangels eines bestehenden Anspruchs gegen den Arbeitgeber ein Ruhen nicht eintritt, oder sie muss nach § 143 Abs. 3 bzw. § 143a Abs. 4 SGB III zahlen, weil ein bestehender Anspruch nicht erfüllt wird bzw. – trotz Fälligkeit – bis zur Zahlung des Arbeitslosengeldes noch nicht erfüllt worden ist. Die Zahlung des Arbeitslosengeldes, die nach § 337 Abs. 2 SGB III monatlich nachträglich erfolgt, wird regelmäßig so ausgeführt, dass der Berechtigte hierüber am ersten Arbeitstag des folgenden Monats verfügen kann.

Erbracht ist das Arbeitslosengeld nicht schon dann, wenn es bewilligt ist, sondern erst dann, wenn es **gezahlt**, dh dem Arbeitslosen **zugeflossen** ist. Der Forderungsübergang erfolgt also erst mit der Aushändigung des Arbeitslosengeldes, allerdings nur dann und so lange, wie der Arbeitslose die vom Arbeitgeber geschuldeten Leistungen nicht erhält (zu Fehlbewilligungen s.u. Rz 35). Sind die vom Arbeitgeber geschuldeten Leistungen schon vor Zahlung des Arbeitslosengeldes ausgezahlt worden, geht der Anspruch insoweit nicht auf die BA über (*BSG* 14.7.1994 SozR 3-4100 § 117 Nr. 11). Die BA muss übergegangene Ansprüche, da sie ihren Charakter als arbeitsrechtliche Ansprüche durch den Forderungsübergang nicht verlieren, ggf. vor den Zivil- bzw. Arbeitsgerichten einklagen.

II. Bedeutung und Zweck der Gleichwohlgewährung

Die Regelungen über die sog. Gleichwohlgewährung tragen einem besonderen **Sicherungsbedürfnis** des Arbeitslosen Rechnung, indem sie den Bezug von Arbeitslosengeld schon dann ermöglichen, wenn der Arbeitslose Arbeitsentgelt, eine Urlaubsabgeltung oder Entlassungsentschädigung (trotz eines möglichen Anspruchs auf diese Leistungen) **tatsächlich nicht erhält.** Das ist häufig dann der Fall, wenn Streit über den Fortbestand des Arbeitsverhältnisses besteht – ggf. bis zum Ende des Kündigungsschutzprozesses – nicht feststeht, ob und ggf. für welchen Zeitraum Lohnansprüche bestehen, ob eine Urlaubsabgeltung oder eine Entlassungsentschädigung geschuldet wird. In diesen Fällen wird zu Gunsten des Arbeitslosen, dessen Ansprüche vom Arbeitgeber nicht erfüllt werden, **der Zeitpunkt vorverlegt,** von dem an er Arbeitslosengeld verlangen kann. Damit soll eine **schnelle Überbrückung von Notlagen** gesichert werden. Der Arbeitnehmer wird (vorläufig) so behandelt, als wenn er keine Ansprüche gegen seinen Arbeitgeber hätte. Die BA tritt gewissermaßen **in Vorleistung für den Arbeitgeber** ein, zahlt aber dennoch kein Arbeitsentgelt, sondern Arbeitslosengeld (vgl. dazu KR-*Wolff* SozR Rz 83 f., 86). Damit wird insbes. den Besonderheiten des **Kündigungsschutzprozesses** Rechnung getragen, weil bis zu dessen Ende häufig nicht feststeht, wann das Arbeitsverhältnis geendet hat und ob dem Arbeitnehmer noch Ansprüche auf Arbeitsentgelt, Urlaubsabgeltung oder Entlassungsentschädigung zustehen. Insofern handelt es sich um einen **vorgezogenen** Versicherungsfall der Arbeitslosigkeit, der in gewisser Weise den Charakter des **Vorläufigen** in sich trägt und auf **Rückabwicklung** angelegt ist, sobald mit dem Ende des Kündigungsschutzprozesses Klarheit über den Bestand der Ansprüche aus dem Arbeitsverhältnis erzielt ist. Diese Erkenntnis hat sich hinsichtlich der **versicherungsrechtlichen und beitragsrechtlichen Folgen** bereits **durchgesetzt** (*BSG* 25.9.1981 BSGE 52, 152 f.; vgl. zur Rückabwicklung der Beitragsentrichtung aus der Kranken- und Rentenversicherung der Arbeitslosen auch KR-*Wolff* SozR Rz 85 ff.).

Allerdings wird in diesen Fällen das Arbeitslosengeld **nicht nur vorläufig** – bis zur rechtlichen Klärung des Endes des Arbeitsverhältnisses – oder vorbehaltlich der Zahlung des Arbeitgebers, sondern **endgültig gewährt.** Die Gewährung bleibt rechtmäßig, auch wenn der Empfänger des Arbeitslosengeldes das Arbeitsentgelt später erhält, oder die BA hinsichtlich der auf sie übergegangenen Ansprüche befriedigt wird (st.Rspr., *BSG* 3.12.1998 SozR 3-4100 § 117 AFG Nr. 17). Vereinbarungen über den Fortbestand des Arbeitsverhältnisses und eventuelle Gehalts(Nach-)Zahlungen beseitigen weder die den Eintritt des Versicherungsfalles begründenden Tatsachen (faktische Beendigung der Beschäftigung, Nichtzahlung des Arbeitsentgelts) noch die tatsächliche Inanspruchnahme des Arbeitslosengeldes (*BSG* aaO). Auch wenn also arbeitsrechtlich geklärt ist, dass das Arbeitsverhältnis während der Gleichwohlgewährung fortbestanden hat, führt dies nicht dazu, dass die Bewilligung des Arbeitslosengeldes rückwirkend aufgehoben und Voraussetzungen sowie Höhe dieser Leistung nach dem inzwischen feststehenden »eigentlichen« Versicherungsfall neu bestimmt werden. Das sieht das Gesetz nicht vor. Maßgeblich bleibt vielmehr der ursprüngliche Versicherungsfall (faktische Beschäftigungslosigkeit), sodass eine Neubestimmung weder der Rahmenfrist noch des Bemessungszeitraums stattfindet (vgl. KR-*Wolff* SozR Rz 47 ff., 47e). Der Annahme, dass es sich insoweit um eine **Gesetzeslücke** handelt, ist das BSG bereits mehrfach entgegengetreten (vgl. *BSG* aaO mwN; vgl. dazu iE KR-*Wolff* SozR Rz 86).

Im Schrifttum werden nach wie vor Bedenken gegen die Rechtsprechung des BSG erhoben, weil die Gleichwohlgewährung nicht nur positive Auswirkungen für den Arbeitslosen hat, sondern von Fall zu Fall auch nachteilige Folgen haben kann (vgl. *B. Schmidt* NZA 2002, 1380; ferner *Hanau/Peters-Lange* NZA 1998, 785, 788 f.). Soweit sich durch die Zahlung des Arbeitslosengeldes nach § 143 Abs. 3 SGB III die **Anspruchsdauer nach § 128 Abs. 1 Nr. 1 SGB III** mindert, findet allerdings nach der Rechtsprechung ein **Ausgleich aus Billigkeitsgründen** statt: Danach entfällt die **Minderung der Anspruchsdauer**, soweit die Arbeitsverwaltung das gezahlte Arbeitslosengeld in vollem Umfang vom Arbeitgeber oder Arbeitnehmer zurückerhalten hat (*BSG* 24.7.1986 BSGE 60, 168, 173 f. = SozR 4100 § 117 AFG Nr. 16; 11.6.1987 SozR 4100 § 117 AFG Nr. 18; 29.9.1987 SozR 4100 § 117 AFG Nr. 20; vgl. auch KR-*Wolff* SozR Rz 86). Weitere Folgen hat die Rückabwicklung nicht. Insbes. bleiben – bis zum Erwerb einer neuen Anwartschaft – Dauer und Höhe des bisherigen Anspruchs auch für einen neuen Leistungsfall der Arbeitslosigkeit maßgeblich, auch wenn eine Neubestimmung des Leistungsumfangs für den Arbeitslosen günstiger wäre. Der auch in diesen Fällen – mindestens aus Billigkeitsgründen – geforderten Neubestimmung des Leistungsumfangs hat das BSG bisher nicht entsprochen (*BSG* 3.12.1998 SozR 3-4100 § 117 AFG Nr. 17, S. 120).

Zutreffend weist die Kritik darauf hin, dass der Arbeitnehmer beim bisherigen Stand der Rechtsprechung bereits **im Kündigungsschutzprozess** Vorsorge gegen die sich aus dieser Rechtsprechung ergebenden Nachteile treffen sollte. ZB müsse der Arbeitnehmer bestrebt sein, den Arbeitgeber zur Erfüllung der auf die Arbeitsverwaltung übergegangenen Entgeltansprüche zu verpflichten, um auf diese Weise eine Minderung der Anspruchsdauer zu verhindern. Wegen der weiteren Nachteile müsse er ggf. mögliche **Schadensersatzansprüche** gegen seinen Arbeitgeber (vgl. *Gagel/Müller* NZA 1993, 577) bereits im Kündigungsschutzprozess geltend machen bzw. auf eine Anerkennung dem Grunde nach drängen, bevor er einer Ausgleichsklausel zustimme (*B. Schmidt* NZA 2002, 1380, 1383 f.).

III. Erstattungsanspruch gegen den Arbeitslosen

33 Grds. kann die BA die zum Ausgleich für die Gewährung von Arbeitslosengeld auf sie übergegangenen arbeitsrechtlichen Ansprüche des Arbeitslosen nur gegenüber dem Arbeitgeber geltend machen. Ein **öffentlich-rechtlicher Erstattungsanspruch gegen den Arbeitnehmer** ist ihr nur ausnahmsweise eingeräumt, nämlich wenn der Arbeitgeber die von ihm geschuldete Leistung trotz des Rechtsübergangs mit **befreiender Wirkung** an den Arbeitslosen (oder einen Dritten) gezahlt hat (jeweils S. 2 des § 143 Abs. 3 und § 143a Abs. 4 SGB III; vgl. dazu näher KR-*Wolff* SozR Rz 140 f.). Obwohl die Regelung von Erstattung des Arbeitslosengeldes spricht, wird in Wirklichkeit vom Arbeitnehmer das Arbeitsentgelt bzw. die Abfindung in Höhe des Arbeitslosengeldes herausverlangt, das der BA auf Grund des gesetzlichen Anspruchsübergangs zugestanden hat (*BSG* 22.10.1998 – B 7 AL 106/97 R – BSGE 83, 82, 86 = SozR 3-4100 § 117 AFG Nr. 16; 24.6.1999 – B 11 AL 7/99 R – SozR 3-4100 § 117 AFG Nr. 18). Das hat Bedeutung für die Frage, wann der Arbeitgeber gegenüber der BA »mit befreiender Wirkung« gezahlt hat. Denn da die übergegangenen Ansprüche ihre Eigenschaft als arbeitsrechtliche Ansprüche nicht verlieren, wird insoweit auf die bürgerlich-rechtlichen Regelungen verwiesen, aus denen sich die befreiende Wirkung ergibt.

34 Mit **befreiender Wirkung** gegenüber der BA hat der Arbeitgeber gezahlt, wenn er im Zeitpunkt der Zahlung an den Arbeitnehmer (oder einen Dritten) von dem Forderungsübergang bzw. der Zahlung des Arbeitslosengeldes nichts wusste (§§ 412, 407 BGB). Hat der Arbeitgeber in Kenntnis des Forderungsübergangs an den Arbeitnehmer gezahlt, kann die BA die Verfügung **genehmigen** und damit die befreiende Wirkung herbeiführen (§ 362 Abs. 2, § 185 Abs. 2 BGB; vgl. dazu auch KR-*Wolff* SozR Rz 140 f., 142). Diese Regelungen gelten im Rahmen der § 143 Abs. 3 S. 2 und § 143a Abs. 4 S. 2 SGB III

uneingeschränkt. Mit der Genehmigung der Verfügung zu Gunsten des nichtberechtigten Arbeitnehmers gestaltet die BA eine Rechtslage nach zivilrechtlichen Grundsätzen, die damit keine Regelung auf dem Gebiet des Verwaltungsrechts und folglich auch kein Verwaltungsakt ist (*BSG* 4.12.2000 – B 11 AL 213/00 B). Damit führt sie zugleich die Voraussetzungen für den öffentlich-rechtlichen Erstattungsanspruch gegen den Arbeitslosen aus Abs. 3 S. 2 herbei (*BSG* 14.9.1990 – 7 RAr 128/89 – BSGE 67, 221, 227 = SozR 3-4100 § 117 AFG Nr. 3). Die BA muss auch grds. nicht vor der Genehmigung gegen den Arbeitgeber vorgegangen sein (*BSG* 22.10.1998 und 24.5.1999, aaO; krit. dazu *Winkler* in *Gagel* SGB III, § 143 Rz 75; *B. Schmidt* NZA 2002, 1380 mwN).

Eine **Einschränkung der Genehmigungsmöglichkeit** ist allerdings in Ausnahmefällen möglich, etwa wenn die Genehmigung gegen § 242 BGB verstößt oder wenn die Erfüllungswirkung schon auf andere Weise eingetreten ist oder die Arbeitsentgeltzahlung zwischen Arbeitgeber und Arbeitslosem rückgängig gemacht worden ist (*BSG* 22.10.1998 – B 7 AL 106/97 R – BSGE 83, 82, 87 = SozR 3-4100 § 17 AFG Nr. 16). 34a

Das im Wege der Gleichwohlgewährung geleistete Arbeitslosengeld **mindert dessen Anspruchsdauer** (§ 128 Abs. 1 Nr. 1 SGB III), und zwar selbst dann, wenn die BA den auf sie übergegangenen Anspruch auf Arbeitsentgelt nicht beitreibt, obwohl ihr dies möglich ist (vgl. KR-*Wolff* SozR Rz 86). Die Beitreibung gehört nicht zu den Pflichten der BA und würde für sie im Regelfall einen unzumutbaren Verwaltungsaufwand bedeuten. 34b

Allerdings entfällt die Minderung der Anspruchsdauer aus **Billigkeitsgründen**, wenn und soweit die BA für ihre Aufwendungen Ersatz erlangt bzw. sie ihren Erstattungsanspruch aus Abs. 3 S. 2 realisiert hat (vgl. *BSG* 22.10.1998 aaO; s.a. Rz 32). 34c

Ein Erstattungsanspruch setzt voraus, dass die sog. **Gleichwohlgewährung rechtmäßig** erfolgt ist, also der Arbeitslose bis zur Erbringung des Arbeitslosengeldes keine der genannten Arbeitgeberleistungen erhalten hatte. Es kommt mithin jeweils darauf an, ob die zum Ruhen führenden Arbeitgeberleistungen zum Zeitpunkt der Gewährung des Arbeitslosengeldes bereits bewirkt waren oder nicht. Hat der Arbeitslose diese Leistungen bereits vor Gewährung des Arbeitslosengeldes erhalten, durfte kein Arbeitslosengeld bewilligt werden. Derartige **Fehlbewilligungen** muss die BA nach §§ 44 ff. SGB X abwickeln, dh den **Bewilligungsbescheid aufheben**, während in den Fällen der (rechtmäßigen) Gleichwohlgewährung die Aufhebung des Bewilligungsbescheides gerade nicht vorausgesetzt bzw. auch nur zulässig ist (st.Rspr., vgl. zB *BSG* 3.3.1993 SozR 3-4100 § 117 Nr. 10). 35

Vgl. zum Forderungsübergang nach § 115 SGB X allg. KR-*Wolff* SozR Rz 120 f., zu Besonderheiten des Forderungsübergangs bei Gleichwohlgewährung SozR Rz 138 f., zur Dispositionsfreiheit der Arbeitsvertragsparteien und zur Auslegung von arbeitsgerichtlichen Vergleichen, in die übergegangene Ansprüche einbezogen sind, KR-*Wolff* SozR Rz 154 f., 166 f. 36

§ 143a Ruhen des Anspruchs bei Entlassungsentschädigung.

(1) ¹Hat der Arbeitslose wegen der Beendigung des Arbeitsverhältnisses eine Abfindung, Entschädigung oder ähnliche Leistung (Entlassungsentschädigung) erhalten oder zu beanspruchen und ist das Arbeitsverhältnis ohne Einhaltung einer der ordentlichen Kündigungsfrist des Arbeitgebers entsprechenden Frist beendet worden, so ruht der Anspruch auf Arbeitslosengeld von dem Ende des Arbeitsverhältnisses an bis zu dem Tage, an dem das Arbeitsverhältnis bei Erhaltung dieser Frist geendet hätte. ²Diese Frist beginnt mit der Kündigung, die der Beendigung des Arbeitsverhältnisses vorausgegangen ist, bei Fehlen einer solchen Kündigung mit dem Tage der Vereinbarung über die Beendigung des Arbeitsverhältnisses. ³Ist die ordentliche Kündigung des Arbeitsverhältnisses durch den Arbeitgeber ausgeschlossen, so gilt bei
1. zeitlich unbegrenztem Ausschluss eine Kündigungsfrist von 18 Monaten,
2. zeitlich begrenztem Ausschluss oder bei Vorliegen der Voraussetzungen für eine fristgebundene Kündigung aus wichtigem Grund die Kündigungsfrist, die ohne den Ausschluss der ordentlichen Kündigung maßgebend gewesen wäre.

⁴Kann dem Arbeitnehmer nur bei Zahlung einer Entlassungsentschädigung ordentlich gekündigt werden, so gilt eine Kündigungsfrist von einem Jahr. ⁵Hat der Arbeitslose auch eine Urlaubsabgeltung (§ 143 Abs. 2) erhalten oder zu beanspruchen, verlängert sich der Ruhenszeitraum nach Satz 1

um die Zeit des abgegoltenen Urlaubs. ⁶Leistungen, die der Arbeitgeber für den Arbeitslosen, dessen Arbeitsverhältnis frühestens mit Vollendung des 55. Lebensjahres beendet wird, unmittelbar für dessen Rentenversicherung nach § 187a Abs. 1 des Sechsten Buchs aufwendet, bleiben unberücksichtigt. ⁷Satz 6 gilt entsprechend für Beiträge des Arbeitgebers zu einer berufsständischen Versorgungseinrichtung.

(2) ¹Der Anspruch auf Arbeitslosengeld ruht nach Absatz 1 längstens ein Jahr. ²Er ruht nicht über den Tag hinaus,

1. bis zu dem der Arbeitslose bei Weiterzahlung des während der letzten Beschäftigungszeit kalendertäglich verdienten Arbeitsentgelts einen Betrag in Höhe von sechzig Prozent der nach Abs. 1 zu berücksichtigenden Entlassungsentschädigung als Arbeitsentgelt verdient hätte,
2. an dem das Arbeitsverhältnis infolge einer Befristung, die unabhängig von der Vereinbarung über die Beendigung des Arbeitsverhältnisses bestanden hat, geendet hätte oder
3. an dem der Arbeitgeber das Arbeitsverhältnis aus wichtigem Grunde ohne Einhaltung einer Kündigungsfrist hätte kündigen können.

³Der nach Satz 2 Nr. 1 zu berücksichtigende Anteil der Entlassungsentschädigung vermindert sich sowohl für je fünf Jahre des Arbeitsverhältnisses in demselben Betrieb oder Unternehmen als auch für je fünf Lebensjahre nach Vollendung des fünfunddreißigsten Lebensjahres um je fünf Prozent; er beträgt nicht weniger als fünfundzwanzig Prozent der nach Abs. 1 zu berücksichtigenden Entlassungsentschädigung. ⁴Letzte Beschäftigungszeit sind die am Tag des Ausscheidens aus dem Beschäftigungsverhältnis abgerechneten Entgeltabrechnungszeiträume der letzten zwölf Monate; § 130 Abs. 2 S. 1 Nr. 3 und Abs. 3 gilt entsprechend. ⁵Arbeitsentgeltkürzungen infolge von Krankheit, Kurzarbeit, Arbeitsausfall oder Arbeitsversäumnis bleiben außer Betracht.

(3) Hat der Arbeitslose wegen Beendigung des Beschäftigungsverhältnisses unter Aufrechterhaltung des Arbeitsverhältnisses eine Entlassungsentschädigung erhalten oder zu beanspruchen, gelten Absätze 1 und 2 entsprechend.

(4) ¹Soweit der Arbeitslose die Entlassungsentschädigung (Arbeitsentgelt im Sinne des § 115 des Zehnten Buches) tatsächlich nicht erhält, wird das Arbeitslosengeld auch für die Zeit geleistet, in der der Anspruch auf Arbeitslosengeld ruht. ²Hat der Verpflichtete die Entlassungsentschädigung trotz des Rechtsübergangs mit befreiender Wirkung an den Arbeitslosen oder an einen Dritten gezahlt, hat der Bezieher des Arbeitslosengeldes dieses insoweit zu erstatten.

Literatur

– bis 2004 vgl. KR-Vorauflage –
Zu § 143, 143a SGB III
Besgen Auswirkungen des neuen Abfindungsanspruchs auf das Arbeitsförderungsrecht, FA 2004, 173 ff.; *Due* in Niesel, SGB III, 3. Aufl. 2005, § 143 und 143a; *Eicher* Die Sperrzeit für das Arbeitslosengeld bei Lösung des Beschäftigungsverhältnisses durch den Arbeitnehmer, SGb 2005, 553, 559; *Gagel* Veränderung der Kündigungssituation durch das SGB III, in Festschrift zum 50-jährigen Bestehen der Arbeitsgerichtsbarkeit in Rheinland-Pfalz; *Henke* in Eicher/Schlegel, SGB III §§ 143, 143a, März 2005/November 2004; *Peters-Lange/ Gagel* Arbeitsförderungsrechtliche Konsequenzen des § 1a KSchG, NZA 2005, 740, 742; *Rolfs* Abfindung, AR-Blattei SD 10.

Inhaltsübersicht

	Rz
A. Rechtsentwicklung	1–6
I. Inkrafttreten	1
II. Entstehungsgeschichte	2–4
III. Änderungen gegenüber §§ 117, 117a AFG	5
IV. Änderungen nach dem 1.4.1999	6
V. Übergangsrecht	7
B. Ruhen nach § 143a Abs. 1 und 2 SGB III	13–65
I. Allgemeines	13–15
II. Voraussetzungen des Ruhenstatbestandes	16–42a
1. Allgemeine Voraussetzungen, Grundfall	16–19
2. Entlassungsentschädigung, Begriff	20–22b
3. »Erhalten oder zu beanspruchen hat«	23, 24
4. Leistungen »wegen« Beendigung des Arbeitsverhältnisses	25
5. Nicht zu berücksichtigende Arbeitgeberleistungen	25a–25e
a) Leistungen zum Ausgleich von Rentenminderungen	25a–25c
b) Ähnliche Ausgleichszahlungen	25d
c) Leistungen zum Ausgleich abgefundener Ansprüche auf betriebliche Altersvorsorge	25e

Ruhen des Anspruchs bei Entlassungsentschädigung § 143a SGB III

	Rz		Rz
6. Vorzeitige Beendigung des Arbeitsverhältnisses	26, 27	d) Verkürzung des Ruhenszeitraums durch sozialen Anteil der Entlassungsentschädigung (§ 143a Abs. 2 S. 2 Nr. 1 und S. 3 SGB III)	53–60
7. Ordentliche Kündigungsfrist, Begriff, Dauer, Einhaltung	28–33		
8. Auslaufen befristeter Arbeitsverhältnisse	34	aa) Allgemeines	53
9. Fingierte Kündigungsfristen	35–42a	bb) Maßgeblicher Prozentsatz der zu berücksichtigenden Entlassungsentschädigung	54–56
a) Arten, Bedeutung	35		
b) Beginn, Dauer	36		
c) Fristgebundene Kündigung aus wichtigem Grund	37–40	cc) Bemessungsentgelt	57, 58
d) Ordentliche Kündigung nur bei Abfindung möglich	41–42a	dd) Berechnungsbeispiel	59, 60
III. Ruhenszeitraum, Dauer des Ruhens	43–65	e) Begrenzung durch Ablauf eines befristeten Arbeitsverhältnisses (§ 143a Abs. 2 S. 2 Nr. 2 SGB III)	61
1. Allgemeines	43–47		
2. Beginn des Ruhenszeitraums, Fälligkeit der Entlassungsentschädigung	48, 48a	f) Begrenzung durch das Recht zur fristlosen Kündigung (§ 143a Abs. 2 S. 2 Nr. 3 SGB III)	62–64
3. Ende des Ruhenszeitraums	49		
4. Begrenzungen des Ruhenszeitraums	50–65	g) Steuerliche Behandlung der Entlassungsentschädigung	65
a) Begrenzungsarten, Überblick	50	C. Ruhen bei Beendigung des Beschäftigungsverhältnisses, § 143a Abs. 3 SGB III	66
b) Ablauf der ordentlichen (oder fingierten) Kündigungsfrist	51	D. Gleichwohlgewährung nach § 143a Abs. 4 SGB III	67
c) Begrenzung des Ruhenszeitraums auf längstens ein Jahr (§ 143a Abs. 2 S. 1 SGB III)	52		

A. Rechtsentwicklung

I. Inkrafttreten

§ 143a SGB III idF des Entlassungsentschädigungs-Änderungsgesetzes v. 24.3.1999 BGBl. I S. 396 (EE-ÄndG) ist am 1.4.1999 in Kraft getreten und entspricht – mit gewissen Abweichungen – dem bis 31.3.1997 geltenden § 117 Abs. 2 bis 3a, Abs. 4 AFG (KR-*Wolff* § 143 SGB III Rz 2). **1**

II. Entstehungsgeschichte

Bis 31.3.1997 galt § 117 AFG, dessen Abs. 2 bis 3a den Arbeitnehmer an den Kosten der Arbeitslosigkeit **2** beteiligte: Bei **vorzeitiger** Beendigung des Arbeitsverhältnisses – ohne Einhaltung einer der ordentlichen Kündigungsfrist des Arbeitgebers entsprechenden Frist – ruhte das Arbeitslosengeld für eine begrenzte Zeit, wenn eine Abfindung gezahlt wurde. Durch das Ruhen wurde der Beginn der Leistung verschoben, die Anspruchsdauer aber grds. nicht verkürzt (§ 117 Abs. 2 bis 3a AFG, § 110 S. 1 Nr. 1 AFG). Für **Sperrzeitfälle** war in § 117a AFG eine verschärfte Regelung vorgesehen (Verlängerung des Ruhenszeitraums, Verkürzung der Anspruchsdauer). Bei Auflösung der Arbeitsverhältnisse langjährig beschäftigter Arbeitnehmer hatte der Arbeitgeber unter bestimmten Voraussetzungen der BA das Arbeitslosengeld oder die Arbeitslosenhilfe und die darauf entfallenden Beiträge zur Sozialversicherung zu erstatten (§ 128 AFG).

§ 117 AFG wurde zum 1.4.1997 durch das Arbeitsförderungs-Reformgesetz (AFRG v. 24.3.1997 BGBl. I **3** S. 594) geändert und in zwei Regelungen aufgespaltet:

§ 117 Abs. 2 bis 3a wurden aufgehoben und mit Wirkung ab 1.4.1997 durch § 115a AFG und dieser ab 1.1.1998 – mit Inkrafttreten des SGB III – durch den im Wesentlichen inhaltsgleichen § 140 SGB III ersetzt (zu dieser sog. Anrechnungsregelung vgl. die Komm. zu § 140 SGB III aF in der 5. Aufl.). Der restliche § 117 AFG (Abs. 1, 1a und Abs. 4) wurde ab 1.1.1998 durch § 143 SGB III ersetzt, der der bisherigen Regelung entspricht. § 128 und § 117a AFG wurden mit Wirkung ab 1.4.1997 – ohne Nachfolgeregelung – aufgehoben (zu den Motiven und zu Zweck und Funktion der Anrechnungsregelung vgl. die Komm. zu § 140 SGB III aF in der 5. Aufl. Rz 6, 7, 11, 12).

4 Durch die **Anrechnungsregelung** des § 140 SGB III aF wurden grds. alle wegen Beendigung des Arbeitsverhältnisses gezahlten und zustehenden Abfindungen u.ä. – nach Abzug eines Freibetrages – auf die Hälfte des Arbeitslosengeldes angerechnet. Die Anrechnung erfolgte grds. bis zur völligen Erschöpfung der Anspruchsdauer oder bis zur Verrechnung der Abfindung.

Die Anrechnungsregelung wurde, bevor sie am 7.4.1999 auf Grund von Übergangsregelungen voll wirksam geworden wäre, durch das EEÄndG (s.o. Rz 1) mit Wirkung ab 1.4.1999 **aufgehoben** und **vorläufig** der Rechtszustand wieder hergestellt, der vor dem AFRG am 31.3.1997 bestanden hat, also praktisch § 117 Abs. 2 bis 3a AFG – nunmehr als § 143a SGB III – und § 128 AFG – nunmehr als § 147a SGB III – wieder in Kraft gesetzt. Die Anrechnungsregel wurde als sozial unausgewogen und verfassungsrechtlich problematisch angesehen. § 117a AFG wurde nicht wieder in das Gesetz aufgenommen. Es ist aber an Stelle der §§ 143a, 147a SGB III eine Neuregelung geplant, die dazu beitragen soll, der **aktiven Wiedereingliederung** freigesetzter Arbeitnehmer gegenüber der passiven Zahlung von Entlassungsentschädigungen den Vorzug zu geben. Eine entsprechende Neuregelung des § 143a ist bisher nicht erfolgt. Zur Änderung bzw. zum Wegfall des § 147a SGB III vgl. dort, Rz 4.

III. Änderungen gegenüber §§ 117, 117a AFG

5 § 143a SGB III enthält gegenüber § 117 Abs. 2 bis 3a AFG (letzterer idF des Gesetzes v. 23.7.1996 BGBl. I S. 1078) einige Änderungen und redaktionelle Anpassungen:

Den Begriffen »Abfindung, Entschädigung oder ähnliche Leistungen« ist in Klammern der bereits in § 140 SGB III aF verwandte Sammelbegriff der »**Entlassungsentschädigung**« beigefügt worden, ohne dass damit eine Änderung gegenüber dem früheren § 117 Abs. 2 AFG beabsichtigt war.

§ 143a SGB III ist für Arbeitnehmer insoweit etwas günstiger, als der Ruhenszeitraum hinsichtlich einer seiner Begrenzungen (s.u. Rz 50 f.) verkürzt worden ist:

a) Hinsichtlich der Begrenzung wegen des sozialen Anteils der Abfindung ist nunmehr der Tag bestimmt worden, bis zu dem der Arbeitslose **sechzig Prozent der Abfindung** verdient hätte (bisher siebzig Prozent gem. § 117 Abs. 3 S. 2 Nr. 1 AFG).
b) Dieser Prozentsatz mindert sich je nach der Dauer des Arbeitsverhältnisses und dem Lebensalter und beträgt jetzt mindestens **fünfundzwanzig Prozent** (bisher mindestens dreißig Prozent gem. § 117 Abs. 3 S. 3 AFG).
c) Die in **§ 117a AFG** enthaltene zusätzliche **Ruhensregelung** für den Fall einer Sperrzeit ist mit Wirkung ab 1.4.1997 aufgehoben und durch das EEÄndG nicht wieder eingeführt worden.

IV. Änderungen nach dem 1.4.1999

6 Durch das Einmalzahlungs-Neuregelungsgesetz v. 21.12.2000 (BGBl. I S. 1971) wurden in Abs. 2 S. 5 die Worte »sowie einmalig gezahlte Arbeitsentgelte« mit Wirkung v. 1.1.2001 gestrichen. Derartige Entgelte werden nunmehr bei der Berechnung der Arbeitsentgelte während der letzten Beschäftigung berücksichtigt.

Durch das Dritte Gesetz für moderne Dienstleistungen am Arbeitsmarkt v. 23.12.2003 (BGBl. I S. 2848) ist mit Wirkung ab 1.1.2005 Abs. 2 S. 4 dahin geändert worden, dass es nunmehr auf die letzten zwölf Monate (an Stelle der letzten 52 Wochen) ankommt und dass § 130 Abs. 2 S. 1 Nr. 3 und Abs. 3 entsprechend gilt. Damit ist eine Anpassung an den ab 1.1.2005 geänderten § 130 SGB III über Bemessungszeitraum und Bemessungsrahmen erfolgt (vgl. KR-*Wolff* SozR Rz 47e).

V. Übergangsrecht

7–12 a) Für Fälle, in denen ein Anspruch auf Arbeitslosengeld oder -hilfe in der Zeit nach dem 1.4.1999 entstanden ist oder entsteht, gilt nur noch § 143a SGB III.
b) Für Fälle, in denen der Anspruch auf Arbeitslosengeld in der Zeit zwischen dem 1.4.1997 und dem 31.3.1999 entstanden ist und die Anwartschaftszeit vor dem 1.4.1997 erfüllt war, gelten kraft Übergangsrechts die früheren § 117 Abs. 2 bis 3a und Abs. 4, § 117a AFG fort (§ 242x Abs. 3 AFG, § 427 Abs. 6 SGB III).
c) Soweit in der Zeit v. 1.4.1997 bis 31.3.1999 in einigen Fällen die Anrechnungsregelung (§§ 115a AFG, 140 SGB III) wirksam geworden ist, war in § 427 Abs. 6 S. 3 und 4 SGB III eine spezielle Übergangsregelung vorgesehen (vgl. § 143a SGB III Rz 8-12 der Vorauf.).

B. Ruhen nach § 143a Abs. 1 und 2 SGB III
I. Allgemeines

Wegen des Anwendungsbereiches der Regelung, ihrer Struktur sowie ihres Zwecks und ihrer Funktion wird auf die KR-*Wolff* § 143 SGB III Rz 3, 4 ff. verwiesen. 13

In § 143a SGB III ist – neben § 143 Abs. 1 und 2 SGB III – ein weiterer **Ruhenstatbestand** geregelt, dem ein bestimmter, von der Entstehung des Arbeitslosengeldanspruchs unabhängiger, kalendermäßig ablaufender Ruhenszeitraum zugeordnet ist. Dieser Ruhenszeitraum beginnt mit dem Ende des Arbeitsverhältnisses und endet im **Normalfall** mit dem Tag, an dem das Arbeitsverhältnis bei Einhaltung der der ordentlichen Kündigungsfrist des Arbeitgebers entsprechenden Frist geendet hätte. Zu unterscheiden ist der **Grundfall** des Abs. 1 S. 1, in dem die ordentliche Kündigung im konkreten Fall möglich bzw. zulässig ist (s.u. Rz 18) und die Sonderfälle des Abs. 1 S. 3 und 4 des § 143a SGB III, in denen die ordentliche Kündigung **uneingeschränkt oder unter Einschränkungen ausgeschlossen** ist (s.u. Rz 35 ff.). Allerdings sieht § 143a Abs. 1 und 2 SGB III hinsichtlich der Dauer des Ruhenszeitraums mehrere Begrenzungen vor, von denen jeweils die für den Arbeitnehmer **günstigste** zur Anwendung kommt (s.u. Rz 50 f.). Auch bei § 143a SGB III tritt das Ruhen bzw. die Ruhenswirkung nur insoweit ein, als der Arbeitslosengeldanspruch in den Ruhenszeitraum fällt. Schiebt der Arbeitslose seine Arbeitslosmeldung oder jedenfalls den Leistungsantrag (§ 118 Abs. 2 SGB III nF, § 323 Abs. 1 S. 2 SGB III; vgl. KR-*Wolff* SozR Rz 47a) auf die Zeit nach Ablauf des Ruhenszeitraums, so wird sein Anspruch von der Ruhenswirkung nicht betroffen bzw. die Anspruchsdauer nicht verkürzt. 14

Anders als bei **Eintritt einer Sperrzeit** wird in Fällen, in denen ein Ruhenstatbestand nach § 143a SGB III eingetreten ist, die Dauer des Arbeitslosengeldanspruchs nicht gemindert (arg. § 128 Abs. 1 Nr. 1 SGB III), sondern durch einen späteren Beginn die Leistung nur zeitlich hinausgeschoben; dh der Arbeitslose erhält dann die Leistung für die volle Anspruchsdauer, sofern er solange arbeitslos ist. 15

II. Voraussetzungen des Ruhenstatbestandes
1. Allgemeine Voraussetzungen, Grundfall

Hat der ausscheidende Arbeitnehmer eine »Abfindung, Entschädigung oder ähnliche Leistung« (Entlassungsentschädigung) erhalten oder zu beanspruchen, so **ruht der Anspruch auf Arbeitslosengeld** unter zwei Voraussetzungen: 16

– Der Arbeitnehmer muss »**vorzeitig**« aus dem Arbeitsverhältnis ausgeschieden sein (Regelfall: ohne Einhaltung einer der ordentlichen Kündigungsfrist des Arbeitgebers entsprechenden Frist, s.u. Rz 28 f.) und
– die Abfindung muss **wegen** der Beendigung des Arbeitsverhältnisses gewährt worden sein (s.u. Rz 25).

Da bei Vorliegen beider Voraussetzungen die Annahme gerechtfertigt ist, dass – bei typisierender Betrachtung – der Arbeitnehmer seinen Beschäftigungs- und Lohnzahlungsanspruch gegen eine Abfindung **verkürzt**, wird vom Gesetz **unwiderleglich vermutet**, dass die Abfindung in dem sich aus § 143a Abs. 2 SGB III ergebenden – pauschalierten – Umfang Arbeitsentgelt-Anteile für die Zeit der nicht eingehaltenen Kündigungsfrist enthält (sog. **umgewandeltes Arbeitsentgelt**). Eine **Prüfung im Einzelfall**, ob eine Abfindung entgegen der Annahme des Gesetzgebers keinen Lohnausfall vergütet, findet nicht statt; sie sollte durch die **pauschalierende** Bewertung gerade vermieden werden (*BSG* 29.8.1991 SozR 3-4100 § 117 Nr. 6). Zur Kausalität s.u. Rz 25. 17

Grundfall: 18
§ 143a Abs. 1 S. 1 SGB III regelt den **Grundfall**, dass für den Arbeitgeber (arbeitsrechtlich) eine ordentliche Kündigung möglich ist, aber bei der Auflösung des Arbeitsverhältnisses (durch Kündigung/ Aufhebungsvertrag) eine seiner ordentlichen Kündigungsfrist entsprechende Frist **nicht eingehalten wird**. In diesen Fällen einer »**vorzeitigen**« Beendigung geht der Gesetzgeber – bei typisierender Betrachtung – davon aus, dass eine wegen der Beendigung gezahlte Abfindung auch Arbeitsentgelt enthält bzw. zum **Ausgleich von Arbeitsentgelt** gewährt wird, das der Arbeitslose verdient hätte, wenn die ordentliche Kündigungsfrist eingehalten worden wäre. Deshalb ruht das Arbeitslosengeld längstens für die Dauer der nicht eingehaltenen Kündigungsfrist, also vom Ende des Arbeitsverhältnisses bis zu dem Tag, an dem es bei Einhaltung der ordentlichen Kündigungsfrist geendet hätte (zu den Son-

§ 143a SGB III   Ruhen des Anspruchs bei Entlassungsentschädigung

derfällen, in denen die ordentliche Kündigung uneingeschränkt oder eingeschränkt ausgeschlossen ist, s.u. Rz 35 ff.; zu den Begrenzungen des Ruhenszeitraums s.u. Rz 50 f.).

19 § 143a Abs. 1 SGB III regelt nur das Ruhen für die Zeit **nach Beendigung** des Arbeitsverhältnisses. Für die Zeit **bis zu dessen Beendigung** kommt nur § 143 Abs. 1 SGB III – früher § 117 Abs. 1 – in Betracht (*BSG* 23.6.1981 SozR 4100 § 117 Nr. 7). Zu beachten ist aber, dass nach § 143a Abs. 3 SGB III an die Stelle der Beendigung des Arbeitsverhältnisses die (dauerhafte) Beendigung des Beschäftigungsverhältnisses treten kann (s.u. Rz 66).

2. Entlassungsentschädigung, Begriff

20 Mit den Begriffen »**Abfindung, Entschädigung oder ähnliche Leistungen**«, die schon der frühere § 117 Abs. 2 AFG verwandte, sollten alle Leistungen erfasst werden, die **wegen** der Beendigung des Arbeitsverhältnisses gewährt werden (s.u. Rz 25) und sich auf den **Verlust des Arbeitsplatzes** beziehen. Diese Leistungen bezeichnet der Gesetzgeber nunmehr (wie schon in § 140 SGB III aF) in einem Klammerzusatz mit dem etwas unscharfen Sammelbegriff »**Entlassungsentschädigung**«. Für die Subsumtion unter diese Begriffe ist unerheblich, wie die Zuwendung bezeichnet wird, auf welcher Rechtsgrundlage sie gewährt wird (s.u. Rz 22), ob sie in Raten oder in einer Summe gezahlt wird, wann der Anspruch auf die Zuwendung entsteht, wann sie fällig wird und von wem sie der Arbeitslose erhalten oder zu beanspruchen hat. Maßgeblich ist allein der **ursächliche Zusammenhang** mit der Beendigung des Arbeitsverhältnisses. Danach liegt eine Entlassungsentschädigung zB auch dann vor, wenn »Arbeitsentgelt« über das Ende des Arbeitsverhältnisses hinaus weitergezahlt wird oder eine »vorzeitige« Betriebsrente gewährt wird, sofern der Arbeitslose auf sie nicht ohnehin einen Rechtsanspruch gehabt hätte (*BSG* 22.2.1984 SozR 4100 § 118 Nr. 13; vgl. KR-*Wolff* SozR Rz 151 f.), ferner auch dann, wenn der Arbeitnehmer beim Ausscheiden von der Hilfskasse seines Arbeitgebers ein Darlehen in der Erwartung erhält, der Arbeitgeber werde das Darlehen zurückzahlen (*BSG* 3.3.1993 SozR 3-4100 § 117 Nr. 10). **Nicht von § 143a Abs. 1 SGB III erfasst** sind hingegen diejenigen Leistungen, mit denen Ansprüche auf Arbeitsentgelt iSd § 143 Abs. 1 und 2 SGB III abgefunden werden, die also für die Zeit bis zum festgelegten Ende des Arbeitsverhältnisses bestimmt sind. Das gilt auch für Leistungen, auf die der Arbeitnehmer bei Beendigung des Arbeitsverhältnisses ohnehin einen Rechtsanspruch gehabt hätte, die also nur **anlässlich** der (vorzeitigen) Beendigung gezahlt werden (vgl. zum Begriff der Abfindung/Entlassungsentschädigung und zur Abgrenzung von Arbeitsentgelt KR-*Wolff* SozR Rz 151 f.).

21 Durch § 143a SGB III soll – wie durch § 143 Abs. 1 SGB III – der **Doppelbezug** von Arbeitsentgelt und Arbeitslosengeld **verhindert werden** (zur Funktion dieser Regelung und ihrer Systematik *BSG* 29.1.2001 SozR 3-4100 § 117 AFG Nr. 22, S. 154 ff.; s. KR-*Wolff* SozR Rz 145; KR-*Wolff* § 143 SGB III Rz 9). Da als Arbeitsentgelt begrifflich nur Leistungen bis zur wirksamen Beendigung des Arbeitsverhältnisses angesehen werden können, könnte ohne die Regelung des § 143a SGB III dieses Ziel umgangen werden. In Abs. 1 dieser Regelung wird insoweit ein **Doppelbezug** – bis zu den von Abs. 2 bestimmten Grenzen – **vermutet**, sofern das Arbeitsverhältnis **vorzeitig** beendet worden ist.

22 Gleichgültig für die Ruhenswirkung ist, auf welcher **Rechtsgrundlage die Entlassungsentschädigung/Abfindung beruht**; es kann sich sowohl um einen Einzelvertrag, gerichtlichen Vergleich, Auflösungsgrund nach §§ 9, 10, 13 KSchG, einen Sozialplan oder eine andere Rechtsgrundlage handeln (zum Sozialplan *BSG* 29.8.1991 SozR 3-4100 § 117 Nr. 6; zu Sozialplanabfindungen s.a. Rz 25, im Zusammenhang mit Abs. 1 S. 4 s.u. Rz 41 ff.).

22a Die Annahme, **Abfindungsansprüche nach § 1a KSchG** führten ohne weiteres zur Unanwendbarkeit des § 143a SGB III, ist streitig (bejahend *Peters-Lange/Gagel* NZA 2005, 740 ff., 742; verneinend *Eicher* SGb 2005, 553, 559). Dass die Einhaltung der für den Arbeitgeber maßgebenden Kündigungsfrist im Rahmen des § 1a KSchG nicht überprüft wird, rechtfertigt nicht, die dem § 143a SGB III zu Grunde liegende Typisierung (s.o. Rz 16 ff.) zu durchbrechen. Zwar setzt die Entstehung gesetzlicher Abfindungsansprüche nach § 1a KSchG grds. eine ordentliche Kündigung des Arbeitgebers und damit auch die Einhaltung der für diese maßgeblichen Kündigungsfrist voraus. Ist die Kündigungsfrist jedoch nicht eingehalten und bei der Kündigung gleichwohl (formal) auf betriebliche Erfordernisse, die eine ordentliche betriebsbedingte Kündigung rechtfertigen, hingewiesen, muss dies zum Ruhen des Arbeitslosengeldes wegen vorzeitiger Beendigung des Arbeitsverhältnisses führen, weil dann das Verfahren nach § 1a KSchG gerade gegen die berechtigten Interessen der Solidargemeinschaft gebraucht wird (*Eicher* aaO S. 559). Ob in derartigen Fällen ein Abfindungsanspruch nach § 1a KSchG überhaupt entsteht (vgl. dazu KR-*Spilger* § 1a KSchG Rz 24 ff., 86 ff., 121, 154), kann insoweit dahinstehen. Entsteht er nicht, ruht das Arbeitslosengeld jedenfalls dann, wenn der Arbeitnehmer die Abfindung tatsächlich (ohne Rechtsgrund, s.u. Rz 24) erhalten hat oder wenn sie auf vertraglicher Grundlage geschuldet wird. Anders als im Verhältnis von § 1a KSchG zu § 144 SGB III (vgl. BT-Drucks. 15/1587, S. 30) ist im Verhältnis zu § 143a SGB III nicht erkennbar, dass der Gesetzgeber von einer Unanwendbarkeit des § 143a SGB III ausgegangen wäre. Dass bei einer uneingeschränkten Anwendung des § 143a SGB III die mit § 1a KSchG erstrebte Entlastung der Arbeitsgerichte durch eine zunehmende Verlagerung der arbeitsrechtlichen Prüfung auf die Sozialgerichte erkauft würde und damit das Modell des § 1a KSchG in Frage gestellt würde, vermag die Unanwendbarkeit des § 143a SGB III nicht zu rechtfertigen.

Wendet man § 1a KSchG auch auf die außerordentliche betriebsbedingte Kündigung unkündbarer Arbeitnehmer mit Auslauffrist entsprechend an (so KR-*Spilger* § 1a KSchG Rz 25), ist für das Ruhen des Arbeitslosengeldes die Kündigungsfrist maßgeblich, die ohne Ausschluss der ordentlichen Kündigung gegolten hätte, § 143a Abs. 1 S. 3 Nr. 2 Alt. 2 SGB III (s.u. Rz 37 f).

Auch **Schadensersatzansprüche** des Arbeitnehmers wegen der Beendigung des Arbeitsverhältnisses nach § 628 Abs. 2 BGB gehören zu den Abfindungen (*BSG* 13.3.1990 SozR 3-4100 § 117 Nr. 2; KR-*Weigand* § 628 BGB Rz 56). Ob für **Schadensersatzansprüche aus § 113 S. 3 InsO** etwas anderes gilt, weil sie für die Zeit nach Ablauf der im Insolvenzfall einzuhaltenden »ordentlichen« Kündigungsfrist bestimmt seien (so *Gagel* SGB III, § 143 a Rz 33), ist zweifelhaft. Da Schadensersatz nach § 113 S. 3 InsO für die Zeit zwischen der »**vorzeitigen**« Beendigung des Arbeitsverhältnisses durch den Insolvenzverwalter und dem Ende der Frist gewährt wird, zu dem der Arbeitgeber ohne Insolvenzfall hätte kündigen können, dürfte § 143 a Abs. 1 SGB III eingreifen, weil der Schadensersatzanspruch auch Arbeitsentgelt kompensiert, das ohne die insolvenzbedingte Kündigung zu zahlen gewesen wäre (Verfrühungsschaden; vgl. KR-*Weigand* § 113 InsO Rz 88, 98). Wird das Arbeitsverhältnis unter Einhaltung der insolvenzspezifischen Frist des § 113 S. 2 InsO gekündigt, die als Höchstfrist eine längere ordentliche Kündigungsfrist des Arbeitgebers verdrängt, ist iSv § 143a SGB III davon auszugehen, dass der Arbeitgeber, der mit der Insolvenz die einschlägige Ursache für die Auflösung gesetzt hat, seine ordentliche Kündigungsfrist nicht eingehalten hat. **22b**

3. »Erhalten oder zu beanspruchen hat«

Für das Ruhen genügt es einerseits, dass ein Anspruch auf die Entlassungsentschädigung besteht; es ist nicht erforderlich, dass der Anspruch auch erfüllt wird. Wird er nicht oder nicht rechtzeitig (bis zur Zahlung des Arbeitslosengeldes, vgl. KR-*Wolff* § 143 SGB III Rz 29) erfüllt, wird der Schutz des Arbeitslosen, der sofortiger Sozialleistungen bedarf, durch sog. **Gleichwohlgewährung** gesichert (§ 143a Abs. 4 S. 1 SGB III). Danach wird das Arbeitslosengeld ohne Berücksichtigung der Entlassungsentschädigungen geleistet, soweit der Arbeitslose sie tatsächlich nicht erhält. Er wird so behandelt, als ob kein Anspruch auf die Leistung bestünde (zur Gleichwohlgewährung vgl. KR-*Wolff* SozR Rz 84 f., 138 f.; KR-*Wolff* § 143 SGB III Rz 29 ff.). Als Grund für die Nichtzahlung kommen neben Zahlungsschwierigkeiten und Abrechnungsverzögerungen insbes. Rechtsstreitigkeiten über die Wirksamkeit der Kündigung in Betracht. Mit der Zahlung des Arbeitslosengeldes, durch die die Arbeitsverwaltung gleichsam für den Arbeitgeber in Vorlage tritt, geht der Anspruch auf die Entlassungsentschädigung gem. § 115 SGB X in Höhe der erbrachten Leistung auf die Arbeitsverwaltung über (vgl. KR-*Wolff* SozR Rz 120 ff.). **23**

Besteht andererseits kein Rechtsanspruch auf Entlassungsentschädigung, wird eine solche aber **tatsächlich** (freiwillig, ohne Rechtsgrund) gezahlt, so tritt gleichwohl ein Ruhen des Anspruchs auf Arbeitslosengeld ein. Dass auch Entlassungsentschädigungen, auf die kein Rechtsanspruch besteht, Leistungen iSv § 143a SGB III sein können, ergibt sich aus dem Wortlaut seines Abs. 1. Das Tatbestandsmerkmal »erhalten hat« neben »zu beanspruchen hat« gewinnt nur dann einen eigenständigen Sinn, wenn darunter auch Leistungen fallen, die nicht beansprucht werden können. Dies entspricht der Systematik der Regelung, wie sie auch in § 143 Abs. 1 und 2 SGB III zum Ausdruck kommt (vgl. KR-*Wolff* § 143 SGB III Rz 5, 6; zu § 117 AFG *BSG* 23.1.1997 SozR 3-4100 § 117 Nr. 14). **24**

4. Leistungen »wegen« Beendigung des Arbeitsverhältnisses

Eine Abfindung/Entlassungsentschädigung wird »wegen« der Beendigung des Arbeitsverhältnisses gewährt, wenn zwischen Beendigung und Abfindung ein **ursächlicher Zusammenhang** besteht. Das **25**

§ 143a SGB III Ruhen des Anspruchs bei Entlassungsentschädigung

ist grds. nur bei Ansprüchen der Fall, die überhaupt erst mit der Beendigung entstehen oder gerade wegen der Beendigung zugebilligt werden und die ihrer Art nach auf den Verlust des Arbeitsplatzes bezogen sind. Daran fehlt es bei bereits erarbeiteten Leistungen, auf die ohnehin ein Rechtsanspruch besteht und die nur »**anlässlich« der Beendigung** des Arbeitsverhältnisses ausgezahlt werden (vgl. KR-*Wolff* SozR Rz 148, 149). Ansonsten genügt das Zusammentreffen von Beendigung des Arbeitsverhältnisses und Zubilligung bzw. Zahlung einer arbeitgeberseitigen Leistung (*BSG* 13.3.1990 SozR 3-4100 § 117 Nr. 2; 29.8.1991 SozR 3-4100 § 117 Nr. 5, S. 28); ein spezifischer, die Vermutung des § 143a Abs. 1 SGB III (s.o. Rz 17) begründender Kausalzusammenhang zwischen **Abfindung und »vorzeitiger« Beendigung** des Arbeitsverhältnisses ist hingegen weder vom Gesetz gefordert noch nach seinem Zweck geboten (**aA** *Hess. LSG* 18.7.1990 info also 1990, 209). Das Ruhen entfällt also nicht deshalb, weil die Abfindung auch bei ordentlicher Kündigung zu zahlen gewesen wäre. Eine solche arbeitsrechtlich häufig schwierige Prüfung widerspräche den **Pauschalierungstendenzen** des § 143a SGB III. Ob in denjenigen Fällen etwas anderes gilt, die nach ihrer Ausgestaltung keinen Zweifel daran aufkommen lassen, dass die Abfindung in jedem Fall auch bei ordentlicher Kündigung zu zahlen gewesen wäre, ist zweifelhaft.

Auch **Zuwendungen aus sozialen Gründen** sind deshalb von der Anrechnung nicht ausgenommen; maßgeblich ist insoweit nur, dass das Arbeitsverhältnis **vorzeitig beendet** worden ist (s.u. Rz 26) und dass die Leistung wegen der Beendigung gewährt wird. Erfasst sind daher auch Abfindungen, die in einer **Betriebsvereinbarung (Sozialplan** nach § 112 Abs. 1 BetrVG) vereinbart sind (*BSG* 29.8.1991 SozR 3-4100 § 117 Nr. 6 mit zust. Anm. *Berlinger* AuB 1992, 216; zu Sozialplanabfindungen im Zusammenhang mit Abs. 1 S. 4 s.u. Rz 41 ff.). Im Übrigen ist es unerheblich, ob Abfindungen für bestimmte Fälle der Beendigung bereits vorab (in Tarifverträgen oder Einzelverträgen) vorgesehen sind oder ob diese spontan vereinbart oder zugebilligt werden (*BSG* 29.8.1991 aaO).

5. **Nicht zu berücksichtigende Arbeitgeberleistungen**

a) **Leistungen zum Ausgleich von Rentenminderungen**

25a Unberücksichtigt bleiben nach § 143a Abs. 1 S. 6 SGB III – auch wenn sie in einer Entlassungsentschädigung enthalten sind oder als solche bezeichnet werden – **Leistungen**, die der Arbeitgeber unter bestimmten Voraussetzungen für seinen Arbeitnehmer aufwendet, um **Rentenminderungen** zu verringern oder auszugleichen, die sich aus einer **vorzeitigen Inanspruchnahme einer Rente wegen Alters ergeben** (vgl. dazu KR-*Wolff* SozR Rz 41 ff., 41b-d). Diese Regelung gilt zunächst nur für Arbeitslose, deren Arbeitsverhältnis frühestens mit Vollendung des 55. Lebensjahres beendet wird. Sie gilt ferner nur für Arbeitnehmer, die nach dem Ausscheiden eine der sog. **vorgezogenen Altersrenten** in Anspruch nehmen wollen, die aber wegen der zwischenzeitlichen **Anhebung der Altersgrenzen** für diese Renten bei **vorzeitiger Inanspruchnahme Rentenabschläge** hinnehmen müssen (vgl. KR-*Wolff* SozR Rz 41b). Diese Rentenabschläge bzw. Rentenminderungen können durch Beitragszahlungen ausgeglichen werden (§ 187a Abs. 1 SGB VI, eingefügt durch Gesetz v. 23.7.1996 BGBl. I S. 1078). Nur Beitragszahlungen nach § 187a Abs. 1 SGB VI sind privilegiert bzw. bleiben nach § 143a SGB III unberücksichtigt, wenn sie der Arbeitgeber nach Maßgabe der genannten Regelung an die **gesetzliche Rentenversicherung** zahlt. Nicht unter das Privileg fallen hingegen Leistungen an private Versicherungen oder Leistungen, die dem Arbeitnehmer gewährt werden, damit er sich einen entsprechenden Ausgleich durch private Versicherung oder renditewirksame Anlage schaffen kann. Begünstigt sind nur Leistungen, die unmittelbar dem Rentenversicherungsträger zugute kommen.

Nicht begünstigt dürfte auch die Zahlung von Höherversicherungsbeiträgen sein, weil Abs. 1 S. 6 schon nach seinem Wortlaut nur die **speziellen Ausgleichszahlungen** des § 187a SGB VI erfasst. Die Berechtigung, derartige Ausgleichszahlungen zu erbringen, setzt die Erklärung des Versicherten gegenüber dem Rentenversicherungsträger voraus, eine Rente wegen Alters **vorzeitig** zu beanspruchen (§ 187a Abs. 1 S. 2 SGB VI). Damit eine solche Transaktion vorbereitet werden kann, gibt das Gesetz Versicherten hinsichtlich der Höhe der Ausgleichszahlungen einen **Auskunftsanspruch** gegenüber dem Rentenversicherungsträger (§ 109 Abs. 4 Nr. 4 SGB VI). Die Beitragszahlung muss nicht in einem Betrag und nicht vor der Inanspruchnahme der Rente erfolgen, sondern ist bis zum 65. Lebensjahr – in Raten – möglich.

25b Gedacht ist an die Fälle, bei denen zB ein Arbeitnehmer (geb. 1943) mit 58 Jahren gegen Abfindung aus dem Arbeitsverhältnis ausscheidet, danach bis zum vollendeten 60. Lebensjahr Arbeitslosengeld und danach Altersrente wegen Arbeitslosigkeit (vgl. KR-*Wolff* SozR Rz 41 ff., 41c) in Anspruch nehmen will. Er kann zwar wie bisher Altersrente wegen Arbeitslosigkeit vorzeitig (ab dem 60. Lebensjahr; vgl. zur Anhebung auch dieser vorzeitigen Altersgrenze für die ab 1946 Geborenen KR-*Wolff* SozR Rz 41c) in Anspruch nehmen, muss aber erhebliche Rentenabschläge für die gesamte Rentenlaufzeit – für jeden Monat der vorzeitigen Inanspruchnahme 0,3 % – in Kauf nehmen. Das entspricht einem Abschlag von 18 %, wenn die Rente fünf Jahre vor dem maßgeblichen Rentenalter (65) in Anspruch genommen worden ist. Erforderlicher Beitrag zum Ausgleich der Rentenminderung ist für den Fall, dass der Arbeitnehmer 40 Jahre lang etwa Entgelte in Höhe des Durchschnittsentgelts erzielt hat, bei Vorverlegung des Rentenbeginns um nur 36 Monate ein Betrag von ca. 50.000 DM bzw. 25.000 €, bei Entgelten in Höhe der Beitragsbemessungsgrenze sogar ca. 83.000 DM bzw. 42.000 € (vgl. die Tabelle bei *Recht* NZS 1996, 552, 558).

Mit § 143a Abs. 1 S. 6 SGB III geht der Gesetzgeber von der Erwartung aus, dass bei Freisetzung älterer Arbeitnehmer, die bei vorzeitiger Inanspruchnahme einer Altersrente Rentenabschläge in Kauf nehmen müssen, der Betrieb durch **betriebliche oder tarifliche Regelungen** eine finanzielle Belastung dieser Arbeitnehmer durch **Übernahme der Beiträge** ausgleicht oder verringert (vgl. BR-Drucks. 208/96, S. 27). Geschieht dies, werden diese Ausgleichszahlungen nicht auf das Arbeitslosengeld angerechnet. Damit wird vermieden, dass sog. **Frühverrentungsprogramme** zu Lasten der Arbeitnehmer gehen. Die Regelung trifft vornehmlich die Geburtsjahrgänge ab 1937, die, wenn sie mit 60 Jahren die Altersrente wegen Arbeitslosigkeit in Anspruch nehmen wollen, Rentenabschläge in Kauf nehmen müssen (vgl. KR-*Wolff*, SozR Rz 41d, e). 25c

b) Ähnliche Ausgleichszahlungen

Entsprechendes gilt für Leistungen des Arbeitgebers zu einer berufsständischen Versorgungseinrichtung (§ 143a Abs. 1 S. 7 SGB III). Auch hier müssen die Leistungen des Arbeitgebers dazu dienen, Leistungsminderungen infolge vorzeitiger Inanspruchnahme der Versorgung auszugleichen oder zu mindern. 25d

Nicht als Entlassungsentschädigung zu berücksichtigen sind Leistungen, die – wie etwa die Anpassungshilfen in der Landwirtschaft – nicht auf Grund eines Arbeits- oder Beschäftigungsverhältnisses, sondern als öffentlich-rechtliche Strukturhilfe gezahlt werden (BT-Drucks. 13/4941, S. 239).

c) Leistungen zum Ausgleich abgefundener Ansprüche auf betriebliche Altersvorsorge

Anders als die unter a) und b) erfassten Ausgleichszahlungen bleiben Arbeitgeberleistungen, die nach Maßgabe des BetrAVG als **Abfindung** für eine **unverfallbare Anwartschaft auf betriebliche Altersvorsorge** gezahlt werden und aus denen nach § 187b SGB VI Beiträge zur Rentenversicherung gezahlt werden dürfen (vgl. KR-*Wolff* SozR Rz 41e), bei der Ruhensregelung nicht unberücksichtigt. § 143a Abs. 1 S. 6 nimmt ausdrücklich nur Bezug auf § 187a SGB VI, also auf Leistungen, die zum Ausgleich von Rentenminderungen wegen vorzeitiger Inanspruchnahme einer **gesetzlichen Altersrente** gewährt werden. Auch Satz 7 (s.o. Rz 25d) erfasst die genannten Leistungen nicht. 25e

6. Vorzeitige Beendigung des Arbeitsverhältnisses

Abfindungen führen nur dann zum Ruhen, wenn das Arbeitsverhältnis »**vorzeitig**« beendet worden ist, also zu einem Zeitpunkt, zu dem es nach Arbeitsrecht vom Arbeitgeber (noch) nicht ordentlich hätte beendet werden können oder sonst nicht geendet hätte. § 143a Abs. 1 SGB III betrifft nur die Verkürzung einer bestehenden (oder gesetzlich fingierten) Kündigungsfrist, weil nur dann die Vermutung gerechtfertigt ist, dass ein Teil der Abfindung Ausgleich für entgangenes Arbeitsentgelt ist. Demnach kann es nicht zu einem Ruhen kommen, wenn das Arbeitsverhältnis durch **wirksame ordentliche Kündigung**, mit **Auslaufen einer vorgesehenen Befristung** oder mit **wirksamer fristloser Kündigung** geendet hat. Denn bei Abfindungen, die bei wirksamer Beendigung des Arbeitsverhältnisses gewährt werden, greift die genannte Vermutung grds. nicht (vgl. aber Rz 32 und zu § 143a Abs. 1 S. 4 s.u. Rz 41 f.). 26

Von § 143a Abs. 1 SGB III erfasst werden mithin auch die Fälle, in denen nach einer **unbegründeten außerordentlichen Kündigung** des Arbeitgebers das Arbeitsverhältnis durch arbeitsgerichtliches Urteil zum **Zeitpunkt der Kündigung** (also vorzeitig) gegen Zahlung einer Abfindung gelöst worden ist (*BSG* 8.12.1987 SozR 4100 § 117 Nr. 21 mwN). Ist hier das Arbeitsverhältnis wegen Unzumutbarkeit der Fortsetzung zu dem Zeitpunkt aufzulösen, zu dem es bei begründeter außerordentlicher Kündigung geendet hätte (§ 13 Abs. 1 S. 3 iVm § 9 Abs. 2 KSchG), so ist in die in diesen Fällen festzusetzende Ab- 27 findung typischerweise das dem Arbeitnehmer in der Kündigungsfrist entgangene Arbeitsentgelt einbezogen (vgl. auch *BSG* 23.6.1981 BSGE 52, 47, 50 = SozR 4100 § 117 Nr. 7; KR-*Spilger* § 10 KSchG Rz 62 mwN).

Löst hingegen das ArbG das Arbeitsverhältnis wegen einer **sozialwidrigen ordentlichen Kündigung** auf, weil dem Arbeitnehmer die Fortsetzung **unzumutbar** ist (§ 9 Abs. 1 KSchG), so erfolgt dies zu dem Zeitpunkt, zu dem es bei sozial gerechtfertigter Kündigung geendet hätte. Die dem Arbeitnehmer in diesen Fällen zugesprochene Abfindung (§ 9 Abs. 1, § 10 KSchG) enthält folglich **keinen Arbeitsentgelt-Anteil**, sondern dient voll dem Ausgleich für den **Verlust des sozialen Besitzstandes**. Hier tritt **keine** vorzeitige Auflösung des Arbeitsverhältnisses ein, sodass eine Ruhenswirkung in Bezug auf einen anschließenden Arbeitslosengeldanspruch entfällt (*BSG* 8.12.1987 aaO).

7. Ordentliche Kündigungsfrist, Begriff, Dauer, Einhaltung

28 **Vorzeitig** ist das Ausscheiden nach § 143a Abs. 1 S. 1 SGB III dann, wenn bis zur Beendigung des Arbeitsverhältnisses eine der Dauer der **ordentlichen Kündigungsfrist des Arbeitgebers entsprechende Frist** nicht eingehalten worden ist. Diese Frist ist aber dann nicht maßgeblich, wenn die ordentliche Kündigung iSv S. 3 Nr. 1 und 2 ausgeschlossen oder iSv S. 4 nur »bei Zahlung einer Abfindung« möglich bzw. zulässig war. Denn dann treten an die Stelle der für den Arbeitgeber geltenden ordentlichen Kündigungsfrist die in S. 3 und 4 vorgesehenen fingierten Kündigungsfristen, bei deren Nichteinhaltung das Ausscheiden als »**vorzeitig**« erfolgt gilt (s.u. Rz 35 f.). Der Begriff der **ordentlichen Kündigungsfrist** ist im Gesetz nicht definiert. Gemeint ist damit die nach **arbeitsrechtlichen Regeln** für das betroffene Arbeitsverhältnis geltende Frist des Arbeitgebers, unabhängig davon, ob sie sich aus Arbeitsvertrag, Betriebsvereinbarung, Tarifvertrag oder Gesetz ergibt (vgl. dazu iE KR-*Spilger* § 622 BGB Rz 67 ff.). Zur insolvenzspezifischen Kündigungsfrist des § 113 S. 2 InsO s.o. Rz 22. Hingegen ist unerheblich, ob der **Arbeitnehmer** eine kürzere Kündigungsfrist oder gar ein Recht zur fristlosen Kündigung hatte (*BSG* 29.8.1991 SozR 3-4100 § 117 Nr. 6).

29 Zu den ordentlichen Kündigungsfristen wurden bis zum Erlass des AFKG auch solche Fristen gerechnet, die nach Tarifvertrag nur durch einen **Sozialplan, der eine Abfindung vorsieht**, eröffnet wurden (*BSG* 21.5.1980 BSGE 50, 121 = SozR 4100 § 117 Nr. 3). Durch das AFKG wurde das Ruhen mit Wirkung ab 1.1.1982 auch auf diese Fälle ausgedehnt (§ 117 Abs. 2 S. 4 AFG aF bzw. § 143a Abs. 1 S. 4 SGB III; s.u. Rz 41 f.).

30 Unerheblich für die Anwendung der Ruhensregelung (Abs. 1 S. 1) ist, ob überhaupt gekündigt worden ist, ob der Arbeitgeber oder der Arbeitnehmer gekündigt hat, ob – bei Kündigung des Arbeitgebers – die Kündigung sozial gerechtfertigt war, ob eine Kündigungsschutzklage Erfolg gehabt hätte und ob – bei Kündigung des Arbeitnehmers – ein Recht zur fristlosen Kündigung bestanden hat. Die Vorschrift unterscheidet nicht (mehr) danach, **aus welchem Grund** das Arbeitsverhältnis aufgelöst worden ist, wer gekündigt hat oder sonst die Initiative zur Auflösung ergriffen hat und ob die Voraussetzungen einer ordentlichen Kündigung gegeben waren. Entscheidend ist vielmehr nur, **ob der Zeitpunkt**, zu dem **letztlich das Arbeitsverhältnis beendet wurde, vor dem Zeitpunkt liegt**, zu dem es vom Arbeitgeber hätte **wirksam beendet werden können** oder sonst (zB infolge Befristung) geendet hätte (*BSG* 29.8.1991 SozR 3-4100 § 117 AFG Nr. 6).

31 § 143a Abs. 1 S. 2 SGB III stellt bzgl. des **Beginns** der jeweils maßgebenden ordentlichen Kündigungsfrist – neben dem Aufhebungsvertrag – auf die Kündigung ab, die der Beendigung des Arbeitsverhältnisses »**vorausgegangen**« ist. Die Frist beginnt mit dem **Tag der Kündigung**, falls eine solche erfolgt ist. Fehlt eine Kündigung, so ist der Tag des Abschlusses der **Vereinbarung über die Beendigung des Arbeitsverhältnisses** maßgeblicher Ausgangspunkt für die Berechnung der Frist. Unerheblich hierfür ist Art und Wirksamkeit der Kündigung und eine etwaige Kausalität zwischen Kündigung und später Auflösung des Arbeitsverhältnisses. Maßgeblich für die Berechnung der Kündigungsfrist ist allein der Tag der Kündigung oder der Auflösungsvereinbarung, der zeitlich der Beendigung des Arbeitsverhältnisses vorausgegangen ist. Die Beendigung muss nicht selbst in der Kündigung ihren Rechtsgrund haben; es genügt vielmehr, wenn sie **auslösender Tatbestand** einer Entwicklung war, die letztlich zur Beendigung des Arbeitsverhältnisses geführt hat.

Liegt sowohl eine Kündigung als auch ein Aufhebungsvertrag vor, bleibt dennoch **der Tag der Kündigung** für die Berechnung der Frist maßgebend, jedenfalls wenn sie »Anlass« für die Beendigung des Arbeitsverhältnisses war (*BSG* 8.6.1989 SozR 4100 § 117 Nr. 25). Das ist immer dann der Fall, wenn die Kündigung zu einem **Kündigungsschutzprozess** geführt hat, in dessen Verlauf dann das Arbeitsverhältnis beendet worden ist. Auf die Rechtmäßigkeit der Kündigung kann es nicht ankommen, was schon daraus folgt, dass auch eine rechtswidrige Kündigung zur Beendigung des Arbeitsverhältnisses führen kann, wenn sie nicht angefochten wird.

Bei Streit über die Dauer der Kündigungsfrist kann eine vergleichsweise Einigung der Parteien auf eine bestimmte Dauer nicht ohne weiteres für § 143a Abs. 1 SGB III bestimmend sein, weil damit auch eine Begrenzung der Lohnansprüche einhergeht. Maßgeblich ist vielmehr grds. die **arbeitsrechtlich »richtige« Kündigungsfrist**, die uU von der Arbeitsverwaltung und in Streitfällen von den Sozialgerichten ermittelt werden muss. Auch dann, wenn die Parteien irrtümlich von einer kürzeren als der »richtigen« Kündigungsfrist des Arbeitgebers ausgegangen sind, gilt für § 143a Abs. 1 SGB III die richtige (*BSG* 25.10.1989 SozR 4100 § 117 Nr. 26). 32

Aus Sätzen 1 und 2 des § 143a Abs. 1 SGB III kann nicht hergeleitet werden, dass das Ruhen stets dann entfällt, wenn bei einer Auflösung des Arbeitsverhältnisses die der ordentlichen Kündigungsfrist des Arbeitgebers »entsprechende« Frist eingehalten worden ist. Denn in Fällen, in denen die ordentliche Kündigung iSv S. 3 oder 4 des § 143a Abs. 1 SGB III **kraft Gesetzes oder Vertrages zeitlich unbegrenzt oder in zeitlich begrenztem Umfang ausgeschlossen ist**, gelten die dort vorgesehenen fingierten Kündigungsfristen, und zwar grds. auch dann, wenn bei Auflösung des Arbeitsverhältnisses die für den Arbeitgeber maßgebliche ordentliche Kündigungsfrist tatsächlich eingehalten worden ist (zu den fingierten Kündigungsfristen s.u. Rz 35 ff.). 33

8. Auslaufen befristeter Arbeitsverhältnisse

Das **Auslaufen eines befristeten Arbeitsvertrages** steht der ordentlichen Kündigung durch den Arbeitgeber gleich. Das folgt aus dem Grundgedanken des § 143a Abs. 1 SGB III und aus der Regelung des Abs. 2 S. 2 Nr. 2. Wie bei der ordentlichen Kündigung kommt es nicht auf die **Wirksamkeit der Befristung** an, wenn der Arbeitnehmer die Beendigung mit Fristablauf hinnimmt. Macht der Arbeitnehmer von einem vertraglich eingeräumten **Verlängerungsrecht keinen Gebrauch**, endet das Arbeitsverhältnis »ordentlich« durch Ablauf der Befristung, sodass für das Ruhen wegen einer Abfindung kein Raum mehr ist. Dies gilt allerdings nur für eine Befristung, die unabhängig von der Vereinbarung über die Beendigung des Arbeitsverhältnisses bestanden hat (§ 143a Abs. 2 Nr. 3). Eine erweiternde Auslegung des § 143a Abs. 1 SGB III auf die Fälle, in denen sich der Arbeitnehmer das Recht auf Verlängerung durch Abfindung hat »abkaufen« lassen, dürfte angesichts der auf Regelfälle zugeschnittenen Konstruktion des § 143a SGB III nicht in Betracht kommen. 34

9. Fingierte Kündigungsfristen

a) Arten, Bedeutung

Sätze 3 und 4 des § 143a Abs. 1 SGB III erfassen vier Gruppen von Arbeitnehmern, deren Arbeitsverhältnisse nicht (mehr) oder nur noch bei Vorliegen bestimmter Voraussetzungen ordentlich gekündigt werden können. 35

In derartigen Fällen hat der Gesetzgeber im Hinblick auf die Vermeidung des Doppelbezugs von Arbeitslosengeld und Arbeitsentgelt an Stelle fehlender ordentlicher Kündigungsfristen für den Arbeitgeber (arbeitsförderungsrechtlich) Kündigungsfristen **fingiert**, deren jeweilige Dauer nach der Intensität des erreichten Kündigungsschutzes gestaffelt ist und jeweils anzeigt, inwieweit das Arbeitsverhältnis bei Nichteinhaltung dieser (fingierten) Fristen als »vorzeitig« beendet gilt:

- Bei **»zeitlich unbegrenztem«** Ausschluss der ordentlichen Kündigung (zB auf Grund Tarifvertrages bei älteren Arbeitnehmern und/oder bei längerer Betriebszugehörigkeit) gilt eine fingierte Kündigungsfrist von **18 Monaten** (§ 143a Abs. 1 S. 3 Nr. 1 SGB III).
- Bei **zeitlich begrenztem Ausschluss** des Kündigungsrechts (zB während des Mutterschutzes nach § 9 MuSchG; während der Tätigkeit als Betriebsrat nach § 15 KSchG; bei schwerbehinderten Menschen nach § 85 SGB IX) gilt die Kündigungsfrist, die ohne den Ausschluss der ordentlichen Kündigung maßgebend gewesen wäre (§ 143a Abs. 1 S. 3 Nr. 2 Alt. 1 SGB III).
- Auch in Fällen, in denen bei **Ausschluss der ordentlichen Kündigung** die Voraussetzungen für eine **fristgebundene Kündigung aus wichtigem Grund** vorliegen, gilt ab 1.1.1993 die Kündigungsfrist, die ohne den Ausschluss der ordentlichen Kündigung maßgebend gewesen wäre (§ 117 Abs. 2 S. 3 Nr. 2 Alt. 2 AFG idF des Gesetzes v. 18.12.1992 BGBl. I S. 2044; jetzt § 143a Abs. 1 S. 3 Nr. 2 Alt. 2 SGB III; s.u. Rz 37 f.).

– Kann dem Arbeitnehmer nur bei **Zahlung einer Entlassungsentschädigung ordentlich gekündigt werden**, gilt eine fingierte Kündigungsfrist von **einem Jahr** (§ 143a Abs. 1 S. 4 SGB III; s.u. Rz 41 f.).

Werden diese fingierten Kündigungsfristen nicht eingehalten, ruht der Anspruch auf Arbeitslosengeld vom Ende des Arbeitsverhältnisses **längstens** bis zu dem Tag, an dem es bei Einhaltung dieser Fristen geendet hätte (vgl. zur Systematik der Regelung *BSG* 29.1.2001 BSGE 87, 250 = SozR 3-4100 § 117 AFG Nr. 22).

b) Beginn, Dauer

36 Für den **Beginn dieser Fristen** gilt in allen vier Fällen das oben unter Rz 31 Gesagte. Hinsichtlich der **Dauer** der fiktiven Kündigungsfristen hat sich der Gesetzgeber an der **abgestuften Verfestigung des Kündigungsschutzes** orientiert. Die Frist von 18 Monaten in Abs. 1 S. 3 Nr. 1 sei doppelt so lang bemessen worden wie die im Entwurf des Arbeitsgesetzbuches vorgesehene längste Kündigungsfrist, weil berücksichtigt worden sei, dass diese Arbeitnehmer einen außergewöhnlich starken Kündigungsschutz hätten und deshalb der in der Abfindung enthaltene Entgeltanteil besonders groß sei. Bei der Einjahresfrist des Abs. 1 S. 4 sei berücksichtigt worden, dass der Kündigungsschutz dieser Arbeitnehmer geringer als der Schutz derjenigen sei, die in keinem Fall ordentlich gekündigt werden könnten, jedoch stärker als bei Arbeitnehmern, denen auch ohne Zahlung einer Abfindung gekündigt werden könne (BT-Drucks. 8/857, S. 9).

c) Fristgebundene Kündigung aus wichtigem Grund

37 Bis 31.12.1992 war zweifelhaft, ob die 18-monatige fingierte Kündigungsfrist auch in Fällen galt, in denen bei zeitlich unbegrenzt ausgeschlossener Kündigung unter bestimmten Voraussetzungen eine **fristgebundene Kündigung aus wichtigem Grund möglich war**. Die mit Wirkung ab 1.1.1993 geltende Änderung des § 117 Abs. 2 S. 3 AFG, die in § 143a Abs. 1 S. 3 Nr. 2 Alt. 2 SGB III übernommen wurde, passt nunmehr diese Bestimmung an die **Rechtsprechung des BAG** an: Danach kann ein Arbeitnehmer, dessen ordentliche Kündigung zeitlich unbegrenzt ausgeschlossen ist, unter Einhaltung einer Frist außerordentlich gekündigt werden, wenn der Arbeitgeber den Arbeitnehmer nicht mehr beschäftigen kann (zB wegen Betriebsstilllegung) und die Weiterzahlung des Arbeitsentgelts zu einer unzumutbaren Belastung führen würde (*BAG* 28.3.1985 EzA § 626 BGB nF Nr. 96 = BAGE 48, 220, 226 = AP Nr. 86 zu § 626 BGB). In diesen Fällen ist nach der genannten Rechtsprechung die Frist einzuhalten, die **ohne den Ausschluss der ordentlichen Kündigung maßgebend gewesen wäre**. Anderenfalls würde der dem Arbeitnehmer zugedachte Schutz der Unkündbarkeit sich als Nachteil erweisen und er seinen Arbeitsplatz zu einem früheren Zeitpunkt verlieren als ein noch ordentlich kündbarer Arbeitnehmer, der auch in Fällen einer Betriebsstilllegung grds. eine Fortsetzung des Arbeitsverhältnisses bis zum Ablauf der Kündigungsfrist verlangen kann (*BAG* 28.3.1985 EzA § 626 BGB nF Nr. 96; *BSG* 12.12.1984 SozR 4100 § 117 Nr. 14 mwN; vgl. allg. zur Einhaltung einer Auslauffrist bei einer außerordentlichen Kündigung KR-*Fischermeier* § 626 BGB Rz 304 ff. mwN). Entsprechend der arbeitsrechtlichen Rechtslage ist die Dauer der fingierten Kündigungsfrist in diesen Fällen auf die Dauer der ordentlichen Kündigungsfrist bestimmt worden, § 143a Abs. 1 S. 3 Nr. 2 Alt. 2 SGB III.

38 Danach führt die einem unkündbaren Arbeitnehmer bei Betriebsstilllegung gewährte Abfindung **nicht zum Ruhen des Arbeitslosengeldes**, wenn das Arbeitsverhältnis zu einem Zeitpunkt beendet wird, zu dem es wegen Betriebsstilllegung mit ordentlicher Kündigungsfrist hätte gekündigt werden können (so bereits zum alten Recht: *LSG Stuttg.* 13.9.1988 SGb 1989, 582 mit zust. Anm. *Boecken* SGB 1989, 587 f. und von *Faupel* SozSich 1989, 309 f.; aA früher *BSG* 8.12.1987 EzA § 117 AFG Nr. 5; *BAG* 8.3.1985 EzA § 626 BGB nF Nr. 96 mit insoweit abl. Anm. von *Buchner* S. 456 f.).

39 Mit dieser Änderung ist zugleich den **verfassungsrechtlichen Bedenken des** BSG gegen die bis 31.12.1992 geltende Regelung Rechnung getragen worden. Dessen Vorlagebeschlüsse an das *BVerfG* v. 13.3.1990 (11 RAr 129/88 und 11 RAr 107/89 – NZA 1990, 917) sind gegenstandslos geworden.

40 Die Neuregelung ist **systemgerecht**, denn der Gesamtregelung des § 117 Abs. 2 und 3 AFG aF bzw. § 143a Abs. 1 und 2 SGB III lässt sich das **einschränkende Prinzip** entnehmen, dass ein Ruhen des Arbeitslosengeldes wegen einer gezahlten Abfindung von dem Tag an **entfällt**, von dem an der Arbeitgeber zur Beendigung des Arbeitsverhältnisses berechtigt war (ordentliche Kündigung, Ablauf einer Befristung, Recht zur fristlosen Kündigung). Kann der Arbeitgeber im konkreten Fall arbeitsrechtlich das Verhältnis einseitig ohne Abfindung zu einem bestimmten Zeitpunkt beenden (oder findet es ohnehin, zB durch Fristablauf, ein Ende), so kommt für die nachfolgende Zeit ein **Lohnanspruch** und da-

mit auch ein Ruhen des Arbeitslosengeldes wegen eines in der Abfindung enthaltenen Entgeltanteils nicht in Betracht. Dieser Systematik entspricht es, das Ruhen des Arbeitslosengeldes auf den Zeitraum zu begrenzen, zu dem der Arbeitgeber aus wichtigem Grund unter Einhaltung einer bestimmten Frist kündigen kann (vgl. zur Systematik des § 143a SGB III *BSG* 29.1.2001 BSGE 87, 250 = SozR 3-4100 § 117 AFG Nr. 22).

d) Ordentliche Kündigung nur bei Abfindung möglich

Eine fingierte **Kündigungsfrist von einem Jahr** ist nach § 143a Abs. 1 S. 4 SGB III anzusetzen, wenn dem Arbeitnehmer nur **bei Zahlung einer Entlassungsentschädigung** (Abfindung u.ä.) ordentlich gekündigt werden kann. Bis zur Einführung des Satzes 4 durch das AFKG wurden zu den ordentlichen Kündigungsfristen auch solche Fristen gerechnet, die nach dem Tarifvertrag nur noch bei Vorliegen eines für den betroffenen Arbeitnehmer geltenden Sozialplans eröffnet wurden, der für den Arbeitnehmer eine Abfindung vorsah; ein Ruhen nach § 117 Abs. 2 AFG wurde verneint (*BSG* 21.5.1980 BSGE 50, 121 = SozR 4100 § 117 Nr. 3). Der Gesetzgeber hat es bei dieser Rechtslage nicht belassen wollen und in Fällen der genannten Art Abfindungen in die Ruhensregelung einbeziehen wollen, wenn das Arbeitsverhältnis nicht ein Jahr vor seinem Ende gekündigt bzw. die Beendigung vereinbart worden ist (Einführung des Satzes 4 durch das AFKG v. 22.12.1981 BGBl. I S. 1497). Damit wollte der Gesetzgeber verhindern, dass Abreden über die vorzeitige Beendigung gegen Abfindung auf die Ebene der **Tarifverträge** verlagert werden, die eine ordentliche Kündigung zwar grds. ausschließen, aber zulassen, wenn ein Sozialplan besteht, der für den betroffenen Arbeitnehmer eine Abfindung vorsieht. Deshalb erfasst Satz 4 auch die Fälle, in denen ein an sich unkündbarer Arbeitnehmer nur bei Vorliegen eines für ihn geltenden **Sozialplans** ordentlich gekündigt werden kann (vgl. *BSG* 5.2.1998 SozR 3-4100 § 117 Nr. 15; 29.1.2001 BSGE 87, 250 = SozR 3-4100 § 117 AFG Nr. 22; 19.12.2001 SGb 2002, 280 = NZA 2002, 550). Dass die genannte Tarifklausel die ordentliche Kündigung auch dann zulässt, wenn der Sozialplan für den betroffenen Arbeitnehmer **keine Abfindung** vorsieht, bedeutet im Rahmen des Satzes 4 keine weitere (alternative) Kündigungsmöglichkeit, die die Anwendung dieser Regelung ausschlösse. Denn Satz 4 gebietet eine **fallbezogene Betrachtungsweise**: Es ist zu prüfen, ob **im konkreten Fall** die auf Grund des bestehenden Sozialplans (wieder) eröffnete Möglichkeit zur ordentlichen Kündigung nur »bei Abfindung« erfolgen konnte, weil eben der Sozialplan für den betroffenen Arbeitnehmer eine Abfindung vorsah. Die abstrakte Möglichkeit einer solchen Kündigung auch ohne Abfindung reicht nicht aus. Denn dann könnte Satz 4 bei Tarifregelungen der genannten Art nie zur Anwendung kommen bzw. liefe leer, obwohl im konkreten Fall von der Möglichkeit einer ordentlichen Kündigung ohne Abfindung kein Gebrauch gemacht werden konnte (so *BSG* 29.1.2001 aaO, mit im Wesentlichen zust. Anm. *Hase* AuB 2001, 187 und *Schirga* AiB 2001, 560; zur Kritik s.u. Rz 42).

Diese Rechtsprechung hat das BSG in weiteren Urteilen aus dem Jahr 2006 bestätigt: Die in einem Tarifvertrag vorgesehene (Wieder)Eröffnung der ordentlichen Kündbarkeit bei Vorliegen einer Betriebsänderung iSd § 111 BetrVG, die im konkreten Fall zur Vereinbarung eines nach § 111 BetrVG erzwingbaren Sozialplans führte, wurde vom Gericht unter § 143a Abs. 1 S. 4 SGB III subsumiert, weil dieser Fall sich nicht anders darstelle als der Fall der (Wieder)Eröffnung der ordentlichen Kündbarkeit bei Vorliegen eines Sozialplans (*BSG* 9.2.2006 – B 7 AL 22/05 R). Aus den gleichen Gründen wurde § 143a Abs. 1 S. 4 SGB III angewandt in einem Fall, in dem u.a. von den Tarifvertragsparteien, dem Arbeitgeber und den Betriebsräten eine Vereinbarung geschlossen worden war, durch die der bisherige Sonderkündigungsschutz für ältere Arbeitnehmer (Kündigung nur bei Vorliegen eines Sozialplans) aufgehoben und zum Ausgleich der Nachteile für die betroffenen Arbeitnehmer ein Sozialplan geschlossen worden war (*BSG* 9.2.2006 – B 7a/7 AL 48/05 R).

Die **Jahresfrist** gilt auch dann, wenn die nach Arbeitsrecht maßgebliche ordentliche Kündigungsfrist kürzer als ein Jahr ist. Sieht zB ein Tarifvertrag vor, dass Arbeitnehmer nach zehnjähriger Beschäftigung im Betrieb unkündbar sind, eröffnet er jedoch eine Kündigungsfrist von sechs Monaten, wenn ein Sozialplan mit Abfindung aufgestellt wird, so gilt die fiktive Jahresfrist.

Gegen diese Auslegung des Satzes 4 bzw. seine Anwendung auf ordentliche Kündigungen, die vom Vorliegen eines Sozialplans abhängig sind, sind **Bedenken**, auch solche **verfassungsrechtlicher Art**, geltend gemacht worden (vgl. *Gagel* NZS 2000, 327 f. und EWiR 2001, 741, ferner *Kreßel* SGb 2002, 391). Da der Sozialplan als Ordnungsinstrument des kollektiven Arbeitsrechts die soziale Abfederung der betrieblichen Umgestaltung in einem ausgewogenen Konzept ermögliche und einen gerechten Ausgleich auch im Verhältnis der Arbeitnehmer untereinander sicherstelle, dürfe die Abhängigkeit der ordentlichen Kündigung vom Abschluss eines Sozialplans nicht mit der Abhängigkeit der ordentlichen

§ 143a SGB III   Ruhen des Anspruchs bei Entlassungsentschädigung

Kündigung von einer Abfindungszahlung gleichgestellt werden und Satz 4 nicht – auch nicht analog – angewendet werden. Hier werde nicht an eine materielle Zusage angeknüpft bzw. an eine Absprache, die in typisierender Betrachtung Vereinbarungen zu Lasten der Versichertengemeinschaft enthalte und nicht Raum für **Manipulationen** durch Schaffung zusätzlicher Kündigungsmöglichkeiten gegen Geldausgleich geschaffen, sondern die notwendige Auswahlgerechtigkeit im kollektiven Bereich gesichert.

Dieser Auslegung, die § 143a Abs. 1 S. 4 SGB III vornehmlich unter dem Aspekt der Verhinderung von Manipulationen zu Lasten der Versichertengemeinschaft sieht, steht einerseits die Entstehungsgeschichte (s.o.), andererseits der Zweck der Gesamtregelung entgegen, die in erster Linie den **Doppelbezug von Arbeitsentgelt und Arbeitslosengeld** verhindern will. Mit § 143a Abs. 1 S. 4 SGB III geht der Gesetzgeber bei typisierender Betrachtung davon aus, dass eine ordentliche Kündigung, die nur (noch) bei einer Sozialplanabfindung zulässig ist, einer der ordentlichen Kündigungsfrist des Arbeitgebers entsprechenden Frist iSd Satz 1 **nicht gleichsteht**, sonst hätte er keine fingierte Kündigungsfrist vorgesehen. Mit den Sätzen 3 und 4 hat der Gesetzgeber vielmehr bewusst die Fälle erfassen wollen, in denen eine ordentliche Kündigungsfrist entweder zeitlich unbegrenzt oder zeitlich begrenzt ausgeschlossen oder nur noch begrenzt »bei Zahlung einer Abfindung« zulässig ist. In allen diesen Fällen wird mit der fingierten Kündigungsfrist typisierend unterstellt, dass die Kündigung »**vorzeitig**« erfolgt, sofern die fingierten Fristen nicht eingehalten worden sind, und eine gezahlte Abfindung Entgeltteile bis zum Ablauf der fingierten Kündigungsfrist enthält. Aus dieser Sicht enthält auch die **Abfindung aus Sozialplänen Entgeltteile**, die das Ruhen des Arbeitslosengeldes für die Zeit der fingierten Kündigungsfrist rechtfertigen. Durch den Sozialplan werden in der Masse der Fälle Abfindungsansprüche begründet, die bei älteren, grds. unkündbaren Arbeitnehmern eben doch zur Schaffung einer Kündigungsmöglichkeit mit Geldausgleich führen. Insoweit ist von der in Satz 4 erfassten Abhängigkeit der ordentlichen Kündigung von einer Abfindungszahlung ohne weiteres auch der Fall der Abhängigkeit der ordentlichen Kündigung vom Bestehen eines Sozialplans erfasst, wenn dieser Sozialplan im konkreten Fall eine Abfindung vorsieht (s.o. Rz 41).

Dass damit die von der Ruhenswirkung betroffenen älteren Arbeitnehmer **schlechter behandelt** werden als die generell ordentlich kündbaren (jüngeren) Arbeitnehmer, bei denen der Arbeitslosengeldanspruch bei Einhaltung dieser Frist nicht ruht, ist **nicht gleichheitswidrig**; denn der Gesetzgeber durfte bei typisierender Betrachtung davon ausgehen, dass bei grds. unkündbaren Arbeitnehmern, denen nur noch bei Vorliegen eines Sozialplans – mit Abfindung – ordentlich gekündigt werden kann, der Kündigungsschutz stärker ist als bei den jüngeren Arbeitnehmern, die ohnehin – auch ohne Zahlung einer Abfindung – hätten gekündigt werden können, und dass bei ersteren ein entsprechender Anteil der Abfindung – neben Abgeltung des sozialen Besitzstandes – Entgelt enthält. Die Regelung mag sozialpolitisch unbefriedigend sein, sie lässt sich aber nicht verfassungskonform dahin auslegen, Abfindungen aus Sozialplänen gänzlich vom Ruhen freizustellen.

42a   Allerdings hat das BSG in Fällen des § 143a Abs. 1 S. 4 SGB III (= § 117 Abs. 2 S. 4 AFG) aus verfassungsrechtlichen Gründen eine **teleologische Reduktion** der fingierten Kündigungsfrist von einem Jahr auf die Dauer der ordentlichen Kündigungsfrist in den Fällen befürwortet, in denen (ohne die Möglichkeit zur ordentlichen Kündigung bei Vorliegen eines Sozialplans) nach den Verhältnissen des konkreten Falles die Voraussetzungen für eine **fristgebundene Kündigung aus wichtigem Grund** (zB bei Betriebsstilllegung) vorgelegen hätten (s.o. Rz 37). Da sich die arbeitsrechtlichen Sachverhalte bei beiden Tatbeständen häufig überschneiden, wäre es unter Gleichbehandlungsgesichtspunkten nicht hinnehmbar, dass ein nur noch aus wichtigem Grund – wenn auch befristet – kündbarer Arbeitnehmer trotz höherem kündigungsrechtlichem Status hinsichtlich der Dauer der fingierten Kündigungsfrist besser gestellt wäre als ein noch – begrenzt – kündbarer Arbeitnehmer. Für diesen kann daher die fingierte Kündigungsfrist von einem Jahr auf die Dauer der ordentlichen Kündigungsfrist des Arbeitgebers begrenzt sein, wenn er – ohne die Eröffnung der Kündigung bei Vorliegen eines Sozialplans – auch fristgebunden aus wichtigem Grund hätte gekündigt werden können (*BSG* 29.1.2001 BSGE 87, 250 = SozR 3-4100 § 117 AFG Nr. 22; dazu krit. *Hase* AuB 2001, 187 und *Gagel* EWiR 2001, 741 f.).

III. Ruhenszeitraum, Dauer des Ruhens

1. Allgemeines

43   Während der **Dauer des Ruhenszeitraums** kann der Arbeitslose einen bestehenden Anspruch auf Arbeitslosengeld nicht durchsetzen (zur Ruhenswirkung vgl. KR-*Wolff* SozR Rz 53 und KR-*Wolff* § 143

SGB III Rz 7). Im Falle der Gleichwohlgewährung nach Abs. 4 geht ein für diesen Zeitraum bestehender Anspruch auf Entlassungsentschädigung in Höhe des gezahlten Arbeitslosengeldes auf die Arbeitsverwaltung über. Das ergibt sich aus § 143a Abs. 4 S. 1 SGB III, der die Entlassungsentschädigung dem Arbeitsentgelt iSd § 115 SGB X gleichstellt.

Der Ruhenszeitraum läuft **kalendermäßig** ab, und zwar ohne zeitliche Hemmung (zB durch eine Zwischenbeschäftigung oder eine Sperrzeit) und ohne Rücksicht darauf, ob und wann ein Anspruch auf Arbeitslosengeld entsteht bzw. die Zahlung beginnt (zur Anspruchsentstehung vgl. KR-*Wolff* SozR Rz 47a). Der Arbeitslose ist nicht verpflichtet, sich schon zum Ende des Arbeitsverhältnisses an arbeitslos zu melden. Auch wenn er sich erst später arbeitslos meldet und dadurch der Anspruch zur Entstehung gelangt, ruht dieser (bei Vorliegen der Voraussetzungen des § 143a Abs. 1 SGB III) erst von der **Arbeitslosmeldung** an für die Restdauer des für ihn maßgeblichen Ruhenszeitraums, also nur, soweit der Anspruch in den Ruhenszeitraum fällt (*BSG* 29.10.1986 SozR 4100 § 117 Nr. 17). Es liegt im Belieben des ausgeschiedenen Arbeitnehmers, wann er seinen Arbeitslosengeldanspruch geltend macht (vgl. § 118 Abs. 2 SGB III in der ab 1.1.2005 geltenden Fassung, § 323 Abs. 1 SGB III). Schiebt er seine Arbeitslosmeldung oder seinen Leistungsantrag bis auf die Zeit nach Ablauf des Ruhenszeitraums auf, so wird er von der Ruhenswirkung nicht betroffen; er erhält dann zwar während des Ruhenszeitraums kein Arbeitslosengeld, kann dieses dann aber vom Zeitpunkt der Arbeitslosmeldung an in voller Dauer beziehen, solange die Anspruchsvoraussetzungen (u.a. Arbeitslosigkeit) vorliegen. 44

Die Zeit, in der der Anspruch nach § 143a SGB III ruht, wird nicht auf die Anspruchsdauer des Arbeitslosengeldes angerechnet, zehrt diese also nicht auf (vgl. § 128 Abs. 1 Nr. 1 SGB III; die frühere Regelung des § 117a AFG, die etwas anderes vorsah, wurde nicht mehr in das SGB III übernommen). 45

Wird durch die Beendigung des Arbeitsverhältnisses ein Ruhenstatbestand nach § 143a und nach § 144 SGB III ausgelöst, so können sie gleichzeitig wirksam werden (zu den unterschiedlichen Rechtsfolgen vgl. KR-*Wolff* SozR Rz 55). 46

Der Ruhenszeitraum des § 143a SGB III verlängert sich stets um die Zeit, in der der Anspruch auf Arbeitslosengeld wegen einer Urlaubsabgeltung ruht (§ 143a Abs. 1 S. 5 SGB III iVm § 143 Abs. 2 SGB III; vgl. auch KR-*Wolff* § 143 SGB III Rz 28). Der davon zu unterscheidende Ruhenszeitraum des § 143 Abs. 1 SGB III betrifft die davor liegende Zeit zwischen (faktischem) Ende der Beschäftigung und dem Ende des Arbeitsverhältnisses. 47

2. Beginn des Ruhenszeitraums, Fälligkeit der Entlassungsentschädigung

Der Ruhenszeitraum beginnt stets mit dem **Ende des Arbeitsverhältnisses**, nicht etwa mit dem Zeitpunkt der vorhergehenden Kündigung oder dem Abschluss des Aufhebungsvertrages. 48

Mit dem Ende des Arbeitsverhältnisses ist der erste Tag nach dessen Ende gemeint; von diesem Tag an wird unterstellt, dass in der gezahlten Abfindung Arbeitsentgelt enthalten ist. Auf die Arbeitslosigkeit kommt es insoweit nicht an, sodass der Ruhenszeitraum auch dann mit dem Tage nach dem Ende des Arbeitsverhältnisses beginnt, wenn sich daran eine Zwischenbeschäftigung angeschlossen hat (*BSG* 29.10.1986 SozR 4100 § 117 Nr. 17).

Fälligkeit der Entlassungsentschädigung:

Da § 143a Abs. 1 S. 1 SGB III den Beginn des Ruhenszeitraums auf das Ende des Arbeitsverhältnisses festlegt, kommt es nicht darauf an, wann die Entlassungsentschädigung fällig wird, ob sie in einer Summe oder in Raten bzw. in Form einer rentenähnlichen Leistung gewährt wird. Das Gesetz geht vielmehr davon aus, dass alle Leistungen, die der Arbeitnehmer zu beanspruchen hat, bereits mit Beginn des Ruhenszeitraums **als geschuldet und fällig gelten**. Rentenähnliche Leistungen müssen kapitalisiert, dh ihr Kapitalwert muss durch Zusammenrechnung der geschuldeten Einzelleistungen ermittelt werden, ggf. unter Heranziehung von §§ 13, 14 des Bewertungsgesetzes (*BSG* 22.2.1984 SozR 4100 § 118 AFG Nr. 13; 3.3.1993 SozR 3-4100 § 117 AFG Nr. 10). Soweit der Arbeitnehmer die geschuldete Leistung mangels Fälligkeit tatsächlich noch nicht bzw. nur teilweise erhält, ist die Regelung über die Gleichwohlgewährung (§ 143a Abs. 4 S. 1 SGB III) entsprechend anzuwenden. Das Arbeitslosengeld wird dann entweder voll oder abzüglich der jeweils gezahlten Raten gewährt, wobei der Anspruch auf die erst später fällig werdenden Leistungen in Höhe des gezahlten Arbeitslosengeldes auf die BA übergeht (zur Problematik der Wirkungen von Teilauszahlungen von Abfindungen im System der Gleichwohlgewährung *Gagel* NZS 2002, 230, zugl. Anm. zu *BSG* 8.2.2001 SozR 3-4100 § 117 AFG Nr. 23). 48a

3. Ende des Ruhenszeitraums

49 Der Ruhenszeitraum endet im Normalfall **spätestens** mit dem Tag, an dem das Arbeitsverhältnis bei Einhaltung der der ordentlichen Kündigungsfrist des Arbeitgebers entsprechenden Frist geendet hätte. Ist die ordentliche Kündigung des Arbeitgebers ausgeschlossen oder beschränkt, endet der Ruhenszeitraum **spätestens** mit dem Tag, an dem das Arbeitsverhältnis bei Einhaltung der fingierten Kündigungsfristen geendet hätte (§ 143a Abs. 1 S. 3 und 4; s.o. Rz 35 aE).

Allerdings ist der Ruhenszeitraum nach Maßgabe des § 143a Abs. 2 SGB III **in mehrfacher Weise begrenzt** (s.u. Rz 50).

4. Begrenzungen des Ruhenszeitraums

a) Begrenzungsarten, Überblick

50 § 143a Abs. 1 und 2 SGB III enthalten – wie früher § 117 Abs. 2 und 3 AFG – für die Dauer des Ruhenszeitraums insgesamt **fünf unterschiedliche Begrenzungen,** von denen jeweils die für den Arbeitnehmer **günstigste** wirksam wird, dh diejenige, nach der das Ruhen des Arbeitslosengeldes **am frühesten** endet.

- Ende der ordentlichen (oder fingierten) Kündigungsfrist (Abs. 1 S. 1, 3 und 4; s.u. Rz 51),
- Auslaufen eines befristeten Arbeitsverhältnisses (Abs. 2 S. 2 Nr. 2; s.o. Rz 34),
- Begrenzung durch das Recht zur fristlosen Kündigung (Abs. 2 S. 2 Nr. 3; s.u. Rz 61),
- Begrenzung durch sozialen Anteil der Abfindung (Abs. 2 S. 2 Nr. 1 und S. 3; s.u. Rz 53 f.),
- Begrenzung auf längstens ein Jahr (Abs. 2 S. 1).

b) Ablauf der ordentlichen (oder fingierten) Kündigungsfrist

51 Wie sich aus § 143a Abs. 1 SGB III ergibt, kommt es zu einem Ruhen des Arbeitslosengeldanspruchs überhaupt nur dann, wenn das Arbeitsverhältnis »vorzeitig« beendet worden ist, also – bezogen auf den Tag der tatsächlichen Kündigung oder des gleichgestellten Aufhebungsereignisses – ohne Einhaltung einer der ordentlichen Kündigungsfrist des Arbeitgebers entsprechenden Frist (bzw. ohne Einhaltung der fingierten Kündigungsfristen, s.o. Rz 35) beendet worden ist. Spätestes Ende des Ruhenszeitraums ist dann das Ende der ordentlichen (oder fingierten) Kündigungsfristen. Nach Ablauf dieser Fristen scheidet ein Ruhen in jedem Fall aus, weil dann die Vermutung, dass in der Entlassungsentschädigung Arbeitsentgelt enthalten ist, nicht mehr begründet ist.

Das Ruhen kann aber vor diesem Zeitpunkt enden (s.u. Rz 52 f.).

c) Begrenzung des Ruhenszeitraums auf längstens ein Jahr (§ 143a Abs. 2 S. 1 SGB III)

52 Der Ruhenszeitraum endet **unabhängig** von der Länge der ordentlichen (oder fingierten) Kündigungsfrist **spätestens nach Ablauf eines Jahres** seit dem Tag der (vorzeitigen) Beendigung des Arbeitsverhältnisses. Liegt also der Zeitpunkt, zu dem ordentlich gekündigt werden kann, mehr als ein Jahr nach dem Ende des Arbeitsverhältnisses, so ruht das Arbeitslosengeld dennoch für **längstens ein Jahr.**

Diese Begrenzung ist insbes. für die Arbeitnehmer bedeutsam, bei denen die fingierte Kündigungsfrist 18 Monate beträgt (§ 143a Abs. 1 S. 3 Nr. 1 SGB III; s.o. Rz 35). Denn da die 18-Monatsfrist mit dem Zeitpunkt der Kündigung (bzw. dem gleichgestellten Aufhebungsereignis) beginnt, die Jahresfrist des Abs. 2 S. 1 hingegen mit dem Zeitpunkt der Beendigung des Arbeitsverhältnisses ansetzt, kann auch hier die Jahresfrist wirksam werden. Liegen etwa zwischen Kündigung und Ende des Arbeitsverhältnisses drei Monate, so beträgt der Ruhenszeitraum bei einer fingierten Kündigungsfrist von 18 Monaten 15 Monate (18 – 3), der auf zwölf Monate (ein Jahr) verkürzt wird.

d) Verkürzung des Ruhenszeitraums durch sozialen Anteil der Entlassungsentschädigung (§ 143a Abs. 2 S. 2 Nr. 1 und S. 3 SGB III)

aa) Allgemeines

53 Diese Regelung führt zu einer Verkürzung des Ruhenszeitraums in Fällen langer ordentlicher Kündigungsfristen oder Befristungen sowie bei kleineren Abfindungen.

Nach § 143a Abs. 2 S. 2 Nr. 1 SGB III gelten grds. nur noch **höchstens 60 % der Abfindung bzw. Entlassungsentschädigung** (bisher 70 %) als **arbeitsentgeltähnlicher** und damit auf das Arbeitslosengeld anrechenbarer **Betrag**. Dieser Regelung liegt die gesetzgeberische Vermutung zu Grunde, dass eine Abfindung in jedem Fall einen Anteil zur Entschädigung für den **Verlust des Arbeitsplatzes (sozialen Besitzstandes)** enthält. Dieser soziale Anteil wird pauschal auf **mindestens 40 %** (bisher 30 %) der Abfindung festgesetzt und damit dem Verlust des sozialen Besitzstandes eine größere Bedeutung als nach bisherigem Recht beigemessen. Dieser Mindestsatz von 40 % der Abfindung, der anrechnungsfrei bleibt und für dessen Berechnung immer der **Bruttobetrag** einschließlich aller vom Arbeitgeber noch zusätzlich entrichteten steuerlichen Abgaben maßgeblich ist, vergrößert sich je nach **Lebensalter und Dauer der Betriebszugehörigkeit** des Arbeitnehmers: Der soziale Anteil erhöht sich bei Arbeitnehmern mit einer Betriebszugehörigkeit von mehr als fünf Jahren und bei Arbeitnehmern, die das 40. Lebensjahr vollendet haben, um je 5 Prozentpunkte, und für jeden weiteren Zeitraum von fünf Jahren um weitere 5 Prozentpunkte bis auf insgesamt 75 % der Abfindung. Damit bleiben nach der gesetzlichen Regelung mindestens 40 %, aber höchstens 75 % der Abfindung »anrechnungsfrei«. Der zu berücksichtigende Teil der Abfindung beträgt höchstens 60 %, aber nicht weniger als 25 %.

bb) Maßgeblicher Prozentsatz der zu berücksichtigenden Entlassungsentschädigung

Der maßgebliche **Prozentsatz der Entlassungsentschädigung,** aus dem sich die zeitliche Begrenzung des Ruhenszeitraums errechnet, ergibt sich aus folgender Tabelle: 54

Dauer der Betriebs-zugehörigkeit (Jahre)	Lebensalter am Ende des Arbeitsverhältnisses					
	bis zum vollendeten 40. Lebensjahr	ab 40 Jahre	ab 45 Jahre	ab 50 Jahre	ab 55 Jahre	ab dem vollendeten 60. Lebensjahr
weniger als 5 Jahre	60 %	55 %	50 %	45 %	40 %	35 %
5 Jahre und mehr	55 %	45 %	45 %	40 %	35 %	30 %
10 Jahre und mehr	50 %	40 %	40 %	35 %	30 %	25 %
15 Jahre und mehr	45 %	35 %	35 %	30 %	25 %	25 %
20 Jahre und mehr	40 %	30 %	30 %	25 %	25 %	25 %
25 Jahre und mehr	35 %	25 %	25 %	25 %	25 %	25 %
30 Jahre und mehr		25 %	25 %	25 %	25 %	25 %
35 Jahre und mehr			25 %	25 %	25 %	25 %

Die Tabelle lässt erkennen, dass bei älteren Arbeitnehmern (ab 55 Jahren) und nach längerer Betriebszugehörigkeit (ab 15 Jahren) praktisch nur noch 25 % der Abfindung berücksichtigt werden, also 75 % anrechnungsfrei bleiben.

Maßgeblich für die Berechnung der **Betriebszugehörigkeit** oder des **Lebensalters** ist der Tag der **Beendigung des Arbeitsverhältnisses** (nicht etwa der Tag der Kündigung). 55

Als Zeiten der Betriebszugehörigkeit sind alle **Beschäftigungszeiten** bei demselben Arbeitgeber (auch in anderen Betrieben desselben Unternehmens oder Konzerns) zu berücksichtigen. Verschiedene Zeiträume bei demselben Arbeitgeber werden zusammengerechnet. Die Betriebszugehörigkeit wird durch einen Betriebsübergang nach § 613a BGB nicht unterbrochen (*Ammermüller* DB 1977, 2445, 2447).

Der Prozentsatz der zu berücksichtigenden Abfindung ist von deren Bruttobetrag zu bestimmen. Eine Regelung wie in § 140 SGB III aF, wonach die (den Freibetrag übersteigende) Abfindung erst »nach Abzug der Steuern« anzurechnen war, enthält § 143a SGB III nicht. Vielmehr ist der Bruttobetrag – einschließlich der vom Arbeitgeber noch zusätzlich zu entrichtenden Steuern – maßgeblich. Zur steuerlichen Behandlung von Abfindungen s.u. Rz 65. 56

cc) Bemessungsentgelt

Ist der maßgebliche Prozentsatz der Entlassungsentschädigung errechnet, so ist festzustellen, von welchem **Arbeitsentgelt** auszugehen ist. Maßgebend ist das Arbeitsentgelt der »**letzten Beschäftigungszeit**«, die in § 143a Abs. 2 S. 4 SGB III definiert ist. Das sind die am Tage vor dem Ende der tatsächlichen 57

Beschäftigung bereits **abgerechneten Entgeltabrechnungszeiträume der letzten zwölf Monate**. Diese müssen mindestens 150 Tage mit Anspruch auf Arbeitsentgelt enthalten; anderenfalls wird der Bemessungsrahmen des § 130 Abs. 1 S. 2 SGB III gem. dessen Abs. 3 auf zwei Jahre erweitert (beide Vorschriften in der ab 1.1.2005 geltenden Fassung durch das Dritte Gesetz für moderne Dienstleistungen am Arbeitsmarkt v. 23.12.2003 BGBl. I S. 2848; vgl. dazu KR-*Wolff* SozR Rz 47e). Das ergibt sich aus der Verweisung auf § 130 Abs. 3 SGB III nF. Maßgeblich ist daher im Allgemeinen das **gleiche Bemessungsentgelt, das der Berechnung des Arbeitslosengeldes zu Grunde liegt,** und kann daher aus dem Leistungsbescheid der Arbeitsverwaltung abgelesen werden.

Nicht berücksichtigt werden **Arbeitsentgeltkürzungen** infolge von **Krankheit, Kurzarbeit, Arbeitsausfall oder Arbeitsversäumnis** (§ 143a Abs. 2 S. 5 SGB III). Das heißt, das Arbeitsentgelt ist so zu berechnen, als wenn die Kürzungen nicht vorgenommen worden wären. Ebenfalls unberücksichtigt bleiben Zeiten, in denen der Arbeitslose Erziehungsgeld bezogen oder nur wegen der Berücksichtigung von Einkommen nicht bezogen hat oder ein Kind unter drei Jahren betreut und erzogen hat, wenn wegen der Betreuung und Erziehung des Kindes das Arbeitsentgelt oder die durchschnittliche wöchentliche Arbeitszeit gemindert war. Das ergibt sich aus der Verweisung auf § 130 Abs. 2 Nr. 3 SGB III nF, für die Zeit vor dem 1.1.2005 aus § 131 Abs. 2 Nr. 1 SGB III aF.

58 **Einmalig gezahltes Arbeitsentgelt**, das bis 31.12.2000 bei der Bestimmung des Arbeitsentgelts unberücksichtigt blieb, wird seit 1.1.2001 berücksichtigt (vgl. Art. I des Einmalzahlungs-Neuregelungsgesetzes v. 27.12.2000 BGBl. I S. 1971).

dd) Berechnungsbeispiel

59 Nach Umrechnung des in den letzten zwölf Monaten verdienten Arbeitsentgelts auf die in diesem Zeitraum liegenden Kalendertage ist zu bestimmen, in **welchem Zeitraum** der **festgestellte Prozentsatz der zu berücksichtigenden Abfindung** unter Zugrundelegung des kalendertäglichen Arbeitsentgelts verdient worden wäre.

Dazu folgendes Beispiel:

Ein 55 Jahre alter »unkündbarer« Arbeitnehmer schließt mit seinem Arbeitgeber nach 25 Jahren Betriebszugehörigkeit einen Aufhebungsvertrag zum 30.6.1999. Er hat im letzten Jahr monatlich 6.000 DM brutto verdient und erhält eine Abfindung von 60.000 DM. Von der Abfindung werden 25 % = 15.000 DM berücksichtigt (s. Tabelle). Das Arbeitslosengeld ruht höchstens ein Jahr lang, also bis 30.6.2000. Wird das im Bemessungszeitraum verdiente Entgelt auf die Kalendertage umgerechnet, so ergibt sich ein tägliches Entgelt von 200 DM (6.000 DM : 30 Tage). Demnach dauert es 75 Kalendertage, bis der Arbeitslose den zu berücksichtigenden Anteil seiner Abfindung verdient hätte (15.000 : 200 = 75). Da der frühere der beiden Endzeitpunkte maßgeblich ist, ruht das Arbeitslosengeld nur bis 13.9.1999 (75 Kalendertage ab 1.7.1999).

60 Effektiv entgehen dem Arbeitslosen durch die Anrechnung nicht maximal 60 % und mindestens 25 % der Abfindung, sondern lediglich das in der Zeit, in der der maßgebliche Prozentsatz verdient worden wäre, zustehende **Arbeitslosengeld**. Da dieses nur 67 % bzw. 60 % des Nettoentgelts beträgt (vgl. KR-*Wolff* SozR Rz 47 ff.), verliert der Arbeitslose durch die Anrechnung erheblich geringere Prozentsätze als 60 % bzw. 25 % der Abfindung (zur Berechnung des Betrages, den der Arbeitnehmer effektiv durch Anrechnung der Abfindung verliert, vgl. *Reinecke* BB 1981, 854, 857 f.).

Durch die Anrechnung der Abfindung auf das Arbeitslosengeld entgeht dem Arbeitslosen diese Leistung nur für **bestimmte Zeiträume**. Der ihm zustehende – zeitlich begrenzte – Anspruch wird durch das Ruhen nicht aufgezehrt, beginnt also nur später und ist dementsprechend später verbraucht, was vor allem bei längerer oder häufiger Arbeitslosigkeit von Bedeutung sein kann.

e) Begrenzung durch Ablauf eines befristeten Arbeitsverhältnisses (§ 143a Abs. 2 S. 2 Nr. 2 SGB III)

61 Nach § 143a Abs. 2 S. 2 Nr. 2 SGB III ruht der Anspruch auf Arbeitslosengeld nicht über den Tag hinaus, an dem das Arbeitsverhältnis infolge einer Befristung geendet hätte. Die Befristung muss allerdings unabhängig von der Vereinbarung über die Beendigung des Arbeitsverhältnisses bestanden haben. Aus dem Grundgedanken des § 143a Abs. 1 folgt bereits, dass das Auslaufen eines befristeten Arbeitsvertrages mit Fristende der Beendigung zum Ende der ordentlichen Kündigungsfrist entspricht. Es kommt – wie bei der ordentlichen Kündigung – auch nicht auf die Wirksamkeit der Befristung an,

wenn der Arbeitnehmer die Beendigung des Arbeitsverhältnisses mit Fristablauf hinnimmt und ggf. von einer Verlängerungsmöglichkeit keinen Gebrauch macht. Wird die Befristung erst im Zusammenhang mit einem Aufhebungsvertrag vereinbart, greift die Begrenzungsregelung des Abs. 2 S. 2 Nr. 2 SGB III nicht ein mit der Folge, dass es dann auf das Ende der ordentlichen bzw. fingierten Kündigungsfrist ankommt.

f) **Begrenzung durch das Recht zur fristlosen Kündigung (§ 143a Abs. 2 S. 2 Nr. 3 SGB III)**

Nach dieser Regelung ruht das Arbeitslosengeld nicht über den Tag hinaus, an dem der Arbeitgeber das Arbeitsverhältnis aus **wichtigem Grund fristlos hätte kündigen können.** Grundgedanke der Regelung ist die Überlegung, dass beim Vorliegen eines Rechts zur fristlosen Kündigung eine dennoch gezahlte Abfindung allein der **Entschädigung für** den **sozialen Besitzstand** dient (*BSG* 17.2.1981 SozR 4100 § 117 Nr. 5 mwN). Die streitige Frage, ob eine entsprechende Anwendung dieser Regelung auf die fristgebundene außerordentliche Kündigung möglich ist (verneinend *BSG* 12.12.1984 SozR 4100 § 117 Nr. 14), ist nach Änderung des § 117 AFG, wie sie jetzt in § 143a Abs. 1 S. 3 Nr. 2 Alt. 2 SGB III übernommen worden ist, gegenstandslos geworden (s.o. Rz 37).

Unbeachtlich ist, ob der Arbeitgeber von seinem **Recht zur fristlosen Kündigung Gebrauch gemacht hat.** Auch wenn er aus sozialen Gründen mit einer »sozialen Auslauffrist« außerordentlich gekündigt hat oder sich die Parteien nach fristloser Kündigung über die Beendigung des Arbeitsverhältnisses verständigt haben, bleibt es bei der Begrenzung des Ruhenszeitraums nach § 143a Abs. 2 S. 2 Nr. 3 SGB III. Denn der Arbeitgeber, der ohne Einhaltung einer Kündigungsfrist aus wichtigem Grund hätte kündigen können, schuldet kein Arbeitsentgelt, sodass in einer dennoch gezahlten Abfindung **kein Entgeltanteil zu vermuten ist.**

Ob ein Grund zur fristlosen Kündigung vor Vergleichsabschluss vorlag, ist – auch im Sozialrechtsbereich – stets **von Amts wegen** zu prüfen (*BSG* 17.2.1981 aaO). Es muss nach materiellem Recht ein Grund zur fristlosen Kündigung vorgelegen haben. Das zwingt die Sozialgerichte dazu, den **arbeitsgerichtlichen Prozess** über das Vorliegen eines Grundes zur fristlosen Kündigung **nachzuvollziehen.** Es genügt nicht etwa, dass die fristlose Kündigung wegen Nichterhebung oder Rücknahme einer Kündigungsschutzklage wirksam geworden ist. Vielmehr erstreckt sich § 143a Abs. 2 S. 2 Nr. 3 SGB III auch auf die Fälle, in denen eine fristlose Kündigung den arbeitsgerichtlichen Rechtsstreit ausgelöst hat und die Parteien sich dann auf ein späteres Ende des Arbeitsverhältnisses einigen, das vor Ablauf der ordentlichen Kündigungsfrist liegt (*BSG* 17.2.1981 aaO). In allen diesen Fällen einer fristlosen Kündigung ist also zu prüfen, ob sie **berechtigt** war.

g) **Steuerliche Behandlung der Entlassungsentschädigung**

Insoweit wird auf die Kommentierung von KR-*Vogt* §§ 3, 24, 34 EStG Rz 1 ff. verwiesen.

C. Ruhen bei Beendigung des Beschäftigungsverhältnisses, § 143a Abs. 3 SGB III

Nach dieser mit Wirkung ab 27.6.1993 in § 117 AFG als dessen Abs. 3a eingefügten Regelung, die in § 143a Abs. 3 SGB III übernommen worden ist, gelten die für die Beendigung des Arbeitsverhältnisses maßgeblichen Regelungen des Abs. 1 und Abs. 2 **entsprechend**, wenn der Arbeitslose wegen der **Beendigung des Beschäftigungsverhältnisses unter Aufrechterhaltung des Arbeitsverhältnisses** eine Entlassungsentschädigung erhalten oder zu beanspruchen hat. Damit wollte der Gesetzgeber auch diejenigen Arbeitslosen erfassen, deren **Arbeitsverhältnis** zwar **formal aufrechterhalten** wird, etwa um dem Arbeitslosen die Ansprüche aus einer betrieblichen Altersversorgung zu sichern, die aber aus dem **sozialversicherungsrechtlichen Beschäftigungsverhältnis** (dauerhaft) gegen Abfindung ausgeschieden sind. Die Interessenlage sei hier nicht anders als bei vorzeitiger Beendigung des Arbeitsverhältnisses zu beurteilen, weil mit der **Abfindung** auch hier Ansprüche auf Arbeitsentgelt abgegolten würden (vgl. Begr. zum Gesetzentwurf der Bundesregierung, BR-Drucks. 121/93, S. 245). Damit ist der Beendigung des Arbeitsverhältnisses die (dauerhafte) Beendigung des Beschäftigungsverhältnisses gleichgestellt und auch zugleich klargestellt worden, dass die Zahlung einer Abfindung auch dann zum Ruhen des Arbeitslosengeldes führt, wenn der Arbeitnehmer vorzeitig, dh ohne Einhaltung einer der Kündigungsfrist des Arbeitgebers entsprechenden Frist, aus dem **Beschäftigungsverhältnis** ausgeschieden ist, obwohl das Arbeitsverhältnis fortbesteht. Unter Beendigung des Beschäftigungsverhältnisses ist hier nicht iSd **leistungsrechtlichen Begriffs** in § 118 SGB III aF bzw. § 119 Abs. 1 Nr. 1 SGB III nF die faktische Einstellung der Arbeit gemeint (vgl. KR-*Wolff* SozR Rz 83), sondern die Beendigung des versicherungsrechtlichen Beschäftigungsverhältnisses, die im Regelfall mit der des Arbeitsverhältnisses übereinstimmt (zu dieser Unterscheidung und zur funktionsdifferenten Auslegung des Begriffs **Beschäftigungsverhältnis** vgl. BSG 26.11.1985 BSGE 59, 183, 185 f.; KR-*Wolff* SozR Rz 83 mwN, 88, 89). Ausnahmsweise kann es trotz Fortbestehen des Arbeitsverhältnisses als beendet angesehen werden, wenn zwischen Arbeitnehmer und Betrieb keinerlei Bindungen mehr bestehen und insbes. Leistungsansprüche, die üblicherweise Beschäftigten zugute kommen, nicht mehr aufrechterhalten werden. In solchen Fällen kann die Gewährung einer Abfindung ein Indiz dafür sein, dass das Beschäftigungsverhältnis auf Dauer beendet werden soll, obwohl das Arbeitsverhältnis (aus formalen Gründen) aufrecht erhalten bleibt. Hinsichtlich der Beendigung des Beschäftigungsverhältnisses kommt es nicht auf den **Inhalt der Erklärungen** von Arbeitnehmer und Arbeitgeber an, sondern auf die tatsächlichen Verhältnisse (vgl. KR-*Wolff* SozR Rz 83).

D. Gleichwohlgewährung nach § 143a Abs. 4 SGB III

67 Zu Bedeutung, Zweck und Wirkung der Gleichwohlgewährung und zum Erstattungsanspruch gegen den Arbeitslosen wird auf KR-*Wolff* § 143 SGB III Rz 29 ff. verwiesen.

§ 144 Ruhen des Anspruchs bei Sperrzeit. (1) ¹Hat der Arbeitnehmer sich versicherungswidrig verhalten, ohne dafür einen wichtigen Grund zu haben, ruht der Anspruch für die Dauer einer Sperrzeit. ²Versicherungswidriges Verhalten liegt vor, wenn

1. der Arbeitslose das Beschäftigungsverhältnis gelöst oder durch ein arbeitsvertragswidriges Verhalten Anlass für die Lösung des Beschäftigungsverhältnisses gegeben und dadurch vorsätzlich oder grob fahrlässig die Arbeitslosigkeit herbeigeführt hat (Sperrzeit bei Arbeitsaufgabe),
2. der bei der Agentur für Arbeit als arbeitsuchend gemeldete Arbeitnehmer (§ 37b) oder der Arbeitslose trotz Belehrung über die Rechtsfolgen eine von der Agentur für Arbeit unter Benennung des Arbeitgebers und der Art der Tätigkeit angebotene Beschäftigung nicht annimmt oder nicht antritt oder die Anbahnung eines solchen Beschäftigungsverhältnisses, insbesondere das Zustandekommen eines Vorstellungsgespräches, durch sein Verhalten verhindert (Sperrzeit bei Arbeitsablehnung),
3. der Arbeitslose trotz Belehrung über die Rechtsfolgen die von der Agentur für Arbeit geforderten Eigenbemühungen nicht nachweist (Sperrzeit bei unzureichenden Eigenbemühungen),
4. der Arbeitslose sich weigert, trotz Belehrung über die Rechtsfolgen an einer Maßnahme der Eignungsfeststellung, einer Trainingsmaßnahme oder einer Maßnahme zur beruflichen Ausbildung oder Weiterbildung oder einer Maßnahme zur Teilhabe am Arbeitsleben teilzunehmen (Sperrzeit bei Ablehnung einer beruflichen Eingliederungsmaßnahme),
5. der Arbeitslose die Teilnahme an einer in Nummer 4 genannten Maßnahme abbricht oder durch maßnahmewidriges Verhalten Anlass für den Ausschluss aus einer dieser Maßnahmen gibt (Sperrzeit bei Abbruch einer beruflichen Eingliederungsmaßnahme),
6. der Arbeitslose einer Aufforderung der Agentur für Arbeit, sich zu melden oder zu einem ärztlichen oder psychologischen Untersuchungstermin zu erscheinen (§ 309), trotz Belehrung über die Rechtsfolgen nicht nachkommt (Sperrzeit bei Meldeversäumnis),
7. der Arbeitslose seiner Meldepflicht nach § 37b nicht nachgekommen ist (Sperrzeit bei verspäteter Arbeitsuchendmeldung).

³Beschäftigungen iS des Satzes 2 Nr. 1 und 2 sind auch Arbeitsbeschaffungsmaßnahmen (§ 27 Abs. 3 Nr. 5). ⁴Der Arbeitnehmer hat die für die Beurteilung eines wichtigen Grundes maßgebenden Tatsachen darzulegen und nachzuweisen, wenn diese in seiner Sphäre oder in seinem Verantwortungsbereich liegen.
(2) ¹Die Sperrzeit beginnt mit dem Tag nach dem Ereignis, das die Sperrzeit begründet, oder, wenn dieser Tag in eine Sperrzeit fällt, mit dem Ende dieser Sperrzeit. ²Werden mehrere Sperrzeiten durch dasselbe Ereignis begründet, folgen sie in der Reihenfolge des Abs. 1 Satz 2 Nr. 1 bis 7 einander nach.
(3) Die Dauer der Sperrzeit bei Arbeitsaufgabe beträgt zwölf Wochen. Sie verkürzt sich
1. auf drei Wochen, wenn das Arbeitsverhältnis innerhalb von sechs Wochen nach dem Ereignis, das die Sperrzeit begründet, ohne eine Sperrzeit geendet hätte,
2. auf sechs Wochen, wenn

a) das Arbeitsverhältnis innerhalb von zwölf Wochen nach den Ereignis, das die Sperrzeit begründet, ohne eine Sperrzeit geendet hätte oder
b) eine Sperrzeit von zwölf Wochen für den Arbeitslosen nach den für den Eintritt der Sperrzeit maßgebenden Tatsachen eine besondere Härte bedeuten würde.

(4) ¹Die Dauer der Sperrzeit bei Arbeitsablehnung, bei Ablehnung einer beruflichen Eingliederungsmaßnahme oder bei Abbruch einer beruflichen Eingliederungsmaßnahme beträgt
1. drei Wochen
   a) im Falle des Abbruchs einer beruflichen Eingliederungsmaßnahme, wenn die Maßnahme innerhalb von sechs Wochen nach dem Ereignis, das die Sperrzeit begründet, ohne eine Sperrzeit geendet hätte,
   b) im Falle der Ablehnung einer Arbeit oder einer beruflichen Eingliederungsmaßnahme, wenn die Beschäftigung oder Maßnahme bis zu sechs Wochen befristet war oder
   c) im Falle der erstmaligen Ablehnung einer Arbeit oder beruflichen Eingliederungsmaßnahme oder des erstmaligen Abbruchs einer beruflichen Eingliederungsmaßnahme nach Entstehung des Anspruchs,
2. sechs Wochen
   a) im Falle des Abbruchs einer beruflichen Eingliederungsmaßnahme, wenn die Maßnahme innerhalb von zwölf Wochen nach dem Ereignis, das die Sperrzeit begründet, ohne eine Sperrzeit geendet hätte,
   b) im Falle der Ablehnung einer Arbeit oder einer beruflichen Eingliederungsmaßnahme, wenn die Beschäftigung oder Maßnahme bis zu zwölf Wochen befristet war oder
   c) im Falle der zweiten Ablehnung einer Arbeit oder beruflichen Eingliederungsmaßnahme oder des zweiten Abbruchs einer beruflichen Eingliederungsmaßnahme nach Entstehung des Anspruchs,
3. zwölf Wochen in den übrigen Fällen.
²Im Falle der Ablehnung einer Arbeit oder einer beruflichen Eingliederungsmaßnahme nach der Meldung zur frühzeitigen Arbeitssuche (§ 37b) im Zusammenhang mit der Entstehung des Anspruchs gilt Satz 1 entsprechend.
(5) Die Dauer einer Sperrzeit bei unzureichenden Eigenbemühungen beträgt zwei Wochen.
(6) Die Dauer einer Sperrzeit bei Meldeversäumnis oder bei verspäteter Arbeitsuchendmeldung beträgt eine Woche.

Literatur

– bis 2004 vgl. KR-Vorauflage –
Bauer/Krieger Das Ende der arbeitsgerichtlichen Beilegung von Kündigungsstreitigkeiten, NZA 2004, 640; *Besgen* Auswirkungen des neuen Abfindungsanspruchs auf das Arbeitsförderungsrecht, FA 2004, 173 ff.; *ders.* Nochmals: Abfindungsanspruch nach § 1a KSchG und Sperrzeit, FA 2004, 294 ff.; *Besgen/Giesen* Fallstricke des neuen gesetzlichen Abfindungsanspruchs, NJW 2004, 185 ff.; *Budeck/Sartorius* Eintritt von Sperrzeiten nach der Beendigung eines Beschäftigungsverhältnisses, ZAP 2004, Fach 17, 755 ff.; *dies.* Sperrzeit bei Abschluss eines Abwicklungsvertrages, ZAP 2004, Fach 17, 771 ff.; *Ebert* Die neue Abfindungsoption nach § 1a KSchG und Sperrzeiten nach § 144 SGB III, ArbRB 2004, 246 ff.; *Eicher* Die Sperrzeit für das Arbeitslosengeld bei Lösung des Beschäftigungsverhältnisses durch den Arbeitnehmer, SGb 2005, 553; *Gagel* Sperrzeitfragen bei arbeitsrechtlichen Vergleichen, NZA 2005, 1328 ff.; *ders.* Sperrzeit durch Abfindungsvertrag ZIP 2005, 332 ff.; *Henke* Ruhen bei Sperrzeit, in Eicher/Schlegel, SGB III, § 144; *Heuchemer/Insam* Keine Sperrzeit nach Freistellung im Aufhebungsvertrag, BB 2004, 1562 ff.; *Heuchemer/Insam* Keine Bevorzugung von Abwicklungsverträgen gegenüber Aufhebungsverträgen, BB 2004, 1679; *Hümmerich* Aufhebungs- und Abwicklungsvertrag in einem sich wandelnden Arbeitsrecht, NJW 2004, 2921 ff.; *Kern/Kreutzfeldt* Arbeitsrechtliche Abwicklungsverträge am Ende? NJW 2004, 3031 f.; *Knickenberg* Arbeitgeberkündigung und Abwicklungsvertrag, AuA 2004, 16 ff.; *Karasch* Die Entwicklung des Sperrzeitenrechts in der deutschen Arbeitslosenversicherung vom AVAVG 1927 bis zu den Gesetzen für moderne Dienstleistungen am Arbeitsmarkt 2005 – Eine rechtshistorische Betrachtung -, RdA 2005, 3 ff.; *Kramer* Sperrzeit als Hindernis für Beendigungsvereinbarungen, ArbuR 2004, 402 ff.; *Lilienfeld/Spellbrink* Für eine sperrzeitrechtliche Neubewertung des Abwicklungsvertrages im Lichte des § 1a KSchG, RdA 2005, 88 ff.; *Maties* Die sozialrechtlichen Folgen der Beendigung eines Arbeitsverhältnisses, NZS 2006, 77; *Otto* Die Verpflichtung des Arbeitnehmers zur frühzeitigen Arbeitssuche nach § 37b SGB III, NZS 2005, 288 ff.; *Paul/Steinau-Steinrück* § 1a KSchG – Die wichtigsten Anwendungsfragen, NJW-Spezial 2004, 225 ff.; *Peters-Lange/Gagel* Arbeitsförderungsrechtliche Konsequenzen aus § 1a KSchG, NZA 2005, 740 ff.; *Raab* Der Abfindungsanspruch gemäß § 1a KSchG, RdA 2005, 1 ff.; *Rambach* Aufhebungs-, Abwicklungsvertrag und Abfindung, AiB 2004, 26 ff.; *Rolfs* Die Lösung des Beschäftigungsverhältnisses als Voraussetzung der Sperrzeit wegen Arbeitsaufgabe, in: 50 Jahre Bundesarbeitsgericht, 2004, 445 ff.;

§ 144 SGB III

Schlegel Versicherungs- und Beitragspflicht bei Freistellung von der Arbeit, NZA 2005, 972 ff.; *Schuldt* Sperrzeit bei betrieblich veranlasster einvernehmlicher Auflösung des Arbeitsverhältnisses, NZA 2005, 861 ff.; *Schulz* Die Sperrzeit beim Bezug von Arbeitslosengeld, SGb 2005, 89 ff.; *Seel* Sperrzeit für Gesetzestreue? NZS 2006, 184; *Spellbrink* Ist die Beitragspflicht in der gesetzlichen Arbeitslosenversicherung verfassungsrechtlich noch zu rechtfertigen? JZ 2004, 538 ff; *Steinau-Steinrück/ Hurek* Aus für die sperrzeitneutrale Beendigung von Arbeitsverhältnissen, ZIP 2004, 1486 ff.; *Urmersbach* Fragen im Umgang mit der frühzeitigen Arbeitssuche gemäß § 37b SGB III, SGb 2004, 684; *Voelzke* Aktuelle Entwicklungen im Sperrzeitrecht, NZS 2005, 281 ff; *ders.* Anrechnung von Nebeneinkommen, Minderung, Ruhen und Erlöschen des Anspruchs, in Spellbrink/Eicher, Kasseler Handbuch des Arbeitsförderungsrechts, § 12; *ders.* Die Herbeiführung des Versicherungsfalls im Sozialversicherungsrecht, 2004, § 104 f.; *Weber* Sperrzeit bei Anschlussarbeitsverhältnis, AuB 2004, 97 ff.; *Wenner* Pflicht zur Lust auf Arbeit? SozSich 2004, 68 ff.; *Wilke* Eine empirische Analyse von Sanktionen für Arbeitslose in Westdeutschland während der 1980er und 1990er Jahre, ZAP 2004 (1), 45 ff.; *Winkelmann* Sozialplan und Leistungen des Arbeitsamtes im Lichte der aktuellen Gesetzgebung, AiB 2004, 23 ff.; *Wolff* Abwicklungsvereinbarung am Ende? – Konsequenzen der neuesten Rechtsprechung des BSG zur Sperrzeit für die Praxis, DStR 2005, 115 ff.; *Zieglmeier* Meldepflicht bei der Agentur für Arbeit bei Beendigung des unbefristeten Arbeitsverhältnisses nach § 37b SGB III, DB 2004, 1830 ff.

Inhaltsübersicht

	Rz
A. Allgemeines	1–3
I. Rechtsentwicklung	1–1g
II. Begriff und Wirkung der Sperrzeit	2
III. Zweck der Sperrzeit	3
B. Kündigungsrelevante Sperrzeittatbestände	4–21
I. Sperrzeit bei Arbeitsaufgabe, Unterfälle	5
1. Einseitige Lösung	6–9
a) des Beschäftigungsverhältnisses	6
b) des Arbeitsverhältnisses	7–8b
c) Sperrzeit und § 2 SGB III	9
2. Einvernehmliche Lösung	10–19
a) Allgemeines	10–13
b) Hinnehmen der Kündigung	14–16
c) Aktive Beteiligung des Arbeitnehmers an der Kündigung des Arbeitgebers, Fallgruppen	17-17c
d) Abwicklungsvertrag, Rechtsprechung des BSG	17d-17e
e) Lösung des Arbeitsverhältnisses nach § 1a KSchG	18-18d
f) Auflösungsvergleich im Kündigungsschutzprozess	19-19h
g) Sperrzeit und Freistellung des Arbeitnehmers	19i
3. Vertragswidriges Verhalten des Arbeitnehmers	20-21
C. Kausalität, Verschulden	22–31
1. Allgemeines	22–26
2. Verursachung geringfügiger Arbeitslosigkeit	27
4. Vorsätzliche oder grob fahrlässige Herbeiführung der Arbeitslosigkeit	28–31
D. Wichtiger Grund	32–49
1. Begriff, Bedeutung	32–33
2. Gründe aus dem Arbeitsverhältnis	34–38b
3. Sonstige berufliche und betriebliche Gründe	39–40

	Rz
4. Personalabbau	41–45
5. Gründe des persönlichen Lebensbereichs	46
6. Beabsichtigter Stellenwechsel, Obliegenheit zur Vermeidung von Arbeitslosigkeit	47
7. Beweis- und Feststellungslast	48
8. Wichtiger Grund und Härtefall	49
E. Beginn der Sperrzeit, Kalendermäßiger Ablauf	50–54a
1. Beginn	50
2. Kalendermäßiger Ablauf	51–54a
F. Dauer der Sperrzeit, Härteregelungen	55–60
1. Regeldauer	56
2. Verkürzung bei geringfügiger Arbeitslosigkeit	57–59
3. Verkürzung bei besonderer Härte	60
G. Rechtsfolgen der Sperrzeit	61–65
1. Allgemeines	61
2. Ruhen des Anspruchs	62
3. Minderung der Anspruchsdauer	63
4. Wegfall der Minderung	64
5. Erlöschen des Anspruchs	65
H. Sperrzeit und Kündigungsschutzprozess	66–67
I. Bindung der Sozialgerichte an arbeitsgerichtliche Entscheidungen	68
J. Sperrzeit bei verspäteter Arbeitsuchendmeldung	69–86
1. Allgemeines	69
a) Regelungszweck	70
b) Korrespondierende Regelungen, § 2 SGB III	71
2. Frühzeitige Meldepflicht nach § 37b SGB III nF	72–85
a) Meldepflichtiger Personenkreis, Ausnahmen	72–73
b) Einschränkende Anwendung des § 37b SGB III	74
c) Entstehen der Meldepflicht	75–77
d) Kenntnis des Beendigungszeitpunkts	78–79

	Rz		Rz
e) Schuldlos verspätete Meldung	80-83	K. Sperrzeit wegen Arbeitsablehnung eines Arbeitsuchenden, § 144 Abs. 1 S. 2 Nr. 2 SGB III	87-88
f) Art der Meldung, Abgrenzung von der Arbeitslosmeldung	84-85		
3. Folgen der verspäteten Meldung, Sperrzeit	86	L. Sperrzeit bei unzureichenden Eigenbemühungen	89

A. Allgemeines

I. Rechtsentwicklung

Die unter der Geltung des AFG maßgebende Regelung über die Sperrzeit (§§ 119, 119a AFG), die in ihren Grundstrukturen bereits seit 1927 im Gesetz angelegt war, ist im Wesentlichen durch das AFRG übernommen und am 1.1.1998 als § 144 SGB III in Kraft getreten. Hinsichtlich der Tatbestände, bei deren Eintritt der Anspruch auf Arbeitslosengeld wegen einer Sperrzeit ruht, entspricht die Regelung im Grundsatz dem früheren § 119 AFG, ist aber inzwischen mehrfach geändert und erweitert worden (s.u. Rz 1a bis g). Neu war u.a., dass die Regelsperrzeit nunmehr – ohne die noch in § 119a enthaltene zeitliche Begrenzung der Geltungsdauer der Norm – einheitlich auf zwölf Wochen festgesetzt wurde. Dementsprechend ist auch die verkürzte Sperrzeit des Abs. 3 von zwei auf drei Wochen angehoben worden (vgl. dazu näher Rz 57 f.). Geändert bzw. modifiziert wurde auch das früher in § 119 Abs. 3 AFG geregelte Erlöschen des Anspruchs bei einer weiteren Sperrzeit in § 147 Abs. 1 Nr. 2 SGB III, wonach es ausreichte, wenn nach der Entstehung des Anspruchs Sperrzeiten von insgesamt 24 Wochen eingetreten sind (vgl. Rz 64).

Durch das Job-AQTIV-Gesetz v. 14.12.2001 (BGBl. I S. 3443) ist § 144 Abs. 1 SGB III erweitert worden um die Einbeziehung der Verhinderung der Anbahnung eines Beschäftigungsverhältnisses in Nr. 2 und der Maßnahmen der Eignungsfeststellung in Nr. 3.

Durch das Erste Gesetz für moderne Dienstleistungen am Arbeitsmarkt v. 23.12.2002 (BGBl. I S. 4607) ist die Norm mit Wirkung ab 1.1.2003 erneut geändert und insbes. um Abs. 1 S. 2 erweitert worden, wonach der Arbeitnehmer die für den wichtigen Grund maßgebenden Tatsachen darzulegen und nachzuweisen hat, wenn diese in seiner Sphäre oder seinem Verantwortungsbereich liegen (vgl. Rz 48). Auch die bisherige »Härteregelung« in Abs. 3 ist geändert worden: Abs. 3 betrifft jetzt nur noch die **Sperrzeit wegen Arbeitsaufgabe**, die im Regelfall zwölf Wochen umfasst, und ordnet die Verkürzung der Sperrzeit bei Verursachung von Arbeitslosigkeit von geringerer Dauer bzw. bei besonderer Härte neu (s.u. Rz 57 f.). Für die übrigen Sperrzeitfälle, insbes. bei Arbeitsablehnung, gilt an Stelle des früheren Abs. 3 der neu angefügte Abs. 4, wonach die Dauer der Sperrzeit differenziert gestaffelt auf drei, sechs oder zwölf Wochen festgesetzt ist. Eine allg. Härteregelung gibt es nur noch bei Sperrzeiten wegen Arbeitsaufgabe (s.u. Rz 55 f., 60).

Die Neuregelung ist nur auf Sperrzeitereignisse nach dem 31.12.2002 anzuwenden (§ 434g Abs. 2 SGB III).

Durch das Dritte Gesetz für moderne Dienstleistungen am Arbeitsmarkt v. 23.12.2003 (BGBl. I S. 2848) ist § 144 SGB III mit Wirkung ab 1.1.2005 erneut geändert und dabei die Vorschriften zur Risikobegrenzung der Arbeitslosenversicherung mit strukturell einheitlicher Rechtsfolge – der Sperrzeit – **in einer Norm** zusammengefasst worden. Neu ist zunächst der **Obersatz** in Abs. 1 S. 1, wonach die folgenden Sperrzeittatbestände übergreifend als »versicherungswidriges Verhalten« qualifiziert werden. Damit wird der Charakter der Verhaltensanforderungen als **versicherungsrechtliche Obliegenheiten** (s.u. Rz 4) betont. Die Menge der mit Sanktionen belegten versicherungswidrigen Verhaltensweisen ist deutlich erhöht worden. Neben die bisherigen Sperrzeiten tritt die neue Sperrzeit bei **unzureichenden Eigenbemühungen** und die Sperrzeit bei **Versäumung eines Meldetermins**. Die Sperrzeit bei **Arbeitsablehnung** schließt künftig auch Sachverhalte ein, in denen ein arbeitsuchend gemeldeter Arbeitsloser (§ 37b SGB III) ein Arbeitsangebot für einen Zeitpunkt nach Eintritt der Arbeitslosigkeit ablehnt. Eine solche Sperrzeit kann jetzt bereits in der Zeit vor Beginn der Arbeitslosigkeit eintreten, weil die neu geschaffene Obliegenheit zur frühzeitigen Meldung (§ 37b) voraussetzt, dass der Arbeitnehmer schon im Zeitpunkt nach der Meldung und vor Entstehung des Arbeitslosengeldanspruchs gehalten ist, Vermittlungsangebote entgegen zu nehmen (vgl. Rz 87). Hinsichtlich der Sperrzeit wegen Arbeitsaufgabe hat sich gegenüber dem bisherigen Recht nichts Wesentliches geändert.

1d Durch Gesetz vom 30.7.2004 (BGBl. I S. 2014) wurde ab 1.1.2005 in § 144 Abs. 1 ein neuer Satz 3 eingefügt, wonach Beschäftigungen iSd Satzes 2 Nrn. 1 und 2 auch Arbeitsbeschaffungsmaßnahmen (§ 27 Abs. 3 Nr. 5) sind.

1e Durch Gesetz vom 19.11.2004 (BGBl. I, S. 2902) wurde ab 1.1.2005 in Abs. 4 ein neuer Satz 2 eingefügt, der die Ablehnung einer Arbeit oder einer beruflichen Eingliederungsmaßnahme in der Zeit nach der frühzeitigen Meldung zur Arbeitsuche (§ 37b) und vor der Entstehung des Anspruchs betrifft (vgl. Rz 88).

1f Neu eingefügt wurde ab 31.12.2005 in Abs. 1 S. 2 als Nr. 7 die **Sperrzeit wegen verspäteter Arbeitsuchendmeldung**, die an die Stelle der bisherigen Minderung des Arbeitslosengeldes wegen verspäteter Meldung nach § 140 SGB III aF getreten ist (vgl. die Kommentierung ab Rz 69). Die Regelung über die frühzeitige Arbeitsuche in § 37b SGB III ist ebenfalls erheblich geändert worden. Beide Neuregelungen sind am 31.12.2005 in Kraft getreten (Art. 6 Abs. 1 des Fünften SGB III-ÄndG v. 22.12.2005 BGBl. I S. 3676). Jedoch bleibt § 140 SGB III in der bis 30.12.2005 geltenden Fassung weiterhin anzuwenden, wenn sich die Pflicht zur frühzeitigen Arbeitsuchendmeldung nach der bis 30.12.2005 geltenden Rechtslage richtet (§ 434m SGB III). Es kommt deshalb darauf an, ob das die Meldepflicht auslösende Ereignis bis zum 30.12.2005 (altes Recht) oder ab dem 31.12.2005, dem Tag des Inkrafttretens des Gesetzes, eingetreten ist. Neues Recht ist anzuwenden, wenn bei Beendigung unbefristeter Arbeitsverhältnisse die Kenntnis vom Beendigungszeitpunkt (zB Kündigung, Aufhebungsvertrag) ab dem 31.12.2005 eingetreten ist. Bei befristeten Arbeitsverträgen ist neues Recht anzuwenden, wenn der Vertrag ab dem 31.12.2005 geschlossen worden ist (*Hoehl* NZS 2006, 289).

1g **Arbeitslosengeld II, anzuwendendes Recht:**
Die Sperrzeitregelung gilt unmittelbar nur für das Arbeitslosengeld (und die frühere Arbeitslosenhilfe), nicht aber für das Arbeitslosengeld II, das ab 1.1.2005 an die Stelle der Arbeitslosenhilfe getreten und im SGB II geregelt ist (vgl. KR-*Wolff* SozR Rz 50 f.). Eine **entsprechende Anwendung** des § 144 SGB III ist dort nicht vorgesehen. Vielmehr ist im SGB II an die Stelle der Sperrzeit eine differenzierende Regelung über **Absenkung und Wegfall** des Arbeitslosengeldes II getreten (vgl. § 31 SGB II idF des Gesetzes v. 20.7.2006 BGBl. I S. 1706).

Die Regelung in § 31 SGB II erfasst auch die Fälle, in denen ein arbeitsloser Arbeitslosengeldbezieher in Folge Sperrzeit bedürftig wird. Er kann während der Sperrzeit bei Bedürftigkeit (nur) abgesenktes Arbeitslosengeld II nach § 31 Abs. 4 Nr. 3 erhalten, wenn sein Anspruch auf Arbeitslosengeld ruht oder erloschen ist, weil die AfA den Eintritt einer Sperrzeit oder das Erlöschen des Anspruchs nach dem SGB III festgestellt hat (a), oder wenn er die im SGB III genannten Voraussetzungen für den Eintritt einer Sperrzeit erfüllt, die das Ruhen oder Erlöschen eines Anspruchs auf Arbeitslosengeld begründet (b). Im letztgenannten Fall hat der zuständige Träger des Arbeitslosengeldes II selbst zu entscheiden, ob die Sperrzeit- bzw. die Erlöschensvoraussetzungen erfüllt sind, während sich die Rechtsfolgen für das Arbeitslosengeld II aus § 31 Abs. 1 bis 3 ergeben. Absenkung und Wegfall des Alg II treten mit Beginn der Sperrzeit oder mit dem Erlöschen des Anspruchs nach dem SGB III ein (Abs. 6 S. 1).

II. Begriff und Wirkung der Sperrzeit

2 Die **Sperrzeit** ist eine besondere Einrichtung des Arbeitsförderungsrechts, die in anderen Bereichen des Sozialrechts keine Parallele hat. Sie wird durch bestimmte, in § 144 SGB III (früher §§ 119, 119a AFG) genannte Tatbestände ausgelöst und läuft unabhängig davon ab, ob und wann ein Leistungsanspruch entsteht bzw. der Arbeitslose seinen Anspruch geltend macht. Sie läuft mit dem Eintritt des Sperrzeitereignisses **kalendermäßig** ab. Die frühere Koppelung an den Leistungsanspruch ist bewusst aufgegeben worden (s.u. Rz 51). Bedeutsamste Wirkung der Sperrzeit ist das **Ruhen** des Leistungsanspruchs, soweit er auf Tage der Sperrzeit entfällt (s.u. Rz 62 und KR-*Wolff* SozR Rz 53). Weitere Wirkungen sind die Minderung der Anspruchsdauer (s.u. Rz 63) und das Erlöschen des gesamten Anspruchs, wenn der Arbeitslose Anlass für den Eintritt von Sperrzeiten von insgesamt mindestens 21 Wochen gegeben hat (s.u. Rz 65). Weitere Folgen der Sperrzeit sind der Wegfall des Kranken- und Pflegeversicherungsschutzes während des ersten Monats der Sperrzeit (vgl. KR-*Wolff* SozR Rz 57), ferner bestimmte Folgen für die Rentenversicherung, wonach beim Wegfall der Leistungspflicht der Arbeitsverwaltung infolge Sperrzeit keine Beitragszeiten erworben werden (vgl. KR-*Wolff* SozR Rz 58, 27 f.).

III. Zweck der Sperrzeit

Die Sperrzeit hat weder einen erzieherischen Zweck, noch ist sie als Strafe für den Arbeitslosen anzusehen (vgl. Begr. der BReg. zum Entwurf des AFG, BT-Drs. V/2291, S. 83); vielmehr beruht die Sperrzeit auf der Erwägung, dass die Versichertengemeinschaft (bei der Arbeitslosenhilfe die Allgemeinheit) gegen **Risikofälle geschützt** werden muss, deren Eintritt der Betroffene selbst zu vertreten hat oder an deren Behebung er unbegründet nicht mithilft (*BSG* 19.3.1986 BSGE 60, 50, 51 mwN = SozR 4100 § 119 Nr. 27; 28.6.1991 BSGE 69, 108 = SozR 3-4100 § 119 Nr. 6 = EzA § 119 AFG Nr. 22). Die Abwehr solcher Risiken legt letztlich das **versicherte Risiko** fest: Bestimmte Verhaltensweisen werden von vornherein typisierend mit einer Einschränkung der Versicherungsleistung belastet. Es handelt sich also nicht um eine Form von **Schadenersatz** für die unberechtigte Inanspruchnahme der Leistung, denn die Sperrzeit tritt in der jeweils angeordneten Länge auch dann ein, wenn die verursachte Arbeitslosigkeit von kürzerer Dauer war (vgl. *BSG* 5.8.1999 – B 7 AL 4/99 R – und zuletzt *BSG* 5.2.2004 – B 11 AL 31/03 R – NZS 2005, 219 = SozR 3-4300 § 144 Nr. 7; vgl. auch Rz 27). Der Eintritt einer Sperrzeit ist also nicht von der Verursachung einer Arbeitslosigkeit von bestimmter Mindestdauer abhängig. Auch der Vergleich mit einer **Vertragsstrafe** trifft nicht zu, weil die Sperrzeit nicht den Zweck hat, den Arbeitslosen zu ordnungsgemäßem Verhalten anzuhalten. Allerdings lässt sich auch bei objektiver Betrachtung der Sperrzeit ein **erzieherischer (Begleit-)Effekt** nicht verneinen. Gleichwohl darf diese – wenn auch gewollte – Nebenfolge bei der Auslegung nicht zum Zweck erklärt und daraus Folgerungen gezogen werden, die dem eigentlichen Zweck widersprechen (*Winkler* in *Gagel* SGB III § 144 Rz 30). Entscheidend bleibt, ob dem Arbeitslosen **objektiv** – unter Beachtung der Umstände des Einzelfalles – **ein anderes Verhalten zugemutet werden konnte** (vgl. zu Zweck und verfassungsrechtlichem Rahmen der Sperrzeit *Winkler* in *Gagel* SGB III § 144 Rz 22 ff., 26, 27). Dabei wird insbes. hinsichtlich des Vorliegens eines wichtigen Grundes, der die Sperrzeit ausschließt, eine Abwägung zwischen den Interessen des Versicherten und den Interessen der Versichertengemeinschaft für erforderlich gehalten (*BSG* 19.6.1979 SozR 4100 § 119 AFG Nr. 9). Die zu § 119 AFG entwickelten Grundsätze gelten auch für das SGB III.

B. Kündigungsrelevante Sperrzeittatbestände

Nach § 144 SGB III (in der seit 31.12.2005 geltenden Fassung) ruht der Anspruch auf Arbeitslosengeld für die Dauer einer Sperrzeit, wenn sich der Arbeitnehmer ohne wichtigen Grund **versicherungswidrig verhalten hat**. Mit der Qualifizierung als »versicherungswidriges Verhalten« hat der Gesetzgeber alle Sperrzeitfälle als sog. **Obliegenheitsverletzungen** angesehen. Obliegenheiten unterscheiden sich von Rechtspflichten dadurch, dass es sich um nicht durchsetzbare Nebenpflichten handelt, deren Nichteinhaltung leistungsrechtliche Nachteile zur Folge hat (näher dazu *Voelzke* NZS 2005, 281 ff.). In Abs. 1 S. 2 Nr. 1 bis 7 sind sieben verschiedene Tatbestände versicherungswidrigen Verhaltens aufgeführt, von denen für die hier interessierende Kündigung bzw. den Kündigungsschutzprozess in erster Linie die **Sperrzeit bei Arbeitsaufgabe** (s.u. Rz 5 ff.) und neuerdings die Sperrzeit bei verspäteter Arbeitsuchendmeldung (s.u. Rz 69 ff.) von Bedeutung sind. Die Kommentierung beschränkt sich im Wesentlichen auf diese Tatbestände, die mit der Kündigung bzw. der Beendigung von Arbeits-/Beschäftigungsverhältnissen in engem Zusammenhang stehen.

I. Sperrzeit bei Arbeitsaufgabe, Unterfälle

§ 144 Abs. 1 S. 2 Nr. 1 SGB III erfasst die Herbeiführung der Arbeitslosigkeit durch

- einseitige Lösung des Beschäftigungsverhältnisses durch den Arbeitnehmer,
- einvernehmliche Lösung durch Auflösungsvertrag mit dem Arbeitgeber,
- Verlust der Arbeit durch Kündigung des Arbeitgebers wegen vertragswidrigen Verhaltens des Arbeitnehmers.

1. Einseitige Lösung

a) des Beschäftigungsverhältnisses durch den Arbeitslosen

Da der Gesetzgeber seit 1989 bei der Sperrzeit wegen Arbeitsaufgabe ausdrücklich auf die Lösung des **Beschäftigungsverhältnisses**, nicht aber des **Arbeitsverhältnisses** abstellt (vgl. auch KR-*Wolff* SozR Rz 7 ff.), kann der Arbeitnehmer eine Lösung des Beschäftigungsverhältnisses auch herbeiführen, ohne bereits das Arbeitsverhältnis zu lösen, u.a. durch Niederlegung der Arbeit, Fernbleiben von der

Arbeit, Verweigerung der Arbeitsleistung. Er ist **faktisch beschäftigungslos** und damit arbeitslos (im leistungsrechtlichen Sinne), wenn er die Arbeit bzw. seine Dienstbereitschaft einstellt und sich der Verfügungsgewalt seines Arbeitgebers entzieht, ohne dass das Arbeitsverhältnis bereits beendet sein muss. Denn im Leistungsrecht der Arbeitslosenversicherung und damit auch im Rahmen des § 144 Abs. 1 S. 2 Nr. 1 kommt es nicht auf die Lösung des Arbeitsverhältnisses, sondern des Beschäftigungsverhältnisses an.

Im Regelfall fallen allerdings die Beendigung des Beschäftigungs- und des Arbeitsverhältnisses zeitlich zusammen. Der Arbeitnehmer löst beide, wenn er das Arbeitsverhältnis selbst kündigt oder einen zur Lösung des Arbeitsverhältnisses führenden Vergleich schließt und die Arbeit zu dem in der Kündigung bzw. dem Aufhebungsvertrag festgelegten Termin einstellt (s.u. Rz 10 ff.).

b) des Arbeitsverhältnisses

7 Eine Lösung des Arbeitsverhältnisses durch den Arbeitslosen liegt zunächst vor, wenn er dieses selbst **gekündigt** hat (*BSG* 12.4.1984 SozSich 84, 388), wobei es für die Lösung selbst unerheblich ist, ob die Kündigung fristgemäß oder fristlos erfolgt oder ob sie rechtlich begründet war oder nicht. Unerheblich ist auch, ob die Initiative zur Beendigung des Arbeitsverhältnisses vom Arbeitnehmer selbst oder vom Arbeitgeber ausgegangen ist (u.a. *BSG* 5.8.1999 – B 7 AL 14/99 R – BSGE 84, 225, 231 = SozR 3-4100 § 119 AFG Nr. 17 S. 82). Auch kommt es weniger auf den Wortlaut und den Inhalt von Erklärungen an, sondern auf den **wirklichen Willen** (*BSG* 9.11.1995 – 11 RAr 27/95 – BSGE 77, 48, 52 = SozR 3-4100 § 119 AFG Nr. 9) und die **faktischen Verhältnisse** (*BSG* 25.4.2002 – B 11 AL 65/01 R – BSGE 89, 243, 245 = SozR 3-4300 § 144 Nr. 8). Nicht um eine Lösung handelt es sich beim Auslaufenlassen eines **befristeten Arbeitsvertrages**, auch wenn der Arbeitnehmer von der Möglichkeit einer Verlängerung keinen Gebrauch macht; denn ein rein **passives Verhalten** des Arbeitnehmers vermag eine Sperrzeit nicht auszulösen (zur Hinnahme der Kündigung s.u. Rz 14). Eine Lösung bzw. Kündigung durch den Arbeitnehmer liegt auch dann nicht vor, wenn er ein in einer **Änderungskündigung** des Arbeitgebers liegendes Angebot zum Abschluss eines Arbeitsvertrags unter schlechteren Bedingungen ablehnt (s.u. Rz 9).

8 **Lösung von Ausbildungsverhältnissen:** Jedenfalls seit Änderung des Begriffs »**Arbeitsverhältnis**« in »**Beschäftigungsverhältnis**« kann nicht mehr bezweifelt werden, dass auch die **Auflösung von Ausbildungsverhältnissen** eine Sperrzeit begründen kann (*BSG* 13.3.1990 SozR 3-4100 § 119 Nr. 2 im Anschluss an *BSG* 26.4.1989 SozR 4100 § 119 Nr. 35 zu dem bis 31.12.1988 geltenden Recht; ferner *BSG* 4.7.1991 DBIR § 119 AFG Nr. 3850a). Das ist **nicht verfassungswidrig**, weil die Sperrzeit nur eintritt, wenn der Auszubildende für sein Verhalten keinen wichtigen Grund hat (s.u. Rz 33 f.). Ein solcher ist bei Auszubildenden immer dann anzunehmen, wenn ihr **Grundrecht auf freie Wahl des Berufs** in seinem Kernbereich berührt wird, also auch dann, wenn der Auszubildende aus beruflichen Gründen beschließt, die **Ausbildung zu wechseln** oder **zu beenden** (vgl. *BSG* 13.3.1990 aaO und 4.7.1991 aaO).

8a **Mangels Identität von Arbeits- und Beschäftigungsverhältnis** tritt eine Sperrzeit auch dann ein, wenn die Kündigung oder der Auflösungsvertrag mangels der erforderlichen Schriftform (§ 623 BGB) nichtig ist; denn die faktische bzw. vertragliche Beendigung des (leistungsrechtlichen) Beschäftigungsverhältnisses bedarf nicht der Schriftform (*Schweiger* NZS 2001, 519, 521, vgl. auch KR-*Spilger* § 623 BGB Rz 40 f.).

8b § 144 Abs. 1 S. 2 Nr. 1 SGB III ist nicht zu entnehmen, ob diese Norm von vornherein nur **versicherungspflichtige Beschäftigungsverhältnisse** erfasst oder ob eine Sperrzeit wegen Arbeitsaufgabe auch bei nicht versicherungspflichtigen Beschäftigungsverhältnissen eintreten kann, insbes. auch bei Aufgabe einer geringfügigen Beschäftigung (bis 400 € im Monat, § 27 Abs. 2 SGB III iVm § 8 SGB IV; vgl. KR-*Wolff* SozR Rz 47c). Die Frage, ob die Norm auf versicherungspflichtige Beschäftigungsverhältnisse teleologisch zu reduzieren ist, ist streitig (bejahend zB *Hauck/Noftz-Valgolio* SGB III, § 144 Rz 1; *Eicher/Schlegel-Henke* SGB III § 144 Rz 108a; verneinend *Spellbrink/Eicher-Voelzke* Handbuch des Arbeitsförderungsrechts, § 12 Rz 271). Für den Sperrzeittatbestand kommt es nicht entscheidend auf die Versicherungspflicht, sondern darauf an, ob durch die Beendigung des Beschäftigungsverhältnisses **Arbeitslosigkeit** herbeigeführt wird. Das ist zB der Fall, wenn von mehreren geringfügigen Beschäftigungsverhältnissen eines aufgegeben wird, das für sich genommen nicht der Versicherungspflicht unterlegen hätte, oder wenn der Arbeitnehmer mit seinem Arbeitgeber die Herabsetzung der Arbeitszeit auf unter 15 Stunden wöchentlich vereinbart und dadurch arbeitslos wird. In beiden Fällen kann ein Anspruch auf Arbeitslosengeld und damit auch eine Sperrzeit in Betracht kommen (vgl. *Voelzke* aaO Rz 271).

c) Sperrzeit und § 2 SGB III

Ob sich aus den in § 2 Abs. 3 SGB III geregelten Verpflichtungen der Arbeitnehmer, zur Vermeidung von Arbeitslosigkeit jede zumutbare Möglichkeit bei der Suche und Aufnahme einer Beschäftigung zu nutzen und jede zumutbare Beschäftigung anzunehmen, eine **Erweiterung der Sperrzeittatbestände** ergibt, ist zweifelhaft. Jedenfalls kann die Ablehnung eines (arbeitsförderungsrechtlich zumutbaren) **Angebots** des Arbeitgebers **zur Änderung des Arbeitsvertrages** nicht als **Lösung** des Arbeitsverhältnisses angesehen werden (*Gagel* in FS zum 50-jährigen Bestehen der Arbeitsgerichtsbarkeit in Rheinland-Pfalz, S. 521, 529; aA *Löwisch* NZA 1998, 729, 730). Denn auch in diesen Fällen wird das Arbeitsverhältnis allein durch die Kündigung des Arbeitgebers aufgelöst. Der Vorstellung, dass durch § 2 Abs. 3 SGB III die Annahme eines Änderungsangebots zu einer **Obliegenheit** des Arbeitnehmers werde und deshalb die Ablehnung des Angebots eine Vertragsverletzung darstelle, steht schon die Systematik des § 144 SGB III entgegen, der in Abs. 1 S. 2 Nr. 2 zeigt, dass bei Ablehnung von Arbeitsangeboten eine Sperrzeit nur dann gerechtfertigt ist, wenn das durch die Agentur für Arbeit (AfA) übermittelte Angebot mit der gebotenen Belehrung versehen ist. Angebote des Arbeitgebers ohne Vermittlung und Belehrung durch die AfA sind in diesem Zusammenhang unbeachtlich. Die Ausdehnung der Sperrzeitdrohung auf die Ablehnung von Änderungsangeboten würde zu einem unverhältnismäßigen Druck auf den Arbeitnehmer führen, auch Arbeitsverhältnisse unter unzumutbaren Bedingungen zu akzeptieren (vgl. dazu *Gagel/Winkler* SGB III § 144 Rz 29).

2. Einvernehmliche Lösung

a) Allgemeines

Der Arbeitnehmer löst das Beschäftigungsverhältnis auch dann, wenn er einen zur Beendigung des Arbeitsverhältnisses führenden Vertrag schließt. Das sind in erster Linie sog. **Auflösungsvereinbarungen,** die auf Seiten des Arbeitnehmers eine Erklärung voraussetzen, das Arbeitsverhältnis beenden zu wollen. Der Vertrag muss aber nicht unmittelbar zur Auflösung des Arbeitsverhältnisses führen; denn auch eine **Vereinbarung** über eine noch auszusprechende Arbeitgeberkündigung oder über die Hinnahme einer solchen gegen Abfindung kann eine einvernehmliche Lösung des Arbeitsverhältnisses sein (vgl. zur Rspr. des BSG Rz 17 ff., insbes. 17e und f).

Es ist nicht entscheidend, von wem die **Initiative** zur einverständlichen Beendigung des Arbeitsverhältnisses ausgegangen ist. Wesentlich ist nur, dass der Arbeitslose seine **Zustimmung** zu der ihm angetragenen Vereinbarung gegeben und damit eine **wesentliche Ursache** für die Aufhebung des Arbeitsverhältnisses gesetzt hat (*BSG* 29.11.1989 SozR 4100 § 119 Nr. 36 mwN). Damit steht aber der Eintritt einer Sperrzeit noch nicht fest; denn häufig wird sich der Arbeitnehmer in Fällen, in denen der Arbeitgeber die Beendigung vorgeschlagen hat, auf einen wichtigen Grund berufen können (s.u. Rz 32 f.). Bei einvernehmlicher Auflösung des Arbeitsverhältnisses außerhalb eines Kündigungsschutzprozesses können sich **besondere Hinweispflichten des Arbeitgebers** hinsichtlich der nachteiligen Auswirkungen des Aufhebungsvertrages auf den Arbeitslosengeldanspruch ergeben (vgl. KR-*Wolff* SozR Rz 167).

Auch die einvernehmliche **Herabsetzung** der bisherigen **Arbeitszeit** auf weniger als 15 Stunden wöchentlich (zu der im Arbeitsförderungsrecht geltenden Kurzzeitigkeitsgrenze vgl. KR-*Wolff* SozR Rz 47c) gehört zu den Auflösungen iSd § 144 Abs. 1 S. 2 Nr. 1 SGB III, weil dadurch der Arbeitnehmer beschäftigungslos wird und uU Anspruch auf Arbeitslosengeld erwirbt (zum alten Recht *BSG* 9.12.1982 SozR 4100 § 119 AFG Nr. 21).

Auch die vorzeitige Beendigung des Arbeitsverhältnisses durch **Verzicht** auf die Kündigungsfrist oder durch deren **Abkürzung** kann eine Sperrzeit begründen, zB wenn der Arbeitnehmer ein bereits vom Arbeitgeber gekündigtes Arbeitsverhältnis zu einem früheren Zeitpunkt löst (*BSG* 5.8.1999 SozR 3-4100 § 119 Nr. 17). Zur Freistellung durch den Arbeitgeber s.u. Rz 19i.

b) Hinnehmen der Kündigung

Das bloße **Schweigen** oder **Hinnehmen einer Kündigung** wird bisher grds. nicht als Zustimmung zur einverständlichen Aufhebung des Arbeitsverhältnisses gewertet, selbst wenn ein Aufhebungsvertrag auch stillschweigend geschlossen werden kann. Angesichts der **Bedeutung** des Aufhebungsvertrages für den Arbeitnehmer, insbes. auch hinsichtlich der **Sperrzeitfolgen,** muss sich ein entsprechender Wille des Arbeitnehmers in Verhaltensweisen ausdrücken, die den **sicheren Schluss auf die Abgabe**

§ 144 SGB III

bzw. **die Annahme eines Auflösungsangebots** zulassen (vgl. *BSG* 20.4.1977 DBlR § 117 AFG Nr. 2226a; vgl. auch *BAG* 3.5.1979 EzA § 4 KSchG nF Nr. 15). Die Sperrzeit knüpft grds. an ein **aktives Verhalten** des Arbeitnehmers an, das der Beendigung des Arbeitsverhältnisses/Beschäftigungsverhältnisses zu Grunde liegt (s.u. Rz 17 ff.).

15 Dass sich der Arbeitnehmer nicht gegen eine – rechtswidrige – Kündigung **wehrt**, ist grds. **kein Sperrzeitanlass** (st.Rspr., *BSG* 25.4.2002 SozR 3-4100 § 119 Nr. 24 = NJ 2002, 670 mit zust. Anm. *Lauterbach*). Er ist weder verpflichtet, einen Kündigungsschutzprozess einzuleiten noch ihn durchzuführen, selbst wenn die Kündigung des Arbeitgebers rechtswidrig ist und wenn sie im Hinblick auf eine zugesagte finanzielle Vergünstigung erfolgt (zuletzt *BSG* 18.12.2003 – B 11 AL 35/03 R – BSGE 92, 74, 78 = SozR 4-4300 § 144 Nr. 6). Dies gilt auch, wenn der Arbeitnehmer sich auf besonderen Kündigungsschutz berufen kann, zB § 9 MuSchG, §§ 85 ff. SGB IX. Entgegen dem früheren Recht ist die fehlende Bereitschaft des Arbeitslosen, sich gegen den Willen seines Arbeitgebers im Arbeitsverhältnis aktiv weiter zu behaupten, nach heutigen Wertvorstellungen kein Fehlverhalten gegenüber der Versichertengemeinschaft. Die Sperrzeitregelung soll nicht bewirken, den **Arbeitnehmer in Kündigungsschutzprozesse zu treiben.** Risikoverschiebungen zu Lasten der Versichertengemeinschaft werden in diesen Fällen nicht durch die Sperrzeitregelung, sondern durch die Ruhensregelungen der §§ 143, 143a SGB III in dem dort vorgesehenen Umfang verhindert (vgl. aber Rz 17 ff.).

16 **Nicht als Aufhebungsvertrag** können daher regelmäßig Verhaltensweisen des Arbeitnehmers gewertet werden, mit denen er zu erkennen gibt, dass er die Kündigung hinnimmt bzw. auf die Inanspruchnahme des Kündigungsschutzes verzichtet, zB das Verlangen nach Aushändigung der Arbeitspapiere, des Zeugnisses, Unterschreiben einer **Ausgleichsquittung.** Auch arbeitsrechtlich wird in solchen Fällen ein Aufhebungsvertrag im Allgemeinen nicht angenommen (zur Bedeutung der Ausgleichsquittung für den Verzicht auf Kündigungsschutz vgl. *BAG* 3.5.1979 aaO, sowie KR-*Friedrich* § 4 KSchG Rz 302 ff.). Auch wenn der Arbeitnehmer vor Ablauf der Kündigungsfrist dem Arbeitsplatz unentschuldigt fernbleibt, löst er damit das Arbeitsverhältnis nicht auf. Der Arbeitgeber kann ihm in diesem Fall nach § 626 BGB fristlos kündigen mit der Folge, dass dann eine Sperrzeit wegen Veranlassung der Kündigung durch vertragswidriges Verhalten des Arbeitnehmers eintritt.

Das Unterlassen einer Klageerhebung ist mithin grds. keine Auflösung iSv § 144 SGB III. Das gilt selbst dann, wenn die Kündigung offensichtlich rechtswidrig ist. Ausgenommen sind allerdings die Fälle, in denen der Kündigung des Arbeitgebers oder der unterlassenen Klageerhebung durch den Arbeitnehmer eine **Absprache** zu Grunde liegt (s.u. Rz 17 ff.).

c) Aktive Beteiligung des Arbeitnehmers an der Kündigung des Arbeitgebers, Fallgruppen

17 Eine **einvernehmliche Beendigung** des Arbeitsverhältnisses/Beschäftigungsverhältnisses kann darin liegen, dass sich der Arbeitnehmer **aktiv** an der Kündigung des Arbeitgebers **beteiligt**.

Diese Beteiligung des Arbeitnehmers in Form von Absprachen/Vereinbarungen mit dem Arbeitgeber kann unterschiedliche Inhalte haben und zu unterschiedlichen Zeitpunkten erfolgen. Sie kann sich zB bei noch ausstehender Arbeitgeberkündigung auf deren Inhalt und deren Folgen beziehen; es kann aber auch eine bereits erfolgte Kündigung geändert bzw. ersetzt werden (zB der Zeitpunkt der Auflösung des Beschäftigungs-/Arbeitsverhältnisses verschoben werden); die Mitwirkung kann sich auch nur auf den Bestand der Kündigung beschränken (zB durch Verzicht auf Inanspruchnahme des Kündigungsschutzes).

17a Im Verhältnis von Kündigung zu Auflösungsvereinbarung ist in zeitlicher Hinsicht zu unterscheiden zwischen

a) Auflösungsvereinbarungen, die der Kündigung vorausgehen,
b) Auflösungsvereinbarungen, die der Kündigung folgen bzw. sie ersetzen (vgl. dazu iE *Eicher* SGb 2005, 555 ff.; *Eicher/Schlegel-Henke* § 144 Rz 123 f.).

Im Falle der **vorausgehenden Auflösungsvereinbarung** trifft der Arbeitnehmer mit dem Arbeitgeber eine Vereinbarung über die Arbeitgeberkündigung und ihre Folgen. Darin liegt eine aktive Beteiligung des Arbeitnehmers an der Beendigung des Beschäftigungsverhältnisses, weil sie gerade darauf abzielt, dieses zu beenden (*BSG* 9.11.1995 – 11 RAr 27/95 – BSGE 77, 48, 50 = SozR 3-4100 § 119 AFG Nr. 9). Hierzu gehören etwa auch Vereinbarungen über den Verzicht auf Kündigungsschutzklage. In solchen Fällen kann insbes. die Inanspruchnahme finanzieller Vorteile durch den Arbeitnehmer als Zustimmung zur Beendigung des Beschäftigungs- (und Arbeits-) verhältnisses gewertet werden (*BSG* 9.11.1995 aaO).

Ruhen des Anspruchs bei Sperrzeit § 144 SGB III

Im Falle der **nachfolgenden Auflösungsvereinbarung** kündigt der Arbeitgeber das Arbeitsverhältnis und (erst) danach einigen sich die Arbeitsvertragsparteien vor dem Ende des Beschäftigungsverhältnisses (s.u. Rz 17b) auf die Lösung des Beschäftigungsverhältnisses, wobei hinsichtlich des **vereinbarten Beendigungszeitpunkts** mehrere Fallgruppen zu unterscheiden sind (s.u. Rz 17c).

Ist nach Lage der faktischen Verhältnisse das Beschäftigungsverhältnis bereits tatsächlich beendet, **17b** kann eine **spätere Vereinbarung** – gleich welchen Inhalts – über die Lösung des Arbeitsverhältnisses mangels Kausalität keine Arbeitslosigkeit mehr herbeiführen, weil die Arbeitslosigkeit (= faktische Beschäftigungslosigkeit) bereits eingetreten ist (*BSG* 23.5.1995 – 11 RAr 39/94 – nv, zit. in BSGE 84, 225, 234). Es tritt also keine Sperrzeit ein, wenn nach der durch Arbeitgeberkündigung bewirkten Beendigung des Beschäftigungsverhältnisses (zB nach Ablauf der Kündigungsfrist) eine Vereinbarung getroffen wird, dass das Arbeitsverhältnis beendet werden soll (vgl. *Eicher* SGb 2005, 553, 554, 560).

Hingegen liegt ein Sperrzeittatbestand vor, wenn nach einer Arbeitgeberkündigung eine spätere Vereinbarung getroffen wird, mit der das Beschäftigungsverhältnis vor dessen Ende **17c**

a) zu einem früheren Zeitpunkt als durch die Kündigung,
b) zu einem späteren Zeitpunkt als durch die Kündigung,
c) zum selben Zeitpunkt wie durch die Kündigung

beendet wird.

Fallgruppe a) beschreibt den normalen Sperrzeitfall, der zu einer Verkürung der Kündigungsfrist führt und nur bei Vorliegen eines wichtigen Grundes sperrzeitfrei bleibt.

Auch die Fallgruppe b) begründet einen Sperrzeittatbestand, weil hier wegen der Verschiebung des Auflösungszeitpunktes davon auszugehen ist, dass die Kündigung durch die Vereinbarung ersetzt wird, also das Beschäftigungsverhältnis erst durch die Vereinbarung konstitutiv gelöst wird.

Auch die Fälle der Fallgruppe c), in denen das Beschäftigungsverhältnis vereinbarungsgemäß zum selben Zeitpunkt wie durch die vorangegangene Kündigung beendet werden soll, begründen einen Sperrzeittatbestand, wenn die Kündigung durch die Vereinbarung ersetzt werden soll (etwa um Zweifel hinsichtlich der Rechtmäßigkeit der Kündigung auszuräumen) oder wenn (außerhalb des Rahmens von § 1a KSchG, s.u. Rz 18a) nach Ausspruch einer Kündigung mit dem Arbeitgeber innerhalb der Frist für die Erhebung der Kündigungsschutzklage eine Vereinbarung über die Hinnahme der Kündigung getroffen wird (Fall des *BSG* 18.12.2003 – B 11 AL 35/03 R – BSGE 92, 74, 79 = SozR 4-4300 § 144 Nr. 6; vgl. dazu Rz 17e). Unter die Fallgruppe c) fallen auch Vereinbarungen im Nahbereich des § 1a KSchG (s.u. Rz 18b) oder in Kündigungsschutzprozessen, bei denen eine Sperrzeit wegen eines wichtigen Grundes entfallen kann (s.u. Rz 19 ff.).

d) Abwicklungsvertrag, Rechtsprechung des BSG

Zur Vermeidung einer Sperrzeit hat die arbeitsrechtliche Praxis der Vergangenheit den sog. **Abwick- 17d lungsvertrag** entwickelt, der von der Vorstellung ausgeht, dass der Arbeitgeber das Arbeitsverhältnis/Beschäftigungsverhältnis durch eine (nicht verhaltensbedingte) Kündigung löst und sich die Arbeitsvertragsparteien **später** über die einzelnen Folgen der Beendigung des Beschäftigungsverhältnisses – **sperrzeitneutral** – einigen.

Hierzu hat das *BSG* in den – nicht tragenden – Gründen seiner Entscheidung vom 9.11.1995 – 11 RAr 27/95 – BSGE 77, 48 = SozR 3-4100 § 119 AFG Nr. 9) zunächst ausgeführt, dass ein (sperrzeitrelevanter) Vertrag nicht unmittelbar zur Beendigung des Beschäftigungsverhältnisses führen müsse; vielmehr beteilige sich der Arbeitnehmer in einem Abwicklungsvertrag über eine Abfindung u.ä. nach einer Arbeitgeberkündigung an der Beendigung des Beschäftigungsverhältnisses, da er sich der Möglichkeit begebe, die Überprüfung der Kündigung geltend zu machen. Den Vorinstanzen ist aufgegeben worden, nach dem tatsächlichen Geschehensablauf zu prüfen, ob nicht durch die vorherige Arbeitgeberkündigung verbunden mit speziellen zwischen den Arbeitsvertragsparteien getroffenen Vereinbarungen ein Aufhebungsvertrag lediglich – iS eines Scheingeschäfts – verdeckt wird (§ 117 BGB).

Auch bei Fehlen von Anhaltspunkten für ein Scheingeschäft war nach der Rechtsprechung stets zu prüfen, ob nicht mit dem Abwicklungsvertrag eine frühere Kündigung durch ein neues Rechtsgeschäft **ersetzt** worden war, etwa um rechtliche Zweifel an der Rechtswirksamkeit der Kündigung zu beseitigen (vgl. auch *BSG* 18.12.2003 – B 11 AL 35/03 R – BSGE 92, 74, RdNr. 15 = SozR 4-4300 § 144 Nr. 6).

§ 144 SGB III   Ruhen des Anspruchs bei Sperrzeit

Von der Ankündigung einer Änderung der Rechtsprechung iS eines **offeneren Begriffs der Lösung** im Urteil vom 9.11.1995 (aaO) ist das BSG allerdings später ausdrücklich wieder abgerückt und hat hervorgehoben, dass die Sperrzeit ein **aktives Verhalten** des Arbeitslosen voraussetze und nicht an die Hinnahme einer rechtswidrigen Arbeitgeberkündigung anknüpfe (*BSG* 25.4.2002 – B 11 AL 89/01 R – BSGE 89, 250 = SozR 3-4100 § 119 AFG Nr. 24).

17e Mit Urteil vom 18.12.2003 hat das BSG diese Rechtsprechung weiter entwickelt und entschieden, dass der Arbeitnehmer das Beschäftigungsverhältnis auch dann löst, wenn er **nach Ausspruch einer Arbeitgeberkündigung** innerhalb der Frist für die Erhebung der Kündigungsschutzklage (§ 4 KSchG) eine **Vereinbarung über die Hinnahme der Kündigung** trifft. Denn dann habe er immer einen wesentliche Beitrag zur Beendigung des Beschäftigungsverhältnisses geleistet (*BSG* 18.12.2003 – B 11 AL 35/03 R – BSGE 92, 74 ff. = SozR 4-4300 § 144 Nr. 6).

Danach besteht kein Raum mehr für eine Auslegung des zwischen den Vertragsparteien Gewollten, dh das Gericht muss nicht mehr prüfen, ob im Abwicklungsvertrag ein Scheingeschäft zu sehen ist, das eine Auflösungsvereinbarung verdeckt. Dabei knüpft das BSG an die Unterscheidung von Arbeitsverhältnis und Beschäftigungsverhältnis im Leistungsrecht an (vgl. KR-*Wolff* SozR Rz 7 ff.) und führt aus, dass bei der Sperrzeit nicht (allein) an rechtsgeschäftliche Kategorien angeknüpft werde. Vielmehr sei die Beurteilung des **tatsächlichen Geschehensablaufs** maßgeblich, wonach es auf den tatsächlichen Grund für die Beendigung des Beschäftigungsverhältnisses, nicht aber auf die Art und Weise der Beendigung des Arbeitsverhältnisses ankomme. Auch durch den Abschluss eines Abwicklungsvertrages nach Arbeitgeberkündigung leiste der Arbeitnehmer einen wesentlichen Beitrag zur Beendigung seiner Beschäftigung, weil er sich der Möglichkeit begebe, die Rechtmäßigkeit der Kündigung geltend zu machen.

Nach dem vorgenannten Urteil ist es unerheblich, ob das spätere Vorgehen **vor** der Kündigung oder **erst danach** abgesprochen worden ist. Abwicklungsverträge sind deshalb nach dieser Rechtsprechung praktisch immer auch als Auflösungsverträge iSd Sperrzeitenrechts zu werten, sofern sie nicht nach Ablauf der Frist für die Erhebung der Kündigungsschutzklage geschlossen werden und sofern nicht ein wichtiger Grund vorliegt. Das BSG hat in der Entscheidung vom 18.12.2003 (aaO) ausdrücklich offen gelassen, wie es bei einer Vereinbarung nach Ablauf der Frist des § 4 KSchG bzw. im arbeitsgerichtlichen Kündigungsschutzprozess selbst entscheiden würde (vgl. dazu Rz 19 ff.).

Diese Entscheidung hat in der arbeitsrechtlichen Literatur heftige Kritik erfahren (zu allem *Lilienfeld/Spellbrink* RdA 2005, 88 ff.). Damit werde das **Ende des Abwicklungsvertrages** und das Ende der arbeitsgerichtlichen Beilegung von Kündigungsstreitigkeiten eingeleitet. Insbesondere bestehe die Gefahr vermehrter Kündigungsschutzprozesse, weil der Arbeitslose im Ergebnis zur Klageerhebung gezwungen werde (zu allem *Lilienfeld/Spellbrink* aaO, S. 92 ff.).

Da die Entscheidung des BSG vom 18.12.2003 kurz vor der Änderung des KSchG durch das Gesetz zu Reformen am Arbeitsmarkt vom 24.12.2003 (BGBl. I S. 3002) ergangen ist, mit dem **§ 1a KSchG** eingeführt worden ist, stellt sich die Frage, inwieweit diese Regelung auf das Sperrzeitenrecht einwirkt bzw. eine Neubewertung der genannten Rechtsprechung, insbes. zum Abwicklungsvertrag, erforderlich macht.

e) Lösung des Arbeitsverhältnisses nach § 1a KSchG

18 Mit § 1a KSchG wollte der Gesetzgeber die kündigungsrechtlichen Regelungen bei betriebsbedingter Kündigung um einen gesetzlichen Abfindungsanspruch erweitern und ein Standardverfahren zur Verfügung stellen, das eine Alternative zum Kündigungsschutzprozess schafft (vgl. KR-*Spilger* § 1a KSchG Rz 6 ff.).

Diese Regelung lässt einen gesetzlichen Abfindungsanspruch in Höhe von 0,5 Monatsverdiensten für jedes Jahr des Bestehens des Arbeitsverhältnisses entstehen,

– wenn der Arbeitgeber das Arbeitsverhältnis unter Berufung auf betriebliche Erfordernisse des § 1 Abs. 2 S. 1 KSchG gekündigt hat,
– wenn der Arbeitgeber den Arbeitnehmer in der schriftlichen Kündigungserklärung darauf hingewiesen hat, dass der Arbeitnehmer beim Verstreichenlassen der Klagefrist die Abfindung beanspruchen kann,
– wenn der Arbeitnehmer die Klagefrist des § 4 S. 1 KSchG tatsächlich hat verstreichen lassen (vgl. dazu KR-*Spilger* § 1a KSchG Rz 23 ff., 150 f.).

Diese Regelung hat in Bezug auf das Sperrzeitenrecht verschiedene Fragen aufgeworfen, zu denen die Rspr. bisher noch keine Entscheidung getroffen hat. Dabei gehen die Meinungen weit auseinander, je nachdem, ob der arbeitsrechtliche Aspekt – Vermeidung von Arbeitsgerichtsprozessen – oder der arbeitsförderungsrechtliche Aspekt – Begrenzung versicherungswidrigen Verhaltens – stärker betont wird.

Insgesamt lassen sich folgende Fallgruppen bilden, die nach ihrer unterschiedlichen Nähe zu dem nach § 1a KSchG vorgesehenen Verfahren wie folgt zu beurteilen sind:

Unmittelbare Anwendung des § 1a KSchG: 18a

In Fallkonstellationen, in denen das Beschäftigungsverhältnis unmittelbar im Verfahren nach § 1a KSchG beendet wird, kann **keine Sperrzeit** eintreten, weil die **Kündigung lediglich hingenommen** wird. Dies gilt auch dann, wenn die Kündigung rechtswidrig war (hM; vgl. etwa *Boecken/Hümmerich* DB 2004, 2046, 2048; *Steinau-Steinrück/Hurek* ZIP 2004, 1486, 1488; *Bauer/Krieger* NZA 2004, 640, 641; *Lilienfeld/Spellbrink* RdA 2005, 88, 94 mwN in FN 72; *Eicher* SGb 2005, 553, 558). Eine aktive Beendigung des Arbeitsverhältnisses/Beschäftigungsverhältnisses und damit ein versicherungswidriges Verhalten kann dem Arbeitnehmer in diesen Fällen nicht vorgeworfen werden.

Dass der Hinnahme der Kündigung im Rahmen des § 1a KSchG teilweise rechtsgeschäftlicher (vertraglicher) Charakter beigemessen wird (vgl. KR-*Spilger* § 1a KSchG Rz 35), lässt nicht die Annahme zu, insoweit handele es sich bei § 1a KSchG um eine Alternative zum Abwicklungsvertrag oder um einen gesetzlich geregelten Abwicklungsvertrag, der allgemein für die Sperrzeitfreiheit von Abwicklungsverträgen spreche. Vielmehr ist das Verstreichenlassen der Klagefrist als **Realakt** und der entstehende Abfindungsanspruch als **gesetzlich** (nicht vertraglich) begründet anzusehen (vgl. KR-*Spilger* § 1a KSchG Rz 37 ff., 40).

Auch bei Annahme eines vertraglichen Anspruchs dürfte im Ergebnis keine andere Beurteilung gerechtfertigt sein, weil sich der Arbeitnehmer nicht aktiv an der Beendigung des Beschäftigungsverhältnisses beteiligt (*Lilienfeld/Spellbrink* RdA 2005, 88, 94 f.; *Gagel* ZIP 2005, 332 ff.; *Voelzke* NZS 2005, 281; *Peters-Lange/Gagel* NZA 2005, 740; *Eicher* SGb 2005, 553, 558). Anders sind hingegen die Fälle zu beurteilen, in denen der Arbeitgeber einen vom gesetzlich vorgesehenen Abfindungsanspruch abweichenden Anspruch offeriert, dessen Entstehung dann eine Annahmeerklärung des Arbeitnehmers und damit ein aktives Verhalten voraussetzt (vgl. Rz 18d aE).

Fälle im Nahbereich des § 1a KSchG: 18b

Am wenigsten Unsicherheit besteht in den Fällen, in denen im Nahbereich des § 1a KSchG eine **aktive Mitwirkung** des Arbeitnehmers erfolgt,

a) etwa wenn die Arbeitsvertragsparteien bereits vor der Kündigung ein **Vorgehen nach § 1a KSchG vereinbaren** und dann durchführen,
b) oder wenn sie sich nach einer Kündigung durch den Arbeitgeber, die den Anforderungen des § 1a KSchG entspricht, auf die **Nichterhebung einer Kündigungsschutzklage einigen**,
c) oder wenn lediglich im Rahmen des § 1a Abs. 2 KSchG eine »**Konkretisierung**« der Höhe der gesetzlichen Abfindung erfolgt.

In diesen Fällen liegt zwar ein sperrzeitrelevantes – aktives – Verhalten des Arbeitnehmers vor, das an sich eine Sperrzeit auslöst, sofern kein **wichtiger Grund** vorliegt. In den vorgenannten Fällen wird jedoch dem Arbeitnehmer ein wichtiger Grund zugestanden werden müssen, das Beschäftigungsverhältnis zu lösen. Denn es ist kein sachlich-rechtfertigender Grund ersichtlich, den Arbeitnehmer im Falle a) schlechter zu stellen als denjenigen, bei dem § 1a KSchG unmittelbar zur Anwendung kommt. Die Arbeitnehmer der Fallgruppen b) und c) können sich auf einen wichtigen Grund berufen, weil mit der Einigung über die Nichterhebung der Klage oder mit der Konkretisierung der gesetzlichen Abfindungshöhe im Grunde nur das vor Ablauf der Klagefrist festgeschrieben wird, was auch ohne Vereinbarung – allein auf Grund des Fristablaufs – gelten würde (so auch *Eicher* SGb 2005, 553, 558).

Insofern besteht für das BSG durchaus Anlass, die bisherige Rechtsprechung zur Sperrzeit bei Arbeitgeberkündigung mit nachfolgender vertraglicher Lösung des Arbeitsverhältnisses/Beschäftigungsverhältnisses zu überdenken und weiterzuentwickeln, wobei eine Problemlösung am ehesten über den **wichtigen Grund** und nicht über eine Erweiterung des Lösungsbegriffs erfolgen müsste. Dabei wird auf eine sachgerechte Grenzziehung zu achten sein, die sich auch an den Zielvorstellungen des Gesetzgebers orientieren muss.

§ 144 SGB III   Ruhen des Anspruchs bei Sperrzeit

18c Sperrzeitrechtlich nicht privilegierte Fälle:
Unter diesem Aspekt dürfte es fraglich sein, ob Fallgestaltungen jenseits des unter Rz 18a, 18b aufgezeigten Rahmens ebenfalls sperrzeitfrei bleiben können.

Ein Teil der Literatur geht hier davon aus, dass § 1a KSchG allgemein ein **Signal** enthält, sachgerechte arbeitsvertragliche Gestaltungen zu akzeptieren, wenn sie dazu dienen, **Arbeits- und Sozialgerichtsprozesse zu vermeiden**. Aus dem Ziel, derartige Prozesse zu vermeiden, und insbes. aus dem Gleichbehandlungsgrundsatz wird dann – sehr weitgehend – geschlossen, dass alle Fälle, in denen vor oder nach Ausspruch einer Kündigung des Arbeitgebers eine Auflösung des Arbeitsverhältnisses nach dem Modell des § 1a KSchG vereinbart wird, sperrzeitfrei bleiben (insbes. *Peters-Lange/Gagel* NZA 2005, 740, 741; *Gagel* ZIP 2005, 332, 334; *Voelzke* NZS 2005, 285, 286 f.). Dies läuft – im extremsten Fall – auf die Forderung hinaus, jegliche Vereinbarungen als sperrzeitfrei (sperrzeitrechtlich privilegiert) anzusehen, bei denen sich die Höhe der Abfindung in den Grenzen des § 1a Abs. 2 KSchG hält (so ausdrücklich *Voelzke* NZS 2005, 285, 287/288). Neuerdings hat der 11. Senat des *BSG* in einem Urteil v. 12.7.2006 (- B 11a Al 47/05 R -) angekündigt, dass er künftig einen wichtigen Grund bei Aufhebungsverträgen (auch wenn die Rechtmäßigkeit einer drohenden Arbeitgeberkündigung nicht nachgewiesen sei, vgl. dazu Rz 38) jedenfalls dann anzunehmen erwäge, wenn die Abfindungshöhe die in § 1a Abs. 2 KSchG vorgesehene Grenze nicht überschreite.

Dagegen bestehen nicht unerhebliche Bedenken. Der Gesetzgeber hat im Zuge der Einführung des § 1a KSchG auf eine ausdrückliche Regelung zur sperrzeitrechtlichen Beurteilung einer Abfindungszahlung nach § 1a KSchG **nur deshalb verzichtet**, weil er dies auf Grund der höchstrichterlichen Rechtsprechung zur sperrzeitfreien **Hinnahme** einer Kündigung nicht für erforderlich gehalten hat (BT-Drs. 15/1587 v. 24.9.2003, S. 27). Dass er darüber hinaus auch aktive Mitwirkungshandlungen des Arbeitnehmers an der Beendigung seines Beschäftigungsverhältnisses generell hätte sanktionslos lassen wollen, ist dem nicht zu entnehmen und liefe gerade dem Zweck der Sperrzeitenregelung zuwider, an die aktive Mitwirkung negative Rechtsfolgen zu knüpfen. Andererseits hat der Gesetzgeber mit § 1a KSchG nur ein bestimmtes Verfahren bzw. Verhaltensmodell privilegieren wollen, bei dem für den Arbeitgeber Rechtssicherheit hinsichtlich der Beendigung des Beschäftigungsverhältnisses nicht von vornherein, sondern grds. erst mit dem **Ablauf der Klagefrist** des § 4 KSchG eintritt, also der Arbeitnehmer gerade nicht aktiv an dessen Beendigung mitwirkt (*Eicher* SGb 2005, 553, 558). Das Argument, eine Differenzierung der verschiedenen Fallgruppen nach dem Zeitpunkt, nach dem der Arbeitgeber Sicherheit hinsichtlich der Beendigung des Arbeitsverhältnisses/Beschäftigungsverhältnisses erhalte, sei sachlich nicht gerechtfertigt, weil dies letztlich darauf hinauslaufe, formal auf der Einhaltung eines bestimmten Verfahrens zu beharren (so *Voelzke* NZS 2005, 2081, 2088; ähnlich *Gagel* ZIP 2005, 332, 334) greift angesichts des Vorgesagten nicht, insbes. weil § 1a KSchG für das Arbeitsrecht nur eine »punktuelle Problemlösung« bietet. Insoweit hätte es bei Einfügung des § 1a KSchG zwingend einer Klarstellung durch den Gesetzgeber bedurft, inwieweit diese Regelung zu einer Zurückdrängung der Sperrzeitenregelung führen soll (so *Eicher* aaO S. 559; zum Erfordernis einer Klarstellung vgl. auch *Löwisch* NZA 2003, 689, 684; *Bauer/Preis/Schunder* NZA 2003, 704, 707).

18d Dementsprechend sind im Hinblick auf § 1a KSchG **nicht privilegiert** diejenigen Fälle,

a) in denen die Beteiligten bereits vor einer – beabsichtigten – Kündigung aus betriebsbedingten Gründen und gleichsam **in Ersetzung des Verfahrens nach § 1a KSchG** eine Vereinbarung über die Beendigung des Arbeitsverhältnisses/Beschäftigungsverhältnisses gegen Zahlung einer Abfindung treffen, mag auch die Abfindung der Höhe nach dem § 1a Abs. 2 KSchG entsprechen. In diesem Fall werden bereits von vornherein hinsichtlich der Beendigung des Beschäftigungsverhältnisses vollendete Tatsachen geschaffen, also über das »Standardverfahren« des § 1a KSchG hinausgegangen, weil für den Arbeitgeber – anders als bei diesem Verfahren – Rechtssicherheit hinsichtlich der Beendigung des Beschäftigungsverhältnisses von vornherein und nicht erst mit Ablauf der Klagefrist eintritt.

b) Ebenfalls nicht privilegiert sind diejenigen Fälle, in denen die Beteiligten während des Laufs der Klagefrist eine eigenständige vertragliche Abmachung über das Ende des Beschäftigungsverhältnisses treffen (ggf. mit einer Abfindung in Höhe des § 1a Abs. 2 KSchG). Derartige Fallgestaltungen gehen über das Modell des § 1a KSchG hinaus, das nur die Hinnahme der Kündigung privilegiert. Der Gesetzgeber knüpft insoweit typisierend an unterschiedliches Verhalten des Arbeitnehmers an. Art. 3 GG vermag deshalb die Sanktion mit einer Sperrzeit nicht zurückzudrängen.

c) Erst recht nicht privilegiert sind diejenigen Fälle, in denen die Arbeitsvertragsparteien das Grundmodell des § 1a KSchG nur dazu benutzen, eine Sperrzeit **zu umgehen**. Dies sind zB die Fälle, in denen es in Wirklichkeit nicht um eine betriebsbedingte Kündigung, sondern um eine verhaltens- bzw. personenbedingte Kündigung geht (vgl. *Lilienfeld/Spellbrink* RdA 2005, 88, 95) oder eine betriebsbedingte Kündigung offensichtlich rechtswidrig ist.

d) Sperrzeitrechtlich nicht privilegiert sind ferner grds. alle vertraglichen Vereinbarungen, die der Höhe nach dem Modell des § 1a Abs. 2 KSchG wesentlich abweichen, also der Abfindungsanspruch nicht mehr kraft Gesetzes, sondern auf Grund vertraglicher Vereinbarung entsteht (so auch *Voelzke* NZS 2005, 281, 288; zu gerichtlichen Vergleichen s.u. Rz 19).

f) Auflösungsvergleich im Kündigungsschutzprozess

Auch der Abschluss eines **gerichtlichen Vergleichs** über die Beendigung des Arbeitsverhältnisses/Beschäftigungsverhältnisses kann den Tatbestand des § 144 Abs. 1 S. 2 Nr. 1 Alt. 1 SGB III erfüllen. Dass gerichtliche Vergleiche schlechthin sperrzeitneutral sind, weil sie nach Ablauf der Klagefrist des § 4 KSchG geschlossen werden, (vgl. die Rspr. zum Abwicklungsvertrag Rz 17f), trifft nicht zu. Bei § 144 SGB III handelt es sich um eine typisierende Regelung, die diesbzgl. Differenzierungen grds. nicht zulässt. Allerdings kann dem **wichtigen Grund** iVm der Prozesssituation eine besondere Bedeutung zukommen (vgl. Rz 19 d, e). Dabei ist u.a. zu berücksichtigen, dass der Arbeitnehmer nicht gezwungen ist, gegen eine Kündigung zu klagen und demzufolge auch nicht gehalten sein kann, den Prozess bis zum Urteil durchzuführen. 19

Ob und in welchen Fällen das Verhalten des Arbeitnehmers nach Kündigung durch den Arbeitgeber eine Sperrzeit begründen kann, ob insbes. ein Auflösungsvergleich die Wirkung einer vorhergehenden Kündigung **verdrängen** kann, als **neuer Rechtsgrund** für die Beendigung des Arbeitsverhältnisses gelten kann, hängt vom **konkreten Lösungssachverhalt** ab. ZB hängt es vom Inhalt der rechtsgeschäftlichen Erklärungen ab, ob eine Kündigung durch den gerichtlichen Vergleich ersetzt wird, dh das Arbeitsverhältnis/Beschäftigungsverhältnis durch den Vergleich konstitutiv beendet wird oder ob die Beendigung durch den Vergleich nur auf eine weitere rechtliche Grundlage gestellt werden soll (*BSG* 16.10.2003 – B 11 AL 1/03 R). Für Ersteres spricht es, wenn durch den Vergleich Zweifel hinsichtlich der Rechtmäßigkeit der Kündigung ausgeräumt werden sollen oder wenn sich die Prozessbeteiligten auf eine Lösung des Arbeitsverhältnisses zu einem Zeitpunkt einigen, der nach dem durch die Kündigung vorgesehenen Zeitpunkt liegt. 19a

In Fällen, in denen die durch die Kündigung des Arbeitgebers veranlasste Arbeitslosigkeit keine Sperrzeit auslösen würde, weil es zB an einem arbeitsvertragswidrigen Verhalten des Arbeitnehmers fehlt oder dieser die Arbeitslosigkeit nicht vorsätzlich oder grob fahrlässig herbeigeführt hat, kann dem späteren Lösungstatbestand durch Vergleich eine **eigene Bedeutung** zukommen (vgl. *BSG* 8.6.1989 SozR 4100 § 117 N. 25). Das ist zB der Fall, wenn sich der Arbeitnehmer ohne ersichtlichen Grund auf ein **vorzeitiges Ausscheiden** einlässt bzw. das Arbeitsverhältnis **vor dem Zeitpunkt**, zu dem die Kündigung des Arbeitgebers wirksam geworden wäre, durch Vergleich beendet wird. Hingegen entfällt eine Sperrzeit wegen Vorliegens eines wichtigen Grundes, wenn dem Arbeitnehmer die Fortsetzung des Arbeitsverhältnisses unzumutbar ist (vgl. Rz 19e). 19b

Eine Sperrzeit kann keinesfalls eintreten, wenn das Beschäftigungsverhältnis bei Vergleichsabschluss bereits **beendet** war (zB mit Ablauf der ordentlichen Kündigungsfrist, bei einseitiger Freistellung durch den Arbeitgeber). Denn dann kann – wegen der Maßgeblichkeit des Beschäftigungsverhältnisses – der Vergleich nur noch für die Beendigung des Arbeitsverhältnisses, nicht aber für die Beendigung des Beschäftigungsverhältnisses kausal werden, weil dieses bereits beendet war (s.o. Rz 17b, 19i). 19c

Eine Sperrzeit entfällt auch, wenn die vorausgegangene Kündigung **objektiv rechtmäßig** war. Ein nachfolgender Auflösungsvergleich, der die Kündigung ersetzt und das Beschäftigungsverhältnis zu demselben Zeitpunkt auflöst, der in der Kündigung vorgesehen war, kann nicht mehr als relevante Mitwirkung des Arbeitnehmers an der Beendigung des Beschäftigungsverhältnisses angesehen werden (so *Gagel* ZIP 2005, 332, 334). Streitig ist hier, ob es bereits am Tatbestand eines versicherungswidrigen Verhaltens fehlt (*Gagel* aaO) oder ob die Unmaßgeblichkeit der aktiven Beteiligung an der Beendigung des Beschäftigungsverhältnisses nur über den **wichtigen Grund** zu berücksichtigen ist (so *Eicher* SGb 2005, 553, 555 f.). Letzteres dürfte zutreffend sein. Denn dem Arbeitnehmer, der nicht gezwungen ist, gegen eine Kündigung gerichtlich vorzugehen und demzufolge auch nicht gehalten sein kann, den Prozess bis zum Urteil durchzufechten, muss im Rahmen seines prozessualen **Dispositionsrechts** zugestanden werden, das Verfahren zu beenden, wenn dies ohne größere Belastung für die Solidargemeinschaft erfolgt als sie bereits durch die Kündigung eingetreten ist (*Eicher* aaO S. 556). Denn 19d

19e Eine Sperrzeit entfällt, wenn die Beilegung des Rechtsstreits auf **wichtigem Grund** beruht. Dazu können auch verständige, der Prozesssituation entsprechende Gründe gehören, zB wenn die Kündigung ungerechtfertigt war und deshalb dem Arbeitnehmer die Fortsetzung des Arbeitsverhältnisses **nicht zumutbar** war oder wenn Gründe vorliegen, die eine dem Betriebszweck dienliche weitere Zusammenarbeit zwischen Arbeitgeber und Arbeitnehmer nicht erwarten lassen (vgl. § 9 KSchG, dazu KR-*Spilger* § 9 KSchG Rz 26 ff., 36 ff. und 50 ff.).

19f Zum wichtigen Grund bei Auflösungsverträgen/gerichtlichen Vergleichen nach drohender oder sicher bevorstehender oder bereits ausgesprochener Arbeitgeberkündigung s.u. Rz 38 ff.

19g Eine sperrzeitrechtliche Privilegierung aller Abfindungsvergleiche, bei denen die Abfindung die nach § 1a Abs. 2 KSchG festgelegten Beträge nicht überschreitet, geht über den mit § 1a KSchG verfolgten Zweck hinaus (s.o. Rz 18c, d).

19h Gegen die Annahme, dass eine Sperrzeit stets entfällt, wenn die Kündigung **nicht offensichtlich rechtswidrig war** oder im Zeitpunkt des Vergleichsabschlusses keine deutlich erkennbaren und schwerwiegenden Gründe gegen ihre Rechtmäßigkeit erkennbar waren (vgl. *Gagel* NZA 2005, 1328m, 1331) bestehen nicht unerhebliche Bedenken, schon weil die Abgrenzung, wann die Gründe, die gegen die Rechtmäßigkeit einer Kündigung sprechen, gewichtig sind, fließend ist und einer detaillierten Kasuistik bedarf.

g) Sperrzeit und Freistellung des Arbeitnehmers

19i Das Beschäftigungsverhältnis wird auch dann gelöst, wenn der Arbeitnehmer im Zusammenhang mit einer Arbeitgeberkündigung (oder einem Aufhebungsvertrag) vorzeitig **freigestellt** wird, also schon zu einem Zeitpunkt, der vor dem durch die Kündigung/Aufhebungsvertrag festgelegten Ende des Arbeitsverhältnisses/Beschäftigungsverhältnisses liegt.

Dabei sind zwei Fallgruppen zu unterscheiden:
1. die einseitige Freistellung des Arbeitnehmers durch den Arbeitgeber,
2. die einvernehmliche Freistellung des Arbeitnehmers gegen Fortzahlung des Arbeitsentgelts.

Im erstgenannten Fall kann eine Sperrzeit nicht eintreten, wenn das Ende des Beschäftigungsverhältnisses durch einseitige Freistellung seitens des Arbeitgebers auf einen Zeitpunkt vorverlegt wird, der vor dem durch die Kündigung festgelegten Ende des Arbeits- bzw Beschäftigungsverhältnisses liegt. Dies ist dann der maßgebliche Zeitpunkt für die Beurteilung eines versicherungswidrigen Verhaltens des Arbeitnehmers. Eine nach diesem Zeitpunkt getroffene Auflösungsvereinbarung kann nicht mehr kausal für den Eintritt der Beschäftigungslosigkeit werden. Insoweit gilt das Gleiche wie in dem unter Rz 17b genannten Fall. Dieses aus dem Gesetz bzw. aus dem Begriff »Beschäftigungsverhältnis« folgende Ergebnis wird als ungewollt lückenhaft kritisiert, weil durch vorzeitige Freistellung jegliche Begrenzung für den Abschluss von Vergleichen entfalle (*Gagel* NZA 2005, 1328, 1331). Bei der gebotenen Lückenausfüllung sei letztlich auf die Beendigung des Arbeitsverhältnisses abzustellen, die als der maßgebliche Sperrzeittatbestand anzusehen sei (*Gagel* aaO S. 1331).

Im zweiten Fall der **einvernehmlichen Freistellung** unter Fortzahlung des Arbeitsentgelts ist der Arbeitnehmer zwar bereits durch Mitwirkung an der Freistellung an der Lösung des Beschäftigungsverhältnisses beteiligt, sodass dies an sich als der maßgebliche Zeitpunkt für das versicherungswidrige Verhalten gelten muss, also eine Sperrzeit eintreten müsste.

Dem wird aber – mit Recht – entgegengehalten, dass das maßgebliche versicherungswidrige Verhalten erst in der Beendigung des Beschäftigungsverhältnisses zu dem Zeitpunkt gesehen werden könne, zu dem das Arbeitsverhältnis gekündigt bzw. durch Aufhebungsvertrag beendet werde. Denn wenn die Lösung des Arbeits- und Beschäftigungsverhältnisses in einem Akt (Kündigung oder Vereinbarung) zusammenfalle, liege in der vorgezogenen Freistellung gegen Arbeitsentgelt keine stärkere Belastung der Solidargemeinschaft, als wenn lediglich die Beendigung des Arbeitsverhältnisses/Beschäftigungsverhältnisses zu dem durch die Kündigung bzw. den Aufhebungsvertrag bestimmten Zeitpunkt vereinbart worden wäre (*Eicher* SGb 2005, 553, 555 f.). Dem ist zuzustimmen, weil es unter Gleichbehandlungsgesichtspunkten nicht zu rechtfertigen ist, den Arbeitnehmer sperrzeitrechtlich anders (schlechter) zu behandeln, als wenn er in der bezahlten Freistellungsphase weiter beschäftigt gewesen wäre.

3. Vertragswidriges Verhalten des Arbeitnehmers

Hat nicht der Arbeitslose, sondern sein **Arbeitgeber** das Arbeitsverhältnis **gekündigt**, so muss ein **vertragswidriges Verhalten** des Arbeitslosen Anlass gewesen sein, damit eine Sperrzeit in Betracht kommt. Beachtlich sind also nur **verhaltensbedingte Kündigungen (bzw. entsprechende Erklärungen über die Lösung des Beschäftigungsverhältnisses)**, nicht hingegen Kündigungen wegen fehlender Eignung (personenbedingte Kündigungen). Der Arbeitslose muss gegen den für das Arbeitsverhältnis geltenden **Arbeitsvertrag** verstoßen haben und die Kündigung muss durch die Vertragsverletzung **gerechtfertigt** und auch sonst **rechtmäßig** sein. Nicht erforderlich ist, dass das vertragswidrige Verhalten zur fristlosen Kündigung des Arbeitgebers berechtigt hat. Zur Frage, welche Vertragsverletzungen zur Kündigung berechtigen, s. iE KR-*Griebeling* § 1 KSchG Rz 395 ff., 414 ff. und KR-*Fischermeier* § 626 BGB Rz 137 ff. 20

Unter **vertragswidrigem Verhalten** ist jede Verletzung der sich aus dem Arbeitsvertrag, aber auch aus Gesetz, Tarifvertrag oder Betriebsvereinbarung ergebenden Pflichten, ferner betrieblicher und außerbetrieblicher Verhaltenspflichten oder sonstiger arbeitsvertraglicher Nebenpflichten zu verstehen (vgl. dazu auch *BSG* 6.3.2003 – B 11 AL 69/02 R – BSGE 91, 18, 22 = SozR 4-4300 § 144 Nr. 2; 15.12.2005 – B 7a AL 44/05 R). Auch außerdienstliches Verhalten kann hierzu gehören, sofern dadurch arbeitsvertragliche Pflichten berührt werden. ZB kann auch die private Trunkenheitsfahrt, die zum Verlust der Fahrerlaubnis führt, bei einem Busfahrer eine verhaltensbedingte ordentliche Kündigung rechtfertigen (vgl. dazu iE, auch zur Rspr. des BAG, *BSG* 6.3.2003 aaO; aA KR-*Griebeling* § 1 KSchG Rz 425: nur personenbedingte Kündigung). Bei alkoholbedingtem Verlust der Fahrerlaubnis kommt es weniger darauf an, ob der auf den Führerschein angewiesene Arbeitnehmer diese bei einer privaten oder betrieblichen Trunkenheitsfahrt verliert. Maßgebend ist das zur Entziehung der Fahrerlaubnis führende Verhalten. Dabei kommt es jeweils auf die Umstände des Einzelfalles an, zB ob das Vertrauen des Arbeitgebers auf die Zuverlässigkeit des Arbeitnehmers als Grundlage des Arbeitsvertrages nicht mehr gewährleistet ist (*BSG* 6.3.2003 aaO; vgl. auch *BSG* 25.8.1981 – 7 RAr 44/80 – DBlR BA Nr. 2731 zu § 119 AFG; 15.12.2005 aaO). 20a

Hingegen ist die Teilnahme an einem **rechtmäßigen Streik** keine Arbeitsvertragsverletzung und begründet deshalb weder ein Kündigungsrecht noch eine Sperrzeit.

Die Lösung des Beschäftigungsverhältnisses durch den Arbeitgeber muss nicht notwendig durch eine Kündigung erfolgt sein. Weil das Gesetz auch bei der 2. Alt. des § 144 Abs. 1 S. 2 Nr. 1 SGB III auf das Beschäftigungsverhältnis – und nicht das Arbeitsverhältnis – abstellt, genügt jede Erklärung des Arbeitgebers, die zur Lösung des Beschäftigungsverhältnisses führt. Im Allgemeinen erfolgt die Lösung allerdings durch Kündigung, ggf. verbunden mit einer sofortigen Freistellung des Arbeitnehmers (s.o. Rz 19i). 20b

Anlass für die Lösung des Beschäftigungsverhältnisses hat das vertragswidrige Verhalten des Arbeitnehmers dann gegeben, wenn dieses Verhalten für die Lösung des Beschäftigungsverhältnisses **wesentlich ursächlich** geworden ist. Das hängt von der Intensität des vertragswidrigen Verhaltens ab, denn je schwerer dieses wiegt, umso eher bietet es berechtigten Anlass für die Lösung des Beschäftigungsverhältnisses (s.a. Rz. 21). 20c

Für die Sperrzeit auf Grund einer Kündigung des Arbeitgebers genügt nicht jedes irgendwie vertragswidrige Verhalten des Arbeitslosen. Dieses muss vielmehr so **schwerwiegend** sein, dass es (ggf. im Zusammenhang mit anderen Umständen) die Kündigung des Arbeitsverhältnisses zu dem Zeitpunkt rechtfertigt, zu dem die Arbeitslosigkeit tatsächlich eingetreten ist. Es ist daher stets zu prüfen, ob das vertragswidrige Verhalten des Arbeitslosen die – fristgemäße oder fristlose – Kündigung **rechtfertigt** (*BSG* 25.4.1990 – 7 RAr 106/89 – BSGE 67, 26, 28 = SozR 3-4100 § 119 AFG Nr. 3 mwN). Eine **fristlose Kündigung** kann nur durch ein solches vertragswidriges Verhalten veranlasst werden, das **die Voraussetzungen des § 626 Abs. 1 BGB** erfüllt (*BSG* 21.7.1988 SozR 4100 § 119 Nr. 32). Rechtfertigt das vertragswidrige Verhalten des Arbeitslosen nur eine ordentliche, nicht aber die vom Arbeitgeber ausgesprochene fristlose Kündigung, tritt eine Sperrzeit nicht vor Ablauf der ordentlichen Kündigungsfrist ein (*BSG* 25.4.1990 aaO). 21

C. Kausalität, Verschulden

1. Allgemeines

22 In den Fällen der Sperrzeit **wegen Arbeitsaufgabe** setzt der Eintritt einer Sperrzeit voraus, dass der Arbeitnehmer arbeitslos/beschäftigungslos geworden ist und dass er die Arbeitslosigkeit durch sein Verhalten (die Lösung des Beschäftigungsverhältnisses) **mindestens grob fahrlässig herbeigeführt** hat. Die Arbeitslosigkeit muss also zunächst durch den Arbeitslosen **verursacht** worden sein, entweder durch ihn allein oder unter seiner Mitwirkung oder wenigstens mittelbar durch sein Verhalten. Da es auf die **Herbeiführung** der Arbeitslosigkeit ankommt, ist unerheblich, ob der Arbeitslose die Arbeitslosigkeit gerade für die Zeit verursacht hat, für die er Leistungen begehrt (s.u. Rz 23). Ebenso ist es unerheblich, ob der Arbeitslose Arbeitslosengeld erst für eine Zeit beansprucht, in der er ohnedies arbeitslos gewesen wäre (s.u. Rz 23). Bei Kündigung des Arbeitsverhältnisses durch den Arbeitnehmer ist Kausalität im Regelfall gegeben. Problematisch sind hingegen die Fälle, in denen ein Aufhebungsvertrag im Anschluss an eine Arbeitgeberkündigung geschlossen wird (s.o. Rz 17e) oder ein solcher Vertrag einer sicheren oder jedenfalls drohenden Kündigung des Arbeitgebers zuvorkommt (s.u. Rz 38). Die in der Literatur streitige Frage, ob Kausalität auch dann vorliegt, wenn das Arbeitsverhältnis unabhängig vom Verhalten des Arbeitnehmers ohnehin zu demselben Zeitpunkt geendet hätte, wird vom BSG – zu Recht – bejaht (*BSG* 12.8.1984 DBlR § 119 AFG Nr. 2959; 5.8.1999 BSGE 84, 225, 231 = SozR 3-4100 § 119 AFG Nr. 17 mwN; 17.10.2002 SozR 3-4300 § 144 Nr. 12).

22a Der ursächliche Zusammenhang beurteilt sich allein nach dem **tatsächlichen Geschehensablauf** und nicht etwa einem hypothetischen Verlauf, zu dem zB eine angedrohte Arbeitgeberkündigung gehört. Die sog. **überholende Kausalität** ist keine Frage der Kausalität, sondern der Schadenszurechnung (*Estelmann* VSSR 1997, 13, 336) und kann für den Arbeitnehmer allenfalls bei der Frage des **wichtigen Grundes** eine Rolle spielen (s.u. Rz 38). Dem entsprechend kann eine Kündigung des Arbeitsverhältnisses durch den Arbeitnehmer auch dann kausal sein, wenn der Arbeitgeber zum gleichen Zeitpunkt (aus betriebsbedingten oder personenbedingten Gründen) tatsächlich gekündigt hat bzw. die Kündigungsschreiben sich gekreuzt haben, oder wenn eine Arbeitgeberkündigung sicher bevorstand oder jedenfalls drohte. Das Gleiche gilt, wenn feststeht, dass der Arbeitnehmer ohne das vertragswidrige Verhalten, auf das die Kündigung gestützt war, zum gleichen Zeitpunkt aus betriebsbedingten Gründen entlassen worden wäre. Auch in diesen Fällen ist jeweils zu prüfen, ob ein wichtiger Grund oder wenigstens ein Härtefall vorliegt (s.u. Rz 32 ff.).

23 Bei der Frage der Verursachung der Arbeitslosigkeit durch den Arbeitslosen kommt es – entgegen aufgegebenen früheren Entscheidungen (*BSG* 12.12.1984 SozR 4100 § 119 Nr. 24; 25.4.1990 SozR 3-4100 § 119 Nr. 3) – nicht darauf an, ob die Arbeitslosigkeit **gerade für den Zeitraum, für den Leistungen beansprucht werden**, verursacht worden ist. Maßgebend ist vielmehr die vom Arbeitnehmer »herbeigeführte« Arbeitslosigkeit, dh die Verursachung ihres **Beginns**. Es ist unerheblich, ob der Arbeitslose zu einem späteren Zeitpunkt, zu dem er Leistungen beansprucht, ohnehin (aus anderen Gründen) arbeitslos geworden wäre. Dass wegen der späteren Inanspruchnahme der Leistung der Versichertengemeinschaft kein Schaden entsteht, ist unerheblich; dies schließt die Kausalität nicht aus (*BSG* 5.8.1999 – B 7 AL 14/99 R – BSGE 84, 225, 231 ff. = SozR 3-4100 § 119 AFG Nr. 17; s.a. Rz 52).

Eine Sperrzeit tritt hingegen nicht ein, wenn das vertragswidrige Verhalten des Arbeitnehmers lediglich eine ordentliche Kündigung, nicht aber eine fristlose Kündigung des Arbeitgebers rechtfertigt und der durch die fristlose Kündigung (schuldlos) arbeitslos gewordene Arbeitnehmer Arbeitslosengeld nur für die Zeit bis zum Ablauf der Kündigungsfrist begehrt (*BSG* 25.4.1990 SozR 3-4100 § 119 Nr. 3). Eine Sperrzeit kann erst für die Zeit nach Ablauf der Kündigungsfrist eintreten, sofern der Arbeitslose dann noch arbeitslos ist.

24 Beim Zusammentreffen mehrerer Ursachen für die Arbeitslosigkeit ist der Kausalzusammenhang nach der **Theorie der wesentlichen Bedingung** zu beurteilen, die auch sonst für das Sozialrecht maßgebend ist. Danach ist eine Bedingung als ursächlich (mitursächlich) im Rechtssinne anzusehen, wenn sie im Verhältnis zu anderen Bedingungen wegen ihrer besonderen Beziehungen zum Erfolg zu dessen Eintritt wesentlich mitgewirkt hat (*BSG* 28.6.1991 – 11 RAr 81/90 – BSGE 89, 108, 111 = SozR 3-4100 § 119 AFG Nr. 6). So kann etwa die Kausalität der vom Arbeitnehmer ausgesprochenen Kündigung zurücktreten, wenn die Arbeitslosigkeit bei pflichtgemäßer Vermittlungstätigkeit der AfA nicht eingetreten wäre (krit. dazu *Eicher/Schlegel-Henke* § 144 Rz 154). Eine vom Arbeitnehmer ausgesprochene Kündigung bleibt auch dann für die Arbeitslosigkeit die wesentliche Ursache, wenn der Arbeitgeber zum selben Zeitpunkt eine betriebs- oder personenbedingte Kündigung ausgesprochen hat.

Hat der Arbeitnehmer eine Beschäftigung von weniger als 15 Stunden wöchentlich ausgeübt und aufgegeben, kann es mangels Kausalität nicht zum Eintritt einer Sperrzeit kommen, weil Arbeitslosigkeit bereits vor der Aufgabe bestanden hat (vgl. § 119 Abs. 3 S. 1; Abs. 5 Nr. 1 SGB III). Das gilt nicht, wenn eine von mehreren kurzzeitigen Beschäftigungen aufgegeben wurde, die bei Zusammenrechnung mindestens 15 Stunden wöchentlich umfassten (§ 119 Abs. 3 S. 2 SGB III; vgl. auch SozR Rz 47c). 24a

Bei einer **Kündigung des Arbeitgebers** wegen vertragswidrigen Verhaltens des Arbeitnehmers muss die Kündigung durch das vertragswidrige Verhalten »**veranlasst**« sein und **dadurch** die Arbeitslosigkeit **verursacht** sein. Eine Kündigung ist durch das Verhalten des Arbeitnehmers veranlasst, wenn dieses Verhalten den objektiven Geschehensablauf zur Kündigung in Gang setzt und eine die Kündigung **wesentlich mitbestimmende Bedingung** darstellt. Das ist zB nicht der Fall, wenn der Arbeitgeber in erster Linie aus betriebsbedingten Gründen kündigt und die Kündigung nur hilfsweise auf vertragswidriges Verhalten stützt. 25

Auch wenn ein vertragswidriges Verhalten des Arbeitnehmers Anlass für die Kündigung war, muss ein **Ursachenzusammenhang** zwischen Kündigung und Arbeitslosigkeit gegeben sein. An diesem Zusammenhang fehlt es, wenn – unabhängig von Anlass oder Motiv der Kündigung – nach dem objektiv vorliegenden Kündigungssachverhalt **andere Kündigungsgründe** vorgelegen haben, die die **alleinige** oder neben dem vertragswidrigen Verhalten des Arbeitnehmers eine **wesentlich mitbestimmende** Ursache für die Beendigung des Arbeitsverhältnisses bilden. Typische Fallgestaltung: Der Arbeitgeber kündigt wegen wiederholtem unentschuldigtem Fernbleiben von der Arbeit und stützt im Kündigungsschutzprozess (durch zulässiges Nachschieben von Gründen) die Kündigung auch auf betriebsbedingte Gründe, zB Arbeitsmangel. Erweist sich der verhaltensbedingte Kündigungsgrund mangels der erforderlichen Abmahnung als nicht ausreichend und wird das Arbeitsverhältnis wegen Arbeitsmangel beendet, so fehlt es an dem erforderlichen Ursachenzusammenhang; das gilt auch, wenn die Auflösung des Arbeitsverhältnisses durch den betriebsbedingten Kündigungsgrund wesentlich mitbestimmt wird, dh das Arbeitsverhältnis jedenfalls auch aus diesem Grund zum gleichen Zeitpunkt beendet worden ist. Wäre das Arbeitsverhältnis später (zB aus betriebsbedingten Gründen) ohnehin gekündigt worden und schiebt der Arbeitslose seine Arbeitslosmeldung (bzw. die Entstehung des Anspruchs) bis zu diesem (fiktiven) Kündigungszeitpunkt auf, hindert dies weder den Eintritt der Sperrzeit noch die Verkürzung der Anspruchsdauer. 26

2. Verursachung geringfügiger Arbeitslosigkeit

Die Frage, ob eine Sperrzeit auch dann eintritt, wenn der Arbeitnehmer durch sein Verhalten den Eintritt der Arbeitslosigkeit um **weniger als die Dauer der Sperrzeit** vorverlegt hat, hatte das BSG mit der Begründung bejaht, die Sperrzeit sei ein der Vertragsstrafe ähnlicher **Ausgleich standardisierten Umfangs** (Regeldauer, halbe Regeldauer, Erlöschen des Leistungsanspruchs); deshalb trete eine (auf die halbe Regeldauer verkürzte) Sperrzeit auch dann ein, wenn ein Arbeitsloser ein befristetes Arbeitsverhältnis nur eine Woche früher beende und für diese Woche Arbeitslosengeld beanspruche (*BSG* 12.12.1984 – 7 RAr 49/84 – SozR 4100 § 119 Nr. 24). Auf den Hinweis des BSG, bei längeren Sperrzeiten könne dies jedoch gegen den **Verhältnismäßigkeitsgrundsatz** verstoßen, hat der Gesetzgeber 1986 durch Gesetzesänderung reagiert: Seitdem war die Sperrzeit für zwei – von mehreren möglichen – Fallgruppen auf ein Viertel der Regeldauer (zwei Wochen) reduziert worden, u.a. »wenn das Arbeitsverhältnis innerhalb von vier Wochen nach dem Ereignis, das die Sperrzeit begründet, ohne eine Sperrzeit geendet hätte« (§ 119 Abs. 2 S. 2 Nr. 1 AFG aF). Die Neuregelung des SGB III sah entsprechend der Regeldauer von zwölf Wochen eine Reduktion auf drei Wochen vor, wenn das Arbeitsverhältnis innerhalb von sechs Wochen nach dem sperrzeitbegründenden Ereignis ohne Sperrzeit geendet hätte (vgl. 6. Aufl. § 144 SGB III Rz 28, 49). Ab 1.1.2003 sind die Härtefälle bei Sperrzeit wegen Arbeitsaufgabe neu geregelt worden (Verkürzung der Regelsperrzeit auf sechs bzw. drei Wochen, s.u. Rz 57). Dem kann eine Bestätigung der Rspr. des BSG entnommen werden, dass die Sperrzeit **eine Pauschalierung der dem Versicherten anzulastenden Folgen** darstellt, und dass eine **Begrenzung der Sperrzeit** auf den eingetretenen **Schaden** (Dauer der verursachten Arbeitslosigkeit) nicht dem gesetzlichen System entspricht (zuletzt *BSG* 5.2.2004 – B 11 AL 31/03 R – NZS 2005, 219 = SozR 4-4300 § 144 Nr. 7, S. 29 f.). Verfassungsrechtlichen Bedenken (u.a. *Gagel/Winkler* SGB III § 144 Rz 222; *Estelmann* VSSR 1997, 313, 326 ff.) ist das BSG ausdrücklich und mit guten Gründen entgegengetreten (*BSG* 5.2.2004 aaO). Gegen eine einschränkende Auslegung spricht sowohl der Wortlaut, die Entstehungsgeschichte als auch Sinn und Zweck der pauschalierenden Regelung. Deshalb tritt eine verkürzte Sperrzeit von drei Wochen auch dann ein, wenn die Dauer der verursachten Arbeitslosigkeit nur wenige Tage umfasst; sie ver- 27 kürzt sich andererseits aber auch dann auf drei Wochen, wenn die herbeigeführte Arbeitslosigkeit bis zu sechs Wochen reicht. Zu den Härteregelungen s.u. Rz 57 f.

3. Vorsätzliche oder grob fahrlässige Herbeiführung der Arbeitslosigkeit

28 Der Arbeitnehmer muss die Arbeitslosigkeit durch seine Kündigung oder durch sein vertragswidriges Verhalten **vorsätzlich oder grob fahrlässig** herbeigeführt haben. Diese Schuldbegriffe beziehen sich nach dem eindeutigen Wortlaut des Gesetzes nicht auf die **Lösung des Beschäftigungsverhältnisses** durch den Arbeitnehmer bzw. auf sein vertragswidriges Verhalten, sondern auf den **Eintritt der Arbeitslosigkeit** (so *BSG* 25.8.1981 BB 1982, 559; aA *Gagel* AuB 1978, 259; *Gagel/Winkler* SGB III § 144 Rz 87 f.; *Thiede* ABA 1972, 8, 198). Es entspricht dem Grundgedanken der Sperrzeitregelung, nicht ein bestimmtes Verhalten zu ahnden, sondern die Erhöhung des Risikos der Beitragszahler in Schranken zu halten bzw. Manipulierungen des Versicherungsfalles auszuschließen.

29 **Grobe Fahrlässigkeit** liegt dann vor, wenn die erforderliche Sorgfalt nach den gesamten Umständen des Falles in besonders großem Maße verletzt ist, dh wenn schon einfachste, ganz naheliegende Überlegungen nicht angestellt worden sind (*BSG* 25.8.1981 BB 1982, 559). Deshalb liegt mindestens grobe Fahrlässigkeit vor, wenn der Arbeitnehmer sein Arbeitsverhältnis kündigt und weiß, dass er keinen Anschlussarbeitsplatz oder mindestens konkrete Aussichten auf einen solchen hat (*BSG* 13.8.1986 – 7 RAr 1/86 – BSG SozR 4100 § 119 AFG Nr. 28 mwN; zuletzt 27.5.2003 – B 7 AL 4/02 R – SozR 4-4300 § 144 Nr. 3). Die feste Zusicherung eines Anschlussarbeitsplatzes ist nicht erforderlich; eine berechtigte Erwartung reicht aus. Hat zB ein Arbeitnehmer ein unbefristetes Beschäftigungsverhältnis gelöst, um anschließend ein befristetes Beschäftigungsverhältnis einzugehen, und wird er nach Ablauf der Befristung arbeitslos, so hat er die Arbeitslosigkeit nicht grob fahrlässig herbeigeführt, wenn er nach den Umständen des Falles die berechtigte Hoffnung haben konnte, dass das Arbeitsverhältnis über die Befristung hinaus fortdauern werde (*SG Duisburg* 29.10.2002 info also 2003, 151).

30 Bei Beendigung des Arbeitsverhältnisses durch den Arbeitgeber kommt es darauf an, ob der Arbeitslose **schlechthin wissen musste,** dass er infolge seines Verhaltens arbeitslos werden würde, oder ob diese Entwicklung doch so nahe lag, dass sie nicht außer Betracht bleiben durfte. Das ist zB der Fall, wenn ein LKW-Fahrer infolge Trunkenheit die erforderliche Fahrerlaubnis verliert und daraufhin wegen Unmöglichkeit der Arbeitsleistung gekündigt wird (vgl. *BSG* 25.8.1981 aaO). Nach dem in der Rechtsprechung des BSG herausgebildeten **subjektiven Fahrlässigkeitsbegriff** ist hierbei die persönliche Urteils- und Kritikfähigkeit und das Einsichtsvermögen des Arbeitnehmers zu berücksichtigen (*BSG* 1.8.1978 BSGE 47, 28, 33; 12.2.1980 SozR 4100 § 152 Nr. 10). Dass die Vertragsverletzung, die die Kündigung veranlasst hat, selbst grob fahrlässig war, ist nicht Voraussetzung für den Eintritt der Sperrzeit (*BSG* 12.12.1984 SozR § 119 Nr. 26; aA *Gagel/Winkler* SGB III § 144 Rz 87 f.; *Gagel* AuB 1978, 257, 259; *Thiede* ABA 1972, 8, 10). Es reicht auch eine **einfache Pflichtverletzung** aus, die aber hinsichtlich der Herbeiführung der Arbeitslosigkeit regelmäßig nur dann den **Vorwurf grober Fahrlässigkeit** rechtfertigt, wenn der Arbeitnehmer auf Grund besonderer Umstände – etwa bei wiederholtem Pflichtverstoß nach vorheriger Abmahnung durch den Arbeitgeber – sicher mit der **Entlassung rechnen musste.** Bei Verstößen einfacher Art ist idR eine Abmahnung bzw. Verwarnung erforderlich, bevor der Arbeitgeber das vertragswidrige Verhalten zum Anlass einer (außerordentlichen oder ordentlichen) Kündigung nehmen kann.

31 Ob nur **vertragswidriges Verhalten,** das der Arbeitnehmer **verschuldet** hat, zur Sperrzeit zu führen vermag (so *Thiede* aaO; *Gagel* AuB 1978, 257, 259; *Schönefelder/Kranz/Wanka* AFG § 119 Rz 6; *Geffers/Schwarz* AFG § 119 Rz 6), oder ob auch ein lediglich **objektiv pflichtwidriges** Verhalten ausreicht (so *Kröner* ABA 1972, 70, 71), ist streitig. Nach Wortlaut und Entstehungsgeschichte des früheren § 119 AFG und jetzigen § 144 SGB III ist ein vertragswidriges Verhalten des Arbeitnehmers gemeint, das – ggf. im Zusammenhang mit anderen Umständen – einen **geeigneten Anlass für eine Kündigung** bietet. Eine ordentliche Kündigung ist idR nur dann durch Gründe im Verhalten des Arbeitnehmers sozial gerechtfertigt, wenn dieser schuldhaft gegen die ihm obliegenden Vertragspflichten verstoßen hat (vgl. KR-*Fischermeyer* § 626 BGB Rz 139 mwN); ein lediglich objektiv pflichtwidriges Verhalten, zB Verstöße gegen Vertragspflichten aus normalem »Ungeschick«, auf Grund menschlicher Unzulänglichkeiten, kann nur ausnahmsweise, zB bei Verursachung eines beträchtlichen Schadens, zu einer wirksamen ordentlichen Kündigung führen (vgl. KR-*Griebeling* § 1 KSchG Rz 396, 400; abl. KR-*Fischermeier* § 626 BGB Rz 139). In derartigen Fällen wird jedenfalls die Kündigung und damit die Arbeitslosigkeit nicht ohne weiteres für den Arbeitnehmer vorhersehbar sein, sodass es schon aus diesen Gründen an den Voraussetzungen für den Eintritt einer Sperrzeit fehlt. Im Übrigen können vertragswidrige Fehl-, Schlecht- und Minderleistungen, die auf mangelnder Eignung (zB auf fehlender persönlicher und

fachlicher Qualifikation) beruhen und daher im Allgemeinen nur eine Kündigung aus personenbedingten Gründen rechtfertigen (vgl. KR-*Griebeling* § 1 KSchG Rz 265 ff., 448), nicht zu einer Sperrzeit führen, weil die Sperrzeitregelung wegen Arbeitsaufgabe nur die Fälle der Kündigung des Arbeitgebers aus **verhaltensbedingten Gründen** erfasst.

D. Wichtiger Grund

1. Begriff, Bedeutung

Eine Sperrzeit tritt in sämtlichen Sperrzeitfällen des § 144 Abs. 1 S. 2 Nr. 1 bis 7 SGB III nicht ein, wenn der Arbeitslose für sein Verhalten einen **wichtigen Grund** hat. Der Begriff »wichtiger Grund« ist ein unbestimmter Gesetzesbegriff, der an die Stelle der im früheren Recht aufgezählten »berechtigten Gründe« (§ 78 AVAVG) getreten ist (vgl. dazu *BSG* 17.10.2002 – B 7 AL 96/00 – BSGE 90, 90, 97 = SozR 3-4100 § 119 Nr. 26). Eine Sperrzeit soll nach den Vorstellungen des Gesetzgebers allgemein dann eintreten, wenn dem Arbeitnehmer unter Berücksichtigung aller Umstände des Einzelfalles und unter Abwägung seiner Interessen und der Interessen der Versichertengemeinschaft ein anderes Verhalten **zugemutet werden kann** (vgl. Vorbem. zu § 108a AFG-Entwurf, BT-Drs. V/4110, S. 20/21; *BSG* 26.10.2004 – B 7 AL 98/03 R – SozR 4-4300 § 144 Nr. 9). 32

Der wichtige Grund muss sich auf die Lösung des **Beschäftigungsverhältnisses**, nicht des Arbeitsverhältnisses beziehen. Das kann zB bei einer vereinbarten Freistellung gegen Fortzahlung des Arbeitsentgelts bedeutsam sein (s.o. Rz 19i).

Nach hM muss der wichtige Grund **objektiv** bestehen, was allerdings nicht ausschließt, dass er ganz oder teilweise in subjektiven Bedürfnissen und Vorstellungen des Arbeitslosen liegen kann. Es genügt aber, wenn objektiv ein Grund vorliegt oder nachträglich erkennbar wird, auch wenn er für den Versicherten nicht bestimmend war (*BSG* 9.5.1963 SozR Nr. 1 zu § 80 AVAVG). Im Falle der **irrtümlichen Annahme** eines wichtigen Grundes oder bei sonstigen irrtümlichen Vorstellungen über den Nichteintritt einer Sperrzeit (zB Irrtum über die Rechtsfolgen einer Kündigung) kann eine **Verkürzung der Sperrzeit** nach der Härteregelung des § 144 Abs. 3 SGB III in Betracht kommen. Dies setzt allerdings voraus, dass der Irrtum **unverschuldet**, dh für den Arbeitslosen unvermeidbar war, etwa wenn der Irrtum bei der gebotenen Einholung einer Auskunft bei einer kompetenten Stelle durch diese hervorgerufen oder unterstützt worden ist (vgl. *BSG* 5.6.1997 SozR 3-1500 § 144 SGG Nr. 12; 13.3.1997 SozR 3-4100 § 119 Nr. 11). 33

2. Gründe aus dem Arbeitsverhältnis

Wichtige Gründe iSd § 144 Abs. 1 SGB III sind jedenfalls alle Gründe, die zur **fristlosen Kündigung durch den Arbeitnehmer** berechtigen (*BSG* 17.7.1964 BSGE 21, 205, 207; vgl. zur Kündigung aus wichtigem Grund KR-*Fischermeier* § 626 BGB Rz 128 ff., 136, 149, 152 – 154), ferner auch Gründe, die zwar nicht die Weiterarbeit während der Kündigungsfrist, wohl aber die **Fortsetzung des Arbeitsverhältnisses** über die ordentliche Kündigungsfrist hinaus als unzumutbar erscheinen lassen. Anders als im Arbeitsrecht ist also auch bei der ordentlichen Kündigung des Arbeitnehmers zu prüfen, ob sie durch **wichtige Gründe** gerechtfertigt war. Hat die Wichtigkeit des Grundes nur eine ordentliche Kündigung gerechtfertigt, der Arbeitnehmer aber fristlos gekündigt, so kann dies eine Sperrzeit auslösen. Da der wichtige Grund iSd § 144 Abs. 1 S. 1 SGB III nicht mit dem wichtigen Grund iSd § 626 BGB inhaltlich übereinstimmt, können also auch Gründe, die arbeitsrechtlich allenfalls eine ordentliche, nicht aber fristlose Kündigung rechtfertigen, im Einzelfall einen wichtigen Grund zur Lösung des Beschäftigungsverhältnisses bilden. 34

Als wichtige Gründe kommen in Betracht: Vertragsverletzungen durch den Arbeitgeber, zB verspätete Zahlung des Arbeitsentgelts, untertarifliche Entlohnung, Versetzung in unterwertige Tätigkeit, Nichteinhaltung von Sicherheitsvorschriften, zB der Vorschriften über Lenk- und Ruhenszeiten bei Lkw-Fahrern (*BSG* 6.2.2003 – B 7 AL 72/01 R – SozR 4-4300 § 144 Nr. 1 = SGb 2003, 477 mit zust. Anm. *Gitter* SGb 2003, 479; abl. *Walter* ArbuR 2003, 315). Allerdings muss der Arbeitnehmer vor der Beendigung seines Arbeitsverhältnisses einen zumutbaren Versuch unternommen haben, die arbeitsrechtliche Situation zu bereinigen (*BSG* 6.2.2003 aaO). 35

Umstände aus dem Arbeitsverhältnis/Beschäftigungsverhältnis begründen grds. nur dann einen wichtigen Grund für dessen Lösung, wenn zu deren Beseitigung durch Vereinbarung mit dem Arbeitgeber ein zumutbarer Versuch möglich war und unternommen worden ist (*BSG* 6.2.2003 aaO). 35a

36 Als wichtiger Grund kommt auch das **Verhalten von Mitarbeitern** in Betracht (zB Mobbing durch Vorgesetzte oder die Belegschaft; vgl. *BSG* 21.10.2003 – B 7 AL 92/02 R), ferner auch **Verletzungen der Fürsorgepflicht** und sonstige Handlungen des Arbeitgebers, die die Vertrauensgrundlage der Zusammenarbeit zerstören oder nachhaltig beeinträchtigen. ZB kann der unberechtigte Verdacht einer strafbaren Handlung und/oder eine unberechtigte Kündigung durch den Arbeitgeber das Vertrauensverhältnis so tiefgreifend stören, dass die Beendigung des Arbeitsverhältnisses schon vor Ablauf der maßgeblichen Kündigungsfrist gerechtfertigt sein kann.

37 Die Auflösung des Arbeitsverhältnisses durch **arbeitsgerichtlichen Vergleich** nach Kündigung durch den Arbeitgeber ist durch einen wichtigen Grund gerechtfertigt, wenn die (verhaltensbedingte) Kündigung **ungerechtfertigt** und die Fortsetzung des Arbeitsverhältnisses unzumutbar war oder wenn der Vergleich ansonsten nach der jeweiligen Prozesssituation auf verständigem Grund beruht (s.o. Rz 19b, e).

3. Drohende Arbeitgeberkündigung

38 Hat der Arbeitnehmer sein Arbeitsverhältnis durch Auflösungsvertrag mit dem Arbeitgeber gelöst, weil eine von seinem Verhalten unabhängige Kündigung des Arbeitgebers zum gleichen Zeitpunkt gedroht bzw. sicher bevorgestanden hat, berührt das zwar nicht die Kausalität (s.o. Rz 22 ff.), kann aber uU einen **wichtigen Grund** darstellen. In der Rspr. des BSG ist in solchen Fällen ein wichtiger Grund angenommen worden, wenn a) die angedrohte Kündigung **rechtmäßig** ist und ein vom Verhalten des Arbeitnehmers unabhängiger Grund vorliegt, b) dem Arbeitgeber das **Abwarten der Kündigung nicht zuzumuten** ist (*BSG* 25.4.2002 – B 11 AL 65/01 R – BSGE 89, 243 = SozR 3-4300 § 144 Nr. 8 mit zust. Anm. *Lauterbach* NJ 2002, 672; 17.10. 2002 – B 7 AL 136/01 R – SozR 3-4300 § 144 Nr. 12 S. 34 f.). Es reicht allerdings nicht aus, dass der Arbeitnehmer die drohende Kündigung für rechtmäßig gehalten hat oder halten durfte; vielmehr muss es sich um eine **objektiv rechtmäßige Kündigung** handeln, was im Einzelfall im Rahmen des Sperrzeitprozesses zu klären ist. Wesentlich ist dabei die Erwägung, dass sich der Betroffene gegen eine solche Kündigung nicht erfolgreich zur Wehr setzen könnte. Damit ist dem Arbeitnehmer allerdings das Risiko aufgebürdet, die Rechtmäßigkeit der Kündigung objektiv richtig zu beurteilen bzw. im Streitfall ihre Rechtmäßigkeit darzulegen.

Hinsichtlich der unter b) genannten Voraussetzung hat das BSG im Hinblick auf den Zweck der Sperrzeit und das Übermaßverbot selbst eine restriktive Handhabung angemahnt. Dem Arbeitnehmer sei nicht grds. zuzumuten, die drohende Kündigung des Arbeitgebers abzuwarten. Eine Beteiligung an der Beendigung des Beschäftigungsverhältnisses sei vielmehr dann sperrzeitunschädlich, wenn dem Arbeitnehmer ein Abwarten der Arbeitgeberkündigung im Hinblick auf anderweitige Nachteile nicht zuzumuten sei. Hier greift aber regelmäßig die Überlegung ein, dass die einverständliche Lösung des Beschäftigungsverhältnisses sich positiv auf die Eingliederungsmöglichkeiten des Arbeitslosen auswirken und damit der Solidargemeinschaft zugute kommen kann (*BSG* 10.8.2000 – B 11 AL 115/99 R; 25.4.2002 – B 11 AL 65/01 R – BSGE 89, 243, 248 = SozR 3-4300 § 144 Nr. 8 mit zust. Anm. *Lauterbach* NJ 2002, 672).

38a Auch bei **Rechtswidrigkeit** einer drohenden (sicher zu erwartenden oder bereits ausgesprochenen) Kündigung bleibt nach der Rspr. Raum für die Annahme eines wichtigen Grundes, sofern besondere Umstände, zB das Verhalten des Arbeitgebers, dies rechtfertigen (*BSG* 17.10.2002 – B 7 AL 136/01 – SozR 3-4300 § 144 Nr. 12; 2.9.2004 – B 7 AL 18/04 R -). Der wichtige Grund muss allerdings bereits zum Zeitpunkt des als Lösung zu wertenden Verhaltens vorliegen; erst später eintretende Umstände sind ohne Bedeutung.

38b Zum Vorliegen eines wichtigen Grundes bei Vereinbarungen über ein Vorgehen nach dem Modell des § 1a KSchG s.o. Rz 18b.

4. Sonstige berufliche und betriebliche Gründe

39 Auch sonstige **berufliche und betriebliche Gründe** können einen wichtigen Grund darstellen, zB die Aufgabe der Arbeitsstelle wegen drohender Insolvenz des Betriebes, drohender Umsetzung auf einen sozial geringer bewerteten Arbeitsplatz wegen Personalüberhangs, ferner auch die Absicht des Arbeitnehmers, sich einer geregelten Ausbildung oder Fortbildung zu unterziehen. Dem Arbeitnehmer kann grds. nicht zugemutet werden, auf eine der betrieblichen Fortentwicklung dienende Bildungsmaßnahme zu verzichten. Er muss allerdings darum bemüht sein, dass er das Arbeitsverhältnis möglichst bis zum Beginn der Bildungsmaßnahme aufrecht erhält (s.u. Rz 47). Zur Auflösung eines Ausbildungsverhältnisses s.o. Rz 8.

Ein wichtiger Grund liegt nicht allein in der **Zahlung einer Abfindung**. Es müssen vielmehr überla- 40
gernde Sachzwänge der betrieblichen Situation des Arbeitgebers und den daraus folgenden Bedingungen für den Arbeitnehmer vorliegen, zB permanenter psychischer Druck, Unsicherheit über den Wegfall des Arbeitsplatzes u.ä. (*BSG* 29.11.1989 – 7 RAr 86/88 – BSGE 66, 94 = SozR 4100 § 119 AFG Nr. 36 mwN; 20.1.2000 AP Nr. 6 zu § 119 AFG).

5. Personalabbau

Die Frage, ob ein wichtiger Grund zur Kündigung oder Auflösungsvereinbarung darin liegt, dass ein 41
älterer Arbeitnehmer einem **jüngeren den Arbeitsplatz erhalten will,** hatte wegen der seit 1.1.1993 verschärften Sperrzeitfolgen, insbes. auch der Einführung des § 117a AFG, besondere Bedeutung gewonnen (vgl. den in der 5. Aufl. kommentierten § 117a AFG, der allerdings zum 1.4.1997 aufgehoben worden ist und nur noch kraft Übergangsrechts fortgilt). Jedenfalls hatte der Gesetzgeber mit § 117a AFG deutlich zu erkennen gegeben, dass die Versichertengemeinschaft ein besonderes Interesse daran hat, den Eintritt der Arbeitslosigkeit älterer Arbeitnehmer wegen der erheblichen **Folgekosten** zu verhindern, selbst wenn sie im Rahmen einer sozialplanpflichtigen Betriebsänderung ausscheiden (vgl. BT-Drs. 12/3211 zu § 117, S. 23). Daran hat sich – trotz Streichung des § 117a AFG – bisher letztlich nichts geändert. Allerdings könnte die Verkürzung der Dauer der ab 1.2.2006 entstehenden Ansprüche auf Arbeitslosengeld auf höchstens 18 Monate und der Wegfall der Erstattungspflicht des Arbeitgebers für solche Ansprüche (vgl. KR-*Wolff* § 147a SGB III Rz 4) dafür sprechen, die Anforderungen an den wichtigen Grund bei Personalabbau (s.u. Rz 43, 44) zu mildern.

Die ältere Rspr. des BSG hatte einen wichtigen Grund **bei drastischem Personalabbau** mit der Begrün- 42
dung bejaht, dass einem älteren Arbeitnehmer, der in einer solchen Situation seinen Arbeitsplatz aufgibt, nicht vorgeworfen werden kann, die Belastungen der Arbeitsverwaltung mit Arbeitslosigkeit zu manipulieren (*BSG* 17.2.1981 SozR 4100 § 119 Nr. 14).

Diese Rechtsprechung hat das BSG inzwischen auf **besonders gelagerte Einzelfälle** eingeschränkt: Ein 43
wichtiger Grund für die Lösung eines Arbeitsverhältnisses wegen Personalabbaus liegt nur bei einer **krisenhaften Situation** eines **größeren Betriebes** vor, wenn der Personalabbau von erheblichem Ausmaß ist und kurzfristig durchgeführt werden muss, um den Betrieb und damit die verbleibenden Arbeitsplätze zu erhalten. Eine solche Situation liegt im Allgemeinen nicht vor, wenn innerhalb eines Jahres **weniger als 1/4 der Beschäftigten freigesetzt wird** (*BSG* 25.4.1990 – 7 RAr 84/88 – SozSich 1991, 94; ferner *BSG* 29.11.1989 BSGE 66, 94 = SozR 4100 § 119 Nr. 36 = NZA 1990, 628). Nur unter besonderen betrieblichen und den Arbeitsmarkt der Region belastenden Umständen sollen insbes. ältere Arbeitnehmer berechtigt sein, unter Mitnahme einer Abfindung aus dem Arbeitsverhältnis auszuscheiden und die Leistungen der Arbeitslosenversicherung ungeschmälert in Anspruch zu nehmen.

Der Gesetzgeber hat die vorgenannte Rechtsprechung des BSG offensichtlich gebilligt, indem er die 44
Härteregelung des § 147a Abs. 1 S. 2 Nr. 7 SGB III an ihr ausgerichtet hat. Der jetzige § 147a Abs. 1 S. 2 Nr. 7 SGB III lässt – wie die Vorgängervorschrift – die Erstattungspflicht des Arbeitgebers entfallen, wenn der Arbeitnehmer im Rahmen eines kurzfristigen drastischen Personalabbaus von mindestens 20 % aus dem Betrieb ausgeschieden und dieser Personalabbau für den örtlichen Arbeitsmarkt von erheblicher Bedeutung ist (KR-*Wolff* § 147a SGB III Rz 15; vgl. aber oben Rz 41 aE). Die Anerkennung eines wichtigen Grundes ist dagegen zu verneinen, wenn der Auflösungsvertrag lediglich der Verbesserung der Altersstruktur der Belegschaft oder der Sicherstellung der Wettbewerbsfähigkeit des Unternehmens dient.

Hingegen können die **Auswirkungen** des geplanten Personalabbaus für den Arbeitnehmer mit Rück- 45
sicht auf die Dauer seiner Betriebszugehörigkeit und sein Lebensalter unzumutbar sein, zB wenn nur noch eine **unterwertige Beschäftigung** möglich ist (*BSG* 13.8.1986 SozR 4100 § 119 Nr. 28) oder bei **psychischem Druck** (*BSG* 25.4.1990 – 7 RAr 16/89). Eine drohende Versetzung an einen anderen zumutbaren Arbeitsplatz bei gleichem Lohn reicht nicht aus (*BSG* 25.8.1981 – 7 RAr 53/80). Vgl. zur Änderungskündigung auch Rz 9.

6. Gründe des persönlichen Lebensbereichs

Hinzu kommen vielfältige Gründe im **persönlichen Lebensbereich**, die bei Berücksichtigung **aller** 46
Umstände des Einzelfalles dem Arbeitnehmer die Fortsetzung des Arbeitsverhältnisses als unzumutbar erscheinen lassen, zB gesundheitliche Gründe (vgl. *BSG* 21.10.2003 – B 7 AL 92/02 R) aber auch religiöse und weltanschauliche Gründe, zu große Entfernung des Arbeitsplatzes von der Wohnung

oder Notwendigkeit eines Wohnortwechsels aus familiären Gründen. Als wichtiger Grund ist in diesem Zusammenhang anerkannt die Herstellung oder Wiederherstellung der **ehelichen Lebensgemeinschaft** (*BSG* 20.4.1977 BSGE 43, 269 = SozR 4100 § 119 Nr. 2), nicht aber zum Zwecke des Zusammenlebens mit einem Verlobten (*BSG* 20.4.1977 aaO), es sei denn, dass die Aufgabe des Arbeitsplatzes zum gewählten Zeitpunkt notwendig ist, um zu dem beabsichtigten Heiratstermin die eheliche Lebensgemeinschaft herzustellen (*BSG* 29.11.1988 BSGE 64, 202 = SozR 4100 § 119 Nr. 34 mit Anm. *Ruland* JuS 1989, 847 und *Wagner* SGB 1989, 481). Kein wichtiger Grund ist grds. auch der Wohnortwechsel zum Zwecke der Herstellung oder Wiederherstellung einer **nichtehelichen Lebensgemeinschaft** (*BSG* 25.10.1988 SozR 4100 § 119 Nr. 33 mwN; 5.11.1998 SozR 3-4100 § 119 AFG Nr. 16); anders, wenn der Zuzug zum Zwecke der Versorgung des nicht ehelichen Partners oder seiner Kinder notwendig ist oder wenn die Begründung einer nicht ehelichen Erziehungsgemeinschaft aus ähnlichen Gründen (Kindeswohl) geboten ist (*BSG* 12.11.1981 BSGE 52, 276, 278 = SozR 4100 § 119 Nr. 17). Unter besonderen Voraussetzungen, insbes. wenn eine bereits mehrjährig bestehende nichteheliche Lebensgemeinschaft aufrechterhalten werden soll, die hinsichtlich der Intensität der Bindungen die Voraussetzungen einer »**eheähnlichen Gemeinschaft**« (Verantwortungs- und Einstehensgemeinschaft) erfüllt, kann auch der Zuzug zum Partner einen wichtigen Grund darstellen (so *BSG* 17.10.2002 – B 7 AL 96/00 R – BSGE 90, 90 = SozR 3-4100 § 119 AFG Nr. 26 und 17.10.2002 – B 7 AL 72/00 R – SozR 3-4300 § 144 Nr. 10 unter Aufgabe der bisherigen Rspr.; zuvor angekündigt im Urt. v. 29.4.1998 SozR 3-4100 § 119 AFG Nr. 15 mit abl. Anm. *Eichenhofer* SGb 1999, 167). Hinsichtlich der ursprünglich angedachten zeitlichen Dauer (drei Jahre), in der eine derartige Gemeinschaft als dauerhaft verfestigt angesehen werden kann, hat das BSG klar gestellt, dass die Dreijahresgrenze nicht iS einer Mindestvoraussetzung zu verstehen ist, sondern dass eine kürzere Zeitspanne nach den maßgeblichen Gesamtumständen des Einzelfalls ausreichen kann. Auch der Zuzug zum Partner einer – gleichgeschlechtlichen – **eingetragenen Lebenspartnerschaft** kann einen wichtigen Grund darstellen.

7. Beabsichtigter Stellenwechsel – Obliegenheit zur Vermeidung von Arbeitslosigkeit

47 Bei **beabsichtigtem Stellenwechsel** ist – wie überhaupt bei Lösung des Arbeitsverhältnisses – hinsichtlich der **Bestimmung des Zeitpunktes der Aufgabe des Arbeitsverhältnisses** abzuwägen, ob ein verständiger Arbeitnehmer zunächst noch im Arbeitsverhältnis verblieben wäre, um von dort aus eine neue Stelle zu suchen, oder ob nach den Umständen des Falles eine alsbaldige Beendigung geboten ist. Dies folgt aus dem Grundsatz, dass der wichtige Grund die Auflösung des Arbeitsverhältnisses nicht nur als solche, sondern auch den **konkreten Zeitpunkt** der Auflösung decken muss. Der Arbeitnehmer muss einen wichtigen Grund dafür haben, dass er das Arbeitsverhältnis gerade zu dem bestimmten, gewählten Zeitpunkt auflöst (vgl. *BSG* 29.4.1998 SozR 3-4100 § 119 AFG Nr. 15 mwN). Das bedeutet zunächst, dass ein Arbeitnehmer, der zB eine feste Zusage eines für ihn günstigeren Arbeitsplatzes hat, seine bisherige Arbeit nicht monatelang vor Beginn dieser Arbeit beenden darf; er muss vielmehr alle Anstrengungen unternehmen, um einen **möglichst nahtlosen Übergang** in die neue Arbeit zu erreichen, ggf. durch Einschaltung seines bisherigen Arbeitgebers (*BSG* 29.4.1998 aaO). Die von der Rspr. darüber hinaus erhobene Forderung, der Arbeitnehmer müsse sich rechtzeitig um einen Anschlussarbeitsplatz bemühen, etwa durch frühzeitige Einschaltung der Arbeitsverwaltung (krit. dazu *BSG* 7.5.2003 – B 7 AL 4/02 R – SozR 4-4300 § 144 Nr. 3), dürfte seit Inkrafttreten der Regelung über die Obliegenheit zur frühzeitigen Arbeitsuchendmeldung und die Folgen ihrer Verletzung (s.u. Rz 69 ff.) nicht mehr aufrecht zu erhalten sein (so in *Eicher/Schlegel-Henke* § 144 Rz 194).

8. Beweis- und Feststellungslast

48 Nach dem zum 1.1.2003 neu eingefügten Satz 2 (jetzt Satz 3) des § 144 Abs. 1 SGB III, der für Sperrzeitereignisse nach dem 31.12.2002 gilt (§ 434j Abs. 2 SGB III), hat der Arbeitslose die in seiner **Sphäre oder seinem Verantwortungsbereich** liegenden Tatsachen, die für einen wichtigen Grund maßgeblich sind, darzulegen und nachzuweisen. Damit soll die Verteilung der Beweislast für das Vorliegen eines wichtigen Grundes neu bestimmt und dem Arbeitslosen das Risiko für die in seinem Verantwortungsbereich liegenden Tatsachen zugewiesen werden (BT-Drs. 15/25, S. 31). Diese Regelung berührt nicht die im sozialrechtlichen Verfahren geltende Amtsermittlungspflicht. Unter deren Geltung stellt sich die Frage der **materiellen Beweis- oder Feststellungslast** erst dann, wenn sich die rechtserheblichen Tatsachen nicht mehr weiter aufklären lassen. Erst dann trägt die Arbeitsverwaltung grds. (Ausnahme: Verletzung der Mitwirkungspflicht des Arbeitslosen) die Beweislast dafür, dass ein dem Eintritt einer Sperrzeit entgegenstehender wichtiger Grund nicht vorliegt (*BSG* 25.4.2002 BSGE 89, 243 = SozR 3-4300 § 144 Nr. 8). Soweit § 144 Abs. 1 S. 3 SGB III hiervon eine Ausnahme vorsieht, wenn die für die Beurteilung maßgebenden Tatsachen in der Sphäre oder im Verantwortungsbereich des Arbeitslosen liegen, entspricht dies Erwägungen, die schon der bisherigen Rechtsprechung des BSG zu Grunde liegen (vgl. *BSG* 26.11.1992 BSGE 71, 256, 263 = SozR 3-4100 § 119 AFG Nr. 7). Der Neuregelung dürfte vor dem Hintergrund dieser Rspr. keine größere Bedeutung zukommen (*Spellbrink/Eicher-Voelzke* Kass. Handbuch des Arbeitsförderungsrechts, § 12 Rz 348).

9. Wichtiger Grund und Härtefall

Ist ein wichtiger Grund für die Arbeitsaufgabe zu verneinen und damit eine Sperrzeit eingetreten, kann gleichwohl eine **besondere Härte** vorliegen, die zu einer Minderung der Sperrzeitdauer führt (s.u. Rz 60). Der von dem Arbeitslosen angegebene Grund kann gleichwohl so gewichtig sein, dass er eine Herabsetzung der Sperrzeitdauer rechtfertigt, zB wenn das Verhalten des Arbeitslosen verständlich erscheint, ohne dass es jedoch Vorrang vor den Interessen der Versichertengemeinschaft beanspruchen kann (vgl. zu den Abwägungskriterien *Gagel/Winkler* SGB III § 144 Rz 220 f.). 49

E. Beginn der Sperrzeit, kalendermäßiger Ablauf

1. Beginn

Die Sperrzeit tritt kraft Gesetzes ein; **Beginn und Ablauf** ergeben sich unmittelbar aus dem Gesetz: Die Sperrzeit beginnt mit dem Tag nach dem Ereignis, das die Sperrzeit begründet, oder wenn dieser Tag in eine bereits laufende Sperrzeit fällt, mit dem Ende dieser Sperrzeit (§ 144 Abs. 2 SGB III). In den Fällen der Sperrzeit wegen Arbeitsaufgabe (Abs. 1 S. 2 Nr. 1) beginnt die Sperrzeit allerdings nicht mit dem Tag nach der Kündigung oder dem Abschluss eines Aufhebungsvertrages, sondern erst mit dem **Eintritt der Arbeitslosigkeit**, weil die **Herbeiführung der Arbeitslosigkeit** zum Tatbestand dieser Sperrzeit gehört und vor deren Beginn ein Ruhen des Arbeitslosengeldanspruchs nicht in Betracht kommen kann. Hat zB der Arbeitnehmer durch Kündigung seinen bisherigen Arbeitsplatz verloren, so beginnt die Sperrzeit erst dann, wenn er infolge dessen arbeitslos wird, ggf. also erst nach dem Ende eines zwischenzeitlichen Anschlussarbeitsverhältnisses (*BSG* 25.4.1990 SozR 3-4100 § 119 Nr. 3). Die Sperrzeit beginnt am ersten Tag nach der die Arbeitslosigkeit verursachenden Beendigung des Beschäftigungsverhältnisses, also mit dem Eintritt der **Beschäftigungslosigkeit**. Damit ist hier die – faktische – Beschäftigungslosigkeit iSv § 119 Abs. 1 Nr. 1 SGB III nF gemeint; auf die **weiteren Merkmale** der Arbeitslosigkeit als Leistungsvoraussetzungen (Eigenbemühungen, Verfügbarkeit) kommt es hingegen nicht an, erst recht nicht auf die Arbeitslosmeldung (vgl. zum bisherigen Recht *BSG* 17.10.2002 – B 7 AL 136/01 R – SozR 3-4300 § 144 Nr. 12 und 25.4.2002 – B 11 AL 65/01 R – BSGE 89, 243 = SozR 3-4300 § 144 Nr. 8). 50

2. Kalendermäßiger Ablauf

Die Sperrzeit läuft mit ihrem Eintritt **kalendermäßig** ab, und zwar unabhängig davon, ob der Arbeitslose für die Dauer der Sperrzeit einen Anspruch auf Arbeitslosengeld hat oder nicht hat bzw. nicht geltend macht, zB weil er seine Arbeitslosmeldung auf die Zeit nach Sperrzeitablauf aufgeschoben hat (s.u. Rz 52). Der Gesetzgeber hat bewusst auf eine **Verbindung von Sperrzeit und Leistungsanspruch verzichtet**. Dem entsprechend kommt es für den Beginn der Sperrzeit und ihren Ablauf nicht auf den Zeitpunkt der Antragstellung bzw. der Arbeitslosmeldung an; diese sind nur für die Frage bedeutsam, ob die Sperrzeit ein Ruhen des Anspruchs bewirkt und ob ggf. – durch Verschiebung des Antrags – eine Minderung der Anspruchsdauer vermieden werden kann (*BSG* 5.8.1999 SozR 3-4100 § 110 Nr. 2; zu Problemen in diesem Bereich vgl. *Legde* SGb 2003, 617). 51

Soweit die Beendigung des Beschäftigungsverhältnisses und des Arbeitsverhältnisses zeitlich auseinander fallen, also zB ein Arbeitnehmer wegen vertragswidrigen Verhaltens gekündigt, aber bereits vor Ablauf der Kündigungsfrist vom Arbeitgeber »freigestellt« wird, beginnt die Sperrzeit bereits mit der Freistellung und kann bei späterer Auflösung des Arbeitsverhältnisses bereits abgelaufen sein (vgl. *BSG* 17.10.2002 – B 7 AL 136/01 R – SozR 3-4300 § 144 Nr. 12; zur Freistellung s.a. Rz 19i).

Am **kalendermäßigen Eintritt und Ablauf** der Sperrzeit ändert sich auch dann nichts, wenn der Arbeitnehmer ein befristetes oder auslaufendes Arbeitsverhältnis oder ein bereits gekündigtes Arbeitsverhältnis **vorzeitig** aufgibt und die Arbeitslosmeldung (als Voraussetzung der Anspruchsentstehung) auf die Zeit aufschiebt, zu der das Arbeitsverhältnis ohnehin geendet hätte. Auch wenn insoweit der Versichertengemeinschaft kein Schaden entsteht, bleibt es beim Sperrzeiteintritt bzw. die Sperrzeit fällt nicht weg. Auf den konkreten Schaden kommt es angesichts der vom Gesetzgeber gewollten Typisie- 52 rung nicht an (*BSG* 5.6.1997 SozR 3-1500 § 144 SGG Nr. 12; s.a. Rz 23). Nach der Entstehungsgeschichte der Sperrzeitenregelung ist schon bei § 119 AFG von einer **Bindung** der Sperrzeit an **Entstehung und Fortbestand des Leistungsanspruchs** bewusst abgesehen worden (*BSG* 5.8.1999 SozR 3-4100 § 119 AFG Nr. 17). Auch das SGB III hat hieran nichts geändert. Der Arbeitnehmer wird zwar, wenn sein Anspruch wegen der aufgeschobenen Arbeitslosmeldung erst nach Ablauf der Sperrzeit entsteht, von der Ruhenswirkung nicht betroffen. Er kann aber dadurch nicht verhindern, das die Sperrzeit und damit auch die Verkürzung der Dauer seines Leistungsanspruchs nach § 128 SGB III eintritt (s.u. Rz 63 und KR-*Wolff* SozR Rz 47h).

53 **Die Minderung der Anspruchsdauer** entfällt allerdings dann, wenn das Sperrzeitereignis bei Erfüllung der Voraussetzungen für den Arbeitslosengeldanspruch **mehr als ein Jahr** zurückliegt (s.u. Rz 64). Der Arbeitslose kann zB, falls sein Lebensunterhalt – etwa durch eine Abfindung – sichergestellt ist, seine Arbeitslosmeldung um ein Jahr nach Eintritt der Arbeitslosigkeit aufschieben und so die Kürzung der Anspruchsdauer vermeiden. Bei besonderer Gestaltung der Sachlage hat die Arbeitsverwaltung uU eine entsprechende Hinweispflicht, deren Verletzung einen Herstellungsanspruch auslösen kann (*BSG* 5.8.1999 SozR 3-4100 § 119 AFG Nr. 17).

54 Fällt der Beginn der Sperrzeit, dh der Tag nach einem sperrzeitbegründenden Ereignis, in eine (bereits laufende) Sperrzeit aus einem früheren Ereignis, beginnt die Sperrzeit erst mit dem Ende dieser früheren Sperrzeit (§ 144 Abs. 2 S. 1 SGB III).

54a Für den Fall, dass mehrere Sperrzeiten zum selben Zeitpunkt beginnen, weil sie durch **dasselbe Ereignis begründet** werden, gilt nach § 144 Abs. 2 S. 2 SGB III Folgendes: Die Reihenfolge der Sperrzeiten richtet sich dann nach der Nummernfolge in § 144 Abs. 1 S. 2 SGB III. Dies bedeutet eine Verschärfung der Sperrzeitfolgen, weil dann parallel verlaufende Sperrzeiten »addiert« werden, dh hintereinander ablaufen.

F. Dauer der Sperrzeit, Härteregelungen

55 Die bisherigen »**Härteregelungen**« in § 144 Abs. 3 SGB III (vgl. Rz 48 der 6. Aufl.) sind ab 1.1.2003 durch das Erste Gesetz für moderne Dienstleistungen am Arbeitsmarkt v. 23.12.2002 (BGBl. I S. 4607) neu geregelt worden. Der neue Abs. 3 regelt nur (noch) die Dauer der Sperrzeit bei Arbeitsaufgabe (Abs. 1 S. 2 Nr. 1), die Abs. 4, 5 und 6 regeln die Sperrzeitdauer in den sonstigen Fällen (Abs. 1 S. 2 Nr. 2 – 7). Eine allgemeine Härteregelung gibt es nur noch bei den Sperrzeiten wegen Arbeitsaufgabe (Abs. 3 S. 2 Nr. 2b, s.u. Rz 60).

1. Regeldauer

56 Bei der Sperrzeit wegen Arbeitsaufgabe beträgt die **Regeldauer** – wie bisher – zwölf Wochen (Abs. 3 S. 1). Ursprünglich geäußerte verfassungsrechtliche Bedenken gegen die Dauer der Sperrzeit und ihre weiteren Folgen, insbes. die inzwischen aufgehobenen Regelung des § 117a AFG (vgl. dazu *BSG* 5.8.1999 BSGE 84, 225, 235 = SozR 3-4100 § 119 AFG Nr. 17, S. 86) hat das BSG letztlich nicht für begründet erachtet (*BSG* 4.9.2001 SozR 3-4100 § 119 AFG Nr. 22; ihm folgend auch *Spellbrink/Eicher-Voelzke* aaO § 12 Rz 382).

2. Verkürzung bei Verursachung geringfügiger Arbeitslosigkeit

57 Die Sperrzeit verkürzt sich in zwei Sonderfällen, in denen die Dauer der verursachten Arbeitslosigkeit kürzer ist als die Regeldauer, auf **drei Wochen** bzw. auf **sechs Wochen**, wenn das Arbeitsverhältnis innerhalb von sechs Wochen bzw. innerhalb von zwölf Wochen nach dem sperrzeitbegründenden Ereignis ohnehin (ohne eine Sperrzeit) geendet hätte (Abs. 3 S. 2 Nr. 1 u. 2a). Das Gesetz sieht eindeutig eine – pauschale – Sperrzeitdauer von drei bzw. sechs Wochen vor und nicht eine solche von »längstens« drei bzw. sechs Wochen. Einer Verkürzung auf die Dauer der tatsächlich verursachten Arbeitslosigkeit ist der Gesetzgeber damit ausdrücklich entgegen getreten (s.o. Rz 27). Die Sperrzeit ist also nicht durch den Umfang der verursachten Arbeitslosigkeit begrenzt. Mit diesen **pauschalen** Verkürzungen der Sperrzeit auf die Hälfte bzw. ein Viertel der Regeldauer ist der Rspr. des BSG zum früheren Recht Rechnung getragen worden, wonach die pauschale Dauer der Sperrzeit in angemessenem Verhältnis zu der bei Sperrzeiteintritt **absehbaren Dauer der verursachten Arbeitslosigkeit** stehen muss; sie muss sich also bei Aufgabe ohnehin auslaufender oder bereits gekündigter Arbeitsverhältnisse in einem vernünftigen Verhältnis verkürzen (*BSG* 9.2.1995 BSGE 76, 12 = SozR 3-4100 § 119a AFG Nr. 2). Dauert die vom Arbeitslosen herbeigeführte Arbeitslosigkeit nicht länger als sechs Wochen (also von 0 bis 42 Ta-

Ruhen des Anspruchs bei Sperrzeit § 144 SGB III

ge), beträgt sie unter Berücksichtigung des Verhältnismäßigkeitsgrundsatzes nur drei Wochen und entspricht damit einem Viertel der Regeldauer (zur Rechtsentwicklung s.o. Rz 27).

Entsprechend tritt eine Verkürzung der Sperrzeit von zwölf auf sechs Wochen ein, wenn die Dauer der verursachten Arbeitslosigkeit mehr als sechs Wochen (42 Tage), aber weniger als zwölf Wochen (bis zu 84 Tagen) umfasst, also das Arbeitsverhältnis innerhalb von zwölf Wochen ohnehin geendet hätte (*BSG* 15.11.1995 BSGE 77, 61 = SozR 3-4100 § 119a AFG Nr. 3). Steht fest, dass das durch Auflösungsvertrag gelöste Arbeitsverhältnis zum gleichen Zeitpunkt durch Kündigung des Arbeitgebers geendet hätte, beträgt die Sperrzeit nur drei Wochen, sofern nicht gar ein wichtiger Grund zu bejahen ist (s.o. Rz 32 ff., 38). 58

Welchen **Umfang** die Sperrzeit im konkreten Fall hat, bestimmt sich ausschließlich nach den Verhältnissen, die zum Zeitpunkt des **Eintritts der Sperrzeit** bzw. des Eintritts der Beschäftigungslosigkeit bei Arbeitsaufgabe vorliegen. **Nachträglich** eingetretene Umstände, zB der Wegfall der Arbeitslosigkeit wegen Aufnahme einer neuen Arbeit, bleiben für die Beurteilung außer Betracht. Es führt deshalb nicht zu einer Verkürzung der Sperrzeit, wenn der Arbeitslose bereits nach kurzer Arbeitslosigkeit – zufällig – wieder eine neue Arbeit findet. 59

3. Verkürzung bei besonderer Härte

Die Sperrzeit wegen Arbeitsaufgabe umfasst nur sechs Wochen, wenn eine Sperrzeit von zwölf Wochen nach den für den Eintritt der Sperrzeit maßgebenden Tatsachen für den Arbeitslosen eine **besondere Härte** bedeuten würde (Abs. 3 S. 2 Nr. 2b). Der Begriff der besonderen Härte ist ein **unbestimmter Rechtsbegriff**, der gerichtlich voll überprüfbar ist; der Arbeitsverwaltung ist weder ein Beurteilungsspielraum noch gar Ermessen eingeräumt. Eine besondere Härte ist zu bejahen, wenn nach den Gesamtumständen des Falles der Eintritt einer Regelsperrzeit im Hinblick auf die für den Eintritt maßgeblichen Tatsachen **unverhältnismäßig** wäre (*BSG* 26.3.1998 SozR 3-4100 § 119 AFG Nr. 14; ferner Nr. 22 u. 32). ZB kann ein gesundheitlich begründeter Wunsch nach einem Wechsel der Arbeit oder der Umzug zu einem Partner in der Absicht, mit diesem eine nichteheliche Lebensgemeinschaft zu begründen, eine besondere Härte begründen, ebenso ein auf den Arbeitnehmer ausgeübter Druck zur Beendigung des Arbeitsverhältnisses, sofern hierfür keine verhaltensbedingten Gründe ersichtlich sind (*BSG* 10.8.2000 DBlR § 119 AFG Nr. 4639a). Beachtlich sind für den Härtefall grds. nur Tatsachen oder Gründe, die für den Eintritt der Sperrzeit maßgeblich bzw. ursächlich waren, nicht jedoch sonstige Gründe, die erst später eingetreten sind oder keine direkte Beziehung zum Sperrzeittatbestand haben (*BSG* 13.3.1997 SozR 3-4100 § 119 AFG Nr. 11). Davon gibt es aber Ausnahmen: ZB kann bei einem Irrtum über die Voraussetzungen eines wichtigen Grundes im Einzelfall eine besondere Härte vorliegen, sofern sich der Arbeitnehmer bei einer kompetenten Stelle – im Regelfall bei der Arbeitsverwaltung – erkundigt hatte (s.o. Rz 33). 60

G. Rechtsfolgen der Sperrzeit

1. Allgemeines

Die Sperrzeit führt in erster Linie dazu, dass der **Leistungsanspruch** ruht, soweit er auf Tage des kalendermäßig bestimmten Laufs der Sperrzeit entfällt (s.u. Rz 62). Daneben knüpft das Gesetz an den Eintritt einer Sperrzeit weitere Rechtsfolgen, nämlich die **Minderung der Anspruchsdauer** (s.u. Rz 63) und das **Erlöschen des Anspruchs** bei wiederholtem Sperrzeiteintritt (s.u. Rz 65). Zum Versicherungsschutz während der Sperrzeit vgl. KR-*Wolff* SozR Rz 57. 61

2. Ruhen des Anspruchs

Nach § 144 Abs. 1 S. 1 SGB III nF ruht der Anspruch »für die Dauer einer Sperrzeit«. Diese etwas missverständliche Formulierung bedeutet nicht, dass der Anspruch auf Arbeitslosengeld ab seiner Entstehung oder ab seinem Beginn (vgl. KR-*Wolff* SozR Rz 47a) für die Dauer der Sperrzeit – für zwölf, sechs oder drei Wochen – ruht. Gemeint ist vielmehr iSd bisherigen Formulierung, dass der Anspruch »**während der Sperrzeit**« ruht, dh nicht geltend gemacht werden kann, wenn und soweit er auf Tage der – festliegenden – Sperrzeit entfällt. Dafür, dass der Gesetzgeber mit der neu gewählten Formulierung die Sperrzeit wieder – wie früher § 82 Abs. 1 AVAVG – an den Leistungsanspruch hätte koppeln wollen, bietet das Gesetz keinen Hinweis; nach § 144 Abs. 2 SGB III beginnt vielmehr die Sperrzeit (unabhängig vom Beginn des Leistungsanspruchs) mit dem Tag nach dem sperrzeitbegründenden Ereignis, also bei Arbeitsaufgabe mit dem Eintritt der Arbeits- bzw. Beschäftigungslosigkeit. 62

3. Minderung der Anspruchsdauer

63 Neben dem Ruhen – und von diesem zu unterscheiden – kann es nach Maßgabe des § 128 Abs. 1 Nr. 4 SGB III bei Sperrzeit wegen Arbeitsaufgabe zu einer **Minderung der Anspruchsdauer** kommen. Diese tritt unabhängig davon ein, ob es überhaupt zu einem Ruhen des Leistungsanspruchs kommt. Tritt ein Ruhen nicht ein, weil der Arbeitslose seinen Anspruch erst für Zeiten nach Ablauf der Sperrzeit geltend macht, kann er gleichwohl (abgesehen von den Fällen des § 128 Abs. 2 S. 2 SGB III, s.u. Rz 64) nicht verhindern, dass sich die Anspruchsdauer verkürzt.

Bei der **Sperrzeit wegen Arbeitsaufgabe** mindert sich die Anspruchsdauer besonders stark, wenn die Sperrzeit **zwölf Wochen** umfasst. Sie mindert sich zunächst um die Anzahl von Tagen einer Sperrzeit (84, 42 oder 21 Tage), in Fällen einer Sperrzeit von zwölf Wochen, mindestens jedoch um ein **Viertel der Anspruchsdauer**, die dem Arbeitslosen bei erstmaliger Erfüllung der Voraussetzungen für den Anspruch nach dem Sperrzeitereignis zusteht (§ 128 Abs. 1 Nr. 4 SGB III; zur Anspruchsdauer vgl. KR-*Wolff* SozR Rz 47h). Diese besonders harte Sperrzeitfolge trifft vor allem ältere Arbeitnehmer, bei denen die Dauer der Ansprüche, die bis Ende Januar 2006 entstehen, noch bis zu 32 Monaten betragen kann; hier kann es zu einer Anspruchsminderung bis zu acht Monaten kommen. Nach dem neuen, ab Februar 2006 wirksam werdenden § 127 SGB III, der die Anspruchsdauer auf längstens 18 Monate begrenzt, beträgt die Anspruchsminderung höchstens viereinhalb Monate (vgl. KR-*Wolff* SozR Rz 47 f.).

4. Wegfall der Anspruchsminderung

64 Die Minderung der Anspruchsdauer entfällt allerdings dann, wenn das Sperrzeitereignis bei Erfüllung der Voraussetzungen für den Arbeitslosengeldanspruch **länger als ein Jahr zurückliegt** (§ 128 Abs. 2 S. 2 SGB III).

Beispiel: Beendet der Arbeitnehmer sein Arbeitsverhältnis ohne wichtigen Grund zum 31.5.2001, beginnt die Sperrzeit am 1.6.2001 und läuft »kalendermäßig« für die anschließenden sechs Wochen ab. Meldet sich der Arbeitslose aber erst am 10.6.2002 arbeitslos, **entfällt die Anspruchsminderung**, weil das Sperrzeitereignis, dh der erste Tag der Beschäftigungslosigkeit (1.6.2001) länger als ein Jahr vor Erfüllung der Voraussetzungen des Arbeitslosengeldanspruchs (10.6.2002) eingetreten ist. Hätte er sich bereits am 1.6.2002 arbeitslos gemeldet, wäre eine Minderung eingetreten. Bei entsprechender Fallkonstellation ist die Arbeitsverwaltung verpflichtet, den Arbeitslosen darauf hinzuweisen, dass er durch Verschiebung seines Anspruchs (hier: um wenige Tage) die Anspruchsminderung vermeiden kann. Tut sie dies nicht, ist der Arbeitslose im Wege des sozialrechtlichen Herstellungsanspruchs ggf. so zu stellen, als hätte er das Arbeitslosengeld später beantragt bzw. sich später arbeitslos gemeldet (vgl. BSG 5.8.1999 SozR 3-4100 § 110 Nr. 2).

5. Erlöschen des Anspruchs, § 147 SGB III

65 Weitere Sperrzeiten bringen unter bestimmten Voraussetzungen den Anspruch auf Arbeitslosengeld völlig zum **Erlöschen** (§ 147 Abs. 1 Nr. 2 SGB III). Anders als nach dem AFG können jetzt auch Sperrzeiten von weniger als zwölf Wochen zum Erlöschen führen. Voraussetzung ist nur noch, dass der Arbeitslose Anlass für den Eintritt von Sperrzeiten mit einer Dauer von **insgesamt mindestens 21 Wochen** gegeben hat. Dabei werden nicht mehr nur Sperrzeiten **nach der Entstehung des Anspruchs** (iSd Stammrechts, vgl. KR-*Wolff* SozR Rz 47a) berücksichtigt, sondern auch solche, die in einem Zeitraum von zwölf Monaten vor der Entstehung eingetreten sind (§ 147 Abs. 1 Nr. 2, 2. Hs. SGB III idF des Dritten Gesetzes über moderne Dienstleistungen am Arbeitsmarkt v. 23.12.2003 BGBl. I S. 2848). Damit soll erreicht werden, dass künftig zu einem Erlöschen des Anspruchs auf Arbeitslosengeld auch solche Sperrzeiten beitragen können, die vor der Entstehung des Leistungsanspruchs eingetreten sind und deshalb nach bisherigem Recht bei der Erlöschenswirkung keine Berücksichtigung fanden (allgemein zur Problematik der Häufung von mit Sanktionen belegten Verhaltensweisen im Sperrzeitenrecht *Voelzke* NZS 2005, 281, 282 f.). Das sind zB Sperrzeiten wegen verspäteter Arbeitsuchendmeldung (s.u. Rz 69 ff., 86), wegen Arbeitsablehnung eines Arbeitsuchenden (s.u. Rz 87), auch wenn sie schon vor Beginn des Leistungsbezugs eingetreten sind. Voraussetzung für das Erlöschen ist jedoch nach wie vor, dass der Arbeitslose über den Eintritt der Sperrzeiten schriftlichen **Bescheid** erhalten hat und auf die **Rechtsfolgen** des möglichen Erlöschens **hingewiesen** worden ist. Die Belehrung muss verständlich, richtig und vollständig sein. § 147 SGB III nF findet nach der Übergangsregelung in § 434j Abs. 3 SGB III allerdings erst Anwendung, wenn der Anspruch auf Arbeitslosengeld ab 1.2.2006 entstanden ist.

H. Sperrzeit und Kündigungsschutzprozess

Da der Gesetzgeber seit 1989 bei der Sperrzeit ausdrücklich auf die Lösung des »Beschäftigungsverhältnisses« und nicht des »Arbeitsverhältnisses« abstellt, kann eine **Sperrzeit** auch schon dann eintreten, wenn der durch Kündigung faktisch beschäftigungslos gewordene Arbeitnehmer die Rechtswirksamkeit der Kündigung im Kündigungsschutzprozess überprüfen lässt und während dessen Dauer Arbeitslosengeld nach § 143 Abs. 3 SGB III in Anspruch nimmt (zur sog. Gleichwohlgewährung vgl. KR-*Wolff* SozR Rz 83 f. und § 143 SGB III Rz 29 ff.). Bis zum – rechtskräftigen – Abschluss des Kündigungsschutzprozesses ist die Arbeitsverwaltung nicht gehindert, die Rechtslage **vorerst in eigener Verantwortung zu beurteilen.** Sie muss dies sogar tun, um dem Gebot aus § 17 Abs. 1 Nr. 1 SGB I zu genügen, die Leistungen zeitnah zur Verfügung zu stellen. So hat sie ggf. Leistungen gem. § 328 SGB III **vorläufig** zu gewähren, wenn wegen des laufenden Kündigungsschutzprozesses Unklarheit über den Eintritt einer Sperrzeit besteht; keinesfalls darf das Arbeitslosengeld zunächst einmal für die Dauer einer Sperrzeit nicht bewilligt werden, um das arbeitsgerichtliche Verfahren abzuwarten. Dies widerspräche dem Sinn der **Gleichwohlgewährung** (vgl. KR-*Wolff* SozR 83 f., 84 und § 143 SGB III Rz 31). Diese vorläufige Entscheidung wird bestandskräftig, wenn sie sich nach Abschluss des Verwaltungsverfahrens bzw. nach Beseitigung der Ungewissheit als richtig erweist. Sie soll nur auf Antrag des Arbeitslosen für endgültig erklärt werden, um den Verwaltungsaufwand möglichst gering zu halten. Erteilt die Arbeitsverwaltung nach Abschluss des Verwaltungsverfahrens einen Endbescheid, etwa weil sich die vorläufige Entscheidung als unrichtig erwiesen hat, erledigt sich die vorläufige Entscheidung nach § 39 Abs. 2 SGB X anderweitig. Einer gesonderten Aufhebung dieser Entscheidung nach den §§ 44 ff. SGB X bedarf es nicht. **66**

Wird der Kündigungsschutzprozess nicht durch Urteil, sondern **Vergleich** beendet (s.a. Rz 19 ff.), ergibt sich für die Arbeitsverwaltung (bzw. die Sozialgerichte) häufig die Notwendigkeit, den Kündigungsschutzprozess »nachzuholen«, zB festzustellen, ob ein die Kündigung rechtfertigendes vertragswidriges Verhalten vorgelegen hat und ob die Auflösung des Arbeitsverhältnisses maßgeblich hierauf oder wesentlich auch auf andere Gründe (zB personen- oder betriebsbedingte Kündigungsgründe) zurückzuführen ist. Gleiches gilt für die Feststellung, ob die angedrohte oder bereits ausgesprochene Kündigung des Arbeitgebers rechtmäßig oder rechtswidrig war (s.o. Rz 38 ff.), welche Gründe zur Auflösung geführt haben u.ä. Deshalb ist in Fällen, in denen der Arbeitnehmer Leistungen der Arbeitslosenversicherung in Anspruch nimmt, bei arbeitsgerichtlichen Vergleichen eine **möglichst weitgehende Klärung** der Gründe für die Auflösung des Arbeitsverhältnisses herbeizuführen. Geschieht dies nicht, kann sich bei der im Verwaltungsverfahren oder sozialgerichtlichen Verfahren erforderlichen Aufklärung des Sachverhalts die häufig ungünstige Beweislage des Arbeitnehmers zu seinen Lasten auswirken. **67**

I. Bindung der Sozialgerichte an arbeitsgerichtliche Entscheidungen

Das BSG hat sowohl für die erfolglose als auch für die erfolgreiche Kündigungsschutzklage entschieden, dass eine solche Entscheidung eines ArbG hinsichtlich der Frage, ob der Arbeitslose durch vertragswidriges Verhalten Anlass für eine Kündigung des Arbeitgebers gegeben hat, mangels besonderer gesetzlicher Regelung **keine Bindungswirkung** hat (*BSG* 15.5.1985 BSGE 58, 97 = SozR 4100 § 119 Nr. 26 und *BSG* 25.4.1990 SozR 3-4100 § 119 Nr. 3). Das muss auch für andere Fragen des Arbeitsrechts gelten, zB für die Rechtmäßigkeit der Kündigung, ihre soziale Rechtfertigung, die Einhaltung der Kündigungsfrist. Die Sozialgerichte müssen daher in Fällen dieser Art eine eigene Prüfung vornehmen, die jedoch auf die arbeitsgerichtliche Entscheidung gestützt werden kann. **68**

J. Sperrzeit bei verspäteter Arbeitsuchendmeldung

1. Allgemeines

Eine Sperrzeit von einer Woche tritt nach dem seit 31.12.2005 geltenden Recht (s.o. Rz 1f) ein, wenn der Arbeitslose seiner Meldepflicht nach § 37b SGB III nicht nachgekommen ist. **69**

§ 37b SGB III in der seit 31.12.2005 geltenden geänderten Fassung, der im Anschluss an SozR und vor § 143 SSGB III abgedruckt ist, weicht nicht unerheblich von dem ursprünglichen, zum 1.7.2003 in Kraft getretenen § 37b SGB III aF ab (vgl. den Text der alten Fassung, die im Anschluss an die Neufassung abgedruckt ist). Die Neuregelung mindert und modifiziert die Meldepflicht in wesentlichen Punkten:

a) Meldepflicht nur noch bei Beendigung von Arbeits- und Ausbildungsverhältnissen, nicht mehr allgemein bei Beendigung von Versicherungspflichtverhältnissen (S. 1),
b) keine Pflicht zur »unverzüglichen Meldung« (S. 1),
c) Wegfall der Sonderregelung für befristete Arbeitsverhältnisse (S. 2) und
d) Neuregelung einer allgemeinen und besonderen Meldefrist (S. 1 und 2).

a) Regelungszweck

70 Eine Pflicht zur Meldung als arbeitsuchend **bereits vor Eintritt der Arbeitslosigkeit** war im früheren Recht nicht vorgesehen; die Meldung war zwar – freiwillig – möglich, aber nicht üblich. Mit § 37b SGB III aF sollte eine **zeitliche Vorverlagerung** der Meldung erreicht werden, um die Arbeitslosigkeit und die mit ihr verbundenen Leistungen möglichst zu vermeiden und die Zeit ohne Beschäftigung durch alsbaldige Wiedereingliederungsbemühungen zu verkürzen. Bei verspäteter Meldung soll nunmehr eine – relativ kurze – Sperrzeit von einer Woche einen pauschalen Schadensausgleich zu Gunsten der Versichertengemeinschaft bewirken. Die bisherige Regelung über die Minderung des Arbeitslosengeldes in § 140 SGB III aF, die eine Staffelung nach der Höhe des Bemessungsentgelts und nach der Anzahl der Verspätungstage (begrenzt auf 30 Tage) vorsah und zu einer Minderung des Arbeitslosengeldes durch Anrechnung auf die Hälfte des Leistungsanspruchs führte, ist als verfassungsrechtlich bedenklich angesehen worden, u.a. weil sog. Besserverdienende überproportional betroffen waren (vgl. etwa *Winkler* info also 2003, 4 ff., 5). Die Neuregelung führt in allen Fällen unterschiedslos zu einer Sperrzeit von einer Woche.

b) Korrespondierende Regelungen, § 2 SGB III

71 Mit § 37b SGB III korrespondiert die Erweiterung des § 2 SGB III, der in Abs. 2 S. 2 Nr. 3 entsprechende Informations- und Mitwirkungspflichten des Arbeitgebers am möglichst nahtlosen Übergang des gekündigten Arbeitnehmers in eine neue Beschäftigung – als Sollvorschrift – konkretisiert. Danach soll der Arbeitnehmer u.a. über die **Verpflichtung zur Meldung nach § 37b** bei der Agentur für Arbeit **informiert** werden, er soll hierzu **freigestellt** werden und ihm die Teilnahme an erforderlichen Qualifizierungsmaßnahmen ermöglicht werden (s.a. KR-*Wolff* SozR Rz 168). In § 2 Abs. 5 Nr. 2 SGB III ist der Arbeitnehmer verpflichtet worden, bei bestehendem Beschäftigungsverhältnis frühzeitig vor dessen Beendigung nach Beschäftigung zu suchen.

2. Frühzeitige Meldepflicht nach § 37b SGB III nF

a) Meldepflichtiger Personenkreis, Ausnahmen

72 Meldepflichtig sind – anders als nach § 37b S. 1 SGB III aF – nicht mehr alle in der Arbeitslosenversicherung **versicherungspflichtigen** Personen (zB auch Wehrpflichtige, Krankengeldbezieher), sondern nur noch »Personen, **deren Arbeits- oder Ausbildungsverhältnis endet**«. Damit ist die Meldepflicht auf den Kreis derjenigen zurückgeführt worden, die auf dem Arbeitsmarkt eine Arbeit- bzw. Ausbildungsstelle innehaben, die demnächst endet. Sie sollen sich frühzeitig arbeitsuchend melden, damit alsbald mit Maßnahmen zur Eingliederung begonnen werden kann (vgl. § 35 SGB III).

Ausgenommen von der Meldepflicht sind nach § 37b S. 4 SGB III nur Personen in **betrieblichen Ausbildungsverhältnissen**. Hingegen sind meldepflichtig diejenigen Auszubildenden, die im Rahmen eines Berufsausbildungsvertrages nach dem BBiG in einer **außerbetrieblichen Einrichtung** ausgebildet werden. Die Meldepflicht für betriebliche Ausbildungsverhältnisse ist für entbehrlich angesehen worden, weil die Auszubildenden überwiegend von den Ausbildungsbetrieben übernommen würden und sich dies häufig erst unmittelbar nach Bestehen der Abschlussprüfung entscheide (BT-Drs. 15/25 zu Nr. 6, § 37b).

73 Unklar ist, ob § 37b iVm § 144 Abs. 1 S. 2 Nr. 7 SGB III von vornherein nur Personen erfasst, deren **versicherungspflichtiges** Arbeitsverhältnis endet oder ob eine Meldepflicht auch für diejenigen bestehen soll, die vor der Beendigung des Arbeitsverhältnisses nicht versicherungspflichtig sind, insbes. Personen in geringfügiger Beschäftigung (bis 400 € im Monat, § 27 Abs. 2 SGB III iVm § 8 SGB IV). Nach dem Zweck der Regelung, Arbeitslosigkeit zu vermeiden und nach der Entwicklungsgeschichte ist § 37b SGB III, der in seiner ursprünglichen Fassung ausdrücklich nur Personen in »Versicherungspflichtverhältnissen« erfasste, dürfte eine **teleologische Reduktion** auf Personen in versicherungspflichtigen Arbeitsverhältnissen zutreffend sein, denn aus der Gesetzesbegründung zur Neufassung ist nicht erkennbar, warum nunmehr auch nicht versicherungspflichtige Arbeitnehmer hätten erfasst werden sol-

len. Bei nicht versicherungspflichtigen Arbeitnehmern fehlt es regelmäßig auch an einem aktuellen Sozialversicherungsverhältnis, das für die Annahme einer Obliegenheitsverletzung erforderlich ist. Darauf, dass die Beendigung auch einer geringfügigen Beschäftigung den Versicherungsfall der Arbeitslosigkeit herbeiführen kann, zB wenn von zwei geringfügigen Beschäftigungen eine aufgegeben wird, lässt sich eine andere Auffassung nicht stützen. Denn die Sperrzeit wegen verspäteter Arbeitsuchendmeldung setzt den Eintritt von Beschäftigungslosigkeit/Arbeitslosigkeit – als stillschweigendes Tatbestandsmerkmal – **nicht voraus**, sondern lässt die – vorwerfbare – Verletzung der Meldepflicht genügen (anders die Gesetzesbegr., BT-Drs. 16/109 zu Nr. 9, die aber im Wortlaut des § 144 Abs. 1 S. 2 Nr. 7 SGB III keinen Niederschlag gefunden hat. vgl. dazu Rz 86).

b) Einschränkende Anwendung des § 37b SGB III

Nach dem Zweck der Regelung, den Wechsel in eine neue Beschäftigung möglichst nahtlos zu erreichen, dürfte eine Meldepflicht als arbeitsuchend auch entfallen (i.S. einer teleologischen Reduktion), wenn der Arbeitnehmer nahtlos in ein neues Arbeitsverhältnis übertritt oder wenn der Arbeitnehmer im Anschluss an das Arbeitsverhältnis ein Studium, eine sonstige Aus- und Weiterbildung oder auch eine selbständige Tätigkeit aufnimmt (so *Eicher/Schlegel-Henke* SGB III, § 144 Rz 453d). Dann besteht für eine Arbeitsuche keine Notwendigkeit. 74

Auf eine Meldung als arbeitsuchend ist ggf. auch dann zu verzichten, wenn sich ein Arbeitsloser während des Leistungsbezugs bei der AfA für eine befristete Beschäftigung unter Angabe des Endzeitpunktes der Beschäftigung abmeldet (*BSG* 20.10.2005 – B 7a AL 50/05 R).

c) Entstehen der Meldepflicht

Anders als nach dem früheren § 37b S. 1 SGB III aF entsteht die Meldepflicht nicht mehr »unverzüglich« nach Kenntnis des Zeitpunkts, an dem das jeweilige Arbeits- oder Ausbildungsverhältnis endet. Diese Regelung und auch die Sonderregelung für befristete Arbeitsverhältnisse in S. 2 war aus mehreren Gründen unklar und unzweckmäßig, schon weil der Begriff »unverzüglich« Auslegungsschwierigkeiten bereitete. 75

Nunmehr entsteht die **allgemeine Meldepflicht** nach § 37b S. 1 SGB III – unabhängig von der individuellen Kündigungsfrist und unabhängig von der Befristung des Arbeitsverhältnisses – »spätestens drei Monate vor Beendigung des Arbeits- oder Ausbildungsverhältnisses«, allerdings – wie sich aus S. 2 ergibt – nur für den Fall, dass zwischen der **Kenntnis des Beendigungszeitpunktes** und der **Beendigung des Arbeits- oder Ausbildungsverhältnisses** drei Monate und mehr liegen. Beträgt diese Zeitspanne faktisch weniger als drei Monate, hat die Meldung – i.S. einer besonderen Meldefrist – »innerhalb von drei Tagen nach Kenntnis des Beendigungszeitpunktes« zu erfolgen.

Maßgebend auch für die Anwendung des S. 1 ist also die **Kenntnis des Beendigungszeitpunktes**: Nur wenn zwischen Kenntnis und dem Beendigungszeitpunkt als solchem drei Monate oder mehr liegen, findet S. 1 Anwendung mit der Maßgabe, dass die Dreimonatsfrist vom Beendigungszeitpunkt zurückgerechnet wird. Anderenfalls – bei einer Zeitspanne von weniger als drei Monaten – findet S. 2 Anwendung mit der Maßgabe, dass sich die Dreitagefrist vom Zeitpunkt der Kenntnis an berechnet.

Für die Berechnung der Fristen gelten gem. § 26 SGB X die §§ 187 ff. BGB entsprechend mit der Folge, dass bei der Dreimonatsfrist des § 37b S. 1 SGB III Zeitmonate – und nicht etwa Kalendermonate – zurückgerechnet werden müssen.

Bei dieser Auslegung der Regelung bedarf es keiner Sonderregelung für befristete Arbeitsverhältnisse mehr. Auch für sie gilt S. 1 oder S. 2, je nachdem, ob zwischen dem Zeitpunkt der Kenntnisnahme und dem Beendigungszeitpunkt drei Monate oder weniger als drei Monate liegen. Im zweiten Fall wird das frühere Kriterium Unverzüglichkeit, das eine Meldung am nächsten Tag voraussetzte (*BSG* 18.8.2005 – B 7a/7 AL 94/04 R), durch eine Dreitagefrist ersetzt, die kalendermäßig abläuft. 76

Bei Arbeitsverhältnissen, die weniger als drei Monate dauern, findet S. 2 Anwendung mit der Maßgabe, dass die Meldung innerhalb der Dreitagefrist zu erfolgen hat. Die Meldung muss dann sogleich nach Arbeitsaufnahme (binnen drei Tagen) erfolgen. 77

d) Kenntnis vom Beendigungszeitpunkt

78 § 37b SGB III setzt für die Entstehung der Meldepflicht Kenntnis vom Ende des Arbeits- oder Ausbildungsverhältnisses voraus. Maßgebend ist insoweit nicht das Ende des Beschäftigungsverhältnisses, sondern ausdrücklich des Arbeitsverhältnisses. Dieses endet mit dem Tag, zu dem die Kündigung ausgesprochen bzw. der in der Auflösungsvereinbarung festgelegt worden ist. Die Kenntnis von diesem Zeitpunkt muss sicher sein, d.h. der Arbeitnehmer muss den **konkreten Beendigungszeitpunkt positiv kennen** (*BSG* 18.8.2005 – B 7a/7 AL 80/04 R). Das ist beim Arbeitsverhältnis der Zeitpunkt, an dem die Kündigung des Arbeitgebers oder des Arbeitnehmers **zugeht** oder an dem die Auflösungsvereinbarung **geschlossen** wird. Eine drohende oder auch sicher zu erwartende Arbeitgeberkündigung reicht nicht aus, die Meldepflicht auszulösen. Erst recht reicht eine mögliche oder irgendwann zu erwartende Kündigung nicht aus, ebenso wenig eine fahrlässige Unkenntnis des Beendigungszeitpunkts. Auch bei Irrtum über die Voraussetzungen der Meldepflicht, insbesondere über den Beendigungstatbestand als solchen oder über dessen Zeitpunkt dürfte eine Meldepflicht von vornherein nicht entstehen, weil ohne deren positive Kenntnis sich die für die Meldepflicht maßgebenden Fristen nicht bestimmen lassen. Die Meldepflicht als konkrete Verhaltenspflicht entsteht nur, wenn dem Arbeitnehmer alle Voraussetzungen bekannt sind, die diese Pflicht konkret begründen.

79 Die Meldepflicht besteht **unabhängig** davon, ob der Fortbestand des Arbeitsverhältnisses oder des Ausbildungsverhältnisses gerichtlich geltend gemacht wird (§ 37b S. 3 SGB III), also ohne Rücksicht darauf, dass während des Kündigungsschutzprozesses die Beendigung des Arbeitsverhältnisses oder Ausbildungsverhältnisses noch nicht feststeht. Das soll die Meldepflicht als arbeitsuchend nicht ausschließen. Damit soll offenbar berücksichtigt werden, dass der Arbeitnehmer mit Ablauf der Kündigungsfrist faktisch beschäftigungslos und damit arbeitslos iSd Leistungsrechts der Arbeitslosenversicherung wird, sodass – trotz Fortbestandes des Arbeitsverhältnisses – ein Anspruch auf Arbeislosengeld im Wege der sog. Gleichwohlgewährung nach § 143 Abs. 3 SGB III in Betracht kommnt (vgl. KR-*Wolff* § 143 SGB III Rz 31 ff.). Durch frühzeitige Meldung als arbeitsuchend (drei Monate vor dem in der Kündigung vorgesehenen Termin) kann ein solcher Anspruch vermieden werden. Wer also gegen die Kündigung seines Arbeitgebers klagt, unterliegt gleichwohl der Meldepflicht aus § 37b SGB III.

e) Schuldlos verspätete Meldung

80 Anders als § 37b SGB III aF, der eine »unverzügliche« Meldung voraussetzte, also darauf abstellte, ob die Meldung nach Kenntnis des Beendigungszeitpunkts »ohne schuldhaftes Zögern« erfolgt war (§ 121 Abs. 1 S. 1 BGB; vgl. *BSG* 25.5.2005 – B 11a/11 AL 81/04 R – Rz 12 zu § 140 SGB III aF in der Voraufl.), enthält § 37b SGB III nF kein entsprechendes Verschuldenselement (mehr); vielmehr hat der Gesetzgeber jetzt feste Fristen vorgegeben.

81 Die Frage, ob die Verletzung der Meldepflicht im Rahmen der Sperrzeitfolgen nach § 144 SGB III gleichwohl **vorwerfbar** sein muss, ist zu bejahen. Insoweit ist zu beachten, dass der Gesetzgeber in § 144 Abs. 1 S. 2 SGB III seit 1.1.2005 alle dort aufgeführten Fälle einer Sperrzeit als **versicherungswidriges Verhalten** und damit als typisch versicherungsrechtliche **Obliegenheitsverletzung** ausgestaltet hat (vgl. dazu *Voelzke* NZS 2005, 281 ff.; grundlegend zur systematischen Einordnung der Sperrzeit als Sanktion bei Obliegenheitsverletzungen *Rolfs* Das Versicherungsprinzip im Sozialversicherungsrecht, 2000, S. 510 ff.). Für diese ist aber, insbes. auch nach dem Grundgedanken der Sperrzeitregelung, ein Verschuldenserfordernis typisch und üblich. Deshalb muss auch bei dem Tatbestand einer Sperrzeit wegen verspäteter Arbeitsuchendmeldung – als ungeschriebenes Tatbestandsmerkmal – ein Verschulden vorausgesetzt werden, wie das BSG bereits früher bei der Sperrzeit wegen Abbruchs einer beruflichen Eingliederungsmaßnahme angenommen hat (*BSG* 16.9.1999 – B 7 AL 32/98 R – BSGE 84, 270, 274 f. = SozR 3-4100 § 119 AFG Nr. 19). Auch hat das BSG bereits zu §§ 37b, 140 SGB III aF entschieden, dass die Minderung des Arbeitslosengeldes im Hinblick auf die Qualifizierung der Arbeitsuchendmeldung als Obliegenheit ein subjektiv vorwerfbares Verhalten – mindestens leichte Fahrlässigkeit – verlangt (*BSG* 25.5.2005 – B 11a/11 AL 81/04 R – und *BSG* 18.8.2005 – B 7a/7 AL 94/01 R – sowie *BSG* 20.10.2005 – B 7a AL 50/05 R). Diese Rechtsprechung kann auf die neue Sperrzeitregelung übertragen werden mit der Folge, dass eine Sperrzeit wegen verspäteter Arbeitsuchendmeldung nicht eintritt, wenn die fehlende oder verspätete Meldung nicht vorwerfbar ist.

82 Vorwerfbares Verhalten liegt einerseits nicht vor, wenn der Arbeitnehmer ohne Verschulden die Meldepflicht nicht kannte. Zu § 37b SGB III aF hat das BSG (aaO) entschieden, dass der Arbeitnehmer zu-

mindest leicht fahrlässig in Unkenntnis der Meldepflicht gewesen sein muss. Insoweit ist es durchaus von Bedeutung, ob der Arbeitgeber seiner Verpflichtung zur Information des Arbeitnehmers über seine Meldepflicht nach § 2 Abs 2 S. 2 Nr. 2 SGB III nachgekommen ist. Ist dies der Fall, kann sich der Arbeitnehmer nicht auf Unkenntnis der Meldepflicht berufen. Bei Verletzung der Informationspflicht kann es an einem Verschulden des Arbeitnehmers fehlen, sofern ihm die Meldepflicht nicht anderweitig bekannt war. Ein Schadensersatzanspruch des Arbeitnehmers gegen den Arbeitgeber besteht indessen nicht (*BAG* 29.9.2005 – 8 AZR 571/04 – NZA 2005, 1406).

An einem vorwerfbaren Verhalten fehlt es auch dann, wenn der Arbeitnehmer subjektiv und objektiv **nicht in der Lage war**, seiner Meldepflicht nachzukommen (vgl. dazu *BSG* 18.8.2005 – B 7a/7 AL 94/04 R). Das gilt etwa bei ernsthaften Erkrankungen, unvorhersehbaren Verkehrsstörungen oder der Weigerung des Arbeitgebers, den Arbeitnehmer entgegen § 2 Abs. 2 S. 2 Nr. 3 SGB III zwecks Erfüllung der Meldepflicht freizustellen, sofern der Arbeitnehmer alles getan hat, um nach Wegfall des Hindernisses der Meldepflicht nachzukommen. 83

Vorwerfbares Verhalten ist auch bei **fehlender Dienstbereitschaft** der AfA, zB an den Wochenenden und Feiertagen, zu verneinen. Auch **sonstige persönliche Gründe** für die Versäumung der Frist sind grds. bereits bei der Vorwerfbarkeit und nicht etwa erst bei der Frage eines wichtigen Grundes zu prüfen, der bei der Sperrzeit wegen verspäteter Arbeitsuchendmeldung eine geringere Rolle spielen dürfte. Dabei kann es allerdings von den Umständen des Einzelfalles abhängen, ob die Sperrzeit wegen fehlender Vorwerfbarkeit oder »nur« wegen eines wichtigen Grundes entfällt. ZB dürften die Fälle der Versäumung der Meldefrist wegen persönlicher Angelegenheiten, die keinen Aufschub dulden (zB Gerichtstermine, Unglücksfälle in der Familie und sonstige vom Meldepflichtigen nicht zu vertretende Gründe) eher nur einen wichtigen Grund darstellen, und nur ausnahmsweise bereits vorwerfbares Verhalten ausschließen.

f) Art der Meldung, Abgrenzung von der Arbeitslosmeldung

Der Arbeitnehmer muss sich nach § 37b SGB III zum maßgeblichen Zeitpunkt **persönlich** bei der AfA arbeitsuchend melden. Notwendig ist das **persönliche Erscheinen**. Das Erscheinen eines Dritten oder eines Bevollmächtigten reicht nicht aus. Die Meldung als »arbeitsuchend« setzt voraus, dass der Arbeitnehmer für die Zeit nach Beendigung seiner Beschäftigung eine neue Beschäftigung sucht und bereit ist, an Vermittlungsbemühungen der AfA mitzuwirken (§§ 15 S. 2, 35, 38 SGB III). 84

Die **Meldung als arbeitsuchend** nach § 37b SGB III ist mit der **Arbeitslosmeldung** nach § 122 SGB III nicht identisch. Diese Regelung lässt zwar eine Meldung auch schon dann zu, wenn Arbeitslosigkeit noch nicht eingetreten, deren Eintritt aber innerhalb der nächsten drei Monate zu erwarten ist. Dies bedeutet gleichwohl nicht, dass sich der Arbeitnehmer, der sich bereits gem. § 37b SGB III frühzeitig (spätestens drei Monate vor Beendigung des Arbeitsverhältnisses) arbeitsuchend gemeldet hat, nicht auch noch nach § 122 SGB III arbeitslos melden müsste. Denn die Arbeitslosmeldung ist materielle Voraussetzung für die Entstehung des Arbeitslosengeldanspruchs (§ 117 Abs. 1 Nr. 2 SGB III), der allein auf Grund der Meldung nach § 37b SGB III nicht entstehen kann. Die Meldung nach § 37b und § 122 SGB III müssen also jeweils getrennt erfolgen, weil beide Regelungen unterschiedliche Rechtsfolgen haben (vgl. dazu *Eicher/Schlegel-Spellbrink* SGB III, § 37b Rz 36 ff., 38). Jedoch können die beiden Meldungen verbunden werden, wenn der Eintritt der Arbeitslosigkeit innerhalb der nächsten drei Monate zu erwarten ist. 85

3. Folgen der verspäteten Meldung, Sperrzeit

Bei (schuldhaft) verspäteter Meldung tritt, sofern kein wichtiger Grund vorliegt, nach § 144 Abs. 1 S. 2 Nr. 7 SGB III eine Sperrzeit ein, die eine Woche beträgt (Abs. 6). 86

Die Sperrzeit **beginnt** nach Abs. 2 S. 1 mit dem Tag nach dem Ereignis, das die Sperrzeit begründet. Das ist der Tag, an dem die Meldung spätestens hätte erfolgen müssen. Danach kann die Sperrzeit wegen verspäteter Arbeitsuchendmeldung bereits im Zeitraum vor **Beginn der Beschäftigungslosigkeit** eintreten, denn die Beschäftigungslosigkeit ist – anders als bei der Arbeitsaufgabe – nicht Tatbestandsmerkmal der verspäteten Arbeitsuchendmeldung. Dazu steht allerdings die Gesetzesbegründung in Widerspruch, in der es ausdrücklich heißt, dass die Sperrzeit wegen versäumter Arbeitsuchendmeldung wie bei Arbeitsaufgabe Beschäftigungslosigkeit voraussetzt. Dies hat aber im Wortlaut der Bestimmung keinen Niederschlag gefunden. Ob die Beschäftigungslosigkeit – i.S. einer teleologischen Reduktion – als ungeschriebenes Tatbestandsmerkmal angesehen werden muss (so *Eicher/Schlegel-*

§ 144 SGB III
Ruhen des Anspruchs bei Sperrzeit

Henke SGB III, § 144 Rz 486a, 453d), ist zweifelhaft, weil der Hinweis auf den früheren § 140 SGB III aF nicht ausreicht; denn danach konnte eine Minderung des Arbeitslosengeldes nicht vor der Entstehung dieses Anspruchs und damit nicht vor Eintritt der Beschäftigungslosigkeit erfolgen. Die grundlegende Neuregelung des Sperrzeitenrechts sieht jetzt u.a. vor, dass Sperrzeiten – anders als nach früherem Recht – schon im Zeitraum vor der Entstehung des Anspruchs und damit vor Beginn der Beschäftigungslosigkeit eintreten können (vgl. zu § 144 Abs. 1 S. 2 Nr. 2 SGB III die nachfolgende Rz 87). Sie haben dann nur zur Folge, dass sie zum Erlöschen eines Arbeitslosengeldanspruchs beitragen können. Denn nach § 147 Abs. 1 S. 1, 2. Hs. SGB III werden seit 1.1.2005 bei der Zusammenrechnung der Sperrzeiten, die zum Erlöschen des Anspruchs führen (insgesamt mindestens 21 Wochen) auch Sperrzeiten berücksichtigt, die in einem Zeitraum von zwölf Monaten vor der Entstehung des Anspruchs eingetreten sind (s.o. Rz 65; zur Entstehung des Anspruchs KR-*Wolff* SozR Rz 47a).

K. Sperrzeit wegen Arbeitsablehnung eines Arbeitsuchenden, § 144 Abs. 1 S. 2 Nr. 2 SGB III

87 Ab 1.1.2005 ist der zeitliche Anwendungsbereich der Voraussetzungen der Sperrzeit wegen Arbeitsablehnung nach § 144 Abs. 1 S. 2 Nr. 2 SGB III erweitert worden. Eine Sperrzeit wegen **Arbeitsablehnung** kann nach dieser Vorschrift jetzt bereits im Zeitraum vor Beginn der Arbeitslosigkeit eintreten. Denn nicht erst der Arbeitslose, sondern bereits der nach § 37b SGB III bei der AfA als arbeitsuchend gemeldete Arbeitnehmer kann eine Sperrzeit verwirken, wenn er eine von der AfA angebotene Beschäftigung nicht annimmt oder nicht antritt oder ein Vorstellungsgespräch verhindert. Das ist die Konsequenz daraus, dass der Gesetzgeber eine Obliegenheit zur frühzeitigen Meldung nach § 37b SGB III geschaffen hat; diese ist letztlich nur zu rechtfertigen, wenn der Arbeitnehmer schon im Zeitraum nach der Meldung und vor der Entstehung des Anspruchs auf Arbeitslosengeld Vermittlungsangeboten der AfA nachzukommen hat (so *Voelzke* NZS 2005, 281 ff., 282). Da der Gesetzgeber eine gesonderte Regelung über den **Beginn** einer derartigen Sperrzeit nicht getroffen hat, ist davon auszugehen, dass die Sperrzeit bzw. der Ruhenszeitraum bei einer unberechtigten Arbeitsablehnung nach § 144 Abs. 1 S. 2 Nr. 2 SGB III bereits mit der Arbeitsablehnung, und vor Entstehung des Anspruchs beginnt. Das bedeutet, dass diese Sperrzeit regelmäßig nicht zum Ruhen des Arbeitslosengeldanspruchs führen wird, weil sie vor dessen Entstehung abläuft; sie kann allerdings zum **Erlöschen** des Anspruchs beitragen (vgl. dazu Rz 65). Denn nach § 147 Abs. 1 Nr. 2 SGB III idF des Dritten Gesetzes für moderne Dienstleistungen am Arbeitsmarkt tragen nicht mehr allein die **nach der Entstehung des Anspruchs** eingetretenen Sperrzeiten zum Erlöschen des Anspruchs bei, sondern auch solche Sperrzeiten, die zwölf Monate vor der Entstehung des Anspruchs eingetreten sind. § 147 SGB III nF findet allerdings nach der Übergangsregelung in § 434j Abs. 3 SGB III erst Anwendung, wenn der Anspruch auf Arbeitslosengeld ab dem 1.2.2006 entsteht.

88 Eine **Sonderregelung für die Dauer der Sperrzeiten** der vorgenannten Art enthält § 144 Abs. 4 S. 2 SGB III in der ab 1.1.2005 geltenden Neufassung. Danach ist § 144 Abs. 4 S. 1, der die Dauer der Sperrzeiten ua bei Arbeitsablehnung auf drei, sechs oder zwölf Wochen festlegt, **entsprechend anzuwenden**, wenn eine Sperrzeit anlässlich der Ablehnung einer Arbeit oder einer beruflichen Eingliederungsmaßnahme nach der Meldung zur frühzeitigen Arbeitsuche (§ 37b) im Zusammenhang mit der Entstehung des Anspruchs eingetreten ist. Aus Gleichbehandlungsgründen soll diese Vorschrift bewirken, dass sich die gestaffelte Dauer der Sperrzeit auch bei denjenigen Arbeitnehmern positiv auswirkt, die eine Arbeit bereits im Zeitraum zwischen Arbeitsuchendmeldung und Entstehung des Anspruchs abgelehnt haben (vgl. BT-Drs. 15/3674 S. 9 zu Nr. 4, § 144). Der Sperrzeiteintritt vor der Entstehung des Anspruchs kann zu einem Erlöschen des Anspruchs beitragen (s.o. Rz 87).

L. Sperrzeit bei unzureichenden Eigenbemühungen, § 144 Abs. 1 S. 2 Nr. 3 SGB III

89 Seit 1.1.2005 neu in das Gesetz aufgenommen ist der Tatbestand der Sperrzeit bei **unzureichenden Eigenbemühungen**, die zwei Wochen beträgt (Abs. 5). Dieser Sperrzeittatbestand betrifft **ausschließlich Arbeitslose**, während die bei der AfA als arbeitsuchend gemeldeten Arbeitnehmer (§ 37b) nicht erfasst werden.

Der Sperrzeittatbestand der Eigenbemühungen steht in einem besonderen Spannungsverhältnis zu §§ 118, 119 SGB III und wirft einige Fragen auf: Wenn die Eigenbemühungen zu den Leistungsvoraussetzungen des Arbeitslosengeldanspruchs gehören, können sie nicht zugleich eine Obliegenheit sein, deren Verletzung zu einer Sperrzeit führt (vgl. zu diesem Widerspruch *Voelzke* NZS 2005, 281, 282). Nach § 118 Abs. 1 Nr. 1, § 119 Abs. 1 Nr. 2 SGB III kann der Arbeitslose Arbeitslosengeld nur (noch) dann beanspruchen, wenn er sich bemüht seine Beschäftigungslosigkeit zu beenden (Eigenbemühung); die Eigenbemühungen sind nach § 119 Abs. 1 Nr. 2 SGB III Voraussetzungen der Arbeitslosigkeit und damit Voraussetzungen des Arbeitslosengeldanspruchs nach § 118 Abs. 1 Nr. 1. Nach § 144 Abs. 1 S. 2 Nr. 3 liegt versicherungswidriges Verhalten vor, wenn der Arbeitslose trotz Belehrung über die Rechtsfolgen die von der AfA geforderten Eigenbemühungen nicht nachweist (Sperrzeit bei unzureichenden Eigenbemühungen). Eine mögliche Abgrenzung der beiden Regelungsbereiche kann darin gesehen werden, dass nach §§ 118, 119 SGB III Arbeitslosigkeit nur verneint werden kann, wenn der Arbeitslose **überhaupt keine** – über die Inanspruchnahme der Dienste der BA hinausgehenden – **Bemühungen** unternimmt (so zur Rechtslage nach dem bis 31.12.2004 geltenden Recht *BSG* 20.10.2005 – B 7a AL 18/05 R – und *BSG* 31.1.2006 – B 11a AL 13/05 R). Hingegen erfasst die Sperrzeit nach § 144 Abs. 1 S. 2 Nr. 3 SGB III Verstöße gegen Aufforderungen der BA zu konkreten, zumutbaren Eigenbemühungen und/oder zur Vorlage besonderer Beweismittel. Die Sperrzeitregelung ist insoweit **lex specialis** gegenüber §§ 118, 119 SGB III (so *Eicher/Henke* in Eicher/Schlegel SGB III, § 144 Rz 345 ff., März 2006; aA *Voelzke* aaO, der dem Sperrzeittatbestand offenbar lediglich fehlende »Nachweise« zuordnen will). Der Wortlaut der Sperrzeitnorm ist insoweit ungenau: Erfasst werden nicht nur fehlende Nachweise in Form **bestimmter Beweismittel**, sondern auch die von der BA **geforderten Eigenbemühungen**, deren Nachweise in den Begriff der Eigenbemühungen integriert sind (*Eicher/Henke* aaO). Die geforderten Eigenbemühungen und/oder Beweismittel müssen jeweils **bestimmt und zumutbar** sein. Die BA muss also dem Arbeitslosen jeweils genau vorschreiben, wie seine Eigenbemühungen auszusehen haben bzw. welche Beweise im Einzelnen er vorzulegen hat.

Der Sperrzeittatbestand verlangt für den Eintritt einer Sperrzeit ausdrücklich eine Rechtsfolgenbelehrung, die konkret, richtig und verständlich sein muss. Außerdem setzt sie als Obliegenheitsverletzung – iS eines ungeschriebenen Tatbestandsmerkmals – den Vorwurf individuellen Verschuldens voraus (so schon *BSG* 20.10.2005 – B 7a AL 18/05 R).

§ 147a Erstattungspflicht des Arbeitgebers.

(1) ¹Der Arbeitgeber, bei dem der Arbeitslose innerhalb der letzten vier Jahre vor dem Tag der Arbeitslosigkeit, durch den nach § 124 Abs. 1 die Rahmenfrist bestimmt wird, mindestens 24 Monate in einem Versicherungspflichtverhältnis gestanden hat, erstattet der Bundesagentur vierteljährlich das Arbeitslosengeld für die Zeit nach Vollendung der 57. Lebensjahres des Arbeitslosen, längstens für 32 Monate. ²Die Erstattungspflicht tritt nicht ein, wenn das Arbeitsverhältnis vor Vollendung des 55. Lebensjahres des Arbeitslosen beendet worden ist, der Arbeitslose auch die Voraussetzungen für eine der in § 142 Abs. 1 S. 1 Nr. 2 bis 4 genannten Leistungen oder für eine Rente wegen Berufsunfähigkeit erfüllt oder der Arbeitgeber darlegt und nachweist, dass

1. der Arbeitslose innerhalb der letzten zwölf Jahre vor dem Tag der Arbeitslosigkeit, durch den nach § 124 Abs. 1 die Rahmenfrist bestimmt wird, weniger als zehn Jahre zu ihm in einem Arbeitsverhältnis gestanden hat,
2. er in der Regel nicht mehr 20 Arbeitnehmer ausschließlich der zu ihrer Berufsausbildung Beschäftigten beschäftigt; § 3 Abs. 1 S. 2 bis 6 des Anwendugsausgleichsgesetzs gilt entsprechend mit der Maßgabe, dass das Kalenderjahr maßgebend ist, das dem Kalenderjahr vorausgeht, in dem die Voraussetzungen des Satzes 1 für die Erstattungspflicht erfüllt sind,
3. der Arbeitslose das Arbeitsverhältnis durch Kündigung beendet und weder eine Abfindung noch eine Entschädigung ohne ähnliche Leistung wegen der Beendigung des Arbeitsverhältnisses erhalten oder zu beanspruchen hat,
4. er das Arbeitsverhältnis durch sozial gerechtfertigte Kündigung beendet hat; § 7 des Kündigungsschutzgesetzes findet keine Anwendung; die Agentur für Arbeit ist an eine rechtskräftige Entscheidung des Arbeitsgerichts über die soziale Rechtfertigung einer Kündigung gebunden,
5. er bei Beendigung des Arbeitsverhältnisses berechtigt war, das Arbeitsverhältnis aus wichtigem Grund ohne Einhaltung einer Kündigungsfrist oder mit sozialer Auslauffrist zu kündigen,
6. sich die Zahl der Arbeitnehmer in dem Betrieb, in dem der Arbeitslose zuletzt mindestens zwei Jahre beschäftigt war, um mehr als drei Prozent innerhalb eines Jahres vermindert und unter den in diesem Zeitraum ausscheidenden Arbeitnehmern der Anteil der Arbeitnehmer, die das 55. Lebensjahr vollendet haben, nicht höher ist, als es ihrem Anteil an der Gesamtzahl der im Betrieb Beschäftigten zu Beginn des Jahreszeitraums entspricht. Vermindert sich die Zahl der Beschäftigten im gleichen Zeitraum um mindestens zehn Prozent, verdoppelt sich der Anteil der älteren

Arbeitnehmer, der bei der Verminderung der Zahl der Arbeitnehmer nicht überschritten werden darf. Rechnerische Bruchteile werden aufgerundet. Wird der gerundete Anteil überschritten, ist in allen Fällen eine Einzelfallentscheidung erforderlich,
7. der Arbeitnehmer im Rahmen eines kurzfristigen drastischen Personalabbaus von mindestens 20 Prozent aus dem Betrieb, in dem er zuletzt mindestens zwei Jahre beschäftigt war, ausgeschieden ist und dieser Personalabbau für den örtlichen Arbeitsmarkt von erheblicher Bedeutung ist.

(2) Die Erstattungspflicht entfällt, wenn der Arbeitgeber
1. darlegt und nachweist, dass in dem Kalenderjahr, das dem Kalenderjahr vorausgeht, für das der Wegfall geltend gemacht wird, die Voraussetzungen für den Nichteintritt der Erstattungspflicht nach Abs. 1 S. 2 Nr. 2 erfüllt sind, oder
2. insolvenzfähig ist und darlegt und nachweist, dass die Erstattung für ihn eine unzumutbare Belastung bedeuten würde, weil durch die Erstattung der Fortbestand des Unternehmens oder die nach Durchführung des Personalabbaus verbleibenden Arbeitsplätze gefährdet wären. Insoweit ist zum Nachweis die Vorlage einer Stellungnahme einer fachkundigen Stelle erforderlich.

(3) ¹Die Erstattungsforderung mindert sich, wenn der Arbeitgeber darlegt und nachweist, dass er
1. nicht mehr als 40 Arbeitnehmer oder
2. nicht mehr als 60 Arbeitnehmer

im Sinne des Absatzes 1 S. 2 Nr. 2 beschäftigt, um zwei Drittel im Falle der Nummer 1 und um ein Drittel im Falle der Nummer 2. ²Für eine nachträgliche Minderung der Erstattungsforderung gilt Abs. 2 Nr. 1 entsprechend.

(4) Die Verpflichtung zur Erstattung des Arbeitslosengeldes schließt die auf diese Leistung entfallenden Beiträge zur Kranken-, Pflege- und Rentenversicherung ein.

(5) ¹Konzernunternehmen im Sinne des § 18 des Aktiengesetzes gelten bei der Ermittlung der Beschäftigungszeiten als ein Arbeitgeber. ²Die Erstattungspflicht richtet sich gegen den Arbeitgeber, bei dem der Arbeitnehmer zuletzt in einem Arbeitsverhältnis gestanden hat.

(6) ¹Die Agentur für Arbeit berät den Arbeitgeber auf Verlangen über Voraussetzungen und Umfang der Erstattungsregelung. ²Auf Antrag des Arbeitgebers entscheidet die Agentur für Arbeit im Voraus, ob die Voraussetzungen des Absatzes 1 S. 2 Nr. 6 oder 7 erfüllt sind.

(7) ¹Der Arbeitslose ist auf Verlangen der Agentur für Arbeit verpflichtet, Auskünfte zu erteilen, sich bei der Agentur für Arbeit persönlich zu melden oder sich einer ärztlichen oder psychologischen Untersuchung zu unterziehen, soweit das Entstehen oder der Wegfall des Erstattungsanspruchs von dieser Mitwirkung abhängt. ²Voraussetzung für das Verlangen der Agentur für Arbeit ist, dass dem Arbeitsamt Umstände in der Person des Arbeitslosen bekannt sind, die für das Entstehen oder den Wegfall der Erstattungspflicht von Bedeutung sind. ³Die §§ 65 und 65a des Ersten Buches Sozialgesetzbuch gelten entsprechend.

(8) Der Erstattungsanspruch verjährt in vier Jahren nach Ablauf des Kalenderjahres, für das das Arbeitslosengeld zu erstatten ist. § 50 Abs. 4 S. 2 des Zehnten Buchs gilt entsprechend.

Literatur

– bis 2004 vgl. KR-Vorauflage –
Brand Erstattungspflicht des Arbeitgebers bei Ausscheiden eines älteren Arbeitnehmers (§ 147a SGB III) in Spellbrink/Eicher, Kasseler Handbuch des Arbeitsförderungsrechts, § 14; Zimmer Erstattung von Arbeitslosengeld – Arbeitgeber haften jetzt strenger, DStR 2004, 644 ff.

Inhaltsübersicht

	Rz		Rz
A. Entstehungsgeschichte, Änderungen	1–4c	C. Überblick über wesentliche Änderungen gegenüber dem früheren § 128 AFG	9–16
1. Inkrafttreten der Regelung	1		
2. Entstehungsgeschichte der Regelung	2	D. Erstattungspflicht im Einzelnen	17–36
3. Gründe für die Wiedereinführung der Erstattungsregelung	3	1. Grundvoraussetzungen der Erstattungspflicht	17–27
4. Neuregelung ab 1.1.2004	4–4c	2. Ausnahmen von der Erstattungspflicht der Betriebszugehörigkeit	28
B. Grundkonzeption der Regelung	5–8		
1. Grundkonzeption und Zweck	5, 6	3. Ausschlussgründe nach dem Alter des Arbeitnehmers und der Dauer des Arbeitsverhältnisses	29
2. Verfassungsrechtliche Ausgangslage	7		
3. Verfassungsrechtliche Beurteilung der Erstattungsregelung	8	4. Ausschlussgrund der »anderweitigen Sozialleistungsberechtigung«	30–36

	Rz		Rz
a) Verfassungsrechtliche Vorgaben	30	d) Von der Regelung nicht erfasste Tatbestände	53–56a
b) Arten der anderweitigen Sozialleistungen	31–33a	e) Verfahrens- und Beweislastfragen	57, 57a
c) Beweisfragen	34–36	f) Personalabbau und Sozialauswahl, Berücksichtigung der Altersstruktur	58, 59
E. Für die Kündigungspraxis relevante Begrenzungen der Erstattungspflicht	37–67	4. Freistellung wegen Berechtigung zur außerordentlichen Kündigung	60–67
1. Allgemeines	37, 38	a) Voraussetzungen	60, 61
2. Freistellung bei Eigenkündigung des Arbeitnehmers	39–46	b) Verfassungsrechtlich gebotene weite Auslegung	62
3. Freistellung wegen sozial gerechtfertigter Kündigung des Arbeitgebers	47–59	c) Anhaltende Krankheit als wichtiger Grund	63–66
a) Bedeutung der Regelung	47	d) Sonstige wichtige Gründe	67
b) Voraussetzungen der Freistellung	48, 49	F. Nichtigkeit der sog. 128er-Vereinbarungen	68
c) Bindung an rechtskräftige Entscheidungen des ArbG	50–52		

A. Entstehungsgeschichte, Änderungen

1. Inkrafttreten der Regelung

Die derzeitige – verschärfte – Fassung des § 147a SGB III nF ist am **1.1.2004 in Kraft getreten**, hat aber nur noch für eine **Übergangszeit** Bedeutung (vgl. Rz 4). 1

Die durch das Entlassungsentschädigungs-Änderungsgesetz (EEÄndG) v. 23.3.1999 (BGBl. I S. 396) mit Wirkung ab 1.4.1999 wieder eingeführte **Erstattungsregelung** entspricht praktisch – abgesehen von redaktionellen Änderungen und Anpassungen an das SGB III – dem bis 31.3.1997 geltenden **§ 128 AFG**. Dieser war durch das Gesetz v. 18.12.1992 (BGBl. I S. 2044) mit Wirkung zum 1.1.1993 auf Grund des Urteil des *BVerfG* v. 23.1.1990 (s.u. Rz 7) neu gefasst bzw. wieder eingeführt worden und durch das AFRG v. 24.3.1997 (BGBl. I S. 594) mit Wirkung ab 1.4.1997 – zusammen mit § 117 Abs. 2 bis 3a AFG und § 117a AFG – aufgehoben und durch die an diesem Tag in Kraft getretene Anrechnungsregelung des § 115a AFG, ab 1.1.1998 des § 140 SGB III ersetzt worden (vgl. zur Anrechnungsregelung die Kommentierung in der 5. Aufl., § 140 SGB III Rz 1 ff.).

2. Entstehungsgeschichte der Regelung

Die Ersetzung des früheren § 128 AFG durch § 140 SGB III idF des AFRG und die damit beabsichtigte völlige Neuregelung der Berücksichtigung von arbeitgeberseitigen Abfindungen sollte die bisherige **Frühverrentungspraxis** erschweren und verhindern, dass die Leistungen der Arbeitslosenversicherung und die vorgezogene Altersrente wegen Arbeitslosigkeit – wie bisher – in erheblichem Umfang auf Kosten der Sozialversicherung zur Änderung der betrieblichen Personalstruktur genutzt werden. Dieser schon für die Neufassung des § 128 AFG maßgebliche Zweck (s.u. Rz 5) sollte nunmehr ausschließlich auf § 140 SGB III aF (Anrechnungsregelung) verlagert und auf eine Inanspruchnahme des Arbeitgebers, wie sie bisher § 128 AFG vorsah, verzichtet werden, offensichtlich auch wegen verfassungsrechtlicher Bedenken gegen diese Norm und ihre komplizierte Umsetzung. 2

3. Gründe für die Wiedereinführung der Erstattungsregelung

Die frühere Anrechnungsregelung des § 140 SGB III idF des AFRG wurde wegen des **übermäßigen Zugriffs** auf Entlassungsentschädigungen als sozial unausgewogen und verfassungsrechtlich bedenklich angesehen. Um zu verhindern, dass die Anrechnungsregelung des § 140 SGB III am 7.4.1999 voll wirksam geworden wäre, hat der Gesetzgeber diese Regelung zum 1.4.1999 aufgehoben und **vorläufig** – mit § 143a und § 147a SGB III – den Rechtszustand wieder hergestellt, der vor dem 1.4.1997 (Inkrafttreten des AFRG) bestanden hat (§§ 117, 128 AFG; zum damaligen Übergangsrecht des § 431 Abs. 2 SGB III vgl. Rz 4 der 6. Aufl.) Es war aber beabsichtigt, **künftig eine Neuregelung** zu finden, »die verfassungsgemäß ist, Anreize für das Umsteuern von passiven Abfindungszahlungen zu aktiven Mitteleinsatz für die berufliche Wiedereingliederung der betroffenen Arbeitnehmer oder alternative, arbeitsmarktpolitisch sinnvolle Wege bieten, notwendige Personalanpassungen bei älteren Arbeitnehmern stärker über Altersteilzeit zu fördern sowie Arbeitnehmern, deren Arbeitslosigkeit vermeidbar ist, angemessene Freibeträge zu ermöglichen«. 3

4. Neuregelung der Erstattungspflicht ab 1.1.2004, Wegfall der Erstattungspflicht für nach dem 31.1.2006 entstandene Arbeitslosengeldansprüche

4 Durch das Gesetz zu Reformen am Arbeitsmarkt v. 24.12.2003 (BGBl. I S. 3002) ist § 147a SGB III ab 1.1.2004 im Zusammenhang mit der gleichzeitig in Kraft getretenen Verkürzung der Anspruchsdauer des Arbeitslosengeldes nach § 127 SGB III nF, die aber erst ab Februar 2006 greift (vgl. KR-*Wolff* SozR Rz 47f) **vorübergehend verschärft worden** und ist **nicht mehr anzuwenden** für Arbeitslosengeldansprüche, deren (verkürzte) Dauer sich nach § 127 Abs. 2 SGB III in der vom 1.1.2004 an geltenden Fassung richtet. § 147a SGB III **fällt damit praktisch weg** für Ansprüche auf Arbeitslosengeld, die nach dem **31.1.2006** in verkürzter Dauer entstehen (§ 434l Abs. 4 SGB III; s.u. Rz 4a).

§ 127 SGB III nF sieht vor, dass Arbeitslosengeldansprüche grds. nur noch für zwölf Monate, ausnahmsweise – für ältere Arbeitnehmer ab 55 – nur noch bis höchstens 18 Monate bestehen (vgl. KR-*Wolff* SozR Rz 47f). Die bisherige, bis 31.12.2003 geltende wesentlich günstigere Regelung mit einer gestaffelten Anspruchsdauer (bis höchstens 32 Monate) wird beseitigt, findet aber **übergangsrechtlich** noch Anwendung auf Personen, deren Anspruch auf Arbeitslosengeld bis zum 31.1.2006 entstanden ist; insoweit ist § 127 SGB III in der ab 1.1.2004 geltenden – ungünstigeren – Neufassung nicht anzuwenden (§ 434l Abs. 1 SGB III idF des Gesetzes zu Reformen am Arbeitsmarkt, aaO; s.a. die Übergangsregelung in § 434l Abs. 2 zu § 127 Abs. 4 SGB III hinsichtlich der Restdauer des wegen Entstehung eines neuen Anspruchs erloschenen Anspruchs).

Wegen dieser zweijährigen Übergangsfrist ist **§ 147a SGB III** in der bis 31.12.2003 geltenden alten Fassung nur noch dann anzuwenden, wenn der Anspruch auf Arbeitslosengeld bis zu diesem Tag (31.12.2003) entstanden ist oder wenn der Arbeitgeber das Arbeitsverhältnis bis zum 26.9.2003 (Tag der zweiten/dritten Lesung dieses Gesetzes) beendet hat (§ 434l Abs. 3 SGB III nF). Dies entspricht dem Rückwirkungsverbot. Der Arbeitgeber darf in diesen Fällen darauf vertrauen, dass er höchstens für 24 Monate erstattungspflichtig ist, weil der die Erstattungspflicht auslösende Grund bereits vor dem Inkrafttreten der Neuregelung eingetreten ist.

Für die Übergangszeit, in der § 127 SGB III aF mit der günstigeren Anspruchsdauer übergangsweise fortgilt (s.o.), ist **§ 147a SGB III verschärft worden**, um zu verhindern, dass Arbeitgeber in dieser Zeit noch verstärkt ältere Arbeitnehmer zu den bisherigen Bedingungen des § 147a SGB III freisetzen.

4a Hingegen ist § 147a SGB III nF **nicht mehr anzuwenden** auf Arbeitslosengeldansprüche, die ab 1.2.2006 mit verkürzter Anspruchsdauer nach § 127 Abs. 2 SGB III nF entstehen (§ 434l Abs. 4 SGB III in der ab 1.1.2004 geltenden Fassung). Also erst dann, wenn sich die Bezugsdauer des Arbeitslosengeldes auf längstens 18 Monate verkürzt hat, verzichtet das Gesetz auf eine Erstattung. Denn erst durch diese Verkürzung entfallen die arbeitsförderungsrechtlichen Anreize zur Frühverrentung zu Lasten der Arbeitslosenversicherung (BT-Drs. 15/1587 S. 28). In der **Beschlussempfehlung** des Neunten Ausschusses für Wirtschaft und Arbeit, auf dessen Empfehlung die Neuregelung beruht, wird allerdings die Bundesregierung aufgefordert, die **Auswirkungen des Wegfalls** der Erstattungspflicht ab dem Jahre 2006 untersuchen zu lassen und dem Deutschen Bundestag hierüber zu berichten.

4b Der **Dauer des Arbeitslosengeldanspruchs** wird erhebliche **Steuerungswirkung** für den Zugang in Arbeitslosigkeit und den Abgang aus dieser beigemessen; sie soll zu der in weiten Bereichen der Wirtschaft praktizierten Form der Frühverrentung beigetragen haben. Den dadurch entstehenden Ausgaben der Arbeitslosenversicherung, aber auch der gesetzlichen Rentenversicherung, soll durch die Neuregelung gegengesteuert werden. Es sollen mittelfristig unmittelbare und mittelbare Spielräume für eine beschäftigungswirksame Senkung der Beiträge zur Arbeitsförderung eröffnet werden. In diesem Zusammenhang erschien es sachgerecht, mit dem Wirksamwerden der Verkürzung der Anspruchsdauer des Arbeitslosengeldes die **Erstattungspflicht des Arbeitgebers entfallen** zu lassen, hingegen die Steuerungswirkung der Erstattungspflicht für die Übergangszeit zu **verschärfen**, um Arbeitgeber davon abzuhalten, Frühverrentungen zu den bisherigen Bedingungen durchzuführen (vgl. dazu auch KR-*Wolff* SozR Rz 47f).

4c Die **Verschärfung** des § 147a SGB III für Arbeitslosengeldansprüche, die in der Zeit vom 1.1.2004 (bzw. 27.9.2003) bis 31.1.2006 entstehen, betrifft folgende Punkte: Künftig ist das Arbeitslosengeld nicht mehr für die Zeit nach Vollendung des 58., sondern bereits des 57. Lebensjahres des Arbeitslosen zu erstatten, und zwar längstens für 32 Monate (statt bisher 24 Monate), was der bisherigen Höchstdauer des Anspruchs entspricht.

Die Erstattungspflicht tritt nicht ein, wenn das Arbeitsverhältnis vor Vollendung des 55. statt bisher des 56. Lebensjahres des Arbeitslosen beendet worden ist.

Erstattungspflicht des Arbeitgebers § 147a SGB III

Die bisher in Abs. 1 S. 2 Nr. 1 geregelte Alt. a) ist gestrichen worden und in Nr. 1 nur noch die bisherige Alt. b) (nunmehr als Nr. 1) verblieben, weil für eine Differenzierung des Wegfalls der Erstattungspflicht nach der Dauer der Betriebszugehörigkeit kein Grund mehr gesehen wurde.

Durch das Dritte Gesetz für moderne Dienstleistungen am Arbeitsmarkt v. 23.12.2003 (BGBl. I S. 2848) wurde § 147a SGB III mit Wirkung ab 1.1.2004 um Abs. 8 ergänzt, wonach der Erstattungsanspruch in vier Jahren nach Ablauf des Kalenderjahres verjährt, für das Arbeitslosengeld zu erstatten ist. Dies entspreche der bisherigen Auffassung in Rechtsprechung und Literatur (BT-Drs. 15/1515 S. 87 Nr. 80 zu Buchst. c). **4d**

B. Grundkonzeption der Regelung

1. Grundkonzeption und Zweck

§ 147a SGB III verpflichtet – wie früher § 128 AFG – den Arbeitgeber, unter bestimmten Voraussetzungen die der BA erwachsenden **Kosten der Arbeitslosigkeit zu ersetzen**. Der Ausdruck »Erstattung« ist ungenau, weil vom Arbeitgeber nichts zurückgefordert wird; er wird vielmehr intern am **Ausgleich der Kosten beteiligt**, die der Arbeitsverwaltung gegenüber seinem früheren Arbeitnehmer entstanden sind. Bereits bei der früheren Fassung des § 128 AFG, die auf Grund der Entscheidung des BVerfG v. 23.1.1990 (s. Rz 7) zum 30.6.1991 aufgehoben worden war, sah es der Gesetzgeber als zweckwidrige, mindestens **übermäßige Ausnutzung der Arbeitslosenversicherung** an, wenn gezielt **59-Jährige** in die Arbeitslosigkeit entlassen wurden (sog. 59er Modell). Auch die zum 1.1.1993 in Kraft getretene – mit § 147a SGB III übereinstimmende – Fassung des § 128 AFG wollte der wieder stark zunehmenden Übung entgegenwirken, die Leistungen der Arbeitslosenversicherung und die vorgezogene Rente wegen Arbeitslosigkeit zur **Änderung der betrieblichen Personalstruktur** zu nutzen, weil es nicht zum Risiko der Versicherung gehöre, wenn Arbeitnehmer, denen nicht sozial gerechtfertigt gekündigt werden könne, mit ihren Arbeitgebern ein vorzeitiges Ausscheiden aus dem Erwerbsleben vereinbaren, um dadurch die Voraussetzungen für Ansprüche auf AFG-Leistungen und auf vorgezogene Altersrente wegen Arbeitslosigkeit zu schaffen. Derartige »**Frühverrentungsprogramme**« sollen von den **Vertragspartnern** finanziert werden, um die Belastungen der Solidargemeinschaft mit den erheblichen Folgekosten zu mindern. Soweit mit dem 1993 eingeführten § 117a AFG auch die Arbeitnehmer in den Belastungsausgleich mit einbezogen worden waren, hat der Gesetzgeber hierauf bei der Wiedereinführung der Erstattungsregelung im Jahre 1999 verzichtet (vgl. die Kommentierung zu § 117a AFG in der 5. Aufl.). **5**

Mit § 128 AFG bzw. jetzt § 147a SGB III wird damit eine **mangelnde Verantwortung des Arbeitgebers gegenüber den Bedürfnissen des Arbeitsmarktes** in Teilbereichen sanktioniert. Allerdings ist die übermäßige Ausnutzung der Arbeitslosenversicherung nicht der allein maßgebende Ansatz für die Regelung; sie will vielmehr **generell** den Arbeitgeber an den Kosten der Arbeitslosigkeit beteiligen, wenn er ältere, langjährig bei ihm Beschäftigte nicht weiter beschäftigt (vgl. zum alten Recht BSG 22.8.1984 SozR 4100 § 128 Nr. 3). Die Erstattungspflicht kann deshalb nicht im Wege der Auslegung auf Fälle des Missbrauchs oder der übermäßigen Ausnutzung reduziert werden (vgl. zum alten Recht Gagel AFG § 128 Rz 13 f., 15). **6**

2. Verfassungsrechtliche Ausgangslage

Grundlage der Neufassung des § 128 AFG zum 1.1.1993 war das Urteil des BVerfG v. 23.1.1990 (1 BvL 44/86 und 48/87 – BVerfGE 81, 156), mit dem § 128 AFG in der früheren, bis 30.6.1991 geltenden Fassung (nur) im Grundsatz für verfassungsmäßig erachtet worden ist. Dort heißt es, dass der im Rahmen des Art. 12 Abs. 1 GG zu beachtende **Grundsatz der Verhältnismäßigkeit** es gebiete, die Erstattungspflicht nur dann eingreifen zu lassen, wenn den Arbeitgeber eine **besondere Verantwortung** für den Eintritt der Arbeitslosigkeit und damit für die Gewährung der zu erstattenden Leistungen (Arbeitslosengeld oder Arbeitslosenhilfe) treffe. Eine solche liege nicht vor, wenn der Arbeitnehmer, um dessen Ausscheiden aus dem Arbeitsverhältnis es gehe, eine **andere Sozialleistung beanspruchen könne**, die einen Anspruch auf Arbeitslosengeld oder Arbeitslosenhilfe ruhen oder entfallen ließe. Im Hinblick auf die zu fordernde Verantwortung des Arbeitgebers seien die Ausnahmeregelungen des § 128 AFG **verfassungskonform** auszulegen (BVerfG 23.1.1990 aaO). **7**

Die **Korrekturen** beziehen sich auf folgende drei Komplexe:

Wolff 2317

§ 147a SGB III Erstattungspflicht des Arbeitgebers

- Die Erstattungspflicht tritt nicht ein, soweit und solange der Arbeitslose eine **andere Sozialleistung** beanspruchen kann, die den Anspruch auf Arbeitslosengeld oder Arbeitslosenhilfe entfallen oder ruhen ließe (*BVerfG* 23.1.1990 aaO 198 ff.).
- Bei der Ausnahmeregelung, die sich auf das **Recht zur fristlosen Kündigung** stützt, ist eine **weite Auslegung** geboten (*BVerfG* 23.1.1990 aaO 200 ff.).
- Auch bei den **Härteklauseln** ist eine **weite Auslegung** geboten, die auch andere als rein finanzielle Überlegungen einschließt (*BVerfG* 23.1.1990 aaO 203 ff.).

3. Verfassungsrechtliche Beurteilung der Erstattungsregelung

8 § 128 AFG in der seit 1.1.1993 geltenden Fassung unterliegt nach der inzwischen st.Rspr. des BSG **keinen grundsätzlichen verfassungsrechtlichen Bedenken** (*BSG* 17.12.1997 BSGE 81, 259 = SozR 3-4100 § 128 Nr. 5; 19.3.1998 – B 7 AL 20/97 R; 7.5.1998 SGb 1998, 314; 25.6.1998 – B 7 AL 82/97 R und 80/97 R; 3.12.1998 – B 7 AL 110/97 R). Zwischenzeitlich eingetretene Umstände, die zu einer anderen Beurteilung führen könnten, sind nach einem Nichtannahmebeschluss des *BVerfG* v. 9.9.2005 (1 BvR 620/01 – NZS 2006, 27) nicht erkennbar. Danach ist § 128 AFG auch idF der Übergangsregelung vom 1.4.1998 bis 31.3.1999 verfassungsgemäß. Es handelt sich um eine Regelung der Berufsausübung, die mit Art. 12 Abs. 1 S. 2 GG vereinbar ist. Insbes. ist die vom BVerfG geforderte besondere Verantwortung des Arbeitgebers für die Arbeitslosigkeit älterer Arbeitnehmer durch die **typisierend differenzierte Gesamtregelung** des § 128 AFG hinreichend konkretisiert. Die Verhältnismäßigkeit ist gewahrt, weil Arbeitgebern die Möglichkeit eingeräumt worden ist, betriebliche Belange hinreichend geltend zu machen. Das gilt auch für § 128 Abs. 2 Nr. 2 AFG (Wegfall der Erstattungspflicht bei unzumutbarer Belastung des Arbeitgebers; vgl. dazu *BSG* 2.11.2000 – B 11 AL 13/00 R), weil jedenfalls § 128 Abs. 6 AFG iVm der Anordnung über Stundung, Niederschlagung und Erlass von Rückforderungen und § 219 AFG iVm der Bundeshaushaltsordnung eine weitere Korrektur in Einzelfällen ermöglicht. Zur Verfassungsmäßigkeit der Einzelregelungen s. die jeweilige Kommentierung. Zur Verfassungsmäßigkeit der Erstattungspflicht für den Fall der Inanspruchnahme des Arbeitslosengeldes unter den erleichternden Voraussetzungen des § 105c AFG (jetzt § 428 SGB III) vgl. *BSG* 17.12.1997 BSGE 81, 259 = SozR 3-4100 § 128 Nr. 5; Nichtannahmebeschluss des *BVerfG* v. 9.9.2005 (1 BvR 620/01 – NZS 2006, 27).

C. Überblick über wesentliche Änderungen gegenüber dem früheren § 128 AFG

9 Die Erstattungsregelung des § 128 AFG – das Gleiche gilt jetzt für § 147a SGB III – lehnt sich inhaltlich und in der Konstruktion an die früheren Regelungen der Jahre 1981/1984 an, weicht jedoch teilweise erheblich von ihnen ab:

10 Neu ist gegenüber dem früheren Recht, dass eine Erstattungspflicht nur noch für die **Leistungen des Arbeitsförderungsrechts** vorgesehen ist, hingegen nicht mehr die **vorzeitige Altersrente wegen Arbeitslosigkeit** (vgl. *KR-Wolff* SozR Rz 41, 41e) erfasst. Damit ist einem Petitum des BVerfG Rechnung getragen worden, im Rahmen der Erstattungsregelung das Übermaßverbot zu beachten.

11 Gleichzeitig ist die Erstattungspflicht bzgl. des Arbeitslosengeldes **erweitert** worden. Sie trat bereits mit dem **58. Lebensjahr des Arbeitslosen** ein und bestand für längstens **zwei Jahre** (statt bisher ein Jahr). Seit 1.1.2004 tritt die Erstattungspflicht bereits für die Zeit nach Vollendung des 57. Lebensjahres ein und besteht für längstens 32 Monate (s.o. Rz 4b).

12 Neu war vor allem, dass die Erstattungspflicht nicht besteht, wenn der Arbeitnehmer Anspruch auf **Leistungen aus anderen Sozialleistungssystemen** hätte geltend machen können (vgl. dazu Rz 30 f.).

13 Es gibt ferner einen großen Katalog von **Freistellungen** von der Erstattungspflicht, die über den früheren § 128 AFG hinausgehen:

Schwerpunkt der Neuregelung ist insoweit der **Wegfall der Erstattungspflicht** bei **sozial gerechtfertigter Kündigung** durch den Arbeitgeber. Nunmehr können Kündigungen jeder Art, also auch betriebsbedingte Kündigungen (früher nur verhaltensbedingte Kündigungen) die Erstattungspflicht entfallen lassen. Das BVerfG hatte eine solche Regelung nicht angemahnt; sie soll jedoch nach der Begründung des Gesetzgebers dem Verhältnismäßigkeitsgrundsatz Rechnung tragen und die Einschränkung der Härteklauseln (s.u. Rz 16) rechtfertigen.

14 Praktisch unverändert sind die Regelungen über den Ausschluss der Erstattungspflicht bei **Eigenkündigung des Arbeitnehmers ohne Abfindung** (s.u. Rz 39 f.) und bei **Berechtigung des Arbeitgebers**

zur Kündigung aus wichtigem Grund (s.u. Rz 60 f.) geblieben. In veränderter Form geblieben ist die **Privilegierung von Kleinbetrieben**: Bei Betrieben bis zu 20 Arbeitnehmern entfällt die Erstattungspflicht; bei bis zu 40 Arbeitnehmern reduziert sie sich um 2/3, bei bis zu 60 Arbeitnehmern um 1/2, wobei jeweils die zu ihrer Berufsausbildung Beschäftigten unberücksichtigt bleiben (§ 128 Abs. 1 S. 2 Nr. 2 und Abs. 3 AFG bzw. § 147a Abs. 1 S. 2 Nr. 2 und Abs. 3 SGB III).

Neu ist auch die Regelung, dass die Erstattungspflicht entfällt, wenn sich die Zahl der Arbeitnehmer in dem Betrieb, in dem der Arbeitslose zuletzt mindestens zwei Jahre beschäftigt war, **um mehr als 3 % innerhalb eines Jahres vermindert** und der Anteil der älteren entlassenen Arbeitnehmer den entsprechenden Anteil in der Altersstruktur der Gesamtbelegschaft nicht übersteigt; bei stärkerem Personalabbau (wenigstens 10 %) kann der Anteil der zu entlassenden älteren Arbeitnehmer doppelt so hoch sein (§ 128 Abs. 1 S. 2 Nr. 6 AFG bzw. § 147a Abs. 1 S. 2 Nr. 6 SGE III). Dabei geht der Gesetzgeber davon aus, dass eine Personalverminderung von mehr als 3 % keine normale Personalfluktuation mehr ist und befreit den Arbeitgeber aus diesem Grunde **pauschal** von der Erstattungspflicht, wenn der Anteil der älteren Arbeitnehmer (55 Jahre und mehr) an der Zahl der Ausscheidenden den Anteil der älteren Arbeitnehmer an der Zahl der Gesamtbelegschaft zu Beginn des Jahres nicht übersteigt. Hierbei wird, wie sich aus der Gesetzesbegründung ergibt (BT-Drs. 12/3423 S. 58), aus Gründen der Verwaltungsvereinfachung eine **sachgerechte Sozialauswahl des Arbeitgebers** als richtig unterstellt (zur Sozialauswahl s.a. Rz 58). Darüber hinaus gibt es eine sog. **Crash-Klausel,** wonach die Erstattungspflicht bei **drastischem kurzfristigem Personalabbau** entfällt, wenn dieser mindestens 20 % beträgt und für den örtlichen Arbeitsmarkt erheblich ist (§ 128 Abs. 1 S. 2 Nr. 7 AFG bzw. § 147a Abs. 1 S. 2 Nr. 7 SGB III). Diese Regelung korrespondiert mit der Rspr. des BSG zum »wichtigen Grunde« beim Ausscheiden älterer Arbeitnehmer anlässlich größerer Personalfreisetzungen (vgl. KR-*Wolff* § 144 SGB III Rz 42 bis 44).

Die **Härteregelung** in § 128 Abs. 2 Nr. 2 AFG bzw. in § 147a Abs. 2 Nr. 2 SGB III bleibt hinter den früheren Fassungen zurück; sie greift zwar den Begriff der **unzumutbaren Belastung** des Arbeitgebers wieder auf, versteht ihn aber nicht als Generalklausel, sondern schränkt ihn dahin ein, dass eine unzumutbare Belastung nur dann vorliegen soll, wenn durch die Erstattung der **Fortbestand des Unternehmens oder die** nach Durchführung des Personalabbaus **verbleibenden Arbeitsplätze gefährdet** wären (vgl. dazu *BSG* 2.11.2000 – B 11 AL 33/00 R – und 21.9.2000 – B 11 AL 7/00). Dabei stellt die **Konzernklausel** (Abs. 5) klar, dass es insoweit nur auf das unmittelbar betroffene Unternehmen ankommt; denn Konzernunternehmen iSd § 18 des AktG gelten nur bei der Ermittlung der Beschäftigungszeiten als **ein Arbeitgeber**. Gegen die Regelung sind verfassungsrechtliche Bedenken geltend gemacht worden, weil sie hinter den Anforderungen des *BVerfG* (s.o. Rz 7, 8) zurückbleibt (u.a. *Hanau* DB 1992, 2625, 2632; *Reß* NZA 1992, 913, 916).

§ 147a Abs. 2 ist durch das Job-AQTIV-Gesetz v. 10.12.2001 (BGBl. I S. 3443) mit Wirkung vom 1.1.2002 geändert und klar gestellt worden, dass sich auf die Existenzgefährdung eines Unternehmens nur ein Arbeitgeber berufen kann, der insolvenzfähig ist; bei **Insolvenzunfähigkeit** (zB einer Gemeinde) kann eine solche Existenzgefährdung nicht bestehen.

D. Erstattungspflicht im Einzelnen

1. Grundvoraussetzungen der Erstattungspflicht

Grundvoraussetzung der Erstattungspflicht des Arbeitgebers ist nach neuem Recht (s.o. Rz 4)

1. das Ausscheiden des Arbeitnehmers aus dem Arbeitsverhältnis nach Vollendung des 55. Lebensjahres,
2. der Bezug von Arbeitslosengeld oder -hilfe zwischen Vollendung des 57. und 65. Lebensjahres,
3. 24 Monate Pflichtversicherungszeit innerhalb der letzten vier Jahre vor dem Tag der Arbeitslosigkeit, durch den die Rahmenfrist bestimmt wird (= Tag der Entstehung des Anspruchs; vgl. KR-*Wolff* SozR Rz 47).

§ 147a SGB III betrifft im Grundsatz nur die Kosten der Arbeitslosigkeit von Arbeitnehmern, die zwischen 57 und 65 Jahre alt sind und mit Vollendung des 55. Lebensjahres oder später aus dem Arbeitsverhältnis ausgeschieden sind. Auslösender Tatbestand für die Erstattungspflicht des Arbeitgebers ist die **Arbeitslosigkeit** eines Arbeitnehmers, der nach Vollendung seines 57. Lebensjahres Leistungen wegen Arbeitslosigkeit bezieht. Auch wenn die Arbeitslosigkeit schon vorher eingetreten ist, beginnt die Erstattungspflicht dann erst mit dem 57. Geburtstag.

19 zu 1) Es ist für die Entstehung der Erstattungspflicht unerheblich, **aus welchem Grund** das Arbeitsverhältnis beendet worden ist, ob durch – rechtmäßige oder rechtswidrige – Kündigung, durch Aufhebungsvertrag oder durch Auslaufen eines befristeten Arbeitsverhältnisses. § 147a SGB III knüpft – wie früher § 128 AFG – **nicht an eine bestimmte Form** der Beendigung, sondern nur an die Beendigung des Arbeitsverhältnisses als solche, das Lebensalter des Arbeitslosen zum Zeitpunkt der Beendigung und an die Dauer der Beschäftigung vor Leistungsbeginn an. Auch die Beendigung des Arbeitsverhältnisses infolge wirksamer **Befristung** ist nicht generell von der Erstattungspflicht ausgenommen (*BSG* 15.12.1999 BSGE 85, 224, 229 = SozR 3-4100 § 128 AFG Nr. 7, mit zust. Anm. *Felix* in SGB 2000, S. 692; s.a. Rz 42a, 56a und 60 aE). Die Befristung muss wirksam sein, weil andernfalls das Arbeitsverhältnis als auf unbestimmte Zeit abgeschlossen gilt (BAGE 1, 128, 133 = AP Nr. 7 zu § 1 KSchG; *BAG* AP Nr. 14 zu § 1 KSchG). Die Dauer der Betriebszugehörigkeit und die damit erweiterte Fürsorgepflicht des Arbeitgebers rechtfertigen seine Inanspruchnahme für die sozialen Kosten der Beendigung auch befristeter Arbeitsverhältnisse. Das gilt allerdings dann nicht, wenn die Beendigung des befristeten Arbeitsverhältnisses im Schutzbereich der Kunstfreiheit liegt (Art. 5 Abs. 3 GG; vgl. *BSG* 10.8.2000 – B 11 AL 93/99 R – zu einem befristet beschäftigten Theatermaler).

Die Anwendung des § 147a SGB III auf das Auslaufen befristeter Arbeitsverhältnisse hat aber zur Konsequenz, dass auch die Befreiungstatbestände des Abs. 1 S. 2 Nrn. 3, 4 und 5 anzuwenden sind bzw. einer erweiternden Auslegung bedürfen (*BSG* 15.12.1999 aaO; s.a. Rz 42a, 56a und 60 aE).

20 Der Arbeitslose muss nach Vollendung des 57. Lebensjahres Arbeitslosengeld oder -hilfe **tatsächlich** und **rechtmäßig** bezogen haben. Die Erstattungspflicht besteht längstens für 32 (bisher 24) Monate (§ 147a Abs. 1 S. 1 SGB III). Dabei ist der Gesetzgeber davon ausgegangen, dass die Dauer des Arbeitslosengeldanspruchs bei Anspruchsentstehung bis zum 31.1.2006 nach dem bis dahin noch anzuwendenden § 127 SGB III aF (s.o. Rz 4) bis zu 32 Monaten beträgt und dass der Arbeitslose nach dem Bezug von Arbeitslosengeld regelmäßig vorgezogene Altersrente wegen Arbeitslosigkeit mit vollendetem 60. Lebensjahr (vgl. KR-*Wolff* SozR Rz 41e) beziehen kann. Die Vorverlegung der Erstattungspflicht, die ursprünglich das ab dem 59., später das ab dem 58. und jetzt das ab dem 57. Lebensjahr des Arbeitslosen gezahlte Arbeitslosengeld betrifft, trägt der derzeitigen Praxis Rechnung, die vielfach ein Ausscheiden des Arbeitnehmers bereits mit dem 57. Lebensjahr vorsieht. Sie berücksichtigt andererseits, dass die an den Arbeitslosengeldbezug anschließende Altersrente wegen Arbeitslosigkeit nicht mehr erstattungspflichtig ist und der Arbeitslose – und damit auch sein früherer Arbeitgeber – mit ihrem Beginn aus dem Wirkungskreis des § 147a SGB III ausscheidet. Allerdings kann diese Rente wegen der Anhebung der Altersgrenzen **vorzeitig** nur noch gegen Rentenabschläge beansprucht werden, sodass sich die Frühverrentungspraxis – vom Gesetzgeber gewollt – (s.o. Rz 4a und KR-*Wolff* SozR Rz 47g) ändern, mindestens zeitlich verschieben wird.

21 Die Erstattungspflicht erstreckt sich gem. § 147a Abs. 4 SGB III auch auf die auf das Arbeitslosengeld entfallenden **Beiträge zur gesetzlichen Kranken-, Pflege- und Rentenversicherung**.

22 Erstattungspflichtig ist der Arbeitgeber nur, wenn der Arbeitnehmer innerhalb der **letzten vier Jahre vor dem Tag der Arbeitslosigkeit** mindestens 24 Monate bei ihm in einem Versicherungsverhältnis gestanden hat, also bei ihm als Beschäftigter oder aus sonstigen Gründen versicherungspflichtig bzw. beitragspflichtig war (§§ 24, 25 SGB III). Dabei muss es sich nicht um den **letzten Arbeitgeber** des Arbeitslosen handeln; vielmehr kommt eine Erstattungspflicht des früheren Arbeitgebers in Betracht, wenn zwischen dem Ausscheiden bei diesem und der Arbeitslosigkeit kürzere Zwischenbeschäftigungen gelegen haben und nur bei dem früheren Arbeitgeber die Voraussetzungen für den Erstattungsanspruch erfüllt sind (s.u. Rz 24).

23 Die Beschäftigung muss **Versicherungspflicht** zur BA nach § 25 SGB III begründet haben (zum Versicherungspflichtverhältnis, dessen Beginn und Ende vgl. § 24 SGB III). Zeiten, in denen Versicherungsfreiheit zB nach §§ 27, 28 SGB III bestand, reichen grds. nicht aus. Zum Beispiel ist ein Teilzeitbeschäftigter in einer geringfügigen Beschäftigung (§ 8 SGB IV; Monatsverdienst: bis 400 Euro) nach § 27 Abs. 2 SGB III versicherungsfrei (vgl. KR-*Wolff* SozR Rz 47). Die Erstattungspflicht kann deshalb nicht dadurch vermieden werden, dass der Arbeitnehmer für die beiden letzten Jahre vor seinem Ausscheiden auf versicherungsfreie Teilzeitarbeit übergeht. Denn dann erfüllt er nicht mehr die Anwartschaftsvoraussetzungen für das Arbeitslosengeld nach §§ 123, 124 SGB III in der ab 1.1.2004 geltenden Neufassung, nämlich innerhalb der letzten zwei Jahre mindestens zwölf Monate versicherungspflichtig beschäftigt gewesen zu sein.

24 Maßgebend für die Bestimmung der Vierjahresfrist ist jeweils der **Tag der Arbeitslosigkeit**, durch den

die Rahmenfrist bestimmt wird (§ 124 Abs. 1 SGB III, vgl. dazu KR-*Wolff* SozR Rz 47d). Das ist der erste Tag der Arbeitslosigkeit, an dem alle sonstigen Voraussetzungen für den Anspruch auf Arbeitslosengeld erfüllt sind (Arbeitslosigkeit, Arbeitslosmeldung, die regelmäßig als Antragstellung gilt, und Erfüllung der Anwartschaftszeit; vgl. KR-*Wolff* SozR Rz 47 ff., 47a, 47d). Da häufig der Tag der Arbeitslosmeldung der erste Tag ist, an dem der Anspruch auf Arbeitslosengeld **entsteht**, ist dies der maßgebliche Tag für die Bestimmung der **Vierjahresfrist**. Dies muss nicht immer der **erste Tag der letzten Arbeitslosigkeit** sein. Es kann sich vielmehr um eine frühere Arbeitslosigkeit handeln, zB wenn der Arbeitslose vor einer Zwischenbeschäftigung bereits einmal (kurzzeitig) arbeitslos war und das Arbeitslosengeld dann bei der zweiten Arbeitslosigkeit wieder aus dem mit Beginn der ersten Arbeitslosigkeit erworbenen, noch nicht verbrauchten Anspruch gezahlt wird. Mit Anspruch ist hier nicht der konkrete Leistungsanspruch für einzelne Zahlungszeiträume gemeint, sondern der – uU durch eine frühere Arbeitslosigkeit ausgelöste – **Gesamtanspruch bzw. das Stammrecht**, das erst mit dem Erwerb eines neuen Anspruchs bzw. der zwischenzeitlichen Erfüllung einer neuen Anwartschaftszeit erlischt (§ 147 Abs. 1 Nr. 1 SGB III; vgl. zur Anspruchsentstehung KR-*Wolff* SozR Rz 47a).

Da die Berechnung der Pflichtversicherungszeit bzw. Beschäftigungszeit innerhalb des Vierjahreszeitraums nach Monaten erfolgt, werden auch arbeitsfreie **Samstage, Sonntage und Feiertage** mitgerechnet, ferner auch Zeiten einer Beschäftigung, für die kein Arbeitsentgelt gezahlt wird, wenn sie jeweils vier Wochen nicht überschreiten. Letzteres ergibt sich aus § 24 SGB III iVm § 7 Abs. 3 SGB IV, wonach eine Beschäftigung gegen Arbeitsentgelt als fortbestehend gilt, solange ein Beschäftigungsverhältnis ohne Anspruch auf Arbeitsentgelt – nicht länger als einen Monat – fortdauert. 25

Da das Gesetz nur auf die letzten vier Jahre bzw. Beschäftigungszeiten vor der **Entstehung des Gesamtanspruchs** bzw. des **Stammrechts** abstellt, ändert sich an der Person des Erstattungspflichtigen durch eine spätere Beschäftigung nichts mehr, solange daraus kein neuer Anspruch auf Arbeitslosengeld erworben, dh keine neue Anwartschaftszeit erfüllt wird (s.o. Rz 24). Voraussetzung dafür ist nach §§ 123, 124 SGB III nF eine versicherungspflichtige Beschäftigung von mindestens 12 Monaten innerhalb der zweijährigen Rahmenfrist (vgl. KR-*Wolff* SozR Rz 47d). 25a

Soweit § 147a SGB III auf eine Beschäftigung »bei demselben Arbeitgeber« abstellt, ist grds. strenge **Identität der Rechtsperson** des Arbeitgebers zu fordern. Das ergibt sich auch daraus, dass die Frage, wann derselbe Arbeitgeber vorliegt, nur für Konzernunternehmen besonders geregelt ist (s.u. Rz 27). An dieser Identität fehlt es zB, wenn der ursprüngliche Inhaber der Firma nach Umwandlung in eine GmbH deren Anteile zu 100 % besitzt oder diese beherrscht. Ein Arbeitgeberwechsel liegt auch dann vor, wenn – bei Identität der Gesellschafter – die bisherige Gesellschaft aufgelöst und eine neue gegründet wird (vgl. *BSG* 28.6.1983 SozR 4100 § 141b Nr. 27). 26

Fälle der **Rechtsnachfolge,** insbes. auch ein **Betriebsübergang nach § 613a BGB,** führen zur Zusammenrechnung der Beschäftigungszeiten (*BSG* 18.9.1997 SozR 3-4100 § 128 AFG Nr. 3; vgl. dazu auch *Pietrik* DB 2003, 2065). Der Betriebsübergang steht der Zurechnung von Beschäftigungszeiten, die bei dem früheren Arbeitgeber zurückgelegt worden sind, nicht entgegen. Insoweit ging bereits der ursprüngliche Entwurf des § 128 AFG davon aus, dass bei der Berechnung der Dauer des Beschäftigungsverhältnisses § 613a BGB anzuwenden ist (vgl. BT-Drs. 10/965, S. 10; zu § 128 AFG nF vgl. die Durchführungsanweisung der BA v. 3.2.1993 ZIP 1993, 798 Nr. 3.11). Auch in Fällen der **Gesamtrechtsnachfolge** bleibt die Identität des Arbeitgebers gewahrt. 26a

Konzernunternehmen iSv § 18 AktG (also auch gleichgeordnete Konzernunternehmen iSv § 18 Abs. 2 AktG) gelten gem. § 147a Abs. 5 S. 1 SGB III bei der Ermittlung der **Beschäftigungszeiten** als **ein Arbeitgeber.** Diese Klausel ist nur auf die **Beschäftigungsdauer** beschränkt, gilt also nicht etwa hinsichtlich der Betriebsgröße oder bei der Beurteilung der unzumutbaren Belastung des Arbeitgebers. Die Erstattungspflicht trifft den Arbeitgeber, bei dem der Arbeitnehmer zuletzt in einem Arbeitsverhältnis gestanden hat (§ 147a Abs. 5 S. 2 SGB III), also auch dann, wenn er bei diesem weniger als 24 Monate beschäftigt war. Der Konzernbegriff des § 18 AktG betrifft an sich nur Verbindungen von Unternehmen, an denen eine **Aktiengesellschaft** (oder eine Kommanditgesellschaft auf Aktien) beteiligt ist. Die Frage, ob die Konzernklausel sich eng auf den Wirkungsbereich von § 18 AktG beschränkt oder losgelöst von diesem Zusammenhang zu sehen ist, dürfte nach einer am Zweck der Regelung orientierten verfassungskonformen Auslegung im letztgenannten Sinne zu beantworten sein. Danach kann Konzernunternehmen **jedes Unternehmen,** unabhängig von seiner Rechtsform, sein und damit **jede denkbare Unternehmensverflechtung** (so bereits zum alten Recht *Gagel* AFG § 128 Rz 307 f., 309; jetzt *Gagel* SGB III § 147a Rz 280 f.). 27

2. Ausnahmen von der Erstattungspflicht

28 § 147a SGB III kennt zahlreiche **Ausnahmen** von der Erstattungspflicht. Auch dann, wenn die Voraussetzungen der Erstattungspflicht nach Abs. 1 S. 1 vorliegen, kann der Arbeitgeber nur dann zur Erstattung herangezogen werden, wenn keine der Ausnahmefälle bzw. Ausschlussgründe nach Abs. 1 S. 2 und Abs. 2 vorliegen. Diese unterscheiden sich nach ihrer **Struktur** in folgender Weise: Die beiden ersten Tatbestände des Abs. 1 S. 2 (»Beendigung des Arbeitsverhältnisses vor Vollendung des 55. Lebensjahres« und »Anspruch auf eine andere Sozialleistung«) sind negative Anspruchsvoraussetzungen, deren Nichterweislichkeit zu Lasten der Arbeitsverwaltung geht (s.a. Rz 34 ff.). Demgegenüber enthalten die Tatbestände des Abs. 1 S. 2 Nr. 1 bis 7 echte Befreiungstatbestände bzw. Wegfallgründe, deren Nichterweislichkeit zu Lasten des Arbeitgebers geht (s.a. Rz 57 f.).

3. Ausschlussgründe nach dem Alter des Arbeitnehmers und der Dauer des Arbeitsverhältnisses

29 Die Erstattungspflicht tritt nicht ein, wenn das Arbeitsverhältnis spätestens am Tag vor Vollendung des 55. (bisher: 56.) Lebensjahres beendet worden ist, also spätestens am Tag vor dem 55. Geburtstag. Der Beendigung des Arbeitsverhältnisses ist die Beendigung des Beschäftigungsverhältnisses bei formaler Aufrechterhaltung des Arbeitsverhältnisses gleichzustellen (so auch BA, Runderlass 11/93 idF v. 28.5.1997 Rz 3.22).

Die Erstattungspflicht ist ferner nach Abs. 1 S. 2 Nr. 1 ausgeschlossen, wenn der Arbeitnehmer innerhalb der letzten zwölf Jahre vor der die Erstattungspflicht auslösenden Arbeitslosigkeit **weniger als zehn Jahre** zu dem gleichen Arbeitgeber in einem Arbeitsverhältnis gestanden hat. Das Arbeitsverhältnis braucht nicht **zusammenhängend** verlaufen zu sein. Es braucht auch nicht **derselbe Betrieb** oder **dasselbe Arbeitsverhältnis** zu sein, sofern nur **der Arbeitgeber** der gleiche war. Konzernunternehmen gelten hier als **ein Arbeitgeber** (Abs. 5; s.o. Rz 27).

4. Ausschlussgrund der »anderweitigen Sozialleistungsberechtigung«

a) Verfassungsrechtliche Vorgaben

30 Entsprechend der Forderung des BVerfG (s.o. Rz 7, 8) besteht keine Erstattungspflicht, wenn und solange der Arbeitslose im Erstattungszeitraum die **Voraussetzungen** für eine der in § 142 Abs. 1 Nr. 2 bis 4 SGB III genannten **Sozialleistungen** oder für eine **Rente wegen Berufsunfähigkeit** (jetzt: Rente wegen teilweiser Erwerbsminderung) erfüllt (§ 147a Abs. 1 S. 2 SGB III). Nach der Bewertung des BVerfG fehlt in diesen Fällen die besondere Verantwortung des Arbeitgebers für die Arbeitslosigkeit seines Arbeitnehmers, weil sich ein Risiko realisiere, das vorrangig von anderen Systemen der sozialen Sicherung abzudecken sei. Da es weitgehend von der Entscheidung des Arbeitnehmers abhänge, welche Sozialleistung er beantrage, und der Arbeitgeber keine rechtliche Möglichkeit habe, auf diese Entscheidung einzuwirken, bestehe die Gefahr, dass trotz anderweitiger Anspruchsberechtigung (zB wegen Arbeitsunfähigkeit) **für längere Zeit** Arbeitslosengeld gezahlt werde mit der Konsequenz der Erstattungspflicht des Arbeitgebers. Darin sah das BVerfG einen **Verstoß gegen Art. 12 GG** bzw. des auf seiner Grundlage zu prüfenden **Übermaßverbotes**. Es müsse ausreichen, dass der Arbeitnehmer die **Voraussetzungen** für eine entsprechende **andere Sozialleistung** erfülle, bei deren Zuerkennung ein Anspruch auf Zahlung von Arbeitslosengeld oder Arbeitslosenhilfe nicht bestehen oder ruhen würde, wobei es auf die **Antragstellung** des Arbeitnehmers nicht ankommen soll, dieser Ausschlusstatbestand vielmehr von der Arbeitsverwaltung von Amts wegen festgestellt werden müsse (BVerfG 23.1.1990 BVerfGE 81, 156, 198 f.). Danach entfällt die Erstattungspflicht nicht nur dann, wenn der frühere Arbeitnehmer eine andere Sozialleistung bezieht oder beantragt hat, sondern insbes. auch dann, wenn er einen Antrag nicht gestellt hat und auch nicht zu stellen beabsichtigt und nur die **Voraussetzungen** des Anspruchs auf eine andere Sozialleistung **erfüllt** sind.

b) Arten der anderweitigen Sozialleistungen

31 Als Sozialleistungen, die eine Erstattung ausschließen, wenn ihre gesetzlichen Voraussetzungen erfüllt sind, sind insbes. anzusehen:
– **Leistungen bei Krankheit, insbes. Krankengeld** (§ 44 SGB V), auch das Krankengeld bei Arbeitslosigkeit (§ 47b SGB V; vgl. aber zur Fortzahlung des Arbeitslosengeldes nach § 126 SGB III Rz 33a); ferner Versorgungskrankengeld (§ 16 BVG), Verletztengeld (§ 45 SGB VII) sowie Übergangsgeld

(nach §§ 59, 20 SGB VI, § 49 SGB VII oder § 26a BVG, nach dem SGB III nur dann, wenn die Rehabilitationsmaßnahme die volle Erwerbstätigkeit ausschließt).
- **Renten wegen verminderter Erwerbsfähigkeit**, insbes. die Rente wegen voller Erwerbsminderung (§ 142 Abs. 1 Nr. 3 SGB III, § 43 Abs. 2 SGB VI, beide in der ab 1.1.2001 geltenden Fassung durch das Gesetz v. 20.12.2000 BGBl. I S. 1827) und die **Berufsunfähigkeitsrente** (§ 43 SGB VI in der bis 31.12.2000 geltenden Fassung), die ab 1.1.2001 als Rente wegen teilweiser Erwerbsminderung bei Berufsunfähigkeit (nur noch) an Versicherte gewährt wird, die vor dem 2.1.1961 geboren und berufsunfähig sind (§ 240 SGB VI in der ab 1.1.2001 geltenden Fassung; vgl. KR-*Wolff* SozR Rz 38),
- Die **Altersrente** aus der gesetzlichen Rentenversicherung (§§ 33 ff. SGB VI) oder die **Knappschaftsausgleichsleistung** (§ 239 SGB VI). Zu den Altersrenten aus der gesetzlichen Rentenversicherung zählen insbes. die sog. **vorgezogenen Renten wegen Alters**, die vor dem 65. Lebensjahr bei Vorliegen bestimmter Voraussetzungen gewährt werden konnten (vgl. KR-*Wolff* SozR Rz 41 ff.). Dazu gehören insbes. die Altersrente für langjährig Versicherte, die Altersrente für schwerbehinderte Menschen, die Altersrente für Frauen und die Altersrente wegen Arbeitslosigkeit, bei denen aber die früheren Altersgrenzen (60 bzw. 62) inzwischen auf das 65. Lebensjahr angehoben worden sind und statt dessen die Möglichkeit der **vorzeitigen Inanspruchnahme** dieser Renten unter **Inkaufnahme von Rentenabschlägen** eröffnet worden ist (vgl. KR-*Wolff* SozR Rz 41 f.). Ob mit dem Erfordernis, dass der Versicherte die Voraussetzungen für eine dieser Rentenarten erfüllt, auch die Möglichkeit der vorzeitigen Inanspruchnahme unter Inkaufnahme von Rentenabschlägen gemeint ist, ist zweifelhaft. § 147a SGB III enthält dazu keine Aussage. Auf eine Ausnahmeregelung für vorzeitige Altersrenten mit Abschlägen, die in anderen gesetzlichen Regelungen enthalten ist oder war (vgl. § 202 Abs. 1 S. 2 SGB III in der bis 31.12.2004 geltenden Fassung oder § 428 Abs. 2 S. 1 SGB III) hat der Gesetzgeber verzichtet, sodass als altersrentenberechtigt iSd § 147a Abs. 1 S. 2 SGB III grds. auch der Arbeitslose anzusehen ist, der eine vorzeitige Altersrente mit Abschlägen erhalten könnte (so zu § 10 Abs. 1 S. 2 AltTZG, *BSG* 15.12.2005 – B 7a AL 30/05 R).
- **Der Altersrente ähnliche Leistungen öffentlich-rechtlicher Art** für die Zeit vor Vollendung des 65. Lebensjahres: Dazu gehören nicht nur Ansprüche, die als öffentlich-rechtliche Ansprüche geregelt sind, sondern alle Leistungsansprüche, die aus Mitteln öffentlicher Haushalte befriedigt werden (*BSG* 23.9.1980 SozR 4100 § 118 Nr. 9). Sie müssen die gleichen typischen Merkmale wie die vorgezogenen Altersrenten aufweisen und nach ihrer Gesamtkonzeption so bemessen sein, dass sie im Allgemeinen den Lebensunterhalt sicherstellen (zB Ansprüche auf Ruhegehalt eines Berufssoldaten wegen Vollendung des 52. Lebensjahres, sonstige Bezüge von Beamten, Richtern und Soldaten, die vor dem 65. Lebensjahr in den Vorruhestand treten).

Nicht zum Ausschluss des Erstattungsanspruchs führen zB die Ansprüche auf **Verletztenrente** aus der gesetzlichen Unfallversicherung, und Ansprüche aus **Zusatzversorgungen**, die ihrer Konzeption nach den Lebensunterhalt nicht allein, sondern zusammen mit einer gesetzlichen Altersrente sicherstellen sollen (*BSG* 3.12.1998 SozR 3-4100 § 118 AFG Nr. 7). Diese Leistungen sind weder in §§ 147a, 142 SGB III genannt noch handelt es sich um eine der Altersrente vergleichbare Leistung öffentlich-rechtlicher Art (vgl. die Durchführungsanweisung der BA zu § 128 AFG v. 3.12.1993 ZIP 1993, 798, 800, unter Nr. 3.23; aA *Buchner* ZIP 1993, 717, 731). 32

Hingegen ist die Erstattungspflicht ausgeschlossen, wenn der Arbeitslose eine **befreiende Lebensversicherung** in Anspruch nehmen könnte und ohne die Befreiung von der Angestelltenversicherungspflicht die Voraussetzungen für eine Altersrente erfüllt hätte (*BSG* 22.3.2001 SozR 3-4100 § 128 AFG Nr. 13). Insoweit hat das BSG eine planwidrige Gesetzeslücke gesehen, der es durch entsprechende Anwendung des Ausschlusstatbestandes abgeholfen hat (krit. dazu *Peters-Lange* SGb 2002, 223).

Fraglich war, ob und inwieweit Ansprüche auf Leistungen aus **ausländischen Sozialversicherungssystemen** zum Ausschluss der Erstattungspflicht führen. Nach dem Gesetzeswortlaut kommt es darauf an, ob solche Leistungen zum Ruhen des Arbeitslosengeldanspruchs nach § 142 SGB III führen würden. Seit 1993 ist die ruhensbegründende Wirkung ausländischer Leistungen ausdrücklich geregelt (§ 142 AFG; seit 1.1.1998 § 142 Abs. 3 SGB III). Danach gilt § 142 Abs. 1 SGB III und damit auch dessen Nrn. 2 bis 4 auch für eine **vergleichbare** andere Sozialleistung, die ein ausländischer Träger zuerkannt hat bzw. zahlt. Vergleichbarkeit mit einer Altersrente iSd Nr. 4 liegt zB dann vor, wenn die Gewährung der Leistung von der Erreichung einer Altersgrenze abhängt, wenn sie der Konzeption nach den Lebensunterhalt sicherstellen soll und von einem öffentlich-rechtlichen Träger gewährt wird (zu einer italienischen Altersrente vgl. *BSG* 29.10.1997 SozR 3-4100 § 142 AFG Nr. 2). 33

33a Anspruch auf **Krankengeld** hat der Arbeitslose, wenn und solange er – während des Erstattungszeitraums – arbeitsunfähig, dh unfähig ist, die zuletzt ausgeübte oder eine vergleichbare Arbeit weiter auszuführen (vgl. KR-*Wolff* SozR Rz 30a). Im Hinblick auf § 126 SGB III (**Fortzahlung des Arbeitslosengeldes für die Dauer von sechs Wochen** bei Eintritt von Arbeitsunfähigkeit während des Leistungsbezugs) ist allerdings fraglich, ob die Erstattungspflicht des Arbeitgebers erst dann entfällt, wenn die Arbeitsunfähigkeit die Sechs-Wochen-Frist des § 126 Abs. 1 SGB III überschreitet, oder schon dann, wenn die Arbeitsunfähigkeit weniger als sechs Wochen, ggf. nur einige Tage, dauert. Denn bei wörtlicher Auslegung dieser Vorschrift erfüllt der Arbeitslose in Fällen, in denen die Arbeitsunfähigkeit während des Arbeitslosengeldbezugs eintritt, in den ersten sechs Wochen nicht die Voraussetzungen für eine »Leistung« von Krankengeld, weil der Anspruch auf Krankengeld während des Bezugs von Arbeitslosengeld ruht (§ 49 Abs. 1 Nr. 3a SGB V). Gegen die Annahme, dass kürzere Zeiten der Arbeitsunfähigkeit aus diesem Grund nicht zum Wegfall der Erstattungspflicht führen, wird eingewandt, dass die Fortzahlung des Arbeitslosengeldes in den ersten sechs Wochen der Arbeitsunfähigkeit – wie die Lohnfortzahlung nach § 3 LFZG – durchaus zum Risikobereich desjenigen gehören, der die Arbeitslosigkeit verursacht hat (vgl. u.a. *Gagel* SGB III, § 147a Rz 93; *Hauck/Noftz-Voelzke* SGB III, § 147a Rz 65 f.). Bei dieser Auffassung führen auch kürzere Zeiten der Arbeitsunfähigkeit, im Extremfall ein Tag, zum Wegfall der Erstattungspflicht für diesen Tag, ein Ergebnis, an das weder das BVerfG noch der Gesetzgeber gedacht haben dürfte. Die Arbeitsverwaltung wird nur selten den Nachweis führen können, dass der Arbeitslose während des Erstattungszeitraums zu keinem Zeitpunkt, insbes. nicht für einzelne Tage, arbeitsunfähig war (s.u. Rz 34).

c) Beweisfragen

34 Das zentrale Problem »der Erfüllung der Voraussetzungen für eine andere Sozialleistung« liegt in der Ermittlung dieses Tatbestandes und den damit verbundenen **Beweislastfragen.** Nach dem Wortlaut der Regelung liegt die Darlegungs- und Nachweispflicht für das Vorliegen der Voraussetzungen für eine anderweitige Sozialleistung nicht beim Arbeitgeber, sondern bei der **Arbeitsverwaltung.** Das ergibt sich im Umkehrschluss aus § 147a Abs. 2 Hs. 3 SGB III, der für die in diesem Satz unter Nr. 1 ff. aufgezählten Ausschlusstatbestände ausdrücklich dem Arbeitgeber die Darlegungs- und Nachweispflicht auferlegt. Das bedeutet zunächst, dass die sog. **objektive Beweislast** offensichtlich nicht beim Arbeitgeber liegen soll, vielmehr die **fehlende Aufklärbarkeit zu Lasten der Arbeitsverwaltung geht** (*BSG* 7.2.2002 SozR 3-4100 § 128 AFG Nr. 15, S. 136 mwN; *Bauer/Diller* BB 1992, 2283, 2284; *Hanau* DB 1992, 2625, 2627; *Buchner* ZIP 1993, 717, 727 f.). Dem dürfte die mehr aus gesetzestechnischen Gründen gewählte Fassung der Vorschrift (»die Erstattungspflicht tritt nicht ein, -«) nicht entgegenstehen; denn nach der Entscheidung des *BVerfG* (23.1.1990 – 1 BvL 44/86 und 48/87 – BVerfGE 81, 198 f.) geht es bei dem Anspruch auf anderweitige Sozialleistungen nicht um eine **Ausnahme** von der grds. bestehenden **Erstattungspflicht** (iS einer Gegennorm), sondern um ein von Verfassungs wegen als Voraussetzung der Erstattungspflicht gefordertes (negatives) **Tatbestandsmerkmal** (so auch *BSG* 2.11.2000 – B 11 AL 13/00 R; ferner *Kreßel* NZS 1993, 292, 298).

35 Besondere Probleme wirft die Frage auf, inwieweit die Arbeitsverwaltung zu Ermittlungen verpflichtet ist, insbes., ob sie nur – wie es in der Gesetzesbegründung heißt (BT-Drs. 12/3211) –, **bei begründeten Anhaltspunkten** für eine anderweitige Sozialleistungsberechtigung tätig werden muss. Nach st. Rspr. des BSG erfordert die **amtliche Sachaufklärungspflicht** (Amtsermittlungspflicht) nicht, nach Tatsachen zu forschen, für deren Bestehen die Umstände des Einzelfalles keine Anhaltspunkte bieten (*BSG* 17.12.1997 BSGE 81, 259, 263 = SozR 3-4100 § 128 Nr. 5 mwN; 25.6.1998 – B 7 AL 82/97 R). Dagegen sind angesichts der statistischen Vorgaben, wonach ein hoher Prozentsatz der älteren Arbeitnehmer wegen Erwerbs- oder Berufsunfähigkeit vorzeitig in Rente gehen muss, erhebliche Bedenken erhoben worden (vgl. dazu iE *Buchner* ZIP 1993, 729 ff.; *Hanau* aaO; *Kreßel* NZS 1993, 292, 295 f.; abl. *BSG* aaO; 21.9.2000 SozR 3-4100 § 128 AFG Nr. 10).

36 Nach der Amtsermittlungspflicht (§ 20 SGB X, § 103 SGG), die auch für die Feststellung der anderweitigen Sozialleistungsansprüche gilt (vgl. *BSG* 21.9.2000 SozR 3-4100 § 128 AFG Nr. 10), wird sich die Arbeitsverwaltung im Allgemeinen nicht auf eine **Anhörung des Arbeitnehmers** beschränken dürfen; vielmehr sind alle in Betracht kommenden **Ermittlungsmöglichkeiten auszuschöpfen,** sofern bestimmte Anhaltspunkte solche Ermittlungen nahe legen. Allerdings ist nicht zu verkennen, dass die Arbeitsverwaltung nicht hinreichend mit Ermittlungsmöglichkeiten ausgestattet ist, um die anderweitige Sozialleistungsberechtigung festzustellen. Zwar ist der Arbeitslose auf Verlangen des Arbeitsamtes verpflichtet, Auskünfte zu erteilen, sich beim Arbeitsamt – jetzt Agentur für Arbeit – persönlich zu

melden oder sich einer Untersuchung zu unterziehen, soweit das Entstehen oder der Wegfall des Erstattungsanspruchs von dieser Mitwirkung abhängt (§ 147a Abs. 7 S. 1 SGB III). Voraussetzung dafür ist jedoch, dass der AfA entsprechende Umstände in der Person des Arbeitslosen bekannt sind (S. 2). Nach Ansicht des *BSG* (17.12.1997 BSGE 81, 259, 262 f. = SozR 3-4100 § 128 AFG Nr. 5) fordert der Ermittlungsgrundsatz nicht, nach Tatsachen zu forschen, für deren Bestehen die Umstände des Einzelfalles keine Anhaltspunkte bieten. § 147a SGB III erfordert kein davon abweichendes Verständnis des Ermittlungsgrundsatzes.

E. Für die Kündigungspraxis relevante Begrenzungen der Erstattungspflicht

1. Allgemeines

Die Erstattungspflicht tritt nicht in allen Fällen ein, bei denen die sonstigen – positiven und negativen 37
– Anspruchsvoraussetzungen vorliegen. Sie kann vielmehr wegen der **Art der Beendigung** des Arbeitsverhältnisses bzw. wegen der bei **Beendigung bestehenden Rechte ausgeschlossen sein**. Die vorliegende Kommentierung muss sich auf diese Befreiungstatbestände beschränken, die für das Kündigungsrecht relevant sind. Das sind die Tatbestände der Beendigung des Arbeitsverhältnisses

– durch **Eigenkündigung des Arbeitnehmers ohne Abfindung**, § 147a Abs. 1 S. 2 Nr. 3 SGB III
– durch **sozial gerechtfertigte Kündigung des Arbeitgebers**, § 147a Abs. 1 S. 2 Nr. 4 SGB III
– bei **Berechtigung des Arbeitgebers zur außerordentlichen Kündigung**, § 147a Abs. 1 S. 2 Nr. 5 SGB III.

In allen Fällen dieser Art kommt es stets nur auf die Beendigung des Arbeitsverhältnisses an, an die 38
das Gesetz den Erstattungsanspruch knüpft. Das kann eine zurückliegende Beschäftigung sein. **Spätere (Zwischen-)Beschäftigungen bei anderen Arbeitgebern** und die Gründe für deren Beendigung haben keine Bedeutung, weil § 147a SGB III den Arbeitgeber, bei dem die sonstigen Voraussetzungen erfüllt sind, zur Erstattung der Kosten für die danach folgenden Zeiten der Arbeitslosigkeit grds. unabhängig davon verpflichtet, auf wessen Verhalten die spätere Arbeitslosigkeit beruht (s.o. Rz 22, 24).

2. Freistellung bei Eigenkündigung des Arbeitnehmers

Die Erstattungspflicht ist nach § 147a Abs. 1 S. 2 Nr. 3 SGB III (wortgleich mit der früheren Regelung) 39
ausgeschlossen, wenn der **Arbeitnehmer selbst gekündigt** hat und **keine Abfindung** oder ähnliche Leistungen wegen der Beendigung des Arbeitsverhältnisses erhält oder zu beanspruchen hat. Dann hat der Arbeitgeber bei typisierender Betrachtung am Eintritt der Arbeitslosigkeit nicht mitgewirkt, sodass eine Erstattungspflicht nicht gerechtfertigt wäre. Eine solche Mitwirkung wird aber vom Gesetzgeber vermutet, wenn eine Abfindung oder ähnliche Leistung gewährt oder zugesagt wird (s.u. Rz 45).

Unerheblich ist, **aus welchem Grund** der Arbeitnehmer gekündigt hat und ob die Kündigung **wirk-** 40
sam war; entscheidend ist nur, dass der Arbeitnehmer selbst ausdrücklich eine (einseitige) Kündigung ausgesprochen und diese letztlich zur **Lösung des Arbeitsverhältnisses** geführt hat.

Eine **einvernehmliche Auflösung**, etwa auf Wunsch des Arbeitnehmers, ist grds. kein Freistellungs- 41
grund, auch wenn keine Abfindung gezahlt oder zugesagt wird; sie kann der Eigenkündigung des Arbeitnehmers nach dem eindeutigen Wortlaut der Vorschrift **nicht gleichgestellt** werden. Gegen diese **formale Auslegung** der Regelung sind allerdings Bedenken geltend gemacht worden, weil es im Arbeitsrecht nach der Rspr. des BAG nicht auf die rechtstechnische Form der Auflösung, sondern auf den **materiellen Auflösungsgrund** ankomme (vgl. *Hanau* DB 1992, 2625, 2629 mwN; *Reß* NZA 1192, 913, 915). Ob die Vorschrift deshalb entgegen ihrem klaren Wortlaut so gelesen werden kann, dass es nicht auf die Kündigung, sondern auf die Beendigung des Arbeitsverhältnisses durch den Arbeitslosen ankommt (so *Reß* aaO), ist zweifelhaft. Das BSG hat eine (sinngemäße) Anwendung der Nr. 3 in derartigen Fällen wegen der Bindung des Nichteintritts der Erstattungspflicht an **bestimmte Formen der Beendigung** des Arbeitsverhältnisses ausdrücklich abgelehnt (*BSG* 11.5.1999 SozR 3-4100 § 128 AFG Nr. 6, dort: Arbeitgeberkündigung auf Wunsch des Arbeitnehmers). Eher kommt die bereits zum alten Recht bejahte Möglichkeit der **Umdeutung** eines vom Arbeitnehmer veranlassten Aufhebungsvertrages **in eine Eigenkündigung** in Betracht (vgl. *BSG* 18.9.1997 SozR 3-4100 § 128 AFG Nr. 2). Jedoch verbietet sich die Umdeutung eines Aufhebungsvertrages in eine Eigenkündigung jedenfalls in den Fällen, in denen die Beendigung des Arbeitsverhältnisses abweichend von dem Endtermin festgesetzt wird, der sich bei einer Kündigung durch den Arbeitnehmer ergeben würde (generell gegen eine Um-

deutung *BSG* 11.5.1999 aaO). Eine Umdeutung dürfte im Übrigen nur in Sonderfällen möglich sein, in denen eindeutig feststeht, dass die Auflösung allein vom Arbeitnehmer betrieben wurde; ein entsprechender Nachweis dürfte wegen der Interessenidentität zwischen Arbeitgeber und Arbeitnehmer und den insoweit bestehenden Manipulationsmöglichkeiten schwer zu führen sein. Zur Ergänzung der Eigenkündigung durch eine sog. Abwicklungsvertrag s.u. Rz 54a.

42 Das **Auslaufen** eines **befristeten Arbeitsverhältnisses**, das grds. von § 147a SGB III erfasst wird (s.o. Rz 19), kann zwar nicht als Arbeitnehmerkündigung gewertet werden, auch wenn der Arbeitnehmer von einer möglichen Fortsetzung des Arbeitsverhältnisses keinen Gebrauch macht oder die Befristung auf seinen Wunsch erfolgt war. Jedoch ist es im Hinblick auf die **verfassungsrechtlich** gebotene **besondere Verantwortung des Arbeitgebers** für die Beendigung des Arbeitsverhältnisses erforderlich, den Befreiungstatbestand der Nr. 3 (ebenso der Nr. 4 u. 5) im Falle eines befristeten Arbeitsverhältnisses **erweiternd** in einer Weise auszulegen, die den Besonderheiten befristeter Arbeitsverhältnisse Rechnung trägt (*BSG* 15.12.1999 SozR 3-4100 § 128 AFG Nr. 7; s.a. Rz 56a). Eine Befreiung von der Erstattungspflicht nach Nr. 3 kommt etwa dann in Betracht, wenn die vom Arbeitgeber angebotene Verlängerung des Arbeitsverhältnisses am Arbeitnehmer gescheitert ist.

43 Die Erstattungspflicht entfällt auch dann nicht, wenn die Kündigung des Arbeitnehmers auf einem **Verhalten des Arbeitgebers beruht**, das ein Recht des Arbeitnehmers zur außerordentlichen Kündigung iSv § 626 BGB begründete: Denn der in diesem Fall gegebene Schadensersatzanspruch nach § 628 Abs. 2 BGB ist als eine **der Abfindung ähnliche Leistung** iSv § 147a Abs. 1 S. 2 Nr. 3 SGB III anzusehen (vgl. KR-*Wolff* § 143a SGB III Rz 22).

44 Hat das Verhalten des Arbeitgebers nur ein Recht des Arbeitnehmers zur ordentlichen Kündigung begründet, kommt es darauf an, ob dieses Verhalten gezielt darauf gerichtet war, den Arbeitnehmer zur Kündigung zu drängen (vgl. dazu *BSG* 30.10.1980 BSGE 59, 84; 19.3.1986 BSGE 60, 50). In diesem Fall bleibt der Arbeitgeber erstattungspflichtig, es sei denn, dass er selbst zur fristlosen Kündigung berechtigt gewesen wäre (s.u. Rz 60 ff.).

45 Zu den Begriffen der »**Abfindung, Entschädigung oder ähnlichen Leistung**«, die in § 143a SGB III jetzt unter dem Sammelbegriff »Entlassungsentschädigung« zusammengefasst sind, vgl. KR-*Wolff* SozR Rz 151 und § 143a Rz 20 f. Dazu gehören auch Schadensersatzansprüche nach § 628 Abs. 2 BGB, nicht hingegen Leistungen, auf die der Arbeitnehmer bei Beendigung des Arbeitsverhältnisses in jedem Fall einen Rechtsanspruch gehabt hätte. Das sind insbes. Leistungen, die vor der Beendigung des Arbeitsverhältnisses verdient worden sind und nur anlässlich seiner Beendigung ausgezahlt werden (zB Abfindung von Gewinnanteilen, Lohnnachzahlungen, Urlaubsabgeltungen) und auch solche Leistungen, auf die bei Auflösung des Arbeitsverhältnisses ein vertraglicher oder tarifvertraglicher Anspruch bestand (zB tariflich festgelegte Überbrückungsbeihilfen und Übergangsgelder).

46 Hinsichtlich der Frage, ob eine Abfindung »**wegen**« der Beendigung des Arbeitsverhältnisses gewährt wird, gilt grds. das zu § 143a SGB III (KR-*Wolff* § 143a Rz 25 f.) Gesagte: Danach ist ein ursächlicher Zusammenhang grds. dann zu bejahen, wenn die Arbeitgeberleistung ohne die Beendigung des Arbeitsverhältnisses nicht gewährt worden wäre. Gegen die darin liegende »**Regelvermutung**« der **Kausalität** einer Abfindung für die Mitwirkung des Arbeitgebers an der Kündigung sind unter dem Gesichtspunkt des Übermaßverbots **verfassungsrechtliche Bedenken** erhoben worden (*Buchner* ZIP 1993, 717, 731). Diese Bedenken dürften insoweit gegenstandslos sein, als die Regelvermutung in typisierender Form zwar an einige, keineswegs aber an alle einschlägigen Fälle umfassenden Tatbestände des Arbeitsrechts anknüpft. Schon im Wege einfachrechtlicher Auslegung sind jedenfalls diejenigen Arbeitgeberleistungen auszuscheiden, die ohnehin gezahlt werden müssen (s.o. Rz 45), die also nicht gezahlt worden sein können, **um das Ausscheiden** älterer Arbeitnehmer **zu fördern**. Gemeint sind letztlich nur Zahlungen, die bei typisierender Betrachtung den Arbeitnehmer **zur Eigenkündigung bewegen sollen** (*Hanau* DB 1992, 2625, 2630). Daran kann es zB in Fällen geplanter Betriebseinschränkungen oder -stilllegungen fehlen, in denen der Arbeitnehmer einer bereits angekündigten Kündigung des Arbeitgebers zuvorgekommen ist, weil er sich bereits einen neuen Arbeitsplatz gesucht hat. Kann eine Eigenkündigung des Arbeitnehmers in solchen Fällen nach der Rspr. des BAG eine Sozialplanleistung oder eine Abfindung auslösen, wäre ein Erstattungsanspruch des Arbeitgebers unzumutbar, weil diese Leistung letztlich nicht wegen der Beendigung des Arbeitsverhältnisses, sondern wegen der Stilllegung des Betriebs oder Betriebsteils gezahlt wird.

3. Freistellung wegen sozial gerechtfertigter Kündigung des Arbeitgebers

a) Bedeutung der Regelung

§ 147a Abs. 1 S. 2 Nr. 4 SGB III, der dem am 1.1.1993 ins Gesetz eingeführten § 128 Abs. 1 S. 2 Nr. 4 AFG entspricht, stellt insoweit einen Schwerpunkt der Regelung dar, als seitdem jede **ordentliche sozial gerechtfertigte Kündigung** des Arbeitgebers zur Befreiung von der Erstattungspflicht führt, also nicht nur die Arbeitnehmerkündigung und – wie früher – die verhaltensbedingte Arbeitgeberkündigung. Mit der Anknüpfung an die »sozial gerechtfertigte Kündigung« ist zweifelsfrei auf § 1 KSchG Bezug genommen, sodass auf die Kommentierung zu dieser Regelung verwiesen werden kann. Dabei ist zu beachten, dass § 1 KSchG seit 1996 mehrfach geändert worden ist, zuletzt durch das Gesetz zu Reformen am Arbeitsmarkt v. 24.12.2003 (BGBl. I S. 3002) mit Wirkung ab 1.1.2004 (vgl. KR-*Griebeling* § 1 KSchG Rz 14). 47

Dieser Tatbestand, mit dem hinsichtlich der sozialrechtlichen Rechtsfolgen an das **Arbeitsrecht** angeknüpft wird, entspricht zwar keiner unmittelbaren Forderung des BVerfG (s.o. Rz 7, 8), trägt aber gleichwohl seiner Darlegung Rechnung, dass eine Erstattungspflicht aus Gründen des Übermaßverbots nur zu rechtfertigen ist, wenn sie in den **Verantwortungsbereich** des **Arbeitgebers** fällt; daran fehlt es, wenn dieser sich im Rahmen des – ohnehin stark eingeschränkten – Kündigungsrechts bewegt.

b) Voraussetzungen der Freistellung

Voraussetzung ist, dass der Arbeitgeber das Arbeitsverhältnis durch sozial gerechtfertigte Kündigung **beenden konnte** und auch **tatsächlich durch Kündigung beendet hat,** also das Kündigungsrecht tatsächlich ausgeübt hat. Nur wenn beides zutrifft, ist die Annahme gerechtfertigt, dass den Arbeitgeber dann keine besondere Verantwortung für die Freisetzung des Arbeitnehmers bzw. für die Aufwendungen der Arbeitslosenversicherung trifft. Dabei kommt es nicht darauf an, worauf die Kündigung zunächst gestützt war. Denn die soziale Rechtfertigung der Kündigung beurteilt sich nicht allein nach den bei der Kündigung angegebenen Gründen; die Kündigungsgründe können grds. auch noch später – zB im Gerichtsverfahren – geltend gemacht werden (vgl. KR-*Griebeling* § 1 KSchG Rz 238 f., 242 f.; BSG 15.6.2000 BSGE 86, 187 = SozR 3-4100 § 128 AFG Nr. 8). 48

Die Beurteilung der Sozialwidrigkeit der Kündigung im Rahmen des § 147a SGB III ist – wie im Arbeitsrecht (vgl. KR-*Griebeling* § 1 KSchG Rz 213) – vorrangig Aufgabe des Tatsachenrichters, dem ein vom Revisionsgericht nicht voll überprüfbarer Entscheidungsfreiraum zusteht (*BSG* 15.6.2000 SozR 3-4100 § 128 AFG Nr. 8 zur Sozialauswahl und zur sozialen Rechtfertigung einer Kündigung wegen häufiger Kurzerkrankungen).

Die Neuregelung verlangt nicht, dass die Kündigung auch in anderer Hinsicht **wirksam** ist, zB hinsichtlich der Einhaltung von Formerfordernissen (Schriftform der Kündigung, vgl. dazu KR-*Spilger* § 623 BGB Rz 94–128), Kündigungsfristen, Anhörung des Betriebsrates; sie muss nur »sozial gerechtfertigt« sein (so auch *Hanau* DB 1992, 2625, 2630; *Stolz* NZS 1993, 62, 63). Desgleichen sind Verstöße gegen **vertragliche Kündigungsbeschränkungen** unerheblich. Sie können nach dem Zweck des Gesetzes eine Erstattungspflicht nicht auslösen, wenn die Kündigung ansonsten objektiv sozial gerechtfertigt war und tatsächlich zur Beendigung des Arbeitsverhältnisses geführt hat; denn solche Beschränkungen wirken nur zwischen den Vertragspartnern und sind daher grds. nicht geeignet, die Verantwortung des Arbeitgebers für die Beendigung des Arbeitsverhältnisses gegenüber der Arbeitsverwaltung zu verändern oder zu erhöhen (*Hanau* aaO). Demgegenüber dürfte allerdings eine Befreiung nicht in Betracht kommen, wenn der Arbeitgeber gegen **Regeln des Sonderkündigungsschutzes verstößt**, zB einem Schwerbehinderten ohne behördliche Zustimmung kündigt. 49

c) Bindung an rechtskräftige Entscheidungen des ArbG

Nach Hs. 2 der Nr. 4 ist die AfA an eine **rechtskräftige Entscheidung des Arbeitsgerichts** »über die soziale Rechtfertigung« der Kündigung **gebunden**, außer wenn die Kündigung nach § 7 KSchG nur wegen **Nichteinhaltung der Klagefrist** als sozial gerechtfertigt gilt. Dass also der Arbeitnehmer nicht oder nicht rechtzeitig Kündigungsschutzklage erhebt, führt nicht automatisch zur Befreiung von der Erstattungspflicht, weil § 7 KSchG im Rahmen der Nr. 4 keine Anwendung findet (zur Darlegungs- und Nachweispflicht in diesen Fällen s.u. Rz 57). 50

Diese »aus Gründen der Rechtssicherheit und Einheitlichkeit der Entscheidungen« eingefügte Regelung wirft in mehrfacher Hinsicht Probleme auf: 51

Die Frage, ob die Bindung und damit Befreiung des Arbeitgebers von der Erstattungspflicht auch bei **klagabweisenden Versäumnis- oder Prozessurteilen** gilt, könnte mit dem Argument zu verneinen sein, dass zB bei einem Prozessurteil keine Entscheidung über die soziale Rechtfertigung der Kündigung ergeht. Die Frage dürfte aber eher zu bejahen sein, weil eine Nichtbindung nur für den Fall des § 7 KSchG vorgesehen ist und die Bindung an anderes Prozessverhalten gerade nicht hat ausgeschlossen werden sollen (*Bauer/Diller* BB 1992, 2283, 2285; **aA** wohl *Stolz* NZS 1993, 62, 64; Runderlass der BA v. 3.2.1993 ZIP 1993, 798, 800 Nr. 3.357).

52 Aus dem gleichen Grund tritt eine Bindung an das arbeitsgerichtliche Urteil auch dann ein, wenn der Arbeitnehmer im Rahmen der Verhandlungsmaxime einzelne Sachverhaltsteile (zB die Richtigkeit der Sozialauswahl) oder den Sachverhalt insgesamt **nicht bestreitet** (*Bauer/Diller* aaO; *Stolz* aaO; krit. *Buchner* ZIP 1993, 717, 732). Damit werden gewisse Umgehungsmöglichkeiten eröffnet, aber offensichtlich vom Gesetzgeber hingenommen.

d) Von der Regelung nicht erfasste Tatbestände

53 Ansonsten ist aber, um solche Umgehungsmöglichkeiten einzugrenzen, eng am Gesetzeswortlaut festzuhalten. Ein **Vergleich**, auch wenn er auf Veranlassung des **Gerichts** zu Stande kommt, bewirkt keine Bindung, auch keine **Vermutung** für oder gegen eine soziale Rechtfertigung der Kündigung (aA *Hanau* DB 1992, 2625, 2631). Diese muss vielmehr – ebenso wie in den Fällen des § 7 KSchG – von der **Arbeitsverwaltung** bzw. im Streitfall von den **Sozialgerichten nachgeprüft werden,** weil nur für den Fall einer rechtskräftigen arbeitsgerichtlichen Entscheidung eine Bindung vorgeschrieben ist. Ein **Aufhebungsvertrag** reicht also nicht aus, es sei denn, dass er erst nach Ausspruch einer sozial gerechtfertigten Kündigung abgeschlossen wird (zum sog. Abwicklungsvertrag s.u. Rz 54a).

54 Es ist in Zweifel gezogen worden, ob es den vom BVerfG gestellten Anforderungen (Verhältnismäßigkeitsgrundsatz) entspricht, dass das Gesetz die Freistellung von der Erstattungspflicht auf **Arbeitgeberkündigungen** beschränkt und ein vom Arbeitgeber veranlasstes Ausscheiden auf Grund eines **Aufhebungsvertrages** nicht gleichgestellt worden ist (*Buchner* ZIP 1993, 717, 732; neuerdings auch *Grobys* NZA 2002, 660). Eine solche Gleichstellung kann nach der Zielsetzung der Regelung auch nicht im Wege verfassungskonformer Auslegung erreicht werden (so aber *Reß* NZA 1992, 915), zumal der Gesetzgeber mit der Einfügung der Nr. 4 beachtet hat, dass das BVerfG gerade in der Wahl **bestimmter Formen** der Beendigung von Arbeitsverhältnissen ein Indiz für den Verantwortungsbereich des Arbeitgebers gesehen hat (*BVerfG* BVerfGE 81, 156, 197). Es ist insbes. auch kein Grundrechtsverstoß darin zu sehen, dass die Regelung von der Rspr. nicht auf »sozial gerechtfertigte« Aufhebungsverträge zur Anwendung gebracht wird (zu § 128 AFG vgl. Nichtannahmebeschluss des *BVerfG* 9.9.2005 – 1 BvR 620/01 – NZS 2006, 27). Der Gesetzgeber hat bewusst an das äußere Merkmal der **Kündigung durch den Arbeitgeber** angeknüpft, weil sich dieser bei Abschluss eines Aufhebungsvertrages gerade nicht der Prüfung aussetzt, ob die Kündigung sozial gerechtfertigt gewesen wäre. Die Regelung ist zuvor vom BSG mehrfach als mit Art. 12 Abs. 1 und Art. 3 Abs. 1 GG vereinbar angesehen worden (u.a. *BSG* 17.12.1997 BSGE 81, 259 = SozR 3-4100 § 128 Nr. 5; 25.6.1998 – B 7 AL 80/97 R – und – B 7 AL 82/97 R; 3.12.1998 – B 7 AL 110/97 R; zur Rspr. des BSG vgl. *Voelzke* DB 2001, 1990). Bei Aufhebungsverträgen kommt daher eine Freistellung von der Erstattungspflicht nicht in Betracht, auch wenn der Arbeitgeber sozial gerechtfertigt hätte kündigen können (st.Rspr., zuletzt *BSG* 16.10.2003 – SozR 3-4300 § 147a Nr. 1).

Die Nr. 4 ist auch nicht insoweit verfassungswidrig, als sich der Arbeitgeber bei Vorliegen eines wichtigen Grundes auf den Befreiungstatbestand der Nr. 5 (s.u. Rz 60 ff.) auch dann berufen kann, wenn er einen Aufhebungsvertrag geschlossen hat, während er bei einer bloßen Berechtigung zur sozial gerechtfertigten Kündigung bei Abschluss eines Aufhebungsvertrages zur Erstattung verpflichtet bleibt. Diese Regelung ist sachlich gerechtfertigt, weil bei der Nr. 5, die auf § 626 Abs. 1 BGB Bezug nimmt, dem Arbeitgeber die Fortsetzung des Arbeitsverhältnisses **nicht zumutbar** ist. Dann kommt seine Verantwortlichkeit für den Eintritt der Arbeitslosigkeit von vornherein nicht in Betracht. Demgegenüber ist bei Nr. 4 eine entsprechende Belastungssituation für den Arbeitgeber nicht gegeben (*BSG* 25.6.1998 aaO). Zur Anwendung der Nr. 4 beim Auslaufen eines zulässig befristeten Arbeitsverhältnisses s.u. Rz 56a.

54a Eine Freistellung von der Erstattungspflicht kommt in Betracht, wenn im Anschluss an eine – sozial gerechtfertigte – Kündigung des Arbeitgebers ein sog. **Abwicklungsvertrag** zur Regelung einzelner Modalitäten der Beendigung des Arbeitsverhältnisses geschlossen wird (zur Zulässigkeit im Rahmen auch des § 128 Abs. 1 S. 2 Nr. 4 AFG vgl. *Bauer/Diller* BB 1992, 2285; *Stolz* NZS 1993, 62, 64; zur Typologie und zur Abgrenzung vom Aufhebungsvertrag vgl. etwa *Hümmerich* NZA 1994, 200 f.; *ders.* NZA 2001, 1280; krit. *Bauer* NZA 1994, 440; *Grunewald* NZA 1994, 441). Ob durch einen Abwicklungsvertrag die arbeitsförderungsrechtlichen **Folgen** des § 128 AFG bzw. des § 147a SGB III (und auch die Folgen einer Sperrzeit) vermieden werden können, hängt jedoch von seiner **Ausgestaltung im Einzelnen** ab: Verzichtet der Arbeitnehmer im Zusammenhang mit der Kündigung seines Arbeitgebers **vertraglich** auf die Erhebung einer Kündigungsschutzklage bzw. nimmt er die Kündigung gegen die Zusage finanzieller Vorteile vertraglich als wirksam hin, kann es sich um einen Aufhebungsvertrag handeln, der **konstitutiv** für die Beendigung des Arbeitsverhältnisses ist. Für eine Ersetzung der Kündigung durch den »Abwicklungsvertrag« spricht es, wenn durch ihn rechtliche Zweifel an der sozialen Rechtfertigung der Kündigung gerade beseitigt werden sollen. Ob die zur Sperrzeit entwickelten strengen Grundsätze, die von einer Gleichstellung von Abwicklungsverträgen mit Aufhebungsverträgen ausgehen (vgl. KR-*Wolff* § 144 SGB III Rz 17e) auf § 147a Abs. 1 S. 2 Nr. 4 SGB III übertragen werden können, ist zumindest zweifelhaft, weil diese Regelung – anders als § 144 SGB III – auf die Beendigung des Arbeitsverhältnisses und nicht des Beschäftigungsverhältnisses abstellt (so *Hauck/Noftz-Voelzke* SGB III, § 147a Rz. 147) und das gesetzliche Ziel der Erstattungsregelung ein anderes ist (so *BSG* 2.9.2004 – B 7 AL 78/ 03 R – SozR 4-4100 § 128 AFG Nr. 3). Mindestens sind die AfA bzw. die Sozialgerichte befugt, die **soziale Rechtfertigung** der Kündigung zu **überprüfen.** Auch Abwicklungsverträge unter der **aufschiebenden Bedingung,** dass die Kündigung gem. **arbeitsgerichtlicher Entscheidung** sozial gerechtfertigt ist, sind problematisch, wenn sich der Arbeitnehmer gleichzeitig vertraglich verpflichtet, im Kündigungsschutzprozess das Vorbringen seines Arbeitgebers **nicht zu bestreiten** bzw. bei einer betriebsbedingten Kündigung die **Sozialauswahl nicht zu rügen.** Ungeachtet der Frage, ob solche Absprachen, die auf den Arbeitsgerichtsprozess Einfluss nehmen sollen, zulässig sind oder nicht, kann jedenfalls im Hinblick auf die Folgen des § 147a SGB III eine **Umgehung** vorliegen (vgl. auch *Bauer/ Diller* BB 1994, 1085, 1087).

Die Beendigung des Arbeitsverhältnisses im Verfahren nach § 1a KSchG (vgl. dazu KR-*Wolff* § 144 Rz 18 ff.) führt nicht, jedenfalls nicht ohne weiteres, zum Wegfall der Erstattungspflicht des Arbeitgebers. Auf diese hat § 1a KSchG praktisch keinen Einfluss. Mit § 147a Abs. 1 S. 2 Nr. 4 SGB III sollen nur die Fälle von der Erstattungspflicht ausgenommen werden, in denen die Kündigung sozial gerechtfertigt ist oder die soziale Rechtfertigung durch arbeitsgerichtliches Urteil belegt ist. Da dies im Verfahren nach § 1a KSchG gerade nicht überprüft wird, muss die soziale Rechtfertigung der Kündigung (ebenso wie das Recht zur außerordentlichen Kündigung nach Nr. 5) von der Arbeitsverwaltung bzw. von den Sozialgerichten nachgeprüft werden (so auch *Peters-Lage/Gagel* NZA 2005, 740, 742). Dabei ist bei Lösungen des Arbeitsverhältnisses im Verfahren nach § 1a KSchG im Regelfall nicht von einer einvernehmlichen Auflösung des Arbeitsverhältnisses auszugehen, selbst wenn ein rechtsgeschäftlicher oder geschäftsähnlicher Charakter dieser Regelung anzunehmen wäre (vgl. KR-*Wolff* § 144 SGB III Rz 18a). Haben sich die Arbeitsvertragsparteien vor oder nach der Kündigung des Arbeitgebers auf eine Lösung des Arbeitsverhältnisses nach Maßgabe des § 1a KSchG **geeinigt,** dürfte die Anwendung des § 147a Abs. 1 S. 2 Nr. 4 SGB III bzw. die Freistellung von der Erstattungspflicht jedenfalls dann ausgeschlossen sein, wenn nicht die Kündigung, sondern die Vereinbarung (Abwicklungsvertrag) zur Beendigung des Arbeitsverhältnisses geführt hat. Insoweit können allerdings die zur Sperrzeit entwickelten Grundsätze (Gleichstellung von Abwicklungsvertrag und Aufhebungsvertrag) nicht ohne weiteres auf § 147a Abs. 1 S. 2 Nr. 4 SGB III übertragen werden (s.o. Rz 54a), sodass jeweils zu prüfen sein wird, ob die Lösungsvereinbarung konstitutiv an die Stelle der Kündigung getreten ist bzw. diese ersetzt oder ob nicht durch die vorhergehende Arbeitgeberkündigung ein Aufhebungsvertrag lediglich verdeckt wird (vgl. KR-*Wolff* § 144 SGB III Rz 17d).

Eine Befreiung von der Erstattungspflicht scheidet auch dann aus, wenn das Arbeitsverhältnis auf Antrag des Arbeitgebers **durch das ArbG nach §§ 9, 10 KSchG** gegen Abfindung aufgelöst worden ist (*Bauer/Diller* BB 1992, 2283, 2285). Dieser Tatbestand kann – trotz seiner funktionalen Vergleichbarkeit mit der Arbeitgeberkündigung (vgl. KR-*Spilger* § 9 KSchG Rz 13) – der sozial gerechtfertigten Kündigung nicht gleichgestellt werden, weil § 9 KSchG voraussetzt, dass die zugrunde liegende Kündigung **sozial ungerechtfertigt war,** also der Arbeitgeber die zur Auflösung führende Rechtslage herbeigeführt hat. Er trägt daher die Verantwortung dafür, dass der Arbeitnehmer **nicht weiterbeschäftigt** und damit arbeitslos wird (aA *Hanau* aaO).

Der Befreiungstatbestand des Abs. 1 S. 2 Nr. 4 kann bei **unkündbaren Arbeitnehmern grds. nicht zur Anwendung kommen,** weil der in Bezug genommene § 1 KSchG nur ordentliche Kündigungen erfasst. Der Arbeitslose muss also ordentlich kündbar gewesen sein. War die **ordentliche Kündigung ausgeschlossen,** kommt Nr. 4 auch dann nicht in Betracht, wenn der Arbeitgeber außerordentlich mit einer sozialen Auslauffrist kündigt, deren Dauer der ordentlichen Kündigungsfrist entspricht (zu Abgrenzungsschwierigkeiten in diesem Bereich vgl. KR-*Griebeling* § 1 KSchG Rz 166). Es ist aber zu beachten, dass unter bestimmten (gesetzlichen, tariflichen oder einzelvertraglichen) Voraussetzungen der Ausschluss der ordentlichen Kündbarkeit **entfallen und eine ordentliche Kündigung wieder möglich sein kann** (zB für Amtsträger iSv § 15 KSchG nach Beendigung des nachwirkenden Kündigungsschutzes). Ist das Recht zur ordentlichen Kündigung **eingeschränkt**, zB die ordentliche Kündigung eines an sich Unkündbaren nur für den Fall zulässig, dass ein ihn betreffender Sozialplan vorliegt, kommt auch eine betriebsbedingte ordentliche Kündigung nicht in Betracht. Deshalb kann die Erstattungspflicht des Arbeitgebers in solchen Fällen nicht nach Nr. 4 entfallen. Soweit bei ordentlich Unkündbaren ausnahmsweise eine außerordentliche Kündigung aus betrieblichen Gründen zulässig ist, steht diese Kündigung zwar der ordentlichen Kündigung gleich, sodass § 1 Abs. 3 KSchG (Sozialauswahl) entsprechend anzuwenden ist (vgl. *BAG* 5.2.1998 EzA § 626 BGB Unkündbarkeit Nr. 2; KR-*Griebeling* § 1 KSchG Rz 606). Dann dürfte allerdings nicht Nr. 4, sondern Nr. 5 eingreifen, der auf die Berechtigung zur außerordentlichen Kündigung abstellt (s.u. Rz 60 ff., 67).

56a In Fällen, in denen ein **befristetes Arbeitsverhältnis ausläuft**, kann im Hinblick auf die verfassungsrechtlich erforderliche besondere Verantwortung des Arbeitgebers und wegen der Besonderheiten dieses Beendigungsgrundes eine Befreiung von der Erstattungspflicht in Frage kommen, wenn der Arbeitgeber darlegt und nachweist, dass er **berechtigt** gewesen wäre, das Arbeitsverhältnis durch sozial gerechtfertigte Kündigung zu beenden, wenn es nicht befristet gewesen wäre (*BSG* 15.12.1999 BSGE 85, 224 = SozR 3-4100 § 128 AFG Nr. 7; s.a. Rz 19 und 42). Eine Erstattungspflicht tritt nicht ein, wenn ein Geschäftsführervertrag mit einer GmbH durch Auslaufen einer Befristung oder durch Kündigung nach § 622 BGB beendet wird (*BSG* 16.10.2003 SozR 3-4300 § 147a Nr. 2).

e) Verfahrens- und Beweislastfragen

57 Soweit mangels einer Kündigungsschutzklage oder eines rechtskräftig abgeschlossenen Kündigungsschutzprozesses die Arbeitsverwaltung oder die Sozialgerichte zu entscheiden haben, ob eine Arbeitgeberkündigung »sozial gerechtfertigt« war, wird die Frage der **Darlegungs- und Nachweispflicht** erheblich. Diese liegt nach dem Wortlaut des Gesetzes (§ 147a Abs. 1 S. 2 Nr. 1 bis 7 SGB III) eindeutig beim **Arbeitgeber**. Das widerspricht der arbeitsrechtlichen Rechtslage insofern, als nach § 1 Abs. 3 S. 3 KSchG im Bereich der sozialen Auswahl der **Arbeitnehmer** darlegungs- und beweispflichtig ist, mindestens von einer **abgestuften Verteilung der Darlegungs- und Beweislast zwischen Arbeitgeber und Arbeitnehmer** auszugehen ist (vgl. KR-*Griebeling* § 1 KSchG Rz 262 f.). Ob diese arbeitsrechtliche Beweislastregelung auch im verwaltungs- bzw. sozialgerichtlichen Verfahren berücksichtigt werden kann, ist zweifelhaft (so aber *Hanau* DB 1992, 2625, 2631; *Bauer/Diller* BB 1992, 2283, 2285). Dafür spricht zwar, dass eine rechtskräftige **Entscheidung des ArbG**, die auf arbeitsrechtlichen Beweislastregeln beruht, **vom Sozialrecht hingenommen** wird und es – aus Sicht des Arbeitgebers – keinen einleuchtenden Grund dafür gibt, warum seine Beweislast unterschiedlich weit reichen soll, je nachdem, ob der Arbeitnehmer Kündigungsschutzklage erhebt oder nicht. Andererseits ist aber zu berücksichtigen, dass es sich bei § 147a SGB III um die Verteilung der Beweis(führungs)last im Rahmen einer **öffentlich-rechtlichen Erstattungsregelung mit Ausnahmen** handelt. Für das Verwaltungs- und Gerichtsverfahren im Sozialrechtsbereich gilt – anders als im Arbeitsrecht – der Untersuchungsgrundsatz bzw. Amtsermittlungsgrundsatz (§ 20 SGB X; § 103 SGG), der weder eine Darlegungslast in dem Sinne kennt, dass nur das zu ermitteln ist, was von einem der Beteiligten vorgetragen wird, noch eine Beweisführungslast, die eine Beweiserhebung zwingend an entsprechende Beweisangebote knüpft. Vielmehr hat die Behörde bzw. das Gericht grds. von sich aus den Sachverhalt zu ermitteln. Dass diese Grundnorm des sozialgerichtlichen Verfahrens durch die materiell-rechtliche Regelung des § 147a Abs. 1 S. 2 Nrn. 1 – 7 SGB III völlig hätte durchbrochen werden sollen (zugunsten des Verhandlungs- bzw. Beibringungsgrundsatzes), ist im Gesetz nicht ausreichend verdeutlicht. Eher ist die Norm dahin auszulegen, dass bei der Prüfung der Voraussetzungen der Nrn. 1 – 7 nicht nur das Vorbringen des Arbeitgebers, sondern auch **sonst bekannte Umstände** zu berücksichtigen sind. Deshalb kann sich die Prüfungspflicht der Arbeitsverwaltung und der Sozialgerichte nicht auf das im Verwaltungsverfahren vorgebrachte und nicht auf die Erhebung der angebotenen Beweise beschränken (*BSG* 15.6.2000 BSGE 86, 187, 192 = SozR 3-4100 § 128 AFG Nr. 8; abw. offenbar *BSG* 21.9.2000 SozR 3-4100 § 128 AFG Nr. 10 S. 89 f.). Allerdings trägt der Arbeitgeber bei **Nichterweislichkeit** der Voraussetzungen der Nrn. 1 – 7 die objektive Beweislast, dh er bleibt erstattungspflichtig.

Erstattungspflicht des Arbeitgebers § 147a SGB III

In der Überbürdung der **Darlegungs- und Nachweispflicht** liegt eine zusätzliche **Indienstnahme des Arbeitgebers**, die verfassungsrechtlich unbedenklich ist, weil insoweit eine Entlastung der Arbeitsverwaltung zu Lasten des Arbeitgebers wegen dessen größerer **Sachnähe** vertretbar ist. Denn dieser ist regelmäßig besser als die Arbeitsverwaltung bzw. die Sozialgerichte im Stande, die für das Vorliegen einer sozial gerechtfertigten Kündigung und insbes. einer richtigen Sozialauswahl maßgeblichen Tatsachen und Unterlagen darzutun und vorzulegen. Die im Gesetz vorgesehene Bindung an rechtskräftige arbeitsgerichtliche Entscheidungen mag dazu in Widerspruch stehen, entspricht aber der Gesetzeslage und der Absicht des Gesetzgebers, insoweit der Rechtssicherheit und Einheitlichkeit der Entscheidungen Rechnung zu tragen. 57a

f) Personalabbau und Sozialauswahl, Berücksichtigung der Altersstruktur

Bei größeren Personalfreisetzungen war die **Sicherung einer ausgewogenen Personalstruktur** der Belegschaft, die für den normalen Betriebsablauf erforderlich ist, in § 1 Abs. 3 S. 2 KSchG in der ab 1.10.1996 gültig gewesenen Fassung ausdrücklich als ein berechtigtes betriebliches Interesse anerkannt; dies war nach der Rechtslage vor dem 1.10.1996 streitig (vgl. *Etzel* 5. Aufl., § 1 KSchG Rz 654 f. mwN). Auch nach Rückführung des § 1 KSchG auf den Rechtszustand vor dem 1.10.1996 durch das Korrekturgesetz v. 19.12.1998 (BGBl. I S. 3843) war davon auszugehen, dass jedenfalls die **Erhaltung einer ausgewogenen Altersstruktur** (nicht die Herstellung einer gesunden Altersstruktur, die im Übrigen von der Personalstruktur zu unterscheiden ist) als berechtigtes betriebliches Bedürfnis anzuerkennen ist. Nach § 1 Abs. 3 S. 2 KSchG idF des Gesetzes zu Reformen am Arbeitsmarkt ist die Sicherung einer ausgewogenen Personalstruktur des Betriebes wieder ausdrücklich als berechtigtes betriebliches Interesse anerkannt (vgl. dazu KR-*Griebeling* § 1 KSchG Rz 640, 642 ff.). Die Sicherung bzw. Erhaltung einer ausgewogenen Personalstruktur, deren wichtigster Anwendungsfall die Erhaltung einer ausgewogenen **Altersstruktur** ist, bedeutet, dass das Verhältnis der älteren zu den jüngeren Mitarbeitern in etwa gleich bleibt, also im Grundsatz der Anteil der zu entlassenden älteren Arbeitnehmer nicht größer sein darf als es ihrem Anteil an der Gesamtbelegschaft entspricht (vgl. KR-*Griebeling* § 1 KSchG Rz 645 f.). 58

All dies gilt grds. auch im Rahmen des **§ 128 AFG** bzw. **§ 147a SGB III**, der in Abs. 1 S. 2 Nr. 4 auf § 1 KSchG verweist. Schwierigkeiten wirft hier die Frage auf, ob und inwieweit die Arbeitsverwaltung im Rahmen der Prüfung der **Sozialauswahl** – Tendenzen in der arbeitsgerichtlichen Rspr. und Literatur folgend – auch soziale **Zukunftsperspektiven jüngerer Arbeitnehmer stärker zu berücksichtigen** hat, die uU in höherem Maße als ältere, in ihrer Versorgung gesicherte Arbeitnehmer auf den Fortbestand ihrer Arbeitsverhältnisse angewiesen sind (vgl. dazu *Hanau* DB 1992, 2632 mwN; *Stindt* DB 1993, 1361 f.). Zu beachten ist dabei allerdings, dass in den Freistellungsregelungen des **Abs. 1 S. 2 Nr. 6 u. 7** die **betriebliche Altersstruktur** in bestimmter Weise Berücksichtigung gefunden hat (s.o. Rz 15). Dies könnte dafür sprechen, dass auch im Rahmen des § 147a Abs. 1 S. 2 Nr. 4 SGB III altersstrukturbedingte betriebliche Erfordernisse jedenfalls im Grundsatz keine darüber hinausgehende Berücksichtigung finden können. Danach darf unter den ausscheidenden Arbeitnehmern der Anteil der Arbeitnehmer, die das 55. Lebensjahr vollendet haben, grds. nicht höher sein als es ihrem Anteil an der Gesamtbelegschaft entspricht. Bei größerem Personalabbau (um mind. 10 %) darf dieser Anteil doppelt so hoch sein. Dabei kann aber – wie es auch in dem Erlass der BA zu § 128 AFG v. 3.2.1994 (ZIP 1994, 665) zum Ausdruck kommt – **im Einzelfall** das Interesse an einer leistungsfähigen Altersstruktur des Betriebes die Auswahl nach sozialen Gesichtspunkten, insbes. nach dem **Lebensalter**, relativieren. Auch **jüngere Arbeitnehmer** können aus der sozialen Auswahl herausgenommen werden, wenn das berechtigte Interesse an einer leistungsfähigen Altersstruktur der oder mehrerer bestimmter Arbeitnehmergruppen die Weiterbeschäftigung dieser Arbeitnehmer bedingt (3.5.6 des Erlasses).

Der entsprechende **Nachweis** kann in pauschalierender Form für bestimmte Arbeitnehmergruppen erbracht werden, wenn die betroffenen Arbeitnehmer den entsprechenden Arbeitnehmergruppen zugeordnet werden können (4.4 des Erlasses). Im Übrigen darf bei der Sozialauswahl nicht zusätzlich berücksichtigt werden, dass ältere Arbeitnehmer im Falle der Arbeitslosigkeit eine vorzeitige Rente wegen Alters zu erwarten haben (vgl. KR-*Wolff* SozR Rz 42a ff.). Denn bei der Kündigung aus dringenden betrieblichen Erfordernissen darf bei der Sozialauswahl ein Anspruch des Arbeitnehmers auf eine Rente wegen Alters vor Vollendung des 65. Lebensjahres nicht berücksichtigt werden (vgl. zur Rechtsentwicklung des § 41 SGB VI KR-*Wolff* SozR Rz 425). 59

4. Freistellung wegen Berechtigung zur außerordentlichen Kündigung

a) Voraussetzungen

60 Die Erstattungspflicht ist nach § 147a Abs. 1 S. 2 Nr. 5 SGB III ausgeschlossen, wenn der Arbeitgeber bei Beendigung des Arbeitsverhältnisses ein **Recht zur fristlosen Kündigung** oder **Kündigung mit sozialer Auslauffrist** hatte.

Maßgeblich ist die Sach- und Rechtslage im Zeitpunkt der Beendigung des Arbeitsverhältnisses. Sie ist dahin zu überprüfen, ob damals **objektiv** ein **Recht zur außerordentlichen Kündigung** bestand. Es ist nicht erforderlich, dass der Arbeitgeber **tatsächlich** von seinem **Recht Gebrauch gemacht** hat, reicht aber andererseits auch nicht aus, dass der Arbeitgeber tatsächlich außerordentlich gekündigt und der Arbeitnehmer dies hingenommen hat. Maßgeblich ist vielmehr, ob der Arbeitgeber nach der **objektiven** arbeitsrechtlichen Rechtslage zu einer außerordentlichen Kündigung – fristlos oder ggf. mit Auslauffrist – berechtigt gewesen wäre (vgl. dazu Rz 61, 67). Die Freistellung von der Erstattungspflicht wird also nicht dadurch ausgeschlossen, dass das Arbeitsverhältnis trotz Vorliegens eines wichtigen Grundes (§ 626 Abs. 1 BGB) **ordentlich gekündigt** oder trotz eines Rechts zur fristlosen oder fristgebundenen Kündigung aus wichtigem Grund durch Aufhebungsvertrag beendet wird oder infolge wirksamer Befristung endet (s.o. Rz 19).

61 Ob ein Recht zur außerordentlichen Kündigung bestanden hat, richtet sich im Wesentlichen nach **§ 626 BGB** und der dazu ergangenen **Rspr.** (*BSG* 21.9.2000 – B 11 AL 5/00 R). Wichtige Gründe können zB die **dauernde oder anhaltende Arbeitsunfähigkeit**, die grobe Verletzung von Treuepflichten, grobe Verstöße gegen Wettbewerbsverbote und auch Betriebsstilllegungen sein (vgl. zur Typologie des wichtigen Grundes KR-*Fischermeier* § 626 BGB Rz 404 ff.; zur fristgebundenen außerordentlichen Kündigung bei Betriebsstilllegungen Rz 67).

b) Verfassungsrechtlich gebotene weite Auslegung

62 Nach der Entscheidung des *BVerfG* v. 23.1.1990 (BVerfGE 81, 156 = SozR 3-4100 § 128 Nr. 1, S. 14 f.) bedarf die Freistellungsregelung, die sich auf den wichtigen Grund zur außerordentlichen Kündigung bezieht, wegen des zu beachtenden **Übermaßverbots einer weiten Auslegung.** Dieses Petitum ist bei der Neufassung des § 128 Abs. 1 S. 2 Nr. 5 AFG unberücksichtigt geblieben, sodass es nunmehr bei Auslegung dieser bzw. der ihr entsprechenden Regelung in § 147a Abs. 1 S. 2 Nr. 5 SGB III zu berücksichtigen sein wird. Das gilt insbes. für die Fälle anhaltender Krankheit bzw. Arbeitsunfähigkeit (s.u. Rz 63).

Gleichwohl kann § 147a Abs. 1 S. 2 Nr. 5 SGB III nicht dahin erweiternd ausgelegt werden, dass die Berechtigung zur Auflösung des Arbeitsverhältnisses auf Antrag des Arbeitgebers nach § 9 Abs. 1 S. 2 iVm § 14 Abs. 2 S. 2 KSchG der Berechtigung zur Kündigung aus wichtigem Grund gleichgestellt wird (*BSG* 16.10.2003 – B 11 AL 1/03 R – SozR 3-4300 § 147a Nr. 1).

c) Anhaltende Krankheit als wichtiger Grund

63 Ein wichtiger Grund kann insbes. bei **anhaltender Krankheit** vorliegen, wobei eine außerordentliche Kündigung idR nur dann in Betracht kommt, wenn die ordentliche Kündigung ausgeschlossen ist (KR-*Fischermeier* § 626 BGB Rz 132 f., 425). Anhaltende Krankheit liegt vor, wenn die gesundheitlichen Einschränkungen des (meist älteren) Arbeitnehmers den tatbestandlichen Voraussetzungen der **Arbeitsunfähigkeit im krankenversicherungsrechtlichen Sinne** entsprechen und auf **absehbare Zeit** nicht mehr behebbar sind. Als absehbar sind Zeiten bis zu sechs Monaten anzusehen (Rechtsgedanke aus § 101 Abs. 1 SGB VI; vgl. das Rundschreiben der BA v. 3.2.1993 ZIP 1993, 798, 800 Nr. 3.36). Maßgebend für die Arbeitsunfähigkeit ist grds. der Verlust der Fähigkeit zu der Arbeit, die der Arbeitnehmer nach dem **Arbeitsvertrag zu leisten hat,** nicht etwa generell die Unfähigkeit für die Arbeit eines Berufs (zum Begriff der Arbeitsunfähigkeit vgl. KR-*Wolff* SozR Rz 30a). Etwas anderes gilt nur dann, wenn der Arbeitslose seit dem Verlust des Arbeitsplatzes mehr als sechs Monate als Arbeitsloser krankenversichert war.

64 Nach den vom *BVerfG* 23.1.1990 (BVerfGE 81, 156 = SozR 3-4100 § 128 Nr. 1, S. 14 f., 16) aufgestellten Grundsätzen kann es bei der gebotenen hypothetischen und damit **notwendig generalisierenden Prüfung,** ob ein wichtiger Grund die Kündigung gerechtfertigt hätte, keine Rolle spielen, wie die **konkrete arbeitsrechtliche Prüfung** ausfallen würde. Vielmehr soll die Unzumutbarkeit der Weiterbeschäftigung und damit der wichtige Grund zur Kündigung bereits dann anzunehmen sein, wenn der Arbeitnehmer wegen gesundheitlicher Einschränkungen die vertraglich geschuldete Arbeit auf Dauer nicht mehr verrichten kann.

Der Wortlaut des Abs. 1 S. 2 Nr. 5 wird den vorgenannten Urteilsgründen des BVerfG nicht gerecht; 65
denn danach kann es für den Nachweis des Vorliegens eines wichtigen Grundes nicht auf die von der
Rspr. entwickelten **arbeitsrechtlichen Maßstäbe** ankommen, insbes. nicht auf die nach heutigem Kündigungsschutzrecht erforderliche **Interessenabwägung**. Ausschlaggebend soll vielmehr nur die objektivierbare Tatsache einer **krankheitsbedingten Arbeitsunfähigkeit und ihre Dauer sein**. Deshalb
sind zB Fragen der Zumutbarkeit weiterer Beschäftigung, der Versetzung, der Weiterbeschäftigung zu
schlechteren Bedingungen u.ä. **unerheblich**. Die Regelung ist insoweit im Wege **verfassungskonformer Auslegung einschränkend anzuwenden** (generell zur Kritik an dieser Regelung: *Buchner* ZIP
1993, 717, 734; *Reß* NZA 1992, 913, 916; *Hanau* DB 1992, 2625, 2627).

§ 147a Abs. 1 S. 2 Nr. 5 SGB III befreit den Arbeitgeber von der Erstattungspflicht nur dann, wenn das 66
Arbeitsverhältnis tatsächlich beendet worden ist. Besteht es ungekündigt fort (wenn auch nur auf
dem Papier), so kann es zu einer Erstattungspflicht des Arbeitgebers kommen, wenn zB der Arbeitnehmer nach Auslaufen seines Krankengeldanspruchs Arbeitslosengeld bezieht (zB nach der Nahtlosigkeitsregelung des § 125 SGB III bis zur Feststellung seiner Berufs- oder Erwerbsunfähigkeit). Der
Bezug von Arbeitslosengeld hängt nicht davor ab, dass der Arbeitgeber **das Arbeitsverhältnis löst**
(KR-*Wolff* SozR Rz 83); zu einer entsprechenden **Freigabeerklärung** ist er nicht verpflichtet (*BAG*
10.7.1991 – 5 AZR 383/90 – NZA 1992, 27, 30). Dass bezüglich der Erfüllung des Befreiungstatbestandes für diesen Fall auf eine Beendigung des Arbeitsverhältnisses zu verzichten wäre, ist nach dem klaren Wortlaut der Regelung zu verneinen (so wohl auch *Stolz* NZS 1993, 62, 64).

d) Sonstige wichtige Gründe

Auch **Betriebsstilllegungen oder -einschränkungen** können wichtige Gründe zur außerordentlichen 67
Kündigung darstellen. In diesen Fällen kann dem Arbeitgeber die Fortsetzung des Arbeitsverhältnisses unzumutbar sein, wenn die ordentliche Kündigung ausgeschlossen ist oder längere Kündigungsfristen vereinbart worden sind und eine Versetzung in einen anderen Betrieb des Unternehmens nicht
möglich ist. In diesen Fällen ist zur Vermeidung eines Wertungswiderspruchs eine außerordentliche
Kündigung nur unter Einhaltung der gesetzlichen oder tariflichen Kündigungsfrist (Auslauffrist) zugelassen (*BAG* 28.3.1985 BAGE 48, 220; KR-*Fischermeier* § 626 BGB Rz 158 mwN; zur Einhaltung einer
Auslauffrist *ders.* Rz 304).

F. Nichtigkeit der sog. 128er-Vereinbarungen

Der Versuch, durch arbeitsrechtliche Gestaltungen sozialrechtliche Folgen zu umgehen oder zu verändern, bringt für Arbeitgeber und Arbeitnehmer häufig nicht den erwünschten Erfolg. Das gilt insbes. 68
für den Fall, dass sich ein Arbeitnehmer im Rahmen einer **Aufhebungsvereinbarung** gegen Zahlung
einer Abfindung dazu verpflichtet, keinen Anspruch auf Arbeitslosengeld zu stellen, damit die Erstattungsregelung nicht zum Zuge kommt (sog. 128er-Vereinbarung). Derartigen Vereinbarungen hat die
Rspr. unter Hinweis auf § 32 SGB I die Anerkennung versagt, weil dadurch der Arbeitnehmer **sozialrechtliche Nachteile** in der Kranken- und Rentenversicherung erleide (vgl. die bei KR-*Wolff* SozR
Rz 27d genannten Urteile von BSG und BAG zu § 128 AFG aF). Nichts anderes kann für entsprechende
Vereinbarungen nach § 147a SGB III gelten (vgl. *Voelzke* DB 2001, 1990). Hat das Arbeitsamt den Arbeitslosen bei Kenntnis nicht auf die Nichtigkeit der Vereinbarung hingewiesen, kann sich wegen der
Nichtigkeit der Abrede im Zusammenhang mit dem **sozialrechtlichen Herstellungsanspruch** die
Möglichkeit ergeben, Arbeitslosengeld rückwirkend zu beantragen und die Anrechnung von Zeiten
der Arbeitslosigkeit in der Rentenversicherung zu erreichen (vgl. KR-*Wolff* SozR Rz 27d; *Gagel* BB 1988,
1957, 1961 zum früheren § 1259 RVO).

Hingegen unterfällt es nicht dem § 32 SGB I, wenn es dem Arbeitnehmer überlassen bleibt, Leistungen
der Arbeitsförderung in Anspruch zu nehmen. Dies gilt auch dann, wenn der Bezug von Arbeitslosengeld und die daraufhin erfolgende Inanspruchnahme des Arbeitgebers nach § 147a SGB III zu einer
Kürzung der dem Arbeitnehmer vom Arbeitgeber im Aufhebungsvertrag zugesagten Leistungen
führt (*BAG* 25.1.2000 NZS 2000, 516 mwN in Abgrenzung zu *BAG* 22.6.1989 EzA § 128 AFG Nr. 2). Der
Arbeitnehmer kann sich im Aufhebungsvertrag verpflichten, die zugesagte Abfindungsleistung ganz
oder teilweise zurückzuzahlen, wenn der Arbeitgeber nach § 147a SGB III erstattungspflichtig wird
(vgl. dazu *Lipinski* FA 2003, 66).

**Wegen der weiteren Einzelheiten des § 147a SGB III, die im Rahmen des Kündigungsrechts nicht
behandelt werden können, wird auf die allgemeine Kommentarliteratur zum SGB III verwiesen.**

Vorbemerkungen zu §§ 85–92
Sozialgesetzbuch IX (SGB IX)

Literatur

– *bis 2004 vgl. KR-Vorauflage* –
Brose Die Auswirkungen des § 84 Abs. 1 SGB IX auf den Kündigungsschutz bei verhaltensbedingten, betriebsbedingten und personenbedingten Kündigungen, RdA 2006, 149

Inhaltsübersicht

	Rz		Rz
I. Kündigungsschutz im Sozialgesetzbuch IX (SGB IX)	1	1. Beginn des Schutzes	23, 24
II. Der geschützte Personenkreis	2–15a	2. Erlöschen des Schutzes	25–30
1. Schwerbehinderte Menschen	4–13	3. Vorübergehender Wegfall des Schutzes	31
2. Gleichgestellte behinderte Menschen	14–15a	VI. Unabdingbarkeit des Kündigungsschutzes	32
III. Begrenzung des Kündigungsschutzes auf Arbeits- und Heimarbeitsverhältnisse	16, 17	VII. Konkurrierender Kündigungsschutz nach anderen Vorschriften	33–35
IV. Inhalt des Kündigungsschutzes	18–22	VIII. Anhörung der Schwerbehindertenvertretung	36–39
V. Dauer des Kündigungsschutzes	23–31		

I. Kündigungsschutz im Sozialgesetzbuch IX (SGB IX)

Schwerbehinderte genossen einen besonderen Kündigungsschutz nach §§ 15–22 SchwbG, die seit 1.8.1986 im Wesentlichen unverändert galten. Diese Vorschriften zum Kündigungsschutz sind nunmehr Bestandteil des SGB IX (§§ 85–92) geworden, das am 1.7.2001 in Kraft getreten ist. Eine wesentliche inhaltliche Änderung des Kündigungsschutzes hat der Gesetzgeber hierbei nicht vorgenommen, wenn er auch teilweise andere Formulierungen gewählt hat. Insbesondere hat er den Begriff »Schwerbehinderter« durch den Begriff »Schwerbehinderter Mensch« ersetzt, und an die Stelle der Hauptfürsorgestelle ist das Integrationsamt getreten. Erst durch das Gesetz zur Förderung der Ausbildung und Beschäftigung schwerbehinderter Menschen vom 23.4.2004 (BGBl. I S. 606) sind einige Änderungen der Kündigungsschutzvorschriften vorgenommen worden (§ 87 Abs. 2, § 88 Abs. 5, § 90 Abs. 1 Nr. 2, § 90 Abs. 2a). 1

II. Der geschützte Personenkreis

Der durch das SGB IX, auch der nach §§ 85–92 SGB IX geschützte Personenkreis, wird in den §§ 2, 68 SGB IX genannt. 2

Für das SGB IX gilt das **Territorialitätsprinzip**, dh die Geltung des SGB IX ist – ohne Rücksicht auf das 3 vereinbarte Arbeitsstatut – auf das Gebiet der Bundesrepublik Deutschland beschränkt (vgl. *Neumann* AR-Blattei, SD 1440.2 Rz 8). Daraus folgt: Arbeitnehmer, die in einem ausländischen Betrieb oder auf ausländischen Baustellen ohne Ausstrahlung auf den inländischen Betrieb des Arbeitgebers beschäftigt werden, fallen auch dann nicht unter den Schutz des SGB IX, wenn die Parteien deutsche Staatsangehörige sind und für ihr Arbeitsverhältnis deutsches Recht vereinbart haben (*BAG* 30.4.1987 EzA § 12 SchwbG Nr. 15 = SAE 1989, 326 mit abl. Anm. *Junker*; APS-*Vossen* § 85 SGB IX Rz 4; *Seidel* S. 33). Vorübergehend ins Ausland entsandte Mitarbeiter gehören hingegen auch während ihrer Auslandstätigkeit dem inländischen Betrieb an.

1. Schwerbehinderte Menschen

Menschen sind iSd SGB IX schwerbehindert, »wenn bei ihnen **ein Grad der Behinderung von wenigs-** 4 **tens 50** vorliegt und sie ihren Wohnsitz, ihren gewöhnlichen Aufenthalt oder ihre Beschäftigung auf einem Arbeitsplatz im Sinne des § 73 (= Stellen, auf denen Arbeitnehmer und Arbeitnehmerinnen, Beamte und Beamtinnen, Richter und Richterinnen sowie Auszubildende und andere zu ihrer beruflichen Bildung Eingestellte beschäftigt werden) rechtmäßig im Geltungsbereich dieses Gesetzbuches haben« (§ 2 Abs. 2 SGB IX). Hierbei ist unter Behinderung die Abweichung der körperlichen Funktion, geistigen Fähigkeit oder seelischen Gesundheit von dem für das Lebensalter typischen Zustand für die Dauer von mit hoher Wahrscheinlichkeit länger als sechs Monaten zu verstehen (§ 2 Abs. 1 SGB IX).

5 Der Kreis der Behinderten, der unter das SGB IX fällt, ist nach § 2 SGB IX nicht auf Deutsche beschränkt; er umfasst damit insbes. auch **ausländische Gastarbeiter**, die sich in der Bundesrepublik Deutschland rechtmäßig aufhalten, ferner Arbeitnehmer der alliierten Streitkräfte und auch leitende Angestellte (vgl. *Wiedemann/Kunz* S. 65).

6 Der Kündigungsschutz nach dem SGB IX besteht bei Vorliegen der gesetzlichen Voraussetzungen des § 2 SGB IX, wenn keine der in § 90 SGB IX geregelten Ausnahmen eingreift. Hierbei ist es unerheblich, ob der schwerbehinderte Arbeitnehmer über die Pflichtquote des § 71 SGB IX hinaus beschäftigt wird (vgl. *Thieler* § 15 Rz 22). Für das Vorliegen der Voraussetzungen des § 2 Abs. 2 SGB IX ist **der behinderte Mensch beweispflichtig**. Eines besonderen Nachweises der Schwerbehinderteneigenschaft bedarf es allerdings dann nicht, wenn sie offenkundig ist, zB bei Kleinwüchsigkeit mit eingeschränkter Bewegungsfähigkeit (vgl. *BAG* 18.10.2000 EzA § 123 BGB Nr. 56), bei einer deformierten Halswirbelsäule (*ArbG Lübeck* 19.10.1977 ARSt 1977, 191), bei Verlust von Armen oder Beinen oder Blindheit.

7 Ist die Schwerbehinderteneigenschaft nicht offenkundig, muss der behinderte Mensch sie durch behördliche oder gerichtliche Feststellungen oder Bescheinigungen gem. § 69 SGB IX nachweisen. Da § 69 SGB IX die Behörden aufführt, die für die Feststellung der Schwerbehinderteneigenschaft zuständig sind, und für Streitigkeiten über diese behördlichen Feststellungen oder über Schwerbehindertenausweise die Sozialgerichte zuständig sind (§ 51 Abs. 1 Nr. 7 SGG), muss daraus geschlossen werden, dass **die in § 69 SGB IX aufgeführten Behörden und die Sozialgerichtsbarkeit** für die Feststellung und den Nachweis der Schwerbehinderteneigenschaft **ausschließlich zuständig** sind. Deshalb kann sich etwa ein behinderter Mensch in einem arbeitsgerichtlichen Verfahren zum Nachweis seiner Schwerbehinderteneigenschaft nicht auf das Zeugnis eines Arztes oder ein Sachverständigengutachten berufen; vielmehr muss er die behördliche Feststellung gem. § 69 SGB IX betreiben oder gegen negative Bescheide im Sozialgerichtsverfahren vorgehen (vgl. *LAG RhPf* 25.3.1976 DB 1976, 1533). Der Sonderkündigungsschutz besteht ohnehin nur, wenn die Schwerbehinderung zum Zeitpunkt der Kündigung nachgewiesen ist oder der Arbeitnehmer rechtzeitig vor Ausspruch der Kündigung das Feststellungsverfahren betrieben hat (vgl. § 90 Abs. 2a SGB IX; s. hierzu KR-*Etzel* §§ 85 – 90 SGB IX Rz 53a ff.).

8 Folgende **Möglichkeiten des Nachweises** der Schwerbehinderteneigenschaft stehen dem behinderten Menschen somit offen:

9 a) Er kann **bei der zuständigen Behörde** – das ist das **Versorgungsamt**, in dessen Bezirk der Antragsteller zur Zeit des Antrages seinen Wohnsitz oder gewöhnlichen Aufenthaltsort hat (vgl. *Neumann/Pahlen/Majerski-Pahlen* § 69 Rz 18) – **beantragen**, das Vorliegen einer Behinderung und den Grad der Behinderung festzustellen (§ 69 Abs. 1 SGB IX). Das Versorgungsamt ist grds. verpflichtet, einen solchen Antrag zu prüfen und zu bescheiden. Stellt das Versorgungsamt das Vorliegen einer Behinderung und einen Grad der Behinderung von wenigstens 50 fest, ist damit auch die Schwerbehinderteneigenschaft iSv § 2 Abs. 2 SGB IX festgestellt. Die Feststellung des Versorgungsamtes kann auch für einen in die Vergangenheit zurückreichenden Zeitraum getroffen werden; erforderlich ist nur, dass für diesen Zeitraum die Behinderung und der Grad der Behinderung zuverlässig festgestellt werden können. An diese Feststellungen des Versorgungsamtes sind die Gerichte für Arbeitssachen gebunden.

10 b) Einer Feststellung der Schwerbehinderteneigenschaft durch das Versorgungsamt bedarf es nicht, wenn eine Feststellung über das Vorliegen einer Behinderung und den Grad einer auf ihr beruhenden Erwerbsminderung schon in einem **Rentenbescheid**, einer entsprechenden Verwaltungs- oder Gerichtsentscheidung oder einer vorläufigen Bescheinigung der für diese Entscheidungen zuständigen Dienststellen getroffen worden ist (§ 69 Abs. 2 SGB IX).

11 c) Wenn die Schwerbehinderteneigenschaft nach § 69 Abs. 1 oder 2 SGB IX unanfechtbar festgestellt worden ist, hat das Versorgungsamt auf Antrag des behinderten Menschen einen **Ausweis** über die Eigenschaft als schwerbehinderter Mensch und den Grad der Behinderung auszustellen (§ 69 Abs. 5 SGB IX). Dieser Ausweis hat nur deklaratorischen Charakter und ist nicht unabdingbar erforderlich zur Begründung oder zum Nachweis der Schwerbehinderteneigenschaft (*Neumann/Pahlen/Majerski-Pahlen* § 69 Rz 41; *Gröninger/Thomas* § 4 Rz 22; *Cramer* § 4 Rz 21); andererseits reicht der Ausweis jedoch zum Nachweis der Schwerbehinderteneigenschaft aus und ist als Verwaltungsakt von den Gerichten für Arbeitssachen nicht auf seine Richtigkeit überprüfbar (*ArbG Paderborn* 5.2.1976 DB 1976, 636).

Kündigungsschutz für schwerbehinderte Menschen Vor §§ 85–92 SGB IX

d) Liegen nach Auffassung des Versorgungsamtes die Voraussetzungen für eine Schwerbehinderteneigenschaft des Antragstellers nicht vor und lehnt es deshalb die entsprechende Feststellung gem. § 69 Abs. 1 SGB IX ab, kann der Antragsteller gegen den Bescheid des Versorgungsamtes Widerspruch einlegen und, falls dieser erfolglos bleibt, gegen das Versorgungsamt **Klage beim Sozialgericht** erheben (vgl. § 51 Abs. 1 Nr. 7 SGG). Die rechtskräftige Entscheidung eines Gerichts der Sozialgerichtsbarkeit ist dann für die Gerichte für Arbeitssachen bindend (*Jobs* AuR 1981, 226). 12

Andererseits kann der Arbeitgeber die versorgungsamtliche Feststellung des Schwerbehindertenstatus seines Arbeitnehmers, auch soweit dieser rückwirkend als schwerbehinderter Mensch anerkannt wird, nicht anfechten. Die von der Versorgungsverwaltung getroffene Feststellung **wirkt gegen jedermann** (*BSG* 22.10.1986 EzA § 3 SchwbG Nr. 1). 13

2. Gleichgestellte behinderte Menschen

Personen **mit einem Grad der Behinderung von weniger als 50, aber wenigstens 30**, die rechtmäßig im Geltungsbereich des SGB IX (Bundesrepublik Deutschland) wohnen, sich dort gewöhnlich aufhalten oder hier einen Arbeitsplatz iSd § 73 Abs. 1 SGB IX (s. Rz 4) haben, sollen auf ihren Antrag von der **Agentur für Arbeit** schwerbehinderten Menschen gleichgestellt werden, wenn sie infolge ihrer Behinderung ohne diese Hilfe einen geeigneten Arbeitsplatz iSd § 73 Abs. 1 SGB IX (s. Rz 4) nicht erlangen oder nicht behalten können (§ 2 Abs. 3 SGB IX). Der Grad der Behinderung wird auf die gleiche Weise festgestellt wie bei schwerbehinderten Menschen (s. Rz 9–13). Sind die aufgeführten Voraussetzungen für eine Gleichstellung erfüllt, muss die Agentur für Arbeit die Gleichstellung aussprechen; das Wort »sollen« in § 2 SGB IX bedeutet nicht, dass der Agentur für Arbeit bei Vorliegen der Voraussetzungen für eine Gleichstellung ein Ermessensspielraum hinsichtlich des Ausspruchs der Gleichstellung eingeräumt ist (vgl. *Neumann/Pahlen/Majerski-Pahlen* § 68 Rz 7). Der Arbeitgeber kann die Entscheidung der Agentur für Arbeit, die seinen Arbeitnehmer schwerbehinderten Menschen nach § 2 SGB IX gleichstellt, nicht anfechten (*BSozG* 19.12.2001 AP Nr. 1 zu § 2 SchwbG 1986). 14

Die Gleichstellung wird bereits **mit dem Tag des Eingangs des Antrags bei der Agentur für Arbeit wirksam**, auch wenn die Entscheidung der Agentur für Arbeit erst später ergeht (§ 68 Abs. 2 S. 2 SGB IX). Hatte der behinderte Mensch zunächst einen Antrag beim Versorgungsamt auf Feststellung seiner Schwerbehinderung gestellt (s. Rz 9), wird dieser Antrag zurückgewiesen, weil die Behinderung keinen Grad von 50 erreicht, und stellt er nunmehr bei der Agentur für Arbeit einen Antrag auf Gleichstellung, ist nach dem Sinn und Zweck des Gesetzes der Tag des Eingangs des Antrags beim Versorgungsamt (auf Feststellung der Schwerbehinderung) für die Gleichstellung maßgebend. Die Gleichstellung kann nach dem Ermessen der Agentur für Arbeit zeitlich befristet werden (§ 68 Abs. 2 S. 3 SGB IX). Nach Ablauf einer zeitlich befristeten Gleichstellung ist auf Antrag die Gleichstellung erneut auszusprechen, wenn die Voraussetzungen hierfür gem. § 2 Abs. 3 SGB IX gegeben sind. 15

Die Gleichstellung bewirkt, dass – mit Ausnahme des Zusatzurlaubs nach § 125 SGB IX – dem gleichgestellten behinderten Menschen **die gleichen Rechte** zustehen wie einem schwerbehinderten Menschen (§ 68 Abs. 3 SGB IX). 15a

III. Begrenzung des Kündigungsschutzes auf Arbeits- und Heimarbeitsverhältnisse

Der besondere Kündigungsschutz des SGB IX gilt für schwerbehinderte und gleichgestellte Arbeitnehmer. Zu Arbeitnehmern in diesem Sinne zählen **auch die Auszubildenden** (*BAG* 10.12.1987 EzA § 18 SchwbG Nr. 8 = AP Nr. 11 zu § 18 SchwbG mit krit. Anm. *Natzel* = AR-Blattei Schwerbehinderte: Entsch. 93 mit zust. Anm. *Konzen/Weber; Cramer* § 15 Rz 6; ErfK-*Rolfs* § 85 SGB IX Rz 3; *Knittel* § 85 Rz 4; *Neumann/Pahlen/Majerski-Pahlen* § 90 Rz 11; aA *LAG Köln* 11.3.1987 LAGE § 18 SchwbG Nr. 1). Denn nach § 90 Abs. 1 Nr. 2 SGB IX haben nur die Personen, die auf Stellen iSv § 73 Abs. 2 Nr. 2–5 SGB IX beschäftigt werden, keinen besonderen Kündigungsschutz nach dem SGB IX. Zu diesem Personenkreis gehören die Auszubildenden nicht. Hingegen sind Auszubildende mit einem Grad der Behinderung von wenigstens 50 kraft ausdrücklicher gesetzlicher Bestimmung schwerbehinderte Menschen iSd SGB IX (§ 2 Abs. 2 iVm § 73 Abs. 1 SGB IX). Arbeitnehmer kann ggf. auch eine zum besonderen Vertreter eines rechtsfähigen Vereins bestellte Person sein (*LAG Frankf.* 11.11.1991 BB 1992, 2291). Kündigungsschutz nach § SGB IX genießen ferner schwerbehinderte **Leiharbeitnehmer** (vgl. *Mrozynski* NDV 1993, 72) sowie **in Heimarbeit** beschäftigte und diesen gleichgestellte schwerbehinderte Menschen (§ 127 Abs. 2 S. 2 SGB IX). Der Kündigungsschutz des SGB IX gilt hingegen nicht für Personen, die nicht aufgrund eines Arbeitsvertrages, sondern eines selbständigen Dienstvertrages tätig sind (zB 16

Organmitglieder juristischer Personen, die zur gesetzlichen Vertretung befugt sind; alle arbeitnehmerähnlichen Personen), ferner nicht für Beamte und Beamtenanwärter. Denn der Kündigungsschutz der §§ 85 ff. SGB IX bezieht sich ausdrücklich nur auf die Kündigung »des Arbeitsverhältnisses« (vgl. *BGH* 9.2.1978 AP Nr. 1 zu § 38 GmbHG; *Neumann/Pahlen/Majerski-Pahlen* § 85 Rz 28). Das bedeutet andererseits, dass der Kündigungsschutz auch für leitende Angestellte gilt.

17 Der Kündigungsschutz der §§ 85 ff. SGB IX besteht **unabhängig von der Größe des Betriebes**, so dass auch in Kleinbetrieben mit bis zu fünf bzw. zehn Mitarbeitern, für die das KSchG nicht gilt (§ 23 Abs. 1 S. 2 und 3 KSchG), ein schwerbehinderter Arbeitnehmer den Kündigungsschutz des SGB IX in Anspruch nehmen kann (*Pöppl* BehindR 1986, 8).

IV. Inhalt des Kündigungsschutzes

18 Die für den schwerbehinderten Arbeitnehmer wichtigste Bestimmung zur Erhaltung seines Arbeitsplatzes besagt, dass grds. bereits **vor Ausspruch einer Kündigung** durch den Arbeitgeber **die Zustimmung des Integrationsamtes** vorliegen muss (§ 85 SGB IX). Dies gilt auch für außerordentliche Kündigungen (§ 91 SGB IX). Die vorherige Zustimmung des Integrationsamtes ist ferner erforderlich, wenn ein Arbeitsverhältnis kraft tariflicher, betriebsverfassungsrechtlicher oder einzelvertraglicher Vorschrift im Falle des Eintritts einer teilweisen Erwerbsminderung, der Erwerbsminderung auf Zeit, der Berufsunfähigkeit oder der Erwerbsunfähigkeit auf Zeit ohne Kündigung enden soll (§ 92 SGB IX).

19 Die Zustimmung zur Kündigung hat der Arbeitgeber **bei dem zuständigen Integrationsamt schriftlich zu beantragen** (§ 87 SGB IX). Unter welchen Voraussetzungen das Integrationsamt die Zustimmung zur Kündigung erteilen soll, ist in § 89 und § 91 Abs. 4 SGB IX geregelt. In bestimmten Ausnahmefällen ist die Zustimmung des Integrationsamtes zur Kündigung nicht erforderlich (§ 90 SGB IX).

20 Hat das Integrationsamt die Zustimmung zur Kündigung erteilt, muss der Arbeitgeber **im Falle einer beabsichtigten außerordentlichen Kündigung** diese **unverzüglich** nach Erteilung der Zustimmung aussprechen, sofern die Frist des § 626 Abs. 2 S. 1 BGB (s. KR-*Fischermeier* § 626 BGB Rz 311 ff.) bereits abgelaufen ist (§ 91 Abs. 5 SGB IX); **bei einer ordentlichen Kündigung** muss der Arbeitgeber eine **Kündigungsfrist von vier Wochen** einhalten (§ 86 SGB IX) und darf die Kündigung nur innerhalb eines Monats nach Zustellung der zustimmenden Entscheidung des Integrationsamtes erklären (§ 88 Abs. 3 SGB IX).

21 Die Zustimmung des Integrationsamtes zur Kündigung kann der behinderte Arbeitnehmer im **Verwaltungsrechtsweg**, die Kündigung selbst vor den **Gerichten für Arbeitssachen** angreifen. In dem arbeitsrechtlichen Kündigungsrechtsstreit kann der behinderte Arbeitnehmer trotz einer vorliegenden Zustimmung des Integrationsamtes die Unwirksamkeit der Kündigung aus allen rechtlichen Gesichtspunkten (zB Sozialwidrigkeit der Kündigung, Fehlen des wichtigen Grundes bei einer außerordentlichen Kündigung) geltend machen.

22 Die Vorschriften des SGB IX über den Kündigungsschutz verstoßen nicht gegen das **Rechtsstaatsprinzip**. Insbesondere hat der Gesetzgeber das Bestimmtheitsgebot nicht verletzt, wenn er in § 85 SGB IX die tatbestandlichen Voraussetzungen, von deren Vorliegen die Erteilung oder Versagung der Zustimmung des Integrationsamtes zur Kündigung eines schwerbehinderten Arbeitnehmers durch den Arbeitgeber abhängen soll, nicht iE bestimmt hat. Denn das Integrationsamt muss sich bei seiner Ermessensentscheidung über die Zustimmung zur Kündigung von den Zielvorstellungen und Leitlinien des SGB IX leiten lassen (vgl. *BVerwG* 28.9.1983 – 5 B 6.83).

V. Dauer des Kündigungsschutzes

1. Beginn des Schutzes

23 Der Schwerbehindertenschutz **für schwerbehinderte Menschen** iSd § 2 Abs. 2 SGB IX und damit auch der Kündigungsschutz beginnt grds. in dem Zeitpunkt, in dem die Voraussetzungen des § 2 Abs. 2 SGB IX vorliegen, mag auch die (behördliche oder gerichtliche) Feststellung hierüber erst zu einem späteren Zeitpunkt getroffen werden (zur rückwirkenden Feststellung vgl. *BSG* 29.5.1991, NZA 1991, 996). Für Kündigungen durch den Arbeitgeber bedeutet dies, dass die Wirksamkeit einer Kündigung, die dem schwerbehinderten Arbeitnehmer nach dem Zeitpunkt zugeht, in dem die Voraussetzungen des § 2 Abs. 2 SGB IX eingetreten sind, nach den Vorschriften der §§ 85–92 SGB IX zu beurteilen ist (vgl. *Hauck/Noftz-Griebeling* § 85 Rz 7).

Der Schwerbehindertenschutz **für gleichgestellte schwerbehinderte Menschen** iSd § 2 Abs. 3 SGB IX 24
beginnt mit dem Tag des Eingangs des Antrags auf Gleichstellung bei der Agentur für Arbeit, weil die
Gleichstellung mit diesem Tag wirksam wird (§ 68 Abs. 2 S. 2 SGB IX). Ist aber im Zeitpunkt des Zugangs einer Kündigung über den Gleichstellungsantrag noch nicht entschieden, greift bei einer rückwirkenden Gleichstellung der Kündigungsschutz nach dem SGB IX nur ein, wenn die Voraussetzungen des § 90 Abs. 2a SGB IX nicht vorliegen (s. KR-*Etzel* §§ 85–90 SGB IX Rz 53j).

2. Erlöschen des Schutzes

Sinkt der Grad der Behinderung eines schwerbehinderten Menschen auf weniger als 50, so erlischt der 25
Schwerbehindertenschutz nach dem SGB IX nicht automatisch, sondern nur dann, wenn die Verringerung des Grades der Behinderung **durch behördlichen oder gerichtlichen Bescheid unanfechtbar festgestellt** wird, und dann auch erst am Ende des dritten Kalendermonats nach Eintritt der Unanfechtbarkeit des Bescheides (§ 116 Abs. 1 SGB IX). Hierbei ist es gleichgültig, ob dem Bescheid, der eine Verringerung des Grades der Behinderung auf weniger als 50 feststellt, ein Bescheid vorausgegangen war, aus dem sich ein Grad der Behinderung von mindestens 50 ergibt, oder ob aus sonstigen Umständen (zB Offensichtlichkeit) geschlossen werden konnte, dass bisher ein Grad der Behinderung von mindestens 50 gegeben war (vgl. *Gröninger/Thomas* § 38 Rz 2).

Für den Bescheid über eine Verringerung des Grades der Behinderung sind die Behörden zuständig, 26
die nach § 69 Abs. 1–3 SGB IX Feststellungen über die Schwerbehinderteneigenschaft treffen können
(s.o. Rz 9 f.); **gegen den Bescheid** kann der behinderte Mensch Widerspruch und, falls dieser erfolglos
bleibt, **Klage beim Sozialgericht** erheben (§ 51 Abs. 1 Nr. 7 SGG). Wird der Bescheid über die Verringerung des Grades der Behinderung unanfechtbar oder durch Rechtsmittelinstanzen rechtskräftig bestätigt, erbringt er den von dem behinderten Menschen nicht widerlegbaren Beweis über die in ihm getroffenen Feststellungen; deshalb kann der behinderte Arbeitnehmer in einem Rechtsstreit mit dem Arbeitgeber nicht damit gehört werden, der Bescheid sei unrichtig. Das folgt einerseits daraus, dass die Gerichte für Arbeitssachen wegen der ausschließlichen Zuständigkeitsregelung in § 51 Abs. 1 Nr. 7 SGG an die gerichtliche oder behördliche Entscheidung gebunden und nicht zu deren Überprüfung befugt sind, und andererseits aus dem Sinn des § 116 Abs. 1 SGB IX, der die Unanfechtbarkeit des Feststellungsbescheides zum maßgebenden Kriterium für die Beendigung des Schwerbehindertenschutzes macht (vgl. auch *Neumann/Pahlen/Majerski-Pahlen* § 116 Rz 4).

Wenn durch behördlichen oder gerichtlichen Bescheid eine Minderung des Grades der Behinderung 27
auf weniger als 50, aber wenigstens auf 30 unanfechtbar festgestellt wird und deshalb der Schwerbehindertenschutz nach Ablauf der Schonfrist gem. § 116 Abs. 1 SGB IX zu erlöschen droht, kommt auf Antrag des behinderten Menschen eine **Gleichstellung** mit schwerbehinderten Menschen gem. § 2 Abs. 3 SGB IX in Betracht (s.o. Rz 14 ff.).

Der Behindertenschutz gleichgestellter behinderter Menschen nach dem SGB IX kann durch **Widerruf** 28
oder Rücknahme der Gleichstellung zum Erlöschen gebracht werden. Widerruf oder Rücknahme können nur durch die Agentur für Arbeit erklärt werden, die den Gleichstellungsbescheid erlassen hat.

Der **Widerruf** der Gleichstellung ist zulässig, wenn die Voraussetzungen für eine Gleichstellung nach 29
§ 2 SGB IX weggefallen sind; der Widerruf wird jedoch erst am Ende des dritten Kalendermonats nach Eintritt seiner Unanfechtbarkeit wirksam (§ 116 Abs. 2 SGB IX). Bis dahin genießt der bisher gleichgestellte behinderte Mensch den Schutz des SGB IX.

Die **Rücknahme** der Gleichstellung ist zulässig, wenn die Entscheidung über die Gleichstellung aus 30
irgendeinem Grunde rechtsfehlerhaft ist, also gar nicht hätte ergehen dürfen (vgl. *Neumann/Pahlen/Majerski-Pahlen* § 116 Rz 8). Die Rücknahme der Gleichstellung richtet sich nach § 45 SGB X und ist nur bis zum Ablauf von zwei bzw. (bei vorsätzlich oder grob fahrlässig gemachten falschen Angaben oder Kenntnis oder grob fahrlässiger Unkenntnis der Rechtswidrigkeit) zehn Jahren nach Bekanntgabe des Gleichstellungsbescheides zulässig (§ 45 Abs. 3 SGB X). Die Rücknahme führt mit ihrem Ausspruch zum Erlöschen des Behindertenschutzes. Hat der Arbeitnehmer die Gleichstellung durch arglistige Täuschung, Drohung oder Bestechung erwirkt, oder beruht die Gleichstellung auf Angaben, die der Arbeitnehmer vorsätzlich oder grob fahrlässig in wesentlicher Beziehung unrichtig oder unvollständig gemacht hat, oder kannte der Arbeitnehmer die Rechtswidrigkeit des Gleichstellungsbescheides oder kannte er sie infolge grober Fahrlässigkeit nicht, kann die Agentur für Arbeit mit der Rücknahme der Gleichstellung nach Maßgabe des § 45 Abs. 3 und 4 SGB X eine rückwirkende Beendigung der Gleichstellung verfügen, die zum rückwirkenden Erlöschen des Behindertenschutzes führt.

3. Vorübergehender Wegfall des Schutzes

31 Auch wenn die Voraussetzungen für ein Erlöschen des Schwerbehindertenschutzes nach § 116 SGB IX nicht gegeben sind, kann das Integrationsamt im Benehmen mit der BA einem schwerbehinderten oder gleichgestellten behinderten Menschen, der einen zumutbaren Arbeitsplatz ohne berechtigten Grund zurückweist oder aufgibt oder sich ohne berechtigten Grund weigert, an einer berufsfördernden Maßnahme zur Rehabilitation teilzunehmen, oder sonst durch sein Verhalten seine Eingliederung in Arbeit und Beruf schuldhaft vereitelt, die besonderen Hilfen für schwerbehinderte Menschen zeitweilig, **höchstens für die Dauer von sechs Monaten**, entziehen (§ 117 SGB IX). Während dieses Zeitraums genießt der schwerbehinderte oder gleichgestellte behinderte Mensch somit auch keinen Kündigungsschutz nach dem SGB IX.

VI. Unabdingbarkeit des Kündigungsschutzes

32 Der Kündigungsschutz der schwerbehinderten Menschen ist wegen seines öffentlich-rechtlichen Schutzcharakters unabdingbar. Weder durch Tarifvertrag noch durch Betriebsvereinbarung, einzelvertragliche Vereinbarung zwischen Arbeitgeber und Arbeitnehmer oder einseitigen Verzicht des Arbeitnehmers kann der Kündigungsschutz von vornherein ausgeschlossen werden. Lediglich **nach Ausspruch der Kündigung** kann der Arbeitnehmer durch Vereinbarung mit dem Arbeitgeber wirksam auf Kündigungsschutz **verzichten**. Eine solche Vereinbarung muss sich eindeutig aus dem Verhalten der Parteien ergeben, wobei strenge Anforderungen zu stellen sind (*Thieler* § 15 Rz 41). Ein eindeutiger Verzicht auf Kündigungsschutz, der unter Umständen auch in einer Ausgleichsquittung liegen kann (vgl. *BAG* 25.9.1969 EzA § 1 KSchG Nr. 14), umfasst grds. auch den Verzicht auf den Schwerbehindertenschutz nach §§ 85 ff. SGB IX. Das gilt auch, wenn dem Arbeitnehmer seine Schwerbehinderteneigenschaft unbekannt ist; denn in diesem Falle besteht gem. § 90 Abs. 2a SGB IX kein Kündigungsschutz.

VII. Konkurrierender Kündigungsschutz nach anderen Vorschriften

33 Der Schwerbehindertenschutz **berührt nicht den Kündigungsschutz**, der einem Arbeitnehmer nach anderen Vorschriften zusteht (APS-*Vossen* § 85 SGB IX Rz 30 ff.). Ein schwerbehinderter Arbeitnehmer kann deshalb eine Kündigung auch wegen Verstoßes gegen andere Kündigungsvorschriften (KSchG, MuSchG, ArbPlSchG etc.) angreifen, gleichgültig ob das Integrationsamt der Kündigung zugestimmt hat oder nicht. Die Zustimmung des Integrationsamtes ersetzt nicht die Zustimmung oder Anhörung einer anderen Stelle. Sie ist auch nicht präjudiziell für das Kündigungsschutzverfahren und begründet noch nicht einmal die Vermutung für die soziale Rechtfertigung der Kündigung (vgl. *Braasch* § 12 Anm. 31).

34 Die Beachtung der sonstigen kündigungsschutzrechtlichen Vorschriften kann dazu führen, dass der Arbeitgeber vor Ausspruch einer Kündigung **mehrere Zustimmungsverfahren** durchführen muss. Will er etwa einer schwangeren schwerbehinderten Arbeitnehmerin, die Mitglied des Betriebsrats ist, außerordentlich kündigen, muss vor Ausspruch der Kündigung die Zustimmung des Betriebsrats (§ 103 BetrVG), die Zustimmung des Integrationsamtes (§ 91 SGB IX) sowie die Genehmigung der obersten Arbeitsbehörde (§ 9 MuSchG) vorliegen (ebenso: *Wilhelm* NZA 1988, Beil. 3, S. 26).

35 Hinsichtlich der **Anhörung des Betriebsrats** gelten bei der Kündigung eines schwerbehinderten Arbeitnehmers dieselben Grundsätze wie bei der Kündigung eines sonstigen Arbeitnehmers. Der Arbeitgeber kann den Betriebsrat bereits vor der Einholung der Zustimmung des Integrationsamtes zu der beabsichtigten Kündigung anhören und ist nach der Erteilung der Zustimmung des Integrationsamtes zu einer erneuten Anhörung des Betriebsrats nicht mehr verpflichtet (*BAG* 11.3.1998 RzK IV 8a Nr. 45; 18.5.1994 EzA § 21 SchwbG 1986 Nr. 6; 1.4.1981 EzA § 102 BetrVG 1972 Nr. 45 = AP Nr. 23 zu § 102 BetrVG 1972 mit zust. Anm. *Hueck* = SAE 1982, 42 mit zust. Anm. *Streckel*), es sei denn, ein längerer Zeitraum ist vergangen und der Kündigungssachverhalt hat sich inzwischen wesentlich geändert (*BAG* 1.4.1981 EzA § 102 BetrVG 1972 Nr. 45; s. hierzu iE KR-*Etzel* § 102 BetrVG Rz 110, 80; vgl. auch KR-*Etzel* § 91 SGB IX Rz 30e). Dem Arbeitgeber ist es aber unbenommen, den Betriebsrat erst nach Erteilung der Zustimmung des Integrationsamtes erstmals anzuhören. Bei einer außerordentlichen Kündigung ist dann jedoch zu beachten, dass der Arbeitgeber sofort nach Bekanntgabe der Zustimmungsentscheidung das Anhörungsverfahren einleiten und sofort nach dessen Abschluss die Kündigung erklären muss (s. KR-*Etzel* § 91 SGB IX Rz 30c, d).

VIII. Anhörung der Schwerbehindertenvertretung

Bevor der Arbeitgeber sich zu einer Kündigung entschließt, hat er beim Eintreten von **personen-, ver-** 36 **haltens- oder betriebsbedingten Schwierigkeiten** im Arbeitsverhältnis, die zur Gefährdung dieses Verhältnisses führen können, möglichst frühzeitig die Schwerbehindertenvertretung, den Betriebs- oder Personalrat sowie das Integrationsamt einzuschalten, um mit ihnen **alle Möglichkeiten zur Beseitigung der Schwierigkeiten zu erörtern** (§ 84 Abs. 1 SGB IX). Bei wiederholter oder länger als sechs Wochen ununterbrochener Arbeitsunfähigkeit innerhalb eines Jahres klärt der Arbeitgeber mit Zustimmung und Beteiligung des schwerbehinderten Arbeitnehmers mit der Schwerbehindertenvertretung und dem Betriebs- oder Personalrat die Möglichkeiten, wie die Arbeitsunfähigkeit möglichst überwunden werden und mit welchen Leistungen oder Hilfen erneuter Arbeitsunfähigkeit vorgebeugt und der Arbeitsplatz erhalten werden kann (sog. betriebliches Eingliederungsmanagement; § 84 Abs. 2 SGB IX). Unterbleiben diese präventiven Maßnahmen, hat dies gleichwohl keinen Einfluss auf die Wirksamkeit einer nachfolgenden Kündigung, denn das Gesetz sieht insoweit keine Sanktionen vor (*BAG* 7.12.2006 – 2 AZR 182/06; **aA** *Brose* RdA 2006, 154); die Unterlassung des Verfahrens kann jedoch zu Lasten des Arbeitgebers bei der Bewertung des Kündigungsgrundes Berücksichtigung finden, wenn das Präventionsverfahren aufgetretene Schwierigkeiten hätte beseitigen können (*BAG* 7.12.2006 – 2 AZR 182/06).

Die Schwerbehindertenvertretung ist vom Arbeitgeber in allen Angelegenheiten, die einen einzelnen 37 schwerbehinderten Arbeitnehmer berühren, unverzüglich und umfassend zu unterrichten und vor einer Entscheidung anzuhören; die getroffene Entscheidung ist ihr unverzüglich mitzuteilen (§ 95 Abs. 2 SGB IX). Das bedeutet, dass der Arbeitgeber die Schwerbehindertenvertretung vor jeder ordentlichen oder außerordentlichen Kündigung eines schwerbehinderten Arbeitnehmers **unter Mitteilung der Kündigungsgründe** anzuhören hat. Die Anhörung kann vom Arbeitgeber vor, während oder nach Durchführung des Zustimmungsverfahrens nach §§ 85 ff. SGB IX vorgenommen werden, muss aber jedenfalls vor Ausspruch der Kündigung abgeschlossen sein (*Adlhoch* BehindR 1983, 25 ff.). Hierbei ist der Schwerbehindertenvertretung in Anlehnung an § 102 Abs. 2 BetrVG eine **Äußerungsfrist** von einer Woche (bei ordentlicher Kündigung) bzw. drei Tagen (bei außerordentlicher Kündigung) einzuräumen. Die Mitwirkung der Schwerbehindertenvertretung im Zustimmungsverfahren des Integrationsamtes (§ 87 Abs. 2 SGB IX) ersetzt die Anhörung nach § 95 Abs. 2 SGB IX nicht (KR-*Friedrich* § 13 KSchG Rz 222a). Die **unterbliebene Anhörung** der Schwerbehindertenvertretung führt jedoch **nicht zur Unwirksamkeit der Kündigung**, weil das Gesetz eine solche Sanktion nicht vorsieht (*BAG* 28.7.1983 EzA § 22 SchwbG Nr. 1; *LAG RhPf* 18.3.1993 NZA 1993, 1133; *Cramer* § 25 Rz 7; GK-SGB IX/ *Steinbrück* § 85 Rz 236; *Gröninger/Thomas* § 25 Rz 7; *Neumann/Braasch* § 19 Rz 84; *Neumann/Pahlen/Majerski-Pahlen* § 95 Rz 9, 11a; *Richardi/Thüsing* § 32 Rz 12; **aA** *LAG SchlH* 19.2.1982 DB 1982, 2407; *LAG Nds.* 8.5.1978 AR-Blattei, Schwerbehinderte: Entsch. 47; *Herschel* Anm. AP Nr. 1 zu § 22 SchwbG und SAE 1976, 162; *Ritz* Schwerbehinderte und Arbeitswelt 1988, 127; ferner *BVerwG* 17.9.1981 – BVerwG 2 C 4.79 – bzgl. der Entlassung eines schwerbehinderten Beamten auf Widerruf). Das gilt auch für Arbeitsverhältnisse im öffentlichen Dienst (**aA** *Oetker* BehindR 1984, 52, der verkennt, dass die Anhörung der Schwerbehindertenvertretung keine betriebs- oder personalvertretungsrechtliche Angelegenheit ist).

Die schuldhafte Verletzung der Anhörungspflicht ist eine **Ordnungswidrigkeit**, die nach § 156 Abs. 1 38 Nr. 9, Abs. 2 SGB IX mit einer Geldbuße bis zu 2.500 Euro geahndet werden kann. Hierbei können auch im öffentlichen Dienst die zuständigen Bediensteten zur Verantwortung gezogen werden. Derjenige, der beauftragt ist, eine Dienststelle ganz oder teilweise zu leiten oder in eigener Verantwortung Pflichten zu erfüllen, die dem Dienststellenleiter obliegen, handelt ordnungswidrig iSd OWiG (vgl. § 9 Abs. 2 OWiG) und des § 156 Abs. 1 Nr. 9 SGB IX, wenn er die Schwerbehindertenvertretung vorsätzlich oder fahrlässig nicht anhört, obwohl die Anhörung zu seinen Dienstaufgaben gehört (vgl. *Gröninger/ Thomas* § 68 Rz 7; *Cramer* § 68 Rz 3 f.).

Geht es um die Kündigung eines schwerbehinderten Mitglieds der Schwerbehindertenvertretung, ist 39 dieser wegen Interessenkollision rechtlich verhindert, zu seiner eigenen Kündigung Stellung zu nehmen. An seiner Stelle ist sein **Stellvertreter** anzuhören; existiert kein Stellvertreter, entfällt die Pflicht des Arbeitgebers zur Anhörung der Schwerbehindertenvertretung (*Oetker* BB 1983, 1647 f; für den Fall der Verhinderung eines Betriebsratsmitglieds zur Stellungnahme zu seiner eigenen Kündigung vgl. KR-*Etzel* § 103 BetrVG Rz 80).

Sozialgesetzbuch – Neuntes Buch – (SGB IX)
Rehabilitation und Teilhabe behinderter Menschen

vom 19. Juni 2001 (BGBl. I S. 1046)
zuletzt geändert durch Gesetz zur Änderung des Betriebsrentengesetzes und anderer Gesetze
vom 2. Dezember 2006 (BGBl. I S. 2742)

Kapitel 4
Kündigungsschutz

§ 85 Erfordernis der Zustimmung Die Kündigung des Arbeitsverhältnisses eines schwerbehinderten Menschen durch den Arbeitgeber bedarf der vorherigen Zustimmung des Integrationsamtes.

§ 86 Kündigungsfrist Die Kündigungsfrist beträgt mindestens vier Wochen.

§ 87 Antragsverfahren (1) ¹Die Zustimmung zur Kündigung beantragt der Arbeitgeber bei dem für den Sitz des Betriebes oder der Dienststelle zuständigen Integrationsamt schriftlich. ²Der Begriff des Betriebes und der Begriff der Dienststelle im Sinne des Teils 2 bestimmen sich nach dem Betriebsverfassungsgesetz und dem Personalvertretungsrecht.
(2) Das Integrationsamt holt eine Stellungnahme des Betriebsrates oder Personalrates und der Schwerbehindertenvertretung ein und hört den schwerbehinderten Menschen an.
(3) Das Integrationsamt wirkt in jeder Lage des Verfahrens auf eine gütliche Einigung hin.

§ 88 Entscheidung des Integrationsamtes (1) Das Integrationsamt soll die Entscheidung, falls erforderlich auf Grund mündlicher Verhandlung, innerhalb eines Monats vom Tage des Eingangs des Antrages an treffen.
(2) ¹Die Entscheidung wird dem Arbeitgeber und dem schwerbehinderten Menschen zugestellt. ²Der Bundesagentur für Arbeit wird eine Abschrift der Entscheidung übersandt.
(3) Erteilt das Integrationsamt die Zustimmung zur Kündigung, kann der Arbeitgeber die Kündigung nur innerhalb eines Monats nach Zustellung erklären.
(4) Widerspruch und Anfechtungsklage gegen die Zustimmung des Integrationsamtes zur Kündigung haben keine aufschiebende Wirkung.
(5) In den Fällen des § 89 Abs. 1 Satz 1 und Abs. 3 gilt Absatz 1 mit der Maßgabe, dass die Entscheidung innerhalb eines Monats vom Tage des Eingangs des Antrages an zu treffen ist. ²Wird innerhalb dieser Frist eine Entscheidung nicht getroffen, gilt die Zustimmung als erteilt. ³Die Absätze 3 und 4 gelten entsprechend.

§ 89 Einschränkungen der Ermessensentscheidung (1) ¹Das Integrationsamt erteilt die Zustimmung bei Kündigungen in Betrieben und Dienststellen, die nicht nur vorübergehend eingestellt oder aufgelöst werden, wenn zwischen dem Tage der Kündigung und dem Tage, bis zu dem Gehalt oder Lohn gezahlt wird, mindestens drei Monate liegen. ²Unter der gleichen Voraussetzung soll es die Zustimmung auch bei Kündigungen in Betrieben und Dienststellen erteilen, die nicht nur vorübergehend wesentlich eingeschränkt werden, wenn die Gesamtzahl der weiterhin beschäftigten schwerbehinderten Menschen zur Erfüllung der Beschäftigungspflicht nach § 71 ausreicht. ³Die Sätze 1 und 2 gelten nicht, wenn eine Weiterbeschäftigung auf einem anderen Arbeitsplatz desselben Betriebes oder derselben Dienststelle oder auf einem freien Arbeitsplatz in einem anderen Betrieb oder einer anderen Dienststelle desselben Arbeitgebers mit Einverständnis des schwerbehinderten Menschen möglich und für den Arbeitgeber zumutbar ist.
(2) Das Integrationsamt soll die Zustimmung erteilen, wenn dem schwerbehinderten Menschen ein anderer angemessener und zumutbarer Arbeitsplatz gesichert ist.

(3) Ist das Insolvenzverfahren über das Vermögen des Arbeitgebers eröffnet, soll das Integrationsamt die Zustimmung erteilen, wenn
1. der schwerbehinderte Mensch in einem Interessenausgleich namentlich als einer der zu entlassenden Arbeitnehmer bezeichnet ist (§ 125 der Insolvenzordnung),
2. die Schwerbehindertenvertretung beim Zustandekommen des Interessenausgleichs gemäß § 95 Abs. 2 beteiligt worden ist,
3. der Anteil der nach dem Interessenausgleich zu entlassenden schwerbehinderten Menschen an der Zahl der beschäftigten schwerbehinderten Menschen nicht größer ist als der Anteil der zu entlassenden übrigen Arbeitnehmer an der Zahl der beschäftigten übrigen Arbeitnehmer und
4. die Gesamtzahl der schwerbehinderten Menschen, die nach dem Interessenausgleich bei dem Arbeitgeber verbleiben sollen, zur Erfüllung der Beschäftigungspflicht nach § 71 ausreicht.

§ 90 Ausnahmen
(1) Die Vorschriften dieses Kapitels gelten nicht für schwerbehinderte Menschen,
1. deren Arbeitsverhältnis zum Zeitpunkt des Zugangs der Kündigungserklärung ohne Unterbrechung noch nicht länger als sechs Monate besteht oder
2. die auf Stellen im Sinne des § 73 Abs. 2 Nr. 2 bis 5 beschäftigt werden oder
3. deren Arbeitsverhältnis durch Kündigung beendet wird, sofern sie
    a) das 58. Lebensjahr vollendet haben und Anspruch auf eine Abfindung, Entschädigung oder ähnliche Leistung auf Grund eines Sozialplanes haben oder
    b) Anspruch auf Knappschaftsausgleichsleistung nach dem Sechsten Buch oder auf Anpassungsgeld für entlassene Arbeitnehmer des Bergbaus haben,
wenn der Arbeitgeber ihnen die Kündigungsabsicht rechtzeitig mitgeteilt hat und sie der beabsichtigten Kündigung bis zu deren Ausspruch nicht widersprechen.
(2) Die Vorschriften dieses Kapitels finden ferner bei Entlassungen, die aus Witterungsgründen vorgenommen werden, keine Anwendung, sofern die Wiedereinstellung der schwerbehinderten Menschen bei Wiederaufnahme der Arbeit gewährleistet ist.
(2a) Die Vorschriften dieses Kapitels finden ferner keine Anwendung, wenn zum Zeitpunkt der Kündigung die Eigenschaft als schwerbehinderter Mensch nicht nachgewiesen ist oder das Versorgungsamt nach Ablauf der Frist des § 69 Abs. 1 Satz 2 eine Feststellung wegen fehlender Mitwirkung nicht treffen konnte.
(3) Der Arbeitgeber zeigt Einstellungen auf Probe und die Beendigung von Arbeitsverhältnissen schwerbehinderter Menschen in den Fällen des Absatzes 1 Nr. 1 unabhängig von der Anzeigepflicht nach anderen Gesetzen dem Integrationsamt innerhalb von vier Tagen an.

Literatur
– bis 2004 vgl. KR-Vorauflage –
Bantle/Waterschek Sonderkündigungsschutz, AiB 2005, 404; *Bauer/Powietzka* Kündigung schwerbehinderter Arbeitnehmer – Nachweis, Sozialauswahl, Klagefrist und Reformbedarf, NZA-RR 2004, 505; *Bernhardt/Bartel* Ehrlich währt am längsten, AuA 2004, 20; *Bitzer* Sonderkündigungsschutz schwerbehinderter Menschen NZA 2006, 1082; *Böhm* Arbeitsrechtliche Auswirkungen der neuen Nachweispflicht im Schwerbehindertenrecht, ArbRB 2004, 377; *Braun* Änderungen des SGB IX – Förderung der Ausbildung und Beschäftigung von schwerbehinderten Arbeitnehmern, MDR 2005, 62; *Brecht-Heitzmann* Die Anfechtbarkeit von Arbeitsverträgen wegen verschwiegener Schwerbehinderung, ZTR 2006, 639; *Brock/Windeln* Die Mitteilung der Schwerbehinderung an den Arbeitgeber, ArbRB 2006, 272; *Cramer* Die Neuerungen im Schwerbehindertenrecht des SGB IX, NZA 2004, 698; *Däubler* Das reformierte Kündigungsschutzrecht, AiB 2005, 387; *Düwell* Der Kündigungsschutz schwerbehinderter Beschäftigter nach der Novelle vom 23.4.2004, BB 2004, 2811; *ders.* Das Gesetz zur Förderung der Ausbildung und Beschäftigung schwerbehinderter Menschen, FA 2004, 200; *Einfeld* Die Kündigung schwerbehinderter Menschen, Personalleiter 2005, 85 und 151; *Etzel* Die unendliche Geschichte des Sonderkündigungsschutzes für Schwerbehinderte, FS ARGE Arbeitsrecht, 2006, S. 241; *Gaul/Süßbrich* Gesetzliche Erleichterung einer Kündigung von Schwerbehinderten, ArbRB 2005, 212; *Griebeling* Neues im Sonderkündigungsschutz schwerbehinderter Menschen, NZA 2005, 494; *Grimm/Brock/Windeln* Einschränkung des besonderen Kündigungsschutzes für Schwerbehinderte im SGB IX, DB 2005, 282; *Koppenfels/Spies* Schwangerschaft und Schwerbehinderung – zwei weiterhin unbeliebte Fragen im Arbeitsrecht, AuR 2004, 43; *Kossens* Neuregelungen des besonderen Kündigungsschutzes für schwerbehinderte Menschen, ZfPR 2004, 280; *Kuhlmann* Auswirkungen des § 90 Abs. 2a SGB IX auf das Widerspruchsverfahren im Rahmen des besonderen Kündigungsschutzes schwerbehinderter Menschen beim Integrationsamt, br 2004, 181; *Laber/Roos* Negativtest und nun?, ArbRB 2005, 368; *Rehwald/Kossack* Neue Kündigungsbestimmungen im

Kündigungsschutz für schwerbehinderte Menschen §§ 85–90 SGB IX

SGB IX zum 1.5.2004, AiB 2004, 604; *Rolfs/Barg* Kein Sonderkündigungsschutz bei fehlendem Nachweis der Schwerbehinderung – der neue § 90 Abs. 2a SGB IX, BB 2005, 1678; *Schlewing* Der Sonderkündigungsschutz schwerbehinderter Menschen nach der Novelle des SGB IX, NZA 2005, 1218; *Staffhorst* Schwerbehinderte Mitarbeiter: Kündigungsschutz verringert ?, AuA 2005, 35; *Striegel* Schweigen ist Gold ?, FA 2005, 12; *Vetter* Unverzügliche Erklärung der außerordentlichen Kündigung nach Zustimmungserteilung durch den Widerspruchsausschuss, Personalleiter 2006, 21; *Westers* Neuregelungen im Recht des besonderen Kündigungsschutzes nach dem Neunten Buch Sozialgesetzbuch (SGB IX), br 2004, 93.

Inhaltsübersicht

	Rz
A. Entstehungsgeschichte	1–4a
B. Voraussetzungen des Kündigungsschutzes	5–58
I. Ordentliche Kündigung durch Arbeitgeber	5–11
II. Schwerbehinderteneigenschaft des Arbeitnehmers	12
III. Bedeutung der Kenntnis des Arbeitgebers von der Schwerbehinderteneigenschaft	13–32
1. Grundsatz	13
2. Mitteilungspflichten des Arbeitnehmers	14–29
3. Annahmeverzug des Arbeitgebers	30
4. Anfechtung des Arbeitsvertrages wegen Unkenntnis der Schwerbehinderteneigenschaft	31, 32
IV. Die Zustimmung des Integrationsamtes	33–53m
1. Grundsatz	33–35
2. Ausnahmen vom Kündigungsschutz	36–53m
a) Enumerative Aufzählung in § 90 SGB IX	36
b) Die ersten sechs Monate des Arbeitsverhältnisses	37–41
aa) Zustimmungsfreiheit	37–39
bb) Anzeigepflichten	40, 41
c) Stellen nach § 73 Abs. 2 Nr. 2–5 SGB IX	42–46
d) Soziale Alterssicherung	47–51
e) Witterungsbedingte Entlassung	52, 53
f) Fehlender Nachweis der Schwerbehinderteneigenschaft oder fehlende Mitwirkung beim Feststellungsverfahren	53a–53k
aa) Fehlender Nachweis der Schwerbehinderteneigenschaft	53b, 53c
bb) Fehlende Mitwirkung beim Feststellungsverfahren	53d–53k
g) Darlegungs- und Beweislast	53l, 53m
V. Negativattest	54–58
C. Das Verfahren bei dem Integrationsamt wegen eines Antrags auf Zustimmung zur Kündigung	59–99
I. Antragstellung (§ 87 Abs. 1 SGB IX)	59–72

	Rz
1. Antragsbefugnis	59, 60
2. Form des Antrags	61–63
3. Antragsadressat	64–69
4. Antragsfrist	70
5. Antragsinhalt	71, 72
II. Einholung von Stellungnahmen und Anhörungen durch das Integrationsamt (§ 87 Abs. 2 SGB IX)	73–76
III. Gütliche Einigung (§ 87 Abs. 3 SGB IX)	77, 78
IV. Mündliche Verhandlung	79
V. Entscheidung des Integrationsamtes	80–99
1. Frist für die Entscheidung	80, 81a
2. Ermessensspielraum	82–96c
a) Grundsatz	82–84a
b) Einschränkungen des Ermessens (§ 89 SGB IX)	85–96c
aa) Einstellung oder Auflösung von Betrieben und Dienststellen (§ 89 Abs. 1 S. 1 SGB IX)	85–88
bb) Einschränkung von Betrieben und Dienststellen (§ 89 Abs. 1 S. 2 SGB IX)	89–91
cc) Weiterbeschäftigung auf einem anderen Arbeitsplatz (§ 89 Abs. 1 S. 3 SGB IX)	92–94
dd) Vorhandensein eines anderen Arbeitsplatzes für den schwerbehinderten Arbeitnehmer (§ 89 Abs. 2 SGB IX)	95, 96
ee) Interessenausgleich im Insolvenzverfahren (§ 89 Abs. 3 SGB IX)	96a–96c
3. Form der Entscheidung	97–99
D. Rechtsbehelfe gegen die Entscheidung des Integrationsamtes	100–108
I. Instanzenzug	100–104
II. Keine aufschiebende Wirkung der Rechtsbehelfe	105
III. Bedeutung für den Ausspruch und die Wirksamkeit der Kündigung	106–108
E. Bindung des Integrationsamtes an seine eigene Entscheidung	109–124
F. Bindung von Behörden und Gerichten an die Entscheidung des Integrationsamtes	125, 126

	Rz		Rz
G. Der Ausspruch der Kündigung	127–135	H. Rechtsbehelfe des Arbeitnehmers	
I. Frist für Kündigungserklärung	127–130	gegen die Kündigung	136–145
	Rz	I. Weiterbeschäftigungsanspruch nach	
II. Einhaltung der Kündigungsfrist	131–135	Kündigung	146

A. Entstehungsgeschichte

1 Das SGB IX v. 19.6.2001 (BGBl. I S. 1046) hat das SchwbG v. 29.4.1974 (BGBl. I S. 1006) abgelöst, das zuletzt idF vom 26.8.1986 (BGBl. I S. 1422, ber. S. 1550) galt. **Wesentliche inhaltliche Änderungen** des Kündigungsschutzes sind **nicht vorgenommen** worden (s. KR-*Etzel* vor §§ 85 ff. SGB IX Rz 1).

2 Das abgelöste SchwbG hatte seinerzeit das **SchwBeschG** vom 14.8.1961 (BGBl. I S. 1233) **in wesentlichen Punkten geändert**. Insbes. § 15 (bis 31.7.1986: § 12) SchwbG brachte eine erhebliche Verbesserung des Schwerbehindertenschutzes mit sich. Denn im Gegensatz zum früheren Recht (§ 14 SchwBeschG) war die Kündigung des Arbeitsverhältnisses eines Schwerbehinderten durch den Arbeitgeber nunmehr grds. nur zulässig, wenn die **Zustimmung der Hauptfürsorgestelle** (jetzt: Integrationsamt) vor Ausspruch der Kündigung erteilt war.

3 Unter den übrigen Vorschriften sind § 16 (bis 31.7.1986: § 12) SchwbG, der eine Mindestkündigungsfrist (vier Wochen) festlegte, und § 18 Abs. 3 (bis 31.7.1986: § 15 Abs. 3) SchwbG hervorzuheben, durch den im Interesse des betroffenen Schwerbehinderten eine **Frist** eingeführt wurde, innerhalb derer der Arbeitgeber von einer erteilten und ihm zugestellten Zustimmung zur Kündigung Gebrauch machen durfte (Bundestagsausschuss für Arbeit, BT-Drucks. 7/1515). Die Schutzwirkung des § 16 SchwbG bot dem Schwerbehinderten aber gegenüber anderen Arbeitnehmern keinen besonderen Schutz mehr, nachdem § 622 Abs. 1 BGB eine Mindestkündigungsfrist von vier Wochen zum Fünfzehnten oder zum Ende eines Kalendermonats für alle Arbeitnehmer festgelegt hatte. Lediglich wenn Tarifverträge eine kürzere Kündigungsfrist als vier Wochen festlegten (§ 622 Abs. 4 BGB), hatte § 16 SchwbG noch eine eigenständige Bedeutung.

4 Die Regelung des § 20 SchwbG idF vom 26.8.1986 bedeutete eine bemerkenswerte **Verschlechterung** der Rechtsstellung der Schwerbehinderten gegenüber dem früheren Recht. Nach dem seit 1.8.1986 geltenden Recht setzt der besondere Kündigungsschutz des SchwbG stets erst nach einer Dauer des Arbeitsverhältnisses von sechs Monaten ein. Hingegen bedurften nach der bis 31.7.1986 geltenden Rechtslage Kündigungen insoweit nur dann nicht der Zustimmung der Hauptfürsorgestelle, wenn der Arbeitnehmer zur vorübergehenden Aushilfe, auf Probe oder für einen vorübergehenden Zweck eingestellt worden war. Die Bundesregierung hat die Neuregelung ab 1986 damit begründet, dass das frühe Einsetzen des Kündigungsschutzes ab dem Beginn des Arbeitsverhältnisses bzw. nach dem Auslaufen der unter Umständen erheblich weniger als sechs Monate betragenden Probezeit sich einstellungshemmend auswirken könne, weil es dem Arbeitgeber nicht ermöglicht werde, den Schwerbehinderten, den er einstellen wolle, auf dem vorgesehenen Arbeitsplatz ausreichend zu erproben (BT-Drucks. 10/3138 S. 15 und 21). Mit denselben Argumenten hat im Jahre 1974 die damalige Bundesregierung die Ausdehnung der Frist, innerhalb der bei Einstellungen auf Probe usw. Kündigungen mitbestimmungsfrei sind, von drei auf sechs Monate nach Beginn des Arbeitsverhältnisses begründet (BT-Drucks. 7/656 Art. I Nr. 22).

4a Durch das **Gesetz zur Förderung und Ausbildung schwerbehinderter Menschen** v. 23.4.2004 (BGBl. I S. 606) sind ab 1.5.2004 einige Vorschriften des Sonderkündigungsschutzes geändert bzw. ergänzt worden. Das Integrationsamt holt im Zustimmungsverfahren keine Stellungnahme der zuständigen Agentur für Arbeit mehr ein (vgl. § 87 Abs. 2 SGB IX). In bestimmten Fällen wird die Entscheidung (Zustimmung) des Integrationsamtes nach Ablauf von einem Monat seit Antragseingang fingiert (§ 88 Abs. 5 SGB IX). Die Ausnahme vom Sonderkündigungsschutz für Schwerbehinderte, die auf Stellen iSd § 73 Abs. 2 Nr. 6 SGB IX beschäftigt werden, ist weggefallen, nachdem § 73 Abs. 2 Nr. 6 SGB IX gestrichen wurde. Neu eingeführt wurde § 90 Abs. 2a SGB IX, der regelt, unter welchen weiteren Voraussetzungen der Sonderkündigungsschutz für Schwerbehinderte nicht eingreift.

B. Voraussetzungen des Kündigungsschutzes
I. Ordentliche Kündigung durch Arbeitgeber

Es muss eine ordentliche Kündigung durch den Arbeitgeber vorliegen, wobei § 85 SGB IX **jede Art von** **Kündigung** erfasst. § 85 SGB IX gilt danach zB bei Massenkündigungen, Kündigungen im Insolvenzverfahren (*LAG Nds.* 4.4.2003 LAGE § 85 SGB IX Nr 1), Kündigungen durch eine kirchliche Einrichtung (*VGH BW* 26.5.2003 EzA § 85 SGB IX Nr. 2), vorsorglichen Kündigungen sowie bei Kündigungen nach den besonderen Bestimmungen der Anl. I Kap XIX Sachgebiet A Abschn. III Nr. 1 Abs. 5 EV (*BAG* 16.3.1994 EzA Art. 20 Einigungsvertrag Nr. 34). Er findet auch Anwendung, wenn die Kündigung gegenüber einem dauernd erwerbsunfähigen schwerbehinderten Arbeitnehmer ausgesprochen wird, da das Gesetz insoweit keine Einschränkung macht (*Cramer* § 15 Rz 5; *KDZ-Zwanziger* § 85 SGB IX Rz 6; *Neumann/Pahlen/Majerski-Pahlen* § 85 Rz 41; aA *Gröninger* Anm. AR-Blattei Schwerbehinderte: Entsch. 56; ferner *Jobs* AuR 1981, 226). Es ist unerheblich, wann die Kündigungsgründe entstanden sind. Auch wenn die Kündigungsgründe schon vor Eintritt der Schwerbehinderteneigenschaft oder vor deren behördlicher Feststellung entstanden waren, greift der Kündigungsschutz des § 85 SGB IX ein (vgl. *BAG* 19.1.1983 EzA § 12 SchwbG Nr. 11).

Wird mit einer Kündigung des Arbeitsverhältnisses das Angebot verbunden, das Arbeitsverhältnis zu geänderten Bedingungen fortzusetzen, handelt es sich um eine **Änderungskündigung**. Auch Änderungskündigungen des Arbeitgebers gegenüber schwerbehinderten Arbeitnehmern bedürfen der vorherigen Zustimmung des Integrationsamtes (vgl. *Gröninger/Thomas* § 15 Rz 8; *Cramer* § 15 Rz 9; *Neumann/Pahlen/Majerski-Pahlen* § 85 Rz 56; Bundestagsausschuss für Arbeit und Sozialordnung, BT-Drucks. 7/1515). Hingegen sind **Teilkündigungen**, soweit sie überhaupt zulässig sind (s. KR-*Etzel* § 102 BetrVG Rz 37), nicht zustimmungspflichtig, weil sie nicht auf die Beendigung des Arbeitsverhältnisses, sondern auf den Widerruf einzelner Arbeitsbedingungen gerichtet sind.

Kurzarbeit und **Werksbeurlaubung** (= unbezahltes Aussetzen mit der Arbeit) können ohne Ausspruch einer Änderungskündigung nur eingeführt werden, wenn dies eine wirksame gesamtvertragliche Vereinbarung (Tarifvertrag, Betriebsvereinbarung) erlaubt oder die betroffenen Arbeitnehmer damit einverstanden sind. In diesen Fällen kommt die Zustimmung des Integrationsamtes mangels Kündigung nicht in Betracht (vgl. *Neumann/Pahlen/Majerski-Pahlen* § 85 Rz 61, 64).

Von Änderungskündigungen zu unterscheiden sind einseitige Maßnahmen des Arbeitgebers im Rahmen seines **Direktionsrechts**, mit denen Arbeitnehmern eine neue Arbeit zugewiesen wird. Kraft seines Direktionsrechts darf der Arbeitgeber dem Arbeitnehmer solche neuen Tätigkeiten zuweisen, die sich innerhalb des vertraglich vereinbarten Tätigkeitsbereichs halten. Diese Zuweisung bedarf, da sie nicht als Kündigung zu qualifizieren ist, keiner Zustimmung des Integrationsamtes. Unzulässig wegen Umgehung des § 85 SGB IX sind jedoch Vereinbarungen im Arbeitsvertrag eines schwerbehinderten Arbeitnehmers, durch die sich der schwerbehinderte Arbeitnehmer im Voraus jeder beliebigen Änderung des Arbeitsvertrages durch einseitige Erklärung des Arbeitgebers unterwirft (*Neumann/Pahlen/Majerski-Pahlen* § 85 Rz 58; vgl. auch *BAG* 7.10.1982 EzA § 315 BGB Nr. 28). Hingegen bedarf es einer Änderungskündigung und damit auch der Zustimmung des Integrationsamtes nicht, wenn sich der schwerbehinderte Arbeitnehmer auf geänderte Arbeitsbedingungen, zB Versetzung auf einen anderen Arbeitsplatz (auch stillschweigend) einlässt; denn dann liegt eine einvernehmliche **Vertragsänderung** vor (*Gröninger/Thomas* § 15 Rz 8).

Nur in den Fällen des § 92 SGB IX (s. dort) ist auch bei einer **Beendigung des Arbeitsverhältnisses ohne Kündigung** die Zustimmung des Integrationsamtes erforderlich. Im Übrigen ist § 85 SGB IX unanwendbar und damit die Zustimmung des Integrationsamtes entbehrlich, wenn das Arbeitsverhältnis auf andere Weise als durch eine vom Arbeitgeber erklärte Kündigung beendet werden soll, zB durch eine von dem schwerbehinderten Arbeitnehmer ausgesprochene Kündigung, durch Vereinbarung der Parteien des Arbeitsvertrages (vgl. *Sartorius/Bubeck* ZAP Fach 18, S. 742; *Seidel* S. 35), durch Anfechtung des Arbeitsvertrages (s. *Wolf/Gangel* AuR 1982, 279), durch Geltendmachung der Unwirksamkeit des Arbeitsvertrages bei einem faktischen Arbeitsverhältnis, durch Fristablauf bei einem wirksam befristeten Arbeitsverhältnis, durch Eintritt einer wirksam vereinbarten auflösenden Bedingung (*KDZ-Zwanziger* § 85 SGB IX Rz 9), durch eine lösende Aussperrung (*Gröninger/Thomas* § 15 Rz 11).

Lehnt das Gericht nach einer **vorläufigen Einstellung** iSv § 100 BetrVG, der der Betriebsrat unverzüglich widersprochen hat, durch rechtskräftige Entscheidung die vom Arbeitgeber beantragte Ersetzung der Zustimmung des Betriebsrats zur Einstellung ab oder stellt es rechtskräftig fest, dass die vorläufige

Einstellung offensichtlich aus sachlichen Gründen nicht dringend erforderlich war, endet die vorläufige Einstellung mit Ablauf von zwei Wochen nach Rechtskraft der Entscheidung (§ 100 Abs. 3 BetrVG), ohne dass es einer Kündigung durch den Arbeitgeber bedarf; deshalb ist in diesem Falle die Zustimmung des Integrationsamtes nicht erforderlich (MünchArbR-*Cramer* § 236 Rz 53; *Neumann/Pahlen/Majerski-Pahlen* § 85 Rz 54; *Gröninger/Thomas* § 15 Rz 20).

11 Hat der Arbeitgeber unter Verletzung der Vorschriften über die Mitwirkung des Betriebsrats (§§ 99, 100 BetrVG) einen schwerbehinderten Menschen endgültig oder vorläufig eingestellt oder eine vorläufige Einstellung entgegen § 100 BetrVG aufrechterhalten, wird gleichwohl **individualrechtlich ein wirksames Arbeitsverhältnis** begründet (*BAG* 2.7.1980 EzA § 99 BetrVG 1972 Nr. 28; GK-BetrVG/*Kraft/Raab* § 99 Rz 125; *Neumann/Pahlen/Majerski-Pahlen* § 85 Rz 55). Ähnlich wie in § 66 Abs. 1 BetrVG 1952 (»Der Betriebsrat ist vor jeder Kündigung zu hören«) und anders als etwa in § 102 Abs. 1 S. 3 BetrVG (»Eine ohne Anhörung des Betriebsrats ausgesprochene Kündigung ist unwirksam«) bestimmen §§ 99, 100 BetrVG nicht, dass Einstellungen bzw. vorläufige Einstellungen unwirksam sind, wenn sie unter Verstoß gegen die Beteiligungsrechte des Betriebsrats vorgenommen wurden. Eine solche Bestimmung wäre aber erforderlich gewesen, wenn man eine Unwirksamkeit annehmen wollte. Darüber hinaus sieht § 101 BetrVG vor, dass der Betriebsrat bei Verletzung seiner Beteiligungsrechte beim ArbG beantragen kann, dem Arbeitgeber aufzugeben, die Einstellung bzw. vorläufige Einstellung aufzuheben. Das bedeutet, dass das Gesetz von einer (individualrechtlich) wirksamen Einstellung bzw. vorläufigen Einstellung ausgeht; sonst bedürfte es keiner »Aufhebung« dieser Maßnahmen durch den Arbeitgeber. Muss der Arbeitgeber aber die Einstellung bzw. vorläufige Einstellung eines schwerbehinderten Menschen aufheben, so kann er dies einseitig nur durch Ausspruch einer Kündigung tun, die der Zustimmung des Integrationsamtes bedarf. Es wäre verfehlt, dem schwerbehinderten Menschen den Schutz des § 85 SGB IX zu versagen, weil der Arbeitgeber sich in betriebsverfassungsrechtlicher Hinsicht falsch verhalten hat und deshalb Sanktionen gegen ihn ergehen. Der gem. § 101 BetrVG ergehenden **gerichtlichen Auflage, die Einstellung eines schwerbehinderten Menschen aufzuheben**, kommt der Arbeitgeber nach, wenn er bei dem Integrationsamt die Zustimmung zur Kündigung beantragt (ebenso: KDZ-*Zwanziger* § 85 SGB IX Rz 13). Die Zustimmung des Integrationsamtes ist ebenfalls erforderlich, wenn der Arbeitgeber von sich aus – ohne gerichtlichen Spruch – eine Einstellung oder vorläufige Einstellung unter Berufung auf die fehlende Mitwirkung bzw. Zustimmung des Betriebsrats rückgängig machen will.

II. Schwerbehinderteneigenschaft des Arbeitnehmers

12 Kündigungsschutz nach § 85 SGB IX genießt nur der Arbeitnehmer, der **im Zeitpunkt des Zugangs der Kündigung schwerbehinderter Mensch** iSd § 2 Abs. 2 SGB IX oder gleichgestellter behinderter Mensch iSd § 2 Abs. 3 iVm § 68 Abs. 2 SGB IX ist oder der im Zeitpunkt der Kündigung noch den nachwirkenden Kündigungsschutz eines schwerbehinderten oder gleichgestellten Arbeitnehmers (§ 116 SGB IX) genießt. Wird die Schwerbehinderteneigenschaft erst nach Ausspruch der Kündigung festgestellt, bedarf ein vom Arbeitgeber im Kündigungsschutzprozess gem. § 9 Abs. 1 KSchG gestellter Auflösungsantrag der Zustimmung des Integrationsamtes; andernfalls wäre der besondere Bestandsschutz des Schwerbehinderten nicht gewahrt (*OVG Lüneburg* 12.7.1989 NZA 1990, 66; *ArbG Stuttg.* 27.6.2002 RzK IV 8 b Nr. 14; **aA** *VGH Mannheim* 12.12.2005 NZA-RR 2006, 356).

III. Bedeutung der Kenntnis des Arbeitgebers von der Schwerbehinderteneigenschaft

1. Grundsatz

13 Der Kündigungsschutz des § 85 SGB IX **hängt nicht davon ab, ob der Arbeitgeber Kenntnis** von der Schwerbehinderteneigenschaft des Arbeitnehmers **hat**. Nach § 85 SGB IX ist allein maßgebend, dass es sich um das Arbeitsverhältnis eines »schwerbehinderten Menschen« handelt, dh eines Behinderten iSd § 2 Abs. 2 SGB IX oder eines Gleichgestellten iSv § 2 Abs. 3 SGB IX (s. KR-*Etzel* vor §§ 85 ff. SGB IX Rz 3 ff.). Ist dies zu bejahen, bedarf die Kündigung grds. der Zustimmung des Integrationsamtes, auch wenn der Arbeitgeber bei ihrem Ausspruch die Schwerbehinderteneigenschaft des Arbeitnehmers nicht kannte (*Gröninger/Thomas* § 15 Rz 23; *Cramer* § 15 Rz 4; *Neumann/Pahlen/Majerski-Pahlen* § 85 Rz 34; *LAG RhPf* 25.3.1976 DB 1976, 1533; **aA** *Brox* Anm. zu AP Nr. 1 und 2 § 12 SchwbG). Bei einer Verneinung der Schwerbehinderteneigenschaft durch die zuständige Behörde nützt dem Arbeitnehmer auch die Antragstellung vor der Kündigung nichts; er muss vielmehr gegen eine evtl. Kündigung klagen, um sich den Kündigungsschutz nach dem KSchG zu erhalten (*ArbG Freiburg* 8.1.1981 NJW 1981, 2717).

2. Mitteilungspflichten des Arbeitnehmers

Heftig umstritten war bisher, ob die Schwerbehinderteneigenschaft im Zeitpunkt der Kündigung festgestellt sein und ob und ggf. **innerhalb welcher Frist nach Ausspruch der Kündigung sich der Arbeitnehmer auf seine Schwerbehinderteneigenschaft berufen muss**, wenn er den Schutz des § 85 SGB IX (früher: § 15 SchwbG) in Anspruch nehmen will (s. iE 6. Aufl. Rz 15). **14**

Das *BAG* (zuletzt 7.3.2002 EzA § 85 SGB IX Nr. 1) billigte einem Schwerbehinderten den Sonderkündigungsschutz des SGB IX dann zu, wenn im Zeitpunkt des Zugangs der Kündigung ein **Bescheid über die Schwerbehinderteneigenschaft** des Arbeitnehmers vorlag oder der Arbeitnehmer einen entsprechenden **Antrag beim Versorgungsamt** gestellt oder gegenüber dem Arbeitgeber angekündigt hatte und wenn darüber hinaus – falls der Arbeitgeber von der Schwerbehinderteneigenschaft oder der Antragstellung nichts wusste – der Arbeitnehmer den Arbeitgeber innerhalb einer Regelfrist von einem Monat nach Zugang der Kündigung hiervon in Kenntnis setzte (zur Rspr. des BAG s. iE Vorauf. Rz 15–22). Bei offensichtlicher Schwerbehinderteneigenschaft gewährte das BAG dem schwerbehinderten Arbeitnehmer auch ohne festgestellte Schwerbehinderteneigenschaft und ohne Unterrichtung des Arbeitgebers den Sonderkündigungsschutz des SGB IX (*BAG* 11.5.2000 EzA § 103 BetrVG 1972 Nr. 41; 28.6.1995 AP Nr. 6 zu § 59 BAT). Diese Rechtsprechung ist nunmehr überholt, nachdem der Gesetzgeber in § 90 Abs. 2a SGB IX die Voraussetzungen festgelegt hat, unter denen ein schwerbehinderter Arbeitnehmer den Sonderkündigungsschutz des SGB IX erlangen kann (s.u. Rz 53a ff.). **15**

Lediglich die Frage, wann der Arbeitnehmer den Arbeitgeber, der die Schwerbehinderteneigenschaft nicht kennt, hiervon in Kenntnis setzen muss, hat der Gesetzgeber nicht geregelt. Den berechtigten Interessen des Arbeitgebers kann hierbei in Anlehnung an Vorschriften des MuSchG, das vom Schutzgedanken her besondere Parallelen zum Kündigungsschutz der Schwerbehinderten hat (so zutr. *BAG* 17.2.1977 EzA § 12 SchwbG Nr. 2), Rechnung getragen werden: Der schwerbehinderte **Arbeitnehmer ist** in Anlehnung an § 9 MuSchG **grds. verpflichtet, dem Arbeitgeber, der die Schwerbehinderteneigenschaft des Arbeitnehmers nicht kennt, innerhalb von zwei Wochen nach Zugang der Kündigung seine Schwerbehinderteneigenschaft mitzuteilen** (ebenso: *Schukai* DB 1976, 438; *Meisel* Anm. AP Nr. 14 zu § 12 SchwbG; vgl. auch LPK-SGB IX/*Düwell* § 85 Rz 6), andernfalls verliert der Arbeitnehmer den Schutz des § 85 SGB IX. Eine offenkundige Schwerbehinderteneigenschaft (zB Blindheit) braucht der Arbeitnehmer dem Arbeitgeber zur Erhaltung seines Kündigungsschutzes nach § 85 SGB IX nicht mitzuteilen, da davon auszugehen ist, dass die Offenkundigkeit der Behinderung auch dem Arbeitgeber nicht verborgen geblieben sein kann und deshalb insoweit schutzwürdige Interessen des Arbeitgebers nicht bestehen (*BAG* 20.1.2005 EzA § 85 SGB IX Nr. 3; *Braasch* § 15 Rz 41). Nach Ablauf der Zweiwochenfrist kann sich der Arbeitnehmer aber nicht mehr in Anlehnung an § 9 MuSchG auf seine Schwerbehinderteneigenschaft berufen, auch wenn ihm die Umstände, die seine Schwerbehinderteneigenschaft begründen, im Zeitpunkt des Zugangs der Kündigung unverschuldet unbekannt waren, zB bei einer unerkannten Krankheit. Insoweit steht der am 1. 5. 2004 in Kraft getretene § 90 Abs. 2a SGB IX einer analogen Anwendung des § 9 MuSchG entgegen. Denn nach § 90 Abs. 2a SGB IX muss das Verfahren zur Feststellung der Schwerbehinderung schon bei Zugang der Kündigung eingeleitet sein (s.u. Rz 53e). **16–24**

Das *BAG* (12.1.2006 – 2 AZR 539/05) ist nunmehr von seiner Auffassung abgerückt, dass der Arbeitnehmer den Arbeitgeber, der die Schwerbehinderteneigenschaft nicht kennt, innerhalb einer Regelfrist von einem Monat nach Zugang der Kündigung hiervon in Kenntnis setzen muss (an der Regelfrist von einem Monat halten fest: *LAG Düsseld.* 22.3.2005 LAGE § 90 SGB IX Nr. 1; *ArbG Düsseld.* 29.10.2004 RzK IV 8 a Nr. 59; *Hauck/Noftz-Griebeling* K § 85 Rz 15 a; *Bernhardt/Bertel* AuA 2004, 21; *Gaul/Süßbrich* ArbRB 2005, 213 f.). Im Hinblick darauf, dass seit der Neufassung des § 4 KSchG der Arbeitnehmer die Unwirksamkeit einer Kündigung – auch für den Fall einer fehlenden Zustimmung des Integrationsamtes – innerhalb von drei Wochen gerichtlich geltend machen muss, falls sie nicht wirksam werden soll (vgl. § 7 KSchG), erwägt das BAG, in Zukunft von einer **Regelfrist von drei Wochen nach Zugang der Kündigung** auszugehen, innerhalb derer der Arbeitnehmer den Arbeitgeber von der Schwerbehinderteneigenschaft in Kenntnis setzen muss. Damit ist sichergestellt: drei Wochen nach Zugang der Kündigung steht nicht nur fest, ob die Wirksamkeit der Kündigung überprüft werden kann, sondern auch, ob die Wirksamkeit der Kündigung wegen fehlender Zustimmung des Integrationsamtes in Zweifel gezogen werden kann. Eine solche gegenüber der bisherigen Rechtsprechung und Gesetzeslage übersichtlichere Rechtslage trägt gleichwohl nicht dem Umstand Rechnung, dass wegen des vergleichbaren Schutzgedankens des MuSchG eine analoge Anwendung des § 9 MuSchG geboten ist (s.o. Rz 16). **25**

26 Für die fristwahrende Kenntnis des Arbeitgebers reicht es aus, wenn der Betriebsrat dem Arbeitgeber im Rahmen des Anhörungsverfahrens nach § 102 BetrVG mitteilt, der Arbeitnehmer habe einen Antrag auf Anerkennung der Schwerbehinderung gestellt (*BAG* 20.1.2005 EzA § 85 SGB IX Nr. 3). Beruft sich der Arbeitnehmer auf einen vor der Kündigung gestellten Gleichstellungsantrag, genügt dies auch dann, wenn er auf Grund eines früher gestellten Antrags die Anerkennung als Schwerbehinderter erlangt (*LAG Hamm* 7.7.2005 EzA-SD 2005, Nr. 21, S. 10).

27–29 Teilt der Arbeitnehmer dem Arbeitgeber die Schwerbehinderteneigenschaft fristgerecht mit (s.o. Rz 16), kann dieser bei dem Integrationsamt die Zustimmung zur Kündigung beantragen und damit das Zustimmungsverfahren nach §§ 85 ff. SGB IX einleiten.

3. Annahmeverzug des Arbeitgebers

30 Beruft sich der Arbeitnehmer gegenüber dem Arbeitgeber fristgerecht (s.o. Rz 16–25) auf seine Schwerbehinderteneigenschaft, ist die Schwerbehinderteneigenschaft aber nicht offenkundig oder noch nicht amtlich festgestellt und kann der Arbeitnehmer folglich gegenüber dem Arbeitgeber nicht den entsprechenden Nachweis erbringen, kann der Arbeitgeber die Weiterbeschäftigung des Arbeitnehmers über den Ablauf der Kündigungsfrist hinaus ablehnen, falls die Kündigung nur wegen Verstoßes gegen § 85 SGB IX unwirksam sein kann. Denn es fehlt in diesem Fall an einem **ordnungsgemäßen Leistungsangebot** des Arbeitnehmers. Zu einem ordnungsgemäßen Leistungsangebot gehört nach den Grundsätzen von Treu und Glauben (§ 242 BGB) auch, dass der Arbeitnehmer die in seinem persönlichen Lebensbereich liegenden Umstände (zB Schwerbehinderteneigenschaft, Schwangerschaft) nachweist, die einen Beschäftigungsanspruch begründen. Der Arbeitgeber kann deshalb die Arbeitsleistung solange ablehnen, bis der fehlende Nachweis der Schwerbehinderteneigenschaft vorliegt, und gerät bis zu diesem Zeitpunkt nicht in Annahmeverzug (vgl. *Neumann/Pahlen/Majerski-Pahlen* § 85 Rz 37; *BAG* 6.6.1974 EzA § 9 MuSchG nF Nr. 15 – bei fehlendem Nachweis der Schwangerschaft; aA *Hauck/Noftz-Griebeling* § 85 Rz 42).

4. Anfechtung des Arbeitsvertrages wegen Unkenntnis der Schwerbehinderteneigenschaft

31 Die Unkenntnis des Arbeitgebers von der Schwerbehinderteneigenschaft bei der Einstellung des Arbeitnehmers berechtigt ihn grds. nicht zur Anfechtung des Arbeitsvertrages **wegen Irrtums**. Nur wenn sich der schwerbehinderte Mensch für die Arbeiten, für die er eingestellt ist, wegen seiner Behinderung nicht eignet, kommt eine Anfechtung wegen Irrtums in Betracht (hM; vgl. *Gröninger/Thomas* § 15 Rz 16; *Neumann/Pahlen/Majerski-Pahlen* § 85 Rz 38). Insoweit besteht auch eine Offenbarungspflicht des Arbeitnehmers und ein Fragerecht des Arbeitgebers. Der Arbeitnehmer, der weiß, dass er infolge seiner Behinderung die vertraglich vorgesehene Tätigkeit nicht ordnungsgemäß ausführen kann, hat dies dem Arbeitgeber mitzuteilen. Ebenso darf der Arbeitgeber danach fragen, ob bei dem Arbeitnehmer eine Behinderung vorhanden ist, die seine Eignung für die vorgesehene Tätigkeit wesentlich beeinträchtigt (vgl. auch *Thüsing/Lambrich* BB 2002, 1149). Diese Frage muss der Arbeitnehmer wahrheitsgemäß beantworten, unabhängig davon, ob seine Schwerbehinderteneigenschaft festgestellt ist oder nicht. Die vorsätzlich falsche Beantwortung der Frage durch den Arbeitnehmer und auch die vorsätzliche Verletzung seiner Offenbarungspflicht berechtigen den Arbeitgeber zur Anfechtung des Arbeitsvertrages wegen arglistiger Täuschung (*BAG* 1.8.1985 EzA § 123 BGB Nr. 26; 7.6.1984 EzA § 123 BGB Nr. 24; *Pahlen* RdA 2001, 143 mwN), die nicht der Zustimmung des Integrationsamtes bedarf. Denn der Arbeitgeber hat ein berechtigtes und schutzwertes Interesse daran, dass sein Vertragspartner (Arbeitnehmer) in der Lage ist, die mit ihm vereinbarte Tätigkeit ordnungsgemäß auszuführen.

32 Hingegen hat der Arbeitgeber **nicht das Recht**, einen Bewerber **nach dem Vorliegen einer Schwerbehinderteneigenschaft zu fragen**; denn Arbeitgeber dürfen Schwerbehinderte bei der Einstellung nicht wegen ihrer Behinderung benachteiligen (§ 81 Abs. 2 SGB IX iVm § 2 Abs. 1 Nr. 1 AGG). Die Frage nach einer Schwerbehinderteneigenschaft ist ausnahmslos unzulässig (so schon zur bisherigen Rechtslage die 7. Aufl. mwN; vgl. zuletzt *Brecht-Heitzmann* ZTR 2006, 640 f.). Die falsche Beantwortung der unzulässigen Frage bleibt folgenlos und berechtigt den Arbeitgeber nicht zur Anfechtung des Arbeitsvertrages.

IV. Die Zustimmung des Integrationsamtes

1. Grundsatz

33 Die Zustimmung des Integrationsamtes ist Zulässigkeitsvoraussetzung für eine Kündigung durch den Arbeitgeber (Ausnahmen: § 90 SGB IX). Die Zustimmung wird nur auf Antrag des Arbeitgebers erteilt

Kündigungsschutz für schwerbehinderte Menschen   §§ 85–90 SGB IX

(s.u. Rz 59 ff.). Das Integrationsamt entscheidet über diesen Antrag **nach freiem pflichtgemäßem Ermessen** (s.u. Rz 82 ff.), wobei diese Ermessensentscheidung unter bestimmten Voraussetzungen eingeschränkt ist (s.u. Rz 85 ff.; ferner § 91 Abs. 4 SGB IX).

Da eine Kündigung erst nach Erteilung der Zustimmung ausgesprochen werden darf, kann sich eine 34 die Zustimmung erteilende Entscheidung des Integrationsamtes **keine** eine frühere Kündigung erfassende **Rückwirkung** beilegen. Eine Zustimmung, die sich gleichwohl Rückwirkung beilegt, ist insoweit nichtig, aber dennoch als Zulässigkeitsvoraussetzung für eine neue Kündigung geeignet, die der Arbeitgeber innerhalb der Fristen der § 88 Abs. 3, § 91 Abs. 5 SGB IX aussprechen muss.

Rechtsbehelfe gegen die Zustimmung des Integrationsamtes zur Kündigung haben **keine aufschie-** 35 **bende Wirkung** (§ 88 Abs. 4 SGB IX; s.a. Rz 105); dh, hat das Integrationsamt die Zustimmung erteilt, kann der Arbeitgeber die Kündigung aussprechen, auch wenn der Arbeitnehmer Widerspruch gegen die Zustimmung zur Kündigung einlegt. Ob die Kündigung Bestand hat, hängt dann vom endgültigen Ausgang des Rechtsmittelverfahrens ab (s.u. Rz 107).

2. Ausnahmen vom Kündigungsschutz

a) Enumerative Aufzählung in § 90 SGB IX

In § 90 SGB IX sind alle Fälle aufgeführt, in denen bei der Kündigung des Arbeitsverhältnisses eines 36 schwerbehinderten Arbeitnehmers der Kündigungsschutz entfällt. Weitere Befreiungen vom Kündigungsschutz der §§ 85–92 SGB IX gibt es nicht. Der Arbeitgeber hat im Streitfall darzulegen und zu beweisen, dass einer der Ausnahmefälle des § 90 SGB IX vorliegt.

b) Die ersten sechs Monate des Arbeitsverhältnisses

aa) Zustimmungsfreiheit

Wenn das **Arbeitsverhältnis** im Zeitpunkt des Zugangs der Kündigungserklärung ohne Unterbrechung 37 **noch nicht länger als sechs Monate** besteht, entfällt der besondere Kündigungsschutz des SGB IX (§ 90 Abs. 1 Nr. 1 SGB IX). Deshalb ist in diesen Fällen für eine Kündigung weder die Zustimmung des Integrationsamtes noch die Einhaltung einer Mindestkündigungsfrist (§ 86 SGB IX) erforderlich (*Thiele* Rz 265; vgl. auch APS-*Vossen* § 86 SGB IX Rz 1). Anders als nach früherem Recht kommt es nicht darauf an, ob der Arbeitnehmer auf Probe, zur Aushilfe oder für einen vorübergehenden Zweck eingestellt war. Auch bei einem unbefristeten, ohne bestimmte Zweckbestimmung eingegangenen Arbeitsverhältnis besteht in den ersten sechs Monaten kein Kündigungsschutz nach dem SGB IX.

§ 90 Abs. 1 Nr. 1 SGB IX ist dem § 1 Abs. 1 KSchG nachgebildet, der den Beginn des Kündigungsschut- 38 zes nach dem KSchG ebenfalls an ein länger als sechs Monate ohne Unterbrechung bestehendes Arbeitsverhältnis knüpft. Daher sind zur Berechnung des Sechsmonatszeitraumes die zu § 1 Abs. 1 KSchG entwickelten Grundsätze heranzuziehen (s. KR-*Griebeling* § 1 KSchG Rz 99 ff.). Danach kommt es auf den **rechtlichen Bestand des Arbeitsverhältnisses** an (APS-*Vossen* § 90 SGB IX Rz 4). Tatsächliche Unterbrechungen der Arbeit (zB durch Krankheit, Urlaub, Arbeitskampf) hemmen den Lauf der Sechsmonatsfrist nicht, sondern sind auf sie anzurechnen (*Thiele* Rz 264). Ohne Einfluss auf den Lauf der Sechsmonatsfrist ist auch eine rechtliche Beendigung des bisherigen Arbeitsverhältnisses (zB aufgrund einer Befristung), wenn sich ohne zeitliche Unterbrechung ein weiteres Arbeitsverhältnis mit dem bisherigen Arbeitgeber anschließt (vgl. *BAG* 23.9.1976 EzA § 1 KSchG Nr. 35). Das gilt auch, wenn sich ein Arbeitsverhältnis unmittelbar an ein vorhergehendes Berufsausbildungsverhältnis anschließt (*Hauck/Noftz-Griebeling* § 90 Rz 5). Liegt hingegen zwischen zwei Arbeitsverhältnissen ein bestimmter Zeitraum ohne Arbeitsverhältnis mit demselben Arbeitgeber, ist die Dauer des früheren Arbeitsverhältnisses mit demselben Arbeitgeber auf den Sechsmonatszeitraum nur anzurechnen, wenn zwischen beiden Arbeitsverhältnissen ein enger sachlicher Zusammenhang besteht, was bei nur kurzfristigen rechtlichen Unterbrechungen von einigen Tagen im Allgemeinen zu bejahen ist (vgl. KR-*Griebeling* § 1 KSchG Rz 110; weitergehend *LAG Düsseld.* 16.11.2005 LAGE § 90 SGB IX Nr. 2). Die Dauer der Unterbrechung ist hingegen nach dem Zweck des § 90 Abs. 1 Nr. 1 SGB IX (ausreichende Zeit der Erprobung) nicht auf den Sechsmonatszeitraum anzurechnen (vgl. *LAG Hamm* 20.12.1996 LAGE § 1 KSchG Nr. 10).

Ist eine Kündigung nach § 90 Abs. 1 Nr. 1 SGB IX zustimmungsfrei, dann ist es unerheblich, ob die 39 Kündigungsfrist nach Ablauf der Sechsmonatsfrist endet; entscheidend ist allein der **Zugang der Kündigung** (ebenso – für den früheren § 17 Abs. 3 SchwbG –: *BAG* 25.2.1981 EzA § 17 SchwbG Nr. 3; *LAG*

Düsseld. 4.9.1979 DB 1980, 261; *APS-Vossen* § 90 SGB IX Rz 3; *Neumann/Pahlen/Majerski-Pahlen* § 90 Rz 7; *Preis/Kliemt* AR-Blattei SD 1270 Rz 281; *Thiele* Rz 266). Wird hingegen das Kündigungsschreiben zwar noch vor Ablauf des Sechsmonatszeitraumes abgesandt, geht es aber dem Arbeitnehmer erst nach dem Fristablauf zu, bedarf die Kündigung der Zustimmung des Integrationsamtes und darf nur unter Einhaltung der Mindestkündigungsfrist des § 86 SGB IX erklärt werden. Hat aber der Arbeitnehmer den Zugang der Kündigung vor Ablauf des Sechsmonatszeitraums **treuwidrig vereitelt**, zB durch bewusste Angabe einer unzutreffenden Anschrift, steht dies einem Zugang der Kündigung in den ersten sechs Monaten des Arbeitsverhältnisses gleich (*BAG* 22.9.2005 EzA § 130 BGB 2002 Nr. 5).

bb) Anzeigepflichten

40 Der Arbeitgeber ist verpflichtet, jede Einstellung eines schwerbehinderten Menschen zur Probe – gleichgültig, ob in einem befristeten oder unbefristeten Arbeitsverhältnis (*Kossens* § 90 Rz 25) – und jede Kündigung eines Arbeitsverhältnisses mit einem schwerbehinderten Arbeitnehmer vor Ablauf der ersten sechs Monate des Arbeitsverhältnisses (s.o. Rz 37 ff.) **dem Integrationsamt innerhalb von vier Tagen anzuzeigen** (§ 90 Abs. 3 SGB IX; nach *Malcher* S. 71 hat der Arbeitgeber auch jede anderweitige Beendigung des Arbeitsverhältnisses anzuzeigen; dies trifft jedoch nicht zu, da Abs. 3 ausdrücklich nur auf die Fälle des Abs. 1 Nr. 1 verweist). Die Viertagesfrist bei der Einstellung beginnt mit der tatsächlichen Einstellung bzw. dem Tag der Arbeitsaufnahme, nicht mit dem evtl. früheren Tag des Abschlusses des Arbeitsvertrages. Die Anzeigepflicht bei Kündigungen besteht nur für Kündigungen durch den Arbeitgeber, die dem Arbeitnehmer vor Ablauf des Sechsmonatszeitraums zugehen (vgl. *Cramer* § 20 Rz 7). Die 4-Tages-Frist beginnt hier mit der Beendigung des Arbeitsverhältnisses, nicht mit der Kündigung (GK-SchwbG/*Großmann* § 20 Rz 66).

41 Die Einhaltung der Anzeigepflicht ist **ohne Einfluss auf den Kündigungsschutz des schwerbehinderten Arbeitnehmers**; auch bei unterbliebener Anzeige ist für eine Kündigung durch den Arbeitgeber die Zustimmung des Integrationsamtes nicht erforderlich (*BAG* 21.3.1980 EzA § 17 SchwbG Nr. 2; *OVG Brem.* 10.11.1981 ZfS 1982, 122; *Gröninger/Thomas* § 20 Rz 6; *Knittel* § 90 Rz 25; *Neumann/Pahlen/Majerski-Pahlen* § 90 Rz 23; *Preis/Kliemt* AR-Blattei SD 1270 Rz 295; **aA** *ArbG München* 30.10.1975 BB 1976, 139). Das Unterlassen der Anzeige führt auch nicht zur Unwirksamkeit einer Probezeitvereinbarung (*LAG Düssseld.* 9.6.1978 EzA § 17 SchwbG Nr. 1) und hat auch keinen Einfluss auf die Beendigung des Arbeitsverhältnisses durch Kündigung (*LAG Hamm* 26.4.1979 DB 1979, 1367). Der Arbeitgeber kann allerdings bei einem schuldhaften Verstoß gegen die ihm obliegende Anzeigepflicht aus dem Gesichtspunkt der positiven Vertragsverletzung dazu verpflichtet sein, dem schwerbehinderten Arbeitnehmer den hieraus entstehenden **Schaden zu ersetzen** (*BAG* 21.3.1980 EzA § 17 SchwbG Nr. 2 = AP Nr. 1 zu § 17 SchwbG mit zust. Anm. *Jung*), zB den Schaden, der dem schwerbehinderten Arbeitnehmer dadurch entsteht, dass er von dem Integrationsamt keine oder nur verspätete Geldleistungen erhält (*Thiele* Rz 267).

c) Stellen nach § 73 Abs. 2 Nr. 2–5 SGB IX

42 Kein Kündigungsschutz nach dem SGB IX besteht ferner für schwerbehinderte Arbeitnehmer, die auf einer Stelle iSv § 73 Abs. 2 Nr. 2–5 SGB IX beschäftigt werden (§ 90 Abs. 1 Nr. 2 SGB IX); das sind

43 – **Personen, deren Beschäftigung nicht in erster Linie ihrem Erwerb dient, sondern vorwiegend durch Beweggründe karitativer oder religiöser Art bestimmt ist** (§ 73 Abs. 2 Nr. 2 SGB IX), zB Rote-Kreuz-Schwestern, Diakonissen, Missionare sowie die – ausdrücklich im Gesetz genannten – Geistlichen öffentlich-rechtlicher Religionsgemeinschaften. Für diese Personen ist ohnehin keine Zustimmung zur Kündigung erforderlich, weil sie nicht in einem Arbeitsverhältnis stehen (*Gröninger/Thomas* § 7 Rz 10; *Neumann/Pahlen/Majerski-Pahlen* § 73 Rz 51);

44 – **Personen, deren Beschäftigung nicht in erster Linie ihrem Erwerb dient und die vorwiegend zu ihrer Heilung, Wiedereingewöhnung oder Erziehung erfolgt** (§ 73 Abs. 2 Nr. 3 SGB IX), zB Insassen von Heilanstalten und Fürsorgeanstalten, Strafgefangene, Sicherungsverwahrte. Auch für diese Personen ist ohnehin keine Zustimmung zur Kündigung erforderlich, weil sie nicht in einem Arbeitsverhältnis stehen (*Neumann/Pahlen/Majerski-Pahlen* § 73 Rz 52);

45 – **Teilnehmer an Arbeitsbeschaffungsmaßnahmen** nach dem Dritten Buch Sozialgesetzbuch (§ 73 Abs. 2 Nr. 4 SGB IX). Das sind Arbeitnehmer, die die Agentur für Arbeit dem Arbeitgeber zuweist und für die die Agentur für Arbeit dem Arbeitgeber Zuschüsse gewährt, weil die Tätigkeit der Arbeitnehmer im öffentlichen Interesse liegt (vgl. iE §§ 260 ff. SGB III);

– **Personen, die nach ständiger Übung in ihre Stelle gewählt werden** (§ 73 Abs. 2 Nr. 5 SGB IX), zB bei Verbänden, politischen Parteien, Gewerkschaften;

d) **Soziale Alterssicherung**

Kein Kündigungsschutz nach dem SGB IX besteht **für ältere Arbeitnehmer** unter bestimmten Voraussetzungen, bei deren Vorliegen der Gesetzgeber ersichtlich davon ausgeht, dass die Altersversorgung der betreffenden Arbeitnehmer gesichert und deshalb ein besonderer Kündigungsschutz entbehrlich ist. Im Einzelnen handelt es sich um folgende beiden Gruppen:

aa) Arbeitnehmer, die das **58. Lebensjahr vollendet haben** und Anspruch auf eine Abfindung, Entschädigung oder ähnliche Leistung aufgrund eines Sozialplanes haben, wenn der Arbeitgeber ihnen die Kündigungsabsicht rechtzeitig mitteilt und sie der beabsichtigten Kündigung bis zu deren Ausspruch nicht widersprechen (§ 90 Abs. 1 Nr. 3 Buchst. a SGB IX). Es ist nicht erforderlich, dass der Sozialplan nach Vollendung des 58. Lebensjahres des Arbeitnehmers zustande gekommen ist. Unerheblich ist auch die Höhe der dem Arbeitnehmer aus dem Sozialplan zustehenden Leistung; insoweit bleibt es dem Arbeitnehmer unbenommen, bei nur geringen Leistungen aus dem Sozialplan dem Ausspruch der Kündigung zu widersprechen und damit die Zustimmungspflichtigkeit der Kündigung herbeizuführen. Als »Sozialplan« kommen nur Regelungen in Betracht, die nach den Vorschriften des Betriebsverfassungsgesetzes (§ 112) oder des Personalvertretungsrechts zustande kommen und dem Arbeitnehmer einen unmittelbaren Anspruch (vgl. § 77 Abs. 4 BetrVG) gewähren (*LAG Köln* 4.4.1997 FA 1998, 57).

Für die Unterrichtung des Arbeitnehmers ist **keine bestimmte Form** vorgeschrieben. Rechtzeitig ist die Unterrichtung nur, wenn der Arbeitnehmer noch ausreichend Zeit zur Überlegung hat, ob er der Kündigung vor deren Ausspruch widersprechen soll. In Anlehnung an § 102 Abs. 2 BetrVG (Anhörung des Betriebsrats) erscheint es angemessen, dem Arbeitnehmer eine **Überlegungszeit von mindestens einer Woche** einzuräumen (aA *Knittel* § 90 Rz 14 und *Neumann/Pahlen/Majerski-Pahlen* § 90 Rz 17: mindestens drei Wochen), ehe der Arbeitgeber die Kündigung erklären darf, dh das Kündigungsschreiben absenden oder aushändigen darf. Ist der Arbeitnehmer nicht rechtzeitig vor deren Ausspruch unterrichtet worden, bedarf die Kündigung zu ihrer Wirksamkeit der vorherigen Zustimmung des Integrationsamtes.

Für den **Widerspruch** des Arbeitnehmers ist **keine bestimmte Form** vorgeschrieben. Er braucht auch nicht begründet zu werden. Vielmehr genügt der schlichte, formlose Widerspruch des Arbeitnehmers, der dem Arbeitgeber vor Erklärung der Kündigung zugehen muss, um die Ausnahmevorschrift des § 90 Abs. 1 Nr. 3 SGB IX nicht zur Anwendung kommen zu lassen (vgl. *Gröninger/Thomas* § 20 Rz 4).

bb) Arbeitnehmer, die Anspruch auf **Knappschaftsausgleichsleistungen** nach dem Sechsten Buch Sozialgesetzbuch oder auf Anpassungsgeld für entlassene Arbeitnehmer des Bergbaus haben, wenn der Arbeitgeber ihnen die Kündigungsabsicht rechtzeitig mitteilt und sie der beabsichtigten Kündigung bis zu deren Ausspruch nicht widersprechen (§ 90 Abs. 1 Nr. 3 Buchst. b SGB IX). Auf die Höhe der Knappschaftsausgleichsleistungen und des Anpassungsgeldes kommt es nicht an. Zur Rechtzeitigkeit der Unterrichtung des Arbeitnehmers und zu den Anforderungen an den Widerspruch gegen die Kündigung s.o. Rz 49 f.

e) **Witterungsbedingte Entlassung**

Kein besonderer Kündigungsschutz nach dem SGB IX besteht bei **Entlassungen**, die **aus Witterungsgründen** vorgenommen werden, sofern die Wiedereinstellung der schwerbehinderten Arbeitnehmer bei Wiederaufnahme der Arbeit gewährleistet ist (§ 90 Abs. 2 SGB IX). In Betracht kommen hier insbes. Arbeitsverhältnisse in der Land- und Forstwirtschaft, im Gartenbau und Tagebergbau. Im Baugewerbe ist die Vorschrift des § 90 Abs. 2 SGB IX weitgehend bedeutungslos, da nach § 12 Nr. 2 des allgemeinverbindlichen Bundesrahmentarifvertrages für das Baugewerbe (BRTV-Bau) das Arbeitsverhältnis in der gesetzlichen Schlechtwetterzeit (1. Dezember bis 31. März gem. § 175 Abs. 1 SGB III) nicht aus Witterungsgründen gekündigt werden kann, entsprechende Kündigungen daher unwirksam sind. Eine Entlassung aus Witterungsgründen setzt voraus, dass die Fortsetzung der Arbeit infolge ungünstiger Witterung (zB Regen, Schnee, Frost) nicht möglich ist oder nicht mehr zugemutet werden kann. Dies ist auch anzunehmen, wenn Aufträge aus Witterungsgründen fehlen und Arbeitnehmer deshalb nicht beschäftigt werden können (*LAG München* 24.10.1986 DB 1987, 1444; *APS-Vossen* § 90 SGB IX Rz 10; *Knittel* § 90 Rz 19; **aA** *Neumann/Pahlen/Majerski-Pahlen* § 90 Rz 20).

53 Der Kündigungsschutz des schwerbehinderten Arbeitnehmers entfällt nur, wenn der Arbeitgeber im Zeitpunkt des Zugangs der Kündigung gegenüber dem schwerbehinderten Arbeitnehmer aufgrund eines Tarifvertrages, einer Betriebsvereinbarung oder einzelvertraglicher Zusage verpflichtet ist, ihn bei Wiederaufnahme der Tätigkeit **wieder einzustellen**. Kommt der Arbeitgeber bei Wiederaufnahme der Arbeit dieser Verpflichtung nicht nach, wird nicht etwa die Kündigung des schwerbehinderten Arbeitnehmers rückwirkend unwirksam, weil eine erforderliche Zustimmung des Integrationsamtes fehlt, vielmehr hat der schwerbehinderte Arbeitnehmer einen einklagbaren Anspruch auf Wiedereinstellung ab dem Tag der Wiederaufnahme der Arbeit (ErfK-*Rolfs* § 90 SGB IX Rz 4; *Gröninger/Thomas* § 20 Rz 5; *Cramer* § 20 Rz 3; **aA** *Neubert/Becke* § 20 Rz 5; *Thieler* § 20 Rz 8; *Weber* § 20 Rz 11; *Neumann/Pahlen/Majerski-Pahlen* § 90 Rz 22); dadurch ist seine Wiedereinstellung gewährleistet.

f) Fehlender Nachweis der Schwerbehinderteneigenschaft oder fehlende Mitwirkung beim Feststellungsverfahren

53a § 90 Abs. 2a SGB IX regelt zwei Fallgestaltungen, in denen der Sonderkündigungsschutz für Schwerbehinderte nicht eingreift, auch wenn der Arbeitnehmer objektiv schwerbehindert ist. Die Vorschrift ist sprachlich missglückt. Nach der **ersten Alternative** gilt der Sonderkündigungsschutz nicht, wenn zum Zeitpunkt der Kündigung die Eigenschaft als schwerbehinderter Mensch nicht nachgewiesen ist. Die **zweite Alternative** der Nichtgeltung des Sonderkündigungsschutzes regelt einen Fall, bei dem im Zeitpunkt der Kündigung die Schwerbehinderteneigenschaft noch nicht festgestellt ist. Da auch in diesem Fall die Schwerbehinderteneigenschaft nicht nachgewiesen ist, wäre die Vorschrift nach ihrem Wortlaut überflüssig; denn alle Fallgestaltungen der zweiten Alternative werden von der ersten Alternative (fehlender Nachweis der Schwerbehinderung) erfasst. Nach dem Willen des Gesetzgebers kommt jedoch der zweiten Alternative des § 90 Abs. 2a SGB IX zweifellos eine eigenständige Bedeutung zu (vgl. BT-Drucks. 15/2357, S. 24). Der Konflikt lässt sich nur dahingehend lösen, dass bei fehlendem Nachweis der Schwerbehinderteneigenschaft geprüft wird, ob ggf. ein Sonderkündigungsschutz nach der zweiten Alternative des § 90 Abs. 2a SGB IX in Betracht kommt, der entfallen ist.

aa) Fehlender Nachweis der Schwerbehinderteneigenschaft

53b Die Schwerbehinderteneigenschaft wird nachgewiesen durch einen entsprechenden **Bescheid des Versorgungsamtes** (§ 69 Abs. 1 SGB IX) oder durch die Feststellung über das Vorliegen einer Behinderung und den Grad der auf ihr beruhenden Erwerbsminderung (= Grad der Behinderung) in einem Rentenbescheid, einer entsprechenden Verwaltungs- oder Gerichtsentscheidung oder durch eine vorläufige Bescheinigung der für diese Entscheidungen zuständigen Dienststellen (§ 69 Abs. 2 SGB IX). Nachgewiesen ist die Schwerbehinderteneigenschaft auch, wenn sie **offenkundig** ist, zB bei Kleinwüchsigkeit mit eingeschränkter Bewegungsfähigkeit (vgl. *BAG* 18.10.2000 EzA § 123 BGB Nr. 56), bei einer deformierten Halswirbelsäule, bei Verlust von Armen oder Beinen oder Blindheit; denn in diesen Fällen wird ein besonderer Nachweis der Schwerbehinderung – außer der »Offensichtlichkeit« – nicht verlangt (vgl. *Neumann/Pahlen/Majerski-Pahlen* § 85 Rz 34 mwN). Dies gilt auch im Rahmen des § 90 Abs. 2a SGB IX (*Hauck/Noftz-Griebeling* K § 90 Rz 21 mwN) und entspricht dem Willen des Gesetzgebers (vgl. BT-Drucks. 15/2357, S. 24). Eine **Gleichstellung** mit behinderten Menschen wird nachgewiesen durch einen entsprechenden Bescheid der BA (vgl. § 68 Abs. 2 SGB IX). Der jeweilige Nachweis ist erbracht, wenn der entsprechende Bescheid dem Arbeitnehmer zugestellt wurde oder die Schwerbehinderteneigenschaft offenkundig ist.

53c Der Nachweis muss »zum Zeitpunkt der Kündigung« erbracht sein, dh **im Zeitpunkt des Zugangs der Kündigung** (*Cramer* NZA 2004, 704; **aA** *Rolfs/Barg* BB 2005, 1680, die den Nachweis zum Zeitpunkt des Zugangs der Kündigung auch dann als erbracht ansehen, wenn nach Zugang der Kündigung durch Widerspruchsbescheid oder Verpflichtungsurteil die Schwerbehinderteneigenschaft festgestellt wird, da diese Entscheidungen mit ex-tune-Wirkung getroffen würden). Ein Nachweis **gegenüber dem Arbeitgeber** in diesem Zeitpunkt ist **nicht erforderlich** (*ArbG Bonn* 25.11.2004 NZA-RR 2005, 193; *ArbG Kassel* 19.11.2004 ArbRB 2005, 9; *Hauck/Noftz-Griebeling* K § 90 Rz 22a; *Bantle/Waterschek* AiB 2005, 405; *Däubler* AiB 2005, 394; *Gaul/Süßbrich* ArbRB 2005, 213; *Griebeling* NZA 2005, 496; *Grimm/Brock/Windeln* DB 2005, 285; *Kossens* ZfPR 2004, 281; *Kuhlmann* br 2004, 182; *Laber/Roos* ArbRB 2005, 369; *Rehwald/Kossack* AiB 2004, 606; *Schlewing* NZA 2005, 1220; *Staffhorst* AuA 2005, 35; *Striegel* FA 2005, 12; **aA** *Neumann/Pahlen/Majerski-Pahlen* § 90 Rz 23; *Bauer/Powietzka* NZA-RR 2004, 507; *Böhm* ArbRB 2004, 377; *Cramer* NZA 2004, 704; *Einfeldt* Personalleiter 2005, 86). Dies entsprach schon der bisherigen Rechtsprechung des Bundesarbeitsgerichts (s.o. Rz 15). Eine vom Gesetzgeber gewollte Änderung hätte im

Wortlaut oder zumindest in der Begründung des Gesetzes zum Ausdruck gebracht werden müssen (*Griebeling* NZA 2005, 497). Das ist nicht geschehen. Im Gegenteil: Ein Vorschlag des Bundesrats, den Sonderkündigungsschutz entfallen zu lassen, wenn der Arbeitnehmer den Arbeitgeber nicht vor Ausspruch der Kündigung durch Vorlage eines Ausweises oder Bescheides über seine Schwerbehinderung informiert habe (BR-Drucks. 746/2/03), ist nicht Gesetz geworden. Es genügt daher, dass der Schwerbehinderte dem Arbeitgeber innerhalb von zwei Wochen nach Zugang der Kündigung seine Schwerbehinderteneigenschaft mitteilt (s.o. Rz 16–24).

bb) Fehlende Mitwirkung beim Feststellungsverfahren

Die zweite Alternative des § 90 Abs. 2a SGB IX regelt den Fall, dass das Versorgungsamt nach Ablauf der Frist des § 69 Abs. 1 S. 2 eine Feststellung **»wegen fehlender Mitwirkung«** nicht treffen konnte. In diesem Fall genießt der Schwerbehinderte keinen Sonderkündigungsschutz. Daraus folgt umgekehrt, dass der Schwerbehinderte dann den Sonderkündigungsschutz in Anspruch nehmen kann, wenn das Versorgungsamt trotz vorhandener Mitwirkung eine Feststellung nicht treffen konnte (ebenso: *Kuhlmann* br 2004, 182). 53d

§ 90 Abs. 2a – zweite Alt. – SGB IX setzt voraus, dass der Arbeitnehmer die Feststellung seiner Schwerbehinderung beantragt hat und die Frist des § 69 Abs. 1 S. 2 SGB IX beim Zugang der Kündigung abgelaufen ist. Vor Ablauf dieser Frist kann daher kein Sonderkündigungsschutz entstehen. § 69 Abs. 1 S. 2 SGB IX selbst enthält jedoch keine Frist, sondern verweist auf »die in § 14 Abs. 2 Satz 2 und 4 sowie Abs. 5 Satz 2 und 5 genannten Fristen sowie § 60 Abs. 1 SGB I«. Die in Bezug genommenen Vorschriften regeln die **Fristen, innerhalb derer das Versorgungsamt seine Entscheidung** über die beantragte Feststellung der Schwerbehinderung **zu treffen hat.** 53e

Muss für die Entscheidung **kein Gutachten** eingeholt werden, entscheidet das Versorgungsamt **innerhalb von drei Wochen** nach Antragseingang (§ 14 Abs. 2 S. 2 SGB IX). Ist für die Entscheidung ein **Gutachten erforderlich,** beauftragt das Versorgungsamt unverzüglich einen **Sachverständigen** (§ 14 Abs. 5 S. 2 SGB IX). Um den Begriff »unverzüglich« berechenbar zu machen, ist für das unverzügliche Handeln des Versorgungsamtes die Drei-Wochen-Frist zugrunde zu legen, die ihm für die Entscheidung zur Verfügung steht, wenn die Einholung eines Gutachtens nicht erforderlich ist (in diesem Sinne: *Düwell* BB 2004, 2813; *Staffhorst* AuA 2005, 37; aA *Hauck/Noftz-Griebeling* K § 90 Rz 23 und *Griebeling* NZA 2005, 498). Der Sachverständige erstellt das Gutachten innerhalb von zwei Wochen nach Auftragserteilung (§ 14 Abs. 5 S. 5 SGB IX). Das Versorgungsamt trifft dann seine Entscheidung innerhalb von zwei Wochen nach Vorliegen des Gutachtens (§ 14 Abs. 4 S. 4 SGB IX). 53f

Das bedeutet: Ist für die Feststellung der Schwerbehinderung **kein Gutachten** erforderlich, hat das Versorgungsamt seine Entscheidung **spätestens drei Wochen** nach Antragseingang zu treffen; solange noch kein Feststellungsbescheid ergangen ist, kann vor Ablauf dieser Frist kein Sonderkündigungsschutz entstehen. Eine Kündigung des Arbeitgebers, die dem Arbeitnehmer vor Ablauf dieser Frist zugeht, bedarf nicht der Zustimmung des Integrationsamtes (*LAG BW* 14.6.2006 – 10 Sa 43/06 – EzA-SD 2006, Nr. 22, S. 8; *Bauer/Powietzka* NZA-RR 2004, 507; *Brock/Windeln* ArbRB 2006, 275; *Düwell* FA 2004, 200; *Grimm/Brock/Windeln* DB 2005, 283; *Hauck/Noftz-Griebeling* K § 90 Rz 23; *Schlewing* NZA 2005, 1221; *Westers* br 2004, 96; aA *LAG Düsseld.* 29.3.2006 DB 2006, 2244). Dies gilt auch dann, wenn das Versorgungsamt später eine Schwerbehinderung rückwirkend feststellt (*Grimm/Brock/Windeln* aaO; *Schlewing* aaO; aA *Bitzer* NZA 2006, 1083). Ist für die Feststellung der Schwerbehinderung ein **Gutachten erforderlich,** hat das Versorgungsamt seine Entscheidung **spätestens sieben Wochen** (drei Wochen nach § 14 Abs. 5 S. 2 SGB IX + je zwei Wochen nach § 14 Abs. 5 S. 5 und § 14 Abs. 4 S. 4 SGB IX) nach Antragseingang zu treffen; auch insoweit kann vor Ablauf dieser Frist kein Sonderkündigungsschutz entstehen, solange noch kein Feststellungsbescheid ergangen ist (*Braun* MDR 2005, 65 f.; *Brock/Windeln* aaO; *Düwell* FA 2004, 200; *Schlewing* NZA 2005, 1221; *Westers* br 2004, 96; aA *LAG Düsseld.* 29.3.2006 aaO). 53g

Sind die angeführten Fristen (s.o. Rz 53g) beim Zugang der Kündigung abgelaufen, erlangt der Arbeitnehmer bei einer späteren Feststellung der Schwerbehinderung grds. **rückwirkend den Sonderkündigungsschutz** (s.u. Rz 53i). Dieser Sonderkündigungsschutz entfällt nur dann, wenn das Versorgungsamt »wegen fehlender Mitwirkung« des Arbeitnehmers seine Feststellung nicht fristgerecht treffen konnte (vgl. *LAG RhPf* 26.4.2006 – 9 Sa 29/06). Die **Mitwirkungspflichten des Arbeitnehmers** ergeben sich aus der entsprechenden Anwendung des § 60 Abs. 1 S. 1 SGB I (§ 69 Abs. 1 S. 2 SGB IX). Danach hat der antragstellende Arbeitnehmer alle Tatsachen anzugeben, die für die Feststellung der Schwerbehinderung erforderlich sind, z.B. die amtlichen Vordrucke vollständig auszufüllen, und auf 53h

Verlangen des Versorgungsamtes der Erteilung der erforderlichen Auskünfte durch Dritte zuzustimmen sowie Beweismittel zu bezeichnen und ggf. vorzulegen oder ihrer Vorlage zuzustimmen. Unter »fehlender Mitwirkung« des Arbeitnehmers ist nicht nur bloßes Nichttun, sondern nach dem Sinn und Zweck der Vorschrift und der Gesetzesbegründung (BT-Drucks. 15/2357, S. 24) auch zögerliches Verhalten des Arbeitnehmers bei der Erfüllung der ihm nach § 60 Abs. 1 SGB I obliegenden Pflichten zu verstehen, das er zu vertreten (verschuldet) hat (in diesem Sinn auch: *Griebeling* NZA 2005, 498; *Schlewing* NZA 2005, 1222). Das Verschulden des Arbeitnehmers muss alleinige Ursache für die Fristüberschreitung sein (*Hauck/Noftz-Griebeling* K § 90 Rz 23). Unverschuldete Verzögerungen durch den Arbeitnehmer, zB im Krankheitsfall, hindern bei einer späteren Feststellung der Schwerbehinderung nicht den rückwirkenden Eintritt des Sonderkündigungsschutzes.

53i Waren die vom Versorgungsamt zu beachtenden Fristen (s.o. Rz 53g) beim Zugang der Kündigung trotz ordnungsgemäßer Mitwirkung des Arbeitnehmers ohne Entscheidung des Versorgungsamtes abgelaufen, **entfällt der Sonderkündigungsschutz** gem. § 90 Abs. 2a – zweite Alt. – SGB IX **nicht**. Das bedeutet, dass der Arbeitnehmer bei rückwirkender Feststellung der Schwerbehinderteneigenschaft auch rückwirkend den Sonderkündigungsschutz erwirbt (*Hauck/Noftz-Griebeling* K § 90 Rz 23a mwN). Das gilt auch dann, wenn die Schwerbehinderung erst im Rechtsbehelfs- oder Rechtsmittelverfahren festgestellt wird.

53j § 90 Abs. 2a – zweite Alt. – SGB IX ist bei einem **Gleichstellungsverfahren** bei der BA (§ 68 Abs. 2 SGB IX) entsprechend anwendbar (*LAG BW* 14.6.2006 – 10 Sa 43/06; *LAG RhPf* 12.10.2005 ZTR 2006, 15; *ArbG Freiburg* 31.3.2006 – 16 Ca 19/06; *Hauck/Noftz-Griebeling* K § 90 Rz 20; *Grimm/Brock/Windeln* DB 2005, 284; *Rehwald/Kossack* AiB 2004, 604; *Staffhorst* AuA 2005, 38; **aA** *ArbG Pforzheim* 23.2.2005 – 5 Ca 348/04; *Bauer/Powietzka* NZA-RR 2004, 507 Fn. 15; *Gaul/Süßbrich* ArbRB 2005, 214; *Düwell* BB 2004, 2813; *Kuhlmann* br 2004, 182; *Schlewing* NZA 2005, 1223 f.). Denn auf gleichgestellte behinderte Menschen werden die besonderen Regelungen für schwerbehinderte Menschen – mit Ausnahme des § 125 und des Kapitels 13 – und damit auch § 90 Abs. 2a SGB IX angewendet (§ 68 Abs. 3 SGB IX). Die Anwendung des § 90 Abs. 2a SGB IX auf das Gleichstellungsverfahren bedeutet damit auch, dass die BA für ihre Entscheidung die Fristen des § 14 Abs. 2 S. 2, Abs. 4 S. 4 und Abs. 5 S. 5 SGB IX (s.o. Rz 53f, 53g) zu beachten hat. Sind diese Fristen beim Zugang der Kündigung noch nicht abgelaufen, ohne dass schon die Gleichstellung erfolgt ist, kann der Arbeitnehmer durch eine spätere rückwirkende Gleichstellung keinen Sonderkündigungsschutz für die ausgesprochene Kündigung erlangen. Nur wenn die Fristen beim Zugang der Kündigung abgelaufen sind, ohne dass dies auf zögerliches, vom Arbeitnehmer zu vertretendes Verhalten zurückzuführen ist, erlangt der Arbeitnehmer bei einer späteren rückwirkenden Gleichstellung noch den Sonderkündigungsschutz für die ausgesprochene Kündigung (s.o. Rz 53h).

53k Haben **vor Ausspruch der Kündigung** das Versorgungsamt eine Feststellung der Behinderung bzw. die BA eine Gleichstellung **abgelehnt**, ist beim Zugang der Kündigung die Eigenschaft als schwerbehinderter Mensch bzw. Gleichgestellter nicht nachgewiesen und eine Fallgestaltung des § 90 Abs. 2a – zweite Alt. – SGB IX liegt nicht vor, weil das Versorgungsamt bzw. die BA ihre Entscheidung bereits getroffen haben. Infolgedessen ist **kein Sonderkündigungsschutz** gegeben. Das gilt auch dann, wenn Widerspruch und Klage gegen den ablehnenden Bescheid des Versorgungsamtes Erfolg haben und die Schwerbehinderung nachträglich festgestellt wird (*OVG Koblenz* 7.3.2006 NZA 2006, 1108; *Grimm/Brock/Windeln* DB 2005, 284; *Kuhlmann* br 2004, 182; *Schlewing* NZA 2005, 1221; **aA** *LAG Köln* 16.6.2006 – 12 Sa 118/06 – m. zust. Anm. *Gagel* jurisPR-ArbR 50/2006 Nr. 3; *LAG Düsseld.* 17.1.2006 – 8 Sa 1052/05 – und 22.3.2005 LAGE § 90 SGB IX Nr. 1 = br 2005, 198 m. zust. Anm. *Kuhlmann*; *Laber/Roos* ArbRB 2005, 371; *Bitzer* NZA 2006, 1083).

g) Darlegungs- und Beweislast

53l Die in § 90 Abs. 1 – 2a SGB IX geregelten Ausnahmen vom Sonderkündigungsschutz lassen sich in zwei Gruppen einteilen. In den Fällen des § 90 Abs. 1 Nr. 1 und Abs. 2a SGB IX werden Fallgestaltungen geregelt, in denen der Sonderkündigungsschutz noch nicht begonnen hat und auch nicht eingreift, obwohl der Arbeitnehmer objektiv schwerbehindert iSv § 2 Abs. 2 SGB IX ist. Damit sind dort in Wahrheit **Voraussetzungen für das Eingreifen des Sonderkündigungsschutzes** geregelt. Dies führt dazu, dass nach allgemeinen Grundsätzen der **Arbeitnehmer darlegungs- und beweispflichtig** für das Nichtvorliegen der in § 90 Abs. 1 Nr. 1 und Abs. 2a SGB IX geregelten Tatbestände ist (*Etzel* FS ARGE Arbeitsrecht, S. 255 f. – für § 90 Abs. 2a SGB IX; *Hauck/Noftz-Griebeling* K § 90 Rz 25 f; *Schlewing* NZA 2005, 1222 – für § 90 Abs. 2a SGB IX; **aA** – für § 90 Abs. 2a – zweite Alt. – SGB IX: *LAG Düsseld.* 22.3.2005

LAGE § 90 SGB IX Nr. 1). Das heißt: Der Arbeitnehmer hat darzulegen und im Streitfall zu beweisen, dass das Arbeitsverhältnis im Zeitpunkt der Kündigung länger als sechs Monate bestanden hat (§ 90 Abs. 1 Nr. 1 SGB IX), dass seine Schwerbehinderung im Zeitpunkt des Zugangs der Kündigung nachgewiesen war (§ 90 Abs. 2a – erste Alt. – SGB IX) oder dass im Zeitpunkt des Zugangs der Kündigung die in § 69 Abs. 1 S. 2 SGB IX in Bezug genommenen Fristen trotz ordnungsgemäßer Mitwirkung des Arbeitnehmers ohne Entscheidung des Versorgungsamtes abgelaufen waren (§ 90 Abs. 2a – zweite Alt. – SGB IX).

In den anderen Fällen (§ 90 Abs. 1 Nr. 2 – 4, Abs. 2 SGB IX) entfällt ein an sich bestehender Sonderkündigungsschutz aus den dort angeführten Gründen. Für diese Ausnahmetatbestände ist der **Arbeitgeber darlegungs- und beweispflichtig.** 53m

V. Negativattest

Das sog. Negativattest ist ein schriftlicher Bescheid (Verwaltungsakt) des Integrationsamtes, der die **Feststellung** enthält, **dass eine Zustimmung zur Kündigung nicht erforderlich ist**. Das Integrationsamt hat den Antrag des Arbeitgebers auf Erteilung der Zustimmung zur Kündigung mit einem solchen Negativattest zu bescheiden, wenn es die beantragte Zustimmung nicht für erforderlich hält, zB weil es die Kündigung nach § 90 SGB IX für zustimmungsfrei ansieht, das Arbeitsverhältnis als einverständlich aufgelöst betrachtet, der Arbeitnehmer den Kündigungsschutz nach § 85 SGB IX verwirkt hat oder eine Schwerbehinderteneigenschaft des Arbeitnehmers nicht festgestellt ist. Ein Negativattest ist auch zu erteilen, wenn ein Feststellungsverfahren über die Schwerbehinderteneigenschaft des Arbeitnehmers beim Versorgungsamt anhängig ist, die dem Versorgungsamt gesetzten gesetzlichen Fristen zur Feststellung der Schwerbehinderung (s.o. Rz 53f) aber noch nicht abgelaufen sind oder wegen nicht ordnungsgemäßer Mitwirkung des Arbeitnehmers ohne Entscheidung abgelaufen sind; denn in diesen Fällen genießt der Arbeitnehmer keinen Sonderkündigungsschutz (s.o. Rz 53e, 53h). 54

Solange allerdings ein Feststellungsverfahren über die Schwerbehinderteneigenschaft des Arbeitnehmers gem. § 69 SGB IX beim Versorgungsamt anhängig ist und die vom Versorgungsamt zu beachtenden Fristen (s.o. Rz 53f) trotz ordnungsgemäßer Mitwirkung des Arbeitnehmers abgelaufen sind, so dass der Arbeitnehmer noch rückwirkenden Sonderkündigungsschutz erlangen kann (s.o. Rz 53i), darf das Integrationsamt wegen der (noch) fehlenden Feststellung der Schwerbehinderteneigenschaft kein Negativattest erteilen (so aber: *Gröninger/Thomas* § 4 Rz 26; *Neumann/Pahlen/Majerski-Pahlen* § 69 Rz 43), sondern kann einen **vorsorglichen Bescheid** über die beantragte Zustimmung zur Kündigung erteilen (*BVerwG* 15.12.1988 NZA 1989, 554; zust.: *Gröninger/Thomas* aaO; *Neumann/Pahlen/Majerski-Pahlen* aaO; **aA** *Wiegand/Hohmann-Dennhardt* § 15 Rz 65) oder das bei ihm anhängig gemachte **Zustimmungsverfahren** bis zum Abschluss des Feststellungsverfahrens beim Versorgungsamt **aussetzen**; andernfalls würde es durch die Erteilung des Negativattestes den Kündigungsschutz des Arbeitnehmers nach § 85 SGB IX zerstören. Ein vom Integrationsamt ausgesetztes Zustimmungsverfahren ist nach einer Feststellung der Schwerbehinderung durch das Versorgungsamt unverzüglich fortzuführen. Lehnt das Versorgungsamt eine Feststellung der Schwerbehinderung ab und legt der Arbeitnehmer hiergegen Rechtsbehelf oder Rechtsmittel ein, ist es geboten, dass das Integrationsamt einen vorsorglichen Bescheid über die beantragte Zustimmung zur Kündigung erteilt, bei dem die Schwerbehinderteneigenschaft des Arbeitnehmers unterstellt wird. Nur so können die Interessen beider Parteien angemessen berücksichtigt werden (s. hierzu und zu den Rechtsfolgen eines vorsorglichen Bescheides KR-*Etzel* § 91 SGB IX Rz 4a). 55

Hat das Integrationsamt ein Negativattest erteilt, bedarf die Kündigung **grds. keiner zustimmenden Entscheidung des Integrationsamtes** mehr, weil der Arbeitgeber das ihm Zumutbare unternommen hat, die Zustimmung herbeizuführen, und er nunmehr nicht mehr mit einer Zustimmungsbedürftigkeit der Kündigung zu rechnen braucht. Das Negativattest ersetzt die Zustimmung zur Kündigung (*BAG* 27.5.1983 EzA § 12 SchwbG Nr. 12; *Gröninger/Thomas* § 18 Rz 3; *Neumann/Pahlen/Majerski-Pahlen* § 85 Rz 82; **aA** *Seitz* S. 39: Negativattest ist als Versagung der Zustimmung anzusehen). Das gilt auch, wenn die Schwerbehinderteneigenschaft des Arbeitnehmers nachträglich festgestellt wird. Das Negativattest bedarf, wenn es die Zustimmung des Integrationsamtes ersetzen soll, zu seiner Wirksamkeit ebenso wie die Zustimmung der Zustellung an den Arbeitgeber (vgl. § 88 Abs. 2 SGB IX; s.u. Rz 98); der Arbeitgeber hat aus Gründen der Rechtssicherheit einen Anspruch auf eine solche förmliche Zustellung des Negativattestes. Der Arbeitnehmer kann das Negativattest ebenso wie die Zustimmung zur Kündigung im Verwaltungsrechtsweg anfechten (vgl. *Neumann/Pahlen/Majerski-Pahlen* § 85 Rz 82; s.u. Rz 100 ff.). 56

57 Das gilt auch, wenn dem Arbeitgeber die Schwerbehinderteneigenschaft des Arbeitnehmers unbekannt ist, er die **Zustimmung** des Integrationsamtes **nur vorsorglich beantragt** und das Integrationsamt deshalb ein Negativattest erteilt, weil es von einer Schwerbehinderung des Arbeitnehmers oder einem laufenden Anerkennungsverfahren nichts weiß (so zutr. *Hauck/Noftz-Griebeling* § 88 Rz 10). Denn infolge der Tatbestandswirkung des Negativattestes (s.u. Rz 125) müssen die Gerichte für Arbeitssachen dessen Feststellung ihrer Entscheidung zugrunde legen. Es ist auch insoweit Sache des Arbeitnehmers, das Negativattest im Verwaltungsrechtsweg anzufechten.

58 Erteilt das Integrationsamt in Kenntnis des Schwerbehindertenantrags des Arbeitnehmers vor Abschluss des Feststellungsverfahrens beim Versorgungsamt gem. § 69 SGB IX zu Unrecht ein Negativattest (s.o. Rz 55), verstößt es damit zwar gegen den Schutzzweck des § 85 SGB IX (s.o. Rz 55). Gleichwohl ist in diesem Fall das **Negativattest** nicht nichtig, sondern nur **anfechtbar**. Nichtigkeit eines Verwaltungsakts liegt nur bei besonders schweren, offenkundigen Mängeln vor (vgl. § 40 SGB X). Da im Schrifttum sogar die Auffassung vertreten wird, die Erteilung eines Negativattestes sei auch schon vor Abschluss eines eingeleiteten Feststellungsverfahrens nach § 4 SchwbG (jetzt: § 69 SGB IX) zulässig, kann nicht davon ausgegangen werden, dass ein solches Negativattest an einem besonders schweren, offenkundigen Mangel leidet und deshalb nichtig ist (*BAG* 27.5.1983 EzA § 12 SchwbG Nr. 12). Das Negativattest beseitigt deshalb auch hier die Kündigungssperre nach §§ 85 ff. SGB IX. Wird das Negativattest jedoch aufgrund einer Anfechtung aufgehoben, ist von diesem Zeitpunkt an der Ausspruch einer Kündigung wieder nach §§ 85 ff. SGB IX zustimmungspflichtig. Maßgebend ist insoweit der Zeitpunkt, in dem dem Arbeitgeber die das Negativattest aufhebende Entscheidung zugestellt wird.

C. Das Verfahren bei dem Integrationsamt wegen eines Antrags auf Zustimmung zur Kündigung

I. Antragstellung (§ 87 Abs. 1 SGB IX)

1. Antragsbefugnis

59 Nur der **Arbeitgeber** kann den Antrag auf Zustimmung zur Kündigung stellen. Als Arbeitgeber sind hierbei auch diejenigen Personen anzusehen, die im Betrieb zur Kündigung des betreffenden schwerbehinderten Arbeitnehmers befugt sind, da sie insoweit Arbeitgeberfunktionen wahrnehmen, nicht jedoch die Beauftragten, die der Arbeitgeber in Angelegenheiten der schwerbehinderten Arbeitnehmer bestellt (§ 98 SGB IX), sofern ihnen keine Entlassungsbefugnis eingeräumt ist.

60 Der Arbeitgeber kann sich bei der Antragstellung **durch einen Bevollmächtigten** vertreten lassen, der dem Integrationsamt eine schriftliche Vollmacht vorlegen muss, sofern die Vollmacht nicht bekannt ist (Rechtsgrundsätze der § 174 BGB, § 80 ZPO, § 67 VwGO, § 73 SGG). Ohne Vorlage der Vollmacht kann das Integrationsamt den Antrag zurückweisen; es kann aber auch dem Bevollmächtigten eine Frist zur Nachreichung der Vollmacht setzen. Wird die Vollmacht dann nachgereicht, gilt der Antrag am Tage seines Eingangs bei dem Integrationsamt als gestellt. Wird die Vollmacht nicht nachgereicht, ist der Antrag des Arbeitgebers zurückzuweisen. Eine trotzdem erteilte Zustimmung des Integrationsamtes ist im Verwaltungsrechtsverfahren anfechtbar.

2. Form des Antrags

61 Der Antrag muss **schriftlich** gestellt werden. Das bedeutet, dass der Arbeitgeber oder sein Bevollmächtigter (zB der Leiter der Personalabteilung; vgl. hierzu *BAG* 30.5.1972 EzA § 174 BGB Nr. 1) den Antrag grds. eigenhändig durch Namensunterschrift unterzeichnen müssen (§ 126 BGB), jedoch kann der Antrag auch durch Telegramm oder Telefax eingereicht werden (**hM**; vgl. *Neumann/Pahlen/Majerski-Pahlen* § 87 Rz 1; **aA** *Ritzer* § 14 Rz 3; *Seidel* S. 15). Faksimile-Unterschrift genügt nicht (APS-*Vossen* § 87 SGB IX Rz 4; *Ritzer* aaO; *Neumann/Pahlen/Majerski-Pahlen* aaO). Die Schriftform kann durch die elektronische Form ersetzt werden, weil Letztere für den Antrag nach § 87 Abs. 1 SGB IX durch Gesetz nicht ausgeschlossen ist (§ 126 Abs. 3 BGB; hierbei ist die Form des § 126a BGB zu wahren). Der Antrag kann auch zu Protokoll des Integrationsamtes gestellt werden; das Protokoll muss aber zur Wahrung der Schriftform vom Antragsteller unterzeichnet werden (GK-SGB IX/*Großmann* § 87 Rz 33).

62 Wird die **Schriftform verletzt**, ist der Antrag zurückzuweisen (aA *Hauck/Noftz-Griebeling* K § 87 Rz 3a: Integrationsamt hat den Arbeitgeber lediglich auf den Formmangel hinzuweisen). Erteilt das Integrationsamt trotz Nichtbeachtung der Schriftform bei der Antragstellung die Zustimmung zur Kündigung, so wird der Formmangel dadurch nicht geheilt, weil das Gesetz eine solche »Heilung« nicht vor-

Kündigungsschutz für schwerbehinderte Menschen §§ 85–90 SGB IX

sieht (APS-*Vossen* § 87 SGB IX Rz 5; *Cramer* § 17 Rz 9; *Hauck/Noftz-Griebeling* K § 87 Rz 3 a; **aA** *Gröninger/Thomas* § 17 Rz 2; *Neumann/Braasch* § 19 Rz 160; *Neumann/Pahlen/Majerski-Pahlen* § 87 Rz 1); jedoch kann der Arbeitgeber den Mangel durch nachträglichen formgerechten Antrag heilen (§ 41 Abs. 1 Nr. SGB X), wenn der schwerbehinderte Arbeitnehmer die zustimmende Entscheidung des Integrationsamtes im Widerspruchsverfahren bzw. im Verwaltungsgerichtsweg angreift (*BVerwG* 17.3.1988 – 5 B 60/87 – nv; *VG Bln.* 8.12.1992 – 8 A 275/91 – nv). Greift jedoch der schwerbehinderte Arbeitnehmer die Zustimmung des Integrationsamtes nicht an, wird die Zustimmung nach Ablauf der Widerspruchsfrist rechtswirksam, da sie – wegen des fehlenden schriftlichen Antrags – nicht nichtig, sondern nur anfechtbar ist (vgl. auch *Griebeling* aaO).

Das in § 17 Abs. 1 SchwbG enthaltene Erfordernis, den Antrag **in doppelter Ausfertigung** einzureichen, **besteht nicht mehr**. Um die Arbeit des Integrationsamtes zu erleichtern, empfiehlt es sich aber, dem Antrag eine Abschrift beizufügen. 63

3. Antragsadressat

Der Antrag ist **an das für den Sitz des Betriebes oder der Dienststelle zuständige Integrationsamt** zu richten. Der Begriff des Betriebes und der Dienststelle ist hierbei nach dem BetrVG und dem Personalvertretungsrecht zu bestimmen (§ 87 Abs. 1 S. 2 SGB IX). 64

Betrieb iSd BetrVG ist die organisatorische Einheit von Arbeitsmitteln, mit deren Hilfe ein Unternehmer allein oder in Gemeinschaft mit seinen Mitarbeitern einen bestimmten arbeitstechnischen Zweck fortgesetzt verfolgt (vgl. KR-*Griebeling* § 1 KSchG Rz 133). Betriebe, in denen idR weniger als fünf zur Betriebsratswahl wahlberechtigte oder weniger als drei wählbare Arbeitnehmer ständig beschäftigt sind, sind – soweit vorhanden – dem Hauptbetrieb zuzuordnen (§ 4 Abs. 2 BetrVG iVm § 1 Abs. 1 S. 1 BetrVG). 65

Auch ein **Betriebsteil** kann unter den unten (s.u. Rz 67) angeführten Voraussetzungen als selbständiger Betrieb gelten. Ein Betriebsteil erfüllt nicht alle Begriffsmerkmale eines Betriebs, sondern ist in die Organisation des Gesamtbetriebs eingegliedert; er ist dadurch gekennzeichnet, dass er innerhalb des Gesamtbetriebs ein relativ verselbständigter Teil des Betriebs ist und der Erreichung eines besonderen, dem Zweck des Betriebs ein- oder untergeordneten Zieles dient, zB wenn von den Schuhproduzent von den übrigen Betriebsstätten räumlich getrennt eine Stepperei betreibt (*ArbG Offenbach* 15.3.1972 DB 1972, 1730). 66

Ein Betriebsteil gilt dann **als selbständiger Betrieb**, wenn in ihm idR mindestens fünf zur Betriebsratswahl wahlberechtigte Arbeitnehmer, von denen drei wählbar sind, ständig beschäftigt sind und er darüber hinaus entweder räumlich weit vom Hauptbetrieb entfernt liegt oder durch Aufgabenbereich und Organisation eigenständig ist (§ 4 Abs. 1 S. 1 BetrVG iVm § 1 BetrVG). Die räumlich weite Entfernung vom Hauptbetrieb hängt hierbei nicht so sehr von einer bestimmten tatsächlichen Entfernung ab. Entscheidend ist vielmehr, ob aufgrund der Verkehrsverbindungen, der Struktur der Arbeitnehmerschaft, ggf. auch einer Fluktuation zwischen Betriebsteil und Hauptbetrieb, eine lebendige Betriebsgemeinschaft mit dem Hauptbetrieb bestehen kann (vgl. *BAG* 14.1.2004 – 7 ABR 26/03; 21.6.1995 EzA § 23 KSchG Nr. 14). Ist dies zu verneinen, ist der Betriebsteil räumlich weit vom Hauptbetrieb entfernt. 67

Dienststellen iSd BPersVG sind die einzelnen Behörden, Verwaltungsstellen und Betriebe der Verwaltungen des Bundes und der bundesunmittelbaren Körperschaften, Anstalten und Stiftungen des öffentlichen Rechts sowie die Gerichte (§ 6 Abs. 1 BPersVG). Nebenstellen und Teile einer Dienststelle, die räumlich weit von dieser entfernt liegen, gelten als selbständige Dienststellen, wenn die Mehrheit ihrer wahlberechtigten Beschäftigten dies in geheimer Abstimmung beschließt (§ 6 Abs. 3 BPersVG). Der Begriff der Dienststelle für den Bereich der Länder und Gemeinden ist in den einzelnen PersVG der Länder geregelt. 68

Der Antrag auf Zustimmung zur Kündigung muss bei dem Integrationsamt eingereicht werden, das für den Sitz des Betriebes bzw. des als selbständigen Betrieb geltenden Betriebsteils oder für den Sitz der Dienststelle bzw. der als selbständige Dienststelle geltenden Nebenstelle oder des Dienststellenteils **zuständig** ist. Wird der Antrag bei einem örtlich unzuständigen Integrationsamt eingereicht, ist dieses zwar nach allgemeinen Verwaltungsprinzipien verpflichtet, ihn unverzüglich an die zuständige Stelle weiterzuleiten, der Antrag gilt jedoch erst mit dem Eingang bei dem örtlich zuständigen Integrationsamt als gestellt, was für die Fristen der § 88 Abs. 1 und 5, § 91 Abs. 3 SGB IX von Bedeutung ist (*Gröninger/Thomas* § 17 Rz 3; *Neumann/Pahlen/Majerski-Pahlen* § 87 Rz 2). 69

4. Antragsfrist

70 Eine Antragsfrist besteht **nur in den Fällen der außerordentlichen Kündigung** (vgl. § 91 Abs. 2 SGB IX und KR-*Etzel* § 91 SGB IX Rz 9 f.).

5. Antragsinhalt

71 In dem Antrag an das Integrationsamt muss der Arbeitgeber den **Namen und die Anschrift des schwerbehinderten Arbeitnehmers** angeben (vgl. LPK-SGB IX/*Düwell* § 87 Rz 6) und um Zustimmung zu einer ordentlichen Kündigung bitten. Beantragt der Arbeitgeber nur die Zustimmung »zur Kündigung« des schwerbehinderten Arbeitnehmers, darf das Integrationsamt davon ausgehen, dass eine ordentliche Kündigung beabsichtigt ist.

72 Es empfiehlt sich, dass der Arbeitgeber bereits in seinem schriftlichen Antrag auf Zustimmung zur Kündigung eine **Begründung** für den Antrag angibt. Das Fehlen einer Begründung in der Antragsschrift macht den Antrag zwar nicht rechtlich unwirksam oder unzulässig, in diesem Fall wird aber das Integrationsamt dem Arbeitgeber aufgeben müssen, eine Begründung für seinen Antrag nachzureichen. Kommt der Arbeitgeber dieser Auflage nicht nach, hat das Integrationsamt im Rahmen seiner Verpflichtung zur Herbeiführung einer gütlichen Einigung (s.u. Rz 77 f.) auf eine Rücknahme des Antrags auf Zustimmung zur Kündigung mangels Darlegung eines Kündigungsgrundes hinzuwirken; falls der Arbeitgeber den Antrag nicht zurücknimmt, ist der Antrag zurückzuweisen. Eine trotzdem erteilte Zustimmung ist fehlerhaft, weil das Integrationsamt wegen der fehlenden Begründung die Notwendigkeit der beabsichtigten Kündigung nicht beurteilen kann (*Cramer* § 17 Rz 3; **aA** *Zanker* BehindR 1987, 26).

II. Einholung von Stellungnahmen und Anhörungen durch das Integrationsamt (§ 87 Abs. 2 SGB IX)

73 Vor seiner Entscheidung hat das Integrationsamt eine **Stellungnahme des Betriebsrats oder des Personalrats und der Schwerbehindertenvertretung** (§ 94 SGB IX) einzuholen; das gilt auch bei leitenden Angestellten (vgl. *Bayer* DB 1990, 933). Das Integrationsamt sollte den beteiligten Stellen zweckmäßigerweise eine angemessene Frist zur Stellungnahme setzen und ihnen die Begründung des Arbeitgebers für seinen Antrag auf Zustimmung zur Kündigung mitteilen. Geht innerhalb dieser Frist oder nach einer Anmahnung keine Stellungnahme ein, ist das Anhörungsverfahren bzgl. der zur Stellungnahme aufgeforderten Stellen ordnungsgemäß abgeschlossen; dh, das Integrationsamt kann jetzt auch ohne die angeforderten Stellungnahmen seine Entscheidung treffen (vgl. BVerwG 11.11.1999 EzA § 17 SchwbG 1986 Nr. 2; APS-*Vossen* § 87 SGB IX Rz 10). Teilt der Arbeitgeber dem Integrationsamt das Ergebnis der von ihm bereits durchgeführten Anhörung des Betriebsrats nach § 102 BetrVG mit, entbindet dies das Integrationsamt nicht, gleichwohl die Stellungnahme des Betriebsrats nach § 87 Abs. 2 SGB IX einzuholen (*Wiegand/Hohmann-Dennhardt* § 17 Rz 17; **aA** *Knittel* § 87 Rz 10). Die Anhörung nach § 102 BetrVG ersetzt nicht die Stellungnahme nach § 87 Abs. 2 SGB IX. Ebenso wenig ersetzt die Stellungnahme nach § 87 Abs. 2 SGB IX eine Anhörung des Betriebsrats nach § 102 BetrVG (*Wiegand/Hohmann-Dennhardt* aaO). Besteht in dem Betrieb kein Betriebsrat oder Personalrat oder ist keine Schwerbehindertenvertretung vorhanden, entfällt natürlich insoweit die Einholung von Stellungnahmen (vgl. BVerwG 26.1.1989 Buchholz 436.61 § 17 SchwbG 1986 Nr. 1).

74 Ferner hat das Integrationsamt den **schwerbehinderten Arbeitnehmer**, dessen Kündigung beabsichtigt ist, zu **hören**. Aus der unterschiedlichen Wortwahl des Gesetzgebers in § 87 Abs. 2 SGB IX – »Stellungnahme« in § 87 Abs. 2 Hs. 1 und »hören« in § 87 Abs. 2 Hs. 2 – ist zu schließen, dass der Begriff »hören« hier weitergehender ist als eine bloße Stellungnahme. Unter »hören« iSv § 87 Abs. 2 Hs. 2 SGB IX ist daher zu verstehen, dass das Integrationsamt dem schwerbehinderten Arbeitnehmer Gelegenheit geben muss, die Angelegenheit mit ihr mündlich zu erörtern (*Neumann/Pahlen/Majerski-Pahlen* § 87 Rz 21; **aA** *Wahrendorf* BB 1986, 523; *Zanker* BehindR 1987, 26), wobei das Integrationsamt den schwerbehinderten Arbeitnehmer auch von den Angaben und nachgeschobenen Gründen des Arbeitgebers, seinen eigenen Ermittlungen und den eingeholten Stellungnahmen in Kenntnis setzen muss, soweit diese Angaben, Ermittlungen und Stellungnahmen auf seine Entscheidung von Einfluss sind. Nur so kann das rechtliche Gehör des schwerbehinderten Arbeitnehmers gewahrt werden. Ändern sich die für die Entscheidung des Integrationsamtes erheblichen Tatsachen oder werden die Gründe des Zustimmungsantrags durch Ermittlungen oder Beweisaufnahmen des Integrationsamtes ergänzt, ist auch dem Arbeitgeber Gelegenheit zu geben, sich zu den für die Entscheidung erheblichen Tatsachen (mündlich oder schriftlich) zu äußern (§ 24 Abs. 1 SGB X; *Wahrendorf* BB 1986, 524).

Für die Einholung der Stellungnahmen ist keine bestimmte Form vorgeschrieben. Deshalb ist auch eine **fernmündliche** Einholung der Stellungnahmen zulässig, sofern die beteiligten Stellen über die wesentlichen Umstände des Streitfalls informiert sind (vgl. *Gröninger/Thomas* § 17 Rz 5). Die Stellungnahmen können ferner auch dadurch eingeholt werden, dass das Integrationsamt die Beteiligten unter Mitteilung des Verhandlungsgegenstandes zu einer **mündlichen Verhandlung** einlädt und hierbei die vom Arbeitgeber beabsichtigte Kündigung erörtert wird. Die Anfertigung einer Niederschrift über die Verhandlung und Anhörungen ist nicht erforderlich (vgl. BVerwG 1.7.1993 Buchholz 436.61 § 17 SchwbG 1986 Nr. 3). Erscheint einer der Beteiligten nicht zu der mündlichen Verhandlung, hat ihn das Integrationsamt zur schriftlichen Stellungnahme aufzufordern. Das kann schon vorsorglich mit der Ladung zu der mündlichen Verhandlung geschehen (*Hauck/Noftz-Griebeling* K § 87 Rz 16). Damit ist dem Zweck des § 87 Abs. 2 SGB IX genügt. Erhebt das Integrationsamt Beweise, kann es das Beweisverfahren nach freiem Ermessen gestalten (*Wahrendorf* BB 1986, 524). Über das Ergebnis der Beweisaufnahme und ggf. auch einer Betriebsbegehung sind die Verfahrensbeteiligten (s.o. Rz 73, 74) zu unterrichten (VG Gelsenkirchen 2.5.1983 BehindR 1984, 51). 75

Die Anhörungsvorschriften des § 87 Abs. 2 SGB IX sind **zwingend**. Unterlässt es das Integrationsamt, eine erforderliche Stellungnahme, ggf. auch zu einem Beweisergebnis, einzuholen oder hört es den schwerbehinderten Arbeitnehmer nicht oder unvollständig an, indem es ihm etwa eine eingeholte Stellungnahme vorenthält, ist eine trotzdem erteilte Zustimmung fehlerhaft (rechtswidrig) und im Widerspruchsverfahren und Verwaltungsrechtsweg durch den schwerbehinderten Arbeitnehmer anfechtbar (vgl. *VGH Mannheim* 10.2.1988 ESVGH 39.77; APS-*Vossen* § 87 SGB IX Rz 16; *Gröninger/Thomas* § 17 Rz 5 ff.; *Neumann/Pahlen/Majerski-Pahlen* § 87 Rz 19, 21; *Wahrendorf* BB 1986, 524), es sei denn, in der Sache hätte keine andere Entscheidung getroffen werden können (§ 42 SGB X; OVG Saarland 12.2.1997 – 8 R 38/95). Es ist unschädlich (»Heilung« des fehlerhaften Verfahrens), wenn die vorgeschriebenen Stellungnahmen und Anhörungen erst im Widerspruchsverfahren eingeholt werden (BVerwG 11.11.1999 EzA § 17 SchwbG 1986 Nr. 2; *OVG Lüneburg* 14.4.1993 – 4 L 5371/92 – nv; SozG Bln. 24.6.1991 – S 55 Z – Ar 66/90 – nv; *Malcher* S. 64). 76

III. Gütliche Einigung (§ 87 Abs. 3 SGB IX)

Wenn das Integrationsamt in jeder Lage des Verfahrens auf eine gütliche Einigung hinzuwirken hat, wird ihm damit dieselbe Aufgabe zugewiesen wie den Arbeitsgerichten in § 57 Abs. 2 ArbGG. Die Pflicht zur Hinwirkung auf eine gütliche Einigung bedeutet, dass das Integrationsamt dem Arbeitgeber und dem schwerbehinderten Arbeitnehmer Vorschläge unterbreiten muss, wie sie den Sachverhalt, der den Arbeitgeber zum Antrag auf Erteilung der Zustimmung zur Kündigung veranlasste, einverständlich regeln sollen, sei es etwa, dass das Integrationsamt vorschlägt, das Arbeitsverhältnis – mit oder ohne Zuzahlung einer Abfindung – einverständlich zu beenden, wenn der Arbeitnehmer eine neue Arbeitsstelle in Aussicht hat, oder unverändert fortzusetzen oder neue Arbeitsbedingungen zu vereinbaren. Stets muss das Integrationsamt bei seinen Bemühungen um eine gütliche Einigung im Auge behalten, dass dem schwerbehinderten Arbeitnehmer ein **Arbeitsplatz gesichert** sein soll. Nötigt das Integrationsamt den Arbeitnehmer zum Abschluss eines Auflösungsvertrages mit dem Arbeitgeber, kann der Arbeitnehmer diesen Auflösungsvertrag unter Umständen wegen rechtswidriger Drohung anfechten (s. KR-*Etzel* § 91 SGB IX Rz 22a). 77

Die Vorschrift über die Hinwirkung auf eine gütliche Einigung ist **zwingend**. Unternimmt das Integrationsamt keinen Einigungsversuch, ist sein Verfahren fehlerhaft und seine Entscheidung im Widerspruchsverfahren und Verwaltungsrechtsweg anfechtbar. 78

IV. Mündliche Verhandlung

Falls das Integrationsamt nach seinem **pflichtgemäßen Ermessen** zur Beurteilung des Sachverhalts eine mündliche Verhandlung für erforderlich hält, hat es eine solche Verhandlung anzuberaumen, bevor es seine Entscheidung trifft (§ 88 Abs. 1 SGB IX). Zu der Verhandlung sind der Arbeitgeber als Antragsteller und der schwerbehinderte Arbeitnehmer als Betroffener zu laden, ggf. auch – nach dem Ermessen des Integrationsamtes – Vertreter der Agentur für Arbeit, der Betriebsrat bzw. Personalrat, die Vertrauensperson der schwerbehinderten Arbeitnehmer sowie Zeugen, die zu streitigen Sachverhaltsfragen gehört werden sollen. Das Integrationsamt kann zur Vorbereitung der mündlichen Verhandlung auch Auskünfte einholen und sonstige **Beweismittel** (Schriftstücke, Gutachten etc.) **beiziehen**. Die mündliche Verhandlung kann das Integrationsamt insbes. dazu nutzen, die Stellungnahmen und Anhörungen nach § 87 Abs. 2 SGB IX einzuholen und auf eine gütliche Einigung gem. § 87 Abs. 3 79

SGB IX hinzuwirken. Die Anfertigung einer **Niederschrift** über die Verhandlung und Anhörungen ist nicht erforderlich (vgl. *BVerwG* 1.7.1993 Buchholz 436.61 § 17 SchwbG 1986 Nr. 3).

V. Entscheidung des Integrationsamtes

1. Frist für die Entscheidung

80 Wenn das Integrationsamt nach § 88 Abs. 1 SGB IX seine Entscheidung, sei es Erteilung oder Versagung der Zustimmung zur Kündigung, **innerhalb eines Monats nach Eingang des Antrags auf Erteilung der Zustimmung** treffen soll, so bedeutet das zwar nicht, dass es seine Entscheidung in jedem Fall innerhalb der Monatsfrist treffen muss, jedoch ist eine Überschreitung der Monatsfrist nur zulässig, wenn dies aus sachlichen Gründen geboten ist, zB wegen umfangreicher Ermittlungen, oder wenn bei einer angekündigten Betriebsstilllegung noch Anhaltspunkte für eine Fortführung oder Übertragung des Betriebes bestehen (*OLG Hamm* 4.2.1987 GW 1987, 14; s. aber auch Rz 81a). Sachlich vertretbar ist die Überschreitung der Monatsfrist, wenn trotz Ablaufs der vom Versorgungsamt zu beachtenden Fristen (s.o. Rz 53e–53g) das Feststellungsverfahren beim Versorgungsamt über die Schwerbehinderteneigenschaft des Arbeitnehmers gem. § 69 SGB IX aus Gründen, die der Arbeitnehmer nicht zu vertreten hat (vgl. § 90 Abs. 2a SGB IX), noch nicht abgeschlossen ist; in diesem Falle kann das Integrationsamt das Zustimmungsverfahren bis zum Abschluss des Feststellungsverfahrens aussetzen oder einen vorsorglichen Bescheid erteilen (s.o. Rz 55). Im Übrigen hat das Integrationsamt bei nicht festgestellter Schwerbehinderteneigenschaft dem Arbeitgeber ein sog. Negativattest zu erteilen.

81 Bei einer sachlich nicht gebotenen Verzögerung der Entscheidung über die Monatsfrist des § 88 Abs. 1 SGB IX hinaus setzt sich das Integrationsamt **Schadensersatzansprüchen des Arbeitgebers** nach § 839 BGB, Art. 34 GG aus. Ferner kann der Arbeitgeber gegen das Integrationsamt auch **Untätigkeitsklage** gem. § 75 VwGO erheben. Die Monatsfrist ist gewahrt, wenn das Integrationsamt innerhalb dieser Frist seine Entscheidung trifft und den entsprechenden Bescheid an Arbeitgeber und Arbeitnehmer absendet, mag die Entscheidung auch nach Fristablauf zugestellt werden und erst dadurch Wirksamkeit erlangen (s. KR-*Etzel* § 91 SGB IX Rz 16; diese Ausführungen gelten hier entsprechend; aA *Rewolle* BB 1977, 202).

81a In zwei Fällen ist ausnahmsweise zwingend vorgeschrieben, dass das Integrationsamt seine Entscheidung innerhalb eines Monats vom Tage des Eingangs des Antrags an zu treffen hat (§ 88 Abs. 5 SGB IX), und zwar dann, wenn bei Kündigungen in Betrieben und Dienststellen, die nicht nur vorübergehend eingestellt oder aufgelöst werden, zwischen dem Tage der Kündigung und dem Tage, bis zu dem Entgelt gezahlt wird, mindestens drei Monate liegen (§ 89 Abs. 1 S. 1 SGB IX) oder wenn – unter bestimmten Voraussetzungen (s.u. Rz 96a–96c) – im Insolvenzverfahren über das Vermögen des Arbeitgebers der schwerbehinderte Arbeitnehmer in einem Interessenausgleich mit Namensliste namentlich bezeichnet ist (§ 89 Abs. 3 SGB IX). Trifft das Integrationsamt innerhalb der Monatsfrist keine Entscheidung, wird nach Ablauf der Monatsfrist die Zustimmung fingiert, dh sie gilt als erteilt und entfaltet damit dieselben Wirkungen wie eine tatsächlich erteilte Zustimmung (vgl. insoweit § 88 Abs. 3 und 4 SGB IX sowie Rz 127 – 130 und 105).

2. Ermessensspielraum

a) Grundsatz

82 Grds. ist es in das **freie, pflichtgemäße Ermessen** des Integrationsamtes gestellt, ob es dem Antrag des Arbeitgebers auf Erteilung der Zustimmung zur Kündigung stattgibt oder nicht (*Malcher* S. 67). Hierbei hat es die Sicherung der Eingliederung und das Verbleiben des schwerbehinderten Arbeitnehmers im Berufsleben gegen die besonderen Belange des Arbeitgebers an einer Beendigung des Arbeitsverhältnisses (Kündigungsgründe) abzuwägen (ähnlich: *VGH Hessen* 17.11.1992 NZA 1993, 946; *Seitz* S. 38). Dabei muss es das durch die Schwerbehinderung **verminderte Leistungsvermögen**, die Ursache des Kündigungsgrundes, die gesteigerte Anforderungen an die Kündigung stellt, wenn sie in der Behinderung liegt (*BVerwG* 18.9.1989 Buchholz 436.61 § 15 SchwbG Nr. 2; *VG Minden* 27.5.2002 NZA-RR 2003, 248; *VG Darmstadt* 12.3.2002 NZA-RR 2002, 467), die Umsetzbarkeit im Betrieb sowie die aktuelle allgemeine oder regionale Arbeitsmarktsituation mitberücksichtigen (*Jobs* AuR 1981, 227; vgl. auch *Wiegand/Hohmann-Dennhardt* § 12 Rz 68). Insoweit ist sein Ermessen eingeschränkt.

82a Im Einzelnen gilt: **Unternehmerische Entscheidungen**, die zum Abbau von Personal führen können, sind grds. nicht überprüfbar (*VG Düsseld.* 14.4.1987 GW 1987, 18); daher darf das Integrationsamt bei

Unmöglichkeit einer anderweitigen Beschäftigung im Betrieb die Zustimmung zur Kündigung nicht versagen (*Thiele* Rz 277). Ferner ist es nicht zu beanstanden, wenn der Arbeitgeber bei einem Personalabbau einen schwerbehinderten Hilfsarbeiter entlassen will, um einen vielseitiger einsetzbaren Facharbeiter zu behalten (*HessVGH* 23.2.1987 BB 1987, 904). Auch zu erwartende, das übliche Maß wesentlich überschreitende **krankheitsbedingte Fehlzeiten**, die zu erheblichen betrieblichen oder wirtschaftlichen Schwierigkeiten führen, können eine Zustimmung zur Kündigung rechtfertigen (*VGH BW* 22.2.1989 br 1990, 112), selbst wenn das Arbeitsverhältnis wegen einer von dem Arbeitnehmer bezogenen befristeten Rente wegen verminderter Erwerbsfähigkeit im Zeitpunkt der Kündigung ruht – § 59 Abs. 1 S. 4–5 BAT – (*BAG* 3.12.1998 EzA § 1 KSchG Krankheit Nr. 45; vgl. auch *Seidel* AuA 1997, 293). Der Arbeitgeber muss den schwerbehinderten Arbeitnehmer nicht »durchschleppen« (*OVG Hmb.* 27.11.1987 BB 1989, 220). Das Integrationsamt hat andererseits bei der beabsichtigten Kündigung wegen der Behinderung eines Arbeitnehmers stets zu erwägen, ob der Arbeitnehmer **auf einem anderen Arbeitsplatz im Betrieb** eingesetzt werden kann, der seiner Behinderung gerecht wird (*OVG Brem.* 10.11.1981 ZfS 1982, 122), oder ob der Arbeitgeber durch zumutbare organisatorische Maßnahmen einen leidensgerechten Arbeitsplatz schaffen kann, wozu er nach § 81 Abs. 4 Nr. 4–5 SGB IX verpflichtet ist. Hierbei ist in besonders hohem Maße ein langjährig beschäftigter Arbeitnehmer schutzwürdig, der im Falle seiner Entlassung mit einer langjährigen Arbeitslosigkeit rechnen muss (*VG Braunschweig* 19.8.1982 GW 1984, 2); dies gilt ferner zB auch, wenn ein geistig behinderter Arbeitnehmer geringwertige Sachen, die im Firmeneigentum stehen, entwendet (*GVG Münster* 27.3.1987 GW 1987, 18). Der Schutz des schwerbehinderten Arbeitnehmers findet jedoch seine Grenze an der Zumutbarkeit für den Betrieb; eine ständige **Störung des Betriebsfriedens** oder grobes **Fehlverhalten** – ggf. nach einer Abmahnung – braucht der Arbeitgeber nicht hinzunehmen. So kann eine Kündigung auch bei behinderungsbedingtem Fehlverhalten gerechtfertigt sein, wenn der schwerbehinderte Arbeitnehmer die Würde und das Persönlichkeitsrecht anderer Betriebsangehöriger häufig verletzt (*OVG Lüneburg* 4.12.1990 AP Nr. 1 zu § 19 SchwbG 1986 Nr. 1). Schuldhaftes Verhalten ist insoweit nicht erforderlich (vgl. *BAG* 21.1.1999 EzA § 626 BGB nF Nr. 178). Bei **kirchlichen Einrichtungen** hat das Integrationsamt das kirchliche Selbstbestimmungsrecht zu beachten und zB zu respektieren, dass ein Kirchenaustritt als Loyalitätsverstoß angesehen wird, der zur Kündigung berechtigt (*VGH BW* 26.5.2003 EzA § 85 SGB IX Nr. 2).

Bei einer geplanten **Änderungskündigung** hat das Integrationsamt auch die Angemessenheit und Zumutbarkeit des für den schwerbehinderten Arbeitnehmer vorgesehenen neuen Arbeitsplatzes oder der neuen Arbeitsbedingungen zu prüfen (vgl. § 89 Abs. 2 SGB IX; *VG Darmstadt* 12.4.1978 DB 1979, 116). **82b**

Das Verfahren bei dem Integrationsamt richtet sich grds. nach den Vorschriften des Zehnten Buches Sozialgesetzbuch (*BVerwG* 11.6.1992 Buchholz 436.61 § 15 SchwbG 1986 Nr. 5). Danach hat das Integrationsamt den vom Arbeitgeber darzulegenden Sachverhalt, der die Kündigung rechtfertigen soll, soweit das für die Entscheidung erforderlich ist, **von Amts wegen aufzuklären** (§ 20 SGB X) und darf sich nicht allein auf die Sachdarstellung des Arbeitgebers verlassen (*BVerwG* 6.2.1995 RzK IV 8 a Nr. 37; aA *OVG Lüneburg* 12.7.1989 NZA 1990, 66, bei verhaltensbedingten Kündigungsgründen) oder das Vorbringen des Arbeitgebers nur auf seine Schlüssigkeit hin überprüfen (*BVerwG* 19.10.1995 BVerwGE 99, 336; APS-*Vossen* § 89 SGB IX Rz 4). Vielmehr muss sich das Integrationsamt eine eigene Überzeugung von der Richtigkeit der behaupteten Tatsachen bilden (*VG Darmstadt* 12.3.2002 NZA-RR 2002, 467) und hat insoweit all das von Amts wegen zu ermitteln und dann auch zu berücksichtigen, was erforderlich ist, um **die gegensätzlichen Interessen des schwerbehinderten Arbeitnehmers und seines Arbeitgebers gegeneinander abwägen zu können** (*BVerwG* 6.2.1995 aaO; 2.7.1992 BVerwGE 90, 287, 294), hat aber nur solchen Umständen nachzugehen, die sich ihm bei vernünftiger Überlegung aufdrängen (*BVerwG* 22.11.1994 RzK IV 8 a Nr. 36; *Hauck/Noftz-Griebeling* § 87 Rz 10). Hierbei darf es auch gem. § 21 SGB X **Beweise** erheben, zB Zeugen vernehmen oder ein Sachverständigengutachten einholen (*VG Bln.* 14.1.1992 – 8 A 496/90 – nv), wobei ein besonderes förmliches Verfahren nicht einzuhalten, aber die Beachtung des Grundsatzes des rechtlichen Gehörs unverzichtbar ist (*VG Gelsenkirchen* 17.11.1986 GW 1987, 18). Dies gilt insbes., wenn die beabsichtigte Kündigung nur auf einen bestimmten Verdacht gestützt wird (vgl. *VG Düssseld.* 5.6.1984 GW 1985, 2). Die Einholung von bestimmten Stellungnahmen und die Anhörung des schwerbehinderten Arbeitnehmers sind dem Integrationsamt sogar vorgeschrieben. **83**

Wenn der Arbeitgeber allerdings trotz angemessener Fristsetzung **keine Begründung für seinen Antrag** auf Zustimmung zur Kündigung gibt und auch seinen Antrag nicht zurücknimmt, ist dieser An- **83a** trag ohne weitere Einholung von Stellungnahmen zurückzuweisen (s.a. Rz 72). Dasselbe gilt, wenn die beabsichtigte **Kündigung** nach der Überzeugung des Integrationsamtes nach kündigungsrechtlichen Vorschriften **offensichtlich unwirksam** wäre (*VGH Mannheim* 4.3.2002 NZA-RR 2002, 417; vgl. auch *BayVGH* 16.11.1993 ZfSH/SGB 1994, 237; *OVG Lüneburg* 14.4.1993 – 4 L 6322/92 – nv; *Knittel* § 85 Rz 19a). Ebenso wie ein nichtiger Verwaltungsakt von niemandem beachtet zu werden braucht, braucht das Integrationsamt über eine offensichtlich unwirksame Kündigung (zB bei tariflicher Unkündbarkeit) hinwegzusehen. Im Übrigen hat das Integrationsamt nicht über die Frage der Sozialwidrigkeit der Kündigung zu befinden, darf die Zustimmung zur Kündigung auch nicht deshalb versagen, weil der in einem Kleinbetrieb tätige schwerbehinderte Arbeitnehmer keinen allgemeinen Kündigungsschutz genießt (*VGH Mannheim* 4.3.2002 aaO), sondern darf nur Erwägungen anstellen, die sich speziell aus der **Schwerbehindertenfürsorge** herleiten (vgl. *BVerwG* 20.10.1994 RzK IV 8 b Nr. 8; ErfK-*Rolfs* § 89 SGB IX Rz 2; *Gröninger/Thomas* § 15 Rz 24). Hierbei hat es insbes. zu berücksichtigen, ob die geltend gemachten Kündigungsgründe im Zusammenhang mit der Behinderung des schwerbehinderten Arbeitnehmers stehen (vgl. APS-*Vossen* § 89 SGB IX Rz 2a).

84 Das Ermessen des Integrationsamtes ist darüber hinaus in den gesetzlich geregelten Fällen (§ 89 SGB IX) eingeschränkt. Soweit hier vorgesehen ist, dass das Integrationsamt die Zustimmung zu erteilen hat oder erteilen soll, kann die Zustimmung unter der Bedingung erteilt werden, dass die gesetzliche Voraussetzung (zB Betriebsstilllegung) erfüllt wird. Überhaupt kann das Integrationsamt die Zustimmung zur Kündigung **von Bedingungen abhängig machen**, wenn und soweit sie sich im Rahmen des Gesetzes und des dem Integrationsamt zustehenden Ermessens halten. Zulässig ist danach die Bedingung, dass die Zustimmung bei einer bereits durchgeführten Betriebsstilllegung von einer dreimonatigen Gehaltszahlung abhängig gemacht wird (*Wiedemann/Kunz* S. 72). Soweit die Zustimmung von einer Bedingung abhängig gemacht wird (vgl. § 32 Abs. 2 Nr. 2 SGB X), wird sie erst **wirksam, wenn die Bedingung eingetreten** ist; eine vorherige Kündigung durch den Arbeitgeber ist nichtig (*BAG* 12.7.1990 EzA § 19 SchwbG 1986 Nr. 1 = EWiR 1991, 501 mit krit. Anm. *Stehr*).

84a Das Integrationsamt kann die Zustimmung zur Kündigung auch mit der **Auflage** (vgl. § 32 Abs. 2 Nr. 4 SGB X) verbinden, dass der Arbeitgeber bestimmte gesetzliche Vorgaben (zB Gehaltsfortzahlung für mindestens drei Monate über den Tag der Kündigung hinaus) erfüllt. Zulässig sind auch Auflagen, die mit der Abwicklung des Arbeitsverhältnisses zusammenhängen und besondere Härten für den schwerbehinderten Arbeitnehmer vermeiden sollen, zB begrenzte Weiternutzung einer Dienstwohnung, erleichterte Abtragung eines Darlehens (vgl. GK-SGB IX/*Großmann* § 89 Rz 100). In diesen Fällen **kann der Arbeitgeber nach Erteilung der Zustimmung wirksam kündigen**, ohne zuvor die Auflagen erfüllt zu haben (vgl. *BAG* 12.7.1990 EzA § 19 SchwbG 1986 Nr. 1). Alle anderen Nebenbestimmungen, zB eine Verpflichtung zur Zahlung einer Abfindung durch den Arbeitgeber, sind unzulässig (*Gröninger/Thomas* § 18 Rz 9; *Neumann/Pahlen/Majerski-Pahlen* § 85 Rz 74). Das gilt auch für die Forderung nach Einhaltung einer längeren Kündigungsfrist (*Gröninger/Thomas* aaO; aA *Neumann/Pahlen/Majerski-Pahlen* aaO). In solchen Fällen ist die Zustimmung zur Kündigung unwirksam (*Neumann/Pahlen/Majerski-Pahlen* aaO; aA *Gröninger/Thomas* aaO).

b) Einschränkungen des Ermessens (§ 89 SGB IX)

aa) Einstellung oder Auflösung von Betrieben und Dienststellen (§ 89 Abs. 1 S. 1 SGB IX)

85 Bei der nicht nur vorübergehenden Einstellung oder Auflösung von Betrieben und Dienststellen ist das Integrationsamt nach Maßgabe des § 89 Abs. 1 S. 1 SGB IX zur Erteilung der Zustimmung zur Kündigung verpflichtet. Den Grund für die Stilllegung oder Auflösung hat es nicht zu überprüfen (*Knittel* § 89 Rz 10). Unter einer nicht nur vorübergehenden Einstellung des Betriebes ist die gewollte **Aufgabe des Betriebszwecks** und die Auflösung der diesem Zweck dienenden Organisation, also der zwischen Arbeitgeber und Arbeitnehmer bestehenden Betriebs- und Produktionsgemeinschaft, **für einen zumindest wirtschaftlich erheblichen Zeitraum** zu verstehen (vgl. *Neumann/Pahlen/Majerski-Pahlen* § 89 Rz 7, 8). Es gelten insoweit die gleichen Grundsätze, die zu § 15 Abs. 4 KSchG entwickelt worden sind (*OVG Bra.* 20.3.1996 – 4 A 171/95; s. hierzu KR-*Etzel* § 15 KSchG Rz 78 ff.). Entscheidend ist der Wille des Arbeitgebers. Der Wechsel des Betriebsinhabers sowie die Eröffnung des Insolvenzverfahrens bedeuten für sich allein noch keine Betriebsstilllegung, sondern führen nur dazu, wenn sich der neue Betriebsinhaber bzw. der Insolvenzverwalter zur Betriebsstilllegung entschließen. Ist der Betrieb aber tatsächlich eingestellt, ist für eine Ermessensentscheidung des Integrationsamtes, dass der schwerbe-

hinderte Arbeitnehmer vom Insolvenzverwalter für Abwicklungsarbeiten noch weiterzubeschäftigen sei, kein Raum (*VG Arnsberg* 2.11.1988 br 1989, 64). Wird hingegen der Betrieb nach Eröffnung eines Insolvenzverfahrens von einer Auffanggesellschaft übernommen und weitergeführt, sind die Voraussetzungen des § 89 Abs. 1 S. 1 SGB IX nicht erfüllt (*VGH BW* 14.5.1980 BB 1981, 615; APS-*Vossen* § 89 SGB IX Rz 6a); es können jedoch die Voraussetzungen des § 89 Abs. 1 S. 2 SGB IX vorliegen. Ebenso fällt die Stilllegung einer Betriebsabteilung nicht unter § 89 Abs. 1 S. 1 SGB IX, kann aber zur Anwendung des § 89 Abs. 1 S. 2 SGB IX führen (s.u. Rz 89 ff.).

86 Der Betriebseinstellung entspricht **im öffentlichen Dienst** die Auflösung einer Dienststelle (APS-*Vossen* § 89 SGB IX Rz 6b).

87 Das Integrationsamt muss bei Betrieben und Dienststellen, die nicht nur vorübergehend eingestellt oder aufgelöst werden, die Zustimmung zur Kündigung erteilen, wenn zwischen dem Tag des Zugangs der Kündigung und dem Tage, bis zu dem der Arbeitgeber Vergütung zahlt, **mindestens drei Monate** liegen. Diese Frist läuft unabhängig von der Kündigungsfrist. Zur Sicherung dieser Voraussetzung (Fortzahlung der Vergütung für drei Monate) kann das Integrationsamt die Zustimmung zur Kündigung unter einer Bedingung oder Auflage erteilen (s.o. Rz 84, 84a). Ist der Arbeitgeber zur Zahlung der Vergütung für drei Monate nach der Kündigung nicht bereit, entscheidet das Integrationsamt über die Erteilung der Zustimmung nach freiem Ermessen (APS-*Vossen* § 89 SGB IX Rz 8).

88 Der Vergütung stehen Lohnersatzleistungen (zB Krankengeld) gleich (*LAG Düsseld.* 6.9.1989 ZIP 1990, 529 = EWiR 1990, 285 mit. zust. Anm. *Wiegand*). Der **Vergütungsanspruch kann aber nicht mit Abfindungsansprüchen** aus einem Sozialplan oder vergleichbaren Ansprüchen auf Nachteilsausgleich nach § 113 BetrVG **verrechnet werden**, auch wenn das Arbeitsverhältnis wegen einer kürzeren Kündigungsfrist vor Ablauf von drei Monaten nach Zugang der Kündigung endet. Denn der Vergütungsanspruch dient der Erhaltung des Lebensstandards, die Abfindung wird hingegen für den Verlust des Arbeitsplatzes gezahlt (*LAG Hamm* 23.11.1984 GW 1986, 10).

bb) Einschränkung von Betrieben und Dienststellen (§ 89 Abs. 1 S. 2 SGB IX)

89 Auch bei nicht nur vorübergehenden wesentlichen Betriebs- oder Dienststelleneinschränkungen ist das Ermessen des Integrationsamtes gem. § 89 Abs. 1 S. 2 SGB IX eingeschränkt. Unter einer nicht nur vorübergehenden wesentlichen Betriebseinschränkung ist eine **Verminderung der Arbeitsleistung im Betrieb für eine nicht überschaubare Zeit** – deshalb fallen hierunter keine Saisonbetriebe (APS-*Vossen* § 89 SGB IX Rz 11) –, eine damit verbundene Entlassung einer beträchtlichen Zahl von Arbeitnehmern im Verhältnis zur Gesamtbelegschaft und insbes. auch eine Verminderung der für schwerbehinderte Menschen zur Verfügung stehenden Arbeitsplätze zu verstehen (vgl. *Neumann/Pahlen/Majerski-Pahlen* § 89 Rz 20). Hierbei sind auch die vom Arbeitgeber beschäftigten Heimarbeiter einzubeziehen, da diese den Arbeitnehmern iSv §§ 85 ff. SGB IX gleichgestellt sind (aA *VG Arnsberg* 19.4.1985 GW 1985, 18). Ob die Voraussetzungen für eine nicht nur vorübergehende wesentliche Betriebseinschränkung vorliegen, ist nach den Umständen des Einzelfalles zu beurteilen. Hierbei kann an den Begriff der Betriebseinschränkung iSd § 111 BetrVG angeknüpft werden. Danach stellt die Aufgabe eines bestimmten Produktionszweiges regelmäßig eine wesentliche Einschränkung eines Betriebes dar (*OVG NRW* 12.12.1989 br 1991, 66). Ferner kann eine erhebliche Personalreduzierung als wesentliche Betriebseinschränkung angesehen werden. Für die Frage, wann eine Personalreduzierung erheblich und damit eine Betriebseinschränkung wesentlich ist, können die Zahlen- und Prozentangaben in § 17 Abs. 1 KSchG über die Anzeigepflicht bei Massenentlassungen, jedoch ohne den dort festgelegten Zeitraum, als Richtschnur herangezogen werden, wenn mindestens 5 vH der Belegschaft aus betriebsbedingten Gründen entlassen werden sollen (*BAG* 2.8.1983 EzA § 111 BetrVG 1972 Nr. 16).

90 Bei wesentlichen Betriebseinschränkungen **soll** das Integrationsamt **die Zustimmung** zur Kündigung unter zwei Voraussetzungen **erteilen:**

1. dass zwischen dem Tag des Zugangs der Kündigung und dem Tag, bis zu dem Vergütung gezahlt wird, mindestens drei Monate liegen (s.o. Rz 87) und

2. dass die Gesamtzahl der verbleibenden schwerbehinderten Arbeitnehmer zur Erfüllung der Beschäftigungspflicht nach § 71 SGB IX (grds. mindestens 5 vH Arbeitsplätze für schwerbehinderte Arbeitnehmer) ausreicht; hierbei ist von der Belegschaftsstärke nach der Betriebseinschränkung auszugeben. Eine Beschäftigungspflicht entfällt insoweit für Betriebe mit jahresdurchschnittlich monatlich weniger als 20 Arbeitsplätzen (vgl. § 71 Abs. 1 S. 1 SGB IX).

91 Die Sollvorschrift des § 89 Abs. 1 S. 2 SGB IX bedeutet, dass das Integrationsamt auch dann, wenn die angeführten gesetzlichen Voraussetzungen vorliegen, die **Zustimmung im Einzelfall versagen kann**, wenn ein besonderer Grund dies rechtfertigt.

cc) Weiterbeschäftigung auf einem anderen Arbeitsplatz (§ 89 Abs. 1 S. 3 SGB IX)

92 Die Einschränkung des Ermessens nach Rz 85 ff. gilt nicht, wenn eine Weiterbeschäftigung auf einem anderen Arbeitsplatz desselben Betriebes oder derselben Dienststelle mit Einverständnis des schwerbehinderten Arbeitnehmers möglich und für den Arbeitgeber zumutbar ist (§ 89 Abs. 1 S. 3 SGB IX). In diesem Fall ist das Integrationsamt trotz Auflösung oder Einschränkung eines Betriebes oder einer Dienststelle nicht gehalten, die Zustimmung zur Kündigung zu erteilen. Wenn vielmehr dem Arbeitgeber eine **Weiterbeschäftigung zumutbar** ist und der Arbeitnehmer hiermit einverstanden ist, hat das Integrationsamt im Allgemeinen die Zustimmung zur Kündigung zu versagen. Die Zumutbarkeit der Weiterbeschäftigung setzt voraus, dass der Arbeitnehmer nach seiner Ausbildung und seinen Fähigkeiten in der Lage ist, den in Betracht kommenden Arbeitsplatz auszufüllen. Hierbei sind auch von anderen Arbeitnehmern besetzte Arbeitsplätze im Betrieb bzw. der Dienststelle einzubeziehen (s.u. Rz 93). Denn nur im Falle des Hs. 2 des § 89 Abs. 1 S. 3 SGB IX wird eine Weiterbeschäftigungsmöglichkeit auf einem »freien« Arbeitsplatz vorausgesetzt (ebenso: APS-*Vossen* § 89 SGB IX Rz 13; **aA** *BVerwG* 11.9.1990 Buchholz 436.61 § 15 SchwbG 1986 Nr. 4). Andererseits braucht der Arbeitgeber für den schwerbehinderten Arbeitnehmer keinen neuen Arbeitsplatz zu schaffen (*BVerwG* 11.9.1990 aaO; *BAG* 28.4.1998 EzA § 14 SchwbG 1986 Nr. 5).

93 Ist der andere Arbeitsplatz von einem anderen Arbeitnehmer besetzt, hat das Integrationsamt nach den Grundsätzen der **Sozialauswahl** (s. hierzu KR-*Griebeling* § 1 KSchG Rz 603 ff.) zu erwägen, welcher Arbeitnehmer unter sozialen Gesichtspunkten, zu denen auch die Schwerbehinderteneigenschaft gehört, den Vorzug verdient. Ist danach der schwerbehinderte Arbeitnehmer als sozial schwächer einzustufen, ist dem Arbeitgeber dessen Weiterbeschäftigung zumutbar, so dass er ggf. den anderen Arbeitnehmer entlassen muss. Ist hingegen der schwerbehinderte Arbeitnehmer sozial stärker als ein Arbeitskollege, ist dem Arbeitgeber die Weiterbeschäftigung des schwerbehinderten Arbeitnehmers auf Kosten eines sozial schwächeren Arbeitskollegen nicht zumutbar (ebenso: KDZ-*Zwanziger* § 89 SGB IX Rz 23). Bevor das Integrationsamt die Zustimmung zur Kündigung wegen zumutbarer Weiterbeschäftigungsmöglichkeit versagt, hat es das Einverständnis des schwerbehinderten Arbeitnehmers einzuholen, auf dem in Betracht kommenden Arbeitsplatz weiterbeschäftigt zu werden (APS-*Vossen* § 89 SGB IX Rz 13a).

94 Die Einschränkung des Ermessens nach Rz 85 ff. gilt ferner nicht, wenn eine Weiterbeschäftigung **auf einem freien Arbeitsplatz in einem anderen Betrieb** oder einer anderen Dienststelle desselben Arbeitgebers mit Einverständnis des schwerbehinderten Arbeitnehmers möglich und für den Arbeitgeber zumutbar ist (§ 89 Abs. 1 S. 3 Hs. 2 SGB IX). Nach dieser Alternative wird vorausgesetzt, dass der Arbeitsplatz in dem anderen Betrieb oder der anderen Dienststelle, auf dem der schwerbehinderte Arbeitnehmer weiterbeschäftigt werden könnte, nicht von einem anderen Arbeitnehmer besetzt ist. Eine Sozialauswahl iSv Rz 93 kommt hier nicht in Betracht. Die Möglichkeit der Weiterbeschäftigung **in einem anderen (Konzern-)Unternehmen** ist nicht zu prüfen (*VG Bln*. 28.7.1992 – 8 A 466.91 – nv). Im Übrigen gilt das zu Rz 92 Ausgeführte.

dd) Vorhandensein eines anderen Arbeitsplatzes für den schwerbehinderten Arbeitnehmer (§ 89 Abs. 2 SGB IX)

95 Das Integrationsamt soll ferner die Zustimmung zur Kündigung erteilen, wenn dem Schwerbehinderten ein anderer **angemessener und zumutbarer Arbeitsplatz** gesichert ist (§ 89 Abs. 2 SGB IX). Der andere Arbeitsplatz ist gesichert, wenn sich der alte oder ein neuer Arbeitgeber zum Abschluss eines im Einzelnen bestimmten Arbeitsvertrages mit dem schwerbehinderten Arbeitnehmer verpflichtet haben (vgl. APS-*Vossen* § 89 SGB IX Rz 15). Die Wartezeit von sechs Monaten zur Erlangung des allgemeinen Kündigungsschutzes beim neuen Arbeitgeber (§ 1 Abs. 1 KSchG, § 90 Abs. 1 Nr. 1 SGB IX) muss nicht abgelaufen sein (KDZ-*Zwanziger* § 89 SGB IX Rz 41). Angemessen ist der Arbeitsplatz, wenn er nach Entgelt und Art der Tätigkeit den Fähigkeiten, den durch die Behinderung bedingten Einsatzmöglichkeiten und der Vorbildung des schwerbehinderten Arbeitnehmer entspricht; in diesem Rahmen kann auch eine Minderung der Vergütung des schwerbehinderten Arbeitnehmers in Betracht kommen (vgl. *Neumann/Pahlen/Majerski-Pahlen* § 89 Rz 27 ff.; *Gröninger/Thomas* § 19 Rz 18). Zumutbar ist der Arbeitsplatz, wenn von einem an einem angemessenen Arbeitsplatz ernsthaft interessierten Arbeitnehmer er-

wartet werden kann, dass er unter Berücksichtigung seiner persönlichen Verhältnisse (zB Weg von und zur Arbeitsstätte) und der Verhältnisse in der neuen Umgebung (zB Zusammenarbeit mit anderen Arbeitnehmern) das Angebot auf Abschluss des neuen Arbeitsvertrages annimmt. Ist der Arbeitsplatz für den schwerbehinderten Arbeitnehmer zwar gesichert, aber nicht angemessen oder unzumutbar, ist insoweit das Ermessen des Integrationsamtes bei der Entscheidung über den Antrag auf Zustimmung zur Kündigung nicht eingeschränkt (*OVG Münster* 23.5.1984 BehindR 1987, 31).

Unter den angeführten Voraussetzungen (s.o. Rz 95) darf das Integrationsamt die Zustimmung zur Kündigung nur verweigern, wenn hierfür **besondere Gründe** vorliegen. Es müssen insoweit Umstände vorliegen, die den Fall als atypisch erscheinen lassen (*BVerwG* 6.3.1995 RzK IV 8a Nr. 38). 96

ee) Interessenausgleich im Insolvenzverfahren (§ 89 Abs. 3 SGB IX)

Seit 1.1.1999 ist das Ermessen des Integrationsamtes im Insolvenzverfahren über das Vermögen des Arbeitgebers weiter eingeschränkt. Es soll unter den in § 89 Abs. 3 SGB IX genannten Voraussetzungen die Zustimmung zur Kündigung erteilen. Insoweit müssen aber grds. **sämtliche der in § 89 Abs. 3 Nr. 1–4 SGB IX aufgeführten Voraussetzungen** erfüllt sein. Liegt nur eine dieser Voraussetzungen nicht vor, besteht keine besondere Ermessenseinschränkung im Insolvenzverfahren (Ausnahme s.u. Rz 96b). Für den **öffentlichen Dienst** hat die Vorschrift des § 89 Abs. 3 SGB IX keine unmittelbare Bedeutung; von Bedeutung ist sie insoweit nur für Betriebe der Privatwirtschaft, an denen die öffentliche Hand beteiligt ist. 96a

Zur **namentlichen Bezeichnung im Interessenausgleich** (§ 89 Abs. 3 Nr. 1 SGB IX) gilt das bei KR-*Weigand* § 125 InsO Ausgeführte. Die **Beteiligung der Schwerbehindertenvertretung** (§ 89 Abs. 3 Nr. 2 SGB IX) erfordert es, dass ihr die Gründe für die Betriebsänderung und die Auswahl der zu entlassenden Arbeitnehmer substantiiert dargelegt werden, sie ist wie bei einer ordentlichen Kündigung – allerdings vor Durchführung des Zustimmungsverfahrens nach §§ 85 ff. SGB IX – zu beteiligen (s. hierzu KR-*Etzel* Vor §§ 85 ff. SGB IX Rz 36). Besteht in dem Betrieb keine Schwerbehindertenvertretung, kann die Voraussetzung des § 89 Abs. 3 Nr. 2 SGB IX nicht erfüllt werden. Nach dem Sinn und Zweck der Vorschrift steht dies aber einer Ermessenseinschränkung des Integrationsamtes (»soll die Zustimmung erteilen«) nicht entgegen, wenn die übrigen Voraussetzungen des § 89 Abs. 3 SGB IX erfüllt sind (vgl. *Neumann/Pahlen/Majerski-Pahlen* § 89 Rz 34). Die **Proportionalität der zu entlassenden schwerbehinderten Arbeitnehmer** zu den übrigen zu entlassenden Arbeitnehmern (§ 89 Abs. 3 Nr. 3 SGB IX) bedeutet, dass der Anteil der schwerbehinderten Arbeitnehmer bei den Entlassungen nicht größer sein darf als der Anteil der schwerbehinderten Arbeitnehmer an der Gesamtbelegschaft. Der Anteil der schwerbehinderten Arbeitnehmer bei den Entlassungen ist nach dem in dem Interessenausgleich namentlich aufgeführten zu entlassenden Arbeitnehmern zu berechnen. Nach den vorgesehenen Entlassungen müssen in Betrieben mit mindestens 20 Arbeitsplätzen **wenigstens 5 vH mit schwerbehinderten Arbeitnehmern besetzt** sein (§ 89 Abs. 3 Nr. 4 iVm § 71 SGB IX). 96b

Liegen die in § 89 Abs. 3 SGB IX aufgeführten Voraussetzungen vor, soll das Integrationsamt die Zustimmung zur Kündigung erteilen. Das heißt: Es darf die Zustimmung nur verweigern, wenn hierfür **besondere Gründe** vorliegen, die den Fall als atypisch erscheinen lassen (vgl. *BVerwG* 6.3.1995 RzK IV 8a Nr. 38; ErfK-*Rolfs* § 89 Rz 4; *Knittel* § 89 Rz 21). 96c

3. Form der Entscheidung

Wegen der großen Bedeutung der Entscheidung des Integrationsamtes für den Arbeitgeber und den schwerbehinderten Arbeitnehmer, insbes. auch im Hinblick auf das Ingangsetzen der Widerspruchsfrist und – im Falle einer Zustimmung – der Frist für die Kündigung (§ 88 Abs. 3 SGB IX), hat das Integrationsamt seine Entscheidung **dem Arbeitgeber und dem schwerbehinderten Arbeitnehmer förmlich zuzustellen** (§ 88 Abs. 2 SGB IX). Daraus folgt zunächst, dass es seine Entscheidung schriftlich treffen muss (ebenso: *BAG* 12.5.2005 EzA § 91 SGB IX Nr. 2). Da es sich hierbei um einen schriftlichen Verwaltungsakt handelt, ist er auch **zu begründen** (§ 35 SGB X; *Gröninger/Thomas* § 18 Rz 4; GK-SGB IX/*Großmann* § 88 Rz 55) und mit einer **Rechtsmittelbelehrung** zu versehen (§ 36 SGB X). Die Zustellung richtet sich nach landesrechtlichen Vorschriften, da die Integrationsämter Landesbehörden sind (§ 65 SGB IX). Hierbei haben die einzelnen Länder entweder die Regelung des Verwaltungszustellungsgesetzes v. 3.7.1952 idF v. 19.5.1972 (VwZG) übernommen oder eine ähnliche Regelung getroffen. Nach §§ 1–6 VwZG kann die Zustellung durch die Post mit Zustellungsurkunde, durch eingeschriebenen Brief, durch die Behörde gegen Empfangsbekenntnis oder durch die Behörde mittels 97

Vorlegens der Urschrift erfolgen. Hierbei ist zu beachten, dass gem. § 4 Abs. 1 S. 1 VwZG bei einer Zustellung durch die Post mittels eingeschriebenen Briefs dieser mit dem dritten Tag nach der Aufgabe bei der Post als zugestellt gilt, es sei denn, dass das zuzustellende Schriftstück nicht oder zu einem späteren Zeitpunkt zugegangen ist. Ein Zugang vor Ablauf der 3-Tage-Frist führt nicht zu einer vorzeitigen Zustellung (*LAG Hamm* 9.11.2000 LAGE § 18 SchwbG 1986 Nr. 2; *BVerwG* 23.7.1965 NJW 1965, 2363).

98 Die **förmliche Zustellung an den Arbeitgeber ist Wirksamkeitsvoraussetzung** für die Entscheidung des Integrationsamtes; vorher darf der Arbeitgeber nicht kündigen (*BAG* 16.10.1991 EzA § 18 SchwbG 1986 Nr. 2 mit zust. Anm. *Rieble*; *LAG Hamm* 9.11.2000 LAGE § 18 SchwbG 1986 Nr. 2; *LAG Nürnberg* 29.8.1995 AP Nr. 6 zu § 15 SchwbG 1986). Unterbleibt die Zustellung, ist die Entscheidung unwirksam und rechtlich ohne Bedeutung. Aus Gründen der Rechtssicherheit und Rechtsklarheit sowie der Gesetzessystematik ist hingegen trotz des scheinbar entgegenstehenden Wortlauts von § 88 Abs. 2 SGB IX die Zustellung des Bescheides an den schwerbehinderten Arbeitnehmer keine Wirksamkeitsvoraussetzung für die Entscheidung des Integrationsamtes (*BAG* 17.2.1982 EzA § 15 SchwbG Nr. 1 = AP Nr. 1 zu § 15 SchwbG mit zust. Anm. *Gröninger* = SAE 1983, 8 mit abl. Anm. *Corts/Hege*; *LAG Nürnberg* 29.8.1995 aaO; APS-*Vossen* § 88 SGB IX Rz 6a; *Gröninger/Thomas* § 18 Rz 14; *Knittel* § 88 Rz 10; *Neubert/Becke* § 18 Rz 5; aA *Neumann/Pahlen/Majerski-Pahlen* § 88 Rz 7). Entscheidend ist insoweit, dass die Monatsfrist für die Erklärung der Kündigung (§ 88 Abs. 3 SGB IX) mit der Zustellung der zustimmenden Entscheidung an den Arbeitgeber beginnt (s.u. Rz 127) und der Arbeitgeber ein berechtigtes Interesse daran hat zu wissen, ob die von ihm beabsichtigte Kündigung den Anforderungen des SGB IX genügt. Im Übrigen erfährt der schwerbehinderte Arbeitnehmer spätestens im Kündigungsschutzprozess von dem Inhalt des zustimmenden Bescheides des Integrationsamtes, wenn der Arbeitgeber den Bescheid zur Begründung der Wirksamkeit der Kündigung dem Gericht vorlegen muss. Schützenswerte Interessen des schwerbehinderten Arbeitnehmers werden durch eine verspätete Zustellung des Bescheides an ihn oder durch das völlige Unterbleiben der Zustellung nicht berührt; denn solange der Bescheid dem schwerbehinderten Arbeitnehmer nicht zugestellt ist, läuft für ihn keine Anfechtungsfrist gegen den Bescheid und auch keine Frist zur Erhebung der Kündigungsschutzklage (§ 4 S. 4 KSchG; ebenso: APS-*Vossen* § 18 SchwbG Rz 12). Abgesehen davon kann der schwerbehinderte Arbeitnehmer auch schon vor der Zustellung des Bescheides an ihn gegen den Bescheid Widerspruch einlegen.

99 Die **Übersendung einer Abschrift** der Entscheidung **an die BA** ist zwar zwingend vorgeschrieben, aber keine Wirksamkeitsvoraussetzung für die Entscheidung (APS-*Vossen* § 88 SGB IX Rz 6b; *Neumann/Pahlen/Majerski-Pahlen* § 88 Rz 8). Die Abschrift kann formlos übersandt werden. Auch die vorgeschriebene Begründung der Entscheidung (§ 35 SGB X) ist keine Wirksamkeitsvoraussetzung; jedoch ist die Entscheidung des Integrationsamtes bei fehlender Begründung im Rechtsmittelverfahren aufzuheben (GK-SGB IX/*Großmann* § 88 Rz 58).

D. Rechtsbehelfe gegen die Entscheidung des Integrationsamtes

I. Instanzenzug

100 Gegen die Entscheidung des Integrationsamtes können der Arbeitgeber und der schwerbehinderte Arbeitnehmer **Widerspruch beim Widerspruchsausschuss** des Integrationsamtes einlegen (§§ 118, 119 SGB IX). Die Widerspruchsfrist beträgt einen Monat nach Zustellung des Bescheides des Integrationsamtes (§ 70 VwGO), läuft aber nur, wenn der Betroffene eine schriftliche und zutreffende Rechtsbehelfsbelehrung erhalten hat (§ 58 VwGO). Der Widerspruch ist schriftlich oder zur Niederschrift bei dem Integrationsamt einzureichen, das den Bescheid erlassen hat (§ 70 VwGO). Er ist von dem Beschwerdeführer eigenhändig zu unterschreiben (§ 126 BGB). Eine Begründung des Widerspruchs ist gesetzlich nicht vorgeschrieben. Der Beschwerdeführer handelt jedoch im eigenen Interesse, wenn er den Widerspruch begründet, damit er Integrationsamt und Widerspruchsausschuss von seinen Argumenten überzeugen kann. Hatte das Integrationsamt der Kündigung zugestimmt und der Arbeitgeber daraufhin die Kündigung erklärt, kann im Widerspruchsverfahren gegen den Zustimmungsbescheid nur der Sachverhalt zugrunde gelegt werden, der im Zeitpunkt der Kündigung vorlag (vgl. *BVerwG* 7.3.1991 EzA § 15 SchwbG 1986 Nr. 4; *OVG NRW* 23.1.1992 EzA § 15 SchwbG 1986 Nr. 7).

101 Hält das Integrationsamt den Widerspruch für begründet, **hilft es** ihm **ab** (§ 72 VwGO); dh, bei einem begründeten Widerspruch gegen die Versagung der Zustimmung zur Kündigung erteilt es nunmehr die Zustimmung, bei einem begründeten Widerspruch gegen die Zustimmung zur Kündigung hebt es die Zustimmung auf. Die dem Widerspruch abhelfende Entscheidung des Integrationsamtes ist wie-

Kündigungsschutz für schwerbehinderte Menschen §§ 85–90 SGB IX

derum ein Verwaltungsakt mit Doppelwirkung (s.u. Rz 113), gegen den die jetzt belastete Partei Widerspruch einlegen kann (*Neumann/Pahlen/Majerski-Pahlen* § 118 Rz 28).

Hilft das Integrationsamt dem Widerspruch nicht ab, entscheidet der bei dem Integrationsamt gebildete Widerspruchsausschuss (§ 118 SGB IX). Der Widerspruchsausschuss entscheidet nach eigenem Ermessen; er ist nicht auf die Überprüfung von Gesetzesverstößen und Ermessensfehlern des Integrationsamtes beschränkt (*Neumann/Pahlen/Majerski-Pahlen* § 118 Rz 32). Ist der Widerspruch begründet, erlässt der Widerspruchsausschuss einen neuen Verwaltungsakt und hebt nicht nur die Entscheidung des Integrationsamtes auf (*Neumann/Pahlen/Majerski-Pahlen* § 118 Rz 34). Der **Widerspruchsbescheid** ist zu begründen, mit einer Rechtsmittelbelehrung zu versehen sowie dem Arbeitgeber und dem schwerbehinderten Arbeitnehmer zuzustellen (§ 73 Abs. 3 S. 1 VwGO). 102

Gegen den Bescheid des Widerspruchsausschusses kann der **Verwaltungsrechtsweg** zum Verwaltungsgericht beschritten werden (§§ 40, 45 VwGO). Die **Klagefrist** beträgt einen Monat nach Zustellung des Widerspruchsbescheids (§ 74 VwGO), läuft aber nur, wenn der Kläger eine schriftliche und zutreffende Rechtsbehelfsbelehrung erhalten hat (§ 58 VwGO). Die Gerichte der Verwaltungsgerichtsbarkeit dürfen die angefochtene Entscheidung des Integrationsamtes nicht auf ihre Zweckmäßigkeit, sondern nur daraufhin überprüfen, ob sie rechtswidrig ist oder ob ihr ein Ermessensfehler zugrunde liegt (*Neumann/Pahlen/Majerski-Pahlen* § 85 Rz 71), dh ob die gesetzlichen Grenzen des Ermessens überschritten sind oder von dem Ermessen in einer dem Zweck der gesetzlichen Ermächtigung nicht entsprechenden Weise Gebrauch gemacht worden ist (*VG Minden* 27.5.2002 NZA-RR 2003, 248). Hierbei ist nicht die **Sachlage** im Zeitpunkt der letzten mündlichen Tatsachenverhandlung, sondern im **Zeitpunkt des Erlasses des Widerspruchsbescheides** zugrunde zu legen; später eingetretene Änderungen der Sachlage sind rechtsunerheblich (*BVerwG* 22.1.1993 Buchholz 436.61 § 15 SchwbG 1986 Nr. 7; *OVG Lüneburg* 22.6.1994 NdsMBl 1995, 112; *BayVGH* 29.3.1982 BehindR 1983, 74). Klagt der Arbeitgeber gegen einen ablehnenden Bescheid des Widerspruchsausschusses, können die Gerichte der Verwaltungsgerichtsbarkeit für den Fall der Begründetheit der Klage die Zustimmung zur Kündigung nicht ersetzen, sondern nur das Integrationsamt verpflichten, die Zustimmung zu erteilen oder den Arbeitgeber neu zu bescheiden – §§ 42, 113 VwGO – (*LAG Saarl.* 14.5.1997 LAGE § 15 SchwbG 1986 Nr. 8). 103

Für die **Klage des Arbeitnehmers** gegen den Zustimmungsbescheid fehlt das **Rechtsschutzbedürfnis**, wenn die Kündigung offensichtlich unwirksam ist (vgl. *OVG NRW* 13.2.1989 OVGE MüLü 41.36) oder offensichtlich wirksam ist, weil der Arbeitnehmer nicht fristgerecht Kündigungsschutzklage erhoben hat (vgl. § 4 S. 1, § 7 KSchG), oder das Arbeitsverhältnis nach der Zustimmung einvernehmlich beendet wird (*OVG NRW* 23.9.1996 BB 1997, 1056). Hingegen kann ein Rechtsschutzbedürfnis nicht deshalb verneint werden, weil der Arbeitnehmer sich im Kündigungsschutzprozess nicht auf die Rechtswidrigkeit des Zustimmungsbescheides beruft oder die Kündigungsschutzklage rechtskräftig abgewiesen worden ist; bei rechtskräftiger Abweisung der Kündigungsschutzklage ist nach Aufhebung der Zustimmung zur Kündigung eine Restitutionsklage möglich (s.u. Rz 144). Für eine **Klage des Arbeitgebers** auf Erteilung der Zustimmung zu einer ordentlichen Kündigung entfällt das Rechtsschutzinteresse, wenn während des Klageverfahrens der Arbeitnehmer in den Betriebsrat gewählt wird und damit eine ordentliche Kündigung nach § 15 KSchG unzulässig ist (vgl. *BVerwG* 11.3.1992 Buchholz 310 § 40 VwGO Nr. 254). 103a

Hat das Integrationsamt ein sog. **Negativattest** erteilt, dh erklärt, zur Kündigung sei seine Zustimmung nicht erforderlich, kann der Arbeitnehmer diesen Bescheid wie eine Zustimmung zur Kündigung durch Widerspruch und Klage **im Verwaltungsrechtsweg** angreifen, weil das Negativattest praktisch die Zustimmung zur Kündigung ersetzt (s.o. Rz 56). Hält das Integrationsamt den Widerspruch für begründet, hilft es ihm gem. § 72 VwGO dadurch ab, dass es die Zustimmung zur Kündigung versagt. 104

II. Keine aufschiebende Wirkung der Rechtsbehelfe

Legt der Arbeitnehmer gegen eine der Kündigung zustimmende Entscheidung des Integrationsamtes, des Widerspruchsausschusses oder eines Gerichts der Verwaltungsgerichtsbarkeit den zulässigen Rechtsbehelf (Widerspruch, Klage, Berufung, Revision) ein, hat dieser Rechtsbehelf keine aufschiebende Wirkung (§ 88 Abs. 4 SGB IX). Der Arbeitgeber kann daher nach erteilter Zustimmung zur Kündigung ohne Rücksicht auf einen erhobenen Rechtsbehelf die **Kündigung aussprechen**. Von dieser Möglichkeit muss er sogar innerhalb eines Monats nach Zustellung der zustimmenden Entscheidung Gebrauch machen (§ 88 Abs. 3 SGB IX, s.a. Rz 127 ff.). Diese Frist des SGB IX schließt es aus, dass die 105

Vorschriften der VwGO über die Aussetzung der Vollziehung und Anordnung einer aufschiebenden Wirkung hier anwendbar sind (aA *OVG Bautzen* 25.3.2003 RzK IV 8a Nr. 57; *VG Darmstadt* 12.3.2002 NZA-RR 2002, 467; *VG Hmb.* 11.2.1997 br 1997, 139; GK-SGB IX/*Großmann* § 88 Rz 175 ff. mwN). § 88 Abs. 3 SGB IX ist insoweit eine bundesgesetzliche Regelung, die der Anordnung einer aufschiebenden Wirkung entgegensteht (vgl. § 80 VwGO; s. auch KR-*Etzel* § 91 SGB IX Rz 25).

III. Bedeutung für den Ausspruch und die Wirksamkeit der Kündigung

106 Die Kündigung ist zulässig, sobald die Zustimmung von einer zuständigen Instanz (Integrationsamt, Widerspruchsausschuss, Gericht) erteilt ist. Die Einlegung eines Rechtsbehelfs gegen die Zustimmung zur Kündigung ändert daran nichts (*Neumann/Pahlen/Majerski-Pahlen* § 85 Rz 5), auch wenn die Zustimmung bis zur rechtskräftigen Entscheidung über ihre Wirksamkeit schwebend wirksam ist (*BAG* 15.5.1986 – 2 AZR 497/85 – nv). Der Rechtsbehelf gegen die Zustimmung zur Kündigung **hemmt auch nicht die Frist des § 88 Abs. 3 SGB IX zum Ausspruch der Kündigung** (*Neumann/Pahlen/Majerski-Pahlen* aaO). Wird allerdings die Zustimmung von einer Rechtsmittelinstanz aufgehoben, entfällt damit das Kündigungsrecht des Arbeitgebers, auch wenn dieser nun seinerseits gegen die Aufhebung der Zustimmung einen Rechtsbehelf einlegt.

107 Das rechtliche Schicksal der Kündigung hängt jedoch letztlich, sofern die Kündigung nicht aus anderen Gründen rechtsunwirksam ist, **allein von der endgültigen rechtskräftigen Entscheidung im Rechtsmittelverfahren** ab; es ist deshalb ohne rechtliche Bedeutung, ob die Zustimmung in den Rechtsmittelinstanzen zwischenzeitlich aufgehoben wird oder nicht, sofern diese Entscheidungen nicht rechtskräftig werden (*Neumann/Pahlen/Majerski-Pahlen* § 88 Rz 16 f.; aA *LAG Köln* 11.10.2002 RzK IV 8 a Nr. 54, das bei einer Aufhebung der Zustimmung in einer Rechtsmittelinstanz die Unwirksamkeit einer zuvor ausgesprochenen Kündigung annimmt, auch wenn die aufhebende Entscheidung angefochten wird und noch nicht rechtskräftig ist). Wird die Zustimmung rechtskräftig bestätigt, wirkt die Bestätigung auf den Zeitpunkt der Zustimmung zurück; eine – auch schon längere Zeit zurückliegende – nach § 88 Abs. 3 SGB IX fristgerecht ausgesprochene Kündigung wird damit endgültig wirksam. Wird hingegen die Zustimmung durch eine rechtskräftige Entscheidung aufgehoben, entfällt damit die Voraussetzung für die Zulässigkeit der Kündigung, so dass eine aufgrund der zunächst erteilten Zustimmung hin ausgesprochene Kündigung rückwirkend unwirksam wird (*BAG* 15.5.1986 – 2 AZR 497/85 – nv). In diesem Fall kann der schwerbehinderte Arbeitnehmer aus dem Gesichtspunkt des Annahmeverzugs Fortzahlung der Vergütung für die Zeit nach Ablauf der Kündigungsfrist der zunächst ausgesprochenen, aber unwirksamen Kündigung verlangen.

108 Ein Arbeitgeber, dessen Antrag auf Zustimmung zur Kündigung eines schwerbehinderten Arbeitnehmers abschlägig beschieden wurde, kann seine Antragstellung aufgrund neuer, nach der Ablehnung bekannt gewordener oder eingetretener Tatsachen jederzeit erneuern. Er kann den **neuen Antrag** auch schon stellen, wenn das Rechtsmittelverfahren gegen die ablehnende Entscheidung über den ersten Antrag noch nicht abgeschlossen ist (*LAG München* 26.5.1976 DB 1976, 1774).

E. Bindung des Integrationsamtes an seine eigene Entscheidung

109 Die Entscheidung des Integrationsamtes über den Antrag des Arbeitgebers auf Erteilung der Zustimmung zur Kündigung eines schwerbehinderten Arbeitnehmers ist ein **Verwaltungsakt**, auch wenn es sich um ein Negativattest handelt (vgl. *Gröninger/Thomas* § 18 Rz 3; *Neumann/Pahlen/Majerski-Pahlen* § 85 Rz 82).

110 An diesen Verwaltungsakt ist das Integrationsamt nicht gebunden, wenn er **nichtig** ist, dh wenn er an einem besonders schwerwiegenden Fehler leidet und dies bei verständiger Würdigung aller in Betracht kommenden Umstände offenkundig ist (vgl. *Wolff/Bachof/Stober* § 49 Rz 9 ff.; § 40 Abs. 1 SGB X), zB wenn das Integrationsamt seine Entscheidung nicht förmlich zustellt, sondern dem betroffenen Arbeitgeber und Arbeitnehmer nur mündlich mitteilt (s.o. Rz 97). Da im Falle der Nichtigkeit keine wirksame Entscheidung vorliegt, ist das Integrationsamt verpflichtet, eine neue (wirksame) Entscheidung zu erlassen; hierbei ist es an Feststellungen und Wertungen des vorangegangenen nichtigen Verwaltungsaktes nicht gebunden.

111 Ist die Entscheidung des Integrationsamtes nicht nichtig, kann sie **nur unter bestimmten Voraussetzungen** von dem Integrationsamt **widerrufen oder zurückgenommen** werden. Vom Widerruf spricht man, wenn das Integrationsamt eine rechtmäßige Entscheidung außerhalb eines Rechtsbehelfsverfah-

rens beseitigen will (vgl. §§ 46, 47 SGB X). Bei der Rücknahme geht es um die Beseitigung einer rechtswidrigen Entscheidung durch das Integrationsamt außerhalb eines Rechtsbehelfsverfahrens (vgl. §§ 44, 45 SGB X); rechtswidrig ist die Entscheidung zB, wenn sie auf einem Ermessensfehler oder unzutreffenden Angaben eines Beteiligten beruht oder wenn sie mit unlauteren Mitteln erwirkt wurde oder wenn das Integrationsamt wesentliche Verfahrensvorschriften nicht einhält. Die Zulässigkeit von Widerruf oder Rücknahme einer Entscheidung des Integrationsamtes kann nicht nach den Vorschriften des BVwVfG und der LVwVfG beurteilt werden, da diese Gesetze für das Schwerbehindertenrecht nicht gelten (vgl. zB § 2 Abs. 2 Nr. 4 BVwVfG, § 2 Nr. 3 HVwVfG). Insoweit muss daher auf allgemeine Verwaltungsrechtsgrundsätze und die Vorschriften des Sozialgesetzbuchs X (SGB X) zurückgegriffen werden.

Im Einzelnen gilt für die Zulässigkeit von Widerruf und Rücknahme Folgendes: **112**

a) Erteilt das Integrationsamt die **Zustimmung** zur Kündigung, handelt es sich um einen sog. **privatrechtsgestaltenden Verwaltungsakt**, weil erst die Zustimmung die Kündigung des Arbeitsverhältnisses ermöglicht (vgl. *Forsthoff* S. 270). Als privatrechtsgestaltender Verwaltungsakt ist die Zustimmung **unwiderruflich und nicht rücknehmbar, wenn die gestaltende Wirkung eingetreten** ist (vgl. § 45 Abs. 2 SGB X; *Haueisen* NJW 1957, 385), dh die aufgrund der Zustimmung ausgesprochene Kündigung dem schwerbehinderten Arbeitnehmer zugegangen ist. Das ist ein Gebot des rechtsstaatlichen Grundsatzes der Rechtssicherheit, das auch dann gilt, wenn die Zustimmung des Integrationsamtes ein rechtswidriger Verwaltungsakt ist (vgl. *Forsthoff* aaO; *Wolff/Bachof/Stober* § 51 Rz 82). Hingegen besteht kein berechtigter Anlass, Widerruf oder Rücknahme der Zustimmung stets, also auch bereits vor Zugang der Kündigung auszuschließen (**aA** *Neumann/Pahlen/Majerski-Pahlen* § 85 Rz 75).

b) Bis zum Zugang der Kündigung gelten hinsichtlich der Zulässigkeit von **Widerruf oder Rücknah-** **113** **me der Zustimmung** des Integrationsamtes die Grundsätze für den Widerruf und die Rücknahme von **Verwaltungsakten mit Drittwirkung**. Als einen Verwaltungsakt mit Drittwirkung bezeichnet man einen Verwaltungsakt mit **Doppelwirkung für verschiedene Personen** (*Wolff/Bachof/Stober* § 46 Rz 24, § 43 Rz 17 ff.): Für den Arbeitnehmer ist die Zustimmung ein belastender, für den Arbeitgeber ein begünstigender Verwaltungsakt. Verwaltungsakte mit Drittwirkung (hier: Zustimmung des Integrationsamtes) können nach denselben Grundsätzen wie begünstigende Verwaltungsakte widerrufen oder zurückgenommen werden (*Erichsen/Martens* § 17 III a, S. 243). Danach ist der **Widerruf** der Zustimmung zur Kündigung **grds. unzulässig** (vgl. § 47 SGB X). Ausnahmsweise ist der Widerruf zulässig, wenn mit dem Zustimmungsbescheid eine Auflage verbunden ist und der Arbeitgeber diese nicht innerhalb einer ihm gesetzten Frist erfüllt hat (§ 47 Abs. 1 Nr. 2 SGB X), zB wenn der Arbeitgeber die mit der Zustimmung verbundene Auflage der dreimonatigen Gehaltszahlung nach § 89 Abs. 1 SGB IX nicht erfüllt (GK-SGB IX/*Großmann* § 88 Rz 114). ferner ist der Widerruf zulässig, wenn der Arbeitnehmer die Zustimmung zur Kündigung angefochten hat und durch den Widerruf dem Widerspruch des Arbeitnehmers abgeholfen oder seiner Klage zum Erfolg verholfen werden soll (vgl. § 49 SGB X; *Erichsen/Martens* § 17 III b, S. 243 ff.). Aber auch in diesen Fällen ist der Widerruf ausgeschlossen, wenn die Behörde zum Erlass der bisherigen Entscheidung verpflichtet war (vgl. § 46 SGB X), dh wenn der Widerruf der Zustimmung zur Kündigung gegen § 89 SGB IX (s. Rz 85 ff.) oder gegen § 91 SGB IX (s. KR-*Etzel* § 91 SGB IX Rz 19 ff.) verstoßen würde.

Unanfechtbar und damit unwiderruflich wird die rechtmäßig erteilte Zustimmung zur Kündigung, **114** wenn der Arbeitnehmer auf Rechtsbehelfe gegen sie verzichtet, wenn die Rechtsbehelfsfrist abgelaufen ist, ohne dass der Arbeitnehmer einen Rechtsbehelf eingelegt hat, oder wenn eine gerichtliche Entscheidung, durch die eine Klage gegen die erteilte Zustimmung abgewiesen wurde, formell rechtskräftig wird (vgl. *Wolff/Bachof/Stober* § 50 Rz 10).

Eine **Rücknahme** der Zustimmung zur Kündigung ist bis zum Zeitpunkt des Zugangs der Kündigung **115** zulässig, wenn der Arbeitgeber die Zustimmung durch arglistige Täuschung, Drohung oder Bestechung erwirkt hat oder die Erteilung der Zustimmung auf Angaben beruht, die der Arbeitgeber vorsätzlich oder grob fahrlässig in wesentlichen Punkten unrichtig oder unvollständig gemacht hat, oder der Arbeitgeber die Rechtswidrigkeit der Zustimmung zur Kündigung kannte oder infolge grober Fahrlässigkeit nicht kannte (vgl. § 45 Abs. 2 SGB X). Die Rücknahme der Zustimmung ist aber unzulässig, wenn das Integrationsamt zur Erteilung der Zustimmung verpflichtet war (s.o. Rz 85 ff.) oder die Zustimmung unanfechtbar geworden ist; im letzteren Fall läge in der Rücknahme der Zustimmung ein Verstoß gegen die Rechtskraft bzw. Bestandskraft der Entscheidung zu Lasten des Arbeitgebers (vgl. auch *Wolff/Bachof/Stober* § 50 Rz 11: – nur – von Rechtskraft zugunsten des Betroffenen abweichender Bescheid zulässig).

116 Wird die **Zustimmung** zur Kündigung durch den Widerspruchsausschuss oder ein Gericht der Verwaltungsgerichtsbarkeit **aufgehoben**, verliert sie ihre Wirksamkeit, dh, sie kann nicht mehr die Grundlage für eine Kündigung bilden, selbst wenn die Entscheidung des Widerspruchsausschusses oder die gerichtliche Entscheidung noch nicht rechtskräftig sind. In diesem Falle sind weder ein Widerruf noch eine Rücknahme der Zustimmung zulässig.

117 c) Soweit das Integrationsamt den Widerruf oder die Rücknahme der Zustimmung zur Kündigung erklären kann, muss die den Widerruf oder die Rücknahme aussprechende Entscheidung dem Arbeitgeber spätestens im **Zeitpunkt des Zugangs der Kündigung förmlich zugestellt** werden; die Zustellung an den Arbeitnehmer ist zwar auch erforderlich, aber nicht Wirksamkeitsvoraussetzung. Denn für Form und Verfahren des Widerrufs oder der Rücknahme der Zustimmung gelten die für die Erteilung der Zustimmung maßgebenden Vorschriften (vgl. *Wolff/Bachof/Stober* § 51 Rz 54, 91; s.o. Rz 97 ff.). Sind oder werden Widerruf oder Rücknahme der Zustimmung dem Arbeitgeber im Zeitpunkt des Zugangs der Kündigung nicht zugestellt, sind sie noch nicht wirksam und daher ohne rechtliche Bedeutung. Eine spätere Zustellung ist ebenfalls rechtlich bedeutungslos, da nach Zugang der Kündigung ein Widerruf oder eine Rücknahme der Zustimmung ausgeschlossen sind (Ausnahme: § 49 SGB X; s.o. Rz 113).

118 Erklärt das Integrationsamt den Widerruf oder die Rücknahme der Zustimmung zur Kündigung, handelt es sich wiederum um einen **Verwaltungsakt** (vgl. *Wolff/Bachof/Stober* § 51 Rz 58, 106), der im Falle der Nichtigkeit unbeachtlich ist und im Übrigen vom Arbeitgeber auf dem Verwaltungsrechtsweg (Widerspruchsausschuss, Verwaltungsgerichtsbarkeit) angegriffen werden kann.

119 d) Ein **Negativattest** kann von dem Integrationsamt unter denselben Voraussetzungen wie eine Zustimmung widerrufen oder zurückgenommen werden, da auch das Negativattest ein Verwaltungsakt ist.

120 e) Versagt das Integrationsamt die Zustimmung zur Kündigung, sind Widerruf und Rücknahme dieses Bescheids nicht wie bei einem privatrechtsgestaltenden Verwaltungsakt eingeschränkt. Denn die **Versagung der Zustimmung ist kein privatrechtsgestaltender Verwaltungsakt** in dem Sinne, dass nunmehr eine Kündigung des Arbeitsverhältnisses unzulässig wird. Vielmehr war das Arbeitsverhältnis bereits vorher und unabhängig von der Versagung der Zustimmung unkündbar, mit anderen Worten: der Arbeitgeber kann das Arbeitsverhältnis nicht kündigen, solange keine Zustimmung des Integrationsamtes zur Kündigung vorliegt, gleichgültig ob das Integrationsamt die Zustimmung zur Kündigung ausdrücklich versagt oder überhaupt keine Entscheidung trifft (im Falle des § 91 Abs. 3 SGB IX wird eine positive Entscheidung des Integrationsamtes fingiert).

121 Die Versagung der Zustimmung zur Kündigung kann das Integrationsamt **nach den Grundsätzen für den Widerruf und die Rücknahme von Verwaltungsakten mit Drittwirkung** widerrufen oder zurücknehmen (s.o. Rz 113 ff.); denn für den Arbeitgeber ist die Versagung der Zustimmung ein belastender, für den Arbeitnehmer ein begünstigender Verwaltungsakt (**aA** *LAG München* 26.5.1976 DB 1976, 1774). Danach kann die Versagung der Zustimmung zur Kündigung nach pflichtgemäßem Ermessen des Integrationsamtes so lange widerrufen oder zurückgenommen, dh die Zustimmung erteilt werden, bis die Versagung der Zustimmung für den Arbeitgeber unanfechtbar geworden oder durch den Widerspruchsausschuss oder eine gerichtliche Entscheidung aufgehoben wird.

122 Eine Rücknahme der Versagung der Zustimmung (= Erteilung der Zustimmung) ist bei einem **unlauteren Verhalten** oder unrichtigen oder unvollständigen Angaben des Arbeitnehmers unter denselben Voraussetzungen zulässig wie die Rücknahme der Zustimmung zur Kündigung (s.o. Rz 115).

123 Der Widerruf oder die Rücknahme der Versagung der Zustimmung (= Erteilung der Zustimmung zur Kündigung) ist ein **Verwaltungsakt**, der im Falle der Nichtigkeit unbeachtlich und im Übrigen vom Arbeitnehmer auf dem Verwaltungsrechtsweg angreifbar ist.

124 f) Vom Widerruf oder der Rücknahme des Verwaltungsakts zu unterscheiden ist die **Abhilfe**, die das Integrationsamt gewähren kann, wenn gegen seine Entscheidung Widerspruch eingelegt wird (s.o. Rz 101).

F. Bindung von Behörden und Gerichten an die Entscheidung des Integrationsamtes

125 Abgesehen von den behördlichen und gerichtlichen Instanzen, die im Rechtsmittelverfahren mit der Entscheidung des Integrationsamtes befasst sind, sind **alle anderen Behörden und Gerichte**, insbes. auch die Gerichte für Arbeitssachen, an die zustimmende oder ablehnende Entscheidung des Integra-

tionsamtes und der Rechtsmittelinstanzen im Verwaltungsrechtsweg grds. gebunden, dh, sie müssen die Entscheidung (bis zu ihrer Aufhebung) als wirksam behandeln, auch wenn sie im Verwaltungsrechtsweg angefochten und noch nicht formell rechtskräftig ist (sog. **Tatbestandswirkung**). Ihnen steht es grds. nicht zu, die Entscheidungen des Integrationsamtes auf ihre Richtigkeit zu überprüfen (vgl. *Cramer* § 15 Rz 17). Sie können nur nachprüfen, ob eine erteilte Zustimmung – falls es darauf ankommt – schon unanfechtbar geworden ist oder nicht oder ob die Zustimmung nichtig, also offensichtlich rechtswidrig ist (s.o. Rz 110). Eine nichtige Zustimmung ist – wie jeder andere nichtige Verwaltungsakt – nicht zu beachten (*BAG* 21.1.1958 AP Nr. 4 zu § 2 SchwBeschG; *Gröninger/Thomas* § 18 Rz 4); auf eine nichtige Zustimmung kann sich der Arbeitgeber nicht berufen.

Wegen der nicht bestehenden Prüfungskompetenz der Arbeitsgerichtsbarkeit führt deshalb das Fehlen einer (notwendigen) vorherigen Zustimmung zu einer ordentlichen Kündigung in einem arbeitsgerichtlichen Verfahren zur **Feststellung der Unwirksamkeit der Kündigung**, auch wenn eine evtl. Ablehnung der Zustimmung durch das Integrationsamt unberechtigt war (vgl. *BAG* 25.11.1980 AP Nr. 7 zu § 12 SchwbG; GK-SGB IX/*Großmann* § 88 Rz 124). Ist die Zustimmung erteilt, aber noch nicht rechtskräftig, kommt unter Umständen die Aussetzung des arbeitsgerichtlichen Verfahrens in Betracht (s.u. Rz 143 ff.). 126

G. Der Ausspruch der Kündigung

I. Frist für Kündigungserklärung

Der Arbeitgeber kann die Kündigung nur **innerhalb eines Monats nach Zustellung der zustimmenden Entscheidung** des Integrationsamtes oder nach Eintritt der Zustimmungsfiktion (s.o. Rz 81a) erklären (§ 88 Abs. 3 SGB IX); erreicht er die Zustimmung erst im Rechtsmittelverfahren gegen eine ablehnende Entscheidung des Integrationsamtes, beginnt die Monatsfrist mit der Zustellung der Rechtsmittelentscheidung, in der die Zustimmung ausgesprochen wird. Die Monatsfrist läuft auch, wenn der schwerbehinderte Arbeitnehmer die durch das Integrationsamt oder eine Rechtsmittelinstanz erteilte Zustimmung mit Rechtsbehelfen angreift (s.a. Rz 105). Durch die Eröffnung des Insolvenzverfahrens über das Vermögen des Arbeitgebers wird die Monatsfrist nicht in entsprechender Anwendung von § 240 ZPO unterbrochen (*LAG Düsseld.* 3.3.1982 ZIP 1982, 737). Bei der Monatsfrist handelt es sich um eine materiell-rechtliche Ausschlussfrist (*BAG* 17.2.1982 EzA § 15 SchwbG Nr. 1). Eine vom Arbeitgeber vor Beginn oder nach Ablauf der Monatsfrist ausgesprochene Kündigung (maßgebend ist der Zeitpunkt des Zugangs der Kündigung; s.u. Rz 130) ist unwirksam. Eine **Wiedereinsetzung in den vorigen Stand** wegen Versäumung der Monatsfrist kommt nicht in Betracht (*Knittel* § 88 Rz 15). Der Arbeitgeber hat die Möglichkeit, ein neues Zustimmungsverfahren einzuleiten und nach erneut erteilter Zustimmung innerhalb der Monatsfrist des § 88 Abs. 3 SGB IX eine neue Kündigung auszusprechen. Hat der Arbeitgeber innerhalb der Monatsfrist die Kündigung erklärt und will er noch innerhalb der Monatsfrist vorsorglich eine **weitere Kündigung** mit dem gleichen Kündigungssachverhalt aussprechen, ist hierzu eine (weitere) Zustimmung des Integrationsamtes nicht erforderlich, da die Zustimmung des Integrationsamtes auch die zweite Kündigung deckt (*ArbG Herne* 18.5.2006 – 2 Ca 210/06). 127

Maßgebend für den Beginn der Monatsfrist ist die förmliche **Zustellung** der zustimmenden Entscheidung des Integrationsamtes, auch wenn es sich nur um einen vorsorglichen Bescheid handelt (s.o. Rz 55), bzw. der Rechtsmittelinstanz an den Arbeitgeber (s.o. Rz 97 f.) oder der Eintritt der Zustimmungsfiktion (s.o. Rz 81a). Eine nicht formgerechte Zustellung kann die Monatsfrist nicht in Lauf setzen, weil es in diesem Fall an einer wirksamen Zustimmung des Integrationsamtes fehlt (s.o. Rz 98). **Vor Zustellung** der Zustimmung kann der Arbeitgeber **nicht wirksam kündigen** (*BAG* 16.10.1991 EzA § 18 SchwbG 1986 Nr. 2 mit zust. Anm. *Riebe* = SAE 1993, 295 mit zust. Anm. *Wank*; *ArbG Heilbronn* 17.9.1984 NZA 1985, 364; s. aber Rz 130 aE). Für den Fristbeginn ist es unerheblich, wann die Entscheidung dem schwerbehinderten Arbeitnehmer zugestellt wird (*LAG Bln.* 11.6.1979 EzA § 12 SchwbG Nr. 7). Das gilt auch, wenn die förmliche Zustellung des Bescheides an den schwerbehinderten Arbeitnehmer völlig unterbleibt. Die Zustellung an den schwerbehinderten Arbeitnehmer ist keine Wirksamkeitsvoraussetzung für die Entscheidung des Integrationsamtes (s.o. Rz 98). 128

Die **Monatsfrist** berechnet sich nach § 187 Abs. 1, § 188 Abs. 2, 3, § 193 BGB. Sie endet deshalb grds. einen Monat nach Zustellung bzw. Eintritt der Zustimmungsfiktion mit Ablauf des Tages, der durch seine Datumszahl dem Tag der Zustellung bzw. dem Tag des Eintritts der Zustimmungsfiktion entspricht. Fehlt in dem Monat des Ablaufs der Frist der dem Tag der Zustellung bzw. dem Tag des Eintritts der Zustimmungsfiktion entsprechende Tag (zB der 31.), endet die Frist am Monatsletzten. 129

Fällt der letzte Tag der Frist auf einen Samstag, Sonntag oder gesetzlichen Feiertag, läuft die Frist erst am nächsten Werktag ab.

130 Innerhalb der Monatsfrist muss die **Kündigung** »erklärt« werden. Das steht im Gegensatz zu den Begriffen »gekündigt werden« und »Kündigung erfolgen« die in den §§ 622, 626 BGB verwendet werden und nach allgemeiner Meinung den Zugang der Kündigung meinen. Demgegenüber bedeutet »Erklärung« der Kündigung nach dem Wortsinn, dass – bei der notwendig schriftlichen Kündigung (§ 623 BGB) – ein Schriftstück, das die Kündigungserklärung enthält, abgesandt wird. Andererseits ist der Zweck der Vorschrift darin zu sehen, dass der schwerbehinderte Arbeitnehmer innerhalb der Frist wissen soll, ob der Arbeitgeber von der Erlaubnis zur Kündigung Gebrauch macht. Im Hinblick auf diesen Zweck ist trotz der missverständlichen Wendung davon auszugehen, dass es für die Einhaltung der Frist auf den **Zugang der Kündigung** ankommt (ebenso: *LAG Köln* 27.2.1997 LAGE § 18 SchwbG 1986 Nr. 1; *Neumann/Pahlen/Majerski-Pahlen* § 88 Rz 14; ferner: *Gröninger/Thomas* § 18 Rz 15; *Cramer* § 18 Rz 5). Das bedeutet andererseits auch, dass das Kündigungsschreiben schon vor der Zustellung des Bescheides des Integrationsamtes abgesandt werden kann, wenn es nur nach der Zustellung des Bescheides dem Arbeitnehmer zugeht (ebenso: *Hauck/Noftz-Griebeling* K § 85 Rz 35).

II. Einhaltung der Kündigungsfrist

131 Durch § 12 SchwbG aF (jetzt: § 86 SGB IX) wurde seinerzeit im Interesse der schwerbehinderten Arbeitnehmer eine Mindestkündigungsfrist (4 Wochen) eingeführt, die günstiger war als die frühere gesetzliche Kündigungsfrist des § 622 BGB, jedenfalls soweit sie Arbeiter betraf. Die Schutzwirkung des § 86 SGB IX bietet dem schwerbehinderten Arbeitnehmer aber nunmehr gegenüber anderen Arbeitnehmern keinen besonderen Schutz mehr, nachdem § 622 BGB eine Mindestkündigungsfrist von vier Wochen für alle Arbeitnehmer festgelegt hat, wenn Kündigungen nach Ablauf von sechs Monaten seit Beginn des Arbeitsverhältnisses ausgesprochen werden (vgl. insoweit § 622 Abs. 3 und 5 BGB). Lediglich wenn Tarifverträge eine kürzere Kündigungsfrist als vier Wochen festlegen (§ 622 Abs. 4 BGB), hat § 86 SGB IX noch eine eigenständige Bedeutung.

131a Für eine ordentliche Kündigung des Arbeitgebers beträgt die Kündigungsfrist **mindestens vier Wochen** (§ 86 SGB IX); es handelt sich hier um eine gesetzliche Mindestkündigungsfrist. Wegen ihres öffentlich-rechtlichen Charakters ist sie zwingend; sie kann nicht zuungunsten des schwerbehinderten Arbeitnehmers durch Tarifvertrag, Betriebsvereinbarung oder Einzelvertrag verkürzt werden; hingegen ist eine Verlängerung der Kündigungsfrist zulässig. Da es sich um eine Mindestkündigungsfrist handelt, tritt sie an die Stelle einer gesetzlich oder vertraglich kürzeren Frist, lässt aber günstigere gesetzliche (zB § 622 Abs. 2 BGB) oder vertragliche Fristen unberührt. Ebenso bleibt ein gesetzlicher, tariflicher oder vertraglicher Kündigungstermin (zB Monatsschluss, Vierteljahresschluss; vgl. § 622 BGB) durch § 86 SGB IX unberührt, ist also unter Beachtung der Mindestkündigungsfrist von vier Wochen einzuhalten (*BAG* 25.2.1981 EzA § 17 SchwbG Nr. 3; *Malcher* S. 63; *Thieler* § 16 Rz 10). Die Mindestkündigungsfrist von vier Wochen gilt auch für **Änderungskündigungen** (*Kossens* § 86 Rz 9; *Neumann/Braasch* § 19 Rz 85).

132 Die Frist des § 86 SGB IX ist zwar auch eine **gesetzliche Kündigungsfrist iSd Insolvenzordnung**, kommt aber im Insolvenzverfahren nur noch selten zum Tragen. Denn nach § 113 InsO beträgt die Kündigungsfrist im Insolvenzverfahren drei Monate zum Monatsende, wenn nicht eine kürzere Frist maßgeblich ist. Als kürzere Frist kommen, wenn § 86 SGB IX maßgeblich sein soll, nur tarifliche Kündigungsfristen in Betracht, die weniger als vier Wochen betragen. In diesem Falle greift § 86 SGB IX ein, so dass insoweit die Kündigungsfrist im Insolvenzverfahren gegenüber einem schwerbehinderten Arbeitnehmer vier Wochen beträgt.

133 Einen **Auflösungsvertrag** kann der schwerbehinderte Arbeitnehmer jederzeit mit dem Arbeitgeber wirksam abschließen. Deshalb kann er auch nach Ausspruch einer Kündigung durch den Arbeitgeber mit diesem wirksam vereinbaren, dass das Arbeitsverhältnis schon vor Ablauf der Kündigungsfrist des § 86 SGB IX enden solle (*Gröninger/Thomas* § 16 Rz 3; *Neubert/Becke* § 16 Rz 4; *Ritzer* § 13 Rz 4; *Weber* § 13 Rz 4; *Neumann/Pahlen/Majerski-Pahlen* § 86 Rz 4). Der Auflösungsvertrag bedarf zu seiner Wirksamkeit der Schriftform (§ 623 BGB).

134 Die Kündigungsfrist des § 86 SGB IX gilt für Kündigungen durch den Arbeitgeber, **nicht** aber für **Kündigungen durch den Arbeitnehmer** (APS-*Vossen* § 86 SGB IX Rz 3; *Gröninger/Thomas* § 16 Rz 2; *Kossens* § 86 Rz 9; *Neubert/Becke* § 16 Rz 3; *Neumann/Braasch* § 19 Rz 92; *Weber* § 16 Rz 5; aA *Neumann/Pahlen/Majerski-Pahlen* aaO). Denn bei den Vorschriften der §§ 85–91 SGB IX geht es nur um den Kündigungs-

schutz des schwerbehinderten Arbeitnehmers vor Kündigungen des Arbeitgebers, wie insbes. die Überschrift des Vierten Kapitels (»Kündigungsschutz«) und § 85 SGB IX (»Die Kündigung ... durch den Arbeitgeber ...«) ausweisen; auch die §§ 87–91 SGB IX betreffen Kündigungen des Arbeitgebers, während § 92 SGB IX einen Fall der Beendigung des Arbeitsverhältnisses ohne Kündigung regelt. Da die §§ 85 und 87–92 SGB IX unzweifelhaft auf Kündigungen des Arbeitnehmers nicht anwendbar sind, wäre es ungereimt, ausgerechnet § 86 SGB IX auf solche Kündigungen anzuwenden, obwohl der Zweck der §§ 85–92 SGB IX, nämlich der Kündigungsschutz des Arbeitnehmers, eine solche Regelung nicht erfordert. Für Kündigungen durch den Arbeitnehmer gelten daher die sonstigen gesetzlichen, tariflichen oder vertraglichen Kündigungsfristen.

Für die **Berechnung der Vierwochenfrist** gelten die §§ 186 ff. BGB (APS-*Vossen* § 86 Rz 4). Die Frist beginnt an dem Tag, der dem Tag des Zugangs der Kündigung nachfolgt, und endet mit Ablauf desjenigen Tages, welcher durch seine Benennung (zB Dienstag, Mittwoch) dem Tage entspricht, an dem die Kündigung zuging (§§ 187, 188 BGB). 135

H. Rechtsbehelfe des Arbeitnehmers gegen die Kündigung

Liegt keine Zustimmung des Integrationsamtes oder einer Rechtsmittelinstanz (s.o. Rz 106) zur Kündigung vor, obwohl eine solche Zustimmung erforderlich ist, ist eine gleichwohl ausgesprochene Kündigung des Arbeitgebers wegen Verstoßes gegen § 85 SGB IX unwirksam. Der Arbeitnehmer kann die fehlende Zustimmung bis zur Grenze der Verwirkung jederzeit geltend machen, weil gem. § 4 Satz 4 KSchG die Dreiwochenfrist zur Klageerhebung erst von der Bekanntgabe des Zustimmungsbescheides an den Arbeitnehmer zu laufen beginnt (*LAG Hamm* 22.9.2005 – 8 Sa 974/05 – im Anschluss an *BAG* 3.7.2003 EzA § 113 InsO Nr. 14; s.a. Rz 138). Im Kündigungsschutzprozess trägt der Arbeitnehmer, der den Sonderkündigungsschutz des SGB IX als Ausnahmetatbestand für sich in Anspruch nimmt, die **Darlegungs- und Beweislast** dafür, dass er schwerbehindert ist und sich fristgemäß (s.o. Rz 17 ff.) gegenüber dem Arbeitgeber auf seine Schwerbehinderteneigenschaft berufen hat (vgl. *Rosenberg* Die Beweislast, 5. Aufl., § 9 II 1; **aA** *ArbG Bochum* 8.9.1983 DB 1984, 516). 136

Hat das Integrationsamt die Zustimmung zur Kündigung oder ein Negativattest erteilt und der Arbeitgeber daraufhin die Kündigung ausgesprochen, kann der Arbeitnehmer zwar die Zustimmung bzw. das Negativattest des Integrationsamtes im **Verwaltungsrechtsweg** anfechten (s.o. Rz 103). Dies entbindet ihn aber nicht, die Unwirksamkeit der Kündigung im Wege der Kündigungsschutzklage (§ 4 KSchG) beim Arbeitsgericht geltend zu machen; andernfalls ist selbst bei Aufhebung der Zustimmung des Integrationsamtes durch das Verwaltungsgericht die Kündigung wegen Versäumung der Drei-Wochen-Frist des § 4 KSchG wirksam (s.o. Rz 136). 137

Wird dem Arbeitnehmer der **Bescheid des Integrationsamtes** über die Zustimmung zur Kündigung erst **nach Zugang der Kündigung zugestellt**, läuft die Dreiwochenfrist zur Erhebung der Kündigungsschutzklage gem. § 4 S. 4 KSchG erst von der Zustellung des Bescheides an (*BAG* 17.2.1982 EzA § 15 SchwbG Nr. 1 = AP Nr. 1 zu § 15 SchwbG mit zust. Anm. *Gröninger*; MünchArbR-*Cramer* 236 Rz 62). Dieser Fall kann eintreten, wenn der Bescheid des Integrationsamtes zunächst dem Arbeitgeber zugestellt wird, dieser daraufhin ordnungsgemäß kündigt (s.o. Rz 127) und erst danach der Bescheid dem Arbeitnehmer zugeht. 138

Greift der schwerbehinderte Arbeitnehmer die Zustimmung zur Kündigung im Verwaltungsrechtsweg an, müssen die Gerichte für Arbeitssachen in einem gleichzeitig geführten Kündigungsschutzprozess gleichwohl prüfen, ob die Kündigung nicht bereits aus Gründen, die in der Zuständigkeit der Arbeitsgerichtsbarkeit liegen (zB Sozialwidrigkeit der Kündigung), unwirksam ist (*LAG Bln.* 11.12.1981 AuR 1982, 322), und die Kündigung ggf. **für unwirksam erklären**; denn dann ist die Frage, ob die Zustimmung zur Kündigung letztlich Bestand hat oder nicht, für den Ausgang des arbeitsgerichtlichen Kündigungsrechtsstreits ohne Bedeutung. Für eine Aussetzung des Kündigungsschutzprozesses bis zur rechtskräftigen Entscheidung über die angegriffene Zustimmung zur Kündigung ist in solchen Fällen kein Raum (*LAG Köln* 3.2.1997 LAGE § 148 ZPO Nr. 31; *LAG Bln.* 11.12.1981 aaO; *LAG Mainz* 16.6.1978 BehindR 1983, 74). 139

Will der Arbeitgeber die Kündigung im Kündigungsschutzprozess auf **Gründe** stützen, **die er im Zustimmungsverfahren nach §§ 85 ff. SGB IX nicht genannt hat**, ist ein solches »Nachschieben« im Hinblick auf den Kündigungsschutz nach dem SGB IX uneingeschränkt zulässig (*LAG SA* 24.11.1999 BB 2000, 2051; *Gröninger* Anm. AR-Blattei, Betriebsverfassung XIV C: Entsch. 78; *Hauck/Noftz-Griebeling* 140

K § 89 Rz 9a; **aA** *Seidel* S. 187). Denn das SGB IX schreibt überhaupt nicht zwingend vor, dass der Arbeitgeber dem Integrationsamt Kündigungsgründe mitteilen muss. Vielmehr hat das Integrationsamt den Sachverhalt von Amts wegen aufzuklären und danach nach eigenem Ermessen über die beantragte Zustimmung zu entscheiden. Die erteilte Zustimmung entfaltet Tatbestandswirkung in dem Sinne, dass damit eine Zulässigkeitsvoraussetzung für die Kündigung erfüllt ist. Diese entfällt nicht dadurch, dass der Arbeitgeber nachträglich im Kündigungsschutzprozess weitere Kündigungsgründe nachschiebt. Insoweit ist auch nicht nach Wortlaut und Sinn des SGB IX eine Zustimmung des Integrationsamtes zu den nachgeschobenen Kündigungsgründen erforderlich (*Gröninger* Anm. zu AR-Blattei, Betriebsverfassung XIV C: Entsch. 77). Lässt der Arbeitgeber jedoch den dem Integrationsamt mitgeteilten Kündigungsgrund fallen und stützt er die Kündigung im Kündigungsschutzprozess ausschließlich auf völlig neue Kündigungsgründe, ist hierzu eine erneute Zustimmung des Integrationsamtes erforderlich, da die bisher erteilte Zustimmung einen nicht mehr vorhandenen Sachverhalt betrifft (*Griebeling* aaO). Sofern vor der Kündigung der Betriebsrat oder eine Personalvertretung zu beteiligen ist, ist das Nachschieben von Kündigungsgründen nur unter bestimmten Voraussetzungen zulässig (s. KR-*Etzel* § 102 BetrVG Rz 185 ff., §§ 72, 79, 108 Abs. 21 BPersVG Rz 65).

141 Stellt sich in dem Kündigungsschutzprozess die Sozialwidrigkeit der Kündigung heraus und wird **vom Arbeitnehmer ein begründeter Auflösungsantrag nach § 9 KSchG gestellt**, hat das ArbG das Arbeitsverhältnis unter Verurteilung des Arbeitgebers zur Zahlung einer Abfindung aufzulösen. Das Verfahren ist nicht gem. § 148 ZPO bis zur rechtskräftigen Entscheidung im Verwaltungsrechtsverfahren über die Zustimmung zur Kündigung auszusetzen. Würde im Verwaltungsrechtsverfahren die Zustimmung zur Kündigung rechtskräftig versagt, ist die Kündigung zwar auch aus anderen als den in § 1 Abs. 2 und 3 KSchG bezeichneten Gründen rechtsunwirksam. Das kann aber nicht dazu führen, dass nach § 13 Abs. 3 KSchG die Anwendung der §§ 9, 10 KSchG über die gerichtliche Auflösung des Arbeitsverhältnisses ausgeschlossen ist. Denn dem Arbeitnehmer darf kein Nachteil daraus erwachsen, dass die Kündigung nicht nur wegen Verstoßes gegen § 1 KSchG, sondern auch wegen Verstoßes gegen § 85 SGB IX rechtsunwirksam ist (vgl. KR-*Spilger* § 9 KSchG Rz 27 mwN).

142 Stellt hingegen der **Arbeitgeber – nur hilfsweise –** für den Fall der Sozialwidrigkeit der Kündigung **einen begründeten Auflösungsantrag nach § 9 KSchG**, ist das Verfahren gem. § 148 ZPO bis zur rechtskräftigen Entscheidung im Verwaltungsrechtsverfahren über die Zustimmung zur Kündigung auszusetzen. Denn wenn im Verwaltungsrechtsverfahren die Zustimmung zur Kündigung rechtskräftig versagt wird, ist die Kündigung iSv § 13 Abs. 3 KSchG »bereits aus anderen als den in § 1 Abs. 2 und 3 bezeichneten Gründen« rechtsunwirksam, so dass der Arbeitgeber nicht die Auflösung des Arbeitsverhältnisses nach § 9 KSchG beantragen kann. Der Sinn des § 13 Abs. 3 KSchG liegt gerade darin, dem Arbeitgeber die Berufung auf die Vorschriften des KSchG (zB §§ 4, 7, 9, 10) zu versagen, wenn die Kündigung aus Gründen unwirksam ist, die nicht in § 1 oder § 13 Abs. 1–2 KSchG aufgeführt sind (*BAG* 9.10.1979 EzA § 9 KSchG nF Nr. 9).

143 Hängt die Rechtswirksamkeit einer Kündigung nur noch von der Frage der Wirksamkeit der Zustimmung ab, ist das arbeitsgerichtliche Verfahren ebenfalls gem. § 148 ZPO **bis zur rechtskräftigen Entscheidung über die im Verwaltungsrechtsweg angegriffene Zustimmung auszusetzen**. Die Aussetzung eines Rechtsstreits gem. § 148 ZPO liegt zwar grds. im pflichtgemäßen Ermessen des Gerichts. Im vorliegenden Fall wäre jedoch jede andere Entscheidung als die Aussetzung ermessensfehlerhaft (ebenso die frühere Rspr. des BAG: *BAG* 25.11.1980 EzA § 580 ZPO Nr. 1; *LAG Köln* 17.3.1992 LAGE § 148 ZPO Nr. 24; *LAG BW* 1.6.1989 – 11 Ta 14/89 – nv; GK-SGB IX/*Großmann* § 88 Rz 186, 193; vgl. auch *Arendt* DB 1985, 1287; *Neumann/Pahlen/Majerski-Pahlen* § 85 Rz 22 »empfehlen« die Aussetzung). Denn in dem arbeitsgerichtlichen Verfahren kann wegen des einheitlichen Streitgegenstandes der Wirksamkeit der Kündigung die Frage der Unwirksamkeit wegen fehlender Zustimmung nicht offen bleiben, wenn die Kündigung nicht bereits aus anderen Gründen unwirksam ist. Rechtsbehelfe gegen eine von dem Integrationsamt, dem Widerspruchsausschuss oder einem Gericht der Verwaltungsgerichtsbarkeit erteilte Zustimmung zur Kündigung haben zwar keine aufschiebende Wirkung (s.o. Rz 105). Das bedeutet aber nur, dass der Arbeitgeber bereits vor Rechtskraft der zustimmenden Entscheidung die Kündigung aussprechen darf. Die Wirksamkeit der Kündigung hängt aber letztlich von der rechtskräftigen Entscheidung über die angefochtene Zustimmung zur Kündigung ab; andernfalls wären Rechtsbehelfe gegen eine Zustimmung und die Entscheidung der für den Rechtsbehelf zuständigen Instanz sinnlos. **Die Zustimmung zur Kündigung ist**, solange sie noch nicht rechtskräftig geworden ist, **schwebend unwirksam**. Den Gerichten für Arbeitssachen fehlt die Prüfungskompetenz hinsichtlich der Berechtigung der Zustimmung zur Kündigung (s.o. Rz 125). Es ist aber nicht gerechtfertigt, daraus

abzuleiten, dass der nicht bestandskräftigen Zustimmung eine »Tatbestandswirkung« zukomme, die von den Gerichten für Arbeitssachen hingenommen werden müsse (so aber: *BAG* 26.9.1991 EzA §1 KSchG Personenbedingte Kündigung Nr. 10 = SAE 1993, 225 mit zust. Anm. *Schiefer*). Entscheidend ist vielmehr: Die Wirksamkeit der Kündigung, die allein von der Wirksamkeit der noch nicht rechtskräftigen Zustimmung zur Kündigung abhängt, kann von den Gerichten für Arbeitssachen nicht abschließend beurteilt werden. Deshalb muss das arbeitsgerichtliche Verfahren ausgesetzt werden (vgl. auch *LAG RhPf* 16.6.1978 NJW 1978, 2263). Entgegen der Rspr. des BAG (*BAG* 26.9.1991 aaO = SAE 1993, 225 mit zust. Anm. *Schiefer/Köster*; ebenso: *LAG SchlH* 6.4.2004 RzK IV 8b Nr. 16; *Hess. LAG* 12.11.1993 NZA 1994, 576; *Gröninger/Thomas* §15 Rz 29; *Gröninger* Anm. AR-Blattei, Schwerbehinderte: Entsch. 57; *Hauck/Noftz-Griebeling* K §85 Rz 39; *Seidel* DB 1994, 1286) ist **für eine Ermessensentscheidung** der Gerichte für Arbeitssachen **kein Raum** (in diesem Sinne auch *Neumann/Pahlen/Majerski-Pahlen* §85 Rz 21; das *Hess. LAG* 11.2.1994 RzK IV 8 a Nr. 34 lehnt eine Aussetzung des Rechtsstreits grds. ab, wenn der Schwerbehinderte die Zustimmung der (früheren) Hauptfürsorgestelle zu seiner Entlassung angefochten habe und keine Anhaltspunkte für einen Erfolg der Anfechtung vorlägen; ähnlich *LAG Köln* 21.6.1996 ZTR 1997, 89, wenn der Erfolg des Klagebegehrens auf Gleichstellung und damit die Zustimmungsbedürftigkeit der Kündigung nicht überwiegend wahrscheinlich sei). Die damit den Kündigungsschutzprozess blockierende Kompetenz der Verwaltungsgerichte zur Überprüfung der Rechtmäßigkeit einer erteilten Kündigungszustimmung verstößt nach Auffassung des *LAG Hamm* (19.12.1985 LAGE Art. 101 GG Nr. 1) und des *ArbG Siegen* (10.6.1988 EzA Art. 101 GG Nr. 1) gegen Art. 101 Abs. 1 S. 2 GG (»Niemand darf seinem gesetzlichen Richter entzogen werden«). Daher haben diese Gerichte dem BVerfG die Frage, ob durch die bestehende Gesetzeslage Art. 101 Abs. 1 S. 2 GG verletzt ist, zur Entscheidung vorgelegt (Bedenken äußert auch *LAG Köln* 17.3.1992 EzA §148 ZPO Nr. 24). Beide Gerichte haben die Vorlage jedoch zurückgenommen (*Cramer* §15 Rz 21).

Wird trotz noch nicht rechtskräftiger Entscheidung über die Zustimmung zur Kündigung im arbeitsgerichtlichen Verfahren die Kündigungsschutzklage des schwerbehinderten Arbeitnehmers rechtskräftig abgewiesen, weil die Kündigung wirksam sei, und wird danach die Zustimmung im Verwaltungsrechtsweg aufgehoben, kann der schwerbehinderte Arbeitnehmer die **Wiederaufnahme des arbeitsgerichtlichen Verfahren** gem. §580 Nr. 6 ZPO betreiben (vgl. *Gröninger/Thomas* §15 Rz 29; *Cramer* §15 Rz 20; *Hauck/Noftz-Griebeling* K §85 Rz 39a; *Neumann/Pahlen/Majerski-Pahlen* §85 Rz 22; *Rewolle* DB 1975, 1124; **aA**: *Otto* DB 1975, 1554). Es ist zumindest eine analoge Anwendung des §580 Nr. 6 ZPO geboten (*BAG* 25.11.1980 EzA §580 ZPO Nr. 1; zust.: *Gröninger* Anm. AR-Blattei, Schwerbehinderte: Entsch. 57). Nach Ablauf von fünf Jahren seit Rechtskraft des arbeitsgerichtlichen Urteils ist zwar die Erhebung einer Wiederaufnahmeklage nicht mehr statthaft (§586 Abs. 2 S. 2 ZPO). Sollte jedoch in diesem Zeitpunkt das verwaltungsrechtliche Verfahren noch nicht rechtskräftig abgeschlossen sein, ist die Erhebung der Wiederaufnahmeklage zur Fristenwahrung des §586 Abs. 2 ZPO auch schon vor Ablauf des Verwaltungsrechtsverfahrens zulässig. Das Wiederaufnahmeverfahren ist dann bis zum Abschluss des Verwaltungsrechtsverfahrens auszusetzen (*Grunsky* Anm. AP Nr. 7 zu §12 SchwbG). **144**

Hat sich der Arbeitnehmer nach Ausspruch der Kündigung gegenüber dem Arbeitgeber rechtzeitig auf seine Schwerbehinderteneigenschaft und ein laufendes Anerkennungsverfahren nach §69 SGB IX berufen (s.o. Rz 16–25) und waren bei Zugang der Kündigung die Fristen des §69 Abs. 1 S. 2 SGB IX trotz ordnungsgemäßer Mitwirkung des Arbeitnehmers ohne Entscheidung des Versorgungsamtes über den Antrag auf Freistellung der Schwerbehinderung abgelaufen (s.o. Rz 53e – 53g), ist der **Kündigungsschutzprozess gem. §148 ZPO bis zur rechtskräftigen Entscheidung über den Anerkennungsantrag auszusetzen** (ebenso: APS-*Vossen* §85 SGB IX Rz 39; aA *LAG Köln* 19.12.1995 LAGE §1 KSchG Krankheit Nr. 22: Ermessensentscheidung). Wird dann im Anerkennungsverfahren rückwirkend bis zum Zeitpunkt des Zugangs der Kündigung die Schwerbehinderteneigenschaft des Arbeitnehmers festgestellt, ist die Kündigung wegen der fehlenden Zustimmung des Integrationsamtes unwirksam. Wird die Schwerbehinderteneigenschaft nicht oder nicht rückwirkend bis zum Zeitpunkt des Zugangs der Kündigung festgestellt, ist der Kündigungsschutzprozess fortzusetzen. Setzt das ArbG den Kündigungsschutzprozess nicht bis zur rechtskräftigen Entscheidung über den Anerkennungsantrag aus, sondern weist es die Kündigungsschutzklage rechtskräftig ab, kann der schwerbehinderte Arbeitnehmer in entsprechender Anwendung von §580 Nr. 7 b ZPO die Wiederaufnahme des Verfahrens (Restitutionsklage) betreiben, falls nach Rechtskraft des klageabweisenden Urteils im Kündigungsschutzprozess die Schwerbehinderteneigenschaft des Arbeitnehmers rückwirkend bis zum Zeitpunkt des Zugangs der Kündigung festgestellt wird (*BAG* 15.8.1984 EzA §580 ZPO Nr. 2 = AP Nr. 13 zu 12 SchwbG mit zust. Anm. *Gaul*). **145**

I. Weiterbeschäftigungsanspruch nach Kündigung

146 Ob dem gekündigten schwerbehinderten Arbeitnehmer nach Ablauf des Kündigungstermins ein Weiterbeschäftigungsanspruch zusteht, richtet sich **nach allgemeinen arbeitsrechtlichen Grundsätzen** (s. KR-*Etzel* § 102 BetrVG Rz 269 ff.). Ist die Kündigung offensichtlich unwirksam oder wird im Kündigungsschutzprozess die Kündigung durch noch nicht rechtskräftiges Urteil für unwirksam erklärt oder im verwaltungsrechtlichen Verfahren durch noch nicht rechtskräftiges Urteil die Zustimmung des Integrationsamtes zur Kündigung aufgehoben, besteht nach den Grundsätzen des Großen Senats des *BAG* (27.2.1985 EzA § 611 BGB Beschäftigungspflicht Nr. 9) grds. ein Anspruch auf Weiterbeschäftigung bis zum rechtskräftigen Abschluss der Verfahren (*ArbG Siegen* 17.2.1987 – Sa 1146/86 – nv). Vor Erlass der Urteile besteht grds. kein Anspruch auf Weiterbeschäftigung, auch wenn der Arbeitnehmer gegen die von dem Integrationsamt, dem Widerspruchsausschuss oder einem Gericht der Verwaltungsgerichtsbarkeit erteilte Zustimmung zur Kündigung Rechtsbehelfe eingelegt hat (**aA** *Arendt* DB 1985, 1291, der einen Weiterbeschäftigungsanspruch trotz noch nicht aufgehobener Zustimmung zur Kündigung bis zum rechtskräftigen Abschluss des Widerspruchs- bzw. verwaltungsgerichtlichen Verfahrens bejaht). Es ist in einem solchen Falle zwar ungewiss, ob die Kündigung – etwa bei einer rechtskräftigen Versagung der Zustimmung – Bestand hat, wird jedoch die Zustimmung zur Kündigung rechtskräftig bestätigt und ist die Kündigung auch aus sonstigen Gründen rechtlich nicht zu beanstanden, wird sie rückwirkend wirksam. Dann steht fest, dass das Arbeitsverhältnis nur bis zum Ablauf des Kündigungstermins fortbestand und nicht etwa bis zum Eintritt der Rechtskraft der zustimmenden Entscheidung zur Kündigung.

§ 91 Außerordentliche Kündigung

(1) Die Vorschriften dieses Kapitels gelten mit Ausnahme von § 86 auch bei außerordentlicher Kündigung, soweit sich aus den folgenden Bestimmungen nichts Abweichendes ergibt.
(2) ¹Die Zustimmung zur Kündigung kann nur innerhalb von zwei Wochen beantragt werden; maßgebend ist der Eingang des Antrages bei dem Integrationsamt. ²Die Frist beginnt mit dem Zeitpunkt, in dem der Arbeitgeber von den für die Kündigung maßgebenden Tatsachen Kenntnis erlangt.
(3) Das Integrationsamt trifft die Entscheidung innerhalb von zwei Wochen vom Tage des Eingangs des Antrages an. Wird innerhalb dieser Frist eine Entscheidung nicht getroffen, gilt die Zustimmung als erteilt.
(4) Das Integrationsamt soll die Zustimmung erteilen, wenn die Kündigung aus einem Grunde erfolgt, der nicht im Zusammenhang mit der Behinderung steht.
(5) Die Kündigung kann auch nach Ablauf der Frist des § 626 Abs. 2 Satz 1 des Bürgerlichen Gesetzbuchs erfolgen, wenn sie unverzüglich nach Erteilung der Zustimmung erklärt wird.
(6) Schwerbehinderte Menschen, denen lediglich aus Anlaß eines Streiks oder einer Aussperrung fristlos gekündigt worden ist, werden nach Beendigung des Streiks oder der Aussperrung wieder eingestellt.

Literatur

– bis 2004 vgl. KR-Vorauflage –

Inhaltsübersicht

	Rz		Rz
I. Entstehungsgeschichte und Zweck der Vorschrift	1	3. Die Zustimmung des Integrationsamtes	5–7
II. Voraussetzungen des Kündigungsschutzes	2–7	a) Grundsatz	5, 6
1. Außerordentliche Kündigung durch Arbeitgeber	2, 3	b) Ausnahmen von der Zustimmungsbedürftigkeit	7
2. Schwerbehinderteneigenschaft des Arbeitnehmers und Kenntnis des Arbeitgebers hiervon	4–4a	III. Das Verfahren bei dem Integrationsamt wegen eines Antrags auf Zustimmung zur Kündigung	8–23
		1. Antragstellung	8–12

	Rz		Rz
a) Antragsbefugnis, Form des Antrags, Antragsadressat	8	V. Bindung von Integrationsamt, sonstigen Behörden und Gerichten an die Entscheidung des Integrationsamtes	28
b) Antragsfrist	9–10		
c) Antragsinhalt	11, 12		
2. Einholung von Stellungnahmen und Anhörungen durch das Integrationsamt sowie Hinwirken auf eine gütliche Einigung	13	VI. Der Ausspruch der Kündigung	29–33
		1. Frist für Kündigungserklärung	29–32
		2. Einhaltung einer Kündigungsfrist	33
3. Entscheidung des Integrationsamtes	14–23	VII. Die Wirksamkeit der Kündigung	34–37
a) Frist für die Entscheidung	14–18	VIII. Rechtsbehelfe des Arbeitnehmers gegen die Kündigung	38–42
b) Ermessensspielraum	19–22		
c) Form der Entscheidung	23	IX. Wiedereinstellung nach Kündigung	43–50
IV. Rechtsbehelfe gegen die Entscheidung des Integrationsamtes	24–27		

I. Entstehungsgeschichte und Zweck der Vorschrift

Die Vorschriften über den Kündigungsschutz der schwerbehinderten Arbeitnehmer bei außerordentlichen Kündigungen, die früher in § 19 Abs. 3 und 5 SchwBeschG enthalten waren (Gesetz vom 6. Juni 1953), wurden später (Gesetz vom 29. April 1974) in § 21 (bis 31.7.1986: § 18) SchwbG zusammengefasst, der jetzt als § 91 in das SGB IX übernommen wurde. § 21 SchwbG entsprach im Wesentlichen der Regierungsvorlage idF der Vorschläge des Bundesrates, soweit ihnen die Bundesregierung zugestimmt hatte (BT-Drucks. 7/1515, S. 11 f.). Die Regelung des SchwBeschG, nach der eine fristlose Kündigung der Zustimmung der Hauptfürsorgestelle nur dann bedurfte, wenn sie aus einem Grunde erfolgte, der in unmittelbarem Zusammenhang mit der gesundheitlichen Schädigung stand, wegen der der Schutz des SchwBeschG gewährt wurde, hatte nach der Regierungsbegründung den Arbeitgeber in aller Regel überfordert, wenn er über das Vorliegen der Voraussetzungen der Zustimmungsbedürftigkeit zu entscheiden hatte (BT-Drucks. 7/656, B zu Art. I Nr. 22). Deshalb bedurfte nach § 21 SchwbG **jede außerordentliche Kündigung** eines schwerbehinderten Arbeitnehmers der vorherigen Zustimmung der Hauptfürsorgestelle. Das bedingte mehrere neue Regelungen: § 21 SchwbG legte zunächst Fristen fest, innerhalb derer die Zustimmung zur Kündigung bei der Hauptfürsorgestelle beantragt werden und innerhalb derer die Hauptfürsorgestelle über den Antrag entscheiden musste. Die Kürze der letztgenannten Frist (10 Tage, seit 1.8.1986 zwei Wochen) sollte dem Interesse des Arbeitgebers an rascher Klärung der Rechtslage Rechnung tragen (RegE, BT-Drucks. 7/656, B zu Art. I Nr. 22). Ferner bestimmte § 21 SchwbG, unter welchen Voraussetzungen die Hauptfürsorgestelle die Zustimmung zur Kündigung erteilen sollte; schließlich musste die Kündigung unverzüglich nach Erteilung der Zustimmung erklärt werden, falls die Frist des § 626 Abs. 2 S. 1 BGB bei Zustimmungserteilung schon abgelaufen war. § 21 Abs. 6 SchwbG stimmte mit der früheren Rechtslage (§ 19 Abs. 5 SchwBeschG) überein. Diese Regelungen sind in § 91 SGB IX inhaltlich unverändert geblieben. Die Aufgaben der früheren Hauptfürsorgestelle werden jetzt von dem Integrationsamt wahrgenommen. **1**

II. Voraussetzungen des Kündigungsschutzes

1. Außerordentliche Kündigung durch Arbeitgeber

Eine außerordentliche Kündigung durch den Arbeitgeber liegt vor, wenn dieser eine Kündigung ausspricht und hierbei **erkennbar zum Ausdruck bringt**, dass er die für das Arbeitsverhältnis maßgebende Kündigungsfrist nicht einhalten will oder die Kündigung auf einen für ihn wichtigen Grund stützt. Im Allgemeinen wird eine außerordentliche Kündigung als »fristlose« Kündigung ausgesprochen, was zur Kennzeichnung genügt. Gewährt der Arbeitgeber dem Arbeitnehmer eine sog. Auslauffrist, dh, spricht er die Kündigung nicht mit sofortiger Wirkung (»fristlos«) aus, liegt eine außerordentliche Kündigung nur vor, wenn er dies in dem oben angeführten Sinne erkennbar zum Ausdruck bringt; andernfalls handelt es sich um eine ordentliche Kündigung (mit möglicherweise unzutreffend berechneter Kündigungsfrist), für die nicht das Verfahren nach § 91 Abs. 2–5 SGB IX, sondern nur die §§ 85–90 SGB IX gelten. § 91 SGB IX gilt auch für außerordentliche Kündigungen mit notwendiger Auslauffrist **gegenüber ordentlich bzw. tariflich unkündbaren Arbeitnehmern** (BAG 12.5.2005 EzA § 91 SGB IX Nr. 2; 12.8.1999 EzA § 21 SchwbG 1986 Nr. 10; aA KDZ-*Zwanziger* § 91 SGB IX Rz 2; LPK-SGB IX/*Düwell* § 91 Rz 8), für außerordentlichen Kündigungen im **Insolvenzverfahren,** für vorsorgliche außerordentli- **2**

§ 91 SGB IX   Außerordentliche Kündigung

che Kündigungen, für außerordentliche **Änderungskündigungen** und für **außerordentliche Kündigungen nach dem Einigungsvertrag** – Anl. I Kap. XIX Sachgebiet A Abschn. III Nr. 1 Abs. 5 – (*BAG* 16.3.1994 EzA Art. 20 Einigungsvertrag Nr. 34).

3   Der außerordentlichen Kündigung steht die **vorzeitige Versetzung** eines Dienstordnungs-Angestellten **in den Ruhestand** ohne Einhaltung der maßgebenden Kündigungsfrist (s. KR-*Etzel* § 92 SGB IX Rz 10) sowie die Beendigung des Arbeitsverhältnisses im Falle des Eintritts einer teilweisen Erwerbsminderung, der Erwerbsminderung auf Zeit, der Berufsunfähigkeit oder der Erwerbsunfähigkeit auf Zeit ohne Kündigung und ohne Einhaltung einer der Kündigungsfrist entsprechenden Auslauffrist (§ 92 SGB IX) nicht gleich, obwohl keine Kündigungsfrist einzuhalten ist. Denn nach § 92 S. 2 SGB IX sind insoweit die Vorschriften über die Zustimmung zu einer ordentlichen Kündigung entsprechend anzuwenden.

2. Schwerbehinderteneigenschaft des Arbeitnehmers und Kenntnis des Arbeitgebers hiervon

4   Es gelten hier dieselben Grundsätze wie bei einer ordentlichen Kündigung (s. KR-*Etzel* §§ 85 ff. SGB IX Rz 12 ff.). Das bedeutet insbes., dass der schwerbehinderte Arbeitnehmer den Kündigungsschutz des § 91 SGB IX unabhängig davon genießt, ob der Arbeitgeber die Schwerbehinderteneigenschaft des Arbeitnehmers kennt. Der schwerbehinderte Arbeitnehmer ist allerdings verpflichtet, dem Arbeitgeber, der die Schwerbehinderteneigenschaft des Arbeitnehmers nicht kennt, **innerhalb von zwei Wochen nach Zugang der Kündigung** seine Schwerbehinderteneigenschaft **mitzuteilen** (s. KR-*Etzel* §§ 85 ff. SGB IX Rz 25); andernfalls verliert der Arbeitnehmer den Kündigungsschutz des § 91 SGB IX (s. KR-*Etzel* §§ 85 ff. SGB IX Rz 24; dort sind auch die Ausnahmen von diesem Grundsatz aufgeführt).

4a Teilt der Arbeitnehmer dem Arbeitgeber die Schwerbehinderteneigenschaft fristgerecht mit (s.o. Rz 4; das *ArbG Trier* 9.4.2003 NZA-RR 2003, 535 verwehrt es einem schwerbehinderten Betriebsratsmitglied unter dem Gesichtspunkt von Treu und Glauben, sich im Rahmen einer Kündigungsschutzklage auf den Sonderkündigungsschutz als Schwerbehinderter zu berufen, wenn er trotz sicherer Kenntnis seiner Schwerbehinderteneigenschaft im Zustimmungsersetzungsverfahren nach § 103 Abs. 2 BetrVG dem Arbeitgeber keine Mitteilung gemacht hat), kann dieser bei dem Integrationsamt die Zustimmung zur Kündigung beantragen und damit das **Zustimmungsverfahren nach § 91 SGB IX einleiten** (zur Antragsfrist s.u. Rz 9). Das Integrationsamt hat dann zunächst zu ermitteln, ob der Arbeitnehmer schwerbehindert ist. Stellt sich hierbei heraus, dass die Schwerbehinderteneigenschaft nicht offenkundig oder amtlich festgestellt ist, der Arbeitnehmer aber die Feststellung seiner Schwerbehinderteneigenschaft beantragt hat und die dem Versorgungsamt gesetzten gesetzlichen Fristen zur Feststellung der Schwerbehinderung trotz ordnungsgemäßer Mitwirkung des Arbeitnehmers abgelaufen sind, so dass der Arbeitnehmer noch rückwirkenden Sonderkündigungsschutz erlangen kann (s. KR-*Etzel* §§ 85 ff. SGB IX Rz 53h), hat das Integrationsamt einen **vorsorglichen Bescheid** zu erteilen, bei dem die Schwerbehinderteneigenschaft des Arbeitnehmers unterstellt wird. Nur so kann einerseits der Gesetzeszweck erreicht werden, demjenigen, der rechtzeitig iSv § 90 Abs. 2a – zweite Alt. – SGB IX die Feststellung seiner Schwerbehinderteneigenschaft beantragt und ordnungsgemäß an dem Verfahren mitgewirkt hat, den Sonderkündigungsschutz des SGB IX zu gewähren, und andererseits dem Arbeitgeber die Möglichkeit zu geben, das Kündigungsverfahren zur außerordentlichen Kündigung zügig zu betreiben. Erteilt das Integrationsamt die Zustimmung zur Kündigung, muss der Arbeitgeber alsbald kündigen (s. § 91 Abs. 5 SGB IX), der Arbeitnehmer seinerseits kann die Zustimmung zur Kündigung durch Widerspruch und ggf. Klage angreifen. Wird die Schwerbehinderteneigenschaft dann festgestellt, nehmen die Verfahren ihren Lauf; wird die Feststellung der Schwerbehinderteneigenschaft abgelehnt, nimmt das Kündigungsverfahren seinen Lauf, während das Zustimmungsverfahren (Widerspruch und Klage) gegenstandslos wird. Versagt hingegen das Integrationsamt die Zustimmung zur Kündigung, kann der Arbeitgeber diese Entscheidung durch Widerspruch und ggf. Klage angreifen. Wird die Schwerbehinderteneigenschaft dann festgestellt, läuft das Zustimmungsverfahren weiter; wird die Feststellung der Schwerbehinderteneigenschaft abgelehnt, wird das Zustimmungsverfahren gegenstandslos und der Arbeitgeber muss alsbald kündigen (s. § 91 Abs. 5 SGB IX).

3. Die Zustimmung des Integrationsamtes

a) Grundsatz

5   Aufgrund des § 91 Abs. 1 SGB IX gilt § 85 SGB IX auch bei außerordentlichen Kündigungen, dh, eine außerordentliche Kündigung des Arbeitsverhältnisses durch den Arbeitgeber bedarf grds. der **vorhe-**

Außerordentliche Kündigung § 91 SGB IX

rigen Zustimmung des Integrationsamtes, wobei gem. § 91 SGB IX für das Zustimmungsverfahren und die Entscheidungen des Integrationsamtes einige Besonderheiten gegenüber dem Verfahren bei einer ordentlichen Kündigung gelten. Bis zum Eingang der Zustimmung ist der Arbeitgeber grds. nicht berechtigt, den schwerbehinderten Arbeitnehmer unbezahlt von der Arbeit freizustellen (*BAG* 20.12.1976 EzA § 18 SchwbG Nr. 1).

Im Übrigen gilt hinsichtlich der Bedeutung der Zustimmung für den Fall ihrer Aufhebung im Rechtsmittelverfahren sowie hinsichtlich eines Negativattestes des Integrationsamtes das, was zur ordentlichen Kündigung ausgeführt wurde (s. KR-*Etzel* §§ 85 ff. SGB IX Rz 137 ff., 54 ff.). Zur Kündigungserklärung beim Negativattest s.a. Rz 30. 6

b) Ausnahmen von der Zustimmungsbedürftigkeit

Da § 91 Abs. 1 SGB IX bei außerordentlichen Kündigungen von den Vorschriften des Vierten Kapitels (§§ 85–92) nur § 86 für nicht anwendbar erklärt, findet auch § 90 SGB IX Anwendung. Das heißt: In den von **§ 90 SGB IX** erfassten Fällen (s. KR-*Etzel* §§ 85 ff. SGB IX Rz 36 ff.) bedarf auch die außerordentliche Kündigung des Arbeitsverhältnisses nicht der Zustimmung des Integrationsamtes. 7

III. Das Verfahren bei dem Integrationsamt wegen eines Antrags auf Zustimmung zur Kündigung

1. Antragstellung

a) Antragsbefugnis, Form des Antrags, Antragsadressat

§ 87 Abs. 1 SGB IX findet Anwendung (§ 91 Abs. 1 SGB IX). Es kann deshalb auf KR-*Etzel* §§ 85 ff. SGB IX Rz 59 ff. verwiesen werden. 8

b) Antragsfrist

Der Arbeitgeber kann die Zustimmung zur Kündigung **nur innerhalb von zwei Wochen** beantragen, nachdem er von den für die Kündigung maßgebenden Tatsachen Kenntnis erlangt hat (§ 91 Abs. 2 SGB IX). Kenntniserlangung bedeutet, dass der Kündigungsberechtigte eine zuverlässige und möglichst vollständige Kenntnis vom Kündigungssachverhalt hat, die ihm die Entscheidung ermöglicht, ob die Fortsetzung des Arbeitsverhältnisses zumutbar ist oder nicht (*BAG* 18.12.1986 RzK IV 8 c Nr. 14; 6.7.1972 EzA § 626 BGB n. F. Nr. 15). Daher beginnt die Zweiwochenfrist nicht zu laufen, solange der Arbeitgeber die aus der Sicht eines vernünftigen Dritten zur Aufklärung des Sachverhalts notwendig erscheinenden Maßnahmen durchführt (vgl. *OVG Lüneburg* 15.7.1997 – 4 L 2398/97; *VG Düsseld.* 21.10.1986 GW 1987, 6). **Zu den Kündigungstatsachen gehört auch die Schwerbehinderteneigenschaft** des Arbeitnehmers (*BAG* 14.5.1982 EzA § 18 SchwbG Nr. 5; 23.2.1978 EzA § 12 SchwbG Nr. 5; *LAG Köln* 4.8.2003 LAGE § 91 SGB IX Nr. 1). Teilt etwa der Arbeitnehmer dem Arbeitgeber nach Zugang einer außerordentlichen Kündigung seine Schwerbehinderteneigenschaft mit, ist die ausgesprochene Kündigung wegen Verstoßes gegen § 91 Abs. 1 iVm § 85 SGB IX unwirksam. Von der Mitteilung des Arbeitnehmers an läuft aber für den Arbeitgeber eine neue Zweiwochenfrist iSv § 91 Abs. 2 SGB IX (*BVerwG* 5.10.1995 Buchholz 436.61 § 21 SchwbG Nr. 6). Durch den Antrag bei dem Integrationsamt auf Zustimmung zur Kündigung innerhalb dieser Zweiwochenfrist wahrt der Arbeitgeber auch die Ausschlussfrist für solche Kündigungsgründe, die im Zeitpunkt der ersten (unwirksamen) Kündigung noch nicht verfristet waren, weil zwischen erster Kündigung, Mitteilung der Schwerbehinderteneigenschaft und Antrag auf Zustimmung zur Kündigung ein enger sachlicher und zeitlich naher Zusammenhang besteht (vgl. *Rewolle* DB 1977, 1701). Ist der Arbeitnehmer vor Kenntnis des Arbeitgebers von der Schwerbehinderung zum Verdacht eines Fehlverhaltens angehört worden, beginnt mit der Kenntnis des Arbeitgebers von der Schwerbehinderung die Frist zur Antragstellung beim Integrationsamt. Eine erneute Anhörung des Arbeitnehmers ist hierbei nicht erforderlich (*LAG Köln* 4.8.2003 ZTR 2004, 212); eine gleichwohl durchgeführte Anhörung hemmt nicht die Antragsfrist beim Integrationsamt. Im Übrigen gelten hier dieselben Erwägungen, die bei der Einhaltung der Zweiwochenfrist des § 626 Abs. 2 BGB zu beachten sind (*BVerwG* 2.5.1996 Buchholz 436.61 § 21 SchwbG Nr. 7; *BAG* 18.12.1986 aaO; s. hierzu KR-*Fischermeier* § 626 BGB). Für die Fristeinhaltung ist der **Eingang des Antrags bei dem Integrationsamt** maßgebend, wie § 91 Abs. 2 S. 1 SGB IX besonders hervorhebt. Ist die Antragsfrist nicht eingehalten, hat das Integrationsamt die Zustimmung zur Kündigung abzulehnen (APS-*Vossen* Rz 9). 9

Etzel 2381

9a Hat der Arbeitgeber von einem **Antrag des Arbeitnehmers auf Feststellung der Schwerbehinderteneigenschaft** Kenntnis erlangt und beantragt er deshalb innerhalb der Frist des § 91 Abs. 2 SGB IX die Zustimmung des Integrationsamtes, statt die Kündigung selbst zu erklären, kann sich der Arbeitnehmer nach Treu und Glauben nicht auf die Versäumung der Zweiwochenfrist des § 626 Abs. 2 BGB berufen, wenn er tatsächlich nicht schwerbehindert war und die Kündigung deshalb nicht der Zustimmung des Integrationsamtes bedurfte (*BAG* 27.2.1987 EzA § 626 BGB Ausschlussfrist Nr. 1; *Grimm/Baron* DB 2000, 571). Der Arbeitgeber muss in diesem Fall die Kündigung unverzüglich erklären, nachdem er vom Fehlen der Schwerbehinderteneigenschaft Kenntnis erlangt hat (entsprechende Anwendung von § 91 Abs. 5 SGB IX) Das gleiche gilt, wenn der Arbeitgeber vom Wegfall der Schwerbehinderteneigenschaft (§ 116 SGB IX) keine Kenntnis erlangt; es besteht insoweit eine Offenbarungspflicht des Arbeitnehmers (*Grimm/Baron* aaO).

10 Versäumt der Arbeitgeber die Frist, fehlt eine **gesetzliche Voraussetzung für die Zustimmung** des Integrationsamtes zur außerordentlichen Kündigung. Eine Wiedereinsetzung gegen die Fristversäumnis gibt es für den Arbeitgeber nicht (*Gröninger/Thomas* § 21 Rz 7). Deshalb darf das Integrationsamt die Zustimmung zur Kündigung nicht erteilen (*BVerwG* 15.3.1989 Buchholz 436.61 § 21 SchwbG Nr. 2; *Cramer* § 21 Rz 5). Tut es dies trotzdem und wird seine Entscheidung formell rechtskräftig, kann im arbeitsgerichtlichen Verfahren die außerordentliche Kündigung wegen Nichteinhaltung der Frist des § 91 Abs. 2 SGB IX für unwirksam erklärt werden, wenn die Nichteinhaltung dieser Frist offenkundig ist und deshalb die Nichtigkeit der Zustimmung des Integrationsamtes begründet (ebenso: KDZ-*Zwanziger* Rz 5); darüber hinaus steht den ArbG nicht die Prüfungskompetenz zu, ob die Frist des § 91 Abs. 2 SGB IX eingehalten ist, weil sie sonst mittelbar über die Wirksamkeit der Zustimmung des Integrationsamtes befinden würden, was unzulässig ist (vgl. KR-*Etzel* §§ 85 ff. SGB IX Rz 125; wie hier: *LAG Hamm* 4.11.2004 RzK IV 8c Nr. 37; *Hauck/Neftz-Griebeling* K § 91 Rz 8a; **aA** *Fenski* BB 2001, 570; *Joussen* DB 2002, 2163). Hat jedoch der Arbeitgeber erst nach Ablauf der Zweiwochenfrist des § 626 Abs. 2 BGB die Zustimmung des Integrationsamtes zur Kündigung beantragt, ist die Kündigung unwirksam, selbst wenn das Integrationsamt die Zustimmung erteilt (*BAG* 2.3.2006 EzA § 91 SGB IX Nr. 3).

c) Antragsinhalt

11 In dem Antrag muss der Arbeitgeber den **Namen des schwerbehinderten Arbeitnehmers** angeben, dem er kündigen will, **erkennbar** zum Ausdruck bringen, dass er **eine außerordentliche Kündigung** aussprechen will und zu dieser Kündigung die Zustimmung des Integrationsamtes beantragen. Bringt der Arbeitgeber nicht deutlich zum Ausdruck, dass es sich um eine außerordentliche Kündigung handeln soll, ist von einem Antrag auf Zustimmung zu einer ordentlichen Kündigung auszugehen.

12 Will der Arbeitgeber dem schwerbehinderten Arbeitnehmer zusammen mit der außerordentlichen Kündigung zugleich **vorsorglich ordentlich kündigen** oder will er sich die Möglichkeit der **Umdeutung** der (möglicherweise unwirksamen) außerordentlichen in eine ordentliche Kündigung offen halten, sollte er auch die Zustimmung des Integrationsamtes zu dieser ordentlichen Kündigung beantragen; andernfalls läuft er Gefahr, dass die Umdeutung einer unwirksamen außerordentlichen in eine wirksame ordentliche Kündigung unzulässig ist (s.u. Rz 15 f.).

2. Einholung von Stellungnahmen und Anhörungen durch das Integrationsamt sowie Hinwirken auf eine gütliche Einigung

13 Die Vorschrift des § 87 SGB IX über die Einholung von Stellungnahmen durch das Integrationsamt, die Anhörung des schwerbehinderten Arbeitnehmers sowie die Verpflichtung des Integrationsamtes, auf eine gütliche Einigung hinzuwirken, **gilt auch bei außerordentlichen Kündigungen** (§ 91 Abs. 1 SGB IX). Es kann daher auf KR-*Etzel* §§ 85 ff. SGB IX Rz 73 ff. verwiesen werden. Allerdings ist zu beachten, dass das Integrationsamt sein Verfahren beschleunigt durchführen muss, da es seine Entscheidung innerhalb von zwei Wochen nach Antragstellung zu treffen hat (s.u. Rz 14). Erteilt das Integrationsamt die Zustimmung zur außerordentlichen Kündigung, bevor die dem schwerbehinderten Arbeitnehmer gesetzte Frist zur Äußerung abgelaufen ist, kann die erforderliche Anhörung bis zum Abschluss des Widerspruchsverfahrens mit heilender Wirkung nachgeholt werden (*OVG Lüneburg* 14.4.1993 – 4 L 5371/92 – nv).

3. Entscheidung des Integrationsamtes
a) Frist für die Entscheidung

Die Vorschrift, dass das Integrationsamt **innerhalb von zwei Wochen nach Eingang des Antrags** auf 14
Zustimmung zur außerordentlichen Kündigung seine Entscheidung über den Antrag zu treffen hat
(§ 91 Abs. 3 S. 1 SGB IX), bedeutet, dass innerhalb dieser Frist eine endgültige Entscheidung ergehen
muss. Das Integrationsamt ist nicht befugt, die Frist von zwei Wochen zu verlängern; ebenso wenig
darf es sich damit begnügen, innerhalb dieser Frist eine vorläufige Entscheidung zu treffen und die
endgültige Entscheidung auf einen späteren Zeitpunkt zu verschieben. Das Integrationsamt darf auch
nicht die Zustimmung zur Kündigung mit der Begründung ablehnen, eine abschließende Stellungnahme sei wegen der kurzen Frist nicht möglich; andernfalls kann es sich nach § 839 BGB, Art. 34 GG
gegenüber dem Antragsteller (Arbeitgeber) schadenersatzpflichtig machen (APS-*Vossen* Rz 11; *Gröninger/Thomas* § 21 Rz 11; *Neumann/Pahlen/Majersky-Pahlen* Rz 19; **aA** *Cramer* § 21 Rz 6), zB weil dieser mangels wirksamer Kündigung zur Lohnzahlung verpflichtet bleibt, obwohl ihm die Weiterbeschäftigung
des Arbeitnehmers nicht zugemutet werden kann (*Neumann/Pahlen/Majersky-Pahlen* aaO).

Das Integrationsamt hat auch über den Antrag des Arbeitgebers auf Zustimmung zur außerordentli- 15
chen Kündigung zu entscheiden, wenn der Arbeitnehmer zwar die Feststellung seiner Schwerbehinderteneigenschaft beim Versorgungsamt beantragt hat, aber eine rechtskräftige Feststellung noch nicht
vorliegt. Denn die Zuständigkeit des Integrationsamtes hängt nach § 91 Abs. 3 S. 1 SGB IX allein davon
ab, dass ein Zustimmungsantrag vom Arbeitgeber gestellt worden ist, nicht aber von der Schwerbehinderteneigenschaft des zu Kündigenden. Ist die Schwerbehinderteneigenschaft des zu Kündigenden noch nicht festgestellt, hat das Integrationsamt ein Negativattest zu erteilen, falls die Voraussetzungen des § 90 Abs. 2a – zweite Alternative – SGB IX vorliegen (s. KR-*Etzel* §§ 85 ff. SGB IX Rz 53d ff.);
im Übrigen ist die Entscheidung des Integrationsamtes ein **vorsorglicher Verwaltungsakt**, dem der
Vorbehalt immanent ist, dass das Verfahren vor dem Versorgungsamt zu einer Feststellung der
Schwerbehinderteneigenschaft des Arbeitnehmers führt (*BVerwG* 15.12.1988 EzA § 15 SchwbG 1986
Nr. 6). Stimmt das Integrationsamt der Kündigung zu, kann der Arbeitgeber kündigen, ohne dass es
auf die nachfolgende Entscheidung über den Antrag des Arbeitnehmers auf Feststellung seiner
Schwerbehinderteneigenschaft ankommt; der Arbeitnehmer kann allerdings die Entscheidung des Integrationsamtes im Verwaltungsrechtsweg anfechten. Lehnt das Integrationsamt die Zustimmung zur
Kündigung ab, handelt der Arbeitgeber auf eigenes Risiko, wenn er nunmehr kündigt: Wird die
Schwerbehinderteneigenschaft des Arbeitnehmers nachträglich festgestellt, ist die Kündigung wegen
fehlender Zustimmung des Integrationsamtes unwirksam; wird der Antrag des Arbeitnehmers auf
Feststellung seiner Schwerbehinderteneigenschaft abgelehnt, ist der Ablehnungsbescheid des Integrationsamtes gegenstandslos, so dass die Kündigung nicht wegen Verstoßes gegen das SGB IX unwirksam ist.

Die **Zustellung der Entscheidung innerhalb der Zweiwochenfrist ist nicht erforderlich;** es genügt 16
vielmehr, dass das Integrationsamt die fristgerecht getroffene Entscheidung alsbald zustellen lässt
(*ArbG Wilhelmshaven* 22.12.1977 ARSt 1978, 122 *Gröninger/Thomas* § 21 Rz 10; **aA** *Ritzer* § 18 Rz 7; *Herschel* Anm. EzA § 18 SchwbG Nr. 4; *Rewolle* BB 1977, 203). Erforderlich ist nur, dass das Integrationsamt
innerhalb der Zweiwochenfrist **seine Entscheidung trifft**. Die Entscheidung des Integrationsamtes ist
»getroffen«, wenn der behördeninterne Entscheidungsvorgang abgeschlossen ist (*BAG* 12.5.2005 EzA
§ 91 SGB IX Nr. 2), dh, der zuständige Dezernent den entsprechenden Bescheid unterzeichnet hat und
dieser **an den Arbeitgeber abgesandt** (»zur Post gegeben«) **oder ihm mündlich mitgeteilt** worden ist
(*BAG* 12.8.1999 EzA § 21 SchwbG 1986 Nr. 10; 9.2.1994 EzA § 21 SchwbG 1986 Nr. 5; KDZ-*Zwanziger*
Rz 15; **aA** – förmliche Zustellung erforderlich: *LAG Köln* 20.3.1990 LAGE § 21 SchwbG 1986 Nr. 1 mit
abl. Anm. *Rüthers/Heilmann*; *LAG Frankf.* 29.1.1991 – 5 Sa 1334/90 – nv –). Damit hat die zuständige
Stelle über den Antrag entschieden und alles getan, um die Entscheidung wirksam werden zu lassen.
Die mündliche Weitergabe einer noch nicht schriftlich vorliegenden Entscheidung reicht nicht aus
(*LAG Düsseld.* 29.1.2004 RzK IV 8c Nr. 32), ebenso wenig die fernmündliche Mitteilung vor Ablauf der
Zweiwochenfrist, das Integrationsamt wolle die Sache verfristen lassen (*LAG München* 9.11.2005 – 10
Sa 532/05). Mit »Entscheidung treffen« ist nicht das Wirksamwerden der Entscheidung selbst gemeint;
diese tritt erst mit der Zustellung an den Arbeitgeber ein (die Zustellung an den schwerbehinderten
Arbeitnehmer ist keine Wirksamkeitsvoraussetzung; s.u. Rz 23). Das Gesetz unterscheidet zwischen
»Entscheidung treffen« und »Zustellung« der (getroffenen) Entscheidung, wie aus § 88 Abs. 1 und 2
SGB IX deutlich hervorgeht. Diese Auslegung entspricht auch dem Zweck und der Entstehungsgeschichte des § 21 Abs. 2 SchwbG (jetzt: § 91 Abs. 2 SGB IX). Dem Integrationsamt sollen zwei Wochen

zur Verfügung stehen, um seine Entscheidung über den Antrag auf Zustimmung zur Kündigung treffen zu können. Es muss innerhalb dieser Frist eine Stellungnahme des Betriebsrats oder Personalrates und der Schwerbehindertenvertretung einholen, den schwerbehinderten Arbeitnehmer hören und hat auf eine gütliche Einigung hinzuwirken (§ 91 Abs. 1 iVm § 87 Abs. 2–3 SGB IX). Wollte man innerhalb der Zweiwochenfrist auch die Zustellung der Entscheidung des Integrationsamtes verlangen, würde dadurch die Frist verkürzt, die dem Integrationsamt zur Ermittlung des Sachverhalts und zur Einholung der vorgeschriebenen Stellungnahmen zur Verfügung stände. Eine sorgfältige und ordnungsgemäße Abwicklung des Verfahrens vor dem Integrationsamt wäre damit in Frage gestellt. Die Zweiwochenfrist (bis 31.7.1986: 10-Tage-Frist) soll zwar dem Interesse des Arbeitgebers an rascher Klärung der Rechtslage Rechnung tragen (so RegE, BT-Drucks. 7/656, Begr. zu Art. I Nr. 22b). Andererseits wurde aber auf Antrag des Bundesrates die für die Entscheidung der (früheren) Hauptfürsorgestelle im Regierungsentwurf vorgesehene Frist von einer Woche zunächst auf 10 Tage und seit 1.8.1986 auf zwei Wochen verlängert, weil es »regelmäßig nicht möglich« sei, innerhalb von einer Woche »das Anhörungsverfahren durchzuführen und eine Entscheidung zu treffen«, eine Verlängerung der Frist sei daher »aus verwaltungspraktischen Gründen unerlässlich« (so Bundesrat BR-Drucks. 7/656, Stellungnahme zu Art. I Nr. 22b). Müsste die Entscheidung des Integrationsamtes innerhalb der Zweiwochenfrist Arbeitgeber und Arbeitnehmer zugestellt werden, stände dem Integrationsamt in vielen Fällen praktisch nur wenig mehr als eine Woche für seine Entscheidung zur Verfügung, was der Gesetzgeber gerade durch die Verlängerung der ursprünglichen Frist von 10 Tagen verhindern wollte. Im Übrigen werden durch die hier vertretene Auffassung schutzwürdige Interessen des Arbeitgebers nicht beeinträchtigt: Er kann sich nach Ablauf der Zweiwochenfrist bei dem Integrationsamt nach dessen Entscheidung erkundigen und danach seine Dispositionen treffen.

17 Die Zweiwochenfrist, die dem Integrationsamt für seine Entscheidung zur Verfügung steht, ist **nach §§ 187, 188 BGB zu berechnen**. Fällt der letzte Tag der so berechneten Frist auf einen Sonntag, Feiertag oder Sonnabend, wird die Frist bis zum Ablauf des nächsten Werktages verlängert (§ 193 BGB).

18 Trifft das Integrationsamt innerhalb der Frist von zwei Wochen keine endgültige Entscheidung über den Antrag, **gilt die Zustimmung zur Kündigung als erteilt** (§ 88 Abs. 3 S. 2 SGB IX). Eine nur vorläufige Entscheidung ist unbeachtlich. Teilt das Integrationsamt innerhalb der Frist von zwei Wochen lediglich mit, sie verweigere »vorläufig« die Zustimmung zur Kündigung, gilt die Zustimmung zur Kündigung nach Fristablauf gleichwohl als erteilt. Andererseits braucht das Integrationsamt die Verweigerung der Zustimmung zur Kündigung nicht zu begründen, um den Eintritt der Zustimmungsfiktion des § 91 Abs. 3 S. 2 SGB IX zu verhindern (vgl. *ArbG Herford* 13.1.1977 AuR 1977, 187). Nach der hier vertretenen Auffassung wird die Zustimmungsfiktion schon dadurch verhindert, dass das Integrationsamt innerhalb der Zweiwochenfrist seine Entscheidung an den Arbeitgeber absendet oder ihm mündlich mitteilt (s.o. Rz 16). Auch wenn die Zustimmung des Integrationsamtes zur Kündigung fingiert wird, weil es innerhalb der Frist von zwei Wochen keine endgültige Entscheidung getroffen hat, bleibt es verpflichtet, die (fingierte) Zustimmungsentscheidung mit Rechtsbehelfsbelehrung dem Arbeitgeber und dem schwerbehinderten Arbeitnehmer zuzustellen, damit die Widerspruchsfrist in Lauf gesetzt wird (*BAG* 12.5.2005 EzA § 91 SGB IX Nr. 2; s. im Übrigen Rz 24).

b) Ermessensspielraum

19 Das Ermessen des Integrationsamtes bei seiner Entscheidung über den (form- und fristgerechten) Antrag des Arbeitgebers auf Erteilung der Zustimmung zur Kündigung wird durch § 91 Abs. 4 SGB IX **erheblich eingeschränkt**. Aufgrund der Sollvorschrift des § 91 Abs. 4 SGB IX hat das Integrationsamt die Zustimmung zur Kündigung grds. zu erteilen, wenn der vom Arbeitgeber angegebene **Kündigungsgrund nicht im Zusammenhang mit der Behinderung** steht (vgl. *VG Arnsberg* 11.2.1976 DB 1976, 1532), wobei es nur auf die nach § 69 SGB IX festgestellten Behinderungen ankommt (*OVG Lüneburg* 28.10.1992 – 4 L 2706/92 – nv; dazu neigt auch *VGH BW* 3.5.1993 VGHBW RspDienst 1993, Beil. 9, B 16; **aA** *OVG Münster* 15.5.1986 – 10 A 760/84 – nv). Insoweit ist das Integrationsamt zur entsprechenden Aufklärung des Sachverhalts und zur Prüfung verpflichtet, ob ein Zusammenhang zwischen Kündigungsgrund und Behinderung besteht (*VG Gelsenkirchen* 5.5.1988 br 1989, 46). Auch ein mittelbarer Zusammenhang genügt, zB Beschaffungskriminalität eines suchtkranken Arbeitnehmers (*OVG NRW* 23.5.2000 AP Nr. 1 zu § 88 SGB IX) oder bei einer Vertrauensperson der Schwerbehinderten ein Zusammenhang zwischen dem behaupteten Kündigungsgrund und der Funktion der Schwerbehindertenvertretung (*LAG Düsseld.* 4.12.2002 AiB 2004, 444). Zur Klärung, ob ein Zusammenhang besteht, kann das Integrationsamt auch Sachverständige hinzuziehen (vgl. *BVerwG* 18.5.1988 Buchholz 436.61

§ 15 SchwbG 1986 Nr. 1). Besteht zwischen anerkannten Behinderungen und der Kündigung kein Zusammenhang, hat das Integrationsamt grds. die Zustimmung zu erteilen und nicht zu prüfen, ob der angegebene Kündigungsgrund auch tatsächlich zutrifft und eine außerordentliche Kündigung rechtfertigt (*BVerwG* 2.7.1992 BVerwGE 90, 275; *VGH BW* 24.11.2005 – 9 S 2178/05; *OVG NRW* 5.9.1989 EzA § 21 SchwbG 1986 Nr. 1; **aA** *BayVGH* 29.3.1990 br 1990, 136; *Bethmann/Kamm/Möller-Lücking/Peiseler/ Westermann/Witt/Unterhinninghofen* § 21 Rz 7; *KDZ-Zwanziger* Rz 8; *Neumann/Pahlen/Majerski-Pahlen* Rz 21; *Kaiser* BehindR 1987, 6; vgl. auch *OVG Lüneburg* 17.1.1977 DB 1977, 546); hierzu besteht auch kein Anlass, da diese Prüfung den Gerichten für Arbeitssachen obliegt.

Die angeführten Grundsätze bei der Entscheidung des Integrationsamtes gelten ausnahmsweise dann **20** nicht, wenn der angegebene **Kündigungsgrund offensichtlich unzutreffend ist oder offensichtlich eine außerordentliche Kündigung nicht rechtfertigen kann**, dh wenn die Unwirksamkeit der Kündigung ohne jeden vernünftigen Zweifel in rechtlicher und tatsächlicher Hinsicht offen zu Tage liegt (vgl. *BVerwG* 18.9.1996 Buchholz 436.61 § 21 SchwbG Nr. 8; *VGH BW* 24.11.2005 – 9 S 2178/05). In einem solchen Fall ist eine Abweichung von der Sollvorschrift des § 91 Abs. 4 SGB IX sachlich gerechtfertigt; das Integrationsamt darf hier die Zustimmung zur Kündigung nicht erteilen, sondern muss sie verweigern (in diesem Sinne: *VGH Mannheim* 24.11.2005 NZA-RR 2006, 183; *OVG NRW* 25.4.1989 OVGE MüLü 41, 104; *OVG Hmb.* 14.11.1986 NZA 1987, 566; *Gröninger/Thomas* § 21 Rz 14; *Thiele/Terdenge* Rz 293; vgl. auch *BayVGH* 16.11.1993 – 12 B 93, 2264 – nv, offen gelassen von *BVerwG* 18.9.1996 aaO und *BVerwG* 2.7.1992 BVerwGE 90, 2775, das aber der (früheren) Hauptfürsorgestelle zutreffend einen Ermessensspielraum einräumt, wenn ein atypischer Fall vorliegt – ebenso: *VGH Mannheim* 24.11.2005 NZA-RR 2006, 183; *OVG NRW* 8.3.1996 br 1997, 47; *APS-Vossen* Rz 17 –, dh wenn die außerordentliche Kündigung dem schwerbehinderten Arbeitnehmer im Vergleich zu den der Gruppe der schwerbehinderten Arbeitnehmer im Falle außerordentlicher Kündigung allgemein zugemuteten Belastungen ein Sonderopfer abverlangt, wozu allgemeine Schwierigkeiten bei der Arbeitsplatzsuche, fortgeschrittenes Alter und langjährige Beschäftigung beim gleichen Arbeitgeber nicht ausreichen – *BVerwG* 10.9.1992 Buchholz 436.61 § 18 SchwbG Nr. 6 –; vgl. auch *BAG* 26.11.1981 – 2 AZR 664/79 – nv, das eine Prüfung der (früheren) Hauptfürsorgestelle verlangt, »ob nicht aufgrund besonderer Umstände ein Ausnahmefall vorliegt, der sie auch bei Fehlen eines Zusammenhangs zwischen Kündigungsgrund und Behinderung zu einer unbeschränkten Ermessensentscheidung über den Zustimmungsantrag berechtigt«).

Der fehlende Zusammenhang des Kündigungsgrundes mit der Behinderung ist in Zweifelsfällen **vom** **21** **Arbeitgeber darzulegen und zu beweisen.** Auch wenn sich ein Zusammenhang zwischen Kündigungsgrund und Behinderung nicht völlig ausschließen lässt (*VGH BW* 5.7.1989 BB 1989, 2400) oder ein nur mittelbarer Zusammenhang zwischen Kündigungsgrund und Behinderung vorliegt (*OVG Lüneburg* 9.3.1994 NdsMBl 1994, 1050), zB Trunksucht wegen der durch Behinderung verursachten Schmerzen oder Beschaffungskriminalität eines suchtkranken Arbeitnehmers (*OVG NRW* 23.5.2000 AP Nr. 1 zu § 88 SGB IX), führt dies dazu, dass das Integrationsamt nicht zur Erteilung der Zustimmung zur Kündigung nach § 91 Abs. 4 SGB IX verpflichtet ist. Es genügt, dass die Behinderung nur eine von mehreren Ursachen für den Sachverhalt ist, auf den der Arbeitgeber die Kündigung stützt (vgl. *Neumann/Pahlen/Majerski-Pahlen* Rz 22). Verneint das Integrationsamt zu Unrecht einen Zusammenhang zwischen Kündigungsgrund und Behinderung, ist der darauf beruhende Zustimmungsbescheid rechtswidrig und im Verwaltungsrechtsverfahren aufzuheben (*VG Düsseld.* 9.11.1981 GW 1982, 14).

Besteht **zwischen Kündigungsgrund und Behinderung ein Zusammenhang**, ist das Ermessen des In- **22** tegrationsamtes gleichwohl beschränkt, wenn die Voraussetzungen des nach § 91 Abs. 1 SGB IX anwendbaren § 89 SGB IX vorliegen (s. KR-*Etzel* §§ 85 ff. SGB IX Rz 85 ff.), dh, aufgrund des § 89 SGB IX kann das Integrationsamt verpflichtet sein, die Zustimmung zur Kündigung zu erteilen. Scheidet eine solche Verpflichtung aus, steht es **im freien, pflichtgemäßen Ermessen** des Integrationsamtes, ob es die Zustimmung zur Kündigung erteilen soll. Der Grund der Behinderung darf aber nicht zugleich Grund der außerordentlichen Kündigung sein; in diesem Fall ist die Zustimmung zur Kündigung abzulehnen (*BVerwG* 19.12.1989 – 5 B 28/89 – nv; ähnlich *Rewolle* DB 1974, 1232), eine ordentliche Kündigung bleibt jedoch möglich. Im Übrigen hat das Integrationsamt das Gewicht der Kündigungsgründe gegen das Interesse des schwerbehinderten Arbeitnehmers an der Erhaltung seines Arbeitsplatzes gegeneinander abzuwägen. In diesem Zusammenhang hat es den vom Arbeitgeber darzulegenden Sachverhalt von Amts wegen aufzuklären, soweit dies in der Zweiwochenfrist des § 91 Abs. 2 SGB IX möglich ist, und ggf. die Zustimmung zur Kündigung zu verweigern, wenn nach seiner Überzeugung die Kündigung nach kündigungsrechtlichen Vorschriften offensichtlich unwirksam wäre (*BayVGH* 29.3.1990 br 1990, 136; *Seidel* AuA 1997, 296; s.a. Rz 20 und KR-*Etzel* §§ 85 ff. SGB IX Rz 83)

§ 91 SGB IX   Außerordentliche Kündigung

22a Nötigt das Integrationsamt den Arbeitnehmer zum Abschluss eines **Auflösungsvertrages** mit dem Arbeitgeber, weil es andernfalls die Zustimmung zur Kündigung erteilen und damit die fristlose Kündigung unausweichlich werde, kann der Arbeitnehmer den Auflösungsvertrag wegen rechtswidriger Drohung (§ 123 BGB) anfechten, wenn ein verständiger Vertreter des Integrationsamtes die Zustimmung zur Kündigung in diesem Zeitpunkt noch nicht ernsthaft in Erwägung ziehen durfte. Es ist hierbei unerheblich, ob dem Arbeitgeber diese Drohung bei Abschluss des Auflösungsvertrages bekannt war (*BAG* 26.11.1981 – 2 AZR 664/79 – nv).

c) Form der Entscheidung

23 Gem. § 91 Abs. 1 SGB IX ist § 88 Abs. 2 SGB IX anwendbar. Danach ist dem Arbeitgeber und dem schwerbehinderten Arbeitnehmer die Entscheidung des Integrationsamtes zuzustellen (**aA** *Rewolle* BB 1977, 203). Für die Wirksamkeit der Entscheidung ist erforderlich, aber auch ausreichend, dass sie **dem Arbeitgeber förmlich zugestellt** wird; auf die Zustellung an den schwerbehinderten Arbeitnehmer kommt es insoweit nicht an (s. KR-*Etzel* §§ 85 ff. SGB IX Rz 98). Der BA ist eine Abschrift der Entscheidung zu übersenden (vgl. im Übrigen KR-*Etzel* §§ 85 ff. SGB IX Rz 97 ff.).

IV. Rechtsbehelfe gegen die Entscheidung des Integrationsamtes

24 Die **Zustimmung** des Integrationsamtes zur außerordentlichen Kündigung kann der schwerbehinderte Arbeitnehmer **im Verwaltungsrechtsverfahren anfechten**. Das gilt auch für den Fall, dass die Zustimmung des Integrationsamtes gem. § 91 Abs. 3 S. 2 SGB IX fingiert wird, weil das Integrationsamt nicht innerhalb der Zweiwochenfrist des § 91 Abs. 3 SGB IX seine (endgültige) Entscheidung getroffen hat (*BVerwG* 10.9.1992 EzA § 21 SchwbG 1986 Nr. 4; *VGH München* 11.1.1988 br 1988, 115; *Cramer* § 21 Rz 6; *Gröninger/Thomas* § 21 Rz 11; *Neumann/Pahlen/Majerski-Pahlen* Rz 30; *Thiele* Rz 291; *Oetker* BehindR 1983, 33 f.). Denn das Schweigen des Integrationsamtes bis zum Ablauf der Zweiwochenfrist des § 91 Abs. 3 SGB IX wird vom Gesetzgeber einer zustimmenden Entscheidung gleichgestellt. Dann müssen aber auch den betroffenen Arbeitnehmern dieselben Rechtsmittel zur Verfügung gestellt werden; das ist ein Gebot des Gleichheitssatzes (Art. 3 GG). Entschließt sich das Integrationsamt nach Ablauf der Zweiwochenfrist des § 91 Abs. 2 SGB IX wegen der eingetretenen Zustimmungsfiktion zu einer schriftlichen und zutreffenden Rechtsbehelfsbelehrung an den Arbeitnehmer, wird mit Zugang der Belehrung die einmonatige Widerspruchsfrist (§ 70 VwGO) in Lauf gesetzt. Andernfalls läuft die Widerspruchsfrist ein Jahr, nachdem der Arbeitnehmer vom Eintritt der Zustimmungsfiktion erfahren hat, ab (§ 58 Abs. 2 VwGO). Zum Rechtsbehelfsverfahren vgl. im Übrigen KR-*Etzel* §§ 85 ff. SGB IX Rz 100 ff.

25 Die Anfechtung der Zustimmung des Integrationsamtes oder einer Rechtsmittelinstanz zur außerordentlichen Kündigung hat **keine aufschiebende Wirkung** (§ 91 Abs. 1 iVm § 88 Abs. 4 SGB IX); im Hinblick auf § 91 Abs. 5 SGB IX (»unverzüglich« auszusprechende Kündigung nach Erteilung der Zustimmung) ist auch die **Aussetzung der Vollziehung** eines (erteilten oder fingierten) Zustimmungsbescheides durch den Widerspruchsausschuss gem. § 80 Abs. 4 S. 1 VwGO oder die Anordnung der aufschiebenden Wirkung durch das Gericht gem. § 80 Abs. 5 S. 1 VwGO **unzulässig** (**aA** *VGH München* 11.1.1988 br 1988, 115; GK-SGB IX/*Großmann* § 88 Rz 176 ff. mwN). § 91 Abs. 5 SGB IX ist insoweit eine bundesgesetzliche Regelung, die der Anordnung einer aufschiebenden Wirkung entgegensteht (vgl. § 80 VwGO; s. auch KR-*Etzel* §§ 85 ff. SGB IX Rz 105). Das bedeutet ua, dass der Arbeitgeber trotz der Anfechtung der Zustimmung im Hinblick auf die Verwirkung der Kündigungsgründe nach § 91 Abs. 5 SGB IX (s.u. Rz 29 ff.) die Kündigung alsbald aussprechen kann und muss. Im Widerspruchsverfahren darf dann nur der der Kündigung zugrunde liegende Sachverhalt berücksichtigt werden; nach der Kündigung eingetretene Umstände sind unerheblich (*BVerwG* 7.3.1991 EzA § 15 SchwbG 1986 Nr. 4). Wird die Zustimmung im Rechtsmittelverfahren rechtskräftig aufgehoben, wird die Kündigung rückwirkend unwirksam und das Arbeitsverhältnis besteht unverändert fort; in diesem Fall stehen dem Arbeitgeber uU gegen das zuständige Land **Schadenersatzansprüche** nach den Grundsätzen der Amtshaftung zu, wenn zB das Integrationsamt die Tatsachengrundlagen nicht in ausreichender Weise ermittelt hat (*BGH* 26.1.1989 – III ZR 75/88 – unter Berücksichtigung von *OLG Köln* 21.1.1988 VerwR 1989, 748). Wenn hingegen die Zustimmung rechtskräftig bestätigt wird, ist die Kündigung zu dem in ihr ausgesprochenen Zeitpunkt endgültig wirksam.

26 Die **Ablehnung der Zustimmung** durch das Integrationsamt kann vom Arbeitgeber im **Verwaltungsrechtsweg** (Widerspruchsausschuss, Verwaltungsgericht) angefochten werden (wegen der Einzelheiten s. KR-*Etzel* §§ 85 ff. SGB IX Rz 100 ff.). Hat er damit in einer Rechtsmittelinstanz Erfolg, kann und muss er im Hinblick auf § 91 Abs. 5 SGB IX die Kündigung alsbald aussprechen, sobald er von der zu-

Außerordentliche Kündigung § 91 SGB IX

stimmenden Entscheidung sichere Kenntnis hat, zB durch mündliche Bekanntgabe der Entscheidung des Widerspruchsausschusses (*BAG* 21.4.2005 EzA § 91 SGB IX Nr. 1; *Vetter* Personalleiter 2006, 21; s. im Übrigen Rz 16 und 29); der schwerbehinderte Arbeitnehmer kann aber, sofern noch nicht die letzte Instanz erreicht ist, die zustimmende Entscheidung mit weiteren Rechtsmitteln angreifen. Obsiegt er hierbei und wird die Zustimmung rechtskräftig aufgehoben, wird die Kündigung rückwirkend unwirksam; sind die Rechtsmittel des schwerbehinderten Arbeitnehmers erfolglos, ist die Zustimmung zur Kündigung endgültig wirksam.

Wegen der Möglichkeit, ein sog. **Negativattest** des Integrationsamtes mit Rechtsmitteln anzugreifen s. KR-*Etzel* §§ 85 ff. SGB IX Rz 104; *Knittel* Rz 15; *Neumann/Pahlen/Majerski-Pahlen* Rz 30 mwN. 27

V. Bindung von Integrationsamt, sonstigen Behörden und Gerichten an die Entscheidung des Integrationsamtes

Es gilt hier dasselbe, was zur Bindung von Behörden und Gerichten im Falle einer ordentlichen Kündigung ausgeführt wurde (s. KR-*Etzel* §§ 85 ff. SGB IX Rz 109 ff.). 28

VI. Der Ausspruch der Kündigung

1. Frist für Kündigungserklärung

Anders als bei der ordentlichen Kündigung ist die **förmliche Zustellung an den Arbeitgeber keine Zulässigkeitsvoraussetzung** für die auszusprechende Kündigung. Denn während § 88 Abs. 3 SGB IX die ordentliche Kündigung nur innerhalb eines Monats »nach Zustellung« des Zustimmungsbescheides zulässt und damit die vorherige Zustellung des Zustimmungsbescheides für die Kündigung fordert, knüpft § 91 Abs. 5 SGB IX die Zulässigkeit der außerordentlichen Kündigung daran, dass sie unverzüglich »nach Erteilung der Zustimmung« erklärt wird. Der Arbeitgeber kann und muss daher die **Kündigung unverzüglich erklären, wenn das Integrationsamt seine zustimmende Entscheidung** »getroffen« hat (s.o. Rz 16; aA *LAG BW* 6.9.2004 LAGE § 91 SGB IX, das eine – zumindest mündliche oder fernmündliche – Bekanntgabe des Bescheides an den Arbeitgeber fordert) **oder die Zustimmung als erteilt gilt** (s.o. Rz 18; *BAG* 9.2.1994 EzA § 21 SchwbG 1986 Nr. 5). Die vorherige förmliche Zustellung der Entscheidung ist nicht erforderlich (*BAG* 12.8.1999 EzA § 21 SchwbG 1986 Nr. 10; s. im Übrigen Rz 16). Das gilt auch im Fall einer außerordentlichen Kündigung unter Gewährung einer Auslauffrist gegenüber einem ordentlich unkündbaren schwerbehinderten Arbeitnehmer (*BAG* 12.5.2005 EzA § 91 SGB IX Nr. 2; 12.8.1999 EzA § 21 SchwbG 1986 Nr. 10). Die Kündigung ist erst erklärt, wenn sie dem Arbeitnehmer zugeht (s.u. Rz 30). Die Wirksamkeit einer außerordentlichen Kündigung scheitert daher nicht daran, dass das Kündigungsschreiben abgesandt wird, bevor das Integrationsamt seine Entscheidung getroffen hat, wenn es nur dem schwerbehinderten Arbeitnehmer nach dem zustimmenden Entscheidung des Integrationsamtes zugeht (vgl. auch *BAG* 15.5.1997 EzA § 123 BGB Nr. 48, für den Fall, dass das Kündigungsschreiben vor der Zustellung des Zustimmungsbescheides abgesandt wird, aber erst nach dessen Zustellung zugeht). Der Arbeitgeber ist **nicht berechtigt**, den schwerbehinderten Arbeitnehmer bis zur Erteilung der Zustimmung **unbezahlt** von der Arbeit **freizustellen** (*BAG* 20.12.1976 EzA § 18 SchwbG Nr. 1; *Cramer* § 21 Rz 3; *Neumann/Pahlen/Majerski-Pahlen* Rz 27; *Thieler* § 21 Rz 19; *Jobs* AuR 1981, 230). Bezahlte Freistellung bis zum Eingang der Zustimmung des Integrationsamtes und danach bis zum Ausspruch der Kündigung ist zulässig. 29

Hat der Arbeitgeber die Zustimmung des Integrationsamtes zur außerordentlichen Kündigung so rechtzeitig beantragt, dass im Zeitpunkt der Erteilung der Zustimmung noch nicht zwei Wochen vergangen sind, seit der Arbeitgeber von den für die Kündigung maßgebenden Tatsachen Kenntnis erlangt hat, kann er **die Zweiwochenfrist** des § 626 Abs. 2 BGB zum Ausspruch der Kündigung ausnutzen, auch wenn die Kündigung nicht »unverzüglich« nach Erteilung der Zustimmung des Integrationsamtes erklärt wird (so jetzt auch unter Aufgabe der bisherigen Rechtsprechung: *BAG* 15.11.2001 EzA § 21 SchwbG 1986 Nr. 12 = AR-Blattei ES 1440 Nr. 124 mit zust. Anm. *Leber* = EWiR 2002, 665 mit zust. Anm. *Künzl*; ferner: *Fenski* BB 2001, 572; *Joussen* DB 2002, 2162). Handelt es sich hierbei um ein **Betriebsratsmitglied** und hat der Betriebsrat der Kündigung bereits widersprochen, muss der Arbeitgeber innerhalb der Zweiwochenfrist den Antrag beim ArbG auf Ersetzung der fehlenden Zustimmung des Betriebsrats stellen (*LAG Bln.* 17.12.1985 LAGE § 103 BetrVG 1972 Nr. 6; vgl. auch KDZ-*Zwanziger* Rz 18). 29a

Nach Ablauf der Zweiwochenfrist ist es erforderlich, aber auch ausreichend, wenn der Arbeitgeber **unverzüglich nach Erteilung der Zustimmung** des Integrationsamtes entweder die Kündigung er- 29b

§ 91 SGB IX   Außerordentliche Kündigung

klärt (§ 91 Abs. 5 SGB IX) oder – bei (vorher) verweigerter Zustimmung des Betriebsrats zur Kündigung eines Betriebsratsmitglieds – das arbeitsgerichtliche Beschlussverfahren zur Ersetzung der Zustimmung des Betriebsrats einleitet (entsprechende Anwendung von § 91 Abs. 5 SGB IX; vgl. auch *BAG* 22.1.1987 EzA § 103 BetrVG 1972 Nr. 32). Zur Einleitung des Mitwirkungsverfahrens beim Betriebsrat nach Erteilung der Zustimmung des Integrationsamtes s. Rz 30c und 30d.

30 Unter »Erklärung« der Kündigung ist – ebenso wie in den Fällen des § 88 Abs. 3 SGB IX (s. KR-*Etzel* §§ 85 ff. SGB IX Rz 130) – der Zugang der Kündigung zu verstehen (*BAG* 3.7.1980 EzA § 18 SchwbG Nr. 3). Der Arbeitgeber muss daher nach der Erteilung der Zustimmung des Integrationsamtes für den **unverzüglichen Zugang der Kündigung** sorgen. Entsprechendes gilt, wenn das Integrationsamt ein Negativattest erteilt hat (*BAG* 27.5.1983 EzA § 12 SchwbG Nr. 12). Vereitelt der Arbeitnehmer treuwidrig den rechtzeitigen Zugang des Kündigungsschreibens, zB durch Nichtabholung oder verspätete Abholung des eingeschriebenen Briefes bei der Post trotz Zugangs eines Benachrichtigungsscheins und in Kenntnis des Zustimmungsverfahrens und der Zustimmung, so kann er sich nicht darauf berufen, die Kündigung sei nicht unverzüglich iSv § 91 Abs. 5 SGB IX erklärt worden (*BAG* 7.11.2002 EzA § 130 BGB 2002 Nr. 1; 3.4.1986 EzA § 18 SchwbG Nr. 7).

30a Trifft das Integrationsamt innerhalb der ihm zur Verfügung stehenden Frist von zwei Wochen (s.o. Rz 14) keine Entscheidung, gilt die Zustimmung zur Kündigung als erteilt (§ 91 Abs. 3 SGB IX). Auch in diesem Fall muss die Kündigung nunmehr unverzüglich erklärt werden (Ausschlussfrist). Um für den Fall, dass das Integrationsamt innerhalb der Zweiwochenfrist keine Entscheidung trifft, das Ende der Zweiwochenfrist und damit den Beginn der Ausschlussfrist zum Ausspruch der Kündigung bestimmen zu können, muss sich der Arbeitgeber alsbald nach der Beantragung der Zustimmung zur Kündigung bei dem Integrationsamt **nach dem Tag des Eingangs seines Antrags erkundigen** (*BAG* 3.7.1980 EzA § 18 SchwbG Nr. 3; *Berger-Delhey/Lütke* ZTR 1990, 54). Ferner ist der Arbeitgeber im eigenen Interesse gehalten, sich am ersten Arbeitstag nach dem Ablauf der Zweiwochenfrist bei dem Integrationsamt zu erkundigen, ob es eine Entscheidung getroffen hat oder nicht (*Berger-Delhey/Lütke* aaO; ähnlich: *Malcher* S. 76). Hat das Integrationsamt innerhalb der Zweiwochenfrist keine Entscheidung getroffen, dh keinen Bescheid an den Arbeitgeber abgesandt oder ihn mündlich informiert, muss der Arbeitgeber die Kündigung unverzüglich aussprechen. Hat hingegen das Integrationsamt seine Entscheidung fristgerecht getroffen (s.o. Rz 16), muss der Arbeitgeber bei einer zustimmenden Entscheidung die Kündigung unverzüglich erklären. Bei einer Verweigerung der Zustimmung darf er vorläufig nicht kündigen, sondern kann nach Zustellung des ablehnenden Bescheids des Integrationsamtes Widerspruch einlegen (s.o. Rz 26).

30b Um allen Schwierigkeiten aus dem Wege zu gehen, sollte der vorsichtige Arbeitgeber, dem innerhalb der Zweiwochenfrist kein Bescheid des Integrationsamtes förmlich zugestellt wurde, ggf. **zweimal kündigen:** einmal unverzüglich nach Ablauf der Zweiwochenfrist und vorsorglich nach der förmlichen Zustellung eines Zustimmungsbescheids des Integrationsamtes (ebenso: *Hirschberg* SAE 1984, 316). Damit wird der Arbeitgeber in jedem Fall den Anforderungen des § 91 Abs. 5 SGB IX gerecht, gleichgültig, welche Voraussetzungen für eine »Entscheidung« des Integrationsamtes iSv § 91 Abs. 3 SGB IX aufgestellt werden.

30c Der Arbeitgeber kann den Betriebsrat (Personalrat) zwar schon vor Beendigung des Zustimmungsverfahrens bei dem Integrationsamt beteiligen. Ihm bleibt es aber unbenommen, den **Betriebsrat erst nach Beendigung des Zustimmungsverfahrens anzuhören** (*BAG* 3.7.1980 EzA § 18 SchwbG Nr. 3; *Jobs* AuR 1981, 229; **aA** *Braasch* § 18 Rz 16; *ders.* SAE 1981, 162 f.). Die letztere Möglichkeit wird dem Grundsatz der vertrauensvollen Zusammenarbeit zwischen Arbeitgeber und Betriebsrat sogar besser gerecht, weil der Betriebsrat dann Gelegenheit erhält, in seine Überlegungen auch die Stellungnahme des Integrationsamtes einzubeziehen. Andererseits ist zu bedenken, dass nach § 91 Abs. 5 SGB IX – sofern die zweiwöchige Ausschlussfrist des § 626 Abs. 2 BGB abgelaufen ist – die Kündigung unverzüglich erfolgen muss, wenn die Zustimmung des Integrationsamtes erteilt ist. Damit soll für den schwerbehinderten Arbeitnehmer, der einen wichtigen Kündigungsgrund gesetzt hat, möglichst bald klargestellt werden, ob der Arbeitgeber den Kündigungsgrund zum Anlass einer außerordentlichen Kündigung nehmen will. Wegen dieses Zwecks des § 91 Abs. 5 SGB IX muss der Arbeitgeber, der den Betriebsrat erst nach Erteilung der Zustimmung des Integrationsamtes anhört, das **Anhörungsverfahren in der kürzest möglichen Zeit** einleiten und nach dessen Beendigung die Kündigung in der kürzest möglichen Zeit erklären (*BAG* 3.7.1980 EzA § 18 SchwbG Nr. 3 = AP Nr. 2 zu § 18 SchwbG mit zust. Anm. *Hueck*). Das bedeutet, dass der Arbeitgeber am ersten Arbeitstag nach Beendigung des Zustimmungsverfahrens bei dem Integrationsamt (Erteilung der Zustimmung – s.o. Rz 16 – oder Ablauf der Zweiwochenfrist) das Anhörungsverfahren beim Betriebsrat einleiten muss und am ersten Arbeitstag nach Beendigung des Anhörungsverfahrens die Kündigung erklären muss. Da die Kündigung erst mit ihrem Zugang »erklärt« ist (BAG 3.7.1980 EzA § 18 SchwbG Nr. 3), muss der Arbeitgeber dafür sorgen, dass sie dem Arbeitnehmer noch am ersten Arbeitstag nach Beendigung des Anhörungsverfahrens zugeht, zB durch persönliche Übergabe des Kündigungsschreibens, durch Boten, Telegramm (vgl. BAG 3.7.1980 EzA § 18 SchwbG Nr. 3; aA LAG RhPf 31.3.2004 RzK IV 8c Nr. 34; Gröninger Anm. AR-Blattei Schwerbehinderte Arbeitnehmer: Entsch. 56, wonach Absendung des Kündigungsschreibens genügt). Nur wenn dem Zugang der Kündigung am ersten Arbeitstag nach Beendigung des Anhörungsverfahrens unüberwindliche Hindernisse entgegenstehen (zB Auslandsaufenthalt in einem weit entfernten Land), kann auf den Zugang der Kündigung an diesem ersten Arbeitstag verzichtet werden (in diesem Sinne: BAG 6.11.1986 – 2 AZR 753/85 – nv); dann genügt es, wenn der Arbeitgeber ein Telegramm an die ihm bekannte Anschrift absendet.

Geht es um die außerordentliche Kündigung eines schwerbehinderten **Betriebsratsmitglieds** oder eines schwerbehinderten Mitglieds der **Schwerbehindertenvertretung**, muss der Arbeitgeber am ersten Arbeitstag nach Erteilung der Zustimmung des Integrationsamtes das Zustimmungsverfahren beim Betriebsrat einleiten und am ersten Arbeitstag nach Beendigung des Zustimmungsverfahrens beim Betriebsrat (vgl. KR-*Etzel* § 103 BetrVG Rz 83 f.) die Kündigung erklären oder – falls der Betriebsrat die Zustimmung verweigert hat – beim ArbG das Zustimmungsersetzungsverfahren einleiten (vgl. auch LAG RhPf 5.10.2005 NZA-RR 2006, 245; VGH BW 20.6.1989 PersV 1991, 39; LAG Bln. 17.12.1985 LAGE § 103 BetrVG 1972 Nr. 6). 30d

Hat der Arbeitgeber den Betriebsrat schon vor der Beendigung des Zustimmungsverfahrens bei dem Integrationsamt angehört, ist eine **erneute Anhörung nach Erteilung der Zustimmung des Integrationsamtes entbehrlich** (s. KR-*Etzel* vor §§ 85 ff. SGB IX Rz 35). Das gilt – bei unverändertem Sachverhalt – auch dann, wenn die Zustimmung des Integrationsamtes erst nach einem jahrelangen verwaltungsgerichtlichen Verfahren erteilt wird (BAG 18.5.1994 EzA § 611 BGB Abmahnung Nr. 31). Ausnahmsweise kann der Arbeitgeber den Betriebsrat **nach Beendigung des Zustimmungsverfahrens nochmals anhören**, wenn neue, für die Kündigung erhebliche Umstände vorliegen, zB wenn das Integrationsamt dem Arbeitgeber, der die Zustimmung zur Kündigung beantragt hat, mitteilt, die Kündigung bedürfe nicht der Zustimmung des Integrationsamtes (Negativattest). Zumindest dann, wenn der Betriebsrat im ersten Anhörungsverfahren lediglich auf den besonderen Kündigungsschutz nach § 85 ff. SGB IX hingewiesen hat, ohne sich mit den vorgebrachten Kündigungsgründen zu befassen, kann der Arbeitgeber nach Erhalt des behördlichen Negativattestes ein erneutes Anhörungsverfahren nach § 102 BetrVG einleiten (BAG 27.5.1983 EzA § 12 SchwbG Nr. 12). Bei einer **wesentlichen Änderung des Kündigungssachverhalts**, dh wenn der Arbeitgeber die Kündigung auf neue, dem Betriebsrat bisher nicht mitgeteilte Kündigungsgründe stützen will, ist er sogar zu einer erneuten Anhörung des Betriebsrats verpflichtet (vgl. BAG 1.4.1981 EzA § 102 BetrVG 1972 Nr. 45; s. auch KR-*Etzel* vor §§ 85 ff. SGB IX Rz 35). Für die bei einer erneuten Anhörung einzuhaltenden Fristen gilt Rz 30c. 30e

Hat der Arbeitgeber gegen eine ablehnende Entscheidung des Integrationsamtes **im Rechtsmittelverfahren eine zustimmende Entscheidung** erreicht, steht dies einer Zustimmung des Integrationsamtes gleich, so dass der Arbeitgeber im Hinblick auf § 91 Abs. 5 SGB IX unverzüglich die Kündigung aussprechen muss, nachdem er sichere Kenntnis davon hat, dass der Widerspruchsausschuss in seinem Sinne entschieden hat (BAG 21.4.2005 EzA § 91 SGB IX Nr. 1). Das gilt auch, wenn der schwerbehinderte Arbeitnehmer die in der Rechtsmittelinstanz getroffene Zustimmung mit weiteren Rechtsmitteln angreift; denn auch diese Rechtsmittel haben keine aufschiebende Wirkung (*Neumann/Pahlen/Majerski-Pahlen* Rz 26). 31

Versäumt der Arbeitgeber die angeführten Fristen, ist die Kündigung als außerordentliche Kündigung unwirksam; jedoch kommt unter Umständen eine **Umdeutung** der unwirksamen außerordentlichen Kündigung in eine ordentliche Kündigung in Betracht (s.u. Rz 35 ff.). 32

2. Einhaltung einer Kündigungsfrist

Eine Kündigungsfrist braucht der Arbeitgeber bei einer außerordentlichen Kündigung **nicht einzuhalten**. § 86 SGB IX, der eine Mindestkündigungsfrist festlegt, ist durch § 91 SGB IX bei außerordentlichen Kündigungen gerade für nicht anwendbar erklärt worden. 33

VII. Die Wirksamkeit der Kündigung

34 Die Wirksamkeit der außerordentlichen Kündigung eines schwerbehinderten Arbeitnehmers setzt außer der **Zustimmung des Integrationsamtes** (s.o. Rz 5 ff.) und der **fristgerechten Kündigungserklärung** (s.o. Rz 29 ff.) voraus, dass ein **wichtiger Grund** zur Kündigung iSv § 626 BGB vorliegt (s. KR-*Fischermeier* § 626 BGB Rz 103 ff.). Hierbei ist zu beachten, dass bei der Interessenabwägung die besondere psychische, physische und soziale Lage des schwerbehinderten Arbeitnehmers angemessen zu berücksichtigen ist (vgl. *LAG Köln* 11.8.1998 LAGE § 626 BGB Nr. 121; *Gröninger/Thomas* § 21 Rz 4; *Neumann/Pahlen/Majerski-Pahlen* Rz 15). Die Vereinbarung von Kündigungsgründen, die den Arbeitgeber ohne Rücksicht darauf, ob ein wichtiger Grund iSv § 626 BGB vorliegt, zur außerordentlichen Kündigung berechtigen sollen, ist wegen Umgehung der Mindestkündigungsfrist des § 86 SGB IX unwirksam (vgl. *Neumann/Pahlen/Majerski-Pahlen* Rz 5).

35 Ist eine zustimmungsbedürftige außerordentliche Kündigung unwirksam, ist stets zu prüfen, ob sie **in eine wirksame ordentliche Kündigung umgedeutet** werden kann. Eine solche Umdeutung ist nur zulässig, wenn das Integrationsamt vorsorglich auch oder nur seine Zustimmung zu einer ordentlichen Kündigung erteilt hatte oder wenn es einer außerordentlichen Kündigung zugestimmt hatte, die auf Gründe gestützt wurde, die mit der Behinderung in Zusammenhang stehen. In letzterem Fall ist eine Umdeutung deshalb möglich, weil das Ermessen des Integrationsamtes bei der Frage der Erteilung der Zustimmung hinsichtlich einer außerordentlichen und einer ordentlichen Kündigung in gleichem Umfang gesetzlich eingeschränkt ist (vgl. § 91 Abs. 1, § 89 SGB IX; s.o. Rz 22; offen gelassen von *LAG SchlH* 8.9.1998 LAGE § 21 SchwbG 1986 Nr. 2; aA *BAG* 16.10.1991 RzK IV 8 b Nr. 4, in Bestätigung zu *LAG Köln* 13.2.1991 LAGE § 626 BGB Nr. 57; *LAG Köln* 11.8.1998 LAGE § 626 BGB Nr. 121; *APS-Vossen* Rz 24; *Braasch* § 18 Rz 10; *Wiegand/Hohmann-Dennhardt* SchwbG § 15 Rz 53; *KDZ-Zwanziger* § 85 SGB IX Rz 35; *LPK-SGB IX/Düwell* Rz 21; *Ritzer* § 18 Rz 7; *Thieler* § 17 Rz 1; *Neumann/Pahlen/Majerski-Pahlen* Rz 7; *Friesen/Reinecke* BB 1979, 1562 f.; *Molkenbur/Krasshöfer-Pidde* RdA 1989, 343, die eine Umdeutung stets ablehnen, wenn nicht auch vorsorglich die Zustimmung zu einer ordentlichen Kündigung beantragt war; in diesem Sinne wohl auch: *LAG Bln.* 9.7.1984 NZA 1985, 95). Es ist in diesem Fall kein vernünftiger Grund denkbar, weshalb das Integrationsamt einer außerordentlichen Kündigung zustimmen, die Zustimmung zu der milderen Maßnahme der ordentlichen Kündigung aber verweigern könnte; ein solches Verhalten wäre widersprüchlich. Wird allerdings die Zustimmung des Integrationsamtes zur außerordentlichen Kündigung gem. § 91 Abs. 3 S. 2 SGB IX fingiert, ist eine Umdeutung in eine ordentliche Kündigung nicht möglich, weil dann die für eine ordentliche Kündigung erforderliche positive Zustimmung des Integrationsamtes fehlt.

36 In der **Zustimmung** des Integrationsamtes zu einer außerordentlichen Kündigung, **die mit der Behinderung nicht zusammenhängt**, liegt hingegen keine Zustimmung zu einer ordentlichen Kündigung; denn bei einer solchen außerordentlichen Kündigung ist das Ermessen des Integrationsamtes gem. § 91 Abs. 4 SGB IX gegenüber seinem Ermessen bei einer ordentlichen Kündigung zuungunsten des schwerbehinderten Arbeitnehmers erheblich eingeschränkt (*LAG Frankf.* 28.6.1977 BB 1977, 1401).

37 Kommt unter den genannten Voraussetzungen eine Umdeutung in eine ordentliche Kündigung in Betracht, richtet sich die Möglichkeit der Umdeutung und die Wirksamkeit der umgedeuteten ordentlichen Kündigung im Übrigen nach allg. Grundsätzen (s. KR-*Fischermeier* § 626 BGB Rz 365 ff.).

VIII. Rechtsbehelfe des Arbeitnehmers gegen die Kündigung

38 Die mit Zustimmung des Integrationsamtes ausgesprochene außerordentliche Kündigung des Arbeitsverhältnisses durch den Arbeitgeber ist nur wirksam, wenn ein **wichtiger Grund** iSv § 626 Abs. 1 BGB vorlag.

39 Gegen die mit Zustimmung des Integrationsamtes ausgesprochene außerordentliche Kündigung kann der schwerbehinderte Arbeitnehmer – wie jeder Arbeitnehmer – **beim ArbG Klage auf Feststellung der Unwirksamkeit der Kündigung** erheben, weil kein wichtiger Grund zur Kündigung vorgelegen habe. Die ArbG haben das Vorliegen eines wichtigen Grundes (§ 626 Abs. 1 BGB) und einer fristgerechten Kündigungserklärung (s.o. Rz 29 ff.), jedoch nur in eingeschränktem Umfang die Wirksamkeit der Zustimmung des Integrationsamtes (vgl. KR-*Etzel* §§ 85 ff. SGB IX Rz 125) zu überprüfen. Die Klage muss innerhalb von drei Wochen nach Zugang der schriftlichen Kündigung erhoben werden (§§ 4, 13 Abs. 1 KSchG); andernfalls gilt die Kündigung von Anfang an als wirksam (§ 7 KSchG). Das gilt auch, wenn dem schwerbehinderten Arbeitnehmer der Zustimmungsbescheid des Integrationsamtes erst

nach Zugang der Kündigung zugeht, da § 4 S. 4 KSchG auf außerordentliche Kündigungen keine Anwendung findet (§ 13 Abs. 1 S. 2 KSchG; *Hueck* Anm. AP Nr. 2 zu § 18 SchwbG).

Im Kündigungsschutzprozess kann der Arbeitgeber die Kündigung grds. auch auf Gründe stützen, **39a** die er im Zustimmungsverfahren nach § 85 ff. SGB IX nicht genannt hat (s. KR-*Etzel* §§ 85 ff. SGB IX Rz 140). Dies gilt jedenfalls dann, wenn der nachgeschobene Kündigungsgrund offensichtlich nicht im Zusammenhang mit der Behinderung steht und das Integrationsamt deshalb wegen dieses Kündigungsgrundes seine Zustimmung nach § 91 Abs. 4 SGB IX nicht hätte verweigern dürfen (*BAG* 19.12.1991 RzK I 6 a Nr. 82; 20.1.1984 – 7 AZR 143/82 – nv). Besteht ein **Zusammenhang zwischen Behinderung und nachgeschobenen Kündigungsgründen**, hat der Arbeitgeber ausnahmsweise vor der Einführung des neuen Kündigungsgrundes in den Kündigungsschutzprozess innerhalb der Zweiwochenfrist des § 91 Abs. 2 SGB IX die Zustimmung des Integrationsamtes einzuholen, wenn die Kündigung infolge des nachgeschobenen Kündigungsgrundes in einem anderen Licht erscheint, nunmehr auch ein Zusammenhang zwischen den ursprünglichen Kündigungsgründen und der Behinderung möglich ist und das Integrationsamt deshalb bei dem ersten Zustimmungsverfahren von seinem Ermessen (s.o. Rz 22) hätte Gebrauch machen können. Wenn zB ein schizophrener Arbeitnehmer dem Arbeitgeber 1 kg Butter entwendet, ist zunächst kein Zusammenhang zwischen Behinderung und Diebstahl ersichtlich. Entwendet der Arbeitnehmer aber gleichzeitig von 20 Schuhpaaren die linken Schuhe, für die er keine Verwendungsmöglichkeit hat, spricht dies für einen Zusammenhang zwischen Behinderung und Diebstahl. In diesem Fall ist das Nachschieben des Kündigungsgrundes »Diebstahl von Schuhen« ohne Zustimmung des Integrationsamtes unzulässig. Dies hindert aber den Arbeitnehmer nicht, sich seinerseits zur Entlastung auf den Sachverhalt zu berufen, den der Arbeitgeber als Kündigungsgrund nicht in den Prozess einführen darf.

Hat der Arbeitnehmer gegen die mit Zustimmung des Integrationsamtes ausgesprochene außeror- **40** dentliche Kündigung nicht nur beim ArbG Klage auf Feststellung der Unwirksamkeit der außerordentlichen Kündigung erhoben, sondern **auch** die Zustimmung des Integrationsamtes **im Verwaltungsrechtsweg** angegriffen, hat das ArbG der Kündigungsschutzklage stattzugeben, wenn die außerordentliche Kündigung nach § 626 Abs. 1 BGB unbegründet ist. Sind hingegen die Voraussetzungen des § 626 Abs. 1 BGB gegeben und hängt die Wirksamkeit der außerordentlichen Kündigung nur noch davon ab, ob eine wirksame Zustimmung zur Kündigung vorliegt, kann das ArbG zwar wegen der nicht aufschiebenden Wirkung der Rechtsmittel gegen die Zustimmung des Integrationsamtes (s.o. Rz 25) von der Wirksamkeit der Zustimmung (vorläufig) ausgehen, gleichwohl ist es geboten, **das arbeitsgerichtliche Verfahren** gem. § 148 ZPO **auszusetzen**, bis das Rechtsmittelverfahren über die Zustimmung des Integrationsamtes rechtskräftig abgeschlossen ist (*Rewolle* DB 1974, 1233 und DB 1975, 1124; vgl. iE KR-*Etzel* §§ 85 ff. SGB IX Rz 143).

Hat der Arbeitgeber die **Kündigung ohne vorherige Zustimmung des Integrationsamtes** ausgespro- **41** chen, ist die Kündigung unwirksam. Diese Unwirksamkeit muss der Arbeitnehmer innerhalb von drei Wochen nach Zugang der schriftlichen Kündigung durch Klage beim Arbeitsgericht geltend machen (§ 4 S. 1, § 13 KSchG); andernfalls gilt die Kündigung als von Anfang an wirksam (§ 7 KSchG). Entsprechendes gilt, wenn die Zustimmung des Integrationsamtes rechtskräftig aufgehoben wird.

Hat der schwerbehinderte Arbeitnehmer innerhalb der dreiwöchigen Klagefrist des § 4 KSchG Kün- **42** digungsschutzklage erhoben und lag – unabhängig davon, ob das Integrationsamt die Zustimmung zur Kündigung erteilt hat (vgl. KR-*Spilger* § 9 KSchG Rz 27) – kein wichtiger Grund zur Kündigung vor, kann er unter den Voraussetzungen des § 13 Abs. 1 S. 3 KSchG die **Auflösung des Arbeitsverhältnisses** und die Verurteilung des Arbeitgebers zur Zahlung einer angemessenen **Abfindung** beantragen.

IX. Wiedereinstellung nach Kündigung

Grds. hat ein wirksam entlassener schwerbehinderter Arbeitnehmer keinen Anspruch auf Wiederein- **43** stellung; einen Anspruch auf Wiedereinstellung nach einer fristlosen Kündigung sieht das Gesetz jedoch vor, wenn dem schwerbehinderten Arbeitnehmer **lediglich aus Anlass eines Streiks oder einer Aussperrung fristlos gekündigt** worden ist. In diesem Fall ist der schwerbehinderte Arbeitnehmer nach Beendigung des Streiks oder der Aussperrung wieder einzustellen (§ 91 Abs. 6 SGB IX). Will der Arbeitgeber anlässlich eines Streiks oder einer Aussperrung eine fristlose Kündigung aussprechen, so bedarf auch diese Kündigung der vorherigen Zustimmung des Integrationsamtes, da § 91 SGB IX insoweit keine Ausnahme enthält. Hierbei wird das Integrationsamt die Zustimmung idR erteilen müssen, da die Kündigung im allg. nicht im Zusammenhang mit der Behinderung stehen dürfte (vgl. § 91 Abs. 4 SGB IX).

44 Die Vorschrift des § 91 Abs. 6 SGB IX hat keine große Bedeutung. Ein **rechtmäßiger Streik** beendet das Arbeitsverhältnis nicht, sondern suspendiert nur die beiderseitigen Pflichten aus dem Arbeitsverhältnis; ein rechtmäßiger Streik allein kann ferner nie einen berechtigten Grund zur fristlosen Entlassung des Arbeitnehmers darstellen (vgl. *Neumann/Pahlen/Majerski-Pahlen* Rz 34 f.). Spricht der Arbeitgeber trotzdem eine fristlose Kündigung aus, dann ist diese Kündigung unwirksam, beendet also das Arbeitsverhältnis nicht, so dass ein Anspruch auf Wiedereinstellung des Arbeitnehmers gegenstandslos ist, da der Arbeitnehmer ohnehin wegen Fortbestehens des Arbeitsverhältnisses Weiterbeschäftigung nach Beendigung des Streiks verlangen kann. Wenn jedoch der Arbeitnehmer die Kündigung durch Versäumung der dreiwöchigen Klagefrist des § 4 KSchG wirksam werden lässt, hat er nach Beendigung des Streiks einen Wiedereinstellungsanspruch.

45 Ein Wiedereinstellungsanspruch nach Beendigung des Streiks ist auch dann zu bejahen, wenn ein Arbeitnehmer wegen **Beteiligung an einem rechtswidrigen Streik** rechtswirksam (mit Zustimmung des Integrationsamtes) fristlos entlassen wurde, den Streik aber nicht angezettelt hatte und sich auch keine rechtswidrigen Ausschreitungen zuschulden kommen ließ (in diesem Sinne auch: *Gröninger/Thomas* § 21 Rz 18; *Neumann/Pahlen/Majerski-Pahlen* Rz 36 f.).

46 Wenn ein Arbeitnehmer einen **rechtswidrigen Streik anzettelte** oder anlässlich eines rechtmäßigen Streiks an rechtswidrigen Ausschreitungen beteiligt war und deshalb rechtswirksam fristlos entlassen wurde, so ist die Entlassung nicht »lediglich« aus Anlass des Streiks erfolgt, sondern auch und in erster Linie wegen des besonderen Verhaltens des Arbeitnehmers bei dem Streik. Deshalb besteht in diesen Fällen nach Beendigung des Streiks kein Anspruch auf Wiedereinstellung (in diesem Sinne auch: APS-*Vossen* Rz 28; *Gröninger/Thomas* aaO; *Neubert/Becke* § 21 Rz 15; *Neumann/Pahlen/Majerski-Pahlen* Rz 37).

47 Die **Aussperrung** ist (als lösende Aussperrung) ein Lösungstatbestand sui generis, der mit einer fristlosen Kündigung nicht gleichgesetzt werden kann; darüber hinaus ist eine Aussperrung gegenüber schwerbehinderten Arbeitnehmern nach der Rspr. des *BAG* stets nur mit suspendierender Wirkung zulässig (*BAG* 21.4.1971 EzA Art. 9 GG Nr. 6) und insoweit rechtlich unbedenklich (*BAG* 7.6.1988 EzA Art. 9 GG Arbeitskampf Nr. 79). Deshalb kann eine Aussperrung als solche niemals zu einer Beendigung des Arbeitsverhältnisses eines schwerbehinderten Arbeitnehmers führen. Eine fristlose Kündigung durch den Arbeitgeber »lediglich aus Anlass einer Aussperrung« ist nur denkbar, wenn ein Arbeitgeber neben der Aussperrung auch noch ausdrücklich die fristlose Kündigung des Arbeitsverhältnisses erklärt, ohne dass für die fristlose Kündigung – außer der Tatsache der Aussperrung – ein Grund vorliegt. Eine solche Kündigung ist zwar stets unwirksam und beendet das Arbeitsverhältnis nicht, kann aber bei Versäumung der dreiwöchigen Klagefrist durch den Arbeitnehmer wirksam werden (§ 7 KSchG). In diesem besonderen Fall hat der Arbeitnehmer nach Beendigung der Aussperrung einen Wiedereinstellungsanspruch. In den übrigen Fällen besteht das Arbeitsverhältnis ohnehin weiter.

48 Kein Wiedereinstellungsanspruch besteht, wenn der schwerbehinderte Arbeitnehmer im Zusammenhang mit der Aussperrung **sich an Ausschreitungen beteiligte** und deshalb wirksam fristlos entlassen wurde. Denn in diesem Fall ist die Kündigung nicht »lediglich aus Anlass eine Aussperrung« ausgesprochen worden.

49 Soweit ein Wiedereinstellungsanspruch in Betracht kommt, hat der schwerbehinderte Arbeitnehmer Anspruch auf Wiedereinstellung **zu den Bedingungen des früheren Arbeitsverhältnisses**. Eine Anrechnung der früheren Beschäftigungszeit auf die Dienstjahre des neuen Arbeitsverhältnisses ist aber nicht weiteres möglich; denn das Arbeitsverhältnis war rechtlich unterbrochen (vgl. iE KR-*Griebeling* § 1 KSchG Rz 108 ff.).

50 § 91 Abs. 6 SGB IX ist unanwendbar, wenn der Arbeitgeber gegenüber einem schwerbehinderten Arbeitnehmer im Zusammenhang mit dem Streik oder einer Aussperrung rechtswirksam **ordentlich kündigt**. Deshalb hat der schwerbehinderte Arbeitnehmer in einem solchen Fall nach Beendigung des Streiks oder der Aussperrung keinen Anspruch auf Wiedereinstellung (vgl. *Neumann/Pahlen/Majerski-Pahlen* Rz 32).

§ 92 Erweiterter Beendigungsschutz

¹Die Beendigung des Arbeitsverhältnisses eines schwerbehinderten Menschen bedarf auch dann der vorherigen Zustimmung des Integrationsamtes, wenn sie im Falle des Eintritts einer teilweisen Erwerbsminderung, der Erwerbsminderung auf Zeit, der Berufsunfähigkeit oder der Erwerbsunfähigkeit auf Zeit ohne Kündigung erfolgt. ²Die Vorschriften dieses Kapitels über die Zustimmung zur ordentlichen Kündigung gelten entsprechend.

Inhaltsübersicht

	Rz
I. Entstehungsgeschichte und Zweck der Vorschrift	1, 2
II. Notwendigkeit der Zustimmung des Integrationsamtes bei Beendigung des Arbeitsverhältnisses ohne Kündigung	3–11

I. Entstehungsgeschichte und Zweck der Vorschrift

§ 92 (bis 30.6.2001: § 22 SchwbG) entspricht dem Entwurf der Bundesregierung zum SchwbG 1974 (BT-Drucks. 7/656, B zu Art. I Nr. 23); im SchwBeschG 1953 gab es keine entsprechende Regelung. § 22 SchwbG (bis 31.7.1986: § 19 SchwbG) war die erste gesetzliche Regelung, die für einen Fall der **Beendigung des Arbeitsverhältnisses ohne Kündigung** die Beendigung an die Zustimmung der (früheren) Hauptfürsorgestelle band. Mit dieser Regelung sollte insbes. ein Mitspracherecht der Hauptfürsorgestelle gesichert werden, wenn tarifvertragliche Vorschriften (der RegE nennt ausdrücklich § 59 BAT, § 56 MTB II) beim Eintritt von Berufsunfähigkeit die Beendigung des Arbeitsverhältnisses ohne Kündigung vorsahen. Der Sinn der Mitwirkung der Hauptfürsorgestelle lag darin, der Hauptfürsorgestelle die Möglichkeit zu geben, die Beendigung des Arbeitsverhältnisses eines schwerbehinderten Arbeitnehmers zu verhindern, wenn beim Arbeitgeber noch eine anderweitige Beschäftigungsmöglichkeit bestand. Soweit tarifvertragliche Vorschriften vorsahen, dass das Arbeitsverhältnis auch bei festgestellter Erwerbsunfähigkeit automatisch endet, hatte der Gesetzgeber zunächst ausdrücklich davon abgesehen, diese Form der Beendigung des Arbeitsverhältnisses von der vorherigen Zustimmung der Hauptfürsorgestelle abhängig zu machen, da die Zustimmung hier ohnehin in jedem Fall erteilt werden musste (RegE, BT-Drucks. 7/656, B zu Art. 1 Nr. 23). Durch Gesetz vom 17.7.1979 (BGBl. I S. 989) wurde dann aber die Erwerbsunfähigkeit auf Zeit der Berufsunfähigkeit gleichgestellt. 1

Durch das am 1.1.2001 in Kraft getretene Gesetz zur Reform der Renten wegen verminderter Erwerbsfähigkeit vom 20.12.2000 (BGBl. I S. 1827) – Erwerbsminderungsrenten-Reformgesetz (EMR-RG) – sind die bisherigen Berufsunfähigkeitsrenten und Erwerbsunfähigkeitsrenten durch eine zweigestufte Erwerbsminderungsrente (Rente wegen teilweiser Erwerbsminderung und Rente wegen voller Erwerbsminderung) ersetzt worden (vgl. § 43 SGB VI nF). Demgemäß kommt jetzt auch eine Beendigung des Arbeitsverhältnisses ohne Kündigung wegen teilweiser Erwerbsminderung oder wegen voller Erwerbsminderung auf Zeit in Betracht. Dem hat Art. 20 EMR-RG durch eine entsprechende Änderung des § 22 SchwbG Rechnung getragen. Für Arbeitnehmer, die vor dem 2.1.1961 geboren sind, bleibt es jedoch bei einer Rentenbewilligung für den Fall einer Berufsunfähigkeit (§ 240 SGB VI nF). Der Sinn der Mitwirkung des an die Stelle der Hauptfürsorgestelle getretenen Integrationsamtes bei der Beendigung von Arbeitsverhältnissen nach § 92 SGB IX ist unverändert geblieben. 2

II. Notwendigkeit der Zustimmung des Integrationsamtes bei Beendigung des Arbeitsverhältnisses ohne Kündigung

Endet das Arbeitsverhältnis ohne Kündigung, bedarf seine Beendigung dann der vorherigen Zustimmung des Integrationsamtes, wenn die Beendigung wegen teilweiser Erwerbsminderung, voller Erwerbsminderung auf Zeit, **Berufsunfähigkeit** oder **Erwerbsunfähigkeit des Arbeitnehmers auf Zeit** eintritt. Der Begriff der teilweisen Erwerbsminderung ist in § 43 Abs. 1 S. 2 SGB VI, der Begriff der vollen Erwerbsminderung ist in § 43 Abs. 2 S. 2 SGB VI näher umschrieben. Wer berufsunfähig ist, ist in § 240 Abs. 2 SGB VI geregelt. Für den Begriff der Erwerbsunfähigkeit ist § 44 SGB VI aF maßgebend. Erwerbsminderung bzw. Erwerbsunfähigkeit auf Zeit besteht bei begründeter Aussicht, dass die Erwerbsminderung bzw. Erwerbsunfähigkeit in absehbarer Zeit behoben sein kann. Eine Beendigung des Arbeitsverhältnisses ohne Kündigung im Falle des Eintritts der teilweisen Erwerbsminderung 3

Etzel 2393

§ 92 SGB IX   Erweiterter Beendigungsschutz

bzw. Berufsunfähigkeit oder der Erwerbsminderung bzw. Erwerbsunfähigkeit auf Zeit kann im Arbeitsvertrag, in einem Auflösungsvertrag (s.u. Rz 6), in einem Tarifvertrag und – im Rahmen des § 77 Abs. 3 BetrVG – auch in einer Betriebsvereinbarung wirksam vereinbart werden. Ohne eine solche auf das Arbeitsverhältnis anwendbare Regelung bedarf es auch im Falle des Eintritts der teilweisen Erwerbsminderung bzw. Berufsunfähigkeit oder der Erwerbsminderung bzw. Erwerbsunfähigkeit auf Zeit stets einer Kündigung, um das Arbeitsverhältnis zu beenden.

4   Da § 92 SGB IX die entsprechende Anwendung der Vorschriften des Vierten Kapitels über die Zustimmung zur ordentlichen Kündigung (§§ 85–90 SGB IX) vorsieht, bedeutet dies, dass **in den Fällen des § 90 SGB IX eine Zustimmung des Integrationsamtes** zur Beendigung des Arbeitsverhältnisses ohne Kündigung bei Eintritt einer teilweisen Erwerbsminderung bzw. Berufsunfähigkeit oder einer Erwerbsminderung bzw. Erwerbsunfähigkeit auf Zeit **nicht erforderlich** ist (s. hierzu KR-*Etzel* §§ 85 ff SGB IX Rz 36 ff.).

5   Der Schutz des § 92 SGB IX greift auch ein, wenn der Arbeitgeber beim Eintritt der Erwerbsminderung, Berufsunfähigkeit oder Erwerbsunfähigkeit **keine Kenntnis von der Schwerbehinderteneigenschaft** des Arbeitnehmers hat. Denn Erwerbsminderung bzw. Berufs- oder Erwerbsunfähigkeit begründet nicht automatisch eine Schwerbehinderung (*BAG* 16.11.1982 AP Nr. 4 zu § 62 BAT). Damit gelten bei Unkenntnis des Arbeitgebers von der Schwerbehinderteneigenschaft des Arbeitnehmers die Ausführungen bei KR-*Etzel* §§ 85 ff. SGB IX Rz 13 ff. entsprechend. An die Stelle der Kündigung tritt hier die Zustellung des Rentenbescheids (vgl. § 59 BAT). Der Arbeitnehmer musste sich daher nach der bisherigen Rspr. des Bundesarbeitsgerichts innerhalb einer Regelfrist von einem Monat nach Zustellung des Rentenbescheids gegenüber dem Dienstherrn auf seine Schwerbehinderteneigenschaft berufen, wenn er den Beendigungsschutz nach § 92 SGB IX erhalten will (*BAG* 28.6.1995 EzA § 620 BGB Nr. 134 = AiB 1996, 746 mit zust. Anm. *Uhh*; APS-*Vossen* Rz 6). Da das BAG bei Kündigungen nunmehr eine Mitteilungsfrist von drei Wochen nach Zugang der Kündigung angekündigt hat (*BAG* 12.1.2006 – 2 AZR 539/05), dürfte dies auch für die Mitteilungsfrist in den Fällen des § 92 SGB IX nach Zustellung des Rentenbescheids gelten.

6   Die entsprechende Anwendung der Vorschriften über die **Zustimmung zur ordentlichen Kündigung** bedeutet, dass für das Antragsverfahren § 87 SGB IX und für die Entscheidung des Integrationsamtes §§ 88–90 SGB IX gelten. Die Regelungen über die Zustimmung zur außerordentlichen Kündigung (§ 91 SGB IX) sind auch dann nicht entsprechend anwendbar, wenn ein Ausscheiden ohne Einhaltung einer Auslauffrist – wie zB in § 59 Abs. 1 BAT – vorgesehen ist (*Thiele* Rz 300). Die Zustimmung des Integrationsamtes zur Beendigung des Arbeitsverhältnisses ist nicht erforderlich, wenn sich der schwerbehinderte Arbeitnehmer nach Eintritt und in Kenntnis der Erwerbsminderung bzw. Berufsunfähigkeit oder Erwerbsunfähigkeit auf Zeit mit der Beendigung des Arbeitsverhältnisses durch **Auflösungsvertrag** einverstanden erklärt, da ein Verzicht des schwerbehinderten Arbeitnehmers auf den Schwerbehindertenschutz nach Eintritt der Voraussetzungen, die die Schutzbestimmungen zum Zuge kommen lassen, zulässig ist (vgl. KR-*Etzel* vor §§ 85 ff. SGB IX Rz 32). Ein Einverständnis des Arbeitnehmers mit der Auflösung des Arbeitsverhältnisses ist aber noch nicht dann anzunehmen, wenn der Arbeitgeber dem Arbeitnehmer mitteilt, das Arbeitsverhältnis ende gem. den tariflichen Bestimmungen mit Ablauf des Monats, in dem dem Arbeitnehmer der Rentenbescheid zugestellt sei, der Arbeitnehmer auf die Richtigkeit dieser Mitteilung vertraut und die aus der Beendigung des Arbeitsverhältnisses folgenden Rechte (Übergangsgeld, Resturlaub, Zeugnis) gegen den Arbeitgeber geltend macht (*BAG* 4.2.1987 RzK IV 8d Nr. 2). Abgesehen davon bedarf ein Auflösungsvertrag zu seiner Wirksamkeit der Schriftform (§ 623 BGB).

7   Im Übrigen endet das Arbeitsverhältnis frühestens mit Zustellung der zustimmenden Entscheidung des Integrationsamtes an den schwerbehinderten Arbeitnehmer, selbst wenn nach tariflichen Bestimmungen ein früherer Beendigungszeitpunkt vorgesehen ist (vgl. GK-SGB IX/*Schimanski* Rz 74). Die **Mindestkündigungsfrist des § 86 SGB IX findet** auf diesen Fall der Beendigung des Arbeitsverhältnisses **keine Anwendung**; denn § 92 SGB IX geht selbst davon aus, dass das Arbeitsverhältnis ohne Kündigung endet. Damit entfällt die Einhaltung einer Kündigungsfrist. Setzt der Arbeitgeber das Zustimmungsverfahren nach § 87 SGB IX nicht in Gang, bleibt das Arbeitsverhältnis bestehen. **Für den Antrag** des Arbeitgebers auf Zustimmung zur Beendigung des Arbeitsverhältnisses ist **keine bestimmte Frist** vorgeschrieben, da – anders als nach dem bis 31.7.1986 geltenden Recht – die Vorschriften über die Zustimmung zur außerordentlichen Kündigung (hier: § 91 Abs. 2 SGB IX) nicht für entsprechend anwendbar erklärt worden sind (vgl. im Übrigen die Erl. zu §§ 85 ff. SGB IX).

Bei der Entscheidung über den Antrag auf Zustimmung zur Beendigung des Arbeitsverhältnisses hat 8
das Integrationsamt zu prüfen, ob dem Arbeitgeber unter Berücksichtigung der besonderen Interessen des schwerbehinderten Arbeitnehmers die **Aufrechterhaltung des Arbeitsverhältnisses zumutbar** ist. Dies ist dann der Fall, wenn der Arbeitgeber bei einer Erwerbsminderung oder Erwerbsunfähigkeit auf Zeit, die Zeit der Erwerbsminderung bzw. Erwerbsunfähigkeit überbrücken kann, zB durch die Einstellung von Aushilfskräften oder organisatorische Änderungen im Betrieb (*Heuser* BehindR 1987, 33). Zukünftige Umstände dürfen hierbei nur dann in die Abwägung einbezogen werden, wenn ihr Eintritt mit hinreichender Sicherheit voraussehbar ist (*OVG NRW* 17.1.1989 br 1990, 138). Bei einer teilweisen Erwerbsminderung oder bei Berufsunfähigkeit hat das Integrationsamt zu prüfen, welche Tätigkeiten der schwerbehinderte Arbeitnehmer noch verrichten kann und ob entsprechende leidensgerechte Arbeitsplätze vorhanden und frei sind (*Seidel* S. 85). Ist Letzteres zu bejahen, ist die Aufrechterhaltung des Arbeitsverhältnisses zumutbar.

Das Arbeitsverhältnis endet nach den dargelegten Grundsätzen **ohne Rücksicht darauf, ob die Zu-** 9
stimmung des Integrationsamtes von dem schwerbehinderten Arbeitnehmer **angefochten wird.** Wird die Zustimmung im Rechtsmittelverfahren rechtskräftig aufgehoben, entfällt die Wirksamkeit des Ausscheidens rückwirkend mit der Folge, dass das Arbeitsverhältnis fortbesteht (*Neumann/Pahlen/Majerski-Pahlen* Rz 6; vgl. ferner KR-*Etzel* §§ 85 ff. SGB IX Rz 107).

§ 92 SGB IX, der die Anwendung der §§ 85–90 SGB IX vorschreibt, gilt entsprechend, wenn auf das Ar- 10
beitsverhältnis **Beamtenrecht** anzuwenden ist, zB bei den Dienstordnungs-Angestellten der Sozialversicherungsträger, und der Dienstherr einen schwerbehinderten Arbeitnehmer wegen Dienstunfähigkeit **vorzeitig in den Ruhestand** versetzen will. Denn bei einer Versetzung in den Ruhestand ist wie bei einer Kündigung der Wille des Arbeitgebers auf die Beendigung der Rechtsbeziehungen gerichtet; ferner trifft hier auch der Schutzgedanke des § 92 SGB IX zu, dass diejenigen schwerbehinderten Arbeitnehmer, deren Arbeitsverhältnis aus Gründen endet, die mit ihrer Behinderung im Zusammenhang stehen, unabhängig von der rechtstechnischen Ausgestaltung der Beendigung des Arbeitsverhältnisses einen verstärkten Bestandsschutz (Kündigungsschutz) erhalten sollen (*BAG* 20.10.1977 EzA § 19 SchwbG Nr. 1 = AR-Blattei, Schwerbehinderte: Entsch. 42 mit zust. Anm. *Herschel*; *LAG Bln.* 10.8.1976 AuR 1977, 187).

Im Übrigen ist § 92 SGB IX **auf andere Fälle** der Beendigung des Arbeitsverhältnisses ohne Kündi- 11
gung, zB bei im Arbeitsvertrag vorgesehener Beendigung bei dauernder voller Erwerbsminderung bzw. bei dauernder Erwerbsunfähigkeit, **unanwendbar** (GK-SGB IX/*Schimanski* § 92 Rz 74; *Neumann/Pahlen/Majerski-Pahlen* Rz 2; vgl. auch *Neubert/Becke* Rz 3; *Ritzer* § 19 Rz 1; *Weber* § 19 Rz 1; ferner RegE, BT-Drucks. 7/656, B zu Art. I Nr. 23).

Gesetz über Teilzeitarbeit und befristete Arbeitsverträge

vom 21. Dezember 2000 (BGBl. I S. 1996),
zuletzt geändert durch das Gesetz zu Reformen am Arbeitsmarkt
vom 24. Dezember 2003 (BGBl. I S. 3002)

Erster Abschnitt
Allgemeine Vorschriften

§ 1 Zielsetzung Ziel des Gesetzes ist, Teilzeitarbeit zu fördern, die Voraussetzungen für die Zulässigkeit befristeter Arbeitsverträge festzulegen und die Diskriminierung von teilzeitbeschäftigten und befristet beschäftigten Arbeitnehmern zu verhindern.

Literatur

– bis 2004 vgl. Vorauflage –

Annuß Das Verbot der Altersdiskriminierung als unmittelbar geltendes Recht, BB 2006, 325; *Ars/Teslau* Der Ausschluss befristet beschäftigter Arbeitnehmer aus der betrieblichen Altersversorgung, NZA 2006, 297; *Bader* Das Gesetz zu Reformen am Arbeitsmarkt: Neues im Kündigungsschutzgesetz und im Befristungsrecht, NZA 2004, 65; *Bahnsen* Schriftform nach § 14 IV TzBfG – die neue Befristungsfalle für Arbeitgeber, NZA 2005, 676; *ders.* Die Altersbefristung vor dem EuGH und der politische Hintergrund, sj 2006, 43; *Bauer A.* Auf »Junk« folgt »Mangold« – Europarecht verdrängt deutsches Arbeitsrecht, NJW 2006, 6; *Bauer J.-H.* Ein Stück aus dem Tollhaus: Altersbefristung und der EuGH, NZA 2005, 800; *Bengelsdorf* Die Anwendbarkeit der §§ 14 IV, 21 TzBfG auf Weiterbeschäftigungsverhältnisse, NZA 2005, 277; *Blaha* Unbefristeter Arbeitsvertrag durch Wahl? – Vertragsfreiheit contra »Azubi-Schutz«, NZA 2005, 667; *Böhm* Flucht aus dem Zeitvertrag in die Zeitarbeit – Fehlentwicklungen durch gesetzliche Fehlsteuerung, NZA 2004, 823; *ders.* Befristung von Leiharbeitsverhältnissen nach der AÜG-Reform – »Vorübergehender betrieblicher Bedarf« bei Dienstleistungs- und Subunternehmen, RdA 2005, 360; *Buschmann* Vorwärts Kameraden, es geht zurück!, ArbuR 2004, 1; *Deinert* Partizipation europäischer Sozialpartner an der Gemeinschaftsrechtsetzung, RdA 2004, 211; *Eichhorst* Beschäftigung Älterer in Deutschland – Der unvollständige Paradigmenwechsel, ZSR 2006, 101; *Frik* Die Befristung von Leiharbeitsverträgen nach dem Teilzeit- und Befristungsgesetz, NZA 2005, 386; *Hailbronner* Hat der EuGH eine Normverwerfungskompetenz?, NZA 2006, 811; *Hennig, J.* Die Gestaltung von Arbeitsverträgen nach der Reform des Arbeitnehmerüberlassungsgesetzes, FA 2004, 66; *Henssler/Strick* Aktuelle Entwicklungen im europäischen Arbeitsrecht, ZAP 2006, 189; *Herbst* Alter(n) im Betrieb, AiB 2005, 663; *Hergenröder, C.* Außergerichtlicher Vergleich, AR-Blattei SD 1660; *Horst/Persch* Zur Anwendung des Verschleißtatbestandes im Sport, RdA 2006, 166; *Huber* Beschäftigungsfördernder Wunschkatalog, NZA 2005, 1324; *Hunold* Befristungen im öffentlichen Dienst, NZA-RR 2005, 449; *ders.* Beendigung des Arbeitsverhältnisses, AR-Blattei SD 220.8; *Joch/Klichowski* Die Vereinbarung auflösender Bedingungen in Darstellerverträgen – Kunstfreiheit als Sachgrund, NZA 2004, 302; *Junker* Der EuGH zum Arbeitsrecht: Betriebsübergang, Gleichbehandlung und Bestandsschutz, EuZW 2006, 76; *Koberski* Befristete Arbeitsverträge älterer Arbeitnehmer im Einklang mit Gemeinschaftsrecht, NZA 2005, 79; *Körner* Europäisches Verbot der Altersdiskriminierung in Beschäftigung und Beruf, NZA 2005, 1395; *von Koppenfels-Spies* Die Beendigung des Arbeitsverhältnisses durch auflösende Bedingung, AuR 2004, 209; *Lembke* Die sachgrundlose Befristung von Arbeitsverträgen in der Praxis, NJW 2006, 325; *Link* Befristung von Chefarztverträgen, BuW 2004, 349; *ders.* Befristung von Chefarztverträgen, BuW 2004, 349; *Lipinski* Der neue § 14 Abs. 2a TzBfG: sachgrundlose kalendermäßige Befristung eines Arbeitsvertrages nach der Gründung eines Unternehmens, BB 2004, 1221; *Löwisch* Neuregelung des Kündigungs- und Befristungsrechts durch das Gesetz zu Reformen am Arbeitsmarkt, BB 2004, 154; *ders.* Vereinbarkeit der Haushaltsmittelbefristung nach § 14 I Nr. 7 TzBfG mit europäischer Befristungsrichtlinie und grundgesetzlicher Bestandsschutzpflicht, NZA 2006, 457; *ders.* Vermeidung von Kündigungen durch befristete Weiterbeschäftigung, BB 2005, 1625; *Lorenz* Stolperstein Schriftform – § 14 Abs. 4 TzBfG nach der aktuellen Rechtsprechung des Bundesarbeitsgerichts, FA 2006, 168; *Maschmann* Die Befristung einzelner Arbeitsbedingungen, RdA 2005, 212; *Nadler/von Medem* Formnichtigkeit einer Befristungsabrede im Arbeitsverhältnis – ein nicht zu korrigierender Fehler?, NZA 2005, 1214; *Nebeling/Dippel* Praktikanten, die besseren Arbeitnehmer?!, NZA-RR 2004, 617; *Oberhofer* Der Wiedereinstellungsanspruch, RdA 2006, 92; *Petrovicki* Projektbefristung von Arbeitsverhältnissen, NZA 2006, 411; *Preis* Die »Reform« des Kündigungsschutzrechts, DB 2004, 70; *ders.* Flexibilität und Rigorismus im Befristungsrecht, NZA 2005, 714; *ders.* Verbot der Altersdiskriminierung

als Gemeinschaftsgrundrecht – Der Fall »Mangold« und die Folgen, NZA 2006, 401; *ders.* Verbot der Altersdiskriminierung als Gemeinschaftsgrundrecht, NZA 2006, 401; *Preis/Bender* Die Befristung einzelner Arbeitsbedingungen – Kontrolle durch Gesetz oder Richterrecht?, NZA-RR 2005, 337; *Preis/Kliemt* Das Aushilfsarbeitsverhältnis, AR Blattei SD 310; *dies.* Das Probearbeitsverhältnis, AR-Blattei SD 1270; *Reichold* Aktuelle Rechtsprechung des EuGH zum Europäischen Arbeitsrecht, JZ 2006, 549; *Richter/Bouchouaf* Das Verbot der Altersdiskriminierung als allgemeiner Grundsatz des Gemeinschaftsrechts – der Beginn eines umfassenden europäischen Antidiskriminierungsrechts?, NVwZ 2006, 538; *Ricken* Annahmeverzug und Prozessbeschäftigung während des Kündigungsrechtsstreits, NZA 2005, 323; *Riesenhuber* Keine Rettung der formnichtigen Befristungsabrede im Arbeitsverhältnis?, NJW 2005, 2268; *Schlachter* Gemeinschaftsrechtliche Grenzen der Altersbefristung, RdA 2004, 352; *Schmitt-Rolfes/Bergwitz* Arbeitsbefristung auf europarechtlichem Prüfstand, AuA 2005, 455; *Schüren* Die Verfassungsmäßigkeit der Reform des Arbeitnehmerüberlassungsgesetzes – ein Rückblick mit Ausblicken, RdA 2006, 303; *Seibel* Kontrolle der Rechtmäßigkeit von Befristungen einzelner Arbeitsbedingungen sowie ganzer Arbeitsverträge – BAG, NJW 2004, 3138, und BAG, NZA 2005, 218, JuS 2005, 209; *Sievers* Befristungsrecht, RdA 2004, 291; *Sittard* Die Prozessbeschäftigung und das TzBfG, RdA 2006, 218; *von Steinau-Steinrück/Oelkers* Befristung von Arbeitsverträgen – Chancen und Fallen, NJW-Spezial 2005, 33; *von Steinau-Steinrück/Schmidt* Überblick zum TVöD: »Ein Weiter so im neuen Gewand«? NZA 2006, 518; *Thüsing* Teilzeit- und Befristungsgesetz – oder: Von der Schwierigkeit eines Kompromisses zwischen Beschäftigungsförderung und Arbeitnehmerschutz, ZfA 2004, 67; *ders.* Europarechtlicher Gleichbehandlungsgrundsatz als Bindung des Arbeitgebers? – Kritische Gedanken zu EuGH v. 22.11.2005 – Rs C-144/04, ZIP 2005, 2171; *Waas* Europarechtliche Schranken für die Befristung von Arbeitsverträgen mit älteren Arbeitnehmern – § 14 III TzBfG aus der Sicht des Generalanwalts, EuZW 2005, 583; *ders.* Neuere Entwicklungen im Europäischen Arbeitsrecht, ZESAR 2006, 289; *Waltermann* Verbot der Altersdiskriminierung- Richtlinie und Umsetzung, NZA 2005, 1265; *Werthebach* Arbeitnehmereinsatz im Ausland – Sozialversicherung und anwendbares Recht bei befristeter Entsendung, NZA 2006, 247; *ders.* Die Befristung von Leiharbeitsverträgen nach dem Teilzeit- und Befristungsgesetz, NZA 2005, 1044; *Willemsen/Annuß* Kündigungsschutz nach der Reform, NJW 2004, 177; *Wolff* Verbot der Altersdiskriminierung – terra incognita im Arbeitsrecht, FA 2006, 260; *Wrede* Medienarbeitsrecht in Hörfunk und Fernsehen, NZA 2005, 571; *Zwanziger* Strukturen, Probleme und Entwicklung des Altersteilzeitrechts – ein Überblick, RdA 2005, 226.
Vgl. im Übrigen die Schrifttumsnachweise zu § 620 BGB sowie zum ÄArbVtrG, zu § 21 BEEG und zu §§ 57a ff. HRG.

Spezielle Kommentarliteratur und Handbücher zum TzBfG
Annuß/Thüsing Teilzeit- und Befristungsgesetz, Kommentar, 2. Aufl. 2006 (zit.: *Annuß/Thüsing-Bearb.*); *Arnold/Gräfl/Hemke/Imping/Lehnen/Rambach/Spinner* Teilzeit- und Befristungsgesetz, 2005 (zit.: *Arnold/Gräfl/Bearb.*); *Boewer* Teilzeit- und Befristungsgesetz, 2. Aufl. 2003 (zit.: *Boewer*); *Dörner* Der befristete Arbeitsvertrag, 2004 (zit.: *Dörner* Befr. Arbeitsvertrag); *Meinel/Heyn/Herms* TzBfG, Teilzeit- und Befristungsgesetz, Kommentar, 2. Aufl. 2004 (zit. MHH-*Bearb.*); *Ring* TzBfG, 2005; *Rolfs* Teilzeit- und Befristungsgesetz, Kommentar, 2002 (zit.: *Rolfs*); *Sievers* TzBfG, Kommentar zum Teilzeit- und Befristungsgesetz, 2003 (zit.: *Sievers*); *Worzalla/Will/Mailänder/Worch/Heise* Teilzeitarbeit und befristete Arbeitsverträge, 2001 (zit.: *Worzalla*).

Inhaltsübersicht

	Rz		Rz
A. Allgemeines	1–2	C. Inkrafttreten	7
B. Übersicht über das Gesetz	3–6		

A. Allgemeines

1 Die Vorschrift des § 1 TzBfG ist **ohne eigenen Regelungsgehalt** (HWK-*Schmalenberg* § 1 TzBfG Rz 4), insbes. können sich aus ihr **keine Individualansprüche** ergeben (*Preis/Gotthardt* DB 2000, 2065, 2066; *Rolfs* RdA 2001, 129, 120). Die darin enthaltenen ganz pauschalen Aussagen werden auch kaum zusätzliche Hilfen bei der Interpretation der einzelnen Vorschriften bringen, abgesehen vielleicht von der **Teilzeitfreundlichkeit** (KDZ-*Zwanziger* Rz 1; vgl. auch *Annuß/Thüsing-Annuß* § 1 Rz 1; HWK-*Schmalenberg* § 1 TzBfG Rz 4; TZA-*Buschmann* § 1 TzBfG Rz 3), was sich dann bei der Frage der prozessualen Durchsetzung des Anspruchs auf Verringerung der Arbeitszeit auswirken mag (dazu etwa *Gotthardt* NZA 2001, 1183; *Grobys/Bram* NZA 2001, 1175; zur Reduzierungsklage auch zB *BAG* 18.2.2003 NZA 2003, 1392). Da die Vorschrift zur Befristung lediglich angibt, dass die Voraussetzungen für die Zulässigkeit befristeter Arbeitsverträge festgelegt werden sollen, ist sie insoweit bei der Auslegung der Einzelvorschriften keine Auslegungshilfe (*Sievers* § 1 Rz 1). Sie ist letztlich rein **programmatisch** zu verstehen, es sollen entsprechend europäischer Regelungstechnik (krit. dazu *Rolfs* § 1 Rz 1) eingangs des Gesetzes **Ziel und Zweck des Gesetzes** dargestellt werden (MHH-*Herms* § 1 Rz 1).

Zielsetzung § 1 TzBfG

Soweit es um die Problematik **befristeter Arbeitsverträge** geht – die Teilzeitproblematik ist im Rahmen der Erläuterungen des TzBfG hier ausgeklammert – soll mit den Normen des TzBfG die **Europäische Richtlinie** 1999/70/EG des Rates v. 28.6.1999 zu der EGB-UNICE-CEEP-Rahmenvereinbarung über befristete Arbeitsverträge (ABlEG 1999 Nr. L 175 S. 43, abgedr. im Anh. zur Kommentierung des TzBfG, einschließlich der angesprochenen Rahmenvereinbarung) umgesetzt werden (näher dazu KR-*Lipke* § 620 BGB Rz 90 ff.; *Preis/Gotthardt* DB 2000, 2065 f.). Es werden in der Sache folgende **Ziele** verfolgt (vgl. Begr. des Gesetzesentwurfs, BT-Drs. 14/4374 S. 1 f.):

- Befristet beschäftigte Arbeitnehmerinnen und Arbeitnehmer sollen vor Diskriminierung geschützt werden.
- Die Aufeinanderfolge befristeter Arbeitsverträge soll eingeschränkt werden.
- Die Chancen befristet beschäftigter Arbeitnehmerinnen und Arbeitnehmer auf eine Dauerbeschäftigung sollen verbessert werden.
- Die Rechtssicherheit für Arbeitgeber und Arbeitnehmer soll angesichts der bisherigen unübersichtlichen und lückenhaften gesetzlichen Regelung der befristeten Arbeitsverhältnisse verbessert werden.
- Andererseits soll angesichts des Auslaufens der bisherigen Regelung in § 1 Abs. 1 bis 4 BeschFG auch künftig die erleichterte Möglichkeit zum Abschluss befristeter Arbeitsverträge erhalten bleiben – im Interesse der Flexibilität der Beschäftigung und als Brücke zu unbefristeten Arbeitsverhältnissen.

B. Übersicht über das Gesetz

Das TzBfG regelt einerseits Fragen der **Teilzeitarbeit, es betrifft alle Arbeitnehmer einschließlich leitender Angestellter** (HWK-*Schmalenberg* § 1 TzBfG Rz 6; s.u. Rz 6) und einschließlich der Arbeiter und Angestellten (nicht: Beamten) des öffentlichen Dienstes (HWK-*Schmalenberg* § 1 TzBfG Rz 5; s.u. Rz 6). Es definiert in § 2 den **Begriff des teilzeitbeschäftigten Arbeitnehmers** und bringt in den §§ 6 bis 13 **Detailregelungen**, deren Schwerpunkt in § 8 (**Verlangen nach Verringerung der Arbeitszeit**) liegt (dazu die Angaben in Rz 1).

Daneben sind in den §§ 3 und 14 bis 21 TzBfG Vorschriften über **befristete Arbeitsverträge** vorhanden. Schließlich gibt es **gemeinsame Vorschriften** zum **Diskriminierungsverbot** (§ 4 TzBfG) und zum **Benachteiligungsverbot** (§ 5 TzBfG) sowie zur Möglichkeit **abweichender Vereinbarungen** (§ 22 TzBfG) und dazu, dass anderweitige **besondere gesetzliche Regelungen** vom TzBfG unberührt bleiben (§ 23 TzBfG).

Die **Kernpunkte** des TzBfG speziell hinsichtlich der **Befristung** sind (dazu auch näher KR-*Lipke* § 620 BGB Rz 122 ff.):

- § 3 Abs. 1 TzBfG **definiert** den befristet beschäftigten Arbeitnehmer (Satz 1) und enthält in Satz 2 **Legaldefinitionen** der **kalendermäßigen Befristung** und der **Zweckbefristung**.
- Die **Befristung eines Arbeitsvertrages** bedarf grds. eines **sachlichen Grundes** (§ 14 Abs. 1 TzBfG). **Ausnahmen** davon gibt es unter bestimmten Voraussetzungen für Neueinstellungen, für Existenzgründer und für ältere Arbeitnehmerinnen und Arbeitnehmer (§ 14 Abs. 2, 2a und 3 TzBfG). **Sonstige gesetzliche Regelungen** über befristete Arbeitsverhältnisse bleiben unberührt (§ 23 TzBfG).
- Das bislang in § 623 BGB enthaltene **Schriftformerfordernis** für die Befristung von Arbeitsverhältnissen ist nunmehr in § 14 Abs. 4 TzBfG geregelt.
- Ebenso ist die **Klagefrist** bei Befristungen (früher § 1 Abs. 5 BeschFG) jetzt in § 17 TzBfG enthalten.
- §§ 15, 16 TzBfG bringen Vorschriften über das **Ende des befristeten Arbeitsverhältnisses** und die Möglichkeiten **ordentlicher Kündigung** bei wirksamer und unwirksamer Befristung.
- Es gibt erstmals gesetzliche Vorschriften über **auflösend bedingte Arbeitsverträge**. Nach § 21 TzBfG gelten die Normen über befristete Arbeitsverhältnisse insoweit in weitem Umfang entsprechend.
- Die Arbeitgeber werden verpflichtet, befristet beschäftigte Arbeitnehmerinnen und Arbeitnehmer **über freie Dauerarbeitsplätze zu informieren** (§ 18 TzBfG), ihnen den Zugang zu **angemessenen Aus- und Weiterbildungsmaßnahmen** zu ermöglichen (§ 19 TzBfG) und die Arbeitnehmervertretung über den Anteil befristeter Beschäftigungsverhältnisse in Betrieb und Unternehmen zu unterrichten (§ 20 TzBfG).

Das Gesetz gilt ohne Ausnahme **für alle Arbeitnehmer** (KR-*Lipke* § 620 BGB Rz 120; zum Arbeitnehmerbegriff KR-*Rost* ArbNähnl.Pers. Rz 15 ff.; die Rahmenvereinbarung verweist in § 2 Nr. 1 bzgl. des

Arbeitnehmerbegriffs auf das nationale Recht; hinsichtlich der **Praktikanten und Volontäre** s. KR-*Weigand* §§ 21, 22 BBiG Rz 13 f.), nicht hingegen für **arbeitnehmerähnliche Personen** (*Annuß/Thüsing-Annuß* § 1 Rz 2; MHH-*Herms* § 1 Rz 4; bzgl. der Befristung s. auch KR-*Rost* ArbNähnl.Pers. Rz 41) und erst recht nicht für freie Mitarbeiter (HWK-*Schmalenberg* § 3 TzBfG Rz 2). Für die Frage der Regelungen zum befristeten Arbeitsvertrag bedeutet das: Es ist bspw. gleichgültig, ob der Arbeitnehmer bei einem öffentlichen oder privaten Arbeitgeber beschäftigt ist (BT-Drs. 14/4374 S. 14; *Annuß/Thüsing-Annuß* § 1 Rz 2). Gleichgültig ist auch das **Arbeitszeitvolumen**. Schließlich spielt es keine Rolle, ob der Arbeitnehmer **leitender Angestellter** iSd BetrVG oder des § 14 Abs. 2 KSchG ist. **Berufsausbildungsverhältnisse** sind in Deutschland trotz der durch § 2 Nr.2a der Rahmenvereinbarung eröffneten Möglichkeit nicht ausdrücklich ausgenommen, so dass das TzBfG für sie grds. gilt (ebenso *Annuß/Thüsing-Annuß* § 1 Rz 2; *Arnold/Gräfl/Rambach* § 1 Rz 6). Doch wird das TzBfG weitestgehend überlagert durch die Bestimmungen des BBiG (KR-*Bader* § 23 TzBfG Rz 9 f.; MHH-*Herms* § 1 Rz 7; insbes. für § 8 TzBfG ebenso *Arnold/Gräfl/Rambach* § 1 Rz 6). Das TzBfG erfasst auch die Arbeitsverhältnisse in **Kleinbetrieben** sowie **kurzfristige Befristungen** (KR-*Lipke* § 14 TzBfG Rz 2; HWK-*Schmalenberg* § 1 TzBfG Rz 7 u. 9).

C. Inkrafttreten

7 Das TzBfG ist am **1.1.2001 in Kraft getreten**. Es erfasst ab diesem Zeitpunkt grundsätzlich alle Sachverhalte, die sich seit dem 1.1.2001 in seinem Geltungsbereich verwirklichen (*BAG* 15.1.2003 EzA § 14 TzBfG Nr. 2). Es ergaben sich einige **Übergangsprobleme**, die – soweit erforderlich – jeweils bei den einzelnen Bestimmungen des TzBfG angesprochen sind (grundlegend dazu KR-*Lipke* § 620 BGB Rz 135 ff.).

§ 2 Begriff des teilzeitbeschäftigten Arbeitnehmers

Vom Abdruck der Vorschrift und einer Kommentierung wird hier abgesehen, da die Vorschrift ohne Bezug zur Befristungsthematik ist.

§ 3 Begriff des befristet beschäftigten Arbeitnehmers

(1) ¹Befristet beschäftigt ist ein Arbeitnehmer mit einem auf bestimmte Zeit geschlossenen Arbeitsvertrag. ²Ein auf bestimmte Zeit geschlossener Arbeitsvertrag (befristeter Arbeitsvertrag) liegt vor, wenn seine Dauer kalendermäßig bestimmt ist (kalendermäßig befristeter Arbeitsvertrag) oder sich aus Art, Zweck oder Beschaffenheit der Arbeitsleistung ergibt (zweckbefristeter Arbeitsvertrag).
(2) ¹Vergleichbar ist ein unbefristet beschäftigter Arbeitnehmer des Betriebs mit der gleichen oder einer ähnlichen Tätigkeit. ²Gibt es im Betrieb keinen vergleichbaren unbefristet beschäftigten Arbeitnehmer, so ist der vergleichbare unbefristet beschäftigte Arbeitnehmer auf Grund des anwendbaren Tarifvertrages zu bestimmen; in allen anderen Fällen ist darauf abzustellen, wer im jeweiligen Wirtschaftszweig üblicherweise als vergleichbarer unbefristet beschäftigter Arbeitnehmer anzusehen ist.

Literatur

Vgl. die Angaben zu § 1 TzBfG.

Inhaltsübersicht

	Rz		Rz
A. Regelungsgehalt der Norm	1–2	b) Beschäftigung zur Aushilfe	10, 11
B. Der befristete Arbeitsvertrag	3–15	c) Arbeit auf Abruf	12
I. Begriff	3–5	d) Akkordvertrag	13
II. Auslegung	6–15	e) Dauerstellung	14
1. Allgemeines	6–8	f) Befristete Arbeitserlaubnis	15
2. Auslegung bei bestimmten Vertragsgestaltungen	9–15	C. Der kalendermäßig befristete Arbeitsvertrag	16–18
a) Probezeit	9	D. Der zweckbefristete Arbeitsvertrag	19–29

		Rz			Rz
I.	Begriff	19–22		a) Allgemeines	38
II.	Erfordernis des gemeinsamen Vertragswillens	23, 24		b) Im Bühnenbereich	39–43
				c) Weitere Fälle	44, 45
III.	Zweckerreichung nach objektiven Maßstäben	25–29	II.	Doppelbefristung	46–48
			III.	Befristeter Rahmenvertrag	49
E.	Arten der Befristung	30–45	F.	Vergleichbarer unbefristet beschäftigter Arbeitnehmer	50–55
I.	Vereinbarung einer Mindest- und/oder Höchstdauer	30–45	I.	Definition	50, 51
	1. Mindestdauer und Höchstdauer	30	II.	Vergleichbarkeit im Betrieb	52, 53
	2. Höchstdauer	31, 32	III.	Vergleichbarkeit nach anwendbarem Tarifvertrag	54
	3. Mindestdauer	33–37			
	4. Exkurs: Tarifliche Nichtverlängerungsmitteilung	38–45	IV.	Vergleichbarkeit nach Üblichkeit im Wirtschaftsleben	55

A. Regelungsgehalt der Norm

Abs. 1 S. 2 enthält **Legaldefinitionen** des Begriffs des **befristeten Arbeitsvertrages** sowie der Begriffe 1 »**kalendermäßig befristeter Arbeitsvertrag**« und »**zweckbefristeter Arbeitsvertrag**«. Die Definitionen sind begrifflich nicht ganz sauber ausformuliert (s.u. Rz 3 zum befristeten Arbeitsvertrag). Außerdem stimmen sie nicht völlig überein mit der Definition in § 3 Nr. 1 der zugrunde liegenden Rahmenvereinbarung (abgedr. im Anh. zur Kommentierung des TzBfG). Darin wird nämlich auch der auflösend bedingte Arbeitsvertrag als Unterfall der Befristung verstanden (*Annuß/Thüsing-Annuß* § 3 Rz 1 mwN), und als befristet beschäftigter Arbeitnehmer wird dort nur derjenige definiert, der direkt einen Vertrag mit dem Arbeitgeber geschlossen hat (zur AÜG-Problematik KR-*Bader* § 23 TzBfG Rz 4 ff., 7). Zwar erfasst das TzBfG auch den **auflösend bedingten Arbeitsvertrag** (§ 21 TzBfG), insoweit gibt es indes keine Definition (dazu KR-*Bader* § 21 TzBfG Rz 1; *Dörner* Befr. Arbeitsvertrag, Rz 30; HWK-*Schmalenberg* § 3 TzBfG Rz 1). Abs. 1 S. 1 definiert korrespondierend mit Satz 2 den **befristet beschäftigten Arbeitnehmer**. Die begrifflichen Unterscheidungen sind in vielen Fällen nicht von praktischer Bedeutung, weil die Vorschriften für den befristeten Arbeitsvertrag und den auflösend bedingten Arbeitsvertrag weitgehend deckungsgleich sind. Es gibt aber doch Unterschiede, weshalb auf eine **präzise Abgrenzung** nicht verzichtet werden kann (APS-*Backhaus* § 3 TzBfG Rz 3; *Dörner* Befr. Arbeitsvertrag, Rz 30). Etwa findet § 14 Abs. 2 u. 3 TzBfG nicht auf auflösend bedingte Arbeitsverträge Anwendung (§ 21 TzBfG), und § 14 Abs. 2 TzBfG erfasst anders als dessen Abs. 3 nur die kalendermäßige Befristung, während § 15 Abs. 2 TzBfG nur für die Zweckbefristung und den Fall der auflösenden Bedingung gilt.

Abs. 2 schließlich klärt, was unter einem **vergleichbaren unbefristet beschäftigten Arbeitnehmer** zu 2 verstehen ist, ein Begriff, der in § 4 Abs. 2 TzBfG im Zusammenhang mit dem **Diskriminierungsverbot** erscheint.

B. Der befristete Arbeitsvertrag

I. Begriff

Nach der Definition des Abs. 1 S. 2 stellt der Begriff des befristeten Arbeitsvertrages korrespondierend 3 mit Abs. 1 S. 1 den **Oberbegriff** für den kalendermäßig befristeten Arbeitsvertrag einerseits und den zweckbefristeten Arbeitsvertrag andererseits dar. Die begriffliche **Abweichung von den europarechtlichen Vorgaben** (s.o. Rz 1) ist unschädlich, da der auflösend bedingte Arbeitsvertrag über § 21 TzBfG ja gleichfalls von den Vorschriften des TzBfG erfasst wird. Unscharf ist es freilich, wenn das Gesetz den befristeten Arbeitsvertrag als einen auf bestimmte Zeit geschlossenen Arbeitsvertrag umschreibt (ebenfalls krit. *Annuß/Thüsing-Annuß* § 3 Rz 2 mwN). Denn bei der Zweckbefristung liegt gerade keine vertraglich bestimmte Zeit vor. Man wird daher die Legaldefinition des befristeten Arbeitsvertrages zu lesen haben als »**Ein auf begrenzte Dauer geschlossener Arbeitsvertrag (befristeter Arbeitsvertrag**) liegt vor, wenn ...« (APS-*Backhaus* Rz 2; *Dörner* Befr. Arbeitsvertrag, Rz 35; HWK-*Schmalenberg* § 3 TzBfG Rz 2a; *Sievers* Rz 1; MünchArbR-*Wank* § 116 Rz 40 [die Regelung in § 3 Abs. 1 S. 1 sei überflüssig]). Nicht erfasst wird von der Definition, die auf den Arbeitsvertrag als solchen abstellt, die **Befristung einzelner Arbeitsbedingungen** (zur Kontrolle KR-*Lipke* § 14 TzBfG Rz 12 ff.; zur Klagefrist KR-*Bader* § 17 TzBfG Rz 10). Eine zeitliche Untergrenze für die Befristung gibt es nicht, ebenso ist es gleichgültig, in welchem Umfang innerhalb der Befristung Arbeitsleistung zu erbringen ist (KR-*Bader* § 1 TzBfG Rz 6; KDZ-*Däubler* § 3 TzBfG Rz 11).

4 Ein befristeter Vertrag ist dann gegeben, wenn er ursprünglich so abgeschlossen wird, aber auch dann, wenn eine **weitere Befristung** vereinbart oder ein zunächst unbefristeter Vertrag **in einen befristeten Vertrag umgewandelt** wird (ErfK-*Müller-Glöge* § 620 BGB Rz 8; HWK-*Schmalenberg* § 3 TzBfG Rz 2; vgl. auch KR-*Lipke* § 14 TzBfG Rz 9 ff.). Kalendermäßige Befristungen können mit Zweckbefristungen (dazu auch Rz 46 ff.) oder auch auflösenden Bedingungen gekoppelt werden (ErfK-*Müller-Glöge* Rz 14 u. 17 mwN).

5 Probleme kann im Einzelfall die Frage bereiten, ob es sich bei der Vereinbarung, dass ein unbefristet bestehendes Arbeitsverhältnis zu einem in der Zukunft liegenden Zeitpunkt enden soll, um eine **Befristung oder** um einen **Aufhebungsvertrag** handelt (zu den nicht deckungsgleichen Formvorschriften: § 623 BGB und § 14 Abs. 4 TzBfG, dazu KR-*Spilger* § 623 BGB Rz 146 ff. u. 166 ff. sowie KR-*Spilger* § 14 Abs. 4 TzBfG Rz 13 ff. im Anhang zu § 623 BGB). Die vertraglich vereinbarte Auflösung eines Arbeitsverhältnisses ist vom TzBfG nicht erfasst, grds. zulässig und nicht durch Kündigungs- oder Kündigungsschutzbestimmungen ausgeschlossen (so bereits *BAG* 25.6.1987 EzA § 620 BGB Bedingung Nr. 8; zum Aufhebungsvertrag bei einem geplanten Betriebsübergang *BAG* 18.8.2005 EzA § 613a BGB 2002 Nr. 40). Nimmt man also einen Auflösungs- oder Aufhebungsvertrag an, bedarf es keiner Sachgrundprüfung; liegt hingegen eine Befristung vor, bedarf es eines Sachgrundes nach § 14 Abs. 1 TzBfG (die Abs. 2, 2a u. 3 greifen dann nicht), wie dies bereits vor dem Inkrafttreten des TzBfG angenommen wurde (*BAG* 12.1.2000 EzA § 611 BGB Aufhebungsvertrag Nr. 33). Die Frage ist im Wege der **Auslegung** zu beantworten (BBDW-*Bader* § 620 BGB Rz 29; vgl. auch KR-*Spilger* § 623 BGB Rz 92). Entscheidend ist damit, welcher Zweck im Vordergrund stand, wobei speziell die Interessen der Vertragsparteien und die Länge der Kündigungsfrist in die Betrachtung einzubeziehen sind (*BAG* 12.1.2000 EzA § 611 BGB Aufhebungsvertrag Nr. 33). Korrespondiert also der Beendigungszeitpunkt im Wesentlichen mit der vom Arbeitgeber einzuhaltenden Kündigungsfrist, so wird regelmäßig viel für einen Aufhebungsvertrag sprechen. Liegt hingegen der Beendigungszeitpunkt weit jenseits der genannten Frist, dürfte dies in aller Regel für eine Befristungsvereinbarung sprechen. Vereinbaren die Arbeitsvertragsparteien, das Arbeitsverhältnis **zum Ablauf der ordentlichen Kündigungsfrist** gegen Abfindungszahlung zu beenden, liegt darin dementsprechend **keine nachträgliche Befristung**, die eines sachlichen Grundes bedarf (*BAG* 13.11.1996 EzA § 112 BetrVG 1972 Nr. 90; die damit verbundene Rechtsunsicherheit kritisierend und eine klare gesetzliche Regelung fordernd *Annuß/Thüsing-Annuß* § 3 TzBfG Rz 8). Zur Zulässigkeit eines **bedingten Aufhebungsvertrages** KR-*Fischermeier* § 626 BGB Rz 48 u. KR-*Bader* § 21 TzBfG Rz 3.

II. Auslegung

1. Allgemeines

6 Ist nicht auf den ersten Blick klar, dass die Vertragsparteien einen befristeten Arbeitsvertrag abschließen wollten, ist eine Auslegung gem. **§§ 133, 157 BGB** nach dem **objektiven Erklärungsgehalt** (*BAG* 6.10.1960 AP § 620 BGB Befristeter Arbeitsvertrag Nr. 15; APS-*Backhaus* Rz 5; *Dörner* Befr. Arbeitsvertrag, Rz 31 f.; ErfK-*Müller-Glöge* Rz 3) vorzunehmen. Haben beide Parteien das Vereinbarte in einem bestimmten Sinne verstanden und so gewollt – dies ist von der Partei, die sich darauf beruft, nachzuweisen –, kann dies unter Berücksichtigung der Formbindung unabhängig vom Wortlaut maßgebend sein (*Palandt/Heinrichs* § 133 Rz 6 u. 19 mwN).

7 Bei der Auslegung ist mit darauf abzustellen, ob die Parteien ein bestimmtes Ereignis, wenn sie es ausdrücklich erörtert hätten, als **redliche Vertragsparteien** zum Anlass für eine Befristung genommen oder aber lediglich als Grund für eine Kündigung bestimmt haben würden. Dabei ist zu berücksichtigen, dass eine wirksame Befristung dem Arbeitnehmer die Möglichkeit nimmt, sich bei der Beendigung des Vertrages auf den allgemeinen oder besonderen Kündigungsschutz zu berufen (KR-*Lipke* § 620 BGB Rz 54) und es deswegen der **Fürsorgepflicht** des Arbeitgebers entsprochen haben kann, einen unbefristeten Vertrag abzuschließen. So bedeutet zB die **Abrede, das Arbeitsverhältnis solle bei Einstellung oder Veräußerung des Betriebes oder beim Tod des Arbeitgebers enden**, im Zweifel nur, dass bei Eintritt dieses Ereignisses beide Seiten ordentlich kündigen können (vgl. auch Rz 14 zur Lebens- oder Dauerstellung). Das ergibt sich unmittelbar aus § 613a Abs. 1 BGB und mittelbar aus § 613 BGB (Umkehrschluss). Allerdings wird es zu weit gehen, eine Regel anzunehmen, dass im Zweifel ein befristetes Arbeitsverhältnis nicht gewollt sei (*Dörner* Befr. Arbeitsvertrag, Rz 31; aA APS-*Backhaus* Rz 5).

8 Da das Erfordernis der **Rechtsklarheit** und **Rechtssicherheit** bei allen Beendigungsgründen gewahrt sein muss, ist eine möglichst eindeutige und unmissverständliche Vereinbarung über die Zeit oder den

Zweck des Vertrages zu verlangen (näher dazu Rz 16 ff. u. 25 ff.). **Unklarheiten** gehen zu Lasten des Verwenders allgemeiner Geschäftsbedingungen iSd § 305 Abs. 1 BGB (§§ 310 Abs. 4 S. 2, 305c Abs. 2 BGB; die mögliche Anwendbarkeit des § 310 Abs. 3 Nr. 3 BGB soll hier nicht diskutiert werden). Fehlende Transparenz trifft daher regelmäßig den Arbeitgeber, sie führt zur Unwirksamkeit der Befristung, wenn die Vereinbarung so unbestimmt ist, dass sie zur Festlegung der Beendigung ungeeignet ist (*BAG* 27.6.2001 EzA § 620 BGB Nr. 179). Zu den Pflichten des Arbeitgebers, die vorhersehbare **Dauer der Befristung** dem Arbeitnehmer nachzuweisen, wird verwiesen auf **§ 2 Abs. 1 S. 2 Nr. 3 NachwG** (gem. § 1 NachwG nicht geltend für Arbeitnehmer, die lediglich zur vorübergehenden Aushilfe von höchstens einem Monat eingestellt werden); für den Bereich des **AÜG** gelten keine Sonderregelungen mehr (§ 11 Abs. 1 S. 2 AÜG). Dem Erfordernis des § 2 Abs. 1 S. 2 Nr. 3 NachwG wird durch die stets notwendige **schriftliche Vereinbarung** der Befristung (§ 14 Abs. 4 TzBfG) Rechnung getragen (§ 2 Abs. 4 NachwG): Sie enthält all das, was auch nach § 2 Abs. 1 S. 2 Nr. 3 NachwG erforderlich ist (vgl. insoweit *Lörcher* ArbuR 1994, 545; *Preis* NZA 1997, 10, 14). Damit müssten die Probleme hinsichtlich unklarer Befristungsabreden geringer geworden sein. Ist ein entsprechender Nachweis gem. § 2 NachwG – hier durch vertragliche Bestimmung – erfolgt, führt er regelmäßig zum **Nachweis** für die **tatsächlichen Bedingungen zur Befristungsdauer** im Rechtsstreit, mit der Möglichkeit des Gegenbeweises durch den Arbeitgeber (*EuGH* 4.12.1997 EzA § 2 NachwG Nr. 1 m. Anm. *R. Krause*; *Preis* NZA 1997, 10, 17; vgl. auch *Franke* DB 2000, 274).

2. Auslegung bei bestimmten Vertragsgestaltungen

a) Probezeit

Von einer Probezeit spricht man, wenn einerseits der Arbeitgeber die Gelegenheit haben soll, die Eignung des Arbeitnehmers zu überprüfen, und andererseits dem Arbeitnehmer die Möglichkeit eingeräumt werden soll, zu entscheiden, ob die Stellung und die Verhältnisse im Betrieb seinen Erwartungen entsprechen. Vereinbart werden kann **eine Probezeit als Anfangsphase** eines unbefristeten Arbeitsverhältnisses (zur Kündigungsfrist insoweit § 622 Abs. 3 BGB und dazu KR-*Spilger* § 622 BGB Rz 152 ff.). Eine solche Vereinbarung ist im Zweifel anzunehmen, auch wenn das Ende der Probezeit kalendermäßig festgelegt ist (APS-*Backhaus* Rz 6; *Dörner* Befr. Arbeitsvertrag, Rz 32). Etwas **anderes gilt nur dann, wenn die Parteien ausdrücklich und eindeutig** das **Arbeitsverhältnis** auf die Dauer der Probezeit **befristet haben** (*BAG* 30.9.1981 EzA § 620 BGB Nr. 54; *LAG Köln* 8.11.1989 DB 1990, 1288; *Preis/Kliemt/Ulrich* Das Probearbeitsverhältnis, AR-Blattei SD 1270 unter A.I.u.II.; zum sog. **Einfühlungsverhältnis** vgl. *LAG Hamm* 24.5.1989 LAGE § 611 BGB Probearbeitsverhältnis Nr. 2). Für diesen Willen der Parteien spricht **keine Auslegungsregel** (*BAG* 29.7.1958, 1.8.1968, AP § 620 BGB Probearbeitsverhältnis Nr. 3 u. 10; *Moritz* BB 1978, 868; *Soergel/Kraft* § 620 Rz 15 f.; *Staudinger/Preis* § 620 Rz 119). Der **Erprobungszweck** muss jedoch **nicht Vertragsinhalt** geworden sein (dazu KR-*Lipke* § 14 TzBfG Rz 63 u. 163 mwN; aA MHH-*Herms* § 3 Rz 6;, anders als früher vom BAG gefordert (dazu *Staudinger/Preis* § 620 BGB Rz 120 mwN; vgl. zur Schriftform KR-*Spilger* § 623 BGB Rz 171 u. § 14 Abs. 4 TzBfG Rz 44 ff. im Anhang zu § 623 BGB; insgesamt näher zur Probezeitbefristung KR-*Lipke* § 14 TzBfG Rz 63 u. 157 ff.). Die **Darlegungs- und Beweislast** legt beim Arbeitgeber (KR-*Lipke* § 14 TzBfG Rz 374 f.). Bei der Befristung zur Probe mit einem schwerbehinderten Menschen ist die Anzeigepflicht des Arbeitgebers gegenüber dem Integrationsamt gem. **§ 90 Abs. 3 SGB IX** zu beachten.

b) Beschäftigung zur Aushilfe

Die Besonderheit des Aushilfsarbeitsverhältnisses wird darin gesehen, dass der Arbeitgeber von vornherein ein **Arbeitsverhältnis auf Dauer nicht eingehen will**, sondern nur einen **vorübergehenden Bedarf an Arbeitskräften** decken möchte, der nicht durch den normalen Betriebsablauf, sondern durch den Ausfall von Stammkräften oder einen zusätzlichen Arbeitsanfall begründet ist – die Abgrenzung zwischen Aushilfe und Vertretung ist insoweit fließend (§ 14 Abs. 1 S. 2 Nr. 1 u. 3 TzBfG und die zugehörigen Erläuterungen KR-*Lipke* § 14 TzBfG; zum Begriff KR-*Spilger* § 622 BGB Rz 158 mwN; vgl. auch *Preis/Kliemt/Ulrich* Das Aushilfsarbeitsverhältnis, AR-Blattei SD 310 unter A.I. u. II.).

Allein die Einstellung »zur Aushilfe« begründet indes noch kein befristetes Arbeitsverhältnis (vgl. *BAG* 12.6.1996 EzA § 2 BeschFG 1985 Nr. 49). Die Parteien müssen vielmehr entweder eindeutig vereinbaren, dass das Arbeitsverhältnis mit dem **Erreichen des genau umschriebenen Aushilfszwecks** ohne weiteres **beendet** sein soll (*Walter* Das Arbeitsverhältnis zur Probe und zur Aushilfe, S. 72 f.; zur Zweckbefristung s.u. Rz 19 ff.). Oder es muss ein **Zeitraum** oder **Beendigungsdatum** festgelegt werden (*BAG* 22.5.1986 EzA § 622 BGB Nr. 24; *LAG Frankf./M.* 25.10.1988 LAGE § 622 BGB Nr. 11; zur kalendermäßigen

Befristung s.u. Rz 16 ff.). Der zweitgenannte Fall liegt zB vor, wenn die Einstellung für die Dauer des **Sommerschlussverkaufs**, für die **Zeit** des **Kuraufenthaltes** eines Arbeitnehmers oder für eine **bestimmte Messe** vorgesehen ist (*Walter* Das Arbeitsverhältnis zur Probe und zur Aushilfe, S. 70).

c) **Arbeit auf Abruf**

12 Die Vereinbarung der Arbeit auf Abruf (vgl. § 12 TzBfG) führt nicht per se zur Befristung (KR-*Spilger* § 623 BGB Rz 173).

d) **Akkordvertrag**

13 Die Vereinbarung eines **Akkordlohnes** für bestimmte Arbeiten (zB Bauarbeiten für einen bestimmten Block) enthält idR nicht zugleich den Abschluss eines zweckbefristeten Vertrages. Es ist vielmehr davon auszugehen, dass bei der Vergabe von Akkordarbeiten ein **unbefristeter Vertrag** zustande kommt, weil nach der Erledigung der zunächst zugewiesenen Aufgabe dem Arbeitnehmer zumeist eine andere Arbeit übertragen werden soll (*LAG Brem.* 11.3.1964 ArbuR 1965, 58; vgl. zu einer parallelen Konstellation *Dörner* Befr. Arbeitsvertrag, Rz 32). Dabei kann es sich indessen um die zulässige Vereinbarung einer befristeten Einzelarbeitsbedingung handeln (zur Zulässigkeit solcher Bedingungen KR-*Lipke* § 14 TzBfG Rz 12 ff.; zur Klagefrist insoweit KR-*Bader* § 17 TzBfG Rz 10).

e) **Dauerstellung**

14 Die Zusage einer »Lebens- oder Dauerstellung« ist im Zweifel **nicht** bereits als Angebot eines auf die Lebenszeit des Arbeitnehmers **befristeten Vertrages** auszulegen (*BAG* 21.10.1971 EzA § 1 KSchG Nr. 23; ausführlich dazu KR-*Fischermeier* § 624 BGB Rz 13 ff.).

f) **Befristete Arbeitserlaubnis**

15 **Ausländische Arbeitnehmer**, die nicht die Staatsangehörigkeit eines Mitgliedslandes der **EU** besitzen, dürfen nach § 284 SGB III nur beschäftigt werden, wenn sie eine **Arbeitserlaubnis** besitzen (*BAG* 7.2.1990 EzA § 1 KSchG Personalbedingte Kündigung Nr. 8), die befristet erteilt werden kann, wovon vielfach Gebrauch gemacht wird (§ 285 Abs. 5 SGB III; vgl. KR-*Griebeling* § 1 KSchG Rz 43 f.). Der Arbeitsvertrag mit einem ausländischen Arbeitnehmer ist aber nur dann auf die Dauer einer befristeten Arbeitserlaubnis befristet, wenn die Parteien das ausdrücklich vereinbart haben (*Heldmann* BB 1975, 1306; *Dörner* Befr. Arbeitsvertrag, Rz 32; zu den Sachgrundvoraussetzungen *BAG* 12.1.2000 EzA § 620 BGB Nr. 169 u. KR-*Lipke* § 14 TzBfG Rz 211). Fehlt eine Befristungsabrede, dann muss der Arbeitsvertrag ordentlich oder außerordentlich gekündigt werden, wenn die Arbeitserlaubnis abgelaufen ist und eine Verlängerung abgelehnt wird (KR-*Griebeling* § 1 KSchG Rz 290 f.; *Staudinger/Preis* § 626 Rz 216; **aA** *Eichenhofer* NZA 1987, 732).

C. Der kalendermäßig befristete Arbeitsvertrag

16 Ein kalendermäßig befristeter Arbeitsvertrag liegt nach Abs. 1 S. 2 vor, wenn seine Dauer **kalendermäßig bestimmt** ist. Unproblematisch erfasst werden damit alle Vereinbarungen, die ein bestimmtes Datum, das Ende eines angegebenen Jahres oder das Ende eines bestimmten Monats bzw. einer bestimmten Woche als Ende des Arbeitsverhältnisses festschreiben. Dasselbe gilt für die Vereinbarung einer festgelegten Dauer (zB: zwei Tage, eine Woche, drei Monate oder ein Jahr), wenn zugleich der Beginn der Dauer nach dem Kalender bestimmt wird (etwa: ab dem 1.1.2007 oder ab Beginn der zweiten Kalenderwoche des Jahres 2007, womit dann der Montag, der 8.1.2007, als Beginn festgelegt ist). Eine kalendermäßige Bestimmung liegt jedoch auch vor, wenn man den Arbeitsvertrag entweder auf die Dauer der Herbstferien in einem Bundesland oder die Dauer der Betriebsferien im Sommer eines Jahres: Auch dann wird mittelbar ein ganz konkretes Enddatum festgelegt (korrespondierend zur Beendigung KR-*Lipke* § 15 TzBfG Rz 5). Dasselbe gilt für die Festlegung des Endes auf das Ende der Arbeitszeit, etwa das Schichtende (*ArbG Marburg* 10.3.2006 DB 2006, 785).

17 Wichtig ist, dass die Dauer nach der getroffenen Vereinbarung (§ 14 Abs. 4 TzBfG) wirklich nach dem Kalender eindeutig **bestimmt** oder jedenfalls exakt bestimmbar (vorstehende Rz zu den Ferien) sein muss. Es gelten insoweit die allgemeinen Auslegungsregeln.

18 **Vage Angaben** (»für ein paar Tage«) oder lediglich ungefähre Angaben (»circa 5 Wochen«, »etwa ein Jahr«) reichen damit nicht aus (*Dörner* Befr. Arbeitsvertrag, Rz 37; *Sievers* Rz 4). Ebenso genügt die An-

gabe »für drei bis vier Wochen« nicht (KassArbR-*Schütz* 4.4 Rz 13). Dies gilt auch für die Vereinbarung, dass das Arbeitsverhältnis für die Dauer einer **Saison** oder **Kampagne** befristet werden soll, wenn die Dauer nicht präzise feststeht, sondern es insofern einen Spielraum von einigen Tagen gibt (*Dörner* Befr. Arbeitsvertrag, Rz 37; *Staudinger/Preis* § 620 BGB Rz 24 u. 26; ebenso jetzt KDZ-*Däubler* Rz 2; aA *Lipke* KR 5. Aufl., § 620 BGB Rz 50). Lässt sich in derartigen Konstellationen dann auch keine Zweckbefristung annehmen, ist die **Befristung unwirksam** (§ 16 TzBfG; APS-*Backhaus* Rz 12; *Boewer* Rz 14; HWK-*Schmalenberg* § 3 TzBfG Rz 3; *Rolfs* Rz 2; zur Klagefrist in diesem Falle KR-*Bader* § 17 TzBfG Rz 16).

D. Der zweckbefristete Arbeitsvertrag

I. Begriff

Ein zweckbefristeter Arbeitsvertrag ist gegeben, wenn sich seine Dauer aus **Art, Zweck oder Beschaf-** 19 **fenheit der Arbeitsleistung** ergibt (§ 3 Abs. 1 S 2). Das stimmt zwar nicht voll mit § 620 Abs. 2 BGB überein (die Art ist zusätzlich erwähnt), doch ist damit keine inhaltliche Änderung gegenüber dem früheren Rechtszustand beabsichtigt (ausdrücklich so BT-Drs. 14/4374 S. 15). Keine Zweckbefristung liegt vor, wenn nur eine Prognose des wahrscheinlichen Eintritts der Zweckerreichung mitgeteilt werden soll (*BAG* 21.12.2005 EzA § 14 TzBfG Nr. 25).

Die kalendermäßig befristeten Arbeitsverhältnisse sind von den zweckbefristeten Arbeitsverträgen ei- 20 nerseits und von den auflösend bedingten Arbeitsverträgen andererseits manchmal schwer abzugrenzen. Eine saubere Trennung ist allerdings jedenfalls zum Teil geboten (s.o. Rz 1). Als Grundregel ist festzuhalten: Bei der Zweckbestimmung soll das Arbeitsverhältnis mit Eintritt eines (objektiven – dazu Rz 25 ff.) **Ereignisses** enden, das von den Parteien als **gewiss**, aber **zeitlich noch unbestimmbar** angesehen wird: etwa mit der Fertigstellung eines Bauwerkes, dh der Fertigstellung einer begrenzten Aufgabe, der Rückkehr des zu vertretenden Arbeitnehmers aus dem Krankenstand (vgl. *BAG* 26.3.1986 EzA § 620 BGB Nr. 81 mwN), der **Weiterbeschäftigung** nach einer Kündigung für die Dauer des Kündigungsrechtsstreits (*BAG* 19.1.2005 – 7 AZR 113/04 – EzBAT § 53 BAT Beschäftigung Nr. 13; 22.10.2003 EzA § 14 TzBfG Nr. 6; vgl. insoweit zur auflösenden Bedingung bei anderer Formulierung KR-*Bader* § 21 TzBfG Rz 30) oder der Bewilligung einer **Altersrente** (*BAG* 14.8.2002 BAGE 102, 174; damit Zweckbefristung gegeben bei Vorliegen der Vereinbarung, dass das **Altersteilzeitarbeitsverhältnis** mit der Möglichkeit der Inanspruchnahme einer Rente wegen Alters enden soll: *BAG* 27.4.2004 EzA § 81 SGB IX Nr. 5; vgl. weiter zur Befristung des Altersteilzeitarbeitsverhältnisses *BAG* 16.11.2005 EzA § 8 ATG Nr. 1). Bei der auflösenden Bedingung tritt als abweichendes Merkmal noch die Ungewissheit des Ereigniseintritts (zB Erwerbsunfähigkeit) und der grundsätzliche Fortsetzungswille beider Parteien hinzu (*Enderlein* RdA 1998, 91, 94; weiter KR-*Bader* § 21 TzBfG Rz 1). Möglich ist die Annahme einer Zweckbefristung auch bei einem Arbeitsverhältnis im Rahmen einer **Arbeitsbeschaffungsmaßnahme** iSd §§ 260 ff. SGB III (*BAG* 19.1.2005 EzA § 620 BGB 2002 Nr. 11 = NZA 2005, 873: Zweckbefristung bis zum Auslaufen der Förderung, auch wenn etwaige Verlängerungen von einem Antrag des Arbeitnehmers abhängen). Bei gegebener Rechtfertigung einer Zweckbefristung kann eine kalendermäßige Befristung mit späterem Ende vereinbart werden (*BAG* 16.11.2005 EzA § 8 ATG Nr. 1).

Es wird daher eine **Prüfung in drei Schritten** zu erfolgen haben: Steht erstens fest, dass kein unbefris- 21 teter Arbeitsvertrag geschlossen ist (s.o. Rz 6 ff.), muss man zweitens präzise prüfen, ob eine kalendermäßige Befristung vorliegt (s.o. Rz 16 ff.). Ist dies zu verneinen, ist drittens zu klären, ob das Beendigungsereignis gewiss ist – dann liegt eine Zweckbefristung vor – oder ob unklar ist, ob das Beendigungsereignis jemals eintreten wird – dann handelt es sich um eine auflösende Bedingung.

Die Schwierigkeit für den Arbeitnehmer besteht bei der Zweckbefristung darin, dass für ihn nicht ge- 22 nau vorhersehbar ist, wann sein Arbeitsverhältnis enden wird; er kann also nur schwer für die weitere Zukunft disponieren (KDZ-*Däubler* Rz 3). **§ 15 Abs. 2 TzBfG** schafft hier (ein wenig) Abhilfe (dazu KR-*Lipke* § 15 TzBfG Rz 6 ff.).

II. Erfordernis des gemeinsamen Vertragswillens

Die Begründung eines zweckbefristeten Arbeitsverhältnisses bedarf einer Vereinbarung der Parteien. 23 Sie setzt die **Einigung der Parteien** voraus, dass das Arbeitsverhältnis mit der Erledigung einer bestimmten, zweckgebundenen Aufgabe oder dem sonstigen bestimmten gewissen Ereignisses (Rz 25 ff. u. 20) ohne weiteres beendet werden soll (*BAG* 26.8.1998 – 7 AZR 259/97 – nv, zit. bei *Dörner* Befr. Arbeitsvertrag, Rz 51; *LAG RhPf* 19.5.2004 – 9 Sa 2026/03 – LAGReport 2004, 323). Damit wird im Hinblick auf die **Schriftform** des § 14 Abs. 4 TzBfG (erläutert bei KR-*Spilger* im Anhang zu § 623 BGB; vgl. dazu auch nachstehend Rz 24) zugleich dem Erfordernis des § 2 Abs. 1 Nr. 3 NachwG Rechnung getragen (HWK-*Schmalenberg* § 3 TzBfG Rz 4). Es genügt nicht, wenn der **vorübergehende Mehrbedarf** an Arbeitnehmern für den Arbeitgeber nur das **Motiv** für den Vertragsabschluss gewesen ist (HWK-*Schmalenberg* § 3 TzBfG Rz 4). Gleichfalls reicht es allein nicht aus, wenn dem Arbeitnehmer ein begrenzter Aufgabenbereich oder Arbeiten eines bestimmten Zwecks zugewiesen werden (*BAG* 16.3.2000 – 2 AZR 196/99 – RzK I 9i Nr. 72; ErfK-*Müller-Glöge* Rz 12).

24 Bereits bisher galt: Die **Beschaffenheit oder** der **Zweck der Arbeitsleistung**, für die der Arbeitnehmer eingestellt wird, müssen bei Vertragsabschluss erörtert und **beiden Parteien erkennbar** gewesen sein (*BAG* 26.6.1996 EzA § 620 BGB Bedingung Nr. 12 m. zust. Anm. *B. Gaul*). Im Interesse der **Rechtsklarheit und Rechtssicherheit** sind **strenge Anforderungen** an die **Eindeutigkeit der Einigung** über den Abschluss eines **zweckbefristeten Arbeitsvertrages** zu stellen (s.a. Rz 25). Dies ist nun verstärkt dadurch, dass die **Angabe des Zwecks** bei der Zweckbefristung **essentieller Bestandteil der schriftlichen Befristungsabrede** sein muss (*BAG* 21.12.2005 EzA § 14 TzBfG Nr. 25; KR-*Spilger* § 14 Abs. 4 TzBfG Rz 77 im Anhang zu § 623 BGB mwN). Eine **konkludente Vereinbarung** einer Zweckbefristung wird schon daher ausscheiden müssen (weitergehend *Dörner* Befr. Arbeitsvertrag, Rz 52; vgl. auch *LAG Bln.* 13.7.1990 DB 1990, 1828: Zweckbefristung eines Arbeitsverhältnisses einer Altenpflegerin auf den Tod des Arbeitgebers angenommen).

III. Zweckerreichung nach objektiven Maßstäben

25 Die **Absicht** des Arbeitgebers, einen Arbeitnehmer nicht auf Dauer einzustellen, sondern seine Beschäftigung zeitlich zu begrenzen, führt auch dann, wenn sie dem Arbeitnehmer **erkennbar** und **Vertragsinhalt** geworden ist, nicht stets zum Abschluss eines zweckbefristeten Dienstvertrages. Als **weitere Voraussetzung** muss vielmehr hinzukommen, dass sich die **Zweckerreichung** und damit der Zeitpunkt der Beendigung des Dienstverhältnisses **nach objektiven Merkmalen** für beide Parteien erkennbar bestimmen lässt (*BAG* 23.11.1988 RzK I 9 e Nr. 6; 26.3.1986 EzA § 620 BGB Nr. 81; *Fohrbeck/Wiesand/Woltereck* S. 264; *A. Hueck* Anm. AP Nr. 30 zu § 620 BGB Befristeter Arbeitsvertrag; *Soergel/Kraft* § 620 Rz 5; *Staudinger/Preis* § 620 Rz 26). Der **Tatbestand des § 3 Abs. 1 S. 2 TzBfG** ist wie bislang § 620 Abs. 2 BGB im Interesse der Rechtssicherheit und Rechtsklarheit und zur Wahrung der berechtigten Belange des Arbeitnehmers insoweit **eng auszulegen**. Er ist nur dann erfüllt, wenn die **Erreichung des Vertragszweckes** »sinnlich wahrnehmbar« und damit nach objektiven Maßstäben bestimmbar ist (*BAG* 23.11.1988 RzK I 9 e Nr. 6). Dabei ist zudem bedenken, dass anderenfalls die Zweckbefristung in ihrer **Wirkung einer fristlosen Kündigung** praktisch gleichkäme.

26 Diese Voraussetzung ist zB nicht gegeben, wenn ein Arbeitnehmer zu dem Zweck eingestellt wird, die durch den **finanziellen Zusammenbruch** einer Bank eingetretene Zahlungsunfähigkeit einer anderen Sparkasse **zu beseitigen**, die Geschäfte der Bank abzuwickeln und die Sparkasse bis zur Wiederherstellung klarer und geordneter Verhältnisse zu verwalten. Entsprechendes gilt – jenseits der Befristungsbestimmungen des HRG – für eine Befristung »für die Dauer eines Forschungsvorhabens« (*Staudinger/Preis* § 620 BGB Rz 26). Wann dieser mit der Arbeitsleistung erstrebte Erfolg eingetreten ist, lässt sich nämlich **nicht objektiv**, sondern letztlich allein durch eine **Ermessensentscheidung** des Arbeitgebers bestimmen. Die Dauer eines Arbeitsverhältnisses ist aber nur dann aus dem Zweck zu entnehmen, wenn die Zweckerfüllung aus objektiven Umständen folgt, die der **willkürlichen Bestimmung** des Vertragspartners oder eines Dritten entzogen sind (vgl. *BAG* 23.11.1988 RzK I 9 e Nr. 6; parallel zur auflösenden Bedingung KR-*Bader* § 21 TzBfG Rz 20).

27 Zu weitgehend auf eine freie Unternehmerentscheidung des Arbeitgebers abgestellt ist auch der Abschluss eines Arbeitsvertrages zur **Einrichtung einer Kartei**, wenn deren Fertigstellung nicht zu einem bestimmten Zeitpunkt, sondern nach und nach erfolgt und die **Aushilfskräfte in zeitlichen Abständen** teilweise entbehrlich werden. Die vom Arbeitgeber zu treffende **Auswahl**, in welcher Reihenfolge nach und nach die Aushilfskräfte zu entlassen sind, wird wiederum auch von **subjektiven Erwägungen** beeinflusst – es ist gerade nicht mehr allein nach objektiven Maßstäben festzustellen, ob für den betroffenen Arbeitnehmer nicht trotz der teilweisen Erledigung der vorübergehenden Aufgabe noch Arbeit vorhanden ist. Diese **Ungewissheit** steht in Fällen dieser Art einer wirksamen Befristung entgegen. Gerade den Streit darüber, ob der Zweck des Arbeitsverhältnisses objektiv erreicht ist, soll das Erfordernis der objektiven Bestimmbarkeit ausschließen. Bestätigt wird die Richtigkeit dieser Sichtweise dadurch, dass §§ 15 Abs. 2 u. Abs. 5, 17 S. 3 TzBfG an die objektive Zweckerreichung anknüpfen (KR-*Lipke* § 15 TzBfG Rz 19 sowie KR-*Bader* § 17 TzBfG Rz 26).

Zu unbestimmt für eine Befristung sind schließlich Einstellungen für die **Dauer eines zusätzlichen** 28
Bedarfs an Arbeitskräften (*LAG Düsseld*. 10.3.1958 BB 1958, 665; *LAG BW* 23.1.1969 AR-Blattei ES 310 Aushilfsarbeitsverhältnis Nr. 1).

Zum früheren Rechtszustand wurde vertreten, dass dem nicht zugelassenen Belieben des Arbeitge- 29 bers gleichzusetzen seien **Zweckbefristungen, deren Zweckerreichung von vornherein in zeitlicher Hinsicht völlig ungewiss ist** und bei denen der Zeitpunkt der Zweckerreichung **nicht in überschaubarer Zeit** liegt (vgl. etwa *BAG* 17.2.1983 EzA § 620 BGB Nr. 64; 12.6.1987 EzA § 620 BGB Nr. 90; *Lipke* KR 5. Aufl., § 620 BGB Rz 62; **aA** zB MünchKomm-*Schwerdtner* § 620 Rz 163 f.; *BAG* 28.11.1990 – 7 AZR 467/89 – nv). Angesichts der Regelung in § 3 Abs. 1 iVm § 15 Abs. 2 TzBfG lässt sich das nun nicht mehr aufrechterhalten. Die **Voraussehbarkeit der Zweckerreichung** ist **nicht** mehr **Wirksamkeitsvoraussetzung** (*Annuß/Thüsing-Annuß* Rz 4; *Dörner* Befr. Arbeitsvertrag, Rz 48 f.; **aA** HWK-*Schmalenberg* § 3 TzBfG Rz 5; *Rolfs* Rz 10). Das TzBfG sieht in der Ankündigung gem. § 15 Abs. 2 TzBfG einen hinreichenden Schutz (APS-*Backhaus* Rz 22; *Dörner* Befr. Arbeitsvertrag, Rz 48), und die Begründung des Gesetzentwurfs spricht § 15 Abs. 2 TzBfG auch als einziges Mittel zur Beseitigung der für den Arbeitnehmer bestehenden Unsicherheit an (BT-Drs. 14/4374 S. 15).

E. Arten der Befristung

I. Vereinbarung einer Mindest- und/oder Höchstdauer

1. Mindestdauer und Höchstdauer

Wenn die vereinbarte Vertragszeit **zugleich als Höchst- und Mindestdauer** gedacht ist, liegt ein **be- 30 fristetes Arbeitsverhältnis** iSd § 3 Abs. 1 TzBfG vor, das mit Ablauf der vereinbarten bestimmten Dauer ohne Kündigung endet (*Dörner* Befr. Arbeitsvertrag, Rz 44). Die Bedeutung der Mindestzeit zeigt sich darin, dass während der festgelegten Vertragsdauer gesetzlich eine **ordentliche Kündigung nicht** vorgesehen ist (§ 15 Abs. 3 TzBfG). Zur Vereinbarung der Möglichkeit einer ordentlichen Kündigung während der Befristung vgl. die Angaben aE der Rz 31.

2. Höchstdauer

Nach der gesetzlichen Regelung liegt ein **befristetes Arbeitsverhältnis** auch dann vor (arg. § 15 Abs. 3 31 TzBfG), wenn eine kalendermäßige Befristung oder eine Zweckbefristung (wirksam) vereinbart ist, aber – aufgrund Einzelvertrages oder tarifvertraglicher Regelung – die **Möglichkeit der ordentlichen Kündigung während der Laufzeit** besteht (§ 15 Abs. 3 TzBfG; vgl. auch § 22 Abs. 2 TzBfG; *Dörner* Befr. Arbeitsvertrag, Rz 41 f.). Im Ergebnis ist damit eine **Mindestdauer** ausgeschlossen, aber eine **Höchstdauer** festgelegt (vgl. bereits zum früheren Rechtszustand *BAG* 19.6.1980 EzA § 620 BGB Nr. 47). Insoweit wurde zT nicht von einer echten Befristung, sondern von einer Mischform, einer atypischen Vertragsgestaltung gesprochen (*Lipke* KR 5. Aufl., § 620 BGB Rz 44 mwN). Zur Vereinbarung der Möglichkeit der ordentlichen Kündigung im befristeten Arbeitsverhältnis gem. **§ 15 Abs. 3 TzBfG** vgl. KR-*Lipke* § 15 TzBfG Rz 20 ff. u. *Dörner* Befr. Arbeitsvertrag, Rz 42 u. 912 ff. Das Recht zur außerordentlichen Kündigung bleibt natürlich unberührt (KR-*Lipke* § 15 TzBfG Rz 23; *Dörner* Befr. Arbeitsvertrag, Rz 45).

Wegen einer weiteren Konstellation, in der man im Wege der Auslegung zu einer Höchstdauer kommt, 32 s.u. Rz 37.

3. Mindestdauer

Ein Arbeitsvertrag, der eine bestimmte Mindestdauer des Arbeitsverhältnisses vorsieht, hat eine vom 33 Willen der Parteien abhängige, **unterschiedliche Bedeutung**. Er ist nur dann iSd § 3 Abs. 1 S. 1 befristet, wenn die Parteien zunächst einen festen Zeitpunkt für die Beendigung festlegen und sich nur vorbehalten haben, über eine **Verlängerung des Arbeitsverhältnisses** später noch zu verhandeln (*Dörner* Befr. Arbeitsvertrag, Rz 40).

Keine bestimmte Dauer des Arbeitsverhältnisses iSd § 3 Abs. 1 TzBfG ist hingegen vereinbart, wenn 34 der Vertrag vorsieht, dass das Arbeitsverhältnis mit Fristablauf endet, sofern zu diesem Zeitpunkt eine Kündigung ausgesprochen wird – inhaltlich handelt es sich dann um ein Arbeitsverhältnis auf unbestimmte Zeit (vgl. für das einhellige Meinungsbild nur *Boewer* Rz 19; ErfK-*Müller-Glöge* Rz 8). In dieser Konstellation soll die Mindestzeit nur eine **längere Dauer** des Arbeitsverhältnisses sichern, und das

Arbeitsverhältnis darf **vor Ablauf der Mindestzeit nicht** durch eine **Kündigung** beendet werden (*BAG* 19.6.1980 EzA § 620 BGB Nr. 47; *Dörner* Befr. Arbeitsvertrag, Rz 38 mwN). In diesem Fall kann das Arbeitsverhältnis unter Einhaltung der Kündigungsfrist frühestens **zum Ende der Mindestdauer gekündigt** werden (*Staudinger/Preis* § 620 Rz 30; vgl. auch *BAG* 19.6.1980 EzA § 620 BGB Nr. 47), sofern die Bestimmungen des allgemeinen und besonderen Kündigungsschutzes dies zulassen. **Ohne Kündigung** wird das Arbeitsverhältnis hingegen nicht mit Ablauf der Mindestdauer beendet; es wird vielmehr **als Arbeitsverhältnis auf unbestimmte Zeit** fortgesetzt. Nach diesem Zeitpunkt kann, sofern nicht auch dafür entgegenstehende Vereinbarungen existieren, das Arbeitsverhältnis gekündigt werden (*LAG Hannover* 1.9.1952 AP Nr. 122 m. Anm. *Herschel*), wobei natürlich die jeweiligen Kündigungsschutzrechte zu beachten sind (*Dörner* Befr. Arbeitsvertrag, Rz 38).

35 Der **Ausschluss** der ordentlichen Kündigung für eine **Mindestzeit** kann sich im Einzelfall auch konkludent aus der bisherigen Abwicklung des Vertrages ergeben, so zB daraus, dass zwar feste Vertragszeiten vereinbart worden sind, trotzdem aber zu einem bestimmten Zeitpunkt eine Kündigung ausgesprochen worden ist, um das Vertragsverhältnis zu beenden. Darin kann – man wird das als Ausnahmefall einzuordnen haben, der streng zu prüfen ist – das **stillschweigende Einverständnis** liegen, dass trotz der Befristung eine Kündigung erforderlich ist (bereits *RG* 21.11.1930 RGZ 130, 284 [289]; *RAG* 14.12.1929 ARS 7, 504; *MünchKomm-Schwerdtner* § 620 Rz 8).

36 **Unecht befristet** sind auch Arbeitsverträge mit **selbsttätiger Verlängerung**. Sie können durch folgende Klausel vereinbart werden: »Der Vertrag endet am ... Er verlängert sich unbefristet/jeweils um ... Jahr(e) (Monate), wenn er nicht zum Ablauf des ... gekündigt wird.« In diesem Falle endet das Arbeitsverhältnis nicht aufgrund einer **Befristung** (zur Schriftform insoweit KR-*Spilger* § 623 BGB Rz 55 u. § 14 Abs. 4 TzBfG Rz 38 im Anhang zu § 623 BGB), sondern es bedarf stets einer **Kündigung**, die jeweils nur **zum Ablauf der Mindestdauer** zulässig ist (vgl. *BAG* 6.10.1960 AP § 620 BGB Befristeter Arbeitsvertrag Nr. 15; 12.10.1979 EzA § 256 ZPO Nr. 20). Bei dieser Art der vereinbarten Mindestdauer mit einer Verlängerungsklausel stellt sich deswegen nicht das Problem der **zulässigen Befristung**, sondern es ist immer die **Wirksamkeit** der erforderlichen **Kündigung** nach den Maßstäben des KSchG und sonstiger Kündigungsschutzbestimmungen zu überprüfen (APS-*Backhaus* Rz 32; ErfK-*Müller-Glöge* Rz 9; KassArbR-*Schütz* 4.4 Rz 6). Anders ist die Rechtslage speziell bei der sog. **Nichtverlängerungsmitteilung** im Bühnenbereich (s.u. Rz 39 ff. u. KR-*Lipke* § 620 BGB Rz 53).

37 **Zweifel**, ob eine Höchst- oder eine Mindestdauer vereinbart ist, entstehen dann, wenn nicht ausdrücklich festgelegt wird, dass eine Kündigung nur zum Ablauf der Vertragszeit erfolgen darf (Beispiel: »Der Vertrag läuft auf ein Jahr. Wird er nicht vor Ablauf eines Jahres gekündigt, so verlängert er sich bis auf weiteres.«). Bei der Auslegung derartiger **unklarer Vereinbarungen** ist idR anzunehmen, dass eine Kündigung zu einem Zeitpunkt, der vor der zunächst in Aussicht genommenen Vertragsdauer liegt, ausgeschlossen sein soll, dh eine **Mindestdauer beabsichtigt** ist (*RAG* 14.12.1929 ARS 7, 504 [506]; 11.3.1931 ARS 11, 524 [526]). Nur dann, wenn die vereinbarte **Kündigungsfrist** im Verhältnis zur Vertragsdauer **ungewöhnlich kurz** ist (Vertrag auf zwei Jahre, wenn er nicht »vorher« mit einer Frist von einem Monat zum Monatsschluss gekündigt wird), ist im Zweifel nur eine **Höchstdauer** des Vertrages festgelegt worden (MünchKomm-*Schwerdtner* § 620 Rz 11), dh der Vertrag kann auch zu einem vor dem Endtermin liegenden Zeitpunkt gekündigt werden. Im Übrigen gehen Zweifel grds. zu Lasten des Verwenders allgemeiner Geschäftsbedingungen iSd § 305 Abs. 1 BGB (§§ 310 Abs. 4 S. 2, 305c Abs. 2 BGB; die mögliche Anwendbarkeit des § 310 Abs. 3 Nr. 2 BGB soll hier nicht diskutiert werden).

4. Exkurs: Tarifliche Nichtverlängerungsmitteilung

a) Allgemeines

38 Anders als bei der unechten Befristung mit selbsttätiger Verlängerung (s.o. Rz 36) sehen tarifvertragliche Regelungen für befristete Verträge zum Teil sog. **Nichtverlängerungsanzeigen** vor (zur arbeitsvertraglichen Vereinbarung einer nur befristeten Verlängerung des Arbeitsverhältnisses bei Unterlassen einer Anzeige KR-*Fischermeier* § 625 BGB Rz 38). Je nach Regelung kann dies bedeuten, dass das Arbeitsverhältnis (befristet) fortgesetzt wird, wenn die Nichtverlängerungsanzeige nicht oder nicht form- und fristgerecht vorgenommen wird (dazu vor allem Rz 39). Es kann sich aber auch nur um eine Ankündigung des Endes des Arbeitsverhältnisses handeln (dazu insbes. Rz 44). Zur Bedeutung des § 14 Abs. 4 TzBfG für die Nichtverlängerungsmitteilung KR-*Spilger* § 14 Abs. 4 TzBfG Rz 42 im Anhang zu § 623 BGB.

b) Im Bühnenbereich

Im **künstlerischen Bereich** sahen Tarifverträge schon seit langer Zeit (zB insbes. Tarifvertrag über die **39** Mitteilungspflicht für das **künstlerische Bühnenpersonal [TVM]** v. 23.11.1977 [zuletzt geändert durch TV v. 18.6.1991], geltend für **Solisten** einschließlich der Schauspielmusiker [*BAG* 26.8.1998 EzA § 4 TVG Bühnen Nr. 6] und für technische Angestellte mit teilweiser künstlerischer Tätigkeit an Landesbühnen sowie für technische Angestellte mit künstlerischer oder überwiegend künstlerischer Tätigkeit an anderen Bühnen; **Normalvertrag Tanz** [NV Tanz] für Tanzgruppenmitglieder und **Normalvertrag Chor** [NV Chor] für Opernchormitglieder, beide zuletzt vereinheitlicht im **Normalvertrag Chor/Tanz** v. 2.11.2000; vgl. auch Tarifvertrag für Kulturorchester [**TVK**] v. 1.9.1972, geändert durch TV v. 15.5.2000, der nach wie vor gilt [*Dörner* Befr. Arbeitsvertrag, Rz 401 f., 473]) verschiedentlich vor, dass sich ein befristet eingegangener Vertrag für eine Spielzeit (zu den Fragen des Sachgrundes insoweit *Lipke* KR 6. Aufl., § 14 TzBfG Rz 131 ff. mwN) um eine feste Zeitdauer (eine weitere Spielzeit) verlängert, wenn die beabsichtigte Nichtverlängerung bis zu einem jeweils näher bestimmten Zeitpunkt – dieser ist regelmäßig von der Beschäftigungsdauer abhängig – vor Fristablauf nicht oder nicht formgerecht (schriftlich) angezeigt wird (vgl. *Opolony* NZA 2002, 1351). Für die Solisten, die Bühnentechniker und die Bereiche Chor und Tanz sind die angesprochenen Tarifverträge **mit Wirkung v. 1.1.2003** durch den einheitlichen **Normalvertrag (NV) Bühne** abgelöst worden, während der **TVK** weiter gilt.

§ 61 Abs. 1 NV Bühne sieht vor, dass das Arbeitsverhältnis der **Solisten** mit dem vereinbarten Zeit- **39a** punkt endet (zu den Fragen des Sachgrundes bei befristeten Verträgen mit Bühnenpersonal insgesamt ausführlich KR-*Lipke* § 14 TzBfG Rz 131 ff. mwN; *Dörner* Befr. Arbeitsvertrag, Rz 403 ff.). Gem. § 61 Abs. 2 NV Bühne verlängert sich ein solcher Vertrag, der mindestens für eine Spielzeit (ein Jahr) abgeschlossen ist, zu unveränderten Vertragsbedingungen um ein weiteres Jahr (Spielzeit), es sei denn, die eine Vertragspartei teilt der anderen schriftlich bis zum 31. Oktober der Spielzeit (bei mehr als acht Spielzeiten: bis zum 31. Juli der vorhergehenden Spielzeit) mit, sie beabsichtige nicht, den Vertrag zu verlängern (sog. **Nichtverlängerungsanzeige**; zu den Einschränkungen der Arbeitgebermöglichkeiten nach § 61 Abs. 3 NV Bühne *BAG* 3.11.1999 NZA 2000, 491 [betr. die Vorgängerregelung; zu dieser in Rz 41]; § 61 NV Bühne im Übrigen mit Regelungen zum Mitteilungsverfahren und zu Anhörungspflichten [vgl. dazu auch Rz 40]). Man wird diese tarifvertragliche Gestaltung auch unter der Geltung der §§ 15 Abs. 5, 22 Abs. 1 TzBfG als nach wie vor **rechtlich möglich** anzusehen haben (KR-*Fischermeier* § 625 BGB Rz 11a mwN; MHH-*Meinel* § 15 Rz 58a; *Dörner* Befr. Arbeitsvertrag, Rz 405 zieht eine Parallele zu § 15 Abs. 2 TzBfG, da die Nichtverlängerungsmitteilung dem Zweck dient, dass der Arbeitnehmer rechtzeitig entsprechend disponieren kann; aA *Rolfs* § 15 Rz 11).

Soweit im NV Bühne festgelegt ist, dass die Betroffenen (Solisten iSd § 1 Abs. 1 u. 2 NV Bühne) vor der **40** beabsichtigten Nichtverlängerung zu **hören** sind, handelt es sich um die Gewährung rechtlichen Gehörs und nicht um ein bloßes »Anhören«, weshalb dem Bühnenmitglied auch die **Gründe** für die Nichtverlängerung **mitzuteilen** sind (so auch *Schimana* Anm. AP § 611 BGB Bühnenengagementsvertrag Nr. 27). Es bedarf dazu regelmäßig einer auf die Person des betroffenen Bühnenmitglieds bezogenen, **konkreten und nachvollziehbaren** Begründung (*BAG* 11.3.1982 EzA § 4 TVG Bühnen Nr. 1; 23.1.1986 EzA § 4 TVG Bühnen Nr. 2; 18.4.1986 AP Nr. 27 zu § 611 BGB Bühnenengagementsvertrag; 29.5.1991 EzA § 4 TVG Bühnen Nr. 3). Es genügt dabei nicht, wenn die beabsichtigte Nichtverlängerung allgemein mit »künstlerischen Gründen« oder ähnlichen, auch die Qualität und die Leistungen der Bühnenmitglieder betreffenden allgemeinen Wertungen begründet wird. Der Hinweis auf einen Intendantenwechsel reicht hingegen aus (*BAG* 15.3.1989 EzBAT BAT-Theater TV Mitteilungspflicht Intendantenwechsel Nr. 1; zur Frage des dann ggf. entstehenden Abfindungsanspruchs *BAG* 28.5.1998 EzA § 4 TVG Bühnen Nr. 5 u. 30.3.2000 EzA § 4 TVG Bühnen Nr. 9). Hervorzuheben ist, dass es nach der Rspr. des BAG **nicht** um die **Darlegung objektiver Gründe** für die Nichtverlängerung des Arbeitsverhältnisses geht, sondern allein um die Offenlegung der subjektiven Motivation des Intendanten, wofür auch finanzielle Erwägungen ausreichen (*BAG* 26.8.1998 EzA § 4 TVG Bühnen Nr. 6). Daran hat sich den NV Bühne nichts geändert (*Dörner* Befr. Arbeitsvertrag, Rz 406). Es genügt im Übrigen, wenn der Arbeitgeber die Gründe für die von ihm beabsichtigte Nichtverlängerung **erst bei** der **Anhörung** des Bühnenmitglieds mitteilt (*BAG* 18.4.1986 AP Nr. 27 zu § 611 BGB Bühnenengagementsvertrag). Die Verpflichtung des Intendanten, Gründe für die Nichtverlängerungsmitteilung in nachvollziehbarer Weise anzugeben, verletzt nicht Art. 5 Abs. 3 GG, denn auf dieses Grundrecht können sich sowohl der Intendant als auch das Bühnenmitglied als Künstler gleichermaßen berufen (*BAG* 18.4.1986 aaO m. krit. Anm. *Dütz*). Die **nicht erfolgte oder nicht ordnungsgemäße** hat ebenso **wie die nicht fristgemäße Anhörung** die **Unwirksamkeit** der **Nichtverlängerungsanzeige** und damit die **Fortsetzung des Ver-**

trages zur Folge (*BAG* 26.8.1998 EzA § 4 TVG Bühnen Nr. 6; 18.4.1986 AP Nr. 27 zu § 611 BGB Bühnenengagementsvertrag; *Dörner* Befr. Arbeitsvertrag, Rz 406; krit. KDZ-*Däubler* § 14 TzBfG Rz 75). Das Bühnenmitglied kann auf die Anhörung, nicht aber auf die Nichtverlängerungsmitteilung rechtsverbindlich verzichten (§ 4 Abs. 4 TVG).

41 Eine **gerichtliche Richtigkeitskontrolle** der zur Nichtverlängerung angegebenen Gründe findet für **Solisten** nach dem NV Bühne indes nicht statt (*Dütz* Anm. EzA § 4 TVG Bühnen Nr. 2 zu entsprechenden Vorgängerregelungen; ebenso für den jetzigen Rechtszustand *Annuß/Thüsing-Maschmann* § 14 Rz 44; *Dörner* Befr. Arbeitsvertrag, Rz 406 u. 408). Die Nichtverlängerungsmitteilung ist insoweit **nicht** auf das Vorliegen **objektiver Gründe** hin zu untersuchen, kann also auch auf betriebliche oder finanzielle Gründe gestützt werden (*BAG* 26.8.1998 EzA § 4 TVG Bühnen Nr. 6; im Rahmen des TVM [s.o. Rz 39] war bei langjährig Beschäftigten der Einhaltung billigen Ermessens gem. **§ 315 BGB** geboten: § 2 Abs. 3 TVM u. dazu *BAG* 3.11.1999 EzA § 4 TVG Bühnen Nr. 7 [parallel jetzt **§ 61 Abs. 3 NV Bühne** und dazu schon o. Rz 39a]).

41a Anders lag es für **Chorsänger** nach den Regelungen des NV Chor (s.o. Rz 39): Die Nichtverlängerungsmitteilung war danach unwirksam, wenn **künstlerische Belange** der Bühne durch die Verlängerung des Arbeitsverhältnisses nicht beeinträchtigt wurden und wenn die Interessen des Opernchormitglieds an der Beibehaltung des Arbeitsplatzes die Verlängerung des Arbeitsverhältnisses geboten (§ 22 Abs. 9 NV Chor). Insoweit war der Arbeitgeber für die künstlerischen Belange und dafür, dass diese etwa durch bestimmte Leistungs- oder Eignungseinschränkungen des Chormitglieds berührt wurden, darlegungs- und beweispflichtig; soweit aber Streit über die Leistungsfähigkeit oder sonstige Eignung des Chormitglieds bestand, lag die **Darlegungs- und Beweislast** beim Chormitglied (*BAG* 12.1.2000 EzA § 4 TVG Bühnen Nr. 8). Auch **§ 83 Abs. 8 NV Bühne** (s.o. Rz 39) bindet die Nichtverlängerungsmitteilung weiter an künstlerische Belange, womit es dabei bleibt, dass insoweit die inhaltliche Rechtfertigung durch das Bühnenschiedsgericht und arbeitsgerichtlich überprüft werden (APS-*Backhaus* § 14 TzBfG Rz 180; *Dörner* Befr. Arbeitsvertrag, Rz 408).

42 Die aus dem Unterbleiben der **Nichtverlängerungsmitteilung** entstehende Vertragsverlängerung nach Tarifvertrag kann nicht mit einem **zugleich abgeschlossenen Auflösungsvertrag** wieder rückgängig gemacht werden (*BAG* 29.5.1991 EzA § 4 TVG Bühnen Nr. 3).

43 Da die **Nichtverlängerungsanzeige keine Kündigung** ist (*BAG* 23.10.1991 EzA § 9 MuSchG nF Nr. 29; 6.8.1997 EzA § 101 ArbGG 1979 Nr. 3; vgl. auch KR-*Lipke* § 620 BGB Rz 53) und ihr auch nicht gleichgestellt werden kann (ebenso *Dörner* Befr. Arbeitsvertrag, Rz 412), bedarf es grds. **keiner Mitwirkung** der **Arbeitnehmervertretung** (*BAG* 21.5.1981 EzA § 620 BGB Nr. 49; 28.10.1986 EzA § 118 BetrVG 1972 Nr. 38; aA *Däubler* Zeitvertrag, S. 65), soweit nicht einzelne Landespersonalvertretungsgesetze eine Mitwirkung vorsehen (*BAG* 28.10.1986 EzA § 118 BetrVG 1972 Nr. 38; vgl. im Übrigen KR-*Lipke* § 14 TzBfG Rz 382 ff.). Die Nichtverlängerungsmitteilung unterliegt schließlich **nicht** der Klagefrist des **§ 17 TzBfG**, sondern ist nach den im Tarifvertrag jeweils geregelten Bestimmungen anzugreifen (vgl. zum Verfahren etwa *BAG* 7.11.1995 EzA § 4 TVG Bühnen Nr. 4).

c) Weitere Fälle

44 Von der Nichtverlängerungsanzeige, deren Unterlassung zur Fortsetzung des Arbeitsverhältnisses führt, ist die **Verletzung tariflicher Mitteilungspflichten** zu unterscheiden, die zB dem **Ausbildenden** die **Pflicht auferlegen,** dem Auszubildenden bis zu einem bestimmten Zeitpunkt (zumeist drei Monate) vor dem voraussichtlichen **Ende der Ausbildungszeit schriftlich mitzuteilen,** ob er nach Abschluss der Berufsausbildung in ein Arbeitsverhältnis **übernommen** werden soll oder nicht. In diesen Fällen ist durch Auslegung der tariflichen Vorschriften zu ermitteln, ob die Tarifvertragsparteien die **Übernahme** des Auszubildenden als **Normalfall** angesehen haben und deswegen ein Arbeitsverhältnis begründet wird, wenn die Mitteilungspflicht nicht oder nicht rechtzeitig erfüllt wird. Das ist etwa dann anzunehmen, wenn die »**Weiterarbeitsklausel**« besagt, dass sich an das Ausbildungsverhältnis ein Arbeitsverhältnis anschließen soll, sofern nicht drei Monate vor der Beendigung des Ausbildungsverhältnisses eine Partei der anderen schriftlich mitteilt, dass sie das Arbeitsverhältnis nicht wolle (*BAG* 13.3.1975 EzA § 5 BBiG Nr. 2 unter Beschränkung auf eine Bindung des Ausbilders).

45 Dagegen begründet, um insoweit konkrete Beispielsfälle anzuführen, § 9 Abs. 1 des MTV für die Auszubildenden der **Metallindustrie** in **Nordwürttemberg** und **Nordbaden** vom 13.9.1978, nach dem der Ausbildende spätestens drei Monate vor dem Ausbildungsende dem Auszubildenden eine schriftliche Mitteilung zu machen hat, wenn er ihn nicht in ein unbefristetes Arbeitsverhältnis übernehmen

will, noch **keine vertragliche Bindung,** von der sich der Ausbildende nur durch einen Rücktritt lösen kann (*BAG* 5.4.1984 EzA § 17 BBiG Nr. 1). Die Ablehnung der Übernahme in ein unbefristetes Arbeitsverhältnis ist dann nur dahin zu überprüfen, ob sie **willkürlich** ist oder den Grundsätzen von Recht und Billigkeit entspricht. Das gilt auch für § 22 Abs. 1 des MTV für Auszubildende im **öffentlichen Dienst** vom 6.12.1974, der dem Ausbildenden die Pflicht auferlegt, drei Monate vor dem voraussichtlichen Ende der Ausbildungszeit schriftlich mitzuteilen, ob er den Auszubildenden in ein Arbeitsverhältnis auf unbestimmte Zeit übernehmen will oder nicht (*BAG* 30.11.1984 AP § 22 MTV Ausbildung Nr. 1). Zur tariflichen Pflicht, Auszubildende befristet in ein Arbeitsverhältnis zu übernehmen, wird verwiesen auf KR-*Bader* § 17 TzBfG Rz 92 (vgl. ferner KR-*Weigand* §§ 21, 22 BBiG Rz 29 ff.).

II. Doppelbefristung

Von einer Doppelbefristung spricht man, wenn eine **Zweckbefristung** (s.o. Rz 19 ff.) mit einer **Höchstdauer** gekoppelt wird (dazu etwa *BAG* 21.4.1993 EzA § 620 BGB Nr. 120). Davon wird insbes. – etwa von Schulverwaltungen – bei der Vertretung erkrankter oder beurlaubter Arbeitnehmer Gebrauch gemacht (»für die Zeit der Verhinderung des Arbeitnehmers ..., längstens jedoch bis zum ...«). Ob eine solche Gestaltung vorliegt, kann im Einzelfall eine Frage der **Auslegung** sein (*BAG* 27.6.2001 EzA § 620 BGB Nr. 179). Eine zusätzliche auflösende Bedingung kann hinzutreten (ErfK-*Müller-Glöge* Rz 18). 46

Diese **Doppelbefristung** ist nach dem Grundsatz der **Vertragsfreiheit** grds. zulässig (zB *BAG* 26.3.1986 EzA § 620 BGB Nr. 81; 21.4.1993 EzA § 620 BGB Nr. 120; 15.8.2001 EzA § 21 BErzGG Nr. 4; *Preis/Kliemt/Ulrich* Das Aushilfsarbeitsverhältnis, AR-Blattei SD 310 unter B.I.g) und an sich ein durchaus **sachgerechtes Gestaltungsmittel** (*Kreutz* SAE 1987, 314 f.), weil sie es dem Arbeitnehmer ermöglicht, sich darauf einzustellen, dass das Arbeitsverhältnis spätestens zu dem genannten Termin endet (*BAG* 3.10.1984 EzA § 620 BGB Nr. 72). Nicht zulässig ist indessen eine Kombination von Zweck- und Zeitbefristung, bei der die Zeitbefristung lange vor der Zweckbefristung greifen soll (*ArbG Bln.* 20.10.1995 AiB 1996, 254). 47

Ist die zeitlich früher greifende (Zweck-)Befristung unwirksam (dazu und zur Fortsetzung des Arbeitsverhältnisses über den Zeitpunkt der Zweckbefristung bezüglich des Rechtszustands vor dem TzBfG *BAG* 15.8.2001 NZA 2002, 85 = EzA § 21 BErzGG Nr. 4), kommt es darauf an, ob für die später greifende (kalendermäßige) Befristung (Höchstdauer) ein sachlicher Grund vorliegt (*BAG* 21.4.1993 EzA § 620 BGB Nr. 120). Die Unwirksamkeit der Erstbefristung (Zweckbefristung) hat damit nicht ein unbefristetes Arbeitsverhältnis zur Folge, und bei einer Weiterbeschäftigung kam nach dem früheren Rechtszustand infolge abweichender Regelung auch nicht § 625 BGB zur Anwendung, sondern das doppelt befristete Arbeitsverhältnis bestand dann nur bis zur vereinbarten Höchstfrist fort (*BAG* 8.5.1985 EzA § 620 BGB Nr. 76; 10.6.1992 EzA § 620 BGB Nr. 116; 21.4.1993 EzA § 620 BGB Nr. 120). Dies wird neuerdings unter der Geltung des TzBfG wegen dessen § 22 Abs. 1 in Frage gestellt (APS-*Backhaus* Rz 30; HWK-*Schmalenberg* § 3 TzBfG Rz 11; KR-*Fischermeier* § 625 BGB Rz 11a; ErfK-*Müller-Glöge* Rz 18, allerdings etwas unklar hinsichtlich der Konsequenzen, diff. *Rolfs* § 15 Rz 20) – anders als § 625 BGB ist nämlich **§ 15 Abs. 5 TzBfG nicht abdingbar** (zum Problem näher KR-*Lipke* § 21 BEEG Rz 17d u. 17e; KR-*Fischermeier* § 625 BGB Rz 11a). Doch wird man allein mit dem Abstellen auf die Frage der Unabdingbarkeit des § 15 Abs. 5 TzBfG dem Problem nicht gerecht. Auszugehen ist vielmehr davon, dass eine Doppelbefristung wirksam vereinbart werden kann, soweit sie den Anforderungen des § 14 TzBfG entspricht. Ist dies aber gesetzlich möglich, ist in der Konsequenz **§ 15 Abs. 5 TzBfG teleologisch** dahingehend **zu reduzieren,** dass damit die Fälle der Fortsetzung nach Ablauf der ersten Befristung im Rahmen einer Doppelbefristung nicht erfasst werden (der Arbeitnehmer ist insoweit ja auch nicht schützenswert und kann nicht darauf vertrauen, dass ein Dauerarbeitsverhältnis entstanden wäre; ähnlich *ArbG Berlin* 27.11.2003 LAGE § 15 TzBfG Nr. 2) – § 15 Abs. 5 TzBfG setzt in Fällen der Doppelbefristung erst nach Ablauf der Höchstfrist ein (im Ergebnis ebenso: *Annuß/Thüsing-Annuß* Rz 5; *Dörner* Befr. Arbeitsvertrag, Rz 55; KR-*Lipke* § 21 BEEG Rz 17e; KR-*Lipke* § 15 TzBfG Rz 28; *Boewer* Rz 34; MHH-*Meinel* § 15 Rz 59; *Staudinger/Preis* § 620 BGB Rz 33; *Sowka* DB 2002, 158). 48

III. Befristeter Rahmenvertrag

Vereinbaren Arbeitgeber und Arbeitnehmer lediglich einen **Rahmen,** wonach jeweils bei Bedarf des Arbeitnehmers und/oder Interesse des Arbeitnehmers **kurzfristige befristete Arbeitsverhältnisse vereinbart werden,** so liegt damit kein einheitliches Arbeitsverhältnis vor (zur Abgrenzung zum Dauerschuldverhältnis *BAG* 22.4.1998 EzA § 620 BGB Nr. 151; KDZ-*Zwanziger* § 12 TzBfG Rz 6), da sich damit nur die Chance einer Beschäftigung eröffnet und nur die Bedingungen beabsichtigter Arbeitsver- 49 träge geregelt werden, nicht aber bereits wechselseitige vertragliche Rechte und Pflichten begründet werden (*BAG* 16.4.2003 NZA 2004, 40; 31.7.2003 AP Nr. 2 zu § 4 TzBfG; *Dörner* Befr. Arbeitsvertrag, Rz 33). **§ 12 TzBfG** gilt für diese Konstellationen nicht, auch besteht kein Zwang, statt der Kombination von Rahmenvereinbarung und befristeten Einzelverträgen ein Abrufarbeitsverhältnis nach § 12 TzBfG zu begründen (*BAG* 16.4.2003 NZA 2004, 40). Ist eine derartige Rahmenvereinbarung **befristet**, handelt es sich dementsprechend nicht um einen befristeten Arbeitsvertrag – die Rahmenvereinbarung als solche ist ohne Einschränkungen im Rahmen der Vertragsfreiheit wirksam, § 14 Abs. 4 TzBfG gilt nicht. Die Vorschriften der **§§ 14 ff. TzBfG** erfassen erst die jeweiligen **kurzzeitigen Befristungen** (vgl. dazu etwa – allerdings noch zum alten Befristungsrecht vor Inkrafttreten des TzBfG – *BAG* 20.10.1993 Rz K I 9 a Nr. 81; 16.4.2003 NZA 2004, 40; zur Befristung von Arbeitsverträgen mit Studenten: *BAG* 10.8.1994 EzA § 620 BGB Nr. 126; 29.10.1998 EzA § 620 BGB Nr. 159; 16.4.2003 NZA 2004, 140). Insoweit sollte man jedoch im Hinblick auf § 15 Abs. 2 TzBfG keinesfalls mit Zweckbefristungen arbeiten (KR-*Lipke* § 15 TzBfG Rz 15). Sofern eine Rahmenabrede sich bereits als Arbeitsverhältnis darstellt (zu den Abgrenzungskriterien schon oben), ist diesbezüglich weiter zu fragen, ob dieses Arbeitsverhältnis befristet oder unbefristet ist (s. dazu APS-*Backhaus* Rz 9 ff.; *Dörner* Befr. Arbeitsvertrag, Rz 33; *Hunold* NZA 1996, 113).

F. Vergleichbarer unbefristet beschäftigter Arbeitnehmer

I. Definition

50 Der Begriff des **vergleichbaren unbefristet beschäftigten Arbeitnehmers** ist in **Abs. 2** definiert. Er wird allein benötigt für die Anwendung des **Diskriminierungsverbots** in § 4 Abs. 2 TzBfG, und die Regelung ist daher systematisch falsch untergebracht (MünchArbR-*Wank* § 116 Rz 47; *Annuß/Thüsing-Annuß* Rz 11).

51 Das Verfahren zur Feststellung des vergleichbaren unbefristet beschäftigten Arbeitnehmers ist **dreistufig** angelegt, wie dies auch § 3 Nr. 2 der zugrunde liegenden **europäischen Rahmenvereinbarung** entspricht (abgedr. im Anhang zu der Kommentierung des TzBfG, nachfolgend als Rahmenvereinbarung zitiert). Es ist zunächst abzustellen auf den **Betrieb** (Abs. 2 S. 1). Gibt es dort keinen vergleichbar unbefristet Beschäftigten, ist der anwendbare **Tarifvertrag** heranzuziehen (Abs. 2 S. 2, 1. Hs.). Lässt sich auch diese Feststellung nicht durchführen, ist auf die **Üblichkeit im jeweiligen Wirtschaftszweig** abzustellen (Abs. 2 S. 2, 2. Hs.). Es muss jeweils exakt diese Prüfungsreihenfolge eingehalten werden (*Annuß/Thüsing-Thüsing* Rz 11, angesichts der Gesetzeswortlauts eine korrigierende Auslegung zutr. ablehnend; MünchArbR-*Wank* Erg.-Bd. § 116 Rz 231; *Däubler* ZIP 2000, 1962; *Lindemann/Simon* BB 2001, 146; **aA** bzgl. der auf den Betrieb bezogenen Vergleichbarkeit HWK-*Schmalenberg* § 3 TzBfG Rz 15 unter Berufung auf *BAG* 17.11.1998 EzA § 242 BGB Gleichbehandlung Nr. 79 [s.a. Rz 52]).

II. Vergleichbarkeit im Betrieb

52 Vergleichbar ist ein Arbeitnehmer, der unbefristet beschäftigt ist und eine **gleiche oder ähnliche Tätigkeit** ausübt. Eine gleiche Tätigkeit liegt zB vor, wenn es befristet und unbefristete beschäftigte Verkäufer **im Betrieb** gibt, und nur auf den Betrieb stellt das Gesetz ohne interpretatorische Korrekturmöglichkeit ab (*Annuß/Thüsing-Annuß* § 3 Rz 11; vgl. auch KR-*Bader* § 4 TzBfG Rz 5; krit. zum betriebsbezogenen Ansatz HWK-*Schmalenberg* § 3 TzBfG Rz 15 [vgl. dazu schon Rz 51]; KDZ-*Zwanziger* § 2 TzBfG Rz 7; *Lakies* DZWIR 2001, 1, 2 f.; anders auch die Rspr. zum Gleichbehandlungsgrundsatz: *BAG* 17.11.1998 EzA § 242 BGB Gleichbehandlung Nr. 79). Allgemein ist die **gleiche Tätigkeit** dann anzunehmen, wenn die üblichen Tätigkeiten der verglichenen Personen identisch oder unter Berücksichtigung von Belastung, Verantwortung, Arbeitsbedingungen und Qualifikation jedenfalls so gleichartig sind, dass die Arbeitnehmer einander im Bedarfsfall sogleich und ohne Einarbeitungszeit ersetzen können (HWK-*Schmalenberg* § 3 TzBfG Rz 16; wohl enger *Annuß/Thüsing-Thüsing* § 3 Rz 13; auch auf vom Arbeitgeber gebildete Gruppen abstellend *Dörner* Befr. Arbeitsvertrag, Rz 90). Auf die formale Unterscheidung zwischen Arbeitern und Angestellten wird es nicht mehr ankommen, wenn es sich um die gleiche Tätigkeit handelt (parallel KDZ-*Zwanziger* § 2 TzBfG Rz 7). Ebenso schließen unterschiedliche Arbeitsplatzbeschreibungen oder nur in manchmal erforderlich werdende Zusatzqualifikationen es nicht aus, dass es sich dennoch um die gleiche Tätigkeit handelt (vgl. auch *BAG* 23.8.1995 EzA § 612 BGB Nr. 18 mit Anm. *Schüren*). Unterschiedliche Berufsberechtigungen über einen längeren Zeitraum stehen indes der Annahme einer gleichen Tätigkeit entgegen (*EuGH* 11.5.1999 EzA Art. 119 EWG-Vertrag Nr. 55). Sind die arbeitsvertraglichen Stellen- oder Arbeitsplatzbeschreibungen jedoch

gleich, wird man dies als Indiz für die Gleichartigkeit der Tätigkeiten werten können (MHH-*Herms* Rz 13).

Für die Beurteilung der Frage, ob eine **ähnliche Tätigkeit** vorliegt, ist zu beachten, dass **nicht Gleich-** **53** **wertigkeit** iSd Art. 119 bzw. nunmehr Art. 141 EGV und iSv Art. 1 der RL 75/117/EWG des Rates v. 10.2.1975 zur Angleichung der Rechtsvorschriften der Mitgliedstaaten über die Anwendung des Grundsatzes des gleichen Entgelts für Männer und Frauen (ABl. L 45 S. 19) verlangt wird; KDZ-*Däubler* Rz 19; zum Begriff der Gleichwertigkeit etwa BAG 23.8.1995 EzA § 612 BGB Nr. 18 mit Anm. *Schüren*; auch hier offenbar enger *Annuß/Thüsing-Annuß* § 3 Rz 13, wenngleich er betont, dass es insoweit nicht um die gleichwertige Arbeit iSd § 612 Abs. 3 BGB geht). Weiter kommt es auf die **Tätigkeit** (nach § 3 Nr. 2 der Rahmenvereinbarung: Arbeit/Beschäftigung), nicht auf die Bezahlung als solche an, so dass nicht alle Arbeitnehmer in derselben Vergütungsgruppe eine ähnliche Tätigkeit iSd Abs. 2 S. 1 ausüben müssen (*Annuß/Thüsing-Thüsing* § 3 Rz 13; MHH-*Herms* § 3 Rz 13; **aA** KDZ-*Däubler* Rz 19). Einen Anhaltspunkt für die Auslegung bietet § 2 Nr. 2 der Rahmenvereinbarung, wonach auch die **Qualifikationen/Fertigkeiten** angemessen zu berücksichtigen sind. Man wird daher eine ähnliche Tätigkeit eines unbefristet Beschäftigten dann annehmen können, wenn zwar keine identische Tätigkeit und auch keine Gleichartigkeit im Sinne des Begriffs der gleichen Tätigkeit (s.o. Rz 52) vorliegt, die Tätigkeit aber im selben Tätigkeitsbereich (etwa: Buchhaltung, Verkauf) wie die des befristet Beschäftigten liegt und der Arbeitgeber beide im Hinblick auf Arbeitsinhalte und Arbeitsbedingungen auch unter Berücksichtigung der jeweiligen Qualifikationen und Fertigkeiten mit lediglich relativ kurzer Einarbeitungszeit (von regelmäßig nicht mehr als zwei Wochen) austauschen könnte (vom Arbeitgeber gebildete Gruppen sind mit maßgeblich: *Dörner* Befr. Arbeitsvertrag, Rz 90; bzgl. der Verpflichtung des Arbeitgebers zur alsbaldigen Offenlegung der Unterscheidungsmerkmale BAG 3.7.2003 DB 2004, 655) – die Folge wird dann regelmäßig die Einschlägigkeit derselben Vergütungsgruppe sein.

III. Vergleichbarkeit nach anwendbarem Tarifvertrag

Gibt es im Betrieb keinen vergleichbaren unbefristet Beschäftigten, so ist maßgebend **der anwendbare** **54** **Tarifvertrag**, dh zunächst der Tarifvertrag, bzgl. dessen der **Arbeitgeber tarifgebunden** ist, kraft Verbandszugehörigkeit oder Tarifbindung (insoweit parallel KDZ-*Zwanziger* § 2 TzBfG Rz 10; *Annuß/Thüsing-Annuß* § 3 Rz 14; MHH-*Herms* Rz 17). Das Gesetz geht insoweit von nur einem anwendbaren Tarifvertrag aus (weitergehend KDZ-*Zwanziger* § 2 TzBfG Rz 10 unter Verweis auf § 622 BGB Rz 38; in Fällen von Tarifkonkurrenz wird man das Vorhandensein eines maßgebenden Tarifvertrages zu verneinen haben: *Annuß/Thüsing-Annuß* § 3 Rz 14 mwN). Entsprechend dem Zweck der Vorschrift, eine Grundlage für die Vergleichbarkeit zu finden, wird man als anwendbar darüber hinaus auch den Tarifvertrag anzusehen haben, den der Arbeitgeber aufgrund betrieblicher Übung oder aufgrund gleichlautender vertraglicher Bezugnahmen **einheitlich im Betrieb anwendet** (zust. HWK-*Schmalenberg* § 3 TzBfG Rz 17; **aA** *Annuß/Thüsing-Annuß* § 3 Rz 14). Insoweit kommt es ebenfalls auf die **Tätigkeit** an – S. 2 des Abs. 2 bezieht sich ja auf dessen S. 1 –, also zunächst auf die Frage danach, wie ein unbefristet beschäftigter Arbeitnehmer mit der gleichen Tätigkeit nach diesem Tarifvertrag behandelt wird. In zweiter Linie ist nach einer theoretischen Austauschbarkeit entsprechend den Ausführungen in Rz 53 zu fragen.

IV. Vergleichbarkeit nach Üblichkeit im Wirtschaftszweig

Kommt man auch mit der zweiten Möglichkeit nicht zum Ziel, ist darauf abzustellen, wer **im jeweili-** **55** **gen Wirtschaftszweig üblicherweise** als vergleichbarer unbefristet beschäftigter Arbeitnehmer anzusehen ist. Insoweit verweist § 3 Nr. 2 der Rahmenvereinbarung auf die gesetzlichen oder **tarifvertraglichen Bestimmungen oder Gepflogenheiten**. Es ist also in aller Regel primär der einschlägige Tarifvertrag, der aber im Betrieb nach den in Rz 54 angeführten Kriterien nicht anwendbar ist, heranzuziehen. Hilfsweise wird auf einen nicht direkt einschlägigen, aber dennoch in der **Branche** im weiteren Sinne üblichen Tarifvertrag abzustellen (vgl. dazu *Däubler* ZIP 2001, 217; *Annuß/Thüsing-Annuß* § 3 Rz 15: bei mehreren der meistverbreitete). In zweiter Linie wird auf die faktischen Gepflogenheiten abzustellen sein, die erforderlichenfalls gem. § 56 Abs. 1 S. 2 Nr. 2 ArbGG durch Auskünfte etwa bei Industrie- oder Handelskammern festzustellen sind (ähnlich KDZ-*Däubler* Rz 20; **aA** HWK-*Schmalenberg* § 3 TzBfG Rz 18: kein Zwang zur Orientierung an den Arbeitsbedingungen der Konkurrenz, sondern Orientierung an »insoweit hypothetischen Arbeitsbedingungen unter Berücksichtigung der in seinem Betrieb geltenden Regelungen«, andernfalls einer gewissen Feststellungsbreite bedürfen (KDZ-*Däubler* Rz 20 erwägt, wie im Mietrecht auf drei vergleichbare Fälle abzustellen). In diesem Zusammenhang kommt es wiederum (s.o. Rz 54) primär auf unbefristet Beschäftigte mit der gleichen Tätigkeit an, sekundär auf die Frage der theoretischen Austauschbarkeit entsprechend den obigen Ausführungen in Rz 53.

§ 4 Verbot der Diskriminierung (1) (betrifft nur Teilzeitbeschäftigte, vom Abdruck des Gesetzestextes und einer Kommentierung wird daher hier abgesehen)

(2) ¹Ein befristet beschäftigter Arbeitnehmer darf wegen der Befristung des Arbeitsvertrages nicht schlechter behandelt werden als ein vergleichbarer unbefristet beschäftigter Arbeitnehmer, es sei denn, dass sachliche Gründe eine unterschiedliche Behandlung rechtfertigen. ²Einem befristet beschäftigten Arbeitnehmer ist Arbeitsentgelt oder eine andere teilbare geldwerte Leistung, die für einen bestimmten Bemessungszeitraum gewährt wird, mindestens in dem Umfang zu gewähren, der dem Anteil seiner Beschäftigungsdauer am Bemessungszeitraum entspricht. ³Sind bestimmte Beschäftigungsbedingungen von der Dauer des Bestehens des Arbeitsverhältnisses in demselben Betrieb oder Unternehmen abhängig, so sind für befristet beschäftigte Arbeitnehmer dieselben Zeiten zu berücksichtigen wie für unbefristet beschäftigte Arbeitnehmer, es sei denn, dass eine unterschiedliche Behandlung aus sachlichen Gründen gerechtfertigt ist.

Literatur
Vgl. die Angaben zu § 1 TzBfG.

Inhaltsübersicht

	Rz			Rz
A. Regelungsgehalt des Abs. 2	1, 2		I. Grundsatz	15–18
B. Der Grundtatbestand des Diskriminierungsverbots (Abs. 2 S. 1)	3–14		II. Arbeitsentgelt für bestimmten Bemessungszeitraum	19–22
I. Allgemeines	3–7		III. Andere teilbare geldwerte Leistung für bestimmten Bemessungszeitraum	23
II. Schlechterbehandlung gem. Satz 1	8–10			
III. Diskriminierung wegen der Befristung	11–13		D. Diskriminierungsverbot bei Beschäftigungsbedingungen mit Wartezeit (Abs. 2 S. 3)	24–28
IV. Sachliche Gründe zur Rechtfertigung der Schlechterbehandlung	14			
V. Rechtsfolgen	14a		E. Beweislastfragen	29
C. Diskriminierungsverbot bei Vergütung für einen bestimmten Bemessungszeitraum (Abs. 2 S. 2)	15–23		F. Inkrafttreten	30

A. Regelungsgehalt des Abs. 2

1 Bei der Regelung des Abs. 2 insgesamt handelt es sich um ein einheitliches Diskriminierungsverbot (*BAG* 11.12.2003 EzA § 4 TzBfG Nr. 8), eine Konkretisierung des **allgemeinen arbeitsrechtlichen Gleichbehandlungsgrundsatzes** (*BAG* 15.7.2004 – 6 AZR 25/03 – juris; BT-Drs. 14/4374 S. 13; *Dörner* Befr. Arbeitsvertrag, Rz 85 mwN; ErfK-*Preis* Rz 13), die neben dem AGG anwendbar ist. Gewissermaßen als **Obersatz** oder Grundtatbestand (*BAG* 11.12.2003 EzA § 4 TzBfG Nr. 8) verbietet **Satz 1** es, befristet beschäftigte Arbeitnehmer schlechter als **vergleichbare unbefristet beschäftigte Arbeitnehmer** (dazu KR-*Bader* § 3 TzBfG Rz 50 ff.) zu behandeln. Satz 2 konkretisiert das für das **Arbeitsentgelt** und andere teilbare geldwerte Leistungen (*BAG* 11.12.2003 EzA § 4 TzBfG Nr. 8). Satz 3 schließlich formuliert als speziellere Regelung das Benachteiligungsverbot für die von der Dauer der Beschäftigung abhängige **Beschäftigungsbedingungen** aus. Es wird damit die oben (KR-*Bader* § 1 TzBfG Rz 2) angesprochene **Richtlinie** – abgedr. im Anhang nach der Kommentierung des TzBfG – umgesetzt und so arbeitsrechtlich ein neues Kapitel aufgeschlagen (KDZ-*Däubler* § 4 TzBfG Rz 30 unter Hinweis auf die schon bislang eine Schlechterstellung befristet beschäftigter Arbeitnehmer im Bereich des Arbeitsschutzrechts verbietende EG-RL v. 24.6.1991 [ABl. L 206/19]; *Hanau* NZA 2000, 1045). Zugleich wird auf diese Weise, da in der Europäischen Union mehr als die Hälfte der befristet im Arbeitsverhältnis Beschäftigten Frauen sind (Ziff. 9 der Rahmenvereinbarung über befristete Arbeitsverträge – abgedr. im Anh. zur Kommentierung des TzBfG), der **Diskriminierung von Frauen entgegengewirkt** (*Dörner* Befr. Ar-

beitsvertrag, Rz 85), ohne dass aber ein Vergleich zwischen den Gruppen der beiden Geschlechter angestellt werden müsste (ErfK-*Preis* Rz 15), da es für die Anwendung des § 4 Abs. 2 TzBfG nicht darauf ankommt, ob darin eine mittelbare Frauendiskriminierung zu sehen ist (dies für die Mehrzahl der Fälle bejahend MHH-*Herms* Rz 8; **aA** *Sievers* Rz 5; zur Diskriminierung im Hinblick auf Art. 141 Abs. 1 EGV auch *EuGH* 17.9.2002 NZA 2002, 1144). **§ 19 TzBfG** enthält für Maßnahmen der **Aus- und Weiterbildung** eine Spezialbestimmung zu § 4 Abs. 2 S. 1 u. 3 (dazu KR-*Bader* § 19 TzBfG Rz 2). § 4 Abs. 2 bezieht sich aber nicht auf die Begründung des befristeten Arbeitsverhältnisses (s.u. Rz 6; MHH-*Herms* § 4 Rz 95; zum Aspekt der Vertragsfreiheit insoweit BAG 19.8.1992 EzA § 620 BGB Nr. 114). Ebenso erfasst § 4 Abs. 2 nicht Arbeitnehmer, die nach dem Ablauf eines befristeten Vertrages nunmehr in einem Dauerarbeitsverhältnis stehen (*BAG* 15.7.2004 – 6 AZR 224/03 – juris; 19.1.2005 – 6 AZR 80/03 – juris), mögen insofern auch schlechtere Bedingungen gelten – hier können allenfalls Art. 3 Abs. 1 GG (vgl. diesbezüglich auch *BAG* 15.7.2004 – 6 AZR 25/04 – juris), der arbeitsrechtliche Gleichbehandlungsgrundsatz oder die Vorschriften des AGG helfen.

Das Verbot der Diskriminierung ist **zwingend**, wie sich aus § 22 Abs. 1 TzBfG ergibt (BT-Drs. 14/4374 S. 13; *Nielebock* AiB 2001, 76; *Dörner* Befr. Arbeitsvertrag, Rz 87). Eine Abweichung ist damit weder durch **Einzelvertrag** oder durch einseitige Maßnahmen des Arbeitgebers (HWK-*Schmalenberg* § 4 TzBfG Rz 2) noch durch **Tarifvertrag** (*BAG* 11.12.2003 EzA § 4 TzBfG Nr. 8; 15.7.2004 – 6 AZR 25/03 – juris) oder durch kirchliche Arbeitsbedingungen (*BAG* 15.10.2003 EzA § 4 TzBfG Nr. 7; HWK-*Schmalenberg* § 4 TzBfG Rz 2; teilw. krit. *Müller-Volbehr* NZA 2002, 301) möglich, ebenso nicht im Wege der Betriebsvereinbarung (s.a. Rz 9 mwN). 2

B. Der Grundtatbestand des Diskriminierungsverbots (Abs. 2 S. 1)

I. Allgemeines

Ein Arbeitnehmer in einem befristeten Arbeitsverhältnis (KR-*Bader* § 3 TzBfG Rz 3 ff.; der Rechtsgrund für die Befristung ist unerheblich: MHH-*Herms* § 4 Rz 95) darf **nicht wegen der Befristung schlechter behandelt** werden als ein **vergleichbarer unbefristet beschäftigter Arbeitnehmer** (zum Begriff KR-*Bader* § 3 TzBfG Rz 50 ff.; für Identität der Begriffe bei § 3 Abs. 2 und 4 Abs. 2 TzBfG auch *Sievers* Rz 31; **aA** MHH-*Herms* § 3 Rz 19 und § 4 Rz 98: der Begriff der Vergleichbarkeit sei bei § 4 Abs. 2 erheblich weiter als der nach § 3 Abs. 2), es sei denn, **sachliche Gründe** rechtfertigen eine unterschiedliche Behandlung (*Staudinger/Preis* § 620 BGB Rz 35 zum umgekehrten Fall der Diskriminierung unbefristet Beschäftigter; dazu auch unten Rz 7 und *Hromadka* BB 2002, 674, 675). Eine Schlechterbehandlung eines befristet beschäftigten Arbeitnehmers ist also im Blick auf § 4 TzBfG einerseits möglich, wenn sie nicht wegen der Befristung erfolgt (sie ist dann »nur« nach den allgemeinen sonstigen Standards zu überprüfen; MHH-*Herms* § 4 Rz 96; MünchArbR-Erg.d.-*Schüren* § 161 Rz 116), andererseits dann, wenn sie zwar wegen der Befristung erfolgt, aber durch sachliche Gründe gerechtfertigt ist. Da wesentliche praktisch wichtige Fragen in Abs. 2 S. 2 und 3 geregelt sind, wird man auf Abs. 2 S. 1 als solchen vielleicht nicht so häufig zurückgreifen müssen (zu den Auswirkungen des Satzes 1 auf die Auslegung der Sätze 2 u. 3 unten im Rahmen der jeweiligen Erläuterungen). 3

Allerdings ist hervorzuheben, dass Satz 2 nach seiner sprachlichen Gestaltung nur **Arbeitsentgelt** anspricht, das für bestimmte **Bemessungszeiträume** gewährt wird (s.u. Rz 15), nicht etwa auch den **Stundenlohn** (**aA** MHH-*Herms* Rz 94; ebenfalls wohl **aA** KDZ-*Däubler* Rz 33 ff.; *Kliemt* NZA 2001, 305: betriebliche Altersversorgung hier einordnend [dazu Rz 27]; undeutlich *Staudinger/Preis* § 620 BGB Rz 33) – bzgl. der Höhe des Stundenlohns bleibt es bei der Anwendung des Satzes 1 (*Dörner* Befr. Arbeitsvertrag, Rz 88, der Stundenlohn hat damit regelmäßig für befristet und unbefristet Beschäftigte gleich hoch zu sein (*Dörner* Befr. Arbeitsvertrag. Rz 88; insoweit ebenso KDZ-*Däubler* Rz 33). Dies gilt auch für die Zahlung von **Besitzstandszulagen** nur an unbefristet Beschäftigte (dazu einerseits: ArbG Göttingen 20.3.2002 LAGE § 4 TzBfG Nr. 1; LAG Brem. 5.11.2002 ArbuR 2003, 125; KDZ-*Däubler* Rz 33; *Sievers* Rz 37; andererseits BAG 30.8.2000 EzA Art. 9 GG Nr. 74; MHH-*Herms* Rz 117; vgl. weiter LAG Nds. 9.1.2003 LAGE § 4 TzBfG Nr. 3). Soweit es um **verschiedene Entgeltbestandteile** geht, darf **keine Gesamtbetrachtung** vorgenommen werden, sondern der Grundsatz des Satzes 1 muss für jeden einzelnen Entgeltbestandteil gewährleistet sein (*EuGH* 26.6.2001 DB 2001, 1620 zur Lohngleichheit zwischen Mann und Frau). Es kommen beim Entgelt also möglicherweise Satz 1 und Satz 2 nebeneinander zur Anwendung. 4

Die Frage der Benachteiligung ist nur **betriebsbezogen** zu beantworten (HWK-*Schmalenberg* § 4 TzBfG Rz 23 [grundsätzlich betriebsbezogen]; **aA** KDZ-*Däubler* Rz 42; vgl. auch BAG 17.11.1998 EzA § 242 5

BGB Gleichbehandlung Nr. 79: hinsichtlich Gleichbehandlung Tendenz zu Unternehmensbezug). Denn § 3 Abs. 2 S. 1 TzBfG wählt diesen betriebsbezogenen Ansatz (KR-*Bader* § 3 TzBfG Rz 52), wobei die dortigen Sätze 2 und 3 diesen Ansatz nicht in Frage stellen. Diese Sätze definieren den vergleichbaren unbefristet beschäftigten Arbeitnehmer in Ermangelung eines solchen konkreten im Betrieb vorhandenen Arbeitnehmers nur abstrakt und theoretisch.

6 Da § 4 Abs. 1 TzBfG den **befristet beschäftigten Arbeitnehmer** voraussetzt, gilt das darin geregelte Diskriminierungsverbot **nicht** für die Frage der **Einstellung**. Über § 4 Abs. 2 TzBfG lässt sich also schon aus diesem Grunde kein Anspruch auf Abschluss eines unbefristeten Arbeitsvertrages konstruieren (zur Problematik vgl. KR-*Pfeiffer* AGG Rz 129 f.; vgl. auch oben Rz 1 aE).

7 § 4 Abs. 2 TzBfG schließt eine **Besserstellung** befristet Beschäftigter gegenüber den unbefristet Beschäftigten nicht aus, soweit man damit nicht in Kollision mit dem Gleichbehandlungsgrundsatz kommt (*Richardi/Annuß* BB 2000, 2201; HWK-*Schmalenberg* § 4 TzBfG Rz 1 u. 22; vgl. auch oben Rz 3 mwN), dh soweit diese Besserstellung sachlich gerechtfertigt ist (die Möglichkeit einer sog. **Prekaritätsprämie** – eines Ausgleichs für die Beschäftigung im nur befristeten Arbeitsverhältnis – daher bejahend KDZ-*Däubler* Rz 38; zurückhaltend ArbRBGB-*Dörner* § 620 Rz 51).

II. Schlechterbehandlung gem. Satz 1

8 Eine **Schlechterbehandlung** iSd Satz 1 (die vorgehenden Spezialregelungen in den Sätzen 2 u. 3 sind unten behandelt) liegt zunächst vor, wenn unbefristet Beschäftigte eine höhere Vergütung erhalten, die nicht unter die Sätze 2 und 3 fällt (s.o. Rz 4). Sie liegt weiter etwa vor, wenn der Arbeitgeber den befristet Beschäftigten weniger Urlaub gewährt als den unbefristet Beschäftigten, den befristet Beschäftigten ungünstigere Arbeitszeiten zuweist als den unbefristet Beschäftigten (entsprechend KDZ-*Däubler* Rz 41, zutr. unter Hinweis darauf, dass etwaige Zuschläge den Nachteil nicht kompensieren; vgl. auch BAG 24.4.1997 EzA § 2 KSchG Nr. 26 bzgl. des Einsatzes von Teilzeitkräften) oder die befristet Beschäftigten mit höheren Arbeitszeiten beschäftigt als die unbefristet Beschäftigten (BT-Drs. 14/4374 S. 16). Sie ist weiter bspw. auch gegeben, wenn der Arbeitgeber Urlaubsabgeltung dem befristet Beschäftigten unter anderen Voraussetzungen gewährt, als sie dem vergleichbaren unbefristet Beschäftigten nach Beendigung des Arbeitsverhältnisses zusteht (KDZ-*Däubler* Rz 37). Daneben ist der Ausschluss der befristet Beschäftigten von **geldwerten Leistungen** anzuführen, und zwar von Leistungen, die nicht von einer bestimmten Betriebszugehörigkeit abhängen – andernfalls ist Satz 2 einschlägig –, wie von Personalrabatten (s.a. Rz 23), von der Benutzung des betrieblichen Kindergartens, vom Genuss verbilligten Kantinenessens oder kostenloser Benutzung werkseigener Busse. Da sich diese Leistungen nicht wie nach Satz 2 aufspalten lassen, sind sie den befristet Beschäftigten ebenso zu gewähren wie den vergleichbaren unbefristet beschäftigten Arbeitnehmern (ebenso KDZ-*Däubler* Rz 40; MHH-*Herms* Rz 104 mwN). Grundsätzlich gilt Entsprechendes für die Zurverfügungstellung von Pkws und die Möglichkeit, diese auch außerdienstlich privat nutzen zu können. Sachliche Gründe mögen dann im Einzelfall aber unterschiedliche Behandlungen gegenüber vergleichbaren unbefristet Beschäftigten rechtfertigen können.

9 Das Verbot der Schlechterbehandlung gilt wie schon angesprochen (s.o. Rz 2) umfassend, also auch für Betriebsvereinbarungen. Abweichungen durch **Tarifverträge** sind wie schon in Rz 2 angesprochen angesichts des § 22 Abs. 1 TzBfG nicht möglich (*Kliemt* NZA 2001, 305; LAG Brem. 5.11.2002 LAGE § 4 TzBfG Nr. 2), was im Hinblick auf Art. 9 Abs. 3 GG verfassungsrechtlich unbedenklich ist (BAG 18.3.2003 DB 2004, 319 mwN). Das gilt auch, soweit Tarifverträge befristet Beschäftigte ganz oder teilweise aus dem **Geltungsbereich** ausklammern. Zwar stellt dies eine Nicht-Regelung für den ausgenommenen Personenkreis dar, sie schreibt also nicht selbst und unmittelbar diesem Personenkreis die tarifvertraglichen Leistungen nicht oder nicht in der tarifvertraglich vorgesehenen Höhe zu gewähren (dazu *Wißmann* FS Dieterich, S. 683, 695 ff.). Doch stellt bereits die Herausnahme aus dem Geltungsbereich eine Schlechterstellung dar, führt sie doch zu der durchaus konkreten Gefahr, dass dann die Arbeitsbedingungen des ausgenommenen Personenkreises schlechter geregelt und vereinbart werden, ohne dass § 22 TzBfG dies rechtfertigen könnte (im Ergebnis ebenso KDZ-*Däubler* Rz 33; *Dörner* Befr. Arbeitsvertrag, Rz 98 hält das für nahe liegend; **aA** für die Zeit vor Inkrafttreten des TzBfG noch BAG 30.8.2000 EzA Art. 9 GG Nr. 74; daran festhaltend MHH-*Herms* Rz 117; vgl. nunmehr jedoch zu § 4 Abs. 1 TzBfG im selben Sinne wie hier BAG 18.3.2003 DB 2004, 319; 11.12.2003 ArbuR 2004, 26 = EzA § 4 TzBfG Nr. 8, dort auch zum zeitlichen Umfang der Geltung des § 4 Abs. 2 TzBfG; LAG Brem. 5.11.2002 LAGE § 4 TzBfG Nr. 2).

Verbot der Diskriminierung § 4 TzBfG

In gleicher Weise wird es nun nicht mehr möglich sein, befristet Beschäftigte ganz oder teilweise pauschal vom Geltungsbereich eines **Sozialplans** auszunehmen (Satz 3 gilt insoweit nicht, da es sich nicht um Beschäftigungsbedingungen handelt; offenbar dazu aA *Dörner* Befr. Arbeitsvertrag, Rz 104). Es bleibt aber nach wie vor möglich, Sozialplanansprüche auf Abfindung an bestimmte Betriebszugehörigkeitszeiten zu knüpfen (*Sievers* Rz 38; das wird nicht von Satz 3 erfasst, da es sich wie schon angesprochen insoweit nicht um sonstige Beschäftigungsbedingungen handelt). Erfüllt ein befristet beschäftigter Arbeitnehmer dann jedoch (auch) durch einen oder mehrere befristete Arbeitsverhältnisse diese Voraussetzung, kann ihm der Anspruch auf die Abfindung nicht versagt werden (KDZ-*Däubler* Rz 37; *Sievers* Rz 38; **aA** *Annuß/Thüsing-Thüsing* Rz 83; *Dörner* Befr. Arbeitsvertrag, Rz 104 diff.: bei einem nunmehr unbefristet Beschäftigten seien Zeiten eines früheren befristeten Arbeitsverhältnisses mitzuzählen, während lediglich befristet Beschäftigte wegen des geringeren Bestandsschutzes auch weiterhin ausgenommen werden könnten [jedenfalls handele es sich um einen sachlichen Grund iSd § 4 Abs. 2 S. 3]; MHH-*Herms* Rz 119). Entfällt die Abfindung nach Tarifvertrag oder Betriebsvereinbarung, wenn ein anderer gleichwertiger Arbeitsplatz gefunden ist, ist Gleichwertigkeit zu verneinen, wenn das neue Arbeitsverhältnis nur befristet ist (*BAG* 17.1.1995 AP § 4 TVG Rationalisierungsschutz Nr. 5).

III. Diskriminierung wegen der Befristung

Eine Schlechterbehandlung darf nicht wegen der Befristung erfolgen. Dies erfasst wie § 611a BGB **sowohl unmittelbare als auch mittelbare Benachteiligungen** (BT-Drs. 14/4374 S. 13: jede ungünstigere Behandlung soll ausgeschlossen sein, wenn nicht sachliche Gründe sie rechtfertigen; für Berücksichtigung auch **mittelbarer Diskriminierung** ebenfalls KDZ-*Däubler* Rz 42).

Bei der Beantwortung der Frage, ob eine **unmittelbare Benachteiligung wegen der Befristung** vorliegt, ist nicht auf die bloße Kausalität abzustellen. Es bedarf vielmehr einer **wertenden Feststellung** dazu, dass die Tatsache der Befristung des Arbeitsverhältnisses für die Benachteiligung **maßgeblich** ist. Eine **Benachteiligungsabsicht** ist jedoch nicht erforderlich (parallel ErfK-*Schlachter* § 611a BGB Rz 9; recht pauschal *Dörner* Befr. Arbeitsvertrag, Rz 92 u. MHH-*Herms* Rz 99). Die Maßgeblichkeit ist dann anzunehmen, wenn die Befristung das maßgebliche Motiv oder jedenfalls eines der maßgeblichen Motive für die Benachteiligung darstellt, nicht hingegen dann, wenn die Befristung nur als unmaßgeblicher Nebenaspekt in die Entscheidung eingeflossen ist (entsprechend KR-*Pfeiffer* AGG Rz 33 mwN, dort auch zur Möglichkeit der Bildung typisierender Fallgruppen [für die Frage der Erkennbarkeit und der rechtzeitigen Offenlegung der Unterscheidungsmerkmale für eine Gruppenbildung *BAG* 27.10.1998 DB 1999, 1118; 21.5.2003 DB 2004, 257 mwN; *Krebs* SAE 1999, 289]; *ArbG Hannover* 15.11.1990 EzA § 611a BGB Nr. 6; wohl strenger MünchKomm-*Müller-Glöge* § 611a BGB Rz 5: Unanwendbarkeit nur bei ausschließlich anderen Motiven).

Für die **mittelbare Benachteiligung wegen der Befristung** gilt grds. das in der vorstehenden Rz Ausgeführte entsprechend (parallel KR-*Pfeiffer* AGG Rz 33 f.). Doch ist dieser Begriff **objektiv** zu bestimmen, da damit ja gerade die unterschiedlichen Ergebnisse verhindert werden sollen. Es kommt damit weder darauf an, ob der Arbeitgeber ein Diskriminierungsmotiv hatte, noch darauf, ob der Arbeitgeber die ausgelöste Benachteiligungswirkung erkannt hatte (entsprechend *BAG* 20.11.1990 EzA Art. 119 EGV Nr. 2). Ob eine mittelbare Diskriminierung vorliegt, wird **statistisch** zu ermitteln sein. Es müssen die Relationen zwischen befristet und unbefristet Beschäftigten zum einen bei der begünstigten Gruppe und zum anderen bei der benachteiligten Gruppe festgestellt werden. Ein erhebliches Abweichen der beiden Relationen voneinander kann zur Feststellung einer mittelbaren Diskriminierung führen, wobei der Unterschied auch in seiner prozentualen Differenz hinreichend deutlich sein muss (ausf. dazu entsprechend KR-*Pfeiffer* AGG Rz 24; *Wißmann* FS Wlotzke [1995], S. 807, 810; vgl. auch MünchArbR-Ergbd.-*Schüren* § 161 Rz 55; *Sievers* Rz 8).

IV. Sachliche Gründe zur Rechtfertigung der Schlechterbehandlung

Liegt eine Schlechterstellung des befristet beschäftigten Arbeitnehmers gegenüber dem vergleichbaren unbefristet Beschäftigten vor, können **sachliche Gründe** die Ungleichbehandlung rechtfertigen. Die Gründe dürfen indes nichts mit der Tatsache der Befristung zu tun haben und müssen objektiv zur Durchsetzung eines unternehmerischen Bedürfnisses erforderlich sein (entsprechend *BAG* 23.1.1990 EzA § 1 BetrAVG Gleichberechtigung Nr. 6 m. Anm. *Steinmeyer*; vgl. *BAG* 21.5.2003 DB 2004, 257 zur Förderung durch Drittmittel als einem sachlichen Differenzierungsgrund bzgl. Gleichbehandlung), dazu in verhältnismäßiger Weise angewandt werden. Der EuGH formuliert es dahin, dass eine unterschiedliche Behandlung durch Umstände objektiv gerechtfertigt werden kann, sofern es sich um objektive Gründe handelt, die nichts mit einer Diskriminierung (hier: wegen der Befristung) zu tun haben und mit dem Grundsatz der Verhältnismäßigkeit im Einklang stehen, also **zur Verwirklichung des unternehmerischen Bedürfnisses geeignet und erforderlich** sind (*EuGH* 26.6.2001 EzA Art. 141 EG-Vertrag 1999 Nr. 6 zur Entgeltgleichheit zwischen Mann und Frau; im Ergebnis ebenso *Dörner* Befr. Arbeitsvertrag, Rz 94 mwN; ErfK-*Preis* Rz 41; MHH-*Herms* Rz 100; *BAG* 11.12.2003 EzA § 4 TzBfG Nr. 8: etwa bei Zulagen ist auf deren Zweck abzustellen). Parallel stellt die Rspr. des BAG auf den **Leistungszweck** ab (*BAG* 15.7.2004 – 6 AZR 25/03 – juris), wobei aus den jeweiligen Anspruchsvoraussetzungen oder den Ausschluss- oder Kürzungstatbeständen auf den Leistungszweck geschlossen werden kann (*BAG* 24.9.2003 EzA TzBfG § 4 Nr. 5) und die Tarifvertragsparteien – abgeleitet aus Art. 9 Abs. 3 GG – grds. frei darin sind, den Zweck einer tariflichen Leistung zu bestimmen (*BAG* 19.2.1998 BAGE 88, 92, 97; *BAG* 15.7.2004 – 6 AZR 25/03 – juris). Unterschiedliche Qualität der Arbeit wird hier wie im Bereich der Geschlechtergleichbehandlung (insoweit *EuGH* 26.6.2001 EzA Art. 141 EG-Vertrag 1999 Nr. 6) als Differenzierungskriterium ausscheiden. Allerdings kann die unterschiedliche Qualifikation bereits bei der Feststellung des Kreises der vergleichbaren unbefristet Beschäftigten eine Rolle spielen (KR-*Bader* § 3 TzBfG Rz 53).

V. Rechtsfolgen

14a Liegt ein **Verstoß gegen § 4 Abs. 2 S. 1** vor, greift **§ 134 BGB** ein, und die Folge ist in aller Regel, dass der befristet beschäftigte Arbeitnehmer die Gleichstellung mit dem unbefristet beschäftigten Arbeitnehmer beanspruchen kann (**Angleichung nach oben**; dazu *Dörner* Befr. Arbeitsvertrag, Rz 95; ErfK-*Preis* Rz 72 u. 74; *EuGH* 20.3.2003 NZA 2003, 506; zur nur für die Zukunft möglichen **Anpassung nach unten** MHH-*Herms* Rz 112 mwN; vgl. auch KR-*Bader* § 5 TzBfG Rz 3), ggf. über § 612 Abs. 2 BGB (MHH-*Herms* Rz 110; parallel *BAG* 20.8.2002 EzA Art. 141 EG-Vertrag 1999 Nr. 13). Bei der Angleichung darf man nicht schematisch vorgehen (so jedoch *Bauer* BB 2001, 673, 674). Vielmehr hat man im Einzelfall herauszuarbeiten, was jeweils der betriebliche Regelfall ist, und an diesen ist anzugleichen (*Dörner* Befr. Arbeitsvertrag, Rz 91 mit Beispielen). Soweit die Schlechterbehandlung darin besteht, dass befristet Beschäftigte von der Geltung eines Tarifvertrages ausgenommen werden (s.o. Rz 9), werden die Zeiten bis zur Berufung auf die Diskriminierung nicht von **tarifvertraglichen Verfallfristen** erfasst, wohl aber die Zeiten danach (*Dörner* Befr. Arbeitsvertrag, Rz 96; ErfK-*Preis* Rz 78 f.).

C. Diskriminierungsverbot bei Vergütung für einen bestimmten Bemessungszeitraum (Abs. 2 S. 2)

I. Grundsatz

15 Einem befristet beschäftigten Arbeitnehmer ist **Arbeitsentgelt**, das für einen **bestimmten Bemessungszeitraum** gewährt wird (nur das erfasst Satz 2; vgl. Rz 4), mindestens in dem Umfang zu gewähren, der dem Anteil der Beschäftigungsdauer am Bemessungszeitraum entspricht. Die Bestimmung selbst ergibt hier die **Rechtsfolge**: der befristet beschäftigte Arbeitnehmer hat unter den aufgeführten Voraussetzungen eine entsprechenden **Anspruch**. Dasselbe gilt für andere **teilbare geldwerte Leistung**, die für einen bestimmten Bemessungszeitraum gewährt werden (insgesamt krit. dazu *Bauer* BB 2001, 2473). Da das Gesetz von **mindestens** spricht, kann der sich exakt errechnende Mindestbetrag durchaus nach oben aufgerundet werden (ansonsten zur Besserstellung s.o. Rz 7). Hier ist noch einmal darauf hinzuweisen, dass **hinsichtlich unterschiedlicher Entgeltbestandteile keine Gesamtbetrachtung** erfolgen darf (s.o. Rz 4).

16 Wird das Entgelt nicht in der vorgeschriebenen Mindesthöhe gezahlt oder die teilbare geldwerte Leistung nicht im angegebenen Mindestumfang gewährt, geht das Gesetz mit der Spezialregelung in Satz 2 davon aus, dass bereits damit eine **Schlechterbehandlung wegen der Befristung** vorliegt, so dass dies insoweit nicht separat zu prüfen ist. Keine Diskriminierung soll es freilich darstellen, wenn vergleichbare unbefristet Beschäftigte unterschiedliche Vergütungen beziehen und wenn dann die niedrigste Vergütung als Anknüpfungspunkt für die Vergütung der befristet Beschäftigten herangezogen wird, solange damit nicht gegen eine bestehende betriebliche Ordnung iS des Gleichbehandlungsgrundsatzes (*BAG* 29.9.2004 EzA § 242 BGB 2002 Gleichbehandlung Nr. 4) verstoßen wird (HWK-*Schmalenberg* § 4 TzBfG Rz 23; *Bauer* BB 2001, 2473).

17 Probleme bereitet die Beantwortung der Frage, ob eine Rechtfertigung der Ungleichbehandlung (Schlechterbehandlung) durch **sachliche Gründe** auch im Rahmen des Satzes 2 möglich ist. Eine Viel-

zahl von Literaturstimmen verneint dies (*Blanke* AiB 2000, 730; *Däubler* ZIP 2000, 1961, 1966; *Dörner* Befr. Arbeitsvertrag, Rz 100 mwN; KDZ-*Däubler* Rz 31; *Richardi/Annuß* BB 2000, 2201, 2204; *Rolfs* Rz 8; unklar *Nielebock* AiB 2000, 76 f.). Sie können sich dabei auf den Wortlaut der Vorschrift berufen, weil Satz 2 im Gegensatz zu den Sätzen 1 und 3 die Rechtfertigungsmöglichkeit durch sachliche Gründe nicht aufführt. Dennoch ist dieser Sichtweise nicht zu folgen (ebenso etwa *Bauer* BB 2001, 2473, 2474; ErfK-*Preis* Rz 65; *Lindemann/Simon* BB 2001, 146, 147; MHH-*Herms* Rz 103 mwN; *Staudinger/Preis* § 620 BGB Rz 34; dem folgend auch *BAG* 15.7.2004 – 6 AZR 25/03 – juris unter Berufung auf den systematischen Zusammenhang und die Entstehungsgeschichte). Da Satz 2 nur einen Teil der Entgeltprobleme anspricht (s.o. Rz 4), wäre es ungereimt, wollte man die Entgeltungleichbehandlung, die unter Satz 1 fällt, die Rechtfertigung durch sachliche Gründe anerkennen, nicht hingegen bei Entgeltschlechterstellung, die unter Satz 2 fällt. Es spricht also alles dafür, die Rechtfertigungsmöglichkeit durch sachliche Gründe in Satz 1 (im Obersatz – dazu Rz 1) auch auf Satz 2 zu beziehen (ebenso *BAG* 11.12.2003 EzA § 4 TzBfG Nr. 8), was europarechtlich unbedenklich ist, wie die nachstehenden Ausführungen zeigen. Dies steht zudem in Einklang mit der Begründung des Gesetzentwurfs (BT-Drs. 14/4374 S. 16), wo ausdrücklich vermerkt ist, dass die Ungleichbehandlung aus sachlichen Gründen auch bei anteiliger Gewährung bestimmter Zusatzleistungen Platz greifen soll (dennoch die hier vertretene Ansicht nicht für tragfähig haltend *Dörner* Befr. Arbeitsvertrag, Rz 100; entspr. *Rolfs* Rz 3 zu § 4 Abs. 1 TzBfG). Im Übrigen belegt der Vergleich der Vorschrift mit § 4 Nr. 1, 2. u. 4 der zugrunde liegenden europäischen Rahmenvereinbarung (abgedr. im Anhang der Kommentierung des TzBfG), dass § 4 Abs. 2 TzBfG die europäischen Vorgaben ohne eigene exakte systematische Ordnung nur nachvollzogen hat, und dort tauchen die sachlichen Gründe gleichfalls nur in Nr. 1 u. 4 auf, nicht aber in Nr. 2, die mit Satz 2 korrespondiert. Bei der Umsetzung der europäischen Vorgaben ist freilich übersehen, dass § 4 Nr. 2 der europäischen Rahmenvereinbarung den »Pro-rata-temporis-Grundsatz« nur dort gelten lassen will, wo dies angemessen ist, also gerade nicht strikt und ausnahmslos. Vor diesem Hintergrund muss man es als Redaktionsversehen einstufen, dass Satz 2 nicht auch die Rechtfertigungsmöglichkeit durch sachliche Gründe vorsieht (im Ergebnis ebenso *Kliemt* NZA 2001, 305; MHH-*Herms* Rz 103).

Was **sachlicher Grund** sein kann, ist bereits oben grds. dargestellt (Rz 14). In der Begründung des Gesetzentwurfs wird nun ausdrücklich angeführt, dass eine Ungleichbehandlung betreffend Zusatzleistungen, die für einen bestimmten Bemessungszeitraum gewährt werden, dann aus sachlichen Gründen gerechtfertigt sein soll, wenn bei nur kurzzeitigen Arbeitsverhältnissen die anteilige Gewährung lediglich zu sehr geringfügigen Beträgen führt, die in keinem angemessenen Verhältnis zum Zweck der Leistung stehen (BT-Drs. 14/4374 S. 16). Dies erscheint auch im Hinblick auf die europarechtlichen Vorgaben als kaum haltbar. Denn damit wird nicht ein separater objektiver Grund zur Rechtfertigung der Schlechterbehandlung ins Feld geführt, sondern letztlich eben nur die Tatsache, dass eine Befristung vorliegt (diese ist die Ursache für den geringen Anteil an der Zusatzleistung). 18

II. Arbeitsentgelt für bestimmten Bemessungszeitraum

Die Regelung des Abs. 2 S. 2 erfasst zunächst zB die Fälle, in denen in einem Betrieb die **Vergütung nach Wochen oder Monaten** bemessen gezahlt wird. Wird dann ein Arbeitnehmer bei Wochenvergütung nur für drei Tage befristet beschäftigt, erhält er (mindestens) den **entsprechenden Anteil**, wobei wiederum zu differenzieren ist, wie viele Arbeitstage – das Abstellen auf Kalendertage ist hier wegen zu grober Verzerrung, die dem Zweck von Abs. 2 Satz 2 nicht mehr entspricht, abzulehnen – die Wochenvergütung abdeckt (bei fünf Arbeitstagen pro Woche wären in dem Beispielsfall also jedenfalls 3/5 der Wochenvergütung zu zahlen). Entsprechendes gilt für die Monatsvergütung, wenn ein Arbeitnehmer etwa nur für zwei oder sieben Wochen befristet eingestellt wird. Die Vergütung für den nicht vollen Monat ist dann gleichfalls (mindestens) anteilig zu berechnen, wobei es hier vertretbar ist, mit dem Verhältnis der Kalendertage oder ebenfalls mit dem Verhältnis der Arbeitstage (dies erscheint auch insoweit vorzugswürdig) zu rechnen; der Zweck von Abs. 2 S. 2 erfordert jedenfalls eine **konkrete Berechnung**. 19

Bei allen übrigen Geldleistungen ist zu fragen, ob sie **Arbeitsentgelt** darstellen, das für einen **bestimmten Bemessungszeitraum** gezahlt wird. Das betrifft insbes. **Gratifikationen, Weihnachtsgelder, Urlaubsgelder und 13. Monatsgehälter** (zu Fragen diesbezüglicher Wartezeiten s.u. Rz 24 u. 28). Einfach ist die Beantwortung der Frage bei einem echten 13. Monatsgehalt (anders das 13. Monatsgehalt als Weihnachtsgratifikation: dazu *BAG* 11.11.1971 EzA § 611 BGB Gratifikation, Prämie Nr. 29). Dieses wird als **zusätzliches Arbeitsentgelt** für das gesamte Kalenderjahr gezahlt, ist also zeitanteilig an den nur für einen Teil des Jahres befristet Beschäftigten zu zahlen (entsprechend *BAG* 24.10.1990 EzA § 611 20

BGB Gratifikation, Prämie Nr. 81; ebenso KDZ-*Däubler* Rz 34). Ansonsten ist es eine Frage der Auslegung – die bloße Bezeichnung ist dabei nicht entscheidend (*BAG* 11.11.1971 EzA § 611 BGB Gratifikation, Prämie Nr. 29; vgl. auch 20.9.1972 EzA § 611 BGB Gratifikation, Prämie Nr. 33) – unter Berücksichtigung der jeweils geltenden Bedingungen, ob nur die Vergütung vergangener Dienste im Bemessungszeitraum gewollt ist. Ist diese Frage zu bejahen, gilt dasselbe wie für das echte 13. Monatsgehalt (s.u. Rz 21 zum Anspruch bei Festlegung von **Stichtagen**). Ist die Frage hingegen zu verneinen, kann sich ergeben, dass etwa die Gratifikation doch **teilweise als Vergütung für erbrachte Leistungen** im Bemessungszeitraum zu werten ist (zu dieser Möglichkeit zB *BAG* 25.2.1974 EzA § 611 BGB Gratifikation, Prämie Nr. 40), wobei für die Festlegung des entsprechenden Anteils, der dann gem. Abs. 2 S. 2 zeitanteilig an den befristet Beschäftigten auszuzahlen ist, erforderlichenfalls mit § 287 Abs. 2 ZPO zu arbeiten ist. Zum Teil wird vertreten, dass befristet Beschäftigte auch Anspruch auf eine Gratifikation haben können, die nicht Vergütung ist, wenn sie immer wieder befristet eingestellt werden und auf sie auch künftig zurückgegriffen werden soll (*Dörner* Befr. Arbeitsvertrag, Rz 99; ähnlich KDZ-*Däubler* Rz 35).

21 Ist die Zahlung der Gratifikation oder sonstigen Leistung in wirksamer Weise davon abhängig, dass der Arbeitnehmer zu einem festgelegten **Stichtag** noch Angehöriger des Betriebs oder Unternehmens ist (das ist grds. auch dann zulässig, wenn die Leistung an sich zusätzlich teilweise in der Vergangenheit liegende Dienste vergüten soll: *BAG* 8.3.1995 EzA § 611 BGB Gratifikation, Prämie Nr. 131; vgl. weiter KassArbR-*Lipke* 2.3 Rz 189 ff.), so erfasst diese Regelung in gleicher Weise befristet wie unbefristet beschäftigte Arbeitnehmer (*BAG* 14.12.1993 EzA § 611 BGB Gratifikation Prämie Nr. 107: die Befristung steht einer Kündigung nicht gleich, soweit der Anspruch davon abhängt, dass das Arbeitsverhältnis ungekündigt besteht). Der aufgrund wirksamer Befristung vor dem Stichtag ausgeschiedene Arbeitnehmer hat demnach keinen Anspruch auf zeitanteilige Zahlung (*Rolfs* Rz 6; *Sievers* Rz 36; weiter zu Stichtagsregelungen *Bauer* NZA 2000, 1039, 1040; *Däubler* ZIP 2000, 1961, 1966; *Hromadka* BB 2001, 674, 675). Dies gilt um so mehr, als das *BAG* nicht mehr daran festhält, dass sich der Arbeitgeber für den Fall der vorzeitigen betriebsbedingten Kündigung nicht auf diesen Bindungstatbestand berufen dürfe (näher dazu KassArbR-*Lipke* 2.3 Rz 192 ff. mwN; **aA** KDZ-*Däubler* Rz 36 unter Berufung auf *BAG* 6.5.1998 NZA 1999, 79 = EzA § 611 BGB Ausbildungsbeihilfe Nr.19 – diese Entscheidung betrifft jedoch die Rückzahlung von Ausbildungskosten). Umgekehrt gilt: Steht der befristet Beschäftigte an dem Stichtag noch im Arbeitsverhältnis, hat er Anspruch auf anteilige Leistung (*Däubler* ZIP 2000, 1961, 1966; *Dörner* Befr. Arbeitsvertrag, Rz 99; **aA** MHH-*Herms* Rz 118, jedenfalls für Fälle tarifvertraglicher Regelungen [dazu s.o. Rz 9]).

22 Für den neuen Rechtszustand kann man im Übrigen Arbeitnehmer, die ausschließlich im Arbeitgeberinteresse befristet beschäftigt sind (etwa gem. § 14 Abs. 1 S. 2 Nr. 1 TzBfG), dann nicht von einer (zeitanteiligen) Zahlung für den bestimmten Bemessungszeitraum ausklammern, wenn vergleichbare unbefristet beschäftigte Arbeitnehmer, denen betriebsbedingt gekündigt wird, diese Leistung erhalten (ebenso KDZ-*Däubler* Rz 34; auch MHH-*Herms* Rz 118; **aA** zum früheren Rechtszustand: *BAG* 6.10.1993 EzA § 611 BGB Gratifikation, Prämie Nr. 106; zum jetzigen Rechtszustand: *Annuß/Thüsing-Thüsing* Rz 72).

III. Andere teilbare geldwerte Leistung für bestimmten Bemessungszeitraum

23 Andere teilbare geldwerte Leistungen (also nicht: Geldleistungen selbst, für die Satz 2 nur einschlägig ist, soweit es sich um Arbeitsentgelt handelt, das für einen bestimmten Bemessungszeitraum gezahlt wird – dazu Rz 4), die für einen bestimmten Bemessungszeitraum gewährt werden, können zB **Deputate** oder Personalrabatte sein (so angesprochen in BT-Drs. 14/4374 S. 16), was bzgl. der Personalrabatte jedoch fraglich sein wird – vielfach werden diese nicht für einen bestimmten Bemessungszeitraum gewährt, sondern mit Wartezeiten (dann greift Satz 3 ein) oder ohne solche (vgl. insoweit Rz 8). Derartige teilbare geldwerte Leistungen sind dann den befristet beschäftigten Arbeitnehmern ebenfalls **entsprechend dem Zeitanteil** (pro rata temporis) zu gewähren. Erhalten also Brauereimitarbeiter pro Jahr kostenlos eine bestimmte Menge an Bier, so kann der vergleichbare befristet für vier Monate beschäftigte Arbeitnehmer 1/3 dieser Menge beanspruchen. Aktienoptionen fallen nicht unter Satz 2, da diese nicht für einen bestimmten Bemessungszeitraum gewährt werden, sondern bei ihnen klar die Anreizfunktion im Vordergrund steht (*Baeck/Diller* DB 1998, 1405).

D. Diskriminierungsverbot bei Beschäftigungsbedingungen mit Wartezeit (Abs. 2 S. 3)

Mit dieser Bestimmung wird gewährleistet, dass Wartezeitregelungen wie für **Erholungsurlaub** (etwa 24 § 4 BUrlG), für die **Entgeltfortzahlung im Krankheitsfall** (§ 3 Abs. 3 EFZG), für bestimmte **Entgelthöhen** oder **Zusatzleistungen** in gleicher Weise für die vergleichbaren (dieses Wort aus der Grundsatzregelung in Satz 1 ist auch hier hineinzulesen) befristet und unbefristet beschäftigten Arbeitnehmer gelten (BT-Drs. 14/4374 S. 16). **Tarifverträge** dürfen dementsprechend befristet Beschäftigte insoweit nicht ganz oder teilweise ausklammern (s.o. Rz 9), sofern nicht sachliche Gründe die unterschiedliche Behandlung rechtfertigen.

Soweit das befristete Arbeitsverhältnis ordentlich gekündigt werden kann (KR-*Lipke* § 15 Rz 20 ff.), 25 müssen gem. Satz 3 die **Kündigungsfristen** nach den jeweiligen Wartezeiten grds. auch für die befristet Beschäftigten angewandt werden (KDZ-*Däubler* Rz 39). Schlechterstellungen für **Probezeitbefristungen** und für **Befristungen zur Aushilfe** sowie für die Fälle des § 622 Abs. 5 S. 1 Nr. 2 BGB (dazu KR-*Spilger* § 622 BGB Rz 152 ff.) sind jedoch wegen der gesetzlichen Sonderregelungen in § 622 Abs. 3 u. 5 im dort vorgegebenen Rahmen aufgrund der darin zum Ausdruck kommenden Bewertung stets als sachlich gerechtfertigt anzusehen.

Die Frage der **Wahlberechtigung und Wählbarkeit bzgl. des Betriebsrats** oder anderer Arbeitneh- 26 mervertretungen und diesbezüglicher Wartefristen ist keine des Abs. 2 S. 3, es geht insoweit nicht um Beschäftigungsbedingungen (arg. § 7 Nr. 1 der zugrunde liegenden europäischen Rahmenvereinbarung, abgedr. im Anhang zur Kommentierung des TzBfG; aA KDZ-*Däubler* Rz 39).

Hingegen wird man die Einbeziehung in eine **betriebliche Altersversorgung** als Beschäftigungsbe- 27 dingung iSd Satzes 3 zu sehen haben (**aA**, nämlich für Zuordnung zu Satz 2: *Dörner* Befr. Arbeitsvertrag, Rz 97; KDZ-*Däubler* Rz 35; *Kliemt* NZA 2001, 305; dazu bereits oben Rz 4). Eine grundsätzliche Ausklammerung befristet Beschäftigter wird daher nicht in Frage kommen (**aA** etwa *Ars/Teslau* NZA 2006, 297 mwN; *Kliemt* NZA 2001, 305; *Sievers* Rz 39; zum bisherigen Rechtszustand: *BAG* 13.12.1994 EzA § 1 BetrAVG Gleichbehandlung Nr. 5; 26.1.1999 NZA 2000, 95; 20.8.2002 NZA 2003, 1112; 19.4.2005 NZA 2005, 840; *LAG Köln* 25.10.1993 AP § 3 d BAT Nr. 1; wie hier KDZ-*Däubler* Rz 35; vgl. auch ErfK-*Preis* § 4 TzBfG Rz 63 u. 66: Gewährung pro rata temporis, Ausschluss allenfalls bei sich ergebenden völlig geringfügigen Beträgen; vgl. weiter *LAG Hamm* 9.1.1996 LAGE § 1 BetrAVG Gleichbehandlung Nr. 6). Entscheidend wird insoweit die Frage nach einem sachlichen Grund für die Ungleichbehandlung sein (MHH-*Herms* Rz 116).

Wie im Rahmen des Satzes 2 (s.o. Rz 16) ist auch bei Satz 3 die **Schlechterbehandlung** wegen der Be- 28 fristung nicht mehr separat zu prüfen, wenn für die vergleichbaren befristet Beschäftigten längere Wartezeiten als für die unbefristet Beschäftigten zur Anwendung kommen sollen. Für die Rechtfertigung der Schlechterbehandlung durch **sachliche Gründe** gelten die Ausführungen oben entsprechend (s.o. Rz 14).

E. Beweislastfragen

Es obliegt nach den allgemeinen Regeln dem **Arbeitnehmer**, darzulegen und erforderlichenfalls nach- 29 zuweisen, dass er gegenüber vergleichbaren unbefristet Beschäftigten wegen der Befristung schlechter behandelt wird (mit **abgestufter Darlegungslast**: der Arbeitgeber wird auf den schlüssigen Anfangsvortrag des Arbeitnehmers mit substantiiertem Gegenvortrag zu antworten haben; zu Beweislasterleichterungen bei undurchschaubaren Vergütungssystemen ErfK-*Preis* Rz 70 mwN); demgegenüber ist es Sache des **Arbeitgebers**, zur **Rechtfertigung der Ungleichbehandlung** durch sachliche Gründe vorzutragen und diese zu beweisen (entspr. *EuGH* 26.6.2001 DB 2001, 1620 zur Ungleichbehandlung von Mann und Frau; parallel zum Diskriminierungsverbot bei Teilzeitbeschäftigten KDZ-*Zwanziger* Rz 19 mwN; vgl. auch ErfK-*Preis* Rz 69 – 71).

F. Inkrafttreten

Das TzBfG ist ohne Übergangsregelung am **1.1.2001** in Kraft getreten ist. Es und damit § 4 erfasst ab 30 diesem Zeitpunkt alle Sachverhalte, die sich seit dem 1.1.2001 in seinem Geltungsbereich verwirklichen (*BAG* 15.1.2003 EzA TzBfG § 14 Nr. 2; nicht aber zurückliegende Sachverhalte: *BAG* 19.4.2005 – 3 AZR 128/04 – DB 2005, 1636). § 4 erfasst mithin alle befristeten Arbeitsverhältnisse, auch die bereits bestehenden (ebenso für das Diskriminierungsverbot für Teilzeitbeschäftigte KDZ-*Zwanziger* Rz 17).

Entsprechend müssen sich alle Tarifverträge – auch die bereits vor dem 1.1.2001 abgeschlossenen – an § 4 messen lassen (*BAG* 15.7.2004 – 6 AZR 25/03 – juris; die Frage eines möglichen Vertrauensschutzes im Einzelfall ist in dieser Entscheidung offen gelassen).

§ 5 Benachteiligungsverbot Der Arbeitgeber darf einen Arbeitnehmer nicht wegen der Inanspruchnahme von Rechten nach diesem Gesetz benachteiligen.

Literatur
Vgl. die Angaben zu § 1 TzBfG.

1 Die unabdingbare Regelung enthält das **Verbot**, Arbeitnehmer, die ihre Rechte nach dem TzBfG wahrnehmen, **bei Vereinbarungen oder Maßnahmen zu benachteiligen** (ausdrücklich so die Begr. des Gesetzentwurfs BT-Drs. 14/4374 S. 16). Die Vorschrift als solche ist europarechtlich nicht geboten und zudem eigentlich überflüssig (*Annuß/Thüsing-Thüsing* § 5 Rz 1; *Bauer* BB 2001, 2473, 2474; MHH-*Herms* § 5 Rz 3; *Staudinger/Preis* § 620 BGB Rz 37).

2 § 5 stellt sich als **Spezialregelung zu § 612a BGB** für den Bereich des TzBfG dar (*Kliemt* NZA 2001, 304; *Sievers* § 5 Rz 1), die etwa die Frage des beruflichen Aufstiegs, die Frage der Ausübung des Direktionsrechts oder den Ausschluss von Leistungen, auf die kein Rechtsanspruch besteht, umfasst (*Rolfs* Rz 3). Für die Einzelheiten kann verwiesen werden auf KR-*Pfeiffer* § 612a BGB Rz 4 ff. sowie Rz 12 bzgl. der Beweislast (vgl. weiter etwa MHH-*Herms* § 5 Rz 4 ff.; Beispiele bei *Dörner* Befr. Arbeitsvertrag, Rz 105). Der Schutz, den § 5 bietet, geht im Ergebnis nicht über den durch § 612a BGB gewährleisteten hinaus (für alle: *Annuß/Thüsing-Thüsing* § 5 Rz 1; *Lakies* DZWIR 2001, 1, 3; *Richardi/Annuß* BB 2000, 2201; *Rolfs* § 5 Rz 2 u.3 unter Hinweis auf vorhandene sprachliche Unterschiede, die letztlich aber ohne Relevanz bleiben; *Staudinger/Preis* § 620 BGB Rz 37). Dabei stellt sich auch hier die zu § 612a BGB diskutierte Frage, ob sich eine Maßregelung ohne vorherigen Arbeitgeberhinweis verbietet, wenn sich der Arbeitnehmer über Inhalt und/oder Ausmaß seiner Rechte irrt (vgl. dazu etwa *Rolfs* Rz 2; MHH-*Herms* Rz 5; vgl. weiter dazu KR-*Pfeiffer* § 612a BGB Rz 6).

3 Die **Rechtsfolgen** eines Verstoßes des Arbeitgebers gegen § 5 können unterschiedlich sein (vgl. *Dörner* Befr. Arbeitsvertrag, Rz 109). Soweit es sich um ein Rechtsgeschäft handelt, gilt **§ 134 BGB** (*Worzalla* Rz 9; parallel zu § 612a BGB *BAG* 2.4.1987 DB 1987, 2325), und § 5 ist sonstiges Kündigungsverbot iSd **§ 13 Abs. 3 KSchG**. Es kann sich auch ein Anspruch auf **Beseitigung** und (künftige) **Unterlassung** ergeben, ebenfalls ein **Schadensersatzanspruch** (§ 280 Abs. 1 BGB; § 823 Abs. 2 BGB iVm § 5 TzBfG als einem Schutzgesetz). Gegebenenfalls kann eine **einstweilige Verfügung** in Betracht kommen. Schließlich kann sich ein **Zurückbehaltungsrecht** ergeben, das zu Annahmeverzugsansprüchen führt (MHH-*Herms* Rz 14).

§§ 6 bis 13: Vorschriften zur Teilzeitarbeit

Vom Abdruck der Vorschriften und einer Kommentierung wird hier abgesehen, da die Vorschriften ohne Bezug zur Befristungsthematik sind.

Dritter Abschnitt
Befristete Arbeitsverträge

§ 14 Zulässigkeit der Befristung
(1) ¹Die Befristung eines Arbeitsvertrages ist zulässig, wenn sie durch einen sachlichen Grund gerechtfertigt ist. ²Ein sachlicher Grund liegt insbesondere vor, wenn
1. der betriebliche Bedarf an der Arbeitsleistung nur vorübergehend besteht,
2. die Befristung im Anschluss an eine Ausbildung oder ein Studium erfolgt, um den Übergang des Arbeitnehmers in eine Anschlussbeschäftigung zu erleichtern,
3. der Arbeitnehmer zur Vertretung eines anderen Arbeitnehmers beschäftigt wird,
4. die Eigenart der Arbeitsleistung die Befristung rechtfertigt,
5. die Befristung zur Erprobung erfolgt,
6. in der Person des Arbeitnehmers liegende Gründe die Befristung rechtfertigen,
7. der Arbeitnehmer aus Haushaltsmitteln vergütet wird, die haushaltsrechtlich für eine befristete Beschäftigung bestimmt sind, und er entsprechend beschäftigt wird oder
8. die Befristung auf einem gerichtlichen Vergleich beruht.

(2) ¹Die kalendermäßige Befristung eines Arbeitsvertrages ohne Vorliegen eines sachlichen Grundes ist bis zur Dauer von zwei Jahren zulässig; bis zu dieser Gesamtdauer von zwei Jahren ist auch die höchstens dreimalige Verlängerung eines kalendermäßig befristeten Arbeitsvertrages zulässig. ²Eine Befristung nach Satz 1 ist nicht zulässig, wenn mit demselben Arbeitgeber bereits zuvor ein befristetes oder unbefristetes Arbeitsverhältnis bestanden hat. ³Durch Tarifvertrag kann die Anzahl der Verlängerungen oder die Höchstdauer der Befristung abweichend von Satz 1 festgelegt werden. ⁴Im Geltungsbereich eines solchen Tarifvertrages können nicht tarifgebundene Arbeitgeber und Arbeitnehmer die Anwendung der tariflichen Regelungen vereinbaren.

(2a) ¹In den ersten vier Jahren nach der Gründung eines Unternehmens ist die kalendermäßige Befristung eines Arbeitsvertrages ohne Vorliegen eines sachlichen Grundes bis zur Dauer von vier Jahren zulässig; bis zu dieser Gesamtdauer von vier Jahren ist auch die mehrfache Verlängerung eines kalendermäßig befristeten Arbeitsvertrages zulässig. ²Dies gilt nicht für Neugründungen im Zusammenhang mit der rechtlichen Umstrukturierung von Unternehmen und Konzernen. ³Maßgebend für den Zeitpunkt der Gründung des Unternehmens ist die Aufnahme einer Erwerbstätigkeit, die nach § 138 der Abgabenordnung der Gemeinde oder dem Finanzamt mitzuteilen ist. ⁴Auf die Befristung eines Arbeitsvertrages nach Satz 1 findet Absatz 2 Satz 2 bis 4 entsprechende Anwendung.

(3) *¹Die Befristung eines Arbeitsvertrages bedarf keines sachlichen Grundes, wenn der Arbeitnehmer bei Beginn des befristeten Arbeitsverhältnisses das 58. Lebensjahr vollendet hat. ²Die Befristung ist nicht zulässig, wenn zu einem vorhergehenden unbefristeten Arbeitsvertrag mit demselben Arbeitgeber ein enger sachlicher Zusammenhang besteht. ³Ein solcher enger sachlicher Zusammenhang ist insbesondere anzunehmen, wenn zwischen den Arbeitsverträgen ein Zeitraum von weniger als sechs Monaten liegt. ⁴Bis zum 31. Dezember 2006 ist Satz 1 mit der Maßgabe anzuwenden, dass an die Stelle des 58. Lebensjahres das 52. Lebensjahr tritt.**

(4) Die Befristung eines Arbeitsvertrages bedarf zu ihrer Wirksamkeit der Schriftform.**

Gesetzesentwurf § 14 Abs. 3 TzBfG (BT-Drs. 16/3793):

»(3) Die kalendermäßige Befristung eines Arbeitsvertrages ohne Vorliegen eines sachlichen Grundes ist bis zu einer Dauer von fünf Jahren zulässig, wenn der Arbeitnehmer bei Beginn des befristeten Arbeitsverhältnisses das 52. Lebensjahr vollendet hat und unmittelbar vor Beginn des befristeten Arbeitsverhältnisses mindestens vier Monate beschäftigungslos gewesen ist, Transferkurzarbeitergeld bezogen oder an einer öffentlich geförderten Beschäftigungsmaßnahme nach dem Zweiten oder Dritten Buch Sozialgesetzbuch teilgenommen hat. Bis zu der Gesamtdauer von fünf Jahren ist auch die mehrfache Verlängerung des Arbeitsvertrages zulässig.«

---

* Abs. 3 S. 4 europarechtswidrig (*EuGH* 25.11.2005 – Rs C 144/04 – »Mangold«, EzA § 14 TzBfG Nr. 21); Abs. 3 S. 1, 4 europarechtswidrig (*ArbG Bln.* 30.3.2006 – 81 Ca 1543/06 – LAGE § 14 TzBfG Nr. 27).
** Erl. zu § 14 Abs. 4 TzBfG s. Anhang zu § 623 BGB.

§ 14 TzBfG

Literatur

Vgl. die Angaben vor § 1 TzBfG, § 620 BGB und § 623 BGB Anhang I.

Inhaltsübersicht

Kurz-Gliederung

	Rz		Rz
A. Erfordernis des sachlichen Grundes (§ 14 Abs. 1 TzBfG)	1–249	D. Darlegungs- und Beweislast	371–381
B. Die sachgrundlose Befristung (§ 14 Abs. 2, 2a und 3 TzBfG)	250–366c	E. Beteiligungsrechte der Arbeitnehmervertretung	382–395
C. Überblick zum Schriftformgebot (§ 14 Abs. 4 TzBfG)	367–370		

Detail-Gliederung

	Rz
Vorbemerkung	0
A. Erfordernis des sachlichen Grundes (§ 14 Abs. 1 TzBfG)	1–249
I. Geltungsbereich	1–20d
1. Arbeitnehmer ohne Kündigungsschutz	2, 3
2. Arbeitnehmer mit Sonderkündigungsschutz	4–8
3. Leitende Angestellte; Auszubildende	8a, 8b
4. Nachträgliche Befristung	9–11
5. Befristung einzelner Vertragsbedingungen	12–20d
II. Allgemeine Anforderungen an den Sachgrund	21–66a
1. Sachgrund als Zulässigkeitsvoraussetzung	21–29
a) Abkehr von § 620 Abs. 1 BGB	21–23
b) »Sachlicher Grund« als unbestimmter Rechtsbegriff	24–29
2. Verhältnis von Befristungsdauer und Sachgrund	30–34
3. Zeitpunkt der Sachgrundprüfung	35–38
4. Befristungskontrolle bei Mehrfachbefristungen	39–45
5. Prognose des Arbeitgebers	46–56
6. Angabe des Sachgrundes oder der Rechtsgrundlage	57–66a
III. Die gesetzlich benannten Sachgründe	67–242
1. Vorübergehender betrieblicher Bedarf an der Arbeitsleistung	67–83
a) Allgemeines	67–72a
b) Einzelfälle	73–83
aa) Zeitlich begrenzter Arbeitsbedarf	73–75a
bb) Saison- und Kampagnebetriebe	76–78
cc) Aushilfstätigkeit	79–82a
dd) Insolvenz	83
2. Befristete Anschlussbeschäftigung an Ausbildung oder Studium	84–97
a) Allgemeines	84–89
b) Ausbildung und Studium	90–91a

	Rz
c) Anschlussbefristung	92–96
aa) Anknüpfung an Ausbildung oder Studium	92–93
bb) Befristungsdauer	94–96
d) Tarifvertragliche Regelungen	97
3. Vertretung	98–125
a) Allgemeines	98–102a
b) Unmittelbare Vertretung	103–110a
aa) Prognose des Arbeitgebers	104–106a
bb) Wiederholte Befristung	107–109
cc) Befristungskombination	110–110a
dd) Arbeitnehmerüberlassung	110b
c) Mittelbare Vertretung	111–117
d) Gesamtvertretung	118–125
4. Eigenart der Arbeitsleistung	126–156
a) Allgemeines	126–130
aa) Sammeltatbestand	126–126a
bb) Tendenzträger	127
cc) Kirchen	128
dd) Professionelle Unterhaltung	129
ee) Politische Tätigkeit	130
b) Bühnen	131–139
c) Medien	140–149
d) Sport	150–156
5. Erprobung (Nr. 5)	157–181b
a) Allgemeines	157–163
b) Dauer der Erprobung	164–170
c) Verhältnis zu § 14 Abs. 2 TzBfG	171, 172
d) Fortsetzung des Arbeitsverhältnisses nach Ablauf der Erprobung	173–180
e) Tarifvertragliche Regelungen	181
f) Arbeitnehmerüberlassung	181a, 181b
6. Gründe in der Person des Arbeitnehmers (Nr. 6)	182–214
a) Allgemeines	182–185
b) Wunsch des Arbeitnehmers	186–190a
c) Soziale Überbrückung	191–206
aa) Befristung aus sozialen Gründen	191–194

	Rz
bb) Maßnahmen im Rahmen der Sozialhilfe; Grundsicherung	195–198
cc) Arbeitsförderungsmaßnahmen (SGB III)	199–204b
dd) Einarbeitungs- und Eingliederungszuschüsse	205–206
d) Neben- oder Teilzeitbeschäftigung	207–209
e) Einstellungs- und Beschäftigungsvoraussetzungen	210–213
aa) Arbeitserlaubnis	210–211a
bb) Beschäftigungseignung; Fortbildung	212–213
f) Altersgrenzen	214–214h
g) Arbeitnehmerüberlassung	214i
7. Begrenzung von Haushaltsmitteln (Nr. 7)	215–233
a) Allgemeines	215–216
b) Sonderbefristungsrecht des öffentlichen Dienstes	217–229
aa) Prognose	217–220
bb) Besondere Stellung des Haushaltsgesetzgebers	221–224
cc) Gemeinschafts- und Verfassungsrecht	225–227a
dd) Einzelfragen	228–229
c) Zuwendungsvergabe und Projektförderung	230–233
8. Gerichtlicher Vergleich	234–242
a) Gerichtliche Mitwirkung als Sachgrund	234–240
b) Außergerichtlicher Vergleich	241, 242
IV. Anerkannte weitere Sachgründe	243–245a
V. Tarif- und Kirchenautonomie	246–249
B. Die sachgrundlose Befristung (§ 14 Abs. 2 und 3 TzBfG)	250–366
I. Ablösung des BeschFG 1985/1996	250–279
1. Überblick	250–267
2. Neuerungen der sachgrundlosen Befristung	268–271
3. Europarechtliche Vorgaben	272, 273
4. Geltungsbereich	274–279
II. Einzelne Zulässigkeitsvoraussetzungen nach Abs. 2	280–315
1. Befristungsdauer und Zitiergebot	280–285
2. Verlängerung	286–295
a) Nahtloser Anschluss	286
b) Unveränderte Vertragsbedingungen	287–293
c) Verlängerung der Sachgrundbefristung	294–294a
d) Beteiligung des Betriebsrates	295
3. Fehlen eines früheren Arbeitsverhältnisses	296–300
a) Vorbeschäftigung	296–298a
b) Ausbildungsverhältnisse und berufsvorbereitende Vertragsverhältnisse	299, 300
4. Derselbe Arbeitgeber	301–306

	Rz
5. Fragerecht des Arbeitgebers	307, 308a
6. Tarifvertragliche Abweichungen nach Abs. 2 S. 3	309–311
7. Einzelvertragliche Inbezugnahme tariflicher Regelungen	312–315
III. Sachgrundlose Befristung für Existenzneugründer (§ 14 Abs. 2a TzBfG)	316–338a
1. Erweiterung sachgrundloser Befristungen	316–321a
a) Entstehungsgeschichte	316
b) Regelungsziele	317, 318
c) Vereinbarkeit mit Europarecht	319
d) Verfassungsrechtliche Fragen	320-321a
2. Geltungsbereich	322–325b
a) Existenzneugründungen	322, 323
b) Umstrukturierungen	324-325b
3. Grenzen der sachgrundlosen Befristung nach Abs. 2a	326–333a
a) Kalendermäßige Befristung	326
b) Vierjahreszeitraum	327–331
c) Verlängerungen	332
d) Kombinationsmöglichkeiten	333, 333a
4. Entsprechende Anwendung des § 14 Abs. 2 S. 2-4 TzBfG	334–338
a) Erstvertrag	334
b) Tarifvertragliche Abweichungen	335–337
5. Übergangsrecht	338
6. Beweislast	338a
IV. Sachgrundlose Befristung älterer Arbeitnehmer nach Abs. 3	339–366c
1. Gesetzliche Entwicklung	339–341
2. Mangold- Entscheidung des EuGH	342–346
3. Gesetzgebung zu einer gemeinschaftskonformen Regelung	347–362
a) Gesetzentwurf	347–350
b) Einzelfragen	351–362
aa) Abschluss des Arbeitsvertrages	351
bb) Vier Monate Beschäftigungslosigkeit	352–355
cc) Höchstbefristung	356–359
dd) Verlängerung	360–362
4. Vorläufige Bewertung des Gesetzesplans	363–366c
a) Europarecht	363
b) Verfassungsrecht	364–366
c) Rechtsmissbrauch	366a–366c
C. Überblick zum Schriftformgebot (§ 14 Abs. 4 TzBfG)	367–370
D. Darlegungs- und Beweislast	371–381
I. Rechtslage bis zum 31.12.2000	371, 372
II. Neuer Rechtszustand	373–381
1. Sachgrund (§ 14 Abs. 1 TzBfG)	374
2. Zulässige Befristung ohne Sachgrund (§ 14 Abs. 2, 2a und 3 TzBfG)	375–378
3. Befristungsvereinbarung	379
4. Befristungsdauer	380, 381

	Rz		Rz
E. Beteiligungsrechte der Arbeitnehmervertretung	382–395	III. Überblick zur Beteiligung des Personalrats bei der Einstellung	392–395
I. Belegschaftsgröße	382		
II. Beteiligung des Betriebsrats bei der Einstellung	383–391		

Alphabetische Übersicht

Abbedingen von Befristungsgründen	60 f.	Drittmittel	231 ff.
Ältere Arbeitnehmer	3, 45, 93, **214 ff.**, **268**, **274**, 339 ff.	Eigenart der Arbeitsleistung	**126 ff.**
Altersgrenzen	**214 ff.**, 244	Eignungsüberprüfung s. auch Probearbeitsverhältnis	54, 212 ff., 244
Änderung der Prognosegrundlagen	**46 ff.**	Ein-Euro-Jobs	195
Änderungskündigung	11	Eingliederungszuschüsse	**205 ff.**
Änderungsschutz	**287 ff.**	Eingliederungsvertrag	169, 205a, 300
Alkoholmissbrauch	161, 213	Einzelne Vertragsbedingungen, Befristung 12 ff., 314	
Angabe des Befristungsgrundes	**57 ff.**	Elternzeit	52, 62, 103, 105, 123
Angemessenheitskontrolle	18 a, 26 a	Entfristungsklage, s. auch Klagefrist	39
Anschlussbefristung, s. auch Mehrfachbefristung	3, 92 f., 262, 268 ff.	Erprobung s. Probearbeitsverhältnis	
		Europarecht	22 f., 25, 28, 89, 185, 214c, 225, 244, 268, 272 ff., 319, 340 ff., **351 ff.**, 363
Anschlussbeschäftigung nach Ausbildung und Studium	**84 ff.**	Existenzneugründer	82a, 324 f. 365, 274, **316 ff.**
Arbeitnehmerüberlassung	72, 75a, 110b, 181a, 214h, 278, 300, 306	Forschungsprojekt	70, 73, 126a, 215, **230 ff.**, 244
Arbeitsbedingungen, Befristung	14 ff., 18	Fortbildung	**90 f.**
Arbeitsbeschaffungsmaßnahmen	**196 ff.**, 244, 354	Fortsetzung des Arbeitsverhältnisses	**173 ff.**
Arbeitserlaubnis	182, **210 ff.**	Frist für Klageerhebung s. Klagefrist	
Arbeitsförderung	**199 ff.**		
Aufenthaltserlaubnis	182	Gemeinschaftsrecht s. Europarecht	
Aufgaben von begrenzter Dauer	69 f., 72	Gerichtlicher Vergleich s. Vergleich	
Aufhebungsvertrag	10	Gesamtvertretung	100, **118 ff.**, 228
Auflösende Bedingung	79a, 117, 184, 239 f., 280, 340, 347	Gute Sitten	178
Ausbildung	90 f., 97, 110, 166, 299 f.	Haushaltsgesetzgeber	**221a ff.**, 229
Aushilfstätigkeit	79 ff., 118 ff.	Haushaltsmittel, Begrenzung	215 f., **217 ff.**
		Haushaltsplan	51 f., 68, 219
Bedarfsprognose	**46 ff.**, 69, 71, 73 f.	Hochschulen	52, 70, 127, 215, 276, 279
Bedarfsschwankungen	67 ff., 79 ff.	Höchstbefristung s. Befristungsdauer	
Beförderungsstelle	189		
Befristungsdauer	30 ff., 46 ff., 65, 93, **94 ff.**, 105, 121, **164 ff.**, 194, 283, 350, **357 ff.**	Inhaltskontrolle	16, 26 a, 242
		Insolvenz	83
Befristungsgrund, Angabe	**57 ff.**, 64		
Befristungsgrundform, Angabe	64 f., 116, 119, 228a	Jugend- und Auszubildendenvertretung	277
Befristungskombination	110 f.		
Benachteiligungsverbot	4	Kalendermäßige Befristung	57, 58 f., 79a, 280, 318, 326
Beschäftigungsförderungsgesetz	**250 ff.**		
Besonderer Kündigungsschutz	4 ff., 37	Kampagnebetriebe	**76 ff.**
Betriebsrat, Beteiligung	20b, **382 ff.**	Kettenbefristung s. Mehrfachbefristung	
Betriebsrat, personelle Kontinuität	245a	Kirchen	**128**, 229, **247 ff.**
Betriebsratsmitglied, freigestelltes	103	Klage	39
Betriebsübergang	166	Klagefrist	43 f.
Bühnen	**131 ff.**, 154, 244	Kleinbetriebe	2
		Konkurrentenklage	114
Darlegungs- und Beweislast	4, 41, 49 f., 55, 125, 155, 163, 179, 181, 308a, 328, 350, 366c, **371 ff.**	Krankheit	161, 165, 174, 178
		Kündigungsschutz, s. auch Umgehung	2, 4, 9, 21, 26 a, 237
Dauer der Befristung s. Befristungsdauer		Kunst	56, 126 f., **131 ff.**, 143
Daueraufgaben	72 f., 107 f., 202 ff., 221	Kurzzeitbefristung	2
Daueraushilfskräfte (»Springer«)	75, 107	Kw-Vermerk	220
Direktionsrecht	109, 111 f., 292		
Diskriminierung	4 ff., 178, 182, 214c, 351 ff., 364, 366b	Lehrkräfte s. Gesamtvertretung	

	Rz		Rz
Leiharbeitnehmer s. *Arbeitnehmerüberlassung*		Sozialhilfe	**195 ff.**
Leitende Angestellte	8a, 214g	Sport	56, 129, **150 ff.**
Lektoren	147	Springer	75
		Streitgegenstand	39
Medien	56, 126, **140 ff.**, 244	Studenten	75, 190, 208
Mehrbedarf, vorübergehender	**73 ff.**, 80, 82a, 101	Studium	90 f.
Mehrfachbefristungen	37 ff., 49, **107 ff.**, 159, 259, 268, 268 ff., 297 ff.	Tarifvertrag	51, **64 ff.**, 97, 102, 116, 162, 165, 167, 181, **214d**, 214d f., 246 ff., 270, 309 ff., 335 ff.
Minderbedarf, prognostizierter	82	Teilzeitarbeit	109, **207 ff.**
Mutterschutz	103, 123	Tendenzträger	**127 f.**
Nachschieben von Befristungsgründen	58	Trainer s. *Sport*	
Nachträgliche Befristung	9	Transferkurzarbeitergeld	354
Nebenbeschäftigung	**207 ff.**	Treuwidrigkeit s. *Vertrauensschutz*	
Öffentlicher Dienst	52, 64 ff., 67 f., **69 ff.**, 79b, 100, 102, 181, 215 f., **217 ff.**	Überbrückung s. *soziale Überbrückung*	
		Umgehungsverbot	33, 237, 366b
		Umstrukturierungen	324 f.
Paritätsstörung	18a ff., 21, 26a, 214c	Unternehmerisches Risiko	67
Person des Arbeitnehmers, Befristungsgrund	**182 f.**		
Personalbedarf, Unsicherheit	67, 74	Vergleich	**234 ff.**, 241 f.
Personalratsmitglieder	4, 103	Verschleißtatbestände	56, 129, **150 ff.**
Politische Tätigkeit	130	Vertragsbedingungen, Befristung	14 ff., 18 ff.
Praktikanten	**212**	Vertrauensschutz	7, 38, **173 ff.**, 345
Pressefreiheit	127	Vertretung	53, 80, **98 ff.**, **111 ff.**, 244
Probearbeitsverhältnis	33, 51, 63, 86, **157 ff.**, **164 ff.**	Vertretung, mittelbare	**111 ff.**
Prognose des Arbeitgebers	**46 ff.**, 69, 71, 73 f., 80, 82, 96, **104 ff.**, 107, 208, 218, 226	Vorbehalt des Arbeitnehmers bei Mehrfachbefristung	41
Programmgestaltende Mitarbeiter s. *Medien*		Vorratsbefristung	115
Projektbezogene Befristung	70, 73, **230 ff.**, 244	Vorübergehender Bedarf an Arbeitskräften	**67 ff.**, 72, 101
Provision, Befristung	14		
Prozessvergleich s. *Vergleich*		Weiterbildung	90
Rechtsmissbrauch	7, 38, 171 f., 366a ff.	Werkstudenten	85
Rundfunk s. *Medien*		Wiedereinstellungszusage	77
		Wiederholte Befristungen s. *Mehrfachbefristung*	
Sachgrund	2, 10, 21, **24 ff.**, **57 ff.**, **67 ff.**, 85, **171 f.**, 243	Wissenschaft	56, 126a, 127, 143, 174
Sachgrundlose Befristung	62, 66, 67, 83, **171 f.**, **250 ff.**, 294, 349	Wunsch des Arbeitnehmers, Befristung auf	183, **186 ff.**, 290
Saisonbetriebe	**76 ff.**	Zeitlich begrenzter Arbeitsbedarf	**73 ff.**
Sammeltatbestände	126, 182, 243, 245a	Zeitpunkt der Sachgrundprüfung	**35 ff.**
Schadensersatz	8	Zulage, Befristung	14
Schriftform	367 ff.	Zusage	180
Schwangerschaft	4 ff., 37, 158, 174, 178, 275	Zuwendungsvergabe	**230 ff.**
Schwerbehinderung	4 ff., 37, 158, 174, 178, 275	Zweckbefristung	59, 78, 79a, 117, 212a f., 280
Soziale Überbrückung	55, 84 ff., 94, 160, **191 ff.**, 214h		

Vorbemerkung

Zur Abgrenzung von Dienst- und Arbeitsvertrag, zu den **anderweitigen Beendigungstatbeständen** neben der Befristung, zur **Entwicklung des Befristungsrechts** auf nationaler und europäischer Ebene, zu **verfassungsrechtlichen Grundsatzfragen** und zu übergangsrechtlichen Problemen wird auf die Erl. zu § 620 BGB verwiesen.

A. Erfordernis des sachlichen Grundes (§ 14 Abs. 1 TzBfG)

I. Geltungsbereich

Im Unterschied zu dem bis zum 31.12.2000 bestehenden richterrechtlichen Ansatz, Befristungen gegen die Umgehung kündigungsschutzrechtlicher Vorschriften zu sichern, stellt das neue gesetzliche Recht in Übereinstimmung mit den Vorgaben der Richtlinie 1999/77/EG auf das **Erfordernis eines sachlichen Grundes** ab (vgl. dazu iE KR-*Lipke* § 620 BGB Rz 119 ff.). Die Voraussetzungen für die Zulässigkeit befristeter Arbeitsverträge werden durch das TzBfG festgelegt (§ 1 TzBfG). Zentrale Vorschrift ist insoweit § 14 TzBfG. Da das TzBfG auf den gesetzlichen Grundlagen des BeschFG 1985/1996 aufbaut und sie weiterentwickelt, kann von einer rechtlichen Kontinuität gesprochen werden, die häufig erlaubt auf Rechtserkenntnisse zur früheren Rechtslage zurückzugreifen (*Thüsing* ZfA 2004, 67; MünchKomm-*Hesse* § 620 BGB Rz 12).

1. Arbeitnehmer ohne Kündigungsschutz

2 Während nach altem Recht Arbeitnehmer bis zum Ablauf der 6-monatigen Wartezeit des § 1 Abs. 1 KSchG und in Kleinbetrieben (§ 23 Abs. 1 KSchG) schrankenlos befristet werden konnten, **müssen nun auch Befristungen im Kleinbetrieb (§ 23 Abs 1 S. 2 bis 4 KSchG)** und **kurzzeitige Befristungen** (zB Eintages- oder Wochenbefristungen, vgl. *BAG* 16.4.2003 EzA § 620 BGB 2002 Nr. 5 zu einer entspr. Rahmenvereinbarung) **mit einem Sachgrund unterlegt werden** (*BAG* 6.11.2003 EzA § 14 TzBfG Nr. 7; *Hromadka* BB 2001, 622; *Erman/D. W. Belling* § 620 BGB Rz 20; ErfK-*Müller-Glöge* Rz 8; *Dörner* Befr. Arbeitsvertrag, Rz 129 f. mwN). Zwar steht es dem Arbeitgeber frei, bis zum Ablauf der Wartezeit und dem Eintritt des Kündigungsschutzes sich durch ordentliche Kündigung vom Arbeitnehmer zu trennen. Ist dafür eine soziale Rechtfertigung der Kündigung iSv § 1 KSchG nicht notwendig, erscheint es zunächst sinnwidrig, für derartige Befristungsfälle am Sachgrunderfordernis festzuhalten. Dabei würde aber übersehen, dass § 14 Abs. 2 TzBfG nach der neuen gesetzlichen Systematik von zulässigen Befristungen mit und ohne Sachgrund eine **wiederholte Befristung nur** noch **mit Sachgrund** gestattet. Ist der Arbeitnehmer zuvor schon einmal von demselben Arbeitgeber beschäftigt worden, erlaubt die neue Gesetzeslage danach nur noch Befristungen mit Sachgrund (APS-*Backhaus* Rz 15 ff.; *Gräfl/Arnold-Gräfl* Rz 6; *Preis/Gotthardt* DB 2000, 2070; **aA** *Schiefer* DB 2000, 2121). Das Erfordernis des Sachgrundes ist mithin im Kleinbetrieb und für Arbeitsverträge bis zu sechs Monaten einzuhalten, wenn eine spätere weitere Befristung in Betracht gezogen wird (vgl. auch KR-*Lipke* § 620 BGB Rz 118, 124).

3 Das Fehlen eines Sachgrundes spielt für ein auf bis zu sechs Monate befristetes oder im Kleinbetrieb begründetes Arbeitsverhältnis dann keine Rolle, wenn eine **erneute sachgrundlose Befristung** mit dem Arbeitnehmer **nach den befristungsprivilegierenden Bestimmungen der Abs. 2a und 3** erfolgt. Da die gesetzlichen Regelungen in diesem Zusammenhang vom Sachgrunderfordernis Abstand nehmen, schadet es für eine zweite Befristung nicht, wenn eine vorhergehende sechs Monate unterschreitende Befristung ohne Sachgrund abgelaufen ist. Zum (nunmehr weggefallenen) Anschlussverbot des Abs. 3 S. 2 und S. 4 **aF** vgl. Vorauflage Rz 347 ff. Aus dem **Fehlen einer** § 8 Abs. 7 TzBfG entsprechenden **Kleinbetriebsklausel** im Befristungsrecht des TzBfG lässt sich rechtssystematisch ableiten, dass Arbeitnehmer in Haushalten und in Kleinbetrieben mit bis zu zehn Arbeitnehmern iSv § 23 Abs. 1 KSchG im Falle einer Befristung dem Sachgrunderfordernis des Abs. 1 unterliegen (*Annuß/Thüsing-Maschmann* Rz 4). Eine Bereichsausnahme stünde auch im **Widerspruch zur Richtlinie 1999/70/EG**, die Ausnahmen bezogen auf die Betriebsgröße nicht eröffnet (ErfK-*Müller-Glöge* Rz 9).

2. Arbeitnehmer mit Sonderkündigungsschutz

4 Das TzBfG legt in §§ 4 Abs. 2, 5 ein Diskriminierungs- und Benachteiligungsverbot für alle befristet beschäftigten Arbeitnehmer fest. Darüber hinaus sind die Bestimmungen des **AGG** zu beachten (§§ 1, 2 Abs. 1 Nr. 2, 7 ff.; vgl. dazu KR-*Pfeiffer* Erl. zum AGG). Davon abgesehen erfahren **besonders schützenswerte Arbeitnehmergruppen keinen erhöhten Befristungsschutz.** Solange sich der Befristungsschutz richterrechtlich darauf gründete, das Unterlaufen kündigungsschutzrechtlicher Bestimmungen zu verhindern (vgl. 5. Aufl., § 620 BGB Rz 102 ff.), war es folgerichtig, den verstärkten Kündigungsschutz im Zusammenhang mit der Schwangerschaft und der Elternzeit (§ 9 MuSchG, § 18 BEEG), der Schwerbehinderung (§§ 85 ff., 92 SGB IX) und des verstärkten Sonderschutzes von Amtsträgern nach dem Betriebsverfassungs- und Personalvertretungsrecht (§ 15 KSchG) bei den Anforderungen an den Sachgrund zu beachten und dabei zu berücksichtigen, dass durch die Befristung Kündigungsverbote ausgeschaltet wurden (vgl. MünchArbR-*Wank* § 116 Rz 34 f.). Eine solche Ableitung ist seit Inkrafttreten des TzBfG nicht mehr möglich. **Das Kündigungsschutzrecht setzt nicht mehr die Eckpunkte für die Zulässigkeit befristeter Arbeitsverträge.** Eine Suche nach Umgehungsnormen findet bei den seit 1. Januar 2001 geschlossenen befristeten Arbeitsverträgen nicht mehr statt (*Dörner* Befr. Arbeitsvertrag Rz 130, 133f.). Für Personen mit besonderem Kündigungsschutz sind deshalb in Zukunft **keine erhöhten Anforderungen** an den **Sachgrund** zu stellen (ErfK-*Müller-Glöge* Rz 11; MünchKomm-*Hesse* Rz 11;

Zulässigkeit der Befristung § 14 TzBfG

Annuß/Thüsing-Maschmann Rz 7; anders noch zur alten Rechtslage *BAG* 17.2.1983 EzA § 620 BGB Nr. 64; weiterhin für Differenzierung nach dem jeweiligen Schutzbereich KDZ-*Däubler* Rz 15, 19 ff.). Davon zu trennen sind besondere Vorschriften auf Landesebene (zB §§ 77 Abs. 4, 38 Abs. 1 und 4 Mitbestimmungsgesetz Schleswig-Holstein), die eine Verlängerung befristeter Arbeitsverhältnisse von Personalratsmitgliedern vorsehen (vgl. *BAG* 29.9.1999 EzA § 620 BGB Hochschulen Nr. 23). Außerdem ist im Falle der Beendigung der Arbeitsverhältnisse **schwerbehinderter Arbeitnehmer** ohne Kündigung (zB bei Erwerbsminderung, Berufs- oder Erwerbsunfähigkeit; § 59 BAT) nach **§ 92 SGB IX** die vorherige Zustimmung des **Integrationsamtes** einzuholen. Das ist nicht erforderlich im Falle unbefristeter Rentenbewilligung wegen dauernder Erwerbsunfähigkeit (*BAG* 3.9.2003 EzBAT § 59 BAT Nr. 20). Vgl. im Übrigen KR-*Bader* § 17 TzBfG Rz 60 ff., 94 ff.

Nach neuer Rechtslage kann der **besondere Kündigungsschutz nicht mehr** zur **Orientierung** dienen, 5 da im Falle einer Befristung das Arbeitsverhältnis infolge Zeitablaufs oder Zweckerreichung endet, ohne dass es einer Kündigung bedarf (§ 15 Abs. 1 und Abs. 2 TzBfG; BT-Drs. 14/4374 S. 20). Einen **zusätzlichen Schutz im Falle der Befristung** wird diesem Personenkreis weder durch die Vorgaben der Richtlinie 1999/70/EG noch durch das GG gewährt. Die über die Richtlinie in Vollzug gesetzte **Rahmenvereinbarung der Sozialpartner** bestimmt in § 2 ausdrücklich, dass die **getroffenen Regelungen auf alle befristet beschäftigten Arbeitnehmer anzuwenden sind** und gestattet den Mitgliedstaaten nur ausnahmsweise abweichende Regelungen für Berufsausbildungsverhältnisse, Ausbildungssysteme und Arbeitsverträge, die im Rahmen eines besonderen öffentlichen oder von der öffentlichen Hand unterstützten beruflichen Ausbildungs-, Eingliederungs- oder Umschulungsprogrammen abgeschlossen werden. **Der Abschluss befristeter Arbeitsverträge mit schwangeren Arbeitnehmerinnen und schwerbehinderten Arbeitnehmern verstößt weder gegen Art. 3 Abs. 3 S. 2 noch gegen Art. 6 Abs. 4 GG** (vgl. *BVerfG* 24.9.1990 AP Nr. 136a zu § 620 BGB Befristeter Arbeitsvertrag; *BAG* 6.11.1996 EzA § 620 BGB Nr. 146). Vgl. hierzu auch KR-*Lipke* § 620 BGB Rz 106 f. Die Frage nach der Umgehung von Kündigungsschutzbestimmungen, die bisher auch bei Verstößen gegen § 613a Abs. 4 BGB, § 323 Umwandlungsgesetz, § 17 KSchG oder § 1 Abs. 4 ArbPlSchG erkannt werden konnte (vgl. 5. Aufl. § 620 BGB Rz 112 ff.; *BAG* 2.12.1998 EzA § 620 BGB Nr. 161), stellt sich daher nicht mehr. Ebenso wenig ist der arbeitsrechtliche **Gleichbehandlungsgrundsatz** berührt, wenn Befristungsabreden getroffen werden. Diese Vereinbarungen stehen unter dem Schutz der **Vertragsfreiheit** (*BAG* 19.8.1992 EzA § 620 BGB Nr. 114; ErfK-*Müller-Glöge* Rz 10a; APS-*Backhaus* Rz 64). Grenzen kann hierzu nur das neu in Kraft getretene **AGG** setzen.

Dies schließt indessen nicht aus, die **Befristungen dieses besonders geschützten Personenkreises** 6 **sehr sorgfältig auf den Gehalt des sachlichen Grundes zu überprüfen**. Um eine Diskriminierung oder Benachteiligung von befristet beschäftigten Arbeitnehmern mit Sonderkündigungsschutz zu verhindern (vgl. dazu *EuGH* 4.10.2001 EzA § 611a BGB Nr. 17 zur Frage der wegen Schwangerschaft nicht übernommenen bzw. nicht erneut befristeten Arbeitnehmerin), ist es angemessen, die tatsächlichen Umstände für den ins Feld geführten Sachgrund genau zu prüfen und der ggf. bei Abschluss der Befristung anzustellenden Prognose des Arbeitgebers eine besondere Überzeugungskraft abzuverlangen (ähnlich DKZ-*Däubler* Rz 26). Vereinbaren Arbeitsvertragsparteien im Wissen um die Schwangerschaft der Arbeitnehmerin einen (erneuten) befristeten Arbeitsvertrag, um einen vorübergehenden betrieblichen Bedarf an der Arbeitsleistung zu befriedigen, so werden im Entfristungsprozess der Arbeitnehmerin die **Anforderungen an die vom Arbeitgeber** zu erfüllende **Darlegungs- und Beweislast** für das Vorliegen eines **Sachgrundes** iSv § 14 Abs. 1 Nr. 1 TzBfG **zu erhöhen** sein.

Gründe des Vertrauensschutzes können den Arbeitgeber im Ausnahmefall verpflichten, einen an 7 **sich wirksam befristeten Arbeitsvertrag auf unbestimmte Zeit fortzusetzen**, wenn er bei einer nach Abschluss des befristeten Arbeitsvertrages schwanger werdenden Arbeitnehmerin die Erwartung geweckt und bestätigt hat, er werde sie bei Eignung und Bewährung unbefristet weiterbeschäftigen (*BAG* 16.3.1989 EzA § 1 BeschFG 1985 Nr. 7; 17.10.1990 RzK I 9a Nr. 61; *LAG Hamm* 6.6.1991 und 13.3.1992 LAGE § 620 BGB Nr. 25 und 29; *LAG Köln* 17.2.1993 LAGE § 620 BGB Nr. 25, 29, 31; krit. *Mauer* BB 1991, 1867; *Sowka* DB 1988, 2458; ders. BB 1994, 1003 f.; *Hermann* SAE 2003, 125). Ein solcher objektiver, ausnahmsweise vom Arbeitnehmer darzulegender und zu beweisender Vertrauenstatbestand vermag dann die Befristung außer Kraft zu setzen (*BAG* 10.06.1992 EzA § 620 BGB Nr. 116; 26.4.1995 EzA § 620 BGB Nr. 133; *Staudinger/Preis* § 620 BGB Rz 94 f.; einschränkend APS-*Backhaus* § 15 TzBfG Rz 106 ff.; *Dörner* Befr. Arbeitsvertrag, Rz 949 ff.). Die **Berufung des Arbeitgebers auf die Befristung** kann in diesen Ausnahmefällen »**rechtsmissbräuchlich**« sein. Das kann dazu führen, dass die Befristung als solche rechtlich nicht zu beanstanden ist, der Arbeitgeber aber gleichwohl zur Fortsetzung des

§ 14 TzBfG   Zulässigkeit der Befristung

befristeten Arbeitsverhältnisses verpflichtet bleibt. Eine rechtsmissbräuchliche Verwendung der Befristung wird sich in Zukunft im Wesentlichen nach den Regeln des **AGG** entscheiden.

8   Wird dem **Arbeitnehmer** bei Abschluss eines Zeitvertrages **in Aussicht gestellt, unter bestimmten Voraussetzungen später in ein unbefristetes Arbeitsverhältnis übernommen zu werden** und werden die Erwartungen des Arbeitnehmers hierzu auch noch während der Dauer des Arbeitsverhältnisses bestärkt, so kann sich für ihn nach der Rspr. des BAG ein Anspruch auf Schadensersatz nach den Grundsätzen eines Verschuldens bei Vertragsabschluss ergeben. Der Arbeitgeber hat dann Erfüllung zu gewähren, wobei der Schaden im Nichtabschluss eines Arbeitsvertrages liegt (*BAG* 26.8.1998 EzA § 620 BGB Nr. 153; ErfK-*Müller-Glöge* § 15 TzBfG Rz 11). Vgl. dazu ausführlich KR-*Bader* § 17 TzBfG Rz 60 ff., 71 ff.

3. Leitende Angestellte; Auszubildende

8a Ein sachlicher Grund ist nunmehr ebenso für Befristungen mit leitenden Angestellten erforderlich. Nach dem Rechtszustand vor Inkrafttreten des TzBfG war dies – gemessen am Umgehungsgedanken – nur dann geboten, wenn dem **leitenden Angestellten** bei Ausscheiden aus dem Arbeitsverhältnis infolge Befristung kein gleichwertiger Ausgleich iSv §§ 9, 10 KSchG in Form einer Abfindung zustand (§ 14 Abs. 2 KSchG). Da das Sachgrunderfordernis nun in § 14 Abs. 1 TzBfG wurzelt und es auf die Umgehung des Kündigungsschutzes nicht mehr ankommt (vgl. *BAG* 26.4.1979 EzA § 620 BGB Nr. 39 zum alten Recht), ist diese Ausnahme nicht mehr aufrecht zu erhalten (*Annuß/Thüsing-Maschmann* Rz 6; *Boewer* Rz 37; ErfK-*Müller-Glöge* Rz 10; einschränkend insoweit APS-*Backhaus* Rz 19; MünchKomm-*Hesse* Rz 11; *Hromadka* Führungskräfte § 2 Rz 58, wonach die Abfindung den Sachgrund ersetzt). In der Auswirkung hat das jedoch nur zur Folge, dass der Arbeitgeber das nach § 16 S. 1 TzBfG entstandene unbefristete Arbeitsverhältnis unter den Voraussetzungen der §§ 1, 14 Abs. 2 KSchG kündigen und den erleichterten Auflösungsantrag stellen wird (*Boewer* Rz 37).

8b Keine Anwendung findet § 14 TzBfG auf **Berufsausbildungsverhältnisse** iSd BBiG. Diese sind bereits von der Zielsetzung der Berufsausbildung her befristet. Die Vorschriften des BBiG gehen deshalb für diesen Personenkreis den Regeln des TzBfG vor (*Gräfl/Arnold-Gräfl* Rz 5; *Sievers* Rz 5). Zur Anschlussbefristung nach abgeschlossener Ausbildung s.u. Rz 84 ff.

4. Nachträgliche Befristung

9   Vom Sachgrunderfordernis des **§ 14 Abs. 1 TzBfG** wird auch die **nachträgliche Befristung** eines bisher unbefristeten Arbeitsvertrages erfasst (ErfK-*Müller-Glöge* Rz 17; APS-*Backhaus* Rz 20). Die **Notwendigkeit eines Sachgrundes ergibt sich über** den Wortlaut der Bestimmung in Abs. 1 hinaus systematisch **aus Abs. 2 S. 2 der Bestimmung.** Danach würde eine Befristung ohne Sachgrund aufgrund des bestehenden unbefristeten Arbeitsverhältnisses schon am Anschlussverbot scheitern. Im Grundsatz ist daher ein Sachgrund für die nachträgliche Befristung immer erforderlich (*LAG MV* 3.8.2006 – 1 Sa 85/06), unabhängig davon, ob sie im Wege einer Änderungsvereinbarung oder einer Änderungskündigung erfolgt (MünchKomm-*Hesse* Rz 19; *Annuß/Thüsing-Maschmann* Rz 15). Die **dogmatische Rechtfertigung eines Sachgrunderfordernisses bei nachträglicher Befristung** lässt sich dagegen nicht mehr mit dem Argument rechtfertigen, jede Vereinbarung sei automatisch, dh ohne Kündigungserklärung eintretenden Beendigungstatbestandes schließe das Eingreifen der für die Kündigung geltenden Rechtsvorschriften aus und erhebe die **Frage,** ob in der **funktionswidrigen Verwendung des Rechtsinstituts eines befristeten Arbeitsvertrages** nicht die **objektive Umgehung zwingenden Kündigungsschutzrechts liege** (st.Rspr. des *BAG* seit dem 24.1.1996; zuletzt *BAG* 26.8.1998 EzA § 620 BGB Nr. 136, 154 mwN.; *Plander* Anm. *BAG* AP Nr. 179 zu § 620 BGB Befristeter Arbeitsvertrag; ArbRBGB-*Dörner* § 620 BGB Rz 79 f.; *Erman/D. W. Belling* § 620 BGB Rz 18; abw. *LAG Bln.* 12.5.1995 LAGE § 620 BGB Nr. 39; 14.2.1997 LAGE § 620 BGB Nr. 48; 11.3.1997 LAGE § 620 BGB Nr. 49; krit. auch *Gamillscheg* Anm. EzA § 620 BGB Nr. 154; ebenso *R. Adam* Anm. AP Nr. 16 zu § 620 BGB Aufhebungsvertrag).

10 Die vom BAG angestellten **Erwägungen sind nur noch in abgewandelter Form dogmatisch haltbar.** Dies kann nicht allein mit den schon zuvor unterschiedlichen **Funktionen von Befristungskontrolle und Kündigungsschutz** erklärt werden (so *Dörner* Befr. Arbeitsvertrag Rz 155 unter Berufung auf *BAG* 8.7.1998 EzA § 620 BGB Nr. 152). Der Gesichtspunkt einer objektiv funktionswidrigen Umgehung des Kündigungsschutzgesetzes spielt überhaupt keine Rolle mehr; der **Sachgrund** ist **gesetzliches Erfordernis** einer Befristung nach § 14 Abs. 1 TzBfG. Die Umwandlung eines unbefristeten in ein befristetes Arbeitsverhältnis wird deshalb in Zukunft davon abhängen, ob nach § 14 Abs. 1 S. 2 Nr. 6 TzBfG in der

Zulässigkeit der Befristung § 14 TzBfG

Person des Arbeitnehmers liegende Gründe oder der im Kündigungsschutzprozess geschlossene Vergleich nach § 14 Abs. 1 S. 2 Nr. 8 TzBfG die (nachträgliche) Befristung rechtfertigen. Davon wäre auszugehen, wenn der Arbeitnehmer die Umwandlung des unbefristeten in ein befristetes Arbeitsverhältnis selbst »wünscht« und – in uneingeschränkter Entscheidungsfreiheit – nicht nur ein entsprechendes Angebot des Arbeitgebers angenommen, sondern von sich aus den Abschluss eines befristeten Vertrages angestrebt hat (*BAG* 22.3.1973 EzA § 620 BGB Nr. 18; 26.4.1985 EzA § 620 BGB Nr. 74; 26.4.1985 AP Nr. 91 zu § 620 BGB Befristeter Arbeitsvertrag = EzBAT SR 2 y BAT Nr. 25). Vgl. auch unten Rz 186 ff.

In diesem Zusammenhang kann die vom *BAG* verworfene Überlegung des *LAG Bln.* (aaO LAGE BGB 10a
§ 620 Nr. 48, 49) wieder an Gewicht gewinnen, dass ein mit Kündigungsschutz ausgestatteter, in einem unbefristeten Arbeitsverhältnis stehender Arbeitnehmer sich nicht in der für das Arbeitsrecht typischen **Unterlegenheit** befindet und von daher in seiner Entscheidungsfreiheit nicht beeinträchtigt ist. Weitere denkbare Sachgründe für eine nachträgliche Befristung können sich neben den o.a. Sachgründen aus Nrn. 6 und 8 aus Abs. 1 Nr. 7 (haushaltsrechtlich bedingter vorzeitiger Personalabbau) ergeben. Die Abgrenzung von **Aufhebungsvertrag und nachträglicher Befristung** (vgl. *BAG* 12.1.2000 EzA § 611 BGB Aufhebungsvertrag Nr. 33 und KR-*Bader* § 3 TzBfG Rz 5) bereitet im Einzelfall Probleme, da der Aufhebungsvertrag regelmäßig der Inhaltskontrolle entzogen und ein Widerrufsrecht des Arbeitnehmers nicht gegeben ist (vgl. KR-*Lipke* § 620 BGB Rz 21 ff.). Die **Befristungskontrolle** findet jedoch beispielsweise dann statt, wenn im Zusammenhang mit Personalanpassungsmaßnahmen im öffentlichen Dienst der neuen Bundesländer der von den Parteien gewählte Beendigungszeitpunkt die ansonsten einzuhaltende Kündigungsfrist um ein Vielfaches überschreitet und es an den üblicherweise bei Beendigung des Arbeitsverhältnisses zu treffenden abschließenden Vereinbarungen zu den Ansprüchen des Arbeitnehmers (zB Urlaub, Zeugnis) fehlt (*BAG* 12.1.2000 EzA § 611 BGB Aufhebungsvertrag Nr. 33; *Annuß/Thüsing-Maschmann* Rz 17; *Boewer* Rz 73). Zielt der Aufhebungsvertrag dagegen vornehmlich auf die Beendigung des Arbeitsverhältnisses und nicht auf dessen (befristete) Fortsetzung, bleibt eine Befristungskontrolle außen vor (ErfK-*Müller-Glöge* Rz 20; APS-*Schmidt* Aufhebungsvertrag Rz 22). Im Regelfall ist deshalb der Aufhebungsvertrag sachgrundlos möglich.

Als **Sonderfall** dürfte die **Änderungskündigung zur nachträglichen Befristung des bisher unbefris- 11
teten Arbeitsverhältnisses anzusehen sein** (*Ernan/D. W. Belling* § 620 BGB Rz 18). Nach der Rechtsprechung des BAG hat sich die Prüfung der sozialen Rechtfertigung der Änderungskündigung auch daran zu orientieren, ob die Befristung als solche durch einen Sachgrund gedeckt ist (st.Rspr. zuletzt *BAG* 8.7.1998 EzA § 620 BGB Nr. 152 mwN). Dem Arbeitnehmer soll es danach freistehen, anstelle einer Änderungsschutzklage das Änderungsangebot vorbehaltlos anzunehmen, dieses aber auf das Vorliegen eines Sachgrundes überprüfen zu lassen (dazu KR-*Rost* § 2 KSchG Rz 10a ff.; **aA** APS-*Backhaus* Rz 22; *Preis* NZA 1997, 1073; *Löwisch* NZA 1998, 634). Die Änderungskündigungsschutzklage hat sich indessen **über die Sachgrundprüfung hinaus** auf das Vorliegen dringender betrieblicher Erfordernisse und die soziale Auswahl (*Annuß/Thüsing-Maschmann* Rz 16) zu erstrecken. Will der Arbeitnehmer die vorbehaltlos angenommene Änderungskündigung nur auf den Sachgrund einer nachträglichen Befristung hin überprüfen lassen, ist er gehalten in den drei Wochen nach Zugang der Änderungskündigung die **Entfristungsklage nach § 17 TzBfG** zu erheben. Dadurch wird verhindert, dass als **Teil der sozialen Rechtfertigung** der Änderungskündigung die **sachliche Rechtfertigung der Befristung** nach § 7 KSchG fingiert wird (*ArbG Frankf./M.* 1 11.2005 – 8 Ca 2628/05; MHH-*Meinel* Rz 17; APS-*Backhaus* Rz 23; **aA** ErfK-*Müller-Glöge* Rz 19; *Gräfl/Arnold-Gräfl* Rz 8; *Boewer* Rz 71, die auch nach Ablauf der Frist des § 4 KSchG die Überprüfung der Befristung im Rahmen von § 17 TzBfG zulassen wollen).

5. Befristung einzelner Vertragsbedingungen

Die Befristung einzelner Arbeitsvertragsbedingungen im Rahmen eines unbefristeten Arbeitsverhält- 12
nisses (Übertragung einer anderen Tätigkeit, Veränderung der Arbeitszeit, Gewährung von Zulagen) erfährt **im TzBfG keine ausdrückliche Regelung. Der Schutzzweck des § 14 TzBfG beschränkt sich auf eine Begrenzung der Befristung von Arbeitsverträgen.** Auch in der Richtlinie 1999/70/EG finden sich keine Anhaltspunkte zu einer Regelung befristeter Vertragsbedingungen. Deshalb ist es nach dem Grundsatz der Vertragsfreiheit ohne weiteres zulässig einzelne Bedingungen des Arbeitsverhältnisses zu befristen (zur bisherigen Rechtslage *Löwisch* ZfA 1986, 1 ff.; *ders.* NZA 1988, 643; *Hromadka* RdA 1992, 234; RGRK-*Dörner* 12. Aufl. § 620 BGB Rz 34; *BAG* 21.4.1993 EzA § 2 KSchG Nr. 20; 13.6.1986 EzA § 620 BGB Nr. 85). Näher dazu u. Rz 17 ff.

Das BAG hat **nach altem Recht** entschieden, dass sich der **Kündigungsschutz** nicht nur insgesamt auf 13
den Bestand eines Arbeitsverhältnisses, sondern, wie sich aus § 2 KSchG ergibt, ebenso auf seine kon-

§ 14 TzBfG   Zulässigkeit der Befristung

krete inhaltliche Ausgestaltung bezieht. Dieser **Inhaltschutz** wird durch die Befristung einzelner Bedingungen eines Arbeitsvertrages eingeschränkt, wenn ohne die Teilbefristung die Änderungen der Arbeitsbedingungen dem gesetzlichen Änderungsschutz unterliegen würden (*BAG* 23.1.2002 EzA § 1 BeschFG 1985 Nr. 29; 13.6.1986 EzA § 620 BGB Nr. 85 m. zust. Anm. *Otto*; *LAG Köln* 6.5.1992 LAGE § 620 BGB Nr. 27). Kann die Befristung einzelner Vertragsbedingungen den gesetzlichen Änderungskündigungsschutz objektiv umgehen, so bedürfte sie dann, ebenso wie die Befristung des Arbeitsverhältnisses selbst, eines die Befristung rechtfertigenden Sachgrundes. Das galt jedenfalls für solche bedeutsamen, das Synallagma unmittelbar betreffenden Vertragsbedingungen, die dem Änderungskündigungsschutz nach § 2 KSchG unterliegen, weil sie die Arbeitspflicht nach Inhalt und Umfang in einer Weise ändern, die sich unmittelbar auf die Vergütung auswirkt und damit das Verhältnis von Leistung und Gegenleistung maßgeblich beeinflusst (*Dörner* Befr. Arbeitsvertrag, Rz 157: jede befristete Arbeitsbedingung, die nur im Wege der Änderungskündigung im unbefristeten Arbeitsverhältnis hätte beseitigt werden können). War durch die einzelne befristete Arbeitsbedingung der **Kernbereich des kündigungsrechtlichen Änderungsschutzes** betroffen, so nahm das BAG eine objektive Umgehung des Kündigungsschutzrechtes an, soweit ein sachlicher Grund für die befristete Vertragsgestaltung fehlte (*BAG* 15.4.1999 EzA § 620 BGB Nr. 162; 21.4.1993 EzA § 2 KSchG Nr. 20 m. krit. Anm. *R. Krause*; APS-*Backhaus* Rz 25, 28 ff.; *Lipke* KR 5. Aufl., § 620 BGB Rz 152a ff. mwN). Die Eckpunkte dieses »Kernbereichs« sind inzwischen durch einige Entscheidungen des BAG und der Instanzgerichte klarer geworden.

14 Ein **Eingriff in das Leistungsgleichgewicht** wurde noch nicht erkannt, wenn eine 15 % der Gesamtvergütung ausmachende **Provisionszulage** auf ein Jahr befristet war (*BAG* 21.4.1993 EzA § 2 KSchG Nr. 20). Demgegenüber sollte die vorübergehende **Erhöhung der Arbeitszeit einer Teilzeitkraft** um 1/3 bei entsprechender Erhöhung der Vergütung den Kernbereich betreffen (*BAG* 15.4.1999 EzA § 620 BGB Nr. 162). Hierhin gehörte auch die **befristete Aufstockung eines unbefristeten Teilzeitarbeitsverhältnisses** auf ein Vollzeitarbeitsverhältnis (*LAG Saarl.* 14.12.1994 LAGE § 620 BGB Nr. 43). Die **einjährige Erhöhung der Lehrverpflichtung von 19 auf 25 Unterrichtsstunden** wöchentlich kann den gesetzlichen Änderungsschutz objektiv umgehen und bedarf deshalb zur Befristung dieser Vertragsbedingung eines Sachgrundes (*BAG* 24.1.2001 EzA § 620 BGB Nr. 173). Schließlich zählte die **befristete Übertragung einer tariflich höher bewerteten Tätigkeit** zu den Vertragsgestaltungen, die den vom Änderungskündigungsschutz umfassten Kernbereich berühren (vgl. *BAG* 13.6.1986 EzA § 620 BGB Nr. 85; *LAG Düssel.* 10.5.2001 – 11 [17] Sa 42/01 im Rahmen einer Krankheitsvertretung). Auf die **Tarifvorschriften der SR 2y BAT** konnte für die Überprüfung befristeter Arbeitsbedingungen nicht zurückgegriffen werden (*BAG* 15.4.1999 EzA § 620 BGB Nr. 162).

15 Trotz dieser weiterführenden Erkenntnisse der Rechtsprechung bereitete die Abgrenzung des »Kernbereichs«, dessen Veränderung einen **Sachgrund** erforderte, von den übrigen befristeten Änderungen einzelner Arbeitsbedingungen, die nur auf die **Einhaltung billigen Ermessens iSv § 315 BGB** zu prüfen waren (*BAG* 21.4.1993 EzA § 2 KSchG Nr. 20), große, für die Praxis nur schwer zu überwindende Probleme (*Dörner* Befr. Arbeitsvertrag, Rz 157; *Staudinger/Preis* § 620 BGB Rz 229ff.; ErfK-*Müller-Glöge* § 3 TzBfG Rz 21f.; *Annuß/Thüsing-Maschmann* Rz 19). Aus diesen Gründen wurde an dieser Rechtsprechung bereits zu dem Rechtszustand vor dem 31.12.2000 Kritik geäußert.

16 Die in der Rechtsprechung aufgestellten Maßstäbe verwischen noch mehr, wenn man **generell geringere Anforderungen an die richterliche Befristungskontrolle des Sachgrundes** einzelner Vertragsbedingungen stellte (*Löwisch* ZfA 1986, 1, 7 f., 10 ff.; MünchArbR-*Hanau* 1. Aufl. § 60 Rz 111 f.; *R. Krause* aaO; aA *Lakies* NJ 1997, 293). Demgegenüber sahen *Preis* (Fragen ..., S. 414 ff.; *Staudinger/Preis* § 620 BGB Rz 128, 133) und *Hromadka* (RdA 1992, 234, 244) vom Erfordernis eines Sachgrundes für die Befristung einzelner Arbeitsbedingungen ab und sprachen sich dafür aus, **anstelle der Sachgrundprüfung eine Inhaltskontrolle vorzunehmen** (abw. *M. Wolff* RdA 1988, 270, beschränkte Angemessenheitskontrolle). Diese soll nach *R. Krause* (aaO) jedenfalls dann einsetzen, wenn der Arbeitgeber – lässt man die Befristungsabrede außer Acht – anderenfalls eine Änderungskündigung hätte aussprechen müssen.

17 Mit dem nicht mehr zu haltenden dogmatischen Ansatz einer objektiven Gesetzesumgehung des Kündigungsschutzes (vgl. KR-*Lipke* § 620 BGB Rz 119 ff.; u. Rz 21 ff.), sind die Grundlagen für eine Sachgrundprüfung einzelner befristeter Vertragsbedingungen entfallen. Mit *Backhaus* (APS Rz 25 ff.; 67 ff.) hielten Stimmen im Schrifttum (MHH-*Meinel* Rz 19; eingeschränkt *Sievers* Rz 12 f.) gleichwohl an einer **Sachgrundkontrolle der Befristung einzelner Vertragsbedingungen** fest und wollten dafür die gesetzlichen Maßstäbe für die Zulässigkeit der Befristung des gesamten Arbeitsvertrages nutzbar

Zulässigkeit der Befristung § 14 TzBfG

machen. *Dörner* (Befr. Arbeitsvertrag, Rz 159 ff., 126 f.) hielt eine modifizierte Fortsetzung der bisherigen Rechtsprechung für möglich und wollte anstelle des Umgehungsgedankens die **Wertmaßstäbe des Befristungsrechts** (Frage: Hat der Arbeitgeber einen von der Rechtsordnung anerkannten Grund, einem Arbeitsuchenden nicht das sozialpolitisch erwünschte Dauerarbeitsverhältnis mit seinem ausgeprägten Bestandsschutz anzudienen, sondern nur einen Zeitvertrag, dessen Beendigung nicht der kündigungsrechtlichen Kontrolle unterliegt?) in den Vordergrund schieben. Danach müsste der Arbeitgeber einen **anerkennenswerten Grund** dafür haben, die **befristeten Arbeitsbedingungen** nicht auf Dauer, sondern **nur auf Zeit** zu vereinbaren. *Lakies* (DZWIR 2001, 8) hält eine **analoge Anwendung des § 14 Abs. 1 TzBfG** auf die Befristung einzelner Arbeitsvertragsbedingungen im Rahmen unbefristeten Arbeitsverhältnisses für erforderlich. Fehle ein solcher sachlicher Grund, so sei die Befristung der streitigen Vertragsbedingungen mit der Folge rechtsunwirksam, dass die Bedingung auf unbestimmte Zeit für das Arbeitsverhältnis gelte. *Däubler* (KDZ Rz 140, 143) geht vom Fortbestand der bisherigen Rechtslage aus, da das TzBfG die Frage befristeter Arbeitsvertragsbedingungen in der amtlichen Begründung des Gesetzes nicht angesprochen habe. Er deutet indessen an, dass der in der Vergangenheit sehr »flexible« Einsatz des Prüfsteins »sachlicher Grund« im Ergebnis auf eine **Angemessenheitskontrolle** in Bezug auf die Befristung der Arbeitsbedingungen hinauslaufe (KDZ-*Däubler* Rz 143).

Es ist *Backhaus*, *Dörner* und *Lakies* einzuräumen, dass eine **Kontrolle der Befristung einzelner Arbeits- 18 bedingungen geboten** ist, damit nicht das Sachgrunderfordernis für die Befristung des gesamten Arbeitsvertrages »ausgehöhlt« werden kann. Das hierzu von *Backhaus* gebildete Beispiel, es könne ansonsten ein unbefristeter Vertrag zu acht Stunden wöchentlich und daneben stets befristete Vereinbarungen über weitere Stundenkontingente zwischen 20 und 30 Stunden die Woche getroffen werden, zeigt die Notwendigkeit einer rechtlichen Überprüfung, nicht jedoch den dabei zu beschreitenden Weg auf. Festzuhalten bleibt in diesem Zusammenhang aber, dass **nicht** mehr die **Umgehung eines Änderungskündigungsschutzes**, sondern nur die Umgehung eines Sachgrunderfordernisses bei Abschluss eines befristeten Arbeitsvertrages zu verhindern ist (ähnlich HaKo-*Mestwerdt* Rz 28ff.). Immerhin kann die nur zeitlich **befristete Absenkung von Arbeitsbedingungen** (sechs Monate geringere Wochenarbeitszeit oder höhere Wochenarbeitszeit bei gleicher Arbeitsvergütung) eine auf Dauer angelegte Änderungskündigung vermeiden helfen. Eine Anbindung an die bisherige Rechtsprechung zum sog. »Kernbereich« ist jedoch mE nicht mehr möglich, da dessen Begründung in dem Erhalt des Gleichgewichts von Leistung und Gegenleistung liegt und ein solcher Anknüpfungspunkt im § 14 Abs. 1 TzBfG nicht aufzufinden ist.

§ 14 Abs. 1 TzBfG regelt den zulässigen **Abschluss befristeter Arbeitsverträge**, dh den Beginn und 18a das Ende eines Arbeitsverhältnisses, bestimmt dagegen **nicht** deren **inhaltliche Gestaltung**. In Abs. 2 der Bestimmung lässt sich zwar dem Begriff der »Verlängerung« des befristeten Arbeitsvertrages ein Bestandsschutz des bisherigen Vertragsinhalts entnehmen (vgl. BAG 26.7.2000 EzA § 1 BeschFG 1985 Nr. 19; *Lipke* KR, 5. Aufl. § 1 BeschFG Rz 103 mwN); daraus lassen sich indessen konkrete Prüfsteine für die Befristung einzelner Arbeitsbedingungen innerhalb eines unbefristeten Arbeitsverhältnisses nicht ableiten. In diese Richtung zielt ebenso eine Entscheidung des BAG zu **§ 1 BeschFG 1996**. Danach findet die **Befristung einzelner Arbeitsbedingungen** in dieser zum 31.12.2000 außer Kraft getretenen Bestimmung keine Erwähnung und wird nach ihrem Sinn und Zweck nicht erfasst (ebenso für das TzBfG: BAG 14.1.2006 EzA § 307 BGB 2002 Nr. 13; 14.1.2004 EzA § 14 TzBfG Nr. 5; 14.1.2004 EzA § 14 TzBfG Nr. 8 noch unter Festhalten am Sachgrunderfordernis). Die gesetzliche Zulassung einer (sachgrundlosen) Befristung diente dazu den Arbeitgeber zu Einstellung weiterer Arbeitnehmer zu veranlassen und damit eine Brücke in eine dauerhafte Beschäftigung zu schlagen. Damit war **nicht die erleichterte Änderung einzelner Arbeitsbedingungen** im bestehenden oder unbefristeten Arbeitsverhältnis verbunden (BAG 23.1.2002 EzA § 1 BeschFG 1985 Nr. 29). Die Vorschrift des § 1 BeschFG 1996 regelte wie § 14 Abs. 1-3 TzBfG seit dem 1.1.2001 die **Beendigung des Arbeitsverhältnisses infolge Befristung**, nicht aber die Befristung von einzelnen Arbeitsbedingungen (BAG 3.9.2003 EzA § 14 TzBfG Nr. 4; 14.1.2004 EzA § 14 TzBfG Nr. 5 zum Schriftformgebot). Ein Rückgriff auf die gesetzlichen Befristungen scheidet deshalb aus; unterschiedliches Schutzbedürfnis der Arbeitnehmer bei befristetem Arbeitsverhältnis einerseits und befristeter Arbeitsbedingung andererseits sprachen und sprechen gegen eine **analoge Anwendung** von § 14 TzBfG (*Staudinger/Preis* § 620 BGB Rz 232; ErfK-*Müller-Glöge* § 3 TzBfG Rz 23). Für eine **teleologische Reduktion** der Bestimmung fehlt es an einer unbewussten Regelungslücke, da dem Gesetzgeber die Problematik der Befristung von Arbeitsbedingungen geläufig war (HaKo-*Mestwerdt* Rz 28). Demgegenüber vertrat das BAG die Auffassung, dass **Befristungen von Vertragsbedingungen** – bei gleichzeitiger Herausnahme aus dem Anwendungsbe-

§ 14 TzBfG   Zulässigkeit der Befristung

reich des § 17 TzBfG – eines **rechtfertigenden Sachgrundes** bedürfen, soweit sie das Verhältnis von Leistung und Gegenleistung beeinflussen (*BAG* 4.6.2003 EzA § 620 BGB 2002 Nr. 3; *LAG Bra.* 27.7.2004 LAGE § 307 BGB 2002 Nr. 4; *Lakies* DZWIR 2001, 1, 8; *Sievers* NZA 2002, 1182, 1185 f.). Damit kommt die Messlatte des gesetzlichen **Änderungskündigungsschutzes** und seiner **objektiven Umgehung doch wieder ins Spiel** (s.o. Rz 13). Eine befristete Erhöhung der Arbeitszeit kann nach diesem dogmatischen Ansatz nur durch den **Wunsch des Arbeitnehmers** oder eine **Vertretung** sachlich gerechtfertigt sein.

18b Es ist mit *Preis, M. Wolf* (aaO) bei der **Befristung von Arbeitsbedingungen einer Inhalts- und Angemessenheitskontrolle iSv §§ 138, 242 BGB der Vorzug zu geben**. Notwendig ist nur, den Schutz des Arbeitnehmers vor einseitiger Interessendurchsetzung und Machtausübung des Arbeitgebers, nicht aber vor frei ausgehandelten Vertragsbedingungen zu gewährleisten (zur alten Rechtslage ähnlich *Otto* Anm. *BAG* EzA § 620 BGB Nr. 85; *R. Krause* Anm. *BAG* EzA § 2 KSchG Nr. 20; *Söllner* Einseitige Leistungsbestimmung im Arbeitsverhältnis, S. 121, 137; *Enderlein* RdA 1998, 98 f. im Zusammenhang mit auflösenden Bedingungen; neuerdings mit diesen Einschränkungen *Preis/Bender* NZA-RR 2005, 339). Voraussetzung für eine solche **Prüfung** ist, dass die **Vertragsparität bei Abschluss der befristeten einzelnen Arbeitsbedingung nicht bestand (Paritätsstörung)** und deshalb wegen einer fehlenden freien Entscheidung des Arbeitnehmers ein Ausgleich über eine vom Richter vorzunehmende Inhaltskontrolle und Interessenabwägung zu erfolgen hat.

19 Anhaltspunkte für die anzustellende Angemessenheitskontrolle der Befristung einzelner Vertragsbedingungen sind zum einen der Umstand, dass der **unbefristet beschäftigte Arbeitnehmer** sich **in einer vergleichsweise besseren Rechtsposition befindet,** wenn ihm der Arbeitgeber die befristete Änderung einzelner Arbeitsbedingungen anträgt (vgl. oben zur nachträglichen Befristung Rz 9 ff.) und zum anderen die in § 4 Abs. 2 TzBfG **genannten Kriterien**, die Diskriminierungsverbote für den Inhalt befristeter Arbeitsverträge festlegen. Bei einer Verkürzung oder Verlängerung der Arbeitszeit sind die Bestimmungen in §§ 8, 9 TzBfG zu beachten. Demzufolge ist eine zulässige schlechtere Behandlung bezüglich einzelner befristeter Vertragsbedingungen nur gerechtfertigt, wenn sachliche Gründe für eine unterschiedliche Behandlung ins Feld geführt werden können. Es wird nicht verkannt, dass das Diskriminierungsverbot in § 4 Abs. 2 TzBfG allein auf befristet beschäftigte Arbeitnehmer zielt. **Der Rechtsgedanke, Schlechterstellungen im Zusammenhang mit Befristungen an sachliche Gründe zu binden,** lässt sich aber auf das unbefristete Arbeitsverhältnis mit befristeten Arbeitsbedingungen übertragen.

20 Die Inhaltsprüfung befristeter Vertragsbedingungen ist deshalb von den bisherigen Maßstäben einer funktionswidrigen Umgehung des Änderungskündigungsschutzes abzukoppeln und in eine **Angemessenheitskontrolle bei Paritätsstörungen** zu überführen (*Staudinger/Preis* § 620 BGB Rz 231 f.; HaKo-*Mestwerdt* Rz 28 f.; im Ansatz ebenso ErfK-*Müller-Glöge* § 3 TzBfG Rz 23; **aA** *Löwisch* Anm. AP Nr. 12 zu § 1 BeschFG 1996, der am »Änderungskündigungschutz« festhalten will). Soweit die befristete Änderung einzelner Vertragsbedingungen nicht im Wege des **Direktionsrechts** oder eines **Vorbehalts** möglich ist, bleibt ansonsten nur der Weg der Änderungskündigung nach § 2 KSchG (vgl. hierzu KR-*Rost* § 2 KSchG). Ist dem Arbeitgeber die Befugnis gegeben worden die Arbeitsvertragsbedingungen bedarfsgerecht **einseitig zu verändern** (zB Dauer der Arbeitszeit), geht es nicht um die Befristung von Arbeitsbedingungen. Vielmehr ist dann der Reichweite des einseitigen Leistungsbestimmungsrechts des Arbeitgebers zu überprüfen, das an einer Umgehung des Kündigungsschutzrechts scheitern kann (*BAG* 7.12.2005 EzA § 12 TzBfG Nr. 2; 12.12.1984 EzA § 315 BGB Nr. 29; ErfK-*Müller-Glöge* § 3 TzBfG Rz 25). Wiederum **andere Maßstäbe** sind bei der **zeitweisen Übertragung höherwertiger Aufgaben** kraft arbeitsvertraglichen oder tarifvertraglichen Direktionsrechts anzulegen (*BAG* 14.4.2002 NZA 2003, 159).

20a Das BAG hat schließlich mit der Entscheidung vom 27.7.2005 (EzA § 307 BGB 2002 Nr. 5) seine **Rechtsprechung aufgegeben**, wonach eine befristete Arbeitsbedingung eines Sachgrundes bedurfte (zB befristete Arbeitszeiterhöhung; *BAG* 14.1.2004 EzA § 14 TzBfG Nr. 5). Die befristete Erhöhung der Arbeitszeit wird für die nach dem 31.12.2001 vereinbarten Arbeitsbedingungen als allgemeine Geschäftsbedingung der **Inhaltskontrolle nach § 307 BGB** unterzogen. Dabei ist der Zeitpunkt des Aushandelns der Vertragsbedingung entscheidend, das Arbeitsverhältnis selbst kann schon vor dem 1. Januar 2002 entstanden sein (*BAG* 14.1.2006 EzA § 307 BGB 2002 Nr. 13). Durch die Inhaltskontrolle wird nicht die Hauptleistung, welche die Vertragsparteien selbst festzulegen haben, überprüft. Die **Kontrolle** richtet sich nur auf die **zeitliche Einschränkung der veränderten Arbeitsbedingung,** und nicht – wie bei der vorübergehenden Arbeitszeiterhöhung – auf den Umfang der vom Arbeitnehmer zu erbringenden Arbeitsleistung. Ist die Befristung unwirksam, ist der erhöhte Umfang der Arbeitszeit für unbestimmte Zeit vereinbart. Die im Arbeitsrecht geltenden Besonderheiten nach § 310 Abs. 4 S. 2 BGB stehen dabei einer Inhaltskontrolle nicht entgegen. Es geht darum, mit der Einbeziehung der Arbeitsverträge in die AGB-Kontrolle das Schutzniveau der Vertragsinhaltskontrolle im Arbeitsrecht der im Zivilrecht anzupassen (BAG 27.7.2005 EzA § 307 BGB 2002 Nr. 5 unter Bezugnahme auf Lindemann Flexible Gestaltung von Arbeitsbedingungen nach der Schuldrechtsreform, 2003, § 7 I, § 12 III; Maschmann RdA 2005, 212, 214, 216; Singer RdA 2003, 194, 198; Preis/Bender NZA-RR 2005, 337 f.; Thüsing/Leder BB 2005, 938, 942; dies. aber BB 2005, 1563, 1567: Inhaltskontrolle scheitert an § 307 Abs. 3 BGB). Das Ausloten der Angemessenheit der Befristung einer Arbeitsbedingung darf nicht dazu führen, dass letztlich doch wieder eine **Sachgrundprüfung im »anderen Gewand«** stattfindet (so aber ErfK-*Müller-Glöge* § 3 TzBfG Rz 24; ähnlich ErfK-*Preis* §§ 305 ff. Rz 74). Schließlich ist noch einmal daran zu erinnern, dass die Befristung eines Arbeitsvertrages eine größere Belastung für den Arbeitnehmer als die Befristung einer Arbeitsbedingung im fortbestehenden Arbeitsverhältnis ist. Daran hat sich die Angemessenheitskontrolle zu orientieren. Ferner kann es dabei einen Unterschied machen, ob die befristete Arbeitsbedingung sogleich bei Vertragsbegründung oder erst nachträglich aufgenommen worden ist (ErfK-*Müller-Glöge* § 3 TzBfG Rz 24).

Eine **Inhaltskontrolle** findet nur dann **nicht statt**, wenn der verwendende Arbeitgeber die Klausel ernsthaft zur **Verhandlung** gestellt und dem Arbeitnehmer zur Wahrung seiner eigenen Interessen Einfluss auf die inhaltliche Ausgestaltung der Arbeitsbedingungen gewährt hat (BAG 14.1.2006 EzA § 307 BGB 2002 Nr. 13), was im Zweifel der Arbeitgeber darzulegen und zu beweisen hätte. Nur dann gilt die Arbeitsbedingung als »**ausgehandelt**« iSv **§ 305 Abs. 1 S. 3 BGB.** Da es um die **inhaltliche Ausgestaltung des Arbeitsvertrages** geht, kommen **Beteiligungsrechte des Betriebsrates** nicht in Betracht (s.u. Rz 382 ff.). Dagegen kommen nach Maßgabe des jeweiligen Personalvertretungsrechts Beteiligungsrechte des **Personalrats** in Betracht, wenn es sich um wesentliche Änderungen des Arbeitsvertragsinhalts handelt (ArbG Bochum 5.1.2006 – 3 Ca 2743/05 – zu § 72 Abs. 1 Nr. 4 PersVG NW). 20b

Die Unangemessenheit der Befristung einer Arbeitsbedingung setzt jenseits des arbeitgeberseitigen Direktionsrechts an. So ist im Fall einer **Befristung der Arbeitszeiterhöhung** nach **§ 307 Abs. 1 S. 1 BGB** zu erwägen, ob durch sie die betroffenen Arbeitnehmer entgegen den Geboten von Treu und Glauben unangemessen benachteiligt werden. Dabei sind umfassend die wechselseitigen Interessen der Vertragspartner heranzuziehen und zu bewerten, und zwar anhand eines generellen, typisierenden und vom Einzelfall losgelösten Maßstabs (BAG 27.7.2005 EzA § 307 BGB 2002 Nr. 5). So genügt – weil unternehmerisches Risiko – nicht die Ungewissheit des zukünftigen Arbeitskräftebedarfs, um eine befristete Arbeitszeiterhöhung bei teilzeitbeschäftigten Lehrkräften des öffentlichen Dienstes zu rechtfertigen. Die Bewertung fällt aus, wenn dahinter eine tarifliche Vereinbarung mit der zuständigen Gewerkschaft steht, die einen Ausgleich zum Rückgang an Schülerzahlen einerseits und zum Lehrkräfteüberhang andererseits schaffen soll. Hier ist im Unterschied zur Privatwirtschaft festzuhalten, dass keine Möglichkeit besteht den Beschäftigungsbedarf für Lehrkräfte durch Marktinstrumente zu beeinflussen. Die Befristung der Arbeitszeiterhöhung war demnach nicht unangemessen. Eine Arbeitszeitverlängerung zur **Anpassung an die aufgestockte Wochenarbeitszeit von Beamten** entgegen arbeitsvertraglich in Bezug genommener tariflicher Arbeitszeitvorschriften verstößt indessen gegen **§ 308 Ziff. 4 BGB** (LAG Brem. 1.3.2006 LAGE § 308 BGB 2002 Nr. 4). Ist in einem **Vertretungsfall**, der zur befristeten Arbeitszeiterhöhung führt, sogar ein sachlicher Grund für den Abschluss eine befristeten Arbeitsverhältnisses gegeben, kann die befristete Arbeitsbedingung nicht unangemessen sein (LAG Bln. 1.8.2006 – 11 Sa 804/06: Schlusse maiore ad minus). 20c

Neben der **Angemessenheitskontrolle** der Befristung einer Arbeitsbedingung findet nicht – wie beim Widerrufsvorbehalt – die nach § 315 BGB im konkreten Anwendungsfall zu beachtende **Ausübungskontrolle** statt. Mit der vertragsmäßigen Befristung einer Arbeitsbedingung ist die Festlegung klar; Besonderheiten bei der Umsetzung sind nicht möglich. Allerdings gilt wegen der sofortigen Verbindlichkeit eine hohe Anforderung an die **Transparenz** und damit an die Benennung der **tragenden Gründe** (Erprobung, Vertretung) für die Befristung der Arbeitsbedingung (so wohl auch ErfK-*Preis* §§ 305-310 BGB Rz 74). Befristungen sind bei allen wesentlichen Vertragsbestandteilen denkbar. 20d

II. Allgemeine Anforderungen an den Sachgrund

1. Sachgrund als Zulässigkeitsvoraussetzung

a) Abkehr von § 620 Abs. 1 BGB

21 Bis zum 31.12.2000 waren nach dem Wortlaut des § 620 Abs. 1 BGB Befristungen von Dienst- und Arbeitsverhältnissen uneingeschränkt möglich, bedurften indessen nach der Rechtsprechung des BAG eines sachlichen Grundes, damit der gesetzliche **Kündigungsschutz nicht funktionswidrig umgangen** werden konnte. **Diese dogmatische Ableitung lässt sich nun nicht mehr halten, nachdem in § 620 Abs. 3 BGB ausdrücklich bestimmt wird, dass für Arbeitsverträge das Teilzeit- und Befristungsgesetz zur Anwendung kommt.** Dort ist in Umsetzung der Zielvorgabe in § 1 TzBfG – die Zulässigkeit befristeter Arbeitsverträge festzulegen – nun in § 14 Abs. 1 TzBfG mit dem gesetzlichen Sachgrunderfordernis für den Abschluss befristeter Arbeitsverträge das bisherige Regel-Ausnahme-Verhältnis umgekehrt (*Hromadka* BB 2001, 621; *Preis/Gotthardt* DB 2000, 2070; *Dörner* Befr. Arbeitsvertrag, Rz 24, 27, 123 ff., 130). Dies ergibt sich aus Abs. 1 S. 1, wonach eine Befristung des Arbeitsverhältnisses künftig nur noch mit Sachgrund zulässig sein soll (BT-Drs. 14/4374 S. 13). **Der gesetzliche Kündigungsschutz** hat mithin seine **Bedeutung als Drehpunkt der Befristungskontrolle verloren** (vgl. auch ArbRBGB-*Dörner* § 620 BGB Rz 67). Während zuvor nur bei Gefahr der Umgehung des Kündigungsschutzes die Befristung eines sachlichen Grundes bedurfte (*BAG GS* 12.10.1960 EzA § 620 BGB Nr. 2) und das später in Kraft getretene BeschFG diese Regel – ein sachlicher Grund war unter bestimmten Voraussetzungen nicht erforderlich – wieder herstellte, **rechtfertigt sich** nunmehr **die Befristung eines Arbeitsvertrages grds. nur noch aus dem Vorliegen eines sachlichen Grundes.** Die in den gesetzlichen Katalog aufgenommenen Sachgründe schließen eine (zu vermeidende) **Paritätsstörung** bei Abschluss der Befristung aus. Die Ausnahmen von dieser Regel finden sich in den Abs. 2, 2a und 3 der Bestimmung.

22 Anstoß für die gesetzliche Neuregelung gab die **Richtlinie 1999/70/EG,** die mit der Übernahme der auf europäischer Ebene getroffenen Rahmenvereinbarung der Sozialpartner für die Mitgliedstaaten verbindlich festlegte, Mehrfachbefristungen durch eine oder mehrere der folgenden Maßnahmen zu beschränken, nämlich die Festlegung sachlicher Gründe, die eine Verlängerung des befristeten Arbeitsvertrages rechtfertigen, und/oder der Höchstdauer aufeinander folgender befristeter Arbeitsverträge und/oder der Höchstzeit der Verlängerung eines befristeten Arbeitsvertrages (vgl. hierzu KR-*Lipke* § 620 BGB Rz 94 ff.). Das vom deutschen Gesetzgeber gewählte grundsätzliche Erfordernis eines sachlichen Grundes für die Befristung eines Arbeitsvertrages ließ sich nicht über die Beibehaltung der Rechtsprechung des BAG erfüllen. Der Umsetzungsauftrag der Richtlinie kann weder durch richterliche Rechtsfortbildung noch durch richtlinienkonforme Auslegung, sondern allein durch ein Tätigwerden des Gesetzgebers vollzogen werden (*Röthel* NZA 2000, 69; *Rolfs* EAS B 3200 Rz 35f; **aA** APS-*Backhaus* 1. Aufl. § 620 BGB Nr. 9d; *Bauer* NZA 2000, 756, 1039; *Löwisch* NZA 2000, 756; *Wank/Börgmann* RdA 1999, 385 f.).

23 Die in der **Richtlinie** in § 5 Ziff. 1 der übernommenen Rahmenvereinbarung **genannten Schranken machen es nämlich erforderlich, dass jeder befristete Arbeitsvertrag durch zumindest eine der drei dort genannten Schranken begrenzt wird.** Die richterrechtliche teleologische Reduktion des § 620 BGB aF konnte dem schon deshalb nicht entsprechen, weil zB befristete Arbeitsverträge mit Arbeitnehmern ohne Kündigungsschutz davon nicht erfasst worden wären. Auch das Vertrauen auf eine europarechtskonforme Wandlung der Rechtsprechung zu den Sachgrunderfordernissen hätte den Vorgaben einer flächendeckenden abstrakten Regelung nicht genügt. Der Gesetzgeber hat dies ebenso gesehen (BT-Drs. 14/4374 S. 13) und aus den in § 5 der Rahmenvereinbarung vorgesehenen Maßnahmen zur Vermeidung von Missbrauch eine **Kombination von Sachgrunderfordernis** (lit. a) **und Höchstbefristung ohne Sachgrund** (lit. b) gewählt (*Rolfs* aaO).

b) »Sachlicher Grund« als unbestimmter Rechtsbegriff

24 Während der Gesetzgeber die Begriffe des befristet beschäftigten Arbeitnehmers, des befristeten Arbeitsvertrages mit seinen Unterformen und die Vergleichbarkeit mit unbefristet beschäftigten Arbeitnehmern in § 3 definiert, fehlt eine Begriffsbestimmung zu dem die Befristung eines Arbeitsvertrages rechtfertigenden »sachlichen Grund«. Dem Gesetzgeber ist erkennbar daran gelegen die bisherige Befristungsrechtsprechung zu kodifizieren, Elemente des BeschFG 1985/1996 einzubauen und das Befristungsrecht gleichzeitig zu straffen. Das **Gesetz gibt keine allgemeinen Kriterien für den Sachgrund** an, sondern verwertet die Erkenntnisse der Rechtsprechung des BAG mit einer beispielhaften

Aufzählung anerkannter Sachgründe (BT-Drs. 14/4374 S. 13, 18), um damit Eckpunkte für den unbestimmten Rechtsbegriff des »sachlichen Grundes« zu setzen. Dieser **Katalog** nunmehr gesetzlich anerkannter Befristungsgründe **schafft Maßstäbe für eine Typologie des Sachgrundes.** Er setzt indessen **keine Regelbeispiele** (vgl. dazu KR-*Lipke* § 620 BGB Rz 124; ErfK-*Müller-Glöge* Rz 4; aA *Preis/Gotthardt* DB 2000, 2070; *Kliemt* NZA 2001, 296 f.). Die gesetzliche Aufzählung von acht Sachgründen ist nicht erschöpfend, wie das Wort **»insbesondere«** in § 14 Abs. 1 S. 2 1. Hs. TzBfG zeigt (*BAG* 13.10.2004 EzA § 17 TzBfG Nr. 6; 16.3.2005 EzA § 14 TzBfG Nr. 17; MünchKomm-*Hesse* Rz 12; HWK-*Schmalenberg* Rz 11 f.). Wenngleich die Nennung typischer anerkannter Befristungsgründe der Praxis eine Orientierung geben soll, welche Gründe als gerechtfertigt anzusehen sind, soll die beispielhafte Aufzählung andere bisher von der Rechtsprechung akzeptierte weitere Sachgründe nicht ausschließen (BT-Drs. 14/4374 S. 13, 18).

Damit werden die angestrebten **Ziele einer besseren Transparenz und Rechtssicherheit nur mit Abstrichen erreicht und es bleiben Zweifel, ob die europarechtlichen Vorgaben der Richtlinie 1969/70/EG ausreichend umgesetzt sind** (vgl. dazu unten Rz 28). Wenngleich die Befugnis der Rechtsprechung, neue Sachgründe zu entwickeln, im Interesse einer schnellen Reaktion auf Veränderungen in der Arbeitswelt zu begrüßen ist (*Preis/Gotthardt* DB 2000, 2070), so fragt sich doch, warum der Gesetzgeber die in der Begründung (aaO S. 18) genannten weiteren Sachgründe (Arbeitsbeschaffungsmaßnahmen und Strukturanpassungsmaßnahmen nach dem SGB III; Beschäftigung eines »Platzhalters« bis zur endgültigen Besetzung durch einen anderen Mitarbeiter) nicht als eigenständige Ziffern in den Katalog des § 14 Abs. 1 TzBfG aufgenommen hat, zumal dies der Logik des Gesetzes widerspricht, die **Voraussetzungen für die Zulässigkeit befristeter Arbeitsverträge** festzulegen (§ 1 TzBfG; vgl. näher dazu u. Rz 28, 243 ff.). 25

Mit der Öffnung für die **richterrechtliche Schöpfung weiterer Sachgründe** sind die Anforderungen an diesen unbestimmten Rechtsbegriff »sachlicher Grund« zu ergründen. Hierzu wird beispielsweise die Auffassung vertreten, dass an die bisherige Rechtsprechung des BAG angeknüpft werden kann und die allgemeinen aus dem Umgehungsgedanken entwickelten Kriterien des sachlichen Grundes weiter anzuwenden sind (*Annuß/Thüsing-Maschmann* Rz 27 f.; *Rolfs* Rz 65; *Boewer* Rz 39; HaKo-*Mestwerdt* Rz 37; *Sievers* Rz 197 f.; APS-*Backhaus* Rz 78 f., 81). Daran ist richtig, dass die hierzu **zu berücksichtigenden generellen Umstände, die Interessen der Parteien und Dritter und das Verhältnis von generellen und individuellen Merkmalen sowie die Einteilung in Ungewissheits-, Ausnahme- und Verschleißtatbestände** (grundlegend *Wiedemann* FS Lange, S. 395 ff.; *Hofmann* ZTR 1993, 403; vgl. auch *Lipke* KR 5. Aufl., § 620 BGB 129 ff., 158 ff.; *Dörner* Befr. Arbeitsvertrag Rz 178; APS-*Backhaus* Rz 30 ff.; *Annuß/Thüsing-Maschmann* Rz 27 f.) **Hilfestellungen** zur Entwicklung weiterer Sachgründe für zulässige Befristungen **bieten können.** Beim Auffinden eines über den Katalog der anerkannten Sachgründe hinausgehenden, neuen, die Befristung eines Arbeitsvertrages rechtfertigenden Grundes ist der daraus zu ziehende Ertrag jedoch relativ gering (zutr. KDZ-*Däubler* Rz 15; angemessener Ausgleich der Grundrechtspositionen beider Arbeitsvertragsparteien entscheidend). 26

Dörner hält zwar eine **Abgrenzung zum Kündigungsschutz** für geboten, erkennt indessen **keine entscheidenden Veränderungen zu den bisher anzuwendenden Wertmaßstäben** der Befristungsrechtsprechung. Danach komme es allein darauf an, ob der Arbeitgeber **einen von der Rechtsordnung anerkannten Grund** habe, einem Arbeitsuchenden nicht das sozialpolitisch erwünschte Dauerarbeitsverhältnis mit ausgeprägtem Bestandsschutz anzubieten, sondern nur einen Zeitvertrag, dessen Beendigung nicht der kündigungsrechtlichen Kontrolle unterliege (*Dörner* Befr. Arbeitsvertrag, Rz 126f., 131f.). Damit würde **trotz eines gesetzlichen Orientierungskatalogs** und **Paradigmenwechsels** das bisherige **Richterrecht »weitergepflegt«** und fortgesetzt. Dem begegnen erhebliche Bedenken, weil die gesetzliche Tätigkeit letztlich folgenlos bliebe. Es wird deshalb hier an einer **Inhalts- und Angemessenheitskontrolle paritätsgestörter Arbeitsverträge** hinsichtlich ihrer **Befristung** festgehalten. Insoweit ist *Preis* (*Staudinger/Preis* § 620 BGB Rz 65–89) zu folgen, der als **Prüfungskriterien** die Art des Arbeitsvertrages, die Stellung des Arbeitnehmers, die Üblichkeit der Befristung bei bestimmten Berufsgruppen und Branchen, die Entgelthöhe, das Transparenzgebot, die Verlagerung von Auftrags- und Beschäftigungsrisiken, verfassungsrechtliche Wertungen und sonstige schutzwürdige Interessen benennt. Diese Kontrollelemente lassen sich aus den ausdrücklich genannten Sachgründen der Nr. 1 bis 8 als Substrat herausfiltern. 26a

Mit der **Festlegung von Sachgründen,** die idR bestehen müssen, um die **Befristung eines Arbeitsvertrages zu rechtfertigen,** hat der deutsche Gesetzgeber eine der im § 5 der von der Richtlinie 1999/70/EG in Bezug genommenen Rahmenvereinbarung vorgesehenen Maßnahmen zur Vermeidung von 27

§ 14 TzBfG   Zulässigkeit der Befristung

Missbrauch ergriffen. Dieses aus Sicht des Arbeitgebers am stärksten die **Vertragsfreiheit einschränkende Befristungserfordernis** stellt sich als »günstigere Bestimmung« iSv § 8 Ziff. 1 der von der **Richtlinie in Bezug genommenen Rahmenvereinbarung** dar. Nach § 5 Ziff. 1 lit. a wird **europarechtlich** nämlich **nur verlangt, dass die Verlängerung von Befristungsverträgen, nicht aber ihr erstmaliger Abschluss durch sachliche Gründe gerechtfertigt sein muss.** Da aber nach § 8 Ziff. 3 die Umsetzung der Vereinbarung nicht zur Absenkung des allgemeinen Niveaus des Arbeitnehmerschutzes führen darf, wäre ein Rechtszustand, der gegenüber den zuvor bestehenden richterrechtlichen Erfordernissen einer Befristung zurückgeblieben wäre, problematisch gewesen. Die daneben früher zugelassene zeitlich beschränkte Befristung ohne Sachgrund nach den unterschiedlichen Ausprägungen des BeschFG setzte zwar ebenfalls die deutschen Befristungsstandards; eine auf die dauerhafte Fortsetzung der (jeweils befristeten) Regelung des BeschFG beschränkte Umsetzung hätte aber den Anforderungen der Richtlinie nicht genügt (APS-*Backhaus* 1. Aufl. § 620 BGB Rz 9d; **aA** *Röthel* NZA 2000, 68).

28 Stellt sich mithin die **Auflistung von anerkannten Sachgründen** für den Abschluss eines befristeten Arbeitsvertrages als **ordnungsgemäße Erfüllung der europarechtlichen Vorgaben** dar, so bleiben gleichwohl Zweifel, ob es nicht erforderlich war die anerkannten **Sachgründe abschließend** aufzuzählen. Mit dem in § 14 Abs. 1 S. 2 TzBfG in der Formulierung »insbesondere« vom Gesetzgeber bewusst geöffneten Tür, durch höchstrichterliche Rechtsprechung weitere Sachgründe zu entwickeln (BT-Drs. 14/4374 S. 18) kann sich ein **Umsetzungsdefizit** ergeben. Nach der Rechtsprechung des EuGH sind die Bestimmungen von Richtlinien so in nationales Recht umzusetzen, dass »die Begünstigten in der Lage sind, von allen ihren Rechten Kenntnis zu erlangen und diese ggf. vor den nationalen Gerichten geltend zu machen« (vgl. *EuGH* 10.5.2001 ZIP 2001, 1373; 20.3.1997 EAS Art. 48 EG-Vertrag Nr. 86). Wenn auch die benannten zulässigen Befristungsgründe eine Leitlinie für Arbeitnehmer und Arbeitgeber ziehen, so wären auf dem »offenen Feld des Richterrechts« die Arbeitsvertragsparteien weiterhin darauf angewiesen, sich mit umfangreichen Rechtsprechungserkenntnissen auseinanderzusetzen, um Rechtssicherheit zu gewinnen (wie hier *Rolfs* EAS B 3200 Rz 37; *ders.* Rz 64). Die **hM** in Rechtsprechung (*BAG* 13.10.2004 EzA § 17 TzBfG Nr. 6) und im Schrifttum teilt diese Bedenken nicht und lässt es genügen, wenn eine Vertragspartei erst mit Hilfe des rechtskundigen Gerichts erkennen kann, dass ein anerkannter Befristungstatbestand vorliegt (APS-*Backhaus* Rz 80; *Preis/Gotthardt* DB 2000, 2070; *dies.* ZESAR 2003, 15 f.; *Dörner* Befr. Arbeitsvertrag, Rz 180f.). Es wird ferner darauf hingewiesen, dass der **europäische Gesetzgeber** seinerseits **mit einer Generalklausel** arbeitet und den sachlichen Grund ebenfalls nicht umschreibt. Die Vorgaben der Richtlinie könnten deshalb auch durch eine **richtlinienkonforme Rechtsprechung** gewahrt werden (*Thüsing/Lambrich* BB 2002, 829, 830; HaKo-*Mestwerdt* Rz 4; *Sievers* Rz 199; mit Einschränkungen *Rolfs* Rz 65; ErfK-*Müller-Glöge* Rz 4f.,102). Neue Zweifel an dieser Rechtsposition nähren die Erkenntnisse in der **Mangold-Entscheidung** und in der **Adeneler-Entscheidung** des *EuGH* (22.11.2005 EzA § 14 TzBfG Nr. 21; 4.7.2006 EzA Richtlinie 99/70 EG-Vertrag 1999 Nr. 1; vgl. auch KR-*Lipke* § 620 BGB Rz 99d). Dort wird immerhin gefordert, dass **konkrete Umstände und bestimmte Tätigkeiten** für einen sachlichen Grund **zu beschreiben sind** (Rz 68-70 der Adeneler-Entscheidung). Näher dazu s.u. Rz 243 ff.

29 Völlig **uneinsichtig** ist in diesem Zusammenhang, **warum** der Gesetzgeber beispielhaft weitere in der Rechtsprechung anerkannte Sachgründe wie Maßnahmen der Arbeitsbeschaffung (ABM) und der Strukturanpassung (SAM) oder auch die übergangsweise Beschäftigung eines Arbeitnehmers bis zur endgültigen Besetzung des Arbeitsplatzes durch einen anderen Mitarbeiter **anspricht, diese indessen nicht in den Katalog der genannten Sachgründe aufnimmt** (BT-Drs. 14/4374 aaO). Hier hätte der deutsche Gesetzgeber durchaus, was die öffentlich geförderten Beschäftigungs- und Strukturmaßnahmen zur Befristung von Arbeitsverhältnissen angeht, den Weg nach § 2 Ziff. 2 lit. b der Rahmenvereinbarung (s. Anhang I zu § 620 BGB) beschreiten und, nach Anhörung der Sozialpartner, diese Arbeitsverhältnisse aus dem Anwendungsbereich des TzBfG herausnehmen können. Dieser Weg wird nun offenbar teilweise im Zusammenhang mit der europarechtskonformen Neugestaltung des § 14 Abs. 3 TzBfG (sachgrundlose Befristung älterer Arbeitnehmer) beschritten (s.u. Rz 339 ff.).

2.   Verhältnis von Befristungsdauer und Sachgrund

30 Seit den Urteilen des 7. Senats des *BAG* in den Jahren 1986 und 1988 (12.2.1986 EzA § 620 BGB Nr. 82, 27.1.1988 EzA § 620 BGB Nr. 96, 26.8.1988 EzA § 620 BGB Nr. 102) ist es **st.Rspr.,** dass die **Dauer der Befristung für sich allein keiner sachlichen Rechtfertigung bedarf.** Daran hat das BAG mit der herrschenden Meinung im Schrifttum bis in die jüngste Vergangenheit festgehalten (*BAG* 22.11.1995 EzA § 620 BGB Nr. 138; 12.2.1997 EzA § 620 BGB Nr. 145; 11.11.1998 EzA § 620 BGB Nr. 155; 6.12.2000 EzA

Zulässigkeit der Befristung § 14 TzBfG

§ 620 BGB Nr. 172; 21.2.2001 EzA § 620 BGB Nr. 174; ebenso APS-*Backhaus* Rz 46ff., *Dörner* Befr. Arbeitsvertrag, Rz 166ff.; ErfK-*Müller-Glöge* Rz 25; *Annuß/Thüsing-Maschmann* Rz 12; *Staudinger/Preis* § 620 BGB Rz 48ff.; HaKo-*Mestwerdt* Rz 40 ff.; *Boewer* Rz 60; *Sievers* Rz 59 ff.; HzA-*Schütz* 1.2 Rz 348; *Gräfl/Arnold-Gräfl* Rz 18; MünchKomm-*Hesse* Rz 15; *Oetker* Anm. EzA § 620 BGB Nr. 102; *Hönn* Anm. SAE 1990, 141; *Ermar./D. W. Belling* § 620 BGB Rz 25; kritisch MünchArbR-*Wank* Erg.-Bd. § 116 Rz 211ff.; *Frohner/Pieper* AuR 1992, 102 f.; *Plander* Anm. AP § 620 BGB Nr. 179; KDZ-*Däubler* Rz 9 ff.; aA LAG Hamburg 4.9.2000 LAGE § 620 BGB Nr. 67; *Rolfs* Rz 11 für Sachgrund Nr. 1).

Die Bindung befristeter Arbeitsverträge an das Erfordernis eines sachlichen Grundes sollte nur den durch das staatliche Kündigungsschutzrecht gewährleisteten Bestandschutz absichern, nicht dagegen eine umfassende Inhaltskontrolle eröffnen, um dabei die richtige Befristungsdauer zu ermitteln. Es gehe – auch unter der Geltung des TzBfG (*BAG* 13.10.2004 EzA § 14 TzBfG Nr. 14) – nicht um die Zulässigkeit der Befristungsdauer, also um die »richtige« Befristung, sondern darum, ob überhaupt ein sachlicher Befristungsgrund vorliege. Die Dauer der Befristung bedarf für sich allein deshalb keiner sachlichen Rechtfertigung (so *BAG* 26.8.1988 EzA § 620 BGB Nr. 102 zur Rechtslage vor dem TzBfG). Die im Einzelfall **gewählte Befristungsdauer ist** indessen **nicht bedeutungslos**. Sie muss nicht stets mit der Dauer des Sachgrundes für die Befristung voll übereinstimmen, **hat sich aber am Befristungsgrund zu orientieren** (*BAG* 31.8.1994 EzA § 620 BGB Nr. 127; 6.12.2000 EzA § 620 BGB Nr. 172; 21.2.2001 EzA § 620 BGB Nr. 174; 9.7.1997 EzA § 21 BErzGG Nr. 2; ErfK-*Müller-Glöge* Rz 25). Die fehlende Kongruenz von Sachgrund und Befristungsdauer erlaubt es allerdings, Rückschlüsse auf die Stichhaltigkeit des angegebenen Befristungsgrundes zu ziehen. **Bei deutlicher Überschreitung – nicht dagegen bei Unterschreitung – der bei Vertragsabschluss voraussehbaren Dauer des Befristungsgrundes (Prognose) kann dann unter Umständen der Sachgrund die Befristung nicht mehr tragen.** Es kann sich dann neben anderen Umständen daraus ein Hinweis ergeben, dass der Sachgrund für die Befristung nur vorgeschoben ist (*BAG* 12.2.1997 EzA § 620 BGB Nr. 145; 6.12.2000 EzA § 620 BGB Nr. 172; LAG Brem. 26.4.1989 LAGE § 620 BGB Nr. 15; *Dörner* Befr. Arbeitsvertrag, Rz 168; *Gräfl/Arnold-Gräfl* Rz 20). Blieb dagegen die Befristungsdauer zeitlich hinter dem Befristungsgrund zurück, so hielt das BAG dies für die Rechtsbeständigkeit des Sachgrundes regelmäßig für unschädlich (*BAG* 13.10.2004 EzA § 14 TzBfG Nr. 14; 21.2.2001 EzA § 620 BGB Nr. 174; 6.12.2000 EzA § 620 BGB Nr. 172), es sei denn, eine sinnvolle, dem Sachgrund der Befristung dienliche Mitarbeit des Arbeitnehmers ist in der vorgesehenen Zeitspanne nicht möglich. Vgl. hierzu auch KR-*Lipke* § 21 BEEG Rz 10e, 14 ff.

Demgegenüber fordert *Däubler* (KDZ Rz 9) eine Revision der Rechtsprechung, da unter dem neuen Recht der »sachliche Grund« von der Umgehung des gesetzlichen Kündigungsschutzes abgekoppelt und zu einem selbständigen Wirksamkeitserfordernis gemacht worden sei. Somit wäre, der früheren Rechtsprechung des BAG folgend, nicht nur ein **Sachgrund** für die Befristung als solche, sondern auch **für die Dauer des befristeten Arbeitsverhältnisses** erforderlich (so noch *BAG* 25.1.1980 EzA § 620 BGB Nr. 44, 30.9.1980 EzA § 620 BGB Nr. 53, 29.9.1982 EzA § 620 BGB Nr. 58, 3.12.1982 EzA § 620 BGB Nr. 63 und 17.2.1983 EzA § 620 BGB Bedingung Nr. 64). *Däubler* (aaO) macht darauf aufmerksam, dass der Umfang zulässiger Befristung nicht allein und ausschließlich an der Ausklammerung von Kündigungsschutznormen festgemacht werden dürfe, es vielmehr darum gehe einen **Ausgleich zwischen den Verstetigungsinteressen des Arbeitnehmers und der personalpolitischen Dispositionsfreiheit des Arbeitgebers zu finden.** Die Dispositionsfreiheit des Arbeitgebers selbst dann zu schützen, wenn sie sachlich nicht gerechtfertigte Befristungszeiträume zu Lasten des Arbeitnehmers wähle, sei daher nicht überzeugend.

Däubler ist darin zuzustimmen, dass der Umgehungsgedanke, bezogen auf das Kündigungsschutzrecht, die bisherige Rechtsprechung nicht mehr trägt. Doch weder die europarechtlichen Vorgaben noch die Neuregelung in § 14 Abs. 1 TzBfG werten das Sachgrunderfordernis auf die Befristungsdauer aus. Abgesehen vom **Befristungsgrund in Abs. 1 Nr. 7,** der verlangt, dass sich die **befristete Beschäftigung an der Zeitspanne der dafür zur Verfügung gestellten Haushaltsmittel orientiert,** fehlt es an zeitlich einschränkenden Regeln. Der Gesetzgeber hat auch die besondere Bestimmung des § 21 Abs. 1 BEEG (Vertretung für Kinderbetreuungszeiten oder Teile davon) nicht geändert. Deshalb kommt **in Zukunft der gewählten Befristungsdauer nur dann Bedeutung zu, wenn sie im Ergebnis auf eine Umgehung des im § 14 Abs. 1 TzBfG genannten Sachgrundes hinausläuft.** An die Stelle des Verbots einer Umgehung des Kündigungsschutzrechts tritt deshalb jetzt das **Verbot einer Umgehung von § 14 Abs. 1 TzBfG.** Das Auswechseln dieses dogmatischen Ansatzes zwingt nicht dazu die bisherige Rechtsprechung des BAG zum Verhältnis von Befristungsdauer und Befristungsgrund grundlegend zu verändern (APS-*Backhaus* Rz 46; *Oberthür* DB 2001, 2246). Ebenso wie nach alter Rechtslage hat sich **die** vereinbarte Dauer nur an den Sachgründen der Befristung zu orientieren, ohne mit ihnen deckungsgleich zu sein.

34 Eine engere Verknüpfung von Befristungsgrund und Befristungsdauer ist nur dann zu fordern, wenn die Befristungsdauer Teil des Sachgrundes ist. Davon ist auszugehen, wenn der Arbeitgeber nach Abs. 1 S. 2 Nr. 5 eine kalendermäßig befristete Erprobung oder eine haushaltsrechtlich befristete Beschäftigung (Abs. 1 S. 2 Nr. 7) mit dem Arbeitnehmer vereinbart. So begegnen einer Befristung zur Erprobung durchschlagende Bedenken, wenn sie für einfache Tätigkeiten eine langfristige Probezeit vorsieht (neunmonatige Probezeit für Handlangerdienste). Gleiches gilt für eine »Übergangsbefristung« nach Nr. 2, die eng zeitlich begrenzt sein muss, um noch den sachlichen Grund in sich zu tragen (HaKo-*Mestwerdt* Rz 42; vgl. dazu Rz 84 ff., 94). Die wegen der befristeten Zuweisung und der zeitlich begrenzten Übernahme der Kosten vereinbarte Befristung lässt sich nur dann rechtfertigen, wenn dem Arbeitnehmer eine Aufgabe von begrenzter Dauer zugewiesen wird, die sich mit der Dauer der Zuweisung deckt (vgl. *BAG* 22.3.2000 EzA § 620 BGB Nr. 170).

3. Zeitpunkt der Sachgrundprüfung

35 Nach bisheriger Rechtslage war für die Prüfung des Sachgrundes der Zeitpunkt des Vertragsabschlusses maßgebend. War die Befristung des zu beurteilenden konkreten Vertrages mit all seinen Besonderheiten bei seinem Abschluss berechtigt – bei mehrfacher Befristung war insoweit auf den Zeitpunkt der letzten Vertragsverlängerung abzustellen – so schadete ein späterer »Wegfall« des sachlichen Grundes nicht (*BAG* 15.8.2001 EzA § 620 BGB Nr. 182; grundlegend *BAG GS* 12.10.1960; danach st.Rspr. zB *BAG* 10.6.1992 EzA § 620 BGB Nr. 116; 22.11.1995 EzA § 620 BGB Nr. 138; 24.10.2001 EzA § 620 BGB Nr. 173; *LAG Köln* 10.3.1995 ZTR 1996, 130; *LAG Düssel.* 22.11.1999 LAGE § 620 BGB Nr. 62a; APS-*Backhaus* Rz 12; ErfK-*Müller-Glöge* Rz 21; *Staudinger/Preis* § 620 BGB Rz 45ff.; *Boewer* Rz 55f.; *Annuß/Thüsing-Maschmann* Rz 11; HaKo-*Mestwerdt* Rz 44; *Dörner* Befr. Arbeitsvertrag, Rz 171f.; aA *Gamillscheg* AcP 1964, 392; *Kempff* DB 1976, 1576, wonach der sachliche Grund die Befristung bis zu ihrem Ablauf tragen müsse; ebenso *LAG Brem.* 17.3.1995 BB 1995, 1194).

36 Wenn das neue Recht in Abs. 1 regelt, unter welchen Sachverhaltskonstellationen die Befristung eines Arbeitsvertrages zulässig ist, wird deutlich, dass hiermit auf den Zeitpunkt des Vertragsabschlusses abzustellen ist. Das Gesetz nennt in Abs. 1 die Voraussetzungen für den Abschluss eines befristeten Arbeitsvertrages (vgl. auch § 3 Abs. 1 S. 2 TzBfG); deshalb kann nach Abschluss des Arbeitsvertrages die diesen Bedingungen entsprechende Befristung nicht mehr unzulässig werden (*BAG* 4.6.2003 EzA § 620 BGB 2002 Nr. 4) und im umgekehrten Fall eine bei Abschluss des befristeten Arbeitsverhältnisses unzulässige Befristung nicht mehr zulässig werden (*Däubler* ZIP 2001, 217, 223; ArbRBGB-*Dörner* § 620 BGB Rz 87; *Dassau* ZTR 2001, 68 f.; *Gräfl/Arnold-Gräfl* Rz 16; HWK-*Schmalenberg* Rz 7). Erkennt man in der Überprüfung des Befristungsgrundes eine Vertragskontrolle (s.o. Rz 26a), können nur die bei Vertragsschluss bestehenden Umstände Berücksichtigung finden (*Dörner* Befr. Arbeitsvertrag, Rz 172). Selbst die fehlerhafte Prognose des Arbeitgebers bei Vertragsabschluss, führt nicht ohne weiteres zur Unwirksamkeit der Befristungsabrede (s.u. Rz 46 ff.). Der spätere Wegfall des Befristungsgrundes berührt deshalb nicht einen bei Begründung des Arbeitsverhältnisses bestehenden Sachgrund (APS-*Backhaus* § 15 TzBfG Rz 97 ff.; *Dörner* aaO, Rz 173). Indessen kann die Interessenlage bei Vertragsschluss durch nachfolgende Ereignisse gekennzeichnet sein (zB Wunsch des Arbeitnehmers nach befristetem Vertrag, s.u. Rz 186) und die Existenz des Sachgrundes bestätigen. Im Fall eines gerichtlichen Vergleichs zur Befristung (§ 14 Abs. 1 Nr. 8 TzBfG) ist auf die Rechtslage im Zeitpunkt des gerichtlichen Vergleichsschlusses abzustellen (*BAG* 26.4.2006 – 7 AZR 366/05 – EzA-SD 2006, Nr. 18, S. 8).

37 Die bisher im Schrifttum erörterte Streitfrage, ob der nach Abschluss des befristeten Arbeitsvertrages eintretende besondere Kündigungsschutz (zB Eintritt der Schwangerschaft, Feststellung der Schwerbehinderung, Wahl in ein Betriebsratsamt) einen »besonderen« sachlichen Grund erfordere (MünchArbR-*Wank* Erg.-Bd. § 116 Rz 72; KDZ-*Däubler* Rz 25 mwN) hat sich damit erledigt (s.o. Rz 6 f.; ErfK-*Müller-Glöge* Rz 21). Die mit den Forderungen der Mindermeinung verbundene Rechtsunsicherheit war hier bereits zum alten Rechtszustand (*Lipke* KR 5. Aufl., § 620 BGB Rz 156 f.) abgelehnt worden.

38 Der spätere Fortfall des Sachgrundes begründet keineswegs einen Wiedereinstellungsanspruch des Arbeitnehmers (*BAG* 20.2.2002 EzA § 620 BGB Nr. 189; *Annuß/Thüsing-Maschmann* Rz 11 mwN). In Ausnahmefällen kann jedoch bei wirksamen Befristungen, deren sachlicher Grund später wegfällt, zugunsten des Arbeitnehmers geprüft werden, ob die von der Rechtsprechung entwickelten Grund-

Zulässigkeit der Befristung § 14 TzBfG

sätze zum Rechtsmissbrauch und **zum Erhalt des Vertrauensschutzes eine unbefristete Fortsetzung des Arbeitsverhältnisses zur Folge haben.** Bei einer Zusammenschau der Systematik von § 14 und § 16 TzBfG wird indessen deutlich, dass für solche Ausnahmefälle nur wenig Raum besteht. Näher dazu vgl. Ausführungen KR-*Bader* § 17 TzBfG Rz 64 ff.

4. Befristungskontrolle bei Mehrfachbefristungen

Bei mehreren befristeten Verträgen wird der Prüfungsmaßstab zunächst durch den Streitgegenstand 39 bestimmt. **Streitgegenstand einer Feststellungsklage nach § 17 TzBfG ist** – wie nach § 1 Abs. 5 BeschFG 1996 – **die Beendigung des Arbeitsverhältnisses aufgrund der Befristung, also ein punktueller Streitgegenstand** (*Vossen* NZA 2000, 706 f.; KR-*Bader* § 17 TzBfG Rz 11 mwN). Waren danach in dem maßgebenden Zeitraum mehrere Befristungen streitig, dann hielt es die **frühere Rechtsprechung** für erforderlich, jeden Vertrag auf seinen sachlichen Grund hin zu überprüfen, weil die mehrfachen Befristungen nicht als Einheit anzusehen seien (*BAG* 30.9.1981 EzA § 620 BGB Nr. 52).

Diese Rechtsprechung hat das **BAG seit 1985** aufgegeben und **prüft seitdem bei mehrfacher Befris-** 40 **tung nur noch die sachliche Rechtfertigung des zuletzt geschlossenen Vertrages,** es sei denn, es findet eine Zusammenrechnung von Arbeitsverhältnissen wegen eines engen zeitlichen und sachlichen Zusammenhangs statt (*BAG* 8.5.1985 EzA § 620 BGB Nr. 52; 12.12.1986 EzA § 620 BGB Nr. 82; seitdem st.Rspr.; zB *BAG* 4.6.2003 EzA § 620 BGB 2002 Nr. 4; 28.8.1996 EzA § 620 BGB Nr. 141; 20.1.1999 EzA § 620 BGB Nr. 160; 9.7.1997 EzA § 21 BErzGG Nr. 2). Der zuständige 7. Senat erkannte und erkennt **in dem vorbehaltlosen Abschluss des befristeten Arbeitsvertrages zugleich die konkludente Aufhebung eines zuvor unbefristeten Arbeitsverhältnisses** (*BAG* 4.6.2003 EzA § 620 BGB 2002 Nr. 4; *Dörner* Befr. Arbeitsvertrag, Rz 139f; *Gräfl/Arnold-Gräfl* Rz 26.). Selbst wenn die Parteien irrtümlich davon ausgegangen seien, sie hätten in einem wirksam befristeten Arbeitsverhältnis gestanden, ändere dies nichts am objektiven Erklärungswert ihrer übereinstimmenden Willensbekundungen, ihre Rechtsbeziehungen hinsichtlich der Dauer des Arbeitsverhältnisses auf eine neue Grundlage zu stellen. Die Unkenntnis dieser Rechtsfolge berechtige daher den betroffenen Arbeitnehmer nicht, den von ihm abgeschlossenen befristeten Anschlussarbeitsvertrag nach § 119 Abs. 1 BGB wegen Erklärungsirrtums anzufechten (*BAG* 30.10.1987 EzA § 119 BGB Nr. 13; 3.12.1997 EzA § 620 BGB Nr. 148).

Die vorangehenden befristeten Arbeitsverträge bleiben indessen erheblich, indem sie **die Anforderun-** 41 **gen an den sachlichen Grund der Befristung mit deren zunehmender Dauer steigern** und Umstände verdeutlichen, die eine überzeugende **Prognose des Arbeitgebers** zB zur begrenzten Beschäftigungsmöglichkeit des Arbeitnehmers erschweren (*BAG* 21.4.1993 EzA § 620 BGB Nr. 121; 22.11.1995 EzA § 620 BGB Nr. 138; 24.9.1997 – 7 AZR 654/96, nv; ErfK-*Müller-Glöge* Rz 12). Anders soll es nur sein, wenn der Arbeitnehmer beim Abschluss des letzten Zeitvertrages deutlich gemacht hat, durch die weitere Befristung auf den infolge früherer unwirksamer Befristungen bereits erworbenen Bestandschutz nicht verzichten zu wollen. Bei solch einem ausdrücklichen **Vorbehalt** soll der letzte Vertrag nur gelten, wenn die Parteien nicht schon aufgrund des vorangegangenen Arbeitsvertrages in einem unbefristeten Arbeitsverhältnis stehen (*BAG* 21.1.1987 EzA § 620 BGB Nr. 89; 21.3.1990 EzA § 620 BGB Nr. 106; 9.7.1997 EzA § 21 BErzGG Nr. 2). Die Rechtsprechung hat die Anforderungen zu einem solchen Vorbehalt verdeutlicht. Danach genügt ein **einseitig erklärter Vorbehalt** des Arbeitnehmers **nicht**, um die vorherige Befristung von der richterlichen Kontrolle offen zu halten. Vielmehr ist der befristete Folgevertrag von den Parteien gemeinsam unter den Vorbehalt zu stellen, dh der **Vorbehalt** muss **vertraglich vereinbart** worden sein (*BAG* 4.6.2003 EzA § 620 BGB 2002 Nr. 4; 5.6.2002 EzA § 620 BGB Nr. 195; ErfK-*Müller-Glöge* Rz 13, 16; *Dörner* Befr. Arbeitsvertrag Rz 139, 144; aA MHH-*Meinel* Rz 11a). Ein **Schriftformerfordernis** besteht hierfür aber nicht (vgl. zu tariflichen Vorgaben *BAG* 27.7.2005 EzA § 307 BGB 2002 Nr. 5), sodass es für die Vereinbarung eines rechtswirksamen Vorbehalts genügen kann einen befristeten Arbeitsvertrag nach Zustellung der Entfristungsklage zur vorangehenden Befristung abzuschließen (*BAG* 10.3.2004 EzA § 14 TzBfG Nr. 9; 13.10.2004 EzA § 17 TzBfG Nr. 6; MünchKomm-*Hesse* Rz 14).

Als weitere **Ausnahme** gilt, dass eine vorhergehende Befristung dann in die Prüfung einzuschließen 42 ist, wenn der letzte Vertrag lediglich ein **unselbständiger Annex des vorletzten Vertrages ist und ohne diesen nicht denkbar ist** (*BAG* 5.6.2002 EzA § 620 BGB Nr. 193; 12.2.1986 EzA § 620 BGB Nr. 82; 21.1.1987 EzA § 620 BGB Nr. 89; 15.2.1995 EzA § 620 BGB Nr. 130; 1.12.1999 EzA § 620 BGB Hochschulen Nr. 21). Davon ist auszugehen, wenn der Anschlussvertrag lediglich eine verhältnismäßig geringfügige Korrektur (3 Monate unbedenklich, 10 Monate dagegen bedenklich; vgl. *BAG* 1.12.1999 EzA § 620 BGB Hochschulen Nr. 21) des in dem früheren Vertrag vereinbarten Endzeitpunktes vorsieht, diese

Korrektur sich am Sachgrund für die Befristung des früheren Vertrages orientiert und allein in der **Anpassung der ursprünglich vereinbarten Vertragszeit** an später eingetretene, nicht vorhergesehene Umstände besteht. Die Bedeutung des neuen Fristvertrages muss sich demnach den Vorstellungen der Parteien folgend darauf beschränken, die Laufzeit des alten Vertrages mit dem Sachgrund für dessen Befristung wieder in Einklang zu bringen (ArbRBGB-*Dörner* § 620 BGB Rz 77). Es bleibt dann dabei, dass nicht der sog. unselbständige Annexvertrag, sondern der **durch Annex verlängerte Vertrag** der **Befristungskontrolle** unterworfen ist (BAG 16.3.2005 EzA § 14 TzBfG Nr. 17; MünchKomm-*Hesse* Rz 14; vgl. weiter dazu KR-*Bader* § 17 Rz 51, 57).

43 Die **neue Rechtsprechung des BAG hält – mit etwas abweichender Begründung – an dem bisherigen Rechtszustand fest** (BAG 2.7.2003 EzBAT Theater, Normalvertrag Solo § 20 Gastspiel Nr. 1; 4.6.2003 EzA § 620 BGB 2002 Nr. 4; 10.3.2004 EzA § 14 TzBfG Nr. 9). Danach ist nunmehr bei einer Befristung jeder Vertrag zu überprüfen, der unter Einhaltung der **Klagefrist des § 17 TzBfG** zur gerichtlichen Überprüfung gestellt wird. Der die Klagefrist versäumende Arbeitnehmer kann bei einer weiteren Auseinandersetzung mit seinem Arbeitgeber nicht mehr einwenden, der vorangehende Arbeitsvertrag sei – weil ohne Sachgrund – ein unbefristeter gewesen. Aufgrund der **Fiktionswirkung des § 17 TzBfG iVm § 7 KSchG** (früher § 1 Abs. 5 S. 2 BeschFG 1996) steht dann fest, dass der vorhergehende Arbeitsvertrag aufgrund Befristung wirksam beendet ist. Mit dem Sinn und Zweck dieser Regelung lässt es sich nicht vereinbaren, den Sachgrund der vorangehenden Befristung, abgesehen von den Fällen eines unselbständigen Annexvertrages, noch nach Ablauf der Dreiwochenfrist des § 17 TzBfG zu überprüfen (so bereits im Ansatz BAG 22.3.2000 EzA § 1 BeschFG 1985 Klagefrist Nr. 4 m. zust. Anm. *Gotthardt*; 28.6.2000 EzA § 1 BeschFG 1985 Nr. 15; *Lipke* KR 5. Aufl., § 1 BeschFG 1996 Rz 177; *Löwisch* NZA 1996, 1012; *Reuter* NZA 1998 1322; *G. Wisskirchen* DB 1998, 727; *v. Hoyningen-Huene/Linck* DB 1997, 46; *Will* FA 1998, 78; APS-*Backhaus* § 17 TzBfG Rz 11 f.; *Dörner* Befr. Arbeitsvertrag, Rz 1000f.; aA *Buschmann* AuR 1996, 289; *Fiebig* NZA 1999, 1088; *Preis* NJW 1996, 3373; *Sowka* BB 1997, 679).

44 Deshalb ist die **Klagefrist stets zu beachten, wenn ein Arbeitnehmer geltend machen will, dass die Befristung eines Arbeitsvertrages rechtsunwirksam ist,** unabhängig davon ob es um eine Sachgrundkontrolle oder die Erfüllung der Voraussetzungen einer sachgrundlosen Befristung geht. Das gesetzgeberische Anliegen, dem Arbeitgeber möglichst schnell Klarheit über die Wirksamkeit der Beendigung von Arbeitsverhältnissen zu verschaffen, ist nach § 1 Abs. 5 BeschFG 1996 **in § 17 TzBfG erneut bestätigt worden** (BT-Drs. 14/4374 S. 21). Da mit Ablauf der ungenutzten dreiwöchigen Klagefrist **alle** denkbaren **Unwirksamkeitsgründe** gegen eine Befristung nicht mehr geltend gemacht werden können, kommt es **in Zukunft nicht mehr darauf an, ob der Arbeitnehmer anlässlich einer erneuten Befristung einen einseitigen ausdrücklichen Vorbehalt erhoben hat** (vgl. BAG 22.3.2000 EzA § 1 BeschFG 1985 Klagefrist Nr. 4 und 28.6.2000 EzA § 1 BeschFG 1985 Nr. 15; 26.7.2000 EzA § 1 BeschFG 1985 Nr. 17; EzA § 1 BeschFG 1985 Nr. 18; *Rolfs* NZA 1996, 34 f., 39; *Erman/D. W. Belling* Rz 23; ErfK-*Müller-Glöge* Rz 13 f.; *Dörner* Befr. Arbeitsvertrag, Rz 143; *Staudinger/Preis* § 620 BGB Rz 52; abw. LAG Nds. 12.1.2004 LAGE § 14 TzBfG Nr. 13; vgl. auch u. Rz 263 f.). Dem BAG ist ebenso zu folgen, wenn es die **Einhaltung der 3-wöchigen Frist zur Erhebung der Entfristungsklage nicht für unzumutbar hält**, falls dem Arbeitnehmer ein weiteres befristetes Arbeitsverhältnis angeboten worden ist und er dieses Angebot angenommen hat oder annehmen will (aA *Fiebig* NZA 1999, 1086, 1088; ähnlich *Buschmann* AuR 1996, 286, 289). Dem Arbeitnehmer wird hierbei nicht mehr zugemutet als im Kündigungsschutzrecht oder im Recht der tariflichen Ausschlussfristen. Auch dort muss er im laufenden Arbeitsverhältnis – trotz Hoffnung oder sogar Zusage auf Wiedereinstellung – seine Rechte klagweise geltend machen, wenn er sie nicht verlieren will (BAG 22.3.2000 EzA § 1 BeschFG 1985 Klagefrist Nr. 4; iE dazu KR-*Bader* § 17 TzBfG Rz 51 ff.).

45 Wenn das BAG in den letztgenannten Entscheidungen an der seit dem 8.5.1985 entwickelten Rechtsprechung festhält (BAG 13.10.2004 EzA § 17 TzBfG Nr. 6), **mit dem vorbehaltlosen Abschluss eines Folgevertrages würden die Arbeitsvertragsparteien ihre Vertragsbeziehung regelmäßig auf eine neue Rechtsgrundlage stellen** und damit ein etwa unbefristetes früheres Arbeitsverhältnis aufheben, hat diese **Überlegung eine weitere Bestätigung durch § 17 TzBfG** (vorher § 1 Abs. 5 BeschFG 1996) **erfahren. Die Befristungskontrolle** macht das BAG nämlich vor allem an der **Einhaltung der Klagefrist aus § 17 TzBfG fest** (ebenso APS-*Backhaus* § 17 TzBfG Rz 11; KDZ-*Däubler* Rz 34; BBDW-*Bader* § 620 BGB Rz 147; *Dörner* Befr. Arbeitsvertrag, Rz 143, 1000 f.). Mit Ablauf der Klagefrist werden zwar nicht die zulässigen Voraussetzungen einer Befristung mit oder ohne Sachgrund fingiert; **Befristungsmängel** im Zeitpunkt der Befristungsvereinbarung werden indessen **geheilt**, dh sie können nicht mehr in Frage gestellt werden. Dafür steht, dass nach den neueren Entscheidungen des BAG der vorbehaltlose

Abschluss eines Folgevertrages die Überprüfung der Unwirksamkeit der Befristung des vorangegangenen Vertrages nicht mehr hindert, die Rechtsunwirksamkeit der Befristung jedoch nicht mehr eingewendet werden kann, wenn die dreiwöchige Klagefrist des § 17 TzBfG vom Arbeitnehmer nicht eingehalten wird (*BAG* 15.2.2006 ZTR 2006, 508; 20.2.2002 EzA § 625 BGB Nr. 5; 26.7.2000 EzA § 1 BeschFG 1985 Nr. 18; 25.10.2000 EzA § 1 BeschFG 1985 Nr. 23). Die in der Vergangenheit erörterten Streitfragen haben sich weitgehend erledigt, welche der vorangehenden (unwirksam) befristeten Arbeitsverträge in die gerichtliche Befristungskontrolle mit einzubeziehen sind (vgl. auch *Gotthardt* Anm. EzA § 1 BeschFG 1985 Klagefrist Nr. 4 und KR-*Bader* § 17 TzBfG Rz 53 ff.; *Hergenröder* Anm. SAE 2001, 230, 233). Zur **Inzidentkontrolle** im Zusammenhang mit dem Anschlussverbot vgl. *Lipke* Vorauflage Rz 45; 341 f.

5. Prognose des Arbeitgebers

Die Befristung des Arbeitsvertrages ist durch einen vorübergehenden Bestand des Arbeitsverhältnisses geprägt. Bei allen anerkannten Befristungsgründen (Ausnahme: Gerichtlicher Vergleich, Nr. 8) ist deshalb die **Prognose des Arbeitgebers** bspw. **zur Begrenztheit des Beschäftigungsbedarfs oder zum Wegfall der Haushaltsmittel Teil des Sachgrundes** (*BAG* 18.10.2006 – 7 AZR 419/05; 25.8.2004 EzA § 14 TzBfG Nr. 13; 4.12.2002 EzA § 620 BGB 2002 Nr. 1; ebenso ErfK-*Müller-Glöge* Rz 22; HaKo-*Mestwerdt* Rz 45; *Annuß/Thüsing-Maschmann* Rz 33). Liegen die entscheidenden Umstände in der Zukunft, so hängt die Frage, ob für die Befristung und (eingeschränkt) für deren Zeitspanne ein sachlicher Grund vorliegt, von einer fundierten Prognose des Arbeitgebers ab. An die Prognose sind strenge Anforderungen zu stellen. **Der Arbeitgeber muss aufgrund greifbarer Tatsachen mit einiger Sicherheit annehmen können, dass der in der Zukunft liegende Ungewissheitszustand auch eintritt** (*BAG* 28.3.2001 EzA § 620 BGB Nr. 175; ArbRBGB-*Dörner* § 620 BGB Rz 103 ff.). Die Prognose basiert auf einer von Fall zu Fall wechselnden Vielzahl von Elementen und Bewertungen, die aber **stets zum Inhalt haben muss, dass das vorgesehene Vertragsende sich realisieren wird.** 46

Die Ungewissheit, die jeder prognostischen Wertung innewohnt, ersetzt nicht den Sachgrund (vgl. *BAG* 7.4.2004 EzA § 620 BGB 2002 Nr. 10) und eröffnet dem Arbeitgeber keinen der gerichtlichen Kontrolle verschlossenen Ermessensspielraum. Dem Arbeitgeber ist ebenso wenig ein **Einschätzungsprärogative** zuzubilligen (so aber ErfK-*Müller-Glöge* Rz 23). Seine subjektive Einschätzung reicht nicht aus (*Dörner* Befr. Arbeitsvertrag, Rz 285; APS-*Backhaus* Rz 50ff.). Vielmehr hat der Arbeitgeber die Grundlagen seines Wahrscheinlichkeitsurteils im Streitfall stets auszuweisen (*BAG* 14.1.1982 NJW 1982, 1475), damit der Arbeitnehmer die Möglichkeit hat, deren Richtigkeit im Zeitpunkt des Vertragsabschlusses zu überprüfen (st.Rspr., zuletzt *BAG* 25.8.2004 EzA § 14 TzBfG Nr. 13; 15.2.2006 ZTR 2006, 509; *Annuß/Thüsing-Maschmann* Rz 11, 33; *Gräf/Arnold-Gräfl* Rz 17). Fallen Prognose und tatsächlicher späterer Verlauf auseinander, ist es Sache des Arbeitgebers dies zu erklären (vgl. u. Rz 49). **Die Prognose des Arbeitgebers** hat sich auf **die zum Zeitpunkt des Vertragsabschlusses vorliegenden Umstände,** nicht auf später hinzutretende Ereignisse **zu gründen** (*BAG* 19.10.2005 EzA § 14 TzBfG Nr. 23 in Abgrenzung zur sachgrundlosen Befristung; *BAG* 10.1.1980 EzA § 620 BGB Nr. 48; 10.6.1992 EzA § 620 BGB Nr. 116; 25.11.1992 EzA § 620 BGB Nr. 117; *Dörner* ZTR 2001, 490). Die Prognose ist nicht deshalb entbehrlich, weil das Verhalten Dritter mit einzubeziehen und daher die zukünftige Entwicklung schwer vorhersehbar ist (*BAG* 4.12.2002 EzA § 620 BGB 2002 Nr. 1 im Fall der Abhängigkeit von Fördermitteln der BA). Auch wirtschaftliche Schwierigkeiten oder Insolvenz entheben den Arbeitgeber oder den Insolvenzverwalter nicht von der Pflicht eine Prognose zB zum Arbeitskräftebedarf zu erstellen (APS-*Backhaus* Rz 51 f., 240; *Boewer* Rz 107). 47

Die Prognose ist nicht auf alle Befristungsumstände, sondern nur auf die Kriterien zu erstrecken, die nicht im Belieben des Arbeitgebers stehen. Die im Einzelfall zum jeweiligen Sachgrund vereinbarte **Vertragsdauer** gewinnt nur im Rahmen der Prüfung des sachlichen Befristungsgrundes an Bedeutung (Ausnahmen: Nr. 2, 5 und 7). Sie hat sich **am Sachgrund der Befristung zu orientieren** (vgl. oben Rz 33 f.) und so mit ihm übereinzustimmen, dass sie nicht Zweifel am Vorliegen des Sachgrundes auslöst (*Oberthür* DB 2001, 2246). 48

Die **gerichtliche Kontrolle** muss sich indessen **darauf beschränken, die Sicht eines verständigen Arbeitgebers bei Abschluss des befristeten Arbeitsvertrages** und nicht im Nachhinein in Kenntnis der inzwischen eintretenden Umstände zu überprüfen. Die nachträgliche Änderung der Prognosegrundlagen vermittelt regelmäßig **keinen Anspruch auf Wiedereinstellung** (*BAG* 20.2.2002 EzA § 620 BGB Nr. 189; *LAG Düsseld.* 15.2.2000 LAGE § 620 BGB Nr. 63; *Oberthür* aaO, 2250; *Dörner* aaO, 491; *Annuß/Thüsing-Maschmann* Rz 11; *Auktor* BuW 2003, 168, 171; ErfK-*Müller-Glöge* Rz 24; anders in Ausnahmefällen KR-*Bader* § 17 TzBfG Rz 60 ff., 71 ff.) Es muss von daher ausreichen, wenn die gewählte Befris- 49

§ 14 TzBfG Zulässigkeit der Befristung

tungsdauer nicht von vornherein gegen das Vorliegen eines sachlichen Grundes spricht. Hat der Arbeitnehmer **Zweifel an der Prognose des Arbeitgebers**, muss der Arbeitgeber die tatsächlichen **Grundlagen** seiner **Prognose offenlegen** (*BAG* 12.9.1996 EzA § 620 BGB Nr. 142). Der Arbeitnehmer muss die Möglichkeit im Prozess erhalten, die Richtigkeit der Prognose zum Zeitpunkt des Vertragsabschlusses zu überprüfen (*BAG* 25.8.2004 EzA § 14 TzBfG Nr. 13; 22.3.2000 EzA 620 BGB Nr. 170 mwN). Bei Kettenbefristungen kann **gegen** die hinreichende Zuverlässigkeit einer **Prognose sprechen, dass sie sich in der Vergangenheit bereits wiederholt als unzutreffend erwiesen hat.** Die Tatsachen, die für oder gegen eine Prognose des Arbeitgebers sprechen, sind im Prozess – nach dem Muster anderer sog. Ungewissheitstatbestände – im Wege einer **abgestuften Darlegungslast** vorzubringen. Danach besteht, wenn die spätere **Entwicklung** die **Prognose des Arbeitgebers bestätigt**, eine ausreichende Vermutung dafür, dass sie hinreichend fundiert erstellt worden ist (*BAG* 13.10.2004 EzA § 17 TzBfG Nr. 6; ErfK-*Müller-Glöge* Rz 23; *Staudinger/Preis* § 620 BGB Rz 93). In diesem Fall muss der Arbeitnehmer Tatsachen vortragen, nach denen zumindest im Zeitpunkt des Vertragsabschlusses die Prognose nicht gerechtfertigt war (*BAG* 16.11.2005 EzBAT SR 2y BAT Nr. 132; 25.8.2004 EzA § 14 TzBfG Nr. 13). Zu den Besonderheiten der **Projektbefristung** s.u. Rz 73 f. Hat sich dagegen die Prognose nicht bestätigt, muss der Arbeitgeber die Tatsachen vortragen, die ihm jedenfalls zum Zeitpunkt des Vertragsabschlusses den hinreichend sicheren Schluss darauf erlaubten, dass nach Ablauf der Befristung die Weiterbeschäftigung des Arbeitnehmers wegen Verwirklichung des Sachgrundes obsolet sei (vgl. *BAG* 12.1.2000 EzA § 620 BGB Nr. 169; 16.11.2005 aaO; *Dörner* Befr. Arbeitsvertrag, Rz 286 f.; MHH-*Meinel* Rz 9; HaKo-*Mestwerdt* Rz 45, 62; APS-*Backhaus* Rz 56).

50 Eine **Prognose** ist deshalb mit Ausnahme des im § 14 Abs. 1 Nr. 8 TzBfG genannten Sachgrundes (Befristung aufgrund eines gerichtlichen Vergleichs) **immer erforderlich.** Die Anforderungen an die Prognose schwanken allerdings von Sachgrund zu Sachgrund. Eindeutig ist nur, dass sich die **Anforderungen an die Prognose mit zunehmender Anzahl von Befristungsabreden verschärfen** (*BAG* 15.2.2006 ZTR 2006, 509; 21.4.1993 EzA § 620 BGB Nr. 121; KDZ-*Däubler* Rz 35; *Schiefer* DB 2000, 2427; *Oberthür* aaO 2249 mwN). So hebt die Gesetzesbegründung die **besondere Bedeutung** der Prognose **für Sachgründe hervor, die auf einen vorübergehend erhöhten oder künftig sinkenden Arbeitskräftebedarf aus betrieblichen Ursachen zurückgehen,** und verlangt dafür die Darlegung »greifbarer Tatsachen« (BT-Drs. 14/4374 S. 19). Dies deckt sich mit den Anforderungen der bisherigen Rechtsprechung, die für den vorübergehenden Mehrbedarf eine durch Tatsachen belegbare Prognose des Arbeitgebers fordert, dass bei Vertragsschluss lediglich ein vorübergehend zu deckender Beschäftigungsbedarf bestand (*BAG* 22.11.1995 EzA § 620 BGB Nr. 138; 12.9.1996 EzA § 620 BGB Nr. 142; 3.11.1999 EzA § 620 BGB Nr. 166; 23.1.2002 EzA § 620 BGB Nr. 190).

51 Die an Tatsachen festzumachende Einschätzung des Arbeitgebers ist ebenfalls erforderlich in Fällen der **Befristung zur Erprobung** (*BAG* 28.11.1963 EzA § 620 BGB Nr. 5; 15.3.1978 EzA § 620 BGB Nr. 34; 31.8.1994 EzA § 620 BGB Nr. 127), **zur Vertretung** (*BAG* 24.5.2006 – 7AZR 640/05; 2.7.2003 EzA § 620 BGB 2002 Nr. 6; 6.6.1984 EzA § 620 BGB Nr. 71; 28.9.1988 EzA § 620 BGB Nr. 104; 11.12.1991 EzA § 620 BGB Nr. 110; 22.11.1995 EzA § 620 BGB Nr. 138; 24.9.1997 EzA § 620 BGB Nr. 147; 11.11.1998 EzA § 620 BGB Nr. 155; 6.12.2000 EzA § 620 BGB Nr. 172), **einem in der Person des Arbeitnehmers liegenden Grund** (zB Aufenthaltserlaubnis des Arbeitnehmers, *BAG* 12.1.2000 EzA § 620 BGB Nr. 169) und zur Befristung eines Arbeitsvertrages infolge **haushaltsplanrechtlicher Vorgaben** (*BAG* 18.10.2006 – 7 AZR 419/05; 7.7.1999 EzA § 620 BGB Nr. 167; 22.3.2000 EzA § 620 BGB Nr. 170). Gibt ein **Tarifvertrag** für den Arbeitnehmer **günstigere Eckpunkte eines Sachgrundes vor,** was nach § 14 TzBfG iVm § 22 Abs. 1 TzBfG weiterhin möglich ist, so hat sich die **Prognose des Arbeitgebers ebenso auf die tarifvertraglichen Voraussetzungen zu erstrecken** (zB *BAG* 3.11.1999 EzA § 620 BGB Nr. 166; 28.3.2001 EzA § 620 BGB Nr. 175 zu den tariflichen Befristungsgrundformen des BAT; vgl. auch KR-*Bader* § 22 TzBfG).

52 Die **Anforderungen an die Prognose des Arbeitgebers variieren** je nach dem zu belegenden Sachgrund und den Umständen des Einzelfalls. So neigte das *BAG* dazu den **Hochschulen** einen nicht zu eng bemessenen Beurteilungsraum zu überlassen, welche Vertragsdauer zu nachhaltigen Beschäftigungen mit wissenschaftlichen Aufgaben und Methoden sachgerecht ist (§ 57c Abs. 1 HRG aF; *BAG* 27.1.1988 EzA § 620 BGB Nr. 96). Mit dem **neuen Befristungskonzept** des zum 23. Februar 2002 in Kraft gesetzten **HRG** (5. Gesetz zur Änderung des Hochschulrahmengesetzes v. 16.2.2002 BGBl. I S. 693) und zum 1.1.2005 erneuerten **HdAVÄndG** (27.12.2004 BGBl I S. 3835) hat sich die Prognosestellung im Anwendungsbereich des Gesetzes weitgehend erledigt, da die Hochschulen und Forschungseinrichtungen innerhalb der Höchstfristen frei disponieren können (vgl. KR-*Lipke* § 57b HRG Rz 18 ff.). Kam der **BAT** zur Anwendung, waren indessen die tariflichen Voraussetzungen der **Befristungs-**

Zulässigkeit der Befristung § 14 TzBfG

grundformen zu prognostizieren (*BAG* 24.10.2001 EzA § 620 BGB Hochschulen Nr. 31). Die Befristungsgrundformen spielen ab Geltung des **TVöD** nun keine Rolle mehr (s.u. Rz 64). Geht es um die **befristete Vertretung für Dauer oder für Teile des Erziehungsurlaubs (Elternzeit)**, so hat sich die Prognose des Arbeitgebers auf den Wegfall des Vertretungsbedarfs durch die **zu erwartende Rückkehr** der zu vertretenden Arbeitskraft, nicht aber auf den Zeitpunkt dieser Rückkehr und damit nicht auf die Dauer des Vertretungsbedarfs zu beziehen (*BAG* 2.7.2003 EzA § 620 BGB 2002 Nr. 6; 6.12.2000 EzA § 620 BGB Nr. 172 jeweils mwN, hierzu auch *KR-Lipke* § 21 BEEG Rz 10e f.; *BAG* 3.3.1999 RzK I 9a Nr. 150 zum Vertretungsbedarf aufgrund einer Zeitrentengewährung). Zur Prognose eines **öffentlichen Arbeitgebers**, für die Beschäftigung eines einzustellenden Arbeitnehmers bestehe nur ein vorübergehender Bedarf, genügt im Grundsatz die auf konkreten Tatsachen beruhende **Erwartung**, dass für die Beschäftigung des Arbeitnehmers **Haushaltsmittel nur zeitlich begrenzt zur Verfügung stehen und dass aufgrund konkreter tatsächlicher Anhaltspunkte mit dem alsbaldigen Wegfall dieser Haushaltsmittel zu rechnen ist** (*BAG* 18.10.2006 – 7 AZR 419/05; 6.8.1997 RzK I 9a Nr. 120; 7.7.1999 EzA § 620 BGB Nr. 167; 23.1.2002 EzA § 620 BGB Nr. 190).

53 Einen weiten, eher generalisieren Prognosemaßstab legt das BAG neben dem bereits oben genannten Sachgrund der »Vertretung« **in Fällen der befristeten Erprobung und der befristeten Weiterbeschäftigung zur sozialen Überbrückung** an. Hält sich die Erprobung am gesetzlichen oder tariflichen **Zeitrahmen** einer Probezeit, so ist die Prognose des Arbeitgebers, innerhalb dieser Zeitspanne die Eignung des Arbeitnehmers überprüfen zu können, nicht zu beanstanden (*BAG* 15.3.1978 EzA § 620 BGB Nr. 34).

54 Erfordert die **Eignungsüberprüfung** einen längeren Zeitraum, zB im Medienbereich, **bei künstlerischer oder wissenschaftlicher Tätigkeit,** hat der Arbeitgeber, wenn er dabei den gesetzlichen Rahmen von sechs Monaten (§ 1 Abs. 1 KSchG, § 622 Abs. 3 BGB) überschreiten will, im Einzelnen darzulegen, warum dies erforderlich war.

55 Bei einer Befristung zur **sozialen Überbrückung** ist der Arbeitgeber dafür darlegungs- und beweispflichtig, dass gerade die **sozialen Belange des Arbeitnehmers** und nicht die Interessen des Betriebes oder der Dienststelle auf Seiten des Arbeitgebers im **Vordergrund** der Überlegungen gestanden haben und für den Abschluss des befristeten Arbeitsvertrages ausschlaggebend gewesen sind. Da der Befristungsgrund sich gut als **Vorwand** für einen nicht vorhandenen Sachgrund eignet, sind an die Darlegungen des Arbeitgebers hierzu besonders strenge Anforderungen zu stellen (*BAG* 23.1.2002 EzA § 620 BGB Nr. 186; *Annuß/Thüsing-Maschmann* Rz 61). Die dazu gewählte Vertragsdauer lässt sich im Vorhinein kaum exakt festlegen, so dass sie sich einer gerichtlichen Überprüfung weitgehend entzieht (vgl. *BAG* 26.4.1985 EzA § 620 BGB Nr. 74; 3.10.1984 EzA § 620 BGB Nr. 73). Für die neue gesetzliche **Anschlussbefristung an Ausbildung oder Studium** (Nr. 2) kann die Prognosestellung des Arbeitgebers erhebliche Schwierigkeiten bereiten. Diese liegen zum einen in der **schwierigen Abgrenzung** zu den Sachgründen der sozialen Überbrückung (Nr. 6) und der Erprobung (Nr. 5) begründet, zum anderen in der offenen Festlegung der zu veranschlagenden Zeitspanne für einen **Berufsanfänger,** die zur **Verbesserung seiner Arbeitsmarktchancen** beitragen kann (vgl. u. Rz 87, 95). Dient die »Überbrückung« dagegen **personalwirtschaftlichen Zielen** des Arbeitgebers (Platzhalter für einen noch zu übernehmenden Auszubildenden), hat eine Prognose anhand der konkreten Personalplanung stattzufinden (*BAG* 13.10.2004 EzA § 17 TzBfG Nr. 6; 7.7.1999 EzA § 620 BGB Nr. 165; *Dörner* Befr. Arbeitsvertrag, Rz 264).

56 Geringe Anforderungen an die Prognose wird man im Bereich der sog. **Verschleißtatbestände** stellen können. Wenn die **Eigenart der Arbeitsleistung** die Befristung rechtfertigt (§ 14 Abs. 1 Nr. 4 TzBfG) so liegt der Kern des Befristungsgrundes im begründeten Auswechslungsinteresse des Arbeitgebers. Hier kommen ferner Gesichtspunkte wie die über Art. 5 Abs. 3 GG geschützte **künstlerische Gestaltungsfreiheit** ins Spiel (*BAG* 2.7.2003 EzA § 620 BGB 2002 Bedingung Nr. 2 zur auflösenden Bedingung), die bei kalendarischer Befristung die Anforderungen an die Prognose des Arbeitgebers herabsetzen können. Insbesondere in künstlerischen Berufen, im professionell betriebenen Sport oder in der Programmgestaltung bei den Medien können deshalb zwar die zu verrichtenden Tätigkeiten vom tragenden Befristungsgrund her überprüft werden; die Dauer des Einsatzes lässt sich jedoch nur schwer prognostizieren (vgl. unten Rz 126 ff.). Bei **sachgrundlosen Befristungen** nach Abs. 2 bedarf es überhaupt **keiner Prognose des Arbeitgebers**, da sich deren Voraussetzungen anders darstellen.

6. Angabe des Sachgrundes oder der Rechtsgrundlage

57 Die Anerkennung eines tatsächlich bestehenden sachlichen Grundes hängt bei **kalendermäßig befristeten Arbeitsverträgen** nicht davon ab, ob er mit dem Arbeitnehmer vereinbart wurde oder bei Vertragsabschluss mitgeteilt worden ist. **Entscheidend ist allein, ob der sachliche Grund zum Zeitpunkt des Vertragsabschlusses objektiv gegeben war** (hM, vgl. *BAG* 8.12.1988 EzA § 2 BeschFG 1985 Nr. 6; 31.1.1990 EzA § 620 BGB Nr. 108; 24.4.1996 und 28.1.1998 EzA § 620 BGB Hochschulen Nr. 7, 8 und 13; 28.6.2000 EzA § 1 BeschFG 1985 Nr. 15; 26.7.2000 EzA § 1 BeschFG 1985 Nr. 16; 25.10.2000 EzA § 1 BeschFG 1985 Nr. 17 und EzA § 1 BeschFG 1985 Nr. 23; *Dörner* ZTR 2001, 487; *MünchKomm-Hesse* Rz 13; *Gräfl/Arnold-Gräfl* Rz 21; *Erman/D. W. Belling* § 620 BGB Rz 47 f.; MünchArbR-*Wank* Erg.-Bd. § 116 Rz 71; *Küttner/Kania* 90 Rz 18).

58 **Anders** liegt es nur, **wenn durch Gesetz** (zB § 57b Abs. 3 HRG), **Tarifvertrag** (früher SR Nr. 2 zu 2y BAT) **oder Arbeitsvertrag verbindlich festgelegt wird**, dass der **Befristungsgrund bzw. die Befristungsgrundform** (*BAG* 15.8.2001 EzA § 21 BErzGG Nr. 4; 28.3.2001 EzA § 620 BGB Nr. 175) **anzugeben ist**. Die Festlegung, Sachgründe im Arbeitsvertrag zu benennen, lässt nicht den Schluss zu, dass bei einer sachgrundlosen Befristung diese als solche arbeitsvertraglich gekennzeichnet werden muss (*BAG* 26.7.2006 EzA § 14 TzBfG Nr. 32). Die in den gesetzlichen Sonderregelungen festgelegten Zitiergebote zum Befristungsgrund des Arbeitsvertrages sind **nicht analogiefähig**, weil es an einer entsprechenden Gesetzeslücke fehlt. Die konkrete Angabe des Befristungsgrundes im Arbeitsvertrag gehört nicht zu den Wirksamkeitsvoraussetzungen einer darauf gestützten Befristung (*BAG* 24.4.1996 aaO). Ein **Nachschieben von Befristungsgründen ist daher grds. möglich** (*Erman/D. W. Belling* Rz 27). Insoweit ergibt sich einen Parallele zum Kündigungsrecht, wonach die Wirksamkeit der Kündigung ebenfalls nicht von der Angabe des Kündigungsgrundes abhängig ist (*Staudinger/Preis* § 620 BGB Rz 60; KassArbR-*Schütz* 4.4 Rz 155; *Kania* aaO).

58a **An dieser Rechtslage hat die ab 1.1.2001 § 623 BGB aF ablösende Anschlussbestimmung in § 14 Abs. 4 TzBfG nichts geändert** (*BAG* 26.7.2006 EzA § 14 TzBfG Nr. 32; 23.6.2004 EzA § 14 TzBfG Nr. 10; *LAG Nds.* 4.7.2003 LAGE § 14 TzBfG Nr. 11). Nachdem zunächst im Referentenentwurf des BMA in Abs. 4 die schriftliche Angabe der Rechtsgrundlage zur Befristung vorgesehen war, wurde dies in den Regierungsentwurf und in das Gesetz nicht übernommen. Die abweichende, insoweit missverständliche Gesetzesbegründung zu § 14 Abs. 4 TzBfG (BT-Drs. 14/4374 S. 20) ist als Redaktionsversehen zu bewerten, denn eine solche Übereinstimmung mit der alten Regelung beabsichtigte zuletzt auch der Gesetzgeber (BT-Drs. 14/4625 S. 21; ebenso KR-*Spilger* Anhang zu § 623 BGB Rz 75; APS-*Backhaus* Rz 471 f.; *Richardi/Annuß* BB 2000, 2204; *Preis/Gotthardt* DB 2001, 150; ErfK-*Müller-Glöge* Rz 26; *Boewer* Rz 28, 37). **Bei kalendermäßigen Befristungen muss deshalb die schriftliche Abrede nur das Enddatum oder die Dauer enthalten** (vgl. *BAG* 11.8.1988 EzA § 620 BGB Nr. 105 für die tarifliche Schriftform; HWK-*Schmalenberg* Rz 137; *Dörner* Befr. Arbeitsvertrag, Rz 74 mwN), ansonsten **gilt wie bislang nur das Nachweisgesetz.** Danach ist vom Arbeitgeber gem. § 2 Abs. 1 S. 2 Nr. 3 NachwG dem Arbeitnehmer lediglich die vorhersehbare Dauer des Arbeitsverhältnisses schriftlich mitzuteilen. Aus Gründen der Rechtssicherheit und -klarheit wäre die Angabe des Sachgrundes bei einer kalendermäßigen Befristung zwar sinnvoll, dem Gesetzeswortlaut und der Gesetzesbegründung lässt sich aber hierfür kein Anhaltspunkt entnehmen (*Lakies* DZWIR 2001, 14; *Staudinger/Preis* § 620 BGB Rz 55, der auf die Nachteile einer möglichen Selbstbindung des Arbeitgebers hinweist).

59 Bei **zweckbefristeten Arbeitsverträgen ist die Angabe des Grundes allerdings bereits Voraussetzung für die Vereinbarung einer Befristung.** Sie setzt die Einigung von Arbeitgeber und Arbeitnehmer voraus, dass das Arbeitsverhältnis mit der Erledigung einer bestimmten, zweckgebundenen Aufgabe ohne weiteres beendet werden soll. Die Beschaffenheit oder der Zweck der Arbeitsleistung, für die der Arbeitnehmer eingestellt wird, müssen bei Vertragsabschluss erörtert und beiden Parteien erkennbar gewesen seien (*Staudinger/Preis* § 620 BGB Rz 59; *Dörner* Befr. Arbeitsvertrag, Rz 78; *Hromadka* BB 2001, 674; *BAG* 26.6.1996 EzA § 620 BGB Bedingung Nr. 12 m. zust. Anm. *B. Gaul*; *Preis/Gotthardt* NZA 2000, 359 zu § 623 BGB; *Däubler* ZIP 2001, 224; *Lakies* aaO; ErfK-*Müller-Glöge* Rz 27; *Boewer* Rz 90). Vgl. ausführlich zur Schriftform KR-*Spilger* Anhang zu § 623 BGB.

60 Wird im Arbeitsvertrag, ohne dass dies gesetzlich, tarifvertraglich oder arbeitsvertraglich vorgeschrieben ist, ein **Grund für die Befristung angegeben** (Sachgrund oder sachgrundlose Befristung nach Abs. 2, 2a oder Abs. 3) so entsteht dadurch keine **Bindung des Arbeitgebers** dahin, dass er sich nicht mehr auf einen anderen die Befristung rechtfertigenden Grund oder die Voraussetzungen einer sachgrundlosen Befristung berufen darf (*Dörner* Befr. Arbeitsvertrag, Rz 515, 598; *Rolfs* Rz 81). Davon ist

Zulässigkeit der Befristung § 14 TzBfG

nur auszugehen, wenn die Parteien die Befristung ausschließlich auf eine bestimmte Rechtsgrundlage stützen wollten (*BAG* 5.6.2002 EzA § 620 BGB Nr. 193; 4.12.2002 EzA § 14 TzBfG Nr. 1). Das muss nicht ausdrücklich geschehen.

Der Parteiwille, eine Befristung an einen bestimmten Rechtfertigungsgrund zu binden, kann sich auch 61 aus den Umständen ergeben. So kann die **Abbedingung einer sachgrundlosen Befristung** dann angenommen werden, wenn der Arbeitnehmer die Erklärung des Arbeitgebers dahin verstehen darf, dass die Befristung sich allein aus einem bestimmten Sachgrund rechtfertigen und mit diesem »stehen und fallen« soll (*BAG* 5.6.2002 EzA § 620 BGB Nr. 193). Diese Voraussetzung ist indessen nicht bereits dann erfüllt, wenn im Arbeitsvertrag ein Sachgrund angegeben worden ist (*BAG* 4.12.2002 EzA § 14 TzBfG Nr. 1). Allerdings kann die **Aufnahme eines Sachgrundes** ein Indiz für eine Abbedingung anderer Befristungsgründe oder sachgrundloser Befristungen (Abs. 2, 2a, 3) sein, wenn andere Umstände hinzutreten. Dabei kann zB eine Rolle spielen, dass bei Vertragsschluss über andere die Befristung rechtfertigende Sachgründe nicht gesprochen wurde und deshalb allein eine sachgrundlose Befristung nach Abs. 2 und 3 in Betracht kam.

Haben die Parteien der Befristungsabrede gesetzliche Befristungstatbestände (zB § 21 BEEG; befristete 62 Vertretung während der Elternzeit) oder erkennbar bestimmte Sachgründe aus § 14 Abs. 1 TzBfG (zB Anschlussbefristung an eine Ausbildung oder ein Studium) **ausschließlich vereinbart**, ist dem Arbeitgeber ein **Rückgriff** auf die Möglichkeiten einer **sachgrundlosen Befristung verwehrt**. Im umgekehrten Fall – eine Befristung wird vereinbart ohne dass die Voraussetzungen eines sachgrundlosen Zeitvertrages nach Abs. 2 und 2a gegeben sind – kann der Arbeitgeber dagegen einen **Sachgrund nach Abs. 1** nachträglich anführen (*BAG* 15.2003 EzA-SD 2003, Nr. 16, S. 4; vgl. auch *BAG* 23.6.2004 EzA § 14 TzBfG Nr. 10; *Dörner* Befr. Arbeitsvertrag, Rz 598 f.; *Gräfl/Arnold-Gräfl* Rz 21). Die insoweit abw. frühere Rechtsprechung war Folge des eingeschränkten Anschlussverbots nach § 1 Abs. 3 BeschFG 1996 (*BAG* 28.6.2000, 26.7.2000 und 25.10.2000, EzA § 1 BeschFG 1985 Nr. 15, 16, 17 und 23 zum alten Recht), das § 14 Abs. 2 und 2a TzBfG nicht übernommen hat. § 14 Abs. 2 TzBfG stellt nicht darauf ab, ob ein Vertrag entsprechend dem Willen der Arbeitsvertragsparteien nach dieser Bestimmung befristet sein sollte (*BAG* 22.10.2003 EzA § 620 BGB 2002 Nr. 8; Erf*K-Müller-Glöge* Rz 111). Von den Besonderheiten des zweckbefristeten und auflösend bedingten Arbeitsvertrages abgesehen (vgl. KR-*Bader* § 3 TzBfG Rz 8, § 21 Rz 20) kann infolgedessen die **Angabe des Rechtfertigungsgrundes im Arbeitsvertrag den Arbeitgeber nur dann binden, wenn sich die Parteien bewusst allein darauf stützen wollten.**

Eine **Sonderbehandlung** hat **in der Vergangenheit** das **Probearbeitsverhältnis** gefunden. Nach der 63 Rechtsprechung des BAG ist die Befristung eines Arbeitsverhältnisses zum Zwecke der Erprobung nur dann als sachlicher Grund anzuerkennen, wenn dieser Zweck Vertragsinhalt geworden ist. Es genügte demnach nicht, dass die Erprobung – für den Arbeitnehmer erkennbar – nur Motiv des Arbeitgebers war (*BAG* 30.9.1981 EzA § 620 BGB Nr. 54; 31.3.1994 EzA § 620 BGB Nr. 127; MünchArbR-*Wank* § 116 Rz 92; KDZ-*Däubler* Rz 85, 191; aA *BAG* 21.3.1990 – 7 AZR 192/86, nv; APS-*Backhaus* 1. Aufl. § 620 BGB Rz 259). Nachdem der Gesetzgeber die Erprobung als einen unter mehreren genannten Sachgründen zur Befristung anerkannt hat, eine besondere Angabe dieses Befristungsgrundes jedoch weder im Gesetzestext noch in der Gesetzesbegründung (BT-Drs. 14/4374 S. 19; 14/4625 S. 21) aufzufinden ist, **widerspricht es** der mit dem Gesetz angestrebten Transparenz und Rechtssicherheit, **diesem Sachgrund weiterhin eine Sonderbehandlung angedeihen zu lassen.** Auch für den Sachgrund der Erprobung ist nun keine Sachgrundangabe mehr erforderlich. § 14 Abs. 4 TzBfG erfasst nur die Befristungsabrede als solche, nicht den Befristungsgrund (*BAG* 23.6.2004 EzA § 14 TzBfG Nr. 10; *Staudinger/Preis* § 620 BGB Rz 55; *Dörner* Befr. Arbeitsvertrag, Rz 76; Erf*K-Müller-Glöge* Rz 146). Näher dazu s.u. Rz 163.

Nach Nr. 2 der **SR 2y BAT** – einer tariflichen Abschlussnorm iSd § 4 Abs. 1 TVG (*BAG* 27.4.1988 AP 64 Nr. 4 zu § 1 BeschFG 1985; 14.2.1990 EzA § 1 BeschFG 1985 Nr. 10) – war **bei Tarifbindung** im Arbeitsvertrag – im Regelfall in schriftlicher Form – zu vereinbaren, ob der Angestellte in der **Befristungsgrundform** als Zeitangestellter, als Angestellter für Aufgaben von begrenzter Dauer oder als Aushilfsangestellter eingestellt wird. Darüber hinaus war im Arbeitsvertrag des Angestellten für eine Aufgabe von begrenzter Dauer die übertragene Aufgabe zu bezeichnen. **Die hierdurch und durch entsprechende Tarifverträge begründete Pflicht diente der Rechtssicherheit und Klarheit** (*BAG* 21.3.1990 EzA § 620 BGB Nr. 106; 11.11.1991 EzA § 620 BGB Nr. 111; 28.3.2001 EzA § 620 BGB Nr. 175; 31.7.2002 EzA § 620 BGB Nr. 196; *LAG Düsseld.* 21.12.2005 LAGE § 14 TzBfG Nr. 25; Erf*K-Müller-Glöge* Rz 29; HaKo-*Mestwerdt* Rz 227). Obwohl die schriftliche Vereinbarung nach Nr. 2 Abs. 1 SR 2y BAT einen späteren Streit über den Befristungsgrund vermeiden soll, verlangte das BAG **nicht die Angabe des konkreten sachlichen Befristungsgrundes im Arbeitsvertrag** (*BAG* 29.10.1998 EzA § 21 BErzGG

Lipke 2447

§ 14 TzBfG   Zulässigkeit der Befristung

Nr. 3), sondern ließ es genügen, wenn sich **aus dem vertraglichen Zusammenhang ergab, ob der Arbeitnehmer als Zeitangestellter** (= bis zum Ablauf einer kalendermäßigen Frist), **als Angestellter für Aufgaben von begrenzter Dauer** (= bis zum Eintritt eines bestimmten Ereignisses) **oder als Aushilfsangestellter** (= zur Vertretung oder als Aushilfe) **eingestellt worden war**. Es sollte sich insoweit **nicht** um eine formbedürftige **Nebenabrede** iSd **§ 4 Abs. 2 BAT** handeln (*BAG* 15.3.1989 EzA § 1 BeschFG 1985 Nr. 8; 14.2.1990 EzA § 1 BeschFG 1985 Nr. 10; *Dörner* Befr. Arbeitsvertrag, Rz 443; kein Schriftformerfordernis, da mit den Befristungsregelungen Hauptpflichten der Arbeitsvertragsparteien betroffen sind *Staudinger/Preis* § 620 BGB Rz 218ff., 223; APS-*Schmidt* BAT SR 2y Rz 11 f.). Dies galt auch für die der SR 2y BAT nachgebildeten Tarifregelungen (*LAG Köln* 26.1.1996 ZTR 1996, 327). Kam der BAT kraft **arbeitsvertraglicher Inbezugnahme** zur Anwendung, waren abw. Bestimmungen, zB zu SR 2y möglich (ErfK-*Müller-Glöge* § 22 TzBfG Rz 5). Es konnte ferner zwischen den Arbeitsvertragsparteien vereinbart werden, dass anstelle des BAT-O der für den Arbeitnehmer günstigere BAT mit der SR 2y auf das Arbeitsverhältnis anzuwenden ist (*BAG* 31.7.2002 EzA § 620 BGB Nr. 196; APS-*Schmidt* SR 2y BAT Rz 4).

65 Lagen allerdings **mehrere sachliche Gründe für die Befristung des Arbeitsvertrages vor, die jeweils verschiedenen tariflichen Befristungsgrundformen zuzuordnen waren,** so bedurfte es der Vereinbarung dieser verschiedenen Grundformen im Arbeitsvertrag, wenn alle gegebenen Sachgründe für die Befristung bei der gerichtlichen Befristungskontrolle berücksichtigt werden sollten (st.Rspr., *BAG* 21.3.1990 EzA § 620 BGB Nr. 106; 20.2.1991 EzA § 620 BGB Nr. 109; 7.7.1999 EzA § 620 BGB Nr. 165; 24.4.1996 EzA § 620 BGB Hochschule Nr. 8; 29.10.1998 EzA § 21 BErzGG Nr. 3; 15.2.2006 ZTR 2006, 509). Dadurch wurde die von der Rechtsprechung angestrebte Rechtssicherheit und -klarheit nicht unerheblich verwässert (*Dörner* Befr. Arbeitsvertrag, Rz 441). Hatten sich die **Parteien** über die tariflich vorgegebene Befristungsgrundform **nicht geeinigt, so lag eine Vertragslücke vor, die im Wege ergänzender Vertragsauslegung (§§ 157, 153 BGB) zu schließen war** (*BAG* 28.2.1990 EzA § 1 BeschFG 1985 Nr. 9). War der tatsächliche Befristungsgrund im Arbeitsvertrag schlagwortartig angegeben und sind dem Arbeitnehmer die näheren Einzelheiten bekannt, so konnte sich der Arbeitgeber selbst dann auf den maßgebenden konkreten Sachgrund berufen, wenn die dafür anzugebende tarifliche Befristungsgrundform falsch im Arbeitsvertrag bezeichnet wurde (*BAG* 8.4.1992 EzA § 620 BGB Nr. 115). Eine ergänzende Vertragsauslegung war ebenso dann erforderlich, wenn zwar die **Befristungsgrundform korrekt angegeben worden war, die Dauer der Befristung aber unklar blieb** (*BAG* 26.6.1996, EzA § 620 BGB Bedingung Nr. 12). Der den **BAT anwendende Arbeitgeber** konnte sich deshalb zur Rechtfertigung der Befristung nur auf die konkret im Arbeitsvertrag bezeichnete oder durch Auslegung zu ermittelnde Befristungsgrundform und die dazu gehörigen Sachgründe berufen; andere Sachgründe waren ihm versagt (*BAG* 29.10.1998 EzA § 21 BErzGG Nr. 3; 7.10.1999 EzA § 620 BGB Nr. 165; 28.3.2001 EzA § 620 BGB Nr. 175; 15.8.2001 EzA § 620 BGB Nr. 182; 23.1.2002 EzA § 620 BGB Nr. 190; 17.4.2002 EzA § 620 BGB Nr. 191; 17.4.2002 EzA § 620 BGB Nr. 194; 31.7.2002 EzA § 620 BGB Nr. 196; 4.12.2002 EzA § 620 BGB 2002, Nr. 1; APS-*Schmidt* SR 2y BAT Rz 13). Die eindrucksvolle Staffel der klagzusprechenden Entscheidungen des BAG zeigt auf, dass die öffentlichen Arbeitgeber der **korrekten Zuordnung** der Befristungsvereinbarung **zu den tariflichen Befristungsgrundformen** zu wenig Beachtung schenkten (vgl. aber u. Rz 66a). Näher zum Problemkreis **BAT/TVöD** KR-*Bader* § 22 TzBfG Rz 18 ff.

66 **Mit der Aufhebung des BeschFG zum 31.12.2000 war eine sachgrundlose Befristung im Anwendungsbereich des BAT nicht mehr möglich** (vgl. dazu *BAG* 27.9.2000 EzA § 1 BeschFG 1985 Nr. 20; *LAG Nds.* 1.11.1999 RzK I 9 f. Nr. 67; *Pöltl* NZA 2001, 582). Bis zum 31.12.2001 war nur noch der Abschluss von **befristeten Arbeitsverträgen mit Sachgrund** im Anwendungsbereich des BAT zulässig. Mit dem 77. Änderungstarifvertrag v. 29.10.2001 haben die Tarifvertragsparteien des öffentlichen Dienstes mit Wirkung v. **1.1.2002** den Abschluss sachgrundloser Befristungen wieder eröffnet (*Otto, K.* ZTR 2002, 8). Nach der **Protokollnotiz Nr. 6 S. 3 Buchst. a** ist im sachgrundlos befristeten Arbeitsvertrag anzuführen, dass es sich um einen Vertrag nach § 14 Abs. 2 oder 3 TzBfG handelt. Eine schriftliche Festlegung der sachgrundlosen Befristung als solche ist damit nicht verbunden; die Einigung der Arbeitsvertragsparteien hierzu genügt (APS-*Schmidt* BAT SR 2y Rz 33 f., 41; *Dörner* Befr. Arbeitsvertrag, Rz 432, 463 ff.).

66a Die **Ausführungen zu Rz 64 ff.** sind nach Umstellung der Arbeitsverträge auf den **TVöD**, der grds. zum 1. Oktober 2005 in Kraft getreten ist, **nicht mehr maßgebend**. Weitergehend als die SR 2y BAT lehnen sich die Tarifvorschriften für den öffentlichen Dienst an das **TzBfG** an. Insbesondere die »Stolperfallen« bei der notwendigen Vereinbarung zu den **Befristungsgrundformen** sind beseitigt worden (HWK-*Schmalenberg* Rz 141). Hier ist nun § 3 TzBfG allein verbindlich. Ebenfalls muss eine **sachgrund-**

Zulässigkeit der Befristung § 14 TzBfG

lose Befristung als solche nicht mehr benannt werden. § 30 TVöD schafft eine den Anforderungen des TzBfG weitgehend vergleichbare Rechtslage, er setzt indessen Akzente bei den Laufzeiten, der Probezeit und den Kündigungsfristen bei Befristung des Arbeitsverhältnisses (näher dazu *Fritz* ZTR 2006, 2, 7 ff.). Zum Hochschulbereich vgl. KR-*Lipke* § 57a HRG Rz 53 f. Zu den Besonderheiten der tarifvertraglichen Befristungen und zum TVöD KR-*Bader* § 22 TzBfG.

III. Die gesetzlich benannten Sachgründe

1. Vorübergehender betrieblicher Bedarf an der Arbeitsleistung

a) Allgemeines

Der Gesetzgeber geht davon aus, dass es sich bei diesen Sachverhalten um den **häufigsten Sachgrund für eine Befristung** handelt (BT-Drs. 14/4374 S. 18). Es wird ersichtlich an die **bisherige Befristungsrechtsprechung** angeknüpft. Die Gesetzesbegründung macht deutlich, dass der zeitlich begrenzte betriebliche Zusatzbedarf an Arbeitskraft nicht gegeben ist, wenn beim Arbeitgeber über die künftige Entwicklung des Arbeitskräftebedarfs lediglich Unsicherheit besteht. Diese **bloße Unsicherheit über die zukünftige Entwicklung des Personalbedarfs** gehört vielmehr zum **unternehmerischen Risiko**, das der Arbeitgeber nicht durch den Abschluss befristeter Arbeitsverträge auf seine Arbeitnehmer abwälzen kann. Der Arbeitgeber kann sich bei nicht oder nur schwer vorhersehbarem quantitativen Bedarf nicht darauf berufen, mit befristeten Arbeitsverträgen könne er leichter und schneller auf Bedarfsschwankungen reagieren (*BAG* BAGE 56, 241, 249; 69, 62; 8.4.1992 12.9.1996 EzA § 620 BGB Nr. 115; 22.3.2000 EzA § 620 BGB Nr. 142; 22.3.2000 EzA § 620 BGB Nr. 170; BT-Drs. 14/4374 S. 19; *Hromadka* BB 2001, 622; *Lakies* DZWIR 2001, 9; *Kliemt* NZA 2001, 297; APS-*Backhaus* Rz 40, 138 ff.; KDZ-*Däubler* Rz 39; *Staudinger/Preis* Rz 91; ArbRBGB-*Dörner* § 620 Rz 100). Die **Sorge** des Arbeitgebers um die **konjunkturelle und wirtschaftliche Entwicklung** kann deshalb noch keine Befristung rechtfertigen (*BAG* 22.3.2000 EzA § 620 BGB Nr. 170; 25.11.1992 EzA § 620 BGB Nr. 117; ErfK-*Müller-Glöge* Rz 36ff.; Erman/*D. W. Belling* § 620 BGB Rz 55; MünchKomm-*Hesse* Rz 20 ff.; *Annuß/Thüsing-Maschmann* Rz 30 ff.). Zur Prognose des Arbeitgebers vgl. o. Rz 46 ff., Rz 71. 67

Da der Arbeitgeber insoweit das unternehmerische Risiko des wirtschaftlichen Misserfolgs zu tragen hat, bleibt regelmäßig nur der Weg unbefristet begründete Arbeitsverhältnisse betriebsbedingt aufzukündigen. Einen anderen **Weg** bietet die »**einmalige**« **sachgrundlose Befristung** nach Abs. 2, 2a und 3, die dem Arbeitgeber flexible Möglichkeiten an die Hand gibt schwankenden Bedarf an Arbeitskraft problemlos zu befriedigen (*Dörner* Befr. Arbeitsvertrag, Rz 277). Daraus folgt, dass die Sachgrundbefristung nach Nr. 1 sich hiervon deutlich abheben muss und vom Arbeitgeber **konkrete Anhaltspunkte** für den »vorübergehenden Bedarf an Arbeitskräften« genannt werden müssen (*BAG* 17.4.2002 EzA § 620 BGB Nr. 191; MHH-*Meinel* Rz 21), die Grundlage seiner Prognose sind. Eine **klare Grenze zum vorübergehenden betrieblichen Bedarf an Arbeitsleistung** in der Privatwirtschaft und im öffentlichen Dienst wird aufgrund des nunmehr offenen Katalogs an Sachgründen in Abs. 1 **zu den Vertretungsfällen nach Nr. 3 und zu der haushaltsrechtlich begrenzten befristeten Beschäftigung nach Nr. 7 zu ziehen sein**. Die Vertretung eines vorübergehend ausfallenden Arbeitnehmers schafft ebenfalls einen zeitlich begrenzten personellen Mehrbedarf im Betrieb oder in der Dienststelle. Deshalb wurde bereits in der Vergangenheit die befristete Vertretung als Unterfall des Arbeitskräftemehrbedarfs eingestuft (APS-*Backhaus* 1. Aufl. § 620 BGB Rz 320; *BAG* 29.10.1998 EzA § 21 BErzGG Nr. 3 Aushilfe als Unterfall der Vertretung). Die Überschneidung wird besonders deutlich bei der Befristung von Arbeitsverträgen mit Vertretungskräften zur Befriedigung eines schultypenübergreifenden **Gesamtvertretungsbedarfs an Lehrkräften** (*BAG* 3.12.1986 EzA § 620 BGB Nr. 88; 20.1.1999 EzA § 620 BGB Nr. 160). Den **Unterschied** wird man wohl darin erkennen können, dass der **vorübergehende Arbeitskräftebedarf nach Nr. 1 durch eine unternehmerische Entscheidung des Arbeitgebers als Antwort auf außer- oder innerbetriebliche Einflüsse** (zB überraschender zusätzlicher fristgebundener Auftrag oder rationalisierende Umstrukturierung) **zu sehen ist, dagegen der Arbeitgeber im Fall Nr. 3 nur entscheidet, ob er eine vorübergehende Lücke im Personalbestand** (zB durch Krankheit oder Elternzeit) **ganz, teil-, zeitweise oder gar nicht mit Hilfe einer befristeten Einstellung auffüllt. Nach Nr. 7 vollzieht der (öffentliche) Arbeitgeber dagegen nur eine Planvorgabe des Haushaltsgesetzgebers,** deren Schlüssigkeit nur im Ausnahmefall gerichtlich überprüfbar ist (ebenso HaKo-*Mestwerdt* Rz 52f., der nach personellem und betrieblichem Bereich unterscheidet; *Dörner* Befr. Arbeitsvertrag, Rz 290). Hierbei wird nämlich unterstellt, dass der Haushaltsgesetzgeber sich mit den Verhältnissen dieser Stelle befasst und festgestellt hat, dass für die Beschäftigung eines oder mehrerer Arbeitnehmer nur ein vorübergehender Bedarf besteht (BAGE 37, 283; *BAG* 24.9.1997 – 7 AZR 654/96, nv). Näher dazu u. Rz 215 ff. 68

Lipke 2449

68a Neben diesen Abgrenzungskriterien machen die **Begriffsvielfalt** (*Hunold* NZA 2003, 255) die Ermittlung der Nr. 1 zuzuordnenden Lebenssachverhalte problematisch (*Dörner* Befr. Arbeitsvertrag, Rz 280ff.). So war im BAT die »Aushilfe« dem »vorübergehenden« Bedarf an Arbeitskräften zuzuordnen, in der Privatwirtschaft kann sich dagegen der zeitweise Mehrbedarf an Arbeitskapazität aus einem **vorübergehenden Zuwachs** im Bereich von **Daueraufgaben** (einmalig oder regelmäßig wiederkehrend) oder durch eine **neue**, allerdings zeitlich begrenzte **Zusatzaufgabe** ergeben. Schließlich kann auch ein absehbarer **Minderbedarf** an Arbeitskräften (Rationalisierung oder Insolvenz) einen vorübergehenden Mehrbedarf an befristet zu beschäftigenden Arbeitnehmern auslösen (s.u. Rz 83). Die Diskrepanz zum Tarifrecht des öffentlichen Dienstes ist mit Inkrafttreten des TVöD (s.o. Rz 66a) Geschichte.

b) Öffentlicher Dienst

69 Im Bereich des **öffentlichen Dienstes** war ein vorübergehender betrieblicher Bedarf an Arbeitsleistung der in Nr. 1b SR 2y BAT geregelten Erledigung von Aufgaben von begrenzter Dauer gleichzustellen. Eine Aufgabe von begrenzter Dauer lag vor, wenn zum Zeitpunkt des Vertragsschlusses zu erwarten ist, dass diese Aufgabe innerhalb des von den Parteien zugrunde gelegten Zeitraumes beendet sein wird (*BAG* 15.2.2006 ZTR 2006, 509; *BAG* 11.12.1991 EzA § 620 BGB Nr. 111; 3.11.1999 EzA § 620 BGB Nr. 166; vgl. allgemein *Hunold* NZA-RR 2005, 449 ff.). Auch hier können Außenfaktoren den Beschäftigungsbedarf steuern und zu Beschäftigungsrisiken für den öffentlichen Arbeitgeber führen (*BAG* 16.10.1987 EzA § 620 BGB Nr. 92). Dies berechtigt den öffentlichen Arbeitgeber jedoch nur dann zum Abschluss eines sachlich begründeten befristeten Arbeitsvertrages, wenn **im Zeitpunkt der Befristung aufgrund greifbarer Tatsachen (Prognose) mit einiger Sicherheit der Wegfall des Mehrbedarfs nach Auslaufen des befristeten Arbeitsverhältnisses zu erwarten ist** (*BAG* 28.3.2001 EzA § 620 BGB Nr. 175; 4.12.2002 EzA § 620 BGB 2002 Nr. 1; *LAG SchlH* 23.3.2005 NZA-RR 2005, 628; *LAG Nds.* 12.1.2004 – 5 Sa 1174/03; *ErfK-Müller-Glöge* Rz 37). Die im Rahmen der Befristung zu erledigende Aufgabenstellung durfte und darf erwartungsgemäß einen **Zeitraum von fünf Jahren** nicht überschreiten (§ 30 Abs. 2 TVöD; Nr. 3 zu SR 2y BAT; *BAG* 11.12.1991 EzA § 620 BGB Nr. 111; 15.1.1997 EzA § 620 BGB Hochschulen Nr. 12; HaKo-*Mestwerdt* Rz 57; aA *Plander/Witt* Höchstgrenze von 2 Jahren). Aufgabenstellungen, deren Finanzierung und zukünftiger Bedarf zwar unsicher ist, deren Wahrnehmung aber im Wesentlichen allein von der Entscheidung des Arbeitgebers abhängen, gehören nicht hierher (*LAG Köln* 28.9.1995 ZTR 1996, 129).

70 Bei der Abgrenzung zwischen einer Aufgabe von begrenzter oder unbegrenzter Dauer ist nicht darauf abzustellen, ob ein Arbeitnehmer für Tätigkeiten eingestellt worden ist, die wesensmäßig zu den **Daueraufgaben** eines öffentlichen Arbeitgebers gehören. **Die vorübergehende Dauer der Aufgabe wird vielmehr primär durch den öffentlichen Arbeitgeber bestimmt, und zwar im Rahmen einer »Unternehmerentscheidung«,** die von den Gerichten grds. als bindend hinzunehmen ist (*BAG* 7.6.1984 – 2 AZR 773/83, nv). Eine zeitlich begrenzte Aufgabenwahrnehmung kann sich deshalb auch daraus ergeben, dass der öffentliche Arbeitgeber beschließt, eine bestimmte Aufgabe (zB ein Forschungsprojekt) nur in einem von vorneherein begrenzten Zeitrahmen zu verfolgen und anschließend in Wegfall geraten zu lassen (ebenso *BAG* 15.1.1997 EzA § 620 BGB Hochschulen Nr. 12; 24.10.2001 EzA § 620 BGB Hochschulen Nr. 31; 9.6.1999 – 7 AZR 684/97, nv – Prognose bei projektbezogener Befristung). Zu den **Projektbefristungen** im Hochschulbereich vgl. näher KR-*Lipke* § 57b HRG Rz 71 ff.; vgl. weiter u. Rz 74.

c) Privatwirtschaft

71 Die Anerkennung eines vorübergehenden Arbeitskräftebedarfs als Befristungsgrund setzt voraus, dass zum Zeitpunkt des Vertragsabschlusses der Arbeitgeber aufgrund greifbarer Tatsachen mit hinreichender Sicherheit annehmen kann, dass der Arbeitskräftebedarf in Zukunft wegfallen wird (**Prognose**). Diesen Umstand hat der Gesetzgeber in seiner Gesetzesbegründung ausdrücklich hervorgehoben (BT-Drs. 14/4374 S. 19). Damit knüpft das Gesetz an die bisherige Rechtsprechung an, wonach **der Arbeitgeber zu Umfang und Dauer des voraussichtlichen Mehrbedarfs eine Prognose zu erstellen und deren tatsächliche Grundlagen offen zu legen hat** (*BAG* 4.12.2002 EzA § 620 BGB 2002 Nr. 1; 12.9.1996 EzA § 620 BGB Nr. 142; 22.3.2000 EzA § 620 BGB Nr. 170; 15.8.2001 EzA § 620 BGB Nr. 184; 12.5.1999 RzK I 9a Nr. 156; *LAG Köln* 8.5.2006 ArbuR 2006, 330; *Hess. LAG* 31.5.2005 – 13 Sa 1469/04; ArbRBGB-*Dörner* § 620 BGB Rz 103 f.; *Annuß/Thüsing-Maschmann* Rz 33). Zu den allg. Voraussetzungen einer auf konkrete Tatsachen gestützten Prognose vgl. oben Rz 46 ff.

72 Die befristete Einstellung wegen eines vorübergehenden Mehr- oder Minderbedarfs setzt zu ihrer Rechtswirksamkeit ferner voraus, dass der Arbeitnehmer **gerade zur Deckung dieses Mehr- bzw.**

Minderbedarfs eingestellt wird. Wird der befristet eingestellte Arbeitnehmer **an anderer Stelle im Unternehmen eingesetzt,** hat der Arbeitgeber die damit verbundene **Umorganisation der Arbeitsverteilung** und die fortbestehende Ursächlichkeit der Bedarfsschwankung für die Befristung **darzustellen** (*BAG* 8.7.1998 RzK I 9a Nr. 132; 12.5.1999 – 7 AZR 1/98 – nv; *Dörner* aaO Rz 102; ErfK-*Müller-Glöge* Rz 39). Aus Anlass eines zeitweiligen Mehr- oder Minderbedarfs gewinnt der Arbeitgeber nicht das Recht, beliebig viele Arbeitnehmer befristet einzustellen. **Die Zahl der befristet eingestellten Arbeitnehmer hat sich im Rahmen des vorübergehenden Mehr- bzw. Minderbedarfs zu halten und darf diesen nicht überschreiten** (*BAG* 12.9.1996 EzA § 620 BGB Nr. 142; 15.8.2001 EzA § 620 BGB Nr. 184; *Annuß/Thüsing-Maschmann* Rz 32; *Boewer* Rz 106; *Dörner* Befr. Arbeitsvertrag, Rz 291, der hierfür Kausalität fordert). Die zuletzt abgeschlossenen »überschießenden« Befristungen sind dann aus § 14 Abs. 1 S. 2 Nr. 1 TzBfG nicht sachlich gerechtfertigt (HaKo-*Mestwerdt* Rz 54), soweit der Arbeitgeber sich nicht auf eine sachgrundlose Befristung nach den Abs. 2 bis 3 zurückziehen kann. Lässt sich die »**Kausalität**« von Eintritt zusätzlichen Mehrbedarfs und befristeter Einstellung nicht nachweisen, weil alle Arbeitnehmer gleichzeitig eingestellt worden sind, geht dies zu Lasten des Arbeitgebers (*Sievers* Rz 66). Bei einem längerfristig gestiegenen, mit den vorhandenen Stammarbeitskräften nicht mehr zu bewältigenden Arbeitskräftebedarf von nicht abzusehender Dauer besteht kein sachlicher Grund nach Nr. 1 für die Befristung des Arbeitsvertrages mit den zusätzlich eingestellten Arbeitnehmern (*BAG* 25.11.1992 EzA § 620 BGB Nr. 117). **Ob der betriebliche vorübergehende Mehrbedarf tatsächlich zeitlich beschränkt ist, bestimmt sich deshalb in erster Linie nach objektiven Maßstäben und nicht nach der subjektiven Einschätzung des Arbeitgebers** (*BAG* 28.3.2001 EzA § 620 BGB Nr. 175; *Dörner* Befr. Arbeitsvertrag, Rz 285; KDZ-*Däubler* Rz 42). Von daher kommt es **letztlich auf die konkreten Tatsachen an, die der Arbeitgeber seiner Prognose zugrunde gelegt hat und die den Wegfall des Bedarfs »hinreichend sicher« machen** (*BAG* 22.3.2000 EzA § 620 BGB Nr. 170; 12.5.1999 RzK I 9a Nr. 156). Das **Direktionsrecht** des Arbeitgebers wird durch die befristete Einstellung nicht berührt. Der Arbeitgeber kann also im Rahmen seiner vertraglichen Befugnisse den Arbeitnehmer auch mit anderen als den für die Befristung zugrunde liegenden Aufgabenstellungen betrauen.

Die Erfüllung einer **Daueraufgabe** kann eine Sachgrundbefristung nach Nr. 1 nicht rechtfertigen (*BAG* 16.10.1987 EzA § 620 BGB Nr. 92; 22.3.2000 EzA § 620 BGB Nr. 170; *LAG Köln* 9.12.2005 LAGE § 14 TzBfG Nr. 24 zur Flugzeugabfertigung; *BAG* 4.12.2002 EzA § 620 BGB 2002 Nr. 1 zur Abgrenzung eines zeitlich begrenzten Projektes von Daueraufgaben; *Staudinger/Preis* § 620 BGB Rz 94; MünchArbR-*Wank* Erg.-Bd. § 116 Rz 87). Davon trennt das BAG indessen die Fälle, in denen eine **Daueraufgabe** für eine nicht unerhebliche Zeitspanne von vielen Wochen oder Monaten **unterbrochen** werden muss. Hier entfällt für eine geraume Zeitspanne der Beschäftigungsbedarf, so dass die Befristung trotz Daueraufgabenstellung des Arbeitgebers tragen soll (*BAG* 11.2.2004 EzA § 620 BGB 2002 Nr. 9). Eine Vertragsgestaltungskontrolle (Teilzeitdauerarbeitsverhältnis mit Abrufmöglichkeit; § 12 TzBfG) lehnt das BAG ab und beschränkt sich auf die Überprüfung des Befristungsgrundes. Diese der **Rechtssicherheit abträgliche Differenzierung** dürfte dem besonderen Sachverhalt geschuldet sein (ErfK-*Müller-Glöge* Rz 37 will in diesen Fällen auf die einschlägige Kündigungsfrist für die Beschäftigten abstellen, um einen vorübergehenden Arbeitskräftebedarf anzuerkennen, bspw. Schülerbeförderung für 10 Monate im Jahr; kein Bedarf für 2 Monate als Busfahrer).

d) Einzelfälle

aa) Zeitlich begrenzter Arbeitsbedarf

Ein zeitlich begrenzter Mehrbedarf an Arbeitskräften ist anzuerkennen bei erkennbar **vorübergehend erhöhtem Auftragseingang** (sog. Auftragsspitzen, *BAG* 11.8.1988 RzK I 9a Nr. 34; *LAG SchlH* 14.9.1988 LAGE § 620 Nr. 14), für die **zeitlich begrenzte Betreuung** eines voraussichtlich demnächst zurückgehenden **Asylbewerberstroms** (*BAG* 25.11.1992 EzA § 620 BGB Nr. 117; 26.3.1957 AP Nr. 5 zu § 620 BGB Befristeter Arbeitsvertrag und AP Nr. 29 zu § 1 KSchG »Bewältigung des Flüchtlingsstroms im Notaufnahmeverfahren als Aufgaben von begrenzter Dauer«), für **Zusatzarbeiten infolge gesetzlicher Umstellungen** (vgl. *BAG* 4.11.1982 – 2 AZR 19/81, nv »Neuregelung des Kriegsdienstverweigerungsverfahrens«; 8.7.1998 RzK I 9a Nr. 132 »Mietenüberleitungsgesetz«; 12.5.1999 RzK I 9a Nr. 156, »Einführung der 2. Stufe der Pflegeversicherung«), für den **erhöhten Arbeitsanfall während eines Ausschreibungsverfahrens** (*ArbG Kiel* 14.8.1998 RzK I 9a Nr. 135), für den **Abbau von Produktionsrückständen** (*BAG* 14.12.1988 EzA § 4 TVG Metallindustrie Nr. 57), für **Umstrukturierungen im öffentlichen Dienst** (*BAG* 11.12.1990 – 7 AZR 621/89, nv, »Umorganisation eines Arbeitsamtes«; 12.9.1996 EzA § 620 BGB Nr. 142, »Umstellung auf Postleitzahlensystem«), für **zeitlich befristeten** starken Kundenandrang vor Weihnachten (*BAG* 12.9.1996 EzA § 620 BGB Nr. 142), für die **Vorbereitung und Durchführung einer größeren Ausstellung** (*BAG* 25.8.1983 – 2 AZR 107/82, nv), **für Inventuraufnahmen, für Ausverkäufe, im Schiffsbau und im Baugewerbe** für bestimmte Bauten oder in Hafenbetriebsvereinen bei **vorübergehend verstärktem Anfall von Lösch- und Ladearbeiten** (*v. Hoyningen-Huene/Linck* § 1 KSchG Rz 564; *Annuß/Thüsing-Maschmann* Rz 34; *Wiedemann* FS Lange, S. 405; BBDW-*Bader* § 620 BGB Rz 155) und für die Erprobung und **Entwicklung einer neuen Lernmethode** (E-Learning; *LAG Nds.* 20.12.2005 LAGE § 14 TzBfG Nr. 26). Auch der **vorübergehende Mehrbedarf bei »Abwicklungsaufgaben«** im Zuge der deutschen Einigung hat insoweit Modellcharakter (BVerfGE 84, 133, 154; *BAG* 15.3.1995 EzA § 620 BGB Nr. 131; HK-*Höland* Anhang Rz 51; vgl. hierzu auch *Lipke* KR 5. Aufl., § 620 BGB Rz 186 d-k). Denkbar ist ferner ein **vorübergehender Mehrbedarf an Arbeitskraft für die zeitlich begrenzte Mitarbeit an einem bestimmten** (Forschungs-)**Projekt** (*BAG* 30.9.1981 EzA § 620 BGB Nr. 52; 3.11.1999 EzA § 620 BGB Nr. 166; 6.11.1996 EzA § 620 BGB Hochschulen Nr. 9; 7.4.2004 EzA § 620 BGB 2002 Nr. 10; *Petrovicki* NZA 2006, 411, der auf die notwendige Unterscheidung von Projektbefristung und vorübergehenden Bedarf an Arbeitsleistung hinweist), insbes. auch bei **Projekten im Rahmen der Entwicklungshilfe** (*BAG* 25.8.2004 EzA § 14 TzBfG Nr. 13; 1.12.1993 – 7 AZR 59/93, nv) und im Auslandseinsatz für **Hilfsorganisationen** (*Joussen* NZA 2003, 1173, 1176 f.). Einen zeitlich begrenzten Mehrbedarf hat das BAG sogar angenommen, wenn einem Maßnahmeträger die Erledigung staatlicher **Daueraufgaben** vertraglich übertragen ist und feststeht, dass Anschlussmaßnahmen erst nach **mehrwöchiger Unterbrechung** in Betracht kommen (*BAG* 11.2.2004 EzA § 620 BGB 2002 Nr. 9; bedenklich vgl. s.o. Rz 72 aE). Von einem Mehrbedarf wird man auch sprechen können, wenn dieser in einem **anderen Betrieb** des Unternehmens eintritt und der Arbeitgeber die dafür gegebene Kausalität der Befristung des Arbeitsverhältnisses belegen kann (enger *Plander/Witt* DB 2002, 1002; HaKo-*Mestwerdt* Rz 56). Der Bedarf wird dann in dem Betrieb gedeckt, für den der Arbeitnehmer befristet einstellt wird. Der »betriebliche« Bedarf ist nicht auf die technische Arbeitseinheit iSd BetrVG zu beschränken (MünchKomm-*Hesse* Rz 20; ebenso wohl ErfK-*Müller-Glöge* Rz 36, 44).

74 Die soeben genannten Sachverhalte sind grds. geeignet, den Abschluss eines befristeten Arbeitsvertrages zur Deckung des vorübergehenden Arbeitskräftebedarfs sachlich zu rechtfertigen. In der Mehrzahl der Fälle **scheiterten die Befristungen jedoch in der Vergangenheit an den nicht ausreichenden Darlegungen des (öffentlichen) Arbeitgebers zu einer exakten und detaillierten Bedarfsprognose** (Beispielsfälle vgl. auch *Dörner* Befr. Arbeitsverträge, Rz 294 ff.). So gelang es nicht, den übergangsweisen Mehrbedarf an Lehrern im Einzelnen darzulegen, wozu auch das Benennen von Fächerkombinationen, der konkrete Bedarf an einzelnen Schulen und der Gesamtbedarf an obligatorischem Unterricht gehörten (*BAG* 14.1.1982 AP Nr. 64 zu § 620 BGB Befristeter Arbeitsvertrag). Der zeitlich begrenzte Mehrbedarf an Hochschuldozenten in den neuen Bundesländern, um dort die Studienabschlüsse zu sichern, konnte dagegen ebenso nachgewiesen werden (*BAG* 15.3.1995 EzA § 620 BGB Nr. 131) wie die begrenzte Aufgabenstellung bei projektbezogenen Untersuchungsaufträgen (*BAG* 3.11.1999 EzA § 620 BGB Nr. 166). Die **Übertragung und Wahrnehmung sozialstaatlicher Aufgaben** rechtfertigte nur dann den Abschluss befristeter Arbeitsverträge, wenn es sich um ein zeitlich begrenztes Projekt und nicht um den Teil einer (staatlichen) Daueraufgabe handelte (vgl. aber *BAG* 11.2.2004 EzA § 620 BGB 2002 Nr. 9). Der Umstand, dass dafür staatliche Gelder an eine gemeinnützige GmbH fließen, reichte hierfür nicht aus, da der voraussichtliche begrenzte Beschäftigungsbedarf Teil des Sachgrundes ist und eine **konkrete Prognose** hierzu nicht erstellt worden war (*BAG* 22.3.2000 EzA § 620 BGB Nr. 170, »Gemeinnützige GmbH zur Förderung behinderter Schüler«, in Abgrenzung zu *BAG* 28.5.1986 EzA § 620 BGB Nr. 79, 80; 15.3.1989 AP Nr. 126 zu § 620 BGB Befristeter Arbeitsvertrag, zu »Maßnahmen zur Berufsvorbereitung und sozialen Eingliederung junger Ausländer [MBSE]«). Die **Aufgabenübertragung** allein setzt indessen noch **keinen hinreichenden Sachgrund** für die Befristung des bei dem Auftraggeber angestellten Arbeitnehmers (*BAG* 4.12.2002 EzA § 620 BGB 2002 Nr. 1). Die freie Unternehmerentscheidung, wie der Arbeitgeber seinen zusätzlichen Arbeitskräftebedarf deckt, entbindet ihn nicht von einer **konkreten Personalplanung** zur Zahl der benötigten Arbeitnehmer und von einer Prognose zu den beabsichtigten Investitionen (*BAG* 15.8.2001 EzA § 620 BGB Nr. 184 zur Modernisierung eines Gasversorgungsnetzes). Im Fall einer **Projektbefristung** ist – wie allgemein gefordert – für die Prognose ausreichend, dass für die Beschäftigung des Arbeitnehmers über das vereinbarte Vertragsende hinaus mit hinreichender Sicherheit kein Bedarf mehr besteht. Die insoweit gestellte **Prognose** ist **projektbezogen** anzustellen. Sie wird nicht dadurch angreifbar, dass nach Fristablauf freie Arbeitsplätze zur befristeten oder unbefristeten Weiterbeschäftigung des Arbeitnehmers bestehen (*BAG* 25.8.2004 EzA § 14 TzBfG Nr. 13; dazu *Petrovicki* NZA 2006, 411; *Traber* FA 2005, 363). Zu

den Anforderungen an die Befristungsdauer, die gesetzlich keine Obergrenze (*Annuß/Thüsing-Maschmann* Rz 12) erfahren hat, vgl. auch o. Rz 30 ff.

Bei **regelmäßig wiederkehrenden Zusatzarbeiten oder einem anhaltenden betrieblichen Mehrbedarf an Arbeitskräften (Springer)** ist eine Befristung nach Nr. 1 nicht mehr sachlich gerechtfertigt. Diese sog. »Daueraushilfskräfte« (*BAG* 27.3.1969 AP Nr. 31 zu § 620 BGB Befristeter Arbeitsvertrag, »Rentenzeitkräfte«; 12.6.1996 EzA § 2 BeschFG 1985 Nr. 49, »Tankwartaushilfen«; *BAG* 10.8.1994 EzA § 620 BGB Nr. 126; 29.10.1998 EzA § 620 BGB Nr. 159 »längerfristige Beschäftigung von Studenten«; *LAG Köln* 9.12.2005 LAGE § 14 TzBfG Nr. 24 zur Flugzeugabfertigung) können **entweder in einem unbefristeten flexiblen Arbeitsverhältnis nach § 12 TzBfG** geführt (abw. *BAG* 16.4.2003 EzA § 620 BGB 2002 Nr. 5; 11.2.2004 EzA § 620 BGB 2002 Nr. 9 wonach eine Vertragsgestaltungsprüfung nicht stattzufinden hat) **oder einmalig bis zur Höchstdauer von zwei Jahren befristet ohne Sachgrund nach § 14 Abs. 2 TzBfG beschäftigt werden**. Auch eine vertraglich vorgesehene »Ausländerquote« bei entsandten Arbeitnehmern rechtfertigt keine Befristung (*Hess. LAG* 31.5.2005 – 13 Sa 1469/04). In jedem Fall sind **befristete Tagesarbeitsverhältnisse** einer Befristungskontrolle zu unterziehen, da es nicht mehr auf eine mögliche Umgehung des Kündigungsschutzes ankommt (*BAG* 16.4.2003 EzA § 620 BGB 2002 Nr. 5 zur alten Rechtslage; *Hunold* NZA 2003, 255, 261). Werden zur Erledigung einer Daueraufgabe sowohl befristete als unbefristete Arbeitnehmer beschäftigt, können die Befristungen sachlich gerechtfertigt sein, wenn ihnen eine **Personalkonzeption** zugrunde liegt, die ihrerseits von einem Sachgrund zur Befristung getragen wird. Weicht der Arbeitgeber bei der Handhabung von seiner eigenen Konzeption ab, ist die Befristung des Arbeitsverhältnisses wegen eines vorübergehenden Mehrbedarfs rechtlich nicht mehr haltbar (vgl. *BAG* 12.9.1996 EzA § 620 BGB Nr. 144).

Nachdem die Sonderregeln für die **Befristung im Arbeitnehmerüberlassungsverhältnis** Ende 2003 gefallen sind (KR-*Bader* § 23 TzBfG Rz 4 ff.; KR-*Lipke* § 620 BGB Rz 20, 81; *Hennig* FA 2004, 66; *Böhm* RdA 2005, 360 ff.; s.u. Rz 278), ist das TzBfG anzuwenden. Der vorübergehende Bedarf nach Nr. 1 betrifft jedoch nur die Befristung des Überlassungsverhältnisses zwischen Verleiher und Entleiher, nicht dagegen das **Leiharbeitsverhältnis** als solches. Dieses ist vielmehr **dauerhaft** auf die Überlassung an andere Arbeitgeber **angelegt**. Ein vorübergehender Bedarf ist daher für das Verhältnis von Arbeitnehmer und Verleiher nur denkbar, wenn die Marktnachfrage an einer bestimmten Tätigkeit ihrerseits zeitlich oder saisonal begrenzt ist (zB Verleih von Erntehelfern; *Schüren/Behrend* NZA 2003, 521 f.; *Wank* NZA 2003, 20). Die **Prognose** zum vorübergehender Bedarf ist deshalb grds. auf die besonderen Verhältnisse im **Verleihbetrieb** abzustellen (**aA** *Frik* NZA 2005, 386 ff.); dies kann mangels Anschlussauftrags **im Einzelfall** auch im klassischen Arbeitnehmerüberlassungsbereich (zB Schweißer, Schlosser, Produktionshelfer) eine Befristung nach Nr. 1 rechtfertigen (*Lembke* DB 2003, 2702, 2704).

bb) Saison- und Kampagnebetriebe

In **Wirtschaftszweigen mit »saisonal bedingten Schwankungen«** im Arbeitskräftebedarf lässt sich die **zeit- oder zweckbefristete** Einstellung (§ 15 Abs. 2 TzBfG) ebenfalls nach Nr. 1 sachlich rechtfertigen. Nach dem praktizierten Betriebszweck beschränkt sich die **Betriebstätigkeit in Kampagnebetrieben** auf einen Teil des Jahres (zB Zucker- und Konservenfabriken, fischverarbeitende Industrie, nur vorübergehend geöffnete Hotels und Gaststätten sowie Freizeiteinrichtungen), während in **Saisonbetrieben** zwar während des gesamten Jahres gearbeitet wird, in einer bestimmten Jahreszeit aber ein verstärkter Arbeitskräftebedarf infolge der Produktionserhöhung anfällt (zB Steinbrüche, Kies- und Sandgruben, Ziegeleien, gastronomische Betriebe in Erholungsgebieten, Betrieb von Skiliften oder Freibädern, Zuckerrübenernte, Herstellung von Speiseeis und Feuerwerkskörpern sowie Weihnachtsartikeln, vgl. hierzu APS-*Backhaus* Rz 284 ff.; ErfK-*Müller-Glöge* § 3 TzBfG Rz 7 und § 14 Rz 40; KR-*Weigand* § 22 KSchG Rz 6 f.; HK-*Hauck* § 22 Rz 4 ff.; *Annuß/Thüsing-Maschmann* Rz 35; *BAG* 12.10.1960 EzA § 620 BGB Nr. 2; 26.8.1987 – 7 AZR 249/86, nv). Der **sachliche Grund** für die Befristung folgt hier aus der **besonderen Betriebsstruktur der Saison- und Kampagnebetriebe (Betrieb bis zu drei Monaten im Jahr)**, die es dem Arbeitgeber erlauben würde, sämtlichen Saison- und Kampagnearbeitnehmern zum Ablauf des vorübergehenden (erhöhten) Arbeitskräftebedarfs betriebsbedingt zu kündigen (*BAG* 29.1.1987 EzA § 620 BGB Nr. 87; 28.8.1987 RzK § 9g Nr. 10; 20.10.1967 AP Nr. 30 zu § 620 BGB Befristeter Arbeitsvertrag; *Reinfeld* AR-Blattei SD Saisonarbeit Rz 64 ff.). Die Saisonschwankungen sind überdies zeitlich zu langfristig, als dass sie über ein dauerhaft begründetes flexibles Teilzeitarbeitsverhältnis nach § 12 TzBfG aufgefangen werden könnten. Nach Inkrafttreten des **TzBfG** sind ab 1.1.2001 **Sachgründe** auch für **Saisonbeschäftigungen** erforderlich, zumal eine wiederholte Befristung nach § 14 Abs. 2 TzBfG nicht mehr zugelassen ist (ErfK-*Müller-Glöge* Rz 43).

77 Die Befristung für eine Saison ist nicht deshalb unwirksam, weil sie nicht mit der **Zusage einer Wiedereinstellung zur nächsten Saison** verbunden ist (*BAG* 29.1.1987 EzA § 620 BGB Nr. 87). Das schließt indessen nicht aus, dass unter dem Gesichtspunkt des Vertrauensschutzes, einer betrieblichen Übung oder eines tarifvertraglichen Anspruchs der Arbeitnehmer die Wiedereinstellung in der nächsten Saison verlangen kann (*Annuß/Thüsing-Maschmann* Rz 35; MünchKomm-*Hesse* Rz 21; *BAG* 29.1.1987 EzA § 620 BGB Nr. 87; vgl. dazu KR-*Bader* § 17 TzBfG Rz 76.). Ein solcher **Vertrauenstatbestand** liegt vor, wenn Jahr für Jahr alle Arbeitnehmer in der Saison wieder eingestellt werden, die dies verlangen, der Arbeitgeber den Beginn der Saisonarbeit ohne Vorbehalt durch Aushang bekannt gibt und sogar Arbeitnehmer neu einstellt (HK-*Höland* Anhang Rz 44; ErfK-*Müller-Glöge* Rz 42; einschränkend HaKo-*Mestwerdt* Rz 59; MHH-*Meinel* Rz 22). Die dagegen von *Wiedemann* (FS Lange S. 406) und *Däubler* (KDZ Rz 52) vertretene Auffassung, Beschäftigten in Saison- und Kampagnebetrieben sei dann ein unbefristeter Arbeitsvertrag anzubieten, wenn sie von den Zeitspannen her dem Arbeitnehmer eine Lebensgrundlage bieten könnten, ist zu widersprechen. Es ist aber zweifelhaft, ob eine Dauerbindung für die Saisonarbeitnehmer regelmäßig vorteilhaft ist. Wenn er während der Unterbrechung der tatsächlichen Beschäftigung nur suspendiert ist, steht er dem Arbeitsmarkt nur beschränkt zur Verfügung und riskiert damit den Verlust des **Arbeitslosengeldanspruchs** (*BAG* 28.8.1987 RzK I 9g Nr. 10; APS-*Backhaus* Rz 287). Insoweit müsste der Arbeitgeber sein Direktionsrecht aufgeben, um dem Arbeitnehmer einen Arbeitslosengeldanspruch zu verschaffen (BSGE 73, 94; *BAG* 10.7.1991 EzA § 315 BGB Nr. 69). *Dörner* (Befr. Arbeitsvertrag, Rz 292) will sich dagegen auf eine Sachgrundprüfung beschränken und lehnt jede Vertragsinhaltskontrolle ab (ebenso *BAG* 11.2.2004 EzA § 620 BGB 2002 Nr. 9).

77a Zu den **saisonmäßig bedingten Arbeiten** zählen nur die auf den verstärkten Auftragseingang in der Saison oder die auf die Kampagne zurückzuführenden Arbeiten (ArbRBGB-*Dörner* § 620 BGB Rz 109), die unmittelbar davon abhängigen Arbeiten im Lager, in der Verpackung und in der Auslieferung sowie Reinigungsarbeiten in den während der Saison zusätzlich genutzten Produktionsräumen (*BAG* 18.4.1985 – 2 AZR 218/84, nv). Sind die dem Saisonarbeiter übertragenen Arbeiten nicht **zumindest mittelbar** durch den verstärkten Arbeitsanfall während der **Saison oder Kampagne bedingt**, dann ist eine Befristung nur dann sachlich gerechtfertigt, wenn der Arbeitnehmer als **Aushilfe** eingestellt worden ist (s.u. Rz 79), um Arbeiten zu verrichten, die außerhalb der Saison von Arbeitnehmern aus der Produktion (Stammarbeitnehmer) übernommen werden (*BAG* 18.4.1985 aaO; ErfK-*Müller-Glöge* Rz 41; MünchKomm-*Hesse* Rz 22; *Gräfl/Arnold-Gräfl* Rz 50). Der Charakter eines Saison- oder Kampagnebetriebes berechtigt den Arbeitgeber nicht, auch die Arbeitsverhältnisse seiner Stammbelegschaft mit Sachgrund nach § 14 Abs. 1 S. 2 Nr. 1 TzBfG zu befristen (*Staudinger/Preis* § 620 BGB Rz 99). Eine unwirksame Befristung hat die Rechtsprechung für die **Tätigkeit bei einer Messegesellschaft** angenommen, da hier immer wieder Bedarf für die Arbeitsleistung bestand und zwischen den einzelnen Arbeitssätzen höchstens drei Wochen Pause lagen (*LAG Hmb.* 2.12.1987 DB 1988, 970, unbefristetes Arbeitsverhältnis auf Teilzeitbasis; vgl. aber jetzt *BAG* 11.2.2004 EzA § 620 BGB 2002 Nr. 9; s.o. Rz 72 aE).

78 Nach altem Recht war der Arbeitgeber in Saison- und Kampagnebetrieben verpflichtet, die bevorstehende Beendigung des Arbeitsverhältnisses mit einer angemessenen Frist anzukündigen (*BAG* 8.6.1967 AP Nr. 2 zu § 611 BGB Abhängigkeit). Zum Teil wurde in der Praxis auch das berechtigte Informationsinteresse von Saisonarbeitern dadurch befriedigt, dass **tarifvertragliche Regelungen** den Arbeitgeber verpflichteten, den Saisonschluss den betroffenen Arbeitnehmern zumindest sechs Tage vorher anzukündigen (*BAG* 29.1.1987 EzA § 620 BGB Nr. 87 zu § 2 Ziff. 6 BMTV-Süßwarenindustrie). Diese Verpflichtung des Arbeitgebers ergibt sich nunmehr für den Fall, dass nicht ein kalendermäßig befristeter, sondern – was zulässig ist – ein **zweckbefristeter Arbeitsvertrag mit dem Saison- oder Kampagnearbeitnehmer** geschlossen worden ist, aus § 15 Abs. 2 TzBfG. Danach hat der Arbeitgeber **spätestens zwei Wochen vor Erreichen des Zwecks den Arbeitnehmer über das Auslaufen des Arbeitsvertrages zu unterrichten**; andernfalls verlängert sich das befristete Arbeitsverhältnis entsprechend (vgl. KR-*Lipke* § 15 TzBfG Rz 6 ff.).

cc) **Aushilfstätigkeit**

79 Als **weiterer Unterfall** des vorübergehenden betrieblichen Mehrbedarfs an Arbeitsleistung stellt sich die sog. »**Aushilfsarbeit**« dar (*Hunold* NZA 2003, 255, der insoweit die Abgrenzung von Nr. 1 zu Nr. 3 in Frage stellt). Eine gesetzliche Begriffsbestimmung hierzu gibt es nicht. Nach der Definition der nicht mehr geltenden Nr. 1c SR 2y **BAT** setzt ein Aushilfsarbeitsverhältnis – nach der auch im Übrigen gängigen Begriffsbestimmung – voraus, dass der Arbeitnehmer von vornherein zu dem Zweck eingestellt

Zulässigkeit der Befristung § 14 TzBfG

wird, einen vorübergehenden Bedarf an Arbeitskräften abzudecken, der nicht durch den normalen Betriebsablauf, sondern durch den Ausfall von Arbeitskräften oder einen zeitlich begrenzten zusätzlichen Arbeitsanfall begründet wird (*BAG* 12.12.1985 EzA § 620 BGB Nr. 77; 25.11.1992 EzA § 620 BGB Nr. 117; 28.3.2001 EzA § 620 BGB Nr. 175; *Preis/Kliemt/Ulrich* AR-Blattei SD Aushilfsverhältnis Rn 2; vgl. auch *Dörner* Befr. Arbeitsvertrag, Rz 295, 462; HK-*Höland* Anh. Rz 45 f.; APS-*Backhaus* Rz 150 ff.). Wird ein Arbeitnehmer zur vorübergehenden Aushilfe eingestellt, so war der **Aushilfszweck zu nennen und für die Dauer der Aushilfe ein fester Zeitraum zu bestimmen** (*BAG* 22.5.1986 EzA § 622 BGB Nr. 24; *Staudinger/Preis* § 622 Rz 32). Anders als bei einer Erprobung liegt der Aushilfszweck allein im Interesse des Arbeitgebers. Ist der Aushilfszweck bei der Einstellung deutlich geworden und die Aushilfsdauer zeitlich genau festgelegt, ist im Zweifel ein befristeter Arbeitsvertrag anzunehmen (*LAG Frankf./M.* 25.10.1988 LAGE § 622 BGB Nr. 11; vgl. näher dazu KR-*Spilger* § 622 BGB Rz 158 ff.) **Allein die Einstellung »zur Aushilfe« begründet aber noch kein befristetes Arbeitsverhältnis** (vgl. *BAG* 12.6.1996 EzA § 2 BeschFG 1985 Nr. 49); die Parteien müssen vielmehr eindeutig vereinbaren, dass das Aushilfsverhältnis mit dem Erreichen des Aushilfszwecks (Zweckbefristung) endet oder für eine bestimmte kalendarisch festgelegte Zeitspanne gelten soll. Auslösende Ursachen hierfür können Vertretungsfälle (nunmehr Abs. 1 Nr. 3) oder ein zusätzlicher betrieblicher Mehrbedarf sein. Werden mehrere Aushilfsverhältnisse kurz hintereinander abgeschlossen, sind Zweifel am vorgegebenen Aushilfszweck angebracht. Es kann sich dann in Wahrheit um ein Dauerarbeitsverhältnis in Teilzeitarbeit handeln (*BAG* 19.1.1993 EzA § 1 BUrlG Nr. 20; *LAG Düsseld.* 12.11.1974 LAGE § 620 BGB Nr. 5; *LAG Bln.* 6.10.1995 LAGE § 620 BGB Nr. 42; *LAG RhPf.* 18.11.1996 LAGE § 620 BGB Nr. 47).

79a Nachdem eine auflösende Bedingung nunmehr über § 21 TzBfG für alle sachgrundgestützten befristeten Arbeitsverhältnisse zulässig ist, kann auch ein **auflösend bedingtes Arbeitsverhältnis »zur Aushilfe«** vereinbart werden. Die bisher schon häufig erkannte **Überschneidung vom befristeten Arbeitsverhältnis zur Deckung eines vorübergehenden betrieblichen Mehrbedarfs mit den Erscheinungsformen einer befristeten Aushilfe oder Vertretung** (*Hunold* aaO) **bleibt damit auch in Zukunft erhalten.** Neu ist insoweit, dass der Arbeitgeber sich nunmehr auf die betrieblichen Sachgründe nach **Abs. 1 Nr. 1 und/oder Nr. 3** zu beschränken und selbst bei kurzfristigen Aushilfsarbeitsverhältnissen (ohne Kündigungsschutz) im Streitfall einen Sachgrund für die Befristung nachzuweisen hat. Im Bereich des **öffentlichen Dienstes** ist es des Weiteren denkbar, dass der Haushaltsgesetzgeber für einen erkennbar übergangsweisen Aushilfsbedarf zusätzliche Stellen nach Abs. 1 **Nr. 7** schafft, woraus dann ebenfalls eine Sachgrund für die Befristung abgeleitet werden kann (vgl. im Übrigen Rz 215 ff.). Zu den unstatthaften Daueraushilfen s.o. Rz 75 und zu den besonderen Erscheinungsformen der befristeten Beschäftigung in Saison- und Kampagnebetrieben s.o. Rz 76 ff.

80 Wenn bisher nach den Regelungen der **SR 2y BAT die Vertretung als Unterfall der Aushilfe** anzusehen ist (*BAG* 6.6.1984 EzA § 620 BGB Nr. 71; vgl. Rz 186), so ist **nach neuem Recht die systematische Trennung in unterschiedliche Sachgründe nach Nr. 1, 3 und (ggf.) 7 zu beachten** (Nr. 1 aufgabenbezogen, Nr. 3 personenbezogen). Aufgrund der **unterschiedlichen Anforderungen** an die exakte **Prognose des Arbeitgebers** im klassischen Aushilfs- oder Vertretungsfall, wird der Arbeitgeber einmal die konkreten Umstände für einen vorübergehend erhöhten Arbeitsanfall und ein anderes Mal für die zu erwartende Rückkehr des zu Vertretenden im Streitfall darzulegen haben. Die Dauer des Vertretungsbedarfs muss nicht prognostiziert werden (*BAG* 6.12.2000 EzA § 620 BGB Nr. 172); dagegen hat sich die Prognose **zur zeitlichen Begrenztheit des Arbeitsanfalls auf Umfang und Dauer des Mehrbedarfs zu erstrecken** und darauf zu beziehen, dass im Zeitpunkt des Ablaufs der Befristung mit hinreichender Wahrscheinlichkeit kein Bedarf mehr an der Arbeitsleistung besteht (*BAG* 8.7.1998 RzK I 9a Nr. 132; 12.9.1996 EzA § 620 BGB Nr. 142; 28.3.2001 EzA § 620 BGB Nr. 175; 17.4.2002 EzA § 620 BGB Nr. 191; 4.12.2002 EzA § 620 BGB 2002 Nr. 1). Die **gesteigerten Anforderungen an die Prognose,** die der Gesetzgeber in der Gesetzesbegründung (BT-Drs. 14/4374 S. 19) **für den vorübergehenden Mehrbedarf** ausdrücklich betont, werden daran deutlich, dass er für die »übrigen Fälle« den Arbeitgeber auf die Voraussetzungen der Zulassung befristeter Beschäftigung ohne sachlichen Grund (Abs. 2 und 3) verweist.

81 Was für einen vorübergehenden Mehrbedarf an Arbeitskräften gilt, ist entsprechend als Sachgrund »Aushilfe« auf einen **zukünftig verminderten Bedarf an Arbeitskräften** zu übertragen. Bei hinreichend substantiierter Prognose des Arbeitgebers kann der Umstand, dass die Arbeitskraft in absehbarer Zeit nicht mehr benötigt wird, die **befristete Einstellung sachlich rechtfertigen** (*BAG* 10.6.1992, 9.9.1992 RzK I 9a, Nr. 72, 73; 31.3.1993 – 7 AZR 536/92, nv; APS-*Backhaus* 1. Aufl., § 620 BGB Rz 107, 142 f.; ErfK-*Müller-Glöge* Rz 44; *Dörner* Befr. Arbeitsvertrag, Rz 296; *Staudinger/Preis* § 620 BGB Rz 96; *Annuß/Thüsing-Maschmann* Rz 30; MHH-*Meinel* Rz 20; KDZ-*Däubler* Rz 49; *Gräfl/Arnold-Gräfl* Rz 58).

Ein solcher absehbarer Rückgang des Arbeitsvolumens liegt vor, wenn bestimmte bislang ausgeübte Tätigkeiten mit hoher Wahrscheinlichkeit nach Ablauf einer bestimmten Frist nicht mehr notwendig sein werden. Hierzu zählen beispielsweise **Abwicklungsarbeiten, die nach der Stilllegung des Betriebes** noch anfallen (*BAG* 29.10.1975 EzA § 613a BGB Nr. 4) oder die **geplante Stilllegung des gesamten Betriebes oder eines Teiles davon** (*BAG* 31.3.1993 RzK I 9a Nr. 78 zu einer bevorstehenden Klinikschließung; 16.8.1995 RzK I 9a Nr. 94, Übertragung Versorgungsauftrag; 3.12.1997 EzA § 620 BGB Nr. 148 zur Schließung einer Bundeswehrdienststelle; *LAG Nds.* 8.3.2004 LAGE § 14 TzBfG Nr. 14 zur Schließung einer Marineteileinheit) die jeweils **übergangsweise einen befristeten zusätzlichen Beschäftigungsbedarf auslösen.** Die Anzahl der befristet einzustellenden Arbeitnehmer muss sich im Rahmen des **prognostizierten Minderbedarfs** halten (Ha*Ko-Mestwerdt* Rz 63).

82 Ebenso kann ein besonders **hoher Arbeitsanfall bei einer Geschäftseröffnung** den Abschluss befristeter Aushilfsarbeitsverträge sachlich rechtfertigen, da damit ein erhöhter, aber vorübergehender Bedarf an Arbeitskräften befriedigt werden soll (*LAG RhPf.* 27.1.1989 LAGE § 622 BGB Nr. 12). Entgegen der Auffassung des Landesarbeitsgerichts RhPf. fehlt indessen einer Prognose des Arbeitgebers die Substanz, wenn dahinter das Konzept steht, sämtliche Neueinstellungen auf der Basis von befristeten Aushilfsarbeitsverträgen vornehmen zu dürfen. Dieses Problem lässt sich ab dem 1.1.2004 bei Neugründung mit dem **Existenzgründerprivileg** in § 14 Abs. 2a TzBfG lösen.

dd) Insolvenz

83 Es genügt nicht, wenn ein **Insolvenzverwalter** sich pauschal auf die flexible Abwicklung der Insolvenz und die möglichst **schonende Verwendung der Masse** zurückzieht, um die **Befristung von Arbeitsverhältnissen** zu begründen (*LAG Düsseld.* 8.3.1994 LAGE § 620 BGB Nr. 33; *LAG Saarl.* 20.4.1987 DB 1987, 2416; KDZ-*Däubler* Rz 40 f.; APS-*Backhaus* Rz 240; *Boewer* Rz 107; *Dörner* Befr. Arbeitsvertrag, Rz 289). Sachlich begründet wäre dagegen die befristete Einstellung eines zusätzlichen Arbeitnehmers für **Abwicklungsarbeiten** im Zusammenhang mit der Insolvenz, wenn entsprechender Sachverstand innerhalb der Belegschaft weder in Qualität noch Quantität vorhanden ist (KDZ-*Däubler* aaO). An die **Prognose** für eine Befristung im Insolvenzverfahren sind keine geringeren Anforderungen zu stellen (*Gräfl/Arnold-Gräfl* Rz 46). Auch im **Vorfeld einer drohenden Insolvenz** sind die Anforderungen an den Sachgrund einer Befristung nicht herunterzuschrauben. Liegt ein sog. »**Betriebsnotstand**« vor, dh die wirtschaftliche Lage des Betriebes oder die allgemeine Konjunktur entwickelt sich so schlecht, dass die wirtschaftliche oder rechtliche Grundlage des Betriebes innerhalb einer bestimmten Frist völlig zu entfallen droht, so ist ein befristeter Mehr- oder Minderbedarf an den Sachgrunderfordernissen des Abs. 1 zu messen (aA *BAG* ARS 10, 549, 554; vgl. auch *Lipke* KR 5. Aufl., § 620 BGB Rz 167). Die Unsicherheit der künftigen Entwicklung des Arbeitsanfalls und des Arbeitskräftebedarfs gehört grds. zum unternehmerischen Risiko des Arbeitgebers (st.Rspr. zuletzt *BAG* 22.3.2000 EzA § 620 BGB Nr. 140, 5.6.2002 EzA § 620 BGB Nr. 193). Insoweit kann der Arbeitgeber schließlich auf die begrenzten **Ausnahmemöglichkeiten einer Befristung ohne Sachgrund nach Abs. 2 und 3** zurückgreifen.

2. Befristete Anschlussbeschäftigung an Ausbildung oder Studium

a) Allgemeines

84 Dieser vom Gesetzgeber geschaffene Sachgrund ist ein »**Novum« und nimmt sich tarifliche Regelungen zum Vorbild,** die den **Auszubildenden** in zahlreichen Wirtschaftsbranchen **nach Ende der Ausbildung einen Anspruch auf eine befristete Beschäftigung verschaffen,** um ihnen über die hierdurch vermittelte Berufserfahrung den Zugang zum Arbeitsmarkt zu verbessern (vgl. BT-Drs. 14/4374 S. 19; *Staudinger/Preis* § 620 BGB Rz 100). So sieht bspw. § 4 TV-Beschäftigungssicherung für die Metallindustrie Nordwürttemberg/Nordbaden v. 10.3.1994 vor, dass dem Auszubildenden im Grundsatz nach erfolgreich bestandener Abschlussprüfung ein Arbeitsverhältnis für mindestens sechs Monate anzubieten ist, soweit nicht personenbedingte Gründe entgegenstehen. Dieses, auf mindestens sechs Monate befristete Arbeitsvertragsangebot des Arbeitgebers in den Tarifwerken der Metall-, Elektro- und Stahlindustrie sowie in der Chemie hat das *BAG* als sozialen Überbrückungssachgrund abgesegnet, der § 1 Abs. 1 BeschFG in der bis zum 30.9.1996 geltenden Fassung nicht verletzte (*BAG* 14.5.1997 EzA § 4 TVG-Beschäftigungssicherung Nr. 1; 14.10.1997 EzA § 611 BGB Einstellungsanspruch Nr. 10, 11; vgl. dazu ausführlich *Kohte* NZA 1997, 457 ff.).

85 Die Neuregelung **in Nr. 2 weitet diese Idee als Befristungsmöglichkeit nunmehr** ohne Rücksicht auf die Tarifbindung der Vertragspartner **aus.** Zugleich ist dem Gesetzgeber ausweislich der Gesetzesbe-

Zulässigkeit der Befristung § 14 TzBfG

gründung daran gelegen, **befristete Arbeitsverhältnisse mit Sachgrund für Arbeitnehmer zu ermöglichen,** die zuvor bereits einmal als **Werkstudent bei demselben Arbeitgeber** beschäftigt waren und deshalb nach Abs. 2 S. 2 nicht ohne Sachgrund beschäftigt werden könnten (APS-*Backhaus* Rz 83, 91). Damit hat der Gesetzgeber den Referentenentwurf zum TzBfG (abgedr. in NZA 2000, 1045) nachbessern wollen, der eine entsprechende Bestimmung nicht enthielt und infolgedessen nach einer kurzen Beschäftigung als **Werkstudent** jegliche erneute Befristung ohne Sachgrund versperrt hätte (vgl. zur Kritik *Blanke* AiB 2000, 735; *Däubler* ZIP 2000, 1966). Dabei ist indessen versäumt worden die »**Absolventenbefristung**« nach Nr. 2 von der »möglichen« sachgrundlosen Befristung im Anschluss an das Beschäftigungsverhältnis nach § 14 Abs. 2 TzBfG (vgl. s.u. Rz 269a, Berufsausbildung kein Arbeitsverhältnis iSv Abs. 2 S. 2) sauber abzugrenzen. Die Systematik des Gesetzes spricht deshalb dafür, »Absolventenbefristungen« **nur nach Nr. 2 als Sachgrundbefristung** zuzulassen, zumal – entgegen früheren Regelungen im BeschFG – eine ausdrückliche Ausnahmebestimmung für sachgrundlose Anschlussbefristungen nach der Berufsausbildung fehlt (*Schlachter* NZA 2003, 1180, 1183). Die Hinweise in der Gesetzesbegründung (BT-Drs. 14/4374 S. 20) haben im Wortlaut des Gesetzes keinen Niederschlag gefunden.

Der **neue Sachgrund in Nr. 2 ist von dem bislang anerkannten Sachgrund der sozialen Überbrückung** (vgl. dazu etwa *BAG* 3.10.1984 EzA § 620 BGB Nr. 73) **abzugrenzen,** der als neu in **Nr. 6** festgelegter Sachgrund (in der Person des Arbeitnehmers liegende Gründe) anderen Voraussetzungen unterliegt. Ferner ist der Sachgrund nach **Nr. 2 vom Erprobungsfall nach Nr. 5 zu trennen,** der bei Bewährung im Regelfall eine konkrete unbefristete Anschlusstätigkeit nach sich zieht (zutr. *Hromadka* BB 2001, 622). Wenn sich auch mit dem hier geregelten Sachgrund eine Nähe zu den Fällen der sozialen Überbrückung zeigt, können jedoch die dafür in der Rechtsprechung entwickelten Voraussetzungen nicht ohne weiteres auf eine Befristung im Anschluss an Ausbildung und Studium übertragen werden (so auch *LAG Köln* 13.6.2006 – 13 Sa 124/06). 86

Es kann nicht davon ausgegangen werden, dass der Gesetzgeber einen neuen Sachgrund geschaffen hat, der sich angesichts der Möglichkeit einer Befristung mit Sachgrund zur Erprobung oder aus den in der Person des Arbeitnehmers liegenden Gründen inhaltslos bleibt, wenn er sich den Voraussetzungen des sozialen Überbrückungstatbestands unterordnen soll (so aber APS-*Backhaus* Rz 84, 90; *Preis/Gotthardt* DB 2000, 2071; *Däubler* ZIP 2001, 223, der sich deshalb für eine enge Auslegung von Nr. 2 ausspricht). Diese Auffassung steht indessen im Widerspruch zur **Zielsetzung des Gesetzes.** Danach soll die Befristung allg. den **Berufsstart nach Abschluss einer Ausbildung oder eines Studiums erleichtern,** ohne dass konkret personenbezogene Gründe für eine befristete Überbückungsbeschäftigung sprechen. Diese Orientierung liegt ebenso den tariflichen Regelungen zugrunde, die Vorbild des neuen gesetzlichen Sachgrundes waren. Von daher ist **im Verhältnis zu Nr. 6 und Nr. 5 des Sachgrundkatalog eine großzügige weite Auslegung der Voraussetzungen von Nr. 2 erforderlich** (ebenso *Erman/D.W. Belling* § 620 BGB Rz 32). Es genügt deshalb, dass der Arbeitnehmer in **zeitlicher Nähe zu seiner abgeschlossenen Ausbildung oder einem Studium** Gelegenheit erhält, eine einschlägige **Berufserfahrung** zu erwerben, zu bewahren oder zu vervollkommnen (zutr. *Hromadka* BB 2001, 622 f.). 87

Der Kritik ist zuzugeben, dass die **gesetzlichen Tatbestandsmerkmale zu Nr. 2 sehr unscharf** sind und die Gesetzesbegründung zur Lösung der damit verbundenen Probleme wenig beiträgt (*Preis/Gotthardt* DB 2000, 2071; *Kliemt* NZA 2001, 297; KDZ-*Däubler* Rz 57; *ders.* ZIP 2000, 1966; *Lakies* DZWIR 2001, 10; BBDW-*Bader* § 620 BGB Rz 160; *Korinth* Befr. Arbeitsverträge 2004, S. 130). Im Einzelnen ist offen, was unter »Ausbildung« und »Studium« zu verstehen ist, welche **Zeitspanne zwischen dem Ausbildungs- oder Studienende und der Anschlussbeschäftigung** liegen darf, ob eine konkrete Aussicht auf Anschlussbeschäftigung bei **demselben** oder einen **anderen Arbeitgeber** bestehen muss und welche **Dauer die befristete Übergangsbeschäftigung** (s.u. Rz 95) nicht überschreiten darf. Diese Fragen sind alle noch einer Klärung durch die Rechtsprechung zuzuführen. Gleichwohl ergeben sich Anhaltspunkte, die der Praxis erlauben den neuen Sachgrund für Befristungen bereits jetzt zu nutzen. 88

Die neue Befristungsmöglichkeit nach Nr. 2 steht **nicht im Widerspruch zu europarechtlichen Vorgaben.** Die Umsetzung der Richtlinie 1999/70/EG über befristete Arbeitsverträge verbietet zwar in der übernommenen Rahmenvereinbarung der europäischen Sozialpartner zu § 8 Nr. 3 eine Absenkung vorhandener nationaler Standards. Nachdem das BAG in mehreren Entscheidungen die dem Gesetzgeber als Vorbild dienenden tarifvertraglichen Regelungen nicht zuletzt aus arbeitsmarktpolitischen Erwägungen anerkannt hat (*BAG* 14.10.1997 EzA § 611 BGB Einstellungsanspruch Nr. 10), kann die teilweise Nachbildung dieser tarifvertraglichen Anspruchsgrundlagen in einen gesetzlich zulässigen Sachgrund die vorgefundenen Standards nicht verschlechtern (**aA** KDZ-*Däubler* Rz 57). Einen Über- 89 blick zum gesamten Problemkreis der **Anschlussbefristung nach Ausbildung** gibt *Schwefer* (Die befristete Übernahme im Anschluss an ein Berufsausbildungsverhältnis, Diss. Mainz 2005).

b) Ausbildung oder Studium

90 Abgesehen von einer betriebsbezogenen Fort- und Weiterbildungsmaßnahme fallen unter den **Begriff der Ausbildung iSv Nr. 2** nicht nur **Berufsausbildungsverhältnisse nach § 10 BBiG** und **andere Vertragsverhältnisse** zum Erwerb beruflicher Kenntnisse, Fertigkeiten oder Erfahrungen **nach § 26 BBiG** (APS-*Backhaus* Rz 85), sondern **ebenso Ausbildungen im Rahmen eines auf den beruflichen Aus-, Fort- oder Weiterbildungszweck ausgerichteten befristeten Arbeitsverhältnisses** (ebenso *Boewer* Rz 114; MünchArbR-*Wank* Erg.-Bd. Rz 103; HaKo-*Mestwerdt* Rz 66; MHH-*Meinel* Rz 24; aA KDZ-*Däubler* Rz 55; *Annuß/Thüsing-Maschmann* Rz 37; ErfK-*Müller-Glöge* Rz 47; *Dörner* Befr. Arbeitsvertrag, Rz 251; MünchKomm-*Hesse* Rz 25). Voraussetzung dafür ist allerdings, dass dem Arbeitnehmer durch die Tätigkeit speziell zusätzliche Erfahrungen oder Kenntnisse vermittelt werden, die bei der üblichen Berufstätigkeit allenfalls als Nebeneffekte eintreten (*BAG* 22.3.1973 EzA § 620 BGB Nr. 18; 31.10.1974 EzA § 620 BGB Nr. 25; 2.8.1978 EzA § 620 BGB Nr. 35; 19.8.1981 EzA § 620 BGB Nr. 50; 30.9.1981 EzA § 620 BGB Nr. 52; 12.2.1986 EzA § 620 BGB Nr. 77; *Wiedemann/Pahlenberg* RdA 1977, 193; *Staudinger/Preis* § 620 BGB Rz 102; APS-*Backhaus* Rz 85, 145 f.: keine betriebliche Fortbildung). Gegen eine einzubeziehende betriebliche Weiterbildung und Umschulung spricht indessen **§ 10 TzBfG**, der vom Wortlaut her hier klar trennt (ErfK-*Müller-Glöge* Rz 47; *Gräfl/Arnold-Gräfl* Rz 63). Der Personenkreis der Anlernlinge, Volontäre und Praktikanten nach § 26 BBiG (*BAG* 22.6.1994 EzA § 1 BeschFG 1985 Nr. 13) kann deshalb als Auszubildende »iSv § 14 Abs. 1 Nr. 2« angesehen werden (Praktikantenverhältnis, kein Arbeitsverhältnis iSv § 14 Abs 2 TzBfG *LAG Nds.* 4.7.2003 LAGE § 14 TzBfG Nr. 11; vgl. aber *Nebeling/Dippel* NZA-RR 2004, 617 ff.; Volontariat; *BAG* 1.12.2004 EzA § 78a BetrVG 2001 Nr. 1), die in Gebieten eingesetzt werden sollen, auf denen sie aufgrund einer Vorbildung zumindest schon ein theoretisches Grundwissen besitzen und von daher eine Ausbildung iSv § 26 BBiG 2005 nicht mehr sinnvoll ist (*BAG* 18.12.1986 – 2 AZR 717/85, nv; *Dörner* Befr. Arbeitsvertrag, Rz 261). In dem zuletzt aufgezeigten Fall kann deshalb selbst ein vorhergehendes befristetes Arbeitsverhältnis eine Anschlussbefristung nach Nr. 2 rechtfertigen. Die einschränkenden Hinweise zB auf § 10 TzBfG (Teilzeitarbeit; ErfK-*Müller-Glöge* Rz 47) oder den Sprachgebrauch (Ausbildung § 1 BBiG; *Maschmann* aaO; Erstausbildung, *Nielebock* AiB 2001, 78; *Backhaus* aaO) übersehen, dass nur eine **großzügige Auslegung** den **gesetzgeberischen Absichten einer Beschäftigungsförderung** gerecht wird (*Hromadka* BB 2001, 621, 623; *Annuß/Thüsing-Maschmann* Rz 38).

91 Als **Studium** zählen neben dem Hochschulstudiengang auch Fachhochschulstudiengänge und sogar der Abschluss eines »Studiums« an einer privaten, staatlich nicht anerkannten Ausbildungsstätte (ebenso MHH-*Meinel* Rz 24; HaKo-*Mestwerdt* Rz 66; MünchKomm-*Hesse* Rz 25; **aA** ErfK-*Müller-Glöge* Rz 48; *Dörner* Befr. Arbeitsvertrag, Rz 253; *Sievers* Rz 81; *Staudinger/Preis* § 620 BGB Rz 102; *Annuß/Thüsing-Maschmann* Rz 38, nur an staatlich anerkannten Einrichtungen). Da die einschränkenden Stimmen jedoch zugleich **Auslandsstudiengänge** mit einschließen wollen, diese indessen oft an nichtstaatlichen Einrichtungen stattfinden, erwächst ein Widerspruch. Der Nachweis eines geordneten Studiums muss deshalb genügen. Da das Gesetz insoweit keine Einschränkung aufzeigt, ist nach allgemeinem Sprachgebrauch und nach Sinn und Zweck des Gesetzes der Begriff »Studium« weit auszulegen. Die Zielsetzung des Gesetzes, die Chance auf einen Dauerarbeitsplatz zu erhöhen, verbietet es einen **erfolgreichen Abschluss** des Studiums oder der Ausbildung vorauszusetzen (APS-*Backhaus* Rz 87; ErfK-*Müller-Glöge* Rz 48; *Staudinger/Preis* § 620 BGB Rz 102). Ausbildungs- und Studienabbrecher sind besonders auf eine **zusätzliche Qualifizierung** angewiesen. Eine **Promotion** ist dagegen keine Ausbildung iSv § 14 Abs. 1 S. 2 Nr. 2 TzBfG; *Preis/Hausch* NJW 2002, 927, 933).

91a Im Falle einer Ausbildung ist es nicht erforderlich bei **demselben Arbeitgeber** ausgebildet zu sein, der später eine Befristung nach Nr. 2 anbietet. Wie bei den tarifvertraglichen Mustern, die der Gesetzgeber bei Nr. 2 im Auge hatte, kommt es nicht darauf an, eine dauerhafte Anschlussbeschäftigung bei demselben Arbeitgeber zu vermitteln (ebenso ErfK-*Müller-Glöge* Rz 50; MünchArbR-*Wank* Erg.-Bd. § 116 Rz 107; **aA** *Kliemt* aaO 298). Es ist vielmehr gleich, ob eine spätere dauerhafte oder befristete Beschäftigung mit Sachgrund bei demselben oder einem anderen Arbeitgeber gefördert wird (zutr. *Hromadka* aaO). Mit der Zielsetzung in Nr. 2 (»Erleichterung des Übergangs«) verbindet der Gesetzgeber ein **finales Element** (»um ... zu«), welches die Aussicht auf irgendeinen Anschlussarbeitsplatz mit einschließt. Eine **konkrete Aussicht** auf einen **Anschlussarbeitsplatz bei demselben Arbeitgeber wäre ein Fall der befristeten Erprobung nach Nr. 5.** Befristungen, die aus sozialen Motiven eine Überbrückung

darstellen sollen, wurzeln vornehmlich in der Person des Arbeitnehmers und gehören zum Sachgrund nach **Nr. 6** (vgl. HWK-*Schmalenberg* Rz 24). Die hierzu vom Arbeitgeber nachzuweisenden **erhöhten Zulässigkeitsvoraussetzungen** für einen Befristungswunsch des Arbeitnehmers, die übergangsweise Beschäftigung bis zur Eheschließung, bis zum Antritt eines Studiums, bis zur Auswanderung, bis zu einem Umzug, bis zum Erwerb eines Arbeitslosengeldanspruchs oder bis zum Antritt einer neuen Stellung sind anders geartet und **gehören nicht hierher** (aA APS-*Backhaus* Rz 90). Vgl. unten Rz 186 ff.

c) Anschlussbefristung

aa) Anknüpfung an Ausbildung oder Studium

Die Frage, bei welcher **Zeitspanne zwischen dem Ende des Ausbildungs- oder Studienganges und der befristeten Aufnahme einer Beschäftigung nach Nr. 2** noch von einer Anschlussbeschäftigung gesprochen werden darf, ist dahin zu beantworten, dass eine **zeitliche Nähe** zwar bestehen muss (APS-*Backhaus* Rz 88; MünchKomm-*Hesse* Rz 26), ein nahtloser Anschluss iS einer »Verlängerung« dagegen nicht erforderlich ist. Die angebotene Palette zur konkreten Bestimmung dieses Zeitrahmens reicht von drei bis vier Monaten (*Däubler* ZIP 2001, 223; *Annuß/Thüsing-Maschmann* Rz 38) bis zu einem halben Jahr (*Kliemt* NZA 2001, 297) hin bis zu einem Höchstzeitraum von bis zu zwei Jahren (BBDW-*Bader* § 620 BGB Rz 159). Andere Autoren nennen keinen konkreten Zeitraum (MMH-*Meinel* Rz 25, unbegrenzt) oder wollen auf die Umstände des Einzelfalls abstellen (*Sievers* Rz 82; HaKo-*Mestwerdt* Rz 67; *Dörner* Befr. Arbeitsvertrag, Rz 255 ff.; *Gräfl./Arnold-Gräfl* Rz 67: mehrwöchige Suche nach Erstanstellung oder Inanspruchnahme von Elternzeit unschädlich), manche halten eine zwischenzeitliche Beschäftigung von einem Monat an anderer Stelle für unschädlich, um noch von einem Anschluss sprechen zu können (*Hromadka* BB 2001, 623).

Anhaltspunkte für die höchst zulässige Zeitspanne zwischen dem Ausbildungs- oder Studienende und der Aufnahme einer befristeten Beschäftigung nach Nr. 2 lassen sich der Gesetzgebungsgeschichte und der Systematik der Neuregelung entnehmen. In der bis zum 30.9.1996 geltenden Fassung des § 1 BeschFG 1985 war die einmalige sachgrundlose Befristung des Arbeitsvertrages bis zur Dauer von 18 Monaten zulässig, wenn der Arbeitnehmer im unmittelbaren Anschluss an die Berufsausbildung vorübergehend weiterbeschäftigt werden konnte (vgl. *Lipke* KR 4. Aufl., § 1 BeschFG 1985 Rz 64 ff.). Verlangt das Gesetz **nunmehr nicht mehr einen** »**unmittelbaren« Anschluss,** sondern lässt eine befristete Beschäftigung »im Anschluss« an eine Ausbildung oder im Studium genügen, so wird deutlich, dass ein kurzfristiger Unterbrechungszeitraum, sei es für einen Urlaub, sei es für eine Aushilfsbeschäftigung, nicht schaden kann (im Ansatz ähnlich ErfK-*Müller-Glöge* Rz 49, der eine zeitliche Festlegung im Blick auf Langzeitarbeitslose aber ablehnt; ähnlich *Dörner* aaO, mwN). Die **zeitliche Höchstgrenze** ergibt sich systematisch aus der zur Überarbeitung anstehenden Regelung in **14 Abs. 3 S. 3 TzBfG,** der einen engen sachlichen Zusammenhang bei einer befristeten Anschlussbeschäftigung älterer Arbeitnehmer vermutet, wenn zwischen den Arbeitsverträgen ein Zeitraum von **weniger als sechs Monaten** liegt (*Erman/D. W. Belling* § 620 BGB Rz 33). Handelt es sich in einem solchen Fall um eine nach dem Gesetz verbotene unzulässige Anschlussbefristung, kann umgekehrt regelmäßig daraus der Schluss gezogen werden, dass bis zum Ablauf einer sechsmonatigen Zeitspanne der in 14 Abs. 1 Nr. 2 TzBfG geforderte Anschluss zwischen dem Ausbildungs- oder Studienende und der Aufnahme der befristeten Beschäftigung noch gegeben ist. Die regelmäßig zu beachtende Sechsmonatsfrist erleichtert bei Fristwahrung die Darlegung der gesetzlichen Voraussetzungen zu Nr. 2 (ebenso MünchKomm-*Hesse* Rz 26). In jedem Fall muss ein **Kausalzusammenhang** zwischen Ausbildung und Zweck der Anschlussbefristung bestehen, der bei größerer zeitlicher Unterbrechung nicht mehr herzustellen ist (HWK-*Schmalenberg* Rz 22). **Abweichungen im Einzelfall sind möglich,** erschweren dem Arbeitgeber jedoch im Streitfall den Nachweis des Sachgrundes und die dazu anzustellende Prognose (s.u. Rz 96).

bb) Befristungsdauer

Der befristete Arbeitsvertrag nach Nr. 2 soll dazu dienen, dem Arbeitnehmer später den **Übergang in eine Anschlussbeschäftigung zu erleichtern.** Die **Verbesserung der Einstellungsaussichten (finales Element: »um ... zu«)** muss genügen, da sie den vom Gesetzgeber nachgeahmten tarifvertraglichen Modellen gleichkommt. Die befürchtete **Ausdehnung** von Befristungen nach Nr. 2 **ins Uferlose**, weil nur im Hinblick auf vage Einstellungsaussichten bei einem anderen Arbeitgeber das Sammeln von Berufserfahrung ausreichen würde (so *Kliemt* aaO), wäre danach gewollt (im Ergebnis *Hromadka* BB 2001, 622).

95 Die gleichwohl **notwendige Beschränkung** einer solchen befristeten Beschäftigung im Anschluss an Ausbildung oder Studium **ist über die zugelassene Dauer des befristeten Arbeitsvertrages herbeizuführen.** Auch hier schweigt das Gesetz. Im Schrifttum werden hierzu Befristungen von einem halben bis zu einem Jahr (*Däubler* ZIP 2001, 223; *Nielebock* AiB 2001, 78; *Kliemt* NZA 2001, 298) bis zu 1 ½ Jahren (BBDW-*Bader* § 620 BGB Rz 161) und in Orientierung an § 14 Abs. 2 S. 1 TzBfG bis zu zwei Jahren (*Hromadka* aaO, 623) diskutiert. Hierbei ist zu bedenken, dass die Dauer der Befristung mit dem Zweck der zugelassenen Befristung zu korrespondieren hat, also nicht zu kurz bemessen sein darf (*Bader* aaO); andererseits ist eine **sehr lange**, über mehrere Jahre währende **Befristung** unzuträglich, weil sie den **Übergang** in eine Anschlussbeschäftigung nicht erleichtern, sondern sogar **behindern** würde. **Den äußersten Zeitrahmen setzt daher die ohne Sachgrund mögliche Anschlussbeschäftigung nach § 14 Abs. 2 S. 1 TzBfG** (vgl. *LAG Nds.* 4.7.2003 LAGE § 14 TzBfG Nr. 11). Die dort verankerte Höchstbefristung ohne Sachgrund von bis zu **zwei Jahren** darf bei einer Übergangsbefristung nach Nr. 2 im Anschluss an eine Ausbildung oder ein Studium nicht überschritten werden (*LAG Köln* 13.6.2006 – 13 Sa 124/06). Eine Fortsetzung danach ist dann nur zulässig, wenn sie auf einen anderen Sachgrund gestützt werden kann (zutr. *Hromadka* BB 2001, 623; ebenso *Staudinger/Preis* § 620 BGB Rz 104; APS-*Backhaus* Rz 91; *Annuß/Thüsing-Maschmann* Rz 39; *Sievers* Rz 86; MHH-*Meinel* Rz 27; MünchKomm-*Hesse* Rz 29; mit Ausweitungen im Einzelfall *Dörner* Befr. Arbeitsvertrag, Rz 259; HaKo-*Mestwerdt* Rz 70; **aA** *Boewer* Rz 120; *Gräfl/Arnold-Gräfl* Rz 70; ErfK-*Müller-Glöge* Rz 50, der eine zeitliche Eingrenzung mit Blick auf höhere, zeitaufwendige Qualifizierungen ablehnt und eine Einschränkung auf nicht über § 14 Abs. 2 TzBfG begründbare sachgrundlose Befristungen befürchtet). Eine **grenzen- und konturenlose Sachgrundbefristung** nach Nr. 2 ist indessen abzulehnen, selbst wenn ein Rückgriff auf § 14 Abs. 2 TzBfG eröffnet bleibt (vgl. aber o. Rz 85 aE).

96 Die Zweckorientierung in Nr. 2 (»um ... zu«) verlangt vom **Arbeitgeber,** im Rahmen seiner **Prognose** diesen Kausalzusammenhang zu belegen. Dabei hat der Übergang in eine Anschlussbeschäftigung nicht festzustehen, denn er soll nur erleichtert werden. Allerdings obliegt es dem Arbeitgeber im Streitfall dazutun, **warum die Befristung den Übergang in eine Anschlussbeschäftigung bei ihm oder bei einem anderen Arbeitgeber fördern soll** (*LAG Köln* 13.6.2006 – 13 Sa 124/06; *Lakies* DZWIR 2001, 10; **aA** APS-*Backhaus* Rz 90). Strenge Maßstäbe zur Feststellung der **Kausalität** des Überbrückungszweckes für den Abschluss des Arbeitsvertrages sind dagegen fehl am Platz. Konkrete tatsächliche Anhaltspunkte, die darauf schließen lassen, dass die für eine befristete Beschäftigung sprechenden eigenen betrieblichen oder dienstlichen Interessen des Arbeitgebers nicht ausreichen, gehören zu den Voraussetzungen einer Befristung aus sozialen Erwägungen in Nr. 6 (**aA** KDZ-*Däubler* Rz 53). Es ist daher verfehlt, den gesetzgeberischen Plan, Übergangsbefristungen zwischen Ausbildung und beruflicher Tätigkeit im großen Umfang nach tarifvertraglichen Mustern zu ermöglichen, dadurch wieder einzuengen, dass an die Rechtsprechung des BAG zu sozialen Überbrückungsfällen (BAG 3.10.1984 EzA § 620 BGB Nr. 73; 26.4.1985 EzA § 620 BGB Nr. 74) und die dortigen strengen Voraussetzungen eines Sachgrundes wieder angeknüpft wird (so aber APS-*Backhaus* Rz 84).

d) Tarifvertragliche Regelungen

97 Die **bestehenden tarifvertraglichen Ansprüche von Auszubildenden,** im Anschluss für einen befristeten Zeitraum von ihrem Arbeitgeber in ein befristetes Arbeitsverhältnis übernommen zu werden, **werden durch die Neuregelung nicht berührt.** Nach § 22 Abs. 1 TzBfG sind für die Arbeitnehmer günstigere abweichende Vereinbarungen zu befristeten Arbeitsverträgen unbeschränkt zulässig. Während § 14 Abs. 1 Nr. 2 TzBfG nur dem Arbeitgeber die Möglichkeit eröffnet, ein befristetes Arbeitsverhältnis mit Sachgrund zu vereinbaren, wird er durch die tarifvertraglichen Bestimmungen zum Abschluss einer befristeten Anschlussbeschäftigung verpflichtet. Die Tarifverträge gehen zum Teil erheblich weiter als die gesetzlichen Regelungen und verschaffen längerfristige Übernahmegarantien (vgl. MünchArbR-*Wank* Erg.-Bd. § 116 Rz 106). Eine bestehende tarifliche Übernahmeregelung im Anschluss an die Ausbildung indiziert insoweit das Bestehen eines Sachgrundes iSv § 14 Abs. 1 Nr. 2 TzBfG (*Lakies* DZWIR 2001, 10), **begrenzt jedoch** zugleich **die tariflich zulässige Zeitspanne für eine die Anschlussbeschäftigung** erleichternde Befristung. Eine **ordentliche betriebsbedingte Kündigung** während der tariflich abgesicherten befristeten Anschlussbeschäftigung (Beschäftigungsbrücke) verträgt sich nicht mit Sinn und Zweck der Tarifbestimmungen und ist daher unwirksam (BAG 6.7.2006 – 2 AZR 587/05), selbst wenn die Kündigungsmöglichkeit nach § 15 Abs. 3 TzBfG vertraglich vereinbart worden ist. Näher zum Verhältnis von Tarifvertrag und Gesetz KR-*Bader* § 22 TzBfG.

3. Vertretung

a) Allgemeines

Die Einstellung eines Arbeitnehmers zur Vertretung eines anderen Arbeitnehmers ist nach ständiger 98 Rechtsprechung des BAG als sachlicher Befristungsgrund anerkannt (vgl. *BAG* 8.9.1983 AP Nr. 77 zu § 620 BGB Befristeter Arbeitsvertrag m. Anm. *Koller*; 20.2.1991 EzA § 620 BGB Nr. 109; 11.12.1991 EzA § 620 BGB Nr. 110; 22.11.1995 EzA § 620 BGB Nr. 138). Der Gesetzgeber baut in dem mit Nr. 3 ausdrücklich anerkannten Befristungsgrund auf dieser Rechtsprechung auf (BT-Drs. 14/4374 S. 19), ohne sie einschränken zu wollen. **In der Formulierung, dass der Arbeitnehmer zur Vertretung »eines anderen Arbeitnehmers« beschäftigt werden muss,** liegt **kein** von der bisherigen Rechtsprechung **abweichendes zusätzliches Erfordernis der Identität des Aufgabengebiets,** das der Vertreter im Vergleich zum Vertretenden wahrzunehmen hat, noch die an die Person des vertreten gebundene zeitliche Kongruenz des Vertretungseinsatzes (vgl. *BAG* 24.5.2006 – 7 AZR 640/05 – mwN; APS-*Backhaus* Rz 93, 329 ff.; ErfK-*Müller-Glöge* Rz 58; *Gräfl/Arnold-Gräfl* Rz 72; *Annuß/Thüsing-Maschmann* Rz 40; HaKo-*Mestwerdt* Rz 81, die auch die Vertretung eines freien Mitarbeiters für zulässig halten; aA *Preis/Gotthardt* DB 2000, 2071).

Zum einen deckt sich der Wortlaut mit § 21 Abs. 1 BEEG, ohne dass daraus eine entsprechende Einschränkung abgeleitet wurde (BBDW-*Bader* § 620 BGB Rz 162; *LAG Köln* 21.10.1997 LAGE § 21 BErzGG 99 Nr. 2), zum anderen deutet die Gesetzesbegründung mehr darauf hin, dass die bisherige Rechtsprechung bestätigt und nicht modifiziert werden sollte (*Kliemt* NZA 2001, 298; *Gräfl* aaO; KDZ-*Däubler* Rz 58; **aA** *Lakies* DZWIR 2001, 10; *Nielebock* AiB 2001, 78). Eine solch entscheidende Veränderung zur bisherigen Rechtsprechung des BAG hätte der Gesetzgeber jedoch zumindest in der Gesetzesbegründung ansprechen müssen.

Von daher verbleibt es auch bei der **Zulässigkeit einer sog. mittelbaren Vertretung** (*BAG* 10.3.2004 100 EzA § 14 TzBfG Nr. 9; 15.2.2006 EzA § 14 TzBfG Nr. 27; 21.3.1990 EzA § 620 BGB Nr. 106; 21.2.2001 EzA § 620 BGB Nr. 176; 17.4.2002 EzA § 620 BGB Nr. 194) oder einer **Gesamtvertretung im Lehrerbereich** (*BAG* 20.1.1999 EzA § 620 BGB Nr. 160). Dies gilt, obwohl der Gesetzgeber diese in der Rechtsprechung gängigen Unterscheidungen nicht ausdrücklich im TzBfG berücksichtigt hat (*Dörner* Befr. Arbeitsvertrag, Rz 298). Im Gegenteil wird man sogar annehmen müssen, dass der vorübergehende Vertretungsbedarf auch dann die Befristung eines Arbeitsverhältnisses erlaubt, wenn **im öffentlichen Dienst ein Beamter zu vertreten** ist (BT-Drs. aaO S. 19) **oder die zeitweise Abwesenheit mehrerer Teilzeitkräfte von einer befristet eingestellten Vollzeitkraft abgedeckt werden soll** (ebenso APS-*Backhaus* aaO; *Hromadka* BB 2001, 623; *Kliemt* aaO, 298; im Grundsatz ebenso KDZ-*Däubler* Rz 58; einschränkend *Nielebock, Lakies, Preis/Gotthardt* aaO). Vgl. hierzu näher u. Rz 111 ff.

Der sachliche Rechtfertigungsgrund einer Befristungsabrede **zur Vertretung** liegt darin, dass der Arbeitgeber bereits zu einem vorübergehend ausfallenden Mitarbeiter in einem Rechtsverhältnis steht 101 und mit der Rückkehr dieses Mitarbeiters rechnet (st.Rspr., zuletzt *BAG* 13.10.2004 EzA § 14 TzBfG Nr. 14; *BAG* 4.6.2003 EzA § 620 BGB 2002 Nr. 4; 2.7.2003 EzA § 620 BGB 2002 Nr. 6; 22.11.1995 EzA § 620 BGB Nr. 138, 6.12.2000 § 620 BGB Nr. 155; 11.11.1998 § 620 BGB Nr. 172; 21.2.2001 § 620 BGB Nr. 174; hL APS-*Backhaus* Rz 329; ArbRBGB-*Dörner* § 620 BGB Rz 118; *Annuß/Thüsing-Maschmann* Rz 40; MünchKomm-*Hesse* Rz 31 f.; wohl auch HK-*Höland* Anh. Rz 40; KDZ-*Däubler* Rz 61). Hieraus wird deutlich, dass es sich bei dem **Begriff** der **Vertretung** iSv Nr. 3 nicht um eine unmittelbare oder mittelbare Vertretung im Rechtssinne handelt, sondern nur um die **Deckung eines durch ausfallende Stammkräfte entstehenden Arbeitskräftebedarfs** (ErfK-*Müller-Glöge* Rz 52; *Hunold* NZA 1998, 1963). Daraus ergibt sich, dass die **Vertretungsbefristung** letztlich ein **Unterfall** des vorübergehenden Kräftebedarfs **nach Nr. 1 ist** (vgl. *BAG* 29.10.1998 EzA § 21 BErzGG Nr. 3, zu Nr. 1 und 2 SR 2y BAT). Die beiden Befristungstatbestände unterscheiden sich allein dadurch, dass es dem Arbeitgeber nach Nr. 1 darum geht, den vorgefundenen **Personalbestand** aus betrieblichen Gründen **übergangsweise** zu **verändern**, dagegen ihm nach Nr. 3 daran gelegen ist, die zum Arbeitseinsatz zur Verfügung stehende **Personalkapazität zu erhalten** (*Dörner* Befr. Arbeitsvertrag Rz 299; *Gräfl/Arnold-Gräfl* Rz 73; MünchKomm-*Hesse* Rz 20). Vgl. auch o. Rz 68.

Es verwundert deshalb nicht, dass die **Tarifvertragsparteien des öffentlichen Dienstes die Vertre-** 102 **tung nach Nr. 2 der SR 2y als einen Unterfall der Aushilfe begriffen haben** (vgl. *BAG* 6.6.1984 AP Nr. 83 zu § 620 BGB Befristeter Arbeitsvertrag) und die Vertretung oder die zeitweilige Aushilfe wiederum die sachlich konkrete Ausprägungen der Aufgabenerledigung von begrenzter Dauer waren, so dass sich die drei behandelten Merkmale sachlich ergänzten. Ob außerhalb des Anwendungsbereichs des BAT an dieser unklaren Abgrenzung festgehalten werden konnte, erscheint nach der tatbestandlichen Unterscheidung im Gesetz mehr als fragwürdig. Nachdem der **§ 30 TVöD** sich weitestgehend an die gesetzlichen Regelungen im TVöD anlehnt (*Fritz* ZTR 2006, 2, 7 ff.), hat sich dieses Problem erledigt.

102a Der **Arbeitgeber ist frei** zu entscheiden, **ob und wie er den Vertretungsbedarf befriedigt**. Er kann deshalb auf eine Vertretung ganz verzichten oder die Aufgaben der abwesenden Kraft auf andere Arbeitnehmer ganz oder teilweise übertragen. Anstelle der abwesenden Vollzeitkraft darf auch nach **Nr. 3** eine Teilzeitkraft vertretungsweise eingestellt werden. Das gilt jedoch nicht für den umgekehrten Fall, für einen zu vertretenden teilzeitbeschäftigten Arbeitnehmer eine vollzeitbeschäftigte Vertretungskraft befristet zu beschäftigen (*BAG* 4.6.2003 EzA § 620 BGB 2002 Nr. 4; HWK-*Schmalenberg* Rz 34; MünchKomm-*Hesse* Rz 33). Der bestehende **Vertretungsbedarf** begrenzt in diesen Fällen die Rechtfertigung über den Sachgrund nach Nr. 3. Zum Sachgrund gehört insoweit auch die Möglichkeit, den Vertretungsbedarf mit der befristeten Einstellung abdecken zu können (*BAG* 4.6.2003 EzA § 620 BGB 2002 Nr. 3). Für den überschießenden Arbeitskräfteanteil müsste dann ein **anderer Sachgrund** zur Rechtfertigung dargelegt werden können (vgl. *LAG Nds.* 17.3.2003 LAGE § 14 TzBfG Nr. 10). Der Vertretungsbedarf kann sich selbst auf **kurzfristige Einsätze** in Form von Tages- oder Wocheneinsätzen beschränken (ErfK-*Müller-Glöge* Rz 51), für die es nach Geltung des TzBfG ebenfalls einen **Sachgrund** braucht, soweit nicht einmalig von der sachgrundlosen Befristungsform des § 14 Abs. 2 TzBfG Gebrauch gemacht werden soll (s.o. Rz 2). Auch **wiederholte Befristungen** zu Vertretungszwecken mit ein und derselben Person sind unbedenklich, wenn der Vertretungsfall jeweils mit Sachgrund erfolgt (*BAG* 13.10.2004 EzA § 14 TzBfG Nr. 14; näher s.u. Rz 107).

b) **Unmittelbare Vertretung**

103 **Anlässe** für eine sachlich gerechtfertigte befristete Vertretung können **Ausfälle von Arbeitnehmern wegen Erkrankung oder Beurlaubung, Abberufung zum Wehr- oder Ersatzdienst oder die Abordnung eines Arbeitnehmers ins Ausland sein** (*BAG* 20.2.1991, 11.12.1991, 22.11.1995, 11.11.1998, 6.12.2000, 21.2.2001 aaO; 10.4.1985 – 7 AZR 136/84 –, nv; *LAG RhPf* 27.4.2006 – 1 Sa 1/06: wiederholt verlängerter Sonderurlaub). Anerkannt ist ferner, für ein **freigestelltes Personalrats- oder Betriebsratsmitglied** eine Arbeitskraft zur Vertretung bis zum Ablauf der Amtsperiode befristet einzustellen (*BAG* 20.2.2002 EzA § 620 BGB Nr. 189; APS-*Backhaus* Rz 329ff.; ErfK-*Müller-Glöge* Rz 51; *Dörner* Befr. Arbeitsvertrag, Rz 300, 304 mwN); ebenso die Vertretung für die Inanspruchnahme einer **befristeten Rente** durch den zu Vertretenden (§ 102 SGB VI; *BAG* 23.1.2002 EzA § 620 BGB Nr. 187; *LAG RhPf* 8.6.2005 – 12 Sa 1019/04; HaKo-*Mestwerdt* Rz 88). Einen **gesetzlich gesondert geregelten Vertretungsfall** im Zusammenhang mit Mutterschutz und **Elternzeit regelt § 21 BEEG** (*BAG* 9.7.1997 EzA § 21 BErzGG Nr. 2; vgl. auch *BAG* 19.4.2005 EzA § 15 BErzGG Nr. 15). Näher dazu die Erl. KR-*Lipke* § 21 BEEG. Um nicht gegen die **Antidiskriminierungsrichtlinie 85/92/EG** zu verstoßen, hat die Rechtsprechung sogar Vertretungsbefristungen anerkannt, bei denen die Vertretungskraft wegen eigener Elternzeit tatsächlich nicht zum Arbeitseinsatz kommen konnte (*LAG Hamm* 21.4.2005 – 11 Sa 1988/05 – unter Hinweis auf *EuGH* 4.10.2001 EzA § 611a BGB Nr. 17). In Fällen der unmittelbaren Vertretung liegt der **ursächliche Zusammenhang** zwischen dem zeitweisen Arbeitskräfteausfall und der Einstellung des Vertreters auf der Hand und braucht keine weitere Darlegung.

aa) **Prognose des Arbeitgebers**

104 Die **Prognose des Arbeitgebers** über den voraussichtlichen Wegfall des Vertretungsbedarfs ist Teil des Sachgrundes (13.10.2004 EzA § 14 TzBfG Nr. 14; ErfK-*Müller-Glöge* Rz 53 mwN). Sie hat sich darauf zu beziehen, ob der zu vertretende Mitarbeiter seinen Dienst wieder antreten wird. Weiß der Arbeitgeber bereits bei Abschluss des befristeten Arbeitsvertrages, dass der zu vertretene Arbeitnehmer nicht mehr an seinen Arbeitsplatz zurückkehren wird, so fehlt es am **vorübergehenden** Arbeitskräftebedarf, weil für diesen Arbeitsausfall eine dauerhafte Beschäftigung erforderlich ist (st.Rspr., zuletzt *BAG* 24.5.2006 – 7 AZR 640/05, nv; 21.2.2001 EzA § 620 BGB Nr. 174, jeweils mwN). Dagegen **muss sich die Prognose nicht darüber verhalten, zu welchem Zeitpunkt mit der Rückkehr des zu vertretenen Mitarbeiters zu rechnen ist** (st.Rspr., *BAG* 22.11.1995, 11.11.1998, 6.12.2000, 21.2.2001 aaO; APS-*Backhaus* Rz 333). Sofern nicht besondere Umstände vorliegen, kann der Arbeitgeber bei Krankheits- und Urlaubsvertretungen grds. davon ausgehen, dass die zu vertretende Stammkraft zurückkehren wird (*BAG* 13.10.2004 EzA § 14 TzBfG Nr. 14; 4.6.2003 EzA § 620 BGB 2002 Nr. 4; *Erman/D. W. Belling* § 620 BGB Rz 34). Eine **Erkundigungspflicht** des Arbeitgebers gegenüber dem zu vertretenden Arbeitnehmer besteht insoweit nicht. Weder muss der Arbeitgeber die Planungen des beurlaubten Arbeitneh-

mers ergründen noch hat er sich über die gesundheitliche Entwicklung eines Erkrankten auf dem Laufenden zu halten (*BAG* 2.7.2003 EzA § 620 BGB 2002 Nr. 6). Nur wenn ihm aufgrund vorliegender Informationen erhebliche Zweifel daran kommen müssen, ob die zu vertretene Stammkraft überhaupt wieder zurückkehren wird, können sich Bedenken ergeben, ob der Sachgrund der Vertretung bei Abschluss des befristeten Arbeitsvertrages überhaupt vorgelegen hat (*BAG* 21.2.2001 EzA § 620 BGB Nr. 174; 23.1.2002 EzA § 620 BGB Nr. 187). Unverbindliche Ankündigungen des Vertretenen gegenüber Dritten oder unerhebliche Äußerungen gegenüber dem Arbeitgeber (...»komme wohl nicht wieder«) reichen dafür nicht aus. Vielmehr ist die **Vertretungsbefristung nur hinfällig**, wenn der zu vertretende Arbeitnehmer bereits **vor Abschluss des befristeten Arbeitsvertrages** mit der Vertretungskraft **dem Arbeitgeber verbindlich erklärt hat**, die Arbeit nicht wieder aufnehmen zu wollen (*BAG* 2.7.2003 EzA § 620 BGB 2002 Nr. 6). Der Arbeitgeber kann daher grds. mit der Rückkehr des Vertretenen rechnen (*Dörner* Befr. Arbeitsvertrag, Rz 314; *Backhaus* aaO Rz 334). Nur in diesem Ausnahmefall kann die Befristung wegen fehlerhafter Prognose unwirksam sein (*BAG* 24.5.2006 – 7 AZR 640/05, nv; MünchKomm-*Hesse* Rz 32; HWK-*Schmalenberg* Rz 27; *Annuß/Thüsing-Maschmann* Rz 41). **Die Prognose hat sich auch nicht darauf zu erstrecken, ob der zu vertretene Arbeitnehmer seine Tätigkeit im vollen Umfang wieder aufnehmen wird.** Selbst wenn die Stammkraft nur im reduzierten Umfang wieder tätig wird, entfällt damit der Vertretungsbedarf im bisherigen Umfang (ErfK-*Müller-Glöge* Rz 53; Staudinger/*Preis* § 620 BGB Rz 107; MHH-*Meinel* Rz 30; HaKo-*Mestwerdt* Rz 74). Der Arbeitgeber hat dann neu zu entscheiden, ob und wie und in welchem Umfang er den reduzierten Vertretungsbedarf abdecken will (*BAG* 6.12.2000 EzA § 620 BGB Nr. 172; 21.2 2001 EzA § 620 BGB Nr. 174).

Die gewählte **Befristungsdauer bedarf keiner eigenständigen sachlichen Rechtfertigung,** denn es steht im Belieben des Arbeitgebers den Arbeitsausfall auch nur zeitweise über eine Vertretung abzudecken (*BAG* 21.2.2001 EzA § 620 BGB Nr. 174; 20.2.2002 EzA § 620 BGB Nr. 189) und danach über das Ob und Wie einer weiteren Vertretung neu zu entscheiden (zuletzt *BAG* 24.5.2006 – 7 AZR 640/05, nv). Infolgedessen hat der Gesetzgeber auch in § 21 Abs. 1 BEEG für die dort geregelten Vertretungsfälle im Zusammenhang mit Mutterschutz und Elternzeit ausdrücklich geregelt, dass die Befristung auch »**für Teile« der Vertretungszeit** erfolgen kann (vgl. *BAG* 11.12.1991 EzA § 620 BGB Nr. 119; 6.12.2000 EzA § 620 BGB Nr. 172; APS-*Backhaus* Rz 332). Für die hier früher (*Lipke* KR 5. Aufl., § 21 BErzGG Rz 15a) vertretene Auffassung, auch notwendige **Zeiten einer Einarbeitung** seien in Analogie zu § 21 Abs. 2 BErzGG (jetzt BEEG) der zulässigen Dauer einer Befristung zur allgemeinen Vertretung hinzuzurechnen, **fehlt** es nunmehr nach der konkreten gesetzlichen Ausformung der Sachgrundbefristung in Abs. 1 an einer zu **füllenden Regelungslücke**. Zwar wäre es sinnvoll, Zeiten der Einarbeitung der eigentlichen Vertretungszeitspanne hinzu zu schlagen; der Gesetzgeber hat jedoch davon erkennbar keinen Gebrauch machen wollen. Wenn in § 23 TzBfG bestimmt wird, dass besondere Regelungen über die Befristung von Arbeitsverträgen nach anderen gesetzlichen Vorschriften unberührt bleiben, so muss im Umkehrschluss davon ausgegangen werden, dass diese besonderen Regelungen nicht die neu geschaffenen **allgemeinen Befristungsregelungen** ergänzen sollen (**aA** *Preis/Gotthardt* DB 2000, 2071). Die Gesetzesbegründung gibt nur Aufschluss darüber, dass die allgemeinen Vorschriften des TzBfG auf die spezialgesetzlich geregelt befristeten Arbeitsverhältnisse Anwendung finden sollen, wenn die Spezialgesetze nichts Abweichendes regeln (BT-Drs. 14/4374 S. 22). **Damit beschränkt sich die spezialgesetzliche Regelung in 21 Abs. 2 BEEG auf die Einarbeitungszeiten im Anwendungsbereich dieser Sonderregelung** (aA ErfK-*Müller-Glöge* Rz 55; HaKo-*Mestwerdt* Rz 80; *Backhaus* aaO, Rz 340).

Seit Inkrafttreten des TzBfG ab 1.1.2001 sind **kurzfristige Vertretungen** ebenfalls mit einem Sachgrund zu unterlegen, da die Umgehung des Kündigungsschutzes keine Rolle mehr spielt. Die Befristungsdauer kann Zweifel am Sachgrund der Vertretung aufkommen lassen, wenn die Vertretung nicht für eine kürzere Zeit als den erkennbaren Bedarf, sondern nur für eine darüber hinausreichende Zeitspanne vorgesehen ist. **Die fehlende Übereinstimmung zwischen Dauer des Vertretungsbedarfs und Dauer der Befristung** spricht dagegen nicht von vornherein gegen den Sachgrund der Befristung (*BAG* 6.6.1984 EzA § 620 BGB Nr. 71; 9.7.1997 EzA § 21 BEEG Nr. 2). Der Befristungsdauer kommt in Vertretungsfällen nur insofern Bedeutung zu, als sie in der Zusammenschau mit anderen Umständen darauf hinweisen kann, dass der Sachgrund für die Befristung nur vorgeschoben ist (*BAG* 21.2.2001 EzA § 620 BGB Nr. 174 mwN). Dagegen muss der **Umfang der Vertretung** in den Grenzen des **Vertretungsbedarfs** bleiben (s.o. Rz 102a).

Selbst wenn sich die Prognose des Arbeitgebers (mehrfach) nicht erfüllt, kann daraus noch nicht auf das Fehlen eines Sachgrundes geschlossen werden. Schon nach altem Recht hat die Rechtsprechung herausgearbeitet, dass die arbeitsvertragliche Befristungskontrolle keine Parallele im Kündigungsschutzprozess hat (vgl. *BAG* 21.2.2001 EzA § 620 BGB Nr. 174; 25.8.1999 EzA § 620 BGB Bedingung Nr. 13; *LAG Düsseld.* 15.2.2000 LAGE § 620 BGB Nr. 63). Ohne besondere zusätzliche vertrauensbildenden Umstände kann daher eine mehrfach nicht eingetretene Prognose auch **keinen Wiedereinstellungsanspruch** des befristet beschäftigten Arbeitnehmers nach sich ziehen (*BAG* 20.2.2002 EzA § 620 BGB Nr. 189; *LAG Düsseld.* 15.2.2000 LAGE § 620 BGB Nr. 63; vgl. auch KR-*Bader* § 17 TzBfG Rz 78 ff.). Vgl. allg. zu den Anforderungen an die Prognose o. Rz 46 ff.

bb) Wiederholte Befristung

107 Der Sachgrund der Vertretung kann wiederholte Befristungen mit derselben Vertretungsperson oder unterschiedlichen Kräften rechtfertigen (*BAG* 13.10.2004 EzA § 14 TzBfG Nr. 14; 4.6.2003 EzA § 620 BGB 2002 Nr. 4 im Falle mehrfach verlängerter Beurlaubungen des Stelleninhabers; APS-*Backhaus* Rz 334, 339). Bei mehr als ein- oder zweimaliger **Wiederholung von Fristverträgen zur Vertretung sind allerdings an den Grund der Befristung strengere Anforderungen zu stellen** (*Plander* ZTR 2001, 499; HWK-*Schmalenberg* Rz 27; diff. *Dörner* Befr. Arbeitsvertrag, Rz 308 einerseits, Rz 313 andererseits; *Staudinger/Preis* § 620 BGB Rz 107; krit. *Vetter* ZTR 1997, 438). Mit wachsender Dauer der befristeten Beschäftigungen nimmt die persönliche und wirtschaftliche Abhängigkeit des Arbeitnehmers zu und die soziale Verantwortung des Arbeitgebers erhöht sich. Er hat deshalb sorgfältig zu prüfen, ob nicht schutzwürdige Interessen des Arbeitnehmers nunmehr eine dauerhafte Beschäftigung gebieten (*BAG* 12.9.1996 EzA § 620 BGB Nr. 142; 3.12.1986 EzA § 620 BGB Nr. 88; 11.12.1991 EzA § 620 BGB Nr. 110; **aA** *Gardain* ZTR 1996, 257; *Vetter* ZTR 1994, 456). Die **Prognose des Arbeitgebers,** nach Ablauf wiederholter Befristungen werde kein Bedarf mehr an der Arbeitsleistung des befristet eingestellten Arbeitnehmers bestehen, gebietet dann eine erhöhte Sorgfalt bei der Prüfung (*BAG* 11.11.1998 EzA § 620 BGB Nr. 155). Dies kann Anlass dafür sein, vom Arbeitgeber bei der nochmaligen befristeten Verlängerung eines bereits langjährig zur Vertretung befristeten beschäftigten Arbeitnehmers eine **genaue Darlegung der Tatsachen** zu verlangen, aufgrund derer er davon ausgehen durfte, diesmal werde der Beschäftigungsbedarf tatsächlich sein Ende finden (*BAG* 6.12.2000 EzA § 620 BGB Nr. 172; *LAG Köln* 9.3.2005 EzBAT SR 2y BATLehrer Nr. 31; ErfK-*Müller-Glöge* Rz 12; fragwürdig: *LAG Düsseld.* 21.6.2000 LAGE § 620 BGB Nr. 65, welches nach neun aufeinander folgenden befristeten Arbeitsverträgen über einen Zeitraum von zehn Jahren eine Selbstbindung des Arbeitgebers annimmt). Ergibt sich aus den vom Arbeitgeber im Streitfall darzulegenden Umständen (KR-*Lipke* § 620 BGB Rz 146 ff.) dass **bereits bei Vertragsabschluss zu erwarten war, dass die vom Vertreter zu versehene Arbeit eine Daueraufgabe ist, fehlt es am Sachgrund der Vertretung.** Wer als sog. Springer Aufgabenstellungen einer Dauervertretung oder Daueraushilfe versieht (*LAG Bln.* 3.4.1997 LAGE § 620 BGB Nr. 51; *Backhaus* aaO), kann deshalb auch in Zukunft nicht nach Nr. 3 mit sachlichem Grund befristet werden (vgl. auch o. Rz 79f). In diesen Fällen ist davon auszugehen, dass der Arbeitskräftebedarf nur mit Vertreter **und** Vertretenem gedeckt werden kann (*Dörner* Befr. Arbeitsvertrag, Rz 302 bei überlappenden Vertretungen für beurlaubte Mitarbeiter).

108 Da es in der **Organisationsmacht des Arbeitgebers liegt, wie er den anfallenden Vertretungsbedarf befriedigt,** kann ihm nicht entgegengehalten werden, die Vielzahl immer wiederkehrender Vertretungsfälle zeige die Notwendigkeit einer dauerhaften Beschäftigung zusätzlicher Kräfte. Es ist dem Arbeitgeber allein überlassen, ob er durch Anstellung mehrerer unbefristet beschäftigter Springer eine dauerhafte Personalreserve schafft, den Vertretungsbedarf durch Umverteilung der Arbeit auffängt oder in jedem Einzelfall mit befristeten Arbeitsverhältnissen den Arbeitsausfall abdeckt. **Eine zeitliche Grenze, bei der eine mehrmalige Vertretung in einen Dauertatbestand umschlägt, läßt sich daher nicht festlegen** (**aA** KDZ-*Däubler* Rz 63 f.). Die Rechtsprechung kann nicht anstelle des Arbeitgebers entscheiden, ob es nicht sinnvoller wäre, auf der Grundlage unbefristeter Arbeitsverträge eine Personalreserve zu halten (*BAG* 8.9.1983 AP Nr. 77 zu § 620 BGB Befristeter Arbeitsvertrag; ArbRBGB-*Dörner* § 620 BGB Rz 123 ff.; *ders.* Befr. Arbeitsvertrag, Rz 301; APS-*Backhaus* Rz 338; *Hunold* NZA 2003, 255, 257; **aA** *ArbG Hmb.* 6.11.1989 BB 1990, 633). Wenn es hier einer **Grenzziehung** bedarf, so kann sie nicht bei der mehrfachen Befristung über einen Zeitraum von ein bis max. drei Jahren gefunden werden (so aber *Däubler* aaO), sondern in einer **fehlerhaften Prognose des Arbeitgebers,** die ihren Mangel darin hat, dass der abzudeckende Arbeitskräftebedarf sich bei näherem Hinsehen nur befriedigen lässt, wenn der vertretene Arbeitnehmer und der vertretende Arbeitnehmer gleichzeitig arbeiten. Dann zeigt sich, dass der Vertreter eine **Daueraufgabe** erfüllt und von daher mit sachlichem Grund nach Nr. 3 nicht befristet werden konnte (zutr. *Dörner* aaO). Ein Vertretungsfall iSv Nr. 3 liegt ebenfalls nicht vor, wenn der Arbeitgeber die befristete Einstellung mit dem **gebündelten Vertretungsbedarf** für die

Zulässigkeit der Befristung § 14 TzBfG

zeitlich aneinander gereihten **Erholungsurlaubsansprüche** aller seiner Mitarbeiter sachlich rechtfertigen will (*LAG Hamm* 21.10.2004 – 11 Sa 688/04 nv). Hier fehlt es an dem Merkmal eines »vorübergehenden« Vertretungsbedarfs.

Die Organisationsmacht des Arbeitgebers kann aber eine Einschränkung erfahren, wenn die auf die 109 befristet zu besetzende Stelle Bewerbungen von Stammarbeitnehmern erfolgen (§ 9 TzBfG). Mit dem in § 8 TzBfG geschaffenen Anspruch auf Teilzeitarbeit wird das **Direktionsrecht des Arbeitgebers zum Arbeitszeitvolumen und zur Arbeitszeitlage beschränkt.** Die **Darlegung der** dem Teilzeitarbeitswunsch entgegenstehenden **betrieblichen Gründe** zu den Arbeitsabläufen und der Organisation im Betrieb kann den Arbeitgeber bei einer **Prognose zum Abschluss befristeter Arbeitsverträge** binden.

cc) Befristungskombination

Wird die Befristung auf einen Vertretungsbedarf gestützt und ist vereinbart worden, dass der Arbeit- 110 nehmer bis zur Wiederaufnahme der Arbeit durch den Vertretenen bzw. dessen Ausscheiden beschäftigt wird (Zweckbefristung, auflösende Bedingung), rechtfertigt das Ausscheiden des Vertretenen nicht ohne weiteres die Beendigung des Arbeitsverhältnisses durch Zeitablauf (*BAG* 5.6.2002 EzA § 620 BGB Nr. 192; ErfK-*Müller-Glöge* Rz 62; MünchKomm-*Hesse* Rz 37). Allein durch das Ausscheiden wird der Bedarf des Arbeitgebers an den früher vom Vertretenen und jetzt vom befristet eingestellten Vertreter verrichteten Tätigkeiten nicht zeitlich begrenzt. **Die Verknüpfung mehrerer Beendigungstatbestände bei der Vertretungsbefristung** (Wiederaufnahme der Arbeit bzw. endgültiges Ausscheiden des zu Vertretenen) kann allerdings dann greifen, wenn sich die **Prognose des Arbeitgebers nicht nur auf die erwartete Rückkehr des Vertretenen, sondern auch auf den Bedarfsfall bei seinem Ausscheiden erstreckt** (*BAG* 26.6.1996 EzA § 620 BGB Bedingung Nr. 12 m. Anm. *B. Gaul*; 24.9.1997 EzA § 620 BGB Nr. 147; *LAG Bln.* 29.4.1997 ZTR 1998, 42; APS-*Backhaus* Rz 345 f.; HWK-*Schmalenberg* Rz 28).

Neben dem Befristungsgrund der Vertretung sind dann **weitere Befristungsgründe** anzuführen, die 110a eine Beendigung des Arbeitsverhältnisses auch bei Ausscheiden des Vertretenen (Streichung der betreffenden Stelle; endgültige Besetzung der Stelle durch eine dritte Person) rechtfertigen (*BAG* 5.6.2002 EzA § 620 BGB Nr. 192; 24.9.1997 EzA § 620 BGB Nr. 147; zweifelnd *Hunold* NZA 1998, 1963; abw. *Maschmann* 2002, 2181). Dabei kann es bspw. um eine inhaltlich nachvollziehbare Entscheidung des Arbeitgebers handeln die durch Ausscheiden des Vertretenen freiwerdende Stelle nicht mit dem Vertreter, sondern mit einem anderen Mitarbeiter oder Bewerber zu besetzen, der bestimmten Anforderungen genügt, die der Vertreter nicht erfüllt (*BAG* 5.6.2002 EzA § 620 BGB Nr. 192). Davon ist auszugehen, wenn der Arbeitgeber eine plausible **Organisationsentscheidung** trifft, bestimmte Stellen nur noch mit Beamten oder einer höheren Ausbildungsqualifikation als bisher neu zu besetzen. Das Argument »Einer zuviel an Bord« sticht dagegen nicht (*Dörner* Befr. Arbeitsvertrag, Rz 306 f.; **aA** *Hunold* NZA 1998, 1963).

dd) Arbeitnehmerüberlassung

Maßgebend ist der **Vertretungsbedarf** beim **Verleiher** (*Werthebach* NZA 2005, 1044 f.; *Böhm* RdA 2005, 110b 360 ff.; **aA** *Frik* NZA 2005, 386 f., 389). Es kann also nur um die **Vertretung** erkrankter, beurlaubter oder aus anderen Gründen vorübergehend **verhinderter Leiharbeitnehmer** gehen (*Lembke* DB 2003, 2702, 2704). Die Natur des Leiharbeitsverhältnisses mit ihrer Austauschbarkeit von Personen beschränkt indessen die Anwendung von Nr. 3 auf wenige Fälle, zB befristeter Ersatz für eine langfristig beschäftigte Leiharbeitnehmerin, die infolge Schwangerschaft und Elternzeit für geraume Zeit ausfällt (*Schüren/Berendt* NZA 2003, 521 f.).

b) Mittelbare Vertretung

Es ist allein **Sache des Arbeitgebers im Rahmen seines Direktionsrechts die Arbeitsaufgaben an-** 111 **lässlich der befristeten Einstellung zur Vertretung umzuverteilen.** Die befristete Beschäftigung zur Vertretung lässt die Versetzung und Umsetzungsbefugnisse des Arbeitgebers unberührt (st.Rspr., zuletzt *BAG* 13.10.2004 EzA § 14 TzBfG Nr. 14; 15 2.2006 EzA § 14 TzBfG Nr. 27; 17.4.2002 EzA § 620 BGB Nr. 194; *Erman/D. W. Belling* § 620 BGB Rz 35; *Dörner* Befr. Arbeitsvertrag, Rz 315 mwN). Die der Befristungskontrolle zugrunde liegenden Wertungsmaßstäbe verlangen daher nicht, dass die befristet eingestellte Vertretungskraft mit den Arbeitsaufgaben betraut wird, deren Erbringung von dem Vertretenen geschuldet wird. Da der **Arbeitgeber** ohnehin darüber **zu bestimmen hat, ob und wie er den**

§ 14 TzBfG   Zulässigkeit der Befristung

Arbeitsausfall eines Stammarbeitnehmers überbrücken will, kann er im Wege einer Umorganisation auch einen völlig neuen Arbeitsplan entstehen lassen, wonach die Ersatzkraft an anderer Stelle einzusetzen ist. Das ist indessen konkret zu belegen (*BAG* 10.3.2004 EzA § 14 TzBfG Nr. 9); die reine Austauschbarkeit der Arbeitnehmer reicht hierfür nicht aus. Ebenso wenig genügt die Nutzung freiwerdender Finanzmittel, ohne das eine mittelbare Beziehung zum Aufgabenkreis des zeitweilig ausgefallenen Mitarbeiters besteht (*BAG* 25.8.2004 EzA § 14 TzBfG Nr. 11; 15.8.2001 EzA § 21 BErzGG Nr. 4; 17.4.2002 EzA § 620 BGB Nr. 194; 21.3.1990 EzA § 620 BGB Nr. 106; 20.1.1999 EzA § 620 BGB Nr. 160; *Annuß/Thüsing-Maschmann* Rz 44; *Boewer* Rz 126; MHH-*Meinel* Rz 31; ErfK-*Müller-Glöge* Rz 56; KDZ-*Däubler* Rz 60; *Hromadka* BB 2001, 623; APS-*Backhaus* Rz 335; MünchKomm-*Hesse* Rz 33; *Gräfl/Arnold-Gräfl* Rz 83; zweifelnd *Lakies* DZWIR 2001, 8; *Preis/Gotthardt* DB 2000, 2071). Bei freiwerdenden Finanzmitteln im öffentlichen Dienst ist allerdings eine Befristung über Nr. 7 (Haushaltsbefristung) denkbar (*LAG Düsseld.* 7.4.2006 LAGE § 14 TzBfG Nr. 28; HWK-*Schmalenberg* Rz 33).

111a   Die **Kongruenz von Einsatzort und Aufgabengebiet** einer Vertretungskraft und einem vorübergehend nicht zur Verfügung stehenden Mitarbeiter erleichtert dem Arbeitgeber zwar den Nachweis, dass der Zeitvertrag mit der Vertretungskraft auf den Sachgrund der Vertretung beruht. Unabdingbare Voraussetzung ist sie aber nicht (*BAG* 15.2.2006 EzA § 14 TzBfG Nr. 27). Der neu eingestellte Arbeitnehmer hat nicht die Arbeit des zu vertretenden Arbeitnehmers zu verrichten (*BAG* 21.2.2001 EzA § 620 BGB Nr. 176; 25.8.2004 § 14 TzBfG Nr. 11). Es genügt der, bei prognostizierter Rückkehr des ausfallenden Mitarbeiters bedingte vorübergehende Bedarf an der Arbeitskraft (*BAG* 10.3.2004 § 14 TzBfG Nr. 9; 8.5.1985 EzA § 620 BGB Nr. 76; 20.1.1999 EzA § 620 BGB Nr. 160). Ein ursächlicher Zusammenhang ist mithin hergestellt, wenn sichergestellt ist, dass die Vertretungskraft gerade wegen des durch zeitweiligen Ausfall des zu vertretenden Mitarbeiters entstandenen vorübergehenden Beschäftigungsbedarfs eingestellt worden ist (*BAG* 13.10.2004 EzA § 14 TzBfG Nr. 14).

112   Im Streitfall hat der **Arbeitgeber den Kausalzusammenhang,** in welcher Weise die befristete Einstellung bzw. Vertragsänderung der Befriedigung des Vertretungsbedarfs dienen sollte, an Hand der zum Zeitpunkt der Befristungsabrede vorhandenen Planung sowie deren tatsächlichen und rechtlichen Umsetzungsmöglichkeiten **darzulegen und zu beweisen** (*BAG* 13.10.2004 EzA § 14 TzBfG Nr. 14; 15.2.2006 EzA § 14 TzBfG Nr. 27; 24.1.2001 EzA § 620 BGB Nr. 173; 17.4.2002 EzA § 620 BGB Nr. 194; 27.9.2000 AP Nr. 1 zu § 63 LPVG Brandenburg; *Dörner* Befr. Arbeitsvertrag, Rz 317; HaKo-*Mestwerdt* Rz 82 f.; *Korinth* Befr. Arbeitsverträge, 2004 S. 135). Dafür kann es ausreichen, dass eine befristete Einstellung einer Lehrkraft als Krankheitsvertretung zunächst nur als zeitweilige Aushilfe erfolgt und bei endgültigem Freiwerden nach landesweitem Ausschreibungs- und Auswahlverfahren der Stelle eine Dauerbesetzung erfolgen soll (*LAG Düsseld.* 9.2.1999 LAGE § 620 BGB Nr. 62, einschränkend *LAG Köln* 11.5.2000 LAGE § 620 BGB Nr. 63a zum Befristungszweck, sich künftige Umsetzungsmöglichkeiten offen zu halten oder zu erleichtern). Ein ursächlicher Zusammenhang lässt sich ferner dadurch belegen, dass der Arbeitgeber rechtlich und tatsächlich die Möglichkeit hatte **(Direktionsrecht),** den zu vertretenden Arbeitnehmer in den Arbeitsbereich des Vertreters zu versetzen (*BAG* 15.2.2006 EzA § 14 TzBfG Nr. 27; APS-*Backhaus* Rz 335, geschlossene Vertretungskette oder Direktionsrecht gegenüber Vertretenen; *Annuß/Thüsing-Maschmann* Rz 44 ; **aA** ErfK-*Müller-Glöge* Rz 56 aE). Der vom Arbeitgeber nachzuweisende **Kausalzusammenhang muss im Zeitpunkt der befristeten Einstellung objektiv** bestanden haben und kann nicht nachträglich konstruiert werden (vgl. *LAG RhPf* 17.3.2004 MDR 2004, 1123; **aA** MünchKomm-*Hesse* Rz 33 unter Hinweis auf *BAG* 15.8.2001 EzA § 21 BErzGG Nr. 4, wonach sich die Ursächlichkeit nicht stets durch das bei Abschluss des befristeten Arbeitsvertrags vorliegende Vertretungskonzept, sondern auch aus anderen Umständen ergeben kann).

113   Während das **BAG** es für die mittelbare Vertretung **genügen lässt,** wenn ein **kausaler Zusammenhang** zwischen dem zeitweiligen Ausfall eines Mitarbeiters, dem dadurch hervorgerufenen Vertretungsbedarf und der befristeten Einstellung einer Vertretungskraft dargestellt werden kann (BAG 10.3.2004 § 14 TzBfG Nr. 9; 13.6.1990 RzK I 9a Nr. 57; 21.3.1990 EzA § 620 BGB Nr. 106), wollen bedenkenswerte Stimmen im Schrifttum die Voraussetzungen dafür einengen. So wird verlangt, dass der zur Vertretung Eingestellte überwiegend eine Tätigkeit verrichtet, die der Ausgefallene hätte ebenfalls ausführen können (*Maschmann* aaO; HWK-*Schmalenberg* Rz 32; KDZ-*Däubler* Rz 60 unter Berufung auf *BAG* 6.6.1984 AP Nr. 83 zu § 620 BGB Befristeter Arbeitsvertrag; *LAG Brem.* 18.1.1989 LAGE § 620 BGB Nr. 16). *Bader* (BBDW § 620 BGB Rz 166) beklagt, dass mit dem ausgeweiteten Ansatz der Rechtsprechung zur mittelbaren Vertretung ein völlig konturenloser Befristungsgrund entstanden sei, der zum »beliebigen Einsatz« reize. Vor diesem Hintergrund scheint auch verständlich zu sein, warum einzelne Stimmen im Schrifttum versuchen, aus dem Wortlaut von Nr. 3 (Beschäftigung »zur« Vertretung »ei-

nes« anderen Arbeitnehmers) die Befristungsmöglichkeiten einer mittelbaren Vertretung in Frage zu stellen (*Preis/Gotthardt* DB 2000, 2071; *Lakies* DZWIR 2001, 10; vgl. oben Rz 98).

Als besonderer **Unterfall der mittelbaren Vertretung** kann der zeitlich begrenzte **Einsatz eines sog.** 114 **»Platzhalters«** gesehen werden (ebenso ErfK-*Müller-Glöge* Rz 60; aA HaKo-*Mestwerdt* Rz 87), der den Arbeitsplatz bis zur dauerhaften Arbeitsaufnahme eines anderen Arbeitnehmers besetzt. Ein solcher Fall kann zum einen vorliegen, wenn der Arbeitgeber einen seiner Auszubildenden nach erfolgreicher Prüfung dauerhaft auf diesem Arbeitsplatz einsetzen will (*BAG* 21.4.1993 EzA § 620 BGB Nr. 120), zum anderen, wenn der Arbeitgeber ein anderweitiges berechtigtes Interesse daran hat, die Stelle für eine spätere Besetzung freizuhalten (*BAG* 1.12.1999 RzK I 9a Nr. 170; *Dörner* Befr. Arbeitsvertrag, Rz 305; HzA/*Schütz* 1.2. Rz 402). In beiden Fällen kann eine »**Vertretungsbefristung« jedoch nur sachlich gerechtfertigt sein, wenn sich der Arbeitgeber bereits im Zeitpunkt des befristeten Vertragsabschlusses** gegenüber dem für eine endgültige Stellenbesetzung vorgesehenen Bewerber **vertraglich gebunden hat** (*BAG* 13.10.2004 EzA § 17 TzBfG Nr. 6; 1.12.1999 aaO; 6.11.1996 EzA 620 BGB Nr. 146). Gründe für eine solche Platzhalterbefristung können sich daraus ergeben, dass der Arbeitgeber in die Berufsausbildung eines Auszubildenden investiert hat und daraus später den Nutzen ziehen möchte (*BAG* 6.11.1996 EzA § 620 BGB Nr. 146) oder der übergangsweise eingestellte Arbeitnehmer wegen Fehlens einer an sich für die zu besetzenden Stelle erforderliche Qualifikation für eine Dauerbesetzung ungeeignet ist und sich der Arbeitgeber mit der befristeten Einstellung nur vorübergehend behelfen will (*BAG* 1.12.1999 aaO; BAGE 32, 274). Hierher gehört ferner die Befristung eines Arbeitsvertrages mit einem Arbeitnehmer, dessen dauerhaft zu besetzende Stelle infolge eines **Konkurrentenklageverfahrens** bis zum Abschluss des Rechtsstreits mit dem Konkurrenten nicht endgültig besetzt werden kann (*BAG* 16.3.2005 EzA § 14 TzBfG Nr. 17). Das BAG zählt sowohl die Platzhalterbefristung als auch die Befristung mit Rücksicht auf die Konkurrentenklage nicht zu den Vertretungsfällen, sondern ordnet sie den anderen, **gesetzlich nicht aufgezählten Sachgründen** zu (dazu s.u. Rz 243 ff.). Doch geht es hier jeweils um eine vorübergehende Besetzung, die nicht zur Personalerhöhung führen soll.

Keinen sachlichen Befristungsgrund liefert dagegen die Überlegung des Arbeitgebers, im Sinne eines 115 **Rotationsprinzips** in Zukunft frei zu sein, um aus dem dann vorhandenen Bewerberangebot auszuwählen und damit auch künftigen Bewerbern eine Chance zu geben. Ebenso wenig ist in diesem Zusammenhang eine **Befristung auf Vorrat** zulässig (vgl. *BAG* 1.12.1999 aaO; *LAG Köln* 14.1.1999 LAGE § 21 BErzGG Nr. 3). Wiederkehrender **Vertretungsbedarf**, der sich aus verschiedenen Arbeitsplätzen speist, kann nicht **gebündelt dauerhaft** immer wieder zu Sachgrundbefristungen genutzt werden (*LAG Hamm* 21.10.2004 – 11 Sa 688/04 – zur Vertretung gereihten Urlaubs mehrer Stammarbeitnehmer). Hier fehlt es an dem Merkmal eines »vorübergehenden« Vertretungsbedarfs.

Die Befriedigung des **Vertretungsbedarfs im öffentlichen Dienst** regelt sich nunmehr nach den glei- 116 chen Regeln wie in der Privatwirtschaft, dh nach dem TzBfG. Einige wenige Besonderheiten vermittelt nun die einschlägige Regelung des **§ 30 TVöD**. Auch hier liegt der sachliche Rechtfertigungsgrund einer befristeten Vertretung darin, dass der Arbeitgeber bereits zu einem vorübergehend ausfallenden Mitarbeiter in einem Rechtsverhältnis steht und mit der Rückkehr dieses Mitarbeiters rechnet. Ein solches zeitlich begrenztes Bedürfnis kann sich zB dadurch ergeben, dass dem zu vertretenen Arbeitnehmer (mehrfach verlängert) Sonderurlaub (§ 50 BAT) gewährt wurde (*BAG* 11.11.1998 EzA § 620 BGB Nr. 155). Die vor allem bei Angestellten im Justizbereich häufig auftretenden **Kettenbefristungen zur Vertretung** lassen sich manchmal nur halten, weil sich die Befristungskontrolle nach § 17 TzBfG nur auf den letzten befristeten Arbeitsvertrag beschränkt, scheitern gleichwohl häufig an dem Kausalitätserfordernis (*BAG* 10.3.2004 EzA § 14 TzBfG Nr. 9; *LAG Düsseld.* 21.12.2005 LAGE § 14 TzBfG Nr. 25). Die **bevorzugte Berücksichtigung** befristet Beschäftigter bei der Besetzung von Dauerarbeitsplätzen nach der **Protokollnotiz Nr. 4 zu Nr. 1 SR 2y BAT** gewährt auch im Falle von »Befristungsketten« keinen Einstellungsanspruch des Arbeitnehmers, sondern schränkt nur das Auswahlermessen des Arbeitgebers bei der nach den Maßstäben des **Art. 33 Abs. 2 GG** zu treffenden **Auswahlentscheidung** zur Stellenbesetzung ein (*BAG* 2.7.2003 EzA § 620 BGB 2002 Nr. 6). Diese Rechtslage bleibt erhalten und spiegelt sich jetzt in **§ 30 Abs. 2 S. 4 TVöD** wider (*Fritz* ZTR 2006, 2, 8).

Befristungsabreden zur unmittelbaren (personenbezogenen) oder mittelbaren (Arbeitsausfall) Vertre- 117 tung können nicht nur in Form einer kalendermäßigen Befristung, sondern auch in Form einer **Zweckbefristung oder auflösenden Bedingung** (*BAG* 26.9.1996 EzA § 620 Bedingung Nr. 12; 5.6.2002 EzA § 620 BGB Nr. 192; *Annuß/Thüsing-Maschmann* Rz 42; vgl. Erl. zu §§ 15, 21 TzBfG) vereinbart werden. Aufgrund der Anzeigepflichten des Arbeitgebers aus §§ 15 Abs. 2, 21 TzBfG kann dem bedingt beschäftigten Arbeitnehmer sogar eine größere Chance auf ein Dauerarbeitsverhältnis erwachsen, ohne dass er stärker gebunden ist. **Dasselbe Ereignis,** zB Genesung des vertretenen Mitarbeiters, **kann Befristung oder Bedingung sein, je nachdem, ob es als gewiss oder ungewiss eingestuft wird.** Letztlich entscheidet auch hier die **Prognose des Arbeitgebers** darüber, ob eine Zweckbefristung oder eine auflösende Bedingung vorliegt. **Bei gleicher objektiver Lage kommt es also darauf an, ob der Arbeitgeber die Rückkehr des zu vertretenen Arbeitnehmers für gewiss oder für ungewiss hält** (*Hromadka* BB 2001, 625; *Kliemt* NZA 2001, 303; APS-*Backhaus* Rz 347). Ob die häufig zur Krankheitsvertretung vereinbarte Vertragsklausel »bis zur Wiederaufnahme der Tätigkeit (des Vertretenen)« als Zweckbefristung oder auflösende Bedingung bewertet wird (streitig, vgl. dazu APS-*Backhaus* aaO; *Enderlein* RdA 1998, 91), kann wegen der nun auch gesetzlich festgelegten Gleichbehandlung in § 15, 21 TzBfG offen bleiben (vgl. *BAG* 24.9.1997 EzA § 620 BGB Nr. 147; vgl. hierzu auch KR-*Bader* § 21 TzBfG Rz 25 f.). Wegen der Risiken einer auflösenden Bedingung, wird die **Kombination von Zeit- und Zweckbefristung** empfohlen (HWK-*Schmalenberg* Rz 29 ff.; *BAG* 4.12.2002 EzA § 620 BGB 2002 Bedingung Nr. 1), die jedoch jeweils mit einem sachlichen Grund »unterfüttert« sein muss.

d) Gesamtvertretung

118 Von den Fällen einer unmittelbaren/mittelbaren Einzelvertretung unterscheidet sich eine **Gesamtvertretung bei Lehrkräften** dadurch, dass innerhalb einer durch Organisationsentscheidung festgelegten Verwaltungseinheit der Vertretungsbedarf für das Lehrpersonal eines Schulbereichs bezogen auf ein Schuljahr rechnerisch ermittelt und durch befristet eingestellte Vertretungskräfte abgedeckt wird, die – von Ausnahmen abgesehen – nicht an den Schulen der zu vertretenden Lehrkräfte eingesetzt werden oder deren Fächerkombination unterrichten (*BAG* 20.1.1999 EzA § 620 BGB Nr. 160). Die Rechtsprechung des BAG hat sich hierzu über fast 20 Jahre hin entwickelt. Danach kann die **Schulbehörde zur Deckung eines allgemeinen Vertretungsbedarfs** schon dann Aushilfskräfte befristet **für die Dauer des laufenden Schuljahres einstellen,** wenn sich für diesen Zeitraum aufgrund der zu erwartenden Schülerzahlen im Bezirk einer Schulverwaltungsbehörde ein Unterrichtsbedarf ergibt, der mit den vorhandenen planmäßigen Lehrkräften deshalb nicht voll abgedeckt werden kann, **weil ein Teil dieser planmäßigen Lehrkräfte die Möglichkeit längerfristiger Beurlaubung zur Kinderbetreuung oder zeitlich begrenzter Bewilligung von Teilzeitbeschäftigung genutzt hat.** Zur sachlichen Rechtfertigung der Befristung ist es dann nicht erforderlich, dass die befristet eingestellten Aushilfen einer bestimmten beurlaubten Lehrkraft in der Weise zugeordnet werden, dass sie diese für die Dauer ihrer Beurlaubung in ihrem Aufgabengebiet an ihrer bisherigen Schule vertreten. Es genügt vielmehr, wenn sich die Zahl der befristet beschäftigten Aushilfslehrkräfte zur Vertretung im Rahmen des urlaubsbedingten **Gesamtvertretungsbedarfs innerhalb des Bezirks der Schulverwaltung** hält (*BAG* 13.4.1983 AP Nr. 46 zu § 620 BGB Befristeter Arbeitsvertrag; 3.12.1986 EzA § 620 BGB Nr. 88; 27.2.1987 EzA § 620 BGB Nr. 91; 28.9.1988 EzA § 620 BGB Nr. 104; 20.1.1999 EzA § 620 BGB Nr. 160; *Hunold* NZA-RR 2005, 449 ff.). Obwohl es auch hier um einen vorübergehenden Beschäftigungsbedarf geht, hat das **BAG in mehreren Entscheidungen eine Gesamtvertretungsdauer von über fünf Jahren unbeanstandet gelassen** (*BAG* 21.4.1993 EzA § 620 BGB Nr. 121; 22.11.1995 EzA § 620 BGB Nr. 138; 26.6.1996 RzK I 9a Nr. 104). **Die vom BAG in jahrzehntelanger st.Rspr. entwickelten speziellen Regeln** hierzu dürften auch nach Nr. 3 weiterhin Geltung beanspruchen, **beschränken sich auf den Lehrerbereich** und lassen sich nicht auf andere Felder des öffentlichen Dienstes übertragen (*Hess. LAG* 16.9.1999 NZA-RR 2000, 293; insoweit **aA** APS-*Backhaus* Rz 344; *Dörner* Befr. Arbeitsvertrag Rz 320; *Gräfl/Arnold-Gräfl* Rz 85; die eine Übertragung auf andere Verwaltungsbereiche oder die Privatwirtschaft nicht ausschließen wollen).

119 Mit den Entscheidungen von Anfang 1999 (*BAG* 20.1.1999 EzA § 620 BGB Nr. 160; 23.2.2000 RzK I 9c Nr. 35; 20.1.1999 – 7 AZR 674/97, nv; 10.2.1999 – 7 AZR 673/97 und 709/77 –, nv) hat das BAG die immer wieder laut gewordene **Kritik an diesem Sonderweg** (*Koller* Anm. *BAG* AP Nr. 76, 77 zu § 620 BGB Befristeter Arbeitsvertrag; KDZ-*Däubler* Rz 66; BBDW-*Bader* § 620 BGB Rz 170, 166; *LAG Bln.* 15.5.1998 – 8 Sa 38/97; *LAG Brem.* 5.5.1998 LAGE § 620 BGB Nr. 55) zurückgewiesen. Die Zulässigkeit von Befristungen zur Gesamtvertretung ist jedenfalls für den Bereich angestellter Lehrer positiv entschieden (vgl. *Dörner* Befr. Arbeitsvertrag, Rz 319 ff.; MünchKomm-*Hesse* Rz 36; ErfK-*Müller-Glöge* Rz 57, der sogar hierfür einen sonstigen Sachgrund erwägt; zweifelnd *Preis/Gotthardt* DB 2000, 2065, 2071). Um sich auf den Sachgrund der Gesamtvertretung berufen zu können, mussten die Arbeitgeber des öffentlichen Dienstes in der Vergangenheit die **Befristungsgrundform des Zeitangestellten nach BAT** vereinbaren (*BAG* 9.8.2000 RzK I 9c Nr. 37). Nur in diesem Fall war es möglich sowohl den Vertretungsbedarf als auch Haushaltsgründe (Nr. 7) heranzuziehen, da sich häufig hier Überschneidungen ergeben (*Dörner* aaO, Rz 325). Mit der Ablösung des BAT durch den TVöD ist diese Einschränkung gefallen (s.o. Rz 66).

Nach den Wertungsmaßstäben des Sachgrunds der Gesamtvertretung bei Lehrkräften **reicht es danach aus, dass** zwischen dem zeitweiligen Ausfall einer planmäßigen Lehrkraft und der befristeten Einstellung der Vertretungskraft **ein Kausalzusammenhang besteht, der jedenfalls gewahrt bleibt, wenn die Zahl der befristet eingestellten Vertretungskräfte einen zutreffend ermittelten Gesamtvertretungsbedarf für planmäßige Lehrkräfte nicht übersteigt** (zust. HaKo-*Mestwerdt* Rz 85; *Sievers* Rz 94 f.; weiterhin krit. MHH-*Meinel* Rz 37; *Annuß/Thüsing-Maschmann* Rz 45). Eine Verpflichtung des Arbeitgebers, Arbeitskräfte entsprechend dem jeweiligen Bedarf zu beschäftigen, besteht daher nicht und ist auch nicht zum Nachweis des Ursachenzusammenhangs zu verlangen. Unerheblich ist, ob der Arbeitgeber bei der Auswahl von Vertretungskräften fachspezifische Bedarfslagen berücksichtigt, die nicht auf dem Ausfall von Lehrern, sondern auf einer unzureichenden Ausstattung mit planmäßigen Lehrkräften beruhen. Das gilt jedenfalls dann, wenn der öffentliche Arbeitgeber nicht daran gehindert ist, für den Unterricht in diesen Fächern vorhandene planmäßige Lehrkräfte fachfremd zu verwenden. **Dem Arbeitgeber verbleibt insoweit die Entscheidung, ob und welche Arbeitsaufgaben von den Vertretungskräften erledigt werden sollen.** Ferner ist unerheblich, dass der Arbeitgeber bei der Gesamtvertretung im Schulbereich nicht nur Vertretungskräfte mit schlechteren Prüfungsnoten berücksichtigt hat. Eine solche Einstellungspraxis wäre nur für den Sachgrund der Erprobung von Bedeutung (*BAG* 20.1.1999 EzA § 620 BGB Nr. 160).

120

Die **Prognose zum Gesamtvertretungsbedarf** hat sich darauf zu beziehen, ob im Zeitpunkt des Vertragsschlusses mit den Vertretungskräften zu erwarten ist, dass die zu vertretenden Mitarbeiter ihre Arbeit wieder aufnehmen bzw. ihren Dienst wieder antreten (*BAG* 22.11.1995 EzA § 620 BGB Nr. 138). Die Prognose des Arbeitgebers zur zeitlichen **Dauer der Vertretung** bestimmt zugleich die äußere Grenze der Laufzeit des Zeitvertrages mit Vertretungskräften. Auch hier genügt es, wenn sich die Dauer der Vertretung in etwa am Sachgrund der Befristung orientiert und von daher nicht gegen das Vorliegen des Sachgrundes spricht. Schließt der öffentliche Arbeitgeber mit Vertretungskräften im Rahmen eines Gesamtvertretungsbedarfs **schuljahresbezogene Zeitverträge,** muss dieser **Vertretungsbedarf auf zeitlich entsprechende Abwesenheitszeiten planmäßiger Lehrkräfte beruhen.** Daraus folgt, dass der Arbeitgeber bei der Ermittlung des Gesamtvertretungsbedarfs im Schulbereich nicht jede Abwesenheit einer planmäßigen Lehrkraft ungeachtet ihrer voraussichtlichen Dauer zum Anlass für eine schuljahresbezogene Einstellung von Vertretungskräften nehmen darf, weil anderenfalls der Sachgrund der Gesamtvertretung nur noch der äußere Anlass für den Abschluss von Zeitverträgen wäre. In einem solchen Fall wäre der Sachgrund der Gesamtvertretung nur noch vorgeschoben, weil ein auf das Schuljahr bezogener tatsächlicher Vertretungsbedarf in diesem Umfang nicht besteht (*BAG* 20.1.1999 EzA § 620 BGB Nr. 160).

121

Das bedeutet, dass die Verwaltungseinheit (zB Landesschulamt usw.) durch die zuständige Behörde den Auftrag erhält, den Vertretungsbedarf für das Lehrpersonal eines Schulbereichs bezogen auf ein Schuljahr rechnerisch zu ermitteln. Stellt sich nach einer Kontrolle der hierzu dem Gericht vorzulegenden Berechnung heraus, dass aufgrund der zu erwartenden Schülerzahlen unter unterrichtsorganisatorischen Vorgaben ein **Unterrichtsbedarf besteht, der mit planmäßigen Lehrkräften nur deshalb nicht abgedeckt werden kann, weil ein Teil dieser Lehrkräfte in diesem Zeitraum aufgrund einer feststehenden Beurlaubung für die Unterrichtsversorgung vorübergehend nicht zur Verfügung steht,** so ist der Abschluss befristeter Arbeitsverträge mit Lehrern grds. gerechtfertigt, da die zu erwartende Rückkehr der planmäßigen Lehrkräfte den Beschäftigungsbedarf zeitlich begrenzt (*BAG* 3.12.1986 EzA § 620 BGB Nr. 88; 20.1.1999 EzA § 620 BGB Nr. 160).

122

In diese Berechnung **dürfen nicht Fälle einer vorübergehenden Abwesenheit einfließen,** die auf der Gewährung von Erziehungsurlaub (Elternzeit), Mutterschutz, Erkrankung oder sonstigen Gründen beruhen, da der Arbeitgeber eine **konkrete Prognose nach Ablauf des jeweiligen Schuljahres nur bei beantragter oder bewilligter Elternzeit stellen kann, die zumindest die Dauer eines Schuljahres annähernd erreicht** (*LAG Nds.* 12.1.2004 LAGE § 14 TzBfG Nr. 13 für einen Fall der Personalreserve zur »verlässlichen Grundschule«). Kurzfristige Mutterschutz- oder krankheitsbedingte Abwesenheitszeiten fallen deshalb nicht zur Berechnung des Gesamtvertretungsbedarfs aus. Sie können ausnahmsweise nur dann in die rechnerische Ermittlung des Gesamtvertretungsbedarfs einfließen, wenn mit einer Rückkehr der zu vertretenden Mitarbeiter nicht vor Ablauf des Schuljahres zu rechnen ist. Dann müssen sie aber zumindest bei Vertragsschluss vorliegen, weil sie sonst nicht in die Prognose einfließen können (*LAG RhPf* 30.6.2005 – 4 Sa 238/05).

123

Beschäftigt der öffentliche Arbeitgeber zur **Deckung des Vertretungsbedarfs sowohl befristet als auch unbefristet eingestellte Arbeitnehmer,** bedarf er überdies zur Rechtfertigung der Befristungen

124

einer am Sachgrund der Befristung orientierte **Konzeption,** um auszuschließen, dass der Befristungsgrund nicht nur vorgeschoben und die Befristung damit sachwidrig ist (*BAG* 12.9.1996 EzA § 620 BGB Nr. 144; 20.1.1999 EzA § 620 BGB Nr. 160; APS-*Backhaus* Rz 343; MünchKomm-*Hesse* Rz 36). Bildet der öffentliche Arbeitgeber zur Abdeckung eines Vertretungsbedarfs eine sog. **Personalreserve**, in der er **Lehrkräfte auf Dauer** beschäftigt, so dürfen die Anlässe, die er der Dauervertretung zu Grunde legt bei der Ermittlung des weiteren Gesamtvertretungsbedarfs nicht berücksichtigt werden (*BAG* 20.1.1999 EzA § 620 BGB Nr. 160; ArbRBGB-*Dörner* § 620 BGB Rz 132 ff.). Übernimmt der öffentliche Arbeitgeber eine Gruppe befristet beschäftigter Lehrkräfte aus einem Vertretungspool in unbefristete Arbeitsverhältnisse und missachtet er dabei die von ihm selbst an Art. 33 Abs. 2 GG ausgerichteten und festgelegten Einstellungsvoraussetzungen, so ergibt sich daraus gleichwohl kein Übernahmeanspruch der Nichtberücksichtigten. Es besteht **kein Anspruch auf Wiederholung unrechtmäßigen Verwaltungshandelns** (*BAG* 19.2.2003 EzA § 620 BGB 2002 Nr. 2).

125 Mit diesen Grenzziehungen hat das BAG den Anwendungsbereich des Gesamtvertretungsbedarfs beschränkt und der **Kritik den Boden entzogen. Die Anforderungen an die Darlegung eines Gesamtvertretungsbedarfs sind danach sehr hoch,** da sie von der **Berechnung** her dem öffentlichen Arbeitgeber eine **verschärfte Darlegungslast** aufbürden, kurzfristige Abwesenheiten nicht in den Gesamtvertretungsbedarf einfließen lassen und Personalkonzeptionen verlangen, wenn der öffentliche Arbeitgeber ohnehin eine Personalreserve gebildet hat. **Der Gesamtvertretungsbedarf wird sich deshalb im erster Linie aus den auf tariflichen oder beamtenrechtlichen Vorschriften beruhenden Beurlaubungen bzw. Arbeitszeitreduzierungen ergeben, der schuljahresbezogen zuverlässig prognostiziert werden kann** (vgl. zuletzt *BAG* 23.2.2000 RzK I 9c Nr. 35).

4. **Eigenart der Arbeitsleistung**

a) **Allgemeines**

aa) **Sammeltatbestand**

126 Mit dem Befristungsgrund »Eigenart der Arbeitsleistung« (Nr. 4) führt der Gesetzgeber mehrere bisher anerkannte Befristungstatbestände unter einem Dach zusammen. Die bisherige Rechtsprechung erfährt durch die gesetzliche Neuregelung keine Änderung. Der Befristungsgrund knüpft an den **Charakter der Arbeitsleistung** und weniger an ihrem vorübergehenden Bedarf (Nr. 1) an (*Erman/D. W. Belling* § 620 BGB Rz 37). In der Gesetzesbegründung wird das zur **Rundfunkfreiheit** (Art. 5 Abs. 1 GG) abgeleitete Recht der Rundfunkanstalten, programmgestaltenden Mitarbeitern aus Gründen der **Programmplanung** lediglich für eine bestimmte Zeit zu beschäftigen, ebenso wie das aus der **Freiheit der Kunst** (Art. 5 Abs. 3 GG) abgeleitete Recht der Bühnen in Bezug genommen, entsprechend dem von Intendanten verfolgten **künstlerischen Konzept Arbeitsverträge** mit Solisten (Schauspieler, Solosänger, Tänzer, Kapellmeister u.a.) jeweils **befristet abzuschließen** (BT-Drs. 14/4374 S. 19; *Staudinger/Preis* § 620 BGB Rz 112; *Annuß/Thüsing-Maschmann* Rz 46; *Dörner* Befr. Arbeitsvertrag, Rz 400; *Gräfl/Arnold-Gräfl* Rz 92; HWK-*Schmalenberg* Rz 36; MünchKomm-*Hesse* Rz 40).

126a Vom gesetzgeberischen Ansatz her zählen hierzu auch befristete **Arbeitsverhältnisse im Wissenschafts- und Forschungsbereich,** die iSd nach Art. 5 Abs. 3 GG geschützten Wissenschaftsfreiheit die Leistungs- und Funktionsfähigkeit der Hochschulen und Forschungseinrichtungen im Wege ständiger Erneuerung des Personals sichern (*BVerfG* 24.4.1996 EzA Art. 9 GG Nr. 61 m. zust. Anm. *Müller/Thüsing*). Diese Befristungen unterfallen indessen nicht Nr. 4, da sie durch die **Spezialregelungen nach §§ 57a ff. HRG** idF des HdAVÄnG v. 27.12.2004 (BGBl. I S. 3835) eine gesonderte Ausgestaltung erfahren haben. Näher dazu KR-*Lipke* Erl. zum HRG. Erwogen wird auch, unter Nr. 4 den **projektbezogenen Auslandseinsatz** als Freiwilliger in einer **Hilfsorganisation** zu erfassen (*Joussen* NZA 2003, 1173). Im Vordergrund steht hier aber der Projektbezug (Nr. 1) und nicht die »Eigenart der Arbeitsleistung«. Besondere Leistungsanforderungen zB als **Chefarzt** können ebenfalls keinen sachlichen Befristungsgrund nach Nr. 4 gewähren, sondern allenfalls eine längere befristete Erprobung (Nr. 5) erlauben (*Link* BuW 2004, 349). Schließlich werden zum Geltungsbereich der Regelung auch befristet beschäftigte **Spitzensportler und Trainer** gezählt, letztlich unter dem früher verwandten Ordnungsbegriff »Verschleißtatbestand« (abwägend ErfK-*Müller-Glöge* Rz 63; aA *Horst/Persch* RdA 2006, 166, 169).

bb) **Tendenzträger**

127 Können sich **Arbeitgeber als Tendenzträger** auf die Grundrechte aus **Art. 5 GG** (Film, Presse, Kunst, Musik, Forschung und Lehre) berufen, dürften ihnen nach Nr. 4 weitgehende Möglichkeiten eröffnet

Zulässigkeit der Befristung § 14 TzBfG

sein, befristete Arbeitsverhältnisse zu begründen (*BAG* 22.4.1998 EzA § 611 BGB Arbeitnehmerbegriff Nr. 67; *LAG München* 5.12.1990 LAGE § 620 BGB Nr. 24; *LAG Köln* 31.8.2000 LAGE § 620 BGB Nr. 66; *Sievers* Rz 120; MHH-*Meinel* Rz 41; *Rüthers* RdA 1985, 129, 135; *Hanau* AuR 1985, 305). Die Gesetzesbegründung macht deutlich, dass **verfassungsrechtlich geschützte Freiheitsräume eine Grundlage für befristete Arbeitsverhältnisse mit Sachgrund schaffen können**. Der Sonderbefristungsgrund des Art. 5 GG kann deshalb bspw. die Befristung der Arbeitsverhältnisse von Zeitschriftenredakteuren erleichtern, um der Pressefreiheit zu genügen. Die sachliche Rechtfertigung einer Befristung hat sich indessen **auf die den Tendenzzweck verkörpernden und diesen unmittelbar beeinflussenden Kreis von Mitarbeitern (sog. Tendenzträgern) zu beschränken** (*Gräfl/Arnold-Gräfl* Rz 102). Ob diese Überlegung ebenso auf Arbeitsverhältnisse mit Tendenzträgern zutrifft, die ihren Grundrechtsschutz aus **Art. 9 Abs. 1 oder Abs. 3 GG** erfahren (Vereine, Koalitionen) wird die Rspr. auf der Grundlage des neuen Gesetzes zu klären haben (wie hier ErfK-*Müller-Glöge* Rz 65; einschränkend *Staudinger/Preis* § 620 BGB Rz 87 ff.; KDZ-*Däubler* Rz 73; MünchArbR-*Wank* Erg.-Bd. § 166 Rz 124).

cc) **Kirchen**

Kirchen und kirchliche Einrichtungen genießen als Arbeitgeber aufgrund ihrer in **Art. 140 GG** iVm **128** Art. 137 WRV abgesicherten Autonomie im Kündigungsschutzrecht eine **Sonderstellung**. Ohne dass es auf eine »Nähe zum Verkündigungsauftrag« ankommt, können die Kirchen den Inhalt der kirchlichen Pflichten und ihre Bedeutung für die Erfüllung des kirchlichen Auftrags eigenverantwortlich festlegen (*BVerfG* 4.6.1985 EzA § 611 BGB Kirchliche Arbeitnehmer Nr. 24). Das verschafft den Kirchen die Möglichkeit, **tendenzbedingt** hier **mehr Befristungen von Arbeitsverhältnissen** vorzunehmen, als es anderen Arbeitgebern erlaubt ist (aA AFS-*Backhaus* Rz 241). Halten die in den Kirchen Verantwortlichen den Beschäftigungsauftrag für zeitlich begrenzt, können Arbeitsgerichte den darauf abgeschlossenen befristeten Arbeitsvertrag nur noch auf einen Widerspruch zu den Grundprinzipien der Rechtsordnung (Willkürverbot, Sittenverstoß etc.) prüfen. Voraussetzung ist allerdings auch hier, dass ein **tendenzbedingtes Erfordernis für die Befristung** gegeben ist (*Staudinger/Preis* aaO; MünchArbR-*Wank* Erg.-Bd. § 116 Rz 128, 122). Zu einer für den Befristungsbereich den tarifvertraglichen Öffnungsklauseln in §§ 14 Abs. 2, 22 Abs. 2 TzBfG gleichkommenden Privilegierung vgl. u. Rz 247, 309. Zu den Möglichkeiten einer haushaltsrechtlichen Befristung nach Nr. 7 vgl. u. Rz 229 ff.

dd) **Professionelle Unterhaltung**

Zu den vor allem Nr. 4 zuzurechnenden sachbezogenen **Verschleißtatbeständen** dürften ebenso **Be- 129 fristungen im Unterhaltungsgewerbe wie im professionell betriebenen Sport** rechnen. Hier muss die vereinbarte Befristung indessen überhaupt geeignet sein, der Gefahr eines Verschleißes wirksam vorzubeugen (ErfK-*Müller-Glöge* Rz 63). Die Ausrichtung am Publikumsgeschmack und/oder das Abwechslungsbedürfnis können hier gegen eine dauerhafte Beschäftigung des Arbeitnehmers sprechen (*BAG* 12.10.1960 EzA § 620 BGB Nr. 2; 21.5.1981 EzA § 620 BGB Nr. 49 m. krit. Anm. *Binkert*; *Heinze* NJW 1985, 2115; *Opolony* ZfA 2000, 179, 200). Im professionell betriebenen Sport kann die Befristung des Arbeitsvertrages eines **Sporttrainers** durch die Gefahr sachlich gerechtfertigt sein, dass er die Fähigkeit zur weiteren Motivation des anvertrauten Sportlers nach einer gewissen Zeitspanne verlieren könnte (sog. Verschleißtatbestand; *BAG* 29.10.1998 EzA § 620 BGB Nr. 158; 15.4.1999 EzA § 620 BGB Nr. 164; *Dieterich* NZA 2000, 857; *Fenn* JZ 2000, 347; *Bezzhalter* FS Fenn, 2000, S. 27; aA *Horst/Persch* RdA 2006, 166, 171). Vgl. näher dazu u. Rz 150 ff.

ee) **Politische Tätigkeit**

Hierher gehört ferner die **Befristung von wissenschaftlichen Mitarbeitern einer Parlamentsfraktion**. **130** Die Befristung kann aus der **Sicherung der verfassungsrechtlich geschützten Unabhängigkeit der freien Mandatsausübung sachlich gerechtfertigt** sein (*BAG* 26.8.1998 EzA § 620 BGB Nr. 153; ErfK-*Müller-Glöge* Rz 67). Mitarbeiter von Parlamentsfraktionen beraten die Fraktion auf den nach ihren politischen Vorstellungen ausgewählten Sachgebieten und bereiten deren parlamentarische Arbeit inhaltlich vor. Die hierzu unterbreiteten Vorlagen sind u.a. von den politischen Einstellungen des wissenschaftlichen Mitarbeiters geprägt. Es ist daher erforderlich, dass er sich insoweit mit den politischen Vorstellungen der Fraktion im Einklang befindet. Da die Fraktionen von den Abgeordneten des für die jeweilige **Legislaturperiode** gewählten Parlaments gebildet werden, kann sich nach jeder Wahl die personelle Zusammensetzung einer Fraktion ändern. Deshalb muss es bei Neukonstituierung möglich sein, frei zu entscheiden, von welchen wissenschaftlichen Mitarbeitern sich die

Fraktion in ihrer parlamentarischen Arbeit künftig beraten und unterstützen lassen will. Dem trägt die Befristung des Arbeitsverhältnisses Rechnung. Entscheidend dürfte jedoch allein die Rechtsstellung von Abgeordneten und Fraktion im parlamentarischen Gefüge sein, die Motoren der politischen Willensbildung sind (*Dörner* Befr. Arbeitsvertrag, Rz 386; *Boewer* Rz 160, die allein darauf abstellen; *BVerfG* 13.6.1989 NJW 1990, 373; *Thür. LAG* 25.9.2001 – 7 Sa 522/00). **Andere Fraktionsmitarbeiter**, deren Aufgabe nicht darin besteht, die Fraktion durch fachliche Beratung und politische Bewertung zu unterstützen, sondern sich in Tätigkeiten **im Büro oder Verwaltungsbereich** erschöpfen (zB Schreibkräfte, Kraftfahrer, Pförtner), können dagegen nicht mit Sachgrund befristete Arbeitsverhältnisse nach Nr. 4 erhalten (vgl. *BAG* 26.8.1998 EzA § 620 BGB Nr. 153; KDZ-*Däubler* Rz 81; *Dörner* aaO, Rz 389; krit. *Dach* NZA 1999, 627, der mit Rücksicht auf den Grundsatz der Diskontinuität die Befristungsmöglichkeiten auf alle Fraktionsmitarbeiter ausdehnen will).

b) Bühnen

131 **Künstlerische Vorstellungen des Intendanten** und das **Abwechslungsbedürfnis des Publikums** hat der Große Senat in seiner Entscheidung vom 12.10.1960 (EzA § 620 BGB Nr. 2) neben der Üblichkeit befristeter Arbeitsverträge mit Künstlern, Musikern und Schauspielern zur sachlichen Rechtfertigung von Befristungen genannt. Neben dem **künstlerischen Bühnenpersonal** (*BAG* 5.3.1970 EzA § 620 BGB Nr. 13; 21.5.1981 EzA § 620 BGB Nr. 49; Überblick bei APS-*Backhaus* Rz 176–181) hat das BAG ebenso befristete Arbeitsverträge mit **Kapellmeistern, Choreographen und Dramaturgen** für sachlich gerechtfertigt gehalten (*BAG* 26.8.1998 EzA § 4 TVG Bühnen Nr. 6; 2.7.2003 EzA § 620 BGB 2002 Bedingung Nr. 2 mwN). Im Unterschied zur Rspr. des Großen Senats hat das BAG aber in seinen **neueren Entscheidungen nicht maßgeblich auf die »Üblichkeit« oder das Bestehen eines jahrzehntelangen Bühnenbrauchs abgestellt**, sondern darauf, dass die **Befristung** der Arbeitsverhältnisse mit künstlerischen Bühnenmitgliedern, die als Solisten individuelle Leistungen erbringen, **der Auffassung verständiger und verantwortungsbewußter Vertragspartner entspreche** (*Erman/D. W. Belling* § 620 BGB Rz 38; MünchArbR-*Wank* Erg.-Bd. § 116 Rz 121; **aA** offenbar ErfK-*Müller-Glöge* Rz 66). Mit der Befristungsmöglichkeit soll dem berechtigten Bestreben der Bühne Rechnung getragen werden, künstlerische Vorstellungen des Intendanten mit dem von ihm dafür als geeignet angesehenen künstlerischen Bühnenpersonal zu verwirklichen und damit zugleich auch dem Abwechslungsbedürfnis des Publikums entgegenzukommen. Schließlich liege es auch im eigenen **Interesse der Künstler** am Erhalt der Freiheit ihres Engagementwechsels, dass durch Beendigung befristete Engagements an anderen Bühnen Arbeitsplätze frei werden (*BAG* 26.8.1998 EzA § 4 TVG Bühnen Nr. 6; *Opolony* ZfA 2000, 179, 190; *Germelmann* ZfA 2000, 179, 185; *ders.* FS 25 Jahre DAV, 289 ff. jeweils mwN). Die Betonung des **künstlerischen Konzepts** des Intendanten steht nunmehr im Einklang mit der in der Gesetzesbegründung angeführten Freiheit der Kunst aus Art. 5 Abs. 3 GG. Der Gesetzgeber hat mit diesem Hinweis das Spannungsverhältnis zu Art. 12 Abs. 1 GG angesprochen und damit einen einfachrechtlichen Weg für zulässige Befristungen im Wege der **»praktischen Konkordanz widerstreitender Grundrechte«** aufgezeigt (ArbRBGB-*Dörner* § 620 BGB Rz 137; *ders.* Befr. Arbeitsvertrag, Rz 400). Von diesem Verständnis aus ist es auch weiterhin unschädlich, wenn mehrere aufeinander folgende Gastspielverträge mit einem Bühnenkünstler geschlossen werden (Bühnenoberschiedsgericht 13.4.1981 AP Nr. 18 zu § 611 BGB Bühnenengagementvertrag). Anknüpfungspunkt hierfür muss indessen eine »**unverwechselbare**«, dh individualisierbare **künstlerische Leistung** in herausgehobener Position sein (»Solist«; *Annuß/Thüsing-Maschmann* Rz 50; vgl. auch *BAG* 2.7.2003 EzBAT Theater, Normalvertrag Solo § 20 Gastspiel Nr. 1). Nur diese Künstlergruppe kann das Abwechslungsbedürfnis des Publikums befriedigen. *Meinel* hält für diesen Personenkreis im Ergebnis eine Befristung für grds. zulässig, da nach Art. 5 Abs. 3 S. 1 GG sachgrundbezogen. Einschränkungen seien hier nur tarifvertraglich möglich (FS Peter Raue, 2006, S. 559, 571; ähnlich *Gräfl/Arnold-Gräfl* Rz 108). Allgemeiner Überblick zum Bühnenbereich bei *B.S. Maaß* Befristungsabreden im Bühnenbereich, Diss. Hannover 2004.

132 Die **Sachgrundbefristung nach Nr. 4** ist im Bühnenbereich **auf das künstlerische Bühnenpersonal beschränkt**. Technisches Personal, Beschäftigte in Verwaltungen oder sog. Abendpersonal (einschl. der Garderobenfrauen) können mit dieser Begründung nicht mit Sachgrund befristet werden (vgl. *BAG* 23.1.1986 – 2 AZR 505/85, nv; 18.4.1986 – 7 AZR 114/85, nv; KDZ-*Däubler* Rz 76; APS-*Backhaus* Rz 196). Daran ändert sich nach neuer Rechtslage nichts (MHH-*Meinel* Rz 42; *Sievers* Rz 125). Soweit das BAG in der Vergangenheit **Bühnentechniker** das künstlerisch tätige Bühnenpersonal in Bezug auf die Befristungsmöglichkeiten gleichbehandelt hat (*BAG* 27.1.1993 EzA § 110 ArbGG 1979 Nr. 1; 28.10.1986 EzA § 118 BetrVG 1972 Nr. 38), kann dem nur gefolgt werden, wenn dem **Arbeitnehmer** aufgrund seiner Fähigkeiten und Eigenschaften **Einflussmöglichkeiten auf die Verwirklichung des künstleri-**

schen Konzepts des Intendanten zugemessen werden können (vgl. *BAG* 12.10.1992 – 2 AZR 340/92, nv: Chefmaskenbildner; *Gräfl/Arnold-Gräfl* Rz 113). Die dazu früher bestehenden tariflichen Vorgaben in § 4 Bühnentechniker-TV vom 25.5.1961 idF des Änderungstarifvertrages vom 23.9.1996, der auf den Normalvertrag Solo idF des Änderungstarifvertrages vom 9.6.1994 verweist, kann jedenfalls die unbeschränkte befristete Beschäftigung von Bühnentechnikern nicht rechtfertigen (ebenso ArbRBGB-*Dörner* aaO Rz 143; MünchKomm-*Hesse* Rz 44; ErfK-*Müller-Glöge* Rz 65; HaKo-*Mestwerdt* Rz 103; MHH-*Meinel* Rz 42).

Die **Vielzahl bestehender Tarifverträge** für unterschiedliche Teilbereiche der Bühne (Normalvertrag **132a** Solo, Normalvertrag Chor/Tanz, Bühnentechniker-Tarifvertrag und der Tarifvertrag über die Mitteilungspflicht = TVM) ist **zum 1.1.2003 durch den einheitlichen Normalvertrag (NV) Bühne ersetzt worden**. Dort ist das Recht des befristeten Arbeitsvertrages geregelt, soweit es tariflicher Normierung überhaupt zugänglich ist (§ 22 TzBfG). Als weitere gesonderte Regelung erhalten geblieben ist nur der **Tarifvertrag für Kulturorchester** (TVK). Nach § 2 Abs. 2 NV Bühne erlauben demnach wie bisher »**künstlerische Belange**« den Zeitvertrag für Solisten. Ein solcher künstlerischer Belang kann die **Nichtverlängerung** und damit die Beendigung des Arbeitsverhältnisses (s.u. Rz 139; vgl. dazu ausführlich KR-*Bader* § 3 TzBfG Rz 38 ff.) nach § 2 NV Bühne auch für Chorsänger rechtfertigen (zB bei einem Nachlassen der Stimme). Allerdings ist ein überprüfbarer künstlerischer Belang gegen eine Festsetzung des Engagements erforderlich. Ein Sachgrund ist nach § 3 TVK für Musiker in Kulturorchestern geboten. Dagegen fällt der Schutz der ebenfalls unter § 2 NV Bühne einzuordnenden **Tanzgruppenmitglieder und Bühnentechniker**, die ohne Unterschied befristet werden können und ohne Überprüfung hinsichtlich künstlerischer Belange bleiben, bedenklich gering aus (näher dazu *Dörner* Befr. Arbeitsvertrag, Rz 401 ff., 473 f.; *Gräfl/Arnold-Gräfl* Rz 112; APS-*Backhaus* Rz 190 ff.).

Besonders **schwierig** gestaltet sich daher weiterhin die **Einordnung des Bühnenpersonals, das zwi- 133 schen den Solisten und dem Kreis der für rein technische und verwaltungsmäßige Belange eingesetzten Beschäftigten steht.** Damit sind vor allem die **Angehörigen von Chor, Orchester und Tanzgruppen** angesprochen. Zutreffend hat das BAG in einem Fall, in dem es um die Befristung eines Arbeitsvertrages mit einem Sänger in einem Rundfunkchor ging (*BAG* 5.3.1970 EzA § 620 BGB Nr. 13) allg. ausgeführt, anders als bei Solosängern, Musikern und Schauspielern stehe bei Chorsängern **kein sachlich begründetes Abwechslungsbedürfnis** des Publikums im Vordergrund, so dass es idR nicht im Interesse der Parteien liege, sich nicht auf Dauer aneinander zu binden. Für die Qualität eines Chores komme es entscheidend darauf an, dass der Klangkörper eine gute, dauernde Besetzung habe, die aus erfahrenen aufeinander eingespielten Chorsängern bestehe (vgl. hierzu auch *Heinze* NJW 1985, 2115; *Opolony* ZfA 2000, 179 ff.).

Insoweit ging der **Normalvertrag Chor** vom 11.5.1979 idF des Änderungs-TV vom 15.3.1972 vom **Zeit- 134 vertrag als normaler Vertragsgestaltung** aus. Die im Tarifvertrag genannten künstlerischen Belange mögen im Einzelfall die Befristung tragen; das **normale Chormitglied wird dagegen keinen Einfluss auf die künstlerische Zielsetzung des Intendanten nehmen können**, so dass sich ein Rückgriff auf Art. 5 Abs. 3 GG angesichts der in der gesetzgeberischen Begründung zu Nr. 4 genannten Beschränkungen (BT-Drs. 14/4374 S. 19) verbietet. Da **§ 22 TzBfG** insoweit **den Tarifvertragspartnern nicht gestattet, Erweiterungen zu den genannten Sachgründen vorzunehmen**, waren und sind die in **§ 2 Abs. 2 Normalvertrag Chor** (jetzt § 2 NV Bühne) **genannten künstlerischen Belange einschränkend auszulegen** (KDZ-*Däubler* Rz 74; ArbRBGB-*Dörner* aaO Rz 141; *Boewer* Rz 158; aA noch *BAG* 30.9.1971 EzA § 620 BGB Nr. 16 zur aF des Normalvertrages Chor vom 10.12.1964). Die **Beschränkung tarifvertraglicher Abweichungen durch das TzBfG kann nicht damit aufgefangen werden, dass unter künstlerischen Belangen als »persönliche Verschleißmöglichkeit« das Nachlassen der Stimme verstanden wird** und in diesem Zusammenhang auf die vielfältigen Absicherungen des § 22 Normalvertrag Chor (jetzt § 83 Abs. 8 NV Bühne) zugunsten der Arbeitnehmer (automatische Verlängerung bei Nichtverlängerungsmitteilung des Arbeitgebers, Beteiligung des Opernchorvorstandes, Umsetzungsansprüche, Beweislastverteilung) verwiesen wird (so aber *Dörner* aaO Rz 141; *ders.* Befr. Arbeitsvertrag, Rz 408). Konkrete künstlerische Belange für eine Nichtverlängerung lassen sich daher nur bei **Einfluss auf die Chorleistung** als Ganzes in Feld führen (iE wohl ähnlich *Dörner* aaO, Rz 409; APS-*Backhaus* Rz 194; *BAG* 12.1.2000 EzA § 4 TVG Bühne Nr. 8).

Der **Tarifvertrag für Musiker in Kulturorchestern** (TVK) vom 1.7.1991 idF des Änderungs-TV vom **135** 15.5.2000 hat dieser neueren Entwicklung in § 3 Abs. 1 S. 2 bereits Rechnung getragen. Danach ist die **Befristung der Arbeitsverhältnissen mit Orchestermusikern nicht der tarifliche Regelfall** (vgl. *BAG* 10.2.1999 RzK I 9f Nr. 60 und auch *Steidle* ZuM 2000, 457, 462 mwN). Auch solistisch tätige Mitglieder von Rundfunkorchestern können nicht befristet angestellt werden (*BAG* 6.12.1973 – 2 AZR 40/73, nv). Das *BAG* hat in einer Entscheidung vom 26.8.1998 (EzA § 4 TVG Bühne Nr. 6) bestätigt, dass der Tarifvertrag für Musiker in Kulturorchestern (TVK) vom unbefristeten Arbeitsvertrag als Normalfall ausgeht und Zeitverträge nur unter bestimmten Voraussetzungen zulässt. Als **Kulturorchester** in diesem Sinne sind nur solche Orchester zu verstehen, **die regelmäßig Operndienst versehen oder Konzerte ernster (klassischer) Musik spielen.** Orchester, die überwiegend Operettendienst versehen, fallen nicht darunter. Anders zu bewerten sind auch **Schauspielmusiker**, die als Bühnenmitglieder iSd § 1 Abs. 2 **Normalvertrag Solo** (idF des Änderungs-TV vom 9.6.1994) anzusehen waren (*BAG* 26.8.1998 EzA § 4 TVG Bühne Nr. 6). Sie sind nach § 1 Abs. 2 Normalvertrag Solo aF »Personen in ähnlicher Stellung« die durch ihre Tätigkeit an Erarbeitung und Umsetzung der künstlerischen Konzeption eines Werkes unmittelbar mitarbeiten und damit im Gegensatz zu solchen Personen stehen, die hierfür lediglich die notwendigen technischen Rahmenbedingungen schaffen und die Funktionsfähigkeit der technischen Hilfsmittel überwachen (*BAG* 16.11.1995 AP Nr. 49 zu § 611 BGB Bühnenengagementvertrag).

136 Nach einer Entscheidung des *BAG* vom 18.4.1986 (AP Nr. 27 zu § 611 BGB Bühnenengagementvertrag) soll auch die **Befristung der Arbeitsverhältnisse von Tanzgruppenmitgliedern** nach dem **Normalvertrag Tanz** vom 9.6.1980 sachlich gerechtfertigt sein. Danach entspreche die Befristung der Arbeitsverhältnisse von Tanzgruppenmitgliedern jahrzehntelangem Bühnenbrauch und sei auch deshalb begründet, weil das individuelle körperliche Erscheinungsbild und die tänzerische Ausdruckskraft jedes einzelnen Mitglieds für den **Gesamteindruck, den die Tanzgruppe** bietet, von entscheidender Bedeutung sei. Damit überträgt das BAG die für Solisten anerkannten Gründe auf die Tanzgruppenmitglieder. Stellt man für die Zulässigkeit der Befristung auf die den künstlerischen Gesamteindruck prägenden Personen ab (»vorderste Reihe«), lässt sich – mit Mühe – die in Art. 5 Abs. 3 S. 1 GG gewährleistete Kunstfreiheit zur Begründung der Zeitverträge anführen (*Staudinger/Preis* § 620 BGB Rz 112; krit. auch *Gräfl/Arnold-Gräfl* Rz 112). In einer Entscheidung vom 23.10.1991 (AP Nr. 44, 45 § 611 BGB Bühnenengagementvertrag) hat der 7. Senat des BAG die Befristung von Tanzgruppenmitgliedern damit begründet, dass das **künstlerische Gestaltungskonzept** dem betrieblichen Gestaltungskonzept iSd Rspr. zur betriebsbedingten Kündigung gleichgestellt werden kann, die Wahl des befristeten Arbeitsverhältnisses aber deshalb sachlich gerechtfertigt sei, weil die Darstellung des künstlerischen Konzepts und der Nachweis mangelnder Integrierbarkeit eines Mitarbeiters in das Konzept nur sehr begrenzt objektivierbar seien. Damit wird man die **Leistungsträger in der Tanzgruppe**, die das künstlerische Konzept gegenüber dem Publikum in erster Linie verwirklichen, ohne weiteres befristen dürfen (weitergehend APS-*Backhaus* Rz 192, alle Tanzgruppenmitglieder; krit. *Dörner* Befr. Arbeitsvertrag, Rz 411, der im NV Bühne das Fehlen einer Bestimmung bemängelt, die es zulässt konkrete künstlerische Belange bei Tanzgruppenmitgliedern zu überprüfen). Die Grenzlinie dürfte dort zu ziehen sein, wo das Tanzgruppenmitglied als Individuum vom Publikum praktisch nicht wahrgenommen wird.

137 In der Vergangenheit hat sich das BAG oft darauf zurückgezogen, dass es vornehmlich Aufgabe der Tarifpartner sei, den **Bestandschutz für ältere Schauspieler und Sänger** oder allg. für das künstlerische Bühnenpersonal weiter zu verbessern (21.5.1981 EzA § 620 BGB Nr. 49; 18.4.1986 AP Nr. 27 zu § 611 BGB Bühnenengagementvertrag). Von diesem Ansatz her hat es sich zur Zulässigkeit der Befristung oft genug an den Vorgaben der Tarifwerke im Bühnenbereich orientiert. Daran kann nach den neuen gesetzlichen **Vorgaben im TzBfG** nicht mehr festgehalten werden. Das BAG wird die **tarifvertraglichen Befristungsmöglichkeiten am Gesetz** zu **messen** haben und Befristungen im Bühnenbereich **nur noch bei Personen mit »unverwechselbaren Leistungen« zulassen, die der Umsetzung eines künstlerischen Konzepts dienen** (ähnlich KDZ-*Däubler* Rz 74 ff.; aA MünchKomm-*Hesse* Rz 44, der auf das Schweigen des Gesetzgebers beim TzBfG setzt).

138 Soweit die Befristungsgründe bei Bühnenangehörigen tragen, sind sie auch auf **Schauspieler in Film- und Fernsehproduktionen**, insbes. in Serien, anwendbar (*BAG* 20.10.1999 EzA § 620 BGB Bedingung Nr. 14; 2.7.2003 EzA § 620 BGB 2002 Bedingung Nr. 2; *Annuß/Thüsing-Maschmann* Rz 50; *Gräfl/Arnold-Gräfl* Rz 115). Danach kann im Arbeitsvertrag einer Schauspielerin, die eine bestimmte Rolle in einer Fernsehserie übernehmen soll, wirksam vereinbart werden, dass ihr Arbeitsverhältnis endet, wenn diese Rolle nicht mehr in der Serie enthalten ist. Diese **auflösende Bedingung** ist sachlich gerechtfertigt, wenn die Entscheidung, die Rolle wegfallen zu lassen, maßgeblich auf **künstlerischen Erwägungen** des Arbeitgebers beruht. Dazu gehört, die Charaktere in der Serie neu zu überdenken und sie ggf. dem Publikumsgeschmack anzupassen. Dies hat indessen der Arbeitgeber anhand konkreter Umstände nachvollziehbar darzustellen. Dem Grundrecht des Filmproduzenten aus Art 5 Abs. 1 S. 3 GG ge-

bührt dann Vorrang vor dem Grundrecht des Schauspielers aus Art. 12 Abs. 1 GG (APS-*Backhaus* Rz 310; *Dörner* Befr. Arbeitsvertrag, Rz 415; vgl. dazu auch *Joch* ZuM 1999, 368, 375).

Im **künstlerischen Bereich** sehen Tarifverträge teilweise vor, dass sich ein befristet eingegangener Vertrag für eine Spielzeit um eine feste Zeitdauer (zB eine weitere Spielzeit) verlängert, wenn die beabsichtigte Nichtverlängerung bis zu einem bestimmten Zeitpunkt vor Fristablauf nicht oder nicht formgerecht angezeigt wird (**sog. Nichtverlängerungsanzeige**). Die Nichtverlängerungsanzeige ist keine Kündigung und darf ihr deshalb auch nicht gleichgestellt werden (BAG 23.10.1991 EzA § 9 Mutterschutzgesetz nF Nr. 29; 6.8.1997 EzA § 101 ArbGG 1999 Nr. 3). Verfahrensmäßig ist festgelegt, dass die Bühnen- und Tanzgruppenmitglieder vor der beabsichtigten Nichtverlängerung zu hören sind. Dabei geht es nicht um ein »Anhören«, sondern um die **Gewährung rechtlichen Gehörs**. Im Rahmen dieses rechtlichen Gehörs sind die auf die Person des betroffenen Bühnenmitglieds bezogenen konkreten und nachvollziehbaren Gründe darzustellen. **Die nicht ordnungsgemäße hat ebenso wie die nicht fristgemäße Anhörung die Unwirksamkeit der Nichtverlängerungsanzeige und damit die Fortsetzung des Vertrages zur Folge** (BAG 18.4.1986 AP Nr. 27 zu § 611 BGB Bühnenengagementvertrag). Eine gerichtliche Richtigkeitskontrolle der zur Nichtverlängerung angegebenen Gründe findet dagegen nicht statt (st.Rspr., zB BAG 26.8.1998 EzA § 4 TVG Bühnen Nr. 6; *Dütz* Anm. BAG, EzA § 4 TVG Bühnen Nr. 2). Näher dazu KR-*Bader* § 3 TzBfG Rz 38 ff. **139**

c) **Medien**

Die **ständigen Mitarbeiter von Rundfunk und Fernsehen** sind nach der früheren Rspr. des BAG (23.4.1980 EzA § 611 BGB Arbeitnehmerbegriff Nr. 21 mwN) **als Arbeitnehmer** der Anstalten **eingestuft worden**, wenn sie in die Arbeitsorganisation der Anstalt eingegliedert und deshalb persönlich abhängig waren. Die Befristungsprüfung war daher immer erst angebracht, wenn vorher der **Status** geklärt worden war, ob ein Beschäftigungsverhältnis als **Selbständiger** oder als **Arbeitnehmer** geschlossen worden ist (*Wank* Arbeitnehmer und Selbständige, S. 10 f., 304 ff.). Daran wurde bemängelt, dass der für die Abgrenzung von Arbeitnehmern und freien Mitarbeitern zuständige 5. Senat des BAG – anders als der 7. Senat – über den Arbeitnehmerbegriff den Schutzbereich der Rundfunkfreiheit einenge und die Figur des »ständigen freien Mitarbeiters« nicht mehr kenne (*Rüthers/Beninca* Anm. BAG, AP Nr. 180 zu § 620 BGB Befristeter Arbeitsvertrag). Diese Rspr. ist durch die **grundlegende Entscheidung des BVerfG vom 13.1.1982** (EzA Art. 5 GG Nr. 9 m. Anm. *Konzen/Rupp*; ebenso BVerfG 28.6.1983 EzA § 611 BGB Arbeitnehmerbegriff Nr. 28) mit Blick auf den in Art. 5 Abs. 1 S. 2 gewährleisteten verfassungsrechtlichen Schutz der Rundfunkfreiheit (entsprechendes gilt für die Fernsehanstalten) verändert worden. Zur alten Rechtslage ausführlich *Lipke* KR 5. Aufl., § 620 BGB Rz 201. **140**

Die Rspr. des BVerfG betont dabei, dass sich der durch **Art. 5 Abs. 1 S. 2 GG** gewährleistete Schutz auf das **Recht der Rundfunkanstalten** erstreckt, dem Gebot der Vielfalt der zu vermittelnden Programminhalte auch **bei der Auswahl, Einstellung und Beschäftigung derjenigen Rundfunkmitarbeiter Rechnung zu tragen, die bei der Gestaltung der Programme mitwirken** (BAG 26.7.2006 – 7 AZR 495/05 – EzA-SD 2006, Nr. 25, S. 3). Die Rundfunkanstalten sind deshalb in ihrer Entscheidung frei, ob sie die programmgestaltenden Mitarbeiter fest anstellen oder ob sie aus Gründen der Programmplanung ihre Beschäftigung auf eine gewisse Dauer oder auf ein bestimmtes Projekt beschränken, und außerdem, wie oft sie einen Mitarbeiter benötigen (*Annuß, Thüsing-Maschmann* Rz 47 f.; einschränkend APS-*Backhaus* Rz 275). Damit geht einher zu entscheiden, ob bei der Begründung der Beschäftigungsverhältnisse der **Vertragstyp** eines freien Mitarbeiterverhältnisses oder eines (befristeten) Arbeitsverhältnisses gewählt wird. Der in Art. 12 Abs. 1 GG zu berücksichtigende arbeitsrechtliche Bestandsschutz tritt demgegenüber regelmäßig zurück (*Dörner* Befr. Arbeitsvertrag, Rz 420 f.; KDZ-*Däubler* Rz 68; ErfK-*Müller-Glöge* Rz 64; ausführlich zur Rechtsprechungsentwicklung *Bezani* NZA 1997, 856 ff.). Durch zwei Kammerbeschlüsse vom 3.12.1992 und 18.2.2000 (EzA § 611 BGB Arbeitnehmerbegriff Nr. 50; EzA Art. 5 GG Nr. 25) hat das BVerfG seine Rspr. bestätigt und verdeutlicht, dass der von der Rspr. der Gerichte für Arbeitssachen geforderte **sachliche Grund** bei programmgestaltender Tätigkeit **in der Rundfunkfreiheit selbst liegt**, und weitere Gründe nicht hinzutreten müssen, wenn die Intensität der Einflussnahme des betreffenden Mitarbeiters auf die Programmgestaltung dies rechtfertige (LAG Köln 31.8.2000 LAGE § 620 BGB Nr. 66 hier: Autoren, Realisatoren, Interviewer und Sprechern). Die Rundfunkfreiheit soll nicht nur unmittelbare Einflussnahmen Dritter auf das Programm, sondern auch Einflüsse unterbinden, welche die Programmfreiheit mittelbar beeinträchtigen (BVerfGE 90, 87). **141**

Die gebotene **Vielfalt in den Programmen** der öffentlich-rechtlichen Rundfunkanstalten kann nur durch den Einsatz von den für die jeweilige Aufgabe qualifizierten Mitarbeiter erfüllt werden. Dabei **142**

§ 14 TzBfG   Zulässigkeit der Befristung

kann sich die Notwendigkeit eines personellen Wechsels etwa durch neue Informationsbedürfnisse, die Änderung von Programmstrukturen in Folge veränderter Publikumsinteressen oder Veränderungen im publizistischen Wettbewerb mit anderen Veranstaltungen ergeben. Dieser **Flexibilitätsbedarf** kann nicht durch ständige festangestellte Mitarbeiter befriedigt werden; hierzu ist es vielmehr erforderlich, dass die Rundfunkanstalten auf einen breit gestreuten Kreis unterschiedlich geeigneter Mitarbeiter zurückgreifen können. **Dies setzt wiederum voraus, dass unterschiedliche Vertragsgestaltungen einsetzbar sind und dass die Mitarbeiter nicht auf Dauer, sondern für die benötigte Zeit beschäftigt werden** (ebenso *Annuß/Thüsing-Maschmann* Rz 48). Zwar erkennt das BVerfG an, dass auf Seiten der Rundfunkmitarbeiter die Schutzbestimmungen des Arbeitsrechts über das Sozialstaatsprinzip und die Berufsfreiheit, dh der arbeitsrechtliche Bestandschutz, Berücksichtigung finden müssten, schränkt dies indessen dadurch wieder ein, dass ein solcher Bestandschutz den Rundfunkanstalten die zur Erfüllung ihres Programmauftrags notwendige Freiheit und Flexibilität nicht nehmen dürfe (*BVerfG* 18.2.2000 EzA Art. 5 GG Nr. 25). Daran wird der **Vorrang der Rundfunkfreiheit** deutlich (**aA** offenbar APS-*Backhaus* Rz 275). In der Entscheidung v. 18.2.2000 setzt sich das BVerfG auch mit dem Einwand auseinander, die isolierte Anwendung des arbeitsrechtlichen Arbeitnehmerbegriffs könne zu einer unverhältnismäßigen Zurückdrängung der Rundfunkfreiheit führen. In der Kammerentscheidung vom 3.12.1992 (EzA § 611 BGB Arbeitnehmerbegriff Nr. 50) war erwogen worden, dass aufgrund der Nichtberücksichtigung des inhaltlichen Einflusses des Rundfunkmitarbeiters auf die Programmgestaltung der Zugang zum Schutzbereich der Rundfunkfreiheit verstellt würde. Das **BVerfG stellt nunmehr klar, dass bei programmgestaltenden Mitarbeitern nicht schon stets die Rundfunkfreiheit bei der Zuordnung zum Arbeitnehmerbegriff berücksichtigt werden müsse.** Dies komme nur insoweit in Betracht, als bereits mit der Einordnung des Beschäftigungsverhältnisses als Arbeitsverhältnis der Schutz des Grundrechts aus Art. 5 Abs.1 S. 2 GG versperrt werde. Belässt die **Einordnung als Arbeitsverhältnis** aber **genügend Raum zur Berücksichtigung der Anforderungen der Rundfunkfreiheit,** ist dies nicht der Fall. Solche **Möglichkeiten** bieten Vertragsgestaltungen einer Teilzeitbeschäftigung oder eines **befristeten Arbeitsvertrages** an, soweit sie zur Sicherung der Aktualität und Flexibilität der Berichterstattung in tatsächlicher und rechtlicher Sicht gleichermaßen geeignet sind wie die Beschäftigung in freier Mitarbeit.

143 Eine **Kombination von Befristungsmöglichkeiten mit und ohne Sachgrund kann deshalb den Belangen der Rundfunkfreiheit genügen** (so auch *Bezani/Müller* Arbeitsrecht in Medienunternehmen, 1999, Rz 195, 286). Befristungsketten, die mit einer sachgrundlosen Befristung (§ 14 Abs. 2 TzBfG) beginnen und danach mit Befristungen nach § 14 Abs. 1 Nr. 4 TzBfG fortgeführt werden, sind demnach aus Rücksicht auf die Belange des Rundfunks ohne weiteres zulässig (ErfK-*Müller-Glöge* Rz 65). Das BVerfG folgt mit seiner Rspr. letztlich der fortwährenden Kritik an der Judikatur des BAG, die an der üblichen Befristungskontrolle und an den herkömmlichen Kriterien zum Arbeitnehmerbegriff festhalten wollte (zB über die Einbindung in Dienstpläne *BAG* 20.7.1994 EzA § 611 BGB Arbeitnehmerbegriff Nr. 54; 30.11.1994 EzA § 611 BGB Arbeitnehmerbegriff Nr. 55; krit. *Rüthers/Beninca* Anm. EzA § 611 BGB Arbeitnehmerbegriff Nr. 55; *Rüthers/Buhl* ZfA 1986, 19; *Löwisch* Beiträge zum Rundfunkrecht, 1984, S. 20 ff.; *Dörr* ZTR 1994, 355). Die nochmals vom BVerfG unterstrichene erweiterte Personalfreiheit des Rundfunkbetreibers schafft daher **Befristungsgründe nicht nur mit programmgestaltenden tätigen Arbeitnehmern** (zB Regisseuren, Moderatoren, Kommentatoren, Wissenschaftlern und Künstlern), sondern ebenso für Arbeitnehmer, die an **Hörfunk- und Fernsehsendungen inhaltlich gestaltend mitwirken.** Dabei geht es nicht nur um die Befristung von Mitarbeitern im Rahmen dauerhaft eingerichteter Programme; auch die Arbeitsverhältnisse der Mitarbeiter, die bei **Einführung und Erprobung neuer Programme** tätig werden sollen, können befristet werden (vgl. *BAG* 24.4.1996 EzA § 620 BGB Nr. 140; *Erman/D. W. Belling* § 620 BGB Rz 39; *Annuß/Thüsing-Maschmann* Rz 48; APS-*Backhaus* Rz 278, 281). Es ist nicht mehr erforderlich, dass der Mitarbeiter die übergeordnete Rahmenkonzeption ausarbeitet, die verbindenden Leitideen festlegt oder Sendungen auswählt und zusammenstellt. Er muss nicht mehr eigene Vorstellungen und seinen eigenen Stil einbringen (so aber *BAG* 11.12.1991 EzA § 620 BGB Nr. 112). Der Rückgriff auf die Rundfunkfreiheit versagt als angezogener Sachgrund jedoch dann, wenn der Sender Redakteure regelmäßig unbefristet beschäftigt (*LAG* Köln 1.9.2000 NZA-RR 2001, 234). Der Arbeitgeber hat dann seine Abkehr vom eigenen **Personalkonzept** gesondert zu begründen (Gedanke der Selbstbindung; **aA** *Sievers* Rz 121; HaKo-*Mestwerdt* Rz 98).

144 Befristungen sind deshalb nicht mehr nur mit Tendenzträgern in künstlerischer und/oder programmgestaltender Hauptfunktion möglich (BAG 26.7.2006 – 7AZR 495/05), sondern es **reicht** nunmehr schon ein **mittelbarer programmgestaltender Einfluss aus,** womit der Mittelbau des gestaltend mitwirkenden Personals mit einzubeziehen ist (so *Rieble* Anm. BAG, EzA § 620 BGB Nr. 112; MünchArbR-

Wank Ergänzungsbd. § 116 Rz 123). Zwar spricht auch die **Gesetzesbegründung zu Nr. 4 allein von »programmgestaltenden Mitarbeitern«** (BT-Drs. 14/4374 S. 19), führt aber als Rechtfertigungsargument die **Rundfunkfreiheit** an, **deren Eckpunkte die Rspr. des BVerfG setzt.**

Soweit die Rspr. in den letzten Jahren bei **programmgestaltenden Mitarbeitern** von der Zulässigkeit der Befristung ausgegangen ist, bestehen weiterhin keine verfassungsrechtlichen Bedenken. So hat das BAG (5. Senat) eine Befristung von Arbeitsverträgen mit **Lokalreportern von Rundfunk- und Fernsehanstalten** aus Gründen der Rundfunkfreiheit für sachlich gerechtfertigt gehalten und auch den immer wieder befristeten Einsatz von Kameraassistenten unbeanstandet gelassen (*BAG* 22.4.1998 § 611 BGB Arbeitnehmerbegriff Nr. 67, 71). Ob dagegen **Arbeitnehmer, die als Sprecher, Aufnahmeleiter, Übersetzer und Redakteur eingesetzt werden,** aufgrund ihres geringen inhaltlichen Gestaltungsspielraums **nur unbefristet beschäftigt werden können** (*BAG* 16.2.1994 EzA § 611 BGB Arbeitnehmerbegriff Nr. 52), **erscheint nunmehr offen** (dagegen ErfK-*Müller-Glöge* Rz 65, Abwechslungsbedürfnis des Publikums bleibt; dafür *Annuß/Thüsing-Maschmann* Rz 49; APS-*Backhaus* Rz 278). Richtig bleibt indessen, dass sich der **verfassungsrechtliche Schutz der Rundfunkfreiheit nicht auf Mitarbeiter erstreckt, die allein der technischen Verwirklichung des Programms oder deren verwaltungsmäßigen Betreuung dienen.** Dabei ist im Einzelfall jeweils zu prüfen, ob die bei der Koordination von Beiträgen, der Kameraführung oder dem Filmschnitt Beschäftigten nicht doch **inhaltlichen Einfluss auf die Beiträge** nehmen können (ebenso HaKo-*Mestwerdt* Rz 97; MHH-*Meinel* Rz 39; vgl. hierzu, wenn auch mit zu hohen Anforderungen *BAG* 11.12.1991 EzA § 620 BGB Nr. 112). Insoweit ist der **technische Wandel** zu berücksichtigen. Wurde ein Beleuchter im herkömmlichen Sinne früher dem allg. technischen Personal zugerechnet, kann er heute als **Lichtdesigner** in Livesendungen besondere Bedeutung erlangen. Damit ist er eher befristbar nach Nr. 4 als ein herkömmlicher Beleuchter (MHH-*Meinel* Rz 40; ErfK-*Müller-Glöge* Rz 65).

In diesem Zusammenhang ist festzuhalten, dass eine der arbeitsvertraglichen Befristungen vorangehende **langjährige Beschäftigung** als freier Mitarbeiter dessen **soziales Schutzbedürfnis** nicht dergestalt erhöhe, dass seinem Bestandschutz Vorrang vor der Rundfunkfreiheit einzuräumen ist (*BAG* 11.12.1991 EzA § 620 BGB Nr. 112). Eine wiederholte Befristung durch Arbeitsvertrag lässt die Rundfunkfreiheit allenfalls dann zurücktreten, wenn der (programmgestaltende) Mitarbeiter immer wieder in gleicher Funktion beschäftigt wurde oder ein Einfluss auf die inhaltliche Gestaltung des Programms überhaupt nicht erkennbar ist. Dann besteht offenkundig kein **Bedürfnis nach einem Wechsel**, den die Rundfunkfreiheit gebieten kann (*Sievers* Rz 118, *Gräfl/Arnold-Gräfl* Rz 96; vgl. *BAG* 22.4.1998 EzA § 611 BGB Arbeitnehmerbegriff Nr. 67). Ausschlaggebend dürfte aber letztlich sein, ob die Rundfunk- oder Fernsehanstalt bei Abschluss eines unbefristeten Arbeitsvertrages Gefahr läuft, ihren Auftrag, ein vielfältiges Programm herzustellen und das Abwechslungsbedürfnis des Publikums zu befriedigen, nicht mehr erfüllen zu können (APS-*Backhaus* Rz 274 ff.; *Dörner* Befr. Arbeitsvertrag, Rz 426). Soweit ein Mitarbeiter für das Publikum nach außen in Erscheinung tritt (zB Sprecher oder Ansager), kommt es deshalb in Zukunft nicht **mehr** darauf an, ob ein Abwechslungsbedürfnis des Publikums in Rechnung zu stellen ist (so aber wohl ErfK-*Müller-Glöge* Rz 65), sondern allein darauf, ob sich der **Rundfunkbetreiber die Möglichkeit offen halten will, aus publizistischen Gründen einen Programm-, Projekt- oder Konzeptwechsel durch Personalaustausch zu verwirklichen** (HaKo-*Mestwerdt* Rz 99). Mitarbeiter, die in keiner Form an der Gestaltung des Programms mitwirken, können nur befristet werden, wenn dafür ein anderer Sachgrund als Nr. 4 zur Verfügung steht (*BVerfG* 13.1.1982 EzA Art. 5 GG Nr. 9; ArbRBGB-*Dörner* § 620 BGB Rz 149; APS-*Backhaus* Rz 278, 282; *Annuß/Thüsing-Maschmann* Rz 49).

Der Abschluss **befristeter Arbeitsverträge** zwischen einer Rundfunkanstalt, die **Sendungen in fremde Länder** für deren Bevölkerung ausstrahlt, und ihren **aus den jeweiligen Ländern stammenden Redakteuren,** welche die Sendungen als Reporter, Interviewer, Übersetzer und Sprecher der fremden Sprache vorbereiten und durchführen, ist nicht von vornherein zulässig. Als sachlicher Grund für die Befristung ist in der Vergangenheit das Interesse des Senders und der Hörer anerkannt worden, die Sendungen aus einer aktuellen Kenntnis der Verhältnisse und Entwicklungen in dem Empfangsgebiet zu gestalten. Diese erforderliche **Vertrautheit mit dem jeweiligen Land** könne sich auf die Dauer nicht erhalten, wenn der Redakteur in diesem Land längere Zeit hindurch nicht mehr gelebt habe (*BAG* 25.1.1973 EzA § 620 BGB Nr. 17; vgl. auch *BAG* 27.4.1988 EzA § 4 TVG Rundfunk Nr. 15).

In einer späteren Entscheidung vom 3.10.1975 (EzA § 611 BGB Arbeitnehmerbegriff Nr. 1) hat das *BAG* klar gestellt, dass die Entscheidung vom 25.1.1973 (EzA § 620 BGB Nr. 17) einen ausländischen Mitarbeiter betreffe, der insbes. seine **Mittlerrolle als Redakteur** nach einer bestimmten Zeit der Abwesenheit vom Mutterland nicht mehr hinreichend erfüllen könne. Für Routinearbeiten des Senders als

§ 14 TzBfG   Zulässigkeit der Befristung

Sprecher oder Übersetzer komme es dagegen nur auf die Sprachkenntnisse an, die durch jahrelange Abwesenheit von der Heimat unberührt bleiben könnten. Die Besorgnis eines Senders, der Wortschatz eines ausländischen Sprechers und Übersetzers könne im Laufe der Zeit an Aktualität verlieren, kann zwar im Allgemeinen zu Beginn des Beschäftigungsverhältnisses eine Befristung rechtfertigen (*BAG* 30.11.1977 EzA § 620 BGB Nr. 33). Inzwischen ist allerdings zu fragen ob für ausländischen **Mitarbeiter aus den Staaten der EU** dieser Befristungsgrund noch Gewicht hat, nachdem der *EuGH* (20.10.1993 EzA § 620 BGB Nr. 122) und das *BAG* (15.3.1995 EzA § 620 BGB Nr. 132, 135; 25.2.1998 EzA § 620 BGB Hochschule Nr. 14) für **Lektoren** den Aktualitätsbezug in Folge der technischen Kommunikationserleichterung auch ohne Aufenthalt im Mutterland als gesichert ansehen. Diese Frage ist grds. zu verneinen (ebenso KDZ-*Däubler* Rz 79; *Annuß/Thüsing-Maschmann* Rz 54).

148 Keine Bedenken bestehen indessen gegen einen tarifvertraglich abgesicherten **vorübergehenden Personalaustausch** im Befristungswege, wenn das bisherige mit dem befristeten Arbeitsverhältnis sozial vergleichbar ist und nach Befristungsende unverändert fortgesetzt werden kann (*BAG* 28.8.1996 EzA § 620 BGB Nr. 141 zur wiederholten Befristung eines mexikanischen Übersetzers und Sprechers bei der Deutschen Welle). Die Sicherung der Rundfunkfreiheit, um die es im Befristungstatbestand nach Nr. 4 geht, kann hier regelmäßig nicht einwirken, da der angesprochene Personenkreis über keine Gestaltungsbefugnisse zum Inhalt der Sendungen verfügt. Ist dies ausnahmsweise der Fall (zB Chefredakteur einer Auslandssendung bei der Deutschen Welle), kommt eine Befristung durchaus in Betracht. Dazu kann auch der Fall gehören, dass eine Befristung sachlich begründet ist, um einen **aktuellen Bezug** eines Redakteurs zu den **Verhältnissen** im Ausland, zu den er berichten soll, zu sichern (*LAG Köln* 4.11.2004 NZA-RR 2005, 411; HWK-*Schmalenberg* Rz 36).

149 Für **Musiker eines Rundfunkorchesters kann die Rundfunkfreiheit nicht als Befristungsgrund dienen.** Hier können nur Einschränkungen für ein unbefristetes Arbeitsverhältnis aus der Kunstfreiheit (Art. 5 Abs. 3 S. 1 GG) abgeleitet werden. Insoweit ist auf die Ausführungen zu Rz 131 ff. zu verweisen (vgl. auch *BAG* 15.8.1984 EzA § 1 KSchG Nr. 40; 6.12.1973 Das Orchester 1974, 33 ff.). Zu den Befristungen von Zeitschriftenredakteuren und anderen Beschäftigten in Tendenzunternehmen vgl. oben Rz 127 ff.

d) Sport

150 **Trainer im Spitzensport** werden häufig im Rahmen befristeter Arbeitsverträge beschäftigt. Nach früherer Rspr. des BAG entsprach die Befristung des Arbeitsvertrages mit einem Sporttrainer dann der Auffassung verständiger und verantwortungsbewusster Vertragspartner, wenn dieser mit der Betreuung eines oder einiger bestimmter Spitzensportler beauftragt war, die er zu Höchstleistungen führen sollte (*BAG* 19.6.1986 SpuRt 1996, 21). Danach sollte sich **der Erfolg des Trainers nicht allein durch seine Trainingsmethoden, sondern auch über seine Persönlichkeit** bestimmen. Bei stets gleich bleibender Umgebung würden sich deshalb Ermüdungserscheinungen einstellen und ein Verschleiß eintreten, der die Entwicklung des zu betreuenden Sportlers hemmen könnte. In der Folge dieser Entscheidung haben es die Instanzgerichte sowohl für die Betreuung von Spitzensportlern als auch für das Training im Mannschaftssport für unbedenklich angesehen, Trainerverträge immer wieder auf jeweils vier Jahre (zB bis zu den nächsten olympischen Spielen) zu befristen und hierfür die erzielten Erfolge und die »Chemie« zwischen den zu betreuenden Sportlern und dem Trainer als Grundlage der Befristungen heranzuziehen (**aA** *ArbG Hannover* 13.7.2005 – 12 Ca 279, 280/05; *P. Schrader* FA 2006, 232 ff.). In Anlehnung an die zunehmende **Kommerzialisierung des Spitzensports** aufgrund des dort vermarkteten Unterhaltungswertes, ist hier vertreten worden, dass sich die Befristung von Arbeitsverträgen im Spitzensport auch am **Abwechslungsbedürfnis** des Publikums orientieren dürfe (*Lipke* KR 5. Aufl., § 620 BGB Rz 194, 194a; HaKo-*Mestwerdt* Rz 106; *Sievers* Rz 130; MHH-*Meinel* Rz 43; krit. APS-*Backhaus* Rz 295). Diese Einschätzung gilt hingegen nur für Spitzensportler und Höchstleistungstrainer, **nicht** für sog. **Halbprofis** (MünchKomm-*Hesse* Rz 46).

151 Mit zwei Entscheidungen vom 29.10.1998 und 15.4.1999 (EzA § 620 BGB Nr. 158, EzA § 620 BGB Nr. 164) hat das BAG **neue Grenzen für die Zulässigkeit befristeter Arbeitsverträge von Sporttrainern** gezogen. Danach kann zwar die Befristung des Arbeitsvertrages eines Sporttrainers sachlich gerechtfertigt sein, wenn mit der Betreuung von Spitzensportlern oder besonders talentierten Nachwuchssportlern die Gefahr verbunden ist, dass die Fähigkeit des Trainers zur weiteren Motivation der anvertrauten Sportler regelmäßig nachlässt (sog. Verschleißtatbestand). Dafür ist jedoch jeweils **zu prüfen, ob die im Einzelfall vereinbarte Befristung überhaupt geeignet ist, der Gefahr eines Verschleißes** in der Beziehung zwischen dem Trainer und den zu betreuenden Sportlern **wirksam vorzu-**

Zulässigkeit der Befristung § 14 TzBfG

beugen (*BAG* 15.4.1999 EzA § 620 BGB Nr. 164; HaKo-*Mestwerdt* Rz 104; *Annuß/Thüsing-Maschmann* Rz 53). Eine solche Gefahr konnte das BAG dann nicht erkennen, wenn die Verweildauer der zu betreuenden Sportler in der Obhut des Trainers kürzer bemessen ist als die vorgesehene Vertragszeit des Trainers. Der Befristungsgrund eines Verschleißes rechtfertigt sich nämlich nicht durch den Wechsel der Sportler, sondern allenfalls durch das Bedürfnis, den auf Dauer im Kader verbleibenden Sportler mit den Anforderungen eines anderen Trainers vertraut zu machen (ebenso *Staudinger/Preis* § 620 BGB Rz 134).

Unter diesen Voraussetzungen hat das BAG einen sachlichen Befristungsgrund für den 3-jährigen Vertrag eines Tennisverbandstrainers, der die zu Spitzensportlern heranzubildenden Hoffnungsträger im Leistungszentrum im Schnitt nur zwei bis drei Jahre betreute, ebenso verneint (*BAG* 29.10.1998 EzA § 620 BGB Nr. 158) wie bei einem mehrfach jeweils um vier Jahre befristeten Arbeitsvertrag eines Bundestrainers im deutschen Kanuverband, der Junioren nur für zwei Jahre zwischen ihrem 16. und 18. Lebensjahr zu betreuen hatte (*BAG* 15.4.1999 EzA § 620 BGB Nr. 164). Damit ist ein **allgemeiner Verschleiß durch längere Ausübung des Berufs nicht geeignet eine Befristung zu begründen;** vielmehr muss es sich um die Gefahr eines Verschleißes im persönlichen Verhältnis zwischen Trainer und einzelnen Sportlern handeln (*Annuß/Thüsing-Maschmann* Rz 53; APS-*Backhaus* Rz 297; *Gräfl/Arnold-Gräfl* Rz 116 f.). 152

Diese Rspr. hat Anerkennung (*Dieterich* NZA 2000, 857), aber auch Kritik erfahren (*Fenn* JZ 2000, 347; *Beathalter* FS Fenn, 2000, S. 27). Zuzugeben ist, dass der **Erfolg eines Trainers** für die Zukunft im Ungewissen liegt und bei Abschluss des Arbeitsvertrages schwer abschätzbar ist (*ArbG Bln.* 14.5.1979 DB 1980, 111; *Fenn* JZ 2000, 348 f.). Doch kann gesagt werden, dass allen Ungewissheitstatbeständen die objektive Eignung der Befristung immanent ist; es bleibt dann allenfalls die zulässige Dauer der Befristung offen (*Beathalter* aaO, S. 41). Demgegenüber wendet *Dieterich* (aaO, 861) ein, dass der Befristungsgrund deutlicher hervortreten und mit der Befristungsdauer vereinbar sein müsse: Sportarbeitgeber dürften keinesfalls frei sein nach Belieben ohne Rücksicht auf den gesetzlichen Arbeitsplatzschutz Trainer in Kettenarbeitsverträgen zu beschäftigen. Noch weitergehend streiten *Horst/Persch* dafür, einen »Verschleißtatbestand« im Spitzensport mangels nachvollziehbarer Zurechnung von Misserfolgen nicht anzuerkennen. Sie verweisen als Ausweg auf Aufhebungsvereinbarungen und Abfindungszahlungen im Zusammenhang mit Auflösungsanträgen nach § 9 Abs. 1 S. 2 KSchG (RdA 2006, 166, 171). 153

Doch wird das **besondere Kommunikationsverhältnis zwischen Trainer und dem einzelnen betreuten Sportler oder der zu betreuenden Mannschaft** im Bereich des Spitzensports weiterhin die Befristung von Arbeitsverträgen rechtfertigen (ebenso *Backhaus* Rz 297 mwN). Die Entscheidungen des *BAG* vom 29.10.1998 und 15.4.1999 (EzA § 620 BGB Nr. 158, EzA § 620 BGB Nr. 164) sind zu Sachverhalten ergangen, die eine routinemäßige Trainingstätigkeit mit wechselnden betreuten Sportlern zum Inhalt hatten. Hier auf die nachlassende Motivationskraft des Trainers abzustellen, konnte deshalb nicht überzeugen. Anders sieht es dagegen **bei Trainern aus, die einzelne Spitzensportler, oder Spieler im Profimannschaftssport längerfristig betreuen sollen.** Hier entspricht es der **Auffassung verständiger und verantwortungsbewusster Vertragspartner eine Befristung abzuschließen,** wenn der Trainer Sportler betreuen soll, die auf die mit einem Wechsel des Trainers verbundenen veränderten Umstände angewiesen sind. Abzustellen ist in diesem Zusammenhang nicht auf die Üblichkeit von Befristungsvereinbarungen im Profisport, sondern allein darauf, dass die übliche Befristung von Sporttrainern in diesen Fällen ihrerseits von einem sachlich rechtfertigenden Grund getragen wird (ähnlich wohl HaKo-*Mestwerdt* Rz 105 ff.; aA KDZ-*Däubler* Rz 80). Hierzu gehört auch die **Gefahr nachlassenden Erfolges**. Insoweit ergeben sich **Parallelen zum künstlerischen Personal** an der Bühne, das ebenfalls immer auf einen **Spielplan** verpflichtet wird. Es fehlt indessen der entsprechende verfassungsrechtliche und tarifvertragliche Hintergrund. 154

Eine rechtserhebliche **Üblichkeit** dürfte regelmäßig **nicht konstitutiv für einen sachlichen Befristungsgrund** sein, sondern lediglich dessen Folge (*BAG* 16.10.1987 EzA § 620 BGB Nr. 92; 29.10.1998 EzA § 620 BGB Nr. 158). Eine solche missverstandene Üblichkeit würde der Befristungskontrolle jegliche Bedeutung nehmen und wäre deshalb angesichts der Schutzpflichten aus Art. 12 GG nicht vertretbar (ArbRBGB-*Dörner* § 620 BGB Rz 151 mwN). Der Profisport würde sich ansonsten mit seiner Praxis eigene Rechtfertigungsgründe setzen. Der Sachgrund nach Nr. 4 vermag dennoch durchaus befristete Verträge mit Trainern rechtfertigen, soweit die Sportarbeitgeber in der Lage sind, für das Aufgabenfeld des Trainers die Gefahr einer nachlassenden Leistung und Motivation für die betreuenden Spitzensportler aufzuzeigen. Die **Darlegungspflichten des Arbeitgebers** hierzu dürfen nicht überzogen wer- 155 den, insbes. dann nicht, wenn den Trainern außerordentlich hohe Gehälter zufließen und sie deshalb mit den Stars im Unterhaltungsgewebe in Funk und Fernsehen gleichzusetzen sind (KDZ-*Däubler* Rz 80, der von einer »Prekaritätsprämie« spricht). Davon ist bspw. bei Trainern von Fußballmannschaften in der ersten Bundesliga ohne weiteres auszugehen. Andererseits soll die möglicherweise bestehende Parität in der Verhandlungsposition des Sportlers und Trainers und des Vereins den anzuwendenden **Prüfungsmaßstab bei der Befristungskontrolle** nicht einschränken (*BAG* 4.12.2002 EzA § 620 BGB 2002 Bedingung Nr. 1; *Sievers* Rz 130) was nicht überzeugt, da die Befristungskontrolle einer **Paritätsstörung** entgegenwirken soll (vgl. o. Rz 21).

156 Der **befristete Abschluss von Verträgen mit Profisportlern** ist ähnlich zu bewerten wie von Solisten im Bühnenbereich (zust. MünchKomm-*Hesse* Rz 46). Nachdem die Befristungskontrolle nicht mehr auf eine Umgehung des Kündigungsschutzes abstellt und die **auflösende Bedingung nach § 21 TzBfG** der Zeit- und Zweckbefristung gleichbehandelt werden soll, ist zu erwägen, ob der Vertrag eines Fußballspielers an den Fortbestand der Lizenz seines Vereins geknüpft werden darf (*BAG* 4.12.2002 EzA § 620 BGB 2002 Bedingung Nr. 1 im Fall eines Bundesligatrainers; **aA** *Gräfl/Arnold-Gräfl* Rz 120; *BAG* 9.7.1981 EzA § 620 BGB Bedingung Nr. 1). Eine solche auflösende Bedingung wäre jedenfalls unbedenklich, wenn sie im Interesse des Arbeitnehmers liegt oder auf seinen Wunsch hin zustande kommt (ähnlich *Dörner* Befr. Arbeitsvertrag, Rz 397 f.; **aA** APS-*Backhaus* Rz 299 unter Hinweis auf *LAG Düsseld.* 26.5.1995 LAGE § 620 BGB Bedingung Nr. 5). Eine Befristung von Profifußballern mit Vertragsverlängerungsoption verstößt jedenfalls weder gegen Art. 12 GG noch gegen Art. 39 Abs. 2 EV (Freizügigkeit; früher Art. 48 EWG-Vertrag). Die **Befristung mit Verlängerungsoption** stellt sich nämlich als sachgerechter Ausgleich für beide Arbeitsvertragsparteien dar, da infolge schnell verändernder Umstände weder der Verein noch der Profisportler ein Interesse an einer längerfristigen arbeitsvertraglichen Bindung haben dürften (vgl. *LAG Köln* 13.8.1996 LAGE Art. 48 EWG-Vertrag Nr. 2; *LAG Köln* 20.11.1998 LAGE § 611 BGB Berufssport Nr. 11; **aA** *Kindler* NZA 2000, 744).

5. Erprobung (Nr. 5)

a) Allgemeines

157 Der Schulfall eines zulässigen Zeitvertrages, der durch in der Person des Arbeitnehmers liegende Gründe sachlich gerechtfertigt ist, bleibt **der befristet abgeschlossene Probearbeitsvertrag**. Der Arbeitgeber hat einerseits ein berechtigtes Interesse daran, vor einer längeren Bindung die fachliche und persönliche Eignung des Arbeitnehmers kennen zu lernen und zu erproben. Dem Arbeitnehmer wird andererseits Gelegenheit gegeben, darüber entscheiden zu können, ob ihm die Arbeitsabläufe und -umstände im Betrieb und an seinem Arbeitsplatz genehm sind. Demgemäß hat das befristete Probearbeitsverhältnis spätestens seit der Entscheidung des Großen Senats des *BAG* vom 12.10.1960 Anerkennung gefunden (st.Rspr. *BAG* 12.10.1960 EzA § 620 BGB Nr. 2; 31.8.1994 EzA § 620 BGB Nr. 127; APS-*Backhaus* Rz 95, 254; *Dörner* Befr. Arbeitsvertrag, Rz 183; *Staudinger/Preis* § 620 BGB Rz 117 ff.; ErfK-*Müller-Glöge* Rz 68; *Annuß/Thüsing-Maschmann* Rz 55; *Gräfl/Arnold-Gräfl* Rz 123 f.; 47; HWK-*Schmalenberg* Rz 40; *Wiedemann* FS Lange, S. 401; *Schwerdtner* ZIP 1983, 406 f.; **aA** *Preis/Kliemt* AR-Blattei SD 1270 Rz 66; krit. auch KDZ-*Däubler* Rz 84, ArbG Münster 21.10.1982 BB 1983, 504).

158 Zwar ist es richtig, dass eine wechselseitige **Erprobung** der Arbeitsvertragspartner ebenso **im Rahmen eines unbefristeten Arbeitsvertrages** stattfinden kann, zumal in den ersten 6 Monaten dem Arbeitgeber in jedem Fall die ordentliche Kündigung ohne soziale Rechtfertigung zur Seite steht (*ArbG Münster* aaO; *Däubler* aaO; *Moritz* BB 1978, 668 f.). Bei einer solchen Vertragsgestaltung kann indessen ein **Sonderkündigungsschutz** eintreten (zB § 9 MuSchG), der den Arbeitgeber hindert – trotz erkannter fehlender Eignung des Arbeitnehmers – sich aus dem Arbeitsverhältnis zu lösen. Auch die Gelegenheit im Rahmen einer Erstbefristung **nach § 14 Abs. 2 TzBfG** den Arbeitnehmer zu erproben, macht die Sachgrundbefristung nach § 14 Abs. 1 S. 2 Nr. 5 TzBfG nicht entbehrlich, selbst wenn sich dadurch an sich »unerwünscht lange« Testzeiträume bis zu zwei Jahren ergeben (vgl. u. Rz 164 ff.). Hat bereits ein Arbeitsverhältnis zu demselben Arbeitgeber bestanden, ist aber der Arbeitnehmer noch nicht in der vorgesehenen, sondern einer anderen (höherwertigen) Beschäftigung erprobt worden, kann zu diesem Zweck nur nach Nr. 5 mit Sachgrund das Arbeitsverhältnis erneut befristet werden (*BAG* 23.6.2004 EzA § 14 TzBfG Nr. 10; *Annuß/Thüsing-Maschmann* Rz 55; *Staudinger/Preis* aaO, Rz 117; *Dörner* Befr. Arbeitsvertrag, Rz 183). Eine erneute Erprobung mit Sachgrund ist ferner (bei Wiedereinstellung) vorstellbar, wenn bei zwischenzeitlich eingeschränktem **Gesundheitszustand** überprüft werden muss, ob der Arbeitnehmer den Arbeitsplatzanforderungen gewachsen ist (*BAG* 7.8.1980 AP Nr. 15 zu § 620 BGB Probearbeitsverhältnis).

Die **Schaffung eines eigenständigen Sachgrundes der Erprobung** lässt sich **neben** den in **Nr. 6** ange- **159** führten in der Person des Arbeitnehmers liegenden Gründen zur Befristung nur damit erklären, dass es dem Gesetzgeber daran gelegen war, diesen Prototyp der Befristung noch einmal herauszuheben. **Systematisch hätte die Erprobung unter Nr. 6 eingereiht werden können** (zutr. ArbRBGB-*Dörner* Rz 153). *Plander* (ZTR 2001, 500) erkennt in der gesetzlichen Formulierung eine **Gefahr von Kettenarbeitsverhältnissen** und will deshalb die weite Fassung einschränkend lesen (»sachlicher Grund . . . nur vorliegt, wenn . . . eine Erprobung die Befristung rechtfertigt«). Zweifelsfälle, ob es sich um ein befristetes Probearbeitsverhältnis oder um ein unbefristetes Arbeitsverhältnis mit vorgeschalteter Probezeit handelt (vgl. *BAG* 30.9.1981 EzA § 620 BGB Nr. 54; *LAG Köln* 8.11.1981 DB 1990, 1288; vgl. dazu auch *Wilhelm* NZA 2001, 821 f.) dürften aufgrund der **formbedürftigen Befristungsabrede** nach Abs. 4 nicht mehr eintreten (näher dazu KR-*Spilger* Anhang zu § 623 BGB Rz 76). Die sachliche Rechtfertigung der Befristung zur **Erprobung** scheitert nicht daran, dass sie **mit einem Arbeitnehmer** abgeschlossen wurde, **der besonders geschützt werden soll** (Schwerbehinderte, Auszubildende, Schwangere, Mitglieder im Betriebsrat; vgl. dazu *BAG* 16.3.1989 EzA § 1 BeschFG Nr. 7; *LAG Hamm* 6.6.1991 LAGE § 620 BGB Nr. 25, 13.3.1992 LAGE § 620 BGB Nr. 29; MHH-Meinel Rz 51; MünchKomm-*Hesse* Rz 49).

Die befristete Erprobung rechtfertigt sich regelmäßig dadurch, dass der **Arbeitgeber im Falle der Be- 160 währung eine längerfristige,** nur im Wege der Kündigung zu beseitigende **arbeitsvertragliche Bindung** beabsichtigt (*BAG* 12.9.1996 EzA § 620 BGB Nr. 144; 15.3.1966 AP Nr. 28 zu § 620 BGB Befristeter Arbeitsvertrag). Es bestehen keine Bedenken, auch einem **befristeten Arbeitsverhältnis mit Sachgrund eine Erprobungsbefristung vorzuschalten** (*BAG* 4.7.2001 EzA § 620 BGB Kündigung Nr. 4; *Sievers* Rz 136; *Boewer* Rz 165; ErfK-*Müller-Glöge* Rz 68; aA KDZ-*Däubler* Rz 86). Der Abschluss eines unbefristeten Arbeitsvertrages im Anschluss an die erfolgreiche Erprobung ist nicht zwingend (aA *Rolfs* Rz 40, wohl auch *Dörner* Befr. Arbeitsvertrag, Rz 184). So kann eine auf vier Jahre ausgelegte **Projektbefristung** durchaus mit einer vorgeschalteten sechsmonatigen Erprobungsbefristung verknüpft werden, da der Arbeitgeber erfahren muss, ob er für das Projekt geeignete Mitarbeiter gewonnen hat. Der Sachgrund der Erprobung ist dann nicht vorgeschoben. Doch fehlt es an einem sachlichen Grund für die Befristung, wenn dem **Arbeitgeber die Eignung des Arbeitnehmers schon aus einer vorhergehenden Beschäftigung bekannt ist** (*BAG* 28.2.1963 EzA § 620 BGB Nr. 4; *Hromadka* BB 2001, 624; APS-*Backhaus* Rz 258). In diesem Fall kann der Arbeitgeber die Fähigkeiten des Arbeitnehmers bereits voll beurteilen. Mit der Zielsetzung einer vorangehenden Erprobung verträgt es sich nicht, eine **Anschlussbefristung nach Nr. 2** zuzulassen; dagegen ist in Ausnahmefällen eine weitere Befristung **als »soziale Überbrückungsmaßnahme (Nr. 6)«** denkbar (vgl. auch *Plander* aaO).

Anders ist es dagegen, wenn der Arbeitnehmer eine **neue Position** mit anderen Anforderungen über- **161** nehmen soll **oder neue Umstände** an seiner Eignung zweifeln lassen (längere Krankheit, erhebliche Vertragsverletzung, vorangehende Beendigung des Arbeitsverhältnisses wegen Alkoholmissbrauchs; *BAG* 12.2.1981 EzA § 611 BGB Probearbeitsverhältnis Nr. 5; *LAG Köln* 5.3.1998 MDR 1998, 1298 = RzK I 9a Nr. 33 nach Entziehungskur; *Annuß/Thüsing-Maschmann* Rz 55; HWK-*Schmalenberg* Rz 40). Gleiches gilt wenn nach beendetem befristetem Arbeitsverhältnis eine erneute **Befristung mit anderem Aufgabenkreis** abgeschlossen wird und für dieses Tätigkeitsfeld eine Erprobung vorgesehen ist, da auf die bisherigen Erfahrungen mit dem Arbeitnehmer nicht zurückgegriffen werden kann (*LAG Düsseld.* 18.9.2003 LAGE § 14 TzBfG Nr. 12). Die **befristete Erprobung im bestehenden Arbeitsverhältnis** führt bei Scheitern nicht zu dessen Beendigung, sondern nur zur Weiterbeschäftigung auf dem alten Arbeitsplatz.

Eine **tariflich vorgesehene Probezeit** in einem unbefristeten Arbeitsverhältnis (zB § 5 BAT, jetzt § 2 **162** Abs. 4 TVöD) **verbietet nicht** zugleich **ein befristetes Probearbeitsverhältnis** (*BAG* 7.8.1980 EzA § 611 BGB Probearbeitsverhältnis Nr. 4; 12.2.1981 EzA § 611 BGB Probearbeitsverhältnis Nr. 5; 4.7.2001 EzA § 620 BGB Kündigung Nr. 4; ErfK-*Müller-Glöge* Rz 70; *BAG* 31.8.1994 EzA § 620 BGB Nr. 127; *LAG Düsseld.* 18.9.2003 LAGE § 14 TzBfG Nr. 12), legt dafür aber unter Umständen eine **Höchstfrist** fest. Bei Übernahme in ein Arbeitsverhältnis im unmittelbaren **Anschluss an das Ausbildungsverhältnis** ist – anders als im Fall einer befristeten Anschlussbeschäftigung nach Nr. 2 – keine befristete Erprobung mit Sachgrund möglich, da der Arbeitgeber den Arbeitnehmer kennt. Für den Bereich des **TVöD** wird dies so in § 2 Abs. 4 S. 2 bestimmt. Davon zu trennen sind Probezeiten innerhalb einer Befristung mit oder ohne Sachgrund. Diese können tariflich unterschiedlich gestaffelt sein. § 30 Abs. 4 TVöD legt 6 Wochen für sachgrundlose und 6 Monate für sachgrundbezogene Befristungen als »interne« Probezeit fest (*Fritz* ZTR 2006, 2, 8). **Die erfolgreiche Erprobung nach Nr. 5** vermittelt **keinen Anspruch** des Arbeitnehmers gegen den Arbeitgeber, **das Arbeitsverhältnis** nach Befristungsablauf **fortzusetzen** (*BAG*

26.4.1995 EzA § 620 BGB Nr. 133; 26.8.1998 EzA § 620 BGB Nr. 153; HWK-*Schmalenberg* Rz 45; *Dörner* Befr. Arbeitsvertrag, Rz 184; nur bei Selbstbindung des Arbeitgebers; KassArbR-*Schütz* 4.4 Rz 60). Vgl. dazu näher u. Rz 173 ff.

163 Nach früher herrschender Rechtsauffassung trägt der Befristungsgrund der Erprobung nur dann, wenn die **Erprobung Vertragsinhalt** geworden ist (*BAG* 31.8.1994 EzA § 620 BGB Nr. 127; ErfK-*Müller-Glöge* § 620 BGB Rz 72; *Wilhelm* NZA 2001, 821 f.; **aA** *BAG* 21.3.1990 – 7 AZR 192/89, nv). Da – mit Ausnahme der Zweckbefristung und der auflösenden Bedingung – nach § 14 Abs. 4 nur die **Befristungsabrede** zu treffen, nicht aber der Befristungsgrund zu benennen ist (*LAG Düsseld.* 18.9.2003 LAGE § 14 TzBfG Nr. 12), lässt sich nicht mehr erklären, warum an der bisherigen Rspr. festgehalten werden soll. Das **Motiv des Arbeitgebers**, den Arbeitnehmer für eine in Aussicht genommene Dauerbeschäftigung zu erproben, soll zwar für den Arbeitnehmer erkennbar werden (*BAG* 30.9.1981 EzA § 620 BGB Nr. 54). **Ist der Sachgrund im Streit, liegt es beim Arbeitgeber, den in Anspruch genommenen Sachgrund »Erprobung« darzulegen und zu beweisen.** Von daher ist eine **Angabe des Befristungsgrundes** der Erprobung zu Beweiszwecken sinnvoll, aber **nicht mehr erforderlich** (s.o. Rz 63; APS-*Backhaus* Rz 256; *Sievers* Rz 133; *Dörner* Befr. Arbeitsvertrag, Rz 188; HaKo-*Mestwerdt* Rz 110; ErfK-*Müller-Glöge* Rz 26f. *Staudinger/Preis* § 620 BGB Rz 55; BBDW-*Bader* § 620 BGB Rz 185;). Dem hat sich nun auch das BAG mit seiner Entscheidung vom 23.6.2004 (EzA § 14 TzBfG Nr. 10) angeschlossen und eine Sonderbehandlung des Sachgrundes »Erprobung« für die Zukunft verneint. Danach kommt es hier wie bei allen anderen Befristungsgründen nur auf die **förmliche Befristungsabrede** (§ 14 Abs. 4 TzBfG) und im Übrigen allein auf das **objektive Bestehen des jeweiligen Sachgrundes** an, den der Arbeitgeber nachzuweisen hat.

b) Dauer der Erprobung

164 Die Dauer der befristeten Erprobung muss in einem **angemessenen Verhältnis zu der in Aussicht genommenen Tätigkeit** stehen. Sie steht deshalb nicht im Belieben des Arbeitgebers, sondern hat sich daran zu orientieren, welche Anforderungen der Arbeitsplatz stellt und welches Fähigkeitsprofil des Arbeitnehmers zu ergründen ist. Eine zeitliche Vorgabe für die Zeitdauer eines befristeten Probearbeitsverhältnisses gibt es nicht (*Dörner* Befr. Arbeitsvertrag, Rz 191; *Annuß/Thüsing-Maschmann* Rz 57). Anhaltspunkte für den zeitlichen Rahmen, in dem befristete Arbeitsverhältnisse zulässig sind, ergeben sich aus **§ 1 KSchG**, weil es sich bei der Wartezeit von **6 Monaten** sachlich um eine gesetzliche Probezeit handelt (*BAG* 15.3.1978 EzA § 620 BGB Nr. 34) und aus § 622 Abs. 3 BGB idF des KündFG vom 7.10.1993 (BGBl. I S. 1668), der eine verkürzte Kündigungsfrist auf eine Probezeit von längstens sechs Monaten begrenzt. In der Zeitspanne der ersten sechs Monate eines Arbeitsverhältnisses kann vom Arbeitgeber regelmäßig erwartet werden, dass er sich darüber schlüssig wird, ob der Arbeitnehmer persönlich und fachlich geeignet ist, die erwarteten Leistungen zu erbringen (*Berger-Delhey* BB 1989, 977; *Staudinger/Preis* § 620 BGB Rz 122; ErfK-*Müller-Glöge* Rz 69f.; HaKo-*Mestwerdt* Rz 112).

165 Branchenüblichkeit und Person des Arbeitnehmers können längere oder kürzere Probezeiten rechtfertigen. Die gewählte Probezeit hat sich dann am Zweck der Erprobung messen zu lassen. Insoweit schlägt hier ausnahmsweise die Befristungsdauer auf den Sachgrund der Befristung durch (vgl. *LAG Hamm* 3.3.1995 EzA § 611 BGB Probearbeitsverhältnis Nr. 3). **Tarifvertragliche Regelungen** geben einen Anhaltspunkt für die Branchenüblichkeit. Besonderheiten in der Art der Tätigkeit oder in den persönlichen Eigenschaften des Bewerbers können eine kürzere (zB bei der Einstellung eines ungelernten Arbeiters) oder längere Probezeit (zB bei Einstellungen in den Bereichen künstlerischer oder wissenschaftlicher Tätigkeit; Einstellung als Chefarzt) bedingen (*BAG* 15.3.1978 EzA § 620 BGB Nr. 34; 12.9.1996 EzA § 620 BGB Nr. 143; *Link* BuW 2004, 350). Eine **Verlängerung der üblichen Probezeit** ist zB sachlich gerechtfertigt, wenn ein Arbeitnehmer seit vielen Jahren nicht mehr in dem von ihm erlernten Beruf tätig gewesen ist und sich erst wieder einarbeiten und bewähren muss (*BAG* 13.12.1962 AP Nr. 24 zu § 620 BGB Befristeter Arbeitsvertrag) oder wenn der Arbeitnehmer vorbestraft ist und zunächst Bedenken gegen seine persönliche Zuverlässigkeit ausgeräumt werden sollen (*BAG* 28.11.1963 BB 1964, 259). Zu diesem Zweck ist es auch möglich, nach Auslaufen des zunächst befristeten Probearbeitsverhältnisses ein weiteres befristetes Arbeitsverhältnis zur Probe anzuschließen. Eine solche **zweite Befristung zur Erprobung** ist indessen nur zuzulassen, wenn mit der ersten Befristung das **zulässige Maß der Erprobungsdauer** noch nicht voll ausgeschöpft wurde (*BAG* 12.9.1996 EzA § 620 BGB Nr. 143; APS-*Backhaus* Rz 261; *Dörner* Befr. Arbeitsvertrag, Rz 193; MHH-*Meinel* Rz 47; *Rolfs* Rz 43; ErfK-*Müller-Glöge* Rz 70; *Annuß/Thüsing-Maschmann* Rz 58; *Gräfl/Arnold-Gräfl* Rz 130) oder die **bisherige Nichtbewährung** mit der Aussicht auf eine zu erwartende Leistungssteigerung vom Arbeitgeber dargestellt werden kann (zB Leistungshindernisse im familiären Bereich durch Tod, Scheidung, Schwangerschaft oder Krankheit).

166 Eine erneut befristete Probezeit nach **Betriebsübergang** verstößt gegen § 613a BGB (*BAG* 17.10.1990 – 7 AZR 614/89, nv), da das bestehende Arbeitsverhältnis fortgesetzt wird (*Bernsau/Dreher/Hauck-Dreher* Betriebsübergang, Rz 246 f.). Längere **Unterbrechungen der Probezeit** können, wenn die Probezeit im Wesentlichen den Interessen des Arbeitnehmers zB dem Auszubildenden dient, abhängig von ihrem Sinn und Zweck die Probezeit verlängern (*BAG* 15.1.1981 EzA § 13 BBiG Nr. 1; *ArbG Mainz* 10.4.1980 DB 1980, 781). Eine **vorangehende Berufsausbildung** hindert dann nicht eine Probezeitbefristung, wenn die Arbeitsinhalte sich verändern oder der Arbeitsdruck im Rahmen eines Arbeitsverhältnisses ausgetestet werden soll (HaKo-*Mestwerdt* Rz 111; einschränkend KDZ-*Däubler* Rz 87; MHH-*Meinel* Rz 45; *Boewer* Rz 166, die auf die Beobachtung in der Ausbildungszeit abstellen). Dafür spricht, dass der Gesetzgeber sogar eine zweijährige sachgrundlose Befristung im Anschluss an das Berufsausbildungsverhältnis gestattet (s.u. Rz 269), die letztlich ebenfalls der »Erprobung« dient. Ein Sachgrund der Erprobung lässt sich indessen nicht darstellen, wenn der Arbeitnehmer die erlernten Kenntnisse wie bisher einzusetzen hat (*Sievers* Rz 141). Im **öffentlichen Dienst** ist bei Übernahme aus einem vorangehenden Ausbildungsverhältnis eine befristete Erprobung mit Sachgrund nicht möglich (§§ 2 Abs. 4 S. 2; 30 Abs. 4 TVöD).

167 Maßstäbe setzen für branchenübliche Abweichungen die **einschlägigen tarifvertraglichen Bestimmungen**; ansonsten bleibt es bei der gesetzlichen Höchstfrist von sechs Monaten. So machen verlängerte Probezeiten im künstlerischen und wissenschaftlichen Bereich Sinn (MünchKomm-*Hesse* Rz 53). Demgemäß darf nach dem MTV für Arbeitnehmer des Hessischen Rundfunks vom 1.1.1975 für das künstlerisch und für das geistig-wissenschaftlich tätige Personal die **Probezeit bis zu zwölf Monaten** ausgedehnt werden. Eine weitere Befristung zum Zwecke der Erprobung ist dann aber unzulässig (*BAG* 15.3.1978 EzA § 620 BGB Nr. 34). Keine Bedenken bestehen auch gegen eine tariflich zugelassene wiederholte Erprobungsbefristung eines **Konzertmeisters** bis zur Höchstdauer von **18 Monaten** (*BAG* 12.9.1996 EzA § 620 BGB Nr. 143; MTV für Orchester- und Chormitglieder des WDR). Insbesondere bei **Lehrern** kann es schwierig sein, ein sicheres Urteil über ihre Eignung zu gewinnen. Bei einem nach seinen Leistungsnachweisen unterdurchschnittlich qualifizierten Lehrer hat es das BAG für angemessen erachtet, ihn vor seiner dauerhaften Anstellung als Beamter für **ein Schuljahr** befristet zu erproben. Die höchsten **6-monatige Probezeit des § 5 BAT (jetzt § 2 Abs. 4 TVöD)** wird dadurch nicht verletzt, denn diese Bestimmung erfasst ausschließlich die Dauer einer vorgeschalteten Probezeit im unbefristeten Arbeitsverhältnis, setzt dagegen keine Regelungen für befristete Probearbeitsverhältnisse (*BAG* 31.8.1994 EzA § 620 BGB Nr. 127; ErfK-*Müller-Glöge* Rz 70). Einen weiteren Bereich längerfristiger Erprobungen im befristeten Arbeitsverhältnis erschließt nun **§ 31 TVöD (Führung auf Probe)**, der für die Besetzung von Führungspositionen im öffentlichen Dienst die befristete Bewährung mit zweimaliger Verlängerung bis zu 2 Jahren eröffnet. Daneben steht sogar die Möglichkeit Führungspositionen auf Zeit ab Entgeltgruppe 10 zu vergeben, und zwar bis zu höchstens 12 Jahren (§ 32 TVöD). Näher dazu KR-*Bader* § 22 TzBfG.

168 Es ist aber unter allen Umständen ein unzulässiges **Übermaß**, zum Zwecke der Erprobung mit einem **Lehrer** fünf befristete Arbeitsverträge mit einer Gesamtdauer von mehr als **drei Jahren** abzuschließen (*BAG* 15.3.1966 AP Nr. 28 zu § 620 BGB Befristeter Arbeitsvertrag; *LAG Köln* 11.6.1985 LAGE § 620 BGB Nr. 10; *LAG Hamm* 3.3.1995 LAGE § 611 BGB Probearbeitsverhältnis Nr. 3). Nicht gerechtfertigt ist es, einen **Musiker** befristet für **zwei Jahre** einzustellen, um ihn darauf zu erproben, ob er sich in das Orchester einfügt (*BAG* 6.12.1973 – 2 AZR 22/73, nv). Zu lang ist auch eine über **1 Jahr** hinausgehende Probezeit zur fachlichen Eignung für einen Musiker in einem Rundfunkorchester (*BAG* 7.5.1980 AP Nr. 36 zu § 611 BGB Abhängigkeit). Für derartige Erprobungen sieht zB § 5 des MTV für die beim Westdeutschen Rundfunk beschäftigten Arbeitnehmer eine Befristung auf höchstens 18 Monate vor, während für die Erprobung zur Feststellung der rein fachlichen Eignung eines Musikers nur eine Probezeit von zwölf Monaten zulässig ist. Bei Chefärzten in leitender Funktion sind ebenfalls längere befristete Erprobungen denkbar, die sich an den Modellen befristeter Erprobung in herausgehobenen Verantwortungsbereichen im Beamtenrecht (§ 24a BBG) orientieren können (*Link* BuW 2004, 350 mwN). Als **Gegenbeispiel** dient § 13 des MTV für die Arbeitnehmer der Eisen-, Metall-, Elektro- und Zentralheizungsindustrie Nordrhein-Westfalens vom 23.1.1975, der eine Probezeit mit **gewerblichen Arbeitnehmern nur bis zu vier Wochen gestattet**.

169 Mit der Erprobung im Rahmen einer Befristung darf nicht der **Eingliederungsvertrag** nach § 231 Abs. 3 S. 2 **SGB III aF** gleichgesetzt werden. Dieser diente während der Geltung seiner Bestimmungen

(1.1.1998 bis 31.12.2001; durch Job-AQTIV-Gesetz v. 10.12.2001, BGBl. I S. 3443 mit Wirkung v. 1.1.2002 außer Kraft gesetzt) dazu, dem förderungsbedürftigen Arbeitslosen Gelegenheit zur Rückkehr in das Arbeitsleben zu geben und ihn dabei zu betreuen. Damit war noch nicht gesagt, dass der Arbeitgeber den geförderten Arbeitnehmer nach seinen Eigenschaften und Fähigkeiten abschließend beurteilen konnte. Ein **abgelaufener Eingliederungsvertrag steht deshalb einer anschließenden befristeten Erprobung iSv Nr. 5 nicht entgegen** und verkürzt auch nicht die zulässige Dauer der Erprobungszeit (vgl. u. Rz 205). Die nunmehr nach §§ 217ff. SGB III in gleicher Situation für förderungsbedürftige Arbeitnehmer gezahlten **Eingliederungszuschüsse** rechtfertigen aus sich heraus keine Befristung des Arbeitsverhältnisses (*BAG* 4.6.2003 EzBAT SR 2 y BAT Nr. 110), stehen einer **anschließenden Erprobungsbefristung** unter herkömmlichen Arbeitsbedingungen auf dem dann vorgesehenen Arbeitsplatz aber nicht im Wege.

170 Eine vorangehende **Befristung nach § 19 Abs. 2 S. 1 BSHG (jetzt § 16 Abs. 3 SGB II),** wonach für den **Sozialhilfeempfänger** Gelegenheit zu (gemeinnütziger und) zusätzlicher Arbeit geschaffen wird (*BAG* 7.7.1999 EzA § 620 BGB Nr. 168), hindert ebenfalls nicht eine **anschließende Befristung zur Erprobung**, soweit sich die zu verrichtenden Beschäftigungsaufgaben nicht weitgehend decken und deshalb eine erneute Überprüfung der Befähigung des Arbeitnehmers überflüssig ist. Davon ist auszugehen, wenn die öffentlich-rechtliche Förderung (zB durch die BA im Rahmen von ABM) beim Arbeitgeber zu verrichtende Daueraufgaben unterstützt, und der Arbeitgeber den ohne Förderung weiterbeschäftigten Arbeitnehmer erneut probeweise befristet beschäftigen möchte (vgl. zum zulässigen Inhalt derartiger Maßnahmen *BAG* 28.5.1986 EzA § 620 BGB Nr. 80; 26.4.1995 EzA § 620 BGB Nr. 133; 20.12.1995 EzA § 620 BGB Nr. 136; 22.3.2000 EzA § 620 BGB Nr. 170; 24.9.1986 EzA § 554 ZPO Nr. 4; 15.3.1989 AP Nr. 126 zu § 620 BGB Befristeter Arbeitsvertrag). § 16 Abs. 3 SGB II bestimmt nun ausdrücklich, dass die im Rahmen dieses Beschäftigungsverhältnisses verrichteten Arbeiten **kein Arbeitsverhältnis** iSd des Arbeitsrechts begründen. Im Regelfall steht deshalb einer befristeten Erprobung selbst bei Vorbeschäftigung nichts im Wege.

c) **Verhältnis zu § 14 Abs. 2 TzBfG**

171 Die vom Arbeitgeber genutzte Möglichkeit, den Arbeitnehmer nach § 14 Abs. 2 ohne Sachgrund erstmals bis zur Dauer von zwei Jahren befristet zu beschäftigen, wird im Regelfall eine **anschließende Erprobung** mit Sachgrund nach Nr. 5 **nicht erlauben**. Dies gilt jedenfalls dann, wenn der Arbeitnehmer nach Ablauf der sachgrundlosen Befristung auf **demselben Arbeitsplatz** oder in demselben Arbeitsbereich weiter beschäftigt werden soll. **Anders** liegt es dagegen, wenn der Arbeitnehmer im Anschluss an die sachgrundlose Befristung auf einem **anderen Arbeitsplatz** eingesetzt werden soll, bei dem **andere Fähigkeiten zu erproben sind** (*BAG* 23.6.2006 EzA § 14 TzBfG Nr. 10). Dann kann der Arbeitgeber sich auf seine bisherigen Eindrücke zum Arbeitnehmer nicht verlassen (*Preis/Gotthardt* DB 2000, 2065; *Kliemt* NZA 2001, 298; *Lakies* DZWIR 2001, 11; ArbRBGB-*Dörner* § 620 BGB Rz 156; KDZ-*Däubler* Rz 86; ErfK-*Müller-Glöge* Rz 70f.; HaKo-*Mestwerdt* Rz 111; *Annuß/Thüsing-Maschmann* Rz 55; HWK-*Schmalenberg* Rz 46; *Gräfl/Arnold-Gräfl* Rz 126).

172 Mit einer gerichtlichen Kontrolle, ob nach vorangehender sachgrundloser Befristung noch ein **Erprobungsbedarf** für den ggf. später unbefristet zu beschäftigenden Arbeitnehmer besteht, kann der **missbräuchlichen Handhabung in der Verknüpfung von § 14 Abs. 2 und § 14 Abs. 1 Nr. 5 TzBfG** begegnet werden. Solange die Zweijahresfrist des § 14 Abs. 2 TzBfG nach einer Neueinstellung noch nicht abgelaufen ist, gestaltet sich die Missbrauchskontrolle indessen schwierig. Kehrt der Arbeitnehmer nach längerer Unterbrechung in das Unternehmen zurück, ist eine sachgrundlose Befristung nicht mehr möglich. Dann kann der Arbeitgeber – soweit Erprobungsbedarf gegeben ist (vgl. auch o. Rz 161) – ein befristetes Probearbeitsverhältnis nach Nr. 5 begründen. Im Streitfall hat der **Arbeitgeber** nach neuer Rechtslage zweifelsfrei den **Sachgrund** für die Befristung darzulegen und zu **beweisen** (vgl. Rz 163 und Rz 371 ff.).

d) Fortsetzung des Arbeitsverhältnisses nach Ablauf der Erprobung

173 Der Arbeitgeber ist selbst bei **Bewährung des Arbeitnehmers** in der Probezeit frei, ihn in ein unbefristetes Arbeitsverhältnis zu übernehmen oder das befristete Arbeitsverhältnis auslaufen zu lassen. Das den Arbeitsvertrag bestimmende wechselseitige Vertrauensverhältnis zwischen Arbeitgeber und Arbeitnehmer muss auf einer freien Entschließung der Partner beruhen. Wer sich zunächst für eine Probezeit gebunden hat, soll nicht gegen seinen Willen zur Fortführung des Arbeitsverhältnisses auf unbestimmte Zeit genötigt werden (*LAG Hamm* 13.3.1992 LAGE § 620 BGB Nr. 29; APS-*Backhaus* Rz 265).

Zulässigkeit der Befristung § 14 TzBfG

Nur in besonderen **Fällen des Vertrauensschutzes** kann deshalb der Arbeitnehmer nach Ablauf der befristeten Erprobung die Fortsetzung des Arbeitsverhältnisses auf unbestimmte Zeit verlangen. Die rechtlichen Grundlagen hierfür (§ 242 BGB) sind – vor allem nach Inkrafttreten des TzBfG – höchst umstritten (krit. APS-*Backhaus* § 15 TzBfG Rz 106ff.; *Dörner* Befr. Arbeitsvertrag, Rz 949 ff.). Ansätze bieten Zusagen des Arbeitgebers oder sein willkürliches Verhalten. Ansonsten hängt die Fortsetzung des Arbeitsverhältnisses allein von der **Wirksamkeit der Befristung** ab, wie § 16 TzBfG für den Regelfall zeigt. Das BAG hat nach einer langjährigen Rechtsprechungstradition (vgl. Nachw. u. Rz 176 aE) erstmals Zweifel angemeldet, ob ein **treuwidriges Verhalten des Arbeitgebers** überhaupt zum Fortbestand des befristeten Arbeitsverhältnisses führen kann (*BAG* 17.4.2002 EzA § 620 BGB Nr. 191).

Hat eine Schulbehörde einen Wirtschaftslehrer befristet für die Dauer eines Schuljahres eingestellt, **174** weil er bei Vertragsabschluss die für eine hauptberufliche Lehrkraft erforderliche Ausbildung nicht besaß, dann braucht der **Lehrer** selbst dann nicht nach dem Ablauf des Schuljahres weiter beschäftigt zu werden, wenn er sich die erforderliche Vorbildung durch Praxis erworben hat (*BAG* 3.5.1962 AP Nr. 23 zu § 620 BGB Befristeter Arbeitsvertrag). Auch ein **Schwerbehinderter**, der befristet zur Probe eingestellt wird, hat keinen Anspruch auf Weiterbeschäftigung nach Ablauf der Probezeit, wenn er sich als geeignet erwiesen hat (*BAG* 28.2.1963 EzA § 620 BGB Nr. 4). Ein **Wissenschaftler**, mit dem ein befristeter Vertrag geschlossen wird, um ihm im Anschluss an das Studium eine praktische Ausbildung zu ermöglichen, hat auch bei erfolgreichem Abschluss der Ausbildung keinen Anspruch, auf einem Dauerarbeitsplatz in dem Ausbildungsinstitut weiter beschäftigt zu werden (*BAG* 31.10.1974 EzA § 620 BGB Nr. 25). Kann sich eine Montiererin infolge **Krankheit innerhalb der Probezeit** nicht bewähren, so kann sich der Arbeitgeber gleichwohl auf die Befristung berufen, selbst wenn zwischenzeitlich Schwangerschaft eingetreten ist (*LAG Hamm* 13.3.1992 LAGE § 620 BGB Nr. 30; vgl. näher KR-*Bader* § 17 TzBfG Rz 61 ff., 80).

Während der Große Senat in seinem Beschluss vom 12.10.1960 (EzA § 620 BGB Nr. 2) und der 2. Senat **175** in seiner Entscheidung vom 28.11.1963 (EzA § 620 BGB Nr. 5; dazu Anm. *Beuthien* RdA 1964, 207) die Berufung auf den Ablauf der befristeten Probezeit im Einzelfall mit Überlegungen zur **unzulässigen Rechtsausübung** (Rechtsmissbrauch) bewerten, hat sich in der Zwischenzeit die Überzeugung durchgesetzt, dass sich ein Anspruch auf eine unbefristete oder zumindest befristete Weiterbeschäftigung nach Ablauf der Probezeit regelmäßig nur aus einem vom Arbeitgeber geschaffenen **Vertrauenstatbestand** ergeben kann (*ArbG Frankf./M.* 1.11.2005 – 8 Ca 2628/05; *Gräfl/Arnold-Gräfl* Rz 135 f.; MünchKomm-*Hesse* Rz 54; vgl. auch KR-*Lipke* § 15 TzBfG Rz 4 ff.). Dafür spricht bereits, dass der Arbeitgeber sich mit der Berufung auf die Befristung nicht auf eine rechtsmissbräuchliche Rechtsausübung in Verwirklichung eines Gestaltungsrechts zurückzieht, sondern sich nur auf Umstände beruft, deren Wirksamkeit sich nach den bei Vertragsabschluss vorliegenden Gegebenheiten bestimmt haben. Kommt es auf die **Verhältnisse bei Vertragsabschluss** an, können später eintretende Umstände den einmal gesetzten Sachgrund der Erprobung nicht wieder zunichte machen.

Dagegen ist denkbar, dass der Arbeitgeber sich durch das **Verhalten während des befristeten Probe- 176 arbeitsverhältnisses** seines Rechts beraubt, an der vereinbarten Befristung festzuhalten. Dafür genügt nicht, wenn der Arbeitnehmer subjektiv erwartet hat, der Arbeitgeber werde ihn nach dem Fristablauf weiterbeschäftigen, wenn der für die Befristung maßgebliche sachliche Grund bis dahin seine Bedeutung verloren habe. Erforderlich ist vielmehr, dass der Arbeitgeber den Arbeitnehmer objektiv erkennbar in dieser Erwartung durch sein Verhalten entweder schon bei Vertragsabschluss oder aber während der Dauer des Zeitvertrages eindeutig bestärkt hat. In einem solchen Fall tritt eine **Selbstbindung des Arbeitgebers** ein, so dass er sich auf die ursprünglich vereinbarte Befristung zur Erprobung nicht mehr zurückziehen kann (vgl. *BAG* 16.3.1989 EzA § 1 BeschFG 1985 Nr. 7; 11.12.1991 EzA § 620 BGB Nr. 112; 10.6.1992 EzA § 620 BGB Nr. 116; 26.4.1995 EzA § 620 BGB Nr. 133; 26.8.1998 EzA § 620 BGB Nr. 153; 17.4.2002 EzA § 620 BGB Nr. 191; *ArbG Frankf./M.* 1.11.2005 – 8 Ca 2628/05; ErfK-*Müller-Glöge* Rz 70; *Annuß/Thüsing-Maschmann* Rz 58; MHH-*Meinel* Rz 48; *Boewer* Rz 172). Wird entgegen der Zusage des Arbeitgebers anstelle eines unbefristeten Arbeitsvertrages ein neuer befristeter Arbeitsvertrag geschlossen, führt dies nicht zur Unwirksamkeit der Befristung, denn die Wirksamkeit eines Vertragsschlusses wird nicht dadurch beeinträchtigt, dass eine der Vertragsparteien einen möglicherweise weitergehenden Anspruch auf Eingehung eines unbefristeten Arbeitsvertrages hat (*BAG* 25.4.2001 EzA § 620 BGB Nr. 177; ErfK-*Müller-Glöge* Rz 70).

Ein solcher Vertrauenstatbestand wird verstärkt, wenn der **Arbeitnehmer** sich – auch für den Arbeit- **177** geber **erkennbar** – zB durch Aufwendungen für die weitere Erfüllung seiner Arbeitsleistung (Anmietung eines Lagers durch einen Angestellten im Außendienst) oder durch Ausschlagen einer anderen

Stellung **auf die Fortsetzung des Arbeitsverhältnisses eingestellt und eingerichtet hat** (*BAG* 9.9.1982 – 2 AZR 248/80, nv). Dann hat der Arbeitgeber zumindest nach billigem, gerichtlich überprüfbaren Ermessen (§ 315 BGB) zu entscheiden, ob der Arbeitsvertrag unbefristet oder befristet zu verlängern ist (*BAG* 16.3.1989 EzA § 1 BeschFG 1985 Nr. 7; *LAG Köln* 8.11.1989 LAGE § 620 BGB Nr. 17, kündigungsrelevantes Verhalten; *LAG Hamm* 6.6.1991 LAGE § 620 BGB Nr. 25). Einen solchen Vertrauenstatbestand hat das BAG im Fall eines Lehrers anerkannt, der zunächst zur Probe befristet eingestellt worden war, weil die Schulbehörde schon vor dem Ende des befristeten Arbeitsvertrages einen neuen Vertrag für eine längere Bindung entworfen hatte und der **Lehrer** davon entweder unterrichtet war oder zumindest damit rechnen konnte (*BAG* 13.12.1962 AP Nr. 24 zu § 620 BGB Befristeter Arbeitsvertrag). Anders ist es dagegen zu bewerten, wenn ein Aushilfslehrer erkennen musste, dass er ohne Examen nicht auf Dauer beschäftigt werden soll oder mangels bisheriger nachgewiesener Qualifikation eine weitere Erprobung erforderlich war (*BAG* 12.8.1976 EzA § 620 BGB Nr. 30; 31.8.1994 EzA § 620 BGB Nr. 127). Ein Vertrauenstatbestand liegt ferner vor, wenn eine Stadt **nach** dem dritten Förderjahr einer **ABM zusätzliche Planstellen einrichtet**, um einen nahtlosen Übergang in Dauerarbeitsverhältnisse als **Abfallberater** zu schaffen, die Zahl der neuen Stellen mit denen der ABM-Kräfte übereinstimmt und hierfür Leistungsbeurteilungen »zur Übernahme in ein festes Arbeitsverhältnis« veranlasst hat (*BAG* 26.4.1995 EzA § 620 BGB Nr. 133). Bewegt der Arbeitgeber den Arbeitnehmer zur Beendigung eines unbefristeten Arbeitsverhältnisses mit einem anderen Arbeitgeber, um die Voraussetzungen für die Gewährung einer ABM zu schaffen, kann er sich später gegenüber diesem Arbeitnehmer nicht darauf berufen, ohne die ABM-Gewährung einen anderen – leistungsfähigeren – Arbeitnehmer eingestellt oder die Arbeit durch den Einsatz von Fremdpersonal bewältigt zu haben (*BAG* 20.12.1995 EzA § 620 BGB Nr. 136). Kein Vertrauen für den befristet beschäftigten Arbeitnehmer auf Fortsetzung des Arbeitsverhältnisses setzt dagegen das **Verhalten eines nicht einstellungsbefugten Vorgesetzten**, welches sich der Arbeitgeber nicht zurechnen lassen muss (*LAG Köln* 19.11.1999 BB 2000, 1842).

178 Nur in ganz **besonderen Fällen**, insbes. beim Vorliegen der Voraussetzung des § 226 BGB oder bei einem Verstoß gegen die guten Sitten iSd § 826 BGB, ist bereits die **Abrede der befristeten Erprobung unzulässig**. Ein solcher Fall kann geben sein, wenn der Arbeitgeber nachweislich das Arbeitsverhältnis nur deshalb auf neun Monate befristet hat, weil die Arbeitnehmerin im Einstellungsgespräch erklärt hat, sie würde sich sehr bald ein Kind wünschen (§ 611a Abs. 1 BGB **unmittelbare Diskriminierung**, *ArbG Wiesbaden* 12.2.1992 RzK I 9a Nr. 70; *LAG Köln* 26.5.1994 LAGE § 620 BGB Nr. 37 für die Befristung auf sechs Monate bei Sorge um die Schwangerschaft; **aA** *ArbG Bochum* 12.7.1991 BB 1992, 62 wirksame Befristung, aber Schadensersatzanspruch; vgl. auch KR-*Pfeiffer* AGG; *Löwisch* § 1 KSchG Rz 444, Kontrahierungszwang nur bei vorsätzlicher sittenwidriger Schädigung). Von einem Rechtsmissbrauch kann dagegen keine Rede sein, wenn der Arbeitgeber **im Wissen** um eine **Schwerbehinderung** oder eine bestehende **Schwangerschaft** ein befristetes Arbeitsverhältnis zur Erprobung abgeschlossen hat (vgl. *BAG* 6.11.1996 EzA § 620 BGB Nr. 146; *Boewer* Rz 169; *Herrmann* SAE 2003, 125, 130). Von den hier behandelten Fällen sind die **klaren Diskriminierungsfälle** zu trennen, bei denen bereits im Abschluss der Befristung (*ArbG Wiesbaden* 12.2.1992 aaO) oder bei einer Bewerbung auf eine unbefristete Einstellung nach Ablauf eines befristeten Arbeitsvertrages (*EuGH* 3.2.2000 EzA § 611a BGB Nr. 15; 4.10.2001 EzA § 611a BGB Nr. 17; HWK-*Schmalenberg* Rz 45) wegen einer Schwangerschaft die Befristung erfolgt oder eine Einstellung ganz unterbleibt. In diesen Fällen ist der **Sachgrund nur vorgeschoben**. Es entsteht nach § 16 TzBfG ein unbefristetes Arbeitsverhältnis (*Dörner* Befr. Arbeitsvertrag, Rz 185, 174; APS-*Backhaus* § 15 TzBfG Rz 113ff.; vgl. ferner KR-*Bader* § 17 TzBfG Rz 94 mwN). Zu den Grenzen der Diskriminierung und dem Anspruch der schwangeren Arbeitnehmerin auf ein unbefristetes Arbeitsverhältnis vgl. ausführlich *Herrmann* SAE 2003, 125.

179 Ein **Anspruch auf dauerhafte Beschäftigung** in einem unbefristeten Arbeitsverhältnis besteht **nur, wenn der Arbeitnehmer die Äußerungen und Verhaltensweisen des Arbeitgebers entsprechend deuten durfte** (*ArbG Frankf./M.* 1.11.2005 – 8 Ca 2628/05). Rechtsfolge eines selbstbindenden oder diskriminierenden Verhaltens des Arbeitgebers kann auch sein, dass er den in seinen berechtigten Erwartungen enttäuschten Arbeitnehmer nur für eine bestimmte Dauer weiterbeschäftigen muss (ArbRBGB-*Dörner* § 620 BGB Rz 291). Die **Darlegungs- und Beweislast** für das Vorliegen eines objektiven Vertrauenstatbestandes trägt der **Arbeitnehmer** (*BAG* 10.6.1992 EzA § 620 BGB Nr. 116). Für behauptete Diskriminierungen reicht die **Glaubhaftmachung** anhand von Indizien der Benachteiligung wegen des Geschlechts aus (§ 22 AGG), um dem Arbeitgeber die Beweislast dafür aufzubürden, dass nicht auf das Geschlecht bezogene sachliche Gründe eine unterschiedliche Behandlung rechtfertigen. Vgl. auch KR-*Pfeiffer* Erl. zum AGG.

Zulässigkeit der Befristung § 14 TzBfG

Strikt zu trennen von den Vertrauens- und Diskriminierungstatbeständen sind **Zusagen** einer dazu **be-** 180 **fugten Person** des Arbeitgebers, bei Bewährung während der befristeten Probezeit könne mit einer Fortsetzung der Tätigkeit gerechnet werden (*BAG* 13.10.1976 – 5 AZR 538/75, nv, Zusage des Schulreferenten an eine Lehrerin). Die einem Arbeitnehmer erteilte Zusage, ihm im Anschluss an den befristeten Vertrag eine Dauerstellung zu übertragen, wenn er sich bewährt habe (vgl. *BAG* 16.3.1989 EzA § 1 BeschFG 1985 Nr. 7), falls Dauerarbeitsplätze frei sind (vgl. zu dieser Fallgestaltung: *BAG* 11.12.1991 EzA § 620 BGB Nr. 112 m. Anm. *Rieble*; *BAG* 20.3.1995 – 2 AZR 27/74, nv) oder neue Arbeitsplätze eingerichtet werden (*BAG* 26.4.1995 EzA § 620 BGB Nr. 133), führt **nicht automatisch zu einer Verlängerung des befristeten (Probe-)Arbeitsvertrages**. Sie kann allerdings **einen Anspruch auf Abschluss eines neuen unbefristeten Arbeitsvertrages im Anschluss an die Beendigung des befristeten Vertrages** erwirken. Liegt eine verbindliche Zusage vor, den Arbeitsvertrag unter bestimmten, hier erfüllten Voraussetzungen unbefristet fortzusetzen, wird dann aber gleichwohl **nur ein befristeter Anschlussarbeitsvertrag** mit sachlichem Grund geschlossen, so wird die Zusage gegenstandslos, sofern der Arbeitnehmer insoweit keinen Vorbehalt vereinbart und nicht rechtzeitig Klage erhebt (§ 17 TzBfG). Das der Zusage nachfolgende gegenteilige Handeln der Parteien beseitigt das Vertrauen darauf (*BAG* 11.12.1991 EzA § 620 BGB Nr. 112; vgl. auch *BAG* 6.11.1996 EzA § 620 BGB Nr. 146; 25.4.2001 EzA § 620 BGB Nr. 177; ErfK-*Müller-Glöge* Rz 70 aE). Es kommen dann die Grundsätze zum Tragen, die das BAG zum wiederholten Abschluss befristeter Arbeitsverträge entwickelt hat, wonach der letzte befristete Arbeitsvertrag selbst ein zuvor bestehendes unbefristetes Arbeitsverhältnis ablöst (*Rieble* Anm. EzA § 620 BGB Nr. 112).

e) Tarifvertragliche Regelungen

Tarifvertragliche Einstellungsgebote können den Arbeitgeber verpflichten, den Arbeitnehmer bevor- 181 zugt zu berücksichtigen, wenn er die fachlichen und persönlichen Voraussetzungen nach einer befristeten Beschäftigung erfüllt (vgl. *BAG* 14.11.2001 EzA § 4 TVG Wiedereinstellungsanspruch Nr. 2). Die bekannteste Bestimmung hierzu war die **Protokollnotiz Nr. 4 zu SR 2y BAT**, wonach Zeitangestellte bei der Besetzung von Dauerarbeitsplätzen bevorzugt zu berücksichtigen sind. Diese Bestimmung gibt den Angestellten indessen nur einen Anspruch auf ermessensfehlerfreie Ausübung des arbeitgeberseitigen Auswahlrechts bei der Besetzung von Dauerarbeitsplätzen, dagegen keinen Anspruch auf Festeinstellung (*BAG* 26.6.1996 RzK I 9a Nr. 104; 6.11.1996 EzA § 620 BGB Nr. 146; 2.7.2003 EzA § 620 BGB 2002 Nr. 6; vgl. auch *BAG* 8.5.1985 EzBAT § SR 2y BAT Besetzung von Dauerarbeitsplätzen Nr. 4; *LAG RhPf* 12.2.1988 EzBAT § SR 2y BAT Aushilfstätigkeit Nr. 2). Diese Rechtslage hat sich nicht verändert. § 30 Abs. 2 S. 4 TVöD schreibt sie ausdrücklich fest. Die **Darlegungs- und Beweislast** dafür, dass die Voraussetzungen für eine bevorzugte Einstellung nicht vorliegen, trifft aufgrund der tariflichen Ausgestaltung den **öffentlichen Arbeitgeber** (vgl. im Übrigen KR-*Bader* § 17 TzBfG Rz 89, § 22 TzBfG Rz 18 ff.; zum Tarifrecht im Öffentlichen Dienst vgl. auch o. Rz 162, 166 f.).

f) Arbeitnehmerüberlassung

Seit 1.1.2004 ist auf Leiharbeit das TzBfG anzuwenden. Frühere Erkenntnisse zu Art. 1 § 9 Nr. 2 AÜG 181a (*LAG Hamm* 8.8.1991 LAGE § 9 AÜG Nr. 4), wonach ein Probearbeitsverhältnis im Bereich der Leiharbeit keinen Befristungsgrund aufwies, sind damit hinfällig. Nunmehr ist es grds. möglich, eine befristete Erprobung für die **Dauer einer Erstüberlassung** zu vereinbaren, soweit diese eine **übliche Zeitspanne** für Probearbeitsverhältnisse nicht überschreitet (zB vier Wochen oder drei bis vier Monate). Die Erprobungsbefristung, die bei Leiharbeit insbes. im Zusammenhang mit der Beschäftigung von Langzeitarbeitslosen bedeutsam sein kann (*Kokemoor* NZA 2003, 238. 241), ist idR jedoch **nur einmal möglich** (ErfK-*Wank* Einl. AÜG Rz 10), kann also nicht bei jedem neuen Entleiher erneut genutzt werden.

Dem Verleiher muss indessen Gelegenheit gegeben werden, Qualität und Zuverlässigkeit des Arbeit- 181b nehmers anhand des Einsatzes beim Entleiher einmal zu überprüfen. Danach kann nur ein unbefristetes Arbeitsverhältnis geschlossen werden, es sei denn, dem Verleiher steht ein neuer Sachgrund (zB »interne« Vertretung) zur Verfügung (vgl. dazu auch *BAG* 18.5.2006 EzAÜG § 9 Nr. 21; *Frik* NZA 2005, 386 f., 389). Im **Anschluss einer sachgrundlosen Befristung** nach § 14 Abs. 2 TzBfG scheidet eine Befristung nach § 14 Abs. 1 S. 2 Nr. 5 TzBfG regelmäßig aus (*Lembke* DB 2003, 2702, 2705; *Schüren/Berend* NZA 2003, 521, 523). Aufgrund der zweijährigen Verfügbarkeit im sachgrundlos befristeten Arbeitsverhältnis wird die Praxis nur in Ausnahmefällen von Nr. 5 Gebrauch machen.

6. Gründe in der Person des Arbeitnehmers (Nr. 6)

a) Allgemeines

182 Der Gesetzgeber knüpft mit diesem Sachgrund an die Rspr. des BAG zu den sog. personenbedingten Sachgründen an (BT-Drs. 14/4374 S. 19). Neben dem **nach Nr. 5 ausgekoppelten Unterfall der Erprobung** zählen hierzu nach der beispielhaften Aufzählung in der Gesetzesbegründung die **befristete Beschäftigung zur sozialen Überbrückung,** etwa bis zum Beginn einer bereits feststehenden anderen Beschäftigung, des Wehr- bzw. Zivildienstes oder eines Studiums. Außerdem wird beispielhaft der Arbeitsvertrag **für die Dauer einer befristeten Aufenthalts- oder Arbeitserlaubnis** des ausländischen Arbeitnehmers angeführt, soweit zum Zeitpunkt des Vertragsschlusses hinreichend gewiss ist, dass die eine Beschäftigung tragenden Erlaubnisse nicht verlängert werden. Ausdrücklich erwähnt wird unter Hinweis auf den inzwischen durch die Regelungen des AGG ersetzten § 611a BGB, dass das **Geschlecht kein in der Person des Arbeitnehmers liegender Grund für die Befristung** eines Arbeitsvertrages sei.

183 Über die beispielhaft in der Gesetzesbegründung genannten in der Person des Arbeitnehmers liegenden Sachgründe einer Befristung dürften auch der ausdrückliche **Befristungswunsch des Arbeitnehmers**, eine **befristete Aus- und Fortbildung** (soweit nicht Befristungsgrund nach Nr. 2) und eine arbeitsvertraglich vereinbarte oder eine tariflich **festgelegte Altersgrenze zum Ausscheiden aus dem Arbeitsverhältnis** hierzu zählen (APS-*Backhaus* Rz 111 f.; *Preis/Gotthardt* DB 2000, 2071; *Schiefer* DB 2000, 2121; *Kliemt* NZA 2001, 298; *Lakies* DZWIR 2001, 11; BBDW-*Bader* § 620 BGB Rz 189 ff.). *Hromadka* (BB 2001, 624; ebenso *Annuß/Thüsing-Maschmann* Rz 59) will die in der Person liegenden Befristungsgründe in **drei Kategorien** unterteilen. Er nennt zum ersten **soziale Gründe**, die über das befristete Sammeln von Berufserfahrung die Vermittlungschancen des Arbeitnehmers auf dem Arbeitsmarkt erhöhen, zum zweiten **Gründe, die dem Arbeitnehmer objektiv oder nach seiner Lebensplanung nicht erlauben über eine bestimmte Zeit hinaus tätig zu werden**, als da sind eine befristete Arbeits- oder Aufenthaltserlaubnis oder eine Übergangstätigkeit bis zum Antritt einer anderen Stelle bzw. um die Tätigkeit eines Studenten den wechselnden Anforderungen des Studiums anzupassen und letztlich den **Wunsch des Arbeitnehmers**. *Dörner* (ArbRBGB § 620 BGB Rz 158 ff.; *ders.* Befr. Arbeitsvertrag, Rz 242 ff.) führt außer der **Neben- und Teilzeitbeschäftigung** hierzu auch den »**fehlenden Bezug zur Muttersprache« eines ausländischen Arbeitnehmers** vornehmlich im Bereich der Medien und der lehrmäßigen Unterrichtung an. Er ordnet diesem Sachgrund ferner Befristungen auf Wunsch des Arbeitnehmers und zur Ausbildung sowie die Aushilfs- und Vertretungsfälle zu.

184 *Däubler* (KDZ Rz 97 ff.) nennt hier ferner **Befristungen** von Arbeitsverträgen, die bis **zur Klärung des Vorliegens von Einstellungsvoraussetzungen** abgeschlossen werden (Beibringung von Urkunden und ärztlichen Attesten, Überprüfung von Verfassungstreue) und ferner in einem anderen Zusammenhang die **tarifvertraglichen Übernahmeverpflichtungen zur befristeten Beschäftigung von Auszubildenden** nach Abschluss ihrer Ausbildung (aaO Rz 109 f.). Fälle der **Erwerbsunfähigkeit und Fluguntauglichkeit** des Cockpitpersonals sind als **auflösende Bedingungen** (vgl. dazu KR-*Bader* § 21 TzBfG Rz 41 ff., 44) ebenfalls personenbezogen dem Sachgrund Nr. 6 zuzuordnen.

185 Im Sinne einer **europarechtskonformen Auslegung des Gesetzes** (s.o. Rz 25, 28 f., s.u. Rz 195 ff., 243 ff.) sind die in der Rspr. anerkannten, im Gesetz aber nicht ausdrücklich genannten sachlichen Befristungsgründe den aufgelisteten Befristungsgründen zuzuordnen. Dies trifft auf die **in der Gesetzesbegründung genannten zusätzlichen Befristungsgründe** zu, als da sind **Arbeitsbeschaffungsmaßnahmen (ABM) und Strukturmaßnahmen (SAM) nach dem SGB III** sowie die **übergangsweise Beschäftigung** eines Arbeitnehmers auf einem Arbeitsplatz, dessen **endgültige Besetzung** durch einen anderen Mitarbeiter, zB nach abgeschlossener Ausbildung, vorgesehen ist (BT-Drs. 14/4374 S. 18; »Platzhalter«). Hierzu dürfte auch die nach § 19 Abs. 2 BSHG (jetzt § 16 Abs. 3 SGB II) geschaffene **Gelegenheit zu gemeinnütziger Arbeit zu rechnen** sein, die eine Eingliederung des Hilfesuchenden in das Arbeitsleben fördern soll (*BAG* 22.3.2000 EzA § 620 BGB Nr. 171). **Allen hier aufgezählten Fallgestaltungen ist gemeinsam, dass die Verhältnisse oder Umstände in der Person des Arbeitnehmers Anlass geben, eine befristete Beschäftigung zuzulassen oder zu fördern.** Deshalb lassen sie sich unter Nr. 6 subsumieren (ähnlich ErfK-*Müller-Glöge* Rz 72, 85; *Erman/D. W. Belling* § 620 BGB Rz 42; *Gräfl/Arnold-Gräfl* Rz 138, 145 ff.; **aA** *Dörner* Befr. Arbeitsvertrag, Rz 181; MünchArbR-*Wank* Erg.-Bd. § 116 Rz 174; offen insoweit APS-*Backhaus* Rz 96 f, 78 f.). Dies trifft ebenfalls auf den jüngst von der Rechtsprechung »erkannten« Sachgrund der »**Sicherung der personellen Kontinuität von Betriebsratsarbeit**« zu (*BAG* 23.1.2002 EzA § 620 BGB Nr. 185), denn es sprechen Umstände in der Person – Wahl in

Zulässigkeit der Befristung § 14 TzBfG

den Betriebsrat – für eine mit Sachgrund zu vereinbarende Befristung bis zum Ablauf der Amtsperiode. Überlegenswert wäre auch hier den Sachgrund der »**Konkurrentenklage**« (s.o. Rz 114) unterzubringen; indessen setzt hier nicht die Person des Arbeitnehmers, sondern ein Dritter mit seinem Handeln für die Befristung des Arbeitsverhältnisses den Anlass (näher zur »Zuordnung« u. Rz 245a).

b) Wunsch des Arbeitnehmers

Ausschließlich durch die Interessen des Arbeitnehmers wird die Vereinbarung einer Befristung selten **186** bedingt sein. Das ist jedoch dann anzunehmen, wenn es dem **eigenen ernsthaften Wunsch des Arbeitnehmers** entspricht, sich nicht dauerhaft, sondern nur auf Zeit zu binden (*BAG* 22.3.1973 EzA § 620 BGB Nr. 18). Dazu hat der Große Senat des *BAG* (12.10.1960 EzA § 620 BGB Nr. 2) als – inzwischen nicht mehr ganz zeitgemäßes – Beispiel genannt, dass auf besonderen Wunsch einer Arbeitnehmerin ein zeitlich befristeter Vertrag geschlossen wird, weil sie nur noch einige Monate vor ihrer Verheiratung Geld verdienen und sich dann ganz ihrem Haushalt widmen will. Dem Beispiel lässt sich gleichwohl entnehmen, dass ein echter Wunsch des Arbeitnehmers nur dann vorliegt, wenn er beim Vertragsabschluss in seiner **Entscheidungsfreiheit** nicht beeinträchtigt war und nicht nur ein Angebot des Arbeitgebers angenommen, sondern von sich aus den Abschluss eines befristeten Arbeitsvertrages angestrebt hat (*BAG* 26.4.1985 EzA § 620 BGB Nr. 74; *MünchKomm-Schwerdtner* § 620 BGB Rz 85 f.; *KassArbR-Schütz* 4.4 Rz 76 f.; *ErfK-Müller-Glöge* Rz 82; *HaKo-Mestwerdt* Rz 122f.; *Annuß/Thüsing-Maschmann* Rz 64; *Gräfl/Arnold-Gräfl* Rz 155 f.; *MünchKomm-Hesse* Rz 58; *Staudinger/Preis* § 620 BGB Rz 135; *Sievers* Rz 150; *Erman/D. W. Belling* § 620 Rz 47).

Es müssen **zum Zeitpunkt des Vertragsabschlusses objektive Anhaltspunkte** vorliegen, die den **187** Schluss zulassen, dass gerade der Arbeitnehmer ein Interesse an einer befristeten Beschäftigung hat (*BAG* 26.4.1985 AP Nr. 91 zu § 620 BGB Befristeter Arbeitsvertrag = EzBAT SR 2y BAT Nr. 25; 6.11.1996 AP Nr. 188 zu § 620 BGB Befristeter Arbeitsvertrag; *LAG Köln* 4.4.2001 ZTR 2001, 477, zum Heimkehrwunsch eines ausländischen Arbeitnehmers). Dafür genügt es indessen nicht, dass der **Wille des Arbeitnehmers** nur auf den Erhalt der Beschäftigungsmöglichkeit ziele; vielmehr muss sich der Vertragswille des Arbeitnehmers **ausschließlich auf eine weitere Befristung richten** (*BAG* 5.6.2002 EzA § 620 BGB Nr. 193; 4.12.2002 EzA § 620 BGB 2002 Bedingung Nr. 1; 3.3.1999 EzA § 620 BGB Hochschulen Nr. 16).

Ein solcher Wunsch ist deshalb nicht schon dann anzunehmen, wenn der Arbeitnehmer frei von wirt- **188** schaftlichen Zwängen war, vom Angebot eines befristeten Arbeitsvertrages nicht überrascht wurde und sein Einverständnis durch **Unterschrift unter den befristeten Arbeitsvertrag** dokumentiert hat. Es wäre lebensfremd und verfehlt, allein daraus, dass ein Arbeitnehmer einen ihm angebotenen Zeitvertrag angenommen hat, zu schließen, der Vertragsinhalt entspreche auch seinen Vorstellungen und Wünschen (*BAG* 11.12.1991 EzA § 620 BGB Nr. 112; 6.11.1996 EzA § 620 BGB Nr. 146; 26.8.1998 EzA § 620 BGB Nr. 154 mit krit. Anm. *Gamillscheg*, der bei fehlender wirtschaftlicher oder intellektueller Unterlegenheit die freie Entscheidung des Arbeitnehmers für eine befristete Beschäftigung ausreichen lassen will). Anderenfalls wäre die Befristung eines Arbeitsvertrages immer sachlich gerechtfertigt, weil sie in den Fällen, in denen später streitig wird, ob sachliche Gründe vorgelegen haben, stets mit »Zustimmung« des Arbeitnehmers erfolgt ist, obwohl er eigentlich an einer unbefristeten Beschäftigung interessiert war (*BAG* 13.5.1982 EzA § 620 BGB Nr. 59; HK-Arh./*Höland* Rz 62; KDZ-*Däubler* Rz 98ff.; MünchArbR-*Wank* Erg.-Bd. § 116 Rz 174; APS-*Backhaus* Rz 331; MünchKomm-*Hesse* Rz 58). Aus Gründen der Interessenabwägung wird demgegenüber vertreten, dass es neben dem **frei geäußerten Wunsch** des Arbeitnehmers genügen muss, wenn **objektive Anhaltspunkte** für das **Arbeitnehmerinteresse** gerade an einer befristeten Beschäftigung vorliegen (MHH-*Meinel* Rz 53).

Um einen die Befristung nach Nr. 6 tragenden Sachgrund feststellen zu können, bedarf es einer **indi- 189 viduellen Prüfung der Vorstellungen des Arbeitnehmers zum Zeitpunkt der Befristungsabrede**. Ein Indiz hierfür kann das schriftliche Festhalten des ausdrücklichen Wunsches einer Befristung im Arbeitsvertrag sein (*Hoß/Lohr* MDR 1998, 318). Den eigentlichen **Prüfstein** für den »selbstbestimmten« Wunsch des Arbeitnehmers, nur ein befristetes Arbeitsverhältnis einzugehen, setzt jedoch die Frage, **ob der Arbeitnehmer auch bei einem Angebot des Arbeitgebers auf Abschluss eines unbefristeten Arbeitsvertrages nur ein befristetes Arbeitsverhältnis vereinbart hätte.** Jedenfalls bei einer solchen Wahlmöglichkeit kann auf einen Wunsch des Arbeitnehmers nach einer Befristung des zugrunde liegenden Arbeitsverhältnisses geschlossen werden (*BAG* 6.11.1996 EzA § 620 BGB Nr. 146; 26.8.1998 EzA § 620 BGB Nr. 154; 4.6.2003 EzA § 620 BGB 2002 Nr. 3; *LAG Hamm* 11.2.2005 – 10 Sa 1658/04; *Dörner* Befr. Arbeitsvertrag, Rz 245f.; KDZ-*Däubler* Rz 100; APS-*Backhaus* Rz 352; *Boewer* Rz 193; *Sievers* Rz 150; *Rolfs*

Rz 45). Der lediglich **befristeten Übertragung einer Beförderungsstelle** bei Erhalt des im Übrigen unbefristet bestehenden Arbeitsverhältnisses begegnen in diesem Zusammenhang keine Bedenken (ErfK-*Müller-Glöge* Rz 84).

190 Aus welchen Gründen der Arbeitnehmer die nur befristete Anstellung wünscht, ist für die Annahme eines Sachgrundes unerheblich. Ob er nur **Einblick in die Berufspraxis** als Student gewinnen möchte oder nur die Zeit bis zu einer geplanten **Weltreise** sinnvoll überbrücken möchte, gibt nicht den Ausschlag. **Die individuelle Feststellung der Entscheidungsfreiheit und des Wunsches nach einer befristeten Beschäftigung lässt sich nicht für bestimmte Personengruppen verallgemeinern.** Es ist daher immer auf die individuellen Verhältnisse abzustellen.

190a So kann nicht ohne weiteres davon ausgegangen werden, dass es regelmäßig dem **Wunsch eines Studenten** entspricht, immer nur nebenher kurzfristig befristet tätig zu sein. Dies hat nun auch das BAG erkannt, wenn es die Interessen der Studenten in einer **studiumsgerechten flexiblen Ausgestaltung** des Arbeitsverhältnisses gewahrt sieht, die eine Befristung nicht unbedingt erforderlich macht und von daher sachlich nicht rechtfertigt (*BAG* 10.8.1994 EzA § 620 BGB Nr. 126; 29.10.1998 EzA § 620 BGB Nr. 159; *LAG Bln.* 6.10.1995 LAGE § 620 BGB Nr. 42; 12.1.1999 LAGE § 620 BGB Nr. 59; *LAG Hmb.* 24.2.1998 LAGE § 620 BGB Nr. 54; *Erman/D. W. Belling* § 620 BGB Rz 44; *Winterfeld* Anm. AP Nr. 162 zu § 620 BGB Befristeter Arbeitsvertrag; ähnlich APS-*Backhaus* Rz 306 f.; *Gräfl/Arnold-Gräfl* Rz 157; weitergehend *LAG Köln* 28.1.1999 LAGE § 620 BGB Nr. 61 zu einer studiendauerbezogenen Befristungsabrede).

190b Das Interesse des Studenten an flexibler Ausgestaltung des Arbeitsverhältnisses wird durch eine **Vielzahl befristeter Eintagesarbeitsverhältnisse** nach Maßgabe einer Rahmenvereinbarung nicht in jedem Fall gewahrt (*BAG* 16.4.2003 EzA § 620 BGB 2002 Nr. 5; *Strasser/Melf* ArbuR 2006, 342, 345). Anders liegt der Fall, wenn der Student variable Arbeitszeiten bei seinem Arbeitgeber nicht durchsetzen konnte und deshalb mehrere kurzfristige Arbeitsverhältnisse nach seinen Vorstellungen abschloss (*BAG* 12.5.1999 RzK I 9a Nr. 157; *Dörner* Befr. Arbeitsvertrag, Rz 269). An der Überprüfung des ernsthaften Wunsches des Arbeitnehmers, nur ein befristetes Arbeitsverhältnis einzugehen, wird gut deutlich, dass die **Sachgrundkontrolle vor paritätsgestörten Ergebnissen der Vertragsfreiheit schützen soll** (*Preis* Grundfragen, S. 291 f.; vgl. ferner Rz 207 ff.).

c) Soziale Überbrückung

aa) Befristung aus sozialen Gründen

191 Als personenbezogene Ausnahmetatbestände sind in der Vergangenheit auch Übergangsregelungen gewertet worden, bei denen der Arbeitgeber dem Arbeitnehmer mit Rücksicht auf dessen persönlichen Verhältnisse aus sozialen Erwägungen eine vorübergehende Beschäftigung ermöglichte (*BAG* 3.10.1984 EzA 620 BGB Nr. 73; 26.4.1985 EzA 620 BGB Nr. 74; 12.12.1985 EzA 620 BGB Nr. 77; 24.1.1996 EzA 620 BGB Nr. 139; APS-*Backhaus* Rz 288ff.; BBDW-*Bader* § 620 BGB Rz 190; ErfK-*Müller-Glöge* Rz 88; MHH-*Meinel* Rz 55; *Staudinger/Preis* § 620 BGB Rz 136; HaKo-*Mestwerdt* Rz 125f. *Sievers* Rz 152; *Rolfs* Rz 48; *Dörner* Befr. Arbeitsvertrag Rz 263ff.; *Koch* NZA 1985, 348). Eigeninteressen des Arbeitgebers schließen zwar nicht von Vornherein den sozialen Überbrückungszweck als Befristungsgrund aus; **jedoch müssen** die **sozialen Erwägungen als Beweggrund überwiegen** (*BAG* 12.12.1985 EzA 620 BGB Nr. 77). Derartige soziale Beweggründe kommen als Sachgrund nur dann in Betracht, wenn es ohne den sozialen Überbrückungszweck überhaupt nicht zur Begründung eines Arbeitsverhältnisses, auch keines befristeten Arbeitsverhältnisses, gekommen wäre. Ob es dem Arbeitnehmer auf den Abschluss eines befristeten Arbeitsvertrags zur sozialen Überbrückung ankommt, ist dagegen unerheblich (*LAG RhPf* 30.6.2005 NZA-RR 2006, 107). Der **Arbeitgeber** hat im Streitfall konkrete Tatsachen **vorzutragen**, die darauf schließen lassen, dass die **betrieblichen** oder dienstlichen **Interessen des Arbeitgebers** für den Abschluss des Arbeitsvertrages **nicht ausschlaggebend** waren (*BAG* 7.7.1999 EzA § 620 BGB Nr. 165; 5.6.2002 EzA § 620 BGB Nr. 193; *LAG Köln* 8.5.2006 ArbuR 2006, 330). Gegen eine Annahme, dass ohne den sozialen Überbrückungszweck ein Vertragsschluss unterblieben wäre, spricht nicht der Umstand, dass der Arbeitnehmer während seiner Befristung mit **sinnvollen Arbeitsaufgaben** beschäftigt wird (*BAG* 3.10.1984 EzA 620 BGB Nr. 73). Allerdings hat der insoweit darlegungsbelastete Arbeitgeber darauf zu achten, dass es sich um Tätigkeiten handelt, die ohne weiteres von anderen Betriebsangehörigen hätten miterledigt werden können. Ansonsten läuft der Arbeitgeber Gefahr, dass eine Daueraufgabe erfüllt wird, die gegen eine Ursächlichkeit sozialer Aspekte für die Befristung spricht (ErfK-*Müller-Glöge* Rz 89; *Dörner* Befr. Arbeitsvertrag, Rz 264). An einem sozialen Überbrü-

Zulässigkeit der Befristung § 14 TzBfG

ckungszweck fehlt es jedenfalls, wenn die Parteien für den Fall einer arbeitnehmerseitigen außerordentlicher Kündigung die **befristete Fortsetzung des vorher unbefristeten Arbeitsverhältnisses** verabreden (*BAG* 23.1.2002 EzA § 620 BGB Nr. 186; MHH-*Meinel* Rz 55; ErfK-*Müller-Glöge* Rz 88).

Nach der bisherigen Rspr. des BAG konnten solche befristeten **sozialen Überbrückungsbefristungen** 192 dazu dienen, einen früheren Beschäftigten, dessen Arbeitsverhältnis wirksam beendet worden ist oder der seine Ausbildung abgeschlossen hat, zur **Vermeidung von Übergangsschwierigkeiten oder zur Verbesserung seiner Arbeitsmarktchancen** befristet weiter zu beschäftigen (*BAG* 7.7.1999 EzA § 620 BGB Nr. 165 mwN). Diese Fallgruppe wird in Zukunft vornehmlich Gegenstand des **Sachgrundes nach Nr. 2** sein. Ergibt die vorrangige Prüfung nach Nr. 2, dass die dortigen Voraussetzungen nicht gegeben sind, kann ein in der Person des Arbeitnehmers liegender Grund nach Nr. 6 die Befristung rechtfertigen (abweichend APS-*Backhaus* Rz 288, 84, 80, der die Voraussetzungen der sozialen Überbrückung auf den Sachgrund Nr. 2 übertragen will). So kann eine vorübergehende befristete Beschäftigung die **Suche nach einem neuen Arbeitsplatz** erleichtern (*BAG* 5.6.2002 EzA § 620 BGB Nr. 193; *LAG RhPf* 30.6.2005 NZA-RR 2006, 107). Soziale Erwägungen sind zB anzunehmen, wenn die befristete Fortsetzung des Arbeitsverhältnisses dem Arbeitnehmer zum **Erwerb eines Versorgungsanspruches** helfen soll (*Koch* NZA 1985, 348), nach Beendigung des Ausbildungszweckes für die **Stellensuche** eine »soziale Auslauffrist« gewährt wird (*BAG* 12.12.1984 AP Nr. 85 zu § 620 BGB Befristeter Arbeitsvertrag), in **sozialen Härtefällen** das Land mit Lehrern, deren Examensnote für eine **Übernahme in den Schuldienst** nicht ausreicht, einen befristeten Arbeitsvertrag für die Dauer eine Jahres anbietet und den Lehrern zusagt, sie nach Vertragsablauf bei Eignung in das Beamtenverhältnis zu übernehmen (*BAG* 31.8.1994 EzA § 620 BGB Nr. 127; ErfK-*Müller-Glöge* Rz 90), einem Arbeitnehmer noch Gelegenheit zum **Erwerb einer fehlenden Qualifikation** (*BAG* 11.12.1985 EzA § 620 BGB Nr. 78), zur Fertigstellung seiner Promotion oder einen beruflichen Übergang nach bestandener Facharztprüfung gewährt werden soll (*BAG* 19.8.1992 – 7 AZR 493/91, nv).

Das BAG hat indessen verdeutlicht, dass im **öffentlichen Dienst** der Sachgrund einer »**sozialen Über-** 193 **brückungsmaßnahme« nicht gegeben ist**, wenn der Arbeitnehmer auf einer vorübergehend freien Beamtenstelle eingesetzt wird und er **quasi als Vertretungskraft** vorrangig im dienstlichen Interesse beschäftigt wird. Das Interesse des Arbeitgebers kann in diesen Fällen nur dann fehlen, wenn die vom Arbeitgeber bestimmte Arbeitsmenge auch ohne den befristet eingestellten Arbeitnehmer von den vorhandenen Arbeitskräften hätte bewältigt werde können (s.o. Rz 191 aE). Diese Überlegungen führten im Ergebnis dazu, dass die befristete Übernahme von Prüfungsabsolventen mit schlechten Prüfungsergebnissen bei einem Einsatz auf einer freien Beamtenstelle sachlich nicht gerechtfertigt war (*BAG* 7.7.1999 EzA § 620 BGB Nr. 165; MünchKomm-*Hesse* Rz 56). Für diese Fallgestaltung hätte der Arbeitgeber den Sachgrund der **Vertretung nach Nr. 3** anführen können (*Dörner* Befr. Arbeitsvertrag, Rz 265).

Die **zeitliche Grenze für die Dauer befristeter Überbrückungsverträge** ist iSe Höchstbefristung bis- 194 her nicht entschieden worden. Das BAG hat in der Vergangenheit eine zweifache Befristung über **insgesamt 1 Jahr** (auch zum Erwerb eines höheren Arbeitslosengeldes nach abgeschlossener Berufsausbildung) hierzu anerkannt (*BAG* 12.12.1985 EzA § 620 BGB Nr. 77; APS-*Backhaus* Rz 292). Es empfiehlt sich insoweit, mit Rücksicht auf die neue Rechtslage die Überlegungen zur Anschlussbefristung nach Nr. 2 hierher zu übertragen (**Obergrenze: 2 Jahre;** vgl. oben Rz 94). Abgesehen von diesen Höchstgrenzen kann die Laufzeit des »Überbrückungsvertrages« sehr unterschiedlich sein, da selbst wenige Monate der befristeten Beschäftigung für den Arbeitnehmer sinnvoller sind als der Weg in die Arbeitslosigkeit (*Plander* BB 1984, 1880; KDZ-*Däubler* Rz 108). Mit zunehmender Dauer der Befristung gerät der Arbeitgeber aber in immer größer werdende Schwierigkeiten, den sozialen Überbrückungszweck der Befristung anhand konkreter Tatsachen zu belegen. Einen Ausnahmefall dürften insoweit nur **Beschäftigungs- und Qualifizierungsgesellschaften** bilden, die im Anschluss an Betriebsstilllegungen Überbrückungsfunktionen wahrnehmen (HaKo-*Mestwerdt* Rz 126; KDZ-*Däubler* Rz 106 ff.; *Annuß/Thüsing-Maschmann* Rz 60).

bb) **Maßnahmen im Rahmen der Sozialhilfe; Grundsicherung**

Die befristete **Verbesserung der sozialen Situation** des Arbeitnehmers steht ebenso im Vordergrund, 195 wenn ein Arbeitsvertrag infolge **sozialhilferechtlicher Zuweisung** für deren Dauer zwischen Arbeitgeber und Sozialhilfeempfänger geschlossen wird. Hierfür ist dann ein Sachgrund zur befristeten Beschäftigung gegeben. Dogmatisch gehörten **befristete Beschäftigungen im Rahmen von Sozialhilfemaßnahmen nach dem früheren §§ 18 ff. BSHG (Hilfe zur Arbeit)** hierher, da der Befristungsgrund

§ 14 TzBfG   Zulässigkeit der Befristung

letztlich in der Person des Arbeitnehmers wurzelt. Ein Befristungsgrund lässt sich nur Nr. 6, nicht jedoch § 19 Abs. 1 S. 3 BSHG entnehmen. § 19 Abs. 1 S. 3 BSHG ist keine arbeitsrechtliche Befristungsnorm iSv § 23 TzBfG (vgl. *BAG* 22.3.2000 EzA § 620 BGB Nr. 171). Mit der gesetzlich neu aufgelegten **Grundsicherung für Arbeitsuchende** (Gesetz vom 24.12.2003, zuletzt geändert durch Art 1 des Gesetzes zur Fortentwicklung der Grundsicherung vom 20.7.2006, BGBl. I S. 1706) stehen die in eine Arbeitsgelegenheit vermittelten erwerbsfähigen Hilfsbedürftigen (sog. **Ein-Euro-Jobs**) regelmäßig in keinem Arbeitsverhältnis (vgl. *BAG* 8.11.2006 – 5 AZB 36/06), sondern in einem **sozialrechtlichen Beschäftigungsverhältnis** nach § 16 Abs. 3 SGB II.

196 Die Zuordnung zu Nr. 6 des Sachgrundkatalogs erscheint deshalb allein dann sachgerecht (vgl. oben Rz 185), wenn hierfür ein **Arbeitsverhältnis** begründet wurde. Das ist in Zukunft **nur in Ausnahmefällen** möglich (vgl. *LAG Düsseld.* 15.4.2005 ArbuR 2005, 463), zB bei Übertragung von Daueraufgaben für Stammkräfte. Die Förderung der befristeten Beschäftigung mit öffentlichen Finanzmitteln ändert nichts daran, dass die **Umstände in der Person des Arbeitnehmers den Anlass für eine befristete Beschäftigung geben.**

197 Ein Arbeitsvertrag mit einem Sozialhilfeempfänger konnte bis zum Inkrafttreten des SGB II wirksam befristet werden, wenn dadurch für den Hilfesuchenden Gelegenheit zu gemeinnütziger und zusätzlicher Arbeit iSv § 19 Abs. 2 BSHG geschaffen werden soll (*BAG* 7.7.1999 EzA § 620 BGB Nr. 168; 22.3.2000 EzA § 620 BGB Nr. 171). Die Befristungsabrede war in diesen Fällen nicht deshalb der arbeitsgerichtlichen Befristungskontrolle entzogen, weil die **Verschaffung einer Arbeitsgelegenheit** nach § 19 Abs. 2 BSHG ein von den Arbeitsgerichten nicht zu überprüfender **Verwaltungsakt** ist (MHH-*Meinel* Rz 65; KDZ-*Däubler* Rz 133). Zwar stellte die Heranziehung des Hilfesuchenden und die zur Verfügungstellung einer Arbeitsgelegenheit zu gemeinnütziger und zusätzlicher Arbeit im Verhältnis zwischen dem Hilfesuchenden und dem Sozialhilfeträger einen Verwaltungsakt dar. **Die dazu betroffene rechtsgeschäftliche Vereinbarung zwischen dem Hilfesuchenden und dem Arbeitgeber war jedoch nach arbeitsrechtlichen Grundsätzen zu beurteilen und unterfiel deshalb der Befristungskontrolle** (*BAG* 7.7.1999 EzA § 620 BGB Nr. 168).

198 Vom Vorliegen eines die Befristung eines solchen Arbeitsverhältnisses rechtfertigenden Sachgrundes ist jedenfalls dann auszugehen, wenn die Parteien des Arbeitsvertrages diese unter Beachtung des durch § 19 BSHG vorgegebenen Gesetzeszwecks abschließen. Dieser zielt darauf, durch Sozialhilfe die Wiedereingliederung des Hilfesuchenden in das Arbeitsleben zu erleichtern. Die Sozialhilfe in Form der Hilfe zur Arbeit soll idR nicht auf Dauer geleistet werden. § 19 Abs. 1 S. 3 BSHG bestimmt insoweit ausdrücklich, dass die für die Hilfesuchenden zu schaffenden **Arbeitsgelegenheiten idR von vorübergehender Dauer** sein sollen. Daraus ist zu schließen, dass bei Beachtung dieser gesetzlichen Vorgaben die Befristung des Arbeitsverhältnisses sachlich gerechtfertigt ist (*BAG* 22.3.2000 EzA § 620 BGB Nr. 171; APS-*Backhaus* Rz 293).

cc) **Arbeitsförderungsmaßnahmen (SGB III)**

199 Bei **Arbeitsbeschaffungsmaßnahmen** wird ein sozialrechtlich ausgestaltetes Zuweisungs- und Förderverhältnis **mit einem privatrechtlichen Arbeitsverhältnis** verknüpft. Die Bundesagentur für Arbeit (BA) bewilligt einem dafür qualifizierten Träger die von diesem beantragte Maßnahme und weist gem. **§ 260 SGB III** einen förderungsbedürftigen Arbeitnehmer für eine bestimmte Förderdauer dieser Maßnahme zu. Der **Sachgrund** für eine solche Befristung liegt darin, dass im Verhältnis der Arbeitsvertragsparteien für die Einstellung des Arbeitnehmers die zeitlich befristete Übernahme eines erheblichen Kostenanteils durch die BA entscheidend ist und der Arbeitgeber ohne entsprechende Zusage entweder überhaupt nicht oder einen von ihm selbst ausgewählten Arbeitnehmer eingestellt hätte (st.Rspr., *BAG* 12.6.1987 EzA § 620 BGB Nr. 95; 2.12.1998 EzA § 625 BGB Nr. 4). Grds. hat die **Dauer der Zuweisung** mit der **Dauer der Befristung** übereinzustimmen (*BAG* 20.12.1995 EzA § 620 BGB Nr. 136; *Sievers* Rz 160; *Dörner* Befr. Arbeitsvertrag, Rz 194; APS-*Backhaus* Rz 128; ErfK-*Müller-Glöge* Rz 85). Da hier die Person des Arbeitnehmers gefördert werden soll und seine Umstände Grundlage für die Fördermaßnahmen sind, macht die Zuordnung zu Nr. 6 Sinn (ebenso ErfK-*Müller-Glöge* Rz 85; *Gräfl/Arnold-Gräfl* Rz 145 ff., **aA** *Dörner* Befr. Arbeitsvertrag Rz 195; MünchKomm-*Hesse* Rz 73; *Rolfs* Rz 67, sog. unbenannter weiterer Sachgrund)

200 Das im Beitrittsgebiet erprobte Modell des »**Lohnkostenzuschusses Ost**« (§ 249h AFG aF) wurde als **Förderung von Strukturanpassungsmaßnahmen** bis zum 31.12.2002 nach §§ 272 ff. SGB III bundesweit fortgeführt. Auch hier gründete sich die arbeitsrechtliche Ausführung in Form des befristeten Ar-

beitsvertrages auf die sozialrechtlichen Leistungsvoraussetzungen der Förderungsbedürftigkeit des Arbeitnehmers (§ 274 SBG III) und die Zuweisung (§ 277 SGB III). Zu den Fördermaßnahmen nach § 273 SGB III gehörten **Arbeiten zur Erhaltung und Verbesserung der Umwelt und zur Verbesserung des Angebotes bei den sozialen Diensten und in der Jugendhilfe.** Die Förderung betrug regelmäßig 36 Monate, bei Übernahmeverpflichtung des Trägers in ein anschließendes Dauerarbeitsverhältnis bis zu 48 Monaten. Die Art der Arbeiten und der Kreis der zu fördernden Arbeitnehmer waren bei der klassischen **ABM** und der nunmehr auch in die alten Bundesländer übernommenen **Förderung von Strukturanpassungsmaßnahmen (SAM)** schwer vermittelbarer arbeitsloser Arbeitnehmer **nicht identisch** (vgl. *BAG* 17.12.1997 AP Nr. 1 zu § 3d BAT-O; HK-Anh./*Höland* Rz 55). Die Maßnahmen regionaler Art sind nunmehr in § 260 SGB III aufgenommen.

Das BAG beschränkt die **Kontrolle des sachlichen Grundes** bei **ABM-Verträgen** im Wesentlichen darauf, ob die Laufzeit des Arbeitsvertrages am konkreten Förderungszeitraum orientiert ist (*BAG* 19.1.2005 EzA § 620 BGB 2002 Nr. 11). Neben der kalendermäßigen Befristung ist auch eine **Zweckbefristung** für die Gesamtdauer der längstens dreijährigen Förderung einschließlich noch ungewisser Verlängerungen (§ 267 Abs. 3 SGB III) durch die Agentur für Arbeit sachlich gerechtfertigt. Der Arbeitnehmer kann sich hierauf einstellen; seitens des Arbeitgebers ist aber bei absehbarem Auslaufen der finanziellen Förderung (Zweckerreichung) eine **Ankündigung nach § 15 Abs. 2 TzBfG** geboten (*BAG* 19.1.2005 EzA § 620 BGB 2002 Nr. 11; krit. *Meinel* AP Nr. 1 zu § 267 SGB III, der für ein Festhalten an der kalendarischen Befristung eintritt). Das Vorliegen der gesetzlichen Voraussetzungen der ABM ist nicht Gegenstand der arbeitsgerichtlichen Befristungskontrolle (*BAG* 3.12.1982 EzA § 620 BGB Nr. 63; 28. 5.1986 EzA § 620 BGB Nr. 80; 12.6.1987 EzA § 620 BGB Nr. 95; 11.12.1991 EzA § 620 BGB Nr. 111; 26.4.1995 EzA § 620 BGB Nr. 133). Aufgrund der Zielsetzung der Arbeitsbeschaffungsmaßnahmen besteht ein **sachlicher Grund für die Befristung selbst dann, wenn die Zuweisung des Arbeitnehmers für einen kürzeren Zeitraum vorgenommen wird, als voraussichtlich die zu fördernde Maßnahme** andauert (APS-*Backhaus* Rz 128; *Dörner* Befr. Arbeitsvertrag, Rz 196). Das gilt nicht nur, wenn der Arbeitgeber die befristete Zuweisung zum Anlass nimmt, nur einen befristeten Arbeitsplatz für Aufgaben einzurichten, an deren Erfüllung er an sich nur ein vorübergehendes Interesse hat (vgl. *BAG* 3.12.1982 EzA § 620 BGB Nr. 63). Anders als bei der befristeten Gewährung von Drittmitteln hängt die Finanzierung von ABM nicht allein davon ab, ob das Arbeitsamt über die befristete Zuweisung hinaus die beim Träger der Maßnahme anfallenden Aufgaben für förderungswürdig hält. Als weitere Voraussetzung muss vielmehr die **Förderungswürdigkeit gerade des zugewiesenen Arbeitnehmers hinzukommen** (*BAG* 13.4.1994 EzA § 620 BGB Nr. 125; 15.2.1995 EzA § 620 BGB Nr. 130). Die Dauer der **Zuweisung** eines Arbeitnehmers ist mithin ebenfalls **personenbedingt iSd Nr. 6**. Ein besonders wichtiger sozialpolitischer Zweck der Arbeitsbeschaffungsmaßnahme geht zudem dahin, möglichst vielen Arbeitslosen zu helfen. Dieses Ziel lässt sich sachgerecht nicht durch eine allein unter den engen Voraussetzungen der §§ 260 ff. SGB III mögliche Abberufung verwirklichen, sondern nur durch eine vorherige Befristung der Zuweisung (*BAG* 2.8.1984 – 2 AZR 352/83, nv).

Beschäftigt der Arbeitgeber die geförderten Arbeitnehmer mit betrieblichen **Daueraufgaben**, können weder die Übertragung einer sozialstaatlichen Aufgabe noch die Unsicherheit von Anschlussaufträgen noch die Fremdbestimmtheit noch die Bindung an einen bedarfsabhängigen Personalschlüssel des Auftraggebers als solche die Befristung rechtfertigen. Entscheidend ist dann die **begründete Prognose, dass mit dem Auslaufen des befristeten Arbeitsvertrages der Beschäftigungsbedarf für den Arbeitnehmer mit hinreichender Sicherheit entfallen wird**. Wird der Arbeitgeber bei seiner Planung und Vorhersage im Wesentlichen fremdbestimmt, kann dies bei der Bewertung seiner Prognose berücksichtigt werden (*BAG* 22.3.2000 EzA § 620 BGB Nr. 170, Beschäftigung als Schulhelfer).

Die **Verrichtung von Daueraufgaben** im Rahmen von ABM begegnet indessen dann keinen **Bedenken**, wenn der Arbeitgeber ohne die Zuweisung dieses Arbeitnehmers die Daueraufgabe nicht bzw. jedenfalls nicht sofort hätte verrichten lassen oder wenn er sie auf seine übrigen Arbeitnehmer verteilt oder wenn er zu ihrer Verrichtung einen leistungsfähigeren Arbeitnehmer eingestellt hätte. Diese **Grenze** ist indessen überschritten, wenn ein Arbeitnehmer, der zuvor in einem unbefristeten Arbeitsverhältnis gestanden hat, nunmehr über ABM befristet weiterbeschäftigt werden soll und dabei Daueraufgaben erledigt, die er zuvor wahrgenommen hat und die auch andere nicht erledigen könnten (*BAG* 20.12.1995 EzA § 620 BGB Nr. 136, befristete ABM-Beschäftigung einer Leiterin des Kindergartens; ArbRBGB-*Dörner* § 620 BGB Rz 197; APS-*Backhaus* Rz 127; *Gräfl/Arnold-Gräfl* Rz 146). Die mögliche **Unsicherheit zum zukünftigen Bedarf** setzt keinen Sachgrund für die Befristung (vgl. oben Rz 67 ff.; zum Ganzen vgl. *Berger-Delhey* NZA 1990, 47 ff.; *Lakies* NZA 1997, 745).

202b Die Anforderungen an die ABM haben sich durch die »**Hartz-Gesetze**« nicht wesentlich geändert. Allerdings sind die Beschäftigung schaffenden Infrastrukturförderungen (ABM/SAM) gestrafft und vereinheitlicht worden; »**Drehtüreneffekte**« wurden stark eingedämmt (näher dazu *Körner* NZA 2002, 241, 243 f.). Zwischenzeitliche Änderungen in den Voraussetzungen des Fördermitteleinsatzes (zB Wegfall des Merkmals »Zusätzlichkeit« der Arbeiten; § 260 Abs. 3 SGB III aF) sind zum 1.1.2004 durch das Dritte Gesetz für moderne Dienstleistungen am Arbeitsmarkt wieder beseitigt worden (APS-*Backhaus* aaO, Rz 133 f.)

203 Die oben dargelegten Voraussetzungen waren auch für die im Auftrag der Bundesagentur für Arbeit (BA) durchgeführten und von ihr im Wesentlichen finanzierten »Maßnahmen zur Berufsvorbereitung und sozialen **Eingliederung junger Ausländer** (MBSE)« zu beachten, die eine Befristung der zwischen den Lehrkräften und den Maßnahmeträgern geschlossenen Arbeitsverträge zum Inhalt hatten (vgl. BAG 28.5.1986 EzA § 620 BGB Nr. 79; 28.5.1986 EzA § 620 BGB Nr. 80; 24.9.1986 EzA § 554 ZPO Nr. 4; 15.3.1989 AP Nr. 126 zu § 620 BGB, Befristeter Arbeitsvertrag). Dort hatte das BAG darauf abgestellt, dass es sich bei den **MBSE** für den einzelnen Maßnahmeträger um die **Wahrnehmung von jeweils befristet (kursjahresbezogenen) übertragenen sozialstaatlichen Sonderaufgaben von begrenzter Dauer handle**. Die **fremdbestimmten Personalvorgaben** der BA sowie die bestehende Unsicherheit über die Durchführung weiterer Maßnahmen würden deshalb genügen, die Arbeitsverhältnisse der **projektbezogen beschäftigten Arbeitnehmer** für die Dauer des jeweiligen Kursjahres zu befristen. Die Ungewissheit für den Auftragnehmer, ob er nach der Durchführung der Maßnahme einen Anschlussauftrag erhält, darf jedoch nicht ohne weiteres auf den Arbeitnehmer abgewälzt werden, was ansonsten zur Privilegierung von Arbeitgebern im Bereich sozialstaatlicher Vorsorge führen würde. Deshalb ist hier eine auf konkreten Tatsachen beruhende **Prognose des als Arbeitgeber fungierenden Auftragnehmers** darüber zu erstellen, ob voraussichtlich mit Auslaufen des befristeten Arbeitsverhältnisses der Beschäftigungsbedarf für den Arbeitnehmer entfallen wird. Dies kann bei sog. **Daueraufgaben** nicht erwartet werden (BAG 22.3.2000 EzA § 620 BGB Nr. 170; *Dörner* Befr. Arbeitsvertrag, Rz 238 ff.; APS-*Backhaus* Rz 171). Die MBSE gibt es als Sonderprogramm nicht mehr. Sie unterfallen nunmehr den allg. Leistungen der Arbeitsförderung iSv § 3 SGB III.

204 Die **Dauer der Befristungen aller dieser Fördermaßnahmen** soll zwar grds. mit der jeweiligen **Dauer der Zuweisung** korrespondieren. Es ist aber unschädlich, wenn diese Voraussetzung formal deswegen nicht erfüllt wird, weil bei einer zweimaligen Zuweisung auf je ein Jahr zB vier befristete Halbjahresverträge abgeschlossen worden sind. Wenn die Beschäftigungszeit des Arbeitnehmers sich insgesamt mit der Dauer der Zuweisung deckt, liegt bei der gebotenen Berücksichtigung des sachlichen Zweckes keine **Umgehung des Schutzzwecks** aus § 14 Abs. 1 TzBfG vor (vgl. BAG 12.6.1987 EzA § 620 BGB Nr. 95). Die Überlegungen sind entsprechend anzuwenden für Fälle von Lohnkostenzuschüssen nach den §§ 217 ff. SGB III aF, die für schwer vermittelbare Arbeitslose in West und Ost gewährt wurden (*Lakies* NZA 1995, 297; einschränkend *Blechmann* NZA 1987, 193; *Wollenschläger/Kreßel* Anm. BAG, AuR 1989, 63: nur Sachgrund, wenn der Arbeitnehmer »zusätzliche Arbeit« iSv § 260 SGB III während seiner befristeten Tätigkeit verrichtet hat). Überschreitet der auf der Grundlage einer Fördermaßnahme geschlossene befristete Arbeitsvertrag den Bewilligungszeitraum erheblich, dann kann die **ABM** die Befristung nicht sachlich rechtfertigen, und der Arbeitgeber hat einen anderen Sachgrund für diese Vertragsgestaltung vorzuweisen (BAG 14.6.1984 – 2 AZR 267, 268/83, nv; vgl. o. Rz 199 f.).

204a Vom Ausnahmefall eines **nichtigen Bescheides** abgesehen, kann im Rechtsstreit über eine wirksame Befristung des Arbeitsverhältnisses nicht geprüft werden, ob die sozialrechtlichen Voraussetzungen für die Arbeitsbeschaffungsmaßnahme erfüllt waren (BAG 20.12.1995 EzA § 620 BGB Nr. 136; *Dörner* Befr. Arbeitsvertrag, Rz 198). Der Arbeitnehmer einer ABM hat **keinen Anspruch auf Abschluss eines unbefristeten Arbeitsvertrages mit dem Maßnahmeträger**, selbst wenn die Förderung die Schaffung eines Dauerarbeitsplatzes zur Bedingung macht. Diese Nebenbestimmung entfaltet nur Rechtswirkungen im Verhältnis von Maßnahmeträger und BA (BAG 26.4.1995 EzA § 620 BGB Nr. 133; Münch-Komm-*Hesse* Rz 73; HWK-*Schmalenberg* Rz 74).

204b Als neues Instrument der Arbeitsförderung schafft **§ 231 Abs. 1 SGB III** einen **sachlichen Befristungsgrund für besondere Vertretungsfälle im Zusammenhang mit beruflicher Weiterbildung**. Bildet sich ein in Arbeit stehender Arbeitnehmer beruflich fort und stellt der Arbeitgeber für diese Zeitspanne einen Arbeitslosen zur Vertretung befristet ein, so kann der Arbeitgeber dafür bis zu zwölf Monaten einen Zuschuss von 50 – 100 % des berücksichtigungsfähigen Arbeitsentgelts (§ 218 Abs. 3 SGB III) erhalten. Obwohl es sich um einen **Unterfall von § 14 Abs. 1 S. 2 Nr. 3 TzBfG** handelt, hat sich der Gesetzgeber veranlasst gesehen, den hierfür bestehenden Sachgrund nochmals ausdrücklich zu bestätigen.

Zulässigkeit der Befristung § 14 TzBfG

dd) Einarbeitungs- und Eingliederungszuschüsse

Keinen sachlichen Grund für eine Befristung bietet die Gewährung von Einarbeitungszuschüssen, 205 die im Unterschied zu ABM weder zusätzliche Arbeitsplätze noch Beschäftigungsmöglichkeiten schaffen noch der Finanzierung von Arbeitsplätzen dienen. Dort geht es vielmehr nur um einen Ausgleich von Minderleistungen in der Einarbeitungszeit (*BAG* 11.12.1991 EzA § 620 BGB Nr. 11; 4.6.2003 EzBAT SR 2 y BAT Nr. 110 = RzK I 9a Nr. 226; *BSG* 22.2.1984 NZA 1984, 333 f.; HK-Anh./*Höland* Rz 59). Diese Einarbeitungszuschüsse – früher nach § 49 AFG aF – werden nunmehr als **Eingliederungszuschüsse für förderungsbedürftige Arbeitnehmer nach §§ 217 ff. SGB III** gezahlt. So bietet der **Eingliederungszuschuss für ältere Arbeitnehmer** nach § 218 Abs. 1 Nr. 3 SGB III keinen Sachgrund für die Befristung des Arbeitsvertrages mit dem geförderten Arbeitnehmer. Es geht hier nicht um Arbeitsbeschaffung (wie §§ 91 ff. AFG aF), sondern nur um den **Ausgleich von Minderleistungen**, so dass der Arbeitgeber den geförderten Arbeitnehmer auf einen Dauerarbeitsplatz einsetzen darf und keinen zusätzlichen Arbeitsplatz zu schaffen braucht. Werden keine zusätzlichen Arbeitsplätze finanziert, kann die Zuschussgewährung aus anderen Beweggründen keine eigenständigen Befristungsmöglichkeiten eröffnen. Allein die **Abhängigkeit von Zuschüssen und Haushaltsmitteln** ist kein Sachgrund zur Befristung, weil darin ein **typisches Unternehmerrisiko** liegt (*BAG* 4.6.2003 aaO; *Dörner* Befr. Arbeitsvertrag, Rz 200; APS-*Backhaus* Rz 215; *Gräfl/Arnold-Gräfl* Rz 149; KDZ-*Däubler* Rz 131; MünchKomm-*Hesse* Rz 73). Für ältere Arbeitnehmer kann der Arbeitgeber auf die sachgrundlose Befristung nach § 14 Abs. 3 TzBfG ausweichen (*Sievers* Rz 164). Die Eingliederungshilfen werden im Zuge des **Gesetzgebungspakets »50 Plus«** noch angereichert (s.u. Rz 347 ff.).

Wird im Rahmen eines **ABM-Vertrages** die **Zustimmung des Personalrats** für ein Jahr dauerndes Arbeitsverhältnis eingeholt und schließen die Vertragsparteien danach einen Zeitvertrag von kürzerer Vertragsdauer, so entsteht aufgrund der Verletzung des Mitbestimmungsrechts ein unbefristetes Arbeitsverhältnis (*BAG* 8.7.1998 EzA § 620 BGB Nr. 150 mwN). 206

d) Neben- oder Teilzeitbeschäftigung

Teilzeit- oder Nebenbeschäftigungen neben einer Hauptexistenz setzen **keinen eigenständigen Be-** 207 **fristungsgrund** nach **Nr. 6** (*Sievers* Rz 170). Eine **Nebentätigkeit** setzt begriffsnotwendig eine existenzsichernde Hauptbeschäftigung im Arbeits- oder Beamtenverhältnis voraus. Nach früher hM waren die nebenberuflichen Arbeitnehmer sozial weniger schutzbedürftig, so dass die Ratio des Kündigungsschutzgesetzes entfiel und damit die Gefahr, dass durch die Befristung der Zweck des Kündigungsschutzes ausgeschlossen wurde, nicht bestand (*BAG* 16.12.1957 AP Nr. 3 zu § 611 BGB, Lehrer, Dozenten; 22.8.1990 EzA § 2 BeschFG 1985 Nr. 4; *Preis* Grundfragen, S. 315; abweichend bereits damals *LAG Düsseld.* 9.7.1991 LAGE § 2 BeschFG 1985 Nr. 8; *LAG Köln* 30.9.1991 LAGE § 2 BeschFG 1985 Nr. 12; *Lipke* AuR 1991, 79; *Schüren/Kirsten* Anm. SAE 1991, 118). Vgl. dazu ausführlich *Lipke* KR 5. Aufl., § 620 BGB Rz 174 ff.

Bereits vor dem Wechsel der dogmatischen Grundlagen zur Befristungskontrolle durch das TzBfG 208 **hat die Rspr.** einen **Wandel** erfahren. In Abkehr von der früheren Rspr. stellt das BAG nunmehr darauf ab, **ob verständige und verantwortungsbewusste Parteien eine Befristung des Arbeitsvertrages vereinbaren würden und ob das Interesse des Arbeitnehmers** (zB eine Studentin) **mit einer Befristung im Einklang steht** (*BAG* 10.8.1994 EzA § 620 BGB Nr. 126). Denn die **nebenberufliche Tätigkeit** stellt für sich genommen keinen Befristungsgrund dar (*LAG Nürnberg* 28.3.1994 LAGE § 620 BGB Nr. 34; MünchKomm-*Hesse* Rz 57; *Strasser/Melf* ArbuR 2006, 342, 345). Wer demnach als **Student** wenige Wochenstunden nebenher arbeitet, zB als **Zeitungsausträger, Verkaufshilfe, nebenberuflicher Aushilfslehrer, Lehrbeauftragter oder Arbeitsgemeinschaftsleiter** tätig ist, kann deshalb nur dann befristet mit Sachgrund wirksam verpflichtet werden, wenn es aufgrund hauptberuflicher Tätigkeit oder des Studiums im Interesse des Arbeitnehmers liegt (*BAG* 29.10.1998 EzA § 620 BGB Nr. 159; HaKo-*Mestwerdt* Rz 129f.; *Dörner* Befr. Arbeitsvertrag, Rz 268; *Sievers* Rz 171; ErfK-*Müller-Glöge* Rz 76). Ein großzügigerer Prüfungsmaßstab bei der Sachgrundkontrolle im Blick auf die existenzsichernde Haupttätigkeit als Arbeitnehmer oder Beamter ist indessen nicht begründbar (**aA** KDZ-*Däubler* Rz 105; *Staudinger/ Preis* § 620 BGB Rz 68) Vgl. zur befristeten **Beschäftigung von Studenten auch** oben Rz 75, 190.

Eine **auf Dauer angelegte Nebenbeschäftigung** verträgt sich dabei grds. **nicht mit einer Befristung** 208a (vgl. *BAG* 2.6.1976 EzA § 611 BGB Arbeitnehmerbegriff Nr. 6; 12.6.1996 EzA § 2 BeschFG 1985 Nr. 49). Entscheidend für die Abgrenzung ist, ob die **Prognose** im Zeitpunkt des Vertragsabschlusses ergibt, wie weit ein Dauerbedarf besteht und eine Weiterbeschäftigung über den Endtermin der Befristung hinaus bereits vorgesehen war (*BAG* 3.10.1984 EzA § 620 BGB Nr. 72; *BAG* 26.6.1996 – 7 AZR 662/95, nv). Im Übrigen kann das Bedürfnis wiederholter kurzfristiger Heranziehung zu Arbeitsleistungen (zB Briefzusteller) zur Grundlage einer **Rahmenvereinbarung** (*B. Gaul/Emmert* ArbRG 2003, 379; *Plander* EWiR § 12 TzBfG 1/03, 81) gemacht werden. Die **jeweilige befristete Heranziehung** ist dann aber auf einen Befristungsgrund zu überprüfen, da § 14 TzBfG gilt und nicht mehr die Umgehung des Kündigungsschutzes zu überprüfen ist (vgl. *BAG* 16.4.2003 EzA § 620 BGB 2002 Nr. 5 und Rz 190f.).

209 Dagegen ist bei **Teilzeitarbeitsverhältnissen**, die sich nicht mit einer Hauptbeschäftigung oder anderweitigen Verpflichtung in Einklang bringen lassen müssen, und bei der die Arbeitskraft entsprechend ihrem Wunsch vollbeschäftigt werden könnte, **keine Besonderheit im Verhältnis zur allgemeinen Befristungskontrolle von Arbeitsverträgen** erkennbar. Die Voraussetzungen des Abs. 1 in § 14 TzBfG sind im vollen Umfang anwendbar (ebenso APS-*Backhaus* Rz 248, 308, 469; ArbRBGB-*Dörner* § 620 BGB Rz 163; **aA** wohl *Preis* Vertragsgestaltung, 1993 S. 315). Die **Gleichbehandlung von Vollzeit- und Teilzeitbeschäftigten** auch hinsichtlich der Voraussetzungen für eine zulässige Befristung ergab sich nach dem bis zum 31.12.2000 geltenden Recht aus § 2 Abs. 1 BeschFG und ergibt sich nunmehr aus **§ 4 Abs. 1 TzBfG** (ebenso KDZ-*Däubler* Rz 102). Zu den **Ein-Euro-Jobs** s.o. Rz 195.

e) Einstellungs- und Beschäftigungsvoraussetzungen

aa) Arbeitserlaubnis

210 **Ausländische Arbeitnehmer**, die nicht die Staatsangehörigkeit eines Mitgliedslandes der Europäischen Union besitzen, dürfen nach **§ 284 SGB III** nur beschäftigt werden, wenn sie eine **Arbeitserlaubnis** besitzen (*BAG* 7.2.1990 EzA § 1 KSchG Personenbedingte Kündigung Nr. 8). Allerdings gelten für die im Rahmen der **Osterweiterung** der Gemeinschaft zum 1.5.2004 hinzugekommenen Mitgliedstaaten und ihre Arbeitnehmer übergangsweise noch zu beachtende **Sonderregelungen**. Die Arbeitserlaubnis wird regelmäßig nur befristet erteilt; eine **Arbeitsberechtigung** dagegen unbefristet (§ 286 Abs. 3 SGB III). Als sachlicher Befristungsgrund iSv Nr. 6 kann die befristet erteilte Arbeitserlaubnis nicht nur dann Anerkennung finden, wenn von vornherein feststeht, dass nur eine einzige befristete Arbeitserlaubnis erteilt werden wird; es muss vielmehr ausreichen, wenn mit einiger Sicherheit keine Verlängerung der Arbeitserlaubnis zu erwarten ist oder vom Arbeitnehmer nicht beantragt werden wird (*Hanau* FS BAG, S. 181; KDZ-*Däubler* Rz 111). Zur Besonderheit von angeworbenen **IT-Kräften** vgl. *B. Gaul/B. Otto* Anm. zu AP Nr. 25 § 620 BGB Bedingung. Für die privilegierten ausländischen Arbeitnehmer gelten die für deutsche Arbeitnehmer verbindlichen **Befristungsregelungen**. **Befristungsgrund** ist nicht die Entziehung der Arbeitserlaubnis, sondern die daraus folgende **fehlende Beschäftigungsmöglichkeit** (*Dörner* Befr. Arbeitsvertrag, Rz 209; *Staudinger/Preis* § 620 BGB Rz 133; ErfK-*Müller-Glöge* Rz 73). Für die drohende Entziehung der Aufenthaltsgenehmigung gilt Entsprechendes (HaKo-*Mestwerdt* Rz 127 f.).

211 Die Befristung mit einem ausländischen Arbeitnehmer kann **zeitlich befristet, zweckbefristet oder auflösend bedingt für die Arbeitserlaubnis** gestaltet werden (ebenso *Hoß/Lohr* MDR 1998, 315; aA *LAG Köln* 18.4.1997 NZA-RR 1997, 476; APS-*Backhaus* Rz 137, der die Prognoseanforderungen von zeitlich befristete auf auflösend bedingte Befristungen übertragen will). Da mit der Umgehung des Kündigungsschutzes nicht mehr argumentiert werden kann und § 21 TzBfG die auflösende Bedingung der Zeit- und Zweckbefristung gleichstellt, bestehen gegen eine solche Befristung nur dann Bedenken, wenn die zeitliche Beschränkung einer Arbeits- oder Aufenthaltserlaubnis nicht mit hinreichender Sicherheit (ob, nicht wann) prognostiziert werden kann (*BAG* 12.1.2000 EzA § 620 BGB Nr. 169; *B. Gaul/ B. Otto* aaO). Demzufolge kann die Befristung der Aufenthaltserlaubnis (ebenso Arbeitserlaubnis) und die Besorgnis, der Arbeitnehmer werde danach die arbeitsvertraglich geschuldeten Dienste nicht mehr erbringen können, einen **sachlichen Grund für die Befristung** des Arbeitsverhältnisses nur dann setzen, **wenn** im Zeitpunkt des Vertragsschlusses eine **hinreichend zuverlässige Prognose erstellt werden kann, eine Verlängerung der Aufenthalts- oder Arbeitserlaubnis** (ob und/oder wann) **werde nicht erfolgen** (*Hromadka* BB 2001, 621, 626; *Erman/D. W. Belling* § 620 BGB Rz 49; *Rolfs* Rz 49; ErfK-*Müller-Glöge* Rz 73; MünchKomm-*Hesse* Rz 57). Der Umstand, dass bei Vertragsschluss eine Verlängerung der Aufenthaltserlaubnis völlig offen ist, reicht dafür nicht aus (*BAG* 12.1.2000 EzA § 620 BGB Nr. 169; *Gräfl/Arnold-Gräfl* Rz 160). Die Prognose muss auf konkreten Anhaltspunkten beruhen.

211a Dabei kann von Bedeutung sein, ob sich Prognosen der vorliegenden Art in der Vergangenheit bereits wiederholt als unzutreffend erwiesen haben (vgl. zu den Voraussetzungen der Prognose Rz 46 ff.). War deshalb bei Abschluss des befristeten Arbeitsvertrages völlig offen, ob die Aufenthalts- oder Arbeits-

Zulässigkeit der Befristung § 14 TzBfG

erlaubnis des Arbeitnehmers verlängert wird, und hat sich in der Vergangenheit mehrfach gezeigt, dass die Erlaubnis immer wieder verlängert wurde, dürfte die Prognose zur letzten Befristung jedenfalls nicht tragen (*Boewer* Rz 198; vgl. auch KR-*Bader* § 3 TzBfG Rz 15). Es dürfte indessen überzogen sein vom Arbeitgeber zu verlangen in seine **Prognose bei Vertragsschluss** sämtliche ausländerrechtlichen Möglichkeiten eines Verbleibs in Deutschland und die damit verbundenen statthaften Gelegenheiten zur Weiterarbeit einzubeziehen (so *Gutmann* AiB 2000, 642 f.; *Dörner* Befr. Arbeitsvertrag, Rz 209). Die Anforderungen würden damit überspannt, der bestätigte Befristungsgrund (BT-Drs. 14/4374 S. 19) praktisch nicht mehr nutzbar (zutr. HaKo-*Mestwerdt* Rz 128).

bb) Beschäftigungseignung; Fortbildung

Die Beschäftigung kann an das Bestehen bestimmter **Eignungsvoraussetzungen** und die Vorlage von Unbedenklichkeitsattesten gebunden sein (Verfassungstreue, gesundheitlicher Zustand). In diesen Fällen kann eine **Befristung** dahingehend vereinbart werden, dass der Arbeitsvertrag befristet wird, bis das **Vorliegen einer Einstellungsvoraussetzung** geklärt ist. Damit können indessen nur kurzfristige Befristungen gerechtfertigt werden, da ansonsten die Gefahr bestünde, dass der Nachweis von Qualifikationen immer wieder neue Voraussetzungen für eine weitere Befristung schafft. Außerdem ist die Befristung nur dann gerechtfertigt, wenn die Herstellung der Voraussetzung, etwa die Beschaffung der Dokumente in der Hand des Arbeitnehmers liegt oder sich der Arbeitgeber tatsächlich um die Durchführung des Verfahrens bemüht (KDZ-*Däubler* Rz 110; *Plander/Schmidt* AuR 1979, 325). Geht es darum, eine **Aus-, Weiter- oder Fortbildung** im Rahmen eines Arbeitsvertrages anzubieten, ohne damit eine dauerhafte Beschäftigung zu verbinden, kann darauf eine Befristung nach Nr. 6 gestützt werden (ErfK-*Müller-Glöge* Rz 74; KDZ-*Däubler* Rz 136). Dabei ist die Tätigkeit in **Praktikantenverhältnissen** besonders streng zu prüfen, wenn dadurch dauerhaft ständig anfallende Arbeitsaufgaben im Betrieb abgedeckt werden. Wird also benötigter Arbeitskräftebedarf durch Praktikanten ersetzt, dürfte in aller Regel ein **befristetes Arbeitsverhältnis** bestehen (ErfK-*Preis* § 611 BGB Rz 205 mwN; vgl. dazu *Nebeling* NZA-RR 2004, 617 f.; *Knigge* AR-Blattei SD 1740 Rz 95; einerseits LAG Hamm 12.11.2004 – 13 Sa 891/04 – Arbeitsverhältnis; andererseits Hess. LAG 12.9.2005 – 10 Sa 1843/04 – kein Arbeitsverhältnis unter Hinweis auf BAG 20.8.2003 EzA § 3 EFZG Nr. 1, wo es aber nur um ein klassisches Berufsausbildungsverhältnis geht). 212

Von daher ist es nicht zu beanstanden und liegt in beiderseitigem Interesse, wenn der Arbeitnehmer unter dem **Vorbehalt einer vom Amtsarzt noch auszustellenden gesundheitlichen Eignung** vorläufig eingestellt (aufschiebende oder auflösende Bedingung) und beschäftigt wird (vgl. LAG Bln. 16.7.1990 LAGE § 620 BGB Bedingung Nr. 2; LAG Köln 12.3.1991 LAGE § 620 BGB Bedingung Nr. 3; Hess. LAG 8.12.1994 DB 1995, 1617; aA ArbG Hmb. 22.10.1990 NZA 1991, 941; einschränkend auch *Enderlein* RdA 1998, 102 f.). Hierher gehören **im weiteren Sinne** auch die Fälle der vereinbarten **zweckbefristeten Fortsetzung des gekündigten Arbeitsverhältnisses bis zur rechtskräftigen Abweisung der Kündigungsschutzklage** (BAG 4.9.1986 EzA § 611 BGB Beschäftigungspflicht Nr. 27; 22.10.2003 EzA § 14 TzBfG Nr. 8 zum Schriftformgebot; s.u. Rz 367 ff.) oder der Einstellung unter der auflösenden Bedingung **der mangelnden Zustimmung durch den Betriebs- oder Personalrat** (BAG 17.2.1983 EzA § 620 BGB Nr. 62). Zu unbestimmt und daher unwirksam sind hingegen Vereinbarungen, nach denen das Arbeitsverhältnis beendet werden soll, wenn ein Arbeitsplatz mit einer voll ausgebildeten Fachkraft besetzt werden kann, sofern dieser Grund nicht zum Anlass für eine echte zeitliche Befristung genommen wird (vgl. BAG 12.8.1976 EzA § 620 BGB Nr. 30; vgl. oben Rz 114) oder wenn sich der Arbeitnehmer für die vorgesehene Tätigkeit nicht eignet. Im letzten Fall bietet sich eine vorgeschaltete Erprobungsbefristung nach Nr. 5 an. Jedes Mal ist eine im Zeitpunkt des Vertragsabschlusses erforderliche **Prognose** zu stellen, **dass sich das ungewisse Ereignis unmittelbar auf das Arbeitsverhältnis** iSe völligen oder teilweisen Fortfalls des Beschäftigungsbedürfnisses **auswirken wird**. 212a

Der Fortbestand des Arbeitsverhältnisses kann auch nicht an die **Vermeidung von Alkoholgenuss** (LAG München 29.10.1987 BB 1988, 348) oder an **gute Leistungen im Berufsausbildungsverhältnis** (BAG 5.12.1985 EzA § 620 BGB Bedingung Nr. 5) gebunden werden, da damit ansonsten der Kündigungsschutz ausgehebelt werden könnte. **Der sachliche Grund für eine auflösende Bedingung muss sich im Katalog der anerkannten Befristungsgründe wieder finden lassen.** So kann zB die **Erprobung (Nr. 5) nach einer Entziehungskur** den befristeten Abschluss eines Arbeitsverhältnisses mit Sachgrund tragen (vgl. LAG Köln 5.3.1998 NZA 1999, 321; APS-*Backhaus* Rz 109). Dagegen kann die Beendigung durch **tarifvertragliche Regelung** für den Fall der **entzogenen Einsatzgenehmigung** im Wach- und Sicherheitsdienst festgelegt werden, soweit keine anderweitige Beschäftigungsmöglichkeit 213 für den Arbeitnehmer besteht (*BAG* 25.8.1999 EzA § 620 BGB Bedingung Nr. 13). Hierher gehören auch die auflösenden Bedingungen in den Fällen der **Berufs- und Erwerbsunfähigkeit**. Hierzu und ausführlich zur auflösenden Bedingung sowie ihren Grenzen KR-*Bader* § 21 TzBfG Rz 41 ff.

f) Altersgrenzen

214 Zu den **Gründen in der Person des Arbeitnehmers** zählen nun auch Vereinbarungen zu **Altersgrenzen**, die festlegen, wann der Arbeitnehmer in den Ruhestand tritt. Mit dem Paradigmenwechsel im Befristungsrecht (KR-*Lipke* § 620 BGB Rz 119) kann für Altersgrenzen nicht mehr ohne weiteres der Prüfungsmaßstab des **§ 41 S. 1 SGB VI** (der seit dem 1.1.2000 geltenden Fassung) herangezogen werden, der eine personenbedingte Kündigung des Arbeitsverhältnisses wegen Erreichens eines bestimmten Lebensalters unterbindet (*BAG* 19.11.2003 EzA § 620 BGB 2002 Altersgrenze Nr. 4; vgl. KR-*Griebeling* § 1 KSchG Rz 289). Während es im Kündigungsschutzrecht darum geht, die dem Arbeitgeber nach dem KSchG und dem BGB zustehenden einseitigen Gestaltungsrechte zu überprüfen, dient die **Befristungskontrolle** dem Ziel, den **Arbeitnehmer vor paritätsgestörten Ergebnissen der Vertragsfreiheit zu schützen** (s.o. Rz 21; *Dörner* Befr. Arbeitsvertrag, Rz 331). Die lange Zeit umstrittene dogmatische Einordnung von Altersgrenzen als Befristung oder auflösende Bedingung (vgl. nur *BAG* 20.12.1984 EzA § 620 BGB Bedingung Nr. 4; *Bader* Vorauft., § 21 TzBfG Rz 32 mwN) ist nun höchstrichterlich entschieden worden. Das BAG geht nun von einer sog. **Höchstbefristung** aus (*BAG* 19.11.2003 EzA § 620 BGB 2002 Altersgrenze Nr. 4; 14.8.2002 EzA § 620 BGB Altersgrenze Nr. 13; APS-*Backhaus* § 3 TzBfG Rz 26). Danach sei aus Sicht der Arbeitsvertragsparteien der Eintritt des gesetzlichen Rentenalters ein zukünftiges Ereignis, dessen Eintritt sie als feststehend ansehen. Ob eine Befristung zur Beendigung des Arbeitsverhältnisses führe, hänge davon ab, dass das Arbeitsverhältnis nicht bereits vor Fristablauf anderweitig ende, zB durch Kündigung oder Aufhebungsvertrag. Nicht anders würde es sich auch bei der Beendigung des Arbeitsverhältnisses aufgrund einer Altersgrenze verhalten. Diese würde nicht allein durch die Möglichkeit einer vorherigen anderweitigen Beendigung des Arbeitsverhältnisses zur auflösenden Bedingung (ErfK-*Müller-Glöge* Rz 77; *Enderlein* RdA 1998, 91; *Löwisch* ZTR 2000, 531; *Hromadka* BB 2001, 621; BBDW-*Bader* § 620 BGB Rz 191; *D. W. Belling* Anm. EzA § 620 BGB Altersgrenze Nr. 1; *Rolfs* Anm. AP Nr. 20 zu § 620 BGB Altersgrenze). Die **Vereinbarung einer Altersgrenze** stellt sich deshalb als die »**Befristung schlechthin**« bezogen auf das **Arbeitsleben** eines Arbeitnehmers dar. Da sie in der **Person** des Arbeitnehmers wurzelt, ist sie aus hiesiger Sicht § 14 Abs. 1 **Nr. 6** TzBfG zuzuordnen.

214a Die **Zulässigkeit von Altersgrenzen** zur Beendigung des Arbeitsverhältnisses steht nicht mehr im Streit. Die Festlegung einer Altersgrenze kann **Bestandteil einer betrieblichen Versorgungszusage** sein, ohne dass dadurch Schutzvorschriften des Rechts der Allgemeinen Geschäftsbedingungen (Überraschungsklausel, früher § 3 AGBGB; jetzt § 305c BGB) betroffen werden (*BAG* 6.8.2003 EzA § 620 BGB 2002 Altersgrenze Nr. 3). Altersgrenzen können **einzelvertraglich, tarifvertraglich oder im Wege einer Betriebsvereinbarung** einen Sachgrund für die Beendigung des Arbeitsverhältnisses ohne Kündigung setzen. Dies war nicht immer so (vgl. dazu ArbRBGB-*Dörner* § 620 BGB Rz 130; APS-*Backhaus* Rz 112 ff., jeweils mwN). Zum Teil wurde die Ansicht vertreten, angesichts dahinter stehender genereller Überlegungen – Erwartung der Minderung der Leistungsfähigkeit, planbare Belegschaftsstrukturen – sei das Alter bereits hinreichender Befristungsgrund (etwa *Hromadka* SAE 1986, 244; *Kraft* SAE 1987, 22; *Plander* NZA 1984, 1884; MünchKomm-*Schwerdtner* 3. Aufl., § 620 BGB Rz 73, 79). Andere stellten auf die Gewährleistung einer ausreichenden Altersversorgung ab (*Hanau* RdA 1976, 24) oder wollten die Abreden an Art. 12 GG messen (*Schlüter/Belling* NZA 1988, 297). Wieder andere nahmen hinsichtlich der Vereinbarung von Altersgrenzen in Arbeitsverträgen einen differenzierenden Standpunkt ein, bejahten aber im Hinblick auf Art. 6 § 5 Abs. 2 des Rentenreformgesetzes (RRG) 1972 (BGBl. I S. 1965) die Wirksamkeit einer auf die Vollendung des 65. Lebensjahres bezogenen Vereinbarung, soweit die in dieser Vorschrift genannten Voraussetzungen – Schriftform der Vereinbarung oder Bestätigung in einem bestehenden Arbeitsverhältnis und die Einhaltung der Dreijahresfrist vor dem Zeitpunkt, in dem das Altersruhegeld beantragt werden kann (später § 41 SGB VI) – gegeben waren (*Stahlhacke* DB 1989, 2329, 2331). Im weiteren Verlauf der Rechtsentwicklung konzentrierten sich die Überlegungen zur Wirksamkeit von Altersgrenzen auf **§ 41 S. 2 SGB VI** in seinen unterschiedlichen gesetzlichen Ausprägungen (vgl. dazu KR-*Bader* § 23 TzBfG Rz 24 f.). Die in diesem Gesetz zum Ausdruck kommende Bewertung rechtfertige die einzelvertragliche Vereinbarung einer Altersgrenze von 65 Jahren als sachlich begründet, es sei denn, der Arbeitnehmer verfüge über keine gesetzliche Altersversorgung oder ein Äquivalent (dazu etwa *BAG* 14.10.1997 EzA § 41 SGB VI Nr. 6). Dies gelte ungeachtet des Umstandes, dass § 41 SGB VI vor allem die **Entscheidungsfreiheit des Arbeitnehmers** sichern soll, entsprechend seiner Leistungsfähigkeit, seiner persönlichen Lebensplanung und seiner individuellen Bedürfnisse und Interessen zu bestimmen, ob er ein Altersruhegeld beziehen möchte oder weiter arbeiten will (*BAG* 19.11.2003 EzA § 620 BGB 2002 Altersgrenze Nr. 4; offen gelassen *BAG* 17.4.2002 EzA § 41 SGB VI Nr. 11). Die Erwartung, ein **Arbeitnehmer** werde idR nach Vollendung des 65. Lebensjahres durch den Bezug der gesetzlichen Altersrente **wirtschaftlich ausreichend gesichert** sein, vermittelt indessen einen Sachgrund für eine auf das Arbeitsleben bezogene Höchstbefristung. Diese Erwartung muss indessen angesichts in Zukunft sinkender gesetzlicher Altersruhebezüge relativiert werden. Der Neufassung des § 41 S. 2 SGB VI ist jedenfalls zu entnehmen, dass eine auf das 65. Lebensjahr abstellende **Altersgrenze vereinbarungsfähig** ist. Damit ist nicht gesagt, dass allein das Erreichen der Altersgrenze einen **Sachgrund** für die Befristung bietet, weil dies dem Ziel einer weiteren Flexibilisierung der Lebensarbeitszeit widerspräche (BT-Drs. 11/4124, S. 163). Die Zulässigkeit der Altersgrenze stützt sich auf andere Erwägungen (s. u. Rz 214b ff.) und lässt sich allenfalls mittelbar aus § 41 SGB VI S. 2 ableiten. Dagegen sieht **§ 8 Abs. 3 ATG** eine Befristungsvereinbarung ausdrücklich vor (*BAG* 19.11.2003 EzA § 620 BGB 2002 Altersgrenze Nr. 4; ErfK-*Müller-Glöge* Rz 77; *Dörner* Befr. Arbeitsvertrag, Rz 332 ff. mwN). Diese ist sachgrundgemäß, wenn sie die Beendigung auf den Monat ab Bezug der Regelaltersrente oder auf den Zeitpunkt der Auszahlung einer befreienden Lebensversicherung festlegt (*BAG* 16.11.2005 EzA § 8 ATG Nr. 1). Die Altersgrenze ist auch verbindlich für »Geringverdiener« (*LAG Hamm* 23.11.2005 – 14 Sa 1457/05, Teilzeitbeschäftigung eines Erwerbsunfähigkeitsrentners). Wird eine **vor dem 65. Lebensjahr liegende Altersgrenze** vereinbart, so kann eine Veränderung der Umstände nur zur Fortsetzung des Arbeitsverhältnisses bis zur Vollendung des 65. Lebensjahres führen, dem Arbeitnehmer aber keine weitergehenden Rechte aus § 313 BGB einräumen (*BAG* 18.2.2003 EzA § 313 BGB 2002 Nr. 1).

Für eine sachlich gerechtfertigte Altersgrenze von 65 Jahren sprechen neben der regelmäßig mit Voll- **214b** endung des 65. Lebensjahres zu erwartenden **wirtschaftlichen Absicherung des Arbeitnehmers** das **Bedürfnis des Arbeitgebers** nach einer sachgerechten und berechenbaren **Personal- und Nachwuchsplanung**. Der ausscheidende Arbeitnehmer muss sich vor Augen halten lassen, dass er seinerseits nur Einstellungs- und Aufstiegsmöglichkeiten erhalten konnte, weil vor ihm lebensältere Arbeitnehmer in den Ruhestand ausgeschieden sind (*BAG* 19.11.2003 EzA § 620 BGB 2002 Altersgrenze Nr. 4; 11.6.1997 EzA § 620 BGB Altersgrenze Nr. 6; *Hanau* DB 1994, 2394; *Dörner* Befr. Arbeitsvertrag, Rz 333; *Schmidt* FS Dieterich 1999, S. 585, 588; aA *Boerner* ZFA 1995, 537 der nur berufsbezogene Altersgrenzen zum Zwecke der Gefahrenabwehr zulassen will). Die wirtschaftliche Absicherung bei Vollendung des 65. Lebensjahres bedeutet jedoch nicht einen Anspruch auf eine bestimmte Rentenhöhe. Es genügt vielmehr, dass bei Vertragsschluss die Möglichkeit bestanden hat eine Altersrente aufzubauen. Wählt der Arbeitnehmer später eine andere Versorgungsform (zB Presseversorgungswerk für Journalisten), so scheitert die vertragliche Befristung durch Altersgrenze nicht an einer zu erwartenden betragsmäßig **geringen Rente**. Das verfassungsrechtliche **Untermaßverbot** erfordert keine am individuellen Lebensstandard und den subjektiven Bedürfnissen des Arbeitnehmers orientierte Altersversorgung (*BAG* 27.7.2005 EzA § 620 BGB 2002 Altersgrenze Nr. 6).

Eine vereinbarte Altersgrenze »65« vermeidet Auseinandersetzungen über den Fortbestand der Leis- **214c** tungskraft des Arbeitnehmers, die nach Lebenserfahrung bei zunehmendem Alter nachlässt und insbes. nach Vollendung des 65. Lebensjahres größer wird (ErfK-*Müller-Glöge* Rz 77; aA *Schlüter/Belling* NZA 1988, 297). Damit ist für die Altersgrenze »65« unter regelmäßigen Lebensumständen ein Sachgrund zur Beendigung des Arbeitsverhältnisses gegeben. **Zeitlich davor liegende Altersgrenzen** stehen dagegen unter dem **Bestätigungsvorbehalt des § 41 S. 2 SGB VI**, der eine »Zwangspensionierung« vor Vollendung des 65. Lebensjahres verhindert (*Staudinger/Preis* § 620 BGB Rz 132). Hier bedarf es auch zusätzlicher Gründe für die Frühverrentung. Bei Umsetzung der gesetzgeberischen Pläne zur Anhebung des Rentenalters auf das **67. Lebensjahr** bleibt es bei diesen rechtfertigenden Erwägungen. Die entsprechenden tariflichen, betrieblichen oder einzelvertraglichen Vereinbarungen zum 65. Lebensjahr sind dann entweder ergänzend nach § 157 BGB auszulegen (*Palandt/Heinrichs* 66. Aufl. § 157 Rz 2) oder nach § 313 Abs. 1 und 2 BGB an die veränderte Rechtslage anzupassen (*Melms/Schwarz* DB 2006, 2010, 2015; HWK-*Schmalenberg* Rz 65).

Die Altersgrenze als Sachgrund berührt Grundrechtspositionen von Arbeitnehmern und Arbeitgebern **214d** aus **Art. 2 Abs. 1 und Art. 12 Abs. 1 GG**. Der 7. Senat des BAG erkennt in diesen Grundrechten aber keinen Schutz der Arbeitsvertragsparteien vor privatrechtlichen Dispositionen und lehnt damit eine Drittwirkung von Grundrechten ab (*BAG* 19.11.2003 EzA § 620 BGB 2002 Altersgrenze Nr. 4; 11.6.1997 EzA § 620 BGB 2002 Altersgrenze Nr. 6 m. Anm. *Vollstädt*). Der Senat hat indessen seine Sachgrunduntersuchung an den Grundrechtspositionen der Vertragsparteien ausgerichtet und versteht sich dabei in Umsetzung der **Schutzpflichtrechtsprechung des BVerfG** (BVerfGE 81, 242; 89, 214) als Grundrechtsadressat iSv **Art. 1 Abs. 3 GG** (*Dörner* Befr. Arbeitsvertrag, Rz 334). Bei der einfachrechtlichen Umsetzung des Schutzpflichtauftrags aus dem Grundgesetz hat der 7. Senat des BAG in der Altersgrenzenabrede »65« keinen Anhaltspunkt für eine zu behebende **Paritätsstörung** gesehen (*BAG* 19.11.2003 EzA § 620 BGB 2002 Altersgrenze Nr. 4; 11.6.1997 11.6.1997 EzA § 620 BGB 2002 Altersgrenze Nr. 6; 25.2.1998 EzA § 620 BGB Altersgrenze Nr. 9 zu tariflich geregelten Altersgrenzen). Die widerstreitenden Grundrechte der Arbeitsvertragsparteien finden demnach in der Altersgrenze »65« einen angemessenen Ausgleich. Personal- und Nachwuchsplanung des Arbeitgebers einerseits und wirtschaftliche Absicherung des Arbeitnehmers andererseits finden bei der Abwägung der wechselseitigen Interessen ausreichend Berücksichtigung. Daher sind **einzelvertragliche Altersgrenzen mit Art. 12 Abs. 1 GG vereinbar soweit sie den Anforderungen der arbeitsgerichtlichen Befristungskontrolle genügen** (st.Rspr.; zuletzt *BAG* 27.7.2005 EzA § 620 BGB 2002 Altersgrenze Nr. 6; 11.6.1997 EzA § 620 BGB Altersgrenze Nr. 6; 20.2.2002 EzA § 620 BGB Altersgrenze Nr. 11; *Annuß/Thüsing-Maschmann* Rz 63; *Boewer* Rz 199; HaKo-*Mestwerdt* Rz 119; APS-*Backhaus* Rz 113 f.). Dies gilt auch für tarifvertragliche Regelungen (zB § 60 BAT) ergänzende einzelvertragliche Altersgrenzenvereinbarungen (*BAG* 14.10.1997 EzA § 41 SGB VI Nr. 6). Aus der **Antidiskriminierungsrichtlinie 2000/78/EG** (abgedr. als Anl. V zum AGG) ergeben sich keine weitergehenden Rechtsfolgen. Das wird aus den Erwägungsgründen Nr. 14 und 25 der Richtlinie abgeleitet (*Bauer* NJW 2001, 2672 f.; ErfK-*Müller-Glöge* Rz 77). Die Beibehaltung oder Einführung genereller gesetzlicher Altersgrenzen – um eine solche handelt es sich anders als die Bestimmungen für Beamte und Richter in § 41 SGB VI nicht – ist den Mitgliedstaaten jedenfalls erlaubt, wenn sie einem **legitimen Ziel der Sozialpolitik**, nämlich der Förderung von Einstellungen, dient. Mit allgemeinen Höchstaltersgrenzen werden zwar keine neuen Arbeitsplätze geschaffen, bereits vorhandene von älteren Beschäftigten besetzte Arbeitsplätze indessen freigemacht (*Linsenmaier* RdA 2003 Sonderbeil. Heft 5, S. 22, 30 f., ähnlich *Schlachter* GeS Blomeyer S. 355, 366 ff.). Die Vereinbarung von einzelvertraglichen Altersgrenzen verstößt deshalb von sich aus nicht gegen gemeinschaftsrechtliche Vorgaben (*Dörner* Befr. Arbeitsvertrag, Rz 334). Daran hat die Entscheidung des *EuGH* vom 22.11.2005 (EzA § 14 TzBfG Nr. 21) in der **Rechtssache Mangold** (Rs C 144/04) nichts geändert, denn die Heranziehung des Lebensalters als sachliches Abgrenzungskriterium für die das Arbeitsrecht ergänzenden sozialen Sicherungssysteme wird dadurch nicht eingeschränkt (iE ebenso ErfK-*Müller-Glöge* Rz 77; MünchKomm-*Hesse* Rz 60; zweifelnd *Annuß* BB 2006, 325; ähnlich KDZ-*Däubler* § 21 TzBfG Rz 42). Da die Altersgrenzen junge wie alte Arbeitnehmer (irgendwann) gleichermaßen treffen, fehlt es an einer Diskriminierung (vgl. § 10 S. 3 Nr. 5 AGG; HWK-*Schmalenberg* Rz 72; vgl. dazu auch u. Rz 342 ff. und KR-*Pfeiffer* Erl. zum AGG).

214e Soweit **Tarifverträge** eine Altersgrenze von 65 Jahren festlegen, handelt es sich um tarifliche Beendigungsnormen, für die nach § 1 TVG grds. eine Regelungsbefugnis der Tarifpartner besteht (etwa *BAG* 28.6.1995 EzA § 620 BGB Nr. 134; *Staudinger/Preis* § 620 BGB Rz 126). Tarifliche Beendigungsnormen in Gestalt von Altersgrenzenregelungen unterfallen ebenfalls einer **richterlichen Befristungskontrolle**, denn die aus Art. 12 Abs. 1 GG folgende Schutzpflicht verpflichtet die Gerichte als staatliche Grundrechtsadressaten, die Arbeitnehmer vor einer unverhältnismäßigen Beschränkung des Bestandschutzes durch privatautonome Regelungen zu bewahren. Dieser über die arbeitsgerichtliche Befristungskontrolle bewirkte Schutz der Arbeitnehmer vor einem grundlosen, den staatlichen Kündigungs- und Befristungsschutz umgehenden Verlust des Arbeitsplatzes **umschließt die tarifgebundenen Arbeitsvertragsparteien ebenso wie die Arbeitsvertragsparteien**, die im Wege einer privatautonomen Regelung eine tarifliche Altersgrenze einzelvertraglich in Bezug nehmen. In beiden Fällen verfügen die Arbeitsvertragsparteien über ihre Rechte aus Art. 12 Abs. 1 GG (*BAG* 27.11.2002 EzA § 620 BGB 2002 Altersgrenze Nr. 1). Die Sachgrundprüfung hat sich deshalb ebenso auf tarifvertragliche Altersgrenzen zu erstrecken. Genügt der § 14 Abs. 1 Nr. 6 zuzuordnende Sachgrund einer Höchstbefristung zur Lebensarbeitszeit den Anforderungen einer an Art. 12 Abs. 1 GG ausgerichteten Befristungskontrolle, so sind einzelvertragliche wie tarifvertragliche Befristungsnormen nicht zu beanstanden (*BAG* 25.2.1998 EzA § 620 BGB Altersgrenze Nr. 9; 6.8.2003 EzA § 620 BGB 2002 Altersgrenze Nr. 3). Der **Prüfungsmaßstab** des BAG stellt deshalb vorrangig auf die **privatautonome Regelung** der Arbeitsvertragsparteien **zur Altersgrenzenbestimmung** ab und gesteht den Tarifvertragsparteien ungeachtet der vermuteten materieller Richtigkeit ihrer nach Art. 9 Abs. 3 GG autonom getroffenen Bestimmungen keine weitergehenden Regelungsbefugnisse zu. Das **Prüfungsprogramm des Bundesverfassungsgerichts** (*BVerfG* 11.6.1958 NJW 1958, 1035; 29.10.1992 NJW 1993, 1575), das in den Altersgrenzenregelungen ein Eingriff auf der Stufe der subjektiven Zulassungsvoraussetzungen zur beruflichen Betätigung (Art. 12 Abs. 1 GG) sieht und zu ihrer Rechtfertigung den Schutz überragender Gemeinschaftsgüter verlangt, wird vom 7. Senat des BAG »umgeschrieben«. Da sich Tarifvertragsparteien für Altersgrenzenregelungen schwerlich auf Gemeinwohlinteressen und den Grundsatz der Verhältnismäßigkeit berufen können, stellt das BAG die **berufsspezifischen Umstände des Einzelfalls in den Vordergrund**. Dazu gehören neben den allgemeinen Erwägungen zur wirtschaftlichen Absicherung des Arbeitnehmers bei Erreichen der Altersgrenze und der Personal- und Nachwuchsplanung des Arbeitgebers das Risiko altersbedingter Ausfallerscheinungen und unerwarteter Fehlreaktionen aufgrund überdurchschnittlicher psychischer und physischer Belastungen sowie der Schutz von Leben und Gesundheit anvertrauter Dritter (Dörner Befr. Arbeitsvertrag, Rz 333 ff., 340; *Staudinger/Preis* § 620 BGB Rz 129 ff., jeweils mwN). Die **Besonderheit tariflicher Altersgrenzenregelungen** beschränkt sich deshalb darauf, dass den Tarifvertragsparteien weiterhin zugestanden wird, die Altersgrenzenregelungen mit Blick auf **branchentypische Spezifika** zu bestimmen (BAG 11.3.1998 EzA § 620 BGB Altersgrenze Nr. 8, gebilligte Altersgrenze von 55 Jahren für Cockpitpersonal mit Anspruch das Arbeitsverhältnis bei fortbestehendem körperlichen und beruflichen Leistungsvermögen bis zur Altersgrenze von 60 Jahren fortzusetzen; BAG 25.2.1998 EzA § 620 BGB Altersgrenze Nr. 9: gebilligte Altersgrenze von 60 Jahren für Cockpitpersonal; BAG 27.11.2002 EzA § 620 BGB 2002 Altersgrenze Nr. 1 und 2: Billigung einer Altersgrenze für Flugzeugführer mit Vollendung des 60. Lebensjahres; bestätigt durch BAG 21.7.2004 EzA § 620 BGB 2002 Altersgrenze Nr. 5: selbst bei Wegfall der Altersgrenze in § 41 Abs. 1 LuftBO für Luftfahrtgerät, da sich die tatsächlichen Grundlagen für die Bewertung durch Tarifparteien nicht geändert haben; MünchKomm-*Hesse* Rz 61).

Begegnen deshalb tarifvertraglichen wie einzelvertraglichen Altersgrenzenbestimmungen idR bei wirtschaftlicher Absicherung des Arbeitnehmers keine Bedenken, so ist **eine auf ein früheres als das 65. Lebensjahr festgelegte Höchstbefristung** zum Arbeitsleben nur zulässig, wenn dafür **zusätzliche Sachgrunderfordernisse** streiten (vgl. auch APS-*Backhaus* Rz 118 ff.; *Gräfl/Arnold-Gräfl* Rz 169 ff.). Eine Vermutung, dass bereits früher infolge fortgeschrittenen Lebensalters die physischen und psychischen Anforderungen vom Arbeitnehmer nicht mehr erfüllt werden können (zB Tätigkeit von Piloten oder Chirurgen), reicht dafür nicht aus (ErfK-*Müller-Glöge* Rz 78). Die **Einschätzungsprärogative der Tarifvertragsparteien**, hier bestünden ab einem bestimmten Lebensalter aufgrund von Erfahrungen erhöhte Risiken für Leben und Gesundheit der Besatzung und der Passagiere, kann allerdings das zusätzliche Sachgrunderfordernis »schaffen« (BAG 27.11.2002 EzA § 620 BGB 2002 Altersgrenze Nr. 2). Die Beurteilung der Tarifvertragsparteien wird indessen nur so lange maßgeblich sein, als sie sich mit öffentlich-rechtlichen Sicherheitsvorgaben deckt. Dafür geben **deutsche und internationale Vorschriften** zB zur Luftsicherheit den Rahmen vor (ErfK-*Müller-Glöge* aaO; *Dörner* Befr. Arbeitsvertrag, Rz 342 f.; BAG 21.7.2004 EzA § 620 BGB 2002 Altersgrenze Nr. 5 jeweils mwN). Demgegenüber hat das BAG entschieden, dass eine tarifvertraglich für das **Kabinenpersonal** normierte **Altersgrenze von 55 Jahren** wegen Fehlens eines rechtfertigenden Sachgrundes **unwirksam** ist (BAG 31.7.2002 EzA Art. 9 GG Nr. 78). In dieser Entscheidung bestätigt das BAG, dass die von der Rechtsprechung entwickelten Grundsätze zur arbeitsgerichtlichen Befristungskontrolle nicht tarifdispositiv sind und den **Tarifvertragsparteien** nur eine **Einschätzungsprärogative** in Bezug auf die tatsächlichen Gegebenheiten und betroffenen Interessen der Arbeitsvertragsparteien zusteht. Dennoch fehle es hier bei der für das Kabinenpersonal festgelegten Altersgrenze von 55 Jahren an einem rechtfertigenden Sachgrund. Das **Sicherheitsrisiko**, das bei zunehmendem Alter beim **Cockpitpersonal** eintreten könne, bestehe beim Kabinenpersonal nicht in annähernd gleicher Weise. Fälle, in denen der altersbedingte Ausfall eines Mitglieds des Kabinenpersonals die Flugpassagiere, das Flugpersonal oder Menschen in überflogenen Gebieten in ernste Gefahr bringen können, seien derart theoretisch und unwahrscheinlich, dass sie für die niedrige Altersgrenze von 55 Jahren nicht zur Begründung herangezogen werden könnten (ebenso *Caspers* BB 2002, 2506). **Zusätzlich** zu diesen Überlegungen stellt das BAG bei tarifvertraglichen und einzelvertraglichen Altersgrenzenregelungen, die eine **frühere Altersgrenze als das 65. Lebensjahr** festlegen, darauf ab, ob dem frühzeitig aus dem Arbeitsleben ausscheidenden Arbeitnehmer eine **ausreichende betriebliche Versorgung** gewährleistet ist (BAG 11.3.1998 EzA § 620 BGB Altersgrenze Nr. 8, tarifliche Übergangsversorgung; 25.2.1998 EzA § 620 BGB Altersgrenze Nr. 9, Versicherungsleistung von 135.000,– DM aus einer überwiegend vom Arbeitgeber finanzierten Gruppenversicherung). In Anbetracht der **Richtlinie 2000/78/EG** ergeben sich für die **abgesenkten Höchstaltersgrenzen** keine Probleme. Die mit berufsspezifischen Altersgrenzen verbundene Ungleichbehandlung dürfte – wenn sie den nationalen Sachgrunderfordernissen entspricht – eine wesentliche und entscheidende **berufliche Anforderung** für die auszuübende Tätigkeit darstellen und deshalb nach Art. 4 Abs. 1 der Richtlinie gestattet sein (*Linsenmaier* RdA 2003 Sonderbeil. Heft 5, S. 22, 32; *Löwisch/Caspers/Neumann* Beschäftigung und demografischer Wandel, S. 49).

214f

214g Für die Festlegung einer Altersgrenze von 65 Jahren in **Betriebsvereinbarungen** ergeben sich keine Besonderheiten (*BAG* 20.11.1987 EzA § 620 BGB Altersgrenze Nr. 1; ErfK-*Müller-Glöge* Rz 77; KassArbR-*Schütz* 4.4 Rz 86). Nach der Rechtsprechung des BAG kann eine sog. freiwillige (dh nicht erzwingbare) Betriebsvereinbarung nach **§ 88 BetrVG** eine Altersgrenze für alle Arbeitnehmer eines Betriebes auch zu ihren Ungunsten bestimmen, wenn die Arbeitsverträge »betriebsvereinbarungsoffen« ausgestaltet worden sind (*BAG* 20.11.1987 EzA § 620 BGB Altersgrenze Nr. 1 im Anschluss an *BAG GS* 16.9.1986 EzA § 77 BetrVG 1972 Nr. 17; *Staudinger/Preis* § 620 BGB Rz 126). Die Altersgrenzenregelung in einer Betriebsvereinbarung (Betriebsordnung) kann sich darauf beschränken festzulegen, dass das Arbeitsverhältnis bei **Erreichen des gesetzlichen Rentenalters** endet, welches regelmäßig mit Vollendung des 65. Lebensjahres erreicht wird (§ 35 Abs. 1 SGB VI; § 33a Abs. 1 SGB I; Geburtsdatum maßgebend, das sich aus der ersten Angabe des Berechtigten oder seiner Angehörigen gegenüber einem Sozialleistungsträger ergibt). Für die Bestimmung des Rentenalters ist dann eine **spätere Änderung des Geburtsdatums** regelmäßig unbeachtlich (*BAG* 14.8.2002 EzA § 620 BGB Altersgrenze Nr. 13 unter Hinweis auf § 33a Abs. 2 SGB I). Wird eine freiwillige Betriebsvereinbarung für mehrere Betriebe eines Unternehmens zur Bestimmung der Altersgrenze geschlossen, kann sich die originäre **Zuständigkeit des Gesamtbetriebsrats** nach § 50 Abs. 1 BetrVG daraus ergeben (vgl. auch *BAG* 25.3.1971 EzA § 620 BGB Nr. 15). Eine sachgrundfeste Altersgrenzenregelung einer Betriebsvereinbarung hat dieselben Anforderungen zu erfüllen, die auch für tarifvertragliche und einzelvertragliche Altersgrenzen erforderlich sind. Die **gerichtliche Kontrolle** findet indessen im Rahmen des **§ 75 BetrVG** statt, der die Betriebspartner u.a. dazu verpflichtet, Arbeitnehmer wegen Überschreitung bestimmter Altersstufen nicht zu benachteiligen (Abs. 1 S. 2). Die Vereinbarung einer Altersgrenze in einer Betriebsvereinbarung ist deshalb nur in den Grenzen von Recht und Billigkeit zulässig und hat das Recht der Arbeitnehmer auf freie **Entfaltung ihrer Persönlichkeit** und ihrer Berufsfreiheit zu berücksichtigen. In beschäftigungspolitisch schwierigen Zeiten werden sich die von einer Altersgrenze betroffenen Arbeitnehmer jedoch die Möglichkeit des Bezuges, jedenfalls aber den tatsächlichen Bezug eines angemessenen Altersruhegeldes entgegenhalten lassen müssen. Dabei können **zusätzliche betriebliche Versorgungsleistungen** von Bedeutung sein (*Fitting* BetrVG § 77 BetrVG Rz 63). Bei nicht hinreichender wirtschaftlicher Versorgung einzelner noch leistungsfähiger Arbeitnehmer ist durch Ergänzung der Altersgrenzenregelung um eine **Härteklausel** die vorübergehende Weiterbeschäftigung zu ermöglichen (*BAG* 20.11.1987 EzA § 620 BGB Altersgrenze Nr. 1).

214h Vor Inkrafttreten des TzBfG konnte **leitenden Angestellten** iSv § 14 Abs. 2 KSchG eine niedrigere Altersgrenze (zB 60. oder 63. Lebensjahr) zugemutet werden, wenn deren finanzielle Interessen bei der Altersgrenzenvereinbarung in Form einer Abfindung befriedigt wurden (*BAG* 26.4.1979 EzA § 620 BGB Nr. 39; *Annuß/Thüsing-Maschmann* 1. Aufl. Rz 56). Unabhängig von der Höhe einer solchen »Abfindung« ist eine derartige Vereinbarung nun nicht mehr möglich, da das **TzBfG** ohne Unterschied für alle Arbeitnehmer einschließlich der leitenden Angestellten das **Erfordernis eines sachlichen Grundes** für die Befristung aufstellt (zutr. ErfK-*Müller-Glöge* Rz 80). Eine Vorverlegung der Altersgrenze für **Führungskräfte** auf unter 65 lässt sich wegen vermuteter **abnehmender Leistungsfähigkeit** nicht begründen. Ähnliches dürfte auch für Profisportler (*Bepler* FS Fenn 2000, S. 43, 59 f.) oder Unterhaltungskünstler zutreffen. **Unterschiedliche Altersgrenzen für Männer und Frauen** sind gemeinschaftswidrig (Art. 141 EV, Art. 5 Richtlinie 76/207/EWG; *EuGH* 17.5.1990 EzA Art. 119 EWG-Vertrag Nr. 4; 14.12.1993 EzA Art. 119 EWG-Vertrag Nr. 9) und verstoßen darüber hinaus gegen deutsches Recht (Art. 3 Abs. 2 GG; *BVerfG* 28.1.1987 EzA Art. 3 GG Nr. 22 m. Anm. *Schlachter*; § 611a BGB).

g) Arbeitnehmerüberlassung

214i Innerhalb des Sammeltatbestandes der Nr. 6 sind Befristungen aus persönlichen Gründen im Leiharbeitsverhältnis jedenfalls in Teilbereichen vorstellbar. In erster Linie ist an den **Wunsch des Arbeitnehmers**, sein Arbeitsverhältnis nur befristet abzuschließen, zu denken. Insoweit gelten keine Besonderheiten zu den in Rz 186 ff. dargestellten Voraussetzungen (vgl. auch *Schüren/Berend* NZA 2003, 521, 523; *Frik* NZA 2005, 386, 388). Als Zweites sind Befristungen zur **sozialen Überbrückung** zu nennen. Hier gilt es im Interesse des Arbeitnehmers, ein zuvor wirksam befristetes oder gekündigtes Arbeitsverhältnis begrenzt um eine Auslauffrist zu verlängern oder ihn bei einer Personal Service Agentur (PSA) zu beschäftigen (*Wank* NZA 2003, 15, 21; *Schüren/Berend* aaO). Mit der Auflösung der PSAen entfällt die letztgenannte Möglichkeit.

7. Begrenzung von Haushaltsmitteln (Nr. 7)

a) Allgemeines

Die Befristung eines Arbeitsvertrages aufgrund zeitlich begrenzter Haushaltsmittel ist nun nach Nr. 7 ausdrücklich sachlich gerechtfertigt. Voraussetzung ist, dass die **Mittel haushaltsrechtlich für die befristete Beschäftigung bestimmt sind und der Arbeitnehmer zu Lasten dieser Mittel eingestellt und beschäftigt wird** (BT-Drs. 14/43 74). Der Gesetzgeber hat sich dabei an eine **inhaltsgleiche Bestimmung in § 57b Abs. 2 Nr. 2 HRG aF** angelehnt, die bei Inkrafttreten des TzBfG 2001 noch galt. Als Beispiel nennt die Gesetzesbegründung nur die **Gewährung begrenzter Haushaltsmittel für bestimmte Forschungsprojekte**. Der Gesetzgeber will erkennbar an die Rspr. des BAG anknüpfen, wonach ein sachlicher Grund dann gegeben ist, wenn eine Haushaltsstelle von vornherein nur für eine genau bestimmte Zeitdauer bewilligt ist, also anschließend fortfallen soll und deshalb davon auszugehen sei, der **Haushaltsgesetzgeber habe sich selbst mit den Verhältnissen gerade dieser Stelle befasst und aus sachlichen Erwägungen festgelegt, dass sie nicht mehr bestehen soll** (st.Rspr. *BAG* 30.9.1981 EzA § 620 BGB Nr. 54; 27.1.1988 EzA § 620 BGB Nr. 64; 24.1.1996 EzA § 620 BGB Nr. 97; 7.7.1999 EzA § 620 BGB Nr. 167; 24.1.2001 EzA § 620 BGB Nr. 173). Der gesetzlich festgelegte **Sachgrund in Nr. 7** geht zugunsten der Arbeitgeber der öffentlichen Hand **über diese Grenzen der bisherigen Rspr. hinaus** (vgl. zur bisherigen Rechtslage *Lipke* KR 5. Aufl., § 620 BGB Rz 171 ff., krit. zur bisherigen Rspr. bereits APS-*Backhaus* § 14 TzBfG Rz 233). Es ist streitig, welcher Spielraum damit für den öffentlich-rechtlichen Haushaltsgeber eröffnet worden ist.

Dem neuen Befristungsgrund in Nr. 7 wird entgegengehalten, dass ihm offenbar allein **fiskalische Interessen** zugrunde liegen, die zu einer unvertretbaren **Privilegierung des öffentlichen Dienstes** führen und einer missbräuchlichen Ausnutzung dieses Sachgrundes geradezu Tür und Tor öffnen (APS-*Backhaus* Rz 104; *Annuß/Thüsing-Maschmann* Rz 65; *Rolfs* Rz 54; *Staudinger/Preis* § 620 BGB Rz 138; *Sievers* Rz 179; *MünchArbR-Wank* Erg.-Bd § 116 Rz 157; *Preis/Gotthardt* DB 2000, 2071; *Plander* ZTR 2001, 501 f.). Ferner werden Bedenken angemeldet, ob die nunmehr wesentliche Erleichterung der Befristung aus Haushaltsgründen im öffentlichen Dienst nicht im Widerstreit zum normativen Vorrang des unbefristeten Arbeitsverhältnisses steht (*Lakies* DZWIR 2001, 12) und ob die Vorschrift nicht die **Vorgaben des § 5 Nr. 1a – c der Rahmenvereinbarung zur Richtlinie 1999/70 EG** verfehlt (*Plander* aaO; *Gräfl/Arnold-Gräfl* Rz 183; ArbRBGB-*Dörner* § 620 BGB Rz 190, der überdies die gesetzgeberische Gleichbehandlung von öffentlichen und privaten Arbeitgebern nach Art. 3 Abs. 1 GG gefährdet sieht). *Backhaus* (APS Rz 104, 233 ff.) beanstandet überdies, dass es nach dem Wortlaut der vorliegenden Gesetzesfassung sogar den **unterhalb der staatlichen Ebene bestehenden Körperschaften mit eigener Haushaltskompetenz** (zB einzelnen Gemeinden) gestattet würde, ihr separates Befristungsrecht zu schaffen (vgl. dazu Rz 229). Er stellt die Frage, ob eine solche uferlose **Freigabe der Sachgrunddefinition** noch mit den Anforderungen des europäischen Rechts zu vereinbaren ist. *Dörner* (Befr. Arbeitsvertrag, Rz 211) bemängelt das Auseinanderfallen von Gesetzeswortlaut (Haushaltsmitteln ..., die haushaltsrechtlich für eine befristete Beschäftigung bestimmt sind) und Gesetzesbegründung (zeitlich begrenzte Haushaltsmittel; BT-Drs. 14/4374 S, 19). Dagegen sehen andere Stimmen keine Anhaltspunkte für eine grundsätzliche Kritik (BBDW-*Bader* § 620 BGB Rz 205; *Kliemt* NZA 2001, 298; *Hromadka* BB 2001, 625; ErfK-*Müller-Glöge* Rz 92f., 96; MHH-*Meinel* Rz 58; HaKo-*Mestwerdt* Rz 134; *Boewer* Rz 203 ff.).

b) Sonderbefristungsrecht des öffentlichen Dienstes

aa) Prognose

Nach dem bisher geltenden richterrechtlichen Ansatz stellen haushaltsrechtliche Erwägungen im öffentlichen Dienst **keinen sachlichen Grund für eine Befristung** dar, soweit es um die **jährliche Begrenzung des Haushalts** durch den Haushaltsgesetzgeber geht, haushaltsrechtlich lediglich eine **allgemeine Einsparung** angeordnet wird oder **allgemeine Mittelkürzungen zu erwarten** sind (*Dörner* Befr. Arbeitsvertrag, Rz 221 ff. mwN). Dagegen können Entscheidungen des Haushaltsgesetzgebers die Befristung eines Arbeitsvertrages dann rechtfertigen, wenn der öffentliche Arbeitgeber zum Zeitpunkt des Abschlusses eines befristeten Arbeitsvertrages aufgrund konkreter Tatsachen die **Prognose** erstellen kann, dass **für die Beschäftigung des Arbeitnehmers Haushaltsmittel nur vorübergehend zur Verfügung stehen** (BAG 7.7.1999 EzA § 620 BGB Nr. 167; 24.1.2001 EzA § 620 BGB Nr. 173; 24.10.2001 EzA § 620 BGB Nr. 180; 17.4.2002 EzA § 620 BGB Nr. 194; 9.8.2000 – 7 AZR 823/98, nv; HaKo-*Mestwerdt* Rz 132, 135; MHH-*Meinel* Rz 57). Dafür muss es genügen, wenn der Haushaltsgesetzgeber freiwerdende Mittel aus vorhandenen Planstellen zeitlich befristet für bestimmte Arbeiten einsetzt (*LAG Düssseld.* 7.4.2006 LAGE § 14 TzBfG Nr. 28; *LAG Hamm* 19.6.2006 – 11Sa 1206/05; *Gräfl/Arnold-Gräfl* Rz 186; *Meyer, U.* ArbuR 2006, 86, 89).

218 Der vertragsschließende öffentliche Arbeitgeber ist gehalten, keine Verpflichtungen einzugehen, die nicht vom Haushaltsgesetz (haushaltsrechtlich) gedeckt sind. Zwar darf der Dienststellen- oder Behördenleiter die Erfüllung der eingegangenen Verpflichtung nicht unter Berufung auf das Fehlen von Haushaltsmitteln verweigern, wenn er einen Arbeitsvertrag unter Verletzung des Haushaltsgesetzes geschlossen hat. Für seine **Entscheidung**, sich statt zu einer unbefristeten nur zu einer **befristeten Beschäftigung** des Arbeitnehmers zu verpflichten, stellt **seine Bindung an das Haushaltsrecht** jedoch einen ausreichenden sachlichen Grund dar. Dies ist nicht als Einwirkung des grds. nur verwaltungsintern geltenden Haushaltsrechts auf den Inhalt von Arbeitsverhältnissen zu verstehen. Die **haushaltsrechtlichen Vorgaben** treten im öffentlichen Dienst vielmehr lediglich an die Stelle der in der Privatwirtschaft grds. maßgeblichen **unternehmerischen Entscheidung**, welche Aufgaben in welchem Zeitraum und in welchem Umfang durch die Beschäftigung von Arbeitnehmern erfüllt werden sollen. Der **Unterschied** liegt lediglich darin, dass diese Entscheidung in der Privatwirtschaft unmittelbar aufgrund der arbeitgeberseitigen Feststellung eines Bedürfnisses an der Verrichtung bestimmter Arbeiten und im öffentlichen Dienst durch haushaltsrechtliche Vorgaben getroffen wird. Für eine anzuerkennende **Prognose des öffentlichen Arbeitgebers reicht aus, dass für die Beschäftigung dieses Arbeitnehmers konkrete Haushaltsmittel nur zeitlich begrenzt zur Verfügung stehen** (aA APS-*Backhaus* Rz 235 ff., der das Haushaltsrecht für irrelevant hält). Muss der öffentliche Arbeitgeber aufgrund dieser im **Zeitpunkt des Vertragsabschlusses** zu erstellenden Prognose (ErfK-*Müller-Glöge* Rz 92) – unabhängig von der zeitlichen Begrenzung des Haushaltsgesetzes – mit dem haushaltsrechtlichen Wegfall der Mittel rechnen, aus denen der Arbeitnehmer vergütet werden soll, so liegt ein sachlicher Grund für die Befristung des Arbeitsverhältnisses vor (*BAG* 7.7.1999 EzA § 620 BGB Nr. 167; 24.1.2001 EzA § 620 BGB Nr. 173). Die Vergütung aus einer für eine bestimmte Dauer bewilligten konkreten Planstelle rechtfertigt dann die Prognose des öffentlichen Arbeitgebers, dass für die Beschäftigung des Arbeitnehmers nur ein **vorübergehender Bedarf** besteht (*BAG* 24.10.2001 EzA § 620 BGB Nr. 180; vgl. auch u. Rz 222 aE).

219 Dagegen **stellt** allein **die Ungewissheit, ob ein künftiger Haushaltsplan noch Mittel für eine bestimmte Stelle vorsieht, keinen sachlichen Befristungsgrund iSv Nr. 7 dar** (vgl. dazu *BAG* 27.1.1988 EzA § 620 BGB Nr. 97; 24.10.2001 EzA § 620 BGB Nr. 180; *Oberthür* DB 2001, 2248; *Rolfs* Rz 55; MHH-*Meinel* Rz 57; *Annuß/Thüsing-Maschmann* Rz 65; KDZ-*Däubler* Rz 112; ErfK-*Müller-Glöge* Rz 93; HWK-*Schmalenberg* Rz 57; *Staudinger/Preis* § 620 BGB Rz 139). Eine andere Situation betrifft die **Erwartung des öffentlichen Arbeitgebers**, der **Haushaltsgesetzgeber** werde **nur zeitlich befristete Stellen** schaffen. Hier sind Legislative und Exekutive sauber auseinander zu halten. Ob dies die Befristung von Arbeitsverträgen im Einzelfall rechtfertigen kann, hat das BAG in Ermangelung einer aussagekräftigen Prognose des Arbeitgebers dahinstehen lassen (*BAG* 24.10.2001 EzA § 620 BGB Nr. 180). Richtigerweise wird der öffentliche Arbeitgeber dies nur zur Grundlage einer Befristung machen können, wenn er den **erhöhten Anforderungen des Sachgrunds Nr. 1** genügt.

219a Nach **bisherigem Recht** war entscheidend, ob der Haushaltsgesetzgeber in Form einer »quasi-unternehmerischen Entscheidung« über eine konkret beschränkte Mittelzuweisung zugleich den vorübergehenden Zweck der auf bestimmten Arbeitsplätzen zu erbringenden Arbeitsaufgabe festgelegt hat (so *Lakies* NZA 1997, 745, 750). Diese Voraussetzungen waren daher nicht erfüllt, wenn der Haushalt nur **allgemeine Ermächtigungen** zur Einstellung von (zusätzlichen) Arbeitskräften (Haushaltstitel, die nur die Höhe der Mittel bestimmen) enthielt. Es **genügte** außerdem **nicht, wenn nur pauschal zusätzliche Mittel** für ein »Sonderprogramm« **bewilligt wurden**, weil dann noch keine bindende Entscheidung über die konkrete Ausgestaltung der aus diesen Mittel zu finanzierenden Arbeitsverhältnisse durch den Haushaltsgesetzgeber vorlag, sondern die Verwendung der Mittel dem Verwaltungshandeln der Behörde vorbehalten blieb (*Teske* FS Stahlhacke 1995, S. 569, 584; *Hantel* ZTR 1998, 1950 f.). Dieses haushaltsrechtlich zulässige Verfahren entzog dem öffentlichen Arbeitgeber nicht die Möglichkeit, sich ohne weiteres der wechselnden Haushaltslage durch Befristungen anzupassen (*BAG* 14.1.1982 AP Nr. 64 zu § 620 BGB Befristeter Arbeitsvertrag). Das galt auch, wenn der Haushalt zur **Abdeckung des Unterrichtsbedarfs** für die Beschäftigung entsprechenden Lehrpersonals zwar **bestimmte Etatmittel** vorsah, aber der Stellenplan keine entsprechenden Stellen auswies (*BAG* 27.1.1988 EzA § 620 BGB Nr. 97). Eine Befristung mit Sachgrund sollte schließlich dann gegeben sein, wenn für die Beschäftigung des Arbeitnehmers deshalb eine Haushaltsstelle nur zeitlich begrenzt zur

Zulässigkeit der Befristung § 14 TzBfG

Verfügung stand, weil es sich um eine für einen **Beamten** ausgewiesene **Planstelle** handelte, die aufgrund haushaltsrechtlicher Ermächtigung nur vorübergehend durch einen Arbeitnehmer besetzt werden durfte, bis sie in Wegfall kam oder für ihre Besetzung ein Beamter zur Verfügung stand (BAG 7.7.1999 EzA § 620 BGB Nr. 167; 24.2.1988 – 7 AZR 298/87, nv). Diese enge Auslegung des Sachgrundes nach Nr. 7 lässt sich anhand des Wortlauts der Bestimmung nicht mehr halten (HWK-*Schmalenberg* Rz 56).

Dagegen rechtfertigt der allgemeine **undatierte Kw-Vermerk** (Kw = künftig wegfallend) die Befristung nicht. Es ist vielmehr erforderlich, dass aufgrund konkreter Anhaltspunkte mit einiger Sicherheit vom tatsächlichen Wegfall der Stelle mit Kw-Vermerk zu dem genannten Zeitpunkt ausgegangen werden kann (BAG 16.1.1987 EzA § 620 BGB Nr. 93; 3.11.1999 EzA § 620 BGB Nr. 166; *Hantel* AuA 2000, 113 f.; HaKo-*Mestwerdt* Rz 131; KassArbR-*Schütz* 4.4 Rz 102 f.; HWK-*Schmalenberg* Rz 57; **aA** *Lakies* NZA 1997, 751, der haushaltsrechtlich argumentiert und die bindende Vorgabe haushaltsrechtlicher Entscheidungen bestreitet). Anderenfalls handelt es sich zunächst nur um eine **Absichtserklärung**, die noch keine Befristung zu einem bestimmten Zeitpunkt rechtfertigt. Dagegen kann ein sog. **datierter** »**Kw-Vermerk**«, der vorsieht, dass eine bestimmte Personalstelle künftig wegfällt oder bestimmte Haushaltsstellen fest befristet einrichtet, um sie zu einem bestimmten Zeitpunkt zu streichen (vgl. *Neumann* FS Herschel, S. 329 f.; *Staudinger/Preis* § 620 BGB Rz 141; **aA** APS-*Backhaus* Rz 236 ff.), eine Befristung rechtfertigen. In diesem Fall kann davor ausgegangen werden, dass sich der Gesetzgeber konkret mit bestimmten Haushaltsstellen befasst hat, sofern es sich nicht lediglich um einen **Erinnerungsposten** für den nächsten Haushalt handelt (*Dörner* Befr. Arbeitsvertrag, Rz 232). 220

bb) Besondere Stellung des Haushaltsgesetzgebers

Wird der **Arbeitnehmer entsprechend der Zweckbestimmung befristet** beschäftigt, darf der sachliche Grund nicht daran gemessen werden, ob die zu verrichtende Tätigkeit eine »Aufgabe von begrenzter Dauer« ist oder ob es nicht um Tätigkeiten geht, die zur Daseinsvorsorge oder zur sozialen Sicherung notwendig sind, und vom Staat »an sich« als **Daueraufgaben** erfüllt werden müssten. Es ist vielmehr die wirtschaftliche (unternehmerische) **Entscheidung des Haushaltsgesetzgebers** als verbindliche **Vorgabe** hinzunehmen (vgl. BAG 24.9.1997 RzK I 9a Nr. 121; LAG RhPf 1.10.1996 LAGE § 620 BGB Nr. 45; LAG Düsseld. 19.8.1999 LAGE § 620 BGB Nr. 60; *Gräfl/Arnold-Gräfl* Rz 184). Nach den richterrechtlichen Grundlagen der **bisherigen Rspr.** war deshalb aus **Respekt vor dem Haushaltsrecht** die unternehmerische Entscheidung in der Privatwirtschaft, einen Arbeitnehmer wegen eines vorübergehenden Bedarfs nur befristet einzusetzen, nicht der Entscheidung des öffentlichen Arbeitgebers gleichzusetzen, eine freie Stelle nur befristet zu besetzen. Die Überlegung, bei der haushaltsrechtlichen Anordnung handele es sich letztlich – wie einer betriebsbedingten Kündigung in der Privatwirtschaft – nur um einen außerbetrieblichen Grund, der noch der Umsetzung bedürfe (*Lakies* NZA 1997, 751; ähnlich *Cesarano* PersonalR 1998, 147 f.; APS-*Backhaus* Rz 236 aE), kann nicht überzeugen. 221

Dabei würde zum einen die **Bedeutung des Budgetrechts der Parlamente und** zum anderen **die Bindung des Gesetzgebers und der Verwaltung an die am Gemeinwohl orientierte Erfüllung von Pflichtaufgaben** übersehen. Dazu obliegt es allein dem Haushaltsgesetzgeber zu bestimmen, wie viele **Planstellen** für Beamte und Arbeitnehmer im öffentlichen Dienst **geschaffen werden und erhalten bleiben** (BAG 28.5.2002 EzA Art. 33 GG Nr. 23, 9.11.1994 EzA Art. 33 GG Nr. 15 mwN). Diese organisatorische Entscheidung des Parlaments gibt den Rahmen für die Zugangsrechte zum öffentlichen Amt nach **Art. 33 Abs. 2 GG** vor. Die Verwaltung hat erst danach als vollziehende Gewalt zu entscheiden, ob und wie sie die vorgegebenen Stellen besetzt (BAG 28.5.2002 EzA Art. 33 GG Nr. 23; vgl. auch BAG 19.2.2003 EzA § 620 BGB 2002 Nr. 2). Der **Stellenhoheit des Parlaments** kommt deshalb eine herausgehobene Bedeutung zu (*Steinherr* ZTR 2003, 216, 219). Die öffentliche Hand ist eben nicht einem Privatunternehmer gleichzusetzen (**aA** LAG Nds. 5.12.2002 – 4 Sa 993/02; MünchArbR-*Wank* Erg.-Bd. § 116 Rz 157); sie kann sich weder ihr Betätigungsfeld frei aussuchen noch nach dem Leitbild der Gewinnmaximierung handeln (vgl. BAG 6.8.1997 RzK I 9a Nr. 120; LAG Düsseld. 19.8.1999 LAGE § 620 BGB Nr. 60). Bei beschränkten Haushaltsmitteln kann und muss der Staat für die Erfüllung seiner vielfältigen Aufgaben Prioritäten setzen. Das führt zwangsläufig dazu, bestimmte Aufgaben zeitweise nicht oder weniger intensiv zu erledigen, als es eigentlich sachlich geboten wäre (*Neumann* FS Herschel, 1982, S. 328 f.). 221a

Aus diesen Gründen sind die **haushaltsrechtlichen Entscheidungen** des Bundes- oder Landesgesetzgebers, bestimmte vorübergehende Zwecke nur befristet zu finanzieren, **als sachlicher Grund anzuerkennen** (ErfK-*Müller-Glöge* Rz 95). Dem können nicht die verwaltungstechnischen Abläufe bei der 222

§ 14 TzBfG   Zulässigkeit der Befristung

Stellenwirtschaft durch die Exekutive entgegengehalten werden. Zutreffend weist *Backhaus* (APS Rz 236 ff.) in diesem Zusammenhang zwar darauf hin, dass das Haushaltsgesetz der Exekutive lediglich das Recht gibt, die Aufgabe aus den zur Verfügung gestellten Haushaltsmitteln zu finanzieren. Die »Definitionsmacht« für die wahrzunehmenden Aufgaben bleibe dagegen bei der zweiten Gewalt. An diesem Einwand wird indessen deutlich, dass es Sache der Anstellungsbehörde ist, den vorübergehenden Bedarf an der Arbeitsleistung (vgl. Abs. 1 Nr. 1 TzBfG) mit haushaltsrechtlichen Vorgaben nach Nr. 7 zu unterlegen. Anders ausgedrückt: **Der Sachgrund nach Nr. 7 stellt sich als ein Unterfall des Sachgrundes nach Nr. 1 dar, der den besonderen Verhältnissen des öffentlichen Dienstes gerecht wird und die Prognosestellung des öffentlichen Arbeitgebers durch den Hinweis auf haushaltsrechtliche Vorgaben erleichtern kann.** Keine Bindung besteht dagegen an Vorgaben **ausländischer Haushaltsgesetzgeber** (*BAG* 20.11.1997 EzA Art. 30 EGBGB Nr. 4).

223 Es ist deshalb **in Zukunft nicht mehr erforderlich**, nachzuweisen, **dass der Haushaltsgesetzgeber sich gerade mit den Verhältnissen der Stelle befasst hat, auf der ein Arbeitnehmer befristet beschäftigt werden soll** (krit. zur bisherigen Rspr. bereits *Hromadka* BB 2001, 625; gegen eine umstandslose Übertragung der bisherigen Rspr. auf Nr. 7 auch *Lakies* DZWIR 2001, 12). Mit der Übernahme der Regelung des bisherigen § 57b Abs. 2 Nr. 2 HRG aF in das allgemeine Befristungsrecht kommt es nicht mehr darauf an, dass der Haushaltsgesetzgeber konkrete Stellen als befristet ausschreibt (ArbRBGB-*Dörner* § 620 BGB Rz 189). Es genügt zukünftig, wenn der Mitarbeiter aus Haushaltsmitteln vergütet wird, die haushaltsrechtlich kumulativ für eine befristete Beschäftigung bestimmt sind, und der Mitarbeiter zu Lasten dieser Mittel eingestellt und entsprechend beschäftigt wird (*BAG* 18.10.2006 – 7 AZR 419/05 – zVv; vgl. ferner *BAG* 24.1.1996 EzA § 620 BGB Hochschulen Nr. 2). Diese vom Gesetzgeber aus dem Hochschul- und Wissenschaftsbereich übernommenen Grundsätze (s.o. Rz 215) machen es nicht mehr erforderlich, dass der Haushaltsgesetzgeber sich mit einzelnen konkreten Stellen befasst und sie einrichtet oder bewilligt. **Die Zweckbindung von Haushaltsmitteln für befristete Arbeitsverhältnisse genügt, dh es hat eine zweckgebundene Zuweisung von Haushaltsmitteln zur Erledigung zeitlich begrenzter Tätigkeiten zu geschehen** (*BAG* 18.10.2006 aaO; MünchKomm-*Hesse* Rz 66). Die Mittel können daher im Haushaltsplan in Summe und/oder in Form von befristeten Personalstellen ausgewiesen werden. Eine allgemein im Haushaltsgesetz zugelassene Verwendung von freien Geldern (hier § 7 Abs. 3 HaushaltsG NW) zur Beschäftigung von Aushilfsangestellten soll genügen (*LAG Düsseld.* 7.4.2006 LAGE § 14 TzBfG Nr. 28; *LAG Hamm* 19.6.2006 – 11Sa 1206/05; *Gräfl/Arnold-Gräfl* Rz 186; ErfK-*Müller-Glöge* Rz 92; **aA** *LAG Köln* 11.5.2005 LAGE § 14 TzBfG Nr. 22b; HWK-*Schmalenberg* Rz 53 f.; *Meyer, U.* ArbuR 2006, 86). Eine **Zuordnung** des befristet eingestellten Arbeitnehmers zu einer konkreten vorübergehend freien **Planstelle** ist jedoch nicht erforderlich (*BAG* 24.10.2001 EzA § 620 BGB Nr. 180; *Rolfs* Rz 57; *Sievers* Rz 183; MHH-*Meinel* Rz 58). Kommt es später zu einer nicht vorhersehbaren **Nachbewilligung von Haushaltsmitteln**, bleiben für die Prognose die Umstände bei Vertragsschluss verbindlich (*BAG* 6.8.1997 RzK 9a Nr. 120; *Dörner* Befr. Arbeitsvertrag, Rz 225).

224 Es stellt sich die Frage, wann Haushaltsmittel für eine befristete Beschäftigung bestimmt sind. Das ist nicht bereits dann der Fall, wenn der Haushalt überhaupt Personalmittel aufgenommen hat. Hätte der Gesetzgeber im sog. »Jährlichkeitsprinzip« des Haushalts eine ausreichende Bestimmung für eine befristete Beschäftigung gesehen, hätte er eine andere Formulierung gewählt. **Der Haushaltsgesetzgeber muss deshalb mit der Anordnung, die Mittel nur für eine befristete Beschäftigung auszugeben, idR eine konkrete Sachregelung verbinden, in die er eine nachvollziehbare Zwecksetzung aufnimmt** (*LAG Hamm* 19.6.2006 -11 Sa 1206/05; *LAG Nds.* 5.12.1996 Nds. VBl. 1997, 289; MünchKomm-*Hesse* Rz 66). Er kann demnach bestimmte Haushaltsstellen befristet bewilligen (datierter Kw-Vermerk), eine begrenzte Verpflichtungsermächtigung aussprechen oder verbindliche Erläuterungen durch Haushaltsvermerke vorgeben. Die zeitlich begrenzte Verwendung freiwerdender Haushaltsmittel für bestimmte Tätigkeitsfelder erfüllt diese Anforderungen. **Der Mitarbeiter ist außerdem der Zweckbestimmung entsprechend zu beschäftigen** (*BAG* 18.10.2006 – 7 AZR 419/05 zVv; 24.1.1996 EzA § 620 BGB Hochschulen Nr. 2; *LAG Köln* 11.5.2005 LAGE § 14 TzBfG Nr. 22b). Er muss also tatsächlich für die Aufgabe eingesetzt werden, für die der Haushaltsgesetzgeber die Mittel bereitgestellt hat. Da eine überwiegende zweckentsprechende Beschäftigung nicht ausreichen soll, entfällt der Sachgrund, wenn der Mitarbeiter auch nur teilweise zu Tätigkeiten herangezogen wird, die aus dem Rahmen der Haushaltsvorgabe herausfallen, für das die Mittel vorgesehen sind (*Meyer, U.* ArbuR 2006, 86, 90; **aA** ErfK-*Müller-Glöge* Rz 92 unter Hinweis auf *BAG* 15.2.2006 ZTR 2006, 509 zu einer Projektbefristung). Richtigerweise kommt es bei der »aus freien Mitteln« finanzierten Tätigkeit nicht darauf an, dass der befristet Beschäftigte die Aufgaben des ordentlichen Stelleninhabers wahrnimmt. Er kann auch für Tätigkeiten eingesetzt werden, die dem ordentlichen Stelleninhaber hätten übertragen wer-

den können (Parallele zur mittelbaren Vertretung; *LAG Düsseld.* 9.8.2006 – 4 Sa 362/06). **Im Streit** über die Wirksamkeit einer auf Haushaltsgründe gestützten Befristung **hat deshalb der öffentliche Arbeitgeber darzulegen**, dass er seine Prognose zur vorübergehenden Beschäftigung des befristet eingestellten Arbeitnehmers auf haushaltsrechtliche Vorgaben gestützt hat, darüber hinaus **der eingestellte Arbeitnehmer in eine Stelle eingewiesen wurde, die der befristeten Bewilligung von Haushaltsstellen**, einer begrenzten Verpflichtungsermächtigung oder einer verbindlichen Erläuterung durch Haushaltsvermerk zuzuordnen ist (weiter: *LAG Düsseld.* 21.12.2005 LAGE § 14 TzBfG Nr. 25; enger: *Thür. LAG* 6.2.2001 – 7 Sa 338/00).

cc) Gemeinschafts- und Verfassungsrecht

Gegen diese, im Verhältnis zur bisherigen Rspr. zum allgemeinen Befristungsrecht **gelockerten Voraussetzungen einer haushaltsrechtlich begründeten Befristung mit Sachgrund bestehen weder europarechtliche noch verfassungsrechtliche Bedenken** (*Steinherr* ZTR 2003, 219; HaKo-*Mestwerdt* Rz 134; **aA** *Plander* ZTR 2001, 501 mwN; APS-*Backhaus* Rz 104; diff. *Dörner* Befr. Arbeitsvertrag, Rz 217 f.; *Meyer, U.* ArbuR 2006, 86, 88). Mit der Festlegung eines Sachgrundes Nr. 7 fordert der deutsche Gesetzgeber bereits für den erstmaligen Abschluss eines befristeten Arbeitsvertrages einen Sachgrund, wenn dieser nicht auf § 14 Abs. 2 TzBfG gestützt werden soll. Damit wird die europarechtlich vorgesehene Beschränkung aus § 5 Ziff. 1 lit. a der Richtlinie 1999/70/EG sogar übererfüllt, da dort **erst die Verlängerung** eines befristeten Arbeitsvertrages einen **Sachgrund** erforderlich macht. Die **Nichtrückschrittsklausel des § 8 Ziff. 3 der Richtlinie** verbietet lediglich eine »Senkung des allgemeinen Niveaus des Arbeitnehmerschutzes« im Bereich der befristeten Arbeitsverhältnisse, so dass eine punktuelle Verschlechterung in Bezug auf Einzelfragen durchaus zulässig bleibt, solange das **Schutzniveau insgesamt erhalten** wird. Dabei ist das gesamte bei Inkrafttreten der Richtlinie geltende Befristungsrecht (§ 620 BGB, § 1 BeschFG 1996, § 57a HRG, § 21 BEEG), mit dem nach der Umsetzung geltenden Recht in § 14 TzBfG zu vergleichen (*Rolfs* EAS B 3200 Rz 39; *Löwisch* NZA 2000, 1044 f.). Danach dürfte feststehen, dass das Bündel der gesetzlichen Neuregelungen das Schutzniveau insgesamt nicht abgesenkt hat (*Rolfs* aaO; vgl. nunmehr auch *EuGH* 22.11.2005 EzA § 14 TzBfG Nr. 21 – Mangold; KR-*Lipke* § 620 BGB Rz 94 ff. und u. Rz 342 ff.). Die **höchstzulässige Dauer der Befristung** ergibt sich mit Rücksicht auf haushaltsrechtliche Vorgaben aus der konkreten und nachvollziehbaren **Zweckbindung** der haushaltsplanmäßig ausgewiesenen Mittel. Eine zu pauschale Bestimmung von Mitteln würde es daher dem öffentlichen Arbeitgeber versagen, sich hinsichtlich seiner Befristungsprognose auf Haushaltsvorgaben zu berufen (ähnlich wohl MünchKomm-*Hesse* Rz 66).

Die zulässige **Laufzeit des befristeten Arbeitsvertrages** nach Nr. 7 wird zwar nicht der Laufzeit der zur Verfügung stehenden Haushaltsmittel entsprechen müssen (**aA** insoweit *Zimmerling* ZTR 1998, 19), die dem Haushaltsplan zu entnehmenden Daten können aber hierzu eine hinreichend sichere **Prognoseentscheidung des öffentlichen Arbeitgebers** in Bezug auf den Wegfall der Mittel erlauben (vgl. *BAG* 3.11.1999 RzK I 9a Nr. 166). Die **Dauer des befristeten Arbeitsvertrages ist nämlich – anders als nach Nr. 1 und 3 – Bestandteil des Sachgrundes nach Nr. 7** und damit wesentlicher Umstand der vom Arbeitgeber im Streitfall darzulegenden Prognose im Zeitpunkt des Vertragsabschlusses. Sie ist nach den Verhältnissen im **Zeitpunkt des Vertragsabschlusses** und der darauf gestützten Prognose des Arbeitgebers zu begrenzen. Anders als nach §§ 57b Abs. 2 Nr. 2, 57c Abs. 2 HRG aF gibt **Nr. 7 keine zeitlichen Höchstgrenzen einer Befristung** mit Sachgrund vor. Allerdings sind die **tariflichen Vorgaben** zur Höchstbefristungsdauer (fünf Jahre, Nr. 2 zu Nr. 1 SR 2y BAT; § 30 Abs. 2 S. 1 TVöD) regelmäßig zu beachten. Einer zeitlich grenzenlosen Befristung nach Nr. 7 steht zudem **Art. 12 Abs. 1 GG** entgegen, der im öffentlichen Dienst zu beachten und über Art. 1 Abs. 3 GG im Rahmen der Befristungskontrolle von den Arbeitsgerichten durchzusetzen ist (zweifelnd offenbar APS-*Backhaus* Rz 104, 233). Wird mangels ausreichendem Zuwendungszweck der Rahmen einer zulässigen befristeten Beschäftigung nach Nr. 7 überschritten, kann der Arbeitgeber im Fall der Nutzung freier Haushaltsmittel die Befristung nur noch halten, wenn er bspw. die Voraussetzungen einer Vertretung nach Nr. 3 belegen kann (*Sievers* RdA 2004, 291,296 f.; *Meyer, U.* ArbuR 2006, 86, 90).

Verfassungsrechtliche **Einwände aus Art. 3 Abs. 1 GG**, die sich aus der **ungerechtfertigten Privilegierung des öffentlichen Arbeitgebers** gegenüber der Privatwirtschaft speisen (*Dörner* und *Backhaus* aaO), greifen ebenfalls nicht durch. Die **unterschiedlichen Bedingungen** unter denen Arbeitgeber des öffentlichen Dienstes und der Privatwirtschaft ihren **Personalbedarf und Personaleinsatz** zu bestimmen haben, rechtfertigen die uU schlechtere Behandlung der Arbeitnehmer des öffentlichen Dienstes über eine nach Nr. 7 erleichterte Sachgrundbefristung (vgl. oben Rz 221a). **Unterschiedliche rechtliche**

Rahmen für das Arbeitsrecht in der Privatwirtschaft und im öffentlichen Dienst gibt es auch sonst (zB Betriebsverfassungsrecht hier, Personalvertretungsrecht dort; Abschlussfreiheit hier, Pflicht zur Bestenauslese [Art. 33 Abs. 2 GG] dort). Die ggf. eintretende Ungleichbehandlung von Personengruppen ist – mit Ausnahme von unterschiedlichen Verfallregelungen zur betrieblichen Altersversorgung (*BVerfG* 15.7.1998 EzA § 18 BetrAVG Nr. 10 m. Anm. *Marschner*) – bisher verfassungsrechtlich unbeanstandet geblieben. Teilweise sind die Arbeitnehmer des öffentlichen Dienstes rechtlich und faktisch begünstigt; teilweise können sie aufgrund der besonderen Verhältnisse des öffentlichen Dienstes benachteiligt werden (vgl. nur *BVerfG* 24.5.1995 ZTR 1995, 566, zur Einschränkung von Mitbestimmungsrechten der Personalvertretungen aufgrund des Erfordernisses demokratischer Legitimation zur Ausübung von Staatsgewalt). Die Privilegierung des dem Allgemeinwohl verpflichteten Haushaltsgesetzgebers und des daran anknüpfenden öffentlichen Anstellungsarbeitgebers verstößt deshalb nicht gegen Art. 3 Abs. 1 GG.

227a Der Haushaltsplan ist auch in Zukunft keine reine Ermächtigungsnorm, die dem befristet anstellenden öffentlichen Arbeitgeber im Unterschied zum privaten Arbeitgeber jede Freiheit und damit eine missbräuchliche Handhabe gestattet. Die Schutzmechanismen der Richtlinie 1999/70/EG werden eingehalten (s.o. Rz 225). Eine **verfassungskonforme Auslegung des Sachgrundes nach Nr. 7 setzt genügend Eckpunkte und Begrenzungen**, die den willkürlichen Einsatz dieses Befristungsgrundes unterbinden (ebenso *Steinherr* ZTR 2003, 219; *Otto* ZTR 2002, 8; HaKo-*Mestwerdt* Rz 134; *Meyer, U.* ArbuR 2006, 86, 90). Die Rspr. zu § 57b Abs. 2 Nr. 2 HRG aF gibt nur Orientierungspunkte (vgl. *BAG* 24.1.1996 EzA § 620 BGB Hochschulen Nr. 2; so wohl auch *Dörner* Befr. Arbeitsvertrag, Rz 219; *Auktor* ZTR 2002, 19 f.). Gleichwohl hat das Haushaltsrecht für die befristete Anstellung im öffentlichen Dienst mit dem TzBfG an Bedeutung gewonnen (ebenso ErfK-*Müller-Glöge* Rz 96; MünchKomm-*Hesse* Rz 66).

dd) Einzelfragen

228 Nach Nr. 7 sind haushaltsrechtlich begründete Befristungen im **Lehrerbereich** auch ohne Zuordnung zu einer bestimmten, infolge unbezahlten Sonderurlaubs vorübergehend freien Planstelle statthaft, sofern nur sichergestellt wird, dass die Vergütung des befristet eingestellten Lehrers insgesamt **ausschließlich aus den durch Sonderurlaub vorübergehend freien Planstellenmitteln** erfolgt (sog. Poollösung; *BAG* 5.4.2001 EzA § 620 BGB Nr. 177; 15.8.2001 EzA § 21 BErzGG Nr. 4; *Dörner* Befr. Arbeitsvertrag, Rz 228 f.; ErfK-*Müller-Glöge* Rz 94; krit. APS-*Backhaus* Rz 230 f., der zutreffend darauf hinweist, dass eine Abgrenzung zur Gesamtvertretung schwer zu ziehen ist). Dann setzen die begrenzt zur Verfügung stehenden, haushaltsplanmäßig hierzu bestimmten Mittel den eigentlichen Grund für den Abschluss des befristeten Arbeitsvertrages (vgl. *BAG* 12.2.1997 EzA § 620 BGB Nr. 145; ArbRBGB-*Dörner* § 620 BGB Rz 187). Nur wenn eine erhebliche Ungewissheit besteht, ob auch in zwei oder drei Jahren noch ein entsprechendes Arbeitszeitdeputat offen ist, fragt sich, ob an Stelle einer haushaltsrechtlich begründeten Befristung nicht eher eine Sachgrundbefristung nach Nr. 3 (Vertretung) in Betracht zu ziehen ist (KDZ-*Däubler* Rz 115). Eine klassische **Prognose** durch den öffentlichen Arbeitgeber ist hier nicht zu erwarten, da aufgrund der personellen Fluktuation durch Beurlaubung und Teilzeit Mittel ständig zur Verfügung stehen werden (*Sievers* Rz 188 ff.). **In jedem Fall ist es erforderlich, die für eine Poollösung zur befristeten Einstellung von Lehrern erwarteten freien Mittel im Haushaltsplan ausdrücklich zu kennzeichnen**. Zu dem von der Poollösung zu trennenden Modell der »**Gesamtvertretung**« vgl. oben Rz 118 ff.

229 Der Sachgrund nach Nr. 7 steht den **Kirchen** nicht zu (vgl. u. Rz 247 ff.). Sie müssen deshalb auf andere Sachgründe zurückgreifen. Da Nr. 7 nur von »**Haushaltsmitteln**« und nicht vom Haushaltsgesetz spricht, beschränkt sich der Geltungsbereich nicht allein auf **Bund und Länder**. Mit Ausnahme der privatrechtlich organisierten Eigengesellschaften gehören hierzu ebenso die **Haushalte der Gebietskörperschaften** (ErfK-*Müller-Glöge* Rz 96; *Annuß/Thüsing-Maschmann* Rz 67; **aA** offenbar *Dörner* Befr. Arbeitsvertrag, Rz 219, der an die Rechtsprechung zu § 57b Abs. 2 Nr. 2 HRG aF anknüpfen will, die die Entscheidung eines **Haushaltsgesetzgebers** voraussetzt) und anderer **juristischer Personen des öffentlichen Rechts** (MünchKomm-*Hesse* Rz 67). Die Haushalts- und Stellenpläne der Gebietskörperschaften unterliegen der **staatlichen Kommunalaufsicht**. Die oft großzügige Handhabung dieser Aufsicht und die fehlende Stellenhoheit der Gemeindeparlamente empfehlen deshalb eine **höhere arbeitsgerichtliche Kontrolldichte** bei der Sichtung der Arbeitgeberprognose zu Nr. 7, die dann im Wesentlichen den Anforderungen zu Nr. 1 (vorübergehender Bedarf) zu genügen hat. Allein die **Abhängigkeit von Zahlungen öffentlich-rechtlicher Träger oder aus Haushaltsmitteln** berechtigt indes-

Zulässigkeit der Befristung § 14 TzBfG

sen den Empfänger noch nicht zum Gebrauch des Sachgrundes nach Nr. 7 (ErfK-*Müller-Glöge* Rz 97; *Lakies* NZA 1995, 296; vgl. *BAG* 8.4.1992 EzA § 620 BGB Nr. 35 kein Befristungssachgrund wegen finanzieller Abhängigkeit von Haushaltsmitteln; *Gräfl/Arnold-Gräfl* Rz 197).

c) **Zuwendungsvergabe und Projektförderung**

Der Sachgrund der haushaltsrechtlichen Befristung nach Nr. 7 stellt auf die **öffentlich-rechtliche** 230 **Pflichtenbindung** ab. Das lässt sich bereits an den verwandten Begriffen »Haushaltsmittel« und »haushaltsrechtlich für eine befristete Beschäftigung bestimmt« ablesen. Die **Zuwendung von Haushaltsmitteln an privatrechtlich organisierte Rechtsträger kann deshalb keine haushaltsrechtliche Bestimmung iSv Nr. 7 sein** (zutr. *Lakies* DZWIR 2001, 12). Dies gilt auch für den Fall, dass **sozialstaatliche Aufgaben** an **gemeinnützige, privatwirtschaftlich organisierte Arbeitgeber** übertragen werden und diese von zugewiesenen Haushaltsmitteln **finanziell abhängig** sind (*BAG* 22.3.2000 EzA § 620 BGB Nr. 170 zur Anstellung und Beschäftigung von Schulhelfern; ErfK-*Müller-Glöge* Rz 97; *Boewer* Rz 211; *Gräfl/Arnold-Gräfl* Rz 196; HWK-*Schmalenberg* Rz 58). Die in Zukunft unsichere Zuweisung weiterer Haushaltsmittel und die Fremdbestimmtheit durch Vorgaben zur Personalausstattung können hier nur die **Anforderungen an die Prognose d**es die befristeten Arbeitsverhältnisse abschließenden **Zuwendungsempfängers herabsetzen** (*BAG* 22.3.2000 EzA § 620 BGB Nr. 170). Der aus öffentlichen Haushalten Zuwendungen empfangende **private Arbeitgeber kann die Befristung** deshalb vornehmlich nur **auf einen der anderen Sachgründe, zB auf Nr. 1 gründen**.

Entsprechendes gilt für teilweise oder völlig **aus öffentlichen Haushaltsmitteln gespeiste Projekte ei-** 231 **nes privaten Arbeitgebers**. Auf ein **zeitlich begrenztes Forschungsprojekt** bezogene Befristungen fallen außerhalb und innerhalb der Hochschule nicht in den Anwendungsbereich des **HRG** (*BAG* 14.12.1994 EzA § 620 BGB Nr. 129). Die zeitlich beschränkte Mitarbeit an einem Forschungsprojekt unterfällt, selbst wenn sie überwiegend aus staatlichen Haushaltsmitteln finanziert wird, nicht dem Sachgrund nach Nr. 7 (*BAG* 15.2.2006 ZTR 2006, 509; aA ErfK-*Müller-Glöge* Rz 97). Die richtige Verortung der Drittmittelbefristung ist der **vorübergehende projektbezogene Mehrbedarf an Arbeitsleistung in Nr. 1**. Auftrag und Finanzierungsvolumen des Drittmittelgebers setzen insoweit die Eckpunkte für die Befristungsprognose des Arbeitgebers. Dessen ungeachtet beschäftigt sich das BAG weiterhin mit einem eigenständigen Sachgrund »Drittmittelfinanzierung« (*BAG* 5.6.2002 EzA § 620 BGB Nr. 193; 15.1.2003 – 7 AZR 616/01 Rzk I 9 d Nr. 89; *Dörner* Befr. Arbeitsvertrag, Rz 233ff.; krit. auch APS-*Backhaus* Rz 208 ff.). Ist mit der Hingabe von Drittmitteln weder ein Personalschlüssel vorgegeben noch die personelle Planungskompetenz des Drittmittelnehmers eingeschränkt, lässt sich allein **mit der Drittmittelfinanzierung die wirksame Befristung von Arbeitverhältnissen nicht begründen** (*BAG* 8.4.1992 EzA § 620 BGB Nr. 115; 22.3.2000 EzA § 620 BGB Nr. 170; 28.10.1992 – 7 AZR 464/91, nv; ErfK-*Müller-Glöge* Rz 97; *Dörner* Befr. Arbeitsvertrag, Rz 236). Vgl. hierzu KR-*Lipke* § 57b HRG Rz 71 ff., 82 f.

Nach der bisherigen Rspr. des BAG kam eine Befristung mit sachlichem Grund in diesen Fällen nur in 232 Betracht, wenn sich sowohl der Drittmittelnehmer als auch das für die Drittmittelfinanzierung zuständige haushaltsrechtliche Organ gerade mit den Verhältnissen einer konkreten Haushaltsstelle befasst und über die Einrichtung und die Dauer eines konkreten Arbeitsplatzes entschieden hatten (*BAG* 21.1.1987 EzA § 620 BGB Nr. 89; *Boewer* Rz 213). Danach wurde die sachlich begrenzte Zielsetzung, die ein Drittmittelgeber mit der zeitlich begrenzten Finanzierung eines Arbeitsplatzes verfolgte, auch für das Verhältnis zwischen Arbeitnehmer und Arbeitgeber als Drittmittelempfänger erheblich, wenn dieser sich daraufhin entschloss, die **finanzierten Aufgaben nur für die Dauer vor der Bewilligung von Drittmitteln durchführen** zu lassen (*BAG* 7.4.2004 EzA § 620 BGB 2002 Nr. 10; 3.12.1982 EzA § 620 BGB Nr. 63; 8.4.1992 EzA § 620 BGB Nr. 115; 28.10.1992 – 7 AZR 464/91, nv; *Koch* NZA 1992, 157; *Staudinger/ Preis* Rz 149ff.; HaKo-*Mestwerdt* Rz 138; *Sievers* Rz 191, 202; MHH-*Meinel* Rz 59; KassArbR-*Schütz* 4.4 Rz 104 f.; *Hantel* ZTR 1998, 147, 151).

Da in all diesen Fällen nicht die Entscheidung des unmittelbar zuständigen Haushaltsgesetzgebers, 233 sondern die organisatorische **Entscheidung des Drittmittelnehmers maßgeblich ist** (zutr. *Plander* NZA 1984, 339, 341), kann **nach neuem Recht** hierfür **der Sachgrund einer Befristung nicht mehr Nr. 7 entnommen werden**. Drittmittel sind keine Haushaltsmittel iSv § 14 Abs. 1 S. 2 Nr. 7 TzBfG (*Staudinger/Preis* Rz 142; *Dörner* Befr. Arbeitsvertrag, Rz 233), selbst wenn sie oft der »Haushaltskasse« entstammen (**aA** offenbar ErfK-*Müller-Glöge* Rz 97, der das Augenmerk auf die haushaltsrechtliche Planung legen will). Doch können der Hintergrund für die Finanzierung eines Projektes und die Ungewissheit, ob und in welcher Höhe jeweils nach dem Bewilligungszeitraum weitere Drittmittel zur Verfügung stehen, allein die befristete Beschäftigung einzelner Arbeitnehmer im Rahmen des Projekts sachlich nicht rechtfertigen. Allerdings können diese Umstände die Befristung nach dem **Sachgrund Nr. 1** (vorübergehender betrieblicher Bedarf an der Arbeitsleistung) tragen und die dazu vom Drittmittelnehmer zu erstellende Prognose erleichtern. Dies muss auch gelten, wenn Bund oder Land öffentliche Aufgaben ausgliedern, juristisch verselbständigen und dauerhaft finanziell bezuschussen (vgl. *BAG* 22.3.2000 EzA § 620 BGB Nr. 170). Ansonsten könnten damit Arbeitgeber geschaffen werden, die **keine eigenen Haushaltsmittel** haben und dennoch aus den weitergehenden Befristungsmöglichkeiten der Nr. 7 Nutzen ziehen. Die mit Nr. 7 verbundenen Privilegierungen im Befristungsrecht sind – schon aus gemeinschafts- und verfassungsrechtlichen Erwägungen (s.o. Rz 225 ff.) – eng zu führen. Vgl. weiter hierzu o. Rz 73 ff.

8. Gerichtlicher Vergleich (Nr. 8)
a) Gerichtliche Mitwirkung als Sachgrund

234 Während die anderen gesetzlichen Sachgründe zur Rechtfertigung eines befristeten Arbeitsvertrages **materiell-rechtlicher** Natur sind, ihre Rechtswirksamkeit sich nach den Verhältnissen im Zeitpunkt des Abschlusses der Befristungsabrede richtet und einer den Wegfall des Beschäftigungsbedarfs stützenden Prognose des Arbeitgebers bedarf, liegen die **Voraussetzungen nach Nr. 8 völlig anders**. Nach den Vorstellungen des Gesetzgebers soll als tragender **Sachgrund die Mitwirkung des Gerichts an dem eine Befristung des Arbeitsverhältnisses festlegenden Vergleich** genügen, da diese hinreichende Gewähr für die Wahrung der Schutzinteressen des Arbeitnehmers biete (BT-Drs. 14/4374 S. 19). Insoweit handelt es sich bei diesem Sachgrund, dogmatisch gesehen, um einen verfahrensrechtlich angelegten »**Fremdkörper**« **unter den gesetzlich genannten und im Übrigen materiell-rechtlich ausgerichteten Sachgründen** (zutr. *Richardi/Annuß* BB 2000, 2201, 2205). Gerichtlicher Vergleich ist gleichbedeutend mit Prozessvergleich iSv § 794 Abs. 1 Nr. 1 ZPO (ErfK-*Müller-Glöge* Rz 100).

235 Der Gesetzesbegründung ist zu entnehmen, dass an die st.Rspr. des BAG angeknüpft werden soll. Daran wird deutlich, dass es hier **nur um die Vereinbarung eines befristeten Arbeitsvertrages gehen kann, der einen Rechtsstreit über eine vorausgegangene Kündigung, die Wirksamkeit einer Befristung oder einer sonstigen Bestandsstreitigkeit beendet**. Ob daraus die Schlussfolgerung gezogen werden kann, dass die gerichtliche Festlegung eines befristeten Arbeitsverhältnisses nicht nach Nr. 8, sondern nur nach **anderen Sachgründen** möglich ist, wenn dem durch Vergleich zu beendenden Rechtsstreit andere Verfahrensgegenstände (zB rückständige Lohnansprüche) und nicht der Bestand des Arbeitsverhältnisses zugrunde lagen (so KDZ-*Däubler* Rz 120; *Dörner* Befr. Arbeitsvertrag, Rz 270; *Sievers* Rz 193), erschien mehr als fraglich. Eine dahingehende Beschränkung ist weder dem Wortlaut des Gesetzes noch der Gesetzesbegründung eindeutig zu entnehmen (ErfK-*Müller-Glöge* Rz 99; MHH-*Meinel* Rz 61; APS-*Backhaus* Rz 321). Soweit das *BAG* zur Prüfung einer Befristung aufgrund eines außergerichtlichen Vergleichs daran festgehalten hat (23.1.2002 EzA § 620 BGB Nr. 186), lässt dies keine Rückschlüsse zur Befristungskontrolle **des gesetzlich ausdrücklich geregelten gerichtlichen Vergleichs** zu.

236 Richtig ist allerdings, dass das BAG in der Vergangenheit die Befristung eines Arbeitsverhältnisses im Rahmen eines gerichtlichen Vergleichs nur für wirksam hielt, soweit die Parteien darin zur Beendigung eines Kündigungsverfahrens oder eines Feststellungsstreits über den **Fortbestand des Arbeitsverhältnisses** in Folge einer Befristung eine Einigung erzielten (zuletzt *BAG* 24.1.1996 EzA § 620 BGB Nr. 139; 2.12.1998 EzA § 620 BGB Nr. 156; 14.10.1997 – 7 AZR 599/96, nv). In diesen Fällen hat das BAG den **gerichtlichen Vergleich keiner weiteren Befristungskontrolle unterzogen**. Hierzu sah es sich nicht veranlasst, da dem **Gericht als Grundrechtsverpflichteter iSv Art. 1 Abs. 3 GG die Aufgabe im Rahmen der arbeitsgerichtlichen Befristungskontrolle** obliege, den Arbeitnehmer vor einem grundlosen, den staatlichen Kündigungsschutz umgehenden Verlust des Arbeitsplatzes zu bewahren und damit **einen angemessenen Ausgleich der wechselseitigen, grundrechtsgeschützten Interessen der Arbeitsvertragsparteien zu finden** (*BAG* 25.2.1998 EzA § 620 BGB Altersgrenze Nr. 8, 9; *Dörner* Befr. Arbeitsvertrag, Rz 272). Diese aus Art. 12 Abs. 1 GG abgeleitete Schutzpflicht erfülle das Gericht nicht nur durch ein Urteil, sondern ebenso im Rahmen der gütlichen Beilegung eines Rechtsstreits. Schlage das ArbG zur Beendigung eines Rechtsstreits über den Bestand eines Arbeitsverhältnisses einen Vergleich vor, der eine weitere, allerdings zeitliche begrenzte Fortsetzung des Arbeitsverhältnisses vorsieht, sei das im Regelfall eine hinreichende Gewähr dafür, dass diese Befristung nicht deswegen gewählt worden sei, um dem Arbeitnehmer den Schutz zwingender Kündigungsschutzbestimmungen zu nehmen (*BAG* 2.12.1998 EzA § 620 BGB Nr. 156, EzA § 620 BGB Nr. 161).

Zulässigkeit der Befristung § 14 TzBfG

Die **Umgehung des Kündigungsschutzes**, die in den letzten Entscheidungen des BAG als Kontrollebene in den Vordergrund gestellt wurde, **kann aufgrund des neuen dogmatischen Ansatzes** (vgl. BAG 6.11.2003 EzA § 14 TzBfG Nr. 7; s.o. Rz 21 ff. u. Rz 238) nicht mehr den Ausschlag geben. Der Wortlaut der neuen Bestimmung schafft mit dem gerichtlichen Vergleich ungeachtet weiterer Voraussetzungen einen Sachgrund (MünchKomm-*Hesse* Rz 79; APS-*Backhaus* Rz 321; ErfK-*Müller-Glöge* Rz 99). Doch trägt nunmehr die **Mitwirkung des Gerichts bei der Gestaltung des Vergleichs und die daran anknüpfende Erwartung, dass beim gegenseitigen Nachgeben nicht nur die Interessen einer Partei unangemessen berücksichtigt werden, den neuen Sachgrund** (so wohl auch APS-*Backhaus* Rz 323; *Hromadka* BB 2001, 625; *Lakies* DZWIR 2001, 12; KDZ-*Däubler* Rz 120; ArbRBGB-*Dörner* Rz 193). Die »**Mittellösung**« des Vergleichs im Bestandschutzprozess ist deshalb das eine Element, die **Steuerung des zur Entscheidung berufenen Gerichts** das zweite Element des Sachgrundes. Insoweit kann zu einem großen Teil auf die bisherigen Erkenntnisse in Rspr. und Schrifttum zurückgegriffen werden (vgl. BAG 24.1.1996 EzA § 620 BGB Nr. 139 =AP Nr. 179 zu § 620 BGB Befristeter Arbeitsvertrag mit Anm. *Plander*; 2.12.1998 EzA § 620 BGB Nr. 156, EzA § 620 BGB Nr. 161; *Erman*/D. W. Belling § 620 Rz 65).

Das BAG ist nun zum alten Rechtszustand vor dem Inkrafttreten des TzBfG zurückgekehrt, indem es einen **offenen Streit der Parteien** über die Rechtslage in ihrem bestehenden Rechtsverhältnis **zur weiteren Voraussetzung** für den Sachgrund Nr. 8 erhebt (*Gräfl/Arnold-Gräfl* Rz 190). Dies sei erforderlich, um die missbräuchliche Ausnutzung des Sachgrundes zu verhindern (BAG 26.4.2006 – 7 AZR 366/05 nv). Es müsse vermieden werden, dass der gerichtliche Vergleich nur zur Protokollierung bereits vorher zwischen den Parteien abgestimmter Vereinbarungen benutzt werde (wie bereits BAG 22.2.1984 EzA § 620 BGB Nr. 69). Fehlt es daher an gegenteiligen Rechtsstandpunkten der Parteien zum **Bestand des Arbeitsverhältnisses**, so sei der Sachgrund Nr. 8 nicht gegeben. Diese Rechtsprechung vermeidet nicht Rechtsmissbrauch, sondern fördert ihn geradezu. Es bleibt offen, wie das BAG mit einem von den Parteien dem Gericht vorgelegten **Vergleichsentwurf nach § 278 Abs. 6 ZPO** umgehen will. Das Gericht kann zwar auf den Vergleichsinhalt Einfluss nehmen und damit seiner Schutzpflicht nach Art 12 GG nachkommen (LAG BW 3.5.2005 LAGE § 14 TzBfG Nr. 22a); eine ernsthafte Nachprüfung des »offenen Streits zum Bestand des Arbeitsverhältnisses« bleibt dabei – jedenfalls in der ersten Instanz – regelmäßig auf der Strecke. Es ist deshalb überzeugender allein auf die richterliche Einwirkungsmöglichkeit abzustellen (s.o. Rz 237; HWK-*Schmalenberg* Rz 60). Zur Auswirkung auf den außergerichtlichen Vergleich s.u. Rz 242.

Dem Erfordernis des **Nachgebens** ist für den gerichtlichen Vergleich Genüge getan, wenn der Arbeitgeber sein Recht auf eine gerichtliche Entscheidung über seinen Klagabweisungsantrag aufgibt oder von seinem Rechtsstandpunkt abrückt, das Arbeitsverhältnis sei rechtswirksam zu dem von ihm benannten Zeitpunkt beendet worden (BAG 14.5.1997 – 7 AZR 310/96, nv). Mit der Protokollierung des Vergleichs im Termin ist zugleich das **Schriftformerfordernis** des § 14 Abs. 4 TzBfG erfüllt. Dem Schriftformerfordernis ist ebenso Genüge getan, wenn ein gerichtlicher Vergleich im schriftlichen Verfahren nach § 278 Abs. 6 S. 1 2. Alt ZPO geschlossen wurde (§ 127a BGB; LAG BW 10.11.2005 LAGE § 278 ZPO 2002 Nr. 3; MünchKomm-*Hesse* Rz 100).

Nach neuem wie altem Recht kann in einem gerichtlichen Vergleich auch eine **auflösende Bedingung** wirksam vereinbart werden (BAG 9.2.1984 EzA § 620 BGB Bedingung Nr. 2, befristetes Arbeitsverhältnis bis zur Neubesetzung einer Planstelle; ausführlich hierzu *Enderlein* RdA 1998, 98). Mit der gesetzlichen Gleichstellung von auflösenden Bedingungen, Zeit- und Zweckbefristungen, soweit ihnen jeweils ein gesetzlicher Sachgrund zur Seite steht, **ergeben sich nunmehr für** die Arbeitsvertragsparteien im Rechtsstreit **erweiterte Gestaltungsmöglichkeiten im Vergleich, sofern das Gericht nach Überprüfung bereit ist sie mitzutragen**. Vereinbaren die Parteien nach neuem Recht in einem **Vergleich** nicht nur die Beilegung des konkreten Rechtsstreits, sondern darüber hinaus die **Zulässigkeit künftig erst noch zu vereinbarender Befristungen**, so kann eine solche Übereinkunft rechtens sein, wenn sie den exakten Rahmen für eine zukünftige Befristung setzt (anders noch BAG 4.12.1991 EzA § 620 BGB Nr. 113; LAG Köln 8.2.1990 LAGE § 620 BGB Nr. 20; abl. weiterhin APS-*Backhaus* Rz 322; KDZ-*Däubler* Rz 121). Ebenfalls dürfte im Rahmen eines gerichtlichen Vergleichs die **nachträgliche Befristung** eines unbefristeten Arbeitsverhältnisses zulässig sein (vgl. BAG 24.1.1996 EzA § 620 BGB Nr. 139; ErfK-*Müller-Glöge* Rz 101). Ein wichtiger Anwendungsfall ist ferner die im Wege eines Zwischenvergleichs vereinbarte **befristete Weiterbeschäftigung** jenseits der Kündigungsfrist bis zur rechtskräftigen (abweisenden) Entscheidung durch das Gericht sein (BAG 22.10.2003 EzA § 14 TzBfG Nr. 8).

Soweit *Däubler* (KDZ Rz 121; ebenso *Backhaus* aaO) darin im Ergebnis die Abbedingung des Kündigungsschutzes sieht, übersieht er den **neuen dogmatischen Ansatz der Befristungskontrolle**. Die Unwirksamkeit einer auflösenden Bedingung in einem gerichtlich protokollierten Vergleich kann von daher nur noch nach den Vorschriften der §§ 123, 138, 242 oder 779 BGB geltend gemacht werden (*BAG* 4.3.1980 AP Nr. 53 zu § 620 BGB Befristeter Arbeitsvertrag; BBDW-*Bader* § 620 BGB Rz 206). Davon abgesehen wird von dem Gericht zu erwarten sein, dass es bei der Aufnahme einer zweifelhaften auflösenden Bedingung (zB gesundheitliche Verfassung des Arbeitnehmers) in den gerichtlichen Vergleich diese am Grundsatz der Verhältnismäßigkeit prüft (vgl. *B. Gaul/Laghzaoui* ZTR 1996, 300). Zu den Fallgestaltungen, die sich bereits aus den Sachgründen nach Nr. 5 oder 6 ergeben können, vgl. o. Rz 157 ff., 184, 212 ff. Im Übrigen wird auf KR-*Bader* § 21 TzBfG, dort insbes. ab Rz 47 ff. verwiesen.

b) Außergerichtlicher Vergleich

241 Der **Streit, ob** auch ein **außergerichtlicher Vergleich einen Sachgrund für einen befristeten Arbeitsvertrag bieten kann** (*BAG* 4.3.1980 EzA § 620 BGB Nr. 45; 22.2.1984 EzA § 620 BGB Nr. 69; 4.12.1991 EzA § 620 BGB Nr. 113; vgl. auch 24.1.1996 EzA § 620 BGB Nr. 139; *Lipke* KR Voraufl., Rz 241 mwN), **hat sich durch das Handeln des Gesetzgebers erledigt**. Er hat den **außergerichtlichen Vergleich nicht als Sachgrund benannt** und im Übrigen in der Gesetzesbegründung die Mitwirkung des Gerichts bei der Vergleichsfassung als Gewähr für die Wahrung der Schutzinteressen des Arbeitnehmers herausgestellt (ebenso *Däubler* ZIP 2001, 223; ErfK-*Müller-Glöge* Rz 100; *Rolfs* Rz 72; *Lakies* DZWIR 2001, 12; *Sievers* Rz 194f.; MHH-*Meinel* Rz 61; *Erman*/D. W. *Belling* Rz 52; *Annuß/Thüsing-Maschmann* Rz 68.; abwägend *Dörner* Befr. Arbeitsvertrag, Rz 276 und APS-*Backhaus* Rz 326ff: **aA** *Staudinger/Preis* Rz 144; *Boewer* Rz 216ff.; *Bauer* NZA 2001, 2527; MünchArbR-*Wank* Erg.-Bd. § 116 Rz 173; HaKo-*Mestwerdt* Rz 142). Das BAG schwankt dagegen noch und will sich nicht festlegen (*BAG* 23.1.2002 EzA § 620 BGB Nr. 186; 22.10.2003 EzA § 620 BGB 2002 Nr. 8). Es öffnet sich aber für eine **Rechtsprechungsänderung** nach Inkrafttreten des TzBfG. Diese lässt sich jetzt nur noch mit der Anerkennung eines außerhalb des Katalogs des § 14 Abs. 1 S. 2 TzBfG stehenden Sachgrunds »außergerichtlicher Vergleich« umsetzen, der indessen den gesetzgeberischen Wertungen entgegenlaufe würde, nur den gerichtlichen Vergleich zum Sachgrund zu erheben.

242 **Außergerichtliche Vergleiche bedürfen** nach hier vertretener Auffassung eines **Sachgrundes nach Nr. 1–7**, wenn sie den Streit über den Bestand eines Arbeitsverhältnisses durch eine erneute Befristung beenden wollen. Liegt also der erneute Befristung im Interesse des Arbeitnehmers (ausdrücklicher Wunsch nach Nr. 6) oder ergibt sie sich aus der Eigenart der Arbeitsleistung (letztmalige Befristung eines professionellen Sporttrainers; Nr. 4), so rechtfertigen diese Sachgründe die Befristung, nicht dagegen für sich genommen der außergerichtliche Vergleichsschluss (§ 779 BGB; ähnlich ArbRBGB-*Dörner* § 620 BGB Rz 195; vgl. auch *Hoß/Lohr* MDR 1998, 318; KDZ-*Däubler* Rz 123; APS-*Backhaus* Rz 327; *Preis/Gotthardt* DB 2000, 2072; *Lakies* DZWIR 2001, 12; *Kliemt* NZA 2001, 298; *Hromadka* BB 2001, 625). Die tragende Erwägung des *BAG* in einer Entscheidung vom 14.10.1997 (– 7 AZR 599/96, nv), die Anerkennung eines **außergerichtlichen Vergleichs** als Befristungsgrund setze voraus, dass ein offener Streit der Parteien über die Rechtslage hinsichtlich des zwischen ihnen bestehenden Rechtsverhältnisses besteht und im gegenseitiges Nachgeben vorliegt, erscheint damit überholt. Das BAG hat dieses Merkmal nun zur Voraussetzung eines gerichtlichen Vergleichs erhoben (*BAG* 26.4.2006 – 7 AZR 366/05 nv; s.o. Rz 238; *BAG* 22.2.1984 EzA § 620 BGB Nr. 69); damit kann es nicht mehr zur sachlichen Rechtfertigung eines außergerichtlichen Vergleichs herangezogen werden, will man die Unterschiede zwischen gerichtlichem und außergerichtlichem Vergleich nicht vollends verwischen. Maßgeblich bleibt nach hier vertretender Auffassung aber, dass eine **richterliche Inhaltskontrolle** bei Abschluss des außergerichtlichen Vergleichs fehlt (ebenso MünchKomm-*Hesse* Rz 71; HWK-*Schmalenberg* Rz 60). Es kann nicht ohne weiteres angenommen werden, der Umstand des Vergleichs trage die sachliche Rechtfertigung in sich (so wohl auch *Dörner* Befr. Arbeitsvertrag, Rz 276). Alle Versuche dem Einigungswillen der Parteien einen Sachgrund der Befristung abzugewinnen (*Staudinger/Preis* § 620 BGB Rz 145f.; HaKo-*Mestwerdt* Rz 142) gehen zu Lasten der Rechtssicherheit und -klarheit und sind deshalb abzulehnen.

IV. Anerkannte weitere Sachgründe

243 Die hM in Rechtsprechung und Schrifttum (*BAG* 13.10.2004 EzA § 17 TzBfG Nr. 6; 16.3.2005 EzA § 14 TzBfG Nr. 17; MünchKomm-*Hesse* Rz 12; HWK-*Schmalenberg* Rz 11 f.; s.o. Rz 28) orientieren sich **zur Neuregelung in § 14 Abs. 1 TzBfG an der Aussage in der Gesetzesbegründung, wonach die Aufzählung der konkret benannten Sachgründe Nr. 1–8 nur beispielhaft sei und deshalb andere bisher von der Rspr. akzeptierte Befristungsgründe ebenfalls noch Geltung beanspruchen könnten**. Dementsprechend werden Befristungen im Bühnen- und Rundfunkbereich, im Zusammenhang mit sozialstaatlichen Aufgaben, mit Drittmittelfinanzierungen, zu AB- und Sozialhilfemaßnahmen, zu Aus-, Fort- und Weiterbildungen, bei gesicherten Rückkehrmöglichkeiten, zur Mitarbeit in einer Parlamentsfraktion und bei beschränkter Aufenthaltserlaubnis, zu Beschäftigungen aufgrund einer Entscheidung des Sozialamts, bis zur Einstellung einer anderen Arbeitskraft zur sozialen Überbrückung sowie in Form befristeter Aus- und Fortbildung (statt aller KDZ-*Däubler* Rz 124 ff.; HaKo-*Mestwerdt* Rz 143 ff.; MHH-*Meinel* Rz 62; MünchKomm-*Hesse* Rz 72 ff.; HWK-*Schmalenberg* Rz 61 ff.; *Gräfl/Arnold-Gräfl* Rz 192 ff.; KDZ-*Däubler* Rz 124 ff.; ErfK-*Müller-Glöge* Rz 102 ff.) als sonstige Sachgründe hier behandelt.

Nach dem hier vertretenen Verständnis lassen sich die **Vorstellungen des Gesetzgebers,** im Gesetzestext nicht genannte Befristungsgründe als Sachgrund anzuerkennen, **mit den europarechtlichen Vorgaben nur schwer vereinbaren** (vgl. iE Rz 24, 28 ff.). Im Sinne einer **europarechtskonformen Auslegung von § 14 Abs. 1 TzBfG** sind deshalb die nicht ausdrücklich benannten, aber **anerkannten Sachgründe für Befristungen dem Sachgrundkatalog Nr. 1–8 zuzuordnen** (ähnlich ErfK-*Müller-Glöge* Rz 5, 35, 87;104 *Erman/D. W. Belling* Rz 53; krit. *Dörner* Befr. Arbeitsvertrag Rz 181; *Gräfl/Arnold-Gräfl* Rz 14 f.). Danach gehören Befristungen zu **Altersgrenzen, Eignungsvoraussetzungen oder zur Umsetzung von Arbeitsbeschaffungs- und Strukturanpassungsmaßnahmen nach dem SGB III** zu den in der **Person des Arbeitnehmers** liegenden Sachgründen (Nr. 6). Sog. **Platzhalterbefristungen** können je nach den maßgeblichen Beweggründen aus der Person des Arbeitnehmers begründet sein oder eine **Befristung zur Vertretung** (Nr. 3) darstellen. **Projektbefristungen** sind, selbst wenn staatliche Gelder an einen Drittmittelnehmer fließen, an den Voraussetzungen von Nr. 1 zu messen (**vorübergehender betrieblicher Bedarf** an der Arbeitsleistung; vgl. o. Rz 73 f., 231 ff.). Der Befristungsgrund für eine zeitbegrenzte **Beschäftigung im Bühnen- und Medienbereich** sowie im professionellen Sport kann sich letztlich nur aus der **Eigenart der Arbeitsleistung** (Nr. 4) ergeben. Befristungen aus Gründen der **Aus- und Fortbildung** unterfallen entweder Nr. 2 oder Nr. 6 des Sachgrundkatalogs. Wenn das BAG neuerdings als **Sachgrund** anerkennt, dass ein im Wege der **Insichbeurlaubung freigestellter Beamter** der Deutschen Bundespost ein wirksames, mit Sachgrund befristetes Arbeitsverhältnis zu einem Rechtsnachfolger seines Dienstherrn eingehen kann (BAG 25.5.2005 EzA § 14 TzBfG Nr. 18), weil dies sich aus den Statusvorschriften (§ 4 Abs. 3 S. 2 PostpersonalrechtsG) ergebe, so lässt sich dieser Sachverhalt unschwer dem Sachgrund nach Nr. 6 (Gründe in der Person des Arbeitnehmers) zuordnen. Dieser personenbezogene Sachgrund ist ebenfalls dann gegeben, wenn zum Erhalt der **Ansprüche nach deutschem Sozialversicherungsrecht** ein befristetes Arbeitsverhältnis für die Dauer des **Auslandsaufenthaltsaufenthalts** begründet worden ist (BAG 14.7.2005 EzA § 613a BGB 2002 Nr. 36 zu einem dem Rechtszustand vor dem TzBfG unterfallenden Sachverhalt; LAG Köln 6.11.1998 LAGE Art 30 EGBGB Nr. 4).

Wenn der **Gesetzgeber des TzBfG der Rspr. weiterhin ausdrücklich gestattet, neue Sachgründe zu »erfinden«** (vgl. BT-Drs. 14/4374 S. 18, »weitere Gründe«), so **widerspricht dies** ebenfalls **der Zielsetzung der Richtlinie** 1999/70 EG des Rates vom 28. Juni 1999, **Rechtssicherheit und Transparenz für Arbeitnehmer und Arbeitgeber zu erhöhen** (vgl. oben Rz 28, 185). Hält der Gesetzgeber einerseits dafür, dass das bisher geltende Richterrecht der Umsetzung einer EG-Richtlinie nicht genügt (BT-Drs. 14/4374 S. 13), so ist es andererseits kaum begründbar, warum »neuem« Richterrecht die Tür geöffnet werden soll. **Die Rspr. wird sich deshalb bei der Sachgrundbefristung regelmäßig an der Aufzählung der in Nr. 1–8 genannten Tatbestände festhalten lassen müssen** (ähnlich ErfK-*Müller-Glöge* Rz 5, 102, 104; *Erman/D. W. Belling* § 620 BGB Rz 21; *Gräfl/Arnold-Gräfl* Rz 14f, die dem Katalog jedenfalls den Maßstab für weitere Sachgründe entnehmen will. aA *Preis/Gotthardt* DB 2000, 2065, 2070; APS-*Backhaus* Rz 79f.; *Sievers* Rz 199; MünchArbR-*Wank* Erg.-Bd. § 118 Rz 76, 162ff.; *Thüsing/Lambrich* BB 2002, 829, die von einem zusätzlichen **Generaltatbestand noch anerkennenswerter Sachgründe** ausgehen). Zu Ende gedacht, würde damit wenig Zugewinn an Rechtssicherheit und Transparenz erzielt.

Unbedenklich erscheint dagegen, **neue Sachverhalte den genannten Sachgründen zuzuordnen** und dabei das übliche Auslegungsinstrumentarium zu gebrauchen (zur Vorsicht ratend *Braun* MDR 2006, 606, 613). Die dabei entstehenden **Sammeltatbestände** (s.o. Rz 243; vgl. auch Rz 126, 182) erbringen über die Zuordnung zu einem gesetzlich gebilligten Sachgrund **systematischen Rückhalt** in Form eines »Handlaufs«. So lässt sich der kürzlich »erfundene« **Sachgrund »Sicherung der personellen Kontinuität der Betriebsratsarbeit«** (BAG 23.1.2003 EzA § 620 BGB Nr. 185, noch zum alten Rechtszustand vor Inkrafttreten des TzBfG) § 14 Abs. 1 S. 2 Nr. 6 als Unterfall zuschlagen. Die wünschenswerte **Stetigkeit der Betriebsratsarbeit** kann nämlich nur erreicht werden, wenn Mitglieder des Betriebsrats, die aufgrund der Besonderheiten des betroffenen Sozialbetriebes ihrerseits in befristeten Arbeitsverhältnissen stehen, im Wege einer verlängerten Befristung bis zum Ablauf der Amtsperiode im Arbeitsverhältnis verbleiben. Damit sind die **Verhältnisse in der Person** des Betriebsratsmitglieds letztlich ausschlaggebend (ähnlich *Rolfs* Rz 48, der die sozialen Belange in den Vordergrund rückt). Die Sachgrundprüfung richtet sich deshalb an der **personellen Identität** des Betriebsratsgremiums aus, um dem Interesse des Arbeitgebers an einem funktionsfähigen Betriebsrat entgegen zu kommen und damit zugleich wiederholte Unruhe stiftende und kostenträchtige Betriebsratswahlen zu vermeiden. Im Schrifttum zum TzBfG wird demgegenüber die Auffassung vertreten, dass eine abschließende Systembildung zulässiger Befristungs- und Bedingungstatbestände nicht möglich sei, weil die Sachgrundrechtsprechung letztlich eine Vertragskontrolle war und bleibe (*Hromadka* BB 2001, 626; KDZ-*Däubler* Rz 12 ff., 124 ff., jeweils mwN). Außerdem werden gängige **europarechtliche Regelungstechniken** dagegen ins Feld geführt (*Preis/Gotthardt* ZESAR 2002, 15 f.; *Thüsing/Lambrich* BB 2002, 831; APS-*Backhaus* Rz 80 mwN). Hierzu kann nur auf die Erkenntnisse der **EuGH- Entscheidung Adeneler vom 4.7.2006** (EzA Richtlinie 99/70 EG-Vertrag 1999 Nr. 1) verwiesen werden. Näher dazu s.o. Rz 28 und KR-*Lipke* § 620 BGB Rz 99d. Die **Festlegung von zusätzlichen Sachgründen** bleibt danach regelmäßig dem **Gesetzgeber** vorbehalten.

V. Tarif- und Kirchenautonomie

246 Die **Tarifvertragsparteien** können nur im Rahmen von §§ 14 Abs. 2 S. 3, Abs. 2a S.4 und 22 TzBfG vom Gesetz abweichen. Danach ist die **tarifliche Einschränkung** von Sachgründen als eine dem Arbeitnehmer günstigere Regelung iSv § 22 Abs. 1 TzBfG **zulässig** (zB SR 2y BAT; § 30 Abs. 2 und 3 TVöD). Vgl. hierzu die Erl. zu den einzelnen Sachgründen und die systematische Erörterungen bei KR-*Bader* § 22 TzBfG.

247 Im Unterschied zum aufgehobenen BeschFG (dort § 6 Abs. 3) gestattet § 22 TzBfG nur noch den Tarifvertragsparteien, nicht dagegen den **Kirchen** das Recht zum Erlass abweichender Regelungen. Die nach § 14 Abs. 2 S. 3, Abs. 2a S. 4 und § 4 TzBfG (näher dazu u. Rz 309 ff.) möglichen **tarifvertraglichen Abweichungen auch zuungunsten der Arbeitnehmer** bleiben deshalb den Kirchen verschlossen. **Arbeitsvertragsordnungen der Kirchen haben keinen Tarifrang.** Ihnen kommt keine normative Wirkung zu; sie finden nur kraft einzelvertraglicher Bezugnahme auf ein Arbeitsverhältnis Anwendung (st.Rspr., zuletzt *BAG* 28.1.1998 EzA § 611 BGB Kirchliche Arbeitnehmer Nr. 44). Die evangelische Kirche schließt mit Ausnahme der nordelbischen evangelischen Landeskirche keine Tarifverträge ab; die katholische Kirche nutzt ausschließlich den sog. »Dritten Weg« (*Richardi* ArbRecht in der Kirche, 3. Aufl., § 13 Rz 2).

248 Obwohl in den **Erwägungen** zu der **Richtlinie 2000/78/EG** vom 27.11.2000 **unter Abs. 24** ausdrücklich auf die in der Schlussakte zum Amsterdamer Vertrag beigefügte Erklärung Nr. 11 hingewiesen wird, wonach die EU anerkannt hat, dass sie den Status, den Kirchen und religiöse Vereinigungen oder Gemeinschaften in dem Mitgliedsstaat nach deren Rechtsvorschriften genießen, achtet und ihn nicht beeinträchtigt, fehlt es an einer ausdrücklichen **Kirchenklausel** in der Richtlinie 1999/70/EG. Es fragt sich daher, ob der nationale Gesetzgeber bei der Umsetzung der Richtlinie dem nicht mehr Beachtung hätte schenken müssen, zumal nach der Verfassung das **kirchliche Selbstbestimmungsrecht** aus Art. 140 GG iVm Art. 137 Abs. 3 S. 1 WRV zu respektieren ist.

249 Während europarechtlich die Fassung der Arbeitszeitrichtlinie 93/104/EG vom 23.11.1993 mit den Änderungen durch die Richtlinie 2000/34/EG vom 22.6.2000 (*Oetker/Preis* EAS A 3440, 3441) den kirchlichen Besonderheiten Freiräume widmet, gleiches auch in der allgemeinen **Antidiskriminierungsrichtlinie 2000/78/EG** (Art. 4 Abs. 2) berücksichtigt hat (§ 9 AGG), ist dies bei den Ergebnissen des sozialen Dialogs der Sozialpartner offenbar verloren gegangen. **Der nationale Gesetzgeber wird deshalb aufgefordert bleiben, ergänzende Regelungen in § 22 TzBfG aufzunehmen;** die Rspr. wird sich um eine verfassungskonforme Auslegung der bestehenden Vorschriften bemühen müssen (vgl. zu allem ausführlich *Thiel* ZMV 2001, 169). Ein Weg, Befristungen im **kirchlichen Bereich** mit Rücksicht auf die dort herrschenden besonderen Arbeitsbedingungen zuzulassen, eröffnet der Sachgrund nach **Nr. 4** (Eigenart der Arbeitsleistung; vgl. dort Rz 128).

B. Die sachgrundlose Befristung (§ 14 Abs. 2 und 3 TzBfG)
I. Ablösung des BeschFG 1985/1996
1. Überblick

Ziel des Beschäftigungsförderungsgesetzes in seinen Fassungen vom 26.4.1985 (BGBl. I S. 710) und vom 25.9.1996 (Arbeitsrechtliches BeschFG; BGBl. I S. 1476) war es vor dem Hintergrund anhaltender Massenarbeitslosigkeit, Anreize zur Einstellung von mehr Arbeitnehmern zu geben (BR-Drs. 393/84, S. 15; BT-Drs. 12/6719 S. 11) und Alternativen für Überstunden und Sonderschichten bei ungesicherter Auftragslage oder nur vorübergehenden Aufträgen zu bieten, die dem Arbeitgeber die Beschäftigung von Arbeitnehmern ohne Kündigungsschutz und dem Arbeitnehmer den Einstieg über ein befristetes in ein später unbefristetes Arbeitsverhältnis ermöglichen sollte. Das für einen Zeitraum von 18 Monaten und ab 1.10.1996 bis zum 31.12.2000 bis zu zwei Jahren wegfallende Erfordernis eines Sachgrundes für die Befristung sollte am sozialpolitisch erwünschten **Regeltatbestand des unbefristeten Arbeitsverhältnisses** nichts ändern (BT-Drs. 13/4612 S. 11 f.). Die unterschiedlichen Befristungsregelungen nach dem BeschFG 1985 und 1996 wurden jeweils als temporäre Regelungen angelegt. Mit dem Inkrafttreten des **TzBfG** zum 1.1.2001 wird die **sachgrundlose Befristung** erstmals durch eine **Dauerregelung** erlaubt. Vgl. ausführlich zur Gesetzgebung des TzBfG KR-*Lipke* § 620 BGB Rz 111 ff.

Der Gesetzgeber des TzBfG hat **Elemente sowohl aus den Vorgängerregelungen des BeschFG 1985 als auch des BeschFG 1996 übernommen** (zB einmalige Neueinstellung, dreimalige Verlängerung des befristeten Arbeitsvertrages bis zur Gesamtdauer von zwei Jahren), so dass die dazu geschöpften Erkenntnisse in Rspr. und Schrifttum in Zukunft von Bedeutung bleiben (ebenso *Dörner* ZTR 2001, 485, 491; *ders.* Befr. Arbeitsvertrag, Rz 477). Ungeachtet der ersatzlosen Aufhebung des BeschFG zum 31.12.2000 ist deshalb ein **Überblick über die bisherige Rechtslage** erforderlich.

§ 1 BeschFG 1996 schuf ebenso wenig wie die Vorgängerregelung aus dem Jahre 1985 einen eigenständigen Sachgrund »Beschäftigungsförderung«; vielmehr wurde bei Erfüllung der Tatbestandsvoraussetzungen des § 1 Abs. 1 bis 3 BeschFG 1996 auf eine Befristungskontrolle anhand der zu § 620 BGB vom BAG entwickelten Maßstäbe und damit auf das Erfordernis eines Sachgrundes verzichtet (*BAG* 25.9.1987 EzA § 1 BeschFG 1985 Nr. 2; 27.4.1988 EzA § 1 BeschFG 1985 Nr. 4; 8.12.1988 EzA § 1 BeschFG 1985 Nr. 6; 15.3.1989 EzA § 1 BeschFG 1985 Nr. 8). **Waren die Voraussetzungen des § 1 BeschFG 1985/ 1996 nicht gegeben, unterlag die Befristungsvereinbarung einer Befristungskontrolle nach allgemeinen Grundsätzen** (*BAG* 25.9.1987 EzA § 1 BeschFG 1985 Nr. 2). Der Arbeitgeber konnte also noch einen Sachgrund anführen, denn entscheidend war und ist, dass **ein Sachgrund bei Vertragsschluss objektiv gegeben war** (*BAG* 26.7.2000 EzA § 1 BeschFG 1985 Nr. 19). Im umgekehrten Fall – der vom Arbeitgeber genannte Sachgrund war nicht gegeben – blieb ein **Ausweichen auf die Voraussetzungen der sachgrundlosen Befristung** nach § 1 Abs. 1 S. 1 BeschFG 1996 möglich, soweit die Anwendbarkeit des BeschFG nicht zugunsten des Arbeitnehmers abbedungen war (*BAG* 5.6.2002 EzA § 620 BGB Nr. 193; 4.12.2002 EzA § 14 TzBfG Nr. 1; vgl. o. Rz 50 ff.; vgl. auch *Dörner* Befr. Arbeitsvertrag, Rz 512 ff.).

Nach Art. 1 § 1 Abs. 1 S. 1 **BeschFG 1985** war es zulässig, mit Arbeitnehmern, die neu eingestellt wurden (*BAG* 10.6.1988 EzA § 1 BeschFG 1985 Nr. 5; 6.12.1989 EzA § 1 BeschFG 1985 Nr. 11 zum Begriff der »Neueinstellung« oder die in Ermangelung eines Dauerarbeitsplatzes im unmittelbaren Anschluss an die Berufsausbildung nur vorübergehend beschäftigt werden konnten, die einmalige Befristung des Arbeitsvertrages bis zur Dauer von 18 Monaten zu vereinbaren (*BAG* 22.6.1994 EzA § 1 BeschFG 1985 Nr. 13). Die zulässige Höchstdauer der Befristung wurde von 18 auf 24 Monate erweitert, wenn bei dem Arbeitgeber 20 oder weniger Arbeitnehmer ausschließlich der zu ihrer Berufsausbildung Beschäftigten tätig waren oder die Anstellung bei einem neu gegründeten Unternehmen innerhalb der ersten sechs Monate nach Aufnahme der Erwerbstätigkeit erfolgte. Im Rahmen des § 1 BeschFG 1985 in der bis zum 30.9.1996 geltenden Fassung verstand das BAG die **Neueinstellung personen- und nicht arbeitsplatzbezogen**. Danach war eine **Neueinstellung** anzunehmen, wenn der eingestellte Arbeitnehmer **überhaupt noch nicht bei diesem Arbeitgeber beschäftigt war** oder zwischen einem früheren Arbeitsverhältnis mit diesem Arbeitgeber und dem neu begründeten Arbeitsverhältnis kein **sachlicher Zusammenhang bestand** (*BAG* 8.12.1998 EzA § 1 BeschFG 1985 Nr. 6). Ein sachlicher Zusammenhang war insbes. dann gegeben, wenn der Arbeitgeber in den **letzten 4 Monaten** vor seiner befristeten Einstellung bei **demselben Arbeitgeber** beschäftigt gewesen war (*BAG* 27.4.1988 EzA § 1 BeschFG 1985 Nr. 4; 10.6.1988 EzA § 1 BeschFG 1985 Nr. 5).

§ 14 TzBfG   Zulässigkeit der Befristung

254 Mit der Neuregelung in § 1 **BeschFG 1996** geriet ein Großteil dieser rechtlichen Schranken in Fortfall. Abweichend von der früheren Regelung war nunmehr die **Befristung eines Arbeitsvertrages ohne Sachgrund bis zur Dauer von zwei Jahren zulässig. Die zulässige Höchstbefristung** erfasste sämtliche Arbeitsverhältnisse und **schloss die zuvor gesondert geregelten Anschlussarbeitsverträge von Beschäftigten mit abgeschlossener Berufsausbildung mit ein.** Eine gesonderte Höchstbefristungsdauer für **neu gegründete Unternehmen** entfiel. Die Zulässigkeit der sachgrundlosen Befristung hing nicht mehr davon ab, ob der Arbeitnehmer neu eingestellt worden war. Für die befristete **Übernahme von Auszubildenden** gab es **keine Besonderheiten** mehr; sie konnten ohne weitere Voraussetzungen für die Dauer von bis zu zwei Jahren im Anschluss an ihre Ausbildung befristet beschäftigt werden (vgl. *Preis* NJW 1996, 3372): Die **Höchstbefristungsdauer von zwei Jahren** war für **Arbeitnehmer, die bei Beginn des befristeten Arbeitsverhältnisses das 60. Lebensjahr vollendet hatten, nicht mehr verbindlich.** Da in § 1 BeschFG 1996 die kalendermäßige Bestimmtheit oder Bestimmbarkeit des Befristungszeitraums vorgegeben war, konnten **Zweckbefristungen oder auflösende Bedingungen** für sachgrundlose Befristungen nicht vereinbart werden (*Lipke* KR 5. Aufl., § 1 BeschFG Rz 46; *Sowka* BB 1997, 677 f.) Ebenso wenig konnten **einzelne Arbeitsbedingungen** sachgrundlos nach § 1 BeschFG 1996 befristet werden (*BAG* 23.1.2002 EzA § 1 BeschFG 1985 Nr. 29; KassArbR-*Schütz* 4.4 Rz 165 Die **Befristungsabrede** bedurfte – anders als nach § 623 BGB aF und § 14 Abs. 4 TzBfG – **zu ihrer Wirksamkeit keiner Form.** Allein die **Vertragsdauer** war nach § 2 Abs. 1 Nr. 3 NachwG **schriftlich nachzuweisen.**

255 Abweichend vom vorangehenden Rechtszustand erlaubte § 1 Abs. 1 S. 2 BeschFG 1996 die Verkettung (Verlängerung) von höchstens vier befristeten Arbeitsverträgen innerhalb von höchstens zwei Jahren. Damit sollte den Betrieben eine größere Anpassungsfähigkeit, etwa in Fällen ungesicherter Auftragslage, eröffnet werden. Anstelle einer nur einmaligen Befristung ohne Sachgrund bis zu 18 Monaten hatte es nun der Arbeitgeber in der Hand eine auf ein oder mehrere Monate abgeschlossene sachgrundlose Befristung je nach seinen Bedürfnissen ein- bis dreimal zu verlängern. **Was unter »Verlängerung« zu verstehen ist, war und ist umstritten.** Dabei ging es insbes. um den Gegenstand, den Zeitpunkt und den Inhalt der Verlängerung (ArbRBGB-*Dörner* § 620 BGB Rz 210 ff.; *ders.* ZTR 2001, 488). Während weitgehend Einigkeit bestand, dass die **Höchstbefristungsdauer und die Verlängerungsmöglichkeit sich nur auf Verträge nach § 1 Abs. 1 BeschFG 1996 (jetzt § 14 Abs. 2 TzBfG) beziehen konnten**, die ohne sachlichen Grund und ohne spezialgesetzliche Rechtsgrundlage statthaft sind (*BAG* 22.3.2000 EzA § 1 BeschFG 1985 Klagefrist Nr. 4; 26.7.2000 EzA § 1 BeschFG 1985 Nr. 17, ebenso *Lipke* KR 5. Aufl., § 1 BeschFG Rz 95; *Dörner* Befr. Arbeitsvertrag, Rz 483 mwN; **aA** *Sowka* DB 2000, 2428), gab und gibt es **unterschiedliche Auffassungen** zu der Frage, **ob die Verlängerung den nahtlosen Anschluss an die ablaufende Befristung gebietet und die bisherigen Vertragsbedingungen unverändert fortgeschrieben werden müssen.**

256 Das BAG hat in einer Serie von Entscheidungen den hier von Anfang an vertretenen Standpunkt (*Lipke* KR 5. Aufl., § 1 BeschFG 1996 Rz 101 ff.) geteilt, dass nach Wortlaut, Sinn und Zweck wie Systematik des Gesetzes im Interesse einer sicheren Handhabung für die Praxis (Rechtssicherheit und Rechtsklarheit) eine **Verlängerung vor Ablauf** des zu verlängernden Vertrages vereinbart sein muss und die bisherigen **Vertragsbedingungen bei einer Verlängerung grds. nicht verändert werden dürfen** (*BAG* 26.7.2000 EzA § 1 BeschFG 1985 Nr. 19; 25.10.2000 EzA § 1 BeschFG 1985 Nr. 22; 15.8.2001 EzA § 1 BeschFG 1985 Nr. 26; *Dörner* Befr. Arbeitsvertrag, Rz 484; vgl. zu den Gegenstimmen APS-*Backhaus* 1. Aufl. § 620 BGB Rz 16 f.; *ders.* NZA 2002, Sonderbeil. Heft 24, 8; *Wohlleben* RdA 1998, 279; ErfK-*Müller-Glöge* 1. Aufl., § 1 BeschFG Rz 36; *LAG Köln* 27.4.1999 LAGE § 1 BeschFG Nr. 24; jeweils mwN). Soweit die Laufzeit des befristeten Arbeitsvertrages nicht betroffen war, unterlag eine **Änderung der Arbeitsbedingungen** zwar nicht der Befristungskontrolle nach § 1 BeschFG 1996 (*BAG* 19.2.2003 – 7 AZR 648/01, nv). Allerdings konnte der Arbeitgeber **zur Befristung von Arbeitsbedingungen** nicht die Bestimmungen des BeschFG nutzen, da diese die Begründung eines Arbeitsverhältnisses voraussetzten (*BAG* 23.1.2002 EzA § 1 BeschFG 1985 Nr. 29). Näher dazu u. Rz 286 ff.

257 Wurden dagegen die **Arbeitsbedingungen im Zusammenhang mit der Verlängerung verändert**, so handelte es sich um den **Neuabschluss** eines nach § 1 Abs. 1 BeschFG 1996 begründeten Arbeitsvertrages, der gegen das Anschlussverbot nach Abs. 3 verstieß (aA APS-*Backhaus* 1. Aufl., § 1 BeschFG Rz. 19; *Sowka* BB 1997, 678; *Kania* DSTR 1997, 375; *Schiefer/Worzalla* Rz. 375). Zum damaligen Streitstand ausführlich APS-*Backhaus* aaO; *ders.* Nachtrag Rz. 74; *Lipke* KR 5. Aufl., aaO Rz. 101 ff.; ErfK-*Müller-Glöge* 2. Aufl., § 1 BeschFG Rz. 35 mwN; *Dörner* Befr. Arbeitsvertrag, Rz 488f.).

258 Nach § 1 Abs. 3 BeschFG 1996 war der Abschluss befristeter Arbeitsverträge nach Abs. 1 und 2 der Bestimmung dann nicht statthaft, wenn zu einem vorherigen unbefristeten oder nach § 1 Abs. 1 BeschFG

Zulässigkeit der Befristung § 14 TzBfG

1996 befristeten Arbeitsverhältnis mit demselben Arbeitgeber ein enger sachlicher Zusammenhang bestand. Dabei war »Arbeitgeber« iSd § 1 Abs. 3 S. 1 BeschFG 1996 der **Vertragsarbeitgeber**, also die natürliche oder juristische Person, die mit dem Arbeitnehmer den Arbeitsvertrag geschlossen hat. Maßgeblich für das **Anschlussverbot** sollte nicht die tatsächliche Eingliederung in den Betrieb, sondern die individualvertragliche Bindung zwischen Arbeitnehmer und Arbeitgeber sein.

Sinn und Zweck des § 1 Abs. 3 S. 1 BeschFG 1996, sozialpolitisch unerwünschte, sachgrundlose **Kettenarbeitsverträge zu verhindern** (BT-Drs. 13/4612 S. 17), wurden dadurch erreicht, dass der Gesetzgeber an Stelle eines Anschlussverbots auf die vorangegangene Beschäftigung in demselben Betrieb auf den zu unterbindenden Anschlussvertrag mit **demselben Vertragsarbeitgeber** abstellte und dadurch eine ansonsten mögliche Beschäftigung in einem anderen Betrieb des Vertragsarbeitgebers vermied (BAG 25.4.2001 EzA § 1 BeschFG 1985 Nr. 25). Eine **Identität der Vertragsparteien** war iSd § 1 Abs. 3 BeschFG 1996 indessen dann nicht gegeben, wenn der Arbeitnehmer zuvor als **Leiharbeitnehmer** im Betrieb beschäftigt war (BAG 8.12.1988 EzA § 1 BeschFG 1985 Nr. 6 zu dem bis zum 30.9.1996 geltenden Recht). Weder eine befristete Neueinstellung iSd § 1 BeschFG 1985 noch ein Anschlussverbot iSd § 1 Abs. 3 BeschFG 1996 hinderten die erneute sachgrundlose Befristung im Falle eines **Betriebsübergangs**, wenn das Arbeitsverhältnis zum Betriebsveräußerer rechtswirksam sein Ende gefunden hatte und der Betriebserwerber später ein neues sachgrundloses Arbeitsverhältnis mit dem Arbeitnehmer begründen wollte. Auch hier handelte es sich nicht um denselben Arbeitgeber. Nach dem Rechtszustand bis 31.12.2000 verkörperten auch **zwei Unternehmen desselben Konzerns** jeweils rechtlich selbständige Arbeitgeber, die eigenständig für sich befristete sachgrundlose Arbeitsverhältnisse begründen können (hM, *Lipke* KR 5. Aufl., § 1 BeschFG 1996 Rz. 107 ff., mwN; zur Problemstellung »derselbe Arbeitgeber« insgesamt ErfK-*Müller-Glöge* 2. Aufl., Rz 42; *Dörner* Befr. Arbeitsvertrag, Rz 496 ff.). Eine den zulässigen Rahmen des § 1 Abs. 1 und 3 BeschFG 1996 übersteigende erneute Befristung war nur im **Arbeitsverhältnis** mit demselben Arbeitgeber ausgeschlossen. Die fortgesetzte Beschäftigung in einem **anderen Rechtsverhältnis** war dagegen erlaubt. Unschädlich war also die vorangegangene Beschäftigung im Rahmen eines freiwilligen sozialen Jahres, als selbständiger Mitarbeiter aufgrund eines Werkvertrages oder eines Eingliederungsverhältnisses nach SGB III (vgl. dazu BAG 17.5.2001 EzA § 1 KSchG Nr. 54 und o. Rz 205 f.).

259

Inwieweit ein **enger sachlicher Zusammenhang** iSd § 1 Abs. 3 BeschFG 1996 vorlag, richtete sich nach einer **wertenden Gesamtbetrachtung aller Umstände**. Zu berücksichtigen waren dabei insbes. die Dauer der Unterbrechung, aber auch die Beibehaltung oder Änderung der Tätigkeit und der materiellen Arbeitsbedingungen sowie die für den erneuten Vertragsschluss maßgeblichen Beweggründe. Dabei unterstellte § 1 Abs. 3 S. 2 BeschFG 1996 den engen sachlichen Zusammenhang, wenn zwischen zwei Arbeitsverhältnissen ein **Zeitraum von weniger als vier Monaten** lag. Diese gesetzliche Fiktion hinderte aber nicht die Annahme eines engen sachlichen Zusammenhangs wenn diese 4-Monatsfrist überschritten wurde, wie das Wort »insbesondere« im Gesetzestext zeigte (BAG 28.6.2000 EzA § 1 BeschFG 1985 Nr. 15; 25.10.2000 EzA § 1 BeschFG 1985 Nr. 23; ebenso *Lipke* KR 5. Aufl., § 1 BeschFG 1996 Rz. 112 ff. mwN). Aufgrund der **gleich gebliebenen gesetzgeberischen Beweggründe** (BT-Drs. 13/4612 S. 17), durch das Erfordernis der Neueinstellung und das Anschlussverbot zu verhindern, dass die gesetzliche Befristungserleichterung den Abschluss von Kettenarbeitsverträgen fördert, hat sich das BAG als berechtigt gesehen, insoweit an die Rspr. zum BeschFG 1985 anzuknüpfen (vgl. BAG 6.12.1989 EzA § 1 BeschFG 1985 Nr. 11). Der enge sachliche Zusammenhang konnte deshalb im Einzelfall selbst dann eine erneute sachgrundlose Befristung sperren, wenn der Zeitabstand zwischen Ende und Anfang der aufeinander folgenden Arbeitsverhältnisse das Doppelte des gesetzlich vorgesehenen Mindestzeitraums (acht Monate) erreichte (BAG 25.10.2000 EzA § 1 BeschFG 1985 Nr. 23; 15.8.2001 EzA § 1 BeschFG 1985 Nr. 26, mangels besonderer Umstände kein enger sachlicher Zusammenhang bei einem zeitlichen Abstand von mehr als 16 Monaten; vgl. auch *Dörner* Befr. Arbeitsvertrag, Rz 492ff). Die **Darlegungs- und Beweislast** für den **engen sachlichen Zusammenhang** traf jedoch den **Arbeitnehmer** (*Lipke* KR Voraufl. § 620 BGB Rz 145).

260

Die **erneute Befristung ohne Sachgrund** nach § 1 Abs. 1 BeschFG 1996 war statthaft, wenn die vorangehende Befristung keines Sachgrunds bedurfte, da damit **Kündigungsschutz nicht umgangen** werden konnte (Befristung bis zu sechs Monaten; BAG 19.2.2003 – 7 AZR 2/02; vgl. jetzt BAG 6.11.2003 EzA § 14 TzBfG Nr. 8). Konnte der Arbeitgeber die vorangehende Befristung auf einen gesetzlichen Sachgrund oder einen Sachgrund iSd Rspr. des BAG zu § 620 BGB gründen, war er ebenfalls berechtigt, erneut eine Befristung ohne Sachgrund abzuschließen. Damit konnten im **Reißverschluss-System** Befristungen mit und ohne Sachgrund abwechselnd gebraucht oder aber nach gehörigem zeitlichen

261

§ 14 TzBfG   Zulässigkeit der Befristung

Abstand immer wieder erneut eine befristete Beschäftigung ohne Sachgrund aufgenommen werden (vgl. *Dörner* ZTR 2001, 488 f.). Es war daher gestattet, einen befristeten Arbeitsvertrag zur Probe, zur Aushilfe, zur Vertretung oder als Saisonkraft – also mit sachlichem Grund – vorzuschalten und danach ein befristetes Arbeitsverhältnis auf der Grundlage des § 1 Abs. 1 BeschFG 1996 abzuschließen (APS-*Backhaus* 1. Aufl. § 1 BeschFG 1996 Rz. 29 ff.).

262 Nicht zugelassen war dagegen die **Anschlussbefristung ohne sachlichen Grund an ein vorhergehendes unbefristetes Arbeitsverhältnis,** das durch Kündigung oder Aufhebungsvertrag endete. Mit dieser Sperre in § 1 Abs. 3 BeschFG 1996 sollte die Umwandlung unbefristeter in befristete Arbeitsverhältnisse vermieden werden. **Ein solches vorhergehend unbefristetes Arbeitsverhältnis konnte** nach der Rspr. selbst **aufgrund der Fiktion des § 625 BGB entstehen,** wenn der Arbeitnehmer nach Ablauf der Befristung seine Tätigkeit mit Wissen des Arbeitgebers fortgesetzt hat (*BAG* 26.7.2000 EzA § 1 BeschFG 1985 Nr. 16; jetzt § 15 Abs. 5 TzBfG). Ein vorhergehender unbefristeter Vertrag iSd § 1 Abs. 3 konnte schließlich ebenso entstehen, wenn ein befristeter Arbeitsvertrag **wegen Fehlens eines Sachgrundes unwirksam** war (*BAG* 28.6.2000 EzA § 1 BeschFG 1985 Nr. 15; 15.8.2001 EzA § 1 BeschFG 1985 Nr. 26).

263 Aus diesen Abläufen heraus stellte sich **die Frage, inwieweit das Gericht befugt war, den vorletzten befristeten Arbeitsvertrag daraufhin zu überprüfen, ob er nicht in Wahrheit ein Dauerarbeitsverhältnis begründet hatte.** Nach st.Rspr. überprüft aber das BAG seit der Entscheidung vom 8.5.1985 (EzA § 620 BGB Nr. 76) nur noch den zuletzt geschlossenen Vertrag auf seine sachliche Rechtfertigung oder seine Rechtmäßigkeit. Deshalb sahen sich Teile des Schrifttums veranlasst, zu fordern, dass der vorangehende Vertrag (mit Sachgrund) geprüft werden müsse, wenn sich der Arbeitgeber für den zuletzt geschlossenen Vertrag auf § 1 Abs. 1 BeschFG 1996 berufe, da anderenfalls die Einhaltung des Anschlussverbots aus Abs. 3 nicht untersucht werden könne (*Preis* NJW 1996, 3373; ErfK-*Müller-Glöge* 1. Aufl., § 1 BeschFG Rz. 47; *Lakies* NJ 1997, 293). Dem ist das BAG nicht gefolgt und hat stattdessen seine Rspr. unter Einbeziehung der nach § 1 Abs. 5 BeschFG 1996 einzuhaltenden **dreiwöchigen** Klagefrist modifiziert. Danach bleibt es im Grundsatz zwar dabei, dass nur der letzte Vertrag zu überprüfen ist. Ausnahmen bestehen insoweit nur, wenn sich dieser als »Annex« zum vorangehenden Vertrag zeigt oder die Parteien sich bei Abschluss des letzten Vertrages auf einen **Vorbehalt** verständigt haben, dass der Arbeitnehmer die Wirksamkeit der vorletzten Befristung überprüfen darf. Dann war der letzte und der vorletzte Vertrag voll zu überprüfen. Ansonsten war der **Arbeitnehmer gehalten,** jeweils nach Ablauf der Befristung **rechtzeitig die Entfristungsklage nach § 1 Abs. 5 BeschFG 1996 zu erheben** (st.Rspr. zuletzt *BAG* 24.10.2001 EzA § 1 BeschFG 1985 Klagefrist Nr. 8; 4.12.2002 EzA § 14 TzBfG Nr. 1; *Dörner* Befr. Arbeitsvertrag, Rz 503 ff.), um eine gerichtliche Kontrolle zu bewirken.

264 Tat er dies nicht und berief sich der Arbeitgeber auf § 1 Abs. 1 oder Abs. 2 BeschFG 1996, konnte der Arbeitnehmer die Verletzung des Anschlussverbotes aus § 1 Abs. 3 BeschFG 1996 beanstanden. Die Umstände der vorangegangenen Beschäftigung erwiesen sich dann als Tatbestandsmerkmal einer gesetzlichen Norm, die nur im Zusammenhang mit der letzten zu untersuchenden Befristung gerichtlich zu überprüfen war. Die ggf. unwirksame Befristung des vorletzten Vertrages konnte sich deshalb im Ergebnis nur noch bei der **Entscheidung über die Rechtmäßigkeit des letzten befristeten Arbeitsverhältnisses** auswirken (st.Rspr. des *BAG* seit 22.3.2000 EzA § 1 BeschFG 1985 Klagefrist Nr. 4 m. Anm. *Gotthardt;* 15.8.2001 EzA § 620 BGB Nr. 182; *Dörner* ZTR 2001, 489 f.; krit. *Löwisch* EWiR § 1 BeschFG 2001, 5). Auf die ausführliche Erörterung dieser Rspr. unter *Bader* KR Voraufl. § 17 TzBfG Rz. 51 ff. wird an dieser Stelle verwiesen.

265 Ab dem **1.10.1996** haben **sachgrundlose Befristungen mit Arbeitnehmern ab vollendetem 60. Lebensjahr** eine eigenständige Regelung in § 1 Abs. 2 BeschFG 1996 erfahren. Der Arbeitgeber konnte danach Befristungen ohne die Einschränkungen des Abs. 1 vereinbaren. Ab Vollendung des 60. Lebensjahres waren damit beliebig viele Befristungen ohne Sachgrund zulässig, auch Unterbrechungen blieben unschädlich (vgl. jetzt § 14 Abs. 3 TzBfG). Abs. 3 unterband nur weitere Befristungen ohne Sachgrund, die in einem engen sachlichen Zusammenhang zu vorhergehenden Befristungen nach Abs. 1 standen. Die Befristung nach Abs. 2 wurde dadurch nicht erfasst, allerdings blieb das Verbot der Kündigung oder einvernehmlichen Beendigung eines unbefristeten Arbeitsvertrages zum Zwecke der Begründung eines befristeten Arbeitsverhältnisses ohne Sachgrund auch für ältere Arbeitnehmer erhalten. Nicht gestattet war ferner, in engem sachlichen Zusammenhang mit demselben Arbeitgeber eine Anschlussbefristung nach Abs. 2 zu vereinbaren, wenn der Arbeitnehmer zuvor in einem Befristungsverhältnis ohne Sachgrund nach Abs. 1 BeschFG 1985, 1996 gestanden hatte. Vor dem arbeitsmarktpolitischen Hintergrund der Sonderregelung für ältere Arbeitnehmer machte diese Regelung keinen rechten Sinn (*Lipke* KR 5. Aufl. § 1 BeschFG 1996 Rz. 133; *Rolfs* NZA 1996, 1138; *Sowka* BB 1997, 679).

Die Regelung in § 1 Abs. 1 bis 4 BeschFG 1996 ließen als **einseitig zwingende gesetzliche Befristungs-** 266
vorschriften Abweichungen zugunsten des Arbeitnehmers zu (zur **einzelvertraglichen Abbedingung** sachgrundloser Befristung s.o. Rz 61 f.). Sahen deshalb die für das Arbeitsverhältnis geltenden tariflichen Regelungen die **Befristung** von Arbeitsverträgen **nur bei Vorliegen sachlicher Gründe** vor, so konnte von den Möglichkeiten der sachgrundlosen Befristung kein Gebrauch gemacht werden. Ob eine solche die Befristung nach § 1 BeschFG ausschließende **tarifvertragliche Regelung** bestand, war durch Auslegung des Tarifvertrages zu ermitteln (vgl. BAG 25.9.1987 EzA § 1 BeschFG 1985 Nr. 2; 14.2.1990 EzA § 1 BeschFG 1985 Nr. 10; *Lipke* KR 5. Aufl., § 1 BeschFG 1996 Rz. 57 ff., 69). Schränkt der Tarifvertrag die sachgrundlose Befristung ein, so lag eine dem Arbeitnehmer **günstigere Normierung** vor, die Vorrang vor dem Gesetz genoss (*Dörner* Befr. Arbeitsvertrag, Rz 518). Dieser Rechtszustand ist erhalten geblieben (s.u. Rz 311).

Die beschriebene Rechtslage wirkte längstens bis zum 31.12.2002 auf die Altverträge fort. Dies er- 267
gibt sich aus § 1 Abs. 6 BeschFG 1996 sowie **Art. 34** des Gesetzes über Teilzeitarbeit und befristete Arbeitsverträge und zur Änderung und Aufhebung arbeitsrechtlicher Bestimmungen vom 21.12.2000 (BGBl. I S. 1966), der das Außerkrafttreten des BeschFG zum 31.12.2000 und das Inkrafttreten des TzBfG zum 1.10.2001 bestimmt. **Da die Neuerungen in § 14 Abs. 2 TzBfG mit den Vorgängerregelungen in § 1 BeschFG 1985 und 1996 zu einem Teil übereinstimmen, können Erkenntnisse der Rspr. und des Schrifttums zum abgelaufenen Rechtszustand in einer Vielzahl von Fällen zur Interpretation des neuen Rechts herangezogen werden** (so auch *Dörner* ZTR 2001, 491). Dies gilt insbes. dann, wenn der Gesetzgeber – wie geschehen – **Begrifflichkeiten** und **systematische Verknüpfungen** aus dem alten Rechtszustand übernimmt (vgl. BT-Drs. 14/4374 S. 19, zu Abs. 2). Zur detaillierten Darstellung der bis zum 31.12.2000 geltenden Rechtslage wird auf die Erl. von *Lipke* KR 5. Aufl., § 1 BeschFG; APS-*Backhaus* 1. Aufl., § 1 BeschFG, ErfK-*Müller-Glöge* 1. Aufl., § 1 BeschFG und KDZ-*Däubler* 4. Aufl., § 1 BeschFG hingewiesen.

2. Neuerungen der sachgrundlosen Befristung

Erklärtes Ziel des Gesetzgebers ist es, Befristungsketten, die durch **einen mehrfachen Wechsel zwi-** 268
schen Befristungen mit und ohne Sachgrund entstehen konnten, **zu verhindern.** Dies gilt für alle Arbeitnehmer **mit Ausnahme derjenigen**, die das **58. Lebensjahr** (in der Zeit v. 1.1.2003 bis zum 31.12.2006: Vollendung des 52. Lebensjahres; Abs. 3 S. 4, vgl. u. Rz 352 ff.) **vollendet haben** (Abs. 3 S. 1). Diese Arbeitnehmergruppe kann nach dem Gesetzeswortlaut nahezu unbeschränkt in Kettenbefristungen ohne Sachgrund beschäftigt werden. Dem hat allerdings der **EuGH** mit seiner Entscheidung vom 22.11.2005 in der **Rechtssache Mangold** (Rs 144/04 EzA § 14 TzBfG Nr. 21) einen Riegel vorgeschoben, sodass eine europarechtskonforme Neuregelung des **§ 14 Abs. 3 TzBfG** erforderlich war (vgl dazu Rz 342 ff.). Für alle übrigen Arbeitnehmer ist in Zukunft der **Abschluss eines sachgrundlosen befristeten Arbeitsvertrages nur noch möglich, wenn mit demselben Arbeitgeber zuvor ein unbefristetes oder befristetes Arbeitsverhältnis nicht bestanden hat.** Damit kehrt der Gesetzgeber teilweise zu dem Rechtszustand zurück, der vor dem 1.10.1996 unter der Geltung von § 1 BeschFG 1985 bestanden hat. Die **einmalige »Neueinstellung«** in einem befristeten Arbeitsvertrag ohne Sachgrund ist aber nun nicht mehr davon abhängig, ob zu einem vorherigen befristeten oder unbefristeten Arbeitsvertrag mit demselben Arbeitgeber ein **enger sachlicher Zusammenhang** besteht. Insoweit weicht § 14 Abs. 2 sowohl von § 1 Abs. 1 S. 2 und 3 BeschFG 1985 als auch von § 1 Abs. 3 BeschFG 1996 ab. Damit werden auch **Aneinanderreihungen von sachgrundlosen Befristungen mit zeitlichen Unterbrechungen nicht mehr zugelassen; die sachgrundlose Befristung** ist deshalb **mit demselben Arbeitgeber in einem Arbeitsleben nur einmal (und nie wieder) zulässig.** Anregungen im Gesetzgebungsverfahren, die Regelung insoweit zu lockern (*Preis/Gotthardt* DB 2000, 2072; *Preis* in der Anhörung der Sachverständigen BT-Drs. 14/4625 S. 18; *Schiefer* DB 2000, 2022) hat der Gesetzgeber nicht aufgenommen (vgl. BT-Drs. 14/4374 S. 13, 14, 19; BT-Drs. 14/4625 S. 20). Damit geraten für den Anwendungsbereich von **Abs. 2** die in der Vergangenheit auftretenden **Rechtsprobleme zum Anschlussverbot** und zum engen sachlichen Zusammenhang (§ 1 Abs. 1 und Abs. 3 BeschFG 1996) **in Fortfall** (näher dazu Rz 296). **Rechtspolitische Bestrebungen** in neuerer Zeit (*Preis* NZA 2005, 714, 718; *Lembke* NJW 2006, 325, 328; Koalitionsvereinbarung CDU/CSU/SPD 11.11.2005), die sachgrundlose Befristung nach § 14 Abs. 2 TzBfG im Tausch gegen eine vertraglich zu vereinbarende verlängerte Wartezeit zum Eintritt des gesetzlichen Kündigungsschutzes zu streichen, sind vorerst vom Tisch. Erwogen wird immer noch eine **Lockerung des Vorbeschäftigungsverbots** (FAZ vom 3.1.2007, Wirtschaftsteil S. 10).

269 Die gesetzgeberische Zielsetzung, die bisherigen großzügigen Verknüpfungsmöglichkeiten von Befristungen mit und ohne Sachgrund einzuschränken, findet ihre **Grenze in der weiterhin zugelassenen Anschlussbefristung mit Sachgrund** (APS-*Backhaus* Rz 364; ErfK-*Müller-Glöge* Rz 124; *Gräfl/Arold-Gräfl* Rz 204; KDZ-*Däubler* Rz 146; dazu kritisch *Plander* ZTR 2001, 499). Der nach Abs. 2 erleichterten sachgrundlosen Befristung können deshalb Befristungen mit Sachgrund folgen (*Lembke* NJW 2006, 325 f.). Die bis zum 31.12.2000 eröffnete Möglichkeit, nach einer Befristung mit Sachgrund eine Befristung ohne Sachgrund abzuschließen, ist dagegen nicht mehr gestattet (BT-Drs. 14/4374 S. 20).

269a **Eine Ausnahme bildet hierbei die sachgrundlose Befristung im Anschluss an eine Berufsausbildung.** Ungeachtet der Möglichkeit, bei Vorliegen der Voraussetzungen eine übergangsweise befristete Beschäftigung mit Sachgrund nach Abs. 1 Nr. 2 hinter die Berufsausbildung zu schalten, soll nach dem gesetzgeberischen Willen auch die befristete Übernahme ohne Sachgrund nach Abs. 2 möglich sein. Hierzu weist die Gesetzesbegründung ausdrücklich darauf hin, dass eine **Berufsausbildung kein Arbeitsverhältnis iSv Abs. 2 S. 2 sei** (BT-Drs. 14/4374 S. 20; ebenso *LAG Nds.* 4.7.2003 LAGE § 14 TzBfG Nr. 11; *Kliemt* NZA 2001, 300; *Hromadka* NJW 2000, 404; vgl. aber *Schlachter* NZA 2003, 1180, 1183; s.o. Rz 85; näher dazu u. Rz 296 ff.).

270 Neue Pfeiler für die sachgrundlose Befristung setzen die Sätze 3 und 4 in Abs. 2 der Bestimmung. Im Unterschied zur alten Rechtslage kann durch **Tarifvertrag** nunmehr in Teilbereichen (Festlegung der Höchstbefristungsdauer, Zahl der zulässigen Verlängerungen) **auch zuungunsten der Arbeitnehmer** abgewichen werden. Die Gesamtschau von §§ 22 Abs. 1 und 14 Abs. 2 S. 3 zeigt auf, dass die gesetzlichen Bestimmungen zur sachgrundlosen Befristung nicht mehr durchgehend einseitig zwingend sind, sondern **in einzelnen Regelungsbereichen eine umfassende tarifvertragliche Normierungsfreiheit** eröffnen. Die Tariföffnung für Regelungen zur gesetzlichen Höchstbefristungsdauer und zur Höchstzahl der Verlängerungen eines sachgrundlosen befristeten Arbeitsvertrages soll branchenspezifische Lösungen erleichtern (BT-Drs. 14/4374 S. 14, 20). Nicht tarifgebundene Arbeitsvertragsparteien im Geltungsbereich eines solchen Tarifvertrages können derartige **abweichende Tarifregelungen einzelvertraglich übernehmen** (näher dazu u. Rz 309 ff.).

271 Die Bestimmungen zur sachgrundlosen Befristung in Abs. 2 und 3 sind erstmals als **Dauerregelung** angelegt (BT-Drs. 14/4374 S. 13). Aus dem Kontext der Gesetzesbegründung ergibt sich, dass der Gesetzgeber aufgrund wissenschaftlicher Untersuchungen aus den Jahren 1998 und 1992 eine missbräuchliche Handhabung der Befristung ohne Sachgrund nicht mehr befürchtet und deshalb mit dieser Möglichkeit, der Wirtschaft flexible Arbeitseinsatzmöglichkeiten zur Verfügung stellen will (vgl. KR-*Lipke* § 620 BGB Rz. 61, 116 f.). **Mit der Dauerregelung** entstehen erhöhte **Rechtssicherheit und Transparenz** für die Praxis. Die »Nachbesserungen« durch **Einfügung des Abs. 2a**, die geänderte Zeitregelung für ältere Arbeitnehmer in Abs. 3 S. 4 und die erforderliche Überarbeitung des Abs. 3 zeigen indessen auf, dass das **Befristungsrecht** eine **bevorzugte Baustelle** für neue gesetzgeberische Aktivitäten zur Belebung des Arbeitsmarktes bleibt (dazu u. Rz 339 ff., 347 f.).

3. Europarechtliche Vorgaben

272 Die **neuen Bestimmungen** zu den Voraussetzungen einer sachgrundlosen Befristung **nach Abs. 2 stehen im Einklang mit §§ 5, 8 Nr. 3 der in die EG-Richtlinie 1999/70 EG übernommenen Rahmenvereinbarung.** Zu den europäischen Rechtsgrundlagen wird auf die Erl. zu KR-*Lipke* § 620 BGB Rz. 90 ff. verwiesen. Der Kritik, die nunmehr gesetzlich auf Dauer eingeräumte Möglichkeit einer einmaligen sachgrundlosen Befristung des Arbeitsverhältnisses würde gegen das europarechtliche **Verbot in § 8 Nr. 3 der Rahmenvereinbarung** verstoßen, bei Umsetzung der Richtlinie **das allgemeine Niveau des Arbeitnehmerschutzes im Bereich der Befristung abzusenken** (so *Däubler* ZIP 2000, 1967; ders. KDZ Rz. 151; *Schmalenberg* NZA 2000, 1043 ff.), ist nicht zu folgen. Im Einzelnen wird gerügt, dass nunmehr **dauerhaft eine sachgrundlose Befristung vom Gesetzgeber erlaubt,** und überdies den Tarifvertragsparteien gestattet wird, für die Arbeitnehmer verschlechternde Regelungen zu treffen.

273 Dieser Kritik ist zu Recht entgegengehalten worden, dass Abs. 2 nur eine im Grundsatz bereits seit 15 Jahren bestehende Befristungsmöglichkeit fortschreibt und die nun vorgenommene **Begrenzung der Kettenbefristung die Rechtslage erheblich zugunsten der Arbeitnehmer verbessert** hat (*Hanau* NZA 2000, 1045; *Boewer* Rz 225; *Dörner* Befr. Arbeitsvertrag, Rz 522 f.; *Gräfl/Arnold-Gräfl* Rz 242) Dabei ist für den Vergleich auf das zum Zeitpunkt des Inkrafttretens der Richtlinie in Deutschland geltende Befristungsrecht und nicht etwa auf den Beginn der »Umgehungsrechtsprechung« des *BAG* vom 12.10.1960 (EzA § 620 BGB Nr. 2) abzustellen (ebenso *Löwisch* NZA 2000, 1044 f.; *Bauer* NZA 2000, 756; *Rolfs* EAS

B 3200 Rz. 39; APS-*Backhaus* Rz. 366; *Thüsing/Lembrich* BB 2002,829,831; MünchKomm-*Hesse* Rz 76). Im Übrigen ist der Maßstab für die »Senkung des allgemeinen Niveaus des Arbeitnehmerschutzes« für den gesamten Regelungsbereich der befristeten Arbeitsverhältnisse anzulegen und nicht etwa an einem punktuellen Rückschritt in Einzelfragen festzumachen (*Rolfs* aaO unter Hinweis auf *Balze* EAS B 5000 Rz. 30). **Zur Vereinbarkeit mit deutschem Verfassungsrecht** vgl. KR-*Lipke* § 620 BGB Rz. 100 ff.

4. Geltungsbereich

Die Bestimmungen des **Abs. 2** gelten für alle Arbeitnehmer, soweit nicht für die Befristung von Arbeitsverträgen mit bestimmten Arbeitnehmergruppen Sondervorschriften gelten. **Das Gesetz unterscheidet hinsichtlich der Befristungsvoraussetzungen derzeit nur noch zwischen Arbeitnehmern vor und nach Vollendung des 58. Lebensjahres** (in der Zeit v. 1.1.2003 bis zum 31.12.2006: **52. Lebensjahr**). Da es nicht auf den Vertragsschluss, sondern auf den tatsächlichen **Beginn des Arbeitsverhältnisses** ankommt, kann vor Vollendung des 52. (58.) Lebensjahres ein wirksamer Befristungsvertrag zu den Bedingungen des **Abs. 3** geschlossen werden, soweit die Arbeitsaufnahme erst nach Vollendung des 52. (58.) Lebensjahres vorgesehen ist. Rechtlich handelt es sich insoweit um einen Vertrag unter einer aufschiebenden Bedingung (§ 158 Abs. 1 BGB). Für den Sonderfall der **Existenzneugründung** (Abs. 2a) ist eine weitere Abgrenzung vorzunehmen (dazu s.u. Rz 316 ff.). Zu den veränderten Befristungsvoraussetzungen nach Abs. 3 vgl. u. Rz 347 ff.   274

Das Gesetz nimmt vom Anwendungsbereich des Abs. 2 die **kündigungsrechtlich besonders geschützten Arbeitnehmergruppen** nicht aus. Schon zu den vorangehenden, die Befristung ohne Sachgrund ermöglichenden gesetzlichen Regelungen hatte der Gesetzgeber ausgeführt, dass ein Sachgrunderfordernis zur Befristung von Arbeitsverträgen mit kündigungsrechtlich besonders geschützten Arbeitnehmergruppen diesen die Chance auf einen befristeten Arbeitsvertrag weitgehend nehmen würde (BR-Drs. 393/84 S. 25 und BT-Drs. 10/2102 S. 24). Das Anliegen, Arbeitnehmern über die sachgrundlose Befristung ihres Arbeitsverhältnisses eine **Brücke in die dauerhafte Beschäftigung** zu bauen, verfolgt der Gesetzgeber des TzBfG weiter (BT-Drs. 14/4374 S. 14). Von daher kann auch weiterhin mit **Schwerbehinderten, Schwangeren, Wehrdienst- und Ersatzdienstpflichtigen** ein befristeter Arbeitsvertrag nach 14 Abs. 2 TzBfG geschlossen werden (BBDW-*Bader* § 620 BGB Rz. 42 ff.; KDZ-*Däubler* Rz. 155; *Dörner* Befr. Arbeitsvertrag, Rz 525; *Rolfs* Rz 79; APS-*Backhaus* Rz 368; ErfK-*Müller-Glöge* Rz 107; *Annuß/Thüsing-Maschmann* Rz 69; vgl. zum alten Recht BAG 16.3.1989 EzA § 1 BeschFG 1985 Nr. 7; 6.11.1996 EzA § 620 BGB Nr. 146; MünchKommm-*Schwerdtner* 3. Aufl., § 620 BGB Rz. 101; *Lakies* NJ 1997, 290).   275

Wird ein ohne Sachgrund befristet eingestellter Arbeitnehmer in ein betriebsverfassungsrechtliches Organ gewählt, genießt er den besonderen Kündigungsschutz nach Maßgabe des § 15 KSchG. Nach Ablauf der Befristung hat er wegen seiner Stellung im **Betriebsrat** keinen Anspruch darauf, befristet oder unbefristet weiterbeschäftigt zu werden. Ausgenommen sind **personalvertretungsrechtliche Besonderheiten im Hochschulbereich** (*BAG* 23.2.2000 EzA § 620 BGB Hochschulen Nr. 25; 4.6.2003 – 7 AZR 281/02; KR-*Lipke* § 57b HRG Rz 62 ff.). Im Zeitrahmen des Abs. 2 zulässige Verlängerungen des befristeten Arbeitsverhältnisses sind möglich; eine weitere Befristung ohne Sachgrund scheidet indessen nach neuem Recht aus. Die denkbare Anschlussbefristung mit Sachgrund nach dem Katalog des 14 Abs. 1 TzBfG ist einer besonders strengen Befristungskontrolle zu unterziehen, die sich aber nicht mehr auf die Umgehung des Sonderschutzes aus § 15 KSchG gründen kann (vgl. hierzu o. Rz. 4–7).   276

Für die in einem Ausbildungsverhältnis stehenden **Mitglieder einer Jugend- und Auszubildendenvertretung** (§ 78a BetrVG) besteht dem Grundsatz nach ein Anspruch auf Übernahme in ein Arbeitsverhältnis auf unbestimmte Zeit. Nur wenn die Voraussetzungen des § 78a Abs. 4 BetrVG für eine Auflösung des Arbeitsverhältnisses vorliegen, weil nach den organisatorischen Vorgaben des Arbeitgebers keine freien Dauerarbeitsplätze vorhanden sind (*BAG* 24.7.1991 EzA § 78a BetrVG 1972 Nr. 21; 16.8.1995 EzA § 78a BetrVG 1972 Nr. 23; 6.11.1996 EzA § 78a BetrVG 1972 Nr. 24), ist es dem Arbeitgeber erlaubt nur einen befristeten Arbeitsvertrag mit dem Mitglied einer Jugend- und Auszubildendenvertretung abzuschließen. Nach dem insoweit verbindlichen Konsensprinzip setzt dies allerdings voraus, dass der geschützte Auszubildende spätestens mit seinem Weiterbeschäftigungsverlangen **sein Einverständnis zu einer nur befristeten Anstellung** anzeigt (*BAG* 6.11.1996 EzA § 78a BetrVG 1972 Nr. 24). Nach dem neuen gesetzgeberischen Konzept dürfte es sich bei einer solchen Befristung im Regelfall um eine zeitlich begrenzte Beschäftigung mit **Sachgrund iSv Abs. 1 Nr. 2** handeln. Vgl. dazu ferner KR-*Weigand* § 78a BetrVG.   277

278 Mit den Änderungen im **Arbeitnehmerüberlassungsrecht** (dazu näher KR-*Bader* § 23 TzBfG Rz 4 ff.) kommen ab 1.1.2004 die Bestimmungen des **TzBfG** auf **Leiharbeitsverhältnisse** voll zur Anwendung. Eine wiederholte sachgrundlose Befristung mit demselben Verleiher ist danach, abgesehen von der höchstens dreimaligen Verlängerung innerhalb von zwei Jahren nach Neueinstellung, nicht mehr möglich (*Schüren/Berend* NZA 2003, 523). Leiharbeitsverhältnisse werden daher vom Befristungsstandard her sicherer; für die Zeitarbeitsbranche tun sich damit größere **arbeitsrechtliche Schwierigkeiten** auf (ErfK-*Wank* Einl. AÜG Rz 6 ff.; *ders.* NZA 2003, 14, 10; *Werthebach* NZA 2005, 1044 jeweils mwN), die nur durch die in § 14 Abs. 2 S. 3 TzBfG zugelassenen **tarifvertraglichen Abweichungen** für die Arbeitgeberseite gemildert werden können (höhere Zahl von Verlängerungen; Ausweitung der Dauer sachgrundloser Befristung; *Lembke* DB 2003, 2702, 2705 mwN). So ist mehr als fraglich, ob für einen Verleiharbeitgeber neben der sachgrundlosen Befristungsmöglichkeit nach § 14 Abs. 2 TzBfG der Rückgriff auf den Sachgrund des vorübergehenden Arbeitsmehrbedarfs und andere Sachgründe möglich und sinnvoll ist (*Wank* aaO unter Hinweis auf *BAG* 18.5.2006 DB 2006, 1962 = EzAÜG § 9 AÜG Nr. 21). Änderungen der **Vertragsbedingungen** sind nur während der laufenden Befristung, nicht dagegen bei Verlängerung der Befristung möglich (*Hennig, J.* FA 2004, 68 mwN; vgl. auch u. Rz 287a, b). Kettenbefristungen, die vor dem 1.1.2004 in Gang gesetzt wurden und auf § 9 Nr. 2 AÜG aF beruhen, sind nicht an die engen Voraussetzungen des § 14 Abs. 2 TzBfG gebunden. Bis zu einer weiteren Befristung bleibt es insoweit bei der alten Rechtslage (*Lembke* DB 2003, 2705).

279 Da nach § 23 TzBfG besondere Regelungen über die Befristung von Arbeitsverträgen nach anderen gesetzlichen Vorschriften unberührt bleiben sollen, hängt es von der Ausgestaltung der Spezialgesetze ab, ob in **Konkurrenz** zu den dort genannten Sachgrundbefristungen **weitere Befristungen ohne Sachgrund nach 14 Abs. 2 TzBfG gestattet** sind. So hatte der Gesetzgeber in 1 Abs. 4 BeschFG 1996 (jetzt § 23 TzBfG) zum Ausdruck gebracht, einerseits eine Kombination von Sachgrundbefristungen bzw. spezialgesetzlich erlaubten Befristungen mit nachfolgenden Befristungen nach dem BeschFG zu gestatten, andererseits Befristungen nach diesem Gesetz (jetzt TzBfG) zeitlich zu begrenzen (*BAG* 22.3.2000 EzA § 1 BeschFG 1985 Klagefrist Nr. 4; 26.7.2000 EzA § 1 BeschFG 1985 Nr. 17). Für den Rechtszustand bis zum 31.12.2000 war es danach möglich, sachgrundlose Befristungen nach dem BeschFG neben den Befristungsregelungen des HRG anzuwenden (*BAG* 21.2.2001 EzA § 1 BeschFG 1985/1996 Nr. 24). Nach der Neufassung des **HRG** ist dies gem. **§ 57b Abs. 2 S. 3** weiterhin möglich. Infolge der nach 14 Abs. 2 TzBfG nur noch zugelassenen erst- und einmaligen Befristung ohne Sachgrund eröffnen sich indessen **nur noch Anschlussbefristungen mit Sachgrund** nach Abs. 1. Entsprechendes gilt für Anschlussbefristungen im Zusammenhang mit § 21 BErzGG. Zur Kritik des Anschlussverbots s. u. Rz 296 ff.

II. Einzelne Zulässigkeitsvoraussetzungen nach Abs. 2

1. Befristungsdauer und Zitiergebot

280 Die **kalendermäßige Befristung** eines Arbeitsvertrages ohne Vorliegen eines Sachgrundes ist weiterhin **bis zur Dauer von zwei Jahren zulässig**. Aus dem Wortlaut und der Gesetzessystematik wird deutlich, dass damit **für den Bereich des Abs. 2 Zweckbefristungen und auflösende Bedingungen ausscheiden** (APS-*Backhaus* Rz 369; ErfK-*Müller-Glöge* Rz 112; *Sievers* Rz 210; *Osnabrügge* NZA 2003, 639 f.). Eine kalendermäßige Befristung setzt nach § 3 Abs. 1 S. 2 TzBfG voraus, dass entweder ein bestimmtes Datum als letzter Tag des Arbeitsverhältnisses vereinbart wird oder eine Zeitdauer mit der Angabe des Beginns des Arbeitsverhältnisses festgelegt ist (vgl. dazu KR-*Bader* § 3 TzBfG Rz 16 ff. und zu § 21 TzBfG). Die konkrete Festlegung muss in der nach 14 Abs. 4 vorgeschriebenen schriftlichen Vertragsabrede enthalten sein (vgl. hierzu näher KR-*Spilger* Anhang I zu § 623 BGB Rz 72 ff.). § 14 Abs. 2 TzBfG kann – wie § 1 BeschFG 1996 – nicht für die **vorübergehende Änderung einzelner Arbeitsbedingungen** genutzt werden (s.o. Rz 256). Dagegen sprechen Sinn und Zweck der Regelung (vgl. *BAG* 14.1.2004 EzA § 14 TzBfG Nr. 8; 23.1.2002 EzA § 1 BeschFG 1985 Nr. 29; APS-*Backhaus* Rz 412), die den Arbeitsvertrag und nicht einzelne Arbeitsvertragsinhalte behandelt.

281 Die zulässige **Befristungsspanne** von zwei Jahren bemisst sich – einschließlich der gesetzlich zugelassenen Befristungsverlängerungen – nach dem vereinbarten **Beginn und Ende des Arbeitsverhältnisses**. Auf den **Zeitpunkt des Vertragsabschlusses** kommt es hierbei nicht an (*Gräfl/Arnold-Gräfl* Rz 210; MHH-*Meinel* Rz 75; *Sievers* Rz 213). Für die Berechnung gelten §§ 187 Abs. 2, 188 Abs. 2 und 3 BGB (einhellige Auffassung; statt vieler KDZ-*Däubler* Rz. 145, 156; *Preis/Gotthardt* DB 2000, 2072). **Unterbrechungen** sind für die sachgrundlose Befristung nicht zugelassen; allein der Weg der nahtlosen »Verlängerung« eröffnet die Ausschöpfung der Zweijahresfrist (HWK-*Schmalenberg* Rz 106).

Zulässigkeit der Befristung   § 14 TzBfG

Der **Gesetzgeber** sah sich aufgrund eines Hinweises im Schrifttum (*Richardi/Annuß* BB 2000, 2204) veranlasst, die Erstfassung (»die kalendermäßige Befristung eines Arbeitsvertrages bedarf keines sachlichen Grundes, wenn der Arbeitsvertrag oder seine höchstens 3-malige Verlängerung nicht die Gesamtdauer von zwei Jahren überschreitet«) in der in Kraft getretenen Gesetzesfassung nachzubessern (BT-Drs. 14/4625 S. 20). Die **Klarstellung** war erforderlich, da die Erstfassung zu gestatten schien, dass ein ohne Sachgrund auf zwei Jahre abgeschlossenes Arbeitsverhältnis bis zur Dauer von zwei weiteren Jahren sachgrundlos hätte verlängert werden können. 282

Mit dieser eindeutigen Begrenzung auf eine **einmalige Höchstbefristungsdauer von bis zu zwei Jahren** für Zeitverträge ohne Sachgrund **verträgt es sich nicht, vorangehende Sachgrundbefristungen (zB Befristung zur Erprobung, § 14 Abs 1 Nr. 5 TzBfG) in die 2-Jahresfrist des Abs. 2 nicht einzurechnen und eine sachgrundlose Befristung entgegen dem Gesetzesbefehl im Anschluss daran zuzulassen** (so aber *Sowka* DB 2000, 2427, der ansonsten einen praktischen Bedeutungsverlust der Befristung ohne Sachgrund befürchtet; kritisch auch *Straub* NZA 2001, 926). Mit dem in Abs. 2 neu aufgenommenen **rigorosen Anschlussverbot**, das eine Vorbeschäftigung bei demselben Arbeitgeber nicht gestattet, lassen sich die konstruktiven Überlegungen von *Sowka* (aaO), und die Bedenken von *Straub* (aaO) nicht vereinbaren (vgl. auch *Wilhelm* NZA 2001, 822; *KDZ-Däubler* Rz 168). Zu einer besonderen Ausnahmegestaltung bei **sachgrundloser Verlängerung eines zuvor mit Sachgrund befristeten Arbeitsverhältnisses** vgl. u. Rz 294a. 283

Haben die Parteien **zur Rechtsgrundlage** der Befristung **eine eindeutige Vereinbarung nicht getroffen** und ergibt sich ein entsprechender Parteiwille ebenso wenig aus anderen Umständen (*BAG* 22.3.2000 EzA § 1 BeschFG 1985 Klagefrist Nr. 4; 28.6.2000 EzA § 1 BeschFG 1985 Nr. 15; 26.7.2000 EzA § 1 BeschFG 1985 Nr. 16), **so kann sich der Arbeitgeber im Streitfall mangels** eines gesetzlichen Zitiergebots auf einen Sachgrund für die Befristung nach Abs. 1 oder auf die Befristungsmöglichkeiten nach Abs. 2, 2a und 3 berufen (*Dörner* Befr. Arbeitsvertrag, Rz 512ff., 570 ff.; *Annuß/Thüsing-Maschmann* Rz 70; vgl. auch o. Rz. 57 ff., 252). Diese Ausweichmöglichkeit eröffnet dem Arbeitgeber, »wackelige« Befristungsgrundlagen zu retten (*Lembke* NJW 2006, 325, 328; aA *Hunold* AuA 2005, 343, 347, der empfiehlt die Rechtsgrundlage der Befristung in den Arbeitsvertrag aufzunehmen). 283a

Doch selbst eine Bezugnahme auf das BeschFG oder 14 Abs. 2 TzBfG hindert den Arbeitgeber nicht, sich auf einen Sachgrund zu berufen, der nicht Gegenstand der Vertragsverhandlungen der Parteien war (*BAG* 24.4.1996 EzA § 620 BGB Nr. 140; 26.7.2000 EzA § 1 BeschFG 1985 Nr. 19). **Eine vertragliche Festlegung zur Rechtsgrundlage ist nämlich nur erforderlich, wenn eine gesetzliche (zB § 57b Abs 3 S. 1 und 2 HRG) kollektivrechtliche Vorschrift** dies vorgibt oder der Arbeitgeber nach personalvertretungsrechtlichen Vorschriften gehalten ist, den Befristungsgrund zu benennen (vgl. *BAG* 26.7.2006 EzA § 14 TzBfG Nr. 32; 27.9.2000 EzA § 1 BeschFG 1985 Nr. 21; *LAG RhPf* 14.6.2006 – 10 Sa 52/06; *LAG Nds.* 7.2.2006 – 13 Sa 1005/05). Das **Zitiergebot** lässt sich auch nicht aus § 14 Abs. 4 TzBfG ableiten, da es dort nur um die Befristungsabrede und nicht um den Befristungsgrund (Ausnahme: Zweckbefristung und auflösende Bedingung) geht (*LAG BW* 14.9.2005 – 13 Sa 32/05). Allein die Nennung eines genau bezeichneten sachlichen Grundes ist uU nur als eine gewollte ausschließliche Zuordnung der Befristung unter § 14 Abs. 1 TzBfG zu werten (*BAG* 4.12.2002 EzA § 14 TzBfG Nr. 1; *Sächs. LAG* 17.6.1998 LAGE § 1 BeschFG 1985 Nr. 18; ebenso *KDZ- äubler* Rz 167). Es bleibt deshalb bei der **»Auffangfunktion« der sachgrundlosen Befristung.** 284

Die strikte Höchstbefristung auf zwei Jahre in Abs. 2 und die stark eingeschränkte Kombinationsmöglichkeit mit Sachgrundbefristungen wird in der Praxis dazu führen, dass zB **Erprobungsbefristungen nach Abs. 1 Nr. 5 durch sachgrundlose Befristungen nach Abs. 2 ersetzt** werden. Dieser an sich beklagenswerte Zustand wird von *Gotthardt/Preis* (DB 2000, 2072) für personal- und beschäftigungspolitisch vertretbar gehalten, da die bis zu zweijährige »Bewährung« die Chancen des Arbeitnehmers erhöhen würden, im Anschluss in ein unbefristetes Arbeitsverhältnis zu gelangen. 285

2. Verlängerung

a) Nahtloser Anschluss

Nach dem bereits oben (Rz 255 ff.) dargestellten Rechtszustand zu § 1 BeschFG 1996 ergeben sich nach Inkrafttreten des TzBfG keine Besonderheiten. Der Gesetzgeber will die bis zum 31.12.2000 bestehende Rechtslage erkennbar fortschreiben (BT-Drs. 14/4374 S. 19; »wie bisher«). Von daher kann an die Vielzahl der oben berichteten Entscheidungen des BAG aus dem Jahr 2000 angeknüpft werden (so auch *Dörner* ZTR 2001, 488). Danach ist eine **Verlängerung iSv § 14 Abs. 2 S. 2 TzBfG nur die nahtlose Wei-** 286 terbeschäftigung aufgrund einer schriftlichen Verlängerungsvereinbarung (Abs. 4) vor Ablauf des zu verlängernden Vertrages (HWK-*Schmalenberg* Rz 106). Verlängerung ist mithin die **einvernehmliche Abänderung des Endtermins** der Befristung (*BAG* 15.1.2003 EzA § 14 TzBFG Nr. 2; 23.8.2006 – 7 AZR 12/06; ErfK-*Müller-Glöge* Rz 114). Diese Rechtsprechung hat das BAG nun ausdrücklich mit seinen Entscheidungen vom 16.3.2005 und vom 25.5.2005 bestätigt und sogar Verlängerungen sachgrundloser Befristungen nach § 1 Abs. 1 BeschFG 1996 mit einbezogen, soweit die Verlängerungsvereinbarung in den zeitlichen Geltungsbereich des § 14 Abs. 2 TzBfG fiel (EzA § 14 TzBfG Nr. 17, 19; Anm. *U. Kortstock* zu AP Nr. 16 zu § 14 TzBfG; *Richardi/Annuß* BB 2000, 2204; *Däubler* ZIP 2001, 223; ArbRBGB-*Dörner* § 620 BGB Rz 231; *Lakies* DZWIR 2000, 13; KDZ-*Däubler* Rz 163; *Küttner/Kania* 90 Rz 12; *Osnabrügge* NZA 2003, 640; *Annuß/Thüsing-Maschmann* Rz 71 f.; nunmehr auch *Backhaus* Rz 371; **aA** *Sowka* FA 2000, 2427; *Worzalla* FA 2001, 6; *Schiefer* DB 2000, 2122; *LAG Düsseld.* 6.12.2001 LAGE § 17 TzBfG Nr. 1, wonach die rechtzeitige mündliche Verlängerung bei später schriftlicher Bestätigung genügen soll; dagegen zutr. *v. Koppenfels* ArbuR 2002, 241). **Rechtsklarheit und Rechtssicherheit** sprechen für die Beibehaltung des bisherigen Rechtszustandes (vgl. *BAG* 15.8.2001 EzA § 1 BeschFG 1985/1996 Nr. 26; s.o. Rz 256). Überdies liefe der Schutzzweck des **Schriftformerfordernisses**, Rechtssicherheit zu schaffen, leer, wenn die schriftliche Verlängerung im Nachhinein zugelassen wird (*BAG* 1.12.2004 EzA § 623 BGB 2002 Nr. 3; zust. *Gregull* Anm. AiB 2005, 441; abl. *Bauer/Krieger* Anm. AP Nr. 15 zu § 14 TzBfG). **§ 141 Abs. 2 BGB** ist auf eine nach Vertragsbeginn erfolgte schriftliche Niederlegung einer zuvor nur mündlich vereinbarten Befristung weder direkt noch analog anwendbar. Näher dazu KR-*Spilger* Anhang 1 zu § 623 BGB.

b) Unveränderte Vertragsbedingungen

287 Bis auf das mit der Verlängerung verbundene Hinausschieben des Vertragsendes sind **bei Vertragsverlängerung die bisherigen Vertragsbedingungen beizubehalten.** Diese hier bereits zu § 1 Abs. 1 BeschFG 1996 vertretene Rechtsauffassung (*Lipke* KR 5. Aufl., § 1 BeschFG Rz 103) ist inzwischen in mehreren Entscheidungen vom *BAG* geteilt worden (26.7.2000 EzA § 1 BeschFG 1985 Nr. 19; 25.10.2000 EzA § 1 BeschFG 1985 Nr. 22; 15.8.2001 EzA § 1 BeschFG 1985 Nr. 26). Das grundsätzliche Festhalten an den gleichen materiellen Arbeitsbedingungen ist mit Rücksicht auf Wortlaut, Sinn und Zweck der alten wie der neuen gesetzlichen Regelung erforderlich (*BAG* 15.1.2003 EzA § 14 TzBfG Nr. 2, 3; ErfK-*Müller-Glöge* Rz 114; *Dörner* Befr. Arbeitsvertrag, Rz 558ff; *Boewer* Rz 246; *Däubler* ZIP 2001, 223; **einschränkend** HaKo-*Mestwerdt* Rz 165f.; *Sievers* Rz 219; HzA/*Schütz* 1.2. Rz 365; *Bauer* BB 2001, 2475; MünchArbR-*Wank* Erg.-Bd. § 116 Rz 185; **aA** APS-*Backhaus* Rz 372ff; MHH-*Meinel* Rz 87; *Preis* NZA 2005, 714, 716). Da sich der Begriff der **Verlängerung** auf die **Laufzeit des Vertrages** beschränkt, haben die übrigen Vertragsbestandteile – vor allem Arbeitszeit und Vergütung – grds. unberührt zu bleiben. **Eine Änderung der materiellen Arbeitsbedingungen im Zusammenhang mit einer Verlängerung** berührt nämlich den zu gewährleistenden **Änderungsschutz innerhalb eines befristeten Arbeitsverhältnisses**, dem wegen des im Übrigen gelockerten Bestandschutzes besondere Beachtung zu schenken ist (vgl. hierzu auch *Kania* DStR 1997, 375; *Sowka* BB 1997, 678).

287a Wer demnach einen befristeten Arbeitsvertrag nach § 14 Abs. 2 als Lagerarbeiter erhalten hat, ist bei Verlängerung des befristeten Arbeitsverhältnisses grds. auch als solcher befristet weiterzubeschäftigen. Keineswegs ist es zulässig, in vier Teilbefristungen gestückelte Arbeitsverhältnisse jeweils mit neuen Vertragsinhalten zu versehen (*G. Wisskirchen* DB 1998, 724). Das betrifft die **Arbeitsaufgaben** (zB erst Lagerverwalter, dann Reinigungskraft, schließlich Kraftfahrer), die **Arbeitsbedingungen** (zB zunächst Vollzeit, später Teilzeitarbeit, vgl. *BAG* 26.7.2000 EzA § 1 BeschFG 1985 Nr. 19) und die **Vergütung** bzw. sonstige Gegenleistungen des Arbeitgebers (zB erst übertariflicher, dann tariflicher Stundenlohn; erst mit, dann ohne Gratifikationszusage). Jede angebotene Veränderung zum vorangehenden Arbeitsvertrag macht deshalb eine Verlängerung desselben Vertrages – wenn man bedenkt, dass Verlängerung nur die Zeitschiene betrifft – gesetzlich grds. unmöglich (im Ergebnis zust. *Fiebig* NZA 1999, 1087; *G. Wisskirchen* aaO; *Kliemt* NZA 2001, 299; ErfK-*Müller-Glöge* Rz 114, 118; *Boewer* Rz 246 ff.; *Schwedes* BB Beil. 17/1996, 5; *Däubler* ZIP 2001, 223; *Künzl* ZTR 1999, 4; HWK-*Schmalenberg* Rz 107; *Lembke* NJW 2006, 325, 329; diff. MünchKomm-*Hesse* Rz 84; *Annuß/Thüsing-Maschmann* Rz 72; *Gräfl/Arnold-Gräfl* Rz 214).

287b Dieser **Schutz** bei Gelegenheit der Befristungsverlängerung beschränkt sich indessen nach höchstrichterlicher Rechtsprechung auf die **Laufzeit des verlängerten Arbeitsvertrages**. So steht nach **Verlängerung des Arbeitsvertrages** einer **einvernehmlichen Änderung** der Arbeitsbedingungen (andere Arbeitsaufgabe; andere Lohnhöhe; andere Arbeitszeit) **nichts im Wege**, weil insoweit der Schutzzweck von § 14 Abs. 2 S. 1 TzBfG nicht betroffen sein soll. Eine Befristungskontrolle findet nicht statt (*BAG* 19.2.2003 – 7 AZR 648/01, nv). Der Arbeitnehmer befinde sich hier nicht in einer **Drucksituation** wie bei einer angebotenen Befristungsverlängerung des Arbeitgebers, die dieser bspw. an eine herabgesetzte Vergütung oder Arbeitszeit bindet (*Dörner* Befr. Arbeitsvertrag, Rz 567).

Diesen **dogmatischen Ansatz** hat das **BAG** in seinen Entscheidungen vom 18.1.2006 (EzA § 14 TzBfG Nr. 26) und vom 23.8.2006 (7 AZR 12/06) bekräftigt. Es hat unterstrichen, dass das Verlängerungserfordernis nur verhindern soll, dass **im zeitlichen Zusammenhang mit der Vertragsverlängerung** der Arbeitgeber allein die freie Ausgestaltung der Vertragsinhalte steuert. Der Arbeitnehmer solle davor geschützt werden, dass der Arbeitgeber die zeitlich begrenzte Fortsetzung des Arbeitsverhältnisses davon abhängig macht, dass der Arbeitnehmer die geänderten Arbeitsbedingungen annimmt oder durch das Angebot – günstigerer – anderer Arbeitsbedingungen zum Abschluss eines weiteren sachgrundlos befristeten Arbeitsvertrages veranlasst wird. Dieser **Schutzzweck** des § 14 Abs. 2 TzBfG bleibe indessen auf den Zeitpunkt der Vertragsverlängerung beschränkt. Vereinbarungen über die **Änderung von Arbeitsbedingungen während der Laufzeit eines sachgrundlos befristeten Arbeitsvertrages** würden **nicht erfasst**. Denn dadurch würden die Vertragsbedingungen nur für die restliche Laufzeit des Vertrages und nicht iVm einem weiteren befristeten Anschlussvertrag geändert. Allein die möglicherweise beim Arbeitnehmer bestehende Erwartung, dass das Arbeitsverhältnis später verlängert werden könnte, wenn er sich auf die vom Arbeitgeber gewünschten veränderten Arbeitsbedingungen einlasse, werde durch die Befristungskontrolle nicht geschützt. Schließlich bliebe es dem Arbeitgeber unbenommen, nach Ablauf der sachgrundlosen Befristung einen anderen Arbeitnehmer einzustellen und mit den Aufgaben des ausgeschiedenen Arbeitnehmers zu betrauen. **Tabu** bleibt danach bei Änderungen allein die **Vertragslaufzeit** (*BAG* aaO; 19.10.2005 EzA § 14 TzBFG Nr. 23).

Der nach dem BAG beschriebene Schutzzweck ist sogar unabhängig davon, ob die bei Vertragsverlängerung angebotenen geänderten **Arbeitsbedingungen günstiger** sind (Bsp: Stundenlohnerhöhung von 50 Cent). Eine andere Sichtweise lässt das BAG nur zu, wenn der Arbeitgeber – wie allen anderen vergleichbaren Arbeitnehmern – einen **Anspruch** auf eine **Änderung des Vertrags** zu erfüllen hat (Bsp: Umsetzung einer allgemeinen Lohnerhöhung oder Anhebung der Tariflöhne). Für die Beurteilung, ob es um eine Verlängerung iSv § 14 Abs. 2 TzBFG geht, sei auf den **Zeitpunkt der Verabredung** einer – schlechteren oder günstigeren – Vertragsbedingung abzustellen. Der vereinbarte Eintritt der geänderten Arbeitsbedingung im Zeitpunkt der Befristungsverlängerung spielt danach keine Rolle (*BAG* 23.8.2006 – 7 AZR 12/06). Damit setzt sich das BAG über die in den Instanzgerichten entwickelten Überlegungen hinweg, mit Ausnahme einer für den Arbeitnehmer eindeutig günstigeren Vertragsgestaltung keinerlei Änderungen der Vertragsbedingungen während der Laufzeit und bei Gelegenheit der Vertragsverlängerung zuzulassen (so bspw. *LAG Hamm* 17.2.2005 LAGE § 14 TzBfG Nr. 20a). Dagegen findet bei der Verlängerungskontrolle die Herausnahme arbeitsvertraglicher Umsetzungen von Ansprüchen aus Tarifverträgen und Betriebsvereinbarungen Zustimmung (*LAG Brem.* 25.8.2005 LAGE § 14 TzBfG Nr. 23 m. krit. Anm. *Stefan Müller*).

Hierzu erkennt *Backhaus* Wertungsbrüche in der Argumentation der bisher hM in Rechtsprechung und Schrifttum. Er hält an seiner bereits zu § 1 BeschFG geäußerten Rechtsauffassung fest (APS 1. Aufl. § 1 BeschFG Rz 19; *ders.* nunmehr APS Rz 372–377; krit. auch *Sowka* DB 2000, 19, 16; *ders.* DB 2000, 2427; *Staudinger/Preis* § 620 BGB Rz 162; *Annuß/Thüsing-Maschmann* Rz 72; vgl. auch *LAG Hamm* 10.11.2004 – 15 Sa 1035/04 – Änderung des Vertragsinhalts während der Laufzeit nur bei Sachgrund). *Backhaus* bemängelt, dass nach der Rechtsprechung des BAG die Verlängerung der Befristung schon unzulässig würde, wenn der Arbeitgeber dem Arbeitnehmer anlässlich der Vertragsverlängerung einen **höheren Lohn** verspräche. Doch würde gesetzlich die Identität eines Gegenstandes nicht dadurch beseitigt, dass an ihm Veränderungen vorgenommen würden. Weiter erkennt er in **§ 5 Nr. 1 der EG-Rahmenvereinbarung** in dem dortigen Gebrauch des Wortes »Verlängerung« ein Synonym für jeden auf einen anderen folgenden befristeten Vertrag (vgl. dazu KR-*Lipke* § 620 BGB Rz 99d; *EuGH* 4.7.2006 – C-212/04 – NJW 2006, 2465 = EzA EG-Vertrag 1999 Richtlinie 99/70 Nr. 1). Schließlich macht er darauf aufmerksam, dass mit dem im **TzBfG unter §§ 8, 9** dem Arbeitnehmer gewährten durchsetzbaren **Anspruch auf Änderung der vereinbarten Arbeitszeit** Schwierigkeiten auftreten würden, wenn der vom Arbeitnehmer geforderte Arbeitszeitwechsel mit einer Verlängerung der Vertragszeit zusammenfiele. Bedenken klingen insoweit auch bei *Schiefer* (DB 2000. 2122), *Kliemt* (NZA 2001, 299) und *Preis* (NZA 2005, 714, 716) an.

Die Einwände sind teilweise berechtigt. *Backhaus* übersieht aber, dass in § 5 der zur Richtlinie 1999/70/EG erhobenen Rahmenvereinbarung im Maßnahmenkatalog sehr wohl zwischen der Verlängerung von befristeten Arbeitsverträgen (lit. a und c) und der zulässigen Dauer aufeinander folgender Arbeitsverträge (lit. b) unterschieden wird. Daraus kann abgeleitet werden, dass **es etwas anderes ist, einen bestehenden Vertrag zu verlängern oder (ggf. mit zeitlicher Unterbrechung) auf einen abgeschlossenen Arbeitsvertrag einen neuen Arbeitsvertrag folgen zu lassen.** *Dörner* (Befr. Arbeitsvertrag, Rz 566) teilt zwar das begriffliche Verständnis von *Backhaus*, weist aber zutreffend darauf hin, dass nach nationalem Verständnis europarechtliche Begriffe – soweit sie nicht eigens verbindlich definiert werden – enger ausgelegt werden können, vor allem wenn sich mit der Auslegung eine Rechtstradition verbindet (vgl. hierzu auch KR-*Lipke* § 620 BGB Rz 99d).

289a Die während der Laufzeit des sachgrundlos befristeten Arbeitsverhältnisses anfallenden **allgemeinen Tariflohnerhöhungen** stehen dem Arbeitnehmer ebenso zu wie der Stammbelegschaft. Diese **Rechtsfolge ergibt sich bereits aus § 4 Abs. 2 TzBfG.** Das **Diskriminierungsverbot** greift, wenn eine allgemeine Lohnerhöhung im Betrieb mit dem Verlängerungszeitpunkt nach 14 Abs. 2 S. 1 TzBfG zusammenfällt. Das BAG hat dem in seiner jüngeren Rechtsprechung Rechnung getragen, indem es bei **Gleichbehandlung** mit vergleichbaren anderen Arbeitnehmern – gleich, ob diese unbefristet oder mit Sachgrund befristet sind – eine Prüfung der Verlängerungserfordernisse des § 14 Abs. 2 TzBfG für entbehrlich hält (*BAG* 18.1.2006 EzA § 14 TzBfG Nr. 26).

289b Sind tarifvertragliche Arbeitsbedingungen vereinbart oder sind die Arbeitsvertragsparteien tarifgebunden, ergeben sich aus tarifvertraglichen Änderungen der Arbeitsbedingungen keine Rechtsprobleme, da diese nicht Gegenstand abändernder Vereinbarungen zwischen den Arbeitsvertragsparteien sind, sondern sich entweder die **zwingende Wirkung des Tarifvertrages nach § 4 TVG (Tarifautomatik)** einstellt **oder die zu Beginn des befristeten Arbeitsverhältnisses ohne Sachgrund im Arbeitsvertrag niedergelegte Bezugnahme des Tarifvertrages** auswirkt. Wohl auch aus diesen Gründen hat das BAG in der mit der Verlängerung vollzogenen Entgelterhöhung nach dem vereinbarten Tarifvertrag keine Änderung der Arbeitsbedingungen gesehen, die § 1 Abs. 1 BeschFG bzw. 14 Abs. 2 S. 1 TzBfG entgegensteht (*BAG* 24.1.2001 FA 2001, 242; *Dörner* ZTR 2001, 488; *BAG* 23.8.2006 – 7 AZR 12/06; ErfK-*Müller-Glöge* Rz 114; *Gräfl/Arnold-Gräfl* Rz 215).

290 Es muss ferner gestattet sein, dass der Arbeitgeber einzelvertraglich dem Arbeitnehmer anlässlich der Vertragsverlängerung bei im Übrigen unveränderten Arbeitsbedingungen einen **höheren Lohn verspricht. Soweit die einzelne Arbeitsbedingung für den Arbeitnehmer eindeutig günstiger ist, tritt der bei Verlängerung ansonsten strikt zu beachtende Änderungsschutz zurück.** Der Schutzzweck, die bisherigen materiellen Arbeitsbedingungen beizubehalten, ist dann nicht mehr berührt. Der Arbeitnehmer steht in diesem Fall nicht in der Gefahr, eine Verlängerung der sachgrundlosen Befristung auf Kosten einer Verschlechterung von Arbeitsbedingungen hinnehmen zu müssen. Wenn das BAG nun meint, den Arbeitnehmer im Falle eindeutig **günstigerer Arbeitsbedingungen** (50 Cent mehr die Stunde; *BAG* 23.8.2006 aaO) auch vor Anreizen schützen zu müssen, einer Verlängerung des sachgrundlos befristeten Arbeitsvertrages zuzustimmen, überzeugt das nicht, setzt das BAG doch vom erkannten **Schutzzweck** her jenseits des Verlängerungszeitpunktes auf uneingeschränkte **Vertragsautonomie**. An dieser Stelle zeigt sich auch die Brüchigkeit des vom BAG umrissenen Schutzzwecks, da nicht einzusehen ist, warum eine Verbesserung der Arbeitsbedingungen zur Unzulässigkeit einer verlängerten sachgrundlosen Befristung führen soll (krit. insoweit zuletzt *Preis* NZA 2005, 714, 716; teleologischer Zusammenhang zu dieser Rechtsfolge nicht erkennbar). Doch ist zuzugeben, dass die Günstigkeitsbetrachtung allein Abgrenzungsprobleme aufwerfen kann (*Gräfl/Arnold-Gräfl* Rz 214; zB Gehaltserhöhung verbunden mit künftiger Schichtarbeit). Hier können jedoch Hilfserwägungen eine rechtliche Beurteilung erleichtern. Kann bspw. der Arbeitnehmer eine Verlängerung des befristeten Arbeitsvertrages nur durch den **vom Arbeitgeber angebotenen Wechsel von der Voll- zur Teilzeitarbeit** erreichen (vgl. *BAG* 26.7.2000 EzA § 1 BeschFG 1985 Nr. 19), so wäre darauf abzustellen, ob – wie bei einer Sachgrundbefristung – der **Wunsch des Arbeitnehmers** (Abs. 1 Nr. 6) die Verlängerung des inhaltlich geänderten Befristungsvertrages trägt (ähnlich MünchArbR-*Wank* Erg.-Bd. § 116 Rz 185; *Annuß/Thüsing-Maschmann* Rz 72; *Sievers* Rz 219; *Bauer* 2001, 2475; MHH-*Meinel* Rz 87; HaKo-*Mestwerdt* Rz 165; aA *Dörner* Befr. Arbeitsvertrag, Rz 561, der durch diese Ausnahmen einen Verlust an Rechtssicherheit und Rechtsklarheit eintreten sieht; vgl. auch Rz 186 ff.).

291 In diesem Zusammenhang ist auch das **Verlangen des Arbeitnehmers auf eine Änderung der vereinbarten Arbeitszeit (§§ 8, 9 TzBfG)** zu bewerten. Der nachweisbare Wunsch des Arbeitnehmers, die bisherige Arbeitszeit zu verringern oder zu erhöhen, erzeugt keinen »Wertungswiderspruch« zu dem Grundsatz, dass bei Verlängerung der Vertragszeit eines sachgrundlos befristeten Arbeitsvertrages nach Abs. 2 regelmäßig die Vertragsbedingungen unverändert fortzugelten haben (ebenso *Dörner* Befr.

Arbeitsvertrag, Rz 568). Eine vom Arbeitnehmer herrührende Initiative, seine Arbeitszeit zu verändern, kann insoweit den Schutzzweck der **Norm** aus § 14 Abs. 2 S. 1 TzBfG nicht verletzen. Es bestehen indessen Zweifel, ob diese Probleme praxisrelevant werden können. Das Verlangen des Arbeitnehmers nach einer Änderung seiner Arbeitszeit kann frühestens nach sechsmonatigem Bestehen des Arbeitsverhältnisses gestellt und erst drei Monate später umgesetzt werden (§ 8 Abs. 1 und 2 TzBfG). Bei einem mit Verlängerungen auf höchstens zwei Jahre angelegten befristeten Arbeitsvertrag ohne Sachgrund nach 14 Abs. 2 TzBfG dürfte diese Konstellation äußerst selten auftreten. Ferner steht zu erwarten, dass bei einem befristet abgeschlossenen Arbeitsverhältnis dem **Arbeitgeber** regelmäßig **betriebliche Gründe** zur Seite stehen, die gewünschte Arbeitszeitänderung nach § 8 Abs. 4 S. 2 TzBfG abzulehnen.

Dem **Arbeitgeber** sind dadurch, dass im Grundsatz im Zeitpunkt der Verlängerung nur eine Fortführung des befristeten Arbeitsverhältnisses zu den gleichen materiellen Arbeitsbedingungen zugelassen wird, **nicht die Hände gebunden.** Er hat **zum einen die Möglichkeit, bei Vertragsabschluss sein Direktionsrecht (§ 106 GewO) weit anzulegen** und den Arbeitnehmer »als Aushilfe« oder »Springer« vertraglich zu verpflichten. Gleiches gilt für Änderungen der Arbeitszeit und des Arbeitsortes (*Dörner* aaO, Rz 569; *Bauer* BB 2001, 2475; ErfK-*Müller-Glöge* Rz 114; HaKo-*Mestwerdt* Rz 166; *Gräfl/Arnold-Gräfl* Rz 215; HWK-*Schmalenberg* Rz 107). Bewegt sich der Arbeitgeber im Rahmen seines Direktionsrechts und bleibt der Vertragsinhalt ansonsten unverändert, so liegt in dem nach Verlängerung der Befristung vorgenommenen abweichenden Einsatz des Arbeitnehmers kein Verstoß gegen das Gebot, die materiellen Arbeitsbedingungen beizubehalten (vgl. *Schiefer/Worzalla* Das arbeitsrechtliche Beschäftigungsförderungsgesetz 1996, Rz 374; BBDW-*Bader* § 620 BGB Rz 55). Die vertragliche Ausgestaltung des Direktionsrechts darf jedoch nicht einseitig und unangemessen sein; sie unterliegt neben der Ausübungskontrolle nach § 315 BGB der **Inhaltskontrolle nach §§ 305 ff. BGB** (ErfK-*Preis* § 611 BGB Rz 281; §§ 305 ff. Rz 51 ff.).

292

Der Arbeitgeber hat nach der Rechtsprechung des BAG **zum anderen** die Möglichkeit, während der **Laufzeit des Vertrages,** dh nicht im Zusammenhang mit der Verlängerung, die **Vertragsbedingungen einvernehmlich** mit dem Arbeitnehmer durch Vereinbarung zu **ändern,** ohne dass hierbei eine Befristungskontrolle greifen soll; und zwar selbst dann, wenn die Vertragsänderung erst zum Zeitpunkt der Verlängerung greifen sollen (*BAG* 18.1.2006 EzA § 14 TzBfG Nr. 26; 23.8.2006 – 7 AZR 12/06). Ein kluger Arbeitgeber baut also vor (*BAG* 19.2.2003 FA 2003, 303; 19.10.2005 EzA § 14 TzBfG Nr. 23; ErfK-*Müller-Glöge* Rz 118; *Gräfl/Arnold-Gräfl* Rz 216). Diese Rechtsprechung kann indessen nur überzeugen, wenn klar ist »**ab wann die Vereinbarung im Zusammenhang mit der Verlängerung steht und wann dies nicht der Fall ist**«. Hierzu schweigt das BAG. Zählt zur Laufzeit des befristeten Arbeitsvertrages noch der vorletzte Tag vor Ablauf der zu verlängernden Befristung oder braucht es hierzu einen gehörigen und wenn ja, welchen Zeitabstand zum Verlängerungstermin? Offen ist ferner, wie es zu bewerten ist, wenn die Vereinbarung (Bsp: 30.4.2006) im Zusammenhang mit einer späteren Vertragsverlängerung (Bsp: 1.8.2006) eindeutig schlechtere Arbeitsbedingungen nach sich zieht (Bsp: Absenkung des Stundenlohnes) und erst zum Zeitpunkt der Befristungsverlängerung die veränderten Arbeitsbedingungen greifen sollen. In dem beschriebenen Fall ist doch der Schutzzweck des § 14 Abs. 2 berührt, wenn der Arbeitgeber bei den Verhandlungen verdeutlicht, dass ohne Änderung der Arbeitsbedingungen die Befristung ohne Verlängerung ausläuft. Der fehlende **zeitliche Zusammenhang** mit der **Vertragsverlängerung** kann dann nicht ausschlaggebend sein.

292a

Ein Ausweg zeichnet sich nur ab, wenn das BAG seine Rechtsprechung zur Befristung einzelner Arbeitsbedingungen im unbefristeten Arbeitsverhältnis auf die Änderung von Arbeitsbedingungen im sachgrundlos befristeten Arbeitsverhältnis »überträgt« (vgl. *BAG* 27.7.2005 EzA § 307 BGB 2002 Nr. 5; s.o. Rz 12 ff.). Eine der Inhaltskontrolle entzogene **Individualabrede** wird hier nur im Ausnahmefall möglich sein (*BAG* 27.7.2005 EzA § 307 BGB 2002 Nr. 5). Der besonderen Situation der Befristungsverlängerung könnte dadurch Rechnung getragen werden, dass Änderungen der Arbeitsbedingungen im Zusammenhang mit der Verlängerungsabrede unwirksam sind und hierfür der zeitliche Abstand einer vorher oder hinterher (fiktiv)einzuhaltenden Kündigungsfrist den Rahmen setzt. Damit wäre der Schutzzweck des § 14 Abs. 2 TzBfG deutlicher als bisher abgrenzbar. Sollte es für den Arbeitnehmer bei der Änderungsvereinbarung um günstigere Arbeitsbedingungen gehen, passieren diese ohne weiteres eine **Inhaltskontrolle; Verschlechterungen** müssen sich nach §§ 305, 307 ff. BGB als **angemessen** erweisen, wofür der **Arbeitgeber** die **Beweislast** trägt. Steht hinter der Änderung der Vertragsbedingungen ein **Sachgrund** (zB Wunsch des Arbeitnehmers; Vertretungsfall, vgl. *BAG* 19.1.2005 EzA § 17 TzBfG Nr. 7; 14.1.2004 EzBAT SR 2y BAT Nr. 119), so ist eine Kontrolle nach §§ 305, 307 ff. BGB entbehr-

292b

lich. Auf diesem Weg könnten Schutzweck und Vertragsautonomie ausgewogen nebeneinander stehen.

293 Die Neuregelung ist schließlich nicht darauf angelegt, den **sachgrundlos befristet beschäftigten Arbeitnehmer zur rechtlosen Verfügungsmasse des Arbeitgebers** werden zu lassen. Dies wird am Diskriminierungsverbot nach § 4 Abs. 2 TzBfG zusätzlich deutlich. Der Gesetzgeber will die **Befristung ohne Sachgrund nur eingeschränkt zulassen**, da er dem unbefristeten Arbeitsverhältnis und in zweiter Linie dem befristeten Arbeitsverhältnis mit Sachgrund den Vorzug gibt (vgl. KR-*Lipke* § 620 BGB Rz 55, 117). Von daher sind die **Zulässigkeitsvoraussetzungen** für eine sachgrundlose Befristung und deren Verlängerung durchgehend **eng auszulegen**. Gleichermaßen gilt es, die **Grenzen des Schutzzwecks der Norm** einzuhalten. Deshalb dürfen inhaltliche **Veränderungen** der Arbeitsinhalte und Gegenleistungen des Arbeitgebers **vor und nach einer Verlängerungsvereinbarung** nicht zu beanstanden sein, wenn sie einer **Inhaltskontrolle** (s.o. Rz 292b) standhalten. Dem Arbeitgeber bleibt es schließlich unbenommen, jederzeit in eine Befristung mit sachlichem Grund zu wechseln oder ein unbefristetes Arbeitsverhältnis mit gleichen oder veränderten Vertragsinhalten abzuschließen.

c) Verlängerung einer Sachgrundbefristung

294 Eine **Verlängerung iSv Abs. 2 setzt eine vorhergehende Befristung ohne Sachgrund voraus**. Gegen die teilweise im Schrifttum angenommene Möglichkeit, dieses auch auf eine Verlängerung eines mit Sachgrund geschlossenen Arbeitsvertrages auszudehnen (*Sowka* DB 2000, 2427; *Worzalla* FA 2001, 6; ErfK-*Müller-Glöge* Rz 124, der insbes. auf den im Zweijahreszeitrahmen integrierten Befristungsvertrag mit Sachgrund hinweist), sprechen Wortlaut, Systematik und Zweck der Regelung (ArbRBGB-*Dörner* § 620 BGB Rz 232; KDZ-*Däubler* Rz 164a). Eine Verlängerung iSv § 1 Abs. 1 S. 2 BeschFG 1996 bzw. § 14 Abs. 2 S. 1 2. Hs. TzBfG käme danach nur in Betracht, wenn der vorherige Vertrag ebenfalls nach den Rechtsgrundlagen einer sachgrundlosen Befristung geschlossen worden war (vgl. BAG 28.6.2000 EzA § 1 BeschFG 1985 Nr. 15; 25.10.2000 EzA § 1 BeschFG 1985 Nr. 22 zur alten Rechtslage). Die lückenlose Anknüpfung an ein mit Sachgrund befristetes Arbeitsverhältnis (zB zur Erprobung) wäre daher als **Neuabschluss eines sachgrundlosen befristeten Arbeitsvertrages zu bewerten, der am Anschlussverbot vom § 14 Abs. 2 S. 2 TzBfG scheitern müsste** (ebenso HzA/*Schütz* 1.2. Rz 362; HaKo-*Mestwerdt* Rz 168).

294a *Dörner* (Befr. Arbeitsvertrag, Rz 571ff.) gibt nun zu bedenken, dass innerhalb eines Zeitrahmens von zwei Jahren ein **Austausch von Rechtfertigungstatbeständen** (Sachgrundbefristung, sachgrundlose Befristung) zulässig bleibt, soweit die sachgrundlose Befristung nicht rechtswirksam abbedungen worden ist (vgl. o. Rz 252, 283). Dann müsse es möglich sein an einen befristeten Arbeitsvertrag mit Sachgrund **bis zur zweijährigen Höchstbefristung** des § 14 Abs. 2 TzBfG einen sachgrundlosen befristeten Arbeitsvertrag (als Verlängerung) ausschließen zu lassen (ebenso APS-*Backhaus* Rz 378; *Müller-Glöge* aaO; *Gräfl/Arnold-Gräfl* Rz 217; MünchKomm-*Hesse* Rz 85). Dem ist zu folgen, da der um einen Befristungssachgrund bemühte Arbeitgeber nicht schlechter gestellt werden darf als ein Arbeitgeber, der von Anfang an nur auf die sachgrundlose Befristung setzt. Allerdings sind die Voraussetzungen einer Verlängerung (s.o. Rz 286 ff.) einzuhalten.

d) Beteiligung des Betriebsrates

295 **Verlängerungen** des ohne Sachgrund befristeten Arbeitsvertrages nach Abs. 2 und 3 zählen als **Einstellung iSv § 99 Abs. 1 BetrVG**. Hierzu werden die Erl. Rz 382 ff. in Bezug genommen. Eine Änderung der Arbeitsbedingungen im Zusammenhang mit einer Verlängerung könnte überdies kollektivrechtlich eine weitere Zustimmung des Betriebsrates zu einer **Versetzung** (§ 95 Abs. 3 BetrVG) erfordern.

3. Fehlen eines früheren Arbeitsverhältnisses

a) Vorbeschäftigung

296 In Abs. 2 S. 2 wird in erheblicher Abweichung vom bisher geltenden Recht eine erleichterte Befristung nur noch zugelassen, wenn **zuvor** ein befristetes oder unbefristetes Arbeitsverhältnis mit demselben Arbeitgeber nicht bestanden hat. **Europarechtlich ist diese Einschränkung nicht geboten;** sie trägt jedoch dazu bei, den Abschluss befristeter Arbeitsverträge ohne Sachgrund stark einzugrenzen und damit neben dem Dauerarbeitsverhältnis im Regelfall nur noch Befristungen mit Sachgrund nach Abs. 1 zuzulassen. So sind in Zukunft »**Reißverschlusssysteme**« von befristeten Arbeitsverträ-

Zulässigkeit der Befristung § 14 TzBfG

gen (einmal mit, einmal ohne Sachgrund befristet usw.) ebenso wenig möglich wie die sog. »**Perlenschnursysteme**« im Verbund mit der Leiharbeit. Danach wurde der Arbeitnehmer immer befristet beim Verleiher angestellt und ins Produktionsunternehmen ausgeliehen, im Anschluss daran ein Jahr befristet im Produktionsunternehmen selbst befristet beschäftigt, im Folgejahr kehrte er in ein befristetes Arbeitsverhältnis zum Verleiher zum Zwecke der Arbeitnehmerüberlassung an das alte Produktionsunternehmen zurück (Beispiel nach APS-*Backhaus* Nachtrag 1. Aufl., Rz 78). Über ein solches **Personalkarussell** konnte der Viermonatszeitraum (enger sachlicher Zusammenhang) des § 1 Abs. 3 BeschFG 1996 spielend umgangen werden (vgl. dazu krit. Anm. *Plander* RdA 2001, 48 f.). Derartige Modelle sind nun nicht mehr möglich. **Nach dem Motto »einmal und nie wieder«** (*Kliemt* NZA 2001, 299) **räumt die neue Gesetzeslage dem Arbeitgeber ein einziges Mal die Gelegenheit zur befristeten Beschäftigung ohne Sachgrund ein,** danach »lebenslänglich« nicht mehr (*LAG Düsseld.* 11.1.2002 LAGE § 14 TzBfG Nr. 2; *Schiefer* DB 2000, 2122; APS-*Backhaus* Rz 381; *Boewer* Rz 226; MHH-*Meinel* Rz 76; KDZ-*Däubler* Rz 158; MünchKomm-*Hesse* Rz 79 ff.; *Rolfs* Rz 75; HzA / *Schütz* 1.2. Rz 366; HaKo-*Mestwerdt* Rz 168f.; *Dörner* ZTR 2001, 489; *ders.* Befr. Arbeitsvertrag, Rz 528 mwN; **aA** ErfK-*Müller-Glöge* Rz 125f.; *Osnabrügge* NZA 2003, 642; *Preis* NZA 2005,714 f.; jetzt auch *Annuß/Thüsing-Maschmann* Rz 76 ff.).

Die neue Regelung ist zustimmend aufgenommen worden von *Däubler* (ZIP 2001, 224), *Kliemt* (NZA 2001, 299 f.) und *Lakies* (DZWIR 2001, 13). Zum Problemkreis vgl. *Maschmann* Anm. zu AP Nr. 7 zu § 14 TzBfG. Die offen gebliebene Möglichkeit, im Anschluss an eine sachgrundlose Befristung eine Befristung mit Sachgrund zu vereinbaren (BT-Drs. 14/4374 S. 14), wird dabei zum Teil als halbherzige Lösung kritisiert (*Lakies* aaO; *Blanke* AiB 2000, 734). Dagegen haben sich *Preis/Gotthardt* (DB 2000, 2072), *Schiefer* (DB 2000, 2122), *Richardi/Annuß* (BB 2000, 2204) und auch *Hromadka* (BB 2001, 627) gegen die Neuregelung gewandt, da sie über ihr **Ziel, Kettenverträge zu verhindern,** hinausschieße. *Preis/Gotthardt* haben auf das **Beispiel des Werkstudenten** aufmerksam gemacht, dem durch diese Regelung **eine erstmalige Beschäftigung nach dem Studium in Form der sachgrundlosen Befristung unmöglich gemacht werde.** Dieser auch im Rahmen der öffentlichen Sachverständigenanhörung wiederholte Hinweis (BT-Drs. 14/4625 S. 18) fruchtete jedoch nicht (*Osnabrügge* NZA 2003, 643). Der Gesetzgeber hielt es **nach Abs. 1 Nr. 2 für möglich, den Werkstudenten im Rahmen eines mit Sachgrund befristeten Arbeitsverhältnisses erneut zu beschäftigen** (BT-Drs. 14/4374 S. 19). Auch in letzter Zeit wird auf Fälle kurzfristiger Vorbeschäftigung oder einer Neubeschäftigung mit anderem beruflichen Profil (frühere Krankenschwester wird Ärztin) hingewiesen, bei denen eine sachgrundlose befristete »Ersteinstellung« möglich sein müsste (*Preis* NZA 2005, 714 f.). Als **Ausweg** bietet sich jedoch hier an, den nunmehr ausgebildeten oder mit anderen Aufgaben zu betrauenden Arbeitnehmer **befristet nach Abs. 1 Nr. 5 mit Sachgrund zu erproben.** Vgl. auch Rz 268.

297

Der nach Inkrafttreten des Gesetzes von *Löwisch* (BB 2001, 254) unternommene Versuch, über verfassungsrechtliche Erwägungen eine **teleologische Reduktion von § 14 Abs. 2 S. 2 TzBfG** vorzunehmen, überzeugt nicht (im Ergebnis abl. auch *Kliemt* NZA 2001, 300; *Dörner* aaO). Aus Gründen der praktischen Handhabung unterstützt *Straub* (NZA 2001, 926; ebenso *Bauer* BB 2001, 2473, 2475) den Lösungsansatz von *Löwisch*, während ihn *Schmalenberg* (NZA 2001, 938) angesichts des eindeutigen Wortsinns von § 14 Abs. 2 S. 2 TzBfG verwirft. Beide Autoren setzen indessen auf eine **Gesetzesinitiative,** nach der ein Ausschluss jeglicher Vorbeschäftigung als Hürde für den erstmaligen Abschluss eines sachgrundlos befristeten Arbeitsvertrages nach Abs. 2 fällt. Ob eine solche Nachbesserung angesichts der gesetzgeberischen Zielsetzung, sachgrundlos befristete Arbeitsverträge zurückzudrängen, zu erwarten ist, muss bezweifelt werden (vgl. aber o. Rz 268 aE). Weder wird durch die **verfassungsrechtlich insoweit einwandfreie Neuregelung** (vgl. KR-*Lipke* § 620 BGB Rz 100 ff.) die **Berufsfreiheit** durch den nach einer kurzen Vorbeschäftigung nur noch möglichen Abschluss einer Befristung mit Sachgrund, noch wird das **Recht auf Gleichbehandlung** des Arbeitnehmers aus Art. 3 Abs. 2 GG verletzt, weil er sich insoweit bei der Arbeitsaufnahme gegenüber einem noch nicht vorab beschäftigten Mitbewerber im Nachteil befinde. Soweit **verfassungsrechtliche Bedenken** aus Art 12 GG dahingehend erhoben werden, dass die rigorose Anwendung des Anschlussverbots den Arbeitsuchenden in seinen Möglichkeiten, eine Tätigkeit aufzunehmen, zu sehr beschränken (so ErfK-*Müller-Glöge* Rz 126), kann dem nicht gefolgt werden. Das **Gesetzgebungsprogramm zum TzBfG** hat sehr wohl die Interessen der Arbeitsvertragsparteien gegeneinander abgewogen und mit der sachgrundlosen Befristung ein Ventil für den Arbeitgeber geschaffen, das seine Grenzen in der **vornehmlich gewünschten unbefristeten Beschäftigung**, jedenfalls aber in einer mit Sachgrund ausgewiesenen Befristung findet. Eine **Ausnahme** ist allerdings dann verfassungsrechtlich geboten, wenn sich auf eine Stelle zur sachgrundlosen Befristung eines Arbeitsverhältnisses im **öffentlichen Dienst** ein früher schon einmal beschäftigter Arbeit-

298

§ 14 TzBfG   Zulässigkeit der Befristung

nehmer bewirbt. **Art. 33 Abs. 2 GG** kann dann den Arbeitgeber verpflichten, diesen ungeachtet des § 14 Abs. 2 S. 2 TzBfG bei der Auswahl zu berücksichtigen (*LAG Bln.* 25.8.2006 – 6 Sa 592/06).

298a Das **Wort »zuvor«** lässt sich bei dem eindeutig erkennbaren Willen des Gesetzgebers und der klaren systematischen Verknüpfung **nicht** dahingehend **einschränkend interpretieren**, dass bei dem neuen nach Abs. 2 ohne Sachgrund befristeten Arbeitsverhältnis nach der Beschäftigungsart ein Bezug zur früheren Tätigkeit bestanden haben muss oder die Vorbeschäftigung nicht weniger als zwei Jahre (regelmäßige Verjährungsfrist) zurückgelegen hat. Soweit der Wortlaut »zuvor« interpretationsfähig sein sollte (ErfK-*Müller-Glöge* Rz 125f; *Annuß/Thüsing-Maschmann* Rz 76 ff.), gibt die Gesetzgebungsgeschichte im Gegenteil entscheidende Hinweise zu dem gewollten Ausschluss einer wiederholten sachgrundlosen Befristung (s.o. Rz 269; ebenso *Dörner* Befr. Arbeitsvertrag, Rz 530; APS-*Backhaus* Rz 381; HaKo-*Mestwerdt* Rz 168 f.). Ob das Ergebnis befriedigt, steht auf einem anderen Blatt. Die **Rechtssicherheit** gebietet eindeutige und klare Regelungen, die hier nach allen Auslegungskriterien vorliegen. Risiken des Arbeitgebers, sich an eine lange Zeit zurückliegende kurzfristige Vorbeschäftigungen des Arbeitnehmers zu erinnern, hat der Gesetzgeber durch ein in der Gesetzesbegründung ausdrücklich erwähntes **Fragerecht des Arbeitgebers** ausgleichen wollen (BT-Drs. 14/4374 S. 19; s.u. Rz 307). **Jegliche Vorbeschäftigung** in einem Arbeitsverhältnis ist deshalb für den Abschluss eines befristeten Arbeitsvertrages ohne Sachgrund **schädlich** (ebenso *BAG* 6.11.2003 EzA § 14 TzBfG Nr. 7; BBDW-*Bader* § 620 BGB Rz 59; ArbRBGB-*Dörner* § 620 BGB Rz. 230). Soweit nach einer unzulässigen Anschlussbefristung noch kein Kündigungsschutz (sechs Monate) erreicht worden ist, kann sich der Arbeitgeber sowieso im Wege der Kündigung aus dem Arbeitsverhältnis lösen, ohne § 612a BGB zu verletzen (*BAG* 6.11.2003 EzA § 14 TzBfG Nr. 7).

b) **Ausbildungsverhältnisse und berufsvorbereitende Vertragsverhältnisse**

299 Zu den nach Abs. 2 S. 2 befristungsschädlichen früheren Arbeitsverhältnissen zählt nicht das Berufsausbildungsverhältnis nach § 3 Abs. 1 BBiG aF (*LAG Nds.* 4.7.2003 LAGE § 14 TzBfG Nr. 11; ErfK-*Müller-Glöge* Rz 121; MünchKomm-*Hesse* Rz 81; *Dörner* Befr. Arbeitsvertrag Rz 534; **aA** *Schlachter* NZA 2003, 1183; vgl. dazu o. Rz 85; zweifelnd *Lembke* NJW 2006, 325 f.). Diese Einordnung ergibt sich nunmehr aus dem ab 1.4.2005 in Kraft getretenen § 10 Abs. 2 BBiG (Berufsbildungsreformgesetz v. 23.3.2005 BGBl. I S. 931), der die für den Arbeitsvertrag geltenden Rechtsvorschriften und Rechtsgrundsätze nur subsidiär zur Anwendung auf das Berufsausbildungsverhältnis bringt (vgl. auch *BAG* 20.8.2003 EzA § 3 EFZG Nr. 11). Der Gesetzgeber sah es gleichwohl veranlasst, in der Gesetzesbegründung ausdrücklich aufzunehmen, dass »ein Berufsausbildungsverhältnis (...) kein Arbeitsverhältnis iSd Abs. 2 S. 2 (...) (ist)« (BT-Drs. 14/4374 S. 20). Vorangegangene Berufsausbildungsverhältnisse setzen deshalb für eine sachgrundlose Befristung nach § 14 Abs. 2 TzBfG kein Hindernis (APS-*Backhaus* Rz 385 f.; Müller-*Glöge* aaO; *Staudinger/Preis* § 620 BGB Rz 158; HaKo-*Mestwerdt* Rz 176; *Dörner* Befr. Arbeitsvertrag, Rz 534f.; **aA** *Däubler* ZIP 2001, 223; *Lakies* DZWIR 2001, 13). **Der Arbeitgeber kann** deshalb je nach den Umständen des Einzelfalls **entscheiden, ob er an die Ausbildung eine Befristung mit Sachgrund nach Abs. 1 Nr. 2 oder eine sachgrundlose Befristung nach Abs. 2 anschließt.** Eine Verkettung in der Form, dass er dann an den sachgrundlos befristeten Arbeitsvertrag ein erneut befristetes Arbeitsverhältnis mit **Sachgrund nach Nr. 2** anschließt, dürfte jedoch nur in Ausnahmefällen zu begründen sein. Bei der Fortsetzung der Beschäftigung nach Ausbildungsende hat der Arbeitgeber im Übrigen darauf zu achten, dass der befristete Vertrag spätestens am Tag nach Beendigung des Ausbildungsverhältnisses schriftlich nach § 14 Abs. 4 TzBfG vereinbart wird. Ansonsten droht die **Gefahr, dass ohne schriftliche Befristungsabrede über die tatsächliche Weiterbeschäftigung nach § 24 BBiG ein Arbeitsverhältnis auf unbestimmte Zeit begründet wird.**

300 **Berufsvorbereitende Vertragsverhältnisse,** die keine Arbeitsverhältnisse sind (vgl. § 26 BBiG; zB Praktikanten oder Volontäre), stehen einer späteren befristeten Anstellung ohne Sachgrund ebenfalls nicht im Wege (*BAG* 19.10.2005 EzA § 14 TzBfG Nr. 23; *Osnabrügge* NZA 2003, 643; APS-*Backhaus* Rz 390; *Dörner* Befr. Arbeitsvertrag, Rz 537). Damit setzen vorangehende Vertragsverhältnisse als **Praktikanten**, **Umschüler** (*Gräfl/Arnold-Gräfl* Rz 226; zweifelnd im Blick auf *BAG* vom 28.8.1996 EzA § 1 BeschFG 1985 Nr. 14, *Annuß/Thüsing-Maschmann* Rz 82) oder **Volontäre** keine Sperre für eine spätere sachgrundlose Befristung nach Abs. 2 (ErfK-*Müller-Glöge* Rz 121; *Dörner* Befr. Arbeitsvertrag Rz 537). Handelt es sich dagegen bei diesen Verhältnissen in Wahrheit um Arbeitsverhältnisse, kann nur eine Befristung mit Sachgrund geschlossen werden. Ebenfalls **unschädlich** sind eine frühere Tätigkeit als Selbständiger (keine Scheinselbständigkeit oder als **freier Mitarbeiter** im Rahmen eines Werkvertrages (KDZ-*Däubler* Rz 159; *Gräfl/Arnold-Gräfl* Rz 228; *Lembke* NJW 2006, 325 f.). Eine erfolgreiche **Status-**

klage kann indessen der Befristung nach § 14 Abs. 2 TzBfG im Nachhinein die Rechtsgrundlage entziehen, wenn ein vorangehendes Arbeitsverhältnis festgestellt wird (*Staudinger/Preis* § 620 BGB Rz 158f; *Dörner* Befr. Arbeitsvertrag, Rz 538; zum **Leiharbeitsverhältnis** s.u. Rz 306). Trainingsmaßnahmen oder Schnupperbeschäftigungen im Rahmen der **Arbeitsförderung** müssen als »Zuvor«-Arbeitsverhältnisse ausgeschlossen werden (*Hauck/Noftz-Petzold* SGB III § 48 Rz 1; *Lembke* aaO).

4. Derselbe Arbeitgeber

Bereits zu der Vorgängerregelung in § 1 BeschFG 1996 war zu klären, wann ein Arbeitsverhältnis mit 301 demselben Arbeitgeber bestanden hat (vgl. *Lipke* KR 5. Aufl., § 1 BeschFG 1996 Rz 105 f.). Dabei wurde, wie nach § 1 Abs. 1 KSchG, auf den **rechtlichen Arbeitgeberbegriff** abgestellt (*BAG* 8.12.1988 EzA § 1 BeschFG 1985 Nr. 6; *Hanau* RdA 1987, 26; *Löwisch* BB 1985, 1200; *APS-Backhaus* 1. Aufl. § 1 BeschFG Rz 45). **Entscheidend war also, ob ein Arbeitsverhältnis zu derselben natürlichen oder juristischen Person besteht** (s.o. Rz 258 ff.). Hat ein Unternehmen mehrere Betriebe, so lag keine zulässige Befristung vor, wenn ein Arbeitnehmer im Anschluss an ein die Möglichkeiten des Abs. 1 in § 1 BeschFG 1996 ausschöpfenden Arbeitsverhältnisses im Betrieb A im Betrieb B desselben Unternehmens befristet weiterbeschäftigt werden sollte. Das BAG hat diese Entscheidung zum BeschFG 1996 bestätigt (*BAG* 25.4.2001 EzA § 1 BeschFG 1985 Nr. 25). **Arbeitgeber iSv § 1 Abs. 3 S. 1 BeschFG 1996 ist danach der Vertragsarbeitgeber** (ebenso ErfK-*Müller-Glöge* 4. Aufl. § 1 BeschFG Rz 42–44). Danach ist also auf die **Vorbeschäftigung im Unternehmen** des Arbeitgebers und nicht auf den Betrieb abzustellen (*Annuß/Thüsing-Maschmann* Rz 83; *Osnabrügge* NZA 2003, 641; vgl. auch o. Rz 259).

Dies entnimmt das BAG dem Gesetzeswortlaut und grenzt andere Deutungen (Arbeitgeber iSd Be- 302 triebsverfassung) aus. Der Gesetzgeber habe beim Anschlussverbot des § 1 Abs. 3 BeschFG 1996 die Möglichkeit gehabt, auch an den Betrieb, die Betriebszugehörigkeit und den Betriebsinhaber oder alternativ an die Betriebs- oder Unternehmenszugehörigkeit anzuknüpfen (etwa § 1 Abs. 1 KSchG). Dies habe er aber nicht getan, sondern stattdessen auf den Arbeitsvertrag und den Arbeitgeber abgestellt, so dass **nicht die tatsächliche Eingliederung in den Betrieb, sondern die individualvertragliche Bindung maßgeblich sei**. Da der Gesetzgeber diesen und nicht andere Wege beschritten habe, er auch die Entscheidung des *BAG* vom 8.12.1988 (EzA § 1 BeschFG 1985 Nr. 6) nicht zum Anlass genommen habe, nunmehr auf den Betriebsinhaber oder die Betriebszugehörigkeit abzustellen, sondern erneut das Anschlussverbot an den Arbeitsvertrag mit demselben Arbeitgeber anzuknüpfen, beschränke sich das Anschlussverbot aus § 1 Abs. 3 S. 1 BeschFG auf den **Vertragsarbeitgeber. Personenidentität**, die den erneuten Abschluss eines sachgrundlos befristeten Arbeitsvertrages sperren soll (BAG 15.1.2003 EzA § 14 TzBfG Nr. 2), ist demnach nur bei ein und demselben Vertragsarbeitgeber (natürliche oder juristische Person) anzunehmen. Deshalb kann auch nach einem **Erbfall** mit dem Erben ein neuer sachgrundlos befristeter Arbeitsvertrag geschlossen werden (MünchKomm-*Hesse* Rz 81).

In der Konsequenz ließ das BAG drei aneinander schließende, jeweils sachgrundlos befristete Arbeits- 302a verhältnisse in einem Gemeinschaftsbetrieb zu, die von den einen **Gemeinschaftsbetrieb** führenden Arbeitgebern im Wechsel mit dem Arbeitnehmer geschlossen worden waren. Eine **analoge Anwendung des Anschlussverbots** lehnte das BAG mangels einer ausfüllungsbedürftigen planwidrigen Gesetzeslücke ab. Eine Grenze könne hier nur im Einzelfall bei vom Arbeitnehmer darzulegender **rechtsmissbräuchlicher Ausnutzung** der nach dem BeschFG 1996 eröffneten Befristungsmöglichkeiten durch Anwendung von § 242 BGB gesetzt werden (*BAG* 25.4.2001 EzA § 1 BeschFG 1985 Nr. 25). **Der Gesetzgeber des TzBfG hat erneut die Formel »mit demselben Arbeitgeber« als Beschränkung in das Anschlussverbot des Abs. 2 S. 2 aufgenommen.** Eine abweichende Auslegung dieses Begriffs ist deshalb nicht angezeigt (MünchKomm-*Hesse* Rz 81; MHH-*Meinel* Rz 82).

Die der Entscheidung des *BAG* vom 25.4.2001 (EzA § 1 BeschFG 1985 Nr. 25) zugrunde liegende »un- 303 ter Umständen rechtsmissbräuchliche« **Vertragskonstruktion im Gemeinschaftsbetrieb** (Einsatz als Produktionshelferin vom 24.10.1994 bis 31.10.1999: Befristeter Arbeitsvertrag 24.10.1994 – 31.10.1996 mit B, 1.11.1996 – 30.10.1997 mit K, 1.11.1997 mit Verlängerung bis 31.10.1999 wiederum mit B) wäre **nach dem jetzt strengeren Anschlussverbot jedenfalls für den zuletzt abgeschlossenen befristeten Arbeitsvertrag nicht mehr zulässig**. Dagegen spielt die vom BAG angestellte Untersuchung, ob die beiden mit B abgeschlossenen befristeten Arbeitsverträge nicht durch einen **engen sachlichen Zusammenhang** das Anschlussverbot verletzten, **nach neuem Recht keine Rolle mehr**. Zielt die Vertragspraxis erkennbar darauf ab, das **Anschlussverbot** des § 14 Abs. 2 S. 2 TzBfG zu **umgehen** (gesellschaftsrechtliche Umstrukturierungen; konzerninterne Personalverschiebungen auf dem Papier), kann dem aber weiterhin im Wege der **Missbrauchskontrolle** der Riegel vorgeschoben

§ 14 TzBfG   Zulässigkeit der Befristung

werden (ähnlich HaKo-*Mestwerdt* Rz 173f.; *Annuß/Thüsing-Maschmann* Rz 86; *LAG Bln.* 7.1.2005 LAGE § 14 TzBfG Nr. 19a).

304 **Unschädlich** für eine erstmalige Befristung nach § 14 Abs. 2 TzBfG ist ein **vorangehendes Arbeitsverhältnis in einem Konzernunternehmen,** wenn der Arbeitnehmer nunmehr in einem anderen Unternehmen desselben Konzerns sachgrundlos befristet eingestellt werden soll. Die beiden Unternehmen desselben Konzerns sind jeweils **rechtlich selbständige Vertragsarbeitgeber.** Die Grundsätze konzerndimensionaler Zurechnung von Wartezeiten iSv § 1 KSchG versagen, weil es im Rahmen der »Neueinstellung« auf die **rechtliche Arbeitgeberidentität** ankommt. **Diese Maßstäbe bleiben auch für das neue Recht verbindlich** (ebenso BBDW-*Bader* § 620 BGB Rz 60; ErfK-*Müller-Glöge* Rz 120; MHH-*Meinel* Rz 83; HaKo-*Mestwerdt* Rz 173; APS-*Backhaus* Rz 397; *Kleinebrink* ArbRB 2002, 349; MünchKomm-*Hesse* Rz 81; **aA** *Straub* NZA 2001, 927; KDZ-*Däubler* Rz 162, der bei Konzernunternehmen auch »denselben Arbeitgeber« annehmen will, wenn Personalentscheidungen an einer Stelle konzentriert sind). Die rechtliche Trennung wird auch nicht durch Konzernversetzungsklauseln im Arbeitsvertrag überwunden (*Osnabrügge* NZA 2003, 641; **aA** *Annnuß/Thüsing-Maschmann* Rz 96; KDZ-*Däubler* Rz 162).

305 Die **Identität des Vertragsarbeitgebers** ist ebenfalls nicht gegeben, wenn ein sachgrundlos befristeter Arbeitsvertrag im Falle des **§ 613a BGB** mit dem Betriebserwerber geschlossen wird und das vorausgegangene Arbeitsverhältnis mit dem Veräusserer z.Zt. des Betriebsübergangs nicht mehr bestand (*BAG* 10.11.2004 EzA § 14 TzBfG Nr. 15; ErfK-*Müller-Glöge* Rz 120; *Dörner* Befr. Arbeitsvertrag, Rz 547; HWK-*Schmalenberg* Rz 112; *Sievers* Rz 225; *Osnabrügge* NZA 2003, 641 mwN). Anders stellt es sich dagegen dar, wenn das zuvor bestehende Arbeitsverhältnis vom Veräusserer auf den Erwerber gem. § 613a BGB übergegangen war. Setzt der Arbeitnehmer nach einem **Betriebsübergang** zunächst sein Arbeitsverhältnis mit dem Betriebserwerber fort und wechselt er später in den Betrieb des Betriebsveräußerers, so kann dort – weil es sich um denselben Vertragsarbeitgeber handelt – ein befristeter Arbeitsvertrag ohne Sachgrund nicht erneut nach Abs. 2 geschlossen werden.

305a Eine Personenidentität besteht nicht nach **Umwandlungen** iSd Umwandlungsgesetzes (UmwG), sofern dadurch etwas Neues entsteht. Dies ist bei **Verschmelzungen** (*BAG* 10.11.2004 EzA § 14 TzBfG Nr. 15) und **Spaltungen** ohne weiteres anzunehmen (*Dörner* aaO, Rz 549; *Osnabrügge* aaO, 641; *Bauer* BB 2001, 2476). Wird ein Unternehmen nach § 2 Nr. 1 UmwG durch Aufnahme mit einem anderen Unternehmen verschmolzen, so ist das übernehmende Unternehmen nicht mehr derselbe Arbeitgeber wie das übertragende Unternehmen, das mit der Verschmelzung erlischt (§ 20 Abs 1 Nr. 2 UmwG). Deshalb kann ein zuvor bei dem früheren, später untergegangenen Unternehmen sachgrundlos befristet beschäftigter Gewerkschaftsangestellter nach Beendigung seines Arbeitsverhältnisses bei der danach neuen, durch Fusion entstandenen Gewerkschaft wiederum sachgrundlos befristet eingestellt werden. Anders dürfte es bei einem reinen **Formwechsel** nach § 190 UmwG sein, da hier die Arbeitgeberstellung und die betrieblichen Verhältnisse erhalten bleiben können (ebenso HzA/*Schütz* 1.2. Rz 371). Diese Fälle sind strikt von dem Anwendungsbereich des **§ 14 Abs. 2a TzBfG** zu trennen, der **erstmaliges unternehmerisches Tätigwerden** (Existenzgründungen) zum Gegenstand hat (dazu s.u. Rz 316 ff.).

306 Nachdem es nach neuem Rechtszustand für die Erfüllung des Tatbestandsmerkmals »derselbe Arbeitgeber« entscheidend darauf ankommt, ob bereits ein Arbeitsverhältnis zu derselben natürlichen oder juristischen Peson bestanden hat (Vertragsarbeitgeber), ist die **Vorbeschäftigung als Leiharbeitnehmer** im Betrieb des Arbeitgebers dem späteren Abschluss eines erstmalig befristeten sachgrundlosen Arbeitsvertrages nach Abs. 2 nicht hinderlich. Bei solch einer Beschäftigung bestand **kein Arbeitsverhältnis zum Entleiher, sondern nur zum Verleiher** (ErfK-*Müller-Glöge* Rz 122; APS-*Backhaus* Rz 399 f.; MünchKomm-*Hesse* Rz 81; *Annuß/Thüsing-Maschmann* Rz 85; *Boewer* Rz 231; *Staudinger/Preis* § 620 BGB Rz 158; *Dörner* Befr. Arbeitsvertrag, Rz 539, der indessen auf das Risiko eines gesetzlich bestehenden Vorarbeitsverhältnisses hinweist, falls eine Beschäftigung bis zum 31.3.1997 unter Missachtung der bis dahin bestehenden AÜG-Bestimmungen stattgefunden hat). Das Anschlussverbot bleibt insoweit auf das Verhältnis Verleiher und Leiharbeitnehmer beschränkt (*Frik* NZA 2005, 386 f.). Eine Befristung nach 14 Abs. 2 TzBfG ist mit dem Entleiher deshalb nicht ausgeschlossen, wenn ein Arbeitsvertrag erstmalig mit einem Arbeitnehmer abgeschlossen wird, der unmittelbar zuvor im selben Betrieb als Leiharbeitnehmer tätig war (*BAG* 8.12.1988 EzA § 1 BeschFG 1985 Nr. 6). Entsprechendes gilt für den umgekehrten Fall, dass ein sachgrundlos befristeter Arbeitnehmer nach Befristungsablauf als Leiharbeitnehmer auf seinen bisherigen Arbeitsplatz zurückkehrt. Auch hierbei liegt kein **rechtsmissbräuchlicher Arbeitgeberwechsel** vor. Das **Anschlussverbot** des § 14 Abs. 2 S. 2 TzBfG wird nicht verletzt

(*LAG Nds.* 29.1.2003 NZA-RR 2003, 624). Wird dagegen eine Konzernschwester als Leiharbeitgeber tätig, so kann der Wechsel des Arbeitsverhältnisses einen **Missbrauch der Gestaltungsform** und keine zulässige Tatbestandsvermeidung darstellen (*LAG Bln.* 7.1.2005 LAGE § 14 TzBfG Nr. 19a). Vgl. hierzu auch o. Rz 278, 296.

5. Fragerecht des Arbeitgebers

Die **Schwierigkeiten für den Arbeitgeber, bei Einstellung eines Arbeitnehmers zu erkennen, ob dieser bereits Jahre oder Jahrzehnte zuvor einmal kurzfristig bei ihm beschäftigt war,** und insoweit der Abschluss eines sachgrundlosen befristeten Arbeitsvertrages zu unterbleiben hat, waren dem Gesetzgeber bewusst. Dies lässt sich daran ablesen, dass er sich **in der Gesetzesbegründung** mit dem Problem beschäftigt und dem **Arbeitgeber insoweit ausdrücklich ein Fragerecht zugestanden hat** (BT-Drs. 14/4374 S. 19). Bei wahrheitswidriger Beantwortung der Fragen des Arbeitgebers, soll er sich vom Arbeitnehmer im Wege der **Anfechtung** des Arbeitsvertrages wieder trennen können. Dem Arbeitgeber ist deshalb nicht abzuverlangen, die Personalakten aller jemals beschäftigten Arbeitnehmer jahrzehntelang aufzubewahren, was ihm bei der Möglichkeit des Namenswechsels ohnehin keine völlige Sicherheit verschaffen würde (*Kliemt* NZA 2001, 300; *ErfK-Müller-Glöge* Rz 126). Die Ausübung seines Fragerechts führt hierzu weiter. Probleme bei der Befragung – wie bei der Schwangerschaft oder Schwerbehinderung – können sich hier nicht ergeben (aA wohl *Dörner* Befr. Arbeitsvertrag, Rz 551), bei empfehlenswertem Einsatz von betrieblich oder unternehmensweit gebräuchlichen Fragebögen (APS-*Backhaus* Rz 401; *Hromadka* BB 2001, 627) ist das Mitbestimmungsrecht des Betriebsrats nach § 87 Abs. 1 Nr. 1 BetrVG zu wahren (HzA/*Schütz* 1.2. Rz 369). 307

Die **Frage** an den einzustellenden Arbeitnehmer, ob er früher bereits einmal beim Arbeitgeber beschäftigt war, kann **im Vorstellungsgespräch** an ihn gerichtet werden; denkbar ist aber auch, sie zusätzlich in die gebräuchlichen **Einstellungsfragebögen** aufzunehmen. Angeregt wird darüber hinaus, sich im Arbeitsvertrag durch den Arbeitnehmer versichern zu lassen, dass eine Vorbeschäftigung bei dem Arbeitgeber und/oder dessen Rechtsvorgänger nicht bestand (*Kliemt* aaO). Dem wird entgegengehalten, dass Zweifel bestehen, ob der Arbeitnehmer die Frage nach »demselben Arbeitgeber« und die Einordnung seiner Beschäftigung als Arbeitsverhältnis präziser beantworten kann als der Arbeitgeber selbst (*Dörner* Befr. Arbeitsvertrag, Rz 552 f.; APS-*Backhaus* aaO, Rz 401 f.; *Rolfs* Rz 78; *Straub* NZA 2001, 926; *Löwisch* BB 2001, 254 mwN). Deshalb ist der vom Gesetzgeber aufgezeigte Weg, dem Arbeitgeber im Falle einer wahrheitswidrigen Beantwortung seiner Frage die **Anfechtung des Arbeitsvertrages wegen arglistiger Täuschung** nach § 123 BGB zu gestatten, **vom praktischen Nutzen her höchst umstritten** (dafür: *Kliemt* NZA 2001, 300; *Däubler* ZIP 2000, 1966; *Hromadka* BB 2001, 627; dagegen: *Dörner* aaO; HaKo-*Mestwerdt* Rz 175; *Straub* aaO; *Löwisch* aaO). Bewusst wahrheitswidrige Antworten, die eine Anfechtungsmöglichkeit wegen arglistiger Täuschung eröffnen, dürften eher selten sein. Sie berechtigen fraglos zur Anfechtung oder zur außerordentlichen Kündigung des Arbeitsverhältnisses (Münch-Komm-*Hesse* Rz 86). Anders als in der Gesetzesbegründung angenommen, wird es eher vorkommen, dass der **Arbeitnehmer unwissentlich eine Vorbeschäftigung verschweigt, weil er sie wegen Rechtsnachfolge** (zum Sonderfall des § 613a BGB s.o. Rz 305), **Sitzverlegung, einer die Identität wahrenden Umwandlung oder eines neuen Firmennamens nicht erkannt hat.** In solchen Fällen tritt ein **beiderseitiger Irrtum** ein, der den Arbeitgeber nur bei Eigenschaftsirrtum zur Anfechtung nach § 119 BGB berechtigt. Ansonsten wäre der Arbeitgeber nicht zur Anfechtung berechtigt (*Gräfl/Arnold-Gräfl* Rz 222). Es wird deshalb vertreten die »**Vorbeschäftigung**« als **verkehrswesentliche Eigenschaft iSv § 119 Abs. 2 BGB** anzusehen und dem Arbeitgeber insoweit ein leichter zu handhabendes Anfechtungsrecht zuzuweisen (*Osnabrügge* NZA 2003, 639, 643; *Bauer* BB 2001, 2473, 2477; abl., da keine verkehrswesentliche Eigenschaft gegeben sei *Rolfs* aaO; ähnlich aber differenzierend *Backhaus* aaO, Rz 402; *Bauer* BB 2001, 2477; *Dörner* aaO, Rz 554; *Annuß/Thüsing-Maschmann* Rz 87, der statt dessen den sachgrundlos befristeten Arbeitsvertrag unter eine auflösende **Rechtsbedingung** stellen will, die § 21 TzBfG nicht unterfalle). 308

Straub (aaO; ähnlich *Worzalla* FA 2001, 6 f.) erwägt in diesem Zusammenhang, über den **Wegfall der Geschäftsgrundlage (§ 313 BGB)** den unwirksam befristeten sachgrundlosen Arbeitsvertrag in ein unbefristetes Arbeitsverhältnis mit **erleichterter Kündigungsmöglichkeit** seitens des Arbeitgebers (§ 16 TzBfG analog) zu überführen. Dieser Denkansatz ist jedenfalls diskutabel, wenn es sich bei der früheren Beschäftigung zur Bestimmung desselben Arbeitgebers, um Problemfälle handelt, in denen die Identitätswahrung des Vertragsarbeitgebers nach einer Fusion, Aufspaltung, Abspaltung usw. selbst für den potentiellen Arbeitgeber kaum noch nachvollziehbar ist (so *Straub* aaO; *Bauer* BB 2001, 2477; 308a

HaKo-*Mestwerdt* Rz 175). Dem wird indessen nicht ohne Grund entgegengehalten, dass die Rechtsfolge bei Wegfall der Geschäftsgrundlage regelmäßig zur Anpassung und nicht zur Beendigung des Vertragsverhältnisses führt (*Dörner* aaO Rz 555; APS-*Backhaus* Rz 402). Nach § 313 Abs. 3 S. 2 BGB ergibt sich in diesem Fall nur ein Kündigungsrecht (MünchKomm-*Hesse* Rz 86). Dem Arbeitnehmer kann es jedoch verwehrt sein sich im Prozess auf die Unwirksamkeit der Befristung wegen Vorbeschäftigung zu berufen, wenn er bewusst dem Arbeitgeber gegenüber wahrheitswidrige Angaben gemacht hat (**§ 242 BGB**; *Osnabrügge* NZA 2003, 643). Für die Tatsache der bewusst wahrheitswidrigen Angaben des Arbeitnehmers trägt der Arbeitgeber die **Darlegungs- und Beweislast**.

6. Tarifvertragliche Abweichungen nach Abs. 2 S. 3

309 Wie bereits ausgeführt (s.o. Rz 270) eröffnet das Gesetz im Zusammenhang mit dem sachgrundlosen befristeten Arbeitsvertrag **in zwei Teilbereichen volle Tarifdispositivität**. Das folgt aus der Gesamtsicht der Bestimmungen in § 22 Abs. 1 iVm § 14 Abs. 2 S. 3 und 4 TzBfG, wonach in Tarifverträgen – im Unterschied zur alten Rechtslage bis zum 31.12.2000 – nunmehr von den Vorgaben des § 14 Abs. 2 S. 1 auch **zuungunsten der Arbeitnehmer** abgewichen werden kann. Nach der »missverständlichen« **Formulierung des Gesetzes** kann die Anzahl der Verlängerungen **oder** die Höchstdauer der Befristung abweichend vom Gesetz festgelegt werden. Danach könnte der Eindruck entstehen, dass der Gesetzgeber eine tarifvertragliche Verschlechterung nur alternativ (entweder oder) zulassen wollte. Die Gesetzesbegründung macht jedoch deutlich, dass die **tarifliche Öffnungsklausel** darauf abzielt, **branchenspezifische Lösungen** zu erleichtern und deswegen tarifvertraglich eine andere **(höhere oder niedrigere) Anzahl von zulässigen Verlängerungen** sowie zusätzlich eine andere (kürzere oder längere) **Höchstbefristungsdauer eines befristeten Arbeitsvertrages** ohne sachlichen Grund festgelegt werden kann (BT-Drs. 14/4374 S. 14, 20). Aus dem »**sowie**« in der Gesetzesbegründung wird klar, dass das Gesetz **den Tarifvertragsparteien verschlechternde Regelungen** sowohl zur Anzahl der zulässigen Verlängerungen als auch der Höchstbefristungsdauer **kumulativ zugestanden werden sollen** (ebenso ArbRBGB-*Dörner* § 620 BGB Rz 238; *ders.* Befr. Arbeitsvertrag, Rz 590; ErfK-*Müller-Glöge* Rz 128; APS-*Backhaus* Rz 403; *Lakies* DZWIR 2001, 15; KDZ-*Däubler* Rz 147, 170).

310 Ein Tarifvertrag kann demnach zB einen Fünfjahreszeitraum für sachgrundlose Befristungen gestatten und zugleich vorsehen, dass innerhalb dieses Zeitraums zehn Verlängerungen zulässig sind. Derartige Regelungen werden sich allerdings nur in Teilbereichen durchsetzen lassen (zB im Bereich Medien und Kunst oder im Bereich der **Arbeitnehmerüberlassung** (Nachw. hierzu *Lembke* DB 2003, 2702). **Darüber hinausgehende Abweichungen** sind nach § 22 Abs. 1 TzBfG nur zugunsten der Arbeitnehmer möglich. Eine **Abweichung** von § 14 Abs. 2 S. 2 TzBfG (Anschlussverbot) ist daher **tarifvertraglich nicht möglich** (APS-*Backhaus* Rz 403; *Gräfl/Arnold-Gräfl* Rz 235).

311 Die mit der tariflichen Öffnungsklausel in § 14 Abs. 2 S. 3 TzBfG aufgeworfene Frage, ob damit alle tarifvertraglichen Regelungsmöglichkeiten zur sachgrundlosen Befristung eine abschließende Normierung erfahren haben, ist zu verneinen. Die Zusammenschau mit dem Günstigkeitsprinzip aus **§ 22 Abs. 1 TzBfG ergibt, dass es den Tarifvertragsparteien erlaubt ist, Befristungen generell an das Vorliegen eines sachlichen Grundes zu knüpfen** (hM; *BAG* 21.2.2001 EzA § 1 BeschFG Nr. 24; *Staudinger/ Preis* § 620 BGB Rz 163; *Backhaus* NZA 2001, Sonderbeil. Heft 24, 11; *Annuß/Thüsing-Maschmann* Rz 74; MHH-*Meinel* Rz 93; *Lakies* DZWIR 2001, 15; *Däubler* ZIP 2000, 1968; ArbRBGB-*Dörner* § 620 BGB Rz 239; *Dassau* ZTR 2001, 69; **aA** *Pöltl* NZA 2001, 588). Die besondere tarifliche Öffnungsklausel in Abs. 2 S. 3 bezieht sich nur auf Satz 1 dieses Absatzes und im Wege der Verweisung auf Abs. 2a, nicht aber auf § 14 Abs. 1 oder 3 TzBfG. **Damit waren die Sonderregelungen SR 2y BAT auch nach dem 1.1.2001 mit dem geltenden Recht vereinbar.** Ob ein solcher Ausschluss tarifvertraglich gewollt ist, muss indessen einer abschließenden Regelung eindeutig entnommen werden können (Frage der Auslegung; ErfK-*Müller-Glöge* Rz 130; APS-*Backhaus* Rz 407; MünchKomm-*Hesse* Rz 88; zum Problemfeld auch *BAG* 27.9.2000 EzA § 1 BeschFG 1985 Nr. 20). Zu **tarifvertraglichen Gestaltungen** der **sachgrundlosen Befristung** im Anwendungsbereich des **BAT/TVöD** (zB § 30 Abs. 3 bis 5 TVöD; sechsmonatige Mindest- und zwölfmonatige Regelfrist) vgl. *Fritz* ZTR 2006, 2, 7 ff. Im Übrigen wird auf die ausführlichen Erläuterungen zu § 22 TzBfG hingewiesen. Besonderheiten ergeben sich für befristete Arbeitsverhältnisse in **Führungspositionen des öffentlichen Dienstes** (§ 32 TVöD-AT; HWK-*Schmalenberg* Rz 118).

7. Einzelvertragliche Inbezugnahme tariflicher Regelungen

312 Nach Abs. 2 S. 4 können im Geltungsbereich eines solchen Tarifvertrages nicht tarifgebundene Arbeitgeber und Arbeitnehmer **die Anwendung der tariflichen Regelungen zur abweichenden Höchstbe-

fristungsdauer oder zur zulässigen Zahl der Verlängerungen durch Vereinbarung übernehmen. Wenn das Gesetz von dem »Geltungsbereich« spricht, ist damit sowohl der fachliche als auch der persönliche Geltungsbereich des Tarifvertrages gemeint. Es ist also Voraussetzung, dass die Arbeitsvertragsparteien bei Tarifbindung dem Tarifvertrag unterfallen würden (*Rolfs* Rz 13; APS-*Backhaus* Rz 409).

Der Arbeitgeber ist nicht verpflichtet, das gesamte Tarifwerk arbeitsvertraglich zu übernehmen, 313 um in den Genuss der für ihn günstigeren, weil weitergehenden Möglichkeiten einer sachgrundlosen Befristung zu gelangen. Zwar heißt es in Satz 4 lapidar, dass »nicht tarifgebundene Arbeitgeber und Arbeitnehmer die Anwendung der tariflichen Regelungen vereinbaren« können. Ein systematischer Abgleich zu den Bestimmungen in § 22 Abs. 1 und 2 TzBfG lässt aber den Schluss zu, dass es **nicht erforderlich ist, den tariflichen Regelungsabschnitt voll zu übernehmen, der die Befristungsbedingungen normiert** (so aber APS-*Backhaus* Rz 410; MünchArbR-*Wank* Erg.-Bd. § 116 Rz 205; *Boewer* Rz 264; **dagegen** ErfK-*Müller-Glöge* Rz 128; *Dörner* Befr. Arbeitsvertrag, Rz 591; MHH-*Meinel* Rz 96; HaKo-*Mestwerdt* Rz 181; *Sievers* Rz 236; *Gräfl/Arnold-Gräfl* Rz 239).

Die hM, der ich mich hiermit anschließe, hält eine Beschränkung auf die in S. 3 genannten tarifvertrag- 314 lichen Regelungen zur Zahl der Verlängerungen und zur Höchstbefristungsdauer für zulässig. **Ziel des Gesetzes** ist es, bei sachgrundloser Befristung im Sinne branchenspezifischer Lösungen punktuell die volle Tarifdispositivität herzustellen und im Geltungsbereich des Tarifvertrages die Übernahme dieser Regelung auch an nicht tarifgebundene Parteien zu gestatten. Eine volle Übernahme des Tarifwerks und der dazugehörigen Befristungsregeln ist daher nicht vorausgesetzt. Der Passus »die Anwendung der tariflichen Regelung« in Satz 4 ist daher so zu lesen, dass es um die **tariflichen Regelungen aus Satz 3 des Absatzes** geht (*Annuß/Thüsing-Maschmann* Rz 75).

Die Übernahme der tarifvertraglichen Regelung nach Satz 3 bedarf nicht der Schriftform, da es hier 315 nicht um die eigentliche Befristungsabrede iSv Abs. 4 geht. Zu Beweiszwecken empfiehlt sich gleichwohl, die Vereinbarung schriftlich im Arbeitsvertrag zu festzuhalten (ebenso APS-*Backhaus* aaO Rz 411). Eine **betriebliche Übung** dürfte indessen einer Übernahme tarifvertraglicher Regelungen nicht genügen (vgl. BAG 3.7.1996 RzK I 3e Nr. 62 zu § 622 Abs. 4 S. 2 BGB, Kündigungsfristen; **aA** *Backhaus* aaO; *Annuß/Thüsing-Maschmann* Rz 75; MünchKomm-*Hesse* Rz 91).

III. Sachgrundlose Befristung für Existenzneugründer (§ 14 Abs. 2a TzBfG)

1. Erweiterung sachgrundloser Befristungen

a) Entstehungsgeschichte

Zum 1.1.2004 ist durch Art. 2 des Gesetzes zu Reformen am Arbeitsmarkt (vgl. KR-*Lipke* 620 BGB 316 Rz 125a) ein **erweitertes Feld** für den Abschluss **sachgrundloser Befristungen** geschaffen worden. Eine in die gleiche Richtung gehende Befristungserleichterung kannte bereits § 1 Abs. 2 BeschFG 1985 in seiner bis zum 30.9.1996 geltenden Form. Für neu gegründete Unternehmen mit bis zu 20 Arbeitnehmern ausschließlich der zu ihrer Berufsbildung Beschäftigten konnte bis zu einer Höchstdauer von 2 Jahren ein Arbeitsvertrag sachgrundlos befristet werden (vgl. *Lipke* KR 4. Aufl., § 1 BeschFG 1985 Rz 90 – 100). Nunmehr wird ohne Rücksicht auf die Unternehmensgröße der Abschluss sachgrundlos befristeter Arbeitsverträge für die ersten vier Jahre nach der Gründung eines Unternehmens erleichtert. Die Vorschrift erweist sich als **»Seitenstück« zu § 112a Abs. 2 BetrVG,** wonach für neu gegründete Unternehmen in den ersten vier Jahren keine Sozialplanpflicht besteht (*Löwisch* BB 2004, 154, 162; *Bader* NZA 2004, 65, 76; *Bauer/Krieger* Kündigungsrecht Reformen, 2004, Rz 139; *Lipinski* BB 2004, 1221; ErfK-*Müller-Glöge* Rz 130a; HWK-*Schmalenberg* Rz 120; MünchKomm-*Hesse* Rz 94; *Annuß/Thüsing-Maschmann* Rz 88). Die ergänzende Regelung ist von Anfang an als Bestandteil der »Agenda 2010« in das Gesetzgebungsverfahren eingebracht (BT-Drs. 15/1204 S. 10, 14) worden und hat unverändert den Ausschuss für Wirtschaft und Arbeit (BT-Drs. 15/1587 S. 12) passiert.

b) Regelungsziele

Der Gesetzgeber erweitert damit die bestehenden sachgrundlosen Befristungsmöglichkeiten bis zur 317 Dauer von zwei Jahren nach Abs. 2 und die zukünftig ab Vollendung des 52. Lebensjahres mögliche fünfjährige sachgrundlose Befristung nach Abs. 3 (s.u. Rz 339 ff.) um eine zusätzliche Variante. Dabei setzt er darauf, dass sich die sachgrundlose Befristung von Arbeitsverträgen insbes. bei unsicherer Auftragslage der Unternehmen als flexible Beschäftigungsform in der Vergangenheit bewährt habe.

Dies soll im erhöhten Maß **für neu gegründete Unternehmen in der schwierigen Aufbauphase** gelten. In dieser Zeitspanne, die der Gesetzgeber auf die ersten vier Jahre nach der Aufnahme der Erwerbstätigkeit durch das neu gegründete Unternehmen begrenzt, könne nur schwer überblickt werden, wie sich das Unternehmen entwickle und wie hoch der **Personalbedarf** sei. Deshalb könne bis zu dieser Höchstgrenze ein zunächst kürzer befristeter Arbeitsvertrag mehrfach verlängert werden (BT-Drs. 15/1204 S. 10). Der Gesetzgeber vertraut darauf, dass nach den Erfahrungen der Vergangenheit die zunächst befristete Beschäftigung für einen großen Teil der betreffenden Arbeitnehmer zur Brücke in eine Dauerbeschäftigung wird. Die erneute Erweiterung sachgrundloser Befristungsgestaltungen setzt indessen Zweifel, ob der Gesetzgeber im Ergebnis am Regelfall des »unbefristeten Arbeitsverhältnisses« festhalten will (Sachverständigenanhörung 8.9.2003, *Hanau* BT-Drs. 15/1587 S. 27; *Meixner* Neue arbeitsrechtliche Regelungen, 2004, Rz 443).

318 Um einer missbräuchlichen Nutzung der zusätzlich geschaffenen sachgrundlosen Befristungsmöglichkeiten zu begegnen, verdeutlicht die Gesetzesbegründung, dass hierfür ein **unternehmerisches Neuengagement** erforderlich ist. Die rechtliche **Umstrukturierung** von Unternehmen und die damit zusammenhängenden Neugründungen reichen dafür nicht aus, denn es geht nicht um den Erhalt, sondern um die Schaffung neuer Arbeitsplätze (so wohl auch *Lipinski* BB 2004, 1221 f.). Insoweit verweist die Gesetzesbegründung auf die parallele Regelung zur Befreiung von neu gegründeten Unternehmen von der Sozialplanpflicht nach § 112a BetrVG (BT-Drs. 15/1204 S. 10). Wie nach § 14 Abs. 2 TzBfG sind im Rahmen von Abs. 2a **nur kalendermäßig befristete Arbeitsverträge**, nicht dagegen zweckbefristete und auflösend bedingte Arbeitsverträge zugelassen (APS-*Backhaus* Rz 415j; *Schiefer/Worzalla* Agenda 2010, Rz 265). Innerhalb der Höchstbefristungsdauer von vier Jahren kann der zunächst auf kürzere Dauer abgeschlossene befristete Arbeitsvertrag **mehrfach**, dh nicht nur bis zu dreimal wie in Abs. 2 **verlängert** werden (BT-Drs. 15/1204 S. 14).

c) Vereinbarkeit mit Europarecht

319 Die neue Befristungsmöglichkeit hält sich in den europarechtlichen Grenzen der **Richtlinie 1999/70/EG**. Nach **§ 5.1 b)** der dort in Bezug genommenen Rahmenvereinbarung genügt es, die insgesamt zulässige Dauer aufeinander folgender Arbeitsverträge zeitlich zu begrenzen. (vgl. KR-*Lipke* § 620 BGB Rz 95). Damit hat der nationale Gesetzgeber eine der drei zur Eingrenzung missbräuchlicher Befristungen von Arbeitsverhältnissen vorgesehenen Varianten beachtet. **Europarechtliche Bedenken** gegen die Neuregelung bestehen deshalb nicht (APS-*Backhaus* Rz 415d; *Thüsing/Stelljes* BB 2003, 1673, 1680; *Annuß/Thüsing-Maschmann* Rz 89). Mit dem Erschließen eines weiteren Feldes sachgrundloser Befristungen entfernt sich indessen der nationale Gesetzgeber wiederum ein Stück von der in der Richtlinie in Bezug genommenen Rahmenvereinbarung über befristete Arbeitsverträge. Dort erkennen die Unterzeichnerparteien in der Präambel an, dass **unbefristete Verträge die übliche Form des Beschäftigungsverhältnisses** zwischen Arbeitgebern und Arbeitnehmern darstellen und weiter darstellen sollen. Mit der nunmehr **unbegrenzt zulässigen Aneinanderreihung kurzer Befristungen** bis zu einer Zeitspanne von vier Jahren könnte eine größere Gruppe »**moderner Tagelöhner**« entstehen. Das läuft im Ergebnis den Zielen der europäischen Richtlinie 1999/70 EG zuwider (vgl. auch *Meixner* aaO, Rz 444).

d) Verfassungsrechtliche Fragen

320 **Verfassungsrechtliche Bedenken** gegen die Privilegierung von Existenzgründern durch Abs. 2a werden mehrheitlich verneint. So stehe es nach **Art. 12 Abs. 1 GG** dem Gesetzgeber offen, Existenzgründer von arbeitsrechtlichen Belastungen teilweise zu befreien (*Bauer/Krieger* Kündigungsrecht, Reformen 2004, Rz 143). Aus diesen Gründen sei auch eine Ungleichbehandlung von neu gegründeten im Verhältnis zu bereits bestehenden Unternehmen gerechtfertigt. Dem widerspricht für einen Teilbereich *Löwisch* (BB 2004, 162). Das über die Verweisung in § 14 Abs. 2 S. 2 auch in Abs. 2a geltende Anschlussverbot begünstige neu gegründete juristische Personen und benachteilige natürliche Personen als Arbeitgeber. Arbeitgeber, die als natürliche Personen ein Unternehmen neu gründen, könnten früher in einem anderen von ihnen betriebenen Unternehmen beschäftigte Arbeitnehmer nicht erneut befristet einstellen. Diese unterschiedliche Behandlung sei mit dem Gleichheitsgebot des **Art. 3 Abs. 1 GG** nicht vereinbar.

321 Es ist fraglich, ob selbst bei Berücksichtigung der besonderen Interessenlage von Existenzgründern der **verfassungsrechtliche Mindestbestandsschutz** (vgl. BVerfG 27.1.1998 EzA § 23 KSchG Nr. 17; KR-*Griebeling* § 1 KSchG Rz 19 ff.) durch die neue Regelung gewahrt ist. Art. 12 Abs. 1 GG schützt auch den

befristet beschäftigten Arbeitnehmer. Die **unbegrenzte Aneinanderreihung kurzfristiger Beschäftigungen** über einen Zeitraum von **vier Jahren** eröffnet Vertragsgestaltungsmöglichkeiten, die den Arbeitgeber zu Missbrauch und Willkür einladen können. Insoweit ist die Rechtsprechung nach Art. 1 Abs. 3 GG verpflichtet, die nach dem Wortlaut der Bestimmung des Abs. 2a möglichen Auswüchse verfassungskonform iSv **Menschenwürde** (Art. 1 Abs. 1 GG) und von **Mindestbestandsschutz** (Art. 12 Abs. 1 GG) zu unterbinden. Anders als bei den langfristig angelegten personenbezogenen Befristungen im Rahmen des § 57b HRG, die sich aus Art. 5 Abs. 3 GG rechtfertigen, kann **Art. 14 GG** hier zugunsten der Existenzneugründer nicht angeführt werden. Dagegen spricht schon die **Sozialpflichtigkeit des Eigentums** aus Art. 14 Abs. 2 GG. Ein Verstoß gegen das Gleichheitsgebot aus Art. 3 GG (*Löwisch* aaO) kann sich indessen dann ergeben, wenn man bestimmte gesellschaftsrechtliche Umstrukturierungen (zB Alleingesellschafter und Geschäftsführer der Komplementär-GmbH und einer KG gründen eine neue GmbH, die den Betrieb der KG übernimmt oder einzelne Betriebe zweier Unternehmen werden einem neu gegründeten Unternehmen übertragen, das die Betriebe mit einer auf dem Zusammenschluss beruhenden erweiterten unternehmerischen Zielsetzung fortführen soll) als unternehmerisches Neuengagement iSv Abs. 2a anerkennt (vgl. dazu Rz 324 f.).

Es kann bisher nicht festgestellt werden, dass die Praxis größeren **Gebrauch** von der gesetzlichen Möglichkeit des Abs. 2a macht. Rechtsprechung hierzu liegt nicht vor. Dies kann indessen damit zusammenhängen, dass die Vierjahresfrist seit Inkrafttreten der Neuregelung erst Ende 2007 abläuft und die begründeten und verlängerten befristeten Arbeitsverhältnisse noch nicht streitig sind. Allerdings kann der Existenzgründer, der sein Unternehmen schon vor 2004 gegründet hat, nach Ablauf einer sachgrundlosen Befristung gem. Abs. 2 die Fortsetzung bis zu vier Jahren auf Abs. 2a stützen (s.u. Rz 331). Die streitigen Rechtsfragen können daher bereits schon jetzt anfallen. Der Umstand, dass gleichwohl keinerlei Rechtsstreitigkeiten hierzu bekannt geworden sind, lässt den Schluss zu, dass die Bestimmung – entgegen den hochgespannten Erwartungen (vgl. *Thüsing* ZfA 2004, 67, 84 ff.) – noch keine nennenswerte Bedeutung gewonnen hat. **321a**

2. Geltungsbereich

a) Existenzneugründungen

Voraussetzung für das Befristungsprivileg ist, dass ein Unternehmen neu gegründet wird und nicht etwa ein bestehendes Unternehmen nur einen weiteren Betrieb eröffnet (*Bader* NZA 2004, 65, 76; *Dörner* Befr. Arbeitsvertrag Rz 594d; *Gräfl/Arnold-Gräfl* Rz 246; *Lembke* NJW 2006, 325, 329). Ebenso wenig genügt die Verlegung eines Betriebes. Belohnt werden soll der **Unternehmer**, der sich am Markt **neu engagiert** (*Preis* DB 2004 70, 78; APS-*Backhaus* 2. Aufl., Rz 415e; *Dörner* Befr. Arbeitsvertrag, Rz 594d) und **neue Arbeitsplätze** schafft (*Lipinski* BB 2004, 1221). Deshalb kann die Neueinrichtung eines Betriebes nicht ausreichen; es bedarf der **Neugründung eines Unternehmens** (*Bader* NZA 2004, 76aaO). Umstrukturierungen genügen nicht (vgl. dazu Rz 324 ff.). **322**

Welche Unternehmensgründung in den Anwendungsbereich des Abs. 2a unterfällt, wird die Rechtsprechung zu klären haben. Eine **Übertragung der zu § 112a Abs. 2 S. 2 BetrVG ergangenen Rechtsprechung** (*BAG* 13.6.1989 EzA § 112a BetrVG Nr. 4; 22.2.1995 EzA § 112 a BetrVG Nr. 8) ist keineswegs sicher. Der **Normzweck** in § 112a BetrVG deckt sich nämlich nur oberflächlich mit dem des § 14 Abs. 2a TzBfG. Zwar geht es hier wie dort (auch) um das Ziel zusätzliche Beschäftigungsmöglichkeiten zu schaffen (*BAG* 13.6.1989 EzA § 112a BetrVG Nr. 4 unter Bezugnahme auf BT-Drs. 10/2102). Die **Befreiung** neu gegründeter Unternehmen von der **Sozialplanpflicht** setzt indessen nicht voraus, dass damit zugleich **neue Arbeitsplätze geschaffen** worden sind (*BAG* 13.6.1989 EzA § 112a BetrVG Nr. 4). Genau diese **Zwecksetzung** steht aber bei der neuen Befristungsprivilegierung nach **Abs. 2a** neben dem **zusätzlichen personalwirtschaftlichen Spielraum des Arbeitgebers in der Aufbauphase** im Vordergrund (*Preis* DB 2004, 79, *Meixner* Neue arbeitsrechtliche Regelungen, 2004, Rz 459; *Lipinski* aaO; *Annuß/Thüsing-Maschmann* Rz 88; *Münch/Komm-Hesse* Rz 93; **aA** *Bauer/Krieger* Kündigungsrecht, Reformen 2004, Rz 139; *Löwisch* BB 2004, 162; HWK-*Schmalenberg* Rz 120; *Lembke* NJW 2006, 325, 329; wohl auch *Düwell/Weyand* Agenda 2010, Neues Recht bei Kündigung und Abfindung Rz 313 f.; *Gräfl/Arnold-Gräfl* Rz 244, welche die Risikominimierung für den Existenzgründer in den Vordergrund stellt). **322a**

Für den Beginn der Befristungsprivilegierung kommt es allein darauf an, **wann** die nach § 138 Abgabenordnung (AO) mitteilungspflichtige **Erwerbstätigkeit** des neu gegründeten Unternehmens **aufgenommen** wurde. Der Zeitpunkt der Mitteilung an die Gemeinde oder das Finanzamt spielt dagegen keine Rolle (BT-Drs. 15/1204 S. 14; *Bader* NZA 2004, 76). Entscheidend ist mithin das in der Mitteilung **323** genannte Datum zur Aufnahme der Erwerbstätigkeit, nicht der Zugang dieser Mitteilung (*Hesse* aaO Rz 94). Der sich an die Aufnahme der Erwerbstätigkeit anknüpfende Vierjahreszeitraum verlängert sich nicht, wenn der Unternehmer die Anmeldefrist von einem Monat (§ 138 AO) ausschöpft oder sogar überschreitet (*Dörner* Befr. Arbeitsvertrag, Rz 594 c). Bei Gründung einer **Vorratsgesellschaft** beginnt die Vier-Jahresfrist erst mit Entfaltung der erwerbswirtschaftlichen Tätigkeit zu laufen (HaKo-*Mestwerdt* Rz 188; *Düwell/Weyand* aaO Rz 317; *Lembke* NJW 2006, 325, 329 f.). Die Terminologie des Gesetzes macht deutlich, dass **private Haushalte** von der Befristungsprivilegierung des Abs. 2a **ausgenommen** sind. Begünstigt sind insoweit nur natürliche Personen ebenso wie Personengesellschaften und juristische Personen (ErfK-*Müller-Glöge* Rz 130b; *Annuß/Thüsing-Maschmann* Rz 90).

b) Umstrukturierungen

324 Der Gesetzgeber will nahe liegendem Missbrauch entgegenwirken, indem er nach Abs. 2a S. 2 **rechtliche Umstrukturierungen von Unternehmen und Konzernen** nicht als Neugründungen iSd Bestimmung anerkennt (BT-Drs. 15/1204 S. 10). Bei **gleich bleibenden unveränderten unternehmerischen Aktivitäten in einem äußerlich neuen Gewand** fehlt es dann am neuen bzw. zusätzlichen unternehmerischen Risiko, das über eine arbeitsrechtliche »Entlastung« ausgeglichen werden soll. Entscheidend ist eine wirtschaftliche Betrachtungsweise; die rechtlich neue Selbstständigkeit ist dagegen nicht maßgeblich (*Lembke* NJW 2006, 325, 330). Eine Existenzgründung iSv Abs. 2a wird demnach neben der bereits oben erwähnten Eröffnung eines neuen Betriebes (s.o. Rz 322) zu verneinen sein, wenn eine **Gesamtrechtsnachfolge** iSd **Umwandlungsgesetzes** vorliegt. Infolgedessen sind

- die Verschmelzung von Unternehmen auf ein neu gegründetes Unternehmen,
- der Formwechsel oder die Vermögensübertragung auf einen neuen Rechtsträger,
- die Aufspaltung eines Unternehmens auf mehrere neu gegründete Unternehmen,
- die Abspaltung von Unternehmensteilen auf eine neu gegründete Tochtergesellschaft

Sachverhalte, die das Befristungsprivileg nach Abs. 2a S. 2 ausschließen (*Dörner* Befr. Arbeitsvertrag, Rz 594d; *Meixner* Neue arbeitsrechtliche Regelungen, 2004, Rz 459f.; *Thüsing/Stelljes* BB 2003, 1673, 1680; *Bauer/Krieger* Kündigungsrecht, Reformen 2004, Rz 139; *Lembke* aaO; *Haag/Spahn* AuA 2005, 348 f.). Keineswegs kann es genügen, wenn zwei Unternehmen einzelne Betriebe einem neu gegründeten Unternehmen übertragen, das die Betriebe mit einer auf dem Zusammenschluss beruhenden erweiterten unternehmerischen Zielsetzung fortführen soll (*Gräfl/Arnold-Gräfl* Rz 248 **aA** *Löwisch* BB 2004, 162 unter Hinweis auf *BAG* 22.2.1995 EzA § 112a BetrVG Nr. 7; *Düwell/Weyand* aaO Rz 315). Die Umwandlung bestehender Unternehmen schafft regelmäßig **keine zusätzlichen Arbeitsplätze** und **erhöht** in aller Regel auch **ebenso wenig das unternehmerische Risiko**. Im Gegenteil: Die gesellschaftsrechtliche Neuordnung dient häufig dazu, bestehende Risiken zurückzuführen. Unter diesen Voraussetzungen ist es aber nicht iSd Gesetzesgesetzes konform, erweiterte Möglichkeiten zur sachgrundlosen Befristung von Arbeitsverhältnissen zu eröffnen.

325 Streitig ist, wie im Falle von **Betriebsübernahmen** zu verfahren ist. Findet gleichzeitig mit der Neugründung des Unternehmens die Übernahme eines bereits bestehenden Betriebes statt, lässt sich der wirtschaftliche Erfolg anhand des Werdeganges des Betriebes aus unternehmerischer Sicht gut abschätzen. Mangels neuen unternehmerischen Engagements handelt es sich dann im Ergebnis um eine »Umstrukturierung« iSv Abs. 2a S. 2 des Gesetzes (*Dörner* Befr. Arbeitsvertrag, Rz 594e; APS-*Backhaus* Rz 415h). Dies dürfte ebenso für die Übernahme eines Unternehmers durch einen oder mehrere leitende Angestellte (MBO = **Management Buy Out**) gelten, da hier zwar neues unternehmerisches Risiko übernommen wird, die Verhältnisse der **Personalbedarf** im zu übernehmenden Unternehmen aber **bekannt** sind und ein Zuwachs an Arbeitsplätzen regelmäßig nicht zu erwarten ist; eher das Gegenteil (zweifelnd KDZ-*Däubler* Rz 174 f.; ebenso wohl APS-*Backhaus* Rz 415b, 415h).

325a Demgegenüber wird vertreten, dass eine **Existenzgründung** und damit die Gründung eines neuen Unternehmens auch bei **Übernahme eines bereits bestehenden Betriebes** vorliegen kann (*Bader* NZA 2004, 76; *Meixner* aaO, Rz 461; *Löwisch* BB 2004 162; *Düwell/Weyand* aaO, Rz 313 ff.; HaKo-*Mestwerdt* Rz 192; MHH-*Meinel* Rz 97d; *Bauer/Krieger* aaO, Rz 140; HWK-*Schmalenberg* Rz 120, die eine rechtsmissbräuchliche Ausnutzung von Abs. 2a vermieden wissen wollen). Demnach soll der Betriebserwerber – sofern keine wirtschaftliche Verflechtung zwischen Veräußerer und Erwerber besteht – erstmals als neu gegründetes Unternehmen und unter Übernahme wirtschaftlicher Risiken am Markt auftreten (so *Lembke* NJW 2006, 325, 330). Jedoch bestehen bei der Übernahme eines bestehenden Betriebes nach § 613a BGB eben nicht die nach Abs. 2a S. 1 ins Auge gefassten **Anlaufschwierigkeiten** einer Neugründung. Der Personalbedarf liegt insoweit fest, die wirtschaftlichen Aussichten ergeben sich aus den einer Beurteilung zugänglichen wirtschaftlichen Abläufen und den Bilanzen in der Vergangenheit. Deshalb erscheint es nicht gerechtfertigt, das Befristungsprivileg einem neu gegründeten Unternehmen zuzugestehen, das nur einen bestehenden Betrieb oder Betriebsteil nach 613a BGB übernimmt (*Preis* DB 2004, 70, 79; APS-*Backhaus* 2. Aufl., Rz 415h; KDZ-*Däubler* Rz 174e; *Gräfl/Arnold-Gräfl* Rz 249; *Lipinski* BB 2004, 1222).

Eine **andere Beurteilung** kann nur der Fall erfahren, bei dem **ein neu gegründetes Unternehmen** zu einem späteren Zeitpunkt **einen bestehenden Betrieb oder Betriebsteil hinzu erwirbt** (*Dörner* aaO, Rz 594e). Es ist dann einerseits zu erwägen, das Befristungsprivileg nach Abs. 2a jedenfalls bei **unternehmerischer Neuausrichtung** und Schaffung zusätzlicher Arbeitsplätze auf den neu erworbenen Betrieb oder Betriebsteil zu erstrecken. Überlegenswert kann aber andererseits bei **unveränderter Betriebsfortführung** sein, den übernommenen Betrieb oder Betriebsteil von der Befristungsprivilegierung auszuklammern (*Dörner* Befr. Arbeitsvertrag, Rz 594e; *Gräfl/Arnold-Gräfl* Rz 249; *Bader* NZA 2004, 76; *Thüsing/Stelljes* BB 2003, 1673, 1680). Auch hier ist die wirtschaftliche Betrachtungsweise ausschlaggebend. 325b

3. Grenzen der sachgrundlosen Befristung nach Abs. 2a

a) Kalendermäßige Befristung

Im Anwendungsbereich des Abs. 2a sind **nur kalendermäßig befristete**, nicht aber zweckbefristete und auflösend bedingte **Arbeitsverträge** zulässig (BT-Drs. 15/1204 S. 14). Damit bewegt sich die Regelung im Rahmen des § 14 Abs. 2 TzBfG, der anders als § 14 Abs. 3 TzBfG ebenfalls zweckbefristete und auflösend bedingte Arbeitsverträge ausschließt (ErfK-*Müller-Glöge* Rz 130a; *Dörner* Befr. Arbeitsvertrag Rz 594h). Zu den Begrifflichkeiten vgl. KR-*Bader* § 3 TzBfG Rz 16 ff. und § 21 TzBfG Rz 1. Die für die sachgrundlose Befristung vorgesehene Zeitspanne ist in einer nach § 14 Abs. 4 TzBfG **schriftformgebundenen** Vereinbarung festzuhalten. In die Vereinbarung muss nicht aufgenommen werden, dass die Parteien die Befristung auf § 14 Abs. 2a TzBfG stützen wollen. Es besteht für den Anwendungsbereich des § 14 TzBfG anders als nach § 57b Abs. 3 HRG **kein Zitiergebot** (*LAG BW* 14.9.2005 – 13 Sa 32/05). 326

Der Gesetzeswortlaut gibt vor, dass das auf Abs. 2a gestützte sachgrundlos befristete Arbeitsverhältnis erst nach, frühestens aber zeitgleich mit der Neugründung beginnen darf. Der Arbeitsvertragsschluss kann indessen vorher stattfinden, soweit gesichert ist, dass erst mit der Aufnahme der nach § 138 AO mitteilungspflichtigen Erwerbstätigkeit das Arbeitsverhältnis ins Werk gesetzt wird (BT-Drs. 15/1204 S. 14; *Bader* NZA 2004, 76). Der Gesetzeswortlaut, der von der »Befristung des Arbeitsvertrages« spricht, ist in diesem Zusammenhang missverständlich. Dass für den **Beginn der Befristungsdauer auf die Arbeitsaufnahme** und nicht den **Vertragsabschluß abzustellen** ist, zeigt indessen die Gesetzesbegründung auf, wonach es »für den Beginn des Vierjahreszeitraums ... nicht auf den Abschluss des Arbeitsvertrages, sondern auf den Zeitpunkt der vereinbarten Arbeitsaufnahme ... ankommt« (vgl. ErfK-*Müller-Glöge* Rz 130a, 130d; auch *Meixner* Neue arbeitsrechtliche Regelungen, 2004, Rz 463; *Bauer/Krieger* Kündigungsrecht, Reformen 2004, Rz 141; *Düwell/Weyand* aaO Rz 322). 326a

b) Vierjahreszeitraum

Abs. 2a verdoppelt die nach Abs. 2 zulässige sachgrundlose Befristung von insgesamt zwei Jahren auf eine Höchstbefristungsdauer von vier Jahren. Die **Vierjahresfrist** wird in S. 1 1. Hs. **zweimal** erwähnt. Zum einen setzt sie den Rahmen für die Befristungsprivilegierung neu gegründeter Unternehmen, zum anderen begrenzt sie die zulässige Höchstdauer für die sachgrundlose Befristung des Arbeitsverhältnisses (*Dörner* Befr. Arbeitsvertrag, Rz 594 f.; *Bader* NZA 2004, 76; *Thüsing/Stelljes* BB 2003, 1673, 1680). 327

Der **Zeitraum**, innerhalb dessen das neu gegründete **Unternehmen von** den **Vorteilen** einer längeren sachgrundlosen Befristung nach Abs. 2a **Gebrauch machen** kann, berechnet sich nach den Bestimmungen der §§ 187 Abs. 1, 188 Abs. 2 BGB. Entscheidend ist das **Alter des Unternehmens**, nicht das des Betriebes (vgl. BAG 27.6.2006 DB 2007, 62 zur Sozialplanpflicht nach § 112a Abs. 2 S. 1 BetrVG). Liegt der für die Unternehmensneugründung maßgebliche Zeitpunkt der Aufnahme einer Erwerbstätigkeit (§ 138 AO) am 30. März 2004, so wird dieser Tag bei der **Fristberechnung** nicht mitgerechnet. Die Vierjahresfrist nach Abs. 2a S. 1 1. Hs. endet dann mit Ablauf des Tages des letzten Monats, der durch seine Zahl dem Tage entspricht, in den das den Beginn der Frist auslösende Ereignis fiel (§ 188 328

Abs. 2 BGB). Das ist dann im Beispielsfall der 30. März 2008. Da im Streitfall für die **Voraussetzungen der Befristungsprivilegierung** der **Arbeitgeber** die **Darlegungs- und Beweislast** trägt, ist es in jedem Fall von Vorteil, diesen Tag dokumentarisch festzuhalten (*Dörner* Befr. Arbeitsvertrag, Rz 594g; vgl. auch oben Rz 322 f.).

329 Es ist **streitig**, ob die in der Bestimmung zweimal angesprochene Vierjahresfrist dem begünstigten neu gegründeten Unternehmen den **Rechtsvorteil** sachgrundloser Befristungen nur für einen **Zeitraum von insgesamt vier Jahren oder** bis zu **acht Jahren** verschaffen kann. Im Blick auf § 14 Abs. 2 TzBfG wird zum einen aus Abs. 2a S. 1. 2. Hs. abgeleitet, dass die **vier Jahre ab Neugründung** des Unternehmens den **Höchstrahmen** für die sachgrundlosen kalendermäßigen Befristungen darstellen (*Bader* NZA 2004, 76; KDZ-*Däubler* Rz 174h; wohl auch *Meixner* Neue arbeitsrechtliche Regelungen, 2004, Rz 442, 444, 463). Zum anderen wird vertreten, dass die Vierjahresfrist der ersten Satzhälfte in Abs. 2a S. 1 allein den Zeitraum festlegt, in dem der eine Erwerbstätigkeit neu aufnehmende Arbeitgeber sachgrundlose Verträge über die in § 14 Abs. 2 und Abs. 3 TzBfG genannten Voraussetzungen hinaus abschließen darf (**hM**, *Dörner* Befr. Arbeitsvertrag, Rz 594 f.; *Gräfl/Arnold-Gräfl* Rz 247; MünchKomm-*Hesse* Rz 97; HWK-*Schmalenberg* Rz 121; *Lipinski* BB 2004, 1221 f.; *Lembke* DB 2003, 2702 f.; ErfK-*Müller-Glöge* Rz 130c mwN). Danach wäre es zulässig, noch **gegen Ende der privilegierten vierjährigen Gründungsphase sachgrundlose Befristungen** für einen Zeitraum bis zu vier Jahren zu vereinbaren und für die Beschäftigungsaufnahme vor Ablauf der vierjährigen Befristungsprivilegierung zu sorgen (*Dörner* aaO; *Preis* DB 2004, 79; *Bauer/Krieger* Kündigungsrecht, Reformen 2004, Rz 141 f.; *Düwell/Weyand* Agenda 2010, Rz 320; APS-*Backhaus* Rz 415k; *Schiefer/Worzalla* Agenda 2010, Rz 279; MHH-*Meinel* Rz 97 f.; *Annuß/Thüsing-Maschmann* Rz 92). Folgt man der Rechtsauffassung, die eine »**Verdoppelung**« **der Vierjahresfrist** für zulässig hält, könnte ein neu gegründetes Unternehmen, das seine Tätigkeit zum 30. März 2004 aufgenommen hat, noch am 30. März 2008 ein sachgrundlos befristetes Arbeitsverhältnis bis zu vier Jahren begründen, soweit der Arbeitnehmer noch am selben Tag seine Beschäftigung aufnimmt. Und dies, nachdem das Unternehmen zuvor den auf dem neu zu besetzenden Arbeitsplatz insgesamt vier Jahre befristet nach Abs. 2a eingesetzten Arbeitnehmer nicht weiterbeschäftigt.

330 Der **Gesetzeswortlaut** lässt beide Auslegungen zu. Abs. 2 S. 1 1. Hs. (» ... in den ersten vier Jahren nach der Gründung ...«) spricht für die doppelte Vierjahresfrist. Der 2. Hs. in Satz 1 (» ... bis zu dieser Gesamtdauer von vier Jahren ...«) deutet eher auf eine absolute Höchstbefristungsdauer von bis zu vier Jahren innerhalb des Vierjahreszeitraumes nach Neugründung hin. Die **Gesetzesbegründung** ist insoweit wenig aussagekräftig. Es muss deshalb nach dem **Sinn und Zweck der Bestimmung** gefragt werden. Dieser liegt darin, einem Unternehmer die schwierige Anfangsphase des Aufbaus zu erleichtern. Er soll als Existenzgründer mit Hilfe der sachgrundlosen Befristungsmöglichkeiten von zu hohen wirtschaftlichen Risiken befreit bleiben. Diese Zeitphase beschränkt der Gesetzgeber jedoch auf die ersten vier Jahre nach Aufnahme seiner Erwerbstätigkeit. Gegen Ende der vierjährigen Aufbauphase muss ein neu gegründetes Unternehmen abschätzen können, wie sich das Unternehmen weiter entwickelt und wie hoch der Personalbedarf sein wird. Wenn man die neue Regelung in § 14 Abs. 2a TzBfG als »Seitenstück« zu § 112a BetrVG begreift (*Löwisch* BB 2004, 154, 162), dann muss es mit der Höchstbefristungsdauer von vier Jahren innerhalb der auf vier Jahre bemessenen Gründungsphase sein Bewenden haben. Eine darüber hinausreichende Begünstigung ist dann nicht vertretbar (vgl. auch *Fitting* BetrVG, 23. Aufl., §§ 112, 112a Rz 87, 94 mwN; zweifelnd auch *Preis* DB 2004, 70, 78). Für eine engere Handhabung iS einer **absoluten Höchstbefristungsdauer von vier Jahren** nach Aufnahme der Erwerbstätigkeit durch den Existenzgründer steht weiterhin eine **verfassungskonforme Auslegung von Abs. 2a**. Eine großzügigere Auslegung iS einer »Doppelbefristung« widerspräche einem verfassungsrechtlich gewährleisteten **Mindestbestandsschutz** (vgl. dazu Rz 320 f.).

330a Eine noch weitergehende Rechtsauffassung vertreten *Lembke* und *Bauer* (NJW 2006, 330; NZA 2004, 197), die aus der in Abs. 2a S. 1, 2. Hs. bestimmten **Höchstbefristungsdauer** (»bis zu dieser Gesamtdauer von vier Jahren«) die Möglichkeit ableiten wollen, noch jenseits des Vierjahreszeitraums seit der Existenzgründung mehrfache Verlängerungen eines erst später begründeten Arbeitsverhältnisses nach Abs. 2a zu vereinbaren (Bsp: Existenzgründung 1.1.2001; erster befristeter Arbeitsvertrag für ein Jahr nach Abs. 2a am 1.7.2004; mehrfache Verlängerungen danach bis zum 30.6.2008). Dem tritt selbst die hM entgegen, die verlangt, dass der **letzte privilegierte befristete Arbeitsvertrag innerhalb des Vierjahreszeitraums nach Existenzgründung geschlossen** und aufgenommen **sein muss**, da ein über vier Jahre altes Unternehmen nicht mehr Abs. 2a nutzen darf. Es ist demnach nur zulässig, vor Ablauf des Vierjahreszeitraums noch einmal ein neues sachgrundlos befristetes Arbeitsverhältnis für vier Jah-

Zulässigkeit der Befristung § 14 TzBfG

re oder weniger zu begründen (MünchKomm-*Hesse* Rz 97; *Preis* NZA 2004, 197; *Thüsing* ZfA 2004, 67, 96; *Ritter/Rudolf* FS ARGE Arbeitsrecht, 2006, S. 367, 391; *Lipinski* BB 2004, 1221 f.; *Haag/Spahn* AuA 2005, 348, 350). Verlängerungen scheiden danach aus.

Die **Befristungsprivilegierung** bis zur Höchstbefristungsdauer von vier Jahren können nicht nur Unternehmen in Anspruch nehmen, die nach Inkrafttreten von Abs. 2a ab dem 1.1.2004 neu gegründet worden sind. Von der Regelung können ebenso **Unternehmen** Gebrauch machen, die **nach Neugründung** und Aufnahme ihrer Erwerbstätigkeit iSv § 138 AO **am 1.1.2004 weniger als vier Jahre am Markt** tätig sind (BT-Drs. 15/1204 S. 14; *Preis* DB 2004, 79; *Bauer/Krieger* Kündigungsrecht, Reformen 2004, Rz 141; *Dörner* Befr. Arbeitsvertrag, Rz 594m; HaKo-*Mestwerdt* Rz 189; *Gräfl/Arnold-Gräfl* Rz 250). Nahm bspw. das neu gegründete Unternehmen zum 1. Januar 2003 seine Tätigkeit auf und vereinbarte mit einem Arbeitnehmer die Aufnahme einer befristeten Tätigkeit ab 1. Juli 2004, so kann das Arbeitsverhältnis sachgrundlos noch bis zum Ablauf des Jahres 2006 fortgeführt werden (so wohl auch *Bader* NZA 2004, 76). Die **hM**, die für eine »verdoppelte« Vierjahresfrist eintritt, würde demgegenüber eine Ausschöpfung der Vierjahresfrist ab 1.7.2004 bis zum 30.6.2008 zulassen (*Dörner* aaO; *Bauer/Krieger* aaO, Rz 141; *Preis* aaO, 79). Hiergegen sprechen indessen die zu Rz 330 niedergelegten Erwägungen. 331

c) **Verlängerungen**

Der Gesetzeszweck des neu eingefügten Abs. 2a erlaubt im Hinblick auf die Risikobegrenzung für den Existenzgründer Befristungsverträge von sehr kurzer Dauer. Das neu gegründete Unternehmen ist deshalb frei, ob es seinen Arbeitnehmer zunächst für drei Monate, ein Jahr oder sogleich für die Dauer von vier Jahren einstellen möchte. In der Praxis werden anfänglich kürzere Befristungen gewählt werden, die sich je nach wirtschaftlicher Lage und daran gebundenen Personalbedarf um weitere Befristungen verlängern können. Anders als nach Abs. 2 gibt Abs. 2a **keine Höchstzahl an Verlängerungsmöglichkeiten** vor (»mehrfache Verlängerung«). Damit gewährt die Neuregelung neben der Verdoppelung der Befristungshöchstdauer eine weitere Vergünstigung an Existenzgründer. Im Extremfall kann es sogar zu 48 Monatsbefristungen kommen, die gerichtlich nicht beanstandet werden können (*Dörner* Befr. Arbeitsvertrag, Rz 594i; *Dziwell/Weyand* aaO Rz 326; *Lembke* NJW 2006, 325, 330). Hinsichtlich der Verlängerungsmodalitäten bleibt es bei den Erfordernissen nach § 14 Abs. 2 TzBfG (vgl. dazu oben Rz 286 ff.; ErfK-*Müller-Glöge* § 14 TzBfG Rz 119 ff., 120 ff., 130a; APS-*Backhaus* Rz 415l). Als **Verlängerung** ist demnach die **einvernehmliche Abänderung des zunächst für die Befristung vorgesehenen Endtermins** zu verstehen, wobei im Grundsatz die **bisherigen im Verlängerungszeitpunkt bestehenden Arbeitsbedingungen** beibehalten werden müssen (*BAG* 23.8.2006 – 7 AZR 12/06). Vgl. o. Rz 287 ff. Unterbrechungen innerhalb des Vierjahreszeitraumes sind dagegen nicht statthaft (*Schiefer/Worzalla* aaO Rz 268) und führen nach § 16 S. 1 TzBfG zu einem unbefristeten Arbeitsverhältnis. 332

d) **Kombinationsmöglichkeiten**

Sachgrundlose Befristungsmöglichkeiten aus den **Abs. 2a und 3** können in einem neu gegründeten Unternehmen nur nach einer **viermonatigen Beschäftigungslosigkeit** des Arbeitnehmers eines neu gegründeten Unternehmens miteinander hintereinander **verknüpft geschaltet** werden. Wird ein 48-jähriger Arbeitnehmer nach Aufnahme der Tätigkeit eines neu gegründeten Unternehmens bis zu vier Jahren sachgrundlos befristet beschäftigt, so ergibt sich erst nach Arbeitslosigkeit oder Beschäftigungslosigkeit im Anschluss daran für den Arbeitgeber die Möglichkeit, ihn nach Vollendung des 52. Lebensjahres über § 14 Abs. 3 TzBfG weiterhin erneut sachgrundlos mehrfach bis zu fünf Jahren zu befristen. Ein **generelles Anschlussverbot** steht hier **nicht mehr im Wege**, wenn die gesetzgeberischen Pläne zur Neufassung des § 14 Abs. 3 TzBfG in die Tat umgesetzt werden (vgl. hierzu Rz 347 ff., 352 ff.). Dagegen sah der aufzuhebende § 14 Abs. 3 S. 2 und 3 TzBfG das Verbot einer erneuten sachgrundlosen Befristung nur vor, wenn ein **unbefristeter Vertrag** vorangegangen war (*Dörner* Befr. Arbeitsvertrag, Rz 605a; APS-*Backhaus* 2. Aufl., Rz 420f.). Zu den europarechtlichen und verfassungsrechtlichen Bedenken gegen die sachgrundlose Befristung älterer Arbeitnehmer vgl. unten Rz 351 ff. Dagegen ist eine Verknüpfung von **sachgrundlosen Befristungen nach § 14 Abs. 2 und § 14 Abs. 2a TzBfG nicht denkbar**. 333

Indessen bleibt es einem Existenzgründer unbenommen, der vor Inkrafttreten von § 14 Abs. 2a TzBfG einen sachgrundlos befristeten Arbeitsvertrag nach **§ 14 Abs. 2 TzBfG** abgeschlossen hatte, in den Anwendungsbereich der vorteilhafteren Regelung nach § 14 Abs. 2a TzBfG zu wechseln. Insoweit verdrängt **Abs. 2a** den Abs. 2 der Bestimmung als **Spezialregelung**. Hat demnach ein Existenzgründer 333a zum Dezember 2002 die Erwerbstätigkeit aufgenommen und gleichzeitig einen Arbeitnehmer ab diesem Zeitpunkt in einem bisher zweimal verlängerten sachgrundlos befristeten Arbeitsverhältnis beschäftigt, so kann er ab 1.1.2004 die sachgrundlose Befristung auf der Grundlage von § 14 Abs. 2a TzBfG mehrfach verlängert bis zum 30. November 2006 fortsetzen (*Bauer/Krieger* Kündigungsrecht, Reformen 2004, Rz 141; *Bader* NZA 2003, 76; *Annuß/Thüsing-Maschmann* Rz 96). Im Falle einer **Unterbrechung** kann dagegen auf Abs. 2a nicht erneut zurückgegriffen werden, da über Satz 4 dann das Anschlussverbot des § 14 Abs. 2 S. 2 TzBfG greift (s.u. Rz 334; ErfK-*Müller-Glöge* Rz 130d).

4. Entsprechende Anwendung des § 14 Abs. 2 S. 2 – 4 TzBfG

a) Erstvertrag

334 Die entsprechende Anwendung einiger Grundregelungen zum sachgrundlos befristeten Arbeitsvertrag aus Abs. 2 sichert eine gewisse **Regelungskonformität**. So kann **derselbe Arbeitgeber** mit demselben Arbeitnehmer die sachgrundlose Befristung nicht auf die Voraussetzungen des § 14 Abs. 2a TzBfG stützen, wenn dieser bereits früher einmal bei ihm befristet oder unbefristet beschäftigt war (s.o. Rz 296 ff.; APS-*Backhaus* Rz 415m; *Dörner* Befr. Arbeitsvertrag, Rz 594j). Das ist im Regelfall bei einer Existenzneugründung schwer vorstellbar (*Lipinski* BB 2004, 1222), kommt aber zum Tragen, wenn der Existenzneugründer zunächst den Zweijahreszeitraum des Abs. 2 genutzt hat und über eine Fortsetzung der sachgrundlosen Befristung nach Abs. 2a nachdenkt. Dies gilt indessen nur für den Fall, dass es hierbei zu einer **Unterbrechung** und damit zu einem »echten« **Neuabschluss** des befristeten Arbeitsverhältnisses kommt. Kommt es bspw. nach Abschluss eines sachgrundlos befristeten Arbeitsverhältnisses auf der Grundlage von § 14 Abs. 2a TzBfG zur Beendigung des Arbeitsverhältnisses und möchte der Existenzgründer einige Monate später infolge besserer Geschäftslage den zuvor bereits befristet oder unbefristet beschäftigten Arbeitnehmer erneut sachgrundlos befristet nach Abs. 2a einstellen, verstößt er gegen das insoweit durch **Verweisung in Satz 4** entsprechend geltende **Anschlussverbot aus § 14 Abs. 2 S. 2** (*Schiefer/Worzalla* aaO, Rz 268; HaKo-*Mestwerdt* Rz 193; ErfK-*Müller-Glöge* Rz 130d; *Lembke* NJW 2006, 325, 330). Nicht erfasst davon ist jedoch die oben zu Rz 333 beschriebene Situation, bei der unter Wechsel der Rechtsgrundlage ein bestehendes befristetes Arbeitsverhältnis im Wege der Verlängerung **ununterbrochen** fortgesetzt wird (s.a. Rz 333a). Die **Verlängerung** bildet keine Neueinstellung iSd Gesetzes (zum Begriff desselben Arbeitgebers vgl. oben Rz 301 ff.). Zur **Darlegungs-** und **Beweislast**, die für die Voraussetzungen des Befristungsprivilegs den Arbeitgeber trifft, gelten die allgemeinen Regeln (vgl. KR-*Lipke* u. Rz 375 ff.).

b) Tarifvertragliche Abweichungen

335 Die entsprechende Anwendung von **Abs. 2 S. 3 und 4** gewährt den Tarifvertragsparteien **zusätzliche Gestaltungsmöglichkeiten**. So können sie die **Befristungshöchstdauer** von vier Jahren niedriger oder höher festlegen und die offene Anzahl der **Verlängerungsmöglichkeiten** beschränken (BT-Drs. 15/ 1204 S. 14). Über die Verweisung von § 14 Abs. 2a auf § 14 Abs. 2 S. 2 – 4 wird auch eine tarifvertragliche Abweichung nach § 22 Abs. 1 TzBfG eröffnet. Die fehlende Aufnahme in die dortige Normenkette ist ein gesetzgeberisches Redaktionsversehen (APS-*Backhaus* Rz 415n), das jedoch über die Doppelverweisung in § 22 Abs. 1 auf § 14 Abs. 2 S. 3 und 4 und die interne Verweisung in § 14 Abs. 2a S. 4 aufgefangen wird (zweifelnd *Dörner* Befr. Arbeitsvertrag, Rz 594k).

336 **Tarifvertragliche Abweichungen** zugunsten und zulasten der Arbeitnehmer beschränken sich im Wesentlichen auf die **Zahl der Verlängerungen und** auf **die Befristungshöchstdauer**. Da die Zahl der **Verlängerungen** im Anwendungsbereich des **Abs. 2a offen** (»mehrfache«) ist, können tarifvertraglich abweichende Bestimmungen zu einer Begrenzung der Höchstbefristungsdauer und zu einer **Höchstzahl von Verlängerungen** getroffen werden (*Annuß/Thüsing-Maschmann* Rz 95; HWK-*Schmalenberg* Rz 124; *Gräfl/Arnold-Gräfl* Rz 254; aA *Lipinski* BB 2004, 1222 zur Zahl der Verlängerungen). Es ist zugleich **tariflich** möglich, die **sachgrundlose Befristung nach Existenzneugründungen** völlig zu **untersagen**. Insoweit kann nichts anderes gelten als zu § 14 Abs. 2 TzBfG (s.o. Rz 311). Das in Bezug genommene **Anschlussverbot** in §§ 14 Abs. 2 S. 2 TzBfG kann dagegen nicht tarifvertraglich »beseitigt« werden (aA *Löwisch* BB 2004, 154, 162, der auf diesem Wege einen von ihm erkannten Verstoß gegen das Gleichheitsgebot des Art. 3 Abs. 1 GG bereinigen möchte; vgl. dazu Rz 320).

337 Die oben beschriebenen zulässigen tarifvertraglichen Abweichungen können im Geltungsbereich des Tarifvertrages von **nicht tarifgebundenen Arbeitsvertragsparteien** im Geltungsbereich des Tarifvertrages arbeitsvertraglich übernommen werden (vgl. dazu Rz 312 f.).

5. Übergangsrecht

Anders als § 57f HRG enthält die neu eingefügte Bestimmung in Abs. 2a keine Übergangsregelung. Bereits neu gegründete Unternehmen können deshalb im Rahmen der Höchstbefristungsdauer von vier Jahren nach Beschäftigungsaufnahme Gebrauch von der Befristungsprivilegierung machen (MHH-*Meinel* Rz 97h; ErfK-*Müller-Glöge* Rz 130c; *Lembke* DB 2003, 2702 f.; MünchKomm-*Hesse* Rz 96; s.o. Rz 327 ff.). 338

6. Beweislast

Zur **Darlegungs-** und **Beweislast**, die für die Voraussetzungen des Befristungsprivilegs aus Abs. 2a den **Arbeitgeber** trifft, gelten die allgemeinen Regeln (s.u. Rz 371 ff.). Es ist dabei in jedem Fall von Vorteil, den **Tag der Unternehmensgründung dokumentarisch festzuhalten**, um die Vierjahresfrist im Blick zu haben (*Dörner* Befr. Arbeitsvertrag, Rz 594g). Eine Verlagerung der Darlegungs- und Beweislast auf den **Arbeitnehmer** für den Fall der streitigen Verletzung des Anschlussverbots (*LAG Nds.* 26.7.2004 NZA-RR 2005, 410 im Anschluss an *BAG* 28.6.2000 EzA § 1 BeschFG 1985 Nr. 15; *Dörner* Befr. Arbeitsvertrag Rz 1034c; HaKo-*Mestwerdt* Rz 201; *Gräfl/Arnold-Gräfl* Rz 258; *Annuß/Thüsing-Maschmann* Rz 99; diff. ErfK-*Müller-Glöge* § 17 TzBfG Rz 17) ist mit Rücksicht auf die ausnahmsweise Gestattung eines sachgrundlos befristeten Arbeitsverhältnisses abzulehnen (ebenso APS-*Backhaus* Rz 415q; Näheres dazu u. Rz 371 ff.). 338a

IV. Sachgrundlose Befristung älterer Arbeitnehmer

1. Gesetzliche Entwicklung

Bereits unter der Geltung des § 1 BeschFG 1996 wurden die **Befristungsvoraussetzungen** für **ältere Arbeitnehmer** aus **arbeitsmarktpolitischen Gründen** gelockert, um die Einstellungschancen insbes. von Langzeitarbeitslosen im höheren Lebensalter zu verbessern. In Abkehr vom grundsätzlichen Erfordernis des Sachgrundes sollten ältere Arbeitnehmer unter erleichterten Bedingungen mehrfach und länger sachgrundlos befristet werden können. Sah der Gesetzgeber zunächst die **Vollendung des 60. Lebensjahres** als Grenze zur sachgrundlosen Befristung an, senkte er ab dem **1. Januar 2001** mit Inkrafttreten des TzBfG diese Grenze auf das **vollendete 58. Lebensjahr** ab (§ 14 Abs. 3 S. 1 TzBfG). Durch Art. 7 des Gesetzes für moderne Dienstleistungen am Arbeitsmarkt vom 23.12.2002 hat der Gesetzgeber die **eine sachgrundlose Befristung erleichternde Altersgrenze** noch einmal – wenngleich nur für die Zeitspanne zwischen dem 1.1.2003 **bis zum 31.12.2006** – auf die **Vollendung des 52. Lebensjahres** herabgesetzt. Näher dazu *Lipke* KR 5. Aufl., § 1 BeschFG Rz 10, 35, 133 ff. einerseits und *Lipke* KR 7. Aufl., § 14 TzBfG Rz 339 ff. andererseits, jeweils mwN. 339

Die gesetzliche Regelung hat erhebliche **Kritik** hervorgerufen (ErfK-*Müller-Glöge* Rz 133; APS-*Backhaus* Rz 417 ff.; *Däubler* ZIP 2001, 217, 224; *Gräfl/Arnold-Gräfl* Rz 272; *Sievers* RdA 2004, 291, 303; *Dörner* Befrist. Arbeitsvertrag Rz 6133 ff.), die sich teilweise an der behaupteten Nichtbeachtung **europarechtlicher Vorgaben** (Befristungsrichtlinie 1999/70/EG und Antidiskriminierungsrichtlinie 2000/78/EG), aber auch an der **Nichteinhaltung verfassungsrechtlicher Grundlagen** (Art. 12 Abs. 1 GG) entzündete. So wurde teilweise eine Grenzüberschreitung der in § 5 **der Rahmenvereinbarung** vorgegebenen Befristungseinschränkungen gesehen, teilweise wurde eine Verknüpfung des höheren Lebensalters mit rechtlichen Benachteiligungen als **Altersdiskriminierung** beanstandet und teilweise in Frage gestellt, ob der in der Kombination mit den sachgrundlosen Befristungsmöglichkeiten aus Abs. 2 und Abs. 2a offene Einstieg in eine abhängige Beschäftigung **ab vollendetem 48. Lebensjahr** nicht den verfassungsrechtlich gewährleisteten Mindestbestandsschutz beseitigt. Im Einzelnen vgl. *Lipke* KR 7. Aufl., Rz 351 ff., 363 ff. m. umfangreichen Nachw. 340

Es gab indessen auch **Zustimmung** zu der Regelung. Mit Rücksicht auf die nahe Ruhestandsgrenze (58er-Regelung) und der Möglichkeit dann in Rente zu gehen, hielten gewichtige Stimmen im Schrifttum die formal sachgrundlose Befristung für eine beschäftigungspolitisch zu begrüßende, am Lebensalter orientierte und in Wahrheit »materielle« Sachgrundbefristung (so insbes. *Preis/Gotthardt* DB 2000, 2072; *Thüsing/Lambrich* BB 2002, 832; MünchKomm/*Hesse* Rz 104 f.; HaKo-*Mestwerdt* Rz 195; *Boewer* Rz 272; *Annuß/Thüsing-Maschmann* 1. Aufl. Rz 86; *Bauer* NZA 2003, 31). Daher könne Abs. 3 **richtlinienkonform ausgelegt** werden. Das allgemeine Schutzniveau bei befristeter Beschäftigung habe sich für ältere Arbeitnehmer nicht verschlechtert, sondern sei über das TzEfG sogar verbessert worden (*Koberski* NZA 2005, 79, 82; *Waas* EuZW 2005, 583, 585). 341

2. Mangold- Entscheidung des EuGH

342 Der Diskussion hat der EuGH mit seiner Entscheidung vom 22.11.2005 (EzA § 14 TzBfG Nr. 21 m. Anm. *Kamanabrou*) in der **Rechtssache Mangold** (Rs. C-144/04) jedenfalls zur Regelung in § 14 Abs. 3 **S. 4** TzBfG (sachgrundlose Befristung ab dem vollendeten 52. Lebensjahr) ein Ende gesetzt. Der EuGH billigt zwar die Zielsetzung des § 14 Abs. 3 S. 4 TzBfG, ältere arbeitslose Arbeitnehmer wieder in den Arbeitsmarkt einzugliedern, verneint indessen die **Verhältnismäßigkeit der Regelung**. Die Ausformung der Bestimmung lasse es zu, allen Arbeitnehmern ab einem gewissen Alter nur noch (sachgrundlos) befristete Arbeitsverhältnisse anzubieten. Diese Arbeitnehmergruppe müsse befürchten, dauerhaft von unbefristeten (oder mit Sachgrund befristeten) Arbeitsverhältnissen ausgeschlossen zu werden. Ohne weiteren Nachweis könne aber eine solche Regelung, die weder die Struktur des jeweiligen Arbeitsmarktes noch die persönliche Situation des Betroffenen berücksichtige, nicht als objektiv erforderlich angesehen werden, weshalb es an der Verhältnismäßigkeit der Regelung fehle (in diese Richtung bereits *Schlachter* RdA 2004, 352, 356).

343 Indessen hat der EuGH aufgrund des zu beurteilenden Sachverhalts **keine** abschließende **Bewertung** zu einer unter Umständen **§ 5 der Rahmenvereinbarung** entgegenstehenden **Befristungskette** treffen müssen und in der Absenkung der Altersgrenze von dem vollendeten 58. auf das vollendete 52. Lebensjahr keine Verletzung des **Verschlechterungsverbots aus § 8 Nr. 3 der Rahmenvereinbarung** erkannt (zu den Texten vgl. Anlage 1 zum TzBfG). Verbindliche Wegweisungen zum Verständnis der Befristungsrichtlinie 1999/70/EG fehlen mithin. Die Entscheidung gibt sogar in Teilen ihrer Begründung Rätsel auf, da bspw. nicht klar ist, ob das angeführte Primärrecht des Gleichbehandlungsgrundsatzes allgemein oder nur im Anwendungsbereich der Altersdiskriminierungsrichtlinie 2000/78/EG gelten soll. Die mit Vorlagebeschluss des *ArbG München* v. 26.2.2004 (NZA-RR 2005, 43 = RzK I 9 b Nr. 71) vornehmlich zur Befristungsrichtlinie 1999/70/EG aufgeworfenen Fragen sind unbeantwortet geblieben, da sie aus Sicht des EuGH im konkreten Verfahren nicht einschlägig waren (Anm. *Kamanabrou* zu *EuGH* 25.11.2005 EzA § 14 TzBfG Nr. 21; *Bauer/Arnold* NJW 2006, 6, 8; *Reichold* ZESAR 2006, 55 f.; *Preis* NZA 2006, 401, 406 ff.).

344 Der EuGH hat seine Entscheidung wegen einer zu groben gesetzlichen Typisierung auf einen **Verstoß gegen Art. 6 Abs. 1 der Richtlinie 2000/78/EG** und darüber hinaus auf eine Verletzung des aus verschiedenen völkerrechtlichen Verträgen und den **gemeinsamen Verfassungstraditionen** abzuleitenden **Grundsatzes der Gleichbehandlung** gegründet (*Körner* NZA 2005, 1395, 1397; HWK-*Schmalenberg* Rz 126; *Junker* EuZW 2006, 524, 528 f.; *Annuß* BB 2006, 325). Als allgemeiner dem **primären Gemeinschaftsrecht** zuzuordnenden Grundsatz der Gleichbehandlung ist dieser wirksam, unabhängig von noch laufenden **Umsetzungsfristen** in nationales Recht oder dem Umstand, dass eine Regelung wegen ihrer Befristung alsbald ausläuft (hier: Ablauf der herabgesetzten Lebensaltersgrenze von 52 Jahren zum 31.12.2006). Dem nationalen Richter seien daher unabhängig von Umsetzungsfristen Auslegungshinweise durch den Gerichtshof zu geben. Der wiederholt betonten generellen **Verpflichtung des nationalen Richters** gemeinschaftswidriges nationales Recht aus eigener Zuständigkeit unangewendet zu lassen (vgl. KR-*Lipke* § 620 BGB Rz 99c) hat das **ArbG Bln.** mit einer Entscheidung vom **30.3.2006** (LAGE § 14 TzBfG Nr. 27) Folge geleistet und aus den Erwägungen des EuGH in der Rechtssache Mangold die **Gemeinschaftswidrigkeit** des § 14 Abs. 3 **S. 1** TzBfG abgeleitet. Näher dazu KR-*Lipke* § 620 BGB Rz 99a ff.

345 Das *BAG* hat am 26.4.2006 (EzA § 14 TzBfG Nr. 28) für die **Arbeitgeber**, die ältere Arbeitnehmer nach dem bisherigen Regelungswerk des § 14 Abs. 3 S. 4 TzBfG befristet beschäftigt haben, einen **Vertrauensschutz** verneint. Es hat sich aufgrund der vorrangigen Entscheidungskompetenz des EuGH auf nationaler Ebene hierzu nicht veranlasst und befugt gesehen hierfür eine Übergangsregelung oder eine Auslauffrist zu schaffen. Das BAG hat die Erwägungen des EuGH zur **verfassungsrechtlichen Rechtsfortbildung** auf Gemeinschaftsebene und zur **Vorwirkung** von noch nicht umgesetzten **Richtlinien** vor Ablauf der Umsetzungsfrist mit dem Grundsatz der **Vertragstreue unter den Mitgliedstaaten** (Art. 10 Abs. 2 EGV; Art 249 Abs. 3 EGV) gerechtfertigt (krit. hierzu *Preis* NZA 2006, 401; *Thüsing* ZIP 2005, 2149; *Koenigs* DB 2006, 49; *Bauer/Arnold* NJW 2006, 6). Die etwas unklaren Ausführungen des EuGH (s. o. Rz 343) hat das BAG zwar erkannt. So sei insbes. offen geblieben, wie die horizontale Wirkung von Richtlinien auf Private nun einzuordnen sei und ob für die Arbeitgeber ein gemeinschaftsrechtliches, über den Richtlinien stehendes allgemeines Diskriminierungsverbot bestehe. Die Beschränkung der Entscheidung auf den vorgelegten Einzelfall führt jedoch dazu, dass das BAG keine Notwendigkeit einer erneuten Vorlage an den EuGH oder einer Anrufung des BVerfG sah. Die insoweit nach § 14 Abs. 3 S. 4 TzBfG – weil gemeinschaftswidrig – nicht zu rechtfertigende sachgrundlose

Befristung führt daher zur **Begründung eines unbefristeten Arbeitsverhältnisses** (§ 16 S. 1 TzBfG), soweit es dem Arbeitgeber nicht gelingt die Voraussetzungen einer Sachgrundbefristung oder einer sachgrundlosen Befristung nach Abs. 2 oder 2a nachzuweisen (vgl. *BAG* 26.4.2006 EzA § 14 TzBfG Nr. 28).

Damit war der Gesetzgeber gefordert, eine **gemeinschaftskonforme Neuregelung** der sachgrundlosen Befristung älterer Arbeitnehmer zu schöpfen. Die gesetzliche Regelung musste dabei auf **ältere Arbeitslose** zielen, denn nur für diese Arbeitnehmergruppe ist eine erweiterte sachgrundlose Befristung nach Europarecht zulässig (Anm. *Kamanabrou* zu *EuGH* 25.11.2005 EzA § 14 TzBfG Nr. 21). Denkbar ist allerdings, diesen Personenkreis um ältere, von Arbeitslosigkeit bedrohte Arbeitnehmer zu erweitern (*Hanau* ZIP 2006, 153; *Thüsing* ZIP 2005, 2149, 2151). 346

3. Gesetzgebung zu einer gemeinschaftskonformen Regelung

a) Gesetzentwurf

Im November 2006 ist ein **Gesetzentwurf »zur Verbesserung der Beschäftigungschancen älterer Menschen«** (BT-Drs. 16/3793 S. 3) im Rahmen der **Initiative »50 Plus«** vorgelegt worden, der neben arbeitsmarktpolitischen Instrumenten wie neu gestalteter Eingliederungszuschüsse und einzuführender Kombilöhne für Ältere ebenso eine überarbeitete neue Regelung zu § 14 Abs. 3 TzBfG enthält. Die gesetzlichen Regelungen sollen vor dem Hintergrund eines demografischen Wandels unserer Gesellschaft zu einer **Verbesserung der Beschäftigungsfähigkeit und der Beschäftigungschancen älterer Menschen** beitragen. Außerdem geht es darum, Fehlanreize zur Frühverrentung zu beseitigen und gleichzeitig das Renteneintrittsalter schrittweise zu erhöhen. Die präventive Weiterbildungsförderung älterer Arbeitnehmer (lebenslanges Lernen) wird erweitert und attraktiver gestaltet. Sie setzt bereits ab dem 45. Lebensjahr der Beschäftigten an, beschränkt sich indessen auf Betriebe mit weniger als 250 Vollzeitbeschäftigten. Die Regelungen sollen zum **Frühjahr 2007** in Kraft treten. 347

Um die Unternehmen zu ermutigen, mehr ältere Arbeitnehmer einzustellen, wird die erleichterte Befristung von Arbeitsverträgen als **Dauerregelung** und im Einklang mit dem europäischen Recht gestaltet (BT-Drs. 16/3793). Die **Altersgrenze** für den Abschluss befristeter Arbeitsverträge ohne sachlichen Befristungsgrund wird **dauerhaft auf das 52. Lebensjahr festgelegt**. Um den Anforderungen des EuGH in der Entscheidung Mangold zu genügen, setzt eine sachgrundlose Befristung nunmehr voraus, dass der ältere Arbeitnehmer vor Beginn des befristeten Arbeitsverhältnisses **mindestens vier Monate beschäftigungslos** war oder als Bezieher von Transferkurzarbeitergeld oder Teilnehmer an einer öffentlich geförderten Beschäftigungsmaßnahme nach dem SGB II oder SGB III vergleichbare Schwierigkeiten hat, **auf dem ersten Arbeitsmarkt** einen neuen Arbeitsplatz zu erhalten. 348

Der Gesetzgeber macht die befristete Ausnahmeregelung für die älteren Arbeitnehmer ab Vollendung des 52. Lebensjahres (1.1.2003 bis 31.12.2006) damit ohne Rücksicht auf die **Kombinationsmöglichkeiten** mit den sachgrundlosen Befristungen aus **Abs. 2 und Abs. 2a** zum allgemeinen Standard. Europarechtlich dürften die Anforderungen des EuGH aus dem allgemeinen gemeinschaftsrechtlichen Gleichbehandlungsgrundsatz und im Besonderen zur Altersdiskriminierung (vgl. dazu KR-*Pfeiffer* Erl. zu § 10 AGG) erfüllt sein. Die **verfassungsrechtlichen Bedenken**, die sich aus einer Aneinanderreihung von sachgrundlosen Befristungen ab dem vollendeten 48. Lebensjahr ergeben können, bleiben jedoch bestehen (vgl. *Lipke* KR Vorauf., Rz 345, 363 ff.). Zwar können nunmehr die sachgrundlosen Befristungen in der Reihung der Abs. 2 oder 2a und 3 nicht unmittelbar aneinander anschließen. Das **Abstandsgebot von sechs Monaten zur unbefristeten Vorbeschäftigung** vor Neubegründung eines sachgrundlosen neuen befristeten Arbeitsvertrages bei demselben Arbeitgeber (§ 14 Abs. 3 S. 2 TzBfG aF) ist jetzt durch die **Voraussetzung einer viermonatigen Beschäftigungslosigkeit** oder eines gleichwertigen Sachverhalts ersetzt worden. Dennoch bedarf es keiner großen Phantasie, um sich vorzustellen, wie eine solche beschäftigungslose Zeitspanne geschaffen wird. Dies gilt umso mehr, als der Gesetzgeber bewusst den Begriff »**beschäftigungslos**« anstelle von »**arbeitslos**« gewählt hat, weil dieser weiter reicht und weder eine Arbeitslosmeldung noch den Verlust des Arbeitsplatzes voraussetzt (s.u. Rz 352 ff.). Dieser **sozialrechtliche Sachverhalt** ist deshalb in Zukunft **arbeitsrechtlich zu beachten**. Der Gesetzgeber rechtfertigt die neue Regelung mit dem Ziel, dadurch für ältere Arbeitnehmer den Zugang zum ersten Arbeitsmarkt zu erleichtern, und zwar unabhängig davon, ob sie bereits arbeitslos sind. 349

Eine weitere Neuheit ist die **Höchstbefristungsdauer von fünf Jahren**, die der Gesetzgeber für erforderlich hält, um eine richtlinienkonforme Begrenzung iSv § 5 der der Befristungsrichtlinie zugrunde 350 liegenden Rahmenvereinbarung zu ziehen (BT-Drs. 16/3793 S. 18). Den Beschränkungen der Befristungsrichtlinie 1999/70/EG war nach hM bisher nicht entsprochen worden (*Lipke* KR 7. Aufl., Rz 352 f. mwN). Da der EuGH in der Rechtssache **Mangold** darauf nicht eingehen musste (s.o. Rz 343), will der Gesetzgeber insoweit vorbeugen und keine weitere Anrufung des Gerichtshofes hierzu riskieren (Näheres Rz 356).

b) **Einzelfragen**

aa) **Abschluss des Arbeitsvertrages**

351 Voraussetzung für die Befristungserleichterung ist die **Vollendung des 52. Lebensjahres** bei Arbeitsaufnahme; der Abschluss des befristeten Arbeitsvertrages kann schon zuvor getätigt werden. Das Gesetz stellt aus insoweit ausdrücklich auf den **Beginn des Arbeitsverhältnisses** ab. Da nicht die Arbeitslosigkeit, sondern die **Beschäftigungslosigkeit** von vier Monaten vor Aufnahme des Arbeitsverhältnisses maßgeblich ist, kann es indessen dazu kommen, dass der Arbeitnehmer noch im bestehenden Arbeitsverhältnis mit demselben Arbeitgeber wegen »**drohender Arbeitslosigkeit**« (Beschäftigungslosigkeit) einen solchen befristeten Arbeitsvertrag auf den Tag nach Erreichen des 52. Lebensjahres abschließt. Damit werden die bisher eingehaltenen Kategorien arbeitsrechtlicher Unterbrechungen des Arbeitsverhältnisses vor Neuabschluss einer (sachgrundlosen) Befristung über Bord geworfen.

bb) **Vier Monate Beschäftigungslosigkeit**

352 Die Berechnung der Mindestfrist von vier Monaten richtet sich nach **§§ 187 Abs. 1, 188 Abs. 2 BGB**. § 191 BGB kommt nicht zur Anwendung, da der Gesetzgeber – aus arbeitsmarktpolitischen Gründen – **kurzzeitige Beschäftigungen** während der viermonatigen Beschäftigungslosigkeit für unschädlich hält. Die **Unterbrechung** würde in diesem Fall zu einer Benachteiligung des arbeitswilligen beschäftigungslosen Arbeitnehmers führen (BT-Drs. 16/3793 S. 23). Als Beispiel führt die Gesetzesbegründung **Aushilfs- und Vertretungstätigkeiten** von **längstens vier Wochen** an. Eine unterbrechungsschädliche **Grenze** soll hier bei einer Arbeits- oder Tätigkeitszeit (im Falle selbständiger Beschäftigung) von **15 Stunden wöchentlich und mehr** gezogen werden (§ 119 Abs. 3 SGB III). Dementsprechend sind die Arbeitszeiten mehrerer Erwerbstätigkeiten zusammenzurechnen. Gelegentliche Abweichungen von der 15-Stundengrenze sind nicht zu berücksichtigen. Die Lösung von Zweifelsfragen bleibt damit der Rechtsprechung überlassen. Der Arbeitgeber läuft in solchen Fällen nur dann kein Risiko, wenn eine sachgrundlose Befristung nur nach viermonatiger »klassischer« Arbeitslosigkeit vereinbart wird, die sich anhand von Bescheiden der Agentur für Arbeit problemlos nachweisen lässt.

353 Um dem Arbeitgeber die Prüfung der Voraussetzungen einer sachgrundlosen Befristung älterer Arbeitnehmer zu erleichtern, räumt der Gesetzgeber in der Gesetzesbegründung dem Arbeitgeber ein **Fragerecht zur »Beschäftigungslosigkeit«** des Arbeitnehmers ein. Der Arbeitnehmer ist demnach zur wahrheitsgemäßen Auskunft verpflichtet, andernfalls soll dem Arbeitgeber ein Recht auf Anfechtung nach § 123 BGB oder gar auf Kündigung nach § 313 BGB (Störung der Geschäftsgrundlage) zustehen. Das Fragerecht ist der Aufklärungssituation im Rahmen des § 14 Abs. 2 TzBfG zur Feststellung einer befristungsschädlichen Vorbeschäftigung (derselbe Arbeitgeber) nachgebildet. Im Falle **beiderseitigen Irrtums** zu den Voraussetzungen anzunehmender Beschäftigungslosigkeit trägt der Arbeitgeber das Risiko eines dann unbefristeten Arbeitsverhältnisses, da hier die Grundregel des § 16 S. 1 TzBfG zum Tragen kommt und eine gesonderte Bestimmung wie in Satz 2 des § 16 fehlt. Zu den parallelen Rechtsfragen vgl. daher die Erläuterungen in Rz 307 ff.

354 Neben der klassischen Arbeitslosigkeit soll **als Beschäftigungslosigkeit Anerkennung** finden:

– Bezug von Transferkurzarbeitergeld (§ 216b Abs. 2 SGB III);
– Arbeitsbeschaffungsmaßnahmen und Arbeitsgelegenheiten nach dem SGB II und SGB III;
– Beschäftigung als Unselbständiger, Selbständiger oder mithelfender Familienangehöriger bei einer Arbeitszeitinanspruchnahme von weniger als 15 Stunden wöchentlich (vgl. o. Rz 352).

Der Fortbestand eines Arbeitsverhältnisses hindert daher in diesen Fällen nicht die Annahme einer Beschäftigungslosigkeit iSv § 14 Abs. 3 TzBfG. Als beschäftigungslos gelten insoweit auch Arbeitnehmer, die an Maßnahmen der aktiven Arbeitsförderung (§§ 48, 77 SGB III) teilgenommen haben. Hier gibt für den Gesetzgeber die **drohende Arbeitslosigkeit** den Ausschlag für eine Gleichsetzung mit der »Arbeitslosigkeit«.

Die **Gleichsetzung von Arbeitslosigkeit und Beschäftigungslosigkeit** hängt mit der vergleichbaren 355
sozialen Lage der Betroffenen zusammen, denen der Gesetzgeber mit der sachgrundlosen Befristung
nach § 14 Abs. 3 TzBfG nF den Zugang zum ersten Arbeitsmarkt erleichtern will. Dabei werden die
Langzeitarbeitslosen mit den in Qualifizierungs- und Förderungsmaßnahmen stehenden Arbeitnehmer (Beschäftigungsgesellschaften) gleichbehandelt. Die **Brückenfunktion** der befristeten Beschäftigung soll ferner für Personen genutzt werden, die bisher **aus persönlichen Gründen gehindert** waren
einer **Erwerbstätigkeit** nachzugehen. Hierzu werden als Beispiele die Pflege kranker Angehöriger, die
Teilnahme an einer Rehabilitationsmaßnahme, die befristete Erwerbsunfähigkeit und die Verbüßung
einer Freiheitsstrafe genannt. Aufgezählt werden schließlich die älteren Arbeitnehmer, die **nach Vollendung des 58. Lebensjahres** dem Arbeitsmarkt nur noch eingeschränkt zur Verfügung stehen. Damit
werden ausdrücklich die **schwierigen persönlichen Situationen am Arbeitsmarkt** als Befristungsvoraussetzungen benannt, die den Anforderungen des **EuGH** in der **Mangold Entscheidung** genügen
sollen (s.o. Rz 342).

cc) **Höchstbefristung**

Aus der beiläufigen Kritik des *EuGH* in der Rechtssache Mangold (25.11.2005 EzA § 14 TzBfG Nr. 21 m. 356
Anm. *Kamanabrou*), dass Arbeitnehmern ab dem 52. Lebensjahr »bis zum Erreichen des Alters, ab dem
sie ihre Rentenansprüche geltend machen können, befristete, unbegrenzt häufig verlängerbare Arbeitsverträge angeboten werden können«, hat der Gesetzgeber die **Notwendigkeit einer zeitlichen
Begrenzung der Vertragsdauer** erkannt. Dabei hat er sich auch auf die Eckpunkte der Befristungsrichtlinie 1999/70/EG in der in Bezug genommenen **Rahmenvereinbarung zu § 5** besonnen (vgl. Anlage 1 zum AGG; KR-*Lipke* § 620 BGB Rz 94 f.). Danach muss zumindest eine der dort genannten Beschränkungen zur sachgrundlosen Befristung vorgenommen werden (vgl. auch Rz 359 f.).

Abs. 3 S. 1 sieht deshalb eine **fünfjährige Höchstdauer** der sachgrundlosen Befristung mit einem Ar- 357
beitnehmer nach Vollendung des 52. Lebensjahres und mindestens viermonatiger vorangehender Beschäftigungslosigkeit vor. Damit kommt eine neue Zeitspanne in das Befristungsrecht. Neben der
zweijährigen sachgrundlosen Befristung nach § 14 Abs. 2 und der **vierjährigen** sachgrundlosen Befristung für Arbeitsverhältnisse mit Existenzgründern tritt nun die **fünfjährige** sachgrundlose Befristung für ältere Arbeitnehmer. Da es möglich ist eine **Sachgrundbefristung** auf eine Förderung aus **Arbeitsbeschaffung** zu gründen (s.o. Rz 243 f.), darin zugleich aber eine Zeit der **Beschäftigungslosigkeit** liegen kann (s.o. Rz 354), ist es nun denkbar, direkt nach Auslaufen dieser Förderung und bei entsprechendem Lebensalter des Arbeitnehmers die sachgrundlose Befristung nach § 14 Abs. 3 TzBfG
anschließen zu lassen. Eine Sperre durch Vorbeschäftigung gibt es insoweit nicht (BT-Drs. 16/3793
S. 24).

Eine **Unterbrechung des Fünfjahreszeitraums** ist nicht statthaft, da der arbeitsvertragliche Rahmen 358
fünf Jahre nicht überschreiten soll. Es stellt sich aber die Frage, ob **ein und derselbe Arbeitgeber** nach
einer mindestens viermonatigen **Beschäftigungslosigkeit** denselben Arbeitnehmer **erneut für fünf
Jahre** sachgrundlos befristet beschäftigen darf. Ist der Arbeitnehmer unter den Voraussetzungen des
Abs. 3 S. 1 insgesamt fünf Jahre lang befristet beschäftigt gewesen, könnte er nach dem **Wortlaut des
Gesetzes** bspw. im Alter von 59 Jahren wiederum sachgrundlos bei **demselben Arbeitgeber** beschäftigt werden. Grenzziehungen wie in Abs. 2 (Neueinstellung; derselbe Arbeitgeber) und in Abs. 2a (vier
Jahre nach Existenzgründung) gibt es hier nicht. Das hängt damit zusammen, dass der Gesetzgeber auf
die persönliche Lage des Arbeitnehmers am Arbeitsmarkt abstellt. Diese Situation kann sich nach Ablauf der Fünfjahresfrist aber wieder einstellen. Eine erneute sachgrundlose Einstellung bei einem **anderen Arbeitgeber** wäre vom Wortlaut, Sinn und Zweck der Regelung unproblematisch.

Es hilft, da die Gesetzesbegründung insoweit schweigt, nur eine **gemeinschaftskonforme Auslegung** 359
der Fünfjahresfrist. Der Gesetzgeber will damit die europarechtlichen Beschränkungen der Befristungsrichtlinie 1999/70/EG erfüllen. Damit verträgt sich nicht, demselben Arbeitgeber nach **zwischengeschalteter viermonatiger Beschäftigungslosigkeit** zu gestatten, den älteren Arbeitnehmer erneut fünf »offene« Jahre mit beliebigen Verlängerungen sachgrundlos zu beschäftigen. In einem
solchen Fall ist anzunehmen, dass eine dauerhafte Beschäftigung möglich und deshalb eine unbefristete Beschäftigung geboten wäre. Die **Befristungsrichtlinie** 1999/70/EG dient immerhin der **Sicherung des regelmäßig unbefristeten Arbeitsverhältnisses** (vgl. KR-*Lipke* § 620 BGB Rz 94). Die Ausnutzung der persönlichen Notlage des älteren Arbeitnehmers wäre dann unter den Voraussetzungen des
§ 10 AGG zu überprüfen. Die **Höchstbefristung** muss deshalb für **einen Vertragsarbeitgeber verbindlich** sein.

§ 14 TzBfG   Zulässigkeit der Befristung

dd) Verlängerung

360 Innerhalb der **Fünfjahresfrist** sind **beliebig viele Verlängerungen** zugelassen, um ein Höchstmaß an Flexibilität für den Arbeitgeber zu eröffnen. Abgesehen von den **Formerfordernissen**, die sich aus § 14 Abs. 4 TzBfG und aus dem Abschluss vor Ende der laufenden Befristung ergeben, gelten daher die Regeln zu § 14 Abs. 2 und 2a TzBfG. Als Verlängerung ist demnach die einvernehmliche Abänderung des zunächst für die Befristung vorgesehenen Endtermins zu verstehen, wobei im Grundsatz die bisherigen Arbeitsbedingungen beibehalten werden müssen (s.o. Rz 333; BAG 23.8.2006 – 7 AZR 12/06).

361 **Keine Verlängerung** ist darin zu sehen, dass im Zeitraum einer laufenden Befristung mit oder ohne Sachgrund nacheinander die gesetzlichen Möglichkeiten von ein und demselben Arbeitgeber ausgeschöpft werden. Nach einer Sachgrundbefristung zB wegen einer Krankheitsvertretung kann sich, soweit die übrigen Voraussetzungen (Lebensalter, Beschäftigungslosigkeit) erfüllt sind, eine sachgrundlose Befristung nach § 14 Abs. 3 TzBfG anschließen. Im Falle einer laufenden **AB-Maßnahme** sogar ohne viermonatige Unterbrechung, da hier bereits **Beschäftigungslosigkeit** besteht.

362 Eine weitere **Kombination** kann auch darin bestehen, nach einer sachgrundlosen Befristung in einer **Existenzgründerfirma** über eine Zeitspanne von vier Jahren (**Abs. 2a**) und nach kurzer Arbeitslosigkeit oder einer öffentlich geförderten Qualifizierung von vier Monaten bei entsprechendem höheren Lebensalter nach § 14 Abs. 3 TzBfG erneut mit mehreren Verlängerungen für insgesamt fünf Jahre in das Unternehmen zurückzukehren. Allerdings sind dann die neu gestalteten **Eingliederungszuschüsse** (§ 421f SGB III) und **Entgeltsicherungen** (§ 412j SGB III) vom Arbeitgeber oder vom Arbeitnehmer aufgrund der **zeitnahen Wiederverwendung** nicht zu erlangen. Damit wird eine missbräuchliche Aneinanderreihung von befristeten Arbeitsverhältnissen jedenfalls nicht finanziell gefördert.

4. Vorläufige Bewertung des Gesetzesplans

a) Europarecht

363 Die in Aussicht genommene Regelung dürfte die gemeinschaftsrechtlichen Hürden, die sowohl die Mangold-Entscheidung des EuGH (s.o. Rz 342) als auch die **Befristungsrichtlinie** in der Beschränkung von Befristungsketten aufstellen, ohne weiteres nehmen. Soweit es um die **Höchstbefristung von fünf Jahren** geht, ist indessen der Richter aufgefordert eine **europarechtskonforme Gesetzesauslegung** zu betreiben. Nur so kann verhindert werden, dass der ältere Arbeitnehmer bis zu seiner Rente (demnächst 67. Lebensjahr) nicht fünf Jahre, sondern auf Umwegen mit Hilfe kurzfristiger Unterbrechungen oder über »**Karussell-Lösungen**« mehrerer Arbeitgeber 15 Jahre seines Arbeitslebens in sachgrundloser Befristung verbringt. Die Privilegierung des Arbeitgebers in § 14 Abs. 3 TzBfG einerseits und die vom Arbeitnehmer hinzunehmenden schlechteren arbeitsrechtlichen Rahmenbedingungen sollen schließlich – wie bei jeder sachgrundlosen Befristung – eine Brücke zum regelmäßig unbefristeten Arbeitsverhältnis schlagen (s.o. Rz 250). Es geht um **Einstellungsanreize** und nicht um dauerhafte Absenkung arbeitsrechtlicher Schutzmechanismen.

b) Verfassungsrecht

364 Selbst wenn die Vorgaben des vorrangigen Gemeinschaftsrechts erfüllt sind, bleiben Bedenken zur Vereinbarkeit dieser gesetzlichen **Befristungserleichterung** mit **Art 12 Abs. 1 GG**. Zwar sind für den **Gesetzgeber** nach der ihm zustehenden **Einschätzungsprärogative** derartige Regelungen durchaus möglich (KR-*Lipke* § 620 BGB Rz 100 ff.), dürfen aber dem verfassungsrechtlich zu gewährleistenden **Mindestbestandsschutz** nicht aushebeln. Die Schutzfunktion des Art 12 Abs. 1 GG leitet schließlich die richterliche Kontrolle befristeter Arbeitsverträge (*I. Schmidt* FS Dieterich 1999, S. 201, 207). Bereits die jetzt abzulösende Bestimmung des § 14 Abs. 3 TzBfG stand insoweit unter Kritik (vgl. *Richardi/Annuß* BB 2000, 2204; *Däubler* ZIP 2001, 223 f.; *ders.* KDZ Rz 149, 172). Hierzu wurde erwogen die besonderen **Befristungsregelungen** für ältere Arbeitnehmer **verfassungskonform auszulegen**. Danach sollte die sachgrundlose Befristung nur Rechtswirksamkeit erlangen, wenn sie **diskriminierungsfrei** daherkommt und auf **vernünftigen, willkürfreien Erwägungen des Arbeitgebers** fußt. So konnte bspw. bei Bewältigung einer Daueraufgabe eine Vielzahl gestückelter und kurzfristiger sachgrundloser Befristungen keine Anerkennung vor Art. 12 Abs. 1 GG wie vor §§ 612a, 242 BGB und dem mit Inkrafttreten des AGG gestrichenen § 611a BGB finden (zutr. KDZ-*Däubler* Rz 172, 178 zur bisherigen Rechtslage). Angedacht wurde deshalb in Parallele zum Kündigungsschutzgesetz eine **richterliche Befristungskontrolle zweiter Klasse**.

Zulässigkeit der Befristung § 14 TzBfG

Der Gesetzgeber setzt hier selbst die **Grenzen**, wenn es im Gesetzentwurf heißt, dass die besonders schwierige Arbeitsmarktsituation der Arbeitnehmer ab dem 52. Lebensjahr die (erleichterte) Zulassung befristeter Arbeitsverträge als **Mittel der beruflichen Eingliederung** in Abweichung vom Regelfall der unbefristeten Beschäftigung rechtfertigt (BT-Drs.16/3793 S. 19). Dabei stützt er sich auf empirische Untersuchungen zur »Evaluation der Umsetzung der Vorschläge der Hartz-Kommission«, die belegen, dass die Korrelation zwischen dem Merkmal »Alter über 52 Jahre« und der Dauer der Arbeitslosigkeit »stabil signifikant positiv ist« (Endbericht des Rheinisch-Westfälischen Instituts für Wirtschaftsforschung und Instituts für Sozialforschung und Gesellschaftspolitik, Juni 2006, Teil 1: Verbesserung der beschäftigungspolitischen Rahmenbedingungen). 365

Ein als Mittel beruflicher Eingliederung geschaffener **attraktiver Einstieg** in ein sachgrundlos befristetes Arbeitsverhältnis darf deshalb nicht zu einem Instrument werden, **ältere Arbeitnehmer dauerhaft in ungesicherten Arbeitsverhältnissen** zu halten. Dann ist das **verfassungsrechtliche Untermaßverbot** verletzt, das ein Absinken unter den grundrechtlich geforderten Mindestbestandsschutz aus Art. 12 GG zu verhindern hat (ErfK-*Dieterich* Art. 12 GG Rz 34 ff.). Hier ist deshalb zu fragen, ob im Blick auf die aus Art. 12 GG erwachsende Schutzpflicht des Staates ein Mindestmaß an Rücksichtnahme auf die existentiellen Interessen der Arbeitnehmerseite eingehalten wurde. Vom **Sozialstaatsprinzip** her ist der Staat zwar nur verpflichtet, Arbeits- und Beschäftigungslose wieder an den Arbeitsmarkt heranzuführen (vgl. KR-*Lipke* § 620 BGB Rz 108 ff.). Damit verbunden können arbeitsrechtliche Einschränkungen für die Arbeitnehmerseite sein, soweit sie den Einstieg in ein dauerhaftes Arbeitsverhältnis erleichtern. 366

c) **Rechtsmissbrauch**

Erlaubt ist deshalb nicht die Wegbereitung eines **modernen Tagelöhnertums** (vgl. *Lipke* KR Voraufl., Rz 364 ff.) wie es sich aus der Zusammenschau der gesetzlich erlaubten sachgrundlosen Befristungsmöglichkeiten der Abs. 2, 2a und 3 des § 14 TzBfG ergibt. Sowohl die Existenzgründerbefristung als auch die Befristung für ältere Arbeitnehmer lassen in vier bzw. fünf Jahren eine nahezu unbegrenzte Anzahl von Verlängerungen sachgrundloser Befristungen zu. Der Arbeitgeber, der eine **Daueraufgabe** zu vergeben hat, kann sich durch geschickte Ausnutzung aller Befristungsmöglichkeiten den gesetzlichen Kündigungsschutz »vom Hals halten« (vgl. auch *LAG Bln.* 7.1.2005 LAGE § 14 TzBfG Nr. 19a). Die maßlose Kombination mehrerer sachgrundloser Befristungsmodelle ist daher verfassungsrechtlich bedenklich und durch den **Richter** einzuschränken. Die letztlich verfassungsrechtlichen Erwägungen, zu Art. 12 GG stehen im **Einklang mit der Befristungsrichtlinie** 1999/70/EG, die ebenfalls Auswüchse in dem Einsatz befristeter Arbeitsverträge beschneiden will (s.o. Rz 363). 366a

Als Handwerkszeug stehen hier dem Richter neben **§§ 138, 242 BGB** die neuen **Diskriminierungsverbote des AGG** zur Verfügung. **§ 15 Abs. 6 AGG** wird insoweit durch **§ 16 S. 1 TzBfG** überboten. Hiermit sind kurzzeitige sachgrundlose Kettenbefristungen ebenso zu unterbinden wie das »**Jonglieren« mit allen sachgrundlosen Befristungsmodellen** (vgl. Rz 296 ff., 304 ff.). Zu denken ist dabei an Folgearbeitsverhältnisse mit dem früheren Entleiher (*LAG Nds.* 30.5.2006 – 13 Sa 1863/05), aufeinander folgende Arbeitsverhältnisse mit verschiedenen Unternehmen eines gemeinschaftlich geführten Betriebes (vgl. *BAG* 25.4.2001 EzA § 1 BeschFG 1985 Nr 25), sich einander anschließende Arbeitsverhältnisse mit verschiedenen Konzernunternehmen und wiederholte sachgrundlose Befristungen im Zusammenhang mit Betriebsübergängen und Unternehmensverschmelzungen (vgl. zur Rechtslage bis März 2002, *BAG* 10.11.2004 EzA § 14 TzBfG Nr. 15). Voraussetzung eines Rechtsmissbrauchs ist indessen neben dem objektiv nachweisbaren Wechsel des jeweils sachgrundlos beschäftigten Arbeitnehmers zwischen zwei oder mehr miteinander rechtlich oder tatsächlich verbundenen Vertragsarbeitgebern der arbeitgeberseitige **Umgehungswille** (vgl. *LAG BW* 14.9.2005 – 13 Sa 32/05). 366b

Die **Darlegungs- und Beweislast** für den **Rechtsmissbrauch** trägt derjenige, der sich darauf beruft; im Zweifel also der Arbeitnehmer. Zwar hat sich der Arbeitgeber auf die Behauptung des Arbeitnehmers einzulassen, der Arbeitgeberwechsel habe nur der Umgehung des TzBfG gedient. Der Arbeitgeber hat also die Gründe hierfür konkret zu benennen (*LAG Nds.* 30.5.2006 – 13 Sa 1863/05). Nach tatrichterlicher Würdigung gem. § 286 ZPO trägt indessen der Arbeitnehmer das Risiko der Unbeweisbarkeit (non liquet; *BAG* 25.4.2001 EzA § 1 BeschFG 1985 Nr. 25; *LAG BW* 14.9.2005 – 13 Sa 32/05; *LAG Nds.* 29.1.2003 EzAÜG § 14 TzBfG Nr. 1). Soweit das **AGG** als Prüfungsmaßstab herangezogen wird, kommt dem Arbeitnehmer die Beweiserleichterung des § 22 AGG zugute, wonach er nur Indizien für eine Benachteiligung beweisen muss, um die Beweislast des Arbeitgebers für einen fehlenden Gesetzesverstoß auszulösen. 366c

Lipke

C. Überblick zum Schriftformgebot (§ 14 Abs. 4 TzBfG)

367 Zum 1.1.2001 hat § 14 Abs. 4 TzBfG das zuvor in § 623 BGB aF verankerte festgelegte Schriftformerfordernis zur Befristungsabrede ersetzt. Nicht der befristete Arbeitsvertrag als solcher, nur die **Befristungsabrede** selbst ist nach Abs. 4 formbedürftig. Bei den üblichen **kalendermäßigen Befristungen** reicht es aus, wenn hierzu das Enddatum oder die kalendermäßig bestimmbare Vertragslaufzeit schriftlich niedergelegt ist (MünchKomm-*Hesse* Rz 110). Das Schriftformerfordernis betrifft nur **vertragliche Befristungsabreden** (APS-*Backhaus* Rz 465; ErfK-*Müller-Glöge* Rz 140, 144; *Annuß/Thüsing-Maschmann* Rz 100, 104). Eine spätere schriftliche Einstellungsmitteilung zu einer mündlich getroffenen Befristungsabrede an den Betriebsrat kann nicht als Bestätigung iSv § 141 BGB die Formnichtigkeit heilen (*BAG* 16.3.2005 EzA § 14 TzBfG Nr. 17). Gesetzliche (zB § 11 Abs 1 Nr. 2 BBiG) oder tarifliche Befristungen richten sich nach den dort festgelegten Formbedingungen (vgl. *LAG Nds.* 6.12.2005 LAGE § 4 TVG Telekom Nr. 1 zu einer Entfristung). Anders als nach § 623 BGB ist die **elektronische Form** nach § 126a BGB **zugelassen**.

367a Ein **gerichtlicher Vergleich** zu Protokoll genügt nach § 127a BGB der Schriftform; ebenso ein im **schriftlichen Verfahren nach § 278 Abs. 6 ZPO** zustande gekommener Vergleich (*BAG* 23.11.2006 – 6 AZR 394/06). Als formbedürftige Befristungsabreden iSv Abs. 4 gelten auch Zweit- und Mehrfachbefristungen, die Umwandlung eines unbefristeten in ein befristetes Arbeitsverhältnis und insbes. die nach Abs. 2 und 2a vorgenommenen **Verlängerungen** (*BAG* 26.7.2006 EzA § 14 TzBfG Nr. 30; *Dörner* Befr. Arbeitsvertrag, Rz 70 ff. mwN). Der Wahrung der Schriftform genügt es, wenn eine Vertragspartei in einem von ihr unterzeichneten, an die andere Vertragspartei gerichteten Schreiben den Abschluss eines befristeten Arbeitsvertrages anbietet und die andere Partei dieses Angebot annimmt, indem sie das Schriftstück ebenfalls unterzeichnet und zurückreicht (*BAG* 26.7.2006 EzA § 14 TzBfG Nr. 30). Auch dann sind die Erfordernisse des **§ 126 Abs. 2 S. 1 BGB** erfüllt, der eine Unterzeichnung beider Parteien auf derselben Urkunde verlangt.

367b Anders als die Befristungsabrede selbst bedarf dagegen die sog. **Nichtverlängerungsmitteilung** im **Bühnentarifrecht** nicht der Schriftform nach Abs. 4 (*Bezirksbühnenschiedsgerichte Hmb.* 21.1.2002 LAGE § 14 TzBfG Nr. 3; *Bezirksbühnenschiedsgericht Bln.* 12.4.2002 LAGE § 14 TzBfG Nr. 6; *Germelmann* FS 25 Jahre Anwaltsverein, S. 289 ff.), soweit **Tarifbindung** oder Allgemeinverbindlichkeit besteht (ErfK-*Müller-Glöge* Rz 144; vgl. aber KR-*Spilger* Anhang zu § 623 BGB Rz 80). Dies trifft auch auf tarifliche Befristungen zur **Altersgrenze** zu, wenn beide Vertragspartner tarifgebunden sind; andernfalls empfiehlt sich die tarifliche Befristungsregelung als Textpassage in den Arbeitsvertrag zu übernehmen (HWK-*Schmalenberg* Rz 135).

368 Die erforderliche Schriftform erstreckt sich nur auf die **Befristungsabrede, nicht** auf den gesamten **Arbeitsvertrag,** soweit dies tariflich nicht anders vorgegeben ist. Das Schriftformgebot erfasst ebenso wenig die **Befristung einzelner Arbeitsbedingungen** im unbefristeten Arbeitsverhältnis (*BAG* 3.9.2003 EzA § 14 TzBfG Nr. 4; *LAG Bln.* 1.4.2003 LAGE § 14 TzBfG Nr. 10a; ErfK-*Müller-Glöge* Rz 145; MünchKomm-*Hesse* Rz 111; *Annuß/Thüsing-Maschmann* Rz 107). Indessen ist bei vorformulierten befristeten Arbeitsbedingungen das Transparenzgebot nach § 307 Abs. 1 S. 2 BGB zu beachten (*Maschmann* aaO). Der **Befristungsgrund** braucht – vorbehaltlich gesetzlich, tariflich oder einzelvertraglich abweichender Bestimmung (zB 57b Abs. 3 HRG; Befristungsgrundform nach dem abgelösten SR 2y BAT) – grds. nicht dokumentiert zu werden (*BAG* 25.5.2005 EzA § 14 TzBfG Nr. 18). Mit dem Inkrafttreten des § 30 TVöD stellen sich diese Formerfordernisse nicht mehr. Das **Zitiergebot** in einem Tarifvertrag oder Ähnlichem (AVR-Richtlinien) kann sich auch auf den Sachgrundbereich beschränken, sodass sachgrundlose Befristungen als solche nicht benannt werden müssen (*BAG* 26.7.2006 EzA § 14 TzBfG Nr. 32).

368a Davon ist im Ergebnis eine Ausnahme für **Zweckbefristungen und auflösende Bedingungen** zu machen. Beide Beendigungsarten sind in einer formbedürftigen Befristungsabrede nicht anders darstellbar als durch Nennung des dahinter stehenden Sachgrundes (*BAG* 26.6.1996 EzA § 620 BGB Bedingung Nr. 12 m. Anm. *Gaul*; 21.12.2005 EzA § 14 TzBfG Nr. 25; *LAG RhPf* 19.5.2004 LAGE § 14 TzBfG Nr. 16a; *Plander* Anm. AP Nr. 18 zu § 14 TzBfG; ErfK-*Müller-Glöge* § 620 Rz 146; KDZ-*Däubler* Rz 189; *Gräfl/Arnold-Gräfl* Rz 293). Zum Befristungsgrund der **Erprobung** vgl. o. Rz 163. Neben § 14 Abs. 4 TzBfG steht die Pflicht des Arbeitgebers aus **§ 2 Abs. 1 Nr. 3 NachwG**, dem Arbeitnehmer binnen Monatsfrist nach vereinbartem Arbeitsbeginn die **Dauer der Befristung** schriftlich mitzuteilen.

369 Wird das Schriftformgebot verletzt, ist die Befristungsabrede und nicht der Arbeitsvertrag unwirksam. Es entsteht dann als **Rechtsfolge** nach § 16 S. 1 TzBfG ein unbefristetes Arbeitsverhältnis (*BAG*

Zulässigkeit der Befristung § 14 TzBfG

22.10.2003 EzA § 14 TzBfG Nr. 8), welches dann nur noch ordentlich kündbar ist (näher dazu KR-*Lipke* § 16 TzBfG Rz 4 ff.). Der Arbeitnehmer hat aber auch in diesem Fall die Unwirksamkeit der Befristungsabrede innerhalb der Klagefrist des **§ 17 TzBfG** geltend zu machen, da ansonsten die Fiktion des § 7 KSchG eintritt (*LAG Düsseld.* 26.9.2002 LAGE § 15 TzBfG Nr. 1; ErfK-*Müller-Glöge* Rz 153; KR-*Bader* § 17 TzBfG Rz 5; *SPV-Vossen* Rz 1916; *Dörner* Befr. Arbeitsvertrag, Rz 84 mwN).

Wird im Rahmen eines **Kündigungsschutz- oder Entfristungsprozesses** eine sog. **Prozessbefristung** 369 zur Verringerung des Annahmeverzugsrisikos **zwischen Kläger und Beklagtem vereinbart**, bedarf die Abrede hierzu ebenfalls der nach § 14 Abs. 4 TzBfG einzuhaltenden **Schriftform** (*BAG* 22.10.2003 EzA § 14 TzBfG Nr. 8; *LAG Hamm* 16.1.2003 LAGE § 14 TzBfG Nr.9; *Sittard, U.* RdA 2006, 218, 223 *Karlsfeld* ArbRB 2003, 283; *Oberthür* ArbRB 2006, 268; aA *Bayreuther* DB 2003, 1739). Anders ist es, wenn der beklagte Arbeitgeber nur die ihm **gerichtlich auferlegte Weiterbeschäftigung** des Arbeitnehmers bis zum rechtskräftigen Abschluss des Kündigungs- oder Befristungsrechtsstreits erfüllt. Eine derartige **Prozessbeschäftigung** ist kein auflösend bedingtes Arbeitsverhältnis und bedarf deshalb nicht der Schriftform nach § 14 Abs. 4 TzBfG (*LAG Nds.* § 21 TzBfG Nr. 2).

Die Rechtsprobleme zum Schriftformgebot aus § 14 Abs. 4 TzBfG werden ausführlich von **KR-Spilger** 370 **Anhang I zu § 623 BGB Rz 1 ff.** behandelt. Darauf wird hinsichtlich der Einzelheiten verwiesen.

D. Darlegungs- und Beweislast
I. Rechtslage bis zum 31.12. 2000

Die Frage, wer die **Darlegungs- und Beweislast für die Befristungsabrede, die Befristungsdauer,** 371 **den sachlichen Befristungsgrund oder die Zulässigkeitsvoraussetzungen** einer **sachgrundlosen Befristung** trägt, ist in der Vergangenheit sehr **wechselhaft beantwortet** worden (vgl. *Lipke* KR 5. Aufl., Rz 247 bis 252; *ders.* § 1 BeschFG 1996 Rz 162 bis 165; APS-*Backhaus* Rz 75; MünchArbR-*Wank* § 116 Rz 154 ff.; *Erman/D. W. Belling* Rz 74 ff.; *Dörner* Der befristete Arbeitsvertrag Rz 1024 ff. jeweils mwN). Der **Große Senat des** *BAG* hatte seinem grundlegenden Beschluss vom 12.10.1960 (EzA § 620 BGB Nr. 2) noch die Auffassung vertreten, den **Arbeitnehmer treffe die Darlegungs- und Beweislast** dafür, dass für den **Abschluss** eines (die Vermutung der Rechtswirksamkeit in sich tragenden) **befristeten Arbeitsvertrages keine sachlichen Gründe vorgelegen haben** (vgl. auch *BAG* 11.8.1988 EzA § 620 BGB Nr. 105). Im Streit um die **Tatsache der Befristung und die Befristungsdauer** hat das *BAG* dagegen entschieden, dass die Berufung auf das Ende eines Arbeitsverhältnisses durch Fristablauf einer dem materiellen Recht folgenden **rechtsvernichtenden Einwendung** gleichkomme. Deshalb habe nach **allgemeinen Beweisgrundsätzen** die Partei die tatsächlichen Voraussetzungen darzulegen und unter Beweis zu stellen, die sich auf die für sie **günstigere Rechtsfolge** des (früheren) Erlöschens der Vertragspflichten berufe (*BAG* 12.10.1994 EzA § 620 BGB Nr. 128).

Gesetzlich zugelassene **Befristungen ohne Sachgrund** stellten einen für den **Arbeitgeber** günstigen 372 **Ausnahmetatbestand** dar, so dass er die tatsächlichen Voraussetzungen hierfür und alle sie ermöglichenden qualifizierenden Umstände hierzu **darlegen und beweisen** musste (*BAG* 6.12.1989 EzA § 1 BeschFG 1985 Nr. 11; 22.6.1994 EzA § 1 BeschFG 1985 Nr. 13). Ausgenommen hiervon waren nach **neuerer Rechtsprechung** nur die tatsächlichen Voraussetzungen für die als Regelausnahme zu verstehenden **Anschlussverbote** nach § 1 Abs. 3 BeschFG 1996. Diese hatte der **Arbeitnehmer darzulegen und zu beweisen** (*BAG* 28.6.2000 EzA § 1 BeschFG 1985 Nr. 15).

II. Neuer Rechtszustand

Die **hier vertretene Auffassung**, dass den **Arbeitgeber** schon mit Blick auf den **Ausnahmecharakter** 373 von Befristungen und aufgrund seiner größeren Beweisnähe zu deren tatsächlichen Zulässigkeitsvoraussetzungen grds. die **Darlegungs- und Beweislast** treffe, findet in der neuen gesetzlichen **Regelung des TzBfG zusätzlichen Rückhalt.** Der Gesetzgeber hat mit dem TzBfG das **bisherige Regel-Ausnahmeverhältnis umgekehrt.** Nicht nur die den Kündigungsschutz umgehende, sondern **jede Befristung bedarf nunmehr im Grundsatz eines sachlichen Befristungsgrundes**. Ausnahmsweise und unter engen Voraussetzungen ist eine einmalige Befristung ohne Sachgrund bis zu zwei Jahren erlaubt (s.o. Rz 125 ff.). Dieser Paradigmenwechsel (*Hromadka* BB 2001, 621; *Preis/Gotthardt* DB 2000, 2065, 2070; APS-*Backhaus* Rz 76; *Lakies* DZWIR 2001, 14; *Staudinger/Preis* § 620 BGB Rz 64; *Rolfs* § 14 TzBfG Rz 119; *Plander/Witt* DB 2002, 1002; *Dörner* Befr. Arbeitsvertrag Rz 1027; *Annuß/Thüsing-Maschmann* Rz 29; KDZ-*Däubler* Rz 192b; MHH-*Meinel* Rz 115; *Gräfl/Arnold-Gräfl* Rz 41; *Sievers* Rz 44; Regel mit Einschränkungen: ErfK-*Müller-Glöge* § 17 TzBfG Rz 16; HWK-*Schmalenberg* § 17 TzBfG Rz 18 ff.; MünchKomm-*Hesse* § 17 TzBfG Rz 34) wirkt sich auf die Verteilung der Darlegungs- und Beweislast aus. Die ausdrückliche Regelung in **§ 14 TzBfG**, die den Sachgrund zur Wirksamkeitsvoraussetzung jeder Befristung erhebt, **beseitigt das dogmatische Gerüst für die Beweislastverteilung des Großen Senats** (aaO Rz 73, 144). Nach den allgemeinen Beweislastgrundsätzen hat der Arbeitgeber den die Wirksamkeit der Befristung erhaltenden Sachgrund nachzuweisen, da ihn sonst die nachteiligen Rechtsfolgen aus § 16 TzBfG (unbefristeter Arbeitsvertrag) treffen (ebenso im Ergebnis *Dörner* ArbRBGB Rz 88 ff., 95ff.).

1. Sachgrund (§ 14 Abs. 1 TzBfG)

374 Ist deshalb **streitig, ob ein Sachgrund nach § 14 Abs. 1 TzBfG besteht, ist grds. der Arbeitgeber darlegungs- und beweisbelastet.** Diese Erkenntnis hat das BAG bereits zum früheren Rechtszustand für den Fall gewonnen, dass ein Tarifvertrag jede Befristung an einen Sachgrund bindet (*BAG* 11.8.1988 EzA § 620 BGB Nr. 105). Das TzBfG folgt den Vorgaben der Richtlinie 1999/70/EG (KR-*Lipke* § 620 BGB Rz 96) und erkennt das **unbefristete Arbeitsverhältnis als das regelmäßige Arbeitsverhältnis** an. Damit stellt sich das befristete Arbeitsverhältnis als eine dem Arbeitgeber günstige Ausnahme dar. Der Sachgrund ist dann Teil einer **rechtsvernichtenden Einwendung** gegen den dauerhaften Bestand des Arbeitsverhältnisses. Die dafür sprechenden Tatsachen hat deshalb der Arbeitgeber darzulegen und im Streit zu beweisen (*ArbG Lüneburg* 5.11.2003 ArbuR 2004, 433; *LAG Hamm* 25.11.2003 LAGE § 14 TzBfG Nr. 12a, *LAG RhPf* 17.3.2004 MDR 2004, 1123, jeweils zu den Voraussetzungen einer mittelbaren Vertretung; *LAG Düsseldorf.* 11.12.2005 LAGE § 14 TzBfG Nr. 25 zur haushaltsrechtlichen Befristung; *Lembke* NJW 2006, 325, 331). Im Falle der Unaufklärbarkeit der dazu vorgetragenen Tatsachen trägt er die Beweislast (non liquet). Die Darlegungs- und Beweislast des Arbeitgebers erstreckt sich dabei auf **die tatsächlichen Grundlagen der Prognose,** die er zum Zeitpunkt des Vertragsschlusses der Befristung zu erstellen hat. Die sachliche Rechtfertigung einer Befristungsabrede verlangt nämlich bei einigen Sachgründen (zB Vertretung; Aufgabe von begrenzter Dauer; vorübergehender Mehrbedarf; Erlöschen einer Aufenthalts- oder Arbeitserlaubnis) eine Prognose, die anhand konkreter Umstände das vorgesehene Vertragsende mit hinreichender Sicherheit erwarten lässt (st.Rspr.; zuletzt *BAG* 22.3.2000 EzA § 620 BGB Nr. 170; *Dörner* Befr. Arbeitsvertrag Rz 1028). Der **Umfang der Darlegungs- und Beweislast** ist davon abhängig, ob sich die Prognose später als zutreffend erweist oder nicht (*BAG* 13.10.2004 EzA § 17 TzBfG Nr. 6; *LAG Nds.* 22.8.2005 – 5 Sa 1594/03). Vgl. Rz 46 ff. sowie die Erl. zu den jeweiligen Sachgründen daselbst.

2. Zulässige Befristung ohne Sachgrund (§ 14 Abs. 2, 2a und 3 TzBfG)

375 Da die **Ausnahme von der Ausnahme** in der Form der **sachgrundlosen Befristung** den **Arbeitgeber nochmals begünstigt** (§ 14 Abs. 2, 2a und 3 TzBfG), sind die Zulässigkeitsvoraussetzungen hierfür ebenfalls von ihm nachzuweisen. Insoweit ist an die alte Rechtsprechung zum BeschFG 1985 anzuknüpfen, die dem **Arbeitgeber die Darlegungs- und Beweislast** für die Einhaltung der **Höchstdauer von zwei Jahren, der Höchstzahl von drei Verlängerungen, das Fehlen einer nicht statthaften Anschlussbefristung (enger sachlicher Zusammenhang) und die Vollendung des 60. (jetzt 52.) Lebensjahres** (vgl. KR-*Lipke* § 620 BGB Rz 126) **auferlegte** (vgl. *BAG* 6.12.1989 EzA § 1 BeschFG 1985 Nr. 11; ebenso *Dörner* Befr. Arbeitsvertrag Rz 1033). Darin eingeschlossen ist nunmehr auch die Befristungsvergünstigung von Existenzgründern nach Abs. 2a.

376 Soweit in einer Entscheidung des BAG vom 28.6.2000 (EzA § 1 BeschFG 1985 Nr. 15) zur Fassung des BeschFG 1996 vertreten wird, **den Arbeitnehmer treffe die Darlegungs- und Beweislast hinsichtlich der Ausnahmen in § 14 Abs. 2 S. 2 TzBfG** (zuvor § 1 Abs. 3 BeschFG 1996), also des Anschlusses an einen vorhergehenden unbefristeten Arbeitsvertrag sowie des engen sachlichen Zusammenhangs der Arbeitsverträge (ebenso *BAG* 19.10.2005 EzA § 14 TzBfG Nr. 23; *LAG Nds.* 26.7.2004 NZA-RR 2005, 410; ErfK-*Müller-Glöge* § 17 TzBfG Rz 17; *Lakies* DZWIR 2001, 14; *Dörner* aaO Rz 1034; MHH-*Meinel* § 14 TzBfG Rz 115; MünchKomm-Hesse § 17 TzBfG Rz 35; *Lembke* NJW 2006, 325, 331), ist dem **zu widersprechen**. Die vom *BAG* zum § 1 Abs. 3 BeschFG 1996 angestellte Regel-/Ausnahmeüberlegung ist nicht nachvollziehbar, denn die **sachgrundlose Befristung** mit all ihren positiven und negativen Tatbestandsvoraussetzungen war und ist **insgesamt als Ausnahmetatbestand zu bewerten** (APS-*Backhaus* Rz 415; *Rolfs* § 14 TzBfG Rz 124; *Boewer* § 14 TzBfG Rz 258, HzA/*Schütz* 1.2 Rz 561; **aA** *LAG Nds.* 26.7.2004 NZA-RR 2005, 410; *BAG* 28.6.2000 EzA § 1 BeschFG 1985 Nr. 15 ohne nähere Begründung).

377 Mit der gesetzlichen **Rückkehr zur einmaligen sachgrundlosen Befristung** in § 14 Abs. 2 TzBfG nach dem Muster des **§ 1 BeschFG 1985** (»Neueinstellung«) und dem Wegfall einer sachgrundlosen An-

schlussbefristung sollte das BAG in seiner Rechtsprechung wieder an die Entscheidung vom 6.12.1989 (EzA § 1 BeschFG 1985 Nr. 1) anknüpfen. Der Arbeitgeber hat nach richtiger Ansicht im Streit **sämtliche tatsächlichen Voraussetzungen einer sachgrundlosen Befristung einschließlich der negativen Tatsache der fehlenden Vorbeschäftigung nachzuweisen** (insoweit abw. *Hesse, Müller-Glöge, Schmalenberg, Meinel* aaO). Da ihm ein umfassendes **Fragerecht** zur Vorbeschäftigung gegenüber dem einstellungswilligen Arbeitnehmer zusteht (vgl. o. Rz 307 f.) und er die Firmenverhältnisse besser kennen muss, kann es nicht für den Arbeitgeber bei einem **prozessualen Mitwirkungsrecht** in Form substantiierter Gegendarstellung bleiben (so aber *Dörner* Befr. Arbeitsvertrag Rz 1034). Dies gilt auch für das **Bestehen tarifvertraglich erweiternden Regelungen und deren Vereinbarung im Fall fehlender Tarifbindung** (§ 14 Abs. 2 S. 3 und 4 TzBfG).

Offen bleibt ferner, ob das *BAG* dem **älteren Arbeitnehmer die Darlegungs- und Beweislast für das Unterschreiten der privilegierenden Altersgrenze** (vgl. BAG 14.8.2002 EzA § 620 BGB Altersgrenze Nr. 13, ausländische Arbeitnehmer) und der fehlenden Anschlussbefristung nach § 14 Abs. 2a S. 4 TzBfG **aufbürden will**. Im Grundsatz gelten hier die obigen Erwägungen zu Rz 376 f. (ebenso *Rolfs* § 14 TzBfG Rz 126; **aA** *Dörner* aaO Rz 1036). **Vertretbar** wäre dies nur, wenn eine **abgestufte Darlegungslast** dahingehend vorgesehen würde, dass zunächst der Arbeitnehmer darlegen muss, bereits zuvor in einem unbefristeten Arbeitsverhältnis zu seinem jetzigen Arbeitgeber gestanden zu haben, bevor den **Arbeitgeber nach entsprechendem Gegenvorbringen die Beweislast** dafür trifft, dass es entweder überhaupt kein unbefristetes Arbeitsverhältnis zu ihm gegeben habe, jedenfalls nicht in einem engen sachlichen Zusammenhang zu der jetzigen Befristung nach Abs. 3 (vgl. BAG 22.6.1994 EzA § 1 BeschFG 1985 Nr. 13; 6.11.2003 EzA § 14 TzBfG Nr. 7). **Ausnahmen** zur Darlegungs- und Beweislast bleiben dagegen die Fälle behaupteten **Rechtsmissbrauchs** oder treuwidriger Handlungsweisen des Arbeitgebers. Hier ist es Sache des **Arbeitnehmers**, die dafür ins Feld geführten Tatsachen zu belegen (Rechtsmissbrauch: *LAG BW* 14.9.2005 – 13 Sa 32/05; *LAG RhPf* 18.1.2006 – 9 Sa 685/05; Treuwidrigkeit: *BAG* 13.5.2004 EzBAT SR 2y BAT TzBfG Nr. 10).

3. Befristungsvereinbarung

Die Vereinbarung einer Befristungsabrede dürfte zur Darlegungs- und Beweislast zukünftig keine Streitfragen mehr aufwerfen, nachdem in § 14 Abs. 4 TzBfG hierfür ein **Schriftformerfordernis** geschaffen wurde, das auch die auflösende Bedingung mit umfasst (§ 21 TzBfG; vgl. BAG 1.12.2004 EzA § 623 BGB 2002 Nr. 3). Wird die **Schriftform nicht eingehalten** und will der Arbeitgeber von seinem ordentlichen Kündigungsrecht aus § 16 S. 2 TzBfG Gebrauch machen, behauptet der Arbeitnehmer dagegen den Abschluss eines unbefristeten Arbeitsvertrages, so verbleibt es bei der allgemeinen **Regel, dass die Partei, die sich auf die Tatsache einer Befristung oder auf die kürzere Dauer des Arbeitsvertrages berufen will, dafür die Darlegungs- und Beweislast zu tragen hat** (*Dörner* Befr. Arbeitsvertrag Rz 1021 f.; MHH-*Meinel* § 14 TzBfG Rz 115). Dies gilt ebenfalls grds. bei Zweckbefristungen für die **Zweckerreichung** und bei auflösenden Bedingungen für den **Bedingungseintritt** (*Dörner* Befr. Arbeitsvertrag Rz 1037 f.; ErfK-*Müller-Glöge* § 15 TzBfG Rz 32; 50; *Boewer* § 15 TzBfG Rz 40; *Hess.* LAG 9.7.1999 LAGE § 1 BeschFG 1985/1996 Klagefrist Nr. 8; vgl. auch KR-*Lipke* § 15 TzBfG Rz 17 f. und KR-*Bader* § 21 TzBfG). Behauptet ein **Arbeitnehmer**, ein von ihm unterzeichneter Arbeitsvertrag, der die Überschrift »**Befristeter Arbeitsvertrag**« trägt, sei in Wahrheit als unbefristeter Arbeitsvertrag geschlossen und vom Arbeitgeber nachträglich **gefälscht** worden, trägt er – soweit die Vertragsurkunde keine Mängel iSv § 419 ZPO aufweist – hierfür die **Beweislast** (*LAG Bln.* 6.5.2003 LAGE § 440 ZPO 2002 Nr. 1). Kommt es im Zusammenhang mit einer **Vertragsverlängerung** nach Abs. 2, 2a und 3 zum Streit darüber, ob die **Vertragsbedingungen** sich aus Anlass der erneuten Befristung **verändert** und damit ein unbefristetes Arbeitsverhältnis nach § 16 S. 1 TzBfG begründet haben, so soll insoweit den Arbeitnehmer die Darlegungs- und Beweislast treffen (*LAG SA* 14.12.2005 – 5(11) Sa 202/05). Auch hier gilt indessen, dass der Arbeitgeber grds. darzulegen und zu beweisen hat, dass es zum Verlängerungszeitpunkt zu keiner befristungsschädlichen Änderung des Vertragsinhalts gekommen ist. Nur dann kann er das Privileg sachgrundloser Befristung weiter nutzen.

4. Befristungsdauer

Ist die **Dauer des befristeten Arbeitsvertrages im Streit**, so ist auf die Verpflichtung des Arbeitgebers nach § 2 Abs. 1 Nr. 3 NachwG hinzuweisen, darüber einen **schriftlichen Nachweis** aufzunehmen. Ist dies geschehen, kann sich der **Arbeitgeber** hierauf berufen. Fehlt der Nachweis und behauptet der Arbeitgeber den Ablauf des Arbeitsvertrages, so trifft ihn für diese **rechtsvernichtende Einwendung**

§ 14 TzBfG   Zulässigkeit der Befristung

(*BAG* 12.10.1994 EzA § 620 BGB Nr. 128; KassArbR-*Schütz* 4.4 Rz 152) **die Darlegungs- und Beweislast** (vgl. auch KR-*Bader* § 3 TzBfG Rz 8). Hat der **Arbeitnehmer** ein unbefristetes Anschlussarbeitsverhältnis bei einem anderen Arbeitgeber gefunden und behauptet abweichend von seinem früheren Arbeitgeber, die Befristung sei bereits abgelaufen, hat er diese Tatsache zu belegen. Es bleibt insoweit bei der Regel, dass derjenige die Befristungsdauer zu beweisen hat, der sich auf die **frühere Vertragsbeendigung** beruft (*BAG* 12.10.1994 EzA § 620 BGB Nr. 128).

381 Im Sonderfall der Wirksamkeit einer **Nichtverlängerungsmitteilung** im Bühnenbereich obliegt dem **Arbeitgeber** zu den dafür ausschlaggebenden **künstlerischen Belangen** die Darlegungs- und Beweislast, im Streit um die **Eignung und Leistungsfähigkeit** des Künstlers wechselt sie zum **Arbeitnehmer** (*BAG* 12.1.2000 EzA § 4 TVG Bühne Nr. 8 zum Normalvertrag Chor; vgl. hierzu auch KR-*Bader* § 3 TzBfG Rz 38 ff.; *Schimana/von Glasz* ArbuR 2003, 365; *Opolony* NZA 2001, 1351).

E. Beteiligungsrechte der Arbeitnehmervertretung

I. Belegschaftsgröße

382 Nach § 99 Abs. 1 BetrVG 1972 war der Betriebsrat in Betrieben mit idR **mehr als 20 wahlberechtigten Arbeitnehmern** vor jeder Einstellung, also auch der eines befristet zu beschäftigenden Arbeitnehmers zu unterrichten. Mit der Novellierung des BetrVG (Gesetz zur Reform des Betriebsverfassungsgesetzes v. 22.7.2001) zum 28.7.2001 (BGBl. I S. 1852) ist für das Beteiligungsrecht des Betriebsrates auf die Arbeitnehmerzahl **im Unternehmen** abzustellen. In der Fläche erweitern sich dadurch die Beteiligungsrechte des Betriebsrates nach **§ 99 BetrVG nF**, da nun kleinere Organisationseinheiten auf der Ebene des Betriebes zusammenzurechnen sind (vgl. zur Kleinbetriebsklausel im KSchG *BVerfG* 27.1.1998 BVerfGE 97, 169 ff. = EzA § 23 KSchG Nr. 17). Mit diesem den **neuen Unternehmensstrukturen** angepassten **Schwellenwert** (BT-Drs. 14/5741 S.50) sind zukünftig Betriebsräte häufiger mit der Einstellung befristeter Arbeitnehmer zu befassen. **Befristet beschäftigte Arbeitnehmer** sind bei der **Feststellung der Belegschaftsgröße mitzuzählen**, wenn sie mit ihrem Arbeitsplatz zur »Regelbelegschaft« gehören (*Fitting* § 99 BetrVG Rz 11; GK-BetrVG/*Kraft/Raab* § 99 BetrVG Rz 7). Eine doppelte Zählung von Stamm- und Vertretungskraft ist nicht möglich (*BAG* 15.3.2006 – 7 ABR 39/05). Beschäftigte mit **Eingliederungsverträgen** sind indessen für die Belegschaftsgröße nicht zu berücksichtigen (§ 231 Abs. 2 SGB III). Vgl. auch KR-Lipke § 620 BGB Rz 94.

II. Beteiligung des Betriebsrats bei der Einstellung

383 Der Betriebsrat ist vor jeder Einstellung eines **befristet** zu beschäftigenden Arbeitnehmers zu beteiligen. Zur Einstellung zählt **jede** für eine bestimmte Zeit vorgesehene **Eingliederung** in den Betrieb (zB auch die Einstellung förderungsbedürftiger Arbeitsloser; Eingliederungsvertrag §§ 229 ff. SGB III). Zur ordnungsgemäßen Unterrichtung bei Einstellung iSv § 99 Abs. 1 S. 1 BetrVG gehört die **Mitteilung des Arbeitgebers**, **ob befristet oder unbefristet eingestellt werden soll**. Der Betriebsrat kann seine Zustimmung zur Einstellung aus den in § 99 Abs. 2 BetrVG aufgeführten Gründen versagen. Da ihm aber – vorbehaltlich tariflicher Erweiterung seiner Rechte – **keine Inhaltskontrolle des Arbeitsvertrages** zusteht, kann er seinen Widerspruch nach § 99 Abs. 2 Nr. 1 BetrVG nicht auf die seiner Meinung nach rechtsunwirksame Befristung des Arbeitsverhältnisses gründen (hM *BAG* 20.6.1978 EzA § 99 BetrVG 1972 Nr. 20; 16.7.1985 EzA § 99 BetrVG 1972 Nr. 40; *Dörner* ArbRBGB Rz 446; *ders.* Befr. Arbeitsvertrag Rz 864 f.; ErfK-*Müller-Glöge* § 3 TzBfG Rz 19; KDZ-*Däubler* Rz 194 f.; *Hueck/v. Hoyningen-Huene* § 1 KSchG Rz 590d; KassArbR-*Schütz* 4.4. Rz 114; MünchKomm-*Hesse* § 3 TzBfG Rz 16; *Fitting* § 99 BetrVG Rz 34, 36, 159 mwN.; aA DKK-*Kittner* § 99 BetrVG Rz 172; *Krüger* AiB 1997, 581, 592; *Lohfeld* S. 412 ff., Zustimmungsverweigerungsrecht, wenn kollektive Interessen der Belegschaft durch Befristung berührt werden; ebenso *Wenning-Morgenthaler* BB 1989, 1050, falls tarifvertraglich dem Betriebsrat Inhaltskontrolle eingeräumt wird; vgl. auch *Kohte* BB 1986, 397, 406; *ders.* Anm. *BAG* ArbuR 1986, 188; krit. ebenfalls HaKo-BetrVG/*Kreuder* § 99 BetrVG Rz 61, der einen Widerspruch zu der dem Betriebsrat zustehenden Rechtmäßigkeitskontrolle nach § 99 Abs. 2 Nr. 1 erkennt).

384 Doch **nicht die Einstellung als solche**, sondern die vorgesehene Art der späteren Beendigung (Befristung) **verstößt gegen das Gesetz** (*BAG* 28.6.1994 EzA § 99 BetrVG 1972 Nr. 123; ähnlich BVerwGE 57, 280). Schließlich legt das Gesetz nunmehr in **§ 16 TzBfG** die Folgen einer unwirksamen Befristung zu Lasten des Arbeitgebers ausdrücklich fest; würde dies an die Ablehnung des Betriebsrates gebunden, träfen die Folgen allein den einzustellenden Arbeitnehmer (*Preis/Lindemann* NZA 2001 Sonderheft,

S. 46). Anderenfalls würde sich die dem § 99 BetrVG innewohnende **Schutzfunktion** für den einzustellenden Arbeitnehmer in ihr Gegenteil verkehren. Deshalb dürfen Bedenken gegen die inhaltliche Arbeitsvertragsgestaltung das Beteiligungsrecht des Betriebsrats zur Einstellung aus § 99 BetrVG grds. nicht berühren. Das gilt auch bei einer dem Betriebsrat **nicht mitgeteilten** und befristungsschädlichen »**Vorbeschäftigung**« im Falle der sachgrundlosen Befristung nach § 14 Abs. 2 TzBfG (*Straub* NZA 2001, 927).

Ausnahmen können sich nur aus einer **tariflichen Regelung** ergeben, die eine befristete Beschäftigung verbietet oder einschränkt (zB keine Beschäftigung unter 20 Wochenarbeitsstunden, BAG 28.1.1992 EzA § 99 BetrVG 1972 Nr. 103 m. Anm. *Dauner-Lieb*) und hierüber das **Beteiligungsrecht** des Betriebsrates über § 99 Abs. 2 Nr. 1 BetrVG hinaus im kollektiven Interesse der Belegschaft **verstärken** soll (BAG 28.6.1994 EzA § 99 BetrVG 1972 Nr. 123; anders im Personalvertretungsrecht BAG 13.4.1994 EzA § 620 BGB Nr. 123). Der **Schutzzweck der verletzten (Tarif)norm** iSv § 99 Abs. 2 Nr. 1 BetrVG **kann konkret gebieten**, eine **befristete Beschäftigung** von Arbeitnehmern ganz zu **verhindern**. Ergibt sich zB klar und deutlich aus einer **tariflichen Regelung (Betriebsnorm)**, dass die befristete Beschäftigung untersagt wird, um der Aufteilung in eine Stamm- und Randbelegschaft und der Gefahr eines möglicherweise damit verbundenen Unterzietungswettbewerbs zu begegnen, so kann nur mit **Zustimmung** des Betriebsrats **auch zur Befristung** das befristete Arbeitsverhältnis von dem Arbeitnehmer **tatsächlich aufgenommen** werden (BAG 28.6.1994 EzA § 99 BetrVG 1972 Nr. 123; *Kohte* aaO; *Wenning-Morgenthaler* aaO; einschränkend GK-BetrVG/*Kraft/Raab* § 99 BetrVG Rz 128 f., 132). Lässt sich dagegen ein solches oder ähnliches, die **Organisationsgewalt des Arbeitgebers beschränkendes Verbotsziel** aus dem Tarifvertrag erkennbar nicht ablesen (vgl. dazu BAG 27.4.1988 EzA § 1 BeschFG 1985 Nr. 4; wohl auch BAG 17.6.1997 EzA § 99 Einstellung Nr. 4 zu tariflichen Arbeitszeitquoten), beschränkt sich die tarifliche Regelung vielmehr darauf, einen sachlichen oder in der Person des Arbeitnehmers liegenden Grund für die befristete Beschäftigung zu verlangen, so geht es vorrangig um den **individuellen Schutz** des einzustellenden Arbeitnehmers und nicht um die vom Betriebsrat zu vertretenen **kollektiven Belegschaftsinteressen** (weitergehend *Plander* Der Betriebsrat als Hüter des zwingenden Rechts, 1982, S. 187 ff.; ders. Anm. BAG AiB 1995, 125, der dem Betriebsrat generell eine Kompetenz zur vertraglichen Inhaltskontrolle zubilligt). 385

Diese **Rechtslage** hat sich **durch** das Inkrafttreten des **TzBfG nicht maßgeblich geändert**. Zwar stehen dem Betriebsrat jetzt entsprechend den Erwägungen in der Richtlinie 1999/70/EG (KR-*Lipke* § 620 BGB Rz 94, 154) nach § 20 TzBfG **zusätzliche Unterrichtungsrechte** zur Anzahl der befristet beschäftigten Arbeitnehmer im Betrieb und Unternehmen zu, die bestehende Informations- und Beratungsrechte aus § 92 BetrVG vervollständigen (näher dazu KR-*Bader* § 20 TzBfG Rz 2 ff.). Eine **Stärkung der Kontrollrechte des Betriebsrates ist damit jedoch nicht verbunden**. Die Befugnis, die Rechtfertigung der Befristung bei Einstellung überprüfen zu dürfen, ist dem Betriebsrat – trotz dahingehender Forderungen aus dem Lager der Gewerkschaften – **auch durch** das **BetrVerf-Reformgesetz** v. 23.7.2001 (BGBl. I S. 1852) **nicht** zugestanden worden (*Oetker* NZA 2003, 937). 386

Allerdings ist das bestehende **Zustimmungsverweigerungsrecht in § 99 Abs. 2 Nr. 3 BetrVG** mit Blick auf die bereits im Betrieb befristet beschäftigten Arbeitnehmer **ergänzt worden**. Voraussetzung ist, dass andere im Betrieb beschäftigte Arbeitnehmer, nicht der befristet eingestellte Arbeitnehmer selbst (BAG 5.4.2001 NJW 2002, 698), durch die befristete Einstellung Nachteile erleiden (KDZ-*Däubler* Rz 197). Dazu zählen nicht die auf anderer arbeitsvertraglicher Grundlage im Betrieb eingesetzten **Leiharbeitnehmer**, jedoch die unwirksam befristet beschäftigten Arbeitnehmer (*Oetker* NZA 2003, 940 f. mwN). Als »Nachteil« iSv Nr. 3 ist nunmehr auch zu bewerten, wenn der Arbeitgeber eine unbefristete Neueinstellung (zB auch durch Übernahme eines Auszubildenden, BAG 11.6.2002 EzA § 99 BetrVG Nr. 139) beabsichtigt, ohne dabei **gleich geeignete**, befristet im Betrieb beschäftigte **Bewerber** zu berücksichtigen. Gleich geeignet kann dabei iSv § 9 TzBfG verstanden werden, dh dass die Anforderungen des Arbeitsplatzes erfüllt werden können (*Oetker* aaO). Der Betriebsrat kann damit Einfluss darauf nehmen, befristet beschäftigten Arbeitnehmern die **Chance eines Wechsels auf einen Dauerarbeitsplatz** zu **erhalten** (BT-Drs. 14/5741 S. 50; *Dörner* ArbRBGB Rz 447; *Oetker* NZA 2003, 939; krit. *Däubler* AiB 2001, 313, 381). Mehr aber nicht, denn der Arbeitgeber ist im Falle der erfolgreichen Zustimmungsverweigerung seitens des Betriebsrats nicht verpflichtet, den bisher befristet beschäftigten Arbeitnehmer nunmehr unbefristet zu übernehmen (*Dörner* Befr. Arbeitsvertrag Rz 867; ErfK-*Müller-Glöge* § 3 TzBfG Rz 19). Nr. 3 ist nicht einschlägig, wenn ein Arbeitnehmer zunächst befristet eingestellt wird und das Arbeitsverhältnis später in ein unbefristetes Arbeitsverhältnis umgewandelt wird (ErfK-*Kania* § 99 BetrVG Rz 31a; *Richardi/Thüsing* BetrVG § 99 Rz 222; KDZ-*Däubler* Rz 197). 387

388 Das verstärkte Beteiligungsrecht des Betriebsrats nach § 99 Abs. 2 Nr. 3 BetrVG ist nicht anwendbar bei der Besetzung einer **Beförderungsstelle**, da gleich geeignet iSv Nr. 3 nur Arbeitnehmer sind, die kraft Direktionsrechts des Arbeitgebers auf den freien Arbeitsplatz versetzt werden können (*Preis/Lindemann* NZA 2001 Sonderheft S. 47). Es verbleibt somit dabei, dass es dem Betriebsrat auch zukünftig nicht mit Aussicht auf Erfolg gelingen kann, die Zustimmung zu einer befristeten Einstellung zu versagen, weil nach seiner Ansicht weder Sachgründe (§ 14 Abs. 1 TzBfG) noch die Zulässigkeitsvoraussetzungen einer sachgrundlosen Befristung (§ 14 Abs. 2 und 3 TzBfG; vgl. *LAG Bln.* 20.1.1986 BB 1986, 942) vorliegen (vgl. *Lakies* DZWIR 2001, 17; *BBDW-Bader* Rz 290; *Oetker* NZA 2003, 938 mwN). Der befristet beschäftigte Arbeitnehmer kann mit Hilfe des Betriebsrats den Arbeitgeber auch nicht zur **Vertragsverlängerung** oder zur **Wiedereinstellung** verpflichten (*Preis/Lindemann* NZA 2001 Sonderheft, aaO).

389 Als Einstellung zählt die nach § 14 Abs. 2 und 3 TzBfG mögliche **Verlängerung des befristeten Arbeitsvertrages,** da die ursprüngliche Zustimmung des Betriebsrates sich nur auf die vorgesehene Zeitspanne der Eingliederung in den Betrieb beschränkt. Im Fall der Verlängerung können neue, zu berücksichtigende kollektive Gesichtspunkte entstanden sein, die der Betriebsrat zu beachten hat (*BAG* 7.8.1990 EzA § 99 BetrVG 1972 Nr. 91; 28.4.1998 EzA § 99 BetrVG Einstellung Nr. 5; *Dörner* Befr. Arbeitsvertrag Rz 868). Das gilt ebenso bei der **unbefristeten Fortsetzung des bisher befristeten Arbeitsverhältnisses oder einer Fortführung über eine vorgesehene Altersgrenze** hinaus (*BAG* 16.7.1985 EzA § 99 BetrVG Nr. 40; *Sächs. LAG* 7.12.1995, *LAG Bra.* 8.1.1997 PersR 1997, 36, 316; *LAG Hmb.* 23.1.1997 NZA-RR 1997, 292; *LAG RhPf* 28.1.2001 ZTR 2001, 477; *Fitting* BetrVG § 99 Rz 37; *Richardi/Thüsing* BetrVG § 99 Rz 35; **aA** GK-BetrVG/*Kraft/Raab* § 99 Rz 26; *Hunold* NZA 1997, 745). Ebenfalls als beteiligungspflichtige Einstellung ist die **Aufnahme einer aushilfsweise befristeten Teilzeitbeschäftigung auf dem bisherigen Arbeitsplatz** zu werten, die ein/e Arbeitnehmer/in nach Antritt der **Elternzeit** mit ihrem bisherigen Arbeitgeber vereinbart (*BAG* 28.4.1998 EzA § 99 BetrVG Einstellung Nr. 5) oder einer **Änderung der Arbeitszeit** von Gewicht (Arbeitszeiterhöhung; *BAG* 25.1.2005 EzA § 99 BetrVG 2001 Einstellung Nr. 3).

390 Dagegen braucht der **Betriebsrat nicht erneut beteiligt zu werden,** wenn der Arbeitgeber beabsichtigt, den nach Bewährung in einem **befristeten Probearbeitsverhältnis** stehenden Arbeitnehmer unbefristet weiterzubeschäftigen und der Betriebsrat über diese Absicht bei Einstellung unterrichtet wurde (*BAG* 7.8.1990 EzA § 99 BetrVG 1972 Nr. 91; *Hoß/Lohr* MDR 1998, 323; *Oetker* NZA 2003, 940; *Richardi/Thüsing* BetrVG § 99 Rz 222). Eine erneute Beteiligung des Betriebsrates zur **Eingruppierung** ist nicht geboten, wenn sich an ein befristetes Arbeitsverhältnis ein weiteres (unbefristetes) Arbeitsverhältnis anschließt und der betroffene Arbeitnehmer seine **Tätigkeit unverändert fortsetzen soll** (*BAG* 11.11.1997 EzA § 99 BetrVG 1972 Eingruppierung Nr. 1). Dies gilt auch für **Statusveränderungen** (Insichbeurlaubungen von Beamten zum Abschluss befristeter Arbeitsverträge; Dt. Telekom), soweit sich an der Eingliederung in den Betrieb nichts ändert (*LAG Bln.* 8.1.1998 NZA-RR 1998, 447). Endet das Arbeitsverhältnis durch Zeitablauf, bedarf es **keiner Anhörung** des Betriebsrats **nach § 102 BetrVG.** Das gilt ebenso bei einer **Nichtverlängerungsanzeige** eines befristeten Arbeitsverhältnisses im künstlerischen Bereich (*BAG* 28.10.1986 EzA § 118 BetrVG 1972 Nr. 38; *Opolony* NZA 2001, 1351 f. mwN); ebenso bei Geltung des **Personalvertretungsrechts**: st.Rspr. zuletzt *BVerwG* 29.1.2003 PersR 2003, 156). Vgl. hierzu KR-*Bader* § 3 TzBfG Rz 38 ff.

391 **Verweigert** der Betriebsrat form- und fristgerecht seine Zustimmung zur Einstellung oder Eingruppierung eines befristet zu beschäftigenden Arbeitnehmers, obwohl ihm ein **Vetorecht** aus § 99 Abs. 2 BetrVG **materiell nicht zusteht**, so hat der **Arbeitgeber gleichwohl** das **Zustimmungsersetzungsverfahren** nach Abs. 4 **durchzuführen** (*BAG* 16.7.1985 EzA § 99 BetrVG 1972 Nr. 40). Es besteht insoweit **kein Vorprüfungsrecht des Arbeitgebers**; die Zustimmungsverweigerungsgründe des Betriebsrates haben nur im Zusammenhang mit den Gründen aus Abs. 2 zu stehen, sie müssen nicht einleuchtend sein (*Fitting* § 99 BetrVG Rz 215 mwN; MHH-*Meinel* § 14 TzBfG Rz 116; **aA** *Dörner* Befr. Arbeitsvertrag Rz 871; *Sowka* DB 1988, 2461; *v. Hoyningen-Huene* Anm. SAE 1986, 186). Unbeachtlich sind nur offensichtlich unwirksame (abwegige und rechtsmissbräuchliche) Zustimmungsverweigerungen (GK-BetrVG/*Kraft/Raab* § 99 Rz 116 ff.). Im Übrigen ist es **Sache des betroffenen Arbeitnehmers**, sich **gegen die unwirksame Befristungsabrede zu wenden**. Mangels **Antragsbefugnis** ist es für den Betriebsrat nicht möglich, als **Prozessstandschafter** des Arbeitnehmers die Unwirksamkeit der Befristung geltend zu machen (*BAG* 5.5.1992 NZA 1992, 1089; 28.6.1994 EzA § 99 BetrVG 1972 Nr. 123).

Zulässigkeit der Befristung § 14 TzBfG

III. Überblick zur Beteiligung des Personalrats bei der Einstellung

Als Arbeitnehmervertretung iSv § 20 TzBfG stehen den **Personalräten** ab dem 1.1.2001 ebenfalls **Un-** 392
terrichtungsrechte über die Zusammensetzung der Belegschaften in den Behörden zu (*Kröll* Personalrat 2001, 179, 186). **Die Personalvertretungsgesetze des Bundes und der Länder schaffen unterschiedliche Rechtsgrundlagen für die Beteiligung der Personalvertretungen, so dass sich kein einheitliches Bild ergibt.** Die Mitbestimmung des **Personalrates** bei der **Einstellung** in ein befristetes Arbeitsverhältnis (zB § 75 Abs. 1 BPersVG) gibt ihm – wie dem Betriebsrat – **nicht das Recht, den vorgesehenen Vertragsinhalt** auf seine Übereinstimmung mit dem materiellen Recht **zu überprüfen** (st.Rspr., zuletzt *BVerwG* 12.6.2001 NZA 2001, 1091; 15.11.1989 Personalrat 1990, 13; *BAG* 28.6.1994 EzA § 99 BetrVG 1972 Nr. 110; *Dörner* Befr. Arbeitsvertrag Rz 875 ff.; KDZ-*Däubler* Rz 201; krit. *Plander* Anm. AP Nr. 9 zu § 72 LPVG NW; *Schubert* Personalrat 1999, 482, 491 mwN), es sei denn, die **landesgesetzliche Regelung** gewährt der Personalvertretung zusätzliche Rechte bei Gestaltung des Arbeitsverhältnisses. Als Einstellung zählt auch die **Verlängerung eines befristeten Arbeitsverhältnisses** (BVerwGE 57, 280). Teilweise wird der Personalrat auch nur auf Antrag beteiligt (Lehrbeauftragter; *BAG* 3.11.1999 EzA § 620 BGB Hochschulen Nr. 20).

Geht das **Mitbestimmungsrecht des Personalrates** nicht nur auf die »Einstellung« oder die »Kündi- 393
gung«, sondern umfasst es ebenso die »**Befristung von Arbeitsverhältnissen**«, so soll der Personalrat – wie in § 72 Abs. 1 Nr. 1 NW PersVG (Nordrhein-Westfalen) oder § 63 Abs. 1 Nr. 4 LPVG BBG (Brandenburg) – an der **inhaltlichen Ausgestaltung des Arbeitsvertrages** teilhaben (*BAG* 20.2.2002 EzA § 620 BGB Nr. 188; 27.9.2000 EzA § 1 BeschFG 1985 Nr. 21). Diesem besonderen Schutzzweck des Mitbestimmungstatbestandes entspricht es dann, wenn eine ohne **Zustimmung des Personalrats** vereinbarte Befristung unwirksam ist (*BAG* 13.4.1994 EzA § 620 BGB Nr. 123; 8.7.1998 EzA § 620 BGB Nr. 150; *LAG Bra.* 8.1.1997 PersonalR 1997, 316; zur nachträglichen Befristung, Art. 75 Abs. 1 Nr.1 BayPVG, *BayVGH* 31.7.1996 Personalrat 1997, 167; Verlängerung der Befristung, § 80 Abs. 1 Nr. 1 und 9 Sächs PersVG, *Sächs. LAG* 7.2.1995 Personalrat 1997, 36; *LAG RhPf* 28.8.2001 NZA-RR 2002, 167; Änderungen des Arbeitsvertrages, *BAG* 24.10 2001 EzA § 1 BeschFG 1985 Klagefrist Nr. 8; Sachsen, keine Mitbestimmung bei Befristungsvereinbarung, *BAG* 26.2.2002 PersV 2003, 116; Niedersachsen, kein Mitbestimmungsrecht bei der Entscheidung zur Nichtverlängerung befristeter Arbeitsverhältnisse, *VG Oldenburg* 17.3.2006 – 9 A 3257/05). **Hierfür bedarf es jedoch eines im anzuwendenden LPersVG deutlich erkennbaren besonderen Mitbestimmungstatbestandes** (BVerwGE 82, 291 ff. = NJW 1990, 174; *Raedel* PersonalR 2000, 6). Ein Mitbestimmungsrecht bei der »Änderung des Arbeitsvertrages« (§ 87 Abs. 1 Nr. 7 HmbPersVG) soll den Besitzstand des Arbeitnehmers schützen und betrifft deshalb nicht den Neuabschluss oder die Verlängerung eines befristeten Arbeitsvertrages (*BAG* 21.2.2001 EzA § 620 BGB Nr. 174). Ansonsten führt die **Verletzung des Mitbestimmungsrechts** des Personalrats bei der Befristungsverlängerung **nicht** zur Unwirksamkeit der Befristungsabrede und zur **Begründung eines unbefristeten Arbeitsvertrages** (zB *LAG Nds.* 5.12.2002 LAGE § 620 BGB Personalrat Nr. 8, zu § 65 Abs. 2 Nr. 4 NPersVG). Ein Zustimmungsverweigerungsrecht findet ausnahmsweise dann im Zusammenhang mit der Befristung von Arbeitsverhältnissen Anerkennung, wenn eine Vielzahl befristeter Einstellungen **kollektiv** zu einer unzumutbaren Belastung der ständig beschäftigten Arbeitnehmer führt (*BVerwG* 6.9.1995 PersV 1996, 265 zu §§ 77 Abs. 1 Nr. 2a, 69 Abs. 1 S. 1 und Abs. 2 S. 4 Hess PVG).

Missachtet der öffentliche Arbeitgeber das dem Personalrat bei der Vereinbarung befristeter Arbeits- 394
verhältnisse zustehende **Mitbestimmungsrecht**, so führt dies zur **Unwirksamkeit der Befristung** (*BAG* 9.6.1999 EzA § 620 BGB Nr. 163, zu § 63 Abs. 1 Nr. 4 LPVG Brandenburg). Dies gilt auch bei einer nicht ordnungsgemäßen Personalratsbeteiligung zur **befristeten Veränderung von Arbeitsbedingungen** (*LAG Hamm* 16.4.2002 LAGE § 620 BGB Personalrat Nr. 7; Erhöhung der Arbeitszeit, *LAG Bra.* 9.2.2006 – 3 Sa 568/04). Eine **nachträgliche Zustimmung** des Personalrats kann diesen Verstoß **nicht heilen** (*BAG* 20.2.2002 EzA § 620 BGB Nr. 188 zu § 72 Abs. 1 S. 1 Nr. 1 LPVG NW; *LAG Düssel.* 9.9.1999 LAGE § 620 BGB Personalrat Nr. 1; *LAG Köln* 1.8.2000 LAGE § 620 BGB Personalrat Nr. 2; 27.6.2001 LAGE § 620 BGB Personalrat Nr. 4). Hat der Personalrat seine Zustimmung konkret für ein 1 Jahr dauerndes Arbeitsverhältnis erteilt und schließen die Parteien alsdann einen Zeitvertrag von kürzerer (oder längerer) Dauer als mitgeteilt, wird sein **Mitbestimmungsrecht verletzt**. Es besteht dann ein **Arbeitsverhältnis auf Dauer** und nicht nur für den zunächst geplanten Zeitraum (*BAG* 8.7.1998 EzA § 620 BGB Nr. 150, zu § 72 Abs. 1 S. 1 Nr. 1 LPVG NW).

Für die Willensbildung des Personalrats spielt die Dauer der Befristung eine erhebliche Rolle. Der 395
Schutzzweck des landesrechtlich gewährten Mitbestimmungsrechts geht aber dahin, nur mit Zustimmung des Personalrats vereinbarte Befristungen (einschließlich ihrer Dauer) zuzulassen. Die **Zu-**

stimmung bezieht sich demnach auf die ihm mitzuteilenden **Angaben zur Befristungsdauer** und **zum Befristungsgrund** (*LAG Bra.* 9.2.2006 – 3 Sa 568/04; *Hoß/Lohr* MDR 1998, 323); die Vertragsfreiheit des öffentlichen Arbeitgebers ist insoweit eingeschränkt (*BAG* 27.9.2000 EzA § 1 BeschFG 1985 Nr. 21, zu §§ 61 Abs. 1, 63 Abs. 1 Nr. 4 LPVG Brandenburg). Auf einen dem Personalrat nicht mitgeteilten Befristungsgrund kann der Arbeitgeber die Befristung nicht stützen (§§ 66 Abs. 1, 72 Abs. 1 S. 1 Nr. 1 LPVG NW; *BAG* 15.2.2006 ZTR 2006, 508). Ist die Zustimmung des Personalrats erteilt, wird die Befristung indessen nicht wegen eines geringfügigen Fehlers (zB falsches Eintrittsdatum) unwirksam (*LAG Düsseld*. 1.2.2002 LAGE § 620 BGB Personalrat Nr. 6). Die Unterrichtungspflichten des öffentlichen Arbeitgebers gehen **nicht soweit**, dass er unaufgefordert das Vorliegen des **Sachgrundes** (SR 2y BAT oder § 14 Abs. 1 und 2 TzBfG oder § 21 BEEG) **im Einzelnen gegenüber dem Personalrat zu begründen hat.** Es genügt, wenn er dem Personalrat den Sachgrund für die Befristung seiner Art nach mitteilt (*BAG* 27.9.2000 EzA § 1 BeschFG 1985 Nr. 21). So reicht der Hinweis auf eine Vertretung nach § 21 BEEG aus, ohne dabei zwischen unmittelbarer und mittelbarer Vertretung zu unterscheiden (näher dazu insgesamt *Dörner* Befr. Arbeitsvertrag Rz 875-886). Zur Beteiligung des Personalrats bei der **Nichtverlängerungsmiteilung** im künstlerischen Bereich vgl. o. Rz 390 aE.

§ 15 Ende des befristeten Arbeitsvertrages.
(1) Ein kalendermäßig befristeter Arbeitsvertrag endet mit Ablauf der vereinbarten Zeit.
(2) Ein zweckbefristeter Arbeitsvertrag endet mit Erreichen des Zwecks, frühestens jedoch zwei Wochen nach Zugang der schriftlichen Unterrichtung des Arbeitnehmers durch den Arbeitgeber über den Zeitpunkt der Zweckerreichung.
(3) Ein befristetes Arbeitsverhältnis unterliegt nur dann der ordentlichen Kündigung, wenn dies einzelvertraglich oder im anwendbaren Tarifvertrag vereinbart ist.
(4) 1Ist das Arbeitsverhältnis für die Lebenszeit einer Person oder für längere Zeit als fünf Jahre eingegangen, so kann es von dem Arbeitnehmer nach Ablauf von fünf Jahren gekündigt werden. 2Die Kündigungsfrist beträgt sechs Monate.
(5) Wird das Arbeitsverhältnis nach Ablauf der Zeit, für die es eingegangen ist, oder nach Zweckerreichung mit Wissen des Arbeitgebers fortgesetzt, so gilt es als auf unbestimmte Zeit verlängert, wenn der Arbeitgeber nicht unverzüglich widerspricht oder dem Arbeitnehmer die Zweckerreichung nicht unverzüglich mitteilt.

Literatur
Vgl. die Angaben vor § 1 TzBfG und § 620 BGB unter Buchstabe c).

Inhaltsübersicht

	Rz		Rz
A. Regelungsgehalt der Norm	1	2. Form	11–12b
B. Beendigung des befristeten Arbeitsverhältnisses	2–4	3. Inhalt	13, 14
		4. Frist	15, 16
C. Ende bei kalendermäßiger Befristung (Abs. 1)	5	III. Darlegungs- und Beweislast	17, 18
D. Ende bei Zweckbefristung (Abs. 2)	6–19	IV. Verhältnis zwischen § 15 Abs. 2 und Abs. 5	19
I. Zweckerreichung und Verlängerungsphase	6–9	E. Möglichkeit der ordentlichen Kündigung (Abs. 3)	20–22a
1. Zweiwochenfrist	6-7c	F. Möglichkeit der außerordentlichen Kündigung	23
2. Gesetzliche Verlängerung des Arbeitsverhältnisses	8, 9	G. Kündigungsmöglichkeit bei langfristiger Bindung (Abs. 4)	24-25a
II. Unterrichtung über den Zeitpunkt der Zweckerreichung	10–16	H. Fortsetzung mit Wissen des Arbeitgebers (Abs. 5)	26-30
1. Rechtsnatur	10		

A. Regelungsgehalt der Norm

1 Die Vorschrift des § 15 regelt die **Rechtsfolgen der wirksamen Befristung**. Dabei wird vorausgesetzt, dass das wirksam befristete Arbeitsverhältnis grds. automatisch mit Fristablauf endet, ohne dass es ei-

ner Kündigung bedarf (KR-*Lipke* § 620 BGB Rz 53 f.). Im Interesse der Klarheit und Rechtssicherheit wird das Vertragsende nunmehr gesetzlich für zwei Fallgestaltungen bestimmt. Das befristete Arbeitsverhältnis findet danach sein Ende, wenn bei einer **kalendermäßigen Befristung (Abs. 1)** die vereinbarte Zeit abgelaufen ist oder bei einer **Zweckbefristung (Abs. 2)** der Zweck erreicht wurde, frühestens jedoch zwei Wochen nach Zugang der schriftlichen Unterrichtung des Arbeitnehmers über den Zeitpunkt der Zweckerreichung (*BAG* 21.12.2005 EzA § 14 TzBfG Nr. 25). Weiter bestimmt **Abs. 3**, unter welchen Voraussetzungen das befristete Arbeitsverhältnis **ordentlich gekündigt** werden kann. **Abs. 4** enthält eine **§ 624 BGB** entsprechende Regelung, während **Abs. 5** für den befristeten Arbeitsvertrag **§ 625 BGB** mit Abweichungen aufnimmt. Zu den Besonderheiten der **Nichtverlängerungsmitteilung** wird verwiesen auf KR-*Lipke* § 620 BGB Rz 53, KR-*Bader* § 3 TzBfG Rz 38 ff mwN. Da bei **Massenentlassungen** eine Beendigung aufgrund Befristung oder auflösender Bedingung trotz § 17 Abs. 1 S. 2 KSchG nicht von der **Anzeigepflicht** erfasst wird, kommt eine Entlassungssperre nach § 18 KSchG nicht zum Tragen (dazu KR-*Weigand* § 17 KSchG Rz 44; BBDW-*Dörner* § 17 KSchG Rz 21; *Opolony* NZA 1999, 794; *Schimana/von Glasz* ArbuR 2002, 365).

B. Beendigung des befristeten Arbeitsverhältnisses

Das wirksam befristete Arbeitsverhältnis **endet von selbst** mit Erreichen der vereinbarten Frist (Abs. 1) oder mit Zweckerreichung (Abs. 2). Die Wirksamkeit der Befristung setzt eine nach § 14 Abs. 4 TzBfG schriftformgerechte Abrede zum vorgesehenen Ende des Arbeitsverhältnisses oder – im Fall einer Zweckbefristung – eine ebenfalls formgerechte Vereinbarung des Vertragszwecks voraus (*BAG* 16.3.2005 EzA § 14 TzBfG Nr. 17; 21.12.2005 EzA § 14 TzBfG Nr. 25; KR-*Spilger* Anh. § 623 BGB Rz 30 ff.). Einer schriftlichen **Kündigungserklärung** oder sonstigen Unterrichtung durch den Arbeitgeber bedarf es nicht (ErfK-*Müller-Glöge* Rz 1; *Dörner* Befr. Arbeitsvertrag Rz 887). Hiervon ist für kalendermäßig sachgrundlos befristete Arbeitsverhältnisse keine Ausnahme zu machen (aA *Schimana/von Glasz* ArbuR 2002, 368), denn der **Schutz** einer Mitteilung nach **§ 15 Abs. 2 TzBfG**, den Arbeitnehmer **vor einem überraschenden Ende des Arbeitsverhältnisses** zu bewahren, lässt sich bei einer **zeitlich festliegenden Befristung** mit oder ohne Sachgrund gar nicht verwirklichen. Ein gleichwohl gegebener Hinweis des Arbeitgebers auf die Befristung oder eine Berufung darauf stellt grds. keine Kündigung dar (KR-*Lipke* § 620 BGB Rz 53; s.a. KR-*Lipke* § 16 TzBfG Rz 9 ff. für den Fall unwirksamer Befristung). Der Arbeitgeber braucht den Arbeitnehmer eines zeitlich befristeten Arbeitsverhältnisses ferner nicht auf seine Meldepflicht nach § 37b SGB III hinzuweisen, sich spätestens drei Monate vor der vorgesehenen Beendigung bei der Arbeitsagentur zu melden (ErfK-*Müller-Glöge* Rz 1; vgl. *BAG* 29.9.2005 EzA § 280 BGB 2002 Nr. 1; aA *Gräfl/Arnold-Arnold* Rz 12). 2

Völlig unerheblich für die Beendigung des Arbeitsverhältnisses infolge Befristung ist dabei, ob zum **Beendigungszeitpunkt** der die Befristung rechtfertigende **Sachgrund** noch fortbesteht, denn für die Rechtsbeständigkeit einer Sachgrundbefristung sind allein die Umstände zum **Zeitpunkt des Vertragsabschlusses** (KR-*Lipke* § 14 TzBfG Rz 35 ff.; ErfK-*Müller-Glöge* Rz 9) maßgebend. Nach der hier vertretenen Rechtsauffassung ist daher die Rechtsprechung zur Wiedereinstellung nach betriebsbedingter Kündigung nicht übertragbar, da es bei der Befristung allein auf die Verhältnisse bei Begründung des Arbeitsverhältnisses ankommt (*Dörner* ZTR 2001, 495). Soweit hierzu erwogen wird dem Arbeitnehmer unter bestimmten Voraussetzungen dennoch einen **Fortsetzungs- oder Wiedereinstellungsanspruch** zu gewähren (grds. verneinend *BAG* 20.2.2002 EzA § 620 BGB Nr. 189; ErfK-*Müller-Glöge* Rz 10), wird auf die insoweit differenzierenden Ausführungen bei KR-*Bader* § 17 TzBfG Rz 58 ff. hingewiesen. Auf die tatsächliche Möglichkeit einer unbefristeten oder befristeten Weiterbeschäftigung zum Ende der Befristung kommt es mithin nicht an. Näher dazu KR-*Bader* § 17 TzBfG Rz 78 ff. 3

Kommt es allein auf die Umstände bei Vertragsschluss an, sind bei Befristungsende, gleichgültig ob Zeit- oder Zweckbefristung, die Vorschriften des **besonderen Kündigungsschutzes nach MuschG, SGB IX und BEEG** nicht anwendbar (KR-*Lipke* § 620 BGB Rz 54; *Annuß/Thüsing-Maschmann* Rz 1; *Boewer* Rz 11; vgl. freilich KR-*Bader* § 21 TzBfG Rz 2 u. 41). Ebenso entfällt **eine Beteiligung von Betriebs- oder Personalrat** in Bezug auf die Beendigung als solche (KR-*Etzel* § 102 BetrVG Rz 39 u. §§ 72, 79, 108 BPersVG Rz 12; KR-*Lipke* § 620 BGB Rz 159 ff.; ErfK-*Müller-Glöge* Rz 8, der auf eine besondere Regelung zum Hochschulbereich in § 77 Abs. 4 MitbestG SH in Schleswig-Holstein hinweist, wonach befristete Arbeitsverhältnisse von Personalräten in bestimmten Fällen zu verlängern sind; vgl. *BAG* 4.6.2003 EzBAT SR 2 y BAT Hochschulen/Forschungseinrichtungen Nr. 54). 4

C. Ende bei kalendermäßiger Befristung (Abs. 1)

5 Ist ein Arbeitsvertrag wirksam kalendermäßig befristet (§ 3 Abs. 1 S. 1 u. 2 TzBfG; zur Bestimmtheit KR-*Bader* § 3 TzBfG Rz 17 f.), so ergibt sich nach Abs. 1 das Ende aus der **Vereinbarung**. Denkbar sind unterschiedliche Vereinbarungen. Es kann ein **bestimmtes Enddatum** vereinbart sein, dann endet das Arbeitsverhältnis mit dem Ablauf dieses genannten Tages. Entsprechendes gilt, wenn die Befristung für die Dauer der Betriebsferien des Unternehmens oder der Dauer der Sommerferien in einem Bundesland vereinbart ist. Das Arbeitsverhältnis endet dann mit Ablauf des letzten Ferientags. Aufgrund der Vertragsfreiheit kann auch ein **Zeitpunkt im Verlaufe eines Tages (12 Uhr mittags, Schichtende)** als Enddatum festgelegt werden (*Dörner* Befr. Arbeitsvertrag Rz 890; ErfK-*Müller-Glöge* Rz 1, 4). Ist als Ende des Arbeitsverhältnisses das Ende einer **bestimmten Kalenderwoche** oder eines **bestimmten Monats** eines Jahres vereinbart, endet das Arbeitsverhältnis mit dem Ablauf des Sonntags der angegebenen Woche oder mit Ablauf des letzten Tages des genannten Monats. Wird eine bestimmte Frist vereinbart, die sich nach Wochen, Monaten oder Jahren bemisst (zum Verständnis anderer Fristangaben § 189 BGB), sind für die Fristberechnung die **§§ 187 Abs. 2, 188 Abs. 2 BGB** maßgebend. Der Tag des Beginns des Arbeitsverhältnisses – dieser muss natürlich klar sein – wird in der Fristberechnung mitgezählt (§ 187 Abs. 2 BGB), die Frist endet mit Ablauf des Tages, der durch seine Benennung oder seine Zahl dem Tage des Fristbeginns entspricht. Das bedeutet: Beginnt das Arbeitsverhältnis an einem Dienstag und ist eine einwöchige Befristung vereinbart, endet es mit Ablauf des Montags der Folgewoche. Beginnt das Arbeitsverhältnis am 1. Januar und ist eine dreimonatige Befristung Vertragsgegenstand, so endet das Arbeitsverhältnis mit Ablauf des 31. März. Auch bei einem Beginn der dreimonatigen Befristung etwa am 1. Dezember bleibt es bei dem 28. (oder 29.) Februar als dem Befristungsende (§ 188 Abs. 3 BGB).

D. Ende bei Zweckbefristung (Abs. 2)
I. Zweckerreichung und Verlängerungsphase
1. Zweiwochenfrist

6 Der wirksam zweckbefristete Arbeitsvertrag (§ 3 Abs. 1 S. 1 u. 2 TzBfG; dazu KR-*Bader* § 3 TzBfG Rz 19 ff.) endet mit dem **Erreichen des Zwecks** (Rückkehr des Vertretenen; Fertigstellung des Rohbaus; Projektabschluss). Dem gleichzusetzen ist der **Zweckfortfall**, dh eine Situation, die eine Zweckerreichung nicht mehr zulässt (Abbruch des Projekts oder Abblasen einer Werbekampagne; *Annuß/Thüsing-Maschmann* Rz 2; MHH-*Meinel* Rz 8; **aA** *Sievers* Rz 5, der unter Bezug auf *BAG* 27.6.2001 EzA § 620 BGB Nr. 179 den Eintritt des vereinbarten Beendigungstatbestands vermisst; KDZ-*Däubler*, der hierin einen Fall des vom Arbeitgeber zu tragenden Wirtschaftsrisikos sieht). Im Einzelfall wird durch **Auslegung der Zweckabrede** zu erkennen sein, ob es bei der Zweckbefristung darum ging einen Dauerbedarf ersatzweise zu befriedigen oder ein vorübergehender Arbeitskräftemehrbedarf sinnlos wird. Bei Letzterem besteht qualitativ kein Unterschied zur Zweckerreichung (*Gräfl/Arnold-Arnold* Rz 18 ff.).

6a Da die Zweckerreichung vielfach nicht klar ersichtlich ist oder sich jedenfalls Streit über den genauen Zeitpunkt hierzu ergeben kann, hat der Gesetzgeber zusätzlich festgelegt, dass der Arbeitgeber den Arbeitnehmer **schriftlich über den Zeitpunkt der Zweckerreichung zu informieren** hat (zur Schriftform s.u. Rz 11). Das Arbeitsverhältnis endet dann **frühestens zwei Wochen nach Zugang** dieser schriftlichen Unterrichtung. Auf diese Weise wird für den Arbeitnehmer die Unsicherheit über das zeitliche Ende des zweckbefristeten Arbeitsverhältnisses behoben. Vor Inkrafttreten des § 15 Abs. 2 TzBfG hat das BAG das Problem mit Hilfe einer richterrechtlich bestimmten Auslauffrist gelöst (grundlegend *BAG* 26.3.1986 EzA § 620 BGB Nr. 81; dazu *Lipke* KR, 5 Aufl. § 620 BGB Rz 64a ff.), die der gesetzlichen Regelkündigungsfrist entsprach.

7 Wenngleich die nunmehr ausdrücklich gesetzlich geregelte Zweiwochenfrist **kürzer ist als die Regelkündigungszeitspanne des § 622 Abs. 1 BGB** (krit. dazu *Blanke* AiB 2000, 735; *Preis/Gotthardt* DB 2000, 273; KDZ-*Däubler* Rz 9 mit verfassungsrechtlichen Bedenken, gestützt auf *BVerfG* 10.3.1992 EzA Art. 38 EinigungsV Nr. 3) und der Gesetzgeber zur Abweichung von dem ursprünglichen Referentenentwurf (Vierwochenfrist; vgl. NZA 2000, 1045) keine Begründung geliefert hat (ArbRBGB-*Dörner* § 620 Rz 274), so liegt die gesetzliche zweiwöchige Auslauffrist noch im gesetzgeberischen Regelungsermessen. Schließlich muss der Arbeitnehmer im zweckbefristeten Arbeitsverhältnis stets mit der Zweckerreichung rechnen. Die Besonderheiten einer Abwicklung im Rahmen des Einigungsvertrages setzen daher nicht den Maßstab für die hier zu regelnde Situation (MHH-*Meinel* Rz 15; **aA** *Däubler* aaO); nach

der früher verbindlichen Rechtsprechung (*BAG* 23.6.1986 EzA § 620 BGB Nr. 81) ging es ebenfalls nur um die **Wahrung einer »Mindestkündigungsfrist«** (*Dörner* Befr. Arbeitsvertrag Rz 907; *Annuß/Thüsing-Maschmann* Rz 8; HaKo-*Mestwerdt* Rz 9), die hier in Anlehnung an § 622 Abs. 3 BGB gehalten wird. Ob die Zweiwochenfrist in der Praxis ausreicht, dem Arbeitnehmer eine Neuorientierung zu ermöglichen (BT-Drucks. 14/4374 S. 10), steht auf einem anderen Blatt (so *Link/Fink* AuA 2001, 204, 208).

Die **Zweiwochenfrist** des Abs. 2 ist zu Lasten des Arbeitnehmers **unabdingbar**; Vertrags- oder **Tarifvertragsparteien** können indessen nach § 22 Abs. 1 TzBfG eine **längere** für den Arbeitnehmer günstigere **Ankündigungsfrist** vereinbaren (*Rolfs* Rz 15). So war die Regelung in Nr. 7 Abs. 4 SR 2y BAT als günstigere Regelung wirksam (vgl. KR-*Bader* § 22 TzBfG Rz 14 ff.). Inzwischen gelten mit Inkrafttreten des § 30 Abs. 1 TVöD zum 1. Oktober 2005 im Wesentlichen die Regelungen des TzBfG. Danach gilt auch im öffentlichen Dienst die Zweiwochenfrist. **7a**

Die Regel bleibt damit, dass der zweckbefristete Arbeitsvertrag mit der **Zweckerreichung** endet. Der Arbeitnehmer soll indes vor einem völlig überraschenden und abrupten Ende des Arbeitsverhältnisses bewahrt werden, wofür die **zweiwöchige »Vorwarnfrist«** steht (BT-Drucks. 14/4374, S. 20; *Dörner* Befr. Arbeitsvertrag Rz 902, Zeitraum zur Neuorientierung). Das zweckbefristete Arbeitsverhältnis endet also nur, wenn der vertraglich vereinbarte Zweck objektiv erreicht und dem Arbeitnehmer rechtzeitig eine schriftliche Mitteilung über die Zweckerreichung zugegangen ist. Erhält der Arbeitnehmer daher die schriftliche Unterrichtung über die Zweckerreichung mindestens **zwei Wochen vor der objektiven Zweckerreichung** oder früher, bleibt es bei dem Ende mit Zweckerreichung (ErfK-*Müller-Glöge* Rz 3, *Dörner* Befr. Arbeitsvertrag Rz 904, abw. *Annuß/Thüsing-Maschmann* Rz 9 und *Sievers* Rz 25 halten den Arbeitgeber bei verfrühter Mitteilung oder verzögerter Zweckerreichung für verpflichtet, die Mitteilung zu wiederholen). **7b**

Liegt der mitgeteilte Zeitpunkt **nach** der tatsächlichen **Zweckerreichung**, so ist für das Ende der Befristung die **Angabe des Arbeitgebers verbindlich** (*Dörner* Befr. Arbeitsvertrag Rz 904; *Sievers* Rz 24; im Ergebnis ebenso MHH-*Meinel* Rz 23; aA wohl APS-*Backhaus* Rz 10, wonach der Vertrag dann nicht enden soll). Nur dann, wenn die schriftliche Mitteilung über die Zweckerreichung dem Arbeitnehmer nicht mindestens zwei Wochen vor der objektiven Zweckerreichung oder gar erst nach der Zweckerreichung zugeht, kommt es zu einer **Verlängerung des Arbeitsverhältnisses** nach § 15 **Abs. 2** (*Gräfl/Arnold-Arnold* Rz 32 ff.). Die aufgezeigten Unterrichtungspflichten treffen den Arbeitgeber auch im Fall einer **auflösenden Bedingung**, da § 21 TzBfG eine entsprechende Anwendung von § 15 Abs. 2 TzBfG vorsieht (*BAG* 23.6.2004 EzA § 17 TzBfG Nr. 5; 15.3.2006 EzA § 21 TzBfG Nr. 1; *Dörner* Befr. Arbeitsvertrag Rz 911; *Boewer* Rz 9; näher KR-*Bader* § 21 TzBfG Rz 10). **7c**

2. Gesetzliche Verlängerung des Arbeitsverhältnisses

In dieser **Verlängerungsphase** besteht das Arbeitsverhältnis mit allen beiderseitigen Rechten und Pflichten der Arbeitsvertragsparteien fort, mit entsprechenden Folgen etwa zur Entgeltfortzahlungspflicht bei Arbeitsunfähigkeit oder zum Verbot von Konkurrenztätigkeiten. § 15 Abs. 2 TzBfG schiebt das Ende des Arbeitsverhältnisses nur etwas hinaus; nach der gesetzlichen Formulierung endet das Arbeitsverhältnis erst mit Ablauf der Verlängerungszeitspanne. Ist das nicht interessengerecht, können die Vertragsparteien dem durch einen **Aufhebungsvertrag** (§ 623 BGB) entgehen (ErfK-*Müller-Glöge* Rz 7); § 22 Abs. 1 TzBfG steht dem nicht entgegen. Der Arbeitnehmer kann seinerseits bei nicht mehr möglicher vertragsgemäßer Beschäftigung aus wichtigem Grund das zweckbefristete Arbeitsverhältnis außerordentlich kündigen (§ 626 BGB). Der Arbeitgeber kann dem begegnen, indem er von seinem Recht Gebrauch macht, den Arbeitnehmer in einem solchen Fall unter Anrechnung auf den Resturlaub von der Arbeitsleistung freizustellen (ErfK-*Müller-Glöge* Rz 5). Aus § 15 Abs. 2 TzBfG lässt sich in der Verlängerungsphase indessen kein einseitiges (formloses) **Lossagungsrecht des Arbeitnehmers** ableiten, da ein solches ausdrücklich hätte geregelt werden müssen, wie etwa in § 12 Abs. 1 KSchG oder in § 232 Abs. 2 SGB III zum Eingliederungsvertrag (ErfK-*Müller-Glöge* aaO; *Sievers* Rz 27; aA APS-*Backhaus* Rz 13; *Sowka* DB 2002, 1158; *Gräfl/Arnold-Arnold* Rz 37 f.: Arbeitseinstellung nach objektiver Zweckerreichung möglich; *Annuß/Thüsing-Maschmann* Rz 5, der hierfür außerdem den Schutzzweck des § 15 Abs. 2 TzBfG anführt; MHH-*Meinel* Rz 23 Sonderkündigungsrecht des Arbeitnehmers). **8**

Geht man davon aus, dass bei der Zweckbefristung **Vertragsinhalt** nur die **Arbeitsleistung bis zur Zweckerreichung** ist (KR-*Fischermeier* § 625 BGB Rz 21, dort auch mwN dazu, ob § 625 BGB in Fällen der Zweckerreichung überhaupt in Betracht kommt), könnte zweifelhaft sein, ob in der Zeit zwischen Zweckerreichung und Ablauf der Zweiwochenfrist die Voraussetzungen eines **Annahmeverzugs** des **9**

Arbeitgebers gegeben sind. Dies zu verneinen wäre jedoch unvereinbar mit dem, was der Gesetzgeber angestrebt hat, wollte er dem Arbeitnehmer doch das Arbeitsverhältnis und damit insbes. den Vergütungsanspruch für die etwaige Verlängerungsphase erhalten. Man wird dementsprechend im Bereich des § 15 Abs. 2 TzBfG für die **Verlängerungsphase** eine Arbeitsleistung, die sich abgesehen vom Aspekt der Zweckerreichung als vertragsgemäß darstellt, nach wie vor als geschuldet anzusehen haben (ebenso ErfK-*Müller-Glöge* Rz 5; *Annuß/Thüsing-Maschmann* Rz 9). Weist der Arbeitgeber nach der objektiven Zweckerreichung keine derartige Tätigkeit zu, schuldet er für die Verlängerungsphase die **Vergütung** bei sonst gegebenen Voraussetzungen unter dem Aspekt des Annahmeverzuges (zum Stellenwert der Fortzahlung der Vergütung im Hinblick auf § 15 Abs. 5 TzBfG KR-*Fischermeier* § 625 BGB Rz 25). Umgekehrt gilt: Der Arbeitgeber kann dem Arbeitnehmer in der Verlängerungsphase eine derartige Tätigkeit zuweisen, und dieser ist dann auch zur Arbeitsleistung verpflichtet (weitergehend MünchArbR-*Wank* Ergänzungsbd. § 116 Rz 260, der das Direktionsrecht des Arbeitgebers auf nicht vertragsgemäße Arbeitsleistungen erweitern will). Dabei ist freilich Vorsicht geboten. Hält man – was abzulehnen ist (s.u. Rz 19) – für diese Fortsetzung **§ 15 Abs. 5 TzBfG** für anwendbar (zum Meinungsstand KR-*Fischermeier* § 625 BGB Rz 21 u. 25 mwN), kann sie zum **unbefristeten Arbeitsverhältnis** führen, da nach § 15 Abs. 5 TzBfG ab dem Zeitpunkt der objektiven Zweckerreichung die Zweckerreichung unverzüglich mitzuteilen ist (Rz 19), was sich uU auf die Dauer einer normalen Brieflaufzeit reduzieren kann (APS-*Backhaus* Rz 10, 75 ff., 81 der wegen der damit zusammenhängenden Probleme davor warnt, mit der Zweckbefristung zu arbeiten). Eine Mitteilung zur Zweckerreichung unverzüglich nach Zweckerreichung könnte demnach ein unbefristetes Arbeitsverhältnis nach § 15 Abs. 5 entstehen lassen (vgl. *ArbG Bln.* 27.11.2003 LAGE § 15 TzBfG Nr. 2), allerdings nur wenn der Arbeitgeber dabei eine längere als die Zweiwochenfrist wählt (MHH-*Meinel* § 15 TzBfG Rz 12, 20).

II. Unterrichtung über den Zeitpunkt der Zweckerreichung
1. Rechtsnatur

10 Bei der schriftlichen Unterrichtung gem. § 15 Abs. 2 TzBfG handelt es sich nicht um eine Willenserklärung, sondern um eine **geschäftsähnliche Handlung** (*ArbG Bln.* 27.11.2003 LAGE § 15 TzBfG Nr. 2; zum Begriff *Palandt/Heinrichs* Überbl. vor § 104 Rz 6; ähnlich *Annuß/Thüsing-Maschmann* Rz 4; ErfK-*Müller-Glöge* Rz 2; MHH-*Meinel* Rz 2; APS-*Backhaus* Rz 7; KDZ-*Däubler* Rz 6, *Gräfl/Arnold-Arnold* Rz 22; HaKo-*Mestwerdt* Rz 11: die Wissenserklärung annehmen), eine Mitteilung oder Anzeige, deren **Rechtsfolgen kraft Gesetzes** eintreten. Die **Vorschriften über Willenserklärungen** finden hierauf grds. **entsprechend Anwendung** (*Palandt/Heinrichs* Überbl. vor § 104 Rz 7 mwN), speziell über das Wirksamwerden (§§ 130 ff. BGB), die Auslegung (§§ 133, 157 BGB), die Stellvertretung (§§ 164 ff. BGB) und die Willensmängel (§§ 116 ff. BGB).

2. Form

11 Die Unterrichtung des Arbeitnehmers durch den **Arbeitgeber** (oder einen Bevollmächtigten, s.o. Rz 10) hat **schriftlich** zu erfolgen. Mitteilungen durch Dritte, zB durch den Drittmittelgeber eines Projekts genügen nicht (*Dörner* Befr. Arbeitsvertrag Rz 894; KDZ-*Däubler* Rz 6; *Annuß/Thüsing-Maschmann* Rz 4). Zum Kreis der bevollmächtigten Vertreter (s.o. Rz 10) dürften insoweit auch die abschlussberechtigten oder kündigungsberechtigten Personen zählen (vgl. *BAG* 24.10.2001 EzA § 620 BGB Hochschulen Nr. 31; *Boewer* Rz 23). Da das Gesetz **Schriftform** vorschreibt, spricht ungeachtet der Diskussion um die Reichweite des § 126 Abs. 1 BGB (*BAG* 11.10.2000 EzA § 4 TVG Ausschlussfristen Nr. 134; 11.6.2002 EzA § 99 BetrVG 1972 Nr. 139; *Palandt/Heinrichs* § 126 Rz 1 mwN) die Auslegung der Norm dafür, dass die **§§ 126, 126a BGB** anwendbar sein sollen (ArbRBGB-*Dörner* § 620 Rz 273; *ders.* Befr. Arbeitsvertrag Rz 895; APS-*Backhaus* Rz 8). Da anders als in § 623 BGB (» ...; die elektronische Form ist ausgeschlossen«) § 15 Abs. 2 eine Ausnahme insoweit nicht vorsieht, ist insofern auch die **elektronische Form** möglich (HaKo-*Mestwerdt* Rz 11; **aA** *Staudinger/Preis* § 620 BGB Rz 181; *Annuß/Thüsing-Maschmann* Rz 4, die den Zugang des Originals beim Arbeitnehmer verlangen und deshalb E-Mail und Telefax ausschließen; *Rolfs* Rz 14 und *Kliemt* NZA 2001, 296, 302, die die strengen Maßstäbe des § 623 BGB nach § 15 Abs. 2 TzBG übertragen wollen; *Gräfl/Arnold-Arnold* Rz 27, der nur das Telefax, nicht aber E-mail oder Textform nach § 126b BGB zulassen will; näher zur Schriftform und elektronischen Form KR-*Spilger* § 623 BGB Rz 42 ff.). Ausschlaggebend dürfte sein, dass die Unterrichtung des Arbeitnehmers gelingt und der Arbeitgeber hierzu den Nachweis zu Inhalt und Zugang führen kann.

12 Unterbleibt die Unterrichtung oder erfolgt sie nicht schriftlich, beginnt die zweiwöchige Frist nicht zu laufen (KDZ-*Däubler* Rz 7; *Dörner* Befr. Arbeitsvertrag Rz 899), das Arbeitsverhältnis besteht über den

Zeitpunkt der objektiven Zweckerreichung hinaus (zunächst) weiter fort (ErfK-*Müller-Glöge* Rz 5). Allerdings entsteht damit allein kein unbefristetes Arbeitsverhältnis, da der Arbeitgeber die **Mitteilung nach Kenntnis** der Zweckerreichung **unverzüglich** formgerecht **nachholen** kann (*Lakies* DZWIR 2001, 1, 15; *Annuß/Thüsing-Maschmann* Rz 5; zu den unterschiedlichen Formerfordernissen bei § 15 Abs. 2 und 5 TzBfG KR-*Fischermeier* § 625 BGB Rz 29) und dann ab deren Zugang die Zwei-Wochen-Frist läuft. Ein unbefristetes Arbeitsverhältnis kann dagegen nur unter den **besonderen Voraussetzungen** des § 15 **Abs. 5 TzBfG** (s.u. Rz 26f.) entstehen (*Dörner* aaO Rz 899; ErfK-*Müller-Glöge* Rz 6; HaKo-*Mestwerdt* Rz 13; *Richardi/Annuß* BB 2000, 2205). So kann eine formwidrige mündliche Unterrichtung des Arbeitgebers als **Widerspruch** iSv § 15 Abs. 5 TzBfG das Entstehen eines unbefristeten Arbeitsvertrages verhindern (*Staudinger/Preis* § 620 BGB Rz 183; ArbRBGB-*Dörner* Rz 285; *Gräfl/Arnold-Arnold* Rz 35, 80).

Der so entstehende **Schwebezustand** ist misslich. Man wird daher unter Rückgriff auf den Rechtsgedanken der §§ 108 Abs. 2, 177 Abs. 2 BGB den Arbeitnehmer für berechtigt halten müssen, den Arbeitgeber nach Eintritt der objektiven Zweckerreichung zur Abgabe der schriftlichen Unterrichtung nach § 15 Abs. 2 TzBfG aufzufordern. Erfolgt diese Unterrichtung dann nicht unverzüglich, kann der Arbeitnehmer seinerseits aus wichtigem Grund außerordentlich fristlos kündigen, sofern nicht bereits auf der Grundlage des § 15 Abs. 5 TzBfG ein unbefristetes Arbeitsverhältnis entstanden ist. 12a

Eine Unterrichtung durch den Arbeitgeber wird nicht dadurch entbehrlich, dass die **Zweckbefristung oder auflösende Bedingung in der Person des Arbeitnehmers** (§ 14 Abs. 1 Nr. 6 TzBfG) **begründet** ist (zB Wunsch des Arbeitnehmers). Hierzu wird vorgebracht, dass eine Mitteilung keinen Sinn mache, wenn der Arbeitnehmer besser als der Arbeitgeber wisse, wann das Arbeitsverhältnis ende. Insoweit sei der Anwendungsbereich des Abs. 2 teleologisch zu beschränken (*Hromadka* BB 2001, 674, 676; *Annuß/Thüsing-Maschmann* Rz 9; MHH-*Meinel* Rz 6; HaKo-*Mestwerdt* Rz 10). *Boewer* (Rz 17) hält sogar § 15 Abs. 2 TzBfG für nicht einschlägig, da die objektive Zweckerreichung in der **Sphäre des Arbeitnehmers** liege. Dem ist entgegenzuhalten, dass § 15 Abs. 2 TzBfG der **Rechtssicherheit** beider Arbeitsvertragsparteien dient (zB im Fall der Gewährung einer Rente wegen Erwerbsminderung; *BAG* 15.3.2006 – 7 AZR 332/05) und deshalb selbst in diesen Fällen eine Unterrichtung nicht überflüssig ist (*Dörner* Befr. Arbeitsvertrag Rz 900; *Sievers* Rz 8). Um bei Weiterbeschäftigung nachteilige Folgen aus § 15 **Abs. 5 TzBfG** zu vermeiden, muss der Arbeitgeber aber erst dann »unverzüglich« Widerspruch erheben, wenn er durch entsprechende Mitteilung des Arbeitnehmers Kenntnis von der Zweckereichung oder dem Eintritt der auflösenden Bedingung erhalten hat (*Rolfs* Rz 13). Damit relativiert sich der obige Meinungsstreit weitgehend. 12b

3. Inhalt

Der Inhalt der Unterrichtung ergibt sich aus dem Sachzusammenhang der Regelung in § 15 Abs. 2 TzBfG. Es ist der **Zeitpunkt der Zweckerreichung** iSd Vertrages unter **genauer Angabe** des Tages oder des Zeitpunkts innerhalb des Tages (s.o. Rz 5) – ungefähre Angaben reichen nicht aus – mitzuteilen (APS-*Backhaus* Rz 9; ErfK-*Müller-Glöge* Rz 3; Münch ArbR-*Wank* Ergänzungsbd. § 116 Rz 260; MüKo-BGB-*Hesse* Rz 14). Welcher Zweck erreicht worden ist, bleibt zu verdeutlichen, soweit dies nicht – wie im Regelfall – bereits der schriftlichen Befristungsabrede zu entnehmen ist (KR-*Spilger* Anh. § 623 BGB Rz 402; KR-*Bader* § 3 TzBfG Rz 24). Darüber hinaus hat die Unterrichtung nicht mehr den Zweck zu beschreiben und ebenso wenig die Umstände der Zweckerreichung im Einzelnen nachvollziehbar darzulegen (*Annuß/Thüsing-Maschmann* Rz 6; *Gräfl/Arnold-Arnold* Rz 25 f.; **aA** KDZ-*Däubler* Rz 6; ähnlich *Dörner* Befr. Arbeitsvertrag Rz 901; *Staudinger/Preis* § 620 BGB Rz 180). Bleibt bei einer zeitlich ungenauen Umschreibung der Zweckereichung das Ende der Befristung offen (»innerhalb der nächsten Woche«), muss durch eine **inhaltlich korrekte erneute Unterrichtung** nachgebessert werden. Erst diese setzt die Zweiwochenfrist in Lauf und begrenzt mit Verstreichen der Frist Annahmeverzugsansprüche des Arbeitnehmers(s.o. Rz 12; *Dörner* aaO). 13

Abweichend davon wird vertreten, dass bei einem ungewissen, schwer bestimmbaren Endzeitpunkt dem Arbeitgeber bei der schriftlichen Unterrichtung ein gewisser **Beurteilungsspielraum** zuzubilligen sei (MHH-*Meinel* Rz 12; HaKo-*Mestwerdt* Rz 12). Danach soll es genügen den Endzeitpunkt bei einem Projektabschluss, dem noch Nach- und Abschlussarbeiten folgen können, abzuschätzen. Dies wird in Abgrenzung zu § 15 Abs. 5 TzBfG als erlaubt angesehen, da nach tatsächlichem Erreichen des Zwecks zu einem anderen Zeitpunkt der Arbeitnehmer gem. Abs. 5 unverzüglich nochmals konkret zu unterrichten ist, um das Entstehen eines unbefristeten Arbeitsverhältnisses zu vermeiden (*Meinel* aaO). Während nach der hM verschärfte Anforderungen an die Angaben nach Abs. 2 gestellt werden, 14 die bei Irrtum mit einer wiederholten schriftlichen Mitteilung des Arbeitgebers nach Abs. 2 behoben werden können, wird von der abweichenden Meinung die Korrektur in den Anwendungsbereich des Abs. 5 verschoben. Für die insoweit engere hM spricht jedoch, dass der **Arbeitnehmer** vorher **Gewissheit** haben muss, um die anlaufende Klagefrist nach § 17 S. 1 TzBfG frühzeitig bestimmen zu können (*Boewer* Rz 25).

4. Frist

15 Das Arbeitsverhältnis endet frühestens **zwei Wochen nach Zugang** der schriftlichen Unterrichtung, was für den Arbeitgeber bei kurzzeitigen Befristungen zu Problemen führen soll (*Schiefer* DB 2000, 2123) und dafür spricht, **kurzfristige Zweckbefristungen** nicht zu vereinbaren. Dieses arbeitgeberseitige Risiko steht aber im Einklang mit dem Einräumen einer Schutzfrist für den Arbeitnehmer, die im Vergleich zum früheren Rechtszustand kürzer und damit für den Arbeitgeber günstiger ist. Die Zweiwochenfrist kann **tarifvertraglich verlängert** werden. Auf die Erläuterungen zu Rz 6 ff. wird verwiesen. Für den **Zugang** der arbeitgeberseitigen Ankündigung nach § 15 Abs. 2 gelten die **§§ 130 ff. BGB**. Soweit man eine E-mail-Mitteilung ausreichen lässt (s.o. Rz 11), hat der Arbeitgeber sich tunlichst der Nachverfolgungsfunktion und der Lesebestätigung durch den Arbeitnehmer (zB bei Abwesenheit infolge krankheitsbedingter Arbeitsunfähigkeit) zu bedienen.

16 Für die Berechnung der Frist sind die **§§ 187 Abs. 2, 188 Abs. 2 BGB** einschlägig. Der Tag des Zugangs der Unterrichtung wird nicht mitgerechnet. Die Frist endet mit Ablauf des Tages der übernächsten Woche, der durch seine Bezeichnung dem Tag des Zugangs entspricht. Geht also die Unterrichtung an einem Donnerstag zu, endet das zweckbefristete Arbeitsverhältnis frühestens mit Ablauf des Donnerstags der übernächsten Woche (ErfK-*Müller-Glöge* Rz 4). **§ 193 BGB** findet ebenso wie bei Kündigungserklärungen keine Anwendung (*BAG* 13.10.1976 EzA § 130 BGB Nr. 6 = DB 1977, 639; *Palandt/Heinrichs* § 193 BGB Rz 3; ErfK-*Müller-Glöge* aaO; MHH-*Meinel* Rz 17; **aA** *Annuß/Thüsing-Maschmann* Rz 7).

III. Darlegungs- und Beweislast

17 Beruft sich der **Arbeitgeber** auf die Beendigung des Vertrags aufgrund Zweckerreichung, hat er zu dieser **rechtsvernichtenden Einwendung** vorzutragen und erforderlichenfalls die Richtigkeit seiner Behauptungen nachzuweisen (*BAG* 12.10.1994 EzA § 620 BGB Nr. 128; vgl. näher KR-*Lipke* § 620 BGB Rz 152 f.; KR-*Fischermeier* § 625 BGB Rz 41). Die Darlegungs- und Beweislast umfasst die objektive Zweckerreichung, Form und Inhalt der Unterrichtung und den Zeitpunkt des Zugangs der Unterrichtung beim Arbeitnehmer (*Dörner* Befr. Arbeitsvertrag Rz 1038; MHH-*Meinel* Rz 7; HaKo-*Mestwerdt* Rz 36; *Sievers* Rz 48; *Boewer* Rz 40; APS-*Backhaus* Rz 14; *Gräfl/Arnold-Arnold* Rz 83).

18 Hat der Arbeitgeber nach objektiver Zweckerreichung und trotz entsprechender Aufforderung überhaupt keine, keine schriftliche oder keine inhaltlich zutreffende Unterrichtung vorgenommen (s.o. Rz 12, 13) und kündigt der Arbeitnehmer daraufhin außerordentlich, so liegt die Darlegungs- und Beweislast für die objektive Zweckerreichung sowie die erfolglose Aufforderung und deren Zugang beim **Arbeitnehmer**.

IV. Verhältnis zwischen § 15 Abs. 2 und Abs. 5

19 Es ist oben dargestellt, dass bei nicht rechtzeitiger Unterrichtung über den Zeitpunkt der Zweckerreichung aufgrund der Regelung in **§ 15 Abs. 2** TzBfG das Arbeitsverhältnis für die Dauer einer **Verlängerungsphase** fortbesteht (s.o. Rz 6 ff.). Das bedeutet aber nicht, dass an das um die Verlängerungsphase hinausgeschobene Ende des Arbeitsverhältnisses über **§ 15 Abs. 5 TzBfG** eine Fortsetzung des Arbeitsverhältnisses erfolgt. § 15 Abs. 5 TzBfG knüpft vielmehr, soweit er anwendbar ist (vgl. dazu KR-*Fischermeier* § 625 BGB Rz 21 u. 25 mwN), ausdrücklich an den Zeitpunkt der **objektive Zweckerreichung** oder des Eintritts der auflösenden Bedingung an (ErfK-*Müller-Glöge* Rz 40; BBDW-*Bader* § 620 BGB Rz 230), der sich aus § 15 Abs. 2 TzBfG ergibt (*Sievers* Rz 13 ff., 16; MHH-*Meinel* Rz 20). Damit soll sichergestellt werden, dass der Arbeitgeber trotz objektiver Zweckerreichung das Ende des befristeten Arbeitsverhältnisses nicht beliebig hinausschieben kann (s.o. Rz 6 ff.; BT-Drucks. 14/4374 S. 21; *Annuß/Thüsing-Maschmann* Rz 22; *Boewer* Rz 13). Das Ende der Vertragszeit iSd Abs. 2 ist nicht mit dem Ende des Arbeitsverhältnisses iSd Abs. 5 gleichzusetzen, denn § 15 Abs. 5 setzt bei der Zweckbefristung den tatsächlichen Eintritt des vertraglich vereinbarten Zwecks und bei der auflösenden Bedingung den tatsächlichen Bedingungseintritt voraus. Das Ende der Vertragszeit kann sich dagegen – unabhängig von

der Zweckerfüllung – infolge von Fehlern bei der Unterrichtung nach Abs. 2 verzögern, ohne dass es automatisch zu einem unbefristeten Arbeitsverhältnis nach Abs. 5 kommt (vgl. *ArbG Kiel* 12.2.2004 – 1 Ca 3114c/03; *LAG Hamm* 3.11.2005 – 11 Sa 98/05, jeweils zur zulässigen **Doppelbefristung**; HaKo-*Mestwerdt* Rz 13), zumal dem ein Widerspruch des Arbeitgebers entgegenstehen kann (*BAG* 5.5.2004 EzA § 15 TzBfG Nr. 1 bei vorherigem Angebot eines befristeten Anschlussvertrages). Näher dazu s.u. Rz 26 ff.

E. Möglichkeit der ordentlichen Kündigung (Abs. 3)

Ein wirksam befristetes oder auflösend bedingtes (§§ 21, 15 Abs. 3 TzBfG) Arbeitsverhältnis ist **grds.** 20 **nicht ordentlich** kündbar. Dies ergab sich bereits bisher im Wege der Ableitung aus § 620 BGB Abs. 1 und 2 (*BAG* 19.6.1980 EzA § 620 BGB Nr. 47; 4.7.2001 EzA § 620 BGB Kündigung Nr. 4) und ist nun ausdrücklich gesetzlich in § 15 Abs. 3 TzBfG niedergelegt (ErfK-*Müller-Glöge* Rz 13). **Ausnahmen** sieht die Vorschrift nicht vor. Das trifft auch auf **Verträge mit Altersgrenzen** zu. Hierzu bedarf es einer im Arbeitsvertrag oder im Bezug genommenen Tarifvertrag geschlossenen Vereinbarung (*BAG* 7.12.1995 RzK I 9 f Nr. 48; 18.9.2003 EzBAT SR 2 y BAT Nr. 115) zur möglichen ordentlichen Kündigung (APS-*Backhaus* Rz 25; *Dörner* Befr. Arbeitsvertrag Rz 913). Eine § 15 Abs. 3 TzBfG vorgehende **Spezialregelung** ist dagegen § 113 InsO, wonach im befristeten Arbeitsverhältnis unabhängig von arbeitsvertraglichen oder tariflichen Regelungen die ordentliche Kündigung mit Dreimonatsfrist erlaubt bleibt (*BAG* 6.7.2000 EzA § 113 InsO Nr. 11; MHH-*Meinel* Rz 33; *Boewer* Rz 45). Als weitere Spezialregelung tritt **§ 21 Abs. 4 BErzGG** hinzu, wonach ebenfalls unter bestimmten Umständen von Gesetzes wegen eine Kündigung erlaubt ist. Schließlich ist in diesem Zusammenhang **§ 16 S. 2 TzBfG** zu nennen, der im Falle der nicht eingehaltenen Schriftform eine ordentliche Kündigung erlaubt, selbst wenn dies arbeitsvertraglich nicht vorgesehen war (*LAG Köln* 23.6.2005 – 5 Sa 506/05). Näher dazu KR-*Lipke* § 16 TzBfG Rz 9 ff.

Die Vorschrift lässt jedoch dann die **ordentliche Kündigung** mit den jeweils anwendbaren Kündi- 20a gungsfristen zu, wenn dies **einzelvertraglich oder im anwendbaren Tarifvertrag** (*BAG* 18.9.2003 ArbuR 2004, 77; 7.12.1995 RzK I 9 f Nr. 48) vorgesehen ist. Dazu ist jedoch erforderlich, dass tarifvertraglich ausdrücklich eine Kündigung für den Fall der Befristung des Arbeitsverhältnisses oder der Befristung von Arbeitsbedingungen zugelassen ist (*LAG München* 13.3.2005 – 10 Sa 1115/04; *Gräfl/Arnold-Arnold* Rz 49). Nach dem klaren Wortlaut der Bestimmung können Regelungen in **Betriebsvereinbarungen** dafür keine Grundlage schaffen, es sei denn die normativen Bestimmungen sind einzelvertraglich übernommen worden (*Dörner* Befr. Arbeitsvertrag Rz 916; *Annuß/Thüsing-Maschmann* Rz 10; *Hromadka* BB 2001, 675 f.). Da ansonsten vom gesetzlichen Regelfall des Ausschlusses der ordentlichen Kündigung auszugehen ist, macht eine hierzu nach § 22 Abs. 1 TzBfG getroffene einzelvertragliche Vereinbarung wenig Sinn (*Dörner* Befr. Arbeitsvertrag Rz 914; APS-*Backhaus* Rz 20). Sie kann nur als **tarifliche Regelung** Bedeutung gewinnen, wenn sie über § 4 Abs. 3 TVG einzelvertragliche **Vereinbarungen zu § 15 Abs. 3 TzBfG sperrt**. Dies ist bspw. der Fall, wenn zu einer **tarifvertraglich** vorgesehenen befristeten Anschlussbeschäftigung nach Ausbildungsabschluss die **ordentliche Kündigung** für die Dauer dieses auf mindestens zwölf Monate befristeten Arbeitsverhältnisses **ausgeschlossen** wird (*BAG* 6.7.2006 EzA § 4 TVG Metallindustrie Nr. 133 zu § 8 TV Beschäftigungsbrücke in der Metall- und Elektroindustrie NRW).

Nur eine einseitige Kündigungsmöglichkeit für den Arbeitgeber zu vereinbaren, scheitert am Rechts- 20b gedanken des § 622 Abs. 6 BGB (KDZ-*Däubler* Rz 13; APS-*Backhaus* Rz 21; vgl. auch *BAG* 2.3.2004 EzA § 87 BetrVG 2001 Betriebliche Lohngestaltung Nr. 4). Der umgekehrte Fall, nämlich die Kündigung nur dem Arbeitnehmer zu ermöglichen, erscheint denkbar, wenngleich kaum praktisch. Dabei ist hervorzuheben, dass – bezogen auf die Vereinbarung von **Altersgrenzen** – alle Arbeitsverhältnisse **befristet und kündbar iSv § 15 Abs. 3 TzBfG** sind. Tarifvertragliche oder einzelvertragliche Altersgrenzen begegnen bei entsprechender Ausgestaltung keinen Bedenken (KR-*Lipke* § 14 TzBfG Rz 214 ff.). Die daran anknüpfende Kündbarkeit innerhalb der langen Vertragslaufzeit ist mit § 15 Abs. 3 vereinbar; Befristungsabreden als solche unterliegen nicht der Angemessenheitskontrolle des § 307 Abs. 1 S. 1, Abs. 2 BGB (*BAG* 27.7.2005 EzA § 620 BGB Altersgrenze Nr. 61).

Die **einzelvertragliche Vereinbarung** als solche ist anders als die Befristungsabrede (§ 14 Abs. 4 21 TzBfG) **nicht formgebunden**, kann also auch mündlich abgeschlossen werden, wenngleich dies Beweisprobleme mit sich bringen kann (*Annuß/Thüsing-Maschmann* Rz 10; *Dörner* Befr. Arbeitsvertrag Rz 917). Sie ist ferner nicht daran gebunden, dass dafür gewichtige Arbeitgeberinteressen stehen (so aber KDZ-*Däubler* Rz 15), denn hierzu gibt es keine Anhaltspunkte im Gesetz (*Dörner* aaO Rz 915;

§ 15 TzBfG   Ende des befristeten Arbeitsvertrages

HaKo-*Mestwerdt* Rz 14). Schließlich geht dem Arbeitnehmer im Rahmen seiner Befristung der gesetzliche **Kündigungsschutz** nicht verloren.

21a Die Möglichkeit zur Kündigung muss jedoch klar vereinbart sein. Es muss also entweder eine **ausdrückliche Abrede** vorliegen (*BAG* 25.2.1998 EzA § 620 BGB Kündigung Nr. 1: Auslegung der Vereinbarung), oder der dahin gehende beiderseitige Wille muss aus den Umständen **eindeutig erkennbar** sein (*BAG* 19.6.1980 EzA § 620 BGB Nr. 47 mit recht strengen Anforderungen;). Dies galt schon bisher (APS-*Backhaus* 1. Aufl. § 620 BGB Rz 154; *Lipke* KR, 5. Aufl. § 620 BGB Rz 43, beide mwN). So ist ein auf das Ableben eines Pfleglings zweckbefristetes Arbeitsverhältnis (drei Monate nach dem Tod der Betreuungsperson) ohne entsprechenden **Vorbehalt** nicht ordentlich kündbar (*LAG Bln.* 23.5.2003 MDR 2003, 1425).

21b Aus dem Abschluss eines **befristeten Probearbeitsverhältnisses** allein kann nicht ohne weiteres gefolgert werden, dass hiermit eine ordentlichen Kündigungsmöglichkeit verbunden ist (hM zum früheren Rechtszustand, *Staudinger/Preis* § 622 Rz 37 mwN; ähnlich *BAG* 7.8.1980 EzA § 611 BGB Probearbeitsverhältnis Nr. 4). Etwas anderes kann sich indessen daraus ergeben, dass ein auf zwei Jahre befristet angelegtes Arbeitsverhältnis mit einer sechsmonatigen Probezeit beginnen soll. Dann lässt sich aus dieser Verknüpfung von Befristung und Probezeit auf den Willen der Vertragsparteien schließen, das befristete Arbeitsverhältnis während der Kündigungszeit kündigen zu können (*BAG* 4.7.2001 EzA § 620 BGB Kündigung Nr. 4 zu einem Formulararbeitsvertrag unter Bezug auf § 5 BAT-O; ErfK-*Müller-Glöge* Rz 15). Anderenfalls hätte die Probezeitvereinbarung nahezu keinen relevanten Inhalt. Dagegen wendet Backhaus ein, dass gerade in der Verabredung einer festen Bewährungszeit der Sinn liege eine ordentliche Kündigung vor Fristablauf auszuschließen, es sei denn es wäre ausdrücklich nach § 15 Abs. 3 etwas anderes vereinbart (aaO Rz 24). Diese Bedenken haben Gewicht.

22 Soweit es um eine **Regelung im Tarifvertrag** geht, muss es sich nach dem Wortlaut der Vorschrift um einen **anwendbaren Tarifvertrag** handeln. Der Tarifvertrag muss danach also seinem fachlichen, räumlichen und persönlichen Geltungsbereich nach anwendbar sein, und es muss sich um den aktuell geltenden Tarifvertrag handeln. Zudem muss beiderseitige Tarifbindung vorliegen (§ 4 Abs. 1 TVG), oder der Tarifvertrag muss für **allgemeinverbindlich** erklärt sein (§ 5 Abs. 4 TVG). Die Frage ist, ob damit eine **einzelvertragliche Bezugnahme** auf einen nicht einschlägigen Tarifvertrag (außerhalb seines Geltungsbereichs) ausgeschlossen ist. Zwar bleibt eine solche Bezugnahme eine einzelvertragliche Regelung; **§ 22 Abs. 2 TzBfG** mit seinen privilegierenden Bestimmungen für den öffentlichen Dienst könnte jedoch den Ausschluss nahe legen (zu dieser Vorschrift KR-*Bader* § 22 TzBfG Rz 9 ff.). Die Begründung des Gesetzentwurfs zu § 22 Abs. 2 TzBfG ergibt freilich, dass lediglich die Übernahme von § 6 Abs. 2 BeschFG 1996 beabsichtigt war (BT-Drucks. 14/4374 S. 20); offenbar ist dabei die Abstimmung mit § 15 Abs. 3 TzBfG übersehen worden. Deshalb lässt sich der Systematik und dem Zweck des Gesetzes nicht entnehmen, dass die einzelvertragliche Bezugnahme auf einen **fachfremden Tarifvertrag** im Rahmen des § 15 Abs. 3 TzBfG über § 22 Abs. 2 TzBfG ausgeschlossen werden soll (BBDW-*Bader* § 620 BGB Rz 25; ArbRBGB-*Dörner* § 620 BGB Rz 276; HaKo-*Mestwerdt* Rz 16; *Rolfs* Rz 21, der hierfür die nach § 15 Abs. 3 TzBfG unbeschränkte Vertragsfreiheit anführt; ErfK-*Müller-Glöge* Rz 13, der insoweit in § 15 Abs. 3 TzBfG nur eine gesetzliche Auslegungsregel, nicht aber ein zwingendes Arbeitnehmerschutzrecht erkennt; aA KDZ-*Däubler* Rz 14; *Boewer* Rz 44, die eine Bezugnahme nur auf den »anwendbaren« einschlägigen Tarifvertrag zulassen wollen). Im Ergebnis kann deshalb auch ein nicht einschlägiger Tarifvertrag in Bezug genommen werden, der eine ordentliche Kündigung während der Befristung eröffnet (*BAG* 18.9.2003 ArbuR 2004, 77 = EzBAT SR 2 y Nr. 115).

22a Für den Bereich des **öffentlichen Dienstes** eröffnete die einzelvertragliche Bezugnahme auf die **SR 2y BAT** nicht nur die **Kündigungsmöglichkeit** zu Arbeitsverhältnissen für **Aufgaben mit begrenzter Dauer**. Die ordentliche Kündigung war dann auch für **Aushilfsarbeitsverhältnisse** zugelassen, da Nr. 7 Abs. 3 SR 2y BAT eine Differenzierung zwischen diesen beiden Erscheinungsformen der befristeten Beschäftigung nicht erfordert (*BAG* 18.9.2003 ArbuR 2004, 77). Mit dem seit 1. Oktober 2005 geltenden **TVöD** sind nach § 30 die Regeln des TzBfG verbindlich (§ 30 Abs. 1 TVöD). Allerdings sehen die Absätze 4 und 5 abweichende Bestimmungen zur Kündigung während und nach der Probezeit vor. Näheres dazu bei KR-*Bader* § 22 TzBfG Rz 9 ff.

F. Möglichkeit der außerordentlichen Kündigung

23 Das Recht auf eine außerordentliche Kündigung (**§ 626 BGB**) steht beiden Vertragsparteien während der Dauer des wirksam befristeten Arbeitsverhältnisses zu. § 15 Abs. 3 TzBfG schränkt dieses Recht

Ende des befristeten Arbeitsvertrages § 15 TzBfG

nicht ein (BT-Drucks. 14/4374 S. 20; KR-*Lipke* § 620 BGB Rz 54; KR-*Fischermeier* § 626 BGB Rz 57; ErfK-*Müller-Glöge* Rz 13). Eine **außerordentliche Kündigung** aus wichtigem Grund (§ 626 BGB) ist im befristeten Arbeitsverhältnis immer möglich, da Unzumutbares von niemandem verlangt werden kann (*Annuß/Thüsing-Maschmann* Rz 11; MHH-*Meinel* Rz 28, 30). Fragwürdig ist, ob eine außerordentliche betriebsbedingte Kündigung nicht ausgeschlossen bleiben muss, da die »Störquelle« hierbei in der Sphäre des Arbeitgebers liegt und ein befristetes Arbeitsverhältnis nur im Ausnahmefall nach Abs. 3 ordentlich gekündigt werden darf (ähnlich wohl APS-*Backhaus* Rz 18).

G. Kündigungsmöglichkeit bei langfristiger Bindung (Abs. 4)

Die Vorschrift übernimmt als **Spezialregelung für befristete Arbeitsverhältnisse** inhaltlich unverändert die Regelung des **§ 624 BGB**. Zweck der Vorschrift ist es, den **Arbeitnehmer** vor einer übermäßigen Beschränkung seiner **Kündigungsfreiheit** durch eine zu lange vertragliche Bindung zu bewahren und damit die Freiheit der Berufswahl nach Art. 12 Abs. 1 GG zu sichern (*BAG* 6.10.2005 EzA § 626 BGB 2002 Nr. 14; 24.10.1996 EzA Art 12 GG Nr. 29, jeweils mwN). Es handelt sich also um eine Schutznorm für den Arbeitnehmer, nicht für den Arbeitgeber. Soweit der Anwendungsbereich des § 15 Abs. 4 TzBfG reicht, kommt § 624 BGB nicht mehr zum Tragen (*BAG* 6.10.2005 EzA § 626 BGB 2002 Nr. 14; KR-*Fischermeier* § 624 BGB Rz 4). § 624 BGB bleibt jedoch im Übrigen anwendbar für alle **Dienstverhältnisse**, die nicht Arbeitsverhältnisse sind (BT-Drucks. 14/4374 S. 20) und damit auch für Dienstverhältnisse **arbeitnehmerähnlicher Personen** (KDZ-*Däubler* Rz 17; vgl. auch KR-*Fischermeier* § 624 BGB Rz 5 bzgl. **arbeitnehmerähnlicher Handelsvertreter** und Rz 6 hinsichtlich **dienstvertragsähnlicher Verhältnisse**). 24

Die Obergrenze einer fünfjährigen Beschäftigungsdauer ohne Kündigungsrecht kann durch **einseitige Verlängerungsoptionen** des Arbeitgebers zB im Bereich des Berufssports überschritten werden (MHH-*Meinel* Rz 38; vgl. LAG Köln 20.11.1998 LAGE § 611 BGB Berufssport Nr. 11). Ansonsten ist aber für die gesetzliche Begrenzung der Bindungsdauer unerheblich, um welche Art der Arbeitsleistung es sich handelt. Es gibt also keine Ausnahmen für Tätigkeiten im wissenschaftlichen oder künstlerischen Bereich; ebenso wenig für Hilfstätigkeiten im Haushalt (APS-*Backhaus* Rz 31). Näher dazu KR-*Fischermeier* § 624 BGB Rz 4. 24a

Die Vorschrift erfasst auch **Zweckbefristungen**, soweit die Zweckerreichung nicht binnen einer fünfjährigen Dauer des Arbeitsverhältnisses eintritt (MHH-*Meinel* Rz 35; *Staudinger/Preis* § 620 BGB Rz 18). § 21 TzBfG als abschließende Sonderregelung – insoweit wird nicht auf Abs. 4 verwiesen – gebietet es, § 624 BGB auf **auflösend bedingte Arbeitsverträge** nicht anzuwenden (*Dörner* Befr. Arbeitsvertrag Rz 926; aA wohl ErfK-*Müller-Glöge* Rz 24 unter Hinweis auf den Normzweck). 24b

Die Begründung des Gesetzentwurfs (BT-Drucks. 14/4374 S. 20) führt ausdrücklich auf, dass es zulässig ist das Arbeitsverhältnis für die Dauer der **Lebenszeit einer dritten Person** einzugehen (dazu KR-*Fischermeier* § 625 BGB Rz 9; *Boewer* Rz 50; APS-*Backhaus* Rz 33; *Dörner* Befr. Arbeitsvertrag Rz 924; s.o. Rz 21a). Nach Abs. 4 kann es sich also tatbestandsmäßig neben dem Arbeitnehmer und dem Arbeitgeber ebenso um eine dritte, zB **zu betreuende Person** handeln (*BAG* 25.3.2004 EzA § 626 BGB 2002 Unkündbarkeit Nr. 3). Bei Abschluss des Vertrages ist die Formvorschrift des § 14 Abs. 4 einzuhalten. 25

Die Kündigungsberechtigung aus Abs. 4 steht allein dem Arbeitnehmer zu (ErfK-*Müller-Glöge* Rz 17). Die besondere **sechsmonatige Kündigungsfrist** verdrängt die Fristen nach § 622 BGB; sie kann auf Grund der Regelung in § 22 Abs. 1 TzBfG **weder abbedungen noch verlängert werden** (BT-Drucks. 14/4374 S. 20; *Annuß/Thüsing-Maschmann* Rz 12). Eine schriftliche Kündigung gem. Abs. 4 kann erst **nach Ablauf von fünf Jahren** ausgesprochen werden (*BAG* 19.12.1991 EzA § 624 BGB Nr. 1). Das besondere Kündigungsrecht kann nicht verwirken; der Arbeitnehmer kann jedoch darauf verzichten (*LAG Hamm* 26.7.2002 – 7 Sa 669/02). Wegen der weiteren Einzelheiten wird verwiesen auf die Erläuterungen bei KR-*Fischermeier* § 624 BGB. 25a

H. Fortsetzung mit Wissen des Arbeitgebers (Abs. 5)

§ 625 BGB sieht allgemein vor, dass das Dienstverhältnis als auf unbestimmte Zeit verlängert gilt, wenn es nach Ablauf der Dienstzeit von dem Dienstverpflichteten mit Wissen des Dienstberechtigten fortgesetzt wird und der Dienstberechtigte nicht unverzüglich widerspricht. Die Vorschrift erfasst auch Arbeitsverhältnisse, wobei der Arbeitnehmer dem Dienstverpflichteten und der Arbeitgeber dem Dienstberechtigten entspricht. Sie gilt für jede Art von Beendigung, auch für die Fortsetzung der Beschäftigung nach wirksamer Kündigung (KR-*Fischermeier* § 625 BGB Rz 3 u. 22). 26

27 § 15 Abs. 5 TzBfG schafft dazu eine **Spezialregelung** für **zeit- und zweckbefristete Arbeitsverträge**. Über die Verweisung in § 21 TzBfG ist Abs. 5 gleichermaßen auf **auflösend bedingte Arbeitsverträge** entsprechend anzuwenden. Insoweit verbietet sich damit ein Rückgriff auf § 625 BGB. Anders als dort ist § 15 Abs. 5 TzBfG auf Grund der Vorschrift des § 22 Abs. 1 TzBfG **zwingendes Recht** (*Annuß/Thüsing-Maschmann* Rz 16 mwN) und nicht wie § 625 BGB dispositiv ausgestaltet (zu § 625 BGB KR-*Fischermeier* § 625 BGB Rz 11). Auffällig ist, dass der Wortlaut von § 15 Abs. 5 TzBfG sich nicht mit dem von § 625 BGB deckt, ohne dass die Begründung des Gesetzentwurfs (BT-Drucks. 14/4374 S. 21) deutlich macht, ob damit abweichende Rechtsfolgen bezweckt werden sollten. § 15 Abs. 5 TzBfG verlangt nur die **Fortsetzung des Arbeitsverhältnisses mit Wissen des Arbeitgebers** (KR-*Fischermeier* § 625 BGB Rz 26 f.), nicht aber die **tatsächliche** fortgesetzte **Erbringung** von Arbeitsleistungen durch den Arbeitnehmer. Dem misst die hM keine Bedeutung zu und leitet aus Fortsetzungshandlungen des Arbeitgebers wie Entgeltfortzahlung und Urlaubserteilung über das Ende des befristeten Arbeitsvertrages hinaus nicht etwa die Begründung eines Dauerarbeitsverhältnisses kraft gesetzlicher Vermutung ab (*Dörner* Befr. Arbeitsvertrag Rz 932; ErfK-*Müller-Glöge* Rz 35, jeweils mwN; **aA** APS-*Backhaus* Rz 61 f.; *Annuß/Thüsing-Maschmann* Rz 18; KR-*Fischermeier* § 625 BGB Rz 25, die zB in der fortgesetzten Gewährung von Urlaub oder Entgeltfortzahlung eine Fortsetzung des Arbeitsverhältnisses erkennen). Darüber hinaus wirft die Formulierung hinsichtlich der **Zweckerreichung** (zu den Mitteilungspflichten s.o. Rz 10 ff.) die Frage nach dem Verhältnis von Abs. 5 zu Abs. 2 auf (s.o. Rz 19). Wegen des Sachzusammenhangs und im Interesse des besseren Verständnisses werden die Besonderheiten des § 15 Abs. 5 TzBfG im Rahmen der Erläuterungen bei KR-*Fischermeier* § 625 BGB Rz 29 ff. behandelt.

28 Zur Problematik der **Doppelbefristung und Unabdingbarkeit** des § 15 Abs. 5 TzBfG wird auf KR-*Bader* § 3 TzBfG Rz 48 und diff. KR-*Fischermeier* § 625 BGB Rz 11a, 38 verwiesen. Für die **Zulässigkeit** einer Doppelbefristung sprechen neuere Erkenntnisse der Rechtsprechung (vgl. *BAG* 27.6.2001 EzA § 620 BGB Nr. 179; 15.8.2001 § 21 BErzGG Nr. 4; 18.9.2003 ArbuR 2004, 77; *LAG Hamm* 3.11.2005 – 11 Sa 98/05; vgl. auch *Dörner* Befr. Arbeitsvertrag Rz 53 ff. mwN).

29 Die Rechtsfolge eines auf unbestimmte Zeit verlängerten Arbeitsverhältnisses tritt nur ein, wenn der Arbeitgeber **positive Kenntnis** von dem tatsächlich fortgesetzten Arbeitsverhältnis hat und er versäumt, dem unverzüglich zu widersprechen. Das Wissen eines zur Vertretung des Arbeitgebers Befugten reicht aus (*BAG* 24.10.2001 EzA § 620 BGB Hochschulen Nr. 31; *LAG MV* 25.4.2006 – 5 Sa 298/05, Justitiar der Universität; ErfK-*Müller-Glöge* Rz 36). Der **Widerspruch** kann bereits vor Ablauf der Befristung erhoben werden, zB durch Angebot eines weiteren befristeten Arbeitsvertrages (*BAG* 5.5.2004 EzA § 15 TzBfG Nr.1; *LAG RhPf* 29.11.2005 – 5 Sa 742/05). Er ist nicht mehr unverzüglich, wenn er – gerechnet ab objektiver Zweckerreichung iSv § 15 Abs. 2 und nach Ablauf der üblichen Postlaufzeiten für einen Brief (*Annuß/Thüsing-Maschmann* Rz 22; *LAG MV* 25.4.2006 aaO) – neun Kalendertage nach Kenntnisnahme von der weiteren Beschäftigung eingelegt wird. Näheres in den Erläuterungen bei KR-*Fischermeier* § 625 BGB Rz 29ff.

30 Zu weiteren **Besonderheiten** im Zusammenhang mit **Abs. 5** wird auf die Hinweise in Rz 1 und 19 Bezug genommen. Die Rechtsprobleme zum **Fortsetzungsanspruch des Arbeitnehmers** werden im Zusammenhang mit der Entfristungsklage bei KR-*Bader* § 17 TzBfG Rz 58 ff. dargestellt.

§ 16 Folgen unwirksamer Befristung.

¹Ist die Befristung rechtsunwirksam, so gilt der befristetete Arbeitsvertrag als auf unbestimmte Zeit geschlossen; er kann vom Arbeitgeber frühestens zum vereinbarten Ende ordentlich gekündigt werden, sofern nicht nach § 15 Abs. 3 die ordentliche Kündigung zu einem früheren Zeitpunkt möglich ist. ²Ist die Befristung nur wegen des Mangels der Schriftform unwirksam, kann der Arbeitsvertrag auch vor dem vereinbarten Ende ordentlich gekündigt werden.

Literatur

Vgl. die Angaben vor § 620 BGB unter Buchstabe c) und vor § 1 TzBfG.

Folgen unwirksamer Befristung § 16 TzBfG

Inhaltsübersicht

	Rz		Rz
A. Regelungsgehalt der Norm	1-3	2. Formelle Unwirksamkeitsgründe (Satz 2)	9-11a
B. Kündigungsmöglichkeiten bei unwirksamer Befristung	4-11	III. Kündigungserklärung	12-14
I. Für den Arbeitnehmer	4, 5	C. Annahmeverzug	15
II. Für den Arbeitgeber	4-11a		
1. Materielle Unwirksamkeitsgründe (Satz 1 2. Hs.)	6-8		

A. Regelungsgehalt der Norm

Die Bestimmung regelt die Folgen einer unwirksamen Befristung (Zeit- oder Zweckbefristung) und einer unwirksamen auflösenden Bedingung. § 21 nimmt insoweit auf § 16 TzBfG Bezug. Die vor Inkrafttreten des TzBfG durch Richterrecht geprägte Rechtslage, wonach die Unwirksamkeit der Befristungsabrede nicht zur Unwirksamkeit des gesamten Arbeitsvertrages (§ 139 BGB), sondern nur zur Unwirksamkeit der Befristung und damit zum Fortbestehen des Arbeitsverhältnisses führt (*BAG* 13.4.1994 EzA § 620 BGB Nr. 123; 12.9.1996 EzA § 620 BGB Nr. 142; KR-*Lipke* § 620 BGB Rz 70; *Dörner* Befr. Arbeitsvertrag Rz 971; detailliert ErfK-*Müller-Glöge* Rz 1), ist nunmehr gesetzlich festgeschrieben (MünchArbR-*Wank* Ergänzungsbd. § 116 Rz 275; KDZ-*Däubler* Rz 1; *Gräfl/Arnold-Spinner* Rz 1). Nicht erfasst wird die Befristung von Arbeitsbedingungen, die in den §§ 14 ff. TzBfG nicht geregelt ist (*BAG* 14.1.2004 EzA § 14 TzBfG Nr. 8; *Annuß/Thüsing-Maschmann* Rz 1). 1

Darüber hinaus werden die **Kündigungsmöglichkeiten** für den **Arbeitgeber** unterschiedlich ausgestaltet, je nachdem, ob die Befristung an der fehlenden **Schriftform** (Satz 2) oder an **anderen** (materiellen) **Unwirksamkeitsgründen** (Satz 1) gescheitert ist. Dabei wird mit auf die nach § 15 Abs. 3 TzBfG vereinbarte Kündigungsmöglichkeit abgehoben. Diese Regelung ist neu und entspricht nicht der bisherigen Rechtslage, derzufolge für Arbeitgeber und Arbeitnehmer bis zum Ablauf der Mindestdauer (vorgesehenes Befristungsende) ein Gleichlauf der Kündigungsmöglichkeiten bestand (*Boewer* Rz 8 ff., 13; *Preis/Gotthardt* DB 2001, 145, 151; so noch RegE , BT-Drucks. 14/4374 S. 21). Nachdem der Ausschuss für Arbeit und Sozialordnung (BT-Drucks. 14/4625 S. 12 u. 24) Veränderungen am Wortlaut des § 16 vorgenommen hat wird in Zukunft **nur noch der Arbeitgeber an die Mindestdauer der Befristung gebunden**. Dagegen ist der **Arbeitnehmer** vor Ablauf der Befristungszeitpanne – unabhängig von einer Vereinbarung nach § 15 Abs. 3 TzBfG – **frei sein Arbeitsverhältnis ordentlich zu kündigen** (*Dörner* Befr. Arbeitsvertrag Rz 975 f.; APS-*Backhaus* Rz 9 ff.; HaKo-*Mestwerdt* Rz 4; MHH-*Meinel* Rz 6; *Gräfl/Arnold-Spinner* Rz 3). 2

Ist die vereinbarte **Befristung oder Bedingung rechtsunwirksam**, entsteht ein **Dauerarbeitsverhältnis**. Dies setzt indessen voraus, dass der Arbeitnehmer gem. **§ 17 TzBfG** die Unwirksamkeit der Befristung rechtzeitig klageweise geltend gemacht hat. Das trifft ebenso zu, wenn die Befristungsabrede allein an einem **Formmangel** krankt (*LAG Düsseld.* 22.9.2002 LAGE § 15 TzBfG Nr. 1). Das Gesetz spricht in Satz 1 davon, dass der Arbeitsvertrag in beiden Fällen als auf unbestimmte Zeit geschlossen gilt (Fiktion). Wie der klare Gesetzeswortlaut zeigt, gilt dies **unabhängig vom Unwirksamkeitsgrund** (ArbRBGB-*Dörner* § 620 Rz 296; *ders.* Befr. Arbeitsvertrag Rz 969; *Sievers* Rz 1; HaKo-*Mestwerdt* Rz 1; *Annuß/Thüsing-Maschmann* Rz 2; MHH-*Meinel* Rz 7; *Gräfl/Arnold-Spinner* Rz 5; aA APS-*Backhaus* Rz 1; *Rolfs* Rz 1, jeweils unter Hinweis auf die Entstehungsgeschichte und BT-Drucks. 14/4374 S. 21, wo nur von § 14 Abs. 1 bis 3 TzBfG und der fehlenden Schriftform die Rede ist; ErfK-*Müller-Glöge* Rz 1, der jenseits des § 14 TzBfG liegende Unwirksamkeitsgründe aber entsprechend § 16 TzBfG behandeln will; ebenso *Rolfs* Rz 6; MünchArbR-*Wank* Ergänzungsbd. § 116 Rz 277). Es trifft zwar zu, dass im Gesetzgebungsverfahren nur die in § 14 TzBfG geregelten Befristungsvoraussetzungen (Sachgründe nach Abs. 1, Vorgaben für sachgrundlose Befristungen nach Abs. 2 und 3; Schriftformerfordernis nach Abs. 4) in Rede standen. Unwirksamkeitsgründe, die zB aus der Missachtung von Beteiligungsrechten des Personalrats (vgl. KR-*Lipke* § 14 TzBfG Rz 392 ff., *Annuß/Thüsing-Maschmann* Rz 2) erwachsen können, sind dabei nicht bedacht worden. Doch bleibt festzuhalten, dass ein in diese Richtung anzunehmender **gesetzgeberischer Wille sich im Wortlaut des Gesetzes nicht niedergeschlagen** hat (zutr. *Dörner* Befr. Arbeitsvertrag Rz 969). Gegen eine Differenzierung spricht ferner eine **Auffächerung der Rechtsfolgen** im Blick auf § 17 TzBfG. § 16 S. 1 TzBfG würde danach bestimmte Unwirksamkeitsgründe nicht erfassen, gegen die sich der Arbeitnehmer nach § 17 TzBfG in jedem Fall binnen drei Wochen mit der Entfristungsklage zur Wehr setzen müsste. Das ist unsystematisch und daher abzulehnen Da- 3 gegen spricht auch die **neuere gesetzgeberische Entwicklung**, die sich in der Erstreckung der Klagefrist des § 4 S. 1 KSchG auf sämtliche Unwirksamkeitsgründe einer Kündigung verdeutlicht (zutr. *Spinner* aaO Rz 5).

B. Kündigungsmöglichkeiten bei unwirksamer Befristung

I. Für den Arbeitnehmer

4 Ist die Befristung unwirksam, kann der **Arbeitnehmer stets ordentlich** mit der für ihn maßgebenden Frist **kündigen** (*Preis/Gotthardt* DB 2001, 151; *Boewer* Rz 13; *Sievers* Rz 3; ErfK-*Müller-Glöge* Rz 4; MHH-*Meinel* Rz 6), wobei § 623 BGB zu beachten ist (s.o. Rz 2). Die Sätze 1 u. 2 der Vorschrift enthalten für ihn keine Einschränkungen und binden die Kündigung nicht an eine Vereinbarung nach § 15 Abs. 3 TzBfG wie dies ursprünglich entsprechend der früheren BAG-Rspr. (zB *BAG* 26.4.1979 EzA § 620 BGB Nr. 39) im Gesetzentwurf vorgesehen war (BT-Drucks. 14/4374 S. 10 u. 21). Auf den Unwirksamkeitsgrund kommt es dabei nicht an (s.o. Rz 3). Dass dem Arbeitnehmer daneben bei Vorliegen eines wichtigen Grundes die Möglichkeit der **außerordentlichen Kündigung** (§ 626 BGB) offen steht, ist selbstverständlich. Außerdem kann ein **schriftlicher Aufhebungsvertrag** geschlossen werden (dazu KR-*Lipke* § 620 BGB Rz 21 ff.).

5 Mit der gesetzlichen Regelung des § 16 S. 1 TzBfG ist nicht mehr davon auszugehen, der Arbeitnehmer könne sich ohne Kündigung auf die an sich unwirksame Befristung berufen und das Arbeitsverhältnis **einseitig als beendet betrachten** (*Dörner* Befr. Arbeitsvertrag Rz 976 mwN; *ders.* ArbRBGB § 620 Rz 301; vgl. auch KR-*Lipke* § 15 TzBfG Rz 8; **aA** KDZ-*Däubler* Rz 7; MHH-*Meinel* Rz 13; *Annuß/Thüsing-Maschmann* Rz 1; APS-*Backhaus* Rz 19 f., der – wie nach alter Rechtslage – in der Höchstbefristung den allein dem Arbeitnehmer dienenden Schutz in den Vordergrund stellt). Allerdings kann der Arbeitnehmer dadurch, dass er nicht fristgerecht die Klage gem. § 17 TzBfG erhebt, die **unwirksame Befristung rechtswirksam werden lassen**, was aber kein Argument für die im Gesetz nicht vorgesehene einseitige Lösungsmöglichkeit darstellt (**aA** wohl ErfK-*Müller-Glöge* Rz 5; ebenso *Boewer* Rz 14 f.). Das TzBfG setzt indessen teilweise neue Regeln. Der **Schutzzweck** des § 16 S. 1 1. Hs. TzBfG dient nicht allein dem Arbeitnehmer, sondern der **Rechtssicherheit** beider Arbeitsvertragsparteien (Fiktion des Dauerarbeitsverhältnisses). Deshalb kann der Arbeitgeber erwarten, dass der Arbeitgeber vorab ordentlich kündigt oder nach Befristungsablauf die Klagefrist verstreichen lässt (*Sievers* Rz 5). Ein dritter Weg ist nicht vorgesehen.

II. Für den Arbeitgeber
1. Materielle Unwirksamkeitsgründe (Satz 1, 2. Hs.)

6 In Fällen der materiell unwirksamen Befristung schreibt Satz 1, 2. Hs. vor, dass der Arbeitgeber grds. frühestens zum vereinbarten Ende (ordentlich) kündigen kann. Die Erhebung der Entfristungsklage seitens des Arbeitnehmers beraubt den Arbeitgeber nicht seiner Kündigungsmöglichkeit (*BAG* 22.9.2005 EzA § 1 KSchG Nr. 58). Materielle oder formelle Mängel können das Fehlen sachlicher Befristungsgründe oder der Voraussetzungen für eine sachgrundlose Befristung, die fehlende Schriftform und schließlich die nicht ausreichend beschriebene Zweckerreichung sein. Dem materiellen Unwirksamkeitsgrund gleichzusetzen ist das Zusammentreffen eines materiellen Unwirksamkeitsgrundes mit einem Schriftformmangel (MHH-*Meinel* Rz 9). Die Kündigungserleichterung für den Arbeitgeber nach Satz 2 der Bestimmung erfordert dagegen, dass die Befristung ausschließlich an der mangelnden Schriftform scheitert (*Gräfl/Arnold-Spinner* Rz 10). Näher dazu s.u. Rz 9.

6a Da frühestens zum vereinbarten Ende gekündigt werden kann, kann die Kündigung bereits früher zugehen, nur darf die Kündigungsfrist nicht vor dem vereinbarten Ende auslaufen (HaKo-*Mestwerdt* Rz 7; MüKoBGB-*Hesse* Rz 6). Für die Zeit danach gibt es unter dem Gesichtspunkt des Befristungsrechts keine Beschränkungen mehr (*LAG RhPf* 5.2.2004 LAG-Report 2004, 305; KDZ-*Däubler* Rz 3); vor allem dann nicht, wenn das Arbeitsverhältnis sich nach § 15 Abs. 5 TzBfG in ein Dauerarbeitsverhältnis verwandelt hat. Für die außerordentliche Kündigung und den Aufhebungsvertrag gilt das bzgl. des Arbeitnehmers Gesagte entsprechend (s.o. Rz 4)

7 Die Regelung in Satz 1 enthält ein »**Bestrafungselement**« für den Arbeitgeber (krit. dazu APS-*Backhaus* Rz 11 f.; MHH-*Meinel* Rz 6; zweifelnd auch HaKo-*Mestwerdt* Rz 4). Doch ist in Rechnung zu stellen, dass der Arbeitgeber sich **widersprüchlich verhalten** würde, wollte er sich vor dem vereinbarten Ende auf die Unwirksamkeit der Befristungsabrede berufen, da die Befristung regelmäßig in seinem Inter-

esse liegt und auf seinen Wunsch erfolgt ist (ähnlich KDZ-*Däubler* Rz 3; *ders.* ZIP 2000, 1968; vgl. zum bisherigen Rechtszustand auch *LAG Düsseld.* 26.5.1995 LAGE § 620 BGB Bedingung Nr. 5). Dies kann die Ungleichbehandlung zwischen Arbeitgeber- und Arbeitnehmerkündigung halbwegs erklären.

Freilich kann sich der Arbeitgeber den für ihn negativen Folgen von Satz 1, 2. Hs. entziehen, wenn er 8 mit dem Arbeitnehmer nach **§ 15 Abs. 3 TzBfG** (dazu KR-*Lipke* § 15 TzBfG Rz 20 ff.) die Möglichkeit einer ordentlichen Kündigung vereinbart hat. Dann kann er schon zu einem Zeitpunkt vor dem vereinbarten Ende unter Einhaltung der maßgeblichen Kündigungsfrist das befristete Arbeitsverhältnis kündigen (*Dörner* Befr. Arbeitsvertrag Rz 975; MHH-*Meinel* Rz 5; *Rolfs* Rz 4; *Boewer* Rz 12). Die arbeitgeberseitige Kündigung unterfällt dann aber den allgemeinen gesetzlichen und tariflichen Kündigungsschutzbestimmungen (ArbRBGB-*Dörner* § 620 BGB Rz 297).

2. Formelle Unwirksamkeitsgründe (Satz 2)

Wenn die Befristung **allein wegen eines – nachträglich grds. nicht mehr behebbaren** (*BAG* 16.3.2005 9 EzA § 14 TzBfG Nr. 17) – **Mangels der Schriftform** (§ 14 Abs. 4 TzBfG; *BAG* 22.10.2003 EzA § 14 TzBfG Nr. 6; näher dazu KR-*Spilger* Anh. § 623 BGB Rz 94 ff.) **unwirksam** ist, kann der **Arbeitgeber** nach **Satz 2** jederzeit mit der für seine Kündigung maßgebenden Frist **ordentlich schriftlich kündigen** (*LAG Köln* 23.6.2005 NZA-RR 2006, 19), wobei die einschlägigen Kündigungsschutzvorschriften zu beachten sind (*Staudinger/Preis* § 620 BGB Rz 186; MHH-*Meinel* Rz 8; APS-*Backhaus* Rz 12). Als Schriftformverstoß gegen § 14 Abs. 4 TzBfG ist dabei ebenso die nicht hinreichende **Bezeichnung des Vertragszwecks** im Falle der Zweckbefristung anzusehen (*BAG* 21.12.2005 EzA § 14 TzBfG Nr. 25).

Der Gesetzgeber hat die **Rechtsfolgen** für einen Verstoß gegen das Schriftformgebot **schwächer** und 9a **für beide Arbeitsvertragsparteien gleich ausgestaltet**. Die abweichende Behandlung im Verhältnis zu den übrigen materiellen Unwirksamkeitsgründen ist schwer nachvollziehbar (KDZ-*Däubler* Rz 4; HaKo-*Mestwerdt* Rz 5; *Richardi/Annuß* BB 2000, 2205; *v. Koppenfels* ArbuR 2001, 201; *Link/Fink* AuA 2001, 252; APS-*Backhaus* Rz 12). Sie wird in den Gesetzesmaterialien (BT-Drucks. 14/4625 S. 24) nicht näher begründet.

Bei **unklarer kalendermäßiger Befristung** ist – soweit eine Auslegung der Befristungsabrede nicht 10 weiterhilft (ErfK-*Müller-Glöge* Rz 2) – wie zu § 17 TzBfG zu verfahren (KR-*Bader* § 17 TzBfG Rz 16) und auf das **spätest mögliche Ende** abzustellen (ebenso HaKo-*Mestwerdt* Rz 7; *Sievers* Rz 8; **aA** wohl ErfK-*Müller-Glöge* Rz 2). Bis dahin bleibt dem Arbeitgeber aufgrund der **selbst geschaffenen Unklarheit** die ordentliche Kündigungsmöglichkeit verschlossen (Rechtsgedanke des § 305c BGB). Die aufgezeigten Schwierigkeiten stellen sich nicht, wenn der Arbeitgeber mit dem Arbeitnehmer die ordentliche Kündigung nach § 15 Abs. 3 TzBfG wirksam vereinbart hat.

Probleme bereiten freilich die **Fälle der Unbestimmtheit** des Befristungsablaufs, wenn also das End- 11 datum unklar, der zu ereichende **Zweck** oder die **auflösende Bedingung** nicht objektiv oder unklar festgelegt sind (KR-*Bader* § 3 TzBfG Rz 18, 25, 28; vgl. Beispielsfälle mit Nachw. bei *Annuß/Thüsing-Maschmann* Rz 2). Hier ist gerade nicht klar, wie das vereinbarte Ende exakt zu bestimmen ist. Das führt jedoch nicht dazu, dass § 16 unanwendbar wäre (**aA** *Gräfl/Arnold-Spinner* Rz 13; *Rolfs* Rz 7; MünchArbR-*Wank* Ergänzungsbd. § 116 Rz 277; MHH-*Meinel* Rz 10, die von einem von vornherein unbefristeten, nach den allgemeinen Regeln kündbaren Arbeitsverhältnis ausgehen). § 16 TzBfG soll indessen die Folgen unwirksamer Befristung insgesamt regeln, sodass sich zumindest die **analoge Anwendung von § 16 S. 2 TzBfG** empfiehlt (zutr. *Boewer* Rz 10). Dann können sich beide Parteien im Wege der ordentlichen Kündigung aus dem Arbeitsverhältnis lösen. Bei unklaren oder zu unbestimmten Zweckbefristungen oder auflösenden Bedingungen wird man in Anlehnung an §§ 15 Abs. 2, 17 S. 3 TzBfG als das vereinbarte Ende erst das in einer klarstellenden schriftlichen Mitteilung des Arbeitgebers enthaltene Datum ansetzen können (HaKo-*Mestwerdt* Rz 7; **aA** *Boewer* Rz 11).

Ähnliche Schwierigkeiten treten auf, wenn die **Zweckerreichung** oder der **Bedingungseintritt nicht** 11a **mehr möglich** ist. Hierzu wird vertreten, dass dann dem Arbeitgeber die Kündigung unter angemessener Frist (eineinhalb bis zwei Jahre; KDZ-*Däubler* § 21 TzBfG Rz 26) ermöglicht werden muss oder die ordentliche Kündigung dauerhaft ausgeschlossen bleibt und allein der Weg der außerordentlichen Kündigung eröffnet ist (MHH-*Meinel* Rz 11). Ein Ausweg kann hier nur sein, in einem solchen Fall ein unbefristetes Arbeitsverhältnis anzunehmen, das nach herkömmlichen Regeln zu kündigen ist (zutr. *Spinner* aaO Rz 14 ff.).

III. Kündigungserklärung

12 Die schriftformbedürftige Kündigung stellt eine einseitige Willenserklärung dar, aufgrund derer das Arbeitsverhältnis (mit sofortiger Wirkung oder mit Ablauf der Kündigungsfrist) enden soll (näher KR-*Griebeling* § 1 KSchG Rz 151). Die Berufung auf den Fristablauf oder die Ablehnung der Weiterbeschäftigung genügt diesen Anforderungen grds. nicht (*BAG* 23.10.1991 EzA § 9 MuSchG nF Nr. 29; 28.10.1986 EzA § 118 BetrVG Nr. 38; 6.8.1997 EzA § 101 ArbGG 1979 Nr. 3; jeweils zur Nichtverlängerungsanzeige im Bühnenbereich *Annuß/Thüsing-Maschmann* Rz 5, *Sievers* Rz 10, *Dörner* Befr. Arbeitsvertrag Rz 979 mwN). Das gilt in gleicher Weise für Arbeitgeber wie Arbeitnehmer (zum letztgenannten Fall s.o. Rz 5). Ohne vorsorgliche Kündigungserklärung läuft der Arbeitgeber bei formwidriger Befristung für die Dauer des Kündigungsschutzprozesses Gefahr, dass das unwirksam befristete Arbeitsverhältnis über das rechtskräftige Ende des Entfristungsverfahrens nach § 17 TzBfG hinaus weiterbesteht (§ 14 Abs. 4 TzBfG; *BAG* 22.10.2003 EzA § 14 TzBfG Nr. 6).

13 Dennoch kann sich im Einzelfall durch **Auslegung** nach den allgemeinen Grundsätzen (§§ 133, 157 BGB) ergeben, dass die Erklärung vom Arbeitgeber als **Kündigung** gemeint war und vor allem **vom Arbeitnehmer** auch **so verstanden** werden musste (*BAG* 5.3.1970 EzA § 620 BGB Nr. 13) oder tatsächlich so verstanden worden ist (BGHZ 71, 247; falsa demonstratio non nocet). Dafür spricht indes **keine Erfahrungsregel**, sondern bei der Berufung auf die Befristung bzw. der aus diesem Grunde abgelehnten Weiterbeschäftigung ist eine Kündigung nur **ausnahmsweise** anzunehmen (*BAG* 26.4.1979 EzA § 620 BGB Nr. 39). Denn die Mitteilung des Arbeitgebers, der Vertrag werde nicht verlängert, ist **keine rechtsgeschäftliche Erklärung**, weil damit nur die **Rechtsauffassung** zum Ausdruck gebracht wird (sog. **Wissenserklärung**), das mit dem Arbeitnehmer abgeschlossene Arbeitsverhältnis werde wie vorgesehen aufgrund der vereinbarten Befristung beendet (*BAG* 9.11.1977 EzA § 620 BGB Nr. 32; 15.3.1978 EzA § 620 BGB Nr. 34; 26.4.1979 EzA § 620 BGB Nr. 39; 30.9.1981 EzA § 620 BGB Nr. 54; KassArbR-*Schütz* 4.4. Rz 129; KDZ-*Däubler* Rz 6; *Dörner* Befr. Arbeitsvertrag Rz 979). Aufgrund des Schriftformerfordernisses einer Kündigung nach **§ 623 BGB** und der häufig zu beachtenden Beteiligungsrechte nach dem BetrVG und nach den Personalvertretungsgesetzen werden diese Probleme nur vereinzelt auftreten können (HaKo-*Mestwerdt* Rz 8; *Boewer* Rz 20).

14 Allenfalls dann, wenn es bereits **Streit über den Fortbestand** des Arbeitsverhältnisses und die Wirksamkeit der Befristung gegeben hat, wird man im Wege der **Auslegung** der (schriftlichen) **Berufung auf die Befristung** rechtsgeschäftliche Qualität beimessen können (dazu etwa *BAG* 19.1.1956 AP zu § 620 BGB Kündigungserklärung Nr. 1). Wenn der **Arbeitnehmer** sich hingegen noch **nicht zur Wirksamkeit** der Befristung **geäußert hat**, ist es vom Standpunkt beider Vertragsparteien nicht erforderlich, ein nach (irrtümlicher) Meinung des Arbeitgebers wirksam befristetes Arbeitsverhältnis zu kündigen. Zu einer vorsorglichen Kündigung besteht dann noch kein Anlass (*BAG* 9.11.1977 EzA § 620 BGB Nr. 32; 15.3.1978 EzA § 620 BGB Nr. 34; 26.4.1979 EzA § 620 BGB Nr. 39; 24.10.1979 EzA § 620 BGB Nr. 41). Der Arbeitnehmer muss dann die (schriftliche) Berufung des Arbeitgebers auf die Befristung nicht als Kündigung verstehen. Man hat mithin jeweils sehr sorgfältig zu untersuchen, ob der Arbeitgeber wirklich **vorsorglich kündigen** wollte (*BAG* 15.3.1966 AP Nr. 28 zu § 620 BGB Befristeter Arbeitsvertrag; 5.3.1970 EzA § 620 BGB Nr. 13; KassArbR-*Isenhardt* 6.3. Rz 15; zur vorsorglichen Kündigung KR-*Griebeling* § 1 KSchG Rz 169). Auch wenn der Arbeitgeber diesen Willen gehabt hat, ist weiter vor allem zu prüfen, ob dem Arbeitnehmer diese Absicht **erkennbar** war (bereits *BAG* 19.1.1956 AP Nr. 1 zu § 620 BGB Kündigungserklärung; SPV-*Preis* Rz 176). Klarheit bringen insoweit die Klagefristen nach **§§ 17 TzBfG; 4 ,7 KSchG**, bei deren Ablauf die Wirksamkeit der Befristung bzw. der Kündigung anzunehmen ist (vgl. *LAG RhPf* 12.10.2004 – 2 Sa 522/04).

C. Annahmeverzug

15 Die **unwirksame Befristungsabrede** führt wie bisher dazu, dass der **vereinbarte Arbeitsvertrag mit all seinen inhaltlichen Regelungen fortbesteht,** nur die Befristung als solche fällt in Abweichung von der Grundregel des § 139 BGB fort (BT-Drucks. 14/4374 S. 21; *Staudinger/Preis* § 620 BGB Rz 184). Soweit die Arbeitsvertragsparteien über den sachlichen Grund oder die Voraussetzungen einer sachgrundlosen Befristung streiten, gerät der Arbeitgeber in **Annahmeverzug** (§ 296 BGB). Mangels Leistungsbereitschaft des Arbeitnehmers tritt der Annahmeverzug des Arbeitgebers dagegen nicht ein, wenn die Parteien (zunächst) übereinstimmend von einem wegen Zeitablaufs befristeten Arbeitsverhältnis ausgehen. Dann ist von einem Annahmeverzug erst nach dem Angebot der Arbeitsleistung durch den Arbeitnehmer auszugehen (ErfK-*Müller-Glöge* Rz 7).

§ 17 Anrufung des Arbeitsgerichts

¹Will der Arbeitnehmer geltend machen, dass die Befristung eines Arbeitsvertrages rechtsunwirksam ist, so muss er innerhalb von drei Wochen nach dem vereinbarten Ende des befristeten Arbeitsvertrages Klage beim Arbeitsgericht auf Feststellung erheben, dass das Arbeitsverhältnis aufgrund der Befristung nicht beendet ist. ²Die §§ 5 bis 7 des Kündigungsschutzgesetzes gelten entsprechend. ³Wird das Arbeitsverhältnis nach dem vereinbarten Ende fortgesetzt, so beginnt die Frist nach Satz 1 mit dem Zugang der schriftlichen Erklärung des Arbeitgebers, dass das Arbeitsverhältnis aufgrund der Befristung beendet sei.

Literatur

Vgl. die Angaben zu § 1 TzBfG.

Inhaltsübersicht

	Rz		Rz
A. Entstehungsgeschichte der Vorschrift	1–3	II. § 6 KSchG	48
B. Anwendungsbereich der Norm	4–10	III. § 7 KSchG	49, 50
I. Befristete Arbeitsverträge	4–7	F. Feststellungsklage bei mehrfacher Befristung	51–57a
II. Auflösende bedingte Arbeitsverträge	8, 9	G. Fortsetzungsanspruch des Arbeitnehmers	58–101
III. Befristung einzelner Arbeitsvertragsbedingungen	10	I. Allgemeines	58, 59
C. Feststellungsklage	11–36	II. Rechtsmissbrauch	60–63
I. Klageerhebung/Klageantrag	11–14	1. Begründungsmuster in der Rechtsprechung	60–62
II. Klagefrist	15–36	2. Dogmatische Einordnung	63
1. Kalendermäßige Befristung	15–18	III. Vertrauensschutz	64–66
2. Zweckbefristung	19–22	IV. Fürsorgepflicht	67–84
3. Bei Fortsetzung nach dem vereinbarten Ende (Satz 3)	23–34	1. Allgemeines	67–70
a) Anwendungsbereich und Auslegung	23–28	2. Fortsetzungsanspruch aufgrund Vertrauenstatbestandes	71–77
b) Die Erklärung gem. Satz 3	29–30	3. Fortsetzungsanspruch wegen Wegfalls des Befristungsgrundes	78–83
c) Zeitpunkt der Erklärung gem. Satz 3 / rechtliche Einordnung	31, 32	4. Fortsetzungsanspruch aufgrund Gleichbehandlung	84
d) Berechnung der Klagefrist	33	V. Zusage der Weiterbeschäftigung nach Fristablauf	85–88
e) Übergangsprobleme	34	VI. Tarifliche Einstellungsgebote und Verlängerungsklauseln	89–92
4. Klage vor Fristbeginn	35, 36	VII. Wiedereinstellungsanspruch durch Betriebsvereinbarung	92a
D. Zum Verfahren	37–46	VIII. Gesetzliche Fortsetzungsgebote	93–97a
I. Allgemeines	37–39	IX. Durchsetzung des Fortsetzungsanspruchs	98–101
II. Weiterbeschäftigung während des Verfahrens	40–42	H. Fortsetzungsanspruch des Arbeitgebers?	102
III. Revisionsgerichtliche Überprüfung	43, 44		
IV. Streitgegenstand/Rechtskraftwirkungen	45, 46		
E. Entsprechende Anwendung der §§ 5 bis 7 KSchG (Satz 2)	47–50		
I. § 5 KSchG	47		

A. Entstehungsgeschichte der Vorschrift

Während eine außerordentliche oder ordentliche Kündigung im Geltungsbereich des KSchG (§§ 1 Abs. 1, 23 Abs. 1 KSchG) – darauf kommt es seit dem 1.1.2004 nicht mehr an (vgl. dazu die Erl. zu § 4 KSchG) – seit dem Kündigungsschutzgesetz von 1951 binnen drei Wochen klageweise angegriffen werden muss (§§ 13 Abs. 1 S. 2, 4 S. 1 KSchG), soll sie nicht als rechtswirksam gelten (zur Normgeschichte insoweit ausführlich KR-*Friedrich* § 4 KSchG Rz 1 ff.; BBDW-*Wenzel* § 4 Rz 1 bis 11; eine Ausnahme gibt es nach geltendem Recht nur für die Schriftform), war es früher umstritten, ob die **Drei-Wochen-Frist** des § 4 S. 1 KSchG auch **für Klagen gegen die Wirksamkeit von Befristungen** von Arbeitsverträgen gelten sollte. In der Literatur wurde diese Frage vielfach bejaht (*Friedrich* KR 4. Aufl., § 4 KSchG Rz 15; *Lipke* KR 4. Aufl., § 620 BGB Rz 231 ff., beide mwN). Das BAG hingegen hat die Frage bis zum Schluss verneint (BAG 7.3.1980 EzA § 4 KSchG nF Nr. 17; 12.6.1987 EzA § 4 KSchG nF Nr. 32; 28.2.1990 EzA § 1 BeschFG 1985 Nr. 9).

1

2 Zur Beseitigung der damit verbundenen Rechtsunsicherheit hat der Gesetzgeber mit Wirkung vom 1.10.1996 durch die Einfügung des § 1 Abs. 5 in das **BeschFG** auch für Befristungen eine dreiwöchige **materiellrechtliche Klagefrist** (für alle: *Dörner* Befr. Arbeitsvertrag, Rz 981; ErfK-*Müller-Glöge* Rz 13) eingeführt, womit die prozessuale **Verwirkung** für befristete und auflösend bedingte (§ 21 TzBfG) Arbeitsverträge keine Rolle mehr spielt (*Dörner* Befr. Arbeitsvertrag, Rz 984; *Vossen* NZA 2000, 704; zur Verwirkung früher etwa *BAG* 11.11.1982 EzA § 620 BGB Nr. 61; 20.5.1988 EzA § 242 BGB Prozessverwirkung Nr. 1 m. Anm. *Schulin*; 28.2.1990 EzA § 1 BeschFG 1985 Nr. 9). Die Vorschrift entsprach in ihrem Wortlaut **§ 17 S. 1 u. 2 TzBfG**. Sie wurde in der Literatur allgemein begrüßt (statt vieler: *von Hoyningen-Huene/Linck* DB 1997, 46; *Löwisch* NZA 1996, 1012; *Preis* NJW 1996, 3373; *Rolfs* NZA 1996, 1139; *Sowka* BB 1997, 677, 679). Die Norm erfasste trotz des etwas missglückten Standorts **alle Arten von Befristungen** (*BAG* 20.1.1999 EzA § 1 BeschFG 1985 Klagefrist Nr. 1; *Dörner* Befr. Arbeitsvertrag, Rz 993 mwN) und grds. **alle Arten von Unwirksamkeitsgründen** (*BAG* 9.2.2000 EzA § 1 BeschFG 1985 Klagefrist Nr. 2), was der Rechtsklarheit zwischen den Parteien nach Ablauf der Klagefrist dienen sollte (*BAG* 23.1.2002 EzA § 1 BeschFG 1985 Nr. 29). Allerdings war seit der Einführung der Schriftform für die Befristungsvereinbarung durch § 623 BGB (dazu KR-*Spilger* § 623 BGB Rz 6 ff.) diskutiert worden, ob die Klagefrist seinerzeit auch die Unwirksamkeit aufgrund fehlender **Schriftform** erfasste (in diesem Sinne die ganz hM, etwa *Richardi/Annuß* NJW 2000, 1235; *Vossen* NZA 2000, 706; aA *Bader* NZA 2000, 635; zum Fragenkreis auch KR-*Spilger* § 623 BGB Rz 217; zum jetzigen Rechtszustand s.u. Rz 5). Nicht mehr praktisch relevant ist die Frage, inwieweit die Klagefrist auch für **Altfälle**, dh für vor dem 1.10.1996 abgeschlossene oder auslaufende befristete Verträge galt (dazu einerseits etwa *Lipke* KR 5. Aufl., § 1 BeschFG 1985 Rz 178 mwN; *BAG* 20.1.1999 EzA § 1 BeschFG 1985 Klagefrist Nr. 1; andererseits *von Hoyningen-Huene/Linck* DB 1997, 46; zu einem neuen Parallelproblem s.u. Rz 9; vgl. auch nachstehend Rz 3).

3 Mit Wirkung vom **1.1.2001** findet sich die Vorschrift nunmehr in **§ 17 TzBfG** (erweitert durch Satz 3), § 1 Abs. 5 BeschFG ist zugleich aufgehoben. Dazu hat das BAG entschieden, dass die Vorschrift des § 17 S. 1 auf vor dem Inkrafttreten des TzBfG am 1.1.2001 abgeschlossene Verträge Anwendung findet, wenn die Wirksamkeit der Befristung erst nach diesem Zeitpunkt zur gerichtlichen Überprüfung gestellt wurde (*BAG* 9.2.2000 BAGE 93, 305; 27.4.2004 EzA § 81 SGB IX Nr. 5; s.a. Rz 9).

B. Anwendungsbereich der Norm

I. Befristete Arbeitsverträge

4 § 17 TzBfG erfasst **alle befristeten Arbeitsverhältnisse** (BT-Drs. 14/4374 S. 21; KR-*Bader* § 1 TzBfG Rz 6; KDZ-*Däubler* Rz 2), unabhängig davon, ob das KSchG im Hinblick auf dessen §§ 1 Abs. 1, 23 Abs. 1 anwendbar ist oder nicht (zu § 4 KSchG insoweit für den ab 1.1.2004 geltenden Rechtszustand vgl. die Erl. zu § 4 KSchG). Gleichgültig ist es dabei, ob es sich um **Befristung mit oder ohne Sachgrund** (dazu die Erl. von KR-*Lipke* § 14 TzBfG zu Abs. 1 bis 3) oder um Befristungen aufgrund **spezialgesetzlicher Regelungen** handelt (*Rolfs* Rz 2; *Sievers* Rz 2; zu diesen KR-*Bader* § 23 TzBfG). Dies entspricht der Rechtslage nach § 1 Abs. 5 BeschFG (s.o. Rz 2) und dem erklärten Willen des Gesetzgebers (BT-Drs. 14/4374 S. 21). Die Klagefrist läuft auch dann, wenn der Arbeitgeber den Arbeitnehmer als freien Mitarbeiter behandelt hat (*BAG* 20.8.2003 – 5 AZR 362/03 – juris).

5 Gleichgültig ist es auch, um welchen Unwirksamkeitsgrund es sich handelt (*Dörner* Befr. Arbeitsvertrag, Rz 993). Es bleibt wie nach § 1 Abs. 5 BeschFG (s.o. Rz 2) dabei, dass grds. **alle Arten von Unwirksamkeitsgründen** durch die fristgebundene Feststellungsklage geltend gemacht werden müssen (etwa: Fehlen eines erforderlichen Sachgrundes, Fehlen der Voraussetzungen nach § 14 Abs. 2 oder 3 TzBfG, Nichterfüllung der Voraussetzungen von § 41 S. 2 SGB VI [str.; vgl. ErfK-*Müller-Glöge* Rz 5 mwN; offen gelassen in *BAG* 17.4.2002 AP § 41 SGB VI Nr. 14], fehlende landesrechtlich gebotene Zustimmung des Personalrats zur Befristung [dazu KR-*Lipke* § 14 TzBfG Rz 392 ff.]; Nichterfüllung tarifvertraglicher Befristungsvorgaben). Das gilt auch für die Unwirksamkeit aufgrund fehlender **Schriftform** (KDZ-*Däubler* Rz 3; *Richardi* NZA 2001, 62; aA *v. Koppenfels* ArbuR 2001, 201, 205), nachdem der Gesetzgeber trotz der vorhandenen Diskussion (s.o. Rz 2) insoweit keine differenzierende Lösung vorgesehen hat (wie hier *Kliemt* NZA 2001, 302; vgl. auch KR-*Spilger* § 623 BGB Rz 218; anders jetzt zur Kündigung § 4 S. 1 KSchG und dazu etwa *Bader* NZA 2004, 65, 67 f.; *Löwisch* BB 2004, 154, 159). Dasselbe gilt für die Frage, ob insbes. eine **Zweckbefristung** wegen **mangelnder Bestimmtheit** (dazu KR-*Bader* § 3 TzBfG Rz 25 ff.) unwirksam ist (BBDW-*Bader* § 620 BGB Rz 275; den Bedenken der gegenteiligen Auffassung kann durch eine sachgerechte Handhabung der Klagefrist in den Unklarheitsfällen Rech-

nung getragen werden: dazu Rz 16 u. 22 und weiter APS-*Backhaus* Rz 14 sowie *Dörner* Befr. Arbeitsvertrag, Rz 1002; vgl. auch MHH-*Meinel* Rz 6a [diff.: Klage binnen 3 Wochen bei Unterrichtung gem. § 15 Abs. 2 TzBfG, sonst allgemeine Feststellungsklage] und *Annuß/Thüsing-Maschmann* Rz 4). Denn insoweit liegt eben doch eine Befristungsabrede vor, wenn diese auch wegen der Unbestimmtheit als unwirksam zu qualifizieren ist (aA *Boewer* Rz 8 f.; *Sievers* Rz 5; *SPV-Vossen* Rz 1912; danach ist eine allgemeine Feststellungsklage geboten). Hingegen gilt die Klagefrist nicht, wenn sich der Streit nur darum dreht, ob eine **Befristung** überhaupt **vereinbart** ist, womit dann mit einer allgemeinen Feststellungsklage gem. § 256 Abs. 1 ZPO gearbeitet werden muss (*BAG* 20.2.2002 EzA § 17 TzBfG Nr. 1; 16.4.2003 AP TzBfG § 17 Nr. 2; 23.6.2004 BB 2005, 500; *LAG Düsseld.* 1.3.2002 LAGE § 1 BeschFG 1986/1996 Nr. 13; BBDW-*Bader* § 620 BGB Rz 275; *Dörner* Befr. Arbeitsvertrag, Rz 995; ErfK-*Müller-Glöge* Rz 6; MHH-*Meinel* Rz 6; *Sievers* Rz 4; aA *Hess. LAG* 18.1.2000 LAGE § 1 BeschFG 1985 Klagefrist Nr. 11 [Vorinstanz zu *BAG* 20.2.2002 EzA § 17 TzBfG Nr. 1]; KR-*Spilger* § 623 BGB Rz 221; BBDW-*Wenzel* § 4 Rz 27a; *Annuß/Thüsing-Maschmann* Rz 4). Die gesetzliche Regelung verpflichtet den Arbeitnehmer nämlich nur dann, die Klagefrist einzuhalten, wenn er die Rechtsunwirksamkeit der Befristung geltend machen will, was voraussetzt, dass überhaupt eine Befristung vereinbart ist. Gleichfalls nicht unter § 17 TzBfG fällt die Frage des **§ 15 Abs. 5 TzBfG**, dh die Frage danach, ob das Arbeitsverhältnis (möglicherweise) aufgrund Fortsetzung nunmehr als unbefristetes gilt (*Sievers* Rz 18; aA MHH-*Meinel* Rz 24). In diesem Falle ist anzuraten, die Klage gem. § 17 TzBfG mit der allgemeinen Feststellungsklage zu kombinieren (MMH-*Meinel* Rz 6 [s.a. Rz 24]; *Sievers* Rz 18; aA KDZ-*Däubler* Rz 6; vgl. insoweit auch unten Rz 11 u. 38). Ebenso bedarf es nicht der Einhaltung der Klagefrist, wenn ausschließlich darum gestritten wird ob eine vereinbarte **auflösende Bedingung tatsächlich eingetreten** ist (*BAG* 23.6.2004 EzA § 17 TzBfG Nr. 5).

Däubler will darüber hinaus auch eine spätere Geltendmachung von **elementaren Verletzungen der** 6 **Rechtsordnung** ermöglichen, etwa bei einem Verstoß gegen die guten Sitten oder bei einem Verstoß gegen gesetzliche Verbote wie Diskriminierungsverbote (KDZ-*Däubler* Rz 3; *Sievers* Rz 7 lässt die Frage bzgl. eines Verstoßes gegen Treu und Glauben offen; aA MHH-*Meinel* Rz 5). Zwingend ist dies auch unter verfassungsrechtlichen Aspekten nicht. Darüber hinaus enthält § 17 TzBfG keine dem § 13 Abs. 2 S. 1 KSchG entsprechende Regelung, und § 17 S. 1 TzBfG iVm der durch Satz 2 angeordneten entsprechenden Anwendung der §§ 4 S. 1, 7 KSchG führt dazu, dass die **Befristung als in jeder Hinsicht rechtswirksam** gilt (ebenso *Dörner* Befr. Arbeitsvertrag, Rz 1001; ErfK-*Müller-Glöge* Rz 13).

Hinsichtlich der **Befristung** ergeben sich durch das Inkrafttreten des § 17 TzBfG (s.o. Rz 3) an sich **kei-** 7 **ne Übergangsprobleme** (dies dennoch allg. diskutierend *Dörner* Befr. Arbeitsvertrag, Rz 997), da die Vorgängervorschrift des § 1 Abs. 5 BeschFG inhaltsgleich war (bis auf § 17 S. 3 TzBfG – s.u. Rz 34).

II. Auflösend bedingte Arbeitsverträge

Bis zum 31.12.2000 war umstritten, ob die **Klagefrist** (des § 1 Abs. 5 BeschFG) auch **für auflösend be-** 8 **dingte Arbeitsverträge** galt (dafür etwa *Lipke* KR 5. Aufl., § 1 BeschFG 1996 Rz 171 mwN; aA etwa *BAG* 23.2.2000 EzA § 1 BeschFG 1985 Klagefrist Nr. 3; *Hess. LAG* 9.7.1999 LAGE § 1 BeschFG 1985 Klagefrist Nr. 8; ErfK-*Müller-Glöge* 2. Aufl., § 1 BeschFG Rz 69). Diese Frage ist jetzt durch das Gesetz entschieden: § 21 TzBfG erklärt § 17 TzBfG für auflösend bedingte Arbeitsverträge für entsprechend anwendbar (*BAG* 23.6.2004 EzA § 17 TzBfG Nr. 5). Damit gelten die Ausführungen oben in Rz 4 ff. insoweit entsprechend. Allerdings findet § 17 S. 1 TzBfG keine Anwendung, wenn nur darum gestritten wird, ob die auflösende Bedingung tatsächlich eingetreten ist (*BAG* 23.6.2004 EzA § 17 TzBfG Nr. 5).

Folgt man dem *BAG* (23.2.2000 EzA § 1 BeschFG 1985 Klagefrist Nr. 3) und nimmt auf dieser Grundla- 9 ge an, dass es eine Klagefrist für auflösend bedingte Arbeitsverträge erst ab dem 1.1.2001 gibt, ist in der Einführung der Klagefrist für auflösend bedingte Arbeitsverträge **kein Verstoß gegen die RL** 1999/70/EG des Rates iVm § 8 Nr. 3 der Rahmenvereinbarung (abgedr. bei KR-*Lipke* § 620 BGB im Anhang) zu sehen: Es wird damit nicht das allgemeine Niveau des Arbeitnehmerschutzes insoweit gesenkt, § 21 TzBfG schafft vielmehr erstmals für auflösend bedingte Arbeitsverträge eine klare gesetzliche Regelung, und die Klagefrist ist nur eine mit dem Gesamtsystem abgestimmte flankierende Verfahrensregelung (aA KDZ-*Däubler* § 21 TzBfG Rz 27; wie hier *Annuß/Thüsing-Annuß* Rz 14). Allerdings stellt sich insoweit die Frage, wie mit **Altverträgen** umzugehen ist. Eine Übergangsvorschrift ist nicht vorhanden, und damit entsteht diesbezüglich dieselbe Frage wie beim Inkrafttreten des § 1 Abs. 5 BeschFG am 1.10.1996 (s.o. Rz 2). Diese Frage war vom BAG zutreffend dahingehend beantwortet worden, dass die Klagefrist auch Verträge erfasste, die vor dem Inkrafttreten der Vorschrift geschlossen wurden, und auch solche, die bereits zuvor ausgelaufen waren – im letztgenannten Fall lief die dreiwöchige Klagefrist jedoch erst ab dem Inkrafttreten des Gesetzes, endete mithin mit Ablauf des 21.10.1996 (*BAG* 20.1.1999 EzA § 1 BeschFG 1985 Klagefrist Nr. 1; 9.2.2000 EzA § 1 BeschFG 1985 Klagefrist Nr. 2; ebenso die überwiegende Literaturmeinung, statt vieler ErfK-*Müller-Glöge* 2. Aufl., § 1 BeschFG Rz 70 mwN; **aA** zB *von Hoyningen-Huene/Linck* DB 1997, 46: Klagefrist nur für Verträge, die erst nach dem Inkrafttreten des Gesetzes ausliefen). Das führt in der Konsequenz dazu, dass auch für auflösend bedingte Arbeitsverträge, die vor dem 1.1.2001 geschlossen worden waren und bei denen das für den Beginn der Klagefrist maßgebliche Beendigungsdatum (KR-*Bader* § 21 TzBfG Rz 14) schon vor dem 1.1.2001 lag, die Klagefrist der §§ 21, 17 TzBfG gilt (seinerzeit APS-*Backhaus* Nachtrag zur 1. Aufl., Art. 3, 4 Rz 15; im Ergebnis ebenso *Dörner* Befr. Arbeitsvertrag, Rz.997). Lag das angesprochene maßgebliche Beendigungsdatum vor dem 1.1.2001, endete gem. §§ 187 Abs. 2, 188 Abs. 2, 193 BGB die Klagefrist also mit Ablauf des 22.1.2001 (Montag).

III. Befristung einzelner Arbeitsvertragsbedingungen

10 Die Befristung einzelner Arbeitsvertragsbedingungen (zur Kontrolle diesbezüglich KR-*Lipke* § 14 TzBfG Rz 12 ff.) **unterliegt nicht der Klagefrist** des § 17 TzBfG (*BAG* 4.6.2003 EzA § 17 TzBfG Nr. 4; 14.1.2004 EzA § 14 TzBfG Nr. 5; 18.1.2006 EzA § 307 BGB 2002 Nr. 13 [darin auch zum Kontrollmechanismus]; *Dörner* Befr. Arbeitsvertrag, Rz 996; ErfK-*Müller-Glöge* Rz 6; *Kliemt* NZA 2001, 302; MHH-*Meinel* Rz 2; *Sievers* Rz 2; *Staudinger/Preis* § 620 BGB Rz 231; *Vossen* NZA 2000, 705; entspr. zu § 1 BeschFG 1996: *BAG* 23.1.2002 EzA § 1 BeschFG 1985 Nr. 29; tendenziell ebenso *BAG* 3.9.2003 EzA § 14 TzBfG Nr. 4; 14.1.2004 EzA § 14 TzBfG Nr. 5; **aA** *Annuß/Thüsing-Maschmann* Rz 2; *Löwisch* Anm. zu BAG AP Nr. 12 zu § 1 BeschFG 1996). Es handelt sich dabei nicht um die Befristung des Arbeitsvertrages als solchen wie vom Gesetz gefordert, und es besteht auch unter Schutzgesichtspunkten – die Befristung einzelner Arbeitsvertragsbedingungen ist weit weniger gewichtig als die Befristung des Arbeitsvertrages insgesamt – keine Veranlassung, § 17 TzBfG diesbezüglich ausweitend oder entsprechend anzuwenden.

C. Feststellungsklage

I. Klageerhebung/Klageantrag

11 Die Geltendmachung der Unwirksamkeit einer Befristung des Arbeitsvertrages gem. § 17 TzBfG durch den **Arbeitnehmer** (nicht den Arbeitgeber: *Kliemt* NZA 2001, 302; zur Möglichkeit einer Feststellungsklage des Arbeitgebers s.u. Rz 39) erfordert eine **Klageerhebung** beim **Arbeitsgericht**, und zwar die Erhebung einer **Feststellungsklage** mit dem Antrag, dass festgestellt werden soll, **dass das Arbeitsverhältnis aufgrund der Befristung nicht beendet ist** (§ 17 S. 1). Da es hier wie bei § 4 KSchG um einen punktuellen Streitgegenstand (vgl. dazu KR-*Friedrich* § 4 KSchG) – Beendigung zu einem bestimmten Zeitpunkt aufgrund einer bestimmten Befristungsvereinbarung – geht (*BAG* 16.4.2003 BB 2004, 386; *SPV-Vossen* Rz 1913; *Vossen* NZA 2000, 706 mwN zur ganz einhelligen Meinung; weiter etwa LAG *Bln.* 14.7.1998 NZA 1998, 1136), ist es angebracht, die beiden Daten in den Antrag aufzunehmen. Der **Antrag** ist danach etwa wie folgt zu **formulieren**: »Es wird beantragt, festzustellen, dass das Arbeitsverhältnis zwischen den Parteien nicht aufgrund der Befristungsvereinbarung vom ... mit dem ... beendet worden ist« (so auch *BAG* 28.6.2000 EzA § 1 BeschFG 1985 Nr. 15; parallel *Dörner* Befr. Arbeitsvertrag, Rz 988; vgl. auch *BAG* 16.4.2003 EzA § 17 TzBfG Nr. 3). Trotz möglicher entsprechender Auslegung anders formulierter Anträge (dazu etwa *BAG* 28.6.2000 EzA § 1 BeschFG 1985 Nr. 15; 16.4.2003 BB 2004, 386 = NZA 2004, 283 mwN; 27.4.2004 EzA § 81 SGB IX Nr. 5: Formulierung als allgemeine Feststellungsklage ausreichend, wenn die Begründung ergibt, dass ausschließlich die Unwirksamkeit einer Befristung geltend gemacht wird; parallel KR-*Friedrich* § 4 KSchG Rz 241a) empfiehlt es sich, sich am Wortlaut des § 17 S. 1 TzBfG zu orientieren (zur Verbindung mit weiteren Anträgen sowie bzgl. des Verhältnisses von § 17 TzBfG zur allgemeinen Feststellungsklage s.u. Rz 38). Eine Auslegung eines nicht an § 17 S. 1 TzBfG orientierten Antrags scheidet dann aus, wenn sich ergibt, dass gar nicht die Wirksamkeit der Befristung angegriffen werden soll (*BAG* 16.4.2003 BB 2004, 386). Geht es nur um die Frage, ob nach § 15 Abs. 5 TzBfG ein unbefristetes Arbeitsverhältnis besteht, ist die allgemeine Feststellungsklage der richtige Weg (ErfK-*Müller-Glöge* Rz 18).

12 Das **Feststellungsinteresse** gem. § 256 Abs. 1 ZPO ist für die Klage gem. § 17 TzBfG stets zu bejahen, da die (rechtzeitige) Klageerhebung erforderlich ist, um das Wirksamwerden der Befristung gem. § 17 S. 2 TzBfG iVm § 7 KSchG zu verhindern (*BAG* 26.7.2000 EzA § 1 BeschFG 1985 Nr. 18; dazu und zur Frage des **Wegfalls des Feststellungsinteresses** parallel KR-*Friedrich* § 4 Rz 26 mwN). Es entfällt für

eine vorausgehende Befristung auch dann nicht, wenn ohne ausdrücklichen Vorbehalt eine Folgebefristung vereinbart wird (im Ergebnis ebenso *BAG* 26.7.2000 EzA § 1 BeschFG 1985 Nr. 18; weiter Rz 55).

Für die **Klageeinreichung** gilt dasselbe wie zu § 4 KSchG (KR-*Friedrich* § 4 KSchG Rz 148, in Rz 165 ff. zu den einzuhaltenden **Formalien**). Für den **Mindestinhalt der Klageschrift** und die Problematik der Bezeichnung der **richtigen Beklagtenpartei** wird grds. verwiesen auf KR-*Friedrich* § 4 KSchG Rz 149 ff. (vgl. zur Auslegung insoweit auch *BAG* 15.3.2001 DB 2001, 1680). Endet die Befristung im Falle des **Betriebsübergangs** erst nach dem Zeitpunkt des Übergangs, wird die Klage gegen den Erwerber zu richten sein. Wird der Klageantrag wie oben vorgeschlagen formuliert, ist damit zugleich der **Klagegegenstand** bezeichnet. Als Angabe des **Klagegrundes** reicht es darüber hinaus aus, wenn der Arbeitnehmer vorträgt, dass er bei dem beklagten Arbeitgeber beschäftigt war und dass er die im Klageantrag bezeichnete Befristung für unwirksam hält (entspr. KR-*Friedrich* § 4 KSchG Rz 163). Die **Darlegungs- und Beweislast** für die Wirksamkeit der Befristungsvereinbarung liegt nämlich grds. beim Arbeitgeber (KR-*Lipke* § 14 TzBfG Rz 373 ff.; vgl. auch *Dörner* Befr. Arbeitsvertrag, Rz 1013 ff.) 13

Die Klage ist beim **Arbeitsgericht** zu erheben. Die sich diesbezüglich ergebenden Probleme sind dieselben wie im Rahmen des § 4 KSchG (dazu KR-*Friedrich* § 4 KSchG Rz 170 ff.). Eine entsprechende Anwendung der §§ 9, 10 KSchG sieht § 17 TzBfG **nicht** vor (*Annuß/Thüsing-Maschmann* Rz 12; *Sievers* Rz 16). 14

II. Klagefrist

1. Kalendermäßige Befristung

Bei der kalendermäßigen Befristung steht an sich stets ein bestimmtes Datum fest (bei einer gesetzlichen Verlängerung ist maßgebend das Enddatum der Verlängerung: *BAG* 14.8.2002 AP § 90 LPVG Brandenburg Nr. 1; ErfK-*Müller-Glöge* Rz 8), an dem das Arbeitsverhältnis endet (§ 15 Abs. 1 TzBfG; KR-*Lipke* § 15 Rz 5): Das Arbeitsverhältnis endet regelmäßig mit Ablauf dieses konkreten Tages. Damit **beginnt** die Klagefrist am Folgetag um 0 Uhr (§ 222 Abs. 1 ZPO iVm § 187 Abs. 2 S. 1 BGB [aA für Anwendbarkeit des § 187 Abs. 1 BGB, was aber für das Fristende zum selben Ergebnis führt, *Vossen* NZA 2000, 704, 707; *Sievers* Rz 33; ebenso *Annuß/Thüsing-Maschmann* Rz 8). Das gilt auch, wenn sich erst später herausstellt, dass nicht ein freies Mitarbeiterverhältnis, sondern ein Arbeitsverhältnis vorliegt (*BAG* 20.8.2003 AP § 620 BGB Befristeter Arbeitsvertrag Nr. 245). Eine frühere **Nichtverlängerungsmitteilung** (dazu KR-*Bader* § 3 TzBfG Rz 38 ff.) ist insoweit ohne Interesse (*Vossen* NZA 2001, 707). Klagen gegen **Nichtverlängerungsmitteilungen im Bühnenbereich** unterliegen ggf. eigenen tarifvertraglichen Klagefristen und fallen nicht unter § 17 (ansonsten dazu KR-*Lipke* § 620 BGB Rz 53 und KR-*Bader* § 3 TzBfG Rz 43). Bei **Rahmenvereinbarungen** (dazu KR-*Bader* § 3 TzBfG Rz 48) beginnt die Frist regelmäßig mit dem Ende der jeweiligen einzelnen Arbeitsvertrages zu laufen (vgl. *BAG* 31.7.2002 AP § 4 TzBfG Nr. 2; 16.4.2003 AP § 4 BeschFG 1996 Nr. 1; ErfK-*Müller-Glöge* Rz 10; ErfK-*Müller-Glöge* § 3 TzBfG Rz 4). 15

Ist ausnahmsweise die Zeit nicht exakt festgelegt (dazu KR-*Bader* § 3 TzBfG Rz 18) und lässt sich die Vereinbarung auch nicht als Zeckbefristung verstehen – die Klagefrist des § 17 ist dann einzuhalten (s.o. Rz 5) –, wird man zugunsten des Arbeitnehmers als vereinbartes Ende den spätesten Zeitpunkt anzunehmen haben, den die Auslegung zulässt (*Annuß/Thüsing-Maschmann* Rz 8). 16

Die Frist **endet** gem. § 188 Abs. 2 BGB mit Ablauf des Tages, der durch seine Benennung dem Tag vor dem Tage des Fristbeginns entspricht. Bei Auslaufen der Befristung an einem Montag endet die Klagefrist also um 24 Uhr des dritten Folgemontags. Ist der letzte Tag der Frist ein Samstag, Sonntag oder gesetzlicher Feiertag (am Sitz des Adressatengerichts: *BAG* 16.1.1989 EzA § 222 ZPO Nr. 1), so endet die Frist erst mit Ablauf des ersten folgenden Werktags (§ 222 Abs. 2 ZPO). 17

Im Hinblick auf § 167 ZPO (früher § 270 Abs. 3 ZPO) reicht es aus, wenn die Klage am letzten Tag der Frist **beim Arbeitsgericht eingeht**, und die Zustellung, die an sich für die Fristwahrung – das Gesetz spricht von Klageerhebung, die erst mit Zustellung erfolgt (§ 253 Abs. 1 ZPO) – erforderlich ist, dann demnächst erfolgt (KR-*Friedrich* § 4 KSchG Rz 140 ff). 18

2. Zweckbefristung

Da § 17 TzBfG auch für die Zweckbefristung auf das vereinbarte Ende abstellt (*Rolfs* Rz 9; *Sievers* Rz 20), stellt sich wie bereits zu § 1 Abs. 5 BeschFG die Frage, was insoweit als **das vereinbarte Ende** anzuse- 19 hen ist (zum Meinungsstand zu § 1 Abs. 5 BeschFG mwN: *Lipke* KR 5. Aufl., § 1 BeschFG 1996 Rz 171; APS-*Backhaus* 1. Aufl., § 1 BeschFG Rz 96; *Vossen* NZA 2000, 708). Ausgehend von dem vereinbarten Ende berechnet sich dann die **Klagefrist**. Der **Fristbeginn** wird hier regelmäßig nach § 222 Abs. 1 ZPO, § 187 Abs. 1 BGB zu bestimmen sein (Beginn des Tages nach der Zweckerreichung). Die Frist **endet** gem. **§ 188 Abs. 2 BGB** mit Ablauf des Tages, der durch seine Benennung dem Tag des Eintritts der Zweckerreichung entspricht. Bei Zweckerreichung an einem Dienstag endet die Klagefrist also um 24 Uhr des dritten Folgedienstags. Ist der letzte Tag der Frist ein Samstag, Sonntag oder gesetzlicher Feiertag (am Sitz des Adressatengerichts: BAG 16.1.1989 EzA § 222 ZPO Nr. 1), so endet die Frist erst mit Ablauf des ersten folgenden Werktags (**§ 222 Abs. 2 ZPO**).

20 Das vereinbarte Ende ist nach dem Wortlaut des § 15 Abs. 2 TzBfG und dem systematischen Gesamtzusammenhang an sich der **Zeitpunkt der objektiven Zweckerreichung**, wie §§ 15 Abs. 5 u. 17 S. 3 TzBfG belegen (ebenso schon früher APS-*Backhaus* 1. Aufl., § 1 BeschFG Rz 96; *Vossen* NZA 2000, 708; *Künzl* ZTR 2000, 392; zum neuen Recht: *Preis/Gotthardt* DB 2001, 152; *Sievers* Rz 20). Damit steht zunächst fest, dass der Zeitpunkt des früheren Zugangs der (schriftlichen) Unterrichtung über den Zeitpunkt der Zweckerreichung gem. § 15 Abs. 2 TzBfG als solcher ohne Interesse ist. Es bleibt auch dann bei dem Zeitpunkt der objektiven Zweckerreichung, wenn die Unterrichtung gem. § 15 Abs. 2 TzBfG rechtzeitig (mindest zwei Wochen) vor diesem Zeitpunkt zugegangen ist (ebenso *Dörner* Befr. Arbeitsvertrag, Rz 1004; *Sievers* Rz 22).

21 Zu beantworten bleibt die Frage, ob diese Festlegung im Interesse des Arbeitnehmers und des Schutzzwecks der Vorschrift dann einer Modifizierung bedarf, wenn die **schriftliche Unterrichtung über die Zweckerreichung verspätet zugeht**, also erst nach dem Zeitpunkt der objektiven Zweckerreichung oder so spät, dass das Ende des Arbeitsverhältnisses gem. § 15 Abs. 2 TzBfG unter Berücksichtigung der zweiwöchigen Verlängerungsphase (KR-*Lipke* § 15 TzBfG Rz 8) erst nach dem Zeitpunkt der objektiven Zweckerreichung eintritt. Denkbar sind, wenn man insoweit helfen will, verschiedene Zeitpunkte. Man kann anknüpfen an das Datum des Zugangs der schriftlichen Unterrichtung nach § 15 Abs. 2 TzBfG nach der objektiven Zweckerreichung (so APS-*Backhaus* Rz 21: teleologische Reduktion; ebenso *Dörner* Befr. Arbeitsvertrag, Rz 1005; ErfK-*Müller-Glöge* Rz 9; MHH-*Meinel* Rz 8 ff. [aber diff.]; *Annuß/ Thüsing-Maschmann* Rz 5; offenbar auch *Rolfs* Rz 9; parallel zum früheren Rechtszustand: *Künzl* ZTR 2000, 392; *Vossen* NZA 2000, 708). Man kann weiter anknüpfen an den nach dem Zeitpunkt der objektiven Zweckerreichung liegenden Ablauf der Zwei-Wochenfrist des § 15 Abs. 2 TzBfG (so KDZ-*Däubler* Rz 5; *Sievers* Rz 27, 30 u. 32 für verschiedene denkbare Konstellationen).

22 Notwendig ist dies jedoch nicht (vgl. auch *Boewer* Rz 19). Man muss sich nämlich vor Augen halten, dass der Arbeitnehmer dann, wenn er nach dem Ende der objektiven Zweckerreichung nicht mehr weiterarbeitet, weil er selbst von der Zweckerreichung ausgeht oder man es ihm vielleicht gesagt hat (dies wahrt nicht die für die Unterrichtung nach § 15 Abs. 2 TzBfG vorgeschriebene Form), auch problemlos binnen der drei Wochen ab dem Zeitpunkt der Zweckerreichung Klage erheben kann (vgl. auch *Wisskirchen* DB 1998, 722, 725). Hilfestellungen sind insoweit nicht nötig. In den Fällen, in denen über den Zeitpunkt der objektiven Zweckerreichung hinaus gearbeitet wird oder anderweitig eine Fortsetzung des Arbeitsverhältnisses anzunehmen ist (KR-*Lipke* § 15 TzBfG Rz 27 u. KR-*Fischermeier* § 625 BGB Rz 25), hilft jedoch bereits § 17 S. 3 TzBfG (dazu s.u. Rz 23 ff.). In den (seltenen) Fällen, in denen weder eine Fortsetzung des Arbeitsverhältnisses noch eine Einstellung der Arbeit im geschilderten Sinne vorliegt (wenn also der Arbeitnehmer aus irgendwelchen anderen Gründen nicht arbeitet, kein Entgelt erhält und nichts von der objektiven Zweckerreichung weiß), kann mit § 5 KSchG gearbeitet werden, doch rechtfertigen derartige seltene Ausnahmefälle keine teleologische Reduktion (aA APS-*Backhaus* Rz 21; *Dörner* Befr. Arbeitsvertrag, Rz 1005, der jedenfalls dazu rät, zur Vermeidung von Rechtsnachteilen nach Zugang der Erklärung des Arbeitgebers alsbald Klage einzureichen).

3. Bei Fortsetzung nach dem vereinbarten Ende (Satz 3)

a) Anwendungsbereich und Auslegung

23 Satz 3 der Vorschrift, der ursprünglich nicht vorgesehen war und auf die Beschlussempfehlung des Ausschusses für Arbeit und Sozialordnung (BT-Drs. 14/4625 S. 12 f.) zurückgeht, wirft Probleme auf, da sich der Regelungsgehalt nicht auf den ersten Blick erschließt (*Dörner* Befr. Arbeitsvertrag, Rz 1007 mwN; KDZ-*Däubler* Rz 6; *Kliemt* NZA 2001, 296, 303; MHH-*Meinel* Rz 9; MünchArbR-*Wank* § 116 Rz 288; *Preis/Gotthardt* DB 2001, 145, 151; *Rolfs* Rz 9).

Festzuhalten ist zunächst, dass Satz 3 seinem Wortlaut nach (die Begr. für die Änderung geht freilich 24
weiter [BT-Drs. 14/4625 S. 24], doch hat dies im Gesetzestext keinen Niederschlag gefunden; ebenso
Dörner Befr. Arbeitsvertrag, Rz 1007) jedenfalls nicht zur Anwendung kommt, wenn es sich um eine
kalendermäßige Befristung handelt und es nach dem Fristende nicht zu einer Fortsetzung des Arbeitsverhältnisses über das vereinbarte Ende hinaus gekommen ist. Ebenso kommt Satz 3 nicht zur Anwendung, wenn es sich um eine Zweckbefristung handelt, der Arbeitgeber rechtzeitig vorab die Unterrichtung gem. § 15 Abs. 2 TzBfG hat zugehen lassen und es zu keiner Fortsetzung des Arbeitsverhältnisses
nach dem (objektiven) Zeitpunkt der Zweckerreichung gekommen ist. In diesen beiden Fällen bleibt
es bei dem normalen Beginn der Frist im Satzes 1 wie oben dargestellt. Ebenso findet § 17 S. 3 TzBfG
keine Anwendung, wenn eine neue Befristung vereinbart wird (*LAG RhPf* 24.2.2005 NZA-RR 2005,
444; *Preis/Gotthardt* DB 2001, 145, 151; *Rolfs* Rz 10; *MHH-Meinel* Rz 10; s.u. Rz 26); insoweit gelten dann
die dargestellten Grundsätze zu Klagen bei Mehrfachbefristungen (s.u. Rz 51 ff.).

Eine sinnvolle, dem Wortlaut entsprechende und auch systematisch stimmige Interpretation des Sat- 25
zes 3 ergibt sich nur dann, wenn man diese Regelung in Zusammenhang bringt mit **§ 15 Abs. 5 TzBfG**
(ErfK-*Müller-Glöge* Rz 12; **aA** *Kliemt* NZA 2001, 303: will an § 15 Abs. 2 TzBfG anknüpfen; ähnlich offenbar *Rolfs* Rz 11; krit. zur Anknüpfung an § 15 Abs. 5 TzBfG auch *Dörner* Befr. Arbeitsvertrag,
Rz 1008), auf den sie freilich nicht verweist und mit dem sie nicht exakt abgestimmt ist (vom Ansatz
her ähnlich KDZ-*Däubler* TzBfG Rz 6).

Satz 3 kann damit Wirkung nur beanspruchen, wenn es sich um eine **Fortsetzung des** (ursprünglichen 26
befristeten) **Arbeitsverhältnisses** iSd § 15 Abs. 5 TzBfG (dazu KR-*Lipke* § 15 TzBfG Rz 27 und KR-*Fischermeier* § 625 BGB Rz 25) **über das vereinbarte Ende hinaus** handelt (nicht also die Beschäftigung
aufgrund eines neuen befristeten oder unbefristeten Vertrags; s.o. Rz 24 aE), dh über den Zeitpunkt der
objektiven Zweckerreichung einerseits oder das Ablaufen der vereinbarten Zeit andererseits hinaus
(HaKo-*Mestwerdt* Rz 30; gegen Einbeziehung der kalendermäßigen Befristung *Preis/Gotthardt* DB 2001,
151 f.; *Rolfs* Rz 11 [§ 17 S. 3 TzBfG beschränkend auf das Auseinanderfallen von vereinbartem Ende des
Arbeitsverhältnis und von tatsächlichem Ende gem. § 15 Abs. 2 TzBfG]; gegen Einbeziehung von
Zweckbefristung und auflösende Bedingung in den Geltungsbereich des § 17 S. 3 TzBfG *Dörner* Befr.
Arbeitsvertrag, Rz 1012). Da unter den angesprochenen Voraussetzungen gem. § 15 Abs. 5 TzBfG das
Arbeitsverhältnis als **auf unbestimmte Zeit verlängert** gilt, wenn die Fortsetzung des Arbeitsverhältnisses mit Wissen des Arbeitgebers erfolgt – dies ist aber für Satz 3 nicht Voraussetzung, da darin nicht
angesprochen (ebenso KDZ-*Däubler* Rz 6; *Dörner* Befr. Arbeitsvertrag, Rz 1010) – und dieser nicht unverzüglich widerspricht oder unverzüglich die Zweckerreichung mitteilt (auch dies ist für Satz 3 freilich nicht Voraussetzung), besteht für den Arbeitnehmer zunächst regelmäßig (zu einer Sonderkonstellation s.o. Rz 28) keine Veranlassung, eine Klage gegen die Befristung zu erheben, wenn das
Arbeitsverhältnis fortgesetzt wird. Er kann vielmehr aufgrund des Schweigens des Arbeitgebers davon ausgehen, dass sein Arbeitsverhältnis völlig problemlos weitergeführt wird. Erst dann, wenn der
Arbeitgeber dann doch noch erklärt, das Arbeitsverhältnis sei durch die Befristung beendet, ergibt sich
eine Konfliktsituation, die gerichtlich zu klären ist. Für diesen Fall ordnet Satz 3 an (und drängt damit
den Anwendungsbereich des § 5 KSchG zurück; dazu auch APS-*Backhaus* Rz 28; *Dörner* Befr. Arbeitsvertrag, Rz.1009; HaKo-*Mestwerdt* Rz 30; **aA** *LAG Düsseld.* 26.9.2002 LAGE § 15 TzBfG Nr. 1), dass die
Klagefrist des Satzes 1 erst mit Zugang der **schriftlichen Erklärung des Arbeitgebers**, das Arbeitsverhältnis sei aufgrund der Befristung beendet, beginnt (vgl. *Dörner* Befr. Arbeitsvertrag, Rz 1011; ErfK-
Müller-Glöge Rz 12).

Es können sich damit folgende Konstellationen ergeben (vgl. dazu auch MHH-*Meinel* Rz 14 ff.): 27

– Es liegen bereits die **Voraussetzungen des § 15 Abs. 5 TzBfG** vor (der Arbeitgeber hat also insbes.
nicht unverzüglich widersprochen oder die Zweckerreichung mitgeteilt – zur Form dieser Mitteilung KR-*Fischermeier* § 625 BGB Rz 29), dh das Arbeitsverhältnis gilt als auf unbestimmte Zeit verlängert (diese Rechtsfolge wird von § 17 S. 3 TzBfG nicht in Frage gestellt: *Rolfs* Rz 11), und die spätere **schriftliche Erklärung des Arbeitgebers** hat die Klagefrist des Satzes 1 in Lauf gesetzt. Dann
bedarf es an sich der Klage gem. Satz 1 nicht, der Arbeitnehmer kann die allgemeine Feststellungsklage erheben, dass ein unbefristetes Arbeitsverhältnis besteht (*Boewer* Rz 26; *Dörner* Befr. Arbeitsvertrag, Rz 1008; HWK-*Schmalenberg* Rz 9; vgl. BAG 23.6.2004 EzA § 17 TzBfG Nr. 5 = BAGReport
2004, 398). Bestehen aber auch nur irgendwelche Zweifel daran, ob § 15 Abs. 5 TzBfG wirklich eingreift, wird man die Klage gem. Satz 1 vorsichtshalber verbinden mit der allgemeinen Feststellungsklage (ebenso im Ergebnis offenbar *Dörner* Befr. Arbeitsvertrag, Rz 1008; vgl. auch HaKo-*Mestwerdt*
Rz 30).

– Es liegen die **Voraussetzungen des § 15 Abs. 5 TzBfG** vor, es **fehlt** aber an der **Schriftlichkeit der Erklärung** des Arbeitgebers iSd Satzes 3. Dann ist Klagefrist des Satzes 1 nicht in Lauf gesetzt, angesichts der formlosen Erklärung des Arbeitgebers wird man aber die allgemeine Feststellungsklage erheben, ggf. auch hier vorsichtshalber erweitert um die Klage nach Satz 1.
– Es liegen die **Voraussetzungen des § 15 Abs. 5 TzBfG** (noch) **nicht** vor:
Dann geht es allein um die Wirksamkeit der Befristung. Die schriftliche Erklärung des Arbeitgebers nach Satz 3 setzt die Klagefrist des Satzes 1 in Lauf, und die Klage wird entsprechend zu erheben sein. Wird vom Arbeitgeber lediglich in nicht schriftlicher Form gem. § 15 Abs. 5 TzBfG widersprochen oder die Zweckerreichung mitgeteilt (vgl. KR-*Fischermeier* § 625 BGB Rz 29 zur Form insoweit), beginnt mangels Schriftform, obwohl dieser Inhalt auch für die Erklärung nach Satz 3 ausreichen wird, die Frist des Satzes 1 noch nicht zu laufen. Klageerhebung nach Satz 3 wird dennoch zu empfehlen sein.

28 Eine **Sonderkonstellation**, die der Gesetzgeber so nicht bedacht hat, ergibt sich schließlich dann, wenn der Arbeitgeber die schriftliche Unterrichtung gem. **§ 15 Abs. 2 TzBfG** über die Zweckerreichung zwar formgerecht vorgenommen hat, jedoch nicht zwei Wochen vor der Zweckerreichung, sondern erst danach, so dass die gesetzlich vorgeschriebene **Verlängerungsphase** eintritt (KR-*Lipke* § 15 TzBfG Rz 7 ff. u. 8). Kommt es in dieser Verlängerungsphase zu einer Fortsetzung des Arbeitsverhältnisses nach dem vereinbarten Ende, nämlich dem Zeitpunkt der objektiven Zweckerreichung (s.o. Rz 26), greift an sich seinem Wortlaut nach Satz 3 ein. Doch kann in dieser besonderen Situation kein unbefristetes Arbeitsverhältnis gem. § 15 Abs. 5 TzBfG entstehen, da der Widerspruch des Arbeitgebers mit der Unterrichtung gem. § 15 Abs. 2 TzBfG bereits vorliegt. Die oben angesprochene Vertrauenssituation, auf die Satz 3 abzielt, kann sich demnach hier nicht ergeben, so dass es gerechtfertigt ist, insoweit im Wege der **teleologischen Reduktion** Satz 3 nicht anzuwenden. Es bleibt damit in diesem besonderen Falle dabei, dass die Klagefrist mit der objektiven Zweckerreichung beginnt (**aA** MHH-*Meinel* Rz 16).

b) Die Erklärung gem. Satz 3

29 Diese Erklärung hat **schriftlich** zu sein (§§ 126, 126a BGB; entspr. KR-*Lipke* § 15 Rz 11). Erfolgt die Erklärung nur mündlich, lässt sie die Klagefrist nicht beginnen (KDZ-*Däubler* Rz 6). Für sie gilt hinsichtlich der **Rechtsnatur** und den daraus abzuleitenden Folgerungen das zu § 15 Abs. 2 TzBfG Ausgeführte in gleicher Weise (KR-*Lipke* § 15 TzBfG Rz 10; vgl. auch *Annuß/Thüsing-Maschmann* Rz 10). Dementsprechend gilt grds. auch § 174 BGB entsprechend, wenngleich es kaum sinnvoll sein wird, mit dieser Vorschrift zu arbeiten. Ebenso gilt an sich § 180 S. 1 BGB; praktische Probleme wird dies wegen der idR gegebenen Genehmigung gem. § 177 Abs. 1 BGB kaum ergeben.

30 Der **Inhalt** der Erklärung sollte sich am Wortlaut des Satzes 3 orientieren. Es muss darin jedenfalls hinreichend zum Ausdruck kommen, dass der Arbeitgeber das Arbeitsverhältnis mit Fristablauf oder Zweckerreichung für bereits vor der Erklärung (s.u. Rz 31; *Annuß/Thüsing-Maschmann* Rz 7) beendet hält. Die Angabe eines Beendigungszeitpunktes fordert Satz 3 indes nicht (*Annuß/Thüsing-Maschmann* Rz 10), man sollte dies damit auch nicht hinein interpretieren. Eine verspätete Mitteilung gem. **§ 15 Abs. 2 TzBfG** wird freilich gleichzeitig den Anforderungen des Satzes 3 genügen (ebenso offenbar MHH-*Meinel* Rz 9).

c) Zeitpunkt der Erklärung gem. Satz 3/rechtliche Einordnung

31 Nach dem Wortlaut der Vorschrift (»Erklärung, dass ... beendet sei«) und nach deren Sinn und Zweck handelt es sich um eine **Erklärung nach dem vereinbarten Ende**, also nach Fristende oder nach objektiver Zweckerreichung (vgl. indes Rz 28).

32 Mit der Spezialregelung des Satzes 3 wird im Rahmen ihres Anwendungsbereichs (s.o. Rz 23 ff.) der **Beginn der Klagefrist** des Satzes 1 **gehemmt bis zum Zugang der schriftlichen Erklärung** des Arbeitgebers, das Arbeitsverhältnis sei aufgrund der Befristung beendet. Daraus ergibt sich zugleich, dass die von Satz 3 vorausgesetzte Fortsetzung des Arbeitsverhältnisses über das vereinbarte Ende hinaus eine **lückenlose Fortsetzung** sein muss. Eine spätere Fortsetzungshandlung führt nicht mehr zur Anwendung des Satzes 3 (teilweise wird angenommen, eine beachtliche Fortsetzungshandlung sei nur innerhalb der Frist des Satzes 1 möglich).

d) Berechnung der Klagefrist

33 Für **Beginn und Ende** der Klagefrist gelten die Ausführungen zur Zweckerreichung entsprechend (s.o. Rz 19 ff.).

e) Übergangsprobleme

§ 17 S. 3 TzBfG gilt ab dem **1.1.2001**, und zwar ohne Übergangsregelung. Die Vorschrift erfasst daher alle befristeten und auflösend bedingten (§ 21 TzBfG) Arbeitsverhältnisse, bei denen das Fristende, die objektive Zweckerreichung oder die auflösende Bedingung am 1.1.2001 oder später vorliegen. Bei einem entsprechenden Zeitpunkt zuvor lässt sich keine Verpflichtung des Arbeitgebers feststellen, eine schriftliche Beendigungserklärung abzugeben, womit für diese Fälle Satz 3 nicht eingreifen kann (**aA** seinerzeit APS-*Backhaus* Nachtrag zur 1. Aufl. Art. 3, 4 Rz 16 unter Abstellen auf die Fortsetzungshandlung; unklar insoweit *Dörner* Befr. Arbeitsvertrag, Rz 997). 34

4. Klage vor Fristbeginn

Es ist regelmäßig problemlos, eine Feststellungsklage gem. § 17 entgegen dessen Wortlaut auch schon **vor dem vereinbarten Ende** des Arbeitsverhältnisses zu erheben (zu § 1 Abs. 5 BeschFG [allerdings zumeist ausgehend von der allgemeinen Feststellungsklage]: *BAG* 28.6.2000 EzA § 1 BeschFG 1985 Nr. 15; 15.8.2001 EzA § 620 BGB Nr. 184; *Lipke* KR 5. Aufl., § 1 BeschFG 1996 Rz 173 mwN u. § 620 BGB Rz 253 ff.; APS-*Backhaus* 1. Aufl., § 1 BeschFG Rz 101; *Körfer* FA 2000, 305; *Vossen* NZA 2000, 707; zu § 17 TzBfG: *BAG* 10.3.2004 EzA § 14 TzBfG Nr. 9 ; APS-*Backhaus* Rz 53; *Dörner* Befr. Arbeitsvertrag, Rz 1006). Das **Feststellungsinteresse** wird dann meist nicht in Frage stehen, da davon auszugehen ist, dass der Arbeitgeber an der Befristung festhält. Eine ältere Entscheidung des *BAG* (12.10.1979 EzA § 620 BGB Nr. 40 = § 256 ZPO Nr. 20) betraf lediglich eine besondere Situation und ist so nicht verallgemeinerungsfähig (vgl. BGB-RGRK-*Dörner* 12. Aufl., § 620 Rz 174). Wenn allerdings zweifelhaft ist, ob eine Zweckbefristung wirklich vereinbart und der Zeitpunkt der Zweckerreichung nach längerer Beschäftigung des Arbeitnehmers nicht absehbar ist, kann das Feststellungsinteresse freilich zweifelhaft sein (*BAG* 7.10.1976 – 2 AZR 410/75 – nv). 35

Eine Klage vor Fristbeginn kann insbes. dann sinnvoll sein, wenn bei **Mehrfachbefristungen** sowohl die frühere als auch die nachfolgende Befristung der gerichtlichen Kontrolle unterzogen werden soll (zu einer solchen Konstellation *BAG* 26.7.2000 EzA § 1 BeschFG 1985 Nr. 18; s.a. Rz 55). 36

D. Zum Verfahren

I. Allgemeines

Es gelten die allgemeinen Verfahrensgrundsätze (zur anderweitigen Rechtshängigkeit *BAG* 21.12.2005 NZA 2006, 321). Zu beachten ist indes, dass § 17 TzBfG nicht auf §§ 9, 10 KSchG verweist, also **Auflösungsanträge** nicht gestellt werden können (*Annuß/Thüsing-Maschmann* Rz 12). **Befristungsgründe** können grds. bis zum Schluss der mündlichen Verhandlung erster Instanz **nachgeschoben** werden, ohne dass dem prozessuale Verspätungsvorschriften entgegengehalten werden können (§ 6 KSchG nF; näher dazu *Bader* NZA 2004, 65, 68 f.; bis zum 31.12.2003 kam es auf die prozessualen Verspätungsvorschriften an). Doch kann das Nachschieben aus **materiellen Gründen** verwehrt sein (MünchArbR-*Wank* § 116 Rz 151), wenn etwa ein bestimmter Befristungsgrund Vertragsinhalt geworden sein muss, wenn bestimmte Befristungsgründe oder Vertragstypen schriftlich festzuhalten sind oder wenn durch die Festlegung auf eine Rechtfertigung für die Befristung die andere ausgeschlossen ist (dazu KR-*Lipke* § 14 Rz 57 ff. u. KR-*Bader* § 22 TzBfG Rz 22; BBDW-*Bader* § 620 BGB Rz 281 ff. mwN; vgl. zum Ausschluss der Grundlage für eine sachgrundlose Befristung etwa *BAG* 4.12.2002 EzA § 14 TzBfG Nr.1; 5.6.2002 EzA § 620 BGB Nr. 193). Die Fragen der **Beweislast** sind bei KR-*Lipke* § 14 TzBfG Rz 371 ff. abgehandelt (dazu etwa auch *BAG* 5.6.2002 EzA § 620 BGB Nr. 192; *LAG Bln.* 6.5.2003 LAGE § 440 ZPO 2002 Nr. 1). 37

Hier wie sonst besteht die Möglichkeit der **Klagehäufung** (§ 260 ZPO). Es kann mit der Feststellungsklage gem. § 17 S. 1 TzBfG eine **Klage auf Weiterbeschäftigung** (für die Dauer des Verfahrens hinsichtlich des Feststellungsantrags) verbunden werden (dazu s.u. Rz 40 ff.). Auch können damit etwa eine **Zahlungsklage** oder (auch hilfsweise) Klagen auf Erteilung eines **Zeugnisses** oder auf Ausfüllung und Herausgabe von **Arbeitspapieren** verbunden werden, ebenso die Klage gegen eine Kündigung (so *BAG* 28.6.2000 EzA § 1 BeschFG 1985 Nr. 15). Wichtig ist aber vor allem die Möglichkeit, mit der Klage gem. § 17 S. 1 TzBfG bzgl. einer Befristung die (vorzeitige – s.o. Rz 35) **Feststellungsklage gegen eine weitere Befristung** (für Klagen im Falle von **Mehrfachbefristungen** s.a. Rz 51 ff.) oder eine **allgemeine Feststellungsklage** zu verbinden (dazu s.a. Rz 45; *Vossen* NZA 2000, 707; vgl. weiter *BAG* 10.10.2002 AP Nr. 49 zu § 4 KSchG 1969). Für die allgemeine Feststellungsklage, die auf die Feststellung 38 des Fortbestehens des Arbeitsverhältnisses bis zum Schluss der mündlichen Verhandlung abzielt (*Sievers* Rz 13), ist das **Feststellungsinteresse** (§ 256 Abs. 1 ZPO) separat zu prüfen, es muss zum Schluss der mündlichen Verhandlung (noch) gegeben sein (*BAG* 26.9.1991 Rz K I 10 b Nr. 16; es kann zB entfallen, wenn alle bis dahin vorhandenen Beendigungstatbestände durch jeweils separate Anträge abgedeckt sind; dazu auch *Dörner* Befr. Arbeitsvertrag, Rz 989 f.). Ob eine derartige Klage zusätzlich erhoben ist, ist erforderlichenfalls durch **Auslegung** festzustellen (KR-*Friedrich* § 4 KSchG Rz 243; vgl. auch *BAG* 24.10.2001 AP Nr. 229 zu § 620 BGB Befristeter Arbeitsvertrag; zur Korrektur in höheren Instanzen *Dörner* Befr. Arbeitsvertrag, Rz 990). Die allgemeine Feststellungsklage wahrte dann nach dem bis zum 31.12.2003 geltenden Rechtszustand zugleich die **Klagefrist** gem. § 17 S. 1 **für weitere Befristungen** ebenso wie sonst die Klagefrist hinsichtlich weiterer Kündigungen (*Friedrich* KR 6. Aufl., § 4 KSchG Rz 243 f. mwN u. hier Rz. 48; vgl. auch *G. Wisskirchen* DB 1998, 725). Nach dem Rechtszustand ab dem 1.1.2004 wird man dies nicht mehr annehmen können (*Bader* NZA 2004, 65, 69; s.a. Rz 48; **aA** *Dörner* Befr. Arbeitsvertrag, Rz 987), obwohl dies in der Literatur in Anknüpfung an die frühere Rechtslage weiterhin ganz überwiegend anders gesehen wird. Schließlich kann die **Klage auf Wiedereinstellung bzw. Fortsetzung des Arbeitsverhältnisses** (dazu s.u. Rz 98 ff.) – auch als Hilfsantrag – mit der Klage gegen die Wirksamkeit einer Befristung verbunden werden.

39 Der Vollständigkeit halber sei angesprochen, dass der **Arbeitgeber** seinerseits den Weg der **Feststellungsklage** (etwa mit dem Antrag, festzustellen, dass das Arbeitsverhältnis mit Ablauf des ... enden wird) beschreiten kann, wobei das entsprechende Feststellungsinteresse (§ 256 Abs. 1 ZPO) gegeben sein muss. Eine solche Klage ist auch bereits vor dem vereinbarten Ende möglich. Das Feststellungsinteresse dafür entfällt jedoch jedenfalls, wenn der Arbeitnehmer seinerseits die Feststellungsklage gem. § 17 TzBfG – diese ist im Hinblick auf die gesetzliche Regelung trotz der Formulierung hier als die positive Feststellungsklage zu sehen – erhebt oder wenn die Klagefrist abgelaufen ist und damit die Fiktion gem. § 7 Hs. 1 KSchG in entsprechender Anwendung eintritt.

II. Weiterbeschäftigung während des Verfahrens

40 Die Grundsätze des Großen Senats des *BAG* (27.2.1985 EzA § 611 BGB Beschäftigungspflicht Nr. 9 m. Anm. *Gamillscheg*) über den **allgemeinen Weiterbeschäftigungsanspruch** des Arbeitnehmers für die Dauer des Kündigungsrechtsstreits (bis zu dessen rechtskräftigem Abschluss) gelten entsprechend auch dann, wenn um die Wirksamkeit einer Befristung oder auflösenden Bedingung (§ 21 TzBfG) gestritten wird (*BAG* 13.6.1985 EzA § 611 BGB Beschäftigungspflicht Nr. 16; 26.6.1996 AP § 620 BGB Bedingung Nr. 23; *LAG* Nds. 12.1.2004 NZA-RR 2004, 555; *LAG* Hmb. 30.9.1994 LAGE § 611 BGB Beschäftigungspflicht Nr. 139; *LAG Hamm* 11.5.1989 LAGE § 611 BGB Beschäftigungspflicht Nr. 26; vgl. auch die Konstellation bei *BAG* 5.6.2002 EzA § 620 BGB Nr. 193). Denn die Unsicherheit ist hier wie dort dieselbe. Gewinnt also der Arbeitnehmer erstinstanzlich, wird der Arbeitgeber auf entsprechenden Antrag (auf **Weiterbeschäftigung bis zur Rechtskraft der Entscheidung über den Feststellungsantrag**; zur Bestimmtheit KR-*Etzel* § 102 BetrVG Rz 285) – dieser kann im Wege der Klagehäufung neben dem Antrag gem. § 17 TzBfG gestellt werden (auch unecht bedingt für den Fall, dass der Kläger mit dem Feststellungsantrag Erfolg hat; vgl. *BAG* 24.10.2001 AP Nr. 11 zu § 1 BeschFG 1996, auch zu diesbezüglichen Auslegungsfragen) – zur Weiterbeschäftigung zu verurteilen sein, sofern der Arbeitgeber nicht erfolgreich Gegengründe (**überwiegende schützwürdige Interessen** auf seiner Seite) ins Feld führen kann. Eine isolierte Klage auf Weiterbeschäftigung, in deren Rahmen dann die Wirksamkeit der Befristung zu prüfen wäre, ist angesichts der Klagefrist an sich kein gangbarer Weg mehr; eine derartige Klage kann allenfalls im Rahmen des entsprechend anzuwendenden § 6 KSchG eine Rolle spielen (näher dazu Rz 48).

41 Wird jedoch darum gestritten, ob die Parteien überhaupt ein **Arbeitsverhältnis begründet** haben, kommt ein derartiger Weiterbeschäftigungsanspruch nicht in Betracht (*LAG* Rhpf 15.6.1993 – 9 Sa 370/93 – nv). Dasselbe gilt dann, wenn der Streit sich nicht um die Wirksamkeit der Befristung dreht, sondern um das **Zustandekommen einer Befristungsvereinbarung** (vgl. entsprechend Rz 5).

42 Im Übrigen gelten für den allgemeinen Weiterbeschäftigungsanspruch für die Dauer des Rechtsstreits über die Wirksamkeit einer Befristung die Erl. bei KR-*Etzel* § 102 BetrVG Rz 269 ff. mwN entsprechend, speziell zur Möglichkeit der Durchsetzung durch **einstweilige Verfügung** (KR-*Etzel* § 102 BetrVG Rz 289 ff.; vgl. dazu auch *LAG* Nds. 18.12.1994 LAGE § 611 BGB Beschäftigungspflicht Nr. 38), zur **Vollstreckung** (KR-*Etzel* § 102 BetrVG Rz 292 ff.) und zur **Rückabwicklung nach Klageabweisung** (KR-*Etzel* § 102 BetrVG Rz 297 ff.). Zur Rechtsqualität einer **vereinbarten Weiterbeschäftigung** für die Dauer des Kündigungsrechtsstreits vgl. KR-*Bader* § 3 TzBfG Rz 20.

III. Revisionsgerichtliche Überprüfung

Die Gerichte für Arbeitssachen erster und zweiter Instanz haben bei der **Prüfung des sachlichen** 43 **Grundes** einen gewissen **Wertungsspielraum.** Das BAG geht aus revisionsrechtlicher Sicht nur dann von einer nachprüfbaren Rechtsverletzung der Tatsachengerichte aus, wenn der **unbestimmte Rechtsbegriff** des sachlichen Grundes selbst verkannt, Denkgesetze und allgemeine Erfahrungssätze verletzt oder wesentliche Umstände übersehen worden sind (etwa BAG 22.9.1961, 22.3.1985, AP § 620 BGB Befristeter Arbeitsvertrag Nr. 20, 89; 11.12.1991 EzA § 620 BGB Nr. 112; 24.4.1996 EzA § 620 BGB Nr. 140; *Staudinger/Preis* § 620 Rz 62). Da es keinen abschließenden Katalog sachlich rechtfertigender Befristungsgründe gibt, können die Instanzgerichte den Umständen des Einzelfalls großes Gewicht beimessen und damit die Möglichkeit revisionsgerichtlicher Kontrolle stark einschränken.

Ist in einem Rechtsstreit sowohl der Rechtsstatus (Arbeitnehmer oder freier Mitarbeiter?) als auch die 44 Wirksamkeit einer Befristung streitig, kann das LAG einheitlich über beide Teil-Streitgegenstände entscheiden und dann die **Revisionszulassung** wirksam etwa auf den Befristungsstreit **beschränken** (BAG 28.5.1985 EzA § 620 BGB Nr. 80).

IV. Streitgegenstand/Rechtskraftwirkungen

Streitgegenstand ist für eine Feststellungsklage nach § 17 TzBfG die **Beendigung des Arbeitsverhält-** 45 **nisses aufgrund der konkreten Befristung zu einem bestimmten Termin** (s.o. Rz 11 zum sog. **punktuellen Streitgegenstand**). Wird daher nur der § 17 S. 1 TzBfG entsprechende Antrag gestellt, ist nicht darüber zu befinden, ob das Arbeitsverhältnis im Zeitpunkt des Schlusses der mündlichen Verhandlung noch besteht. Etwas anderes gilt, wenn zusätzlich ein allgemeiner Feststellungsantrag gestellt ist (dazu s.o. Rz 38). Im Rahmen der Feststellungsklage gem. § 17 TzBfG ist eine umfassende Prüfung bzgl. **aller** potentieller **Unwirksamkeitsgründe** – soweit der Vortrag der Parteien dies veranlasst – vorzunehmen (vgl. Rz 5 u. 48). Diese Grundsätze gelten grds. auch bei **Mehrfachbefristungen** (dazu weiter Rz 51 ff.).

Ist bereits ein Rechtsstreit über eine Befristung rechtskräftig **positiv** entschieden, so ist damit rechts- 46 kräftig das **Bestehen des Arbeitsverhältnisses** zwischen den Parteien **über den vermeintlichen Endtermin hinaus** festgestellt. Es handelt sich insoweit nicht nur um eine Vorfrage, die nicht in Rechtskraft erwächst (entspr. KR-*Friedrich* § 4 KSchG Rz 255 u. 268 mwN; aA LAG Bln. 10.8.1981 AP § 620 BGB Befristeter Arbeitsvertrag Nr. 58). Ist die Befristungsklage rechtskräftig **abgewiesen**, steht rechtskräftig fest, dass die angegriffene **Befristung unter keinem Aspekt wirksam** ist: Der Arbeitnehmer kann sich nicht mehr darauf berufen, es habe in Wahrheit eine unwirksame Befristung vorgelegen und es bestehe damit ein unbefristeter Vertrag. Das gilt auch, wenn er sich im Prozeß auf einzelne Unwirksamkeitsgründe nicht berufen hat (dazu § 6 KSchG und hierzu s.u. Rz 48). Hingegen erwächst die Entscheidung über **einzelne Unwirksamkeitsgründe** als solche oder über die **rechtliche Einordnung** (etwa: Sachgrundbefristung oder Befristung nach § 14 Abs. 2 TzBfG) nicht in Rechtskraft (parallel s.u. Rz 50). Im Übrigen ist auf die entsprechend heranzuziehenden Ausführungen bei KR-*Friedrich* § 4 KSchG Rz 224 ff. zu verweisen, wobei sich hier freilich manche **Präklusionsfragen** (ausf. dazu zum bisherigen Rechtszustand [bis zum 31.12.2003] *Friedrich* KR 6. Aufl., § 4 KSchG Rz 262 ff.; durch die Neufassung der §§ 4, 7 KSchG mit Wirkung v. 1.1.2004 [vgl. dazu die entspr. Erl. bei KR-*Friedrich*] hat sich die Problematik auch im Kündigungsrecht entschärft) nicht stellen, da alle Unwirksamkeitsgründe überprüft werden und sich nicht das Problem der Wiederholungskündigung oder Trotzkündigung ergibt.

E. Entsprechende Anwendung der §§ 5 bis 7 KSchG (Satz 2)

I. § 5 KSchG

Da § 17 S. 2 TzBfG den § 5 KSchG für entsprechend anwendbar erklärt (§ 5 Abs. 1 S. 2 KSchG nF wird 47 insoweit nicht praktisch), kann auch bei Klagen gegen Befristungen oder auflösende Bedingungen (§ 21 TzBfG) ein **Antrag auf nachträgliche Zulassung** gestellt werden, dem stattzugeben ist, wenn der Arbeitnehmer trotz aller ihm nach Lage der Umstände zuzumutenden Sorgfalt verhindert war, die Klagefrist einzuhalten (§ 5 Abs. 1 KSchG). Für das Verfahren und den anzulegenden Maßstab gelten grds. die Erl. bei KR-*Friedrich* § 5 KSchG entsprechend. Die **Unkenntnis der Klagefrist** sowie die Unkenntnis der Tatsache, welche Ereignisse die Frist beginnen lassen (§ 17 S. 1 u. 3 TzBfG), stellen hier ebenfalls keinen Zulassungsgrund dar. Auch kennt der Arbeitnehmer regelmäßig den Zeitpunkt des vereinbarten Endes des Arbeitsverhältnisses, der die Klagefrist des § 17 S. 1 TzBfG in Gang setzt, so

§ 17 TzBfG   Anrufung des Arbeitsgerichts

dass sich auch insoweit kein Zulassungsgrund ergeben wird. Dies gilt zunächst für die kalendermäßige Befristung, aber auch für die Zweckbefristung jedenfalls dann, wenn der Arbeitnehmer bereits vorab (nicht notwendig zwei Wochen zuvor – s.o. Rz 21) die schriftliche Unterrichtung gem. § 15 Abs. 2 TzBfG erhalten hat. Ansonsten wird zumeist **§ 17 S. 3 TzBfG** – Unklarheiten dürften sich insoweit nicht ergeben – helfen, abgesehen von einer Sonderkonstellation, in der dann in der Tat § 5 KSchG zu bemühen sein wird (s.o. Rz 22; wohl weitergehend *Annuß/Thüsing-Maschmann* Rz 10). Im Übrigen ist zu beachten, dass der Arbeitnehmer bei **absehbarem Auslaufen der Befristung** gehalten sein wird, für voraussehbare Behinderungen hinsichtlich der Klageerhebung (durch Urlaub, Krankenhausaufenthalt o.ä.) Vorsorge zu treffen: Der Sorgfaltsmaßstab des § 5 Abs. 1 KSchG kann sich damit gegenüber den Kündigungsfällen insoweit verschärfen (*Vossen* NZA 2000, 711; vgl. auch *Annuß/Thüsing-Maschmann* Rz 10). Wegen der Fiktionswirkung des § 7 Hs. 1 KSchG kommt § 5 KSchG schließlich nicht zum Tragen, wenn der Arbeitgeber später zulässigerweise auf einen anderen und zusätzlichen Befristungsgrund zurückgreift (**aA** *Vossen* NZA 2000, 710).

II. § 6 KSchG

48 Auch § 6 KSchG ist durch § 17 S. 2 TzBfG für entsprechend anwendbar erklärt. Diesbezüglich kann auf die zugehörige Kommentierung Bezug genommen werden (KR-*Friedrich* § 6 KSchG; zum Stellenwert des mit Wirkung vom 1.1.2004 neu gefassten § 6 KSchG auch *Bader* NZA 2004, 65, 68 f.). § 6 S. 1 KSchG aF konnte an sich für die Befristungsklage gem. § 17 S. 1 TzBfG § 6 S. 1 KSchG aF gar nicht zur Anwendung kommen, weil die Befristungsklage ohnehin alle Unwirksamkeitsgründe erfasst (s.o. Rz 5; zur im Befristungsbereich kaum relevanten Vorschrift des § 6 S. 2 KSchG aF *Rolfs* Rz 8; *LAG Düssel.* 6.12.2001 LAGE § 17 TzBfG Nr. 1). Doch wandte die ganz hM **§ 6 S. 1 KSchG aF entsprechend** in dem Fall an, dass der Arbeitnehmer eine **Leistungsklage** (insbes. auf Zahlung) erhebt, die auf die Unwirksamkeit der Kündigung gestützt wird (*Friedrich* KR 6. Aufl., § 4 KSchG Rz 23 ff. mwN). Dies hatte dann in gleicher Weise zu gelten im Bereich der Befristungsklage (*BAG* 16.4.2003 BB 2004, 386, darin auch zur Hinweispflicht des ArbG und zum Verfahren; *Dörner* Befr. Arbeitsvertrag, Rz 987; *Sievers* Rz 38; *SPV-Vossen* Rz 1927; *Vossen* NZA 2000, 711; vgl. auch *G. Wisskirchen* DB 1998, 726). Unter der Geltung des **neugefassten § 6 KSchG** lässt sich dies nicht mehr aufrechterhalten (*Bader* NZA 2004, 65, 68 f., dort auch zu den verfahrensmäßigen Folgen der Neuregelung), obwohl die Literatur ganz überwiegend weiterhin von den zur alten Rechtslage entwickelten Grundsätzen ausgeht (entsprechend *LAG Düsseldorf* 6.12.2001 LAGE § 17 TzBfG Nr. 1). § 6 KSchG nF regelt nämlich nur noch, dass weitere Unwirksamkeitsgründe bis zum Schluss der mündlichen Verhandlung 1. Instanz geltend gemacht werden können, regelt also gerade nicht mehr den Übergang zu der speziellen Feststellungsklage nach § 4 S. 1 KSchG (zu § 6 KSchG aF und dessen Stellenwert auch *BAG* 16.4.2003 BB 2004, 386).

III. § 7 KSchG

49 Schließlich ist § 7 KSchG gleichfalls entsprechend anwendbar (§ 17 S. 2 TzBfG). Dessen 2. Hs. ist für die Befristungsklage gegenstandslos, da er sich auf die Änderungskündigung bezieht. Der 1. Hs. ist für die **Klagen gegen Befristungen und auflösende Bedingungen** von Arbeitsverträgen im Ergebnis aufgrund der Anordnung in § 17 S. 2 TzBfG so zu lesen: Wird die Rechtsunwirksamkeit einer Befristung – oder einer auflösenden Bedingung (§ 21 TzBfG) – **nicht rechtzeitig geltend gemacht** (§ 17 S. 1 u. 3 TzBfG; § 17 S. 2 TzBfG, §§ 5, 6 KSchG – § 6 KSchG nF hat insoweit jedoch keinen Stellenwert mehr [s.o. Rz 48]), so gilt die **Befristung** oder die auflösende Bedingung **als von Anfang an** rechtswirksam: Es werden in Folge der angeordneten Fiktion **alle Unwirksamkeitsgründe** – auf diese erstreckt sich die Klage: dazu Rz 5f. – **geheilt** (*Dörner* Befr. Arbeitsvertrag, Rz 1007). Da aufgrund der mit Wirkung v. 1.1.2004 neugefassten §§ 4, 7 KSchG auch die Kündigungsschutzklage nunmehr (nahezu) alle Unwirksamkeitsgründe abdeckt, besteht der frühere Unterschied zur Klage gegen eine Befristung (praktisch) nicht mehr.

50 Für die **Rechtsfolgen** kann grds. auf die Kommentierung des § 7 verwiesen werden (KR-*Rost* § 7 KSchG). Die gesetzliche Fiktion besagte im Kündigungsschutzrecht nach dem Rechtszustand bis zum 31.12.2003, dass die Kündigung als sozial gerechtfertigt gilt, nicht aber wird das Vorliegen der materiellen Kündigungsgründe fingiert (*BAG* 22.3.2000 EzA § 1 BeschFG 1985 Klagefrist Nr. 4 mwN; KR-*Rost* § 7 KSchG Rz 20a). Nach § 7 KSchG nF gilt die Kündigung nun als (in jeder Hinsicht) von Anfang an rechtswirksam. Dasselbe gilt dann für die Befristung: Es kann vom Arbeitnehmer nicht mehr eingewandt werden, es habe sich in Wahrheit um ein unwirksam befristetes und damit im Ergebnis um ein unbefristetes Arbeitsverhältnis gehandelt (*BAG* 22.3.2000 EzA § 1 BeschFG 1985 Klagefrist Nr. 4, auch

bzgl. § 1 Abs. 1 u. 3 BeschFG). Die Fiktionswirkung des entsprechend anwendbaren § 7 Hs. 1 KSchG erstreckt sich jedoch nur auf die **Beendigungswirkung der Befristung**, nicht aber auf einzelne **Unwirksamkeitsgründe** oder die **rechtliche Einordnung** der Befristung (*BAG* 20.2.2002 EzA § 17 TzBfG Nr. 1 mwN; *Dörner* Befr. Arbeitsvertrag, Rz 1001), also zB nicht auf die Frage, ob eine Sachgrundbefristung oder eine Befristung gem. § 14 Abs. 2 TzBfG vorlag (vgl. *Gotthardt* Anm. zu *BAG* 22.3.2000 EzA § 1 BeschFG 1985 Klagefrist Nr. 4; etwas missverständlich *BAG* 9.2.2000 EzA § 1 BeschFG 1985 Klagefrist Nr. 2, wo davon die Rede ist, dass alle Voraussetzungen einer rechtswirksamen Befristung fingiert werden). Diese Frage wird insbes. bei **Mehrfachbefristungen** relevant (s.u. Rz 56). Im Übrigen tritt die Fiktionswirkung des § 7 KSchG auch dann ein, wenn die **Klage zurückgenommen** wird und die Frist von drei Wochen bereits abgelaufen ist (*BAG* 26.6.2002 EzA § 17 TzBfG Nr. 2; *BAG* 15.2.2006 – 7 AZR 206/05 –). Allerdings kann vor oder bei der Vereinbarung einer Befristung nicht auf die spätere Geltendmachung der Unwirksamkeit der Befristung **verzichtet** werden; dies folgt aus den zugunsten des Arbeitnehmers zwingenden Grundsätzen der Befristungskontrolle (*BAG* 19.1.2005 EzA § 17 TzBfG Nr. 7).

F. Feststellungsklage bei mehrfacher Befristung

§ 17 S. 1 TzBfG gilt nach Wortlaut und Sinn und Zweck für **jede Befristung**. Das bedeutet vom Ausgangspunkt her grds., dass für jede Befristung – **auch bei mehreren aufeinander folgenden Befristungen** – gesondert zu prüfen ist, ob die **Klagefrist** eingehalten ist (sie setzt nicht erst bei dem Ablauf der letzten Befristung ein: *BAG* 24.10.2002 EzA § 1 BeschFG 1985 Klagefrist Nr. 8). Ist dies zu verneinen, ist also die Frist versäumt (und greifen auch §§ 5, 6 KSchG in ihrer angeordneten entsprechenden Anwendung [vgl. zu § 6 KSchG aF und nF Rz 48] nicht ein), gilt die entsprechende Befristung gem. Satz 2 iVm § 7 Hs. 1 KSchG in entsprechender Anwendung als wirksam (s.o. Rz 49). Schon auf der Basis dieser Grundsätze **reduziert** sich vielfach bereits die **gerichtliche Überprüfung**, und zwar unabhängig von der Frage, ob man in der Vereinbarung einer Folgebefristung stets oder regelmäßig die Aufhebung eines durch die frühere eventuell unwirksame Befristung möglicherweise entstandenen Dauerarbeitsverhältnisses zu sehen hat (so bislang das *BAG* seit 8.5.1985 EzA § 620 BGB Nr. 76; ebenso nach wie vor etwa auch *BAG* 26.7.2000 EzA § 1 BeschFG 1985 Nr. 18; vgl. auch *BAG* 5.6.2002 EzA § 620 BGB Nr. 195; weiter dazu *KR-Lipke* § 14 TzBfG Rz 39 ff.; krit. zur BAG-Rspr. etwa *BBDW-Bader* § 620 BGB Rz 146 u. 277; *MünchArbR-Wank* § 116 Rz 134 mwN). Liegen nämlich bspw. drei aufeinanderfolgende Befristungen vor, hat der Arbeitnehmer aber nur die letzte der Befristungen rechtzeitig klageweise angegriffen, gelten die ersten beiden Befristungen als wirksam (§ 17 S. 2 TzBfG, § 7 Hs. 1 KSchG; *Rolfs* Rz 5; *Sievers* § 14 Rz 23 u. § 17 Rz 8). An der Richtigkeit dieses Grundsatzes führt angesichts der gesetzlichen Regelung, die rasch klare Verhältnisse schaffen will, kein Weg vorbei (*BAG* 22.3.2000 EzA § 1 BeschFG 1985 Klagefrist Nr. 4 m. insgesamt zust. Anm. *Gotthardt*; bereits zu § 1 Abs. 5 BeschFG ebenso etwa *Löwisch* NZA 1996, 1012; *Reuter* NZA 1998, 1322; *G. Wisskirchen* DB 1998, 727; vgl. auch *v. Hoyningen-Huene/Linck* DB 1997, 46).

Probleme bereitete die Anwendung der dargestellten Grundsätze auf **§ 1 Abs. 3 BeschFG 1996** (insgesamt dazu speziell *BAG* 22.3.2000 EzA § 1 BeschFG 1985 Klagefrist Nr. 4 mwN u. die zugehörige Anm. *Gotthardt* mwN; *Lipke* KR 5. Aufl., § 1 BeschFG 1996 Rz 175 ff.). Es war zu § 1 Abs. 3 BeschFG 1996 mit seiner schwierigen Normstruktur vor allem höchst streitig, ob bei der Prüfung der letzten Befristung (Verlängerung) unabhängig von der Klagefrist dennoch der Sachgrund der vorangegangenen Befristung überprüft werden konnte oder nicht (dafür zB *Buschmann* ArbuR 1996, 289; *Fiebig* NZA 1999, 1088; abl. dazu und zugleich zum Stellenwert einer sog. **Inzidentkontrolle** daraufhin, ob es für die vorangegangene Befristung einen Sachgrund oder eine spezialgesetzliche Befristungsmöglichkeit gegeben hat *BAG* 22.3.2000 EzA § 1 BeschFG 1985 Klagefrist Nr. 4 mwN; vgl. auch *Vossen* NZA 2000, 709 f.). Die Problematik des § 1 Abs. 3 BeschFG 1996 hatte das BAG entgegen früherer Rspr. (*BAG* 8.12.1988 EzA § 1 BeschFG 1985 Nr. 6) auch dazu geführt, zu prüfen, ob der vorherige Vertrag, der dann verlängert worden ist, bereits ein **Vertrag nach dem BeschFG** war, und es hat dazu auf den **Willen der Parteien** abgestellt (etwa *BAG* 28.6.2000 EzA § 1 BeschFG 1985 Nr. 15 u. 25.10.2000 EzA § 1 BeschFG 1985 Nr. 22; **aA** etwa BBDW-*Bader* § 620 BGB Rz 38; seinerzeit ErfK-*Müller-Glöge* 2. Aufl., § 1 BeschFG Rz 61).

Für die Fortführung dieser Diskussion unter der Geltung des TzBfG muss man sich vom Ausgangspunkt her vor Augen halten: **§ 14 Abs. 2 u. 3 TzBfG** haben die Strukturen und das, was jeweils zu überprüfen ist, vereinfacht (im Detail KR-*Lipke* § 14 TzBfG Rz 268 ff.; vgl. auch KR-*Lipke* § 14 TzBfG Rz 375 ff. zur Beweislast; das gilt im Ergebnis auch im Hinblick auf den neu eingefügten Abs. 2a des § 14 TzBfG). Bei § 14 Abs. 3 TzBfG ist aufgrund des Satzes 2 nur noch ein enger sachlicher Zusammenhang mit ei-

§ 17 TzBfG   Anrufung des Arbeitsgerichts

nem vorhergehenden unbefristeten Arbeitsverhältnis (dies kann sich auch aufgrund einer unwirksamen Befristung ergeben, wobei diese Wirkung jedoch durch das Fehlen einer rechtzeitigen Klageerhebung wieder beseitigt wird: *BAG* 22.3.2000 EzA § 1 BeschFG 1985 Klagefrist Nr. 4; es kann sich auch aus § 15 Abs. 5 TzBfG ergeben: *BAG* 26.7.2000 EzA § 1 BeschFG 1985 Nr. 19 noch zu § 625 BGB) schädlich. Die zu § 1 Abs. 5 BeschFG erörterten Probleme stellen sich insoweit nicht mehr. Hinsichtlich des § 14 Abs. 2 TzBfG ist nunmehr nach Satz 2 jedes vorausgegangene befristete oder unbefristete Arbeitsverhältnis (kein unmittelbares Anschlussverbot mehr; zum Zeitaspekt KR-*Lipke* § 14 TzBfG Rz 296 ff.) schädlich, was hinsichtlich der Prüfung keine Probleme aufwirft. Was zu prüfen bleibt, ist bei sachgrundlosen Verlängerungen nach § 14 Abs. 2 S. 1 TzBfG im vorgegebenen Zeitrahmen allein, ob die Ausgangsbefristung eine solche nach § 14 Abs. 2 S. 1 TzBfG war, daneben die Frage, ob wirklich eine Verlängerung iSd Gesetzes im Rahmen der Vorgaben des Satzes 1 anzunehmen ist (dazu *BAG* 26.7.2000 EzA § 1 BeschFG 1985 Nr. 19, eine Entscheidung, die auch für § 14 Abs. 2 TzBfG zutreffend ist).

54 Im Interesse klarer und für alle Beteiligten einfach zu handhabender Strukturen kann und muss es daher **grds.** und damit auch bzgl. des **§ 14 Abs. 2, 2a und 3 TzBfG** dabei bleiben, dass eine **jede Befristung** (= Verlängerung) für sich **klageweise angegriffen** werden muss, soll nicht die Wirksamkeitsfiktion des § 7 1. Hs. KSchG eingreifen (ebenso vom Ansatz her bereits für § 1 Abs. 3 BeschFG 1996 *BAG* 22.3.2000 EzA § 1 BeschFG 1985 Klagefrist Nr. 4; ebenso *Rolfs* Rz 3). Gegen Bedenken im Schrifttum (etwa *Fiebig* NZA 1999, 1088; *Buschmann* ArbuR 1996, 289) ist es dem Arbeitnehmer zunächst durchaus zumutbar, eine Befristung klageweise anzugreifen, auch wenn eine weitere Befristung erwartet, angeboten oder vereinbart wird (*BAG* 22.3.2000 EzA § 1 BeschFG 1985 Klagefrist Nr. 4 m. zust. Anm. *Gotthardt*). Entsprechendes wird ja auch durchaus praktiziert (vgl. *BAG* 26.7.2000 EzA § 1 BeschFG 1985 Nr. 18; *LAG Bra.* 3.11.1998 LAGE § 1 BeschFG 1985/1996 Nr. 22; zu Klagehäufung Rz 38). Auch verbietet sich aufgrund der Regelung des § 17 und deren Zwecks, alsbald für Klarheit zu sorgen, der Weg, die Klagefrist erst nach Ablauf der letzten Verlängerung zu laufen beginnen zu lassen.

55 Bezogen auf **§ 14 Abs. 2 TzBfG** bedeutet das in der **praktischen Umsetzung**: Gibt es bspw. drei aufeinanderfolgende Befristungen, wovon die erste nicht klageweise angegriffen ist, kann der Arbeitnehmer nach Auslaufen der zweiten Befristung und Abschluss der dritten Befristungsvereinbarung die zweite (unter Einhaltung der Klagefrist des § 17 – eine »Befreiung« von der Klagefrist kann entgegen *Vossen* NZA 2000, 709 u. 711 nicht anerkannt werden; zum Feststellungsinteresse insoweit s.o. Rz 12) und auch die dritte Befristung (bereits vor deren Ende: s.o. Rz 35 f.) klageweise angreifen (zu einer solchen Konstellation *BAG* 26.7.2000 EzA § 1 BeschFG 1985 Nr. 18). Auch wenn man mit dem BAG davon ausgeht, dass eine ohne Vorbehalt (dazu *BAG* 4.4.1990 EzA § 620 BGB Nr. 107; 9.7.1997 EzA § 21 BErzGG Nr. 2; 5.6.2002 EzA § 620 BGB Nr. 195) vereinbarte Folgebefristung regelmäßig bedeutet, dass die Vertragspartner ihr Rechtsverhältnis auf eine neue Rechtsgrundlage stellen wollen und damit zugleich – konkludent – ein etwa zu diesem Zeitpunkt (aufgrund unwirksamer Befristung) bestehendes unbefristetes Arbeitsverhältnis aufheben (so nach wie vor *BAG* 22.3.2000 EzA § 1 BeschFG 1985 Klagefrist Nr. 4; 5.6.2002 EzA § 620 BGB Nr. 195; 13.10.2004 EzA § 17 TzBfG Nr. 6; zur Kritik daran die Nachw. in Rz 51), steht das den angesprochenen Klagemöglichkeiten nicht entgegen. Denn man wird in einer derartigen Situation der Vereinbarung einer weiteren Befristung nach Zustellung der Klage gegen die frühere Befristung stets die **konkludente Vereinbarung** eines **Vorbehalts (zu Recht fordert das BAG einen ausdrücklich oder konkludent vereinbarten Vorbehalt und lässt einen einseitigen Vorbehalt nicht ausreichen:** *BAG* 16.11.2005 – 7 AZR 81/05 – juris), **die Wirksamkeit der vorausgegangenen Befristung auf ihre Wirksamkeit überprüfen zu lassen,** annehmen müssen (*BAG* 10.3.2004 EzA 14 TzBfG Nr. 9; ähnlich BBDW-*Bader* § 620 BGB Rz 277; krit. zur Vorbehaltslösung *Rolfs* Rz 6; zu möglichen Inhalten einer Vorbehaltserklärung *Trenkle* NZA 2000, 1089, 1092 f.). Diese materiellrechtliche Lösung erscheint gegenüber dem zum selben Ergebnis führenden Ansatz, den das Bundesarbeitsgericht zT gewählt hat (*BAG* 26.7.2000 EzA § 1 BeschFG 1985 Nr. 18) und wobei es damit gearbeitet hat, dass der Arbeitnehmer in dieser Konstellation nicht auf sein Klagerecht hinsichtlich der früheren Befristung verzichtet habe (vgl. dazu auch *Lipke* KR 5. Aufl., § 1 BeschFG 1996 Rz 177), vorzugswürdig (ein Verzicht auf das Klagerecht im Voraus ist nicht zulässig: *Annuß*/*Thüsing*-*Maschmann* Rz 11; ErfK-*Müller-Glöge* Rz 7). Allerdings fordert das *BAG* zutreffend einen **ausdrücklich vereinbarten Vorbehalt** (13.10.2004 EzA § 17 TzBfG Nr. 6), wenn der Folgevertrag (Vereinbarung der weiteren Befristung) nach Einreichung der Klage gegen die frühere Befristung, aber vor deren Zustellung erfolgt ist, da der Arbeitgeber in dieser Konstellation ja noch keine Kenntnis von dem Vorgehen gegen die frühere Befristung hat.

56 Bei der gerichtlichen Überprüfung der zweiten und dritten Befristung des angeführten Beispielsfalles wird im Rahmen von § 14 Abs. 2 TzBfG zu klären sein, ob es sich um **Verlängerungen** iSd § 14 Abs. 2

Anrufung des Arbeitsgerichts § 17 TzBfG

S. 1 TzBfG handelt (dazu *BAG* 26.7.2000 EzA § 1 BeschFG 1985 Nr. 19, eine Entscheidung, die auch für § 14 Abs. 2 TzBfG zutr. ist; entsprechend *BAG* 25.5.2005 EzA § 14 TzBfG Nr. 19; 19.10.2005 NZA 2006, 154; 23.8.2006 – 7 AZR 12/06 – [darin zur Zulässigkeit von Änderung im Zusammenhang mit der Verlängerung]; BBDW-*Bader* § 620 BGB mwN; *Preis/Gotthardt* DB 2001, 152; *Richardi/Annuß* BB 2000, 2204; **krit.** *Schiefer* DB 2000, 2122; *Sowka* DB 2000, 1916). Ist bereits diese Frage zu verneinen, scheidet die Wirksamkeit der Befristungen auf der Grundlage des § 14 Abs. 2 TzBfG aus. Entsprechendes gilt, wenn die Höchstzahlen oder Höchstgrenzen von § 14 Abs. 2 S. 1 TzBfG überschritten sind. Die Wirksamkeit der Befristungen kann sich dann nur aus anderen Gründen ergeben, soweit diese (noch) herangezogen werden können (KR-*Lipke* § 14 TzBfG Rz 57 ff.; KR-*Bader* § 22 TzBfG Rz 22). Ist die Frage der Verlängerung und nach der Einhaltung der zulässigen Höchstzahlen/Höchstgrenzen jedoch zu bejahen, kommt es entscheidend darauf an, ob die erste Befristung, die nicht klageweise angegriffen worden ist und die damit definitiv eine wirksame Befristung darstellt (insoweit also keine Prüfung mehr!), eine Befristung gem. § 14 Abs. 2 TzBfG **ohne Sachgrund** war (dazu näher KR-*Lipke* § 14 Rz 280 ff. u. oben Rz 53) und ob früher bereits ein befristetes oder unbefristetes Arbeitsverhältnis mit demselben Arbeitgeber bestanden hat (§ 14 Abs. 2 S. 2 TzBfG; dazu KR-*Lipke* § 14 TzBfG Rz 296 ff.). Beide Fragen werden von der Fiktion des § 7 1. Hs KSchG nicht erfasst (s.o. Rz 50), können und müssen hier also überprüft werden (zutr. so *BAG* 22.3.2000 EzA § 1 BeschFG 1985 Klagefrist Nr. 4 zu § 1 Abs. 3 BeschFG 1996 m. zust. Anm. *Gotthardt*; ebenso bereits *Lipke* KR 5. Aufl., § 620 BGB Rz 125 u. § 1 BeschFG 1996 Rz 176 gegen *Preis* NJW 1996, 3369, 3373 u. HK-*Höland* Anh. Rz 29).

In der Konsequenz der vorstehenden Ausführungen wird man auch bei den sog. **Annexbefristungen** 57 (*BAG* 1.11.1999 EzA § 620 BGB Hochschulen Nr. 21; 28.6.2000 EzA § 1 BeschFG 1985 Nr. 15; 5.6.2002 NZA 2003, 149; zum Begriff und zum Überprüfungsmaßstab näher KR-*Lipke* § 14 TzBfG Rz 42) keine Ausnahme machen können (aA *BAG* 15.8.2001 EzA § 620 BGB Nr. 182; 5.6.2002 NZA 2003, 149; *Lipke* KR 5. Aufl., § 620 BGB Rz 125c; *Rolfs* Rz 4; *Vossen* NZA 2000, 709). Ein **unselbständiger Annex** zum vorausgegangenen befristeten Arbeitsvertrag liegt nach der BAG-Rspr. dann vor, wenn eine verhältnismäßig geringfügige Korrektur des ursprünglichen Endzeitpunktes (nicht mehr bei einer Änderung des Fristendes um zehn Monate: *BAG* 1.12.1999 AP § 57b HRG Nr. 21) vereinbart wird, sich diese Korrektur am Sachgrund für die Befristung orientiert und die Korrektur allein der Anpassung an ursprünglich nicht vorhersehbare Umstände dient (*BAG* 20.4.2005 – 7 AZR 293/04 – NZA 2005, 933). Es geht insoweit nach der Sichtweise des BAG nur darum, die Laufzeit des alten Vertrages wieder mit dem Sachgrund in Einklang zu bringen (ErfK-*Müller-Glöge* Rz 10 mwN), also die nicht vorhersehbaren Umstände, die später eingetreten sind, umzusetzen (*BAG* 20.4.2005 – 7 AZR 293/04 – NZA 2005, 933; vgl. weiter *BAG* 25.8.2004 EzA § 14 TzBfG Nr. 13 = NZA 2005, 357). Auch insoweit gilt entgegen der BAG-Rspr. und der ihr folgenden hM die Klagefrist separat für die Ausgangsbefristung und den sog. unselbständigen Annex (BBDW-*Bader* § 620 BGB Rz 277); es wird sich regelmäßig empfehlen, zugleich gegen beide Befristungen vorzugehen.

Vereinbaren die Vertragsparteien während der Dauer eines sachgrundlos befristeten Arbeitsvertrages 57a unter Beibehaltung der Vertragslaufzeit eine **Änderung der Arbeitsbedingungen**, unterliegt diese Vereinbarung nicht der Befristungskontrolle, weil diese Vereinbarung **keine neue Befristungsabrede** enthält (*BAG* 19.10.2005 EzA § 14 TzBfG Nr. 23 mwN). Dementsprechend unterliegt diese Änderungsvereinbarung **keiner** separaten **Befristungskontrolle** (*BAG* 19.10.2005 EzA § 14 TzBfG Nr. 23; anders zur Sachgrundbefristung *BAG* 21.3.1990 EzA § 620 BGB Nr. 106, wobei das *BAG* im zitierten Urteil vom 19.10.2005 offen gelassen hat, ob daran festgehalten werden kann).

G. Fortsetzungsanspruch des Arbeitnehmers

I. Allgemeines

Allein durch den Wegfall des bei Vertragsabschluss – dies ist der maßgebliche Beurteilungszeitpunkt 58 (KR-*Lipke* § 14 TzBfG Rz 36; **krit.** KDZ-*Däubler* § 14 TzBfG Rz 27 ff.) – bestehenden Rechtfertigungsgrundes für die Befristung des Arbeitsvertrages wandelt sich der befristete Vertrag grds. **nicht** nachträglich **von selbst** in einen Vertrag auf **unbestimmte Dauer** um (st. Rspr. des *BAG*: vgl. nur 31.10.1974 EzA § 620 BGB Nr. 25; 10.6.1992 EzA § 620 BGB Nr. 116; 15.8.2002 EzA § 620 BGB Nr. 182). Es bleibt dabei, dass das Arbeitsverhältnis wie vereinbart endet, ohne dass es einer zusätzlichen Arbeitgebererklärung bedarf (*BAG* 10.6.1992 EzA § 620 BGB Nr. 116). Man könnte allenfalls überlegen, ob über die Grundsätze des **Wegfalls der Geschäftsgrundlage** im Einzelfall eine Vertragsanpassung in Richtung eines Dauerarbeitsverhältnisses gebieten oder ermöglichen können (§ 313 Abs. 1 u. 2 BGB; zu diesem

§ 17 TzBfG   Anrufung des Arbeitsgerichts

Ansatz *BAG* 28.6.2000 EzA § 1 KSchG Wiedereinstellungsanspruch Nr. 5 für den Fall eines Wiedereinstellungsanspruchs nach Abschluss eines Abfindungsvergleichs; vgl. auch *BAG* 28.8.1996 EzA § 112 BetrVG 1972 Nr. 87 [Sozialplan]; 27.2.1997 EzA § 1 KSchG Wiedereinstellungsanspruch Nr. 1, zu II.4.b der Gründe [Aufhebungsvertrag]). Doch scheidet diese Möglichkeit für die Fälle des § 14 Abs. 2, 2a u. 3 TzBfG aus, da es dabei von Gesetzes wegen nicht auf eine uU dahinter stehende Geschäftsgrundlage ankommt. Sie scheidet weiter aus in allen Fällen, in denen ein bestimmter Sachgrund Vertragsinhalt geworden ist, weil die Grundsätze zum Wegfall der Geschäftsgrundlage all das nicht erfassen, was Vertragsinhalt ist (*Palandt/Heinrichs* § 313 Rz 6 mwN). Dasselbe wird man aber im Ergebnis auch dann anzunehmen haben, wenn ein Sachgrund, der die Befristung rechtfertigen soll, nicht Vertragsinhalt geworden ist. In diesen Fällen ergibt die geschlossene Befristungsvereinbarung, dass – vorbehaltlich anderweitiger Ergebnisse aufgrund der Fürsorgepflicht des Arbeitgebers (dazu Rz 67 ff.) – damit zugleich konkludent vereinbart ist, dass es bei der Befristung auch bei einer (nicht beabsichtigten) Fehlprognose bleiben soll: Der Arbeitnehmer soll also grds. das entsprechende Risiko tragen, ein Zurückgreifen auf die Grundsätze des Wegfalls der Geschäftsgrundlage verbietet sich. Einzig in den Fällen des § 14 Abs. 1 S. 2 Nr. 8 TzBfG (Befristung aufgrund **gerichtlichen Vergleichs**; dazu KR-*Lipke* § 14 TzBfG Rz 234 ff.) kann man zu einer Vertragsanpassung nach den Regeln über den Wegfall der Geschäftsgrundlage kommen (parallel *BAG* 28.6.2000 EzA § 1 KSchG Wiedereinstellungsanspruch Nr. 5).

59 Davon unabhängig ist aber die Frage zu beantworten, ob und ggf. unter welchen Voraussetzungen ein **Fortsetzungsanspruch (= Wiedereinstellungsanspruch)** besteht, dh der Arbeitnehmer gegen den Arbeitgeber einen Anspruch darauf hat, dass trotz der an sich wirksamen Befristung ein (unbefristetes oder befristetes) Fortsetzungsarbeitsverhältnis begründet wird. Diskutiert wird der Fragenkreis hauptsächlich unter den Stichworten **Fürsorgepflicht**, **Vertrauensschutz** und **Rechtsmissbrauch**. Daneben kann sich ein Fortsetzungsanspruch (mittelbar oder unmittelbar) aus dem **Gesetz** oder aus **tarifvertraglichen Regelungen** ergeben (s.u. Rz 89 ff.), selbstverständlich auch aus einer entsprechenden **Zusage** (s.u. Rz 85 ff. u. 94a) des Arbeitgebers oder einer entsprechenden **Vereinbarung**.

II. Rechtsmissbrauch

1. Begründungsmuster in der Rechtsprechung

60 Der *Große Senat des BAG* hat in dem Beschluss vom 12.10.1960 (EzA § 620 BGB Nr. 2) betont, die Berufung des Arbeitgebers auf die rechtswirksame Befristung des Arbeitsvertrages stelle **grds.** auch dann keinen Rechtsmissbrauch dar, wenn wegen einer sachlich gerechtfertigten Befristung das **Kündigungsverbot des § 9 MuSchG** nicht eingreife. Ein Arbeitgeber handele nicht rechtsmissbräuchlich, wenn er sich auf die Befristung berufe, obwohl es ihm nach Ablauf der Vertragszeit möglich und auch zumutbar wäre, die inzwischen schwangere Arbeitnehmerin weiter zu beschäftigen (entspr. *BAG* 5.5.1961 EzA § 9 MuSchG aF Nr. 1). Nur in **besonderen Fällen**, insbes. beim Vorliegen der Voraussetzungen des § 226 BGB oder bei einem Verstoß gegen die guten Sitten iSd § 826 BGB, könne eine **Berufung** auf die Befristung des Arbeitsvertrages **unzulässig** sein (*BAG* 8.3.1962 EzA § 620 BGB Nr. 3; *Dörner* Befr. Arbeitsvertrag, Rz 961; **aA**, nämlich nur für Schadensersatzanspruch ArbG Bochum 12.7.1991 EzA § 611a BGB Nr. 8). **Kein** Fall des **Rechtsmissbrauchs** liegt dagegen auch nach dieser Rechtsprechung vor, wenn **im Wissen um eine bestehende Schwangerschaft ein befristetes Arbeitsverhältnis mit Sachgrund abgeschlossen wird** und der Arbeitgeber sich dann auf den Fristablauf beruft (*BAG* 6.11.1996 EzA § 620 BGB Nr. 146).

61 Auf die Begründung des Vorliegens eines Rechtsmissbrauchs in besonderen Fällen hat das *BAG* (13.12.1962 AP § 620 BGB Befristeter Arbeitsvertrag Nr. 24) bei folgendem Sachverhalt zurückgegriffen: Ein **befristet zur Probe** eingestellter **Lehrer** sollte, nachdem er sich bewährt hatte, für das folgende Schuljahr erneut eingestellt werden. An diese Zusicherung hielt sich die Schulverwaltung auch, schloss aber den weiteren Vertrag nicht in unmittelbarem zeitlichen Anschluss an den ablaufenden Probevertrag, sondern erst für den darauf folgenden Monat ab, so dass die Zeit der Ferien vertragsfrei blieb. Das BAG hat sachliche Gründe für die Befristung anerkannt, aber ein zeitlich nicht unterbrochenes Arbeitsverhältnis angenommen, weil die Schulverwaltung trotz entsprechender langjähriger Verwaltungsübung **rechtsmissbräuchlich** gehandelt habe und der Lehrer nach ihrem gesamten Verhalten mit einem **unmittelbar anschließenden** neuen Vertrag habe rechnen können. *Herschel* hat in der Anmerkung zu dieser Entscheidung (AP Nr. 24 zu § 620 BGB Befristeter Arbeitsvertrag) darauf hingewiesen, es habe keine unzulässige Rechtsausübung, sondern eine **unzulässige Rechtsgestaltung** durch die Schulbehörde vorgelegen und die Entscheidung beruhe auf einer **billigenswerten richterlichen Vertragszensur** und **Vertragskorrektur**.

Anrufung des Arbeitsgerichts § 17 TzBfG

Der *Zweite Senat* hat seine Entscheidung vom 28.11.1963 (EzA § 620 BGB Nr. 5 = AP § 620 BGB Befris- 62
teter Arbeitsvertrag Nr. 26 m. **abl**. Anm. *Gangloff* = AR-Blattei ES 1220 Mutterschutz Nr. 21 m. Anm.
Bulla = SAE 1964, 63 mit Anm. *Isele;* vgl. auch die eingehende Besprechung von *Beuthien* RdA 1964,
207), folgenden zu weitgehenden Leitsatz (dies räumt ein *BAG* 16.3.1989 EzA § 1 BeschFG 1985 Nr. 7)
vorangestellt: Die **Berufung** auf den **Ablauf der Probezeit**, während der eine Arbeitnehmerin sich **voll
bewährt** hat, stelle eine **unzulässige Rechtsausübung** dar, wenn sie **ausschließlich** wegen einer im
Laufe der Probezeit eingetretenen **Schwangerschaft** der Arbeitnehmerin erfolgt sei. In Wahrheit beruht die Entscheidung weniger auf Rechtssätzen, als auf einer **Würdigung der besonderen Umstände
eines Grenzfalles**, bei denen der Widerstreit der Interessen der Parteien nur schwer zu entscheiden
ist, wie auch *Beuthien* (aaO) zugesteht, der die Begründung für unrichtig, das Ergebnis aber für vertretbar hält. Das BAG hat nicht nur darauf abgestellt, dass die schwangere Arbeitnehmerin sich während
der **Probezeit bewährt** hatte und der Arbeitgeber **allein** wegen der Schwangerschaft nicht bereit war,
sie weiter zu beschäftigen, sondern **auch folgende Umstände berücksichtigt**: Die Arbeitnehmerin hatte sich bei dem Arbeitgeber **um** eine **Dauerstellung** bemüht, und darauf war auch der schriftliche **Anstellungsvertrag zugeschnitten**, der u.a. Bestimmungen über **längere Kündigungsfristen** bei einer
Weiterbeschäftigung über die Probezeit hinaus enthielt. Nur die befristete Erprobung prägte den Vertrag zu einem Zeitvertrag um. Die Arbeitnehmerin konnte unter diesen Umständen nach der **Würdigung** des BAG erwarten, ihr Arbeitsverhältnis werde nach Ablauf der Probezeit in ein **unbefristetes
übergehen**, sofern sie sich während der Probezeit als geeignet erweise (s. auch *LAG Hamm* 6.6.1991
LAGE § 620 BGB Nr. 25 zu einer vergleichbaren Konstellation).

2. Dogmatische Einordnung

Die beiden vorgenannten Urteile sind also wie bereits angesprochen bereits in sich kritikwürdig, sie 63
verkennen aber vor allem bei der dogmatischen Begründung grds., dass es sich bei der **Berufung** auf
die **Befristung nicht** um eine **missbräuchliche Rechtsausübung** handelt. Der Arbeitgeber verwirklicht
damit kein Gestaltungsrecht, sondern »beruft« sich nur auf die **Rechtsfolge** der **Befristung**, deren **Wirksamkeit allein nach den beim Vertragsabschluss vorliegenden Umständen zu bestimmen ist** (*Beuthien* SAE 1964, 208; *Blomeyer* RdA 1967, 413 Anm. 79; vgl. auch KR-*Bader* § 9 MuSchG Rz 143a). Der Anspruch auf eine unbefristete oder zumindest befristete Weiterbeschäftigung kann sich – abgesehen von
Sonderkonstellationen (s.u. Rz 85 ff.) – richtigerweise regelmäßig nur aus der **Fürsorgepflicht** des Arbeitgebers (s.u. Rz 67 ff.) bzw. aus einem vom Arbeitgeber geschaffenen **Vertrauenstatbestand** (s.u.
Rz 71 ff.) ergeben. Dementsprechend befindet sich das Zurückgreifen auf das Argument des Rechtsmissbrauchs auf dem Rückzug (vgl. auch ArbRBGB-*Dörner* § 620 Rz 287; **aA** KDZ-*Däubler* § 15 TzBfG
Rz 35; *BAG* 17.4.2002 EzA § 620 BGB Nr. 191 lässt die Frage ausdrücklich offen, ob ein treuwidriges Verhalten des Arbeitgebers zum Fortbestand eines an sich wirksam befristeten Arbeitsverhältnisses führen
kann), wenngleich die Instanzgerichte teilweise nach wie vor noch damit arbeiten (etwa *LAG Hamm*
13.3.1992 LAGE § 620 BGB Nr. 29). Soweit das BAG im Urteil v. 27.2.1997 (EzA § 1 KSchG Wiedereinstellungsanspruch Nr. 1) erneut auf den Aspekt des Rechtsmissbrauchs zurückgreift, ist dies durch die
aktuelle Rspr. (*BAG* 28.6.2000 EzA § 1 KSchG Wiedereinstellungsanspruch Nr. 5) überholt.

III. Vertrauensschutz

Hat der Arbeitgeber bei Vertragsschluss oder während der Laufzeit des befristeten Arbeitsvertrages **in** 64
Aussicht gestellt, bei Bewährung (dazu auch *BAG* 24.1.2001 – 7 AZR 47/00 – EzBAT § 4 BAT Einstellungsanspruch Nr. 16) oder Eignung einen Arbeitnehmer über den an sich vereinbarten Zeitablauf hinaus weiterzubeschäftigen, **verhält** er sich **widersprüchlich und treuwidrig iSd § 242 BGB**, wenn er
trotz Erfüllung der selbst gesetzten Voraussetzungen die Fortsetzung des Arbeitsverhältnisses ablehnt
(*BAG* 16.3.1989 EzA § 1 BeschFG 1985 Nr. 7; 10.6.1992 EzA § 620 BGB Nr. 116; 26.4.1995 EzA § 620 BGB
Nr. 133). In diesen Fällen wird dem Arbeitnehmer ein **Fortsetzungsanspruch** (im Rahmen eines unbefristeten oder auch befristeten Arbeitsvertrages) zu geben sein, wobei allerdings die Frage der Anspruchsgrundlage weiter zu klären ist (vgl. ArbRBGB-*Dörner* § 620 Rz 288 ff.; zur näheren dogmatischen Einordnung s.u. Rz 69 f.; vgl. auch *Dörner* Befr. Arbeitsvertrag, Rz 962 ff.). Dasselbe gilt, wenn der
Arbeitgeber anderweitig durch sein Verhalten beim Arbeitnehmer **schützenswertes Vertrauen** darauf
begründet hat, das Arbeitsverhältnis werde – ggf. unter bestimmten Voraussetzungen – über das vereinbarte Ende hinaus fortgesetzt werden (s. auch *LAG Hamm* 6.6.1991 LAGE § 620 BGB Nr. 25).

Wiedemann/Palenberg (RdA 1977, 93 f.) haben die Ansicht vertreten, dass ein Arbeitnehmer, der längere 65
Zeit hindurch zB im öffentlichen Dienst tätig gewesen sei, auch bei **eindeutig abweichendem** Ver-

tragswortlaut sein **Vertrauen** in die Fortsetzung des Dienstverhältnisses setzen dürfe, wenn die **Arbeitsaufgabe** nicht mit seinem Ausscheiden ersatzlos wegfalle. Dieses zunächst **faktische Vertrauen** könne **nach Ablauf von mehreren Jahren** auch rechtlich **nicht mehr ungeschützt** bleiben. Dann soll nach einer gewissen Beschäftigungsdauer der **Bestandsschutz** gegen die Zulassung der Befristung streiten (*Konzen* ZfA 1978, 501). Ein solcher Vertrauenstatbestand kann bei einem befristeten Arbeitsvertrag allerdings nur unter **besonderen Voraussetzungen** angenommen werden (zum Überprüfungsmaßstab bei mehreren aufeinander folgenden Befristungen KR-*Lipke* § 14 TzBfG Rz 39 ff.), wie dies in der vorausgehenden Rz 64 bereits angesprochen ist. Es genügt, soweit es um den Aspekt des Vertrauensschutzes geht, nicht, wenn der Arbeitnehmer **subjektiv** erwartet hat, der Arbeitgeber werde ihn nach dem Fristablauf weiterbeschäftigen, wenn der für die Befristung maßgebliche sachliche Grund bis dahin seine Bedeutung verloren habe. Erforderlich ist vielmehr, dass der **Arbeitgeber** den Arbeitnehmer **objektiv erkennbar** in dieser Erwartung **durch sein Verhalten** entweder bei **Vertragsabschluss** oder **während** der **Dauer** des Zeitvertrages **eindeutig bestärkt** hat (*BAG* 16.3.1989 EzA § 1 BeschFG 1985 Nr. 7; 11.12.1991 EzA § 620 BGB Nr. 112; 10.6.1992 EzA § 620 BGB Nr. 116; 26.4.1995 EzA § 620 BGB Nr. 133; *LAG Hamm* 6.6.1991 LAGE § 620 BGB Nr. 25; *LAG Düsseld.* 19.8.1999 DB 2000, 222; *LAG Köln* 19.11.1999 BB 2000, 1842), was der **Arbeitnehmer** im Streitfall **darlegen und beweisen** muss (*BAG* 10.6.1992 EzA § 620 BGB Nr. 116).

66 Die vorstehenden Ausführungen zeigen, dass Gesichtspunkte des Vertrauensschutzes übergehen in solche des Wegfalls des Befristungsgrundes. Dies spricht dafür, die Fälle des Vertrauensschutzes (als Untergruppe) der Frage zuzuordnen, unter welchen Voraussetzungen die **Fürsorgepflicht** des Arbeitgebers zu einem Fortsetzungsanspruch des Arbeitnehmers führt (näher dazu Rz 67 ff.).

IV. Fürsorgepflicht

1. Allgemeines

67 Bislang wurde überwiegend angenommen, die **Fürsorgepflicht** des Arbeitgebers komme regelmäßig **nicht** als **Rechtsgrundlage** für eine Verpflichtung zur **Vertragsfortsetzung** in Betracht (*Lipke* KR 5. Aufl., § 620 Rz 214; KassArbR-*Schütz* 4.4. Rz 33; KDZ-*Däubler* § 15 TzBfG Rz 22). Die Gewährung eines fortdauernden Bestandsschutzes des Arbeitsplatzes trotz rechtswirksamer Beendigung des Arbeitsverhältnisses widerspreche der Vertragsfreiheit (Art. 2 GG) und könne nach dem geltenden Recht ohne besonderen Rechtsgrund wie zB Vertrauensschutz oder Rechtsmissbrauch nicht anerkannt werden (*BAG* [GS] 12.10.1960 EzA § 620 BGB Nr. 2; 26.4.1995 EzA § 620 BGB Nr. 133; 16.3.1989 EzA § 1 BeschFG 1985 Nr. 7; 10.6.1992 EzA § 620 BGB Nr. 116; MünchKomm-*Schwerdtner* § 620 Rz 39 f.; *Dörner* Befr. Arbeitsvertrag, Rz 962 ff. mwN).

68 In der Rechtsprechung ist dementsprechend eine **Verpflichtung zur Verlängerung** des befristeten Vertrages wegen **Wegfalls des Grundes für die Befristung** etwa in folgendem Fall **abgelehnt** worden: Wird eine Arbeitnehmerin im öffentlichen Dienst im Rahmen eines **zeitlich begrenzten Sonderprogramms** oder aufgrund eines nicht auf Dauer eingerichteten Haushaltstitels eingestellt, dann kann sie eine Weiterbeschäftigung über den Ablauf der Befristung hinaus auch dann nicht verlangen, wenn eine **Weiterbeschäftigung möglich** ist und die dazu erforderlichen Haushaltsmittel noch zur Verfügung stehen. Das gilt auch dann, wenn die Arbeitnehmerin bei Fristablauf schwanger war (*BAG* 5.5.1961 AP Nr. 17 zu § 620 BGB Befristeter Arbeitsvertrag).

69 Doch ist inzwischen im **Kündigungsrecht** ein **Wiedereinstellungsanspruch** zu Recht weitgehend anerkannt, jedenfalls hinsichtlich betriebsbedingter Kündigungen, nämlich dann, wenn sich zwischen dem Zugang der Kündigung und dem Ende der Kündigungsfrist unvorhergesehenerweise eine Weiterbeschäftigungsmöglichkeit für den Arbeitnehmer ergibt (*BAG* 27.2.1997 EzA § 1 KSchG Wiedereinstellungsanspruch Nr. 1 [betrifft § 613a BGB] m. Anm. *Kania*; 28.6.2000 EzA § 1 KSchG Wiedereinstellungsanspruch Nr. 5 mwN; Gesamtdarstellung bei KR-*Griebeling* § 1 KSchG Rz 729 ff., 736 ff. mwN; vgl. auch *Strathmann* DB 2003, 2438; **aA** *Kaiser* ZfA 2000, 205 ff.; *Ricken* NZA 1998, 460 ff.; vgl. zum Wiedereinstellungs– bzw. Fortsetzungsanspruch gegenüber einem Betriebserwerber, wenn es trotz ursprünglicher Stilllegungsabsicht zu einem Betriebsübergang kommt, speziell in der Insolvenz *BAG* 28.10.2004 EzA § 613a BGB 2002 Nr. 30 mwN). Die hierzu diskutierten **Anspruchsgrundlagen** sind vielfältig. Sie reichen von dem Verbot des venire contra factum proprium (s. *Boewer* NZA 1999, 1121, 128) und dem Grundsatz des Vertrauensschutzes (*v.Hoyningen-Huene/Linck* § 1 Rz 156b; ebenso vom Ansatz her iVm § 249 BGB *BAG* 17.4.2002 EzA § 620 BGB Nr. 191) über eine systematische Rechtsfortbildung (*Raab* RdA 2000, 147, 151 f.: Annahme einer verdeckten Regelungslücke, die unter Beachtung des Schutzzwecks

des Art. 12 Abs. 1 GG zu schließen ist; ebenso jetzt KR-*Greibeingl* § 1 KSchG Rz 729) sowie eine Ableitung aus § 1 Abs. 3 KSchG (*Zwanziger* BB 1997. 42 f.) bis zur Fürsorgepflicht (*BAG* 28.6.2000 EzA § 1 KSchG Wiedereinstellungsanspruch Nr. 5; *Oetker* ZIP 2000, 643, 646 f.; *Etzel* KR 5. Aufl., § 1 KSchG Rz 569). Es spricht viel dafür, mit der **Fürsorgepflicht** (der Begriff wird als tradiert bei aller Problematik weiterverwendet, als Sammelbegriff für alle Nebenpflichten des Arbeitgebers) zu arbeiten, hier konkret definiert als aus § 242 BGB abgeleitete vertragliche **Nebenpflicht** aus dem (noch bestehenden) Arbeitsverhältnis, die ggf. zu dem **Kontrahierungszwang** führt, welcher die (negative) Vertragsfreiheit des Arbeitgebers einschränkt (vgl. *BAG* 28.6.2000 EzA § 1 KSchG Wiedereinstellungsanspruch Nr. 5; *Oetker* ZIP 2000, 643, 646 f.). Aufgrund dieser Nebenpflicht ist der Arbeitgeber im Rahmen von Treu und Glauben verpflichtet, **auf die berechtigten Interessen des Arbeitnehmers** auch bzgl. des Weiterbestandes des Arbeitsverhältnisses **Rücksicht zu nehmen** (vgl. *BAG* 6.8.1997 EzA § 1 KSchG Wiedereinstellungsanspruch Nr. 2).

Dies gilt es trotz der Kritik am hier vertretenen Ansatz (*Dörner* Befr. Arbeitsvertrag, Rz 964 ff. mwN; **70** aA auch ausf. mwN *BAG* 20.2.2002 EzA § 620 BGB Nr. 189 sowie KR-*Griebeling* § 1 KSchG Rz 731) für den Bereich der **befristeten Arbeitsverhältnisse** nutzbar zu machen und hier auch von einer Nebenpflicht im umschriebenen Sinne auszugehen (die Annahme einer verdeckten Regelungslücke erscheint im Bereich des befristeten Arbeitsvertrages als kaum tragfähig). Eine entsprechende Nebenpflicht, die zu einem **Fortsetzungsanspruch** führt, ist zunächst dann anzunehmen, wenn der Arbeitgeber durch eigenes Tun veranlasst hat, dass beim Arbeitnehmer ein **berechtigtes und schützenswertes Vertrauen** darauf entstanden ist, das Arbeitsverhältnis werde – ggf. bei Erfüllung bestimmter Voraussetzungen – (befristet oder unbefristet) fortgesetzt (s.u. Rz 71 ff.). Überholt ist damit der schadensersatzrechtliche Ansatz (aA KDZ-*Däubler* § 15 TzBfG Rz 29). Zu fragen bleibt darüber hinaus, unter welchen Voraussetzungen und in welchen Grenzen ein derartiger Fortsetzungsanspruch beim **Wegfall des Befristungsgrundes** anzuerkennen ist (dazu s.u. Rz 78 ff.). Es spricht viel dafür, diesen Fortsetzungsanspruch im Hinblick auf berechtigtes und schützenswertes Vertrauen des Arbeitnehmers **zeitlich zu begrenzen**. Es wird zu fordern sein, dass das **Fortsetzungsverlangen** noch **innerhalb der vereinbarten Befristung** erfolgt (parallel zur Rspr. zum Wiedereinstellungsanspruch bei Kündigungen; dazu mwN *Strathmann* DB 2003, 2438, 2429), und die **gerichtliche Geltendmachung** (s.u. Rz 100) hat dann in Anknüpfung an § 17 TzBfG binnen einer Frist von **drei Wochen** nach dem Ende der vereinbarten Befristung zu erfolgen (vgl. *Strathmann* DB 2003, 2438, 2441 mwN zum Meinungsstand bzgl. des Wiedereinstellungsanspruchs im Kündigungsbereich).

2. Fortsetzungsanspruch aufgrund Vertrauenstatbestandes

Die **allgemeinen Grundsätze**, nach denen es zu einem Fortsetzungsanspruch kommen kann, sind bereits oben dargestellt (s.o. Rz 64 f.). Darauf wird verwiesen. Hervorzuheben ist hier nochmals, dass bloße **subjektive Erwartungen** auf Arbeitnehmerseite **nicht ausreichen**, dass vielmehr der **Arbeitgeber** durch sein Verhalten **berechtigtes und schützenswertes Vertrauen** darauf **erzeugt** haben muss, das Arbeitsverhältnis werde befristet oder unbefristet – es kommt insoweit auf die Umstände des Einzelfalles an – fortgesetzt, je nach Fallgestaltung zusätzlich anhängig davon, dass bestimmte Voraussetzungen erfüllt sind (etwa: Erfüllung der Leistungsanforderungen; dazu *BAG* 26.4.1995 EzA § 620 BGB Nr. 133; *LAG Düsseld.* 19.8.1999, DB 2000, 222). Ausreichen kann die Aussage des Arbeitgebers, die Befristung sei nur Formsache (ArbRBGB-*Dörner* § 620 Rz 290). **71**

Dementsprechend hat die Rspr. einen derartigen **Vertrauenstatbestand** zB in den nachfolgend angesprochenen Fällen **bejaht**: **72**

- In dem Fall des **Lehrers**, der zunächst **zur Probe** befristet eingestellt worden war (*BAG* 13.12.1962 AP § 620 BGB Befristeter Arbeitsvertrag Nr. 24), weil die Schulbehörde schon **vor dem Ende des befristeten Vertrages einen neuen Vertrag** für eine längere Bindung **entworfen hatte** und der Lehrer davon entweder unterrichtet war oder zumindest **damit rechnen** konnte (ähnlich *LAG Hamm* 6.6.1991 LAGE § 620 BGB Nr. 25: Bewährung und Vertrag bereits auf unbefristete Beschäftigung zugeschnitten).
- Wenn eine Stadt nach dem dritten Förderjahr einer **Arbeitsbeschaffungsmaßnahme zusätzliche Planstellen** einrichtet, um einen **nahtlosen Übergang in ein Dauerarbeitsverhältnis als Abfallberater zu schaffen**, die Zahl der neuen Stellen mit denen der ABM-Kräfte übereinstimmt und hierfür Leistungsbeurteilungen »zur Übernahme in ein festes Arbeitsverhältnis« veranlasst hat (*BAG* 26.4.1995 EzA § 620 BGB Nr. 133; vgl. KR-*Lipke* § 14 TzBfG Rz 243 ff. und 199 ff. zur Befristung von Verträgen mit ABM-Kräften; zu einen Sonderfall einer unwirksamen ABM-Befristung *BAG* 20.12.1995 EzA § 620 BGB Nr. 136).

73 Verstärkt wird ein solcher Vertrauenstatbestand dann, wenn der Arbeitnehmer sich – auch für den Arbeitgeber erkennbar – zB durch Aufwendungen für die weitere Erfüllung seiner Arbeitsleistung (Anmietung eines Lagers durch einen Angestellten im Außendienst) oder durch Ausschlagen einer anderen Stellung auf die **Fortsetzung** des Arbeitsverhältnisses **eingestellt** und **eingerichtet** hat (*BAG* 9.9.1982 – 2 AZR 248/80 – nv; vgl. auch ArbRBGB-*Dörner* § 620 Rz 290).

74 Hingegen ist ein schutzwürdiger **Vertrauenstatbestand** von der Rspr. etwa **verneint** worden, wenn
   - ein Aushilfslehrer erkennen kann, dass er ohne Examen nicht auf Dauer beschäftigt werden soll (*BAG* 12.8.1976 EzA § 620 BGB Rz 30; vgl. auch *BAG* 31.8.1994 EzA § 620 BGB Nr. 127: Erforderlichkeit weiterer Erprobung mangels bisher nachgewiesener Qualifikation – kein Vertrauensfall);
   - eine **Schulbehörde** einen **Wirtschaftslehrer** befristet für die Dauer eines Schuljahres eingestellt hat, weil er bei Vertragsabschluss die für eine hauptberufliche Lehrkraft erforderliche **Ausbildung** nicht besaß – auch dann kein Anspruch auf Weiterbeschäftigung nach dem Ablauf des Schuljahres, wenn sich der Lehrer die erforderliche Vorbildung **durch die Praxis** erworben hat (*BAG* 3.5.1962 AP § 620 Befristeter Arbeitsvertrag Nr. 23);
   - ein **Wissenschaftler**, mit dem ein befristeter Vertrag abgeschlossen wird, um ihm im Anschluss an das Studium eine **praktische Ausbildung** zu ermöglichen, diese Ausbildung erfolgreich abschließt – kein Anspruch, auf einem Dauerarbeitsplatz in dem Ausbildungsinstitut weiterbeschäftigt zu werden (*BAG* 31.10.1974 EzA § 620 BGB Nr. 25);
   - eine befristet eingestellte Arbeitnehmerin aufgefordert worden war, eine näher bezeichnete **Prüfung** abzulegen, um so ihre Chancen auf eine Übernahme in ein unbefristetes Arbeitsverhältnis zu erhöhen (*BAG* 10.6.1992 EzA § 620 BGB Nr. 116).

75 Es ist oben schon (Rz 41) angesprochen, dass sich das Ausmaß des zu schützenden Vertrauens nach den jeweiligen **Umständen des Einzelfalls** richtet. Aus diesen ergibt sich, von welchen **Voraussetzungen** der Fortsetzungsanspruch des Arbeitnehmers abhängig ist und ob sich dieser Anspruch auf eine **befristete oder unbefristete Fortsetzung** richtet.

76 Bei befristeten **Saisonbeschäftigungen** beschränkt sich der etwa gegebene Fortsetzungsanspruch regelmäßig auf einen **Anspruch**, für die **nächste Saison wieder eingestellt zu werden** (*BAG* 29.1.1987 EzA § 620 BGB Nr. 87; **aA** *Löwisch/Kaiser* Anm. *BAG* 29.1.1987 AP § 620 BGB Saisonarbeit Nr. 1: nur Ersatz des Vertrauensschadens; teilw. wird auch ein Verhalten mit Rechtsgeschäftscharakter gefordert). Es besteht zwar keine grds. Pflicht des Arbeitgebers, die mit dem Ende der Saison ausgeschiedenen Arbeitnehmer bei Beginn der nächsten Saison wieder einzustellen. Eine **Ausnahme** (**Vertrauenstatbestand**) kann sich aber insbes. dann ergeben, wenn der Arbeitgeber **ganz regelmäßig alle** zum Ende der Saison ausgeschiedenen Arbeitnehmer **wieder einstellt,** der Arbeitgeber weder bei einem früheren noch bei dem letzten Ausscheiden irgendeinen Vorbehalt gemacht hat und die Arbeitnehmer aufgrund der bisherigen Übung fest mit der Wiedereinstellung rechnen konnten (MünchArbR-*Wank* § 116 Rz 70). Kein gangbarer Weg ist es, Saisonarbeitsverhältnisse in unbefristete **Teilzeitarbeitsverhältnisse** umzudeuten (MünchArbR-*Wank* § 116 Rz 70; *Löwisch/Kaiser* Anm. *BAG* 29.1.1987 AP Nr. 1 zu § 620 BGB Saisonarbeit; **aA** *Schüren* ArbuR 1988, 245).

77 Der Vertrauenstatbestand kann aber auch eine noch **geringere Intensität** aufweisen. Dann hat der Arbeitgeber zumindest nach **billigem**, gerichtlich überprüfbarem **Ermessen** (§ 315 BGB) zu entscheiden, ob der Arbeitsvertrag unbefristet oder befristet zu verlängern ist (vgl. dazu *BAG* 16.3.1989 EzA § 1 BeschFG 1985 Nr. 7; *LAG Köln* 8.11.1989 LAGE § 620 BGB Nr. 17). Die Gründe für die Nichtübernahme müssen dabei nicht das Gewicht eines Kündigungsgrundes haben (*LAG Köln* 8.11.1989 LAGE § 620 BGB Nr. 17; KDZ-*Däubler* § 15 TzBfG Rz 30).

3. Fortsetzungsanspruch wegen Wegfalls des Befristungsgrundes

78 Vom oben dargestellten Ausgangspunkt (s.o. Rz 67 ff.) aus kann sich ein Fortsetzungsanspruch grds. auch bei einem nachträglichen **Wegfall des die Befristung rechtfertigenden Grundes während der Laufzeit des befristeten Arbeitsvertrages** ergeben, also in den Fällen, in denen die Befristung aufgrund des maßgeblichen Beurteilungszeitpunkts (KR-*Lipke* § 14 TzBfG Rz 36) als solche wirksam vereinbart ist (vgl. dazu auch *Auktor* ZTR 2003, 550; *Manske* FA 1998, 144; *Oberhofer* RdA 2006, 92, 95; grds. abl. *BAG* 20.2.2002 AP Nr. 11 zu § 1 KSchG Wiedereinstellung = EzA § 620 BGB Nr. 189 = BB 2002, 1648 m. zust. Anm. *Maschmann*; ebenso die überwiegende Meinung: KR-*Griebeling* § 1 KSchG Rz 731; *Annuß/Thüsing-Maschmann* § 15 TzBfG Rz 8; APS-*Backhaus* § 15 TzBfG Rz 15; *Dörner* Befr. Arbeitsvertrag, Rz 967; ErfK-*Müller-Glöge* § 15 TzBfG Rz 10; *LAG Düsseld.* 19.8.1999 DB 2000, 222; 15.2.2000 NZA-RR

2000, 456). Wie beim Kündigungsrecht ist zwar davon auszugehen, dass der dem Staat obliegenden grundrechtlichen Schutzpflicht bzgl. des Arbeitnehmers durch das TzBfG in ausreichendem Umfang Rechnung getragen ist (vgl. *BVerfG* 27.1.1998 EzA § 23 KSchG Nr. 17; *BAG* 28.6.2000 EzA § 1 KSchG Wiedereinstellungsanspruch Nr. 5). Hier wie dort ist aber in Rechnung zu stellen, dass der Arbeitnehmer regelmäßig am weiteren Erhalt seines Arbeitsplatzes interessiert ist und dass es bei der Befristung im Arbeitgeberinteresse wie bei der Kündigung um eine **Prognoseentscheidung** geht, die sich später als unzutreffend herausstellen kann. Und hier wie dort ist die vertragliche Nebenpflicht zum Abschluss eines weiteren Arbeitsvertrags das geeignete Korrektiv, wobei den beiderseitigen auch grundgesetzlich geschützten Positionen durch eine die konkreten Umstände berücksichtigende **Abwägung der beiderseitigen Interessen** Rechnung zu tragen ist (*BAG* 28.6.2000 EzA § 1 KSchG Wiedereinstellungsanspruch Nr. 5; *Oetker* ZIP 2000, 643, 646). Das Gegenargument, die Befristung unterscheide sich von der Kündigung durch die regelmäßig betroffenen weit größeren Zwischenzeiträume, ist viel zu formal und vordergründig, als dass es als tragfähig anerkannt werden könnte. Soweit zentral darauf abgestellt wird, beim befristeten Arbeitsvertrag sei ein geringerer arbeitsvertraglicher Bestandschutz gegeben als beim unbefristeten Arbeitsverhältnis (so etwa *BAG* 20.2.2002 EzA § 620 BGB Nr. 189; *Dörner* Befr. Arbeitsvertrag, Rz 967), ist das zwar vom Ansatz her zutreffend. Doch kann dem durch eine sachgerechte Abgrenzung der Reichweite der Fürsorgepflicht des Arbeitgebers Rechnung getragen werden (zu der Argumentation von *Dörner* Befr. Arbeitsvertrag, Rz 966, wo zu Recht darauf hingewiesen wird, dass es dem Arbeitgeber freistehe, darüber zu entscheiden, ob und in welchem Umfang er einem Vertretungsbedarf Rechnung tragen will, etwa unten Rz 82). Schließlich kann die Regelung in § 17 Abs. 1 u. 2 TzBfG nicht als gesetzgeberische Absage an einen Wiedereinstellungs- bzw. Fortsetzungsanspruch verstanden werden (so aber APS-*Backhaus* § 15 TzBfG Rz 105).

Die grundsätzliche Bejahung eines Fortsetzungsanspruchs (Wiedereinstellungsanspruchs) bei Wegfall 79 des Befristungsgrundes bedarf jedoch sogleich einer **Einschränkung** in zweifacher Hinsicht. Geht es um eine **Befristung ohne Sachgrund** (§ 14 Abs. 2, 2a u. 3 TzBfG), kann schon begrifflich nicht vom Wegfall eines Befristungsgrundes, den es insoweit gar nicht gibt, die Rede sein. Überdies ist es in diesen Fällen ja gerade gesetzgeberische Absicht, dass sich der Arbeitgeber nicht für die Nichtverlängerung des Arbeitsverhältnisses rechtfertigen muss. Darüber hinaus wird man alle die Fälle, in denen die Befristung ausschließlich **auf Wunsch und/oder im Interesse des Arbeitnehmers** erfolgt ist (vgl. dazu insbes. § 14 Abs. 1 S. 2 Nr. 2 u. 6 TzBfG sowie die zugehörigen Erl. bei KR-*Lipke* § 14 TzBfG), auszuklammern haben. Es liegt jenseits der Fürsorgepflicht des Arbeitgebers, Änderungen in der Interessenlage des Arbeitnehmers aufgrund objektiver oder subjektiver Faktoren durch eine Fortsetzung des Arbeitsverhältnisses Rechnung zu tragen.

Bei der **Befristung zur Probe** (KR-*Lipke* § 14 TzBfG Rz 157 ff.) kann ebenfalls nicht von einem Wegfall 80 des die Befristung tragenden Grundes ausgegangen werden. Sinn der Probebefristung ist es ja gerade, dem Arbeitgeber die Möglichkeit einzuräumen, die volle vereinbarte Zeit ausnützen und nach deren Ablauf frei darüber entscheiden zu können, ob er den Arbeitnehmer behalten will oder nicht (*LAG Hamm* 6.6.1991 LAGE § 620 BGB Nr. 25). Dementsprechend gilt: Kann sich eine Montiererin infolge Krankheit innerhalb der Probezeit nicht bewähren, so kann sich der Arbeitgeber grds. gleichwohl auf die Befristung berufen (*LAG Hamm* 13.3.1992 LAGE § 620 BGB Nr. 29). Dass bei einem entsprechenden **Vertrauenstatbestand** im Falle der **Bewährung** ein **Fortsetzungsanspruch** entstehen kann, ist bereits ausgeführt (s.o. Rz 41 ff.; vgl. auch *BAG* 16.3.1989 EzA § 1 BeschFG 1985 Nr. 7; 11.12.1991 EzA § 620 BGB Nr. 112; 10.6.1992 EzA § 620 BGB Nr. 116; *LAG Hamm* 6.6.1991 LAGE § 620 BGB Nr. 25). Die bloße Tatsache, dass sich der **Arbeitnehmer** in der Probezeit **voll bewährt** hat, ergibt allein und für sich genommen jedoch keinen hinreichenden Vertrauenstatbestand (*BAG* 8.3.1962 EzA § 620 BGB Nr. 3; KDZ-*Däubler* § 15 TzBfG Rz 27). Auch ein **schwerbehinderter Mensch**, der befristet **zur Probe** eingestellt worden ist, hat dementsprechend keinen Anspruch auf Weiterbeschäftigung nach Ablauf der Probezeit, wenn er sich als geeignet erwiesen hat (*BAG* 28.2.1963 EzA § 620 BGB Nr. 4; parallel für **Schwangere** *BAG* 6.11.1996 EzA § 620 BGB Nr. 146). Gleichfalls reicht es für die Bejahung eines Fortsetzungsanspruchs nicht aus, dass der Arbeitgeber nicht rechtzeitig angekündigt hat, das Probearbeitsverhältnis solle nicht über den Fristablauf hinaus fortgesetzt werden (vgl. auch *BAG* 8.3.1962 EzA § 620 BGB Nr. 3). Zu den Fragen, die sich gerade bei der Probebefristung daraus ergeben können, dass in der Zeit der Befristung ein **besonderer** bei Vertragsschluss noch nicht gegebener **Kündigungsschutz** eingreift, wird unter Rz 93 ff. Stellung genommen. Des Zusammenhangs wegen sei schließlich erwähnt die nicht hierher gehörende **tarifliche Pflicht** des Arbeitgebers, bei freier Arbeitsstelle einen im befristeten Arbeitsverhältnis bewährten Arbeitnehmer für eine Dauerbeschäftigung **bevorzugt zu berücksichtigen** (*BAG* 6.11.1996 EzA § 620 BGB Nr. 146: zu BAT Nr. 4 zu SR 2y; dazu Rz 89).

81 Es verbleiben danach als Fälle, in denen der **Wegfall des ursprünglich gegebenen Sachgrunds** zu einem Fortsetzungsanspruch führen kann, die Fälle, in denen die Befristung **im Interesse des Arbeitgebers** erfolgt ist. Das betrifft vorrangig die Befristungsgründe gem. § 14 Abs. 1 S. 2 Nr. 1, 3, 4 und 7 TzBfG (vgl. dazu die entspr. Erl. bei KR-*Lipke* § 14 TzBfG). Entfällt der ursprünglich gegebene Sachgrund entgegen der Prognose des Arbeitgebers nachträglich während des Laufs der Befristung (etwa: der zunächst als nur vorübergehend angesehene Bedarf an der Arbeitsleistung stellt sich nun doch als Dauerbedarf heraus), entsteht **grds.** ein (auf **unbefristeten** Fortbestand des Arbeitsverhältnisses gerichteter) **Fortsetzungsanspruch** (parallel *BAG* 28.6.2000 EzA § 1 KSchG Wiedereinstellungsanspruch Nr. 5). Nur auf eine **befristete Fortsetzung** ist der Anspruch bspw. gerichtet, wenn der Bedarf an der Arbeitsleistung zwar nach wie vor nur vorübergehend besteht, aber länger als ursprünglich prognostiziert (wegen der Ableitung des Fortsetzungsanspruchs aus § 242 BGB wird man ihn jedoch zu verneinen haben, wenn der weitere Bedarf an der Arbeitsleistung sich als verhältnismäßig geringfügig darstellt, zB wenn bei einer Befristung auf ein Jahr noch weitere Arbeit für eine Woche vorhanden ist). Zu beachten ist aber hier, wo es nur um den Wegfall des Befristungsgrundes geht, dass eine sich anderweitig eröffnende Weiterbeschäftigungsmöglichkeit nicht zu einem Fortsetzungsanspruch führen kann (wohl ebenso zum Kündigungsrecht *Raab* RdA 2000, 147, 154; **aA** zum Kündigungsrecht *BAG* 28.6.2000 EzA § 1 KSchG Wiedereinstellungsanspruch Nr. 5).

82 **Berechtigte Arbeitgeberinteressen** können dem Fortsetzungsanspruch entgegenstehen und diesen zu Fall bringen (zur Darlegungs- und Beweislast s.u. Rz 101), wie dies zum Wiedereinstellungsanspruch im Kündigungsrecht anerkannt ist (*BAG* 28.6.2000 EzA § 1 KSchG Wiedereinstellungsanspruch Nr. 5; *Boewer* NZA 1999, 1121, 1131; *Oetker* ZIP 2000, 643, 647). Diese können darin bestehen, dass der Arbeitgeber mit den Leistungen des Arbeitnehmers nicht zufrieden war (diese Unzufriedenheit braucht nicht das Gewicht eines Kündigungsgrundes zu erreichen, muss aber auf Tatsachen gestützt sein und darf sich nicht als völlig marginal darstellen) und den weiteren Bedarf nun durch die Einstellung eines anderen Arbeitnehmers abdecken will. Sie können insbes. auch darin bestehen, dass der Arbeitgeber bereits anderweitige Dispositionen getroffen hat, also zB bereits einen neuen Arbeitnehmer eingestellt hat, soweit sich dies nicht als treuwidrige Vereitelung des Fortsetzungsanspruchs darstellt (*BAG* 28.6.2000 EzA § 1 KSchG Wiedereinstellungsanspruch Nr. 5, zu II B 3c aa der Gründe mwN), oder sich entschlossen hat, den Beschäftigungsbedarf ganz oder teilweise nicht mehr abzudecken.

83 Gibt es **mehrere befristete Arbeitsverhältnisse** mit demselben **Sachgrund** (im Arbeitgeberinteresse) und **entfällt** dieser nachträglich nur **teilweise**, so dass eine Weiterbeschäftigung für alle betroffenen Arbeitnehmer ausscheidet, ist die Frage, welche der befristet beschäftigten Arbeitnehmer einen Fortsetzungsanspruch haben, aufgrund einer **Auswahlentscheidung** zu beantworten. Die Auswahlentscheidung muss den **§§ 242, 315 BGB** – § 1 Abs. 3 KSchG kann hier im Befristungsrecht ohnehin nicht entsprechend herangezogen werden – genügen und die relevanten betrieblichen Belange sowie ggf. auch die Leistungsbilder der betroffenen Arbeitnehmer in die Betrachtung und Bewertung einbeziehen (vgl. zum Kündigungsrecht *BAG* 28.6.2000 EzA § 1 KSchG Wiedereinstellungsanspruch Nr. 5 mwN; 12.11.1998 EzA § 613a BGB Nr. 171; vgl. auch *LAG* Köln 10.1.1989 DB 1989, 1475 f.). Da dem Befristungsrecht anders als dem Kündigungsrecht die Sozialauswahl fremd ist, wird man die sozialen Belange insoweit nur reduziert berücksichtigen können, aber ein gewisses Maß an sozialer Rücksichtnahme nicht ausklammern dürfen (*LAG* Köln 10.1.1989 DB 1989, 1475 f.; KDZ-*Däubler* § 15 TzBfG Rz 24).

4. Fortsetzungsanspruch aufgrund Gleichbehandlung

84 Übernimmt der Arbeitgeber die bislang befristet Beschäftigten oder die bisher befristet Beschäftigten etwa einer bestimmten Abteilung in ein Dauerarbeitsverhältnis oder in ein weiteres befristetes Arbeitsverhältnis, darf er nicht willkürlich, dh ohne sachliche Gründe einzelne Arbeitnehmer hiervon ausnehmen (vgl. dazu *BAG* 16.3.1989 NZA 1989, 719; 6.2.1992 AP § 199 BGB Nr. 13; *EuGH* 4.10.2001 AP EWG-RL 92/85 Nr. 3). Dasselbe gilt, wenn er von den befristet beschäftigten Arbeitnehmern eine größere Zahl übernimmt – insoweit sind dann die in Rz 83 dargestellten Grundsätze entsprechend heranzuziehen. Allerdings gibt es keinen Anspruch auf Wiederholung unrechtmäßigen Verwaltungshandelns (*BAG* 19.2.2003 EzA § 620 BGB 2002 Nr. 2).

V. Zusage der Weiterbeschäftigung nach Fristablauf

85 Abgesehen von den Fällen der Fürsorgepflicht (einschließlich der Fälle der Schaffung von Vertrauenstatbeständen) kann sich ein Anspruch auf Fortsetzung des Arbeitsverhältnisses – auch dann tritt keine automatische Verlängerung des Arbeitsverhältnisses ein (ArbRBGB-*Dörner* § 620 Rz 292; KDZ-

Anrufung des Arbeitsgerichts § 17 TzBfG

Däubler § 15 TzBfG Rz 28) – über die zunächst vereinbarte Befristung hinaus auch aus einer **Zusage** des Arbeitgebers ergeben (KDZ-*Däubler* § 15 TzBfG Rz 26). Die Zusage kann **ausdrücklich** oder auch **konkludent** erfolgen, wobei die Fälle, in denen die Auslegung des Verhaltens und der Erklärungen des Arbeitgebers nicht zu einer konkludenten Zusage führt, weiter unter dem Aspekt des Vertrauensschutzes (s.o. Rz 41 ff.) zu prüfen sind. Die Zusage kann nähere **Voraussetzungen** (Bewährung: *BAG* 16.3.1989 EzA § 1 BeschFG 1985 Nr. 7; Eintritt bestimmter Ereignisse; Mittelzuweisung; falls neue Arbeitsplätze eingerichtet werden: *BAG* 26.4.1995 EzA § 620 BGB Nr. 133; falls Dauerarbeitsplätze frei sind: *BAG* 11.12.1991 EzA § 620 BGB Nr. 112 mit Anm. *Rieble*) oder **Einschränkungen** (zB nur für einen begrenzten Zeitraum) für die Fortsetzung enthalten. Liegt eine derartige Zusage auf Abschluss eines unbefristeten Arbeitsvertrages vor, folgt daraus ein entsprechender Anspruch, der erforderlichenfalls klageweise durchzusetzen ist (s.u. Rz 98 ff.). Wird aber dennoch nur ein befristeter Arbeitsvertrag abgeschlossen, ist dieser nicht im Hinblick auf die Zusage unwirksam (*BAG* 25.4.2001 EzA § 620 BGB Nr. 177; vgl. auch *Sievers* Rz 6 mwN).

Wenn einer **Lehrerin** vom zuständigen Schulreferenten **zugesagt** wird, sie könne **bei** einer **Bewährung** 86 während der befristeten Probezeit mit einer **längeren Tätigkeit** an der Schule rechnen, dann kann sie sich auf die Zusage und mithin darauf verlassen, in der bisherigen Weise als Vollzeitlehrerin über die Probezeit hinaus **unbefristet** fortbeschäftigt zu werden. Die der Lehrerin **mündlich gegebene verbindliche Zusage** ihrer unbefristeten Weiterbeschäftigung bei Bewährung ist nicht mangels Schriftform unwirksam. Sie stellt **keine Nebenabrede** iSd § 4 Abs. 2 BAT dar, die zu ihrer Wirksamkeit der Schriftform bedarf (*BAG* 13.10.1976 – 5 AZR 538/75 – nv; ArbRBGB-*Dörner* § 620 Rz 292). Eine wegen fehlender Vertretungsbefugnis (zur Frage einer Anscheins- oder Duldungsvollmacht *LAG Köln* 19.11.1999 BB 2000, 1842) eines »Vertreters« des Arbeitgebers **nicht bindende Zusage** kann uU jedenfalls einen **Vertrauenstatbestand** (s.o. Rz 71 ff.) begründen.

Liegt eine **verbindliche Zusage** vor, den Arbeitsvertrag unter bestimmten, im konkreten Fall erfüllten 87 Voraussetzungen unbefristet fortzusetzen, wird dann aber gleichwohl **nur** ein **befristeter Anschlussarbeitsvertrag** mit sachlichem Grund **geschlossen**, so wird die Zusage gegenstandslos, sofern der Arbeitnehmer insoweit keinen Vorbehalt erhebt. **Das der Zusage nachfolgende gegenteilige Handeln** der Parteien **beseitigt das Vertrauen** darauf (*BAG* 11.12.1991 EzA § 620 BGB Nr. 112; vgl. auch 6.11.1996 EzA § 620 BGB Nr. 146).

Liegt nur eine Zusage vor, eine Weiterbeschäftigung nach Fristablauf (wohlwollend) zu **prüfen**, hat 88 der Arbeitgeber die erforderliche Prüfung nach billigem, gerichtlich überprüfbarem Ermessen (**§ 315 BGB**) vorzunehmen (entspr. Rz 89).

VI. Tarifliche Einstellungsgebote und Verlängerungsklauseln

Nach der **Sonderregelung Nr. 1 SR 2y zum BAT** und **Ziff. 4 der zugehörigen Protokollnotiz** (Text bei 89 KR-*Bader* § 22 TzBfG Rz 19; entspr. **§ 30 Abs. 2 S. 2 TVöD**, Text bei KR-*Bader* § 22 TzBfG Rz 27a) sind **Zeitangestellte** bei der **Besetzung** von **Dauerarbeitsplätzen** bevorzugt zu berücksichtigen, wenn sie die fachlichen und die persönlichen Voraussetzungen erfüllen. Diese Regelung enthält jedoch für den Arbeitgeber **kein Anstellungsgebot**, das ihn bei Beendigung eines unter die Sonderregelung SR 2y BAT fallenden Arbeitsverhältnisses zur Wiedereinstellung des Angestellten bzw. zur unbefristeten Fortsetzung des Arbeitsverhältnisses verpflichtet (*BAG* 31.10.1974 EzA § 620 BGB Nr. 25; 6.11.1996 EzA § 620 BGB Nr. 146; 27.4.1988 EzA § 1 BeschFG 1985 Nr. 4; 8.5.1985 – 7 AZR 182/84 – nv; vgl. auch *LAG RhPf* 12.2.1988 EzBAT § SR 2y BAT Aushilfstätigkeit Nr. 2; zu weiteren Tarifvorschriften etwa *BAG* 24.5.1961 AP § 620 BGB Befristeter Arbeitsvertrag Nr. 18; 20.10.1967 AP § 620 BGB Befristeter Arbeitsvertrag Nr. 30 mit Anm. *A. Hueck*; vgl. *BAG* 14.11.2001 EzA § 4 TVG Wiedereinstellungsanspruch Nr. 2: lässt für eine Parallelbestimmung offen, ob sich diese nur auf das Verhältnis zu externen Bewerbern bezieht). Diese tarifliche Vorschrift über die Bevorzugung der Zeitarbeitnehmer schränkt allerdings – über das Verbot der willkürlichen Ungleichbehandlung hinaus – das **Ermessen der Behörde** bei der Auswahl der Bewerber für Dauerarbeitsplätze ein und verlangt eine der **Billigkeit** entsprechende Entscheidung iSd **§ 315 BGB** (ArbRBGB-*Dörner* § 620 Rz 293; KDZ-*Däubler* § 15 TzBfG Rz 37). Sie kann bei einer Verletzung dieses begrenzten Ermessensspielraums Ansprüche von Zeitarbeitnehmern auf Abschluss eines Vertrages auf unbestimmte Zeit begründen (vgl. *Fenn* Anm. *BAG* 31.10.1974 AP § 620 BGB Befristeter Arbeitsvertrag Nr. 39). Dieser Anspruch ist bei entsprechender Leistungsklage zu erfüllen (*BAG* 6.11.1996 EzA § 620 BGB Nr. 146). Die **Darlegungs- und Beweislast** dafür, dass die Voraussetzungen für eine bevorzugte Einstellung nicht vorliegen, liegt aufgrund der tariflichen Ausgestaltung beim öffentlichen **Arbeitgeber**. Stets vorausgesetzt ist aber, dass (im Zeitpunkt der letzten mündlichen Tatsachenverhandlung vor Gericht) ein **freier zu besetzender Arbeitsplatz** überhaupt gegeben ist (*BAG* 14.11.2001 EzA § 4 TVG Wiedereinstellungsanspruch Nr. 2).

90 Nur in diesem **begrenzten Umfang** (Entscheidung nach **billigem Ermessen**) lässt sich auch ein Fortsetzungsanspruch aus einer **tariflichen Bestimmung** herleiten, wonach das Arbeitsverhältnis mit Ablauf des Monats, in dem der Arbeitnehmer das 65. Lebensjahr vollendet hat, beendet (vgl. dazu auch KR-*Lipke* § 14 TzBfG Rz 214 ff.) und ergänzend bestimmt wird, dass dann, wenn noch **kein Anspruch auf Versorgungsleistungen** aus der gesetzlichen Versicherung oder einer Altersversorgung besteht, der Arbeitnehmer befristet bis zu **zwei Jahren** weiterbeschäftigt werden **kann**, sofern seine Kräfte noch den gebotenen Anforderungen entsprechen (zu einer solchen Regelung *BAG* 24.5.1961 AP § 620 BGB Befristeter Arbeitsvertrag Nr. 18). Entsprechendes gilt für die Verlängerung von Arbeitsverhältnissen von **Piloten** über die Altersgrenze von 55 Jahren hinaus, wobei bei Erfüllung der im Tarifvertrag genannten tatbestandlichen Voraussetzungen im Rahmen des billigen Ermessens grds. die Verlängerung zu erfolgen hat (ArbRBGB-*Dörner* § 620 Rz 294), ohne dass es aber darauf ankäme, ob die betreffende Person betriebsverfassungsrechtlicher Amtsträger ist (insgesamt dazu *BAG* 20.12.1984 EzA § 620 BGB Bedingung Nr. 4 unter Aufgabe von *BAG* 12.12.1968 EzA § 620 BGB Nr. 12; vgl. weiter *Hueck* SAE 1970, 56). Bei einer ausreichenden Übergangsversorgung muss der Arbeitgeber jedoch nicht nach billigem Ermessen verlängern, er hat dann nur auf die durch das vorzeitige Ausscheiden verursachten Härten Rücksicht zu nehmen (*BAG* 6.3.1986 EzA § 620 BGB Bedingung Nr. 6).

91 Echte **Anstellungsgebote** enthalten tarifliche Vorschriften, die zB vorsehen, dass das Arbeitsverhältnis von **Forstarbeitern** in Fällen höherer Gewalt mit Beginn der dadurch bedingten Unterbrechung als gelöst gilt und dass die ausgeschiedenen Arbeiter nach **Wegfall** des **Hinderungsgrundes** auf ihr Verlangen wieder **einzustellen** sind (vgl. etwa § 12.21 u. 12.211 MTV für die staatlichen Forstbetriebe in Bayern vom 15.10.1964 und hierzu *BAG* 20.10.1967 AP § 620 BGB Befristeter Arbeitsvertrag Nr. 30; *BAG* 28.8.1987 – 2 AZR 249/86 – nv: Schadensersatz bei verzögerter Wiedereinstellung). Eine **Waldarbeiterin**, die befristet für die **Dauer der witterungsabhängigen Arbeiten** eingestellt wird, hat nach den Vorschriften des MTV für die staatlichen Forstbetriebe in Baden-Württemberg vom 16.7.1970 hingegen regelmäßig **keinen Anspruch** darauf, mit Beginn der Vegetationsperiode wieder eingestellt zu werden. Einen solchen Anspruch sieht § 29 dieses MTV vielmehr nur dann vor, wenn das Arbeitsverhältnis nicht durch eine vereinbarte Befristung, sondern **durch höhere Gewalt** beendet worden ist (zum Sonderfall, dass die Waldarbeiterin bei **Beginn der Vegetationsperiode schwanger** war und wegen des Beschäftigungsverbotes des § 4 Abs. 2 Ziff. 3 MuSchG nicht beschäftigt werden durfte, *BAG* 30.4.1976 – 2 AZR 614/74 – nv; vgl. auch unten Rz 94 ff.). Gleichfalls einen tarifvertraglichen Einstellungsanspruch enthält ein Tarifvertrag, der regelt, dass ein Arbeitnehmer, der wegen **Berufs- oder Erwerbsunfähigkeit** ausgeschieden war, u.a. auf **Antrag** und bei **Vorhandensein eines freien geeigneten Arbeitsplatzes** wieder eingestellt werden soll, wenn die Berufsfähigkeit wiederhergestellt ist (so zu § 62 MTL II in der zeitlich einschlägigen Fassung *BAG* 23.2.2000 EzA § 4 TVG Wiedereinstellungsanspruch Nr. 1; weitgehend parallel die Vorschrift des § 59 BAT). Zutreffend geht das *BAG* (23.2.2000 EzA § 4 TVG Wiedereinstellungsanspruch Nr. 1) davon aus, dass die Sollvorschrift des § 62 MTL II im Interesse eines wirksamen arbeitsrechtlichen Bestandsschutzes so zu verstehen ist, dass sie bei Erfüllung der tatbestandlichen Voraussetzungen einen **Anspruch** gibt (**aA** – noch? – zu § 59 BAT *BAG* 24.1.1996 EzA BAT § 59 Nr. 7: Einzelfallprüfung nach § 315 Abs. 1 BGB; die von *BAG* 23.2.2000 aaO vorgenommene Differenzierung wegen des partiell unterschiedlichen Wortlauts der beiden Tarifnormen überzeugt hinsichtlich des Wiedereinstellungsanspruchs wenig). Hat der Arbeitgeber es selbst treuwidrig herbeigeführt, dass kein freier geeigneter Arbeitsplatz zur Verfügung steht, ist er schadensersatzpflichtig, wobei der **Schadensersatzanspruch** nach dem BAG hier auch auf Wiedereinstellung gerichtet sein kann (*BAG* 23.2.2000 § 4 TVG Wiedereinstellungsanspruch Nr. 1; der Umweg über den Schadensersatz dürfte für den Wiedereinstellungsanspruch entbehrlich sein). Die Wiederherstellung der Berufsfähigkeit wird regelmäßig durch förmliche Feststellung des Rentenversicherungsträgers nachzuweisen sein (*BAG* 24.1.1996 EzA BAT § 59 Nr. 7).

92 Für **Auszubildende** sehen verschiedene Tarifverträge vor, dass zum Zwecke der **Beschäftigungssicherung** mit ihnen unmittelbar nach AbSchluss der Ausbildung (unter bestimmten Voraussetzungen) **befristete Arbeitsverträge** (zB für mindestens sechs Monate) zu schließen sind (*BAG* 14.5.1997 EzA § 4 TVG Beschäftigungssicherung Nr. 1; zur Befristungsmöglichkeit insoweit KR-*Lipke* § 14 TzBfG Rz 84). Dabei findet kein automatischer Übergang in ein befristetes Arbeitsverhältnis statt, sondern es besteht lediglich ein **Anspruch** darauf (*BAG* 14.5.1997 EzA § 4 TVG Beschäftigungssicherung Nr. 1; 12.11.1997 EzA § 611 BGB Einstellungsanspruch Nr. 12; *LAG BW* 21.10.1996 LAGE § 4 TVG Beschäftigungssiche-

rung Nr. 3; *LAG Hamm* 20.12.1996 LAGE § 4 TVG Beschäftigungssicherung Nr. 4; *LAG SchlH* 15.3.1995 NZA 1995, 861; **aA** *LAG Hamm* 8.8.1996 LAGE § 4 TVG Beschäftigungssicherung Nr. 2; diff. *Kohte* NZA 1997, 457, 460: im Zweifel Fiktion eines Vertragsschlusses entspr. § 17 BBiG; vgl. weiter unten Rz 98). Ein derartiger **Kontrahierungszwang** ist **verfassungsgemäß**, soweit der Arbeitgeber die Übernahme aus Gründen in der Person des Auszubildenden oder aus Gründen in der betrieblichen Sphäre ablehnen kann (*BAG* 14.10.1997 EzA § 611 BGB Einstellungsanspruch Nr. 10 u. EzA § 611 BGB Einstellungsanspruch Nr. 11; 12.11.1997 EzA § 611 BGB Einstellungsanspruch Nr. 12). Beruft sich der **Arbeitgeber** auf solche **tarifliche Ausnahmebestimmungen**, die ihn von der Übernahmepflicht befreien können, so liegt hierfür im Streitfall die **Darlegungs- und Beweislast** bei ihm: Er hat etwa vorzutragen und erforderlichenfalls nachzuweisen, dass er nach der auf den Zeitpunkt des Abschlusses des Ausbildungsvertrages bezogenen Prognose über Bedarf ausgebildet hat (*BAG* 12.11.1997 EzA § 611 BGB Einstellungsanspruch Nr. 12). Oder er hat personenbedingte Ablehnungsgründe – diese umfassen alle Gründe aus der Sphäre des Auszubildenden einschließlich verhaltensbedingter Gründe – darzulegen und zu beweisen (*BAG* 14.10.1997 EzA § 611 BGB Einstellungsanspruch Nr. 10; 17.6.1998 EzA § 611 BGB Einstellungsanspruch Nr. 13, darin auch zur entsprechenden revisionsgerichtlichen Überprüfung). Ist der Arbeitgeber seiner Übernahmeverpflichtung nicht nachgekommen, muss er **Schadensersatz** leisten, der sich nach dem BAG aber nicht auf die Übernahme in ein erst später zu begründendes Arbeitsverhältnis richten kann (*BAG* 14.10.1997 EzA § 611 BGB Einstellungsanspruch Nr. 11; 17.6.1998 EzA § 611 BGB Einstellungsanspruch Nr. 113; **aA** *LAG Nds.* 24.8.1995 LAGE § 611 BGB Einstellungsanspruch Nr. 3; vgl. zum Problem weiter *Kohte* NZA 1997, 457), da der Übernahmeanspruch hier nur an das Ende der Ausbildung anknüpfe.

VII. Wiedereinstellungsanspruch durch Betriebsvereinbarung

Nach der Ansicht des *BAG* (19.10.2005 EzA § 77 BetrVG 2001 Nr. 13 = BB 2006, 1747; Vorinstanz: *LAG RhPf* 15.11.2004 – 7 Sa 415/04 – ArbuR 2005, 272 m. zust. Anm. *Heither*) kann in einer **Betriebsvereinbarung** geregelt werden, dass im Wege eines Betriebsübergangs aus dem Unternehmen ausgeschiedene Arbeitnehmer (unter bestimmten Voraussetzungen) einen **Wiedereinstellungsanspruch** gegen den bisherigen Arbeitgeber haben. Diese Entscheidung wird zum Teil kritisiert, es wird etwa darauf verwiesen, dass dem Betriebsrat insoweit sowohl die funktionelle als auch die personelle Zuständigkeit fehle (*Dehn* BB 2006, 1794). 92a

VIII. Gesetzliche Fortsetzungsgebote

Es ist oben bereits dargestellt, dass es **nicht rechtsmissbräuchlich** ist, wenn sich der Arbeitgeber **auf eine wirksam vereinbarte Befristungsabrede beruft** (s.o. Rz 63). Das gilt auch dann, wenn sich während des Laufes der Befristung Tatsachen ergeben, die einen **besonderen Kündigungsschutz** des betreffenden Arbeitnehmers begründen – die einmal vereinbarte Befristung bleibt wirksam. Natürlich kann in diesen Fällen ebenfalls ein **Fortsetzungsanspruch** aus der oben dargestellten Gründen erwachsen, zB wegen eines Vertrauenstatbestandes (KR-*Pfeiffer* AGG Rz 130; *Zwanziger* BB 1995, 1404 f.). Hält der Arbeitgeber an der Befristung eines **Probearbeitsverhältnisses** nach Eintritt der Schwangerschaft oder Feststellung der Schwerbehinderung fest, scheidet jedoch ein **treuwidriges Verhalten** auf jeden Fall aus, wenn er wegen Erkrankung die **Eignung nicht** hinreichend **überprüfen konnte** (*LAG Hamm* 13.3.1992 LAGE § 620 BGB Nr. 29; *LAG Köln* 17.2.1993 LAGE § 620 BGB Nr. 31). 93

Erwirbt ein Arbeitnehmer den besonderen Kündigungsschutz erst während der Laufzeit der Befristung, erwächst daraus allein hingegen **kein Fortsetzungsanspruch** (BBDW-*Bader* § 620 BGB Rz 265). Denn man muss sich vor Augen halten, dass es dabei um die Begründung eines neuen, weiteren Arbeitsverhältnisses geht (s.o. Rz 59), und für die Frage der **Geschlechterdiskriminierung** sieht § 15 Abs. 6 AGG (früher: § 611a Abs. 2, 2. Hs. BGB) sogar ausdrücklich vor, dass es keinen Anspruch auf Begründung eines Arbeitsverhältnisses gibt, der auch durch die zugrunde liegende RL 76/207/EWG v. 9.2.1976 (ABlEG Nr. L 39/40 – abgedr. im Anh. zu KR-*Pfeiffer* AGG) nicht gefordert ist (*EuGH* 10.4.1984 EzA § 611a BGB Nr. 1; KR-*Pfeiffer* AGG Rz 129) und dann auch nicht anderweitig abgeleitet werden kann (KR-*Pfeiffer* AGG Rz 129; *Palandt/Putzo* § 611a Rz 20). Verfassungsrechtlich ist dies unbedenklich (*BVerfG* 16.11.1993 EzA Art. 3 GG Nr. 42, zu C I 2a der Gründe). Weder aus § 7 Abs. 1 AGG noch aus § 9 MuSchG lässt sich mithin ein Fortsetzungsanspruch ableiten (KR-*Pfeiffer* AGG Rz 129; *ArbG Bochum* 12.7.1991 EzA § 611a BGB Nr. 8; **aA** KDZ-*Däubler* § 15 TzBfG Rz 31 f. u. 34 unter Berufung auf Rechtsmissbrauch; *ArbG Wiesbaden* 12.2.1992 Rz K I 9a Nr. 70 = AiB 1992, 298). Verstößt der Arbeitgeber gegen § 7 Abs. 1 AGG, ergeben sich **Schadensersatzansprüche** (jetzt: primär nach § 15 Abs. 1 bis 4 AGG [vgl. 94

im Übrigen § 15 Abs. 5 AGG]; früher primär nach § 611a Abs. 2, 1. Hs. BGB: dazu etwa *LAG Düsseld.* 29.7.1992 LAGE § 611a BGB Nr. 8; *BAG* 5.2.2004 EzA § 611a BGB 2002 Nr. 3; vgl. weiter KR-*Pfeiffer* AGG Rz 131 ff.; KR-*Bader* § 9 MuSchG Rz 141). Entsprechendes gilt dann für **schwerbehinderte Menschen** (dass die RL 2000/78/EG v. 27.11.2000 [ABlEG L 303/16] oder Art. 3 Abs. 3 S. 2 GG Gegenteiliges ergäben, ist nicht zu sehen; aA KDZ-*Däubler* § 15 TzBfG Rz 33) und **Mitglieder von Betriebs- oder Personalräten** (aA KDZ-*Däubler* § 15 TzBfG Rz 34; vgl. auch KR-*Etzel* § 15 KSchG Rz 14 mwN: besonders strenge Anforderungen an Sachgrundprüfung für zweite Befristung wegen möglicher Umgehung des Schutzes gem. § 15 KSchG).

95 Abzulehnen ist dementsprechend die Sichtweise, dass ein während der Dauer des befristeten Vertrages erworbener besonderer Kündigungsschutz zu einem Fortsetzungsanspruch führen kann (speziell und sehr ausführlich dafür MünchArbR-*Wank* § 116 Rz 34 ff., Rz 38 bzgl. § 9 MuSchG u. Rz 42 für schwerbehinderte Menschen; KDZ-*Däubler* § 15 TzBfG Rz 31 ff., in Rz 34 auch etwa für die Amtsträger nach § 15 KSchG, die MünchArbR-*Wank* Rz 46 insoweit ausklammert [nur Forderung nach besonders hohen Anforderungen an den Befristungsgrund]; *Lipke* KR 5. Aufl., § 620 BGB Rz 103a). Diese kann sich nunmehr, da es nach § 14 TzBfG nicht mehr auf Umgehungsaspekte ankommt (KR-*Lipke* § 620 BGB Rz 98), auch nicht etwa auf eine Umgehung von (früher) § 611a BGB bzw. jetzt § 7 Abs. 1 AGG stützen.

96 Es kommt mithin entgegen früherer Rspr. nicht darauf an, ob der unvorhersehbare Eintritt eines Ereignisses (zB: **Schwangerschaft**, Feststellung der **Schwerbehinderung**) nicht der **alleinige Grund** für die Weigerung des Arbeitgebers, das Arbeitsverhältnis mit dem Arbeitnehmer fortzusetzen, ist (Berufung auf die Befristung jedenfalls keine unzulässige Rechtsausübung, wenn **auch sachliche Gründe für die Beendigung des Arbeitsverhältnisses sprechen**: *BAG* 10.6.1992 EzA § 620 BGB Nr. 116, keine Übernahme wegen zu hoher Krankheitsfehlzeiten; *BAG* 28.3.1972 – 2 AZR 238/71 – nv: Gesundheit des Arbeitnehmers erlaubt nur Fortsetzung in Halbtagsbeschäftigung; *LAG Köln* 8.11.1989 LAGE § 620 BGB Nr. 17: kündigungsrelevantes Verhalten).

97 Für die Fälle **besonderen Kündigungsschutzes** sei im Übrigen nochmals hervorgehoben (vgl. bereits für einen Teilbereich Rz 80), dass eine Befristung nach den normalen Kriterien, die mit einer Person vereinbart wird, die besonderen Kündigungsschutz genießt, grds. wirksam ist (*BAG* 28.2.1963 EzA § 620 BGB Nr. 4 [Probebefristung mit schwerbehindertem Menschen]; 6.11.1996 EzA § 620 BGB Nr. 146 [Schwangere]; MünchArbR-*Wank* § 116 Rz 37 u. 40; vgl. auch *BVerfG* 24.9.1990 AP § 620 BGB Befristeter Arbeitsvertrag Nr. 136a). Zum Prüfungsmaßstab vgl. KR-*Lipke* § 14 TzBfG Rz 4–6.

97a Die gegenüber der Arbeitsverwaltung bestehende Verpflichtung des Arbeitgebers gem. **§ 267 Abs. 3 SGB III**, den Arbeitnehmer nach dem Ende der Förderung im Rahmen einer **Arbeitsbeschaffungsmaßnahme** (zur Befristung insoweit vgl. KR-*Bader* § 3 Rz 20 u. KR-*Lipke* § 14 TzBfG Rz 199 ff.), führt weder zur Unwirksamkeit der Befristung noch zu einem Anspruch des Arbeitnehmers auf Abschluss eines unbefristeten Arbeitsvertrages (*BAG* 19.1.2005 EzA § 620 BGB 2002 Nr. 11 = NZA 2005, 873). Eine entsprechende **Zusage** des Arbeitgebers (s.o. Rz 85 ff.) kann hingegen den Anspruch auf Abschluss eines unbefristeten Vertrages ergeben (*BAG* 19.1.2005 EzA § 620 BGB 2002 Nr. 11).

IX. Durchsetzung des Fortsetzungsanspruchs

98 Die einem Arbeitnehmer erteilte **Zusage** der Fortsetzung des bislang befristeten Arbeitsvertrages führt **nicht automatisch** zur **Verlängerung** des befristeten Arbeitsvertrages. Die Zusage hat den Charakter eines **Vorvertrages** und gibt dem Arbeitnehmer deshalb nur den **Anspruch** auf **Abschluss** eines **neuen** unbefristeten oder befristeten **Arbeitsvertrages** im Anschluss an die Beendigung des befristeten Vertrages (bereits *BAG* 20.3.1975 – 2 AZR 27/74 – nv; KDZ-*Däubler* § 15 TzBfG Rz 28; ArbRBGB-*Dörner* § 620 Rz 292). Daraus hat der **Zweite Senat** des *BAG* in der Entscheidung vom 20.3.1975 (– 2 AZR 27/74 – nv) geschlossen, wenn der Arbeitnehmer keine entsprechende Leistungsklage erhoben habe, sondern im Rechtsstreit nur die Feststellung begehre, dass das Arbeitsverhältnis über das Ende des befristeten Vertrages hinaus fortbestehe, sei es unerheblich, ob ein Anspruch auf Abschluss eines unbefristeten Arbeitsvertrages bestehe oder bestanden habe. Diese Linie hat der 2. Senat auch in seiner Entscheidung vom 16.3.1989 (*BAG* 16.3.1989 EzA 3 § 1 BeschFG 1985 Nr. 7) weiterverfolgt, und zwar für den Fall eines **Fortsetzungsanspruchs** aufgrund Selbstbindung aus Vertrauensgründen.

99 Demgegenüber hat der **Fünfte Senat** des *BAG* (13.10.1976 – 5 AZR 538/75 – nv) angenommen, der Arbeitnehmer brauche nicht auf Abschluss eines neuen unbefristeten Arbeitsvertrages zu klagen. Da es lediglich um die unbefristete Verlängerung des früheren Arbeitsvertrages zu denselben Vertragsbedingungen gehe, sei es **prozessökonomisch nicht sinnvoll**, den Arbeitnehmer zunächst auf eine Klage

auf Abschluss eines neuen Vertrages zu verweisen. Der **Arbeitgeber** müsse sich vielmehr **so behandeln lassen**, als wenn er sich an die **Zusage gehalten** und mit dem Arbeitnehmer einen unbefristeten Vertrag abgeschlossen habe. Diese ausschließlich auf **Billigkeitserwägungen** gestützte Auffassung ist indes regelmäßig nicht vertretbar, auch wenn es im Bereich des § 613a BGB aus europarechtlichen Gründen eine unmittelbare Klage auf (Weiter-)Beschäftigung gegen den Übernehmer in dem Fall geben kann, dass sich der Betriebsübergang erst nachträglich herausstellt (dazu *BAG* 13.11.1997 EzA § 613a BGB Nr. 154; 10.12.1998 EzA § 613a BGB Nr. 175). Anderes kann ausnahmsweise nur gelten, wenn man den **Feststellungsantrag** als **Leistungsklage** auslegen kann, was bei einem entsprechenden Vortrag des Arbeitnehmers im Prozess **möglich** und **geboten** sein kann (dazu etwa bereits *RG* 20.12.1924 RGZ 110, 1, 15–17).

Nach der zutreffenden Rspr. des nunmehr allein zuständigen **7. Senats** des BAG kann der Anspruch auf Begründung des neuen unbefristeten Arbeitsverhältnisses (hierauf kann verzichtet werden: entspr. zum Wiedereinstellungsanspruch nach Kündigung *ArbG Düsseld.* 4.10.1999 DB 2000, 2022 mit Anm. *Sibben*) regelmäßig nur über den **Leistungsantrag des Arbeitnehmers** verfolgt werden, **den Arbeitgeber zu verurteilen, das** (hinreichend bestimmte: *BAG* 28.6.2000 EzA § 1 KSchG Wiedereinstellungsanspruch Nr. 5) **Angebot des Arbeitnehmers** – dieses liegt jedenfalls in der entsprechenden Klage – **auf Abschluss eines** befristeten oder unbefristeten **Arbeitsvertrages anzunehmen** (§ 894 ZPO; dazu etwa *BAG* 6.8.1997 EzA § 1 KSchG Wiedereinstellungsanspruch Nr. 2; 28.6.2000 EzA § 1 KSchG Wiedereinstellungsanspruch Nr. 5; 23.2.2000 EzA § 4 TVG Wiedereinstellungsanspruch Nr. 1; 24.1.2001 – 7 AZR 47/00 – nv; 25.4.2001 EzA § 620 BGB Nr. 177; 20.2.2002 EzA § 620 BGB Nr. 189; KassArbR-*Schütz* 4.4. Rz 123; HK-*Höland* Anh. Rz 5 u. 140; vgl. auch oben Rz 98). Dieser Antrag konnte wegen der Unmöglichkeit (dazu auch *BAG* 24.1.2001 EzBAT § 4 BAT Einstellungsanspruch Nr. 16) nur **auf die Zukunft gerichtet** sein, für die Vergangenheit war der Arbeitnehmer auf **Schadensersatzansprüche** zu verweisen (*BAG* 28.6.2000 EzA § 1 KSchG Wiedereinstellungsanspruch Nr. 5 mwN; 24.1.2001 EzBAT § 4 BAT Einstellungsanspruch Nr. 16; *Boewer* NZA 1999, 1121, 1177, 1182; *Meinel/Bauer* NZA 1999, 575, 581; **krit.** *Oetker* ZIP 2000, 643, 653; zur parallelen Frage der Informationspflicht bei Wegfall des Kündigungsgrundes *Bram/Rühl* NZA 1990, 753). Nunmehr gilt § 311a BGB, wonach auch ein auf eine unmögliche Leistung gerichteter Vertrag wirksam ist (für die Rechtsfolgen: § 311a Abs. 2 BGB), womit auch auf Verurteilung für die Vergangenheit geklagt werden kann. Eine isolierte Klage auf **Weiterbeschäftigung** kommt demgegenüber nicht in Frage, weil die Pflicht zur Weiterbeschäftigung ja den abgeschlossenen Vertrag voraussetzt, an dem es bis zur rechtskräftigen Entscheidung über den Fortsetzungsanspruch gerade fehlt (zum **Weiterbeschäftigungsanspruch für die Dauer des Rechtsstreits** s.o. Rz 42). Der **Fortsetzungsanspruch** kann auch im Wege der Klagehäufung (hilfsweise) neben dem Feststellungsantrag nach § 17 TzBfG eingeklagt werden (*Sievers* Rz 14). Zur einzuhaltenden **Frist** beim Fortsetzungsanspruch im Hinblick auf berechtigtes und schützenswertes Vertrauen des Arbeitnehmers (einschließlich des Falles des Wegfalls des Befristungsgrundes) s.o. Rz 70 aE.

Der **Arbeitnehmer** trägt nach den allgemeinen Regeln die **Darlegungs- und Beweislast** für alle die Tatsachen, die einen **Fortsetzungs- oder Wiedereinstellungsanspruch** begründen sollen (vgl. etwa oben Rz 41 u. 48; entspr. zum Kündigungsrecht KR-*Griebeling* § 1 KSchG Rz 744; *Oetker* ZIP 2000, 653). Hingegen liegt die Darlegungs- und Beweislast für die Umstände, die einem Fortsetzungs- oder Wiedereinstellungsanspruch **entgegenstehen** sollen, beim **Arbeitgeber**.

H. Fortsetzungsanspruch des Arbeitgebers?

Soweit dem Arbeitgeber **einseitig** das Recht eingeräumt wird, einen befristeten Arbeitsvertrag **um einen weiteren Zeitraum zu verlängern**, ist dies wegen Verstoßes gegen den Grundsatz des **§ 622 Abs. 6 BGB** – keine einseitige stärkere Bindung des Arbeitnehmers – unwirksam (KDZ-*Däubler* § 15 TzBfG Rz 42; *Kindler* NZA 2000, 744).

§ 18 Information über unbefristete Arbeitsplätze
[1]Der Arbeitgeber hat die befristet beschäftigten Arbeitnehmer über entsprechend unbefristete Arbeitsplätze zu informieren, die besetzt werden sollen. [2]Die Information kann durch allgemeine Bekanntgabe an geeigneter, den Arbeitnehmern zugänglicher Stelle in Betrieb und Unternehmen erfolgen.

Literatur

Vgl. die Angaben zu § 1 TzBfG.

Inhaltsübersicht

	Rz		Rz
A. Allgemeines	1	C. Information durch allgemeine Bekanntgabe (Satz 2)	6–10
B. Information des einzelnen Arbeitnehmers (Satz 1)	2–5	I. Inhalt der Bekanntgabe	7
I. Adressat der Information	2	II. Form der Bekanntgabe	8, 9
II. Inhalt der Information	3	III. Zeitpunkt der Bekanntgabe	10
III. Form und Zeitpunkt der Information	4, 5	D. Folgen des Verstoßes gegen § 18 TzBfG	11

A. Allgemeines

1 Die Vorschrift setzt § 6 Nr. 1 der zugrunde liegenden **europäischen Rahmenvereinbarung** (abgedr. im Anhang zum TzBfG) um. Mit der vorgeschriebenen Information über Dauerarbeitsplätze werden für die befristet beschäftigten Arbeitnehmer **bessere Möglichkeiten zum Übergang in ein unbefristetes Arbeitsverhältnis** geschaffen (BT-Drs. 14/4374 S. 21). Dennoch wird die Vorschrift teilweise für relativ überflüssig gehalten, speziell wegen fehlender spezieller Sanktionen (*Rolfs* Rz 1; s.u. Rz 11). Die gesamte Vorschrift gilt entsprechend für Arbeitnehmer mit **auflösend bedingten Arbeitsverträgen** (§ 21 TzBfG).

B. Information des einzelnen Arbeitnehmers (Satz 1)

I. Adressat der Information

2 Satz 1 sieht als Regel vor, dass der Arbeitgeber die befristet beschäftigten Arbeitnehmer zu informieren hat, also **jeden einzelnen derartigen Arbeitnehmer**, unabhängig davon, ob dieser Interesse an einem Dauerarbeitsplatz oder gar einen entsprechenden Wunsch (anders § 7 Abs. 2 TzBfG) bekundet hat (*Annuß/Thüsing-Annuß* Rz 4; ErfK-*Müller-Glöge* Rz 8; KDZ-*Däubler* Rz 1; vgl. indes *Worzalla* Rz 4).

II. Inhalt der Information

3 Zu informieren ist über **unbefristete Arbeitsplätze**, die besetzt werden sollen, die mithin frei sind oder frei werden und zur (Wieder-)Besetzung anstehen. Wie auch Satz 2 deutlich macht, muss sich die Information auf zur Besetzung anstehende Dauerarbeitsplätze im selben **Betrieb** und im gesamten **Unternehmen** erstrecken (ArbRBGB-*Dörner* § 620 Rz 328; KDZ-*Däubler* Rz 4; MünchArbR-*Wank* Rz 303; *Rolfs* Rz 2 mwN; vgl. auch BT-Drs. 14/4374 S. 21). Zu informieren ist aber nur über **entsprechende Arbeitsplätze**. Das Wort »entsprechende« ist basierend auf Anregungen der Literatur (*Richardi/Annuß* BB 2001, 2201, 2205) auf Empfehlung des Ausschusses für Arbeit und Sozialordnung in das Gesetz aufgenommen worden (BT-Drs. 14/4625 S. 13). Damit soll nach den Vorstellungen des Gesetzgebers klargestellt werden, dass befristet beschäftigte Arbeitnehmer nur über solche unbefristeten Arbeitsplätze informiert zu werden brauchen, die für sie aufgrund ihrer **Eignung** in Frage kommen (BT-Drs. 14/4625 S. 24). Dies ist unscharf und birgt die Gefahr in sich, dass zu viel an Subjektivem in die Eingrenzung einfließt. Im Interesse einer klaren und systematisch stimmigen Gesetzesinterpretation sollte man in Übereinstimmung mit der im Gesetz zum Ausdruck gekommenen Intention des Gesetzgebers als entsprechende Arbeitsplätze die Dauerarbeitsplätze verstehen, auf denen **gleiche oder ähnliche Tätigkeiten** iSd § 3 Abs. 2 S. 1 TzBfG erbracht werden (dazu KR-*Bader* § 3 TzBfG Rz 52 f.; offenbar ähnlich MHH-*Meinel* Rz 2 und *Dörner* Befr. Arbeitsvertrag, Rz 111: Dauerarbeitsplätze, die dem Tätigkeitsbild des befristet Beschäftigten entsprechen; aA *Annuß/Thüsing-Annuß* Rz 3 mwN: persönliche Eignung maßgebend, so dass alle Arbeitsplätze in Betracht kommen, die der Arbeitnehmer nach der gewöhnlichen Einarbeitungszeit, aber ohne zusätzliche Schulungen, ausfüllen kann; *Rolfs* Rz 2: Arbeitsplätze, die nach Ausbildung und Berufserfahrung wahrgenommen werden können; ähnlich etwa MünchArbR-*Wank* § 116 Rz 303; *Worzalla* Rz 3; *Boewer* Rz 7 will dem Arbeitgeber hinsichtlich der gleichen Eignung einen Beurteilungsspielraum zubilligen). Beförderungsstellen werden in jedem Falle ausscheiden (*Sievers* Rz 3).

III. Form und Zeitpunkt der Information

Eine bestimmte **Form** ist nicht vorgeschrieben. Die Information kann also auch mündlich oder durch E-Mail erfolgen, wenngleich schon aus Nachweisgründen stets zu schriftlicher Information zu raten ist. 4

Hinsichtlich des **Zeitpunkts** bedeutet die Pflicht zur Information über zur Besetzung anstehende Dauerarbeitsplätze, dass die Information zu erfolgen hat, bevor die Entscheidung über die Besetzung der Stelle(n) erfolgt ist, und außerdem so rechtzeitig, dass sich der befristet beschäftigte Arbeitnehmer noch für den oder die unbefristeten Arbeitsplätze bewerben kann (*Annuß/Thüsing-Annuß* Rz 5). 5

C. Information durch allgemeine Bekanntgabe (Satz 2)

Satz 2 ermöglicht es dem Arbeitgeber, auf die individuelle und meist recht arbeitsaufwendige Information nach Satz 1 zu verzichten und stattdessen den Weg der **allgemeinen Bekanntgabe** zu wählen. Ganz problemlos ist auch diese Art der Information freilich nicht, wie die nachstehenden Ausführungen zeigen. 6

I. Inhalt der Bekanntgabe

Die allgemeine Bekanntgabe muss **alle zur Besetzung anstehenden unbefristeten Arbeitsplätze** im **Betrieb** und im gesamten **Unternehmen** enthalten (BT-Drs. 14/4374 S. 21). Da es eine allgemeine Information ist, kann dabei in aller Regel **keine Eingrenzung auf entsprechende Dauerstellen** (s.o. Rz 3) erfolgen, jedenfalls dann nicht, wenn befristet beschäftigte Arbeitnehmer in Betrieb und Unternehmen in unterschiedlichen Bereichen und auf unterschiedlichen Arbeitsplätzen eingesetzt sind. Eine Eingrenzung auf entsprechende Dauerstellen erscheint nur dann als möglich, wenn befristet beschäftigte Arbeitnehmer nur in klar abgrenzbaren Bereichen tätig sind – dann kann sich auch die allgemeine Bekanntgabe auf die entsprechenden Arbeitsplätze (zur Definition s.o. Rz 3) beschränken. 7

II. Form der Bekanntgabe

Eine bestimmte Form schreibt das Gesetz auch hier nicht ausdrücklich vor, es muss sich nur um eine **allgemeine Bekanntgabe** handeln. Diese hat an einer **geeigneten Stelle** in **Betrieb und Unternehmen** zu erfolgen, die **den Arbeitnehmern zugänglich** ist – die Stelle muss allgemein zugänglich sein, und es muss zu erwarten sein, dass die Arbeitnehmer regelmäßig oder häufig daran vorbei kommen. Dem Gesetzgeber schwebt dabei offenbar das **Schwarze Brett** vor, an dem ein entsprechender Aushang mit der allgemeinen Bekanntmachung angeschlagen wird. Wird so verfahren, muss in jedem Betrieb des Unternehmens mindestens ein derartiger Aushang an allgemein zugänglicher Stelle (etwa im Eingangsbereich oder vor der gemeinsamen Kantine – das Personalbüro, das man erst speziell aufsuchen muss, genügt nicht) vorhanden sein. Ist der Betrieb derart dezentral organisiert, dass die Arbeitnehmer sich regelmäßig nur in ihrem jeweiligen Teilbereich aufhalten, wird ein entsprechender Aushang in jedem Teilbereich an allgemein zugänglicher Stelle zu fordern sein – ein lediglich zentraler Aushang befindet sich unter diesen Voraussetzungen nicht an geeigneter Stelle, wie es Satz 2 verlangt. Selbstverständlich kann ein Schwarzes Brett auch so gestaltet werden, dass dort alle aktuellen zur Besetzung anstehenden Dauerarbeitsplätze auf jeweils einzelnen Aushängen erscheinen (s.a. Rz 10). 8

Man kann Satz 2 aber nicht so verstehen, dass damit andere **modernere Formen der Kommunikation und Bekanntgabe** ausgeschlossen sein sollen (ebenso *Annuß/Thüsing-Annuß* Rz 5). Haben etwa alle Mitarbeiter Zugang zum **Intranet** des Unternehmens, ist eine dortige Bekanntgabe ebenfalls eine an einer den Arbeitnehmern zugänglichen Stelle, die jedenfalls dann auch geeignet ist, wenn den Arbeitnehmern bekannt ist, dass die Bekanntgaben des Arbeitgebers auf diesem Wege erfolgen (*Kliemt* NZA 2001, 304). Dasselbe gilt grds. für eine **Mitarbeiterzeitung** (*Kliemt* NZA 2001, 304), die alle Arbeitnehmer des Unternehmens jeweils pünktlich erreicht, sofern sie häufig genug erscheint, um den zeitlichen Anforderungen (s.u. Rz 10) gerecht zu werden. 9

III. Zeitpunkt der Bekanntgabe

Für die allgemeine Bekanntgabe nach Satz 2 gilt gleichfalls der Grundsatz, dass sie zu einem Zeitpunkt informieren muss, in dem über die Besetzung der freien Dauerarbeitsplätze noch nicht entschieden ist, und so rechtzeitig, dass die befristet beschäftigten Arbeitnehmer sich noch bewerben können (s.o. Rz 5). Um das zu gewährleisten, muss die allgemeine Bekanntgabe sich zu jedem Zeitpunkt **oder je-** 10 denfalls in ausreichend kurzfristigen Intervallen auf dem aktuellsten Stand befinden. Ein Aushang, der alle freien Dauerarbeitsplätze ausweist, muss also stets in kurzen Abständen erneuert werden, was den Weg über den Aushang der Einzelmitteilungen (s.o. Rz 8) vorzugswürdig erscheinen lassen kann.

D. Folgen des Verstoßes gegen § 18 TzBfG

11 Die Pflichten aus § 18 TzBfG hat der Arbeitgeber von sich aus zu erfüllen. § 18 gibt dem einzelnen Arbeitnehmer aber auch einen durchsetzbaren Anspruch (MHH-*Meinel* Rz 4), wenngleich dies kaum praktisch werden wird. Verstößt der Arbeitgeber gegen § 18 TzBfG, stellt dies einen Verstoß gegen eine vertragliche Nebenpflicht dar (*Annuß/Thüsing-Annuß* Rz 6; allerdings handelt es sich bei § 18 nicht um ein Schutzgesetz iSd § 823 Abs. 2 BGB: ErfK-*Müller-Glöge* Rz 10; *Rolfs* Rz 1; vgl. auch *BAG* 25.4.2001 AP § 2 BeschFG 1985 Nr. 80 mwN), und es können sich daraus **Schadensersatzansprüche** des Arbeitnehmers ergeben (§ 280 BGB), jedenfalls dann, wenn der Arbeitnehmer nachweisen kann, er hätte sich bei korrekter Information beworben und den fraglichen Dauerarbeitsplatz auch erhalten (*Annuß/Thüsing-Annuß* Rz 6; KDZ-*Däubler* Rz 3; *Staudinger/Preis* § 620 BGB Rz 192; skeptisch *Kliemt* NZA 2001, 304). Im Übrigen wird der **Betriebsrat** über die Einhaltung der Vorschrift zu wachen haben (§ 80 Abs. 1 Nr. 1 BetrVG). Mittelbar übt § 99 Abs. 2 Nr. 3 letzter Hs. BetrVG Druck auf den Arbeitgeber aus, § 18 TzBfG einzuhalten (*Rolfs* Rz 1). § 18 TzBfG ergibt freilich nicht, dass bei der Einstellung befristet Beschäftigte den Vorzug gegenüber externen Bewerbern erhalten müssen (*Dörner* Befr. Arbeitsvertrag, Rz 114; *Rolfs* Rz 3).

§ 19 Aus- und Weiterbildung
Der Arbeitgeber hat Sorge zu tragen, dass auch befristet beschäftigte Arbeitnehmer an angemessenen Aus- und Weiterbildungsmaßnahmen zur Förderung der beruflichen Entwicklung und Mobilität teilnehmen können, es sei denn, dass dringende betriebliche Gründe oder Aus- und Weiterbildungswünsche anderer Arbeitnehmer entgegenstehen.

Literatur
Vgl. die Angaben zu § 1 TzBfG.

Inhaltsübersicht

	Rz			Rz
A. Allgemeines	1, 2	I.	Dringende betriebliche Gründe	11
B. Angemessene Aus- und Weiterbildungs-		II.	Entgegenstehende Aus- und	
maßnahmen	3–6		Weiterbildungswünsche	12
C. Anspruch auf Teilnahme?	7–9	E.	Darlegungs- und Beweislast	13
D. Gegengründe	10–12	F.	Folgen von Verstößen gegen § 19 TzBfG	14

A. Allgemeines

1 § 19 TzBfG setzt § 6 Nr. 2 der zu Grunde liegenden **europäischen Rahmenvereinbarung** um (insgesamt abgedr. im Anhang zur Kommentierung des TzBfG), deren Text lautet: Die Arbeitgeber erleichtern den befristet beschäftigten Arbeitnehmern, soweit dies möglich ist, den Zugang zu angemessenen Aus- und Weiterbildungsmöglichkeiten, die die Verbesserung ihrer Fertigkeiten, ihr berufliches Fortkommen und ihre berufliche Mobilität fördern. Allerdings bleibt § 19 TzBfG dahinter formulierungsmäßig etwas zurück. Soweit von Erleichterung die Rede ist, könnte man darunter auch verstehen, dass befristet Beschäftigte einen bevorzugten Zugang zu Aus- und Weiterbildungsmöglichkeiten erhalten sollen. Richtigerweise wird man unter Erleichterung jedoch den Abbau bisher bestehender Zugangsbarrieren zu verstehen haben (BT-Drs. 14/4374 S. 21: Die Verpflichtung des Arbeitgebers gegenüber dem befristet beschäftigten Arbeitnehmer geht nicht weiter als gegenüber einem unbefristet beschäftigten Arbeitnehmer; ebenso *Annuß/Thüsing-Annuß* Rz 1), so dass sich der Gesetzestext im europarechtlich vorgegebenen Rahmen bewegt. Wenn § 19 TzBfG von der Förderung der beruflichen Entwicklung spricht, hat man dies entsprechend den europarechtlichen Vorgaben als Förderung der Fertigkeiten und des beruflichen Fortkommens zu interpretieren. Insgesamt will die Vorschrift die Aussicht des befristet Beschäftigten auf einen Dauerarbeitsplatz verbessern (BT-Drs. 14/4374 S. 21).

Dabei belastet sie den Arbeitgeber, der den befristet beschäftigten Arbeitnehmer nicht in ein Dauerarbeitsverhältnis übernehmen kann oder will, im Ergebnis mit nur fremdnützigen Maßnahmen zugunsten des befristet Beschäftigten (KDZ-*Däubler* Rz 2; s.a. Rz 4).

Die Norm stellt sich als **Spezialbestimmung zu § 4 Abs. 2 S. 1 u. 3 TzBfG** dar (KR-*Bader* § 4 TzBfG Rz 1; KDZ-*Däubler* Rz 2). Sie definiert das, was das Gesetz im Rahmen der **Aus- und Weiterbildung** vom Arbeitgeber erwartet, soll der Arbeitnehmer gegenüber unbefristet Beschäftigten **nicht schlechter gestellt** werden. Damit sollen die Chancen der befristet Beschäftigten auf einen Dauerarbeitsplatz erhöht werden (*Rolfs* Rz 1). Die unterschiedliche Behandlung aus sachlichen Gründen wird hier dahin gehend modifiziert, dass auf **dringende betriebliche Gründe** oder **entgegenstehende Aus- und Weiterbildungswünsche** anderer Arbeitnehmer abgestellt wird. § 19 TzBfG gilt über § 21 TzBfG auch für Arbeitnehmer mit **auflösend bedingten Arbeitsverhältnissen**. 2

B. Angemessene Aus- und Weiterbildungsmaßnahmen

Aus- und Weiterbildungsmaßnahmen iSd Vorschrift sind alle Maßnahmen, die nach ihrer Ausgestaltung und didaktischen Zielsetzung dazu bestimmt und geeignet sind, zur **Verbesserung der Fertigkeiten** der Arbeitnehmer und zur **Förderung des beruflichen Fortkommens und der beruflichen Mobilität** der Arbeitnehmer beizutragen (nicht bloße Verbesserung der Allgemeinbildung: Münch-Komm-*Hesse* § 19 TzBfG Rz 3). Die einzelnen Zielsetzungen greifen zwar regelmäßig ineinander, doch müssen sie nicht stets kumulativ vorhanden sein. Es reicht damit zB aus, wenn eine Maßnahme allein der Verbesserung der vorhandenen Fertigkeiten dient. Andererseits muss eine Maßnahme, die auf das berufliche Fortkommen und/oder die berufliche Mobilität abzielt, nicht in unmittelbarem Zusammenhang mit der derzeit vom Arbeitnehmer ausgeübten Tätigkeit und den aktuellen Fertigkeiten des Arbeitnehmers stehen. 3

Zur Interpretation der verwendeten Begriffe kann auf die Rechtsprechung zum Bildungsurlaubsrecht zurückgegriffen werden. So enthält das Hamburgische Bildungsurlaubsgesetz in § 1 Abs. 3 als Zweck beruflicher Weiterbildung ausdrücklich auch die Förderung der **beruflichen Mobilität** der Arbeitnehmer. Dazu hat das BAG (17.2.1998 EzA § 1 BildUrlG Hamburg Nr. 1) zutr. entschieden, dass dabei nicht allein auf die konkrete Arbeitsaufgabe abzustellen ist (ebenso BT-Drs. 14/4374 S. 21). Vielmehr sind auch die Arbeitsmöglichkeiten einzubeziehen, die für den Arbeitnehmer aufgrund seiner beruflichen Qualifikation unter Berücksichtigung etwaiger Zusatzqualifikationen in Betracht kommen (BT-Drs. 14/4374 S. 21: Verbesserung der beruflichen Qualifikation als Voraussetzung für die Übernahme einer qualifizierteren Tätigkeit; ähnlich *Annuß/Thüsing-Annuß* Rz 4; MHH-*Meinel* Rz 1; *Sievers* § 19 Rz 2 und § 10 Rz 4). Unter diesem Aspekt können wie im vom BAG entschiedenen Fall Sprachkurse Maßnahmen iSd § 19 darstellen. Eine Maßnahme trägt dann zur **Verbesserung der Fertigkeiten** und zur **Förderung des beruflichen Fortkommens** bei, wenn sie Kenntnisse zum ausgeübten Beruf vermittelt oder wenn die in ihr vermittelten Fähigkeiten bzw. Einsichten oder das in ihr vermittelte Wissen im Beruf verwendet werden kann (entspr. etwa BAG 21.10.1997 EzA § 7 AWbG NW Nr. 26; Maßnahmen zur Qualifizierung gem. § 92a Abs. 1 BetrVG sind hier einzubeziehen). Allerdings muss betont werden, dass es hier anders als im Bildungsurlaubsrecht nicht darauf ankommt, dass der durch die Maßnahme bzgl. der befristet beschäftigten Arbeitnehmer erzielte Effekt für den Arbeitgeber im weitesten Sinne von Vorteil ist, da hier vom Arbeitgeber ein fremdnütziges Verhalten gefordert wird (s.o. Rz 1; aA MünchArbR-*Wank* § 116 Rz 305; *Rolfs* Rz 3). Dennoch wird man die vom BVerfG geforderte Verantwortungsbeziehung des Arbeitgebers (*BVerfG* 11.2.1991 EzA Art. 12 GG Nr. 25; *BAG* 21.10.1997 EzA § 7 AWbG NW Nr. 26) auch insoweit bejahen können, dies schon aus der Erwägung heraus, dass der Arbeitgeber die Maßnahme ja ohnehin für die unbefristet Beschäftigten anbietet oder durchführt. Im Übrigen ist zu sehen, dass § 19 TzBfG die europäische Richtlinie (abgedr. im Anhang zur Kommentierung des TzBfG) umsetzt und auch von daher eine Modifizierung der vom BVerfG entwickelten Grundsätze geboten ist. 4

Die in § 19 TzBfG angesprochenen Maßnahmen müssen **angemessen** sein. Damit wird die fremdnützige (s.o. Rz 1 u. 2) Verpflichtung des Arbeitgebers abgemildert. »Angemessen« als unbestimmter Rechtsbegriff bedeutet hier, dass der Aufwand (zeitlich und bzgl. der Kosten) für die Maßnahmen in einem vertretbaren Verhältnis zu der Tatsache stehen muss, dass der Arbeitnehmer nach begrenzter Zeit aus dem Betrieb und Unternehmen ausscheiden wird (BT-Drs. 14/4374 S. 21; MHH-*Meinel* Rz 3; *Rolfs* Rz 3). Nicht mehr angemessen ist daher etwa die Teilnahme eines befristet beschäftigten Angestellten an einer Aus- und Weiterbildungsmaßnahme, die der Arbeitgeber mit erheblichem Kostenauf- 5 wand für langjährig beschäftigte Angestellte veranstaltet, um so neue Führungskräfte rekrutieren zu können (ähnlich *Annuß/Thüsing-Annuß* Rz 4).

6 Die Maßnahmen können solche sein, die der Arbeitgeber selbst als **interne Veranstaltungen** veranstaltet, oder auch **externe Veranstaltungen**, zu denen der Arbeitgeber Arbeitnehmer entsendet. Ansprüche auf **Bildungsurlaub** werden von § 19 TzBfG nicht erfasst – diese Ansprüche hat jeder Arbeitnehmer selbst zu verfolgen, soweit nicht die in den Bildungsurlaubsgesetzen vorgesehenen Wartefristen ihn hieran hindern.

C. Anspruch auf Teilnahme?

7 Mit ihrer Formulierung, der Arbeitgeber habe Sorge dafür zu tragen, dass auch befristet beschäftigte Arbeitnehmer an den angemessenen Aus- und Weiterbildungsmaßnahmen teilnehmen können, macht die Norm zunächst deutlich, dass damit **kein Anspruch auf Durchführung** von derartigen Maßnahmen begründet wird, weder generell noch erst recht speziell für befristet Beschäftigte (ErfK-*Müller-Glöge* Rz 3; KDZ-*Däubler* Rz 1; MHH-*Meinel* Rz 2; *Sievers* Rz 1). Es gibt also keinen korrespondierenden Individualanspruch auf Durchführung von Aus- und Weiterbildungsmaßnahmen, und der **Betriebsrat** kann insoweit nur im Rahmen des § 98 BetrVG (*Dörner* Befr. Arbeitsvertrag, Rz 120: die Möglichkeit der Anrufung einer Einigungsstelle nach § 98 Abs. 4 BetrVG dürfte eher theoretischer Natur sein; *Annuß/Thüsing-Annuß* Rz 8 weist zusätzlich auf § 97 Abs. 2 BetrVG hin) oder ggf. des § 92a BetrVG aktiv werden (vgl. im Übrigen § 80 Abs. 1 Nr. 1 BetrVG). Davon unberührt bleiben etwa bestehende anderweitige Ansprüche des Arbeitnehmers auf Weiterbildung (KDZ-*Däubler* Rz 1).

8 Die Verwendung des Begriffes »**Sorge tragen**« bedeutet hingegen nicht, dass es sich nur um einen unverbindlichen Appell an den Arbeitgeber handelt (*Kliemt* NZA 2001, 304 sieht indes vor allem Appellcharakter der Norm; ebenso *Dörner* Befr. Arbeitsvertrag, Rz 119; *Rolfs* Rz 1; MHH-*Meinel* Rz 1). Vielmehr enthält § 19 TzBfG in Konkretisierung von § 4 Abs. 2 S. 1 u. 3 TzBfG und im Zusammenspiel mit dieser Vorschrift (*Dörner* Befr. Arbeitsvertrag, Rz 119; *Rolfs* Rz 2) durchaus eine **Rechtspflicht** (s.o. Rz 2), wie schon der Schlusssatz der Vorschrift deutlich macht, der andernfalls unverständlich wäre (so auch BT-Drs. 14/4374 S. 21; ebenso *Annuß/Thüsing-Annuß* Rz 2; aA *Lakies* DZWIR 2001, 1, 17). Die Formulierung ist nur deswegen so offen gewählt, weil wie unten ausgeführt daraus keineswegs stets ein Teilnahmeanspruch des befristet Beschäftigten resultiert, sondern jedenfalls teilweise (zunächst) nur ein Anspruch darauf, zu den Eingeladenen gezählt zu werden.

9 Soweit der Arbeitgeber unbefristet beschäftigten Arbeitnehmern interne oder externe Maßnahmen der Aus- und Weiterbildung anbietet oder die unbefristet Beschäftigten an solchen Maßnahmen teilnehmen lässt, hat er – soweit es sich noch um angemessene Maßnahmen (s.o. Rz 5) handelt – das **Angebot oder die Anordnung der Teilnahme auch auf die befristet beschäftigten Arbeitnehmer zu erstrecken**, soweit nicht schon insoweit **Gegengründe** eingreifen (s.u. Rz 10 ff.). Gilt das Angebot oder die Anordnung der Teilnahme nur für einen **Teil** der unbefristet Beschäftigten, sind die befristet Beschäftigten einzubeziehen, die iSd § 3 Abs. 2 TzBfG **vergleichbar** sind (vgl. KR-*Bader* § 3 TzBfG Rz 50 ff.). In den Fällen, in denen sich das Angebot einer Maßnahme nach § 19 TzBfG auch an die befristet Beschäftigten richtet und in denen auch befristet Beschäftigte davon Gebrauch machen und sich anmelden, besteht vorbehaltlich der Gegengründe, die in Rz 10 ff. dargestellt sind, grds. ein **Anspruch** der befristet beschäftigten Arbeitnehmer **auf Teilnahme.**

D. Gegengründe

10 Im Schlusshalbsatz regelt § 19 TzBfG, dass dringende betriebliche Gründe oder Aus- und Weiterbildungswünsche anderer Arbeitnehmer entgegenstehen können. Dies bezieht sich zum einen bereits auf den **Kreis** der in die Maßnahme oder die entsprechende Einladung einzubeziehenden Arbeitnehmer, zum anderen auf die Frage eines **Individualanspruchs** (s.o. Rz 9).

I. Dringende betriebliche Gründe

11 Wenn die Norm von **dringenden** (nicht: zwingenden!) **betrieblichen Gründen** spricht, ist damit ersichtlich dasselbe gemeint wie in § 7 **Abs. 1 S. 1** BUrlG, wo von entgegenstehenden dringenden betrieblichen Belangen die Rede ist (ebenso ErfK-*Müller-Glöge* Rz 5; *Rolfs* Rz 4; aA *AnnußThüsing-Annuß* Rz 5: dringende betriebliche Gründe zu bejahen, wenn berechtigte arbeitsplatzbezogene Interessen des Arbeitgebers das Gleichbehandlungsinteresse des befristet Beschäftigten im Einzelfall eindeutig über-

wiegen). Man hätte freilich besser auch die Formulierung in vollem Umfang übernommen. Damit gelten die zum Urlaubsrecht entwickelten Standards für § 19 TzBfG in gleicher Weise (vgl. etwa ErfK-*Dörner* § 7 BUrlG Rz 67 ff.). Hier wie dort wird man freilich nur schwer allgemeine Grundsätze aufstellen können, es wird stets auf die **Umstände des Einzelfalles** ankommen (zum Urlaubsrecht *Lepke* DB 1988 Beil. 10, S. 5), wobei das Drohen eines **erheblichen Schadens** insoweit nicht zu fordern ist (so zutreffend zu § 7 BUrlG *Leinemann/Linck* § 7 BUrlG Rz 28 mwN). Ein gewisses Maß an Störung durch das Fehlen des Arbeitnehmers ist in aller Regel dem Arbeitgeber zumutbar, womit dringende betriebliche Gründe nur anzuerkennen sind, wenn es sich um eine **erhebliche Beeinträchtigung des Betriebsablaufs** handelt (KassArbR-*Schütz* 2.4 Rz 237 ff.). Dies ist etwa dann der Fall, wenn in dem Arbeitsbereich des befristet Beschäftigten, der an der Maßnahme der Aus- und Weiterbildung teilnehmen will, dringende und unaufschiebbare Arbeiten zu erledigen sind, die auch nicht durch andere Arbeitnehmer erledigt werden können. Etwa bei einer befristeten Einstellung im Kampagnebetrieb wird man dies regelmäßig zu bejahen haben (*Rolfs* Rz 4; ähnlich *Dörner* Befr. Arbeitsvertrag, Rz 121).

II. Entgegenstehende Aus- und Weiterbildungswünsche

Das Gesetz spricht **Aus- und Weiterbildungswünsche anderer Arbeitnehmer** als ausreichende Gegengründe an. Im ursprünglichen Gesetzentwurf war noch von derartigen Wünschen anderer Arbeitnehmer, die unter beruflichen oder sozialen Gesichtspunkten vorrangig sind, die Rede (BT-Drs. 14/4625 S. 13). Dies ist auf Empfehlung des Ausschusses für Arbeit und Sozialordnung geändert worden. Zur Begründung wurde angeführt, dass der Arbeitgeber bei gleichzeitigen Aus- und Weiterbildungswünschen anderer Arbeitnehmer unter diesen nach billigem Ermessen frei entscheiden kann (BT-Drs. 14/4625 S. 25). Dies ist ein weiteres Beispiel dafür, wie misslich derartige nachträgliche und in Formulierung und Systematik nicht durchdachte, mit heißer Nadel gestrickte Änderungen von Gesetzentwürfen sind. Was sollt denn nun gemeint sein: Billiges Ermessen iSd § 315 BGB oder freies Belieben iSd § 319 Abs. 2 BGB? Die vom Ausschuss gegebene Begründung als solche ist wegen Widersprüchlichkeit in sich für die Erarbeitung einer Lösung nicht verwendbar (zur Kritik auch ArbRBGB-*Dörner* § 620 Rz 330). Immerhin lässt sich aber der Entstehungsgeschichte der Norm entnehmen, dass es nicht darauf ankommen soll, dass die Wünsche der anderen Arbeitnehmer unter beruflichen oder sozialen Gesichtspunkten vorrangig sind. Der Arbeitgeber soll damit offenbar bei seiner Entscheidung recht frei sein. Doch wird man freies Belieben nicht annehmen können, da es nach der Zwecksetzung der Vorschrift (s.o. Rz 2) jedenfalls nicht akzeptiert werden kann, wenn der Arbeitgeber unter Berufung auf anderweitige Aus- und Weiterbildungswünsche gerade die befristet beschäftigten Arbeitnehmer ausklammert (*Annuß/Thüsing-Annuß* Rz 6; aA *Rolfs* Rz 5). Die Auswahl ist damit nach **billigem Ermessen** zu treffen (dazu *Kliemt* NZA 2001, 304; *Annuß/Thüsing-Annuß* Rz 6 mwN; MHH-*Meinel* Rz 4; *Sievers* Rz 3), wobei nach dem Gesetz aber **jeder Sachgrund** ausreichen muss (ähnlich offenbar KDZ-*Däubler* Rz 2; grds. zum billigen Ermessen *Palandt/Heinrichs* § 315 BGB Rz 10 mwN). Es wird hier also genügen, wenn der Arbeitgeber seine Auswahl damit begründet, dass der nicht berücksichtigte Arbeitnehmer an seinem Arbeitsplatz dringender benötigt wird als der berücksichtigte – dringende betriebliche Gründe wären damit noch nicht zu bejahen. Eine Bevorzugung der befristet Beschäftigten wird nicht verlangt (parallel MHH-*Heyn* § 10 Rz 14).

E. Darlegungs- und Beweislast

Der **Arbeitnehmer** hat im Streitfall (auch bei Schadensersatzansprüchen; entsprechend KDZ-*Zwanziger* § 10 TzBfG Rz 13) darzulegen und nachzuweisen, dass eine angemessene **Aus- und Weiterbildungsmaßnahme** vorliegt, für die ihn der Arbeitgeber nicht berücksichtigt hat, ggf. auch, dass er vergleichbar iSd § 3 Abs. 2 TzBfG ist (s.o. Rz 9). Der **Arbeitgeber** hat als dem gesetzlich so geregelten Ausnahmefall das Vorliegen der **Gegengründe** (s.o. Rz 10 bis 12) darzulegen und zu beweisen (ErfK-*Müller-Glöge* Rz 7): das Vorliegen dringender betrieblicher Gründe oder entgegenstehende anderweitige Wünsche, angesichts derer er eine Auswahl nach billigem Ermessen getroffen hat (allgemeiner zur Beweislast bei der Ausübung billigen Ermessens *Palandt/Heinrichs* § 315 BGB Rz 19 mwN).

F. Folgen von Verstößen gegen § 19 TzBfG

Hält sich der Arbeitgeber nicht an § 19 TzBfG – kein Schutzgesetz iSd § 823 Abs. 2 BGB (*Annuß/Thüsing-Annuß* Rz 9; ErfK-*Müller-Glöge* Rz 8; MünchKomm-*Hesse* Rz 7) -, kann dies zu **Schadensersatzansprüchen** führen. Denkbar ist, dass der Arbeitgeber den Arbeitnehmer für die Teilnahme an einer konkreten anderweitigen Veranstaltung gleichen oder ähnlichen Inhalts bezahlt freizustellen und auch die Kosten dafür zu übernehmen hat (den Schaden hat der Arbeitnehmer darzulegen und zu beweisen). Soweit ein **Individualanspruch** auf Teilnahme zu bejahen ist (s.o. Rz 9), kann, da eine Leistungsklage zu lange dauern würde, wie bei Erholungs- und Bildungsurlaub auch eine Durchsetzung durch **einstweilige Verfügung** in Betracht kommen (parallel KDZ-*Zwanziger* § 10 TzBfG Rz 11: anders als im Urlaubsrecht ist hier indes § 888 ZPO einschlägig), mag dies auch selten praktisch werden und auch kaum empfehlenswert sein (zweifelnd auch KDZ-*Däubler* § 19 Rz 2 sowie *Dörner* Befr. Arbeitsvertrag, Rz 119). Die zu § 10 TzBfG diskutierten Auswirkungen der Nichteinbeziehung in Aus- und Weiterbildungsmaßnahmen auf § 1 Abs. 3 S. 2 KSchG (KDZ-*Zwanziger* § 10 TzBfG Rz 10) werden im Rahmen des § 19 nicht relevant werden.

§ 20 Information der Arbeitnehmervertretung

Der Arbeitgeber hat die Arbeitnehmervertretung über die Anzahl der befristet beschäftigten Arbeitnehmer und ihren Anteil an der Gesamtbelegschaft des Betriebs und des Unternehmens zu informieren.

Literatur

Vgl. die Angaben zu § 1 TzBfG.

Inhaltsübersicht

	Rz		Rz
A. Allgemeines	1	D. Zeitpunkt der Information	6
B. Informationsverpflichteter	2	E. Adressat der Information	7
C. Inhalt und Form der Information	3–5		

A. Allgemeines

1 Mit der in § 20 TzBfG vorgeschriebenen Information soll es den Arbeitnehmervertretungen besser ermöglicht werden, **Einfluss auf die betriebliche Einstellungspraxis** (auch im Hinblick auf § 80 Abs. 1 Nr. 8 BetrVG) zu nehmen und die **Einhaltung der gesetzlichen Vorschriften über befristete Arbeitsverhältnisse** (vgl. § 80 Abs. 1 Nr. 1 BetrVG) zu überwachen (BT-Drs. 14/4374 S. 21; vgl. KR-*Lipke* § 620 BGB Rz 133 u. 157; *Annuß/Thüsing-Annuß* Rz 1 bezweifelt, dass die Norm diesen Zweck erreichen kann). Die Vorschrift setzt § 7 Nr. 3 der zugrunde liegenden europäischen Rahmenvereinbarung (abgedr. im Anhang zur Kommentierung des TzBfG) um, geht aber darüber hinaus (*Dörner* Befr. Arbeitsvertrag, Rz 115; *Rolfs* Rz 1). Damit werden die Unterrichtungspflichten gem. § 80 Abs. 2 S. 1 BetrVG insoweit konkretisiert, ohne dass aber ersichtlich wäre, dass damit der allg. Unterrichtungsanspruch des Betriebsrats nach § 80 Abs. 2 BetrVG (dazu *BAG* 17.5.1983 EzA § 80 BetrVG 1972 Nr. 25) dadurch eingeschränkt oder verdrängt würde (allg. zu dieser Frage etwa *BAG* 5.2.1991 EzA § 613a BGB Nr. 93 und die Kommentierungen zu § 80 BetrVG). Über § 21 TzBfG gilt die Vorschrift auch bzgl. der Arbeitnehmer, die in **auflösend bedingten Arbeitsverhältnissen** beschäftigt sind, so dass im Ergebnis für die Gruppe der befristet Beschäftigten und die Gruppe der Beschäftigten mit auflösend bedingten Arbeitsverträgen jeweils gesonderte Angaben zu machen sind (*Annuß/Thüsing-Annuß* Rz 5).

B. Informationsverpflichteter

2 Die vorgeschriebenen Informationen hat der **Arbeitgeber** zu erteilen, also die natürliche oder juristische Person (durch die gesetzlichen oder sonstigen Vertreter), die den **Betrieb** oder das **Unternehmen** betreibt und bei der die befristet beschäftigten Arbeitnehmer eingesetzt sind. Eine unternehmensübergreifende Information (durch die **Konzernspitze**) sieht § 20 ausdrücklich nicht vor – angesprochen sind nur Betrieb und Unternehmen (Rz 3; *Annuß/Thüsing-Annuß* Rz 2; KDZ-*Däubler* Rz 2).

C. Inhalt und Form der Information

3 Der Arbeitgeber hat der Arbeitnehmervertretung die **Anzahl der befristet beschäftigten Arbeitnehmer** und ihren **Anteil an der Gesamtbelegschaft** mitzuteilen. Da § 20 TzBfG bzgl. des Anteils an der

Information der Arbeitnehmervertretung § 20 TzBfG

Gesamtbelegschaft lediglich **Betrieb** und **Unternehmen** erwähnt, beschränkt sich die Informationspflicht darauf, erfasst also nicht die entsprechenden konzernbezogenen Angaben (s.o. Rz 2). Für den Geltungsbereich der Personalvertretungsgesetze wird man statt der Begriffe »Betrieb« und »Unternehmen« die Begriffe »**Dienststelle**« und »**Verwaltung/Verwaltungszweig**« zu lesen haben (vgl. §§ 6, 53 Abs. 1 BPersVG und § 1 Abs. 2 S. 2 Nr. 2 KSchG; ebenso *Annuß/Thüsing-Annuß* Rz 3).

Aufgrund der in Rz 1 dargestellten Zwecksetzung der Vorschrift hat der Arbeitgeber der jeweiligen 4 Arbeitnehmervertretung nur die **Angaben zum jeweiligen Zuständigkeitsbereich** zu machen (grds. ebenso *Annuß/Thüsing-Annuß* Rz 3). Der **Betriebsrat** eines bestimmten Betriebs bspw. ist also nur über die Zahl der in diesem Betrieb befristet beschäftigten Arbeitnehmer und deren Anteil an der Gesamtbelegschaft dieses Betriebs zu informieren (ebenso KDZ-*Däubler* Rz 2). Die Angaben bzgl. des Unternehmens sind diesem Betriebsrat gegenüber nicht erforderlich (aA *Rolfs* Rz 2; *Sievers* Rz 3; teilw. aA *Annuß/Thüsing-Annuß* Rz 3, der bei Fehlen einer Arbeitnehmervertretung auf Unternehmensebene ausnahmsweise die Information der einzelnen Betriebsräte auch auf die Verhältnisse auf Unternehmensebene erstrecken will). Demgegenüber hat der **Gesamtbetriebsrat** zunächst natürlich die unternehmensbezogenen Informationen zu erhalten (KDZ-*Däubler* Rz 2), dazu aber auch die jeweiligen Angaben für die einzelnen Betriebe (insoweit aA *Annuß/Thüsing-Annuß* Rz 3; KDZ-*Däubler* Rz 2) – dies im Hinblick auf § 50 Abs. 1 S. 1 BetrVG, da der Gesamtbetriebsrat nur so beurteilen kann, ob er auf der Basis dieser Vorschrift zuständig sein kann (*Annuß/Thüsing-Annuß* Rz 3 hält diese Argumentation nicht für tragfähig). Entsprechendes gilt dann für die Arbeitnehmervertretungen gem. § 3 BetrVG, die abweichend oder zusätzlich gebildet werden können, speziell etwa für die Spartenbetriebsräte (§ 3 Abs. 1 Nr. 2 BetrVG), aber durchaus auch für die Arbeitsgemeinschaften und die zusätzlichen betriebsverfassungsrechtlichen Vertretungen (§ 3 Abs. 1 Nr. 4 u. 5 BetrVG), da § 7 Nr. 3 der europäischen Rahmenvereinbarung (Rz 1) alle vorhandenen Arbeitnehmervertretungen erwähnt und nicht ersichtlich ist, dass § 20 TzBfG dahinter zurückbleiben will (ebenso *Dörner* Befr. Arbeitsvertrag, Rz 116; ErfK-*Müller-Glöge* Rz 1; aA *Annuß/Thüsing-Annuß* Rz 3). Ebenso gilt Entsprechendes für die ansonsten von § 20 TzBfG erfassten Arbeitnehmervertretungen (dazu s.u. Rz 7).

Die Information hat die **Anzahl** der befristet beschäftigten Arbeitnehmer zu umfassen sowie deren 5 **Anteil** an der Gesamtbelegschaft (des Betriebs oder Unternehmens). Der Anteil kann als Bruch- oder Prozentzahl angegeben werden. Die Namen der befristet Beschäftigten müssen nicht angegeben werden, ebenso nicht die jeweiligen Befristungsgründe und die Dauer der Befristungen (*Annuß/Thüsing-Annuß* Rz 3; *Boewer* Rz 10; *Rolfs* Rz 2). Eine **Form der Unterrichtung** ist nicht vorgeschrieben. Allerdings wird Schriftform, da es sich um Zahlenangaben handelt, regelmäßig angebracht sein. Die Zuleitung eines Faxes oder einer E-Mail reicht natürlich ebenfalls aus und erfüllt ebenso den Zweck. Eine Verpflichtung zur **Vorlage von Unterlagen** ergibt sich aus § 20 TzBfG nicht (*Rolfs* Rz 2), sie kann aber im Einzelfall aus § 80 Abs. 2 S. 2 BetrVG (s.o. Rz 1) folgen (*Annuß/Thüsing-Annuß* Rz 3). Bzgl. **auflösend bedingter Arbeitsverträge** vgl. KR-*Bader* § 21 TzBfG Rz 15.

D. Zeitpunkt und Häufigkeit der Information

Zum Zeitpunkt der Information und deren Häufigkeit sagt § 20 TzBfG nichts. § 7 Nr. 3 der europäi- 6 schen Rahmenvereinbarung (Rz 1) stellt lediglich ab auf eine angemessene Information. Es ist daher fraglich, ob man eine vierteljährliche Information wird fordern können (so KDZ-*Däubler* Rz 2 in Anlehnung an § 110 BetrVG; *Rolfs* Rz 3; *Sievers* Rz 5). Eine unaufgeforderte Information in regelmäßigen Abständen (zweckmäßigerweise sollte der Turnus mit der Arbeitnehmervertretung abgesprochen werden) – **ein- oder zweimal pro Jahr** – wird ausreichen (ErfK-*Müller-Glöge* Rz 2: einmal jährlich; ähnlich, aber ohne Festlegung MHH-*Meinel* Rz 3, so dass danach die erste Information angesichts des Inkrafttretens des TzBfG am 1.1.2001 spätestens um den Jahreswechsel 2001/2002 »fällig« wurde (aA *Annuß/Thüsing-Annuß* Rz 4: die Information ist stets auf dem aktuellen Stand zu halten, bei jeder Veränderung ist die Arbeitnehmervertretung unverzüglich zu informieren; ebenso *Dörner* Befr. Arbeitsvertrag, Rz 117; *Rolfs* Rz 3 hält dies zutr. für unzumutbar; HWK-*Schmalenberg* Rz 4: Häufigkeit richtet sich nach dem aktuellen Informationsbedarf). Soweit im Übrigen der Betriebsrat die Angaben **aktuell** für die Erfüllung bestimmter Aufgaben benötigt, kann er sie **zu jedem Zeitpunkt anfordern**. Dies ergibt sich bereits aus § 20 TzBfG, so dass man dazu nicht § 80 Abs. 2 S. 1 BetrVG (zu dessen Verhältnis zu § 20 TzBfG Rz 1) zu bemühen braucht (aA KDZ-*Däubler* Rz 2, zurückgreifend auf § 80 BetrVG). Erforderlichenfalls kann der **Anspruch** im arbeitsgerichtlichen **Beschlussverfahren** geltend gemacht werden (MHH-*Meinel* Rz 4).

E. Adressat der Information

7 Nach der gesetzlichen Formulierung hat der Arbeitgeber die Information an die **Arbeitnehmervertretung** zu richten. Darunter sind, wie die vorstehenden Ausführungen bereits ergeben, in erster Linie zum einen die **Betriebsräte** und **Gesamtbetriebsräte** (*Dörner* Befr. Arbeitsvertrag, Rz 116; ErfK-*Müller-Glöge* Rz 1; MHH-*Meinel* Rz 2;) gem. dem BetrVG (nicht die Konzernbetriebsräte, da § 20 TzBfG wie in Rz 3 angesprochen nicht auf den Konzern abstellt [*Annuß/Thüsing-Annuß* Rz 2; MHH-*Meinel* Rz 2] – eine freiwillige Information ist natürlich möglich) zu verstehen (erweitert durch § 3 BetrVG; ebenso *Dörner* Befr. Arbeitsvertrag, Rz 116; ErfK-*Müller-Glöge* Rz 1; **aA** *Annuß/Thüsing-Annuß* Rz 2), zum anderen die **Personalräte** der entsprechenden Stufen (*Rolfs* Rz 1; nur für Personalrat ArbRBGB-*Dörner* § 620 Rz 332) gem. den Personalvertretungsgesetzen des Bundes und der Länder (BT-Drs. 14/4374 S. 21; vgl. dazu zB §§ 12 Abs. 1, 53 Abs. 1 BPersVG; vgl. weiter *Kröll* Personalrat 2001, 179, 186). Weiter sind damit angesprochen die **Betriebsvertretungen** der entsprechenden Stufen im Bereich der alliierten Streitkräfte (Art. 56 Abs. 9 ZA-NATO-Truppenstatut). Dazu erfasst § 20 die **Sprecherausschüsse**, **Gesamtsprecherausschüsse** und **Unternehmenssprecherausschüsse** gem. dem SprAuG (auch hier nicht die Konzernsprecherausschüsse). Schließlich richtet sich § 20 TzBfG auch an die kirchlichen Arbeitgeber, die die bei ihnen gebildeten **kirchlichen Mitarbeitervertretungen** zu informieren haben (MünchArbR-*Wank* § 116 Rz 304; *Rolfs* Rz 1). Eine Regelung wie noch in § 6 Abs. 3 BeschFG, die den Kirchen und den öffentlichrechtlichen Arbeitgebern zur Teilzeitarbeit abweichende Regelungen erlaubte, ist nicht vorhanden (KDZ-*Däubler* Rz 1). Eine Unterrichtung der **europäischen Betriebsräte** ist nicht geboten, da deren Aufgabenbereiche (§§ 31 ff. EBRG) nicht betroffen sind (*Annuß/Thüsing-Annuß* Rz 2). Dasselbe gilt für die Schwerbehindertenvertretung (insoweit ebenso MHH-*Meinel* Rz 2; **aA** *Dörner* Befr. Arbeitsvertrag, Rz 116) und die Jugend- und Auszubildendenvertretung (*Annuß/Thüsing-Annuß* Rz 2).

§ 21 Auflösend bedingte Arbeitsverträge

Wird der Arbeitsvertrag unter einer auflösenden Bedingung geschlossen, gelten § 4 Abs. 2, § 5, § 14 Abs. 1 und 4, § 15 Abs. 2, 3 und 5 sowie die §§ 16 bis 20 entsprechend.

Literatur

Vgl. die Angaben zu § 1 TzBfG.

Inhaltsübersicht

	Rz		Rz
A. Auflösend bedingter Arbeitsvertrag	1–16	B. Anforderungen an zulässige auflösende Bedingung	17–51
I. Begriff und Abgrenzung	1–3	I. Allgemeines	17–22
II. Frühere rechtliche Behandlung	4	II. Katalog des § 14 Abs. 1 Satz 2 TzBfG	23–47
III. Behandlung nach dem TzBfG	5–16	1. Vorübergehender Bedarf an Arbeitsleistung (Nr. 1)	23
1. Allgemeines	5	2. Anschluss an Ausbildung oder Studium (Nr. 2)	24
2. Entsprechend anwendbare Bestimmungen des TzBfG	6–16	3. Vertretung (Nr. 3)	25, 26
a) Diskriminierungs- und Benachteiligungsverbot	6, 7	4. Eigenart der Arbeitsleistung (Nr. 4)	27
b) Schriftform	8	5. Erprobung (Nr. 5)	28
c) Sachgrund	9	6. Gründe in der Person des Arbeitnehmers (Nr. 6) einschließlich Altersgrenzen	29–45
d) Ende	10	a) Allgemeine Grundsätze	29, 30
e) Ordentliche Kündigungsmöglichkeit	11	b) Altersgrenzen	31–40
f) Fortsetzung des Arbeitsverhältnisses mit Wissen des Arbeitgebers	12	c) Erwerbsunfähigkeit	41–43a
g) Folgen unwirksamer Vereinbarung einer auflösenden Bedingung	13	d) Eignungswegfall	44, 45
h) Klagefrist	14	7. Haushaltsgründe (Nr. 7)	46
i) §§ 18 bis 20 TzBfG	15	8. Gerichtlicher Vergleich (Nr. 8)	47
j) §§ 22 und 23 TzBfG	16		

		Rz		Rz
III.	Sonstige Gründe	48–51	3. Verstoß gegen gesetzliche	
IV.	Unwirksamkeitsgründe	52–58	Wertung	55–57
	1. Grundsätzliches	52	4. Im BAT-Bereich/	
	2. Verstoß gegen grund-		Nach § 30 Abs. 2 TVÖD	58
	gesetzliche Wertung	53, 54		

A. Auflösend bedingter Arbeitsvertrag

I. Begriff und Abgrenzung

Der **befristete Arbeitsvertrag** ist dadurch charakterisiert, dass er auf eine **begrenzte Dauer** geschlossen ist, wobei sich die Begrenzung aus einer kalendermäßig festgelegten Frist oder aus Art, Zweck oder Beschaffenheit der Arbeitsleistung ergeben kann (KR-*Bader* § 3 TzBfG Rz 3). Ist ein Vertrag **kalendermäßig befristet** (näher KR-*Bader* § 3 TzBfG Rz 16 ff.), wird die Annahme einer **auflösenden Bedingung** ausscheiden, da beide Parteien davon ausgehen, dass das Arbeitsverhältnis für die Dauer der Befristung fortbesteht und erst durch das Erreichen des vereinbarten Endes mit Erreichen der Frist gewiss beendet wird (vgl. *Hromadka* BB 2001, 621). Schwieriger ist die Abgrenzung zwischen der **Zweckbefristung** (dazu KR-*Bader* § 3 TzBfG Rz 19 ff.) und der auflösenden Bedingung, wobei aber jedenfalls in einigen Fällen eine präzise Abgrenzung geboten ist (KR-*Bader* § 3 TzBfG Rz 1) – ansonsten kann die Abgrenzung wie auch vom BAG praktiziert offen bleiben (vgl. insoweit zB *BAG* 26.6.1996 EzA § 620 BGB Bedingung Nr. 12). Bei der Zweckbefristung soll das Arbeitsverhältnis mit Eintritt eines objektiven Ereignisses enden, das von den Parteien als gewiss, aber zeitlich noch unbestimmbar angesehen wird (etwa *BAG* 26.3.1986 EzA § 620 BGB Nr. 81; vgl. auch *BAG* 27.6.2001 EzA § 620 BGB Nr. 179; Beispiele bei KR-*Bader* § 3 TzBfG Rz 20; vgl. entspr. BT-Drs. 14/4374 S. 21; abzulehnen ist das strikte Abstellen allein auf objektive Umstände). Hingegen ist bei der **auflösenden Bedingung** – sie ist im TzBfG selbst nicht definiert (KR-*Bader* § 3 TzBfG Rz 1), was indes angesichts des § 158 Abs. 2, 2. Hs. BGB auch nicht erforderlich ist (*Dörner* Befr. Arbeitsvertrag, Rz 56; **aA** *Boewer* § 3 TzBfG Rz 6) – der **Eintritt des künftigen Ereignisses ungewiss** (etwa: Eintritt der Erwerbsunfähigkeit; vgl. entspr. BT-Drs. 14/4374 S. 22), mag auch ein (möglicher) Zeitpunkt dafür feststehen (vgl. insgesamt *Dörner* Befr. Arbeitsvertrag, Rz 59), wobei aber der grds. Fortsetzungswille der Parteien gegeben sein muss (*Enderlein* RdA 1998, 91, 94; aus der aktuellen Rspr. des *BAG*: 2.7.2003 BB 2004, 384). Entscheidend ist in Zweifelsfällen der **Grad der Ungewissheit** (*BAG* 24.9.1997 EzA § 620 BGB Nr. 147), wobei für die Einordnung auf den **Zeitpunkt des Vertragsschlusses** abzustellen ist und die **Vorstellungen der Vertragsparteien** in diesem Zeitpunkt (*Annuß/Thüsing-Annuß* Rz 1 mwN; *Hromadka* BB 2001, 621, dort ist allerdings zu Unrecht auf die Prognose hinsichtlich des Sachgrunds abgestellt; MHH-*Meinel* Rz 3; vgl. auch *BAG* 21.2.2001 AP Nr. 226 zu § 620 BGB Befristeter Arbeitsvertrag). **Beispiele** für auflösende Bedingungen sind etwa: die Beendigung des Arbeitsverhältnisses bei Eintritt der Erwerbsunfähigkeit (dazu zB *BAG* 7.11.1989 EzA § 77 BetrVG 1972 Nr. 34 m. Anm. *Otto*; 30.4.1997 EzA § 812 BGB Nr. 3; 3.9.2003 EzA § 14 TzBfG Nr. 4) oder die Beendigung eines Arbeitsverhältnisses eines Flugkapitäns bei Eintritt der Fluguntauglichkeit (dazu zB *BAG* 14.5.1987 EzA § 620 BGB Bedingung Nr. 7). Weiter wird verwiesen auf die Ausführungen unten in Rz 23 ff. Möglich ist auch die **Kombination von Zeitvertrag und auflösender Bedingung**, wobei freilich jeweils unterschiedliche Sachgründe vorliegen müssen (*BAG* 20.10.1999 EzA § 620 BGB Bedingung Nr. 14; 4.12.2002 AP § 620 BGB Bedingung Nr. 28; 2.7.2003 BB 2004, 384; *Dörner* Befr. Arbeitsvertrag, Rz 65; zur parallelen Problematik der Doppelbefristung s. KR-*Bader* § 3 TzBfG Rz 46 ff.). Im Übrigen kann ein zunächst unbefristeter Vertrag ebenso wie durch die nachträgliche Vereinbarung einer Befristung (KR-*Bader* § 3 TzBfG Rz 4; *Annuß/Thüsing-Annuß* § 3 TzBfG Rz 8) durch die spätere Vereinbarung eines auflösend bedingten Vertrages abgelöst werden (*Annuß/Thüsing-Annuß* Rz 2). 1

Die wirksame auflösende Bedingung führt zur Beendigung des Arbeitsverhältnisses mit Wirkung **ex nunc** (§ 158 Abs. 2 BGB). Es bedarf zur Beendigung wie bei der Befristung **keiner Kündigung**, womit eine diesbezügliche Beteiligung des **Betriebs- oder Personalrats** ausscheidet (zur Beteiligung bei der Einstellung vgl. entspr. KR-*Lipke* § 620 BGB Rz 155 ff.) und auch Bestimmungen des **besonderen Kündigungsschutzes** wie § 9 MuSchG nicht anwendbar sind (KR-*Bader* § 9 MuSchG Rz 146). Zu beachten ist für **schwerbehinderte Menschen** aber § 92 SGB IX (dazu KR-*Etzel* § 92 SGB IX u. unten Rz 41). 2

§ 21 iVm § 14 Abs. 1 TzBfG erfasst seinem Wortlaut nach nur den unter einer auflösenden Bedingung abgeschlossenen Arbeitsvertrag. Es ist jedoch sachgerecht, diese gesetzliche Regelung entsprechend auch auf alle anderen Fälle zu erstrecken, in denen die **Beendigung eines Arbeitsverhältnisses** in den 3 unterschiedlichsten Variationen **mit einer Bedingung verknüpft** ist (dazu auch KR-*Fischermeier* § 626 BGB Rz 48, dort auch zu Fällen aufschiebender Bedingungen). Die beiderseitige Interessenlage entspricht der bei § 21 TzBfG, und im Übrigen wird so vermieden, dass in den angesprochenen anderen Fällen anders als im Rahmen des TzBfG möglicherweise nach wie vor mit dem Gesichtspunkt der Umgehung von (zwingenden) Kündigungsschutzbestimmungen gearbeitet werden muss. Es handelt sich dabei zunächst um den **bedingten Aufhebungsvertrag** (*BAG* 19.12.1974 EzA § 305 BGB Nr. 6; 13.12.1984 EzA § 620 BGB Bedingung Nr. 3; vgl. auch *Annuß/Thüsing-Annuß* § 21 Rz 2 u. § 3 Rz 8 mit Hinweis auf unterschiedliche Formvorschriften bei Befristung und Aufhebungsvertrag, in § 3 Rz 8 aber für diese Konstellation offenbar keinen Sachgrund fordernd). Dieser betrifft speziell Fälle, in denen das Arbeitsverhältnis enden soll, **wenn** der Arbeitnehmer **nicht pünktlich aus dem Urlaub zurückkehrt** (*BAG* 19.12.1974 EzA § 305 BGB Nr. 6). Dieselbe Überprüfung hat zu erfolgen, wenn es sich um einen **unbedingten Aufhebungsvertrag, der mit einer bedingten Wiedereinstellungszusage verknüpft ist**, handelt (*BAG* 13.12.1984 EzA § 620 BGB Bedingung Nr. 3; 25.6.1987 EzA § 620 BGB Bedingung Nr. 8; SPV-*Preis* Rz 38; **aA** *Bickel* Anm. AP Nr. 8 zu § 620 BGB Bedingung). Entsprechendes gilt für den **auflösend bedingten Aufhebungsvertrag**. Vgl. im Übrigen zu einer unter einer (unzulässigen) auflösenden Bedingung ausgesprochenen Kündigung *BAG* 15.3.2001 EzA § 620 BGB Kündigung Nr. 2.

II. Frühere rechtliche Behandlung

4 Die Rspr. des BAG hatte zunächst auflösende Bedingungen bei Arbeitsverträgen für an sich möglich erachtet und sie hinsichtlich der Voraussetzungen und des Erfordernisses des **sachlichen Grundes** ohne weiteres den Arbeitsverhältnissen auf **bestimmte Zeit** nach § 620 Abs. 1 BGB **gleichgestellt** (*BAG* 17.5.1962 EzA § 9 MuSchG aF Nr. 2; 8.3.1962 EzA § 620 BGB Nr. 3). Daran hatte der 2. Senat des BAG im Jahre 1981 festgehalten (*BAG* 9.7.1981 EzA § 620 BGB Bedingung Nr. 1), aber zu bedenken gegeben, ob man nicht künftig die auflösende Bedingung für grds. unzulässig zu erachten habe werde, sofern sie nicht vornehmlich den Interessen des Arbeitnehmers diene oder ihr Eintritt allein vom Willen des Arbeitnehmers abhänge (im Ergebnis zust. *Füllgraf* NJW 1982, 783; krit. *Böhm* BB 1982, 371; ähnlich *Hromadka* RdA 1983, 88 ff.). Dennoch hat das BAG in der Folgezeit die Wirksamkeit auflösend bedingter Arbeitsverträge zunehmend wieder nach den **allgemeinen Grundsätzen über befristete Arbeitsverträge** beurteilt (*BAG* 26.6.1996 EzA § 620 BGB Bedingung Nr. 12 mit zust. Anm. *B. Gaul*; ebenso etwa *Bauschke* BB 1993, 2523; *Hromadka* NJW 1994, 911; vgl. auch die Darstellung bei *Annuß/Thüsing-Annuß* Rz 4). Dies stieß in der Literatur jedoch teilweise auch auf Ablehnung. Wegen der besonderen Gefährlichkeit der auflösenden Bedingung und der Tatsache, dass die Beendigung bei der auflösenden Bedingung vor allem für den Arbeitnehmer schwer zu kalkulieren sei, wurde die auflösende Bedingung von Arbeitsverträgen zum Teil für grds. unwirksam erachtet, zum Teil versuchte man, Zusatzkriterien einzuführen (vgl. für die Einzelheiten *Lipke* KR 5. Aufl., § 620 BGB Rz 53 mwN). Insbesondere verlangte man in diesen Fällen einen **sachlichen Grund nicht nur für die Befristung, sondern auch dafür, dass** der Arbeitgeber anstelle der Zeit- oder Zweckbefristung eine **auflösende Bedingung** zur Begrenzung des Arbeitsverhältnisses gewählt hat (*Lipke* KR 5. Aufl., § 620 BGB Rz 53a).

III. Behandlung nach dem TzBfG

1. Allgemeines

5 Das **TzBfG** erfasst entsprechend der zugrunde liegenden europäischen Rahmenvereinbarung (abgedr. bei KR-*Lipke* § 620 BGB im Anhang) auch den **auflösend bedingten Arbeitsvertrag** (KR-*Bader* § 3 TzBfG Rz 1). **§ 21 TzBfG** erklärt ganz überwiegend die der Sache nach einschlägigen Bestimmungen des TzBfG zum befristeten Arbeitsvertrag für entsprechend anwendbar und folgt damit grds. der Linie der bisherigen Rspr. des BAG (BT-Drs. 14/4374 S. 21), wenngleich es in Einzelpunkten auch Abweichungen von der früheren Rechtsprechung gibt (insbes. zur Klagefrist: vgl. KR-*Bader* § 17 TzBfG Rz 8 f.). **§ 15 Abs. 4 TzBfG** ist nicht für entsprechend anwendbar erklärt. Insoweit will *Annuß/Thüsing-Annuß* Rz 6 § 624 BGB anwenden, was als problematisch erscheint, da ja § 15 Abs. 4 TzBfG bewusst ausgeklammert ist (wie hier HWK-*Schmalenberg* Rz 3; vgl. entspr. auch KR-*Lipke* § 15 TzBfG Rz 24b; *Boewer* § 15 TzBfG Rz 53; *Dörner* Befr. Arbeitsvertrag, Rz 926; MHH/*Meinel* Rz 6; **aA** APS/*Backhaus* Rz 33: im Ergebnis aus verfassungsrechtlichen Gründen für Anwendbarkeit des § 15 Abs. 4 TzBfG; *Staudinger/Preis* [2002] § 624 BGB Rz 3, 18: § 15 Abs. 4 TzBfG auch hier anwendbar; entsprechend ErfK-*Müller-Glöge* § 15 TzBfG Rz 24).

Auflösend bedingte Arbeitsverträge   § 21 TzBfG

2. Entsprechend anwendbare Bestimmungen des TzBfG

a) Diskriminierungs- und Benachteiligungsverbot

Zunächst sind die §§ 4 Abs. 2 u. 5 TzBfG entsprechend anwendbar. Gemäß § 5 TzBfG darf der Arbeitgeber also auch den Arbeitnehmer, der im Rahmen eines auflösend bedingten Arbeitsvertrages bei ihm tätig ist, **nicht benachteiligen** (§ 5 TzBfG). Insoweit wird verwiesen auf die Erl. zu § 5 TzBfG (KR-*Bader* § 5 TzBfG). 6

Ein Arbeitnehmer mit einem auflösend bedingten Arbeitsvertrag darf gleichfalls **nicht schlechter behandelt** werden als ein vergleichbarer unbefristet beschäftigter Arbeitnehmer (für die Details KR-*Bader* § 4 TzBfG Rz 1 ff.). Es fällt jedoch auf, dass § 4 Abs. 2 TzBfG etwas in der Luft hängt, da § 3 Abs. 2 TzBfG, der den vergleichbaren unbefristet beschäftigten Arbeitnehmer definiert (s. KR-*Bader* § 3 TzBfG Rz 50 ff.) und auf den sich § 4 Abs. 2 TzBfG bezieht, in § 21 TzBfG nicht für entsprechend anwendbar erklärt ist. Dabei handelt es sich jedoch offensichtlich um ein Redaktionsversehen, so dass man auch **§ 3 Abs. 2 TzBfG** entsprechend heranziehen kann (*Annuß/Thüsing-Annuß* Rz 7). Für die Frage einer Ungleichbehandlung zwischen befristet beschäftigten Arbeitnehmern und Arbeitnehmern im auflösend bedingten Arbeitsverhältnis gilt § 4 Abs. 2 TzBfG nicht (*Annuß/Thüsing-Annuß* Rz 7; aA KDZ-*Däubler* Rz 22), insoweit muss erforderlichenfalls mit den Grundsätzen des Gleichbehandlungsgebots gearbeitet werden. 7

b) Schriftform

Da § 21 auf § 14 Abs. 4 TzBfG verweist, unterliegt der auflösend bedingte Arbeitsvertrag der **Schriftform**, was zu § 623 BGB – so lange dort noch die Schriftform für die Befristung geregelt war – umstritten war (vgl. KR-*Spilger* § 623 BGB Rz 85 ff.). Die Einzelheiten des Schriftformerfordernisses sind bei KR-*Spilger* § 14 Abs. 4 TzBfG Rz 92 ff. im Anhang I zu § 623 BGB ausführlich dargestellt, worauf Bezug genommen wird. Hervorzuheben ist das Problem der Schriftform bei der **Bezugnahme auf Tarifverträge mit Altersgrenzen** in Arbeitsverträgen, die nach dem Inkrafttreten des § 623 BGB am 1.5.2000 abgeschlossen worden sind und künftig werden (dazu näher KR-*Spilger* § 623 BGB Rz 175; *Preis/Gotthardt* NZA 200, 358 f.; *Müller-Glöge/von Senden* AuA 2000, 200; auch *Annuß/Thüsing-Maschmann* § 14 Rz 108). 8

c) Sachgrund

Ein auflösend bedingter Arbeitsvertrag **bedarf immer eines Sachgrunds** (§ 14 Abs. 1 S. 1 TzBfG in entspr. Anwendung). Es ist nämlich nur auf § 14 Abs. 1 TzBfG verwiesen, nicht aber auf § 14 Abs. 2, 2a u. 3 TzBfG, wo die Befristung ohne Sachgrund geregelt ist. Für die **Sachgründe** gilt **§ 14 Abs. 1 S. 2 TzBfG** entsprechend, so dass grds. die einschlägigen Erl. bei KR-*Lipke* § 14 TzBfG herangezogen werden können (vgl. im Übrigen u. Rz 23 ff.). 9

d) Ende

Da § 21 TzBfG **§ 15 Abs. 2 TzBfG** in Bezug nimmt, bedarf es auch hier wie bei der Zweckbefristung der **schriftlichen Unterrichtung durch den Arbeitgeber über den Zeitpunkt des Eintritts der auflösenden Bedingung** (dazu entsprechend KR-*Lipke* § 15 TzBfG Rz 10 ff., insbes. zu den Folgen für das Ende des Arbeitsverhältnisses; es gibt dabei keine Ausnahme, auch nicht, wenn der Arbeitnehmer den Bedingungseintritt problemlos erkennen kann: *Annuß/Thüsing-Annuß* Rz 10). Da § 15 Abs. 2 TzBfG erforderlichenfalls bereits eine Verlängerungsphase vorsieht, bedarf es nicht mehr der Lösung, bei fehlender Vorhersehbarkeit entgegen § 158 Abs. 2 BGB eine Auslauffrist zu gewähren (so zum alten Rechtszustand *B. Gaul/Laghzaoui* ZTR 1996, 304; *Wank* ZfA 1987, 355, 399). Problematisch ist die Anwendung des § 15 Abs. 2 TzBfG freilich dann, wenn die Bedingung im persönlichen Bereich des Arbeitnehmers liegt (*Kliemt* NZA 2001, 303). Es ist zu erwägen, in diesem Falle, wenn der Arbeitgeber nichts vom Bedingungseintritt weiß, im Wege der teleologischen Reduktion § 15 Abs. 2 TzBfG nicht anzuwenden und das Arbeitsverhältnis mit dem objektiven Bedingungseintritt enden zu lassen (aA *Annuß/Thüsing-Annuß* Rz 10: es soll bei § 15 Abs. 2 TzBfG bleiben; er nimmt eine Verpflichtung des Arbeitnehmers zur entsprechenden Unterrichtung des Arbeitgebers und bei Verstoß Schadensersatzansprüche des Arbeitgebers an). 10

e) Ordentliche Kündigungsmöglichkeit

Liegt eine **wirksam vereinbarte auslösende Bedingung** hinsichtlich eines Arbeitsvertrages vor, darf nur dann (beiderseits) **ordentlich gekündigt** werden, wenn dies **einzelvertraglich** oder **im anwend-** 11 baren Tarifvertrag vereinbart ist (§ 15 Abs. 3 TzBfG). Hinsichtlich der Einzelfragen kann verwiesen werden auf KR-*Lipke* § 15 TzBfG Rz 20 ff. (bzgl. § 624 BGB s.o. Rz 5 u. *Annuß/Thüsing-Annuß* Rz 11).

f) Fortsetzung des Arbeitsverhältnisses mit Wissen des Arbeitgebers

12 Nach § 21 TzBfG ist auch **§ 15 Abs. 5 TzBfG** entsprechend anwendbar, was für die zugehörige Kommentierung (KR-*Lipke* § 15 TzBfG Rz 26 f.) ebenfalls gilt.

g) Folgen unwirksamer Vereinbarung einer auflösenden Bedingung

13 Ist die **Vereinbarung einer auflösenden Bedingung unwirksam**, gilt in entsprechender Anwendung des **§ 16 S. 1, 1. Hs. TzBfG**: Der Arbeitsvertrag gilt als **auf unbestimmte Zeit** geschlossen. Die Regelung erfasst alle Arten von Unwirksamkeitsgründen (etwa auch den Fall fehlender Bestimmtheit der Bedingung: *Rolfs* Rz 3). Für die **ordentlichen Kündigungsmöglichkeiten** des Arbeitnehmers einerseits und des Arbeitgebers andererseits ergeben sich keine Abweichungen zum befristeten Arbeitsvertrag (dazu KR-*Lipke* § 16 TzBfG Rz 2 ff.; vgl. *Annuß/Thüsing-Annuß* Rz 13 zu verfassungsrechtlichen Bedenken; vgl. auch *Sievers* Rz 25).

h) Klagefrist

14 Das, was in den Erl. zu **§ 17 TzBfG** allgemein und speziell zur Klagefrist bei der **Zweckbefristung** ausgeführt ist (KR-*Bader* § 17 TzBfG Rz 19 ff., 23 ff.), gilt sinngemäß auch für die auflösende Bedingung, da § 17 TzBfG nach § 21 TzBfG gleichfalls entsprechend anzuwenden ist (KR-*Bader* § 17 TzBfG Rz 8 sowie Rz 9 zum entsprechenden **Übergangsproblem**).

i) §§ 18 bis 20 TzBfG

15 Entsprechend anwendbar sind schließlich die Vorschriften des § 18 TzBfG (**Information über unbefristete Arbeitsplätze**), des § 19 TzBfG (**Aus- und Weiterbildung**) sowie des § 20 TzBfG (**Information der Arbeitnehmervertretung**). Inhalte und Reichweiten dieser Normen sind vorstehend im Einzelnen erläutert. Im Rahmen der Verpflichtungen aus **§ 20 TzBfG** wird der Arbeitgeber eine **getrennte Aufstellung** bzgl. der Arbeitnehmer mit **auflösend bedingten Arbeitsverträgen** vorzulegen haben (KDZ-*Däubler* Rz 28; MHH-*Meinel* Rz 30; *Sievers* Rz 27; aA *Worzalla* Rz 17).

j) §§ 22 und 23 TzBfG

16 Die §§ 22, 23 TzBfG sind zwar in § 21 TzBfG nicht ausdrücklich aufgeführt, doch erfassen sie als gemeinsame Vorschriften des Vierten Abschnitts des TzBfG auch den auflösend bedingten Arbeitsvertrag. Die zugehörigen Kommentierungen gelten daher auch hier entsprechend.

B. Anforderungen an zulässige auflösende Bedingung
I. Allgemeines

17 Da § 21 TzBfG auf § 14 Abs. 1 TzBfG verweist, ist die Bestimmung für den auflösend bedingten Arbeitsvertrag so zu lesen: »Die Vereinbarung einer auflösenden Bedingung bei einem Arbeitsvertrag ist zulässig, wenn sie durch einen sachlichen Grund gerechtfertigt ist. Ein sachlicher Grund liegt insbes. vor, wenn ... .« Es bedarf also **stets eines sachlichen Grundes**, § 14 Abs. 2, 2a und 3 TzBfG ist nicht anwendbar. Jedoch bietet das Gesetz keine Anhaltspunkte oder Rechtfertigung dafür (vgl. auch BT-Drs. 14/4374 S. 21 f.), bei der auflösenden Bedingung besonders schwerwiegende sachliche Gründe zu fordern (ErfK-*Müller-Glöge* Rz 4; *Hromadka* NJW 2001, 405; ders. BB 2001, 621 625; *Kliemt* NZA 2001, 303; *Sievers* Rz 8; im Ergebnis weitgehend ebenso *Annuß/Thüsing-Annuß* Rz 9, allerdings für Würdigung der Eigenarten auflösender Bedingungen; vgl. weiter BAG 4.12.2002 AP Nr. 28 zu § 620 BGB Bedingung), wie dies zum Teil früher vertreten wurde (ergänzend s.o. Rz 4; auch jetzt für strenge Anforderungen etwa *Rolfs* Rz 2; etwas unklar MHH-*Meinel* Rz 9). Über § 21 TzBfG ist die auflösende Bedingung der Befristung gleichgestellt, und die eingebauten Schutzmechanismen (besonders §§ 15 Abs. 2, 3 u. 5, 16 u. 17 S. 3 TzBfG) werden als ausreichend angesehen, mag die auflösende Bedingung für den Arbeitnehmer auch unangenehmer sein als eine Kalender- oder Zweckbefristung (diesbezüglich krit. *Annuß/Thüsing-Annuß* Rz 1 Fn. 1 mwN).

18 Über die Verweisung finden die – nicht abschließenden (MHH-*Meinel* Rz 9) – **Sachgründe des § 14 Abs. 1 S. 2 TzBfG** grds. entsprechende Anwendung (zu den Einzelheiten s.u. Rz 23 ff.). Der Katalog

setzt eine **Typologie der Sachgründe** und schafft Maßstäbe für Ergänzungen durch Richterrecht (KR-*Lipke* § 620 BGB Rz 124 mwN; vgl. auch KR-*Lipke* § 14 TzBfG Rz 24 ff.).

Allgemein formuliert wird man einen sachlichen Grund für eine auflösende Bedingung dann anzunehmen haben, wenn unter **Berücksichtigung der beiderseitigen Interessen** und im Hinblick auf die in § 14 Abs. 2 S. 1 TzBfG zum Ausdruck kommende **gesetzgeberische Bewertung** sich die Vereinbarung der auflösenden Bedingung als **sachgerechtes und legitimes Gestaltungsmittel** darstellt (vgl. ähnlich zum früheren Rechtszustand *B. Gaul* Anm. *BAG* EzA § 620 BGB Bedingung Nr. 12). Damit wird jeweils im Einzelfall die auch **verfassungsrechtlich** im Hinblick auf Art. 2 Abs. 1, 12 Abs. 1 S. 1 und Abs. 2, 14 Abs. 1 GG gebotenen Abwägung der Interessen und **Schutzpositionen** vorgenommen (vgl. auch KR-*Lipke* § 620 BGB Rz 101 ff.). Man sollte dabei auf den in der Rspr. des BAG zum Befristungssachgrund teilweise verwendeten Gesichtspunkt der Üblichkeit im Arbeitsleben (*BAG GS* 12.10.1960 EzA § 620 BGB Nr. 2; 4.4.1990 EzA §620 BGB Nr. 107) verzichten, einen Gesichtspunkt, der ohnehin nur begrenzten Erkenntniswert hat (BBDW-*Bader* § 620 BGB Rz 133; ebenso *BAG* 29.10.1998 EzA § 620 BGB Nr. 158). Das Zurückgreifen auf die verständigen und verantwortungsbewussten Parteien (*BAG GS* 12.10.1960 EzA § 620 BGB Nr. 2; 4.4.1990 EzA §620 BGB Nr. 107) ist hingegen akzeptabel, wenn man es als die Frage danach versteht, ob die auflösende Bedingung als sachgerechtes und legitimes Gestaltungsmittel eingesetzt ist. Auf die Umgehung zwingender Kündigungsbestimmungen als solche kommt es nicht mehr an, da §§ 21, 14 Abs. 1 TzBfG grds. den Sachgrund fordern (anders noch zum früheren Recht etwa *BAG* 20.10.1999 EzA § 620 BGB Bedingung Nr. 14). Das ändert jedoch nichts daran, dass sich aus dem **GG** oder aus **anderen Gesetzen** Aspekte ergeben können, die dazu führen, dass bestimmte Konstellationen **nicht als legitime Sachgründe** für auflösende Bedingungen anerkannt werden können (s.u. Rz 52 ff.).

Im Übrigen muss wie bei der Zweckbefristung das Erfordernis der **Rechtsklarheit** und **Rechtssicherheit** gewahrt sein (KR-*Bader* § 3 TzBfG Rz 8). Weiter muss die auflösende Bedingung **eindeutig** vereinbart sein (parallel KR-*Bader* § 3 TzBfG Rz 23 u. 24_ dazu reicht nicht aus, wenn nur im Wege der ergänzenden Vertragsauslegung eine Bedingung angenommen werden kann: *BAG* 10.1.1980 – 2 AZR 558/78 –, nv; ebenso MHH-*Meinel* Rz 5), und sie muss sich regelmäßig als ein **objektives Ereignis** darstellen, das **nicht vom Willen des Arbeitgebers abhängig** (*BAG* 20.12.1984 EzA § 620 BGB Bedingung Nr. 4; 4.12.1991 EzA § 620 BGB Bedingung Nr. 10; *Annuß/Thüsing-Annuß* Rz 18; *Sievers* Rz 6; bedenklich daher *BAG* 2.7.2003 EzA § 620 BGB Bedingung Nr. 2 [dazu s.u. Rz 27]; der Entscheidung v. 2.7.2003 folgend HWK-*Schmalenberg* Rz 2) und sinnlich wahrnehmbar ist (entspr. KR-*Bader* § 3 TzBfG Rz 25 ff. mwN). Möglich ist auch eine **Rechtsbedingung** (ErfK-*Müller-Glöge* Rz 3; aA *Bayreuther* DB 2003, 1736, 1738 f.). Nicht erforderlich ist es hingegen, dass der **Beendigungszeitpunkt** für den Arbeitnehmer eindeutig **vorausseh- und bestimmbar** ist (aA zum früheren Rechtszustand *BAG* 27.10.1988 EzA § 620 BGB Bedingung Nr. 9 mit Anm. *Moll*) – es gilt hier das, was oben zur Zweckbefristung ausgeführt ist (KR-*Bader* § 3 TzBfG Rz 29), entsprechend. Unter Schutzaspekten für zulässig wird man es halten müssen, wenn der **Eintritt der Bedingung** ausschließlich vom **Willen des Arbeitnehmers** abhängt (*Rolfs* Rz 4; einschränkend *Enderlein* RdA 1998, 99 f.; ErfK-*Müller-Glöge* Rz 5 lehnt eine derartige Differenzierung ab).

Dementsprechend sind zB **unwirksam Vereinbarungen,** nach denen das Arbeitsverhältnis enden soll, wenn ein Arbeitsplatz mit einer vollausgebildeten Fachkraft besetzt werden kann (hierbei ist das voluntative Element auf Arbeitgeberseite zu stark; vgl. *BAG* 12.8.1976 EzA § 620 BGB Nr. 30 zu einer Befristung in derartiger Konstellation) oder wenn pauschal vereinbart wird, das Arbeitsverhältnis solle enden, wenn sich der Arbeitnehmer als nicht geeignet erweise (hier fehlt es an der Bestimmtheit). Eine vom Arbeitgeber willentlich herbeigeführte Organisationsänderung kann gleichfalls keine tragfähige auflösende Bedingung sein (*Annuß/Thüsing-Annuß* Rz 19 unter Hinweis auf *BAG* 11.12.1956 AP Nr. 1 zu § 611 BGB Lehrer, Dozenten; KDZ-*Däubler* Rz 18; dazu auch Rz 22). Zu unbestimmt ist auch eine auflösende Bedingung, die für die Beendigung des Arbeitsverhältnisses mit einem Vorsitzenden eines Prüfungsausschusses für Kriegsdienstverweigerung auf die Neuregelung des Kriegsdienstverweigerungsverfahrens abstellt (*BAG* 13.3.1985 – 7 AZR 56/84 – nv; dabei fehlt es an der zum Zeitpunkt des Vertragsabschlusses erforderlichen Prognose, dass sich das ungewisse Ereignis unmittelbar auf das Arbeitsverhältnis iSe völligen oder teilweisen Fortfalls des Beschäftigungsbedürfnisses auswirken wird).

Entgegen der Auffassung des *RAG* (27.10.1937 ARS 31, 207) kann der **künftige, ungewisse Entschluss des Arbeitgebers,** ein **Lager aufzulösen,** nicht zur wirksamen auflösenden Bedingung erhoben werden. Wie schon angesprochen (s.o. Rz 20) darf nämlich der Eintritt der auflösenden Bedingung nicht

§ 21 TzBfG Auflösend bedingte Arbeitsverträge

von der mehr oder weniger willkürlichen Bestimmung durch den Arbeitgeber abhängen (so auch bereits *LAG Brem.* 17.9.1958 AP Nr. 1 zu § 620 BGB Bedingung; entspr. *BAG* 11.12.1956 AP Nr. 1 zu § 611 BGB Lehrer, Dozenten; 4.12.1991 EzA § 620 BGB Bedingung Nr. 10: keine willkürliche Arbeitgeberhandlung; s.a. Rz 21). Das **Unternehmerrisiko** darf durch ein auflösend bedingtes Arbeitsverhältnis nicht auf den Arbeitnehmer abgewälzt werden (*BAG* 9.7.1981 EzA § 620 BGB Bedingung Nr. 1; KDZ-*Däubler* Rz 18; MHH-*Meinel* Rz 10; *Rolfs* Rz 3; **aA** *Annuß/Thüsing-Annuß* Rz 19: hält das so in dieser Allgemeinheit für zu weitgehend – richtig an dieser Kritik ist, dass der Sachgrund des § 14 Abs. 1 S. 2 Nr. 1 TzBfG es erlaubt, insoweit das Arbeitgeberrisiko abzuwälzen, doch darf dieser Sachgrund dann eben nicht ausufernd angewandt werden [vgl. weiter unten Rz 23 und auch Rz 27]). Einer **auflösenden Bedingung** fehlt auch die sachliche Rechtfertigung, wenn die einem Beamten zur privatwirtschaftlichen Betätigung gewährte Beurlaubung nicht verlängert wird und die weitere Beurlaubung von einer **Mitwirkung der Arbeitgebers abhängt, die in dessen Belieben steht** (*BAG* 4.12.1991 EzA § 620 BGB Bedingung Nr. 10).

II. Katalog des § 14 Abs. 1 Satz 2 TzBfG

1. Vorübergehender Bedarf an Arbeitsleistung (Nr. 1)

23 Für **Saison- und Kampagnebetriebe** hat das BAG auflösende Bedingungen in Tarifverträgen zugelassen, wenn diese an den anerkannten Grundsätzen zur sachlichen Rechtfertigung von Befristungen in Saisonarbeitsverhältnissen entsprechen (grds. zur Einordnung des Sachgrundes gem. § 14 Abs. 1 S. 2 Nr.1 TzBfG s.o. Rz 22; zu Saison- und Kampagnebetrieben weiter KR-*Lipke* § 14 TzBfG Rz 76 ff.). Gegen die Wirksamkeit einer **tariflichen Beendigungsfiktion bei witterungsbedingter Unmöglichkeit** der Arbeitsleistung (§ 62 MTV Waldarbeiter Rheinland-Pfalz/Saar) sollen deshalb keine Bedenken bestehen (*BAG* 28.8.1987 Rz K 9g Nr. 10). Vgl. auch KR-*Bader* § 22 TzBfG Rz 7. Nicht wirksam ist eine auflösende Bedingung, wonach das Arbeitsverhältnis mit Wegfall des Reinigungsauftrags enden soll, wenn im Arbeitsvertrag eine allgemeine Versetzungsklausel enthalten ist (*LAG Köln* 7.4.2005 LAGE § 21 TzBfG Nr. 1).

2. Anschluss an Ausbildung oder Studium (Nr. 2)

24 Vorstellbar ist es, derartige Sachverhalte mit einer auflösenden Bedingung zu erfassen, wenn etwa der Abschluss eines Anschlussvertrages zur Bedingung erhoben wird (HaKo-*Mestwerdt* Rz 13). Dies mag wenig praktisch sein, kann aber gewiss vorkommen. Das eigentliche Problem liegt freilich darin, dass sich dann unter Umständen ein sehr langes Arbeitsverhältnis ergeben kann, wenn nämlich der Arbeitnehmer lange auf den Anschlussvertrag warten muss. Das wird mit der **Überbrückungsfunktion** der Nr. 2 (vgl. dazu KR-*Lipke* § 14 TzBfG Rz 92 ff.; BBDW-*Bader* § 620 BGB Rz 161) kaum zu vereinbaren sein, so dass eine derartige Zweckbefristung regelmäßig – wenn nicht der Bedingungseintritt binnen absehbarer Zeit bei Vertragsschluss feststeht – nur dann sachlich gerechtfertigt sein kann, wenn sie **mit einer Höchstbefristung gekoppelt** wird (zur Parallelproblematik der Doppelbefristung KR-*Bader* § 3 TzBfG Rz 46 ff.; die Verbindung mit einer Höchstbefristung für zweckmäßig hält HWK-*Schmalenberg* Rz 7).

3. Vertretung (Nr. 3)

25 Vertretungsfälle können unproblematisch als auflösend bedingte Arbeitsverträge ausgestaltet werden (*Annuß/Thüsing-Annuß* Rz 19; es ist indes nicht zwingend, grds. die Vertretungsfälle, die nicht kalendermäßig befristet sind, als auflösende Bedingung und nicht als Zeckbefristung zu verstehen). Die Vertretungsproblematik ist näher bei KR-*Lipke* § 14 TzBfG Rz 98 ff. kommentiert (vgl. auch KR-*Bader* § 22 TzBfG Rz 20).

26 Vereinbart ein Arbeitgeber mit einem zur Vertretung eingestellten Arbeitnehmer, dass das Arbeitsverhältnis mit der Wiederaufnahme der Arbeit durch den Vertretenen enden soll, so liegt darin regelmäßig nicht zugleich die Abrede, dass das Arbeitsverhältnis auch dann enden soll, wenn der Vertretene aus dem Arbeitsverhältnis ausscheidet, ohne die Arbeit wieder aufgenommen zu haben (*BAG* 26.6.1996 EzA § 620 BGB Bedingung Nr. 12).

4. Eigenart der Arbeitsleistung (Nr. 4)

27 Insoweit sind vor allem **Rundfunkanstalten** angesprochen (BT-Drs. 14/4374 S. 19; KR-*Lipke* § 14 TzBfG Rz 126 ff.; BBDW-*Bader* § 620 BGB Rz 171), daneben aber auch sonstige **Medien** und der **Kunstbereich**

Auflösend bedingte Arbeitsverträge § 21 TzBfG

(BBDW-*Bader* § 620 BGB Rz 173 f. mwN). Vor diesem Hintergrund ist hier der Fall einzuordnen, dass das Arbeitsverhältnis eines Schauspielers enden soll, wenn seine Serienrolle im Drehbuch nicht mehr enthalten ist (*LAG Köln* 22.6.1998 NZA-RR 1999, 512; ArbRBGB-*Dörner* § 620 Rz 351, die nur aus künstlerischen Gründen eine solche auflösende Bedingung für wirksam erachten; krit. MHH-*Meinel* Rz 12; *van den Woldenberg* NZA 1999, 1003; *ArbG Potsdam* 26.7.2001 NZA-RR 2002, 125; vgl. indes nunmehr BAG 2.7.2003 EzA § 620 BGB Bedingung Nr. 2: Die Entscheidung über den Wegfall der Rolle muss Ausdruck der künstlerischen Gestaltungsfreiheit sein; dazu auch *Joch/Kluchowski* NZA 2004, 302). Es ist jedoch sehr fraglich, ob damit nicht zu sehr auf das voluntative Element abgestellt wird (s.o. Rz 20 ff.). Zum **Sportbereich** s.u. Rz 57.

5. Erprobung (Nr. 5)

Eine auflösende Bedingung ist einzel- und tarifvertraglich nach dem BAG sachlich gerechtfertigt, 28 wenn die Aufnahme in das Orchester und damit der Fortbestand des Arbeitsverhältnisses an das Bestehen eines **Probespiels** und an die Zustimmung der Mehrheit der Orchestermitglieder gebunden ist, wobei der Arbeitnehmer spätestens nach einem Jahr wissen muss, ob sein Arbeitsverhältnis Bestand hat (BAG 7.5.1980 AP Nr. 36 zu § 611 BGB Abhängigkeit; *Annuß/Thüsing-Annuß* Rz 21; teilw. wird dies als zu subjektiv-wertend abgelehnt). Allerdings darf die Feststellung der Bewährung nicht allein dem Arbeitgeber überlassen bleiben (*Annuß/Thüsing-Annuß* Rz 21; *SPV-Preis* Rz 129; s.o. Rz 20). Damit kann als zu unbestimmt auch nicht die Nichteignung zur auflösenden Bedingung gemacht werden (HWK-*Schmalenberg* § 3 TzBfG Rz 8).

6. Gründe in der Person des Arbeitnehmers (Nr. 6) einschließlich Altersgrenzen

a) Allgemeine Grundsätze

Unter Nr. 6 (insgesamt dazu KR-*Lipke* § 14 TzBfG Rz 182) sind neben den Fällen der Altersgrenze (s.u. 29 Rz 31 ff.), der Erwerbs- und Berufsunfähigkeitsrente (s.u. Rz 41 ff.) sowie denen des Eignungswegfalls (s.u. Rz 44 f.) der **Wunsch des Arbeitnehmers** (*Annuß/Thüsing-Annuß* Rz 20, zutr. das bloße Einverständnis des Arbeitnehmers nicht ausreichen lassend, sondern fordernd, dass die Initiative vom Arbeitnehmer ausging; MHH-*Meinel* Rz 17) und die vorübergehende Beschäftigung aus **sozialen Gründen** (**Überbrückung**) einzuordnen (speziell dazu BBDW-*Bader* § 620 BGB Rz 189 f. u. 203).

Ausgehend davon lassen sich diesbezüglich hier folgende Fälle zuordnen: Im **Interesse des Arbeit-** 30 **nehmers** liegt es, wenn sich der Arbeitgeber bereit erklärt, den Arbeitnehmer nach dem Ablauf eines Vertrages noch so lange weiterzubeschäftigen, bis er eine **neue Anstellung** findet (*Rolfs* Rz 4; *SPV-Preis* Rz 129; es können sich hier aber ähnliche Probleme stellen wie oben zu Nr. 2 – dazu Rz 24). Wirksam ist aus demselben Grunde – weil vorrangig durch das Interesse des Arbeitnehmers getragen – die **Fortsetzung eines gekündigten Arbeitsverhältnisses** unter der auflösenden Bedingung der rechtskräftigen **Abweisung der Kündigungsschutzklage** (BAG 21.5.1981 EzA § 615 BGB Nr. 40; 4.9.1986 EzA § 611 BGB Beschäftigungspflicht Nr. 27; *Ricken* NZA 2005, 329; die **Schriftform** ist dabei zu beachten: §§ 21, 14 Abs. 4 TzBfG [ErfK-*Müller-Glöge* Rz 3 u.10; *Sievers* Rz 18; ebenso BAG 22.10.2003 EzA § 14 TzBfG Nr. 6 zur entsprechenden Befristung: vgl. dazu KR-*Bader* § 3 TzBfG Rz 20; krit. zum Schriftformerfordernis *Tschöpe* DB 2004, 434, 436 f.] – vgl. dazu jedoch auch KR-*Fischermeier* § 625 BGB Rz 34 mwN). Die Prozessbeschäftigung aufgrund eines Weiterbeschäftigungsurteils fällt indes nicht unter § 21 TzBfG (*LAG Nds.* 27.9.2005 NZA-RR 2006, 179). Unter Nr. 6 einzuordnen ist weiter die **Einstellung** unter der auflösenden Bedingung der Verweigerung der **Zustimmung** durch den **Betriebs- oder Personalrat** (BAG 17.2.1983 EzA § 620 BGB Nr. 62; *v. Friesen* BB 1984, 677 f.; KDZ-*Däubler* Rz 15; MHH-*Meinel* Rz 18). Der Fall der Feststellung der **gesundheitlichen Eignung** ist nicht hier einzuordnen, weil insoweit doch die Arbeitgeberinteressen regelmäßig überwiegen werden (dazu s.u. Rz 44 f. und auch Rz 48 ff.).

b) Altersgrenzen

Altersgrenzen (es handelt sich dabei immer um eine **kalendermäßige Festlegung**; zur **Altersteilzeit** 31 vgl. § 3 Rz 20) können **einzelvertraglich** (von Anfang oder später, auch durch Bezugnahme auf einen Tarifvertrag) – zur **Form** vgl. Rz 8 – vereinbart werden oder in **Tarifverträgen** oder **Betriebsvereinbarungen** geregelt sein.

Vereinbarungen über die Beendigung des Arbeitsverhältnisses bei Erreichen einer bestimmten Alters- 32–40 grenze stellen keinen vorweggenommenen Aufhebungsvertrag dar (so noch BAG 25.3.1971 EzA § 620 BGB Nr. 15; *Hanau* RdA 1976, 26; *Konzen* ZfA 1978, 501). Abzulehnen ist aufgrund der obigen Definition (s.o. Rz 1) auch die Auffassung, es handele sich dabei um die Vereinbarung einer **auflösenden Bedingung** (dafür etwa: *BAG* 20.12.1984 EzA § 620 BGB Bedingung Nr. 4; offen gelassen bei *BAG* GS 7.11.1989 EzA § 77 BetrVG 1972 Nr. 34; 12.2.1992 EzA § 620 BGB Altersgrenze Nr. 2; *Lipke* KR 5. Aufl., § 620 BGB Rz 29; offen gelassen von *Boerner* ZfA 1995, 537, 552 f.). Es liegt vielmehr eine **Befristung** vor (entspr. zB: *BAG* 25.2.1998 EzA § 620 BGB Altersgrenze Nr. 9; 11.3.1998 EzA § 620 BGB Altersgrenze Nr. 8; 14.8.2002 EzA § 620 BGB Altersgrenze Nr. 13; 19.11.2003 EzA § 620 BGB Altergrenze Nr. 4; *Gitter/Boerner* RdA 1990, 129; *Stahlhacke* DB 1989, 2329, 2330; ArbRBGB-*Dörner* § 620 BGB Rz 337; MünchArbR-*Wank* § 116 Rz 164; BBDW-*Bader* § 620 BGB Rz 191; *Enderlein* RdA 1998, 91; vgl. auch *Hromadka* BB 2001, 621; ders. SAE 1986, 245; ders. NJW 1994, 911; *Kraft* SAE 1987, 22). Der rechtsdogmatische Streit wirkt sich im Übrigen praktisch kaum aus, da die Sachgrunderfordernisse identisch sind (ebenso bereits RGRK-*Dörner* 12. Aufl., § 620 BGB Rz 129). Trotz dieser hier befürworteten Einordnung erfolgte die Behandlung früher an dieser Stelle (*Bader* KR 6. Aufl., § 21 TzBfG Rz 32 – 40), sie ist seit der 7. Aufl. nunmehr jedoch systemgerecht in der Kommentierung des § 14 TzBfG enthalten (KR-*Lipke* § 14 Rz 214 ff.). Zu **§ 41 S. 2 SGB VI** KR-*Bader* § 23 TzBfG Rz 24.

c) Erwerbsunfähigkeit

41 Wird ein Angestellter des öffentlichen Dienstes **erwerbsunfähig** (Fall einer wirksamen **auflösenden Bedingung**: *BAG* 28.6.1995 EzA § 620 BGB Nr. 134; 31.7.2002 EzA § 620 BGB Bedingung Nr. 17: keine Beendigung, wenn der Arbeitnehmer noch auf dem bisherigen oder einem anderen freien zumutbaren Arbeitsplatz weiterbeschäftigt werden kann und der Arbeitnehmer dies rechtzeitig [vor der Zustellung des Rentenbescheides] verlangt; zur teilweisen Erwerbsminderung vgl. etwa § 59 Abs. 3 BAT und dazu *Otto* ZTR 2002,1; vgl. auch *BAG* 23.6.2004 EzA § 17 TzBfG Nr. 5: es bleibt bei der Beendigung, wenn der Anspruch auf unbefristete Rente wegen Erwerbsminderung nach Eintritt der formellen Bestandskraft des Rentenbescheides entfällt), so **endet** das Arbeitsverhältnis nach **§ 59 Abs. 1 Unterabs. 1 BAT** mit Ablauf des Monats, in dem der Bescheid des Rentenversicherungsträgers zugestellt wird, womit die Erwerbsminderung festgestellt wird, ebenso wie nach § 62 MTB II – parallele Bestimmungen ansonsten vielfach in Tarifverträgen des öffentlichen Dienstes u. zT in Tarifverträgen der Privatwirtschaft; zum **TVöD** vgl. unten Rz 43a – (nicht hingegen bei rechtzeitiger Rücknahme des Rentenantrags [*BAG* 11.3.1998 AP Nr. 8 zu § 59 BAT] und bei Beschränkung des Antrages auf Gewährung einer Zeitrente [*BAG* 23.2.2000 BB 2000, 1473; 14.11.2001 BB 2002, 948]), soweit eine **Weiterbeschäftigungsmöglichkeit auf dem bisherigen oder einem anderen zumutbaren freien Arbeitsplatz fehlt** (vgl. dazu etwa *BAG* 28.6.1995 EzA § 620 BGB Nr. 134; 24.1.1996 EzA BAT § 59 Nr. 4; 9.8.2000 ZTR 2001, 270; 31.7.2002 EzA § 620 BGB Bedingung Nr. 17; zutr. zum Verständnis dieser Entscheidungen ArbRBGB-*Dörner* § 620 Rz 342 ff. mwN; insgesamt krit. *Rolfs* Rz 8; krit. auch *Annuß/Thüsing-Annuß* Rz 24). Trotz einer Weiterbeschäftigungsmöglichkeit endet das Arbeitsverhältnis aber, wenn der Tarifvertrag vorsieht, dass das Arbeitsverhältnis am letzten Tag des Monats vor der Rentenbewilligung endet und das **Weiterbeschäftigungsverlangen** (ein nur mündliches Weiterbeschäftigungsverlangen wahrt das konstitutive Schriftformerfordernis des § 59 Abs. 3 BAT nicht: *BAG* 1.12.2004 EzA § 620 BGB 2002 Bedingung Nr. 3) nicht vor Zustellung des Rentenbescheides erfolgt (*BAG* 31.7.2002 EzA § 620 BGB Bedingung Nr. 17). Zur Frage des **Wiedereinstellungsanspruchs** in diesem Zusammenhang KR-*Bader* § 17 TzBfG Rz 91; zur **Zustimmung des Integrationsamtes bei schwerbehinderten Menschen** KR-*Etzel* § 92 SGB IX Rz 3 (nicht erforderlich, wenn der Arbeitnehmer bei fehlender Offenkundigkeit der Schwerbehinderung weder im Zeitpunkt der Rentenantragstellung noch bei Zustellung des Rentenbescheides als schwerbehinderter Mensch anerkannt war oder einen entsprechenden Anerkennungsantrag gestellt hatte: *BAG* 31.7.2002 EzA § 620 BGB Bedingung Nr. 17). Frei ist ein Arbeitsplatz in diesem Sinne, wenn er bei Eintritt der auflösenden Bedingung unbesetzt ist oder absehbar alsbald frei wird. Allerdings muss der Arbeitgeber nicht von sich aus prüfen, welche Weiterbeschäftigungsmöglichkeiten bestehen, der Arbeitnehmer muss vielmehr die in Frage kommenden Arbeitsplätze dem Arbeitgeber rechtzeitig benennen (*BAG* 31.7.2002 EzA § 620 BGB Bedingung Nr. 17; 9.8.2000 ZTR 2001, 270). Die weitere Tätigkeit des Arbeitnehmers, die der Arbeitgeber in Unkenntnis der Rentengewährung entgegennimmt, hindert nicht den Eintritt der auflösenden Bedingung nach § 59 BAT (*BAG* 30.4.1997 NJW 1998, 557 = AP Nr. 20 zu § 812 BGB, dort auch zur Bindung an den Verwaltungsakt des Rentenversicherungsträgers und zur etwaigen Rückabwicklung von Arbeitgeberleistungen). Der Feststellung der Erwerbsunfähigkeit ist der Bescheid eines Versicherungsträgers über die Gewährung eines Vorschusses über die künftige Rente dann gleichzustellen, wenn darin schon der Rentenanspruch dem Grunde nach anerkannt wird (*BAG* 24.6.1987 AP Nr. 5 zu § 59 BAT; das subjektive Empfinden des Arbeitnehmers genügt jedenfalls nicht; vgl. auch KR-*Bader* § 17 TzBfG Rz 91). Wird der bestandskräftige Bescheid

über die Rentengewährung später zurückgenommen, ändert das an der Beendigung des Arbeitsverhältnisses nichts mehr (*BAG* 3.9.2003 NZA 2004, 328 = DB 2004, 548). Ebenso endet das Arbeitsverhältnis auch dann, wenn der Rentenbescheid über die Gewährung einer Rente wegen Erwerbsminderung nach Ablauf der Widerspruchsfrist aufgehoben und dem Arbeitnehmer stattdessen eine befristete Rente wegen verminderter Erwerbstätigkeit gewährt wird (*BAG* 23.6.2004 EzA § 17 TzBfG Nr. 5).

Bei schwerbehinderten Menschen ist nach § 59 Abs. 4 BAT im Falle der **Erwerbsunfähigkeit auf Zeit** 41a (dazu auch Rz 43) auf die Zustimmung durch das Integrationsamt abzustellen (vgl. *Rolfs* Rz 8: Hinweis auf **§ 92 SGB IX** [dazu KR-*Etzel* § 92 SGB IX Rz 3: vgl. auch Rz 41; zum Rechtszustand vor dem 2.7.2001 *BAG* 3.9.2003 NZA 2004, 328] und daraus abgeleitete Bedenken bzgl. der Inhaltskontrolle bei entspr. einzelvertraglicher Vereinbarung). Eine im Tarifvertrag enthaltene auflösende Bedingung ist bei der Gewährung einer Zeitrente nur dann zulässig, wenn vorgesehen ist, dass **bei Wiederherstellung** ein **Anspruch auf Wiedereinstellung** besteht (zum Tarifvertrag für die Musiker in Kulturorchestern mit derartiger Regelung *BAG* 23.2.2000 EzA § 620 BGB Bedingung Nr. 15); eine entsprechende Soll-Vorschrift ist dann als Muss-Vorschrift zu verstehen (vgl. dazu *BAG* 23.2.2000 EzA § 4 TVG Wiedereinstellungsanspruch Nr. 1). Hier wie bei der Altersgrenze darf aber die **Verknüpfung mit der Versorgung** durch die Rente nicht außer acht gelassen werden (vgl. zB *BAG* 28.6.1995 EzA § 620 BGB Nr. 134; 26.9.2001 EzA § 4 TVG Einzelhandel Nr. 51; 3.9.2003 NZA 2004, 328; ArbRBGB-*Dörner* § 620 Rz 346 mwN; zur wirksamen auflösenden Bedingung bei Bewilligung einer **Versorgungsrente**, die eine **angemessene wirtschaftliche Absicherung** darstellen muss, aus der Versorgungsanstalt der Deutschen Bundespost *BAG* 6.12.2000 EzA § 620 BGB Bedingung Nr. 16; vgl. auch *BAG* 23.2.2000 EzA § 1 BeschFG 1985 Klagefrist Nr. 3).

Knüpft eine **Betriebsvereinbarung** das Ende des Arbeitsverhältnisses an den Eintritt der **Erwerbsun-** 42 **fähigkeit**, so kann diese Beendigungsklausel an der nicht hinreichenden Bestimmtheit des Auflösungszeitpunktes scheitern (*BAG* 27.10.1988 EzA § 620 BGB Bedingung Nr. 9).

Wird dem Arbeitnehmer nur **Erwerbsunfähigkeitsrente auf Zeit** (s.a. Rz 41a) gewährt, dann ist keine 43 Beendigungsnorm anzuwenden, die nach ihrem Zweck auf den vorbehaltlosen Bezug des Altersruhegeldes abstellt (*BAG* 13.6.1985 EzA § 611 BGB Beschäftigungspflicht Nr. 16; *Kraft* SAE 1987, 23; vgl. im Übrigen zur nur befristet gewährten Erwerbsunfähigkeitsrente: *BAG* 23.2.2000 AP Nr. 13 zu § 1 TVG Tarifverträge: Musiker = EzA § 620 BGB Bedingung Nr. 15; *LAG Nds.* 30.5.1996 ZTR 1997, 517; *LAG SchlH* 12.6.1996 LAGE § 620 BGB Bedingung Nr. 6; *Annuß/Thüsing-Annuß* Rz 23 mwN; KDZ-*Däubler* Rz 32).

Der **TVöD** – geltend ab 1.10.2005 -, der freilich bislang keineswegs flächendeckend insbes. den BAT ab- 43a gelöst hat, trifft zur Frage der **vollen oder teilweisen Erwerbsminderung** in **§ 33 Abs. 2 bis 4** folgende Regelung:

(2) Das Arbeitsverhältnis endet ferner mit Ablauf des Monats, in dem der Bescheid eines Rentenversicherungsträgers (Rentenbescheid) zugestellt wird, wonach die/der Beschäftigte voll oder teilweise erwerbsgemindert ist. Die/Der Beschäftigte hat den Arbeitgeber von der Zustellung des Rentenbescheids unverzüglich zu unterrichten. Beginnt die Rente erst nach der Zustellung des Rentenbescheids, endet das Arbeitsverhältnis mit Ablauf des dem Rentenbeginn vorangehenden Tages. Liegt im Zeitpunkt der Beendigung des Arbeitsverhältnisses eine nach § 92 SGB IX erforderliche Zustimmung des Integrationsamtes noch nicht vor, endet das Arbeitsverhältnis mit Ablauf des Tages der Zustellung des Zustimmungsbescheids des Integrationsamtes. Das Arbeitsverhältnis endet nicht, wenn nach dem Bescheid des Rentenversicherungsträgers eine Rente auf Zeit gewährt wird. In diesem Fall ruht das Arbeitsverhältnis für den Zeitraum, für den eine Rente auf Zeit gewährt wird.

(3) Im Falle teilweiser Erwerbsminderung endet bzw. ruht das Arbeitsverhältnis nicht, wenn der Beschäftigte nach seinem vom Rentenversicherungsträger festgestellten Leistungsvermögen auf seinem bisherigen oder einem anderen geeigneten und freien Arbeitsplatz weiterbeschäftigt werden könnte, soweit dringende dienstliche bzw. betriebliche Gründe nicht entgegenstehen, und der Beschäftigte innerhalb von zwei Wochen nach Zugang des Rentenbescheids seine Weiterbeschäftigung schriftlich beantragt.

Hierfür finden die oben dargestellten Grundsätze entsprechend Anwendung.

d) Eignungswegfall

44 Das Arbeitsverhältnis endet aufgrund wirksamer auflösender Bedingung, wenn zB **Flugzeugpersonal fluguntauglich** wird und eine Weiterbeschäftigung beim Bodenpersonal in absehbarer Zeit (Auslauffrist) nicht möglich ist (*BAG* 14.5.1987 11.10.1995 EzA § 620 BGB Bedingung Nr. 7, 11; vgl. weiter etwa *BAG* 9.8.2000 BB 2000, 2474; 6.12.2000 BB 2001, 1156; *Enderlein* RdA 1998, 96; krit. zum Erfordernis der Prüfung der Frage der Beschäftigungsmöglichkeit auf einem anderen freien Arbeitsplatz *Annuß/Thüsing-Annuß* Rz 24; s.a. Rz 48). Es wird auch vertreten, dass das Arbeitsverhältnis vereinbarungsgemäß dann enden kann, wenn ein alkoholgefährdeter Arbeitnehmer **Alkohol** zu sich nimmt und dadurch das Arbeitsverhältnis gestört wird (*Annuß/Thüsing-Annuß* Rz 20 mwN; vgl. dazu *LAG München* 29.10.1987 BB 1988, 348; zutr. **aA** *Rolfs* Rz 6). Problematisch ist es, generell den Wegfall der **gesundheitlichen Eignung** als ausreichend anzuerkennen (KDZ-*Däubler* Rz 14; *Rolfs* Rz 6; **aA** *Annuß/Thüsing-Annuß* Rz 20), jedoch mit der Einschränkung, dass solche Konstellationen ausgeklammert sind, in denen der Arbeitgeber zur Entgeltfortzahlung wegen Arbeitsunfähigkeit verpflichtet ist; vgl. weiter Rz 48 f.).

45 Das Arbeitsverhältnis eines Mitarbeiters eines Wach- und Sicherheitsunternehmens endet aufgrund einer tarifvertraglichen Norm, die die Beendigung des Arbeitsvertrages bei **Wegfall der behördlichen Zustimmung zur Beschäftigung** des Mitarbeiters vorsieht, nur dann, wenn **keine anderweitige Beschäftigungsmöglichkeit** besteht (*BAG* 25.8.1999 EzA § 620 BGB Bedingung Nr. 13).

7. Haushaltsgründe (Nr. 7)

46 Dieser Sachgrund (vgl. im Übrigen KR-*Lipke* § 14 TzBfG Rz 215 ff. und zur Definition *BAG* 18.10.2006 – 7 AZR 419/05 –; Drittmittel fallen nicht unter § 14 Abs. 1 Satz 2 Nr. 7, doch kann Drittmittelfinanzierung eine Befristung rechtfertigen: *BAG* 15.2.2006 – 7 AZR 241/05 –) ist für eine auflösende Bedingung **nicht geeignet**, da Nr. 7 gerade nicht auf einen Ungewissheitstatbestand abstellt (im Ergebnis ebenso etwa MHH-*Meinel* Rz 15; HWK-*Schmalenberg* Rz 13; **aA** *Annuß/Thüsing-Annuß* Rz 25; vgl. auch *LAG Hmb.* 7.9.2005 – 5 Sa 41/035 – NZA-RR 2005, 658). Damit ist entgegen der Sichtweise von *Schmalenberg* (HWK Rz 15 Fn. 7) indes nur etwas zur Interpretation der Nr. 7 gesagt, aber nicht ausgesagt, dass es außerhalb des Katalogs des § 14 Abs. 1 S. 2 TzBfG keine weiteren Gründe für eine auflösende Bedingung geben soll (vgl. insoweit auch u. Rz 48 und grds. o. Rz 18). Hingegen kann die Vereinbarung der auflösenden Bedingung des Wegfalls von **Drittmitteln** in Betracht kommen (vgl. entspr. KR-*Lipke* § 14 TzBfG Rz 231 ff.; grds. befürwortend *Annuß/Thüsing-Annuß* Rz 25; grds. abl. *Salje/Bultmann* DB 1993, 1469, 1471).

8. Gerichtlicher Vergleich (Nr. 8)

47 Dass eine in einem **gerichtlichen Vergleich** enthaltene auflösende Bedingung sachlich gerechtfertigt ist, ist anerkannt (*BAG* 9.2.1984 EzA § 620 BGB Bedingung Nr. 2: Fortsetzung des Arbeitsverhältnisses bis zur Neubesetzung der Planstelle des Professors; *LAG BW* 15.12.1981 AP Nr. 5 zu § 620 BGB Bedingung m. zust. Anm. *Glaubitz*: Fortsetzung des Arbeitsverhältnisses für ein Jahr und Ende mit Ablauf dieses Jahres, wenn der Arbeitnehmer während der Verlängerung an mehr als 10 % der Arbeitstage krank sein sollte; *Enderlein* RdA 1998, 98 f.) und entspricht dem Befristungsrecht (KR-*Lipke* § 14 TzBfG Rz 234 ff., dort auch zum **außergerichtlichen Vergleich** Rz 241 f.; zum außergerichtlichen Vergleich bei Befristung vgl. *BAG* 22.10.2003 EzA § 620 BGB Nr. 8). Es muss sich allerdings um einen Vergleich iSd **§ 794 Abs. 1 Nr. ZPO** handeln, wobei der Vergleich gem. **§ 278 Abs. 6 ZPO** mit erfasst ist (*BAG* 23.11.2006 – 6 AZR 394/06 – EzA-SD 25/06 S. 7).

III. Sonstige Gründe

48 In beiderseitigem Interesse kann es liegen, wenn der Arbeitnehmer unter dem Vorbehalt einer vom **Amtsarzt** noch festzustellenden **gesundheitlichen Eignung** auf Dauer vorläufig eingestellt und beschäftigt wird und damit die Feststellung der Nichteignung durch den Amtsarzt zur auflösenden Bedingung erhoben wird (*Sievers* Rz 10; vgl. zu diesem Themenkreis insgesamt *LAG Nds.* 26.2.1980 DB 1980, 1799; *LAG Bln.* 16.7.1990 LAGE § 620 BGB Bedingung Nr. 2 mwN aus dem Schrifttum; *LAG Köln* 12.3.1991 LAGE § 620 BGB Bedingung Nr. 3; *Hess. LAG* 8.12.1994 LAGE § 620 BGB Bedingung Nr. 4; **aA** *ArbG Hmb.* 22.10.1990 NZA 1991, 941). Dies gilt ungeachtet der Tatsache, dass der Arbeitgeber bei gesundheitlicher Untauglichkeit des Arbeitnehmers oder dann, wenn dieser sich trotz Aufforderung einer Eignungsuntersuchung nicht stellt, das Recht hat, das Arbeitsverhältnis durch ordentliche Kündigung innerhalb der Frist von sechs Monaten des § 1 Abs. 1 KSchG zu beenden (vgl. dazu auch *Enderlein* RdA 1998, 102 f.) – der Arbeitgeber kann nicht ausschließlich darauf verwiesen werden.

Festzuhalten bleibt aber, dass nicht pauschal und zu unbestimmt auf eine gesundheitliche Eignung ab- 49
gestellt werden darf (s.o. Rz 44; bedenklich daher *Hess. LAG* 8.12.1994 LAGE § 620 BGB Bedingung
Nr. 4; krit. dazu auch etwa *Gaul/Laghzaoui* ZTR 1996, 300). Ausreichen wird es indes, die Feststellung
durch einen **Betriebsarzt** für maßgebend zu erklären (so bei *LAG Bln.* 16.7.1990 LAGE § 620 BGB Bedingung Nr. 2). Eigene Feststellung wird das Gericht nicht zu treffen haben, wenn die detaillierten
Feststellungen des Amts- oder Betriebsarztes im Rechtsstreit vorgelegt werden (so bei *LAG Bln.*
16.7.1990 LAGE § 620 BGB Bedingung Nr. 2). Etwaigen **Zeitbedenken** wird man dadurch Rechnung
tragen können, dass man es dem Arbeitgeber unter Verwirkungsgesichtspunkten verwehrt, sich auf
die auflösende Bedingung noch berufen zu können, wenn die Eignungsuntersuchung erst später als
ein Jahr nach dem Beginn des Vertragsverhältnisses durchgeführt wird und keine Bedingungsvereitelung durch den Arbeitnehmer vorliegt.

Ist die Eignungsuntersuchung in **unternehmenseinheitlichen Richtlinien** vorgegeben, müssen diese 50
die beiderseitige Interessenlage (zB körperliche Integrität des Arbeitnehmers, Art. 2 Abs. 2 GG, Einsatzmöglichkeit im Betrieb) angemessen gewichten. Außerdem erfolgt eine Selbstbindung des Arbeitgebers, der die auflösende Bedingung nicht mehr greifen lässt, wenn der Arbeitgeber sich nicht an seine Richtlinien hält (*ArbG Göttingen* 16.4.1997 AiB 1997, 672).

Parallel zu den vorstehenden Grundsätzen kann vereinbart werden, dass das Arbeitsverhältnis endet, 50a
wenn die erforderliche **Zustimmung einer Erlaubnisbehörde** bzgl. der Beschäftigung des Arbeitnehmers verweigert wird (vgl. *BAG* 25.8.1999 AP Nr. 24 zu § 620 BGB Bedingung; 4.12.1991 EzA § 620 BGB
Bedingung Nr.10; *Annuß/Thüsing-Annuß* Rz 20 u. 25; vgl. auch oben Rz 45).

Beim **ehebezogenen Gruppenarbeitsverhältnis** (speziell: Hausmeisterehepaar) kann eine wirksame 51
auflösende Bedingung vereinbart werden, nach der das Arbeitsverhältnis des einen Ehepartners endet, wenn das des anderen wirksam – zB durch Kündigung – beendet wird (*BAG* 17.5.1962 EzA § 9 MuSchG Nr. 2; KR-*Bader* § 9 MuSchG Rz 146).

IV. Unwirksamkeitsgründe

1. Grundsätzliches

Welche **Anforderungen an die Vereinbarung** einer auflösenden Bedingung zu stellen sind, ist bereits 52
oben (s. Rz 17 ff.) dargestellt. Wird dem **nicht Rechnung getragen**, ist die Vereinbarung **unwirksam**, es
kommt dann, §§ 21, 16 S. 1, 1. Hs. TzBfG zu einem **Arbeitsvertrag auf unbestimmte Zeit**, wobei jedoch
§ 17 TzBfG zu beachten ist. Nachfolgend werden vor allem Aspekte dargestellt, die wegen Widerspruchs zu grundgesetzlichen oder gesetzlichen Regelungen oder Wertungen die auflösende Bedingung nicht mehr als legitimes Gestaltungsmittel erscheinen lassen. Daneben ist noch ein Sonderaspekt
aus dem BAT-Bereich anzusprechen.

2. Verstoß gegen grundgesetzliche Wertung

Die Vereinbarung, dass im Falle der **Eheschließung** einer Arbeitnehmerin das Arbeitsverhältnis zu ei- 53
nem bestimmten Zeitpunkt endet, ist im Hinblick auf Art. 6 GG nicht wirksam (*BAG* 10.5.1957 AP Nr. 1
zu Art. 6 Abs. 1 GG Ehe und Familie; vgl. auch KR-*Pfeiffer* AGG Rz 60; *Annuß/Thüsing-Annuß* Rz 26
ordnet die hier in Rz 53 u. 54 angeführten Fälle der Sittenwidrigkeit zu). Unwirksam ist auch eine auflösende Bedingung, nach der ein Arbeitsvertrag mit einer Arbeitnehmerin bei Feststellung einer
Schwangerschaft enden soll (*BAG* 28.11.1958 AP Nr. 3 zu Art. 6 Abs. 1 GG Ehe und Familie; *LAG Düsseld.* 16.6.1976 DB 1977, 1196: Widerspruch zu Art. 2 Abs. 2 und 3 GG sowie § 611a Abs. 1 BGB; KR-*Bader*
§ 9 MuSchG Rz 146: Widerspruch auch zur europäischen Richtlinie 76/207/EWG). Eine solche Beendigungsklausel ist auch dann nicht zulässig, wenn die vertragsgemäß zu erbringende Arbeitsleistung
der Arbeitnehmerin unter die absoluten Beschäftigungsverbote des § 4 MuSchG fällt.

Vor dem Hintergrund des Art. 9 Abs. 3 GG kann eine auflösende Bedingung, die das Arbeitsverhältnis 54
bei **Gewerkschaftsbeitritt** enden lässt, gleichfalls nicht wirksam vereinbart werden (vgl. insoweit *BAG*
2.6.1987 EzA Art. 9 GG Nr. 43 = AP Nr. 49 zu Art. 9 GG mit Anm. *Rüthers*; vgl. auch *BAG* 28.3.2000 AP
Nr. 27 zu § 99 BetrVG 1972 Einstellung).

3. Verstoß gegen gesetzliche Wertung

Eine einzelvertragliche Vereinbarung, dass das Arbeitsverhältnis ohne weiteres endet, wenn der Ar- 55
beitnehmer nach dem **Ende seines Urlaubs** die Arbeit nicht wieder termingerecht aufnimmt, ist un-

wirksam, weil damit der nach dem **Kündigungsrecht** (einschließlich des § 626 BGB) und dem **Kündigungsschutzgesetz** gewährte Bestandsschutz des Arbeitsverhältnisses ausgeschlossen wird (*BAG* 19.12.1974 EzA § 305 BGB Nr. 6). Dies gilt gleichermaßen für eine Vereinbarung nach der das Arbeitsverhältnis zum Urlaubsende aufgelöst wird, verbunden mit einer Wiedereinstellungszusage bei rechtzeitiger Rückkehr (*BAG* 13.12.1984 EzA § 620 BGB Bedingung Nr. 3 = AP Nr. 8 zu § 620 BGB Bedingung m. Anm. *Bickel*; **aA** *Annuß/Thüsing-Annuß* Rz 21, der insoweit allerdings die Wertungen des EFZG berücksichtigen will; vgl. in diesem Zusammenhang auch oben Rz 3; ErfK-*Müller-Glöge* Rz 6). Dieselbe Wertung ist vorzunehmen, wenn vereinbart ist, dass mangelhafte Leistungen in einem bestimmten Fach im nächsten Halbjahreszeugnis ohne weiteres zum Ende des Vertragsverhältnisses – hier des Berufsausbildungsverhältnisses – führen sollen (*BAG* 5.12.1985 EzA § 620 Bedingung Nr. 5; *Annuß/Thüsing-Annuß* Rz 21).

56 Eine auflösende Bedingung, wonach das Arbeitsverhältnis beendet werden soll, wenn der Arbeitnehmer **erkrankt**, ist angesichts der Bestimmungen zur **Entgeltfortzahlung** nicht akzeptabel (*LAG Bln.* 8.11.1960 BB 1961, 95; s.a. *LAG BW* 15.10.1990 DB 1991, 918 zu einem auflösend bedingtem Aufhebungsvertrag bei längerer krankheitsbedingter Fehlzeit).

57 Schließlich ist eine das Arbeitsverhältnis auflösende Bedingung nicht statthaft, wenn in einem von der Bundesanstalt (jetzt: Bundesagentur) für Arbeit **geförderten Umschulungsverhältnis** die staatliche Förderung aus einem personenbedingten Grund entfällt (*BAG* 15.3.1991 EzA § 47 BBiG Nr. 1; weitergehend *Felix* NZA 1994, 1111). Eine auflösende Bedingung in einem Arbeitsvertrag mit einem Lizenz-Fußballspieler, nach der das Arbeitsverhältnis beendet sein soll, wenn der den Spieler beschäftigende Verein wegen **wirtschaftlicher Leistungsunfähigkeit** keine neue **Lizenz** vom **DFB** erhält, ist grds. unwirksam, weil für diese auflösende Bedingung ein sachlich gerechtfertigter Grund fehlt. Sie ist an sich nicht akzeptabel, weil sie zur Umgehung des § 626 BGB führt und dem **Arbeitnehmer einseitig** und **vollständig** das grds. vom Arbeitgeber zu tragende **Beschäftigungsrisiko** aufbürdet (*BAG* 9.7.1981 EzA § 620 BGB Bedingung Nr. 1; **aA** *Annuß/Thüsing-Annuß* Rz 19; großzügiger als hier auch HaKo-*Mestwerdt* Rz 16). Diese Bedingung ist nur dann sachlich gerechtfertigt, wenn sie ausschließlich im Interesse des Arbeitnehmers lag oder auf dessen ausdrücklichen Wunsch hin vereinbart wurde. Dies gilt gleichermaßen für sog. »**Abstiegsklauseln**«, wobei das Arbeitsverhältnis von **Trainern** oder **Profisportlern** durch den verfehlten **Klassenerhalt** auflösend bedingt ist. Etwa kann vorgesehen sein, dass ein Arbeitsvertrag mit einem **Eishockeyspieler** endet, wenn sein Verein von der 1. in die 2. Bundesliga absteigt. Damit werden ebenfalls an sich wirtschaftliche Risiken des Arbeitgebers einseitig auf den Arbeitnehmer abgewälzt (*LAG Düssel.* 26.5.1995 LAGE § 620 BGB Bedingung Nr. 5; **aA** *Annuß/Thüsing-Annuß* Rz 19). Hier kann indes ebenso wie oben angesprochen Interesse oder Wunsch des Arbeitnehmers die auflösende Bedingung rechtfertigen (vgl. dazu *BAG* 4.12.2002 AP Nr. 28 zu § 620 BGB Bedingung; ErfK-*Müller-Glöge* Rz 6; *Sievers* Rz 19).

4. Im BAT-Bereich/Nach § 30 Abs. 2 TVÖD

58 Im Anwendungsbereich des **BAT** ist ein auflösend bedingt geschlossener Arbeitsvertrag nur zulässig, wenn nach den Vorstellungen der Parteien die Bedingung innerhalb einer **Frist von fünf Jahren** eintreten wird (Protokollnotiz 3 zur Nr. 1 SR 2y BAT – abgedr. bei KR-*Bader* § 22 TzBfG Rz 19 – die auch insoweit anwendbar ist: *BAG* 9.2.1984 EzA § 620 BGB Bedingung Nr. 2 [hieran ist auch unter der Geltung des TzBfG festzuhalten; etwa distanziert dazu *Annuß/Thüsing-Annuß* Rz 17]; *Felix* NZA 1994, 1111; vgl. auch KR-*Bader* § 22 TzBfG Rz 24). Entsprechendes kann unter der Geltung des **§ 30 Abs. 2 TVöD** (dazu KR-*Bader* § 22 TzBfG Rz 27a u. 27c) nicht gelten, weil § 30 Abs. 2 S. 1 TVöD jetzt ausdrücklich nur von der kalendermäßigen Befristung spricht, die auflösende Bedingung also nicht erfasst.

Vierter Abschnitt
Gemeinsame Vorschriften

§ 22 Abweichende Vereinbarungen (1) Außer in den Fällen des § 12 Abs. 3, 13 Abs. 4 und 14 Abs. 2 Satz 3 und 4 kann von den Vorschriften dieses Gesetzes nicht zuungunsten des Arbeitnehmers abgewichen werden.
(2) Enthält ein Tarifvertrag für den öffentlichen Dienst Bestimmungen im Sinne des § 8 Abs. 4 Satz 3 und 4, 12 Abs. 3, 13 Abs. 4, 14 Abs. 2 Satz 3 und 4 oder 15 Abs. 3, so gelten diese Bestimmungen auch zwischen nicht tarifgebundenen Arbeitgebern und Arbeitnehmern außerhalb des öffentlichen Dienstes, wenn die Anwendung der für den öffentlichen Dienst geltenden tarifvertraglichen Bestimmungen zwischen ihnen vereinbart ist und der Arbeitgeber die Kosten des Betriebs überwiegend mit Zuwendungen im Sinne des Haushaltsrechts decken.

Literatur
Vgl. die Angaben zu § 1 TzBfG.

Inhaltsübersicht

	Rz			Rz
A. Abweichungen vom TzBfG – Allgemeines	1–5	I.	Allgemeine Grundsätze	14–17
B. Abweichungen zuungunsten der Arbeitnehmer	7–13	II.	SR 2y BAT	18–27
I. Grundsätzliches Verbot	7	III.	TVöD 27a–27c	
II. Allgemein zugelassene Abweichung	8	IV.	Möglichkeiten günstigerer Regelungen gegenüber dem TzBfG	28
III. Öffentlicher Dienst	9–13			
C. Abweichungen zugunsten der Arbeitnehmer	14–28			

A. Abweichungen vom TzBfG – Allgemeines

Die (teilweisen) **Vorgängerregelungen** in § 1 BeschFG 1985/1996 enthielten keine Vorschriften zur Frage des Verhältnisses zu tarifvertraglichen Befristungsregelungen (zum damaligen Rechtszustand insoweit *Lipke* KR 5. Aufl., § 1 BeschFG 1996 Rz 57 ff.; vgl. auch *Annuß/Thüsing-Thüsing* Rz 2). Dies hat sich mit dem TzBfG geändert. **§ 22 Abs. 1 TzBfG** erlaubt **ganz generell keine Abweichungen zuungunsten des Arbeitnehmers** von den Vorschriften des im TzBfG enthaltenen Befristungsrechts (auch nicht in Gestalt tarifvertraglicher **Öffnungsklauseln**: *Annuß/Thüsing-Thüsing* Rz 14; MHH-*Herms* Rz 10; MünchKomm-*Hesse* § 22 TzBfG Rz 5; *Sievers* Rz 3; aA KDZ-*Däubler* Rz 24: tarifliche Öffnungsklausel denkbar) Zum Teil wird die Norm für an sich überflüssig gehalten (*Rolfs* Rz 1). 1

Das gilt auch für **Tarifverträge**, wie die in der Vorschrift angesprochene Ausnahmebestimmung in § 14 Abs. 2 S. 2 TzBfG zweifelsfrei belegt, und zwar sowohl für **bestehende** als auch **künftige**, was auch im Hinblick auf Art. 9 Abs. 3 GG unbedenklich ist (vgl. *BVerfG* 24.4.1996 EzA Art. 9 GG Nr. 61). Dass insoweit auch bei Inkrafttreten des TzBfG bestehende Tarifverträge erfasst sind, folgt daraus, dass es sich um die Umsetzung der RL 1999/70/EG des Rates (abgedr. im Anhang zum TzBfG) handelt, die nach Art. 2 Abs. 1 bis zum 10.7.2001 umzusetzen war, weswegen eine Weitergeltung entgegenstehender Tarifverträge europarechtlich als nicht akzeptabel erscheint. Das TzBfG stellt grds. ein **einseitig zwingendes Gesetz** dar (*Annuß/Thüsing-Thüsing* Rz 20; MHH-*Herms* Rz 1; diff. ArbRBGB-*Dörner* § 620 Rz 359; parallel bereits früher zB *BAG* 31.8.1994 EzA § 620 BGB Nr. 127; 25.9.1987 EzA § 1 BeschFG 1985 Nr. 2; 24.2.1988 EzA § 1 BeschFG 1985 Nr. 3; zu § 1 BeschFG entspr. *Lipke* KR 5. Aufl., § 1 BeschFG 1996 Rz 57 ff. mwN). Eine **Ausnahme** ist jedoch für **§ 17 TzBfG** zu machen: Diese Norm muss aufgrund ihrer prozessualen Ausrichtung als Parallelbestimmung zu § 4 KSchG als **zweiseitig zwingend** angesehen werden, sie ist also weder positiv noch negativ abweichenden Vereinbarungen oder Regelungen zugänglich (*Annuß/Thüsing-Thüsing* Rz 22; ErfK-*Müller-Glöge* Rz 1; MHH-*Herms* Rz 7; aA ArbRBGB-*Dörner* § 620 Rz 365). 2

Die für befristete Arbeitsverträge insoweit einzig allg. **zugelassene Abweichung** findet sich in **§ 14 Abs. 2 S. 3 TzBfG** (dazu KR-*Lipke* § 14 TzBfG Rz 309 ff.; diese Regelung gilt über § 14 Abs. 2a S. 4 TzBfG auch für die Befristungen nach § 14 Abs. 2a TzBfG – vgl. auch insoweit die einschlägige Kommentie- 3 rung bei KR-*Lipke* § 14 TzBfG). Darüber hinaus lässt **§ 15 Abs. 3 TzBfG** es zu, dass im (aufgrund beiderseitiger Tarifbindung oder Allgemeinverbindlicherklärung) anwendbaren Tarifvertrag vorgesehen wird, dass das befristete Arbeitsverhältnis ordentlich gekündigt werden kann (zur Frage der einzelvertraglichen Bezugnahme auf einen Tarifvertrag insoweit KR-*Lipke* § 15 TzBfG Rz 22 u. 22a). Schließlich enthält Abs. 2 Sonderbestimmungen für die **Tarifverträge im öffentlichen Dienst**. Eine parallele Privilegierung für **Kirchen** und öffentlich-rechtliche Religionsgemeinschaften ist (anders als noch in § 6 Abs. 3 BeschFG) nicht aufgenommen worden (MHH-*Herms* Rz 4; vgl. indes *Richardi/Annuß* DB 2001, 2201, 2203 Fn. 16 u. *Rolfs* RdA 2201, 129, 142 bzgl. Art. 140 GG iVm Art. 137 Abs. 3 WRV; entspr. *Annuß/Thüsing-Thüsing* Rz 6 mwN unter krit. Hinweis darauf, dass die Rspr. die Kirchenautonomie zT nicht hinreichend beachte und zT nicht akzeptiere, dass durch kirchliche Arbeitsvertrags- und Dienstordnungen von der Tarifdispositivität Gebrauch gemacht werden könne; zu beachten ist freilich, dass § 22 Abs. 2 TzBfG keine allg. Aussage über Tarifverträge trifft). Die kirchlichen Arbeitsvertragsregelungen des »Dritten Weges« sind mit Tarifverträgen nicht vergleichbar (*BAG* 20.3.2002 NZA 2002, 1402; ErfK-*Müller-Glöge* Rz 2).

4 Für Arbeitnehmer günstigere Einzelvereinbarungen (diese können auch darin bestehen, dass ein entsprechender Tarifvertrag mit einer günstigeren Regelung als anwendbar vereinbart wird – dazu s. u. Rz 14) und gegenüber dem TzBfG (mit Ausnahme des § 17, s. o. Rz 2) **günstigere tarifvertragliche Normen** (dazu auch KDZ-*Däubler* Rz 4) sind also grds. möglich (§ 4 Abs. 3 TVG gilt auch für das Verhältnis zwischen Gesetz und Tarifvertrag sinngemäß: zB *BAG* 28.2.1990 EzA § 1 BeschFG 1985 Nr. 9; *LAG Brem.* 19.10.1988 LAGE § 1 BeschFG 1985 Nr. 6; vgl. auch *Rolfs* Rz 1). Entsprechende bereits vor Inkrafttreten des TzBfG bestehende Tarifverträge bleiben mithin unberührt (zu § 1 BeschFG 1985/1996 ebenso: *BAG* 25.9.1987 EzA § 1 BeschFG 1985 Nr. 2; 15.3.1989 EzA § 1 BeschFG 1985 Nr. 8; 28.2.1990 EzA § 1 BeschFG 1985 Nr. 9; zust. die seinerzeitige hM, dafür ausführlich *Lipke* KR 5. Aufl., § 1 BeschFG 1996 Rz 65 ff. mwN; **aA** *Gamillscheg* Anm. *BAG* AP § 1 BeschFG 1985 Nr. 4; *Löwisch* BB 1985, 1202; *Heinze* DB 1986, 2327, 2332). Günstiger sind nach dem maßgebenden (konkreten) **normativen Günstigkeitsvergleich** etwa Regelungen, welche die Befristung eindeutig (Rz 16) an strengere Voraussetzungen knüpfen und damit dem Arbeitnehmer einen stärkeren Bestandsschutz vermitteln, also etwa die Befristung ohne Sachgrund ausschließen (aus der früheren Rspr. etwa *BAG* 31.8.1994 EzA § 620 BGB Nr. 127; nunmehr: *Däubler* ZIP 2001, 217, 225; ArbRBGB-*Dörner* § 620 Rz 360 f.; vgl. auch *Pöltl* NZA 2001, 582, 586 f.) oder die Befristung von engeren Sachgründen als gesetzlich vorgesehen abhängig machen. Dasselbe gilt für tarifliche Vorschriften, nach denen auch der Sachgrund schriftlich vereinbart werden muss oder nach denen wie in § 7 Abs. 4 S. 1 SR 2y BAT die Auslauffrist des § 15 Abs. 2 TzBfG verlängert wird (ArbRBGB-*Dörner* § 620 Rz 363 f.; § 15 Abs. 5 TzBfG als solcher ist aber nicht abdingbar). Derartige Regelungen sind als **tarifliche Abschlussnormen** (nicht: Beendigungsnormen) anzusehen (es handelt sich insoweit um eine Frage der **Auslegung**: *BAG* 11.11.1988 Rz K I 9f Nr. 17), da es dabei um Fragen der Vertragsfreiheit geht und für die Beurteilung auf den Zeitpunkt des Vertragsabschlusses abzustellen ist (etwa *BAG* 27.4.1988 EzA § 1 BeschFG 1985 Nr. 4; 14.2.1990 EzA § 1 BeschFG 1985 Nr. 10; 28.8.1996 EzA § 1 BeschFG 1985 Nr. 14; *LAG Bln.* 22.7.1987 LAGE § 1 BeschFG 1985 Nr. 1; *Hanau* RdA 1987, 27; **aA** zB KDZ-*Däubler* Rz 17; *Löwisch/Rieble* § 1 Rz 67: Beendigungsnorm, da Frage des Bestandsschutzes; *Gamillscheg* Anm. *BAG* AP § 1 BeschFG 1985 Nr. 4). Richtigerweise wird man dementsprechend auch die Vereinbarung einer **auflösenden Bedingung** als Abschlussnorm einzuordnen haben (**aA** *BAG* 28.6.1995 EzA § 620 BGB Nr. 134: Beendigungsnorm). **Beendigungsnormen** hingegen hat man dann vor sich, wenn es ausschließlich um spätere (nach Vereinbarung der Befristung eintretende) Fragen der Beendigung geht, nämlich in § 15 Abs. 1, 2, 3 u. 5 sowie § 16 TzBfG (*BAG* 14.2.1990 EzA § 1 BeschFG 1985 Nr. 10, zu I.2.a der Gründe). Ausnahmsweise kann eine **Betriebsnorm** vorliegen, nämlich im Fall einer **Befristungsquote** (dazu *BAG* 27.4.1988 EzA § 1 BeschFG 1985 Nr. 4; KDZ-*Däubler* Rz 6 u. 17).

5 Die Anwendbarkeit des Tarifvertrags setzt bei tariflichen **Abschlussnormen beiderseitige Tarifbindung** oder Allgemeinverbindlicherklärung **im Zeitpunkt des Vertragsschlusses** voraus (*BAG* 27.4.1988 EzA § 1 BeschFG 1985 Nr. 4; 14.2.1990 EzA § 1 BeschFG 1985 Nr. 10), es sei denn, die Anwendbarkeit des Tarifvertrages einschließlich der Abschlussnorm (dies ist eine Frage der jeweiligen Vertragsauslegung; vgl. dazu *BAG* 21.2.2001 AP § 1 BeschFG Nr. 9; MünchKomm-*Hesse* § 22 TzBfG Rz 10) ist vereinbart (ErfK-*Müller-Glöge* Rz 4; vgl. dazu auch unten Rz 18). Bei **Beendigungsnormen** muss die beiderseitige Tarifbindung oder Allgemeinverbindlichkeit im maßgeblichen Beurteilungszeitpunkt vorliegen, etwa bei Zugang der Kündigung (*BAG* 14.2.1990 EzA § 1 BeschFG 1985 Nr. 10, zu I.2.a der Gründe). Bei **Betriebsnormen** schließlich reicht die einseitige Tarifbindung des Arbeitgebers aus (etwa *BAG* 17.6.1997 EzA § 99 BetrVG 1972 Einstellung Nr. 4).

Bei **Verstoß** gegen tarifvertragliche **Abschlussnormen** wird man nunmehr in Hinblick auf § 16 TzBfG als **Rechtsfolge** stets den **Arbeitsvertrag auf unbestimmte Dauer** anzunehmen haben (dasselbe gilt dann für Betriebsnormen: KDZ-*Däubler* Rz 6). Die Möglichkeit der geltungserhaltenden Reduktion ist damit nicht mehr gegeben (dafür zum früheren Rechtszustand *Lipke* KR 5. Aufl., § 1 BeschFG 1996 Rz 85 u. § 620 BGB Rz 208 f.). Dies gilt auch dann, wenn ein Arbeitsvertrag unter **Bezugnahme auf einen Tarifvertrag** geschlossen wird, der eine Abschlussnorm enthält, die nicht eingehalten ist (etwa *BAG* 11.8.1988 EzA § 620 BGB Nr. 105; wenn die Vertragsparteien anderes wollen, mögen sie insofern für Klarheit sorgen, wie etwa in dem Fall, der *BAG* 14.2.1990 EzA § 1 BeschFG 1985 Nr. 10 zugrunde liegt: ausdrückliche Ausklammerung der betreffenden Abschlussnorm).

B. Abweichungen zuungunsten der Arbeitnehmer

I. Grundsätzliches Verbot

Auch durch **Tarifvertrag** – erst recht nicht durch **Einzelvertrag** (Abweichungen durch **Betriebsvereinbarung** sieht das Gesetz gar nicht vor: KDZ-*Däubler* Rz 24; MHH-*Herms* Rz 5; vgl. auch ErfK-*Müller-Glöge* Rz 7 f.: für Altersgrenzenregelung gem. § 88 BetrVG bei betriebsvereinbarungsoffenem Arbeitsvertrag und sachlichem Grund iSd § 14 Abs. 1 TzBfG, dies aber an sich kein Abweichungsfall) – kann gem. § 22 Abs. 1 TzBfG, soweit es um das Recht der befristeten Arbeitsverträge geht, nicht abgewichen werden von den **§§ 3, 4 Abs. 2, 18 bis 20 TzBfG** (auch nicht in Gestalt tarifvertraglicher **Öffnungsklauseln**: *Annuß/Thüsing-Thüsing* Rz 14; MHH-*Herms* Rz 10; *Sievers* Rz 3; **aA** KDZ-*Däubler* Rz 24: tarifliche Öffnungsklausel denkbar). Dasselbe gilt etwa für die Regelung in § 15 Abs. 4 TzBfG (ausdrücklich erwähnt in BT-Drs. 14/4374 S. 20), für eine Verkürzung der Frist in § 15 Abs. 2 TzBfG für die Zweckbefristung (*Bauer* NZA 2000, 1042; KDZ-*Däubler* Rz 2) und für **Erweiterungen des sachlichen Grundes** (*Nielebock* AiB 2001, 80; KDZ-*Däubler* Rz 3; zur Überprüfung von Tarifverträgen vgl. auch KR-*Lipke* § 14 TzBfG Rz 246).

II. Allgemein zugelassene Abweichung

Hinsichtlich der befristeten Arbeitsverträge lässt § 22 Abs. 1 TzBfG nur eine **einzige Ausnahme** zu, nämlich bzgl. der Vorschrift des **§ 14 Abs. 2 S. 3 und 4 TzBfG** (zu § 14 Abs. 2 TzBfG insgesamt KR-*Lipke* § 14 TzBfG Rz 309 ff.). Damit darf in Tarifverträgen die **Anzahl der Verlängerungen** nach § 14 Abs. 2 S. 1 TzBfG oder (mangels gegenteiliger Anhaltspunkte richtigerweise zu lesen als: und/oder; dazu KR-*Lipke* § 14 Rz 309 mwN) die **Höchstdauer der Befristung** gem. § 14 Abs. 2 S. 1 TzBfG geändert werden. Ein Tarifvertrag kann also etwa einen Dreijahreszeitraum für sachgrundlose Befristungen vorsehen und innerhalb dieses Zeitraums zB sieben Verlängerungen. **Abweichungen von § 14 Abs. 2 S. 2 TzBfG** erlaubt S. 3 aber **nicht**. Da § 14 Abs. 2 S. 4 TzBfG auch die **einzelvertragliche Bezugnahme** auf die tariflichen Regelungen im Geltungsbereich des Tarifvertrages zulässt (es ist insoweit auch eine selektive Bezugnahme möglich: *Annuß/Thüsing-Thüsing* Rz 12; anders Rz 11 für § 22 Abs. 2 TzBfG), gilt das auch für die von § 22 Abs. 1 TzBfG erlaubten weitergehenden Festlegungen. Die praktische Bedeutung von § 14 Abs. 2 S. 3 TzBfG wird freilich überwiegend als gering angesehen (*Büchner* NZA 2000, 905, 912; *Schiefer* DB 2000, 2122; vgl. auch *Bauer* NZA 2000, 1039 ff.).

III. Öffentlicher Dienst

Nach Abs. 2 gelten **Tarifverträge des öffentlichen Dienstes** unter bestimmten Voraussetzungen und in bestimmten Fällen **auch für die nicht tarifgebundenen Arbeitnehmer**. Dies entspricht im Interesse betriebseinheitlicher Regelungen und teilweise auch im Hinblick auf diesbezügliche Auflagen der öffentlichen Hand (*Annuß/Thüsing-Thüsing* Rz 16; KDZ-*Däubler* Rz 25) der früheren Regelung in § 6 Abs. 2 S. 2 BeschFG (BT-Drs. 14/4374 S. 22). Die Regelung zielt insbes. ab auf die in Form einer GmbH organisierten nicht tarifgebundenen Forschungseinrichtungen wie die Fraunhofer-Gesellschaft und die Max-Planck-Gesellschaft (BT-Drs. 14/4374, S. 22), ist aber nicht darauf beschränkt. Wie noch zu zeigen ist, ist für den Bereich befristeter Arbeitsverträge der Stellenwert der Vorschrift sehr begrenzt, seine Hauptbedeutung liegt im Bereich der Teilzeitarbeit.

Voraussetzung dafür ist, dass zwischen den Vertragsparteien die **Anwendung der für den öffentlichen Dienst geltenden tarifvertraglichen Bestimmungen vereinbart ist und** dass der Arbeitgeber die **Kosten des Betriebes überwiegend mit Zuwendungen iSd Haushaltsrechts deckt**.

Die **Anwendungsvereinbarung** als solche ist **nicht formbedürftig**, wird aber gerade bei den angesprochenen Arbeitgebern regelmäßig im **schriftlichen Arbeitsvertrag** erfolgen, so dass damit auch et-

§ 22 TzBfG   Abweichende Vereinbarungen

waige Probleme hinsichtlich des § 14 Abs. 4 TzBfG – wenn sich nämlich die Befristungsvereinbarung nur aus einer einschlägigen Tarifvertragsbestimmung ergeben sollte – beseitigt sind (vgl. KR-*Spilger* § 623 BGB Rz 174/175). Eine **selektive Anwendungsvereinbarung** ist unabhängig von § 22 Abs. 2 TzBfG möglich, soweit es sich nur um für den Arbeitnehmer **günstigere Bestimmungen** handelt (s.o. Rz 3). Ansonsten spricht die Formulierung des Norm dafür, dass die **Anwendung des gesamten Tarifvertrags**, in dem die Bestimmungen iSd § 14 Abs. 2 S. 3 u. 4 oder § 15 Abs. 3 TzBfG enthalten sind, vereinbart werden muss, da sonst die Gefahr besteht, dass nur die negativ vom Gesetz abweichenden Regelungen vereinbart werden (*Annuß/Thüsing-Thüsing* Rz 17; KDZ-*Däubler* Rz 27; MHH-*Herms* Rz 15; MüchKomm-*Hesse* § 22 TzBfG Rz 19; *Sievers* Rz 18; **aA** ErfK-*Müller-Glöge* Rz 2). Anders als § 6 Abs. 2 S. 1 BeschFG stellt § 22 Abs. 2 TzBfG jedoch **nicht** ab auf den **Geltungsbereich des Tarifvertrags**, so dass mangels gegenteiliger Anhaltspunkte im Gesetz die Anwendung des Tarifvertrags unabhängig vom Geltungsbereich vereinbart werden kann (ebenso offenbar KDZ-*Däubler* Rz 26; wie hier ErfK-*Müller-Glöge* Rz 2; **aA** zur Vorläuferregelung [dazu Rz 9] GK-TzA/*Mikosch* Art. 1 § 6 Rz 41).

12 Hinzukommen muss die Tatsache, dass die gesamten **Kosten des Betriebes** (nicht: Unternehmens) **überwiegend** (also zu mehr als 50 %) mit **Zuwendungen iSd Haushaltsrechts** gedeckt werden. Was Zuwendungen sind, richtet sich nach dem jeweiligen Haushaltsrecht (vgl. § 14 des Haushaltsgrundsätzegesetzes: Leistung außerhalb der jeweiligen Verwaltung zur Erfüllung bestimmter Zecke). Vertragliche Entgeltleistungen aus Austauschverträgen gehören nicht dazu (*Annuß/Thüsing-Thüsing* Rz 18; APS/*Backhaus* Rz 11). Ebenso reicht die bloße Erstattung nicht gedeckter Defizite nicht aus (MHH-*Herms* Rz 16). Nicht erforderlich ist es freilich, dass alle Zuwendungen aus derselben Hand kommen (*Annuß/Thüsing-Thüsing* Rz 18; ErfK-*Müller-Glöge* Rz 2; KDZ-*Däubler* Rz 28). Im Übrigen soll die der Vorschrift entsprechende Finanzierung im Zeitpunkt der Inbezugnahme des Tarifvertrages ausreichen; ein späterer Wegfall der in § 22 Abs. 2 TzBfG genannten Voraussetzungen soll dann nach dieser Auffassung nicht die Wirksamkeit und die Folgen der Anwendungsvereinbarung beeinträchtigen (so *Annuß/Thüsing-Thüsing* Rz 18). Dies erscheint als problematisch. Richtigerweise wird man hier wie ansonsten (vgl. etwa BAG 24.10.2001 EzA § 620 BGB Hochschulen Nr. 31) abzustellen haben auf die **Verhältnisse im Zeitpunkt des Abschlusses des befristeten Arbeitsvertrages**. In diesem Zeitpunkt müssen also auch die Voraussetzungen hinsichtlich der Deckung der Betriebskosten noch gegeben sein. Eine spätere Veränderung ist indes unschädlich.

13 Als **Folge** gelten über § 14 Abs. 2 S. 4 und Abs. 2a S. 4 TzBfG hinaus – diese Bestimmungen erlauben nur die Bezugnahme im Geltungsbereich des Tarifvertrages (KDZ-*Däubler* Rz 26) – rechtsgültige (KDZ-*Däubler* Rz 30) auch für Arbeitnehmer ungünstigere tarifvertraglichen Regelungen gem. **§ 14 Abs. 2 S. 3 TzBfG** (zur Zahl der Verlängerung und der Gesamthöchstdauer der Befristung im Fall des § 14 Abs. 2 S. 1 TzBfG – s.o. Rz 8) und gem. **§ 15 Abs. 3 TzBfG** (zur ordentlichen Kündigungsmöglichkeit – insoweit angesichts der Ausführungen bei KR-*Lipke* § 15 TzBfG Rz 22 freilich an sich überflüssig [ebenso MHH-*Herms* Rz 13]) gleichfalls zwischen nicht tarifgebundenen Vertragsparteien.

C. Abweichungen zugunsten der Arbeitnehmer

I. Allgemeine Grundsätze

14 Da § 22 Abs. 1 TzBfG sowohl gegenüber dem TzBfG (mit Ausnahme des § 17: dazu Rz 2) **günstigere Einzelvereinbarungen** als auch gegenüber dem TzBfG (mit der erwähnten Ausnahme) für den Arbeitnehmer **günstigere Tarifverträge** erlaubt (im Ergebnis ebenso *Annuß/Thüsing-Thüsing* Rz 20; zu günstigeren freiwilligen Betriebsvereinbarungen ErfK-*Müller-Glöge* Rz 8 mwN), ist bei Vereinbarungen der Tarifpartner jeweils zu klären, ob es sich um **Tarifverträge** handelt und ob der Tarifvertrag für den Arbeitnehmer **günstiger** (zum Maßstab bereits Rz 4) ist.

15 Tarifvertragsqualität, also normative Qualität, hat das BAG der **Protokollnotiz Nr. 1 zu Nr. 1 der Sonderregelungen** (nur zum BAT-West; vgl. BAG 15.1.1997 EzA § 620 BGB Hochschulen Nr. 12) **für Zeitangestellte, Angestellte für Aufgaben von begrenzter Dauer und für Aushilfsangestellte zum BAT (SR 2y BAT)** zugemessen (BAG 14.2.1990 EzA § 1 BeschFG 1985 Nr. 10, zu I 2 der Gründe). Dasselbe gilt für die **Protokollnotiz Nr. 1 zu Nr. 1 SR 2a MTA** (dazu etwa BAG 28.2.1990 EzA § 1 BeschFG 1985 Nr. 9; 28.3.2001 EzA § 620 BGB Nr. 175).

16 Um klären zu können, ob ein Tarifvertrag **günstiger** ist, muss unter Umständen erst durch **Auslegung** festgestellt werden, **welche Regelungen** er – positiv oder negativ – hinsichtlich der Befristung von Arbeitsverhältnissen trifft. Es ist beispielsweise zu ermitteln, ob die Parteien eines Tarifvertrages durch

die Festlegung bestimmter Mindestfristen für Kündigungen die Zulässigkeit von Befristungen gänzlich ausschließen wollten, was im Zweifel nicht anzunehmen ist. Enthält ein Tarifvertrag nur Normen über befristete Arbeitsverhältnisse zur Probe und zur Aushilfe (einschließlich der Saisonarbeiten) oder eine Regelung der diesbezüglichen Kündigungsfristen, dann liegt darin noch **keine abschließende Regelung** der **Zulässigkeit** von **befristeten Arbeitsverträgen** und kein Verbot von Befristungen aus anderen, im Tarifvertrag nicht ausdrücklich genannten Gründen (*BAG* 7.8.1980 EzA § 611 BGB Probearbeitsverhältnis Nr. 4; 20.12.1984 EzA § 620 BGB Bedingung Nr. 4; 20.11.1987 EzA § 620 BGB Altersgrenze Nr. 1 mit Anm. *Belling; Friedhofen/Weber* NZA 1985, 337 f.; *Annuß/Thüsing-Thüsing* Rz 21 problematisiert hinsichtlich § 14 Abs. 2 TzBfG die Frage des Günstigkeitsvergleichs).

Tarifverträge, die Fragen einer **Befristung** von **Arbeitsverträgen regeln**, sind weiter im Wege der **Auslegung** daraufhin zu überprüfen, ob es sich wirklich um **selbständige tarifliche Regelungen** oder nur um sog. **neutrale Klauseln handelt** (*BAG* 27.8.1982 AP Nr. 133 zu § 1 TVG Auslegung; 28.1.1988 EzA § 148 ZPO Nr. 15). Keine **eigenständige Regelung** des **sachlichen Grundes** für die Befristung enthielt zB der Normalvertrag Solo (dazu KR-*Bader* § 3 TzBfG Rz 39) für die künstlerischen Bühnenmitglieder (*BAG* 21.5.1981 EzA § 620 BGB Nr. 49). Im **Zweifel** ist jedoch bei tariflichen Regelungen zur Befristung von einem **konstitutiven Vertragsgestaltungswillen** der Tarifparteien auszugehen (*Dütz* Anm. EzA § 1 BeschFG 1985 Nr. 1; *Kohte* BB 1986, 401; *BAG* 25.9.1987 EzA § 1 BeschFG 1985 Nr. 2; 11.8.1988 EzA § 620 BGB Nr. 105). Als günstigere Regelungen können beispielsweise nicht nur Abschlussmodalitäten, sondern auch Schranken zur inhaltlichen Ausgestaltung (zB Zeitdauer, Verlängerung und Erneuerung von Zeitverträgen) tariflich festgelegt werden (*BAG* 28.8.1996 EzA § 620 BGB Nr. 141; 12.9.1996 EzA § 620 BGB Nr. 143). Es kann auch geregelt werden, dass bestimmte Sachgründe aus dem Katalog des § 14 Abs. 1 S.2 TzBfG nicht gelten sollen oder dass die Sachgründe dieses Katalogs ausschließlich und abschließend gelten sollen (*Rolfs* Rz 2). 17

II. SR 2y BAT

Die bereits angesprochene **SR 2y BAT** mit den zugehörigen Protokollnotizen (zur Normqualität Rz 15) – diese behält derzeit trotz der Einführung des TVöD noch ihre Bedeutung, da der BAT partiell nach wie vor anwendbar ist – stellt nach den dargestellten Kriterien – die Zulässigkeit von Befristungen wird gegenüber dem TzBfG insgesamt eingeschränkt (dies ist nach wie vor trotz § 14 Abs. 2 S. 3 TzBfG möglich: ArbRBGB-*Dörner* § 620 Rz 239; aA *Pölti* NZA 2001, 588) – eine **abschließende Regelung zur Zulässigkeit befristeter Arbeitsverträge** dar (*Dörner* Befr. Arbeitsvertrag, Rz 431; sie gilt allerdings nicht im Geltungsbereich des BAT-O, womit es dort bei den gesetzlichen Bestimmungen bleibt [*Fieberg* ZTR 1996, 343], sofern nicht eine zulässige einzelvertragliche Vereinbarung der SR 2y BAT vorliegt [*BAG* 31.7.2002 EzA § 620 BGB Nr. 196; *Dörner* Befr. Arbeitsvertrag, Rz 429; § 4 Abs. 3 TVG steht nicht entgegen, weil SR 2y BAT eine günstigere Regelung darstellt]). Sie erfasst aber nicht die Befristung einzelner Arbeitsvertragsbedingungen (*BAG* 15.4.1999 EzA § 620 BGB Nr. 162; ausführl. *Dörner* Befr. Arbeitsvertrag, Rz 446). Dasselbe gilt für die **Parallelregelungen in anderen Tarifverträgen** (vgl. etwa *BAG* 28.2.1990 EzA § 1 BeschFG 1985 Nr. 9; 28.3.2001 EzA § 620 BGB Nr. 175; beide zur Protokollnotiz Nr. 1 zu Nr. 1 SR 2a MTA) wie die SR 2y zum Knappschaftsangestelltentarifvertrag (KnAT). Diese sind als für den Arbeitnehmer **günstigere Tarifnormen** im angeführten Sinne anzusehen (*BAG* 14.2.1990 EzA § 1 BeschFG 1985 Nr. 10; 28.2.1990 EzA § 1 BeschFG 1985 Nr. 9; 25.9.1987 EzA § 1 BeschFG 1985 Nr. 2). Sofern die Anwendbarkeit des BAT einzelvertraglich vereinbart ist, kann etwas von SR 2y BAT Abweichendes vereinbart werden (ErfK-*Müller-Glöge* Rz 5; ohne Festlegung *BAG* 24.10.2001 AP § 57c HRG Nr. 9; *BAG* 16.11.2005 NZA 2006, 784). Bei später eintretender Tarifbindung ist die Vereinbarung nur insoweit weiter wirksam, als sie sich gegenüber dem Tarifvertrag als günstiger darstellt (aA ErfK-*Müller-Glöge* Rz 5). **Nr. 1 SR 2y BAT sowie** die zugehörigen **Protokollnotizen** haben insgesamt derzeit seit dem 1.1.2002 folgenden **Wortlaut** (zu den Änderungen bzgl. der Protokollnotiz Nr. 6 s.u. Rz 24): 18

Zu §§ 1 und 2 – Geltungsbereich – 19

Diese Sonderregelungen gelten für Angestellte,

a) deren Arbeitsverhältnis mit Ablauf einer kalendermäßig bestimmten Frist enden soll (Zeitangestellte),

b) die für eine Aufgabe von begrenzter Dauer eingestellt sind und bei denen das Arbeitsverhältnis durch Eintritt eines bestimmten Ereignisses oder durch Ablauf einer kalendermäßig bestimmten Frist enden soll (Angestellte für Aufgaben von begrenzter Dauer),

c) die zur Vertretung oder zeitweiligen Aushilfe eingestellt werden (Aushilfsangestellte).

§ 22 TzBfG   Abweichende Vereinbarungen

Protokollnotiz:

1. Zeitangestellte dürfen nur eingestellt werden, wenn hierfür sachliche oder in der Person des Angestellten liegende Gründe vorliegen.
2. Der Abschluss eines Zeitvertrages für die Dauer von mehr als fünf Jahren ist unzulässig. Mit Ärzten, Zahnärzten und Tierärzten können Zeitverträge bis zu einer Dauer von sieben Jahren geschlossen werden, wenn sie zum Facharzt weitergebildet werden.
3. Ein Arbeitsvertrag für Aufgaben von begrenzter Dauer darf nicht abgeschlossen werden, wenn bereits bei Abschluss des Arbeitsvertrages zu erwarten ist, dass die vorgesehenen Aufgaben nicht innerhalb einer Frist von fünf Jahren erledigt werden können.
4. Angestellte, die unter Nr. 1 dieser Sonderregelungen fallen, sind bei der Besetzung von Dauerarbeitsplätzen bevorzugt zu berücksichtigen, wenn die sachlichen und persönlichen Voraussetzungen erfüllt sind.
5. Die Aufgaben der Flüchtlingslager (Auffangs- und Durchgangslager) sind keine Aufgaben von begrenzter Dauer im Sinne dieser Sonderregelungen.
6. Abweichend von der Protokollnotiz Nr. 1 können Arbeitsverträge nach § 14 Abs. 2 und 3 des Teilzeit- und Befristungsgesetzes (TzBfG) begründet werden. Das gilt nicht für Arbeitsverhältnisse, für die die §§ 57a bis 57f des Hochschulrahmengesetzes unmittelbar oder entsprechend gelten.

   Für die Ausgestaltung der Arbeitsverhältnisse nach § 14 Abs. 2 und 3 TzBfG gilt folgendes:

   a) Es ist im Arbeitsvertrag anzugeben, dass es sich um ein Arbeitsverhältnis nach § 14 Abs. 2 oder 3 TzBfG handelt.
   b) Die Dauer des Arbeitsverhältnisses soll in der Regel zwölf Monate nicht unterschreiten; sie muss mindestens sechs Monate betragen.
   c) Als Probezeit gelten abweichend von § 5 S. 1 bei Arbeitsverhältnissen
      aa) von weniger als zwölf Monaten die ersten vier Wochen,
      bb) von mindestens zwölf Monaten die ersten sechs Wochen
      des Arbeitsverhältnisses.
   d) Innerhalb der Probezeit beträgt die Kündigungsfrist
      aa) in den ersten vier Wochen der Beschäftigung eine Woche,
      bb) nach Ablauf der vierten Woche der Beschäftigung zwei Wochen.
   e) Ein Arbeitsverhältnis, das für eine längere Dauer als zwölf Monate vereinbart wurde, kann auch nach Ablauf der Probezeit gekündigt werden. Die Kündigungsfrist beträgt sechs Wochen zum Schluss eines Kalendermonats.

   Ein Arbeitsverhältnis, das für eine Dauer von längstens zwölf Monaten vereinbart wurde, kann nach Ablauf der Probezeit nur aus wichtigem Grund gekündigt werden. Als wichtiger Grund iSd Satzes 1 dieses Unterabsatzes für eine Kündigung durch den Angestellten gilt auch die Aufnahme eines unbefristeten Arbeitsverhältnisses; zwischen den Arbeitsvertragsparteien soll Einvernehmen über eine angemessene Auslauffrist erzielt werden.

   f) Vor Beendigung des Arbeitsverhältnisses hat der Arbeitgeber zu prüfen, ob der Angestellte auf Dauer oder befristet weiterbeschäftigt werden kann.
   g) Die Nr. 2, 3 und 7 dieser Sonderregelungen finden keine Anwendung.

   § 21 TzBfG gilt in den Fällen, in denen die auflösende Bedingung nicht auf Gründen in der Person des Angestellten beruht, mit der Maßgabe, dass bei der Anwendung des § 15 Abs. 2 TzBfG anstelle der Frist von zwei Wochen eine solche von vier Wochen tritt, sofern das Arbeitsverhältnis zum Zeitpunkt des Eintritts der auflösenden Bedingung länger als ein Jahr bestanden hat.

20 **Zeitangestellte** iSd Nr.1a SR 2y BAT sind Angestellte, deren Arbeitsverhältnis kalendermäßig befristet ist (KR-*Bader* § 3 TzBfG Rz 16) und die weder als Aushilfsangestellte noch als Angestellte für Aufgaben von begrenzter Dauer verstanden werden können (*BAG* 11.11.1998 EzA § 620 BGB Nr. 155; 29.10.1998 EzA § 21 BErzGG Nr. 3: Befristung zur Erprobung; hierunter fällt auch die Befristung aus Haushaltsgründen: zB *BAG* 4.12.2002 AP Nr. 24 zu § 2 BAT SR 2y; 17.4.2002 EzA § 620 BGB Nr. 191). **Angestellte für Aufgaben von begrenzter Dauer** iSd Nr.1b SR 2y BAT – mit kalendermäßiger Befristung oder

Abweichende Vereinbarungen § 22 TzBfG

Zweckbefristung – erfüllen einen zeitweiligen Mehrbedarf an Arbeitskräften, ohne unter Aushilfe oder Vertretung zu fallen (*BAG* 31.7.2002 EzA § 620 BGB Nr. 196; 24.10.2001 EzA § 620 BGB Hochschule Nr. 31: zeitlich befristetes Forschungsprojekt; vgl. auch *BAG* 28.3.2001 EzA § 620 BGB Nr. 175; 3.11.1999 EzA § 620 BGB Nr. 166; 11.12.1991 EzA § 620 BGB Nr. 111; zu den Begriffen und entsprechenden Befristungsgründen KR-*Lipke* § 14 TzBfG Rz 98 ff. u. 79 f.; vgl. auch APS-*Schmidt* BAT SR 2y Rz 18). **Angestellte zur Vertretung oder zur zeitweiligen Aushilfe (Aushilfsangestellte)** iSd Nr. 1c SR 2y BAT schließlich sind den Nr. 1 und 3 des § 14 Abs. 1 S 2 TzBfG zuzuordnen (*BAG* 17.4.2002 EzA § 620 BGB Nr. 194; 29.10.1998 EzA § 21 BErzGG Nr. 3; vgl. weiter die entspr. Erl. bei KR-*Lipke* § 14 TzBfG; APS-*Schmidt* BAT SR 2y Rz 22 ff.). Hierzu gehört auch der in **§ 21 BEEG** geregelte Sachgrund für eine Befristung (*BAG* 29.10.1998 EzA § 21 BErzGG Nr. 3). Zur Bedeutung der **Protokollnotiz Nr. 4** zu SR Nr. 1 2y BAT vgl. KR-*Bader* § 17 TzBfG Rz 89.

Angaben zum Befristungsgrund und zur Einordnung in die drei Angestelltenkategorien fordert **§ 4 BAT** (Nebenabreden sind nicht betroffen: *BAG* 15.3.1989, AP § 620 BGB Befristeter Arbeitsvertrag Nr. 126) nicht, ebenso nicht **§ 14 Abs. 4 TzBfG**. Doch ist nach **Nr. 2 Abs. 1 SR 2y BAT** im Arbeitsvertrag zu vereinbaren, nach welcher **Befristungsgrundform** der Arbeitnehmer eingestellt wird (Nr. 1a bis c SR 2y BAT [vgl. Rz 20 – weiter dazu Rz 22]; *BAG* 24.4.1996 EzA § 620 BGB Hochschulen Nr. 7; 22.10.2003 EzA § 620 BGB Nr. 8). Bei einem **Zeitangestellten** ist zudem die Laufzeit anzugeben (Nr. 2 Abs. 2 Unterabs. 1 SR 2y BAT). Nr. 2 Abs. 2 Unterabs. 2 u. 3 SR 2y BAT fordern weitere Angaben: für die **Aushilfsangestellten** Angaben zur Dauer und dazu, ob die Anstellung zur Vertretung oder zur Aushilfe erfolgt; für die **Angestellten für Aufgaben mit begrenzter Dauer** Angaben zur Aufgabe und zu Frist oder Endeereignis. 21

Dies alles dient der **Rechtssicherheit und Rechtsklarheit** (*BAG* 31.8.1994 EzA § 620 BGB Nr. 127; 28.3.2001 EzA § 620 BGB Nr. 175; 17.4.2002 EzA § 620 BGB Nr. 191), und die gebotene Festlegung – insbes. bzgl. der Befristungsgrundform – ist erforderlichenfalls qua **Auslegung** zu ermitteln (*BAG* 25.11.1992 EzA § 620 BGB Nr. 117; zur Auslegung auch *BAG* 17.4.2002 EzA § 620 BGB Nr. 191; 15.2.2006 – 7 AZR 241/05 –), wobei zum Teil noch dadurch geholfen werden kann, dass die tarifliche Grundform nach Abs. 1 der Nr. 1 SR 2y BAT durch ergänzende **Auslegung** des **Arbeitsvertrages** ermittelt wird (*BAG* 29.2.1990 EzA § 1 BeschFG 1985 Nr. 9; 28.3.2001 EzA § 620 BGB Nr. 175; **aA** *LAG Brem.* 5.9.1990 LAGE § 620 BGB Nr. 23). Zu betonen ist aber, dass die **Angabe des konkreten Befristungsgrundes nicht erforderlich** ist. Treffen **mehrere Befristungsgründe** – ein Befristungsgrund kann nur einer der drei Befristungsgrundformen zugeordnet sein (*BAG* 28.3.2001 EzA § 620 BGB Nr. 175) – zusammen, kann sich der Arbeitgeber jedoch nur dann auf alle berufen, wenn die entsprechenden tariflichen Grundformen im Arbeitsvertrag vollständig nebeneinander angegeben sind (*BAG* 20.2.1991 EzA § 620 BGB Nr. 109; vgl. auch 29.10.1998 EzA § 21 BErzGG Nr. 3 sowie 28.3.2001 EzA § 620 BGB Nr. 175; 23.1.2002 EzA § 620 BGB Nr. 190; 31.7.2002 EzA § 620 BGB Nr. 196). 22

Die insoweit fehlende Schriftform führt dann nicht zur Unwirksamkeit der Befristung, sondern zu einem wechselseitigen Anspruch, die nach Tarifvertrag erforderlichen Angaben schriftlich festzulegen (*BAG* 29.2.1990 EzA § 1 BeschFG 1985 Nr. 9; 27.1.1988 AP § 620 BGB Befristeter Arbeitsvertrag Nr. 116). Das BAG misst deshalb neuerdings **tariflichen Formvorschriften** idR nur noch **deklaratorische Bedeutung** zu. 23

Die **Protokollnotiz Nr. 1 zu Nr. 1 SR 2y BAT** lässt auch **für Zeitangestellte** (definiert in Nr. 1a SR 2y BAT; vgl. Rz 20) – für die Aushilfsangestellten und für die Angestellten für Aufgaben von begrenzter Dauer (Definition in Nr. 1b u. c SR 2y BAT; vgl. Rz 20) ergibt sich das Sachgrunderfordernis bereits aus der Definition (terminologisch anders, nämlich den Zeitangestellten in der Protokollnotiz Nr. 1 zu Nr. 1 SR 2y BAT als Oberbegriff sehend, während der Begriff in Nr. 1a SR 2y BAT enger zu verstehen sei: *BAG* 29.10.1998 EzA § 21 BErzGG Nr 3; *Dörner* Befr. Arbeitsvertrag, Rz 435) – an sich **nur die Sachgrundbefristung** (jetzt nach den allg. Kriterien des § 14 Abs. 1 TzBfG) zu (vgl. auch *BAG* 29.10.1998 EzA § 21 BErzGG Nr. 3; 6.12.1989 EzA § 1 BeschFG 1985 Nr. 11; § 620 BGB Rz 120; APS-*Schmidt* BAT SR 2y Rz 2 f.). **Hiervon befreite die Protokollnotiz Nr. 6 für die Zeit vom 1.2.1996 bis zum 31.12.2000** mit der Ausnahme für den Bereich des HRG. Nach dem 31.12.2000 existierte diese Möglichkeit der sachgrundlosen Befristung zunächst nicht (vgl. dazu *Dassau* ZTR 2001, 64; **aA** *Pöltl* NZA 2001, 586 ff.). **Ab dem 1.1.2002** gilt die Protokollnotiz Nr. 6 mit Anpassung an das TzBfG, einigen textlichen Modifikationen und einer Erweiterung bzgl. der auflösenden Bedingung jetzt wieder. 24

Soweit die **Protokollnotiz Nr. 6 zu Nr. 1 SR 2y BAT** Befristungen nach § 14 Abs. 2 u. 3 TzBfG (nicht: § 14 Abs. 2a TzBfG!) zulässt, sind die dort enthaltenen **Ausgestaltungsregelungen** zu beachten. Es ist **im** 25

§ 22 TzBfG   Abweichende Vereinbarungen

Arbeitsvertrag anzugeben, dass es sich um ein **Arbeitsverhältnis nach § 14 Abs. 2 oder 3 TzBfG** handelt (nicht konstitutiv, sondern nur deklaratorisch: vgl. § 4 Abs. 1 BAT; *BAG* 9.2.1972 AP § 4 BAT Nr. 1; 26.11.1969 AP § 23a BAT Nr. 8). Eine **Befristung für einen kürzeren Zeitraum als sechs Monate** ist **nicht möglich**, und die Befristung soll idR zwölf Monate nicht unterschreiten. Im Übrigen sind in unterschiedlichem Ausmaß **Kündigungsmöglichkeiten** vorgesehen, die aus sich heraus verständlich sind.

26   Da es sich wie angesprochen bei der Protokollnotiz Nr. 1 zu Nr. 1 SR 2y BAT um eine **tarifvertragliche Abschlussnorm** handelt (s.o. Rz 4), muss der Tarifvertrag **kraft beiderseitiger Tarifbindung** bereits **bei Abschluss des Arbeitsvertrages** anwendbar sein (*BAG* 28.2.1990 EzA § 1 BeschFG 1985 Nr. 9). Ist dies nicht der Fall, gilt der Tarifvertrag also nur kraft **einzelvertraglicher Bezugnahme**, können die Vertragsparteien die Geltung der genannten Protokollnotiz im Arbeitsvertrag **wirksam ausschließen** (*BAG* 14.2.1990 EzA § 1 BeschFG 1985 Nr. 10; vgl. auch o. Rz 4).

27   Gem. **Nr. 2 der Protokollnotiz zu Nr. 1 SR 2y BAT** ist der Abschluss eines Zeitvertrages für die Dauer von **mehr als fünf Jahren unzulässig**; diese Protokollnotiz gilt nicht für Zweckbefristungen (*BAG* 26.3.1986 AP Nr. 103 zu § 620 BGB Befristeter Arbeitsvertrag = EzA § 620 BGB Nr. 81; vgl. auch 20.2.1991 EzA § 620 BGB Nr. 109). Weder der Wortlaut noch der erkennbare Sinn und Zweck der Vorschrift lassen jedoch den Schluss darauf zu, dass die Tarifvertragsparteien Zeitverträge auf höchstens fünf Jahre beschränken wollten und damit eine Verbotsnorm für den Abschluss **mehrerer Zeitverträge** innerhalb des zulässigen Rahmens einführen wollten. Dagegen spricht schon, dass der zwingende Charakter eines Verbots sich unmittelbar aus der Norm selbst ergeben muss. Dies ist nicht der Fall. Damit folgt die Unzulässigkeit des Abschlusses mehrerer befristeter Arbeitsverträge nicht aus der angeführten Protokollnotiz zu SR 2y BAT (7. Senat des BAG: *BAG* 21.4.1993 EzA § 620 BGB Nr. 121; vgl. auch 24.10.2001 EzA § 620 BGB Hochschule Nr. 31 entspr. zu Ziff. 3 der Protokollnotiz zu Nr. 1 SR 2y BAT [ebenso *Sievers* Rz 14]; aA KDZ-*Däubler* Rz 10; früher der 2. Senat: *BAG* 26.5.1983 EzA § 620 BGB Nr. 67). Die Kontrolle erfolgt nach den üblichen Kriterien bei Mehrfachbefristungen (*BAG* 11.11.1998 EzA § 620 BGB Nr. 155; dazu KR-*Lipke* § 14 TzBfG Rz 39 ff.). Wenn die **Fünfjahresgrenze erheblich überschritten** wird (zB bei einer Beschäftigungsdauer von neun Jahren), wird auf den Grundsatz verwiesen, dass mit zunehmender Dauer der Beschäftigung auch die Anforderung an den Sachgrund der Befristung steigen (vgl. KR-*Lipke* § 14 TzBfG Rz 41). Mit der dadurch bedingten wachsenden Abhängigkeit des Arbeitnehmers wird es für ihn immer schwerer, anderweit Arbeit zu finden. Daraus folgert der Siebte Senat zutreffend, **nach einer Zeitspanne von fünf Jahren** sei dem **Bestandsschutz** des Arbeitsverhältnisses ein **besonders großes Gewicht** beizumessen und deswegen sei eine weitere **Anschlussbefristung** nur noch unter **strengen Maßstäben** zuzulassen, für die ein sachlicher Grund, der eine Beschäftigungsdauer bis zu fünf Jahren rechtfertigen könne, nicht mehr ausreiche (*BAG* 21.1.1987 EzA § 620 BGB Nr. 89; 11.12 1991 EzA § 620 BGB Nr. 110).

III. TVöD

27a Der **TVöD** – gültig ab 1.10.2005 -, der bislang insbesondere den BAT noch keineswegs flächendeckend abgelöst hat, enthält in den **§§ 30 bis 32** in seinem Allgemeinen Teil folgende erheblich gestraffte Regelungen zur **Befristung von Arbeitsverträgen** (zur Beendigung des Arbeitsverhältnisses wegen Erwerbsunfähigkeit vgl. § 33 Abs. 2 bis 4 TVöD; dazu KR-*Bader* § 21 TzBFG Rz 43a; zur vertraglichen Vereinbarung des TVöD vgl. o. Rz 18 entsprechend):

§ 30 Befristete Arbeitsverträge

(1) Befristete Arbeitsverträge sind nach Maßgabe des Teilzeit- und Befristungsgesetzes sowie anderer gesetzlicher Vorschriften über die Befristung von Arbeitsverträgen zulässig. Für Beschäftigte, auf die die Regelungen des Tarifgebiets West Anwendung finden und deren Tätigkeit vor dem 1. Januar 2005 der Rentenversicherung der Angestellten unterlegen hätte, gelten die in den Absätzen 2 bis 4 geregelten Besonderheiten; dies gilt nicht für Arbeitsverhältnisse, für die die §§ 57a ff. HRG unmittelbar oder entsprechend gelten.

(2) Kalendermäßig befristete Arbeitsverträge mit sachlichem Grund sind nur zulässig, wenn die Dauer des einzelnen Vertrages fünf Jahre nicht übersteigt; weitergehende Regelungen im Sinne von § 23 TzBfG bleiben unberührt. Beschäftigte mit einem Arbeitsvertrag nach Satz 1 sind bei der Besetzung von Dauerarbeitsplätzen bevorzugt zu berücksichtigen, wenn die sachlichen und persönlichen Voraussetzungen erfüllt sind.

(3) Ein befristeter Arbeitsvertrag ohne sachlichen Grund soll in der Regel zwölf Monate nicht unterschreiten; die Vertragsdauer muss mindestens sechs Monate betragen. Vor Ablauf des Arbeits-

vertrages hat der Arbeitgeber zu prüfen, ob eine unbefristete oder befristete Weiterbeschäftigung möglich ist.
(4) Bei befristeten Arbeitsverträgen ohne sachlichen Grund gelten die ersten sechs Wochen und bei befristeten Arbeitsverträgen mit sachlichem Grund die ersten sechs Monate als Probezeit. Innerhalb der Probezeit kann der Arbeitsvertrag mit einer Frist von zwei Wochen zum Monatsschluss gekündigt werden.
(5) Eine ordentliche Kündigung nach Ablauf der Probezeit ist nur zulässig, wenn die Vertragsdauer mindestens zwölf Monate beträgt. Nach Ablauf der Probezeit beträgt die Kündigungsfrist in einem oder mehreren aneinandergereihten Arbeitsverhältnissen bei demselben Arbeitgeber
von insgesamt mehr als sechs Monaten   vier Wochen,
von insgesamt mehr als einem Jahr   sechs Wochen
zum Schluss eines Kalendermonats,
von insgesamt mehr als zwei Jahren   drei Monate,
von insgesamt mehr als drei Jahren   vier Monate
zum Schluss eines Kalendervierteljahres.
Eine Unterbrechung bis zu drei Monaten ist unschädlich, es sei denn, dass das Ausscheiden von der/dem Beschäftigten verschuldet oder veranlasst war. Die Unterbrechungszeit bleibt unberücksichtigt.

Protokollerklärung zu Absatz 5:
Bei mehreren aneinandergereihten Arbeitsverhältnissen führen weitere vereinbarte Probezeiten nicht zu einer Verkürzung der Kündigungsfrist.

(6) Die §§ 31, 32 bleiben von den Regelungen der Absätze 3 bis 5 unberührt.

§ 31 Führung auf Probe
(1) Führungspositionen können als befristetes Arbeitsverhältnis bis zur Gesamtdauer von zwei Jahren vereinbart werden. 2Innerhalb dieser Gesamtdauer ist eine höchstens zweimalige Verlängerung des Arbeitsvertrages zulässig. Die beiderseitigen Kündigungsrechte bleiben unberührt.
(2) Führungspositionen sind die ab Entgeltgruppe 10 zugewiesener Tätigkeiten mit Weisungsbefugnis.
(3) Besteht bereits ein Arbeitsverhältnis mit demselben Arbeitgeber, kann der/dem Beschäftigten vorübergehend eine Führungsposition bis zu der in Absatz 1 genannten Gesamtdauer übertragen werden. Der/Dem Beschäftigten wird für die Dauer der Übertragung eine Zulage in Höhe des Unterschiedsbetrags zwischen den Entgelten nach der bisherigen Entgeltgruppe und dem sich bei Höhergruppierung nach § 17 Abs. 4 Satz 1 und 2 ergebenden Entgelt gewährt. Nach Fristablauf endet die Erprobung. 4Bei Bewährung wird die Führungsfunktion auf Dauer übertragen; ansonsten erhält die/der Beschäftigte eine der bisherigen Eingruppierung entsprechende Tätigkeit.

§ 32 Führung auf Zeit
(1) Führungspositionen können als befristetes Arbeitsverhältnis bis zur Dauer von vier Jahren vereinbart werden. 2Folgende Verlängerungen des Arbeitsvertrages sind zulässig:
a) in den Entgeltgruppen 10 bis 12 eine höchstens zweimalige Verlängerung bis zu einer Gesamtdauer von acht Jahren,
b) ab Entgeltgruppe 13 eine höchstens dreimalige Verlängerung bis zu einer Gesamtdauer von zwölf Jahren.
Zeiten in einer Führungsposition nach Buchstabe a bei demselben Arbeitgeber können auf die Gesamtdauer nach Buchstabe b zur Hälfte angerechnet werden. Die allgemeinen Vorschriften über die Probezeit (§ 2 Abs. 4) und die beiderseitigen Kündigungsrechte bleiben unberührt.
(2) Führungspositionen sind die ab Entgeltgruppe 10 zugewiesenen Tätigkeiten mit Weisungsbefugnis.
(3) Besteht bereits ein Arbeitsverhältnis mit demselben Arbeitgeber, kann der/dem Beschäftigten vorübergehend eine Führungsposition bis zu den in Absatz 1 genannten Fristen übertragen werden. Der/Dem Beschäftigten wird für die Dauer der Übertragung eine Zulage gewährt in Höhe des Unterschiedsbetrags zwischen den Entgelten nach der bisherigen Entgeltgruppe und dem sich bei Höhergruppierung nach § 17 Abs. 4 Satz 1 und 2 ergebenden Entgelt, zuzüglich eines Zuschlags von 75 v.H. des Unterschiedsbetrags zwischen den Entgelten der Entgeltgruppe, die der übertragenen Funktion entspricht, zur nächsthöheren Entgeltgruppe nach § 17 Abs. 4 Satz 1 und 2. Nach Fristab-

§ 22 TzBfG   Abweichende Vereinbarungen

lauf erhält die/der Beschäftigte eine der bisherigen Eingruppierung entsprechende Tätigkeit; der Zuschlag entfällt.

27b Für den Bereich, der durch die §§ 57a ff. HRG (vgl. dazu die Kommentierung von *Lipke*) in unmittelbarer oder entsprechender Anwendung abgedeckt ist, regeln diese Bestimmungen ausschließlich die Zulässigkeit von befristeten Arbeitsverträgen (§ 30 Abs. 1 S. 2, 2. Halbs. TVöD). Ansonsten gilt grundsätzlich, dass für die Zulässigkeit befristeter Arbeitsverträge allein die Regelungen des **TzBfG und anderer gesetzlicher Vorschriften über die Befristung von Arbeitsverträgen** maßgeblich sind (§ 30 Abs. 1 S. 1 TVöD). Eine Ausnahme gilt gem. § 30 Abs. 1 S. 2, 1. Halbs. TVöD für die Beschäftigten, auf die die Regelungen des **Tarifgebietes West** Anwendung finden (vgl. zum Tarifgebiet Ost Rz 18) und deren Tätigkeit vor dem 1.1.2005 der Rentenversicherung der **Angestellten** unterlegen hätte, also die Angestellten, für die **SR 2y BAT** galt (s.o. Rz 18 ff.): Insoweit gelten die in **§ 30 Abs. 2 bis 5 TVöD** geregelten Besonderheiten (nicht aber für **§§ 31 und 32 TVöD**: § 30 Abs. 6 TVöD – s.u. Rz 27e und 27f), und hierfür gilt das oben in Rz 18 Ausgeführte entsprechend.

27c Dabei entspricht § 30 **Abs. 3 S. 1** der Regelung in der Protokollnotiz Nr. 6b zu Nr. 1 SR 2y BAT, **§ 30 Abs. 3 S. 2** der Regelung in der Protokollnotiz Nr. 6f zu Nr. 1 SR 2y BAT. **§ 30 Abs. 2 S. 1** entspricht der Protokollnotiz Nr. 2 Satz 1 zu Nr. 1 SR 2y BAT (dazu Rz 27, die dort dargestellten Grundsätze gelten hier entsprechend; vgl. aber zur **auflösenden Bedingung** KR-*Bader* § 21 TzBfG Rz 58), während **§ 30 Abs. 2 S. 2** der Nr. 4 zu Nr. 1 SR 2y Bat entspricht (dazu KR-*Lipke* § 14 TzBfG Rz 181). Die **Absätze 4 und 5** des § 30 regeln, ob und mit welchen **Kündigungsfristen** während der Befristung **ordentliche Kündigungen** möglich sind (vgl. § 15 Abs. 3 TzBfG).

27d Neu ist die Vorschrift des **§ 31 TVöD** zur Besetzung von **Führungspositionen** (ab Tätigkeiten der Entgeltgruppe 10 mit Weisungsbefugnissen: § 31 Abs. 2 TVöD; es reicht also nicht allein, dass Tätigkeiten der Entgeltgruppe 10 oder höher übertragen sind, die Weisungsbefugnis muss hinzutreten) **auf Probe** (insoweit zur Frage der Schriftform des § 14 Abs. 4 TzBfG – Sachgrundangabe nicht erforderlich – etwa *BAG* 23.6.2004 EzA § 14 TzBfG Nr. 10). Nach dem Vorbild des § 14 Abs. 2 S. 1 TzBfG (vgl. dazu KR-*Lipke* § 14 TzBfG Rz 280-293 u. 295 – die dortigen Ausführungen gelten hier sinngemäß entspr.) ist hierfür ein Gesamtrahmen von **zwei Jahren** vorgesehen, innerhalb dessen eine höchstens **zweimalige Verlängerung des Arbeitsvertrages** zulässig ist (§ 31 Abs. 1 S. 1 u. 2 TVöD), womit die Probebefristung auf insgesamt drei Teilbefristungen (deren Länge ist freigestellt, nur darf die letzte Befristung nicht die Gesamtdauer von zwei Jahren überschreiten) aufgeteilt werden kann. § 31 Abs. 1 S. 3 TVöD lässt beiderseits auch die **ordentliche Kündigung** zu (vgl. § 15 Abs. 3 TzBfG). Die Regelung stellt keine für den Arbeitnehmer günstigere Regelung dar, sie muss sich also im Rahmen des § 14 Abs. 1 TzBfG halten (KR-*Lipke* § 14 TzBfG Rz 246 u. hier Rz 7). Dies ist im Hinblick auf **§ 14 Abs. 1 S. 2 Nr. 5 TzBfG** (dazu KR-*Lipke* § 14 TzBfG Rz 157 ff.) grds. zu bejahen, und auch bzgl. der **Dauer** der Befristung wird man den Höchstrahmen von zwei Jahren noch für tolerabel halten können (vgl. dazu insges. KR-*Lipke* § 14 TzBfG Rz 164 ff.). Es bleibt freilich dabei, dass die Dauer der befristeten Erprobung in einem **angemessen Verhältnis zu der in Aussicht genommenen Tätigkeit** stehen muss; sie steht damit nicht im Belieben des Arbeitgebers (dieser darf den Höchstrahmen also nicht unbesehen ausschöpfen!), sondern dieser hat sich daran zu orientieren, welche Anforderungen der Arbeitsplatz stellt und welches Fähigkeitsprofil des Arbeitnehmers zu ergründen ist (KR-*Lipke* § 14 TzBfG Rz 164, dort auch in Rz 165 zur weiteren Probebefristung; hier wird jedoch eine Verlängerung der Probebefristung erfordern, dass im Rahmen der ersten Befristung noch keine abschließende Beurteilung möglich war oder eine Leistungssteigerung zu erwarten ist – ein unbesehenes Ausschöpfen der Verlängerungsmöglichkeiten ist nicht zu akzeptieren). Besteht schon ein Arbeitsverhältnis mit demselben Arbeitgeber, kann gem. § 31 Abs. 3 S. 1 TVöD im zeitlichen Rahmen des § 31 Abs. 1 S. 1 TVöD – einschließlich der in § 31 Abs. 1 S. 2 TVöD genannten Verlängerungsmöglichkeiten – die **Führungsposition vorübergehend** (mit Zulage: § 31 Abs. 3 S. 2 TVöD) übertragen werden (zu Fragenkreis grds. KR-*Lipke* § 14 TzBfG Rz 12 ff.). Dies ist gleichermaßen als zulässig anzuerkennen. Die Erprobungsphase endet dann mit Fristablauf (§ 31 Abs. 3 S. 3 TVöD). Danach wird die Führungsposition entweder auf Dauer übertragen, oder der Arbeitnehmer wird entsprechend der bisherigen Eingruppierung weiterbeschäftigt (§ 31 Abs. 3 S. 4 TVöD). Da in der Fallgestaltung des § 31 Abs. 3 TVöD der Arbeitgeber den Arbeitnehmer schon kennt, wird die Erprobungsphase tendenziell regelmäßig entschieden kürzer sein können und müssen als bei der Erprobung einer neu eingestellten Führungskraft.

27e Ebenfalls neu ist die in **§ 32 TVöD** enthaltene Regelung zur **Führung auf Zeit**. Führungspositionen (§ 32 Abs. 2 TVöD: ab Entgeltgruppe 10 zugewiesene Tätigkeiten mit Weisungsbefugnis; zur Weisungs-

Besondere gesetzliche Regelungen § 23 TzBfG

befugnis s.o. Rz 27d) können danach als befristete Arbeitsverhältnisse vereinbart werden. Dies geschieht (zunächst) für die Dauer von **vier Jahren** (§ 32 Abs. 1 S. 1 TVöD). In den Entgeltgruppen 10 bis 12 kann eine höchstens zweimalige **Verlängerung** (vgl. dazu KR-*Lipke* § 14 TzBfG Rz 286 ff. u. Rz. 295) bis zur Gesamtdauer von acht Jahren erfolgen, ab Entgeltgruppe 13 eine höchstens dreimalige Verlängerung bis zu einer Gesamtdauer von zwölf Jahren (§ 32 Abs. 1 S. 2 TVöD; Anrechnungsvorschrift [kann!] in § 32 Abs. 1 S. 3 TVöD). Dabei bleiben allerdings die allg. Vorschriften über die Probezeit und die beiderseitigen Kündigungsrechte unberührt (§ 32 Abs. 1 S. 4 TVöD) – beide Parteien können mithin ordentlich kündigen (vgl. § 15 Abs. 2 TzBfG). Diese Regelung stellt ebenfalls keine für den Arbeitnehmer günstigere Regelung dar, sie muss sich also im Rahmen des § 14 Abs. 1 TzBfG halten (KR-*Lipke* § 14 TzBfG Rz 246 u. hier Rz 7). Es spricht viel dafür, sie **§ 14 Abs. 1 S. 2 Nr. 4 TzBfG (Eigenart der Arbeitsleistung)** zuzuordnen (insges. dazu KR-*Lipke* § 14 TzBfG Rz 126 ff.) und damit grds. anzuerkennen, auch wenn es einige Bedenken dagegen geben mag (vgl. KR-*Lipke* § 14 TzBfG Rz 126a). Die darin enthaltene durchaus modernen Überlegungen entsprechende Strukturentscheidung der öffentlichen Arbeitgeber dafür, Führungspositionen auch nur auf Zeit vergeben zu können, ist im Rahmen des § 14 Abs. 1 TzBfG zu akzeptieren. Dementsprechend stoßen auch die vorgesehenen Zeitrahmen und Verlängerungsmöglichkeiten letztlich nicht auf durchgreifende Bedenken, auch nicht in europarechtlicher Hinsicht. § 32 Abs. 3 TVöD entspricht in den Sätzen 1 u. 2 weitgehend der Regelung in § 31 Abs. 3 TVöD (s.o. Rz. 27d). Nach Fristablauf erhält die oder der Beschäftigte unter Entfallen des Zuschlags gem. § 32 Abs. 3 S. 2 TVöD eine der bisherigen Eingruppierung entsprechende Tätigkeit (§ 32 Abs. 3 S. 3 TVöD).

IV. Möglichkeiten günstigerer Regelungen gegenüber dem TzBfG

Die vorstehenden Ausführungen haben bereits insgesamt eine ganze Reihe von Gesichtspunkten aufgezeigt, in denen Einzelvereinbarungen oder Tarifverträge günstiger sind oder sein können als die TzBfG-Vorschriften (dazu auch KDZ-*Däubler* Rz 4 bis 18). Erwähnt werden soll hier noch, dass zugunsten des Arbeitnehmers etwa von **§ 15 Abs. 1 TzBfG** abgewichen werden kann (nutzbar im Bühnenrecht; vgl. dazu weiter KR-*Bader* § 3 TzBfG Rz 39 ff.). 28

§ 23 Besondere gesetzliche Regelungen Besondere Regelungen über Teilzeitarbeit und über die Befristung von Arbeitsverträgen nach anderen gesetzlichen Vorschriften bleiben unberührt.

Literatur

Vgl. die Angaben zu § 1 TzBfG.

Inhaltsübersicht

	Rz			Rz
A. Allgemeines	1	IX.	Eignungsübungsgesetz	15, 16
B. Vorhandene besondere gesetzliche		X.	Ein-Euro-Jobs	16a
Regelungen	2–27	XI.	Eingliederungsvertrag	
I. Überblick	2		(§§ 229 ff. SGB III aF)/	
II. Ärzte in der Weiterbildung	3		Vertretung gem.	
III. Altersteilzeitgesetz	3a, 3b		§ 231 Abs. 1 SGB III	17- 18a
IV. Arbeitnehmerüberlassungsgesetz	4–7	XII.	Einigungsvertrag	
V. Arbeitsplatzschutzgesetz	8		(neue Bundesländer)	19, 20
VI. Berufsbildungsgesetz	9, 10	XIII.	Forschungseinrichtungen	21
VII. Beschäftigungsförderungsgesetz		XIV.	Hochschulrahmengesetz	22
1996	11	XV.	Ländergesetze	23
VIII. Bundeselterngeld- und Elternzeit-		XVI.	SGB VI § 41 Satz 2 (Altersgrenze)	24–27
gesetz	12–14	XVII.	Zivildienstgesetz	28

A. Allgemeines

§ 23 TzBfG stellt klar, dass die – allgemeinen – Befristungsvorschriften des TzBfG andere und damit 1 **spezielle gesetzliche Regelungen über befristete Arbeitsverhältnisse unberührt** lassen (BT-Drs. 14/

4374 S. 22; *Annuß/Thüsing-Lambrich* Rz 1). Dasselbe gilt, obwohl dies im Gesetz an dieser Stelle nicht ausdrücklich erwähnt ist, ggf. auch für spezielle gesetzliche Regelungen über **auflösend bedingte Arbeitsverträge** (KR-*Bader* § 21 TzBfG Rz 16). Es können insoweit insbes. andere Sachgrunderfordernisse vorgesehen werden, auch abweichende Grundsätze für Befristungen ohne Sachgrund. Umgekehrt ist jedoch zu beachten: Soweit die spezielleren Gesetze keine entgegenstehenden Normen enthalten oder diesbzgl. nichts regeln, ohne dass erkennbar ist, dass die Nichtregelung ein ergänzendes Zurückgreifen auf das TzBfG verbietet – dies ist jeweils durch Auslegung festzustellen (*Annuß/Thüsing-Lambrich* Rz 1) – (von besonderem Interesse im Hinblick auf § 14 Abs. 1 bis 3 TzBfG), greifen die **Vorschriften des TzBfG ergänzend** ein (BT-Drs. 14/4374 S. 22; *Annuß/Thüsing-Lambrich* Rz 1; KDZ-*Däubler* Rz 3; MHH-*Herms* Rz 18; *Sievers* Rz 26). Das gilt vor allem für § 17 TzBfG (**Klagefrist** – dazu KR-*Bader* § 22 TzBfG Rz 2), daneben aber auch für § 14 Abs. 4 TzBfG (**Schriftform**) und die §§ 15, 16 TzBfG sowie natürlich für die allgemeinen flankierenden Regelungen in §§ 3, 4 Abs. 2 und 17 bis 19 TzBfG.

B. Vorhandene besondere gesetzliche Regelungen
I. Überblick

2 Es existiert eine Reihe von Gesetzen, die sich für **Spezialbereiche** mehr oder weniger umfangreich mit Fragen **befristeter Arbeitsverträge** befassen. In der Begründung des Gesetzentwurfs für das TzBfG (BT-Drs. 14/4374 S. 22) sind – jedoch nicht erschöpfend – aufgeführt: § 21 BErzGG (jetzt: § 21 BEEG; s.u. Rz 9 f.), §§ 57a ff. HRG (s.u. Rz 22), das Gesetz über befristete Arbeitsverträge mit wissenschaftlichem Personal an Forschungseinrichtungen (s.u. Rz 21), das Gesetz über befristete Arbeitsverträge mit Ärzten in der Weiterbildung (s.u. Rz 3) sowie die §§ 3 Abs. 1 Nr. 3 u. 5, 9 Nr. 2 AÜG (s.u. Rz 4 ff.). Die Gesetze stellen bzw. stellten zum Teil vor allem **spezielle Voraussetzungen** für die Befristung von Arbeitsverhältnissen auf und regeln oder regelten etwa Dauer und Kündigung befristeter Arbeitsverträge speziell, zum Teil handelt es sich auch um **Befristungen kraft Gesetzes** (vgl. unten zum BBiG und zum EV; s.a. Rz 17 f. zum Eingliederungsvertrag sowie Rz 4 ff. hinsichtlich des AÜG-Bereichs). Die einzelnen Gesetze sind nachfolgend in alphabetischer Reihenfolge angesprochen. Dabei ist auch, soweit geboten, jeweils ausgeführt, welche Konsequenzen sich für die Anwendbarkeit des TzBfG ergeben. Eine **flankierende Regelung** zum Befristungsrecht findet sich in **§ 8 Abs. 2 EFZG**. Dort ist bestimmt, dass der Anspruch auf Entgeltfortzahlung gem. § 3 Abs. 1 EFZG mit dem Ende des Arbeitsverhältnisses endet, wenn das Arbeitsverhältnis nach dem Beginn der Arbeitsunfähigkeit endet, ohne dass es einer Kündigung bedarf. Dies erfasst befristete und auflösend bedingte Arbeitsverträge.

II. Ärzte in der Weiterbildung

3 Dazu existiert das **Gesetz über befristete Arbeitsverträge mit Ärzten in der Weiterbildung** (**ÄArbVtrG**) v. 15.5.1986 (BGBl. I S. 742), das zunächst befristet bis zum 31.12.1997 galt und danach ohne zeitliche Begrenzung weitergilt (aufgrund Art. 1 Nr. 2 des Gesetzes v. 16.12.1997 [BGBl. I S. 2994], das am 20.12.1997 in Kraft getreten ist). Für den **Gesetzeswortlaut** und einen **Überblick über die Gesetzesentwicklung** wird verwiesen auf KR-*Lipke* § 1 ÄArbVtrG Rz 1–6a (zu § 1 ÄArbVtrG im Übrigen KR-*Lipke* § 1 ÄArbVtrG Rz 7 ff.; *Annuß/Thüsing-Lambrich* Rz 130 ff.). § 1 Abs. 6 ÄArbVtrG sieht vor, dass die Vorschriften des § 1 Abs. 1 bis 5 ÄArbVtrG nicht gelten, wenn der Arbeitsvertrag unter den Anwendungsbereich des **HRG** fällt (KR-*Lipke* § 1 ÄArbVtrG Rz 7; KR-*Lipke* § 57a HRG Rz 32 ff.). Für die **ärztliche Weiterbildung außerhalb des Hochschul- und Forschungsbereichs** ist das **ÄArbVtrG lex specialis**. Insoweit stellt sich die Frage des Verhältnisses zum **TzBfG** (näher dazu und zum Verhältnis zu **§ 21 BEEG** KR-*Lipke* §§ 1 ÄArbVtrG Rz 7 ff.; vgl. weiter *Dörner* Befr. Arbeitsvertrag, Rz 858 f. mwN; MHH-*Herms* Rz 29 ff.). Im Anwendungsbereich des BAT sind im Übrigen die tariflichen Bestimmungen der **SR 2y BAT** zu beachten (dazu KR-*Bader* § 22 TzBfG Rz 18 ff.); vgl. nunmehr § 30 TVöD-AT (dazu KR-*Bader* § 22 TzBfG Rz 27a ff.).

III. Altersteilzeitgesetz

3a **§ 8 Abs. 3 ATG** bestimmt: Eine Vereinbarung zwischen Arbeitnehmer und Arbeitgeber über die Altersteilzeitarbeit, die die **Beendigung des Arbeitsverhältnisses ohne Kündigung** zu einem Zeitpunkt vorsieht, in dem der Arbeitnehmer **Anspruch auf eine Rente nach Altersteilzeitarbeit** (§ 237 SGB VI; weiter dazu *Boecken* NJW 1996, 3386, 3391; ErfK-*Rolfs* § 8 ATG Rz 7; MünchArbR-*Wank* § 116 Rz 331 f.; eine derartige Rente ist auch die Rente für schwerbehinderte Menschen gem. § 236a SGB VI [dazu BAG 27.4.2004 EzA § 81 SGB IX Nr. 5]; gleichgestellt die ungekürzte Regelaltersrente und die Auszahlung

Besondere gesetzliche Regelungen § 23 TzBfG

der befreienden Lebensversicherung bei von der Rentenversicherung befreiten Arbeitnehmern [*BAG* 16.11.2005 NZA 2006, 535]) hat, ist zulässig (zur Diskriminierung von Frauen in dem Fall, dass der Tarifvertrag Altersteilzeitarbeit nur bis zu dem Zeitpunkt zulässt, in dem erstmals eine ungekürzte Rente aus der gesetzlichen Altersversorgung in Anspruch genommen werden kann, *EuGH* 20.3.2003 – C-187/00 – BB 2003, 1184). Bei einer derartigen Vereinbarung handelt es sich um die Vereinbarung einer **Befristung, und zwar einer Zweckbefristung** (KR-*Bader* § 3 TzBfG Rz 20 mwN u. § 21 TzBfG Rz 32; ErfK-*Rolfs* § 8 ATG Rz 7; zu weiteren Gestaltungsmöglichkeiten *Reichling/Wolf* NZA 1997, 422, 426 sowie ErfK-*Rolfs* § 8 ATG Rz 8). Im Einzelfall sind die jeweiligen tarifvertraglichen Regelungen zu beachten (ErfK-*Müller-Glöge* Rz 13; vgl. auch BAG 27.4.2004 AP § 8 ATG Nr. 1). Sie unterliegt der **Schriftform** (§ 14 Abs. 4 TzBfG; vgl. weiter § 7 Abs. 1a SGB IV). Man wird die Regelung schon ihrem Wortlaut nach als **eigenständige Regelung** über die Möglichkeit der Vereinbarung einer wirksamen Befristung zu sehen haben (*Dörner* Befr. Arbeitsvertrag, Rz 847; so offenbar auch ErfK-*Rolfs* § 8 ATG Rz 7). Jedenfalls hat man der Regelung zugleich zu entnehmen, dass in der angesprochenen Konstellation ein anerkennenswerter **Sachgrund** für die Befristung iSd **§ 14 Abs. 1 S. 2 Nr. 6 TzBfG** vorliegt (*BAG* 27.4.2004 EzA § 81 SGB IX Nr. 5; parallel zu § 41 S.2 SGB VI [dazu Rz 24 ff. u. 3b] ebenso BBDW-*Bader* § 620 BGB Rz 198; s.u. Rz 27).

Gegenüber der Norm des § 41 S.2 SGB VI (s.u. Rz 24 ff.) stellt sich **§ 8 Abs. 3 ATG** als die **speziellere Vorschrift** dar (*BAG* 27.4.2004 EzA § 81 SGB IX Nr. 5; *Dörner* Befr. Arbeitsvertrag, Rz 849; ErfK-*Rolfs* § 8 ATG Rz 8; vgl. auch BT-Drs. 13/4877 S. 34). Die Vorschriften des **§ 14 Abs. 1 TzBfG** bleiben von § 8 Abs. 3 ATG unberührt (zu diesbezüglichen Kombinationsmöglichkeiten *Dörner* Befr. Arbeitsvertrag, Rz 849; ErfK-*Rolfs* § 8 ATG Rz 8), während schon im Hinblick auf die Ausgangskonstellationen § 8 Abs. 3 ATG neben § 14 Abs. 2, 2a u. 3 TzBfG grundsätzlich nicht zum Tragen kommt (*Dörner* Befr. Arbeitsvertrag, Rz 849; ErfK-*Rolfs* § 8 ATG Rz 8 bezüglich § 14 Abs. 2 TzBfG). **3b**

IV. Arbeitnehmerüberlassungsgesetz

Ab dem **1.1.2003** ist **§ 9 Nr. 2 AÜG geändert** (durch Art. 6 Nr. 4 des Ersten Gesetzes für moderne Dienstleistungen am Arbeitsmarkt v. 23.12.2002 [BGBl. I S. 4607]). Die Vorschrift enthält nunmehr **keine eigenständige Befristungsregelung** für den Bereich der Arbeitnehmerüberlassung mehr (dazu z.T. krit. *Annuß/Thüsing-Lambrich* Rz 146 ff.). Es gelten vielmehr insoweit jetzt die allg. Vorschriften des **TzBfG** (*Dörner* Befr. Arbeitsvertrag, Rz 829; HWK-*Schmalenberg* Rz 14; *Schüren/Behrend* NZA 2003, 521), wofür auf die einschlägigen Erl. bei KR-*Lipke* § 14 TzBfG verwiesen wird (s.a. *Bauer/Krets* NJW 2003, 537, 540; *Kokemoor* NZA 2003, 238, 241; *Sievers* Rz 32 f.; *Ulber* ArbuR 2003, 7, 9; *Wank* NZA 2003, 14, 20 f.). Ein allgemeiner Sachgrund »Leiharbeit« ist de lege lata nicht anzuerkennen (*Schüren/Behrend* NZA 2003, 521, 523; *Sievers* Rz 32; *Wank* NZA 2003, 14, 21; **aA** *Annuß/Thüsing-Lambrich* Rz 150; *Hanau* ZIP 2003, 1573, 1575: begrenzte Dauer der Überlassung als unbenannter Sachgrund der Befristung von Leiharbeitsverhältnissen anzuerkennen; von der Bundesregierung wird ein derartiger Sachgrund abgelehnt: dazu HWK-*Schmalenberg* Rz 14 Fn.1). Nachstehend wird der frühere Rechtszustand, der für **Altfälle** (s.u. Rz 4a) noch von Bedeutung sein kann, im Überblick dargestellt (s.u. Rz 4b ff.). **4**

§ 19 AÜG enthält folgende **Übergangsvorschrift**: **4a**

¹§ 1 Abs. 2, § 1b S. 2, die §§ 3, 9, 10, 12, 13 und 16 in der vor dem 1. Januar 2003 geltenden Fassung sind auf Leiharbeitsverhältnisse, die vor dem 1. Januar 2004 begründet worden sind, bis zum 31. Dezember 2003 weiterhin anzuwenden. ²Dies gilt nicht für Leiharbeitsverhältnisse im Geltungsbereich eines nach dem 15. November 2002 in Kraft getretenen Tarifvertrages, der die wesentlichen Arbeitsbedingungen einschließlich des Arbeitsentgelts iSd § 3 Abs. 1 Nr. 3 und des § 9 Nr. 2 regelt.

Zum Stellenwert der Übergangsvorschrift vgl. etwa *Ankersen* NZA 2003, 421; *Kokemoor* NZA 2003, 238, 242.

Nach dem **bis zum 31.12.2002** geltenden Rechtszustand war gem. **§ 3 Abs. 1 Nr. 3 und 5 AÜG** die Erlaubnis gem. § 1 Abs. 1 S. 1 AÜG oder deren Verlängerung zu versagen, wenn Tatsachen die Annahme rechtfertigten, dass der Antragsteller **4b**

3. mit dem Leiharbeitnehmer wiederholt einen befristeten Arbeitsvertrag abschließt, es sei denn, dass sich für die Befristung aus der Person des Leiharbeitnehmers ein sachlicher Grund ergibt oder die Befristung ist für einen Arbeitsvertrag vorgesehen, der unmittelbar an einen mit demselben Verleiher geschlossenen Arbeitsvertrag anschließt;

5. die Dauer des Arbeitsverhältnisses mit dem Leiharbeitnehmer wiederholt auf die Zeit der erstmaligen Überlassung an einen Entleiher beschränkt, es sei denn, der Leiharbeitnehmer tritt unmittel-

bar nach der Überlassung in ein Arbeitsverhältnis zu dem Entleiher ein und war dem Verleiher von der Bundesanstalt für Arbeit als schwervermittelbar vermittelt worden.

Während die Regelung in § 3 Abs. 1 Nr. 5 ohne Pendant auf der vertraglichen Ebene blieb, sah **§ 9 Nr. 2 AÜG** vor, dass **wiederholte Befristungen** von Arbeitsverträgen zwischen Verleiher und Leiharbeitnehmer **unwirksam** waren, es sei denn, es lagen die auch in § 3 Abs. 1 Nr. 3 aufgeführten **Ausnahmen** vor (zum Anwendungsbereich [nur für gewerbsmäßige Arbeitnehmerüberlassung] BAG 22.3.2000 BB 2000, 1838; LAG Köln 8.12.1995 EzAÜG § 9 AÜG Nr. 6; *Annuß/Thüsing-Lambrich* Rz 144; **aA** KDZ-*Zwanziger* 5. Aufl., § 9 AÜG Rz 5). Abgesehen von der nachstehend (s.u. Rz 5) diskutierten Frage der Anwendbarkeit von § 14 Abs. 1 u. 2 TzBfG war das TzBfG auf derartige Befristungen anwendbar.

5 Es war ursprünglich weitgehend angenommen worden, dass § 9 Nr. 2 AÜG dem § 1 BeschFG vorgehe. Es war davon ausgegangen worden, dass schon die Entstehungsgeschichte des BeschFG dafür spreche (*LAG Hamm* 8.8.1991 LAGE § 9 AÜG Nr. 4 zu § 9 Nr. 2 AÜG aF; *Friedhofen/Weber* NZA 1985, 337; wohl **aA** *Schubel* BB 1985, 1606). Entsprechend wurde dann für die Nachfolgeregelungen in § 14 Abs. 2 und 3 TzBfG argumentiert (APS-*Backhaus* 1. Aufl., § 1 BeschFG Rz. 63 hinsichtlich des BeschFG, in § 620 BGB Rz 9e jedoch bereits europarechtlichen Anpassungsbedarf anmahnend; **aA** APS-*Biebl* 1. Aufl., § 9 AÜG Rz. 5 f. mwN im Hinblick auf die nachfolgend angesprochene Neufassung des § 9 Nr. 2 AÜG; im Ergebnis ebenso seinerzeit *Sandmann/Marschall* § 3 AÜG Rz. 28a). Zu beachten war aber, dass § 9 Nr. 2 AÜG **mit Wirkung vom 1.4.1997** durch das Gesetz zur Reform der Arbeitsförderung (AFRG) v. 24.3.1997 (BGBl. I S. 594) **geändert** worden war (dazu *Düwell* BB 1997, 46, 47; *ders.* AuA 1997, 253, 255). Hatte zuvor nach § 9 Nr. 2 AÜG ein wirksamer Befristungsschutz bestanden, ließ die Neufassung die **erstmalige Befristung** des Arbeitsvertrages zwischen Verleiher und Leiharbeitnehmer **stets** zu, **ohne** dass es eines **Sachgrundes** bedurfte. Erst die **wiederholte Befristung** bedurfte eines »**sachlichen Grundes in der Person des Leiharbeitnehmers**« (damit reichte etwa Vertretungsbedarf nicht als sachlicher Grund aus, da dieser Grund nicht in der Person des Leiharbeitnehmers zuzuordnen ist; vgl. dazu auch KR-*Lipke* § 14 TzBfG Rz 182 ff. mwN; vgl. weiter zu diesem Sachgrunderfordernis *Annuß/Thüsing-Lambrich* 1. Aufl., Rz 115; MMH-*Herms* Rz 36; *LAG Hamm* 8.8.1991 LAGE § 9 AÜG Nr. 4). Auch dieses **Erfordernis entfiel** indes, **wenn** es um eine **Befristung** ging, **die sich unmittelbar an einem mit demselben Verleiher geschlossenen Arbeitsvertrag anschloss** (weiter dazu *Annuß/Thüsing-Lambrich* 1. Aufl., Rz 116 mwN). Daraus folgte, dass nach dem Wortlaut der Vorschrift bei jeweiligem unmittelbarem Anschluss auch eine lange Folge von Befristungen möglich war (*Düwell* AuA 1997, 253, 255; zu Recht sehr krit. zu der Neuregelung *Gaul* NJW 1997, 1465, 1469; vgl. ansonsten APS-*Biebl* 1. Aufl., § 9 AÜG Rz. 10 mwN).

6 Mit § 5 Nr. 1 der zugrunde liegenden **europäischen Rahmenvereinbarung** (abgedr. im Anhang zum TzBfG) war dies jedoch in dieser Form **nicht** mehr **vereinbar** (ebenso APS/Nachtrag-*Backhaus* 1. Aufl., Rz 3; *Preis/Gotthardt* DB 2000, 2074; der Hinweis in BT-Drs. 14/4374, S. 22, dass §§ 3 Abs. 1 Nr. 3 u. 5, 9 Nr. 2 AÜG unberührt bleiben, vermochte daran nichts zu ändern). Bei dem Vertrag zwischen Leiharbeitnehmer und Verleiher handelt es sich um einen direkt zwischen dem Arbeitnehmer und dem Arbeitgeber abgeschlossenen Vertrag (§ 3 Nr. 1 der zit. Rahmenvereinbarung), und nach § 5 Nr. 1 der Rahmenvereinbarung sind Maßnahmen zur schrankenlosen Aufeinanderfolge von befristeten Arbeitsverhältnissen geboten. Damit konnte die Möglichkeit der ersten Befristung ohne Sachgrund bis zur Dauer von zwei Jahren (vgl. § 14 Abs. 2 S. 1 TzBfG) akzeptiert werden (*Sievers* Rz 28; **aA** *Boewer* Rz 59 f.), ebenso eine wiederholte Befristung mit einem Sachgrund aus Gründen in der Person des Leiharbeitnehmers (§ 14 Abs. 1 S. 2 Nr. 6 TzBfG). Das galt aber nicht für die Möglichkeit von diversen unmittelbaren Anschlussbefristungen ohne Sachgrund und ohne jegliche Begrenzung (*Sievers* Rz 29). Damit war es geboten, § 9 Nr. 2 AÜG **richtlinienkonform** auszulegen und anzuwenden, und zwar dahingehend, dass für die **unmittelbare Anschlussbefristung** entweder ein **Sachgrund** iSd § 14 Abs. 1 TzBfG in der Person des Arbeitnehmers vorliegen musste oder dass bei aufeinander folgenden Befristungen ohne Sachgrund **§ 14 Abs. 2 S. 1 TzBfG entsprechend** anzuwenden war (ähnlich, jedoch jeweils mit Abweichungen im Detail APS/Nachtrag-*Backhaus* 1. Aufl., Rz 3; *Dörner* Befr. Arbeitsvertrag, Rz 833 mwN; MHH-*Herms* Rz 37; krit. zum Begründungsansatz *Annuß/Thüsing-Lambrich* 1. Aufl., Rz 116).

7 In diesem Zusammenhang war weiter auf **§ 10 Abs. 1 S. 2 AÜG** hinzuweisen. Darin war eine **Befristung des fingierten Arbeitsverhältnisses** zwischen Entleiher und Leiharbeitnehmer im Falle der Unwirksamkeit des Vertrages zwischen dem Verleiher und dem Leiharbeitnehmer nach § 9 Nr. 1 AÜG (mit der Folge des § 10 Abs. 1 S. 1 AÜG) geregelt (Fall der gesetzlichen Befristung). Die Befristung mit dem Entleiher kam dann zustande, wenn die **Tätigkeit** des Leiharbeitnehmers beim Entleiher **nur befristet** vorgesehen war (also nach der Vereinbarung zwischen Entleiher und Verleiher; es konnte sich

dabei auch um den Fall einer Zweckbefristung handeln: KDZ-*Zwanziger* 5. Aufl., § 10 AÜG Rz 18) **und zugleich ein sachlicher Grund** für eine solche Befristung (iSd § 14 Abs. 1 TzBfG, häufig wohl S. 2 Nr. 1 oder 3; es kam aber anders als bei § 9 Nr. 2 AÜG jeder Sachgrund in Betracht) bestand. Ausnahmen vom Sachgrunderfordernis waren nicht mehr zu akzeptieren. Damit war die Regelung europarechtlich ohnehin unbedenklich, obwohl sie von der zugrunde liegenden bereits angesprochenen europäischen Rahmenvereinbarung (Rz 6) nicht erfasst wurde, weil es sich insoweit nicht mehr um einen direkt zwischen dem Arbeitnehmer und dem Arbeitgeber abgeschlossenen Vertrag (§ 3 Nr. 1 der zitierten Rahmenvereinbarung) handelte. Für den Sachgrund war abzustellen auf die Situation zwischen Leiharbeitnehmer und Entleiher, es war also zu fragen, ob eine sogleich zwischen ihnen getroffene Befristungsvereinbarung iSd § 14 Abs. 1 TzBfG sachlich gerechtfertigt gewesen wäre (**aA** etwa ErfK-*Wank* 3. Aufl., § 10 AÜG Rz 30: abstellend auf den Vertrag zwischen Verleiher und Entleiher). § 14 Abs. 4 TzBfG war nicht anwendbar, da es ja keiner Vereinbarung zwischen dem Leiharbeitnehmer und dem Entleiher bedurfte; § 15 Abs. 4 TzBfG war gleichfalls nicht einschlägig. Die übrigen Vorschriften des **TzBfG** fanden jedoch Anwendung, so dass jedenfalls keine jederzeitige Lösungsmöglichkeit bestand (KDZ-*Zwanziger* 5. Aufl., § 10 AÜG Rz 18). Mit Eintritt der Wirkung des § 10 Abs. 1 S. 1 u. 2 AÜG trafen den Arbeitgeber die Pflichten aus **§ 11 AÜG aF** (Urkunde über den wesentlichen Inhalt des Arbeitsverhältnisses).

V. Arbeitsplatzschutzgesetz

Nach § 1 Abs. 4, 1. Hs. ArbPlSchG wird ein **befristetes Arbeitsverhältnis durch die Einberufung zum Grundwehrdienst oder zu einer Wehrübung nicht verlängert** (vgl. KR-*Weigand* § 2 ArbPlSchG Rz 11 u. ErfK-*Ascheid* § 1 ArbPlSchG Rz 3 zu den Bereichen neben dem Zivildienst – dazu s.u. Rz 28 –, für die das ArbPlSchG entspr. anwendbar ist). Dasselbe gilt nach dem 2. Hs. der Vorschrift, wenn das Arbeitsverhältnis **aus anderen Gründen** – zB aufgrund einer **auflösenden Bedingung** – während des Wehrdienstes geendet hätte. Das bedeutet, dass das Arbeitsverhältnis entsprechend der Vereinbarung auch während des Grundwehrdienstes oder während einer Wehrübung enden kann. Abweichende Vereinbarungen sind jedoch möglich. Dabei ist aber die vorgehende Spezialbestimmung des **§ 6 Abs. 3 ArbPlSchG** zu beachten: Auf **Probe- und Ausbildungszeiten** werden die Zeiten des Grundwehrdienstes oder einer Wehrübung nicht angerechnet. Damit verlängert sich zB ein **befristetes Probearbeitsverhältnis** oder ein **Berufsausbildungsverhältnis** automatisch um die entsprechenden Zeiten (ErfK-*Kiel* § 6 ArbPlSchG Rz 8; KR-*Weigand* §§ 21, 22 BBiG Rz 36). 8

VI. Berufsbildungsgesetz

Nach § 21 Abs. 1 BBiG endet ein **Berufsausbildungsverhältnis** grds. – vorbehaltlich der Kündigungsmöglichkeiten des § 22 BBiG (KR-*Weigand* §§ 21, 22 BBiG Rz 39 ff.) oder eines Aufhebungsvertrages (KR-*Weigand* § 21, 22 BBiG Rz 37 f.) – mit dem **Ablauf der Ausbildungszeit (Befristung kraft Gesetzes)**, wobei sich die Dauer der Ausbildungszeit nach § 21 Abs. 2 BBiG mit Bestehen der **Abschlussprüfung** beendet, während es nach § 21 Abs. 3 BBiG im Anschluss an eine nicht bestandene Abschlussprüfung auf Verlangen des Auszubildenden bis zur nächstmöglichen **Wiederholungsprüfung**, aber nicht länger als um ein Jahr verlängert wird (vgl. dazu *BAG* 15.3.2000 EzA § 14 BBiG Nr. 10; KR-*Weigand* §§ 21, 22 BBiG Rz 25 ff. mwN). Das Berufsausbildungsverhältnis endet jedenfalls mit dem vereinbarten Ende, auch wenn die Abschlussprüfung erst danach stattfindet (*LAG BaWü* 14.12.2005 – 10 Sa 51/05 – EzA-SD 14/2006 S. 9). Zu **Verlängerungen** aufgrund des **Arbeitsplatzschutzgesetzes** und des **Zivildienstgesetzes** wird verwiesen auf Rz 8 u. 27. 9

Das **TzBfG** ist insoweit im Ergebnis weitestgehend **nicht anwendbar** (§ 10 Abs. 2 BBiG). Da es sich um eine gesetzliche Befristung handelt, bedarf es nicht der Anwendung der §§ 14 und 17 TzBfG (zu den bei Kündigungen durch den Ausbilder zu beachtenden Fristen KR-*Weigand* §§ 21, 22 BBiG Rz 115 ff., 120, 121 ff.). § 15 Abs. 4 TzBfG ist ohnehin nicht einschlägig, und ansonsten enthält das BBiG in §§ 21, 22, und 24 Bestimmungen, die den §§ 15, 16 TzBfG vorgehen. §§ 3, 4 Abs. 2 TzBfG sind gleichfalls nicht anwendbar, da es keine vergleichbaren unbefristet Beschäftigten gibt. Dasselbe gilt für § 19 TzBfG, der eine Spezialbestimmung zu § 4 TzBfG darstellt (KR-*Bader* § 19 TzBfG Rz 2). Die Information über unbefristete Arbeitsplätze nach § 18 TzBfG ist für die Auszubildenden sinnlos, so dass als anwendbar nur § 20 TzBfG verbleibt. 10

VII. Beschäftigungsförderungsgesetz 1996

11 Gleichzeitig mit dem Inkrafttreten des TzBfG am **1.1.2001** ist das BeschFG 1996 **aufgehoben** worden. Es behielt gleichwohl **übergangsweise noch Bedeutung** für Befristungen, die vor dem 1.1.2001 vereinbart wurden. Es wird diesbezüglich verwiesen auf die Kommentierung bei *Lipke* KR 5. Aufl., § 1 BeschFG 1996. Das **Übergangsrecht** ist bei *Lipke* KR 7. Aufl., § 620 BGB Rz 135 ff. dargestellt.

VIII. Bundeselterngeld- und Elternzeitgesetz

12 **§ 21 BEEG** (früher: Bundeserziehungsgeldgesetz; vgl. KR-*Bader* § 18 BEEG Rz 1 ff.) sieht in Abs. 1 vor, dass ein **sachlicher Grund** für eine **Befristung eines Arbeitsverhältnisses** (nicht ausdrücklich: eine auflösende Bedingung; dazu KR-*Lipke* § 21 BEEG Rz 18) – kalendermäßige Befristung oder Zweckbefristung (Abs. 3) – vorliegt, wenn ein Arbeitnehmer zur Vertretung eines anderen Arbeitnehmers für Zeiten eines Beschäftigungsverbotes nach dem Mutterschutzgesetz, einer Elternzeit, einer auf Tarifvertrag, Betriebsvereinbarung oder einzelvertraglicher Vereinbarung beruhenden Arbeitsfreistellung zur Betreuung eines Kindes oder für diese Zeiten zusammen oder Teile davon eingestellt wird. Auch notwendige Einarbeitungszeiten können von der Befristung umfasst werden (Abs. 2). Die Einzelheiten dazu sind bei KR-*Lipke* § 21 BEEG ausführlich erläutert (vgl. auch KR-*Bader* § 22 TzBfG Rz 20).

13 **§ 14 TzBfG** als Folgeregelung zu den bisherigen Befristungsgrundsätzen nach § 620 BGB und § 1 BeschFG 1996 auf der einen Seite und **§ 21 BEEG** auf der anderen Seite stehen unabhängig nebeneinander (KR-*Lipke* § 21 BEEG Rz 5). Entsprechendes gilt für das Verhältnis von § 21 BEEG zu **§ 21 TzBfG**.

14 Soweit § 21 BEEG im Übrigen keine abweichenden Regelungen trifft, gelten die Vorschriften des **TzBfG** für die Befristung nach § 21 BEEG. Es sind dies zunächst: **§§ 3, 4 Abs. 2, 14 Abs. 4, 15 Abs. 1, 2 u. 5, 17, 18 bis 20 TzBfG**. § 15 Abs. 3 TzBfG wird nicht überlagert von § 21 Abs. 4 BEEG, so dass auch hier die Möglichkeit besteht, das ordentliche Kündigungsrecht zu vereinbaren (KR-*Lipke* § 21 BEEG Rz 21). Wird davon kein Gebrauch gemacht, steht nur § 21 Abs. 4 BEEG zu Gebote (*Gaul/Wisskirchen* BB 2000, 2469; zu dieser Möglichkeit KR-*Lipke* § 21 BEEG Rz 22 ff.). § 15 Abs. 4 TzBfG ist nicht einschlägig, während **§ 16 TzBfG** schließlich wieder anwendbar ist.

IX. Eignungsübungsgesetz

15 Nach § 1 Abs. 3, 1. Hs. des Eignungsübungsgesetzes v. 20.1.1956 (BGBl. I S. 13), das in der aktuellen Fassung auszugsweise bzgl. der §§ 1 bis 3 bei KR-*Weigand* § 2 ArbPlSchG Rz 43 abgedruckt ist, wird ein **befristetes Arbeitsverhältnis durch die Einberufung zu einer Eignungsübung nicht verlängert**. Dasselbe gilt nach dem 2. Hs. der Vorschrift, wenn ein Arbeitsverhältnis aus **sonstigen Gründen** – etwa aufgrund einer **auflösenden Bedingung** – geendet hätte. Das bedeutet wie bei der inhaltsgleichen Vorschrift des § 1 Abs. 4 ArbPlSchG, dass das Arbeitsverhältnis wie vereinbart auch während einer Eignungsübung enden kann. Abweichende Vereinbarungen sind auch hier denkbar (ebenso Rz 8). Eine § 6 Abs. 3 ArbPlSchG entsprechende Regelung (s.o. Rz 8) fehlt hier jedoch.

16 Das Eignungsübungsgesetz **befristet** in § 3 Abs. 1 S. 1 und Abs. 2 S. 1 u. 3 (zum Text KR-*Weigand* § 2 ArbPlSchG unter Rz 43) den **Bestand des Arbeitsverhältnisses von Gesetzes wegen**. Das TzBfG findet insoweit keine Anwendung.

X. Ein-Euro-Jobs

16a Ungeachtet der Frage, welche Rechtsqualität die Verträge über sog. **Ein-Euro-Jobs** (§ 16 Abs. 3 SGB II) haben (Arbeitnehmerähnlichkeit? dafür *ArbG Berlin* 25.8.2005 NZA 2005, 1309; für Sozialrechtsverhältnis *ArbG Chemnitz* 16.8.2005 – 12 Ca 2238/05 – DB 2006, 1688) und welcher Rechtsweg für Streitigkeiten hieraus eröffnet ist (Gerichte für Arbeitssachen? dafür *ArbG Berlin* 25.8.2005 NZA 2005, 1309 [Arbeitnehmerähnlichkeit]; *ArbG Ulm* 17.1.2006 NZA-RR 2006, 383 [sic-non-Fall]; aA *ArbG Chemnitz* 16.8.2005 – 12 Ca 2238/05 – DB 2006, 1688: Sozialgerichtsbarkeit; ebenso *BAG* 8.11.2006 EzA § 2 ArbGG 1979 Nr. 65), handelt es sich jedoch jedenfalls **nicht** um **Arbeitsverhältnisse**, wie § 16 Abs. 3 S. 2, 2. Hs. SGB II klar regelt. Die Vorschriften des TzBfG finden darauf keine Anwendung.

XI. Eingliederungsvertrag (§§ 229 ff. SGB III aF)/Vertretung gem. § 231 Abs. 1 SGB III

17 Der Eingliederungsvertrag nach §§ 229 ff. SGB III aF (geltend ab 1.1.1998; Vorläuferregelung in §§ 54a bis c AFG, geltend ab 1.4.1997) war zwar nicht von Gesetzes wegen befristet, der Vertrag musste aber nach § 232 Abs. 1 S. 1 SGB III aF **zwingend befristet** werden: mindestens auf zwei Wochen, längstens

auf sechs Monate. War die ursprüngliche Laufzeit kürzer als sechs Monate, konnte der Vertrag nach Abs. 1 S. 2 bis zur Gesamtdauer von sechs Monaten verlängert werden (auch mehrmalige Verlängerungen waren bis zur Höchstgrenze denkbar). Schloss sich allerdings das Eingliederungsverhältnis unmittelbar an eine Trainingsmaßnahme beim selben Arbeitgeber an, durften sie zusammen die Dauer von sechs Monaten nicht überschreiten (Abs. 1 S. 3).

Streit bestand darüber, ob es sich bei diesem Eingliederungsvertrag um einen **Arbeitsvertrag** handelte und inwieweit die Vorschriften des **TzBfG** darauf anwendbar waren (dazu *Bader* KR 6. Aufl., § 23 TzBfG Rz 18 mwN). Dies bedarf indes keiner Vertiefung mehr, da die §§ 229 ff. SGB III bereits mit Wirkung vom 1.1.2002 wieder entfallen sind (aufgrund des Job-AQTIV-Gesetzes v. 10.12.2001 [BGBl. I S. 3443]). Zu **Ein-Euro-Jobs** s.o. Rz 16a. 18

Die jetzt in **§ 231 Abs. 1 SGB III** enthaltene Regelung einer Einstellung eines bislang Arbeitslosen zur **Vertretung** eines Arbeitnehmers, der sich beruflich weiterbildet, enthält nur die Legaldefinition eines speziellen sachlichen Grundes (*Annuß/Thüsing-Lambrich* § 23 Rz 167), der **§ 14 Abs. 1 S. 2 Nr. 3 TzBfG** zuzuordnen ist (dazu KR-*Lipke* § 14 TzBfG Rz 98 ff.). 18a

XII. Einigungsvertrag (neue Bundesländer)

Es handelt sich insoweit um die Regelungen zu Art. 20 in der **Anl. I Kap. XIX Sachgebiet A Abschn. III Nr. 1 Abs. 2 S. 5 und 7 zum EV** und in **Art. 38 Abs. 3 S. 1 des EV** v. 31.8.1990 (BGBl. II S. 889), wonach unter den dort genannten Voraussetzungen die Arbeitsverhältnisse von Arbeitnehmern im öffentlichen Dienst bzw. von Arbeitnehmern, die bei Forschungsinstituten und sonstigen Einrichtungen der Akademie der Wissenschaften der Deutschen Demokratischen Republik beschäftigt waren, kraft Gesetzes nur befristet fortbestanden (vgl. dazu *BVerfG* 24.4.1991 EzA Art. 13 Einigungsvertrag Nr. 1; 19.12.1991 EzA Art. 38 Einigungsvertrag Nr. 2; 10.3.1992 EzA Art. 38 Einigungsvertrag Nr. 3; *Lipke* KR 5. Aufl., § 620 BGB Rz 25d mwN u. 186d ff.). Diese sind mittlerweile ausgelaufen, von bleibendem Interesse ist jedoch das sog. **Warteschleifen-Urteil** des *BVerfG* (24.4.1991 EzA Art. 13 Einigungsvertrag Nr. 1 mit Anm. *Berger-Delhey*) mit seinen Ausführungen zum **verfassungsrechtlichen Schutz des Arbeitsplatzes** (dazu auch BBDW-*Bader* Einf. Rz 77 mwN) und zum Stellenwert des Mutterschutzes und zur Berücksichtigung der Lage schwerbehinderter Menschen, älterer Arbeitnehmer und Alleinerziehender sowie anderer in ähnlicher Weise Betroffener im öffentlichen Dienst. 19

Zudem ist die Befristungsregelung in **§ 47 AGB-DDR** idF v. 22.6.1990 (GBl. der DDR, Teil I S. 371) inzwischen außer Kraft getreten (vgl. dazu *Lipke* KR 5. Aufl., § 620 BGB Rz 12b). Damit bestehen befristungsrechtlich für die **neuen Bundesländer** keine Besonderheiten mehr, und es scheiden dort auch geringere Anforderungen an die Befristungskontrolle aus (*BAG* 15.2.1995 EzA §620 BGB Nr. 130; 25.4.1996 EzA § 2 KSchG Nr. 25). 20

XIII. Forschungseinrichtungen

Das **Gesetz über befristete Arbeitsverträge mit wissenschaftlichem Personal an Forschungseinrichtungen** v. 25.6.1985 (BGBl. I S. 1067) erstreckte früher die Geltung des § 57a S. 2 und der §§ 57b bis 57b HRG auf befristete Arbeitsverträge mit wissenschaftlichem Personal und mit Personal mit ärztlichen Aufgaben an staatlichen und weiteren Forschungseinrichtungen (§ 1) und definierte in § 2 die Drittmittel insoweit. Für den **Text der Vorschrift** und die **Kommentierung** wird Bezug genommen auf *Lipke* KR 5. Aufl., §§ 57a bis 57f HRG, speziell § 57a Rz 3a, 4a ff., 11 (vgl. auch APS-*Schmidt* 1. Aufl., Art 2 HFVG). Dieses Gesetz ist jedoch durch Art. 2 des Fünften Gesetzes zur Änderung des Hochschulrahmengesetzes und anderer Vorschriften (5. HRGÄndG) v. 16.2.2002 (BGBl. I S. 693) mit Wirkung v. 23.2.2002 **aufgehoben** (vgl. nunmehr § 57d HRG, kommentiert von *Lipke*). 21

XIV. Hochschulrahmengesetz

Für den Bereich der **Hochschulen** gelten die **§§ 57a bis 57f HRG**. Für den **Text der Vorschriften** und die **Kommentierung** wird Bezug genommen auf KR-*Lipke* §§ 57a bis 57f HRG (vgl. auch APS-*Schmidt* §§ 57a bis 57f HRG). Dort ist auch iE zum Verhältnis der HRG-Vorschriften zum **TzBfG** Stellung genommen worden (s. insbes. KR-*Lipke* § 57a HRG Rz 49; vgl. auch zum Verhältnis der §§ 57a bis 57f HRG zu § 21 **BEEG** KR-*Lipke* § 21 BEEG Rz 6 ff.). 22

§ 23 TzBfG   Besondere gesetzliche Regelungen

XV. Landesgesetze

23 Dass jedenfalls seit Inkrafttreten des TzBfG **landesrechtliche Befristungsregelungen ausgeschlossen** sind, ist bereits bei KR-*Lipke* § 620 BGB Rz 86 ff. eingehend dargestellt (vgl. auch ErfK-*Müller-Glöge* Rz 10 ff).

XVI. SGB VI § 41 Satz 2 (Altersgrenze)

24 An die Stelle von Art. 6 § 5 Abs. 2 des Rentenreformgesetzes v. 6.10.1972 (BGBl. I S. 1965) ist v. 1.1.1992 bis zum 31.7.1994 § 41 Abs. 4 SGB VI (Rentenformgesetz 1992 – **RRG 92** – v. 18.12.1989 BGBl. I S. 2261, ber. 1990 S. 1337) getreten. Hiernach war eine **Vereinbarung**, wonach ein Arbeitsverhältnis zu einem Zeitpunkt enden soll, in dem der Arbeitnehmer tatsächlich Anspruch auf eine **Altersrente** hat, nur wirksam, wenn die Vereinbarung innerhalb der letzten drei Jahre vor diesem Zeitpunkt geschlossen oder vom Arbeitnehmer bestätigt worden ist. Eine diese Voraussetzungen nicht erfüllende Vereinbarung war nach § 41 Abs. 4 SGB VI unwirksam, nach dem Vorgängerrecht hatte sie dagegen bezogen auf das 65. Lebensjahr weiter gegolten. Die Unwirksamkeit von vereinbarten **Altersgrenzen** sollte verhindern, dass der vom Gesetzgeber angestrebten **Flexibilisierung der Lebensarbeitszeit** (BT-Drs. 11/1424 S. 163) und Wiederherstellung der **Entscheidungsfreiheit des Arbeitnehmers** nicht durch gegenteilige arbeitsrechtliche Abmachungen begegnet werden kann (*Laux* NZA 1991, 968).

25 Nachdem das BAG in zwei Entscheidungen klargestellt hatte, dass § 41 Abs. 4 SGB VI nicht nur entsprechende Vereinbarungen in Arbeitsverträgen, sondern auch generelle Altersgrenzenregelungen in Tarifverträgen (*BAG* 20.10.1993 EzA § 41 SGB VI Nr. 1; 12.1993 EzA § 41 SGB VI Nr. 2) und Betriebsvereinbarungen mitumfasst, kam es in der betrieblichen Praxis zu Schwierigkeiten, da hiernach **kollektivrechtliche Altersgrenzen** generell gegen § 41 Abs. 4 S. 3 SGB VI (RRG 92) verstießen (näher dazu *Lipke* KR 5. Aufl., § 620 BGB Rz 29b). Dies hat den Gesetzgeber veranlasst, im Gesetz zur Änderung des Sechsten Buches Sozialgesetzbuch (SGB VI ÄndG) v. 26.7.1994 (BGBl. I S. 1797) **mit Wirkung zum 1.8.1994 zur früheren Rechtslage zurückzukehren**. § 41 Abs. 4 S. 3 SGB VI lautete danach: »Eine Vereinbarung, die die Beendigung des Arbeitsverhältnisses eines Arbeitnehmers ohne Kündigung zu einem Zeitpunkt vorsieht, in dem der Arbeitnehmer vor Vollendung des 65. Lebensjahres eine Rente wegen Alters beantragen kann, gilt dem Arbeitnehmer gegenüber als auf die Vollendung des 65. Lebensjahres abgeschlossen, es sei denn, dass die Vereinbarungen innerhalb der letzten drei Jahre vor diesem Zeitpunkt abgeschlossen oder von dem Arbeitnehmer bestätigt worden ist.« Eine dem § 41 Abs. 4 S. 3 SGB VI RRG 92 vergleichbare Regelung zum Schutz der Entscheidungsfreiheit des Arbeitnehmers, über die Dauer seiner Lebensarbeitszeit auch nach Vollendung des 65. Lebensjahres bestimmen zu können, enthielt die Neufassung der Vorschrift nicht mehr (zum Verhältnis dieser Regelung zu § 1 BeschFG 1996 *Lipke* KR 5. Aufl., § 1 BeschFG 1996 Rz 136 f.). Zur **Übergangsregelung** für die über das 65. Lebensjahr aufgrund vorangegangener Rechtslage fortgesetzten Arbeitsverhältnisse in Art. 2 SGB VI ÄndG vom 26.7.1994 (BGBl. I S. 1797; das BVerfG hat die darin enthaltene **Übergangsfrist** durch einstweilige Anordnung verlängert (*BVerfG* 8.11.1994 EzA § 41 SGB VI Nr. 3) – vgl. etwa *BAG* 11.6.1997 EzA § 620 BGB Altersgrenze Nr. 6 mwN zum seinerzeitigen Meinungsstand (zu Urlaubsfragen in diesem Zusammenhang *BAG* 11.11.1997 EzA § 41 SGB VI Nr. 7). Mit Wirkung v. 1.1.2000 ist die Regelung nunmehr **im Wortlaut unverändert** in **§ 41 S. 2 SGB VI** enthalten (aufgrund Gesetzes v. 16.12.1997 [BGBl. I S. 2998]). Mit dieser Regelung kommt es, wenn die Vereinbarung nicht fristgerecht geschlossen oder bestätigt wird, gewissermaßen zu einer Umdeutung von Gesetzes wegen.

26 Nicht an § 41 S. 2 SGB VI sind jedoch Vereinbarungen zu messen, die nichts mit der **Altersrente aus der gesetzlichen Rentenversicherung** zu tun haben (*BAG* 26.4.1995 EzA § 41 SGB VI Nr. 5: Altersversorgung nach beamtenrechtlichen Grundsätzen; 14.10.1997 EzA § 41 SGB VI Nr. 6: befreiende Lebensversicherung; 26.10.1994 – 7 AZR 984/93 – nv: Altersversorgung nach beamtenrechtlichen Vorschriften; 11.3.1998 EzA § 620 BGB Altersgrenze Nr. 8: vom Arbeitgeber finanzierte Übergangs- oder Altersversorgung).

27 Was die Vorschrift des § 41 S. 2 SGB VI für die **Regelung von Altersgrenzen in Arbeitsverträgen, Tarifverträgen und Betriebsvereinbarungen** im Übrigen bedeutet, ist bei KR-*Lipke* § 14 TzBfG Rz 214 ff. dargestellt (vgl. auch *Annuß/Thüsing-Lambrich* Rz 149 f.; KR-*Bader* § 21 TzBfG Rz 31 ff.; *BAG* 19.11.2003 EzA § 620 BGB Altersgrenze Nr. 4: separate Sachgrundprüfung nötig; dazu **aA** s.o. Rz 3a und BBDW-*Bader* § 620 BGB Rz 198). Das Verhältnis von § 41 S. 2 SGB VI zu § 14 Abs. 3 TzBfG ist bei KR-*Lipke* § 14 Rz 214a näher erläutert (vgl. dazu auch BBDW-*Bader* § 620 BGB Rz 69 mwN). Für die Berechnung der

Dreijahresfrist ist nicht auf die Vollendung des 65. Lebensjahres abzustellen, sondern auf den vereinbarten Zeitpunkt des Ausscheidens (*BAG* 17.4.2002 EzA § 41 SGB VI Nr. 11). Im Übrigen regelt § 41 S. 2 SGB VI nur den Zeitpunkt des Ausscheidens, bleibt aber ohne Auswirkungen auf sonstige Leistungen oder Vergünstigungen (*BAG* 18.2.2003 EzA § 41 SGB VI Nr. 12).

XVII. Zivildienstgesetz

Nach § 78 Abs. 1 Nr. 1 ZDG gelten für die Zeiten des **Zivildienstes** die Vorschriften des **ArbPlSchG** 28 entsprechend (dazu s.o. Rz 8).

Anhang

RICHTLINIE DES RATES 1999/70/EG
zu der EGB-UNICE-CEEP-Rahmenvereinbarung
über befristete Arbeitsverträge
vom 28. Juni 1999
(ABl. L 1999 Nr. 175/43)

DER RAT DER EUROPÄISCHEN UNION –

gestützt auf den Vertrag zur Gründung der Europäischen Gemeinschaft, insbes. auf Artikel 139 Absatz 2,

auf Vorschlag der Kommission,

in Erwägung nachstehender Gründe:
(1) Durch das Inkrafttreten des Vertrags von Amsterdam wurden die Vorschriften des Abkommens über die Sozialpolitik, das dem Protokoll über die Sozialpolitik beigefügt war, welches dem Vertrag zur Gründung der Europäischen Gemeinschaft beigefügt war, in die Artikel 136 bis 139 des Vertrages zur Gründung der Europäischen Gemeinschaft übernommen.
(2) Die Sozialpartner können nach Artikel 139 Absatz 2 des Vertrags gemeinsam beantragen, daß die auf Gemeinschaftsebene geschlossenen Vereinbarungen durch einen Beschluß des Rates auf Vorschlag der Kommission durchgeführt werden.
(3) Nummer 7 der Gemeinschaftscharta der sozialen Grundrechte der Arbeitnehmer sieht unter anderem folgendes vor: »Die Verwirklichung des Binnenmarktes muß zu einer Verbesserung der Lebens- und Arbeitsbedingungen der Arbeitnehmer in der Europäischen Gemeinschaft führen. Dieser Prozeß erfolgt durch eine Angleichung dieser Bedingungen auf dem Wege des Fortschritts und betrifft namentlich andere Arbeitsformen als das unbefristete Arbeitsverhältnis, wie das befristete Arbeitsverhältnis, Teilzeitarbeit, Leiharbeit und Saisonarbeit«.
(4) Der Rat hat weder zu dem Vorschlag für eine Richtlinie über bestimmte Arbeitsverhältnisse im Hinblick auf Wettbewerbsverzerrungen[*] noch zu dem Vorschlag für eine Richtlinie über bestimmte Arbeitsverhältnisse hinsichtlich der Arbeitsbedingungen[**] einen Beschluß gefaßt.
(5) Entsprechend den Schlußfolgerungen des Europäischen Rates von Essen sind Maßnahmen »zur Steigerung der Beschäftigungsintensität des Wachstums, insbes. durch eine flexiblere Organisation der Arbeit, die sowohl den Wünschen der Arbeitnehmer als auch den Erfordernissen des Wettbewerbs gerecht wird,« erforderlich.
(6) In der Entschließung des Rates vom 9. Februar 1999 zu den beschäftigungspolitischen Leitlinien für 1999 werden die Sozialpartner aufgefordert, auf allen geeigneten Ebenen Vereinbarungen zur Modernisierung der Arbeitsorganisation, darunter auch anpassungsfähige Arbeitsregelungen, auszuhandeln, um die Unternehmen produktiv und wettbewerbsfähig zu machen und ein ausgewogenes Verhältnis zwischen Anpassungsfähigkeit und Sicherheit zu erreichen.
(7) Die Kommission hat nach Artikel 3 Absatz 2 des Abkommens über die Sozialpolitik die Sozialpartner zu der Frage gehört, wie eine Gemeinschaftsaktion zur Flexibilisierung der Arbeitszeit und Absicherung der Arbeitnehmer gegebenenfalls ausgerichtet werden sollte.
(8) Die Kommission, die nach dieser Anhörung eine Gemeinschaftsaktion für zweckmäßig hielt, hat die Sozialpartner nach Artikel 3 Absatz 3 des genannten Abkommens erneut zum Inhalt des in Aussicht genommenen Vorschlags gehört.
(9) Die allgemeinen branchenübergreifenden Organisationen, d.h. die Union der Industrie- und Arbeitgeberverbände Europas (UN IC E), der Europäische Zentralverband der öffentlichen Wirtschaft (CEEP) und der Europäische Gewerkschaftsbund (EGB) haben der Kommission in einem gemeinsamen Schreiben vom 23. März 1998 mitgeteilt, daß sie das Verfahren nach Artikel 4 des genannten Abkommens in Gang setzen wollen. Sie haben die Kommission in einem gemeinsamen Schreiben um eine zusätzliche Frist von drei Monaten gebeten. Die Kommission kam dieser Bitte nach und verlängerte den Verhandlungszeitraum bis zum 30. März 1999.
(10) Die genannten branchenübergreifenden Organisationen schlossen am 18. März 1999 eine Rahmenvereinbarung über befristete Arbeitsverträge und übermittelten der Kommission nach Artikel 4 Ab-

---
[*] ABl. C 224 v. 8.9.1990, S. 6 und ABl. C 305 v. 5.12.1990, S. 8.
[**] ABl. C 224 v. 8.9.1990, S. 4.

RL/1999/70/EG

satz 2 des Abkommens über die Sozialpolitik ihren gemeinsamen Antrag auf Durchführung dieser Rahmenvereinbarung durch einen Beschluß des Rates auf Vorschlag der Kommission.
(11) Der Rat hat in seiner Entschließung vom 6. Dezember 1994 »Bestimmte Perspektiven einer Sozialpolitik der Europäischen Union: ein Beitrag zur wirtschaftlichen und sozialen Konvergenz in der Union«[*] die Sozialpartner ersucht, die Möglichkeiten zum Abschluß vor. Vereinbarungen wahrzunehmen, weil sie in der Regel näher an den sozialen Problemen und der sozialen Wirklichkeit sind.
(12) In der Präambel zu der am 6. Juni 1997 geschlossenen Rahmenvereinbarung über Teilzeitarbeit kündigten die Unterzeichnerparteien ihre Absicht an, zu prüfen, ob ähnliche Vereinbarungen für andere flexible Arbeitsformen erforderlich sind.
(13) Die Sozialpartner wollten den befristeten Arbeitsverträgen besondere Beachtung schenken, erklärten jedoch auch, daß sie in Erwägung ziehen wollten, ob eine ähnliche Vereinbarung über Leiharbeit erforderlich ist.
(14) Die Unterzeichnerparteien wollten eine Rahmenvereinbarung über befristete Arbeitsverträge schließen, welche die allgemeinen Grundsätze und Mindestvorschriften für befristete Arbeitsverträge und Beschäftigungsverhältnisse niederlegt. Sie haben ihren Willen bekundet, durch Anwendung des Grundsatzes der Nichtdiskriminierung die Qualität befristeter Arbeitsverhältnisse zu verbessern und einen Rahmen zu schaffen, der den Mißbrauch durch aufeinanderfolgende befristete Arbeitsverträge oder Beschäftigungsverhältnisse verhindert.
(15) Der geeignete Rechtsakt zur Durchführung der Rahmenvereinbarung ist eine Richtlinie im Sinne von Artikel 249 des Vertrags. Sie ist für die Mitgliedstaaten hinsichtlich des zu erreichenden Zieles verbindlich, überläßt diesen jedoch die Wahl der Form und der Mittel.
(16) Entsprechend den in Artikel 5 des Vertrags genannten Grundsätzen der Subsidiarität und der Verhältnismäßigkeit können die Ziele dieser Richtlinie auf Ebene der Mitgliedstaaten nicht ausreichend erreicht werden, so daß sie besser auf Gemeinschaftsebene verwirklicht werden können. Die Richtlinie geht nicht über das für die Erreichung dieser Ziele Erforderliche hinaus.
(17) Bezüglich der in der Rahmenvereinbarung verwendeten, jedoch nicht genau definierten Begriffe überläßt es diese Richtlinie – wie andere im Sozialbereich erlassene Richtlinien, in denen ähnliche Begriffe vorkommen – den Mitgliedstaaten, diese Begriffe entsprechend ihrem nationalen Recht und/ oder ihrer nationalen Praxis zu definieren, vorausgesetzt, diese Definitionen entsprechen inhaltlich der Rahmenvereinbarung.
(18) Die Kommission hat ihren Richtlinienvorschlag entsprechend ihrer Mitteilung vom 14. Dezember 1993 über die Anwendung des Protokolls über die Sozialpolitik und ihrer Mitteilung vom 20. Mai 1998 zur Entwicklung des sozialen Dialogs auf Gemeinschaftsebene unter Berücksichtigung des Vertretungsanspruchs der Unterzeichnerparteien, ihres Mandats und der Rechtmäßigkeit der Bestimmungen der Rahmenvereinbarung ausgearbeitet. Die Unterzeichnerparteien verfügen über einen ausreichenden kumulativen Vertretungsanspruch.
(19) Entsprechend ihrer Mitteilung über die Anwendung des Protokolls über die Sozialpolitik hat die Kommission das Europäische Parlament und den Wirtschafts- und Sozialausschuß unterrichtet und ihnen den Wortlaut der Rahmenvereinbarung sowie ihren mit einer Begründung versehenen Vorschlag für eine Richtlinie übermittelt.
(20) Das Europäische Parlament hat am 6. Mai 1999 eine Entschließung zu der Rahmenvereinbarung der Sozialpartner angenommen.
(21) Die Durchführung der Rahmenvereinbarung trägt zu Verwirklichung der in Artikel 136 des Vertrag genannten Ziele bei –

HAT FOLGENDE RICHTLINIE ERLASSEN:

Art. 1
Mit dieser Richtlinie soll die zwischen den allgemeinen branchenübergreifenden Organisationen (EGB, UNICE und CEEP) geschlossene Rahmenvereinbarung vom 18 März 1999 über befristete Arbeitsverträge, die im Anhang enthalten ist, durchgeführt werden.

Art. 2
Die Mitgliedstaaten setzen die Rechts- und Verwaltungsvorschriften in Kraft, die erforderlich sind, um dieser Richtlinie spätestens am 10. Juli 2001 nachzukommen, oder vergewissern sich spätestens zu diesem Zeitpunkt, daß die Sozialpartner im Wege einer Vereinbarung die erforderlichen Vorkehrungen getroffen haben; dabei haben die Mitgliedstaaten alle notwendigen Maßnahmen zu treffen, um jeder-

---
[*] ABl. C 368 v. 23. 12.1994, S. 6.

zeit gewährleisten zu können, daß die durch die Richtlinie vorgeschriebenen Ergebnisse erzielt werden. Sie setzen die Kommission unverzüglich davon in Kenntnis.
Sofern notwendig kann den Mitgliedstaaten bei besonderen Schwierigkeiten oder im Falle einer Durchführung mittels eines Tarifvertrags nach Konsultation der Sozialpartner eine zusätzliche Frist von höchstens einem Jahr gewährt werden. Sie setzen die Kommission umgehend von diesen Gegebenheiten in Kenntnis.
Wenn die Mitgliedstaaten die Vorschriften nach Absatz 1 erlassen, nehmen sie in diesen Vorschriften selbst oder bei deren amtlicher Veröffentlichung auf diese Richtlinie Bezug. Die Mitgliedstaaten regeln die Einzelheiten der Bezugnahme.

Art. 3
Diese Richtlinie tritt am Tag ihrer Veröffentlichung im Amtsblatt der Europäischen Gemeinschaften in Kraft.

Art. 4
Diese Richtlinie ist an die Mitgliedstaaten gerichtet.
Geschehen zu Luxemburg am 28. Juni 1999.

ANHANG
EGB-UNICE-CEEP
RAHMENVEREINBARUNG ÜBER BEFRISTETE ARBEITSVERTRÄGE

Präambel

Die vorliegende Rahmenvereinbarung ist ein Beispiel für die Rolle, die Sozialpartner im Rahmen der 1997 auf der Sondertagung in Luxemburg vereinbarten europäischen Beschäftigungsstrategie spielen können, und nach der Rahmenvereinbarung über Teilzeitarbeit ein weiterer Beitrag auf dem Weg zu einem besseren Gleichgewicht zwischen »Flexibilität der Arbeitszeit und Sicherheit der Arbeitnehmer«.
Die Unterzeichnerparteien dieser Vereinbarung erkennen an, daß unbefristete Verträge die übliche Form des Beschäftigungsverhältnisses zwischen Arbeitgebern und Arbeitnehmer darstellen und weiter darstellen werden. Sie erkennen auch an, daß befristete Beschäftigungsverträge unter bestimmten Umständen den Bedürfnissen von Arbeitgebern und Arbeitnehmern entsprechen.
Die Vereinbarung legt die allgemeinen Grundsätze und Mindestvorschriften für befristete Arbeitsverträge in der Erkenntnis nieder, daß bei ihrer genauen Anwendung die besonderen Gegebenheiten der jeweiligen nationalen, sektoralen und saisonalen Situation berücksichtigt werden müssen. Sie macht den Willen der Sozialpartner deutlich, einen allgemeinen Rahmen zu schaffen, der durch den Schutz vor Diskriminierung die Gleichbehandlung von Arbeitnehmern in befristeten Arbeitsverhältnissen sichert und die Inanspruchnahme befristeter Arbeitsverträge auf einer für Arbeitgeber und Arbeitnehmer akzeptablen Grundlage ermöglicht.
Die Vereinbarung gilt für Arbeitnehmer in befristeten Arbeitsverhältnissen mit Ausnahme derer, die einem Unternehmen von einer Leiharbeitsagentur zur Verfügung gestellt werden. Es ist die Absicht der Parteien, den Abschluß einer ähnlichen Vereinbarung über Leiharbeit in Erwägung zu ziehen.
Die Vereinbarung erstreckt sich auf die Beschäftigungsbedingungen von Arbeitnehmern in befristeten Arbeitsverhältnissen und erkennt an, daß Fragen der gesetzlichen Regelung der sozialen Sicherheit der Entscheidung der Mitgliedstaaten unterliegen. Die Sozialpartner nehmen in diesem Sinne von der Erklärung zur Beschäftigung des Europäischen Rates von Dublin aus dem Jahre 1996 Kenntnis, in der unter anderem betont wird, daß die Systeme der sozialen Sicherheit beschäftigungsfreundlicher gestaltet werden sollten, indem Systeme der sozialen Sicherheit entwickelt werden, die sich an neue Arbeitsstrukturen anpassen lassen und die jedem, der im Rahmen solcher Strukturen arbeitet, auch einen angemessenen sozialen Schutz bieten. Die Unterzeichnerparteien wiederholen ihre bereits 1997 in der Rahmenvereinbarung über Teilzeitarbeit geäußerte Ansicht, daß die Mitgliedstaaten die Erklärung unverzüglich umsetzen sollten.

Außerdem wird anerkannt, daß Innovationen in den betrieblichen Sozialschutzsystemen erforderlich sind, um sie an die Bedingungen von heute anzupassen und insbes. die Übertragbarkeit von Ansprüchen zu ermöglichen.

EGB, UNICE und CEEP ersuchen die Kommission, diese Rahmenvereinbarung dem Rat vorzulegen, damit deren Vorschriften in den Mitgliedstaaten, die das Abkommen über die Sozialpolitik, das dem Protokoll (Nr.14) über die Sozialpolitik im Anhang zum Vertrag zur Gründung der Europäischen Union beigefügt ist, unterzeichnet haben, durch Ratsbeschluß verbindlich werden.

Die Unterzeichnerparteien ersuchen die Kommission, die Mitgliedstaaten in ihrem Vorschlag zur Umsetzung dieser Vereinbarung aufzufordern, die erforderlichen Rechts- und Verwaltungsvorschriften zu erlassen, um dem Ratsbeschluß innerhalb einer Frist von zwei Jahren nach seiner Verabschiedung nachzukommen, oder sich zu vergewissern*, daß die Sozialpartner die notwendigen Maßnahmen vor Ablauf dieser Frist im Wege einer Vereinbarung ergreifen. Bei besonderen Schwierigkeiten oder einer Umsetzung mittels eines Tarifvertrags haben die Mitgliedstaaten nach Konsultation der Sozialpartner gegebenenfalls zusätzlich bis zu einem Jahr Zeit, dieser Bestimmung nachzukommen.

Die Unterzeichnerparteien bitten darum, daß die Sozialpartner vor jeder Maßnahme, die Rechts- und Verwaltungsvorschriften der Mitgliedstaaten zur Erfüllung dieser Vereinbarung betrifft, konsultiert werden.

Unbeschadet der jeweiligen Rolle der einzelstaatlichen Gerichte und des Gerichtshofs bitten die Unterzeichnerparteien darum, daß jede Frage im Hinblick auf die Auslegung dieser Vereinbarung auf europäischer Ebene über die Kommission zunächst an sie weitergeleitet wird, damit sie eine Stellungnahme abgeben können.

Allgemeine Erwägungen

1. Gestützt auf das Abkommen über die Sozialpolitik, das dem Protokoll (Nr.14) über die Sozialpolitik im Anhang zum Vertrag zur Gründung der Europäischen Gemeinschaft beigefügt ist, insbes. auf Artikel 3 Absatz 4 und Artikel 4 Absatz 2.

in Erwägung nachstehender Gründe:

2. Gemäß Artikel 4 Absatz 2 des Abkommens über die Sozialpolitik erfolgt die Durchführung der auf Gemeinschaftsebene geschlossenen Vereinbarungen auf gemeinsamen Antrag der Unterzeichnerparteien durch einen Beschluß des Rates auf Vorschlag der Kommission.
3. Die Kommission kündigte in ihrem zweiten Konsultationspapier über die Flexibilität der Arbeitszeit und Arbeitnehmersicherheit an, eine gesetzlich bindende Gemeinschaftsmaßnahme vorschlagen zu wollen.
4. Das Europäische Parlament forderte die Kommission in seiner Stellungnahme zum Vorschlag für eine Richtlinie über Teilzeitarbeit auf, unverzüglich Vorschläge für Richtlinien über andere Formen der flexiblen Arbeit wie befristete Arbeitsverträge und Leiharbeit zu unterbreiten.
5. In den Schlußfolgerungen des außerordentlichen Gipfeltreffens über Beschäftigungsfragen in Luxemburg ersuchte der Europäische Rat die Sozialpartner, »Vereinbarungen zur Modernisierung der Arbeitsorganisation, darunter flexible Arbeitsregelungen, auszuhandeln, um die Unternehmen produktiv und wettbewerbsfähig zu machen und ein ausgewogenes Verhältnis zwischen Flexibilität und Sicherheit zu erreichen«.
6. Unbefristete Arbeitsverträge sind die übliche Form des Beschäftigungsverhältnisses. Sie tragen zur Lebensqualität der betreffenden Arbeitnehmer und zur Verbesserung ihrer Leistungsfähigkeit bei.
7. Die aus objektiven Gründen erfolgende Inanspruchnahme befristeter Arbeitsverträge hilft Mißbrauch zu vermeiden.
8. Befristete Arbeitsverträge sind für die Beschäftigung in bestimmten Branchen, Berufen und Tätigkeiten charakteristisch und können den Bedürfnissen der Arbeitgeber und der Arbeitnehmer entsprechen.
9. Da mehr als die Hälfte der Arbeitnehmer in befristeten Arbeitsverhältnissen in der Europäischen Union Frauen sind, kann diese Vereinbarung zur Verbesserung der Chancengleichheit zwischen Frauen und Männern beitragen.
10. Diese Vereinbarung überläßt es den Mitgliedstaaten und den Sozialpartnern, die Anwendungsmodalitäten ihrer allgemeinen Grundsätze, Mindestvorschriften und Bestimmungen zu definieren, um so der jeweiligen Situation der einzelnen Mitgliedstaaten und den Umständen bestimmter Branchen und Berufe einschließlich saisonaler Tätigkeiten Rechnung zu tragen.

---

* Im Sinne von Artikel 2 Absatz 4 des Abkommens über die Sozialpolitik, das dem Protokoll (Nr.14) über die Sozialpolitik im Anhang zum Vertrag zur Gründung der Europäischen Gemeinschaft beigefügt ist.

11. Diese Vereinbarung berücksichtigt die Notwendigkeit, die sozialpolitischen Rahmenbedingungen zu verbessern, die Wettbewerbsfähigkeit der Wirtschaft der Gemeinschaft zu fördern und verwaltungstechnische, finanzielle oder rechtliche Zwänge zu vermeiden, die die Gründung und Entwicklung von kleinen und mittleren Unternehmen behindern könnten.
12. Die Sozialpartner sind am besten in der Lage, Lösungen zu finden, die den Bedürfnissen der Arbeitgeber und der Arbeitnehmer gerecht werden. Daher ist ihnen eine besondere Rolle bei der Umsetzung und Anwendung dieser Vereinbarung einzuräumen –

HABEN DIE UNTERZEICHNERPARTEIEN
FOLGENDES VEREINBART:

§ 1 Gegenstand

Diese Rahmenvereinbarung soll:
a) durch Anwendung des Grundsatzes der Nichtdiskriminierung die Qualität befristeter Arbeitsverhältnisse verbessern;
b) einen Rahmen schaffen, der den Mißbrauch durch aufeinanderfolgende befristete Arbeitsverträge oder -verhältnisse verhindert.

§ 2 Anwendungsbereich

1. Diese Vereinbarung gilt für befristet beschäftigte Arbeitnehmer mit einem Arbeitsvertrag oder -verhältnis gemäß der gesetzlich, tarifvertraglich oder nach den Gepflogenheiten in jedem Mitgliedstaat geltenden Definition.
2. Die Mitgliedstaaten, nach Anhörung der Sozialpartner, und/oder die Sozialpartner können vorsehen, daß diese Vereinbarung nicht gilt für:
   a) Berufsausbildungsverhältnisse und Auszubildendensysteme/Lehrlingsausbildungssysteme;
   b) Arbeitsverträge und -verhältnisse, die im Rahmen eines besonderen öffentlichen oder von der öffentlichen Hand unterstützten beruflichen Ausbildungs-, Eingliederungs- oder Umschulungsprogramms abgeschlossen wurden.

§ 3 Definitionen

Im Sinne dieser Vereinbarung ist:
1. »befristet beschäftigter Arbeitnehmer« eine Person mit einem direkt zwischen dem Arbeitgeber und dem Arbeitnehmer geschlossenen Arbeitsvertrag oder -verhältnis, dessen Ende durch objektive Bedingungen wie das Erreichen eines bestimmten Datums, die Erfüllung einer bestimmten Aufgabe oder das Eintreten eines bestimmten Ereignisses bestimmt wird.
2. »vergleichbarer Dauerbeschäftigter« ein Arbeitnehmer desselben Betriebs mit einem unbefristeten Arbeitsvertrag oder -verhältnis, der in der gleichen oder einer ähnlichen Arbeit/Beschäftigung tätig ist, wobei auch die Qualifikationen/Fertigkeiten angemessen zu berücksichtigen sind.
Ist in demselben Betrieb kein vergleichbarer Dauerbeschäftigter vorhanden, erfolgt der Vergleich anhand des anwendbaren Tarifvertrags oder in Ermangelung eines solchen gemäß den einzelstaatlichen gesetzlichen oder tarifvertraglichen Bestimmungen oder Gepflogenheiten.

§ 4 Grundsatz der Nichtdiskriminierung

1. Befristet beschäftigte Arbeitnehmer dürfen in ihren Beschäftigungsbedingungen nur deswegen, weil für sie ein befristeter Arbeitsvertrag oder ein befristetes Arbeitsverhältnis gilt, gegenüber vergleichbaren Dauerbeschäftigten nicht schlechter behandelt werden, es sei denn, die unterschiedliche Behandlung ist aus sachlichen Gründen gerechtfertigt.
2. Es gilt, wo dies angemessen ist, der Pro-rata-temporis-Grundsatz.
3. Die Anwendungsmodalitäten dieser Bestimmung werden von den Mitgliedstaaten nach Anhörung der Sozialpartner und/oder von den Sozialpartnern unter Berücksichtigung der Rechtsvorschriften der Gemeinschaft und der einzelstaatlichen gesetzlichen und tarifvertraglichen Bestimmungen und Gepflogenheiten festgelegt.
4. In Bezug auf bestimmte Beschäftigungsbedingungen gelten für befristet beschäftige Arbeitnehmer dieselben Betriebszugehörigkeitszeiten wie für Dauerbeschäftigte, es sei denn, unterschiedliche Betriebszugehörigkeitszeiten sind aus sachlichen Gründen gerechtfertigt.

§ 5 Maßnahmen zur Vermeidung von Mißbrauch

1. Um Mißbrauch durch aufeinanderfolgende befristete Arbeitsverträge oder -verhältnisse zu vermeiden, ergreifen die Mitgliedstaaten nach der gesetzlich oder tarifvertraglich vorgeschriebenen oder in dem Mitgliedstaat üblichen Anhörung der Sozialpartner und/oder die Sozialpartner, wenn keine gleichwertigen gesetzlichen Maßnahmen zur Mißbrauchsverhinderung bestehen, unter Berücksichtigung der Anforderungen bestimmter Branchen und/oder Arbeitnehmerkategorien eine oder mehrere der folgenden Maßnahmen:
   a) sachliche Gründe, die die Verlängerung solcher Verträge oder Verhältnisse rechtfertigen;
   b) die insgesamt maximal zulässige Dauer aufeinanderfolgender Arbeitsverträge oder -verhältnisse;
   c) die zulässige Zahl der Verlängerungen solcher Verträge oder Verhältnisse.
2. Die Mitgliedstaaten, nach Anhörung der Sozialpartner, und/oder die Sozialpartner legen gegebenenfalls fest, unter welchen Bedingungen befristete Arbeitsverträge oder Beschäftigungsverhältnisse:
   a) als »aufeinanderfolgend« zu betrachten sind;
   b) als unbefristete Verträge oder Verhältnisse zu gelten haben.

§ 6 Information und Beschäftigungsmöglichkeiten

1. Die Arbeitgeber informieren die befristet beschäftigten Arbeitnehmer über Stellen, die im Unternehmen oder Betrieb frei werden, damit diese die gleichen Chancen auf einen sicheren unbefristeten Arbeitsplatz haben wie andere Arbeitnehmer. Diese Information kann durch allgemeine Bekanntgabe an geeigneter Stelle im Unternehmen oder Betrieb erfolgen.
2. Die Arbeitgeber erleichtern den befristet beschäftigten Arbeitnehmern, soweit dies möglich ist, den Zugang zu angemessenen Aus- und Weiterbildungsmöglichkeiten, die die Verbesserung ihrer Fertigkeiten, ihr berufliches Fortkommen und ihre berufliche Mobilität fördern.

§ 7 Information und Konsultation

1. Befristet beschäftigte Arbeitnehmer werden entsprechend den nationalen Rechtsvorschriften bei der Berechnung der Schwellenwerte für die Einrichtung von Arbeitnehmervertretungen in den Unternehmen berücksichtigt, die nach den Rechtsvorschriften der Gemeinschaft und der Mitgliedstaaten vorgesehen sind.
2. Die Anwendungsmodalitäten des Paragraphs 7 Nummer 1 werden von den Mitgliedstaaten nach Anhörung der Sozialpartner und/oder von den Sozialpartnern unter Berücksichtigung der einzelstaatlichen gesetzlichen und tarifvertraglichen Bestimmungen und Gepflogenheiten und im Einklang mit Paragraph 4 Nummer 1 festgelegt.
3. Die Arbeitgeber ziehen, soweit dies möglich ist, eine angemessene Information der vorhandenen Arbeitnehmervertretungsgremien über befristete Arbeitsverhältnisse im Unternehmen in Erwägung.

§ 8 Umsetzungsbestimmungen

1. Die Mitgliedstaaten und/oder die Sozialpartner können günstigere Bestimmungen für Arbeitnehmer beibehalten oder einführen, als sie in dieser Vereinbarung vorgesehen sind.
2. Diese Vereinbarung gilt unbeschadet spezifischerer Gemeinschaftsbestimmungen, insbes. der Gemeinschaftsbestimmungen zur Gleichbehandlung und Chancengleichheit von Männern und Frauen.
3. Die Umsetzung dieser Vereinbarung darf nicht als Rechtfertigung für die Senkung des allgemeinen Niveaus des Arbeitnehmerschutzes in dem von dieser Vereinbarung erfaßten Bereich dienen.
4. Diese Vereinbarung beeinträchtigt nicht das Recht der Sozialpartner, auf der geeigneten, einschließlich der europäischen Ebene, Vereinbarungen zu schließen, die die Bestimmungen dieser Vereinbarung unter Berücksichtigung der besonderen Bedürfnisse der betroffenen Sozialpartner anpassen und/oder ergänzen.
5. Die Vermeidung und Behandlung von Streitfällen und Beschwerden, die sich aus der Anwendung dieser Vereinbarung ergeben, erfolgen im Einklang mit den einzelstaatlichen gesetzlichen und tarifvertraglichen Bestimmungen und Gepflogenheiten.

Anhang zum TzBfG

6. Falls eine der Unterzeichnerparteien dies beantragt, nehmen diese fünf Jahre nach dem Datum des Ratsbeschlusses eine Überprüfung der Anwendung dieser Vereinbarung vor.

Umwandlungsgesetz (UmwG)
Kündigungs(schutz)recht bei Umwandlungen
– Ein Überblick –

vom 28. Oktober 1994 (BGBl. I S. 3210, ber. 1995 S. 428), zuletzt geändert durch Gesetz zur Einführung der Europäischen Genossenschaft und zur Änderung des Genossenschaftsrecht vom 14. August 2006 (BGBl. I S. 1911).

§ 322 Gemeinsamer Betrieb Führen an einer Spaltung oder an einer Teilübertragung nach dem Dritten oder Vierten Buch beteiligte Rechtsträger nach dem Wirksamwerden der Spaltung oder der Teilübertragung einen Betrieb gemeinsam, gilt dieser als Betrieb im Sinne des Kündigungsschutzrechts.

§ 323 Kündigungsrechtliche Stellung (1) Die kündigungsrechtliche Stellung eines Arbeitnehmers, der vor dem Wirksamwerden einer Spaltung oder Teilübertragung nach dem Dritten oder Vierten Buch zu dem übertragenden Rechtsträger in einem Arbeitsverhältnis steht, verschlechtert sich auf Grund der Spaltung oder Teilübertragung für die Dauer von zwei Jahren ab dem Zeitpunkt ihres Wirksamwerdens nicht.
(2) Kommt bei einer Verschmelzung, Spaltung oder Vermögensübertragung ein Interessenausgleich zustande, in dem diejenigen Arbeitnehmer namentlich bezeichnet werden, die nach der Umwandlung einem bestimmten Betrieb oder Betriebsteil zugeordnet werden, so kann die Zuordnung der Arbeitnehmer durch das Arbeitsgericht nur auf grobe Fehlerhaftigkeit überprüft werden.

§ 324 Rechte und Pflichten bei Betriebsübergang § 613a Abs. 1, 4 bis 6 des Bürgerlichen Gesetzbuchs bleibt durch die Wirkungen der Eintragung einer Verschmelzung, Spaltung oder Vermögensübertragung unberührt.

Literatur

– bis 2004 vgl. KR-Vorauflage –
Beseler/Düwell/Göttling Arbeitsrechtliche Probleme bei Betriebsübergang, Betriebsänderung, Unternehmensumwandlung 2. Aufl. 2005; Kallmeyer/(Bearbeiter) Umwandlungsgesetz, Kommentar, 3. Aufl. 2006; Lutter (Hrsg.)/Bearbeiter Umwandlungsgesetz, Kommentar, 3. Aufl. 2004; Reidel Kündigungsgarantie vs. Verschlechterungsverbot – Zum Verhältnis von § 113 InsO und §§ 322, 323 Abs. 1 UmwG –, FS Arbeitsgemeinschaft Arbeitsrecht, S. 1325 ff.; Schmitt/Hörtnagl/Stratz Umwandlungsgesetz Umwandlungssteuergesetz, Kommentar, 4. Aufl. 2006.

Inhaltsübersicht

	Rz		Rz
A. Allgemeines	1	b) Voraussetzungen für eine Verschmelzung	15
B. Einleitung	2–26	2. Spaltung	16–20
I. Sinn und Zweck des Umwandlungsrechts	2	a) Aufspaltung	17
II. Arbeitsrechtliche Bestimmungen	3–9	b) Abspaltung	18
III. Möglichkeiten/Arten der Umwandlung	10–26	c) Ausgliederung	19
1. Verschmelzung	12–15	d) Kombination von Spaltungsvorgängen	20
a) Formen der Verschmelzung	13, 14	3. Vermögensübertragung	21–23
aa) Verschmelzung durch Aufnahme (§ 2 Nr. 1 UmwG)	13	4. Formwechsel	24–26
		C. Umwandlungsgesetz und Kündigungsrecht	27–56
bb) Verschmelzung zur Neugründung (§ 2 Nr. 2 UmwG)	14	I. Umwandlungsgesetz und § 613a Abs. 1 und Abs. 4 BGB	28
cc) Anwachsung	14a	II. Verschmelzung und Kündigungsrecht	29–33

	Rz		Rz
1. Kündigungsverbot wegen Verschmelzung	29	bb) Sachlicher Geltungsbereich	41–46
2. Vertraglicher Inhaltsbestandsschutz	30–32	cc) Kausalität zwischen der Spaltung oder der Teilübertragung und Wegfall/Verschlechterung kündigungsrechtlicher Positionen	47
3. Keine weiteren besonderen kündigungsrechtlichen Vorschriften	33		
III. Spaltung oder Teilübertragung und Kündigungsrecht	34–54	b) Kündigungsrechtliche Stellung des Arbeitnehmers bei Fortbestand des einheitlichen Betriebes als gemeinsamer Betrieb iSd § 322 UmwG	48–54
1. § 613a Abs. 1 und Abs. 4 BGB	34, 35		
a) Kündigungsverbot wegen Spaltung	34	aa) Schwellenwert des § 23 KSchG	49
b) § 613a Abs. 1 BGB und § 323 Abs. 1 UmwG	35	bb) Weiterbeschäftigungsmöglichkeit (§ 1 Abs. 1 S. 2 Nr. 1b KSchG)	50, 51
2. Aufrechterhaltung der bisherigen kündigungsrechtlichen Stellung für zwei Jahre (§ 323 Abs. 1 UmwG)	36–54	cc) Soziale Auswahl (§ 1 Abs. 3 KSchG)	52
a) Kündigungsrechtliche Stellung des Arbeitnehmers nach § 323 Abs. 1 UmwG bei Spaltung des Betriebes infolge der Spaltung oder Teilübertragung	40–47	dd) Massenentlassungsanzeige (§ 17 KSchG)	53
		ee) Übernahme von Betriebsratsmitgliedern nach § 15 Abs. 5 S. 1 KSchG	54
aa) Persönlicher Geltungsbereich	40	IV. Vermögensübertragung	55
		V. Formwechsel	56

A. Allgemeines

1 Mit dem am 1.1.1995 in Kraft getretenen Umwandlungsbereinigungsgesetz (UmwBerG) vom 28.10.1994 (BGBl. I S. 2310) sollten Formwechsel und Fusion von Rechtsträgern, Spaltung, Aufspaltung, Gründungsabspaltung sowie Universalsukzession, was in verschiedenen Gesetzen, zT unvollständig oder gar nicht geregelt war, in einem Gesetz zusammengefasst oder erstmals geregelt werden. Es handelt sich um ein sog. Artikelgesetz. Art. 1 enthält das Umwandlungsgesetz (UmwG). Es führt zunächst die geregelten Umwandlungsarten auf (Erstes Buch). Im zweiten bis fünften Buch werden die Umwandlungsarten im Einzelnen geregelt. Das sechste Buch enthält das Spruchverfahren, mit dem der Inhaber von Anteilen eine Verbesserung des Umtausches oder eine Barabfindung verlangen können. Das siebte Buch weist Strafvorschriften auf sowie die Befugnis des Registergerichts, Zwangsgelder festzusetzen. Im achten Buch befinden sich neben Übergangs- und Schlussvorschriften und der Aufhebung des UmwG 1969 einige arbeitsrechtliche Bestimmungen, §§ 322–324, wobei für das Kündigungsrecht § 323 zur kündigungsrechtlichen Stellung des Arbeitnehmers bei Spaltung und Teilübertragung sowie § 324, nach dem § 613a Abs. 1 und 4 BGB unberührt bleibt, im Vordergrund stehen.

B. Einleitung

I. Sinn und Zweck des Umwandlungsrechts

2 Die Veränderung in der Rechtsform und die Übertragung des vorhandenen Gesellschaftsvermögens werden durch die Gesamtrechtsnachfolge erleichtert. Das geschieht dadurch, dass auf die Einhaltung der Vorschriften über die Einzelübertragung verzichtet wird, nach denen Forderungen abzutreten, bewegliche Sachen zu übereignen, Grundstücke durch Einigung und Eintragung in das Grundbuch zu übertragen sind sowie Schulden nur unter Beteiligung des jeweiligen Gläubigers einen anderen Schuldner erhalten können. Die Einführung der Spaltung von Rechtsträgern im Wege der Gesamtrechtsnachfolge hat die Bedeutung der Universalsukzession wesentlich verstärkt.

II. Arbeitsrechtliche Bestimmungen

3 Das UmwG enthält eine Anzahl von Regelungen, die dem Arbeitnehmerschutz dienen sollen. Dabei sind kollektivrechtliche und individualrechtliche Bestimmungen zu unterscheiden. Zunächst ist die qualifizierte Unterrichtung des Betriebsrats über eine geplante Umwandlung vorgesehen (§§ 5 Abs. 3, 126 Abs. 3 UmwG). § 321 UmwG aF regelte das Übergangsmandat des Betriebsrats: Die betriebliche Interessenvertretung wird aufrechterhalten, weil gerade bei einer Umwandlung der kollektive Schutz von Arbeitnehmerinteressen von besonders großer Bedeutung ist. In § 322 Abs. 1 UmwG aF war eine Vermutung für einen gemeinsamen Betrieb eingeführt worden, wenn »die Organisation des gespaltenen Betriebes nicht geändert« wird, auch wenn der bisherige einheitliche Rechtsträger weggefallen ist. § 325 Abs. 2 UmwG sieht für den Fall der Spaltung eines Betriebes die Möglichkeit vor, durch Vereinbarung die Fortgeltung von Rechten des Betriebsrats sicherzustellen.

Hinzuweisen ist noch auf § 106 Abs. 3 Nr. 8 BetrVG und auf § 111 S. 2 Nr. 3 BetrVG, die durch Art. 13 UmwBerG in das BetrVG eingefügt wurden. Der Zusammenschluss oder die Spaltung von Unternehmen oder Betrieben sind dadurch wirtschaftliche Angelegenheiten iSd § 106 BetrVG. Betriebsänderungen sind nun auch der Zusammenschluss mit anderen Betrieben oder die Spaltung von Betrieben. **4**

§ 325 Abs. 1 UmwG sieht die befristete Beibehaltung der Unternehmensmitbestimmung vor, wenn das bisherige Mitbestimmungsstatut durch Aufspaltung iSd § 123 Abs. 2 UmwG oder durch Aufgliederung iSd § 123 Abs. 2 UmwG oder durch Ausgliederung iSd § 123 Abs. 3 UmwG entfällt. **5**

§ 133 Abs. 1 UmwG sieht die gesamtschuldnerische Haftung der an der Spaltung oder an der Teilübertragung beteiligten übernehmenden Rechtsträger vor. Dies bezieht sich auf die vor der Spaltung oder der Teilübertragung begründeten Verbindlichkeiten des übertragenden Rechtsträgers. Wird ein Unternehmen in eine Anlagengesellschaft und in eine Betriebsgesellschaft aufgeteilt, werden die Arbeitnehmer des gespaltenen Rechtsträgers besonders geschützt: Ansprüche aus Sozialplan oder auf Nachteilsausgleich (§§ 111–113 BetrVG) oder aus der Betrieblichen Altersversorgung sind gegen den übertragenden Rechtsträger in qualifizierter Weise geschützt. **6**

Führen an einer Spaltung beteiligte Rechtsträger nach dem Wirksamwerden der Spaltung oder einer Teilübertragung einen Betrieb gemeinsam, so gilt nach § 322 UmwG dieser als ein Betrieb iSd KSchG (dazu Rz 48 ff.). **7**

§ 323 Abs. 1 UmwG sagt aus, dass sich die kündigungsrechtliche Stellung des Arbeitnehmers, der vor dem Wirksamwerden einer Spaltung oder Teilübertragung zu dem übertragenden Rechtsträger in einem Arbeitsverhältnis steht, sich aufgrund der Spaltung oder Teilübertragung für die Dauer von zwei Jahren ab dem Zeitpunkt ihres Wirksamwerdens nicht ändert. Dieses Verschlechterungsverbot ist im Einzelnen (Rz 36 ff.) erläutert. **8**

Individualrechtlich sieht § 324 UmwG vor, dass § 613a Abs. 1 und Abs. 4 BGB durch die Wirkungen der Eintragung einer Verschmelzung, Spaltung oder Vermögensübertragung »unberührt bleibt« (iE dazu Rz 28 ff.). **9**

III. Möglichkeiten/Arten der Umwandlung

Umwandlung iSd UmwG ist nicht nur der Wechsel der Rechtsform, sondern ist auch die Übertragung von Vermögen. In § 1 UmwG sind die vier verschiedenen den Inlandsunternehmen möglichen Grundformen von Umwandlungen genannt: Verschmelzung (§§ 2–122 UmwG), **10**

Spaltung (§§ 123–173 UmwG),

Vermögensübertragung (§§ 174–189 UmwG) sowie

Formwechsel (§§ 190–304 UmwG).

Verschmelzung, Spaltung, Vermögensübertragung sind Umwandlungen, bei denen das ganze Gesellschaftsvermögen oder ein bestimmter Teil davon übertragen werden. Beim Formwechsel gibt es keinen Übertragungsakt. Es wird nur die Rechtsform geändert. »Der formwechselnde Rechtsträger besteht in der in dem Umwandlungsbeschluss bestimmten Rechtsform weiter« (§ 202 Abs. 1 Nr. 1 UmwG). **11**

1. Verschmelzung

Verschmelzung ist die Übertragung des Vermögens eines Rechtsträgers oder von mehreren Rechtsträgern als Ganzes unter Auflösung ohne Abwicklung. **12**

a) Formen der Verschmelzung

aa) Verschmelzung durch Aufnahme (§ 2 Nr. 1 UmwG)

13 Bei der Verschmelzung durch Aufnahme erfolgt die Übertragung des Vermögens – Aktiva und Passiva – eines oder mehrerer Rechtsträger als Ganzes auf einen anderen Rechtsträger gegen Gewährung von Anteilen oder Mitgliedschaftsrechten an dem übernehmenden Rechtsträger.

bb) Verschmelzung zur Neugründung (§ 2 Nr. 2 UmwG)

14 Der übernehmende Rechtsträger besteht nicht bereits, sondern er wird im Zuge der Verschmelzung neu gegründet.

cc) Anwachsung

14a Darunter wird eine besondere Form der Verschmelzung verstanden, § 738 Abs. 1 S. 1 BGB, nach der beim Ausscheiden eines Gesellschafters aus der Gesellschaft bürgerlichen Rechts (GbR) der Anteil am Gesellschaftsvermögen den übrigen Gesellschaftern »zuwächst«. Das gilt gem. § 105 Abs. 3 HGB für die offene Handelsgesellschaft (oHG) entsprechend. Es handelt sich dabei um einen gesetzlichen Fall der Gesamtrechtsnachfolge. In einem solchen Fall gelten weder das UmwG, weil keine Verschmelzung nach dem UmwG vorliegt, noch § 613a BGB, weil diese Bestimmung auf eine Gesamtrechtsnachfolge nicht anwendbar ist (vgl. *Willemsen/Hohenstatt/Schweibert/Seibt* Umstrukturierung, Teil F Rz 89 f.; **aA** *Trittin* AiB 2001, 6 ff.).

b) Voraussetzungen für eine Verschmelzung

15 In § 3 UmwG sind die verschmelzungsfähigen Rechtsträger aufgeführt. Grundlage der Verschmelzung ist der Verschmelzungsvertrag der an der Verschmelzung beteiligten Rechtsträger (§ 4 UmwG). Der notwendige Inhalt des Verschmelzungsvertrages ist in § 5 UmwG festgelegt (dazu »aus arbeitsrechtlicher Sicht« *Hjort* NJW 1999, 750 ff.).

2. Spaltung

16 Das Gesetz (§ 123 UmwG) sieht drei Arten einer Spaltung vor:

a) Aufspaltung

17 Bei der **Aufspaltung** eines Rechtsträgers wird sein gesamtes Vermögen auf mindestens zwei neue Rechtsträger übertragen. Bei der Aufspaltung erlischt der sich aufspaltende Rechtsträger. Bei der Spaltung zur Aufnahme besteht (bestehen) der (die) aufnehmende(n) Rechtsträger bereits. Wird (werden) er (sie) erst gegründet, handelt es sich um eine Spaltung zur Neugründung. Die Anteilsinhaber des übertragenden Rechtsträgers werden idR Anteilsinhaber oder Gesellschafter des übernehmenden Rechtsträgers.

b) Abspaltung

18 Bei der **Abspaltung** überträgt der übertragende Rechtsträger nicht sein gesamtes Vermögen und bleibt daher bestehen. Ein oder mehrere Vermögenskomplexe, zB Betriebe oder Betriebsteile können auf einen oder verschiedene Rechtsträger übertragen werden, und zwar entweder zur Aufnahme oder zur Neugründung. Auch hier erhalten die Anteilsinhaber oder Gesellschafter des übertragenden Rechtsträgers Anteile an dem (den) aufnehmenden Rechtsträger(n).

c) Ausgliederung

19 Bei der **Ausgliederung** fallen die dem Wert der Übertragung entsprechenden Anteile in das Vermögen des übertragenden Rechtsträgers, der bestehen bleibt. Die Anteile stehen also nicht den Anteilsinhabern des übertragenden Rechtsträgers zu, sondern diesem selbst.

d) Kombination von Spaltungsvorgängen

20 Nach § 123 Abs. 4 UmwG kann die Spaltung auch durch gleichzeitige Übertragung auf bestehende und neue Rechtsträger erfolgen. Es ist also eine Kombination von Spaltungsvorgängen möglich.

3. Vermögensübertragung

Es gibt die Vermögensübertragung als Vollübertragung. Das heißt, das Vermögen geht als Ganzes, alle 21
Aktiva und Passiva gehen über (§ 174 Abs. 1 UmwG).

§ 174 Abs. 2 UmwG sieht drei Arten von Teilübertragungen vor: Die aufspaltende Teilübertragung 22
(Nr. 1), die abspaltende Teilübertragung (Nr. 2) sowie die ausgleichende Teilübertragung (Nr. 3).

Der Unterschied zur Verschmelzung und Spaltung liegt darin, dass die Gegenleistung für die übertra- 23
genden Rechtsträger nicht in Anteilen an den übernehmenden Rechtsträgern bestehen. Die Vermögensübertragung ist für die öffentliche Hand und für öffentlich-rechtliche Unternehmen eingeführt worden, für die der Tausch von Anteilen nicht zulässig ist (KassArbR-*Düwell* 6.8 Rz 31 mwN; vgl. im Übrigen *Schipp/Schipp* Rz 238, 384).

Das UmwG regelt abschließend, wie Gebietskörperschaften Betriebe auf Träger privaten Rechts über- 23a
tragen können. Die gesetzliche Ausgliederung von Betrieben aus dem Vermögen eines Landes auf eine Anstalt öffentlichen Rechts erfasst zwar auch die Arbeitsverhältnisse der in den Landesbetrieben beschäftigten Arbeitnehmer. Auf diese besondere Art der Umwandlung sind aber die Vorschriften des UmwG nicht anwendbar. Auch § 613a BGB ist nicht anwendbar, weil diese Bestimmung verlangt, dass der Betrieb durch Rechtsgeschäft übergeht. Vom sachlichen Geltungsbereich der Norm sind daher Betriebsübergänge ausgeschlossen, die im Wege der Gesamtrechtsnachfolge kraft Gesetzes oder eines sonstigen Hoheitsaktes vollzogen werden (*BAG* 8.5.2001 EzA § 613a BGB Nr. 198).

4. Formwechsel

Beim »Formwechsel« besteht das Unternehmen des Rechtsträgers unverändert fort (Prinzip der Iden- 24
tität, § 190 Abs. 1 UmwG). Der formwechselnde Rechtsträger besteht in der Rechtsform weiter, die in dem Umwandlungsbeschluss vorgesehen ist (§ 202 Abs. 1 Nr. 1 UmwG). Es gibt keinen Übertragungsvorgang. § 191 Abs. 1 UmwG nennt die Rechtsträger abschließend, die eine neue Rechtsform annehmen können.

IV. Ablauf der Umwandlung/Umwandlungsverfahren

Erforderlich ist ein **Vertrag** als rechtsgeschäftliche Grundlage für die Übertragung von Vermögen, 25
wenn andere Rechtsträger beteiligt sind. Das ist bei allen Formen der Umwandlung der Fall außer beim Formwechsel. Der Formwechsel wird durch einen Entwurf des Umwandlungsbeschlusses vorbereitet (§ 192 Abs. 1 UmwG). Dieser ersetzt den sonst nötigen Umwandlungsvertrag. Den Mindestinhalt des Umwandlungsvertrages schreibt § 5 UmwG vor. Der notwendige Inhalt des Umwandlungsbeschlusses ergibt sich aus § 194 Abs. 1 UmwG.

Neben dem Umwandlungsvertrag sind die Anteilseigner der beteiligten Rechtsträger mit einem »Ver- 26
schmelzungsbericht« (§ 8 UmwG), »Spaltungsbericht« (§ 127 UmwG), »Ausgliederungsbericht« (§ 162 UmwG), »Umwandlungsbericht« des formwechselnden Rechtsträgers (§ 192 UmwG) über die Einzelheiten der in Aussicht genommenen Umwandlung zu unterrichten. Der Mindestinhalt dieser Berichte ist gesetzlich festgelegt. Dabei geht es außer beim Formwechsel insbes. um das Umtauschverhältnis der Anteile oder um die Angaben über die Mitgliedschaft bei dem übernehmenden Rechtsträger und um die Höhe der Barabfindung. Die Angaben werden durch unabhängige Sachverständige überprüft. Die Anteilsinhaber der beteiligten Rechtsträger fassen den Umwandlungsbeschluss. Er ist von einem deutschen Notar zu beurkunden. Für die Wirksamkeit der Umwandlung ist die Eintragung in das Handelsregister erforderlich (§ 20 Abs. 1, § 36 Abs. 1, § 131 Abs. 1, § 176 Abs. 1, § 202 Abs. 1 UmwG).

C. Umwandlungsgesetz und Kündigungsrecht

Die Einleitung enthält eine Übersicht über das Arbeitsrecht im UmwG. Ein Kommentar zum Kündi- 27
gungsrecht muss sich auf die Bestimmungen des UmwG beschränken, die kündigungsrechtliche Auswirkungen haben.

I. Umwandlungsgesetz und § 613a Abs. 1 und Abs. 4 BGB

Nach § 324 UmwG bleibt § 613a Abs. 1 und Abs. 4 BGB durch die Wirkung der Eintragung einer Ver- 28
schmelzung, Spaltung oder Vermögensübertragung »unberührt«.

Diese erst auf Empfehlung des Rechtsausschusses (BR-Drs. 599/94, S. 59) auf Wunsch der Gewerkschaften (*Boewer* S. 106 mwN) eingefügte Vorschrift ist für sich betrachtet unklar: § 613a Abs. 1 und Abs. 4 BGB werden vom UmwG nicht tangiert. Es bleibt also zu prüfen, ob diese Bestimmungen auf Umwandlungen iSd UmwG anwendbar sind. Das wäre nach der früher wohl herrschenden Ansicht zu verneinen gewesen. Die Anwendung des § 613a BGB auf Fälle der Gesamtrechtsnachfolge wurde für ausgeschlossen angesehen (vgl. die Nachw. bei *Soergel/Raab* 12. Aufl., § 613a BGB Rz 171 Fn 8). § 613a BGB, der den Übergang »durch Rechtsgeschäft« verstanden als eigene rechtsgeschäftliche Gestaltung regelt, wurde als nicht einschlägig erachtet, wenn die Rechtsnachfolge kraft Gesetzes eintritt, was bei der Gesamtrechtsfolge der Fall ist (vgl. die Nachw. bei *K. Schmidt* AcP 191 [1991], 495 ff.). Im Falle einer Verschmelzung oder Umwandlung von Kapitalgesellschaften galt § 613a BGB danach nicht (*Staudinger/Richardi* 12. Aufl., § 613a BGB Rz 83, 190 ff.; *Kraft* Kölner Komm. § 339 AktG Rz 83). Das war allerdings nicht unbestritten (vgl. *Kallmeyer/Willemsen* UmwG § 324 Rz 1 mwN). Es wurde durchaus vertreten, dass Verschmelzung, Auf- oder Abspaltung von § 613a BGB erfasst werden (vgl. die Nachw. bei *Boewer* S. 106 Fn 20; *Soergel/Raab* § 613a BGB Rz 172 Fn 9). Auch das *BAG* war für einen Fall der Verschmelzung von der – entsprechenden – Anwendbarkeit des § 613a BGB ausgegangen (5.10.1993 AP Nr. 42 zu § 1 BetrAVG Zusatzversorgungskassen [II 2]). Diese Auffassung war von der EG-Richtlinie 77/187/EWG v. 14.2.1977 (ABlEG Nr. L 61, 26) beeinflusst, auf die man in Deutschland erst sehr spät aufmerksam geworden war. Außerdem ergibt sich aus Art. 11 der Sechsten Richtlinie des Rates ... betreffend die Spaltung von Aktiengesellschaften 82/891/EWG v. 17.12.1982 (ABlEG Nr. L 378, 47), dass sich die Ansprüche der Arbeitnehmer der an der Spaltung beteiligten Gesellschaften nach der Richtlinie 77/187/EWG richten. *Boewer* (S. 107) weist zutreffend darauf hin, dass vieles dafür sprach, § 613a BGB EG-rechtskonform auf den Fall der rechtsgeschäftlichen Gesamtrechtsnachfolge zu übertragen. Vor diesem Hintergrund wird deutlich, dass § 324 UmwG dahin zu verstehen ist, dass § 613a Abs. 1 und Abs. 4 BGB anwendbar ist. Die Anwendbarkeit des § 613a Abs. 1 und Abs. 4 BGB aufgrund des § 324 UmwG ist inzwischen ganz herrschende Meinung (vgl. zB *Düwell* aaO, 6.8 Rz 120 f., 134 f., 231; *Boewer* aaO, S. 107 f.; *Kallmeyer/Willemsen* 3. Aufl., § 324 UmwG Rz 2 m. zahlr. wN; *Goutier/Knopp/Tulloch/Bermel/Hannappel* § 5 UmwG Rz 68, § 324 UmwG Rz 3; *Joost* in: Luther UmwG § 324 Rz 3; *Bachner/Köstler/Trittin/Trümner* Arbeitsrecht bei Unternehmensumwandlung, 1996, S. 122 f.; *Kraft* ZfA 1997, 304). Im Übrigen hat Art. 2 UmwBerG § 613a Abs. 3 BGB redaktionell geändert und den Gesetzestext an das UmwG angepasst (*Soergel/Raab* § 613a Rz 172), was nur dann Sinn macht, wenn § 613a BGB auf Umwandlungsfälle anzuwenden ist. Nach § 324 UmwG bleibt § 613a Abs. 1 und Abs. 4 »unberührt«, also anwendbar. Daraus folgt, dass es sich um eine Rechtsgrundverweisung, nicht aber um eine Rechtsfolgenverweisung handelt. Es muss also in jedem der in § 324 UmwG genannten Umwandlungsfälle – Verschmelzung, Spaltung, Vermögensübertragung – geprüft werden, ob ein Betriebsübergang für die fragliche Einheit oder Teileinheit in Betracht kommt (so zutr. *Willemsen* aaO, Rz 2 S. 1231, *Schmitt/Hörtnagl/Stratz* § 324 Rz. 1). Es bleibt also festzuhalten, dass vom Grundsatz her bei Verschmelzungen, Spaltungen, Vermögensübertragungen § 613a BGB in Betracht kommt und daher zB auch das Kündigungsverbot des § 613a Abs. 4 BGB. Ob es tatsächlich greift, hängt zB davon ab, ob eine im Rahmen des Spaltungsplanes einzelnen Rechtsträgern zugewiesene Funktion ohne Betriebsmittel als Teilbetriebsübergang anzusehen ist. Durch das Gesetz v. 23.2.2002 (BGBl. I S. 1163) wurde § 324 UmwG nach der Ergänzung des § 613a BGB um die Absätze 5 und 6 angepasst: § 613a Abs. 5 – Unterrichtung der Arbeitnehmer – und § 613a Abs. 6 BGB – Widerspruchsrecht – gelten seitdem auch für Umwandlungsfälle.

28a Es ist aber folgendes zu beachten:

Eine beabsichtigte oder in die Wege geleitete Umwandlung schließt nicht aus, dass ein Betrieb oder Betriebsteil schon vor Vollendung der Umwandlung gem. § 613a BGB durch Rechtsgeschäft übertragen und durch einen neuen Inhaber fortgeführt wird, zB durch Verpachtung oder Nutzungsüberlassung an eine Vor-GmbH. Das bedeutet, dass auch im Umwandlungsfall die Voraussetzungen des § 613a BGB selbständig zu prüfen sind. Die Wirkung der Umwandlung kann noch nach erfolgtem Betriebsübergang eintreten – die neu gegründete GmbH, auf die eine Gebietskörperschaft ein Krankenhaus gem. § 168 UmwG ausgliederte, wurde erst Monate später in das Handelsregister eingetragen – (*BAG* 25.5.2000 EzA § 613a BGB Nr. 190 [II 1c bb]). Daraus folgt, dass ein Fall des § 613a BGB bereits vor Wirksamkeit der Umwandlung eintreten kann; auf die Reichweite des § 324 UmwG kommt es dann insoweit nicht an (zutr. *Boecken* Anm. zu BAG 25.5.2000 EzA § 613a BGB Nr. 190, RdA 2001, 240, 241; *Bachner/Köstler/Matthießen/Trittin* E Rz 141; vgl. auch *BAG* 10.11.2004 EzA § 14 TzBfG Nr. 15 [II 3]; 22.6.2005 – 7 AZR 363/04 – EzBAT SR 2y BAT TzBfG Nr. 17 [I 2b bb(3)]). Es ist zwischen dem arbeitsrechtlichen und dem umwandlungsrechtlichen Übergang von Arbeitsverhältnissen zu unterscheiden.

Im Einzelnen gilt für den Anwendungsbereich des § 324 UmwG (dazu *Boecken* RdA 2001, 242 f.; vgl. aber *J. Bauer/Mengel* ZIP 2000, 1635, 1636 und BAG 24.6.1998 EzA § 20 UmwG Nr. 1 [2a]) folgendes: 28b

II. Verschmelzung und Kündigungsrecht

1. Kündigungsverbot wegen Verschmelzung

Wenn im Zuge einer Verschmelzung Betriebe oder Betriebsteile auf einen anderen Rechtsträger übergehen und insoweit ein Betriebs(teil)übergang vorliegt, was im Hinblick auf die genannte EG-Richtlinie auch bei der Verschmelzung der Fall ist, greift das Kündigungsverbot des § 613a Abs. 4 BGB ein: Die Kündigung ist iSd § 613a Abs. 4 BGB unwirksam, wenn das Arbeitsverhältnis gerade zumindest auch wegen der Unternehmensverschmelzung gekündigt wird, diese Beweggrund und überwiegendes Motiv, die wesentliche Ursache für die Kündigung war (*Düwell* aaO, 6.8 Rz 134 f.; *Kallmeyer/Willemsen* § 324 UmwG Rz 21 mwN in Fn 3). Abzustellen ist darauf, ob die Verschmelzung der eigentliche Beweggrund für die Kündigung war. Die objektive Sachlage zum Zeitpunkt des Zugangs der Kündigungserklärung ist maßgebend (*Trittin* AiB 2001, 147, 149). 29

2. Vertragsrechtlicher Inhaltsbestandsschutz

Zwar enthält das UmwG für den Fall der Verschmelzung keine weiteren kündigungsschutzrechtlichen Bestimmungen. § 323 Abs. 1 UmwG, der die kündigungsrechtliche Stellung des Arbeitnehmers für die Zeit von zwei Jahren festschreibt, gilt nur für die Spaltung von Rechtsträgern. 30

Der anwendbare § 613a Abs. 1 BGB hat aber kündigungs(schutz)rechtliche Auswirkungen: Etwa in Tarifverträgen und/oder in Betriebsvereinbarungen enthaltene Kündigungs(schutz)regelungen gelten für ein Jahr als Vertragsrecht weiter, es sei denn, das übernehmende oder umgegründete Unternehmen ist gleichermaßen tarifgebunden, und zwar unabhängig davon, ob § 20 UmwG ohnehin greift, was für die Arbeitnehmer zutrifft, die umwandlungsbedingt auf den neuen Rechtsträger übergehen. Nur wenn Arbeitnehmer einzelnen Betrieben oder Betriebsteilen zugeordnet werden können und der umwandlungsrechtliche Gesamtnachfolger in das Arbeitsverhältnis eintritt, gilt § 613a Abs. 1 BGB unmittelbar (vgl. *Düwell* aaO 6.8 Rz 120 ff.). 31

Werden mehrere Rechtsträger in einen übernehmenden Rechtsträger verschmolzen, der tarifgebunden ist an ein Tarifwerk eines Arbeitgeberverbandes, das nicht an den Betrieb, sondern an das Unternehmen anknüpft, also branchenfremde Betriebe nicht ohne weiteres herausfallen – die Anknüpfung der Tarifbindung an das Mitgliedsunternehmen ist zulässig (*Löwisch/Rieble* TVG 2. Aufl. § 4 Rz 66, 99 ff.) und wird auch praktiziert (vgl. *BAG* 10.12.1997 EzA § 3 TVG Nr. 14) –, so sind Belegschaftsmitglieder nicht mehr tarifgebunden, wenn der übernehmende Rechtsträger einem Arbeitgeberverband angehört, der das Tarifwerk mit einer anderen Gewerkschaft (zB statt mit einer DGB-Gewerkschaft mit der CGM) abgeschlossen hat. Das »alte« Tarifwerk, etwa der IG-Metall mit dem Arbeitgeberverband Eisen- und Stahlindustrie oder mit dem Arbeitgeberverband metallindustrieller Arbeitgeberverbände gilt dann für die Mitglieder der IG-Metall nur noch nach § 613a Abs. 1 S. 2 BGB individualrechtlich weiter (vgl. den Fall *ArbG Halberstadt* 9.3.2004 – 5 Ca 1372/03). Allenfalls ist insoweit noch an eine Nachwirkung nach § 4 Abs. 5 TVG zu denken (*Düwell* aaO, 6.8 Rz 178). Allerdings können Besitzstandsklauseln zu anderen Ergebnissen führen (vgl. den Fall, der der Entscheidung des *BAG* 28.5.1997 EzA § 3 TVG Bezugnahme auf Tarifvertrag Nr. 8 zugrunde lag). 32

Zu beachten ist, dass ein Firmentarifvertrag zu den Verbindlichkeiten iSd § 20 Abs. 1 Nr. 1 UmwG gehört. Geht ein Firmentarifvertrag gem. § 20 Abs. 1 Nr. 1 UmwG auf einen neuen Unternehmensträger über, so ist insoweit für eine Anwendung des § 324 UmwG, § 613a Abs. 1 S. 2 BGB kein Raum. § 613a Abs. 1 S. 2 BGB, der nach § 324 UmwG unberührt bleibt, stellt im Fall der Umwandlung eine Auffangregelung für den Fall dar, dass ein Tarifvertrag nicht kollektivrechtlich für den neuen Unternehmensträger gilt. Dies betrifft idR Verbands- oder Flächentarifverträge. Ist die Position der Tarifvertragspartei auf den neuen Unternehmensträger übergegangen, sind die Rechtsnormen des Firmentarifvertrages – zB Kündigungsregelungen – nicht nach § 613a Abs. 1 S. 2 BGB, § 324 UmwG zum bloßen, nur begrenzt bestandsgeschützten (§ 613a Abs. 1 S. 2–4 BGB) Inhalt der Arbeitsverträge geworden. Der Firmentarifvertrag gilt kollektivrechtlich fort (*BAG* 24.6.1998 EzA § 20 UmwG Nr. 1). Bei Verschmelzung zur Aufnahme in einen bereits bestehenden Rechtsträger mit einer anderen Tarifgebundenheit gelten dann mehrere Tarifverträge. Das ist hinzunehmen (*Bachner/Köstler/Matthießen/Trittin* E Rz 89 f. S. 257 f.; **aA** *Düwell* aaO Rz 176: Lösung über § 613a Abs. 1 S. 3 BGB, was aber voraussetzt, dass beide Arbeitsvertragsparteien tarifgebunden sind, Ablösung der übergegangenen Tarifnormen nur bei 32a

»kongruenter Tarifgebundenheit«, *BAG* 21.2.2001 EzA § 613a BGB Nr. 195). Dem neuen Rechtsträger bleibt es unbenommen, den Firmentarifvertrag zu kündigen. Im Nachwirkungszeitraum kann er das gegebene arbeitsrechtliche Instrumentarium nutzen, um im Wege einer »anderen Abmachung«, § 4 Abs. 5 TVG, zu einheitlichen Arbeitsbedingungen zu gelangen.

3. Keine weiteren besonderen kündigungsrechtlichen Vorschriften

33 Das UmwG weist für den Fall der Verschmelzung von Rechtsträgern keine weiteren besonderen kündigungsrechtlichen Bestimmungen auf. § 323 Abs. 1 UmwG, der den Arbeitnehmer für zwei Jahre vor einer Verschlechterung seiner kündigungsrechtlichen Stellung schützt, gilt nicht für den Fall der Verschmelzung.

33a Bei Verschmelzung zweier Unternehmen hat der Arbeitnehmer über § 324 UmwG das Recht, dem Austausch des Arbeitgebers zu widersprechen. Damit löst er sich mit dem Zeitpunkt der Verschmelzung einseitig von seinem Arbeitsverhältnis (*ArbG Münster* 14.4.2000 DB 2000, 1182 = NZA-RR 2000, 467; vgl. *Thannheiser* AuA 2001, 101, 102 f.; **aA** *Willemsen* Umstrukturierung 2. Aufl., Teil G Rz 178 ff. unter Hinweis auf das Erlöschen des bisherigen Rechtsträgers, § 20 Abs. 1 Nr. 2 UmwG).

III. Spaltung oder Teilübertragung und Kündigungsrecht

1. § 613a Abs. 1 und Abs. 4 BGB

a) Kündigungsverbot wegen Spaltung

34 § 324 UmwG lässt § 613a Abs. 4 unberührt. Das Kündigungsverbot des § 613a Abs. 4 S. 1 BGB gilt auch für die Fälle der Spaltung – Aufspaltung, Abspaltung, Ausgliederung – und für die Teilübertragung, und zwar unabhängig davon, ob umwandlungsrechtliche Bestandsschutzbestimmungen eingreifen. § 323 Abs. 1 UmwG ist im Lichte des § 324 UmwG, der § 613a Abs. 4 BGB für anwendbar erklärt, dahin zu verstehen, dass neben dem Kündigungsverbot des § 613a Abs. 4 S. 1 BGB dem Arbeitnehmer seine kündigungsrechtliche Stellung im Übrigen für zwei Jahre erhalten bleibt. § 322 UmwG fingiert nur die Einheit des Betriebes iSd KSchG und ist von daher für das Kündigungsverbot ohne Belang (*Boecken* Rz 302). Das Recht zur Kündigung »aus anderen Gründen« bleibt bestehen (§ 613a Abs. 4 S. 2 BGB); eine solche Kündigung muss sich an den übrigen Maßstäben messen lassen. Die entscheidende Frage ist, ob die Kündigung sozial gerechtfertigt wäre, wenn es zur Spaltung oder Teilübertragung nicht gekommen wäre (vgl. *Bachner* AR-Blattei SD 1625 Unternehmensumwandlung Rz 89).

b) § 613a Abs. 1 BGB und § 323 Abs. 1 UmwG

35 Auch § 613a Abs. 1 BGB ist nach der Vorschrift des § 324 UmwG auf die Spaltung anwendbar. § 613a Abs. 1 S. 2 BGB sieht die individualrechtliche Weitergeltung kollektivrechtlich gestalteter Regelungen jedenfalls für ein Jahr vor: Sie dürfen vor Ablauf eines Jahres nach dem Zeitpunkt des Übergangs nicht zum Nachteil des Arbeitnehmers verändert werden, also auch nicht etwaige kündigungsrechtliche Regelungen. Da die Regelungen als individualrechtliche fortgelten, können sie individualrechtlich geändert werden. Das muss aber nicht geschehen. Die kündigungsrechtliche Stellung des Arbeitnehmers iSd § 323 Abs. 1 UmwG und damit auch kollektivrechtliche kündigungsrelevante Regelungen sind demgegenüber für zwei Jahre geschützt und nicht nur für ein Jahr. Daraus folgt, dass § 323 Abs. 1 UmwG in dem Sinne die speziellere Regelung gegenüber § 613a Abs. 1 S. 2 BGB darstellt, als bei § 323 Abs. 1 UmwG die tarifliche Qualität der kündigungsrelevanten Regelungen erhalten bleibt, während sie durch das Absinken in den Arbeitsvertrag aufgrund § 613a Abs. 1 S. 2 BGB eine andere Qualität erhalten (*Kallmeyer/Willemsen* § 323 Rz 16 Fn 2 S. 1226 mwN; **aA** *Kittner/Däubler/Zwanziger* 6. Aufl., § 323 UmwG Rz 13: Beide Bestimmungen sind anwendbar, die für den Arbeitnehmer günstigere ist heranzuziehen; *Wlotzke* DB 1995, 40, 40: § 323 Abs. 1 UmwG geht vor). Unabhängig davon endet auch die kündigungsrechtliche Stellung des Arbeitnehmers iSd § 323 Abs. 1 UmwG nicht automatisch nach dem Ablauf von zwei Jahren nach der Eintragung. Auch insoweit bedarf es einer Änderung etwa durch Tarifvertrag oder Betriebsvereinbarung (vgl. *Bachner/Köstler/Trittin/Trümner* S. 149 ff.; *Boecken* Rz 283 m. Fn 575; *Mengel* S. 272 f.).

35a Eine analoge Anwendung des § 323 UmwG auf den bloßen Betriebsübergang iSd § 613a BGB kommt nicht in Betracht, wenn nach einem Betriebsübergang der Schwellenwert nicht mehr gegeben ist oder später unterschritten wird. Diese »Entwertung« seiner kündigungsschutzrechtlichen Stellung hat der Arbeitnehmer hinzunehmen. § 323 UmwG ist eine Spezialvorschrift, die auf andere Fallkonstellationen nicht übertragbar ist (*Thür. LAG* 6.3.2006 – 8 (1) Sa 465/04 – Revision anhängig – 8 AZR 397/06).

2. Aufrechterhaltung der bisherigen kündigungsrechtlichen Stellung für zwei Jahre (§ 323 Abs. 1 UmwG)

§ 323 Abs. 1 UmwG sieht vor, dass sich die kündigungsrechtliche Stellung des Arbeitnehmers, der vor dem Wirksamwerden einer Spaltung oder Teilübertragung in einem Arbeitsverhältnis mit dem übertragenden Rechtsträger steht, aufgrund der Spaltung oder Teilübertragung für die Dauer von zwei Jahren ab dem Zeitpunkt ihres Wirksamwerdens nicht verschlechtert. 36

Es handelt sich der Sache nach um eine Besitzstandsregelung auf Zeit: Mit der Eintragung der Spaltung oder der Teilübertragung in das Register des Sitzes des übertragenden Rechtsträgers (§§ 131, 177 Abs. 1 UmwG) läuft die Frist von zwei Jahren, für deren Dauer die kündigungsrechtliche Stellung des Arbeitnehmers erhalten bleibt. 37

Kündigungsrechtliche Stellung ist mehr als kündigungsschutzrechtliche Stellung. Unter Kündigungsrecht werden die Bestimmungen verstanden, die die Kündigung betreffen. Kündigungsschutzrecht erfasst nur diejenigen Regelungen, die den Adressaten der Kündigung, den Arbeitnehmer schützen, also den allgemeinen und den besonderen Kündigungsschutz. Der Wortlaut des § 323 Abs. 1 UmwG steht also dafür, dass nicht nur das Kündigungsschutzrecht, sondern das gesamte Kündigungsrecht angesprochen ist. Aus den Gesetzesmaterialien zum UmwBerG ergibt sich nur, dass der Kündigungsschutz erhalten bleibt, wenn bei dem neuen Rechtsträger an sich die Kleinbetriebsklausel Anwendung findet, weil die Mindestzahl der Arbeitnehmer nicht mehr erreicht wird (§ 23 KSchG; BT-Drs. 12/6699, S. 175). Für die Dauer von zwei Jahren wird davon ausgegangen, dass das KSchG gleichwohl greift. Da aber in § 322 UmwG der gemeinsame Betrieb als ein einziger Betrieb im kündigungsschutzrechtlichen Sinne angesehen wird, so dass es zB für den sachlichen Geltungsbereich des KSchG auf die Mitarbeiterzahl des gespaltenen Betriebes ankommt, unabhängig davon, zu welchem Rechtsträger der an der Spaltung beteiligten Rechtsträgern die Arbeitnehmer in einem Arbeitsverhältnis stehen, ist davon auszugehen, dass der Gesetzgeber zwischen Kündigungsschutz und Kündigungsrecht unterscheidet mit der Folge, dass § 323 Abs. 1 UmwG nicht nur den Kündigungsschutz, sondern die Gesamtheit der kündigungsbezogenen Regelungen für die Dauer von zwei Jahren aufrecht erhält (hM, vgl. zB *Trümner* AiB 1995, 311; *Bachner/Köstler/Trittin/Trümner* S. 140; *Mengel* Umwandlungen im Arbeitsrecht, S. 267 mwN Fn 1147; *Kraft* ZfA 1997, 307; *Düwell* aaO, E.8 Rz 236; *Schmitt/Hörtnagl/Stratz* § 323 Rz 6; aA *Bauer/Lingemann* NZA 1994, 1060 f., die § 323 Abs. 1 UmwG auf die Fortgeltung lediglich des Kündigungsschutzes reduzieren wollen; wohl auch *Baumann* DStR 1995, 888, 891 mwN; vgl. im Übrigen die Nachw. bei *Mengel* Fn 1145 S. 267). 38

Die Spaltung oder Teilübertragung hat nicht notwendigerweise auch die Spaltung des Betriebes zur Folge. Die an der Spaltung beteiligten Rechtsträger können den Betrieb als gemeinsamen Betrieb mehrerer Unternehmen fortführen. Diesen Fall regelt § 322 UmwG. Kommt es zur Spaltung des bisherigen Betriebes, gilt ausschließlich § 323 UmwG. 39

a) Kündigungsrechtliche Stellung des Arbeitnehmers nach § 323 Abs. 1 UmwG bei Spaltung des Betriebs infolge der Spaltung oder Teilübertragung

aa) Persönlicher Geltungsbereich

§ 323 Abs. 1 UmwG gilt für alle Arbeitnehmer, des oder der übertragenden Rechtsträger(s). 40

bb) Sachlicher Geltungsbereich

Damit ist alles angesprochen, was die kündigungsrechtliche Stellung des Arbeitnehmers ausmacht. Das KSchG bleibt anwendbar. § 23 KSchG gilt nicht, wenn Kündigungsschutz iSd KSchG bestand. Bei betriebsbedingten Kündigungen kommt es bei der Prüfung der Betriebsbedingtheit (§ 1 Abs. 2 KSchG) auf den bisherigen Betrieb an, was insbes. bei der Frage der Weiterbeschäftigungsmöglichkeit von Bedeutung ist: Es ist auf die Verhältnisse im Betrieb vor der Spaltung oder Teilübertragung abzustellen. Bestünde im Betrieb ohne Spaltung oder Teilübertragung eine Weiterbeschäftigungs- oder Versetzungsmöglichkeit, so ist die Kündigung für zwei Jahre ausgeschlossen (ErfK-*Ascheid* 2. Aufl. 2001 § 323 UmwG Rz 4). 41

Entsprechendes gilt an sich bei der Sozialauswahl (§ 1 Abs. 3 KSchG). Es kommt aber nicht auf die vergleichbaren Arbeitnehmer des früheren Betriebs an (so aber *Mengel* S. 267 und 6. Aufl.), auch nicht auf beide Bereiche – Unternehmens- oder Spaltungsgrenzen überschreitende Sozialauswahl (so *Bachner* AR-Blattei SD 1625 Unternehmensumwandlung Rz 98 f.), sondern auf den abgespaltenen Betrieb 42

§§ 322–324 UmwG   Umwandlungsgesetz

(*Düwell* aaO, 6.8 Rz 242 f.; *Beseler/Düwell/Göttling* 2. Aufl. S. 320; ErfK-*Ascheid/Oetker* 7. Aufl., § 1 KSchG Rz 479; ErfK-*Ascheid* 2. Aufl. 2001 § 323 UmwG Rz 5; APS-*Steffan* 2. Aufl. § 323 UmwG Rz 7; *Buchner* GmbHR 1997, 434, 441; *Rieble* FS für Wiese 1998, S. 453, 474 f.; *BAG* 22.9.2005 EzA § 113 InsO Nr. 18 [II 3a]; *LAG München* 21.9.2004 – 11 Sa 29/04 – EzA-SD 1/2005 S. 6, Revision mit Urt. v. 22.9.2005 – 6 AZR 527/04 – nv, zurückgewiesen, dazu *Reidel* FS Arbeitsgemeinschaft Arbeitsrecht S. 1325 ff.).

43 Etwaige Kündigungsauswahlrichtlinien sind zu berücksichtigen (*Mengel* S. 267 mN Fn 1143). Ein bestehender tarifvertraglicher Kündigungsschutz, ja auch ein Kündigungsschutz durch Betriebsvereinbarung, soweit dieser überhaupt zulässig ist, sowie ein arbeitsvertraglich vereinbarter Ausschluss der ordentlichen Kündigung bleiben erhalten. Entsprechendes gilt für längere tarifvertragliche Kündigungsfristen (hM, vgl. die Nachw. bei *Mengel* Fn 1144 S. 267; *Schalle* S. 264 ff.). Ein tarifvertraglicher Kündigungsschutz einschließlich etwa verlängerter Kündigungsfristen bleibt dem Arbeitnehmer auch dann für zwei Jahre erhalten, wenn »an sich« der bisherige Tarifvertrag in dem abgespaltenen Betrieb nicht gilt, etwa weil der neue Rechtsträger nicht tarifgebunden ist oder infolge Änderung des Betriebszwecks aus dem fachlichen Geltungsbereich des Tarifvertrages »herausgewachsen« ist und zB einem für allgemeinverbindlich erklärten Tarifvertrag unterliegt.

Auch verbleibt es bei etwaigem Sonderkündigungsschutz nach § 15 KSchG für zwei Jahre (*Lutter/Joost* 3. Aufl. 2004, § 323 Rz 13 mwN Fn 3; APS-*Steffan* 2. Aufl. § 323 UmwG Rz 13; *Hergenröder* AR-Blattei SD 500.2 Betriebsinhaberwechsel II Rz 151; offen gelassen *BAG* 18.10.2000 EzA § 15 KSchG nF Nr. 51 [B I 4b] **aA** *Kallmeyer/Willemsen* 3. Aufl. § 323 Rz 13).

44 Dagegen können die Voraussetzungen für die Beteiligung des Betriebsrats nach § 99 iVm §§ 95 Abs. 3, 102 BetrVG entgegen einer weit verbreiteten Meinung (*Mengel* S. 266 mwN Fn 1140) nicht durch § 323 Abs. 1 UmwG als für zwei Jahre fingiert angesehen werden mit der Folge, dass es unter diesem Gesichtspunkt keinen verlängerten Versetzungs- und Änderungskündigungsschutz gibt. Sind im abgespaltenen Betrieb weniger als 21 Arbeitnehmer beschäftigt, entfällt das Mitbestimmungsrecht des Betriebsrats nach § 99 BetrVG, wenn sich die in Aussicht genommene Änderung der Arbeitsbedingungen zugleich als Versetzung iSd § 95 Abs. 3 BetrVG darstellt. § 99 BetrVG ist im Kleinbetrieb iSd § 23 KSchG nicht anzuwenden. Es handelt sich insoweit nicht um eine kündigungs-(schutz)rechtliche Position der Arbeitnehmer, sondern um ein Recht des Betriebsrats, das sich allerdings als kollektivrechtlicher Kündigungsschutz im Ergebnis zugunsten des einzelnen Arbeitnehmers auswirken kann (im Ergebnis ebenso *Boecken* Unternehmensumwandlungen und Arbeitsrecht, Rz 277 f.; *Bachner/Köstler/Trittin/ Trümner* S. 146 f.; HWK-*Willemsen* 2. Aufl. § 323 Rz 14 S. 3125; APS-*Steffan* 2. Aufl. § 323 UmwG Rz 15).

45 Der relative Kündigungsschutz des § 17 KSchG wird dem abgespaltenen Arbeitnehmer im Ergebnis trotz der Aufrechterhaltung der kündigungsrechtlichen Stellung und der damit verbundenen Fortgeltung der Beschäftigtenzahlen iSd § 18 KSchG des ursprünglichen Betriebes schon deswegen nichts nützen, weil sich die Massenentlassungsanzeige nur auf den abgespaltenen Betrieb bezieht und von daher diese Zahlen relevant sind und werden, ja, die Gesamtbetrachtung – Beschäftigtenzahl des früheren Betriebes – gerade dazu führen kann, dass die Verpflichtung zur Massenanzeige noch gar nicht gegeben ist. Entscheidend ist die jeweils für den Arbeitnehmer günstigere Betrachtungsweise. § 323 Abs. 1 UmwG soll den Arbeitnehmer schützen, nicht aber zum Verlust einer für ihn günstigen Position führen (vgl. *Bachner/Köstler/Trittin/Trümner* S. 145 f.; *Boecken* Rz 275 S. 185 m. Fn 561; **aA** *Willemsen/Hohenstatt* 2. Aufl., Umstrukturierung Teil H Rz 152; *Nacke* S. 185, 243; HWK-*Willemsen* 2. Aufl. § 323 Rz 12; APS-*Steffan* 2. Aufl. § 323 UmwG Rz 14).

46 Zum Massenentlassungsschutz bei Verlust der sozialplanpflichtigen Betriebsgröße vgl. *Bachner/Köstler/Trittin/Trümner* S. 144 f.

cc) **Kausalität zwischen der Spaltung oder der Teilübertragung und Wegfall/ Verschlechterung kündigungsrechtlicher Positionen**

47 Wie sich aus den Wörtern »auf Grund« des § 323 Abs. 1 UmwG ergibt, schützt diese Bestimmung nur vor solchen kündigungsrechtlichen Verschlechterungen, die auf die Spaltung oder Teilübertragung unmittelbar zurückzuführen sind (»strenge Kausalitätsbetrachtung«, *Bachner/Köstler/Trittin/Trümner* S. 143; *Lutter/Joost* 3. Aufl. § 323 Rz 21; *Schmitt/Hörtnagl/Stratz* § 323 Rz 4; *BAG* 22.9.2005 EzA § 113 InsO Nr. 18 [II 1b]). Nur mittelbar auf die Umwandlung oder auf die Teilübertragung zurückzuführende kündigungsrechtliche Veränderungen zum Nachteil des Arbeitnehmers reichen nicht aus (*Mengel* S. 269 f.; *Boecken* Rz 281 ff.).

b) Kündigungsrechtliche Stellung des Arbeitnehmers bei Fortbestand des einheitlichen Betriebes als gemeinsamer Betrieb iSd § 322 UmwG

§ 322 UmwG fingiert bei einem gemeinsam geführten Betrieb einen Betrieb iSd Kündigungsschutzrechts. § 322 UmwG ist in seinem Anwendungsbereich die speziellere Norm gegenüber § 323 Abs. 1 UmwG. Sie geht über § 323 Abs. 1 UmwG insofern hinaus als sie sich nicht nur auf die individualrechtliche Stellung des Arbeitnehmers im maßgeblichen Zeitpunkt bezieht, sondern der Kündigungsschutz für alle Arbeitnehmer des gemeinsamen Betriebes gilt, sofern dessen Voraussetzungen beim Einzelnen Arbeitnehmer vorliegen (*Boecken* Rz 300 f.; *Mengel* S. 270, 272), und zwar zeitlich unbeschränkt (worauf *Herbst* AiB 1995, 12 zutreffend hinweist; ebenso ErfK-*Eisemann* 2. Aufl. § 322 UmwG Rz. 6). 48

aa) Schwellenwert des § 23 KSchG

Für die Kleinbetriebsklausel kommt es auf die Zahl der Arbeitnehmer des gemeinsamen Betriebes an. Auf die Anzahl der von dem jeweiligen Arbeitgeber beschäftigten Arbeitnehmer kommt es nicht an, aA *Hergenröder* AR-Blattei 520.2 Betriebsinhaberwechsel II Rz 161: Es ist auf sämtliche Unternehmen abzustellen, wenn Personalbedarf unternehmensübergreifend und nicht nur betriebsbezogen abgestimmt wird. 49

bb) Weiterbeschäftigungsmöglichkeit (§ 1 Abs. 1 S. 2 Nr. 1b KSchG)

Es kommt auf den gemeinsamen Betrieb an. Es ist zu prüfen, ob ein freier Arbeitsplatz im gemeinsamen Betrieb mit dem Arbeitnehmer besetzt werden kann, und zwar unabhängig davon, ob dieser Arbeitsplatz einem anderen als dem Rechtsträger zugeordnet ist, der dem Arbeitnehmer gekündigt hat (*Düwell* aaO, 6.8 Rz 246; *Hamann* Anm. zu LAG Köln B. v. 9.3.2006 – 14 Sa 146/06 – Einstellung der Zwangsvollstreckung – Weiterbeschäftigungsanspruch [LAGE § 62 ArbGG 1979 Nr. 32] jurisPR – ArbR 27/2006 Nr. 3; *LAG Köln* 14.8.2000 – 14 Sa 146/06). 50

Ob sich die Frage der Weiterbeschäftigungsmöglichkeit auch auf etwaige weitere Betriebe der Rechtsträger des gemeinsamen Betriebes erstreckt, ist zweifelhaft, aber zu verneinen; lediglich die Betriebe des Rechtsträgers, mit dem der Arbeitnehmer in einem Arbeitsverhältnis steht, sind einzubeziehen. Das folgt daraus, dass nicht ein gemeinsames Unternehmen, sondern nur ein gemeinsamer Betrieb fingiert wird (*Düwell* aaO, 6.8 Rz 247; *Boecken* Rz 296; anders *Bachner/Köstler/Trittin/Trümner* S. 142 je mwN, vgl. *BAG* 27.11.2003 – 2 AZR 48/03 – [B I 3]). 51

cc) Soziale Auswahl (§ 1 Abs. 3 KSchG)

Es kommt auf vergleichbare Arbeitnehmer im gesamten gemeinsamen Betrieb an; wem diese Arbeitnehmer zugeordnet sind, ist unerheblich (*Boecken* Rz 297 mwN Fn 604; *Düwell* aaO, 6.8 Rz 248 mwN; *Mengel* S. 276 mwN Fn 1193; *LAG BW* 8.3.2006 – 2 Sa 90/04 – Revision anhängig – 8 AZR 310/06). 52

dd) Massenentlassungsanzeige (§ 17 KSchG)

Im Rahmen des relativen Kündigungsschutzes nach § 17 KSchG kommt es auf die Anzahl der im gemeinsamen Betrieb insgesamt vorhandenen Arbeitnehmer an (*Boecken* Rz 299; *Mengel* S. 276). 53

ee) Übernahme von Betriebsratsmitgliedern nach § 15 Abs. 5 S. 1 KSchG

Wird die Abteilung, in der ein Betriebsratsmitglied tätig ist, stillgelegt, so ist es in eine andere Betriebsabteilung zu übernehmen, wenn die Übernahme möglich ist, und zwar unabhängig davon, ob diese Betriebsabteilung einem anderen Rechtsträger zugeordnet ist als diejenige, in der das Betriebsratsmitglied beschäftigt war und/oder in einem Arbeitsverhältnis steht. 54

IV. Vermögensübertragung

Die Vollübertragung ist der Verschmelzung nachgebildet. Die Teilübertragung entspricht der Spaltung. Deshalb sind die für die Verschmelzung zur Aufnahme geltenden Bestimmungen auf die Vermögensübertragung nach Maßgabe der §§ 176, 178, 186, 188 UmwG anzuwenden. Die die Spaltung zur Aufnahme regelnden Bestimmungen gelten für die Vermögensteilübertragung nach Maßgabe der §§ 177, 179, 184, 189. Es gilt das zu Kündigungsrecht und Verschmelzung Ausgeführte entsprechend (Rz 29 ff.). Für die Vermögensteilübertragung gilt das zu Kündigungsrecht und Spaltung Ausgeführte entsprechend (Rz 34 ff.). 55

V. Formwechsel

56 Der Wechsel in eine andere Rechtsform lässt das Arbeitsverhältnis unberührt. § 202 Abs. 1 Nr. 1 UmwG regelt ausdrücklich die Identität des formwechselnden Rechtsträgers. Ein Arbeitgeberwechsel findet nicht statt. Der Arbeitgeber bleibt gewahrt. Kündigungsrechtlich gilt nichts anderes als vorher auch.

Fundstellen-Register
der Entscheidungen
des Bundesarbeitsgerichts ab 2000

Hinweise:

1. Für Entscheidungen des BAG vor diesem Zeitpunkt wird auf das Register der 2. bis 7. Auflage verwiesen.
2. Nicht berücksichtigt sind die nicht oder nur außerhalb der zehn ausgewerteten Zeitschriften und Entscheidungssammlungen veröffentlichten Entscheidungen.
3. Die Auswahl der zehn ausgewerteten Periodika erfolgte nach den Gesichtspunkten der Verbreitung in der Praxis und der Dichte der veröffentlichten einschlägigen Entscheidungen.

Datum	Aktenzeichen	EzA	Arbeitsrechtliche Praxis (AP) Nr. zu	BB	DB	NJW	NZA	SAE	AuR	RzK	FA
2000											
12.1.	7 AZR 863/98	§620 BGB Nr. 169	217 §620 BGB Befristeter Arbeitsvertrag	00, 933	00, 978	00, 3084	00, 722	–	00, 65, 234	I 9a Nr. 164	00, 98, 185
12.1.	7 AZR 925/98	§4 TVG Bühne Nr. 8	30 §611 BGB Musiker	00, 1042	–	–	00, 1345	00, 263	–	–	–
12.1.	7 AZR 48/99	§611 BGB Aufhebungsvertrag Nr. 33	16 §620 BGB Aufhebungsvertrag	00, 1197	00, 1183	00, 2042	00, 718	01, 220	00, 65, 275	I 9i Nr. 70	00, 96, 250
19.1.	4 AZR 910/98			–	–	–	–	–	–	IV 5 Nr. 25	–
19.1.	5 AZR 644/98	§611 BGB Arbeitnehmerbegriff Nr. 81	33 §611 BGB Rundfunk	–	00, 1520	–	00, 1102	00, 263	00, 275	I 4a Nr. 131	00, 329
19.1.	4 AZR 70/99	§113 InsO Nr. 10	5 §113 InsO	00, 1409	00, 1184	00, 2692	00, 658	01, 233	00, 235	IV 5 Nr. 24	00, 233
20.1.	2 ABR 19/99		–	–	00, 1822	–	01, 170	–	–	I 8h Nr. 14	–
20.1.	2 ABR 30/99	§126 InsO Nr. 1	1 §126 InsO	00, 981	00, 1666	–	00, 592	00, 328	00, 358	IV 5 Nr. 22	00, 324
20.1.	2 ABR 40/99	§15 KSchG n.F. Nr. 49	40 §103 BetrVG 1972	–	–	–	00, 367	–	00, 235	I 7b Nr. 42	00, 136
20.1.	2 AZR 65/99	§2 KSchG Nr. 39	56 §2 KSchG 1969	00, 1300	00, 1079	01, 912	00, 768	–	00, 235	III 2a Nr. 44	00, 101, 169, 219
20.1.	2 AZR 378/99	§1 KSchG Krankheit Nr. 47	38 §1 KSchG 1969 Krankheit	–	–	–	–	–	–	I 5g Nr. 75	–
27.1.	8 AZR 106/99		–	–	–	–	–	–	–	I 5e Nr. 128	00, 131
9.2.	7 ABR 21/98	§2 ArbGG 1979 Nr. 49	70 §2 ArbGG 1979	00, 829	00, 777	00, 1438	00, 385	–	00, 228	I 10a Nr. 50	00, 128, 193
16.2.	5 AZB 71/99	§102 BetrVG 1972 Nr. 103	113 §102 BetrVG 1972	00, 1407	00, 1130	00, 3802	00, 761	00, 310	00, 500	III 1b Nr. 31	00, 254
17.2.	2 AZR 913/99	§1 KSchG Soziale Auswahl Nr. 43	46 §1 KSchG 1969 Soziale Auswahl	00, 2525	00, 1339	00, 2604	00, 822	–	00, 235	I 5d Nr. 89	00, 232
17.2.	2 AZR 142/99	§615 BGB Nr. 97	2 §11 KSchG 1969	00, 1410	00, 2021	00, 2374	00, 816	–	00, 315	I 13a Nr. 53	00, 227, 249
22.2.	9 AZR 194/99	§620 BGB Bedingung Nr. 15	13 §1 TVG	–	00, 1286	–	00, 776	–	00, 317	I 9g Nr. 52	00, 235
23.2.	7 AZR 126/99	§4 TVG Wiedereinstellungsanspruch Nr. 1	1 §62 MTL II	–	00, 2613	–	00, 894	–	00, 360	I 15 Nr. 20	–
23.2.	7 AZR 891/98	§102 BetrVG 1972 Nr. 104	47 §1 KSchG 1969 Soziale Auswahl	–	00, 1420	–	00, 764	01, 117	00, 475	III 1b Nr. 32	00, 200
24.2.	8 AZR 167/99	§1 KSchG Interessenausgleich Nr. 7	7 §1 KSchG 1969 Namensliste	–	00, 1286	–	00, 785	–	00, 277	–	00, 226, 384
24.2.	8 AZR 180/99	§14 BbiG Nr. 10	10 §14 BbiG	00, 1787	00, 1623	–	01, 214	–	00, 358	IV 3b Nr. 7	00, 258, 282
15.3.	5 AZR 622/98	§108 BpersVG Nr. 2	2 §67 LPVG Sachsen-Anhalt	–	00, 1871	–	00, 1337	–	00, 197, 361	III 2a Nr. 45	00, 231
16.3.	2 AZR 828/98	§626 BGB n.F. Nr. 179	114 §102 BetrVG 1972	00, 1677	00, 764	–	00, 1332	–	–	I 10h Nr. 50	00, 221
16.3.	2 AZR 75/99										

Register der Entscheidungen des Bundesarbeitsgerichts

Datum	Aktenzeichen	EzA	Arbeitsrechtliche Praxis (AP) Nr. zu	BB	DB	NJW	NZA	SAE	AuR	RzK	FA
2000											
16.3.	2 AZR 138/99	§ 108 BpersVG Nr. 1	1 § 68 LPVG Sachsen-Anhalt	–	–	–	–	–	–	III 2a Nr. 46	00, 226
22.3.	7 ABR 34/98	§ 14 AÜG Nr. 4	8 § 14 AÜG	00, 2098	00, 2330	–	00, 1119	–	00, 197	–	–
22.3.	7 AZR 225/98 (A)	§ 620 BGB Hochschulen Nr. 24	25 § 57b HRG	00, 1680	00, 1468	–	00, 828	–	00, 398	I 9d Nr. 72	–
22.3.	7 AZR 581/98	§ 1 BeschFG 1985 Klagefrist Nr. 4	1 § 1 BeschFG 1996	00, 829	00, 724	–	00, 884	–	00, 234	–	–
22.3.	7 AZR 758/98	§ 620 BGB Nr. 170	221 § 620 BGB Befristeter Arbeitsvertrag	00, 1838	01, 284	01, 845	01, 881	–	00, 358	I 9a Nr. 173	00, 295, 317
22.3.	7 AZR 824/98	§ 620 BGB Nr. 171	222 § 620 BGB Befristeter Arbeitsvertrag	–	01, 282	–	01, 605	–	00, 358	I 9a Nr. 174	00, 262
5.4.	7 ABR 6/99	§ 40 BetrVG 1972 Nr. 91	33 § 78a BetrVG 1972	00, 2052	00, 2280	–	00, 1178	–	00, 398	II 4a Nr. 36	01, 16
13.4.	2 AZR 215/99	§ 17 KSchG Nr. 9	13 § 17 KSchG 1969	–	00, 2175	–	01, 144	–	–	I 8b Nr. 13	–
13.4.	2 AZR 259/99	§ 626 BGB n.F. Nr. 180	162 § 626 BGB	–	00, 1819	–	01, 277	–	00, 396	I 6f Nr. 24	00, 264, 328
11.5.	2 AZR 54/99	§ 102 BetrVG 1972 Beschäftigungspflicht Nr. 11	13 § 102 BetrVG 1972 Weiterbeschäftigung	00, 2049	00, 1969	00, 3587	00, 1055	01, 20	00, 277	III 1e Nr. 27	00, 201
11.5.	2 AZR 276/99	§ 103 BetrVG 1972 Nr. 41	42 § 103 BetrVG 1972	00, 2470	01, 205	–	01, 106	–	01, 28	II 3 Nr. 34	00, 231, 299
16.5.	9 AZR 203/99	§ 615 BGB Nr. 99	7 § 615 BGB Böswilligkeit	01, 201	01, 154	01, 143	01, 1359	01, 145	01, 225	I 13a Nr. 54	00, 228
16.5.	9 AZR 245/99	§ 125 BGB Nr. 15	15 § 125 BGB	00, 1786	00, 1768	00, 3155	00, 939	–	00, 395	I 2a Nr. 24	00, 320
16.5.	9 AZR 277/99	§ 611 BGB Aufhebungsvertrag Nr. 36	20 § 620 BGB Aufhebungsvertrag	00, 2365	01, 50	01, 389	01, 1236	–	00, 475	I 9i Nr. 76	–
25.5.	8 AZR 416/99	§ 613a BGB Nr. 190	209 § 613a BGB	00, 2156	00, 1966	–	00, 1115	–	00, 395	I 5e Nr. 139	00, 329
8.6.	2 AZR 375/99	§ 626 BGB Ausschlußfrist Nr. 15	164 § 626 BGB	01, 46	–	01, 1156	01, 212	–	00, 396	I 6g Nr. 39	00, 331
8.6.	2 AZR 638/99	§ 626 BGB n.F. Nr. 182	163 § 626 BGB	–	01, 285	–	00, 1282	–	00, 396	I 6a Nr. 184	00, 264, 298
8.6.	2 ABR 1/00	§ 15 KSchG n.F. Nr. 50	3 § 2 BeschSchG	–	–	–	01, 91	–	00, 396; 01, 271	I 6e Nr. 21	00, 383
8.6.	2 AZN 276/00	§ 102 Betr.VG 1972 Nr. 106	41 § 103 BetrVG 1972	00, 1944	00, 1772	–	00, 899	–	00, 361	II 3 Nr. 35	00, 298
20.6.	9 AZR 405/99	§ 1 BurlG Nr. 23	28 § 7 BurlG	00, 2313	00, 2327	01, 460	01, 100	–	00, 477	–	00, 268, 362, 385
21.6.	4 AZR 379/99	§ 1 TVG Betriebsverfassungsnorm Nr. 1	121 § 102 BetrVG 1972	01, 258	01, 389	–	01, 271	01, 169	–	–	00, 359
26.6.	7 AZR 51/99	§ 1 BeschFG 1985 Nr. 19	–	–	–	–	–	–	–	–	–
28.6.	7 ABR 57/98			–	–	–	–	–	–	II 4a Nr. 37	–

Register der Entscheidungen des Bundesarbeitsgerichts

Datum	Aktenzeichen	EzA	Arbeitsrechtliche Praxis (AP) Nr. zu	BB	DB	NJW	NZA	SAE	AuR	RzK	FA
2000											
28.6.	7 AZR 904/98	§ 1 KSchG Wiedereinstellungsanspruch Nr. 5	6 § 1 KSchG 1969 Wiedereinstellung	00, 1097	00, 2171	–	–	–	00, 306, 436	I 15 Nr. 23	00, 298, 331, 350
28.6.	7 AZR 920/98	§ 1 BeschFG 1985 Nr. 15	2 § 1 BeschFG 1996	00, 1567	00, 1413	–	00, 1110	01, 125	–	IV 5 Nr. 26	00, 291
29.6.	8 ABR 44/99	§ 126 InsO Nr. 2	2 § 126 InsO	–	00, 2021	–	00, 1180	–	00, 396	I 8c Nr. 54	00, 394
6.7.	2 AZR 454/99	§ 123 BGB Nr. 55	58 § 123 BGB	–	–	01, 701	01, 317	–	00, 475	I 9h Nr. 35	01, 31
6.7.	2 AZR 543/99	§ 113 InsO Nr. 11	6 § 113 InsO	–	00, 2382	00, 317	01, 23	01, 185	00, 436	I 8c Nr. 54	00, 298, 381
6.7.	2 AZR 695/99	§ 103 BetrVG 1972 Nr. 42	44 § 103 BetrVG 1972	–	01, 765	–	01, 516	–	00, 307	IV 5 Nr. 27	00, 293
11.7.	1 ABR 39/99	§ 1 BeschFG 1985 Nr. 18	26 § 1 BeschFG 1985	00, 2368	–	–	–	–	–	–	–
26.7.	7 AZR 43/99	§ 1 BeschFG 1985 Nr. 19	4 § 1 BeschFG	00, 2576	01, 100	01, 532	01, 546	–	01, 36	I 9b Nr. 45	01, 50
26.7.	7 AZR 51/99	§ 1 BeschFG 1985 Nr. 16	3 § 1 BeschFG 1996	01, 100	–	–	01, 261	–	00, 475	I 9b Nr. 46	–
26.7.	7 AZR 256/99									I 4d Nr. 24	
9.8.	7 AZR 339/99	§ 16 BbiG Nr. 3	7 § 3 BbiG	–	01, 488	–	01, 150	–	00, 475	IV 3c Nr. 3	01, 50
17.8.	8 AZR 578/99	§ 2 ArbGG 1979 Nr. 51	75 § 2 ArbGG 1979	01, 264	01, 824	–	01, 99	–	01, 39	I 10a Nr. 52	–
30.8.	5 AZB 12/00	§ 611 BGB Arbeitnehmerbegriff Nr. 84	37 § 611 BGB Rundfunk	–	01, 48	–	0,1, 551	–	01, 74	I 4a Nr. 141	01, 28
20.9.	5 AZR 61/99	§ 611 BGB Arbeitnehmerbegriff Nr. 83	8 § 2 ArbGG 1969 Zuständigkeitsprüfung	01, 48	01, 280	–	01, 210	–	01, 361	I 10b Nr. 36	01, 28
20.9.	5 AZR 271/99	§ 1 KSchG Betriebsbedingte Kündigung Nr. 107	111 § 1 KSchG 1969 Betriebsbedingte Kündigung	01, 1152	01, 1207	–	01, 535	–	01, 75	I 5d Nr. 95	01, 124
21.9.	2 AZR 385/99	§ 1 KSchG Betriebsbedingte Kündigung Nr. 106	112 § 1 KSchG 1969 Betriebsbedingte Kündigung	01, 416	–	–	01, 255	–	01, 75	I 5c Nr. 127	01, 30
21.9.	2 AZR 440/99	§ 9 KSchG n.F. Nr. 44	35 § 9 KSchG 1969	01, 103	01, 48	01, 771	01, 102	–	00, 476	I 11a Nr. 31	01, 30
21.9.	2 AZN 576/00	§ 1 BeschFG 1985 Nr. 21	1 § 61 LPVG Brandenburg	01, 412	–	–	01, 339	–	01, 114	I 9a Nr. 182	–
27.9.	7 AZR 412/99	§ 626 BGB n.F. Nr. 183	119 § 626 BGB	–	01, 1044	01, 1301	01, 383	–	01, 115	I 6a Nr. 190	01, 90
18.10.	2 AZR 131/00									I 5h Nr. 56	–
18.10.	2 AZR 369/99	§ 123 BGB Nr. 56	59 § 123 BGB	01, 654	01, 707	01, 1885	01, 315	–	01, 75	I 9h Nr. 37	01, 89
18.10.	2 AZR 380/99	§ 14 KSchG Nr. 5	39 § 9 KSchG 1969	01, 1097	01, 1729	01, 2420	01, 437	–	01, 115	I 11a Nr. 33	01, 90
18.10.	2 AZR 465/99	§ 15 KSchG n.F. Nr. 51	49 § 15 KSchG 1969	–	01, 338	–	01, 321	–	01, 157	II 1g Nr. 18	01, 90
18.10.	2 AZR 494/99	§ 626 BGB Krankheit Nr. 3	9 § 626 BGB Krankheit	01, 418	–	–	01, 219	–	01, 75	I 6a Nr. 189	01, 114
19.10.	8 AZR 42/00	§ 613a BGB Nr. 193	212 § 613a BGB	–	01, 1040	–	01, 252	–	01, 114	I 5e Nr. 144	01, 91

Register der Entscheidungen des Bundesarbeitsgerichts

Datum	Aktenzeichen	EzA	Arbeitsrechtliche Praxis (AP) Nr. zu	BB	DB	NJW	NZA	SAE	AuR	RzK	FA
2000											
25.10.	7 AZR 483/99	§1 BeschFG 1985 Nr. 22	1 §1 TVG Tarifverträge: Internationaler Bund	01, 677	01, 547	–	01, 328	–	01, 114	I 9b Nr. 49	–
7.11.	1 ABR 55/99	§83 ArbGG 1979 Nr. 9	22 Art. 56 ZA – Nato–Truppenstatut	–	–	–	01, 1211	–	01, 283	–	–
23.11.	2 AZR 533/99	§1 KSchG Soziale Auswahl Nr. 46	114 §1 KSchG 1969 Betriebsbedingte Kündigung	01, 1257	01, 1042	01, 3282	01, 601	–	01, 237	I 5d Nr. 97	01, 125
23.11.	2 AZR 547/99	§2 KSchG Nr. 40	62 §2 KSchG 1969	01, 940	01, 1041	–	01, 492	–	01, 155	I 7b Nr. 44	01, 124
23.11.	2 AZR 617/99	–	63 §2 KSchG 1969	01, 990	–	01, 2490	01, 500	–	01, 196	I 7b Nr. 45	–
6.12.	7 AZR 262/99	§620 BGB Nr. 172		01, 833	01, 870	–	01, 721	–	01, 196	I 9a Nr. 184	01, 148
6.12.	7 AZR 302/99	§620 BGB Bedingung Nr. 16	3 §1 TVG Tarifverträge: Deutsche Post	–	–	–	01, 792	–	01, 280	I 9g Nr. 56	01, 91
7.12.	2 AZR 391/99	§1 KSchG Betriebsbedingte Kündigung Nr. 108	113 §1 KSchG 1969 Betriebsbedingte Kündigung	01, 788	01, 1154	01, 2737	01, 495	–	01, 156	III 1g Nr. 5	01, 61
7.12.	2 AZR 459/99	§1 KSchG Personenbedingte Kündigung Nr. 15	23 §1 KSchG 1969 Personenbedingte Kündigung	–	01, 1567	–	01, 1304	–	01, 155	I 5h Nr. 57	01, 62
7.12.	2 AZR 532/99	585/99	9 §77 BPersVG	–	–	–	01, 846	–	01, 157	III 2a Nr. 48	01, 155
7.12.	2 AZR			–	–	–	–	–	–	III 1f Nr. 24	–
2001											
17.1.	5 AZB 18/00	§2 ArbGG 1979 Nr. 53	10 §2 ArbGG 1979 Zuständigkeitsprüfung	01, 1309	01, 548	–	01, 341	01, 287	01, 159	I 10a Nr. 55	–
18.1.	2 AZR 167/00			–	–	–	–	–	–	III 1b Nr. 37	–
18.1.	2 AZR 514/99	§1 KSchG Betriebsbedingte Kündigung Nr. 109	115 §1 KSchG 1969 Betriebsbedingte Kündigung	01, 1747	01, 1370	01, 2116	01, 719	–	01, 237	I 5f Nr. 28	01, 159
18.1.	2 AZR 616/99	§626 BGB Krankheit Nr. 4	1 §28 LPVG Niedersachsen	–	02, 100	–	02, 455	–	–	–	–
18.1.	2 AZR 619/99	§622 BGB n.F. Nr. 62		01, 1854	02, 100	–	–	–	01, 281	III 2b Nr. 20	–
18.1.	2 AZR 668/00	§1 KSchG Betriebsbedingte Kündigung Nr. 111		–	–	–	–	–	–	I 3e Nr. 75	–
23.1.	9 AZR 26/00	§615 BGB Nr. 101	93 §615 BGB	01, 1587	01, 1098	01, 1964	01, 597	–	01, 104	I 13b Nr. 42	01, 179
23.1.	9 AZR 287/99	§615 BGB Nr. 103	1 §81 SGB IX	01, 1854	01, 1944	–	–	–	01, 357	–	–
24.1.	7 AZR 47/00	§620 BGB Nr. 173		–	–	–	–	–	–	–	–
24.1.	7 AZR 208/99			–	–	–	–	–	–	I 9c Nr. 39	–
25.1.	8 AZR 336/00	§613a BGB Nr. 194	215 §613a BGB	01, 1416	–	01, 2571	01, 840	–	01, 279	I 5e Nr. 156	01, 157

2663

Datum	Aktenzeichen	EzA	Arbeitsrechtliche Praxis (AP Nr. zu	BB	DB	NJW	NZA	SAE	AuR	RzK	FA
2001											
21.2.	2 AZR 558/99	§1 KSchG Krankheit Nr. 48	–	–	–	–	01, 1071	–	–	I 5g Nr. 78	–
21.2.	2 AZR 579/99	§242 BGB Kündigung Nr. 2	26 §611 BGB Abmahnung	01, 1902	01, 1997	–	01, 951	–	01, 316	I 8l Nr. 36	–
21.2.	2 AZR 15/00	§242 BGB Kündigung Nr. 1	12 §242 BGB Kündigung	01, 1683	01, 1677	–	01, 833	01, 319	01, 317	I 8l Nr. 33	01, 125
21.2.	2 AZR 39/00	§1 KSchG Interessenausgleich Nr. 8	–	–	–	–	–	–	–	–	–
21.2.	2 AZR 139/00	§611 BGB Kirchliche Arbeitnehmer Nr. 47	29 §611 BGB Kirchendienst	01, 1854	01, 2254	–	01, 1136	–	01, 356	I 8g Nr. 26	01, 123
21.2.	4 AZR 18/00	§613a BGB Nr. 195	20 §4 TVG	01, 783	01, 1837	–	01, 1318	–	01, 356	–	–
21.2.	7 AZR 107/00	§620 BGB Nr. 176	228 §620 BGB Befristeter Arbeitsvertrag	01, 1854	01, 2099	–	01, 1069	02, 94	01, 474	I 9a Nr. 186	01, 126
21.2.	7 AZR 188/00	§620 BGB Hochschulen Nr. 29	7 §52c HRG	–	–	–	–	–	01, 315	I 9d Nr. 77	–
21.2.	7 AZR 200/00	§620 BGB Nr. 174	226 §620 BGB Befristeter Arbeitsvertrag	01, 1479	01, 1509	–	01, 1382	–	01, 315	I 9a Nr. 187	–
15.3.	2 AZR 624/99	§15 KSchG n.F. Nr. 52	–	01, 1960	–	–	–	–	–	II 1h Nr. 14	–
15.3.	2 AZR 705/99	§620 BGB Kündigung Nr. 2	26 §620 BGB Bedingung	–	–	01, 3355	01, 1070	–	01, 279	I 8l Nr. 34	02, 50
15.3.	2 AZR 141/00	§4 KSchG n.F. Nr. 61	46 §4 KSchG 1969	01, 1536	01, 1680	–	01, 1267	–	01, 319	I 10b Nr. 36	–
15.3.	2 AZR 147/00	§626 BGB n.F. Nr. 185	–	–	–	–	–	–	–	I 6a Nr. 193	–
15.3.	2 AZR 151/00	§23 KSchG Nr. 23	–	–	–	–	01, 831	–	–	I 4c Nr. 41	–
22.3.	8 AZR 565/00	Art. 101 GG Nr. 5	59 Art. 101 GG	–	–	–	02, 1349	–	01, 359	I 5c Nr. 135; I 8b Nr. 14; III 1a Nr. 114	–
28.3.	7 AZR 701/99	§620 BGB Nr. 175	227 §620 BGB Befristeter Arbeitsvertrag	01, 1690	–	–	02, 666	–	01, 191, 357	I 9f Nr. 78	02, 28
3.4.	9 AZR 143/00	–	–	01, 2530	–	–	–	–	01, 191	–	01, 186
3.4.	9 AZR 301/00	§55 InsO Nr. 1	1 §55 InsO	01, 2530	01, 2729	–	02, 90	–	01, 514	–	02, 27, 151
4.4.	3 AZR 458/98	–	–	–	–	–	–	–	–	–	–
4.4.	3 AZR 494/98	–	–	–	–	–	–	–	–	–	–
5.4.	2 AZR 580/99	§626 BGB n.F. Nr. 186	32 §99 BetrVG 1972 Einstellung	01, 2115	01, 2403	–	01, 893	–	01, 280	I 6b Nr. 29	–
5.4.	2 AZR 696/99	§1 KSchG Betriebsbedingte Kündigung Nr. 110	117 §1 KSchG 1969 Betriebsbedingte Kündigung	01, 2063	01, 1782	01, 3356	01, 949	–	01, 316	I 5f Nr. 29	–

Register der Entscheidungen des Bundesarbeitsgerichts

Datum	Aktenzeichen	EzA	Arbeitsrechtliche Praxis (AP) Nr. zu	BB	DB	NJW	NZA	SAE	AuR	RzK	FA
2001											
5.4.	2 AZR 185/00	§242 BGB Kündigung Nr. 3	13 §242 BGB Kündigung	01, 1905	01, 2453	01, 2994	01, 890	–	01, 316	I 8I Nr. 35	01, 189
5.4.	2 AZR 217/00	§626 BGB Verdacht strafbarer Handlung Nr. 10	34 §626 BGB Verdacht strafbarer Handlung	01, 2062	01, 1941	01, 3068	01, 837	02, 105	01, 317	I 8c Nr. 58	01, 189
5.4.	2 AZR 159/00	§626 BGB n.F. Nr. 187	171 §626 BGB	01, 1640	01, 2052	–	01, 954	–	01, 306	I 6a Nr. 204	–
25.4.	5 AZR 360/99	§242 BGB Kündigung Nr. 4	14 §242 BGB Kündigung	–	01, 2504	–	02, 87	–	01, 475	I 8I Nr. 38	–
25.4.	7 AZR 113/00	§620 BGB Nr. 177	–	–	–	–	02, 407	–	–	–	–
25.4.	7 AZR 376/00	§1 BeschFG 1985 Nr. 25	10 §1 BeschFG 1996	–	01, 2152	–	01, 1384	–	01, 355	I 9b Nr. 54	02, 47
8.5.	9 AZR 95/00	§613a BGB Nr. 198	219 §613a BGB	01, 2328	02, 695	–	01, 1200	–	01, 476	–	02, 91
17.5.	2 AZR 10/00	§1 KSchG Nr. 54	14 §1 KSchG 1969 Wartezeit	01, 1480	01, 2354	–	–	–	01, 475	I 4d Nr. 27	02, 30, 50
17.5.	2 AZR 460/00	§620 BGB Kündigung Nr. 3	–	–	–	–	02, 54	–	–	I 2° Nr. 27	02, 30
20.6.	4 AZR 295/00	§613a BGB Nr. 203	18 §1 TVG Bezugnahme auf Tarifvertrag	02, 2229	–	–	02, 517	–	01, 271, 02, 75	–	02, 152
21.6.	2 AZR 30/00	§626 BGB Unkündbarkeit Nr. 7	–	–	–	–	02, 232	–	–	III 2b Nr. 22	02, 93
21.6.	2 AZR 137/00	§15 KSchG nF Nr. 53	50 §15 KSchG 1969	–	02, 102	–	02, 212	–	01, 515	I 5f Nr. 31; II 1g Nr. 19	02, 62
21.6.	2 AZR 291/00	§626 BGB nF Nr. 190	–	–	–	02, 2582	02, 168	–	–	I 6° Nr. 206	–
21.6.	2 AZR 325/00	§626 BGB n.F. Nr. 189	5 §54 BAT	–	–	–	02, 1030	–	01, 475	I 6a Nr. 201	02, 155
27.6.	5 AZR 561/99	§611 BGB Arbeitnehmerbegriff Nr. 85	6 §611 BGB Arbeitnehmerähnlichkeit	01, 2220	–	02, 2125	02, 742	–	01, 474	I 4a Nr. 14/	–
27.6.	7 AZR 662/99	§1 KSchG Wiedereinstellungsanspruch Nr. 6	10 §1 KSchG 1969 Wiedereinstellung	01, 1587	01, 2201	01, 3429	01, 1135	–	01, 476	I 15 Nr. 25	02, 83
27.6.	7 AZR 157/00	§620 BGB Nr. 179	–	–	–	–	02, 351	–	–	I 9a Nr. 189	02, 360
27.6.	7 AZR 326/00	§620 BGB Nr. 178	–	–	–	–	02, 168	–	–	I 9a Nr. 190	–
27.6.	7 AZR 443/00	§620 BGB Hochschulen Nr. 30	2 §48 HRG	01, 2172	–	–	02, 1153	–	01, 474	I 9d Nr. 79	–
4.7.	2 AZR 88/00	§620 BGB Kündigung Nr. 4	–	–	–	–	02, 288	–	–	I 9a Nr. 192	–
4.7.	2 AZR 142/00	§112 AktG Nr. 3	18 §611 BGB Organvertreter	02, 692	02, 956	–	02, 401	–	02, 36	I 10b Nr. 37	02, 54
4.7.	2 AZR 469/00	§622 BGB nF Nr. 63	59 §622 BGB	–	02, 96	–	02, 380	–	01, 312, 475	I 3a Nr. 22	02, 49, 92

2665

Register der Entscheidungen des Bundesarbeitsgerichts

Datum	Aktenzeichen	EzA	Arbeitsrechtliche Praxis (AP) Nr. zu	BB	DB	NJW	NZA	SAE	AuR	RzK	FA
2001											
24.7.	3 AZR 660/00	§ 613a BGB Nr. 204	18 § 1 BetrAVG Betriebsveräußerung	02, 1100	02, 955	–	02, 520	–	01, 117	–	02, 121
26.7.	8 AZR 739/00	§ 628 BGB Nr. 19	13 § 628 BGB	02, 832	02, 539	–	02, 325	02, 117	01, 348	I 6i Nr. 13	02, 114, 126
1.8.	4 AZR 82/00	§ 613a BGB Nr. 199	225 § 613° BGB	02, 203	02, 48	–	02, 42	02, 127	–	–	02, 87
	01, 348; 02, 35		02, 62								
14.8.	2 ABN 20/01	–	44 § 72° ArbGG 1979 Divergenz	01, 2535	–	–	02, 160	–	01, 479	IV 5 Nr. 31	–
14.8.	1 AZR 619/00	§ 613a BGB Nr. 200	85 § 77 BetrVG 1972	02, 413	02, 380	–	02, 276	–	02, 115	–	02, 90, 122
15.8.	7 AZR 144/00	§ 620 BGB Nr. 182	–	–	–	–	02, 696	–	–	I 9f Nr. 79	–
15.8.	7 AZR 263/00	§ 21 BerzGG Nr. 4	5 § 21 BerzGG	–	02, 152	–	02, 85	–	01, 514	19a Nr. 193; I 9c Nr. 40	2, 27, 180
15.8.	7 AZR 274/00	§ 620 BGB Nr. 184	–	–	–	–	02, 464	–	02, 114	19a Nr. 197	02, 153
22.8.	5 AZR 502/99	§ 611 BGB Arbeitnehmerbegriff Nr. 86	109 § 611 BGB Abhängigkeit	02, 948	–	–	03, 662	–	–	I 4a Nr. 150	–
22.8.	5 AZR 699/99	§ 3 EntgeltFG Nr. 8	11 § 3 EntgeltFG	02, 943	02, 640	–	02, 610	–	02, 76	I 9g Nr. 58	02, 57, 144
29.8.	4 AZR 332/00	§ 613a BGB Nr. 201	17 § 1 TVG Bezugnahme auf Tarifvertrag	02, 1201	02, 431	–	02, 513	–	02, 115	–	–
29.8.	4 AZR 337/00	§ 622 BGB Tarifvertrag Nr. 2	174 § 1 TVG Auslegung	02, 623	02, 538	–	02, 1346	–	02, 158	I 3e Nr. 76	02, 286
18.9.	3 AZR 689/00	§ 613a BGB Nr. 205	230 § 613a BGB	02, 1376	02, 1279	–	02, 1391	–	02, 157	–	02, 185
18.9.	9 AZR 307/00	§ 611 BGB Mehrarbeit Nr. 9	37 § 611 BGB Mehrarbeitsvergütung	02, 359	02, 434	02, 1739	02, 268	–	02, 117	–	02, 125
19.9.	7 AZR 333/00	§ 620 BGB Nr. 181	–	–	–	–	02, 696	–	–	I 9a Nr. 198	–
19.9.	7 AZR 574/00	§ 1 BeschFG 1985 Klagefrist Nr. 7	–	–	–	–	02, 464	–	–	I 9a Nr. 199	–
26.9.	4 AZR 497/00	§ 4 TVG Einzelhandel Nr. 51	–	–	–	–	02, 584	–	–	–	–
26.9.	5 AZR 630/99	§ 14 BbiG Nr. 11	–	–	–	–	02, 232	–	02, 196	IV 3b Nr. 8	02, 89
27.9.	2 AZR 176/00	§ 14 KSchG Nr. 6	6 § 14 KSchG 1969	02, 2131	02, 1163	02, 3192	02, 1277	–	–	I 4b Nr. 10	02, 360
27.9.	2 AZR 236/00	§ 2 KSchG Nr. 44	40 § 4 TVG Nachwirkung	02, 1914	02, 2169	–	02, 750	–	02, 276	I 7a Nr. 54	02, 286
27.9.	2 AZR 246/00	§ 2 KSchG Nr. 41	–	–	–	–	02, 696	–	–	I 7b Nr. 51	–
27.9.	2 AZR 389/00	§ 322 ZPO Nr. 13	41 § 9 KSchG 1969	02, 632	02, 540	–	02, 1171	–	02, 116	I 11a Nr. 33	–
27.9.	2 AZR 487/00	§ 15 KSchG Nr. 54	–	–	–	–	02, 815	–	01, 468	II 1h Nr. 15	–
27.9.	6 AZR 404/00	§ 1 TVG Nr. 44	–	–	–	–	02, 407	–	–	I 8f Nr. 32	02, 62
24.10.	5 AZR 33/00	–	–	–	–	–	–	–	–	I 4a Nr. 151	–

Datum	Aktenzeichen	EzA	Arbeitsrechtliche Praxis (AP) Nr. zu	BB	DB	NJW	NZA	SAE	AuR	RzK	FA
2001											
24.10.	7 AZR 542/00	§ 620 BGB Nr. 180	229 § 620 BGB Befristeter Arbeitsvertrag	02, 520	03, 49	–	02, 443	–	02, 115	I 9a Nr. 200	02, 91
24.10.	7 AZR 620/00	§ 620 BGB Hochschulen Nr. 31	9 § 57c HRG	02, 632	02, 744	–	03, 153	–	02, 155	I 9d Nr. 80	02, 153
24.10.	7 AZR 686/00	§ 1 BeschFG 1985 Klagefrist Nr. 8	11 § 1 BeschFG 1996	02, 947	02, 536	–	02, 1335	–	02, 115	I 9a Nr. 201	02, 60
25.10.	2 AZR 216/00	§ 626 BGB Änderungskündigung Nr. 2		–	–	–	02, 1000	–	–	I 8f Nr. 33	02, 30, 331
25.10.	2 AZR 340/00	§ 5 KSchG Nr. 33		–	–	–	–	–	–	–	–
25.10.	2 AZR 358/00	§ 5 BetrVG 1972 Nr. 64		–	02, 746	–	02, 584	–	–	–	02, 332
25.10.	2 AZR 501/00	–		–	–	–	02, 640	–	–	–	–
25.10.	2 AZR 559/00	§ 626 BGB aF Nr. 191		–	–	–	02, 639	–	–	I 10a Nr. 58	02, 150
13.11.	9 AZR 590/99	§ 9 MuSchG nF Nr. 36		–	–	–	07, 1176	–	–	I 6a Nr. 123	–
14.11.	7 AZR 568/00	§ 4 TVG Wiedereinstellungs- anspruch Nr. 2	1 § 2 MTA SR 2a	02, 948	02, 592	–	02, 392	–	02, 116	–	–
14.11.	7 AZR 576/00	§ 620 BGB Hochschulen Nr. 32	10 § 57c HRG	02, 947	02, 1327	–	02, 1398	–	02, 195	I 9d Nr. 81	02, 182
15.11.	2 AZR 310/00	§ 140 BGB Nr. 24	13 § 140 BGB	–	02, 1562	02, 2972	–	–	02, 276	I 6h Nr. 13	02, 254
15.11.	2 AZR /380/00	§ 21 SchwbG 1986 Nr. 12	45 § 626 BGB Ausschlußfrist	02, 2284	02, 1509	02, 2662	02, 970	02, 313	02, 277	IV 8c Nr. 28	02, 243, 254, 331
15.11.	2 AZR 605/00	§ 626 BGB nF Nr. 192	175 § 626 BGB	–	–	–	–	–	02, 196	I 6a Nr. 214; I 6f Nr. 29	02, 61, 177, 189, 221
15.11.	2 AZR 609/00	§ 1 KSchG Verhaltensbedingte Kündigung Nr. 56	1 § 1 KSchG 1969 Abmahnung	02, 1269	02, 689	02, 3196	02, 968	03, 267	02, 114	I 1 Nr. 122	02, 143, 151
6.12.	2 AZR 396/00	§ 611 BGB Aufhebungsvertrag Nr. 39	33 § 286 ZPO	02, 1814	–	02, 2196	02, 731	–	02, 239	–	02, 280, 282
6.12.	2 AZR 422/00	§ 1 KSchG Interessenausgleich Nr. 9		–	–	–	02, 999	–	–	–	–
6.12.	2 AZR 496/00	§ 626 BGB Verdacht strafbarer Handlung Nr. 11	36 § 626 BGB Verdacht strafbarer Handlung	02, 1920	02, 1779	02, 3651	02, 847	–	02, 28, 276	I 8c Nr. 67	02, 61
6.12.	2 AZR 695/00	§ 1 KSchG Betriebsbedingte Kündigung Nr. 115		–	–	–	02, 927	–	–	I 5c Nr. 133	–
6.12.	2 AZR 733/00	§ 5 BetrVG 1972 Nr. 65	3 § 263 ZPO	–	–	–	02, 816	–	–	–	02, 354

Register der Entscheidungen des Bundesarbeitsgerichts

Datum	Aktenzeichen	EzA	Arbeitsrechtliche Praxis (AP) Nr. zu	BB	DB	NJW	NZA	SAE	AuR	RzK	FA
2001											
11.12.	9 AZR 464/00	§ 611 BGB Nebentätigkeit Nr. 6	8 § 611 BGB Nebentätigkeit	02, 2447	02, 1507	–	02, 965	03, 362	02, 316	I 1 Nr. 124	02, 58, 282, 318
12.12.	5 AZR 253/00	§ 611 BGB Arbeitnehmerbegriff Nr. 87	111 § 611 BGB Abhängigkeit	02, 1702	02, 1610	02, 2411	02, 787	–	02, 275	I 4a Nr. 152	02, 285, 358
12.12.	5 AZR 255/00	Art. 30 EGBGB Nr. 5	10 Art. 30 EGBGB nF	–	02, 1889	–	02, 734	–	02, 275	–	02, 280
2002											
15.1.	1 AZR 58/01	§ 613a BGB Nr. 206	1 § 2 SozplKonkG	02, 1967	–	02, 3493	02, 1034	–	02, 357	– I 4c Nr. 45	02, 326
16.1.	2 AZR 609/01	–	–	–	–	–	03, 816	–	–	I 6i Nr. 14; I 9k Nr. 39	–
17.1.	2 AZR 494/00	§ 628 BGB Nr. 20	–	–	–	–	–	–	–	I 4b Nr. 11	–
17.1.	2 AZR 719/00	§ 14 KSchG Nr. 7	8 § 14 KSchG 1969	02, 1494	02, 1945	–	02, 854	–	02, 236	I 4b Nr. 11	02, 255, 281, 331
17.1.	2 AZR 15/01	§ 1 KSchG Soziale Auswahl Nr. 47	–	–	–	–	02, 759	–	–	I 5d Nr. 106	02, 360
17.1.	2 AZR 57/01	§ 4 KSchG nF Nr. 62	–	–	–	–	02, 999	–	–	I 10b Nr. 38; IV 5 Nr. 35	–
23.1.	7 AZR 440/00	§ 620 BGB Nr. 187	231 § 620 BGB Befristeter Arbeitsvertrag	02, 1375	02, 1274	–	02, 665	–	02, 234	I 9a Nr. 203	02, 219, 239
23.1.	7 AZR 461/00	§ 620 BGB Nr. 190	–	–	02, 871	–	02, 871	–	–	I 9f Nr. 81	–
23.1.	7 AZR 552/00	§ 620 BGB Nr. 186	–	–	–	–	02, 759	–	–	I 9a Nr. 205	–
23.1.	7 AZR 563/00	§ 1 BeschFG 1985, Nr. 29	12 § 1 BeschFG 1996 Nr. 12	02, 1204	02, 1326	03, 3421	03, 104	02, 271	02, 72, 234	I 9c Nr. 41	02, 126, 247, 316
23.1.	7 AZR 586/00	§ 620 BGB Altersgrenze Nr. 10	16 § 620 BGB Altersgrenze	02, 1104	02, 1667	02, 2265	02, 986	03, 52	02, 238; 03, 389	I 9a Nr. 204	02, 211, 214
14.2.	8 AZR 175/01	§ 611 BGB Arbeitgeberhaftung Nr. 10	21 § 611 BGB Haftung des Arbeitgebers	02, 2024	02, 2000	–	02, 1027	–	02, 113, 398	II 1g Nr. 21; II 1h Nr. 16	02, 127, 331
20.2.	7 AZR 600/00	§ 620 BGB Nr. 189	11 § 1 KSchG 1969 Wiedereinstellung	02, 1648	02, 1448	02, 2660	02, 896	03, 59	02, 148, 316	I 15 Nr. 26	02, 124, 244, 283
20.2.	7 AZR 622/00	§ 17 TzBfG Nr. 1	–	–	–	–	02, 1304	–	–	I 12 Nr. 13	–
20.2.	7 AZR 662/00	§ 625 BGB Nr. 5	–	–	–	–	02, 1000	–	–	I 9c Nr. 42	02, 245
20.2.	7 AZR 707/00	§ 620 BGB Nr. 188	23 § 72 LPVG NW	02, 1594	02, 1838	–	02, 811	–	02, 318	I 9g Nr. 60	–
20.2.	7 AZR 748/00	§ 620 BGB Altersgrenze Nr. 11	18 § 620 BGB Altersgrenze	02, 1494	02, 1665	–	02, 789	–	02, 316	I 10b Nr. 39	02, 152, 283
21.2.	2 AZR 55/01	§ 4 KSchG nF Nr. 63	–	–	–	–	02, 1112	–	–	I 7b Nr. 54	–
21.2.	2 AZR 556/00	§ 2 KSchG Nr. 45	–	–	02, 2276	–	02, 1416	–	–	–	–

Datum	Aktenzeichen	EzA	Arbeitsrechtliche Praxis (AP) Nr. zu	BB	DB	NJW	NZA	SAE	AuR	RzK	FA
2002											
21.2.	2 AZR 581/00	§1 KSchG Interessenausgleich Nr. 10	–	–	–	–	02, 1360	–	–	I 5d Nr. 109	–
21.2.	7 AZR 749/00	§1 KSchG Wiedereinstellungsanspruch Nr. 7	–	02, 2335	02, 2172	–	02, 1416	–	–	I 5c Nr. 137; I 15 Nr. 27	–
7.3.	2 AZR 610/00	§622 BGB Tarifvertrag Nr. 3	–	–	03, 51	–	03, 64	–	–	I 3e Nr. 77	–
7.3.	2 AZR 612/00	§85 SGB IX Nr. 1	11 §15 SchwbG 1986	02, 2184	02, 2114	02, 3568	02, 1145	–	02, 148, 477	IV 8a Nr. 51	02, 154
7.3.	2 AZR 93/01	§611 BGB Aufhebungsvertrag Nr. 40	22 §620 BGB Aufhebungsvertrag	02, 2070	02, 1997	–	02, 1000	–	–	I 9i Nr. 82	02, 317
7.3.	2 AZR 147/01	§1 KSchG Betriebsbedingte Kündigung Nr. 116	–	–	–	–	02, 1111	–	–	I 5f Nr. 34	02, 330
7.3.	2 AZR 158/01	§9 KSchG nF Nr. 45	42 §9 KSchG 1969	02, 2389	03, 50	03, 1474	03, 261	–	02, 476	I 11a Nr. 37	02, 384, 392
7.3.	2 AZR 173/01	§626 BGB nF Nr. 196	6 §620 BGB Schuldrechtliche Kündigungsbeschränkung	02, 963	02, 1724	–	02, 963	–	02, 276	I 6f Nr. 33	02, 255, 350
19.3.	9 AZR 16/01	§615 RGR Nr. 108	–	02, 1703	02, 1508	–	02, 1055	–	–	–	02, 283, 321
20.3.	4 AZR 101/01	§613a BGB Nr. 208	53 Art. 140 GG	–	03, 104	03, 989	02, 1402	–	02, 184, 398	–	02, 216, 390
12.4.	2 AZR 148/01	§1 KSchG Krankheit Nr. 49	65 §1 KSchG 1969	02, 2675	02, 1943	02, 3271	02, 1081	04, 7	–	I 5g Nr. 83	02, 322, 330
12.4.	2 AZR 256/01	§1 KSchG Betriebsbedingte Kündigung Nr. 118	120 §1 KSchG 1969 Betriebsbedingte Kündigung	02, 2184	02, 2653	02, 3795	02, 1205	–	–	I 5c Nr. 138	03, 53
12.4.	2 AZR 706/00	§1 KSchG Soziale Auswahl Nr. 48	56 §1 KSchG 1969 Soziale Auswahl	02, 2612	02, 2277	02, 3797	03, 42	–	02, 476	I 5d Nr. 110	02, 393
12.4.	2 AZR 740/00	§1KSchG Betriebsbedingte Kündigung Nr. 117	–	–	–	–	02, 1175	–	–	I 5c Nr. 139	–
16.4.	1 ABR 23/01	§5 BetrVG 1972 Nr. 66	69 §5 BetrVG 1972	02, 2387	02, 2113	–	03, 56	–	02, 223, 438	–	02, 186
17.4.	7 AZR 665/00	§620 BGB Nr. 194	21 §2 BAT SR 2y	02, 2236	02, 2329	–	–	–	02, 436	I 9f Nr. 83	–
17.4.	7 AZR 40/01	§41 SGB VI Nr. 11	14 §41 SGB VI	02, 1865	02, 1941	–	–	03, 71	02, 223, 355	I 9i Nr. 83	02, 215, 349
17.4.	7 AZR 283/01	§620 BGB Nr. 191	–	–	–	–	02, 1111	–	–	I 9f Nr. 84	–
18.4.	8 AZR 346/01	§613a BGB Nr. 207	232 §613a BGB	02, 2236	–	02, 3422	02, 1207	–	02, 397	–	02, 354
25.4.	2 AZR 260/01	§1 KSchG Betriebsbedingte Kündigung Nr. 121	121 §1 KSchG 1969 Betriebsbedingte Kündigung	–	03, 158	–	03, 605	–	–	I 5c Nr. 140	–
25.4.	2 AZR 352/01	§543 ZPO 1977	11 §543 ZPO 1977	–	03, 296	03, 918	03, 272	–	–	I 9i Nr. 83	–
16.5.	2 AZR 292/01	§2 KSchG Nr. 46	69 §2 KSchG 1969	–	02, 2725	03, 1139	–	03, 297	–	I 9i Nr. 84	–

Datum	Aktenzeichen	EzA	Arbeitsrechtliche Praxis (AP) Nr. zu	BB	DB	NJW	NZA	SAE	AuR	RzK	FA
2002											
16.5.	8 AZR 321/01	–	–	–	–	–	–	–	–	–	–
16.5.	2 AZR 730/00	§ 9 MuSchG nF Nr. 37	30 § 9 MuSchG 1968	–	02, 2602	–	03, 217	–	02, 224, 435	IV 6a Nr. 14	02, 220
16.5.	8 AZR 319/01	§ 613a BGB Nr. 210	237 § 613a BGB	–	02, 2552	–	03, 93	–	02, 224	I 15 Nr. 28	02, 220
28.5.	1 ABR 35/01	–	23 Art. 56 ZA–Nato–Truppenstatut	–	–	–	03, 1101	–	03, 38	–	03, 63
29.5.	5 AZR 141/01	–	17 § 38 ZPO Internationale Zuständigkeit	02, 2184	03, 104	02, 3196	02, 1108	–	02, 399	–	02, 353, 355
29.5.	5 AZR 161/01	§ 611 BGB Arbeitnehmerbegriff Nr. 88	152 § 611 BGB Lehrer, Dozenten	–	–	–	02, 1232	–	–	–	–
5.6.	7 AZR 201/01	§ 620 BGB Nr. 192	235 § 620 BGB Befristeter Arbeitsvertrag	02, 2179	02, 2272	–	–	–	02, 435	I 9a Nr. 209	02, 327
5.6.	7 AZR 205/01	§ 620 BGB Nr. 195	236 § 620 BGB Befristeter Arbeitsvertrag	–	02, 2385	–	03, 64	–	–	I 9a Nr. 210	–
5.6.	7 AZR 241/01	§ 620 BGB Nr. 193	13 § 1 BeschFG 1996	02, 2236	02, 2166	–	03, 149	–	02, 435	I 9b Nr. 60	02, 251
5.6.	7 AZR 281/01	§ 620 BGB Hochschulen Nr. 34	–	–	–	02, 1360	–	–	–	I 9d Nr. 82	–
12.6.	10 AZR 180/01	§ 55 InsO Nr. 2	47 § 59 KO	02, 2609	–	02, 3045	02, 973	–	02, 356	–	03, 91
12.6.	10 AZR 340/01	§ 612a BGB Nr. 2	–	–	–	–	–	–	–	–	–
13.6.	2 AZR 234/01	§ 1 KSchG Verhaltensbedingte Kündigung Nr. 57	69 § 1 KSchG Nr. 1969	–	03, 396	–	03, 265	–	02, 270,03, 37	I 5i Nr. 175	02, 253
13.6.	2 AZR 327/01	§ 23 KSchG Nr. 24	29 § 23 KSchG 1969	02, 2181	02, 2171	02, 3349	02, 1147	–	02, 270, 436	I 4c Nr. 43	02, 254
13.6.	2 AZR 391/01	§ 15 KSchG nF Nr. 55	97 § 615 BGB	–	03, 210	–	03, 44	–	02, 437	I 13a Nr. 56	03, 60, 82
13.6.	2 AZR 589/01	§ 1 KSchG Betriebsbedingte Kündigung Nr. 120	4 § 284 ZPO	–	02, 2604	–	03, 608	–	–	I 5c Nr. 142	–
20.6.	8 AZR 459/01	§ 613a BGB Nr. 211	10 § 113 InsO	03, 423	03, 100	–	03, 318	–	03, 36	–	03, 91
26.6.	7 AZR 87/01	§ 620 BGB Hochschulen Nr. 33	–	–	–	–	02, 1111	–	–	I 9d Nr. 83	–
26.6.	7 AZR 92/01	–	16 § 1 BeschFG 1996	–	–	–	03, 176	–	–	I 9° Nr. 112	03, 91
26.6.	7 AZR 122/01	§ 17 TzBfG Nr. 2	14 § 1 BeschFG 1996	02, 2236	02, 2112	–	03, 220	–	02, 435	I 9a Nr. 213	02, 331
27.6.	2 ABR 22/01	§ 103 BetrVG 1972 Nr. 43	47 § 103 BetrVG 1972	02, 2613	02, 2655	03, 1830	03, 229	03, 246	02, 439	II 3 Nr. 42	03, 19, 25
27.6.	2 AZR 270/01	§ 1 KSchG Nr. 55	15 § 1 KSchG 1969 Wartezeit	–	03, 452	03, 773	03, 145	03, 325	03, 37	I 4d Nr. 29	03, 91, 114, 158
27.6.	2 AZR 367/01	§ 626 BGB Unkündbarkeit Nr. 8	4 § 55 BAT	–	03, 102	–	–	–	02, 306; 03, 37	I 8f Nr. 35	02, 285

Register der Entscheidungen des Bundesarbeitsgerichts

Datum	Aktenzeichen	EzA	Arbeitsrechtliche Praxis (AP) Nr. zu	BB	DB	NJW	NZA	SAE	AuR	RzK	FA
2002											
27.6.	2 AZR 382/01	§ 187, 188 BGB Nr. 1	22 § 620 BGB Probearbeitsverhältnis	–	03, 614	03, 1828	03, 377	–	03, 37	I 3a Nr. 24	03, 88, 115, 158
27.6.	2 AZR 489/01	§ 1 KSchG Betriebsbedingte Kündigung Nr. 119	–	–	–	–	02, 1304	–	02, 306; 03, 37	I 5c Nr. 143; I 8f Nr. 35	02, 285
31.7.	7 AZR 72/01	§ 620 BGB Nr. 196	237 § 620 BGB Befristeter Arbeitsvertrag	–	–	–	–	–	–	–	–
31.7.	7 AZR 118/01	§ 620 BGB Bedingung Nr. 17	19 § 620 BGB Altersgrenze	–	03, 561	–	03, 232	–	03, 125	I 9f Nr. 85	03, 116, 127
31.7.	7 AZR 140/01	Art. 9 GG Nr. 78	14 § 1 TVG Tarifverträge: Luftfahrt	02, 2504	03, 158	–	03, 620	–	02, 349, 438	I 9g Nr. 61	03, 93
31.7.	7 AZR 181/01	§ 12 TzBfG Nr. 1	2 § 4 TzBfG	–	03, 96	–	02, 1155	–	02, 475; 03, 307	I 9f Nr. 86	03, 17, 31, 61, 253
31.7.	10 AZR 275/01	§ 55 InsO Nr. 3	1 § 38 InsO	02, 2451	02, 2655	03, 989	02, 1332	–	02, 475	I 9a Nr. 214	–
6.8.	1 ABR 47/01	§ 75 BPersVG Nr. 2	80 § 75 BPersVG	–	03, 104	–	–	–	02, 478	–	02, 388
8.8.	8 AZR 574/01	§ 628 BGB Nr. 21	11 § 628 BGB	–	02, 2273	03, 82	02, 1323	–	02, 435	I 6i Nr. 15	02, 327, 363, 390
8.8.	8 AZR 583/01	§ 613a BGB Nr. 209	–	–	–	–	–	–	–	–	–
14.8.	7 AZR 225/98	§ 620 BGB Hochschulen Nr. 35	27 § 57b HRG	02, 2288	–	–	03, 315	–	02, 435	I 9d Nr. 84	03, 30
14.8.	7 AZR 266/01	§ 620 BGB Ärzte Nr. 1	1 § 1 ÄArbVtrG	02, 2612	02, 2549	–	03, 1397	–	02, 349, 475	I 9d Nr. 85	02, 328
14.8.	7 AZR 372/01	–	1 § 90 LPVG Brandenburg	–	–	–	–	–	03, 125	I 9d Nr. 86	–
14.8.	7 AZR 469/01	§ 620 BGB Altersgrenze Nr. 13	20 § 620 BGB Altersgrenze	–	03, 394	–	03, 1397	–	03, 122	I 9g Nr. 62	03, 86
15.8.	2 AZR 214/01	§ 103 BetrVG 1972 Nr. 44	48 § 103 BetrVG 1972	03, 428	03, 453	03, 1204	03, 432	–	03, 156	II 3 Nr. 43	–
15.8.	2 AZR 514/01	§ 1 KSchG Nr. 56	42 § 1 KSchG 1969 Verhaltensbedingte Kündigung	–	–	–	03, 795	–	–	I 5i Nr. 178	–
15.8.	2 AZR 195/01	§ 1 KSchG Betriebsbedingte Kündigung Nr. 123	241 § 613a BGB	–	03, 889	03, 1414	03, 430	–	03, 156	–	03, 128, 147
20.8.	2 AZB 16/02	§ 5 KSchG Nr. 34	14 § 5 KSchG 1969	02, 2679	02, 2388	02, 3650	02, 1228	–	02, 438	–	02, 385, 387
5.9.	2 AZR 523/01	–	1 § 78 LPVG Sachsen	–	–	–	–	–	–	III 2a Nr. 51	–
18.9.	1 ABR 54/01	§ 613a BGB 2002 Nr. 5	7 § 77 BetrVG 1972 Betriebsvereinbarung	03, 1387	03, 1281	–	03, 670	–	03, 238	–	03, 216, 278
24.9.	5 AZB 12/02	§ 5 ArbGG 1979 Nr. 37	56 § 5 ArbGG 1979	03, 160	03, 348	–	–	–	02, 479	–	03, 57

2671

Register der Entscheidungen des Bundesarbeitsgerichts

Datum	Aktenzeichen	EzA	Arbeitsrechtliche Praxis (AP) Nr. zu	BB	DB	NJW	NZA	SAE	AuR	RzK	FA
2002											
25.9.	10 AZR 7/02	§ 611 BGB Gratifikation, Prämie Nr. 168	27 § 22, 23 BAT ZuwendungsTV	03, 261	03, 156	–	03, 617	–	03, 74, 75	I 2a Nr. 33	03, 62, 79, 80
26.9.	5 AZB 19/01	§ 2 ArbGG 1979 Nr. 57	83 § 2 ArbGG 1979	03, 160	–	03, 161	02, 1412	–	02, 479	I 4a Nr. 158	02, 387
26.9.	2 AZR 392/01	§ 9 MuSchG nF Nr. 38	31 § 9 MuSchG 1968	–	03, 1448	–	03, 991	–	–	IV 6a Nr. 15	–
26.9.	2 AZR 424/01	§ 626 BGB 2002 Verdacht strafbarer Handlung Nr. 1	37 § 626 BGB Verdacht strafbarer Handlung	–	03, 1336	–	–	–	–	–	–
9.10.	5 AZR 307/01	§ 29 ZPO 2002 Nr. 1	18 § 38 ZPO Internationale Zuständigkeit	–	–	–	03, 339	–	–	–	–
9.10.	5 AZR 405/01	§ 611 BGB 2002 Arbeitnehmerbegriff Nr. 1	114 § 611 BGB Abhängigkeit	–	–	–	03, 688	–	–	I 4a Nr. 159	–
10.10.	2 AZR 240/01	§ 9 KSchG nF Nr. 46	45 § 9 KSchG 1969	–	03, 999	–	–	–	03, 195	I 11a Nr. 38	03, 220, 269
10.10.	2 AZR 418/01	§ 626 BGB 2002 Unkündbarkeit Nr. 1	–	–	03, 1797	–	03, 1295	–	–	–	03, 256, 275
10.10.	2 AZR 472/01	§ 1 KSchG Verhaltensbedingte Kündigung Nr. 58	44 § 1 KSchG 1969 Verhaltensbedingte Kündigung	03, 1283	03, 830	03, 1685	03, 483	03, 331	02, 427; 03, 156	I 5h Nr. 65	02, 392
10.10.	2 AZR 532/01	§ 21 InsO Nr. 1	1 § 21 InsO	–	03, 1523	–	03, 909	–	03, 196	IV 5 Nr. 40	–
10.10.	2 AZR 598/01	§ 1 KSchG Betriebsbedingte Kündigung Nr. 122	123 § 1 KSchG 1969 Betriebsbedingte Kündigung	–	03, 506	–	–	–	–	I 5c Nr. 146	03, 205
10.10.	2 AZR 622/01	§ 4 KSchG nF Nr. 64	49 § 4 KSchG 1969	–	03, 780	03, 1412	03, 684	–	03, 156	I 10b Nr. 40	–
6.11.	5 AZR 617/01 (A)	§ 1a AEntG Nr. 1	1 § 1a EntG	03, 633	03, 556	–	03, 490	–	03, 121	–	03, 152
7.11.	2 AZR 475/01	§ 130 BGB 2002 Nr. 1	19 § 620 BGB Kündigungserklärung	03, 1178	03, 833	–	03, 719	–	02, 463; 03, 157	I 2c Nr. 31; IV 8c Nr. 29	–
7.11.	2 AZR 493/01	§ 174 BGB 2002 Nr. 1	18 § 620 BGB Kündigungserklärung	–	–	–	03, 520	–	–	I 2b Nr. 45; III 2a Nr. 52	–
7.11.	2 AZR 599/01	§ 1 KSchG Krankheit Nr. 50	40 § 1 KSchG 1969 Krankheit	–	03, 724	–	03, 816	–	–	I 5g Nr. 85	–
7.11.	2 AZR 650/00	§ 615 BGB 2002 Nr. 1 und 2	98 § 615 BGB	–	–	–	–	–	–	I 13b Nr. 46	–
7.11.	2 AZR 742/00	§ 612a BGB 2002 Nr. 1	–	–	–	–	–	–	–	–	–
13.11.	4 AZR 73/01	§ 613a BGB 2002 Nr. 4	2 § 1 AVR Caritasverband	03, 1236	–	–	–	–	03, 195	–	–
27.11.	7 AZR 414/01	§ 620 BGB 2002 Altersgrenze Nr. 1	21 § 620 BGB Altersgrenze	–	03, 1000	–	03, 812	–	–	–	03, 224
27.11.	7 AZR 655/01	§ 620 BGB 2002 Altersgrenze Nr. 2	22 § 620 BGB Altersgrenze	–	–	–	03, 1056	–	–	–	–
4.12.	5 AZR 667/01	§ 611 BGB 2002 Arbeitnehmerbegriff Nr. 2	115 § 611 BGB Abhängigkeit	–	03, 1386	–	03, 1112	–	–	I 4a Nr. 160	–

Register der Entscheidungen des Bundesarbeitsgerichts

Datum	Aktenzeichen	EzA	Arbeitsrechtliche Praxis (AP) Nr. zu	BB	DB	NJW	NZA	SAE	AuR	RzK	FA
2002											
4.12.	7 AZR 437/01	§ 620 BGB 2002 Nr. 1	24 § 2 BAT SR 2y	–	–	–	04, 64	–	–	–	–
4.12.	7 AZR 492/01	§ 620 BGB 2002 Bedingung Nr. 1	28 § 620 BGB Bedingung	03, 1072	–	–	03, 611	–	03, 194	I 9g Nr. 63	03, 62, 218
4.12.	7 AZR 545/01	§ 14 TzBfG Nr. 1	17 § 1 BeschFG 1996	–	03, 1174	–	03, 916	–	03, 194	–	04, 17
4.12.	10 AZR 16/02	§ 113 BetrVG 1972 Nr. 30	2 § 38 InsO	–	03, 618	–	03, 665	–	03, 122	–	–
5.12.	2 AZR 478/01	§ 123 BGB 2002 Nr. 1	63 § 123 BGB	–	03, 1685	–	03, 1055	–	–	–	03, 381
5.12.	2 AZR 522/01	§ 1 KSchG Soziale Auswahl Nr. 50	126 § 1 KSchG 1969 Betriebsbedingte Kündigung	–	–	–	03, 1168	–	03, 470	I 5d Nr. 115	03, 255
5.12.	2 AZR 549/01	§ 1 KSchG Soziale Auswahl Nr. 49	59 § 1 KSchG 1969 Soziale Auswahl	–	–	–	03, 791	–	–	I 5d Nr. 116	03, 238
5.12.	2 AZR 571/01	§ 1 KSchG Betriebsbedingte Kündigung Nr. 125	125 § 1 KSchG 1969 Betriebsbedingte Kündigung	03, 1339	03, 1334	03, 2258	03, 789	–	03, 30, 196	I 5c Nr. 149; I 5f Nr. 35	03, 62, 239, 381
5.12.	2 AZR 697/01	§ 1 KSchG Soziale Auswahl Nr. 52	60 § 1 KSchG 1969 Soziale Auswahl	03, 1624	03, 1909	–	03, 849	–	03, 276	I 5d Nr. 117	03, 337
2003											
15.1.	7 AZR 346/02	§ 14 TzBfG Nr. 2	2 § 14 TzBfG	03, 1620	–	–	03, 914	–	03, 67	I 9b Nr. 65	03, 87, 281, 313
15.1.	7 AZR 535/02	§ 14 TzBfG Nr. 3	1 § 14 TzBfG	03, 1624	03, 2787	–	03, 1092	–	03, 316	–	03, 313
15.1.	7 AZR 642/02	§ 102 BetrVG 2001 Nr. 2	129 § 102 BetrVG 1972	03, 1791	–	–	03, 927	–	03, 67, 316	III 1e Nr. 30	03, 302
16.1.	2 AZR 707/01	§ 23 KSchG Nr. 25	1 § 1 KSchG 1969 Gemeinschaftsbetrieb	–	–	–	–	–	–	–	03, 127, 317, 335; 04, 27
16.1.	2 AZR 609/01	§ 242 BGB 2002 Kündigung Nr. 3	2 § 67 SeemG	–	–	–	–	–	–	–	03, 317
16.1.	2 AZR 653/01	§ 613a BGB 2002 Nr. 1	242 § 613a BGB	–	03, 1852	–	03, 879	–	–	–	–
22.1.	10 AZR 227/02	§ 611a BGB 2002 Nr. 1	21 § 611a BGB	03, 1734	03, 1795	–	03, 848	–	03, 118, 316; 04, 65	I 9h Nr. 39	03, 124, 270, 280, 314
6.2.	2 AZR 621/01	§ 1 KSchG Soziale Auswahl Nr. 51	–	–	–	–	03, 1295	–	03, 317	I 5d Nr. 119	03, 316
6.2.	2 AZR 623/01	§ 2 KSchG Nr. 47	71 § 2 KSchG 1969	03, 1731	03, 1178	–	03, 659	–	03, 195	–	03, 206, 220
6.2.	2 AZR 674/01	§ 613a BGB 2002 Nr. 3	243 § 613a BGB	03, 1068	03, 1065	03, 1755	03, 487	–	03, 195	–	–
12.2.	10 AZR 299/02	§ 613a BGB 2002 Nr. 8	249 § 613a BGB	–	–	–	03, 854	–	–	I 4a Nr. 162	03, 280
13.2.	8 AZR 59/02	§ 613a BGB 2002 Nr. 6	245 § 613a BGB	03, 1286	03, 1740	–	03, 1111	–	–	–	–
13.2.	8 AZR 102/02	§ 613a BGB 2002 Nr. 2	24 § 611 BGB Organvertreter	03, 2242	03, 942	–	03, 552	–	03, 155	I 5e Nr. 171	03, 218

Datum	Aktenzeichen	EzA	Arbeitsrechtliche Praxis (AP) Nr. zu	BB	DB	NJW	NZA	SAE	AuR	RzK	FA
2003											
16.2.	2 AZR 672/01	§ 242 BGB 2002 Kündigung Nr. 1	30 § 23 KSchG 1969	03, 1437	03, 1393	–	–	–	04, 107	–	–
18.2.	9 AZR 136/02	§ 313 BGB 2002 Nr. 1	15 § 41 SGB IV	–	03, 2392	–	–	–	03, 275	I 9i Nr. 92	03, 248
18.2.	9 AZR 272/01	§ 611a BGB 2002 Nr. 2	58 Art. 33 Abs. 2 GG	–	–	–	03, 1271	–	03, 277	–	03, 126, 252
19.2.	7 AZR 67/02	§ 620 BGB 2002 Nr. 2	–	–	–	–	04, 231	–	–	–	–
19.2.	7 AZR 648/01	–	24 § 134 BGB	04, 447	03, 1581	–	–	–	03, 318	–	03, 253, 271, 315
26.2.	5 AZR 690/01	§ 134 BGB 2002 Nr. 1	30 § 611 BGB Abmahnung	–	03, 2445	–	03, 1388	–	–	–	04, 14
6.3.	2 AZR 128/02	§ 626 BGB 2002 Nr. 3	–	–	–	–	04, 231	–	–	I 6a Nr. 240	03, 189; 04, 78
6.3.	2 AZR 232/02	§ 626 BGB 2002 Nr. 2	3 § 8 TzBfG	–	04, 319	–	–	–	03, 152	–	03, 189; 04, 78
18.3.	9 AZR 126/02	§ 4 TzBfG Nr. 4	250 § 613° BGB	03, 2180	03, 1906	–	03, 1027	–	03, 186, 397	I 5e Nr. 173	03, 157, 336
20.3.	8 AZR 97/02	§ 613a BGB 2002 Nr. 9	–	03, 1793	–	–	03, 1338	–	–	–	–
20.3.	8 AZR 312/02	§ 613a BGB 2002 Nr. 7	–	–	–	–	–	–	–	–	–
25.3.	9 AZR 197/01	§ 55 InsO Nr. 5	48 § 9 KSchG 1969	–	–	–	04, 512	–	–	–	03, 348
27.3.	2 AZR 9/02	§ 9 KSchG nF Nr. 47	36 § 87 BetrVG 1972 Überwachung	03, 2578	03, 2230	–	03, 1193	–	03, 187, 435	–	03, 186, 348, 366
27.3.	2 AZR 51/02	§ 611 BGB 2002 Persönlichkeitsrecht Nr. 1	72 § 2 KSchG 1969	04, 110	03, 1962	–	03, 1029	–	03, 396	–	03, 348
27.3.	2 AZR 74/02	§ 2 KSchG Nr. 48	4 § 54 BMT–G II	–	–	–	03, 1055	–	–	–	–
27.3.	2 AZR 173/02	§ 125 BGB 2002 Nr. 1	14 § 113 InsO	–	–	–	03, 1391	–	–	–	–
27.3.	2 AZR 272/02	§ 113 OnsO Nr. 13	6 § 18 BerzGG	03, 2289	03, 2792	–	04, 155	–	03, 187, 316	IV 4 Nr. 8	03, 186, 348
27.3.	2 AZR 627/01	§ 18 BerzGG Nr. 6	81 Eingungsvertrag Anlage I Kap. XIX	–	–	–	04, 232	–	–	I 5h Nr. 67	–
8.4.	2 AZR 15/02	§ 55 InsO Nr. 4	40 § 113 BetrVG 1972	–	–	–	04, 343	–	–	IV 5 Nr. 42	03, 342
8.4.	2 AZR 355/02	§ 626 BGB 2002 Unkindbarkeit Nr. 2	181 § 626 BGB	–	–	–	03, 856	–	–	–	03, 311
16.4.	4 AZR 156/02	§ 4 TzBfG Nr. 3	85 § 2 BeschFG 1985	03, 2132	03, 1849	–	–	–	03, 475	I 9a Nr. 221	03, 189, 313
16.4.	7 AZR 119/02	§ 17 TzBfG Nr. 3	2 § 17 TzBfG	04, 386	–	–	04, 283	–	–	–	03, 384, 04, 15
16.4.	7 AZR 187/02	§ 620 BGB 2002 Nr. 5	1 § 4 BeschFG 1996	–	03, 2391	–	04, 40	–	03, 475	–	03, 382
17.4.	8 AZR 253/02	§ 613a BGB 2002 Nr. 11	253 § 613a BGB	–	–	–	–	–	–	I 5e Nr. 174	–
8.5.	2 AZB 56/02	§ 116 ZPO 2002 Nr. 1	25 § 9 ArbGG 1979	–	–	–	–	–	–	–	–
22.5.	2 AZR 255/02	§ 113 InsO Nr. 12	12 § 113 InsO	03, 2183	03, 2071	–	03, 1086	–	03, 396	IV 5 Nr. 44	04, 27

Datum	Aktenzeichen	EzA	Arbeitsrechtliche Praxis (AP) Nr. zu	BB	DB	NJW	NZA	SAE	AuR	RzK	FA
2003											
22.5.	2 AZR 326/02	§ 1 KSchG Betriebsbedingte Kündigung Nr. 126	128 § 1 KSchG 1969 Betriebsbedingte Kündigung	–	–	–	04, 343	–	–	I 5c Nr. 152	03, 347
22.5.	2 AZR 426/02	§ 242 BGB 2002 Kündigung Nr. 2	18 § 1 KSchG Wartezeit	–	–	–	04, 399	04, 46	–	I 4d Nr. 30	03, 318, 347
22.5.	2 AZR 485/02	§ 1 KSchG Betriebsbedingte Kündigung Nr. 127	71 § 1 KSchG 1969	03, 1904	–	–	–	–	–	–	03, 317
3.6.	1 ABR 19/02	§ 89 BetrVG 2001 Nr. 1	1 § 89 BetrVG 1972	–	03, 2496	–	–	–	03, 265, 478	–	03, 248
4.6.	7 AZR 159/02	§ 620 BGB 2002 Nr. 7	–	–	04, 549	04, 498	–	–	–	–	–
4.6.	7 AZR 406/02	§ 620 BGB 2002 Nr. 3	1 § 17 TzBfG	03, 1683	03, 2287	–	–	–	–	–	03, 304, 04, 23
4.6	7 AZR 489/02	SD 03, Nr. 19, S. 8	245 § 620 BGB Befristeter Arbeitsvertrag	03, 2132	04, 142	–	03, 1424	–	–	–	–
4.6.	7 AZR 523/02	§ 620 BGB 2002 Nr. 4	252 § 620 BGB Befristeter Arbeitsvertrag	–	03, 2340	–	03, 1143	–	03, 434	I 9a Nr. 222	–
4.6.	10 AZR 586/02	§ 209 InsU Nr. 1	2 § 209 InsO	–	–	–	–	–	–	–	–
12.6.	8 ABR 14/02	§ 613a BGB 2002 Nr. 10	–	–	–	–	03, 1087	–	–	–	03, 351
12.6.	8 AZR 341/02	§ 628 BGB 2002 Nr. 1	16 § 628 BGB	03, 2747	03, 2554	–	–	–	–	–	03, 247
17.6.	2 AZR 62/02	§ 1 KSchG Verhaltensbedingte Kündigung Nr. 59	–	–	–	–	–	–	–	I 5i Nr. 181	04, 60
17.6.	2 AZR 123/02	§ 626 BGB 2002 Nr. 4	–	–	04, 322	–	–	–	–	I 6° Nr. 244	–
17.6.	2 AZR 134/02	§ 613a BGB 2002 Nr. 15	–	–	–	–	–	–	–	I 5e Nr. 176	–
17.6.	2 AZR 245/02	§ 9 KSchG nF Nr. 39	33 § 9 MuSchG 1968	03, 2692	04, 441	04, 796	03, 1329	–	03, 476	IV 6b Nr. 33	04, 27, 47, 91
17.6.	2 AZR 257/02	§ 622 BGB 2002 Nr. 1	61 § 622 BGB	–	–	–	–	–	–	–	–
17.6.	2 AZR 404/02	SD 04, Nr. 1, S. 6	35 § 9 MuSchG 1968	–	–	–	–	–	–	–	–
24.6.	9 AZR 423/02	§ 7 BUrlG Abgeltung Nr. 10	5 § 60 SeemG	–	–	–	–	–	–	–	03, 285
2.7.	2 AZR 529/02	§ 620 BGB 2002 Nr. 6	254 § 620 BGB Befristeter Arbeitsvertrag	–	04, 80	–	04, 311	–	04, 35	–	03, 378, 04, 80
2.7.	7 AZR 612/02	§ 620 BGB 2002 Bedingung Nr. 2	29 § 620 BGB Bedingung	04, 384	03, 2392	–	–	–	03, 297, 434	I 9g Nr. 64	03, 279, 343, 368
3.7.	2 AZR 235/02	§ 1 KSchG Verhaltensbedingte Kündigung Nr. 61	–	–	04, 878	–	04, 427	–	04, 163	I 5i Nr. 182	03, 283

Register der Entscheidungen des Bundesarbeitsgerichts

Datum	Aktenzeichen	EzA	Arbeitsrechtliche Praxis (AP) Nr. zu	BB	DB	NJW	NZA	SAE	AuR	RzK	FA
2003											
3.7.	2 AZR 327/02	–	–	–	–	–	04, 307	–	–	–	04, 91
3.7.	2 AZR 437/02	§ 1 KSchG Verdachtskündigung Nr. 2	–	–	–	–	–	–	–	–	–
3.7.	2 AZR 487/02	§ 113 InsO Nr. 14	7 § 18 BerzGG	03, 2518	03, 2494	04, 244	03, 1335	–	03, 435	–	03, 316; 04, 48, 90
3.7.	2 AZR 617/02	§ 2 KSchG Nr. 49	–	–	04, 655	–	–	–	04, 163	–	03, 381
9.7.	5 AZR 305/02	§ 102 BetrVG 2001 Beschäftigungspflicht Nr. 1	14 § 102 BetrVG 1972 Weiterbeschäftigung	03, 2400	03, 2233	04, 314	03, 1191	–	03, 435	–	03, 377; 04, 80
22.7.	1 AZR 541/02	§ 111 BetrVG 2001 Nr. 1	42 § 113 BetrVG 1972	–	03, 2708	04, 875	–	–	03, 476	–	03, 377; 04, 56
6.8.	7 AZR 9/03	§ 620 BGB 2002 Altersgrenze Nr. 3	51 § 133 BGB	–	03, 2708	–	–	–	–	–	–
6.8.	7 AZR 33/03	§ 620 BGB 2002 Hochschulen Nr. 1	253 § 620 BGB Befristeter Arbeitsvertrag	–	–	–	–	–	–	–	–
6.8.	7 AZR 180/03	SD 03, Nr. 22, S. 8	6 § 9 AÜG	04, 669	–	–	–	–	–	–	04, 52
20.8.	5 AZR 45/03	Art. 28 EGBGB Nr. 1	1 Art. 5 Lugano–Abkommen	–	–	–	–	–	–	–	04, 94
20.8.	5 AZR 362/02	SD 03, Nr. 24, S. 7	245 § 620 BGB Befristeter Arbeitsvertrag	–	–	–	–	–	–	–	–
20.8.	5 AZR 610/02	SD 03, Nr. 24, S. 7	–	–	04, 549	04, 461	04, 39	–	04, 163	–	04, 62
28.8.	2 ABR 48/02	§ 118 BetrVG 2001 Nr. 3	–	–	–	–	04, 501	–	04, 117	–	–
28.8.	2 AZR 333/02	§ 242 BGB Kündigung Nr. 4	17 § 242 BGB Kündigung	–	04, 937	–	–	–	–	–	–
28.8.	2 AZR 377/02	§ 102 BetrVG 2001 Nr. 4	134 § 102 BetrVG 1972	–	04, 490	04, 1126	04, 255	–	04, 163	–	–
3.9.	7 AZR 106/03	§ 14 TzBfG Nr. 4	4 § 14 TzBfG	04, 498	04, 548	–	04, 328	–	04, 161	–	04, 123
3.9.	7 AZR 661/02	–	–	–	–	–	04, 375	–	04, 163	–	–
18.9.	2 AZR 79/02	§ 1 KSchG Soziale Auswahl Nr. 53	–	–	–	–	–	–	–	–	–
18.9.	2 AZR 139/03	SD 04, Nr. 6, S. 12	–	–	–	–	04, 319	–	–	–	–
18.9.	2 AZR 330/02	§ 622 BGB 2002 Nr. 2	–	–	–	–	–	–	–	–	–
18.9.	2 AZR 403/02	§ 102 BetrVG 2001 Beschäftigungspflicht Nr. 2	–	–	–	–	–	–	–	–	–
18.9.	2 AZR 432/02	–	–	–	–	–	04, 222	–	04, 77	–	–
18.9.	2 AZR 498/02	SD 04, Nr. 4, S. 14	–	–	–	04, 1061	04, 253	–	04, 77	–	–
18.9.	2 AZR 537/02	–	–	–	–	–	–	–	–	–	–
24.9.	5 AZR 282/02	§ 615 BGB 2002 Nr. 3	–	–	03, 2494	–	03, 1332	–	–	–	04, 57

Register der Entscheidungen des Bundesarbeitsgerichts

Datum	Aktenzeichen	EzA	Arbeitsrechtliche Praxis (AP) Nr. zu	BB	DB	NJW	NZA	SAE	AuR	RzK	FA
2003											
24.9.	5 AZR 500/02	§ 615 BGB 2002 Nr. 4	9 § 615 BGB Böswilligkeit; 4 § 11 KSchG 1969	03, 2688	04, 437	04, 316	04, 90	–	04, 36	–	03, 378; 04, 49, 57, 89
24.9.	5 AZR 591/02	§ 615 BGB 2002 Nr. 5	–	–	–	–	03, 1387	–	–	–	04, 89
25.9.	8 AZR 421/02	§ 613a BGB 2002 Nr. 14	–	–	–	–	04, 316	–	–	I 5e Nr. 178	03, 376
25.9.	8 AZR 446/02	§ 50 ZPO 2002 Nr. 2	256 § 613a BGB	–	–	–	–	–	–	I 5e Nr. 179	03, 376
22.10.	7 AZR 113/03	SD 03, Nr. 22, S. 4	–	–	–	–	–	–	03, 466	–	04, 27
22.10.	7 AZR 666/02	§ 620 BGB 2002 Nr. 8	–	–	04, 990	–	–	–	03, 466	–	–
30.10.	8 AZR 491/02	§ 613a BGB 2002 Nr. 16	–	–	–	–	04, 481	–	03, 466	I 5e Nr. 180	04, 24
5.11.	5 AZR 562/02	§ 615 BGB 2002 Nr. 6	106 § 615 BGB	–	04, 439	–	–	–	04, 116	–	04, 23, 115
6.11.	2 AZR 177/02	§ 1 KSchG Verhaltensbedingte Kündigung Nr. 60	–	–	–	–	–	–	–	I 5i Nr. 184	–
6.11.	2 AZR 690/02	§ 14 TzBfG Nr. 7	–	–	–	–	–	–	03, 467	–	04, 26
18.11.	1 AZR 30/03	§ 113 BetrVG 2001 Nr. 2	162 § 112 BetrVG 1972	04, 556	–	–	04, 220	–	04, 116	–	04, 82
19.11.	7 AZR 11/03	SD 03, Nr. 24, S. 3	19 § 1 BetrVG 1972 Gemeinsamer Betrieb	04, 720	04, 822	–	–	–	04, 165	–	04, 55
19.11.	7 AZR 296/03	§ 620 BGB 2002 Altersgrenze Nr. 4	3 § 17 TzBfG	–	04, 1045	–	04, 435	–	04, 161	–	04, 122
27.11.	2 AZR 135/02	§ 4 KSchG nF Nr. 65	–	–	–	–	–	–	–	–	–
27.11.	2 AZR 692/02	§ 1 KSchG Betriebsbedingte Kündigung Nr. 128	–	–	–	–	04, 477	–	–	–	–
27.11.	2 AZR 48/03	–	–	–	–	–	–	–	–	–	–
27.11.	2 AZR 177/03	SD 03, Nr. 25, S. 5	–	–	–	–	–	–	04, 25	–	04, 58
11.12.	2 AZR 36/03	§ 625 BGB 2002 Nr. 5	–	–	04, 823	–	04, 486	–	04, 25	–	04, 90
11.12.	2 AZR 667/02	SD 03, Nr. 26, S. 4	–	–	–	–	–	–	04, 25	I 5h Nr. 71	04, 91
11.12.	6 AZR 24/03	SD 03, Nr. 26, S. 5	–	–	–	–	–	–	04, 26	–	–
11.12.	2 AZR 536/02	§ 102 BetrVG 2001 Nr. 5	–	–	–	–	–	–	04, 64	I 5e Nr. 182	04, 88
18.12.	8 AZR 621/02	–	–	–	–	–	–	–	–	–	–
2004											
14.1.	7 AZR 342/03	§ 14 TzBfG Nr. 5	§ 14 TzBfG Nr. 10	04, 1504	–	04, 3138	04, 719	05, 141	04, 273	–	–
14.1.	7 AZR 213/03	§ 14 TzBfG Nr. 8	§ 14 TzBfG Nr. 8	–	–	–	–	04, 313	–	–	–
14.1.	7 AZR 342/03	§ 14 TzBfG Nr. 5	–	–	–	–	–	–	–	I 9a Nr. 238	–

Register der Entscheidungen des Bundesarbeitsgerichts

Datum	Aktenzeichen	EzA	Arbeitsrechtliche Praxis (AP) Nr. zu	BB	DB	NJW	NZA	SAE	AuR	RzK	FA
2004											
20.1.	9 AZR 291/02	§ 4 TVG Rundfunk Nr. 25	§ 122 LPVG Rheinland-Pfalz Nr. 1	04, 1748	04, 1495	–	04, 1058	–	04, 358	V 2 Nr. 2	04, 313
22.1.	2 AZR 111/02	§ 1 KSchG Interessenausgleich Nr. 11	–	–	–	–	–	–	–	–	–
22.1.	2 AZR 237/03	SD 04, Nr. 3, S. 3	§ 112 BetrVG 1972 Namensliste Nr. 1	–	–	–	04, 479	–	04, 64	I 5d Nr. 126	04, 125
22.1.	2 AZR 111/02	§ 1 KSchG Interessenausgleich Nr. 11	–	–	–	–	06, 64	–	–	–	04, 221
22.1.	2 AZR 237/03	§ 23 KSchG Nr. 26	§ 23 KSchG 1969 Nr. 23	04, 1059	04, 1946	–	04, 479	–	–	I 4c Nr. 47	04, 125, 187, 221
5.2.	8 AZR 639/02	SD 04, Nr. 4, S. 3	–	–	04, 1436	–	04, 845	04, 1436	–	I 5e Nr. 183	04, 122
5.2.	8 AZR 639/02	§ 613a BGB 2002 Nr. 23	–	–	–	–	–	–	–	I 5e Nr. 183	04, 122
5.2.	8 AZR 112/03	§ 611a BGB 2002 Nr. 3	§ 611a BGB Nr. 23	04, 1396	04, 1944	–	04, 540	–	04, 237	–	04, 122, 218, 274
11.2.	7 AZR 362/03	§ 620 BGB 2002 Nr. 9	§ 620 BGB Befristeter Arbeitsvertrag Nr. 256	–	04, 1563	04, 2917	04, 978	04, 313	04, 194	I 9a Nr. 241	04, 184, 213
11.2.	7 AZR 362/03	§ 620 BGB 2002 Nr. 9	–	–	–	–	–	–	–	–	–
12.2.	2 AZR 136/03	§ 4 KSchG nF Nr. 66	§ 4 KSchG 1969 Nr. 50	–	–	–	–	04, 314	–	I 10b Nr. 45	04, 176
12.2.	2 AZR 136/03	§ 4 KSchG nF Nr. 66	–	–	04, 1508	–	05, 600	04, 314	–	II 1d Nr. 11	04, 277, 285
12.2.	2 AZR 163/03	§ 15 KSchG nF Nr. 56	§ 15 KSchG 1969 Ersatzmitglied Nr. 1	–	–	–	–	04, 314	–	I 10m Nr. 19	04, 285
12.2.	2 AZR 307/03	§ 1 KSchG Betriebsbedingte Kündigung Nr. 129	§ 1 KSchG 1969 Nr. 75	–	–	–	–	–	04, 148	–	–
25.2.	5 AZR 62/03	SD 04, Nr. 5, S. 4	§ 36 HRG Nr. 1	–	–	–	–	–	04, 148	I 4a Nr. 170	–
25.2.	5 AZR 62/03	§ 87 BetrVG 2001 Betriebliche Lohngestaltung Nr. 4	§ 3 TVG Nr. 31	04, 1748	04, 1669	–	04, 852	05, 162	0, 354	–	04, 287, 341
2.3.	1 AZR 271/03	§ 103 BetrVG 2001 Nr. 3	§ 103 BetrVG 1972 Nr. 50	04, 1748	04, 1370	04, 2612	04, 717	04, 315	04, 274	II 1b Nr. 25; II 2 Nr. 13	04, 157, 247, 302
4.3.	2 AZR 147/03	§ 309 BGB 2002 Nr. 1	§ 309 BGB Nr. 3	04, 1740	04, 1616	–	04, 727	05, 148	04, 316	–	–
4.3.	8 AZR 196/03	SD 04, Nr. 6, S. 3	–	–	–	–	–	–	–	–	–
4.3.	2 AZR 147/03	§ 14 TzBfG Nr. 9	§ 14 TzBfG Nr. 11	–	04, 1434	–	04, 925	04, 315	04, 273	I 9a Nr. 245	04, 153, 217, 240, 281
10.3.	7 AZR 402/03	SD 04, Nr. 7, S. 4	–	–	–	–	–	–	–	–	04, 278
25.3.	2 AZR 153/03	SD 04, Nr. 7, S. 4	–	–	–	–	–	–	–	–	–
25.3.	2 AZR 341/03										

Datum	Aktenzeichen	EzA	Arbeitsrechtliche Praxis (AP) Nr. zu	BB	DB	NJW	NZA	SAE	AuR	RzK	FA
2004											
25.3.	2 AZR 153/03	§ 626 BGB 2002 Unkündbarkeit Nr. 3	§ 138 BGB Nr. 60	04, 2303	0, 2219	–	–	–	04, 395	I 6f Nr. 39	04, 187; 05, 160
25.3.	2 AZR 295/03	§ 9 MuSchG nF Nr. 40	§ 9 MuSchG 1968 Nr. 36	–	–	–	04, 1064	–	–	IV 4 Nr. 9	04, 349
25.3.	2 AZR 324/03	§ 620 BGB 2002 Kündigung Nr. 1	§ 620 BGB Kündigung vor Dienstantritt Nr. 1	–	04, 1436	04, 3444	04, 1089	–	04, 392	I 3a Nr. 27	04, 286
25.3.	2 AZR 341/03	§ 626 BGB 2002 Nr. 6	§ 626 BGB 2002 Nr. 189	–	04, 2327	04, 3508	04, 1214	05, 43	–	I 6e Nr. 36	04, 188; 05, 18, 59
25.3.	2 AZR 380/03	§ 611 BGB 2002 Kirchliche Arbeitnehmer Nr. 3	§ 611 BGB Kirchendienst Nr. 40	–	–	–	04, 1407	–	–	III 3 Nr. 17	–
25.3.	2 AZR 399/03	§ 626 BGB 2002 Unkündbarkeit Nr. 4	§ 54 BMT-G II Nr. 4	–	04, 2537	–	04, 1216	05, 43	–	I 10m Nr. 20	05, 59
30.3.	1 AZR 7/03	§ 113 BetrVG 2001 Nr. 4	§ 113 BetrVG 1972 Nr. 47	04, 1791	04, 1511	–	04, 931	04, 316	04, 318	–	04, 249, 280
30.3.	1 AZR 85/03	§ 112 BetrVG 2001 Nr. 10	§ 112 BetrVG 1972 Nr. 170	–	–	–	04, 1183	05, 43	–	–	–
31.3.	10 AZR 253/03	§ 209 InsO Nr. 2	§ 209 InsO Nr. 3	04, 2079	04, 1993	–	04, 1093	04, 302	04, 316	–	04, 250, 283
7.4.	7 AZR 441/03	§ 620 BGB 2002 Nr. 10	§ 17 TzBfG Nr. 4	–	–	–	04, 944	04, 34/	04, 354	I 9a Nr. 246	–
14.4.	4 AZR 322/03										
22.4.	2 AZR 244/03	§ 1 KSchG Soziale Auswahl Nr. 53	§ 1 KSchG 1969 Soziale Auswahl Nr. 67	–	–	–	04, 1389	–	–	–	05, 160
22.4.	2 AZR 281/03	§ 312 BGB 2002 Nr. 2	§ 620 BGB Aufhebungsvertrag Nr. 27	–	–	–	04, 1295	–	–	I 9i Nr. 95; I 15 Nr. 33	05, 158
22.4.	2 AZR 385/03	§ 2 KSchG Nr. 50	§ 2 KSchG 1969 Nr. 74	04, 2818	04, 1890	–	04, 1158	04, 347	04, 396	I 7b Nr. 58	04, 221, 336, 349
22.4.	8 AZR 269/03	§ 628 BGB 2002 Nr. 4	§ 628 BGB Nr. 18	–	04, 1784	–	–	–	–	–	–
27.4.	9 AZR 18/03	§ 4 TVG Altersteilzeit Nr. 12	§ 8 ATG Nr. 1	04, 2472	01, 2534	–	05, 821	05, 44	–	–	04, 374; 05, 53
27.4.	9 AZR 522/03	§ 8 TzBfG Nr. 10	§ 8 TzBfG Nr. 12	04, 2581	04, 2700	–	04, 1225	–	04, 474	–	05, 20, 30, 63
5.5.	7 AZR 629/03	§ 15 TzBfG Nr. 1	§ 1 BeschFG 1996 Nr. 27	–	04, 2482	–	04, 1346	05, 138	04, 475	–	–
13.5.	2 AZR 329/03	§ 102 BetrVG 2001 Nr. 7	§ 102 BetrVG 1972 Nr. 140	04, 2190	04, 2327	–	04, 1037	05, 91	04, 396	III 1b Nr. 39	04, 372, 378
13.5.	2 AZR 36/04	§ 626 BGB 2002 Krankheit Nr. 2	§ 626 BGB Krankheit Nr. 12	–	04, 2273	–	04, 1271	–	04, 436	IV 8c Nr. 35	05, 58
13.5.	8 AZR 198/03	§ 613a BGB 2002 Nr. 25	§ 613a BGB Nr. 264	–	04, 2107	–	–	04, 348	04, 356	I 15 Nr. 34	04, 219, 313
13.5.	8 AZR 331/03	§ 613a BGB 2002 Nr. 26	§ 613a BGB Nr. 273	–	–	–	04, 1295	–	–	I 5e Nr. 190	05, 56
19.5.	5 AZR 434/03	§ 615 BGB 2002 Nr. 6	§ 615 BGB Nr. 108	–	04, 2107	–	04, 1064	–	–	–	04, 338, 347
25.5.	3 AZR 15/03	§ 1b BetrAVG Gleichbehandlung Nr. 1	§ 1b BetrAVG Nr. 5	–	–	–	–	–	–	–	04, 247

Datum	Aktenzeichen	EzA	Arbeitsrechtliche Praxis (AP Nr. zu	BB	DB	NJW	NZA	SAE	AuR	RzK	FA
2004											
3.6.	2 AZR 386/03	§ 23 KSchG Nr. 27	§ 23 KSchG 1969 Nr. 33	05, 48	04, 2590	–	04, 1380	05, 139	–	I 4c Nr. 49	–
3.6.	2 AZR 577/03	§ 1 KSchG Soziale Auswahl Nr. 55	§ 102 BetrVG 1972 Nr. 141	–	05, 231	–	05, 175	05, 139	–	I 5d Nr. 134; III 1a Nr. 124	–
15.6.	9 AZR 431/03	§ 209 InsO Nr. 3	§ 209 InsO Nr. 4	–	04, 2053	–	05, 354	04, 348	04, 399	–	04, 255, 351
15.6.	9 AZR 483/03	§ 615 BGB 2002 Nr. 8	§ 611 BGB Bergbau Nr. 25	04, 2824	04, 2643	–	05, 462	05, 140	–	–	–
16.6.	5 AZR 448/03	§ 4 TzBfG Nr. 9	§ 1 TVG Tarifverträge Großhandel Nr. 20	–	04, 1995	–	04, 1119	04, 348	–	–	04, 350
16.6.	5 AZR 508/03	§ 615 BGB 2002 Nr. 7	§ 615 BGB Böswilligkeit Nr. 11	04, 2418	04, 2166	–	04, 1155	05, 92	04, 435	I 13a Nr. 62	04, 370, 375
23.6.	7 AZR 440/03	§ 17 TzBfG Nr. 5	§ 17 TzBfG Nr. 5	05, 500	04, 2586	–	05, 520	05, 140	04, 474	I 9g Nr. 69	05, 28
23.6.	7 AZR 636/03	§ 14 TzBfG Nr. 10	§ 14 TzBfG Nr. 12	04, 2643	04, 2585	–	04, 1333	06, 23	05, 36	I 9a Nr. 247	04, 282; 05, 43, 53, 58
23.6.	10 AZR 495/03	§ 109 GewO Nr. 2	§ 630 BGB Nr. 29	04, 2526	04, 2428	–	04, 1392	05, 92	04, 437	–	04, 337, 347
24.6.	2 AZR 656/02	§ 626 BGB 2002 Unkündbarkeit Nr. 7	§ 626 BGB Nr. 180	–	–	–	–	–	–	I 4e Nr. 6	–
24.6.	2 AZR 63/03	§ 1 KSchG Verhaltensbedingte Kündigung Nr. 63	§ 1 KSchG 1969 Verhaltensbedingte Kündigung Nr. 49	–	–	–	05, 158	–	–	I 5i Nr. 195	04, 285; 05, 125
24.6.	2 AZR 215/03	§ 626 BGB 2002 Unkündbarkeit Nr. 5	§ 613a BGB Nr. 278	–	–	–	06, 696	–	–	–	05, 125
24.6.	2 AZR 326/03	§ 1 KSchG Betriebsbedingte Kündigung Nr. 132	§ 1 KSchG 1969 Nr. 76	–	04, 2431	–	04, 1268	–	–	I 5c Nr. 163	05, 28
24.6.	2 AZR 461/03	§ 102 BetrVG 2001 Nr. 9	§ 620 BGB Kündigungserklärung Nr. 22	–	–	04, 3795	04, 1330	05, 179	–	III 1a Nr. 125	05, 59
15.7.	2 AZR 376/03	§ 1 KSchG Soziale Auswahl Nr. 54	§ 1 KSchG 1969 Soziale Auswahl Nr. 68	04, 2640	04, 2375	–	05, 523	–	04, 476	I 5d Nr. 136	04, 381; 05, 62
15.7.	2 AZR 630/03	§ 271 BGB 2002 Nr. 1	§ 271 BGB Nr. 1	04, 2824	04, 2430	–	05, 292	05, 180	04, 475	I 9j Nr. 27	04, 378; 05, 28, 81
15.7.	6 AZR 25/03	–	–	–	–	–	–	–	–	–	–
15.7.	6 AZR 224/03	–	–	–	–	–	–	–	–	–	–
21.7.	7 AZR 589/03	§ 620 BGB 2002 Altersgrenze Nr. 5	–	–	–	–	04, 1352	–	–	I 9f Nr. 90	04, 316; 05, 61
22.7.	8 AZR 350/03	§ 613a BGB 2002 Nr. 27	§ 613a BGB Nr. 274	04, 2696	04, 2482	–	04, 1383	05, 217	04, 475	I 5e Nr. 192	04, 314; 05, 27, 57
28.7.	10 AZR 661/03	§ 611 BGB 2002 Aufhebungsvertrag Nr. 4	§ 4 TVG Ausschlussfristen Nr. 177	04, 2134	04, 2218	04, 3445	04, 1097	05, 217	04, 434	–	04, 339, 347; 05, 124

Datum	Aktenzeichen	EzA	Arbeitsrechtliche Praxis (AP) Nr. zu	BB	DB	NJW	NZA	SAE	AuR	RzK	FA
2004											
24.8.	1 ABR 28/03	§ 98 BetrVG 2001 Nr. 1	§ 98 BetrVg 1972 Nr. 12	05, 836	05, 781	–	05, 371	05, 244	05, 270	–	05, 120
24.8.	1 AZR 419/03	§ 2 KSchG Nr. 51	§ 2 KSchG 1969 Nr. 77	05, 222	–	–	05, 51	05, 218	05, 37	–	05, 29, 160
25.8.	7 AZR 7/04	§ 14 TzBfG Nr. 13	–	05, 1229	05, 502	05, 2734	05, 357	05, 218	05, 115	–	05, 152
25.8.	7 AZR 32/04	§ 14 TzBfG Nr. 11	–	–	05, 503	–	05, 472	05, 218	–	–	05, 118
16.9.	2 AZR 406/03	§ 1 KSchG Verhaltensbedingte Kündigung Nr. 64	§ 1 KSchG 1969 Verhaltensbedingte Kündigung Nr. 50	05, 716	05, 341	–	05, 459	05, 219	05, 76	–	05, 93, 111
16.9.	2 AZR 447/03	§ 242 BGB 2002 Kündigung Nr. 5	§ 611 BGB Kirchendienst Nr. 44	–	–	–	05, 1263	–	–	–	04, 348; 05, 190
16.9.	2 AZR 511/03	§ 102 BetrVG 2001 Nr. 10	§ 102 BetrVG 1972 Nr. 142	–	–	–	–	05, 219	05, 162	III 1a Nr. 129	05, 94, 113
16.9.	2 AZR 628/03	§ 623 BGB 2002 Nr. 2	§ 2 KSchG 1969 Nr. 78	05, 946	05, 395	–	05, 635	05, 219	–	–	05, 124, 147
16.9.	2 AZR 659/03	§ 623 BGB 2002 Nr. 1	§ 623 BGB Nr. 1	05, 1119	05, 232	–	05, 162	05, 219	05, 76	I 2a Nr. 38; I 9i Nr. 97	04, 348; 05, 124
23.9.	6 AZR 430/03	§ 611 BGB 2002 Kirchliche Arbeitnehmer Nr. 4	§ 1a AVR Caritasverband Nr. 1	–	–	–	–	–	–	–	–
23.9.	6 AZR 519/03	§ 14 BBiG Nr. 12	§ 14 BBiG Nr. 11	–	05, 1007	–	05, 413	05, 211	05, 116	–	05, 118, 145
29.9.	5 AZR 43/04	§ 242 BGB 2002 Gleichbehandlung Nr. 4	§ 242 BGB Gleichbehandlung Nr. 192	–	–	–	05, 183	–	–	–	05, 90, 110
30.9.	8 AZR 462/03	§ 613a BGB 2002 Nr. 28	§ 613a BGB Nr. 275	05, 605	05, 56	–	05, 43	05, 322	05, 75	I 5e Nr. 194	04, 376; 05, 82, 91
7.10.	2 AZR 81/04	§ 15 KSchG nF Nr. 57	§ 15 KSchG 1969 Nr. 56	05, 334	05, 894	–	05, 156	05, 220	05, 117	II 1c Nr. 6	–
7.10.	2 AZR 122/04	§ 1 KSchG Betriebsbedingte Kündigung Nr. 133	§ 1 KSchG 1969 Betriebsbedingte Kündigung Nr. 129	–	–	–	05, 352	–	–	I 5c Nr. 166	–
13.10.	7 AZR 654/03	§ 14 TzBfG Nr. 14	§ 14 TzBfG Nr. 13	–	05, 504	–	05, 469	–	–	–	05, 152
13.10.	7 AZR 218/04	§ 17 TzBfG Nr. 6	§ 14 TzBfG Nr. 14	05, 1279	05, 451	–	05, 401	05, 253	05, 162	–	05, 88, 152
19.10.	9 AZR 411/03	§ 12a TVG Nr. 2	§ 1 TVG Tarifverträge: Rundfunk Nr. 42	05, 1972	05, 1010	–	05, 529	–	–	V 2 Nr. 3	05, 216
19.10.	9 AZR 647/03	§ 613a BGB 2002 Nr. 29	§ 55 InsO Nr. 5	05, 1339	05, 779	–	05, 408	05, 253	05, 197	–	05, 118, 185
27.10.	10 AZR 123/04	§ 129 InsO Nr. 1	§ 129 InsO Nr. 2	05, 1341	05, 172	–	05, 473	05, 254	05, 76	–	05, 58
28.10.	8 AZR 391/03	§ 1 KSchG Soziale Auswahl Nr. 56	§ 1 KSchG 1969 Soziale Auswahl Nr. 69	05, 892	05, 673	–	05, 285	05, 254	05, 116	I 5d Nr. 140	05, 29, 126, 146
28.10.	8 AZR 199/04	§ 613a BGB 2002 Nr. 30	–	–	–	–	05, 405	–	05, 163	–	–
4.11.	2 AZR 17/04	§ 130 BGB 2002 Nr. 4	§ 623 BGB Nr. 3	05, 1007	05, 1282	–	05, 513	05, 254	–	–	05, 238
4.11.	2 AZR 96/04	§ 15 KSchG nF Nr. 58	§ 15 KSchG 1969 Nr. 57	–	05, 1227	–	05, 656	–	05, 236	–	–

Register der Entscheidungen des Bundesarbeitsgerichts

Datum	Aktenzeichen	EzA	Arbeitsrechtliche Praxis (AP) Nr. zu	BB	DB	NJW	NZA	SAE	AuR	RzK	FA
2004											
10.11.	7 AZR 101/04	§14 TzBfG Nr. 15	§14 TzBfG Nr. 14	05, 1343	05, 950	05, 2474	05, 514	05, 255	–	–	05, 27, 236, 244
16.11.	1 ABR 53/03	§82 BetrVG 2001 Nr. 1	§82 BetrVG 1972 Nr. 3	05, 1505	05, 504	–	05, 416	05, 255	05, 163	–	05, 156
20.11.	8 AZR 439/02			–	–	–	–	–	–	I 5f Nr. 37	–
23.11.	2 AZR 24/04	§1 KSchG Betriebsbedingte Kündigung Nr. 135	§1 KSchG 1969 Betriebsbedingte Kündigung Nr. 132	–	05, 1174	–	05, 929	–	–	–	05, 253
23.11.	2 AZR 38/04	§1 KSchG Betriebsbedingte Kündigung Nr. 134	§KSchG 1969 Soziale Auswahl Nr. 70	06, 1508	05, 1225	–	05, 986	05, 255	05, 236	I 5d Nr. 142	05, 222
1.12.	5 AZR 597/03	§50 ZPO 2002 Nr. 3	§50 ZPO Nr. 14	–	–	05, 1104	05, 318	–	05, 166	–	05, 64, 95
1.12.	7 AZR 37/04	§4 TVG Malerhandwerk Nr. 4	§1 TVG Tarifverträge: Maler Nr. 12	–	05, 1392	–	05, 1080	–	–	–	05, 288
1.12.	7 AZR 129/04	§78a BetrVG 2001 Nr. 1	–	05, 1800	–	–	05, 779	05, 257	05, 278	II 4a Nr. 40	05, 54, 246
1.12.	7 AZR 135/04	§620 BGB 2002 Bedingung Nr. 3	§59 BAT Nr. 13	05, 2024	–	–	06, 211	–	–	I 9g Nr. 70	05, 288
1.12.	7 AZR 198/04	§623 BGB 2002 Nr. 3	§14 TzBfG Nr. 15	05, 1116	05, 1172	05, 2333	05, 575	05, 337	05, 236	–	05, 56, 189
14.12.	9 AZR 23/04	§138 BGB 2002 Nr. 3	§138 BGB Nr. 62	05, 1688	–	–	05, 637	05, 257	05, 235	–	05, 215
16.12.	2 ABR 7/04	§626 BGB 2002 Nr. 7	§626 BGB Nr. 191	–	–	–	–	–	05, 163	V 2 Nr. 4	05, 114, 190
16.12.	2 AZR 66/04	§1 KSchG Betriebsbedingte Kündigung Nr. 136	§1 KSchG 1969 Betriebsbedingte Kündigung Nr. 133	–	–	–	05, 761	05, 257	05, 276	I 5c Nr. 167	05, 252
16.12.	2 AZR 148/04	§123 BGB 2002 Nr. 5	§123 BGB Nr. 64	–	05, 892	–	06, 624	–	–	–	–
16.12.	6 AZR 127/04	§15 BBiG Nr. 14	§15 BBiG Nr. 13	–	05, 1009	–	05, 578	05, 258	–	–	05, 88
2005											
12.1.	5 AZR 364/04	§308 BGB 2002 Nr. 1	§308 BGB Nr. 1	05, 833	05, 669	05, 1820	05, 465	05, 307	05, 227	–	05, 90, 158, 248
19.1.	6 AZR 80/03			–	–	–	–	–	–	–	–
19.1.	7 AZR 113/04			–	–	–	–	–	–	–	–
19.1.	7 AZR 115/04	§17 TzBfG Nr. 7	§620 BGB Befristeter Arbeitsvertrag Nr. 260	05, 1800	05, 1171	–	05, 896	05, 258	–	–	05, 250
19.1.	7 AZR 250/04	§620 BGB 2002 Nr. 11	§267 SGB III Nr. 1	–	–	–	05, 873	05, 258	–	–	–
20.1.	2 AZR 500/03	§18 BEzGG Nr. 7	§18 BEzGG Nr. 8	–	05, 1392	05, 2109	05, 687	–	–	–	–
20.1.	2 AZR 675/03	§85 SGB IX Nr. 3	§85 SGB IX Nr. 1	–	05, 1391	05, 2796	05, 689	–	05, 276	–	–
20.1.	2 AZR 134/04	§113 InsO Nr. 15	§113 InsO Nr. 18	05, 1685	05, 1691	–	06, 1352	05, 294	05, 383	–	05, 125, 253

Register der Entscheidungen des Bundesarbeitsgerichts

Datum	Aktenzeichen	EzA	Arbeitsrechtliche Praxis (AP) Nr. zu	BB	DB	NJW	NZA	SAE	AuR	RzK	FA
2005											
25.1.	1 ABR 61/03	§ 99 BetrVG 2001 Nr. 7	§ 99 BetrVG 1972 Einstellung Nr. 48	05, 2189	05, 1693	–	05, 1199	05, 294	05, 386	–	05, 349
10.2.	2 AZR 584/03	§ 174 BGB 2002 Nr. 3	§ 174 BGB Nr. 8	–	–	–	–	–	–	–	06, 59
10.2.	2 AZR 189/04	§ 1 KSchG Verdachtskündigung Nr. 3	§ 1 KSchG 1969 Nr. 79	–	–	–	05, 1056	–	05, 343	–	–
15.2.	5 AZB 13/04	§ 5 ArbGG 1979 Nr. 39	§ 5 ArbGG 1979 Nr. 60	05, 1688	05, 728	–	05, 487	–	05, 199	–	–
15.2.	9 AZR 51/04	§ 12a TVG Nr. 3	§ 12a TVG Nr. 6	05, 1972	–	–	–	–	05, 341	–	–
15.2.	9 AZR 78/04	§ 55 InsO Nr. 9	§ 108 InsO Nr. 4	–	05, 2197	–	05, 1124	05, 295	05, 383	–	–
15.2.	9 AZR 116/04	§ 612a BGB 2002 Nr. 2	§ 612a BGB Nr. 15	–	05, 2245	05, 3310	05, 1117	05, 295	05, 424	–	05, 379
23.2.	4 AZR 139/04		§ 1 TVG Tarifverträge: Druckindustrie Nr. 42	05, 1795	05, 2025	–	05, 1193	–	05, 383, 386	–	05, 354
23.2.	10 AZR 600/03	§ 55 InsO Nr. 7	§ 108 InsO Nr. 1	–	05, 1012	–	05, 1016	–	05, 460	–	05, 215
23.2.	10 AZR 602/03	§ 209 InsO Nr. 4	§ 55 InsO Nr. 9	05, 1393	05, 1339	–	05, 694	05, 259	05, 460	–	05, 215, 279
24.2.	2 AZR 373/03	§ 23 KSchG Nr. 28	§ 23 KSchG 1969 Nr. 34	05, 1629	05, 2030	–	05, 764	–	05, 276	I 1c Nr. 51	–
24.2.	2 AZR 207/04	§ 17 KSchG Nr. 14	§ 17 KSchG 1969 Nr. 20	–	05, 1574, 1576	–	05, 766	06, 75	05, 343	–	05, 286
24.2.	2 AZR 211/04	§ 1 KSchG Personenbedingte Kündigung Nr. 18	§ 1 KSchG 1969 Verhaltensbedingte Kündigung Nr. 51	05, 2022	05, 1466	05, 3447	05, 759	05, 295	–	I 5n Nr. 74	05, 159, 287
24.2.	2 AZR 214/04	§ 1 KSchG Soziale Auswahl Nr. 59	§ 1 KSchG 1969 Gemeinschaftsbetrieb Nr. 4	–	05, 1523	–	05, 867	–	05, 343	I 5d Nr. 147	–
16.3.	7 AZR 289/04	§ 14 TzBfG Nr. 17	§ 14 TzBfG Nr. 16	05, 1856	05, 1911	05, 3595	05, 923	05, 296	05, 382	–	05, 280, 318
17.3.	2 ABR 2/04	§ 15 KSchG nF Nr. 59	§ 15 KSchG Nr. 58	–	05, 1390	–	05, 949	05, 260	05, 342	–	–
17.3.	2 AZR 4/04	§ 1 KSchG Soziale Auswahl Nr. 58	§ 1 KSchG 1969 Soziale Auswahl Nr. 71	–	05, 1390	–	05, 1016	–	05, 342	I 5c Nr. 169	05, 253
17.3.	2 AZR 245/04	§ 626 BGB 2002 Nr. 9	§ 626 BGB Ausschlussfrist Nr. 46	–	05, 2642	–	06, 101	–	06, 73	–	06, 60
17.3.	2 AZR 275/04	§ 28 BetrVG 2001 Nr. 1	§ 27 BetrVG 1972 Nr. 6	–	05, 1693	–	05, 1064	05, 315	–	–	05, 319
19.4.	3 AZR 128/04		1 TVG Tarifverträge: Deutsche Post Nr. 7	–	05, 1636	–	05, 840; 06, 297	–	–	–	–
19.4.	9 AZR 233/04	§ 15 BErzGG Nr. 15	§ 15 BErzGG Nr. 44	–	05, 2582	06, 1832	05, 1354	–	–	–	05, 187; 06, 21, 56
20.4.	2 AZR 201/04	§ 1 KSchG Soziale Auswahl Nr. 60	–	05, 2083	05, 1691	05, 2475	05, 877	05, 298	–	I 5d Nr. 149	–
20.4.	7 AZR 293/04	–	–	–	–	05, 2876	–	–	05, 382	–	05, 350

Register der Entscheidungen des Bundesarbeitsgerichts

Datum	Aktenzeichen	EzA	Arbeitsrechtliche Praxis (AP) Nr. zu	BB	DB	NJW	NZA	SAE	AuR	RzK	FA
2005											
21.4.	2 AZR 125/04	§ 626 BGB 2002 Nr. 8	§ 1 KSchG 1969 Betriebsbedingte Kündigung Nr. 134	–	–	–	–	–	–	I 6f Nr. 40	05, 222
21.4.	2 AZR 132/04	§ 2 KSchG Nr. 53	§ 2 KSchG 1969 Nr. 79	05, 2691	05, 2528	06, 398	05, 1289	–	–	–	05, 221, 272, 323
21.4.	2 AZR 162/04	§ 623 BGB 2002 Nr. 4	§ 623 BGB Nr. 4	05, 1627	05, 1743	05, 2572	05, 865	05, 298	05, 463	I 2a Nr. 39	–
21.4.	2 AZR 241/04	§ 1 KSchG Soziale Auswahl Nr. 62	§ 1 KSchG 1969 Soziale Auswahl Nr. 74	05, 2471	05, 2527	06, 108	05, 1307	–	05, 463	–	06, 22, 30
21.4.	2 AZR 244/04	§ 2 KSchG Nr. 52	§ 2 KSchG 1969 Nr. 80	–	05, 2250	–	05, 1294	–	–	–	–
21.4.	2 AZR 255/04	§ 91 SGB IX Nr. 1	§ 91 SGB IX Nr. 4	05, 2306	05, 2028	–	05, 991	05, 298	05, 385	–	05, 311, 352
21.4.	8 AZR 425/04	§ 309 BGB 2002 Nr. 3	§ 307 BGB Nr. 3	05, 2822	05, 1913	–	05, 1053	–	–	–	05, 350
11.5.	4 AZR 315/04	§ 613a BGB 2002 Nr. 34	§ 4 TVG Tarifkonkurrenz Nr. 30	05, 2467	05, 2141	06, 172	05, 1362	–	05, 426	–	05, 217, 353; 06, 23
12.5.	2 AZR 149/04	§ 102 BetrVG 2001 Nr. 13	§ 102 BetrVG 1972 Nr. 145	–	05, 2141	–	05, 1358	–	–	–	05, 220, 378
12.5.	2 AZR 159/04	§ 91 SGB IX Nr. 2	§ 91 SGB IX Nr. 5	–	–	05, 3514	05, 1173	–	–	–	05, 310; 06, 93
12.5.	2 AZR 426/04	§ 4 KSchG nF Nr. 70	§ 4 KSchG 1969 Nr. 53	–	–	06, 395	05, 1259	05, 299	06, 280	–	06, 93
19.5.	3 AZR 649/03	§ 613a BGB 2002 Nr. 33	§ 613a BGB Nr. 283	–	05, 2362	–	–	05, 299	05, 423	–	05, 245; 06, 55
24.5.	8 AZR 246/04	§ 613a BGB 2002 Nr. 32	§ 613a BGB Nr. 282	05, 2696	05, 2082	–	05, 1178	05, 299	05, 383	–	05, 245, 382
24.5.	8 AZR 333/04	§ 613a BGB 2002 Nr. 37		–	–	–	06, 31	–	06, 35	–	06, 62
24.5.	8 AZR 398/04	§ 613a BGB 2002 Nr. 35	§ 613a BGB Nr. 284	06, 105	05, 2472	05, 3661	05, 1302	–	05, 463	–	05, 245
25.5.	5 AZR 347/04	§ 611 BGB 2002 Arbeitnehmerbegriff Nr. 6	§ 611 BGB Abhängigkeit Nr. 117	–	05, 2529	–	–	–	05, 462	–	05, 251
25.5.	5 AZR 566/04	§ 4 TzBfG Nr. 10	§ 611 BGB Lehrer, Dozenten Nr. 165	05, 1972	–	05, 3084	05, 981	–	05, 384	–	05, 321
25.5.	7 AZR 286/04	§ 14 TzBfG Nr. 19	§ 14 TzBfG Nr. 17	–	05, 2642	–	–	–	–	–	06, 26
25.5.	7 AZR 402/04	§ 14 TzBfG Nr. 18		05, 2584	05, 1744	–	06, 858	–	05, 462	–	05, 244
31.5.	1 AZR 254/04	§ 112 BetrVG 2001 Nr. 14	§ 112 BetrVG 1972 Nr. 175	05, 1967	–	–	05, 997	–	05, 386	–	05, 271, 352
2.6.	2 AZR 158/04	§ 1 KSchG Soziale Auswahl Nr. 61	§ 1 KSchG 1969 Soziale Auswahl Nr. 73	05, 2244	05, 2196	05, 3446	05, 1175	–	05, 424	–	06, 50
2.6.	2 AZR 234/04	§ 9 KSchG nF Nr. 51	§ 9 KSchG 1969 Nr. 51	–	–	–	05, 1208	–	06, 66	–	–
2.6.	2 AZR 296/04	§ 622 BGB 2002 Nr. 3	§ 622 BGB Nr. 63	05, 2304	05, 2085	05, 3230	05, 1176	–	05, 384	–	06, 59
2.6.	2 AZR 480/04	§ 1 KSchG Soziale Auswahl Nr. 63	§ 1 KSchG 1969 Soziale Auswahl Nr. 75	06, 496	06, 110	06, 315	06, 207	–	–	I 5d Nr. 153	05, 252; 06, 29, 49

Datum	Aktenzeichen	EzA	Arbeitsrechtliche Praxis (AP) Nr. zu	BB	DB	NJW	NZA	SAE	AuR	RzK	FA
2005											
16.6.	6 AZR 411/04	§ 14 BBiG Nr. 13	§ 14 BBiG Nr. 12	–	05, 2585	–	06, 680	–	05, 423	–	05, 377
16.6.	6 AZR 451/04	§ 17 KSchG Nr. 15	–	–	05, 2141	–	05, 1109	05, 300	–	–	05, 381
16.6.	6 AZR 476/04	§ 1 KSchG Betriebsbedingte Kündigung Nr. 137	§ 3 ATG Nr. 13	05, 2357	05, 2303	06, 1087	06, 270	–	05, 424	–	06, 60
21.6.	9 AZR 200/04	§ 7 BUrlG Nr. 114	§ 55 InsO Nr. 11	–	–	–	–	–	–	–	–
21.6.	9 AZR 295/04	§ 209 InsO Nr. 5	§ 55 InsO Nr. 12	–	06, 400	–	–	–	–	–	–
22.6.	7 AZR 363/04										
23.6.	2 AZR 193/04	§ 102 BetrVG 2001 Nr. 12	§ 138 ZPO Nr. 11	–	–	05, 3168	05, 1233	–	–	–	–
23.6.	2 AZR 256/04	§ 9 KSchG nF Nr. 52	§ 9 KSchG 1969 Nr. 52	–	05, 2642	06, 1307	06, 363	–	–	–	06, 30
23.6.	2 AZR 642/04	§ KSchG Nr. 54	§ 2 KSchG 1969 Nr. 81	06, 159	06, 285	06, 319	06, 92	–	06, 36	–	06, 61, 126
23.6.	2 AZR 95/05	§ 2 KSchG Nr. 55									06, 94
28.6.	1 ABR 25/04	§ 102 BetrVG 2001 Nr. 14	§ 102 BetrVG 1972 Nr. 146	06, 1059	05, 2827	06, 463	06, 48	–	06, 38	–	06, 115, 126
28.6.	1 AZR 213/04	§ 77 BetrVG 2001 Nr. 12	§ 77 BetrVG 1972 Betriebsvereinbarung Nr. 25	–	05, 2698	–	05, 1431	–	–	–	–
7.7.	2 AZR 399/04	§ 1 KSchG Betriebsbedingte Kündigung Nr. 138	§ 1 KSchG 1969 Betriebsbedingte Kündigung Nr. 136	–	06, 341	–	06, 266	–	06, 73	–	06, 59
7.7.	2 AZR 447/04	§ 1 KSchG Betriebsbedingte Kündigung Nr. 139		–	05, 2474	06, 2508	05, 1351	–	05, 463	–	–
7.7.	2 AZR 581/04	§ 626 BGB 2002 Nr. 10	§ 626 BGB Nr. 192	06, 331	06, 397	06, 540	06, 98, 194	06, 120	06, 206	I 6a Nr. 267	05, 286; 06, 80, 154
13.7.	5 AZR 578/04	§ 615 BGB 2002 Nr. 9	§ 615 BGB Nr. 112	06, 50	06, 51	06, 1020	05, 1348	–	06, 34	–	06, 28, 57
14.7.	8 AZR 392/04	§ 613a BGB 2002 Nr. 36	§ 611 BGB Ruhen des Arbeitsverhältnisses Nr. 4	–	05, 2754	–	05, 1411	–	–	–	05, 283; 06, 27
21.7.	6 AZR 498/04	§ 102 BetrVG 2001 Nr. 15	§ 72a LPVG NW Nr. 5	–	–	–	–	–	–	–	–
21.7.	6 AZR 592/04	§ 125 InsO Nr. 2	§ 113 BetrVG 1972 Nr. 50	–	06, 400	–	06, 162	–	06, 72	–	06, 94
26.7.	1 ABR 29/04	§ 95 BetrVG 2001 Nr. 1	§ 95 BetrVG 1972 Nr. 43	05, 2819	05, 2530	06, 1229	05, 1372	06, 261	05, 465	–	06, 30, 56
27.7.	7 AZR 443/04	§ 620 BGB 2002 Altersgrenze Nr. 6	§ 620 BGB Altersgrenze Nr. 27	06, 222	06, 339	006, 255	06, 37	–	06, 34	–	05, 322; 06, 112, 123
27.7.	7 AZR 486/04	§ 307 BGB 2002 Nr. 5	§ 307 BGB Nr. 6	–	05, 2696	06, 1023	06, 40	–	06, 35	–	05, 322; 06, 58, 144
17.8.	7 AZR 553/04	§ 78a BetrVG 2001 Nr. 2	–	–	–	–	06, 624	–	–	–	05, 349; 06, 90

Register der Entscheidungen des Bundesarbeitsgerichts

Datum	Aktenzeichen	EzA	Arbeitsrechtliche Praxis (AP) Nr. zu	BB	DB	NJW	NZA	SAE	AuR	RzK	FA
2005											
18.8.	8 AZR 523/04	§ 613a BGB 2002 Nr. 40	§ 620 BGB Aufhebungsvertrag Nr. 31	06, 665	06, 107	06, 938	06, 145	06, 106	06, 130	–	05, 350; 06, 122
18.8.	8 AZR 65/05	§ 307 BGB 2002 Nr. 6	§ 336 BGB Nr. 1	06, 720	–	–	06, 34	–	–	–	05, 351
31.8.	5 AZR 517/04	§ 613a BGB 2002 Nr. 39	§ 613a BGB Nr. 288	06, 440	–	–	06, 265	–	–	–	05, 382; 06, 51, 155
22.9.	2 AZR 366/04	§ 130 BGB 2002 Nr. 5	§ 130 BGB Nr. 24	–	–	–	06, 204	–	–	–	06, 189
22.9.	2 AZR 519/04	§ 81 SGB IX Nr. 10	§ 81 SGB IX Nr. 10	–	06, 952	–	06, 486	–	06, 213	–	–
22.9.	2 AZR 544/04	§ 1 KSchG Betriebsbedingte Kündigung Nr. 141	§ 15 KSchG 1969 Nr. 59	–	–	–	06, 558	–	–	–	–
22.9.	2 AZR 208/05	§ 1 KSchG Betriebsbedingte Kündigung 142	§ 1 KSchG Betriebsbedingte Kündigung Nr. 141	06, 1572	–	–	–	–	–	–	–
22.9.	6 AZR 526/04	§ 113 InsO Nr. 18	§ 323 UmwG Nr. 1	06, 1278	06, 788	06, 1837	06, 658	–	06, 170	–	–
22.9.	6 AZR 607/04	§ 1 KSchG Nr. 58	§ 1 KSchG 1969 Wartezeit Nr. 20	–	–	06, 1612	06, 429	–	–	–	–
29.9.	8 AZR 571/04	§ 280 BGB 2002 Nr. 1	§ 2 SGB III Nr. 2	06, 48	05, 2751	–	05, 1406	–	–	–	05, 378
29.9.	8 AZR 647/04	§ 1 KSchG Betriebsbedingte Kündigung Nr. 140	§ 1 KSchG 1969 Betriebsbedingte Kündigung Nr. 139	06, 846	06, 846	06, 1998	06, 720	–	06, 208	–	06, 188
4.10.	9 AZR 632/04	§ 81 SGB IX Nr. 9	§ 81 SGB IX Nr. 9	06, 1456	06, 902	06, 1691	06, 442	–	–	–	–
6.10.	2 AZR 280/04	§ 1 KSchG Verhaltensbedingte Kündigung Nr. 66	§ 1 KSchG 1969 Personenbedingte Kündigung Nr. 25	–	06, 675	06, 1694	06, 431	–	–	–	05, 384
6.10.	2 AZR 316/04	§ 102 BetrVG 2001 Nr. 16	§ 102 BetrVG 1972 Nr. 150	–	06, 567	–	06, 990	–	–	–	06, 179, 253
6.10.	2 AZR 362/04	§ 626 BGB 2002 Nr. 14	–	–	06, 1278	–	06, 879	–	–	–	06, 221
19.10.	7 AZR 31/05	§ 14 TzBfG Nr. 23	§ 14 TzBfG Nr. 19	–	06, 220	–	06, 154	–	06, 130	–	06, 151
19.10.	7 AZR 32/05	§ 77 BetrVG 2001 Nr. 13	§ 77 BetrVG 1972 Betriebsvereinbarung Nr. 26	06, 1747	06, 338	–	06, 393	–	–	–	06, 152
27.10.	6 AZR 5/05	§ 22 InsO Nr. 1	§ 22 InsO Nr. 4	06, 781	06, 955	06, 1998	06, 727	–	06, 171	–	–
27.10.	8 AZR 568/04	§ 613a BGB 2002 Nr. 42	§ 613a BGB Nr. 292	–	06, 285	–	06, 668	–	06, 130	–	06, 178
27.10.	8 AZR 45/05	§ 613a BGB 2002 Nr. 43	–	–	06, 454	–	06, 263	–	06, 170	–	06, 184
10.11.	2 AZR 623/04	§ 626 BGB 2002 Nr. 11	§ 626 BGB Nr. 196	–	06, 1435	06, 3661 L	06, 491	–	06, 174	–	–
10.11.	2 AZR 44/05	§ 1 KSchG Krankheit Nr. 52	§ 1 KSchG 1969 Krankheit Nr. 41	–	06, 1504	06, 2287	06, 655	–	–	–	06, 188

Register der Entscheidungen des Bundesarbeitsgerichts

Datum	Aktenzeichen	EzA	Arbeitsrechtliche Praxis (AP) Nr. zu	BB	DB	NJW	NZA	SAE	AuR	RzK	FA
2005											
15.11.	9 AZR 626/04	§2 BUrlG Nr. 5	§611 BGB Arbeitnehmerähnlichkeit Nr. 12	–	–	–	–	–	05, 451	–	06, 191
16.11.	7 AZR 81/05	SD 06, Nr. 7, S. 11	–	–	–	–	–	–	–	–	–
16.11.	7 AZR 86/05	§8 ATG Nr. 1	§8 ATG Nr. 2	–	–	–	06, 784	–	06, 170	–	–
17.11.	6 AZR 107/05	§125 InsO Nr. 4	§113 InsO Nr. 19	06, 1692	06, 1119	06, 2062	06, 35	–	–	–	06, 29
17.11.	6 AZR 118/05	§1 KSchG Soziale Auswahl Nr. 64	§15 KSchG 1969 Nr. 60	06, 1636	06, 1119	06, 1837	06, 661	06, 242	06, 211	–	06, 254
22.11.	1 ABR 49/04	§99 BetrVG 2001 Versetzung Nr. 1	§117 BetrVG 1972 Nr. 7	–	06, 343	–	06, 370	–	–	–	–
22.11.	1 AZR 407/04	§615 BGB 2002 Nr. 14	§615 BGB Anrechnung Nr. 5	06, 1692	–	–	06, 389	–	–	–	06, 119, 152
24.11.	2 ABR 55/04	§103 BetrVG 2001 Nr. 5	§103 BetrVG 1972 Nr. 55	–	06, 846	–	06, 736	–	–	–	06, 218
24.11.	2 AZR 514/04	§1 KSchG Krankheit Nr. 51	§1 KSchG 1969 Krankheit Nr. 43	–	06, 1063	06, 1614	06, 665	–	06, 212	–	–
24.11.	2 AZR 584/04	§626 BGB 2002 Nr. 13	§626 BGB Nr. 198	–	06, 1277	06, 1902	06, 650	–	06, 171	–	06, 29, 146, 222
24.11.	2 AZR 614/04	§1 KSchG Nr. 59	§1 KSchG 1969 Wartezeit	–	06, 728	06, 1899	06, 366	–	06, 212	–	–
24.11.	2 AZR 39/05	§626 BGB 2002 Nr. 12	§626 BGB Nr. 197	–	06, 677	06, 1545	06, 484	–	–	–	06, 57
7.12.	5 AZR 19/05	§615 BGB 2002 Nr. 12	§615 BGB Nr. 114	–	–	06, 1453	06, 435	–	–	–	–
7.12.	5 AZR 535/04	12 TzBfG Nr. 2	§12 TzBfG Nr. 4	06, 829	06, 897	–	06, 423	–	06, 170	–	06, 185, 205
14.12.	4 AZR 536/04	§3 TVG Bezugnahme auf Tarifvertrag Nr. 32	–	–	–	06, 2571	06, 607	–	06, 365	–	06, 251
15.12	2 AZN 939/05	SD 06, Nr. 10, S. 13	–	–	06, 730	–	–	–	–	–	–
15.12.	2 AZR 462/04	§9 MuSchG nF Nr. 41	§9 MuSchG 1968 Nr. 37	–	06, 1435	–	06, 994	–	06, 292	–	06, 60, 252
15.12.	2 AZR 148/05	§4 KSchG nF Nr. 72	–	–	06, 2359	06, 2284	06, 791	–	06, 282	–	06, 94, 207
15.12.	6 AZR 197/05	§123 BGB 2002 Nr. 6	§123 BGB Nr. 66	–	06, 1502	–	06, 841	–	–	–	–
15.12.	6 AZR 199/05	§1 KSchG Soziale Auswahl Nr. 66	§1 KSchG 1969 Soziale Auswahl Nr. 76	–	06, 1328	06, 1757	06, 590	–	–	–	06, 60
15.12.	8 AZR 202/05	§613a BGB 2002 Nr. 45	§613a BGB Nr. 294	–	06, 1012	06, 2141	06, 597	–	–	–	–
21.12.	7 AZR 541/04	§14 TzBfG Nr. 25	§14 TzBfG Nr. 18	06, 814	06, 564	06, 1084	–	–	06, 170	–	06, 199, 183
2006											
11.1.	5 AZR 98/05	§615 BGB 2002 Nr. 11	§615 BGB Nr. 113	06, 835	06, 787	06, 1453	06, 314	–	06, 169	–	06, 113, 250
11.1.	5 AZR 125/05	§615 BGB 2002 Nr. 10	§615 BGB Anrechnung Nr. 4	06, 722	06, 563	06, 1452	06, 313	–	06, 170	–	06, 114, 185, 251

Register der Entscheidungen des Bundesarbeitsgerichts

Datum	Aktenzeichen	EzA	Arbeitsrechtliche Praxis (AP) Nr. zu	BB	DB	NJW	NZA	SAE	AuR	RzK	FA
2006											
12.1.	2 AZR 21/05	§ 1 KSchG Verhaltensbedingte Kündigung Nr. 67	§ 1 KSchG 1969 Verhaltensbedingte Kündigung Nr. 53	–	06, 1567	06, 2348	06, 917	–	06, 292	–	06, 318
12.1.	2 AZR 126/05	§ 2 KSchG Nr. 56	§ 2 KSchG 1969 Nr. 82	06, 1115	06, 1114	–	06, 587	06, 221	06, 291	–	06, 88, 213
12.1.	2 AZR 179/05	§ 1 KSchG Verhaltensbedingte Kündigung Nr. 68	§ 1 KSchG 1969 Verhaltensbedingte Kündigung Nr. 54	–	06, 1566	06, 2510	06, 980	–	06, 293	–	06, 318
12.1.	2 AZR 242/05	§ 626 BGB 2002 Unkündbarkeit Nr. 9	§ 626 BGB Krankheit Nr. 13	–	–	–	06, 512	–	–	–	–
12.1.	2 AZR 539/05	§ 85 SGB IX Nr. 5	§ 85 SGB IX Nr. 3	–	06, 1503	–	06, 1035	–	06, 292	–	06, 305
17.1.	9 AZR 61/05	§ 2 BUrlG Nr. 6	§ 2 BUrlG Nr. 6	–	06, 1502	–	–	–	–	–	06, 255
18.1.	7 AZR 178/05	§ 14 TzBfG Nr. 26	§ 14 TzBfG Nr. 22	–	06, 1012	06, 1836	06, 605	–	06, 250	–	06, 272
18.1.	7 AZR 191/05	§ 307 BGB 2002 Nr. 13	§ 305 BGB Nr. 8	–	06, 1384	–	–	–	–	–	–
19.1.	6 AZR 638/04	§ 623 BGB 2002 Nr. 5	§ 623 BGB Nr. 7	–	06, 1739	06, 2796	–	–	06, 330	–	06, 122, 312
2.2.	2 AZR 596/04	§ 18 BErzGG Nr. 8	§ 18 BErzGG Nr. 11	06, 1916	06, 1223	06, 2347	06, 678	–	–	–	06, 206, 221
2.2.	2 AZR 38/05	§ 1 KSchG Betriebsbedingte Kündigung Nr. 144	§ 1 KSchG 1969 Betriebsbedingte Kündigung Nr. 142	–	–	–	–	–	–	–	–
2.2.	2 AZR 57/05	§ 626 BGB 2002 Ausschlussfrist Nr. 1	§ 626 BGB Nr. 204	–	–	–	–	–	–	–	06, 220
2.2.	2 AZR 58/05	§ 1 TVG Rückwirkung Nr. 7	§ 1 TVG Tarifverträge: Gewerkschaften Nr. 7	–	06, 1326	–	06, 868	–	–	–	06, 127, 254
2.2.	2 AZR 154/05	§ 1 KSchG Betriebsbedingte Kündigung Nr. 143	–	–	–	–	–	–	–	–	–
2.2.	2 AZR 222/05	SD 06, Nr. 8, S. 7	§ 1 KSchG 1969 Verhaltensbedingte Kündigung Nr. 52	06, 1619	–	–	06, 880	–	–	–	–
9.2.	6 AZR 47/05	§ 308 BGB 2002 Nr. 3	§ 611 BGB Dienstordnungs-Angestellte Nr. 75	–	–	–	06, 1046	–	06, 291	–	–
9.2.	6 AZR 283/05	§ 4 KSchG nF Nr. 73	§ 4 KSchG 1969 Nr. 56	06, 1916	–	06, 3167	06, 1207	–	06, 332	–	06, 125, 348
15.2.	7 AZR 206/05	–	–	–	–	–	–	–	06, 250	–	–
15.2.	7 AZR 232/05	§ 14 TzBfG Nr. 27	§ 14 TzBfG Vertretung Nr. 1	06, 1453	–	06, 3451	06, 781	–	06, 250	–	06, 310
16.2.	8 AZR 204/05	§ 613a BGB 2002 Nr. 46	§ 613a BGB Nr. 300	–	–	–	06, 794	–	–	–	–
16.2.	8 AZR 211/05	§ 613a BGB 2002 Nr. 47	§ 613a BGB Nr. 301	–	–	–	06, 592	–	–	–	06, 121

Register der Entscheidungen des Bundesarbeitsgerichts

Datum	Aktenzeichen	EzA	Arbeitsrechtliche Praxis (AP) Nr. zu	BB	DB	NJW	NZA	SAE	AuR	RzK	FA
2006											
2.3.	2 ABR 83/05	§1 KSchG Betriebsbedingte Kündigung Nr. 145	§15 KSchG 1969 Nr. 61	–	06, 2299	06, 2798	06, 988	–	06, 331	–	06, 318, 343
2.3.	2 AZR 23/05	§1 KSchG Soziale Auswahl Nr. 67	§1 KSchG 1969 Soziale Auswahl Nr. 81	–	06, 1906	06, 3514	06, 1350	–	–	–	06, 347
2.3.	2 AZR 46/05	§912 SGB IX Nr. 3	§91 SGB IX Nr. 6	06, 2536	–	–	06, 1211	–	06, 291	–	06, 283, 304
2.3.	2 AZR 53/05	§626 BGB 2002 Nr. 18	§626 BGB Krankheit Nr. 14	–	06, 2183	–	–	–	–	–	06, 125, 347
2.3.	2 AZR 64/05	§2 KSchG Nr. 57	§2 KSchG 1969 Nr. 84	–	06, 1740	–	06, 985	–	06, 331	–	06, 348
2.3.	8 AZR 124/05	§613a BGB 2002 Nr. 48	§419 BGB Funktionsnachfolge Nr. 25	06, 1339	06, 1680	06, 3375	06, 848	–	–	–	06, 120, 215, 217
2.3.	8 AZR 147/05	–	§613a BGB Nr. 302	–	06, 1907	06, 3375	06, 1108	–	–	–	06, 121, 313
15.3.	7 AZR 332/05	§21 TzBfG Nr. 1	–	–	–	–	–	–	–	–	–
23.3.	2 AZR 162/05	§1 KSchG Betriebsbedingte Kündigung Nr. 147	–	–	06, 2351	–	–	–	–	–	–
23.3.	2 AZR 343/05	§17 KSchG Nr. 16	§17 KSchG 1969 Nr. 21	06, 1971	06, 1902	06, 3161	06, 971	–	06, 372	–	06, 155, 349
23.3.	2 AZR 349/05	–	–	06, 2697	06, 1379	06, 2138	06, 723	–	06, 290	–	06, 249, 318
6.4.	8 AZR 222/04	§613a BGB 2002 Nr. 49	–	06, 2192	06, 2127	–	06, 1039	–	06, 371	–	06, 184
6.4.	8 AZR 249/04	§613a BGB 2002 Nr. 52	§613a BGB Nr. 303	06, 1750	06, 1565	–	–	–	–	–	06, 275
26.4.	5 AZR 403/05	§4 TVG Ausschlussfristen Nr. 185	§4 TVG Ausschlussfristen Nr. 188	06, 1858	06, 1734	06, 3599	06, 1162	–	06, 330	–	06, 311
26.4.	7 AZR 500/04	§14 TzBfG Nr. 28	§611 BGB Wiedereinstellung Nr. 1	–	–	–	–	–	–	–	06, 223
26.4.	7 AZR 190/05	§611 BGB Einstellungsanspruch Nr. 2	–	–	06, 2070	–	–	–	06, 371	–	–
27.4.	7 AZR 366/05	§14 TzBfG Nr. 29	–	06, 2471	–	–	–	–	–	–	–
27.4.	2 AZR 360/05	§4 KSchG Nr. 74	§626 BGB Nr. 202	06, 2588	06, 1849	06, 2939	06, 977	–	06, 331	–	–
27.4.	2 AZR 386/05	§626 BGB 2002 Unkündbarkeit Nr. 11	§626 BGB Nr. 203	–	06, 1963	–	06, 1033	–	06, 331	–	06, 308, 349
27.4.	2 AZR 415/05	§626 BGB 2002 Nr. 17	–	–	–	–	–	–	06, 372	–	–
27.4.	6 AZR 426/05	§55 InsO Nr. 12	–	06, 2474	–	–	–	–	–	–	–
4.5.	6 AZR 364/05	§613a BGB 2002 Nr. 51	§613a BGB Nr. 304	–	06, 2129	–	06, 1096	–	06, 371	–	06, 218, 344
18.5.	2 AZR 207/05	§2 KSchG Nr. 60	§55 BAT Nr. 5	–	06, 1851	–	–	–	–	–	06, 221
18.5.	2 AZR 230/05	§2 KSchG Nr. 58	§2 KSchG 1969 Nr. 83	06, 1803	06, 1790	06, 3373	06, 1092	–	06, 331	–	–

Register der Entscheidungen des Bundesarbeitsgerichts

Datum	Aktenzeichen	EzA	Arbeitsrechtliche Praxis (AP) Nr. zu	BB	DB	NJW	NZA	SAE	AuR	RzK	FA
2006											
18.5.	2 AZR 245/05	§ 1 KSchG Betriebsbedingte Kündigung Nr. 148	–	–	–	–	–	–	–	–	–
18.5.	2 AZR 412/05	§ 1 KSchG Betriebsbedingte Kündigung Nr. 146	–	–	06, 1962	–	06, 1007	06, 134	–	–	06, 222, 346
18.5.	6 AZR 627/05	§ 15 KSchG 1969 Ersatzmitglied Nr. 2	–	06, 2693	–	–	06, 1037	–	–	–	–
24.5.	7 AZR 640/05	–	–	–	–	–	–	–	–	–	–
13.6.	8 AZR 271/05	§ 613a BGB 2002 Nr. 53	§ 613a BGB Nr. 305	06, 2248	06, 2239	–	06, 1101	–	–	–	06, 249, 343
14.6.	5 AZR 592/05	§ 5 ArbGG 1979 Nr. 40	–	–	–	–	06, 1154	–	06, 370	–	–
21.6.	7 AZR 234/05	§ 620 BGB Hochschulen Nr. 2	–	–	–	–	–	–	06, 370	–	06, 252
21.6.	2 AZR 300/05	–	–	–	–	–	–	–	–	–	–
6.7.	2 AZR 215/05	§ 4 KSchG nF Nr. 75	–	–	–	06, 3513	–	–	–	–	–
6.7.	2 AZR 520/05	–	–	–	–	–	–	06, 216	–	–	–
6.7.	2 AZR 587/05	SD 06, Nr. 15, S. 3	–	06, 2199	–	06, 3453	06, 1094	–	–	–	06, 338, 345
12.7.	5 AZR 277/06	§ 17 KSchG Nr. 17	§ 627 BGB Nr. 5	–	–	–	–	06, 217	–	–	06, 282
13.7.	6 AZR 198/06	SD 06, Nr. 15, S. 4	–	–	06, 2409	–	–	–	–	–	–
13.7.	8 AZR 303/05	§ 613 BGB 2002 Nr. 55	–	06, 2583	06, 2406	–	06, 1268	06, 217	–	–	06, 279
13.7.	8 AZR 305/05	§ 613 BGB 2002 Nr. 56	–	–	06, 2354	–	06, 1357	–	–	–	–
13.7.	8 AZR 331/05	SD 06, Nr. 22, S. 14	–	–	06, 2581	–	–	06, 218	–	–	06, 311
26.7.	7 AZR 514/05	§ 14 TzBfG Nr. 30	–	–	–	–	–	–	–	–	–
23.8.	7 AZR 12/06	SD 06, Nr. 18, S. 3	–	–	–	–	–	–	–	–	06, 311
24.8.	8 AZR 317/05	SD 06, Nr. 18, S. 3	–	–	–	–	–	–	–	–	06, 314
24.8.	8 AZR 574/05	SD 06, Nr. 18, S. 4	–	–	–	–	–	–	–	–	06, 314
6.9.	5 AZR 703/05	§ 615 BGB 2002 Nr. 16	–	–	06, 2583	–	–	–	–	–	–
19.9.	1 ABR 2/06	–	–	–	06, 2746	–	–	–	–	–	–
20.9.	6 AZR 82/06	–	–	–	–	–	–	–	–	–	–
21.9.	2 AZR 840/05	SD 06, Nr. 20, S. 4	–	–	–	–	–	–	–	–	–
21.9.	2 AZR 120/06	–	–	–	–	–	–	–	–	–	–
18.10.	2 AZR 676/05	SD 06, Nr. 22, S. 3	–	–	–	–	–	–	–	–	–
18.10	7 AZR 419/05	SD 06, Nr. 22, S. 8	–	–	–	–	–	–	–	–	–

Datum	Aktenzeichen	EzA	Arbeitsrechtliche Praxis (AP) Nr. zu	BB	DB	NJW	NZA	SAE	AuR	RzK	FA
2006											
9.11.	2 AZR 812/05	SD 06, Nr. 23, S. 3	–	–	–	–	–	–	–	–	–
15.11.	6 AZR 394/06	SD 06, Nr. 25, S. 14 (PM)	–	–	–	–	–	–	–	–	–
15.11.	7 ABR 15/06	SD 06, Nr. 24, S. 15	–	–	–	–	–	–	–	–	–
23.11.	8 AZR 349/06	SD 06, Nr. 25, S. 7 (PM)	–	–	–	–	–	–	–	–	–
7.12.	2 AZR 748/05	SD 06, Nr. 26, S. 3	–	–	–	–	–	–	–	–	–
7.12.	2 AZR 182/06	SD 06, Nr. 26, S. 11	–	–	–	–	–	–	–	–	–

Fundstellen-Register
der Entscheidungen
des Bundesverfassungsgerichts ab 2000

Datum	Aktenzeichen	EzA	Arbeitsrechtliche Praxis (AP Nr. zu)	BB	DB	NJW	NZA	SAE	AuR	RzK	FA
2000											
25.2.	1 BvR 1363/99	§ 5 KSchG Nr. 32	13 § 5 KSchG 1969	–	–	–	00, 789	–	00, 318	–	–
11.4.	1 BvL	–	2 § 26 ArbGG 1979	–	–	–	–	–	–	–	–
19.7.	1 BvR 6/97	–	12 Art. 5 Abs. 1 GG Rundfunkfreiheit	–	–	–	00, 1049	–	–	–	–
2001											
2.7.	1 BvR 2049/00	§ 626 BGB n.F. Nr. 188	170 § 626 BGB	–	01, 1622	01, 3474	01, 888	–	02, 161, 187	I 6a Nr. 207	01, 268
31.7.	1 BvR 304/01	§ 611 BGB Persönlichkeitsrecht	32 § 611 BGB Persönlichkeitsrecht Nr. 14	–	–	–	02, 284	–	–	–	–
2002											
7.3.	1 BvR 1962/01	§ 611 BGB Kirchliche Arbeitnehmer Nr. 47a	–	–	–	02, 2771	02, 609	–	–	–	–
9.10.	1 BvR 1611/96 und 805/98	§ 611 BGB	34 § 611 BGB Persönlichkeitsrecht Nr. 15	–	–	02, 3619	–	–	–	–	03, 25
2003											
30.7.	1 BvR 792/03	§ 1 KSchG Verhaltensbedingte Kündigung Nr. 58a	134 Art. 12 GG	–	03, 1908	03, 2815	03, 959	–	03, 349	I 5h Nr. 68	–
24.9.	2 BvR 1436/02	–	–	–	–	03, 3111	–	–	–	I 5h Nr. 70	–
2004											
27.1.	2 BvR 476/01	–	–	–	–	04, 2803	–	–	–	–	–
27.7.	2 BvF 2/02	–	–	–	–	–	–	–	–	–	–
14.10.	2 BvR 1481/04	–	–	–	–	04, 3407	–	–	–	–	–
22.10.	1 BvR 1944/01	§ 9 KSchG nF Nr. 49	§ 9 KSchG 1969 Nr. 49	–	–	–	05, 41	–	05, 116	–	–
2006											
21.6.	1 BvR 1659/04	–	–	–	–	–	06, 913	–	–	–	–

Fundstellen-Register
der Entscheidungen
des Europäischen Gerichtshofes ab 2000

Datum	Aktenzeichen	EzA	Arbeitsrechtliche Praxis (AP) Nr. zu	BB	DB	NJW	NZA	SAE	AuR	RzK	FA
2000											
11.1.	Rs. C 285/98 Kreil	–	–	–	–	–	–	–	–	–	–
3.2.	Rs. C 207/98 Mahlburg	§ 611a BGB Nr. 15	18 § 611a BGB	–	00, 380	00, 1019	00, 255	–	00, 108	–	00, 84, 133
28.3.	Rs. C 158/97 Badeck u.a.	Art. 141 EGV Nr. 4	20 EWG-Richtlinie Nr. 76/207	–	–	00, 1549	00, 473	–	–	–	00,134
6.6.	Rs. C 281/98 Angonese	Art. 39 EGV Nr. 1	–	–	–	–	–	–	–	–	–
6.7.	Rs. C 407/98 Abrahamsson u.A.	EG-Vertrag 1999 Richtlinie 76/207 Nr. 2	22 EWG-Richtlinie Nr. 76/207	–	–	–	00, 935	–	–	–	–
14.9.	Rs. C 343/98 Collino	§ 613a BGB Nr. 191	29 EWG-Richtlinie Nr. 77/187	–	–	–	00, 1279	–	01, 36	I 5e Nr. 142	–
26.9.	Rs. C 322/98 Kachelmann	§ 1 KSchG Soziale Auswahl Nr. 45	51 § 1 KSchG 1969 Soziale Auswahl	00, 2641	–	–	00, 1155	–	01, 22	I 5d Nr. 96	–
26.9.	Rs. C 175/99 Mayeur	§ 613a BGB Nr. 192	30 EWG-Richtlinie Nr. 77/187	–	–	–	00, 1327	–	–	–	–
3.10.	Rs. C 303/98 Simap	§ 7 ArbZG Nr. 1	2 EWG-Richtlinie Nr. 93/104	–	01, 818	–	00, 1227	–	00, 465	–	00, 393
2001											
25.1.	Rs. C 172/99 Oy Liikenne	–	31 EWG-Richtlinie Nr. 77/187	–	–	–	01, 249	–	–	–	–
10.5.	Rs. C 144/99	–	–	–	–	–	–	–	–	–	–
31.5.	Rs. C 122/99 P, C 125/99 P D./Rat der EU	–	–	–	–	–	–	–	–	–	–
4.10.	Rs. C 109/00 Tele Danmark	§ 611a BGB Nr. 16	27 EWG-Richtlinie Nr. 76/207	01, 2478	01, 2451	–	01, 1241	03, 134	02, 35	IV 6b Nr. 30	–
2002											
24.1.	Rs. C 51/00	§ 613a BGB Nr. 202	–	–	–	–	–	–	–	–	–
12.12.	Rs. C 442/00 Rodriguez Caballero	–	7 EWGRichtlinie Nr. 80/987	–	–	–	03, 211	–	–	–	–
2003											
20.3.	Rs. C 187/00 Helga Kutz-Bauer	EGV RL 76/206 Nr. 5	–	–	–	03, 2224	–	–	–	–	–
10.4.	Rs. C 437/00 Giulia Pugliese	–	–	–	–	–	03, 711	–	–	–	–
15.5.	Rs. C 160/01 Karin Mau	§ 183 SGB III Nr. 1	8 EWG-Richtlinie Nr. 80/987	03, 1440	–	03, 2371	03, 713	–	–	–	–

Datum	Aktenzeichen	EzA	Arbeitsrechtliche Praxis (AP) Nr. zu	BB	DB	NJW	NZA	SAE	AuR	RzK	FA
2003											
11.9.	Rs. C-201/01 Maria Walcher	–	–	–	–	–	03, 1083	–	–	–	–
18.9.	Rs. C-125/01 Pflücke	–	–	–	–	–	–	–	–	–	–
20.11.	Rs. C-340/01 Car lito Abler u.a.	§ 613a BGB 2002 Nr. 13	34 EWGRichtlinie Nr. 77/187	–	–	–	03, 1385	03, 272	–	–	–
2004											
5.10.	Rs. C-397/01 Pfeiffer	–	–	–	–	–	04, 1145	–	–	–	–
12.10.	Rs. C-55/02	–	–	–	–	–	04, 1265	–	–	–	–
2005											
27.1.	Rs. C-188/03	§ 17 KSchG Nr. 13 Junk	§ 17 KSchG 1969 Nr. 18	05, 331	05, 453	–	05, 213	06, 58	05, 154	I 5e Nr. 200	05, 78, 124
26.5.	Rs. C-478/03 Celtec	–	Richtlinie 77/187 EWG Nr. 1	–	–	–	05, 681	–	05, 275	–	06, 219
26.5.	Rs. C-297/03 Rohrbach	–	–	–	–	–	–	–	–	–	–
8.9.	Rs. C-191/03 North Western Health Board	Art. 141 EGV 1999 Nr. 18	–	–	–	–	–	–	–	–	–
22.11.	Rs. C-144/04 Mangold	§ 14 TzBfG Nr. 21	Richtlinie 2000/78 EG Nr. 1	05, 2648	05, 2638	–	05, 1345	06, 53	–	–	06, 18
15.12.	Rs. C-232-233/04 Güney-Görres	§ 613a BGB 2002 Nr. 41	Richtlinie 2001/23 EG Nr. 1	06, 272	06, 395	06, 889	06, 29	–	–	–	06, 253
2006											
9.3.	Rs. C-499/04 Werhof	§ 613a BGB 2002 Nr. 44	Richtlinie 77/187 EWG Nr. 2	06, 891	06, 673	–	06, 376	–	–	–	–
11.6.	Rs. C-13/05 Chacón Navas	–	–	–	–	06, 2465	–	–	–	–	–
4.7.	Rs. C-212/04 Adeneler	EG-Vertrag 1999 Richtlinie 99/70 Nr. 1	–	–	–	06, 3626 L	–	–	–	–	–
11.7.	Rs. C-13/05 Navas	EG-Vertrag 2000/78 Nr. 1	–	–	06, 1617	–	06, 839	–	06, 292	–	06, 271
7.9.	Rs. C-188/05 Agerastoudis	–	–	–	–	–	06, 1087	–	–	–	–
3.10.	Rs. C 17/05 Cadman	Art. 141 EGV 1999 Nr. 20	–	–	–	–	06, 1205	–	–	–	–

Stichwortverzeichnis

A
Abberufung
- AGB-DDR **KSchG 1**, 188

Abfindung
- Abtretung **KSchG 1 a**, 91; **KSchG 10**, 14
- Abweichen vom Interessenausgleich **KSchG 9**, 69 ff.
- Altersdiskriminierung **KSchG 10**, 40
- andere Ansprüche aus dem Arbeitsverhältnis **KSchG 10**, 72 ff.
- Änderungskündigung **KSchG 1 a**, 27; **KSchG 9**, 70 a; **KSchG 10**, 6
- Anerkenntnisurteil **KSchG 10**, 66
- Anrechnung auf Arbeitslosenunterstützung **KSchG 10**, 94 ff.; **SozR**, 149, 151 ff.
- Antrag **KSchG 9**, 15 ff.; **KSchG 10**, 64
- Aufrechnung **KSchG 1 a**, 92; **KSchG 10**, 16
- Ausschlussfristen **KSchG 1 a**, 109 f.; **KSchG 10**, 22 a f.
- außerordentlicher Kündigung **BGB 626**, 65
- Begriff **KSchG 10**, 2, 10; **SozR**, 151
- einzelvertragliche ~ **KSchG 10**, 9, 78
- Entstehungsgeschichte **KSchG 10**, 1 ff.
- Entstehungszeitpunkt **KSchG 1 a**, 86 ff.; **KSchG 10**, 14
- Fälligkeit **KSchG 1 a**, 99; **KSchG 10**, 19
- Familienrecht **KSchG 1 a**, 105 f.; **KSchG 10**, 22
- Feststellungsklage **KSchG 4**, 19
- Geltungsbereich § 10 KSchG **KSchG 10**, 7 ff.
- gerichtliche Auflösung des Arbeitsverhältnisses **KSchG 9**, 35, 71, 87; **KSchG 10**, 66 ff.
  ◊ s. auch Auflösung des Arbeitsverhältnisses
- Höhe
  ◊ s. Abfindungshöhe
- Insolvenz des Arbeitgebers **KSchG 10**, 20, 93
- Nachteilsausgleich
  ◊ s. dort
- Pfändung **KSchG 1 a**, 93 ff.; **KSchG 10**, 17
- Prozesskostenhilfe **KSchG 1 a**, 96; **KSchG 10**, 17 a
- Rationalisierungsschutzabkommen **KSchG 1**, 34, 601
- Rechtsnatur **KSchG 1 a**, 85; **KSchG 10**, 11 ff.
- rechtspolitische Überlegungen **KSchG 1**, 27 a
- Rücknahme der Kündigung **KSchG 10**, 66
- Schadensersatz bei außerordentlicher Kündigung **BGB 628**, 24, 40
- sozial gerechtfertigte Kündigung **KSchG 9**, 26
- Sozialplan **KSchG 9**, 75 ff.; **KSchG 10**, 79
- Sozialversicherung **KSchG 10**, 92; **SozR**, 15 ff., 94
- Steuerrecht **EStG** 1 ff.; **SozR**, 15
- Streitwert **KSchG 4**, 282
- tarifliche Ausschlussfrist **KSchG 9**, 69, **KSchG 10**, 22 a
- Tod vor Auflösungszeitpunkt **KSchG 9**, 33
- Urteil **KSchG 9**, 1 ff.; **KSchG 10**, 67
- Vererblichkeit **KSchG 1 a**, 97 f.; **KSchG 10**, 18
- Vergleichsverfahren **KSchG 10**, 22
- Verjährung **KSchG 1 a**, 111 f.; **KSchG 10**, 22 b
- verschiedene Abfindungsansprüche **KSchG 9**, 69 ff., 75 ff.; **KSchG 10**, 78
- Verzinsung **KSchG 1 a**, 101; **KSchG 10**, 19
- Verzug **KSchG 1 a**, 100; **KSchG 10**, 19
- Wahlrecht **KSchG 9**, 70, 77; **KSchG 10**, 79
- Zinsen **KSchG 1 a**, 101; **KSchG 10**, 19

Abfindungshöhe
- Akkordlohn **KSchG 10**, 33
- Altersdiskriminierung **KSchG 10**, 40
- Angemessenheit **KSchG 10**, 24 ff.
- Arbeitsmarktlage **KSchG 10**, 54; **KSchG 13**, 71
- Aufwendungsersatzzuwendungen **KSchG 10**, 33
- außerordentliche Kündigung **KSchG 10**, 62; **KSchG 13**, 71
- Bemessungszeitpunkt **KSchG 10**, 46
- betriebliche Altersversorgung **KSchG 10**, 59
- betriebsbedingte Kündigung **KSchG 1 a**, 126 ff.
- bezifferter Antrag **KSchG 10**, 64
- Dauer des Arbeitsverhältnisses **KSchG 10**, 36, 45, 47; **KSchG 13**, 71
- einheitliches Arbeitsverhältnis **KSchG 10**, 27, 61
- Einzelvertrag **KSchG 10**, 78
- Ermessen des Gerichts **KSchG 10**, 24 ff., 46, 65
- Gratifikationen **KSchG 10**, 33
- Hinweis des Arbeitgebers **KSchG 1 a**, 33, 43, 46 ff., 126 ff.
- Höchstgrenzen **KSchG 10**, 25, 27 ff., 35, 39 ff.
- Kurzarbeit **KSchG 10**, 29
- Lebensalter **KSchG 10**, 43 ff., 49; **KSchG 13**, 71
- Monatsverdienst **KSchG 10**, 27 ff., 50
- Nachteilsausgleich **KSchG 9**, 71; **KSchG 10**, 81
- neues Arbeitsverhältnis **KSchG 10**, 55
- persönliche Verhältnisse **KSchG 10**, 52; **KSchG 13**, 71
- Rechtsmittel **KSchG 10**, 68 ff.
- Sachbezüge **KSchG 10**, 34
- Sozialdaten **KSchG 10**, 52
- Sozialplan **KSchG 10**, 79
- Sozialwidrigkeit **KSchG 10**, 56
- Teilzeitarbeitsverhältnis **KSchG 10**, 28
- Überstunden **KSchG 10**, 29
- Urlaubsgeld **KSchG 10**, 33
- Vergütung, entgangene **KSchG 13**, 71
- Vergütungssteigerungen **KSchG 10**, 31
- Verschulden **KSchG 10**, 57
- wirtschaftliche Lage des Arbeitgebers **KSchG 10**, 60
- Zulagen **KSchG 10**, 33
- zwischenzeitliche Beendigung des Arbeitsverhältnisses **KSchG 9**, 35

Abgeordnete
  ◊ s. Kündigungsschutz für Abgeordnete; Kündigungsschutz für Bundestagsabgeordnete

Abkehrmaßnahmen, Abkehrwille als Kündigungsgrund BGB 626, 405
- zwischenzeitliche Beendigung des Arbeitsverhältnisses **KSchG 1**, 415 f.

2699

Ablehnung der Fortsetzung des Arbeitsverhältnisses
- außerordentliche Kündigung **KSchG 13**, 74
- Betriebsverfassungsorganmitglied nach Ausbildung **BetrVG 78 a**, 2, 22 ff., 35 ff.
- sittenwidrige Kündigung **KSchG 13**, 169

Abmahnung BGB 626, 62, 253 ff., 381
- Abgrenzung zu Beanstandung, Ermahnung, Verwarnung **BGB 626**, 267
- abmahnungsberechtigte Personen **BGB 626**, 257
- Änderungskündigung **BGB 626**, 256
- Anhörung des Arbeitnehmers **BGB 626**, 262
- Ankündigungsfunktion **BGB 626**, 268
- Anzeige-/Nachweispflicht **KSchG 1**, 475
- Berufsausbildungsverhältnis **BBiG 21**, 44, 50; **BBiG 22**, 44, 50
- betriebliche Ordnung **BGB 626**, 264
- Betriebsbußen **BGB 626**, 264
- Betriebsratstätigkeit **BGB 626**, 256; **KSchG 15**, 15
- Beweis- und Darlegungslast **KSchG 1**, 403
- Beweis- und Darlegungspflicht **BGB 626**, 271
- Dokumentationsfunktion **BGB 626**, 271
- Eigentumsdelikte **BGB 626**, 281
- Eignung **BGB 626**, 119, 145; **KSchG 1**, 270, 304
- Entbehrlichkeit **BGB 626**, 260, 278 ff.; **KSchG 1**, 269, 402
- Entfernung aus der Personalakte **BGB 626**, 262, 270
- erfolglose Kündigung **BGB 626**, 258
- Form **BGB 626**, 271
- Funktionen **BGB 626**, 255, 271
- gerichtliche Nachprüfung **BGB 626**, 267
- geringfügige Pflichtverletzungen **BGB 626**, 274, 281
- geschäftsähnliche Willensäußerung **BGB 626**, 254
- Kenntnis des Inhalts **BGB 626**, 254
- Leistungsbereich **BGB 626**, 253, 256, 278; **KSchG 1**, 402
- mehrere Gründe **BGB 626**, 262
- mehrmalige ~ **BGB 626**, 270
- Meinungsstand im Schrifttum **BGB 626**, 265
- Mitbestimmung des Betriebsrats **BGB 626**, 264
- Nebenpflichtverletzung **BGB 626**, 145, 283
- personenbedingte Kündigung **BGB 626**, 273, 282; **KSchG 1**, 269 f., 384
- Probearbeitsverhältnis **BGB 626**, 276
- Prognose **BGB 626**, 110, 269, 278
- Rechtsirrtum **BGB 626**, 273
- Rechtsprechung des BAG, Grundsätze **BGB 626**, 253 ff.
- Rechtsschutz des Arbeitnehmers **BGB 626**, 263
- Rückmeldepflicht **KSchG 1**, 480
- Sanktionscharakter **BGB 626**, 255, 264, 267
- Schifffahrt **SeemG**, 71 ff., 157
- Selbstbindung des Arbeitgebers **KSchG 1**, 234
- Störung der betrieblichen Ordnung **KSchG 1**, 472
- unberechtigte ~ **BGB 626**, 270
- unterlassene ~ **BGB 626**, 284
- Verhaltensmängel **BGB 626**, 256
- Verhältnismäßigkeitsgrundsatz **BGB 626**, 251, 261, 274 ff., 282; **KSchG 1**, 216, 402
- Versetzung **BGB 626**, 256
- vertragliches Rügerecht **BGB 626**, 255, 261, 267, 272, 274
- Vertrauensbereich **BGB 626**, 169, 253, 260, 278, 281; **KSchG 1**, 402
- Verwarnung, Ermahnung, Beanstandung **BGB 626**, 267
- Verzicht auf Kündigung **BGB 626**, 259
- Warnfunktion **BGB 626**, 255, 260, 267, 270
- Widerruf **BGB 626**, 262
- Wiederholungsverhalten **BGB 626**, 256, 267, 270
- Zeitablauf **BGB 626**, 263, 270

Abwerbung
- Kündigungsgrund **BGB 626**, 406, 460; **KSchG 1**, 418 ff.
- Schadensersatz **KSchG 1**, 419

Abwicklungsverhältnis BGB 628, 1

AGG
↪ s. Allgemeines Gleichbehandlungsgesetz

AIDS/Infektion mit HIV-Virus, als Kündigungsgrund KSchG 13, 256

Aktiengesellschaft
- Arbeitnehmervertreter im Aufsichtsrat **KSchG 14**, 8
- Aufsichtsrat
  ↪ s. dort
- Parteifähigkeit **KSchG 4**, 92, 151
- Vertreter **KSchG 14**, 8

Alkohol und Drogen BBiG 21, 52, 65; **BBiG 22**, 52, 65; **BGB 626**, 134, 407, 425; **KSchG 15**, 27
- Abmahnung **KSchG 1**, 423
- Alkoholmissbrauch **KSchG 1**, 421 ff.
- Alkoholverbot **KSchG 1**, 424, 472
- Anfechtung des Arbeitsvertrages bei Sucht **KSchG 1**, 287
- auflösende Bedingung **BGB 626**, 48
- außerdienstliches Verhalten **BGB 626**, 407, 414
- Bauarbeiter **BGB 626**, 407
- Beweis- und Darlegungslast **KSchG 1**, 426
- Entziehungskur **KSchG 1**, 286, 383
- Interessenabwägung **KSchG 1**, 285
- Kraftfahrer **BGB 626**, 407; **KSchG 1**, 424
- Krankheit **BGB 626**, 425; **KSchG 1**, 284
- leitende Angestellte **BGB 626**, 407
- Therapiebereitschaft **KSchG 1**, 285 f.
- Trunkenheitsfahrt **BGB 626**, 407; **KSchG 1**, 293, 391, 450
- Vertreter **BBiG 21**, 52, 65; **BBiG 22**, 52, 65

Allgemeines Gleichbehandlungsgesetz
↪ s.a. Benachteiligung
- Altersgrenzen **AGG**, 45 ff.
- Anwendung auf Erwerbspersonen außerhalb von Arbeitsverhältnissen **AGG**, 18 f.
- Aushangpflicht **AGG**, 191
- Ausschluss und Klagefristen **AGG**, 172
- Beendigung des Arbeitsverhältnisses **AGG**, 174
- Beförderungsanspruch **AGG**, 131
- Benachteiligungen **AGG**, 22 ff.
- Benachteiligung wegen des Geschlechts **AGG**, 42 ff.

- Beschwerde- und Leistungsverweigerungsrecht **AGG**, 164 ff.
- Einstellungsanspruch **AGG**, 129
- Entschädigungspflicht nach § 15 **AGG**, 132 ff.
- Entstehungsgeschichte **AGG**, 1 f.
- Ersatz immaterieller Schäden **AGG**, 144 ff.
- Förderung von Frauen und von anderen geschützten Gruppen **AGG**, 176 ff.
- Kündigungsverbot **AGG**, 20 f.
- persönlicher Anwendungsbereich **AGG**, 15 ff.
- Persönlichkeitsrechtsverletzung **AGG**, 169
- Prozessuales **AGG**, 180 ff.
- sachlicher Anwendungsbereich **AGG**, 10 ff.
- Schutzgesetz **AGG**, 170
- Teilzeitbeschäftigung **AGG**, 100 ff.
- Terminolgie **AGG**, 90
- Verbotsgesetz und Unabdingbarkeit **AGG**, 127 ff.
- Verhältnis zum Kündigungsschutzrecht **AGG**, 8
- Zweck **AGG**, 3

Alliierte Streitkräfte
◊ s. *Stationierungsstreitkräfte*

Ältere Arbeitnehmer
◊ s. auch *Altersgrenze*;
◊ *betriebliche Altersversorgung; Lebensalter; Pensionsalter;*
◊ *Rentenversicherung*
- Abfindung **KSchG 10**, 43
- Alter als Kündigungsgrund **KSchG 1**, 289; **KSchG 14**, 44
- Altersdiskriminierung **KSchG 10**, 40
- Altersrente **SozR**, 35 ff., 41 ff.
- Altersrente wegen Arbeitslosigkeit **SozR**, 36, 41 e, 137
- Altersteilzeit **KSchG 1**, 579 a
- Kündigungsfristen **BGB 622**, 163, 213
- leitende Angestellte **KSchG 14**, 44
- Massenentlassung **KSchG 17**, 30, 43 c
- soziale Auswahl **KSchG 1**, 26 a ff., 631, 665 ff.
- tariflicher Kündigungsschutz **InsO 113**, 42; **NATO-ZusAbk**, 28

Ältere Arbeitnehmer, Erstattung von Arbeitslosengeld
◊ s. *Arbeitslosenunterstützung*

Altersgrenze TzBfG 14, 214 ff.
◊ s. auch *ältere Arbeitnehmer*
- als Kündigungsgrund **KSchG 1**, 289; **KSchG 13**, 259 ff.; **SozR**, 42 a
- Altersaufbau der Belegschaft **KSchG 1**, 678
- Altersrente **SozR**, 41 ff.
- Altersteilzeitarbeit **SozR**, 41 e
- leitende Angestellte **KSchG 14**, 44
- soziale Auswahl **SozR**, 42 a
- Stationierungsstreitkräfte **NATO-ZusAbk**, 45
- tarifliche ~ **SozR**, 42 b

Altersgrenzen
- geschlechtsspezifische **AGG**, 45 ff.
- individualvertragliche **AGG**, 47
- kollektivvertragliche **AGG**, 46

Altersstruktur
◊ s. auch *Personalstruktur*
- betriebliche **KSchG 1**, 645 f.

- tarifliche **KSchG 1**, 642

Amtspflichtverletzung
- Ausschluss vom Amt **BetrVG 103**, 112; **KSchG 15**, 26
- Kündigungsgrund **KSchG 15**, 25 ff.
- und Arbeitsvertragspflichtverletzung **KSchG 15**, 25

Änderungskündigung
- Abgrenzung zur Beendigungskündigung **KSchG 1**, 164
- Abmahnung **BGB 626**, 256; **KSchG 2**, 100 a
- Änderung mehrerer Arbeitsbedingungen **KSchG 2**, 106 b
- Anzeigepflicht **KSchG 17**, 41
- Arbeitszeitveränderung **KSchG 1**, 530; **KSchG 2**, 112
- Auflösung des Arbeitsverhältnisses **KSchG 2**, 166 ff.; **KSchG 9**, 30
- Ausschluss **KSchG 13**, 265 a, 268
- Ausschlussfrist **BGB 626**, 329
- außerordentliche ~ **BGB 626**, 66, 198 ff.; **KSchG 2**, 30 ff., 63 b; **KSchG 13**, 16
- bedingte Kündigung **KSchG 1**, 170; **KSchG 2**, 13 ff., 21
- Begriff **KSchG 2**, 8
- betriebsbedingte Gründe **KSchG 2**, 107 ff.
- Betriebsratsmitglied **BetrVG 103**, 59; **KSchG 15**, 17, 21, 23
- Betriebsvereinbarung **KSchG 2**, 54
- Beurteilungszeitpunkt **KSchG 2**, 106 c
- Beweislast **KSchG 2**, 160
- Direktionsrecht **KSchG 2**, 36 ff., 54 a ff.
- durch Arbeitnehmer **KSchG 2**, 8
- Einspruch des Arbeitnehmers beim Betriebsrat **KSchG 3**, 27
- Einzelfallübersicht **KSchG 2**, 45
- Elternzeit **BEEG 18**, 11
- Entgeltsenkung **BGB 626**, 203
- Entstehungsgeschichte **KSchG 2**, 1 ff., 78 ff.
- freier Arbeitsplatz **KSchG 2**, 18 c, 28
- Gewinnverfall/Unrentabilität **KSchG 2**, 107 a ff.
- Herabgruppierung **KSchG 2**, 100 b
- Insolvenzverfahren **KSchG 2**, 112 a
- Insolvenzverwalter **KSchG 2**, 112 a
- Interessenabwägung **BGB 626**, 201
- Job-sharing **KSchG 1**, 66
- Klage
  ◊ s. *Änderungsschutzklage*
- kollektive ~ von Arbeitnehmern **BGB 626**, 410
- Kündigungserklärung **KSchG 2**, 10, 12
- Kündigungsfrist **BGB 622**, 73, 76; **KSchG 2**, 67
- leitende Angestellte **KSchG 14**, 39 a, 48 b
- Massen ~ **KSchG 2**, 34, 107 d, 145 a; **KSchG 25**, 30 ff.
  ◊ s. auch *dort*
- Mischtatbestand **KSchG 2**, 100 b
- Mitbestimmung des Betriebs-/Personalrats **BetrVG 102**, 30 ff., 62 d, 65, 199 ff.; **BetrVG 103**, 59; **BetrVG 104**, 27 ff., 50; **BPersVG 72**, 79, **108**, 11; **KSchG 2**, 113 ff., 122 ff., 145 a ff.; **KSchG 13**, 218, 222

Stichwortverzeichnis

- Mutterschutz **KSchG 2**, 182; **MuSchG 9**, 73
- personenbedingte Gründe **KSchG 2**, 100
- Prüfungsmaßstab **KSchG 2**, 97
- Rücknahme **KSchG 2**, 159
- Schwerbehinderte **KSchG 2**, 180; **KSchG 7**, 14 f; **SGB IX 85-90**, 6
- soziale Auswahl **KSchG 2**, 101, 103 ff.
- Sozialwidrigkeit **KSchG 2**, 78 ff.
- stillschweigende Weiterarbeit **KSchG 2**, 63 ff.
- Teilkündigung **KSchG 2**, 51 ff.
- Tod des Arbeitnehmers **KSchG 4**, 288
- TVöD **TzBfG 21**, 58
- Überlegungsfrist **BGB 626**, 200, 294; **KSchG 1**, 226 ff.; **KSchG 2**, 18 a, 18 d ff.
- unbedingte Kündigung **KSchG 2**, 13 ff., 23
- Unkündbarkeit **BGB 626**, 303
- unwirksame ~, Rechtsfolgen der Feststellung
  ◊ *s. Änderungskündigung, Wiederherstellung der Arbeitsbedingungen*
- verhaltensbedingte Gründe **KSchG 2**, 100 a, 104
- Verhältnismäßigkeitsgrundsatz **KSchG 2**, 91 ff., 106 a ff.
- Versetzungsverlangen des Betriebsrats **BetrVG 104**, 27, 51, 119 ff.
- verspätete ~ **KSchG 2**, 18 ff.
- Vertragsänderung **KSchG 2**, 11
- Vorrang vor Beendigungskündigung **BGB 626**, 202, 232, 251, 294 ff.; **KSchG 1**, 232, 529, 726; **KSchG 2**, 18 a ff., 92 a, 97 ff., 100
- Weiterbeschäftigungsanspruch, allgemeiner **BetrVG 102**, 32, 272; **KSchG 2**, 158 ff.
  ◊ *s. auch dort*
- Weiterbeschäftigungsanspruch, betriebsverfassungsrechtlicher **BetrVG 102**, 32, 199 ff.; **KSchG 2**, 118 ff.
  ◊ *s. auch dort*
- Weiterbeschäftigungsmöglichkeit vor Änderungskündigung **KSchG 2**, 91, 100, 106 a, 111
  ◊ *s. auch Weiterbeschäftigungsmöglichkeit/anderweitige Beschäftigungsmöglichkeit*
- Widerrufsvorbehalt **KSchG 2**, 47 ff.
- Wirksamwerden **KSchG 7**, 12 ff.
- Wirkung **KSchG 2**, 9
- Zulagen **KSchG 2**, 107 b, 115 b
- Zustimmung des Betriebsrats zur Versetzung/Umgruppierung **KSchG 2**, 122 ff.

Änderungskündigung, Änderungsangebot
- Abfindung nach § 1 a KSchG **KSchG 1 a**, 27
- Abfindung nach § 113 BetrVG **KSchG 9**, 69 ff.
- Ablehnung **BGB 626**, 294; **KSchG 1**, 164, 226 f.; **KSchG 2**, 77, 89 ff., 104 ff., 115, 118, 176
- Ablehnung als Kündigungsgrund **KSchG 2**, 104
- allgemeines **BGB 626**, 294 ff.
- Anfechtung der Annahme **KSchG 7**, 14 h
- Annahme unter Vorbehalt **BGB 626**, 200, 202, 294, 296; **KSchG 1**, 226 f.; **KSchG 2**, 55 ff., 85 ff., 119, 146 ff.; **KSchG 7**, 11 ff.
- Annahme unter Vorbehalt, Rückabwicklung nach Feststellung der Unwirksamkeit
  ◊ *s. Änderungskündigung, Wiederherstellung der Arbeitsbedingungen*
- Auflösung des Arbeitsverhältnisses **KSchG 2**, 166 ff.; **KSchG 9**, 30
- befristetes Arbeitsverhältnis **KSchG 2**, 10
- Bestimmtheit **KSchG 2**, 10
- Bindung des Arbeitgebers **KSchG 2**, 76, 77 a
- Erklärungsfrist **KSchG 2**, 55, 67 ff.
- Erlöschen **KSchG 2**, 77 a
- fehlerhafte Anhörung des Betriebsrats **KSchG 2**, 121
- mehrere Arbeitsbedingungen **KSchG 2**, 106 d
- nach Kündigung **KSchG 2**, 20, 23 ff.
- Reihenfolge von Änderungsangebot und Kündigung **KSchG 2**, 16 ff.
- stillschweigende Weiterarbeit **KSchG 2**, 63
- Überlegungsfrist **BGB 626**, 200, 294; **KSchG 1**, 226 ff.; **KSchG 2**, 18 a, 18 d ff.
- und Beendigungskündigung **BGB 626**, 202, 251, 294 ff.; **KSchG 1**, 164, 224 ff., 726 ff.; **KSchG 2**, 18 a, 19, 85 ff., 89 ff., 92 ff.
- Unterrichtung des Betriebsrats **KSchG 2**, 115
- zeitliche Abfolge **KSchG 2**, 16 ff.

Änderungskündigung, Wiederherstellung der Arbeitsbedingungen
- Angebot der Arbeitskraft **KSchG 8**, 11
- auflösend bedingter Vertrag **KSchG 8**, 6
- Entstehungsgeschichte **KSchG 8**, 1
- Erfüllungsanspruch **KSchG 8**, 10
- nach außerordentlicher Änderungskündigung **KSchG 8**, 14
- Nachzahlungsanspruch, Anrechnung anderweitigen Verdienstes **KSchG 8**, 11
  ◊ *s. auch Nachzahlungsanspruch*
- Obsiegen mit Änderungsschutzklage **KSchG 8**, 9
- rückwirkende Vertragsauflösung **KSchG 8**, 6
- Sozialwidrigkeit **KSchG 8**, 7
- unter Vorbehalt angenommenes Änderungsangebot **KSchG 8**, 6
- Unwirksamkeitsgründe **KSchG 8**, 7
- Zweck **KSchG 8**, 3 ff.
- Zwischenverdienst **KSchG 8**, 11 ff.

Änderungsschutzklage
- Abfindung nach § 1 a KSchG **KSchG 1 a**, 27
- Auflösung des Arbeitsverhältnisses **KSchG 2**, 166 ff.; **KSchG 9**, 30, 70 a
- außerordentliche Änderungskündigung **KSchG 8**, 14
- Aussetzung bei Zustimmungsersetzungsverfahren **KSchG 2**, 141
- bei Ablehnung des Angebots **KSchG 2**, 105 a, 176 ff.; **KSchG 4**, 284, 290
- bei Annahme des Angebots unter Vorbehalt **KSchG 2**, 89, 147 ff.; **KSchG 4**, 285
- bei Kündigung auf Verlangen des Betriebsrats **BetrVG 104**, 66, 70 ff., 78
- Dreiwochenfrist **KSchG 2**, 146 ff., 165, 176; **KSchG 4**, 283 ff.; **KSchG 13**, 16, 24
- Geltendmachung sonstiger Unwirksamkeitsgründe **KSchG 2**, 150 ff.
- Grundsätze **KSchG 4**, 283
- Klageantrag **KSchG 2**, 147 ff.
- Klagefrist **KSchG 2**, 63 a, 71

Stichwortverzeichnis

- nachträgliche Zulassung **KSchG 5**, 24; **KSchG 7**, 14 g
- Obsiegen, Rechtsfolgen
  ◊ *s. Änderungskündigung, Wiederherstellen der Arbeitsbedingungen*
- Rechtskraft **KSchG 2**, 172
- Rücknahme der Änderungskündigung **KSchG 4**, 287
- Rücknahme des Änderungsangebots **KSchG 4**, 286
- Streitgegenstand **KSchG 2**, 150 ff.; **KSchG 4**, 290
- Streitwert **KSchG 2**, 174 ff.; **KSchG 4**, 292
- Tod des Arbeitnehmers **KSchG 4**, 288
- Urteil **KSchG 2**, 172, 177
- Verfahren **KSchG 2**, 146 ff.
- verlängerte Anrufungsfrist **KSchG 6**, 26, 29 b
- Vorbehalt und Klageerhebung **KSchG 2**, 73 ff.; **KSchG 7**, 11 ff.
- Vorbehaltserklärung **KSchG 2**, 60 ff., 73, 162 ff.
- Vorbehaltsfrist **KSchG 2**, 67 ff., 162 ff.
- Weiterbeschäftigungsanspruch **KSchG 2**, 118 ff., 158 ff.
  ◊ *s. Weiterbeschäftigungsmöglichkeit*

Anderweitige Beschäftigungsmöglichkeit
  ◊ *s. Weiterbeschäftigungsmöglichkeit*

Anfechtung
- Abgrenzung zur Kündigung und Nichtigkeit **BGB 626**, 44, 365
- Alkohol- und Drogensucht **KSchG 1**, 287
- Arbeitsvertrag **BetrVG 102**, 42; **BGB 626**, 44 ff.; **KSchG 13**, 24 c; **MuSchG 9**, 76, 136
- Aufhebungsvertrag **BGB 626**, 49
- Ausgleichsquittung **KSchG 4**, 310
- Berufsausbildungsvertrag **BBiG 21**, 38; **BBiG 22**, 38
- Beweislast **KSchG 4**, 310
- der Kündigung **KSchG 13**, 297
- Dreiwochenfrist **KSchG 4**, 16 a
- Drohung des Arbeitgebers **BGB 626**, 49
- Falschbeantwortung von Fragen **BGB 626**, 46
- klagestattgebendes Urteil **KSchG 4**, 255
- Kündigungsschutzgesetz **KSchG 1**, 253
- Mutterschutz **MuSchG 9**, 76, 136
- Schwerbehindertenschutz **SGB IX 85-90**, 31
- Täuschung **BGB 626**, 44, 435
- Umdeutung der Kündigung **KSchG 1**, 253
- Unverzüglichkeit der ~ **BGB 626**, 44
- wegen Transsexualität **BGB 626**, 46

Angestellte
  ◊ *s. auch Bundes-Angestelltentarifvertrag; s. leitende Angestellte*
- Begriff **BGB 622**, 11
- Fallgruppen **BGB 622**, 11 ff.
- tarifliche ~

Anhörung des Arbeitnehmers
- Betriebs-/Personalrat, ordentliche Kündigung **KSchG 15**, 95 ff.
- Druckkündigung **BGB 626**, 31
- durch Betriebsrat **BetrVG 102**, 94; **BetrVG 104**, 22
- durch Dienststellenleiter **BPersVG 72**, **79**, **108**, 23
- durch Personalrat **BPersVG 72**, **79**, **108**, 27

- Verdachtskündigung **BetrVG 104**, 26; **BGB 626**, 31, 34, 214, 230, 458; **KSchG 1**, 393 e
- vor Abmahnung **BGB 626**, 256, 262
- vor außerordentlicher Kündigung **BGB 626**, 31 ff.
- zu Versetzungs-/Kündigungsverlangen des Betriebsrats **BetrVG 104**, 22, 26

Anhörung des Betriebs-/Personalrats
- Änderungskündigung **BetrVG 102**, 65; **BPersVG 72**, **79**, **108**, 11; **KSchG 2**, 113 ff.
- Aufforderung zur Stellungnahme **BetrVG 102**, 72 ff.; **BetrVG 103**, 69; **BPersVG 72**, **79**, **108**, 15
- Auslandsbeschäftigung **BetrVG 102**, 16; **BPersVG 72**, **79**, **108**, 55; **IPR**, 111 ff.
- außerordentliche Kündigung **BetrVG 102**, 79, 263; **BPersVG 72**, **79**, **108**, 66
- Berufsausbildungsverhältnis, Kündigung **BBiG 21**, 7, 42; **BBiG 22**, 7, 42; **BetrVG 102**, 10
- Betriebs-/Personalrat, außerordentliche Kündigung
  ◊ *s. auch zustimmungsbedürftige Kündigungen, Zustimmungsverfahren*
  BetrVG 103, 65 ff.; **BGB 626**, 20
- Beweislast **BetrVG 102**, 192 ff.
- durch Landesarbeitsamt bei Massenentlassungen **KSchG 20**, 41 ff.
- Einflussnahme des Arbeitgebers **BetrVG 102**, 56, 114; **BPersVG 72**, **79**, **108**, 55
- Einleitung des Verfahrens **BetrVG 102**, 53 ff., 72 ff.; **BPersVG 72**, **79**, **108**, 15 ff.
- Empfangsberechtigung von Arbeitgebererklärungen **BetrVG 102**, 81 ff.; **BPersVG 72**, **79**, **108**, 20 ff.
- Erörterung der Kündigung **BPersVG 72**, **79**, **108**, 15, 27, 34 ff.
- Fallgruppen
  ◊ *s. auch Mitbestimmung*
- fehlerhafte ~ **BetrVG 102**, 105 ff.; **BPersVG 72**, **79**, **108**, 53 ff.
- Freistellung vor Abschluss der ~ **BetrVG 102**, 119; **BPersVG 72**, **79**, **108**, 14, 46
- Handelsvertreter, Kündigung **ArbNähnl.Pers.**, 212
- Heimarbeiter, Kündigung **ArbNähnl.Pers.**, 38, 116, 121; **BetrVG 102**, 11
- Integrationsamt **SGB IX 85-90**, 73 ff.
- Kündigung auf Verlangen des Betriebsrats **BetrVG 102**, 27, 57; **BetrVG 103**, 67 a; **BetrVG 104**, 27 ff., 30, 33, 54, 58, 83
- Kündigung vor Abschluss der ~ **BetrVG 102**, 118 ff.
- Nachschieben von Kündigungsgründen **BetrVG 102**, 185 ff.; **BGB 626**, 180, 183; **BPersVG 72**, **79**, **108**, 13
  ◊ *s. auch Nachschieben von Kündigungsgründen, Anhörung des Betriebsrats*
- Schwerbehinderte, Kündigung **BetrVG 102**, 60, 78
- Territorialitätsprinzip **BetrVG 102**, 16; **IPR**, 110 ff.
- Umdeutung außerordentlicher in ordentliche Kündigung **ArbNähnl.Pers.**, 121; **BetrVG 102**, 113, 182 ff.; **BPersVG 72**, **79**, **108**, 13; **KSchG 13**, 98 ff.

Stichwortverzeichnis

- und Zustimmungsverfahren nach § 99 BetrVG **BetrVG 102**, 31, 165, 174; **KSchG 2**, 122 ff.
  ◊ *s. auch Mitbestimmung des Betriebsrats, Verhältnis der Mitbestimmungsrechte nach §§ 99, 102 BetrVG*
- Unterrichtung des Betriebs-/Personalrats
  ◊ *s. dort*
- Unwirksamkeit der Kündigung wegen mangelnder ~ **ArbNähnl.Pers.**, 116; **BetrVG 102**, 106, 112; **BPersVG 72**, 79, 108, 53 ff.; **KSchG 7**, 26, 33 ff.
- Verdachtskündigung **BetrVG 102**, 64 b; **BGB 626**, 216
- Verzicht **BetrVG 102**, 75
- vorsorgliche ~ **BetrVG 105**, 37 a
- Wiederholung der ~ **BetrVG 102**, 57, 80, 186
- Zuständigkeit **BetrVG 102**, 46 ff.

Annahmeverzug
- Angebot des Arbeitnehmers **KSchG 11**, 12 ff.; **KSchG 13**, 72, 167
- Auflösung des Arbeitsverhältnisses **KSchG 13**, 72, 168
- Auslandsaufenthalt **KSchG 11**, 16
- Ausschlussfristen **KSchG 11**, 22
- Beweislast **KSchG 11**, 55
- Ende **KSchG 11**, 23, 24 ff.
- Klage gegen Personengesellschaft **KSchG 4**, 91
- klageabweisendes Kündigungsschutzurteil **KSchG 4**, 251
- Krankheit des Arbeitnehmers **KSchG 11**, 18
- Leistungsfähigkeit/-wille des Arbeitnehmers **KSchG 11**, 15 ff.; **KSchG 16**, 7
- Mutterschutz **KSchG 11**, 17; **MuSchG 9**, 12, 62, 85 ff., 93
- Nachzahlungsanspruch **KSchG 11**, 11 ff.
  ◊ *s. auch dort*
- neues Arbeitsverhältnis **KSchG 16**, 7
- Nichtigkeitsgründe der Kündigung, andere (§ 13 Abs. 3 KSchG) **KSchG 13**, 352 a
- Rücknahme der Kündigung **KSchG 4**, 66 ff.
- Sozialversicherung **SozR**, 5
- tarifvertragliche Ausschlussfrist **KSchG 4**, 46
  ◊ *s. auch dort*
- und Kündigungsschutzklage **BetrVG 102**, 193; **KSchG 1**, 29; **KSchG 4**, 30 ff.; **KSchG 11**, 21
- und Urlaubsanspruch **KSchG 11**, 25
- Unzumutbarkeit der Weiterbeschäftigung **KSchG 11**, 20
- Verjährung **KSchG 4**, 30, 35 ff., 41; **KSchG 11**, 22 a
- Verzugslohnanspruch **KSchG 4**, 30 ff.; **KSchG 11**, 32 ff.
  ◊ *s. auch Nachzahlungsanspruch*
- Weiterbeschäftigungsanspruch **BetrVG 102**, 193, 218, 233; **BGB 626**, 234; **KSchG 4**, 34

Anrufung des Arbeitsgerichts
  ◊ *s. Dreiwochenfrist*
Anstellungsbetrug BGB 626, 88
Antidiskriminierungsverbände AGG, 190
Anzeige von Dienstvergehen BGB 626, 433
Anzeige- und Nachweispflichtverletzungen KSchG 14, 45
Anzeigen gegen Arbeitgeber
- als Kündigungsgrund **KSchG 1**, 427 ff.

Anzeigen gegen Arbeitgeber, als Kündigungsgrund BGB 626, 408
Anzeigepflichtige Entlassungen
  ◊ *s. auch Massenentlassungen*
- Betriebsänderung **UmwG**, 45
- Betriebsratsbeteiligung **BetrVG 102**, 53 a, 87, 89 b
- Heimarbeiter **ArbNähnl.Pers.**, 135
- Kleinbetrieb **UmwG**, 53
- Schwangerschaft **MuSchG 9**, 46, 59
- siehe Massenentlassungen
- Sperrfrist
  ◊ *s. dort*

Arbeitgeber
- als Gesamtschuldner **KSchG 4**, 94
- Arbeitsgemeinschaft **KSchG 4**, 94 a
- Betriebsübergang **KSchG 4**, 96
- einheitliches Arbeitsverhältnis **KSchG 1**, 46, 591
- Erbengemeinschaft **KSchG 4**, 95
- Erstattungspflicht von Arbeitslosengeld **SozR**, 59, 60 ff.
- faktisches Arbeitsverhältnis **KSchG 4**, 87
- Gesamthafenbetrieb **KSchG 1**, 57 ff.
- Gesellschaft bürgerlichen Rechts **KSchG 4**, 94
- GmbH **KSchG 4**, 86, 92
- juristische Person **KSchG 4**, 92
- kirchlicher Dienst **KSchG 1**, 70
- Kommanditgesellschaft **KSchG 4**, 86, 90
- Leiharbeitsverhältnis **KSchG 1**, 59, 590; **KSchG 4**, 89
- mit besonderer verfassungsrechtlicher Stellung **KSchG 1**, 69 ff.
- mittelbares Arbeitsverhältnis **KSchG 1**, 62 f.; **KSchG 4**, 88
- Offene Handelsgesellschaft **KSchG 4**, 90
- Sozialversicherung, Meldepflichten **SozR**, 12 a
- Tendenzbetrieb **KSchG 1**, 82 f.
- Testamentvollstrecker **KSchG 4**, 95
- Verein, nicht rechtsfähiger **KSchG 4**, 93
- Verein, rechtsfähiger **KSchG 4**, 92
- Vertreter als ~ **KSchG 4**, 94 b

Arbeitnehmer
- Angestellte
- Begriff **ArbNähnl.Pers.**, 1, 4 a; **KSchG 17**, 29 ff.
- Beschäftigter aus karitativen/religiösen Gründen **KSchG 1**, 82
- Beschäftigter aus medizinischen oder erzieherischen Gründen **KSchG 1**, 83
- Betriebsgruppen **KSchG 1**, 49
- blinder ~ **KSchG 5**, 64
- Eigengruppe **KSchG 1**, 50
- Eingliederung in Arbeitsorganisation **ArbNähnl.Pers.**, 16
- Einzelfälle **KSchG 1**, 40
- Entwicklungshelfer **KSchG 1**, 84
- Familienarbeitsverhältnis **KSchG 1**, 48
- Gesellschafter/Organmitglieder **KSchG 1**, 87 f., 96
  ◊ *s. auch Organmitglieder juristischer Personen und Gesellschafter*
- Gruppenarbeitsverhältnis **BGB 626**, 423; **KSchG 1**, 49 ff.

- Job-sharing **KSchG 1**, 52
- Kündigungseinspruch **KSchG 3**, 10 ff.
  ◊ s. auch dort
- Nebenintervention **KSchG 4**, 98
- Statusklage **ArbNähnl.Pers.**, 26
- Telearbeit **ArbNähnl.Pers.**, 4 a; **KSchG 1**, 67
  ◊ s. auch dort
- Vertreter im Aufsichtsrat
  ◊ s. Aufsichtsrat
- wirtschaftliche Abhängigkeit **ArbNähnl.Pers.**, 17 ff.

Arbeitnehmerähnliche Personen
- Abgrenzung zum Arbeitnehmer **ArbNähnl.Pers.**, 1, 15, 17 ff., 27 ff.
- allgemeiner Kündigungsschutz **ArbNähnl.Pers.**, 33 ff., 51 ff., 75
- außerordentliche Kündigung **ArbNähnl.Pers.**, 70
- Begriff **ArbNähnl.Pers.**, 5 ff.
- bei Rundfunk und Fernsehen **ArbNähnl.Pers.**, 16 a ff., 28 ff.
- Beschäftigtenzahl **KSchG 23**, 41
- Betriebsübergang **ArbNähnl.Pers.**, 37 a
- Dienstvertrag/-verhältnis **ArbNähnl.Pers.**, 39 ff.
  ◊ s. auch Dienstvertrag
- Einzelfälle **ArbNähnl.Pers.**, 28 ff.
- freie Mitarbeiter
  ◊ s. dort
- Handelsvertreter
  ◊ s. dort
- Hausgewerbetreibende **ArbNähnl.Pers.**, 82, 87 ff.
  ◊ s. auch dort
- Heimarbeiter
  ◊ s. dort sowie Heimarbeitsverhältnis, Kündigung
- Internationales Arbeitsrecht **IPR**, 73
- Kündigungsfristen **ArbNähnl.Pers.**, 49, 52 ff., 65 ff.
- Kündigungsschutz für Abgeordnete **ParlKSch**, 31
- Kündigungsschutzklage **ArbNähnl.Pers.**, 75
- Lohngewerbetreibende **ArbNähnl.Pers.**, 94
- Massenentlassung **KSchG 17**, 30
- Mitbestimmung bei Kündigungen **ArbNähnl.Pers.**, 38; **BetrVG 102**, 11; **BGB 622**, 66
- soziale Schutzbedürftigkeit **ArbNähnl.Pers.**, 22
- Statusklage **ArbNähnl.Pers.**, 26
- Telearbeit
  ◊ s. dort
- Vertragsarten **ArbNähnl.Pers.**, 10 ff.
- Werklieferungsvertrag **ArbNähnl.Pers.**, 13
- Werkvertrag **ArbNähnl.Pers.**, 11, 71 ff.
  ◊ s. auch dort
- wirtschaftliche Abhängigkeit **ArbNähnl.Pers.**, 17 ff.
- Zwischenmeister **ArbNähnl.Pers.**, 95, 141 ff.

Arbeitnehmerüberlassung
  ◊ s. Leiharbeitsverhältnis

Arbeitsbedingungen, Änderung
  ◊ s. Weiterbeschäftigungsmöglichkeit, anderweitige Beschäftigungsmöglichkeit

Arbeitsbeschaffungsmaßnahmen
- und Schwerbehindertenschutz **SGB IX 85–90**, 45

Arbeitsbummelei, als Kündigungsgrund BGB 626, 382, 409; **KSchG 15**, 27

Arbeitsentgelt
- Annahmeverzug
- Auflösung des Arbeitsverhältnisses **BGB 628**, 9 ff.
- bei außerordentlicher Kündigung **BGB 628**, 10 ff.
- Erhöhungsverlangen und Kündigung **BGB 626**, 432
- Forderungsübergang, Bundesagentur für Arbeit **SozR**, 138 ff.
- Freistellung von der Arbeit **BetrVG 102**, 119
- Kündigungsschutzklage **KSchG 4**, 20, 29 ff.; **KSchG 11**, 51 ff.
- Nachzahlungsanspruch nach Obsiegen im Kündigungsprozess
  ◊ s. Nachzahlungsanspruch, Anrechnung auf Zwischenverdienst
- Provision **BGB 628**, 13
- Rücknahme der Kündigung **KSchG 4**, 65 ff.
- Rückstand als Kündigungsgrund **BGB 626**, 467
- Sozialversicherung **SozR**, 10 ff., 13 ff.
- tarifvertragliche Ausschlussfrist **KSchG 4**, 37 ff.
  ◊ s. auch dort
- und Arbeitslosenunterstützungsanspruch **SozR**, 145 ff.
- und Wirksamwerden sozialwidriger Kündigung **KSchG 7**, 6
- Verjährung **KSchG 4**, 30, 35 ff., 41; **KSchG 11**, 22 a ff.
- Verzicht **SozR**, 20
- während Weiterbeschäftigung **BetrVG 78 a**, 34; **BetrVG 102**, 193, 218, 279, 281

Arbeitserlaubnis, Arbeitsgenehmigung, fehlende
- Kündigungsgrund **BGB 626**, 130; **KSchG 1**, 290 f.
- Rechtsfolgen **MuSchG 9**, 135
- Verstoß gegen § 134 BGB **KSchG 1**, 43 f.

Arbeitskampf
  ◊ s. auch Aussperrung
  ◊ s. Kampfkündigung
  ◊ s. Streik
- Arbeitskampfparität **KSchG 25**, 4
- Arbeitskampftheorien **KSchG 25**, 3, 6, 8 ff.
- Arbeitslosengeld, Minderung wegen verspäteter Meldung **SGB III 140**, 1 ff., 37 b
- Befristete Arbeitsverhältnisse **SGB III 140**, 7 ff., 37 b
- Betriebsratsamt **BetrVG 102**, 26; **BetrVG 104**, 18
- betriebsstörende Arbeitnehmer, Entfernung **BetrVG 104**, 5 a
- Entstehen der Meldepflicht **SGB III 140**, 6 ff., 37 b
- Folgen verspäteter Meldung **SGB III 140**, 18 ff., 37 b
- Freistellung zur Arbeitssuche **SGB III 140**, 25, 37 b
- frühzeitige Arbeitssuche **SGB III 140**, 26, 37 b
- frühzeitige Meldepflicht **SGB III 140**, 4 ff., 37 b
- Grundsatz der Kündigungsfreiheit **KSchG 25**, 4
- herausgreifende Einzelkündigung **KSchG 25**, 7 a
- Informationspflichten des Arbeitgebers **SGB III 140**, 23, 37 b

Stichwortverzeichnis

- Irrtum über Meldepflicht **SGB III 140**, 15, 37 b
- Krankenversicherung **SozR**, 10, 37
- Kündigungsgrund **KSchG 1**, 429 f.
- meldepflichtiger Personenkreis **SGB III 140**, 4, 37 b
- Meldung bei Agentur für Arbeit **SGB III 140**, 17, 37 b
- Modell eines Kündigungsarbeitskampfes **KSchG 25**, 5
- Obliegenheit **SGB III 140**, 11, 37 b
- politischer ~ **KSchG 25**, 17
- Regelungszweck **SGB III 140**, 3, 37 b
- staatliche Neutralität bei ~ **KSchG 25**, 4
- Suspensivwirkung **KSchG 25**, 9
- Umfang der Minderung **SGB III 140**, 19 ff., 37 b
- und Wirksamwerden sozialwidriger Kündigung
- Unkenntnis der Meldepflicht **SGB III 140**, 16, 37 b
- unverzügliche Meldepflicht **SGB III 140**, 12 ff., 37 b
- Verhältnismäßigkeitsgrundsatz **KSchG 25**, 9

Arbeitslosengeld, Ruhen des Anspruchs SGB III 143, 1 ff.; **SGB III 143 a**, 1 ff.
- Abwicklungsvertrag **SGB III 147 a**, 54 a
- ältere Arbeitnehmer, Erstattung von Arbeitslosengeld **SGB III 147 a**, 1 ff.
- Änderungen gegenüber §§ 117, 117a AFG **SGB III 143 a**, 6
- Änderungen gegenüber dem früheren § 128 AFG **SGB III 147 a**, 9 ff.
- anhaltende Krankheit **SGB III 147 a**, 63 ff.
- Anspruchsübergang **SGB III 143**, 29
- Arbeitsentgelt **SGB III 143**, 10, 13 ff.
- Aufhebungsvertrag **SGB III 147 a**, 53
- Ausgleich von Rentenminderungen **SGB III 143 a**, 25 a ff.
- Ausgleichszahlungen **SGB III 143 a**, 25 a ff.
- Ausschlussgründe **SGB III 147 a**, 28
- Beendigung des Beschäftigungsverhältnisses **SGB III 143 a**, 66
- befristetes Arbeitsverhältnis **SGB III 143 a**, 34
- Beginn des Ruhenszeitraums **SGB III 143 a**, 48
- Begrenzungen des Ruhenszeitraumes **SGB III 143 a**, 50 ff.
- Bemessungsentgelt **SGB III 143 a**, 57 ff.
- Berechtigung zur außerordentlichen Kündigung **SGB III 147 a**, 60 ff.
- Berücksichtigung der Altersstruktur **SGB III 147 a**, 59
- Betriebsstilllegung **SGB III 147 a**, 67
- Beweisfragen **SGB III 147 a**, 34 ff., 57
- Dauer des Ruhens **SGB III 143 a**, 43 ff.
- Eigenkündigung des Arbeitnehmers **SGB III 147 a**, 37, 39 ff.
- Eintritt des Ruhenstatbestandes **SGB III 143**, 5
- Ende des Ruhenszeitraums **SGB III 143 a**, 49
- Entlassungsentschädigung **SGB III 143**, 10; **SGB III 143 a**, 16, 48
- Entstehungsgeschichte **SGB III 143**, 2; **SGB III 143 a**, 2 ff.; **SGB III 147 a**, 1 ff.

- Erstattungsanspruch gegen den Arbeitslosen **SGB III 143**, 33 ff.
- fingierte Kündigungsfristen **SGB III 143 a**, 35 ff.
- fristgebundene Kündigung aus wichtigem Grund **SGB III 143 a**, 37 ff.
- Gleichwohlgewährung **SGB III 143**, 24, 29 ff.; **SGB III 143 a**, 23
- Grundvoraussetzungen **SGB III 147 a**, 17 ff.
- Krankengeld **SGB III 147 a**, 31
- Kündigung des Arbeitgebers **SGB III 147 a**, 37, 47 ff.
- Leistungen wegen Beendigung des Arbeitsverhältnisses **SGB III 143 a**, 25
- Leistungsfälle **SGB III 143**, 29
- Nebeneinkommen **SGB III 143**, 19 ff.
- ordentliche Kündigung **SGB III 143 a**, 28 ff., 41 ff.
- Renten **SGB III 147 a**, 31
- Ruhensfolgen **SGB III 143**, 7
- Ruhenstatbestände **SGB III 143**, 4, 10 ff.; **SGB III 143 a**, 16 ff.
- Ruhenszeiträume **SGB III 143**, 4; **SGB III 143 a**, 43 ff.
- Schadensersatzansprüche des Arbeitnehmers **SGB III 143 a**, 22
- Sozialleistungen **SGB III 147 a**, 31 ff.
- Sozialplanabfindung **SGB III 143 a**, 42
- Übergangsgeld **SGB III 147 a**, 31
- Übergangsrecht **SGB III 143 a**, 7 ff.; **SGB III 147 a**, 4
- Urlaubsabgeltung **SGB III 143**, 10, 25
- verfassungsrechtliche Vorgaben **SGB III 147 a**, 7, 30
- Vergleich **SGB III 147 a**, 53
- Verletztengeld **SGB III 147 a**, 31
- Verzicht auf Arbeitsentgelt **SGB III 143**, 17
- vorzeitige Beendigung des Arbeitsverhältnisses **SGB III 143 a**, 26 ff.
- Wegfall des Versicherungsschutzes **SGB III 143**, 7

Arbeitslosengeld, Sperrzeit SGB III 144, 1 ff.
- Ablauf **SGB III 144**, 51 ff.
- Ablehnung eines Änderungsangebots des Arbeitgebers **SGB III 144**, 9
- Abwicklungsvertrag **SGB III 144**, 17
- Arbeitslosengeld II **SGB III 144**, 1 d
- Arbeitslosenhilfe **SGB III 144**, 1 d
- beabsichtigter Stellenwechsel **SGB III 144**, 47
- Beginn **SGB III 144**, 50
- Begriff **SGB III 144**, 2; **SozR**, 56
- berufliche Gründe für Auflösung des Arbeitsverhältnisses **SGB III 144**, 38 ff.
- Berufsausbildungsverhältnis **SGB III 144**, 8 ff.
- betriebliche Gründe für Auflösung des Arbeitsverhältnisses **SGB III 144**, 38
- Beweislast für wichtigen Grund zur Auflösung des Arbeitsverhältnisses **SGB III 144**, 48
- Bindung des Sozialgerichts an arbeitsgerichtliche Entscheidung **SGB III 144**, 68
- Dauer **SGB III 144**, 56 ff.
- drohende Arbeitgeberkündigung **SGB III 144**, 40
- Erlöschen des Arbeitslosengeldanspruchs **SGB III 144**, 65

- gerichtlicher Auflösungsvergleich **SGB III 144**, 19, 37
- geringfügige Arbeitslosigkeit **SGB III 144**, 27, 57 ff.
- Gleichwohlgewährung **SGB III 144**, 66
- grob fahrlässige/vorsätzliche Arbeitslosigkeit **SGB III 144**, 28
- Härtefälle **SGB III 144**, 49, 60
- Kündigungsschutzprozess **SGB III 144**, 66
- Lösung des Arbeitsverhältnisses nach § 1a KSchG **SGB III 144**, 18
- Minderung der Anspruchsdauer **SGB III 144**, 63
- offensichtlich rechtswidrige Kündigung des Arbeitgebers **SGB III 144**, 17
- Personalabbau **SGB III 144**, 41 ff.
- persönliche Gründe für Auflösung des Arbeitsverhältnisses **SGB III 144**, 46
- Rechtsentwicklung **SGB III 144**, 1 ff.
- Rechtsfolgen **SGB III 144**, 61 ff.
- Ruhen des Arbeitslosengeldanspruchs **SGB III 144**, 62
- Sozialversicherungsschutz **SGB III 144**, 57
- Sperrzeittatbestände **SGB III 144**, 4 ff.
- unverzügliche Meldepflicht
- vertragswidriges Verhalten des Arbeitnehmers **SGB III 144**, 20
- Verursachung der Arbeitslosigkeit durch Arbeitnehmer **SGB III 144**, 22 ff.
- wegen Aufhebungsvertrags **SGB III 144**, 10 ff., 16
- wegen Auflösungsvereinbarung **SGB III 144**, 19
- wegen Herabsetzung der Arbeitszeit **SGB III 144**, 12
- wegen Hinnehmens einer Arbeitgeberkündigung **SGB III 144**, 14 ff.
- wegen Kündigung durch Arbeitnehmer **SGB III 144**, 5 ff.
- wegen verhaltensbedingter Kündigung **SGB III 144**, 20, 25
- wegen Verzichts auf Kündigungsfrist **SGB III 144**, 13
- wichtiger Grund für Auflösung des Arbeitsverhältnisses **SGB III 144**, 32 ff.
- Wirkung **SGB III 144**, 2; **SozR**, 52, 56 ff.
- Zweck **SGB III 144**, 3

Arbeitslosenunterstützung
- Annahmeverzugszeitraum **SozR**, 80 ff.
- Anrechnung auf Nachzahlungsanspruch **KSchG 11**, 43
- Anspruchsvoraussetzungen **SozR**, 47 ff.
- Arbeitsentgelt-/Urlaubsabgeltungsanspruch **SozR**, 84, 138 ff.
  ◊ s. auch *Arbeitslosenunterstützung, Ruhen des Anspruchs*
- Arbeitslosenhilfe **SozR**, 48
- Erstattung durch Arbeitgeber **SozR**, 59, 60 ff.
  ◊ s. auch *ältere Arbeitnehmer, Erstattung von Arbeitslosengeld*
- Forderungsübergang **KSchG 11**, 45; **SozR**, 84 ff, 138 ff.
- Kündigungsschutzklage **KSchG 4**, 36 a
- Mutterschutz **MuSchG 9**, 132, 158
- nach Berufsausbildungsverhältnis **BBiG 21**, 142; **BBiG 22**, 142
- Schadensersatzanspruch bei außerordentlicher Kündigung **BGB 628**, 55 a
- Teilarbeitslosengeld **SozR**, 50
- während Kündigungsschutzprozess **KSchG 11**, 45

Arbeitslosenunterstützung, Anrechnung von Ansprüchen
- Abfindung **SozR**, 147, 151
- Abgrenzung Arbeitsentgelt-Abfindung **SozR**, 152
- Arbeitsentgelt **SozR**, 147 ff.
  ◊ s. auch *Arbeitslosenunterstützung*
- Urlaubsabgeltung **SozR**, 147, 150

Arbeitslosenunterstützung, Ruhen des Anspruchs
- Abfindung **KSchG 10**, 94; **SozR**, 147, 151
- Anspruchsübergang **KSchG 11**, 45
- Arbeitsentgelt **KSchG 11**, 45; **MuSchG 9**, 93; **SozR**, 51, 147 ff.
- außerordentliche Kündigung **BGB 628**, 55 a
- Dauer **SozR**, 84 ff.
- Erstattungsanspruch gegen Arbeitslosen **MuSchG 9**, 9
- Gleichwohlgewährung **SozR**, 84 ff.
- Lohnersatzleistungen **SozR**, 52
- Lohnfortzahlung **SozR**, 51
- Rente **SozR**, 52
- Schadensersatzanspruch des Arbeitnehmers **BGB 628**, 55 a; **KSchG 13**, 68
- Sperrzeit
  ◊ s. *Arbeitslosengeld, Sperrzeit*
- Urlaubsabgeltung **SozR**, 51, 147, 150
- Verhältnis zu Anrechnungsvorschriften **SozR**, 53
- Wirkung **SozR**, 53
- Zweck **SozR**, 51

Arbeitslosenversicherung SozR, 10, 29, 47 ff., 83 ff., 138 ff.

Arbeitslosigkeit
- Anspruch auf Arbeitslosenunterstützung **SozR**, 47 ff.
- Begriff **SozR**, 83
- Beschäftigungssuche **SozR**, 47, 83
- Krankenversicherung **SozR**, 24 ff., 27 d, 57
- Sperrzeit **SGB III 144**, 1 ff.
  ◊ s. auch *Arbeitslosengeld, Sperrzeit*

Arbeitsmangel, als Kündigungsgrund BGB 626, 155
- Sperrzeit **KSchG 1**, 565

Arbeitspapiere
- Ausgleichsquittung **KSchG 4**, 302, 308, 310
- Berufsausbildungsverhältnis **BBiG 21**, 140; **BBiG 22**, 140
- Herausgabeverlangen als Einverständnis zur Kündigung **BGB 626**, 368
- Nichtvorlage als Kündigungsgrund **BGB 626**, 411; **KSchG 1**, 431

Arbeitsplatz
- Abbau **KSchG 1**, 561
- Anforderungsprofil **KSchG 1**, 220, 224 f., 563
- Beförderungsstelle **KSchG 1**, 225

- freier **KSchG 1**, 219, 221, 225 ff.
- neuer **KSchG 1**, 221
- Umwandlung **KSchG 1**, 562
- vergleichbarer **KSchG 1**, 217, 220

Arbeitsplatzschutzgesetz
◊ s. auch *Wehrdienst*
- Entwicklungshilfedienst **ArbPlSchG**, 9
- Geltungsbereich **ArbPlSchG**, 2 ff.
- Wehrdienst **ArbPlSchG**, 12
- Zivildienst **ArbPlSchG**, 6 ff.

Arbeitsplatzwechsel, als Kündigungsgrund BGB 626, 465

Arbeitssicherstellungsgesetz
- Kündigungsschutz **ArbPlSchG**, 10

Arbeitsunfähigkeit SozR, 30 a
◊ s. auch *Krankheit*
- Arbeitsunfähigkeitsbescheinigung **KSchG 1**, 443
- Behinderung **KSchG 1**, 319
- Erwerbsminderung **KSchG 1**, 312
- Zivildienst

Arbeitsverhältnis
- Aushilfsarbeitsverhältnis
  ◊ s. dort
- Bedarfsarbeitsverhältnis **KSchG 1**, 66, 104
- befristetes ~
  ◊ s. dort
- Stationierungsstreitkräfte **NATO-ZusAbk**, 9
- Wahlrecht zwischen ~ nach Urteil im Kündigungsschutzprozess
  ◊ s. dort

Arbeitsversäumnis
- Arztbesuch **KSchG 1**, 439
- Beweislast **BGB 626**, 381 ff.
- eigenmächtige Freizeitnahme **KSchG 1**, 439
- eigenmächtiger Urlaubsantritt/-verlängerung **BGB 626**, 452; **KSchG 1**, 440 ff.

Arbeitsvertrag
- Änderung wegen anderweitiger Beschäftigungsmöglichkeit **BetrVG 102**, 169 c, 172 b
- Anfechtung **BetrVG 102**, 42; **BGB 626**, 44 ff.; **MuSchG 9**, 136
  ◊ s. auch dort
- Ausschluss ordentlicher Kündigung **KSchG 13**, 266
- Beschränkung des Kündigungsschutzes **KSchG 1**, 31 ff.
- Erweiterung des Kündigungsschutz **KSchG 1**, 34 f.
- Kündigungsbeschränkungen **KSchG 13**, 266 ff.
- nichtiger **KSchG 1**, 174
- nichtiger ~ **MuSchG 9**, 134 ff.
- Stationierungsstreitkräfte **NATO-ZusAbk**, 10
- vereinbarte Geltung des KSchG **KSchG 23**, 27
- Vereinbarung zur Form der Kündigung **KSchG 13**, 273 ff.
  ◊ s. auch *Form*
- Vereinbarung zur Übersendungsart der Kündigung **KSchG 13**, 275
- vertragliche Ausschlussfrist **KSchG 4**, 49
  ◊ s. auch *tarifvertragliche Ausschlussfrist*

- Vertragsstrafe **BGB 628**, 4 ff.

Arbeitsverweigerung BBiG 21, 54 f.; **BBiG 22**, 54 f.; **BGB 626**, 88, 167, 409, 412, 432; **KSchG 15**, 27
- Abmahnung **KSchG 1**, 433 f.
- Ankündigung **KSchG 1**, 485
- Krankheit, simulierte **BGB 626**, 455; **KSchG 1**, 485
- Kündigungsgrund **KSchG 1**, 433 ff.
- Loyalitätspflicht **KSchG 1**, 434
- Mehrarbeit **BGB 626**, 412; **KSchG 1**, 437
- mitbestimmungspflichtige Versetzung **KSchG 1**, 434
- Pflichtenkollision **BGB 626**, 142
- Streik
  ◊ s. dort
- unzulässige Weisung **BGB 626**, 412
- Zurückbehaltungsrecht **KSchG 1**, 435 ff.
  ◊ s. auch dort

Arbeitszeit
- Veränderung **KSchG 1**, 520, 530

Arbeitszeit, Veränderung KSchG 2, 112

Arbeitszeitbetrug KSchG 1, 445

Arztbesuch
- während der Arbeitszeit **KSchG 1**, 439

Arztbesuch, während der Arbeitszeit BGB 626, 413

Aufenthaltserlaubnis
- fehlende als Kündigungsgrund **KSchG 1**, 290 f.

Aufenthaltstitel zur Ausübung einer Beschäftigung
- Rechtsfolgen **KSchG 11**, 17, 135
- und Annahmeverzug **KSchG 11**, 17

Aufhebungsvertrag
- amtsärztliches Attest **BGB 626**, 48
- Anfechtung **BGB 626**, 49
  ◊ s. auch dort
- anzuwendendes Recht **IPR**, 81
- arbeitnehmerähnliche Personen **ArbNähnl.Pers.**, 39
- auflösende Bedingung **BGB 626**, 48
- außerordentliche Kündigung **BGB 626**, 48
- Bedenkzeit **BGB 626**, 50
- bedingter ~ **BGB 626**, 48
- Berufsausbildungsverhältnis **BBiG 21**, 37; **BBiG 22**, 37
- Erklärungsbewusstsein **BGB 626**, 369
- Feststellungsklage, allgemeine **BGB 626**, 379
- Form **BGB 626**, 47
- Hinweispflichten des Arbeitgebers **SozR**, 167
- Massenentlassung **KSchG 17**, 43
- Mitbestimmung des Betriebs-/Personalrats **BetrVG 102**, 42; **BPersVG 72**, 79, 108, 12
- Mutterschutz **MuSchG 9**, 148
- nach Obsiegen im Kündigungsschutzprozess **KSchG 12**, 28
- Schadensersatz **BGB 628**, 20
- Sperrzeit für Arbeitslosengeld **SGB III 144**, 7 ff.
- Umdeutung einer Kündigungserklärung **BGB 626**, 367 ff.; **KSchG 1**, 253 a
- Weiterbeschäftigungsanspruch **BetrVG 102**, 237
- Zurückbehaltungsrecht **BGB 626**, 47

Aufhebungsvertrag, Schriftform BGB 623, 34 ff., 71 ff., 147 ff., 237 ff.
- Änderung BGB 623, 159
- außergerichtlicher Vergleich BGB 623, 157
- Auswirkung eines mündlichen Vertrages BGB 623, 237
- bedingter Vertrag BGB 623, 77
- Bezugnahmen BGB 623, 154
- Ergänzung BGB 623, 159
- Geltungsbeginn BGB 623, 34 ff.
- gerichtlicher Vergleich BGB 623, 156
- multilateraler Vertrag BGB 623, 78
- rückwirkende Auflösung BGB 623, 74
- Vertrag mit bedingter Wiedereinstellungszusage BGB 623, 77
- Vertragsinhalt BGB 623, 149 ff.
- Zustandekommen BGB 623, 147

Auflösende Bedingung
- Abweichungen vom Gesetz zuungunsten der Arbeitnehmer TzBfG 22, 7 f.
- allgemeine Grundsätze über befristete Arbeitsverträge TzBfG 21, 4
- Altersgrenze TzBfG 21, 29
- Altersgrenze in Betriebsvereinbarungen TzBfG 21, 36
- Altersgrenze in Tarifverträgen TzBfG 21, 35
- Anforderungen an zulässige auflösende Bedingung TzBfG 21, 17
- Anschluss an Ausbildung TzBfG 21, 24
- Arbeitsverhältnis BEEG 21, 18; KSchG 12, 11
- Arbeitsvertrag TzBfG 21, 1 f.
- Aufhebungsvertrag BGB 626, 48
- Aus- und Weiterbildung TzBfG 21, 15
- BAT TzBfG 21, 58
- bedingter Aufhebungsvertrag TzBfG 21, 3
- Beendigungszeitpunkt TzBfG 21, 20
- Behandlung nach dem TzBfG TzBfG 21, 5 f.
- Benachteiligungsverbot TzBfG 21, 6 f.
- Berufsausbildungsverhältnis BBiG 21, 18, 37; BBiG 22, 18, 37
- Beteiligung des Betriebs- oder Personalrats TzBfG 21, 2
- Bordpersonal in Flugzeugen TzBfG 21, 39
- Dienstverhältnis ArbNähnl.Pers., 45 ff.
- Eheschließung TzBfG 21, 53
- Eigenart der Arbeitsleistung TzBfG 21, 27
- Eignungswegfall TzBfG 21, 44
- Ende TzBfG 21, 10
- Entschluss des Arbeitgebers TzBfG 21, 22
- Erprobung TzBfG 21, 28
- Erwerbsunfähigkeit TzBfG 21, 41
- Folgen unwirksamer Vereinbarung TzBfG 21, 13
- Fortsetzung mit Wissen des Arbeitgebers TzBfG 21, 12
- gerichtlicher Vergleich TzBfG 21, 47
- gesundheitliche Nichteignung TzBfG 21, 48
- Gewerkschaftsbeitritt TzBfG 21, 54
- Gründe in der Person des Arbeitnehmers TzBfG 21, 29
- Gruppenarbeitsverhältnis TzBfG 21, 51
- Haushaltsgründe TzBfG 21, 46
- Information der Arbeitnehmervertretung TzBfG 21, 15
- Information über unbefristete Arbeitsplätze TzBfG 21, 15
- Klage gegen Auflösung TzBfG 17, 8 f.
- Klagefrist TzBfG 21, 14
- Mitbestimmung des Betriebsrats bei Beendigung BetrVG 102, 41
- Mutterschutz MuSchG 9, 146
- ordentliche Kündigungsmöglichkeit TzBfG 21, 11
- Rechtsklarheit TzBfG 21, 20
- Rechtssicherheit TzBfG 21, 20
- Sachgrund TzBfG 21, 9, 18
- Schriftform TzBfG 21, 8
- Schwangerschaft TzBfG 21, 53
- TVöD TzBfG 21, 58
- Unwirksamkeitsgründe TzBfG 21, 52
- Vergleich TzBfG 21, 47
- Verstoß gegen gesetzliche Wertung TzBfG 21, 55
- Verstoß gegen grundgesetzliche Wertung TzBfG 21, 53
- Vertretung TzBfG 21, 25
- vorübergehender Bedarf an Arbeitsleistung TzBfG 21, 23
- Weiterbeschäftigungsanspruch BetrVG 102, 273
- Zulässigkeit BEEG 21, 18
- zwingende gesetzliche Regelungen TzBfG 22, 1 f.

Auflösung des Arbeitsverhältnisses
- Abfindung
  ◊ s. dort
- Änderungskündigung KSchG 1 a, 27; KSchG 2, 159 a; KSchG 9, 30; KSchG 10, 66
- Anerkenntnisurteil KSchG 9, 14 a; KSchG 10, 66
- anhängiger Kündigungsrechtsstreit KSchG 9, 14 ff.
- Annahmeverzug KSchG 13, 72
- Antrag
  ◊ s. Auflösungsantrag
- Arbeitsentgelt BGB 628, 9 ff.
- Auflösungsgründe für Arbeitgeber KSchG 9, 50 ff., 55 ff.
- Auflösungsgründe für Arbeitnehmer KSchG 9, 36 ff., 41 ff.
- Auflösungsurteil KSchG 4, 257
- Berufsausbildungsverhältnis KSchG 9, 14 b
- Bestandsschutzprinzip KSchG 9, 8 ff.
- Betriebsverfassungsorgan BetrVG 103, 63 a; KSchG 9, 62; KSchG 15, 38, 40, 112
- Beweislast KSchG 9, 47 ff., 58, 60
- durch Vergleich KSchG 9, 68
- Einigungsvertrag KSchG 9, 30 a
- Entscheidung KSchG 9, 14 a, 26, 36 ff., 54 ff., 80 ff.
- Entstehungsgeschichte KSchG 9, 1 ff.
- fehlerhaftes Anhörungsverfahren BetrVG 102, 191
- Gestaltungsurteil KSchG 4, 257; KSchG 9, 26
- Höhe der Abfindung
  ◊ s. Abfindungshöhe
- in Rechtsmittelinstanz KSchG 9, 20
- Kosten KSchG 9, 88 ff.

Stichwortverzeichnis

- mehrere Kündigungen **KSchG 4**, 259
- mehrere Unwirksamkeitsgründe **KSchG 9**, 27 ff.
- nach Vergleich **KSchG 9**, 14; **KSchG 10**, 66
- Nachzahlungsanspruch **KSchG 11**, 63
- neues Arbeitsverhältnis
  ◊ *s. Wahlrecht zwischen Arbeitsverhältnissen nach Urteil im Kündigungsschutzprozess*
- Rechtsmittel **KSchG 10**, 68 ff.
- Rücknahme der Kündigung **KSchG 9**, 20 a; **KSchG 10**, 66
- Schwerbehinderte **SGB IX 85-90**, 141
- sittenwidrige Kündigung **KSchG 7**, 24; **KSchG 13**, 164 ff., 170 ff.
- Streitwert **KSchG 9**, 93 ff.
- Unzumutbarkeit **KSchG 9**, 11, 36 ff., 41 ff.
- Urteilstenor **KSchG 9**, 81 ff.; **KSchG 10**, 67
- Vollstreckung **KSchG 9**, 96
- Voraussetzungen **KSchG 4**, 257
- Zeitpunkt **KSchG 9**, 13 a
- Zweck **KSchG 9**, 8 ff.

Auflösungsantrag
- Abfindungsantrag **KSchG 10**, 64
  ◊ *s. auch Abfindung*
  ◊ *s. auch Abfindung nach Hinweis des Arbeitgebers, Abfindungshöhe*
- Änderungskündigung **KSchG 2**, 159 a
- Anerkenntnis **KSchG 4**, 72 ff.
- Antragsberechtigung **KSchG 9**, 15
- Auflösungsgründe für Arbeitgeber **KSchG 9**, 50 ff.
- Auflösungsgründe für Arbeitnehmer **KSchG 9**, 36 ff., 41 ff.; **KSchG 13**, 74
- Auflösungszeitpunkt **KSchG 9**, 31 a, 42; **KSchG 13**, 65 ff.
- außerordentliche Kündigung **KSchG 9**, 15, 29, 31 a, 42; **KSchG 13**, 64 ff.
- beiderseitiger ~ **KSchG 9**, 65 ff., 80
- Berufungsinstanz **KSchG 9**, 20, 22
- Betriebsrat **BetrVG 103**, 63 a; **KSchG 9**, 62; **KSchG 13**, 328, 332
- Beurteilung der Unzumutbarkeit **KSchG 9**, 36 ff.
- Beweislast **KSchG 9**, 47 ff., 58, 60
- des Arbeitgebers **KSchG 9**, 13, 17, 24, 28, 80; **KSchG 13**, 327 ff., 348
- des Arbeitnehmers **KSchG 9**, 11, 16, 80; **KSchG 13**, 330 ff., 349 ff.
- Form **KSchG 9**, 18
- gesetzliches Verbot **KSchG 13**, 337 ff.
- Inhalt **KSchG 9**, 18
- Kündigung nach Einigungsvertrag **KSchG 1**, 772
- Kündigungsrücknahme **KSchG 4**, 69 ff.; **KSchG 9**, 20 a
- leitende Angestellte **KSchG 9**, 63; **KSchG 14**, 37 ff.
- mehrere Kündigungen **KSchG 4**, 259
- nach § 78a BetrVG **BGB 626**, 55
- Nichtigkeitsgründe der Kündigung, andere **KSchG 13**, 326 ff.
- Rechtsmissbrauch **KSchG 9**, 46, 59
- Rechtsnatur **KSchG 9**, 16
- Revisionsinstanz **KSchG 9**, 21

- Rücknahme **KSchG 9**, 22 ff.
- Schwangere **MuSchG 9**, 171 a
- Schwerbehinderte **SGB IX 85-90**, 141
- Stationierungsstreitkräfte **KSchG 9**, 64; **NATO-ZusAbk**, 34
- Umdeutung **KSchG 13**, 107 ff.
- und Sonderkündigungsrecht bei neuem Arbeitsverhältnis **KSchG 12**, 6, 26
- Verweigern der Weiterarbeit bei Obsiegen **KSchG 12**, 26
- Weiterbeschäftigungsanspruch **BetrVG 102**, 205, 236
- Zeitpunkt der Antragstellung **KSchG 9**, 20
- Zweck des Kündigungsschutzes **KSchG 9**, 1 ff.

Auflösungsvertrag IPR, 81
  ◊ *s. auch Aufhebungsvertrag*

Auflösungsvertrag, Schriftform
  ◊ *s. Aufhebungsvertrag, Schriftform*

Aufsichtsrat
  ◊ *s. auch Aktiengesellschaft*
- Aussperrung von Arbeitnehmervertretern **KSchG 25**, 12
- Benachteiligungsverbot **KSchG 14**, 57
- Kündigungsschutz der Arbeitnehmervertreter **BetrVG 103**, 17; **KSchG 13**, 209; **KSchG 14**, 8
- Kündigungsschutz für Wahlbewerber **KSchG 13**, 206
- leitende Angestellte **KSchG 14**, 57

Auftragsrückgang/-mangel
- Betriebsratsanhörung **BetrVG 102**, 62 c
- Beweislast **KSchG 1**, 553 ff.
- gerichtliche Nachprüfung **KSchG 1**, 534 ff.
- Kündigungsgrund **KSchG 1**, 568 f.

Ausgleichsquittung KSchG 4, 301 ff.
- Anfechtung **KSchG 4**, 310
- Arbeitspapiere **KSchG 4**, 302, 308, 310
- Aufhebungsvertrag
  ◊ *s. dort*
- ausländische Arbeitnehmer **KSchG 4**, 311
- Auszubildende **KSchG 4**, 309
- gerichtliche Nachprüfung **KSchG 1**, 36 f.
- Internationales Arbeitsrecht **IPR**, 123
- Minderjährige **KSchG 4**, 309
- Schweigen **KSchG 1**, 36 b; **KSchG 4**, 98
- überraschende Klauseln **KSchG 4**, 311 a
- Wirksamkeit **KSchG 1**, 36 f.
- Wunsch des Arbeitnehmers **KSchG 1**, 36 b; **KSchG 4**, 296 a, 300 a
- Zahlungsansprüche **KSchG 4**, 304, 308

Aushilfsarbeitsverhältnis
- allgemeiner Kündigungsschutz **KSchG 1**, 42
- als Auflösungsgrund von altem Arbeitsverhältnis **KSchG 12**, 8
- Beschäftigtenzahl **KSchG 23**, 39
- Betriebsratsanhörung zu Kündigung **BetrVG 102**, 28
- Mutterschutz **MuSchG 9**, 144
- Zumutbarkeit als anderweitige Arbeit **KSchG 11**, 42

Auskunftsanspruch des Arbeitgebers
- anderweitiger Verdienst **KSchG 11**, 38, 48, 55

2710

- bei der Einstellung von Arbeitnehmern **BGB 626**, 435; **KSchG 1**, 512 f.
Auskunftsanspruch des Arbeitnehmers
- Auswahlrichtlinie **KSchG 1**, 702
- Interessenausgleich mit Namensliste **KSchG 1**, 703 h
- soziale Auswahl **KSchG 1**, 679 ff.
Ausländische Arbeitnehmer
- Arbeitsgenehmigung **KSchG 1**, 43 f., 290 f.
- ◊ s. auch Arbeitserlaubnis, fehlende
- Ausgleichsquittung **KSchG 4**, 311
- Betriebsratsanhörung vor Kündigung **BetrVG 102**, 17
- nachträgliche Zulassung **KSchG 5**, 31, 33, 38, 46, 58, 64, 75
- Schifffahrt **SeemG**, 9 ff.
- Schwerbehinderte **vor SGB IX 85-92**, 5
- Sprachschwierigkeiten **KSchG 4**, 311; **KSchG 5**, 58, 64 a
- Wehrdienst **ArbPlSchG**, 3 ff.; **KSchG 1**, 122, 394
- Widerrufsmöglichkeit **KSchG 4**, 311
- ziviles Gefolge **NATO-ZusAbk**, 5
- Zugang Kündigung **KSchG 4**, 101, 106 c, 110, 118 c
Auslandsarbeitsvertrag, Kündigungsschutzklage **KSchG 5**, 35 b, 46, 59 f.; 118 b
Auslandsaufenthalt KSchG 5, 35 b, 118 b
- böswilliges Unterlassen anderweitigen Verdienstes **KSchG 11**, 40
Auslandsbeschäftigung
- ◊ s. Internationales Privatrecht (IPR)
- anzuwendende Rechtsordnung **IPR**, 45 ff., 50, 66 ff.
- Auslandsarbeitsverhältnis **IPR**, 113
- Beschäftigungszeitberechnung **IPR**, 89
- Betriebs-/Personalratsanhörung **BetrVG 102**, 16; **BPersVG 72, 79, 108**, 5; **IPR**, 111 ff.
- Elternzeit **IPR**, 96
- Kündigung **BetrVG 102**, 16; **BPersVG 72, 79, 108**, 5; **IPR**, 82 f.
- Kündigungsschutzklage **KSchG 5**, 35 b, 118 b
- Massenentlassung **IPR**, 34, 88
- multinationale Unternehmen **IPR**, 66 ff., 91
- Mutterschutz **IPR**, 36, 96 f.
- öffentlicher Dienst **BPersVG 72, 79, 108**, 5; **IPR**, 69 ff.
- Rechtswahl **IPR**, 26 ff.
- Schwerbehinderte **IPR**, 93 ff.
- Wehrdienst **ArbPlSchG**, 14; **IPR**, 99
Auslauffrist
- außerordentliche Kündigung **BGB 626**, 304; **KSchG 15**, 33
- Kündigung eines Berufsausbildungsverhältnisses **BBiG 21**, 40, 42; **BBiG 22**, 40, 42; **IPR 21**, 44
- Kündigung eines Betriebsratsmitglieds **KSchG 15**, 33
- Massenentlassung **KSchG 17**, 36
Ausschlussfrist
- ◊ s. auch außerordentliche Kündigung, Ausschlussfrist
- Betriebsratsstellungnahme **BetrVG 102**, 89 a

- Schadensersatz bei außerordentlicher Kündigung **BGB 628**, 22
- Schadensersatz bei Beendigung des Ausbildungsverhältnisses **BBiG 21**, 138; **BBiG 22**, 138
- Wahl zwischen Arbeitsverhältnissen nach Obsiegen im Kündigungsprozess **KSchG 12**, 25
- Zustimmung(sersetzung) **BetrVG 102**, 263; **BetrVG 103**, 72, 93, 113, 118, 124 ff.; **KSchG 15**, 30 ff.
Ausschuss nach § 20
- Ablehnung von Mitgliedern **KSchG 20**, 22 ff.
- Amtszeit **KSchG 20**, 21
- Anhörung **KSchG 20**, 41 ff.
- Beisitzer **KSchG 20**, 9 ff., 13 ff., 18 ff.
- Beschlussfähigkeit **KSchG 20**, 50
- Beschlussfassung **KSchG 20**, 52
- Durchführung der Sitzung **KSchG 20**, 46 ff.
- Entscheidungen **KSchG 20**, 53 ff.
- Entstehungsgeschichte **KSchG 20**, 1 ff.
- strafrechtlicher Schutz **KSchG 20**, 31 ff.
- Verfahren **KSchG 20**, 40 ff.
- Vorsitzender **KSchG 20**, 7 f.
- Zusammensetzung **KSchG 20**, 6 ff.
- Zuständigkeit **KSchG 20**, 37 ff.
Ausschüsse des Betriebsrats
- Anhörung zu Kündigungsabsicht **BetrVG 102**, 46 a, 81, 93
- personelle Veränderungen von leitenden Angestellten **BetrVG 105**, 31
- Verlangen nach Entfernung betriebsstörender Arbeitnehmer **BetrVG 104**, 6
- Zuständigkeit bei Kündigung eines Betriebsratsmitglieds **BetrVG 103**, 76
Außendienstmitarbeiter
- ◊ s. Handelsvertreter
- ◊ s. Handlungsreisender
Außerdienstliches Verhalten
- Alkohol und Drogen **BGB 626**, 407, 414
- ◊ s. auch dort
- Begehen einer Straftat **BGB 626**, 91, 114, 414
- Beteiligung an öffentlichen Aktionen **BGB 626**, 115
- Entlassungsverlangen des Betriebsrats **BetrVG 104**, 15
- intime Beziehungen **BGB 626**, 414; **KSchG 1**, 454
- kirchlicher Dienst **BGB 626**, 123; **KSchG 1**, 73 ff., 455
- Krankheit **BGB 626**, 425 ff.
- Kündigungsgrund **BBiG 21**, 68; **BBiG 22**, 68; **BGB 626**, 110, 114 ff., 414; **KSchG 1**, 450 ff.
- Lebenswandel **BGB 626**, 414; **KSchG 1**, 454 ff.
- leitende Angestellte **BGB 626**, 414
- Meinungsfreiheit **BGB 626**, 115, 121
- öffentlicher Dienst **KSchG 1**, 451
- Privatsphäre **BGB 626**, 114
- Tendenzbetriebe-/unternehmen **KSchG 1**, 456
- Tendenzbetriebe/-unternehmen **BGB 626**, 121 ff.
- ◊ s. auch dort
- Verbandsbereich **BGB 626**, 122
Außerordentliche Kündigung
- Abberufung **BGB 626**, 12

2711

Stichwortverzeichnis

- Abfindung **BGB 626**, 65; **KSchG 1 a**, 25; **KSchG 10**, 62
- Abgrenzung zur ordentlichen Kündigung **KSchG 1**, 165 f.
- Abmahnung
  ◊ *s. dort*
- absolute Kündigungsgründe **BGB 626**, 81, 88, 404; **KSchG 13**, 18
- abstrakte Gefährdung **BGB 626**, 116, 416
- Abwicklung **BGB 626**, 477
- Abwicklungsvertrag **BGB 626**, 50 a
- als Dienststrafe **BGB 626**, 51 ff.
- Alterssicherung **BGB 626**, 158, 297 ff., 322, 425
- Änderungskündigung **BGB 626**, 198 ff., 286, 293 ff.; **KSchG 2**, 30 ff.; **KSchG 7**, 20; **KSchG 13**, 16, 24
- Anfechtung **BGB 626**, 44, 49
- Anhörung des Gekündigten **BGB 626**, 31 ff., 207, 214, 216, 230, 330
- Anscheinsbeweis **BGB 626**, 487, 501
- arbeitnehmerähnliche Personen **ArbNähnl.Pers.**, 70, 118 ff., 216 ff.; **BGB 626**, 3
- Arbeitsentgelt **BGB 628**, 10 ff.
- Arbeitslosenunterstützung **BGB 628**, 55 a
- Arbeitsschutzbestimmung, Missachtung **BGB 626**, 459, 466
- auf Verlangen des Betriebsrats **BetrVG 104**, 18, 25, 33 ff., 46 ff., 56 ff.
  ◊ *s. auch Entfernung betriebsstörender Arbeitnehmer*
- Aufhebungsvertrag **BGB 626**, 47 ff., 367 ff.
- Aufklärung **BGB 626**, 214, 230, 330, 386
- Auflösungsantrag **KSchG 9**, 15, 29, 31 a, 42; **KSchG 13**, 64 ff.
- Auflösungsantrag (§ 13 Abs. 1 Satz 3 KSchG) **BGB 626**, 371
- Auflösungsvertrag (§ 78 a BetrVG) **BGB 626**, 55
- Auslauffrist **BGB 626**, 29, 133, 200, 302, 304 ff., 500; **KSchG 13**, 17, 109 a
- Auslegung **BGB 626**, 28, 41, 72, 192, 365, 482
- Ausschluss der außerordentlichen Kündigung **BGB 626**, 57 ff.
  ◊ *s. auch Unkündbarkeit*
- Ausschluss der ordentlichen Kündigung **BGB 626**, 32, 158, 297 ff., 425
- Ausschlussfrist **BGB 626**, 186 ff., 249, 253, 283, 311 ff., 372, 385 ff., 499
  ◊ *s. auch außerordentliche Kündigung, Ausschlussfrist*
- Ausübung des Rechts zur ~ **BGB 626**, 22
- Auswechseln der Kündigungsgründe **BGB 626**, 180
- Auswirkung auf das Arbeitsverhältnis **BGB 626**, 95, 110 ff., 166 ff.
- bedingter Aufhebungsvertrag **BGB 626**, 48
- Bedingung **BGB 626**, 23, 48
- befristete Kündigung **BGB 626**, 26, 29, 306; **KSchG 1**, 166
- befristetes Arbeitsverhältnis **BGB 626**, 4
- beiderseits vertragswidriges Verhalten **BGB 626**, 197
- Berichtspflichten **BGB 626**, 433, 489

- Berufsausbildungsverhältnis **BBiG 21**, 40, 44 ff.; **BBiG 22**, 40, 44 ff.; **BGB 626**, 9
  ◊ *s. auch Berufsausbildungsverhältnis, Kündigung*
- Beschränkung der außerordentlichen Kündigung **BGB 626**, 58, 64 ff.
- betriebsbedingte Gründe **BGB 626**, 133, 155 ff., 170, 203 ff., 248, 305, 329
- Betriebsbußen **BGB 626**, 278, 285
- Betriebsratsanhörung **BetrVG 102**, 79, 90 ff., 113, 118 ff., 182 ff., 263; **BetrVG 104**, 31, 33, 54, 58; **BGB 626**, 20, 47, 183 ff., 216, 306, 332, 483; **KSchG 13**, 217
- Betriebsratsmitglied **BetrVG 103**, 58; **KSchG 15**, 21 ff.
  ◊ *s. auch Betriebsrat, Kündigungsschutz*
- Beurteilungsmaßstab **BGB 626**, 109
- Beurteilungsspielraum **BGB 626**, 81, 83, 390
- Beurteilungszeitpunkt **BGB 626**, 108, 173 ff., 220, 226, 233
- Beweislast **BGB 626**, 378 ff., 501
  ◊ *s. auch dort*
- Beweisverwertungsverbot **BGB 626**, 384 a
- Darlegungslast **BGB 626**, 378 ff., 501
- Dauerstellung/Lebenszeitarbeitsverhältnis **BGB 624**, 25 f.
- Dauertatbestand **BGB 626**, 301, 323 ff.
- Dienstentlassung **BGB 626**, 51 ff.
- Dienstordnungs-Angestellte **BGB 626**, 51 ff.
- Dienstverhältnis, sonstiges **BGB 626**, 1, 10, 81, 311
- Direktionsrecht **BGB 626**, 200, 286, 293, 381, 412, 459
- Dreiwochenfrist **KSchG 13**, 15
  ◊ *s. auch dort*
- Drittinteressen **BGB 626**, 94
- Druckkündigung **BGB 626**, 161, 204 ff., 326, 420
  ◊ *s. auch dort*
- Eigenkündigung des Arbeitnehmers **BGB 626**, 49, 463 ff.
  ◊ *s. auch Kündigung durch Arbeitnehmer*
  ◊ *s. außerordentliche Kündigung durch Arbeitnehmer, Fallgruppen*
- Einschränkung der außerordentlichen Kündigung **BGB 626**, 58, 64 ff.
- Einspruch des Arbeitnehmers beim Betriebsrat **KSchG 3**, 28
- entfristete ordentliche Kündigung **BGB 626**, 70; **KSchG 17**, 35
- Entlastungstatsachen **BGB 626**, 495
- Entschuldigungsgrund **BGB 626**, 381 ff.
- Entstehungsgeschichte **BGB 626**, 74 ff.
- Ersetzungsverfahren (§103 Abs. 2 BetrVG) **BGB 626**, 21
- Erweiterung des Kündigungsrechts **BGB 626**, 59, 68 ff.; **KSchG 13**, 18
- Fahrlässigkeit **BGB 626**, 139, 242, 319, 442
- faktisches Arbeitsverhältnis **BGB 626**, 46 c
- Feststellungsinteresse bei Schadensersatzklage **KSchG 1**, 161
- Feststellungsklage (allgemeine) **BGB 626**, 195, 287, 373 ff., 379, 391, 395, 464
- Freistellung **BGB 626**, 210, 240, 290

Stichwortverzeichnis

- fristlose Kündigung **BGB 626**, 27, 29
- Fürsorgepflicht **BGB 626**, 169, 234, 451
- Geltungsbereich **BGB 626**, 1 ff.
- Genehmigung vollmachtsloser Kündigung **BGB 626**, 316, 346
- Generalklausel **BGB 626**, 75, 78 ff.
- geringfügige Pflichtverletzung **BGB 626**, 100, 264, 274
- Geschäftsgrundlage **BGB 626**, 32, 49 b, 204
- Gleichbehandlungsgrundsatz **BGB 626**, 123, 203, 253, 307 ff.
- GmbH-Geschäftsführer **BGB 626**, 2, 12, 434
- Gruppenarbeitsverhältnis **BGB 626**, 423
- Hafenarbeiter **BGB 626**, 424
- Handelsvertreter **ArbNähnl.Pers.**, 216 ff.; **BGB 626**, 11
- Heimarbeiter **ArbNähnl.Pers.**, 118 ff.; **BGB 626**, 5
- herausgreifende Kündigung **BGB 626**, 308 ff.
- im Beitrittsgebiet **BGB 626**, 474 ff.
  ◊ *s. auch Einigungsvertrag, außerordentliche Kündigung*
- Insolvenz **BGB 626**, 13, 170, 371
- Interessenabwägung
  ◊ *s. Interessenabwägung, außerordentliche Kündigung*
- Irrtum **BGB 626**, 105, 144, 242, 384, 455
- Kinderbetreuung **BGB 626**, 142
- Kirchen **BGB 626**, 121, 123, 244, 437
- Klagefrist **BGB 626**, 200 a, 371, 379, 403, 501
- Konkurrenztätigkeit **BGB 626**, 113, 197, 383, 405, 460
- Kündigungsarten **BGB 626**, 26
- kündigungsberechtigte Personen **BGB 626**, 343 ff.
- Kündigungserklärung **BGB 626**, 22, 25 ff., 30
- Kündigungserschwerung **BGB 626**, 64 ff.
- Kündigungsgrund **BGB 626**, 86, 308
  ◊ *s. auch wichtiger Grund*
- Kündigungsschutzklage **BGB 626**, 371 ff., 378, 391
  ◊ *s. auch dort*
- Kündigungsverbote **BGB 626**, 93
- Kündigungszeitpunkt **BGB 626**, 24, 173, 219, 226, 233, 455
- Leiharbeitsverhältnis **BGB 626**, 430
- Leistungsbereich, Störungen **BGB 626**, 166, 261
- Leistungsverweigerungsrecht **BGB 626**, 141, 468
- Massenentlassung **KSchG 17**, 33 f.
- Minderjährige **BGB 626**, 344, 498
- Mischtatbestände **BGB 626**, 159 ff., 246
- Mitteilung der Kündigungsgründe **BGB 626**, 35 ff., 174, 179
- Mitteilungspflichten **BGB 626**, 433, 435
- Mutterschutz
  ◊ *s. dort*
- Nachschieben von Kündigungsgründen **BGB 626**, 178 ff., 216, 220, 233
  ◊ *s. auch dort*
- Nebenpflicht **BGB 626**, 116, 145, 287, 425 ff.
- Nichtigkeit des Arbeitsvertrages **BGB 626**, 46
- ordentliche Kündigung **BGB 626**, 155, 257, 297, 315, 366, 396 ff., 500

- Organisationsrisiko **BGB 626**, 335
- Parteifähigkeit **BGB 626**, 377
- Personalakten **BGB 626**, 276, 282 ff.
- Personalrat, Mitwirkung **KSchG 5**, 66; **KSchG 13**, 222
- Persönlichkeitsrecht **BGB 626**, 270, 282, 384 a
- Pflichtenkollision **BGB 626**, 142
- Präklusion **BGB 626**, 393 ff.
- Probearbeitsverhältnis **BGB 626**, 439
- Prognoseprinzip **BGB 626**, 110 ff., 146, 262, 266 ff., 281, 327, 329
  ◊ *s. auch Prognose*
- Prozessvollmacht **BGB 626**, 194
- Prüfungsmaßstab für wichtigen Grund **BGB 626**, 83 ff., 101, 107, 109, 133, 199 ff., 300
- Rechtfertigungsgrund **BGB 626**, 381 ff.
- Rechtsirrtum **BGB 626**, 144, 242, 384
- Rechtskraft **BGB 626**, 391 ff.
- Rechtsmissbrauch **BGB 626**, 50, 203, 349, 361 ff., 403, 408
- Rechtsstaatlichkeit **BGB 626**, 482, 484 ff., 496, 501
- revisionsrechtliche Nachprüfung **BGB 626**, 83, 390
- Rücktritt **BGB 626**, 50
- rückwirkende ~ **BGB 626**, 24
- Rückzahlungsverlangen **BGB 626**, 65
- Ruhegeldansprüche (Wegfall) **BGB 626**, 300
- ruhendes Arbeitsverhältnis **BGB 626**, 127, 240
- Sanktionscharakter **BGB 626**, 28, 51, 254, 272, 278, 285
- Schaden **BGB 626**, 100, 242, 442, 445 ff.
- Schadensersatz
  ◊ *s. Schadensersatz bei außerordentlicher Kündigung*
- Scheingrund **BGB 626**, 107
- Schiedsgerichtsklausel **BGB 626**, 64
- Schriftsatzkündigung **BGB 626**, 194
- Schwerbehinderte **BGB 626**, 19, 306, 339 ff., 435, 483; **SGB IX 91**, 2 ff.
  ◊ *s. auch Schwerbehinderte, Kündigungsschutz*
- Seearbeitsrecht **BGB 626**, 8; **SeemG**, 107 ff., 114 ff., 126 ff., 132 ff., 147 ff.
- Selbstbindung **BGB 626**, 309
- Sittenwidrigkeit **BGB 626**, 107
- soziale Auslauffrist **BGB 626**, 29; **KSchG 1**, 166
- soziale Auswahl **BGB 626**, 158; **KSchG 1**, 606
- Sphärentheorie **BGB 626**, 163, 261
- Stationierungsstreitkräfte **NATO-ZusAbk**, 25 ff.
- Störung **BGB 626**, 110, 116, 145, 166 ff., 240, 261 ff., 416
- Streitgegenstand **BGB 626**, 375, 391 ff.
- subjektive Theorie **BGB 626**, 85, 103 ff., 109, 212
- Systematisierung der Kündigungsgründe **BGB 626**, 128 ff., 172 ff.
- tarifliche Maßregelungsverbote **BGB 626**, 60
- tarifvertragliche Regeln **BGB 626**, 66, 70 ff., 318; **KSchG 13**, 18
- Teilkündigung **BGB 626**, 198, 472
- Tod **BGB 626**, 56, 151
- Trotzkündigung **BGB 626**, 403
- Überbrückungsmöglichkeiten **BGB 626**, 112, 135, 146, 451

Stichwortverzeichnis

- Überführung **BGB 626**, 477
- ultima-ratio-Prinzip **BGB 626**, 200, 202, 230, 232, 251 ff.
- Umdeutung
  ↳ *s. dort*
- Umgehung **BGB 626**, 48
- Umsetzung **BGB 626**, 288
- Unabdingbarkeit **BGB 626**, 57 ff.
- unbestimmter Rechtsbegriff **BGB 626**, 75, 78 ff.
- unkündbare Arbeitnehmer **BGB 626**, 66, 71, 155, 158, 297 ff., 322, 340, 425
- Unmöglichkeit **BGB 626**, 42, 56, 327
- Unschuldsvermutung **BGB 626**, 211
- Unterlassungsklage **BGB 626**, 287
- unternehmerische Entscheidung **BGB 626**, 133, 155, 203, 329
- Unternehmerrisiko **BGB 626**, 96, 157, 170
- Unzumutbarkeit **BGB 626**, 80 ff., 210, 235 ff., 327, 329, 390, 481, 493 ff.
- Verbandsbereich
- Vergütungsrückstand **BGB 626**, 143, 149, 412, 467
- Verhältnis von Kündigungsgrund und Vertragsdauer **BGB 626**, 298 ff.
- Verhältnismäßigkeitsprinzip **BGB 626**, 200, 202, 230, 232, 251 ff.
  ↳ *s. auch Verhältnismäßigkeitsgrundsatz*
- Verjährung **BGB 626**, 498
- Verschulden **BGB 626**, 139, 144, 231, 242, 384, 486
- Versetzung **BGB 626**, 288 ff.
- Vertragsverletzung **BGB 626**, 110, 137 ff., 197
- Vertrauensschutz **BGB 626**, 112
- Vertraulichkeit **BGB 626**, 112, 415
- Verzicht, Verzeihung, Verwirkung
  ↳ *s. jeweils dort*
- Verzug **BGB 626**, 149, 381, 409, 467
- vor Dienstantritt **BGB 626**, 25, 40
- Wegfall der Geschäftsgrundlage **BGB 626**, 42
- Wehrdienst **ArbPlSchG**, 20 ff.; **BGB 626**, 16, 142, 146, 435, 494
- Weisungen **BGB 626**, 200, 243, 286, 381, 412, 459
- Weiterbeschäftigungsanspruch **BetrVG 102**, 198, 199, 269 ff.
- Wettbewerb **BGB 626**, 113, 197, 383, 405 f, 460 ff.
- wichtiger Grund
  ↳ *s. dort und außerordentliche Kündigung durch Arbeitgeber/durch Arbeitnehmer, Fallgruppen*
- Widerrufsvorbehalt **BGB 626**, 200, 286
- Widerspruch des Betriebsrats **BetrVG 102**, 137
- widersprüchliches Verhalten **BGB 626**, 107, 295, 463
- Wiedereinsetzung in den vorigen Stand **BGB 626**, 314
- Wiedereinstellungsanspruch **BGB 626**, 219, 234
- Wiederholungsgefahr **BGB 626**, 49 c, 111, 139, 146, 240, 301
- Wiederholungskündigung **BGB 626**, 403
- Willenserklärung **BGB 626**, 22, 269
- Zeitpunkt der Beurteilung **BGB 626**, 108, 220, 226, 233
- Zeitpunkt der Entstehung der Kündigungsgründe **BGB 626**, 172 ff., 233

- Zugang **BGB 626**, 173, 194, 358 ff.
- Zumutbarkeit **BGB 626**, 80 ff., 201, 235 ff., 327, 329, 390, 481, 493 ff.
- Zurückbehaltungsrecht **BGB 626**, 143, 412, 452, 467
- Zustimmung des Betriebsrats **BetrVG 102**, 245, 247 a ff.; **BetrVG 103**, 86 ff.; **BetrVG 104**, 33
- Zustimmungserfordernis **BGB 626**, 17 ff., 64, 185, 333 ff., 483
- zwingende Wirkung **BGB 626**, 57 ff., 317, 354, 358; **KSchG 13**, 18

Außerordentliche Kündigung durch Arbeitgeber, Fallgruppen
- Abkehrmaßnahmen/Abkehrwille **BGB 626**, 405
- Absatzschwierigkeiten **BGB 626**, 155
  ↳ *s. auch Auftragsrückgang/-mangel*
- Abwerbung **BGB 626**, 406, 460; **KSchG 1**, 418 ff.
- Alkohol **BGB 626**, 134, 326, 407, 414, 416, 425; **KSchG 15**, 27
  ↳ *s. auch Alkohol und Drogen*
- Anstellungsbetrug **BGB 626**, 88; **NATO-ZusAbk**, 27
- Anzeige gegen Arbeitgeber **BGB 626**, 408; **KSchG 1**, 427 f.
- Anzeige von Dienstverfehlungen **BGB 626**, 433
- Anzeige- und Nebenpflichtverletzung **BGB 626**, 426; **KSchG 1**, 475 ff., 488
- Arbeitnehmerüberlassung **BGB 626**, 430
- Arbeitsbeschaffungsmaßnahme **BGB 626**, 15
- Arbeitsbummelei **BGB 626**, 382, 409
- Arbeitsgenehmigung, fehlende **BGB 626**, 130, 326, 433; **KSchG 1**, 290 f.
- Arbeitskampf **BGB 626**, 310, 410
  ↳ *s. auch Streik*
- Arbeitsmangel **BGB 626**, 155; **KSchG 1**, 565 ff.
- Arbeitsordnung **BGB 626**, 168
- Arbeitspapiere **BGB 626**, 411; **KSchG 1**, 431
- Arbeitsplatzwechsel **BGB 626**, 152, 456
- Arbeitsunfähigkeit **BGB 626**, 132 ff., 154, 326, 382, 425 ff., 453 ff.
- Arbeitsvertragsbruch **BGB 626**, 167
- Arbeitsverweigerung **BGB 626**, 88, 141 ff., 167, 409, 412, 432; **KSchG 1**, 433 ff.; **KSchG 15**, 27; **NATO-ZusAbk**, 27
- Arztbesuch **BGB 626**, 413
- Ausländerfeindlichkeit **BGB 626**, 438
- außerdienstliches Verhalten **BGB 626**, 113 ff., 121, 414, 455
  ↳ *s. auch dort*
- Aussperrung **BGB 626**, 410
- Bedrohung **BGB 626**, 449
- Beleidigungen und Kritik **BGB 626**, 112, 115, 148, 381, 415, 469; **KSchG 1**, 462 ff., 470
- Berichte an Arbeitgeber, unterlassene **BGB 626**, 433
- Beschäftigtenschutzgesetz **BGB 626**, 443
- Bestechung **BGB 626**, 420
- Betriebsfrieden **BGB 626**, 116, 168, 207, 416, 438, 449; **KSchG 1**, 467 ff.; **KSchG 15**, 28
- Betriebsgeheimnisse **BGB 626**, 405, 457
- Betriebsordnung **BGB 626**, 148, 416

Stichwortverzeichnis

- Betriebsrat, Beteiligung
  ◊ s. *Außerordentliche Kündigung (Betriebsratsanhörung) und Mitbestimmung bei Kündigungen*
- Betriebsratsmitglieder **BGB 626**, 20, 133, 255, 333 ff.
  ◊ s. *auch Betriebsrat, Kündigungsgründe*
- Betriebsstilllegung **BGB 626**, 155, 157, 329, 417
- Betriebsstockung **BGB 626**, 158
- Betriebsübergang **BGB 626**, 49 b, 357
- Betrug **BGB 626**, 445, 447; **NATO-ZusAbk**, 27
- Computermissbrauch **BGB 626**, 418
- Darlehenserschleichung **BGB 626**, 448
- Datenschutz **BGB 626**, 418
- Diebstahl **BGB 626**, 281, 414, 446; **KSchG 1**, 502; **NATO-ZusAbk**, 27
- Dienstfahrten **BGB 626**, 419
- Diskriminierung **BGB 626**, 93
- Disziplinarmaßnahme **BGB 626**, 51 ff.
- Doping **BGB 626**, 407
- Drogen **BGB 626**, 407, 425
  ◊ s. *auch Alkohol und Drogen*
- Druckkündigung **BGB 626**, 205 ff., 420
- Ehrenämter **BGB 626**, 421; **KSchG 15**, 27
- Ehrverletzungen **BGB 626**, 88, 148, 381, 415, 469; **NATO-ZusAbk**, 27
- Eignung **BGB 626**, 131, 140, 164, 259, 422, 439
  ◊ s. *auch Eignung*
- Einigungsvertrag
  ◊ s. *Einigungsvertrag, außerordentliche Kündigung*
- Einstellungsfragebogen, unrichtige Beantwortung **BGB 626**, 435
- Elternzeit **BGB 626**, 14, 338
- Fähigkeiten **BGB 626**, 131, 140, 164, 259, 422, 439
- Fahrerlaubnis **BGB 626**, 290, 328, 407
- Freiheitsstrafe **BGB 626**, 88, 135, 435, 451; **KSchG 1**, 317
- Gehaltsrückstand **BGB 626**, 143, 412
- Geschäftsgeheimnisse **BGB 626**, 405, 457
- Geschäftsschädigung **BGB 626**, 147
- gewerkschaftliche Betätigung **BGB 626**, 93, 206; **KSchG 15**, 27
- Gewissenskonflikt, Gewissensentscheidung **BGB 626**, 141, 254, 412, 468
- Haschisch **BGB 626**, 407
- Herabgruppierung **BGB 626**, 72
- Heuerverhältnis **SeemG**, 107 ff.
- konfessionelle Betätigung **BGB 626**, 111
- Konkurrenztätigkeit **BGB 626**, 88, 113, 197, 383, 405, 460 ff.
- Kontrolleinrichtungen **BGB 626**, 229, 444, 455
- Konzern **BGB 626**, 127, 414
- Krankheit als Kündigungsgrund **BGB 626**, 132 ff., 154, 326, 382, 425 ff., 453 ff., 473
- Krankheit und Pflichtverletzung **BGB 626**, 425 ff.; **KSchG 1**, 486 f.
- Krankheit, simulierte **BGB 626**, 455; **KSchG 1**, 322, 486
- Kritik **BGB 626**, 112
- Lohnrückstand **BGB 626**, 143, 412
- Manko **BGB 626**, 431, 455
- Maßregelung durch ~ **BGB 626**, 432

- Meinungsäußerung **BGB 626**, 115 ff., 416, 438; **KSchG 15**, 28 a
- Mobbing **BGB 626**, 325, 416
- Nebentätigkeit **BGB 626**, 113, 429, 434 ff.
  ◊ s. *auch Nebenbeschäftigung*
- neue Bundesländer
  ◊ s. *Einigungsvertrag, außerordentliche Kündigung*
- Offenbarungspflicht, Verletzung **BGB 626**, 435
- öffentlicher Dienst **BGB 626**, 51 ff., 66, 114, 118 ff., 352, 436, 447, 474 ff.; **BPersVG 72**, **79**, **108**, 66; **NATO-ZusAbk**, 26
  ◊ s. *auch dort*
- Pausenbummelei **BGB 626**, 409
- Personalrat, Beteiligung
  ◊ s. *Mitbestimmung bei Kündigungen*
- Personalratsmitglieder **BGB 626**, 20, 133, 255, 333 ff.
  ◊ s. *auch Personalrat, Kündigungsschutz*
- personenbedingte Gründe **BGB 626**, 128 ff., 139 ff., 150 ff., 163 ff., 211, 259
- Pflichtverletzungen **BGB 626**, 110, 137 ff., 197
- Plakettentragen im Betrieb **BGB 626**, 117, 438; **KSchG 1**, 486
- politische Betätigung **BGB 626**, 93, 111, 114 ff., 168, 438; **KSchG 15**, 28 a; **NATO-ZusAbk**, 27
- private Telefongespräche **BGB 626**, 445
- Privatfahrten **BGB 626**, 407, 419
- Privatsphäre **BGB 626**, 238, 494
- Provokation **BGB 626**, 148
- Rationalisierungsmaßnahmen **BGB 626**, 329
- Rauchverbot **BGB 626**, 440; **KSchG 15**, 27
- Rücksprache mit Vorgesetzten **BGB 626**, 441
- Schlecht-/Minder-/Fehlleistung **BGB 626**, 147, 167, 409, 442; **KSchG 1**, 448 f.
  ◊ s. *auch dort*
- Schmiergeldannahme **BGB 626**, 447; **KSchG 1**, 495
- Schulden **BGB 626**, 456
- Schutz-/Nebenpflichten **BGB 626**, 283
- Schwangerschaft **BGB 626**, 14, 18, 337, 483
  ◊ s. *auch dort*
- Schwarzarbeit **BGB 626**, 434, 460
- sexuelle Belästigungen **BGB 626**, 443; **KSchG 15**, 27
- Sicherheitsbedenken **BGB 626**, 126
- Sicherheitsvorschriften **BGB 626**, 459
- Solidarität **BGB 626**, 310, 410
- Spesenbetrug **BGB 626**, 148, 229, 328, 445; **KSchG 15**, 27
- Spielsucht **BGB 626**, 425
- Stationierungsstreitkräfte **NATO-ZusAbk**, 26
- Stechuhr (Arbeitskontrollen) **BGB 626**, 444, 455
- Steuerhinterziehung **BGB 626**, 436
- strafbare Handlungen **BGB 626**, 114, 148, 212 ff., 264, 268, 292, 321, 328, 414, 445 ff.; **KSchG 1**, 501 ff.
- Streik
  ◊ s. *dort*
- Tatkündigung **BGB 626**, 34, 215 ff., 321, 403
- Tätlichkeiten **BGB 626**, 138, 169, 407, 415, 443, 449, 473; **KSchG 15**, 27; **NATO-ZusAbk**, 27
- Tendenzbetriebe **BGB 626**, 121 ff., 244

2715

Stichwortverzeichnis

- tendenzwidriges Verhalten **BGB 626**, 114 ff.
- Torkontrolle **BGB 626**, 450
- Treuepflicht **BGB 626**, 169, 406, 410, 429, 445 ff., 460
- Treueverletzung **BGB 626**, 88, 447; **KSchG 15**, 26 c
- unentschuldigtes Fehlen **BGB 626**, 325, 381, 409
- Unkündbarkeit
  ↳ *s. dort*
- Unpünktlichkeit **BGB 626**, 138, 167, 292, 382, 409; **KSchG 1**, 444
- Unterschlagung **BGB 626**, 328; **KSchG 15**, 27; **NATO-ZusAbk**, 27
- Untersuchungshaft **BGB 626**, 451
- Urlaubsantritt und -überschreitung **BGB 626**, 325, 381, 428, 452 ff., 455; **KSchG 1**, 438 ff.
- Verdachtskündigung **BGB 626**, 34, 169, 210 ff., 320, 455, 487
  ↳ *s. auch dort*
- Vergleichsverfahren **BGB 626**, 13
- verhaltensbedingte Gründe **BGB 626**, 137 ff., 211, 259
- Verschuldung des Arbeitnehmers **BGB 626**, 456
- Verschwiegenheitspflicht **BGB 626**, 457; **KSchG 1**, 494; **KSchG 15**, 26 c
- Vertrauensgrundlage, Störung **BGB 626**, 328
- Vollmachtsüberschreitung **BGB 626**, 458
- Vorstrafen **BGB 626**, 435
- Weisungen, Nichtbefolgen **BGB 626**, 459; **NATO-ZusAbk**, 27
- Wettbewerbsverbot, Verstoß **BGB 626**, 88, 197, 460 ff.
- zwingende Wirkung
- zwingendes Recht **BGB 626**, 404 ff.

Außerordentliche Kündigung durch Arbeitnehmer
- Abwehraussperrung **KSchG 25**, 9
- ansteckende Krankheit des Arbeitgebers **BGB 626**, 473
- Arbeitskampf **BGB 626**, 473
- Arbeitsplatzwechsel **BGB 626**, 465
- Arbeitsschutzbestimmungen **BGB 626**, 473
- Ausbildungsbefugnis, Entzug oder Fehlen **BGB 626**, 136
- außergewöhnliche Lebenschance **BGB 626**, 152
- Aussperrung **BGB 626**, 473
  ↳ *s. auch dort*
- Bedrohung **BGB 626**, 473
- Beleidigung **BGB 626**, 469
- Diskriminierung **BGB 626**, 469
- Eheschließung **BGB 626**, 153
- Ehrverletzungen **BGB 626**, 89
- Fallgruppen **BGB 626**, 465 ff.
- Gehalts- und Lohnrückstand **BGB 626**, 89, 149, 467
- Gewissensentscheidung **BGB 626**, 468
- Heuerverhältnis **SeemG**, 136 ff.
- Krankheit **BGB 626**, 154, 473
- Lohnrückstand **BGB 626**, 467
- Maßregelung, Missachtung **BGB 626**, 469
- Mehrarbeit, unzulässige **BGB 626**, 471
- Missachtung **BGB 626**, 469
- Strafantritt **BGB 626**, 153
- Studienplatz **BGB 626**, 153
- Suspendierung, unzulässige **BGB 626**, 471
- Tätlichkeiten **BGB 626**, 89, 473
- Teilkündigung **BGB 626**, 472
- Verdächtigung, fehlerhafte **BGB 626**, 149, 469
- Verdienstminderung durch Provisionsverminderung **BGB 626**, 470
- Vergütungsrückstand **BGB 626**, 149, 467
- Vertragsverletzungen des Arbeitgebers **BGB 626**, 470
- Verzug **BGB 626**, 149, 467
- Weiterbeschäftigungsanspruch, Auswirkung **BetrVG 102**, 238
- Werkswohnung, unzumutbare **BGB 626**, 472
- Wettbewerbsverbot, Verstoß **BGB 626**, 49, 136, 149, 152 ff., 463 ff.
- Zurückbehaltungsrecht **BGB 626**, 467

Außerordentliche Kündigung, Ausschlussfrist
- Abänderung der Ausschlussfrist **BGB 626**, 317
- Änderungskündigung **BGB 626**, 198 ff.
- Anfechtungserklärung **BGB 626**, 44
- Arbeitgeberwechsel **BGB 626**, 357
- Aufklärung des Sachverhalts **BBiG 21**, 100; **BBiG 22**, 100; **BGB 626**, 330
- Bedenkzeit **BGB 626**, 362
- Beginn **BBiG 21**, 97; **BBiG 22**, 97; **BetrVG 104**, 33, 46 ff., 57; **BGB 626**, 319 ff.
- Berechnung **BBiG 21**, 101; **BBiG 22**, 101; **BGB 626**, 356; **KSchG 4**, 111, 236
- Berufsausbildungsverhältnis **BBiG 21**, 96 ff.; **BBiG 22**, 96 ff.
- betriebsbedingte Gründe **BGB 626**, 329
- Betriebsratsanhörung **BetrVG 102**, 79, 263
- Betriebsratsmitglied **BetrVG 103**, 72, 93, 113, 124 ff., 131; **KSchG 15**, 30 ff., 41
- Beweislast für Wahrung **BGB 626**, 385 ff.
- Dauergründe **BGB 626**, 323 ff.
- Diebstahl **BGB 626**, 328
- Druckkündigung **BGB 626**, 326
- Elternzeit **BGB 626**, 338
- Entstehungsgeschichte **BGB 626**, 74 ff.
- gerichtliche Geltendmachung versäumter ~ **BGB 626**, 372
- Handelsvertreter **ArbNähnl.Pers.**, 222
- Hemmung des Beginns **BGB 626**, 330 ff., 359 ff., 386
- Irrtum über Zustimmungserfordernis **BetrVG 103**, 113 a
- Kenntnis der Gründe **BGB 626**, 104, 319 ff., 343, 355
- Kenntnis, maßgebender Personenkreis **BGB 626**, 343 ff., 355
- kollusives Zusammenwirken **BGB 626**, 349, 364
- Krankheit, langandauernde **BGB 626**, 326
- Kündigungsbefugnis, gesetzliche Regelungen **BGB 626**, 343 ff.
- Kündigungsbefugnis, vertragliche Regelung **BGB 626**, 353

- Kündigungsverlangen des Betriebsrats **BetrVG 104**, 33, 46 ff.
- Mutterschutz, Zulässigkeitserklärung **BetrVG 104**, 46, 59; **BGB 626**, 337
- Nachschieben von Kündigungsgründen **BGB 626**, 187 ff.
- ordentliche Unkündbarkeit **BGB 626**, 322
- rechtsmissbräuchliche Berufung auf ~ **BGB 626**, 349, 361
- Schwerbehinderte, Zustimmung **BetrVG 104**, 46, 59; **BGB 626**, 339 ff.; **SGB IX 91**, 33
- Spesenbetrug **BGB 626**, 328
- Stasi-Tätigkeit **BGB 626**, 499
- Stationierungsstreitkräfte **NATO-ZusAbk**, 25
- und Mitbestimmung des Betriebs-/Personalrats **BetrVG 102**, 79, 248; **BGB 626**, 332 ff.
- Unkündbarkeit **BGB 626**, 322
- Unterschlagung **BGB 626**, 328
- Verdachtskündigung **BGB 626**, 320
- verfassungsmäßige Konkretisierung der Verwirkung **BGB 626**, 312 ff.
- Verhältnis zwischen § 626 Abs. 2 BGB und § 15 KSchG **BGB 626**, 333 ff.
- Versäumung **BGB 626**, 313 ff., 328; **KSchG 7**, 18
- Vertrauensgrundlage, fehlende bei verfristeten Gründen **BGB 626**, 328
- Vollmacht, fehlende **BGB 626**, 316
- Wiedereinsetzung **BGB 626**, 314
- Zugang **BGB 626**, 358
- Zustimmung(sersetzung) **BetrVG 102**, 263; **BetrVG 103**, 72, 93, 113, 118, 124 ff.; **KSchG 15**, 30 ff.
- Zweck und Bedeutung der Ausschlussfrist **BGB 626**, 311 ff.
- zwingende Wirkung **BGB 626**, 311 ff.
- zwingendes Recht **BGB 626**, 317

Aussetzung § 148 ZPO
- Änderungsschutzverfahrens während Zustimmungsersetzung **KSchG 2**, 141
- Forderungsübergang, Pfändungsgläubiger **KSchG 4**, 80
- Schwerbehinderte, Kündigungsschutzprozess **SGB IX 85-90**, 145

Aussperrung
 ◊ s. auch *Arbeitskampf*
 ◊ s. auch *Kampfkündigung*
 ◊ s. auch *Streik*
- Abwehraussperrung **BGB 626**, 410; **KSchG 25**, 6
- Arbeitnehmervertreter im Aufsichtsrat **KSchG 25**, 12
- arbeitsunfähig erkrankte Arbeitnehmer **KSchG 25**, 10
- aussperrungsersetzende Massenkündigung **KSchG 25**, 7 a
- Betriebsverfassungsorgan **BetrVG 103**, 61; **KSchG 15**, 15; **KSchG 25**, 11
- Feststellungsklage auf Fortbestand des Arbeitsverhältnisses **KSchG 25**, 26
- Gewerkschaftsmitglieder **KSchG 25**, 9 a
- lösende Abwehr ~ **KSchG 25**, 7, 14

- Mitbestimmung des Betriebsrats **BetrVG 102**, 26, 45; **BetrVG 103**, 61
- Mutterschutz **MuSchG 9**, 164
- nicht organisierte Arbeitnehmer **BGB 626**, 473
- Schwerbehinderte **SGB IX 91**, 43 ff.
- Sonderkündigungsrecht **KSchG 25**, 9
- suspendierende Abwehr ~, Grundsätze **KSchG 25**, 9 a
- Verhältnismäßigkeitsgrundsatz, Übermaßverbot **KSchG 25**, 9 a
- von Erhaltungsarbeiten durchführende Arbeitnehmer **KSchG 25**, 13
- Wartezeit **KSchG 1**, 115
- Wiedereinstellungsanspruch **KSchG 25**, 23 ff.
- Wiedereinstellungsklausel **KSchG 25**, 6
- Zulässigkeit und Wirkung, Grundsätze **KSchG 25**, 9

Ausspruch der Kündigung
 ◊ s. *Kündigungsausspruch*

Austauschbarkeit der Arbeitnehmer
 ◊ s. auch *soziale Auswahl, Vergleichbarkeit der Arbeitnehmer*
- Zulässigkeit und Wirkung, Grundsätze **KSchG 1**, 614

Austauschkündigung
- Zulässigkeit und Wirkung, Grundsätze **KSchG 1**, 517

Auswahlrichtlinien
- Begriff **BetrVG 102**, 157
- Betriebsvereinbarungen **BetrVG 102**, 162; **KSchG 1**, 198, 695 ff.
- Beweis- und Darlegungslast **KSchG 1**, 702, 714
- des Arbeitgebers **KSchG 1**, 678 l, 678 r f.
- gerichtliche Inhaltskontrolle **KSchG 1**, 697
- Kündigungsschutzklage **KSchG 1**, 713
- Punktesysteme und -tabellen **BetrVG 102**, 160; **KSchG 1**, 678 r
- soziale Kriterien **KSchG 1**, 697
- Tarifverträge **KSchG 1**, 695
- Unwirksamkeit, Rechtsfolgen **KSchG 1**, 700
- Verhältnis zum Kündigungsschutzrecht **BetrVG 102**, 159; **KSchG 1**, 31
- Vorauswahl **KSchG 1**, 699
- Widerspruch des Betriebs-/Personalrats wegen Verstoßes gegen **KSchG 1**, 711 ff.
- Widerspruch des Betriebs-/Personalrats wegen Verstoßes gegen ~ **BetrVG 102**, 156 ff.

Auszubildende
 ◊ s. *Berufsausbildungsverhältnis*
 ◊ s. *Jugend- und Auszubildendenvertretung*

Auszubildendenvertreter
 ◊ s. *Jugend- und Auszubildendenvertretung*

B
BAT
 ◊ s. *Bundes-Angestelltentarifvertrag*
Bauarbeitsgemeinschaft KSchG 4, 94 a
- als Betrieb **KSchG 1**, 135
- Mitbestimmung bei Rückkehr zum Stammbetrieb **BetrVG 102**, 37 a

- soziale Auswahl **KSchG 1**, 135, 609
Baugewerbe
- Arbeitnehmereigenschaft **ArbNähnl.Pers.**, 29
- Massenentlassung **KSchG 18**, 16 f.; **KSchG 22**, 2 a, 6 a
- Saison-/Kampagnebetriebe **KSchG 22**, 2 a, 6 a
- Sperrfrist **KSchG 18**, 16 f.
Beamte
- allgemeiner Kündigungsschutz **KSchG 1**, 81
- Dienstordnungsangestellte
  ↳ *s. dort*
- Mutterschutz **MuSchG 9**, 27
- Wehrdienst **ArbPlSchG**, 11, 13, 40
Beantwortung von Fragen
  ↳ *s. Fragerecht des Arbeitgebers*
Bedarfsarbeitsverhältnis
- allgemeiner Kündigungsschutz **KSchG 1**, 66
- Wartezeit **KSchG 1**, 111
Bedenken des Betriebsrats gegen Kündigung BetrVG 102, 103, 123, 131 ff.; **BetrVG 103**, 95 ff.; **BetrVG 105**, 33
Bedrohung eines Vorgesetzten, als Kündigungsgrund BGB 626, 449; **KSchG 1**, 462
Beendigungsgründe, Abgrenzung zur Kündigung
- Abberufung nach AGB-DDR **KSchG 1**, 188
- Anfechtung **BGB 626**, 44 ff.
- Aufhebungsvertrag
  ↳ *s. dort*
- bedingter Auflösungsvertrag **BGB 626**, 48
- Befristung **BEEG 21**, 19
- Dienstordnungsangestellte, Entlassung **BGB 626**, 51 ff.; **KSchG 1**, 187
- Leiharbeitsverhältnis, fehlerhaftes **KSchG 1**, 182
- Rücktritt **BGB 626**, 40
- Tod des Arbeitgebers **KSchG 1**, 186
- Tod des Arbeitnehmers **KSchG 1**, 184
- Verweigern der Weiterarbeit nach Obsiegen im Kündigungsprozess **KSchG 12**, 4 ff., 21 ff.; **KSchG 16**, 3 ff.
  ↳ *s. auch Wahlrecht zwischen Arbeitsverhältnissen nach Urteil im Kündigungsschutzprozess*
- vorläufige Einstellung **KSchG 1**, 178
- Wegfall der Geschäftsgrundlage **BGB 626**, 42
- Zeitablauf und Zweckerreichung **BEEG 21**, 19
Beförderungsanspruch
- aus AGG **AGG**, 131
Befristetes Arbeitsverhältnis TzBfG 14, 1 ff., 173 ff., 250 ff.; **TzBfG 16**, 1 ff.
- 13. Monatsgehalt **TzBfG 4**, 20
- Ablösung des BeschFG 1985/1996 **TzBfG 14**, 250 ff.
- Akkordvertrag **TzBfG 3**, 13
- Altersgrenze **TzBfG 23**, 24, 214
- Altersrente **TzBfG 3**, 20
- Altersteilzeit **TzBfG 3**, 20
- Annahmeverzug bei unwirksamer Befristung **TzBfG 16**, 15
- Annexvertrag **TzBfG 17**, 57
- Anrufung des Arbeitsgerichts **TzBfG 17**, 1 f.
- Anspruch auf Abschluss eines unbefristeten Arbeitsvertrages **TzBfG 14**, 180

- Anspruch auf Aus- und Weiterbildungsmaßnahmen **TzBfG 19**, 7 f.
- anzuwendende Rechtsordnung **IPR**, 78 ff.
- Arbeit auf Abruf **TzBfG 3**, 12
- Arbeitnehmer mit Sonderkündigungsschutz **TzBfG 14**, 4 ff.
- Arbeitnehmer ohne Kündigungsschutz **TzBfG 14**, 2 ff.
- Arbeitnehmerüberlassung **TzBfG 14**, 181 a
- Arbeitnehmerüberlassungsgesetz **TzBfG 23**, 4 f.
- Arbeitsbeschaffungsmaßnahme **TzBfG 3**, 20
- Arbeitsplatzschutzgesetz **BGB 620**, 80; **TzBfG 23**, 8
- Arten der Befristung **TzBfG 3**, 30
- Ärzte in der Weiterbildung **ÄArbVtrG**, 1 ff.; **TzBfG 23**, 3
- auflösende Bedingung **BEEG 21**, 18
- AÜG **BGB 620**, 81
- Aus- und Weiterbildungsmaßnahmen **TzBfG 19**, 1 f.
- Aus- und Weiterbildungswünsche anderer Arbeitnehmer **TzBfG 19**, 12
- Aushilfsarbeitsverhältnis **TzBfG 3**, 10
- Auslegung des Arbeitsvertrages **TzBfG 3**, 6 f.
- BBiG **BGB 620**, 82
- BEEG **TzBfG 23**, 12 ff.
- befristete Arbeitserlaubnis **TzBfG 3**, 15
- befristeter Rahmenvertrag **TzBfG 3**, 49
- Befristung einzelner Arbeitsbedingungen **TzBfG 17**, 10
- Befristung einzelner Vertragsbedingungen **TzBfG 14**, 12 ff., 314
- Befristungsdauer **BEEG 21**, 14 ff.; **TzBfG 14**, 280 ff.
- Begriff des befristet beschäftigten Arbeitnehmers **TzBfG 3**, 1 f.
- Begriff des befristeten Arbeitsvertrages **TzBfG 3**, 3 f.
- Bekanntgabe freier unbefristeter Arbeitsplätze **TzBfG 18**, 6
- Benachteiligungsverbot **TzBfG 5**, 1
- Berufsbildungsgesetz **TzBfG 23**, 9 f.
- Berufsfreiheit **BGB 620**, 101
- Beschäftigtenzahl **BEEG 21**, 31
- BeschFG 1996 **TzBfG 23**, 11
- besondere gesetzliche Regelungen für bestimmte Arbeitnehmergruppen **TzBfG 23**, 1 f.
- Besserstellung gegenüber unbefristet Beschäftigten **TzBfG 4**, 7
- Beteiligung des Betriebsrats **TzBfG 14**, 382 ff.
- Beteiligung des Personalrats **TzBfG 14**, 392 ff.
- Beteiligungsrechte der Arbeitnehmervertretung **TzBfG 14**, 382 ff.
- betriebliche Altersversorgung **TzBfG 4**, 27
- betriebliche Gründe gegen Aus- und Weiterbildung **TzBfG 19**, 11
- Betriebs-/Personalratsmitglied **KSchG 15**, 14
- Beweislastfragen **TzBfG 4**, 29
- Bühnenbereich **TzBfG 3**, 39
- Darlegungs- und Beweislast **BEEG 21**, 37 b; **TzBfG 14**, 371 ff.

Stichwortverzeichnis

- Dauerstellung **TzBfG 3**, 14
- Deputate **TzBfG 4**, 23
- derselbe Arbeitgeber bei Neubefristung **TzBfG 14**, 301 ff.
- Diskrimierungsverbot **TzBfG 4**, 1 f.
- Diskriminierung **TzBfG 14**, 178
- Diskriminierung wegen der Befristung **TzBfG 4**, 11
- Doppelbefristung **TzBfG 3**, 46
- Eignungsübungsgesetz **TzBfG 23**, 15
- Einarbeitungszeit **BEEG 21**, 15
- Eingliederungsvertrag **TzBfG 23**, 17
- Eingliederungszuschüsse **TzBfG 14**, 205
- Einigungsvertrag **TzBfG 23**, 19
- Einzelvertragliche Inbezugnahme tariflicher Regelungen **TzBfG 14**, 312 ff.
- Ende **ArbNähnl.Pers.**, 40; **BEEG 21**, 19 ff.
- Entgeltfortzahlung im Krankheitsfall **TzBfG 4**, 24
- entsprechende Anwendung des KSchG **TzBfG 17**, 47
- Erholungsurlaub **TzBfG 4**, 24
- Erprobung **TzBfG 14**, 178
- Ersetzung durch sachgerechte Frist **ÄArbVtrG**, 23
- Europäische Befristungsrechtlinie **BGB 620**, 90 f.
- Europarechtliche Vorgaben **TzBfG 14**, 272
- Fehlen eines früheren Arbeitsverhältnisses **TzBfG 14**, 296 ff.
- Feststellungsklage **TzBfG 17**, 11
- Feststellungsklage bei mehrfacher Befristung **TzBfG 17**, 51
- Folgen unwirksamer Befristung **TzBfG 16**, 1 ff.
- Forschungseinrichtungen **TzBfG 23**, 21
- Fortsetzung nach Ablauf der Erprobung **TzBfG 14**, 173 ff.
- Fortsetzungsanspruch **TzBfG 17**, 58 ff.
- Fragerecht des Arbeitgebers **TzBfG 14**, 307
- Geltungsbereich des TzBfG **TzBfG 14**, 274 ff.
- gerichtlicher Wertungsspielraum **TzBfG 17**, 43
- Gleichheitssatz **BGB 620**, 103
- Gratifikationen **TzBfG 4**, 20
- Grundgedanken **BEEG 21**, 1 ff.
- günstigere Regelungen gegenüber dem TzBfG **TzBfG 22**, 28
- Handelsvertreter **ArbNähnl.Pers.**, 183, 197
- Heimarbeiter **ArbNähnl.Pers.**, 166 ff.
- HFVG (HRG/FFVG) **BGB 620**, 84
- Hochschulrahmengesetz **TzBfG 23**, 22
- Höchstdauer **ÄArbVtrG**, 12 ff.; **TzBfG 3**, 31
- Information der Arbeitnehmervertretung **TzBfG 20**, 1 f.
- Information über unbefristete Arbeitsplätze **TzBfG 18**, 1 f.
- kalendermäßig befristeter Arbeitsvertrag **TzBfG 3**, 16
- kalendermäßige Befristung **BEEG 21**, 16; **TzBfG 17**, 15 ff.
- Klage gegen Befristung **TzBfG 17**, 1 ff.
- Klage vor Fristbeginn **TzBfG 17**, 35
- Klageantrag **TzBfG 17**, 11
- Klagefrist **KSchG 4**, 15; **KSchG 13**, 310 a; **TzBfG 17**, 15 ff.
- Klagefrist nach Fortsetzung des befristeten Arbeitsverhältnisses **TzBfG 17**, 23
- Klageverfahren **TzBfG 17**, 37
- Krankheit innerhalb der Probezeit **TzBfG 14**, 174
- Kündigungsfristen **TzBfG 4**, 25
- Landesgesetze **TzBfG 23**, 23
- Lehrer **TzBfG 14**, 174, 177
- Leiharbeitsverhältnis **BEEG 21**, 8
- mehrfache Befristung **BEEG 21**, 4, 9 a, 14 ff.
- Mindestdauer **TzBfG 3**, 33
- Mitbestimmung des Betriebs-/Personalrats **BetrVG 102**, 39 ff.; **BPersVG 72, 79, 108**, 12
- Mutterschutz **BEEG 21**, 19, 21, 28; **BGB 620**, 106; **MuSchG 9**, 140
- nach Berufsausbildung **BBiG 21**, 32; **BBiG 22**, 32
- nach Vollendung des 58. Lebensjahres **TzBfG 14**, 274
- nachträgliche Befristung **KSchG 2**, 10; **TzBfG 14**, 9 ff.
- nachträgliche Klagezulassung **TzBfG 17**, 47
- nahtloser Anschluss bei Verlängerung **TzBfG 14**, 286
- Neuerungen der sachgrundlosen Befristung **TzBfG 14**, 268 ff.
- Nichtverlängerungsmitteilung **TzBfG 3**, 38
- Probezeit **TzBfG 3**, 9
- Rahmenvertrag **TzBfG 3**, 49
- Rechtfertigung einer Schlechterbehandlung **TzBfG 4**, 14
- Rechtsfolgen **KSchG 15**, 14
- Rechtsfolgen bei Gesetzesverstößen **ÄArbVtrG**, 23
- Rechtsmissbrauch **KSchG 15**, 14; **TzBfG 14**, 175
- richterliche Befristungskontrolle **BGB 620**, 62 ff.
- sachlicher Grund **ArbNähnl.Pers.**, 168 ff.; **BEEG 21**, 1, 4, 10 ff.; **TzBfG 14**, 21 ff.
- Schifffahrt **SeemG**, 31 ff.
- Schwangerschaft **TzBfG 14**, 178
- Schwerbehinderte **BEEG 21**, 19, 21, 28; **TzBfG 14**, 174, 178
- Schwerbehindertenschutz **BGB 620**, 106
- Selbstbindung des Arbeitgebers **TzBfG 14**, 176
- SGB VI **BGB 620**, 85; **TzBfG 23**, 24
- Sozialstaatsprinzip **BGB 620**, 108 ff.
- stillschweigende Verlängerung des Arbeitsverhältnisses **TzBfG 3**, 1 f.; **TzBfG 4**, 1 f.; **TzBfG 18**, 1 f.
- Streitgegenstand bei Befristungsrechtsstreit **TzBfG 17**, 45
- Tarifautonomie **BGB 620**, 105
- Tarifdispositivität **TzBfG 14**, 309 ff.
- tarifliche Einstellungsgebote **BBiG 24**, 1
- tarifvertragliche Abweichungen **TzBfG 14**, 309 ff.
- tarifvertragliche Einstellungsgebote **TzBfG 14**, 181
- tatsächliche Bedeutung **BGB 620**, 55 ff.
- Übergangsrecht zum TzBfG **BGB 620**, 135 ff.
- Übernahmeanspruch in unbefristetes Arbeitsverhältnis **BBiG 24**, 1 f.

- unbefristetes Arbeitsverhältnis bei unwirksamer Befristung **TzBfG 16**, 1
- Unterbrechungen **ÄArbVtrG**, 20 ff.
- unveränderte Vertragsbedingungen bei Verlängerung **TzBfG 14**, 287 ff.
- unwirksame Befristung **KSchG 7**, 5 d, 35
- Urlaubsgeld **TzBfG 4**, 20
- Verbot der Schlechterbehandlung **TzBfG 4**, 8 f.
- vergleichbare Beschäftigte **TzBfG 3**, 50 ff.
- vergleichbarer unbefristet beschäftigter Arbeitnehmer **TzBfG 3**, 50
- Vergütung für bestimmten Bemessungszeitraum **TzBfG 4**, 15
- Verhalten eines Vorgesetzten **TzBfG 14**, 177
- Verhalten während des Probearbeitsverhältnisses **TzBfG 14**, 176
- Verlängerung **TzBfG 14**, 286 ff.
  ↳ *s. auch stillschweigende Verlängerung des Arbeitsverhältnisses*
- Vertrauenstatbestand **TzBfG 14**, 175, 177
- Verwirkung **KSchG 13**, 310 a
- Wahlrecht zum Betriebsrat **TzBfG 4**, 26
- Wartezeit für Kündigungsschutz **KSchG 1**, 106, 110 ff.
- Wartezeitregelungen **TzBfG 4**, 24
- Wehrdienst **ArbPlSchG**, 15; **BBiG 21**, 36; **BBiG 22**, 36; **BEEG 21**, 28
- Weihnachtsgeld **TzBfG 4**, 20
- Weiterarbeit nach Befristungsablauf **ÄArbVtrG**, 23; **BBiG 24**, 3 ff.; **BEEG 21**, 30; **BGB 625**, 20, 22
  ↳ *s. auch stillschweigende Verlängerung des Arbeitsverhältnisses*
- Weiterbeschäftigung während eines Befristungsrechtsstreits **TzBfG 17**, 40
- Weiterbeschäftigungsanspruch, allgemeiner **BetrVG 102**, 273
- Wissenschaftler **TzBfG 14**, 174
- Zivildienstgesetz **TzBfG 23**, 28
- Zusagen **TzBfG 14**, 180
- Zweckbefristung **ArbNähnl.Pers.**, 42 ff.; **BEEG 21**, 2 b, 17 ff.; **TzBfG 3**, 17, 19, 19 ff.
- Zweckerreichung **TzBfG 3**, 25

Befristetes Arbeitsverhältnis, Beendigung TzBfG 15, 1 ff.
- Anfechtung **BGB 620**, 19
- Arbeitgeberinteressen **TzBfG 17**, 82
- Arbeitnehmerüberlassung **BGB 620**, 20
- Aufhebungsvertrag **BGB 620**, 21 ff.; **TzBfG 15**, 8
- auflösende Bedingung **BGB 620**, 15
- außerordentliche Kündigung **BEEG 21**, 20; **KSchG 13**, 37; **TzBfG 15**, 23
- Aussperrung **BGB 620**, 25
- automatische Beendigung **TzBfG 15**, 2
- Beendigung einer vorläufigen Einstellung **BGB 620**, 26
- befristeter Kündigungsausschluss **KSchG 13**, 267
- bei Befristung ohne Sachgrund **TzBfG 17**, 79
- bei Befristung zur Probe **TzBfG 17**, 80
- bei Bindung für mehr als 5 Jahre **BGB 624**, 23
- Betriebs-/Personalratsanhörung bei Kündigung **BEEG 21**, 21, 28; **BetrVG 102**, 39 ff.
- Betriebsübergang **BGB 620**, 27
- Drittmittelwegfall **BEEG 21**, 6 a
- Durchsetzung des Fortsetzungsanspruchs **TzBfG 17**, 98
- Fortsetzung mit Wissen des Arbeitgebers **TzBfG 15**, 26
- Fortsetzungsanspruch des Arbeitgebers **TzBfG 17**, 102
- Fortsetzungsanspruch des Arbeitnehmers **TzBfG 17**, 58
- Fortsetzungsverweigerung (§ 12 KSchG) **BGB 620**, 28
- Freistellung **BGB 620**, 29
- Fristlose Dienstentlassung **BGB 620**, 30
- Fürsorgepflicht des Arbeitgebers **TzBfG 17**, 67
- gerichtliche Auflösung **BGB 620**, 31
- Geschlechterdiskriminierung **TzBfG 17**, 94
- gesetzliche Einstellungsgebote **TzBfG 17**, 93
- Gleichbehandlung **TzBfG 17**, 84
- kalendermäßige Befristung **TzBfG 15**, 5
- Kündigung **BGB 620**, 17
- Kündigungserklärung bei unwirksamer Befristung **TzBfG 16**, 12 ff.
- Kündigungsfrist **BEEG 21**, 25 ff.
- Kündigungsmöglichkeit bei langfristiger Bindung **TzBfG 15**, 24
- Kündigungsmöglichkeit bei unwirksamer Befristung **TzBfG 16**, 4 ff.
- Kündigungsschutz **BEEG 21**, 21
- Lossagungsrecht **BGB 620**, 34
- Lossagungsrecht des Arbeitnehmers **TzBfG 15**, 8
- mehrere befristete Arbeitsverhältnisse **TzBfG 17**, 83
- Mitglieder von Betriebs- und Personalräten **TzBfG 17**, 94
- Nichtigkeit **BGB 620**, 35
- ordentliche Kündigung **BEEG 21**, 21; **KSchG 13**, 267, 269; **TzBfG 15**, 20 ff.
- Rechtsmissbrauch des Arbeitgebers **TzBfG 17**, 60
- Regelungsgehalt **TzBfG 15**, 1
- Rücktritt **BGB 620**, 36
- Ruhen des Arbeitsverhältnisses **BGB 620**, 37
- Schadensersatzansprüche **TzBfG 17**, 94
- Schwangere **TzBfG 17**, 80
- schwerbehinderter Mensch **TzBfG 17**, 80, 94
- Sonderkündigungsrechte **BEEG 21**, 2, 5, 6 a, 22 ff.
- Streik **BGB 620**, 39
- Suspendierung **BGB 620**, 40 ff.
- tarifliche Einstellungsgebote **TzBfG 17**, 89
- tarifliche Verlängerungsklauseln **TzBfG 17**, 89
- Tod des Arbeitgebers **BGB 620**, 47
- Tod des Arbeitnehmers **BGB 620**, 48
- Unmöglichkeit **BGB 620**, 49
- Unterrichtung über Zeitpunkt der Zweckerreichung **TzBfG 15**, 10 ff.
- Verlängerung der Dienstverpflichtung **BGB 624**, 24
- Verlängerungsphase **TzBfG 15**, 6 ff., 19
- Vertrauensschutz des Arbeitnehmers **TzBfG 17**, 64, 71

Stichwortverzeichnis

- vorzeitige Beendigung der Elternzeit **BEEG 21**, 2, 22 ff.
- Wartezeit für Kündigungsschutz **BEEG 21**, 28
- Wegfall der Geschäftsgrundlage **BGB 620**, 51
- Wegfall des Befristungsgrundes **TzBfG 17**, 78
- Wirkung der Befristung **BGB 620**, 52
- Zeitpunkt der Zweckerreichung **TzBfG 15**, 13
- Zusage der Weiterbeschäftigung **TzBfG 17**, 85
- Zweckbefristung **TzBfG 15**, 6 ff.
- Zweckerreichung **TzBfG 15**, 6 ff.

Befristetes Arbeitsverhältnis im öffentlichen Dienst
- Abdeckung des Unterrichtsbedarfs **TzBfG 14**, 219
- allgemeine Mittelkürzungen **TzBfG 14**, 217
- Angestellte für Aufgaben von begrenzter Dauer **TzBfG 22**, 20
- Aushilfsangestellte **TzBfG 22**, 20
- ausländischer Haushaltsgesetzgeber **TzBfG 14**, 222
- Begrenzung von Haushaltsmitteln **TzBfG 14**, 215 ff.
- Bindung an das Haushaltsrecht **TzBfG 14**, 218
- Haushaltsgesetzgeber **TzBfG 14**, 221
- höchstzulässige Dauer der Befristung **TzBfG 14**, 225
- künftiger Haushaltsplan **TzBfG 14**, 219
- Kw-Vermerk **TzBfG 14**, 220
- nicht tarifgebundene Arbeitnehmer **TzBfG 22**, 9
- Prognoseentscheidung **TzBfG 14**, 226
- Projektförderung **TzBfG 14**, 230
- SR 2a MTA **TzBfG 22**, 15, 18
- SR 2y BAT **TzBfG 22**, 15, 18, 24
- SR 2y BAT, TVöD **TzBfG 14**, 69
- Tarifverträge **TzBfG 22**, 9
- TVöD **TzBfG 22**, 27 a, 27 b, 27 c, 27 d, 27 e
- Zeitangestellte **TzBfG 22**, 20
- Zuwendungsvergabe **TzBfG 14**, 230
- Zweckbindung von Haushaltsmitteln **TzBfG 14**, 223

Befristetes Arbeitsverhältnis, Schriftform BGB Anh. zu 623, 1 ff.; **BGB 623**, 39 ff., 82 ff., 161 ff., 216 ff., 240 ff.; **TzBfG 14**, 367 ff.
- Abdingbarkeit **BGB Anh. zu 623**, 21
- Abschluss des Arbeitsvertrags **BGB Anh. zu 623**, 32
- ähnliche Lösungstatbestände **BGB 623**, 85 ff.
- Anerkennung neuer Übertragungstechniken **BGB Anh. zu 623**, 63
- Arbeit auf Abruf **BGB Anh. zu 623**, 78
- Arbeitsvertrag **BGB Anh. zu 623**, 30
- Arbeitsvertragsbestandteil **BGB Anh. zu 623**, 34
- Arten der Befristung **BGB 623**, 82
- auflösende Bedingung **BGB Anh. zu 623**, 85 ff.; **BGB 623**, 85
- Aussteller **BGB Anh. zu 623**, 49
- Befristung zur Probe **BGB 623**, 82
- Befristungsgrund **BGB Anh. zu 623**, 75
- Berufung auf Formmangel **BGB Anh. zu 623**, 105 ff.
- Beweislast **BGB Anh. zu 623**, 65
- Bezugnahme auf Betriebsvereinbarung **BGB Anh. zu 623**, 79
- Bezugnahme auf Tarifvertrag **BGB Anh. zu 623**, 79
- Blinde **BGB Anh. zu 623**, 62
- Computerfax **BGB Anh. zu 623**, 79
- Dauer der Befristung **BGB Anh. zu 623**, 72 ff.
- E-Mail **BGB Anh. zu 623**, 60
- »Elektronische Form« **BGB Anh. zu 623**, 63
- Entstehungsgeschichte **BGB Anh. zu 623**, 1 ff.
- Formzweck nach **BGB Anh. zu 623**, 17
- Fotokopie **BGB Anh. zu 623**, 57
- Geltendmachung des Formmangels **BGB Anh. zu 623**, 112 ff.
- gerichtlicher Vergleich **BGB Anh. zu 623**, 53
- Handzeichen **BGB Anh. zu 623**, 50
- Heilung **BGB Anh. zu 623**, 101 ff.
- Inhalt der Befristungsabrede **BGB Anh. zu 623**, 71
- Leseunkundige **BGB Anh. zu 623**, 62
- Minderjährige **BGB Anh. zu 623**, 115
- Mindestvertragsdauer **BGB 623**, 84
- nichtarbeitsvertragliche Befristung **BGB Anh. zu 623**, 40
- Nichtigkeit **BGB Anh. zu 623**, 94 ff.
- Nichtverlängerungsanzeige **BGB Anh. zu 623**, 42; **BGB 623**, 91
- Normzweck **BGB Anh. zu 623**, 16
- notarielle Beurkundung **BGB Anh. zu 623**, 52
- Rechtsfolge bei Formmangel **BGB Anh. zu 623**, 92 ff.
- Schreibunfähige **BGB Anh. zu 623**, 50
- Schriftsatz **BGB Anh. zu 623**, 61
- SMS **BGB Anh. zu 623**, 60
- Sprachunkundige **BGB Anh. zu 623**, 62
- Teilnichtigkeit **BGB Anh. zu 623**, 99
- Telefax **BGB Anh. zu 623**, 58
- Telegramm **BGB Anh. zu 623**, 56
- »Textform« **BGB Anh. zu 623**, 46
- Umdeutung bei Nichtigkeit **BGB Anh. zu 623**, 100
- Unterzeichnung **BGB Anh. zu 623**, 48
- Unwirksamkeitsfolgen **BGB Anh. zu 623**, 94 ff.
- Urkunde **BGB Anh. zu 623**, 47
- Vertreter **BGB Anh. zu 623**, 49
- Wahrung der Form **BGB Anh. zu 623**, 46 ff.
- Wirksamkeitsvoraussetzung **BGB Anh. zu 623**, 92
- Zustandekommen **BGB Anh. zu 623**, 67 ff.
- Zustimmung **BGB Anh. zu 623**, 54
- Zweckbefristung **BGB Anh. zu 623**, 77; **BGB 623**, 91

Befristung, sachgrundlose TzBfG 14, 250 ff.
Befristungsgrund TzBfG 14, 21 ff., 57 ff., 182 ff., 316 ff.
- Altersgrenzen **TzBfG 14**, 214 ff.
- Anschlussbeschäftigung an Ausbildung oder Studium **TzBfG 14**, 84 ff.
- Arbeitsbeschaffungsmaßnahmen **TzBfG 14**, 199 ff.
- Arbeitserlaubnis **TzBfG 14**, 210

- Arbeitsförderung **TzBfG 14**, 196
- Arbeitsvertrag, Vereinbarung **BEEG 21**, 9 b
- auflösende Bedingung **TzBfG 14**, 213
- Aushilfsarbeitsverhältnis **TzBfG 14**, 79 ff.
- ausländische Arbeitnehmer **TzBfG 14**, 210
- außergerichtlicher Vergleich **TzBfG 14**, 241
- befristete Arbeits- oder Aufenthaltserlaubnis **TzBfG 14**, 183
- Betriebsvereinbarung über ~ **BEEG 21**, 9 b
- Bühnenpersonal **TzBfG 14**, 131 ff.
- Bundeserziehungsgeldgesetz **BEEG 21**, 1, 2, 10 ff.
- Chormitglied **TzBfG 14**, 134
- Dauer der Erprobung **TzBfG 14**, 164 ff.
- Eigenart der Arbeitsleistung **TzBfG 14**, 126 ff.
- Erprobung **TzBfG 14**, 157 ff.
- Erprobungsbedarf **TzBfG 14**, 172
- Erprobungszweck **TzBfG 14**, 157 ff.
- Erwerb einer fehlenden Qualifikation **TzBfG 14**, 192
- europarechtliche Bedenken gegen sachgrundlose Befristung **TzBfG 14**, 319, 352 ff.
- europarechtliche Vorgaben **TzBfG 14**, 244
- Fernsehen **TzBfG 14**, 140 ff.
- Freiheit der Kunst **TzBfG 14**, 126
- Gelegenheit zu gemeinnütziger Arbeit **TzBfG 14**, 185, 197
- gerichtlicher Vergleich **TzBfG 14**, 234 ff.
- Gesamtvertretung **TzBfG 14**, 118 ff.
- Geschlecht des Arbeitnehmers **TzBfG 14**, 182
- Gründe in der Person des Arbeitnehmers **TzBfG 14**, 182 ff.
- Hochschulen/Forschungseinrichtungen
  ◊ *s. dort und Hochschulrechtsrahmengesetz*
- Kirchenautonomie **TzBfG 14**, 246 ff.
- Klärung des Vorliegens von Einstellungsvoraussetzungen **TzBfG 14**, 184
- Lehrer **TzBfG 14**, 168
- Leiharbeitsverhältnis **TzBfG 14**, 106, 214 i
- Medien **TzBfG 14**, 140 ff.
- Mehrfachbefristungen **TzBfG 14**, 39 ff.
- Mitarbeiter aus den Staaten der EG **TzBfG 14**, 147
- Mitteilung bei Vertragsschluss **BEEG 21**, 7
- mittelbare Vertretung **TzBfG 14**, 111 ff.
- Musiker **TzBfG 14**, 135, 149, 168
- Nebenbeschäftigung **TzBfG 14**, 208
- Probezeit **TzBfG 14**, 162, 164
- Prognose des Arbeitgebers **TzBfG 14**, 46 ff.
- Rundfunk **TzBfG 14**, 140 ff.
- Rundfunkfreiheit **TzBfG 14**, 126
- Sachgrund **TzBfG 14**, 21 ff.
- sachgrundlose Befristung **TzBfG 14**, 250 ff.
- sachgrundlose Befristung älterer Arbeitnehmer **TzBfG 14**, 339 ff.
- sachgrundlose Befristung für Existenzgründer **TzBfG 14**, 316 ff.
- Schauspieler **TzBfG 14**, 138
- Schauspielmusiker **TzBfG 14**, 135
- Schifffahrt **SeemG**, 31 ff.
- soziale Gründe **TzBfG 14**, 183
- soziale Überbrückung **TzBfG 14**, 191 ff.
- Sozialhilfemaßnahmen **TzBfG 14**, 195
- Sport **TzBfG 14**, 129, 150 ff.
- Sporttrainer **TzBfG 14**, 151 ff.
- Sprecher **TzBfG 14**, 147
- Stellensuche nach Ausbildung **TzBfG 14**, 192
- Strukturanpassungsmaßnahme **TzBfG 14**, 200
- Strukturmaßnahmen **TzBfG 14**, 185, 196
- Student **TzBfG 14**, 208
- Tanzgruppenmitglieder **TzBfG 14**, 136
- Tarifautonomie **TzBfG 14**, 246 ff.
- Tarifvertrag **BEEG 21**, 9, 10, 13
- Tauglichkeitsgrenzen **TzBfG 14**, 214
- Teilzeitarbeit **BEEG 21**, 9 a
- Teilzeitarbeitsverhältnis **TzBfG 14**, 209
- Teilzeitbeschäftigung **TzBfG 14**, 207
- Tendenzzweck **TzBfG 14**, 127
- Übersetzer **TzBfG 14**, 147
- unmittelbare Vertretung **TzBfG 14**, 98 ff.
- Unterhaltungsgewerbe **TzBfG 14**, 129
- Vergleich **TzBfG 14**, 234 ff., 242
- Verhältnis von Befristungsdauer und Sachgrund **TzBfG 14**, 30 ff.
- verschiedene Befristungsgründe **BEEG 21**, 3 ff.
- Vertretung **TzBfG 14**, 98 ff.
- Vertretung bei Freistellung zur Kinderbetreuung **BEEG 21**, 2 a, 10, 13
- Vertretung während Mutterschutzzeiten und Elternzeit **BEEG 21**, 1, 2 a, 10 ff.
- Vorbehalt einer gesundheitlichen Eignung **TzBfG 14**, 212
- vorübergehender betrieblicher Bedarf **TzBfG 14**, 67 ff., 73 ff.
- wissenschaftliche Mitarbeiter einer Parlamentsfraktion **TzBfG 14**, 130
- Wissenschaftsfreiheit **TzBfG 14**, 126
- Wunsch des Arbeitnehmers **TzBfG 14**, 183, 186 ff.
- Wunsch eines Studenten **TzBfG 14**, 190
- Zeitpunkt der Sachgrundprüfung **TzBfG 14**, 35 ff.
- zukünftig verminderter Bedarf **TzBfG 14**, 82
- Zweckbefristung **BEEG 21**, 2 b, 17 ff.

Behinderung
- betriebliches Eingliederungsmanagement **KSchG 1**, 324a ff.
- krankheitsbedingte Kündigung **KSchG 1**, 319
- Prävention **KSchG 1**, 215 a

Beitrittsgebiet
  ◊ *s. auch Einigungsvertrag, außerordentliche Kündigung*
  ◊ *s. auch Einigungsvertrag, ordentliche Kündigung*
  ◊ *s. auch Treuhandanstalt*
- Abberufung nach AGB-DDR **BGB 626**, 475; **KSchG 1**, 188
- Auflösung des Arbeitsverhältnisses **KSchG 9**, 30 a
- Berufsausbildungsverhältnis **BBiG 21**, 126; **BBiG 22**, 126
- Geltungsbereich des KSchG **KSchG 26**, 4
- Gesetz über die Spaltung der von der Treuhandanstalt verwalteten Unternehmen **BetrVG 102**, 23
- Kündigungsfristen (alte Rechtslage) **BGB 622**, 2, 36 ff., 230 ff.

- Kündigungsschutz für Abgeordnete **ParlKSch**, 57 a, 70 ff., 85 ff., 104 ff., 112 ff.
- Mutterschutz **MuSchG 9**, 4 a, 146 a, 184 ff.
- Stationierungsstreitkräfte **NATO-ZusAbk**, 2 ff.
- Zweckbefristung

Belästigung KSchG 1, 489, 490

Beleidigung/Kritik
- Denunziation **KSchG 1**, 465
- gegenüber Mitarbeitern **KSchG 1**, 464
- Interessenabwägung **KSchG 1**, 463
- Kritik an Vorgesetzten/Arbeitgeber **KSchG 1**, 466
- Petitionsrecht **KSchG 1**, 466

Beleidigungen/Kritik BGB 626, 88, 148, 415; **KSchG 15**, 27; **NATO-ZusAbk**, 27
- des Betriebsrats **BetrVG 104**, 10; **BGB 626**, 416
- durch Arbeitgeber **BGB 626**, 89, 408
- Ehrverletzungen **BetrVG 104**, 9; **BGB 626**, 88; **KSchG 15**, 27
- Tätlichkeiten
  ◊ *s. dort*
- Verlangen des Betriebsrats nach Kündigung/Versetzung **BetrVG 104**, 8 ff.

Benachteiligung
- Abgeordnete **IPR**, 102; **ParlKSch**, 40 ff.
- Alter **KSchG 1**, 26 a ff., 645 a, 651, 665, 665 a, 665 b, 670 a, 673, 683
- Altersgrenzen **AGG**, 45 ff.
- Begriff **AGG**, 22
- betriebsverfassungsrechtliches Verbot **KSchG 1**, 678 k; **KSchG 13**, 207; **KSchG 14**, 57
- Diskriminierung **KSchG 1**, 26 a ff., 209 a
- Doppelverdiener **AGG**, 115
- mittelbare **AGG**, 24 ff., 75 ff.
- Rechtfertigung von **AGG**, 72 ff.
- Teilzeitbeschäftigter **AGG**, 100 ff.
- unmittelbare **AGG**, 23, 72 ff.
- Vergleichsgruppen **AGG**, 29
- Verhältnismäßigkeitsgrundsatz **AGG**, 74
- Verlangen des Betriebsrats nach Kündigung/Versetzung **BetrVG 104**, 9
- wegen Abstammung, Rasse, Überzeugung, Glaubens **BGB 626**, 93
- wegen Alter **AGG**, 120 ff.
- wegen Behinderung **AGG**, 119
- wegen der Rasse und ethnischen Herkunft **AGG**, 36 ff., 116
- wegen der Religion oder Weltanschauung **AGG**, 62 ff.
- wegen der sexuellen Identität **AGG**, 70
- wegen des Alters **AGG**, 68 ff.
- wegen des Geschlechts **AGG**, 42 ff., 79 ff.
  ◊ *s. Diskriminierung wegen des Geschlechts*
- wegen einer Behinderung **AGG**, 67
- wegen Religion **AGG**, 39
- wegen Religion oder Weltanschauung **AGG**, 117 f.
- wegen Schwangerschaft und Mutterschaft **AGG**, 50 ff.
- wegen sexueller Identität **AGG**, 126
- wegen Sprache und Mundart **AGG**, 40
- wegen Staatsangehörigkeit **AGG**, 41
- wegen Transsexualität **AGG**, 58
- wegen Wehr- und Zivildienst **AGG**, 59
- Wiedereinstellung nach Entbindung **MuSchG 10**, 32
- zulässige und unzulässige Kriterien **AGG**, 86 ff.

Bergmannsversorgungsschein, Kündigungsschutz KSchG 4, 211; **KSchG 13**, 213

Berichte an Arbeitgeber
- fehlende ~ als Kündigungsgrund **BGB 626**, 433
- unzutreffende als Kündigungsgrund **KSchG 1**, 496

Berufsausbildungsverhältnis
- Ablauf der Ausbildungszeit **BBiG 21**, 19 ff.; **BBiG 22**, 19 ff.
- Abmahnung **BBiG 21**, 44, 50; **BBiG 22**, 44, 50
- Abschlussprüfung **BBiG 21**, 19, 22 ff.; **BBiG 22**, 19, 22 ff.; **BBiG 24**, 3, 5
- als Auflösungsgrund **KSchG 12**, 8 a
- Arbeitslosenunterstützung **BBiG 21**, 142; **BBiG 22**, 142; **SGB III 144**, 6; **SozR**, 6
- Arbeitspapiere **BBiG 21**, 140; **BBiG 22**, 140
- Aufhebungsvertrag **BBiG 21**, 37; **BBiG 22**, 37; **BetrVG 78 a**, 33
- auflösende Bedingung **BBiG 21**, 37; **BBiG 22**, 37; **BGB 626**, 48
- Auflösung gegen Abfindung **BBiG 21**, 126 a; **BBiG 22**, 126 a; **KSchG 9**, 14 b
- Ausbildungsabschnitte **BBiG 21**, 20, 43; **BBiG 22**, 20, 43; **BetrVG 78 a**, 8
- Befristung im Anschluss **BBiG 21**, 32; **BBiG 22**, 32
- Begriff **BBiG 21**, 9, 15; **BBiG 22**, 9, 15; **KSchG 23**, 43
- Begründung **BBiG 21**, 4, 10; **BBiG 22**, 4, 10
- Beschäftigtenzahl **KSchG 23**, 33 ff., 37 ff.
- Betriebsverfassungsorganmitglied **BBiG 21**, 38; **BBiG 22**, 38; **BetrVG 78 a**, 1 ff.
- Elternzeit **BEEG 18**, 13
- Ende **BBiG 21**, 19 ff.; **BBiG 22**, 19 ff.
- Geschäftsfähigkeit **BBiG 24**, 4
- im Strafvollzug **BBiG 21**, 5; **BBiG 22**, 5
- Klage bei Vertragsbruch **BBiG 21**, 127; **BBiG 22**, 127
- Krankenpflege, Heilberufe **BBiG 21**, 18; **BBiG 22**, 18
- Minderjährige **BBiG 21**, 26, 37, 95, 105 ff.; **BBiG 22**, 26, 37, 95, 105 ff.
- Mutterschutz **BBiG 21**, 21, 34, 42; **BBiG 22**, 21, 34, 42; **MuSchG 9**, 17
- öffentlicher Dienst **BBiG 21**, 16; **BBiG 22**, 16
- Praktikanten, Volontäre **BBiG 21**, 13, 43, 59; **BBiG 22**, 13, 43, 59
- Probezeit **BBiG 21**, 20, 42, 43 b; **BBiG 22**, 20, 42, 43 b
- Rechtswahl anzuwendenden Staatsrechts **IPR**, 98
- Schadensersatz bei Beendigung **BBiG 21**, 128 ff.; **BBiG 22**, 128 ff.; **BGB 628**, 3
- Schifffahrt **BBiG 21**, 17; **BBiG 22**, 17; **SeemG**, 1, 39, 47 ff., 171
- Schlichtungsverfahren **BBiG 21**, 89, 111 ff.; **BBiG 22**, 89, 111 ff.

Stichwortverzeichnis

- Schwangerschaft **BBiG 21**, 21, 34, 42; **BBiG 22**, 21, 34, 42
- Schwerbehinderte **vor SGB IX 85-92**, 16
- Studenten **BBiG 21**, 14; **BBiG 22**, 14
- Stufenausbildung **BBiG 21**, 20, 43; **BBiG 22**, 20, 43
- Tod des Ausbildenden **BBiG 21**, 80; **BBiG 22**, 80
- Urlaub **BBiG 21**, 141; **BBiG 22**, 141
- Verlängerung **BBiG 21**, 21, 25 ff.; **BBiG 22**, 21, 25 ff.
- Wartezeit **KSchG 1**, 107
- Wechsel der Ausbildungsstätte **BBiG 21**, 89; **BBiG 22**, 89
- Wehrdienst **ArbPlSchG**, 38; **BBiG 21**, 36; **BBiG 22**, 36
- Weiterarbeitsklausel **BBiG 21**, 30 ff.; **BBiG 22**, 30 ff.; **BBiG 24**, 2
- Weiterbeschäftigung im Anschluss **BBiG 24**, 3 ff.
- Weiterbeschäftigung nach Ausbildung **BBiG 21**, 23, 29 ff.; **BBiG 22**, 23, 29 ff.
- Weiterbeschäftigung nach Kündigung **BBiG 21**, 125 ff.; **BBiG 22**, 125 ff.
- Weiterbeschäftigungsanspruch der Amtsträger **BetrVG 78 a**, 7 ff.
- Wiederholungsprüfung **BBiG 21**, 25 ff.; **BBiG 22**, 25 ff.

Berufsausbildungsverhältnis, Kündigung **BBiG 21**, 6 ff.; **BBiG 22**, 6 ff.

- Abmahnung **BBiG 21**, 44, 50; **BBiG 22**, 44, 50
- Anwendbarkeit KSchG **BBiG 21**, 121 ff.; **BBiG 22**, 121 ff.
- anzuwendende Rechtsordnung **IPR**, 98
- Ausgleichsquittung **KSchG 4**, 309
- Auslauffrist **BBiG 21**, 40, 42, 44; **BBiG 22**, 40, 42, 44
- außerordentliche Kündigung **BBiG 21**, 44 ff.; **BBiG 22**, 44 ff.
- außerordentliche Kündigung, Ausschlussfrist **BBiG 21**, 96 ff.; **BBiG 22**, 96 ff.
- Begründung **BBiG 21**, 92 ff.; **BBiG 22**, 92 ff.
- Betriebsratsanhörung **BBiG 21**, 7; **BBiG 22**, 7; **BetrVG 102**, 10
- Form **BBiG 21**, 39, 85, 92 ff., 108; **BBiG 22**, 39, 85 ff., 92 ff., 108; **KSchG 13**, 227
- Frist **BBiG 21**, 70, 86; **BBiG 22**, 70, 86; **BGB 622**, 77
- Gründe
  ◊ s. Berufsausbildungsverhältnis, Kündigungsgrund
- Interessenabwägung **BBiG 21**, 45 ff.; **BBiG 22**, 45 ff.
- Jugend- und Auszubildendenvertreter
  ◊ s. Jugend- und Auszubildendenvertretung
- Klagefrist **BBiG 21**, 121 ff.; **BBiG 22**, 121 ff.; **KSchG 13**, 24, 36
- Kündigung durch Auszubildenden **BBiG 21**, 75 ff.; **BBiG 22**, 75 ff.
- Kündigung vor Ausbildungsbeginn **BBiG 21**, 41; **BBiG 22**, 41
- Kündigungsgründe, Angabe der **BBiG 21**, 94 f.; **BBiG 22**, 94 f.
- Minderjährige **BBiG 21**, 85, 105 ff.; **BBiG 22**, 85, 105 ff.; **KSchG 4**, 309
- ordentliche Kündigung **BBiG 21**, 7, 39; **BBiG 22**, 7, 39
- Personalratsmitwirkung **BBiG 21**, 7; **BBiG 22**, 7; **BPersVG 72**, **79**, **108**, 5
- Probezeit **BBiG 21**, 20, 42, 99; **BBiG 22**, 20, 42, 99; **KSchG 13**, 24, 149
- Schifffahrt **SeemG**, 47 ff.
- Schlichtungsverfahren **BBiG 21**, 111 ff.; **BBiG 22**, 111 ff.; **KSchG 13**, 36
- Schwerbehinderte **BBiG 21**, 7; **BBiG 22**, 7
- Sperrzeit **SGB III 144**, 6
- ultima ratio-Grundsatz **BBiG 21**, 46; **BBiG 22**, 46
- Unzumutbarkeit **BBiG 21**, 49, 52; **BBiG 22**, 49, 52
- Verdachtskündigung **BBiG 21**, 48; **BBiG 22**, 48
- Verzeihung/Verzicht **BBiG 21**, 103; **BBiG 22**, 103
- Verzicht auf Kündigungsschutz **KSchG 4**, 309
- Weiterbeschäftigungsanspruch **BBiG 21**, 124 ff.; **BBiG 22**, 124 ff.
- wichtiger Grund **BBiG 21**, 45 ff.; **BBiG 22**, 45 ff.
- Zweiwochenfrist **BBiG 21**, 97 ff.; **BBiG 22**, 97 ff.

Berufsausbildungsverhältnis, Kündigungsgrund

- Alkohol und Drogen **BBiG 21**, 52, 65; **BBiG 22**, 52, 65
- Allergien **BBiG 21**, 82; **BBiG 22**, 82
- Ausbildungsmängel **BBiG 21**, 76; **BBiG 22**, 76
- außerbetriebliches Verhalten **BBiG 21**, 68; **BBiG 22**, 68
- Berichtsheft **BBiG 21**, 51; **BBiG 22**, 51
- Berufsaufgabe oder -wechsel **BBiG 21**, 82, 84 ff.; **BBiG 22**, 82, 84 ff.
- Berufsschule **BBiG 21**, 64; **BBiG 22**, 64
- betriebliche Gründe **BBiG 21**, 69 ff., 80; **BBiG 22**, 69 ff., 80
- Betriebsstilllegung **BBiG 21**, 71; **BBiG 22**, 71
- Bummelei **BBiG 21**, 56; **BBiG 22**, 56
- charakterliche Mängel **BBiG 21**, 58; **BBiG 22**, 58
- Eignung für den angestrebten Beruf **BBiG 21**, 53, 65; **BBiG 22**, 53, 65
- Einzelfälle **BBiG 21**, 50 ff.; **BBiG 22**, 50 ff.
- Geschäftsübergabe **BBiG 21**, 74; **BBiG 22**, 74
- Gewerkschaftsmitgliedschaft **BBiG 21**, 59; **BBiG 22**, 59
- Heirat **BBiG 21**, 91; **BBiG 22**, 91
- Insolvenz **BBiG 21**, 69; **BBiG 22**, 69
- Jugendstreich **BBiG 21**, 46; **BBiG 22**, 46
- Kette von Pflichtwidrigkeiten **BBiG 21**, 50; **BBiG 22**, 50
- Krankheit **BBiG 21**, 56, 65, 68; **BBiG 22**, 56, 65, 68
- kriminelles Verhalten **BBiG 21**, 66 ff.; **BBiG 22**, 66 ff.
- Leistungsmängel **BBiG 21**, 51, 63; **BBiG 22**, 51, 63
- personenbedingte Kündigungsgründe **BBiG 21**, 65, 82, 91; **BBiG 22**, 65, 82, 91
- politische Meinungsäußerung **BBiG 21**, 59; **BBiG 22**, 59
- Schwangerschaft **BBiG 21**, 65, 91; **BBiG 22**, 65, 91; **MuSchG 9**, 17
- sittenwidrige Kündigung **KSchG 13**, 149
- Streikbeteiligung **BBiG 21**, 60; **BBiG 22**, 60
- Tod des Ausbildenden **BBiG 21**, 80; **BBiG 22**, 80

Stichwortverzeichnis

- Urlaubsantritt, eigenmächtiger **BBiG 21**, 47; **BBiG 22**, 47
- Vereinbarung von Kündigungsgründen **BBiG 21**, 83
- Verfassungstreue im öffentlichen Dienst **BBiG 21**, 59; **BBiG 22**, 59
- Vergleichsverfahren **BBiG 21**, 70; **BBiG 22**, 70
- Verhalten des Ausbildenden **BBiG 21**, 79; **BBiG 22**, 79
- Verhalten des Auszubildenden im Betrieb **BBiG 21**, 50 ff.; **BBiG 22**, 50 ff.
- Verhalten gegen Ausbildenden **BBiG 21**, 46, 62; **BBiG 22**, 46, 62
- Verlegung der Ausbildungsstätte **BBiG 21**, 73; **BBiG 22**, 73
- Verletzung von Arbeitsschutzbestimmungen **BBiG 21**, 78; **BBiG 22**, 78
- Verweigerung berufsfremder Tätigkeiten **BBiG 21**, 54; **BBiG 22**, 54
- Verweigerung von Überstunden **BBiG 21**, 55; **BBiG 22**, 55
- Wechsel Ausbildungsstätte **BBiG 21**, 89 f.; **BBiG 22**, 89 f.
- wichtiger Grund **BBiG 21**, 45 ff., 104; **BBiG 22**, 45 ff., 104
- Zwischenprüfung **BBiG 21**, 63; **BBiG 22**, 63

Berufsausbildungsvertrag
- Aufhebung **BBiG 21**, 37; **BBiG 22**, 37
- Form **BBiG 21**, 10; **BBiG 22**, 10
- Nichtigkeit **BBiG 21**, 4, 32; **BBiG 22**, 4, 32
- Vertragsstrafe **BGB 628**, 5
- Weiterarbeitsklausel **BBiG 21**, 30 ff.; **BBiG 22**, 30 ff.

Berufsausübungserlaubnis KSchG 11, 17
- Kündigungsgrund **KSchG 1**, 292

Berufsbildungsgesetz
- Entstehungsgeschichte **BBiG 21**, 1, 6; **BBiG 22**, 1, 6
- Geltungsbereich **BBiG 21**, 2, 8 ff., 15 ff.; **BBiG 22**, 2, 8 ff., 15 ff.

Berufsfreiheit KSchG 13, 194
- Entstehungsgeschichte **KSchG 1**, 16 f.

Berufskraftfahrer
- Alkoholverbot **KSchG 1**, 425
- Arbeitnehmereigenschaft **ArbNähnl.Pers.**, 29
- Trunkenheit bei Privatfahrt **BGB 626**, 407; **KSchG 1**, 450
- Vorstrafen **KSchG 1**, 512

Berufskrankheit KSchG 1, 294
Besatzungsmitglieder KSchG 24, 11 ff.
  ◊ s. auch *Heuerverhältnis*
Beschäftigtenzahl
  ◊ s. auch *Kündigungsschutzgesetz, betrieblicher Geltungsbereich*
- arbeitnehmerähnliche Personen **KSchG 23**, 41
- Arbeitszeit, regelmäßige **KSchG 23**, 35
- Aushilfsarbeitnehmer **KSchG 23**, 39
- Auszubildende **KSchG 23**, 5, 10, 43
- Bedarfsarbeitsverhältnisse **KSchG 23**, 35
- Berechnung **KSchG 23**, 33 ff., 46

- Betriebsratsamt bei Absinken der ~ **BetrVG 102**, 23
- einheitliches Arbeitsverhältnis **KSchG 23**, 51
- entsandte Arbeitnehmer **KSchG 23**, 19 b f.
- Familienangehörige **KSchG 23**, 41
- Leiharbeitnehmer **KSchG 23**, 41
- leitende Angestellte **KSchG 23**, 42
- mehrere Betriebe **KSchG 23**, 25, 47 ff.
- mittelbares Arbeitsverhältnis **KSchG 23**, 51
- Montagearbeiter **KSchG 23**, 41
- Organvertreter juristischer Personen **KSchG 23**, 41
- regelmäßige ~ **KSchG 17**, 28 f.; **KSchG 23**, 37
- ruhende Arbeitsverhältnisse **KSchG 23**, 40
- Schwellenwert Kleinbetrieb **KSchG 23**, 2, 7 a ff., 33 ff.
- Teilzeitbeschäftigte **KSchG 23**, 21, 34 ff.
- Vertretung wegen Elternzeit **BEEG 21**, 31
- Weiterbeschäftigungsanspruch

Beschäftigungsanspruch
- allgemein **BetrVG 102**, 271; **BetrVG 103**, 143
- Arbeitsgenehmigung, fehlende **KSchG 1**, 43
- Betriebsrat während Zustimmungs(ersetzungs)verfahren **BetrVG 103**, 143 ff.
- in Kündigungsfrist **BetrVG 102**, 196
- Suspendierung
  ◊ s. *dort*
- Weiterbeschäftigungsanspruch, allgemeiner **BetrVG 102**, 269 ff.; **BetrVG 103**, 147 ff.
  ◊ s. auch *dort*
- Weiterbeschäftigungsanspruch nach Betriebsratswiderspruch **BetrVG 102**, 193 ff.
  ◊ s. auch *Weiterbeschäftigungsanspruch, betriebs-/personalverfassungsrechtlicher*

Beschäftigungsgesellschaft InsO 113, 1; **KSchG 17**, 38; **KSchG 18**, 3
Beschäftigungszeiten
  ◊ s. *Wartezeit*
Beschlussfassung des Betriebs-/Personalrats BetrVG 102, 96 ff.
- Anfechtung **BetrVG 102**, 127
- Anhörung des betroffenen Arbeitnehmers **BetrVG 102**, 94; **BetrVG 103**, 80; **BPersVG 72**, 79, 108, 27
- Aussetzung von Beschlüssen **BetrVG 102**, 98 ff.; **BPersVG 72**, 79, 108, 29
- Bedenken gegen Kündigung **BetrVG 102**, 103 a, 123, 131 ff.; **BetrVG 103**, 95 ff.
- Beratung über Stellungnahme **BetrVG 103**, 80; **BPersVG 72**, 79, 108, 25 f.
- Beschlussfähigkeit **BetrVG 102**, 96 b, 145; **BetrVG 103**, 80, 105 ff.
- Einflussnahme des Arbeitgebers **BetrVG 102**, 56, 114; **BetrVG 103**, 104; **BPersVG 72**, 79, 108, 55
- Entfernung betriebsstörender Arbeitnehmer **BetrVG 104**, 7
- Ermessen **BetrVG 102**, 120, 249 a; **BetrVG 103**, 85; **BetrVG 104**, 22 ff.
- Fehler **BetrVG 102**, 115 ff., 145; **BetrVG 103**, 105 ff.; **BPersVG 72**, 79, 108, 56

Stichwortverzeichnis

- Kündigung eines Betriebsratsmitglieds **BetrVG 102**, 96 a; **BetrVG 103**, 80
- Kündigung eines Jugend- und Auszubildendenvertreters **BetrVG 103**, 64, 80 b
- Mitwirkung bei ~ **BetrVG 102**, 96 a; **BetrVG 103**, 56, 80 ff.; **BPersVG 72**, 79, **108**, 25
- nichtige Beschlüsse **BetrVG 102**, 145; **BetrVG 103**, 80, 88, 105 ff.
- Stellungnahme
  ◊ s. *Stellungnahme des Betriebs-/Personalrats*
- Umlaufverfahren **BetrVG 102**, 96, 145; **BetrVG 103**, 105; **BPersVG 72**, 79, **108**, 26
- Widerspruch **BetrVG 102**, 145
  ◊ s. *auch Widerspruch des Betriebs-/Personalrats*
- Zustimmung zu Kündigung **BetrVG 102**, 124 ff.; **BetrVG 103**, 86 ff.; **BPersVG 72**, 79, **108**, 32 f.
  ◊ s. *auch Zustimmung des Betriebs-/Personalrats zur Kündigung*

Beschwerde gegen Vorgesetzte
- als Kündigungsgrund **KSchG 1**, 466

Beschwerderecht AGG, 164

Bestechung BGB 626, 420

Betrieb
- Begriff **KSchG 1**, 132 ff.; **KSchG 17**, 15 f.; **KSchG 23**, 24 ff., 32, 44 ff., 71 f.; **SGB IX 85-90**, 65
- Beschäftigtenzahl **KSchG 23**, 33 ff.
  ◊ s. *auch dort*
- Betriebsabteilung **KSchG 15**, 120 ff.
- Betriebsstätte **KSchG 1**, 139
- Betriebsteil **KSchG 1**, 139; **KSchG 17**, 16, 19; **SGB IX 85-90**, 66
- eigenständiger Begriff in § 24 KSchG **KSchG 24**, 5, 14 ff.
- Filiale **KSchG 1**, 139
- Geltungsbereich des
  ◊ s. *Kündigungsschutzgesetz, betrieblicher Geltungsbereich*
- Kleinbetrieb **KSchG 23**, 33 f.
  ◊ s. *auch dort*
- Land- und Bodenbetriebe bei Schifffahrt und Luftverkehr **KSchG 24**, 16 ff.
- Nebenbetrieb **KSchG 1**, 139; **KSchG 17**, 16, 18; **SGB IX 85-90**, 65
- Niederlassung **IPR**, 132
- öffentliche Betriebe **KSchG 1**, 137; **KSchG 17**, 25; **KSchG 23**, 9, 29 f., 71, 76
- Schifffahrt **SeemG**, 39, 54
- Übergang
  ◊ s. *Betriebsübergang*

Betriebliche Altersversorgung
- Abfindungshöhe bei Verlust von Versorgungsanwartschaft **KSchG 10**, 58
- Abgeltung durch Sozialplanabfindung **KSchG 9**, 76
- Internationales Arbeitsrecht **IPR**, 121
- Konkursverfahren **KSchG 10**, 21
- Unternehmensumwandlung **UmwG**, 6

Betriebliche Ordnung/Betriebsfrieden, Störung
  ◊ s. *auch Entfernung betriebsstörender Arbeitnehmer*
- Abmahnung **KSchG 1**, 472
  ◊ s. *auch dort*

- außerordentliche Kündigung **BetrVG 104**, 33 ff.
- Beleidigungen/Kritik
  ◊ s. *dort*
- Betriebsbußen **BGB 626**, 285
- Betriebsratsmitglied, Zutritt zum Betrieb **BetrVG 103**, 150
- Inhalt und Konkretisierung **BGB 626**, 116, 416; **KSchG 1**, 472
- Kündigungsgrund **BetrVG 104**, 14 ff.; **BGB 626**, 95, 116, 145, 168, 416, 449; **KSchG 1**, 467
- ordentliche Kündigung **BetrVG 104**, 30 ff.
- Suspendierung **BetrVG 104**, 31
- Verlangen des Betriebsrats nach Kündigung/Versetzung **BetrVG 104**, 11 ff.
- Versetzung **BetrVG 104**, 27 ff.

Betriebliches Eingliederungsmanagement KSchG 1, 215 a, 324 a ff.

Betriebs-/Geschäftsgeheimnisse
- Abkehrmaßnahmen/Abkehrwille **BGB 626**, 405
- Anzeigepflicht bei Geheimnisverletzung durch Kollegen **BGB 626**, 433
- Geschäftsunterlagen, heimliche Mitnahme **BGB 626**, 408
- Handelsvertreter **ArbNähnl.Pers.**, 229
- Schweigepflicht des Betriebs-/Personalrats **BetrVG 102**, 101; **BetrVG 105**, 30, 34; **BPersVG 72**, 79, **108**, 34
- Verletzung, Kündigungsgrund **BGB 626**, 457; **KSchG 1**, 295, 494

Betriebsabteilung
- Abgrenzung zum Nebenbetrieb **KSchG 15**, 123
- Begriff **KSchG 15**, 121
- bei Seeschiffen, Binnenschiffen und Luftfahrzeugen **KSchG 24**, 15
- Stilllegung **KSchG 1**, 571; **KSchG 15**, 124
- Veräußerung **KSchG 15**, 125 a
- Weiterbeschäftigung Betriebsverfassungsorgan **KSchG 15**, 120, 126 ff.

Betriebsänderung
- anzeigepflichtige Entlassungen **KSchG 17**, 54 a, 69
- Betriebsspaltung **UmwG**, 4
- Betriebsstilllegung
  ◊ s. *dort*
- Interessenausgleich **KSchG 1**, 703 ff.
- Mitbestimmung des Betriebsrats **UmwG**, 3
- Zusammenschluss von Betrieben **UmwG**, 4

Betriebsausschuss
  ◊ s. *Ausschüsse des Betriebsrats*

Betriebsbedingte Kündigung BGB 626, 155 ff.
- Abkehrwille **KSchG 1**, 564
- Altersteilzeit **KSchG 1**, 579 a
- Änderungskündigung **KSchG 1**, 232; **KSchG 2**, 107 ff.
- Arbeitsmangel **KSchG 1**, 565 ff.
- Arbeitsstreckung **KSchG 1**, 565, 567
- Arbeitszeitänderung **KSchG 1**, 520, 530, 567; **KSchG 2**, 112
- Auftragsrückgang/-mangel **BGB 626**, 155; **KSchG 1**, 520, 534 f., 568 f.
- Ausschluss durch Tarifvertrag **KSchG 1**, 582

Stichwortverzeichnis

- Ausschlussfrist **BGB 626**, 329
- außerbetriebliche Faktoren **KSchG 1**, 517 f., 534, 553, 575
- Bedarfskündigung nach Einigungsvertrag **KSchG 1**, 746
- Berufsausbildungsverhältnis **BBiG 21**, 69 ff., 131; **BBiG 22**, 69 ff., 131
- Betriebseinschränkung **KSchG 1**, 519, 570 ff.
- Betriebsstilllegung **BGB 626**, 155, 157, 301, 417; **KSchG 1**, 519, 550, 571, 579; **KSchG 15**, 73 ff.
  ◊ s. auch dort
- Betriebsübergang **KSchG 1**, 573 ff.; **UmwG**, 41
  ◊ s. auch dort
- Beurteilungszeitpunkt **KSchG 1**, 235, 550
- Beweislast **KSchG 1**, 553 ff., 583
- dringende betriebliche Erfordernisse **KSchG 1**, 514 ff.
- drittmittelfinanzierte Arbeitsverträge **KSchG 1**, 584 f.
- Druckkündigung **KSchG 1**, 586 f.
- Ehegattenverdienst **KSchG 1**, 300
- einheitliches Arbeitsverhältnis **KSchG 1**, 590 ff.
- Einigungsvertrag **KSchG 1**, 746
- entgegenstehende betriebliche Belange
  ◊ s. soziale Auswahl
- Entgeltsenkung **BGB 626**, 203
- gerichtliche Nachprüfung **KSchG 1**, 521 ff., 534 ff., 599
- Gewinnsteigerung **KSchG 1**, 588
- Gewinnverfall **KSchG 1**, 587; **KSchG 2**, 107 a ff.
- Herabgruppierung **KSchG 2**, 108 ff.
- Heuerverhältnis **SeemG**, 75 ff.
- innerbetriebliche Faktoren **KSchG 1**, 519 f., 534, 553, 575, 589
- Insolvenzverfahren **KSchG 1**, 589
- Interessenabwägung **KSchG 1**, 547 ff.
- Konzernbezug **KSchG 1**, 539 ff., 590 ff.
- Kündigungsgründe, Überblick **KSchG 1**, 560
- Kurzarbeit **KSchG 1**, 520, 531 f., 567
- Lohnfindungsmethode, neue **KSchG 2**, 109 a
- Lohnkosten, Senkung **KSchG 2**, 107 a ff.
- Mitbestimmung des Betriebsrats **BetrVG 102**, 58 a, 61, 62 c ff., 149 ff.
- Mutterschutz **MuSchG 9**, 74
- öffentlicher Dienst **KSchG 1**, 593 ff.
- Personalabbau **KSchG 1**, 570
- Personalreserve **KSchG 1**, 520
- Produktionsverlagerung **KSchG 1**, 519
- Rationalisierungsmaßnahmen **KSchG 1**, 519, 534, 593, 598 ff.
- Rationalisierungsschutzabkommen **KSchG 1**, 34, 601
- Recht am Arbeitsplatz **KSchG 1**, 514
- Rentabilitätsgründe **KSchG 1**, 587; **KSchG 2**, 107a ff.
- Rohstoffverknappung **KSchG 1**, 517
- sozial ungerechtfertigte
  ◊ s. Wirksamwerden der Kündigung
- soziale Auswahl **KSchG 1**, 656 ff.
  ◊ s. auch dort

- Sozialplan **KSchG 1**, 525
  ◊ s. auch dort
- Teilzeitarbeitsverhältnis **KSchG 1**, 562
- Überhang von Arbeitskräften **KSchG 1**, 518
- Überstunden, Abbau **KSchG 1**, 528, 565
- übertarifliches Entgelt, Senkung **KSchG 2**, 108 ff.
- ultima ratio-Prinzip **KSchG 1**, 528, 531
- Umgestaltung von Arbeitsplätzen **KSchG 1**, 572, 612
- Umsatzrückgang **KSchG 1**, 534, 568
- Unternehmensbezug **KSchG 1**, 528, 530, 537
- Unternehmerentscheidung **KSchG 1**, 518, 519 ff., 533, 535
- Unternehmerentscheidung **SeemG**, 76
- Unterrichtung des Betriebsrats **BetrVG 102**, 58 a, 61, 62 c ff.
- Verhältnismäßigkeitsgrundsatz **KSchG 1**, 528, 545 f.
- Verschulden des Arbeitgebers **KSchG 1**, 533
- Vorgesetztenwechsel **KSchG 1**, 602
- Vorrang der Änderungskündigung **KSchG 1**, 217, 529, 726; **KSchG 2**, 18 a ff., 92 a, 97 ff.
- Wegfall des Weiterbeschäftigungsbedürfnisses **BGB 626**, 156
- Wehrdienstleistende **ArbPlSchG**, 22, 23
- Weiterbeschäftigungsmöglichkeit **KSchG 1**, 545 f.
  ◊ s. auch Weiterbeschäftigungsmöglichkeit/anderweitige Beschäftigungsmöglichkeit
- Werksferien **KSchG 1**, 528
- Widerspruch des Betriebsrats **BetrVG 102**, 149 ff.
- Wiedereinstellungsanspruch **KSchG 1**, 729 ff.
- Wirksamwerden sozial ungerechtfertigter
  ◊ s. Wirksamwerden der Kündigung
- Zulagen, Gratifikation **KSchG 1**, 520; **KSchG 2**, 107, 107 b, 108 ff., 115 b

Betriebsbußen
  ◊ s. auch dort
- Abmahnung **BGB 626**, 264
- als milderes Mittel **BGB 626**, 285

Betriebseinschränkung
- Kündigungsgrund **KSchG 1**, 519 f., 570 ff.
- Mutterschutz **MuSchG 9**, 74
- Schwerbehinderte **SGB IX 85-90**, 89 ff.
- Weiterbeschäftigungsmöglichkeit, entfallende **KSchG 1**, 571

Betriebsfrieden
  ◊ s. betriebliche Ordnung/~, Störung
  ◊ s. Entfernung betriebsstörender Arbeitnehmer

Betriebsinhaberwechsel
  ◊ s. Betriebsübergang

Betriebs-/Personalrat
- Amtspflichtverletzung **KSchG 15**, 25 ff., 29
- Amtszeit **BetrVG 103**, 19
- Anhörung
  ◊ s. Anhörung des Betriebs-/Personalrats
- Arbeitskampf **BetrVG 102**, 26; **BetrVG 103**, 61
- Auflösung des Arbeitsverhältnisses **KSchG 9**, 62; **KSchG 15**, 38, 94
- Ausschluss vom Amt **BetrVG 103**, 112; **BGB 626**, 12; **KSchG 15**, 25 ff., 29

- Ausschüsse **BetrVG 102**, 46 a, 81, 93; **BetrVG 103**, 76; **BetrVG 104**, 6
- Beratung von Arbeitnehmern **KSchG 5**, 33, 37, 66 ff.
- Beschlussfassung des ~
  ◊ *s. dort*
- Betriebsstilllegung **BetrVG 102**, 22
- Direktionsrecht des Arbeitgebers **BetrVG 103**, 60
- Ende des Amts **BetrVG 102**, 20 ff.; **BetrVG 103**, 20, 151
- Entfernung betriebsstörender Arbeitnehmer
  ◊ *s. dort*
- Entgegennahme von Arbeitgebererklärungen **BetrVG 102**, 81; **BetrVG 103**, 74 ff.; **BetrVG 105**, 32; **BPersVG 72**, 79, 108, 20 ff.
- Ersatzmitglied **BetrVG 103**, 15, 45 ff.
- europäischer Betriebsrat **IPR**, 105
- Funktionsfähigkeit **BetrVG 102**, 21, 24 ff.; **BetrVG 103**, 55 ff.; **BetrVG 105**, 18; **BPersVG 72**, 79, 108, 9 f.
- Internationales Arbeitsrecht **IPR**, 103 ff.
- Kündigungseinspruch des Arbeitnehmers **KSchG 3**, 10 ff.
  ◊ *s. auch Kündigungseinspruch*
- Kündigungsgrund
  ◊ *s. Betriebsrat, Kündigungsgründe*
- Kündigungsschutz
  ◊ *s. Betriebsrat, Kündigungsschutz*
  ◊ *s. Personalrat, Kündigungsschutz*
- Kurzarbeit **KSchG 19**, 29 ff., 36
- Mitbestimmung bei Kündigungen
  ◊ *s. dort*
- nichtige Wahl **BetrVG 103**, 18
- ordentliche Kündigung
  ◊ *s. Betriebs-/Personalrat, ordentliche Kündigung*
- Restmandat **BetrVG 102**, 23; **KSchG 15**, 119; **UmwG**, 5
- Schifffahrt **SeemG**, 42 ff.
  ◊ *s. auch Bordvertretung*
  ◊ *s. auch Seebetriebsrat*
- Schweigepflicht **BetrVG 102**, 101; **BetrVG 103**, 82; **BetrVG 105**, 30, 34; **BPersVG 72**, 79, 108, 30; **KSchG 15**, 29
- Suspendierung von der Arbeit **BetrVG 103**, 143 ff.; **KSchG 15**, 115
- Teilnahme an Sitzungen **BetrVG 102**, 95, 97; **BetrVG 103**, 80 b
- Unterlassungsanspruch **BetrVG 102**, 113, 176
- Unterrichtung
  ◊ *s. Unterrichtung des Betriebs-/Personalrats*
- Vergleichsverhandlungen **KSchG 5**, 66 ff.
- Verhinderung **BetrVG 102**, 24 a, 24 c; **BetrVG 103**, 45, 74, 80
- Versetzung **BetrVG 103**, 60; **KSchG 15**, 128
- Wahl
  ◊ *s. Betriebsratswahl*
- Weiterbeschäftigung nach Ausbildung **BetrVG 78 a**, 2 ff.
- Widerspruch
  ◊ *s. Widerspruch des Betriebs-/Personalrats*
- Wiedereinstellungsanspruch bei Wiedereröffnung des Betriebs **KSchG 15**, 135 a
- Zustimmungsbedürftige Kündigungen, Zustimmungsverfahren
  ◊ *s. dort*
- Zustimmungsersetzungsverfahren, Beteiligte **BetrVG 103**, 114; **BPersVG 72**, 79, 108, 11
- Zutritt zum Betrieb **BetrVG 103**, 146, 149, 151 ff., 154

Betriebs-/Personalrat, ordentliche Kündigung
- Amtsausübung **KSchG 15**, 116, 119
- Anhörung des Betriebsrats **BetrVG 103**, 57; **KSchG 15**, 95, 130
- Auflösung des Arbeitsverhältnisses **KSchG 15**, 112, 120 ff.
- Betriebsabteilung, Stilllegung
  ◊ *s. Betriebsabteilung*
- Betriebsstilllegung **KSchG 15**, 73 ff., 78 ff., 102 a
- Betriebsteil, Stilllegung **KSchG 15**, 125
- Beweislast **KSchG 15**, 49, 114, 134
- freigestellte Betriebs-/Personalratsmitglieder **KSchG 15**, 108
- Kündigungsfrist **KSchG 15**, 100
- Kündigungsschutzklage **KSchG 15**, 110 ff.
- Kündigungstermin **KSchG 15**, 101 ff., 131
- Kündigungszeitpunkt **KSchG 15**, 98
- Nachschieben von Kündigungsgründen **KSchG 15**, 113
- Personalratsmitwirkung **KSchG 15**, 96, 130
- Restmandat **KSchG 15**, 119
- Saisonbetrieb **KSchG 15**, 91
- soziale Auswahl **KSchG 15**, 102
- Suspendierung vor Beendigung des Arbeitsverhältnisses **KSchG 15**, 115
- Tendenzbetrieb **BetrVG 103**, 16
- Umdeutung in außerordentliche Kündigung **KSchG 13**, 204
- Weiterbeschäftigungsanspruch, allgemeinen **KSchG 15**, 117
- Weiterbeschäftigungsanspruch, betriebsverfassungsrechtlicher **KSchG 15**, 118
- Weiterbeschäftigungsmöglichkeit/anderweitige Beschäftigungsmöglichkeit **KSchG 15**, 93, 96, 106, 126 ff.
- Widerspruch des Betriebsrats **KSchG 1**, 691; **KSchG 15**, 96
- Wiedereinstellungsanspruch bei Wiedereröffnung **KSchG 15**, 135 a
- Wirkung **KSchG 15**, 109
- zwingende betriebliche Erfordernisse **KSchG 15**, 103 ff.

Betriebsrat, Kündigungsgründe
- Abmahnung
  ◊ *s. dort*
- Amtspflichtverletzung **KSchG 15**, 25 ff., 29
- Änderungskündigung **KSchG 15**, 18, 21
- Arbeitsvertragspflichtverletzung **KSchG 15**, 26 ff.
- Ausschluss durch Individual- oder Tarifvertrag **KSchG 15**, 21

- Beteiligung an rechtswidrigem Streik **KSchG 25**, 27
- Betriebsfrieden, Störung **KSchG 15**, 28
- Betriebsstilllegung **KSchG 15**, 73 ff., 78 ff.
- Betriebsveräußerung **KSchG 15**, 86
- Einzelfälle **KSchG 15**, 27
- Nachschieben **BetrVG 103**, 118 ff.; **KSchG 15**, 45 ff.
  ◊ *s. auch dort*
- Saisonbetrieb **KSchG 15**, 90
- Treuepflichtverletzung **KSchG 15**, 26 c
- Unterrichtung des Betriebsrats **BetrVG 103**, 67
- Verschwiegenheitspflichtverletzung **KSchG 15**, 26 c
- vertragswidriges Verhalten **KSchG 15**, 26 ff.
- wichtiger Grund **KSchG 15**, 21 ff.

Betriebsrat, Kündigungsschutz
- Amtsausübung nach Kündigungsausspruch **BetrVG 103**, 148, 151 ff.; **KSchG 15**, 116, 119
- Amtsausübung vor Kündigungsausspruch **BetrVG 103**, 149
- Änderungskündigung **BetrVG 103**, 59; **KSchG 2**, 30, 184; **KSchG 15**, 17 ff., 21, 23, 77
- anderweitige Beschäftigungsmöglichkeit **KSchG 15**, 23, 93, 106
- Annahmeverzug **KSchG 16**, 7
- Auflösung des Arbeitsverhältnisses **KSchG 9**, 62; **KSchG 15**, 38, 40, 94; **KSchG 16**, 2 ff.
- Ausfauffrist **KSchG 15**, 23, 33
- Ausnahmen vom Kündigungsverbot **KSchG 15**, 73 ff.
  ◊ *s. auch Betriebsrat, Kündigungsgründe*
  ◊ *s. Betriebs-/Personalrat, ordentliche Kündigung*
- Ausschlussfrist **BetrVG 103**, 72, 93, 113, 124 ff.; **KSchG 15**, 30 ff., 41
- außerordentliche Kündigung **BetrVG 103**, 58; **KSchG 15**, 21 ff., 55
- Beginn **BetrVG 103**, 19, 63 a
- Beschäftigungsanspruch während Zustimmungs(ersetzungs)verfahren **BetrVG 103**, 143 f.
- Beschlussfassung des Betriebsrats **BetrVG 103**, 80 ff.
  ◊ *s. auch Beschlussfassung des Betriebs-/Personalrats*
- Dauer **BetrVG 103**, 20, 151; **KSchG 15**, 56 ff.; **UmwG**, 43
- Dreiwochenfrist **KSchG 7**, 33 ff.; **KSchG 13**, 29; **KSchG 15**, 42, 111
- Ende der Amtszeit **BetrVG 103**, 20, 151; **KSchG 15**, 60 ff.
- Ende des Kündigungsschutzes vor Zustimmungsersetzung **BetrVG 103**, 131 ff.
- Entstehungsgeschichte **BetrVG 103**, 1 ff.; **KSchG 15**, 1 ff.
- Ersatzmitglied **BetrVG 103**, 15, 44 ff.; **KSchG 15**, 65 ff.
- funktionsunfähiger Betriebsrat **BetrVG 103**, 55 ff.
- Gesamtbetriebsrat **BetrVG 103**, 8, 21
- Heimarbeiter **ArbNähnl.Pers.**, 162 ff.; **BetrVG 103**, 14
- Insolvenz des Arbeitgebers **KSchG 15**, 17

- Interessenabwägung **KSchG 15**, 26 d
  ◊ *s. auch Interessenabwägung, außerordentliche Kündigung*
- Internationales Arbeitsrecht **IPR**, 87, 103 ff.
- Irrtum über ~ **BetrVG 103**, 113 a
- job sharing-Arbeitsverhältnis **BetrVG 103**, 13 a
- Kampfkündigung **BetrVG 103**, 61; **KSchG 15**, 17
- Klagefrist **KSchG 7**, 33 ff.
- Kleinbetrieb **KSchG 23**, 58
- Konzernbetriebsrat **BetrVG 103**, 8, 21
- Kündigung nach Einigungsvertrag **KSchG 15**, 17
- Kündigung vor Zustimmungs(ersetzung) **BetrVG 103**, 87, 109; **KSchG 15**, 39
- Kündigungserklärung **BetrVG 103**, 62 ff., 93, 99, 109 ff., 135
- Kündigungsgrund
  ◊ *s. Betriebsrat, Kündigungsgründe*
- Kündigungsschutzklage **BetrVG 103**, 110 a, 137 ff.; **KSchG 15**, 37 ff., 110 ff.
- Kündigungsverlangen des Betriebsrats **BetrVG 103**, 67 a; **BetrVG 104**, 33
- Kurzarbeit **KSchG 19**, 44, 45
- Massenänderungskündigung **KSchG 15**, 18
- Meinungsfreiheit **KSchG 15**, 28 a
- nach Umwandlung des Unternehmens **UmwG**, 54
- Nachschieben von Kündigungsgründen **BetrVG 103**, 103, 118 ff.; **KSchG 15**, 48 ff., 113
- nachwirkender ~ **BetrVG 103**, 52; **KSchG 15**, 56 ff., 72
- neues Arbeitsverhältnis, Auflösung des Alten **KSchG 16**, 2 ff.
- nichtige Wahl **BetrVG 103**, 18
- ordentliche Kündigung **BetrVG 103**, 57; **KSchG 15**, 54, 73 ff.
  ◊ *s. auch Betriebs-/Personalrat, ordentliche Kündigung*
- Saisonbetrieb **KSchG 15**, 89 ff.
- Schadensersatz bei Verletzung von § 15 KSchG **KSchG 15**, 139
- soziale Auswahl **KSchG 1**, 664
- Stellungnahme des Betriebsrats **BetrVG 103**, 86 ff.
- Suspendierung von der Arbeit **BetrVG 103**, 143 ff.; **KSchG 15**, 115
- Tendenzunternehmen **BetrVG 103**, 16; **KSchG 15**, 11
- Umdeutung ordentliche in außerordentliche Kündigung **KSchG 13**, 204
- Unabdingbarkeit **KSchG 15**, 136 ff.
- Unterrichtung des Betriebsrats **BetrVG 103**, 66 ff.
  ◊ *s. auch Unterrichtung des Betriebs-/Personalrats*
- Unwirksamkeit der Kündigung, Geltendmachung **BetrVG 103**, 109; **KSchG 7**, 25, 29 ff.
- Verhältnis zu allgemeinem Kündigungsschutz **KSchG 15**, 140 ff.
- Verweigerung der Weiterarbeit **KSchG 16**, 3 ff.
- Verwirkung des Kündigungsrechts **BetrVG 103**, 93, 99, 136; **KSchG 15**, 29 a
- Verzicht Zustimmungsverfahren **BetrVG 103**, 70; **KSchG 15**, 136 ff.

Stichwortverzeichnis

- Wahlbewerber **BetrVG 103**, 11 ff., 23 ff., 53, 132, 155
  ◊ *s. auch dort*
- Wahlvorstand **BetrVG 103**, 11 ff., 22, 53, 132
  ◊ *s. auch dort*
- Weiterbeschäftigungsanspruch, allgemeiner **BetrVG 103**, 147 ff.; **KSchG 1**, 218; **KSchG 15**, 117
- Weiterbeschäftigungsanspruch, betriebsverfassungsrechtlicher **KSchG 15**, 118
- Weiterbeschäftigungsmöglichkeit **KSchG 15**, 23, 93, 106
- Widerspruch des Betriebsrats gegen Kündigung **BetrVG 103**, 95 ff.; **KSchG 15**, 96
- Widerspruch des Betriebsrats gegen Kündigung, fehlender **BetrVG 103**, 110 a; **KSchG 1**, 218
- Wirksamkeit der Kündigung **KSchG 15**, 34
- Wirkung der Zustimmungsersetzung **BetrVG 103**, 139 ff.; **KSchG 15**, 40, 43
- Zustimmung des Betriebsrats zu Kündigung **BetrVG 103**, 86 ff.; **BGB 626**, 20; **KSchG 15**, 30 ff., 39
- Zustimmungsersetzung
  ◊ *s. dort*
- Zustimmungsverfahren **BetrVG 103**, 65 ff.
  ◊ *s. auch zustimmungsbedürftige Kündigungen, Zustimmungsverfahren*
- Zweck **BetrVG 103**, 7; **KSchG 15**, 9

Betriebsratsloser Betrieb
- leitende Angestellte, Mitteilungspflichten **BetrVG 105**, 17, 19
- Mitbestimmung bei Kündigungen **BetrVG 102**, 18 ff.; **BetrVG 103**, 53
- Nachschieben von Kündigungsgründen im Zustimmungsersetzungsverfahren **BetrVG 103**, 118
- Wahlbewerber/-vorstand, Kündigungsschutz **BetrVG 103**, 53
- Weiterbeschäftigungsanspruch **BetrVG 102**, 202, 270

Betriebsratswahl
- Anfechtung **BetrVG 102**, 25
- Kündigungsschutz für Wahlbewerber und -vorstand **BetrVG 103**, 11 ff., 18, 22 ff.
  ◊ *s. auch Wahlbewerber*
  ◊ *s. auch Wahlvorstand*
- nichtige ~ **BetrVG 103**, 18
- Vorstand
  ◊ *s. Wahlvorstand*
- Wahlberechtigung **BetrVG 102**, 221; **BetrVG 103**, 25 a
- Wahlvorschlag **BetrVG 103**, 23 ff.
- Zurückziehen der Bewerbung **BetrVG 103**, 41 a

Betriebsspaltung KSchG 15, 60 a; **UmwG**, 34 ff.
  ◊ *s. auch Unternehmensumwandlung*

Betriebsstilllegung
  ◊ *s. auch Betriebsabteilung*
- Abgrenzung zum Betriebsübergang **KSchG 1**, 579
- Abteilungsstilllegung **KSchG 1**, 574; **KSchG 15**, 120 ff.
- Abwicklungs- und Aufräumarbeiten **KSchG 15**, 102 a

- Altersteilzeit **KSchG 1**, 579 a
- Änderung des Betriebszwecks **KSchG 15**, 81 ff.
- anzeigepflichtige Entlassungen
  ◊ *s. dort*
- Ausschlussfrist **BGB 626**, 329
- Begriff **KSchG 1**, 579; **KSchG 15**, 79 ff.
- Berufsausbildungsverhältnis **BBiG 21**, 71, 132; **BBiG 22**, 71, 132
- Betriebs-/Personalratsmandat nach Kündigung **KSchG 15**, 119
- Betriebsveräußerung **BGB 626**, 417; **KSchG 1**, 573 ff.; **KSchG 15**, 86
  ◊ *s. auch dort*
- Betriebsverfassungsorgan, Kündigung **KSchG 15**, 73 ff., 78 ff.
  ◊ *s. auch Betriebs-/Personalrat, ordentliche Kündigung*
- Betriebszweck **KSchG 15**, 80 ff.
- Beurteilungszeitpunkt **KSchG 1**, 550
- Beweislast **KSchG 1** 583
- Heimarbeitsvergabe **ArbNähnl.Pers.**, 165
- Insolvenz **KSchG 1**, 579
- Kündigungsgrund **BGB 626**, 155, 301, 417; **KSchG 1**, 550, 579
- Massenentlassungen
  ◊ *s. dort*
- Mitbestimmung des Betriebsrats bei Kündigungen **BetrVG 102**, 23, 34, 61, 62 c; **KSchG 15**, 95
- Mutterschutz **MuSchG 9**, 74
- Prognose **KSchG 1**, 579
- Restmandat des Betriebsrats **BetrVG 102**, 23; **KSchG 15**, 119
- Saisonbetrieb **KSchG 15**, 89 ff.
- Schifffahrt, Kündigung **SeemG**, 44, 78
- Schwerbehinderte, Kündigung **SGB IX 85-90**, 85 ff.
- soziale Auswahl **KSchG 1**, 669; **KSchG 15**, 102
- Verlegung als Stilllegung **KSchG 15**, 85
- Wehrdienstleistende **ArbPlSchG**, 22
- Weiterbeschäftigungsanspruch **BetrVG 102**, 214

Betriebsstörende Arbeitnehmer
  ◊ *s. Entfernung betriebsstörender Arbeitnehmer*

Betriebsteil
- Begriff **SGB IX 85-90**, 66
- Stilllegung **KSchG 15**, 125

Betriebsübergang BGB 613 a, 1 ff.
- Abdingbarkeit **BGB 613 a**, 6 ff.
- Abgrenzung zur Betriebsstilllegung **KSchG 1**, 579
- Änderung von Arbeitsverträgen **BGB 613 a**, 162
- anzuwendende Rechtsordnung **IPR**, 106 ff.
- Arbeitnehmer **BGB 613 a**, 12
- arbeitnehmerähnliche Personen **ArbNähnl.Pers.**, 37 a, 159 a; **BGB 613 a**, 13
- Arbeitsorganisation **BGB 613 a**, 51
- arbeitstechnischer Zweck **BGB 613 a**, 57
- Arbeitsverhältnisse **BGB 613 a**, 101, 103, 125
- Art des Betriebs **BGB 613 a**, 30 ff.
- ausgeschiedene Arbeitnehmer **BGB 613 a**, 15
- Ausschluss des Widerspruchs des Arbeitnehmers **BGB 613 a**, 115

- Ausschlussfrist, Kenntnis der Kündigungsgründe **BGB 626**, 357
- Auswirkungen für Arbeitnehmer **BGB 613 a**, 124 ff.
- betriebliche Übung **BGB 613 a**, 137
- Betriebsänderung **BGB 613 a**, 59 ff., 117, 122
- Betriebsaufspaltung **BGB 613 a**, 58
- betriebsbedingte Kündigung **KSchG 1**, 573 ff.
- Betriebskantine **BGB 613 a**, 37
- Betriebsmethoden **BGB 613 a**, 51
- Betriebsrat **BGB 613 a**, 152 ff.
- Betriebsrat, Amtszeit **KSchG 15**, 60 a
- Betriebsspaltung **UmwG**, 16 ff.
- Betriebsstilllegung **BGB 613 a**, 61 ff.
- Betriebsteil **BGB 613 a**, 22, 27
- Betriebsunterbrechung **BGB 613 a**, 53
- Betriebsveräußerung durch Insolvenzverwalter **BGB 613 a**, 94
- Betriebsvereinbarung **BGB 613 a**, 165, 172
- Betriebsverfassungsrechtliche Pflichten **BGB 613 a**, 138
- Betriebsverschmelzung **UmwG**, 29 ff.
- Dienstleistungsbetrieb **BGB 613 a**, 31
- Dienstverhältnisse **BGB 613 a**, 16
- Eintritt in Rechte und Pflichten **BGB 613 a**, 101
- Entstehungsgeschichte **BGB 613 a**, 1
- Fehlen unmittelbarer rechtsgeschäftlicher Beziehungen **BGB 613 a**, 85 ff.
- Feststellungsklage **KSchG 4**, 96
- Folgen des Widerspruchs des Arbeitnehmers **BGB 613 a**, 116 ff.
- Form für Kündigung **KSchG 13**, 276
- Fortgeltung kollektivrechtlicher Rechte und Pflichten **BGB 613 a**, 155 ff.
- Fremdvergabe **BGB 613 a**, 56, 83
- Funktionsnachfolge **BGB 613 a**, 52
- gekündigte Arbeitnehmer **BGB 613 a**, 14
- Gesamtbetrachtung **BGB 613 a**, 54
- Gesamtrechtsnachfolge **UmwG**, 28 ff.
- gesamtschuldnerische Haftung **BGB 613 a**, 146 ff.
- geschützter Personenkreis **BGB 613 a**, 12
- Gleichbehandlung **BGB 613 a**, 169
- Haftung des Veräußerers **BGB 613 a**, 145
- Heimarbeiter **ArbNähnl.Pers.**, 159 a
- Identitätswahrung **BGB 613 a**, 28
- immaterielle Aktiva **BGB 613 a**, 39 ff.
- Inhaberwechsel **BGB 613 a**, 26
- Insolvenzverfahren **BGB 613 a**, 93 ff.
- Internationales Privatrecht **IPR**, 106 ff.
- Klagefrist **KSchG 4**, 97
- Kleinbetrieb **KSchG 23**, 52
- kollektivrechtliche Folgen **BGB 613 a**, 152 ff.
- Kundenbeziehungen **BGB 613 a**, 45 ff.
- Ladengeschäft **BGB 613 a**, 37
- materielle Aktiva **BGB 613 a**, 34
- Mehrzahl von Rechtsgeschäften **BGB 613 a**, 88
- Mitbestimmung des Betriebsrats **BetrVG 102**, 23 a, 43; **IPR**, 108
- Mutterschutz **MuSchG 9**, 39 b
- nichtiges Rechtsgeschäft, **BGB 613 a**, 80
- Produktionsbetrieb **BGB 613 a**, 31
- Rechtsfolge **BGB 613 a**, 101 ff.
- Rechtsgeschäft **BGB 613 a**, 11, 72 ff.
- Rechtsstellung des Betriebsveräußerers **BGB 613 a**, 144
- Rechtsstellung des neuen Betriebsinhabers **BGB 613 a**, 130 ff.
- Schifffahrt **SeemG**, 7
- Seeschiff **BGB 613 a**, 32
- soziale Auswahl **KSchG 1**, 611
- Sprecherausschüsse **BGB 613 a**, 152 ff.
- Stationierungsstreitkräfte **NATO-ZusAbk**, 37
- Tarifgebundenheit nach Betriebsübergang **BGB 613 a**, 170
- Tarifvertrag **BGB 613 a**, 163, 172
- Tätigkeit vor und nach dem Übergang **BGB 613 a**, 50 ff.
- Übergang auf anderen Betriebsinhaber **BGB 613 a**, 66 ff.
- Übergang kraft Gesetzes **BGB 613 a**, 108
- Übernahme der Belegschaft **BGB 613 a**, 42 ff.
- Übertragungsakt **BGB 613 a**, 57
- Umwandlung **BGB 613 a**, 129
- unternehmenspolitische Zielsetzung **BGB 613 a**, 57
- Unterrichtung der Arbeitnehmer **BGB 613 a**, 108 a ff.
- Veräußerung des Betriebs **BGB 613 a**, 81
- Vereinbarungen für den Übergang **BGB 613 a**, 102
- Verlegung des Betriebs **IPR**, 109
- Vermietung **BGB 613 a**, 82
- Verpachtung **BGB 613 a**, 82
- Versorgungsanwartschaften **BGB 613 a**, 139 ff.
- Wartezeit **KSchG 1**, 119
- Weiterbeschäftigungsanspruch **BetrVG 102**, 273, 287
- ◊ s. auch *Betriebsübergang, Kündigung*
- Widerspruch des Arbeitnehmers **BGB 613 a**, 109 ff.
- wirtschaftliche Einheit **BGB 613 a**, 18 ff., 23 ff.
- Zeitpunkt **BGB 613 a**, 90 ff.
- Zuordnung des Arbeitnehmers **BGB 613 a**, 105 ff.
- Zwangsversteigerung **BGB 613 a**, 97
- Zwangsverwaltung **BGB 613 a**, 98
- Zweck des § 613a BGB **BGB 613 a**, 3 ff.

Betriebsübergang, Kündigung **BGB 613 a**, 176 ff.
- Änderungskündigung **BGB 613 a**, 182; **KSchG 2**, 179; **KSchG 7**, 25 a
- Aufhebungsvertrag **BGB 613 a**, 200
- außerordentliche Kündigung **BGB 613 a**, 182
- Befristung **BGB 613 a**, 201
- beklagter Arbeitgeber **BGB 613 a**, 205 ff.
- Betriebsstilllegung **BGB 613 a**, 192
- Betriebsübergang kraft Gesetzes **BGB 613 a**, 203
- Beweislast **BGB 613 a**, 198; **KSchG 23**, 53
- Druckkündigung **BGB 613 a**, 189
- durch alten Arbeitgeber/Betriebsinhaber **BGB 613 a**, 185
- durch neuen Arbeitgeber/Betriebsinhaber **BGB 613 a**, 185; **KSchG 23**, 52
- Eigenkündigung **BGB 613 a**, 200

- Feststellungsklage **BGB 613 a**, 204
- Fortsetzungsanspruch **BGB 613 a**, 194
- Geltendmachung der Unwirksamkeit **BGB 613 a**, 204 ff.
- Geltungsbereich **BGB 613 a**, 183
- Informationspflicht des Arbeitgebers **BGB 613 a**, 197
- Insolvenz **BGB 613 a**, 199 ff.
- Klagefrist **BGB 613 a**, 180; **KSchG 7**, 33 ff., 39 b
- Kleinbetrieb **KSchG 23**, 52 f.
- Kollisionsrecht **BGB 613 a**, 211
- Kündigung vor Betriebsübergang **BGB 613 a**, 189
- Kündigung wegen des Übergangs **BGB 613 a**, 186 ff.
- Kündigungsfristen **BGB 622**, 62
- Kündigungsgrund **KSchG 1**, 573 ff.
- Kündigungsschutzklage **BGB 613 a**, 204; **KSchG 4**, 96
- Kündigungsverbot **BGB 613 a**, 178; **UmwG**, 34
- leitende Angestellte **KSchG 14**, 47
- Mitbestimmung des Betriebsrats **BetrVG 102**, 43
- ordentliche Kündigung **BGB 613 a**, 182
- Rechtskraft eines Urteils **BGB 613 a**, 209
- Sanierungskonzept **BGB 613 a**, 189
- Sozialplan **BGB 613 a**, 192
- Umgehungstatbestände **BGB 613 a**, 200
- Umwandlungsgesetz **KSchG 1**, 222, 610; **UmwG**, 33 ff.
  ◊ *s. auch Unternehmensumwandlung*
- Unwirksamkeit, Geltendmachung **KSchG 7**, 25, 30 ff., 39 b
- Verwirkung **BGB 613 a**, 181
- Wiedereinstellungsanspruch **BGB 613 a**, 194 ff.
- Zeitpunkt **BGB 613 a**, 184

Betriebsunfall
- Kündigungsgrund **KSchG 1**, 296

Betriebsveräußerung
- Kündigungsgrund **BGB 626**, 417; **KSchG 15**, 86

Betriebsvereinbarung
- ablösende ~ **KSchG 2**, 54
- Ausschluss der Kündigung **BGB 622**, 115
- Auswahlrichtlinien **BetrVG 102**, 162; **KSchG 1**, 695 ff.
- Beschränkung des Kündigungsrechts **BetrVG 102**, 148, 243, 246 ff.; **KSchG 1**, 31 f.
- Betriebsbußen **BGB 626**, 285
- Erweiterung des Kündigungsrechts **BetrVG 102**, 247 a; **KSchG 1**, 34 f.
- Grenzen der Regelungsbefugnis **BetrVG 102**, 149 b, 194 a, 247, 252 ff.
- Vereinbarung über Zugang der Kündigung **KSchG 4**, 130
  ◊ *s. auch Zugang der Kündigung*

Betriebsverfassungsgesetz, Geltungsbereich
  BetrVG 102, 10 ff., 16
- Internationales Arbeitsrecht **IPR**, 103 ff.
- Schifffahrt **SeemG**, 54

Betriebsverlegung KSchG 15, 85

Betriebsvertretung bei Stationierungsstreitkräften
  ◊ *s. Stationierungsstreitkräfte*

Betriebszugehörigkeit
  ◊ *s. auch Wartezeit*
- Interessenabwägung **BGB 626**, 236, 239
- Vereinbarung über Zugang der Kündigung
- Weiterbeschäftigungszeitraum **BetrVG 102**, 219, 242

Betrug
- Kündigungsgrund **BGB 626**, 88, 455; **NATO-ZusAbk**, 27
- Verlangen des Betriebsrats nach Kündigung/Versetzung **BetrVG 104**, 8

Beurteilungsspielraum
- Betriebsrat, Zustimmungsverfahren **BetrVG 103**, 85
- Interessenabwägung **KSchG 1**, 277
- soziale Auswahl **KSchG 1**, 202, 275, 678 g ff., 696
- unbestimmte Rechtsbegriffe **KSchG 1**, 201
- Unzumutbarkeit der Fortsetzung des Arbeitsverhältnisses **KSchG 9**, 36 ff.
- verhaltensbedingte Kündigung **KSchG 1**, 409

Beurteilungszeitpunkt BGB 626, 108
- betriebsbedingte Kündigung **KSchG 1**, 550
- Gründe nach Zugang der Kündigung **BGB 626**, 176; **KSchG 1**, 237
- Gründe vor Zugang der Kündigung **BGB 626**, 173
- krankheitsbedingte Kündigung **KSchG 1**, 325 ff., 369
- soziale Rechtfertigung einer Kündigung **KSchG 1**, 235 ff.
- Streichung von Drittmitteln **KSchG 1**, 585
- Verdachtskündigung **BGB 626**, 219 ff., 233; **KSchG 1**, 393 g

Beweislast (und Darlegungslast)
- abgestufte **KSchG 1**, 262, 555
- abgestufte ~ **BGB 626**, 382
- Abmahnung **BGB 626**, 381
- Alkoholmissbrauch **KSchG 1**, 426
- Änderungskündigung **KSchG 2**, 160
- anderweitiger Verdienst **KSchG 11**, 38
- Anfechtung **KSchG 4**, 310
- Annahmeverzug **KSchG 11**, 55
- Anzeige- und Nachweispflichtverletzung **KSchG 1**, 488
- Arbeitsentgeltanspruch bei außerordentlicher Kündigung **BGB 628**, 53
- Ausgleichsquittung **KSchG 4**, 310
- Ausschlussfrist, Wahrung **BGB 626**, 385 ff.; **KSchG 13**, 318 ff.
- außerordentliche Kündigung **BGB 626**, 380 ff.; **KSchG 13**, 319
- Ausspruch außerordentlicher Kündigung **BGB 626**, 380
- Auswahlrichtlinien **KSchG 1**, 714
- befristetes Arbeitsverhältnis **SeemG**, 32
- Beleidigungen **BGB 626**, 381
- betrieblicher Geltungsbereich **KSchG 1**, 148; **KSchG 23**, 50, 54 f.
- Betriebsablaufstörungen **KSchG 1**, 340
- betriebsbedingte Kündigung **KSchG 1**, 553 ff., 583

Stichwortverzeichnis

- Betriebsratsanhörung **BetrVG 102**, 192 ff.; **BetrVG 103**, 111; **KSchG 13**, 322 ff.; **KSchG 15**, 49
- Betriebsstilllegung **KSchG 1**, 583
- Feststellungsklage **KSchG 4**, 247
- innerbetriebliche Faktoren **KSchG 1**, 553
- Konkurrenztätigkeit **BGB 626**, 383; **KSchG 1**, 493
- Krankheit **BGB 626**, 382
- krankheitsbedingte Kündigung **KSchG 1**, 329, 333, 340, 345, 349, 363, 368, 370
- Kündigung von Abgeordneten oder Wahlbewerbern **ParlKSch**, 52
- Kündigung Wehrdienstleistender **ArbPlSchG**, 28, 35 ff.
- Kündigungsausspruch **KSchG 1**, 159
- Kündigungserklärung **KSchG 4**, 133 a
- Kündigungsgründe **KSchG 13**, 318 ff.
- Kündigungsschutzgesetz, Geltungsbereich **KSchG 23**, 54 ff.
- Kündigungsschutzklage, rechtzeitiger Eingang **KSchG 4**, 170
- leitende Angestellte **BetrVG 105**, 36; **KSchG 14**, 54
- Massenentlassung **KSchG 18**, 40
- Maßregelung **KSchG 13**, 321
- Mutterschutz **MuSchG 9**, 45, 58
- Nebenbeschäftigung/-tätigkeit **KSchG 1**, 493
- Nichtigkeitsgründe der Kündigung, andere **KSchG 13**, 320 ff.
- Notwehr **BGB 626**, 382
- personenbedingte Kündigung **KSchG 1**, 278
- persönlicher Geltungsbereich **KSchG 1**, 89
- Rechtfertigungsgründe **BGB 626**, 380 ff., 383; **KSchG 1**, 262
- Rechtsirrtum **BGB 626**, 384
- Schadensersatzanspruch **BBiG 21**, 137, 139; **BBiG 22**, 137, 139; **BGB 628**, 50, 53
- sittenwidrige Kündigung **KSchG 13**, 127 ff., 175, 321
- soziale Auswahl **KSchG 1**, 630, 655, 683 ff.; **KSchG 2**, 161
- soziale Rechtfertigung **KSchG 1**, 260 ff.
- Tätigkeit für das MfS/AfNS **BGB 626**, 492
- treuwidrige Kündigung **KSchG 13**, 257, 321
- Unternehmerentscheidung **KSchG 1**, 556
- Unzumutbarkeit der Fortsetzung des Arbeitsverhältnisses **KSchG 9**, 47 ff.
- verhaltensbedingte Kündigung **KSchG 1**, 401, 403, 412 f., 426, 449, 488, 493
- Verschulden **BGB 626**, 384
- Vorliegen der Anrechnungspflicht/-vereinbarung **KSchG 1**, 129
- Wartezeit **KSchG 1**, 129 ff.
- Weiterbeschäftigungsmöglichkeit **BGB 626**, 380; **KSchG 1**, 263, 557, 720 f., 725, 727
- Weiterbeschäftigungspflicht, Entbindung **BetrVG 102**, 225
- wichtiger Grund **BGB 626**, 380 ff.
- Widerspruchstatbestände **KSchG 1**, 263, 709
- Zugang der Kündigung **KSchG 4**, 128, 133 a
  ◊ *s. auch dort*

Bordvertretung
  ◊ *s. auch Heuerverhältnis*
  ◊ *s. auch Schifffahrt*
  ◊ *s. auch Seebetriebsrat*
- Anhörung vor Kündigung **BetrVG 102**, 49; **SeemG**, 41, 54 ff., 112
- Entgegennahme von Arbeitgebererklärungen **BetrVG 103**, 77
- Entstehungsgeschichte, Kündigungsschutz **BetrVG 103**, 3, 6
- Ersatzmitglied, Kündigungsschutz **BetrVG 103**, 15, 44; **KSchG 15**, 65 ff.
- Kündigungsschutz **BetrVG 103**, 9, 19; **IPR**, 87, 103; **SeemG**, 42 ff.
- nachwirkender Kündigungsschutz **KSchG 15**, 56 ff., 72; **SeemG**, 43
- Wahlbewerber/-vorstand, Kündigungsschutz **BetrVG 103**, 12; **SeemG**, 42 ff.
- Wahlvorschlag **BetrVG 103**, 26
- Weiterbeschäftigungsanpruch Auszubildender **BetrVG 78 a**, 12
- Zugang der Kündigung

Bühnenengagementvertrag BetrVG 102, 40 a
- befristete Verlängerung **BGB 625**, 11 a
- Nichtverlängerungsanzeige **BGB 625**, 11 a

Bundes-Angestelltentarifvertrag
- außerordentliche Änderungskündigung **KSchG 13**, 24 b
- Lehrer **KSchG 13**, 184
- tarifvertragliche Ausschlussfrist **KSchG 4**, 39
  ◊ *s. auch dort*

Bundeselterngeld- und Elternzeitgesetz
- Befristung zur Vertretung **BEEG 21**, 4, 10 ff.
- Entstehungsgeschichte **BEEG 18**, 1 f.; **BEEG 19**, 1; **BEEG 21**, 1, 2
- Geltungsbereich **BEEG 18**, 12
- Grundgedanken **BEEG 18**, 3 f.; **BEEG 19**, 2 f; **BEEG 21**, 1 ff.
- Inkrafttreten **BEEG 18**, 2 e
- Übergangsregelung **BEEG 18**, 2 f
- Verhältnis zu anderen Gesetzen **BEEG 21**, 3 ff.

C
Computer
- unbefugtes Abfragen **KSchG 1**, 496

D
Darlegungslast
  ◊ *s. Beweislast*
Dauerstellung KSchG 13, 240 ff.
- Verhältnis zu anderen Gesetzen **BGB 624**, 13
  ◊ *s. auch Lebenszeitarbeitsverhältnis DDR, ehemalige*
Dauerstellung, Lebensstellung
- Auslegung **BGB 624**, 13 ff.
- Schadenersatz bei Kündigung **BGB 624**, 19 ff.
Denunziation
- Kündigungsgrund **KSchG 1**, 465
Diebstahl
- Ausschlussfrist **BGB 626**, 328
- Berufsausbildungsverhältnis **BBiG 21**, 66; **BBiG 22**, 66

- Kündigungsgrund **BGB 626**, 414, 446; **KSchG 1**, 501 ff.; **NATO-ZusAbk**, 27
- Verlangen des Betriebsrats nach Kündigung/Versetzung **BetrVG 104**, 8, 11

Dienstentlassung
- als Dienststrafe **BGB 626**, 51 ff.; **KSchG 1**, 32, 187
- Anhörung des Arbeitnehmers **BGB 626**, 53
- Ausschlussfrist **BGB 626**, 53
- und außerordentliche Kündigung **BGB 626**, 51
- Verhältnismäßigkeitsgrundsatz **BGB 626**, 53

Dienstordnungsangestellte
- allgemeiner Kündigungsschutz **KSchG 1**, 81
- Entlassung als Dienststrafe **BGB 626**, 51 ff.; **KSchG 1**, 32, 187
- Kündigungsschutz für Personalratsmitglied **BPersVG 47**, 108, 6
- Schwerbehinderte **SGB IX 91**, 3

Dienststelle SGB IX 85-90, 68
- Begriff **KSchG 1**, 137
- Weiterbeschäftigungsmöglichkeit **KSchG 1**, 145, 218, 594, 717
  ◊ s. auch dort

Dienstvereinbarung
- Beschränkung des KSchG **KSchG 1**, 31
- Erweiterung des KSchG **KSchG 1**, 34

Dienstvertrag BGB 620, 3 ff.
- Anfechtung **BGB 620**, 13
- Ankündigungsfrist **ArbNähnl.Pers.**, 41, 47, 54 ff., 65
- Aufhebung **ArbNähnl.Pers.**, 39
- Aufhebungsvertrag **BGB 620**, 13
- auflösende Bedingung **ArbNähnl.Pers.**, 45 ff.; **BGB 620**, 11
- außerordentliche Kündigung **ArbNähnl.Pers.**, 70
- Beendigung **BGB 620**, 7 ff.
- Befristung **ArbNähnl.Pers.**, 40 ff.; **BGB 620**, 7 ff.
- Dauerrechtsverhältnis **ArbNähnl.Pers.**, 55, 58, 61 ff.
- Handelsvertretervertrag **ArbNähnl.Pers.**, 183
- Kündigung **ArbNähnl.Pers.**, 48 ff.; **BGB 620**, 12
- Nichtigkeit **BGB 620**, 13
- selbständiger ~ **BGB 620**, 5 f.
- unbefristeter ~ **ArbNähnl.Pers.**, 48 ff.; 67 ff.

Direktionsrecht (Weisungsrecht) BGB 626, 459
- Abweichung von Weisungen **BGB 626**, 459
- Arbeitnehmerbegriff, Weisungsgebundenheit **ArbNähnl.Pers.**, 16
- Begriff **KSchG 2**, 36
- Ermessensschranken (§ 315 BGB) **KSchG 2**, 43 b
- Erweiterung durch Tarifvertrag **KSchG 2**, 54 a ff.
- gegenüber Betriebsverfassungsorgan **BetrVG 103**, 60; **KSchG 15**, 15
- gerichtliche Überprüfung **KSchG 2**, 44 ff.
- Klagefrist **KSchG 4**, 16
- Kompetenzstreit von Weisungsberechtigten **BGB 626**, 459
- Schwerbehinderte **SGB IX 85-90**, 8
- Teilzeitbeschäftigte **KSchG 1**, 625
- und Änderungskündigung **KSchG 2**, 37 ff.
- und Arbeitsverweigerung **BGB 626**, 412
- Versetzung **KSchG 1**, 621; **KSchG 2**, 39 ff.

- Versetzungsklausel **BGB 626**, 293; **KSchG 2**, 41

Diskriminierung KSchG 1, 26 a ff., 209 a

Diskriminierung wegen des Geschlechts
  ◊ s. auch Benachteiligungsverbot
- EWG-Richtlinie 76/207 **AGG** Anhang 1
- Schwangerschaft **MuSchG 9**, 141
- Verlangen des Betriebsrats nach Kündigung/Versetzung **BetrVG 104**, 9

Diskriminierungsverbot
- Erweiterung des KSchG

DKP-Zugehörigkeit BGB 626, 91 a, 337; **KSchG 2**, 100 a

Doppeltatbestand (von Kündigungssachverhalten) BGB 626, 159

Doppelverdienst (durch Ehegatten)
- soziale Auswahl **KSchG 1**, 677, 678 n
- Unterrichtung des Betriebsrats **BetrVG 102**, 62 a
  ◊ s. auch Nichtigkeitsgründe der Kündigung, andere (§ 13 Abs. 3 KSchG)

Dreiwochenfrist
  ◊ s. auch Kündigungsschutzklage
  ◊ s. auch Kündigungsschutzklage, rechtzeitiger Eingang
  ◊ s. auch verlängerte Anrufungsfrist
- andere Gründe **BetrVG 102**, 184; **KSchG 13**, 302 ff.
- Änderungskündigung **KSchG 2**, 146 ff.; **KSchG 4**, 283
  ◊ s. auch Änderungsschutzklage
- Anfechtung **KSchG 4**, 16 a
- Anrufung des Betriebsrats **KSchG 4**, 195
- Anwendungsbereich **KSchG 4**, 11
- Arbeitnehmer ohne Kündigungsschutz **KSchG 13**, 28 ff., 86 ff.
- Auslandsentsendung **IPR**, 92
- Ausnahme **KSchG 4**, 194 ff.
- außerordentliche Änderungskündigung **KSchG 13**, 16, 24
- außerordentliche Kündigung **KSchG 13**, 15 ff., 56 ff., 299
- Auszubildende **BBiG 21**, 121 ff.; **BBiG 22**, 121 ff.; **KSchG 13**, 24, 36
- befristetes Arbeitsverhältnis **KSchG 4**, 15; **KSchG 13**, 37, 300
- bei hilfsweise ordentlicher Kündigung **KSchG 4**, 236; **KSchG 13**, 110
- Benachteiligungsverbot **KSchG 13**, 184 a, 259 a, 301
- Berechnung **KSchG 4**, 99 ff., 134
  ◊ s. auch Zugang der Kündigung
- Bergmannsversorgungsschein **KSchG 4**, 211
- Betriebs- und Personalratsmitglieder **KSchG 4**, 212 a; **KSchG 13**, 39; **KSchG 15**, 42, 111
- Betriebsübergang **KSchG 4**, 97
- Beweislast **KSchG 4**, 128, 133 a
- Direktionsrecht **KSchG 4**, 16
- Eingang der Kündigungsschutzklage **KSchG 5**, 20 ff.
  ◊ s. auch Kündigungsschutzklage, rechtzeitiger Eingang

- Einigungsvertrag, außerordentliche Kündigung **KSchG 13**, 21, 41
- Elternzeit **KSchG 4**, 205
- entfristete Kündigung **KSchG 13**, 22
- Entstehungsgeschichte **KSchG 4**, 1; **KSchG 13**, 1 ff.
- faktisches Arbeitsverhältnis **KSchG 4**, 16 b
- falsche Partei **KSchG 4**, 153
- Geltendmachung längerer Kündigungsfrist **KSchG 6**, 10 ff.
- gerichtliche Hinweispflicht **KSchG 4**, 21, 241, 248
- Gerichtsstand **KSchG 4**, 170 ff.
  ◊ s. auch Rechtsweg
  ◊ s. auch Zuständigkeit örtliche
- Gleichbehandlungsgebot **KSchG 13**, 301
  ◊ s. auch Gleichbehandlungsgrundsatz
- Insolvenz **InsO**, 83 ff.
- Insolvenzverwalter **KSchG 7**, 5 a ff.
- kirchenrechtliche Vorschriften **KSchG 4**, 212
- Klageänderung, Klageerweiterung **KSchG 4**, 22, 91, 153, 155, 230
- Klageerhebung **BetrVG 102**, 184, 207; **KSchG 4**, 139 ff.; **KSchG 5**, 80, 154
- Klagerücknahme **KSchG 4**, 293; **KSchG 5**, 63, 72
- Kündigung im Vergleichsverfahren **KSchG 13**, 20
- leitende Angestellte **KSchG 13**, 27, 30
- Luftverkehr **KSchG 4**, 216
- Massenverfahren **KSchG 4**, 167
- materiell-rechtliche Ausschlussfrist **KSchG 4**, 136; **KSchG 5**, 7, 16, 64
- Mutterschutz **KSchG 4**, 202 ff.
- Parteiwechsel **KSchG 4**, 91, 153, 155; **KSchG 5**, 40 a, 118 a, 173 c
- Prozesskostenhilfe **KSchG 4**, 166 a
- Rechtsnatur **KSchG 4**, 136 ff.
- Schiedsgericht, tarifvertragliches **KSchG 4**, 188 ff.
- Schifffahrt **KSchG 4**, 216
- Schwerbehinderte **KSchG 4**, 207 ff.
  ◊ s. auch Schwerbehinderte, Kündigungsschutz
- Sinn und Zweck **KSchG 4**, 10, 249; **KSchG 5**, 6; **KSchG 13**, 11 ff., 25 a
- sittenwidrige Kündigung **KSchG 13**, 111 ff., 155 ff.
  ◊ s. auch dort
- Teilkündigung, Widerruf **KSchG 4**, 16 c
- Trotzkündigung **KSchG 4**, 271
- Umdeutung
  ◊ s. dort
- und Abfindungsklage **KSchG 4**, 19
- und Leistungsklage **KSchG 4**, 20, 29; **KSchG 13**, 54
- und Lohnklage **KSchG 4**, 20, 29
- Unkenntnis der ~ **KSchG 5**, 64
- Vergleichsverhandlungen **KSchG 5**, 24, 66
- Versäumung, Rechtsfolgen **KSchG 4**, 217 ff.; **KSchG 5**, 8; **KSchG 13**, 53 ff., 61
  ◊ s. auch nachträgliche Zulassung der Kündigungsschutzklage
- Versetzung **KSchG 4**, 16
- Verwirkung
  ◊ s. dort
- vorsorgliche bzw. weitere Kündigung **KSchG 4**, 14, 230, 236, 242, 249, 269 ff.; **KSchG 5**, 76
- Wehrdienst/-übungen **KSchG 4**, 213 ff.
- Weiterbeschäftigungsverlangen **BetrVG 102**, 207, 209
- Zugang der Kündigung
  ◊ s. dort
- Zustellung der Kündigungsschutzklage **KSchG 4**, 139 ff.
  ◊ s. auch dort
- Zustimmung einer Behörde **KSchG 4**, 196 ff.
- zwingende Wirkung **KSchG 4**, 138

Drittmittelfinanzierte Arbeitsverträge TzBfG 14, 231 ff.
- befristeter Arbeitsvertrag **HRG 57 c**, 5
- betriebsbedingte Kündigung **KSchG 1**, 584 f.
- zwingende Wirkung

Drittwirkung
- Kündigung im Gruppenarbeitsverhältnis **KSchG 1**, 55
- Wirksamwerden sozialwidriger Kündigung **KSchG 7**, 20 b

Drogensucht
  ◊ s. Alkohol und Drogen

Druckkündigung BGB 626, 161, 204 ff., 326, 420
- Anhörung des Arbeitnehmers **BGB 626**, 31
- Ausschlussfrist **BGB 626**, 326
- Begriff **BGB 626**, 204; **KSchG 1**, 297, 473 f.
- betriebsbedingte **KSchG 1**, 586 f.
- Kündigungsverlangen des Betriebsrats **BetrVG 104**, 32, 34; **BGB 626**, 207
- leitende Angestellte **KSchG 14**, 46
- Schadensersatz **BetrVG 104**, 69, 74; **BGB 626**, 209
- Voraussetzungen **BGB 626**, 205 ff.
- wegen AIDS **KSchG 1**, 283

E

EDV-System
- unerlaubter Zugriff **KSchG 1**, 496

EG-Recht vor BGB 612 a, 1 ff.; **BGB 613 a**, 1 ff.
  ◊ s. auch EG-Vertrag und auch Europäische Union
- Auslegung **vor BGB 612 a**, 15; **BGB 613 a**, 15
- Auslegungsspielräume **vor BGB 612 a**, 10; **BGB 613 a**, 10
- Auslegungszuständigkeit des EuGH **vor BGB 612 a**, 13; **BGB 613 a**, 13
- horizontale Wirkung **vor BGB 612 a**, 8; **BGB 613 a**, 8
- Massenentlassungen **KSchG 17**, 4, 6 ff., 32, 49, 55, 60, 61 ff., 71 a, 75 f., 99 ff.
- Mutterschutz **vor MuSchG 9**, 2 a; **MuSchG 9**, 4, 95, 181
- nationaler Grundrechtsschutz **vor BGB 612 a**, 14; **BGB 613 a**, 14
- Richtlinie 2000/43/EG **AGG** Anhang IV
- Richtlinie 2000/78/EG **AGG** Anhang V
- Richtlinie 2002/73/EG **AGG** Anhang II
- Richtlinie 76/207/EWG **AGG** Anhang I
- Richtlinie 97/80/EG **AGG** Anhang III
- richtlinienkonforme Auslegung von Gesetzen **vor BGB 612 a**, 10; **BGB 613 a**, 10

Stichwortverzeichnis

- Staatshaftung **vor BGB 612 a**, 12; **BGB 613 a**, 12
- Umsetzungsfristen **vor BGB 612 a**, 6; **BGB 613 a**, 6
- vertikale Direktwirkung **vor BGB 612 a**, 7; **BGB 613 a**, 7
- Vorrang des Gemeinschaftsrechts **vor BGB 612 a**, 5; **BGB 613 a**, 5

EG-Vertrag
◊ *s. auch Europäische Union*
- Art. 10 **KSchG 17**, 6 n
- Art. 92 und Ausnahme der Kleinbetriebe vom KSchG **KSchG 23**, 15
- europäische Betriebsräte **IPR**, 105

Ehegattenarbeit
- soziale Auswahl **KSchG 1**, 675 ff., 678 n
- Unterrichtung des Betriebsrats **BetrVG 102**, 62 a

Ehegattenarbeitsverhältnis
- Arbeitnehmereigenschaft **ArbNähnl.Pers.**, 30
- Drittwirkung von Kündigungsbeschränkungen/-verboten **KSchG 1**, 55
- Kündigung **KSchG 1**, 50 ff.

Ehescheidung, Eheschließung
- Kündigungsgrund **BGB 626**, 124; **KSchG 1**, 74, 298 ff.; **KSchG 13**, 187 ff.
- Zölibatsklausel **KSchG 1**, 298

Ehrenamt
- Ausübung als Kündigungsgrund **KSchG 1**, 302

Ehrenamt, Ausübung als Kündigungsgrund BGB 626, 421

Ehrverletzende Äußerungen
◊ *s. Beleidigungen/Kritik*

Eigengruppe
- Abgrenzung zur Betriebsgruppe **KSchG 1**, 50
- Kündigung eines Mitglieds **KSchG 1**, 51, 53

Eigenkündigung
◊ *s. Kündigung durch Arbeitnehmer*

Eignung
- Abgrenzung personen-/verhaltensbedingte Kündigung **KSchG 1**, 265, 395 f.
- Abmahnung **BGB 626**, 119, 282; **KSchG 1**, 304
- Alkohol **BGB 626**, 407
  ◊ *s. auch Alkohol und Drogen*
- außerdienstliches Verhalten **KSchG 1**, 453
- Auszubildende **BBiG 21**, 16, 53, 65; **BBiG 22**, 16, 53, 65
- Beweislast **KSchG 1**, 449
- Haft **KSchG 1**, 317
  ◊ *s. auch dort*
- kirchlicher Dienst **KSchG 1**, 73
- Kündigungsgrund **BGB 626**, 131, 422; **KSchG 1**, 303 ff., 448
- Lehrbefähigung **KSchG 1**, 292
- politische Betätigung **BGB 626**, 120
- tendenzbezogene Leistungsmängel **KSchG 1**, 77, 305
- verfassungsfeindliche Betätigung **BGB 626**, 119; **KSchG 1**, 306

Eignungsübungsgesetz
- Kündigungsverbot **ArbPlSchG**, 13, 43

Ein-Euro-Job
- Berecnung der Wartezeit **KSchG 1**, 107

- Kündigungsschutz **KSchG 1**, 83

Eingliederungsmanagement
◊ *s. Betriebliches Eingliederungsmanagement*

Eingliederungsvertrag
- Massenentlassung **KSchG 17**, 30

Einheitliches Arbeitsverhältnis (mit mehreren Arbeitgebern)
- Abfindung **KSchG 10**, 27, 61
- Auflösungsantrag **KSchG 9**, 15
- Beschäftigtenzahl **KSchG 23**, 51
- Kündigungsschutz **KSchG 1**, 46

Einigungsstelle
- Beteiligte **BetrVG 102**, 260
- Kündigungsschutz für Mitglieder **BetrVG 103**, 17; **KSchG 13**, 208
- Sozialplanabfindungen **KSchG 1 a**, 140; **KSchG 10**, 58, 61, 79
- Zustimmungsersetzung **BetrVG 102**, 244, 252 ff.

Einigungsvertrag, außerordentliche Kündigung BGB 626, 474 ff.
◊ *s. auch Beitrittsgebiet*
- Amt für Nationale Sicherheit (AfNS) **BGB 626**, 488 ff.
- Arbeitgeberwechsel im öffentlichen Dienst **BGB 626**, 477
- Ausschlussfrist **BGB 626**, 364, 499
- Betriebsverfassungsorgan **BPersVG 47**, 108, 1; **KSchG 15**, 17
- Beweislast **BGB 626**, 487, 492
- Denunziation **BGB 626**, 485 ff.
- Dreiwochenfrist **KSchG 13**, 21, 41
- Einzelfallprüfung **BGB 626**, 478, 481
- Entlastungstatsachen **BGB 626**, 495
- Entstehungsgeschichte **BGB 626**, 482
- frühere Tätigkeit **BGB 626**, 493
- Gesellschaftlicher Mitarbeiter für Sicherheit (GMS) **BGB 626**, 488 ff.
- Inoffizieller Mitarbeiter (IM) **BGB 626**, 488 ff.
- Maß der Verstrickung **BGB 626**, 494
- Menschenrechte **BGB 626**, 484 ff.
- Ministerium für Staatssicherheit **BGB 626**, 46, 476, 488 ff.
- Personalratsbeteiligung **BGB 626**, 483; **BPersVG 47**, 108, 1
- personell sachlicher Geltungsbereich **BGB 626**, 475 ff.
- Rechtsgrundlage **BGB 626**, 474
- Reisekader **BGB 626**, 489
- Schwangere, Stillende, Alleinerziehende **MuSchG 9**, 184
- Staatssicherheitsdienst (Stasi) **BGB 626**, 476, 488 ff.
- Tätigkeit für MfS/AfNS **BGB 626**, 488 ff.
- verfassungsfeindliche Betätigung
- Verhältnis zu § 626 BGB **BGB 626**, 478 ff.
- Verhältnis zur Zustimmung nach MuSchG und SGB IX **BGB 626**, 483; **MuSchG 9**, 191, 195 ff.
- Verhältnis zwischen Abs. 4 und Abs. 5 **BGB 626**, 500
- Verhandlungsgrundsatz **BGB 626**, 501
- Verpflichtungserklärung **BGB 626**, 489, 501

- Verstoß gegen Grundsätze der Menschlichkeit oder Rechtsstaatlichkeit **BGB 626**, 484 ff.
- Verwirkung **BGB 626**, 499
- Volkspolizei **BGB 626**, 490
- Wegfall der Geschäftsgrundlage **BGB 626**, 43
- Zumutbarkeitsprüfung **BGB 626**, 496

Einigungsvertrag, ordentliche Kündigung
◊ s. auch *Beitrittsgebiet und Einigungsvertrag, außerordentliche Kündigung*
- Personalratsbeteiligung **BPersVG 47**, 72, 79, 108, 1
- Schwangere, Stillende, Alleinerziehende **MuSchG 9**, 184
- Verhältnis von Abs. 4 und Abs. 5 **BGB 626**, 500
- Verhältnis zum KSchG **KSchG 1**, 33
- Zumutbarkeitsprüfung **KSchG 1**, 746

Einspruch des Arbeitnehmers gegen Kündigung
◊ s. *Kündigungseinspruch*

Einstellung
- Begriff **BetrVG 105**, 21
- leitende Angestellte, Unterrichtung des Betriebsrats **BetrVG 105**, 2

Einstellungsanspruch
- aus AGG **AGG**, 129

Einstellungsfragebogen, unrichtige Angaben BGB 626, 435

Einstweilige Verfügung
- Entbindung von der Weiterbeschäftigungspflicht **BetrVG 102**, 234 ff.
  ◊ s. auch dort
- Kündigung vor Interessenausgleich **BetrVG 102**, 176
- Vergütungsansprüche **KSchG 11**, 53
- Weiterbeschäftigung **BBiG 21**, 125; **BBiG 22**, 125; **BetrVG 78 a**, 5, 53
- Zustimmungsersetzung **BetrVG 103**, 130
- Zutritt zum Betrieb **BetrVG 103**, 149, 153

Elternzeit
- Adoptiveltern **BEEG 18**, 14; **BEEG 21**, 12
- anzuwendende Rechtsordnung **IPR**, 96
- Aufhebungsvertrag **BEEG 19**, 4 b, 22
- Ausschlussfrist **BGB 626**, 338
- Beginn **BEEG 18**, 24; **BEEG 21**, 12
- behördliche Kündigungszulassung **BEEG 18**, 1, 31 ff.
- Berufsausbildungsverhältnis **BEEG 18**, 13
- Beschäftigtenzahl **BEEG 21**, 31
- Dauer des Kündigungsverbots **BEEG 18**, 23
- eigenmächtiger Antritt als Kündigungsgrund **BGB 626**, 452
- Form der Sonderkündigung **BEEG 19**, 18
- Geltendmachung **BEEG 18**, 21; **BEEG 21**, 13
- Gratifikationsrückzahlung **BEEG 19**, 26
- Grundgedanken **BEEG 18**, 3 f.
- Heimarbeiter **BEEG 18**, 13
- Kündigungsfrist **BEEG 19**, 4 a, 12
- Kündigungsschutz **BEEG 18**, 1 ff., 37
- Kündigungsverbot **BEEG 18**, 1 ff., 10, 21, 23 ff.; **KSchG 13**, 212 b
- leitende Angestellte **KSchG 14**, 60 a
- mehrfache Inanspruchnahme **BEEG 18**, 26 f.
- Sonderkündigungsrecht des Elternzeitnehmers **BEEG 19**, 4 f.
- Teilzeitarbeitsverhältnis **BEEG 18**, 16 ff., 25; **BEEG 19**, 7, 9
- Väter **BEEG 18**, 15
- Vertretung **BEEG 21**, 1, 2, 10, 12
- Voraussetzungen des Kündigungsverbots **BEEG 18**, 21
- vorzeitige Beendigung **BEEG 21**, 22 ff.

Entbindung von der Weiterbeschäftigungspflicht BetrVG 102, 223 ff.; **KSchG 11**, 10
- einstweilige Verfügung **BetrVG 102**, 234 ff., 240
- Erfolgsaussicht der Kündigungsschutzklage **BetrVG 102**, 224
- im Prozess auf Weiterbeschäftigung **BetrVG 102**, 222
- in Berufungsinstanz **BetrVG 102**, 222 b, 235 a
- unbegründeter Betriebsratswiderspruch **BetrVG 102**, 230 ff.
- unzumutbare wirtschaftliche Belastung **BetrVG 102**, 226 ff.
- Wiederholung des Antrags **BetrVG 102**, 223 b
- Wirkung **BetrVG 102**, 223 a, 223 d, 233

Entfernung betriebsstörender Arbeitnehmer
- Änderungskündigung **BetrVG 104**, 19, 21, 27 ff., 50
- Änderungsschutzklage **BetrVG 104**, 66, 70 ff., 78
- Anhörung des Arbeitnehmers **BetrVG 104**, 22, 26
- Anrufung des Arbeitsgerichts **BetrVG 104**, 35 ff.
- Arbeitnehmer **BetrVG 104**, 4
- Arbeitskampf **BetrVG 104**, 5 a
- Ausschlussfrist (§ 626 BGB) **BetrVG 104**, 46 ff.
- außerdienstliches Verhalten **BetrVG 104**, 15
- außerordentliche Kündigung **BetrVG 104**, 18, 25, 33 ff., 46 ff., 56 ff., 79
- Beleidigung **BetrVG 104**, 8 ff.
- Beschlussfassung des Betriebsrats **BetrVG 104**, 7, 22 ff.
- Beschlussverfahren **BetrVG 104**, 35 ff.
- Beschwerde **BetrVG 104**, 35
- Beteiligte **BetrVG 104**, 35, 75
- Betriebsfrieden, Störung **BetrVG 104**, 11 ff.
- Betriebsratsmitglied **BetrVG 103**, 67 a; **BetrVG 104**, 33
- Diskriminierung **BetrVG 104**, 9
- Druckkündigung **BetrVG 104**, 32, 34, 48, 69, 74
- Entscheidung des Arbeitgebers **BetrVG 104**, 26 ff., 36, 38
- Entscheidung des Arbeitsgerichts **BetrVG 104**, 43 ff.
- Ermessen des Betriebsrats **BetrVG 104**, 22 ff.
- gerichtliches Verfahren **BetrVG 104**, 42 ff.
- Gesamt-/Konzernbetriebsrat **BetrVG 104**, 6 a
- gesetzwidriges Verhalten des Arbeitnehmers **BetrVG 104**, 8
- Kündigung statt Versetzungsverlangen **BetrVG 104**, 52, 81
- Kündigungsgrund **BetrVG 104**, 14 ff.
- Kündigungsschutz nach KSchG **BetrVG 104**, 16, 30, 72, 77
- Kündigungsschutzklage **BetrVG 104**, 71 ff., 78

Stichwortverzeichnis

- leitende Angestellte **BetrVG 104**, 4
- Mitbestimmung des Betriebsrats **BetrVG 102**, 27, 57; **BetrVG 103**, 67 a; **BetrVG 104**, 27 ff., 30, 33 ff., 50 ff., 54, 58, 83
- ordentliche Kündigung **BetrVG 104**, 14 ff., 31, 44, 53, 71 ff., 77, 81
- Rechtsmittel **BetrVG 104**, 35, 65 ff., 75 ff.
- Schadensersatz **BetrVG 104**, 69, 74
- schuldhaftes Verhalten **BetrVG 104**, 15
- Schwangere **BetrVG 104**, 17, 25, 46, 59
- Schwerbehinderte **BetrVG 104**, 17, 25, 46, 59
- Suspendierung **BetrVG 104**, 25, 31, 33 a
- Tendenzbetriebe **BetrVG 104**, 5 b
- Verdachtskündigung **BetrVG 104**, 26
- Verhältnismäßigkeit **BetrVG 104**, 23, 30
- Verlangen des Betriebsrats nach Kündigung/Versetzung **BetrVG 104**, 6 ff., 36
- Versetzung **BetrVG 104**, 19 ff., 27 ff., 44, 48 ff., 68, 76, 81
- Verwirkung **BetrVG 104**, 22, 39 ff.
- Wirkung der gerichtlichen Entscheidung **BetrVG 104**, 44, 46 a, 78 ff.
- zuständiger Betriebsrat **BetrVG 104**, 6
- Zustimmungserfordernisse **BetrVG 103**, 67 a; **BetrVG 104**, 17, 25, 46, 55, 59
- Zwangsvollstreckung, Zwangsgeld **BetrVG 104**, 46, 61 ff.
- Zweck **BetrVG 104**, 3

Entgeltfortzahlung
- bei Beendigung des Arbeitsverhältnisses **SozR**, 19 ff.
- für die Zeit des Annahmeverzugs **BetrVG 102**, 193, 279, 281
- Internationales Arbeitsrecht **IPR**, 118
- Kosten als Kündigungsgrund **KSchG 1**, 361
- Verzicht **SozR**, 20

Entlassung
- Begriff **KSchG 17**, 32 ff., 47
- nach Ablauf der Freifrist **KSchG 18**, 34
- Verlangen des Betriebsrats nach ~ **BetrVG 104**, 24, 31 ff.
- während Sperrfrist **KSchG 18**, 10 ff.

Entlassungssperre KSchG 18, 5 ff.

Entschädigung
- ◊ s. auch Abfindung
- ◊ s. auch Arbeitslosenunterstützung, Anrechnung von Ansprüchen
- ◊ s. auch Ruhen des Anspruchs
- ◊ s. auch Schadensersatz
- Besonderheiten beim Anspruch wegen unterbliebenen Aufstiegs **AGG**, 156 f.
- Form und Frist der Geltendmachung **AGG**, 158 ff.
- rechtsmissbräuchliche Geltendmachung **AGG**, 155

Entschädigungspflicht AGG, 132 ff.
- Ersatz immaterieller Schäden **AGG**, 144 ff.
- Höhe **AGG**, 151 ff.

Entstehungsgeschichte
- Änderungskündigung **KSchG 2**, 1 ff.; **KSchG 8**, 1

- Anrechnung anderweitigen Verdienstes **KSchG 11**, 1 ff.
- Auflösung des alten bei neuem Arbeitsverhältnis **KSchG 12**, 1; **KSchG 16**, 1
- Auflösung des Arbeitsverhältnisses gegen Abfindung **KSchG 9**, 1 ff.; **KSchG 10**, 1 ff.
- Ausschlussfrist **BGB 626**, 312 ff.
- außerordentliche Kündigung **BGB 626**, 1, 50 ff.
- Berufsbildungsgesetz **BBiG 21**, 1, 6; **BBiG 22**, 1, 6
- Bundeselterngeld- und -elternzeitgesetz **BEEG 18**, 2 e, 2 f; **BEEG 19**, 1
- Bundeserziehungsgeldgesetz **BEEG 18**, 1 f.; **BEEG 19**, 1
- Einigungsvertrag **BGB 626**, 482; **KSchG 1**, 746
- Entfernung betriebsstörender Arbeitnehmer **BetrVG 104**, 1
- Geltungsbereich Kündigungsschutzvorschriften **KSchG 23**, 1 ff.
- Kündigungseinspruch **KSchG 3**, 1 ff.
- Kündigungsfristen **BGB 622**, 1 ff.
- Kündigungsschutz für Abgeordnete **ParlKSch**, 15 ff.
- Kündigungsschutz für Betriebsverfassungsorgane **BetrVG 103**, 1 ff.; **KSchG 15**, 1 ff.
- Kündigungsschutzgesetz **KSchG 1**, 1 ff., 189 ff.; **KSchG 23**, 1 ff.; **KSchG 24**, 1 ff.; **KSchG 25**, 1 ff.; **KSchG 26**, 1 ff., 5 ff.
- Kündigungsschutzklage, Dreiwochenfrist **KSchG 4**, 1 ff.; **KSchG 13**, 1 ff.
- Kurzarbeit **KSchG 19**, 1
- leitende Angestellte **KSchG 14**, 1 ff.
- Massenentlassung **KSchG 17**, 1 ff.
- Mitbestimmung bei Kündigungen **BetrVG 102**, 1 ff.
- Mutterschutz **MuSchG 9**, 1 f., 54; **MuSchG 10**, 1 f.
- nachträgliche Zulassung **KSchG 5**, 1 ff., 14 ff.
- Schwerbehindertenkündigungsschutz **SGB IX 85-91**, 1; **SGB IX 85-90**, 1 ff.; **SGB IX 85-92**, 1
- Sperrfrist **KSchG 18**, 1 f.; **KSchG 20**, 1 ff.
- Stationierungsstreitkräfte, Rechtsstellung der Arbeitnehmer **NATO-ZusAbk**, 1
- verlängerte Anrufungsfrist **KSchG 6**, 1 ff.
- Wahlrecht zwischen Arbeitsverhältnissen **KSchG 12**, 1
- Wartezeit **KSchG 1**, 91 ff.
- Widerspruchstatbestände **KSchG 1**, 11, 192, 706

Entwicklungshelfer
- Kündigungsschutz **KSchG 1**, 84

Entwicklungshelfer, Kündigungsschutz ArbPlSchG, 9

Erbengemeinschaft, Parteifähigkeit KSchG 4, 95

Erhaltungsarbeiten im Arbeitskampf KSchG 25, 13

Erklärung der Kündigung
- ◊ s. Kündigungserklärung

Ersetzung der Zustimmung des Betriebsrats
- ◊ s. Zustimmungsersetzung

Erweiterung des Kündigungsrechts
- Betriebsvereinbarung **BetrVG 102**, 247; **KSchG 1**, 31
- Einzelarbeitsvertrag **BGB 626**, 68

- Tarifvertrag **BGB 626**, 70 ff.

Erwerbsfähige Hilfsbedürftige KSchG 1, 83, 107

Erwerbsminderung
- auflösende Bedingung **NATO-ZusAbk**, 47
- Kündigungsgrund **KSchG 1**, 312
- Rente **SozR**, 136
- Stationierungsstreitkräfte **NATO-ZusAbk**, 47

Europäische Union vor BGB 612 a, 1 ff.; **BGB 613 a**, 1 ff.
- Annexkompetenzen **vor BGB 612 a**, 1; **BGB 613 a**, 1
- anzuwendende Rechtsordnung **IPR**, 2
- europäische Arbeitnehmergrundrechte **vor BGB 612 a**, 1; **BGB 613 a**, 1
- Europäische Zentralbank **IPR**, 70
- Freizügigkeitsregeln **vor BGB 612 a**, 5; **BGB 613 a**, 5
- Gemeinschaftscharta der sozialen Grundrechte **vor BGB 612 a**, 1; **BGB 613 a**, 1
- Harmonisierung des Arbeitsrechts **KSchG 17**, 6 ff.
- Kündigungsschutz für Abgeordnete **IPR**, 102; **ParlKSch**, 114 ff.
- Kündigungsschutz für Betriebsverfassungsorgane **IPR**, 105
- Rechtsetzungskompetenz **vor BGB 612 a**, 2; **BGB 613 a**, 2
- Rechtswahl
  ◊ s. *Internationales Privatrecht/Internationales Arbeitsrecht, -Rechtswahl*
- Vertrag von Amsterdam **vor BGB 612 a**, 1; **BGB 613 a**, 1
- Vertrag von Maastricht **vor BGB 612 a**, 1; **BGB 613 a**, 1
- Wanderarbeitnehmer **vor BGB 612 a**, 1; **BGB 613 a**, 1
- Wehrdienst **ArbPlSchG**, 4; **IPR**, 100
- Zuständigkeit der Gerichte **IPR**, 132 ff.

Eventualklage, unechte KSchG 4, 229, 231 ff.; **KSchG 13**, 46

F

Fähigkeiten, fachliche Qualifikation
  ◊ s. *Eignung*

Fahrerlaubnis
- Entzug als Kündigungsgrund **KSchG 1**, 293

Fahrerlaubnis, Entzug als Kündigungsgrund BGB 626, 407; **KSchG 2**, 111

Faktisches Arbeitsverhältnis
- allgemeiner Kündigungsschutz **KSchG 1**, 47
- Arbeitgeber **KSchG 4**, 87
- Feststellungsklage **KSchG 4**, 87
- Lossagungsrecht **KSchG 1**, 47; **MuSchG 9**, 134
- Mitbestimmung des Betriebsrats **BetrVG 102**, 42
- Rechtswahl, anzuwendende Rechtsordnung **IPR**, 11

Familienarbeitsverhältnis
- allgemeiner Kündigungsschutz **KSchG 1**, 48
- Beschäftigtenzahl **KSchG 23**, 41
- betrieblicher Geltungsbereich **KSchG 23**, 30

Fernsehen
  ◊ s. *Rundfunk und Fernsehen*

Feststellungsklage
  ◊ s. auch *Kündigungsschutzklage*
- Anfechtung/Aufhebungsvertrag **BGB 626**, 378; **KSchG 4**, 238, 243
- Arbeitnehmer ohne Kündigungsschutz **KSchG 13**, 35
- Auslegung **KSchG 4**, 240 ff.
- Betriebsübergang **KSchG 4**, 96; **KSchG 13**, 311
- faktisches Arbeitsverhältnis **KSchG 4**, 87
- Feststellungsinteresse **KSchG 4**, 237 ff.; **KSchG 13**, 313 ff.
- Feststellungswiderklage **KSchG 4**, 255
- Feststellungszeitpunkt **KSchG 4**, 237 ff., 254, 256
- Fortbestand des Arbeitsverhältnisses nach Aussperrung **KSchG 25**, 26
- gerichtliche Hinweispflicht **KSchG 4**, 241 ff.; **KSchG 13**, 317
- Klageänderung, -erweiterung **KSchG 4**, 249
- Klageantrag **KSchG 7**, 32
- Klagefrist **KSchG 7**, 33 ff.
- Kündigung während des Rechtsstreits **KSchG 4**, 244, 248
- Leistungsklage und ~ **BGB 626**, 374, 377; **KSchG 7**, 30
- Nichtigkeitsgründe der Kündigung, andere **BGB 626**, 392; **KSchG 13**, 311, 313 ff.
- Parteifähigkeit juristischer Person bei Liquidation **BGB 626**, 377
- Präklusionswirkung **BGB 626**, 392, 396 ff.
  ◊ s. *auch dort*
- punktueller Streitgegenstand **BGB 626**, 192, 375, 378
  ◊ s. *auch Streitgegenstand*
- Rechtsschutzbedürfnis **BGB 626**, 374; **KSchG 4**, 97
- Statusklage **KSchG 13**, 316
- Streitwert **KSchG 4**, 279 a
- und Kündigungsschutzklage **KSchG 4**, 241 a ff., 249
  ◊ s. *auch dort*
- verlängerte Anrufungsfrist **KSchG 6**, 18 ff., 28
  ◊ s. *auch dort*
- Verwirkung, prozessrechtliche **BGB 626**, 376
- vorsorgliche bzw. weitere Kündigung **KSchG 4**, 14, 230, 236, 242, 249, 269
- Weiterbeschäftigung nach Ausbildung **BetrVG 78 a**, 48
- Zuständigkeit der Gerichte

Filiale
- Weiterbeschäftigung **KSchG 1**, 139

Form BGB 623, 58 ff.
  ◊ s. *auch Schriftform*
- Anfechtung eines Arbeitsvertrages **BGB 623**, 58
- Antrag auf Zustimmung des Integrationsamtes **SGB IX 85-90**, 61 ff.
- Arbeitsvertrag Stationierungsstreitkräfte **NATO-ZusAbk**, 10
- Aufhebung der Schriftformklausel **KSchG 13**, 279 f.

- Aufhebungsvertrag **BBiG 21**, 15, 37; **BBiG 22**, 37; **BGB 626**, 47; **IPR**, 77
- Auflösungsantrag **KSchG 9**, 18; **KSchG 13**, 326 ff.
- Auslandsberührung **IPR**, 77
- Beendigungstatbestände **BGB 623**, 58 ff.
- Berufsausbildungsvertrag **BBiG 21**, 10, 15; **BBiG 22**, 10, 15
- Betriebsratsanhörung **BetrVG 102**, 76
- Betriebsübergang **KSchG 13**, 276
- Dienstsiegel **KSchG 13**, 228 a, 287 a
- Entscheidung des Integrationsamtes **SGB IX 85-90**, 97 ff.
- Insolvenzverwalter **KSchG 13**, 277
- Kündigung **BGB 623**, 1 ff.; **KSchG 13**, 273 ff.
- Kündigung, Ausbildungsvertrag **BBiG 21**, 39, 92 ff., 108; **BBiG 22**, 39, 92 ff., 108
- Kündigung, Schifffahrt **SeemG**, 62, 108, 155
- Kündigung, Stationierungsstreitkräfte **NATO-ZusAbk**, 25
- Massenentlassung, Beteilung Betriebsrat **KSchG 17**, 56 ff.
- Massenentlassungsanzeige **KSchG 17**, 72 ff.
- Mitteilung der Schwangerschaft/Entbindung **MuSchG 9**, 51
- Rechtswahl **IPR**, 17 ff.
- Telefax **KSchG 13**, 228 a, 274
- treuwidrige Berufung auf ~ **KSchG 13**, 227, 264, 279
- Unterrichtung des Betriebs-/Personalrats **BetrVG 102**, 62 a, 76; **BetrVG 105**, 28; **BPersVG 72**, 79, 108, 15
- Vereinbarung **KSchG 13**, 275
- Weiterbeschäftigungsverlangen auszubildender Amtsträger **BetrVG 78 a**, 28, 32
- Zustimmung des Betriebsrats zu Kündigung **BetrVG 103**, 80, 89
- Zustimmungsersetzungsantrag **BetrVG 103**, 112

Forschungseinrichtungen
  ◊ s. *Hochschulen/Forschungseinrichtungen*

Fortbildung
  ◊ s. *Umschulungs- und Fortbildungsmaßnahmen*

Fragen
- Falschbeantwortung **KSchG 1**, 310, 497, 512 f.
- Nichtbeantwortung **KSchG 1**, 310, 497
- unzulässige Fragen **KSchG 1**, 513

Fragerecht des Arbeitgebers BGB 626, 435; **KSchG 1**, 310, 497, 512 f.

Franchisenehmer KSchG 1, 86

Freie Mitarbeiter
  ◊ s. auch *arbeitnehmerähnliche Personen*
- Abgrenzung zum Arbeitnehmer **ArbNähnl.Pers.**, 2 ff.
- anzuwendende Rechtsordnung **IPR**, 73
- Aufhebungsvertrag **ArbNähnl.Pers.**, 39
- befristetes Dienstverhältnis **ArbNähnl.Pers.**, 40 ff.
- Dauerrechtsverhältnis **ArbNähnl.Pers.**, 55, 58, 61 ff.
- Dienstvertrag
  ◊ s. *dort*
- Kündigung **ArbNähnl.Pers.**, 48 ff.
- Kündigungsschutz des HAG für ~ **ArbNähnl.Pers.**, 59 ff., 100
- Rechtsmissbrauch **ArbNähnl.Pers.**, 24
- Telearbeit **ArbNähnl.Pers.**, 4 a
- unbefristetes Dienstverhältnis **ArbNähnl.Pers.**, 48 ff., 67 ff.

Freier Arbeitsplatz
- Weiterbeschäftigung **KSchG 1**, 217 ff., 715 ff.
- Weiterbeschäftigung nach Umschulung oder Fortbildung **KSchG 1**, 231, 722 ff.
- Weiterbeschäftigung unter geänderten Arbeitsbedingungen **KSchG 1**, 224 ff., 726 ff.

Freiheitsstrafe
  ◊ s. *Haft*

Freistellung des Arbeitnehmers
  ◊ s. *Suspendierung*

Friedenspflicht KSchG 25, 17
  ◊ s. auch *Arbeitskampf*
  ◊ s. auch *Aussperrung*
  ◊ s. auch *Streik*

Frist
  ◊ s. *Kündigungsfristen*
  ◊ s. *außerordentliche Kündigung, Ausschlussfrist*
  ◊ s. *Dreiwochenfrist*
  ◊ s. *Klagefrist*

Fristlose Kündigung
  ◊ s. *außerordentliche Kündigung*

G

Gehaltsansprüche
  ◊ s. *Arbeitsentgelt*
  ◊ s. *Nachzahlungsanspruch*

Geltungsbereich
- Abgeordnetengesetz **ParlKSch**, 25 ff.
- Arbeitsplatzschutzgesetz **ArbPlSchG**, 2 ff.
- Berufsbildungsgesetz **BBiG 21**, 2, 8, 15 ff.; **BBiG 22**, 2, 8, 15 ff.
- Betriebsverfassungsgesetz **BetrVG 103**, 8 ff.; **SeemG**, 41, 54 ff.
- Kündigungsschutzgesetz
  ◊ s. *Kündigungsschutzgesetz*, ~
- Massenentlassung **KSchG 17**, 15 ff.
- Seemannsgesetz **SeemG**, 19 ff.
- tarifliche Kündigungsfristen **BGB 622**, 217 ff.

Gemeinschaftsbetrieb mehrerer Unternehmen
- anzeigepflichtige Entlassungen **UmwG**, 53
- Begriff **KSchG 1**, 136; **KSchG 23**, 48 ff.
- Betriebsratsmandat **UmwG**, 3
- Beweislast **KSchG 23**, 48 ff.
- Kleinbetrieb **UmwG**, 49
- Kündigungsschutz **KSchG 1**, 217, 541; **UmwG**, 48 ff.
- soziale Auswahl **KSchG 1**, 609; **UmwG**, 52
- Weiterbeschäftigungsmöglichkeit **UmwG**, 50

Gerichtliche Hinweispflicht/gerichtliches Fragerecht
- Betriebsratsanhörung **KSchG 13**, 324
- Dreiwochenfrist **KSchG 4**, 21, 241, 249
- Feststellungsklage, allgemeine **KSchG 4**, 241 ff.
- nachträgliche Zulassung **KSchG 5**, 29, 87
- Umdeutung **KSchG 4**, 235; **KSchG 13**, 91

- verlängerte Anrufungsfrist **KSchG 6**, 7, 31 ff.
Gerichtssprache KSchG 4, 167 b
Gerichtsstand
- Gerichtsstandsvereinbarung **IPR**, 130 ff.
- Rechtsweg **KSchG 4**, 170, 186 ff.
  ◊ *s. auch dort*
- Zuständigkeit, örtliche **KSchG 4**, 171 ff.
  ◊ *s. auch dort*

Gesamtbetriebsrat
- Kündigungsschutz **BetrVG 103**, 8, 21
- Mitbestimmung bei Kündigungen **BetrVG 102**, 47, 82 a
- Mitbestimmung bei Versetzungen **BetrVG 103**, 64
- personelle Veränderungen von leitenden Angestellten **BetrVG 105**, 31
- Verlangen nach Entfernung betriebsstörender Arbeitnehmer **BetrVG 104**, 6 a

Gesamtrechtsnachfolge
- Kündigungsfristen **BGB 622**, 62
- Tod des Arbeitgebers **KSchG 1**, 186
- Unternehmensumwandlung **UmwG**, 2
- Wartezeit **KSchG 1**, 120

Gesamtvollstreckungsverfahren
- Betriebsratsanhörung bei Kündigungen **BetrVG 102**, 34
- Kündigungsfristen **BGB 622**, 85

Geschäftsfähigkeit
- Berufsausbildungsverhältnis **BBiG 14**, 4, 15, 105 ff.; **BetrVG 78 a**, 29
- beschränkte ~ **KSchG 13**, 293
- Einwilligung **KSchG 13**, 293
- Genehmigung **KSchG 13**, 283, 293
- Internationales Privatrecht **IPR**, 75 f.
- Minderjährige
  ◊ *s. dort*
- Zugang der Kündigung **KSchG 13**, 292, 294

Geschäftsführer-Dienstverhältnis
- Schadensersatz bei Kündigung **BGB 628**, 23
  ◊ *s. Betriebs-/Geschäftsgeheimnisse*

Geschäftsgeheimnis
- Zugang der Kündigung
  ◊ *s. Wegfall der ~*

Geschäftsgrundlage
- Zugang der Kündigung

Geschäftsschädigung, als Kündigungsgrund BGB 626, 147, 448

Gesellschaft bürgerlichen Rechts
- Parteifähigkeit **KSchG 4**, 94
- Vertretung **KSchG 14**, 21

Gesellschaft mit beschränkter Haftung
- Geschäftsführer **BGB 628**, 28; **KSchG 14**, 10
- Komplementär-GmbH **KSchG 14**, 10 a, 16
- Kündigung bei Gesamtvertretung **KSchG 13**, 287 a
- Kündigung durch Liquidator **KSchG 13**, 287 a
- Kündigung gegenüber Geschäftsführer **KSchG 13**, 288
- Kündigungsschutz der Vertreter **KSchG 14**, 10, 16
- Parteifähigkeit **KSchG 4**, 86, 92, 151, 155, 169 a

- Vertreter **KSchG 14**, 10
Gesellschafter
  ◊ *s. Organmitglieder juristischer Personen und Gesellschafter*
Gesetzliche Verbote
  ◊ *s. auch Nichtigkeitsgründe der Kündigung, andere*
- Auflösungsantrag **KSchG 13**, 337 ff.
- Dreiwochenfrist **KSchG 13**, 302 ff.
- Nichtigkeit bei Verstoß gegen ~ **KSchG 13**, 178 ff.

Gesetzliche Verbote, Kündigung als Verstoß gegen »sonstige Vorschriften« KSchG 13, 217 ff.
- Anhörung Bühnenmitglied vor Nichtverlängerung **KSchG 13**, 219 a
- Anzeigepflicht bei Massenentlassungen **KSchG 13**, 259
- Arbeitnehmerüberlassung, unwirksame Verträge **KSchG 13**, 259 e
- Benachteiligungsverbot **KSchG 13**, 184 a, 259 a, 301
- Ermächtigung des Vergleichsgerichts **KSchG 13**, 223
- Kündigung wegen Altersrente **KSchG 13**, 259 f
- Kündigung wegen Betriebsübergangs **KSchG 13**, 259 c
- Kündigungsfristen **KSchG 13**, 225
- Mitbestimmung der Schwerbehindertenvertretung **KSchG 13**, 222 a
- Mitbestimmung des Betriebsrats **KSchG 13**, 217 ff.
- Mitbestimmung des Personalrats **KSchG 13**, 220 ff.
- Mitbestimmung nach MAVO Katholische Kirche **KSchG 13**, 219 b
- Schikaneverbot **KSchG 13**, 258
- Treu und Glauben **KSchG 13**, 229 ff.

Gesetzliche Verbote, Verstoß gegen besondere Kündigungsschutzvorschriften KSchG 13, 204 ff.
  ◊ *s. auch Nichtigkeitsgründe der Kündigung, andere*
- Altersgrenze **KSchG 13**, 259 ff.
- Arbeitsplatzschutzgesetz **KSchG 13**, 215
- Aufsichtsratsmitglieder **KSchG 13**, 209
- Ausnahmen von § 15 KSchG **KSchG 15**, 73 ff.
- Benachteiligungsverbot, betriebs- und mitbestimmungsrechtliches **KSchG 13**, 207, 216 f
- besonderer Kündigungsschutz **BGB 622**, 86 ff., 97 ff.
- Betriebsarzt **KSchG 13**, 216 m
- Betriebsbeauftragte Umweltschutz **KSchG 13**, 216 f
- Betriebsverfassungsorgan **KSchG 13**, 204 ff.; **KSchG 15**, 54, 77
- Bundeselterngeld- und Elternzeitgesetz **BEEG 18**, 4 f.
- Bundeselterngeld- und Elternzeitgesetz **BEEG 18**, 28
- Datenschutzbeauftragte **KSchG 13**, 216 e, 325
- ehrenamtliche Richter **KSchG 13**, 216 a
- Erziehungsurlaubsgesetz **KSchG 13**, 212 b
- Frauenbeauftragte **KSchG 13**, 216 u

2741

Stichwortverzeichnis

- Grundgesetz **KSchG 13**, 179 ff.
  ◊ s. auch Grundrechte
- Heimkehrergesetz **KSchG 13**, 216
- Jugend-/Auszubildendenvertretung, Übernahmeanspruch **KSchG 13**, 210
- leitende Angestellte **KSchG 13**, 218 a
- Mitarbeitervertretungsordnung **KSchG 13**, 210 a, 219 b ff.
- Nichtigkeit bei Verstoß gegen ~
- Parlamentarier **KSchG 13**, 216 d
- Schwangere **KSchG 13**, 212; **MuSchG 9**, 7
- Schwerbehinderte **KSchG 13**, 211
- Teilzeitbeschäftigte **KSchG 13**, 216 c
- Vertrauensleute **KSchG 13**, 205 a
- Wahlbehinderung **KSchG 13**, 206, 322
- weitere Beispiele **KSchG 13**, 216 e ff.

Gesundheitsprognose
- Anzeigepflicht **BGB 626**, 426
- Beurteilungszeitpunkt **KSchG 1**, 325
- Beweislast **KSchG 1**, 333 ff.
- Erkundigungspflicht des Arbeitgebers **KSchG 1**, 327
- Erkundigungspflicht des Arbeitnehmers **KSchG 1**, 334
- Fehlzeiten als Indiz **KSchG 1**, 330 ff.
- Korrektur nach Kündigung **KSchG 1**, 325

Gesundheitswidriges Verhalten
- als Kündigungsgrund **KSchG 1**, 482

Gewerkschaften/Arbeitnehmervereinigungen
- Betätigung, Kündigungsgrund **BBiG 21**, 59; **BBiG 22**, 59; **BGB 626**, 93; **KSchG 1**, 24; **KSchG 13**, 198 ff.
- gewerkschaftliche Vertrauensleute **KSchG 13**, 263 a
- Werbung durch Betriebsratsmitglied als Kündigungsgrund **KSchG 15**, 27

Gewinnverfall
- als Kündigungsgrund **KSchG 1**, 587; **KSchG 2**, 107 a ff.

Gewissensentscheidung, und Leistungsverweigerungsrecht BGB 626, 141

Gleichbehandlungsgrundsatz BGB 626, 307 ff.; **KSchG 13**, 181 ff.
- Arbeiter und Angestellte **KSchG 1**, 20
- betriebsverfassungsrechtliche Folgen **AGG**, 175
- Dreiwochenfrist **KSchG 13**, 301
- Gratifikationsgewährung **MuSchG 10**, 29
- herausgreifende Kündigungen **BGB 626**, 308, 310; **KSchG 1**, 233 f.; **KSchG 13**, 141 a, 184 a, 301
- Selbstbindung des Arbeitgebers **BGB 626**, 309

Gratifikation
- Abfindungsbemessung **KSchG 10**, 33
- Änderungskündigung **KSchG 2**, 107 a ff.
- Arbeitslosenunterstützung, Anrechnung **SozR**, 148
- Berufsausbildungsverhältnis **BBiG 21**, 35; **BBiG 22**, 35
- Gleichbehandlungsgrundsatz **MuSchG 10**, 29
- Nachzahlungsanspruch nach Kündigungsschutzprozess **KSchG 11**, 26

- Rückzahlung bei Kündigung **BEEG 19**, 26, 65; **BGB 626**, 65; **MuSchG 10**, 30
- Schadensersatzanspruch bei außerordentlicher Kündigung **BGB 628**, 39
- und Beendigung des Arbeitsverhältnisses **BGB 628**, 13, 39
- Vergütungsanspruch bei außerordentlicher Kündigung **BGB 628**, 13
- während Weiterbeschäftigung **BetrVG 102**, 218
- Wiedereinstellung nach Entbindung **MuSchG 10**, 31

Grundrechte
◊ s. auch Nichtigkeitsgründe der Kündigung, andere
- Benachteiligungsverbot **KSchG 13**, 184 a, 259 a, 301
- Berufsfreiheit **KSchG 1**, 15 ff., 125; **KSchG 13**, 194
- Diskriminierungsverbot **KSchG 13**, 184
- Drittwirkung **KSchG 13**, 180, 197
- Ehe und Familie **KSchG 13**, 187 ff.
- Gleichbehandlung von Männern und Frauen **KSchG 13**, 182 ff.
- Gleichheitssatz **KSchG 1**, 20; **KSchG 13**, 181
- Koalitionsfreiheit **KSchG 1**, 24; **KSchG 13**, 197 ff.
- Kündigung als Verstoß gegen ~ **KSchG 13**, 179 ff.
- Meinungsfreiheit **BGB 626**, 116; **KSchG 1**, 458, 466; **KSchG 13**, 186
- Mutterschutz (Art. 6 Abs. 4 GG) **KSchG 1**, 25
- ordre public **IPR**, 37 ff.
- Petitionsrecht (Art. 17 GG) **KSchG 1**, 427
- politische Anschauung/Betätigung **KSchG 13**, 184, 193
  ◊ s. auch politische Betätigung
- Religionsausübung **KSchG 13**, 185
- Sozialstaatsprinzip **KSchG 1**, 18
- Vereinigungsfreiheit **KSchG 13**, 192
- Versammlungsfreiheit **KSchG 13**, 191
- Willkürverbot, Diskriminierungsverbot (Art. 3 Abs. 3 GG) **BGB 626**, 93, 123; **KSchG 1**, 20, 72, 125

Grundwehrdienst
◊ s. Wehrdienst

Gruppenarbeitsverhältnis
- Kündigung **KSchG 1**, 49 ff.
- Kündigung bei ~ **BGB 626**, 423
- Mutterschutz **MuSchG 9**, 16

Gruppenbenachteiligung AGG, 16 f.

Günstigkeitsprinzip BGB 622, 206, 240 ff.; **BGB 626**, 58

H

Hafenarbeiter
- Kündigung **KSchG 1**, 57, 140

Hafenarbeiter, Kündigung BGB 626, 424

Haft
- Berufsausbildung in ~ **BBiG 21**, 5; **BBiG 22**, 5
- Kündigungsgrund **BGB 626**, 135, 451; **KSchG 1**, 317 f.
- Lohnzahlungspflicht **BetrVG 102**, 119
- Offenbarungspflicht **BGB 626**, 435
- Strafgefangene, Arbeitnehmereigenschaft **KSchG 1**, 83

- Verdachtskündigung **BGB 626**, 455; **KSchG 1**, 393 c

Halbtagskraft
◊ s. auch *job-sharing-Vertrag*

Handelsvertreter
- Abgrenzung zum Arbeitnehmer **ArbNähnl.Pers.**, 174 ff.
- Abwerbung **BGB 626**, 406
- Arbeitnehmerähnlichkeit **ArbNähnl.Pers.**, 171 ff., 184 ff., 194 ff.
- befristetes Dienstverhältnis **ArbNähnl.Pers.**, 183, 197
- Begriff **ArbNähnl.Pers.**, 174
- Beschäftigtenzahl **KSchG 23**, 41
- Betriebs- und Geschäftsgeheimnisse **ArbNähnl.Pers.**, 229
- Dienstvertrag **ArbNähnl.Pers.**, 183
  ◊ s. auch dort
- Einfirmenvertreter **ArbNähnl.Pers.**, 186, 188 ff.
- im Nebenberuf **ArbNähnl.Pers.**, 206 ff.
- internationale Tätigkeit **IPR**, 72
- Konkursrang der Vergütungsansprüche **ArbNähnl.Pers.**, 193
- Kündigung
  ◊ s. *Handelsvertreter, Kündigung*
- Provisionsausgleich nach Vertragsende **ArbNähnl.Pers.**, 228; **BGB 628**, 38
- Rechtsweg **ArbNähnl.Pers.**, 185, 191, 215
- Selbständigkeit **ArbNähnl.Pers.**, 174 ff.
- Vergütungsgrenze **ArbNähnl.Pers.**, 186 ff.
- Wettbewerbsverbot **ArbNähnl.Pers.**, 230
- Zeugnis **ArbNähnl.Pers.**, 225 ff.

Handelsvertreter, Kündigung
- arbeitnehmerähnliche Handelsvertreter **ArbNähnl.Pers.**, 173, 197
- außerordentliche ~ **ArbNähnl.Pers.**, 216 ff.
- Betriebsratsanhörung **ArbNähnl.Pers.**, 212
- Betriebsübergang **ArbNähnl.Pers.**, 209
- Dauerstellung/Lebenszeitarbeitsverhältnis **ArbNähnl.Pers.**, 197 a, 214; **BGB 624**, 5
- Form **ArbNähnl.Pers.**, 217
- Frist zur Kündigungserklärung **ArbNähnl.Pers.**, 222
- Fristen **ArbNähnl.Pers.**, 199 ff.
- Kündigungsschutzklage **ArbNähnl.Pers.**, 215
- Mutterschutz **ArbNähnl.Pers.**, 209
- nebenberuflicher Handelsvertreter **ArbNähnl.Pers.**, 207
- ordentliche ~ **ArbNähnl.Pers.**, 197 a ff.
- Rechtsweg **ArbNähnl.Pers.**, 215
- Schadensersatz **ArbNähnl.Pers.**, 224; **BGB 623**, 3, 38
- Schwerbehinderte **ArbNähnl.Pers.**, 209
- Wehrdienst **ArbNähnl.Pers.**, 210; **ArbPlSchG**, 11, 39
- wichtiger Grund **ArbNähnl.Pers.**, 218 ff.

Handlungsreisender BGB 626, 470

Häufige Kurzerkrankungen
◊ s. *krankheitsbedingte Kündigung, häufige Kurzerkrankungen*

Hauptpersonalrat BPersVG 47, **108**, 2

Hausgewerbetreibende
- Begriff **ArbNähnl.Pers.**, 87
- Beschäftigtenzahl **KSchG 23**, 41
- Heimarbeiter **ArbNähnl.Pers.**, 82, 87 ff., 93
- Kündigung **ArbNähnl.Pers.**, 101 ff.
  ◊ s. auch *Heimarbeitsverhältnis, Kündigung*
- Lohngewerbetreibende **ArbNähnl.Pers.**, 94

Hausmeister
- einheitliches Arbeitsverhältnis mit mehreren Arbeitgebern **KSchG 23**, 51
- Hausmeisterehepaar **KSchG 1**, 50

Heimarbeiter
- Abgrenzung **ArbNähnl.Pers.**, 86
- Arbeitnehmerähnlichkeit **ArbNähnl.Pers.**, 77
- Auftraggeberzahl **ArbNähnl.Pers.**, 85
- befristetes Heimarbeitsverhältnis **ArbNähnl.Pers.**, 166 ff.
- Begriff **ArbNähnl.Pers.**, 83
- Beschäftigtenzahl **KSchG 23**, 41
- Beschäftigungsschutz **MuSchG 9**, 178
- Betriebsübergang **ArbNähnl.Pers.**, 159 a
- Büroheimarbeit **ArbNähnl.Pers.**, 84
- Elternzeit **ArbNähnl.Pers.**, 150; **BEEG 18**, 13
- Entstehungsgeschichte **ArbNähnl.Pers.**, 79 ff., 98
- Gleichstellung **ArbNähnl.Pers.**, 91 ff.
- Hausgewerbetreibende **ArbNähnl.Pers.**, 82, 87 ff.
- Heimarbeitsgesetz **ArbNähnl.Pers.**, 80 ff.
- Herabsetzung der Auftragsmenge **ArbNähnl.Pers.**, 128 ff.
- Internationales Arbeitsrecht **IPR**, 73
- Kündigung
  ◊ s. *Heimarbeitsverhältnis, Kündigung*
- Kurzarbeit **ArbNähnl.Pers.**, 132 ff.
- Lohngewerbetreibende **ArbNähnl.Pers.**, 94
- Mutterschutz **ArbNähnl.Pers.**, 150 ff.; **MuSchG 9**, 11, 14, 26, 168, 175
- Telearbeit **ArbNähnl.Pers.**, 4 a, 84 a
- wirtschaftliche Abhängigkeit **ArbNähnl.Pers.**, 85
- Zwischenmeister **ArbNähnl.Pers.**, 95, 141 ff.

Heimarbeitsverhältnis, Kündigung
- allgemeiner Kündigungsschutz **ArbNähnl.Pers.**, 147
- Änderungskündigung **ArbNähnl.Pers.**, 128 ff., 137 ff.
- außerordentliche Kündigung **ArbNähnl.Pers.**, 118 ff.
- Beschäftigung während Kündigungsfrist **ArbNähnl.Pers.**, 126
- Beschäftigungsdauer **ArbNähnl.Pers.**, 111
- Betriebsratsanhörung **ArbNähnl.Pers.**, 116, 121; **BetrVG 102**, 11
- Betriebsstilllegung **ArbNähnl.Pers.**, 165
- Betriebsverfassungsorgane **ArbNähnl.Pers.**, 162 ff.; **BetrVG 103**, 14
- Entgelt während Kündigungsfrist **ArbNähnl.Pers.**, 122 ff.
- Form **ArbNähnl.Pers.**, 103
- Frist **ArbNähnl.Pers.**, 104 ff., 113 ff.; **BGB 622**, 83
- Hauptbeschäftigung **ArbNähnl.Pers.**, 107 ff.
- Herabsetzung der Auftragsmenge **ArbNähnl.Pers.**, 128 ff.

- Kündigungsschutzklage **ArbNähnl.Pers.**, 160
- Kurzarbeit **ArbNähnl.Pers.**, 132 ff.
- Mutterschutz **ArbNähnl.Pers.**, 150 ff.; **MuSchG 9**, 26, 168, 175
- Schwerbehinderte **ArbNähnl.Pers.**, 155 ff.; **vor SGB IX 85-92**, 16
- sitten-/treuwidrige Kündigung **ArbNähnl.Pers.**, 148
- Umdeutung **ArbNähnl.Pers.**, 121
- Wehrdienst **ArbNähnl.Pers.**, 159; **ArbPlSchG**, 11
- Weiterbeschäftigungsanspruch **ArbNähnl.Pers.**, 117; **BetrVG 102**, 11
- Zwischenmeister **ArbNähnl.Pers.**, 102, 112, 141 ff.

Herabgruppierung
- Beteiligung des Betriebsrats **KSchG 2**, 123 ff.
- Kündigung zum Zweck der ~ **BGB 626**, 72; **KSchG 2**, 108 ff.

Herausgreifende Kündigung BGB 626, 308, 310; **KSchG 13**, 184 a, 301
- Kündigung zum Zwecke der **KSchG 1**, 233 f.

Heuerverhältnis
  ◊ s. auch Bordvertretung
  ◊ s. auch Kapitäne
  ◊ s. auch Schifffahrt
  ◊ s. auch Seebetriebsrat
- Abstoppgeld **SeemG**, 129, 146
- anzuwendende Rechtsordnung **IPR**, 4, 62 ff.; **SeemG**, 1 ff.
- Arbeitsunfähigkeit **SeemG**, 123
- Aufgabe der Arbeitgeberstellung **SeemG**, 76 a
- Aufhebungsvertrag **SeemG**, 34 ff., 61
- Beendigung **SeemG**, 30 ff.
- Befristung **SeemG**, 31 ff.
- Begriff **SeemG**, 28
- Beschäftigungszeit **SeemG**, 40
- Beweislast für Befristung **SeemG**, 32
- Billig-Flaggen-Länder **IPR**, 63; **SeemG**, 11 ff.
- Flaggenwechsel **SeemG**, 136, 143 ff.
- Kündigung
  ◊ s. Heuerverhältnis, Kündigung
- Kündigungsschutzgesetz, Geltungsbereich **KSchG 23**, 12, 32, 73
- Liberia **SeemG**, 13
- Mutterschutz **SeemG**, 46
- Panama **SeemG**, 11
- Probezeit **SeemG**, 90
- Rechtswahl anzuwendenden Staatsrechts **IPR**, 4, 14, 16; **SeemG**, 3 ff.
- Rückbeförderung **SeemG**, 165 ff.
- Schadensersatz **SeemG**, 124, 146
- Singapur **SeemG**, 14
- Umschaufrist und -geld **SeemG**, 175
- Urlaub **SeemG**, 31, 35, 176
- Weiterbeschäftigungsanspruch auszubildender Amtsträger **BetrVG 78 a**, 12
- Zurücklassung **SeemG**, 160 ff.
- Zuständigkeit der Arbeitsgerichte **SeemG**, 181
- Zypern **SeemG**, 15

Heuerverhältnis, Kündigung SeemG, 37 ff.
- Abfindung **SeemG**, 126 ff.
- Abmahnung **SeemG**, 71 ff., 117
- Abstoppgeld **SeemG**, 129
- Anhörung Bordvertretung/Seebetriebsrat **BetrVG 102**, 49; **SeemG**, 41, 54 ff., 112
- auf Reisen **SeemG**, 51, 97 ff.
- außerordentliche ~ **SeemG**, 107 ff., 114 ff., 126 ff., 132 ff., 136 ff., 147 ff.
- Begründung **SeemG**, 62, 109
- betriebsbedingte ~ **SeemG**, 75 ff.
- Betriebsübergang **SeemG**, 79
- durch Besatzungsmitglied **SeemG**, 136 ff.
- Einspruch **SeemG**, 58
- Ersatzmann **SeemG**, 147 ff.
- Flaggenwechsel **SeemG**, 136, 143
- Folgen **SeemG**, 160 ff.
- Form **KSchG 13**, 228; **SeemG**, 62, 108
- Fristen **BGB 622**, 84; **SeemG**, 18, 86 ff.
- Gründe **SeemG**, 68 ff., 114 ff., 126, 128, 136 ff.
- Kapitäne **SeemG**, 52, 57, 150 ff.
  ◊ s. auch dort
- Klagefrist **SeemG**, 39, 51
- krankheitsbedingte ~ **SeemG**, 70
- Kündigungsbefugnis **SeemG**, 63 ff.
- Kündigungsschutz **SeemG**, 39 ff.
- ordentliche ~ **SeemG**, 59 ff.
- personenbedingte ~ **SeemG**, 68 ff.
- Probezeit **SeemG**, 90
- Rückbeförderung **SeemG**, 106, 165 ff.
- Schwerbehinderte **SeemG**, 45
- Sozialauswahl **SeemG**, 81
- tarifvertragliche Kündigungsfristen **SeemG**, 91 ff.
- Vergütung während der Kündigungsfrist **SeemG**, 96
- verhaltensbedingte ~ **SeemG**, 71 ff.
- Verlust des Schiffes **SeemG**, 132 ff.
- Wirksamwerden **SeemG**, 38
- Zurücklassung **SeemG**, 160 ff.

Hilfsantrag
- bei Änderungsschutzklage **KSchG 2**, 164
- Dreiwochenfrist **KSchG 4**, 24
- nachträgliche Zulassung **KSchG 5**, 156 b, 158 ff., 161 ff., 173 b

HIV-Infektion
  ◊ s. AIDS/Infektion mit HIV-Virus

Hochschulen/Forschungseinrichtungen
- Arbeitnehmereigenschaft **ArbNähnl.Pers.**, 28 ff.
- Kündigung bei vorzeitigem Ende der Elternzeit **BEEG 21**, 6 a
- Kündigung bei Wegfall von Drittmitteln **BEEG 21**, 6 a
- Vertretung bei Mutterschutz/Elternzeit **BEEG 21**, 6 ff.
- Zurücklassung

Hochschulrahmengesetz, Befristungen
- andere arbeitsrechtliche Regelungen **HRG 57 a**, 50 ff.
- Anrechnung auf zulässige Befristungsdauer **HRG 57 b**, 38 ff.
- Ärzte **HRG 57 a**, 32 ff.
- befristeter Arbeitsvertrag **HRG 57 a**, 41 f.

Stichwortverzeichnis

- Befristungsdauer **HRG 57 b**, 1 ff.
- Befristungsgrund **HRG 57 a**, 41 f.
- erstmalige Anwendung **HRG 57 f**, 1 ff.
- europarechtliche Grundlagen **HRG 57 a**, 12 ff.
- Forschungseinrichtungen **HRG 57 a**, 26 f.; **HRG 57 d**, 1 ff.
- Geltungsbereich **HRG 57 a**, 23 ff.
- Gesetzgebungskompetenz **HRG 57 a**, 17 ff.
- Hochschulen **HRG 57 a**, 23 ff.
- Juniorprofessoren **HRG 57 a**, 29 ff.
- keine Sachgrundprüfung **HRG 57 b**, 18 ff.
- künstlerische Hilfskräfte **HRG 57 b**, 31 ff.
- künstlerische Mitarbeiter **HRG 57 a**, 23 ff.
- Lehrkräfte für besondere Aufgaben **HRG 57 a**, 35
- Lektoren **HRG 57 a**, 43
- Post-Doc-Phase **HRG 57 b**, 25 ff.
- Privatdienstvertrag **HRG 57 c**, 1 ff.
- Promotionsphase **HRG 57 b**, 22 ff.
- studentische Hilfskräfte **HRG 57 a**, 30; **HRG 57 b**, 32; **HRG 57 e**, 1 ff.
- tarifliche Regelungen **HRG 57 a**, 45 ff.
- technisches Personal **HRG 57 a**, 37
- unbefristeter Arbeitsvertrag **HRG 57 a**, 65 ff.
- verfassungsrechtliche Grundlagen **HRG 57 a**, 19 ff.
- Verhältnis zu anderen Gesetzen **BEEG 21**, 5 ff.: **HRG 57 a**, 56 ff.
- Verlängerung nach Beurlaubung **HRG 57 b**, 55
- Verlängerung nach Freistellung für ehrenamtliche Aufgaben **HRG 57 b**, 62
- Verlängerung nach Freistellung zur Mandatsübernahme **HRG 57 b**, 64
- Verlängerung nach Grundwehr- und Zivildienst **HRG 57 b**, 61
- Verlängerung nach Mutterschaft und Elternzeit **HRG 57 b**, 59 ff.
- Verlängerungsmöglichkeiten **HRG 57 b**, 34 ff., 49 ff.
- Verwaltungskräfte **HRG 57 a**, 37
- weitere Befristungen nach zulässiger Befristungsdauer **HRG 57 b**, 69 ff.
- wissenschaftliche Hilfskräfte **HRG 57 a**, 29
- wissenschaftliche Mitarbeiter **HRG 57 a**, 23 ff.
- wissenschaftliches Personal an Forschungseinrichtungen **HRG 57 d**, 1 ff.
- Zeitbeamte **HRG 57 a**, 38 ff.
- Zitiergebot **HRG 57 b**, 65 ff.
- zwingendes Gesetzesrecht **HRG 57 a**, 10

Homosexualität/sexuelle Neigung
- Kündigungsgrund **BGB 626**, 124; **KSchG 13**, 154, 256

I
Insolvenzgeld **InsO Anh. I zu 128**, 1 ff.
- 13. Monatsgehalt **InsO Anh. I zu 128**, 29
- Abfindung **InsO Anh. I zu 128**, 29
- Aktienoptionen **InsO Anh. I zu 128**, 32
- Altersteilzeit **InsO Anh. I zu 128**, 33
- Angestellte **InsO Anh. I zu 128**, 17
- Anspruch **InsO Anh. I zu 128**, 5 ff.
- Anspruchsausschluss **InsO Anh. I zu 128**, 36 ff.
- Anspruchsübergang auf die BA **InsO Anh. I zu 128**, 57 ff.
- Antragserfordernis **InsO Anh. I zu 128**, 46 ff.
- Antragsfrist **InsO Anh. I zu 128**, 50 ff.
- Arbeiter **InsO Anh. I zu 128**, 17
- Arbeitnehmerbegriff **InsO Anh. I zu 128**, 17 ff.
- Arbeitszeitguthaben **InsO Anh. I zu 128**, 31
- Auskunftserteilung **InsO Anh. I zu 128**, 70 ff.
- Auslagen **InsO Anh. I zu 128**, 28
- Ausland **InsO Anh. I zu 128**, 19
- Auszubildende **InsO Anh. I zu 128**, 17
- Beiträge zur Sozialversicherung **InsO Anh. I zu 128**, 29
- berücksichtigungsfähiges Arbeitsentgelt **InsO Anh. I zu 128**, 27 ff.
- Diakonissen **InsO Anh. I zu 128**, 18
- Dreimonatsfrist **InsO Anh. I zu 128**, 22
- Entgeltfortzahlung im Krankheitsfall **InsO Anh. I zu 128**, 36
- Fahrgeldentschädigungen **InsO Anh. I zu 128**, 28
- Gesamtsozialversicherungsbeitrag **InsO Anh. I zu 128**, 79
- Gesellschafter-Geschäftsführer **InsO Anh. I zu 128**, 18
- gesetzliche Abzüge **InsO Anh. I zu 128**, 43
- GmbH-Fremdgeschäftsführer **InsO Anh. I zu 128**, 17
- Grenzgänger **InsO Anh. I zu 128**, 45
- Hausgewerbetreibender **InsO Anh. I zu 128**, 18
- Heimarbeiter **InsO Anh. I zu 128**, 17
- Höhe **InsO Anh. I zu 128**, 42 ff.
- Insolvenz des Betriebsübernehmers **InsO Anh. I zu 128**, 23
- Insolvenzausfallversicherung **InsO Anh. I zu 128**, 4
- Insolvenzereignisse **InsO Anh. I zu 128**, 5 ff.
- Insolvenzgeldbescheinigung **InsO Anh. I zu 128**, 77
- Jahressonderzahlung **InsO Anh. I zu 128**, 29
- Karenzentschädigungen **InsO Anh. I zu 128**, 35
- leitende Angestellte **InsO Anh. I zu 128**, 17
- Masseunzulänglichkeit **InsO Anh. I zu 128**, 12
- Nebenforderungen **InsO Anh. I zu 128**, 35
- Nebenverdienste **InsO Anh. I zu 128**, 35
- Organmitglieder **InsO Anh. I zu 128**, 18
- Pfändung **InsO Anh. I zu 128**, 63
- Pflichtbeiträge **InsO Anh. I zu 128**, 79
- Provisionen **InsO Anh. I zu 128**, 30
- Recht zur Leistungsverweigerung **InsO Anh. I zu 128**, 40
- Rechte Dritter **InsO Anh. I zu 128**, 62 ff.
- rückwirkende Entgelterhöhungen **InsO Anh. I zu 128**, 28
- Schadensersatzansprüche **InsO Anh. I zu 128**, 28
- Sozialplanansprüche **InsO Anh. I zu 128**, 29
- Tantiemen **InsO Anh. I zu 128**, 30
- tarifliche Sonderzahlungen **InsO Anh. I zu 128**, 29
- Urlaubsabgeltung **InsO Anh. I zu 128**, 36
- Urlaubsentgelt **InsO Anh. I zu 128**, 34

Stichwortverzeichnis

- Verfügung über das Insolvenzgeld **InsO Anh. I zu 128**, 69
- vermögenswirksame Leistungen **InsO Anh. I zu 128**, 42
- Versicherungsleistung **InsO Anh. I zu 128**, 1
- Vorschuss **InsO Anh. I zu 128**, 55
- Weihnachtsgratifikation **InsO Anh. I zu 128**, 29
- Zahlungsunfähigkeit des Schuldners **InsO Anh. I zu 128**, 5
- Zeitraum **InsO Anh. I zu 128 b**, 21 ff.
- Zulagen **InsO Anh. I zu 128**, 28
- Zwischenmeister **InsO Anh. I zu 128**, 18

Insolvenzrang InsO 113, 100 ff.
- Abfindungen **InsO 113**, 104 ff.
- Abfindungsanspruch **InsO 113**, 103 a ff.
- Altersteilzeit **InsO 113**, 71, 101 a
- Altersversorgung **InsO 113**, 110 ff.
- Entgeltansprüche **InsO 113**, 101 ff.
- Kündigungsabfindungen **InsO 113**, 104 ff.
- Masseverbindlichkeiten **InsO 113**, 100
- rückständige Arbeitnehmeransprüche **InsO 113**, 100
- Sozialplanabfindungen **InsO 113**, 107

Insolvenzrecht InsO 113, 1 ff.; **InsO 125**, 1 ff.; **InsO 126**, 1 ff.; **InsO 127**, 1 ff.
- Abfindung **KSchG 10**, 20
- Änderung der Sachlage **InsO 125**, 37
- Änderungskündigung **KSchG 2**, 112 a
- Anhörung des Betriebsrats **InsO 125**, 40
- Antrag im Beschlussverfahren **InsO 126**, 12 ff.
- arbeitsvertragliche Kündigungsbeschränkung **InsO 113**, 43
- arbeitsvertragliche Kündigungsfristen **InsO 113**, 39
- ausgewogene Personalstruktur **InsO 125**, 24 ff.
- Aussetzung des Klageverfahrens **InsO 127**, 4
- befristete Arbeitsverträge **InsO 113**, 44
- Berufsausbildungsverhältnisse **BBiG 14**, 15, 69, 131; **InsO 113**, 17, 55 ff., 96
- Beschäftigungsgarantie **InsO 113**, 41
- Beschlussverfahren zum Kündigungsschutz **InsO 126**, 1 ff.
- Beteiligte im Beschlussverfahren **InsO 126**, 10
- Beteiligungsrechte des Betriebsrats **InsO 113**, 78
- Betrieb ohne Betriebsrat **InsO 126**, 3
- betriebliche Altersversorgung **InsO 113**, 110
- Betriebsänderung **InsO 125**, 6 ff.
- betriebsbedingte Kündigungen **InsO 126**, 8
- Betriebsratsanhörung **BetrVG 102**, 34
- Betriebsratsbeteiligung **InsO 113**, 78 f.; **InsO 125**, 40
- Betriebsratsmitglieder **InsO 113**, 48 ff.
- Betriebsstilllegung **InsO 113**, 67 ff.; **KSchG 1**, 589, 604
- Betriebsübergang **InsO 113**, 77
- Beweislastumkehr bei Interessenausgleich **InsO 125**, 19, 36
- Bindungswirkung des Beschlussverfahrens **InsO 127**, 1
- Dienstverhältnis **InsO 113**, 12 ff.
- Dienstverhältnisse des Insolvenzverwalters **InsO 113**, 19 ff.
- Dreiwochenfrist **KSchG 13**, 13, 19, 41 a, 176 a
- Elternzeitschutz **InsO 113**, 61
- Entgeltansprüche **InsO 113**, 101 ff.
- Eröffnung des Insolvenzverfahrens **InsO 113**, 6 f.
- Eröffnungsgrund **InsO 113**, 3
- fehlender Interessenausgleich **InsO 126**, 5 ff.
- Form der Kündigung **InsO 113**, 26 ff.
- Freistellung der Arbeitnehmer **InsO 113**, 9, 26
- fristlose Kündigung **InsO 113**, 31
- geänderte Arbeitsbedingungen **InsO 113**, 9
- Geltendmachung von Ansprüchen **InsO 113**, 119 f.
- Geltung des KSchG **InsO 113**, 65 ff.
- gesetzliche Kündigungsfristen **InsO 113**, 35
- grobe Fehlerhaftigkeit der Sozialauswahl **InsO 125**, 22
- Insolvenzeröffnungsverfahren **InsO 113**, 4 f.
- Insolvenzverwalter **InsO 113**, 6
- Interessenausgleich mit Namensliste **InsO 125**, 9 ff.
- international zwingende Vorschriften **IPR**, 34
- Jahressonderzahlung **InsO 113**, 115
- Klagefrist **InsO 113**, 82 ff.
- kollektives Kündigungsverfahren **InsO 125**, 1
- Kosten im Beschlussverfahren **InsO 126**, 22
- Kündigung **InsO 113**, 8 ff., 22 ff.
- Kündigung aus wichtigem Grund **InsO 113**, 73 ff.
- Kündigung durch Arbeitnehmer **InsO 113**, 80 f.
- Kündigung durch Insolvenzverwalter **InsO 113**, 22 ff.; **KSchG 1**, 589
- Kündigung, Form **KSchG 13**, 277
- Kündigungsfristen **BGB 622**, 85; **InsO 113**, 4, 32 ff.; **KSchG 13**, 224
- Kündigungsgrund **BGB 626**, 13; **InsO 113**, 70; **KSchG 1**, 589
- Kündigungsschutz **InsO 113**, 65 ff.
- Kündigungsschutzklage **InsO 113**, 82 ff.; **InsO 126**, 20; **InsO 127**, 1 ff.
- Leistungsträger, Sozialauswahl **InsO 125**, 22 a
- Lemgoer Modell **InsO 113**, 11
- Massenentlassung **KSchG 17**, 38
- Massenentlassungen **InsO 113**, 76; **InsO 125**, 39; **KSchG 1**, 589
- Massenentlassungsanzeige **InsO 113**, 76; **InsO 125**, 39
- Mutterschutz **InsO 113**, 61; **MuSchG 9**, 74
- Nachkündigung **InsO 113**, 46
- Nachteilsausgleich
  ◊ *s. dort*
- Neuregelung **KSchG 2**, 112 a
- nicht angetretene Dienstverhältnisse **InsO 113**, 18
- Organe juristischer Personen **InsO 113**, 14
- Parlamentarier **InsO 113**, 64
- Rechtsmittel im Beschlussverfahren **InsO 126**, 21
- Rechtswahl anzuwendenden Staatsrechts **IPR**, 35
- Reformwerk InsO **InsO 113**, 1
- Schadensersatz **InsO 113**, 88 ff., 97 ff.
- Schadensersatzanspruch **BBiG 21**, 131; **BBiG 22**, 131; **BGB 628**, 57

- Schwerbehindertenschutz **InsO 113**, 58 ff.
- Sequester **KSchG 13**, 294 a
- Sozialauswahl **InsO 113**, 72; **InsO 125**, 21 ff.; **KSchG 1**, 589
- Sozialauswahl bei Interessenausgleich **InsO 125**, 21 ff.
- Sozialversicherungspflicht **InsO 113**, 27
- Standortsicherung **InsO 113**, 41, 71
- tarifvertragliche Kündigungsbeschränkung **InsO 113**, 42
- tarifvertragliche Kündigungsfristen **InsO 113**, 37 f.
- Unabdingbarkeit der Kündigungsregelung **InsO 113**, 23
- Unkündbarkeitsklauseln **InsO 113**, 40 ff.
- Urlaubsanspruch **InsO 113**, 116 f.
- Verfassungsmäßigkeit der Kündigungsregelung **InsO 113**, 24
- Vermutungsregel bei Interessenausgleich **InsO 125**, 15 ff.
- Vertreter des Insolvenzverwalters **InsO 113**, 29
- vorläufiger Insolvenzverwalter **InsO 113**, 3 ff.
- Wehrdienstleistende **InsO 113**, 63
- Wettbewerbsabreden **InsO 113**, 112 ff.
- Wiedereinstellungsanspruch nach Kündigung **InsO 113**, 71 a
- Zeugnis **InsO 113**, 5, 118
- zwingende Vorschriften **IPR**, 34

Instanzenzug
◊ *s. Rechtsweg*

Integrationsamt
◊ *s. auch Schwerbehinderte, Kündigungsschutz*
- Änderungskündigung **SGB IX 85-90**, 6 ff.
- anderweitige Beschäftigungsmöglichkeit **SGB IX 85-90**, 92 ff.
- Anhörung des Betroffenen **SGB IX 85-90**, 74
- Antragstellung **SGB IX 85-91**, 8 ff.; **vor SGB IX 85-92**, 19; **SGB IX 85-90**, 59 ff.
- Auflagen **SGB IX 85-90**, 84 a
- Ausnahmen vom Zustimmungserfordernis **SGB IX 85-90**, 36 ff.
- außerordentliche Kündigung **vor SGB IX 85-92**, 18; **SGB IX 91**, 5 ff.
- Bedingungen **SGB IX 85-90**, 84
- Beendigung von Arbeitsverhältnis ohne Kündigung **SGB IX 92**, 2 ff.
- Berufsunfähigkeit **SGB IX 92**, 2 ff.
- Betriebseinschränkung **SGB IX 85-90**, 89 ff.
- Betriebsstilllegung **SGB IX 85-90**, 85 ff.
- Bindungswirkung **SGB IX 85-91**, 28; **SGB IX 85-90**, 109 ff., 125
- Einholung von Stellungnahmen **SGB IX 85-91**, 13; **SGB IX 85-90**, 73 ff.
- Entscheidung **SGB IX 85-91**, 14 ff.; **SGB IX 85-90**, 80 ff.
- Ermessen **SGB IX 85-91**, 19 ff.; **SGB IX 85-90**, 33, 82 ff.
- Erwerbsunfähigkeit **SGB IX 92**, 2 ff.
- fingierte Zustimmung **SGB IX 85**, 81 a; **SGB IX 86**, 81 a; **SGB IX 87**, 81 a; **SGB IX 88**, 81 a; **SGB IX 89**, 81 a; **SGB IX 90**, 81 a; **SGB IX 91**, 18

- Form **SGB IX 85-91**, 23; **SGB IX 85-90**, 97 ff.
- Frist **SGB IX 85-91**, 14 ff.; **SGB IX 85-90**, 80
- gütliche Einigung **SGB IX 85-90**, 77
- Instanzenzug **SGB IX 85-91**, 26; **SGB IX 85-90**, 100 ff.
- Kündigung auf Verlangen des Betriebsrats **BetrVG 104**, 17, 25, 46, 59
- mündliche Verhandlung **SGB IX 85-90**, 79
- Negativattest **SGB IX 85-90**, 25; **SGB IX 85-91**, 27; **SGB IX 85-90**, 54 ff., 119
- Rechtsbehelfe **vor SGB IX 85-92**, 21; **SGB IX 85-91**, 24 ff.; **SGB IX 85-90**, 36, 58, 100 ff., 105 ff., 137
- Rückwirkung **SGB IX 85-90**, 34
- Stationierungsstreitkräfte **NATO-ZusAbk**, 40
- Teilkündigung **SGB IX 85-90**, 6
- Verfahren **SGB IX 85-91**, 8 ff.; **SGB IX 85-90**, 83
- Verwaltungsakt **SGB IX 85-90**, 58, 97, 109 ff.
- vorherige Zustimmung **vor SGB IX 85-92**, 18; **SGB IX 91**, 6 ff.
- vorsorglicher Bescheid **SGB IX 85**, 55; **SGB IX 86**, 55; **SGB IX 87**, 55; **SGB IX 88**, 55; **SGB IX 89**, 55; **SGB IX 90**, 55; **SGB IX 91**, 4 a, 15
- zuständige ~ **SGB IX 85-90**, 64 ff.

Interessenabwägung, außerordentliche Kündigung **BGB 626**, 69, 80 ff., 202, 235 ff., 390, 445
- außerordentliche Änderungskündigung **BGB 626**, 201
- befristete Kündigung **BGB 626**, 306
- betriebliche Auswirkungen **BGB 626**, 110 ff., 145, 240
- Betriebsratsmitglied, besondere Konfliktsituation **KSchG 15**, 26 d
- Betriebszugehörigkeit **BGB 626**, 236, 241, 446
- Drittinteressen **BGB 626**, 94
- Gleichbehandlungsgrundsatz **BGB 626**, 307 ff.
- Lage auf dem Arbeitsmarkt **BGB 626**, 243
- Lebensalter **BGB 626**, 236, 241
- Leistungen im Arbeitsverhältnis **BGB 626**, 241
- mehrere Kündigungsgründe **BGB 626**, 246 ff.
- normativ strukturierte ~ **BGB 626**, 236 ff.
- personenbezogene Umstände **BGB 626**, 241
- Privatsphäre **BGB 626**, 237
- revisionsrechtliche Nachprüfung **BGB 626**, 390
- Ruhegeldanwartschaft **BGB 626**, 243
- Solidarität **BGB 626**, 310
- Tendenzträger **BGB 626**, 244
- unkündbare Arbeitnehmer **BGB 626**, 301 ff.
  ◊ *s. auch Unkündbarkeit*
- Unterhaltspflichten **BGB 626**, 236, 241
- Verschuldensgrad **BGB 626**, 139, 242
- verwirkte und verfristete Gründe **BGB 626**, 189, 249
- wirtschaftliche Folgen für Arbeitnehmer **BGB 626**, 243
- wirtschaftliche Lage des Arbeitgebers **BGB 626**, 236, 241
- wirtschaftliche Lage des Arbeitnehmers **BGB 626**, 241
- Zustimmungsersetzung **BetrVG 103**, 98

Interessenabwägung, ordentliche Kündigung
- Änderungskündigung **KSchG 2**, 78 ff.

Stichwortverzeichnis

- Arbeitsversäumnis **KSchG 1**, 444
- betriebsbedingte Kündigung **KSchG 1**, 547 ff.
- Beurteilungsspielraum **KSchG 1**, 213
- Darstellung, Zusage **KSchG 1**, 95
- Drittwirkung besonderen Kündigungsschutzes **KSchG 1**, 55
- Gleichbehandlungsgrundsatz **KSchG 1**, 233 f.
- Grundsatz **KSchG 1**, 210 f.
- Haft **KSchG 1**, 317
- krankheitsbedingte Kündigung **KSchG 1**, 347 ff., 374, 377
  ◊ *s. auch krankheitsbedingte Kündigung, Interessenabwägung*
- personenbedingte Kündigung **KSchG 1**, 273 ff., 388
- Verdachtskündigung **KSchG 1**, 393 f.
- verhaltensbedingte Kündigung **KSchG 1**, 398, 409 ff., 463
- Verhältnis zu Widerspruchstatbeständen **KSchG 1**, 196
- verwirkte und verfristete Gründe **BGB 626**, 249

Interessenausgleich
- Änderung der Sachlage **KSchG 1**, 704
- Anhörung des Betriebsrats vor Kündigungen **KSchG 1**, 705
- Beweis- und Darlegungslast **KSchG 1**, 703 e ff.
- Bezeichnung der kündigenden Arbeitnehmer **KSchG 1**, 703
  ◊ *s. auch Interessenausgleich mit Namensliste*
- Gesamtbetriebsrat **KSchG 1**, 703 a(2) f.
- Konzernbetriebsrat **KSchG 1**, 703 a(2) f.
- Kündigung ohne ~ **BetrVG 102**, 113 b, 176; **KSchG 13**, 301 b
- Massenentlassungsanzeige **KSchG 1**, 705
- Nachteilsausgleich bei Abweichen von ~ **KSchG 9**, 69 ff.
  ◊ *s. auch Nachteilsausgleich*
- namentliche Bezeichnung **KSchG 1**, 703 c
- öffentlicher Dienst **KSchG 1**, 703
- Schriftform **KSchG 1**, 703 a(4)
- soziale Auswahl **KSchG 1**, 703 h
- Sozialplan **KSchG 1**, 703 d
- Überprüfung der Sozialauswahl **KSchG 1**, 703 h
- Urkundeneinheit **KSchG 1**, 703 a(4)
- Vermutung dringender betrieblicher Erfordernisse **KSchG 1**, 703 f., 703
- Vermutung fehlender Weiterbeschäftigungsmöglichkeit **KSchG 1**, 703 f
- Wirksamkeit **KSchG 1**, 703 a(1) ff.
- Zeitpunkt des Abschlusses **KSchG 1**, 703 b

Internationales Privatrecht/Internationales Arbeitsrecht
- Amtsermittlungsgrundsatz **IPR**, 128, 135
- arbeitnehmerähnliche Personen **IPR**, 73
- Arbeitnehmerüberlassung **IPR**, 71
- Aufhebungsvertrag **IPR**, 81
- Ausgleichsquittung **IPR**, 123
- ausländisches Recht **IPR**, 128 f.
- Auslandsarbeitsverhältnis **IPR**, 113
- Auslandsbeschäftigung
  ◊ *s. dort*
- Auslegungsregeln **IPR**, 126
- Beendigung von Arbeitsverhältnissen **IPR**, 74 ff.
- befristetes Arbeitsverhältnis **IPR**, 78 ff.
- Berufsausbildungsverhältnis **IPR**, 98
- betriebliche Altersversorgung **IPR**, 121
- Betriebsrat **IPR**, 103 ff., 110 ff.
- Betriebsübergang **IPR**, 106 ff.
- Botschaftspersonal **IPR**, 67 ff., 143
- Eingriffsnormen **IPR**, 32 ff.
- Elternzeit **IPR**, 96
- Entgeltfortzahlung **IPR**, 118
- Entsendung **IPR**, 50, 86, 92, 111 f.
- Europäische Union
  ◊ *s. dort*
- Europäischer Betriebsrat **IPR**, 105
- freie Mitarbeiter **IPR**, 73
- Gericht, Zuständigkeit **IPR**, 130 ff., 143
- Gerichtsbarkeit immuner Einrichtungen **IPR**, 143
- Gerichtsstandsvereinbarung **IPR**, 19 ff., 130 ff.
- Handelsvertreter **IPR**, 72
- Insolvenzgeld **IPR**, 119
- Insolvenzverfahren **IPR**, 51
- Journalisten **IPR**, 53
- Kündigung **IPR**, 82
- Kündigung, Form **IPR**, 77
- Kündigungsfristen **IPR**, 83
- Kündigungsrecht, britisches **IPR**, 42
- Kündigungsrecht, US-amerikanisches **IPR**, 41
- Kündigungsschutz **IPR**, 85 ff.
- leitende Angestellte **IPR**, 4
- lex loci contractus/loci laboris **IPR**, 26, 45 ff., 52
- Luftfahrt **IPR**, 58 ff.
- Massenentlassung **IPR**, 34, 88
- multinationale Unternehmen **IPR**, 66 ff., 91
- Mutterschutz **IPR**, 36, 96 f.
- öffentliche Bedienstete **IPR**, 69 ff., 143
- ordre public **IPR**, 37 ff.
- Parlamentarier **IPR**, 101
- Recht am Arbeitsort/Einstellungsort **IPR**, 45 ff., 52
- Rechts- und Geschäftsfähigkeit **IPR**, 75
- Rechtsquellen **IPR**, 2 ff.
- Rechtswahl anzuwendenden Staatsrechts
  ◊ *s. Rechtswahl*
- Rückzahlungsklausel **IPR**, 124
- Sachnähe zu anderem Staat **IPR**, 54 ff.
- Schadensersatz bei außerordentlicher Kündigung **IPR**, 116
- Schifffahrt **IPR**, 4, 14, 16, 62 ff., 87
- Schwerbehinderte **IPR**, 36, 94 f.
- soziale Auswahl **IPR**, 53
- Tarifverträge **IPR**, 15 f.
- Urlaub **IPR**, 117
- Vorabentscheidung über Zuständigkeit **IPR**, 142
- Wehrdienst **ArbPlSchG**, 2 ff.; **IPR**, 99
- Wettbewerbsverbot **IPR**, 120
- Zeugnis **IPR**, 122
- Zugpersonal **IPR**, 53
- Zuständigkeit der Gerichte **IPR**, 130 ff.

Internationales Privatrecht, Rechtswahl
- Arbeitsverhältnis mit Auslandsberührung **IPR** 26 ff., 45 ff.
- Arbeitsvertrag **IPR**, 3, 6 ff., 13, 17
- Berufsausbildungsverhältnis **IPR**, 98
- Dauerschuldverhältnisse **IPR**, 10
- Dienstleistungsvertrag, Dienstverhältnis **IPR**, 11
- faktisches Arbeitsverhältnis **IPR**, 11
- fehlende ~ **IPR**, 45 ff.
- Formularvertrag **IPR**, 20
- Gerichtsstandsvereinbarung **IPR**, 19
- Grenzen **IPR**, 12, 14, 22 ff., 26 ff., 32 ff.
- grenzüberschreitendes Arbeitsverhältnis **IPR**, 26 ff., 45 ff.
- Günstigkeitsvergleich **IPR**, 28 ff.
- Kündigung **IPR**, 82
- leitende Angestellte **IPR**, 4
- Massenentlassungen **IPR**, 34, 88
- Mutterschutz **IPR**, 35 f., 96 f.
- Neuregelung **IPR**, 1 ff.
- ordre public **IPR**, 37 ff.
- Schwerbehinderte **IPR**, 36, 94 f.
- Seearbeitsrecht **IPR**, 4, 14, 16
- Sprache **IPR**, 20
- stillschweigende ~ **IPR**, 18 ff.
- Tarifvertrag **IPR**, 15 f.
- Teilrechtswahl **IPR**, 21
- zwingende Bestimmungen im Einstellungsstaat **IPR**, 26 ff., 45 ff.
- zwingende Bestimmungen im Erfüllungsstaat **IPR**, 22 ff., 26 ff.

Internet
- Missbrauch als Kündigungsgrund **KSchG 1**, 496 b

J
Job-sharing
- allgemeiner Kündigungsschutz **KSchG 1**, 52, 66
- Wartezeit **KSchG 1**, 104

Job-sharing-Vertrag
- ◊ s. auch Teilzeitarbeitsverhältnis
- Arbeitnehmereigenschaft **ArbNähnl.Pers.**, 21
- Kündigungsschutz für Betriebsverfassungsorgane **BetrVG 103**, 13 a

Jugend- und Auszubildendenvertretung
- Ablehnung der Weiterbeschäftigung **BetrVG 78 a**, 2, 22 ff., 35 ff.; **BetrVG 102**, 39
- Arbeitsentgelt **BetrVG 78 a**, 34
- Aufhebungsvertrag **BBiG 14**, 15, 38; **BetrVG 78 a**, 33
- Auflösungsantrag des Arbeitgebers **BetrVG 78 a**, 35 ff., 47
- Ausschluss vom Amt **BetrVG 103**, 112
- Befristung im Anschluss an Ausbildung **BetrVG 102**, 39
- Benachteiligungsverbot **BetrVG 78 a**, 2
- Betriebsratsanhörung bei Nichtübernahme **BetrVG 102**, 39
- einstweilige Verfügung auf Weiterbeschäftigung **BetrVG 78 a**, 5, 53
- Entstehungsgeschichte **BetrVG 103**, 1, 6 a; **KSchG 15**, 8 a
- Ersatzmitglied, Schutz **BetrVG 78 a**, 14, 17 ff.; **BetrVG 103**, 15, 44; **KSchG 15**, 65 ff.
- Fortzubildende **BetrVG 78 a**, 10
- Geltungsbereich des Sonderschutzes **BetrVG 78 a**, 7 ff.
- gerichtliche Geltendmachung der Unzumutbarkeit der Übernahme **BetrVG 78 a**, 49 ff.
- gerichtliche Geltendmachung des Weiter-beschäftigungsverlangens **BetrVG 78 a**, 48, 53
- Gründe für Nichtübernahme nach Ausbildung **BetrVG 78 a**, 38 ff., 41 ff.
- Kündigung **BetrVG 78 a**, 33; **IPR**, 87, 103 ff.
- Kündigungsschutz **BetrVG 103**, 8, 18 ff.; **BPersVG 47**, 108, 2, 4 f.
- Minderjährige **BetrVG 78 a**, 29
- nachwirkender Schutz **BetrVG 78 a**, 16 ff.; **KSchG 15**, 56 ff., 72
- Praktikanten **BetrVG 78 a**, 11
- Rechtsfolgen des Weiterbeschäftigungsverlangens **BetrVG 78 a**, 30 ff.
- Sonderschutz **BetrVG 78 a**, 1 ff.; **KSchG 13**, 210
- tatsächliche Beschäftigung **BetrVG 78 a**, 5
- Teilnahme an Betriebsratssitzungen **BetrVG 102**, 97
- Teilzeitarbeitsverhältnis **BetrVG 78 a**, 30 d ff.
- Tendenzbetrieb **BetrVG 78 a**, 45
- überbetriebliche Ausbildung **BetrVG 78 a**, 8
- Unzumutbarkeit der Weiterbeschäftigung **BetrVG 78 a**, 37 ff.
- Verzicht auf Schutzrechte **BBiG 14**, 15, 38; **BetrVG 78 a**, 4, 27
- Volontäre **BetrVG 78 a**, 11
- Wahlbewerber/-vorstand, Schutz **BetrVG 78 a**, 15; **BetrVG 103**, 12; **BPersVG 47**, 108, 2, 4 f., 12
- Wahlvorschlag **BetrVG 103**, 26
- Weiterbeschäftigungsverlangen **BetrVG 78 a**, 26 ff.
- Widerruf des Weiterbeschäftigungsverlangens **BetrVG 78 a**, 32
- Zustimmung zu Kündigung, Zuständigkeit **BetrVG 103**, 64; **BPersVG 47**, 108, 8

Juristische Person
- ◊ s. auch Arbeitgeber
- Arbeitgeberstellung **KSchG 4**, 86, 92
- Berechtigung zur Kündigung **BGB 626**, 346 ff.
- Kenntnis des Kündigungsgrundes **BGB 626**, 349
- Parteifähigkeit bei Liquidation **BGB 626**, 377
- Zustimmung zu Kündigung, Zuständigkeit

K
Kampagnebetrieb
- Baugewerbe **KSchG 22**, 2 a, 6 a
- Begriff **KSchG 22**, 1, 7
- Beweislast **KSchG 22**, 15
- Geltungsbereich des KSchG **KSchG 23**, 44, 75
- Kleinbetrieb **KSchG 22**, 8
- Massenentlassungen **KSchG 17**, 24; **KSchG 22**, 3 ff.; **KSchG 23**, 70
- Mischbetriebe **KSchG 22**, 13

Stichwortverzeichnis

- Richtlinie 98/59/EG **KSchG 22**, Anhang
- Wartezeit **KSchG 22**, 8
- Wiedereinstellungsanspruch **KSchG 22**, 9, 14

Kampfkündigung
- ◊ *s. auch Arbeitskampf*
- ◊ *s. auch Aussperrung*
- ◊ *s. auch Streik*
- Begriff **MuSchG 9**, 165
- Kündigungsgrund **BetrVG 103**, 61; **KSchG 1**, 24, 233, 429 f.; **SGB IX 91**, 43 ff.
- Massenentlassung **KSchG 17**, 46
- Mitbestimmung des Betriebsrats **BetrVG 102**, 26, 36; **BetrVG 103**, 61
- Mutterschutz **MuSchG 9**, 163
- Parteifähigkeit bei Liquidation
- von Betriebsverfassungsorgan **BetrVG 103**, 61; **KSchG 15**, 17
- Zulässigkeit **BGB 626**, 410

Kapitäne
- ◊ *s. auch Bordvertretung*
- ◊ *s. auch Heuerverhältnis*
- ◊ *s. auch Schifffahrt*
- ◊ *s. auch Seebetriebsrat*
- Abmahnung **SeemG**, 157
- Anwendung des SeemG **SeemG**, 27
- außerordentliche Kündigung **SeemG**, 156 ff.
- Kündigung **SeemG**, 57, 62, 150 ff.
- Kündigungsbefugnis **KSchG 24**, 34; **SeemG**, 12, 63 ff., 155
- Kündigungsfrist **BGB 622**, 84; **SeemG**, 156
- Kündigungsgründe **SeemG**, 157 ff.
- Kündigungsschutz **KSchG 24**, 33; **SeemG**, 52, 155
- Schriftform der Kündigung **SeemG**, 155
- Zulässigkeit

KBW/DKP-Zugehörigkeit BGB 626, 438; **KSchG 2**, 100 a

Kirchlicher Dienst
- außerdienstliches Verhalten **BGB 626**, 123; **KSchG 1**, 73 ff., 455
- besondere kündigungsrechtliche Stellung **KSchG 1**, 70 ff.
- Beteiligung der Mitarbeitervertretung **BetrVG 102**, 14, 51 a; **KSchG 1**, 73 a
- Dreiwochenfrist **KSchG 4**, 212
- Ehescheidung/-schließung **BGB 626**, 124; **KSchG 1**, 74, 298 f.; **KSchG 13**, 187 ff.
- ◊ *s. auch dort*
- gerichtlicher Prüfungsrahmen **KSchG 1**, 73 f.
- homosexuelle Praxis **BGB 626**, 124
- Interessenabwägung **BGB 626**, 123, 244; **KSchG 1**, 72, 298
- Kirchenaustritt **BGB 626**, 124; **KSchG 1**, 74
- Kirchenautonomie **BGB 626**, 123; **KSchG 1**, 70 ff.
- Loyalitätspflicht **KSchG 1**, 70 ff.
- verfassungsrechtliche Stellung des Arbeitgebers **KSchG 1**, 70
- Weiterbeschäftigungsanspruch auszubildender Amtsträger **BetrVG 78 a**, 7
- Zölibatsklausel **KSchG 1**, 298

Klageänderung, Klageerweiterung
- Dreiwochenfrist **KSchG 4**, 22, 230
- Feststellungsklage **KSchG 4**, 249
- Parteiwechsel **KSchG 4**, 91, 153, 155; **KSchG 5**, 118 a, 173 c

Klagefrist
- ◊ *s. auch Dreiwochenfrist*
- Auszubildende **BBiG 21**, 121 ff.; **BBiG 22**, 121 ff.
- Befristung, Unwirksamkeit **KSchG 4**, 15
- entsandter Arbeitnehmer **IPR**, 92
- Kündigungsschutzklage **BGB 626**, 371; **KSchG 4**, 11 ff.; **KSchG 13**, 26 ff.
- ◊ *s. auch dort sowie Dreiwochenfrist*
- Schifffahrt **SeemG**, 39, 51, 113
- Verlängerung **KSchG 24**, 26 ff., 30
- Verstoß gegen § 102 Abs. 1 BetrVG **BetrVG 102**, 184
- Wehrdienstleistende **ArbPlSchG**, 17, 42

Klagehäufung
- Auflösungsantrag **KSchG 9**, 16
- Vergütungsansprüche **KSchG 11**, 51 ff.
- Weiterbeschäftigungsanspruch **BetrVG 102**, 284

Klagerücknahme
- Dreiwochenfrist **KSchG 4**, 294
- Neuerhebung nach ~ **KSchG 5**, 63, 72
- und Weiterbeschäftigungsanspruch **BetrVG 102**, 208
- Voraussetzungen **KSchG 4**, 293
- Wirksamwerden sozialwidriger Kündigung **KSchG 7**, 8

Kleinbetrieb
- Ausnahme vom KSchG und EU-Recht **KSchG 23**, 15
- Beschäftigtenzahl **KSchG 23**, 2, 7 a, 33 ff.
- Betriebsübergang **KSchG 23**, 52 f.
- Dreiwochenfrist **KSchG 13**, 28 ff., 160 ff.
- Klagefrist **KSchG 23**, 55
- Kündigungsschutz **KSchG 23**, 55 ff.
- Kündigungsschutz für Betriebsverfassungsorgane **KSchG 23**, 58
- Massenentlassung **KSchG 17**, 23
- nach Unternehmensumwandlung, Kündigungsschutz **UmwG**, 36 ff.
- sittenwidrige Kündigung **KSchG 13**, 135
- Wehrdienst **ArbPlSchG**, 25

Kommanditgesellschaft
- auf Aktien **KSchG 14**, 9
- Kommanditist als Arbeitnehmer **KSchG 14**, 20
- Parteifähigkeit **KSchG 4**, 86, 90, 151, 153

Konfessionelle Betätigung als Kündigungsgrund BGB 626, 111, 121 ff.

Konkurrenztätigkeit
- als Kündigungsgrund **KSchG 1**, 491 ff.

Konkurrenztätigkeit als Kündigungsgrund BGB 626, 460 ff.

Konkurs
- ◊ *s. Insolvenz*
- ◊ *s. Insolvenzgeld*
- ◊ *s. Insolvenzrang*

Kontrolleinrichtungen
- Missbrauch als Kündigungsgrund KSchG 1, 495, 503

Kontrolleinrichtungen, Missbrauch, als Kündigungsgrund BGB 626, 444

Konzern
- Abfindung bei Umsetzung, Steuerfreiheit KSchG 10, 88
- Abordnung KSchG 1, 542, 590
- betriebsbedingte Kündigung KSchG 1, 540 ff., 590 ff.
- Betriebsratsanhörung IPR, 115
- Diebstahl im ~ BGB 626, 414
- Einstellungsanspruch KSchG 1, 542 590
- gemeinsamer Betrieb KSchG 1, 541
- konzerndimensionaler Kündigungsschutz KSchG 1, 146 f., 539 ff., 590 ff.; KSchG 14, 48 a
- leitende Angestellte KSchG 14, 10 b, 48 a
- Massenentlassungen KSchG 17, 98 a ff.
- soziale Auswahl KSchG 1, 608
- Vertragsgestaltungen im KSchG 1, 541, 590 f.
- Wartezeit KSchG 1, 118, 146

Konzernbetriebsrat
- Kündigungsschutz BetrVG 103, 8, 21
- Mitbestimmung bei Kündigungen BetrVG 102, 48 a ff.
- personelle Veränderungen von leitenden Angestellten BetrVG 105, 31
- Verlangen nach Entfernung betriebsstörender Arbeitnehmer BetrVG 104, 6 a

Körperverletzung
◊ s. Tätlichkeiten

Kosten
- Auflösung des Arbeitsverhältnisses gegen Abfindung KSchG 9, 88 ff.
- Klagenhäufung KSchG 11, 57
- Prozesskostenhilfe
  ◊ s. dort
- Vergütungsansprüche KSchG 11, 51 ff.
- Zustimmungsersetzungsverfahren BetrVG 103, 129 b

KPD/DKP-Zugehörigkeit BGB 626, 115; KSchG 2, 100 a

Kraftfahrer
◊ s. Berufskraftfahrer

Krankenversicherung
- Arbeitskampf SozR, 37
- Arbeitslose SozR, 24 ff., 27, 30 ff., 57
- Kündigungsschutzprozess SozR, 87 ff.
- Mitgliedschaft SozR, 28, 31, 34 ff.
- nachgehende Ansprüche (§ 19 Abs. 2 SGB V) SozR, 32 ff.
- Prozessführungsbefugnis, Kündigungsschutzprozess KSchG 4, 76 ff.
- Schwangerschaft SozR, 37
- unwirksam gekündigte Arbeitnehmer SozR, 130 ff.

Krankheit
- Ankündigung des Krankfeierns BGB 626, 423
- Anzeige- und Nachweispflichtverletzung BBiG 21, 56; BBiG 22, 56; BGB 626, 425 ff.; KSchG 1, 475 ff., 488
- Arbeitsunfähigkeit KSchG 1, 312, 322; SozR, 30 a
- Arbeitsunfall, Versicherungsschutz SozR, 44 ff.
- Begriff KSchG 1, 319; SozR, 30
- Behinderung KSchG 1, 319
- leitende Angestellte, Anzeigepflicht KSchG 14, 45
- Pflicht zu heilungsförderndem Verhalten KSchG 1, 481 f.
- Pflichtwidrigkeit während ~ als Kündigungsgrund BBiG 21, 68; BBiG 22, 68; BGB 626, 425 ff.; KSchG 1, 322, 475 ff.
- simulierte BGB 626, 455; KSchG 1, 322, 485 f.
- und Annahmeverzug KSchG 11, 18
- und Nebenbeschäftigung KSchG 1, 491
- vertrauensärztliches Gutachten BGB 626, 154
- Weiterbeschäftigungsverlangen BetrVG 102, 210 a

Krankheitsbedingte Kündigung
- Abmahnung BGB 626, 282
- AIDS KSchG 1, 280 ff., 586 a; KSchG 13, 256
- Alkohol- und Drogenmissbrauch KSchG 1, 284 ff.
- arbeitsmedizinisches Gutachten KSchG 1, 336
- ärztliche Schweigepflicht KSchG 1, 333
- Aushilfskraft, Überbrückung durch KSchG 1, 372
- außerordentliche Kündigung BGB 626, 132, 425 ff.
- Berufsausbildungsverhältnis BBiG 21, 65; BBiG 22, 65
- Berufskrankheit, Betriebsunfall KSchG 1, 294, 296
- betriebliche Beeinträchtigung BetrVG 102, 63 a; KSchG 1, 337
- betriebliche Ursachen KSchG 1, 348
- betriebliches Eingliederungsmanagement KSchG 1, 324 a ff.
- Betriebsratsanhörung BetrVG 102, 63 ff.
- Beurteilungsspielraum für LAG und BAG KSchG 1, 364
- Beurteilungszeitpunkt KSchG 1, 325 ff., 369
- Beweis- und Darlegungslast KSchG 1, 329, 333, 340, 345, 349, 363, 368, 370
- chronische Erkrankung KSchG 1, 354
- Entbindung von der Schweigepflicht KSchG 1, 333
- Erkundigungspflicht des Arbeitgebers KSchG 1, 327
- Erkundigungspflicht des Arbeitnehmers KSchG 1, 333 f.
- gerichtlicher Beurteilungs-/Ermessensspielraum KSchG 1, 331, 364
- häufige Kurzerkrankungen KSchG 1, 325 ff.
  ◊ s. auch krankheitsbedingte Kündigung, häufige Kurzerkrankungen
- Heuerverhältnis SeemG, 70

2751

- Interessenabwägung **KSchG 1**, 347 ff., 374, 377
  ◊ s. auch krankheitsbedingte Kündigung, Interessenabwägung
- Kündigungsschutzklage durch Krankenkasse **KSchG 4**, 76 ff.
- Kündigungsschutzklage, nachträgliche Zulassung **KSchG 5**, 42 ff., 115
- langandauernde Erkrankung **KSchG 1**, 366 ff.
  ◊ s. auch krankheitsbedingte Kündigung, langandauernde Krankheit
- Lohnfortzahlungskosten **KSchG 1**, 341, 361, 373
- Minderung der Leistungsfähigkeit **KSchG 1**, 379 ff., 384 ff.
  ◊ s. auch Eignung
- negative Gesundheitsprognose **KSchG 1**, 325 ff.
- Personalreserve **KSchG 1**, 339, 359
- Prüfungsschritte **KSchG 1**, 323
- Schwerbehinderte **KSchG 1**, 357
- Sozialauswahl **KSchG 1**, 642, 648
- Sportunfälle **KSchG 1**, 328
- Überbrückungsmaßnahmen **KSchG 1**, 339, 359 f., 372, 374
- Ungewissheit des Heilungsverlaufs **KSchG 1**, 366
- Urlaubserkrankungen **BGB 626**, 452; **KSchG 1**, 443
- Weiterbeschäftigungsanspruch **BetrVG 102**, 210 a
- Weiterbeschäftigungsmöglichkeit **KSchG 1**, 346; **KSchG 2**, 100
- Wiedereinstellungsanspruch **KSchG 1**, 739
- wirtschaftliche Belastung **KSchG 1**, 341 ff., 347

Krankheitsbedingte Kündigung, häufige Kurzerkrankungen
  ◊ s. auch Alkohol und Drogen
- Alkohol- und Drogensucht **KSchG 1**, 285
- Alter des Arbeitnehmers **KSchG 1**, 355
- Anlage, Veranlagung des Arbeitnehmers **KSchG 1**, 350
- Arbeitsmarkt **KSchG 1**, 358
- Beeinträchtigung betrieblicher Interessen **KSchG 1**, 337
- Berufskrankheit **KSchG 1**, 294, 348 ff.
- Betriebsablaufstörungen **KSchG 1**, 338
- Betriebsunfall **KSchG 1**, 295
- Beweislast **KSchG 1**, 363
- chronische Erkrankung **KSchG 1**, 354
- dauernde Leistungsunfähigkeit **KSchG 1**, 377
- Gesundheitsprognose **KSchG 1**, 325 ff.
- Interessenabwägung **KSchG 1**, 347 ff.
  ◊ s. auch krankheitsbedingte Kündigung, Interessenabwägung
- Kurzerkrankungen **KSchG 1**, 347 ff.
- lang andauernde Erkrankung **KSchG 1**, 374
- leitende Angestellte **KSchG 14**, 45
- Lohnfortzahlungskosten **KSchG 1**, 342, 361
- Überbrückungsmaßnahme **KSchG 1**, 359 f., 374
- Unterhaltspflichten **KSchG 1**, 356
- Ursache der Erkrankung **KSchG 1**, 348 ff.
- Weiterbeschäftigungsmöglichkeit **KSchG 1**, 346

- wirtschaftliche Belastung **KSchG 1**, 323, 341, 347, 361 f., 374

Krankheitsbedingte Kündigung, Interessenabwägung
- Alkohol und Drogensucht **BBiG 21**, 65; **BBiG 22**, 65

Krankheitsbedingte Kündigung, langandauernde Krankheit
- Ausschlussfrist **BGB 626**, 326
- Berufsausbildungsverhältnis **BBiG 21**, 65; **BBiG 22**, 65
- betriebliche Beeinträchtigungen **KSchG 1**, 372, 376
- dauernde Arbeits-/Leistungsunfähigkeit **BGB 626**, 71; **KSchG 1**, 371, 375 ff.
- Gesundheitsprognose **KSchG 1**, 366 ff.
- Interessenabwägung **KSchG 1**, 374, 377
- leitende Angestellte **KSchG 14**, 43
- unkündbare Arbeitnehmer **KSchG 1**, 321, 378
- wirtschaftliche Belastung **KSchG 1**, 373

Kritik
  ◊ s. Beleidigungen/Kritik

Kündigung
  ◊ s. auch außerordentliche Kündigung
  ◊ s. auch betriebsbedingte Kündigung
  ◊ s. auch Krankheit
  ◊ s. auch Mitbestimmung
- Abgrenzung gegenüber anderen Beendigungsgründen **KSchG 1**, 172 ff.
- Abgrenzung der Kündigungsarten **KSchG 1**, 151 ff.
- anzuwendende Rechtsordnung **IPR**, 82 ff.
- auf Verlangen des Betriebsrats **BetrVG 104**, 14 ff., 24, 31 ff., 44, 53 ff.
  ◊ s. auch Entfernung betriebsstörender Arbeitnehmer
- Aufhebungsvertrag
  ◊ s. dort
- bedingte **KSchG 1**, 170
- bedingte ~ **BetrVG 102**, 29; **KSchG 2**, 13 ff., 21
- Begriff **KSchG 1**, 151; **KSchG 15**, 13
- bei rechtmäßigem Streik **KSchG 25**, 27
- bei rechtswidrigem Streik **KSchG 25**, 7 a, 21, 27
- Betriebsratsmitglied **KSchG 15**, 21 ff.
  ◊ s. auch Betriebsrat, Kündigungsgründe
- durch Arbeitnehmer **KSchG 1**, 161
- durch Arbeitnehmer ~ **BGB 626**, 89, 463 ff.
  ◊ s. auch dort
- durch Vertreter
  ◊ s. Vertretung bei Kündigung
- Gesamtkündigung **KSchG 1**, 46
- Geschäftsfähigkeit
  ◊ s. dort
- herausgreifende Kündigung **KSchG 25**, 7 a, 22
- Minderjährige
  ◊ s. dort
- Rechtswahl **IPR**, 82
- Rücknahme
  ◊ s. Rücknahme der Kündigung
- rückwirkende ~ **BGB 626**, 24
- Schriftformerfordernis
  ◊ s. Form

- Sonderkündigungsrecht **BEEG 19**, 4 f.; **BEEG 21**, 6 a, 22 ff.; **MuSchG 10**, 5 f.
- Stationierungsstreitkräfte **NATO-ZusAbk**, 14 ff.
  ◊ s. auch dort
- trotz Widerspruch des Betriebsrats **BetrVG 102**, 177
- Umdeutung
  ◊ s. dort
- Unterlassungsanspruch des Betriebsrats **BetrVG 102**, 113, 176
- vor Abschluss des Anhörungsverfahrens **BetrVG 102**, 102 ff., 118 ff.
- vor Dienstantritt **BetrVG 102**, 29; **BGB 622**, 127 ff.; **BGB 626**, 25, 40; **KSchG 1**, 236
- Wirksamwerden sozial ungerechtfertigter
  ◊ s. Wirksamwerden der Kündigung

Kündigung durch Arbeitnehmer BGB 626, 89, 152 ff., 463 ff.
- allgemeine Grundsätze für ~ **BGB 626**, 463
- Änderungskündigung **KSchG 2**, 8
- Anfechtung **KSchG 1**, 163
- Arbeitsentgelt **BGB 628**, 9, 14
- Arbeitsplatzwechsel **BGB 626**, 465; **KSchG 12** 4 ff.; **KSchG 16**, 2 ff.
- außergewöhnliche Lebenschance **BGB 626**, 152
- außerordentliche Kündigung
  ◊ s. auch außerordentliche Kündigung durch Arbeitnehmer, Fallgruppen
- beiderseitige Kündigung **KSchG 1**, 161
- Berufsausbildungsverhältnis **BBiG 21**, 75 ff.; **BBiG 22**, 75 ff.; **BGB 626**, 136
- Eheschließung **BGB 626**, 153
- Gehaltsrückstand **BGB 626**, 467
- Gründe, objektiv personenbedingte **BGB 626**, 154
- Gründe, sonstige **BGB 626**, 473
- Heimarbeiter **ArbNähnl.Pers.**, 112
- Kündigungsschutz **KSchG 1**, 161
- Maßregelung, Missachtung **BGB 626**, 469
- Mitbestimmung des Betriebsrats **BetrVG 102**, 42
- nach Obsiegen im Kündigungsprozess **KSchG 12**, 4 ff.
  ◊ s. auch Wahlrecht zwischen Arbeitsverhältnissen nach Urteil im Kündigungsschutzprozess
- Sonderkündigungsrechte **BEEG 19**, 4 f.; **MuSchG 10**, 5 f.; **ParlKSch**, 49
- Sperrzeit für Arbeitslosengeld **SGB III 144**, 5, 23 f.
- Studienplatz **BGB 626**, 153
- Umdeutung in Auflösungserklärung **KSchG 12**, 11, 25 a
- Verdienstminderung **BGB 626**, 470
- Verhalten des Arbeitgebers **BGB 626**, 149, 471
- von neuem Arbeitsverhältnis nach Obsiegen im Kündigungsprozess **KSchG 12**, 4 ff.; **KSchG 16**, 2 ff.
- Wehrpflichtige **ArbPlSchG**, 41
- Werkswohnung **BGB 626**, 472

Kündigung, Schriftform
- Abdingbarkeit **BGB 623**, 30
- Abwehraussperrung **BGB 623**, 65
- Abwicklungsvertrag **BGB 623**, 49
- Änderungsangebot **BGB 623**, 136
- Änderungskündigung **BGB 623**, 47, 64, 135 ff.
- Änderungsvertrag **BGB 623**, 47
- Anfechtung des Arbeitsvertrages **BGB 623**, 65
- Annahme eines Änderungsangebots **BGB 623**, 138
- Arbeitsgerichtsbeschleunigungsgesetz **BGB 623**, 6 ff.
- Arbeitsverhältnis **BGB 623**, 39 ff.
- Arten der Kündigung **BGB 623**, 64, 134
- Aufhebungsvertrag **BGB 623**, 65
- Auflösende Bedingung **BGB 623**, 65
- Auflösungsantrag **BGB 623**, 69
- Ausgleichsquittung **BGB 623**, 49
- außerordentliche Kündigung **BGB 623**, 64, 134
- Auswirkungen einer mündlichen Kündigung **BGB 623**, 234 ff.
- Bedeutung **BGB 623**, 21 ff.
- Beendigung einer vorläufigen Einstellung **BGB 623**, 65
- Befristung einzelner Vertragsbedingungen **BGB 623**, 47
- Berufsausbildungsverhältnis **BGB 623**, 45
- Berufung auf die Nichtigkeit des Arbeitsvertrages **BGB 623**, 65
- Betriebsinhaberwechsel **BGB 623**, 47
- Eingliederungsvertrag **BGB 623**, 44
- Einverständnis **BGB 623**, 133
- Entlassung von Dienstordnungsangestellten **BGB 623**, 65
- Entstehungsgeschichte **BGB 623**, 1 ff.
- Erklärung **BGB 623**, 130
- Erklärungsinhalt **BGB 623**, 131 ff.
- Feststellungsklage **BGB 623**, 214
- Formzweck nach BGB **BGB 623**, 17 ff.
- Geltungsbeginn **BGB 623**, 32 ff.
- Gerichtsprotokoll **BGB 623**, 143
- GmbH-Geschäftsführer **BGB 623**, 41
- Insolvenzverwalter **BGB 623**, 64, 213
- Klagefrist **BGB 623**, 212 ff.
- Kündigungsgrund **BGB 623**, 139
- Leiharbeitsverhältnis **BGB 623**, 65
- Nichtverlängerungsanzeige **BGB 623**, 65
- Normzweck **BGB 623**, 16
- ordentliche Kündigung **BGB 623**, 64, 134
- Rechtswahl **BGB 623**, 31
- Schriftsatz **BGB 623**, 142
- Teilkündigung **BGB 623**, 64
- Teilzeit- und Befristungsgesetz **BGB 623**, 13 ff.
- Telefax **BGB 623**, 141
- Tod des Arbeitgebers **BGB 623**, 65
- Tod des Arbeitnehmers **BGB 623**, 65
- Übereilungsschutz **BGB 623**, 24 ff.
- Vergleich **BGB 623**, 143
- Verzicht **BGB 623**, 133
- vorsorgliche Kündigung **BGB 623**, 47
- Warnfunktion **BGB 623**, 25
- Werkswohnung **BGB 623**, 1 ff., 39 ff., 62 ff., 212 ff., 234 ff.
- Zeitablauf **BGB 623**, 65
- Zustimmungserfordernis **BGB 623**, 145

Stichwortverzeichnis

- Zweckerreichung **BGB 623**, 65
Kündigungsberechtigung
- Dienststellenleiter **BPersVG 72, 79, 108**, 16, 44 f., 63
- fehlende Vollmacht, Rechtsfolgen **KSchG 7**, 27, 33 ff.
- gesetzliche Regelungen **BGB 626**, 343 ff.
- Kapitän **KSchG 24**, 34; **SeemG**, 155
- vertragliche Regelungen **BGB 626**, 353
Kündigungseinspruch
- Adressat **KSchG 3**, 12 ff.
- Änderungskündigung **KSchG 3**, 27
- außerordentliche Kündigung **KSchG 3**, 28
- Begründung **KSchG 3**, 11
- Entscheidung über ~ **KSchG 3**, 19
- Entstehungsgeschichte **KSchG 3**, 1 ff.
- Form **KSchG 3**, 10
- Frist **KSchG 3**, 15 ff.
- leitende Angestellte **KSchG 3**, 29; **KSchG 14**, 35
- Mitbestimmung **BetrVG 102**, 267; **KSchG 3**, 7 ff., 31
- Personalrat **KSchG 3**, 30
- Stellungnahme des Betriebsrats **KSchG 3**, 23 ff.
- und Klageerhebung **KSchG 3**, 18, 25
- Vermittlung durch Betriebsrat **KSchG 3**, 20 ff.
- Zweck **KSchG 3**, 8, 33 ff.
Kündigungserklärung
- Abgrenzung zu anderen Beendigungstatbeständen **KSchG 1**, 172 ff.
- am Schwarzen Brett **KSchG 4**, 130; **KSchG 13**, 246
- Änderungskündigung **KSchG 2**, 10 ff.
- Ausspruch der Kündigung **BetrVG 102**, 102, 176 a
- Befristung als **KSchG 1**, 152
- Begründung **KSchG 1**, 151, 238 ff.
- Bestimmtheit **KSchG 1**, 151, 166; **KSchG 13**, 298 a
- Betriebsratsstellungnahme **BetrVG 102**, 179 ff.
- Beweislast **KSchG 4**, 133 a
- durch Insolvenzverwalter **KSchG 7**, 5 a ff.
- Form
  ◊ *s. dort*
- gegenüber Betriebsratsmitglied **BetrVG 103**, 62 ff., 93, 99, 109 ff., 135
- Minderjährige
  ◊ *s. dort*
- mündliche ~ **BetrVG 102**, 102, 176 a; **KSchG 4**, 100, 135
- nach Zustimmungsersetzung **BetrVG 103**, 135
- Nachschieben von Kündigungsgründen als ~ **BGB 626**, 192 ff.
- Personalratsstellungnahme **BPersVG 72, 79, 108**, 62
- Prozessvollmacht **BGB 626**, 194
- Rücknahme der Kündigung **KSchG 4**, 52 ff.
  ◊ *s. auch dort*
- streitige ~ **KSchG 4**, 245; **KSchG 5**, 118 d, 158
- Umdeutung
  ◊ *s. dort*
- Unterschrift **KSchG 13**, 301 e

- Vertretung bei Kündigung
  ◊ *s. dort*
- Verwirkung des Kündigungsrechts **BetrVG 103**, 93, 99; **BGB 626**, 61, 189, 249; **KSchG 1**, 248 ff.
- vor Betriebs-/Personalratsanhörung **BetrVG 102**, 102 ff., 118 ff., 176; **BetrVG 103**, 87, 109; **BPersVG 72, 79, 108**, 53, 55
- vor Interessenausgleich **BetrVG 102**, 113 b, 176
- Widerruf **KSchG 4**, 52, 54
  ◊ *s. auch Widerrufsvorbehalt*
- Wirksamkeit **BGB 626**, 23; **KSchG 15**, 19, 34
- Zugang der Kündigung **BGB 626**, 27; **KSchG 4**, 99 ff.
  ◊ *s. auch dort*
Kündigungsfristen
- AGB **BGB 622**, 287 ff.
- ältere Arbeitnehmer **BGB 622**, 163, 213
- Altersdiskriminierung **BGB 622**, 54
- Altkündigungen **BGB 622**, 270 ff.
- Altregelungen **BGB 622**, 280
- Änderung der Kündigungstermine **BGB 622**, 177, 204, 216
- Änderungskündigung **BGB 622**, 73, 76
- Angestellte, Fallgruppen **BGB 622**, 13 ff.
- Angestellte/Arbeiter **BGB 622**, 10 ff., 247 ff., 258 ff.
- arbeitnehmerähnliche Personen **ArbNähnl.Pers.**, 49, 52 ff., 65 ff., 104 ff., 199 ff.; **BGB 622**, 66
- Arbeitnehmerüberlassung **BGB 622**, 81, 157
- Arbeitsverhältnis **BGB 622**, 63
- Aushilfsarbeitsverhältnis **BGB 622**, 82, 156, 162 ff.
- Auslandsbeschäftigung **IPR**, 83
- befristetes Arbeitsverhältnis **BEEG 21**, 25 ff.; **BGB 622**, 74, 153, 161
- Beginn **BGB 622**, 121 ff.
- Beitrittsgebiet **BGB 622**, 36 ff.
- Berechnung **BGB 622**, 55 ff., 130 ff.
- Berufsausbildungsverhältnis **BBiG 21**, 96 ff.; **BBiG 22**, 96 ff.; **BGB 622**, 77
- Betriebsübergang **BGB 622**, 62
- Dauer des Arbeitsverhältnisses **BGB 622**, 56 ff.
- einzelvertragliche Regelungen **BGB 622**, 141 ff., 179 ff.
- Elternzeit **BEEG 21**, 25 ff.; **BGB 622**, 80
- Ende **BGB 622**, 137 ff.
- Entstehungsgeschichte **BGB 622**, 1 ff., 49
- geringfügig Beschäftigte **BGB 622**, 63
- Gesamtrechtsnachfolge **BGB 622**, 62
- gesetzliche Kündigungsverbote **BGB 622**, 86 ff.
- Grundkündigungsfrist **BGB 622**, 51, 255 ff.
- Handelsvertreter **ArbNähnl.Pers.**, 199 ff.
- Hausangestellte **BGB 622**, 55, 65
- Heimarbeiter **ArbNähnl.Pers.**, 104 ff.; **BGB 622**, 83
- Heuerverhältnis **BGB 622**, 84; **SeemG**, 18, 85 ff., 91 ff.
- Internationales Arbeitsrecht **IPR**, 83
- Kapitän **SeemG**, 152 ff.
- Kleinunternehmen **BGB 622**, 64, 169
- Kündigung vor Dienstantritt **BGB 622**, 127

2754

Stichwortverzeichnis

- Kündigungsausschluss durch Betriebsvereinbarung **BGB 622**, 115
- Kündigungsausschluss durch Einzelvertrag **BGB 622**, 116 ff.
- Kündigungsausschluss durch Tarifvertrag **BGB 622**, 109 ff.
- Lebenszeitarbeitsverhältnis **BGB 622**, 176
- Leiharbeitsverhältnis **BGB 622**, 81, 157
- leitende Angestellte **KSchG 14**, 61 ff.
- NachweisG **BGB 622**, 205 a
- Neuregelung **BGB 622**, 49 ff.
- Nichteinhaltung, Rechtsfolgen **KSchG 7**, 28, 33 f.
- ordentliche Kündigung **BGB 622**, 67 ff.
- Probezeit **BGB 622**, 152 ff.
- Rückzahlungsverpflichtung **BGB 622**, 119
- Schwerbehinderte **BGB 622**, 79
- Seearbeitsverhältnis **BGB 622**, 84
- Stationierungsstreitkräfte **NATO-ZusAbk**, 20
- Tarifkonkurrenz **BGB 622**, 183, 239
- tarifvertragliche Regelung **BGB 622**, 10 ff., 113 ff., 240 ff., 253 ff.
- Übergangsrecht (Art. 222 EGBGB) **BGB 622**, 276 ff.
- Umgehung **BGB 622**, 145
- Unabdingbarkeit, Ausnahmen **BGB 622**, 141 ff.
- Unterrichtung des Betriebsrats **BetrVG 102**, 59 ff.; **BetrVG 103**, 67
- unzureichende Frist **BGB 622**, 140
- Verfassungswidrigkeit **BGB 622**, 10 ff., 24 ff., 247 ff., 261 ff., 276 ff.
- Verkürzung durch Einzelvertrag **BGB 626**, 150
- Verkürzung durch Tarifvertrag **BGB 626**, 70 ff.
- Verlängerung **BGB 622**, 53 ff., 54, 171 ff., 199 ff., 215
- Verlängerung durch Einzelvertrag **BGB 622**, 171 ff.
- Verstoß gegen ~ **KSchG 13**, 281
- Verweisung auf nachwirkenden Tarifvertrag **BGB 622**, 188
- Vier-Wochen-Frist **BGB 622**, 51
- Wartezeiten **BGB 622**, 56 ff.
- Wehrdienstleistende **ArbPlSchG**, 30; **BGB 622**, 62
- zeitlicher Geltungsbereich **BGB 622**, 75
- Zugang **BGB 622**, 124

Kündigungsschutz
- Abgeordnete
  ◊ s. Kündigungsschutz für Abgeordnete bzw. ~ für Bundestagsabgeordnete
- anzuwendende Rechtsordnung **IPR**, 85 ff.
- Arbeitgeber mit besonderer verfassungsrechtlicher Stellung **KSchG 1**, 69 ff.
- Arbeitnehmer, Begriff **KSchG 1**, 39
- ausgenommene Personengruppen **KSchG 1**, 80 ff.
- Auslegung von EU-Richtlinien **vor BGB 612 a**, 15; **BGB 613 a**, 15
- Auslegungszuständigkeit **vor BGB 612 a**, 13; **BGB 613 a**, 13
- befristetes Arbeitsverhältnis **BEEG 21**, 21
- besondere Artene des Arbeitsverhältnisses **KSchG 1**, 40 ff.
- Betriebsrat
  ◊ s. Betriebsrat, Kündigungsschutz
- direkte Wirkung des Gemeinschaftsrechts **vor BGB 612 a**, 6 ff.; **BGB 613 a**, 6 ff.
- Einschränkung **BetrVG 102**, 89, 247 a; **KSchG 1**, 31, 212
- Entstehungsgeschichte **KSchG 1**, 1 ff.
  ◊ s. auch dort
- Erweiterung **BetrVG 102**, 246, 247 a; **KSchG 1**, 34 f., 212
- europarechtliche Vorgaben **vor BGB 612 a**, 1 ff.; **BGB 613 a**, 1 ff.
- Geltungsbereich
  ◊ s. Kündigungsschutzgesetz, Geltungsbereich
- Gleichbehandlung **KSchG 1**, 20, 233 f.
- Handelsvertreter **ArbNähnl.Pers.**, 209
- Heimarbeiter **ArbNähnl.Pers.**, 147
- juristische Personen, Organmitglieder und Gesellschafter **KSchG 1**, 87 f.; **KSchG 14**, 3, 6 ff.
- nach Unternehmensumwandlung **UmwG**, 35 ff.
- Personalrat
  ◊ s. Personalrat, Kündigungsschutz
- Rechtsnatur **KSchG 1**, 31 ff.
- richtlinienkonforme Auslegung des Gemeinschaftsrechts **vor BGB 612 a**, 10; **BGB 613 a**, 10
- Schwangere
  ◊ s. Mutterschutz, Kündigung
- Schwerbehinderte
  ◊ s. Integrationsamt
  ◊ s. Schwerbehinderte, Kündigungsschutz
- Sozialstaatsgebot **KSchG 1**, 18
- Staatshaftung bei mangelnder Umsetzung des Gemeinschaftsrechts **vor BGB 612 a**, 12; **BGB 613 a**, 12
- Stationierungsstreitkräfte **BPersVG 47**, 108, 3; **KSchG 15**, 12 a; **NATO-ZusAbk**, 28 ff.
- Umgehung
  ◊ s. auch dort
- und Mitbestimmung des Betriebsrats **BetrVG 102**, 28, 107 a
- verfassungsrechtliche Grundlagen **KSchG 1**, 15 ff.
  ◊ s. auch Grundrechte
- verfassungsrechtliche Überprüfbarkeit **vor BGB 612 a**, 14; **BGB 613 a**, 14
- Verlangen des Betriebsrats nach Entlassung **BetrVG 104**, 16, 30
- Verzicht **KSchG 1**, 36 ff.
  ◊ s. auch dort
- Voraussetzungen **KSchG 1**, 38 ff.
- Vorrang **vor BGB 612 a**, 5; **BGB 613 a**, 5
- Wahlbewerber/-vorstand **BetrVG 103**, 11 ff., 22, 34, 38 ff.; **KSchG 15**, 56 ff., 67 ff.
- Wartezeit/zeitlicher Geltungsbereich **BetrVG 102**, 10; **KSchG 1**, 90 ff.
- Zweck **KSchG 1**, 27 ff.
- zwingende Wirkung **KSchG 1**, 31, 34, 157
  ◊ s. auch dort

Kündigungsschutz für Abgeordnete
- Baden-Württemberg **ParlKSch**, 59 ff.
- Bayern **ParlKSch**, 64

Stichwortverzeichnis

- Beitrittsgebiet **ParlKSch**, 57 a
- Berlin **ParlKSch**, 66 ff.
- Brandenburg **ParlKSch**, 70 ff.
- Bremen **ParlKSch**, 72
- Bundesländer **ParlKSch**, 6, 53 ff.
- Bundestag **ParlKSch**, 18 ff.
  ◊ *s. auch Kündigungsschutz für Bundestagsabgeordnete*
- Bundesversammlung **ParlKSch**, 5
- Dreiwochenfrist **KSchG 7**, 25, 33 ff.
- Entstehungsgeschichte **ParlKSch**, 8, 15 ff.
- Europa **ParlKSch**, 114 ff.
- Grundgedanken **ParlKSch**, 1 ff., 9
- Hamburg **ParlKSch**, 74 ff.
- Hessen **ParlKSch**, 12, 78 ff.
- im öffentlichen Dienst **ParlKSch**, 12, 17, 32, 43, 58, 63, 91
- Klagefrist **KSchG 7**, 25, 33 ff.
- Kreise, Kommunen **ParlKSch**, 7, 57
- Mecklenburg-Vorpommern **ParlKSch**, 85 ff.
- Niedersachsen **ParlKSch**, 87 ff.
- Nordrhein-Westfalen **ParlKSch**, 94 ff.
- Rheinland-Pfalz **ParlKSch**, 98 ff.
- Saarland **ParlKSch**, 102
- Sachsen **ParlKSch**, 104 ff.
- Sachsen-Anhalt **ParlKSch**, 106 ff.
- Schleswig-Holstein **ParlKSch**, 108 ff.
- Thüringen **ParlKSch**, 112 ff.
- Unwirksamkeit der Kündigung, Geltendmachung **KSchG 7**, 25, 30 ff.; **KSchG 13**, 216 d

Kündigungsschutz für Bundestagsabgeordnete ParlKSch, 5, 10 ff.

- Abgeordnetengesetz **ParlKSch**, 18 ff.
- Änderungskündigung **ParlKSch**, 46
- arbeitnehmerähnliche Personen **ParlKSch**, 31
- Behinderungsverbot **ParlKSch**, 38
- Benachteiligungsverbot **IPR**, 102; **ParlKSch**, 40 ff.
- betriebsbedingte Kündigung **ParlKSch**, 46
- Beweislast **ParlKSch**, 52
- Ersatzkandidat **ParlKSch**, 30
- Geltungsbereich **IPR**, 101; **ParlKSch**, 25 ff.
- Kündigungsgründe **ParlKSch**, 44 ff.
- öffentlicher Dienst **ParlKSch**, 12, 32, 43
- Verstoß **ParlKSch**, 50 ff.
- Wahlbewerber **ParlKSch**, 26 ff., 47, 49

Kündigungsschutz für Initiatoren einer Betriebsratswahl

- Antrag auf Bestellung eines Wahlvorstandes **KSchG 15**, 138
- Beginn des Schutzes **KSchG 15**, 139
- Betriebsratswahl **KSchG 15**, 137 ff.
- Betriebsstilllegung **KSchG 15**, 145
- Einladung zu einer Versammlung **KSchG 15**, 138
- Ende des Schutzes **KSchG 15**, 139
- geschützter Personenkreis **KSchG 15**, 137
- nachwirkender Kündigungsschutz **KSchG 15**, 144
- Schutz gegen ordentliche Kündigung **KSchG 15**, 144

Kündigungsschutz, Geltungsbereich
- Weiterbeschäftigung nach Berufsausbildungsverhältnis **BBiG 24**, 9

Kündigungsschutzgesetz, Geltungsbereich **KSchG 1**, 39 ff.
- Bauarbeitsgemeinschaft **BetrVG 102**, 37 a; **KSchG 1**, 135, 609
- Beschäftigtenzahl **KSchG 23**, 2, 7 a, 33 ff.
  ◊ *s. auch dort*
- Betriebsabteilungen **KSchG 24**, 15
- Betriebsbegriff **KSchG 1**, 132 f.; **KSchG 23**, 25 ff., 44 ff.
- Beweislast **KSchG 1**, 148; **KSchG 23**, 54 ff.
- Beweislast, Ausnahmeregelung **KSchG 23**, 54 a ff.
- eigenständiger Betriebsbegriff **KSchG 24**, 14 ff.
- Erweiterung durch Arbeitsvertrag **KSchG 23**, 27
- Familienhaushalt **KSchG 1**, 138; **KSchG 23**, 30, 41
- gegenständlicher **KSchG 1**, 151 ff.
- gegenständlicher ~ **KSchG 23**, 22
- Gemeinschaftsbetrieb mehrerer Unternehmen **KSchG 1**, 136; **KSchG 23**, 47 ff.
- Gesamthafenbetrieb **KSchG 1**, 140; **KSchG 23**, 31
- Inlandsbezug **KSchG 23**, 19 a
- Kleinbetrieb **KSchG 23**, 33 ff.
- Land- und Bodenbetriebe **KSchG 24**, 16 ff.
- Massenentlassung **KSchG 23**, 70 ff.
- Nebenbetriebe **KSchG 1**, 139; **KSchG 23**, 46 f.
- öffentlicher Dienst **KSchG 1**, 145; **KSchG 23**, 9, 28 ff., 71, 76
- persönlicher **KSchG 1**, 39 ff.
- persönlicher ~ **KSchG 13**, 26 ff., 118, 133; **KSchG 23**, 20 f., 41 ff.; **KSchG 24**, 9 ff., 20
- räumlicher **KSchG 1**, 149 f.
- Religionsgesellschaften **KSchG 1**, 134; **KSchG 23**, 30
- ruhendes Arbeitsverhältnis **KSchG 23**, 40
- sachlicher ~ **KSchG 13**, 41
- Saison-/Kampagnebetrieb **KSchG 23**, 44, 75
- Schifffahrts- und Luftverkehrsbetriebe **KSchG 23**, 12, 32
- Schwellenwert **KSchG 13**, 129 a, 234 a; **KSchG 23**, 7 a ff., 33 ff.
- Sinn- und Zweck **KSchG 23**, 13
- Stationierungsstreitkräfte **KSchG 1**, 134
- Teilzeitarbeitsverhältnis **KSchG 23**, 34 ff.
- und Dreiwochenfrist **KSchG 4**, 13
- zeitlicher **KSchG 1**, 90 ff.
  ◊ *s. auch Wartezeit*
- Zweigbetriebe **KSchG 23**, 25, 46 ff.

Kündigungsschutzklage KSchG 4, 11 ff.
- Abfindung
  ◊ *s. dort*
- als Widerklage **KSchG 4**, 23, 25
- Änderungskündigung **KSchG 2**, 89, 147 ff.; **KSchG 4**, 283 ff.
  ◊ *s. auch Änderungsschutzklage*
- Angabe des Klagegegenstandes **KSchG 4**, 158 ff.
- Annahmeverzug
  ◊ *s. dort*

Stichwortverzeichnis

- Antrag **KSchG 4**, 160, 163, 231 ff.; **KSchG 13**, 44 ff., 87, 92 ff.
- arbeitnehmerähnliche Personen **ArbNähnl.Pers**, 75, 160, 215
- Arbeitslosenunterstützung während Prozess **KSchG 11**, 45; **SozR**, 84 ff.
- Arbeitsverhältnis **KSchG 4**, 252
- Art und Weise der Klageeinreichung **KSchG 4**, 148
- Auflösungsantrag
  ◊ s. *Auflösung des Arbeitsverhältnisses, Auflösungsantrag*
- Ausgleichsquittung **KSchG 4**, 301 ff.
  ◊ s. *auch dort*
- Auslegung **KSchG 4**, 241
- außerordentliche Kündigung **BGB 626**, 371 ff.
- Auswahlrichtlinien **KSchG 1**, 695 ff., 711 ff.
- Auswirkungen auf anderes Arbeitsverhältnis **KSchG 4**, 27
- Beendigungszeitpunkt **KSchG 4**, 229
- Bestand eines Arbeitsverhältnisses **KSchG 4**, 252, 255, 267
- Betriebs-/Personalratsmitglied **BetrVG 103**, 110 a, 137 ff.; **KSchG 15**, 37 ff., 110 ff.
- Betriebsrat, fehlende Stellungnahme **KSchG 4**, 169
- Beweislast für Kündigungserklärung **KSchG 4**, 133 a
  ◊ s. *auch Beweislast*
- Dreiwochenfrist **BetrVG 102**, 184, 207; **BGB 626**, 371; **KSchG 4**, 10 ff.; **KSchG 7**, 33 ff.; **KSchG 13**, 26 ff.
  ◊ s. *auch dort*
- Eingang **KSchG 5**, 20 ff.
  ◊ s. *auch Kündigungsschutzklage, rechtzeitiger Eingang*
- Einreichung der Klageschrift **KSchG 4**, 139, 170
- Feststellungsklage **BGB 626**, 371; **KSchG 4**, 26, 241 a ff., 249; **KSchG 7**, 30 ff.
  ◊ s. *auch dort*
- Frist
  ◊ s. *Dreiwochenfrist*
- Geltendmachung versäumter Ausschlussfrist **BGB 626**, 372
- gerichtliches Fragerecht **KSchG 4**, 241
- Gerichtssprache **KSchG 4**, 167 b
- Gerichtsstand **KSchG 4**, 170 ff.
  ◊ s. *auch dort sowie Zuständigkeit, örtliche*
- Handelsvertreter **ArbNähnl.Pers.**, 215
- Heimarbeiter **ArbNähnl.Pers.**, 160
- im Hilfsantrag **KSchG 4**, 24
- Klageänderung, Klageerweiterung **KSchG 4**, 22, 91, 153, 155, 230, 249; **KSchG 5**, 118 a, 173 c
- Klageschrift, Mindestinhalt **KSchG 4**, 149 ff., 158 ff.
- klagestattgebendes Urteil **KSchG 4**, 255 ff
- Kündigung auf Verlangen des Betriebsrats **BetrVG 104**, 71 ff.
- leitender Angestellter **BetrVG 105**, 36
- Massenentlassungen **KSchG 17**, 107 f.; **KSchG 20**, 72

- Massenverfahren **KSchG 4**, 167
- nachträgliche Zulassung
  ◊ s. *auch nachträgliche Zulassung der Kündigungsschutzklage*
- Nachzahlungsanspruch
  ◊ s. *dort*
- Nebenintervention **KSchG 4**, 98
- Parteien **KSchG 4**, 74 ff.
  ◊ s. *auch Kündigungsschutzprozess, Parteien*
- Parteifähigkeit bei Liquidation **BGB 626**, 388
- Präklusionswirkung **BGB 626**, 392 ff.; **KSchG 4**, 224 ff., 262 ff.; **KSchG 13**, 63
  ◊ s. *auch dort*
- Prozesskündigung **BGB 626**, 192
- Prozessvollmacht **KSchG 4**, 166
- Rechtshängigkeit **KSchG 4**, 139, 186, 249
- Rechtsnatur **KSchG 4**, 17 ff.
- Rechtsschutzinteresse **BetrVG 103**, 138; **KSchG 4**, 26 ff., 249
- Rechtsweg
  ◊ s. *dort*
- rechtzeitiger Eingang beim ArbG **KSchG 4**, 170, 187
  ◊ s. *auch Kündigungsschutzklage, rechtzeitiger Eingang*
- Rücknahme **BetrVG 102**, 208; **KSchG 4**, 293
- Schadensersatz § 628 Abs. 2 BGB **KSchG 1**, 161
  ◊ s. *auch Schadensersatz*
- Schlüssigkeit **KSchG 4**, 159
- schwebende Unwirksamkeit der Kündigung **KSchG 1**, 251
- Streitgegenstand
  ◊ s. *Streitgegenstand Kündigungsschutzklage, Kündigungsschutzprozess*
- tarifvertragliche Ausschlussfrist **KSchG 4**, 37 ff.; **KSchG 11**, 22
  ◊ s. *auch dort*
- Tod des Arbeitnehmers **KSchG 1**, 184; **KSchG 13**, 50
- Umdeutung, außerordentliche in ordentliche Kündigung
  ◊ s. *Umdeutung*
- und Kündigungseinspruch **KSchG 3**, 18, 25
- und Lohnklage **KSchG 4**, 20, 29; **KSchG 11**, 51 ff.
- Unterschrift **KSchG 4**, 165 ff.
  ◊ s. *auch Unterschrift »Kündigungsschutzklage«*
- Verjährung **KSchG 4**, 30, 35 ff., 41; **KSchG 11**, 20 a
- verlängerte Anrufungsfrist
  ◊ s. *dort*
- verspätete Erhebung, Wirksamwerden der Kündigung
  ◊ s. *Wirksamwerden der Kündigung*
- Verzicht auf Kündigungsschutz **KSchG 4**, 296 ff.
  ◊ s. *auch Verzicht*
- vorsorgliche Klageerhebung **BGB 626**, 394; **KSchG 4**, 144
- vorsorgliche/weitere Kündigung **KSchG 4**, 14, 230, 236, 242, 249, 269
- Weiterbeschäftigungsanspruch, allgemeiner **BetrVG 102**, 284 ff.
  ◊ s. *auch dort*

2757

- Weiterbeschäftigungsanspruch, betriebs-/personalverfassungsrechtlicher **BetrVG 102**, 193 ff.
  ↳ s. auch dort
- Wirkung **KSchG 4**, 26 ff.
- Zulässigkeit **KSchG 4**, 159
- Zustellung **KSchG 4**, 139 ff.
  ↳ s. auch Zustellung der Kündigungsschutzklage
- Zustimmung des Betriebs-/Personalrats zur Kündigung **BetrVG 102**, 103, 124, 139 ff., 265; **BetrVG 103**, 110 a
  ↳ s. auch dort sowie zustimmungsbedürftige Kündigungen, Zustimmungsverfahren
- Zustimmungsersetzung **BetrVG 103**, 137 ff.

Kündigungsschutzklage, rechtzeitiger Eingang
- Arbeitgeberverhalten **KSchG 5**, 27, 40, 66
- ausländische Arbeitnehmer **KSchG 5**, 31, 33, 38, 46, 58, 64 a
- Auslandsarbeitsvertrag **KSchG 5**, 35 b
- Auslandsaufenthalt **KSchG 5**, 35 b, 46
- Ausnutzen der Frist **KSchG 5**, 20 ff.
- durch Angehörige/Bekannte **KSchG 5**, 43 ff., 48
- einfacher Brief **KSchG 5**, 21
- eingeschriebener Eilbrief **KSchG 5**, 21
- gemeinsamer Briefkasten **KSchG 5**, 23
- Krankenhausaufenthalt **KSchG 5**, 44, 47
- Krankheit **KSchG 5**, 42 ff.
- Nachtbriefkasten **KSchG 5**, 22
- nachträgliche Zulassung, Einzelfälle
  ↳ s. dort
- Postlaufzeit **KSchG 5**, 21
- Rechtsantragstelle **KSchG 5**, 31, 33 a, 35 a, 45
- Störung im Postverkehr **KSchG 5**, 21
- Telefax, Telegramm, Telekopie **KSchG 4**, 165 a; **KSchG 5**, 23, 43
- telefonisch zu Protokoll **KSchG 5**, 43
- Urlaub/Ortsabwesenheit **KSchG 5**, 40, 59 ff.
- Vergleichsverhandlungen **KSchG 5**, 24, 66 ff.
- verspätete Erhebung, Wirksamwerden der Kündigung
  ↳ s. Wirksamwerden der Kündigung
- vorsorgliche Kündigung **KSchG 5**, 76
- Zugang der Kündigung
  ↳ s. dort

Kündigungsschutzprozess, Parteien
- Aktiengesellschaft **KSchG 4**, 92, 151
  ↳ s. auch dort
- Arbeitgeber **KSchG 4**, 85 ff.
- Arbeitnehmer **KSchG 4**, 74 ff.
- Arbeitsgemeinschaft **KSchG 4**, 94 a
- Auslegung **KSchG 4**, 154 ff.
- Betriebsübergang **KSchG 4**, 96
- Bezeichnung in Klageschrift **KSchG 4**, 152 ff.
- Erbengemeinschaft **KSchG 4**, 95
- faktisches Arbeitsverhältnis **KSchG 4**, 87
- falsche Partei **KSchG 4**, 153
- Gesellschaft bürgerlichen Rechts **KSchG 4**, 94
- Gesellschaft mit beschränkter Haftung **KSchG 4**, 86, 92, 151, 153, 169 a
  ↳ s. auch dort
- GmbH & Co. KG **KSchG 4**, 86, 151, 153
- höchstpersönliches Arbeitnehmerrecht **KSchG 4**, 74
- Kommanditgesellschaft **KSchG 4**, 86, 90, 151, 153
- Krankenkasse **KSchG 4**, 76 ff.
- Leiharbeitsverhältnis **KSchG 4**, 89
- mittelbares Arbeitsverhältnis **KSchG 4**, 88
- Offene Handelsgesellschaft **KSchG 4**, 90, 151
- Parteiwechsel **KSchG 4**, 91, 153, 155; **KSchG 5**, 118 a, 173 c
- Pfändungsgläubiger und Zessionar **KSchG 4**, 75, 80
- Testamentsvollstrecker **KSchG 4**, 95
- Tod des Arbeitnehmers **KSchG 4**, 81 ff.
- Umwandlung juristischer Personen **KSchG 4**, 155
- Verein **KSchG 4**, 92

Kündigungsverbot
  ↳ s. gesetzliche Verbote, Verstoß gegen besondere Kündigungsschutzvorschriften

Kuraufenthalt
- Anzeige- und Nachweispflicht **KSchG 1**, 476
- Kündigungsgrund **KSchG 1**, 383
- nachträgliche Zulassung **KSchG 5**, 59 ff.
- Pflichtwidrigkeit während ~ als Kündigungsgrund **KSchG 1**, 475
- Zugang Kündigung **KSchG 4**, 108 ff.

Kurzarbeit
- Abfindungsberechnung **KSchG 10**, 29
- Ablauf der Sperrfrist **KSchG 19**, 19
- als milderes Mittel **KSchG 1**, 531
- Ankündigung **KSchG 19**, 37
- Anordnung **KSchG 19**, 37
- Antrag **KSchG 19**, 11, 16
- Beginn **KSchG 19**, 35
- Begriff **KSchG 19**, 4
- Bekanntgabe **KSchG 19**, 15
- Betriebsvereinbarungen **KSchG 19**, 29
- Dauer der Kurzarbeit **KSchG 19**, 9, 18
- Durchführung **KSchG 19**, 35 ff.
- einseitige Einführung **KSchG 19**, 20
- Entgeltfortzahlung im Krankheitsfall **KSchG 19**, 46
- Entstehungsgeschichte **KSchG 19**, 1
- Feiertag **KSchG 19**, 47
- Grundgedanken **KSchG 19**, 3; **SozR**, 70
- Heimarbeiter **ArbNähnl.Pers.**, 132 ff.
- Kurzarbeitergeld **KSchG 19**, 34; **SozR**, 70 ff.
- Lohnkürzung **KSchG 19**, 39 ff.
- Mitbestimmung des Betriebsrats **KSchG 1**, 531; **KSchG 19**, 30 ff.
- Mutterschutz **MuSchG 9**, 73
- Rechtsstellung des Arbeitnehmers **KSchG 19**, 15, 21, 38
- tarifvertragliche Regelungen **KSchG 19**, 22 ff.
- Urlaub **KSchG 19**, 48
- Vergütungsanspruch **KSchG 19**, 39 ff.
- Voraussetzungen **KSchG 19**, 6 ff.

Kurzarbeit, Zulassung durch die Bundesagentur für Arbeit
- Antrag **KSchG 19**, 16
- Begründung der Entscheidung **KSchG 19**, 16

- Bekanntgabe der Entscheidung **KSchG 19**, 15
- Form der Entscheidung **KSchG 19**, 15
- Rechtsbehelfsbelehrung **KSchG 19**, 16
- Umfang der Zulassung **KSchG 19**, 17 ff.
- Verhältnis zu Betriebsvereinbarungen **KSchG 19**, 29
- Verhältnis zu tarifvertraglichen Regelungen **KSchG 19**, 22 ff.
- Voraussetzungen **KSchG 19**, 6 ff.
- zuständige Behörde **KSchG 19**, 12 ff.

L
Langandauernde Krankheit
◊ s. krankheitsbedingte Kündigung, langandauernde Krankheit
Lebensalter
- Abfindungshöhe **KSchG 10**, 43 ff., 49
- Altersdiskriminierung **KSchG 10**, 40
- Altersgrenze
◊ s. dort
- Kündigungsgrund **KSchG 1**, 26 a ff., 289
- soziale Auswahl **KSchG 1**, 26 c, 645 f., 665 ff., 673 f.

Lebenswandel
- Kündigungsgrund **BGB 626**, 414; **KSchG 1**, 454 ff.
- Lohnpfändungen/Schulden **KSchG 1**, 459 ff.

Lebenszeitarbeitsverhältnis
- befristetes Arbeitsverhältnis **BGB 624**, 23
- Begriff **BGB 624**, 9 f., 13, 22
- Begründung **BGB 624**, 11, 266; **KSchG 13**, 266
- Beweislast **BGB 624**, 30
- Bindung **BGB 624**, 23, 25; **KSchG 13**, 271
- Dauerstellung **BGB 624**, 13
- Grundgedanken **BGB 624**, 1 f.
- öffentlicher Dienst **BGB 624**, 22
- Rechtsfolgen **BGB 624**, 25
- Ruhegehaltsverpflichtung **BGB 624**, 12
- Verlängerung der Dienstverpflichtung **BGB 624**, 24

Lebenszeitarbeitsverhältnis, Kündigung
- Abdingbarkeit **BGB 624**, 7 f.
- außerordentliche Kündigung **BGB 624**, 25 f.; **KSchG 13**, 266
- Frist **BGB 622**, 176; **BGB 624**, 27, 29
- Geltungsbereich **BGB 624**, 4
- Handelsvertreter **ArbNähnl.Pers.**, 197 a, 214; **BGB 624**, 5
- Schadensersatz **BGB 624**, 19
- treuwidrige Kündigung **KSchG 13**, 240 ff.
- Verwirkung, Verzicht **BGB 624**, 28
- vorzeitige ~ **BGB 624**, 27, 29
- Wartezeit **KSchG 1**, 94 ff.

Lehrer
- Arbeitnehmereigenschaft **ArbNähnl.Pers.**, 28 ff.
- fehlende Lehrbefähigung **KSchG 1**, 292
- fehlende Verfassungstreue **KSchG 1**, 307

Leiharbeitsverhältnis
- Abgrenzung zum Werkvertrag **KSchG 1**, 59
- Abordnung im Konzern **KSchG 1**, 590
- allgemeiner Kündigungsschutz **KSchG 1**, 59 ff.

- als Auflösungsgrund von altem Arbeitsverhältnis **KSchG 12**, 8
- anzuwendende Rechtsordnung **IPR**, 71
- außerordentliche Kündigung **BGB 626**, 430
- Beendigung fehlerhaften **KSchG 1**, 61
- Beschäftigtenzahl **KSchG 23**, 41
- Kündigungsbefugnis **BGB 626**, 430
- Kündigungsfrist **BGB 622**, 81, 157
- Kündigungsschutzklage **KSchG 4**, 89
- Mitbestimmung bei Kündigungen **BetrVG 102**, 12
- Wartezeit **KSchG 1**, 106

Leistungsbereich
- altersbedingtes Nachlassen der Leistung **KSchG 1**, 388
- außerordentliche Kündigung **BGB 626**, 166
◊ s. auch dort
- Eignung **KSchG 1**, 303 ff.
- krankheitsbedingte Kündigung **KSchG 1**, 379 ff.
- Leistungsfähigkeit **KSchG 1**, 379, 384 ff.
- personenbedingte Kündigung **KSchG 1**, 384 ff.
- Sozialauswahl **KSchG 1**, 637 ff., 646
- verhaltensbedingte Kündigung **KSchG 1**, 448 f.

Leistungsklage
- Abfindung **KSchG 1 a**, 63, 131
- Arbeitsentgelt **KSchG 7**, 29 ff.
- Dreiwochenfrist **KSchG 4**, 20, 29; **KSchG 7**, 33 ff.; **KSchG 13**, 54
- Nachzahlungsanspruch **KSchG 11**, 52
- Streitwert **KSchG 4**, 279 a ff.; **KSchG 11**, 56
- und Feststellungsklage **BetrVG 102**, 284 ff.; **BGB 626**, 374, 377; **KSchG 7**, 30; **KSchG 11**, 51 ff.; **KSchG 13**, 312 ff.
- Vergütungsansprüche **KSchG 11**, 52 ff.
- verlängerte Anrufungsfrist **KSchG 6**, 23 ff.
- Weiterbeschäftigungsanspruch **BetrVG 102**, 284

Leistungsverweigerungsrecht AGG, 165 f.
◊ s. Zurückbehaltungsrecht

Leitende Angestellte
- Abfindung **KSchG 14**, 41
- Abgrenzung **BetrVG 105**, 6 ff., 14; **KSchG 14**, 23 ff.
- Abkehrmaßnahmen/Abkehrwille **BGB 626**, 405
◊ s. auch dort
- Abteilungsleiter, Hauptabteilungsleiter **BetrVG 105**, 9 a, 13
- Abwerbung **BGB 626**, 406
- ähnlich **KSchG 14**, 28 ff., 34
- Alkohol **BGB 626**, 407
◊ s. auch Alkohol und Drogen
- allgemeiner Kündigungsschutz **KSchG 14**, 23, 25
- Alter als Kündigungsgrund **KSchG 14**, 44
- Altersgrenze **KSchG 14**, 44, 63
- Änderungskündigung **BetrVG 105**, 16; **KSchG 14**, 48 b
- anzeigepflichtige Entlassung **KSchG 14**, 51
- Arbeitnehmervertreter im Aufsichtsrat **KSchG 14**,
◊ s. auch Aufsichtsrat
- Arbeitsverweigerung nach Zurücksetzung **BGB 626**, 432

Stichwortverzeichnis

- Auflösungsantrag des Arbeitgebers **KSchG 9**, 63; **KSchG 14**, 37
- Auflösungsantrag des Arbeitnehmers **KSchG 14**, 39
- Auflösungsantrag, beiderseitiger **KSchG 14**, 40
- außerdienstliches Verhalten **BGB 626**, 414
- befristetes Arbeitsverhältnis **KSchG 14**, 63
- Begriff **BetrVG 105**, 2 ff.; **KSchG 14**, 23 ff.
- Beschäftigtenzahl **KSchG 23**, 42
- betriebsbedingte Kündigung **KSchG 14**, 47 ff.
- Betriebsleiter **KSchG 14**, 27
- betriebsratsloser Betrieb **BetrVG 105**, 17, 19
- Betriebsübergang **KSchG 14**, 47
- Beweislast **BetrVG 105**, 36; **KSchG 14**, 54
- Dreiwochenfrist **KSchG 13**, 27, 30, 33; **KSchG 14**, 23 ff., 42
- Druckkündigung **KSchG 14**, 46
- Einstellungs- und Entlassungsbefugnis **BetrVG 105**, 4; **KSchG 14**, 29 ff.
- Einzelfälle **BetrVG 105**, 13
- Elternzeit **KSchG 14**, 60 a
- Entstehungsgeschichte **KSchG 14**, 1 ff.
- funktionsunfähiger Betriebsrat **BetrVG 105**, 18
- Generalbevollmächtigter **BetrVG 105**, 4, 23; **KSchG 14**, 18
- Geschäftsführer **KSchG 14**, 27
- Gesellschafter
  ◊ *s. Organmitglieder juristischer Personen und Gesellschafter*
- Irrtum über Eigenschaft als ~ **BetrVG 105**, 35 ff.
- konzernbezogene Beschäftigung **KSchG 14**, 48 a
- krankheitsbedingte Kündigung **KSchG 14**, 43
- Kündigung vor Dienstantritt **BetrVG 105**, 9
- Kündigungseinspruch **KSchG 3**, 29; **KSchG 14**, 35
- Kündigungsfrist **KSchG 14**, 61
- Massenentlassung **KSchG 17**, 30, 55 b
- Merkmale **BetrVG 105**, 5 ff.; **KSchG 14**, 26 ff.
- Mitteilungspflichten gegenüber Betriebsrat **BetrVG 105**, 2, 20 ff.; **KSchG 13**, 218 a
- Mutterschutz **KSchG 14**, 60
- nachträgliche Zulassung **KSchG 5**, 13
- Offenbarungspflicht **BGB 626**, 435; **KSchG 14**, 45
- personelle Veränderungen **BetrVG 105**, 1, 15, 22 ff.
- personenbedingte Kündigung **KSchG 14**, 43
- Probezeit **BetrVG 105**, 10
- Prokura **BetrVG 105**, 4, 16, 23; **KSchG 14**, 18
- Rechtswahl anzuwendenden Staatsrechts **IPR**, 4
- Schifffahrt **KSchG 14**, 33
- Schlechtleistung **BGB 626**, 442
  ◊ *s. auch Schlecht-/Minder-/Fehlleistung*
- Schwerbehinderte **KSchG 14**, 59; **vor SGB IX 85-92**, 16
- sittenwidrige Kündigung **KSchG 13**, 136
- soziale Auswahl **KSchG 14**, 48
- Sozialplan **KSchG 14**, 47 a
- Sprecherausschuss, Kündigungsschutz **BetrVG 103**, 17; **KSchG 14**, 56
- Stellungnahme des Betriebsrats **BetrVG 105**, 33
- tarifvertragliche Kündigungsbeschränkung **KSchG 14**, 55
- Treuepflicht **KSchG 14**, 45
- Unterrichtung des Betriebsrats **BetrVG 105**, 2, 20 ff., 25 ff., 28 ff.
- verhaltensbedingte Kündigung **KSchG 14**, 45
- Verlangen des Betriebsrats nach Versetzung/Entlassung **BetrVG 104**, 4
- Verletzung der Unterrichtungspflichten **BetrVG 105**, 38 ff.
- Vertrauensstellung **KSchG 14**, 5
- Vertreter juristischer Personen
  ◊ *s. Organmitglieder juristischer Personen und Gesellschafter*
- Vertreter von Personengesamtheiten **KSchG 14**, 16 ff.
  ◊ *s. auch Organmitglieder juristischer Personen und Gesellschafter*
- Vollmachtsüberschreitung **BGB 626**, 458
- vorsorgliche Betriebsratsanhörung **BetrVG 105**, 37 a; **KSchG 14**, 54 a
- Weiterbeschäftigungsanspruch **KSchG 14**, 52
- Zuständigkeit, sachliche **KSchG 14**, 64
- Zweck der Ausnahme vom Kündigungsschutz **KSchG 14**, 3 ff.

Liquidation
- Rechtsfolgen **KSchG 1**, 186

Lohnansprüche
  ◊ *s. Nachzahlungsanspruch, Anrechnung auf Zwischenverdienst*

Lohnfortzahlung
  ◊ *s. Arbeitsentgelt*
  ◊ *s. Entgeltfortzahlung*

Lohnkürzung
- Änderungskündigung **BGB 626**, 202
- Kurzarbeit **KSchG 19**, 39 ff.

Lohnpfändung/Schulden
- Abmahnung **KSchG 1**, 461
- Kündigungsgrund **KSchG 1**, 303, 459 ff.; **KSchG 13**, 150

Low Performer
- Kündigungsgrund **KSchG 1**, 384

Loyalitätspflichten
- Arbeitsverweigerung **KSchG 1**, 433
- aufgabenbezogene Abstufung **BGB 626**, 123; **KSchG 1**, 77
- Journalisten **BGB 626**, 125
- Kirchenbedienstete **BGB 626**, 121, 123; **KSchG 1**, 71 ff.
- leitende Angestellte **KSchG 14**, 45

Luftverkehr
- anzuwendende Rechtsordnung **IPR**, 53 ff.
- Besatzungsmitglieder **KSchG 24**, 13, 18
- Dreiwochenfrist **KSchG 4**, 216
- Geltungsbereich des KSchG **KSchG 23**, 12, 32, 77

M

Manko, als Kündigungsgrund BGB 626, 431, 455

Massenänderungskündigung KSchG 2, 34
- Betriebsverfassungsorgan **BetrVG 103**, 59; **KSchG 15**, 18, 77

Stichwortverzeichnis

- Mitbestimmung des Betriebsrats **KSchG 2**, 145 a ff.
- Senkung der Lohnkosten **KSchG 2**, 107 d
- Sozialauswahl **KSchG 2**, 103
- Sozialwidrigkeitsprüfung **KSchG 2**, 107
- Zweck der Ausnahme vom Kündigungsschutz

Massenentlassungen
◊ s. auch anzeigepflichtige Entlassungen
- Abfindung **KSchG 17**, 43 b
- Ablauf des Verfahrens **KSchG 17**, 11 ff.
- ältere Arbeitnehmer **KSchG 17**, 30, 43 c
- Altersteilzeit **KSchG 17**, 17, 30
- Altfälle **KSchG 17**, 109
- am Schwarzen Brett **KSchG 4**, 130
- Änderungskündigung **KSchG 17**, 41 f.
- Anhörung des Betriebsrats **BetrVG 102**, 87
- Anzahl der Arbeitnehmer **KSchG 17**, 52
- Anzeige **KSchG 17**, 72 ff.
- Anzeigepflicht des Arbeitgebers **KSchG 17**, 13, 52 ff., 72 ff., 99 ff.
- Arbeitnehmer, zu berücksichtigende **KSchG 17**, 29 f.
- arbeitnehmerähnliche Personen **KSchG 17**, 30
- Arbeitnehmerkündigung **KSchG 17**, 39 f.
- Arbeitsamt, zuständiges **KSchG 17**, 74; **KSchG 18**, 1, 7
- Arbeitskampf **KSchG 17**, 46
- arbeitsmarktpolitisches Ziel **KSchG 17**, 7; **KSchG 18**, 3
- auf Baustellen **KSchG 17**, 27
- Aufhebungsvertrag **KSchG 17**, 43
- Auslandsbeschäftigung **IPR**, 88
- Ausnahmebetriebe **KSchG 22**, 3 ff.
- außerordentliche Kündigung **KSchG 17**, 33 ff.
- aussperrende ~ **KSchG 22**, 7 a, 21
- Auswahlrichtlinien **KSchG 1**, 695 ff.
- Baugewerbe **KSchG 18**, 16 f.
- befristetes Arbeitsverhältnis **KSchG 17**, 44
- Begriff **KSchG 17**, 6 l, 32 ff.
- Beratungspflicht mit Betriebsrat **KSchG 17**, 61 ff.
- Berufsgruppen **KSchG 17**, 60 b f.
- Beschäftigtenzahl **KSchG 17**, 28 ff., 52
- Beschäftigungsgesellschaft **KSchG 17**, 38; **KSchG 18**, 3
- Beteiligung des Betriebsrats **BetrVG 102**, 53 a-87, 89 b, 267; **KSchG 1**, 570
- Betriebe der öffentlichen Hand **KSchG 17**, 25
- Betriebsänderung **KSchG 17**, 54 a, 69
- Betriebsbegriff **KSchG 17**, 15 ff.
- Betriebseinschränkung **KSchG 1**, 570 ff.
- Betriebsratsbeteiligung **KSchG 17**, 11, 55 ff., 56 ff., 91 ff.
- betriebsratslose Betriebe **KSchG 17**, 55 a
- Betriebsstilllegung **KSchG 17**, 28 a
◊ s. auch dort
- Beweislast für Anzeigepflicht **KSchG 17**, 108
- Beweislast für Betriebsratsunterrichtung **KSchG 17**, 94 ff., 108
- Bindungswirkung der Anzeige **KSchG 17**, 86 ff.
- dringende betriebliche Erfordernisse **KSchG 1**, 571

- EG-Richtlinie **KSchG 17**, 4 ff.
- Eingliederungsvertrag **KSchG 17**, 30
- Entlassungen **KSchG 17**, 33 ff.
- Entlassungssperre **KSchG 18**, 3 ff.
- Entscheidung der AA **KSchG 18**, 24
- Entstehungsgeschichte **KSchG 17**, 1 ff.; **KSchG 18**, 1 ff.
- EuGH **KSchG 17**, 6 k ff., 32 ff., 62
- Europäischer Betriebsrat **KSchG 17**, 71 a f.
- fehlerhaftes Verfahren **KSchG 17**, 101 ff.
- Form der Anzeige **KSchG 17**, 72 a ff.
- Freifrist **KSchG 18**, 34
- fristlose Entlassungen **KSchG 17**, 33 ff.
- Geltungsbereich **KSchG 17**, 15 ff.; **KSchG 23**, 70
- Grundgedanken **KSchG 17**, 7 ff.
- Heilung fehlerhafter Anzeigen **KSchG 17**, 83, 92, 104; **KSchG 18**, 36
- Heimarbeiter **ArbNähnl.Pers.**, 135
- in der Regel Beschäftigte **KSchG 17**, 28 f.
- Individualschutz **KSchG 17**, 8; **KSchG 18**, 31, 35
- Inhalt der Anzeige **KSchG 17**, 80 ff.
- Insolvenzverwalter **KSchG 17**, 38
- Interessenausgleich **BetrVG 102**, 61, 113 b, 176; **KSchG 1**, 703 ff.; **KSchG 17**, 91
- international zwingende Vorschriften **IPR**, 34
- Kampagnebetrieb **KSchG 17**, 24; **KSchG 22**, 1; **KSchG 23**, 44, 75
- Kleinbetrieb **KSchG 17**, 23
- Konzernklausel **KSchG 17**, 98 a ff.
- Kosultation mit Betriebsrat **KSchG 17**, 61 ff.
- Kündigung durch Arbeitnehmer **KSchG 17**, 39 f.
- Kündigungsgrund **KSchG 17**, 47 ff.
- Kündigungsschutzklage **KSchG 17**, 107 f.; **KSchG 20**, 72
- Kündigungszeitpunkt **KSchG 17**, 63
- Kurzarbeit **KSchG 19**, 3 ff.
- leitende Angestellte **KSchG 17**, 30, 55 b
- Luftfahrzeuge **KSchG 17**, 26; **KSchG 23**, 32, 77
- Mutterschutz **MuSchG 9**, 74
- nach Ablauf der Freifrist **KSchG 18**, 34
- Nachteilsausgleich **KSchG 17**, 64 b, 105
- Negativattest **KSchG 18**, 27; **KSchG 20**, 56, 65
- Neueinstellungen **KSchG 17**, 51
- öffentliche Betriebe **KSchG 17**, 25
- Personalstruktur **KSchG 1**, 640 ff.
- Pflichten des Arbeitgebers **KSchG 17**, 10 ff.
- ratio legis **KSchG 17**, 7 f., 32 b f.
- Rechtsfolgen der Anzeige/Nichtanzeige **KSchG 17**, 99 ff.; **KSchG 18**, 35, 36
- Rechtsnatur der Anzeigepflicht **KSchG 17**, 7 ff.
- Rücknahme der Anzeige **KSchG 17**, 79
- rückwirkende Zustimmung der AA **KSchG 18**, 14 f.
- Saisonbetriebe **KSchG 17**, 24; **KSchG 22**, 1 ff.; **KSchG 23**, 45, 75
- Sanktionen **KSchG 17**, 64 b f., 83, 106
- Schifffahrt **KSchG 17**, 26; **KSchG 23**, 12, 77; **SeemG**, 84
- soziale Auswahl **KSchG 1**, 653, 667
- Sozialplan **KSchG 17**, 54 a f.
- Sperrfrist **KSchG 18**, 4 ff.

2761

- Sperrfristverlängerung **KSchG 18**, 19
- Stationierungsstreitkräfte **NATO-ZusAbk**, 38
- Stellungnahme des Betriebsrats **KSchG 17**, 14, 56 f., 64, 73, 91 ff.
- stufenweise Entlassungen **KSchG 17**, 28 a, 54, 77; **KSchG 18**, 32 f.
- Unwirksamkeit der Kündigung **KSchG 17**, 101 ff.; **KSchG 18**, 29, 35
- Verhältnis zu sonstigem Kündigungsschutz **KSchG 17**, 12
- Verzicht auf Kündigungsschutz **KSchG 17**, 9
- Voraussetzungen **KSchG 17**, 15 ff.
- Voraussetzungen der Anzeigepflicht **KSchG 17**, 52
- Vorruhestandsvereinbarung **KSchG 17**, 43 c
- vorsorgliche Anzeige **KSchG 17**, 42, 78
- Weiterbeschäftigungsanspruch **BetrVG 102**, 163; **KSchG 17**, 43 d
- Weiterbeschäftigungsmöglichkeit **BetrVG 102**, 163
- Wirtschaftsausschuss **KSchG 17**, 68
- Zeitpunkt der Anzeige **KSchG 17**, 75 ff.
- Zeitraum der Entlassungen **KSchG 17**, 53 ff.
- Zugang **KSchG 4**, 130 ff., 167
  ◊ s. auch Zugang der Kündigung Massenverfahren, Kündigungsschutzklage
- zuständige Behörde **KSchG 17**, 74; **KSchG 18**, 7
- zwingende Vorschriften **IPR**, 34

Maßregelungsverbot
- Anscheinsbeweis **BGB 612 a**, 12
- Anwendungsbereich **BGB 612 a**, 3 ff.
- Aushangpflicht **BGB 612 a**, 13
- Benachteiligung **BGB 612 a**, 4
- Beweislast **BGB 612 a**, 12
- Einzelfälle **BGB 612 a**, 9
- Entstehungsgeschichte **BGB 612 a**, 1 f.
- Maßregelungsanlässe **BGB 612 a**, 5 ff.
- Rechtsfolgen **BGB 612 a**, 11
- Streikteilnahme **BGB 612 a**, 10
- und außerordentliche Kündigung **BGB 626**, 432

Mehrere Kündigungsgründe
- Abgrenzung zu Mischtatbeständen **KSchG 1**, 257 ff.
- Prüfungsmaßstab **KSchG 1**, 257 ff.
- Rechtsfolgen **KSchG 1**, 257 ff.

Meinungsäußerung
  ◊ s. auch Grundrechte
  ◊ s. auch politische Betätigung
- Kündigungsgrund **BGB 626**, 116 ff.; **KSchG 1**, 125, 462 ff.; **KSchG 13**, 186
- öffentlicher Dienst **BGB 626**, 118

Militärische Interessen, Stationierungsstreitkräfte NATO-ZusAbk, 32

Minderjährige
- Berufsausbildungsverhältnis **BBiG 21**, 26, 37; **BBiG 22**, 26, 37; **BetrVG 78 a**, 29
- Einwilligung gesetzlichen Vertreters **KSchG 13**, 293
- Genehmigung gesetzlichen Vertreters **KSchG 13**, 293
- Kündigung **BBiG 21**, 105 ff.; **BBiG 22**, 105 ff.; **BGB 626**, 344; **KSchG 13**, 283, 293
- selbständiges Erwerbsgeschäft **KSchG 13**, 294
- Zugang der Kündigung **KSchG 13**, 292, 294

Minderleistung
  ◊ s. Schlecht-/Minder-/Fehlleistung

Mischtatbestände
- Abgrenzung zu Doppeltatbeständen **BGB 626**, 159, 163
- Verhältnis der Kündigungsgründe **BGB 626**, 159 ff.; **KSchG 1**, 254 ff.; **KSchG 2**, 100 b

Missbrauchskontrolle
- Streichung von Drittmitteln **KSchG 1**, 584 f.
- Unternehmerentscheidung
  ◊ s. dort

Mitarbeitervertretung
- kirchlicher Dienst **KSchG 1**, 73 a

Mitarbeitervertretung, kirchlicher Dienst BetrVG 102, 14, 51; **KSchG 13**, 210 a, 219 b ff.

Mitbestimmung bei Kündigungen
- Abwicklungsvertrag **BetrVG 102**, 28
- Änderungskündigung **BetrVG 102**, 30 ff., 65; **BPersVG 72**, 79, 108, 11; **KSchG 2**, 113 ff.; **KSchG 13**, 218, 222
- Anfechtung/Nichtigkeit des Arbeitsvertrags **BetrVG 102**, 42
- Anhörung des Betriebs-/Personalrats
  ◊ s. dort
- arbeitnehmerähnliche Personen **ArbNähnl.Pers.**, 38, 116, 212
- Arbeitnehmeranzahl **BetrVG 102**, 23
- Arbeitskampf **BetrVG 102**, 26, 36, 45
- Aufhebungsvertrag **BetrVG 102**, 42
- auflösend bedingtes Arbeitsverhältnis **BetrVG 102**, 41
- Auslandsbeschäftigung **BetrVG 102**, 16; **BPersVG 72**, 79, 108, 5; **IPR**, 111 ff.
- Ausschuss des Betriebsrats **BetrVG 102**, 46 a, 81, 93
- außerordentliche Kündigung **BetrVG 102**, 28, 79, 263; **BGB 626**, 183 ff., 216, 278, 332 ff.; **BPersVG 72**, 79, 108, 66; **KSchG 13**, 217
- Baugewerbe **BetrVG 102**, 37 a
- bedingte Kündigung **BetrVG 102**, 29
- befristete Arbeitsverhältnisse **BetrVG 102**, 39
- bei Massenänderungskündigung **KSchG 2**, 145 a
- Beschlussfassung des Betriebs-/Personalrats
  ◊ s. dort
- Betriebs-/Personalrat, Kündigung
  ◊ s. zustimmungsbedürftige Kündigungen, Zustimmungsverfahren
- betriebsratsloser Betrieb **BetrVG 102**, 18 ff.
- Betriebsstilllegung **BetrVG 102**, 23, 34, 61
- Betriebsübergang **BetrVG 102**, 43
- Betriebsvereinbarungen **BetrVG 102**, 243, 246 ff., 249 b
- Beweislast **BetrVG 102**, 192 ff.; **KSchG 13**, 322 ff.
- Bühnenengagementvertrag **BetrVG 102**, 40 a
- Eilfälle **BetrVG 102**, 35
- Einwendungen des Personalrats **BPersVG 72**, 79, 108, 24, 40 ff., 57 ff.

- Entstehungsgeschichte **BetrVG 102**, 1 ff.
- Erörterungsanspruch **BetrVG 102**, 68; **BPersVG 72, 79, 108**, 34 ff., 49
- Erweiterung **BetrVG 102**, 243 ff., 246 ff.; **BPersVG 72, 79, 108**, 4, 24
- Funktionsfähigkeit des Betriebs-/Personalrats **BetrVG 102**, 21, 24 ff.; **BetrVG 103**, 55 ff.; **BPersVG 72, 79, 108**, 9 f.
- gerichtliche Hinweispflicht **KSchG 13**, 324
- Gesamtbetriebsrat **BetrVG 102**, 47, 82 a
- Heimarbeiter **ArbNähnl.Pers.**, 121; **BetrVG 102**, 11
- kirchlicher Dienst **BetrVG 102**, 14, 51 a
- Konzernbetriebsrat **BetrVG 102**, 48 a ff.; **IPR**, 115
- Kündigungseinspruch des Arbeitnehmers **BetrVG 102**, 267; **KSchG 3**, 7 ff.
- Kündigungsschutz des Arbeitnehmers **BetrVG 102**, 28, 107 a; **BetrVG 104**, 30
- Leiharbeitnehmer **BetrVG 102**, 12
- leitende Angestellte **BetrVG 102**, 15; **BetrVG 105**, 2, 27, 33, 35 ff.
- Nachschieben von Kündigungsgründen
  ◊ *s. dort*
- öffentlicher Dienst **BPersVG 47, 72, 79, 108**, 2 ff., 7 ff., 9 ff., 15, 20, 25 ff., 32 ff.
- Schifffahrt **BetrVG 102**, 49; **SeemG**, 41, 54 ff., 112
- Schwerbehinderte **BetrVG 102**, 110, 268; **vor SGB IX 85-92**, 35
- Stationierungsstreitkräfte **BPersVG 72, 79, 108**, 7; **NATO-ZusAbk**, 41 ff.
- Stellungnahme des Betriebs-/Personalrats
  ◊ *s. dort*
- Stufenvertretung **BPersVG 72, 79, 108**, 49 ff.
- Teilkündigungen **BetrVG 102**, 37
- Tendenzbetriebe **BetrVG 102**, 13
- Territorialitätsprinzip **BetrVG 102**, 16; **BPersVG 72, 79, 108**, 5; **IPR**, 110
- Umdeutung außerordentlicher in ordentliche Kündigung **BetrVG 102**, 113, 182 ff.; **BPersVG 72, 79, 108**, 13, 64; **KSchG 13**, 97 ff.
- Unternehmerentscheidung
  ◊ *s. auch Mitbestimmung*
- Verfahrensfehler **BetrVG 102**, 105 ff.; **BPersVG 72, 79, 108**, 53 ff.; **KSchG 7**, 26; **KSchG 13**, 217
- Vergleichsverfahren **BetrVG 102**, 34
- Verlangen nach Kündigung **BetrVG 104**, 14 ff., 24, 31 ff., 58, 66
  ◊ *s. auch Entfernung betriebsstörender Arbeitnehmer*
- vorläufig eingestellte Arbeitnehmer **BetrVG 102**, 44
- vorsorgliche Kündigung **BetrVG 102**, 33
- Weiterbeschäftigungsanspruch **BetrVG 102**, 32, 193 ff., 205 ff.
- Zuständigkeit **BetrVG 102**, 46 ff.
- zustimmungsbedürftige Kündigungen **BetrVG 102**, 245, 248 ff.; **BetrVG 103**, 57 ff.; **BPersVG 72, 79, 108**, 2 ff., 11
  ◊ *s. auch zustimmungsbedürftige Kündigungen, Zustimmungsverfahren und Zustimmung nach § 99, 102 BetrVG*
- Zweck **BetrVG 102**, 8; **BPersVG 47, 72, 79, 108**, 1 ff.

Mitbestimmung des Betriebsrats (außer bei Kündigungen)
- arbeitnehmerähnliche Personen **ArbNähnl.Pers.**, 38
- Aussperrung **BetrVG 102**, 45
- Betriebsbußenordnung **BGB 626**, 264
- Entfernung betriebsstörender Arbeitnehmer
  ◊ *s. dort*
- Kleinbetrieb nach Unternehmensumwandlung **UmwG**, 44
- Kurzarbeit **KSchG 19**, 30 ff.
- leitende Angestellte **BetrVG 105**, 2, 25 ff., 33
- Überführung Ausbildungs- in Arbeitsverhältnis **BBiG 21**, 33; **BBiG 22**, 33; **BBiG 24**, 10
- Umgruppierung **BetrVG 102**, 31; **BPersVG 72, 79, 108**, 11
- Umwandlung des Unternehmens **UmwG**, 3
- Versetzung **BetrVG 102**, 31, 174, 220; **BetrVG 103**, 60; **BetrVG 104**, 27 ff., 50, 83
- während Zeit der Weiterbeschäftigung **BetrVG 102**, 283

Mitbestimmung des Betriebsrats, Verhältnis der Mitbestimmungsrechte nach §§ 99, 102 BetrVG
- bei mittelbar streikbedingter Arbeitszeitverkürzung **KSchG 25**, 27
- Verbindung der Verfahren **BetrVG 102**, 31; **KSchG 2**, 131
- Verhältnis der Verfahren **BetrVG 102**, 31, 165, 174; **KSchG 2**, 124 ff.
- Zustimmung nach § 99 BetrVG als Wirksamkeitsvoraussetzung **KSchG 2**, 138 ff.
- Zustimmung nur in einem Verfahren **BetrVG 102**, 31, 199 d; **KSchG 2**, 135 ff.

Mitteilung der Kündigungsgründe
- an Arbeitnehmer **BGB 626**, 35 ff.; **KSchG 1**, 238 f.; **NATO-ZusAbk**, 16
- an Auszubildenden **BBiG 21**, 92 ff.; **BBiG 22**, 92 ff.
- an Betriebsrat
  ◊ *s. Unterrichtung des Betriebs-/Personalrats*
- an Handelsvertreter **ArbNähnl.Pers.**, 217
- Auskunftsanspruch **BGB 626**, 35, 38
- Inhalt der Mitteilungspflicht **BGB 626**, 38
- Schadensersatz bei Nichtmitteilung **BGB 626**, 37

Mittelbares Arbeitsverhältnis
- Folgen für Kündigungsschutz **KSchG 1**, 63
- Missbrauch der Gestaltungsform **KSchG 1**, 63; **KSchG 23**, 51
- Voraussetzungen **KSchG 1**, 62

Mobbing KSchG 1, 490
- Schadensersatz **BGB 628**, 26

Montagearbeiter
- Beschäftigtenzahl **KSchG 23**, 41
- zuständiges Arbeitsgericht **KSchG 4**, 175

Multinationale Unternehmen
- anzuwendende Rechtsordnung **IPR**, 66 ff.
- soziale Auswahl **IPR**, 91

Mutterschutz
- Abtreibung **MuSchG 9**, 32

Stichwortverzeichnis

- Änderungskündigung **KSchG 2**, 182
- Anfechtung des Arbeitsvertrages **MuSchG 9**, 76, 136
- Annahmeverzug **KSchG 11**, 17
- anzuwendende Rechtsordnung **IPR**, 36, 96
- Arbeitskampf **KSchG 25**, 10; **MuSchG 9**, 163 ff.
- Aufhebungsvertrag **MuSchG 9**, 148; **MuSchG 10**, 23
- auflösende Bedingung **MuSchG 9**, 146
- Aushilfsarbeitsverhältnis **MuSchG 9**, 144
- Beamtin **MuSchG 9**, 27
- befristetes Arbeitsverhältnis **BEEG 21**, 19; **MuSchG 9**, 140 ff.
- Beitrittsgebiet **MuSchG 9**, 4 a, 146 a, 184
- Berufsausbildungsverhältnis **BBiG 21**, 21, 34, 42; **BBiG 22**, 21, 34, 42; **MuSchG 9**, 17
- Beschäftigungsverbote **BEEG 21**, 11
- Betriebsübergang **MuSchG 9**, 39 b
- Beweislast **MuSchG 9**, 45, 58
- Entbindung **MuSchG 9**, 31
- Europarecht **vor MuSchG 9**, 2 a; **MuSchG 9**, 4, 18, 95, 181
- Fehlgeburt **MuSchG 9**, 31
- Form der Mitteilung **MuSchG 9**, 51
- Frist für Mitteilung **MuSchG 9**, 46, 54
- Frühgeburt **MuSchG 9**, 31
- Grundrecht auf **KSchG 1**, 25
- Gruppenarbeitsverhältnis **MuSchG 9**, 16
- Handelsvertreterin **ArbNähnl.Pers.**, 209
- Hausangestellte **MuSchG 9**, 10, 18, 66; **MuSchG 10**, 40
- Heimarbeiterin **ArbNähnl.Pers.**, 150 ff.; **MuSchG 9**, 1, 11, 14, 26, 75, 168
- Heuerverhältnis **SeemG**, 46
- Kenntnis des Arbeitgebers **MuSchG 9**, 33
- Kündigung
  ◊ s. *Mutterschutz, Kündigung*
- Kurzarbeit **MuSchG 9**, 73
- Leiharbeitsverhältnis **MuSchG 9**, 145
- leitende Angestellte **KSchG 14**, 60
- Mitteilung von Schwangerschaft oder Entbindung **MuSchG 9**, 46
- Mutterschaftsgeld **MuSchG 9**, 156
- Nachtarbeitsverbot **MuSchG 9**, 135 a
- Nachweis der Schwangerschaft oder Entbindung **MuSchG 9**, 59
- Probearbeitsverhältnis **MuSchG 9**, 143
- Schadensersatz bei Nichtmitteilung
  ◊ s. auch *Schwangerschaft*
- Schwangerschaft **MuSchG 9**, 29, 64
- Schwellenwert **KSchG 23**, 40
- Stationierungsstreitkräfte **MuSchG 9**, 12, 84; **NATO-ZusAbk**, 38
- Teilzeitarbeitsverhältnis **MuSchG 9**, 13, 23
- Totgeburt **MuSchG 9**, 31
- Verfassungsrecht **vor MuSchG 9**, 2; **MuSchG 9**, 56
- vermutete Schwangerschaft **MuSchG 9**, 48
- Versäumung der Mitteilungspflicht **MuSchG 9**, 55
- Vertretung **BEEG 21**, 1, 11
- Voraussetzungen **MuSchG 9**, 28
- Wartezeit, Anrechnungsregel nach Unterbrechung **KSchG 1**, 121
- Wiedereinstellung nach Entbindung **MuSchG 10**, 32
- Zwei-Wochen-Frist **MuSchG 9**, 46, 54

Mutterschutz, Kündigung
- Änderungskündigung **KSchG 2**, 182; **MuSchG 9**, 73, 80
- Annahmeverzug **MuSchG 9**, 85
- Arbeitslosenunterstützung **MuSchG 9**, 132, 158
- Auflösungsantrag **MuSchG 9**, 171 a
- Auslauffrist **MuSchG 9**, 75
- Ausschlussfrist **BetrVG 104**, 46, 60; **BGB 626**, 337; **MuSchG 9**, 79
- außerordentliche Kündigung **BGB 626**, 14, 18, 337, 483; **MuSchG 9**, 75
- befristetes Arbeitsverhältnis **MuSchG 9**, 75
- Berufsausbildungsverhältnis **BBiG 21**, 21; **BBiG 22**, 21
- Betriebsratsanhörung **BetrVG 102**, 60, 110
- Beurteilungsmaßstäbe **MuSchG 9**, 114
- Dauer des Kündigungsverbots **MuSchG 9**, 63
- Dreiwochenfrist **KSchG 4**, 202 ff.; **KSchG 7**, 25, 33 ff.
- durch Arbeitnehmerin **MuSchG 9**, 5 f., 10, 149
- Einigungsvertrag **MuSchG 9**, 146 a, 184
- Gratifikation **MuSchG 10**, 29
- Handelsvertreterin **ArbNähnl.Pers.**, 209
- Heimarbeiterin **ArbNähnl.Pers.**, 150 ff.; **MuSchG 9**, 168, 175
- Kampfkündigung **MuSchG 9**, 165
- Klagefrist **KSchG 7**, 33 ff., 39 a
- Kündigungsschutz **MuSchG 9**, 166
- Kündigungsverlangen des Betriebsrats **BetrVG 104**, 17, 25, 46, 59
- Massenentlassung **MuSchG 9**, 74
- Mutterschaftsgeld **MuSchG 9**, 95, 131, 156
- ordentliche Kündigung **MuSchG 9**, 72
- Rechtsfolgen verbotswidriger Kündigung **MuSchG 9**, 82
- Schadensersatz bei verbotswidriger Kündigung **MuSchG 9**, 91
- Sonderkündigungsrecht der Arbeitnehmerin **MuSchG 10**, 5 f.
- soziale Auswahl **KSchG 1**, 664
- Umdeutung **MuSchG 9**, 76, 139
- Unwirksamkeit der Kündigung, Geltendmachung **KSchG 7**, 25, 30 ff.
- Verbot **MuSchG 9**, 68, 72
- verhaltensbedingte Kündigung **MuSchG 9**, 88
- Verletzung des Kündigungsverbots **MuSchG 9**, 81
- Verzicht auf Kündigungsschutz **MuSchG 9**, 147
- Weiterbeschäftigungsanspruch **BetrVG 102**, 274
- Wirksamwerden sozialwidriger Kündigung **KSchG 7**, 9
  ◊ s. auch *Wirksamwerden der Kündigung*
- Wirkung der Zulässigkeitserklärung **MuSchG 9**, 126

- Zulässigkeitserklärung, behördliche **BetrVG 102**, 46, 59; **MuSchG 9**, 78, 95
- Zuständigkeit für Kündigungszulassung **MuSchG 9**, 109

Mutterschutzgesetz
- Entstehungsgeschichte **MuSchG 9**, 1 f., 54; **MuSchG 10**, 1 f.
- Geltungsbereich **MuSchG 9**, 13; **MuSchG 10**, 8 f.
- Zuständigkeit für Kündigungszulassung **MuSchG 9**, 109

N

Nachschieben von Kündigungsgründen
- als neue Kündigung **BGB 626**, 192 ff.
- Anhörung des Betriebsrats
  ◊ s. *Nachschieben von Kündigungsgründen, Anhörung des Betriebsrats*
- Ausschlussfrist **BetrVG 103**, 124 ff.; **BGB 626**, 187 ff.
- bei Kündigung bekannte Gründe **BGB 626**, 173; **KSchG 1**, 245; **KSchG 15**, 45
- Geltungsbereich **KSchG 1**, 242
- im Zustimmungsersetzungsverfahren **BetrVG 103**, 118 ff.
- Kündigung von Betriebsratsmitgliedern **BetrVG 103**, 103, 118 ff.; **KSchG 15**, 47 ff., 113
- nach Kündigung entstandene Gründe **KSchG 1**, 237, 246 f.
- nachträglich bekannt gewordene Gründe **BGB 626**, 180; **KSchG 1**, 243 f.; **KSchG 15**, 46
- Schwangere **BGB 626**, 186
- Schwerbehinderte **BGB 626**, 186; **SGB IX 85-91**, 140
- Verdachtskündigung **BGB 626**, 216
- Weiterbeschäftigungsverlangen nach Betriebsratswiderspruch **BetrVG 102**, 210

Nachschieben von Kündigungsgründen, Anhörung des Betriebs-/Personalrats
- allgemein **BetrVG 102**, 67, 185 b; **BGB 626**, 180, 183; **BPersVG 72**, 79, **108**, 65
- bei Ausspruch der Kündigung bekannte Gründe **BetrVG 102**, 185; **BGB 626**, 183
- betriebsratsloser Betrieb **BetrVG 102**, 185 c; **BetrVG 103**, 118
- Erläuterung von Kündigungsgründen **BetrVG 102**, 70, 185
- funktionsunfähiger Betriebsrat **BetrVG 102**, 158; **BetrVG 103**, 118
- im Zustimmungsersetzungsverfahren **BetrVG 103**, 118 ff.
  ◊ s. auch *Mitbestimmung*
- Kündigung von Betriebsratsmitgliedern **BetrVG 103**, 103, 118 ff.; **KSchG 15**, 30 ff., 41
- Meinungsstand **BetrVG 102**, 185
- nach der Kündigung entstandene Gründe **BetrVG 102**, 190 a
- nachträglich bekannt gewordene Gründe **BetrVG 102**, 186 a ff.; **BGB 626**, 184
- Rechtsfolge unzulässigen Nachschiebens **BetrVG 102**, 190 b
- Sozialauswahlkriterien **BetrVG 102**, 154

- Zustimmungserfordernis **BetrVG 103**, 103, 118, 122; **BGB 626**, 185; **KSchG 15**, 47

Nachtbriefkasten KSchG 5, 22

Nachteilsausgleich
- Ausschlussfrist **KSchG 9**, 69; **KSchG 10**, 22 a
- Bemessung **KSchG 10**, 8, 81
- Geltendmachung **KSchG 9**, 69
- Unternehmensumwandlung und ~anspruch **UmwG**, 6
- Verhältnis zu Abfindung nach § 1 a KSchG **KSchG 1 a**, 144 f.
- Verhältnis zu Abfindung nach §§ 9, 10 KSchG **KSchG 9**, 69 ff.

Nachträgliche Zulassung der Kündigungsschutzklage
- Alleinentscheidung durch Vorsitzenden **KSchG 5**, 126, 130, 148
- Antrag
  ◊ s. *nachträgliche Zulassung, Antrag und Fristen (formelle Voraussetzungen)*
- außerordentliche Kündigung **KSchG 13**, 51
- Begründetheit **KSchG 5**, 133 ff.
- Beweisaufnahme **KSchG 5**, 96, 141 ff.
- Bindungswirkung **KSchG 5**, 7, 134, 154 ff., 156 a, 158
- eidesstattliche Versicherung **KSchG 5**, 81, 83, 146
- Einzelfälle
  ◊ s. *nachträgliche Zulassung, Einzelfälle*
- Einzelfragen **KSchG 5**, 156 b ff.
- Entscheidung durch Beschluss **KSchG 5**, 126 ff., 163
- Entscheidung durch Kammer **KSchG 5**, 126, 130, 148
- Entstehungsgeschichte **KSchG 5**, 1 ff., 141 ff.
- Frist
  ◊ s. *nachträgliche Zulassung, Antrag und Fristen (formelle Voraussetzungen)*
- Gegenstandswert **KSchG 5**, 138, 178
- Glaubhaftmachung **KSchG 5**, 81, 83, 92 ff., 139 ff.
- in der Berufungsinstanz **KSchG 13**, 83
- Instanzenzug, unzulässige Verkürzung **KSchG 5**, 159 ff.
- Kosten **KSchG 5**, 174 ff.
- Nichtigkeit des Beschlusses **KSchG 5**, 130
- Parteiwechsel **KSchG 5**, 118 a, 173 c
- Rechtsmittel
  ◊ s. *nachträgliche Zulassung, Rechtsmittel*
- Rechtsschutzinteresse **KSchG 5**, 100 ff., 157
- Sechsmonatsfrist **KSchG 5**, 119
- Sinn und Zweck der Regelung **KSchG 5**, 6
- sittenwidrige Kündigung **KSchG 13**, 170
- Sorgfaltsmaßstab **KSchG 5**, 10 ff.
- stattgebender Beschluss **KSchG 5**, 137, 154
- Streit um Anwendung des KSchG **KSchG 5**, 156 b
- Streit um Dreiwochenfrist **KSchG 5**, 157
- Streit um Kündigungserklärung **KSchG 5**, 118 d, 158
- Streitwert **KSchG 5**, 178
- übergangene Klage **BGB 626**, 401
- Unterlassung der Klageerhebung **KSchG 5**, 8
- Verfahren **KSchG 5**, 126 ff.

Stichwortverzeichnis

- verlängerte Anrufungsfrist **KSchG 5**, 29; **KSchG 6**, 39
- Versäumnisurteil **KSchG 5**, 148
- verspätete Klageerhebung **KSchG 5**, 9
- Voraussetzungen, formelle **KSchG 5**, 78 ff.
  ◊ s. auch *nachträgliche Zulassung, Antrag und Fristen*
- Voraussetzungen, materielle **KSchG 5**, 8 ff., 157
- Wirksamwerden sozial ungerechtfertigter Kündigung
  ◊ s. *Wirksamwerden der Kündigung*
- Wirkung **KSchG 5**, 7, 154 ff.
- Zeugen **KSchG 5**, 96, 141
- Zugang der Kündigung
  ◊ s. *dort*
- Zulässigkeit **KSchG 5**, 131, 136, 158
- zumutbare Sorgfaltspflicht **KSchG 5**, 11 ff., 32, 111
- zurückweisender Beschluss **KSchG 5**, 138, 158
- Zweiwochenfrist **KSchG 5**, 84, 87, 104 a ff.

Nachträgliche Zulassung, Antrag und Fristen (formelle Voraussetzungen) KSchG 5, 78 ff., 104 ff.
- Begründung des Antrags **KSchG 5**, 81
- Berechnung der Fristen **KSchG 5**, 120
- Darlegungs- und Beweislast **KSchG 5**, 124
- Ergänzungen, Konkretisierungen **KSchG 5**, 87 f.
- Form **KSchG 5**, 78 ff.
- Fristen **KSchG 5**, 104 ff.
- gerichtliche Hinweispflicht **KSchG 5**, 29, 87
- Glaubhaftmachung **KSchG 5**, 81, 83 ff., 92 ff., 139 ff.
- Hilfsantrag **KSchG 5**, 156 b, 158 ff., 161 ff., 173 b
- Inhalt des Antrags **KSchG 5**, 80 ff.
- Krankenhausaufenthalt **KSchG 5**, 115
- Nachschieben **KSchG 5**, 84 ff.
- Parteiwechsel **KSchG 5**, 118 a, 173 c
- Postlaufzeiten **KSchG 5**, 116
- Prozessbevollmächtigte **KSchG 5**, 83, 94, 112, 114, 118 f
- Rechtsschutzinteresse **KSchG 5**, 100 ff., 157
- schriftliche Zeugenaussage **KSchG 5**, 83
- Sechsmonatsfrist **KSchG 5**, 119
- Verbindung mit Kündigungsschutzklage **KSchG 5**, 80
- vorsorglicher Antrag **KSchG 5**, 103
- Zulässigkeit des Antrags **KSchG 5**, 131, 136
- zuständiges Gericht **KSchG 5**, 97
- Zweiwochenfrist **KSchG 5**, 84, 87 f., 104 a ff., 113 ff.

Nachträgliche Zulassung, Einzelfälle KSchG 5, 17 ff.
- Abwarten anderen Prozesses **KSchG 5**, 18
- Agentur für Arbeit **KSchG 5**, 31
- Änderungskündigung **KSchG 5**, 24; **KSchG 7**, 14 g
- Angehörige/Bekannte **KSchG 5**, 43 ff., 48
- Arbeitgeberverhalten **KSchG 5**, 40 ff., 66
- ärztliches Attest **KSchG 5**, 87, 145
- ausländische Arbeitnehmer **KSchG 5**, 31, 33, 38, 46, 58, 64, 75
- Auslandsarbeitsvertrag **KSchG 5**, 35 b, 118 b
- Auslandsaufenthalt **KSchG 5**, 35 b, 46, 59 ff.
- Ausnutzen der Frist **KSchG 5**, 20 ff.
- bei gewerkschaftlicher Vertretung **KSchG 5**, 31, 33, 45, 74
- Betriebsausflug **KSchG 5**, 22
- Betriebsrat, Anrufung **KSchG 5**, 26, 33, 67
- blinder Arbeitnehmer **KSchG 5**, 64
- Briefkopf, irreführender **KSchG 5**, 74
- Büropersonal **KSchG 5**, 31, 74
- falsche Auskunft **KSchG 5**, 30 ff., 35, 61 b
- fehlende Unterschrift **KSchG 4**, 165
- Fehler in EDV-Anlage **KSchG 5**, 74
- Fristenkalender **KSchG 5**, 74
- gemeinsamer Briefkasten **KSchG 5**, 23
- gerichtliche Hinweispflicht **KSchG 5**, 29
- Irrtum über außergerichtliche Einigung **KSchG 5**, 72
- Irrtum über Beginn der Dreiwochenfrist **KSchG 5**, 56, 61 a
- Irrtum über Erfolgsaussichten der Klage **KSchG 5**, 38, 41, 77
- Irrtum über Fristwahrung **KSchG 5**, 25
- Irrtum über weitere Kündigung **KSchG 5**, 73
- Irrtum über Zugang der Kündigung **KSchG 5**, 56, 58
- Justizvollzugsanstalt **KSchG 5**, 59
- Krankheit **KSchG 5**, 42 ff., 55, 87, 115
- Nachtbriefkasten **KSchG 5**, 22
- Neuerhebung der Kündigungsschutzklage **KSchG 5**, 63, 72
- Postlaufzeiten **KSchG 5**, 21, 116, 118 e
- Prozessbevollmächtigte **KSchG 5**, 31, 65, 69 ff., 83, 94, 112, 114, 118
- Prozesskostenhilfe **KSchG 5**, 28
- psychische Beeinträchtigung **KSchG 5**, 49
- Rechtsantragsstelle **KSchG 5**, 31, 35 a, 45
- Rechtsschutzversicherung **KSchG 5**, 19, 24, 34
- Störung im Postverkehr **KSchG 5**, 21
- Täuschung über Erfolgsaussichten **KSchG 5**, 39
- Telefax **KSchG 5**, 23
- Unkenntnis der Dreiwochenfrist **KSchG 5**, 64, 70
- unrichtige Unterrichtung des Prozessbevollmächtigten **KSchG 5**, 65
- unrichtige Unterrichtung durch Empfangsboten **KSchG 5**, 69 a
- Urlaub/Kur/Ortsabwesenheit **KSchG 4**, 108 ff.; **KSchG 5**, 59 ff., 115
- Vergleichsverhandlungen **KSchG 5**, 25, 66, 75, 118 b
- Verschulden des Vertreters/Prozessbevollmächtigten **KSchG 5**, 69 ff.
- vorsorgliche Kündigung **KSchG 5**, 76
- Wiedereinsetzung in den vorigen Stand **KSchG 5**, 14 ff., 122, 151
- Zugang der Kündigung
  ◊ s. *dort*

Nachträgliche Zulassung, Rechtsmittel
- Alleinentscheidung durch Vorsitzenden-LAG **KSchG 5**, 151
- Aussetzen des Kündigungsschutzprozesses **KSchG 5**, 169 ff., 173, 173 b

- Berufung **KSchG 5**, 153, 173 ff.
- Beschluss durch LAG **KSchG 5**, 151, 153 a
- Beschwerdeberechtigte **KSchG 5**, 150
- Bindungswirkung, Rechtsmittelinstanz **KSchG 5**, 156 a, 158
- Entscheidung durch Kammer **KSchG 5**, 151
- Erheblichkeit des Antrags vor BAG **KSchG 5**, 168
- Erheblichkeit des Antrags vor LAG **KSchG 5**, 161 ff.
- Frist **KSchG 5**, 151, 152 a
- Gegenstand des Beschwerdeverfahrens **KSchG 5**, 152 d
- Hilfsantrag **KSchG 5**, 158 ff., 161 ff., 173 b
- neuer Sachvortrag **KSchG 5**, 151
- Parteiwechsel in Berufungsinstanz **KSchG 5**, 173 c
- Rechtsbeschwerde **KSchG 5**, 151, 153 a
- Rechtsmittelbelehrung **KSchG 5**, 152
- Revision **KSchG 5**, 153 b
- sofortige Beschwerde **KSchG 5**, 127, 129, 149 ff., 153, 164, 169 ff., 173 ff.
- Übersehen der Dreiwochenfrist durch Gericht **KSchG 5**, 173
- Verfahrensmängel **KSchG 5**, 173 ff.
- Vertretungszwang **KSchG 5**, 152 c
- Wiedereinsetzung in vorigen Stand **KSchG 5**, 14 ff., 122, 151
- Zurückverweisung an ArbG **KSchG 5**, 158, 160 ff., 173
- Zurückverweisung an LAG **KSchG 5**, 168

Nachvertragliches Wettbewerbsverbot
 ◊ s. *Wettbewerbsverbot*

Nachweisgesetz
- Kündigungsfrist **BGB 622**, 205 a

Nachzahlungsanspruch
- Annahmeverzug **BetrVG 102**, 193, 218, 233; **KSchG 4**, 30 ff.; **KSchG 11**, 11 ff.
- Anrechnung auf Urlaub **KSchG 11**, 25
- Anspruchsgrundlage **KSchG 11**, 11
- Auflösungsurteil **KSchG 11**, 63
- Ausschlussfristen **KSchG 11**, 22
- außerordentliche Kündigung **KSchG 11**, 60
- Beweislast **KSchG 11**, 55
- einstweilige Verfügung **KSchG 11**, 53
- gerichtliche Geltendmachung **BetrVG 102**, 279; **KSchG 11**, 51 ff.
- Gratifikation **KSchG 11**, 26
- Höhe **KSchG 11**, 26 ff.
- Kosten **KSchG 11**, 57
- Krankheit des Arbeitnehmers **KSchG 11**, 18
- nach Änderungskündigung **KSchG 8**, 11 ff.
- Rechtsmittelbegründung **KSchG 11**, 59
- Rechtsnatur **KSchG 11**, 29
- sittenwidrige Kündigung **KSchG 11**, 61
- Sozialversicherung **KSchG 11**, 29
- Steuerrecht **KSchG 11**, 29
- Streitwert **KSchG 11**, 56
- tarifvertragliche Ausschlussfrist **KSchG 8**, 13
- Verjährung **KSchG 11**, 22 a
- Verjährungsbeginn **KSchG 8**, 13
- Voraussetzungen **KSchG 11**, 8, 11
- Zeitraum **KSchG 11**, 9
- Zulagen **KSchG 11**, 26

Nachzahlungsanspruch, Anrechnung auf Zwischenverdienst
- Anrechnungszeitraum **KSchG 11**, 33
- Arbeitslosenunterstützung **KSchG 11**, 45
- Auskunftsanspruch des Arbeitgebers **KSchG 11**, 38, 48, 55
- bei Beendigung des Arbeitsverhältnisses nach Urteil im Kündigungsschutzprozess **KSchG 11**, 62; **KSchG 12**, 3, 30 ff.
- bei Weiterbeschäftigung **KSchG 11**, 6
- Beweislast **KSchG 11**, 38
- böswilliges Unterlassen anderweitigen Verdienstes **KSchG 11**, 40
- Entstehungsgeschichte **KSchG 11**, 1 ff.
- ersparte Aufwendungen **KSchG 11**, 50
- Gefälligkeitsarbeiten **KSchG 11**, 35
- höherer Verdienst in neuem Arbeitsverhältnis **KSchG 12**, 3, 30 ff.
- hypothetische Einkünfte **KSchG 11**, 31, 39 ff.
- Nebenbeschäftigung **KSchG 11**, 35
- selbständige Erwerbstätigkeit **KSchG 11**, 35
- Sozialversicherungsleistungen **KSchG 11**, 44
- Umfang **KSchG 11**, 34
- Verdienst **KSchG 11**, 36
- Verweigern der Weiterarbeit wegen neuem Arbeitsverhältnis **KSchG 12**, 3, 30 ff.
- Zumutbarkeit anderweitigen Verdienstes **KSchG 11**, 42
- Zweck **KSchG 11**, 4, 31

NATO-Truppenstatut
 ◊ s. *Stationierungsstreitkräfte*

Nebenbeschäftigung
- allgemeiner Kündigungsschutz **KSchG 1**, 65
- Anrechnung als Zwischenverdienst **KSchG 11**, 35
- Geltungsbereich des KSchG **KSchG 23**, 21, 39
- Konkurrenztätigkeit **KSchG 1**, 493
- Krankheit **BGB 626**, 425 ff.; **KSchG 1**, 484, 492
- Kündigungsgrund **BGB 626**, 113, 434, 436; **KSchG 1**, 491 ff.
- Kündigungsschutz **KSchG 23**, 21
- öffentlicher Dienst **BGB 626**, 436
- Privatarbeiten als Kündigungsgrund **KSchG 1**, 446, 492

Nebenpflichtverletzungen, als Kündigungsgrund **BGB 626**, 116, 145

Neue Bundesländer
 ◊ s. *Beitrittsgebiet*

Neuer Arbeitsplatz
- keine Verpflichtung zur Einrichtung **KSchG 1**, 221

Neues Arbeitsverhältnis nach Kündigung
 ◊ s. *Wahlrecht zwischen Arbeitsverhältnissen nach Urteil im Kündigungsschutzprozess*

Nichtigkeit des Arbeitsvertrages, Berufung auf ~ **BGB 626**, 46 b, 46 c

Nichtigkeitsgründe der Kündigung, andere (§ 13 Abs. 3 KSchG)
- Anfechtung der Kündigung **KSchG 13**, 297

- Annahmeverzug **KSchG 13**, 352 a
- anwendbare Vorschriften des KSchG **KSchG 13**, 326 ff.
- Auflösungsantrag des Arbeitgebers **KSchG 13**, 327 ff.
- Auflösungsantrag des Arbeitnehmers **KSchG 13**, 330 ff.
- Dreiwochenfrist **KSchG 13**, 302 ff.
- einzelvertragliche Kündigungsbeschränkungen **KSchG 13**, 266 ff.
- fehlende Bestimmtheit **KSchG 13**, 298 a
- fehlende Vertretungsmacht **KSchG 13**, 288 ff.
- fehlende Vollmachturkunde, Zurückweisung **KSchG 13**, 284 ff.
  ◊ s. Zurückweisung der Kündigung wegen Nichtvorlage der Vollmacht
- fehlende Zustimmung zur Kündigung **BetrVG 102**, 245 a; **KSchG 13**, 283
- fehlender Zugang **KSchG 13**, 282
- fehlerhafte Betriebsratsanhörung **BetrVG 102**, 184
- Feststellungsklage, allgemeine **KSchG 13**, 311, 313
- Form
  ◊ s. dort
- Geschäftsfähigkeit, Mängel **KSchG 13**, 292 ff.
- gesetzliche Verbote, Verstoß gegen besondere Kündigungsschutzvorschriften
  ◊ s. dort
- Kündigung durch Sequester **KSchG 13**, 294 a
- Kündigung im falschen Namen **KSchG 13**, 291
  ◊ s. auch Vertretung bei Kündigung
- Leistungsklage **KSchG 13**, 312
- Rechtskraft **BGB 626**, 393 ff.; **KSchG 4**, 221; **KSchG 13**, 353
  ◊ s. auch Präklusionswirkung
- Schein-/Scherzkündigung **KSchG 13**, 295
- tarifvertragliche Kündigungsbeschränkungen **BetrVG 102**, 244; **KSchG 13**, 260 ff.
  ◊ s. auch Tarifvertrag
- Umdeutung in Aufhebungsverbot **KSchG 13**, 354
- Verwirkung **KSchG 13**, 304 ff.
  ◊ s. auch dort

Nichtverlängerungsanzeige TzBfG 14, 139
- Bühnenrecht **BGB 625**, 11 a

Niederlassung IPR, 132

O

Offenbarungspflicht
- außerordentliche Kündigung **BGB 626**, 435
- leitende Angestellte **KSchG 14**, 45

Offene Handelsgesellschaft
- Gesellschafter als Arbeitnehmer **KSchG 14**, 19
- Parteifähigkeit **KSchG 4**, 90, 151
- Vertretung **KSchG 14**, 19

Öffentlicher Dienst
- Arbeitgebervertreter **BPersVG 72**, 79, **108**, 16 ff.
- Auflösung einer Dienststelle **SGB IX 85-90**, 86
- Auslandsbeschäftigung **IPR**, 69
- Ausschlussfrist **BGB 626**, 352
- außerdienstliches Verhalten **KSchG 1**, 306 ff., 451
- außerordentliche Kündigung **BGB 626**, 436
- Berufsausbildungsverhältnis **BBiG 21**, 16, 59, 68; **BBiG 22**, 16, 59, 68
- betriebsbedingte Kündigung **KSchG 1**, 593 ff.
- Bundesministerium für Post und Telekommunikation **KSchG 21**, 1 ff.
- Bundesministerium für Verkehr **KSchG 21**, 1 ff.
- Dienstordnungsangestellte
  ◊ s. dort
- Dienstsiegel **KSchG 13**, 228 a
- Dienststelle, Begriff **KSchG 1**, 137; **SGB IX 85-90**, 68
- Dienststellenleiter **BPersVG 72**, 79, **108**, 16 ff.
- DKP-Zugehörigkeit **KSchG 2**, 100 a
- drittmittelfinanzierte Arbeitsverträge **KSchG 1**, 584 f.
- Entscheidung über Einwendungen gegen Kündigung **BPersVG 72**, 79, **108**, 45 ff.
- Erörterung der Kündigungsabsicht **BPersVG 72**, 79, **108**, 34 ff.
- Freistellung vor Abschluss des Mitwirkungsverfahrens **BPersVG 72**, 79, **108**, 14, 46
- Geltungsbereich des KSchG **KSchG 23**, 9, 28 ff., 71, 76
- Haushaltsplan, Stellenstreichung **KSchG 1**, 593
- Integrationsamt, zuständiges **SGB IX 85-90**, 69
- Kündigung während der Wartezeit **KSchG 1**, 128
- Kündigungsschutz für Parlamentarier **ParlKSch**, 12, 32, 43
- KW-Vermerk **KSchG 1**, 593, 594
- Massenentlassung **KSchG 21**, 3 ff.
- Nebentätigkeit **BGB 626**, 436
- Nichtübernahme auszubildender Amtsträger **BetrVG 78 a**, 39, 46 a
- öffentliche Betriebe **KSchG 1**, 137; **KSchG 17**, 25; **KSchG 23**, 9, 28 ff., 71, 76
- Personalrat, Kündigungsschutz
  ◊ s. dort
- Personalrat, Mitwirkungsrechte **BPersVG 47**, 72, 79, **108**, 2 ff., 7 ff., 9 ff., 15, 20, 25 ff., 32 ff.; **KSchG 1**, 32, 192, 695, 703, 706 ff.
  ◊ s. auch dort
- Personalrat, ordentliche Kündigung
  ◊ s. Betriebs-/Personalrat, ordentliche Kündigung
- Petitionsrecht **KSchG 1**, 427
- politische Meinungsäußerung/Betätigung **BGB 626**, 118; **KSchG 2**, 100
- Rationalisierungsmaßnahmen **KSchG 1**, 593
- Schifffahrt **SeemG**, 20
- soziale Auswahl **KSchG 1**, 609
- Sparmaßnahmen **BetrVG 78 a**, 46 a
- Steuerhinterziehung **BGB 626**, 436
- Stufenvertretung **BPersVG 72**, 79, **108**, 48 ff.
- tarifvertragliche Ausschlussfrist **KSchG 4**, 39
- treuwidrige Kündigung **KSchG 13**, 256 a
- Übertragung von Betriebsfunktionen **KSchG 1**, 597
- Umdeutung außerordentlicher in ordentliche Kündigung **BPersVG 72**, 79, **108**, 13, 64
- unkündbare Arbeitnehmer **BGB 624**, 22
  ◊ s. auch Unkündbarkeit

- Verfassungstreue **BBiG 21**, 59; **BBiG 22**, 59; **BetrVG 78 a**, 39; **KSchG 2**, 100; **KSchG 13**, 184
- Verwaltungszweig **KSchG 1**, 145
- Vordienstzeiten **NATO-ZusAbk**, 11
- Wartezeit **KSchG 1**, 128, 137
- Wehrdienst **ArbPlSchG**, 11
- Weiterbeschäftigungsanspruch **BPersVG 72, 79**, 108, 3, 58
- Weiterbeschäftigungsmöglichkeit **BGB 626**, 436 **BPersVG 72, 79, 108**, 61; **KSchG 1**, 218, 538, 593 a, 596, 717
- Widerspruchstatbestände/Personalrat **BPersVG 72, 79, 108**, 57 ff.; **KSchG 1**, 706 ff., 711, 726
- Wiedereinstellung nach Entbindung **MuSchG 10**, 40, 52

Ordentliche Kündigung KSchG 1, 154 f.
- auf Verlangen des Betriebsrats **BetrVG 104**, 14 ff., 31, 44, 53 ff.
  ◊ s. auch *Entfernung betriebsstörender Arbeitnehmer*
- befristetes Arbeitsverhältnis **BEEG 21**, 21 ff.
- Berufsausbildungsverhältnis **BBiG 21**, 7, 39; **BBiG 22**, 7, 39
- betriebs-/krankheits-/personen-/verhaltensbedingte Kündigung
  ◊ s. *jeweils dort*
- Betriebs-/Personalratsmitglied
  ◊ s. *Betriebs-/Personalrat, ordentliche Kündigung*
- Betriebsratsanhörung
  ◊ s. *Mitbestimmung*
- Einigungsvertrag
  ◊ s. *Einigungsvertrag, ordentliche Kündigung*
- Interessenabwägung
  ◊ s. *Interessenabwägung, ordentliche Kündigung*
- vorsorgliche Kündigung **BetrVG 102**, 33
- Weiterbeschäftigungsanspruch
  ◊ s. *dort*

Organmitglieder juristischer Personen und Gesellschafter
- Aktiengesellschaft **KSchG 14**, 8
- allgemeiner Kündigungsschutz **BGB 626**, 2, 12; **KSchG 1**, 87; **KSchG 14**, 3, 6 ff.
- als Auflösungsgrund von altem Arbeitsverhältnis **KSchG 12**, 8
- Arbeitnehmereigenschaft **ArbNähnl.Pers.**, 30
- Arbeitsverhältnis **KSchG 14**, 6
- Aufsichtsrat **KSchG 14**, 8
- bergrechtliche Gewerkschaft **KSchG 14**, 14
- Betriebsbegriff **KSchG 14**, 7
- Dienstverhältnis **KSchG 14**, 6
- Dreiwochenfrist **KSchG 13**, 27, 30, 34; **KSchG 14**, 23 ff., 42
- Genossenschaft **KSchG 14**, 11
- Gesellschaft bürgerlichen Rechts **KSchG 14**, 21
- Gesellschaft mit beschränkter Haftung **KSchG 14**, 10
- Kommanditgesellschaft **KSchG 14**, 20
- Kommanditgesellschaft auf Aktien **KSchG 14**, 9
- offene Handelsgesellschaft **KSchG 14**, 19
- öffentlich-rechtliche Körperschaften **KSchG 14**, 7
- Personengesamtheitsvertreter **KSchG 14**, 16 ff.
- Privatwirtschaft **KSchG 14**, 7

- Stiftung **KSchG 14**, 15
- Verein **KSchG 14**, 12, 22
- Versicherungsverein auf Gegenseitigkeit **KSchG 14**, 13
- Zuständigkeit, sachliche **KSchG 14**, 65

P
Parität, Arbeitskampf KSchG 25, 3 ff.
Parlamentarier
  ◊ s. *Kündigungsschutz für Abgeordnete*
  ◊ s. *Kündigungsschutz für Bundestagsabgeordnete*
Parteiwechsel KSchG 4, 91, 153, 155; **KSchG 5**, 118 a, 173 a
Pensionsalter
  ◊ s. auch *älterer Arbeitnehmer*
  ◊ s. auch *Lebensalter*
  ◊ s. auch *Rentenversicherung*
- Abfindung **KSchG 10**, 43
- Kündigungsgrund **KSchG 1**, 289
- Rentenbezug **SozR**, 41 ff.
Personalleiter, als Kündigungsberechtigter BGB 626, 351; **KSchG 13**, 286
Personalrat
  ◊ s. *Betriebs-/Personalrat*
Personalrat, Kündigungsschutz
- Amtsausübung vor und nach Kündigung **KSchG 15**, 53
- Annahmeverzug **KSchG 16**, 7
- Ausschluss vom Amt **BGB 626**, 12
- Bezirkspersonalrat **BPersVG 47, 108**, 2, 4
- Dienstordnungsangestellte **BPersVG 47, 108**, 6
- Dreiwochenfrist **KSchG 13**, 39
- Frist zur Stellungnahme **BPersVG 47, 108**, 10
- Gesamtpersonalrat **BPersVG 47, 108**, 2, 4
- geschützter Personenkreis **BPersVG 47, 108**, 2; **KSchG 15**, 8, 12
- Hauptpersonalrat **BPersVG 47, 108**, 2
- Kündigung von ~ **BGB 626**, 20
- Mitglied mehrerer Personalvertretungen **BPersVG 47, 108**, 7
- Nichtigkeit bei Verstoß **KSchG 13**, 204 ff.
- ordentliche Kündigung **KSchG 15**, 78, 96
  ◊ s. auch *Betriebs-/Personalrat, ordentliche Kündigung*
- Präjudizwirkung der Zustimmung **KSchG 15**, 50
- Suspendierung vor Kündigungsausspruch **KSchG 15**, 51
- Wahlbewerber/-vorstand **BPersVG 47, 108**, 2, 4, 12 f.
- Weiterbeschäftigungsanspruch **KSchG 15**, 52
- Zuständigkeit für Zustimmung **BPersVG 47, 108**, 7
- Zustimmungsersetzung **BPersVG 47, 108**, 11, 14
Personalrat, Mitwirkungsrechte
  ◊ s. auch *Mitbestimmung*
- außerordentliche Kündigung **BPersVG 72, 79, 108**, 5, 66; **KSchG 13**, 222
- Erörterung der Kündigungsabsicht **BPersVG 72, 79, 108**, 2, 34 ff.
- Erweiterung **BPersVG 72, 79, 108**, 4, 24

Stichwortverzeichnis

- Fehler im Mitwirkungsverfahren **BPersVG 72, 79, 108**, 53 ff.
- Kündigung von Amtsträgern
  ⇨ *s. Personalrat, Kündigungsschutz*
- Länder, Gemeinden **BPersVG 72, 79, 108**, 1, 8
- Nachschieben von Kündigungsgründen **BPersVG 72, 79, 108**, 65
- ordentliche Kündigung **BPersVG 72, 79, 108**, 2 ff., 9 ff., 15, 20, 25 ff., 32 ff.
- Rechtsfolgen bei Verletzung **BPersVG 72, 79, 108**, 1, 53 ff.; **KSchG 13**, 222
- Stellungnahme zu Kündigungsabsicht
  ⇨ *s. Stellungnahme des Betriebs-/Personalrats*
- Stufenvertretung **BPersVG 72, 79, 108**, 48 ff.
- Unterrichtung über Kündigungsumstände **BPersVG 72, 79, 108**, 15 f.
- Widerspruch **BPersVG 72, 79, 108**, 3, 24, 40 ff., 57 ff.
  ⇨ *s. auch Widerspruch des Betriebs-/Personalrats*
- Zweck **BPersVG 72, 79, 108**, 2 f.

Personenbedingte Kündigung
- Abgrenzung zur verhaltensbedingten Kündigung **BGB 626**, 137, 141 f; **KSchG 1**, 265 ff., 395 ff.
- Abmahnung **BGB 626**, 267 ff., 282; **KSchG 1**, 269 f., 309
- AIDS **KSchG 1**, 280 ff.
- Alkohol- und Drogensucht **KSchG 1**, 284 ff., 383
  ⇨ *s. auch Alkohol und Drogen*
- Alter **KSchG 1**, 289
- Änderungskündigung **BGB 626**, 293 ff.; **KSchG 1**, 224 ff.; **KSchG 2**, 100
- Arbeitsgenehmigung, fehlende **BGB 626**, 130; **KSchG 1**, 290 f.
- Arbeitsunfähigkeitsbescheinigung **KSchG 1**, 479
- Aufenthaltserlaubnis **KSchG 1**, 290
- außerordentliche Kündigung **BGB 626**, 129 ff.
  ⇨ *s. auch dort*
- Begriff **KSchG 1**, 265 ff.
- Berufsausbildungsverhältnis **BBiG 14**, 83; **BBiG 21**, 53, 65, 83; **BBiG 22**, 53, 65, 83
- Berufsausübungserlaubnis **KSchG 1**, 292 f.
- Berufskrankheit **KSchG 1**, 294
- Beschäftigungsverbot **KSchG 1**, 292
- betriebliche Beeinträchtigungen **KSchG 1**, 272, 337 ff., 371 ff., 376
- Betriebsgeheimnis **KSchG 1**, 295
- Betriebsunfall **KSchG 1**, 296
- DKP-Zugehörigkeit **KSchG 2**, 100
- Doppeltatbestand **KSchG 1**, 257 ff.
- Druckkündigung **KSchG 1**, 473
- Eheschließung/-Scheidung **BGB 626**, 124; **KSchG 1**, 298 f.; **KSchG 13**, 187 ff.
- Ehrenamt **KSchG 1**, 302
- Eignung **BGB 626**, 131, 422; **KSchG 1**, 303 ff.
  ⇨ *s. auch dort*
- Einigungsvertrag, Kündigung **KSchG 1**, 308
- einzelne personenbedingte Gründe **KSchG 1**, 279 ff.
- Erwerbsminderung **KSchG 1**, 312
- Fahrerlaubnis, Entzug **BGB 626**, 407; **KSchG 1**, 293; **KSchG 2**, 111
- Falschbeantwortung von Fragen **BGB 626**, 435; **KSchG 1**, 310
- familiäre Verpflichtungen **KSchG 1**, 313
- Freiheitsstrafe **KSchG 1**, 317 f.
- Freiheitsstrafe (Haft) **BGB 626**, 135, 451
- Gewissensentscheidung **BGB 626**, 141; **KSchG 1**, 314 ff.
- Haft **KSchG 1**, 317 f.
- Heuerverhältnis **SeemG**, 68 ff.
- Homosexualität **BGB 626**, 124
- Interessenabwägung **KSchG 1**, 273 ff.
  ⇨ *s. auch Interessenabwägung, ordentliche Kündigung*
- Kirchlicher Dienst
  ⇨ *s. dort*
- krankheitsbedingte Kündigung **KSchG 1**, 319 ff.
  ⇨ *s. auch dort und Krankheit*
- Kuraufenthalt **KSchG 1**, 383
- Lehrbefähigung, fehlende **KSchG 1**, 292, 307
- Leistungsfähigkeit **KSchG 1**, 384 ff.
- Lohnpfändung **KSchG 1**, 303, 459 ff.
- Pflichtenkollision **BGB 626**, 142
- politische Mandatsträger **KSchG 1**, 302
  ⇨ *s. auch politische Betätigung*
- Prüfungskriterien bei der Sozialwidrigkeit **KSchG 1**, 271 ff.
- Schwerbehinderte **BGB 626**, 19, 339 ff.
  ⇨ *s. auch Schwerbehinderte, Kündigungsschutz*
- Sicherheitsbedenken **BGB 626**, 126
- Straftaten **KSchG 1**, 390 ff.
- tendenzwidriges Verhalten **BGB 626**, 121; **KSchG 1**, 77, 305
- Urlaubsüberschreitung **KSchG 1**, 443
- verfassungsfeindliche Betätigung **KSchG 1**, 306; **KSchG 2**, 100
- Verschulden des Arbeitnehmers **KSchG 1**, 268
- Wehrdienst **ArbPlSchG**, 22; **BGB 626**, 142; **KSchG 1**, 394
- Weiterbeschäftigungsmöglichkeit
  ⇨ *s. Weiterbeschäftigungsmöglichkeit/anderweitige Beschäftigungsmöglichkeit*
- Widerspruch der Betriebsrats **BetrVG 102**, 163

Persönlichkeitsrechtsverletzung
- Unterlassung und Beseitigung nach 1004 BGB **AGG**, 171

Politische Betätigung
- Abmahnung **BGB 626**, 119; **KSchG 15**, 28 a
- Arbeitspflichtverletzungen **KSchG 1**, 458
- DKP-Zugehörigkeit **KSchG 2**, 100 a
- Flugblätter **BGB 626**, 117
- Friedensaktivitäten **KSchG 1**, 468
- Gewaltverherrlichung **BGB 626**, 141
- Kündigungsgrund **BGB 626**, 111, 116 ff., 438; **KSchG 1**, 302, 456, 468; **KSchG 13**, 148, 184; **KSchG 15**, 28 a
- Mitgliedschaft in politischer Partei **KSchG 13**, 184, 193
- Mitgliedschaft in verfassungsfeindlicher Partei **BGB 626**, 116; **KSchG 13**, 184; **KSchG 15**, 28
- öffentlicher Dienst **KSchG 1**, 306, 457

- Plakettentragen im Betrieb **BGB 626**, 117, 438; **KSchG 1**, 468

Positive Vertragsverletzung BGB 628, 19

Präklusionswirkung
- allgemein **KSchG 4**, 224 ff., 262 ff.; **KSchG 13**, 63
- Änderungsschutzklage **KSchG 2**, 172
- Beschlussverfahren nach § 104 BetrVG **BetrVG 104**, 78 ff.
- Bestand des Arbeitsverhältnisses **KSchG 4**, 267
- Ergänzungsurteil **BGB 626**, 401
- Feststellungsklage **BGB 626**, 391, 395; **KSchG 4**, 266
- klageabweisendes Urteil **BGB 626**, 392; **KSchG 4**, 253
- klagestattgebendes Urteil **KSchG 4**, 255
- Kündigungsschutzklage **BGB 626**, 392 ff.; **KSchG 4**, 264 ff.
- nachträgliche Zulassung **KSchG 5**, 7, 134, 154 ff., 156 a, 158
- Nichtigkeitsgründe der Kündigung, andere **BGB 626**, 393; **KSchG 13**, 353
- obsiegendes Urteil **BGB 626**, 393
- Rücknahme der Kündigung **KSchG 4**, 273 a
- Teilurteil **BGB 626**, 401
- teilweise obsiegendes Urteil **BGB 626**, 394
- Trotzkündigung **BGB 626**, 403; **KSchG 4**, 271
- Versäumnisurteil **KSchG 4**, 266
- vorsorgliche bzw. weitere Kündigung **KSchG 4**, 269 ff.
- Wiederaufnahmeverfahren **KSchG 4**, 262
- Zustimmungsersetzung **BetrVG 103**, 139 ff.; **KSchG 15**, 40, 43

Praktikanten
  ◊ s. auch Berufsausbildung
- allgemeiner Kündigungsschutz **BBiG 21**, 43; **BBiG 22**, 43
- Anwendbarkeit des Berufsbildungsgesetzes **BBiG 21**, 13; **BBiG 22**, 13
- Beschäftigtenzahl **BBiG 23**, 43
- politische Betätigung **BBiG 21**, 59; **BBiG 22**, 59
- Schutz von Betriebsverfassungsorganmitglied **BetrVG 78 a**, 11

Prävention KSchG 1, 215 a

Presse
- tendenzwidriges Verhalten als Kündigungsgrund **BGB 626**, 125
- unrichtige Information als Kündigungsgrund **KSchG 15**, 27

Privatfahrten, als Kündigungsgrund BGB 626, 419

Probearbeitsverhältnis
- allgemeiner Kündigungsschutz **KSchG 1**, 64
- als Auflösungsgrund von altem Arbeitsverhältnis **KSchG 12**, 8
- Berufsausbildungsverhältnis **BBiG 21**, 20, 42; **BBiG 22**, 20, 42
- Kündigungsfristen **BBiG 21**, 42; **BBiG 22**, 42; **BGB 622**, 152 ff.
- leitende Angestellte **BetrVG 105**, 10
- Mutterschutz **MuSchG 9**, 143
- Praktikanten, Volontäre **BBiG 21**, 13; **BBiG 22**, 13
- Schwerbehinderte **SGB IX 85–90**, 40

- Stationierungsstreitkräfte **NATO-ZusAbk**, 24

Prognose
  ◊ s. auch Beurteilungszeitpunkt
- Abmahnung **BGB 626**, 279
- betriebsbedingte Kündigung **BGB 626**, 329; **KSchG 1**, 527, 579
- drittmittelfinanzierte Arbeitsverträge **KSchG 1**, 585
- krankheitsbedingte Kündigung **KSchG 1**, 325, 369
- personenbedingte Kündigung **BGB 626**, 279; **KSchG 1**, 271
- Prinzip **BGB 626**, 110, 146
- verhaltensbedingte Kündigung **BGB 626**, 110, 146, 278

Prokurist
- Kündigungsberechtigung **BGB 626**, 351; **KSchG 13**, 286
- leitender Angestellter **BetrVG 105**, 4
- Mitteilung von Prokuraerteilung/-widerruf an Betriebsrat **BetrVG 105**, 16, 23, 26

Prozessbeschäftigung
- als stillschweigende Verlängerung **BGB 625**, 34

Prozesskostenhilfe
- Dreiwochenfrist **KSchG 4**, 166 a
- nachträgliche Zulassung **KSchG 5**, 28, 61
- weitere Kündigung **KSchG 4**, 230
- Zustellung der Kündigungsschutzklage **KSchG 4**, 145

Prozessstandschaft der BR Deutschland, Stationierungsstreitkräfte NATO-ZusAbk, 48

Prozessvollmacht
- Empfangsvollmacht **KSchG 4**, 106
- Kündigungsschutzklage **KSchG 4**, 166
- weitere Kündigung **BGB 626**, 194; **KSchG 4**, 106 a

Punktesysteme/-tabellen
  ◊ s. auch Auswahlrichtlinien
- soziale Auswahl **KSchG 1**, 678 p, 695 ff.

R

Rationalisierungsmaßnahmen
- Ausschlussfrist **BGB 626**, 329
- Austauschkündigung **KSchG 1**, 523
- Betriebsübergang **KSchG 1**, 574 ff.
- Einführung von Teilzeitarbeit **KSchG 2**, 112
- einheitliches Arbeitsverhältnis **KSchG 1**, 591
- gerichtliche Nachprüfung **KSchG 1**, 534 ff.
- Kündigungsgrund **KSchG 1**, 519 f., 534 f., 577, 598 ff.
- öffentlicher Dienst **KSchG 1**, 593 ff.

Rationalisierungsschutzabkommen
- erweiterter Kündigungsschutz **KSchG 1**, 34

Rauchverbot
- Verstoß als Kündigungsgrund **BGB 626**, 440; **KSchG 1**, 472; **KSchG 15**, 27

Rechtsirrtum
- Abmahnung **BGB 626**, 273
- Arbeitskampf **BGB 626**, 410
- Arbeitsverweigerung **BGB 626**, 412
- Beweislast **BGB 626**, 384
- Zurückbehaltungsrecht **BGB 626**, 144

Rechtsmissbrauch
- Berufung auf Ausschlussfrist **BetrVG 102**, 89 b; **BGB 626**, 361 ff.
- Berufung auf Befristung **KSchG 15**, 14

Rechtswahl
◊ s. *Internationales Privatrecht, Rechtswahl*

Rechtsweg
- Abgabe (formlose) **KSchG 4**, 170, 186 ff.
- Antrag auf nachträgliche Zulassung **KSchG 5**, 97 ff.
- arbeitnehmerähnliche Personen **ArbNähnl.Pers.**, 75
- Berufsbildungsbereich **KSchG 4**, 193
- Handelsvertreter **ArbNähnl.Pers.**, 185, 191, 215
- Heimarbeiter **ArbNähnl.Pers.**, 160
- Klageeinreichung beim ordentlichen Gericht **KSchG 4**, 186
- Klageeinreichung beim Sozialgericht **KSchG 4**, 187
- Schiedsgericht, tarifvertragliches **KSchG 4**, 188 ff.
  ◊ s. auch *Schiedsgericht/Schlichtungsausschuss*
- Schiffsbesatzungen, kündigungsrechtliche Zuständigkeit **KSchG 24**, 31
- Verweisung **KSchG 4**, 186
- Zustimmungsersetzungsverfahren **BetrVG 103**, 111, 127 ff.

Reinigungsarbeiten
- Fremdvergabe als Kündigungsgrund **KSchG 1**, 597

Rentenalter
◊ s. auch *ältere Arbeitnehmer*
◊ s. auch *Altersgrenze*
◊ s. auch *Lebensalter*
◊ s. auch *Pensionsalter*
- Abfindung **KSchG 10**, 43

Rentenversicherung
◊ s. auch *ältere Arbeitnehmer*
◊ s. *betriebliche Altersversorgung*
- Altersgrenze, Rentenbezug **SozR**, 41 ff.
- Altersrente wegen Arbeitslosigkeit **SozR**, 41 e, 137
- Arbeitslose **SozR**, 27 ff., 38 ff.
- Arbeitslosenunterstützung und Rente **SozR**, 58
- Berufs-/Erwerbsunfähigkeitsrente **SozR**, 136
- Hinzuverdienstgrenze **SozR**, 42, 137
- Teilrente/Vollrente **SozR**, 42 c
- und Arbeitsentgeltnachzahlungsanspruch **SozR**, 87 ff., 136
- unwirksame Kündigung des Arbeitsverhältnisses **SozR**, 87 ff., 136
- wirksame Kündigung des Arbeitsverhältnisses **SozR**, 38 ff.

Restmandat des Betriebsrats
◊ s. auch *Mitbestimmung*
- Betriebsstilllegung **BetrVG 102**, 23; **KSchG 15**, 119
- wirksame Kündigung des Arbeitsverhältnisses

Revisionsinstanz
- Überprüfung der Sozialwidrigkeit **KSchG 1**, 213, 694

- Überprüfung des >wichtigen Grundes< **BGB 626**, 390

Rücknahme der Kündigung KSchG 4, 51 ff.; **KSchG 9**, 21; **KSchG 10**, 66; **KSchG 11**, 24
- als Angebot zur Fortsetzung des Arbeitsverhältnisses **KSchG 4**, 55 ff., 63
- Änderungskündigung **KSchG 2**, 159; **KSchG 4**, 287
- Anerkenntnis **KSchG 4**, 63, 72
- Arbeitsentgelt **KSchG 4**, 65 ff.
- Aufforderung zur Arbeitsaufnahme **KSchG 4**, 66
- Auflösungsantrag **KSchG 2**, 159 a; **KSchG 4**, 69 ff.; **KSchG 9**, 22
- nach Klageerhebung **KSchG 4**, 63 ff.
- Präklusionswirkung bei weiterer Kündigung **KSchG 4**, 273 a
- Prozesskosten **KSchG 4**, 63
- Rechtswirkung **KSchG 4**, 54
- Schwangerschaft (und sonstige Unwirksamkeitsgründe) **KSchG 4**, 62
- vor Klageerhebung **KSchG 4**, 51 ff.
- Widerruf **KSchG 4**, 52, 54

Rücksprache, Nichtbefolgung als Kündigungsgrund BGB 626, 441

Rücktritt
- außerordentliche Kündigung **BGB 626**, 40
- Umdeutung als Kündigungserklärung **BGB 626**, 41

Rückzahlungsklausel
- außerordentliche Kündigung **BGB 626**, 65
- Internationales Arbeitsrecht **IPR**, 124

Ruhegeld
◊ s. *betriebliche Altersversorgung*

Ruhendes Arbeitsverhältnis
- Kündigungsschutz **KSchG 1**, 92 f., 99, 108, 115
- Sozialauswahl **KSchG 1**, 667

Rundfunk und Fernsehen
- Arbeitnehmereigenschaft **ArbNähnl.Pers.**, 16 a ff., 28 ff.
- Freiheit **ArbNähnl.Pers.**, 16, 16 b

S

Sachlicher Grund, für Befristung
◊ s. *befristetes Arbeitsverhältnis, Zulässigkeitsvoraussetzungen*
◊ s. *Befristungsgrund, Fallgruppen*

Saisonbetriebe
- Baugewerbe **KSchG 22**, 2 a, 6
- Begriff **KSchG 22**, 1, 6
- Betriebsstilllegung **KSchG 15**, 89 ff.
- Beweislast **KSchG 22**, 15
- Geltungsbereich des KSchG **KSchG 23**, 45, 75
- Kleinbetrieb **KSchG 22**, 8
- Massenentlassungen **KSchG 17**, 24; **KSchG 22**, 3 ff.; **KSchG 23**, 70
- Mischbetrieb **KSchG 22**, 13
- Wartezeit **KSchG 22**, 6
- Wiedereinstellungsanspruch **KSchG 22**, 9, 14

Schadensersatz BGB 626, 33, 37 ff., 209, 243; **BGB 628**, 1 ff.

- Abfindung bei betriebsbedingter Kündigung **KSchG 1 a**, 133 ff.
- Abfindung bei gerichtlicher Auflösung **BGB 628**, 24, 40; **KSchG 10**, 73 ff.
- Arbeitslosengeld, Erstattungspflicht **MuSchG 9**, 93
- Aufhebungsvertrag **BGB 628**, 20
- außerordentliche Kündigung
  ◊ *s. Schadensersatz bei außerordentlicher Kündigung*
- Berufsausbildungsverhältnis **BBiG 21**, 89, 128 ff.; **BBiG 22**, 89, 128 ff.; **BGB 628**, 3
- Betriebsverfassungsorgan, Verletzung des Kündigungsschutzes **KSchG 15**, 139
- deliktrechtlicher Anspruch **KSchG 10**, 76
- Druckkündigung **BetrVG 104**, 69, 74; **BGB 626**, 209
- Handelsvertreter **ArbNähnl.Pers.**, 224; **BGB 628**, 3, 38
- immaterieller Schaden **KSchG 10**, 77
- Kausalität **BGB 628**, 25, 32, 44, 47
- Kündigung einer Lebens- oder Dauerstellung **BGB 624**, 19 ff.
- Kündigung eines Heuerverhältnisses **SeemG**, 124, 146
- Kündigung von Abgeordneten oder Wahlbewerbern **ParlKSch**, 51
- Kündigungserklärung ohne Betriebsratsstellungnahme **BetrVG 102**, 180
- nach Abwerbung **KSchG 1**, 419
- Nichtangabe der Kündigungsgründe **BGB 626**, 33, 37
- sittenwidrige Kündigung **KSchG 13**, 159, 167
- Verstoß gegen Gleichbehandlungsgebot **MuSchG 9**, 141
- Verstoß gegen mutterschutzrechtliches Kündigungsverbot **MuSchG 9**, 91
- Vertragsbruch **BGB 628**, 19 ff.
- Weiterbeschäftigungsanspruch **BetrVG 102**, 235 a, 300

Schadensersatz bei außerordentlicher Kündigung
- Abdingbarkeit **BGB 628**, 2
- Abfindung **BGB 628**, 40
- Arbeitslosenunterstützung, Ruhen **BGB 628**, 56
- Auflösungsverschulden **BGB 628**, 25 ff.
- Ausschlussfrist **BGB 628**, 22
- Berufsausbildungsverhältnis **BBiG 21**, 128 ff.; **BBiG 22**, 128 ff.; **BGB 628**, 3
- Beweislast **BGB 628**, 50, 53
- Druckkündigung **BGB 626**, 209
- entgangener Gewinn **BGB 628**, 50 ff.
- Erfüllungsinteresse **BGB 628**, 32
- Ersatzkraft **BGB 628**, 48
- GmbH-Geschäftsführer **BGB 628**, 28
- Grundsätze **BGB 628**, 32 ff.
- Insolvenz **BGB 628**, 57
- Internationales Arbeitsrecht **IPR**, 116
- Kausalität **BGB 628**, 25, 32, 44, 46 ff., 52
- Kündigung **BGB 628**, 20
- Mitverschulden **BGB 628**, 30
- Schaden des Arbeitgebers **BGB 628**, 32 ff., 43 ff.
- Schaden des Arbeitnehmers **BGB 628**, 32 ff., 37 ff.
- Schadensminderungspflicht **BGB 628**, 30, 42
- sittenwidrige Kündigung **KSchG 13**, 159
- Sozialversicherungsbeitrag **BGB 628**, 55
- und Abfindung bei gerichtlicher Auflösung **KSchG 10**, 75
- Unternehmensberatung **BGB 628**, 46
- Verfrühungsschaden **BGB 628**, 48
- Verjährung **BGB 628**, 54
- Vertragsbruch, Vertragsverletzung
  ◊ *s. dort*
- vertragswidriges Verhalten **BGB 628**, 23, 25 ff., 31
- Wahlrecht **KSchG 10**, 75
- Weiterbeschäftigungsanspruch
  ◊ *s. auch außerordentliche Kündigung*
- wichtiger Grund **BGB 628**, 20 f.
- zeitliche Begrenzung **BGB 628**, 34 f., 48 ff.
- Zeitungsinserate **BGB**, 46 ff.

Scherz-/Scheinkündigung KSchG 13, 295

Schiedsgericht/Schlichtungsausschuss KSchG 4, 188 ff.
- Anwendungsbereich **KSchG 4**, 188
- Berufsausbildungsverhältnis **BBiG 21**, 111 ff.; **BBiG 22**, 111 ff.
- Dreiwochenfrist **BBiG 21**, 116; **BBiG 22**, 116; **KSchG 4**, 192
- internationales Sportschiedsgericht **IPR**, 130
- Kündigungsschutz für Mitglieder **BetrVG 103**, 17
- nachträgliche Zulassung der Kündigungsschutzklage **KSchG 5**, 16
- Rechtsstreitigkeiten aus Heuerverhältnis **KSchG 24**, 32
- Schiedsvertrag als Einrede **KSchG 4**, 190
- und außerordentliche Kündigung **BGB 626**, 64

Schifffahrt
  ◊ *s. auch Bordvertretung*
  ◊ *s. auch Heuerverhältnis*
  ◊ *s. auch Kapitäne*
  ◊ *s. auch Seebetriebsrat*
- anzuwendende Rechtsordnung **IPR**, 4, 14, 16, 62 ff., 87; **SeemG**, 9 ff.
- Arbeitsunfähigkeit **SeemG**, 123
- Ausflaggung **SeemG**, 44
- ausländische Besatzungsmitglieder **SeemG**, 9
- außerordentliche Kündigung **BGB 626**, 8
- Berufsausbildung **BBiG 21**, 17; **BBiG 22**, 17; **BetrVG 78 a**, 12
- Besatzungsmitglieder **SeemG**, 22 ff.
- Beschäftigungszeit **SeemG**, 40
- Betrieb **SeemG**, 39, 54
- Betriebsstilllegung **SeemG**, 44
- Betriebsübergang **SeemG**, 7, 79
- Billig-Flaggen-Länder **SeemG**, 11 ff.
- Binnenschiffe **KSchG 24**, 12; **SeemG**, 21
- Dreiwochenfrist **KSchG 4**, 216
- Entwicklung des Seearbeitsrechts **SeemG**, 16 ff.
- Geltungsbereich deutsches Seearbeitsrecht **IPR**, 14, 16, 62 ff.; **SeemG**, 1 ff.
- Geltungsbereich KSchG **KSchG 23**, 12, 32, 73, 77
- Geltungsbereich SeemG **SeemG**, 21
- Gerichtsbarkeit **SeemG**, 178 ff.
- Hafenarbeiter **SeemG**, 22

Stichwortverzeichnis

- Internationales Seeschiffahrtsregister **SeemG**, 9 ff.
- Kapitän **SeemG**, 27, 150 ff.
- Kauffahrteischiffe **SeemG**, 9, 19 ff.
- Korrespondenz-/Partenreederei **SeemG**, 40, 67
- Landbetriebe **KSchG 24**, 16
- Massenentlassungen **KSchG 17**, 26; **KSchG 23**, 12, 73
- Schiffsmann **SeemG**, 25
- Schiffsoffiziere **SeemG**, 23
- Seemannsämter **SeemG**, 29, 174, 179
- Seeschiffe **KSchG 24**, 11
- Sozialplan **SeemG**, 83
- Tarifschiedsgericht **SeemG**, 178
- Verlust des Schiffes **SeemG**, 132 ff.
- Zuständigkeit der Arbeitsgerichte **SeemG**, 181

Schlecht-/Minder-/Fehlleistung
- Abmahnung **BGB 626**, 147; **KSchG 1**, 384, 448
- fehlende Eignung **KSchG 1**, 303 ff.
- Kündigungsgrund **BGB 626**, 147, 409, 442; **KSchG 1**, 384 ff., 448 f.
- Mischtatbestände **BGB 626**, 141 f; **KSchG 1**, 254 ff.
- Probearbeitsverhältnis **BGB 626**, 439

Schlechtere Arbeitsbedingungen, Weiterbeschäftigung BGB 626, 293
  ◊ *s. auch Weiterbeschäftigungsmöglichkeit/anderweitige Beschäftigungsmöglichkeit*

Schlichtungsausschuss
  ◊ *s. Schiedsgericht/Schlichtungsausschuss*

Schmiergeldannahme
- als Kündigungsgrund **BGB 626**, 447; **KSchG 1**, 495;

Schriftform BGB 623, 93 ff., 178 ff., 224 ff.
  ◊ *s. auch Form*
- Änderungskündigung **BGB 623**, 95
- Auflösungsvertrag **BGB 623**, 71 ff., 146 ff., 215, 237 ff.
- Auswirkungen des Formzwanges **BGB 623**, 227
- Befristung **BGB Anh.zu 623**, 1-123; **BGB 623**, 79 ff., 161 ff., 216 ff.
- Berufung auf Formmangel **BGB 623**, 200 ff.
- Beweislast **BGB 623**, 128, 224 ff.
- Blankounterschrift **BGB 623**, 101
- Blinde **BGB 623**, 125
- Computerfax **BGB 623**, 122
- Doppelname **BGB 623**, 103
- E-Mail **BGB 623**, 123
- Eigenhändigkeit **BGB 623**, 102
- Formmangel **BGB 623**, 180 ff.
- Fotokopie **BGB 623**, 120
- gerichtlicher Vergleich **BGB 623**, 112 ff.
- Gesamtvertreter **BGB 623**, 106
- gesetzliche Form **BGB 623**, 93
- Handzeichen **BGB 623**, 107
- Heilung bei Nichtigkeit **BGB 623**, 195 ff.
- Hilfsmittel **BGB 623**, 102
- Kaufmann **BGB 623**, 103
- Kündigung **BGB 623**, 62 ff., 129 ff., 212 ff.
- Leseunkundige **BGB 623**, 125
- Massenkündigungen **BGB 623**, 229
- Minderjährige **BGB 623**, 145
- Nachweis des Zugangs **BGB 623**, 232
- Namensunterschrift **BGB 623**, 103
- Nebenabreden **BGB 623**, 95
- neue Übermittlungstechniken **BGB 623**, 126
- Nichtigkeit des Rechtsgeschäfts **BGB 623**, 180 ff.
- notarielle Beurkundung **BGB 623**, 111
- prozessuales Geltendmachen des Formmangels **BGB 623**, 212 ff.
- Pseudonym **BGB 623**, 103
- Rechtsquellen **BGB 623**, 246 ff.
- Schreibhilfe **BGB 623**, 102
- Schreibunfähige **BGB 623**, 107
- Schriftart **BGB 623**, 102
- Schriftsatz **BGB 623**, 124
- SMS **BGB 623**, 123
- Sprachunkundige **BGB 623**, 125
- Teilnichtigkeit des Rechtsgeschäfts **BGB 623**, 186 ff.
- Telefax **BGB 623**, 121
- Telegramm **BGB 623**, 119
- Umdeutung bei Nichtigkeit **BGB 623**, 190 ff.
- Unterzeichnung **BGB 623**, 101
- unzulässige Rechtsausübung **BGB 623**, 200 ff.
- Urkunde **BGB 623**, 98
- Verbindung mehrerer Rechtsgeschäfte **BGB 623**, 95
- Vertrag **BGB 623**, 108 ff.
- Vertreter **BGB 623**, 104 ff.
- Vollmachterteilung **BGB 623**, 104 ff.
- Vollmachtsurkunde **BGB 623**, 231
- Wahrung der Form **BGB 623**, 97
- Widerspruch der Betriebsrats **BetrVG 102**, 142
- Wirksamkeitsvoraussetzung **BGB 623**, 178 ff.
- Zugang der Willenserklärung **BGB 623**, 116 ff.
- Zustimmung **BGB 623**, 115

Schulden, als Kündigungsgrund **BGB 626**, 456; **KSchG 1**, 303, 459 ff.

Schwangerschaft
  ◊ *s. auch Mutterschutz*
- Anfechtung des Arbeitsvertrages **MuSchG 9**, 136
- Berufsausbildungsverhältnis **BBiG 21**, 21, 42, 65; **BBiG 22**, 21, 42, 65
- Beschäftigung nach Ausbildung aufgrund Weiterarbeitsklausel **BBiG 21**, 34; **BBiG 22**, 34
- Beweislast **MuSchG 9**, 45
- Heuerverhältnis **SeemG**, 46
- Kenntnis des Arbeitgebers **MuSchG 9**, 33
- Krankenversicherungsschutz **SozR**, 10, 37
- Kündigung
  ◊ *s. Mutterschutz, Kündigung*
- Kündigungsverbot **MuSchG 9**, 29
- Kurzarbeit **KSchG 19**, 44, 45
- Nachschieben von Kündigungsgründen **BGB 626**, 186
- Schwerbehinderte **vor SGB IX 85-92**, 34
- während Kündigungsrechtsstreit **BetrVG 102**, 236

Schwarzarbeit, als Kündigungsgrund BGB 626, 434

Schwellenwert
- Anwendbarkeit KSchG **KSchG 23**, 13
- ArbPlSchG **ArbPlSchG**, 25 f.
- Begründung **KSchG**, 13
- Massenentlassung **KSchG 17**, 52
- Verfassungsmäßigkeit **KSchG 23**, 14 ff.

Schwerbehinderte, Kündigungsschutz
- ältere Arbeitnehmer **SGB IX 85-90**, 47 ff.
- Änderungskündigung **KSchG 2**, 180; **KSchG 7**, 14; **SGB IX 85-90**, 6 ff.
- Anfechtung des Arbeitsvertrages **SGB IX 85-90**, 31
- Annahmeverzug des Arbeitgebers **SGB IX 85-90**, 30
- Arbeitskampf **KSchG 25**, 10
- Aufhebungs-/Auflösungsvertrag **SGB IX 85-90**, 133
- Auslandsbeschäftigung **IPR**, 93 ff.
- Auslauffrist **SGB IX 91**, 2
- Ausnahmen **SGB IX 85-90**, 36 ff., 42 ff.
- Ausschlussfrist **BGB 626**, 339 f.
- außerordentliche Kündigung **BGB 626**, 19; **SGB IX 91**, 1 ff.
- Auszubildende **BBiG 21**, 7; **BBiG 22**, 7; **vor SGB IX 85-92**, 16
- befristetes Arbeitsverhältnis **BEEG 21**, 19
- Beginn **SGB IX 85-90**, 12 ff.; **vor SGB IX 85-92**, 23 ff.
- Berufsunfähigkeit **SGB IX 92**, 2 ff.
- Beteiligung des Betriebsrats **BetrVG 102**, 60, 110, 268; **SGB IX 85-90**, 11; **vor SGB IX 85-92**, 35
- betriebliches Eingliederungsmanagement **KSchG 1**, 324 a ff.
- Betriebsgröße **vor SGB IX 85-92**, 17
- Betriebsverfassungsorgan **BetrVG 103**, 64, 147 a
- Beweislast **SGB IX 85**, 15; **vor SGB IX 85-90**, 15; **SGB IX 85**, 53 1 f.; **SGB IX 86**, 15, 53 1 f.; **SGB IX 87**, 15, 53 1 f.; **SGB IX 88**, 15, 53 1 f.; **SGB IX 89**, 15, 53 1 f.; **SGB IX 90**, 15, 53 1 f.
- Dreiwochenfrist **KSchG 4**, 116 ff., 207 ff.; **KSchG 7**, 33 ff.
- Entstehungsgeschichte **SGB IX 85-90**, 1 ff.
- Erlöschen **vor SGB IX 85-92**, 25 ff.
- Erwerbsunfähigkeit **SGB IX 92**, 1 ff.
- Fehlende Mitwirkung beim Feststellungsverfahren **SGB IX 85**, 53 d ff.; **SGB IX 86**, 53 d ff.; **SGB IX 87**, 53 d ff.; **SGB IX 88**, 53 d ff.; **SGB IX 89**, 53 d ff.; **SGB IX 90**, 53 d ff.
- Fehlender Nachweis der Eigenschaft **SGB IX 85**, 53 a ff.; **SGB IX 86**, 53 a ff.; **SGB IX 87**, 53 a ff.; **SGB IX 88**, 53 a ff.; **SGB IX 89**, 53 a ff.; **SGB IX 90**, 53 a ff.
- Feststellung der Eigenschaft **vor SGB IX 85-91**, 4 b
- Frist für Kündigungserklärung **SGB IX 85-91**, 29 ff.
- Gleichgestellte **vor SGB IX 85-92**, 27 ff.
- Grad der Behinderung **vor SGB IX 85-92**, 4
- Handelsvertreter **ArbNähnl.Pers.**, 209
- Heimarbeiter **ArbNähnl.Pers.**, 155 ff.; **vor SGB IX 85-92**, 16
- Heuerverhältnis **SeemG**, 45
- Integrationsamt
  ◊ *s. dort*
- Kenntnis des Arbeitgebers **BGB 626**, 342; **SGB IX 85-91**, 4
- Klagefrist **KSchG 7**, 33, 39 a, 42
- konkurrierender ~ **vor SGB IX 85-92**, 33 ff.
- krankheitsbedingte Kündigung **KSchG 1**, 319
- Kündigungsfrist **BGB 622**, 79; **SGB IX 85-90**, 131 ff.
- Kündigungsschutzklage **vor SGB IX 85-92**, 21; **SGB IX 85-91**, 39 ff.
- Kündigungsverlangen des Betriebsrats **BetrVG 104**, 17, 25, 59
- Kurzarbeit **KSchG 19**, 44, 45; **SGB IX 85-90**, 7
- leitende Angestellte **KSchG 14**, 59; **vor SGB IX 85-92**, 16
- Mitteilungspflichten des Arbeitnehmers **SGB IX 85**, 14 ff.; **SGB IX 86**, 14 ff.; **SGB IX 87**, 14 ff.; **SGB IX 88**, 14 ff.; **SGB IX 89**, 14 ff.; **SGB IX 90**, 14 ff.
- Mitwirkung beim Feststellungsverfahren **SGB IX 85**, 53 h f.; **SGB IX 86**, 53 h f.; **SGB IX 87**, 53 h f.; **SGB IX 88**, 53 h f.; **SGB IX 89**, 53 h f.; **SGB IX 90**, 53 h f.
- Nachschieben von Kündigungsgründen **BGB 626**, 186; **SGB IX 85-90**, 140
- Nachweis der Eigenschaft **vor SGB IX 85-92**, 8 ff.
- Offenbarungspflicht **BGB 626**, 435
- Offenkundigkeit **vor SGB IX 85-92**, 6 ff.; **SGB IX 85**, 16, 17, 18, 19, 20, 21; **SGB IX 85-90**, 21; **SGB IX 85**, 22, 23, 24; **SGB IX 86**, 16, 17, 18, 19, 20, 21, 22, 23, 24; **SGB IX 87**, 16, 17, 18, 19, 20, 21, 22, 23, 24; **SGB IX 88**, 16, 17, 18, 19, 20, 21, 22, 23, 24; **SGB IX 89**, 16, 17, 18, 19, 20, 21, 22, 23, 24; **SGB IX 90**, 16, 17, 18, 19, 20, 21, 22, 23, 24
- ordentliche Kündigung **SGB IX 85-90**, 5 ff.
- Prävention **KSchG 1**, 215 a
- Probearbeitsverhältnis **SGB IX 85-90**, 40
- Rechtsprechung des BAG **SGB IX 85-91**, 4 a
- Rechtsstaatsprinzip **vor SGB IX 85-92**, 22
- Rechtswahl anzuwendenden Rechts **IPR**, 36
- Schwerbehinderte
  ◊ *s. auch Integrationsamt*
  ◊ *s. auch Schwerbehindertenvertretung*
- Schwerbehindertengesetz, Geltungsbereich **vor SGB IX 85-92**, 2 ff.
- soziale Auswahl **KSchG 1**, 670, 678 a
- Stationierungsstreitkräfte **NATO-ZusAbk**, 39
- Unabdingbarkeit **vor SGB IX 85-92**, 32
- Unwirksamkeit der Kündigung, Geltendmachung **KSchG 7**, 25, 30 ff.
- Versorgungsamt **vor SGB IX 85-92**, 9 ff.
- Verwirkung des Klagerechts **KSchG 7**, 39 a, 41; **KSchG 13**, 211 a
- Voraussetzungen **SGB IX 85-91**, 2 ff.
- Wartezeit **SGB IX 85-90**, 37 ff.
- Weiterbeschäftigungsanspruch **BetrVG 102**, 236; **SGB IX 85-90**, 146
- Wirksamwerden sozialwidriger Kündigung **KSchG 7**, 9, 14
  ◊ *s. auch Wirksamwerden der Kündigung*

- witterungsbedingte Entlassungen **SGB IX 85-90**, 52
- Zustimmung des Integrationsamtes
  ◊ s. *Integrationsamt*

Schwerbehindertenvertretung
  ◊ s. *auch Mitbestimmung und Schwerbehinderte, Kündigungsschutz*
- Anhörung durch Integrationsamt **SGB IX 85-90**, 73
- Anhörung vor Kündigung **KSchG 13**, 222 a; **vor SGB IX 85-92**, 36 ff.
- Ausschluss vom Amt **KSchG 15**, 26 e
- Äußerungsfrist **vor SGB IX 92**, 36
- Ersatzmitglied, Kündigungsschutz **BetrVG 103**, 15
- Kündigung eines Mitglieds **KSchG 15**, 26 e; **vor SGB IX 85-21**, 30 d
- Kündigungsschutz **BetrVG 103**, 14, 19; **BPersVG 47**, **108**, 3 f.
- Teilnahme an Betriebsratssitzungen **BetrVG 102**, 97
- Vertrauensleute **KSchG 13**, 205 a; **KSchG 15**, 26 e
- Wahlbewerber/-vorstand, Kündigungsschutz **BetrVG 103**, 11 ff.
- Wahlvorschlag **BetrVG 103**, 26

Seebetriebsrat
  ◊ s. *auch Bordvertretung*
  ◊ s. *auch Heuerverhältnis*
- Anhörung vor Kündigung **BetrVG 102**, 49; **SeemG**, 41, 54 ff., 112
- anzuwendende Rechtsordnung **IPR**, 87, 103
- Entgegennahme von Arbeitgebererklärungen **BetrVG 103**, 77
- Entstehungsgeschichte, Kündigungsschutz **BetrVG 103**, 3, 6
- Ersatzmitglied, Kündigungsschutz **BetrVG 103**, 15, 44; **KSchG 15**, 65 ff.
- Kündigung eines Kapitäns **SeemG**, 155 ff.
- Kündigungsschutz **BetrVG 103**, 9, 19 ff.; **SeemG**, 42 ff.
- nachwirkender Kündigungsschutz **KSchG 15**, 56 ff., 72; **SeemG**, 43
- Sozialplanabschluss **SeemG**, 83
- Wahlbewerber/-vorstand, Kündigungsschutz **BetrVG 103**, 12, 22 ff.; **SeemG**, 42 ff.
- Wahlvorschlag **BetrVG 103**, 26
- Weiterbeschäftigungsanspruch nach Ausbildung **BetrVG 78 a**, 12

Seeschiffe, Besatzungsmitglieder KSchG 24, 11

Selbständigkeit
- Anrechnung als Zwischenverdienst **KSchG 11**, 35
- Auflösungsgrund von altem Arbeitsverhältnis **KSchG 12**, 8
- Vorbereitung als Kündigungsgrund **BGB 626**, 460

Sequester, Kündigungsbefugnis KSchG 13, 294

Sexuelle Belästigungen
- Kündigungsgrund **BGB 626**, 443; **KSchG 1**, 500
- Verlangen des Betriebsrats nach Entlassung/Versetzung **BetrVG 104**, 8

Sicherheitsbedenken
- Kündigungsgrund **BGB 626**, 126; **KSchG 15**, 27
- Stationierungsstreitkräfte **NATO-ZusAbk**, 32

Sittenwidrige Kündigung
- Abfindung **KSchG 13**, 166
- Abgrenzung zur Sozialwidrigkeit **KSchG 1**, 126; **KSchG 13**, 116 ff.
- Abgrenzung zur Treuwidrigkeit **KSchG 13**, 229
- Ablehnung der Fortsetzung des Arbeitsverhältnisses **KSchG 13**, 169
- AIDS **KSchG 1**, 282; **KSchG 13**, 154, 256
- Allgemeines **KSchG 13**, 111
- Angabe unzutreffenden Kündigungsgrundes **KSchG 13**, 145
- Annahmeverzug **KSchG 13**, 158, 167
- Arbeitnehmer ohne Kündigungsschutz **KSchG 13**, 135
- Auflösung des Arbeitsverhältnisses **KSchG 13**, 164 ff., 173
- Auflösung des Arbeitsverhältnisses gegen Abfindung **KSchG 7**, 24
- Beispiele **KSchG 13**, 137 ff.
  ◊ s. *auch sittenwidrige Kündigung, Einzelfälle*
- Beweislast **KSchG 13**, 127 ff., 175
- Dreiwochenfrist **KSchG 7**, 33 ff.; **KSchG 13**, 157, 160 ff.
- Folgen der Sittenwidrigkeit **KSchG 13**, 156 ff.
- Geltendmachung **KSchG 7**, 24, 30 ff.
- Geltungsbereich § 13 Abs. 2 Satz 1 KSchG **KSchG 13**, 118, 133
- Heimarbeiter **ArbNähnl.Pers.**, 148
- in der Wartezeit **KSchG 1**, 126
- Klagefrist **KSchG 7**, 33 ff.
- nachträgliche Zulassung **KSchG 13**, 170
- Schadensersatz **KSchG 13**, 159, 167
- Umdeutung in fristgerechte Kündigung **KSchG 13**, 175 a
- verlängerte Anrufungsfrist **KSchG 13**, 170 ff.
- Voraussetzungen **KSchG 13**, 123 ff.

Sittenwidrige Kündigung, Einzelfälle
- Ablehnung strafbaren/unsittlichen Verhaltens **KSchG 13**, 144
- Abtretung künftiger Gehaltsansprüche **KSchG 13**, 147
- als Druckmittel **KSchG 13**, 143
- als Maßregelung **KSchG 13**, 141
- als Mittel politischer Auseinandersetzung **KSchG 13**, 152
- Ausnutzen der Kündigungsfristen **KSchG 13**, 154
- bei Geltendmachung von (vermeintlichen) Ansprüchen **KSchG 13**, 141
- bei Lohnpfändung **KSchG 13**, 150
- im Berufsausbildungsverhältnis **KSchG 13**, 149, 154
- nach Arbeits-/Betriebsunfall **KSchG 13**, 142
- politische Betätigung **KSchG 13**, 148
- unbequeme Arbeitnehmer **KSchG 13**, 149
- vor Heiligabend **KSchG 13**, 153
- wegen Homosexualität **KSchG 13**, 154

Sowjetische Streitkräfte NATO-ZusAbk, 7

Soziale Auswahl
- Allgemeines **KSchG 1**, 200, 603 ff.
- Altersdiskriminierung **KSchG 1**, 26 a ff., 645 a, 651, 665 -665d, 670 a, 673, 678 h, 683
- Altersstruktur **KSchG 1**, 642, 645 f.
- Änderungskündigung **KSchG 2**, 101, 103 ff.
- Arbeitnehmer mit Sonderkündigungsschutz **KSchG 1**, 664 ff.
- Arbeitnehmer ohne allgemeinen Kündigungsschutz **KSchG 1**, 662
- Auskunftsanspruch des Arbeitnehmers **KSchG 1**, 679 f.
  ◊ s. auch soziale Auswahl, Auskunftsanspruch
- Auslandsberührung **IPR**, 91
- Ausschluss der ordentlichen Kündigung **KSchG 1**, 665 ff.
- außerordentliche Kündigung **KSchG 1**, 606
- Auswahlgesichtspunkte
  ◊ s. soziale Auswahl, Auswahlgesichtspunkte
- Auswahlrichtlinien **KSchG 1**, 678 l, 678 r f., 695 ff., 711 ff.
- Bauarbeitsgemeinschaft **KSchG 1**, 609
- betriebliche Interessen **KSchG 1**, 629 ff.; **UmwG**, 52
- Betriebs- und Personalratsmitglieder **KSchG 1**, 664
- Betriebsbezogenheit **KSchG 1**, 537, 608 f.; **UmwG**, 52
- Betriebsstilllegung **KSchG 1**, 669
- Betriebsübergang **KSchG 1**, 576, 611
- betriebsübergreifende **KSchG 1**, 613 f.
- betriebsverfassungsrechtliches Benachteiligungsverbot **KSchG 1**, 678 c
- Beurteilungsspielraum **KSchG 1**, 678 g ff.
- Beweislast **KSchG 1**, 630, 655, 679, 683 ff.
- Datenschutz **KSchG 1**, 690
- Einarbeitungszeit **KSchG 1**, 620
- entgegenstehende betriebliche Interessen **KSchG 1**, 629 ff.
- Entstehungsgeschichte **KSchG 1**, 13 f.
- Ermittlung der Kriterien **KSchG 1**, 678 d f.
- fehlerhafte Kriteriengewichtung **KSchG 1**, 678 g ff., 692 ff.
- freigestellte Arbeitnehmer **KSchG 1**, 667
- Gemeinschaftsbetrieb **KSchG 1**, 609
- gerichtliche Nachprüfung **KSchG 1**, 692 ff.
- gesundheitliche Leistungsmängel **KSchG 1**, 619, 646
- Gewichtung der Kriterien **KSchG 1**, 678 f
- Grunddaten **KSchG 1**, 670 ff.
- gruppenbezogene Sozialauswahl **KSchG 1**, 615
- Heimkehrer **KSchG 1**, 678 b
- horizontale Vergleichbarkeit **KSchG 1**, 623
- Insolvenz **InsO 113**, 71 ff.; **InsO 125**, 21 ff.
- Interessenausgleich **KSchG 1**, 703 ff.
- Kleinbetriebe **KSchG 23**, 56 c
- Konzern **KSchG 1**, 608
- Leistungsunterschiede **KSchG 1**, 619, 646
- leitende Angestellte **KSchG 1**, 663; **KSchG 14**, 48
- Massenkündigungen **KSchG 2**, 103
- Mitteilungspflicht des Arbeitgebers **BetrVG 102**, 58 ff., 62 d ff., 153
- Mutterschutz **KSchG 1**, 664
- Nebenintervention **KSchG 4**, 98
- Neueinstellung **KSchG 1**, 660 f.
- öffentlicher Dienst **KSchG 1**, 660
- Personalstruktur **KSchG 1**, 640 ff.
- personenbedingte Kündigungsgründe **KSchG 1**, 678 o
- Prüfungsfolge **KSchG 1**, 656
- Punktesystem **KSchG 1**, 678 q f
- Revisionsinstanz **KSchG 1**, 694
- Ruhen des Arbeitsverhältnisses **KSchG 1**, 667
- Schwerbehinderte **KSchG 1**, 664, 678 a
- tarifliche Eingruppierung **KSchG 1**, 618
- Teilzeitbeschäftigte **KSchG 1**, 65 f., 625 f.
- Unkündbarkeit **KSchG 1**, 664 ff.
- Unterrichtung des Betriebsrats **BetrVG 102**, 62 c ff.
- Vergleichbarkeit der Arbeitnehmer **KSchG 1**, 614 ff.
- verhaltensbedingte Kündigungsgründe **KSchG 1**, 647, 678 o
- Verhältnis zu betrieblichen Interessen **KSchG 1**, 627 f.
- Verhältnismäßigkeitsgrundsatz **KSchG 1**, 205 ff.
- Verlagerung von Arbeitsplätzen **KSchG 1**, 612
- vertikale Vergleichbarkeit **KSchG 1**, 623
- Wartezeit **KSchG 1**, 662
- Wehrübungen/Zivilschutz **KSchG 1**, 678 b
- Weiterbeschäftigungsmöglichkeit **KSchG 1**, 613, 719
- Widerspruch des Betriebsrats **BetrVG 102**, 149 ff.; **KSchG 1**, 691
- Wiedereinstellung **KSchG 1**, 736 ff.

Soziale Auswahl, Auskunftsanspruch
- Beweis- und Darlegungslast **KSchG 1**, 679, 683 ff.
- fehlerhafte Auskunft **KSchG 1**, 682
- Umfang **KSchG 1**, 681
- Voraussetzungen **KSchG 1**, 680

Soziale Auswahl, Auswahlgesichtspunkte
- Altersrente **KSchG 1**, 678 n
- Änderungskündigung **KSchG 2**, 103 a
- Arbeitsmarktchancen **KSchG 1**, 670 a, 673, 678 n
- ausgeklammerte Arbeitnehmergruppen **KSchG 1**, 644 ff.
- Austauschkündigung **KSchG 1**, 659
- Auswahlrichtlinien **KSchG 1**, 695 ff., 711 ff.
- Beschäftigungsdauer **KSchG 1**, 671 f.
- Betriebszugehörigkeit **KSchG 1**, 670
- Doppelverdienst **KSchG 1**, 677, 678 n
- Elternzeit **BEEG 18**, 23 a
- Ermittlung durch den Arbeitgeber **KSchG 1**, 678 d f.
- Gesamtabwägung **KSchG 1**, 678
- Gesundheitszustand **KSchG 1**, 637, 678 n
- Lebensalter **KSchG 1**, 670 a f., 673 f.
- Leistungsunterschiede **KSchG 1**, 619, 638 f.
- Pflegebedürftigkeit, Familienangehörige **KSchG 1**, 678 n
- Schwangerschaft **KSchG 1**, 678 n

- Schwerbehinderung **KSchG 1**, 678 a
- Unterhaltsleistung durch Dritte **KSchG 1**, 677
- Unterhaltspflichten **KSchG 1**, 675 ff.
- Unterrichtung des Betriebsrats **BetrVG 102**, 62 e ff., 153
- Vermittelbarkeit auf dem Arbeitsmarkt **KSchG 1**, 678 n
- Vermögensverhältnisse **KSchG 1**, 678 n

Soziale Auswahl, berechtigte betriebliche Interessen
- Begriff **KSchG 1**, 629 ff.
- Berufung des Arbeitnehmers auf betriebliche Interessen **KSchG 1**, 632 f.
- Bestimmung durch Arbeitgeber **KSchG 1**, 631
- Beweis- und Darlegungslast **KSchG 1**, 630, 655
- Fähigkeiten des Arbeitnehmers **KSchG 1**, 635 a, 637
- geordneter Betriebsablauf **KSchG 1**, 652
- geringere Krankheitsanfälligkeit **KSchG 1**, 637
- Kenntnisse des Arbeitnehmers **KSchG 1**, 635 a
- körperliche Eignung **KSchG 1**, 637
- Leistungen des Arbeitnehmers **KSchG 1**, 638, 654
- Massenkündigungen **KSchG 1**, 653
- Personalstruktur
  ◊ *s. Soziale Auswahl, Personalstruktur*
- Überprüfbarkeit **KSchG 1**, 639
- Vermögensverhältnisse
  ◊ *s. soziale Auswahl*

Soziale Auswahl, Personalstruktur
- Altersstruktur **KSchG 1**, 645 f.
- Fehlzeiten **KSchG 1**, 648
- Geschlecht **KSchG 1**, 649
- Leistungsstärke **KSchG 1**, 646
- mehrere Personalstrukturen **KSchG 1**, 650
- Vertragstreue **KSchG 1**, 647

Soziale Auswahl, Vergleichbarkeit der Arbeitnehmer
- Änderungskündigung **KSchG 2**, 103
- Ausschluss der Vergleichbarkeit bei unkündbaren Arbeitnehmern **KSchG 1**, 664 ff.
- begünstigender Einzel- oder Tarifvertrag **KSchG 1**, 665 ff.
- Betriebsrats-/Personalratsmitglieder **KSchG 1**, 664
- Direktionsrecht **KSchG 1**, 621 f.
- Einarbeitungszeit, Ersetzbarkeit nach kurzer **KSchG 1**, 620
- Eingruppierung, tarifliche ~ als Indiz **KSchG 1**, 618
- freigestellte Arbeitnehmer **KSchG 1**, 667
- Identität der Aufgabenbereiche **KSchG 1**, 618
- Leistungsmängel, gesundheitliche **KSchG 1**, 619
- mehrere Betriebe eines Unternehmens **KSchG 1**, 612 ff.
- Mutterschutz **KSchG 1**, 664, 678 n
- partielle Identität der Aufgabenbereiche **KSchG 1**, 618
- Punktesystem **KSchG 1**, 678 p, 695 ff.
- Sonderkündigungsschutz **KSchG 1**, 664 ff.
- Teilzeitbeschäftigte **KSchG 1**, 625 f.
- vertikale Vergleichbarkeit **KSchG 1**, 623 f.

- Vertragstreue **KSchG 1**, 647

Sozialplan
- Abfindungsansprüche **KSchG 1 a**, 140 ff.; **KSchG 9**, 75; **KSchG 10**, 9, 22 a, 58, 61
- außerordentliche Kündigung **BGB 626**, 71
- Einigungsstelle **KSchG 10**, 58, 61, 79
- gerichtliche Nachprüfung **KSchG 1**, 525
- Insolvenzrang **KSchG 9**, 79; **KSchG 10**, 22
- Interessenausgleich, Abgrenzung zu **KSchG 1**, 525
- leitende Angestellte **KSchG 14**, 47 a
- Massenentlassung **KSchG 17**, 54 a f.
- Schifffahrt **SeemG**, 83
- Unternehmensumwandlung und ~anspruch **UmwG**, 6
- Versorgungsanwartschaften **KSchG 9**, 76; **KSchG 10**, 58
- Wartezeit, Ausschluss bei Wiedereinstellung durch Sozialplan **KSchG 1**, 97

Sozialstaatsprinzip
- allgemeiner Kündigungsschutz **KSchG 1**, 18

Sozialversicherung
  ◊ *s. auch Arbeitslosenunterstützung*
  ◊ *s. auch Krankenversicherung*
  ◊ *s. auch Rentenversicherung*
- Annahmeverzug des Arbeitgebers **SozR**, 80 ff.
- Anrechnung von Leistungen als Zwischenverdienst **KSchG 11**, 44
- Arbeitslosenversicherung **SozR**, 10, 29, 47 ff., 83 ff., 138 ff.
- Forderungsübergang **KSchG 11**, 45; **SozR**, 84 ff., 120 ff., 138 ff.
- Gliederung/Versicherungszweige **SozR**, 2
- Krankenversicherung **SozR**, 9, 23 a, 24 ff., 30 ff., 57, 79, 87, 129 ff.
- Kurzarbeitergeld **SozR**, 70 ff.
- Meldepflichten **SozR**, 12 a
- Rentenversicherung **SozR**, 11, 23 a, 27 ff., 38 ff., 58, 79, 87, 136
- Sozialversicherungsverhältnis, Begriff **SozR**, 1
- Sperrzeit **SozR**, 57
- Unfallversicherung **SozR**, 10, 28, 44 ff., 135
- unwirksam gekündigte Arbeitnehmer **SozR**, 78 ff.
- wirksam gekündigte Arbeitnehmer **SozR**, 28 ff.

Sozialversicherung, Beschäftigungsverhältnis
- Annahmeverzug des Arbeitgebers **SozR**, 5, 80 ff., 92
- Arbeitsverhältnis, Abgrenzung **SozR**, 3 ff., 84
- Begriff **SozR**, 3, 88
- Ende **SozR**, 10, 28, 91
- Entgeltlichkeit **SozR**, 6, 10
- Kündigungsschutzprozess, Auswirkung **SozR**, 91 ff., 154 ff.
- Lohnfortzahlung/Krankengeld **SozR**, 10, 19
- Schwangerschaft **SozR**, 10, 37
- Urlaubsabgeltungszeit **SozR**, 22

Sozialversicherungsbeitrag
- Arbeitsentgelt, Abfindungen **KSchG 10**, 92; **SozR**, 10, 12, 13 ff., 17 ff., 94 ff., 99 ff., 152
- Arbeitslose **SozR**, 24 ff., 27 ff., 38, 84

- Arbeitslosenversicherung **SozR**, 11, 22
- Beitragsabzug durch den Arbeitgeber **SozR**, 103, 108 ff.
- Beitragsausgleich **SozR**, 116 ff.
- Beitragszuschuss nach § 257 SGB V **SozR**, 112 ff.
- Einmalzahlungen/Sonderzuwendungen **SozR**, 17 ff.
- Einzugsstellen **SozR**, 104 ff.
- Ende der Beitragspflicht **SozR**, 9 ff.
- Fälligkeit **SozR**, 101
- Forderungsübergang **KSchG 11**, 45; **SozR**, 84 ff., 120 ff., 138 ff.
- Gesamtsozialversicherungsbeitrag **SozR**, 103 ff.
- Krankengeldbezug **SozR**, 10
- Krankenversicherung **SozR**, 10, 22, 24 ff., 87
- Mutterschaftsgeldbezug **SozR**, 10
- Nachzahlungsansprüche nach Kündigungsschutzprozess **KSchG 11**, 29; **SozR**, 84 ff., 94 ff., 116 ff., 152
- Rentenversicherung **SozR**, 11, 22, 27 ff., 39, 87
- Schadensersatz bei außerordentlicher Kündigung **BGB 628**, 55; **SozR**, 97
- Sperrzeit **SozR**, 58
- Umgehung **SozR**, 16
- Urlaubsabgeltung **SozR**, 21 ff., 98

Spaltung von Unternehmen KSchG 15, 60 a; **UmwG**, 34 ff.
  ◊ s. auch *Unternehmensumwandlung*

Sperrfrist für anzeigepflichtige Entlassungen
  ◊ s. auch *anzeigepflichtige Entlassungen*
- Abkürzung **KSchG 19**, 10
- Baugewerbe **KSchG 18**, 16 f.
- Beginn **KSchG 18**, 5
- Berechnung **KSchG 18**, 8 f.
- Dauer **KSchG 18**, 9
- Entlassung nach Ablauf **KSchG 18**, 34
- Entstehungsgeschichte **KSchG 18**, 1
- Grundgedanken **KSchG 18**, 3 f.
- Kurzarbeit **KSchG 19**, 4, 7 ff.
- Rückwirkung der Entscheidung der Agentur für Arbeit **KSchG 18**, 14 ff.
- Stellung des Arbeitnehmers während ~ **KSchG 18**, 31
- Verlängerung der ~ **KSchG 18**, 19 ff., 26

Sperrzeit für Arbeitslosengeld
  ◊ s. *Arbeitslosengeld, Sperrzeit*

Spesenbetrug
- Ausschlussfrist **BGB 626**, 328
- Kündigungsgrund **BGB 626**, 148, 445; **KSchG 15**, 27

Sprecherausschuss
- Anhörung vor Kündigungen **BetrVG 102**, 15
- Aufgabe **BetrVG 105**, 2
- Kündigungsschutz **BetrVG 103**, 17; **KSchG 14**, 56

Stasi-Tätigkeit
- Ausschlussfrist **BGB 626**, 364
- Kündigungsgrund **BGB 626**, 488 ff.
  ◊ s. auch *Einigungsvertrag, außerordentliche Kündigung*

Stationierungsstreitkräfte
- Altersgrenze **NATO-ZusAbk**, 45
- Ansprüche der Arbeitnehmer nach der Kündigung **NATO-ZusAbk**, 22 f., 50
- Arbeitsverhältnis **NATO-ZusAbk**, 9
- Arbeitsvertrag, Form **NATO-ZusAbk**, 10
- Auflösung des Arbeitsverhältnisses **KSchG 9**, 64
- außerordentliche Kündigung **NATO-ZusAbk**, 25 ff.
- Beitrittsgebiet **NATO-ZusAbk**, 2 ff.
- Betriebsübergang **NATO-ZusAbk**, 37
- Einkommensschutzzulage **NATO-ZusAbk**, 29
- Erwerbsunfähigkeit **NATO-ZusAbk**, 47
- Geltungsbereich des KSchG **KSchG 1**, 134
- Grundlagen **NATO-ZusAbk**, 1 ff.
- Kündigung **NATO-ZusAbk**, 14 ff.
- Kündigung, Form **NATO-ZusAbk**, 17
- Kündigungsfristen **NATO-ZusAbk**, 20
- Kündigungsschutz **NATO-ZusAbk**, 31 ff.
- Kündigungsschutz für Betriebsvertretungsmitglieder **BPersVG 47**, 108, 3; **KSchG 15**, 12 a; **NATO-ZusAbk**, 40
- Massenentlassungen **NATO-ZusAbk**, 36
- Mitwirkungsrechte **NATO-ZusAbk**, 16, 41
- Mutterschutz **MuSchG 9**, 12, 84; **NATO-ZusAbk**, 38
- ordentliche Kündigung **NATO-ZusAbk**, 16 ff.
- Probezeit, Kündigung **NATO-ZusAbk**, 15
- Prozessstandschaft der Bundesrepublik **NATO-ZusAbk**, 48
- Schwerbehinderte **NATO-ZusAbk**, 39
- service dependants **BPersVG 72**, 79, 108, 7
- sowjetische Streitkräfte **NATO-ZusAbk**, 7
- Tarifvertrag
  ◊ s. *Tarifvertrag für die Arbeitnehmer bei den Stationierungsstreitkräften im Gebiet der BR Deutschland (TVAL II)*
- Tendenzbetrieb **NATO-ZusAbk**, 31
- Wehrdienst **ArbPlSchG**, 11
- Weiterbeschäftigungsanspruch **NATO-ZusAbk**, 31 ff.
- Weiterbeschäftigungsmöglichkeit **NATO-ZusAbk**, 29
- Zeugnis **NATO-ZusAbk**, 50
- zivile Arbeitnehmer und ziviles Gefolge **BPersVG 72**, 79, 108, 7; **NATO-ZusAbk**, 5

Statusklage ArbNähnl.Pers., 26

Stellungnahme des Betriebs-/Personalrats BetrVG 102, 120 ff.
- abschließende ~ **BetrVG 102**, 103 ff., 134
- Absehen von einer sachlichen ~ **BetrVG 102**, 121, 128 ff.; **BetrVG 103**, 94, 97
- Aufforderung zur Stellungnahme **BetrVG 102**, 72 ff.; **BetrVG 103**, 69
- Ausschuss des Betriebsrats **BetrVG 102**, 93
- Bedenken gegen Kündigung **BetrVG 102**, 103, 123, 131 ff.; **BetrVG 103**, 95 ff.
- Beschlussfassung des Betriebs-/Personalrats
  ◊ s. *dort*
- Einwendungen **BPersVG 72**, 79, 108, 24, 40 ff., 57 ff.
- Entscheidungsspielraum **BetrVG 102**, 120 ff.

Stichwortverzeichnis

- Form **BetrVG 102**, 123, 125; **BetrVG 103**, 80, 89; **BPersVG 72**, **79**, **108**, 41, 66
- Frist bei außerordentlicher Kündigung **BetrVG 102**, 90 ff.; **BPersVG 72**, **79**, **108**, 66
- Frist bei Kündigung eines Betriebs-/Personalratsmitglieds **BetrVG 103**, 78; **BPersVG 72**, **79**, **108**, 10
- Frist bei Massenentlassungen **BetrVG 102**, 87
- Frist bei ordentlicher Kündigung **BetrVG 102**, 86 ff.; **BPersVG 72**, **79**, **108**, 23 f., 41
- Heimarbeiter **ArbNähnl.Pers.**, 117
- leitende Angestellte **BetrVG 105**, 33
- nichtiger Beschluss **BetrVG 102**, 115 ff., 145; **BetrVG 103**, 80, 105 ff.
- Schweigen **BetrVG 102**, 129, 249; **BetrVG 103**, 78, 94; **BPersVG 72**, **79**, **108**, 33
- Widerspruch
  ◊ s. *Widerspruch des Betriebs-/Personalrats*
- Zuständigkeit **BetrVG 102**, 93 ff.; **BPersVG 72**, **79**, **108**, 43, 45 f.
- Zustimmung **BetrVG 102**, 124 ff.; **BetrVG 103**, 86 ff., 99; **BPersVG 72**, **79**, **108**, 32 f.
  ◊ s. auch *Zustimmung des Betriebs-/Personalrats zur Kündigung*

Stempelkarte/Stechuhr/Arbeitskontrollen
- Manipulationen als Kündigungsgrund **BGB 626**, 444; **KSchG 1**, 496, 503

Steuerrecht, Abfindungen und Entschädigungen
- Abfindungsbegriff **EStG**, 55 f.
- Abfindungszahlungen **EStG**, 63 f.
- Abschluss eines neuen Arbeitsvertrages **EStG**, 47
- Altersrente **EStG**, 97
- Änderungskündigung **EStG**, 44 ff.
- Anwartschaften **EStG**, 99 ff.
- Aufgabe einer Tätigkeit **EStG**, 83 f.
- Aufhebung der Steuerfreiheit **EStG**, 1
- Auflösung des Dienstverhältnisses **EStG**, 29 ff.
- Aussperrungsunterstützung **EStG**, 103
- Beendigung vor Ablauf der ordentlichen Kündigungsfrist **EStG**, 60 ff.
- Begriff der Entschädigung **EStG**, 73 f.
- Betriebsstättenverlegung **EStG**, 36
- Betriebsübergang **EStG**, 50 f.
- Bleibeprämie **EStG**, 104
- Entschädigung **EStG**, 70
- Entschädigungszahlung **EStG**, 71
- erhöhte Höchstbeträge **EStG**, 4 ff.
- Frühpensionierung des Arbeitnehmers **EStG**, 38
- Gehaltsnachzahlung **EStG**, 105
- gerichtliche Auflösung **EStG**, 52 ff.
- Insassen-Unfallversicherung **EStG**, 106
- Insolvenz des Arbeitgebers **EStG**, 37
- Kapitalisierung von Ansprüchen **EStG**, 110 ff.
- Karenzentschädigung **EStG**, 117
- Kündigung durch den Arbeitgeber **EStG**, 34 f.
- Lohnsteuerverfahren **EStG**, 96
- Nichtausübung einer Tätigkeit **EStG**, 83 f.
- Nutzungsrecht **EStG**, 118
- Optionsrecht **EStG**, 119
- Pensionsabfindung **EStG**, 120
- Steuerberechnung **EStG**, 94 f.
- steuerfreie Beträge **EStG**, 4 f.
- Steuerfreiheit nach § 3 Nr. 9 EStG **EStG**, 1 ff.
- Streikunterstützung **EStG**, 121
- Tagegelder **EStG**, 122
- Tarifermäßigung **EStG**, 85 ff.
- Tod des Arbeitnehmers **EStG**, 42
- Todesfall-Versicherung **EStG**, 123
- Übergangsregelung **EStG**, 6 ff.
- Unzumutbarkeit weiterer Zusammenarbeit **EStG**, 32 f.
- Verknüpfung von Abfindung und Entschädigung **EStG**, 75
- vom Arbeitgeber nicht veranlasste Auflösung **EStG**, 40 f.
- Weiterbeschäftigung des Arbeitnehmers **EStG**, 43 ff.
- wichtiger Grund für außerordentliche Kündigung **EStG**, 39
- Zeitpunkt der Beendigung des Arbeitsverhältnisses **EStG**, 57 ff.
- Zufluss der Abfindung vor dem 1. 1. 2008 **EStG**, 2
- Zusammenballung von Einnahmen **EStG**, 87 ff.

Stillschweigende Verlängerung des Arbeitsverhältnisses
  ◊ s. auch *befristetes Arbeitsverhältnis*
- abweichende Vereinbarungen **BGB 625**, 11 ff.
- Änderungskündigung **BGB 625**, 3
- Anfechtung wegen Irrtums **BGB 625**, 10
- Aufhebungsvertrag **BGB 625**, 21
- Berufsausbildungsverhältnis **BBiG 24**, 3 ff.; **BGB 625**, 2
- Beweislast **BGB 625**, 41
- Doppelbefristung **BGB 625**, 11 a
- Fortsetzung des Arbeitsverhältnisses **BGB 625**, 23
- Geschäftsfähigkeit **BGB 625**, 8
- Geschäftswille **BGB 625**, 7 f.
- nach Erreichen der tariflichen Altersgrenze **BGB 625**, 20
- nach Kündigung **BGB 625**, 20, 22
- nach Zeitablauf **BEEG 21**, 30; **BGB 625**, 20
- Prozessbeschäftigung **BGB 625**, 34
- Rechtsfolgen **BGB 625**, 4 f., 39 f.
- Voraussetzungen **BGB 625**, 20 ff.
- Widerspruch des Arbeitgebers **BGB 625**, 29 ff.
- Wissen des Arbeitgebers **BGB 625**, 26 ff.
- Zustimmung

Strafbare Handlungen
- Anzeige gegen Arbeitgeber **KSchG 1**, 427 ff.
- Bagatellstraftaten **KSchG 1**, 504
- Einzelfälle **BGB 626**, 447 ff.; **KSchG 1**, 391
- Kündigung eines Auszubildenden **BBiG 21**, 66; **BBiG 22**, 66
- Kündigung eines Heuerverhältnisses **SeemG**, 122
- Kündigungsgrund **BGB 626**, 114, 447 ff.; **KSchG 1**, 390
- Petitionsrecht **KSchG 1**, 427
- Verlangen des Betriebsrats nach Entlassung/Versetzung **BetrVG 104**, 8
- Vorstrafen **KSchG 1**, 512

Streik
- ◊ s. auch Arbeitskampf
- ◊ s. auch Aussperrung
- ◊ s. auch Kampfkündigung
- Abmahnung **KSchG 1**, 429
- Aufforderung als Kündigungsgrund **KSchG 15**, 27
- außerordentliche Kündigung **BGB 626**, 310, 410
- betriebsstörende Arbeitnehmer, Entfernung **BetrVG 104**, 5 a
- Boykottmaßnahmen **KSchG 25**, 18
- durch unzuständige Gewerkschaft **KSchG 25**, 17
- Friedenspflicht **KSchG 25**, 17
- Funktionsfähigkeit des Betriebsrats **BetrVG 105**, 18
- herausgreifende Einzelkündigung **BGB 626**, 310
- herausgreifende Einzelkündigungen **KSchG 1**, 429
- Krankenversicherung **SozR**, 10, 37
- Kündigungsgrund **BGB 626**, 410; **KSchG 1**, 24, 429 f.; **SGB IX 91**, 43 ff.
- Massenänderungskündigung **BGB 626**, 410
- Maßregelungsverbot **BGB 626**, 60
- Mitbestimmung bei Kündigungen **BetrVG 102**, 26, 36, 45
- Mutterschutz **KSchG 25**, 10; **MuSchG 9**, 164 ff.
- »neue Beweglichkeit« **KSchG 25**, 17
- nichtorganisierte Arbeitnehmer **BGB 626**, 473
- Rädelsführer **KSchG 25**, 22, 25
- Rechtsirrtum **BGB 626**, 410
- rechtswidriger ~ **KSchG 25**, 19 ff., 28
- Schwerbehinderte **KSchG 25**, 10; **SGB IX 91**, 43 ff.
- Streikarbeit **BGB 626**, 141, 412
- Sympathiestreik **KSchG 25**, 17
- Teilstreik **KSchG 25**, 9 b
- verbandswidriger ~ **KSchG 25**, 17
- während Weiterbeschäftigung **BetrVG 102**, 214
- Warnstreik **KSchG 25**, 17
- wilder ~ **KSchG 25**, 15
- Wissen des Arbeitgebers
- zur Durchsetzung betriebsverfassungsrechtlicher Streitfragen **KSchG 25**, 17

Streitgegenstand, Kündigungsschutzklage, Kündigungsschutzprozess
- Änderungskündigung **KSchG 2**, 150 ff.; **KSchG 4**, 290
- Auslegung des Antrags **KSchG 4**, 233, 237, 240 ff., 254, 256
- außerordentliche und ordentliche Kündigung, Umdeutung **BGB 626**, 395, 396 ff.; **KSchG 4**, 227, 236 ff.
- Beendigungszeitpunkt **KSchG 4**, 229
- Begrenzung **BGB 626**, 375, 402
- Ergänzungsurteil **BGB 626**, 401
- Feststellungsklage **KSchG 4**, 242
- ◊ s. auch dort
- gerichtliches Fragerecht **KSchG 4**, 241, 249
- Klageerweiterung **KSchG 4**, 230, 249
- Klageverbindung **BGB 626**, 394
- Kündigung während des Rechtsstreits **KSchG 4**, 245
- Kündigungsschutzklage **KSchG 4**, 242 ff.
- ◊ s. auch dort
- Mehrheit von Kündigungen (Trotzkündigung) **BGB 626**, 403
- punktueller Streitgegenstandsbegriff **BGB 626**, 192, 375, 378; **KSchG 4**, 158, 225 ff.
- Teilurteil **BGB 626**, 401
- Umdeutung **KSchG 4**, 231 ff.
- ◊ s. auch dort
- unechte Eventualklage **KSchG 4**, 229, 231
- vorsorgliche/weitere Kündigung **KSchG 4**, 14, 227 ff., 236, 242, 269
- Wechseln von einer Klageart zur anderen **BGB 626**, 379
- Zustandekommen eines Arbeitsverhältnisses **KSchG 4**, 225

Streitkräfte

Streitwert, Kündigungsschutzklage
- ◊ s. Stationierungsstreitkräfte
- Abfindung **KSchG 4**, 282; **KSchG 9**, 94
- Änderungskündigungen **KSchG 2**, 174 ff., 178; **KSchG 4**, 292
- Arbeitsentgelt **KSchG 4**, 274
- Auflösungsantrag **KSchG 2**, 178; **KSchG 9**, 94
- Bestandsstreitigkeit als Vorfrage **KSchG 4**, 274
- Bruttovergütung **KSchG 4**, 274
- Dauer des Arbeitsverhältnisses **KSchG 4**, 277
- Deputat **KSchG 4**, 274
- Fahrtkostenpauschalen **KSchG 4**, 274
- Freistellung **KSchG 4**, 281
- Gratifikationen, Sonderzuwendungen **KSchG 4**, 274
- Kündigungsart **KSchG 4**, 276
- Kündigungsschutzklage und Leistungsklage **KSchG 4**, 279 a ff.; **KSchG 9**, 93 ff.; **KSchG 11**, 56
- mehrere Arbeitgeber als Gesamtschuldner **KSchG 4**, 282 a
- mehrere Kündigungen **KSchG 4**, 279
- nachträgliche Zulassung **KSchG 5**, 178
- Nebentätigkeitsmöglichkeiten **KSchG 4**, 274
- pflichtgemäßes Ermessen **KSchG 4**, 277
- Prestigeverlust **KSchG 4**, 292
- Rechtsmittelstreitwert **KSchG 9**, 95
- Tantiemen **KSchG 4**, 274
- Umdeutung des Klageantrags **BGB 626**, 397 ff.
- Umfang des Kündigungsschutzantrags **KSchG 4**, 276
- unechter Hilfsantrag **KSchG 4**, 279 a
- Urlaubsgeld **KSchG 4**, 274
- Weiterbeschäftigungsanspruch **KSchG 4**, 281 b
- Zustandekommen eines Arbeitsverhältnisses **KSchG 4**, 274 ff.

Stufenausbildung
- Berufsausbildungsverhältnis **BBiG 21**, 20, 43 a; **BBiG 22**, 20, 43 a

Stufenvertretung BPersVG 72, 79, 108, 48 ff.

Suspendierung
- als milderes Mittel **BGB 626**, 223
- Arbeitnehmerkündigung nach unzulässiger ~ **BGB 626**, 471

- Betriebsratsmitglied **BetrVG 103**, 143 ff., 149; **KSchG 15**, 115
- einseitig durch Arbeitgeber **BGB 626**, 223, 231, 471
- Störung des Betriebsfriedens **BetrVG 104**, 25, 31, 33 a
  ↳ s. auch Entfernung betriebsstörender Arbeitnehmer
- unzulässige ~ **BGB 626**, 471
- vor Abschluss der Betriebs-/Personalratsanhörung **BetrVG 102**, 119, 196; **BetrVG 103**, 143 ff.; **BPersVG 72**, 79, 108, 14, 46; **KSchG 15**, 51
- Wehrpflicht ausländischer Arbeitnehmer **BGB 626**, 142
- Zutritt zum Betrieb **BetrVG 103**, 149

T
Tarifvertrag
  ↳ s. auch Bundes-Angestelltentarifvertrag
  ↳ s. auch Tarifvertrag, Kündigungsfristen
- Altersgrenzen **KSchG 1**, 289
- Aufhebungsvertrag, Bedenkzeit **BGB 626**, 50
- Ausgleichsquittung **KSchG 4**, 311
- Ausschluss der Ausschlussfrist **BGB 626**, 317
- Ausschluss der außerordentlichen Kündigung **BGB 626**, 70 ff.
- Ausschluss der ordentlichen Kündigung **KSchG 1**, 582, 601, 606, 665 ff.; **KSchG 13**, 260 ff., 265 a
- Ausschluss von Kündigungsgründen **BGB 626**, 58, 66; **KSchG 1**, 34 f.
- Ausschlussfristen **KSchG 4**, 177 ff.
  ↳ s. auch tarifvertragliche Ausschlussfrist
- Auswahlrichtlinien **KSchG 1**, 695 ff.
- Befristungsregelungen **BEEG 21**, 9 ff.
- Erweiterung des Direktionsrechts **KSchG 2**, 54 a ff.
- Erweiterung von Kündigungsgründen **BGB 626**, 70 ff.; **KSchG 1**, 34
- gewerkschaftliche Vertrauensleute **KSchG 13**, 263 a
- Kündigungsfristen
  ↳ s. Tarifvertrag, Kündigungsfristen
- Maßregelungsverbot **BGB 626**, 60
- Mitbestimmung, Beschränkung/Erweiterung **BetrVG 102**, 148, 244
- Rechtswahl anzuwendenden Staatsrechts **IPR**, 15
- Schriftformklausel **KSchG 13**, 264
- Vereinbarung über zuständiges Arbeitsgericht **KSchG 4**, 177 ff.
- Verzicht auf Kündigungsschutz **KSchG 4**, 128
- Wartezeit **KSchG 1**, 97

Tarifvertrag für die Arbeitnehmer bei den Stationierungsstreitkräften im Gebiet der BR Deutschland (TVAL II) NATO-ZusAbk, 6
  ↳ s. auch Stationierungsstreitkräfte
- anderweitige Unterbringung **NATO-ZusAbk**, 29
- besonderer Kündigungsschutz **NATO-ZusAbk**, 28 ff.
- Einkommensschutzzulage **NATO-ZusAbk**, 29
- Geltung **NATO-ZusAbk**, 14
- Kündigung des Arbeitsverhältnisses **NATO-ZusAbk**, 15 ff.

- Tarifvertragsparteien **NATO-ZusAbk**, 14

Tarifvertrag, Kündigungsfristen
- Beitrittsgebiet **BGB 622**, 45 ff.
- Bezugnahme im Arbeitsvertrag **BGB 622**, 193 ff.
- Bezugnahme in Betriebsverfassung **BGB 622**, 225 ff.
- Günstigkeitsprinzip **BGB 622**, 206, 240 ff.
- Handelsvertreter **ArbNähnl.Pers.**, 201
- Heimarbeiter **ArbNähnl.Pers.**, 113 ff.
- Kündigungsausschluss durch Tarifvertrag **BGB 622**, 109 ff.
- Rückwirkung von Tarifverträgen **BGB 622**, 225 ff.
- TVAL II **NATO-ZusAbk**, 18 ff.
- unterschiedliche ~ für Arbeiter und Angestellte **BGB 622**, 10 ff., 247 ff., 253 ff.
- Verkürzung **BGB 622**, 198; **BGB 626**, 70
- Verstoß gegen ~ **KSchG 13**, 265

Tarifvertragliche Ausschlussfrist KSchG 11, 22
- BAG-Rechtsprechung **KSchG 4**, 43 ff., 47
- einstufige ~ **KSchG 4**, 38 ff.
- Erhebung der Kündigungsschutzklage **KSchG 4**, 37 ff.
- Fälligkeit der Ansprüche **KSchG 4**, 40
- Nachzahlungsanspruch **KSchG 8**, 13
- öffentlicher Dienst **KSchG 4**, 39
- private Wirtschaft **KSchG 4**, 38
- Urlaubsanspruch **KSchG 4**, 50
- zweistufige ~ **KSchG 4**, 43 ff.

Tätlichkeiten
- Abmahnung **KSchG 1**, 464
- Kündigungsgrund **BGB 626**, 449, 473; **KSchG 1**, 464, 503; **KSchG 15**, 27; **NATO-ZusAbk**, 27
- Verlangen des Betriebsrats nach Entlassung/Versetzung **BetrVG 104**, 8

Teilkündigung
- Abgrenzung **BGB 626**, 26
- Änderungskündigung **BGB 626**, 198 ff., 294 ff.; **KSchG 2**, 53
- Dreiwochenfrist **KSchG 4**, 16 c
- Eindeutigkeit der Erklärung **KSchG 2**, 53
- Kündigungsschutz für Betriebsverfassungsorgane **KSchG 15**, 15
- Leistungsbestimmungsrecht **KSchG 1**, 168
- Mitbestimmung des Betriebsrats **BetrVG 102**, 37
- Umdeutung in Änderungskündigung **KSchG 2**, 53
- vertraglich vereinbarte ~ **KSchG 2**, 52
- Widerrufsvorbehalt **KSchG 2**, 52
- Zulässigkeit **BetrVG 102**, 37; **KSchG 1**, 168; **KSchG 2**, 51

Teilzeitarbeitsverhältnis
- Abfindungsberechnung **KSchG 10**, 28
- allgemeiner Kündigungsschutz **KSchG 1**, 65 f.
- Altersteilzeit **SozR**, 41 e
- Arbeitnehmereigenschaft **ArbNähnl.Pers.**, 21
- Arbeitszeitveränderung, Änderungskündigung **KSchG 2**, 112
- Auflösungsgrund von altem Arbeitsverhältnis **KSchG 12**, 8
- Austauschbarkeit **KSchG 1**, 625 f.
- Benachteiligungsverbot **KSchG 13**, 216 c

Stichwortverzeichnis

- Elternzeit **BEEG 18**, 9, 16 ff., 25; **BEEG 19**, 7, 9
- job sharing-Vertrag
  ⇨ *s. dort*
- milderes Mittel gegenüber Kündigung **KSchG 1**, 381, 599
- Mutterschutz **MuSchG 9**, 13, 23
- Nebenbeschäftigung **KSchG 1**, 65
- Schwellenwert **KSchG 23**, 21, 34 ff.
- soziale Auswahl **KSchG 1**, 625 f.
- Wartezeit **KSchG 1**, 104 f.
- Weiterbeschäftigungsmöglichkeit **KSchG 1**, 381
- Zielsetzung des TzBfG **TzBfG 1**, 1 f.
- Zulässigkeit **TzBfG 1**, 1 f.

Telearbeit
- allgemeiner Kündigungsschutz **KSchG 1**, 67
- Arbeitnehmereigenschaft **ArbNähnl.Pers.**, 4 a
- freie Mitarbeit **ArbNähnl.Pers.**, 4 a
- Heimarbeit **ArbNähnl.Pers.**, 4 a, 84 a

Telefax, Telegramm, Telekopie
- Kündigungsschutzklage **KSchG 4**, 165 a; **KSchG 5**, 23
- Schriftform **KSchG 13**, 228 a, 274
- unverzügliche Zurückweisung der Kündigung **KSchG 13**, 284
- Zugang der Kündigung **KSchG 4**, 118 b

Tendenzbetriebe und -unternehmen
- außerdienstliches Verhalten **BGB 626**, 121; **KSchG 1**, 456
- betriebsstörende Arbeitnehmer, Entfernung **BetrVG 104**, 56
- Betriebsverfassungsorgan, Kündigungsschutz **BetrVG 103**, 16; **KSchG 15**, 11
- Eignung **KSchG 1**, 77, 305
- Grundrechtsschutz **BetrVG 103**, 16; **KSchG 1**, 76
- Interessenabwägung **BGB 626**, 244
- Kirchlicher Dienst
  ⇨ *s. dort*
- Kündigungsschutz und Tendenzschutz **BetrVG 103**, 16; **BGB 626**, 122 ff.; **KSchG 1**, 77
- Mitbestimmung bei Kündigungen **BetrVG 102**, 13
- Stationierungsstreitkräfte **NATO-ZusAbk**, 31
- tendenzbezogene Leistungsmängel **BetrVG 103**, 16; **KSchG 1**, 305
- Tendenzträger **KSchG 1**, 77
- verfassungsrechtliche Stellung **KSchG 1**, 76
- Verstöße gegen die Tendenz **KSchG 1**, 77
- Weiterbeschäftigungsanspruch **BetrVG 102**, 195

Territorialitätsprinzip **BetrVG 102**, 16; **IPR**, 102, 104; **vor SGB IX 85-92**, 3

Tod des Arbeitgebers
- Kündigungsgrund **BGB 626**, 151
- Rechtsfolgen **BBiG 21**, 80; **BBiG 22**, 80; **KSchG 1**, 186

Tod des Arbeitnehmers
- Kündigungsschutzprozess **KSchG 4**, 288
- Rechtsfolgen **KSchG 1**, 184 f.
- Unterbrechung (§ 239 ZPO) **KSchG 4**, 83

Treu und Glauben
- außerdienstliches Verhalten **KSchG 1**, 452
- Berufung auf Ausschlussfrist **KSchG 13**, 256 ff.
- Berufung auf Schriftform **KSchG 13**, 227, 264, 279
- Dreiwochenfrist, Berufung auf Versäumung **KSchG 5**, 16
- treuwidrige Kündigung
  ⇨ *s. dort*
- Verwirkung
  ⇨ *s. dort*
- Zurückbehaltungsrecht **KSchG 1**, 436

Treuepflicht
- leitende Angestellte **KSchG 14**, 45
- Verstoß als Kündigungsgrund **BGB 626**, 447; **KSchG 1**, 418; **KSchG 14**, 45; **KSchG 15**, 26

Treuewidrige Kündigung
- venire contra factum proprium **KSchG 1**, 127 f.

Treuhandanstalt, Betriebsübergang BetrVG 102, 23
  ⇨ *s. auch Beitrittsgebiet*

Treuwidrige Kündigung KSchG 13, 229 ff.
  ⇨ *s. auch Nichtigkeitsgründe der Kündigung, andere*
- Abgrenzung zur Sittenwidrigkeit **KSchG 13**, 229
- Abgrenzung zur Sozialwidrigkeit **KSchG 13**, 131, 134, 232
- AIDS **KSchG 13**, 256
- arbeitnehmerähnliche Personen **ArbNähnl.Pers.**, 149
- bei Verzeihung **KSchG 13**, 239
- Beweislast **KSchG 13**, 257
- Dreiwochenfrist **KSchG 13**, 257
- fehlende Angabe von Gründen **KSchG 13**, 251 ff.
- Homosexualität **KSchG 13**, 256
- Kündigung am Schwarzen Brett **KSchG 13**, 246
- Kündigung zur Unzeit **KSchG 13**, 248 ff.
- Unbilligkeit **KSchG 13**, 258 a
- ungehörige Kündigung **KSchG 13**, 243
- Unmutsäußerung, Beleidigung **KSchG 13**, 244 ff.
- Unwirksamkeit, Geltendmachung **KSchG 7**, 26, 33 ff.
- venire contra factum proprium **KSchG 13**, 236 ff., 257
- Verdachtskündigung **KSchG 13**, 253
- Verwirkung **KSchG 13**, 239
- willkürliche Kündigung **KSchG 13**, 254
- Zurückbehaltungsrecht

Trotzkündigung BGB 626, 403

Trunkenheitsfahrt
- als Kündigungsgrund **KSchG 1**, 293, 425, 450

TVöD
- auflösende Bedingung **TzBfG 21**, 58
- befristetes Arbeitsverhältnis **TzBfG 22**, 27 a, 27 b, 27 c, 27 d, 27 e
- Führung auf Probe **TzBfG 22**, 27 d
- Führung auf Zeit **TzBfG 22**, 27 e

U

Übergang des Arbeitsverhältnisses
  ⇨ *s. auch Betriebsübergang*
- Arbeitnehmerüberlassung **KSchG 1**, 61
- Umwandlungsgesetz **KSchG 1**, 222, 610

Überlegungsfrist gem. § 24 Abs. 2 KSchG KSchG 24, 25

Übermaßverbot KSchG 25, 9 a

Überstunden
- Abbau als milderes Mittel **KSchG 1**, 528
- Abfindungsberechnung **KSchG 10**, 29
- Verweigerung als Kündigungsgrund **BGB 626**, 412; **KSchG 1**, 437

Ultima ratio-Grundsatz (bei Kündigung) **KSchG 1**, 214 ff.
◊ *s. auch Verhältnismäßigkeitsgrundsatz*
- Abmahnung
  ◊ *s. dort*
- Arbeitsstreckung **KSchG 1**, 565
- bei Streik und Aussperrung **KSchG 25**, 9, 17
- Betriebsbußen **BGB 626**, 285
  ◊ *s. auch dort*
- Kündigung eines Berufsausbildungsverhältnisses **BBiG 21**, 46; **BBiG 22**, 46
- Kurzarbeit **KSchG 1**, 531, 567
- Versetzung vor Kündigung **BetrVG 104**, 23, 30, 49
- Vorrang der Änderungs- vor Beendigungskündigung **BGB 626**, 202, 251, 294 ff.; **KSchG 1**, 203, 217, 231, 408, 410, 726; **KSchG 2**, 18 a ff.
  ◊ *s. auch Änderungskündigung*
- Vorrang ordentlicher vor außerordentlicher Kündigung **BGB 626**, 297
- Weiterbeschäftigungsmöglichkeit/anderweitige Beschäftigungsmöglichkeit
  ◊ *s. dort*
- Widerrufsmöglichkeit vor Änderungskündigung **BGB 626**, 286

Umdeutung unwirksamer Kündigung **BGB 626**, 365 ff.; **KSchG 4**, 231 ff.; **KSchG 13**, 46 ff., 75 ff.
- allgemeine Feststellungsklage **KSchG 4**, 235 a, 237 ff.
- arbeitsvertragliche Umdeutung **KSchG 4**, 237
- Auslegung **BGB 13**, 5 f.; **BGB 626**, 365 ff.; **KSchG 4**, 233, 237, 241 ff.; **KSchG 13**, 75 ff.
- außerordentliche Kündigung in ordentliche **Arb-Nähnl.Pers.**, 121; **BetrVG 102**, 113, 182 ff.; **BGB 626**, 41, 45, 54, 306, 315, 365 ff., 396 ff.; **BPersVG 72**, 79, **108**, 13, 64; **KSchG 4**, 231 ff.; **KSchG 13**, 46 ff., 75 ff.; **SGB IX 91**, 35
- bei Auflösungsantrag **KSchG 13**, 96, 107
- bei Ausschluss ordentlicher Kündigung **KSchG 13**, 96
- Berücksichtigung im Kündigungsschutzprozess **BGB 626**, 366; **KSchG 4**, 231 ff.; **KSchG 13**, 82 ff.
- Betriebs-/Personalratsanhörung **BetrVG 102**, 113, 182 ff.; **BPersVG 72**, 79, **108**, 13, 64; **KSchG 13**, 98 ff.
- Folgen **KSchG 13**, 86 ff.
- formwidrige Kündigung in Angebot zur Formaufhebung **KSchG 13**, 280
- fristlose in Kündigung mit Auslauffrist **KSchG 13**, 109 a
- gerichtliche Hinweispflicht **KSchG 4**, 235; **KSchG 13**, 91
- gerichtliches Fragerecht **KSchG 4**, 235
- in Berufungsinstanz **KSchG 13**, 83
- in Mindestfrist bei Konkurs **KSchG 13**, 224
- in Revisionsinstanz **KSchG 13**, 83
- Kündigung in Abberufung AGB-DDR **BGB 626**, 350
- Kündigung in Anfechtung **KSchG 1**, 253
- Kündigung in Angebot zum Aufhebungsvertrag **BGB 626**, 367 ff.; **KSchG 1**, 253 a; **KSchG 13**, 109 a, 354
- Kündigung in Auflösungserklärung **KSchG 12**, 11
- Kündigung Schwangerer **MuSchG 9**, 76, 139
- Kündigung Schwerbehinderter **KSchG 13**, 97
- ordentliche Kündigung in außerordentliche **KSchG 1**, 167, 253; **KSchG 13**, 204
- Präklusionswirkung **BGB 626**, 396; **KSchG 4**, 262 ff.
  ◊ *s. auch dort*
- Rücktritt als außerordentliche Kündigung **BGB 626**, 41
- sittenwidrige fristlose in fristgerechte Kündigung **KSchG 13**, 175 a
- Tenorierung **KSchG 13**, 92 ff.
- verlängerte Anrufung **KSchG 13**, 90

Umgehung
- Beitragspflicht Sozialversicherung **SozR**, 15
- Kündigungsschutz durch Bedingung **BGB 626**, 48
- Kündigungsschutz durch Zölibatsklausel **KSchG 1**, 298
- Schutzvorschriften bei mittelbarem Arbeitsverhältnis **KSchG 1**, 62 f.; **KSchG 23**, 51
- Wartezeit **KSchG 1**, 94

Umgruppierung
- Änderungskündigung **BGB 626**, 72; **KSchG 2**, 122
- Beteiligung des Betriebsrats **BetrVG 102**, 31; **KSchG 2**, 122 ff.

Umsatzrückgang
- als Kündigungsgrund **KSchG 1**, 568 f.
- Beweislast **KSchG 1**, 553

Umschulungs- und Fortbildungsmaßnahmen
◊ *s. auch Berufsausbildung*
- als milderes Mittel **KSchG 1**, 722 ff.
- Anwendbarkeit des Berufsbildungsgesetzes **BBiG 21**, 12, 37; **BBiG 22**, 12, 37
- Begriff **KSchG 1**, 723
- Beschäftigtenzahl **KSchG 23**, 43
- Beweis- und Darlegungslast **KSchG 1**, 725
- freier Arbeitsplatz **KSchG 1**, 724
- Interessenabwägung **BetrVG 102**, 169, 169 b; **KSchG 1**, 724
- Kündigung eines Umschülers **BBiG 21**, 56; **BBiG 22**, 56
- Schutz der Mitglieder von Betriebsverfassungsorganen **BetrVG 78 a**, 9
- verlängerte Anrufung
- Widerspruch des Betriebs-/Personalrats **KSchG 1**, 722 ff.
- Widerspruch des Betriebs-/Personalrats wegen ~ **BetrVG 102**, 169 ff.
- Zumutbarkeit **KSchG 1**, 724
- Zustimmung des Arbeitnehmers **BetrVG 102**, 169 c; **KSchG 1**, 724

Umsetzung
◊ s. Versetzung/Umsetzung
Umwandlungsrecht
◊ s. Unternehmensumwandlung
Unabdingbarkeit
◊ s. zwingende Wirkung
Unfallverhütungsvorschriften
− Nichteinhaltung als Kündigungsgrund **KSchG 1**, 472
Unfallversicherung SozR, 10, 28, 44 ff., 135
Ungleichbehandlung
◊ s. Gleichbehandlungsgrundsatz
Unkündbarkeit
− Änderungskündigung **KSchG 2**, 179
− Auslauffrist **BGB 626**, 304; **KSchG 13**, 23, 266
− Ausschlussfrist **BGB 626**, 322
− außerordentliche Kündigung **BGB 626**, 66, 71, 132, 155, 158, 297 ff., 301 ff., 322, 340, 425
− betriebsbedingte Kündigung **BGB 626**, 301, 304
− Betriebsstilllegung **BGB 626**, 155, 301
− Interessenabwägung **BGB 626**, 301, 304
− soziale Auswahl **KSchG 1**, 664
− Verstoß **KSchG 13**, 261, 266
Unpünktlichkeit
− als Kündigungsgrund **BGB 626**, 409; **KSchG 1**, 444
Unrentabilität
− als Kündigungsgrund **KSchG 1**, 587
Unrentabilität, als Kündigungsgrund KSchG 2, 107 a ff.
Unternehmen
− Begriff **KSchG 1**, 141 ff.
− Hauptverwaltung als eigenständiger Betrieb **KSchG 1**, 144
− Umwandlung **UmwG**, 25
Unternehmensentscheidung KSchG 1, 519 -526
◊ s. auch Unternehmensumwandlung
− Anforderungsprofil **KSchG 1**, 563
− Anscheinsbeweis **KSchG 1**, 556
− Betriebsorganisation **KSchG 1**, 561 ff.
− Betriebsstilllegung **KSchG 1**, 579 ff.
− Betriebsübergang **KSchG 1**, 574 ff.
− Beweis- und Darlegungslast **KSchG 1**, 556
− fehlerhafte **KSchG 1**, 533
− gerichtliche Nachprüfung **KSchG 1**, 521 ff., 534 ff., 593 a
− Gewinnsteigerung **KSchG 1**, 588
− innerbetriebliche Gründe **KSchG 1**, 519 f.
− Interessenausgleich/Sozialplan **KSchG 1**, 525
− Kündigung als **KSchG 1**, 524
− öffentlicher Dienst **KSchG 1**, 593 ff.
− soziale Auswahl **KSchG 1**, 692
Unternehmensumwandlung
− Arten **UmwG**, 10 ff.
− Betriebsratsamt **KSchG 15**, 60 a; **UmwG**, 44
− Betriebsübergang **UmwG**, 28 ff.
− Formwechsel **UmwG**, 56
− gemeinsamer Betrieb **UmwG**, 48 ff.
  ◊ s. auch Gemeinschaftsbetrieb mehrerer Unternehmen
− Gesamtrechtsnachfolge **UmwG**, 2

− Grundgedanken **UmwG**, 1 ff.
− Haftung **UmwG**, 6
− Kleinbetrieb nach ~ **UmwG**, 36 ff.
− kündigungsrechtliche Stellung der Arbeitnehmer **KSchG 1**, 222; **UmwG**, 33 ff.
− Kündigungsverbot **UmwG**, 34
− soziale Auswahl **KSchG 1**, 610
− Spaltung **KSchG 15**, 60 a; **UmwG**, 34 ff.
− Unterrichtung des Betriebsrats **UmwG**, 3
− Verfahren **UmwG**, 25
− Vermögensübertragung **UmwG**, 55
− Verschmelzung **UmwG**, 29 ff.
Unternehmerentscheidung
− Ausschlussfrist **BGB 626**, 329
− Betriebsstilllegung
  ◊ s. auch dort
− Entgeltsenkungen **BGB 626**, 203
− Senkung der Lohnkosten **KSchG 2**, 107 c
− Verschmelzung
  ◊ s. betriebsbedingte Kündigung
Unterrichtung des Betriebs/Personalrats
− Adressat **BetrVG 102**, 81 ff.; **BetrVG 103**, 31; **BetrVG 105**, 31; **BPersVG 72**, 79, **108**, 20 ff.
− Änderungskündigung **BetrVG 102**, 62, 65; **KSchG 2**, 115 ff.
− betriebsbedingte Kündigung **BetrVG 102**, 61, 62 c ff.; **KSchG 2**, 115
− Betriebsstilllegung **BetrVG 102**, 61, 62 c
− Datenschutz **BetrVG 102**, 71
− Einsicht in Beweismaterial, Personalakte, Unterlagen **BetrVG 102**, 68
− Entbehrlichkeit substantiierter ~ **BetrVG 102**, 69; **BetrVG 103**, 67 a; **BetrVG 104**, 33
− Form **BetrVG 102**, 62 a, 76; **BetrVG 105**, 28; **BPersVG 72**, 79, **108**, 15
− funktionsunfähiger Betriebsrat **BetrVG 105**, 18
− Heilung unzureichender ~ **BetrVG 102**, 111 a ff.; **BetrVG 103**, 103
− krankheitsbedingte Kündigung **BetrVG 102**, 63 ff.
− Kündigung von Betriebsratsmitgliedern **BetrVG 103**, 66 ff.
− Kündigungsentschluss **BetrVG 102**, 53 ff., 58; **BetrVG 103**, 65, 67; **BPersVG 72**, 79, **108**, 15
− Kündigungsfrist **BetrVG 102**, 59 ff.; **BetrVG 103**, 67; **BPersVG 72**, 79, **108**, 15
− Kündigungsgründe **BetrVG 102**, 62 ff.; **BetrVG 103**, 67; **BetrVG 105**, 27; **BPersVG 72**, 79, **108**, 15
− Kündigungstermin **BetrVG 102**, 59 ff., 107, 108 ff.; **BetrVG 105**, 27; **BPersVG 72**, 79, **108**, 15
− leitende Angestellte **BetrVG 105**, 15, 20 ff.
− Massenentlassungen **BetrVG 102**, 53 a, 58, 62 d; **KSchG 17**, 57 ff., 62 a ff., 63 ff., 66 ff.
− Nachholen **BetrVG 102**, 111 a ff.
− Nachschieben von Kündigungsgründen
  ◊ s. Nachschieben von Kündigungsgründen, Anhörung des Betriebsrats
− Sozialauswahl **BetrVG 102**, 62 d ff.
− Sozialdaten **ArbNähnl.Pers.**, 116; **BetrVG 102**, 58, 62, 62 a

Stichwortverzeichnis

- soziale Auswahl
  ↳ *s. auch Mitbestimmung*
- Unternehmensumwandlung **UmwG**, 3
- unvollständige oder unrichtige ~ **BetrVG 102**, 62 b, 67, 106 ff.; **BetrVG 103**, 101 ff.; **BetrVG 105**, 38 ff.; **BPersVG 72**, **79**, **108**, 54
- Verdachtskündigung **BetrVG 102**, 64 b
- verhaltensbedingte Kündigung **BetrVG 102**, 62, 64
- Verzicht **BetrVG 102**, 75; **BetrVG 103**, 70
- Zeitpunkt **BetrVG 102**, 77 ff.; **BetrVG 105**, 29
- Zusammentreffen mehrerer Unterrichtungspflichten **BetrVG 102**, 53 a; **KSchG 17**, 70 f.

Unterschlagung
- Ausschlussfrist **BGB 626**, 328
- Kündigungsgrund **BGB 626**, 114, 446; **KSchG 1**, 503; **NATO-ZusAbk**, 27
- Verlangen des Betriebsrats nach Entlassung/Versetzung **BetrVG 104**, 8

Unterschrift »Kündigungsschutzklage«
- Anforderungen **KSchG 4**, 165
- Heilung **KSchG 4**, 167 a
- Massenverfahren **KSchG 4**, 167
- Prozessvollmacht **KSchG 4**, 166
- Telefax, Telekopie **KSchG 4**, 165 a

Untersuchungshaft
  ↳ *s. Haft*

Untreue, Straftatbestand als Kündigungsgrund BGB 626, 455

Unzulässige Rechtsausübung
  ↳ *s. auch treuwidrige Kündigung*
- rechtsmissbräuchliche Berufung auf Ausschlussfrist **BGB 626**, 349, 361; **KSchG 1**, 127
- und Kündigungsfreiheit **KSchG 1**, 18 f., 127 f.

Unzumutbarkeit
- anderweitige Arbeit im Annahmeverzugszeitraum **KSchG 11**, 42
- Fortsetzung des Arbeitsverhältnisses **KSchG 9**, 36
- ordentliche verhaltensbedingte Kündigung **KSchG 1**, 398
- Weiterbeschäftigung des Arbeitnehmers **KSchG 11**, 20

Unzumutbarkeit der Weiterbeschäftigung
- Jugend- und Auszubildendenverteter **BetrVG 78 a**, 37 ff.

Urlaub
- Annahmeverzugszeit, Anrechnung auf ~ **KSchG 11**, 25
- eigenmächtiger Antritt/eigenmächtige Überschreitung als Kündigungsgrund **BBiG 21**, 47; **BBiG 22**, 47; **BGB 626**, 428, 452; **KSchG 1**, 440
- Erlöschen des Anspruchs **KSchG 11**, 25
- Handelsvertreter **ArbNähnl.Pers.**, 192, 196
- in Kündigungsfrist **NATO-ZusAbk**, 23
- Kündigungszugang **KSchG 4**, 103, 106 c ff.; **KSchG 5**, 59 ff.
- Kurzarbeit **KSchG 19**, 48
- nachträgliche Zulassung **KSchG 5**, 59 ff., 115
- Schifffahrt **SeemG**, 31, 35, 176

- tarifvertragliche Ausschlussfrist **KSchG 4**, 50
  ↳ *s. auch dort*
- Urlaubsgeldberücksichtigung bei Abfindung **KSchG 10**, 33
- Versäumung von Rechtsmittelfristen **KSchG 5**, 60
- Vortäuschen einer Erkrankung **BGB 626**, 455
- Weiterbeschäftigung nach Berufsausbildung **BBiG 24**, 8

Urlaubsabgeltung
- Arbeitslosenunterstützung, Anrechnung **SozR**, 147, 150
- Arbeitslosenunterstützung, Ruhen **SozR**, 51, 147, 150
- Berufsausbildungsverhältnis **BBiG 21**, 141; **BBiG 22**, 141
- Internationales Arbeitsrecht **IPR**, 117
- Sozialversicherungsbeitrag **SozR**, 21 ff., 98
- Weiterbeschäftigung aufgrund Urteil **KSchG 11**, 25

Urteil im Kündigungsschutzprozess
- abweisendes ~ **KSchG 4**, 250 ff.
- Änderungskündigungsschutzklage **KSchG 4**, 291
  ↳ *s. auch Auflösung des Arbeitsverhältnisses*
- Auflösungsurteil **KSchG 4**, 257 ff.; **KSchG 9**, 81 ff.; **KSchG 10**, 67
- Präklusionswirkung **KSchG 4**, 224, 253, 255, 262 ff.
  ↳ *s. auch dort*
- stattgebendes ~ **KSchG 4**, 255 ff.; **KSchG 16**, 3
- Streitgegenstand **KSchG 4**, 225 ff.
  ↳ *s. auch Streitgegenstand, Kündigungsschutzklage, Kündigungsschutzprozess*
- Umdeutung **KSchG 4**, 231 ff.
  ↳ *s. auch dort*
- unechte Eventualklage **KSchG 4**, 229, 231 ff.
- vorsorgliche/weitere Kündigung **KSchG 4**, 14, 230, 236, 242, 249, 269
- Wahlrecht zwischen Arbeitsverhält-nissen **KSchG 12**, 4 ff.; **KSchG 16**, 2 ff.
  ↳ *s. auch Wahlrecht zwischen Arbeitsverhältnissen nach ~*
- Weiterbeschäftigungsanspruch nach stattgebendem ~ **BetrVG 102**, 275

V

Verdachtskündigung BGB 626, 34, 169, 210 ff., 320, 455, 487
  ↳ *s. auch verhaltensbedingte Kündigung*
- Abgrenzung zur Kündigung wegen Pflichtverletzung **KSchG 1**, 393 a
- Anhörung des Arbeitnehmers **BetrVG 104**, 26; **BGB 626**, 31, 34, 214, 230, 458; **KSchG 1**, 393 d; **KSchG 13**, 253
- Aufklärungspflicht **BGB 626**, 214
- Ausschlussfrist bei außerordentlicher ~ **BGB 626**, 320
- Berufsausbildungsverhältnis **BBiG 21**, 48; **BBiG 22**, 48

- Betriebsratsanhörung **BetrVG 102**, 64 b; **BGB 626**, 216; **KSchG 1**, 393 h
- Beurteilungszeitpunkt **BGB 626**, 219 ff., 233; **KSchG 1**, 393 g
- Beweisaufnahme **BGB 626**, 215
- Einzelfälle **BGB 626**, 455
- Interessenabwägung **KSchG 1**, 393 d
- Kündigungsgrund **KSchG 1**, 306
- Meinungsstand im Schrifttum **BGB 626**, 221 ff.
- Meinungsunterschiede BAG/BGH **BGB 626**, 219
- nachgeschobener Grund **BGB 626**, 216
- personenbedingte Kündigung **KSchG 1**, 392
- und weitere Kündigung **KSchG 4**, 273
- Untersuchungshaft **KSchG 1**, 393 c
- Urteil im Strafverfahren **BGB 626**, 213, 321; **KSchG 1**, 393 g, 393 i
- Vergütungsanspruch **BGB 626**, 243
- Verhältnis zur Tatkündigung **BGB 626**, 216 ff.
- Verschulden **BGB 626**, 141, 223
- Versetzung vor Kündigung **BGB 626**, 232
- Verstoß gegen Grundsätze der Menschlichkeit oder Rechtsstaatlichkeit **BGB 626**, 487
- Vertrauen als Grundlage der ~ **BGB 626**, 210, 215, 227
- Voraussetzungen **BGB 626**, 210 ff.; **KSchG 1**, 393 d, 393 e, 393 f
- Weiterbeschäftigungsanspruch **KSchG 1**, 393 a
- Wiedereinstellungsanspruch **BGB 626**, 219, 234, **KSchG 1**, 741

Verein
- Mitglieder als Arbeitnehmer **KSchG 14**, 12
- nicht rechtsfähiger **KSchG 4**, 93; **KSchG 14**, 22
- rechtsfähiger **KSchG 4**, 92; **KSchG 14**, 12
- Versicherungsverein auf Gegenseitigkeit **KSchG 14**, 13
- Vertretung **KSchG 14**, 12

Verfassungsfeindliche Betätigung
- Abmahnung **BGB 626**, 119
- Änderungskündigung **KSchG 2**, 100
- Kündigungsgrund **BGB 626**, 116; **KSchG 2**, 100

Verfassungsmäßigkeit
- Kleinbetriebsklausel **KSchG 23**, 14 ff.
- Kündigungsfristen **BGB 622**, 10 ff., 24 ff., 147 ff., 276 ff.
- Mutterschutzgesetz **vor MuSchG 9**, 2; **MuSchG 9**, 4 b, 56
- Schutz auszubildender Amtsträger **BetrVG 78 a**, 6

Verfrühungsschaden
- Schadensersatz bei außerordentlicher Kündigung **BGB 628**, 48

Vergleichbarer Arbeitsplatz
- ↻ s. *Arbeitsplatz, vergleichbarer*

Vergütung
- ↻ s. *Arbeitsentgelt*
- ↻ s. *Nachzahlungsanspruch*
- Anspruch bei außerordentlicher Kündigung **BGB 628**, 9 ff.
- Minderung des Anspruchs **BGB 628**, 14
- sonstige Leistungen **BGB 628**, 13
- vertragswidriges Verhalten **BGB 628**, 16

- vorausgezahlte Vergütung **BGB 628**, 18
- Wegfall des Interesses **BGB 628**, 17

Verhaltensbedingte Kündigung
- Abgrenzung zur personenbedingten Kündigung **BGB 626**, 141; **KSchG 1**, 265 ff., 395 ff.
- Abkehrmaßnahme/-wille des Arbeitnehmers **BGB 626**, 405; **KSchG 1**, 415 f.
- Abmahnung **KSchG 1**, 216, 402 f.
  ↻ s. *auch dort*
- Abwerbung **BGB 626**, 406, 460; **KSchG 1**, 418 ff.
- Alkohol **BGB 626**, 134, 407, 425; **KSchG 1**, 284 ff., 396, 421 ff.
  ↻ s. *auch Alkohol und Drogen*
- Änderungskündigung **BGB 626**, 256; **KSchG 2**, 100 a, 104
- Anzeige gegen den Arbeitgeber **BGB 626**, 408; **KSchG 1**, 427 ff.
- Anzeige- und Nachweispflichtverletzung **KSchG 1**, 475 ff., 488
- Anzeige- und Nachweispflichtverletzungen **BGB 626**, 425 ff.
- Arbeitsbummelei **BGB 626**, 382, 409
- Arbeitsgenehmigung **KSchG 1**, 290 f.
- Arbeitsgeräte, Privatnutzung **KSchG 1**, 496
- Arbeitskampf **KSchG 1**, 429 f.
  ↻ s. *dort sowie Streik*
- Arbeitspapiere, Nichtvorlage **BGB 626**, 411; **KSchG 1**, 431
- Arbeitsunfähigkeitsbescheinigung, Beweiswert **KSchG 1**, 488
- Arbeitsversäumnis, unentschuldigte **KSchG 1**, 438 ff.
- Arbeitsverweigerung **BGB 626**, 88, 167, 409, 412, 432; **KSchG 1**, 433 ff.
- Arbeitszeitbetrug **KSchG 1**, 445
- Arztbesuch **BGB 626**, 413
- ausländerfeindliches Verhalten **KSchG 1**, 470
- außerdienstliches Verhalten **BGB 626**, 414; **KSchG 1**, 450 ff.
- außerordentliche Kündigung **BGB 626**, 137 ff.; **KSchG 1**, 398
  ↻ s. *auch dort*
- Bagatellstraftaten **BGB 626**, 281; **KSchG 1**, 504
- Bedrohung **KSchG 1**, 462 f.
- Begriff **KSchG 1**, 395 f.
- beiderseits vertragswidriges Verhalten **BGB 626**, 197
- Beleidigungen und Kritik **KSchG 1**, 462 ff., 466
- Beleidigungen/Kritik **BGB 626**, 148, 415
- Berufsausbildungsverhältnis **BBiG 21**, 46, 50 ff., 62, 68; **BBiG 22**, 46, 50 ff., 62, 68
- Beschwerde **KSchG 1**, 499
- Besuchsberichte, unrichtige **KSchG 1**, 496
- betriebliche Ordnung/Betriebsfrieden, Störung **KSchG 1**, 467 ff.
  ↻ s. *auch dort*
- Betriebs-/Geschäftsgeheimnisse, Verletzung **BGB 626**, 457; **KSchG 1**, 494
  ↻ s. *auch dort*
- Betriebsratsanhörung **BetrVG 102**, 64 ff.
- Betrug **BGB 626**, 445, 447

Stichwortverzeichnis

- Beweis- und Darlegungslast **KSchG 1**, 401, 403, 412 f., 426, 449, 488, 493
- Computerabfrage, unberechtigte **KSchG 1**, 496
- Denunziation **BGB 626**, 415; **KSchG 1**, 465
- Diebstahl **BGB 626**, 414, 446; **KSchG 1**, 503
- Doppeltatbestand **KSchG 1**, 257 ff.
- Druckkündigung **BGB 626**, 204 ff., 420; **KSchG 1**, 473 f.
- Eignung **BGB 626**, 131, 422; **KSchG 1**, 303 ff., 448 f.
- Fallgruppen **KSchG 1**, 414
- Falschaussagen zu Lasten des Arbeitgebers **BGB 626**, 408; **KSchG 1**, 428
- familiäre Verpflichtungen **KSchG 1**, 313
- Fragerecht des Arbeitgebers **BGB 626**, 435; **KSchG 1**, 497, 512 f.
- Freiheitsstrafe, Haft **BGB 626**, 135, 451; **KSchG 1**, 317
- Geschäftsschädigung **BGB 626**, 147, 448
- gesundheitswidriges Verhalten **KSchG 1**, 482, 486
- gewerkschaftliche Betätigung **BGB 626**, 93; **KSchG 1**, 24; **KSchG 13**, 198 ff.
- Gleichbehandlungsgrundsatz
  ◊ *s. dort*
- Heuerverhältnis **SeemG**, 71 ff.
- Interessenabwägung **KSchG 1**, 409 ff., 463
- Internetnutzung **KSchG 1**, 496 b
- intime Beziehungen **BGB 626**, 414; **KSchG 1**, 454
- Kirchlicher Dienst
  ◊ *s. dort*
- Konkurrenz- und Nebentätigkeit **BGB 626**, 88, 460; **KSchG 1**, 418 ff., 491 ff.
- Kontrolleinrichtungen **BGB 626**, 444; **KSchG 1**, 496, 503
- Krankheit und Kur, Pflichtwidrigkeiten **KSchG 1**, 322, 475 ff.
- Krankheit, simulierte **BGB 626**, 455; **KSchG 1**, 322, 485 ff.
- Kuraufenthalt **KSchG 1**, 383
- Ladendiebstahl **KSchG 1**, 391
- Lebenswandel **BGB 626**, 414; **KSchG 1**, 454 ff.
- Leistungsbereich; Pflichtwidrigkeiten im ~ (Fallgruppe) **KSchG 1**, 399
- leitende Angestellte **KSchG 14**, 45
- Lohnpfändungen **KSchG 1**, 303, 459 ff.
- Mobbing **KSchG 1**, 490
- Nebenbeschäftigung **BGB 626**, 113, 429, 434; **KSchG 1**, 484, 491 ff.
  ◊ *s. auch dort*
- Nebenpflichtverletzungen **BGB 626**, 145; **KSchG 1**, 451, 494 ff.
- Pausenbummelei **BGB 626**, 409
- politische Betätigung **BGB 626**, 116 ff., 438; **KSchG 1**, 302, 457 f., 468 f.; **KSchG 13**, 148, 184, 193
- Privatarbeiten **KSchG 1**, 446
- private Telefongespräche **KSchG 1**, 496 a
- Privatfahrten **BGB 626**, 419
- Probearbeitsverhältnis **BGB 626**, 439
- Rauchverbot **BGB 626**, 440
- Rücksprache, Verweigerung **KSchG 1**, 498
- Schlecht-/Minder-/Fehlleistung **BGB 626**, 147, 409, 442; **KSchG 1**, 448 f.
  ◊ *s. auch dort*
- Schmiergeldannahme **BGB 626**, 447; **KSchG 1**, 495
- Schulden **BGB 626**, 456; **KSchG 1**, 459
- Schutz- und Nebenpflichten, Abmahnung **BGB 626**, 283
- Schwarzfahrt **KSchG 1**, 504
- sexuelle Belästigungen am Arbeitsplatz **KSchG 1**, 500
- sexuelle Zudringlichkeiten **BGB 626**, 443
- Sozialwidrigkeit der Kündigung (3-Stufen-Prüfung) **KSchG 1**, 404 ff.
- Sperrzeit **SGB III 144**, 15
- Spesenbetrug **BGB 626**, 148, 328, 445
- Stempelkafte, Manipulation **KSchG 1**, 496, 503
- Stempelkarte, Manipulation **BGB 626**, 444
- strafbare Handlungen **KSchG 1**, 501 ff.
- Stundenbescheinigungen, falsche **KSchG 1**, 503
- Tätlichkeiten **BGB 626**, 415, 473; **KSchG 1**, 464, 503
- Tendenzbetriebe **BGB 626**, 121; **KSchG 1**, 77 f., 456
- Unpünktlichkeit **BGB 626**, 409; **KSchG 1**, 444
- Unterschlagung **KSchG 1**, 503
- Untersuchungshaft **BGB 626**, 135, 451; **KSchG 1**, 317
- Untersuchungspflicht, ärztliche **KSchG 1**, 482
- Urlaubsüberschreitung,/-antritt, eigenmächtiger **KSchG 1**, 440 ff.
- Urlaubsüberschreitung/-antritt, eigenmächtiger **BGB 626**, 452 ff.
- Verdachtskündigung **KSchG 1**, 393 a ff.
  ◊ *s. auch dort*
- Verhältnismäßigkeit **KSchG 1**, 406
- Verkehrsdelikte **KSchG 1**, 502
- Verschulden **BGB 626**, 139, 146; **KSchG 1**, 400 ff., 406, 432
- Verschwiegenheitspflicht **BGB 626**, 457; **KSchG 1**, 494
- Vertrauensstellung **BGB 626**, 148
- Vollmachtsüberschreitung **BGB 626**, 458
- Vorsorgeuntersuchung, Nichtvorlage **KSchG 1**, 483
- Vorstrafen **KSchG 1**, 512
- Wehrdienstleistende **ArbPlSchG**, 22
- Weiterbeschäftigungsmöglichkeit/anderweitige Beschäftigungsmöglichkeit **BGB 626**, 288 ff.; **KSchG 1**, 406 ff.
  ◊ *s. auch dort*
- Wettbewerbsverbot **BGB 626**, 88, 460
- Whistleblowing **KSchG 1**, 427 ff.
- Widerspruch des Betriebsrats **BetrVG 102**, 163
- Wiederholungsgefahr (Prognose) **BGB 626**, 146

Verhältnismäßigkeitsgrundsatz BGB 626, 251, 261, 275, 282, 293; **KSchG 1**, 203, 214 ff., 402, 406
- Abwehraussperrung (Übermaßverbot) **KSchG 25**, 9 a

Stichwortverzeichnis

- Änderungskündigung **KSchG 2**, 91 ff., 97 ff., 106a ff.
- Arbeitskampf **KSchG 25**, 9
- ultima ratio-Grundsatz
  ◊ s. dort
- Verlangen des Betriebsrats nach Entfernung eines Arbeitnehmers **BetrVG 104**, 23

Verjährung KSchG 4, 30, 35 ff., 41
- Schadensersatzanspruch des Arbeitnehmers **BGB 628**, 54
- Unterbrechung **KSchG 11**, 22 a
- Zahlungsansprüche während Kündigungsschutzprozess **KSchG 11**, 22 a

Verlängerte Anrufungsfrist (§ 6 KSchG)
  ◊ s. auch Dreiwochenfrist
  ◊ s. auch nachträgliche Zulassung der Kündigungsschutzklage
- Abfindungsanspruch **KSchG 6**, 29 c
- Änderungskündigung **KSchG 6**, 26, 29 b
- außerordentliche Kündigung **KSchG 6**, 14 ff.; **KSchG 13**, 52
- Beispiele **KSchG 6**, 10 ff.
- Berufungsinstanz **KSchG 6**, 18, 36 ff.
- einstweilige Verfügung, Lohn **KSchG 6**, 27
- entsprechende Anwendung des § 6 KSchG **KSchG 6**, 23 ff.
- Entstehungsgeschichte **KSchG 6**, 1 ff.
- Fehlen des Hinweises **KSchG 6**, 34 ff., 38
- Feststellungsklage **KSchG 6**, 28, 29
- Geltendmachung der Kündigungsfrist **KSchG 6**, 11 ff.
- gerichtliche Hinweispflicht **KSchG 6**, 7, 31 ff., 35 ff.
- Klageantrag **KSchG 6**, 20, 30
- Leistungsklage **KSchG 6**, 23 ff., 29 d
- nachträgliche Zulassung der Kündigungsschutzklage **KSchG 5**, 8 ff., 78 ff.; **KSchG 6**, 39
- Sinn und Zweck **KSchG 6**, 7
- sittenwidrige Kündigung **KSchG 13**, 171 ff.
- Voraussetzungen **KSchG 6**, 8 ff.
- Weiterbeschäftigung, vorläufige **KSchG 6**, 29 a, 29 e
- Zeitpunkt der Verlängerung **KSchG 6**, 18

Verlängerung des Arbeitsverhältnisses
  ◊ s. stillschweigende Verlängerung des Arbeitsverhältnisses

Vermögensübertragung UmwG, 55
  ◊ s. auch Unternehmensumwandlung

Verschmelzung von Unternehmen UmwG, 29 ff.
  ◊ s. auch Unternehmensumwandlung

Verschulden
- Betriebsfrieden, Störung **BetrVG 104**, 15
- Beweislast **BGB 626**, 384
- eines Bevollmächtigten **KSchG 1**, 400 a
- Verdachtskündigung **BGB 626**, 223
  ◊ s. auch dort
- verhaltensbedingte Kündigung **BGB 626**, 139, 146; **KSchG 1**, 400 ff., 406, 432
- weitere Kündigung **BGB 626**, 196

Verschwiegenheitspflicht
- Betriebsrat **BetrVG 102**, 101; **BetrVG 105**, 34

- Personalrat **BPersVG 72**, **79**, **108**, 30 f.
- Verletzung als Kündigungsgrund **BGB 626**, 457; **KSchG 1**, 494; **KSchG 15**, 26 c

Versetzung/Umsetzung
- Abmahnung **BGB 626**, 256
- als milderes Mittel **BetrVG 104**, 23, 30, 49; **BGB 626**, 158, 232; **KSchG 2**, 111
- Änderungskündigung, Einzelfälle **KSchG 2**, 111, 122 ff.
- auf Verlangen des Betriebsrats **BetrVG 104**, 19 ff., 26 ff., 44, 49 ff., 82
  ◊ s. auch Entfernung betriebsstörender Arbeitnehmer
- Betriebsratsbeteiligung **BetrVG 103**, 60, 64; **BetrVG 104**, 27 ff., 50, 83; **KSchG 1**, 116
- durch Direktionsrecht **BetrVG 103**, 60; **KSchG 1**, 116, 220; **KSchG 2**, 39 ff.
- eines Betriebsratsmitglieds **BetrVG 103**, 60, 64
- eines weiterbeschäftigten Arbeitnehmers **BetrVG 102**, 220
- Klagefrist **KSchG 4**, 16
- leitende Angestellte, Mitteilung an Betriebsrat **BetrVG 105**, 16, 22, 26
- Versetzungs-/Umsetzungsklausel **KSchG 2**, 41
- Versetzungsbegriff **KSchG 2**, 122
- vor Verdachtskündigung **BGB 626**, 232
- Wartezeit **BetrVG 104**, 30; **KSchG 1**, 106, 116 f.
- Weiterbeschäftigungsanspruch **BetrVG 102**, 199 d
- Zumutbarkeit **BGB 626**, 291
- Zustimmungserfordernis des Betriebsrats **BetrVG 102**, 165, 174; **KSchG 1**, 223; **KSchG 2**, 122 ff.
  ◊ s. auch Mitbestimmung des Betriebsrats, Verhältnis der Mitbestimmungsrechte nach §§ 99, 102 BetrVG; Versorgungsanwartschaften s. betriebliche Altersversorgung

Versetzungsschutz
- Amtsausübung **BetrVG 103**, 203
- Anfechtung der Entscheidung des Arbeitsgerichts **BetrVG 103**, 193
- Arbeitnehmervertretung des aufnehmenden Betriebs **BetrVG 103**, 165
- Beendigung des Versetzungsschutzes **BetrVG 103**, 195
- Beschäftigungsanspruch **BetrVG 103**, 200 ff.
- Betriebsratsmitglieder **BetrVG 103**, 156
- betriebsverfassungsrechtliche Stellung des Betroffenen **BetrVG 103**, 188
- Bordvertretung **BetrVG 103**, 156
- Direktionsrecht des Arbeitgebers **BetrVG 103**, 161
- dringende betriebliche Gründe **BetrVG 103**, 184
- Einleitung des Zustimmungsverfahrens **BetrVG 103**, 166
- einstweilige Verfügung **BetrVG 103**, 194
- Einverständnis des Arbeitnehmers **BetrVG 103**, 162
- freigestellte Betriebsratsmitglieder **BetrVG 103**, 187
- Frist zur Stellungnahme des Betriebsrats **BetrVG 103**, 170

Stichwortverzeichnis

- gerichtliche Ersetzung der Zustimmung des Betriebsrats **BetrVG 103**, 182 ff.
- geschützter Personenkreis **BetrVG 103**, 156
- Jugend- und Auszubildendenvertretung **BetrVG 103**, 156
- Leistungsverweigerungsrecht des Versetzten **BetrVG 103**, 179
- Nachschieben von Versetzungsgründen **BetrVG 103**, 191
- nachträgliche Zustimmung **BetrVG 103**, 180
- personenbedingte Gründe **BetrVG 103**, 186
- Schweigepflicht des Betriebsrats **BetrVG 103**, 173
- Schwerbehindertenvertretung **BetrVG 103**, 156
- Seebetriebsrat **BetrVG 103**, 156
- Stellungnahme des Betriebsrats **BetrVG 103**, 175
- Tendenzunternehmen **BetrVG 103**, 157
- verhaltensbedingte Gründe **BetrVG 103**, 186
- Verlust der Wählbarkeit **BetrVG 103**, 163
- Versetzung nach gerichtlicher Zustimmungsersetzung **BetrVG 103**, 196 ff.
- Versetzung vor Abschluss des Zustimmungsverfahrens **BetrVG 103**, 178
- Versetzungsgründe **BetrVG 103**, 183 ff.
- vorübergehende Abordnung **BetrVG 103**, 163
- Wahlbewerber **BetrVG 103**, 156
- Wahlvorstand **BetrVG 103**, 156
- Wegfall des Bedürfnisses für die weiterbeschäftigung **BetrVG 103**, 185
- Willensbildung des Betriebsrats **BetrVG 103**, 171
- Zustimmungsverfahren beim Betriebsrat **BetrVG 103**, 165 ff.

Verspätung
 ◊ *s. Unpünktlichkeit*

Vertragsbruch, Vertragsverletzung (Schadensersatz)
- Arbeitsentgeltanspruch **BGB 628**, 9 ff., 14 ff., 18
- Auflösungsverschulden **BGB 628**, 25 ff.
- außerordentliche Kündigung (Arbeitnehmer) **BGB 626**, 471
- Begriff **BGB 628**, 4, 226
- beider Parteien **BGB 628**, 31
- Entschädigung gem. § 61 Abs. 2 ArbGG **BGB 628**, 10
- Kausalität für Kündigung **BGB 628**, 16, 25
- Schadensberechnung **BGB 628**, 32 ff.
- Schadensersatz bei außerordentlicher Kündigung **BGB 628**, 19 ff.
 ◊ *s. auch dort*
- Sperrzeit **SGB III 144**, 15
- Wegfall des Interesses **BGB 628**, 17

Vertragsstrafe BGB 626, 65; **BGB 628**, 4

Vertrauensbereich BGB 626, 169
- Abgrenzung zum Leistungsbereich **BGB 626**, 167, 169
- Abmahnung
 ◊ *s. dort*
- Anzeige gegen Arbeitgeber **BGB 626**, 408
- Meinungsäußerung **BGB 626**, 116 ff.
- Verdachtskündigung **BGB 626**, 210 ff., 215, 219 ff., 227
- Vertrauensstellung **BGB 626**, 420, 435, 456

Vertrauensmann der Schwerbehinderten
 ◊ *s. Schwerbehindertenvertretung*

Vertrauensmissbrauch
- als Kündigungsgrund **KSchG 1**, 496

Vertretung bei Kündigung
 ◊ *s. auch Vollmacht*
 ◊ *s. auch Zurückweisung der Kündigung wegen Nichtvorlage der Vollmacht*
- Beschränkung der Vertretungsmacht **BGB 626**, 353
- durch Personalleiter **KSchG 13**, 286
- durch Prokuristen **BGB 626**, 351; **KSchG 13**, 286
- durch Rechtsanwalt **KSchG 13**, 287 b
- Gesamtvertretung **BGB 626**, 346, 349
- gesetzliche Vertretung **BGB 626**, 344; **KSchG 13**, 292 ff.
- Kenntnis und Beginn der Ausschlussfrist **BGB 626**, 353
- Kollusion (Vertretungsmissbrauch) **BGB 626**, 349
- Kündigung im eigenen Namen **KSchG 13**, 291
- Minderjährige
 ◊ *s. dort*
- öffentlicher Dienst **BGB 626**, 352; **KSchG 13**, 287 a, 288 ff.
- ohne Vertretungsmacht **BGB 626**, 346; **KSchG 13**, 288 ff.
- rechtsgeschäftliche Vertretung (Vollmacht) **BGB 626**, 351, 353
 ◊ *s. auch Vollmacht*
- Vertreter als Arbeitgeber **KSchG 4**, 94 b
- Vertretungsorgan **BGB 626**, 348
- Zugang Kündigung **KSchG 4**, 100
- Zurechnung der Kenntnis der Kündigungsgründe **BGB 626**, 344, 355

Verwirkung
- Abmahnung **KSchG 1**, 250
- befristeter Arbeitsvertrag **KSchG 13**, 310 a
- Klagebefugnis **KSchG 7**, 35 ff.
- Kündigungsrecht **BetrVG 103**, 93, 99; **BGB 626**, 62, 104, 179, 189, 253, 283, 313, 376, 499; **KSchG 1**, 248, 250; **KSchG 13**, 239, 304 ff.
- materiellrechtliche ~ **KSchG 7**, 36 ff., 39, 41
- prozessrechtliche ~ **BGB 626**, 376; **KSchG 7**, 38 a, 41
- Schwerbehinderte, besonderer Kündigungsschutz **KSchG 13**, 211 a
- von nachgeschobenen Kündigungs-gründen **BGB 626**, 190
- Zeitablauf **KSchG 7**, 40

Verzeihung von Kündigungsgründen BGB 626, 63, 189, 250; **KSchG 1**, 249 a; **KSchG 13**, 248

Verzicht BGB 626, 61 ff., 277, 280; **KSchG 4**, 296 ff.
- Abfindungsvereinbarung **KSchG 4**, 299
- als Willenserklärung **KSchG 13**, 239
- Anfechtung **KSchG 4**, 310
- Arbeitspapiere **KSchG 4**, 302, 308, 310
- auf Betriebsratsbeteiligung **BetrVG 102**, 75; **BetrVG 103**, 70
- auf Kündigungsgründe **KSchG 1**, 248 ff.
- auf Zahlungsansprüche **KSchG 4**, 304, 308

- Ausgleichsquittung **KSchG 1**, 36 f.; **KSchG 4**, 301 ff., 311
- Beweislast **KSchG 4**, 312
- durch ausländische Arbeitnehmer **KSchG 4**, 311
- durch Schweigen **KSchG 1**, 36 b; **KSchG 4**, 298
- Klageverzicht **KSchG 4**, 297 ff., 305
- Kündigungsgründe **BGB 626**, 61; **KSchG 13**, 281a
- Kündigungsschutz **KSchG 1**, 36 ff.; **KSchG 15**, 136 ff.
- Kündigungsverbot **MuSchG 9**, 147
- nach Rechtshängigkeit **KSchG 4**, 306 ff.
- Rechtsfolge **KSchG 4**, 312
- überraschende Klauseln **KSchG 4**, 311 a
- Weiterbeschäftigung, vorübergehende **KSchG 4**, 300
- Wunsch des Arbeitnehmers **KSchG 1**, 36 b; **KSchG 4**, 296 a, 300 a
- Zeitablauf **KSchG 1**, 36 b

Verzugslohnanspruch
  ◊ s. Nachzahlungsanspruch

Völkerrecht
  ◊ s. Internationales Privatrecht/Internationales Arbeitsrecht

Vollmacht
  ◊ s. auch Vertretung bei Kündigung
  ◊ s. auch Zurückweisung der Kündigung wegen Nichtvorlage der Vollmachtsurkunde
- fehlende ~ und Ausschlussfrist **BGB 626**, 316
- fehlende ~, Unwirksamkeit der Kündigung **KSchG 7**, 27, 30 ff.
- Überschreitung als Kündigungsgrund **BGB 626**, 458

Volontäre
  ◊ s. auch Berufsausbildung
- Anwendbarkeit des BBiG **BBiG 21**, 13; **BBiG 22**, 13
- Beschäftigtenzahl **KSchG 23**, 43
- Schutz von Betriebsverfassungsorganmitglied **BetrVG 78 a**, 11
- Überschreitung als Kündigungsgrund

Vorgesetztenwechsel
- als Kündigungsgrund **KSchG 1**, 602

Vorläufige Einstellung
- allgemeiner Kündigungsschutz **KSchG 1**, 178 ff.
- Anhörung des Betriebsrats **BetrVG 102**, 44; **KSchG 1**, 178
- Schwerbehinderte **SGB IX 85-90**, 10

Vorruhestand, anzeigepflichtige Entlassungen **KSchG 17**, 43 c

Vorsorgeuntersuchung, arbeitsmedizinische
- Nichtvorlage als Kündigungsgrund **KSchG 1**, 483
- Verweigerung der Teilnahme **KSchG 1**, 483

Vorsorgliche Klageerhebung **KSchG 4**, 144

Vorsorgliche Kündigung **KSchG 1**, 169, 247; **KSchG 2**, 54; **KSchG 4**, 14, 230, 236, 242, 249, 269 ff.; **KSchG 5**, 76

Vorstrafen
- als Kündigungsgrund **KSchG 1**, 303 a
- Fragerecht nach ~ **BGB 626**, 435

- Verschweigen als Kündigungsgrund **KSchG 1**, 512

W
Wahlbewerber
  ◊ s. auch Betriebs-/Personalrat, Kündigung
  ◊ s. auch Betriebsratswahl
- Begriff **BetrVG 103**, 34
- Bekanntgabe des Wahlergebnisses **BetrVG 103**, 19, 23, 41; **KSchG 15**, 67 ff.
- betriebsratsloser Betrieb, Kündigungsschutz **BetrVG 103**, 53
- für Wahlvorstand, Kündigungsschutz **BetrVG 103**, 13, 22
- gekündigter Arbeitnehmer **BetrVG 102**, 221
- Heimarbeiter, Kündigungsschutz **ArbNähnl.Pers.**, 164
- Kündigungsschutz **BetrVG 103**, 11 ff.; **BPersVG 47**, 108, 2 ff., 12 f.
- Kündigungsschutz, Dauer **BetrVG 103**, 23, 132 ff.; **KSchG 15**, 67 ff.
- nachwirkender Kündigungsschutz **BetrVG 103**, 18, 41; **KSchG 15**, 56 ff.
- nichtige Wahl **BetrVG 103**, 18
- Wählbarkeit **BetrVG 103**, 25 a
- Wahlbehinderung, Nichtigkeit der Kündigung **BetrVG 103**, 40; **KSchG 13**, 206
- Wahlvorschlag **BetrVG 103**, 25 ff.; **BPersVG 47**, 108, 12
- Weiterbeschäftigungsanspruch nach Ausbildung **BetrVG 78 a**, 15
- Zurückziehen der Bewerbung **BetrVG 103**, 41
- Zustimmung zu Kandidatur **BetrVG 103**, 34 ff.
- Zustimmung zur Kündigung, Zuständigkeit **BPersVG 47**, 108, 3
- Zutritt zum Betrieb **BetrVG 103**, 155

Wahlrecht zwischen Arbeitsverhältnissen nach Urteil im Kündigungsschutzprozess
- Anrechnung von Zwischenverdienst
- Aushilfsarbeitsverhältnis **KSchG 12**, 8
- Ausübung **KSchG 12**, 13
- Beendigung des alten Arbeitsverhältnisses **KSchG 12**, 21 ff.
- Berufsausbildungsverhältnis **KSchG 12**, 8 a
- Betriebsverfassungsorgan **KSchG 16**, 2 ff.
- Ende des Arbeitsverhältnisses **KSchG 12**, 27
- entgangener Verdienst **KSchG 12**, 3, 20, 30 ff.; **KSchG 16**, 7
- Entstehungsgeschichte **KSchG 12**, 1
- Feststellungsurteil, klagestattgebendes **KSchG 12**, 5; **KSchG 16**, 3
- Fortsetzung des alten Arbeitsverhältnisses **BetrVG 102**, 194; **KSchG 12**, 13 ff., 19
- Frist **KSchG 12**, 14, 23, 25, 29
- Inhalt des neuen Arbeitsvertrages **KSchG 12**, 15
- Kündigung durch Arbeitgeber **KSchG 12**, 17
- Kündigungsschutzklage, Obsiegen **KSchG 12**, 5; **KSchG 16**, 3
- Leiharbeitsverhältnis **KSchG 12**, 8
- Nachzahlungsanspruch **KSchG 12**, 3, 20, 30 ff.

- ▷ s. auch Nachzahlungsanspruch, Anrechnung auf Zwischenverdienst
- neuer Arbeitsvertrag, Ausgestaltung **KSchG 12**, 15
- neues Arbeitsverhältnis, Begründungszeitpunkt **KSchG 12**, 9 ff.
- neues Arbeitsverhältnis, Kündigung **KSchG 12**, 16, 19
- Organmitglied juristischer Personen **KSchG 12**, 8 a
- Probearbeitsverhältnis **KSchG 12**, 8
- selbständige Gewerbe- oder Berufstätigkeit **KSchG 12**, 8 a
- Sonderkündigungsrecht **KSchG 12**, 2, 22, 29
- Teilzeitarbeitsverhältnis **KSchG 12**, 8
- Umdeutung von Kündigung in Auflösungserklärung **KSchG 12**, 11, 25 a
- und Auflösungsantrag nach §§ 9, 10 KSchG **KSchG 12**, 6, 26
- Versäumung der Erklärungsfrist **KSchG 12**, 29
- Verweigerung der Weiterarbeit **KSchG 12**, 21 ff.
- Verweigerungserklärung vor Entscheidung über Kündigungsschutzklage **KSchG 12**, 26
- Verweigerungserklärung, Form **KSchG 12**, 24
- Zweck **KSchG 12**, 2 ff.; **KSchG 15**, 2 ff.

Wahlvorstand
- ▷ s. auch Betriebs-/Personalrat, Kündigung
- ▷ s. auch Betriebsratswahl
- Bekanntgabe des Wahlergebnisses **BetrVG 103**, 22; **KSchG 15**, 67 ff.
- Bestellung **BetrVG 103**, 22; **BPersVG 47**, 108, 13
- betriebsratsloser Betrieb, Kündigungsschutz **BetrVG 103**, 53
- Ersatzmitglied, Kündigungsschutz **BetrVG 103**, 15; **KSchG 15**, 65 ff.
- Heimarbeiter, Kündigungsschutz **ArbNähnl.Pers.**, 164
- Kündigungsschutz **BetrVG 103**, 11 ff.; **BPersVG 47**, 108, 2, 4, 13
- Kündigungsschutz, Dauer **BetrVG 103**, 22, 132 ff.; **KSchG 15**, 67 ff.
- nachwirkender Kündigungsschutz **KSchG 15**, 56 ff.
- Wahlvorschlag **BetrVG 103**, 28 ff.
- Zustimmung zu Kandidatur **BetrVG 103**, 35
- Zustimmung zur Kündigung, Zuständigkeit **BPersVG 47**, 108, 8

Warnstreik KSchG 25, 17
- ▷ s. auch Arbeitskampf
- ▷ s. auch Streik

Wartezeit
- Abdingbarkeit **KSchG 1**, 94 ff.
- Arbeitnehmerüberlassung **KSchG 1**, 106
- Arbeitsbeschaffungsmaßnahme **KSchG 1**, 107
- Ausbildung **KSchG 1**, 107
- Auslandsbeschäftigung **IPR**, 89
- befristetes Arbeitsverhältnis **KSchG 1**, 106
- Beginn **KSchG 1**, 100
- Begriff **KSchG 1**, 90
- Berechnung **KSchG 1**, 99 ff.
- Betriebsbegriff **KSchG 1**, 132
- Betriebsübergang **KSchG 1**, 119
- Beweis- und Darlegungslast **KSchG 1**, 129 ff.
- Dauer-/Lebensstellung **KSchG 1**, 95
- Ein-Euro-Job **KSchG 1**, 107
- Ende **KSchG 1**, 101
- Entstehungsgeschichte **KSchG 1**, 91 ff.
- Gesamtrechtsnachfolge **KSchG 1**, 120
- Gesetzesumgehung **KSchG 1**, 94
- gesetzliches Verbot **KSchG 1**, 125
- Job-sharing **KSchG 1**, 66
- kollektiv-rechtliche Regelungen **KSchG 1**, 97
- Konzern **KSchG 1**, 118
- Kündigungsfreiheit **KSchG 1**, 123 ff.
- Mutterschutz **KSchG 1**, 121
- Neueinstellung **KSchG 1**, 117, 130
- öffentlicher Dienst **KSchG 1**, 128
- Rechtsmissbrauch **KSchG 1**, 112, 127
- Schwerbehinderte **SGB IX 85-90**, 37 ff.
- Sinn und Zweck **KSchG 1**, 93
- Sittenwidrigkeit **KSchG 1**, 126
- soziale Auswahl **KSchG 1**, 662
- Teilzeitbeschäftigte **KSchG 1**, 104
- Treu und Glauben **KSchG 1**, 127; **KSchG 13**, 250
- Unterbrechung **KSchG 1**, 108 ff.
- Unternehmensbezug **KSchG 1**, 116 f., 538
- Verlängerung **KSchG 24**, 22 ff.
- Versetzung **KSchG 1**, 116
- Weiterbeschäftigung **KSchG 1**, 114

Wegfall der Geschäftsgrundlage
- Abgrenzung zur Änderungskündigung **KSchG 2**, 54
- Arbeitsverhältnisse aus DDR-Zeit **BGB 626**, 43
- außerordentliche Kündigung **BGB 626**, 42

Wehrübung
- Dreiwochenfrist **KSchG 4**, 214

Wehrdienst
- Änderungskündigung **KSchG 2**, 183
- ArbPlSchG, Geltungsbereich **ArbPlSchG**, 2 ff.
- ausländische Arbeitnehmer **ArbPlSchG**, 3 ff.; **BGB 626**, 142; **IPR**, 100; **KSchG 1**, 394
- Auslandsbeschäftigte **ArbPlSchG**, 14; **IPR**, 99
- außerordentliche Kündigung **ArbPlSchG**, 20 ff.
- befristetes Arbeitsverhältnis **ArbPlSchG**, 15
- Bereitstellungsbescheid **ArbPlSchG**, 34
- Berufs-/Zeitsoldaten **ArbPlSchG**, 13
- Berufsausbildungsverhältnis **ArbPlSchG**, 38; **BBiG 21**, 36; **BBiG 22**, 36
- betriebsbedingte Kündigung **ArbPlSchG**, 22, 33
- Betriebsstilllegung **ArbPlSchG**, 22
- Beweislast **ArbPlSchG**, 28, 35 ff.
- Dreiwochenfrist **ArbPlSchG**, 17, 42; **KSchG 4**, 213; **KSchG 7**, 33 ff.
- Drittwirkung von Kündigungsbeschränkungen/-verboten **KSchG 1**, 55
- Ersatzkraft **ArbPlSchG**, 27, 30
- Grundwehrdienst **ArbPlSchG**, 12
- Handelsvertreter **ArbNähnl.Pers.**, 210; **ArbPlSchG**, 11, 39
- Heimarbeiter **ArbNähnl.Pers.**, 159; **ArbPlSchG**, 11
- Heuerverhältnis **SeemG**, 50

Stichwortverzeichnis

- Kleinbetrieb **ArbPlSchG**, 24 ff.
- Kündigung aus Anlass des ~ **ArbPlSchG**, 24, 32
- Kündigung während des ~ **ArbPlSchG**, 19 ff.
- Kündigungsrecht des Arbeitnehmers **ArbPlSchG**, 41
- Kündigungsschutz **ArbPlSchG**, 16 ff.
- ordentliche Kündigung **ArbPlSchG**, 19
- Ruhen des Arbeitsverhältnisses **ArbPlSchG**, 13
- soziale Auswahl **ArbPlSchG**, 33; **KSchG** 1, 664
- Unwirksamkeit der Kündigung **KSchG 7**, 25, 30 ff.
- Unzumutbarkeit der Weiterbeschäftigung **ArbPlSchG**, 28
- Wartezeit **KSchG 1**, 122
- Wehrpflicht **ArbPlSchG**, 2
- **Wehrübung ArbPlSchG**, 12
  - soziale Auswahl **KSchG 1**, 768 b
  - Wartezeit **KSchG 1**, 122
- **Weihnachtsgratifikation**
  ◊ *s. Gratifikation*
- **Weisungsrecht**
  ◊ *s. Direktionsrecht*
- **Weiterbeschäftigungsanspruch, allgemeiner BetrVG 102**, 269 ff.
  - Änderungskündigung **BetrVG 102**, 32, 272; **KSchG 2**, 158 ff.
  - auflösende Bedingung **BetrVG 102**, 273
  - außerordentliche Kündigung **BetrVG 102**, 270; **BetrVG 103**, 148
  - befristetes Arbeitsverhältnis **BetrVG 102**, 273
  - Berufsausbildungsverhältnis **BBiG** 21, 124 ff.; **BBiG** 22, 124 ff.; **BetrVG 102**, 277
  - Beschäftigungsanspruch in ungekündigtem Arbeitsverhältnis **BetrVG 102**, 271; **BetrVG 103**, 143; **KSchG 11**, 23
  - betriebsratsloser Betrieb **BetrVG 102**, 270
  - Betriebsratsmitglied **BetrVG 103**, 147 ff., 154
  - Betriebsübergang **BetrVG 102**, 273, 287
  - einstweilige Verfügung **BetrVG 102**, 289 ff.; **BetrVG 103**, 148
  - Entbindung von der Weiterbeschäftigungspflicht **BetrVG 102**, 223 d; **KSchG 11**, 10
    ◊ *s. auch dort*
  - Entscheidung des Großen Senats **BetrVG 102**, 271
  - Erlöschen **BetrVG 102**, 298
  - faktisches Arbeitsverhältnis **KSchG 11**, 23
  - freiwillige Weiterbeschäftigung, Inhalt des ~ **BetrVG 102**, 278; **KSchG 11**, 23 a
  - gerichtliche Geltendmachung **BetrVG 102**, 284 ff.; **BetrVG 103**, 148
  - individual-rechtliche Weiterbeschäftigungspflicht **KSchG 1**, 27
  - Inhalt **BetrVG 102**, 278 ff.
  - Klage **BetrVG 102**, 284 ff.
  - kollektiv-rechtliche Weiterbeschäftigungspflicht **KSchG 1**, 27
  - leitende Angestellte **KSchG 14**, 53
  - nach Urteil **BetrVG 102**, 197, 275; **BetrVG 103**, 147 a

- offensichtliche Unwirksamkeit der Kündigung **BetrVG 102**, 197, 274; **BetrVG 103**, 147 a
- Prozessbeschäftigung **BGB 625**, 34
- Rechtsschutzbedürfnis für Klage **BetrVG 102**, 285
- Rückabwicklung nach Klageabweisung **BetrVG 102**, 282, 297 ff.
- Schadensersatzanspruch des Arbeitgebers **BetrVG 102**, 300
- Schriftform zur Befristung **BGB 625**, 34
- Schwerbehinderte **BetrVG 103**, 147 a; **SGB IX** 85-90, 146
- Stationierungsstreitkräfte **NATO-ZusAbk**, 31 ff.
- Streitwert **KSchG 4**, 281 b
- Vergütung während Weiterbeschäftigung **BetrVG 102**, 279, 281; **KSchG 11**, 6
- verlängerte Anrufungsfrist **KSchG 6**, 29 e
- Vollstreckung **BetrVG 102**, 292 ff.
- vor Urteil **BetrVG 102**, 277
- Voraussetzungen **BetrVG 102**, 274 ff.
- zur Abwendung der Zwangsvollstreckung **BetrVG 102**, 280 ff.
- zustimmungsbedürftige Kündigungen **BetrVG 102**, 251; **KSchG 2**, 158c
- **Weiterbeschäftigungsanspruch, betriebs-/personalverfassungsrechtlicher**
  - Änderungskündigung **BetrVG 102**, 199 ff.; **KSchG 2**, 118 ff.
  - Annahmeverzug **BetrVG 102**, 193, 218, 233; **KSchG 11**, 23 ff.
  - Arbeitsunfähigkeit **BetrVG 102**, 210 a
  - Aufhebungsvertrag **BetrVG 102**, 237
  - Auflösungsantrag des Arbeitnehmers **BetrVG 102**, 205, 236
  - Ausschluss in Vertrag oder Betriebsvereinbarung **BetrVG 102**, 194 a
  - außerordentliche Kündigung **BetrVG 102**, 198, 199, 239, 270; **BetrVG 103**, 147 ff.
  - bei ordentlicher Kündigung **BetrVG 102**, 198
  - betriebsratsloser Betrieb **BetrVG 102**, 202
  - Betriebsstilllegung **BetrVG 102**, 214, 228
  - Betriebsverfassungsorgan **BetrVG 103**, 147 ff.; **KSchG 15**, 117
  - Beurlaubung **BetrVG 102**, 214
  - einstweilige Verfügung **BetrVG 102**, 222
  - Entbindung von der Weiterbeschäftigungspflicht **BetrVG 102**, 223 ff.
    ◊ *s. auch dort*
  - erneute Kündigung **BetrVG 102**, 238, 241
  - Fortsetzung des Arbeitsverhältnisses **BetrVG 102**, 213 ff.
  - gerichtliche Geltendmachung **BetrVG 102**, 222 ff.
  - Heimarbeiter **BetrVG 102**, 11
  - Inhalt **BetrVG 102**, 212 ff., 217, 236
  - Klage **BetrVG 102**, 222 ff.
  - Klagerücknahme/-abweisung **BetrVG 102**, 208, 218, 236
  - Kündigung auf Verlangen des Betriebsrats **BetrVG 104**, 71
  - Kündigung durch Arbeitnehmer **BetrVG 102**, 238

2793

- Kündigungsschutzklage **BetrVG 102**, 205 ff., 236
- Rechtsstellung des Weiterbeschäftig-ten **BetrVG 102**, 212 ff., 218 ff.
- Stationierungsstreitkräfte **NATO-ZusAbk**, 31 ff.
- Streitwert **KSchG 4**, 281 b
- tatsächliche Weiterbeschäftigung **BetrVG 102**, 214
- Tendenzbetrieb **BetrVG 102**, 13, 195
- und Arbeitskampf **BetrVG 102**, 214
- Unzumutbarkeit **BetrVG 102**, 214; **KSchG 11**, 20
- Vergütung während Weiterbeschäftigung **BetrVG 102**, 218; **KSchG 11**, 6
- Verlangen des Arbeitnehmers **BetrVG 102**, 209 ff.
- Versetzung/Umsetzung **BetrVG 102**, 220
- Verzicht **BetrVG 102**, 237
- Voraussetzungen **BetrVG 102**, 195 ff.
- Widerspruch des Betriebs-/Personalrats gegen die Kündigung **BetrVG 102**, 200 ff., 210, 230 ff.; **BPersVG 72, 79, 108**, 3, 58
- zustimmungsbedürftige Kündigungen **BetrVG 102**, 193 ff., 194, 251, 266
- Zwangsvollstreckung **BetrVG 102**, 222 c, 235 c

Weiterbeschäftigungsmöglichkeit/anderweitige Beschäftigungsmöglichkeit
- Ablehnung durch Arbeitnehmer **KSchG 1**, 226 ff.
- Alter **KSchG 2**, 100
- Änderungskündigung **BGB 626**, 294 ff.; **KSchG 2**, 91, 106 a, 111
- Arbeitgeberbezogenheit **BGB 626**, 291; **KSchG 1**, 224, 545 f.
- außerordentliche Kündigung **BGB 626**, 251, 288 ff.
- Beförderungsstelle **KSchG 1**, 225
- betriebsbedingte Kündigung **BGB 626**, 288, 293; **KSchG 1**, 545 f.
- Betriebseinschränkung **KSchG 1**, 571
- Betriebsratsmitglied **KSchG 15**, 23, 93, 96
- Betriebsstilllegung **KSchG 15**, 93, 106
- Betriebsstilllegung **KSchG 1**, 582
- Beurteilungszeitpunkt **KSchG 1**, 550
- Beweis- und Darlegungslast **KSchG 1**, 263, 381, 413, 557, 725, 728
- einzelne betriebsbedingte Gründe **KSchG 1**, 560
- Fahrerlaubnis, Entzug **KSchG 1**, 292 f.; **KSchG 2**, 111
- freie Arbeitsplätze **BetrVG 102**, 163; **KSchG 1**, 217 ff.
- gemeinsamer Betrieb **UmwG**, 50
- im Konzern **BetrVG 102**, 163; **KSchG 1**, 146 f., 539 ff., 590 ff.
- im Unternehmen **BetrVG 102**, 166, 172; **BGB 626**, 289; **KSchG 1**, 93, 538, 545 f.; **KSchG 15**, 93; **UmwG**, 51
- in anderer Dienststelle **KSchG 1**, 538, 545, 726
- krankheitsbedingte Kündigung **KSchG 1**, 346, 375, 381
- Leiharbeitnehmer **BetrVG 102**, 163 a
- nachlassende Leistungsfähigkeit **KSchG 1**, 276
- öffentlicher Dienst **BGB 626**, 436; **KSchG 1**, 145, 593 a, 596, 717; **KSchG 2**, 100
- personenbedingte Kündigung **BetrVG 102**, 163; **BGB 626**, 288, 290; **KSchG 1**, 276, 718; **KSchG 2**, 100
- Schwerbehinderte **SGB IX 85-90**, 92 ff.
- Sozialauswahl **KSchG 1**, 546, 607, 614, 719; **SGB IX 85-90**, 93
- Stationierungsstreitkräfte **NATO-ZusAbk**, 29
- Störung des Betriebsfriedens **BetrVG 104**, 19 ff., 27 ff., 44
- Teilzeitarbeit **KSchG 1**, 599
- ultima ratio-Grundsatz **BetrVG 104**, 23, 30, 49, 68
  ◊ s. auch dort
- Umschulungs- und Fortbildungsmaßnahmen **BetrVG 102**, 169 ff.; **KSchG 1**, 231, 722 ff.
- unveränderte Arbeitsbedingungen **BetrVG 102**, 163 ff.; **KSchG 1**, 408, 545 f., 715 ff.
- veränderte Arbeitsbedingungen **BetrVG 102**, 169 ff., 172 ff.; **BGB 626**, 202, 251, 294 ff.; **KSchG 1**, 217 ff., 224 f., 408, 726 ff.; **KSchG 2**, 18 a ff.
- Verdachtskündigung **BGB 626**, 232
- vergleichbarer Arbeitsplatz **KSchG 1**, 217, 220, 225
- verhaltensbedingte Kündigung **BetrVG 102**, 163; **BGB 626**, 288, 290; **KSchG 1**, 406 ff.; **KSchG 2**, 100 a
- Verhältnismäßigkeitsgrundsatz **KSchG 1**, 203, 214
- vor Änderungskündigung **KSchG 2**, 91, 100, 106 a, 111
- Widerspruch des Betriebs-/Personalrats **BetrVG 102**, 163 ff., 169 ff., 172 ff.; **KSchG 1**, 715 ff.
  ◊ s. auch dort
- zu schlechteren Arbeitsbedingungen **BGB 626**, 294
- Zumutbarkeit **BetrVG 102**, 169, 169 b; **BGB 626**, 290
- Zustimmung des Arbeitnehmers **BetrVG 102**, 167, 179 c; **BGB 626**, 293
- Zustimmungserfordernis des Betriebsrats **BetrVG 102**, 165, 174; **KSchG 2**, 122 ff.

Werkswohnung
- Anspruch während Weiterbeschäftigung **BetrVG 102**, 218
- unzumutbare ~ als Kündigungsgrund **BGB 626**, 472

Werkvertrag
- Abgrenzung zum Dienstvertrag **ArbNähnl.Pers.**, 12
- Abgrenzung zum Werklieferungsvertrag **ArbNähnl.Pers.**, 13
- als Auflösungsgrund von altem Arbeitsverhältnis **KSchG 12**, 12
- Beendigung **ArbNähnl.Pers.**, 71 ff.
- Vertragsgrundlage für Arbeitnehmerähnliche Personen **ArbNähnl.Pers.**, 11

Wettbewerbsverbot BGB 626, 460 ff.
- Abkehrmaßnahmen/Abkehrwille **BGB 626**, 405; **KSchG 1**, 415 f.
- Abwerbung **BGB 626**, 460
- Arbeitslosenunterstützung, Erstattungspflicht des Arbeitgebers **SozR**, 60 ff.

- Handelsvertreter **ArbNähnl.Pers.**, 230
- Internationales Arbeitsrecht **IPR**, 120
- Neben- und Konkurrenztätigkeit **KSchG 1**, 491 ff.
- Steuerrecht **KSchG 10**, 91
- Verstoß als Kündigungsgrund **BGB 626**, 88, 197, 460 f.
- Vorbereitungshandlung, Abgrenzung zum Verstoß **BGB 626**, 461

Whistelblowing
- verhaltensbedingte Kündigung **KSchG 1**, 427 ff.

Wichtiger Grund BGB 626, 75, 80 ff., 103 ff., 128 ff., 390, 404 ff.
◊ *s. auch außerordentliche Kündigung*
- an sich geeignete Gründe (Regeltatbestände) **BGB 626**, 87 ff.
- Anhörung des Gekündigten **BGB 626**, 31 ff., 207, 214, 216, 230, 330
- Auswirkung auf Arbeitsverhältnis **BGB 626**, 110 ff.
- Berufsausbildungsverhältnis, Kündigung **BBiG 21**, 45 ff.; **BBiG 22**, 45 ff.; **BGB 626**, 9
- betrieblicher Bereich **BGB 626**, 168
- Betriebsratsmitglied, Kündigung **KSchG 15**, 21 ff.
- Beurteilungsmaßstab **BGB 626**, 109
- Beurteilungsspielraum **BGB 626**, 81, 83, 390
- Beurteilungszeitpunkt **BGB 626**, 108, 173 ff., 220, 226, 233
- Entstehungsgeschichte **BGB 626**, 74 ff.
- Handelsvertreter, Kündigung **ArbNähnl.Pers.** 218 ff.; **BGB 626**, 11
- Kenntnis **BGB 626**, 104 ff., 175, 178 ff., 233, 319 ff., 343 ff., 385 ff.
- Kündigung durch Arbeitnehmer
  ◊ *s. außerordentliche Kündigung durch Arbeitnehmer, Fallgruppen*
- Leistungsbereich **BGB 626**, 166, 261
- Mitteilung der Gründe **BGB 626**, 35 ff., 174, 179
  ◊ *s. auch Mitteilung der Kündigungsgründe*
- Motiv des Kündigenden **BGB 626**, 105 ff.
- objektive Theorie **BGB 626**, 85, 103 ff., 109, 172 ff., 212, 233
- Prüfungsmaßstab **BGB 626**, 83 ff., 101, 107, 109, 133, 199 ff., 300
- revisionsrechtliche Nachprüfung **BGB 626**, 83, 390
- Schadensersatzanspruch **BGB 628**, 20 ff., 26 ff.
- Schwerbehinderte, Kündigung **SGB IX 91**, 34
- Stationierungsstreitkräfte **NATO-ZusAbk**, 26
- Systematisierung **BGB 626**, 166 ff.
- Tarifvertrag, Bestimmung durch ~ **BGB 626**, 70 ff.
- unbestimmter Rechtsbegriff **BGB 626**, 81
- und Ausschlussfristversäumung **KSchG 7**, 18
- ungeeignete Gründe **BGB 626**, 91 ff.
- Unternehmensbereich **BGB 626**, 166, 170
- Vertrauensbereich **BGB 626**, 169, 211 ff., 261 ff., 328, 455
- vorgeschobener Grund **BGB 626**, 107
- Widerruf **KSchG 4**, 52, 54
  ◊ *s. auch Widerrufsvorbehalt*
- Wirksamwerden der Kündigung ohne ~ **KSchG 7**, 15 ff.

Widerrufsvorbehalt
- Änderungskündigung **KSchG 2**, 47 ff.
- ausländische Arbeitnehmer **KSchG 4**, 311
- Begriff **KSchG 2**, 47
- Ermessensbereich des Arbeitgebers **KSchG 2**, 49
- gerichtliche Überprüfung **KSchG 2**, 50
- Zulässigkeit **KSchG 2**, 48

Widerspruch des Betriebs-/Personalrats
◊ *s. auch Mitbestimmung*
- absoluter Sozialwidrigkeitsgrund **KSchG 1**, 195 ff., 212, 410, 706 ff.
- Änderungskündigung **KSchG 2**, 116 ff.
- außerordentliche Kündigung **BetrVG 102**, 137
- Auswahlrichtlinien **BetrVG 102**, 156 ff.; **KSchG 1**, 198, 695 ff., 706, 711 ff.; **KSchG 2**, 117
- Begriff **BetrVG 102**, 136
- Begründung bei ordentlicher Kündigung **BetrVG 102**, 143 ff., 151; **BPersVG 72**, 79, **108**, 24, 40 f., 58 ff.
- Beschlussfassung des Betriebsrats **BetrVG 102**, 96 ff., 145
- betriebsbedingte Kündigung **BetrVG 102**, 149 ff.
- betriebsratslose Betriebe **KSchG 1**, 710
- Betriebsratsmitglied, Kündigung **BetrVG 103**, 95 ff.; **KSchG 15**, 96
- Beweis- und Darlegungslast **KSchG 1**, 263, 709, 714, 720 f., 725
- Doppelfunktion der Widerspruchstatbestände **KSchG 1**, 28, 706
- Einverständnis des Arbeitnehmers mit geänderten Arbeitsbedingungen **BetrVG 102**, 167, 172
- Entstehungsgeschichte **KSchG 1**, 11, 192
- Ergänzung **BetrVG 102**, 142 a, 223 c
- fehlender Widerspruch (Relevanz) **KSchG 1**, 197
- fehlerhafte Sozialauswahl **BetrVG 102**, 149 ff.
- fehlerhafter ~ **BetrVG 102**, 115, 143 ff.
- Form **BetrVG 102**, 103, 123, 142, 143 ff.; **BetrVG 103**, 95 ff.; **BPersVG 72**, 79, **108**, 24, 41, 60, 66
- Gründe **BetrVG 102**, 148 ff.
- Interessenabwägung **KSchG 1**, 199
- kündigungsschutzrechtliche Bedeutung **BetrVG 102**, 150, 177
- kündigungsschutzrechtliche Bedeutung **KSchG 1**, 706
- Nachschieben von Kündigungsgründen **BetrVG 102**, 188
- öffentlicher Dienst **KSchG 1**, 707 f., 715, 717, 726
- personenbedingte Kündigung **BetrVG 102**, 146, 150 a, 163
- personenbedingte Kündigung **KSchG 1**, 718
- Rücknahme **BetrVG 102**, 139 ff., 204
- sachlich unberechtigter ~ **BetrVG 102**, 230; **BPersVG 72**, 79, **108**, 40, 57
- Umschulungs- oder Fortbildungsmaßnahmen **BetrVG 102**, 169 ff.
- Umschulungs- und Fortbildungsmaßnahmen **KSchG 1**, 722 ff.
- Unternehmensbezug **BetrVG 102**, 166, 172; **KSchG 1**, 538

Stichwortverzeichnis

- verhaltensbedingte Kündigung **BetrVG 102**, 146, 150 a, 163
- verhaltensbedingte Kündigung **KSchG 1**, 718
- Versetzung **BetrVG 104**, 28
- Weiterbeschäftigungsanspruch, betriebs-/personalverfassungsrechtlicher
  ◊ *s. dort*
- Weiterbeschäftigungsmöglichkeit auf anderem Arbeitsplatz **BetrVG 102**, 163 ff.; **BPersVG 72**, **79**, **108**, 61
  ◊ *s. auch Weiterbeschäftigungsmöglichkeit/anderweitige Beschäftigungsmöglichkeit*
- Weiterbeschäftigungsmöglichkeit zu veränderten Arbeitsbedingungen **BetrVG 102**, 169 ff., 172 ff.; **KSchG 1**, 607, 726 ff.
  ◊ *s. auch Weiterbeschäftigungsmöglichkeit/anderweitige Beschäftigungsmöglichkeit*
- Wirkung **ArbNähnl.Pers.**, 97, 103, 117; **BetrVG 102**, 138, 147, 177; **BPersVG 72**, **79**, **108**, 42
- Zuleitung des Widerspruchsschreibens **BetrVG 102**, 103 d ff., 145 a; **KSchG 13**, 219
- Zustimmungsersetzung
  ◊ *s. dort*

Widersprüchliches Verhalten
  ◊ *s. Treu und Glauben*

Wiedereinstellung
  ◊ *s. auch Befristetes Arbeitsverhältnis, Fortsetzungsanspruch*
  ◊ *s. auch Wiedereinstellungsanspruch*
- Art. 33 Abs. 2 GG **KSchG 13**, 196
- Bedingung **BGB 626**, 48
- Elternzeit **BEEG 19**, 25
- nach Entbindung **MuSchG 10**, 37
- Schwerbehinderte **SGB IX 85-90**, 53; **SGB IX 91**, 43 ff.
- Sozialplan **KSchG 1**, 97
- und Wiederbesetzungspflicht **KSchG 13**, 301 c
- Verdachtskündigung **BGB 626**, 219 ff., 234
- Verdachtskündigung **KSchG 1**, 741
- Wartezeit **KSchG 1**, 97, 731
- Zusage **BGB 626**, 48

Wiedereinstellungsanspruch
- Anspruchsgrundlagen **KSchG 1**, 729 f.
- Beteiligung des Betriebsrats **KSchG 1**, 745
- betriebsbedingte Kündigung **KSchG 1**, 736 ff.
- Geltendmachung **KSchG 1**, 742 ff.
- personenbedingte Kündigung **KSchG 1**, 739
- Verdachtskündigung **KSchG 1**, 741
- verhaltensbedingte Kündigung **KSchG 1**, 740

Wiederholungskündigung
- Beurteilung späterer Kündigungsgründe **BGB 626**, 196
- Nachschieben von Kündigungsgründen als ~ **BGB 626**, 192

Willkürkontrolle
  ◊ *s. Missbrauchskontrolle*

Wirksamwerden der Kündigung
- Änderungskündigung **KSchG 7**, 10 ff., 20
- Arbeitsentgeltansprüche **KSchG 7**, 6
- außerordentliche Kündigung **KSchG 7**, 15 ff.
  ◊ *s. auch dort sowie wichtiger Grund*
- bei behördlichem Zustimmungserfordernis **KSchG 7**, 9
- Betriebsübergang, Kündigung **KSchG 7**, 25, 39 b
  ◊ *s. auch dort*
- Dreiwochenfrist **KSchG 7**, 7, 33 ff.
  ◊ *s. auch dort*
- Drittwirkung **KSchG 7**, 20 b
- Heilung der Unwirksamkeit sozialwidriger Kündigung **KSchG 7**, 4 ff.
- Klagefrist **KSchG 7**, 7, 33 ff.
- nachträgliche Zulassung der Kündigungsschutzklage **KSchG 7**, 8, 14 g
- Rechtsfolgen **KSchG 7**, 4, 10, 14, 19, 20
- schwebende Unwirksamkeit sozialwidriger Kündigung **KSchG 7**, 4
- Schwerbehinderte **KSchG 7**, 9, 14, 25, 39 a, 42
- sozialwidrige Kündigung **KSchG 7**, 4 ff.
- Unwirksamkeit, Geltendmachung **KSchG 7**, 7, 30 ff.
- Unwirksamkeitsgründe **KSchG 7**, 2, 5, 21, 24 ff.
- Verwirkung der Klagebefugnis **KSchG 7**, 36 ff.
  ◊ *s. auch dort*

Z

Zahlungsklage und Kündigungsschutzklage KSchG 4, 20, 29; **KSchG 7**, 29

Zeiterfassungssystem
- Manipulation als Kündigungsgrund **BGB 626**, 444; **KSchG 1**, 496, 503

Zeitpunkt der Kündigung BGB 626, 22, 173
- Entstehen von Kündigungsschutz **KSchG 1**, 102

Zeugnis
- Handelsvertreter **ArbNähnl.Pers.**, 225 ff.
- Internationales Arbeitsrecht **IPR**, 123
- Stationierungsstreitkräfte **NATO-ZusAbk**, 50

Zivildienst
- erfolglose Kandidatur für Parlamentssitz **ParlKSch**, 32
- Kündigungsschutz **ArbPlSchG**, 6 ff.
- soziale Auswahl **KSchG 1**, 664

Zölibatsklauseln AGG, 60
- Umgehung des allgemeinen Kündigungsschutzes **KSchG 1**, 298

Zugang der Kündigung KSchG 4, 100 ff.
- Annahmeverweigerung **KSchG 4**, 120 ff.
- ausländische Arbeitnehmer **KSchG 4**, 101, 106 c, 110, 118 c
- Auslandsaufenthalt **KSchG 5**, 35 b, 46, 59 ff.
- Ausschlussfrist **BGB 626**, 358
- außerordentliche Kündigung, Ausschlussfrist **KSchG 4**, 111
- Beförderungsrisiko **BGB 626**, 359
- Benachrichtigungszettel **KSchG 4**, 122, 126
- Beurteilungszeitpunkt **KSchG 1**, 102, 235 ff.; **KSchG 4**, 53
- Beweislast **KSchG 4**, 128, 133 a
- blinder Arbeitnehmer **KSchG 5**, 64
- Briefkasten **KSchG 4**, 53, 103, 112, 129; **KSchG 5**, 58, 60
- durch Boten **KSchG 4**, 113, 116; **KSchG 5**, 58
- Ehegatten **KSchG 4**, 100, 106 ff., 114 a

Stichwortverzeichnis

- Einschreiben **BGB 626**, 358; **KSchG 4**, 111, 122, 127, 129; **KSchG 13**, 275
- Empfangsberechtigte, -boten **KSchG 4**, 100, 106 ff.; **KSchG 5**, 58
- fehlender ~ **KSchG 13**, 282
- Fernschreiben **KSchG 4**, 118 b
- gegenüber Abwesenden **KSchG 4**, 102 ff.
- gegenüber Anwesenden **KSchG 4**, 100
- Gerichtsvollzieher **KSchG 4**, 116
- Haus-/Wohnungstür **KSchG 4**, 103 a; **KSchG 5**, 58
- höhere Gewalt **BGB 626**, 359
- im Prozess **BGB 626**, 194
- im Urlaub **BGB 626**, 360
- Krankheit **KSchG 4**, 103, 132
- mündliche Kündigung **KSchG 4**, 100, 135
- Massenkündigungen **KSchG 4**, 130
- Nachsendeantrag **KSchG 4**, 107, 110 a, 118, 129
- nachträgliche Zulassung der Kündigungsschutzklage
   ◊ *s. dort*
- Niederlegung **KSchG 4**, 115, 124, 129
- öffentliche Zustellung **KSchG 4**, 118 a
- postlagernde Sendungen **KSchG 4**, 104
- Postschließfach **KSchG 4**, 104
- Postzustellungsurkunde **KSchG 4**, 115
- Rechtsanwalt, Prozessbevollmächtigter **KSchG 4**, 106 a
- Schriftform **KSchG 4**, 135
- schriftliche Bestätigung **KSchG 4**, 135
- schriftliche Kündigung **KSchG 4**, 101, 133
- Schwarzes Brett **KSchG 4**, 130
- Telefon **KSchG 4**, 100; **KSchG 5**, 40 b, 43, 46, 61
- Telegramm, Telekopie, Telefax, Telex **KSchG 4**, 118 b
- und Geschäftsfähigkeit **KSchG 13**, 292 ff.
- Unerheblichkeit tatsächlicher Kenntnisnahme **KSchG 4**, 133
- Urlaub/Kur/Ortsabwesenheit **KSchG 4**, 103, 106 c ff., 111, 129, 132; **KSchG 5**, 59 ff.
- Vereitelung **KSchG 1**, 102; **KSchG 4**, 119, 122, 129 b
- Vermieter **KSchG 4**, 106, 114
- Vertreter **KSchG 4**, 100
- Verzögerung **BGB 626**, 359
- Wartezeit **KSchG 1**, 102
- Wohnungswechsel **KSchG 4**, 117
- Zugangshindernisse **KSchG 4**, 119 ff.

Zulagen, Streichung KSchG 2, 110

Zulassung verspäteter Klagen
   ◊ *s. nachträgliche Zulassung*

Zurückbehaltungsrecht
- Arbeitskampf **BGB 626**, 410; **KSchG 1**, 429; **KSchG 25**, 28
- Arbeitsverweigerung **BGB 626**, 412; **KSchG 1**, 435 ff.
   ◊ *s. auch dort*
- Betriebsversammlung **BGB 626**, 412
- Ehrenämter **BGB 626**, 421
- familiäre Verpflichtungen **BGB 626**, 142
- Feiertage ausländischer Arbeitnehmer **BGB 626**, 142, 412
- Gewissensentscheidung **KSchG 1**, 314 ff., 435
- Lohn-/Gehaltsrückstand **BGB 626**, 143, 149, 467
- Mehrarbeit, unzulässige **BGB 626**, 471
- nach Maßregelung **BGB 626**, 432
- Rechtsirrtum **BGB 626**, 144
- Religion **BGB 626**, 142, 412; **KSchG 1**, 435
- Selbstbeurlaubung **BGB 626**, 452
- Überstunden **BGB 626**, 412
- Wehrpflicht **BGB 626**, 142
- Weisungen, Nichtbefolgen **BGB 626**, 459

Zurückweisung der Kündigung wegen Nichtvorlage der Vollmacht KSchG 13, 284 ff.
- Einzelfälle **KSchG 13**, 287
- Kündigung durch Prokurist, Personalleiter usw. **BGB 626**, 351; **KSchG 13**, 286
- Kenntnis der Bevollmächtigung **KSchG 13**, 286
- unverzügliche ~ **KSchG 13**, 284
- Verstoß gegen Treu und Glauben **KSchG 13**, 287
- Vollmachtsurkunde **KSchG 13**, 284
- Zurückweisung der Zurückweisung **KSchG 13**, 287

Zusatzabkommen NATO-Truppenstatut
   ◊ *s. Stationierungsstreitkräfte*

Zuständigkeit, örtliche KSchG 4, 171 ff.
- Abgabe bzw. Weitergabe **KSchG 4**, 182 ff.
- Außendienstmitarbeiter **KSchG 4**, 175
- Außenkammern **KSchG 4**, 185 a
- Dreiwochenfrist **KSchG 4**, 181
- einzelvertragliche Vereinbarungen **KSchG 4**, 176
- Gerichtsstand bei natürlichen Personen **KSchG 4**, 172
- Gerichtsstand der Niederlassung **KSchG 4**, 174
- Gerichtsstand des Erfüllungsortes **KSchG 4**, 175
- juristische Person **KSchG 4**, 172
- mehrere örtliche Zuständigkeiten **KSchG 4**, 180
- Montagearbeiter **KSchG 4**, 175
- Rechtshilfe **KSchG 4**, 185
- Reisetätigkeit **KSchG 4**, 175
- tarifvertragliche Vereinbarungen über ~ **KSchG 4**, 177 ff.
- wechselnde Arbeitsorte **KSchG 4**, 175

Zuständigkeit, sachliche
   ◊ *s. Rechtsweg*

Zustellung der Kündigungsschutzklage
- Abgabe (formlose) **KSchG 4**, 186 a
- »demnächst«, Voraussetzungen **KSchG 4**, 140 ff., 170, 186 a
- Prozesskostenhilfe **KSchG 4**, 145
- Rüge der Verspätung **KSchG 4**, 143
- Rechtshängigkeit **KSchG 4**, 139
- Terminsbestimmung **KSchG 4**, 145
- Vergleichsgespräche **KSchG 4**, 145
- Verschulden an Verzögerungen **KSchG 4**, 143
- vorsorgliche Klageerhebung **KSchG 4**, 144

Zustimmung der Agentur für Arbeit
   ◊ *s. auch betriebsbedingte Kündigung*
- Anhörung des Arbeitgebers **KSchG 20**, 41 ff.
- Anhörung des Betriebsrats **KSchG 20**, 41 ff.
- Bekanntgabe der Entscheidung **KSchG 18**, 13

- Entlassungen während Sperrfrist **KSchG 18**, 10 ff.
- Entscheidungsgrundlagen **KSchG 20**, 57 ff.
- Entscheidungsinhalt **KSchG 20**, 53 ff.
- Entstehungsgeschichte **KSchG 19**, 1 ff.; **KSchG 20**, 1 ff.
- Ermessensspielraum **KSchG 18**, 24
- Form der Entscheidung **KSchG 20**, 66
- Grundgedanke **KSchG 19**, 3 ff.
- Negativattest **KSchG 18**, 27; **KSchG 20**, 56, 65
- Rechtsweg **KSchG 18**, 25; **KSchG 20**, 69 ff.
- Rückwirkung **KSchG 18**, 14 ff.
- stufenweise Entlassungen **KSchG 18**, 17 f., 32 f.
- unter Bedingungen **KSchG 18**, 24 ff.
- Verfahren **KSchG 20**, 40 ff.
- Verwaltungsakt **KSchG 18**, 10, 24; **KSchG 20**, 64
- Zusammensetzung des Ausschusses **KSchG 20**, 6 ff.
- Zuständigkeit des Ausschusses **KSchG 20**, 37 ff.

Zustimmung des Betriebs-/Personalrats zur Kündigung BetrVG 102, 124 ff.; **BetrVG 103**, 86 ff.; **BPersVG 72, 79, 108**, 32
- Ersetzung **BetrVG 103**, 111 ff.
- Form **BetrVG 102**, 123, 125; **BetrVG 103**, 80, 89
- Kündigung von Betriebsratsmitglied **BetrVG 103**, 86 ff.; **BGB 626**, 20, 333
- Kündigungsverlangen des Betriebsrats **BetrVG 103**, 67 a; **BetrVG 104**, 33
- nach Abweisung des Ersetzungsantrags **BetrVG 103**, 93, 99
- nichtiger Beschluss **BetrVG 103**, 80, 88, 105 ff.
- Rücknahme **BetrVG 102**, 125; **BetrVG 103**, 86
- unter aufschiebender Bedingung **BetrVG 103**, 93
- vereinbarte ~ **BetrVG 102**, 243 ff.; **KSchG 1**, 157
- Verfahren
  ◊ s. zustimmungsbedürftige Kündigungen, Zustimmungsverfahren
- Verzicht **BetrVG 103**, 70
- während Ersetzungsverfahren **BetrVG 103**, 92, 99
- Wirkung **BetrVG 103**, 86, 110 a
  ◊ s. auch Zustimmungsersetzung

Zustimmung des Betriebsrats zu Umgruppierung/Versetzung BetrVG 102, 31, 165, 174, 220; **KSchG 2**, 122 ff.
  ◊ s. auch Mitbestimmung des Betriebsrats, Verhältnis der Mitbestimmungsrechte nach §§ 99, 102 BetrVG

Zustimmung des Integrationsamtes
  ◊ s. Integrationsamt

Zustimmungsbedürftige Kündigungen, Zustimmungsverfahren
- Aufforderung zur Stellungnahme **BetrVG 103**, 69
- Ausschlussfrist **BetrVG 103**, 72, 113, 118, 124 ff.
- Bedenken gegen Kündigung **BetrVG 103**, 95 ff.
- Beschlussfassung **BetrVG 103**, 80 ff.
- Betriebsausschuss **BetrVG 103**, 76
- Beurteilungsspielraum **BetrVG 102**, 249; **BetrVG 103**, 85
- Beweislast **BetrVG 103**, 111; **KSchG 15**, 49
- Einflussnahme des Arbeitgebers **BetrVG 103**, 104
- Einleitung **BetrVG 102**, 250; **BetrVG 103**, 65 ff.
- Ende **BetrVG 103**, 83

- Entgegennahme von Arbeitgebererklärungen **BetrVG 103**, 73 ff.
- Ersetzung
  ◊ s. Zustimmungsersetzung
- Fehler im Zustimmungsverfahren **BetrVG 103**, 80, 88, 100 ff.
- Frist **BetrVG 102**, 248; **BetrVG 103**, 78, 113; **BPersVG 47, 108**, 10
- Kündigung nach Abschluss **BetrVG 102**, 250; **BetrVG 103**, 93, 99
- Kündigung vor Abschluss **BetrVG 102**, 250; **BetrVG 103**, 87, 109
- Kündigungsentschluss **BetrVG 103**, 65
- Nachschieben von Kündigungsgründen **BetrVG 103**, 118 ff.
- Schifffahrt **BetrVG 103**, 77
- Schweigen **BetrVG 102**, 249; **BetrVG 103**, 78, 94
- Stellungnahme **BetrVG 103**, 86 ff.
  ◊ s. auch Stellungnahme des Betriebs-/Personalrats
- Suspendierung des Betroffenen **BetrVG 103**, 143 ff.
- Unterrichtung des Betriebsrats **BetrVG 102**, 248; **BetrVG 103**, 66 ff., 101 ff.
  ◊ s. auch Unterrichtung des Betriebs-/Personalrats
- verhinderte Betriebsratsmitglieder **BetrVG 103**, 74
- Verschwiegenheitspflicht **BetrVG 103**, 82
- Verzicht **BetrVG 103**, 70
- Weiterbeschäftigungsanspruch **BetrVG 102**, 194 a, 251, 266; **BetrVG 103**, 143 ff.
- Widerspruch gegen Kündigung **BetrVG 103**, 95 ff.
  ◊ s. auch Widerspruch des Betriebs-/Personalrats
- Zuständigkeit **BetrVG 103**, 64; **BPersVG 47, 108**, 7 f.
- Zustimmung des Integrationsamtes
  ◊ s. Integrationsamt
- Zustimmung zu Kündigungsabsicht **BetrVG 103**, 86 ff., 93, 99
- Zweck **BetrVG 103**, 119; **BPersVG 47, 108**, 1
  ◊ s. auch Beschlussfassung des Betriebs-/Personalrats

Zustimmungsersetzung
  ◊ s. auch Mitbestimmung
- Anfechtung Einigungsstellenspruch **BetrVG 102**, 258
- Antrag **BetrVG 103**, 111; **BPersVG 47, 108**, 11
- Antrag nach Kündigung **BetrVG 103**, 111 a, 117
- Antrag vor Ablauf der Äußerungsfrist **BetrVG 103**, 83, 111
- Arbeitsgericht **BetrVG 102**, 258; **BetrVG 103**, 111, 127
- Ausschlussfrist **BetrVG 102**, 263; **BetrVG 103**, 72, 93, 113, 118, 124 ff.
- Beschluss **BetrVG 103**, 127
- Beschwerde **BetrVG 102**, 261; **BetrVG 103**, 128
- Beteiligte **BetrVG 102**, 260; **BetrVG 103**, 98, 114, 140; **BPersVG 47, 108**, 11
- Beweislast des Arbeitgebers **BetrVG 103**, 11, 115; **KSchG 15**, 49
- Einigungsstelle **BetrVG 102**, 252 ff.
- einstweilige Verfügung **BetrVG 103**, 130

- Ende des Kündigungsschutzes vor ~ **BetrVG 103**, 131 ff.
- Fehler im Zustimmungsverfahren **BetrVG 103**, 117
- Form des Antrags **BetrVG 103**, 112
- Interessenabwägung **BetrVG 103**, 98
- Irrtum über Kündigungsschutz **BetrVG 103**, 113 a
- Kündigung nach ~ **BetrVG 102**, 257, 259, 262, 264; **BetrVG 103**, 135
- Kainskündigung **BetrVG 103**, 61
- Kosten ~ **BetrVG 103**, 129 b
- Nachschieben von Kündigungsgründen **BetrVG 103**, 117
- Nachschieben von Kündigungsgründen ◊ *s. auch dort*
- Rechtsbeschwerde **BetrVG 103**, 127
- Sachverhaltsaufklärung **BetrVG 103**, 115
- und Ausschließungsantrag **BetrVG 103**, 112
- und Kündigungsschutzklage **BetrVG 102**, 265; **BetrVG 103**, 137 ff.
- Untersuchungsgrundsatz **BetrVG 103**, 115 ff.
- Verwaltungsgericht **BPersVG 47**, 108, 11, 14
- Weiterbeschäftigungsanspruch **BetrVG 102**, 194 a, 251, 266; **BetrVG 103**, 143 ff.
- Widerspruch, Berücksichtigung **BetrVG 103**, 98
- Wirkung **BetrVG 102**, 265; **BetrVG 103**, 139 ff.
- Zustimmung nach Abweisung des Ersetzungsantrags **BetrVG 103**, 93, 99
- Zustimmung unter aufschiebender Bedingung **BetrVG 103**, 93
- Zustimmungserteilung während Ersetzungsverfahren **BetrVG 103**, 92
- Zweck **BetrVG 102**, 252; **BetrVG 103**, 121

Zwangsvollstreckung
- Entfernung betriebsstörender Arbeitnehmer **BetrVG 104**, 46 a, 61 ff.
- Vollstreckungsgegenklage **BetrVG 102**, 295
- Weiterbeschäftigungsanspruch **BetrVG 102**, 222, 292 ff.

Zweckbefristung BEEG 21, 2 b, 17 ff., 19

Zweiwochenfrist
- analoge Anwendung **SeemG**, 110
- Berufsausbildungsverhältnis, Kündigung **BBiG 21**, 97 ff.; **BBiG 22**, 97 ff.
- Stationierungsstreitkräfte **NATO-ZusAbk**, 25
- Unzumutbarkeit Weiterbeschäftigung, Jugend- und Auszubildendenvertreter **BetrVG 78 a**, 35

Zwingende Wirkung
- Auslandsberührung **KSchG 1**, 160
- des § 626 BGB **BGB 626**, 57 ff., 68 ff., 317, 353; **KSchG 13**, 18
- des Kündigungsfristengesetzes **BGB 622**, 141 ff.
- des Kündigungsschutzgesetzes **KSchG 1**, 31, 34 f., 157, 212
- Dreiwochenfrist **KSchG 4**, 138
- Wartezeit **KSchG 1**, 94

Zwischenverdienst
◊ *s. Annahmeverzug*
◊ *s. Nachzahlungsanspruch, Anrechnung auf Zwischenverdienst*

Stark im Arbeitsrecht

Dornbusch/Fischermeier/Löwisch (Hrsg.)
Kompaktkommentar Arbeitsrecht
2007, ca. 2.000 Seiten, gebunden
Subskriptionspreis bis 3 Monate nach Erscheinen € 89,-,
danach ca. € 99,-
ISBN 978-3-472-06298-1
Erscheint voraussichtlich Mai 2007

Die rechtsgebietsübergreifende Reihe der Kompaktkommentare bietet eine übersichtliche Kommentierung aller relevanten Vorschriften eines Rechtsgebiets, zusammengefasst in einem Band.
Je nach ihrer Bedeutung werden die Gesetze vollständig oder auszugsweise kommentiert.

Beim neuen Kompaktkommentar Arbeitsrecht bürgt ein erfahrenes Autorenteam aus Anwaltschaft, Gerichtsbarkeit und Wissenschaft für eine besonders praxisnahe und fundierte Kommentierung des gesamten Arbeitsrechts.

Das Werk enthält aktuell eine umfassende Kommentierung des AGG sowie wichtige Neuerungen im Befristungsrecht, insbesondere die Novelle zu befristeten Arbeitsverträgen mit älteren Arbeitnehmern („Initiative 50plus").

Die Herausgeber:
Dr. Gregor Dornbusch, Fachanwalt für Arbeitsrecht in Frankfurt/Main; *Dr. Ernst Fischermeier*, Vorsitzender Richter am BAG in Erfurt; *Prof. Dr. Dr. h. c. Manfred Löwisch*, Rechtsanwalt und em. o. Professor an der Universität in Freiburg.

**Mehr unter
www.luchterhand-fachverlag.de**

Zu beziehen über Ihre Buchhandlung oder direkt beim Verlag.

eine Marke von Wolters Kluwer Deutschland

Wolters Kluwer Deutschland GmbH • Niederlassung Neuwied
Postfach 2352 • 56513 Neuwied • Telefon 02631 801-2222
www.luchterhand-fachverlag.de • E-Mail info@wolterskluwer.de

Das Handwerkszeug des Fachanwalts

Dörner/Luczak/Wilczhütz
Handbuch des Fachanwalts
Arbeitsrecht
6., neu bearbeitete Auflage 2007
ca. 3.000 Seiten, gebunden, mit CD-ROM
Subskriptionspreis bis 3 Monate nach Erscheinen € 119,-,
danach ca. € 129,-
ISBN 978-3-472-06367-9
Erscheint voraussichtlich Mai 2007

Das nunmehr jährlich erscheinende Handbuch bietet eine umfassende praxisbezogene Darstellung aller relevanten Themen des materiellen Arbeitsrechts sowie des arbeitsgerichtlichen Verfahrens. Ein besonderes Markenzeichen ist neben einer Vielzahl von Beispielen die Dichte der erfassten Rechtsprechung aus allen Instanzen und damit einhergehend die außergewöhnlich hohe Aktualität. Dies macht das Werk zu einem idealen Begleiter auf dem Weg zum Fachanwaltstitel und zum optimalen Nachschlagewerk für die tägliche Mandatspraxis.

Ein besonderes Augenmerk gilt in der Neuauflage dem Allgemeinen Gleichbehandlungsgesetz (AGG) sowie den Themen Zielvereinbarungen und Ethik-Richtlinien, deren Darstellung Dr. Martin Diller übernommen hat. Das Autorenteam wird somit durch einen weiteren Fachanwalt für Arbeitsrecht verstärkt.

Die beiliegende CD-ROM beinhaltet das Werk im Volltext einschließlich der zitierten Entscheidungen aus EzA und LAGE.

Mehr unter
www.luchterhand-fachverlag.de

Zu beziehen über Ihre Buchhandlung oder direkt beim Verlag.

eine Marke von Wolters Kluwer Deutschland

Wolters Kluwer Deutschland GmbH • Niederlassung Neuwied
Postfach 2352 • 56513 Neuwied • Telefon 02631 801-2222
www.luchterhand-fachverlag.de • E-Mail info@wolterskluwer.de